PENGUIN REFERENCE BOOKS

THE PENGUIN RUSSIAN DICTIONARY

W. F. Ryan was born in 1937 and educated at Bromley Grammar School and Oriel College, Oxford, spending a research year at Leningrad State University. He was first employed by the Clarendon Press on Russian dictionary projects, then became successively assistant curator at the Museum of the History of Science (Oxford), lecturer in Russian at the School of Slavonic and East European Studies (University of London), and academic librarian of the Warburg Institute (University of London). He has published many articles in the fields of Russian historical lexicography and the history of science and magic in Russia.

Peter Norman studied Russian at Lincoln College, Oxford, and from 1948 to 1951 served as attaché to the British Embassy in Moscow. From 1952 to 1982 he taught Russian at the School of Slavonic and East European Studies (University of London). He is the co-author of *Russian Readings* and author of *Russian for Today*, which has been translated into French, Finnish, Italian and Spanish. Translations include *Going Under* by Lydia Chukovskaya and poetry by Tarkovsky, Akhmatova and Tsvetaeva.

THE PENGUIN

RUSSIAN DICTIONARY

COMPILED BY W. F. RYAN

(ENGLISH–RUSSIAN)

AND PETER NORMAN

(RUSSIAN–ENGLISH)

PENGUIN BOOKS

PENGUIN BOOKS

Published by the Penguin Group
Penguin Books Ltd, 27 Wrights Lane, London W8 5TZ, England
Penguin Books USA Inc., 375 Hudson Street, New York, New York 10014, USA
Penguin Books Australia Ltd, Ringwood, Victoria, Australia
Penguin Books Canada Ltd, 10 Alcorn Avenue, Toronto, Ontario, Canada M4V 3B2
Penguin Books (NZ) Ltd, 182–190 Wairau Road, Auckland 10, New Zealand

Penguin Books Ltd, Registered Offices: Harmondsworth, Middlesex, England

First published by Viking 1995
Published in Penguin Books 1996
1 3 5 7 9 10 8 6 4 2

Printed in England by Clays Ltd, St Ives plc

CONTENTS

Introduction vii

Brief Guide to Russian Grammar and Notes on Use of the Russian–English Dictionary ix

List of Abbreviations xxviii

The English and Russian Alphabets xxx

ENGLISH–RUSSIAN DICTIONARY 1

RUSSIAN–ENGLISH DICTIONARY 559

INTRODUCTION

This is a general-purpose dictionary. It has been designed to meet the needs of a wide range of potential users: students, teachers, businessmen, scientists; in fact anyone who has to read Russian or translate into or from Russian. All the standard Russian dictionaries and grammars have been consulted by the compilers, as well as the many Russian specialized technical dictionaries and the various Russian–English and English–Russian dictionaries which have appeared both in Russia and in Europe and America in recent years.

The Russian language underwent great changes during the Soviet period, not only in the political and administrative vocabulary, with its vast array of acronyms, but also in the stylistic register of words employed in the literary language. The end of Soviet rule has also brought changes. A whole new vocabulary of private-enterprise culture and consumerism is being formed, old words acquire new meanings, new allusions underlie new colloquialisms and slang. The political and economic situation in the former Soviet Union changes with bewildering speed, and we can be sure that the Russian language, at least in its colloquial and technical vocabulary, will change with it. For the present we believe that this dictionary will serve its purpose well and that any lacunae will prove to be omissions of ephemera best left to historical linguists.

The compilers have had to be concise to achieve a dictionary of suitable size for everyday use, but have tried to cover as many areas of vocabulary as possible:

- literary (the standard modern written Russian, with some attention, especially in the Russian–English section, to the more commonly found historical terms and obsolete meanings).
- colloquial, vulgar, and slang (difficult areas in which taboos operate and stylistic levels often do not match across the language divide – mindful of the example of *The Penguin English Dictionary* we have not been prudish, but occasionally a fairly neutral equivalent has been found necessary).
- scientific and technical (all areas, including medical and military).
- commercial and legal (a fast-changing category at the time of publication, for which reason we recommend caution).
- political and economic (including terms peculiar to the administration of the former USSR).
- art and music.

Both halves of the dictionary also include common and scientific abbreviations and acronyms, as well as proper names (historical, mythological, personal, geographical), ethnonyms, and common phraseology.

The two halves of the dictionary are organized along different lines. This is deliberate. The Russian–English section employs the 'nest' principle extensively, since the structure of Russian lends itself to this kind of economy. This makes it possible to include a considerable number of words under a single entry headword. The English–Russian section employs 'nests' more sparingly (mostly to deal with appositional noun pairs). This section seeks to distinguish and label the various possible meanings of polysemantic English words and provide an appropriate translation for each, and to give the Russian-adjective equivalents of English nouns used attributively. It has also sought to include the more important examples of American English usage where this differs from British usage. Wherever necessary, words are given style tags to indicate the appropriate usage (e.g. *Am* for American English, *coll* for colloquial, *phys* for physics – see 'List of Abbreviations', page xxviii).

The Russian–English section gives all the necessary grammatical information regarding declension of nouns, conjugation of verbs, comparative and short forms of adjectives, etc., in the entries. In some cases numbered references are given to paradigms in the concise but comprehensive Russian-grammar section which precedes the dictionary. Entries in the English–Russian section also give the gender of Russian words when necessary (e.g. nouns ending in -ь and -мя), give any constructions other than an accusative object of a verb or a genitive noun complement, and indicate where verbs in examples are in the perfective aspect (semelfactive perfective).

Both halves of the dictionary try to illustrate areas of potential difficulty (e.g. numerals) with examples. The currently recommended word stress of all Russian words is indicated throughout.

The compilers wish to thank the following who helped at one stage or another in the preparation of this dictionary: Professor Marcus Wheeler, Mrs Nina Szamuely, Mrs Tania Litvinova, Ms Christine Atkins, Ms Marite Sapiets, Mr Clive Priddle, Mrs Mary Worthington, and not least Mr Peter Phillips, who has reviewed, coordinated, corrected and copy-edited beyond the normal call of duty, all with great skill, tact, and good humour.

BRIEF GUIDE TO RUSSIAN GRAMMAR AND NOTES ON USE OF THE RUSSIAN–ENGLISH DICTIONARY

NOUN PARADIGMS

FIRST DECLENSION

Feminine

Singular

Nom	**–а**	**–я**
Gen	**–ы/–и** (1)[1]	**–и**
Dat	**–е**	**–е/–и** (2)
Acc	**–у**	**–ю**
Instr	**–ой/–ою** (3)	**–ей/–ею** (3)
	–ей (4)/**–ею** (3)	**–ёй/–ёю** (3) (5)
Prep	**–е**	**–е/–и** (2)

Plural

Nom	**–ы/–и** (1)	**–и**
Gen	*zero* (6) (a)	**–ь, –й** (7)
Dat	**–ам**	**–ям**
Acc	—— *as gen or nom* (8) ——	
Instr	**–ами**	**–ями**
Prep	**–ах**	**–ях**

SECOND DECLENSION

Masculine

Singular

Nom	*zero* (6) (a)	**–ь** (a)	**–й** (a)
Gen	**–а/–у** (b)	**–я/–ю** (b)	**–я/–ю** (b)
Dat	**–у**	**–ю**	**–ю**
Acc	—— *as gen or nom* (8) ——		
Instr	**–ом/–ем** (4)	**–ем/–ём** (5)	**–ем/–ём** (5)
Prep	**–е/–у** (c)	**–е/–ю** (c)	**–е/–и** (2), **–ю** (c)

1. See below, 'Notes on the Noun Paradigms'.

	Plural		
Nom	**–ы/–и** (1), **–а** (d), **–ья** (d), **–е** (e)	**–и/–я** (d), **–ья** (d)	**–и/–я** (d)
Gen	**–ов/–ей** (9), **–ев** (10), **–ьев** (d), *zero* (6) (f)	**–ей**	**–ев/–ёв** (5)
Dat	**–ам/–ьям** (d)	**–ям/–ьям** (d)	**–ям/–ьям** (d)
Acc		*as gen or nom* (8)	
Instr	**–ами/–ьями** (d)	**–ями/–ьями** (d)	**–ями/–ьями** (d)
Prep	**–ах/–ьях** (d)	**–ях/–ьях** (d)	**–ях/–ьях** (d)

	SECOND DECLENSION		THIRD DECLENSION
	Neuter		*Feminine*
		Singular	
Nom	**–о**	**–е** (g)	**–ь** (a)
Gen	**–а**	**–я**	**–и**
Dat	**–у**	**–ю**	**–и**
Acc	**–о**	**–е**	**–ь**
Instr	**–ом/–ем** (4)	**–ем/–ём** (5)	**–ью/–ию** (3)
Prep	**–е**	**–е/–и** (2)	**–и**
		Plural	
Nom	**–а**	**–я**	**–и**
Gen	*zero* (6) (a)	**–ей/–ий** (h)	**–ей**
Dat	**–ам**	**–ям**	**–ям** (11)
Acc	**–а**	**–я**	*as nom or gen* (8)
Instr	**–ами**	**–ями**	**–ями** (11) (i)
Prep	**–ах**	**–ях**	**–ях** (11)

NOTES ON THE NOUN PARADIGMS

A. Deviations of Form and Spelling Not Given in the Body of the Dictionary

(1) The vowel **–и** of the ending replaces **–ы** after the consonants **г, к, х, ж, ч, ш, щ** wherever they occur.

(2) Nouns in **–ия** (first declension) in the dative and prepositional cases and nouns in **–ий**, **–ие** (second declension) in the prepositional case have the ending **–ии.**

Nouns in **–ье** may have either **–ье** or **–ьи** in the prepositional singular.

(3) The alternative endings **–ою**, **–ею**, **–ёю** for the instrumental singular of the first declension are literary forms but are frequently found. The ending **–ию** in the third declension instrumental singular is both literary and uncommon.

(4) If the ending in the instrumental singular is stressed after the letters **ж, ш, щ,** and **ц** the ending will be (feminine) **–óй** (**–óю**) or (masculine) **–óм** (e.g. **ножóм, свечóй, овцóй**, etc.); if unstressed it will be (feminine) **–ей** (**–ею**) or (masculine) **–ем** (e.g. **лýжей, спи́цей**, etc.).

(5) When the stress falls on the endings **–ей**, **–ею**, **–ем**, **–ев** the **е** is pronounced **ё** (**–ёй, –ёю, –ём, –ёв**).

(6) The word 'zero' means that the noun ends in a hard consonant. This may apply either to 'hard' masculine nouns in the nominative (second declension), to 'hard' feminine nouns in the genitive plural (first declension) or to 'hard' neuter nouns in the genitive plural (second declension).

(7) Nouns in **–я** end in **–ь** in the genitive plural after a consonant (**пу́ля – пуль**), **–й** after a vowel (**струя́ – стру́й**).

If the ending is not stressed in the genitive plural the noun will end in **–ий** (**шалу́нья – шалу́ний**). A few nouns have a genitive plural in **–ей** (**ноздря́ – ноздре́й**). This is indicated in the text. Where the stem of a noun ends in a double consonant the mobile vowels **о** or **е** may be inserted (**ку́хня – ку́хонь**). The genitive plural ending may also be zero (**ба́шня – ба́шен**). This is given under the particular noun.

(8) With inanimate nouns the accusative case is the same as the nominative, with animate nouns the same as the genitive. This rule applies to nouns of the first and third declensions in the plural and masculine nouns of the second declension in both singular and plural.

(9) Masculine nouns in **–ж, –ч, –ш, –щ** end in **–ей** in the genitive plural (e.g. **ноже́й, това́рищей**, etc.).

(10) The genitive plural of masculine nouns in **–ц** is **–ев** if unstressed and **–ов** if stressed (e.g. **комсомо́льцев, отцо́в**).

(11) The letter **я** is replaced by **а** after the consonants **ж, ч, ш, щ** (e.g. **ноча́м, ноча́ми**, etc.).

B. Peculiarities of Declensions Given in the Body of the Dictionary

(a) Mobile vowels in the declensions are indicated wherever necessary. This applies to the nominative singular of some masculine nouns and genitive plural of some feminine and neuter nouns (e.g. **кусо́к, куска́**; **день, дня**; **дере́вня, дереве́нь**; **окно́, о́кон**, etc.).

The genitive plural of nouns in **–ка** is not given. The rule is that if the letter **ж, ч, ш, щ** or **ц** precedes **–ка** the genitive plural will be **–ек**, if some other consonant the genitive plural will be **–ок** (e.g. **ло́жка, ло́жек; па́лка, па́лок**).

The letters **ь** and **й** before **–к** become **е** in the genitive plural (e.g. **по́лька, по́лек; стру́йка, стру́ек**).

(b) Certain masculine nouns of the second declension where quantity is inferred may have an alternative genitive singular in **-у** (**–ю**) instead of **–а** (**–я**). Thus **цена́ са́хара** but **кусо́к са́хару**. This alternative form is given in the text, in parentheses, only where this is normal literary usage (e.g. **са́хар** (~а (~у))).

(c) Some masculine nouns of the second declension have a stressed locative (prepositional) case in **–у́** (**–ю́**) after the prepositions **в** and **на**. This is shown under the particular noun (e.g. **сад, о са́де, в саду́**).

(d) Many masculine nouns of the second declension have a nominative plural in stressed **–а́/–я́** (nominative and accusative plural of inanimate nouns) in place of **–ы/–и** (e.g. **дома́, учителя́**).

A limited number of nouns have the irregular plural endings in **–ья, –ей** or **–ьев, –ьям, –ьями, –ьях** (e.g. **друзья́, друзе́й** etc., **бра́тья, бра́тьев** etc.). The nominative and genitive plural of such nouns is given in the text. In a few instances there are subsidiary parallel forms in **–ы** (e.g. **сыновья́, сыны́**).

(e) Nouns in **–анин, –янин** denoting persons, nationality, religious denomination, etc. have the ending **–е** in the nominative plural (see under particular entry). The endings of the plural are **–ане, –ан, –анам, –ан, –анами, –анах; –яне, –ян, –янам, –ян, –янами, –янах.**

(f) A few masculine nouns have a zero ending in the genitive plural identical in form with the nominative singular. These occur in the genitive plural generally following numerals, adverbs of quality, etc.

(g) Many neuter nouns of the second declension have the alternative spelling **–ие** or **–ье** in the nominative. Preference in the dictionary has been given either to the form most frequently encountered or where either form is equally common to the ending in **–ие.**

(h) The genitive plural of neuter words in **–е** is **–ей** (except for neuter nouns the stem of which ends in **–ж, –ч, –ш, –щ** or **–ц**, e.g. **учи́лище – учи́лищ**). Neuter nouns in **–ие** or **–ье** have the ending **–ий** in the genitive plural. The few exceptions are noted under the relevant entry in the dictionary.

(i) A few nouns have the ending **–ьми** in the instrumental plural (e.g. **лошадьми́**).

STRESS ON NOUNS

The majority of nouns have the stress on the same syllable as the nominative singular throughout their declension. Deviations from this pattern are indicated by arabic figures (1, 2, etc.) following the noun according to the following system:

– Stress on the ending or last syllable throughout the declension is marked 1, e.g. **стол** 1.
– Stress in the singular on the same syllable as the nominative singular, and in the plural on the last syllable or ending, is marked 2, e.g. **пол** 2, **мо́ре** 2.
– Stress on the ending or last syllable throughout, except for the nominative plural (and accusative plural if inanimate) which is stressed on the first syllable, is marked 3, e.g. **конь** 3, **волна́** 3.
– Stress on the ending or last syllable throughout, except for the accusative singular and nominative and accusative plural, which are stressed on the first syllable, is marked 4, e.g. **стена́** 4.
– Stress in the singular and nominative plural (and accusative plural if inanimate) as on the nominative singular, and stress in the remaining cases of the plural on the ending, is marked 5, e.g. **вещь** 5.
– Stress on the last syllable or ending in the singular, and on the first syllable in the plural, is marked 6, e.g. **письмо́** 6.
– Stress on the singular as in the nominative, moving back one syllable in the plural, is marked 7, e.g. **высота́** 7.
– Stress on the singular as in the nominative, moving forward one syllable in the plural, is marked 8, e.g. **о́зеро** 8.

The last two categories apply only to nouns of three syllables or more. Feminine nouns of three syllables with final stress in the nominative singular and neuter nouns of three syllables or more are particularly susceptible to this type of stress mobility.

The authority for the stressing of nouns in this dictionary is the *Slovar' sovremennogo russkogo literaturnogo iazyka* (Dictionary of the Contemporary Russian Literary Language) of the Academy of Sciences of the USSR (1950–65).

NOUN DERIVATIVES NOT INCLUDED IN THE DICTIONARY

The following noun derivatives are not normally included in the dictionary:

1. Diminutive and endearing suffixes in **–ка**, **–ко**, **–ок**, **–ек**, **–очка**, **–ечка**, **–очек**, **–ечек**, **–очко**, **–ечко**, **–ик**, etc., e.g. **ко́мнатка** from **ко́мната**; **до́чка** from **дочь**, etc.
2. Pejorative suffixes such as **–и́шко**, **–и́шка**, **–ёнка**, **–о́нка**, e.g. **доми́шко** from **дом**; **собачёнка** from **соба́ка**, etc.
3. Augmentative and disparaging suffixes in **–и́ща**, **–и́ще**, e.g. **доми́ще** from **дом.** In such words the augmentative force of the suffix is stronger than the pejorative.
4. Endearing suffixes in **–о́нька**, **–е́нька**, **–у́шка**, **–у́шко**, e.g. **комнату́шка** from **ко́мната**.
5. Some of the more uncommon masculine nouns ending in the suffixes **–тель** and **–ик**, indicating the agent, and corresponding feminine nouns in **–тельница** and **–ица**.
6. Many of the less common abstract nouns in **–ость** and **–есть**.
7. Many neuter nouns in **–ние**, **–тие** derived from verbs, e.g. **кара́бкание** from **кара́бкаться**.
8. Some nouns in **–ец**, **–овец**, **–евец** and **–ист** indicating the agent, e.g. **толсто́вец**.
9. Many nouns ending in the pejorative suffix **–щина**, e.g. **ежо́вщина**, etc.

ADJECTIVES

Adjectives are given in the long form, in the nominative masculine singular. They are followed (in parentheses) by the short forms where they exist and are widely used, e.g. **огро́м|ный (~ен)**.

Some short adjectives carry alternative stress. This is indicated if both stresses are equally common. Otherwise only the most usual stress is given.

There are two types of adjectival declension: hard (ending **–ый**) and soft (ending **–ий**). Of these the soft type has two varieties. The three types of declension are as follows:

HARD DECLENSION

	Masculine	*Neuter*	*Feminine*	*Plural*
Nom	**кра́сный**	**кра́сное**	**кра́сная**	**кра́сные**
Gen	——— **кра́сного** ———		**кра́сной**	**кра́сных**
Dat	——— **кра́сному** ———		**кра́сной**	**кра́сным**
Acc	*as nom or gen*	**кра́сное**	**кра́сную**	*as nom or gen*
Instr	——— **кра́сным** ———		**кра́сной/–ою**	**кра́сными**
Prep	——— **кра́сном** ———		**кра́сной**	**кра́сных**

SOFT DECLENSION (A)

	Masculine	Neuter	Feminine	Plural
Nom	**си́ний**	**си́нее**	**си́няя**	**си́ние**
Gen	——— **си́него** ———		**си́ней**	**си́них**
Dat	——— **си́нему** ———		**си́ней**	**си́ним**
Acc	*as nom or gen*	**си́нее**	**си́нюю**	*as nom or gen*
Instr	——— **си́ним** ———		**си́ней/–ею**	**си́ними**
Prep	——— **си́нем** ———		**си́ней**	**си́них**

SOFT DECLENSION (B)

	Masculine	Neuter	Feminine	Plural
Nom	**тре́тий**	**тре́тье**	**тре́тья**	**тре́тьи**
Gen	——— **тре́тьего** ———		**тре́тьей**	**тре́тьих**
Dat	——— **тре́тьему** ———		**тре́тьей**	**тре́тьим**
Acc	*as nom or gen*	**тре́тье**	**тре́тью**	*as nom or gen*
Instr	——— **тре́тьим** ———		**тре́тьей/–ьею**	**тре́тьими**
Prep	——— **тре́тьем** ———		**тре́тьей**	**тре́тьих**

NOTES ON THE ADJECTIVES

A mobile vowel may occur in the masculine form of the short adjective, e.g. **лёгок, бе́ден**. Where this occurs the feminine is also given in full, e.g. **легка́, бедна́**.

If an adjective has a number of meanings and its short form applies only to one or some of them this is made clear in the entry.

Some adjective suffixes are not included, for obvious reasons: e.g. **–оват, –еват**, corresponding to English **–ish**, and the usual forms of comparison in **–ее, –ейший**. Some compound adjectives are also omitted, as are some adjectives beginning **не–** if this prefix merely negatives the adjective.

The declension of possessive adjectives in **–ин, –ын** and **–ов** (now rare) is as follows:

	Masculine	Neuter	Feminine	Plural
Nom	**се́стрин**	**се́стрино**	**се́стрина**	**се́стрины**
Gen	**се́стрина**	**се́стрина**	**се́стриной**	**се́стриных**
Dat	**се́стрину**	**се́стрину**	**се́стриной**	**се́стриным**
Acc	*as nom or gen*	**се́стрино**	**се́стрину**	*As nom or gen*
Instr	**се́стриным**	**се́стриным**	**се́стриной/–ою**	**се́стриными**
Prep	**се́стрином**	**се́стрином**	**се́стриной**	**се́стриных**

Surnames ending in **–ов, –ев, –ин, –ын** decline in the same way, with the exception of the prepositional case of masculine surnames that end in **–ов, –ев**, e.g. **Ле́рмонтов, о Ле́рмонтове**.

Names of towns, villages, etc. ending in **–ин, –ын** decline in the same way, e.g. **Цари́цын, о Цари́цыне**; those which end in **–ов, –ев** decline like nouns, e.g. **Сара́тов, о Сара́тове**.

Names of villages and small places ending in **–ово, –его, –ино, –ыно** decline like possessive adjectives, e.g. **Пу́шкино, за Пу́шкиным**.

Similarly, feminine names of places ending in **–ова**, **–ева**, **–ина**, **–ына** also decline like possessive adjectives.

Occasionally, short adjectives are to be found in oblique cases in modern Russian. These vestigial forms occur largely in fixed expressions such as: **на босу́ но́гу; среди́ бе́ла дня; от ма́ла до вели́ка; друг дру́га** (the short form of **друго́й**), etc.

NUMERALS

Cardinal, ordinal and collective numerals are included in the body of the dictionary in the nominative case. Paradigms of the numeral declensions are given here together with explanatory notes.

Оди́н, одна́, одно́ declines like **сам, сама́, само́** (see below, page xix).

Два, две; о́ба, о́бе

	Masculine/Neuter	*Feminine*	*Masculine/Neuter*	*Feminine*
Nom	**два**	**две**	**о́ба**	**о́бе**
Gen	—— **двух** ——		**обо́их**	**обе́их**
Dat	—— **двум** ——		**обо́им**	**обе́им**
Acc	—— *as nom or gen* ——			
Instr	—— **двумя́** ——		**обо́ими**	**обе́ими**
Prep	—— **двух** ——		**обо́их**	**обе́их**

Три; четы́ре; пять; оди́ннадцать

Nom	**три**	**четы́ре**	**пять**	**оди́ннадцать**
Gen	**трёх**	**четырёх**	**пяти́**	**оди́ннадцати**
Dat	**трём**	**четырём**	**пяти́**	**оди́ннадцати**
Acc	—— *as nom or gen* ——		**пять**	**оди́ннадцать**
Instr	**тремя́**	**четырьмя́**	**пятью**	**оди́ннадцатью**
Prep	**трёх**	**четырёх**	**пяти́**	**оди́ннадцати**

The numeral **оди́н** has gender forms and agrees in number, gender and case with the following noun. **Два** in the nominative and accusative (inanimate) cases changes to **две** with feminine nouns.

О́ба has the form **о́бе** for feminine nouns.

Два, две, о́ба, о́бе, три, четы́ре in the nominative and accusative (inanimate) cases are followed by a noun in the genitive singular. This rule applies also to compound numerals ending in **два, три** or **четы́ре**, e.g. **три́дцать три карандаша́, кни́ги, окна́**, etc.

After the numerals **два, три, четы́ре**, with masculine or neuter nouns in the nominative or accusative (inanimate) case adjectives go into the genitive plural; after **две, три** and **четы́ре**, with feminine nouns they may go into either the nominative or the genitive plural, e.g. **два хоро́ших стола́; две, три, четы́ре хоро́шенькие/хоро́шеньких/де́вушки.**

All other numerals from **пять** onwards are followed by the genitive plural when in the nominative or accusative (inanimate) case.

In all other cases the numeral (beginning with **два**) agrees in case with the following noun and the whole expression is in the plural, e.g. **двух, обо́их, трёх, четырёх, пяти́, десяти́**, etc., **карандаше́й**; **двум, обо́им, трём, четырём, пяти́, десяти́**, etc., **карандаша́м**, etc.

Шесть, семь, во́семь, де́вять, де́сять decline like **пять** and have stressed endings. The instrumental of **во́семь** is either **восемью́** or **восьмью́**.

Двена́дцать, трина́дцать, четы́рнадцать, пятна́дцать, шестна́дцать, семна́дцать, восемна́дцать, девятна́дцать, два́дцать and **три́дцать** decline like **оди́ннадцать** with the stress on the stem.

An adverb is formed with the instrumental of **пять, шесть**, etc. for use in multiplication and retains the stress on the stem, cf. **с шестью́ рубля́ми** and **ше́стью шесть** (6 x 6).

пятьдеся́т; со́рок; девяно́сто; сто; две́сти; пятьсо́т

Nom	**пятьдеся́т**	**со́рок**	**девяно́сто**	**сто**	**две́сти**	**пятьсо́т**
Gen	**пяти́десяти**	**сорока́**	**девяно́ста**	**ста**	**двухсо́т**	**пятисо́т**
Dat	**пяти́десяти**	**сорока́**	**девяно́ста**	**ста**	**двумста́м**	**пятиста́м**
Acc	**пятьдеся́т**	**со́рок**	**девяно́сто**	**сто**	**две́сти**	**пятьсо́т**
Instr	**пятью́десятью**	**сорока́**	**девяно́ста**	**ста**	**двумяста́ми**	**пятьюста́ми**
Prep	**пяти́десяти**	**сорока́**	**девяно́ста**	**ста**	**двухста́х**	**пятиста́х**

The numbers 300 and 400 decline like 200; 600, 700, 800 and 900 like 500.

Ты́сяча, миллио́н, миллиа́рд, биллио́н, and **триллио́н** decline like nouns and are followed by the genitive plural of the qualified noun.

Ты́сяча is the only one which can also be used purely as a numeral, in which case it has an instrumental singular **ты́сячью** and agrees in case (not number) with the following noun, cf. **с ты́сячью солда́тами** and **с ты́сячей солда́т**.

полтора́, полторы́

	With masculine and neuter nouns	*With feminine nouns*
Nom, Acc	**полтора́ фу́нта**	**полторы́ буты́лки**
Gen	**полу́тора фу́нтов**	**полу́тора буты́лок**
Dat	**полу́тора фу́нтам**	**полу́тора буты́лкам**
Instr	**полу́тора фу́нтами**	**полу́тора буты́лками**
Prep	**полу́тора фу́нтах**	**полу́тора буты́лках**

For the oblique cases there is only one form: **полу́тора**.

COLLECTIVE NUMERALS

Nom	**двóе**	**чéтверо**
Gen	**двоúх**	**четверы́х**
Dat	**двоúм**	**четверы́м**
Acc	*as nom or gen*	*as nom or gen*
Instr	**двоúми**	**четверы́ми**
Prep	**двоúх**	**четверы́х**

Трóе declines like **двóе,** the remainder like **чéтверо.**

In modern Russian **двóе**, **трóе**, **чéтверо** are much more frequently met with than the other collective numerals **пя́теро**, **шéстеро**, **сéмеро**, **вóсьмеро**, **дéвятеро** and **дéсятеро**.

They are used:

1. With masculine animate nouns, e.g. **двóе брáтьев** or **два брáта**. This usage is colloquial.
2. With nouns indicating a pair to mean 'so many pairs', e.g. **двóе сапóг**, **трóе тýфель** alongside the usual expressions **две пáры сапóг**, **три пáры тýфель**, etc. In this usage **двóе**, **трóе**, **чéтверо** are far more frequently found than the other collective numerals.
3. **Двóе**, **трóе**, **чéтверо** must be used with nouns plural-only, e.g. **двóе сýток**, **трóе часóв**, **чéтверо нóжниц**. **Пя́теро**, **шéстеро**, etc. are also used but are tending to be replaced by the cardinal numerals, e.g. **пя́теро** or **пять сýток**. In the oblique cases it is preferable to use the cardinals, e.g. **двух сýток**, **двум сýткам**, etc.

Ordinal Numerals. The ordinal numerals decline like adjectives. The declension of **трéтий** is shown on page xiv. In compound ordinals only the last part declines, e.g. **двéсти пятьдеся́т четвёртого**, **двéсти пятьдеся́т четвёртому**, etc.

Fractions. The feminine form of the ordinals in agreement with the noun **часть** or **дóля** (understood) is used for fractions, e.g. **однá пя́тая**, **две шесты́х**.

PRONOUNS

Pronouns are normally given in the body of the dictionary in the nominative case. With the personal pronouns, however, the oblique forms are also given and cross-referenced to enable the student to identify the form.

PERSONAL PRONOUNS

Nom	**я**	**мы**	**ты**	**вы**	**он, оно́**	**она́**	**они́**
Gen	**меня́**	**нас**	**тебя́**	**вас**	**его́**	**её**	**их**
Dat	**мне**	**нам**	**тебе́**	**вам**	**ему́**	**ей**	**им**
Acc	**меня́**	**нас**	**тебя́**	**вас**	**его́**	**её**	**их**
Instr	**мной, мно́ю**	**на́ми**	**тобо́й, тобо́ю**	**ва́ми**	**им**	**ей, е́ю**	**и́ми**
Prep	**мне**	**нас**	**тебя́**	**вас**	**нём**	**ней**	**них**

	REFLEXIVE PRONOUN	INTERROGATIVE/RELATIVE PRONOUNS	
Nom		**кто**	**что**
Gen	**себя́**	**кого́**	**чего́**
Dat	**себе́**	**кому́**	**чему́**
Acc	**себя́**	**кого́**	**что**
Instr	**собо́й, собо́ю**	**кем**	**чем**
Prep	**себе́**	**ком**	**чём**

POSSESSIVE PRONOUNS

	Singular			*Plural*
	Masculine	*Neuter*	*Feminine*	
Nom	**мой**	**моё**	**моя́**	**мои́**
Gen	——— **моего́** ———		**мое́й**	**мои́х**
Dat	——— **моему́** ———		**мое́й**	**мои́м**
Acc	*as nom or gen*	**моё**	**мою́**	*as nom or gen*
Instr	——— **мои́м** ———		**мое́й, мое́ю**	**мои́ми**
Prep	——— **моём** ———		**мое́й**	**мои́х**
Nom	**наш**	**на́ше**	**на́ша**	**на́ши**
Gen	——— **на́шего** ———		**на́шей**	**на́ших**
Dat	——— **на́шему** ———		**на́шей**	**на́шим**
Acc	*as nom or gen*	**на́ше**	**на́шу**	*as nom or gen*
Instr	——— **на́шим** ———		**на́шей, на́шею**	**на́шими**
Prep	——— **на́шем** ———		**на́шей**	**на́ших**

Твой declines like **мой**, **ваш** like **наш**.

DEMONSTRATIVE PRONOUNS

	Singular			Plural
	Masculine	*Neuter*	*Feminine*	
Nom	**тот**	**то**	**та**	**те**
Gen	—— **того́** ——		**той**	**тех**
Dat	—— **тому́** ——		**той**	**тем**
Acc	*as nom or gen*	**то**	**ту**	*as nom or gen*
Instr	—— **тем** ——		**той**	**те́ми**
Prep	—— **том** ——		**той, то́ю**	**тех**
Nom	**э́тот**	**э́то**	**э́та**	**э́ти**
Gen	—— **э́того** ——		**э́той**	**э́тих**
Dat	—— **э́тому** ——		**э́той**	**э́тим**
Acc	*as nom or gen*	**э́то**	**э́ту**	*as nom or gen*
Instr	—— **э́тим** ——		**э́той**	**э́тими**
Prep	—— **э́том** ——		**э́той, э́тою**	**э́тих**

The demonstrative pronouns **о́ный** and **сей** occur in modern Russian only in a limited number of expressions, for which see under the appropriate word.

DETERMINATIVE PRONOUNS

	Singular			Plural
	Masculine	*Neuter*	*Feminine*	
Nom	**весь**	**всё**	**вся**	**все**
Gen	—— **всего́** ——		**всей**	**всех**
Dat	—— **всему́** ——		**всей**	**всем**
Acc	*as nom or gen*	**всё**	**всю**	*as nom or gen*
Instr	—— **всем** ——		**всей, все́ю**	**все́ми**
Prep	—— **всём** ——		**всей**	**всех**
Nom	**сам**	**само́**	**сама́**	**са́ми**
Gen	—— **самого́** ——		**само́й**	**сами́х**
Dat	—— **самому́** ——		**само́й**	**сами́м**
Acc	**самого́**	**само́**	**саму́, самоё**	**сами́х**
Instr	—— **сами́м** ——		**само́й, само́ю**	**сами́ми**
Prep	—— **само́м** ——		**само́й**	**сами́х**

The accusative inanimate forms are not used and are replaced by the corresponding forms of **са́мый**, e.g. **я ви́жу са́мый стол, са́мые столы́**.

The pronoun **са́мый** declines like an adjective.

NEGATIVE PRONOUNS

Nom	**никто́**	**ничто́**	**(не́кто)***	**(нечто)***
Gen	**никого́**	**ничего́**	**не́кого, не́ у кого**	**не́чего, не́ у чего**
Dat	**никому́**	**ничему́**	**не́кому**	**не́чему**
Acc	**никого́**	**ничто́**	**не́кого**	**не́чего**
Instr	**нике́м**	**ниче́м**	**не́кем**	**не́чем**
Prep	**ни о ко́м**	**ни о чём**	**не́ о ком**	**не́ о чём**

*****Не́кто** and **не́что** have a positive force in the nominative – see below under 'Indefinite Pronouns'.

The interrogative pronoun **чей** and negative pronoun **ниче́й** decline like the adjective **тре́тий** (see above, page xiv).

If a preposition is used with the negative pronouns the preposition is inserted between the negative particle and the pronoun itself, giving an expression consisting of three words, e.g. **он ни во что не ве́рит; ему́ не́ во что ве́рить.**

The pronoun **нико́й** is archaic and occurs only in the expressions **нико́им о́бразом** and **ни в ко́ем слу́чае**. It is normally replaced by **никако́й.**

INDEFINITE PRONOUNS

Не́кто (someone, a certain) occurs only in the nominative case. **Не́что** (something) occurs in the nominative and accusative cases.

The indefinite pronoun **не́кий** (a certain) has the following declension:

	Singular			*Plural*
	Masculine	*Neuter*	*Feminine*	
Nom	**не́кий**	**не́кое**	**не́кая**	**не́кии**
Gen	——— **не́коего** ———		**не́коей (не́кой)**	**не́коих (не́ких)**
Dat	——— **не́коему** ———		**не́коей (не́кой)**	**не́коим (не́ким)**
Acc	*as nom or gen*	**не́кое**	**не́кую**	*as nom or gen*
Instr	—— **не́коим (не́ким)** ——		**не́коей (–ею) (не́кой, –ою)**	**не́коими (не́кими)**
Prep	——— **не́коем** ———		**не́коей (не́кой)**	**не́коих (не́ких)**

The forms in parentheses are comparatively modern variants. The following forms are also to be found: instrumental singular and dative plural **не́киим**; genitive and prepositional plural **не́киих** and instrumental plural **не́киими.**

Кий is an old form of the pronoun **кой** (see below).

Не́который (some, certain) declines like an adjective.

Other indefinite pronouns can be formed with the prefixed particle **ко́е (кой** is colloquial), e.g. **ко́е-где́** (here and there), **ко́е-кто́** (some people or other), **ко́е-что́** (something or other), **ко́е-како́й** (some). **Ко́е** is unstressed in the oblique cases but sometimes bears stress in the nominative. A preposition used with these indefinite pronouns is generally inserted between the particle **ко́е** and the pronoun, e.g. **кое у кого́** (or **у кое-кого́**).

Further indefinite pronouns can be formed with the postfixed particles **–то, –нибýдь, –либо**. They may be attached to **какóй, котóрый, кто** and **чей**.

INTERROGATIVE-RELATIVE PRONOUNS

The archaic interrogative-relative pronoun **кой** is sometimes found in the modern official language in the following forms:

	Singular		*Plural*
	Masculine /Neuter	*Feminine*	
Nom	–	–	–
Gen	**кóего**	**кóей**	**кóих**
Dat	**кóему**	**кóей**	**кóим**
Acc	**кóего**	–	**кóих**
Instr	**кóим**	**кóей, кóею**	**кóими**
Prep	**кóем**	**кóей**	**кóих**

The forms most frequently met with are **кóего** and **кóей**.

The interrogative-relative pronouns **какóй, котóрый** and the demonstrative pronoun **такóй** decline like adjectives.

The pronouns of quantity **скóлько** (how much), **стóлько** (so much), **стóлько же** (as much) and **нéсколько** (some, a few, several) do not change in the nominative and accusative (inanimate) cases but decline like plural adjectives in the oblique cases. After the form in **–о** the following noun or pronoun goes into the genitive case, e.g. **нéсколько книг**, **нéскольких книг**, **нéскольким кнúгам**, etc.

Мнóго (nominative and accusative) is also followed by the genitive case. **Мнóгое** (many things, much) declines fully in the singular as does **мнóгие** (many people, many) in the plural.

VERBS

Verbs are listed in the dictionary in the infinitive under their imperfective aspect. Perfective forms are also given with a cross-reference. Iterative (imperfective aspect) and semelfactive (perfective aspect) verbs are indicated. A few verbs exist only in the imperfective or perfective aspects and are noted in the text. Where there is any irregularity in conjugation or deviation from the pattern set out below sufficient information is given under the particular entry to enable the reader to form the present or future tenses (usually the first and second persons are sufficient). With impersonal verbs only the third person singular is given. Where the active and passive participles, gerund, imperative and past tense do not conform with the norm indicated below they are given under the particular entry. In addition the case a verb governs, or preposition it is followed by, is indicated. If the construction is not given it means the verb is intransitive and cannot be followed by a direct object.

Verbs are divided into two conjugations. The conjugation of each verb is given in roman numerals immediately following the infinitive. If the verb is irregular further information is given to enable the reader to form the present or future tenses.

CONJUGATION I

	Singular	*Plural*
First person	**–у, –ю**	**–ем**
Second person	**–ешь**	**–ете**
Third person	**–ет**	**–ут, –ют**

CONJUGATION II

	Singular	*Plural*
First person	**–ю** (**–у** after **ж, ч, ш, щ**)	**–им**
Second person	**–ишь**	**–ите**
Third person	**–ит**	**–ят** (**–ат** after **ж, ч, ш, щ**)

The stress of the first person of the present (or future) tense will normally be on the same syllable as in the infinitive. The remaining persons bear the same stress as the second person singular.

The past tense of both imperfective and perfective verbs is normally formed from the infinitive, as follows:

	Singular	*Plural*
Masculine:	**–л** (*or other consonant*)	*All genders:* **–ли**
Feminine:	**–ла**	
Neuter:	**–ло**	

There are two future tenses: the imperfective future, which is a combination of the future of the verb to be (**бу́ду, бу́дешь,** etc.) followed by the imperfective infinitive; and the perfective future, which has the same personal endings as the present tense but is formed from the perfective verb.

The imperative can be formed from the third person plural of the present tense by replacing the endings **–ут, –ют, –ат, –ят** by **–и, –ите, –ь, –ьте** or **–й, –йте.**

If the stress falls on the end of the verb in the infinitive the imperative ends in **–и, –ите**, e.g. (infinitive **писа́ть**) **пиши́, пиши́те**; (infinitive **нести́**) **неси́, неси́те**, etc. The reflexive ending **–ся** is not included in the stress.

If the stress does not fall on the ending of the infinitive and if there are two or more consonants preceding the ending of the third person plural, the imperative also ends in **–и, –ите**, e.g. (infinitive **испо́лнить**) **испо́лни, испо́лните.**

If the stress does not fall on the ending of the infinitive and if there is only one consonant preceding the ending of the third person plural, the imperative ends in **–ь, –ьте**, e.g. (infinitive **тро́нуть**) **тронь, тро́ньте**; (infinitive **пла́кать**) **плачь, пла́чьте.**

Where a vowel precedes the ending of the third person plural (this does not apply to verbs in **–ить**) the imperative ends in **–й, –йте**, e.g. (infinitive **чита́ть**) **чита́й, чита́йте**; (infinitive **та́ять**) **тай, та́йте**; (infinitive **боя́ться**) **бо́йся, бо́йтесь.**

There are two exceptions to this:

1. Verbs in **–ить** have an imperative in **–и**, **–ите** even if a vowel precedes the ending of the third person plural, e.g. (infinitive **таить**) **таи́, таи́те**.
2. Verbs with the prefix **вы** normally have an **–и**, **–ите** ending in the imperative.

It should be noted, however, that where verbs with the prefix **вы** are formed from verbs with an unstressed ending, an imperative in **–ь**, **–ьте** is also possible, e.g. **вы́мажи, вы́мажь** from **ма́зать**. Similarly, verbs which have a vowel immediately preceding the ending of the third person plural, e.g. **вы́стоят**, may have as an imperative either **вы́стои** or **вы́стой**.

PARTICIPLES AND GERUNDS

The *present active participle* can be formed from the third person plural of the present tense. The endings **–ут**, **–ют**, **–ат**, **–ят** change to **–ущий**, **–ющий**, **–ащий**, **–ящий**.

The stress on the participle of first-conjugation verbs is the same as that on the third person plural of the present tense. For second-conjugation verbs the stress is the same as for the infinitive, e.g. (**нести́**) **несу́т – несу́щий**; (**держа́ть**) **де́ржат – держа́щий**. Any exceptions are given in the text, e.g. **могу́щий**; **ды́шащий**.

The *past active participle* is formed by replacing the **–л** of the past tense with **–вший**. Verbs which end in **–з** or other consonants add **–ший**, e.g. **ослёп – ослё́пший**. Exceptions to the above rule are noted in the text, e.g. **ве́дший** (**вёл**); **ше́дший** (**шёл**); **приобре́вший** (**приобрёл**); **уме́рший** (**у́мер**); **не́сший** or **нёсший** (**нёс**).

The *present gerund* expresses an action which is contemporaneous with the action of the main verb. It is formed from the third person plural of the present tense by replacing the endings **–ут**, **–ют**, **–ат**, **–ят** with **–я** (or **–а** following the letters **ж, ч, ш, щ**). Reflexive verbs have a present gerund in **–сь**, e.g. **боя́сь**. The stress of the present gerund is the same as the stress on the infinitive, e.g. **нести́ – несу́т – неся́**; **дыша́ть – ды́шат – дыша́**; **люби́ть – лю́бят – любя́**. Verbs which end in **–овать** or **–евать**, and monosyllabic verbs, have the same stress as the third person plural. There are a few exceptions, which are given in the text. A few gerunds in **–чи** occur in modern Russian, e.g. (from **быть**) **бу́дучи**. These are also noted in the text, as well as verbs with no present gerund or verbs the present gerund of which is not used.

In the *past gerund* the action of the verb precedes the action of the main verb. For this reason almost all past gerunds are formed from perfective verbs. The ending **–вший** or **–ший** of the past active participle is replaced by **–вши** or **–ши**, e.g. **прочита́вший – прочита́вши**. Non-reflexive verbs may have a literary form in **–в**, e.g. **прочита́в**. Reflexive verbs have only the ending **–вшись**.

Some perfective verbs form a gerund in **–а** or **–я** from the third person plural of the future tense, e.g. **принеся́**. These forms are conversational. Verbs ending in **–ить** (if **и** is a part of the infinitive ending) and **–ти** may have this form. In popular speech verbs in **–иться** also occur in this form, e.g. **не спрося́сь – не спроси́вшись**, as well as compounds of **идти́**. In the latter case this form is to be preferred to the usual **–вши**, e.g. **пройдя́** is better than **проше́дши**. Such gerunds also occur in a number of fixed expressions such as **сломя́ го́лову**, **спустя́ рукава́**, **погодя́ немно́го**, **немно́го спустя́**, **рази́ня рот**, etc.

The *past participle passive* of first-conjugation verbs ending in **–ать, –еть, –ять** is formed from the infinitive with the suffix **–нн–** and retains the vowel of the infinitive, e.g. **прочи́танный, осмо́тренный, поте́рянный**. The stress falls almost always on the penultimate syllable preceding the suffix, with the exception of verbs prefixed by **вы–**. This prefix always carries the stress, e.g. **вы́читанный**. The short forms retain the same stress as long forms and have only one **н**, e.g. **прочи́тан, прочи́тана, прочи́тано; прочи́таны.**

Verbs in **–ереть, –оть, –уть, –ыть** have the suffix **–т–** in the past participle passive, e.g. **за́пертый, зако́лотый, со́гнутый, откры́тый**. The short forms end in **–т, –та, –то; –ты.**

In the same way the past participle passive of verbs with monosyllabic stems in **–ать, –еть, –ить, –ять** end in **–тый**, etc., e.g. **нача́ть – на́чатый; подогре́ть – подогре́тый; поби́ть – поби́тый**. The stress is usually the same as for the masculine form of the past tense, e.g. **о́тнял – о́тнятый**. With verbs in **–нуть** (stressed), **–олоть** and **–ороть**, however, the stress moves back one syllable, cf. **распоро́л – распо́ротый**. The stress of the short forms is often mobile and wherever it differs from the long form is given in the text.

Verbs of the second conjugation in **–ить** have a past passive participle in **–енный**. The consonant preceding this ending is the same as that of the first person singular of the future tense, e.g. **заплати́ть – заплачу́ – запла́ченный**. If the stress is constant in the future tense the same syllable will usually be stressed in the past passive participle, e.g. **обнару́жить – обнару́жу – обнару́женный; приговори́ть – приговорю́ – приговорённый**. Where the endings of the future tense are stressed, however, the stress on the past passive participle may move back one syllable, e.g. **разряди́ть – разряжу́ – разря́женный.**

If the stress of the future tense is mobile the stress on the past passive participle usually moves back one syllable. Exceptions to the above are included in the text entries.

Verbs with the infinitive in **–ти** form a past passive participle in **–енный**. The consonant preceding this ending is the same as in the first person singular of the future, e.g. **унести́ – унесу́ – унесённый; увести́ – уведу́ – уведённый.**

Verbs in **–чь** also form the past passive participle in **–енный** but retain the consonant of the *second* person singular of the future, e.g. **подже́чь – подожжёшь – подожжённый; пропе́чь – пропечёшь – пропечённый.**

The stress of the past passive participles of verbs with infinitives in **–ти** and **–чь** is normally on the **–е–** preceding the suffix **–нн–**.

The short forms of the past passive participle of second-conjugation verbs in **–ить** and verbs in **–ти** and **–чь** are stressed on the endings if the vowel **е** preceding the suffix **–нн–** carries stress, e.g. **приговорён, –а́, –о́; –ы́**. Otherwise the stress of the short forms remains on the same syllable as for the long forms.

ADVERBS

Generally speaking, adverbs are not included in the dictionary. The most common types are as follows:

1. Adverbs which coincide in form and stress with the neuter short form of

adjectives, e.g. **сла́бо** from **сла́бый**. Any differentiation in stress between the adverb and the short form of the adjective is noted in the text.

2. Adverbs in **–е** from participles in **–щий**.
3. Adverbs in **–ски** from adjectives in **–ский**, **–ской**, e.g. **автомати́чески**.
4. Adverbs with the prefix **по-**, e.g. **по-ра́бски, по-хоро́шему**.

Certain words used impersonally and predicatively which are not true adverbs, e.g. **жаль, жа́рко, зави́дно, хо́лодно**, etc., are marked *adv impers* in the dictionary.

Adverbs formed regularly from adjectives are not normally given in the dictionary.

COMPARISON OF ADJECTIVES AND ADVERBS

The Comparative. Comparative adjectives and adverbs are formed from the positive form of the adjective by removing the ending **–ый** or **–ий** and adding **–ее** (the regular form), **–ей** (a poetical and conversational variant of **–ее**) or **–е**, e.g. **вку́сный – вкусне́е (вкусне́й)**; **бога́тый – бога́че**; **высо́кий – вы́ше**. This form of comparison is invariable.

The analytical comparative is formed by using the adverb **бо́лее** (also **ме́нее**) with the positive of the adjective as in English.

Descriptive adjectives have the comparative form in **–ее**. If the ending of the feminine short form of the adjective is stressed then the first **е** of the comparative ending will also carry stress, e.g. **бела́ – беле́е**. Otherwise the stress falls on the same syllable as on the positive adjective, e.g. **краси́вый – краси́вее**.

The suffix **–е** is used with a limited number of common adjectives. A number of mutations of the stem-consonant occur: **в – вл, г – ж, д – ж, з – ж, к – ч, ст – щ, т – ч, х – ш.**

In the case of a few adjectives with the suffixes **–к** and **–ок** the comparative is formed directly from the stem, e.g. **коро́ткий – коро́че**.

A small number of adjectives form comparatives with the suffixes **–ше**, **–ще** and **–же**:

Positive adjective	*Adverb*	*Comparative*
бли́зкий	**бли́зко**	**бли́же**
бога́тый	**бога́то**	**бога́че**
бо́йкий	**бо́йко**	**бо́йче, бойче́е**
высо́кий	**высо́ко́**	**вы́ше**
га́дкий	**га́дко**	**га́же**
гла́дкий	**гла́дко**	**гла́же**
глубо́кий	**глубо́ко́**	**глу́бже**
го́рький	**го́рько**	**го́рче**
гро́мкий	**гро́мко**	**гро́мче**
густо́й	**гу́сто**	**гу́ще**
далёкий	**далеко́**	**да́льше, да́лее**
дешёвый	**дёшево**	**деше́вле**
до́лгий	**до́лго**	**до́льше, до́лее**
дорого́й	**до́рого**	**доро́же**

Positive adjective	*Adverb*	*Comparative*
жа́лкий	**жа́лко**	**жа́льче**
жа́ркий	**жа́рко**	**жа́рче**
жёсткий	**жёстко**	**жёстче**
жи́дкий	**жи́дко**	**жи́же**
коро́ткий	**ко́ротко̀**	**коро́че**
кра́ткий	**кра́тко**	**кра́тче**
кре́пкий	**кре́пко**	**кре́пче**
круто́й	**кру́то**	**кру́че**
лёгкий	**легко́**	**ле́гче**
ло́вкий	**ло́вко**	**ло́вче, ловче́е**
ме́лкий	**ме́лко**	**ме́льче**
молодо́й	**мо́лодо**	**моло́же**
мя́гкий	**мя́гко**	**мя́гче**
ни́зкий	**ни́зко**	**ни́же**
по́здний	**по́здно**	**поздне́е, по́зже**
просто́й	**про́сто**	**про́ще**
пры́ткий	**пры́тко**	**пры́тче**
ра́нний	**ра́но**	**ра́ньше, ра́нее**
ре́дкий	**ре́дко**	**ре́же**
сла́дкий	**сла́дко**	**сла́ще**
сухо́й	**су́хо**	**су́ше**
стро́гий	**стро́го**	**стро́же**
твёрдый	**твёрдо**	**твёрже**
ти́хий	**ти́хо**	**ти́ше**
то́лстый	**то́лсто**	**то́лще**
то́нкий	**то́нко**	**то́ньше**
туго́й	**ту́го**	**ту́же**
у́зкий	**у́зко**	**у́же**
хру́пкий	**хру́пко**	**хру́пче**
худо́й	**ху́до**	**худе́е, ху́же**
широ́кий	**широко́**	**ши́ре**
ча́стый	**ча́сто**	**ча́ще**
чи́стый	**чи́сто**	**чи́ще**
я́ркий	**я́рко**	**я́рче**

A few adjectives have irregular forms:

Positive adjective	*Adverb*	*Comparative*
большо́й	–	**бо́льше, бо́лее** (*adverb*)
ма́лый	**ма́ло**	**ме́ньше, ме́нее** (*adverb*)
ма́ленький	**мале́нько**	
плохо́й	**пло́хо**	**ху́же**
хоро́ший	**хорошо́**	**лу́чше**

There are a few adjectives which form a special declinable comparative: **бо́льший**, greater; **ме́ньший**, less. These are used in abstract expressions, e.g. **в ме́ньшей сте́пени**.

Similarly there are **вы́сший**, superior, supreme, higher; and **ни́зший**, inferior, lower. These occur usually as superlatives but are occasionally used as comparatives, e.g.: **вы́сшее образова́ние**, higher education; **в вы́сшей сте́пени**, to the highest degree.

Two others are **мла́дший**, junior, younger, youngest; and **ста́рший**, senior, elder, eldest.

The Superlative. The analytical form of the superlative consists of the positive of the adjective preceded by **са́мый** (neuter **–ое**, feminine **–ая**; plural **–ые**), e.g. **са́мый высо́кий. Са́мый** can also combine with the comparative adjective in **–ший** so that the parallel forms **са́мый хоро́ший** and **са́мый лу́чший** carry more or less equal force.

The declinable superlative is formed from the positive with the suffix **–ейший** (**–айший** following **ж, ч, ш, щ**), e.g. **нове́йший, высоча́йший**. The forms in **–айший** involving a mutation of the preceding consonant are given in the dictionary where still in common use. The declinable superlative can only be formed from adjectives which have a suffixal comparative. The stress is on the same syllable as in the comparative, e.g. **бедне́е – бедне́йший**. This superlative can have two meanings:

1. **Бедне́йшая страна́** expresses the absolute superlative with no comparative force, i.e. a very poor country.
2. **Бедне́йшая из европе́йских стран** retains the idea of comparison, i.e. the poorest of the European countries.

The prefix **наи-** may be added to the suffixal superlative of adjectives, to a few comparative adjectives and to a few adverbs to intensify the meaning, e.g. **наиспосо́бнейший челове́к, наибо́лее дорого́й това́р, ма́сло наилу́чшего ка́чества**, etc.

LIST OF ABBREVIATIONS

abbr	abbreviation
ac	acoustics
acc	accusative
adj	adjective
adv	adverb
aer	aeronautics
aff	affectionate
agr	agriculture
Am	American
anat	anatomical
anthrop	anthropology
antiq	antiquity
ar	archaic
arch	archaeology
archi	architecture
art	article
arts	in the arts
astrol	astrology
astron	astronomy
attrib	attributive
aux	auxiliary
av	aviation
bibl	biblical
bioch	biochemistry
biol	biology
bot	botany
bui	building
cap	capital letter
carp	carpentry
cer	ceramics
chem	chemistry
cin	cinema
class	classical
coll	colloquial
collect	collective
comm	commerce
comp	comparative
comput	computer
concr	concrete
conj	conjunction
cont	contemptuous
contr	contraction
corr	corruption of
cul	culinary
dat	dative
def	definite
dem	demonstrative
det	determinate
dial	dialect
dim	diminutive
disappr	disapproving
eccles	ecclesiastical
econ	economics
eg	for example
elect	electricity
emph	emphasis, emphatic
eng	engineering
ent	entomology
esp	especially
euph	euphemistic
exclam	exclamation
expl	expletive
f	feminine
fac	facetious(ly)
fig	figurative
fin	financial
freq	frequentative
fut	future
g	gram(me)
gen	genitive
geneal	genealogy
geod	geodesy
geog	geography
geol	geology
geom	geometry
ger	gerund
govt	government
gramm	grammar
her	heraldry
hist	history, historical
hort	horticulture
i	intransitive
ie	that is
imp	imperative
impers	impersonal
impf	imperfective
incl	including
incorr	incorrect (usage)
ind	indicative
indecl	indeclinable
indef	indefinite
indet	indeterminate
infin	infinitive
instr	instrumental
inter	interrogative
interj	interjection
iron	ironical
joc	jocular(ly)
l	litre
lang	language
leg	legal
ling	linguistics
lit	literary
liturg	liturgical
log	logic
m	masculine
magn	magnetism
math	mathematics
mech	mechanics
med	medical
met	metaphysics
metal	metallurgy
meteor	meteorology
mil	military
min	mineralogy
mot	motoring
mus	music
myth	mythology
n	noun
N	North
nat	natural history
naut	nautical
nav	navigation

neg	negative
neut	neuter
nom	nominative
num	numeral
numis	numismatics
obs	obsolete
occ	occasionally
offic	official
opp	opposite
opt	optics
orig	originally
orni	ornithology
part	participle
partic	particle
pass	passive
path	pathology
pej	pejorative
pers	person
pf	perfective
phil	philology
philos	philosophy
phon	phonetics
phot	photography
phr	phrase
phys	physics
physiol	physiology
pl	plural
poet	poetic(al)
pol	politics
pol ec	political economy
pop	popular(ly)

pos	positive
poss	possessive
ppp	past participle
	passive
pr	pronoun
pred	predicative
pref	prefix
prep	preposition(al)
pres	present
print	printing
pros	prosody
prov	proverb
psych	psychology
qv	quod vide
rad	radio
RC	Roman Catholic
refl	reflexive
rel	relative
relig	religion
rhet	rhetoric(al)
rlwy	railway
Rus	Russian
S	South
sci	science
sculp	sculpture
sem pf	semelfactive
	perfective
sing	singular
sl	slang
s.o.	someone

sp	sport
st	statistics
s'th	something
subj	subjunctive
suff	suffix
superl	superlative
sur	surveying
surg	surgery
t	transitive
tech	technical
tel	telegraphy
text	textiles
theat	of the theatre
theol	theology
theos	theosophy
tr	trade name
trig	trigonometry
typ	typography
US	United States
usu	usually
v	verb
var	various
v/aux	auxiliary verb
vi	verb intransitive
vt	verb transitive
vet	veterinary
voc	vocative
vulg	vulgar
zool	zoology

(Russian) -л. = **-либо** (particle used in the compounds **гдé-либо**, **какóй-либо**, **ктó-либо**, wherever, however, whoever, respectively)

THE ENGLISH AND RUSSIAN ALPHABETS

ENGLISH

A a	B b	C c	D d	E e	F f	G g	H h	I i	J j
K k	L l	M m	N n	O o	P p	Q q	R r	S s	T t
U u	V v	W w	X x	Y y	Z z				

RUSSIAN

А а	Б б	В в	Г г	Д д	Е е (Ё ё)		Ж ж	З з	И и
Й й	К к	Л л	М м	Н н	О о	П п	Р р	С с	Т т
У у	Ф ф	Х х	Ц ц	Ч ч	Ш ш	Щ щ	Ъ ъ	Ы ы	Ь ь
Э э	Ю ю	Я я							

The Russian letters are pronounced as follows:

А **а** Rather like the 'a' in 'ask' but shorter.

Б **б** Like the 'b' of 'bark' but less emphatic.

В **в** Like the 'v' of 'void'.

Г **г** Like the 'g' in 'gate' but rather less energetic.

Д **д** Not quite the same as the English 'd'. The tip of the tongue is pressed against the back of the upper teeth.

Е **е** Like 'ye' in 'yes'. The letter **ё** is pronounced like 'yo' in 'yonder'. The Russian **е** and **ё** represent a single letter in the alphabet, although they are pronounced differently.

Ж **ж** Similar to the 's' of 'fusion' or 'leisure' (cf. French 'j' in 'je').

З **з** Like the 'z' in 'zebra'.

И **и** Close to 'ea' in 'each' but somewhat shorter. Although **и** is what is called a soft vowel it is not pronounced with a 'y' sound before it.

Й **й** This sound is always used in combination with another vowel. Following another vowel it may form a diphthong as in **бой** (battle). Cf. English 'boy'. Between vowels or at the beginning of a few words of foreign origin it represents a 'y' sound. **Йорк** (York), **район** (area).

К **к** Like the 'k' in 'kick' but rather less energetically pronounced. In English the sound is often accompanied by a slight aspiration. In Russian this must be avoided.

Л **л** Rather like the 'l' in 'able' but pronounced harder. Make the sound 'oo' as in 'mood', then keeping the tongue in the same position pronounce an 'l'. The back part of the tongue has to be raised to the roof of the mouth and the front part pressed against the back of the upper teeth.

М **м** Like the 'm' in 'mother' but rather less emphatic.

Н	**н**	Not quite the same as the English 'n'. The tip of the tongue should be pressed against the back of the upper teeth as with **д** and **т**.
О	**о**	Rather like 'aw' of 'law' but considerably shorter. The lips should be much more rounded than with the English 'o'. Avoid pronouncing it like the English 'o' in 'no'.
П	**п**	Like the 'p' in 'pace' but without the slight aspiration present in the English letter.
Р	**р**	The Russian **р** is trilled and has a clear distinct sound, whereas the English 'r' often tends to disappear. The Russian letter is produced by vibrating the tip of the tongue against the inside of the mouth above the upper teeth.
С	**с**	Like the 's' in 'sun'.
Т	**т**	Not quite the same as the English 't'. As with **д** and **н** the tip of the tongue should be pressed against the back of the upper teeth, but without the slight aspiration present in the English letter.
У	**у**	Rather like the 'oo' in 'mood' but with rounded lips pushed forward.
Ф	**ф**	Close to the 'f' in 'false' but less energetically pronounced.
Х	**х**	This letter is close to the sound of 'ch' in the Scottish 'loch'. Try pronouncing the letter 'k' whilst expelling a stream of air, but without changing the position of the tongue.
Ц	**ц**	Very close to 'ts' in 'bits' or German 'z' in 'zehn'.
Ч	**ч**	Like the 'ch' in 'church' but somewhat softer.
Ш	**ш**	Like 'sh' in 'shop' but pronounced with tongue rather lower than when making the English sound 'sh'.
Щ	**щ**	Close to English 'shch' in 'fresh cheese'.
Ъ	**ъ**	The hard sign. It indicates that the consonant preceding it is not pronounced soft and that the following soft vowel has the full 'y' value in front of it.
Ы	**ы**	May present some difficulty at first. It may be achieved by pronouncing **и** much further back, the sound coming from the throat. Alternatively shape the mouth as though you were going to say **и** and then try to say 'oo' as in 'boot'.
Ь	**ь**	The soft sign. Used at the end of a word or before another consonant to show that a consonant is soft without its being followed by a soft vowel.
Э	**э**	Close to the vowel 'e' in the word 'set' but the tongue is rather lower in Russian.
Ю	**ю**	Close to 'you'.
Я	**я**	The sound 'a' preceded by a 'y' sound. Cf. 'ya' in 'yard' pronounced rather shorter.

ENGLISH–RUSSIAN DICTIONARY

A

aardvark трубкозу́б
aardwolf земляно́й волк
aback: take ~ (*embarrass*) смуща́ть; (*surprise*) засти́гнуть *pf* врасплóх
abacus *math, archi* аба́к(а); (*Russian*) счёты *m pl*
abaft 1. *adv* на кормé **2.** *prep* сза́ди, позади́ (+ *gen*), за (+ *instr*)
abalone морско́е у́хо
abandon 1. *n* непринуждённость *f* **2.** *v* (*leave*) оставля́ть, покида́ть; ~ **ship** покида́ть кора́бль; (*give up*) броса́ть, отка́зываться от (+ *gen*); ~ **oneself to** предава́ться (+ *dat*)
abandoned (*left*) поки́нутый; (*neglected*) забро́шенный; (*profligate*) распу́тный
abandonment оставлéние
abase унижа́ть; ~ **oneself** унижа́ться
abasement униже́ние
abash смуща́ть, конфу́зить; **he was ~ed** он был смущён, он смути́лся
abashment смуще́ние
abate (*reduce*) уменьша́ть(ся); (*lower*) снижа́ть(ся); (*of wind etc*) утиха́ть, унима́ться; (*calm*) успока́ивать(ся)
abatement уменьше́ние; сниже́ние; *leg* аннули́рование, отме́на
abattoir скотобо́йня
abbess аббати́сса, настоя́тельница же́нского монастыря́
abbey абба́тство, монасты́рь *m*
abbot абба́т
abbreviate сокраща́ть(ся)
abbreviation сокраще́ние
abdicate (*from throne*) отрека́ться (от престо́ла); (*renounce*) отка́зываться (от + *gen*)
abdication отрече́ние (от престо́ла); отка́з (от + *gen*)
abdomen (*belly*) живо́т; *anat* брюшна́я по́лость *f*; (*of insect*) брюшко́
abdominal брюшно́й, абдомина́льный; ~ **belt** набрю́шник; ~ **wall** сте́нка живота́
abduct похища́ть
abduction похище́ние
abeam на тра́верзе (**of,** + *gen*)
abed в посте́ли
aberrant заблужда́ющийся; *biol* аберра́нтный
aberration (*error*) заблужде́ние; (*deviation*) отклоне́ние; (*mental*) помраче́ние ума́; *tech, sci* аберра́ция
abet (*incite*) подстрека́ть; (*aid*) соде́йствовать (+ *dat*)
abettor подстрека́тель *m*, посо́бник
abeyance (*suspension*) вре́менная отме́на; **in ~** вре́менно отменённый; (*without claimant*) без претенде́нта
abhor ненави́деть; *coll* **I ~ …** я терпе́ть не могу́ …
abhorrence отвраще́ние (**of, for,** к + *dat*)
abhorrent отврати́тельный, ненави́стный (**to,** + *dat*)
abide (*dwell*) жить, пребыва́ть; (*endure*) **he can't ~ them** он их не выно́сит; ~ **by** (*fulfil*) выполня́ть; (*observe*) соблюда́ть; (*be faithful to*) остава́ться ве́рным (+ *dat*)
abiding постоя́нный
ability (*proficiency, cleverness, often pl*) спосо́бность *f* (*often pl*; **in, for** к + *dat*); **a man of great ~** о́чень спосо́бный челове́к, челове́к с больши́ми спосо́бностями; (*capability*) уме́ние; **the ~ to read** уме́ние чита́ть
abject (*appearance etc*) жа́лкий; (*downcast*) уны́лый; (*servile*) ни́зкий; (*fear, poverty*) кра́йний
abjure отрека́ться от (+ *gen*); *leg* отрица́ть под прися́гой
ablative аблят́ив
ablaut абля́ут
ablaze (*on fire*) в огне́, горя́щий; **be ~** горе́ть; *fig* пыла́ть, горе́ть (**with,** + *instr*); **be ~ with lights** сверка́ть огня́ми
able (*capable*) спосо́бный; (*well, healthy*) здоро́вый; *naut* ~ **seaman** матро́с пе́рвого кла́сса; **be ~ to** (*be in position to, capable of*) мочь, быть в состоя́нии; (*know how to*) уме́ть; **~-bodied** здоро́вый, работоспосо́бный
ablution омове́ние *also eccl*; *pl* **perform one's ~s** мы́ться
ably уме́ло
abnegate (*deny oneself*) отка́зывать себе́ (в + *pr*); (*renounce*) отрица́ть
abnegation отрица́ние; **self-~** самоотрече́ние
abnormal ненорма́льный; *sci, lit* анома́льный
abnormality ненорма́льность *f*; *sci, lit* анома́лия
aboard (*in ship, plane*) на борту́ (+ *gen*); (*into ship, plane*) на́ борт (+ *gen*); (*in other vehicles*) в (+ *prep*; + *acc*); **go ~** сади́ться на (+ *acc*)
abode (*dwelling*) жили́ще; (*haunt*) прию́т; (*lair*) ло́говище
abolish (*end, rescind*) отменя́ть; (*do away with*) уничтожа́ть, ликвиди́ровать
abolition отме́на; уничтоже́ние; ~ **of slavery** уничтоже́ние ра́бства
A-bomb а́томная бо́мба
abominable (*detestable*) отврати́тельный; *coll* (*awful*) ужа́сный; ~ **snowman** стра́шный сне́жный челове́к, йе́ти *m indecl*
abominate ненави́деть; *coll* не выноси́ть
abomination (*revulsion*) отвраще́ние; **hold in ~** пита́ть отвраще́ние (к + *dat*); (*disgusting thing, act*) ме́рзость *f*; *bibl* **the ~ of desolation** ме́рзость *f* запусте́ния; (*monstrosity*) чудо́вище
aboriginal 1. *n* тузе́мец, абориге́н **2.** *adj* тузе́мный, абориге́нный
aborigines тузе́мцы *m pl*, абориге́ны *m pl*
abort 1. *n* (*space tech*) авари́йное прекраще́ние **2.** *v* (*miscarry*) име́ть вы́кидыш; (*cause abortion*) вызыва́ть або́рт; (*fail*) терпе́ть неуда́чу; (*end prematurely*) преждевре́менно прекраща́ть(ся)
abortifacient 1. *n* aборти́вное сре́дство **2.** *adj* аборти́вный
abortion або́рт, (*esp involuntary*) вы́кидыш
abortionist подпо́льный акушёр, *coll* абортма́хер
abortive (*unsuccessful*) неуда́вшийся; (*fruitless*) беспло́дный; (*vain*) тще́тный
abound (*have in plenty*) изоби́ловать (**in, with,** + *instr*); (*swarm with*) кише́ть (+ *instr*); (*be full*

of) быть по́лным (+ *gen*); (*be plentiful*) находи́ться, име́ться в большо́м коли́честве/в изоби́лии

abounding изоби́льный

about 1. *adv* (*everywhere*) повсю́ду; (*around*) вокру́г, круго́м; (*more or less*) бо́лее или ме́нее; (*almost*) почти́; (*approximately*) о́коло (+ *gen*), приблизи́тельно, (*also expressed by inverting order of numeral and noun*: **at ~ 8 o'clock** часо́в в во́семь); **be ~ to** собира́ться (+ *infin*) **2.** *prep* (*around*) вокру́г (+ *gen*); (*hither and thither*) по (+ *dat*); **we walked ~ the town** мы ходи́ли по го́роду; **he went ~ his business** он пошёл по свои́м дела́м; (*concerning*) о, об, обо (+ *prep*), про (+ *acc*), насчёт (+ *gen*); (*approximately at*) о́коло (+ *gen*); (*near*) о́коло, у (+ *gen*); **what ~ ...?** как насчёт ...?; **there was something odd ~ her** в ней бы́ло что́-то стра́нное; *mil* **~ turn!** круго́м! (*for use after certain verbs see verb entry*)

above 1. *n* **the ~**; (*person*) вышеупомя́нутый **2.** *adj* (*aforementioned*) вышеупомя́нутый, вышеука́занный **3.** *adv* (*higher; earlier in text*) вы́ше; (*in higher place; upstairs*) наверху́; (*to higher place; upstairs*) наве́рх; **from ~** све́рху **4.** *prep* (*over*) над (+ *instr*); (*more than; higher than*) вы́ше, бо́льше (+ *gen*), (*numerically*) свы́ше (+ *gen*); **~ all** бо́льше всего́, в пе́рвую о́чередь

above-mentioned вышеупомя́нутый, вышеука́занный

abracadabra абракада́бра

abrade (*rub off*) стира́ть; (*skin*) сдира́ть; *tech* шлифова́ть

abrasion (*rubbing*) истира́ние; (*on skin*) сса́дина; *tech* шлифова́ние; *geol* абра́зия

abrasive 1. *n* абрази́в **2.** *adj* (*to skin*) обдира́ющий; *tech* абрази́вный; *fig* (*of manner etc*) ре́зкий

abreaction абреа́кция

abreast в ряд, ря́дом; **keep ~ of** не отстава́ть от (+ *gen*), идти́ в но́гу с (+ *instr*)

abridge сокраща́ть

abridgement сокраще́ние

abroad (*in foreign place*) за грани́цей; (*destination*) за грани́цу; **from ~** из-за грани́цы; (*in the open*) на дворе́, на у́лице; **be, go ~** (*be up and about*) вы́йти *pf* и́з-дому; (*of ideas, rumours etc*) ходи́ть, распространя́ться

abrogate отменя́ть, аннули́ровать

abrogation отме́на, аннули́рование

abrupt (*sudden*) внеза́пный; (*unexpected*) неожи́данный; (*jerky*) поры́вистый; (*brusque*) ре́зкий; (*steep*) круто́й

abruptness внеза́пность *f*; неожи́данность *f*; поры́вистость *f*; ре́зкость *f*

abscess навры́в, абсце́сс

abscissa абсци́сса

abscond скрыва́ться, *coll* удира́ть (**from,** от + *gen*)

absence отсу́тствие; **be conspicuous by one's ~** блиста́ть свои́м отсу́тствием; **in his ~** в его́ отсу́тствие; **in the ~ of** в отсу́тствие (+ *gen*); (*lacking sth*) за неиме́нием (+ *gen*); **~ of mind** рассе́янность *f*; **~ from work** прогу́л

absent 1. *adj* отсу́тствующий; **be ~** отсу́тствовать **2.** *v* **~ oneself** отсу́тствовать (**from** на, в + *prep*), уклоня́ться (**from,** от + *gen*)

absentee отсу́тствующий; (*worker*) прогу́льщик

absenteeism абсентеи́зм; (*from work*) прогу́л

absently рассе́янно

absent-minded рассе́янный

absent-mindedness рассе́янность *f*

absinthe *bot* полы́нь го́рькая; (*drink*) абсе́нт

absolute 1. *n* абсолю́т **2.** *adj* (*complete*) по́лный, соверше́нный, абсолю́тный; *gramm, pol, sci* абсолю́тный; (*unqualified*) безусло́вный

absolutely соверше́нно, вполне́, абсолю́тно; *as interj* абсолю́тно!

absolution *rel* отпуще́ние грехо́в; (*forgiveness*) проще́ние

absolutism абсолюти́зм

absolve проща́ть; **~ from** (*obligation etc*) освобожда́ть от (+ *gen*); *rel* отпуска́ть грехи́

absorb (*soak up*) впи́тывать, поглоща́ть; *fig* поглоща́ть; **be ~ed in** быть поглощённым (+ *instr*), быть погружённым в (+ *prep*); *tech* абсорби́ровать

absorbent 1. *n* поглоти́тель *m*, абсорбе́нт **2.** *adj* поглоща́ющий, абсорби́рующий; (*hygroscopic*) гигроскопи́ческий

absorber поглоти́тель *m*; **shock-~** амортиза́тор

absorbing (*engrossing*) увлека́тельный

absorption поглоще́ние; (*in thought*) погружённость *f* (**in,** в + *prep*), сосредото́ченность *f*

abstain возде́рживаться (**from,** от + *gen*)

abstainer (*teetotaller*) тре́звенник, непью́щий; (*in vote*) воздержа́вшийся

abstemious (*not self-indulgent*) возде́ржанный; (*moderate*) уме́ренный

abstemiousness возде́ржанность *f*

abstention воздержа́ние (**from,** от + *gen*); (*non-voting*) отка́з от голосова́ния; (*non-voter*) воздержа́вшийся

abstinence (*restraint*) возде́ржанность *f*; (*refraining from*) воздержа́ние (от + *gen*); (*from drink*) тре́звенность *f*; *rel* **day of ~** по́стный день *m*

abstinent возде́ржанный, уме́ренный

abstract 1. *n* (*summary*) резюме́ *neut indecl*, конспе́кт; (*of book, article*) аннота́ция; (*extract*) вы́писка, вы́держка; (*piece of art*) абстракциони́стское произведе́ние, *coll* абстракциони́зм; **in the ~** абстра́ктно **2.** *adj* отвлечённый, абстра́ктный; **~ art** абстракциони́зм; **~ artist** абстракциони́ст **3.** *v* (*summarize*) сумми́ровать, резюми́ровать; (*remove*) отнима́ть; (*extract*) извлека́ть; *philos* абстраги́ровать

abstracted (*in thought*) погружённый в мы́сли; (*absent-minded*) рассе́янный

abstraction (*concept*) абстра́кция, отвлечённое поня́тие; (*making abstract*) абстраги́рование; (*removal*) отня́тие; *euph* (*theft*) кра́жа; (*mental absorption*) погружённость *f* в мы́сли; (*absent-mindedness*) рассе́янность *f*

abstruse (*deep*) глубо́кий; (*obscure*) неудобопоня́тный; (*hidden*) скры́тый

absurd 1. *n* **the ~** абсу́рд; **theatre of the ~** теа́тр абсу́рда **2.** *adj* (*ridiculous*) абсу́рдный, неле́пый; (*risible*) смешно́й; (*senseless*) бессмы́сленный

absurdity неле́пость *f*, абсу́рдность *f*, абсу́рд

abundance (*plenty*) изоби́лие; (*wealth*) бога́тство; (*surfeit*) избы́ток

abundant оби́льный, изоби́льный (**in,** + *instr*)

abuse 1. *n* (*malpractice; misuse*) злоупотребле́ние (**of,** + *instr*); (*reviling*) брань *f*, ру́гань *f* **2.** *v* (*misuse*) злоупотребля́ть (+ *instr*); (*revile*) руга́ть, брани́ть; (*insult*) оскорбля́ть

abusive оскорби́тельный, бра́нный; **~ language** брань *f*, руга́тельства *neut pl*; **he became ~** он стал брани́ться

abut примыка́ть (**on,** к + *dat*), грани́чить (**on,** с + *instr*)

abutment (*junction*) примыка́ние; *bui* усто́й
abysmal бездо́нный; *coll fig* ужа́сный, кра́йний
abyss (*chasm*) бе́здна, про́пасть *f*; (*the deep*) пучи́на; (*nether regions*) преиспо́дняя
Abyssinia Абисси́ния, Эфио́пия
Abyssinian 1. *n* абисси́нец, эфио́пец, *f* абисси́нка, эфио́пка **2.** *adj* абисси́нский, эфио́пский
acacia ака́ция
academia нау́чные круги́ *m pl*
academic 1. *n* (университе́тский) преподава́тель *m* **2.** *adj* академи́ческий; (*of university*) университе́тский; ~ **year** уче́бный год
academician акаде́мик
academicism, academism академи́зм
academy акаде́мия; **the Academy of Sciences** Акаде́мия нау́к
acanthus 1. *n bot* ака́нт, медве́жья ла́па; *archi* ака́нт **2.** *adj* ака́нтовый
accede (*agree*) соглаша́ться (**to,** с + *instr*); (*join*) присоединя́ться (**to,** к + *dat*); (*to post, office*) вступа́ть (**to,** в + *acc*); ~ **to the throne** взойти́ *pf* на престо́л
accelerate ускоря́ть(ся)
acceleration ускоре́ние
accelerator ускори́тель *m*; (*of car*) акселера́тор, педа́ль *f* акселера́тора; *chem* катализа́тор
accent 1. *n* (*of speech*) акце́нт; **have an** ~ говори́ть с акце́нтом; (*stress*) ударе́ние; **with the** ~ **on** с ударе́нием на (+ *prep*); *typ* диакрити́ческий знак **2.** *v* (*place* ~) ста́вить ударе́ние (на + *prep*); *ling* акценти́ровать; (*emphasize*) подчёркивать, де́лать акце́нт на (+ *prep*)
accentuate *see* **accent**
accept (*receive*) принима́ть; (*agree*) соглаша́ться; **I** ~ **that ...** я согла́сен, что ...; (*recognize*) признава́ть; (*admit*) допуска́ть; (*reconcile oneself*) примиря́ться с (+ *instr*); *comm* акцептова́ть
acceptable приє́млемый, допусти́мый
acceptance приня́тие, приём; (*approval*) одобре́ние; *comm* акцептова́ние
accepted (*commonly agreed*) (обще)при́нятый
access (*means of, right of approach*) до́ступ; **easy of** ~ досту́пный; *comp* **random** ~ произво́льный до́ступ; (*passage*) прохо́д; ~ **road** подъездно́й путь *m*; (*of anger etc*) при́ступ
accessibility досту́пность *f*
accessible досту́пный (**to,** + *dat*)
accession вступле́ние (**to,** в + *acc*); ~ **to the throne** восше́ствие на престо́л
accessory 1. *n* (*additional item*) принадле́жность *f* (*usu pl*), аксессуа́р; (*gloves etc*) *usu pl* аксессуа́ры *m pl* (же́нского туале́та); *tech* приспособле́ние; *leg* соуча́стник **2.** *adj* (*additional*) доба́вочный; (*auxiliary*) вспомога́тельный; *leg* соуча́ствующий
accidence морфоло́гия
accident (*chance*) случа́йность *f*; **by** ~ случа́йно; **it was no** ~ **that** не случа́йно; (*mishap*) несча́стье, неприя́тность *f*; (*on road etc*) несча́стный слу́чай; (*crash*) ава́рия
accidental (*by chance*) случа́йный; (*not on purpose*) ненаме́ренный
accidentally (*by chance*) случа́йно; (*not on purpose*) не наро́чно, *coll* ненаро́ком
accident-prone невезу́чий
acclaim 1. *n* во́згласы *m pl* одобре́ния **2.** *v* (*greet*) шу́мно приве́тствовать; (*hail as*) провозглаша́ть (**as,** + *instr*)
acclamation шу́мное одобре́ние
acclimatization акклиматиза́ция
acclimatize акклиматизи́ровать(ся)
accolade акколáда
accommodate (*house*) предоставля́ть жильё (+ *dat*); (*find space for*) помеща́ть; (*lodge*) размеща́ть, устра́ивать; (*adapt*) приспоса́бливать; ~ **oneself** приспоса́бливаться (**to,** к + *dat*); (*supply*) снабжа́ть (**with,** + *instr*); (*help*) помога́ть (+ *dat*); (*bring to agree*) согласо́вывать
accommodating (*obliging*) услу́жливый; (*conciliatory*) примири́тельный
accommodation (*housing*) жильё; (*provision of* ~) предоставле́ние жилья́; (*living space*) жила́я пло́щадь *f*; (*space, premises*) ме́сто, помеще́ние; (*rooms*) ко́мнаты *f pl*; (*apartment*) кварти́ра; (*board and lodging*) стол и ночле́г; (*agreement*) соглаше́ние
accompaniment сопровожде́ние; **to the** ~ **of** под (+ *acc*); *mus* аккомпанеме́нт
accompanist аккомпаниа́тор
accompany сопровожда́ть; (*see off*) провожа́ть; **accompanied by** в сопровожде́нии (+ *gen*); *mus* аккомпани́ровать (+ *dat*)
accomplice соуча́стник, сообщник
accomplish (*complete*) соверша́ть; (*fulfil*) выполня́ть; (*do*) де́лать
accomplished (*talented*) тала́нтливый; (*cultured*) культу́рный, воспи́танный; (*skilled*) иску́сный; **an** ~ **fact** соверши́вшийся факт
accomplishment (*completion*) заверше́ние, выполне́ние; (*achievement*) достиже́ние; (*talent*) тала́нт; (*social polish*) воспи́танность *f*
accord 1. *n* (*assent, harmony*) согла́сие; **with one** ~ единоду́шно; **of one's own** ~ доброво́льно; **of its own** ~ само́ по себе́; (*agreement*) соглаше́ние **2.** *v* (*agree*) соглаша́ться; (*conform*) согласо́вываться (**with,** с + *instr*); (*grant*) предоставля́ть (**to,** + *dat*)
accordance: in ~ **with** в соотве́тствии/согла́сии с (+ *instr*), согла́сно (+ *dat*)
according: ~ **as** соотве́тственно тому́, как; ~ **to** (*in accordance with*) в соотве́тствии с (+ *instr*); согла́сно (+ *dat*); (*on authority of*) согла́сно (+ *dat*), по слова́м (+ *gen*); (*in opinion of*) по мне́нию (+ *gen*)
accordingly (*therefore*) поэ́тому; (*respectively*) соотве́тственно
accordion аккордео́н, гармо́ника
accost (*start conversation*) загова́ривать (с + *instr*); (*stop*) остана́вливать; (*address*) обраща́ться к (+ *dat*); (*solicit, pester*) пристава́ть к (+ *dat*)
account 1. *n* (*story*) расска́з; (*report*) отчёт; **call to** ~ тре́бовать отчёта от (+ *gen*); **give an** ~ **of** дава́ть отчёт о (+ *prep*); *fin* счёт; **bank** ~ счёт в ба́нке; **keep** ~**s** вести́ кни́ги; **on** ~ в креди́т; **on, to the** ~ **of** на счёт (+ *gen*); **settle** ~**s with** рассчи́тываться с (+ *instr*); *fig* свести́ *pf* счёты с (+ *instr*); (*importance*) **of no** ~ незначи́тельный; **of some** ~ немалова́жный; (*consideration*) **on** ~ **of** из-за (+ *gen*); **on no** ~ ни в ко́ем слу́чае; **on your** ~ ра́ди вас; **take into** ~ учи́тывать, принима́ть во внима́ние **2.** *v* (*consider*) счита́ть (**as,** + *instr*); ~ **for** (*explain*) объясня́ть; (*answer for*) отвеча́ть за (+ *acc*)
accountability отве́тственность *f*
accountable (*responsible*) отве́тственный (**to,** пе́ред + *instr*; **for,** за + *acc*); (*explicable*) объ-

яснимый
accountancy счетово́дство
accountant бухга́лтер; **chartered** ~ обще́ственный бухга́лтер; **cost** ~ бухга́лтер-калькуля́тор
accoutre снаряжа́ть
accoutrement *usu pl* снаряже́ние
accredit *dipl* аккредитова́ть (**to,** в + *prep*); (*give authority*) уполномо́чивать; ~**ed agent** уполномо́ченный представи́тель *m*; (*ascribe*) припи́сывать (**to,** + *dat*); (*guarantee*) гаранти́ровать
accretion приро́ст; *geol* аккре́ция
accrue накопля́ться; (*of interest*) нараста́ть
accumulate (*increase*) нака́пливать(ся); (*gather*) скопля́ть(ся)
accumulation накопле́ние; скопле́ние; (*heap*) гру́да
accumulator *elect* аккумуля́тор
accuracy то́чность *f*; (*of aim*) ме́ткость *f*
accurate (*exact*) то́чный; (*correct*) пра́вильный; (*of aim*) ме́ткий
accursed 1. *adj* (*under curse*) про́клятый; (*detestable*) прокля́тый **2.** *p part* про́клятый
accusation обвине́ние (**of,** в + *prep*)
accusative 1. *n* вини́тельный паде́ж **2.** *adj* вини́тельный
accuse обвиня́ть (**of,** в + *prep*)
accused *n and adj* обвиня́емый
accuser обвини́тель *m*
accustom приуча́ть (**to,** к + *dat*); ~ **oneself to** приуча́ться к (+ *dat*)
accustomed привы́чный; **become** ~ **to** привыка́ть к (+ *dat*); **I am** ~ **to** я привы́к к (+ *dat*)
ace (*cards*) туз; **within an** ~ **of** на волосо́к от (+ *gen*), чуть не (+ *v*); (*pilot, driver etc*) ас
acerbic (*to taste*) те́рпкий; (*of speech, character*) ре́зкий
acerbity те́рпкость *f*; ре́зкость *f*
acetate 1. *n* ацета́т **2.** *adj* ацета́тный
acetic у́ксусный; ~ **acid** у́ксусная кислота́
acetone 1. *n* ацето́н **2.** *adj* ацето́новый
acetylene 1. *n* ацетиле́н **2.** *adj* ацетиле́новый; ~ **lamp** карби́дная ла́мпа; ~ **welding** ацетиле́новая сва́рка
ache 1. *n* боль *f* **2.** *v* боле́ть, ныть; **my head** ~**s** у меня́ голова́ боли́т; *fig* ~ **for** жа́ждать (+ *gen* or *infin*)
achievable достижи́мый
achieve (*attain*) достига́ть (+ *gen*); (*strive for, gain*) добива́ться (+ *gen*)
achievement достиже́ние
Achilles Ахилле́с; ~**' heel** ахилле́сова пята́; ~**' tendon** ахилле́сова сухожи́лие
achromatic ахромати́ческий
acid 1. *n* кислота́ **2.** *adj* (*sour*) ки́слый; ~ **drop** ки́слый ледене́ц; (*corrosive*) е́дкий; *chem* кисло́тный; **the** ~ **test** про́бный ка́мень *m*
acidic кисло́тный
acidify окисля́ть(ся)
acidity кисло́тность *f*; е́дкость *f*
acknowledge (*recognize*) признава́ть (**as,** + *instr*); (*confirm*) подтвержда́ть
acknowledgement призна́ние; подтвержде́ние; **in** ~ **of** (*services etc*) в знак благода́рности за (+ *acc*)
acme вы́сшая то́чка; ~ **of perfection** верх соверше́нства
acne прыщи́ *m pl*
acolyte *relig* прислу́жник; (*attendant*) помо́щник
aconite *bot*, *pharm* акони́т
acorn жёлудь *m*
acoustic акусти́ческий, звуково́й; ~**s** аку́стика
acquaint (*inform*) сообща́ть (+ *dat*; **of, with,** о + *prep*); (*familiarize*; *introduce*) знако́мить (**with,** с + *instr*); ~ **oneself with** знако́миться с (+ *instr*); **be** ~**ed with** быть знако́мым с (+ *instr*)
acquaintance знако́мство; (*person*) знако́мый; **make the** ~ **of** познако́миться с (+ *instr*)
acquiesce соглаша́ться (**in,** с + *instr*, or + *infin*)
acquiescence согла́сие
acquiescent (*agreeing*) (молчали́во) соглаша́ющийся; (*compliant*) усту́пчивый
acquire приобрета́ть
acquisition приобрете́ние
acquisitive стяжа́тельный, стяжа́тельский
acquisitiveness стяжа́тельство
acquit (*declare innocent*) опра́вдывать, объявля́ть невино́вным (**of,** в + *prep*); (*absolve*) освобожда́ть (**of,** от + *gen*); ~ **oneself well** отлича́ться
acquittal оправда́ние
acre акр (4046·86 m^2)
acrid е́дкий; (*character*) ре́зкий
acrimonious (*words*) зло́бный, язви́тельный; (*character*) жёлчный
acrimony язви́тельность *f*; жёлчность *f*
acrobat акроба́т
acrobatic акробати́ческий
acrobatics акроба́тика
acronym акрони́м; (*using syllables*) сложносокращённое сло́во
acropolis акро́поль *m*
across (*over*) че́рез (+ *acc*); (*athwart*) попере́к (+ *gen*); (*on other side*) по ту сто́рону, на той стороне́; (*in width*) в ширину́ (*for use after certain verbs see verb entry*)
across-the-board всеобъе́млющий
acrostic акрости́х
acrylic акри́ловый
act 1. *n* (*action*; *deed*) де́йствие, посту́пок; **catch in the** ~ пойма́ть *pf* с поли́чным; *leg* акт; (*decree*) зако́н (**of,** о + *prep*); *theat* (*of play*) де́йствие, акт; (*turn, number*) но́мер; (*pretence*) притво́рство; **put on an** ~ разыгра́ть *pf* сце́ну **2.** *v* (*behave*) вести́ себя́, поступа́ть; (*take action*) принима́ть ме́ры; (*function*) де́йствовать; (*of mechanism*) сраба́тывать; *theat* игра́ть; ~ **a part, role** игра́ть роль; (*pretend*) притворя́ться; ~ **on** де́йствовать, влия́ть на (+ *acc*); *chem* возде́йствовать на (+ *acc*); ~ **up** *coll* (*behave, function badly*) шали́ть
acting 1. *n theat* игра́; (*pretence*) притво́рство **2.** *adj* (*temporary*) вре́менный; (*carrying out duties of*) исполня́ющий обя́занности
actinic актини́ческий
actinium акти́ний
actinometer актино́метр
action (*movement, doing*; *of mechanism*; *of story, play*) де́йствие; **in** ~ в де́йствии; **man of** ~ челове́к де́йствия; **put into** ~ приводи́ть в де́йствие; **take** ~ де́йствовать, принима́ть ме́ры; (*effect*) возде́йствие; (*deed*) посту́пок, де́йствие; *leg* иск; **bring an** ~ **against** возбужда́ть суде́бное де́ло про́тив (+ *gen*); *mil* бой; ~ **stations** боевы́е посты́ *m pl*; **go into** ~ вступа́ть в бой; **put out of** ~ выводи́ть из стро́я; *pl* ~**s** (*behaviour*) поведе́ние; (*activity*) де́ятельность *f*
actionable даю́щий основа́ние для суде́бного пресле́дования

activate (*put into action*) приводи́ть в де́йствие; (*motivate*) побужда́ть; *sci* активи́ровать; (*make radioactive*) де́лать радиоакти́вным; **be ~d by** де́йствовать из-за (+ *gen*)
active (*not passive*) акти́вный; (*energetic*) де́ятельный, энерги́чный; (*lively*) живо́й, бо́дрый; (*effective*) де́йственный; (*of laws, volcanoes*) де́йствующий; *gramm* ~ **voice** действи́тельный зало́г; *mil* **on ~ service** на действи́тельной слу́жбе
activity (*activeness*) акти́вность *f*; (*being busy; actions*) де́ятельность *f*; (*occupation*) заня́тие; (*movement*) оживле́ние, движе́ние; (*organization unit*) организа́ция
activist активи́ст
actor актёр
actress актри́са
actual (*real*) действи́тельный; **in ~ fact** в действи́тельности; (*the very self-same*) тот са́мый; (*of the moment*) настоя́щий, существу́ющий
actuality действи́тельность *f*
actually (*in reality*) в действи́тельности, *coll* на са́мом де́ле; (*at present*) в настоя́щее вре́мя; (*even*) да́же; (*as a matter of fact*) впро́чем, со́бственно говоря́
actuary актуа́рий
actuate *vt* приводи́ть в де́йствие; (*motivate*) побужда́ть; *vi tech* срaба́тывать
acuity острота́
acumen проница́тельность *f*
acupuncture акупункту́ра, иглотерапи́я
acute (*of angle, eyes, pain, mind*) о́стрый; (*sharp-witted*) сообрази́тельный; (*serious*) серьёзный; *typ* ~ **accent** аку́т
acuteness острота́
adage (*proverb*) посло́вица; (*saying*) поговóрка
adagio ада́жио *neut indecl*
Adam Ада́м; **~'s apple** ада́мово я́блоко, кады́к
adamant непреклóнный
adapt приспоса́бливать(ся) (**to**, к + *dat*); (*book etc*) адапти́ровать; ~ **for the stage** инсцени́ровать
adaptability приспособля́емость *f*
adaptable легко́ приспособля́ющийся (**to**, к + *dat*)
adaptation приспособле́ние; адапта́ция (*also biol*); *theat* инсцениро́вка
adapter *tech* перехо́дная дета́ль *f*, ада́птер
add (*put with; go on to say*) добавля́ть (+ *acc or gen*), прибавля́ть (+ *acc or gen*) (**to**, к + *dat*); (*lend quality*) придава́ть (**to**, + *dat*); ~ **up, together** скла́дывать; ~ **up to** составля́ть (су́мму в + *acc*); *fig* своди́ться к (+ *dat*)
added доба́вочный
addendum дополне́ние, приложе́ние (**to**, к + *dat*)
adder (*snake*) гадю́ка; *Am* уж
addict (*to drugs*) наркома́н
addicted склóнный (**to**, к + *dat*), предаю́щийся (**to**, + *dat*); **be** ~ (*to drugs*) быть наркома́ном; **be ~ to** предава́ться (+ *dat*), (*drugs*) принима́ть; *coll* (*be keen on*) увлека́ться (+ *instr*); (*be mad about*) быть поме́шанным на (+ *prep*)
addiction (*passion for*) страсть *f* (**to**, к + *dat*); (*bad habit*) дурна́я привы́чка; **drug** ~ наркома́ния
addictive вызыва́ющий привыка́ние
addition (*act; thing added*) прибавле́ние (**to**, к + *dat*); (*admixture*) при́месь *f*; *math* сложе́ние; **in** ~ к тому́ же; **in ~ to** кро́ме (+ *gen*), в дополне́ние к (+ *dat*), *coll* вдоба́вок к (+ *dat*)
additional (*extra*) доба́вочный; (*supplementary*) дополни́тельный
additive доба́вка
addle (*confuse*) запу́тывать(ся); (*spoil*) по́ртить(ся); **~d egg** ту́хлое яйцо́
address 1. *n* (*speech*) речь *f*; (*skill*) ло́вкость *f*; (*abode*) а́дрес; **write to this** ~ пиши́те по э́тому а́дресу **2.** *v* (*speak to*) обраща́ться (к + *dat*); (*make speech to*) выступа́ть (пе́ред + *instr*); (*apply oneself to*) бра́ться, принима́ться (за + *acc*); (*letter*) адресова́ть
addressee адреса́т
addresser адреса́нт
Addressograph адресова́льная маши́на, адресо́граф
adduce (*evidence etc*) приводи́ть; (*cite*) цити́ровать
adenoids адено́иды *m pl*
adept 1. *n* (*expert*) знато́к (**at**, + *gen*); (*alchemist*) алхи́мик **2.** *adj* све́дущий (**in, at**, в + *prep*)
adequacy доста́точность *f*, адеква́тность *f*
adequate доста́точный, адеква́тный
adhere (*stick to*) прилипа́ть (**to**, к + *dat*); *fig* приде́рживаться (+ *gen*)
adherence (*loyalty*) приве́рженность *f*, ве́рность *f* (**to**, к + *dat*); (*to rules etc*) соблюде́ние (**to**, + *gen*)
adherent приве́рженец, сторо́нник
adhesion (*sticking to*) прилипа́ние (**to**, к + *dat*); (*sticking together*) слипа́ние; *tech* сцепле́ние
adhesive 1. *n* клей **2.** *adj* ли́пкий, кле́йкий
ad hoc для да́нного слу́чая; ~ **committee** специа́льный комите́т
ad infinitum до бесконе́чности; (*for ever*) навсегда́
adipose жирово́й, жи́рный; ~ **tissue** жирова́я ткань *f*
adjacent (*contiguous*) сме́жный (**to**, с + *instr*); (*next, neighbouring*) сосе́дний
adjective (и́мя *neut*) прилага́тельное
adjoin примыка́ть к (+ *dat*), прилега́ть к (+ *dat*), грани́чить с (+ *instr*)
adjoining *see* **adjacent**
adjourn (*postpone*) откла́дывать; (*break off*) де́лать переры́в; (*close*) закрыва́ть; ~ **to** переходи́ть (в друго́е ме́сто)
adjournment (*postponement*) отсро́чка; (*break*) переры́в
adjudge (*give decision*) выноси́ть реше́ние; (*award*) присужда́ть (**to**, к + *dat*); (*pronounce to be*) признава́ть (+ *instr*)
adjudicate (*judge*) суди́ть; (*arbitrate*) быть трете́йским судьёй; (*award*) присужда́ть (**to**, к + *dat*)
adjudication (арбитра́жное) реше́ние; присужде́ние
adjudicator трете́йский судья́ *m*
adjunct 1. *n* (*addition*) дополне́ние (**to**, к + *dat*); (*assistant*) адъю́нкт; (*accessory*) принадле́жность *f* **2.** *adj* (*added*) доба́вочный; (*connected*) свя́занный
adjust (*put in order*) приводи́ть в поря́док; (*put straight*) поправля́ть; (*regulate*) регули́ровать; (*instrument*) настра́ивать
adjustable регули́руемый; (*movable*) подвижно́й; ~ **spanner** раздвижно́й (га́ечный) ключ
adjustment регули́рование; попра́вка
adjutant адъюта́нт
ad-lib *theat, coll* **1.** *n* экспро́мт **2.** *v* импровизи́ровать
administer (*manage*) управля́ть (+ *instr*); (*give*) дава́ть (**to**, + *dat*); ~ **justice** отправля́ть

правосу́дие; (*give aid*) ока́зывать по́мощь (**to,** + *dat*)
administration (*management*) управле́ние (**of,** + *instr*); (*government*) прави́тельство, администра́ция
administrative администрати́вный
administrator администра́тор; *leg* (*guardian*) опеку́н
admirable (*praiseworthy*) похва́льный; (*excellent*) превосхо́дный, замеча́тельный
admiral адмира́л; **Admiral of the Fleet** адмира́л фло́та
admiralty вое́нно-морско́е министе́рство
admiration (*delight*) восхище́ние, восто́рг (**at,** от + *gen*); **lost in** ~ в по́лном восто́рге; (*visual*) любова́ние (**of,** + *instr*); (*esteem*) преклоне́ние (**of,** пе́ред + *instr*)
admire (*enthuse over*) восхища́ться (+ *instr*); (*look at approvingly*) любова́ться (+ *instr*, на + *acc*); (*esteem*) глубоко́ уважа́ть
admirer покло́нник
admiring восхищённый
admissible допусти́мый, прие́млемый
admission (*right of entry*) до́пуск; (*entry*) вход (**to,** в + *acc*); ~ **free** вход беспла́тный; **price of** ~ входна́я пла́та; (*acceptance into*) приём (**to,** в + *acc*); (*confession*) призна́ние
admit (*let in*) впуска́ть (**into,** в + *acc*); (*accept into*) принима́ть (**into,** в + *acc*); (*allow, agree*) допуска́ть; (*confess*) признава́ть
admittance (*entry*) вход (**to,** в + *acc*); (*permission to enter*) разреше́ние на вход; **no** ~**!** вход воспрещён; *elect* по́лная проводи́мость *f*
admitted (обще)при́знанный
admittedly на́до призна́ться, пра́вда
admixture при́месь *f*
admonish (*warn*) предупрежда́ть; (*exhort*) наставля́ть; (*reprove*) де́лать вы́говор (+ *dat*)
admonition предупрежде́ние, наставле́ние
ad nauseam до отвраще́ния
ado: much ~ **about nothing** мно́го шу́ма из ничего́; **without more** ~ сра́зу же, без дальне́йших церемо́ний
adobe кирпи́ч-сыре́ц, сама́н; ~ **hut** глиноби́тная хи́жина
adolescence ю́ность *f*
adolescent 1. *n* ю́ноша *m*, подро́сток; (*girl*) де́вушка **2.** *adj* ю́ношеский, ю́ный
Adonis *myth*, *fig* Адо́нис
adopt (*boy*) усыновля́ть; (*girl*) удочеря́ть; (*plan etc; take on*) принима́ть; (*make use of*) по́льзоваться (+ *instr*); (*acquire*) усва́ивать
adopted (*child*) приёмный
adoption усыновле́ние; удочере́ние; приня́тие; испо́льзование
adorable обожа́емый; *coll* преле́стный, ми́ленький
adoration обожа́ние, поклоне́ние
adore (*worship*) поклоня́ться (+ *dat*); *coll* (*idolize, like very much*) обожа́ть
adorn украша́ть; ~ **oneself** наряжа́ться (**with, in,** в + *acc*)
adornment украше́ние
adrenal: ~ **glands** надпо́чечные же́лезы *f pl*
adrenalin адренали́н
Adriatic Адриати́ческое мо́ре
adrift: be ~ плыть по тече́нию, дрейфова́ть; **set** ~ пусти́ть *pf* по тече́нию
adroit (*dextrous*) ло́вкий, (*skilful*) иску́сный; (*resourceful*) нахо́дчивый
adulate льстить, низкопокло́нничать
adulation лесть *f*, низкопокло́нство
adulatory льсти́вый
adult 1. *n* взро́слый **2.** *adj* взро́слый; *leg* совершенноле́тний; (*mature*) зре́лый
adulterate фальсифици́ровать; (*food*) разбавля́ть, подме́шивать что́-нибудь к (+ *dat*)
adulteration фальсифика́ция
adulterer неве́рный супру́г, *coll* адюльте́р, *ar* прелюбоде́й
adulteress неве́рная супру́га, *ar* прелюбоде́йка
adulterous адюльте́рный
adultery адюльте́р, наруше́ние супру́жеской ве́рности, *ar* прелюбодея́ние; **commit** ~ наруша́ть супру́жескую ве́рность
adumbrate (*foreshadow*) предвеща́ть; (*sketch out*) набра́сывать
advance 1. *n* (*forward movement*) продвиже́ние вперёд; (*progress*) прогре́сс, успе́х, шаг вперёд; (*increase*) повыше́ние; (*improvement*) улучше́ние; *mil* наступле́ние; (*approach*) приближе́ние, наступле́ние; **make** ~**s** де́лать ава́нсы; *fin* ава́нс; (*loan*) заём; **in** ~ зара́нее; **in** ~ **of** впереди́ (+ *gen*); (*before*) ра́ньше (+ *gen*) **2.** *adj* предвари́тельный **3.** *v* (*go forward*) идти́ вперёд, продвига́ться вперёд; *mil* наступа́ть; (*make go forward; further*) продвига́ть (вперёд); (*plan etc*) выдвига́ть; (*make progress*) де́лать успе́хи; (*approach*) приближа́ться, надвига́ться; (*lend*) предоставля́ть заём; (*facilitate*) спосо́бствовать (+ *dat*)
advanced (*ideas etc*) передово́й; (*design etc*) усоверше́нствованный; (*developed*) разви́тый; **of** ~ **age** преста́релый; (*late*) по́здний
advancement (*in career*) продвиже́ние (по слу́жбе); (*of plan etc*) продвиже́ние; (*progress*) прогре́сс; (*dissemination*) распростране́ние; (*development*) разви́тие
advantage преиму́щество (**over,** над + *instr*); **gain the** ~ **over** брать верх над (+ *instr*); **take** ~ **of** по́льзоваться (+ *instr*); (*profit*) вы́года, по́льза
advantageous (*profitable*) вы́годный; (*beneficial*) благоприя́тный
advent (*coming*) прихо́д; *rel* **Advent** рожде́ственский пост
adventitious случа́йный
adventure 1. *n* приключе́ние; *polit*, *pej* авантю́ра; ~ **story** приключе́нческий расска́з **2.** *v* (*risk*) рискова́ть (+ *instr*)
adventurer авантюри́ст
adventuress авантюри́стка
adventurous (*daring*) де́рзкий, сме́лый; (*full of adventures*) по́лный приключе́ний; (*story*) приключе́нческий; (*enterprising*) предприи́мчивый
adverb наре́чие
adverbial наре́чный, адвербиа́льный
adversary (*enemy; opponent*) проти́вник; (*rival*) сопе́рник
adverse (*hostile*) вражде́бный; (*conditions etc*) неблагоприя́тный
adversity несча́стье
advertise (*announce*) объявля́ть; (*in newspaper etc*) помеща́ть объявле́ние (**for,** о + *prep*); (*publicize*) реклами́ровать
advertisement объявле́ние (**for,** о + *prep*); рекла́ма
advertiser рекламода́тель *m*; **self-**~ реклами́ст, *f* реклами́стка
advertising 1. *n* реклами́рование; (*as business*)

реклáмное дéло, реклáма **2.** *adj* реклáмный; ~ **campaign** кампáния по рекламúрованию
advice совéт; **ask, seek** ~ совéтоваться (**of, from,** с + *instr,* у + *gen*); **give** ~ давáть совéт, совéтовать; *med, leg* консультáция; *comm* авúзо *neut indecl*
advisability (*desirability*) желáтельность *f*; (*expediency*) целесообрáзность *f*
advisable желáтельный; целесообрáзный; **it is** ~ **to** рекомендýется (+ *infin*)
advise (*counsel*) совéтовать (+ *dat*); (*recommend*) рекомендовáть; (*inform*) извещáть, сообщáть (**of,** о + *prep*)
adviser совéтчик, совéтник; (*consultant*) консультáнт
advisory совещáтельный, консультатúвный
advocacy (*defence*) защúта; (*support*) поддéржка; (*work of advocate*) адвокатýра; (*propaganda*) пропагáнда
advocate 1. *n* (*supporter*) сторóнник, защúтник; *leg* адвокáт **2.** *v* (*uphold*) отстáивать; (*publicize*) пропагандúровать; (*recommend*) рекомендовáть
adze теслó
Aegean: ~ **Sea** Эгéйское мóре
aegis эгúда; **under the** ~ **of** под эгúдой (+ *gen*)
Aeneid Энеúда
Aeolian: ~ **harp** Эóлова áрфа; ~ **mode** эолúйский лад
aeon вéчность *f*; *geol* миллиáрд лет
aerate (*ventilate*) провéтривать; (*water*) газúровать
aerial 1. *n rad* антéнна **2.** *adj* воздýшный; (*railway*) надзéмный; ~ **photography** авиасъёмка, аэрофотогрáфия
aerobatics вы́сший пилотáж
aerobics аэрóбика
aerodrome аэродрóм
aerodynamic аэродинамúческий
aerodynamics аэродинáмика
aero-engine авиациóнный двúгатель *m*
aerofoil (*wing*) крылó; (*wing profile*) прóфиль *m* крылá
aerograph аэрóграф
aerolite аэролúт
aerology аэролóгия
aeronaut аэронáвт, воздухоплáватель *m*
aeronautical авиациóнный
aeronautics аэронáвтика; (*aviation technology*) авиациóнная тéхника
aeroplane самолёт
aerosol аэрозóль *m or f*
aerospace авиациóнно-космúческий
aerostat аэростáт
aerostatics, aerostation воздухоплáвание
Aesop Эзóп
aesthete эстéт
aesthetic эстетúческий
aesthetics эстéтика
aetiology этиолóгия
afar (*far off*) вдалú, вдалекé; **from** ~ úздали, издалекá
affability любéзность *f*, привéтливость *f*
affable любéзный, привéтливый
affair (*most senses*) дéло; **foreign** ~**s** инострáнные делá *neut pl*; **love** ~ ромáн; **she is having an** ~ **with him** у неё с ним ромáн; **that's my** ~! это моё дéло!; **an unpleasant** ~ неприя́тная истóрия; (*event*) собы́тие; *coll (thing)* штýка, дéло
affect (*act on*) дéйствовать (на + *acc*); (*influence*) влия́ть (на + *acc*); (*concern*) касáться (+ *gen*); (*arouse emotion*) волновáть, трóгать; (*pretend*) притворя́ться (+ *instr*); (*wear*) носúть; (*make use of*) пóльзоваться (+ *instr*)
affectation (*artificial behaviour*) аффектáция, жемáнство; (*pretence*) притвóрство; ~ **of** претéнзия на (+ *acc*)
affected (*manner*) жемáнный; (*artificial*) неестéственный, искýсственный; (*pretended*) показнóй, напускнóй, притвóрный; (*moved*) взволнóванный
affecting трóгательный
affection (*love*) любóвь *f*, привя́занность *f* (**for,** к + *dat*); (*illness*) болéзнь *f*, заболевáние
affectionate (*person*) лю́бящий, нéжный, лáсковый; (*manner, feelings*) нéжный, лáсковый
affectionately нéжно; (*in letter*) **Yours** ~ лю́бящий Вас
affianced обручённый
affidavit пúсьменное показáние под присягóй, аффидéвит
affiliate (*make member*) принимáть в члéны; (*make, become branch of*) присоединя́ть(ся) (**to,** к + *dat*) (как филиáл); (*fix paternity*) устанáвливать отцóвство
affiliated (*being branch*) филиáльный; (*associated*) свя́занный
affinity (*similarity*) схóдство; (*closeness*) блúзость *f*; (*attraction*) влечéние (**for,** к + *dat*); *chem* сродствó
affirm (*assert*) утверждáть; (*confirm*) подтверждáть; *leg* (торжéственно) заявля́ть
affirmation утверждéние; подтверждéние; заявлéние
affirmative утвердúтельный; **in the** ~ утвердúтельно
affix (*fasten*) прикрепля́ть (**to,** к + *dat*); (*stick*) приклéивать (**to,** к + *dat*)
afflict (*grieve*) огорчáть; (*of disease*) поражáть; **be** ~**ed with** страдáть (+ *instr*)
affliction (*misfortune*) несчáстье; (*distress*) гóре; (*illness*) болéзнь *f*; (*handicap*) физúческий недостáток
affluence (*wealth*) богáтство; (*plenty*) изобúлие
affluent 1. *n* притóк **2.** *adj* (*rich*) богáтый; **the** ~ **society** богатéющее óбщество; (*copious*) обúльный
afford (*give*) давáть, предоставля́ть (*s.o.,* + *dat, s'th,* + *acc*); ~ **assistance** окáзывать пóмощь (**to,** + *dat*); (*bring*) приносúть; ~**pleasure** доставля́ть удовóльствие (**to,** + *dat*); (*allow oneself*) позволя́ть себé (+ *acc or infin*); (*be in position to*) быть в состоя́нии (+ *infin*); **I can't** ~ **it** э́то мне не по кармáну
afforest засáживать лéсом
afforestation лесонасаждéние, облесéние
affray (*fight*) дрáка; (*disturbance*) скандáл
affront 1. *n* оскорблéние, обúда **2.** *v* оскорбля́ть, обижáть
Afghan 1. *n* (*person*) афгáнец, *f* афгáнка; (*language*) афгáнский язы́к; (*dog*) афгáнский гонéц **2.** *adj* афгáнский
Afghanistan Афганистáн
aficionado знатóк; *coll sp* болéльщик
afield: far ~ вдалекé от дóма; *fig* невпопáд
afire, aflame (*on fire*) в огнé; *fig* пылáющий (**with,** + *instr*); **set** ~ зажигáть
afloat (*floating*) на плавý; (*at sea*) на мóре; **be** ~ плáвать

afoot (*on foot*) пешко́м; (*in action*) на хо́ду; **be ~** затева́ться; **set ~** пусти́ть *pf* в ход
aforementioned, aforesaid вышеупомя́нутый, вышеска́занный
aforethought преднаме́ренный, предуми́шленный
afraid испу́ганный; **be ~** боя́ться (**of,** + *gen;* **that,** что + *indic*)
afresh сно́ва, сы́знова
Africa А́фрика
African 1. *n* африка́нец, *f* африка́нка **2.** *adj* африка́нский
Africanization африканиза́ция
Afrikaans африка́анс
Afrikaner африка́ндер
Afro, afro *n and indecl adj* а́фро; **~-American** афроамерика́нец; **~Asian** афро-азиа́тский
aft (*in stern*) на, в корме́; (*to stern*) на, в корму́; **~of** за (+ *instr*)
after 1. *adj* (*subsequent*) после́дующий; (*rear*) за́дний; *naut* кормово́й **2.** *adv* (*behind*) сза́ди, позади́; (*later*) пото́м, поздне́е; **soon ~** вско́ре по́сле э́того; **3.** *prep* (*following behind*) за (+ *instr*); **day ~ day** день за днём; **run ~** бежа́ть за (+ *instr*); (*next in time*) по́сле (+ *gen*); **~ dinner** по́сле обе́да; **(on) the day ~ tomorrow** послеза́втра; **on the day ~** на сле́дующий день; (*after period of*) че́рез (+ *acc*), спустя́; **~ many years** че́рез мно́го лет, мно́го лет спустя́; **~ all** в конце́ концо́в; (*emphasizing fact*) всё-таки, какника́к **4.** *conj* по́сле того́, как; **~ I got home, I wrote to him** когда́/по́сле того́, как я верну́лся домо́й, я написа́л ему́ письмо́
afterbirth после́д, плаце́нта
after-burner форса́жная ка́мера, дожига́тель *m*
after-care *med* ухо́д за выздора́вливающим
after-effect после́дствие; *tech* последе́йствие
afterglow вече́рняя заря́; *tech* послесвече́ние
afterlife загро́бная жизнь *f*; **in the ~** на том све́те
aftermath после́дствия *neut pl*
after-mentioned нижеупомя́нутый
afternoon вре́мя *neut* по́сле полу́дня; **in the ~** днём, по́сле обе́да; **this ~** сего́дня днём; **good ~!** до́брый день, здра́вствуйте
afters *coll* сла́дкое
aftertaste при́вкус
afterthought запозда́лая мысль *f*; **as an ~** (*remembering at last moment*) спохвати́вшись
afterwards пото́м, по́зже
again (*a second etc time*) опя́ть; (*in neg sentences*) бо́льше не; **I shan't do it ~** я бо́льше не бу́ду; (*afresh*) сно́ва; (*once more*) ещё раз; **now and ~** вре́мя от вре́мени; **time and ~** не раз, неоднокра́тно; (*twice as*) вдво́е; **as much ~** ещё сто́лько же; (*on other hand*) с друго́й стороны́
against (*in opposition to, contrary to*) про́тив (+ *gen*); **~ the grain** *fig* про́тив ше́рсти; **~ the law** про́тив зако́на; (*on background of*) на фо́не (+ *gen*), про́тив (+ *gen*); (*next to*) ря́дом с (+ *instr*); (*by comparison with*) по сравне́нию с (+ *instr*); (*after verbs of striking*) о, об, обо (+ *acc*); (*after verbs of leaning, pressing*) к (+ *dat*); (*after verbs of protecting*) от (+ *gen*)
agape рази́нув рот
agar-agar ага́р-ага́р
agate 1. *n* ага́т **2.** *adj* ага́товый
age 1. *n* (*of person etc*) во́зраст; **at the ~ of forty** в во́зрасте сорока́ лет; **come of ~** достига́ть совершенноле́тия; **of ~** совершенноле́тний; **old ~** ста́рость *f*; (*long time*) ве́чность *f*; **for ~s** це́лую ве́чность; (*epoch*) эпо́ха, век; **Stone Age** ка́менный век; **Middle Ages** сре́дние века́, средневеко́вье; **Ice Age** леднико́вый пери́од; **the ~ of the Renaissance** эпо́ха Возрожде́ния **2.** *vi* старе́ть; *vt* ста́рить; *tech* подверга́ть старе́нию
aged 1. *n collect* **the ~** старики́ *m pl* **2.** *adj* (*old*) ста́рый; (*very old*) преста́релый; (*at age of*) в во́зрасте (+ *gen*); **a man ~ forty** челове́к сорока́ лет, сорокале́тний челове́к
ageing 1. *n* старе́ние **2.** *adj* старе́ющий
ageless (*not ageing*) нестаре́ющий; (*eternal*) ве́чный
agency (*office; business*) аге́нтство; (*means*) сре́дство; **by the ~ of** посре́дством (+ *gen*)
agenda пове́стка дня
agent аге́нт; (*representative*) представи́тель *m; chem* вещество́, сре́дство; *ling* де́ятель *m*; **~-provocateur** провока́тор
age-old веково́й
agglomerate 1. *n* скопле́ние; *geol* агломера́т **2.** *v* скопля́ть(ся)
agglomeration скопле́ние; *tech* агломера́ция
agglutinate скле́ивать(ся)
agglutination скле́ивание; *ling* агглютина́ция
agglutinative скле́ивающийся; *ling* агглютинати́вный
aggrandize (*increase*) увели́чивать; (*exalt*) возвели́чивать; (*exaggerate*) преувели́чивать
aggravate (*make worse*) ухудша́ть; (*situation, illness*) обостря́ть; (*crime*) отягча́ть; (*increase*) увели́чивать; *coll* (*annoy*) раздража́ть
aggravating *coll* раздража́ющий; **how ~!** как доса́дно!; *leg* отягча́ющий
aggravation ухудше́ние; обостре́ние; *coll* (*provocation*) провока́ция; *med* аграва́ция
aggregate 1. *n* (*sum*) о́бщий ито́г; (*totality*) совоку́пность *f*; *tech* агрега́т, компле́кт; *min* агрега́т; *bui* заполни́тель *m* **2.** *adj* (*total, overall*) о́бщий; (*composite*) со́бранный вме́сте, совоку́пный **3.** *v* (*gather together*) собира́ть вме́сте; (*equal*) равня́ться (+ *dat*)
aggression (*act, concept*) агре́ссия; (*aggressiveness*) агресси́вность *f*
aggressive агресси́вный
aggressiveness агресси́вность f; (*political etc*) боеви́тость *f*
aggressor агре́ссор
aggrieve огорча́ть
aggrieved (*sad*) огорчённый; (*offended*) оби́женный; *leg* пострада́вший
aghast (*horrorstruck*) в у́жасе (**at,** от + *gen*); (*dumbfounded*) ошеломлённый
agile прово́рный, ло́вкий; (*mentally*) живо́й
agility прово́рство, ло́вкость *f*
agitate (*mix*) переме́шивать; (*shake*) взба́лтывать, встря́хивать; (*wave*) маха́ть (+ *instr*); (*disturb, excite*) волнова́ть, возбужда́ть; *pol etc* агити́ровать (**for,** за + *acc;* **against,** про́тив + *gen*)
agitation (*excitement*) волне́ние, возбужде́ние; (*excited state*) взволно́ванность *f*; (*mixing*) переме́шивание; (*shaking*) взба́лтывание, встря́хивание; *pol* агита́ция; *tech* турбуле́нтность *f*
agitator *pol* агита́тор; *tech* меша́лка
aglow пыла́ющий; *fig* раскрасне́вшийся
agnail заусе́ница
agnostic 1. *n* агно́стик **2.** *adj* агности́ческий
agnosticism агностици́зм

ago (тому́) наза́д; **long** ~ давно́; **long, long** ~ давны́м-давно́; **not long** ~ неда́вно; **two days** ~ два дня (тому́) наза́д
agog: be ~ сгора́ть от нетерпе́ния
agonize (*suffer*) быть в аго́нии, агонизи́ровать; ~ **over** му́читься над (+ *instr*)
agonizing мучи́тельный
agony аго́ния, страда́ние, му́ка
agoraphobia агорафо́бия, боя́знь *f* простра́нства
agrarian агра́рный
agree (*concur; consent*) соглаша́ться (**with,** с + *instr*; **to,** с + *instr* or на + *acc*); **I** ~ **with you** я с ва́ми согла́сен; (*come to terms*) догова́риваться, усла́вливаться (**on,** о + *prep*); (*correspond*) соотве́тствовать (**with,** + *dat*); *gramm* согласо́вываться; *coll* быть поле́зным (**with,** + *dat*); **wine doesn't** ~ **with me** вино́ мне вре́дно
agreeable (*pleasant*) прия́тный; (*acceptable*) прие́млемый; *coll* (*in agreement*) согла́сный; **be** ~ соглаша́ться, быть согла́сным (**with, to,** с + *instr*)
agreement (*consent; understanding*) согла́сие; (*arrangement*) соглаше́ние; *leg* соглаше́ние, догово́р; *gramm* согласова́ние
agricultural сельскохозя́йственный
agriculturalist агроно́м
agriculture се́льское хозя́йство; (*as science*) агроно́мия; (*cultivation*) земледе́лие
agronomics агроно́мия
agronomist агроно́м
aground 1. *adj* (сидя́щий) на мели́ **2.** *adv* на мели́; **run, go** ~ сади́ться на мель
ague (*fever*) лихора́дка; (*malaria*) маляри́я
ah ах, а
aha ага́!
ahead (*position*) впереди́; (*forwards*) вперёд; ~ **of** пе́ред (+ *instr*), впереди́ (+ *gen*); **be, get** ~ **of** опережа́ть; ~ **of time** (*early*) досро́чно; (*prematurely*) преждевре́менно; **straight** ~ пря́мо
aid 1. *n* по́мощь *f* ; **come to the** ~ **of** приходи́ть на по́мощь (+ *dat*); **first** ~ пе́рвая по́мощь; **give** ~ **to** ока́зывать по́мощь (+ *dat*); **in** ~ **of** в по́льзу (+ *gen*); **with the** ~ **of** с по́мощью (+ *gen*), при по́мощи (+ *gen*); **hearing** ~ слухово́й аппара́т; **visual** ~**s** нагля́дные посо́бия *neut pl* **2.** *v* помога́ть (+ *dat*)
aide помо́щник; ~**-de-camp** (ли́чный) адъюта́нт; ~**-mémoire** па́мятная запи́ска
Aids *med* спид
ail боле́ть, хвора́ть; **what** ~**s him?** что с ним?
aileron элеро́н
ailing больно́й, нездоро́вый; **he is** ~ он бо́лен
ailment заболева́ние, боле́знь *f*
aim 1. *n* (*purpose*) цель *f*, наме́рение; **with the** ~ **of** с це́лью (+ *gen*); (*act of directing*) прице́ливание; **take** ~ прице́ливаться; **miss one's** ~ промахну́ться *pf* **2.** *vt* (*direct*) направля́ть (**at,** на + *acc*); *vi* (*take aim*) прице́ливаться (**with,** + *instr*; **at,** в + *acc*); (*throw*) броса́ть; (*strive*) стреми́ться (**at,** к + *dat*; **to,** + *infin*); (*intend*) намерева́ться (**to,** + *infin*)
aimless бесце́льный
air 1. *n* (*in general*) во́здух; **by** ~ самолётом; (*of post*) а́виа; **be in the** ~ (*undecided*) висе́ть в во́здухе; (*of rumours etc*) ходи́ть, распространя́ться; (*be felt*) чу́вствоваться; **in the open** ~ на откры́том во́здухе; **on the** ~ (*by radio*) по ра́дио; (*be transmitted*) передава́ться по ра́дио; (*atmosphere*) атмосфе́ра; (*appearance*) вид; **give oneself** ~**s** ва́жничать; *mus* мело́дия **2.** *adj* возду́шный; ~ **corridor** возду́шный коридо́р; ~ *letter* авиаписьмо́; ~ **terminal** аэровокза́л; (*aviation*) авиацио́нный; **Air Force** вое́нно-возду́шные си́лы *f pl* **3.** *v* (*ventilate*) прове́тривать
air-base авиаба́за
air-bed надувно́й матра́ц
airborne (*of aviation*) возду́шный, авиацио́нный; (*carried in aircraft*) перевози́мый по во́здуху; *mil* воздушнодеса́нтный; **be** ~ быть в во́здухе
air-brake пневмати́ческий то́рмоз
airbrush аэро́граф
airbus аэро́бус
air-conditioned с кондициони́рованным во́здухом
air-conditioner кондиционе́р
air-conditioning кондициони́рование во́здуха; ~ **unit** кондиционе́р
air-cooled с возду́шным охлажде́нием
aircraft 1. *n tech* лета́тельный аппара́т; (*aeroplane*) самолёт; *collect* авиа́ция **2.** *adj* авиацио́нный, а́виа- (*as in* ~ **carrier** авиано́сец)
air-crew экипа́ж самолёта
air-cushion надувна́я поду́шка
airer суши́лка
airfield аэродро́м
airflow возду́шный пото́к
Air Force вое́нно-возду́шные си́лы *f pl* (*abbr* BBC); *as adj* вое́нно-возду́шный
airframe планёр самолёта
air-freight авиагру́з
air-freighter тра́нспортный, грузово́й самолёт
air-gap просве́т, зазо́р
air-gun духово́е ружьё, пневмати́ческая винто́вка
air-heater калори́фер, воздухоподогрева́тель *m*
air-hole отду́шина
air-hostess стюарде́сса
airily (*lightly*) небре́жно; (*flippantly*) легкомы́сленно
airing прове́тривание; ~ **cupboard** суши́льный шкаф
air-jet форсу́нка
airless (*calm*) безве́тренный; (*stuffy*) ду́шный; (*lacking air*) безвозду́шный
airlift 1. *n* перево́зка по во́здуху **2.** *v* перевози́ть по во́здуху
airline *aer* авиали́ния, авиакомпа́ния; (*hose*) воздухопрово́дный шланг
airliner (возду́шный) ла́йнер, пассажи́рский самолёт
airlock (*blockage*) возду́шная про́бка; (*chamber*) возду́шный шлюз
airmail 1. *n* авиапо́чта; **by** ~ авиапо́чтой; (*on envelope*) а́виа **2.** *v* посыла́ть авиапо́чтой
airman лётчик
Air-Marshal ма́ршал авиа́ции
air-mechanic бортмеха́ник
air-operated пневмати́ческий
air-pocket возду́шная я́ма
airport аэропо́рт
air-pump возду́шный насо́с
air-raid возду́шный налёт; ~ **alert, warning** возду́шная трево́га; ~ **shelter** бомбоубе́жище
air-route возду́шная тра́сса
airscrew возду́шный винт
air-shaft вентиляцио́нная ша́хта
airship дирижа́бль *m*; ~ **hangar** э́ллинг
airsickness возду́шная боле́знь *f*
air-space *leg* возду́шное простра́нство
air-speed возду́шная ско́рость *f*

airstream возду́шный пото́к
airstrip лётная полоса́
air-ticket авиабиле́т
airtight гермети́ческий, гермети́чный
air-to-air: ~ **missile** раке́та кла́сса во́здух–во́здух; **air-to-ground/ship missile** раке́та кла́сса во́здух–земля́/кора́бль
airway (*passage*) вентиляцио́нная вы́работка; *aer* (*airline*) авиали́ния, авиакомпа́ния; (*route*) возду́шная тра́сса
airworthy приго́дный к полёту
airy (*light*) возду́шный; (*spacious*) просто́рный; (*open to air*) досту́пный во́здуху; (*flippant*) небре́жный, легкомы́сленный
airy-fairy *coll* вы́чурный
aisle (*between seats*) прохо́д; *archi* боково́й неф
ajar приоткры́тый
akimbo подбоче́нясь
akin (*related*) ро́дственный; (*similar*) похо́жий (**to,** на + *acc*), бли́зкий (**to,** к + *dat*), сродни́ (+ *dat*)
alabaster 1 *n* алеба́стр **2.** *adj* алеба́стровый
alacrity (*briskness*) быстрота́; (*willingness*) гото́вность *f*
à la mode *adj and adv* мо́дный, «а ля мо́д»
alarm 1. *n* (*fear*) страх; (*anxiety; signal*) трево́га; **false** ~ ло́жная трево́га; **sound the** ~ поднима́ть трево́гу **2.** *adj* (*warning*) сигна́льный **3.** *v* (*make anxious*) трево́жить, волнова́ть; (*raise alarm*) поднима́ть трево́гу; (*warn*) предупрежда́ть
alarm-clock буди́льник
alarming трево́жный, волну́ющий
alarmist паникёр, аларми́ст
alas увы́!
Alaska Аля́ска
Alaskan аля́скинский
alb стиха́рь *m*
Albania Алба́ния
Albanian 1. *n* (*person*) алба́нец, *f* алба́нка; (*language*) алба́нский язы́к **2.** *adj* алба́нский
albatross альбатро́с
albeit хотя́ (и), да́же е́сли
albinism альбини́зм
albino альбино́с
album альбо́м; **stamp** (*etc*) ~ альбо́м для ма́рок *etc*
albumen бело́к
albuminous белко́вый, альбуми́нный
alchemical алхими́ческий
alchemist алхи́мик
alchemy алхи́мия
alcohol алкого́ль *m*, спирт; (*liquor*) спиртны́е напи́тки *m pl*; *coll* спиртно́е
alcoholic 1. *n* алкого́лик **2.** *adj* алкого́льный
alcoholism алкоголи́зм
alcove (*recess*) алько́в, ни́ша; (*summerhouse*) бесе́дка
alder ольха́
alderman ольдерме́н
ale пи́во, эль *m*; **ale-house** пивна́я
alembic перего́нный куб
alert 1. *n* трево́га; **on the** ~ настороже́, наготове **2.** *adj* (*lively*) живо́й; (*watchful*) бди́тельный **3.** *v* (*warn*) предупрежда́ть (**to,** о + *prep*); (*make ready*) приводи́ть в гото́вность; (*alarm*) трево́жить; *mil* поднима́ть по трево́ге
alertness (*watchfulness*) бди́тельность *f*; (*liveliness*) жи́вость *f*
Aleutian 1. *n* алеу́т, *f* алеу́тка **2.** *adj* алеу́тский; ~ **Islands** Алеу́тские острова́ *m pl*
alexandrite александри́т
alfalfa люце́рна
alfresco на откры́том во́здухе
algae морска́я во́доросль *f*
algebra а́лгебра
algebraic(al) алгебраи́ческий
Algeria Алжи́р
Algerian 1. *n* алжи́рец, *f* алжи́рка **2.** *adj* алжи́рский
Algol а́лгол
algorithm алгори́тм
alias 1. *n* (*assumed name*) вы́мышленное и́мя *neut*; (*nickname, code-name*) кли́чка **2.** *adv* он же, *f* она́ же, ина́че
alibi *leg* а́либи *neut indecl*; *coll* оправда́ние
alidade алида́да
alien 1. *n* (*foreigner*) иностра́нец; (*in sci fiction*) инопланетя́нин **2.** *adj* (*foreign*) иностра́нный; (*in sci fiction*) инопланетный; (*repugnant*) чу́ждый (**to,** + *dat*); (*strange; belonging to others*) чужо́й
alienable отчужда́емый
alienate отчужда́ть, отвраща́ть (**from,** от + *gen*)
alienation отчужде́ние
alienist психиа́тр
[1]alight (*dismount*) сходи́ть (**from,** с + *gen*); (*from bus etc*) выходи́ть (**from,** из + *gen*); (*of birds etc*) сади́ться (**on,** на + *acc*); (*of aircraft*) приземля́ться, сади́ться
[2]alight (*of fire, lamp*) зажжённый; **be** ~ горе́ть; (*on fire*) в огне́; (*illuminated*) освещённый
align (*put in line*) ста́вить в ряд; (*level up*) выра́внивать(ся); ~ **oneself with** присоединя́ться к (+ *dat*)
alignment (*levelling*) выра́внивание; (*arrangement*) расстано́вка
alike 1. *adj* (*same*) одина́ковый; (*similar*) похо́жий **2.** *adv* одина́ково, то́чно так же
alimentary пищево́й; ~ **canal** пищевари́тельный тракт
alimentation пита́ние
alimony алиме́нты *m pl*
alive (*not dead*) живо́й, в живы́х; (*lively*) живо́й, бо́дрый; (*sensitive*) ~ **to** чу́ткий к (+ *dat*); **be** ~ **to** понима́ть; (*swarming with*) киша́щий (**with,** + *instr*); **be** ~ **with** кише́ть (+ *instr*); **keep** ~ подде́рживать
alkali 1. *n* щёлочь *f* **2.** *adj* щелочно́й
alkaline щелочно́й
alkaloid алкало́ид
all 1. *n* (*everything*) всё; (*everyone*) все; ~ **in** ~ всего́-на́всего; ~ **is well** всё в поря́дке; **above** ~ бо́льше всего́; **after** ~ всё-таки; **at** ~ вообще́; **first of** ~ пре́жде всего́; **in** ~ (*with number*) всего́; **it's** ~ **the same to me** мне всё равно́, мне безразли́чно; **not at** ~ (*not in the least*) нисколько (не), совсе́м (не), ничу́ть (не); (*don't mention it!*) не́ за что, пожа́луйста **2.** *adj.* весь, *f* вся, *neut* всё, *pl* все; ~ **kinds of** вся́кие, всевозмо́жные; ~ **the time** всё вре́мя; **beyond** ~ **doubt** без вся́кого сомне́ния; **they** ~ **left** они́ все ушли́ **3.** *adv* (*entirely*) совсе́м, соверше́нно; ~ **at once** вдруг; ~ **the better** тем бо́лее; ~ **but** почти́, чуть не; ~ **in** (*exhausted*) изму́ченный; ~ **the more so** тем бо́лее; ~ **right** (*in agreement or question*) ла́дно, хорошо́; (*in warning*) хорошо́; (*not bad*) ничего́ (себе́); **he is** ~ **right** он в поря́дке; **it's** ~ **right** (*in order*) всё в поря́дке;

(*nothing serious*) ничего́ стра́шного; **it's ~ right by me** я не про́тив; **is that ~ right with you?** э́то вас устра́ивает?; *emph* **he'll come ~ right** не беспоко́йтесь, придёт; **that's him ~ right** ну, коне́чно, э́то он; **once and for ~** раз навсегда́
Allah алла́х
allay (*calm*) успока́ивать; (*diminish*) уменьша́ть
all-clear *mil* сигна́л отбо́я; *as interj* отбо́й!; (*signal to start*) добро́!
allegation (*statement*) утвержде́ние, заявле́ние; (*accusation*) обвине́ние (**of,** в + *prep*)
allege (*assert*) утвержда́ть, заявля́ть; (*give as reason*) ссыла́ться на (+ *acc*)
alleged предполага́емый, я́кобы состоя́вшийся
allegedly я́кобы
allegiance ве́рность *f*, пре́данность *f*, лоя́льность *f* (**to** + *dat*)
allegorical аллегори́ческий
allegory аллего́рия
allegretto *adj and adv* аллегре́тто *indecl*
allegro *adj and adv* алле́гро *indecl*
all-embracing всеобъе́млющий
allergen аллерге́н
allergic аллерги́ческий; **be ~ to** име́ть повы́шенную чувстви́тельность к (+ *dat*); *coll* не выноси́ть (+ *gen*)
allergy аллерги́я
alleviate облегча́ть
alleviation облегче́ние
alley (*in park*) алле́я; (*between buildings*) у́зкий переу́лок; *fig* **blind ~** тупи́к, бесперспекти́вное заня́тие
alliance сою́з
allied (*linked by treaty*) сою́зный; (*of allies*) сою́знический; (*related*) ро́дственный; (*connected, linked*) свя́занный
alligator аллига́тор
all-important кра́йне ва́жный
all-in (*inclusive*) включи́тельный; *sp* **~ wrestling** ре́слинг
alliteration аллитера́ция
alliterative аллитерацио́нный, аллитерати́вный
all-night (*lasting all night*) продолжа́ющийся всю ночь; **~ restaurant** ночно́й рестора́н
allocate (*distribute*) распределя́ть, размеща́ть; (*money, resources; designate*) предназнача́ть (**for,** на + *acc*); (*land, site*) отводи́ть (**for, to,** под + *acc*); (*time*) уделя́ть (**to,** + *dat*)
allocation распределе́ние; назначе́ние; (*amount allocated*) назна́ченное коли́чество; (*ration*) паёк
allocution речь *f*
allopathic аллопати́ческий
allopathy аллопа́тия
allot (*distribute*) раздава́ть, распределя́ть; (*designate*) назнача́ть
allotment (*distribution*) распределе́ние; (*designation*) назначе́ние; (*portion*) до́ля; *hort* огоро́д, (земе́льный) уча́сток
all-out 1. *adj* (*total*) тота́льный; (*determined*) реши́тельный **2.** *adv* изо все́х сил; **go ~ to** вся́чески стара́ться (+ *infin*)
allow (*permit*) позволя́ть, разреша́ть (*s'th* + *acc*; *s.o.* + *dat*); (*concede*) допуска́ть; (*accept, recognize*) признава́ть; (*make possible*) дава́ть возмо́жность (+ *dat* + *infin*); (*give*) дава́ть (*s'th* + *acc*; *s.o.* + *dat*); (*credit etc*) предоставля́ть; **~ for** учи́тывать
allowable (*acceptable*) допусти́мый; (*permissible*) позволи́тельный
allowance (*money*) содержа́ние; (*official grant*) посо́бие; (*pin money*) карма́нные де́ньги *f pl*; (*deduction*) ски́дка (**for,** за + *acc*); *tech* до́пуск; **make ~ for** учи́тывать, де́лать ски́дку (**for,** на + *acc*)
alloy 1. *n* сплав **2.** *v* сплавля́ть(ся)
all-powerful всемогу́щий
all-purpose многоцелево́й, универса́льный
all-round (*versatile*) разносторо́нний, многосторо́нний; (*on all sides*) всесторо́нний
all-rounder разносторо́нний челове́к
all-time (*unbeaten*) непревзоидённый
allude (*mention*) упомина́ть; (*refer*) ссыла́ться (**to,** на + *acc*); (*intend*) име́ть в виду́
allure 1. *n* привлека́тельность *f* **2.** *v* (*entice*) завлека́ть; (*tempt*) соблазня́ть; (*charm*) очаро́вывать
allurement (*attractiveness*) привлека́тельность *f*; (*charm*) обольще́ние; (*temptation*) собла́зн
alluring зама́нчивый, соблазни́тельный
allusion (*mention*) упомина́ние; (*reference*) ссылка (**to,** на + *acc*); (*hint*) намёк (**to,** на + *acc*)
alluvial аллювиа́льный, нано́сный
alluvium аллю́вий
all-weather *mil* всепого́дный
ally 1. *n* сою́зник **2.** *v* соединя́ть; **~ oneself with** вступа́ть в сою́з, объединя́ться с (+ *instr*); **be allied with** быть свя́занным с (+ *instr*)
almanac календа́рь *m*; (*esp literary*) альмана́х; **nautical ~** морско́й астрономи́ческий ежего́дник
almighty всемогу́щий; *coll* (*awful*) ужа́сный; *as noun* **the Almighty** всемогу́щий Бог
almond 1. *n* (*tree, nuts*) минда́ль *m*; (*single nut*) минда́льный оре́х **2.** *adj* минда́льный; **~-eyed** с миндалеви́дными глаза́ми
almost почти́, чуть не
alms ми́лостыня; **~-house** богаде́льня
aloe ало́э *neut indecl*
aloft (*upwards*) наве́рх; (*on top*) наверху́; *naut* на ма́рсе
alone *adj and adv* (*by oneself*) оди́н; **be ~ with** быть наедине́ с (+ *instr*); **live ~** жить одному́; **sit ~** сиде́ть в одино́честве; (*without help*) без по́мощи; (*lonely*) одино́кий; (*only*) **he ~ knows** он оди́н зна́ет, то́лько он зна́ет; **leave ~** не тро́гать (+ *gen*), оставля́ть в поко́е; **let ~** не говоря́ уже́ о (+ *prep*)
along 1. *adv* (*forward*) вперёд; **~ with** вме́сте с (+ *instr*); **all ~** (*all the time*) всё вре́мя; **come ~** идёмте, пошли́; (*hurry*) бы́стро, скоре́е; **get ~** ла́дить (**with,** с + *instr*); *coll* **move ~!** живе́е, веселе́е; **take, bring ~** брать с собо́й **2.** *prep* (*beside*) вдоль (+ *gen*); **the road runs ~ the river** доро́га идёт вдоль реки́; (*direction, route*) по (+ *dat*); **walk ~ the street** идти́ по у́лице; (*the length of*) по всей длине́ (+ *gen*)
alongside 1. *adv* бок о́ бок, ря́дом; *naut* у (бо́рта, сте́нки *etc*); **come ~** подходи́ть к (бо́рту, сте́нки *etc*) **2.** *prep* ря́дом с (+ *instr*); *naut* у (+ *gen*)
aloof (*reserved*) сде́ржанный; (*cold*) холо́дный; (*distant*) отчуждённый; **stand ~** держа́ться в стороне́ (**from,** от + *gen*), сторони́ться (**from,** + *gen*)
aloofness отчуждённость *f*
alopecia облысе́ние
aloud вслух, гро́мко
alpaca 1. *n zool* альпака́ *m* and *f*; (*wool*) альпака́ *neut indecl* **2.** *adj* из ше́рсти альпаки́

alpenstock альпеншто́к
alpha а́льфа; ~ **particle** а́льфа-части́ца
alphabet алфави́т, а́збука
alphabetical алфави́тный; **in** ~ **order** в алфави́тном поря́дке
Alpine альпи́йский
Alps А́льпы *f pl*
already уже́
Alsatian 1. *n* (*person*) эльза́сец, *f* эльза́ска; (*dog*) неме́цкая овча́рка **2.** *adj* эльза́сский
also (*too; esp with nouns and pronouns*) то́же; (*likewise; esp with verbs*) та́кже; (*moreover*) к тому́ же; ~**-ran** неуда́чник
altar (*sanctuary*) алта́рь *m*; (*altar-table*) престо́л; (*sacrificial*) же́ртвенник
alter (*change*) изменя́ть(ся); (*remake*) переде́лывать; ~ **one's mind** переду́мывать
alteration измене́ние; (*to dress etc*) переде́лка
altercation перебра́нка
alter ego второ́е я
alternate 1. *adj* чреду́ющийся; **on** ~ **days** че́рез день **2.** *v* чередова́ть(ся)
alternating переме́нный; ~ **current** переме́нный ток
alternation чередова́ние
alternative 1. *n* альтернати́ва, друго́й вы́бор; **there is no** ~ **but** нет друго́го вы́бора кро́ме (+ *gen*) **2.** *adj* альтернати́вный
alternator генера́тор переме́нного то́ка
although хотя́
altimeter альтиме́тр
altitude 1. *n* высота́ (над у́ровнем мо́ря); **at high** ~ на больши́х высо́тах; **gain** ~ набира́ть высоту́ **2.** *adj* высо́тный
alto 1. *n* альт **2.** *adj* альто́вый; ~**saxophone** альт-саксофо́н
altogether (*entirely*) совсе́м, соверше́нно, вполне́; (*in all*) всего́; (*on the whole*) в о́бщем
altruism альтруи́зм
altruist альтруи́ст
altruistic альтруисти́ческий
alum 1. *n* квасцы́ *m pl* **2.** *adj* квасцо́вый
aluminium 1. *n* алюми́ний **2.** *adj* алюми́ниевый
aluminous квасцо́вый, глинозёмистый
alumnus (бы́вший) пито́мец
alveolar альвеоля́рный
always всегда́; (*constantly*) всё вре́мя; **for** ~ навсегда́
alyssum бурачо́к
amalgam амальга́ма, смесь *f*
amalgamate (*combine*) соединя́ть(ся), объединя́ть(ся) (**with,** с + *instr*); *chem* амальгами́ровать(ся)
amalgamation объедине́ние, соедине́ние; *chem* амальгама́ция; *comm* (*of firms*) слия́ние
amaranth *bot* щири́ца; (*colour*) пурпу́рный цве́т
amaranthine (*purple*) пурпу́рный; (*unfading*) неувяда́ющий
amass (*gather*) собира́ть(ся); (*save, hoard*) копи́ть(ся)
amateur 1. *n* люби́тель *m*, *f* люби́тельница; ~ **sportsman** спортсме́н-люби́тель *m*; *pej* дилета́нт **2.** *adj* люби́тельский; *pej* дилета́нтский
amateurish (*unprofessional*) непрофессиона́льный; (*dilettantish*) дилета́нтский; (*crude*) неуме́лый
amatory любо́вный
amaze изумля́ть, поража́ть
amazement изумле́ние, удивле́ние; **to his** ~ к его́ удивле́нию
amazing изуми́тельный, удиви́тельный, порази́тельный
Amazon *myth* амазо́нка; (*river*) Амазо́нка
ambassador посо́л; (*envoy*) посла́нник; (*representative*) представи́тель *m*
ambassadorial посо́льский
ambassadress (*female ambassador*) же́нщина-посо́л; (*wife of ambassador*) жена́ посла́; (*envoy*) посла́нница; (*representative*) представи́тельница
amber 1. *n* янта́рь *m* **2.** *adj* янта́рный; (*yellow*) жёлтый
ambergris се́рая а́мбра
ambidextrous владе́ющий одина́ково хорошо́ обе́ими рука́ми
ambience (*surroundings*) окруже́ние; (*milieu*) среда́; (*atmosphere*) атмосфе́ра
ambient окружа́ющий
ambiguity (*double meaning*) двусмы́сленность *f*; (*unclearness*) нея́сность *f*
ambiguous двусмы́сленный; нея́сный; (*dubious*) сомни́тельный
ambit (*circumference*) окруже́ние; (*limits*) преде́лы *m pl*; (*sphere*) о́бласть *f*, сфе́ра
ambition (*desire to succeed*) честолю́бие, амби́ция; (*aim*) цель *f*; (*dream*) мечта́
ambitious честолюби́вый
ambivalence раздвое́ние чувств; противоречи́вость *f*; амбивале́нтность *f*
ambivalent (*feelings*) раздво́енный; (*contradictory*) противоречи́вый; *psych* амбивале́нтный
amble (*of horse*) идти́ и́ноходью; (*of person*) идти́ не спеша́, ковыля́ть
ambler инохо́дец
ambo амво́н
ambrosia *myth* амбро́зия; *fig* пи́ща бого́в
ambulance маши́на ско́рой по́мощи; **call an** ~ вы́звать *pf* ско́рую по́мощь
ambulatory 1. *n* галере́я **2.** *adj* амбулато́рный
ambush 1. *n* заса́да; **lie in** ~ сиде́ть в заса́де **2.** *v* напада́ть из заса́ды (на + *acc*)
ameliorate улучша́ть(ся)
amelioration улучше́ние
ameliorative мелиорати́вный
amen ами́нь
amenable (*submissive*) послу́шный; (*responsive*) поддаю́щийся (**to,** + *dat*); **be** ~ **to** поддава́ться (+ *dat*); (*susceptible to*) па́дкий на (+ *acc*); *leg* отве́тственный (**to,** пе́ред + *instr*)
amend (*correct*) исправля́ть; (*improve*) улучша́ть; (*text etc*) вноси́ть попра́вки в (+ *acc*)
amendment исправле́ние; (*to document, law*) попра́вка (**to,** к + *dat*); **introduce an** ~ внести́ *pf* попра́вку
amends: make ~ (*compensate*) компенси́ровать (**for,** за + *acc*); (*correct error*) поправля́ться; (*exculpate oneself*) искупа́ть свою́ вину́ (**by,** + *instr*)
amenity (*pleasantness*) прия́тность *f*; *pl* (*conveniences*) удо́бства *neut pl*, услу́ги *f pl*
America Аме́рика; **United States of** ~ Соединённые Шта́ты *m pl* Аме́рики (*abbr* США)
American 1. *n* америка́нец, *f* америка́нка **2.** *adj* америка́нский
amethyst 1. *n* амети́ст **2.** *adj* амети́стовый
Amharic амха́рский язы́к
amiability (*good nature*) доброду́шие; (*friendliness*) дружелю́бие

amiable добродýшный; дружелю́бный
amicable дрýжеский, дрýжественный
amid средú, посредú (+ *gen*)
Amidol *phot* амидóл
amidships в срéдней чáсти сýдна
amidst средú, посредú (+ *gen*); мéжду (+ *instr*)
amino-acid аминокислотá
amiss 1. *adj* (*incorrect*) непрáвильный; (*bad*) плохóй; **what is** ~ что случúлось (**with,** с + *instr*) **2.** *adv* **come** ~ случúться *pf* некстáти; **... would not come** ~ **...** бы́ло бы óчень кстáти; **take** ~ обижáться на (+ *acc*); **he took it** ~ **that** емý бы́ло обúдно, что
amity соглáсие, дрýжеские отношéния *neut pl*
ammeter амперметр
ammonal аммонáл
ammonia аммиáк, *coll* нашаты́рный спирт
ammonium *adj* аммóний
ammunition (*in general*) боеприпáсы *m pl*; (*bullets*) патрóны *m pl*; (*shells*) снаря́ды *m pl*; ~ **dump** склад боеприпáсов
amnesia потéря пáмяти, амнезúя
amnesty 1. *n* амнúстия **2.** *v* амнистúровать
amoeba амёба
amoebic амёбный; ~ **dysentery** амёбиáз, амёбная дизентерúя
amok *see* **amuck**
among(st) средú (+ *gen*); (*between*) мéжду (+ *instr*, *rarely* + *gen*); **from** ~ из (+ *gen*)
amoral аморáльный
amorous (*inclined to love*) влю́бчивый; (*loving much, many*) любвеобúльный; (*in love*) влюблённый; (*letters, songs etc*) любóвный
amorousness влю́бчивость *f*; влюблённость *f*
amorphous бесфóрменный, амóрфный; *chem* некристаллúческий
amortization амортизáция
amount 1. *n* (*quantity*) колúчество; (*sum, total*) сýмма, итóг **2.** *v* ~ **to** (*reach*) доходúть до (+ *gen*); (*of sum*) составля́ть; **the bill ~s to £10** счёт составля́ет дéсять фýнтов; (*be same as*) **this ~s to blackmail** э́то равносúльно шантажý; (*mean*) знáчить
amour любóвная интрúга; **~-propre** самолю́бие
amperage сúла тóка (в ампéрах)
ampere ампéр, *abbr* а; **~-hour** ампéр-час; **a five-~ current** ток в пять ампéр; **a five-~ fuse** пятиампéрный предохранúтель *m*
amphetamine амфетамúн
amphibia амфúбии *f pl*
amphibian 1. *n zool* амфúбия **2.** *mil* танк-амфúбия; самолёт-амфúбия **2.** *adj* земновóдный
amphibious земновóдный; *mil* десáнтный
amphibology, amphiboly двусмы́сленное выражéние
amphibrach амфибрáхий
amphitheatre амфитеáтр
amphora áмфора
ample (*sufficient*) достáточный; (*abundant*) обúльный; (*spacious*) обширный; (*of figure*) пóлный, пы́шный
amplification расширéние, увеличéние; (*of statement*) уточнéние; *elect* усилéние
amplifier *elect* усилúтель *m*
amplify расширя́ть(ся), увелúчивать(ся); уточня́ть; усúливать
amplitude 1. *n* (*range*) размáх; (*fullness*) полнотá; *phys* амплитýда **2.** *adj* амплитýдный; ~ **modulation** *abbr* **AM** амплитýдная модуля́ция, *abbr* AM
amply (*fully*) вполнé; (*sufficiently*) достáточно; (*abundantly*) обúльно
ampoule áмпула
amputate ампутúровать
amputation ампутáция
amuck, amok: run ~ (*attack*) кидáться на всех; (*go mad*) бесúться
amulet амулéт
amuse (*entertain*) развлекáть; (*cause mirth*) смешúть, забавля́ть; ~ **oneself** развлекáться (**with,** + *instr*)
amusement (*entertainment, pastime*) развлечéние, забáва; (*pleasure*) удовóльствие; (*mirth*) рáдость *f*, весéлье; *pl* (*at fair etc*) аттракциóны *m pl*; ~ **park** парк с аттракциóнами
amusing (*entertaining*) развлекáтельный, заня́тный; (*funny*) забáвный, смешнóй
amyl 1. *n* амúл **2.** *adj* амúловый; ~ **acetate** амилацетáт
Anabaptist 1. *n* анабаптúст **2.** *adj* анабаптúстский
anabolic: ~ **steroid** анаболúческий стерóид
anachronism анахронúзм
anachronistic анахронúческий; (*old-fashioned*) анахронúчный
anacoluthon анаколýф
anaconda анакóнда
anacreontic анакреонтúческий
anacrusis анакрýза
anaemia малокрóвие, анемúя
anaemic малокрóвный, анемúчный; *fig* блéдный, вя́лый
anaerobic анаэрóбный
anaesthesia анестезúя
anaesthetic 1. *n* анестезúрующее срéдство, анестéтик, наркóтик; **general, local** ~ óбщий, мéстный наркоз; **under** ~ под наркóзом **2.** *adj* анестезúрующий
anaesthetist анестезиóлог, наркотизáтор
anaesthetize анестезúровать
anagram анагрáмма
anal заднепроходный, анáльный
analgesic 1. *n* болеутоля́ющее срéдство **2.** *adj* болеутоля́ющий
analog(ue) 1. *n* анáлог **2.** *adj* аналóговый; ~ **computer** моделúрующая машúна
analogical аналогúческий
analogous аналогúчный (**to,** + *dat*)
analogy аналóгия; **by** ~ **with** по аналóгии с (+ *instr*)
analyse анализúровать; *gramm* разбирáть; *chem* разлагáть
analysis анáлиз; **in the final** ~ в конéчном счёте
analyst аналúтик; *psych* психиáтр, занимáющийся психоанáлизом
analytics аналúтика
analytical аналитúческий
anamorphic анаморфúческий
anamorphosis анаморфóз
anapaest анапéст
anarchic анархúческий
anarchism анархúзм
anarchist 1. *n* анархúст **2.** *adj* (*of anarchist*) анархúстский; (*anarchic*) анархúческий
anarchy анáрхия
anastigmatic анастигматúческий
anathema анáфема; **declare** ~ предавáть анáфеме
anathematize предавáть анáфеме; (*curse*) проклинáть

anatomical анатоми́ческий
anatomist ана́том
anatomize *med* анатоми́ровать; (*analyse*) анализи́ровать
anatomy (*science*) анато́мия; (*dissection*) вскры́тие, анатоми́рование; (*analysis*) ана́лиз; *coll* (*body*) те́ло
ancestor пре́док
ancestral (*of ancestors*) родово́й; (*inherited*) насле́дственный
ancestry (*descent*) происхожде́ние; *collect (ancestors)* пре́дки *m pl*
anchor 1. *n naut* я́корь *m*; **be at** ~ стоя́ть на я́коре; **drop** ~ броса́ть я́корь; **weigh** ~ снима́ться с я́коря; *tech* а́нкер **2.** *adj* я́корный; а́нкерный **3.** *vt* ста́вить на я́корь; закрепля́ть, анкерова́ть; *vi* броса́ть я́корь, станови́ться на я́корь
anchorage *naut* (*place*) я́корная стоя́нка; (*being at anchor*) стоя́нка на я́коре; *tech* а́нкерное крепле́ние
anchoress отше́льница
anchorite отше́льник, затво́рник, анахоре́т
anchovy анчо́ус
ancient 1. *n* (*old man*) стари́к; *pl* дре́вние наро́ды *m pl*; *relig* **Ancient of Days** Предве́чный **2.** *adj* (*very old*) дре́вний, стари́нный; (*classical*) анти́чный; (*former*) бы́вший
ancillary вспомога́тельный
and и; (*when contrasting*) а; (*less common, mainly in popular and fixed expressions*) да; (*in some pronominal and fixed expressions*) с (+ *instr*); **you** ~ **I** мы с тобо́й; **bread** ~ **butter** хлеб с ма́слом; **two** ~ **a half** два с полови́ной
andante *n and adv* анда́нте *neut indecl*
andantino *n and adv* анданти́но *neut indecl*
Andes А́нды *f pl*
androgyne гермафроди́т
androgynous гермафроди́тный
anecdotal анекдоти́чный
anecdote анекдо́т
anemograph анемо́граф
anemometer анемо́метр
anemone анемо́н; **sea** ~ акти́ния; **wood** ~ ве́треница
aneroid баро́метр-анеро́ид
aneurism аневри́зм
anew (*again*) сно́ва; (*differently*) по-но́вому, за́ново
angel а́нгел; **guardian** ~ а́нгел-храни́тель *m*; ~**-fish** морско́й а́нгел
angelic а́нгельский
angelica анге́лика
anger 1. *n* гнев **2.** *v* серди́ть
Angevin анжу́йский
angina анги́на; ~ **pectoris** грудна́я жа́ба
angle 1. *n* у́гол; **at an** ~ **of 20°** под угло́м в два́дцать гра́дусов; **acute** ~ о́стрый у́гол; **right** ~ прямо́й у́гол; (*point of view*) то́чка зре́ния; (*side, direction*) сторона́; **from all** ~**s** со всех сторо́н **2.** *v* (*put aslant*) ста́вить под угло́м; (*distort*) искажа́ть; (*fish*) уди́ть ры́бу; *fig* напра́шиваться (**for,** на + *acc*), заки́дывать у́дочку насчёт (+ *gen*)
angler рыболо́в; ~**-fish** морско́й чёрт
Anglican 1. *n* англика́нец, *f* англика́нка **2.** *adj* англика́нский
anglicism англици́зм
anglicize англизи́ровать
angling 1. *n* уже́ние, ры́бная ло́вля **2.** *adj* рыбо-ло́вный
Anglo-, anglo- англо-
Anglomania англома́ния
anglophile 1. *n* англофи́л **2.** *adj* англофи́льский
anglophobia англофо́бия
anglophone англоязы́чный
Anglo-Saxon 1. *n* (*person*) англоса́кс; (*language*) англосаксо́нский язы́к **2.** *adj* англосаксо́нский
Angola Анго́ла
Angolan 1. *n* анго́лец **2.** *adj* анго́льский
angora 1. *n* (*cat*) ангóрская ко́шка; (*goat*) анго́рская коза́; (*rabbit*) анго́рский кро́лик; (*wool, material*) анго́ра **2.** *adj* анго́рский
angostura ангосту́ра
angry серди́тый; **be** ~ серди́ться (**with, at,** на + *acc*); **get** ~ рассерди́ться *pf* (**with, at,** на + *acc*); **make** ~ рассерди́ть *pf*
Ångström unit а́нгстрем
anguish 1. *n.* (*torment*) му́ка; (*pain*) боль *f*; (*suffering*) страда́ния *neut pl* **2.** *v* му́чить
anguished страда́ющий
angular *math* углово́й, уго́льный; (*pointed*) углова́тый; (*of person*) костля́вый
angularity углова́тость *f*; костля́вость *f*
anhydrous безво́дный
aniline 1. *n* анили́н **2.** *adj* анили́новый
animadversion (*comment*) замеча́ние; (*criticism*) кри́тика
animadvert критикова́ть
animal 1. *n* живо́тное; **wild** ~ ди́кий зверь *m*; *fig pej* скоти́на **2.** *adj* живо́тный; ~ **husbandry** животново́дство
animalcule микроскопи́ческое живо́тное
animate 1. *adj* живо́й; *gramm* одушевлённый **2.** *v* оживля́ть
animated оживлённый; ~ **cartoon** мультипли-ка́ция, мультфи́льм
animation жи́вость *f*, оживле́ние
animator *cine* худо́жник-мультиплика́тор
animism аними́зм
animist animи́ст
animistic анимисти́ческий
animosity зло́ба, вражде́бность *f*
animus (*hostility*) вражде́бность *f*; (*bias*) предубежде́ние
anion анио́н
aniseed 1. *n* ани́с **2.** *adj* ани́совый
ankh анк
ankle лоды́жка
annals ле́топись *f*, анна́лы *m pl*
anneal (*metal*) отжига́ть; (*glass etc*) обжига́ть
annealing о́тжиг; о́бжиг
annex(e) 1. *n* (*addition*) прибавле́ние; (*appendix*) приложе́ние; (*building*) пристро́йка, фли́гель *m* **2.** *v* (*add*) присоединя́ть (**to** к + *dat*); (*append notes etc*) прилага́ть (**to,** к + *dat*); *pol* аннекси́ровать
annexation анне́ксия
annihilate уничтожа́ть; *phys* аннигили́ровать
annihilation уничтоже́ние; *phys* аннигиля́ция
anniversary годовщи́на; **on the** ~ **of** в годовщи́ну (+ *gen*); tenth, fortieth ~ десятиле́тие, сорокале́тие/деся́тая, сорокова́я годовщи́на
Anno Domini, *abbr* **AD** на́шей э́ры, *abbr* н.э.
annotate аннoти́ровать
annotation аннота́ция, примеча́ние
announce (*make known*) объявля́ть; (*declare*) заявля́ть; (*arrival of guest*) докла́дывать о прибы́тии (+ *gen*)

announcement объявле́ние; заявле́ние; (*communication*) сообще́ние
announcer (*on radio, TV*) ди́ктор
annoy (*irritate*) раздража́ть, надоеда́ть (+ *dat*); (*pester*) пристава́ть к (+ *dat*); (*make angry*) досажда́ть (+ *dat*)
annoyance (*irritation*) доса́да, раздраже́ние; **in** ~ с, от доса́ды; **to his** ~ к его доса́де; (*unpleasantness*) неприя́тность *f*
annoying доса́дный, раздража́ющий
annual 1. *n* (*book*) ежего́дник; *bot* одноле́тник **2.** *adj* (*every year*) ежего́дный; (*for, lasting year*) годово́й; *bot* ~ **ring** годи́чный слой
annuity ежего́дная ре́нта, аннуите́т; **life** ~ пожи́зненная ре́нта
annul отменя́ть; *leg, polit* аннули́ровать
annular кольцеобра́зный, кольцево́й
annulment отме́на; *leg, pol* аннули́рование
Annunciation *rel* Благове́щение
anode 1. *n* ано́д **2.** *adj* ано́дный
anodize аноди́ровать
anodyne 1. *n med* болеутоля́ющее сре́дство; (*for calming*) успока́ивающее сре́дство, безвре́дное сре́дство **2.** *adj* болеутоля́ющий; успока́ивающий, безвре́дный
anoint нама́зывать; *rel* пома́зывать
anomalistic анома́льный; *astron* аномалисти́ческий; *gramm* аномали́стский
anomalous анома́льный
anomaly анома́лия
anon (*soon*) вско́ре; (*again*) опя́ть; **ever and** ~ то и де́ло
anonym анони́м
anonymity анони́мность *f*
anonymous анони́мный
anorak анора́к
anorexia nervosa не́рвная анорекси́я
anorexic *n and adj* страда́ющий не́рвной анореки́ей
another (*one more*) ещё оди́н; **he took** ~ **helping** он взял ещё одну́ по́рцию; (*different*) друго́й; **he was in** ~ **room** он был в друго́й ко́мнате; **one after** ~ оди́н за други́м; **one** ~ друг дру́га; **they were helping one** ~ они помога́ли друг дру́гу; **they were arguing with one** ~ они спо́рили друг с дру́гом
answer 1. *n* (*reply*) отве́т; **in** ~ в отве́т (**to,** на + *acc*); (*solution*) реше́ние **2.** *v* (*reply*) отвеча́ть (+ *dat*); ~ **a question** отвеча́ть на вопро́с; ~ **back** де́рзко отвеча́ть; ~ **the door** открыва́ть дверь; ~ **the telephone** подходи́ть к телефо́ну; ~ **for** (*guarantee*) руча́ться за (+ *acc*); (*be responsible for*) быть отве́тственным за (+ *acc*), отвеча́ть за (+ *acc*); (*respond*) отклика́ться (**to,** на + *acc*); ~ **to the name of** отклика́ться на и́мя (+ *gen*); (*obey*) слу́шаться (+ *gen*); (*serve*) служи́ть (**as,** + *instr*); (*correspond to*) соотве́тствовать (+ *dat*); (*satisfy*) удовлетворя́ть; (*suit*) подходи́ть (+ *dat*)
answerable отве́тственный (**for,** за + *acc*); **be** ~ **for** отвеча́ть за (+ *acc*)
answering: telephone ~ **machine** автоотве́тчик
ant мураве́й
antacid 1. *n* антикисло́тное (сре́дство) **2.** *adj* антикисло́тный
antagonism (*hostility*) вражда́, антагони́зм; (*opposition*) сопротивле́ние (**to,** к + *dat*)
antagonist 1. *n* антагони́ст, проти́вник **2.** *adj* антагонисти́ческий
antagonistic антагонисти́ческий, вражде́бный (**to,** к + *dat*)
antagonize вызыва́ть вражду́, антагони́зм (у + *gen*; ме́жду + *instr*)
Antarctic 1. *n* (*region*) Анта́рктика; (*continent*) Антаркти́да **2.** *adj* антаркти́ческий; ~ **Circle** Ю́жный поля́рный круг; ~ **Ocean** Ю́жный океа́н
ant-bear, ant-eater муравье́д
antebellum довое́нный
antecede предше́ствовать
antecedent 1. *n* предше́ствующее; *pl* (*person's past*) про́шлое **2.** *adj* предше́ствующий (**to,** + *dat*)
antechamber пере́дняя
antedate (*precede*) предше́ствовать (+ *dat*); (*letter etc*) дати́ровать за́дним число́м
antediluvian допото́пный
antelope антило́па
antemeridian дополу́денный, у́тренний
ante meridiem до полу́дня
antenatal дородово́й
antenna *rad* анте́нна; *biol* у́сик, щу́пальце
antenuptial добра́чный
antepenult(imate) тре́тий от конца́
anteprandial предобе́денный
anterior (*earlier*) предше́ствующий (**to,** + *dat*); **be** ~ **to** предше́ствовать (+ *dat*); (*in front*) пере́дний
anteroom пере́дняя
ant-heap мураве́йник
anthelion анте́лий
anthem гимн; **national** ~ госуда́рственный гимн
ant-hill мураве́йник
anthologist состави́тель *m* антоло́гии
anthology антоло́гия
anthracite антраци́т
anthrax сиби́рская я́зва, антра́кс
anthropic(al) челове́ческий
anthropocentric антропоцентри́ческий
anthropoid 1. *n* антропо́ид **2.** *adj* человекообра́зный
anthropological антропологи́ческий
anthropologist антропо́лог
anthropology антрополо́гия
anthropomorphic антропоморфи́ческий
anthropomorphism антропоморфи́зм
anthropophagi *pl* людое́ды *m pl*
anthropophagy людое́дство
anti- анти-, противо-
anti-aircraft противовозду́шный, ~ **defence** противовозду́шная оборо́на (*abbr* ПВО); ~ **gun** зени́тное ору́дие
antibiotic 1. *n* антибио́тик **2.** *adj* антибиоти́ческий
antibody антите́ло
anticentre антипо́д эпице́нтра
Antichrist анти́христ
antichristian противохристиа́нский
anticipate (*look forward to*) предвкуша́ть; (*foresee*) предви́деть, предчу́вствовать; (*expect*) ожида́ть (+ *gen*); (*do, say, etc in advance*) де́лать, говори́ть *etc* ра́ньше, предваря́ть; (*guess beforehand, of thoughts, events etc*) предвосхища́ть; (*forestall*) опережа́ть; (*forewarn*) предупрежда́ть
anticipation (*expectation*) ожида́ние; **in** ~ (*beforehand*) зара́нее; **in** ~ **of** в ожида́нии, в предвкуше́нии (+ *gen*); (*fear*) опасе́ние; предвкуше́ние; предви́дение
anticipatory предвари́тельный
anticlerical антиклерика́льный

anticlericalism антиклерикали́зм
anticlimactic бана́льный, не опра́вдывающий ожида́ний
anticlimax разря́дка напряже́ния; *pros* антикли́макс
anticlinal антиклина́льный
anticline антиклина́ль *f*
anti-clockwise про́тив часово́й стре́лки
anticoagulant антикоагуля́нт
anticyclone антицикло́н
antidemocratic антидемократи́ческий
antidepressant антидепресса́нт
antidotal противоя́дный
antidote противоя́дие (*also fig*) (**to,** про́тив, от + *gen*)
antifreeze антифри́з
antifriction антифрикцио́нный
antigen антиге́н
anti-hero антигеро́й
antihistamine антигистами́н
antilog(arithm) антилогари́фм
antimagnetic противомагни́тный, антимагни́тный
antimatter антивещество́
anti-missile 1. *n* антираке́та **2.** *adj* антираке́тный
antimony сурьма́
antinomy противоре́чие, антино́мия
anti-particle античасти́ца
antipathetic(al) антипати́чный
antipathy (*aversion*) антипа́тия, отвраще́ние (**to,** к + *dat*); (*incompatibility*) несовмести́мость *f*, антагони́зм
anti-personnel противопехо́тный; ~ **bomb** оско́лочная бо́мба
antiperspirant сре́дство от поте́ния
antiphon антифо́н
antipodes антипо́ды *m pl*
antipole противополо́жный по́люс
antipope антипа́па *m*
antiquarian 1. *n* антиква́р **2.** *adj* антиква́рный; ~ **bookseller** букини́ст
antiquated (*obsolete*) устаре́лый; (*old-fashioned*) старомо́дный
antique 1. *n* (*old piece*) антиква́рная вещь *f*; (*art*) **the** ~ анти́чный стиль *m* **2.** *adj* (*very old*) дре́вний, стари́нный; (*classical*) анти́чный; (*old-fashioned*) старомо́дный; (*of collector's item*) антиква́рный
antiquity (*age*) дре́вность *f*; (*ancient world*) анти́чность *f*, класси́ческая дре́вность *f*; *pl* (*monuments*) дре́вние па́мятники *m pl*
antirrhinum льви́ный зев
anti-Semite антисеми́т
anti-Semitic антисеми́тский
anti-Semitism антисемити́зм
antiseptic 1. *n* антисепти́ческое сре́дство **2.** *adj* антисепти́ческий
antisocial (*against society*) антиобще́ственный; (*not gregarious*) необщи́тельный
anti-submarine противоло́дочный
anti-tank противота́нковый
anti-terrorist антитеррористи́ческий
antithesis *rhet* антите́за; (*opposite*) противополо́жность *f*
antithetical антитети́ческий
antitoxic противоя́дный, антитокси́ческий
antitoxin противоя́дие, антитокси́н
antitype антити́п
antiviral противови́русный
anti-war антивое́нный
antler оле́ний рог
antonym анто́ним
antonymous антоними́чный
anus за́дний прохо́д
anvil накова́льня
anxiety (*uneasiness*) беспоко́йство; (*care*) забо́та; (*alarm*) трево́га
anxious (*careworn, preoccupied*) озабо́ченный; (*worried*) встрево́женный, беспоко́ящийся (**about,** о + *prep*); **be** ~ **about** беспоко́иться о (+ *pr*); **I am** ~ **about** меня́ трево́жит (+ *nom*); (*uneasy*) беспоко́йный; (*alarming*) трево́жный; (*eager*) жела́ющий; **I am** ~ **to** мне о́чень хо́чется (+ *infin*)
anxiously (*with apprehension*) с опасе́нием, с трево́гой; **wait** ~ ждать с нетерпе́нием
any 1. *adj and pron* (*often not translated when unemphatic, e.g. in negative and interrogative clauses*) любо́й; **at** ~ **time** в любо́е вре́мя; **take** ~ **card** возьми́те любу́ю ка́рту; ~ **of you would have done the same** любо́й из вас сде́лал бы то же са́мое; *inter* како́й-нибудь; **have you** ~ **Russian books?** есть ли у вас каки́е-нибудь ру́сские кни́ги?; *neg* никако́й; **I don't expect** ~ **difficulties** я не ожида́ю никаки́х затрудне́ний; ~ **more** ещё; **have you** ~ **more tickets?** есть ли у вас ещё биле́ты?; **(not)** ~ **more, no more** бо́льше не/нет; **I shan't smoke** ~ **more** я бо́льше не бу́ду кури́ть; (*in partitive sense – usu not translated but where emphatic use* ско́лько-нибудь + *gen*, *or if negative* нисколько + *gen*); **we haven't** ~ **sugar** у нас нет са́хара, *emph* у нас нет нииско́лько са́хара; **have you** ~ **milk?** есть ли у вас молоко́? есть ли у вас ско́лько-нибудь молока́? **2.** *adv* (*usu not translated*) **she couldn't walk** ~ **faster** она́ не могла́ идти́ быстре́е
anybody, anyone (*in affirmative statements*) любо́й; ~ **could do it** любо́й мог бы э́то сде́лать; *inter* кто́-нибудь **did you speak to** ~? вы с ке́м-нибудь говори́ли?; *neg* никто́; **I didn't speak to** ~ я ни с ке́м не говори́л
anyhow (*in any case*) всё-таки, всё равно́, и так; **I shall tell her** ~ я всё-таки ей скажу́; (*at least*) во вся́ком слу́чае; *neg* ника́к; **I couldn't persuade him** ~ я ника́к не мог уговори́ть его́; (*carelessly*) ко́е-ка́к; **work** ~ рабо́тать ко́е-ка́к; (*haphazardly*) как попа́ло; **the books lay** ~ **over the table** кни́ги бы́ли разбро́саны как попа́ло по столу́; (*in any way at all*) **do it** ~ **you like** сде́лайте каки́м бы то ни́ было о́бразом, как хоти́те
anyone *see* **anybody**
anything всё, люба́я вещь *f*, что уго́дно; **take** ~ **you like** возьми́те всё, что хоти́те; ~ **can be sold at the market** любу́ю вещь мо́жно прода́ть на ры́нке; **what would you like? Anything!** что вы хоти́те? что уго́дно!; *inter* что́-нибудь; **can you see** ~? вы что́-нибудь ви́дите?; *neg* ничто́; **she didn't say** ~ она́ ничего́ не говори́ла; ~ **but: he is** ~ **but a fool** он далеко́ не дура́к; **tell him** ~ **but that** скажи́те ему́ всё, что уго́дно, то́лько не э́то
anyway *see* **anyhow**
anywhere (*in any place*) везде́, где уго́дно, в любо́м ме́сте; **you can buy them** ~ их мо́жно купи́ть где уго́дно; **I can sleep** ~ я могу́ спать где уго́дно, в любо́м ме́сте; (*to any place*) куда́ уго́дно; **we'll go** ~ мы гото́вы е́хать куда́ уго́дно; *inter* где́-нибудь, (*with verbs of motion*) куда́-нибудь; **have you seen her** ~ вы нигде́ её не ви́дели, не ви́дели ли вы её где́-нибудь?; **did you**

go ~? вы куда́-нибудь е́здили?; *neg* нигде́, (*with verbs of motion*) никуда́; **there wasn't an empty seat** ~ нигде́ не́ было свобо́дного ме́ста; **we didn't go** ~ мы никуда́ не уезжа́ли
aorist ао́рист
aorta ао́рта
apace *lit (quickly)* бы́стро
apart (*on one side*) в стороне́; **they stood** ~ **from the rest** они́ стоя́ли в стороне́ от други́х; (*to one side*) в сто́рону; **set** ~ откла́дывать в сто́рону; (*separately*) врозь, по́рознь; **they live** ~ они́ живу́т врозь; **take** ~ разбира́ть (на ча́сти); ~ **from** кро́ме, поми́мо (+ *gen*); **joking** ~ шу́тки в сто́рону
apartheid апарте́йд, апа́ртхейд
apartment (*room*) ко́мната; (*flat*) кварти́ра
apathetic равноду́шный, апати́чный
apathy равноду́шие, апа́тия
ape 1. *n* обезья́на **2.** *v* подража́ть (+ *dat*), обезья́нничать
aperient 1. *n* слаби́тельное **2.** *adj* слаби́тельный
aperitif аперити́в
aperture (*opening*) отве́рстие; (*chink*) щель *f*; *opt* аперту́ра
apex верши́на, верху́шка; *geom* верши́на
aphasia афа́зия
aphelion афе́лий
aphid, aphis тля
aphorism афори́зм
aphoristic афористи́чный
aphrodisia афродизи́я
aphrodisiac 1. *n* сре́дство, уси́ливающее полово́е чу́вство **2.** *adj* возбужда́ющий
aphrodite *ent* нимфали́да; *myth* **Aphrodite** Афроди́та
apiary пче́льник, па́сека
apiculture пчелово́дство
apiece (*per piece*) за шту́ку; (*per person*) за ка́ждого, с ка́ждого; (*to each*) ка́ждому по (+ *num*) (*see* **each**)
aplenty в изоби́лии
aplomb апло́мб
apocalypse апока́липсис
apocalyptic апокалипси́ческий
apocentre апоце́нтр
apocope апо́копа
apocrypha апо́крифы *m pl*
apocryphal апокрифи́ческий; ~ **work** апо́криф; *fig* недостове́рный
apogee апоге́й
apolitical аполити́чный
Apollo Аполло́н
apologetic извиня́ющийся; **be** ~ извиня́ться; (*conciliatory*) примири́тельный; (*literature etc*) апологети́ческий
apologetics апологе́тика
apologist апологе́т, защи́тник (**for,** + *gen*)
apologize извиня́ться (**for,** за + *acc*; **to,** пе́ред + *instr*)
apology извине́ние; (*defence*) защи́та; (*justification*) оправда́ние; (*explanation*) объясне́ние
apophthegm апоф(т)е́гма
apoplectic апоплекси́ческий
apoplexy апоплекси́ческий уда́р
apostasy отсту́пничество
apostate 1. *n* отсту́пник **2.** *adj* отсту́пнический
apostatize отступа́ться
a posteriori 1. *adj* апостерио́рный **2.** *adv* апостерио́ри
apostle апо́стол; *fig* побо́рник
apostolate ми́ссия
apostolic апо́стольский; (*papal*) па́пский
apostrophe (*punctuation*) апостро́ф; *rhet* апостро́фа
apothecary апте́карь *m*
apotheosis апофео́з
appal (*shock*) шоки́ровать; (*terrify*) ужаса́ть, приводи́ть в у́жас; **be ~led at** быть в у́жасе от (+ *gen*)
appalling ужа́сный, стра́шный, ужаса́ющий
apparatus (*equipment; organization*) аппара́т; (*device*) прибо́р, аппара́т; (*mechanism*) механи́зм, устро́йство; *collect* (*equipment*) аппарату́ра, обору́дование
apparel 1. *n* оде́жда **2.** *v* одева́ть, наряжа́ть (in, в + *acc*)
apparent (*seeming*) ка́жущийся; (*obvious*) я́вный, очеви́дный; (*visible*) ви́димый
apparently по-ви́димому, очеви́дно, ви́димо
apparition (*ghost*) при́зрак, привиде́ние; (*sudden appearance*) появле́ние
appeal 1. *n* (*request*) про́сьба; (*plea*) мольба́ (**for,** о + *pr*); (*call*) обраще́ние (**to,** к + *dat*); (*attractiveness*) привлека́тельность *f*; *leg* апелля́ция; **court of** ~ апелляцио́нный суд **2.** *v* (*beseech*) умоля́ть (**to,** + *acc*); (*address oneself*) обраща́ться (**to,** к + *dat*); (*please*) нра́виться (**to,** + *dat*); *leg* подава́ть апелляцио́нную жа́лобу
appealing (*beseeching*) умоля́ющий; (*touching*) тро́гательный; (*attractive*) привлека́тельный
appear (*show oneself, be seen*) пока́зываться; (*arrive, turn up*) появля́ться; (*become visible*) проявля́ться, станови́ться ви́димым; (*of actor, lawyer etc*) выступа́ть (на сце́не, в ро́ли, по телеви́дению, в суде́ *etc*); (*seem*) каза́ться (+ *instr*); (*be published*) выходи́ть
appearance (*look*) (вне́шний) вид, нару́жность *f*; (*arrival*) появле́ние; (*of actor etc*) выступле́ние; **to all ~s** су́дя по всему́; **keep up ~s** соблюда́ть прили́чия
appease (*soothe*) успока́ивать; (*pacify*) умиротворя́ть; ~ **an aggressor** потака́ть агре́ссору
appeasement успока́ивание; умиротворе́ние; **policy of** ~ поли́тика попусти́тельства
appellant апелля́нт
append (*affix*) приве́шивать (**to,** к + *dat*); (*to book, letter)* прилага́ть (**to,** к + *dat*)
appendage прида́ток, приве́сок
appendectomy удале́ние червеобра́зного отро́стка, аппендэктоми́я
appendicitis аппендици́т
appendix (*to book etc*) приложе́ние (**to,** к + *dat*); *anat* аппе́ндикс, червеобра́зный отро́сток
appertain относи́ться (**to,** к + *dat*)
appetite аппети́т (**for,** на + *acc*); (*inclination for*) скло́нность *f* (**for,** к + *dat*); (*liking*) охо́та
appetizer возбуди́тель *m* аппети́та; (*hors-d'œuvre*) заку́ска
appetizing аппети́тный
applaud (*clap*) аплоди́ровать (+ *dat*); (*approve*) одобря́ть
applause аплодисме́нты *m pl*
apple 1. *n* я́блоко; **Adam's** ~ кады́к; ~ **of one's eye** зрачо́к; *fig* зени́ца о́ка **2.** *adj* я́блочный; **~-tree** я́блоня
appliance (*use*) примене́ние; (*device*) приспособле́ние, прибо́р; (*electric, domestic*) электроприбо́р

applicable (*capable of application*) примени́мый (**to,** к + *dat*); (*appropriate*) подходя́щий (**to,** к + *dat*); (*having reference to*) относя́щийся (**to,** к + *dat*)
applicant (*candidate*) кандида́т (**for,** на + *acc*); (*petitioner*) проси́тель *m*, *f* проси́тельница
application (*use*) примене́ние; (*placing on*) прикла́дывание; (*diligence*) прилежа́ние (**to,** к + *dat*); (*written request*) заявле́ние, проше́ние; **put in an** ~ подава́ть заявле́ние; ~ **form** анке́та
applied (*art, science*) прикладно́й
appliqué аппلика́ция
apply (*request*) обраща́ться (**for,** за + *instr;* **to,** к + *dat*); (*for a job etc*) подава́ть (на ме́сто *etc*); (*use*) применя́ть (**to,** к + *dat*); (*attach*) прикла́дывать (**to,** к + *dat*); (*be relevant*) относи́ться (**to,** к + *dat*), каса́ться (**to,** + *gen*); (*force, energies etc*) прилага́ть (**to,** к + *dat*); ~ **oneself to** занима́ться (+ *instr*)
appoint (*assign; elect*) назнача́ть; **he was** ~**ed professor** он был назна́чен профе́ссором
appointed назна́ченный; **well-**~ (*equipped*) хорошо́ обору́дованный
appointment (*to post*) назначе́ние; (*post*) до́лжность *f*, ме́сто; (*meeting*) свида́ние; ~**s** (*furnishings*) обстано́вка, меблиро́вка
apportion (*distribute*) распределя́ть; (*divide up*) разделя́ть; (*assign*) назнача́ть
apposite (*apt*) уме́стный; (*appropriate*) соотве́тствующий
apposition *gramm* приложе́ние
appraisal оце́нка
appraise оце́нивать
appreciable (*noticeable*) заме́тный; (*palpable*) ощути́мый
appreciate (*evaluate*) оце́нивать; (*esteem*) цени́ть; (*understand*) понима́ть; (*increase in value*) повыша́ться в це́нности
appreciation (*evaluation*) оце́нка; (*esteem*) высо́кая оце́нка; (*thanks*) призна́тельность *f*; (*understanding*) понима́ние; (*in value*) повыше́ние це́нности
appreciative (*grateful*) благода́рный; (*perceptive*) воспринима́ющий
apprehend (*understand*) понима́ть; (*arrest*) заде́рживать, аресто́вывать; (*expect*) предчу́вствовать
apprehension (*understanding*) понима́ние; (*fear*) опасе́ние; (*foreboding*) мра́чное предчу́вствие; (*arrest*) задержа́ние, аре́ст
apprehensive (*fearful*) по́лный стра́ха; (*full of foreboding*) по́лный предчу́вствий; (*discerning*) сообрази́тельный
apprentice 1. *n* подмасте́рье *m* **2.** *v* отдава́ть в уче́ние (**to,** к + *dat*)
apprenticeship (*period*) срок уче́ния; (*job*) ме́сто подмасте́рья
apprise (*inform*) осведомля́ть, извеща́ть, дава́ть знать (+ *dat*) (**of,** о + *prep*)
approach 1. *n* (*drawing near*) приближе́ние (**to,** к + *dat*); (*means of access, also fig*) подхо́д (**to,** к + *dat*); *pl* (*to city etc*) по́дступы *m pl*; *pl* (*overtures*) ава́нсы *m pl*; *av* захо́д на поса́дку **2.** *adj* ~ **lights** огни́ *m pl* сближе́ния; ~ **road** подъе́зд **3.** *v* (*draw near*) приближа́ться, подходи́ть (к + *dat*); (*apply to, contact*) обраща́ться к (+ *dat*)
approachable (*accessible*) досту́пный; (*person*) не непристу́пный; **he's very** ~ к нему́ легко́ подойти́
approbation одобре́ние
approbatory одобри́тельный
appropriate 1. *adj* (*suitable*) подходя́щий (**for,** для + *gen*); (*corresponding*) соотве́тствующий (**to,** + *dat*) **2.** *v* (*take*) присва́ивать; (*assign*) назнача́ть (**to,** на + *acc*)
appropriation присвое́ние; назначе́ние
approval (*approbation*) одобре́ние; (*confirmation*) утвержде́ние; **on** ~ на про́бу; (*examination*) рассмотре́ние
approve (*commend*) одобря́ть; (*confirm*) утвержда́ть
approved (*tested*) испы́танный; (*accepted*) при́нятый; ~ **school** исправи́тельная шко́ла
approving одобри́тельный
approximate 1. *adj* приблизи́тельный **2.** *v* приближа́ть(ся) (**to,** к + *dat*), бо́лее или ме́нее соотве́тствовать (**to,** + *dat*)
approximately (*about*) приблизи́тельно; (*more or less*) бо́лее или ме́нее
approximation приближе́ние
appurtenance принадле́жность *f*
apricot 1. *n* (*fruit*) абрико́с; (*tree*) абрико́совое де́рево; (*colour*) абрико́совый цвет **2.** *adj* абрико́совый
April 1. *n* апре́ль *m*; **by** ~ к апре́лю; **the fifth of** ~ пя́тое апре́ля; **on the fifth of** ~ пя́того апре́ля; **from, since** ~ с апре́ля; **in** ~ в апре́ле (ме́сяце); **until** ~ до апре́ля **2.** *adj* апре́льский
a priori 1. *adj* априо́рный **2.** *adv* априо́ри
apron (*garment*) пере́дник, фа́ртук; *theat* авансце́на; *av* приангарная площа́дка
apropos 1. *adj* уме́стный, своевре́менный **2.** *adv* (*to the point*) кста́ти; (*with regard to*) относи́тельно
apse апси́да
apt (*suitable*) подходя́щий; (*appropriate*) уме́стный; (*intelligent*) спосо́бный; ~ **to** скло́нный к (+ *dat or infin*)
aptitude (*capability*) спосо́бность *f* (**for,** к + *dat*); (*inclination*) скло́нность *f* (**to, for,** к + *dat*)
aquajet водомёт
aqualung аквала́нг; ~ **diver** аквалангист
aquamarine 1. *n* (*stone*) аквамари́н; (*colour*) зеленова́то-голубо́й цвет **2.** *adj* зеленова́то-голубо́й
aquaplane 1. *n* аквапла́н **2.** *v* акваплани́ровать
aquarelle акваре́ль *f*
aquarium аква́риум
Aquarius *astr* Водоле́й
aquatic (*living in water*) водяно́й; (*of sport etc*) во́дный
aquatint аквати́нта
aqueduct акведу́к
aqueous (*watery*) водяни́стый; *chem* ~ **solution** во́дный раство́р
aquiline орли́ный
Arab 1. *n* ара́б, *f* ара́бка; *pej* **street** ~ у́личный мальчи́шка **2.** *adj* ара́бский
arabesque арабе́ска
Arabia Ара́вия; **Saudi** ~ Сау́довская Ара́вия
Arabian (*Arab*) ара́бский; (*of Arabia*) арабийский; ~ **Nights** Ты́сяча и одна́ ночь
Arabic 1. *n* ара́бский язы́к **2.** *adj* ара́бский
Arabist араби́ст
arable па́хотный; ~ **farming** земледе́лие; ~ **land** па́хотная земля́, па́шня, па́хота
arachnids паукообра́зные *pl*
arachnoid паути́нный

Aramaic 1. *n* арамéйский язы́к **2.** *adj* арамéйский
arbalest арбалéт, самострéл
arbiter арби́тр; *leg* третéйский судья́ *m*
arbitrage арбитрáж
arbitrageur арбитражёр
arbitrariness произвóл
arbitrary (*of decision, rule*) произвóльный; (*capricious*) капри́зный; (*despotic*) деспоти́ческий
arbitrate (*mediate*) быть третéйским судьёй, посрéдничать; (*settle dispute*) решáть третéйским судóм
arbitration арбитрáж; ~ **court** третéйский суд
arbitrator третéйский суд
arbor вал, ось *f*
arboreal (*of trees*) древéсный; (*tree-dwelling*) обитáющий на дерéвьях
arboretum древéсный питóмник
arboriculture лесовóдство
arbour бесéдка
arbutus землянúчное дéрево
arc 1. *n* дугá **2.** *adj* дуговóй; ~ **lamp** дуговáя лáмпа; ~ **welder** (*person*) электросвáрщик; (*tool*) аппарáт для дуговóй свáрки; ~ **welding** дуговáя свáрка
arcade *archi* аркáда; (*of shops*) пассáж
arcadian (*pastoral*) пасторáльный; (*idyllic*) идилли́ческий; (*of Arcadia*) аркáдский
arcane (*secret*) тáйный; (*mysterious*) таи́нственный; (*esoteric*) эзотери́ческий
arch- архи-
[1]**arch 1.** *n* (*gateway*) áрка; (*of bridge, roof*) свод; (*arc*) дугá **2.** *adj* áрочный **3.** *v* (*span*) перекрывáть свóдом; (*bend*) изгибáть(ся) (дугóй); ~ **the back** выгибáть спи́ну
[2]**arch** *adj* (*coy*) кокéтливый; (*roguish*) лукáвый
archaean *geol* архéйский
archaeological археологи́ческий
archaeologist археóлог
archaeology археолóгия
archaic (*ancient*) архаи́ческий, дрéвний; (*outdated*) устарéлый
archaism архаи́зм
archangel архáнгел
archbishop архиепи́скоп
archbishopric архиепи́скопство
archdeacon архидиáкон
archdiocese епáрхия архиепи́скопа
archducal эрцгéрцогский
archduchess эрцгерцоги́ня
archduke эрцгéрцог
arched (*curved*) изóгнутый; (*bridge*) áрочный
arch-enemy заклятый враг
archer лýчник, стрелóк из лýка
archery стрельбá из лýка
archetypal архетипи́ческий
archetype *psych* архети́п; (*prototype*) прототи́п
arch-fiend сатанá *m*
archiepiscopal архиепи́скопский
archimandrite архимандри́т
archipelago архипелáг
architect архитéктор, (*usu hist*) зóдчий
architectonic (*architectural*) архитектýрный; (*structural*) структýрный; ~s архитектóника
architectural архитектýрный
architecture архитектýра, зóдчество
architrave архитрáв
archival архи́вный
archive архи́в; (*fund*) фонд
archivist архивáриус
archon *hist* архóнт
archpriest протоиерéй
arch-villain архизлодéй
archway (*arch*) áрка; (*passage*) прохóд (под áркой)
arcing искрéние
arctic 1. *n* **the Arctic** Áрктика **2.** *adj* аркти́ческий, поля́рный; **Arctic Circle** Сéверный поля́рный круг; **Arctic Ocean** Сéверный Ледови́тый океáн
Arcturus Арктýр
arcuate дугообрáзный
ardent горя́чий, пы́лкий, стрáстный
ardour (*zeal*) рвéние; (*fervour*) пыл; (*passion*) страсть *f*
arduous (*difficult*) трýдный; (*severe*) тяжёлый; (*laborious*) утоми́тельный
are (*unit of area*) ар (*abbr* а)
area (*surface, space*) плóщадь *f*; **ten square miles in** ~ плóщадью в дéсять квадрáтных миль; (*district*) райóн; (*of activity*) сфéра, óбласть *f*; **sea** ~ акватóрия
areal регионáльный
arena арéна (*also fig*)
Argentina Аргенти́на
Argentine 1. *n* **the** ~ Аргенти́на; (*person*) аргенти́нец, *f* аргенти́нка **2.** *adj* аргенти́нский
Argentinian *see* **Argentine**
argon аргóн; ~ **lamp** аргóновая лáмпа
Argonaut аргонáвт
argot аргó *neut indecl*, жаргóн; **thieves'** ~ блатнóй язы́к, *sl* фéня
arguable (*questionable*) спóрный; (*demonstrable*) доказýемный; **it is** ~ **that** мóжно утверждáть, что
argue (*dispute*) спóрить (**about,** о + *prep*; **with,** с + *instr*); (*discuss*) обсуждáть; ~ **against** выступáть прóтив (+ *gen*); (*assert*) считáть, утверждáть
argument (*dispute*) спор; (*debate*) дискýссия; (*evidence*) дóвод, аргумéнт (**for,** в пóльзу + *gen*; **against,** прóтив + *gen*); *math* аргумéнт
argumentative лю́бящий спóрить; ~ **person** люби́тель *m* поспóрить, (большóй) спóрщик
aria áрия
Arianism ариáнство
arid (*dry, also fig*) сухóй; (*lacking water*) безвóдный; *geol* ари́дный
aridity сýхость *f*; ари́дность *f*
Aries *astr* Овéн
aright прáвильно
arise (*rise, get up*) поднимáться; (*appear*) появля́ться; (*present itself, derive from*) возникáть (**from,** из + *gen*); **the question** ~**s** возникáет вопрóс
aristocracy аристокрáтия
aristocrat аристокрáт
aristocratic аристократи́ческий
Aristotelian 1. *n* послéдователь *m* Аристóтеля **2.** *adj* аристóтелевский
arithmetic арифмéтика
arithmetical арифмети́ческий
arithmetician арифмéтик
arithmometer арифмóметр
ark ковчéг; **Ark of the Covenant** ковчéг завéта Госпóдня; **Noah's Ark** Нóев ковчéг
arm 1. *n* (*limb*) рукá; ~**-in-**~ пóд руку; **keep at** ~**'s length** не пускáть бли́зко; **under one's** ~ под мы́шкой; **with folded** ~**s** сложи́в рýки; **with open** ~**s** с распростёртыми объя́тиями; (*of garment,*

river) рука́в; (*of chair*) ру́чка; (*lever*) рукоя́тка; *usu pl* (*weapons*) ору́жие; **lay down** ~**s** сложи́ть *pf* ору́жие; **take up** ~**s** взя́ться *pf* за ору́жие; **under** ~**s** под ружьём; (*branch of service*) род войск; *pl her* герб **2.** *v* вооружа́ть(ся) (**with,** + *instr*)
armada арма́да
armadillo армади́лл
Armageddon армагеддо́н
armament (*arming*) вооруже́ние; (*weapons*) ору́жие; (*munitions*) боеприпа́сы *m pl*
armature *bui* армату́ра; *elect* (*of motor*) я́корь *m*; (*armour*) броня́
armband нарука́вная повя́зка
armchair кре́сло; ~ **politician** кабине́тный поли́тик
armed вооружённый; ~ **forces, services** вооружённые си́лы *f pl*
Armenia Арме́ния
Armenian 1. *n* (*person*) армяни́н, *f* армя́нка; (*language*) армя́нский язы́к **2.** *adj* армя́нский
armful оха́пка
arm-hole про́йма
armistice переми́рие
armorial геральди́ческий
armour (*of warrior*) доспе́хи *m pl*; (*of tank, ship etc*) броня́; *collect* (~*ed force*) бронеси́лы *f pl*; *biol* па́нцирь *m*; ~**-piercing** бронебо́йный; ~**-plated** брониро́ванный
armoured брониро́ванный; ~**-car** броневи́к; ~ **train** бронепо́езд
armoury арсена́л, склад ору́жия
armpit подмы́шка
armrest подлоко́тник
army 1. *n* а́рмия (*also fig*) **2.** *adj* арме́йский
arnica а́рника
aroma арома́т
aromatic аромати́ческий; души́стый; *chem* аромати́ческий
around 1. *adv* (*all about*) круго́м, везде́; (*nearby*) побли́зости; (*circumference*) в окру́жности; **be** ~ быть побли́зости; **come** ~ (*visit*) приходи́ть, заходи́ть; (*change views*) меня́ть свои́ взгля́ды; **get** ~ **to** (*find opportunity to*) добира́ться до (+ *gen*), успева́ть (+ *infin*) **2.** *prep* (*all round*) вокру́г (+ *gen*); **walk** ~ **the town** гуля́ть по го́роду; ~ **the corner** за угло́м; (*approximately*) о́коло (+ *gen*); ~**-the-clock** круглосу́точный
arousal пробужде́ние
arouse (*waken*) буди́ть; (*feelings etc*) возбужда́ть; (*annoy*) раздража́ть; (*evoke interest, alarm etc*) вызыва́ть
arpeggio арпе́джио *sing indecl*, *pl* арпе́джии
arraign привлека́ть к суду́
arraignment привлече́ние к суду́
arrange (*put in order*) приводи́ть в поря́док; (*set out*) располага́ть; (*adjust, settle*) устра́ивать(ся); (*come to an understanding*) догова́риваться (о + *prep*; **with,** с + *instr*); (*agree*) усла́вливаться (о + *prep*; **to,** + *infin*); (*organize*) организова́ть; *mus* аранжи́ровать
arrangement (*setting in order*) приведе́ние в поря́док; (*setting out*) расположе́ние; (*order*) поря́док; (*agreement*) соглаше́ние; **come to an** ~ приходи́ть к соглаше́нию; (*particular agreement*) договорённость *f*; *pl* (*plans*) ме́ры *f pl*, мероприя́тия *neut pl*; (*preparations*) приготовле́ния *neut pl*; **I've made all the** ~**s for our holidays** я всё устро́ил для на́ших кани́кул; *mus* аранжиро́вка
arranger *mus* аранжиро́вщик
arrant: ~ **knave** отъя́вленный негодя́й; ~ **nonsense** су́щий вздор
array (*quantity*) мно́жество; (*finery*) наря́д; *mil* боево́й поря́док; *rad* анте́нная решётка **2.** *v* (*dress*) одева́ть (**in,** в + *acc*); (*adorn*) украша́ть (**in, with,** + *instr*); *mil* выстра́ивать в боево́й поря́док
arrears задо́лженность *f* (**of,** по + *dat*); **be in** ~ просро́чивать платёж; (*of work*) отстава́ть
arrest 1. *n* (*stopping*) остано́вка; (*delay*) заде́ржка; *leg* аре́ст; **under** ~ под аре́стом; ~ **warrant** о́рдер на аре́ст **2.** *v* остана́вливать; заде́рживать, аресто́вывать; (*attention etc*) прико́вывать
arresting (*striking*) поража́ющий, захва́тывающий
arrière-pensée за́дняя мысль *f*
arrival прибы́тие; (*on foot: of ship*) прихо́д; (*in vehicle*) прие́зд; (*person*) **new** ~ новоприбы́вший
arrive прибыва́ть; приходи́ть; приезжа́ть (**at,** в + *acc*); (*of time, event etc*) наступа́ть; ~ **at** (*conclusion etc*) приходи́ть к (+ *dat*); (*attain*) достига́ть (+ *gen*)
arrogance (*haughtiness*) надме́нность *f*; (*excessive pride*) высокоме́рие
arrogant надме́нный; высокоме́рный
arrogate присва́ивать (**to,** к + *dat*)
arrow стрела́; (*graphic symbol*) стре́лка; ~**-head** наконе́чник стрелы́; ~**root** арроору́т
arse *vulg* жо́па
arsenal арсена́л
arsenic 1. *n* мышья́к **2.** *adj* мышьяко́вый
arson поджо́г
art 1. *n* (*in general*) иску́сство (**of,** + *gen or* + *infin*); **fine** ~**s** изя́щные иску́сства; **military** ~ вое́нное иску́сство; (*ability, skill*) уме́ние; (*cunning*) хи́трость *f*; **the** ~**s** (*academic*) гуманита́рные нау́ки *f pl* **2.** *adj* худо́жественный; ~ **critic** искусствове́д; ~ **history** исто́рия иску́сства
artefact, artifact изде́лие, артефа́кт
arterial *anat* артериа́льный; ~ **road** магистра́ль *f*
artery арте́рия
artesian артезиа́нский; ~ **well** артезиа́нский коло́дец
artful хи́трый, ло́вкий
arthritic артрити́ческий
arthritis артри́т
artichoke артишо́к; **Jerusalem** ~ земляна́я гру́ша
article (*thing*) вещь *f*; (*manufactured item*) изде́лие; (*object*) предме́т; ~**s of clothing** предме́ты оде́жды; (*section of document*) пункт, пара́граф; ~ **of faith** пе́рвая за́поведь; *lit* статья́; **leading** ~ передова́я статья́; *gramm* арти́кль *m*
articulate 1. *adj anat* суста́вчатый; (*of speech*) отчётливый; (*clear*) я́сный; **be** ~ я́сно выска́зывать свои́ мы́сли; *tech* сочленённый, шарни́рный **2.** *v* (*pronounce*) артикули́ровать; (*say clearly*) отчётливо произноси́ть; *tech* сочленя́ть
articulation *anat, tech* сочлене́ние; *ling* артикуля́ция
artifice (*cunning, trick*) хи́трость *f*; (*ingeniousness*) вы́думка
artificer реме́сленник; *mil* те́хник
artificial (*manufactured*) иску́сственный; (*feigned*) притво́рный, иску́сственный, неесте́ственный
artificiality иску́сственность *f*; притво́рность *f*
artillerist, artilleryman артиллери́ст

artillery 1. *n* артиллéрия **2.** *adj* артиллерийский
artisan ремéсленник
artist (*painter etc*) худóжник; (*performer*) артист, *f* артистка
artiste (эстрáдный) артист, *f* (эстрáдная) артистка
artistic (*displaying, of art*) худóжественный; (*of artist*) артистический
artistry худóжественность *f*, искýсство
artless (*simple*) простóй; (*naive*) наивный; (*guileless*) простодýшный; (*unskilled*) неискýсный
artwork *typ* оформлéние
Aryan 1. *n* арúец, *f* арúйка **2.** *adj* арúйский
as 1. *conj* (*because*) так как; ~ **I was ill, I could not go** так как я был бóлен, я не мог поéхать; (*when*) когдá; (*while*) в то врéмя как, покá; **just** ~ как раз в то врéмя как; (*in concessive clauses*) **tired** ~ **he was he could not get to sleep** как он ни устáл, он не мог заснýть; ~ **if,** ~ **though** (как) бýдто (бы), слóвно; ~ **to,** ~ **for** что касáется (+ *gen*) **2.** *adv* как; **I speak** ~ **a friend** я говорю́ как друг; в кáчестве; **he works** ~ **a teacher** он рабóтает учúтелем/в кáчестве учúтеля; ~ **always,** ~ **usual** как всегдá; ~ **well** тáкже; ~ **yet** покá, до сих пор; **such** ~ так(óй) напримéр, как; ~ ... ~ (*with adv*) так же ... как и; **he reads** ~ **well** ~ **she** он читáет так же хорошó как и онá; (*with adj*) такóй же ... как; **my house is** ~ **good** ~ **yours** мой дом такóй же хорóший, как и ваш/не хýже вáшего; **he gave me** ~ **much money** ~ **he could** он дал мне стóлько дéнег, скóлько мог; ~ **far** ~ (*in so far* ~) наскóлько, поскóльку; ~ **far** ~ **I can remember** наскóлько я пóмню; (*up to*) до (+ *gen*); ~ **far** ~ **possible** (*in distance*) как мóжно дáльше; (~ *much* ~ *one can*) поскóльку э́то возмóжно: ~ **far back** ~ ещё в; ~ **good** ~ (*same thing* ~, *equal to*) всё равнó, что; **it's** ~ **good** ~ **yours** мóжно считáть егó своúм; ~ **long** ~ (*until*) (до тех пор) покá; (*while*) покá; (*if*) поскóльку; (*on condition*) при услóвии, что; ~, **so much** ~ (*even*) дáже, хотя́ бы
asafoetida асафетúда
asbestos 1. *n* асбéст **2.** *adj* асбéстовый
ascend (*climb*) поднимáться, всходúть (на + *acc*); ~ **to throne** взойтú *pf* на престóл
ascendancy госпóдство, власть *f*; **gain** ~ **over** брать верх над (+ *instr*)
ascendant, ascendent (*rising*) восходя́щий; (*dominating*) госпóдствующий; **his star was in the** ~ егó звездá всходúла
ascension восхождéние; *astr* **right** ~ прямóе восхождéние; *rel* **Ascension** Вознесéние
ascent (*climb*) восхождéние (**of,** на + *acc*); (*steep slope*) крутóй склон; (*rise*) подъём
ascertain (*by inquiry*) узнавáть; (*make sure*) убеждáться; (*establish*) устанáвливать, выясня́ть
ascetic 1. *n* аскéт **2.** *adj* аскетúческий
asceticism аскетúзм
ascorbic: ~ **acid** аскорбúновая кислотá
ascribe припúсывать (**to,** к + *dat*)
ascription припúсывание (**to,** к + *dat*)
asdic áсдик, гидролокáтор
asepsis асéптика
aseptic асептúческий
asexual беспóлый
ash (*burnt*) пéпел; (*cinders*) золá; **burn to** ~**es** сжигáть дотлá; *pl* (*mortal remains*) прах; (*tree*) я́сень *m*; **mountain** ~ рябúна; ~**-bin,** ~**-can** мýсорный я́щик; **Ash Wednesday** средá на пéрвой недéле Велúкого Постá
ashamed пристыжённый; **be** ~ стыдúться (**of,** + *gen*; **for,** за + *acc*); **I was** ~ **to tell him** мне бы́ло сты́дно признáться емý; **aren't you** ~**?** как вам не сты́дно!
ashen (*colour*) пéпельного цвéта; (*deathly pale*) мéртвенно-блéдный; (*wood*) я́сеневый
ashore (*on shore*) на берегý; **go** ~ сходúть на бéрег; (*of ship*) **run** ~ наскочúть *pf* на мель
ashtray пéпельница
ashy пéпельный
Asia Áзия; **Central** ~ Срéдняя Áзия; ~ **Minor** Мáлая Áзия
Asian, Asiatic 1. *n* азиáт, *f* азиáтка **2.** *adj* азиáтский
aside 1. *n* рéплика в стóрону **2.** *adv* в стóрону; **put** ~ отклáдывать; **set** ~ (*annul*) аннулúровать; **stand** ~ держáться в сторонé (**from,** от + *gen*); **take** ~ отводúть в стóрону; **turn** ~ свернýть *pf* в стóрону
asinine (*of ass*) ослúный; (*person*) глýпый; (*absurd*) дурáцкий, идиóтский
ask (*question*) спрáшивать; ~ **after** справля́ться о здорóвье (+ *gen*); ~ **questions** задавáть вопрóсы; (*request*) просúть (**for,** + *gen or* о + *prep*; **to,** + *infin*); ~ **for permission, help** просúть разрешéния, о пóмощи; ~ **too much of** слúшком мнóго трéбовать от (+ *gen*); (*invite*) приглашáть; ~ **for trouble** лезть на рожóн
askance крúво, кóсо; **look** ~ **at** смотрéть кóсо на (+ *acc*), с подозрéнием на (+ *acc*)
askew крúво, кóсо
asking: ~ **price** запрáшиваемая ценá
aslant 1. *adv* (*slanting*) кóсо **2.** *prep* (*across*) поперёк (+ *gen*)
asleep: be ~ спать; **fall** ~ засыпáть
asp áспид
asparagus спáржа
aspect (*view; appearance; gramm*) вид; (*of problem etc*) аспéкт, сторонá; **from every** ~ со всех сторóн
aspen 1. *n* осúна **2.** *adj* осúновый
asperity (*of manner*) рéзкость *f*; (*of climate*) сурóвость *f*
aspersion клеветá; **cast** ~**s on** клеветáть на (+ *acc*)
asphalt 1. *n* асфáльт **2.** *adj* асфáльтовый **3.** *v* асфальтúровать
asphyxia удýшье
asphyxiate душúть
aspic заливнóе
aspidistra аспидúстра
aspirate 1. *n* придыхáтельный звук **2.** *adj* придыхáтельный **3.** *v* произносúть с придыхáнием
aspiration (*striving*) стремлéние; (*lofty hope*) чáяние; *phon* придыхáние
aspire (*strive*) стремúться (**to,** к + *dat*); (*have hope of*) питáть надéжду (**to,** на + *acc*)
aspirin аспирúн; (*equivalent common analgesic in USSR*) пирамидóн
aspiring (*ambitious*) честолюбúвый
ass осёл; *fig* дурáк; **make an** ~ **of oneself** глýпо поступáть, стáвить себя́ в дурáцкое положéние; (*play the fool*) валя́ть дуракá; *vulg* (*arse*) жóпа
assagai, assegai ассагáй
assail нападáть на (+ *acc*)
assailant (*opponent*) протúвник; (*attacker*) нападáющий
assassin убúйца *m and f*
assassinate убивáть
assassination (политúческое) убúйство

assault 1. *n* (*attack*) нападе́ние, ата́ка; (*sudden attack*) штурм; **take by ~** брать шту́рмом; *leg* **~ and battery** оскорбле́ние де́йствием **2.** *adj mil* штурмово́й **3.** *v* атакова́ть, напада́ть на (+ *acc*); (*take by storm*) штурмова́ть

assay 1. *n* испыта́ние; (*of metals*) опро́бование **2.** *v* (*attempt*) пыта́ться; (*metals*) про́бовать

assemblage (*crowd*) собра́ние; (*of machine etc*) монта́ж, сбо́рка

assemble *vt* (*collect*) собира́ть; (*convene*) созыва́ть; (*put together*) монти́ровать, собира́ть; *vi* собира́ться

assembly 1. *n* (*gathering together*) собра́ние, сбор; (*of people*) собра́ние; (*parliament*) ассамбле́я; *tech* (*putting together*) сбо́рка; (*unit*) агрега́т, у́зел **2.** *adj* сбо́рочный; **~ line** сбо́рочный конве́йер

assent 1. *n* (*agreement*) согла́сие; **with one ~** единоду́шно; (*permission*) разреше́ние **2.** *v* соглаша́ться (**to,** на + *acc*, с + *instr*)

assert (*affirm*) утвержда́ть; (*right, claim*) отста́ивать; **~ oneself** (*maintain rights*) отста́ивать свои́ права́; (*be aggressive*) быть напо́ристым

assertion утвержде́ние, отста́ивание

assertive (*pushful*) напо́ристый, насто́йчивый; (*affirmative*) утверди́тельный

assess (*determine*) определя́ть; (*evaluate*) оце́нивать

assessment определе́ние, оце́нка; (*of tax*) обложе́ние

assessor (*valuer*) оце́нщик; *leg etc* экспе́рт, консульта́нт

asset (*quality*) це́нное ка́чество; (*possession*) це́нное иму́щество; *pl* (*property*) иму́щество; *fin* (*of company etc*) акти́в(ы); (*advantage*) преиму́щество

asseverate утвержда́ть (категори́чески)

assiduity усе́рдие, прилежа́ние

assiduous усе́рдный, приле́жный

assign 1. *n leg* правопрее́мник **2.** *v* (*appoint*) назнача́ть (**to,** на + *acc*); (*determine*) определя́ть, назнача́ть; (*entrust*) поруча́ть (**to,** + *dat*); (*distribute*) распределя́ть; (*allot*) закрепля́ть (**to,** за + *instr*); (*ascribe*) припи́сывать (**to,** + *dat*)

assignation (*rendezvous*) свида́ние, встре́ча; (*allocation*) ассигнова́ние

assignment (*allotment*) назначе́ние; (*distribution*) распределе́ние; (*task*) зада́ние; (*transfer*) переда́ча; (*attribution*) припи́сывание; (*mission*) командиро́вка

assimilate (*make, become similar; also ling*) уподобля́ть(ся) (**to,** + *dat*), ассимили́ровать(ся) (**with,** с + *instr*); (*digest food, facts*) усва́ивать

assimilation уподобле́ние; *biol, ling* ассимиля́ция; усвое́ние

assimilative *biol* ассимили́рующий; *ling* ассимиляти́вный

assist (*help*) помога́ть (+ *dat*); (*further*) соде́йствовать (+ *dat*); (*take part*) уча́ствовать (**in, at,** в + *prep*); (*be present*) прису́тствовать

assistance по́мощь *f*, соде́йствие; **give ~** ока́зывать по́мощь (**to,** + *dat*); **come to the ~ of** приходи́ть (к + *dat*) на по́мощь; **with the ~ of** с по́мощью (+ *gen*), при по́мощи (+ *gen*)

assistant помо́щник, ассисте́нт; (*second in charge*) замести́тель *m*; **~ director,** замести́тель дире́ктора, замдире́ктора *m indecl*; **shop ~** продаве́ц, *f* продавщи́ца

assize (*trial by jury*) суд прися́жных; *usu pl* (*county session*) выездна́я се́ссия суда́ прися́жных

associate 1. *n* (*comrade*) това́рищ; (*colleague*) колле́га *m*; (*partner*) партнёр; (*ally*) сою́зник; (*member of society*) член-корреспонде́нт **2.** *adj* (*linked*) свя́занный; (*joined*) объединённый **3.** *v* (*link*) свя́зывать(ся), соединя́ть(ся) (**with,** с + *instr*); (*connect in one's mind*) свя́зывать, ассоции́ровать (**with,** с + *instr*); (*be companion of*) обща́ться (**with,** с + *instr*); **~ oneself with** присоединя́ться к (+ *dat*)

association (*conjoining*) соедине́ние; (*of ideas*) ассоциа́ция, связь *f*; (*society*) ассоциа́ция, о́бщество, объедине́ние; (*alliance*) сою́з; (*social contact*) обще́ние; **Association football** футбо́л

assonance ассона́нс, созву́чие

assonant созву́чный

assort (*sort*) сортирова́ть, классифици́ровать; (*suit*) гармони́ровать с (+ *instr*)

assorted (*various*) ра́зные *pl*; (*mixed*) сме́шанный; **ill-~** пло́хо подо́бранный, не подходя́щий

assortment (*variety*) ассортиме́нт; (*mixture*) смесь *f*; (*arranging*) сортиро́вка

assuage (*calm*) успока́ивать; (*hunger etc*) утоля́ть

assume (*take on oneself*) принима́ть/брать на себя́; **~ control** взять *pf* на себя́ управле́ние (**of,** + *instr*); (*take on appearance, form*) принима́ть; (*simulate*) напуска́ть на себя́; (*suppose*) предполага́ть; (*postulate*) допуска́ть; **assuming that** допуска́я, что

assumed (*name etc*) вы́мышленный; (*pretended*) притво́рный; (*accepted*) предполага́емый; (*postulated*) допуска́емый

assumption (*taking on*) приня́тие на себя́; **~ of office** вступле́ние в до́лжность; (*appropriation*) присвое́ние; (*supposition*) предположе́ние; *relig* **Assumption** Успе́ние

assurance (*pledge*) завере́ние, гара́нтия; (*protestation*) увере́ние; (*promise*) обеща́ние; (*confidence*) уве́ренность *f* (**of,** в + *prep*); **self~** самоуве́ренность *f*; *fin* (*insurance*) страхова́ние

assure (*assert, promise*) уверя́ть; (*convince*) убежда́ть; (*ensure, secure*) обеспе́чивать; *fin* страхова́ть

assured (*convinced*) уве́ренный; (*secure*) обеспе́ченный; (*confident*) самоуве́ренный; *fin* застрахо́ванный

assuredly несомне́нно

Assyria Асси́рия

Assyrian 1. *n* (*ancient*) ассири́янин, *f* ассири́янка; (*modern*) асси́риец, *f* асси́рийка **2.** *adj* асси́рийский

astatic астати́ческий

aster *bot* а́стра

asterisk 1. *n* звёздочка **2.** *v* отмеча́ть звёздочкой

astern (*at stern*) на корме́; (*behind*) за кормо́й; (*backwards*) наза́д

asteroid 1. *n* астеро́ид **2.** *adj* звездообра́зный

asthma а́стма

asthmatic 1. *n* астма́тик **2.** *adj* астмати́ческий

astigmatic астигмати́ческий

astigmatism астигмати́зм

astir в движе́нии

astonish удивля́ть, изумля́ть; **be ~ed** удивля́ться, быть удивлённым (**at,** + *dat*), поража́ться

astonishing удиви́тельный, изуми́тельный, порази́тельный

astonishment удивле́ние, изумле́ние; **to his ~** к его́ удивле́нию

astound поражáть, ошеломля́ть
astounding порази́тельный
astragal астрагáл
astrakhan 1. *n* карáкуль *m* **2.** *adj* карáкулевый
astral звёздный, астрáльный
astray: go ~ (*get lost; also fig*) сбивáться с пути́; (*be mislaid*) теря́ться; **lead** ~ сбивáть с пути́
astride 1. *adv* (*with legs apart*) расстáвив нóги; (*mounted*) верхóм **2.** *prep* верхóм на (+ *prep*)
astringent 1. *n* вя́жущее срéдство **2.** *adj med* вя́жущий; (*harsh*) сурóвый
astrocompass астрокóмпас
astrolabe астроля́бия
astrologer астрóлог
astrological астрологи́ческий
astrology астролóгия
astronaut космонáвт
astronautics космонáвтика
astronavigation астронавигáция
astronomer астронóм
astronomical астрономи́ческий
astronomy астронóмия
astrophysics астрофи́зика
astute (*perceptive*) проницáтельный; (*cunning*) хи́трый
asunder (*apart*) пóрознь; (*in different directions*) в рáзные стóроны; (*in half*) пополáм; (*to pieces*) в куски́; **tear** ~ разрывáть (на чáсти); **burst** ~ разрывáться (в куски́)
asylum убéжище; **lunatic** ~ сумасшéдший дом; **political** ~ полити́ческое убéжище
asymmetric асимметри́чный
asymmetry асимметри́я
asymptote асимптóта
asymptotic асимптоти́ческий
asynchronous асинхрóнный
asyndetic бессою́зный
at (*indicating place*) в, на (+ *prep*); ~ **the hotel, school, theatre** в гости́нице, шкóле, теáтре; ~ **the corner, factory, lecture, post-office, station, work** на углу́, завóде, лéкции, пóчте, вокзáле, рабóте; ~ **the bottom** внизу́ (**of,** + *gen*); ~ **the top** наверху́ (**of,** + *gen*); ~ **home** дóма; (*near*) у (+ *gen*); ~ **the window** у окнá; (*activity*) ~ **dinner** за обéдом; **at table** за столóм; (*with measurements*) на (+ *prep*); ~ **a distance of two miles** на расстоя́нии двух миль; ~ **a height of 2,000 metres** на высотé двух ты́сяч мéтров; ~ **the age of thirty** в вóзрасте тридцати́ лет; **at a speed of 300 mph** со скóростью три́ста миль в час; (*in expressions of time*) *usu* в (+ *acc*); ~ **any time** в любóе врéмя; ~ **dawn** на рассвéте; ~ **eight o'clock** в вóсемь часóв; ~ **about eight** óколо восьми́, приблизи́тельно в вóсемь часóв; ~ **first** сначáла; ~ **last** наконéц; ~ **midnight** в пóлночь; ~ **night** нóчью; ~ **once** срáзу; ~ **that moment** как раз в э́то врéмя; (*indicating cause*) при (+ *prep*); ~ **the mere thought of** при однóй мы́сли о (+ *prep*); ~ **the sight of** при ви́де (+ *gen*), уви́дев; ~ **this he leapt up** при э́том он вскочи́л; (*when following verbs such as* shout, laugh *etc, see relevant entry*)
atavism атави́зм
atavistic атависти́ческий
ataxia атакси́я
atelier ательé *neut indecl*, мастерскáя
atheism атеи́зм
atheist 1. *n* атеи́ст **2.** *adj* атеисти́ческий
atheistic атеисти́ческий
Athenian 1. *n* афи́нянин, *f* афи́нянка **2.** *adj* афи́нский
Athens Афи́ны *f pl*
athirst жáждущий (**for,** + *gen*)
athlete атлéт, спортсмéн; **~'s foot** эпидермофи́тия стоп
athletic атлети́ческий
athletics атлéтика
athwart (*crosswise*) поперёк (+ *gen*); (*across*) чéрез (+ *acc*)
Atlantic атланти́ческий; ~ **Ocean** Атланти́ческий океáн
Atlantis Атлант́ида
atlas (*book*) áтлас; *myth* Атлáнт; *anat, archi* атлáнт
atmosphere *phys, fig* атмосфéра
atmospheric атмосфéрный
atmospherics атмосфéрные помéхи *f pl*
atoll атóлл
atom 1. *n* áтом **2.** *adj* áтомный; ~ **bomb** áтомная бóмба
atomic áтомный
atomistic атомисти́ческий
atomizer (*spray*) пульверизáтор; *tech* распыли́тель *m*
atonal атонáльный
atone искупáть (**for,** + *acc*)
atonement искуплéние
atonic *pros* безудáрный; *med* вя́лый
atrabilious жёлчный, угрю́мый
atrocious (*savage*) звéрский; *coll* ужáсный, жу́ткий
atrocity звéрство, жестóкость *f*
atrophied истощённый; *med* атрофи́рованный
atrophy 1. *n* атрофи́я **2.** *v* атрофи́ровать(ся)
attach (*fix; appoint*) прикрепля́ть (**to,** к + *dat*); (*tie*) привя́зывать (**to,** к + *dat*); (*document*) прилáдывать (**to,** к + *dat*); ~ **importance to** придавáть значéние (+ *dat*); ~ **oneself to** привя́зываться, присоединя́ться к (+ *dat*); **be ~ed to** (*fond of*) быть привя́занным (к + *dat*); **become ~ed to** привя́зываться к (+ *dat*)
attaché атташé *m indecl*; **~-case** портфéль *m*
attachment (*fixing*) прикреплéние; (*device*) приспособлéние; (*devotion*) прéданность *f*; (*fondness*) привя́занность *f*
attack 1. *n* атáка, нападéние (**on,** на + *acc*); (*offensive*) наступлéние; (*of disease*) при́ступ, припáдок; (*criticism*) напáдки *m pl*; (*hostile act, remark*) вы́пад **2.** *adj mil* штурмовóй **3.** *v* атаковáть, нападáть на (+ *acc*); (*corrode*) разъедáть; (*tackle*) энерги́чно брáться за (+ *acc*)
attain достигáть (+ *gen*), добивáться (+ *gen*)
attainable достижи́мый
attainment достижéние
attempt 1. *n* попы́тка; **make an** ~ попы́таться *pf*; ~ **on s.o.'s life** покушéние на чью-либо жизнь **2.** *v* пытáться, прóбовать
attend (*be attentive*) быть внимáтельным (к + *dat*); (*be present*) прису́тствовать (на + *prep*); (*school, lecture etc*) ходи́ть (в, на, + *acc*); (*accompany*) сопровождáть; ~ **to** (*apply oneself to*) занимáться (+ *instr*); (*look after*) следи́ть за (+ *instr*); (*do, perform*) выполня́ть, дéлать
attendance (*presence*) прису́тствие; (*rate of* ~) посещáемость *f*; (*care*) ухóд; **be in** ~ **on** прислу́живать (+ *dat*)
attendant 1. *n* (*servant*) слугá *m*; *pl* (*suite*) сви́та; (*in hospital*) санитáр; (*hall porter*) швейцáр;

(*person on duty*) дежу́рный; **cloakroom** ~ гардеро́бщик **2.** *adj* (*accompanying*) сопровожда́ющий; (*present*) прису́тствующий; (*looking after*) обслу́живающий
attention внима́ние; **attract** ~ привлека́ть внима́ние; **give one's** ~ **to** уделя́ть внима́ние (+ *dat*); **pay** ~ **to** обраща́ть внима́ние на (+ *acc*); *med, tech* ухо́д (за + *instr*); *mil* **stand to** ~ стоя́ть сми́рно; ~! сми́рно!
attentive внима́тельный
attenuate 1. *adj* (*thin*) то́нкий; (*rarefied*) разрежённый **2.** *v* (*refine, make thin*) утонча́ть; (*sparse*) разрежа́ть; (*dilute*) разжижа́ть; (*weaken*) ослабля́ть; *rad* затуха́ть
attenuation утонче́ние; ослабле́ние; затуха́ние
attenuator аттенюа́тор
attest (*witness*) свиде́тельствовать (о + *prep*); (*confirm*) подтвержда́ть; (*certify*) удостоверя́ть; (*put on oath*) приводи́ть к прися́ге
attestation засвиде́тельствование; подтвержде́ние; (*evidence*) показа́ние
[1]**attic** черда́к
[2]**Attic** *class* атти́ческий
attire 1. *n* наря́д, пла́тье, одея́ние **2.** *v* одева́ть, наряжа́ть (**in,** в + *acc*)
attitude (*position of body*) по́за; (*point of view*) пози́ция; (*disposition towards*) отноше́ние (к + *dat*); (~ *of mind*) склад ума́
attitudinize принима́ть по́зу/по́зы, пози́ровать, рисова́ться
attorney (*representative*) уполномо́ченный; **power of** ~ полномо́чие; (*lawyer*) юри́ст; (*solicitor; barrister*) адвока́т; **Attorney-General** генера́льный прокуро́р; *Am* мини́стр юсти́ции; **district** ~ прокуро́р о́круга
attract привлека́ть (**to,** к + *dat*); *phys* притя́гивать
attraction привлека́тельность *f*; *phys* притяже́ние; *theat etc* аттракцио́н
attractive привлека́тельный
attribute 1. *n* (*characteristic*) сво́йство; (*feature*) черта́; (*symbol*) атрибу́т; *gramm* определе́ние **2.** *v* (*ascribe*) припи́сывать (**to,** + *dat*), относи́ть (**to,** к + *dat*); (*explain as cause*) объясня́ть (**to,** + *instr*)
attribution припи́сывание
attributive *gramm* определи́тельный
attrition (*friction*) тре́ние; (*wear*) истира́ние; (*exhaustion*) истоще́ние; **war of** ~ война́ на истоще́ние
attune (*instrument etc*) настра́ивать; *fig* гармонизи́ровать
atypical нетипи́чный, атипи́чный
aubergine 1. *n* баклажа́н **2.** *adj* баклажа́нный
auburn кашта́новый, кашта́нового цве́та, краснова́то-кори́чневый
auction 1. аукцио́н **2.** *v* продава́ть с аукцио́на/с молотка́
auctioneer аукциони́ст
audacious (*daring*) сме́лый; (*impudent*) де́рзкий
audacity сме́лость *f*; де́рзость *f*
audibility слы́шимость *f*
audible слы́шный, слы́шимый
audibly (*aloud*) вслух; (*distinctly*) вня́тно
audience (*in theatre*) зри́тели *m pl*, аудито́рия; (*onlookers etc*) пу́блика; (*at lecture*) слу́шатели *m pl*, аудито́рия; (*interview*) аудие́нция
audio звуково́й; ~ **frequency** звукова́я частота́; *as adj* звукочасто́тный, звуково́й частоты́; ~**visual** аудиовизуа́льный
audiogram аудиогра́мма
audiograph аудиогра́ф
audiometer аудио́метр
audiotypist фономашини́стка
audiovisual аудиовизуа́льный
audit 1. *n* реви́зия, прове́рка отчётности **2.** *v* проверя́ть, ревизова́ть
audition 1. *n* (*hearing*) слух; *theat* про́ба **2.** *v theat* прослу́шивать
auditor (бухга́лтер-) ревизо́р, контролёр отчётности
auditorium аудито́рия, зри́тельный зал
auditory слухово́й
au fait в ку́рсе
auger бура́в, сверло́
augment 1. *n gramm* прираще́ние **2.** *v* (*increase*) увели́чивать(ся); (*add*) прибавля́ть(ся) (к + *dat*)
augmentation увеличе́ние, прибавле́ние
augmentative *gramm* увеличи́тельный
augur 1. *n* авгу́р **2.** *v* (*presage*) предвеща́ть; (*foresee*) предви́деть; (*foretell*) предска́зывать
augury (*omen*) предзнаменова́ние; (*presentiment*) предчу́вствие; (*divination*) гада́ние
[1]**August 1.** *n* а́вгуст **2.** *adj* а́вгустовский (*see also* **April**)
[2]**august** вели́чественный
Augustan эпо́хи А́вгуста; *fig* класси́ческий
Augustinian *relig* августи́нец
auk чи́стик, гага́рка; **great** ~ бескры́лая гага́рка; **little** ~ лю́рик, ма́лая гага́рка
aunt тётя
au-pair ≈ молода́я ня́ня-иностра́нка, помо́щница по хозя́йству
aura *med* а́ура; (*atmosphere*) атмосфе́ра; (*psychic*) флюи́ды *m pl*
aural (*of ears*) ушно́й; (*of hearing*) слухово́й
aureole, aureola орео́л
auricle (*of ear*) нару́жное у́хо; (*of heart*) предсе́рдие
auriferous золотоно́сный
Auriga *astron* Возни́чий
aurochs зубр
Aurora *myth* Авро́ра; ~ **borealis** се́верное сия́ние
auscultation выслу́шивание, аускульта́ция
auspice (*omen*) предзнаменова́ние; **under the** ~**s of** под покрови́тельством (+ *gen*)
auspicious (*promising*) многообеща́ющий; (*favourable*) благоприя́тный
austere стро́гий, суро́вый
austerity стро́гость *f*, суро́вость *f*; (*economy*) стро́гая эконо́мия
austral ю́жный
Australasia Австрала́зия
Australia Австра́лия
Australian 1. *n* австрали́ец, *f* австрали́йка **2.** *adj* австрали́йский
Austria А́встрия
Austrian 1. *n* австри́ец, *f* австри́йка **2.** *adj* австри́йский
autarchy автокра́тия
autarky автарки́я
authentic (*genuine*) по́длинный, аутенти́чный; (*true*) достове́рный
authenticate (*establish authenticity*) устана́вливать по́длинность/достове́рность (+ *gen*); (*attest, certify*) удостоверя́ть
authenticity по́длинность *f*; достове́рность *f*
author (*of book etc*) а́втор; (*profession*) писа́тель

m, *f* писа́тельница
authorial а́вторский
authoritarian авторита́рный
authoritative (*vouched for*) авторите́тный; (*forceful*) вла́стный
authority (*power*) власть *f* (**over,** над + *instr*); (*authorization*) полномо́чие; (*right*) пра́во; (*influence*) авторите́т; (*specialist*) специали́ст, авторите́т (**in,** по + *dat*, в о́бласти + *gen*); *pl* (*government etc*) вла́сти *f pl*
authorization (*authority*) полномо́чие; (*permission*) разреше́ние
authorize (*empower*) уполномо́чивать; (*permit*) разреша́ть
authorized авторизо́ванный
authorship а́вторство
autism аути́зм
autistic аутисти́ческий
auto- авто-, само-
autobiographical автобиографи́ческий
autobiography автобиогра́фия
autocephalous автокефа́льный
autochthonic, autochthonous коренно́й, абориге́нный
autoclave автокла́в
autocracy автокра́тия, самодержа́вие
autocrat (*ruler*) автокра́т, самоде́ржец; *fig* де́спот, тира́н
autocratic автократи́ческий, самодержа́вный; *fig* деспоти́ческий
autocue *tele* телесуфлёр
auto-da-fé аутодафе́ *neut indecl*
autograph 1. *n* авто́граф **2.** *adj* собственнору́чно написанный **3.** *v* надпи́сывать
autogyro автожи́р
automat автома́т
automate автоматизи́ровать
automatic 1. *n* (*weapon*) автома́т; (*pistol*) автомати́ческий пистоле́т **2.** *adj* автомати́ческий; (*performed unconsciously*) машина́льный
automation автоматиза́ция
automatism автомати́зм
automaton автома́т
automobile 1. *n* автомоби́ль *m*, (авто)маши́на **2.** *adj* автомоби́льный
automotive самохо́дный; ~ **industry** автомоби́льная промы́шленность *f*
autonomous автоно́мный
autonomy автоно́мия
autopilot *av* автопило́т; *naut* авторулево́й
autopsy вскры́тие тру́па, аутопси́я
auto-suggestion самовнуше́ние
autumn 1. *n* о́сень *f*; **in** ~ о́сенью **2.** *adj* осе́нний
autumnal осе́нний
auxiliary 1. *n* (*helper*) помо́щник; *mil pl* вспомога́тельные войска́ *neut pl*; (*device*) вспомога́тельное устро́йство **2.** *adj* (*ancillary, assisting*) вспомога́тельный; (*additional*) доба́вочный, дополни́тельный
avail 1. *n* **of no** ~ бесполе́зный; **to no** ~ напра́сно **2.** *v* (*be of use*) помога́ть (+ *dat*); ~ **oneself of** по́льзоваться (+ *instr*)
availability (*presence*) нали́чие; (*accessibility*) досту́пность *f*
available (*accessible*) досту́пный; (*not engaged*) свобо́дный; (*to hand*) нали́чный, име́ющийся в распоряже́нии; **be** ~ име́ться; **make** ~ предоставля́ть; (*valid*) действи́тельный
avalanche обва́л, лави́на; *fig* пото́к, ма́сса
avant-garde 1. *n* аванга́рд **2.** *adj* аванга́рдный
avarice (*greed*) жа́дность *f*; (*miserliness*) ску́пость *f*
avaricious жа́дный, скупо́й
avatar воплоще́ние
avenge мстить (за + *acc*); ~ **oneself on** мстить (+ *dat*; **for,** за + *acc*)
avenger мсти́тель *m*
avenue (*road*) доро́га, у́лица; (*in park etc*) алле́я; *fig* путь *m*
aver утвержда́ть; *leg* дока́зывать
average 1. *n* сре́днее (число́); **above** ~ вы́ше сре́днего; **on** ~ в сре́днем **2.** *adj* сре́дний; (*ordinary*) рядово́й; *naut leg* авари́йный **3.** *v* (*calculate* ~) выводи́ть сре́днее число́; (*amount to on* ~) в сре́днем равня́ться (+ *dat*)
averse нерасполо́женный (**from, to,** к + *dat*), про́тив (+ *gen*); **not** ~ **to** непро́чь (+ *infin*), не про́тив (+ *gen*)
aversion (*repugnance*) отвраще́ние, антипа́тия (**from, to,** к + *dat*); (*disinclination*) неохо́та (+ *infin*)
avert (*eyes, gaze*) отводи́ть (**from,** от + *gen*); (*distract*) отвлека́ть (**from,** от + *gen*); (*prevent*) предотвраща́ть
aviary пти́чник
aviation 1. *n* авиа́ция **2.** *adj* авиацио́нный
aviator лётчик, авиа́тор
aviculture птицево́дство
avid жа́дный, а́лчный (**for,** к + *dat*)
avidity жа́дность *f*, а́лчность *f*
avocado авока́до *neut indecl*, аллига́торова гру́ша
avocation (*occupation*) заня́тие; (*vocation*) призва́ние; (*amusement*) развлече́ние; (*hobby*) хо́бби *neut indecl*
avocet шилоклю́вка
avoid (*all senses*) избега́ть (+ *gen*); (*go round*) обходи́ть; (*shun*) уклоня́ться от (+ *gen*); **in order to** ~ (*occurrence*) во избежа́ние (+ *gen*); *leg* аннули́ровать
avoidance уклоне́ние; **for the** ~ **of** во избежа́ние (+ *gen*); **tax** ~ уклоне́ние от упла́ты нало́гов
avoirdupois weight вес по англи́йской систе́ме
avowal призна́ние
avowed (*recognized*) при́знанный; (*generally admitted*) общепри́знанный; (*unconcealed*) откры́тый, открове́нный
avuncular (*of uncle*) дя́дин; (*kind-hearted*) доброду́шный; (*patronizing*) покрови́тельственный
await (*wait for*) ждать, ожида́ть (+ *gen*); (*be in store*) предстоя́ть (+ *dat*), ждать
awake(n) *vt* буди́ть; *fig* (*interest etc*) пробужда́ть; *vi* просыпа́ться; **be** ~ бо́дрствовать, не спать; (*alert*) быть начеку́, насторож́е; **be** ~ **to** осознава́ть
awakening пробужде́ние
award 1. *n* (*prize; decoration; reward*) награ́да; (*conferment*) присужде́ние; *leg* (*decision*) реше́ние **2.** *v* присужда́ть; (*give decoration etc*) награжда́ть (+ *acc of person*, **with,** + *instr*)
aware (*conscious*) сознаю́щий; (*informed*) осведомлённый; **be** ~ **of, that** знать, сознава́ть (что); **are you** ~ **that** изве́стно ли вам, что
awash (*level with water*) в у́ровень с водо́й; (*covered with water*) покры́тый водо́й; **be** ~ (*float*) пла́вать
away (*for use after verbs see relevant verb entry*); **they are** ~ **from home** их нет до́ма; ~ **from home he was quite different** вне до́ма э́то был совсе́м друго́й челове́к; (*from here*) отсю́да; (*from there*)

оттýда; **ten miles** ~ в десятú мúлях оттýда; *sp* ~ **game** игрá на чужóм пóле; **straight** ~ тóтчас, срáзу; ~ ! (*keep* ~) прочь!; (*let's go*) пойдём; ~ **with . . . !** (*down with*) долóй . . . !

awe 1. *n* (*fear*) страх; (*veneration*) благоговéние (**of,** пéред + *instr*); **stand, be in** ~ **of** боя́ться (+ *gen*) **2.** *v* внушáть страх, благоговéние (+ *dat*)

aweigh *naut* на весý

awesome, awe-inspiring стрáшный, устрашáющий, внушáющий страх, благоговéние; (*majestic*) велúчественный; (*weird*) жýткий

awful (*fearsome, also coll*) стрáшный, ужáсный; (*majestic*) велúчественный

awfully *coll (very)* стрáшно, ужáсно

awhile немнóго, на нéкоторое врéмя

awkward (*clumsy*) неуклю́жий; (*embarrassing*) неудóбный, нелóвкий; (*difficult*) трýдный

awkwardness неуклю́жесть *f*; нелóвкость *f*

awl шúло

awning навéс

awry 1. *adj* косóй, кривóй **2.** *adv* (*askew*) кóсо, крúво; **go** ~ (*go wrong*) пóртиться; **something has gone** ~ чтó-то тут не так

axe 1. *n* топóр **2.** *v coll* (*reduce*) урéзывать, сокращáть; (*sack*) увольня́ть

axeman лесорýб

axial осевóй

axil пáзуха

axilla подмы́шка

axillary *anat* подмы́шечный; *bot* пáзушный

axiom аксиóма

axiomatic самоочевúдный, аксиоматúческий

axis ось *f*

axle ось *f*; **~-bearing, ~-box** бýкса; **~-pin** чекá; **~-tree** колёсный вал

ay(e) (*yes*) да; *naut* есть; (*vote*) гóлос за; **the ~s have it** большинствó за; *poet* (*always*) всегдá

azalea азáлия

azimuth 1. *n* áзимут **2.** *adj* азимутáльный

azote азóт

azotic азóтный

Aztec 1. *n* ацтéк **2.** *adj* ацтéкский

azure 1. *n* лазýрь *f* **2.** *adj* лазýрный

B

baa 1. *n* бле́яние; (*as sound*) мэ-э; **give a ~** проблéять *pf* **2.** *v* блéять
Baal Ваáл
baa-lamb *coll* бара́шек
babbit *tech* баббúт
babble 1. *n* лéпет; *pej* (*of conversation*) болтовня́; (*of stream*) журча́ние; *rad* слóжные искажéния *neut pl* **2.** *v* лепетáть, болтáть, журчáть
babe (*baby*) малы́ш, ребёнок; *fig* (*novice*) зелёный; (*naïve person*) простáк
babel *fig* (*noise*) галдёж; (*din of voices*) (вавилóнское) столпотворéние; **Tower of Babel** Вавилóнская бáшня
baboon бабуи́н, павиáн
babul акáция настоя́щая
baby 1. *n* ребёнок, младéнец, *coll* малы́ш; (*youngest in family, group*) сáмый млáдший; (*young animal*) детёныш; *coll* (*of invention etc*) дéтище **2.** *adj* (*of, for ~*) младéнческий, дéтский; (*miniature*) небольшóй, мáлый; **~ grand (piano)** кабинéтный роя́ль *m*
Babylon Вавилóн
Babylonian вавилóнский
babyish дéтский
babyhood младéнчество
baby-sit смотрéть за (чужи́м) ребёнком
baby-sitter приходя́щая ня́ня
baby-talk (*of child*) дéтский лéпет; (*of adult to child*) сюсю́канье
baccalaureate стéпень *f* бакалáвра
baccarat баккарá *neut indecl*
bacchanal вакхáнка; *fig* (*reveller*) гуля́ка *m and f*, кути́ла *m and f*
bacchanalia вакханáлия
bacchanalian вакхи́ческий; *fig* разгу́льный
bacchante вакхáнка
bacchic вакхи́ческий
Bacchus Вакх, Бáхус
bacciferous ягодонóсный
bacciform ягодообрáзный
baccy *coll* табачóк
bachelor 1. *n* холостя́к; (*holder of academic degree*) бакалáвр **2.** *adj* холостя́цкий; **~-girl** холостя́чка
bachelorhood (*state*) холостáя жизнь *f*; (*degree*) стéпень *f* бакалáвра
bacillary бацилля́рный, палочкови́дный
bacilliform палочкови́дный
bacillus баци́лла, (*esp. tuberculosis*) пáлочка
back 1. *n* (*of body*) спинá; (*spinal column*) хребéт; (*of chair, garment*) спи́нка; (*of book*) корешóк; (*of document*) оборóт; (*reverse side*) оборóтная сторонá, зáдняя сторонá; (*of cloth*) изнáнка; **~ of the hand** ты́льная сторонá руки́; **~ of the head** заты́лок; (*rear*) зад; *mil* тыл; (*end*) конéц; *sp* защи́тник; *in expressions* **at the ~ of** (*at end of*) в концé (+ *gen*); **at the ~ of beyond** у чёрта на кули́чках; (*behind*) за (+ *instr*), позади́ (+ *gen*); **at the ~ of one's mind** подсознáтельно; **be at the ~ of** (*cause*) затевáть; (*support*) поддéрживать; **I know what is at the ~ of this** я знáю в чём дéло; **what is at the ~ of this?** что за э́тим крóется?; **behind one's ~** за спинóй, без вéдома (+ *gen*); **break the ~ of** (*quell, destroy*) сокрушáть, уничтожáть; (*do hardest part*) кончáть сáмую трýдную часть (+ *gen*); **on s.o.'s ~** на шéе у (+ *gen*); **put one's ~ into** рабóтать с энтузиáзмом; **put s.o.'s ~ up** раздражáть; **turn one's ~ on** повернýться *pf* спинóй к (+ *dat*); (*abandon*) покидáть; (*refuse*) откáзываться от (+ *gen*); **with one's ~ to the wall** припёртый к стенé, в отчáянном положéнии **2.** *adj* (*rear*) зáдний; **~ door** чёрный ход; **~ passage** зáдний прохóд; **~ seat** зáднее сидéние; **~street** переýлок; (*reverse*) обрáтный, оборóтный; *naut, geog* **~ bearing** обрáтный пéленг; *elect* **~ EMF** противоэлектродви́жущая си́ла; **~ number** (*of journal*) стáрый нóмер; *phon* **~ vowel** глáсный зáднего ря́да **3.** *adv* назáд, обрáтно; **~ and forth** взад и вперёд; **~ to front** зáдом наперёд; (*for use with verbs* answer, give, take, *etc see corresponding verb entry*) **4.** *v* (*support*) поддéрживать; *fin* финанси́ровать, субсиди́ровать; (*of vehicle*) éхать зáдним хóдом
 ~ away отходи́ть
 ~ down, out (of) отступáться, откáзываться (от + *gen*)
 ~ off отступáть
 ~ up поддéрживать
back-ache боль *f* в спинé; **I have ~** у меня́ спинá боли́т
back-bencher рядовóй член парлáмента, заднескамéечник
backbite злослóвить за спинóй
backbiting злослóвие
backboard (*of wagon*) спи́нка; (*of lorry*) зáдний борт
backbone хребéт, позвонóчник; *fig* (*character*) си́ла харáктера; (*main support*) глáвная опóра; (*chief part*) суть *f*; **to the ~** (*entirely*) целикóм, пóлностью
back-breaking (*work*) изнури́тельный, непоси́льный
back-chat дéрзкий отвéт, дéрзкие отвéты; *theat* обмéн рéпликами
back-cloth *theat* зáдник
back-date помечáть зáдним числóм
backdoor *adj* (*secret*) закули́сный; (*underhand*) нечéстный
back-drop *theat* зáдник
back-end зáдняя часть *f*
backer (*one who supports*) тот, кто поддéрживает; (*patron; protector*) покрови́тель *m*; (*investor*) вклáдчик
backfire 1. *n* (*of engine*) обрáтная вспы́шка, обрáтный удáр; (*in firefighting*) встрéчный пал **2.** *v* давáть обрáтную вспы́шку; *fig* имéть обрáтный результáт
back-formation *ling* обрáтное словообразовáние
backgammon триктрáк
background 1. *n* фон, зáдний план; **in the ~** на зáднем плáне; **on, against a ~ of** на фóне (+ *gen*); **keep in the ~** держáть(ся) в тени́; (*circumstances*) подоплёка; (*personal experience*) óпыт; (*family*) происхождéние **2.** *adj* (*supporting*) вспо-

могáтельный; ~ **music** музыкáльный фон
backhand *sp* удáр слéва, бекхéнд
backhanded (*blow*) нанесённый ты́льной стороно́й руки́; *fig* ~ **compliment** двусмы́сленный комплимéнт
backhander (*blow*) удáр наóтмашь; (*bribe*) взя́тка
backing (*support*) поддéржка; (*lining*) подклáдка; (*financial*) финанси́рование, субсиди́рование; *econ* ~ **of gold** покры́тие зóлотом
backlash *tech* (*play*) люфт, зазóр; *polit etc* реáкция
backlog (*lag*) отставáние; (*of payment*) задóлженность *f*; (*of work*) незавершённая рабóта; (*of orders*) невы́полненные закáзы *m pl*
back-number (*of journal*) стáрый нóмер; *fig* (*person*) бы́вший (человéк, актёр *etc*)
backpack 1. *n* рюкзáк **2.** *v* идти́/éхать с рюкзáком
back-pedal рабóтать педáлями в обрáтную стóрону; *fig* (*back down*) отступáть; (*play down*) брать тóном ни́же; (*delay*) тормози́ть
backplate зáдний щитóк
back-projection рир-проéкция, зáдняя проéкция
backrest спи́нка (сидéния)
back room зáдняя кóмната; *coll* (*secret department*) секрéтный отдéл; ~ **boys** засекрéченные сотрýдники *m pl*
backscatter(ing) обрáтное рассéяние
backset 1. *n* (*check*) препя́тствие (**to,** + *dat*); (*vicissitude*) преврáтность *f*; (*current*) обрáтное течéние **2.** *adj* отбрóшенный назáд
backside зад
backsight (*artillery*) цели́к; (*of rifle*) прицéл
back-slapping похлóпывание по спинé; *fig* (*congratulations*) поздравлéние
backslide (*from belief etc*) отпадáть (от + *gen*); (*relapse*) снóва впадáть (**into,** в + *acc*)
backslider отстýпник
back-sliding отпадéние
backstage 1. *adj* закули́сный **2.** *adv* за кули́сами
backstairs 1. *n* чёрная лéстница **2.** *adj* (*secret*) тáйный, закули́сный
backstay *naut* бáкштаг
backstitch стрóчка
backstop *tech* останóв; *fig* (*support*) поддéржка
backstreet *adj* (*illicit*) подпóльный
back-stroke *sp* плáвание на спинé
back-to-back спинóй к спинé
backtrack *coll* идти́ на попя́тный
back-up *tech* **1.** *n* (*support*) дубли́рование; (*device etc*) дубли́рующий агрегáт; (*blockage*) прóбка **2.** *adj* дубли́рующий, запаснóй
backward(s) 1. *adj* (*facing back*) напрáвленный назáд; (*reverse*; *return*) обрáтный; (*retarded*) отстáлый; (*pupil*) неуспевáющий; (*shy*) рóбкий; (*slow*) мéдлящий; **be** ~ (*slow to*) мéдлить (**in,** с + *instr*; **to,** + *infin*); (*behind time*) запоздáлый **2.** *adv* назáд; **go** ~ идти́ зáдом; (*back first*) зáдом наперёд; (*in reverse order*) в обрáтном поря́дке, наоборóт
backwardness отстáлость; *f* (*in school*) неуспевáемость *f*
backwash (*of ship, aircraft*) спýтная струя́; (*reverse current*) обрáтный потóк
backwater (*pool*) зáводь *f*; *fig* ти́хая зáводь
backwoods леснáя глушь *f*
backwoodsman обитáтель *m* леснóй глуши́; *fig pol* пэр, котóрый рéдко посещáет палáту лóрдов; (*uncouth rustic*) дикáрь *m*, деревéнщина *m and f*
bacon бекóн; **save one's** ~ спасáть свою́ шкýру

bacteria бактéрии *f pl*
bacterial бактериáльный
bactericidal бактерици́дный
bactericide бактерици́д
bacteriological бактериологи́ческий
bacteriologist бактериóлог, микробиóлог
bacteriology бактериолóгия
bacteriolysis бактериóлиз
bacterium бактéрия
bad плохóй, нехорóший, дурнóй; ~ **debt** безнадёжный долг; ~ **error** грýбая оши́бка; ~ **lot** негодя́й; **from** ~ **to worse** всё хýже и хýже; **go to the** ~ сби́ться *pf* с пути́ и́стинного; **not** ~ **!** не плóхо!; **with a** ~ **grace** нéхотя; (*evil*) злой; (*harmful*) врéдный; **it's** ~ **for me** мне врéдно (**to,** + *infin*); (*of pain, cold*) си́льный; (*of food*) испóрченный; **go** ~ пóртиться
badge значóк; *fig* знак, си́мвол
badger 1. *n* барсýк **2.** *v* (*pester*) приставáть к (+ *dat*)
badinage подшýчивание
badlands *Am* бесплóдные зéмли *f pl*
badly плóхо, дýрно; (*very much*) óчень, си́льно; **be** ~ **off** óчень нуждáться (**for,** в + *prep*); ~ **wounded** тяжелó рáненый
badminton бадминтóн
baffle 1. *n* (*silencer*) глуши́тель *m*; (*deflecting plate*) отражáтельная плитá **2.** *v* (*perplex*) озадáчивать; (*confuse*) расстрáивать; (*frustrate*) мешáть (+ *dat*)
bafflement недоумéние
baffling (*difficult*) трýдный; (*incomprehensible*) непоня́тный; (*mysterious*) загáдочный
bag 1. *n* (*in general*) мешóк; (*hand-, shopping, shoulder, travelling bag*) сýмка; (*suitcase*) чемодáн; (*paper bag*) кулёк; (*for game*) ягдтáш; (*game caught*) добы́ча; ~ **and baggage** со всéми пожи́тками; ~ **of bones** кóжа да кóсти; ~**s under the eyes** мешки́ под глазáми; **it's in the** ~**!** дéло в шля́пе! **2.** *v* класть в мешóк; (*in hunting*) уби́ть *pf*; *coll* (*take*) присвáивать, *coll* занáчить *pf*; *coll excl* ~**s I!** чур я!
bagatelle (*trifle*) мéлочь *f*, пустя́к; (*small item*) безделýшка; *mus* багатéль *f*
baggage 1. *n luggage*) багáж; *coll* (*girl*) девчóнка; (*pert girl*) нахáлка **2.** *adj* багáжный; ~ **car, van** багáжный вагóн; ~ **compartment** (*of car*) багáжник; ~ **room** кáмера хранéния; ~ **train** вещевóй обóз
bagging (*material*) мешкови́на
baggy мешковáтый
bagman *coll* коммивояжёр
bagpipe(s) волы́нка
bagpiper волы́нщик
bah! ба!
Bahamas Багáмские островá *m pl*
Bahamian багáмский
bail 1. *n* (*security*) поручи́тельство; **release on** ~ выпускáть на порýки; (*guarantor*) поручи́тель *m*; **go** ~ **for** ручáться за (+ *acc*) **2.** *v* **go** ~ **for** брать на порýки; (*a boat*) вычéрпывать вóду (из + *gen*)
bailer черпáк, ковш
Bailey bridge мост Бéйли, разбóрный мост
bailie *Scots* городскóй судья́ *m*
bailiff *leg* судéбный при́став; (*steward*) управля́ющий имéнием
bailor *leg* депонéнт
bain-marie *cul* двойнáя кастрю́ля; *chem* водянáя

баня

bait 1. *n* примáнка; **live** ~ наживка, живéц; **spoon** ~ блеснá; *fig* искушéние; **rise to the** ~ попáсться *pf* на ýдочку **2.** *v* ~ **a hook** насáживать наживку на крючóк; (*taunt*) изводить

baize бáйка; **green** ~ зелёное сукнó

bake печь(ся); (*bricks*) обжигáть

baked печёный; *coll* **half-~** (*stupid*) дурáцкий; (*not thought out*) непродýманный; (*immature*) недорáзвитый

bakehouse пекáрня

bakelite 1. *n* бакелит **2.** *adj* бакелитовый

baker пéкарь *m*, бýлочник; (*shop*) бýлочная; **~'s dozen** чёртова дюжина

bakery (*bakehouse*) пекáрня; (*shop*) бýлочная

baking 1. *n* печéние **2.** *adj* (*of sun*) палящий; ~ **dish** блюдо для запекáнок; ~ **powder** пекáрный порошóк, сóда

Balaclava (*cap, helmet*) башлык

balalaika балалáйка

balance 1. *n* (*scales*) весы *m pl*; **spring** ~ пружинные весы; (*equilibrium*) равновéсие; **keep one's** ~ сохранять равновéсие; **lose one's** ~ потерять *pf* равновéсие; ~ **of power** равновéсие сил; *fig* **be, hang in the** ~ висéть на волоскé; **on** ~ сýдя по всемý; (*remainder*) остáток; *econ, comm* балáнс, сáльдо *neut indecl*; ~ **of payments** платёжный балáнс; ~ **of trade** торгóвый балáнс; **strike a** ~ подводить балáнс; *tech* ~ **wheel** балансир **2.** *vt* балансировать, уравновéшивать; *fig* взвéшивать; ~ **accounts** подводить балáнс, подытóживать счетá; *vi* балансировать, быть в равновéсии

balanced (*of stable character*) уравновéшенный; *arts* пропорционáльный, гармоничный; (*diet*) полноцéнный

balance-sheet балáнс

balance-wheel балансир

balcony балкóн

bald лысый; **go** ~ лысéть; ~ **patch** лысина, плешь *f*; (*with* ~ *patch*) плешивый; *fig* (*plain*) прямóй, простóй; (*colourless*) бесцвéтный

baldachin балдахин

bald-coot *orni* лысýха

balderdash вздор, ерундá, чепухá

bald-headed лысый

balding лысéющий

baldly: state ~ говорить напрямик

baldness плешивость *f*, облысéние

baldric пéревязь *f*

bale 1. *n* кипа, тюк **2.** *v* уклáдывать, увязывать; ~ **out** *aer* прыгать с парашютом

baleen китóвый ус

baleful зловéщий; ~ **look** недóбрый взгляд

balk 1. *n* (*beam*) бревнó, бáлка; (*obstacle*) препятствие **2.** *v* (*thwart*) мешáть (+ *dat*), препятствовать (+ *dat*); (*miss*) пропускáть; ~ **at** останáвливаться пéред (+ *instr*); (*of horse*) артáчиться пéред (+ *instr*)

Balkan балкáнский; *as noun* **the ~s** (*mountains*) Балкáны *f pl*, (*region*) Балкáнский полуóстров

ball 1. *n* шар; *coll* **on the** ~ на ýровне; *sp* мяч; (*of wool*) клубóк; (*dance*) бал; *tech* **~-and -socket joint** шаровóй шарнир; ~ **of the foot** подýшечка ступни; *pl vulg* (*testicles*) яйца *neut pl*; (*nonsense*) чепухá **2.** *v* собирáть в клубóк

ballad баллáда; **~-monger** (*seller of ~s*) продавéц баллáд; *pej* (*rhymester*) рифмоплёт

ballade баллáда

ballast 1. *n* баллáст; *bui* щéбень *m*; *naut* **in** ~ в баллáсте; ~ **road** щебёночная дорóга **2.** *v* грузить баллáстом; (*railway*) балластировать

ball-bearing шáриковый подшипник, шарикоподшипник

ball-cock поплавкóвый кран

ballerina балерина, солистка балéта

ballet 1. *n* балéт **2.** *adj* балéтный

ballet-dancer (*male*) артист балéта; (*female*) балерина, артистка балéта

balletomane балетомáн

ballistic баллистический

ballistics баллистика

ballocks *vulg* яйца *neut pl*; (*nonsense*) чепухá

balloon 1. *n* воздýшный шар, аэростáт; **barrage** ~ аэростáт заграждéния; ~ **tyre** баллóн **2.** *v* (*ascend in* ~) поднимáться на воздýшном шáре; (*swell out*) раздувáться

balloonist аэронáвт, воздухоплáватель *m*

ballot 1. *n* голосовáние, баллотирóвка **2.** *adj* избирáтельный; ~ **box** избирáтельная ýрна; ~ **paper** избирáтельный бюллетéнь *m* **3.** *v* (*vote*) голосовáть; (*draw lots*) тянýть жрéбий

ballpoint (pen) шáриковая рýчка

ballroom танцевáльный зал

ballyhoo (*fuss*) шумиха; (*nonsense*) чепухá, ерундá

balm бальзáм; (*ointment*) мазь *f*; *fig* утешéние, бальзáм

balmy аромáтный; (*of air*) мягкий, нéжный

balneal бальнеологический

balneology бальнеолóгия

balneotherapy бальнеотерапия

balsa 1. *n* бáльза **2.** *adj* бáльзовый

balsam бальзáм; *bot* бальзамин

Baltic балтийский; **the** ~ **(Sea)** Балтийское мóре

baluster балясина; *pl* балюстрáда

balustrade балюстрáда

bamboo 1. *n* бамбýк **2.** *adj* бамбýковый

bamboozle (*deceive*) обмáнывать, надувáть; (*make fool of*) одурáчивать, разыгрывать

ban 1. *n* запрещéние; **under a** ~ под запрéтом; *eccles* анáфема **2.** *v* (*forbid*) запрещáть, воспрещáть; (*exclude*) исключáть **(from,** из + *gen*)

banal банáльный

banality банáльность *f*

banana 1. *n* банáн **2.** *adj* банáновый; *pol pej* ~ **republic** банáновая респýблика

band 1. *n* (*tape, braid*) тесьмá; (*ribbon*) лéнта; (*metal hoop*) óбод, óбруч; (*group*) грýппа; (*of soldiers*) отряд; (*of thieves etc*) шáйка, бáнда; *mus* оркéстр; *rad* полосá частóт, диапазóн **2.** *v* ~ **together** объединять(ся), собирáть(ся)

bandage 1. *n* бинт, повязка **2.** *v* бинтовáть, перевязывать

bandanna платóк

bandbox картóнка

bandicoot бандикýт

bandit бандит, разбóйник

banditry грабёж

bandmaster капельмéйстер

bandolier патронтáш

band-saw лéнточная пилá

bandsman оркестрáнт, член оркéстра

bandstand эстрáда для оркéстра

bandwidth *rad* ширинá полосы

bandy (*exchange blows, words etc*) обмéниваться (+ *instr*)

bandy(-legged) кривонóгий

bane отрáва; **he is the** ~ **of my life** он мне дó смерти

надоéл
baneful ги́бельный, губи́тельный
bang 1. *n* удáр, стук; (*explosion*) взрыв; *astr* **big ~ theory** теóрия большóго взры́ва **2.** *v* (*strike*) ударя́ть(ся), стучáть(ся) (**against, into,** о(б) + *acc*); **~ one's fist on** стучáть кулáком по (+ *dat*); (*beat*) бить; (*make noise*; *slam*) хлóпать; **the door ~-ed shut** дверь захлóпнулась; **go ~** грóхнуть *pf*; *as excl* бац!; **~ down** закры́ть *pf* с шу́мом **3.** *adv* **~, ~ on** *coll* пря́мо, как раз
banger *coll* (*firework*) шути́ха; (*sausage*) соси́ска; (*old car*) драндулéт
Bangladesh Бангладéш
Bangladeshi 1. *n* бангладéшец, *f* бангладéшка **2.** *adj* бангладéшский
bangle браслéт
banish изгоня́ть, высылáть (**from,** из + *gen*); (*exile*) ссылáть (**to,** в + *acc*); (*thoughts*) отгоня́ть
banishment изгнáние; (*from a place*) вы́сылка; (*to a place*) ссы́лка
banisters пери́ла *neut pl*
banjo бáнджо *neut indecl*
bank 1. *n* (*of earth etc*) вал, нáсыпь *f*; (*row*) ряд; (*of river*) бéрег; (*of snow*) сугрóб; (*shoal*) óтмель *f*; **~ of clouds** грядá облакóв; *comm* банк; **savings ~** сберегáтельная кáсса, сберкáсса; *aer* крен, вирáж **2.** *adj* бáнковый, бáнковский; **~ account** счёт в бáнке; **~ clerk** слу́жащий бáнка; **~ holiday** официáльный прáздник **3.** *v* (*heap*) дéлать нáсыпь; *comm* класть (дéньги) в банк; *aer* накреня́ться, дéлать вирáж; **~ on** (*rely on*) полагáться (на + *acc*)
bankable пригóдный к учёту, учи́тываемый
banker банки́р; (*at cards*) банкомёт
banking 1. *n comm* бáнковое дéло; *aer* вирáж **2.** *adj* бáнковский
banknote банкнóта, банкнóт, *coll* бумáжка
bank-rate стáвка бáнкового учёта
bankrupt 1. *n* (*person*) банкрóт **2.** *adj* несостоя́тельный; **declare ~** объявля́ть банкрóтом; **go ~** обанкрóтиться *pf* **3.** *v* доводи́ть до банкрóтства
bankruptcy банкрóтство, несостоя́тельность *f*
banner знáмя *neut*, *poet* стяг; *eccles* хору́гвь *f*; (*at demonstration*) плакáт, транспарáнт; **~ headline** флáговый заголóвок, шáпка
bannock лепёшка
banns: call, publish the ~ (of marriage) оглашáть именá вступáющих в брак
banquet банкéт, звáный обéд; *ar* or *joc* пир
banqueting hall банкéтный зал
bantam бентáмка; *fig*, *coll* пету́х, забия́ка; **~ weight** *sp* легчáйший вес
banter 1. *n* подшу́чивание **2.** *v* подшу́чивать
Bantu *n and adj* бáнту *indecl m and f*
banyan (tree) баньян
baobab баобáб
baptism крещéние; **~ of fire** боевóе крещéние
baptismal крести́льный; **~ name** и́мя *neut* (дáнное при крещéнии)
baptist (*one who baptizes*) крести́тель *m*; **John the Baptist** Иоáнн Предтéча; (*member of Baptist sect*) Бапти́ст
baptistery баптистéрий
baptize крести́ть; (*give name*) давáть и́мя (+ *dat*), называ́ть
bar 1. *n* (*rod*) брусóк; (*strip*) полосá; (*of metal*) стéржень *m*; (*ingot*) сли́ток; (*of soap*) кусóк; (*of chocolate*) пли́тка; (*in river*) бар, óтмель *f*; (*obstruction*) препя́тствие, преграда; (*counter*) стóйка; (*serving drink*) бар, буфéт; *leg* (*in court*) барьéр; **the Bar** адвокату́ра; *mus* такт; *sp* плáнка; *phys* (*unit*) бар **2.** *v* (*lock*) запирáть на засóв; (*obstruct*) преграждáть; (*exclude*) исключáть (**from,** из + *gen*) **3.** *prep* не считáя, с исключéнием (+ *gen*); **~ none** без исключéния
barathea баратéя
barb колю́чка; (*of hook etc*) зубéц, зазу́брина
Barbados Барбадóс
Barbadian барбадóсский
barbarian 1. *n* вáрвар *also fig* **2.** *adj* вáрварский
barbaric (*of barbarian*; *savage*) вáрварский; (*primitive*) примити́вный
barbarism вáрварство; *ling* варвари́зм
barbarity вáрварство, жестóкость *f*
barbarous вáрварский, жестóкий; *fig* (*of style etc*) вáрварский
barbate *bot* ости́стый; *zool* бородáтый, усáтый
barbecue 1. *n* (*meat*) целикóм зажáренная ту́ша; (*party*) барбикью́ *indecl* **2.** *v* жáрить целикóм (над откры́тым огнём)
barbed: ~ remark кóлкое замечáние; **~ wire** колю́чая прóволока
barbel (*fish*) усáч
bar-bell *sp* гимнасти́ческая ги́ря
barber парикмáхер; **~'s shop** парикмáхерская
barberry барбари́с
barbette *mil* барбéт
barbican барбакáн
barbitone веронáл, барбитáл
barbiturate барбитурáт
barbituric acid барбиту́ровая кислотá
barcarole баркарóла
bard бая́н; (*Celtic*) бард; *fig* певéц
bare 1. *adj* гóлый, нагóй; (*of feet*) босóй; **on ~ feet** босикóм; (*empty*) пустóй; **with one's ~ hands** гóлыми рукáми; (*unadorned*) простóй, неприкрáшенный; **~ of** лишённый (+ *gen*); (*slightest*) малéйший; **at the ~ mention of** при однóм упоминáнии о (+ *prep*); (*only*) **a ~ two minutes remained** остáлось лишь две мину́ты **2.** *adv* в гóлом ви́де, *coll* нагишóм **3.** *v* обнажáть, открывáть; **~ one's head** снимáть шля́пу; **~ one's teeth** скáлить, покáзывать зу́бы
bare-back 1. *adj* неосёдланный **2.** *adv* без седлá
barefaced (*shameless*) бессты́дный; **~ lie** нáглая ложь *f*; **~ liar** бессты́дный лжец
barefoot(ed) 1. *adj* босóй, босонóгий **2.** *adv* босикóм
bare-headed с непокры́той головóй
barely (*scarcely*, *only just*) едвá, éле; (*only*) тóлько, лишь
bargain 1. *n* (*transaction*) сдéлка; **strike a ~** заключáть сдéлку; (*cheap buy*) вы́годная поку́пка; **~ sale** распродáжа; **into the ~** к тому́ же **2.** *v* торговáться; **~ on, for** (*expect*) ожидáть + *gen*)
barge 1. *n* (*boat*) бáржа **2.** *v coll* (*bump into*) натáлкиваться (**into,** на + *acc*); **~ in** врывáться (в + *acc*)
bargee бáрочник
baric *chem* бáриевый; *meteorol* барометри́ческий
baritone 1. *n* баритóн **2.** *adj* баритóнный
barium 1. *n* бáрий **2.** *adj* бáриевый
bark 1. *n* (*of tree*) корá; (*animal cry*) лай **2.** *v* лáять; *fig* **~ up the wrong tree** обращáться не по áдресу; **~ out** ря́вкать
barley ячмéнь *m*; **~-water** ячмéнный отвáр

barleycorn ячме́нное зерно́; (*measure*) треть *f* дю́йма
barm пивны́е дро́жжи *pl*
barmaid буфе́тчица, барме́нша
barman буфе́тчик, ба́рмен
barmecide обма́нчивый
barmitzvah бар-ми́цва
barmy *coll* (*person*) тро́нутый; (*idea etc*) сумасше́дший
barn амба́р, сара́й; ~**-door** воро́та *neut pl* амба́ра; ~**-owl** сипу́ха; ~**yard** ско́тный двор
barnacle морско́й жёлудь *m*, раку́шка
barney *coll.* перебра́нка
barogram барогра́мма
barograph баро́граф, самопи́шущий баро́метр
barometer баро́метр; **aneroid** ~ анеро́ид
barometric(al) барометри́ческий; ~ **depression** бари́ческая депре́ссия
baron баро́н
baronage (*title*) ти́тул баро́на; (*nobility*) баро́ны *m pl*
baroness бароне́сса
baronet бароне́т
baronetcy ти́тул бароне́та
baronial баро́нский
barony (*title*) ти́тул баро́на; (*estate*) владе́ния *neut pl* баро́на
baroque 1. *n* баро́кко *neut indecl* **2.** *adj* баро́чный
baroscope бароско́п
barotropic баротро́пный
barque барк; *poet* ладья́
barquentine баркенти́на, шху́на-барк
barrack 1. *n* бара́к; *pl* каза́рма **2.** *v* (*house troops*) размеща́ть в каза́рмах; (*jeer at*) гро́мко высме́ивать
barrage (*dam*) (водоподъёмная) плоти́на; (*barrier*) загражде́ние; *mil* огнево́й вал; *fig* ли́вень *m*; ~**-balloon** аэроста́т загражде́ния
barracuda баррaку́да, морска́я щу́ка
barratry сутя́жничество; *naut* бара́трия
barrel 1. *n* (*container*) бо́чка; (*of gun*) ствол; *tech* (*drum*) бараба́н, цили́ндр **2.** *v* разлива́ть по бо́чкам
barrel-chested груда́стый
barrel-organ шарма́нка
barrel-roll *aer* бо́чка
barren беспло́дный, неплодоро́дный; ~ **of** лишённый (+ *gen*)
barrenness беспло́дие, неплодоро́дность *f*
barricade 1. *n* баррика́да **2.** *v* баррикади́ровать
barrier барье́р, заста́ва; (*at frontier*, *level-crossing*) шлагба́ум; *fig* прегра́да, препя́тствие (**to,** + *dat*); ~ **cream** защи́тный крем
barring (*except*) за исключе́нием (+ *gen*), кро́ме (+ *gen*)
barrister адвока́т, ба́рристер
barrow (*cart*) та́чка; (*tumulus*) курга́н
barrow-boy у́личный торго́вец
bartender *Am* ба́рмен
barter 1. *n* менова́я торго́вля, товарообме́н **2.** *v* (*exchange*) меня́ть (**for,** на + *acc*), обме́нивать (+ *instr*); (*trade*) вести́ менову́ю торго́влю; (*bargain*) торгова́ться; ~ **away** проме́нивать (**for,** на + *acc*)
bartizan сторожева́я ба́шенка
barycentre барице́нтр
barycentric барицентри́ческий
barye микроба́р, ба́рия
barytes бари́т, тяжёлый шпат
basal основно́й, ба́зисный
basalt 1. *n* база́льт **2.** *adj* база́льтовый
bascule *tech* коромы́сло; (*of bridge*) подъёмное крыло́; ~ **bridge** подъёмный мост
base 1. *n* осно́ва, основа́ние; *mil*, *econ* ба́за; *chem*, *math* основа́ние **2.** *adj* (*ignoble*) по́длый, ни́зкий; (*of metal*) неблагоро́дный; *math* ба́зисный, основно́й; *fin* ~ **rate** тари́фная опла́та **3.** *v* осно́вывать, бази́ровать; ~ **oneself/itself on, be ~d on** осно́вываться на (+ *pr*), исходи́ть из (+ *gen*); *mil* бази́роваться на (+ *acc or prep*)
baseball бейсбо́л
baseless необосно́ванный
basement подва́л
baseness по́длость *f*, гну́сность *f*
bash *coll* лупи́ть
bashful засте́нчивый, ро́бкий
bashfulness засте́нчивость *f*
basic основно́й; *chem* осно́вный
basically в основно́м
basil *bot* базили́к
basilica базили́ка
basilisk васили́ск
basin (*bowl*) ми́ска; (*for washing*) таз; **hand** ~ рукомо́йник; (*of river*) бассе́йн; (*reservoir*) водоём; (*dock*) док
basis ба́зис, основа́ние; **on a/the ~ of** на осно́ве, основа́нии (+ *gen*); (*base*, *main part*) ба́за
bask гре́ться; ~ **in the sun** гре́ться на со́лнце; *fig* (*delight in*) наслажда́ться (**in,** + *instr*)
basket корзи́на; (*small*, *shopping*) корзи́нка
basket-ball 1. *n* баскетбо́л **2.** *adj* баскетбо́льный
basketry плетёные изде́лия *neut pl*
basking-shark гига́нтская аку́ла
Basque 1. *n* (*person*) баск; (*language*) ба́скский язы́к **2.** *adj* ба́скский
bas-relief 1. *n* барелье́ф **2.** *adj* барелье́фный
bass 1. *n* бас; **double-**~ контраба́с; ~**-baritone** баритона́льный бас; (*fish*) о́кунь *m*; (*fibre*) лы́ко; (*tree*) америка́нская ли́па **2.** *adj* басо́вый; **in a ~ voice** ба́сом; ~ **drum** туре́цкий бараба́н
basset (*dog*) та́кса; *geol* вы́ход пласто́в
bassoon фаго́т
bast 1. *n* лы́ко, луб **2.** *adj* лубяно́й
bastard 1. *n* внебра́чный ребёнок; *vulg* (*as abuse*) ублю́док, су́кин сын; **lucky** ~ счастли́вчик; **poor** ~ бедня́га *m and f* **2.** *adj* внебра́чный, незаконнорождённый; *fig* (*fake*) подде́льный; (*hybrid*) гибри́дный; *tech* ~ **file** драчёвый напи́льник
bastardize объявля́ть незаконнорождённым; *fig* по́ртить
bastardy незаконнорождённость *f*
baste *cul* полива́ть (жи́ром); (*sew*) смётывать; (*beat*) колоти́ть, дуба́сить
bastille (*fortress*) кре́пость *f*; (*prison*) тюрьма́; (*in Paris*) Бастилия
bastion бастио́н
bat 1. *n zool* летучая мышь *f*; **blind as a** ~ соверше́нно слепо́й; *sp* бита́; **off one's own** ~ по со́бственной инициати́ве **2.** *v* (*strike*) бить бито́й; (*play*) игра́ть; **not ~ an eyelid** и гла́зом не моргну́ть *pf*
batch (*group*) гру́ппа, па́ртия; (*contingent*) континге́нт; (*of products*) се́рия, вы́пуск
bate 1. *n coll* я́рость *f*, гнев; **get into a** ~ разозли́ться *pf* **2.** *v* (*diminish*) уменьша́ть(ся); **with ~d breath** затаи́в дыха́ние
bath 1. *n* ва́нна; **take a** ~ приня́ть *pf* ва́нну; (**public**)

~s ба́ня; **swimming** ~ (пла́вательный) бассе́йн **2.** *v* купа́ть(ся), мы́ть(ся)

bathe мыть(ся), купа́ть(ся); (*in sea etc*) купа́ться; (*wound etc*) промыва́ть; ~ **in light** залива́ть све́том

bath-chair кре́сло на колёсах для больны́х, ката́лка

bather купа́льщик, *f* купа́льщица

bath-house ба́ня

bathing купа́ние; ~**-costume** купа́льник, купа́льный костю́м; ~ **hut** каби́на

bathroom ва́нная

bathysphere батисфе́ра

batik 1. *n* бати́к **2.** *adj* бати́ковый

batiste 1. *n* бати́ст **2.** *adj* бати́стовый

batman ордина́рец, денщи́к

baton (*rod*) жезл; (*of police*) дуби́нка; *mus* дирижёрская па́лочка; *sp* эстафе́тная па́лочка

battalion батальо́н

batten 1. *n* доска́ **2.** *v* закола́чивать доска́ми; ~ **down** *naut* задра́ивать; ~ **on** отка́рмливаться от (+ *gen*); *fig* преуспева́ть за счёт (+ *gen*)

batter 1. *n* жи́дкое те́сто **2.** *v* (*beat*) си́льно бить, дуба́сить; (*beat up*) избива́ть; ~ **down** сбить *pf*; ~ **flat** расплю́щить *pf*; ~ **in** вбить *pf*

battering-ram тара́н

battery *mil*, *elect* батаре́я; *leg* оскорбле́ние де́йствием

battle 1. *n* би́тва, сраже́ние; *fig* борьба́; **Battle of Britain** би́тва за А́нглию; **Battle of Stalingrad** би́тва под Сталингра́дом, би́тва на Во́лге **2.** *v* боро́ться, сража́ться

battle-axe боево́й то́пор; *fig* (*woman*) бой-ба́ба

battle-cruiser лине́йный кре́йсер

battle-cry боево́й клич; *fig* ло́зунг

battle-dress похо́дная фо́рма

battlefield по́ле би́твы, по́ле сраже́ния; *fig* по́ле бра́ни, бра́нное по́ле

battlement зубча́тая стена́

battleship лине́йный кора́бль *m*, линко́р

batty *coll* тро́нутый, чо́кнутый

bauble безделу́шка

baulk *see* **balk**

bauxite 1. *n* бокси́т **2.** *adj* бокси́товый

bawd сво́дня

bawdy непристо́йный; ~**-house** барда́к; ~ **language** поха́бщина

bawl 1. *n* крик **2.** *v* ора́ть; ~ **out** (*tell off*) разнести́ *pf*

bay 1. *n geog* (*large*) зали́в; (*small*) бу́хта; (*tree*) лавр; (*leaf*) лавро́вый лист; (*cry of dog*) лай; (*colour of horse*) гнедо́й; (*horse*) гнеда́я ло́шадь; *bui* пролёт; (*recess*) ни́ша, отсе́к; **loading** ~ погру́зочная площа́дка; **sick** ~ лазаре́т; ~ **window** фона́рь *m*; **bring to** ~ загоня́ть; *fig* припира́ть к стене́; **keep at** ~ не подпуска́ть **2.** *adj* (*of tree, leaf*) лавро́вый **3.** *v* (*bark*) ла́ять; (*howl*) выть

bayadère баяде́рка

bayonet 1. *n* штык; *tech* ~ **fitting** штыково́е соедине́ние **2.** *v* коло́ть штыко́м

bazaar 1. *n* база́р **2.** *adj* база́рный

bazooka реакти́вное противота́нковое ружьё, базу́ка

bdellium 1. *n* бде́ллий **2.** *adj* бде́ллиевый

be быть (*pres indic not used except for* есть, *used for emphasis or in sense* there is, are; to be *is also often rendered by a dash or by the verbs* явля́ться (+ *instr*), име́ться, представля́ть (собо́й)); **this book is mine** э́та кни́га моя́; **this *is* my book!** э́то *есть* моя́ кни́га; **that is proof** э́то явля́ется доказа́тельством; **papers are always on sale** газе́ты всегда́ име́ются в прода́же; **this is an exception** э́то представля́ет собо́й исключе́ние; **she is away** её нет до́ма; **he is not here** его́ нет; (*exist*) существова́ть; **the house is no more** дом бо́льше не существу́ет; (~ *often*) быва́ть; **he is often there** он ча́сто там быва́ет; (~ *situated*) находи́ться; **where is the hotel?** где нахо́дится гости́ница?

~ **about** (*of book etc*) быть о (+ *prep*); **what is it about?** о чём речь идёт?

~ **about to** собира́ться (+ *infin*)

~ **at: what is he at?** что он де́лает?

~ **away** (*absent*) отсу́тствовать; **she is away** она́ не до́ма

~ **back** верну́ться *pf*; **I am back** я верну́лся

~ **in** быть до́ма

~ **off** (*set out*) уходи́ть; **be off!** убира́йся!

~ **on** (*of play etc*) идти́; (~ *switched on*) быть включённым

~ **out** (*not at home*) не быть до́ма

~ **through** конча́ться

~ **up** (*end*) ко́нчиться *pf*

~ **up to** (*depend on*) зави́сеть от (+ *gen*); (*plan*) затева́ть; (~ doing) де́лать; **not** ~ **up to** не быть в состоя́нии (+ *infin*), не справля́ться (с + *instr*; + *infin*)

beach 1. *n* пляж **2.** *v naut* (*to strand*) сажа́ть на мель; (*draw up on* ~) выта́скивать на бе́рег

beach-head берегово́й плацда́рм

beach-la-mar *ling* бичлама́р

beacon сигна́льный ого́нь *m*; *naut* мая́к; **radio** ~ радиомая́к

bead бу́сина, би́серина; *pl* (*string of*) бу́сы *f pl*; (*for embroidery*) би́сер; (*of moisture*) ка́пля; *pl* (*rosary*) чётки *f pl*

beady (*like bead*) похо́жий на бу́синку; (*of eyes*) ма́ленький и блестя́щий

beagle го́нчая

beagling охо́та с го́нчими

beak клюв

beaker стака́н; *ar* ку́бок; *chem* лаборато́рный стака́н, мензу́рка

be-all and end-all коне́ц и нача́ло (+ *gen*)

beam 1. *n* бревно́, ба́лка, брус; *sp* бревно́; (*of light*) луч; *naut* (*width of ship*) ширина́; ~ **on** ла́гом (**to,** к + *dat*); **before the** ~ впереди́ тра́верза; **on the** ~ на тра́верзе; **abaft the beam** за тра́верзом **2.** *adj tech* лучево́й; *naut* (*from* ~) с тра́верза **3.** *v* (*radiate*) излуча́ть; (*send by radio*) передава́ть по ра́дио; (*gleam; smile*) сия́ть

bean(s) боб(ы́); (*French*) фасо́ль *f*; *coll* **full of** ~ о́чень живо́й; **not have a** ~ не име́ть ни гроша́; **spill the** ~s проболта́ться *pf*

beanfeast *coll* пиру́шка

beanpole опо́ра для фасо́ли; *fig* жердь *f*; **thin as a** ~ худо́й как жердь

[1]**bear** *n* медве́дь *m*; ~ **cub** медвежо́нок; **ant** ~ трубкозу́б; **brown** ~ бу́рый медве́дь; **grizzly** ~ гри́зли *m indecl*; **koala** ~ коа́ла *m*, су́мчатый медве́дь; **polar** ~ бе́лый медве́дь; **she-bear** медве́дица; *astr* **Great Bear** Больша́я Медве́дица; ~**'s** медве́жий; ~**'s meat** медвежа́тина

[2]**bear** *v* (*carry*) носи́ть; (*on specific occasion*) нести́; (*put up with*) выноси́ть, терпе́ть; (*give birth*) рожда́ть; ~ **in mind** име́ть в виду́

~ **away** уноси́ть

~ **down** (*approach*) подходи́ть (**on,** к + *dat*)
~ **in** вноси́ть
~ **off** уноси́ть
~ **on** (*rest on*) опира́ться на (+ *prep*); (*concern*) име́ть отноше́ние к (+ *dat*), каса́ться (+ *gen*)
~ **out** (*take out*) выноси́ть; (*confirm*) подтвержда́ть
~ **up** держа́ться сто́йко

bearable сно́сный, терпи́мый

beard 1. *n* борода́; **grow a** ~ отпуска́ть бо́роду; *bot* ость *f* **2.** *v* (*pull* ~) дёргать бо́роду; (*approach boldly*) сме́ло подходи́ть к (+ *dat*); (*defy*) сме́ло выступа́ть про́тив (+ *gen*)

bearded борода́тый; *bot* ости́стый

beardless безборо́дый

bearer (*porter*)носи́льщик; (*of letter*) пода́тель *m*; (*of cheque*) предъяви́тель *m*; *tech* опо́ра

bearing (*behaviour*) поведе́ние; (*deportment*) мане́ра держа́ть себя́; ~ **on** отноше́ние к (+ *dat*); (*angle of direction*) пе́ленг; **lose one's** ~**s** теря́ть ориентиро́вку; **take one's** ~**s** ориенти́роваться; *tech* подши́пник; **ball** ~ шарикоподши́пник

bearish (*like bear*) медве́жий; *fig* гру́бый; *econ* понижа́тельный

bear-leader вожа́к медве́дя; (*tutor*) гувернёр

bearskin медве́жья шку́ра

beast (*wild*) зверь *m*; (*domestic*) живо́тное; *coll* скоти́на (*also pej of person*)

beastliness ско́тство, га́дость *f*; *coll* сви́нство

beastly (*bestial*) ско́тский; *coll* (*awful*) ужа́сный; (*revolting*) проти́вный, отврати́тельный

beat 1. *n* (*of heart*) бие́ние; (*of drum*) бой; *tech* бие́ние, пульса́ция; (*rhythm*) такт, ритм; (*patrol*) обхо́д **2.** *vt* бить, ударя́ть; (*an egg*) взбива́ть; (*carpet etc*) выкола́чивать; (*overcome*) побива́ть, побежда́ть; *coll* ~ **it** (*run off*) смы́ться *pf*; ~ **it!** кати́сь!; ~ **back** отбива́ть; ~ **down** (*smash*) сломи́ть *pf*; (*price*) сбива́ть; ~ **up** *coll* (*thrash*) избива́ть; *vi* (*of heart*) би́ться; (*of rain etc*) хлеста́ть, стуча́ться (**against,** в + *acc*); **without** ~**ing about the bush** без обиняко́в

beaten: ~ **track** проторённая доро́жка; **to be** ~ терпе́ть пораже́ние; (*in game*) прои́грывать

beater (*in hunting*) заго́нщик; (*egg* ~) взбива́лка

beatific блаже́нный

beatification канониза́ция

beatify канонизи́ровать

beating битьё, по́рка; (*defeat*) пораже́ние; (*of heart*) бие́ние

beatitude блаже́нство (*also as title*)

beatnik би́тник

beau (*dandy*) франт, щёголь *m*, де́нди *m indecl*; *joc* (*boyfriend*) кавале́р

beautician космети́чка

beautification украше́ние

beautiful краси́вый, прекра́сный

beautify украша́ть

beautifully прекра́сно

beauty красота́; (*woman*) краса́вица; **that's the** ~ **of it** в э́том-то вся пре́лесть; ~ **parlour** космети́ческий кабине́т; ~ **spot** (*on face*) му́шка; (*place*) ме́сто приро́дной красоты́

beaver *zool* бобр; (*fur*) бобро́вый мех

becalm успока́ивать; ~**ed** *naut* заштиле́вший

because потому́ что/из-за того́, что; **why? because!** почему́? потому́!; ~ **of** из-за (+ *gen*); (*thanks to*) благодаря́ (+ *dat*)

béchamel со́ус бешаме́ль

beck (*stream*) руче́й, ручеёк; **be at the** ~ **and call of** быть на побегу́шках у (+ *gen*)

beckon мани́ть (руко́й) (к себе́)

becloud покрыва́ть облака́ми; *fig* затума́нивать

become (*come to be*) де́латься (+ *instr*), станови́ться (+ *instr*); (*suit*) быть к лицу́, идти́ (+ *dat*); (*be proper*) подоба́ть (+ *dat*); (*happen*) случа́ться (**of,** с + *instr*); **what will** ~ **of me?** что со мной бу́дет?

becoming (*of dress etc*) к лицу́; (*of manner*) подоба́ющий

bed 1. *n* посте́ль *f*; ~ **and board** кварти́ра и стол; **go to** ~ ложи́ться спать; **take to one's** ~ слечь *pf*; (*bedstead*) крова́ть *f*; *hort* клу́мба, гря́дка; (*of river*) ру́сло; (*of sea*) дно; *tech* стани́на; *geol* пласт, слой, за́лежь *f* **2.** *adj* посте́льный **3.** *v* (*plant*) сажа́ть; (*place on base*) класть на основа́ние; *sl* (*sleep with*) спать с (+ *instr*); ~ **down** (*put to* ~) класть спать; (*lie down*) ложи́ться спать; *tech* притира́ть(ся)

bedaub зама́зывать (**with,** + *instr*)

bedazzle ослепля́ть (бле́ском)

bed-bug клоп

bed-clothes посте́льное бельё

bedding (*blankets etc*) посте́льные принадле́жности *f pl*; *geol* залега́ние; (*of plants*) поса́дка; *tech* (*settling, grinding in*) прити́рка, пришлифо́вка **2.** *adj* (*of plants*) поса́дочный

bedeck украша́ть (**with,** + *instr*)

bedevil (*bewitch*) заколдо́вывать; (*upset*) расстра́ивать; (*exasperate*) изводи́ть; (*complicate, confuse*) запу́тывать

bedew (*with dew*) покрыва́ть росо́й; (*sprinkle*) обры́згивать

bedim затемня́ть; *fig* затума́нивать

bedizen (*dress up*) наряжа́ть; (*gaudily decorate*) я́рко украша́ть

bedlam (*madhouse; fig uproar*) сумасше́дший дом, бедла́м

Bedouin 1. *n* бедуи́н, *f* бедуи́нка; *collect* бедуи́ны *m pl* **2.** *adj* бедуи́нский

bedpan подкладно́е су́дно

bedplate *tech* стани́на, цо́коль *m*

bedpost сто́лбик крова́ти; **between you and me and the** ~ стро́го ме́жду на́ми

bedraggle запа́чкать, замара́ть

bedraggled (*soiled*) запа́чканный; (*untidy*) неопря́тный

bedridden прико́ванный к посте́ли

bed-rock коренна́я поро́да; *fig* осно́ва

bedroom спа́льня; ~ **comedy** алько́вный фарс

bedside: at the ~ **of** у посте́ли (+ *gen*); **have a good** ~ **manner** уме́ть подойти́ к больно́му; ~ **table** ночно́й сто́лик, прикрова́тный сто́лик

bed-sitter *coll* одноко́мнатная кварти́ра

bedsore про́лежень *m*

bedspread покрыва́ло

bedstead крова́ть *f*

bedtime вре́мя *neut* ложи́ться спать; **at** ~ на сон гряду́щий; **it's** ~**!** пора́ спать!

bee 1. *n* пчела́; *fig* **as busy as a** ~ трудолюби́вый как пчела́; **she has a** ~ **in her bonnet** у неё пу́нктик (**about,** насчёт + *gen*) **2.** *adj* пчели́ный

beech 1. *n* бук **2.** *adj* бу́ковый; ~ **mast, nut** бу́ковый оре́шек

beef 1. *n* говя́дина; **corned** ~ солони́на **2.** *v sl* (*grumble*) жа́ловаться; *coll* ~ **up** подкрепля́ть

beefburger рубленая котлета

beefsteak бифште́кс

beefy *fig* кре́пкий, здоро́вый
bee-garden па́сека, пче́льник
beehive у́лей
bee-keeper пчелово́д
bee-keeping пчелово́дство
bee-line пряма́я ли́ния; **make a ~ for** идти́ прямико́м к (+ *dat*)
beep 1. *n* (*of instrument*) бип; (*of horn*) гудо́к **2.** *v* сигна́лить, гуде́ть
beer пи́во; **~-cellar, ~-house** пивна́я
beery (*smelling, tasting of beer*) отдаю́щий пи́вом; (*rather drunk*) подвы́пивший
beeswax 1. *n* воск **2.** *v* натира́ть во́ском
beet свёкла; **sugar ~** са́харная свёкла
beetle 1. *n* жук; *tech* трамбо́вка, колоту́шка **2.** *v* (*of cliffs etc*) выступа́ть, нависа́ть; *sl* **~ off, away** (*scram*) удира́ть; (*to fetch sth*) сбе́гать *pf* (за + *instr*)
beetling нави́сший
beetroot свёкла; **~ soup** борщ
befall случа́ться, происходи́ть
befit подходи́ть (+ *dat*), прили́чествовать (+ *dat*) **it does not ~** не подоба́ет (+ *dat*)
befitting подходя́щий, подоба́ющий
befittingly как подоба́ет, подоба́ющим о́бразом
befog затума́нивать
before 1. *adv* (*earlier, in advance*) уже́, ра́ньше, пре́жде; (*ahead*) вперёд, впереди́; **long ~** уже́ давно́; **not long ~** неда́вно **2.** *prep* (*in front of*) пе́ред (+ *instr*); (*previous to*) до (+ *gen*); **long ~** задо́лго до (+ *gen*); **not long ~** незадо́лго до (+ *gen*), пе́ред (+ *instr*); (*superior to*) бо́льше, вы́ше; **~ all else** пре́жде всего́; (*rather than*) скоре́е чем **3.** *conj* пре́жде чем
beforehand зара́нее
before-mentioned вышеупомя́нутый
befoul оскверня́ть
befriend (*become friends with*) подружи́ться *pf* с (+ *instr*); (*help*) помога́ть (+ *dat*)
befuddle одурма́нивать
beg (*ask*) проси́ть (**for,** + *gen*, or о + *prep*); (*beseech*) умоля́ть; (*of dog*) служи́ть; (*ask alms*) проси́ть пода́яния; (*be beggar*) ни́щенствовать
beget рожда́ть, производи́ть; *fig* порожда́ть
beggar 1. *n* ни́щий **2.** *v* доводи́ть до нищеты́, разоря́ть; **~ description** не поддава́ться описа́нию
beggarly (*wretched*) убо́гий, жа́лкий; (*trifling*) мизе́рный
beggary нищета́
begin начина́ть(ся) (**at, with,** с + *gen*); (*the prefix* за- *added to some verbs may also give sense of beginning*, e.g. **~ to laugh** засмея́ться *pf*; **~ to sing** запе́ть *pf*)
beginner начина́ющий
beginning (*start*) нача́ло; (*coming to be*) возникнове́ние; **from ~ to end** с нача́ла до конца́; **from the ~** с нача́ла; **in the ~** снача́ла
begone прочь!
begonia бего́ния
begrudge (*regret*) жале́ть (+ *gen*, or о + *prep*); (*envy*) зави́довать (**s.o.,** + *dat*; **sth,** + *acc*)
beguile (*charm*) очаро́вывать; (*distract*) отвлека́ть внима́ние; (*time*) корота́ть; (*cheat*) обма́нывать
beguiling зама́нчивый
begum бегу́ма
behalf: on ~ of от и́мени (+ *gen*); *leg* **in ~ of** для, ра́ди, в по́льзу, в интере́сах (+ *gen*)
behave поступа́ть, вести́ себя́; **~ oneself** (*well*) вести́ себя́ как сле́дует; (*of machine*) рабо́тать
behaviour поведе́ние; *tech* режи́м, рабо́та
behavioural поведе́нческий
behaviourism бихевиори́зм
behaviourist 1. *n* бихевиори́ст **2.** *adj* бихевиори́стский
behead отруба́ть го́лову, обезгла́вливать
beheading отсече́ние головы́
behest: at the ~ of по веле́нию (+ *gen*)
behind 1. *n coll* зад, за́дница **2.** *adv* сза́ди, позади́; **be ~** (*late*) запа́здывать; **drop ~** отстава́ть **3.** *prep* (*answering question 'where?'*) за (+ *instr*), позади́ (+ *gen*); (*following*) по́сле (+ *gen*); **~ one's back** за спино́й; **~ the scenes** за кули́сами; *as adj* закули́сный; (*answering question 'whither?'*) за (+ *acc*)
behindhand (*backward*) отста́лый; (*in arrears*) запозда́лый
behold ви́деть; *as interj* смотри́(те)!
beholden обя́занный (**to** + *dat*)
beholder зри́тель *m*, очеви́дец
behove: it ~s us/him to нам/ему́ сле́дует, надлежи́т, подоба́ет (+ *infin*)
beige 1. *n* (*colour*) беж; (*material*) некра́шенный материа́л **2.** *adj* бе́жевый, цве́та беж
being (*existence*) существова́ние, бытие́; (*creature*) существо́; **human ~** челове́к; (*essence*) существо́, суть *f*
bel *ac* бел
belabour колоти́ть
belated запозда́лый
belay *naut* завёртывать
belaying-pin ко́фельнагель *m*
belch 1. *n* отры́жка; **give a ~** рыгну́ть *pf* **2.** *v* рыга́ть; *fig* изверга́ть
beldam(e) ста́рая карга́, ве́дьма
beleaguer осажда́ть
belfry колоко́льня
Belgian 1. *n* бельги́ец, *f* бельги́йка **2.** *adj* бельги́йский
Belgium Бе́льгия
belie (*give false impression*) неве́рно представля́ть; (*contradict*) противоре́чить (+ *dat*); (*fail to justify*) не опра́вдывать
belief ве́ра (**in,** в + *acc*); **beyond ~** невероя́тно; **to the best of my ~** наско́лько мне изве́стно; (*trust*) дове́рие; (*conviction*) убежде́ние; (*religious*) ве́рование
believable правдоподо́бный
believe *vt* ве́рить (+ *dat*); (*think*) ду́мать, полага́ть, счита́ть; *vi* **~ in** ве́рить в (+ *acc*); **~ (in God)** ве́ровать, ве́рить в Бо́га
believer *relig* ве́рующий; **Old ~** старообря́дец, старове́р
belike пожа́луй
belittle умаля́ть, преуменьша́ть
bell (*big*) ко́локол; (*little*) колоко́льчик; (*door~, electric ~*) звоно́к; *naut* **ship's ~** ры́нда; (*measure of time*) скля́нка; **eight ~s** во́семь скля́нок; **ring a ~** звони́ть в ко́локол; *fig* (*get reaction*) находи́ть о́тклик (**with,** у + *gen*); (*sound familiar*) каза́ться знако́мым
belladonna *bot* краса́вка; *med* беллadóнна
bell-bottomed: ~ trousers брю́ки-клёш
bell-boy коридо́рный, посы́льный
bell-buoy ба́кен с ко́локолом
belle краса́вица
belles-lettres беллетри́стика
bell-glass стекля́нный колпа́к

bellicose вои́нственный; (*of person*) драчли́вый
bellicosity вои́нственность *f*; драчли́вость *f*
belligerence (*aggressiveness*) агресси́вность *f*; (*state of war*) состоя́ние войны́
belligerent 1. *n* вою́ющая сторона́ 2. *adj* вою́ющий; *fig* драчли́вый
bell-jar стекля́нный колпа́к
bellman глаша́тай
bell-metal колоко́льная бро́нза
bellow 1. *n* (*of animal*) мыча́ние; (*of storm etc*) рёв 2. *v* мыча́ть; реве́ть
bellows мехи́ *m pl*
bell-punch компо́стер
bell-push кно́пка звонка́
bell-ringer звона́рь *m*
bell-wether бара́н-вожа́к (с бубе́нчиком); *fig* вожа́к
belly 1. *n* живо́т; (*coll and of animals*) брю́хо 2. *v* (*of sails*) надува́ть(ся)
bellyache *coll* 1. *n* боль *f* в животе́ 2. *v* ворча́ть, хны́кать
belly-band подпру́га
belly-button пупо́к
bellyful *coll* (*more than enough*) **I have had a ~ of this** я сыт по го́рло э́тим; (вполне́) доста́точно (**of**, + *gen*)
belly-landing *av coll* поса́дка с у́бранным шасси́
belong (*be property of*) принадлежа́ть (**to**, + *dat*); (*be related to*) относи́ться (**to**, к + *dat*); **where does this ~?** куда́ э́то идёт?; (*to party etc*) принадлежа́ть (к + *dat*)
belongings ве́щи *f pl*, иму́щество, со́бственность *f*
beloved возлю́бленный, люби́мый
below 1. *adv* ни́же, внизу́ 2. *prep* (*lower than*) ни́же (+ *gen*); (*under*) под (+ *instr*); (*of direction*) под (+ *acc*); **ten degrees ~ (zero)** ми́нус де́сять гра́дусов, де́сять гра́дусов моро́за, де́сять гра́дусов ни́же нуля́
belt 1. *n* (*in general*) по́яс; **below the ~** под по́ясом; *fig* нече́стно, нече́стный; **hit below the ~** уда́рить *pf* под вздох; **safety ~** (*in car*) реме́нь *m* безопа́сности; (*in plane*) пристяжно́й реме́нь *m*; (*of dress*) куша́к; (*of land*) зо́на, полоса́; *tech* (*drive*) приводно́й реме́нь *m*; **conveyor ~** конве́йерная ле́нта 2. *v* (*beat*) поро́ть ремнём; (*put on ~*) опоя́сывать(ся); *coll* **~ out** петь, игра́ть о́чень гро́мко; **~ up** замолча́ть *pf*, заткну́ться *pf*
belting *tech* приводно́й реме́нь *m*; *coll* (*beating*) по́рка
belvedere бельведе́р
bemoan опла́кивать
bemuse смуща́ть
bench скамья́, скаме́йка; *leg* суд; **work~** верста́к
bench-mark отме́тка высоты́
bend 1. *n* сгиб, изги́б; (*in road*) изги́б доро́ги; (*in river*) излу́чина реки́; **diver's ~s** кессо́нная боле́знь *f*; *coll* **go round the ~** сходи́ть с ума́ 2. *v* сгиба́ть(ся), изгиба́ть(ся); (*gaze etc*) направля́ть
beneath *see* **below**
Benedictine 1. *n* (*monk*) бенедикти́нец; (*liqueur*) бенедикти́н 2. *adj* бенедикти́нский
benediction благослове́ние; **give one's ~** благослови́ть *pf*
benefaction (*deed*) благоде́яние; (*gift*) поже́ртвование
benefactor благоде́тель *m*
benefactress благоде́тельница
benefice бенефи́ция
beneficent благоде́тельный, благотво́рный
beneficial (*to health*) целе́бный, поле́зный; (*advantageous*) вы́годный, поле́зный
beneficiary (*legatee*) насле́дник по завеща́нию; (*insurance*) выгодоприобрета́тель *m*
benefit 1. *n* вы́года, по́льза; **to the ~ of** на бла́го (+ *gen*), в по́льзу (+ *gen*); (*pension, insurance etc*) посо́бие; *theat, sp* бенефи́с 2. *vt* помога́ть (+ *dat*), приноси́ть по́льзу (+ *dat*); *vi* извлека́ть по́льзу (**from**, из + *gen*)
Benelux Бенилю́кс
benevolence благожела́тельность *f*; ще́дрость *f*
benevolent (*well inclined*) благожела́тельный; (*generous*) ще́дрый; (*doing good*) благотвори́тельный
Bengal 1. *n* Бенга́л 2. *adj* бенга́льский
Bengali 1. *n* (*person*) бенга́лец, *f* бенга́лка; (*language*) бенга́ли, бенга́льский язы́к 2. *adj* бенга́льский
benighted (*overtaken by night*) засти́гнутый но́чью; (*ignorant*) погря́зший в неве́жестве
benign до́брый, ми́лостивый; (*of climate*) мя́гкий; *med* (*of tumour etc*) доброка́чественный
benignity доброта́
bent 1. *n* скло́нность *f* (**for, towards**, к + *dat*) 2. *adj* изо́гнутый, криво́й; **be ~ on** реши́ться *pf* на (+ *acc*); стреми́ться (к + *dat, or* + *inf*)
benthos бе́нтос
benumb притупля́ть; (*paralyse*) парализова́ть
benzedrine бензедри́н
benzene бензо́л
benzine бензи́н
benzoin бензо́йная смола́
benzol бензо́л
bequeath завеща́ть, оставля́ть в насле́дство (**to**, + *dat*)
bequest (*act*) оставле́ние в насле́дство; *leg* завеща́тельный отка́з недви́жимости; (*legacy*) насле́дство
berate брани́ть
Berber 1. *n* бербе́р 2. *adj* бербе́рский
bereave (*deprive*) лиша́ть (**of**, + *gen*), отнима́ть (**of**, от, у + *gen*); (*desolate*) огорча́ть
bereaved (*sorrowing*) ско́рбящий
bereavement тяжёлая утра́та
bereft лишённый (**of**, + *gen*)
beret бере́т
bergschrund бе́ргшрунд
beriberi бе́ри-бе́ри *f indecl*
Bering Sea, Strait Бе́рингово мо́ре, Бе́рингов проли́в
Berlin 1. *n* (*town*) Берли́н; (*carriage*) каре́та 2. *adj* берли́нский
Bermuda 1. *n* берму́дские острова́ *m pl* 2. *adj* берму́дский; *naut* **~ rig** берму́дские паруса́ *m pl*; **~ shorts** берму́ды *pl*
berry я́года
berserk 1. *n hist* берсе́ркер 2. *adj* исступлённый, неи́стовый; **go ~** прийти́ *pf* в исступле́ние, взбеси́ться *pf*
berth 1. *n* (*for ship*) прича́л, стоя́нка; (*in ship*) ко́йка; (*in train*) ме́сто; **give a wide ~** избега́ть 2. *vt* (*anchor*) ста́вить на я́корь; (*at quay*) прича́ливать; *vi* прича́ливаться
berthing (*place*) ме́сто стоя́нки, прича́л; (*action*) прича́ливание
beryl 1. *n* бери́лл 2. *adj* бери́лловый
beryllium 1. *n* бери́ллий 2. *adj* бери́ллиевый
beseech умоля́ть

beseeching (*glance etc*) моля́щий, умоля́ющий
beseem подоба́ть (+ *dat*)
beset (*on compass*) окружа́ть; *fig* (*assail*) осажда́ть (**with,** + *instr*); (*decorate*) украша́ть
besetting (*habitual*) привы́чный; (*chief*) гла́вный; ~ **sin** преоблада́ющий поро́к
beside (*near*) ря́дом с (+ *instr*), о́коло (+ *gen*); (*by comparison with*) по сравне́нию с (+ *instr*)
besides 1. *adv* кро́ме того́, сверх того́ **2.** *prep* кро́ме (+ *gen*)
besiege осажда́ть (*also fig*; **with,** + *instr*)
besmear па́чкать, мара́ть
besmirch па́чкать; *fig* черни́ть
besom ве́ник
besotted (*stupefied*) одурма́ненный; (*drunk*) пья́ный; (*stupid*) поглупе́вший; (*infatuated*) влюблённый до безу́мия (**with,** в + *acc*)
bespatter забры́згивать
bespeak (*order in advance*) зака́зывать зара́нее; (*indicate*) пока́зывать
bespectacled в очка́х
bespoke сде́ланный на зака́з
bespoken (*occupied*) за́нятый
Bessemer *tech* бессеме́ровский; ~ **converter** бессеме́ровский конве́ртер
best 1. *n* са́мое лу́чшее; ~ **man** (*at wedding*) ша́фер; **all the ~!** всего́ хоро́шего; **at ~** в лу́чшем слу́чае; **at one's ~** на высоте́, в уда́ре; **do one's ~** де́лать всё возмо́жное; **it's all for the ~** всё к лу́чшему; **make the ~ of** испо́льзовать наилу́чшим о́бразом; (*accept*) мири́ться с (+ *instr*); **that's the ~ of it!** в э́том-то вся пре́лесть!; **to the ~ of one's ability** по ме́ре сил; **to the ~ of my knowledge** наско́лько я зна́ю **2.** *adj* лу́чший; ~ **part of** бо́льшая часть (+ *gen*); ~ **man** ша́фер **3.** *adv (better than anything else)* лу́чше всего́; (*than anyone else*) лу́чше всех **4.** *v* взять *pf* верх над (+ *instr*)
bestial ско́тский
bestiality ско́тство; (*barbarity*) ва́рварство; (*sodomy*) скотоло́жство
bestir oneself (*move*) шевели́ться; (*busy oneself with*) бра́ться за (+ *acc*)
bestow (*give*) дава́ть (**on,** + *dat*); (*make gift*) дари́ть, дарова́ть; (*devote*) отдава́ть; (*honours etc*) воздава́ть
bestrew (*cover*) усыпа́ть; (*scatter*) разбра́сывать
bestride (*mount*) сади́ться на (+ *acc*); (*be mounted*) сиде́ть верхо́м (на + *prep*); (*stand astride*) стоя́ть раста́вив но́ги
best-seller бестсе́ллер
bet 1. *n* пари́ *neut indecl*; **make a ~** заключа́ть пари́; **win a ~** вы́играть *pf* пари́ **2.** *v* держа́ть пари́; *coll* спо́рить; **I'll ~ you a pound he won't come** спо́рю на фунт, что он не придёт
beta: ~ **rays** бе́та-лучи́ *m pl*
betake oneself (*have recourse to*) прибега́ть (**to,** к + *dat*); (*go*) отправля́ться (**to,** к + *dat*)
betatron бетатро́н
betel бе́тель *m*
betide случа́ться; **woe ~ him who . . .** го́ре тому́, кто . . .
betimes (*early*) ра́но; (*in good time*) своевре́менно
betoken (*mean*) означа́ть; (*show*) пока́зывать; (*portend*) предвеща́ть
betray (*be traitor*) изменя́ть (+ *dat*), предава́ть; (*hand over*) предава́ть; (*reveal involuntarily*) выдава́ть; (*let down*) подводи́ть, изменя́ть (+ *dat*)
betrayal преда́тельство, изме́на
betrayer изме́нник, преда́тель *m*, *f* преда́тельница
betroth обручи́ть, помо́лвить *pf*; **become ~ed to** обручи́ться *pf* с (+ *instr*)
betrothal обруче́ние, помо́лвка
better 1. *n* **change for the ~** измени́ться *pf* к лу́чшему; **get the ~ of** взять верх над (+ *instr*); *pl* вышестоя́щие ли́ца *neut pl* **2.** *comp adj* лу́чший; **he is ~** (*feels ~*) ему́ лу́чше, он лу́чше себя́ чу́вствует; **one's ~ half** дража́йшая полови́на; **the ~ part of** бо́льшая часть (+ *gen*) **3.** *comp adv* лу́чше; **all the ~** тем лу́чше; **be ~ off** быть бога́че; **feel ~** чу́вствовать себя́ лу́чше; **I've thought ~ of it** я переду́мал, перереши́л; **the sooner the ~** чем скоре́е, тем лу́чше; **you had ~ rest** вам бы лу́чше отдохну́ть **4.** *v* (*improve*) улучша́ть; (*surpass*) превыша́ть, превосходи́ть; ~ **oneself** продвига́ться вверх
betterment (*improvement*) улучше́ние (состоя́ния, усло́вий)
betting пари́ *neut indecl*, игра́; ~ **shop** ла́вка букме́кера
between *prep*, *adv* ме́жду (+ *instr*); ~ **ourselves** ме́жду на́ми; **few and far ~** ре́дкие *pl*
bevel 1. *n* скос **2.** *adj* ско́шенный; ~ **gear** кони́ческое зубча́тое колесо́ **3.** *v* ска́шивать
beverage напи́ток
bevy (*company*) компа́ния; (*of birds*) стая́
bewail опла́кивать, скорбе́ть о (+ *prep*)
beware бере́чься, остерега́ться (**of,** + *gen*); ~ **of the dog!** (осторо́жно –) зла́я соба́ка!; (*be careful not to*) смотри́(те) не (+ *impers*)
bewilder (*confuse*) смуща́ть, сбива́ть с то́лку; (*perplex*) приводи́ть в недоуме́ние; **be ~ed** быть в недоуме́нии (**by,** от + *gen*), не знать, что и поду́мать
bewilderment недоуме́ние, смуще́ние
bewitch заколдо́вывать; *fig* очаро́вывать
bewitching (*charming*) очарова́тельный
beyond 1. *n* **the back of ~** глушь *f*, захолу́стье **2.** *adv* вдали́ **3.** *prep* (*place*) за (+ *instr*), по ту сто́рону (+ *gen*); (*movement*) за (+ *acc*); ~ **belief** невероя́тно; ~ **compare** вне сравне́ния; ~ **hope** безнадёжно; ~ **one's means** не по сре́дствам
bezel (*cutting edge*) остриё; (*facet*) фасе́т, грань *f*; (*gem setting*) гнездо́ ка́мня
bi- дву(х)-
biannual два ра́за в год
bias 1. *n* (*tendency*) укло́н; (*diagonal*) коса́я ли́ния; **cut on the ~** крои́ть по косо́й ли́нии; (*prejudice*) предубежде́ние (**against,** про́тив + *gen*); (*partiality*) пристра́стие (**for,** к + *dat*); (*lack of objectivity*) предвзя́тость *f*; *math*, *rad* смеще́ние; *elect* **grid ~** се́точная батаре́я **2.** *v* (*incline*) склоня́ть (**towards,** к + *dat*); (*influence*) ока́зывать влия́ние на (+ *acc*)
bias(s)ed пристра́стный; **to be ~ against** име́ть предубежде́ние про́тив (+ *gen*); *tech* смещённый
biatomic двуха́томный
biaxial двухо́сный
bib (*baby's*) (де́тский) нагру́дник, *coll* слюня́вник
Bible 1. *n* би́блия **2.** *adj* библе́йский
biblical библе́йский
bibliographer библио́граф
bibliographic(al) библиографи́ческий
bibliography библиогра́фия
bibliophile библиофи́л
bibliopole букини́ст

bibulous пья́нствующий
bicarbonate 1. *n* двууглеки́слая соль *f*, бикарбона́т; *coll* ~ **(of soda)** питьева́я со́да **2.** *adj* двууглеки́слый
bice (*colour*) бле́дно-си́ний цвет; (*pigment*) бле́дно-си́няя кра́ска
bicentenary 1. *n* двухсотле́тие **2.** *adj* двухсотле́тний
bicentennial (*of bicentenary, or lasting 200 years*) двухсотле́тний; (*happening every 200 years*) повторя́ющийся ка́ждые две́сти лет
bicephalous двугла́вый
biceps би́цепс
bichloride *chem* **1.** *n* двухло́ристое соедине́ние **2.** *adj* двухло́ристый
bicker (*quarrel*) спо́рить, препира́ться; (*of stream*) журча́ть
bickering перебра́нка
bicornate двуро́гий
bicrural двуно́гий
bicuspid *zool* двузу́бчатый; *bot* двуверши́нный
bicycle 1. *n* велосипе́д; **exercise** ~ велотренажёр **2.** *v* е́здить на велосипе́де
bicyclist велосипеди́ст
bid 1. *n* (*attempt*) попы́тка; (*at auction etc*) предло́женная цена́; **make a** ~ предлага́ть це́ну; (*at cards*) объявле́ние **2.** *v* (*command*) прика́зывать; (*at auction etc*) предлага́ть це́ну; ~ **fair to** обеща́ть (+ *infin*); ~ **farewell** проща́ться (**to,** с + *instr*); (*at cards*) *vt* объявля́ть; *vi* торгова́ться
biddable послу́шный
bidder (*one who bids*) лицо́, предлага́ющий це́ну; (*at auction*) уча́стник аукцио́на
bidding (*at auction etc*) предложе́ние цены́; (*at cards*) торго́вля; **at the** ~ **of** по веле́нию (+ *gen*)
bide (*tolerate*) терпе́ть; (*wait*) ждать; ~ **one's time** ждать благоприя́тного слу́чая
bidet *neut indecl* биде́
biennial 1. *n* двуле́тник, двухле́тнее расте́ние **2.** *adj* дву(х)ле́тний
bier катафа́лк
bifid расщеплённый
bifocal бифока́льный, двухфо́кусный; *as n* (*of spectacles*) ~**s** бифока́льные очки́, двухфо́кусные очки́ *m pl*
bifoliate двули́стный
bifurcate 1. *adj* раздво́енный **2.** *v* раздва́ивать(ся)
bifurcation раздвое́ние
big большо́й, кру́пный; ~ **business** кру́пный капита́л; *tech* ~ **end** больша́я голо́вка шатуна́; *sp* ~ **game** кру́пный зверь *m*; *sl* ~ **shot, noise** ва́жная персо́на, ши́шка; ~ **toe** большо́й па́лец (на ноге́)
bigamist (*of man*) двоеже́нец; (*of woman*) двуму́жница
bigamy бига́мия; (*of man*) двоежёнство; (*of woman*) двоему́жие
big-headed *coll* самодово́льный
bight (*bay*) бу́хта; (*in river*) излу́чина; (*of rope*) пе́тля, бу́хта
big-mouth *coll* болту́н; (*boaster*) хвасту́н
bigot фана́тик, изуве́р
bigoted нетерпи́мый, фанати́чный
bigotry фанати́зм
bigwig *coll* больша́я ши́шка
bike *coll* (*bicycle*) велосипе́д; (*motor cycle*) мотоци́кл
biker *coll* велосипеди́ст, мотоцикли́ст
bikini бики́ни *neut indecl*
bilabial *ling* билабиа́льный
bilabiate двугу́бый
bilateral двусторо́нний
bilberry черни́ка
bile 1. *n* жёлчь *f*; *fig* жёлчь, жёлчность *f* **2.** *adj* жёлчный
bilge *naut* дни́ще; ~ **water** трю́мная вода́; *coll* ерунда́, чепуха́
bilharzia, bilharziasis бильгарцио́з
biliary жёлчный
bilingual (*text etc*) двуязы́чный; (*person*) говоря́щий на двух языка́х; **he is** ~ он говори́т на двух языка́х, он били́нг
bilingualism билингви́зм, двуязы́чие
bilious жёлчный (*also fig*); ~ **attack** при́ступ разли́тия жёлчи
biliousness жёлчность *f*
bilk (*cheat*) надува́ть (**of,** на + *acc*)
bill 1. *n* (*account*) счёт; (*placard*) афи́ша, рекла́ма; (*draft legislation*) законопрое́кт, билль *m*; (*programme*) програ́мма; *Am* (*banknote*) банкно́т(а); (*beak*) клюв; ~ **of exchange** ве́ксель *m*; ~ **of fare** меню́ *neut indecl*; ~ **of lading** коносаме́нт **2.** *v* (*announce*) объявля́ть (афи́шей); (*charge*) выписа́ть *pf* счёт (**to** + *dat*); ~ **and coo** милова́ться
billboard доска́ для афи́ш
billet 1. *n* (*stick*) па́лка; (*log*) поле́но; *mil* кварти́ра **2.** *v* расквартиро́вывать
billfold *Am* бума́жник
bill-hook сека́ч
billiard бильа́рдный; ~ **cue** кий; ~ **room** билья́рдная
billiards билья́рд; **play** ~ игра́ть в билья́рд
billion (*1 million million*) биллио́н; (*1 thousand million*) миллиа́рд
billionaire миллиарде́р
billon билло́н
billow 1. *n* вал, больша́я волна́ **2.** *v* вздыма́ться
bill-poster раскле́йщик афи́ш
billy(can) похо́дный котело́к
billy-goat козёл
billy-o: like ~ *coll* во всю ива́новскую, во всю мочь
bimestrial двухме́сячный
bimetallic биметалли́ческий
bimetallism биметалли́зм
bimonthly (*twice per month*) два ра́за в ме́сяц; (*every two months*) раз в два ме́сяца
bin за́кром, ларь *m*; (*for rubbish*) му́сорное ведро́
binary двойно́й, сдво́енный; *math* ~ **digit** двои́чный знак, бит; *chem* бина́рный; *mus* двухча́стный; *astron* ~ **star** двойна́я звезда́
binaural бинаура́льный, стереофони́ческий
bind (*to tie*) свя́зывать; (*to bandage*) перевя́зывать; (*a book*) переплета́ть; (*to oblige*) обя́зывать; (*to stick*) заеда́ть, застрева́ть; ~ **oneself** обя́зываться, брать на себя́ обяза́тельство
binder (*of books*) переплётчик; (*cover, folder*) па́пка; *agr* сноповяза́лка, жа́тка
binding 1. *n* (*of book*) переплёт; (*sewing, braid*) оши́вка **2.** *adj* (*obligatory*) обяза́тельный, обя́зывающий
bindweed вьюно́к
bine побе́г
binge *coll* кутёж, вы́пивка
bingo лото́ *neut indecl*
binnacle на́ктоуз

binocular бинокуля́рный
binoculars бино́кль *m*
binomial 1. *n* бино́м, двучле́н **2.** *adj* двучле́нный, биномиа́льный; ~ **theorem** бино́м Нью́тона
biochemical биохими́ческий
biochemist биохи́мик
biochemistry биохи́мия
biodegradable разлага́емый микрооргани́змами
bioengineering биоинжене́рия
biogenesis биогене́з
biogenetic биогенети́ческий
biographer био́граф
biographic(al) биографи́ческий
biography биогра́фия
biologic(al) биологи́ческий
biologist био́лог
biology биоло́гия
biometrics биоме́трия
bionics био́ника
bionomics биономи́я
biophysics биофи́зика
bioplasm биопла́зма
bioplast биопла́ст
biopsy биопси́я
biosphere биосфе́ра
biostatics биоста́тика
biotic биоти́ческий, жи́зненный
bipartisan двухпарти́йный
bipartite двусторо́нний; *bot* двуразде́льный
biped 1. *n* двуно́гое (живо́тное) **2.** *adj* двуно́гий
biplane бипла́н
bipolar двухпо́люсный
birch 1. *n* берёза; (*for whipping*) ро́зга **2.** *adj* берёзовый **3.** *v* сечь ро́згой
bird 1. *n* пти́ца; ~ **of prey** хи́щная пти́ца; *coll* (*person*) тип, челове́к; *coll* **get the** ~ быть осви́станным; ~**s of a feather** ≈ одного́ по́ля я́года; **kill two** ~**s with one stone** ≈ одни́м уда́ром уби́ть двух за́йцев **2.** *adj* пти́чий
bird-cage кле́тка (для птиц)
bird-fancier люби́тель *m* птиц
bird-lime пти́чий клей
bird-seed пти́чий корм
bird's-eye: ~ **view** вид с пти́чьего полёта; *fig* (*résumé*) о́бщий обзо́р
bird's-nest пти́чье гнездо́
bird-table корму́шка для птиц
bird-watcher орнито́лог (-люби́тель *m*)
biro ша́риковая ру́чка
birth рожде́ние; **give** ~ **to** рожда́ть, *coll* рожа́ть; *fig* порожда́ть; (*childbirth*) ро́ды *m pl*; (*social origin*) происхожде́ние
birth-certificate свиде́тельство о рожде́нии
birth-control (*contraception*) противозача́точные ме́ры *f pl*; (*population control*) регули́рование рожда́емости
birthday день *m* рожде́ния; *joc* **in one's** ~ **suit** в чём мать родила́
birth-mark ро́динка, роди́мое пятно́
birthplace ме́сто рожде́ния
birth-rate рожда́емость *f*
birthright (*right by virtue of birth*) пра́во по рожде́нию; (*by primogeniture*) право перворо́дства; (*inheritance*) насле́дство
biscuit пече́нье; (*colour*) све́тло-кори́чневый цвет
bisect дели́ть попола́м
bisection деле́ние попола́м
bisector *math* биссектри́са
bisexual двупо́лый, бисексуа́льный
bisexuality двупо́лость *f*
bishop епи́скоп; (*in chess*) слон
bishopric епа́рхия
bismuth 1. *n* ви́смут **2.** *adj* ви́смутовый
bison бизо́н; **European** ~ зубр
bisque (*soup*) суп
bissextile 1. *n* високо́сный год **2.** *adj* високо́сный
bistoury бистури́ *neut indecl*
bistre, bister бистр
bistro бистро́ *neut indecl*, рестора́нчик
bit 1. *n* (*piece*) кусо́к, кусо́чек; **fall to** ~**s** разва́ливаться; (*a little*) немно́го (+ *gen*); (*for horse*) удила́ *neut pl*; *tech* сверло́; *math* бит, двоичный знак **2.** *adv* немно́го; **I'm a** ~ **tired** я немно́го уста́л; **not a** ~ нисколько; **I'm not a** ~ **surprised** я ничу́ть не удивлён; ~ **by** ~ ма́ло-пома́лу, постепе́нно
bitch (*dog and vulg of person*) су́ка; *vulg* **son of a** ~ су́кин сын
bitchiness зло́стность *f*, вре́дность *f*
bitchy злой, зло́бный
bite 1. *n* уку́с; *med* прику́с; (*in fishing*) клёв; (*of food*) кусо́к; (*mouthful*) глото́к; (*sharpness*) острота́; *math* байт **2.** *v* куса́ть(ся); (*of fish*) клева́ть; (*of frost*) щипа́ть; (*of acid*) трави́ть; (*of sharp taste*) жечь; *tech* сцепля́ться; ~ **off** отку́сывать
biting (*sharp*) о́стрый, е́дкий; (*of sarcasm etc*) язви́тельный, ре́зкий; (*wind, cold*) прони́зывающий
bitter (*in general; of fate, taste, tears, truth*) го́рький; (*of words, wind*) ре́зкий; ~ **enemy** зле́йший враг; ~ **struggle** ожесточённая борьба́; **to the** ~ **end** до са́мого конца́
bittern (*bird*) выпь-буга́й; *chem* ма́точный раство́р
bitterness го́речь *f*; ре́зкость *f*; ожесточённость *f*
bitter-sweet 1. *n* го́рькая ра́дость *f* **2.** *adj* горькова́то-сла́дкий
bitts кне́хты *m pl*
bitty *coll* (*crumbly*) рассы́пчатый; (*lumpy*) комкова́тый; (*scrappy*) несвя́зный, неце́льный
bitumen биту́м, асфа́льт
bituminous биту́мный, битумино́зный
bivalent *chem* двухвале́нтный
bivalve 1. *n* двуство́рчатый моллю́ск **2.** *adj* двуство́рчатый
bivouac 1. *n* бива́к **2.** *v* располага́ться бива́ком
bi-weekly (*twice a week*) два ра́за в неде́лю; (*fortnightly*) раз в две неде́ли
bizarre (*odd*) стра́нный, причу́дливый; (*weird*) жу́ткий
blab выба́лтывать(ся)
blabber болту́н, спле́тник
black 1. *n* (*colour*) чёрный цвет; (~*ness*) чернота́; (*paint*) чёрная кра́ска; (*person*) чёрный, негр **2.** *adj* чёрный; (*dark*) тёмный, мра́чный; (*in expressions*) **Black Death** чума́; ~ **earth** чернозём; ~ **eye** подби́тый глаз, фона́рь *m*; *astron* ~ **hole** чёрная дыра́; **Black Maria** чёрный во́рон; ~ **market** чёрный ры́нок; ~ **marketeer** спекуля́нт; ~ **pudding** кровяна́я колбаса́; **put down in** ~ **and white** писа́ть чёрным по бе́лому **3.** *v* (*paint* ~) окра́шивать чёрной кра́ской; (*boots*) чи́стить ва́ксой; (*ban*) запреща́ть; (*boycott*) бойкоти́ровать; ~ **out** (*obliterate*) выма́рывать; (*darken*) затемня́ть; (*deprive of electricity*) лиша́ть электри́чества; (*faint*) теря́ть созна́ние
black-beetle чёрный тарака́н

blackberry ежеви́ка
blackbird (чёрный) дрозд
blackboard кла́ссная доска́
blackcurrant чёрная сморо́дина
blackdamp мёртвый во́здух
blacken *vt* черни́ть; *vi* черне́ть
blackguard **1.** *n* мерза́вец **2.** *v* руга́ть
blackguardly ме́рзкий
blackhead у́горь *m*
blacking (*for boots*) ва́кса
blacklead **1.** *n* графи́т **2.** *adj* графи́товый
blackleg *pol* штрейкбре́хер
black letter старопеча́тный (готи́ческий) шрифт
black-list **1.** *n* чёрный спи́сок **2.** *v* вноси́ть в чёрный спи́сок
blackmail **1.** *n* шанта́ж **2.** *v* шантажи́ровать
blackmailer шантажи́ст
blackness чернота́; (*darkness*) темнота́, мрак
blackout **1.** *n* (*faint*) поте́ря созна́ния; (*loss of memory*) прова́л па́мяти; (*screening of lights*) затемне́ние **2.** *v* (*faint*) теря́ть созна́ние; (*windows*) затемня́ть
black-pudding кровяна́я колбаса́
Black Sea **1.** *n* Чёрное мо́ре **2.** *adj* черномо́рский
blacksmith кузне́ц
blackthorn тёрн
blackwater fever теха́сская лихора́дка
bladder пузы́рь *m*; (*of football*) футбо́льная ка́мера
bladder-wort пузырча́тка
blade (*of knife, razor etc*) ле́звие; (*of grass*) были́нка; (*of shoulder*) лопа́тка; (*of oar, propeller etc*) ло́пасть *f*
blah *coll* галиматья́
blain пу́стула
blamable винова́тый, отве́тственный
blame **1.** *n* (*responsibility*) отве́тственность *f* (**for,** за + *acc*); **put the** ~ **on** возлага́ть вину́ на (+ *acc*); **take the** ~ принима́ть на себя́ вину́ **2.** *v* (*accuse of*) вини́ть (**for,** в + *prep*); (*consider responsible*) счита́ть вино́вным; (*reproach*) порица́ть (**for,** за + *acc*)
blameless (*unsullied*) безупре́чный; (*guiltless*) неви́нный
blameworthy заслу́живающий порица́ния
blanch *vt* бели́ть, отбе́ливать; *cul* бланши́ровать; *vi* бледне́ть
blancmange бланманже́ *neut indecl*
bland (*mild*) мя́гкий; (*ingratiating*) льсти́вый
blandish (*persuade*) угова́ривать; (*flatter*) льсти́ть
blandishment (*persuasion*) угова́ривание; (*flattery*) льсти́вая речь *f*
blank **1.** *n* (*document*) бланк; (*cartridge*) холосто́й патро́н; *tech* загото́вка **2.** *adj* (*empty*) пусто́й; (*clean*) чи́стый; (*look*) бессмы́сленный; (*cartridge*) холосто́й; ~ **check** бла́нковый чек; *fig* карт-бла́нш; ~ **verse** бе́лый стих; ~ **wall** глуха́я стена́ **3.** *v* ~ **off** (*plug*) заглуша́ть; (*close*) закрыва́ть; ~ **out** (*erase*) стира́ть; (*cross out*) вычёркивать; (*conceal*) скрыва́ть; (*sound*) заглуша́ть
blanket **1.** *n* одея́ло; (*of snow*) покро́в **2.** *adj* (*all-embracing*) всеохва́тывающий, всеобъе́млющий **3.** *v* (*cover*) покрыва́ть; (*sound*) заглуша́ть
blankly (*vacantly*) бессмы́сленно, безуча́стно; (*directly*) пря́мо
blare (*noise*) шум; (*roar*) рёв; ~ **of trumpets** зву́ки *m pl* труб **2.** *v* шуме́ть; гро́мко труби́ть
blarney *coll* **1.** *n* лесть *f* **2.** *v* льстить
blaspheme (*be profane*) богоху́льствовать; (*abuse*) поноси́ть
blasphemer богоху́льник
blasphemous богоху́льный
blasphemy (*profanity*) богоху́льство; *fig* е́ресь *f*
blast **1.** *n* (*explosion*) взрыв; (*wave*) взрывна́я волна́; (*jet, rush*) струя́; (*of wind*) поры́в; (*force*) си́ла (**at**) **full blast** по́лным хо́дом **2.** *v* (*blow up*) взрыва́ть; (*hopes etc*) разруша́ть
blasted *coll* прокля́тый, чёртов
blast-furnace до́мна
blasting (*mining*) подрывны́е рабо́ты *f pl*; (*with air*) проду́вка; **sand** ~ пескостру́йная очи́стка; *rad* дребезжа́ние; (*of hopes etc*) ги́бель *f*
blastoderm заро́дышевая оболо́чка
blast-off пуск, старт
blast-proof взрывоусто́йчивый
blatant очеви́дный, я́вный, открове́нный; ~ **lie** я́вная ложь *f*
blaze **1.** *n* (*of fire*) пла́мя *neut*; (*sudden flare*) вспы́шка; (*mark*) ме́тка **2.** *v* (*burn*) пыла́ть, я́рко горе́ть; (*of sun*) пали́ть; (*shine*) сия́ть, сверка́ть; (*with anger etc*) пыла́ть (**with,** + *instr*), кипе́ть (*with*, от + *gen*); ~ **a trail** прокла́дывать путь; ~ **away** стреля́ть, пали́ть (**at,** в + *acc*, по + *dat*); ~ **up** вспы́хивать
blazer бле́йзер
blazon (*arms*) герб
bleach **1.** *n* отбе́ливающее вещество́ **2.** *v* (*to whiten*) бели́ть, отбе́ливать; (*to remove colour*) обесцве́чивать
bleak (*gloomy*) мра́чный; (*desolate*) пусты́нный; (*of climate*) суро́вый
blear(y)-eyed (*with sleep*) с за́спанными глаза́ми
bleat **1.** *n* бле́яние **2.** *v* бле́ять
bleating бле́яние
bleed *vi* кровоточи́ть, истека́ть кро́вью; **he is ~ing** у него́ кровь идёт; *vt* (*let blood*) пуска́ть кровь; (*animal*) обескро́вливать; *tech* (*drain*) опора́жнивать; (*brakes etc*) выпуска́ть во́здух из (+ *gen*); (*extort*) вымога́ть де́ньги у (+ *gen*)
bleeder (*haemophiliac*) гемофи́лик; *tech* (*tap*) кран, отво́д; *vulg* (*of person*) су́кин сын
bleeding кровотече́ние; (*blood-letting*) кровопуска́ние
bleep бип, коро́ткий писк
blemish **1.** *n* (*flaw*) поро́к; (*shortcoming*) недоста́ток; (*damage*) по́рча **2.** *v* по́ртить
blench (*flinch from*) уклоня́ться (от + *gen*)
blend **1.** *n* смесь *f* **2.** *v* (*mix*) сме́шивать; (*harmonize*) гармони́ровать, сочета́ться (**with,** с + *instr*); (*wines etc*) купажи́ровать, эгализи́ровать
blende ци́нковая обма́нка
blender *cul* ку́хонный комба́йн
bless (*give ~ing to*) благословля́ть; **God** ~ **you** благослови́ тебя́ Бог; ~ **oneself** крести́ться; ~ **one's stars** благодаря́ть судьбу́; (*make happy*) де́лать счастли́вым; ~ **with** (*endow*) наделя́ть (+ *instr*)
blessed (*holy*) свяще́нный; (*blissful; beatified*) блаже́нный; ~ **with** наделённый (+ *instr*); *euph* прокля́тый
blessedness (*bliss*) блаже́нство, сча́стье; (*holiness*) свя́тость *f*
blessing (*benediction*) благослове́ние; (*benefit*) бла́гом сча́стье; **what a** ~ како́е сча́стье
blight **1.** *n* (*plant disease*) боле́знь *f* расте́ний; (*bad influence*) па́губное влия́ние; (*pest*) вреди́тель *m* **2.** *v* (*spoil*) по́ртить; (*hopes etc*) разбива́ть; (*life,*

atmosphere) отравля́ть
blighter *coll* тип
blimp ма́лый дирижа́бль *m* (мя́гкой систе́мы); *coll* (*person*) твердоло́бый
blind 1. *n* (*on window*) што́ра; *collect* **the** ~ слепы́е *pl*; (*trick*) уло́вка **2.** *adj* слепо́й; ~ **alley** тупи́к (*also fig*); **go** ~ сле́пнуть *pf*; **he is** ~ **to . . .** он слеп к (+ *dat*); **turn a** ~ **eye** закрыва́ть глаза́ (**to,** на + *acc*); ~ **drunk** мертве́цки пья́ный; ~ **spot** мёртвая то́чка; ~ **wall** глуха́я стена́ **3.** *v* ослепля́ть
blindfold 1. *adj and adv* с завя́занными глаза́ми **2.** *v* завя́зывать глаза́
blinding ослепи́тельный
blindly сле́по, вслепу́ю; *fig* безрассу́дно; (*by guesswork*) науга́д
blind-man's-buff жму́рки *f pl*; **play** ~ игра́ть в жму́рки
blindness слепота́; (*folly*) безрассу́дство
blink 1. *n* (*twinkle, flicker*) мерца́ние; (*moment*) миг; **in a** ~ в оди́н миг; *coll* **on the** ~ (*out of order*) неиспра́вный, не в поря́дке; (*at last gasp*) при после́днем издыха́нии **2.** *v* мига́ть; (*repeatedly*) морга́ть; (*of stars, light*) мерца́ть, мига́ть
blinkers шо́ры *f pl*, нагла́зники *m pl*; *fig* шо́ры *f pl*
bliss блаже́нство
blissful блаже́нный; ~ **ignorance** блаже́нное неве́дение
blister 1. *n* волды́рь *m*; *aer* бли́стер; (*in paint*) взду́тие **2.** *vt* вызыва́ть волдыри́, взду́тия; *vi* покрыва́ться волдыря́ми
blithe жизнера́достный
blithering *coll* (*utter*) соверше́нный
blitz 1. *n* (*blitzkrieg*) бли́цкриг; (*sudden attack*) внеза́пное нападе́ние **2.** *v* разгроми́ть *pf*
blizzard мете́ль *f*, бура́н
bloat раздува́ть(ся)
bloated (*fat*) жи́рный; (*swollen*) разду́тый; *joc* ~ **aristocrat** ду́тый аристокра́т
bloater копчёная селёдка
blob ка́пля
bloc *pol* блок
block 1. *n* (*various, esp tech*) блок; ~ **letters** прописны́е бу́квы *f pl*; *sp* **starting** ~**s** ста́ртовые коло́дки *f pl*; (*of wood*) коло́да, чурба́н; (*of stone, ice*) глы́ба; (*of gun*) затво́р; (*pulley*) блок; ~ **and tackle** та́ли *f pl*; (*executioner's*) пла́ха; (*building*) дом; (*section of town*) кварта́л; (*in complex of buildings*) ко́рпус; (*large object*) грома́да; (*impediment*) прегра́да, препя́тствие (**to,** + *dat*); **traffic** ~ про́бка, зато́р; (*group*) гру́ппа; (*batch*) па́ртия **2.** *v* (*prevent passage*) прегражда́ть; (*impede, delay*) заде́рживать; *tech, fin* блоки́ровать; ~ **out** (*exclude*) исключа́ть; (*sketch*) набра́сывать
blockade 1. *n* блока́да **2.** *v* блоки́ровать
blockage (*in traffic etc*) зато́р; (*of pipe*) засоре́ние; (*obstacle*) прегра́да
blockbuster (*bomb*) фуга́сная бо́мба кру́пного кали́бра; (*film*) супербоеви́к
blockhead болва́н
blockhouse (*fort*) блокга́уз; (*wooden house*) сруб
block-printing ксилогра́фия
bloke *coll* па́рень *m*
blond(e) 1. *n* блонди́н, *f* блонди́нка **2.** *adj* белоку́рый
blood 1. *n* кровь *f*; **bad** ~ вражде́бность *f*; **covered in** ~ весь в крови́; **in cold** ~ хладнокро́вно; **in hot** ~ сгоряча́; **it's in his** ~ э́то у него́ в крови́ **2.** *adj* кровяно́й; ~ **bank** запа́с консерви́рованной кро́ви; ~ **brother** (*natural*) родно́й брат; (*by ceremony*) кро́вный брат; ~ **cell, corpuscle** кровяно́е те́льце; ~ **circulation** кровообраще́ние; ~ **count** ана́лиз кро́ви; ~ **feud** родова́я вражда́, венде́тта; ~ **orange** королёк; ~ **plasma** пла́зма; ~ **pressure** кровяно́е давле́ние; ~ **specimen** про́ба кро́ви; ~ **test** ана́лиз кро́ви
blood-bath *fig* резня́
blood-curdling ужаса́ющий, ужа́сный, стра́шный
blood-donor до́нор
blood-group гру́ппа кро́ви
blood-heat температу́ра кро́ви
bloodhound ище́йка
bloodless (*without blood*) бескро́вный; (*pallid*) бле́дный; (*lifeless*) безжи́зненный, вя́лый
blood-letting кровопуска́ние
bloodlust кровожа́дность *f*
blood-money *hist* ви́ра
blood-poisoning зараже́ние кро́ви
blood-pudding кровяна́я колбаса́
blood-red крова́во-кра́сный
blood-relation кро́вный ро́дственник
bloodshed кровопроли́тие
bloodshot нали́тый кро́вью
blood-sport охо́та
bloodstain кровяно́е пятно́
bloodstained запа́чканный кро́вью; *fig* запя́тнанный кро́вью
bloodstock племенно́й скот
bloodstone гелиотро́п
bloodstream ток кро́ви
blood-sucker пия́вка; *fig* кровопи́йца *m and f*
bloodthirstiness кровожа́дность *f*
bloodthirsty кровожа́дный
blood-transfusion перелива́ние кро́ви
blood-vessel кровено́сный сосу́д
bloody 1. *adj* крова́вый, окрова́вленный; *vulg* прокля́тый **2.** *adv vulg* черто́вски; ~**-minded** (*cruel*) жесто́кий; (*obstructive; difficult*) тру́дный
bloom 1. *n* (*flower*) цвет, цвето́к; **in** ~ в цвету́; *fig* расцве́т; (*on fruit*) пушо́к, румя́нец; *tech* блюм **2.** *v* цвести́; (*come into* ~; *also fig*) расцвета́ть; *phot* ~**ed lens** просветлённый объекти́в
bloomer (*mistake*) про́мах, гру́бая оши́бка; *pl* дли́нные штаны́ *m pl*
blooming 1. *n* (*of flowers*) цвете́ние; *tech* блю́минг **2.** *adj* цвету́щий, в цвету́; *coll* прокля́тый
blossom 1. *n collect* цвет *sing only*; (*single flower*) цвето́к; **in** ~ в цвету́ **2.** *v* (*be in* ~; *also fig*) цвести́; (*come into* ~; *also fig*) расцвета́ть, распуска́ться
blot 1. *n* пятно́; (*of ink etc*) кля́кса **2.** *v* па́чкать; (*with* ~*ting paper*) промока́ть; ~ **one's copy book** замара́ть свою́ репута́цию; ~ **out** вычёркивать
blotch пятно́
blotchy пятни́стый
blotter бюва́р
blotting-paper промока́тельная бума́га
blouse блу́зка, ко́фточка
[1]**blow** *n* уда́р (*also fig*); **at a** ~ одни́м уда́ром; **come to** ~**s** дойти́ *pf* до рукопа́шной; **strike a** ~ наноси́ть уда́р
[2]**blow** *vi* (*of wind etc*) дуть; (*pant*) пыхте́ть; (*of flag etc*) развева́ться; (*of flower*) цвести́; (*of fuse*) перегоре́ть *pf*; (*of tyre*) спусти́ть *pf*; *vt* дуть в, на (+ *acc*); (*bubbles*) пуска́ть; (*glass*) дуть, выдува́ть; ~ **one's nose** сморка́ться; ~ **open** взрыва́ть; *coll* ~ **it!** а ну́ его́!

~ **away** уноси́ть(ся)
~ **down** свали́ть *pf*
~ **off** (*dust etc*) сдува́ть
~ **out** (*candle etc*) *vt* задува́ть, гаси́ть; *vi* га́снуть *pf*; (*of tyre*) спусти́ть *pf*, ло́пнуть *pf*
~ **over** (*pass*) проходи́ть
~ **up** (*inflate*) раздува́ть; (*explode*) взрыва́ть(ся); (*arise*) возника́ть; *phot* увели́чивать; *coll* (*tell off*) отчи́тывать

blow-by-blow account подро́бный расска́з
blow-dry (*hair*) суши́ть фе́ном
blower (*air pump*) воздуходу́вка; **glass** ~ стеклоду́в
blowfly мясна́я му́ха
blow-hole (*of whale*) ды́хало; (*in metal*) ра́ковина
blowing дутьё; ~**-up** (*explosion*) взрыв; *coll* (*telling-off*) нагоня́й
blow-lamp пая́льная ла́мпа
blow-out (*burst*) разры́в; *coll* (*meal*) сы́тный обе́д; *tech* (*at oil-well*) фонта́н
blow-pipe *tech* пая́льная тру́бка; **gas** ~ га́зовая горе́лка с дутьём
blow-up *phot*, *coll* увеличе́ние
blowzy неря́шливый
[1]**blubber** *n* во́рвань *f*
[2]**blubber** *v* (*cry*) рыда́ть, пла́кать; (*speak while crying*) говори́ть всхли́пывая
bludgeon 1. *n* дуби́нка **2.** *v* бить дуби́нкой; *fig* вынужда́ть (**into,** + *infin*)
blue 1. *n* голубо́й *or* си́ний цвет; **turn, go** ~ сине́ть; (*of sky, distance*) синева́; *fig* **out of the** ~ соверше́нно неожи́данно; (*for laundry*) си́нька; *pl* ~**s** (*depression*) тоска́, хандра́; *mus* блюз **2.** *adj* (*light*) голубо́й; (*dark*) си́ний; (*depressed*) уны́лый, пода́вленный; (*indecent*) непристо́йный; (*pornographic*) порнографи́ческий; *naut* ~ **Peter** флаг отплы́тия **3.** *v* (*steel*) ворони́ть; (*washing*) сини́ть, подси́нивать; *coll* (*squander*) транжи́рить
bluebell колоко́льчик
blue-bird сла́вка
blue-blooded голубо́й кро́ви
bluebottle (*fly*) мясна́я, тру́пная му́ха; *coll* си́няя му́ха; *bot* василёк
blue-eyed голубогла́зый; *coll* (*favourite*) ~ **boy** люби́мец
blueing (*of steel*) вороне́ние
blueprint си́нька; *fig* (*plan*) прое́кт, план
bluestocking си́ний чуло́к
bluetit лазо́ревка
bluff 1. *n geog* отве́сный бе́рег; (*deception*) блеф, обма́н; **call s.o.'s** ~ заста́вить *pf* раскры́ть *pf* свои́ ка́рты **2.** *adj* (*direct*) прямо́й; (*abrupt*) грубова́тый; (*of cliffs*) круто́й, отве́сный **3.** *v* блефова́ть
bluish (*dark*) синева́тый; (*light*) голубова́тый
blunder 1. *n* гру́бая оши́бка, про́мах, опло́шность *f* **2.** *v* (*stumble*) спотыка́ться, идти́ спотыка́ясь; (*make error*) де́лать гру́бую оши́бку, де́лать про́мах, оплоша́ть; ~ **upon** случа́йно натыка́ться на (+ *acc*)
blunderbuss мушкето́н
blundering (*clumsy*) неуклю́жий, нело́вкий, неуме́лый
blunt 1. *adj* (*not sharp*) тупо́й; (*frank*) прямо́й **2.** *v* притупля́ть
blur (*spot*) пятно́; (*confused image*) нея́сное очерта́ние **2.** *vt* де́лать нея́сным; *fig* затушёвывать; *vi* де́латься нея́сным, расплыва́ться
blurb рекла́ма
blurt (out) (*reveal*) выба́лтывать; (*involuntarily*) сболтну́ть *pf*
blush 1. *n* (*flush*) румя́нец; (*of shame etc*) кра́ска **2.** *v* красне́ть
bluster 1. *n* (*of storm etc*) рёв, шум; (*boasting*) хвастовство́; (*vain threats*) пусты́е угро́зы *f pl* **2.** *v* (*of storm etc*) бушева́ть; (*hector*) шуме́ть; (*threaten*) грози́ться
boa (*snake*) боа́, уда́в; (*throat-wrap*) боа́, горже́тка
boar бо́ров; (*wild*) каба́н
board 1. *n* (*plank*) доска́; (*cardboard*) карто́н; (*food*) стол, пита́ние; ~ **and lodging** кварти́ра и стол; *fig* **above** ~ в откры́тую; *naut* **on** ~ на борту́; **go on** ~ сади́ться (на + *acc*); (*group of officials*) управле́ние, сове́т; (*committee*) комите́т; (*ministry*) министе́рство; ~ **of directors** правле́ние; **editorial** ~ редакцио́нная колле́гия, редколле́гия **2.** *v* (*plank*) покрыва́ть доска́ми; (*feed*) предоставля́ть пита́ние; ~ **with** столова́ться у (+ *gen*); *naut* сади́ться на (+ *acc*); (*capture*) брать на аборда́ж; (*enter vehicle*) сади́ться в (+ *acc*)
boarder (*lodger, pupil*) пансионе́р, *f* пансионе́рка
boarding (*planks*) доски́ *f pl*; **weather** ~ облицо́вка доска́ми внакро́й; *naut* аборда́ж
boarding-house пансио́н
boarding-school закры́тая шко́ла, шко́ла-интерна́т
boardwalk *Am* доща́тый насти́л
boast 1. *n* хвастовство́; (*object of pride*) го́рдость *f* **2.** *v* хва́статься (**about, of,** + *instr*); (*be proud of*) горди́ться (+ *instr*); (*be possessor of*) быть счастли́вым облада́телем (+ *gen*)
boaster хвасту́н, *f* хвасту́нья
boastful хвастли́вый
boasting 1. *n* хва́стание **2.** *adj* хвастли́вый
boat 1. *n* (*sailing, rowing*) ло́дка; (*lifeboat*) шлю́пка; (*steamer*) парохо́д; (*any large vessel*) су́дно; **go by** ~ е́хать мо́рем, парохо́дом; *fig* **burn one's** ~**s** сжечь *pf* свои́ корабли́; **in the same** ~ в одина́ковом положе́нии; **gravy** ~ со́усник **2.** *v* ката́ться на ло́дке
boat-deck шлю́почная па́луба
boat-hook баго́р
boat-house сара́й для ло́док
boating ло́дочный спорт; **go** ~ ката́ться в ло́дке
boatman ло́дочник; *zool* гребля́к
boatswain бо́цман
bob 1. *n* (*movement*) ре́зкое движе́ние; (*curtsy*) кни́ксен; (*of hair*) коро́ткая стри́жка; (*of pendulum*) ги́ря; (*bob-sleigh*) бо́бслей; *coll* (*shilling*) ши́ллинг **2.** *v* (*up and down*) подпры́гивать; (*hair*) ко́ротко стричь; (*curtsy*) приседа́ть
bobbed (ко́ротко) подстри́женный
bobbin кату́шка, шпу́лька
bobble помпо́н
bobby-soxer *Am coll* де́вочка-подро́сток
bobcat америка́нская рысь *f*
bob-sleigh бо́бслей
bobstay *naut* ва́терштаг
bobtail с обре́занным хвосто́м
bode предвеща́ть, сули́ть
bodeful злове́щий
bodice корса́ж, лиф
bodiless беспле́сный
bodily 1. *adj* теле́сный, физи́ческий; **2.** *adv* (*as a*

whole) целико́м
bodkin (*needle*) игла́; (*dagger*) кинжа́л
body (*physical*) те́ло; (*corpse*) труп; (*trunk*) ту́ловище; (*main part*) гла́вная часть *f*; (*group*) гру́ппа; (*organization*) организа́ция; ~ **politic** госуда́рство; **learned** ~ учёное о́бщество; (*large quantity*) ма́сса
body-blow *sp* уда́р по ко́рпусу; *fig* сокруши́тельный уда́р
body-builder *sp* культури́ст; (*device*) тренажёр
bodyguard (*group*) ли́чная охра́на; (*one man*) телохрани́тель *m*
bodysnatcher похити́тель *m* тру́пов
bodywork (*of car etc*) ку́зов
Boer 1. *n* бур **2.** *adj* бу́рский
boffin изобрета́тель *m*
bog боло́то; **get ~ged down** увязну́ть *pf*, застрева́ть (**in**, в + *prep*)
boggle (*hesitate*) колеба́ться; **the mind ~s** уму́ непостижи́мо
boggy боло́тистый
bogie *tech* теле́жка; (*spectre*) привиде́ние; (*bugbear*) пу́гало
bog-oak морёный дуб
bogus подде́льный, фикти́вный; (*of person*) мни́мый
Bohemia *geog* Боге́мия; *fig* боге́ма
Bohemian боге́мский; *fig* боге́мный, боге́мистый
[1]**boil 1.** *n* кипе́ние; **bring to the** ~ доводи́ть до кипе́ния **2.** *v* (*be at ~ing point; also fig*) кипе́ть; (*bring to* ~) кипяти́ть; (*cook*) вари́ть(ся); (*treat, clean by ~ing*) кипяти́ть; ~ **away** выкипа́ть; ~ **down to** *fig* своди́ться к (+ *dat*); ~ **over** убега́ть; *fig* кипе́ть
[2]**boil** *med* нары́в, фуру́нкул
boiled (*food*) варёный; (*water*) кипячёный
boiler *tech* (парово́й) котёл
boiler-room коте́льная; *naut* коте́льное отделе́ние
boilersuit комбинезо́н
boiling 1. *n* (*at ~ point*) кипе́ние; (*bringing to, keeping on boil*) кипяче́ние **2.** *adj* кипя́щий; ~ **point** то́чка кипе́ния
boisterous (*stormy*) бу́рный; (*noisy*) шумли́вый; (*exuberant*) ре́звый
bold (*brave*) сме́лый; (*impudent*) на́глый; (*of handwriting etc*) отчётливый; *typ* ~ **face** жи́рный шрифт; **make ~ to, make so ~ as to** осме́ливаться (+ *inf*)
boldness (*bravery*) сме́лость *f*; (*impudence*) на́глость *f*
bole (*of tree*) ствол; (*pigment*) бо́люс, бол
bolero (*dance*; *garment*) болеро́ *neut indecl*
boletus: edible ~ (*boletus edulis*) бе́лый гриб
Bolivia Боли́вия
Bolivian 1. *n* боливи́ец, *f* боливи́йка **2.** *adj* боливи́йский
boll *bot* семенна́я коро́бочка; **~-weevil** долгоно́сик
bollard ту́мба
bolometer боло́метр
boloney ерунда́, чепуха́
Bolshevik 1. *n* большеви́к **2.** *adj* большеви́стский
Bolshevism большеви́зм
bolster 1. *n* (*under-pillow*) ва́лик; *tech* подкла́дка, опо́ра **2.** *v* подде́рживать, подкрепля́ть
bolt 1. *n* (*screw*) болт; (*door catch*) задви́жка; (*large*) засо́в; (*of gun*) затво́р; (*of cloth*) руло́н; **a ~ from the blue** неожи́данный уда́р, гром среди́ я́сного не́ба **2.** *adv* ~ **upright** пря́мо **3.** *v* (*fix with* ~) закрепля́ть бо́лтом; ~ **on, to** прикрепля́ть бо́лтом к (+ *dat*); (*door*) запира́ть на засо́в; (*gulp down*) прогла́тывать за́лпом; (*go fast*) нести́сь; (*run away*) удира́ть; (*of horse*) понести́ *pf*
bolt-hole (*for bolt*) отве́рстие для болта́; (*refuge*) убе́жище
bolt-rope ликтро́с
bolus больша́я пилю́ля
bomb 1. *n* бо́мба; **letter, parcel** ~ бо́мба-посы́лка **2.** *v* (*from air*) бомби́ть; (*blow up*) взрыва́ть
bombard *mil*, *phys* бомбардирова́ть; ~ **with questions** засыпа́ть вопро́сами
bombardier бомбарди́р
bombardment (*aerial*, *artillery*) бомбардиро́вка; *coll* (*aerial*) бомбёжка
bombardon бомбардо́н
bombasine 1. *n* бомбази́н **2.** *adj* бомбази́новый
bombast напы́щенность *f*
bombastic напы́щенный, велеречи́вый
bomb-disposal обезвре́живание бомб
bomber (*aircraft*) бомбардиро́вщик
bomb-proof непробива́емый бо́мбами
bombshell *fig* сенса́ция
bombshelter бомбоубе́жище
bomb-sight авиаприце́л
bomb-site разбомблённый уча́сток
bona fide 1. *n* (*guarantee*) гара́нтия; (*good faith*) че́стное наме́рение **2.** *adj* (*honest*) добросо́вестный; (*genuine*) по́длинный, настоя́щий
bonanza *geol* бона́нца; (*good luck*) везе́ние; (*source of wealth*) золото́е дно
bonbon конфе́та
bond 1. *n* (*link*, *also tech*) связь *f*; *leg* обяза́тельство; *fin* облига́ция; *pl* (*fetters*) у́зы *f pl*, око́вы *f pl*; (*of friendship etc*) у́зы *f pl* **2.** *v* свя́зывать
bondage ра́бство
bondholder облигацioне́р, держа́тель *m* облига́ций
bonding *bui* перевя́зка; *chem* (*cementing*) связь *f*
bondslave крепостно́й
bone 1. *n* кость *f*; *fig* ~ **of contention** я́блоко раздо́ра; **make no ~s about** не церемо́ниться с (+ *instr*); **wet to the** ~ до ни́тки, насквóзь промо́кший **2.** *adj* (*made of* ~) костяно́й; *med* ко́стный; ~ **marrow** ко́стный мозг **3.** *v* вынима́ть ко́сти; *coll* ~ **up on** зубри́ть
bone china то́нкий фарфо́р
boned (*having bones*) име́ющий костя́к; (*with bones removed*) очи́щенный от косте́й, сня́тый с косте́й
bone-dry абсолю́тно сухо́й
bonehead *coll* болва́н
bone-idle соверше́нно лени́вый; **he is** ~ он ужа́сный лентя́й
boneless беско́стный
bone-meal костяна́я мука́
bone-setter костопра́в
bonfire костёр
boning удале́ние косте́й
bon mot острота́
bonnet (*ladies'*) шля́па; (*child's*) че́пчик; (*of car*) капо́т
bonny (*pretty*) краси́вый; (*good*) хоро́ший
bonus пре́мия, тантье́ма
bon vivant, bon viveur бонвива́н
bon voyage *excl* хоро́шего пути́; **wish s.o.** ~ жела́ть (+ *dat*) хоро́шего пути́

bony кости́стый; (*very thin*) костля́вый
bonze бо́нза
boo осви́стывать, ши́кать
boob *sl* **1.** *n* (*fool*) дура́к; (*mistake*) про́мах; **make a** ~ сде́лать *pf* про́мах; *pl* (*breasts*) си́ски *f pl* **2.** *v* де́лать про́мах
booby дура́к, тупи́ца
booby-prize шутовска́я награ́да
booby-trap лову́шка
boogie-woogie бу́ги-ву́ги *indecl*
book 1. (*in general*) кни́га; (*of tricks, matches, stamps*) кни́жечка; **bring to** ~ призва́ть *pf* к отве́ту; **by the** ~ стро́го по пра́вилам; **keep the** ~**s** вести́ бухга́лтерские кни́ги; **suit s.o.'s** ~ вполне́ устра́ивать **2.** *adj* кни́жный **3.** *v* (*enter in* ~) заноси́ть в кни́гу; (*order*) зака́зывать; (*ticket*) брать биле́т; (*place, seat*) брони́ровать
bookbinder переплётчик
bookbinding переплётное де́ло
bookcase кни́жный шкаф
book-ends подста́вки для книг
booking (*see* **book**) (*entering in book*) занесе́ние; (*reservation*) бро́ня
booking-clerk касси́р, *f* касси́рша
booking-office биле́тная ка́сса
bookish (*of, from, like book*) кни́жный; (*learned*) учёный; (*pedantic*) педанти́чный
book-keeper бухга́лтер
book-keeping бухгалте́рия
booklet брошю́ра, букле́т
bookmaker *sp* букме́кер
bookmark(er) закла́дка (в кни́ге)
book-plate экsли́брис
bookseller продаве́ц книг; (*of old books*) букини́ст
bookshop кни́жный магази́н; (*for old books*) букинисти́ческий магази́н
bookstall кни́жный кио́ск, газе́тный кио́ск
bookstore кни́жный магази́н
bookworm кни́жный червь *m*, *also fig*
boom 1. *n* (*sound*) гул; *comm* бум; ~ **town** бы́стро расту́щий го́род; (*of crane*) стрела́; *naut* бон **2.** *v* греме́ть; *comm* бы́стро расти́
boomerang 1. *n* бумера́нг **2.** *v* обраща́ться про́тив самого́ себя́
boon 1. *n* бла́го, сча́стье; (*request*) про́сьба **2.** *adj* весёлый
boor гру́бый, невоспи́танный челове́к, грубия́н
boorish гру́бый, невоспи́танный
boost (*to raise, increase*) повыша́ть, поднима́ть; (*to promote*) реклами́ровать
[1]**boot 1.** *n* боти́нок; (*high*) сапо́г; *sp pl* бу́тсы *f pl*; (*of car*) бага́жник; *fig* **get the boot** вылете́ть *pf* (с рабо́ты); **give s.o. the** ~ прогна́ть *pf*; **lick s.o.'s** ~**s** подли́зываться к (+ *dat*); **get too big for one's** ~**s** зазнава́ться; **the** ~ **is on the other foot** всё наоборо́т **2.** *v* (*kick*) ударя́ть сапого́м; *coll* ~ **out** выгоня́ть
[2]**boot: to** ~ (*in addition*) в прида́чу, к тому́ же
bootee (*baby's*) пине́тка
Boötes *astron* Волопа́с
booth (*tent*) пала́тка; (*at fair*) балага́н; (*telephone*) кио́ск, каби́на; (*voting*) каби́на
bootlace шнуро́к (для боти́нок)
bootleg контраба́ндный
bootless (*useless*) бесполе́зный
bootlicker *coll* подхали́м, подли́за *m and f*
bootmaker сапо́жник
boots (*in hotel*) коридо́рный
boot-tree сапо́жная коло́дка
booty добы́ча
booze *coll* **1.** *n* (*drink*) спиртно́е; (*spree*) попо́йка **2.** *v* выпива́ть
boozer *coll* (*drinker*) пья́ница; (*pub*) пивна́я
boozy *coll* (*drunk*) пья́ный; (*liking drink*) пью́щий
bo-peep: play ~ игра́ть в пря́тки
boracic бо́рный; ~ **acid** бо́рная кислота́; ~ **ointment** бо́рная мазь *f*
borage огуре́чник апте́чный
borax бура́
Bordeaux (*wine*) бордо́ *neut indecl*; *agr* ~ **mixture** бордо́ская жи́дкость *f*
border 1. *n* (*frontier*) грани́ца; (*edge*) край; (*on dress etc*) кайма́, каёмка, бордю́р; (*in garden*) бордю́р **2.** *adj* пограни́чный; ~ **guard** пограни́чник **2.** *v* (*give fringe*) окаймля́ть; ~ **on** грани́чить с (+ *instr*)
borderland 1. *n* пограни́чная полоса́; *fig* промежу́точная о́бласть *f*, грань *f* (**between,** ме́жду + *instr*) **2.** *adj* пограни́чный
borderline 1. *n* грани́ца **2.** *adj* пограни́чный; (*disputed*) спо́рный; (*dubious*) сомни́тельный
bore 1. *n* (*hole*) дыра́; (*of gun*) кана́л ствола́; (*calibre*) кали́бр; (*size of hole*) диа́метр; (*in river*) бор; (*tedious thing*) ску́ка; **what a** ~**!** кака́я ску́ка; (*person*) ску́чный челове́к, *coll* зану́да *m and f* **2.** *v* (*make hole*) сверли́ть; (*for oil etc*) бури́ть; (*be tedious*) надоеда́ть (+ *dat*); **he** ~**s me** он мне надое́л
boreal се́верный
Boreas *myth* Боре́й
bored (*person*) скуча́ющий; (*look etc*) ску́чный; **I am** ~ мне ску́чно, мне надое́ло
boredom ску́ка
bore-hole бурова́я сква́жина
borer *tech* бура́в, бур; *zool* древото́чец
boric бо́рный
boring ску́чный, надое́дливый; *tech* ~ **rig** бурова́я вы́шка
born (*eg a* ~ *poet, etc*) прирождённый; **be** ~ рожда́ться
boron бор
borough (*in London*) городско́й райо́н; (*town*) го́род
borrow брать, занима́ть (на вре́мя) (**from,** у + *gen*); (*money*) брать, получа́ть взаймы́ (**from,** у + *gen*); (*idea, word etc*) заи́мствовать (**from,** у, от + *gen*)
borrowed (*not one's own*) чужо́й
borrower заёмщик; (*in library*) абоне́нт, чита́тель *m*; ~**'s ticket** чита́тельский биле́т
borsch, bortsch борщ
borzoi борза́я
bosh *coll* вздор
bosk, bosket ро́щица
bosom 1. *n* (*breast*) грудь *f*; **in the** ~ **of one's family** в кругу́ семьи́; **in the** ~ **of nature** на ло́не приро́ды **2.** *adj* ~ **friend** закады́чный друг
boss 1. *n* (*owner*) хозя́ин; (*person in charge*) нача́льник, *coll* шеф; (*protruberance*) вы́ступ, вы́пуклость *f*; (*of wheel*) ступи́ца **2.** *v* (*be in charge*) распоряжа́ть(ся) (+ *instr*); *coll* ~ **about, around** кома́ндовать (+ *instr or* над + *instr*)
bossa nova бо́сса-но́ва
boss-eyed косо́й
bossy *coll* (*look, manner*) нача́льственный; **be** ~ люби́ть распоряжа́ться, кома́ндовать
botanic(al) ботани́ческий; ~ **garden(s)** ботани́ческий сад

botanist бота́ник
botany бота́ника
botch 1. *n* халту́ра **2.** *v* (*do badly*) пло́хо де́лать; (*spoil*) завали́ть *pf*; **~ed work** халту́ра, халту́рная рабо́та
both 1. *adj and pron* о́ба, *f* о́бе (+ *gen sing of nouns*); **~ girls are beautiful** о́бе де́вушки краси́вы; **from ~ sides** с обе́их сторо́н; **they are ~ my friends** они́ о́ба мои́ друзья́; **we wrote to them ~** мы написа́ли обо́им; (*~ one and the other*) и тот и друго́й; **he loves them ~** он лю́бит и ту и другу́ю; (*with pl only nouns*) и те и други́е; **~ clocks** и те и други́е часы́ **2.** *adv and conj* и … и …, как … так и …; **it is ~ stupid and unnecessary** э́то и глу́по и нену́жно
bother 1. *n* (*concern*) беспоко́йство; (*fuss*) хло́поты *f pl*; (*cause of trouble*) исто́чник беспоко́йства **2.** *v* (*to trouble*) беспоко́ить; (*to annoy*) надоеда́ть; (*to worry about*) беспоко́иться о (+ *prep*); **~ it!** а ну́ его́!
botheration хло́поты *f pl*; *as excl* кака́я доса́да!
bothersome (*annoying*) надое́дливый
Botswana Ботсва́на
bottle 1. *n* буты́лка; **half a ~** полбуты́лки; **milk ~** буты́лка из-под молока́; **~ of milk** буты́лка молока́; (*baby's*) рожо́к; (*of scent*) флако́н; (*of gas*) балло́н; **hot-water ~** гре́лка; **water ~** фля́жка **2.** *v* (*liquid*) разлива́ть в буты́лки, по буты́лкам; (*fruit*) консерви́ровать; **~ up** (*suppress*) заде́рживать; *mil* (*surround*) окружа́ть; (*bar escape*) запира́ть
bottle-feed вска́рмливать иску́сственно
bottle-green буты́лочного цве́та
bottleneck го́рлышко (буты́лки); *fig* (*narrow passage*) у́зкий прохо́д; (*in production etc*) у́зкое ме́сто; *tech* горлови́на; *mil* дефиле́ *neut indecl*
bottom 1. *n* (*lowest part*) низ, ни́жняя часть *f*; **at the ~** внизу́ (**of,** + *gen*); **~ of a mountain** подно́жие; **~ of a tree** ко́мель *m*; **from top to ~** све́рху до́низу; (*end*) коне́ц; **at the ~ of the garden** в конце́ са́да; (*depths*) глубина́; **from the ~ of one's heart** из глубины́ души́; **get to the ~ of the matter** добира́ться до су́ти де́ла; (*of container, river, sea*) дно; **~ up** вверх дном; (*of ship*) дни́ще; (*buttocks*) зад; (*to child*) по́пка **2.** *adj* (са́мый) ни́жний **3.** *v* (*touch ~*) каса́ться дна; *naut* сади́ться (**on,** на + *acc*); (*of car*) проседа́ть
bottomless бездо́нный; *fig* неизмери́мый
bottommost са́мый ни́зкий
bottomry *naut, leg* бодмере́я
botulism ботули́зм
boudoir будуа́р
bougainvillaea бугенви́лия
bough сук, ветвь *f*
bougie *med* буж
bouillon бульо́н
boulder валу́н
boulevard бульва́р
bounce 1. *n* (*physical quality*) упру́гость *f*; (*rebound*) отско́к, прыжо́к; *fig, coll* хвастовство́ **2.** *v* (*rebound*) отска́кивать (**off,** от + *gen*); (*up and down*) подпры́гивать
bouncer *sl* (*chucker-out*) вышиба́ла *m*
bouncing 1. *n* подпры́гивание **2.** *adj* (*healthy*) здоро́вый; (*of manner*) самоуве́ренный; *pej* хвастли́вый
bouncy (*resilient*) упру́гий; (*self-confident*) самоуве́ренный
[1]**bound 1.** *n usu pl* (*boundary*) грани́ца; (*limit*) преде́л; (*restriction*) ограниче́ние; **beyond the ~s of** вне преде́лов (+ *gen*); **know no ~s** не знать грани́ц; **out of ~s to** запрещённый (+ *dat*); **within ~s** в определённых грани́цах; **within the ~s of** в преде́лах (+ *gen*) **2.** *v* (*limit*) ограни́чивать; (*be boundary*) служи́ть грани́цей (+ *gen*)
[2]**bound 1.** *n* (*leap*) прыжо́к, скачо́к; (*bounce*) отско́к **2.** *v* (*leap*) пры́гать, скака́ть; (*bounce*) отска́кивать (**off,** от + *gen*); (*rush forward*) броса́ться вперёд
[3]**bound** (*tied*) свя́занный; (*obliged*) обя́занный; **I am ~ to say** я до́лжен сказа́ть; (*of book*) переплетённый; **~ for** направля́ющийся в, на (+ *acc*); **~ to** (*certainly*) непреме́нно, обяза́тельно, должно́ быть
boundary (*border*) грани́ца; (*of land*) межа́; (*limit*) преде́л
bounder хам
boundless безграни́чный; беспреде́льный
bounteous (*of person*) ще́дрый; (*ample*) оби́льный
bountiful (*generous*) ще́дрый; (*plentiful*) оби́льный; (*fruitful*) плодоро́дный
bounty (*generosity*) ще́дрость *f*; (*gratuity*) пре́мия
bouquet буке́т
bourbon (*whisky*) бе́рбон
bourgeois 1. *n* буржуа́ *m indecl*, *pej* буржу́й; *fig, pej* обыва́тель *m*, мещани́н **2.** *adj* буржуа́зный; *fig, pej* обыва́тельский, меща́нский
bourgeoisie буржуази́я
bourn(e) (*stream*) руче́й; (*limit*) грани́ца; (*destination*) цель *f*
bourse *econ* фо́ндовая би́ржа
bout (*of illness*) припа́док; **drinking ~** запо́й; *sp* (*fight*) встре́ча
boutique мо́дная ла́вка
bovine быча́чий; *fig* тупо́й
[1]**bow 1.** *n* покло́н; **make a ~** откла́няться; **take a ~** раскла́ниваться **2.** *v* (*bend down*) сгиба́ть(ся), гну́ть(ся); (*in respect*) кла́няться; (*submit*) подчиня́ться (**to,** + *dat*); **~ and scrape** низкопокло́нничать (**to,** пе́ред + *instr*)
[2]**bow** (*weapon*) лук; (*rainbow*) ра́дуга; *mus* смычо́к; (*of ribbon etc*) бант; **~tie** га́лстук ба́бочка; **~ window** фона́рь *m*
[3]**bow 1.** *n* (*of ship, also pl*) нос **2.** *adj* носово́й
bow-compass кронци́ркуль *m*
bowel *usu pl anat* кише́чник; **~ movement** стул; (*interior*) вну́тренняя часть *f*; **~s of the earth** не́дра *neut pl* земли́
bower (*arbour*) бесе́дка; *naut* (*anchor*) станово́й я́корь *m*
bowl 1. *n* (*washing*) таз; (*flower*) ва́за; (*eating*) глубо́кая таре́лка **2.** *v* (*to roll*) кати́ть; (*throw*) броса́ть, кида́ть; **~ along** бы́стро кати́ться; **~ over** сбива́ть, сшиба́ть с ног, *fig* ошеломля́ть
bow-legged кривоно́гий
bowler (*hat*) котело́к
bowline (*knot*) бесе́дочный у́зел
bowling (*game*) ке́гли *f pl*; **~-alley** кегельба́н
bowman (*archer*) стрело́к, лу́чник
bow-saw лучко́вая пила́
bowshot да́льность *f* полёта стрелы́
bowsprit бушпри́т
bow-string тетива́
bow-wow *coll* (*bark*) гав-га́в!; (*dog*) соба́чка
box 1. *n* коро́бка, я́щик; (*casket*) шкату́лка; (*case*) футля́р; (*tree*) самши́т; *theat* ло́жа; **a ~ on the ear** пощёчина **2.** *v* (*put in ~*) класть в коро́бку; *sp* бокси́ровать; **~ in, up** (*surround*) окружа́ть;

(*squeeze into*) вти́скивать (**in,** в + *acc*)
boxboard 1. *n* карто́н **2.** *adj* карто́нный
boxcalf 1. *n* бокс **2.** *adj* бо́ксовый
boxcar кры́тый ваго́н, това́рный ваго́н
boxer (*fighter; dog*) боксёр
boxing 1. *n sp* бокс; (*packaging*) упако́вка **2.** *adj* боксёрский; ~**gloves** боксёрские перча́тки *f pl*; ~ **ring** ринг
Boxing Day день *m* по́сле рождества́
box-office театра́льная ка́сса; ~ **success** ка́ссовый успе́х
box-pleat бантова́я скла́дка
boxroom чула́н
box-spanner торцево́й га́ечный ключ
boxwood 1. *n* самши́т **2.** *adj* самши́товый
boy ма́льчик; (*lad*) па́рень *m*; (*son*) сын; **old** ~ (*old man*) стари́к; (*in address*) дружи́ще, старина́ *m*; ~ **scout** бойска́ут; ~**'s** (*of* ~) ма́льчика; (*for* ~) для ма́льчика; ~**s'** (*of* ~*s*) ма́льчиков; (*for* ~*s*) для ма́льчиков; ~**s' size** мальчико́вый разме́р
boyar(d) боя́рин
boycott 1. *n* бойко́т **2.** *v* бойкоти́ровать
boyfriend молодо́й челове́к, *joc* кавале́р
boyhood о́трочество
boyish мальчи́шеский
bra *coll* ли́фчик
brace 1. *n* (*support*) подпо́рка; (*dental*) ортодонти́ческие скобы́ *f pl*; (*link*) связь *f*; (*pair*) па́ра; *naut* брас; (*drill*) коловоро́т; ~ **and bit** пёрка; *pl* (*for trousers*) подтя́жки *f pl* **2.** *v* (*support*) подпира́ть; (*strengthen*) подкрепля́ть; (*link*) свя́зывать; (*strain*) напряга́ть(ся); ~ **oneself for** (*prepare*) приготовля́ться к (+ *dat*)
bracelet брасле́т
brachial плечево́й
brachiate ветви́стый
brachycephalic брахицефа́льный
bracing (*climate etc*) бодря́щий
bracken *bot* орля́к; *collect* за́росли *f pl* па́поротника
bracket 1. *n* (*support*) кроншт́ейн; **gas** ~ га́зовый рожо́к; *typ* ско́бка **2.** *v typ* заключа́ть в ско́бки; (*to link*) ста́вить в оди́н ряд с (+ *instr*); *mil* захва́тывать в ви́лку
brackish солонова́тый
bract прицве́тник
brad штифт
bradawl ши́ло
brag 1. *n* хвастовство́ **2.** *v* хва́стать(ся) (**of, about,** + *instr*)
braggart хвасту́н, *f* хвасту́нья
Brahma Бра́ма
Brahmin 1. *n* брами́н, брахма́н **2.** *adj* брахма́нский
Brahminism брахмани́зм
braid 1. *n* тесьма́; (*on uniform*) галу́н; (*of hair*) коса́ **2.** *v* плести́; (*hair*) заплета́ть
Braille шрифт Бра́йля
brain 1. *n anat* мозг; (*mind*) ум; **rack one's** ~**s over** лома́ть (себе́) го́лову над (+ *instr*); **have sth on the** ~ быть поме́шанным на (+ *prep*) **2.** *adj* мозгово́й; ~ **death** прекраще́ние мозгово́й де́ятельности; ~ **drain** уте́чка умо́в; ~ **fever** воспале́ние мозга́; ~ **surgeon** нейрохиру́рг **3.** *v coll* размозжи́ть *pf* го́лову; **I'll** ~ **brain him!** Я ему дам!
brainchild де́тище
brainless глу́пый, безмо́зглый
brain-storm припа́док сумасше́ствия
brain-wash промыва́ть мозги́
brain-washing промы́вка мозго́в
brainwave блестя́щая иде́я
brainy у́мный, спосо́бный
braise туши́ть
brake 1. *n* (*for slowing*) то́рмоз; **put the** ~**(s) on** затормози́ть *pf*; ~ **horsepower** тормозна́я мо́щность *f*; (*carriage*) откры́тый экипа́ж; (*bracken*) орля́к; (*bushes*) ча́ща; ~**fluid** тормозна́я жи́дкость *f*; ~ **light** фона́рь *m* стоп-сигна́ла; ~ **lining** тормозна́я прокла́дка **2.** *v* тормози́ть
brakesman (*railway*) тормозно́й конду́ктор; (*mining*) машини́ст ша́хтной подъёмной маши́ны
brake-shoe тормозно́й башма́к
brake-van тормозно́й ваго́н
braking 1. *n* торможе́ние **2.** *adj* тормозя́щий
bramble ежеви́ка, кумани́ка
bran о́труби *pl only*
branch 1. *n* ветвь *f*; (*sub-division*) о́трасль *f*; (*sub-office, shop etc*) филиа́л; (*of family*) ли́ния; (*of river*) рука́в; (*of road*) ответвле́ние; ~ **line** железнодоро́жная ве́тка; ~ **pipe** па́трубок **2.** *v* (*put out* ~*es*) раски́дывать ве́тви; (*fork*) разветвля́ться; ~ **off** повора́чивать(ся) (напра́во, нале́во); ~ **out** (*expand*) расширя́ться
branchia жа́бры *f pl*
branchy ветви́стый
brand 1. *n* (*mark*) клеймо́; *comm* ма́рка **2.** *v* выжига́ть клеймо́, клейми́ть; (*stigmatize*) клейми́ть
brandish маха́ть, разма́хивать (+ *instr*)
brand-new соверше́нно но́вый
brandy конья́к
brash 1. *n* (*bits*) обло́мки *m pl*; (*belch*) ки́слая отры́жка **2.** *adj* (*brittle*) хру́пкий, ло́мкий; (*bold*) де́рзкий; (*impudent*) наха́льный; (*of colour*) крикли́вый
brass 1. *n* лату́нь *f*, жёлтая медь *f*; *mus* медь *f*; *coll* (*money*) де́нежки *f pl*; *coll* **the top** ~ вы́сшее нача́льство **2.** *adj* лату́нный, ме́дный; ~ **band** духово́й орке́стр
brassard нарука́вник, нарука́вная повя́зка
brassière ли́фчик, бюстга́льтер
brass hat *coll* штабно́й офице́р
brassy (*of brass*) лату́нный, ме́дный; (*impudent*) бессты́дный, на́глый
brat *pej* ребёнок, отро́дье
brattice вентиляцио́нная перегоро́дка
bravado брава́да
brave 1. *n* (*Indian*) инде́йский во́ин **2.** *adj* (*bold*) хра́брый, сме́лый; (*fine*) сла́вный, прекра́сный **3.** *v* (*meet bravely*) хра́бро встреча́ть; (*defy*) брави́ровать (+ *instr*); (*risk*) рискова́ть (+ *instr*)
bravery хра́брость *f*, сме́лость *f*
bravo *interj* бра́во
bravura 1. *n* браву́рность *f* **2.** *adj* браву́рный
brawl 1. *n* шу́мная ссо́ра, сканда́л **2.** *v* ссо́риться, сканда́лить
brawn *cul* сту́день *m* с мя́сом; *fig* му́скулы *m pl*
brawny (*muscular*) му́скулистый; (*big and strong*) здоро́вый, кре́пкий
bray 1. *n* (*of ass*) крик осла́; (*of trumpet*) звук труб **2.** *v* крича́ть; труби́ть
braze *tech* пая́ть твёрдым припо́ем
brazen 1. *adj* ме́дный, лату́нный; *fig* бессты́дный **2.** *v* ~ **it out** на́гло опра́вдывать себя́; ~ **out s'thing** на́гло выкру́чиваться из (+ *gen*)
brazier (*heating device*) жаро́вня; (*worker in brass*)

мéдник

Brazil Брази́лия; ~**-nut** америка́нский opéx

Brazilian 1. *n* брази́лец, *f* бразилья́нка **2.** *adj* брази́льский

breach 1. *n* (*in wall etc*) проло́м, брешь *f*; (*of law, peace etc*) наруше́ние; ~ **of contract** наруше́ние догово́ра; ~ **of the peace** наруше́ние обще́ственного поря́дка; (*alienation*) разры́в (**between,** ме́жду + *instr*) **2.** *v* прола́мывать, пробива́ть брешь в (+ *prep*); наруша́ть

bread хлеб; (*food in general*) пи́ща; **daily** ~ хлеб насу́щный; **earn one's** ~ зараба́тывать на жизнь; *sl* (*money*) де́нежки *f pl*

breadcrumb кро́шка (хле́ба)

bread-fruit плод хле́бного де́рева; ~ **tree** хле́бное де́рево

breadknife хле́бный нож

bread-line о́чередь *f* безрабо́тных за беспла́тным пита́нием; **be on the** ~ жить на посо́бии

breadth ширина́; **2 metres in** ~ ширино́й в два ме́тра, два ме́тра в ширину́; (*of opinions etc*) широта́

breadthways, breadthwise (*in width*) в ширину́; (*sideways*) попере́к

bread-winner корми́лец семьи́

break 1. *n* (*fracture, breach*) проло́м, разры́в (*esp fig*); (*gap, hiatus*) пробе́л; (*pause*) переры́в; **coffee, five minutes'** ~ переры́в на ча́шку ко́фе, на пять мину́т; ~ **for a smoke** переку́р; **without a** ~ без переры́ва; (*in expressions*) **at the** ~ **of day** на рассве́те; *coll* **a lucky** ~ везе́ние; **make a** ~ **for it** убежа́ть *pf*, вы́рваться *pf* **2.** *v* (*snap; spoil, damage*) лома́ть(ся); (*smash*) разбива́ть(ся); (*pull to pieces*) разруша́ть, разбира́ть; (*thread etc*) разрыва́ть(ся); (*law, silence, promise etc*) наруша́ть; (*interrupt*) прерыва́ть; (*relations with*) порва́ться *pf* с (+ *instr*); (*ruin*) разоря́ть; (*demote*) разжа́ловать *pf*; (*in expressions*) ~ **the bank** сорва́ть *pf* банк; ~ **camp** снима́ться с ла́геря; ~ **cover** вы́йти *pf* из укры́тия; ~ **even** оста́ться *pf* при свои́х; ~ **the fall of** осла́бить *pf* паде́ние (+ *gen*); ~ **open** взла́мывать; ~ **the news** сообщи́ть *pf* но́вость; ~ **wind** освободи́ться *pf* от га́зов

~ **away** (*off*) отрыва́ть(ся); (*escape*) вырыва́ться (**from,** из + *gen*); (*separate from*) отделя́ть(ся) (от + *gen*)

~ **down** (*door, resistance etc*) лома́ть; (*smash*) разбива́ть; (*dismantle*) разбира́ть(ся); (*analyse*) анализи́ровать; (*divide up*) дели́ть(ся) (**into,** на + *acc*); (*malfunction*) по́ртиться, выходи́ть из стро́я; (*of person, collapse*) не вы́держать *pf*

~ **in** (*enter by force*) вла́мываться; (*interrupt*) прерыва́ть; (*a horse*) объезжа́ть; (*shoes*) разна́шивать

~ **into** (*tears, laughter*) разрази́ться *pf* (+ *instr*); (*begin*) начина́ть; (*enter by force*) вла́мываться в (+ *acc*)

~ **off** (*remove a piece, come off*) отрыва́ть(ся), отла́мывать(ся); (*conversation, relations etc*) срыва́ть(ся); (*stop, end*) обрыва́ться

~ **out** (*of war, fire etc*) вспы́хивать; (*escape*) вырыва́ться, убега́ть (**from,** из + *gen*)

~ **through** прорыва́ть(ся)

~ **up** (*smash*) разбива́ть(ся); (*divide*) дели́ть (**into,** на + *acc*); (*dismantle*) разбира́ть; (*disperse*) расходи́ться; (*school*) закрыва́ться на кани́кулы

breakable ло́мкий, хру́пкий

breakage (*breaking up*) ло́мка; (*break, place of break*) поло́мка, обры́в; (*damage*) поврежде́ние

breakaway 1. *n* отхо́д (**from,** от + *gen*); *sp* отры́в; (*escape*) бе́гство; (*split*) раско́л **2.** *adj* (*secessionist*) раско́льнический; сепарати́стский

breakdown 1. *n* (*mechanical failure*) ава́рия, поло́мка; **the car had a** ~ маши́на слома́лась, вы́шла из стро́я; (*collapse*) прова́л; (*in communications etc*) срыв, разры́в; (*analysis*) ана́лиз; (*division into types*) деле́ние на катего́рии; **nervous** ~ не́рвное истоще́ние **2.** *adj* авари́йный

breaker (*wave*) буру́н; (*of the law etc*) наруши́тель *m*; *elect* прерыва́тель *m*, выключа́тель *m*; (*crusher*) дроби́лка; (*barrel*) бочо́нок

break-even 1. *n* безубы́точность *f* **2.** *adj* безубы́точный

breakfast 1. *n* (у́тренний) за́втрак **2.** *v* за́втракать

break-in взлом

breakneck: at ~ **speed** сломя́ го́лову

break-out (*escape*) побе́г

break-through *mil* проры́в; *fig, tech* шаг вперёд, ва́жное достиже́ние

break-up разва́л, распа́д; (*school*) коне́ц семе́стра; (*of marriage*) разры́в

breakwater волноло́м

bream лещ

breast 1. *n* грудь *f*; **make a clean** ~ **of** признава́ться во всём; ~**-band** шле́йка; ~**-feed** корми́ть гру́дью; ~**-pocket** нагру́дный карма́н; ~**-stroke** брасс **2.** *v* стать *pf*, идти́ *etc*, гру́дью про́тив (+ *gen*)

breastplate нагру́дник

breastwork повы́шенный бру́ствер

breath дыха́ние; (*single*) вздох; **be, get out of** ~ запыха́ться *pf*; **below one's** ~ ти́хо, шёпотом, в сто́рону; **get one's** ~ **back** отдыша́ться *pf*; **hold one's** ~ затаи́ть *pf* дыха́ние; **in the same** ~ еди́ным ду́хом; **second** ~ второ́е дыха́ние; **shortness of** ~ оды́шка

breathalyser интоксикала́йзер

breathe дыша́ть; *fig* (*express*) дыша́ть (+ *instr*); (*live*) жить; (*blow*) дуть слегка́; (*speak*) говори́ть шёпотом; ~ **new life into** вдохну́ть *pf* но́вую жизнь в (+ *acc*)

breathing дыха́ние; ~**-space** переды́шка

breathless (*out of breath*) запыха́вшийся; (*still*) безве́тренный

brecchia бре́кчия

breech (*of gun*) казённая часть *f*; ~**-block** затво́р

breeches штаны́ *m pl*; ~**-buoy** спаса́тельная лю́лька

breed 1. *n* поро́да **2.** *vt* (*animals*) разводи́ть; (*plants*) выра́щивать; (*produce new strain*) выводи́ть; *fig* (*give rise to*) порожда́ть, вызыва́ть; *vi* (*multiply*) размножа́ться

breeder животново́д; **cattle** ~ скотово́д; **sheep** ~ овцево́д; *phys* ~ **reactor** реа́ктор-множи́тель *m*, бри́дерный реа́ктор

breeding (*of animals*) разведе́ние; **cattle** ~ скотово́дство; **sheep** ~ овцево́дство; **good** ~ (*manners*) воспи́танность *f*

breeze 1. *n* (*wind*) ветеро́к, лёгкий ве́тер; *tech* ко́ксовая ме́лочь *f*; ~**-block** шлакобето́нный кирпи́ч **2.** *v coll* влета́ть

breezy (*weather*) све́жий; (*person*) живо́й

brethren *ar* бра́тия

Breton 1. *n* (*person*) брето́нец, *f* брето́нка; (*language*) брето́нский язы́к **2.** *adj* брето́нский

breve *mus* бре́вис
breviary тре́бник
brevier *print* пети́т
brevity кра́ткость *f*
brew 1. *n* ва́рка **2.** *v* (*tea*) зава́ривать, вари́ть; (*beer*) вари́ть; *fig* затева́ть; **a storm is ~ing** гроза́ собира́ется
brewer пивова́р
brewery пивова́ренный заво́д, пивова́рня
brewing пивоваре́ние
bribable подку́пный
bribe 1. *n* взя́тка, по́дкуп **2.** *v* подкупа́ть, дава́ть взя́тку (+ *dat*)
bribery взя́точничество
bric-à-brac безделу́шки *f pl*
brick 1. *n* кирпи́ч; (*toy*) ку́бик; **lay ~s** класть кирпичи́; *fig* **drop a ~** де́лать ля́псус **2.** *adj* кирпи́чный **3.** *v* **~ in, up** закла́дывать кирпича́ми
brick-kiln печь *f* для о́бжига кирпича́
bricklayer ка́менщик
bricklaying кла́дка кирпича́
brickwork кирпи́чная кла́дка
bridal сва́дебный
bride неве́ста
bridegroom жени́х
bridesmaid подру́жка неве́сты
bridge 1. *n* мост; *naut* мо́стик; (*of nose*) перено́сица; *mus* кобы́лка; *elect* шунт; (*card game*) бридж **2.** *v* (*to link*) соединя́ть мосто́м; (*a river etc*) наводи́ть мост че́рез (+ *acc*); *fig* (*overcome*) преодолева́ть
bridgehead плацда́рм
bridle 1. *n* узда́, узде́чка **2.** *v* взну́здывать; *fig* обу́здывать, сде́рживать; **~ path** верхова́я тропа́
brief 1. *n* (*summary*) сво́дка; (*instruction*) инстру́кция; **take a ~** принима́ть на себя́ веде́ние де́ла; *pl* **~s** (*panties*) тру́сики *m pl* **2.** *adj* коро́ткий, кра́ткий; **in ~** вкра́тце **3.** *v leg* поруча́ть веде́ние де́ла; *mil* инструкти́ровать
brief-case портфе́ль *m*
briefing *mil* инструкта́ж, (*press, etc*) бри́финг
briefly (*in brief*) вкра́тце, одни́м сло́вом; (*for short time*) на коро́ткое вре́мя
brier, briar (*rose*) шипо́вник; (*heather*) ве́реск; (*pipe*) (кури́тельная) тру́бка
brig *naut* бриг
brigade брига́да; **fire ~** пожа́рная кома́нда
brigadier *mil Br* бригади́р; *Am* брига́дный генера́л
brigand разбо́йник
brigandage бандити́зм
brigantine бриганти́на, шху́на-бриг
bright я́ркий; (*full of light*) све́тлый; (*shining*) блестя́щий; (*of weather*) я́сный; (*clever*) у́мный, смышлёный; **~ idea** блестя́щая иде́я; (*lively*) живо́й
brighten де́лать(ся) бо́лее я́рким, све́тлым *etc*; (*polish*) полирова́ть; (*enliven*) оживля́ть(ся); (*of weather*) проясня́ться
brightness я́ркость *f*; све́тлость *f*; я́сность *f*
Bright's disease бра́йтова боле́знь *f*, воспале́ние по́чек
brill (*fish*) ка́мбала-ромб
brilliance я́ркость *f*, блеск; (*of intellect*) блеск; (*magnificence*) великоле́пие
brilliant 1. *n* (*gem*) бриллиа́нт **2.** *adj* блестя́щий
brim 1. *n* край; (*of hat*) поля́ *neut pl* **2.** *v* наполня́ть(ся) до краёв; **~ over** переполня́ться
brim-full, brimful по́лный до краёв
brine рассо́л; (*sea-water*) морска́я вода́
bring приноси́ть; (*by transport*) привози́ть; (*a person*) приводи́ть; **~ to a conclusion** доводи́ть до конца́; *leg* **~ an action** возбуди́ть *pf* де́ло про́тив + *gen*)
~ about (*cause*) причиня́ть; (*effect*) осуществля́ть; (*lead to*) приводи́ть к (+ *dat*)
~ away уноси́ть
~ back (*return*) приноси́ть обра́тно, возвраща́ть; (*restore*) восстана́вливать
~ down (*lower*) снижа́ть; (*shoot down*) сбива́ть
~ forth порожда́ть
~ forward (*propose*) выдвига́ть; (*date*) переноси́ть на бо́лее ра́нний срок; (*accounts*) переноси́ть на сле́дующую страни́цу
~ in (*carry in*; *new law etc*) вноси́ть; (*person*, *method*, *style etc*) вводи́ть; (*import*) ввози́ть; (*profit etc*) приноси́ть
~ into вводи́ть в (+ *acc*); **~ into action** приводи́ть в де́йствие
~ off (*succeed in*) заверша́ть
~ on (*cause*) вызыва́ть; **~ on oneself** навлека́ть на себя́; (*lead out*) выводи́ть
~ out (*display*, *reveal*) выявля́ть; (*lead out*) выводи́ть; (*take out*) вынима́ть; (*publish*) опублико́вывать
~ round (*revive*) приводи́ть в себя́; (*convince*) переубежда́ть
~ together своди́ть вме́сте
~ up (*lift*) приноси́ть наве́рх; (*educate*) воспи́тывать; (*a question*) поднима́ть; (*vomit*) **he brought up** его́ вы́рвало (+ *instr*)
brink край; *fig* **on the ~ of** на краю́ (+ *gen*), на гра́ни (+ *gen*); (*of river etc*) бе́рег
brinkmanship баланси́рование (на гра́ни войны́ *etc*)
briquette брике́т
brisk (*lively*) живо́й, оживлённый; (*weather*, *wind etc*) све́жий
brisket груди́нка
brisling шпрот, ки́лька
bristle 1. *n* щети́на **2.** *v* (*raise ~s*) ощети́ниться *pf*; (*get angry*) рассерди́ться *pf*; **~ with** изоби́ловать (+ *instr*)
bristly (*having bristles*) щети́нистый; (*prickly*) колю́чий
Britannia metal брита́нский мета́лл
British брита́нский, англи́йский; **the ~** англича́не *pl*
Briton англича́нин; **ancient ~** бритт
Brittany Брета́нь *f*
brittle (*breakable*) ло́мкий; (*fragile*) хру́пкий
broach 1. *n tech* (*drift*) бородо́к; (*awl*) ши́ло **2.** *v* (*make hole*) де́лать отве́рстие в (+ *pr*); (*open*) открыва́ть; **~ the subject of** подня́ть *pf* разгово́р о (+ *prep*)
broad широ́кий; (*extensive*) обши́рный, просто́рный; (*plan etc*) о́бщий; **~ bean** бобы́ ру́сские *m pl*; **in ~ daylight** среди́ бе́ла дня; **~ hint** я́сный намёк; **in ~ outline** в о́бщих черта́х
broadcast 1. *n* радиопереда́ча; **television ~** телепереда́ча **2.** *adj* радиовеща́тельный **3.** *v* (*spread*) распространя́ть; (*seed*) разбра́сывать; *rad* передава́ть по ра́дио, по телеви́дению
broadcaster (*announcer*) ди́ктор
broadcasting радиовеща́ние; **television ~** телеви́дение
broaden расширя́ть(ся)
broadly широко́; **~ speaking** в о́бщих черта́х,

вообще́ говоря́
broad-minded (*of person*) с широ́кими взгля́дами; (*tolerant*) терпи́мый; (*of opinions*) либера́льный
broadsheet листо́вка
broadside 1. *n nav* бортово́й залп **2.** *adv* бо́ртом
broadsword пала́ш
broadways (*in width*) в ширину́; (*sideways*) попере́к
brocade парча́
brocaded парчо́вый
broccoli бро́кколи *neut indecl*
brochure брошю́ра, букле́т
brogue (ирла́ндский) акце́нт; *pl* тяжёлые ту́фли *pl*
broil жа́рить(ся) на огне́
broiler бро́йлер
broke *coll* (*ruined*) разорённый; **go ~** разори́ться *pf*
broken (*limb, machinery etc*) сло́манный; (*smashed*) разби́тый; **in ~ English** на ло́маном англи́йском языке́; **~-down** (*decrepit*) поло́манный; (*of machine*) неиспра́вный; (*wrecked*) разру́шенный; (*infirm*) не́мощный; **~-hearted** уби́тый го́рем, с разби́тым се́рдцем
broker ма́клер, комиссионе́р
brokerage коми́ссия
broking ма́клерство
bromide *chem* броми́д; (*commonplace*) бана́льность *f*
bromine бром
bronchial бронхиа́льный
bronchitis бронхи́т
bronchocele зоб
bronco *Am* полуди́кая ло́шадь *f*
brontosaurus бронтоза́вр
bronze 1. *n* бро́нза **2.** *adj* (*of ~*) бро́нзовый; **Bronze Age** бро́нзовый век; (*colour*) бро́нзового цве́та **3.** *v* бронзи́ровать; (*become tanned*) загора́ть (на со́лнце)
bronzed бронзиро́ванный; (*skin*) загоре́лый
brooch брошь *f*, бро́шка
brood 1. *n* вы́водок; *fig* семья́ **2.** *v* (*of hen*) сиде́ть на я́йцах; (*of clouds, cliffs etc*) нависа́ть; **~ over, on** гру́стно размышля́ть над (+ *instr*)
brood-mare конема́тка
broody уны́лый; **~ hen** насе́дка
[1]**brook** (*stream*) руче́й, ручеёк
[2]**brook** *v* терпе́ть; **the matter ~s no delay** де́ло не те́рпит отлага́тельства
broom (*brush*) метла́; (*besom*) ве́ник; *fig* **new ~** но́вая метла́; *bot* раки́тник
broomstick метлови́ще
broth бульо́н, похлёбка
brothel публи́чный дом, *vulg* барда́к
brother брат; **~ in arms** собра́т по ору́жию; **~ writer** со́брат по перу́
brotherhood бра́тство
brother-in-law (*wife's brother*) шу́рин; (*sister's husband*) зять *m*; (*husband's brother*) де́верь *m*
brotherly бра́тский
brouhaha *coll* сканда́л, шуми́ха
brow (*eyebrow*) бровь *f*; (*forehead*) лоб; *poet* чело́; (*of cliff*) вы́ступ; (*top*) верх; (*naut*) схо́дни *f pl*
browbeat запу́гивать
brown 1. *n* кори́чневый цвет **2.** *adj* кори́чневый; (*grey-brown; of animal fur, soil*) бу́рый; (*swarthy*) сму́глый; (*tanned*) загоре́лый; (*of eyes*) ка́рий; (*of hair*) кашта́новый **3.** *v* де́лать(ся) кори́чневым; *cul* подрумя́нивать(ся); *coll* **I'm ~ed off** мне надое́ло
brown-coal лигни́т, бу́рый у́голь *m*
Browning (*gun*) бра́унинг
browning (*turning brown*) потемне́ние; *cul* караме́льный кулёр
browse (*graze*) пасти́сь; (*among books*) ры́ться (в кни́гах); (*in a book*) листа́ть (кни́гу)
Bruin (*in tales*) Ми́шка
bruise 1. *n* синя́к, кровоподтёк **2.** *v* ушиба́ть(ся); (*fruit*) поврежда́ть
bruit распространя́ть
brumal зи́мний
brunette брюне́тка
brunt (*main impact*) гла́вный уда́р; (*weight*) основна́я тя́жесть *f*; **bear the ~ of the work** *etc* принима́ть на себя́ са́мую тяжёлую рабо́ту
brush 1. *n* (*for cleaning; elect*) щётка; (*for painting*) кисть *f* **2.** *v* (*clean*) чи́стить щёткой; (*hair*) причёсывать; **~ one's hair** причёсываться
~ against задева́ть
~ aside сма́хивать; *fig* отма́хиваться от (+ *gen*)
~ away сма́хивать, отчища́ть
~ off счища́ть, сма́хивать
~ out вымета́ть
~ up (*clean*) чи́стить; (*knowledge etc*) освежа́ть
brushwood (*undergrowth*) за́росль *f*; (*dry branches*) хво́рост
brusque ре́зкий, бесцеремо́нный
Brussels sprouts брюссе́льская капу́ста
brutal жесто́кий, зве́рский
brutality жесто́кость *f*, зве́рство
brute 1. *n* живо́тное; *fig* (*person*) жесто́кий челове́к; *expl* скоти́на **2.** *adj* **~ force** гру́бая си́ла
brutish (*like animal*) зве́рский; (*crude*) гру́бый; (*stupid*) тупо́й
bryology бриоло́гия
bryony пересту́пень *m*, брио́ния
bubble 1. *n* пузы́рь *f*; (*in a liquid*) пузырёк; **blow ~s** пуска́ть пузыри́ **2.** *v* пузы́риться; (*seethe*) кипе́ть; **~ up** бить ключо́м
bubbly 1. *n coll* шампа́нское **2.** *adj* пе́нящийся
bubo бубо́н
bubonic plague бубо́нная чума́
buccaneer пира́т
buck 1. *n* (*male*) саме́ц; (*dandy*) щёголь *m*, де́нди *m indecl*; *coll* **pass the ~** сва́ливать отве́тственность (на друго́го) **2.** *v* брыка́ться; **~ up** (*make, become more cheerful*) оживи́ть(ся) *pf*; (*hurry*) спеши́ть
bucket ведро́
buckle 1. *n* (*fastener*) пря́жка; (*distortion*) изги́б, искривле́ние **2.** *v* (*fasten*) застёгивать пря́жку; (*bend*) сгиба́ть(ся), коро́бить(ся)
buckler небольшо́й щит
buckram аппрети́рованный холст
buckshee *coll* **1.** *adj* беспла́тный **2.** *adv* беспла́тно, да́ром
buck-shot кру́пная дробь *f*
buckskin оле́нья ко́жа
buck-tooth торча́щий зуб
buckwheat гречи́ха; *cul* гре́чневая крупа́
bucolic (*rural*) се́льский; (*literature*) букoли́ческий
bud 1. *n* по́чка; (*of flower*) буто́н; *fig* **nip in the ~** пресе́чь *pf* в ко́рне **2.** *v* дава́ть по́чки
Buddha Бу́дда
Buddhism будди́зм
Buddhist 1. *n* будди́ст, *f* будди́стка **2.** *adj*

буддийский

budding 1. *n agr* окулиро́вка **2.** *adj coll* (*promising*) многообеща́ющий; (*beginning*) начина́ющий

buddy *coll* ко́реш

budge (*move slightly*) шевели́ться; (*concede*) уступи́ть *pf*; (*move away*) сдви́нуть(ся) *pf* с ме́ста

budgerigar волни́стый попуга́йчик

budget 1. *n* (*of state*) бюдже́т; (*estimate*) фина́нсовая сме́та **2.** *v* составля́ть бюдже́т; де́лать фина́нсовую сме́ту; *coll* (*economize*) эконо́мить; ~ **for** предусма́тривать в бюдже́те, сме́те

budgetary бюдже́тный

buff 1. *n* бу́йволовая *or* быча́чья ко́жа; (*colour*) тёмно-жёлтый цвет; *tech* полирова́льный круг **2.** *adj* из бу́йволовой ко́жи; (*colour*) тёмно-жёлтый **3.** *v* полирова́ть

buffalo бу́йвол

buffer *tech* бу́фер; ~ **state** бу́ферное госуда́рство

[1]**buffet 1.** *n* (*blow*) уда́р **2.** *v* ударя́ть

[2]**buffet** (*cupboard*, *refreshment bar*) буфе́т; (*supper etc*) аляфурше́т; ~ **car** ваго́н с буфе́том

buffoon шут, фигля́р; **act the** ~ валя́ть дурака́

buffoonery шутовство́

bug 1. *n* (*germ*) микро́б; (*insect*) насеко́мое; (*beetle*) жук; (*bedbug*) клоп; *tech coll* (*microphone*) потайно́й микрофо́н; (*defect*) непола́дка, *usu pl* непола́дки; *coll* **big** ~ ши́шка *m* **2.** *v* (*coll*) устана́вливать потайны́е микрофо́ны в (+ *prep*), фони́ровать; (*annoy*) пристава́ть к (+ *dat*)

bugbear пу́гало

bug-eyed пучегла́зый

bugger 1. *n* гомосексуали́ст, педера́ст; *vulg* пе́дик; (*as abuse*) сво́лочь *f* **2.** *vulg* (*exhaust*) измота́ть *pf*; ~ **off!** иди́ в жо́пу; ~ **up** (*spoil*) засра́ть *pf*, загновня́ть *pf*

buggery (*homosexuality*) мужело́жство, содоми́я; (*bestiality*) скотоло́жство

bugle горн, рог; ~ **call** сигна́л на го́рне; *bot* дубро́вка ползу́чая; (*bead*) стекля́рус

bugler горни́ст

build 1. *n* (*construction*) констру́кция; (*of human body*) телосложе́ние **2.** *v* (*all senses*) стро́ить; ~ **a nest** вить гнездо́

builder строи́тель *m*

building 1. *n* (*edifice*) дом, зда́ние; (*structure*) строе́ние; (*act*, *process*) строи́тельство, стро́йка **2.** *adj* строи́тельный; ~ **materials** стройматериа́лы *m pl*; ~ **site** стро́йка, стройплоща́дка; ~ **society** жили́щно-строи́тельная коопера́ция

build-up (*preparation*) подгото́вка; (*growth*) рост; (*development*) разви́тие; (*publicity*) предвари́тельная рекла́ма

built-in (*cupboard etc*) встро́енный, вде́ланный; (*inherent*) прису́щий

built-up area застро́енный райо́н

bulb (*bot*) лу́ковица; *elect* электри́ческая ла́мпа, ла́мпочка; (*of thermometer*) ша́рик

bulbous (*like a bulb*) лу́ковичный; (*swollen*) вы́пуклый

Bulgaria Болга́рия

Bulgarian 1. *n* (*person*) болга́рин, *f* болга́рка; *pl* болга́ры; (*language*) болга́рский язы́к **2.** *adj* болга́рский

bulge 1. *n* вы́пуклость *f* **2.** *v* (*swell out*) раздува́ться; (*protrude*) выпя́чиваться

bulging (*swollen*) разбу́хший; (*salient*) вы́пуклый; ~ **eyes** глаза́ навы́кате

bulk 1. *n* (*size*) объём, величина́; (*greater part*) бо́льшая часть *f*; (*mass*) ма́сса; **in** ~ (*liquids*) нали́вом; (*solids*) нава́лом; (*loose*) без та́ры, без упако́вки; ~ **buying** ма́ссовая заку́пка **2.** *v* ~ **large** занима́ть ва́жное ме́сто

bulkhead *naut* перебо́рка

bulky (*cumbersome*) громо́здкий; (*large*) объёмистый

bull (*ox*) бык; (*male animal*) саме́ц; (*papal*) бу́лла; **like a** ~ **in a china-shop** как слон в посу́дной ла́вке; **take the** ~ **by the horns** брать быка́ за рога́

bullace (*tree*) сли́ва дома́шняя, тернosли́ва; (*fruit*) тернosли́в

bull-calf бычо́к

bulldog бульдо́г

bulldoze (*ground*) выра́внивать грунт при по́мощи бульдо́зера; *fig* (*intimidate*) запу́гивать; (*force*) принужда́ть

bulldozer бульдо́зер

bullet пу́ля

bulletin бюллете́нь *m*; **news** ~ сво́дка новосте́й

bullet-proof пуленепробива́емый

bullfight бой быко́в

bullfighter матадо́р

bullfinch снеги́рь *m*

bull-frog лягу́шка-бык

bullhead (*fish*) подка́менщик

bullion сли́ток зо́лота *or* серебра́

bull-necked с бы́чьей ше́ей

bullock вол

bull's-eye (*on target*) я́блоко мише́ни; **hit the** ~ (*also fig*) попа́сть *pf* в цель

bull-terrier бультерье́р

bully 1. *n* задира *m*, забия́ка **2.** *v* запу́гивать

bully-beef мясны́е консе́рвы *m pl*

bulrush камы́ш

bulwark (*earthwork*) вал; (*mole*) мол; *fig* опло́т; *naut* фальшбо́рт

bum 1. *n vulg* за́дница; *Am* (*tramp*) бродя́га *m*; (*loafer*) ло́дырь *m* **2.** *adj coll* (*rubbishy*) дрянно́й; (*false*) ло́жный **3.** *v coll* (*wander*) бродя́жничать; (*idle*) слоня́ться (без де́ла); (*travel without ticket*) е́здить за́йцем; (*cadge*) выклянчивать

bumbailiff суде́бный приста́в

bumble-bee шмель *m*

bumbledom бюрократи́зм

bumf *sl* (*papers*) бума́ги *f pl*; (*toilet-paper*) туале́тная бума́га

bump 1. *n* (*collision*) столкнове́ние; (*jolt*) гро́хот, глухо́й уда́р; (*lump on head etc*) ши́шка; (*protuberance*) вы́пуклость *f*; (*in road*) неро́вность *f* **2.** *v* ударя́ть(ся) о (+ *acc*)

~ **against** натыка́ться на (+ *acc*)

~ **into** (*meet*) ста́лкиваться с (+ *instr*)

~ **off** (*kill*) укоко́шить *pf*

~ **up** (*price etc*) взви́нчивать

bumper (*on car*) ба́мпер; ~ **crop** оби́льный урожа́й

bumpkin дереве́нщина *m and f*

bumptious самодово́льный, тщесла́вный

bumpy (*uneven*) неро́вный; (*jolting*) тря́ский; (*of holed road*) уха́бистый

bun (сдо́бная) бу́лочка; (*of hair*) пучо́к, у́зел

bunch 1. *n* свя́зка; (*of flowers*) пучо́к; ~ **of flowers** буке́т; ~ **of keys** свя́зка ключе́й; ~ **of grapes** кисть *f*, гроздь *f* виногра́да; (*of people*) компа́ния **2.** *v* (*gather*) собира́ть в пучо́к; (*crowd*) сбива́ть(ся)

bundle 1. *n* (*parcel*) у́зел, свя́зка; (*of sticks etc*) пучо́к; ~ **of nerves** комо́к не́рвов **2.** *v* (*to parcel up*) свя́зывать в у́зел; (*to gather together*) собира́ть вме́сте; (*shove*) пиха́ть; ~ **into** впи́хивать в (+ *acc*)

bung 1. *n* заты́чка **2.** *v* (*stop up*) затыка́ть; *coll* (*throw*) швыря́ть

bungalow бу́нгало *neut indecl*; одноэта́жный дом

bungle 1. *n* плоха́я рабо́та; (*blunder*) оши́бка **2.** *v* по́ртить (рабо́ту); (*blunder*) де́лать оши́бку, сплохова́ть

bunion о́пухоль *f* (на большо́м па́льце ноги́)

bunk ко́йка; *coll* (*nonsense*) вздор; *coll* **to do a** ~ смы́ться *pf*

bunker бу́нкер; *mil* блинда́ж

Bunsen burner лаборато́рная га́зовая горе́лка

bunt (*of sail*) пу́зо; (*blow*) уда́р; *bot* (*disease*) головня́; *aer* обра́тная петля́ с полуповоро́том

bunting (*flags*) фла́ги *m pl*; (*material*) мате́рия для фла́гов; (*bird*) овся́нка

buoy 1. *n* буй, ба́кен, буёк; **life-**~ спаса́тельный круг; **mooring** ~ станова́я бо́чка; **spar-**~ ве́ха **2.** *v* ста́вить ба́кены; ~ **up** подде́рживать

buoyancy плаву́честь *f*

buoyant плаву́чий; (*of manner*) жизнера́достный

bur(r) *bot* колю́чка; (*rough edge*) заусе́нец

burbot нали́м

burden 1. *n* (*carried by person*; *also fig*) но́ша; (*load*) груз; *fig* бре́мя *neut*; (*heavy weight*; *also fig*) тя́жесть *f*; (*main idea*) суть *f* **2.** *v* нагружа́ть; *fig* обременя́ть

burdensome обремени́тельный, тя́гостный

burdock лопу́шник большо́й, лопу́х

bureau (*office*) бюро́ *neut indecl*, отде́л; (*desk*) пи́сьменный стол

bureaucracy бюрокра́тия

bureaucrat бюрокра́т

bureaucratic бюрократи́ческий

burette бюре́тка

burgee треуго́льный флажо́к

burgeon дава́ть по́чки; *fig* распуска́ться

burglar вор-взло́мщик

burglarize взла́мывать

burglary кра́жа со взло́мом

burgle взла́мывать

burgomaster бургоми́стр

Burgundy бургу́ндское вино́

burial 1. *n* по́хороны *f pl* **2.** *adj* похоро́нный; ~**-ground** кла́дбище; ~**-mound** курга́н

burlap холст

burlesque 1. *n* бурле́ск, паро́дия **2.** *adj* паро-ди́йный **3.** *v* пароди́ровать

burly доро́дный, здоро́вый

Burma Би́рма

Burmese 1. *n* бирма́нец, *f* бирма́нка **2.** *adj* бирма́нский

burn 1. *n* ожо́г **2.** *vt* жечь, сжига́ть; (*skin*) обжига́ть; *fig* ~ **one's fingers** обжига́ться на (+ *prep*); (*a hole*) прожига́ть; (*food*) сжига́ть; *vi* горе́ть; *fig* пыла́ть; ~ **with shame** горе́ть от стыда́; (*food*) подгора́ть; ~ **away/down/up** *vt* сжига́ть; *vi* сгора́ть; ~ **oneself** обжига́ться

burner (*gas*) горе́лка

burning 1. *n* горе́ние; **there's a smell of** ~ па́хнет горе́лым **2.** *adj* горя́щий; (*rage*, *cheeks etc*) пыла́ющий; (*question etc*) жгу́чий

burnish 1. *n* (*shine*) блеск; (*polishing*) полиро́вка **2.** *v* полирова́ть

burnous бурну́с

burnt жжёный, горе́лый; ~ **offering** всесожже́ние

burp *vulg vi* рыга́ть

burrow 1. *n* нора́ **2.** *v* (*dig* ~) рыть нору́; ~ **into** врыва́ться в (+ *acc*); (*hide*) пря́таться; (*delve*) ры́ться (**in,** в + *prep*)

bursar (*treasurer*) казначе́й

bursary (*scholarship*) стипе́ндия, бу́рсия

burst 1. *n* (*explosion*; *of laughter*) взрыв; (*of flame*, *anger etc*) вспы́шка; (*of machine-gun fire*) о́чередь *f*; (*sudden wave*) поры́в; *sp* рыво́к, бросо́к; (*split*) разры́в, тре́щина **2.** *adj* ло́пнувший **3.** *vt* (*a bubble etc*) протыка́ть, прока́лывать; *vi* (*split*) разрыва́ться; (*explode*) взрыва́ться; (*of tyres*, *bubbles etc*) ло́паться; (*of dam*) прорыва́ться; ~ **into flame** вспы́хивать пла́менем; ~ **into a room** врыва́ться в ко́мнату; ~ **into tears** залива́ться слеза́ми; ~ **out** (*flare up*) вспы́хивать; (*exclaim*) воскли́кнуть *pf*; (*break out*) вы́рваться *pf*

bury (*hide in ground*) зарыва́ть, зака́пывать; (*dead person*) хорони́ть; *fig* ~ **oneself in books** зарыва́ться в кни́ги

bus 1. *n* авто́бус; *elect* ши́на **2.** *adj* авто́бусный; ~**-shelter** автопавильо́н; ~**-station** автовокза́л **3.** *vi* е́хать авто́бусом; *vt* посыла́ть на авто́бусе

bush (*plant*) куст, куста́рник; (*country*) буш; *tech* вту́лка

bushel бу́шель *m*

Bushman бушме́н

bushy (*covered with bushes*) покры́тый куста́рником; (*of hair etc*) густо́й; ~ **tail** пуши́стый хвост

business 1. *n* (*various senses*) де́ло; **on** ~ по де́лу; (*occupation*) заня́тие; (*profession*) профе́ссия; (*commerce*) торго́вля; **big** ~ большо́й би́знес; (*firm*) предприя́тие, фи́рма; (*affair*) исто́рия, де́ло; **a nasty** ~ неприя́тная исто́рия; (*in expressions*) **he has no** ~ **to** он не име́ет пра́во (+ *infin*); **it's none of your** ~ не ва́ше де́ло; **make a** ~ **of** (*profit*) де́лать би́знес на (+ *acc*); (*fuss*) суети́ться по (+ *dat*) **2.** *adj* делово́й, комме́рческий, торго́вый; ~ **centre** торго́вый центр; ~ **hours** часы́ *m pl* заня́тий; ~ **trip** командиро́вка

business-like делово́й, практи́чный

businessman делово́й челове́к, коммерса́нт, бизнесме́н

busker у́личный музыка́нт

buskin коту́рн

busman авто́бусник

bust 1. *n* (*statue*) бюст; (*bosom*) грудь *f*, бюст **2.** *adj* (*broken*) сло́манный; (*financially*) разорённый; **go** ~ разори́ться *pf*, обанкро́титься *pf* **3.** *v coll* лома́ть(ся)

bustard дрофа́

bustle 1. *n* сует́а, сумато́ха; (*of dress*) турню́р **2.** *v* суети́ться; (*to hurry*) торопи́ться

bustling 1. *n* суета́, суетли́вость *f* **2.** *adj* суетли́вый, шу́мный

busy 1. *adj* (*engaged in*) за́нятый (**in,** + *instr*); (*active*) занято́й **2.** *v* занима́ть; ~ **oneself** занима́ться (**with,** + *instr*)

busybody: be a ~ сова́ть нос в чужи́е дела́

but 1. *adv* то́лько, лишь; **all** ~ почти́, едва́ не; **anything** ~ всё, что уго́дно, то́лько не …, далеко́ не, **2.** *prep* (*except*) кро́ме (+ *gen*), за исключе́нием (+ *gen*); ~ **for** без (+ *gen*), е́сли бы не (+ *nom*); **the last** ~ **one** предпосле́дний **3.** *conj* но (*more emphatic*), а; (*however*) одна́ко; (*nevertheless*) тем не ме́нее; ~ **what if** а что е́сли, а вдруг

butadiene бутадиéн
butane бутáн
butcher 1. *n* мясни́к; *fig* палáч **2.** *v* (*cattle*) бить; (*people*) безжáлостно убивáть
butchery (*slaughter-house*) скотобóйня; (*business*) торгóвля мя́сом; *fig* резня́
butler дворéцкий
butt 1. *n* (*barrel*) бóчка; (*of a joke etc*) посмéшище, предмéт насмéшек; (*thick end*) тóлстый конéц; (*of rifle*) прикла́д; (*of cigarette*) окýрок; (*blow*) удáр (головóй); (*joint*) стык; **~s** (*rifle-range*) стрéльбище **2.** *v* (*to strike*) ударя́ть головóй, бодáть; (*to collide with*) натыкáться на (+ *acc*); (*to meet, join*) соединя́ть(ся) встык; **~ in** (*to interfere*) вмéшиваться в (+ *acc*), (*to interrupt*) перебивáть
butt-end (*remainder*) остáток; (*of rifle*) приклáд
butter 1. *n* (сли́вочное) мáсло; **~-dish** маслёнка **2.** *v* намáзывать мáслом
buttercup лю́тик
butterfly бáбочка; *sp* баттерфля́й, **~-nut** барáшек
buttermilk пáхтанье
butter-scotch карамéль *f*, ири́с
buttery 1. *n* (*pantry*) кладовáя **2.** *adj* мáсляный
butt-joint сты́ковое соединéние
buttock я́годица, *naut* бáтокс
button 1. *n* (*on garment*) пýговица, *coll* пýговка; (*of switch etc*) кнóпка **2.** *v* застёгивать(ся) на пýговицы; **~ up** застёгивать(ся)
buttonhole 1. *n* пéтля; (*flower*) бутоньéрка **2.** *v* держáть за пýговицу
buttress 1. *n* подпóра; (*of bridge*) бык; (*of building*) контрфóрс; *fig* опóра, поддéржка **2.** *v* поддéрживать (*also fig*)
butt-welded свáренный встык
butyl 1. *n* бути́л **2.** *adj* бути́ловый
buxom пóлная, пы́шная
buy 1. *n* покýпка **2.** *v* покупáть; **~ off** откупáться (от + *gen*); **~ out** выкупáть; **~ up** скупáть
buyable покупáемый
buyer покупáтель *m*
buzz 1. *n* жужжáние; (*of voices*) гул **2.** *vi* жужжáть, гудéть; *coll* **~ off** смы́ться *pf*, удирáть; *excl* убирáйся!, кати́сь!
buzzard каню́к
buzzer зýммер
by 1. *adv* (*past*) ми́мо; **she passed ~** онá прошлá ми́мо; **~ and ~** чéрез нéкоторое врéмя; **~ the ~** мéжду прóчим; **~ and large** вообщé говоря́ **2.** *prep* (*near*) у, óколо (+ *gen*); (*next to*) ря́дом с (+ *instr*); (*past*) ми́мо (+ *gen*); (*before a given time*) к (+ *dat*); **~ now** ужé; **~ then** к томý врéмени; (*indicating route*) по (+ *dat*), путём (+ *gen*); (*via*) чéрез (+ *acc*); (*in some expressions use instr without prep*) **~ airmail** авиапóчтой; **~ land** сухи́м путём; **~ sea** мóрем; (*indicating conveyance*) на (+ *prep*), *instr without prep*; **~ bus** автóбусом, на автóбусе; **~ ship** парохóдом, на парохóде; **~ train** пóездом; (*with numerals*) **multiply ~ five** мнóжить на пять; **older ~ two years** стáрше на два гóда; (*in accordance with*) по, соглáсно (+ *dat*); (*indicating agent*: *instr without prep*) **it was done ~ him** э́то бы́ло сдéлано им; (*indicating authorship*: *gen without prep*) **a novel ~ Tolstoy** ромáн Толстóго; (**~** *means of*) посрéдством (+ *gen*), *instr without prep*; **~ experience** по óпыту; **~ guesswork** наугáд; **~ hard work** упóрным трудóм; **~ touch** на óщупь; **take ~ the hand** брать зá руку; **what did he mean ~ that**? что он хотéл э́тим сказáть?
by-election дополни́тельные вы́боры
Byelorussia Белорýссия
Byelorussian 1. *n* (*person*) белорýс, *f* белорýска; (*language*) белорýсский язы́к **2.** *adj* белорýсский
bygone прóшлый; **let ~s be ~s** забывáть прóшлое
by-law постановлéние мéстной влáсти
by-pass (*road*) обхóдная дорóга; *elect* шунт **2.** *v* (*go round*; *leave out*) обходи́ть; (*in vehicle*) объезжáть
by-product побóчный продýкт
byre хлев
bystander свидéтель *m*, *f* свидéтельница
byte байт
by-way (*side street*) переýлок; (*lesser road*) дорóжка; *fig* (*of learning etc*) малоизýченная óбласть *f*
byword (*proverb*) поговóрка; (*object of notoriety*) **~ for** олицетворéние (+ *gen*)
Byzantine 1. *n* византи́ец, *f* византи́йца **2.** *adj* византи́йский; *fig* (*cunning*) ковáрный; (*involved*) слóжный
Byzantium Византи́я

C

cab (*horse-drawn*) экипа́ж; (*taxi*) такси́ *neut indecl*; (*of lorry*) каби́на; **~-driver** шофёр такси́, такси́ст; **~-rank** стоя́нка такси

cabal (*intrigue*) интри́га; (*group*) полити́ческая кли́ка

cab(b)ala каб(б)ала́

cab(b)alistic каб(б)алисти́ческий

cabaret 1. *n* кабаре́ *neut indecl* **2.** *adj* эстра́дный

cabbage капу́ста; **head of** ~ коча́н капу́сты; ~ **leaf** капу́стный лист; ~ **soup** щи *pl*; ~ **stalk** кочеры́жка

cabby (*of horse cab*) изво́зчик; (*taxi-driver*) шофёр такси́, *coll* такси́ст

cabin (*hut*) изба́, хи́жина; (*small house*) до́мик; (*for holiday*) да́ча; (*bathing*) каби́нка; (*of plane, machine etc*) каби́на; (*in ship*) каю́та; **radio** ~ радиору́бка; **~-boy** каю́т-ю́нга *m*

cabinet (*room*) кабине́т; (*cupboard*) шкаф; (*for china etc*) буфе́т, серва́нт; (*of radio set etc*) я́щик, ко́рпус; *pol* кабине́т; ~ **minister** член кабине́та

cabinet-maker краснодере́вщик

cabinet-making ме́бельное де́ло

cable 1. *n* (*rope*) трос, кана́т; *elect* ка́бель *m*; *naut* (*for anchor*) я́корная цепь *f*; (*185 m*) ка́бельтов; **ten ~s** де́сять ка́бельтовых; (*telegram*) телегра́мма, каблогра́мма **2.** *adj* кана́тный; ка́бельный; ~ **car** ваго́н подве́сной доро́ги; ~ **railway** подве́сная доро́га; (*funicular*) фуникулёр **3.** *v* телеграфи́ровать

cablegram каблогра́мма

cable-layer *naut* ка́бельное су́дно

cable-laying прокла́дка ка́беля

cableway подвесна́я доро́га

cabman *see* **cabby**

cabotage кабота́ж

cabriole (*leg*) гну́тый

cabriolet кабриоле́т

cacao кака́овое де́рево

cachalot кашало́т

cache 1. *n* (*hiding place*) тайни́к; (*hidden stores*) (скры́тый) запа́с **2.** *v* пря́тать

cachet (*seal*) печа́ть *f*; (*reputation*) прести́ж; *med* ка́псула

cacique каци́к

cackle 1. *n* (*of hens*) куда́хтанье; (*of geese*) гогота́нье; (*laughter*), хо́хот, хри́плый смех; **give a** ~ хри́пло засмея́ться **2.** *v* куда́хтать; гогота́ть; хохота́ть

cacophonous неблагозву́чный

cacophony какофо́ния

cactaceous ка́ктусовый

cactus ка́ктус

cad (*ill-bred man*) хам; (*blackguard*) подле́ц

cadastral када́стровый

cadastre када́стр

cadaver труп

cadaverous (*of corpse*) тру́пный; (*gaunt*) исхуда́лый; (*pale*) смерте́льно бле́дный

caddish ха́мский; по́длый

caddy (*for tea*) ча́йница

cadence (*of voice*) модуля́ция; (*rhythm*) ритм; *mus* каде́нция

cadenza каде́нция

cadet *mil* каде́т, курса́нт вое́нного учи́лища; (*son*) мла́дший сын

cadge *vi* попроша́йничать; *vt* выкля́нчивать (**from**, у + *gen*)

cadger попроша́йка *m and f*

cadmium 1. *n* ка́дмий **2.** *adj* ка́дмиевый

cadre *mil, pol* кадр; (*framework*) о́стов

caecum слепа́я кишка́

Caesar Це́зарь *m*

caesarian: ~ **operation, section** ке́сарево сече́ние

caesium це́зий

caesura цезу́ра

café кафе́ *neut indecl*

cafeteria кафете́рий, заку́сочная

caffeine кофеи́н

caftan кафта́н

cage 1. *n* кле́тка; (*lift*) лифт; (*mine lift*) клеть *f*; *tech* (*of bearing*) обо́йма **2.** *v* сажа́ть в кле́тку

cagey *coll* (*cautious*) осторо́жный; (*evasive*) уклóнчивый

Cain Ка́ин; **mark of** ~ ка́инова печа́ть *f*; **raise** ~ поднима́ть сканда́л

caique каи́к

cairn пирами́да из камне́й

caisson кессо́н

cajole (*flatter*) льстить; ~ **into** склони́ть *pf* ле́стью к (+ *dat*); (*obtain by pestering*) выкля́нчивать (**from**, у + *gen*)

cake 1. *n* (*fruit cake*) кекс; (*small pastry*) пиро́жное; (*gateau*) торт; ~ **of mud** лепёшка гря́зи; ~ **of soap** кусо́к мы́ла; **cattle, oil** ~ жмых **2.** *v* затвердева́ть; **~d with** покры́тый (+ *instr*)

calabash горля́нка

calamitous (*catastrophic*) катастрофи́ческий; (*fatal*) па́губный

calamity катастро́фа, бе́дствие

calceolaria кошельки́ *m pl*

calcify обызвествля́ть(ся)

calcine (*turn to lime*) превраща́ть(ся) в и́звесть; (*burn to ashes*) сжига́ть дотла́

calcium 1. *n* ка́льций **2.** *adj* ка́льциевый

calculable исчисли́мый

calculate (*reckon up*) подсчи́тывать; (*compute*) вычисля́ть, калькули́ровать; (*think*) ду́мать; ~ **on** рассчи́тывать на (+ *acc*)

calculated (*deliberate*) (пред)наме́ренный; ~ **to** рассчи́танный на то, что́бы (+ *infin*); *tech* (*rated*) расчётный

calculating (*machine*) счётный, вычисли́тельный; (*careful*) расчётливый; (*cunning*) хи́трый

calculation вычисле́ние; подсчёт; расчёт; (*intention*) наме́рение

calculator калькуля́тор

calculus *math* исчисле́ние; *med* ка́мень *m*

calendar 1. *n* календа́рь *m*; (*index*) указа́тель *m* **2.** *adj* календа́рный **3.** *v* заноси́ть в спи́сок *etc*

calender *tech* **1.** *n* кала́ндр **2.** *v* каландри́ровать

calendrical календа́рный

calends кале́нды *f pl*

calendula *bot* ноготки́ *m pl*

calf (*of cow*) телёнок; (*of other animals*) детёныш;

(*bookbinding*) теля́чья ко́жа; (*of leg*) икра́
calf-love ребя́ческая любо́вь *f*
calibrate (*graduate*) градуи́ровать; (*check*) калиброва́ть
calibration градуиро́вка; калибро́вка
calibre кали́бр; *fig* (*quality*) ка́чество; (*importance*) значи́тельность *f*
calico (*cloth*) коленко́р; (*printed cotton*) набивно́й си́тец
California Калифо́рния
Californian 1. *n* калифорни́ец, *f* калифорни́йка **2.** *adj* калифорни́йский
caliph кали́ф, хали́ф
calk 1. *n* (*spike*) шип **2.** *v* (*horseshoe*) подко́вывать на шипа́х; (*copy*) кальки́ровать
call 1. *n* (*shout, cry of animal*) крик; ~ **for help** крик о по́мощи; (*summons*) зов; **within** ~ побли́зости; (*to arms etc; appeal*) призы́в (**to,** к + *dat*); *comm* (*demand for product*) спрос (**for**, на + *acc*); (*requirement*) тре́бование (**for**, на + *acc*); **there is no** ~ **to** не на́до (+ *infin*); **at, on** ~ наготове; (*visit*) посеще́ние; **make a** ~ **on** зайти́ *pf* к (+ *dat*); *naut* **port of** ~ порт захо́да; **telephone** ~ (телефо́нный) вы́зов; **make a** ~ позвони́ть *pf*; **there was a** ~ **for him** ему́ позвони́ли **2.** *v* (*shout, cry*) крича́ть; (*ask to come; name*) звать; **he is** ~**ed Ivan** его́ зову́т Ива́н; (*name thing*) называ́ть; **what is it** ~**ed?** как э́то называ́ется; (*consider*) счита́ть (+ *instr*); (*telephone*) вызыва́ть по телефо́ну, звони́ть (+ *dat*); (*waken*) буди́ть; (*visit*) заходи́ть; (*doctor, taxi, etc*) вызыва́ть; (*meeting*) созыва́ть; (*in expressions*) ~ **attention to** обраща́ть внима́ние на (+ *acc*); ~ **to account** призыва́ть к отве́ту; ~ **to mind** (*remember*) вспомина́ть; (*remind*) напомина́ть; ~ **to order** призыва́ть к поря́дку
~ **at** (*of train*) остана́вливаться в (+ *prep*)
~ **away** отзыва́ть
~ **back** звать обра́тно; (*remember*) вспомина́ть
~ **for** (*demand*) тре́бовать (+ *gen*); (*appeal for*) взыва́ть о (+ *pr*); (*fetch*) заходи́ть за (+ *instr*)
~ **forth** вызыва́ть
~ **in** (*visit*) заходи́ть (**on**, к + *dat*); (*doctor etc*) звать, вызыва́ть
~ **off** отменя́ть
~ **on** (*visit*) навеща́ть, заходи́ть к (+ *dat*); (*turn to*) обраща́ться к (+ *dat*)
~ **out** (*shout*) крича́ть, выкри́кивать; (*to duel*) вызыва́ть на дуэ́ль
~ **over** (*summon*) подзыва́ть; (*names etc*) де́лать перекли́чку (+ *gen*)
~ **together** созыва́ть
~ **up** (*telephone*) звони́ть (+ *dat*); (*to army*) призыва́ть на вое́нную слу́жбу
~ **upon** (*turn to*) обраща́ться к (+ *dat*); (*demand*) требова́ть; (*appeal*) призыва́ть; (*invite*) приглаша́ть; **be** ~**ed upon to** быть вы́нужденным (+ *infin*)
call-box телефо́нная бу́дка, автома́т
caller (*visitor*) посети́тель *m*; (*guest*) гость *m*, *f* го́стья; (*on telephone*) тот, кто звони́т, вызыва́ющий абоне́нт
calligrapher каллигра́ф
calligraphic каллиграфи́ческий
calligraphy каллигра́фия
calling (*vocation*) призва́ние; (*profession*) профе́ссия; (*convoking*) созы́в
calliper (*splint*) ши́на; *pl* (*instrument*) кронци́ркуль *m*; **inside** ~**s** нутроме́р
callisthenics худо́жественная гимна́стика
callous (*skin*) мозо́листый; (*unfeeling*) бессерде́чный
callousness бессерде́чность *f*
callow (*unfledged*) неопери́вшийся; *fig* нео́пытный; зелёный
call-sign(al) позывны́е *pl*, позывно́й сигна́л
call-up призы́в на вое́нную слу́жбу
callus *med* мозо́ль *f*; *bot* наплы́в
calm 1. *n* (*stillness, quiet*) тишина́; (*tranquillity of manner*) споко́йствие; *naut* штиль *m*, безве́трие **2.** *adj* (*most senses*) споко́йный; (*quiet; windless*) ти́хий; **become** ~ успока́иваться **3.** *v* успока́ивать(ся)
calmness (*quiet*) тишина́; (*of manner*) споко́йствие
calomel ка́ломель *f*, хло́ристая ртуть *f*
caloric 1. *n* теплота́ **2.** *adj* теплово́й, терми́ческий
calorie, calory кало́рия
calorific теплово́й, калори́ческий
calorifics теплоте́хника
calorimeter калори́метр
calumniate клевета́ть
calumniation клевета́
calumniator клеветни́к
calumniatory клеветни́ческий
calumny клевета́
Calvary Голго́фа
calve (*of cow*) тели́ться; (*of other animals*) роди́ть детёныша
Calvinism кальвини́зм
Calvinist 1. *n* кальвини́ст **2.** *adj* кальвини́стский
calx ока́лина, зола́; *anat* пята́
calypso кали́псо *indecl*
calyx ча́шечка
cam эксце́нтрик, кулачо́к
camaraderie това́рищество, това́рищеские отноше́ния *neut pl*
camber (*curvature*) изги́б; (*of road*) попере́чный укло́н; *av* кривизна́ про́филя крыла́
Cambodia Камбо́джа
Cambodian 1. *n* камбоджи́ец, *f* камбоджи́йка **2.** *adj* камбоджи́йский
Cambrian *geol* кембри́йский
cambric 1. *n* бати́ст **2.** *adj* бати́стовый
camel верблю́д; ~**'s** верблю́жий
camel(l)ia каме́лия
cameo каме́я
camera *phot* фотоаппара́т; *cine* кинока́мера, киноаппара́т; **television** ~ ка́мера; *leg* **in** ~ в закры́том заседа́нии ~**-lucida** ка́мера-люци́да; ~**-obscura** ка́мера-обску́ра
cameral(ist) камера́льный
cameraman *cine* кинооперато́р; (*press*) фоторепортёр
camiknickers комбина́ция
camomile рома́шка
camouflage 1. *n* маскиро́вка **2.** *v* маскирова́ть
[1]**camp 1.** *n* (*various senses*) ла́герь *m*; (*bivouac*) бива́к; **concentration** ~ концентрацио́нный ла́герь, концла́герь *m*; **holiday** ~ дом о́тдыха **2.** *v* (*esp mil*) располага́ться ла́герем; (*sleep in tent*) ночева́ть в пала́тке; (*live in tent*) жить в пала́тке
[2]**camp** *sl* **1.** *n* кэмп, аффекта́ция **2.** *adj* аффекти́рованный, жема́нный **3.** *v* (*overact*) переи́грывать
campaign 1. *n mil* похо́д, кампа́ния; (*pol, press*) кампа́ния; (*publicity drive*) ~ **against** борьба́ про́тив (+ *gen*) **2.** *v* (*serve in* ~) уча́ствовать в похо́де; (*conduct* ~) проводи́ть кампа́нию

похо́де; (*conduct* ~) проводи́ть кампа́нию
campaigner уча́стник кампа́нии; ~ **for, against** боре́ц за (+ *acc*), про́тив (+ *gen*); **old** ~ ветера́н, ста́рый слу́жа́ка *m*
campanile колоко́льня
campanula колоко́льчик
camp-bed раскладна́я крова́ть *f*, *coll* раскладу́шка
camper тури́ст; (*vehicle*) жило́й автофурго́н
camp-fire костёр
camphor 1. *n* камфара́ **2.** *adj* камфа́рный
campsite (*camp*) ла́герь *m*; (*for holiday*) ке́мпинг, тури́стская ба́за
camp-stool складно́й стул
campus (*university*) университе́т; (*grounds of university*) террито́рия университе́та
camshaft распредели́тельный вал; **overhead** ~ ве́рхний распредели́тельный вал
[1]**can 1.** *n* (*container*) (консе́рвная) ба́нка; (*large*) бидо́н; **watering-**~ ле́йка; *Am* **garbage** ~ му́сорный я́щик; *sl* (*prison*) катала́жка **2.** *v* консерви́ровать
[2]**can** (*be able*) мочь (+ *infin*); **what ~ have happened?** что могло́ случи́ться?; **I ~'t help laughing** я не могу́ не смея́ться; **as well, as best he could** как то́лько мог; **I ~'t do any more, go any further** я бо́льше не могу́; (*know how to*) уме́ть; **I ~'t swim** я не уме́ю пла́вать
Canada Кана́да
Canadian 1. *n* кана́дец, *f* кана́дка **2.** *adj* кана́дский
canal кана́л; *anat* прохо́д; **alimentary** ~ пищевари́тельный тракт
canalization (*of river*) канализа́ция, (*building canals*) строи́тельство кана́лов
canalize (*land*) проводи́ть кана́л(ы) (че́рез + *acc*); (*river*) канализи́ровать
canard (*rumour*) у́тка
canary 1. *n* (*bird*) канаре́йка **2.** *adj* (*colour*) све́тло-жёлтый, канаре́ечного цве́та
canasta кана́ста
can-can канка́н
cancel (*delete*) вычёркивать; (*stamps*) погаша́ть; (*plans, events etc*) отменя́ть; (*annul*) аннули́ровать; *math* сокраща́ть
cancellation вычёркивание; погаше́ние; отме́на; аннули́рование; сокраще́ние
cancer *med* рак; **lung** ~ рак лёгких; *fig* бич; *astron* **Cancer** Рак; **Tropic of Cancer** тро́пик Ра́ка
cancerous ра́ковый
cancroid ракообра́зный
candela *phys* свеча́
candelabra канделя́бр
candid (*frank*) открове́нный; (*direct*) прямо́й; (*sincere*) и́скренний
candidacy кандидату́ра
candidate кандида́т; ~ **for the presidency** кандида́т на ме́сто президе́нта, в президе́нты; (*persons interested*) жела́ющие *pl*; **there were no ~s** жела́ющих не́ было
candidature кандидату́ра
candied заса́харенный; ~ **peel, fruit** цука́т
candle 1. *n* свеча́; **not hold a ~ to** в подмётки не годи́ться (+ *dat*); **the game is not worth the** ~ игра́ не сто́ит свеч **2.** *v* проверя́ть на свет
candlelight свет свечи́/свече́й
candlestick подсве́чник
candour (*frankness*) открове́нность *f*; (*directness*) прямота́; (*sincerity*) и́скренность *f*
candy ледене́ц; *Am* конфе́та
cane 1. *n* тростни́к; **sugar** ~ са́харный тростни́к; (*stick*) трость *f*, па́лка **2.** *adj* тростнико́вый; ~ **chair** плетёное кре́сло; ~ **sugar** тростнико́вый са́хар **3.** *v* бить па́лкой
canine соба́чий; ~ **tooth** клык
canister (жестяна́я) коро́бка; ~**-shot** карте́чь *f*
canker *med* (*gangrene*) гангре́на; (*ulcer*) я́зва; *vet* боле́знь *f* стре́лки; *bot* рак; *fig* я́зва
cankerous разъеда́ющий
cannabis *bot* (инди́йская) конопля́; (*drug*) гаши́ш
canned консерви́рованный, в ба́нке; ~ **food** консе́рвы *m pl*; *sl* (*drunk*) пья́ный
cannery консе́рвный заво́д
cannibal людое́д
cannibalism людое́дство, каннибали́зм
cannibalistic людое́дский, канниба́льский
cannibalize разбира́ть для запчасте́й
canning консерви́рование
cannon 1. *n* (*gun*) пу́шка; *collect* артилле́рия; (*billiards*) карамбо́ль *m*; ~**-ball** (пу́шечное) ядро́; ~**-fodder** пу́шечное мя́со **2.** *v* ~ **into, against** ста́лкиваться с (+ *instr*)
cannonade 1. *n* канона́да **2.** *v* обстре́ливать артиллери́йским огнём
canny (*careful*) осторо́жный; (*cunning*) хи́трый
canoe 1. *n* кано́э *neut indecl*, байда́рка **2.** *v* плыть на байда́рке
canoeist канои́ст
canon (*rule*) пра́вило; (*criterion*) крите́рий; (*cleric*) кано́ник; *rel, mus, typ* кано́н; ~ **law** канони́ческое пра́во
canonical 1. *n pl* церко́вное облаче́ние **2.** *adj* канони́ческий
canonicity канони́чность *f*
canonization канониза́ция
canonize канонизи́ровать
can-opener (*cutter*) консе́рвный нож; (*key*) консе́рвный ключ
canopy (*cover*) по́лог; (*awning*) наве́с; (*on boat*) тент; (*parachute*) ку́пол; (*of cockpit*) фона́рь *m* каби́ны; (*over throne etc*) балдахи́н; *tech* (*hood*) зонт
cant 1. *n* (*slope*) накло́н; (*argot*) жарго́н; **thieves'** ~ блатна́я му́зыка; (*hypocrisy*) лицеме́рие, *esp rel* ханжество́ **2.** *adj* жарго́нный, блатно́й; лицеме́рный, ха́нжеский **3.** *v* (*tilt*) наклоня́ть(ся), ста́вить под угло́м; (*be hypocrite*) ханжи́ть
cantankerous (*carping*) приди́рчивый; (*quarrelsome*) сварли́вый
cantata канта́та
canteen (*in factory etc*) столо́вая; *mil* ла́вка; (*water-bottle*) фля́га; (*set of cutlery*) набо́р ноже́й и ви́лок
canter 1. *n* лёгкий гало́п **2.** *v* е́хать лёгким гало́пом
cantharides шпа́нские му́шки *f pl*
canticle гимн; *pl bibl* **Canticles** Песнь *f* пе́сней
cantilever 1. *n* консо́ль *f* **2.** *adj* консо́льный; ~ **bridge** консо́льный мост
canting ха́нжеский, лицеме́рный
canto (*of poem*) песнь *f*
canton канто́н
cantonment бара́чный городо́к
cantor (*soloist*) соли́ст; (*in synagogue*) ка́нтор
canvas 1. *n* паруси́на; (*for embroidery*) канва́; *arts* карти́на, холст; (*sail*) па́рус; **under** ~ (*at sea*) под паруса́ми; (*in tents*) в пала́тках **2.** *adj* паруси́новый
canvass (*discuss*) обсужда́ть; (*before election*) собира́ть голоса́; (*solicit*) иска́ть

canyon каньо́н
caoutchouc 1. *n* каучу́к **2.** *adj* каучу́ковый
cap 1. *n* (*man's*) ша́пка; (*usu woman's, child's*) ша́почка; *coll* ке́пка; (*peaked*) фура́жка; (*top*) кры́шка; *elect* (*of lamp*) цо́коль *m*; *tech* колпачо́к; (*in toy gun*) писто́н **2.** *v* надева́ть ша́пку *etc*
capability (*ability*) спосо́бность *f*; (*possibility*) возмо́жность *f*; *mil, tech* **atomic** ~ спосо́бность *f* нести́ я́дерное вооруже́ние; **lifting** ~ грузоподъёмность *f*
capable (*able*) спосо́бный; (*skilful*) уме́лый, ~ **of** (*able to*) мочь, име́ть возмо́жность (+ *infin*); (*good enough to*) спосо́бный на (+ *acc*); ~ **of explanation** объясни́мый; ~ **of improvement** поддаю́щийся улучше́нию
capacious (*spacious*) просто́рный; (*holding much*) вмести́тельный; (*voluminous*) объёмистый
capacitance *elect* ёмкость *f*
capacitate де́лать спосо́бным
capacitor конденса́тор
capacity (*volume*) ёмкость *f*; (*size*) объём; (*ability to contain*) вмести́мость *f*; (*capability*) спосо́бность *f* (**for**, к + *dat*); (*position*) **in the** ~ **of** в ка́честве (+ *gen*); *elect* ёмкость *f*
[1]**cape** (*short cloak*) наки́дка, пелери́на; (*waterproof*) плащ
[2]**cape** *geol* мыс; ~ **of Good Hope** мыс До́брой Наде́жды; ~ **Horn** мыс Горн; **North** ~ Но́рдкап
[1]**caper** *cul* ка́персы *m pl*
[2]**caper** (*jump*) прыжо́к; (*prank*) ша́лость *f*; **cut** ~**s** резви́ться, дура́читься **2.** *v* (*jump*) де́лать прыжки́; (*lark about*) дура́читься; (*rush about*) носи́ться
capillary 1. *n* капилля́р **2.** *adj* капилля́рный, волосно́й
capital 1. *n econ* капита́л; *fig* **make** ~ **out of** нажива́ть капита́л на (+ *acc*); (*city*) столи́ца; (*letter*) прописна́я бу́ква; *archi* капите́ль *f* **2.** *adj* (*main*) гла́вный, основно́й; ~ **punishment** сме́ртная казнь *f*; ~ **ship** кру́пный кора́бль *m*; *econ* капита́льный; ~ **investment** капиталовложе́ние; *coll* (*excellent*) прекра́сный, чуде́сный, отли́чный; *as exclam* прекра́сно!
capital-intensive капиталоёмкий
capitalism капитали́зм
capitalist 1. *n* капитали́ст **2.** *adj* капиталисти́ческий
capitalize *econ* капитализи́ровать; ~ **on** нажива́ться на (+ *acc*); (*write in capitals*) писа́ть, печа́тать прописны́ми бу́квами
capitation поду́шный, с головы́; ~ **tax** поду́шная по́дать *f*
Capitol Капито́лий
capitulate сдава́ться, капитули́ровать
capitulation капитуля́ция
capon каплу́н
caprice (*change of mind*) капри́з; (*fancy*) причу́да
capricious капри́зный
Capricorn Козеро́г; **Tropic of** ~ тро́пик Козеро́га
capsicum стручко́вый пе́рец
capsize опроки́дывать(ся)
capstan кабеста́н, шпиль *m*
capstone замко́вый ка́мень *m*
capsule (*med; space vehicle*) ка́псула; *bot* семенна́я коро́бочка
captain 1. *n mil, naut, sp* капита́н; (*great soldier*) полково́дец; (*commander of vessel*) команди́р; (*naval rank*) капита́н пе́рвого ра́нга **2.** *v* быть капита́ном (+ *gen*)
caption 1. *n* (*heading*) заголо́вок; (*to illustration*) по́дпись *f*; *cine* ти́тр **2.** *v* снабжа́ть по́дписью
captious приди́рчивый
captivate пленя́ть, очаро́вывать
captivating плени́тельный, очарова́тельный
captive 1. *n* пле́нный; *ar, poet* пле́нник; **hold** ~ держа́ть в плену́; **take** ~ взять *pf* в плен; (*locked up*) заключённый; (*tied up*) свя́занный; ~ **balloon** привязно́й аэроста́т; (*in cage*) в кле́тке
captivity плен; **in** ~ в плену́; (*in cage*) в кле́тке
capture 1. *n* (*act*) по́имка; (*seizure*) захва́т; (*booty*) добы́ча **2.** *v* (*catch*) взять *pf*, захва́тывать; (*take prisoner*) взять в плен; ~ **attention** привлека́ть внима́ние
Capuchin капуци́н
car 1. *n* (*automobile*) автомоби́ль *m*, (авто) маши́на; **by** ~ на маши́не; (*of tram, train*) ваго́н **2.** *adj* автомоби́льный
carafe графи́н
caramel *cul* жжёный са́хар; (*confection*) караме́ль *f*
caramelize карамелизова́ть
carapace щито́к
carat кара́т; **five** ~**s** пять кара́т(ов)
caravan (*train of camels etc*) карава́н; **gypsy** ~ цыга́нская теле́га; (*trailer*) тре́йлер; прице́п-да́ча
caravanserai карава́н-сара́й
caraway тмин; ~ **seed** тми́нное се́мя *neut*
carbide 1. *n* карби́д **2.** *adj* карби́дный
carbine караби́н
carbohydrate углево́д
carbolic карбо́ловый; ~ **acid** карбо́ловая кислота́, *coll* карбо́лка
carbon 1. *n* углеро́д; ~ **monoxide** уга́рный газ, о́кись *f* углеро́да; ~ **dioxide** двуо́кись *f* углеро́да **2.** *adj* углеро́дистый, у́гольный; ~ **compound** углеро́дное соедине́ние; ~ **copy** ко́пия че́рез копи́рку; *fig* то́чная ко́пия; ~ **paper** копирова́льная бума́га, копи́рка
carbonaceous (*of carbon*) углеро́дный, углеро́дистый; *geol* каменноуго́льный
Carbonari карбона́рии *m pl*
carbonate 1. *n* карбона́т; **potassium** ~ углеки́слый ка́лий, пота́ш **2.** *adj* карбона́тный
carbonic углеро́дистый, ~ **acid** у́гольная кислота́; ~ **acid gas** двуо́кись *f* углеро́да, у́гольный ангидри́д
carboniferous углено́сный; *geol* ~ **period** каменноуго́льный пери́од
carbonization обу́гливание; *metal* науглеро́живание; (*coking*) коксова́ние
carbonize обу́гливать; (*char*) обжига́ть; (*coke*) коксова́ть
carbonyl 1. *n* карбони́л **2.** *adj* карбони́льный
carborundum 1. *n* карбору́нд **2.** *adj* карбору́ндовый
carboy буты́ль *f* (для кисло́т)
carbuncle *med, min* карбу́нкул
carburation карбюра́ция
carburettor карбюра́тор
carcase (*body*) труп; (*meat*) ту́ша; *tech* (*framework*) о́стов, карка́с; (*of building*) армату́ра; (*outer shell*) ко́рпус
carcinogen канцероге́н
carcinogenic канцероге́нный
carcinoma карцино́ма
card 1. *n* (*material*) карто́н; (*postcard*) откры́тка;

playing-~ (игра́льная) ка́рта; **play ~s** игра́ть в ка́рты; **visiting ~** (визи́тная) ка́рточка; *naut* **compass ~** карту́шка ко́мпаса; (*in catalogue etc*) ка́рточка; **punched ~** перфока́рта; *coll* (*person*) тип; *coll* **have a ~ up one's sleeve** име́ть ко́зырь про запа́с; **it's on the ~s that** вполне́ возмо́жно, что; **lay one's ~s on the table** открыва́ть свои́ ка́рты; **trump ~** ко́зырь *m* (*also fig*) **2.** *adj* карто́нный; ка́рточный **3.** *v* (*list on ~s*) выпи́сывать на ка́рточки; (*textiles*) кардова́ть
cardamom кардамо́н
cardan *tech* карда́н
cardboard 1. *n* карто́н **2.** *adj* карто́нный; **~ box** карто́нка
cardiac серде́чный; **~ arrest** остано́вка се́рдца
cardigan (шерстяна́я) ко́фта
cardinal 1. *n* (*prelate; bird*) кардина́л; (*numeral*) коли́чественное числи́тельное **2.** *adj* гла́вный, основно́й, кардина́льный; **~ number** коли́чественное числи́тельное; **~ point** (*of the compass*) страна́ све́та
card-index картоте́ка
carding-machine ворсова́льная маши́на
cardiograph кардио́граф
cardioid кардио́ида
cardiology кардиоло́гия
cardiologist кардио́лог
cardiovascular серде́чно-сосу́дистый
carditis карди́т
cardsharp(er) шу́лер
card-table ло́мберный стол
care 1. *n* (*worry*) забо́та; **without a ~ in the world** беззабо́тно; (*looking after*) ухо́д (**of**, за + *instr*); **take ~ of** (*look after*) забо́титься о (+ *prep*), смотре́ть за (+ *instr*), уха́живать за (+ *instr*); (*deal with*) занима́ться (+ *instr*); **in the ~ of** на попече́нии (+ *gen*); **~ of, c/o: M. Ivanov c/o N. Smirnov** Н. Смирно́ву, для М. Ива́нова; (*carefulness*) осторо́жность *f*; (*thoroughness*) тща́тельность *f*; (*attention*) внима́ние; **take ~!** осторо́жнее, береги́(те)сь; **take ~ that** смотре́ть, что́бы **2.** *v* забо́титься (**about**, о + *prep*); **I don't ~** мне всё равно́, мне безразли́чно; **I don't ~ to** мне не хо́чется; **~ for** (*look after*) смотре́ть за (+ *instr*), уха́живать за (+ *instr*); (*like*) люби́ть
careen (*for repairs*) кренгова́ть; (*heel over*) крени́ться
career 1. *n* (*occupation*) карье́ра; (*swift motion*) пробе́г; **in full ~** во весь опо́р **2.** *v* нести́сь
careerist 1. *n* карьери́ст **2.** *adj* карьери́стский
carefree беззабо́тный, беспе́чный
careful (*cautious*) осторо́жный; (*painstaking*) тща́тельный; (*attentive*) внима́тельный; (*solicitous*) забо́тливый; (*accurate*) аккура́тный
care-laden озабо́ченный
careless (*unconcerned*) беспе́чный; **~ of** не обраща́я внима́ния на (+ *acc*); (*negligent*) небре́жный; *coll* (*of work*) хала́тный; (*inattentive*) невнима́тельный; (*incautious*) неосторо́жный; (*frivolous*) легкомы́сленный
carelessness небре́жность *f*; хала́тность *f*; неосторо́жность *f*; невнима́тельность *f*
caress 1. *n* ла́ска **2.** *v* ласка́ть
caressing ла́сковый
caret знак вста́вки
caretaker (*of public building*) смотри́тель *m*; (*cleaner*) убо́рщик, *f* убо́рщица
careworn изму́ченный забо́тами
car-ferry автомоби́льный паро́м
cargo 1. *n* груз **2.** *adj* грузово́й
Caribbean кар(а)и́бский; **~ Sea** Кари́бское мо́ре
caribou кари́бу *neut indecl*
caricature 1. *n* карикату́ра (**of**, на + *acc*) **2.** *v* изобража́ть в карикату́рном ви́де
caricaturist карикатури́ст
caries *med* ка́риес, карио́з
carillon (*set of bells*) подбо́р колоколо́в; (*instrument*) карильо́н; (*sound*) перезво́н колоколо́в
carious карио́зный
carman во́зчик
Carmelite 1. *n* (*monk*) кармели́т; (*nun*) кармели́тка **2.** *adj* кармели́тский
carminative 1. *n* ветрого́нное сре́дство **2.** *adj* ветрого́нный
carmine 1. *n* карми́н **2.** *adj* карми́нный, карми́нного цве́та
carnage резня́, бо́йня
carnal (*of body*) теле́сный, пло́тский; (*sexual*) полово́й; **~ knowledge** половы́е сноше́ния *neut pl*
carnality (*lust*) по́хоть *f*
carnation 1. *n* гвозди́ка **2.** *adj* а́лый
carnival 1. *n* карнава́л **2.** *adj* карнава́льный
carnivore плотоя́дное живо́тное
carnivorous плотоя́дный
carol 1. *n* (*hymn*) гимн **2.** *v* (*sing happily*) ве́село петь; (*extol in song*) воспева́ть
Carolingian кароли́нгский
carotid 1. *n* со́нная арте́рия **2.** *adj* кароти́дный
carotin кароти́н
carousal попо́йка, пиру́шка
carouse пирова́ть
carousel карусе́ль *f*
car-owner машиновладе́лец
[1]**carp** (*fish*) карп
[2]**carp** (*find fault*) придира́ться (**at**, к + *dat*)
carpal запя́стный
car-park ме́сто стоя́нки автомоби́лей, автостоя́нка
Carpathian карпа́тский; **~ mountains** Карпа́ты *f pl*
carpel плодоли́стик
carpenter 1. *n* пло́тник **2.** *v* пло́тничать
carpentry (*work*) столя́рная рабо́та; (*profession*) пло́тничное де́ло
carpet 1. *n* (*floor covering, also fig*) ковёр; **magic ~** ковёр-самолёт; *tech* защи́тный слой **2.** *v* (*cover with ~*) устила́ть ковра́ми; (*to cover*) устила́ть, покрыва́ть (+ *instr*); *coll* (*reprimand*) вызыва́ть для вы́говора
carpet-bag саквоя́ж
carping приди́рчивый
carpus запя́стье
carrageen каррагéн, ирла́ндский мох
carriage (*conveying*) перево́зка; (*cost of conveying*) сто́имость *f* перево́зки; **~ paid** с опла́ченной доста́вкой; (*deportment*) оса́нка; (*horse-drawn vehicle*) экипа́ж, коля́ска; (*railway*) ваго́н; (*of typewriter*) каре́тка; (*of gun*) лафе́т, стано́к
carriageway мостова́я, прое́зжая часть *f* доро́ги
carrier 1. *n* (*one who carries*) тот, кто но́сит, во́зит; (*porter*)носи́льщик; (*firm*) тра́нспортное аге́нтство; *nav* (*aircraft-~*) авиано́сец; (*on car, motorcycle*) бага́жник; *med* (*of disease*) носи́тель *m*; *tech* (*holder*) держа́тель *m*; *elect* несу́щий ток; *rad* несу́щая частота́ **2.** *adj elect*, *rad* несу́щий
carrier-borne авиано́сный
carrier-pigeon почто́вый го́лубь *m*

carrion 1. *n* (*corpse*) па́даль *f*; (*dead flesh*) мертвечи́на **2.** *adj* (*feeding on* ~) пита́ющийся па́далью; (*rotting*) гнию́щий
carrion-crow чёрная воро́на
carrot(s) морко́вь *f sing only*; (*single root*) морко́вка
carroty (*of hair*) ры́жий
carry 1. *vt* (*personally, on foot; also of wind, water*) нести́; (*habitually*) носи́ть; (*by transport*) везти́; (*habitually*) вози́ть; (*move from one point to another*) переноси́ть; перевози́ть; (*support weight*) подде́рживать; (*contain*) содержа́ть; (*conduct*) проводи́ть; *math* переноси́ть; (*take by attack*) брать при́ступом; (*in expressions*) ~ **all before one** преодоле́ть *pf* все препя́тствия; ~ **conviction** быть убеди́тельным; ~ **the day** одержа́ть *pf* побе́ду; ~ **forward** (*in accounts*) переноси́ть; ~ **into effect** приводи́ть в де́йствия; ~ **oneself** держа́ться; ~ **to extremes** доводи́ть до кра́йностей; ~ **weight** име́ть большо́е влия́ние, значе́ние; *vi* (*of sound*) доноси́ться (**to**, до + *gen*)
~ **away** уноси́ть; увози́ть; (*charm*) увлека́ть; *naut* срыва́ть(ся)
~ **off** уноси́ть; увози́ть; (*kidnap*) похища́ть; (*win*) выи́грывать
~ **on** (*continue*) продолжа́ть(ся); (*conduct*) вести́; *coll* (*behave*) вести́ себя́; (*make fuss*) сканда́лить; (*flirt*) флиртова́ть
~ **out** выноси́ть; (*fulfil*) выполня́ть
~ **over** (*all senses*) переноси́ть
~ **through** проноси́ть; провози́ть; (*sustain*) подде́рживать; (*complete*) доводи́ть до конца́
carry-over *math* перено́с; (*from earlier period*) пережи́ток
cart 1. *n* теле́га, пово́зка; *fig* **put the ~ before the horse** начина́ть не с того́ конца́; *sp* карт **2.** *v* вози́ть в теле́ге; *coll* (*carry, lug*) тащи́ть
cartage (*transport*) гужева́я перево́зка; (*price*) сто́имость *f* перево́зки
carte-blanche карт-бла́нш; **give ~ to** дава́ть по́лную свобо́ду де́йствий (+ *dat*)
cartel *econ* карте́ль *m*; *mil* соглаше́ние об обме́не пле́нными
carter во́зчик
Carthaginian 1. *n* карфаге́нянин **2.** *adj* карфаге́нский
Carthage Карфаге́н
carthorse ломова́я ло́шадь *f*
Carthusian картезиа́нец
cartilage хрящ
cartilaginous хрящево́й
cartographer карто́граф
cartographic картографи́ческий
cartography картогра́фия
cartomancy гада́ние на ка́ртах
carton карто́нка
cartoon 1. *n arts* (*study*) карто́н; (*caricature*) карикату́ра; *cine* мультипликацио́нный фильм, мультфи́льм **2.** *adj* карикату́рный **3.** *v* изобража́ть в карикату́рном ви́де
cartoonist карикатури́ст
cartouche карту́ш
cartridge патро́н; **blank** ~ холосто́й патро́н; **~-belt** патронта́ш; **~-case** патро́нная ги́льза; **~-paper** пло́тная бума́га, ва́тман
cart-track просёлочная доро́га
cartulary рее́стр
cart-wheel 1. *n* колесо́ теле́ги; (*somersault*) кувырка́нье колесо́м **2.** *v* кувырка́ться колесо́м, ходи́ть колесо́м
cartwright каре́тник, экипа́жный ма́стер
carve (*in general*) ре́зать; (*chisel*) выреза́ть (**in, on,** по + *dat*; **from,** из + *gen*); ~ **up** дели́ть
carvel-built с обши́вкой вгладь
carver (*person*) ре́зчик; (*knife*) нож для нареза́ния мя́са
carving (*activity*) резьба́; (*carved work*) резна́я рабо́та
car-worker автозаво́дец, автострои́тель *m*
caryatid кариати́да
cascade 1. *n* (*waterfall*) каска́д, водопа́д; *elect, fig* каска́д **2.** *adj* каска́дный **3.** *v* па́дать каска́дом
[1]**case** (*example, instance*) слу́чай; **in ~...** в слу́чае, е́сли...; **in ~ of** в слу́чае (+ *gen*); **just in ~** на вся́кий слу́чай; **in any ~** во вся́ком слу́чае; **in that ~** в тако́м слу́чае; **is it the ~ that** пра́вда ли, что; (*condition*) состоя́ние; **in poor ~** в плохо́м состоя́нии; *med* слу́чай; ~ **history** исто́рия боле́зни; (*patient*) больно́й, пацие́нт; *leg* суде́бное де́ло; ~ **law** прецеде́нтное пра́во; (*argument*) до́воды *m pl*; ~ **for** аргумента́ция в по́льзу (+ *gen*); **state one's ~** излага́ть свои́ до́воды; *gramm* паде́ж; *coll* (*character*) чуда́к
[2]**case 1.** *n* (*suitcase*) чемода́н; (*box*) коро́бка, я́щик; **packing ~** я́щик, конте́йнер; (*for instrument etc*) футля́р; (*of soft material*) чехо́л; (*outer body of mechanism*) ко́рпус; (*cover of engine etc*) кожу́х; (*show ~*) витри́на; **cartridge ~** патро́нная ги́льза; **cigarette ~** портсига́р; **vanity ~** несессе́р; *print* набо́рная ка́сса, шрифт-ка́сса; **lower ~ letter** строчна́я бу́ква; **upper ~ letter** прописна́я бу́ква **2.** *v* (*put in ~*) класть в я́щик, футля́р; (*cover*) покрыва́ть; *sl* (*examine*) рассма́тривать
case-harden цементи́ровать
case-hardening цемента́ция
casein 1. *n* казеи́н **2.** *adj* казеи́новый
casemate казема́т
casement ство́рчатое окно́; *poet* окно́
cash 1. *n* (*money*) де́ньги *f pl*; (*ready money*) нали́чные (де́ньги); ~ **down** за нали́чный расчёт, *coll* де́ньги на бо́чку; **out of ~** не при деньга́х; **pay ~** плати́ть нали́чными; **send ~ on delivery** посыла́ть нало́женным платежо́м **2.** *v* ~ **a cheque** получа́ть (or дава́ть) де́ньги по че́ку; ~ **in on** зараба́тывать на (+ *prep*)
cashew *bot* анака́рдия
[1]**cashier** *n* касси́р(ша)
[2]**cashier** *v mil* увольня́ть со слу́жбы
cashmere 1. *n* кашеми́р **2.** *adj* кашеми́ровый
cash-register ка́ссовый аппара́т, ка́сса
casing (*outer covering*) оболо́чка; (*sheathing, plating*) обши́вка; (*facing*) облицо́вка; (*of mechanism*) кожу́х, ка́ртер; (*of tyre*) покры́шка
casino казино́ *neut indecl*
cask бо́чка, бочо́нок
casket шкату́лка; *Am* (*coffin*) гроб
Caspian Sea Каспи́йское мо́ре
cassation касса́ция
casserole (*utensil*) кастрю́ля; (*food*) запека́нка
cassette кассе́та; ~ **player, recorder** кассе́тный магнитофо́н
cassock *RC* сута́на; (*Orthodox*) ря́са
cassowary казуа́р
cast 1. *n* (*throw*) бросо́к; (*squint*) косогла́зие; **have a ~** коси́ть; (*mould*) фо́рма для отли́вки; **plaster ~** ги́псовый сле́пок; *fig* ~ **of mind** склад ума́; *theat* соста́в исполни́телей **2.** *adj tech* лито́й **3.** *v*

(*throw*) бросать, кидать; ~ **anchor** бросать, отдавать якорь; ~ **a glance** бросать взгляд (**at**, **on**, на + *acc*); ~ **light on** проливать свет на (+ *acc*); ~ **lots** бросать жребий; ~ **a shadow** бросать тень (*also fig:* **on**, на + *acc*); ~ **a spell on** (*bewitch*) околдовывать; (*charm*) очаровывать; ~ **a vote** подавать голос, голосовать (**for**, за + *acc*); (*net*, *line*) закидывать; (*skin*) сбрасывать; *tech* (*mould*) лить, отливать
~ **about for** изыскивать
~ **away** отбрасывать; **be** ~ **away** терпеть кораблекрушение
~ **down** (*pull down*) свергать; (*eyes*) опускать; **be** ~ **down** быть в унынии
~ **off** (*abandon*) бросать, покидать; (*clothing etc*) сбрасывать; *naut* (*rope*) отдавать; (*from moorings*) отваливать (**from**, от + *gen*); (*knitting*) сбавлять, спускать
~ **on** (*knitting*) прибавлять, набирать
~ **out** выгонять (**from**, из + *gen*)
~ **up** (*eyes etc*) вскидывать; (*sum*) подсчитывать; (*vomit*) извергать
castanets кастаньеты *f pl*
castaway потерпевший кораблекрушение; *fig* отверженный
caste 1. *n* каста **2.** *adj* кастовый
castellan кастелян
castellated (*like castle*) имеющий вид замка; (*crenellated*) с амбразурами; *tech* зазубренный; ~ **nut** корончатая гайка
caster (*foundryman*) литейщик; (*on furniture*) ролик, колёсико; ~ **sugar** сахарная пудра
castigate (*punish*) наказывать; (*rebuke*) порицать, строго критиковать; (*emend*) исправлять
castigation (*punishment*) наказание; (*rebuke*) порицание, суровая критика; (*emendation*) исправление
casting 1. *n* (*process*) литьё; (*object*) отливка; *theat* распределение ролей **2.** *adj tech* литейный; ~ **vote** решающий голос
cast-iron чугунный; *fig* железный
castle 1. *n* замок; (*chess*) ладья; ~**s in the air/ in Spain** воздушные замки *m pl* **2.** *v* (*chess*) рокировать(ся)
castling (*chess*) рокировка
cast-off (*clothes*) поношенный; (*useless*) негодный; (*abandoned*) брошенный
castor 1. *n* (*beaver*) бобр; (*fur*) бобровый мех; (*extract*) кастор; (*caster*) ролик, колёсико **2.** *adj* бобровый
castor-oil касторовое масло, *coll* касторка; ~ **plant** клещевина
castrate кастрировать
castration кастрация
casual (*by chance*) случайный; ~ **work** непостоянная работа; (*careless*) небрежный; (*superficial*) невнимательный
casualty пострадавший; *mil* (*wounded*) раненый; (*killed*) убитый; *pl* (*losses*) потери *f pl*; ~ **ward** травматическое отделение
casuist казуист
casuistic казуистический
casuistry казуистика
cat кошка; **tom** ~ кот; **wild** ~ дикая кошка; *fig* (*woman*) ехида; (*lash*) кошка; (*in expressions*) **let the** ~ **out of the bag** пробалтываться; **like a** ~ **on hot bricks** как на углях; **it's raining** ~**s and dogs** льёт как из ведра
catabolism катаболизм
cataclysm (*flood*) потоп; (*upheaval*) катаклизм; *fig*, *pol* переворот
catacomb катакомба
catafalque катафалк
Catalan 1. *n* (*person*) каталонец, *f* каталонка; (*language*) каталонский язык **2.** *adj* каталонский
catalepsy каталепсия
cataleptic каталептический
catalogue 1. *n* (*of library etc*) каталог; (*price list*) прейскурант; (*list*) список **2.** *adj* каталожный; ~ **room** каталожная **3.** *v* каталогизировать
cataloguer каталогизатор
Catalonia Каталония
catalysis катализ
catalyst катализатор
catamaran катамаран
catamite мальчик-педераст
cataplasm припарка
catapult 1. *n* катапульта; (*boy's*) рогатка **2.** *v* катапультировать(ся)
cataract (*waterfall*) водопад; (*downpour*) сильный ливень *m*; *med* катаракта; *tech* катаракт
catarrh катар
catastrophe катастрофа
catastrophic катастрофический, катастрофичный
catcall 1. *n* свист **2.** *v* освистывать
catch 1. *n* (*act of* ~*ing*) поимка, захват; (*of fish*) улов; (*of game*; *thing caught*) добыча; (*find*) находка; (*fastening*) защёлка; **safety** ~ предохранительная защёлка; **window** ~ оконный шпингалет; (*trick*) фокус; **that's the** ~ в этом-то и дело; (*game*) **play** ~ играть в догонялки **2.** *vt* (*capture*, *seize*; *ball*, *fish etc*) ловить; ~ **hold of** схватываться, ухватываться, браться за (+ *acc*); ловить; (*meaning*, *sound etc*) улавливать; ~ **sight of** увидеть *pf*; ~ **s.o.'s attention** привлекать внимание; ~ **s.o.'s eye** улавливать взгляд; (*disease*) заражаться (+ *instr*); ~ **cold** схватить *pf* насморк, простудиться *pf*; ~ **one's breath** затаить *pf* дыхание; (*surprise at critical moment*) заставать, застигать; ~ **unawares, off guard** заставать врасплох; ~ **fire** загораться, зажигаться, воспламеняться; (*take vehicle*) садиться в (+ *acc*); (*be in time for train etc*) успеть *pf*, попасть *pf* на поезд; *vi* (*jam*) застревать; (*snag*) зацепляться (**on**, за + *acc*)
~ **at** ухватываться за (+ *acc*)
~ **on** (*become fashionable*) становиться модным; (*understand*) понимать
~ **on to** ухватываться за (+ *acc*)
~ **out** (*detect*) поймать *pf*; (*in a lie*) поймать на лжи; (*take unawares*) заставать врасплох; (*outwit*) перехитрить *pf*
~ **up** (*overtake*) догонять; (*make up time*) навёрстывать потерянное время; (*lift*; *complete phrase etc*) подхватывать
catcher (*of animals*) ловец; (*tech*, *various senses*) уловитель *m*; (*receptacle*) ловушка
catching 1. *n* улавливание **2.** *adj* (*infectious*) заразный; *fig* заразительный
catchment area *geol* водосборная площадь *f*; (*area served*) район обслуживания
catchpenny показной
catchword (*fashionable word*) модное словечко; (*slogan*) лозунг; *print* колонтитул
catchy (*attractive*) привлекательный; (*tricky*) сложный, трудный; (*tune*) легко запоминающийся

catechetical вопро́сно-отве́тный; *rel* катехизи́ческий
catechism катехи́зис; *fig* ряд вопро́сов
catechize (*rel*) преподава́ть катехи́зис; (*question*) допра́шивать
catechumen новообращённый
categorical категори́ческий, безусло́вный
categorize распределя́ть по катего́риям
category катего́рия, разря́д
catena *math* цепь *f*, связь *f*
catenary 1. *n math* цепна́я ли́ния **2.** *adj* цепно́й
cater (*provide food*) поставля́ть прови́зию; ~ **for, to** (*feed*) корми́ть; (*serve*) обслу́живать; (*suit taste*) угожда́ть (+ *dat*)
caterer поставщи́к прови́зии
catering пита́ние, поста́вка проду́ктов; ~ **trade** рестора́нное де́ло
caterpillar 1. *n zool*, *tech* гу́сеница **2.** *adj* гу́сеничный; ~ **tractor** гу́сеничный тра́ктор
caterwaul выть
caterwauling коша́чий конце́рт
catfish со́мик
catgut 1. *n* кетгу́т; *mus* струна́; *med* хирурги́ческая нить *f*, кетгу́т **2.** *adj* кетгу́тный
catharsis ка́тарсис
cathartic 1. *n med* слаби́тельное **2.** *adj med* слаби́тельный
cathedral (кафедра́льный) собо́р
catherine-wheel (*firework*) о́гненное колесо́; (*somersault*) кувырка́нье колесо́м; (*rose-window*) кру́глое окно́
catheter кате́тер
cathode 1. *n* като́д **2.** *adj* като́дный; ~**-ray tube** электро́нно-лучева́я тру́бка
catholic (*universal*) всеобъе́млющий; (*broad*) широ́кий; *eccles* (*of whole church*) вселе́нский
Catholic 1. *n* като́лик, католи́чка **2.** *adj* католи́ческий
Catholicism *RC* католи́чество, католици́зм
catholicity (*universality*) универса́льность *f*; (*of opinions etc*) широта́; *RC* католи́чество
cation катио́н
catkin серёжка
cat-like коша́чий
cat-lover коша́тник, люби́тель *m* ко́шек
catmint коша́чья мя́та
catoptric катоптри́ческий; ~**s** като́птрика
cat's-cradle корзи́нка
cat's-paw: s'one's ~ ору́дие в рука́х (+ *gen*)
cat's-whisker *rad* конта́ктная пружи́на, «у́сик»
cattily язви́тельно, ехи́дно
cattiness язви́тельность *f*
cattish (*of, like cat*) коша́чий; (*spiteful*) зло́стный, язви́тельный
cattle скот; *pej* (*of people*) скоты́ *pl*; **beef** ~ мясно́й (кру́пный рога́тый) скот; **dairy** ~ моло́чный скот; ~ **breeder** скотово́д; ~ **breeding, rearing** скотово́дство; ~ **cake** жмых; ~ **dealer** скотопромы́шленник; ~ **truck** ваго́н для перево́зки скота́
catty (*of, like cat*) коша́чий; (*spiteful*) ехи́дный, язви́тельный
catwalk мо́стик
Caucasian 1. *n* (*inhabitant of Caucasus*) кавка́зец, *f* кавка́зка; (*white-skinned person*) бе́лый **2.** *adj* (*of Caucasus*) кавка́зский; (*white-skinned*) бе́лый
Caucasus Кавка́з; **in the** ~ на Кавка́зе
caucus (*influential group*) влия́тельные круги́ *m pl*; (*party committee*) парти́йный комите́т; (*party meeting*) парти́йное собра́ние
caudal (*like tail*) хвостови́дный; (*of tail*) хвостово́й
caudate (*having tail*) хвоста́тый, име́ющий хвост
caul (*of newborn child*) соро́чка
cauldron котёл, котело́к
cauliflower цветна́я капу́ста
caulk конопа́тить
caulking (*process*) конопа́чение; (*material*) конопа́тка
causal причи́нный, кауза́льный
causality причи́нность *f*, кауза́льность *f*
causative причи́нный; *gramm* каузати́вный
cause 1. *n* (*reason*) причи́на; ~ **and effect** причи́на и сле́дствие; **without the slightest** ~ без вся́кой причи́ны; (*motive*) по́вод; **give** ~ **for, to** дава́ть по́вод (для + *gen*, *or* + *infin*); *leg* де́ло; **show** ~ представля́ть основа́ния; (*movement; principle*) де́ло; **the** ~ **of peace** де́ло ми́ра; **in the** ~ **of** во и́мя (+ *gen*); (*side, party*) па́ртия; **make common** ~ **with** объединя́ться с (+ *instr*) **2.** *v* (*be* ~ *of*) быть причи́ной (+ *gen*), причиня́ть; (*give rise to*) вызыва́ть; (*make, force*) заставля́ть
cause célèbre гро́мкое де́ло
causeless беспричи́нный, необосно́ванный
causeway (*road on embankment*) доро́га на на́сыпи; (*over marsh*) гать *f*
caustic 1. *n* е́дкое вещество́ **2.** *adj chem* е́дкий, каусти́ческий; ~ **soda** е́дкий натр, каусти́ческая со́да, ка́устик; (*sarcastic*) е́дкий, язви́тельный
cauterization прижига́ние, каутериза́ция
cauterize прижига́ть
caution 1. *n* (*care*) осторо́жность *f*; (*circumspection*) осмотри́тельность *f*; (*prudence*) предосторо́жность *f*, предусмотри́тельность *f*; (*warning*) предупрежде́ние **2.** *v* (*warn*) предупрежда́ть; (*warn against*) предостерега́ть (про́тив + *gen*)
cautionary предупрежда́ющий, предостерега́ющий; ~ **measures** предупреди́тельные ме́ры *f pl*
cautious (*careful*) осторо́жный; (*wary*) осмотри́тельный; (*prudent*) предусмотри́тельный
cavalcade кавалька́да
cavalier 1. *n* (*horseman*) вса́дник; (*lady's escort*) кавале́р; (*member of order*) кавале́р; *hist* (*Royalist*) **Cavalier,** рояли́ст **2.** *adj* (*carefree*) беспе́чный; (*unceremonious*) бесцеремо́нный; (*disdainful*) надме́нный; *hist* рояли́стский
cavalry 1. *n* кавале́рия, ко́нница **2.** *adj* кавалери́йский
cavalryman кавалери́ст
cave 1. *n* пеще́ра **2.** *adj* пеще́рный **3.** *v* ~ **in** прова́ливаться, обру́шиваться
caveat (*warning*) предупрежде́ние; (*proviso*) огово́рка; *leg* хода́тайство о приостано́вке суде́бного произво́дства
caveman троглоди́т, пеще́рный челове́к
cavern пеще́ра; *med*, *geol* каве́рна
cavernous (*cavelike*) похо́жий на пеще́ру; (*having caves*) изоби́лующий пеще́рами; (*sunken*) впа́лый; (*of sound*) глухо́й; *med* пеще́ристый, каверно́зный
caviare икра́
cavil 1.*n* приди́рка **2.** *v* придира́ться (**at**, к + *dat*)
caving *tech* обру́шение; *sp* спелеоло́гия
cavitation кавита́ция
cavity (*depression*) впа́дина; (*hollow space; also tech, med*) по́лость *f*; ~ **wall** стена́ с возду́шной просло́йкой
cavort скака́ть

caw ка́ркать
cawing ка́рканье
cay кора́лловый (*or* песча́ный) острово́к
cayenne pepper кайе́нский пе́рец
cayman кайма́н
cease 1. *n* **without** ~ непреста́нно **2.** *vt* прекраща́ть; ~ **fire!** прекрати́ть стрельбу́; *vi* перестава́ть, прекраща́ться
cease-fire прекраще́ние огня́; (*truce*) переми́рие
ceaseless непреста́нный, непреры́вный
cecity слепота́
cedar кедр; ~ **of Lebanon** лива́нский кедр
cede (*surrender*) сдава́ть; (*point in argument*) допуска́ть
cedilla седи́ль *m*
ceiling 1. *n* (*of room*) потоло́к; *av* преде́льная высота́, потоло́к; *naut* насти́л двойно́го дна; *econ* ма́ксимум, преде́л **2.** *adj* максима́льный, преде́льный
celandine чистоте́л
celebrant свяще́нник (отправля́ющий слу́жбу)
celebrate (*festival*) пра́здновать; (*birthday*) справля́ть; *rel* отправля́ть; (*extol*) прославля́ть
celebrated знамени́тый, просла́вленный
celebration пра́зднование
celebrity знамени́тость *f*; (*person*) знамени́тый челове́к, знамени́тость *f*
celeriac (корнево́й) сельдере́й
celerity быстрота́
celery сельдере́й
celesta *mus* челе́ста
celestial небе́сный
celibacy целиба́т, безбра́чие
celibate 1. *n* (*bachelor*) холостя́к; (*person vowed to celibacy*) челове́к, да́вший обе́т безбра́чия **2.** *adj* холосто́й; да́вший обе́т безбра́чия
cell (*monastic*) ке́лья; (*prison*) тюре́мная ка́мера; *polit* яче́йка; *biol* кле́тка, кле́точка; *elect* элеме́нт
cellar подва́л; **wine** ~ ви́нный по́греб
cellist виолончели́ст, *f* виолончели́стка
cello виолонче́ль *f*
cellophane 1. *n* целлофа́н **2.** *adj* целлофа́новый
cellular *biol* кле́точный; (*porous*) яче́истый, по́ристый
celluloid 1. *n* целлуло́ид **2.** *adj* целлуло́идный
cellulose 1. *n* целлюло́за **2.** *adj* целлюло́зный
Celsius *see* **centigrade**
Celt кельт
Celtic ке́льтский
cement 1. *n bui* цеме́нт; (*glue*) клей **2.** *adj* цеме́нтный **3.** *v* (*cover with* ~) цементи́ровать; (*join with* ~) скрепля́ть цеме́нтом; (*glue*) скрепля́ть, скле́ивать; *fig* скрепля́ть, цементи́ровать
cemetery кла́дбище
cenotaph (*memorial*) кенота́фий; (*in London*) па́мятник поги́бшим во вре́мя пе́рвой и второ́й мировы́х войн
censer кади́ло, кури́льница
censor 1. *n* це́нзор **2.** *v* подверга́ть цензу́ре; (*delete*) вычёркивать
censorial (*of censor*) це́нзорский; (*of censorship*) цензу́рный
censorious крити́ческий
censorship цензу́ра
censurable досто́йный порица́ния
censure 1. *n* осужде́ние, порица́ние; **vote of** ~ во́тум недове́рия **2.** *v* осужда́ть, порица́ть
census пе́репись *f*; (*of population*) пе́репись *f* населе́ния; **to carry out a** ~ перепи́сывать
cent (*money*) цент; **five per** ~ пять проце́нтов
centaur кента́вр
Centaurus *astr* Кента́вр, созве́здие Кента́вра
centenarian 1. *n* столе́тний челове́к **2.** *adj* столе́тний
centenary 1. *n* столе́тняя годовщи́на, столе́тие **2.** *adj* столе́тний
centennial (*century-old*) столе́тний; (*once a century*) происходя́щий раз в сто лет
centesimal 1. *n* со́тая (часть) **2.** *adj* разделённый на сто часте́й
centigrade стогра́дусный; **ten degrees** ~ де́сять гра́дусов по Це́льсию, 10° Це́льсия
centigram(me) сантигра́мм
centilitre сантили́тр
centime санти́м
centimetre сантиме́тр
centipede сороконо́жка
centner це́нтнер
central центра́льный; **Central America** Центра́льная Аме́рика; **Central Asia** Сре́дняя А́зия; ~ **heating** центра́льное отопле́ние
centralization централиза́ция
centralize централизова́ть
centre 1. *n* (*middle*) центр, середи́на; ~ **of attraction** центр внима́ния; ~ **of gravity** центр тя́жести; **off** ~ смещённый с о́си; (*place*) центр; **shopping** ~ торго́вый центр; *sp* уда́р в центр **2.** *adj* центра́льный **3.** *v* (*place in* ~) класть, ста́вить в центр; (*concentrate*) сосредото́чивать(ся) (**on**, на + *prep*); *tech* центри́ровать; *sp* передава́ть в центр
centrifugal центробе́жный; ~ **force** центробе́жная си́ла
centrifuge центрифу́га
centripetal центростреми́тельный; ~ **force** центростреми́тельная си́ла
centuple 1. *adj* стокра́тный **2.** *v* увели́чивать во сто раз
centurion *hist* центурио́н
century столе́тие, век; **in the twentieth** ~ в двадца́том ве́ке; (*in Roman army*) центу́рия; *sp* сто очко́в
cephalic головно́й; ~ **index** черепно́й указа́тель *m*
cephalopod головоно́гое
ceramic керами́ческий; ~**s** кера́мика
cereal 1. *n* (*grain crop*) хле́бный злак; (*grain*) зерно́; (*groats*) крупа́; (*cornflakes*) кукуру́зные хло́пья *m pl* **2.** *adj* зла́ковый, зерново́й
cerebellum мозжечо́к
cerebral мозгово́й; *phon* церебра́льный
cerebration мозгова́я де́ятельность *f*; *coll* размышле́ние
cerebrum головно́й мозг
cerement са́ван
ceremonial 1. *n* церемониа́л, обря́д **2.** *adj* церемониа́льный; (*formal*) форма́льный
ceremonious церемониа́льный; (*elaborately correct*) церемо́нный
ceremony (*rite*) церемо́ния, обря́д; (*formal politeness*) церемо́нность *f*, форма́льность *f*; **stand on** ~ церемо́ниться; **without** ~ без церемо́ний
Ceres *myth*, *astr* Цере́ра
certain (*fixed, definite*) определённый; (*reliable*) надёжный, ве́рный; (*undisputed*) несомне́нный; **one thing is** ~ одно́ несомне́нно; (*some,*

particular) нéкоторый, извéстный; **a ~ Ivanov** нéкий Ивáнóв; **~ people are saying** нéкоторые лю́ди говоря́т; **in a ~ town** в однóм/извéстном гóроде; **to a ~ extent** до нéкоторой стéпени; **under ~ conditions** при извéстных услóвиях; (*sure*) **to be ~** быть увéренным; **be ~ to...** не забу́дь(те) (+ *infin*); **know for ~** знать наверняка́; **make ~** (*check*) проверя́ть; (*satisfy oneself*) убеждáться, удостоверя́ться; (*be sure*) быть увéренным; **they are ~ to come** они́ обязáтельно приду́т

certainly (*of course, by all means*) конéчно; **may I have a word with you? yes, ~!** мóжно с вáми поговори́ть? да, конéчно!; (*undoubtedly*) несомнéнно, безуслóвно; (*without fail*) непремéнно, обязáтельно; **~ not!** ни в кóем слу́чае

certainty (*fact*) несомнéнный факт; **for a ~** без вся́кого сомнéния; **know for a ~** знать наверняка́; **it's a ~ that** несомнéнно; (*inevitability*) неизбéжность *f*; (*assurance*) увéренность *f*; **in, with the ~ that** с увéренностью, что

certificate 1. *n* свидéтельство; **birth ~** свидéтельство о рождéнии **2.** *v* выдавáть пи́сьменное удостоверéние, удостоверя́ть

certify (*guarantee as genuine*) заверя́ть; **certified copy** завéренная кóпия; (*attest*) удостоверя́ть; (*give formal certificate*) выдавáть удостоверéние о (+ *prep*); (*as insane*) официáльно признáть *pf* сумасшéдшим

certitude увéренность *f*

cerulean лазу́рный

cervical заты́лочный, шéйный

cervix (*neck*) шéя; (*of uterus*) шéйка (мáтки)

cessation прекращéние

cession усту́пка, передáча

cesspit, cesspool выгребнáя я́ма, помóйная я́ма, помóйка

cetacean 1. *n* кит **2.** *adj* китóвый

cetaceous китóвый

Ceylon (*state*) Шри Лáнка; *hist, geog* Цейлóн

Chad Чад

chafe 1. *n* (*friction*) трéние; (*sore*) ссáдина; *fig* раздражéние **2.** *v* (*rub*) терéть; (*rub against*) терéться о (+ *acc*); (*rub to warm*) растирáть; (*rub sore*) натирáть; *fig* раздражáть(ся)

chaff 1. *n* (*grain husks*) мяки́на; (*cut straw*) сéчка; *coll* (*banter*) подшу́чивание **2.** *v* (*tease*) подшу́чивать (над + *instr*), поддрáзнивать

chaffinch зя́блик

chafing dish жарóвня

chagrin 1. *n* (*annoyance*) досáда; **to his ~** к егó досáде; (*disappointment*) огорчéние **2.** *v* досаждáть; огорчáть

chain 1. *n* (*most senses*) цепь *f*; (*for jewellery etc*) цепóчка; *pl* (*fetters*) окóвы *f pl*, у́зы *f pl*; **mountain ~** гóрная цепь *f*; **surveyor's ~** мéрная цепь **2.** *adj* цепнóй; **3.** *v* (*fasten with ~*) скрепля́ть цéпью; (*hold captive with ~*) скóвывать; **~ up a dog** *etc* посади́ть *pf* собáку *etc* на цепь

chain-bridge цепнóй мост

chain-drive цепнóй привóд

chain-mail кольчу́га

chain-reaction цепнáя реáкция

chain-saw цепнáя пилá

chain-smoker зая́длый кури́льщик

chain-stitch тáмбурная стрóчка

chair 1. *n* стул; *tech* (*for rail*) рéльсовая подклáдка; (*of professor*) кáфедра; (*at meeting*) **to be in the ~** председáтельствовать; **2.** *v* **~ a meeting** быть председáтелем, председáтельствовать на собрáнии

chair-lift (*for skiers*) крéсельный подъёмник

chairman, chairperson председáтель *m*

chairmanship председáтельство; **under the ~ of** под председáтельством (+ *gen*)

chairwoman жéнщина-председáтель *m*, *coll* председáтельница

chaise-longue шезлóнг

chalcedony халцедóн

Chaldean 1. *n* (*person*) халдéй; (*language*) халдéйский язы́к **2.** *adj* халдéйский

chalet шалé *neut indecl*; (*holiday house*) дáча

chalice *eccles* поти́р, чáша; *poet* чáша, ку́бок; *bot* чáшечка

chalk 1. *n* мел; (*for drawing*) мелóк; **not by a long ~** далекó не, отню́дь не **2.** *adj* из мéла, меловóй **3.** *v* (*write, draw in ~*) писáть, рисовáть мéлом; (*treat soil with ~*) удобря́ть и́звестью; **~ up** (*score etc*) отмéтить *pf*

chalky меловóй

challenge 1. *n* (*to contest etc*) вы́зов (**to**, на + *acc*); **accept a ~** принимáть вы́зов; **issue a ~** бросáть вы́зов; (*sentry's*) óклик; (*problem, task*) задáча **2.** *v* (*to contest etc*) вызывáть (**to**, на + *acc*); (*call in question*) оспáривать; (*defy*) игнори́ровать; (*claim*) трéбовать (+ *gen*); (*of sentry*) окликáть; (*test*) испы́тывать

challenger (*sender of challenge*) посылáющий вы́зов; *sp* претендéнт (на звáние чемпиóна)

challenging (*combative*) вызывáющий; (*demanding*) трéбовательный

chamber 1. *n* (*room*) кóмната; *pl* кварти́ра; (*bedroom*) спáльня; *pol* палáта; *econ* **~ of commerce** торгóвая палáта; *tech* кáмера; **combustion ~** кáмера сгорáния **2.** *adj* **~ music** кáмерная му́зыка; **~ pot** ночнóй горшóк

chamberlain камергéр

chambermaid гóрничная

chameleon 1. *n* хамелеóн **2.** *adj fig* измéнчивый

chamfer 1. *n* фáска, скóшенная крóмка **2.** *v* снимáть фáску, скáшивать

chamois 1. *n zool* сéрна; (*leather*) зáмша **2.** *adj* зáмшевый

champ *coll* чáвкать

champagne шампáнское

champion 1. *n* (*of a cause*) борéц (**of**, за + *acc*); (*defender*) защи́тник; *sp* чемпиóн; **world ~** чемпиóн ми́ра; **boxing ~** чемпиóн по бóксу; (*record-holder*) рекордсмéн; (*prize-winner*) призёр **2.** *adj* первоклáссный **3.** *v* борóться за (+ *acc*), защищáть

championship *sp* (*contest*) пéрвенство, чемпионáт; (*title*) звáние чемпиóна; (*support*) защи́та

chance 1. *n* (*hazard*) случáйность *f*; (*fortuitous occurrence*) слу́чай; **by ~** случáйно; **on the (off) ~** на вся́кий слу́чай; **on the ~ of** на слу́чай (+ *gen* or éсли+ *fut*); (*opportunity*) возмóжность; **I had no ~ to** у меня́ нé было возмóжности (+ *infin*); **I'll tell him when I get the ~** при слу́чае я емý скажу́; (*~ of success*) шанс, шáнсы; **you have a good ~ of winning** у вас хорóшие шáнсы на вы́игрыш; (*risk*) риск; **game of ~** азáртная игрá; **take a ~** пойти́ *pf* на риск; **take, run the ~ of** рисковáть (+ *instr*) **2.** *adj* случáйный **3.** *v* (*happen*) случáться; **I ~d to be at home** я случáйно был дóма; (*risk*) рисковáть (+ *instr*); **~ it** рискну́ть *pf*; **~ upon** случáйно найти́ *pf*

chancel алтáрь *m*

chancellery канцеля́рия
chancellor ка́нцлер
chancery ка́нцлерский суд
chanciness (*hazard*) случа́йность *f*; (*riskiness*) риско́ванность *f*
chancy (*random*) случа́йный; (*risky*) риско́ванный; **a ~ business** риско́ванное де́ло
chandelier лю́стра
chandler (*seller of chandlery*) ме́лочный торго́вец; (*candle-maker*) свечно́й фабрика́нт; (*candle-seller*) торго́вец свеча́ми; **corn-~** лаба́зник; **ship-~** судово́й поставщи́к
change 1. *n* (*alteration*) измене́ние; **~** (*to s'th new*) переме́на; **~ for the better** переме́на к лу́чшему; **for a ~** для разнообра́зия; (*exchange*) обме́н; (*replacement*) заме́на; (*of clothes*) сме́на; (*from purchase; for coin or note*) сда́ча; **have you ~ for a pound** вы не мо́жете разменя́ть фунт?; **small ~** ме́лочь *f*; (*of trains etc*) переса́дка; *tech* переключе́ние; **gear ~** переключе́ние переда́ч; *med* **~ of life** климакте́рий **2.** *v* (*most senses*) меня́ть(ся); (*alter*) изменя́ть(ся); **how you have ~d!** как вы измени́лись!; (*exchange*) обме́ниваться (+ *instr*); (*replace*) заменя́ть, сменя́ть; (*money*) разменя́ть; (*trains etc*) де́лать переса́дку (**to**, на + *acc*); **~ clothes** переодева́ться; **~ hands** переходи́ть из рук в ру́ки; **~ one's mind** переду́мывать; **~ one's tune** запе́ть *pf* на друго́й лад; **~ places** меня́ться места́ми; **~ shoes** переобува́ться; **~ sides** переходи́ть на другу́ю сто́рону
changeability переме́нчивость *f*, изме́нчивость *f*
changeable изме́нчивый, непостоя́нный; (*of weather*) переме́нный
changeless (*unchanging*) неизме́нный; (*constant*) постоя́нный
changeling подменённое дитя́ *neut*
change-over (*switch*) переключе́ние; (*alteration*) измене́ние; (*transition*) перехо́д; (*of personnel*) сме́на
changing-room *sp* раздева́лка
channel 1. *n* (*river bed*) ру́сло; (*navigable stretch*) фарва́тер; (*straights*) проли́в; **English Channel** Ла-Ма́нш; (*canal*) кана́л; *tech* жёлоб; *rad* полоса́ часто́т, кана́л **2.** *v* (*dig ~*) проводи́ть кана́л; (*dig ditch*) рыть кана́ву; (*groove*) де́лать жёлоб; *fig* (*direct*) направля́ть
chant 1. *n eccles* песнопе́ние; (*monotonous singing*) моното́нное пе́ние **2.** *v* петь (моното́нно); (*slogans etc*) сканди́ровать
chanterelle лиси́чка
chaos (*primeval state*) ха́ос; (*confusion*) хао́с, по́лный беспоря́док
chaotic хаоти́ческий, хаоти́чный
[1]**chap** *coll* ма́лый, па́рень *m*, мужи́к; **a nice ~** симпати́чный па́рень
[2]**chap 1.** *n* (*on skin*) тре́щина, сса́дина **2.** *v* тре́скаться
chapel (*church*) це́рковь *f*; (*small oratory*) часо́вня
chaperon(e) 1. *n* да́ма, сопровожда́ющая молоду́ю де́вушку; (*professional companion*) компаньо́нка **2.** *v* сопровожда́ть
chaplain (*priest*) свяще́нник; (*in household*) капелла́н
chaplet (*of flowers*) вено́к; (*of gems*) диаде́ма; (*rosary*) чётки *f pl*
chapman разно́счик, коробе́йник
chaps *coll* (*jaw*) че́люсть *f*
chapter (*of book*) глава́; **quote ~ and verse** дать *pf* то́чную ссы́лку; (*of cathedral etc*) капи́тул
[1]**char** *coll* (*tea*) чай; (*charlady*) убо́рщица
[2]**char** (*burn*) обжига́ть(ся)
charabanc (*carriage*) шараба́н; (*bus*) авто́бус
character 1. *n* (*nature*) хара́ктер; **a man of strong ~** челове́к си́льного хара́ктера; (*reputation*) репута́ция; (*in play*) де́йствующее лицо́; **the main ~** гла́вный геро́й; (*in book*) персона́ж; *coll* (*eccentric*) чуда́к, оригина́л; **shady ~** тёмная ли́чность *f*; (*symbol*) знак; (*letter*) бу́ква; *pl* письмена́ *neut pl*; **Arabic ~s** ара́бское письмо́ **2.** *adj* (*of ~*) хара́ктера; **~ part** хара́ктерная роль *f*; **~ reference** характери́стика
characteristic 1. *n* (*trait*) характе́рная черта́; (*quality, typical feature*) сво́йство; *tech, math* характери́стика **2.** *adj* характе́рный (**of**, для + *gen*)
characterization характери́стика, описа́ние хара́ктера
characterize (*define character*) характеризова́ть; (*distinguish*) отлича́ть
characterless бесхара́ктерный
charade шара́да
charcoal древе́сный у́голь *m*; (*artist's*) у́голь *m* **~-burner** у́гольщик
charge 1. *n* (*of explosive, electricity*) заря́д; (*load*) нагру́зка; (*price*) цена́; (*payment*) пла́та; **free of ~** беспла́тно; (*costs*) расхо́ды *m pl*, изде́ржки *m pl*; (*custody*) попече́ние; **leave in the ~ of** поруча́ть (+ *dat*); (*command*) **have ~ of** име́ть отве́тственность за (+ *acc*); **be in ~ of** (*control*) заве́довать (+ *instr*); **who's in ~ here?** кто тут нача́льник?; (*accusation*) обвине́ние (**of**, в + *prep*); (*attack*) ата́ка **2.** *v* (*gun, battery*) заряжа́ть; (*load*) нагружа́ть; (*entrust*) поруча́ть (+ *dat*); (*instruct*) веле́ть (+ *dat*); (*price*) проси́ть; **I was ~ed five roubles** с меня́ взя́ли пять рубле́й; (*accuse*) обвиня́ть (**with**, в + *prep*); (*attack*) атакова́ть; (*rush on*) броса́ться на (+ *acc*)
chargeable (*liable to payment*) подлежа́щий опла́те, таксиро́вке; **~ to an account** относи́мый на счёт; (*liable to accusation*) подлежа́щий обвине́нию; *elect* заряжа́емый
chargé d'affaires пове́ренный в дела́х
charger (*dish*) большо́е блю́до; (*horse*) строева́я ло́шадь *f*; *elect* **battery ~** заря́дный выпрями́тель *m*
charily осторо́жно
chariot колесни́ца
charioteer возни́ца *m*
charisma *rel* бо́жий дар; *fig* (*fascination*) хари́зма, обая́ние; (*ability to lead, inspire etc*) уме́ние вести́ за собо́й, вдохновля́ть *etc*
charismatic вдохнове́нный; обая́тельный, харизмати́ческий
charitable (*of disposition*) милосе́рдный; (*generous*) ще́дрый; (*organization etc*) благотвори́тельный
charity (*virtue*) милосе́рдие; (*generous attitude*) снисхожде́ние; (*generosity*) ще́дрость *f*; (*alms*) ми́лостыня; (*organization*) благотвори́тельное учрежде́ние; **~ begins at home** своя́ руба́шка бли́же к те́лу
charlatan шарлата́н
charlatanism шарлата́нство
Charlemagne Карл Вели́кий, Шарлема́нь *m*
charleston (*dance*) чарльсто́н
charlotte (*sweet dish*) шарло́тка
charm 1. *n* (*magic spell*) ча́ры *f pl*; (*talisman*)

талисма́н; амуле́т; (*ornament*) брело́к; (*agreeable quality*) обая́ние, очарова́ние; (*fascination, also pl*) ча́ры *f pl* **2.** *v* (*bewitch*) заколдо́вывать; (*delight*) очаро́вывать

charmer обая́тельный челове́к; **snake ~** заклина́тель *m* змей

charming (*attractive*) очарова́тельный, обая́тельный; (*lovely*) преле́стный; **how ~!** кака́я пре́лесть!

charnel-house склеп

chart 1. *n* (*map*) ка́рта; *naut* морска́я ка́рта; (*plan*) диагра́мма; (*graph*) крива́я; (*table*) табли́ца **2.** *v* (*make map*) составля́ть ка́рту; (*put on map*) наноси́ть на ка́рту

charter 1. *n* (*document*) ха́ртия, гра́мота; (*constitution*) уста́в; (*hire*) ча́ртер **2.** *v* (*a ship*) фрахтова́ть; (*hire*) нанима́ть; (*hire out*) сдава́ть внаём; (*order*) зака́зывать

chartered (*privileged*) привилегиро́ванный; **~ accountant** обще́ственный бухга́лтер; (*ship*) зафрахто́ванный

charterer (*of ship*) фрахтова́тель *m*; (*of plane etc*) зака́зчик

charter-party фра́хтовый контра́кт

charthouse, chartroom шту́рманская ру́бка

Chartism чарти́зм

Chartist чарти́ст

chartreuse (*liqueur*) шартре́з

charwoman убо́рщица

chary (*cautious*) осторо́жный; **be ~ of** опаса́ться (+ *gen or infin*); (*sparing*) скупо́й (**of**, на + *acc*)

[1]**chase 1.** *n* (*pursuit*) пого́ня; **give ~** пуска́ться вдого́нку, гна́ться за (+ *instr*); **in ~ of** в пого́не за (+ *instr*); (*hunting*) охо́та **2.** *v* (*pursue*) гна́ться за (+ *instr*); (*hunt*) охо́титься; (*drink*) запива́ть (+ *instr*) **~ away, off, out** прогоня́ть; *fig* разгоня́ть, рассе́ивать

[2]**chase 1.** *n* (*gunbarrel*) ду́ло; (*groove*) жёлоб; (*print*) ра́ма **2.** *v* (*engrave*) гравирова́ть; *tech* (*cut screw*) нареза́ть резьбу́; (*cut out*) выруба́ть

chaser (*pursuer*) пресле́дователь *m*; (*engraver*) гравёр; (*screw cutter*) резьбово́й резе́ц

chasing (*pursuit*) пого́ня за (+ *instr*), пресле́дование; *tech, arts* резна́я рабо́та

chasm (*ravine*) глубо́кое уще́лье; *fig* (*void*) бе́здна; (*in attitudes etc*) глубо́кое расхожде́ние

chassis (*of car*) шасси́ *neut indecl*; (*of radio set*) ра́ма

chaste (*pure*) целому́дренный; (*decent*) прили́чный; (*of style etc*) чи́стый

chasten (*punish*) кара́ть; (*discipline*) дисциплини́ровать; (*subdue*) покоря́ть, усмиря́ть

chastise (*punish*) кара́ть, нака́зывать; (*beat*) бить

chastisement наказа́ние

chastity целому́дрие

chasuble ри́за

chat 1. *n* (*discussion*) бесе́да; **have a ~ with** бесе́довать с (+ *instr*); (*idle talk*) болтовня́ **2.** *v* (*converse*) бесе́довать; (*chatter*) болта́ть

château (*castle*) за́мок; (*palace*) дворе́ц

chatelaine (*hostess*) хозя́йка; (*chain*) цепо́чка

chattel со́бственность *f*, (дви́жимое) иму́щество; **goods and ~s** пожи́тки *m pl*

chatter 1. *n* (*talk*) болтовня́; (*of birds*) ще́бет; (*rattle; of teeth*) стук **2.** *v* болта́ть; щебета́ть; стуча́ть

chatterbox болту́н, *f* болту́нья

chatty (*talkative*) болтли́вый

chauffeur шофёр

chauvinism шовини́зм; **male ~** мужско́й шовини́зм

chauvinist шовини́ст

chauvinistic шовинисти́ческий

cheap 1. *adj* (*most senses*) дешёвый; (*vulgar*) вульга́рный **2.** *adv* дёшево; **buy ~** покупа́ть дёшево; **get off ~** дёшево отде́латься *pf*; **on the ~** по дешёвке

cheapen (*fall in price*) дешеве́ть; (*reduce in price*) удешевля́ть(ся); (*vulgarize*) опошля́ть(ся); (*belittle*) умаля́ть; (*demean*) унижа́ть

cheaper деше́вле, бо́лее дешёвый; **this is two roubles ~** э́то деше́вле на два рубля́; **I want something a bit ~** мне ну́жно что-нибу́дь подеше́вле; **get ~** дешеве́ть

cheapness дешеви́зна; вульга́рность *f*

cheat 1. *n* (*deceiver*) обма́нщик; (*swindler*) плут; (*at games*) жу́лик; (*deception*) обма́н **2.** *v* обма́нывать, *coll* надува́ть; **he ~ed me of five roubles** он наду́л, обжу́лил меня́ на пять рубле́й; (*at cards*) жу́льничать

cheater *see* **cheat**

cheating плутовство́, жу́льничество

[1]**check** *see* **cheque**

[2]**check 1.** *n* (*stop*) остано́вка; (*momentary*) приостано́вка; (*delay*) заде́ржка; (*obstruction*) препя́тствие (**to**, + *dat*); (*control, supervision*) контро́ль *m* (**on**, над + *instr*); (*verification, test*) прове́рка; **keep a ~ on** следи́ть за (+ *instr*); (*bill*) счёт; (*for cloakroom*) номеро́к; (*chess*) шах; **in ~** под ша́хом; (*pattern*) кле́тка **2.** *adj* (*verifying*) прове́рочный, контро́льный; (*pattern*) кле́тчатый, в кле́тку **3.** *v* (*stop*) остана́вливать(ся); (*momentarily*) приостана́вливать(ся); (*delay*) заде́рживать; (*obstruct*) препя́тствовать (+ *dat*); (*reduce speed*) замедля́ть; (*reduce*) уменьша́ть; **keep in ~** сде́рживать; (*control, supervise*) контроли́ровать; (*verify, test*) проверя́ть; (*chess*) объявля́ть шах (+ *dat*)

~ in (*hotel etc*) регистри́ровать(ся)

~ off отмеча́ть га́лочкой

~ out (*leave*) уходи́ть

~ up проверя́ть

~ with (*coincide*) совпада́ть с (+ *instr*), соотве́тствовать

checked (*pattern*) клетчатый, в кле́тку

checker (*person*) контролёр; (*for game*) ша́шка; **~s** ша́шки

check-list контро́льный спи́сок

checkmate 1. *n* шах и мат **2.** *v* сде́лать *pf* мат (+ *dat*)

check-nut контрга́йка

check-out контро́ль *m*, ка́сса

checkpoint контро́льно-пропускно́й пункт

check-up прове́рка; (*medical examination*) медици́нский осмо́тр

cheddar (*cheese*) че́ддер

cheek 1. *n* щека́; **~ by jowl with** бок о́ бок с (+ *instr*); **turn the other ~** подставля́ть другу́ю щёку; *coll* (*impudence*) на́глость *f*; **have the ~ to** име́ть на́глость (+ *infin*) **2.** *v coll* говори́ть де́рзости (+ *dat*)

cheekbone скула́; **having prominent ~s** скула́стый

cheeky наха́льный

cheep 1. *n* писк; **give a ~** пи́скнуть *pf* **2.** *v* пища́ть

cheer 1. *n* (*state of mind*) **be of good ~** быть в хоро́шем настрое́нии; (*gaiety*) весе́лье; (*hurrah*) одобри́тельный крик; (*of welcome*) приве́тственный крик; *pl* (*applause*) аплодисме́нты *m pl* **2.** *v* (*make cheerful*) весели́ть; (*encourage*) подба́-

дривать; (*acclaim*) приве́тствовать гро́мкими во́згласами; (*applaud*) аплоди́ровать; ~ **up** обо-дря́ть(ся); ~ **up!** не унывáй(те)!
cheerful (*person, manner*) весёлый; (*brisk*) бо́дрый; (*welcoming, cosy*) приве́тливый
cheerfulness весёлость *f*; бо́дрость *f*; приве́т-ливость *f*
cheerio *coll* (*goodbye*) пока́!
cheerless (*dull, dark*) мра́чный; (*sad, dismal*) уны́лый
cheers *coll* (*toast*) за ва́ше здоро́вье!; (= *cheerio*) пока́!
cheery (*cheerful*) весёлый; (*brisk*) бо́дрый
cheese сыр; **~-cake** сла́дкая ватру́шка; **~-cloth** ма́рля
cheesed-off *coll* сы́тый по го́рлу (**with**, + *instr*)
cheese-paring 1. *n* ску́пость *f* **2.** *adj* скупо́й
cheesy сы́рный
cheetah гепа́рд
chef гла́вный по́вар, шеф-по́вар
chef-d'oeuvre шеде́вр
chemical 1. *n* (*substance*) хими́ческое вещество́; (*product*) хими́ческий проду́кт, химика́т; *pl* химика́лии *f pl* **2.** *adj* хими́ческий; ~ **fertilizer** минера́льное удобре́ние; ~ **warfare** хими́ческая война́
chemin-de-fer (*game*) желе́зка, девя́тка
chemise же́нская соро́чка
chemist (*scientist*) хи́мик; (*keeper of ~'s shop*) апте́карь *m*; (*~'s shop*) апте́ка
chemistry хи́мия
chemotherapy химотерапи́я
cheque (ба́нковый) чек; **cash a ~** (*obtain*) полу-ча́ть де́ньги по че́ку; (*give*) выдава́ть де́ньги по че́ку; **draw a ~** выпи́сывать чек; **~-book** че́ковая кни́жка
chequer 1. *n* (*pattern*) клетка **2.** *v* (*cover with ~ed pattern*) писа́ть, рисова́ть *etc* в кле́тку; (*divide into squares*) разделя́ть на квадра́ты
chequered (*pattern*) кле́тчатый, в кле́тку; (*squared*) разделённый на квадра́ты; *fig* **a ~ fortune, history** изме́нчивое сча́стье
cherish (*love*) люби́ть; (*care for*) бере́чь; (*hopes etc*) леле́ять; (*keep in memory*) храни́ть (в па́мяти)
cheroot сига́ра
cherry 1. *n* ви́шня; **sweet ~** чере́шня; **bird ~** черёмуха **2.** *adj* вишнёвый; ~ **brandy** вишнёвый ликёр; ~ **pie** пиро́г с ви́шнями; (*colour*) вишнёвого цве́та
chert кремни́стый сла́нец
cherub херуви́м
cherubic херуви́мский; *fig* ангелоподо́бный
chervil ке́рвель *m*
chess 1. *n* ша́хматы *m pl*; **play ~** игра́ть в ша́хматы **2.** *adj* ша́хматный
chessboard ша́хматная доска́
chessman ша́хматная фигу́ра
chess-player шахмати́ст
chest (*box*) сунду́к; ~ **of drawers** комо́д; **medicine ~** дома́шняя апте́ка; *anat* грудь *f*; *fig* **get off one's ~** (*confess*) признава́ться; (*unburden oneself*) облегча́ть ду́шу
chestnut 1. *n* кашта́н; **horse ~** ко́нский кашта́н; (*horse*) гнеда́я ло́шадь *f*; (*old joke*) изби́тый анекдо́т **2.** *adj* кашта́новый; (*colour*) кашта́н-овый, кашта́нового цве́та; (*of horse*) гнедо́й
chesty (*voice, cough*) грудно́й
cheval-glass трюмо́ *neut indecl*
chevalier (*knight*) ры́царь *m*; (*of an order*) кавале́р
chevron *mil* шевро́н, уго́льник; *bui* стропи́ло
chew (*masticate*) жева́ть; ~ **the cud** жева́ть жва́чку; ~ **over** (*consider*) обду́мывать
chewing-gum жева́тельная рези́нка
chiaroscuro *arts* светоте́нь *f*
chiasmus хиа́зм
chic 1. *n* шик **2.** *adj* шика́рный
chicanery моше́нничество
chi-chi *coll* (*affected*) претенцио́зный, жема́нный; (*modish*) сти́льный
chick (*young chicken*) цыплёнок; (*other birds*) птене́ц
chicken 1. *n* ку́рица, *pl* ку́ры; *coll* **she is no ~** она́ уже́ не пе́рвой мо́лодости **2.** *adj* кури́ный **3.** *v coll* **~ out** стру́сить *pf*
chicken-feed корм для цыпля́т; *coll* пустяки́ *m pl*
chicken-hearted малоду́шный
chicken-pox ве́тряная о́спа, ветря́нка
chicken-run куря́тник
chick-pea туре́цкий горо́х
chickweed мокри́ца
chicory цико́рий
chide (*rebuke*) упрека́ть; (*censure*) порица́ть; (*scold*) брани́ть
chief 1. *n* (*head*) глава́; (*boss*) шеф, нача́льник; ~ **of staff** нача́льник шта́ба; (*of tribe*) вождь *m* **2.** *adj* (*principal*) гла́вный; (*main*) основно́й
chiefly гла́вным о́бразом, в основно́м
chieftain (*of tribe*) вождь *m*; (*of robber band*) атама́н
chiffon 1. *n* шифо́н **2.** *adj* шифо́новый
chiffonier шифонье́рка
chignon у́зел (воло́с); пучо́к
chilblain обморо́жение, обморо́женное ме́сто
child ребёнок; **be with ~** быть бере́менной; **have a ~** име́ть ребёнка; *fig, poet* дитя́ *neut*; (*offspring, also fig*) де́тище; **~'s** де́тский; **~'s play** лёгкое де́ло
childbed, childbirth ро́ды *m pl*
childbearing деторожде́ние; ~ **age** детoро́дный во́зраст
childhood 1. *n* де́тство; **from, since ~** с де́тства **2.** *adj* де́тский
childish де́тский
childless безде́тный
childlike (*typical of child*) характе́рный для ребёнка; (*childish*) де́тский; (*innocent etc as child*) неви́нный *etc* как ребёнок
child-minder ня́ня
children де́ти *pl*; **~'s** детский, для детей
Chile Чи́ли *indecl*
Chilean 1. *n* чили́ец, *f* чили́йка **2.** *adj* чили́йский
chiliad тысячеле́тие
chiliastic хилиасти́ческий
chill 1. *n* (*cold*) хо́лод; (*coolness*) прохла́да; (*illness*) просту́да; **catch a ~** простуди́ться *pf*; *fig* (*coolness*) хо́лодность *f*; **cast a ~ on** рас-хола́живать; **take the ~ off** немно́го подо-грева́ть **2.** *adj* (*cold, also fig*) холо́дный; (*cool*) прохла́дный **3.** *vt* (*make cold*) охлажда́ть; (*cool*) студи́ть; *fig* расхола́живать; *tech* зака́ливать; *vi* холоде́ть
chilli стручко́вый пе́рец
chilly холо́дный; (*of weather*) прохла́дный; (*sensitive to cold*) зя́бкий
chime 1. *n* (*of bell*) звон; (*of clock*) бой; (*peal of bells*) перезво́н; (*set of bells*) подбо́р колоколо́в **2.** *vt* (*a tune*) выбива́ть; (*the hour*) пробива́ть,

отбива́ть; *vi* (*ring*) звене́ть; (*harmonize*) звуча́ть согла́сно (**with**, с + *instr*); ~ **in** (*interrupt*) перебива́ть
chimera *myth* Химе́ра; *fig* ди́кая фанта́зия, химе́ра; *biol* химе́ра
chimerical химери́ческий, небыва́лый
chimney (дымова́я) труба́; (*of lamp*) ла́мповое стекло́; (*in climbing*) ками́н; *geol* ру́дный столб; **~-pot** колпа́к (дымово́й) трубы́ **~-sweep** трубочи́ст
chimpanzee шимпанзе́ *m indecl*
chin подборо́док; *fig* **to keep one's ~ up** не па́дать ду́хом, не уныва́ть
china 1. *n* фарфо́р; (*crockery*) посу́да **2.** *adj* фарфо́ровый; **~-cabinet** серва́нт, буфе́т; **~-clay** фарфо́ровая гли́на, каоли́н
China Кита́й
Chinaman кита́ец
Chinatown кита́йский кварта́л
chinchilla *zool* шинши́лла; (*fur*) шинши́лловый мех
chine (*backbone*) хребе́т; (*ravine*) уще́лье; (*of boat*) углова́тая скула́
Chinese 1. *n* (*person*) кита́ец, *f* китая́нка; (*language*) кита́йский язы́к **2.** *adj* кита́йский; ~ **white** кита́йские бели́ла *neut pl*
chink 1. *n* (*crack*) щель *f*; (*sound*) звя́канье **2.** *v* (*tinkle*) звене́ть, звя́кать
chinoiserie 1. *n* (*style*) кита́йский стиль *m*; (*objects*) кита́йские ве́щи *f pl* **2.** *adj* в кита́йском сти́ле
chintz 1. *n* сите́ц **2.** *adj* си́тцевый
chinwag *coll* **1.** *n* **have a ~** поболта́ть *pf* **2.** *v* болта́ть
chip 1. *n* (*of wood*) ще́пка; (*splinter*) лучи́на; (*of stone*) обло́мок; *pl* (*road metal*) ще́бень *m*; (*of glass, metal*) оско́лок; (*crack*) тре́щина; (*dent, piece missing*) щерби́нка; *pl cul* жа́реная карто́шка; (*in games*) фи́шка; *elect* чип; *coll* **have a ~ on one's shoulder** держа́ться вызыва́юще; **he's a ~ off the old block** он пошёл в отца́; **he's had his ~s** ему́ капу́т; **pass in one's ~** (*die*) сыгра́ть *pf* в я́щик; **when the ~s are down** в реша́ющий моме́нт **2.** *v* (*wood*) струга́ть, щепа́ть; (*knock piece off*) отбива́ть кусо́к (+ *gen*); (*become ~ped*) отбива́ться
~ **away, off** отбива́ть
~ **in** (*interrupt*) перебива́ть; (*participate*) принима́ть уча́стие в (+ *pr*); (*contribute*) сде́лать *pf* вклад, войти́ *pf* в до́лю, в пай
~ **out** выреза́ть
chipboard древе́сно-стру́жечная плита́
chipmunk бурунду́к
chippings (*road metal*) ще́бень *m*, щебёнка
chiromancy хирома́нтия, гада́ние по руке́
chiropodist мозо́льный опера́тор
chiropody педикю́р
chiroptera рукокры́лое
chirp 1. *n* (*~ing*) чири́канье, щебета́ние; **give a ~** чири́кнуть *pf* **2.** *v* чири́кать, щебета́ть
chirpy *coll* весёлый
chirr стрекота́ть
chirrup *see* **chirp**
chisel 1. *n* (*for wood*) долото́, стаме́ска; (*for metal*) зуби́ло; **cold ~** слеса́рное зуби́ло **2.** *vi* рабо́тать долото́м/зуби́лом; *vt* ре́зать/долби́ть долото́м/зуби́лом; *sl* (*cheat*) надува́ть; **~ away, off** отруба́ть долото́м/зуби́лом; **~ out** выруба́ть долото́м *etc*
chiseller *sl* плут
chit (*child*) ребёнок, кро́шка; (*pert girl*) девчо́нка; (*note*) запи́ска; (*official note*) спра́вка
chit-chat болтовня́
chivalrous ры́царский
chivalry ры́царство
chive(s) лук-ре́занец, лук-скорода́, шнит-лук
chivvy *coll* (*pester*) пристава́ть (к + *dat*); (*drive along*) гоня́ть
chloral *chem* хлора́л; *med* (~ *hydrate*) хлорал-гидра́т
chlorate хлора́т
chloric хло́ристый; ~ **acid** хлорнова́тая кислота́
chloride хлори́д
chlorinate хлори́ровать
chlorinated хлори́рованный
chlorination хлори́рование
chlorine хлор; ~ **gas** хлорга́з
chlorite хлори́т
chloroform 1. *n* хлорофо́рм **2.** *v* хлороформи́ровать
chlorophyll хлорофи́лл
chlorosis хлоро́з
chlorous хло́ристый, хло́рный
choc-ice эскимо́ *neut indecl*
chock (*wedge*) клин; (*block*) коло́дка; (*support*) подста́вка; *naut* полуклю́з; *av* тормозна́я коло́дка; **~-a-block** вплотну́ю; (*full*) по́лный до отка́за; **~-full** битко́м наби́тый
chocolate 1. *n* шокола́д; **bar of ~** пли́тка шокола́да; **box of ~s** коро́бка шокола́дных конфе́т **2.** *adj* (*of ~*) шокола́дный; (*colour*) шокола́дного цве́та
choice 1. *n* вы́бор (**between**, ме́жду + *instr*); **I have no ~** у меня́ нет вы́бора; **I have no ~ but to** я не могу́ не (+ *infin*); **make a bad ~** де́лать плохо́й вы́бор; **make one's ~** выбира́ть; **wide ~** широ́кий вы́бор **2.** *adj* (*carefully chosen*) отбо́рный; (*of best quality*) пе́рвого со́рта
choir *mus* хор; (*part of church*) хо́ры *m pl*; **~-master** хорме́йстер
choirboy ма́льчик-пе́вчий
choke 1. *n tech, elect* дро́ссель *m* **2.** *vt* (*stifle*) души́ть; (*block*) забива́ть, засоря́ть; *tech* дроссели́ровать; *vi* задыха́ться, дави́ться
~ **back** (*suppress*) сде́рживать, подавля́ть; ~ **back tears** глота́ть слёзы
~ **down** глота́ть с трудо́м
~ **up** засоря́ть(ся)
choke-damp рудни́чный газ
choker (*collar*) стоя́чий воротни́к; (*necklet*) колье́ *neut indecl*
choler гнев
cholera холе́ра
choleric вспы́льчивый, жёлчный
cholesterol холестери́н
choose (*select*) выбира́ть; (*elect*) избира́ть; (*decide*) реша́ть; (*prefer*) предпочита́ть; **I cannot ~ but** не могу́ не (+ *infin*)
choosy (*discriminating*) разбо́рчивый; (*fussy*) приве́редливый
chop 1. *n* (*blow*) ре́зкий уда́р; *coll* (*the sack*) **get the ~** вы́лететь *pf* (с рабо́ты); **give the ~** прогна́ть *pf*; *sp* кручёный уда́р; *cul* отбивна́я; (*waves*) зыбь *f*; **~s and changes** постоя́нные переме́ны *f pl*; *pl coll* (*jaw*) че́люсть *f* **2.** *v* (*cut*) руби́ть; (*firewood*) коло́ть; ~ **and change** всё вре́мя меня́ть
~ **down** сруба́ть

~ **off** отрубáть
~ **up** (*food etc*) рубúть, нарезáть (*firewood*) колóть
chopper (*axe*) колýн; *tech* прерывáтель *m*; *av sl* вертолёт
chopping 1. *n* (*cutting*) рýбка; ~ **and changing** постоя́нные переме́ны *f pl* **2.** *adj* обры́вистый; ~ **board** раздéлочная доскá
choppy: ~ **sea** неспокóйное мóре; *naut* корóткие вóлны *f pl*
chopstick пáлочка для еды́
choral хоровóй
chorale хорáл
chord *mus* (*sound*) аккóрд; **common** ~ трезвýчие; *anat* свя́зка; **spinal** ~ спиннóй мозг; **vocal** ~**s** голосовы́е свя́зки *f pl*; *math* хóрда; *tech* пóяс фéрмы
chore (*task*) задáча; (*boring work*) скýчная рабóта; ~**s** (*housework*) домáшняя рабóта
chorea хорéя
choreographer балетмéйстер
choreographic хореографúческий
choreography хореогрáфия
chorister хорúст
choroid сосýдистая оболóчка
chorology хоролóгия, биотополóгия
chortle 1. *n* хихúканье **2.** *v* (*joyfully*) рáдостно смея́ться; (*triumphantly*) ликовáть
chorus 1. *n* (*of voices*) хор; **in** ~ хóром; (*of dancers*) кордебалéт; (*in drama*) хор; (*in song*) припéв; (*choral work*) произведéние для хóра **2.** *v* петь, говорúть *etc* хóром
chorus-girl хорúстка
chosen: the ~ **few** и́збранные *pl*; **the** ~ **race** и́збранный нарóд
chough клушúца
chow (*dog*) чáу *m indecl*
chrism елéй
Christ Христóс, *acc* Христá
christen (*baptize*) крестúть; (*name*) давáть и́мя (+ *dat*); (*nickname*) давáть прóзвище (+ *dat*)
Christendom христиáнский мир, христиáнство
christening крещéние
Christian 1. *n* христианúн, *f* христиáнка **2.** *adj* христиáнский; ~ **name** и́мя *neut*
Christianity христиáнство
Christmas 1. *n* Рождествó (Христóво); **happy** ~! с Рождествóм; **Father** ~ дед-морóз **2.** *adj* рождéственский; ~ **card** рождéственская кáрточка; ~ **Eve** сочéльник; ~ **present** рождéственский подáрок; ~**-tree** ёлка
chromate хромáт
chromatic (*of colour*) цветнóй; *mus* хроматúческий; *opt* ~ **aberration** хроматúческая аберрáция
chromatography хроматогрáфия
chrome 1. *n* (*chromium or lead chromate*) хром **2.** *adj* хрóмовый; ~ **leather** хрóмовая кóжа; ~ **plated** хромúрованный; ~ **steel** хрóмистая сталь *f*; ~ **yellow** жёлтый крон
chromic хрóмовый; ~ **dye** хромирóвочный красúтель *m*
chromium 1. *n* хром **2.** *adj* хрóмовый; ~ **plating** хромúрование
chromolithography хромолитогрáфия
chromosome хромосóма
chromotype хромотúпия
chromous хромúстый
chronic (*long-standing*) вéчный, постоя́нный; (*disease*) хронúческий
chronicle 1. *n* хрóника, лéтопись *f* **2.** *v* вестú хрóнику (+ *gen*)
chronicler *hist* летопúсец
chronograph *hist*, *tech* хронóграф
chronological хронологúческий
chronology (*branch of study*) хронолóгия; (*table*) хронологúческая таблúца; (*order of events*) хронологúческий поря́док
chronometer хронóметр
chrysalis кýколка
chrysanthemum хризантéма
chrysolite хризолúт
chub голáвль *m*
chubby полнощёкий
[1]**chuck** (*of lathe*, *drill*) патрóн; **flange** ~ планшáйба; **self-centring** ~ самоцентрúрующий патрóн
[2]**chuck** *coll* (*throw*) швыря́ть; ~ **it!** (*stop*) брóсь(те), перестáнь(те)!; ~ **it in, up** (*give up*) бросáть; ~ **out** вышибáть; ~ **under the chin** потрепáть *pf* по подборóдку
chuckle 1. *n* (*giggle*) хихúканье; (*laughter*) смех **2.** *v* (*giggle*) хихúкать; (*laugh quietly*) посмéиваться; (*gloat*) злóбно усмехáться
chug 1. пыхтéние **2.** *v* рабóтать, двúгаться с пыхтéнием
chum 1. *n* товáрищ, приятель *m*, *coll* кóреш **2.** *v* ~ **up with** подружúться *pf* с (+ *instr*)
chummy общúтельный
chump (*block*) колóда; (*thick end*) тóлстый конéц; *coll* дурáк; **go off one's** ~ спя́тить *pf* с умá
chunk (*piece*) большóй кусóк; (*slice*) ломóть *m*
chunky (*of person*) коренáстый; (*thick*) тóлстый; (*sturdy*) здорóвый; (*lumpy*) комковáтый
church 1. *n* (*esp Orthodox*) цéрковь *f*; (*Polish*) костёл; **go to** ~ ходúть в цéрковь **2.** *adj* церкóвный
churchgoer посещáющий цéрковь
churchgoing посещéние цéркви
churchman церкóвник
churchy нáбожный
churchyard (*cemetery*) клáдбище
churl (*boor*) невéжа *m*, грубия́н; (*miser*) скря́га *m*; *hist* (*peasant*) простолюдúн
churlish (*rude*) грýбый; (*ill-bred*) невоспúтанный; (*mean*) скупóй
churn 1. *n* (*for making butter*) маслобóйка; (*mixer*) мешáлка; (*can of milk*) фля́га **2.** *vt* (*make butter*) сбивáть мáсло; (*agitate*) взбáлтывать; (*whip up*) вспéнивать; *vi* (*seethe*) бурлúть
chute (*sloping channel*) лотóк; жёлоб; (*for rubbish*) мусоропровóд; (*parachute*) парашю́т
cicada цикáда
cicatrice шрам
cicatrize *vt* заживля́ть; *vi* заживáть, зарубцóвываться
cicerone проводнúк, гид
cider сидр
cigar сигáра; ~**-case** портсигáр; ~**-shaped** сигарообрáзный
cigarette сигарéта; (*Russian type*) папирóса; **light a** ~ закурúть *pf* сигарéту; **filter-tip** ~ сигарéта с фúльтром; ~**-case** сигарéтница; ~ **end** окýрок; ~**-holder** мундштýк; ~**-lighter** зажигáлка; ~**-paper** папирóсная бумáга
cilia *anat* ресни́цы *f pl*; *bot*, *zool* реснúчки *f pl*
cinch: it's a ~ (*certain*) э́то уж навернякá; (*as good as done*) дéло в шля́пе

cincture 1. *n* (*belt*) по́яс; (*enclosure*) опоя́сывание; *archi* поясо́к **2.** *v* (*surround*) опоя́сывать, окружа́ть
cinder *usu pl* зола́; *tech* шлак, ока́лина; ~**-box** *tech* зо́льник
Cinderella Зо́лушка
cine- кино-; ~**-camera** киноаппара́т; ~**-film** киноплёнка; ~**-photography** киносъёмка; ~**-projector** кинопрое́ктор
cinema (*as art form*) кино *neut indecl*, кинематогра́фия; (*film*, *theatre*) кино́, кинотеа́тр; *as adj*, *coll* кино́шный
cinematic кинематографи́ческий
cinematics кинема́тика
cinematographer кинооперáтор
cinematography кинематогра́фия, кино́ *neut indecl*
cinerary пе́пельный; ~ **urn** у́рна с пра́хом
Cingalese 1. *n* (*person*) синга́лец *f* синга́лка; (*language*) сингале́зский язы́к **2.** *adj* цейло́нский, сингале́зский
cinnabar ки́новарь *f*
cinnamon 1. *n* кори́ца **2.** *adj* кори́чний
cinquefoil *bot* ла́пчатка; *archi* пятили́стник
cipher 1. *n* (*numeral*) ци́фра; (*zero*) нуль *m*; *fig* (*insignificant person*) ничто́жество; (*monogram*) моногра́мма; (*code*) шифр; **in** ~ зашифро́ванный **2.** *v* (*write in code*) зашифро́вывать
circa о́коло (+ *gen*), приблизи́тельно
Circassian 1. *n* (*person*) черке́с, *f* черке́шенка; (*language*) черке́сский язы́к **2.** *adj* черке́сский
Circe *myth* Цирце́я
circle 1. *n* (*ring*) круг; **in a** ~ круго́м; **vicious** ~ поро́чный круг; *geog* **great** ~ ортодро́мия; *theat* **dress** ~ бельэта́ж; **upper** ~ балко́н; (*group of people*) круг, кружо́к, гру́ппа; (*club*) кружо́к; (*sphere of influence etc*) о́бласть *f*, сфе́ра **2.** *vi* (*move in* ~) дви́гаться по кру́гу; (*of birds*, *aircraft etc*) кружи́ться (**round**, вокру́г + *gen*); (*revolve*) враща́ться; *vt* (*encircle*) окружа́ть; (*draw* ~ *round*) отмеча́ть кру́гом; (*go round*) обходи́ть круго́м
circlet (*small circle*) кружо́к; (*ring*) кольцо́
circuit 1. *n* (*circumference*) окру́жность *f*; (*revolution*) кругооборо́т, обраще́ние, круг; (*round trip*) обхо́д, объе́зд; *elect* цепь *f*, ко́нтур, схе́ма; **open** ~ разо́мкнутая цепь; **printed** ~ печа́тная схе́ма; **short** ~ коро́ткое замыка́ние **2.** *adj leg* окружно́й; *elect* ~ **breaker** прерыва́тель *m*, выключа́тель *m*; ~ **diagram** схе́ма соедине́ний **3.** *v* (*go round*) обходи́ть вокру́г (+ *gen*); (*revolve*) враща́ться
circuitous око́льный
circuitry схе́мы *f pl*
circular 1. *n* (*letter*) циркуля́р **2.** *adj* (*round*) кру́глый; ~ **saw** кру́глая пила́; (*describing a circle*) кругово́й; ~ **road** кольцева́я доро́га; ~ **staircase** винтова́я ле́стница
circularity кругообра́зность *f*
circularize рассыла́ть (+ *dat*) циркуля́ры
circulate *vt* (*propagate*, *distribute*) распространя́ть; (*send round*) рассыла́ть; (*pass on*) передава́ть; *vi* (*in general*) циркули́ровать; (*of money*) обраща́ться; (*of rumours etc*) ходи́ть, распространя́ться; (*move around*) передвига́ться
circulating: ~ **capital** оборо́тный капита́л; ~ **decimal** периоди́ческая дробь *f*; ~ **library** библиоте́ка с вы́дачей книг на́ дом; ~ **pump** циркуляцио́нный насо́с
circulation (*of liquids etc*) циркуля́ция; (*of blood*) кровообраще́ние; (*of newspaper*) тира́ж; (*of money*, *goods etc*) обраще́ние; **put into** ~ пуска́ть в обраще́ние; **withdraw from** ~ изыма́ть из обраще́ния
circumambient окружа́ющий
circumcise соверша́ть обре́зание, обреза́ть
circumcision обре́зание
circumference *math* окру́жность *f*; (*periphery*) перифери́я
circumflex циркумфле́кс
circumlocution (*wordiness*) многоречи́вость *f*; (*evasive answer*) укло́нчивый отве́т
circumnavigate пла́вать вокру́г (+ *gen*)
circumnavigation кругосве́тное пла́вание
circumpolar околопо́лярный
circumscribe *geom* опи́сывать; (*encircle*) окружа́ть; (*limit*) ограни́чивать
circumscription (*limit*) ограниче́ние, преде́л; (*inscription*) на́дпись *f*
circumspect осторо́жный, осмотри́тельный
circumspection осторо́жность *f*, осмотри́тельность *f*
circumstance (*attendant detail*) обстоя́тельство; (*event*) слу́чай; (*detail*) дета́ль *f*, подро́бность *f*; *pl* обстоя́тельства *neut pl*, усло́вия *neut pl*; **under the** ~**s** при да́нных обстоя́тельствах; **under no** ~**s** ни при каки́х усло́виях, ни в ко́ем слу́чае; (*financial*) материа́льное положе́ние; **in reduced** ~**s** в стеснённом материа́льном положе́нии
circumstantial (*fully detailed*) подро́бный, обстоя́тельный; (*incidental*) случа́йный; *leg* ~ **evidence** ко́свенные ули́ки *f pl*
circumvent (*get round*) обходи́ть; (*outwit*) перехитри́ть *pf*; (*frustrate*) расстра́ивать
circumvention обхо́д
circus *theat*, *geol* цирк; (*arena*) амфитеа́тр; (*road junction*) кру́глая пло́щадь *f*
cirrhosis цирро́з пе́чени
cirro-cumulus пе́ристо-кучевы́е облака́ *neut pl*
cirro-stratus пе́ристо-слои́стые облака́ *neut pl*
cirrus *meteorol* пе́ристые облака́ *neut pl*; *bot*, *zool* у́сик
cisalpine цизальпи́нский
cissy девчо́нка, не́женка *m and f*
cist гробни́ца
cistern (*tank*) бак, цисте́рна, резервуа́р; (*reservoir*) водоём; *anat* вмести́лище
citadel кре́пость *f*, цитаде́ль *f*; (*in Russia*) кремль *m*
citation (*quotation*) цита́та (**from**, из + *gen*); (*reference*) ссы́лка (**of**, на + *acc*); (*act of citing*) цити́рование; (*enumeration*) перечисле́ние; *leg* вы́зов в суд; *mil* ~ **in dispatch** упомина́ние в прика́зе
cite (*quote*) цити́ровать; (*refer to*) ссыла́ться (на + *acc*); (*enumerate*) перечисля́ть; *leg* (*summon*) вызыва́ть в суд
citizen (*city dweller*) горожа́нин, *f* горожа́нка; (*subject of State*) граждани́н, *f* гражда́нка
citizenship гражда́нство
citrate цитра́т
citric лимо́нный; ~ **acid** лимо́нная кислота́
citrine 1. *n min* цитри́н **2.** *adj* (*colour*) лимо́нного цве́та
citron 1. *n* цитро́н; ~ **yellow** лимо́нный цвет
citronella цитроне́лла; ~ **oil** цитроне́ллевое ма́сло
citrous лимо́нный, ци́трусовый
citrus 1. *n* ци́трус **2.** *adj* ци́трусовый

city 1. *n* гóрод; **the City** (*as financial centre*) Си́ти *indecl* **2.** *adj* городскóй; (*municipal*) муниципáльный; **City Council** муниципáльный совéт, (*in USSR*) городскóй совéт (*abbr* горсовéт)
civet *zool* вивéрра, цивéтта; (*aromatic oil*) цибети́н
civic (*of citizens*) граждáнский; (*of town*) городскóй
civil (*of community*) граждáнский; (*not military*) штáтский; (*polite*) вéжливый; ~ **defence** граждáнская оборóна; ~ **engineer** инженéр-строи́тель *m*; ~ **law** граждáнское прáво; ~ **rights** граждáнские правá *neut pl*; ~ **servant** (государственный граждáнский) слýжащий; ~ **service** госудáрственная граждáнская слýжба; ~ **war** граждáнская войнá
civilian 1. *n* штáтский, граждáнское лицó; *pl* граждáнское населéние **2.** *adj* граждáнский; (*non-military*) штáтский; ~ **clothes** штáтская одéжда, штáтское
civility вéжливость *f*; **exchange civilities** обменя́ться *pf* любéзностями
civilization цивилизáция; (*quality of being civilized*) цивилизóванность *f*
civilize цивилизовáть
clad одéтый (**in**, в + *acc*)
claim 1. *n* (*demand*) трéбование; (*contention*) утверждéние; (*asserted right, expectation*) претéнзия; (*right, title*) прáво (**to**, на + *acc*); *leg* иск; **bring ~ against** возбуждáть иск прóтив (+ *gen*) **2.** *v* (*claim*) трéбовать; ~ **attention** трéбовать внимáния; (*have ~ to*) претендовáть (**to**, на + *acc*); (*lay ~ to*) предъявля́ть претéнзию (**to**, на + *acc*); (*assert*) утверждáть
claimant (*one who claims*) предъявля́ющий правá; (*pretender*) претендéнт (**to**, на + *acc*); *leg* истéц
clairvoyance яснови́дение
clairvoyant 1. *n* ясновидец, *f* ясновидица **2.** *adj* ясновидящий
clam 1. *n* съедóбный морскóй моллю́ск, клем; *fig* скры́тный человéк **2.** *v coll* ~ **up** замолчáть *pf*
clamant (*noisy*) шумли́вый; (*calling for action*) вопию́щий
clamber карáбкаться (**up**, на + *acc*; **over**, по + *dat*)
clammy (*cold, damp*) холóдный и влáжный (на óщупь); (*sticky*) ли́пкий
clamorous (*noisy*) шýмный; (*shouting*) крикли́вый
clamour 1. *n* (*noise*) шум; (*cries*) крики *m pl*; (*outcry*) шýмные протéсты *m pl* **2.** *v* (*shout*) кричáть; (*demand*) шýмно трéбовать (**for**, + *gen*)
clamp 1. *n* (*gripping device*) зажи́м; **screw/carpenter's** ~ струбци́на; (*of potatoes*) кýча; (*of bricks*) клéтка; (*of turf*) штáбель *m* **2.** *v* закрепля́ть, зажимáть; ~ **down on** (*suppress*) подавля́ть; (*stop*) прекращáть
clamp-down (*restriction*) ограничéние; (*ban*) запрéт; (*strong measures*) стрóгие мéры *f pl* (**on**, прóтив + *gen*)
clan клан; *fig* кли́ка
clandestine тáйный, скры́тый; (*press etc*) подпóльный
clang 1. *n* (*ringing sound*) звон; (*clank*) лязг **2.** *vi* производи́ть звон, лязг; (*rattle*) бряцáть; *vt* дéлать *etc* со звóном, с ля́згом
clanger *coll* прóмах; **drop a** ~ оплошáть, сесть *pf* в лýжу
clank 1. *n* (*clang*) лязг, ля́зганье; (*of chains etc*) бряцáние **2.** *v* ля́згать; бряцáть (+ *instr*)
clansman член клáна
clap 1. *n* (*slap*) хлопóк; (*applause*) хлóпанье; **give a** ~ хлóпать; (*of thunder*) удáр; *vulg* (*gonorrhoea*) три́ппер **2.** *v* хлопáть; ~ **one's hands** хлóпать в лáдоши; ~ **on the back** хлóпать по спинé; (*applaud*) хлóпать, аплоди́ровать (+ *dat*); *coll* ~ **eyes on** уви́деть *pf*; ~ **in jail** упéчь *pf* в тюрьмý; ~ **on one's hat** нахлобýчить *pf* шля́пу
clapped-out *coll* (*exhausted*) измóтанный; (*worn out*) изнóшенный; (*of machine*) отрабóтавшийся; ~ **car** драндулéт
claptrap 1. *n* (*nonsense*) чепухá; (*empty phrases*) трескýчие фрáзы *f pl* **2.** *adj* показнóй, трескýчий
clapper (*of bell*) язы́к кóлокола; (*rattle*) хлопýшка
claque клáка
claret 1. *n* кларéт **2.** *adj* (*colour*) цвéта бордó
clarification (*explanation*) объяснéние; (*more precise definition*) уточнéние; (*of liquids*) осветлéние
clarify объясня́ть; уточня́ть; осветля́ть(ся)
clarinet кларнéт
clarinettist кларнети́ст
clarion 1. *n ar* трубá, рожóк **2.** *adj* звóнкий; *fig* ~ **call** (боевóй) призы́в
clarity (*transparency*) прозрáчность *f*; (*lucidity*) я́сность *f*
clash 1. *n* (*collision; conflict*) столкновéние; ~ **of opinion** расхождéние во взгля́дах; (*sound*) лязг **2.** *vi* (*conflict; collide*) стáлкиваться (**with**, с + *instr*); (*of opinions*) расходи́ться; (*of colours*) не гармони́ровать; (*strike together noisily*) ударя́ться со звóном; (*coincide*) совпадáть; *vt* ударя́ть со звóном
clasp 1. *n* (*buckle*) пря́жка; (*of hand*) пожáтие; (*embrace*) объя́тие; *tech* зажи́м **2.** *v* (*fasten*) застёгивать; (*embrace*) обнимáть; (*squeeze*) сжимáть; ~ **s.o.'s hand** пожимáть рýку (+ *dat*)
clasp-knife складнóй нож
class 1. *n* (*social, school, transport*) класс; **travel first** ~ éздить пéрвым клáссом; **the working** ~ рабóчий класс; *pl* (*lessons*) заня́тия *neut pl*; (*category*) разря́д, категóрия, класс; (*quality*) сорт, кáчество; *nav* (*of ship*) тип; *biol* класс **2.** *adj* (*social*) клáссовый; (*at school*) клáссный **3.** *v* (*classify*) классифици́ровать; ~ **with** стáвить нарядý с (+ *instr*)
class-conscious клáссово-сознáтельный
class-consciousness клáссовое сознáние
classic 1. *n* (*work of art*) класси́ческое произведéние; *pl* **the ~s** клáссика; (*great artist etc*) клáссик; *coll* (*model*) образéц; *pl* (*Latin and Greek*) класси́ческие языки́ *m pl* **2.** *adj* (*most senses*) класси́ческий; (*standard, model*) образцóвый
classical класси́ческий
classicism классици́зм
classification (*process*) классификáция; (*category*) категóрия
classified (*secret*) секрéтный, засекрéченный
classify классифици́ровать; (*sort*) сортировáть; (*document etc*) засекрéчивать
classless бесклáссовый
classmate одноклáссник
classroom класс
classy *coll* первоклáссный, клáссный, шикáрный
clatter 1. *n* (*of crockery etc*) звон; (*of falling objects, machinery*) грóхот; (*of feet, hoofs etc*) стук, тóпот **2.** *v* (*of crockery etc*) гремéть; (*of*

feet, hoofs etc) то́пать, стуча́ть; (*make noise*) стуча́ть

clause *gramm* предложе́ние; *leg* (*article*) статья́; (*paragraph*) пункт; (*proviso*) огово́рка

claustrophobia клаустрофо́бия

claustrophobic клаустрофоби́чный

clavichord клавико́рды *m pl*

clavicle ключи́ца

clavier (*keyboard*) клавиату́ра; *ar* (*piano*) клави́р

claw 1. *n* (*talon*) ко́готь *m*; (*pincer*) клешня́; *tech* зуб, па́лец, вы́ступ; **carpenter's** ~ гвоздодёр; *fig* **get one's ~s into** вцепля́ться в (+ *acc*); **show one's ~s** пока́зывать (свои́) ко́гти **2.** *v* рвать когтя́ми, когти́ть; ~ **at** хвата́ться за (+ *acc*); ~ **one's way along, up** кара́бкаться по (+ *dat*)

clay 1. *n* гли́на **2.** *adj* гли́няный

clayey гли́нистый

clean 1. *n* чи́стка, убо́рка **2.** *adj* (*most senses*) чи́стый; (*loving cleanliness*) чистопло́тный; (*not written on*) неиспи́санный, чи́стый; (*well-proportioned*) стро́йный **3.** *adv* (*completely*) соверше́нно; ~ **as a whistle** на́чисто; (*exactly*) как раз, пря́мо **4.** *v* (*most senses*) чи́стить, очища́ть (*esp fig and tech*) ~ **the dishes** мыть посу́ду; **have a suit (dry) ~ed** отда́ть *pf* костю́м в (хим)чи́стку; ~ **out** очища́ть, вычища́ть; *sl* (*rob*) обчи́стить *pf*; ~ **up** (*make* ~) чи́стить; (*tidy*) убира́ть; (*put in order*) приводи́ть в поря́док

clean-cut (*sharply defined*) ре́зко оче́рченный; (*definite*) определённый

cleaner (*cleaning device*) очисти́тель *m*; **vacuum** ~ пылесо́с; (*cleaning substance*) мо́ющее сре́дство; (*person*) убо́рщик, *f* убо́рщица; **send to the ~s** отда́ть *pf* в (хим)чи́стку; *coll* **take to the ~s** обчи́стить *pf*

cleaning 1. *n* чи́стка; (*tidying up*) убо́рка; (*purifying*) очи́стка **2.** *adj* чисти́тельный; ~ **woman** убо́рщица

cleanliness чистопло́тность *f*

cleanly 1. *adj* чистопло́тный **2.** *adv* чи́сто; (*chastely*) целому́дренно

cleanness чистота́

cleanse очища́ть

cleanser очисти́тельное сре́дство

clean-shaven чи́сто вы́бритый

clear 1. *adj* (*bright*) я́сный; **a ~ day** я́сный день *m*; (*light, full of light*) све́тлый; (*transparent*) прозра́чный; (*clean; nett*) чи́стый; ~ **profit** чи́стая при́быль *f*; (*free, unobstructed*) свобо́дный (**of**, от + *gen*); (*obvious, lucid*) я́сный; (*of sound*) я́сно слы́шный, отчётливый; (*whole, of period of time*) це́лый; **all** ~ (*go ahead*) путь свобо́ден; **all ~ signal** сигна́л отбо́я; **in** ~ (*not in code*) незашифро́ванный; **in the** ~ вне подозре́ний; (*out of debt*) свобо́дный от долго́в; **keep ~ of** (*avoid*) избега́ть (+ *gen*); (*beware*) бере́чься (+ *gen or infin*); **be ~ of** (*at distance from*) быть в доста́точном расстоя́нии от (+ *gen*); (*free of*) быть свобо́дным от (+ *gen*); **get ~ of** освобожда́ться от (+ *gen*) **2.** *adj* (*completely*) совсе́м; (*clearly*) я́сно **3.** *v* (*make, become clean*) очища́ть(ся); (*of weather, sky*) проясня́ться; (*make, become evident*) выясня́ть(ся); (*become transparent*) станови́ться прозра́чным; (*remove obstruction*) освобожда́ть (**of**, от + *gen*); (*disperse*) рассе́ивать(ся); (*vindicate*) опра́вдывать; (*pass without touching*) проходи́ть ми́мо (+ *gen*) (**through**, че́рез + *acc*); (*jump over*) переска́кивать че́рез (+ *acc*); (*let through*) пропуска́ть; (*sell off*) распродава́ть; (*make profit*) получа́ть чи́стую при́быль в (+ *acc*); ~ **the air** разряжа́ть атмосфе́ру; ~ **the table** убира́ть со стола́; ~ **one's throat** отка́шливаться; *nav* ~ **for action** изготовля́ть кора́бль к бою

~ **away** (*tidy up*) убира́ть; (*disperse*) рассе́ивать(ся)

~ **off** (*get rid of*) отде́лываться от (+ *gen*); *coll* (*go*) убира́ться

~ **out** вычища́ть; *coll* (*go*) удра́ть *pf*

~ **up** (*tidy*) убира́ть; (*of weather*) проясня́ться; (*elucidate*) выясня́ть; (*pass, end*) проходи́ть

clearance (*variously*) очи́стка; (*of land*) расчи́стка; (*removal*) удале́ние; (*gap*) просве́т; *tech* зазо́р; (*of car*) кли́ренс; ~ **sale** распрода́жа; **customs** ~ тамо́женная очи́стка

clearing (*see also* **clearance**) (*becoming clear*) проясне́ние; (*cleared area of wood*) расчи́щенный уча́сток ле́са; (*open area*) откры́тое ме́сто, поля́нка; *comm* кли́ринг; **~-house** расчётная пала́та; **~-station** эвакуацио́нный пункт

clearly (*distinctly*) я́сно; (*evidently*) очеви́дно; (*of course*) коне́чно

clearness я́сность *f*; све́тлость *f*; прозра́чность *f*

clear-sighted (*with good sight*) зо́ркий; (*perceptive*) проница́тельный; (*foreseeing*) дальнови́дный

cleat (*wedge*) клин; *tech* (*fastening*) зажи́м, кли́ца; (*batten*) ре́йка, пла́нка; *naut* у́тка

cleavage (*splitting*) расщепле́ние, раска́лывание; *fig* раско́л; *geol* клива́ж; *chem* спа́йность *f*; *biol* дробле́ние; *coll* (*of bosom*) ручеёк, ложби́нка бю́ста

cleave (*split*) раска́лывать; (*waves, air etc*) рассека́ть; (*cling to, adhere to*) прилипа́ть к (+ *dat*); (*be faithful to*) остава́ться ве́рным (+ *dat*)

cleaver сека́ч, топо́р

clef ключ; **bass/treble** ~ басо́вый/скрипи́чный ключ

cleft 1. *n* (*crack*) тре́щина; (*in cliff etc*) рассе́лина **2.** *adj* расщеплённый; ~ **palate** во́лчья пасть *f*; **in a ~ stick** в тупике́

clematis ломоно́с

clemency (*mercy*) милосе́рдие; (*of weather*) мя́гкость *f*

clement (*merciful; gentle*) милосе́рдный; (*benign*) ми́лостивый; (*weather*) мя́гкий

clench 1. *n* (*grip*) захва́т; (*fastening*) зажи́м **2.** *v* (*grip*) захва́тывать, зажима́ть; ~ **fists** сжима́ть кулаки́; ~ **teeth** сти́скивать зу́бы; (*rivet*) заклёпывать

clepsydra клепси́дра

clerestory фона́рь *m*

clergy духове́нство

clergyman свяще́нник; (*Protestant*) па́стор

cleric церко́вник, духо́вное лицо́

clerical (*of clergy*) клерика́льный; (*of office*) канцеля́рский; ~ **error** канцеля́рская оши́бка; ~ **staff** конто́рские слу́жащие *pl*; ~ **work** конто́рская рабо́та

clericalism клерикали́зм

clerk (*office worker*) конто́рский слу́жащий; *Am* (*shop assistant*) продаве́ц; ~ **of works** производи́тель *m* рабо́т; **chief ~, ~ of the council** секрета́рь *m* городско́го управле́ния

clever (*intelligent*) у́мный; **what a ~ chap, girl!** како́й, кака́я у́мница!; **be ~ at** хорошо́ де́лать;

(*adroit*) ло́вкий; (*well-contrived*) иску́сный; (*ingenious, also pej*) хи́трый; (*skilled*) иску́сный, уме́лый; **~-Dick** у́мник

cleverness ум; ло́вкость *f*; иску́сность *f*; хи́трость *f*

clew 1. *n* (*ball of yarn etc*) клубо́к; *naut* шко́товый у́гол; (*of hammock*) шке́нтрос **2.** *v* **~ up** (*ball*) сма́тывать в клубо́к; (*raise sail*) поднима́ть; *coll* (*finish*) закругля́ть

cliché клише́ *neut indecl*, изби́тая фра́за; *print* клише́

click 1. *n* щёлк, щёлканье; *tech* (*mechanism*) защёлка; *ling* кликс **2.** *vt* щёлкать; **~ the door shut** защёлкивать дверь; **~ one's heels** щёлкнуть *pf* каблука́ми; **~ one's tongue** прищёлкивать языко́м; *vi* **the lock ~ed** замо́к защёлкнулся; *coll* (*have luck*) мне, ему́ *etc* повезло́; (*get on with*) ла́дить (с + *instr*)

client (*professional*) клие́нт; (*customer*) покупа́тель *m*; (*visitor*) посети́тель *m*; **~ state** госуда́рство-клие́нт

clientele клие́нты *m pl*, клиенту́ра; покупа́тели *m pl*; посети́тели, пу́блика

cliff утёс, отве́сная скала́

climacteric 1. *n* климакте́рий; *fig* крити́ческий пери́од **2.** *adj* климактери́ческий; *fig* крити́ческий

climate кли́мат; *fig* атмосфе́ра; **~ of opinion** обще́ственное мне́ние

climatic климати́ческий

climatological климатологи́ческий

climatology климатоло́гия

climax вы́сшая то́чка, кульминацио́нный пункт

climb 1. *n* (*all senses*) подъём **2.** *v* поднима́ться; *coll* кара́бкаться (на + *acc*, по + *dat*); **~ a ladder** влеза́ть на ле́стницу; **~ a mountain** взбира́ться на́ гору; **~ stairs** поднима́ться по ле́стнице; **~ a tree** влеза́ть на де́рево; *aer* набира́ть высоту́, поднима́ться; (*of plant*) ви́ться; *sp* занима́ться альпини́змом

~ down слеза́ть (**from**, с + *gen*); *fig* отступа́ть

~ in(to) влеза́ть в (+ *acc*)

~ on(to) лезть на (+ *acc*)

~ over перелеза́ть (через + *acc*)

~ up *as* **climb**

climber альпини́ст; (*plant*) вью́щееся расте́ние; (*ambitious person*) честолю́бец; **social ~** вы́скочка *m and f*

climbing 1. *n sp* альпини́зм **2.** *adj sp* (*for ~*) альпини́стский; (*plant*) вью́щийся

clime (*climate*) кли́мат; (*region*) край

clinch 1. *n sp* клинч, обою́дный захва́т; *tech see* **clench 2.** *v* (*argument*) реша́ть; **~ a deal** заключа́ть сде́лку; *sp* войти́ *pf* в клинч

clincher *coll* (*argument*) реша́ющий до́вод

cling (*hold on to*) цепля́ться (**to**, за + *acc*); (*stick to*) ли́пнуть, прилипа́ть (**to**, к + *dat*), льнуть (**to**, к + *dat*); (*keep close to*) держа́ться (**to**, + *gen*); (*fit closely to*) облега́ть; (*remain true to*) остава́ться ве́рным (**to**, + *dat*)

clinging (*sticky*) ли́пкий; (*tenacious*) це́пкий; (*of clothes*) облега́ющий

clinic кли́ника; **out-patients' ~** амбулато́рия

clinical клини́ческий; **~ record** исто́рия боле́зни; **~ thermometer** медици́нский термо́метр; *fig* (*detached*) бесстра́стный

clink 1. *n* звон; *sl* (*prison*) катала́жка *coll* **2.** *v* звене́ть; **~ glasses** чо́каться

clinker кли́нкер, шлак

clinker-built обши́тый внакро́й

clinometer клино́метр; *naut* крено́метр

clip *tech* зажи́м, скоба́; **cable ~** хому́т; **paper ~** скре́пка; (*from newspaper etc*) вы́резка; **film ~** вы́держка из кинофи́льма; (*ornament*) клипс; *coll* (*blow*) уда́р **2.** *v* (*fasten*) зажима́ть; **~ on, to** прикрепля́ть к (+ *dat*); (*hair, nails, hedge*) стричь, подстрига́ть; (*ticket*) надрыва́ть, компости́ровать; *coll* (*hit*) дать *pf* тумака́ (+ *dat*)

clipper *naut* кли́пер; *pl* (*shears*) но́жницы *f pl*

clipping обре́зок; (*from newspaper etc*) вы́резка

clique кли́ка

clitoris кли́тор, похотни́к

cloaca (*drain*) сто́чная труба́, клоа́ка; *zool* клоа́ка

cloak 1. *n* плащ, ма́нтия; *fig* **under the ~ of** под ма́ской, под прикры́тием (+ *gen*) **2.** *v* (*cover with ~*) покрыва́ть плащо́м; (*cover*) покрыва́ть; (*conceal*) прикрыва́ть

cloakroom (*at theatre etc*) гардеро́б; (*left-luggage room*) ка́мера хране́ния; (*lavatory*) убо́рная

clobber *coll* **1.** *n* барахло́ **2.** *v* (*beat*) лупи́ть; (*defeat; criticize*) разнести́ *pf*; (*arrest*) забра́ть *pf*

clock 1. *n* часы́ *m pl*; **the ~ is fast/slow** часы́ спеша́т/отстаю́т; **put the ~ back** отвести́ *pf* часы́ наза́д; *fig* поверну́ть *pf* вре́мя вспять; **round the ~** *adj* круглосу́точный; *adv* кру́глые су́тки *f pl*, круглосу́точно **2.** *v sp* пока́зывать вре́мя; **~ in, on/out, off** ве́шать та́бель, отмеча́ть вре́мя прихо́да на рабо́ту/ухо́да с рабо́ты

clock-face цифербла́т

clock-maker часовщи́к

clockwise по часово́й стре́лке

clockwork 1. *n* часово́й механи́зм; **like ~** пунктуа́льно, с то́чностью часово́го механи́зма **2.** *adj* заводно́й

clod (*of earth*) ком, глы́ба; *fig* дура́к

clodhopper дереве́нщина *m and f*

clog 1. *n* (*shoe*) башма́к на деревя́нной подо́шве; (*hobble*) пу́ты *f pl*; *fig* (*impediment*) препя́тствие **2.** *n* (*block up*) засоря́ть(ся); (*hinder*) препя́тствовать (+ *dat*), меша́ть (+ *dat*)

cloisonné с перегоро́дчатой эма́лью

cloister 1. *n archi* кры́тая арка́да; (*monastery*) монасты́рь *m* **2.** *v* (*confine*) заточа́ть в монасты́рь; *refl* (*seek isolation*) уединя́ться

clone 1. *n* клон **2.** *v* клони́ровать

cloning клони́рование

clop (*of hoofs*) стук

[1]**close 1.** *adj* (*near, together*) бли́зкий (**to**, от + *gen*, к + *dat*); **~ arrest** стро́гий аре́ст; **~ contact** те́сный конта́кт; **~ friend** бли́зкий друг; *mil* **~ order** со́мкнутый строй; (*compact*) **~ print** убо́ристая печа́ть *f*; **~ texture** пло́тная ткань *f*; (*detailed*) **~ examination** подро́бное обсле́дование; (*almost equal*) почти́ ра́вный; **~ resemblance** бли́зкое схо́дство; (*accurate*) то́чный; (*closed*) закры́тый; (*mean*) скупо́й; (*reticent*) замкну́тый, молчали́вый; (*stuffy*) ду́шный **2.** *adv and prep* бли́зко (**by, to**, от + *gen*); **~ on** почти́; **~ up** побли́зости, бли́зко; (*tightly*) те́сно; (*short*) **~ cut** ко́ротко остри́женный

[2]**close 1.** *n* (*end*) коне́ц; **bring to a ~** доводи́ть до конца́; **draw to a ~** приближа́ться к концу́; (*final part*) оконча́ние; *mus* каде́нция **2.** *v* (*shut*) закрыва́ть(ся); (*finish*) зака́нчивать(ся); (*end speech etc*) заключа́ть(ся); *elect* (*circuit*) замыка́ть; (*come ~*) сближа́ться

~ down закрыва́ть; *naut* задра́ивать

~ in (*fence in*) огора́живать; (*advance on*) сближа́ться (**on**, с + *instr*)

~ **up** закрыва́ть(ся); *mil* сомкну́ть *pf* ряды́; *nav* станови́ться по места́м
~ **with** вступа́ть в борьбу́ с (+ *instr*)
[3]**close** (*cul-de-sac*) глухо́й переу́лок; (*enclosed court*) двор
closed закры́тый; ~ **-circuit television** телевизио́нная систе́ма по за́мкнутому кана́лу
close-down (*shutting*) закры́тие; (*stoppage*) остано́вка; (*end*) коне́ц
close-fisted скупо́й
close-fitting облега́ющий те́ло
closely (*attentively*) внима́тельно; (*tightly*) те́сно; (*near*) бли́зко; ~**-knit** сплочённый, пло́тный
closeness (*nearness*) бли́зость *f*; (*intimacy*) инти́мность *f*; (*meanness*) ску́пость *f*; (*stuffiness*) духота́
close-range близкоде́йствующий
close-stool стульча́к
closet (*room*) кабине́т; (*cupboard*) шкаф; (*lavatory*) убо́рная
closeted: be ~ with совеща́ться с (+ *instr*) наедине́
close-up 1. *n* кру́пный план, дета́ль *m* **2.** *adj* сня́тый кру́пным пла́ном
closing 1. *n* (*shutting*) закры́тие; (*end*) коне́ц **2.** *adj* (*final*) заключи́тельный; ~ **time** вре́мя *neut* закры́тия
closure (*shutting*) закры́тие; (*conclusion*) заключе́ние; (*seal, stopper*) уку́порка
clot 1. *n* сгу́сток; *coll* (*fool*) дура́к **2.** *v* свёртывать(ся)
cloth 1. *n* (*any fabric*) мате́рия, материа́л, ткань *f*; (*woollen*) сукно́; (*linen*) полотно́; (*canvas, sacking etc*) холст; (*for cleaning*) тря́пка; **binder's** ~ переплётный коленко́р; **emery** ~ нажда́чное полотно́; (*tablecloth*) ска́терть *f* **2.** *adj* суко́нный
clothe одева́ть (**with**, **in**, в + *acc*); ~ **oneself** одева́ться (**with**, **in**, в + *acc*); *fig* (*endow with*) облека́ть (**with**, + *instr*); *fig* (*cover*) покрыва́ть (**with**, + *instr*); *fig* (*express*) выража́ть
clothes оде́жда, пла́тье; **clean** ~ чи́стая оде́жда; **ready-made** ~ гото́вое пла́тье; **put on one's** ~ одева́ться; **in plain** ~ в шта́тском; ~**-basket** бельева́я корзи́на; ~**-brush** платяна́я щётка; ~**-line** верёвка для су́шки белья́; ~**-moth** моль *f*; ~**-peg** зажи́мка для белья́; ~**-press** комо́д
clothier (*maker of cloth*) фабрика́нт су́кон; (*dealer in cloth*) торго́вец мануфакту́рой, суко́нщик
clothing оде́жда, пла́тье
cloud 1. *n* о́блако; (*storm, rain* ~) ту́ча; (*of dust, smoke*) клуб; (*multitude*) мно́жество, ма́сса; *fig* **be under a** ~ (*in disgrace*) быть в неми́лости; (*suspected*) быть под подозре́нием; **have one's head in the** ~**s** вита́ть в облака́х; **every** ~ **has a silver lining** ≈ нет ху́да без добра́ **2.** *adj* ~ **bank** гряда́ облако́в; ~ **cover** о́блачный покро́в **3.** *v* (*cover with* ~) покрыва́ть(ся) облака́ми; (*make, become gloomy*) омрача́ть(ся); (*sully*) черни́ть; (*make turbid*) мути́ть; (*obscure*) тума́нить; (*of face, vision*) тума́ниться
cloudberry моро́шка
cloudburst ли́вень *m*
cloud-capped покры́тый облака́ми
cloud-chamber *phys* ка́мера Ви́льсона
cloud-cuckoo-land мир грёз
cloudiness (*of sky*) о́блачность *f*; (*turbidity*) му́тность *f*
cloudless безо́блачный
cloudlet о́блачко
cloudy (*sky, day*) о́блачный; (*turbid*) му́тный; (*obscure*) тума́нный
clout 1. *n* (*rag*) тря́пка; *coll* (*blow*) затре́щина **2.** *v* *coll* (*hit person*) дава́ть (+ *dat*) затре́щину; (*beat*) бить; (*patch*) лата́ть
clove (*herb*) гвозди́ка; **oil of** ~**s** гвозди́чное ма́сло; (*small bulb*) лу́ковичка; ~ **of garlic** зубо́к чеснока́
clove-hitch вы́бленочный у́зел
cloven раздво́енный; ~ **hoof** раздво́енное копы́то
clover кле́вер; *fig* **be in** ~ жить припева́ючи
cloverleaf (crossing) пересече́ние по ти́пу кле́верного листа́
clown кло́ун; *ar* (*jester*) шут; (*oaf*) неве́жда *m and f* **2.** *v* (*act the fool*) валя́ть дурака́, дура́читься
clownish (*boorish*) гру́бый; (*clumsy*) неуклю́жий
cloy пресыща́ть
cloying слаща́вый
club 1. *n* (*weapon*) дуби́нка; *sp* бита́; (*cards*) тре́фа; **queen of** ~**s** да́ма треф, тре́фовая да́ма; (*social etc*) клуб **2.** *v* (*beat*) бить (дуби́нкой); (*join together*) собира́ться вме́сте; (*contribute jointly*) устра́ивать скла́дчину
club-foot изуро́дованная ступня́; ~**ed** косола́пый
clubhouse клуб
club-moss плау́н
cluck куда́хтать, клохта́ть
clucking куда́хтанье, клохта́нье
clue ключ (**to**, к + *dat*); *coll* **not have a** ~ не име́ть ни мале́йшего поня́тия (**about**, о + *prep*)
clueless *coll* (*stupid*) недалёкий; (*helpless*) беспо́мощный
clump 1. *n* (*lump*) комо́к; ~ **of trees** гру́ппа дере́вьев; ~ **sole** двойна́я подо́шва; (*thump*) стук; (*sound of feet*) то́пот; *coll* (*blow*) затре́щина **2.** *v* (*tread heavily*) тяжело́ ступа́ть; (*fall heavily*) бу́хаться, тяжело́ па́дать; ~ **together** (*place etc in groups*) ста́вить *etc* гру́ппами
clumsily неуклю́же, нело́вко; гру́бо; беста́ктно
clumsy (*awkward*) неуклю́жий, нело́вкий; (*crude*) гру́бый; (*tactless*) беста́ктный
cluster 1. *n* (*group*) гру́ппа; (*of fruit*) кисть *f*, гроздь *f*; (*of flowers*) пучо́к **2.** *v* (*gather round*) собира́ться, тесни́ться; (*grow in* ~*s*) расти́ грозди́ми, пучка́ми
clutch 1. *n* (*grip*) хва́тка; **in the** ~**es of** в тиска́х (+ *gen*); **fall into the** ~**es of** попа́сть *pf* в ла́пы, ко́гти (+ *gen*); (*brood*) вы́водок; *tech* му́фта; (*of car*) сцепле́ние; **let in the** ~ включа́ть сцепле́ние **2.** *v* (*seize*) схва́тывать; ~ **at** хвата́ться за (+ *acc*); (*hold tightly*) кре́пко держа́ть
clutter 1. *n* (*disorder*) беспоря́док; (*rubbish*) му́сор; (*scattered items*) разбро́санные ве́щи *f pl*; *rad* поме́хи *f pl* **2.** *v* зава́ливать (**with**, + *instr*)
clyster кли́зма
coach 1. *n* (*horse-drawn*) каре́та, экипа́ж; (*railway*) ваго́н; (*motor*) авто́бус; (*tutor*) репети́тор; *sp* тре́нер **2.** *v* (*tutor*) подгота́вливать к экза́мену, *coll* ната́скивать; *sp* тренирова́ть
coach-box ко́злы *f pl*
coachbuilder поста́вщик ку́зовов
coach-house каре́тный сара́й
coachman ку́чер
coach-station автовокза́л
coachwork (*body of vehicle*) ку́зов; (*making of vehicle bodies*) кузовострое́ние
coagulant коагуля́нт, сгуща́ющее сре́дство
coagulate сгуща́ться, свёртываться
coal 1. *n* (ка́менный) у́голь *m*; **brown** ~ бу́рый у́голь, лигни́т; **gas** ~ га́зовый у́голь; *coll* **haul over the** ~**s** де́лать вы́говор (+ *dat*) **2.** *n*

грузи́ть(ся) у́глем
coal-bed у́гольный пласт
coal-black чёрный как смоль
coal-bunker бу́нкер, у́гольная я́ма
coal-cellar у́гольная я́ма
coal-cutter вру́бовая маши́на
coal-dust у́гольная пыль *f*
coalesce сраста́ться; *fig* соединя́ться
coalescence сраще́ние; соедине́ние
coal-face у́гольный забо́й
coalfield каменноу́гольный бассе́йн
coal-fired с у́гольным отопле́нием
coal-gas каменноу́гольный газ
coal-hole (*cellar*) по́греб для угля́; (*hole to coal-cellar*) люк для спу́ска угля́ в по́греб
coaling 1. *n* бункеро́вка **2.** *adj* углепогру́зочный; ~ **station** у́гольная ста́нция
coalite коали́т
coalition коали́ция
coalman, coal merchant поста́вщик угля́
coal-mine у́гольная ша́хта
coal-miner шахтёр
coal-scuttle ведёрко для угля́
coal-seam у́гольный пласт
coal-tar каменноу́гольный дёготь *m*
coal-tit моско́вка
coaming ко́мингс
coarse (*harsh, crude, rough*) гру́бый; (*with large grains*) кру́пный; (*raw*) сыро́й; (*indecent*) непристо́йный
coarse-grained крупнозерни́стый
coarsen *vt* де́лать гру́бым; *vi* грубе́ть
coarseness гру́бость *f*
coast 1. *n* (*seashore*)(морско́й) бе́рег; (~*al area*) побере́жье; *coll* **the ~ is clear** путь свобо́ден **2.** *v* (*sail along ~*) пла́вать вдоль побере́жья; (*freewheel*) дви́гаться по ине́рции; (*go round*) огиба́ть
coastal (*on, of coast*) берегово́й; ~ **climate** берегово́й кли́мат; (*on sea near coast*) прибре́жный; ~ **patrol** прибре́жный дозо́р; ~ **shipping** кабота́жное судохо́дство; ~ **waters** прибре́жные во́ды *f pl*
coaster кабота́жное су́дно
coastguard берегово́й наблюда́тель *m*; *Am* морска́я пограни́чная охра́на
coasting *naut* кабота́жный
coastline берегова́я ли́ния
coat 1. *n (overcoat)* пальто́ *neut indecl*; **fur ~** шу́ба; (*jacket*) пиджа́к; (*fur etc of animal*) мех, шерсть *f*; (*layer*) ~ **of paint** слой кра́ски; ~ **of dust** слой пы́ли; ~ **of snow** снегово́й покро́в; *anat* (*membrane*) плева́, оболо́чка; *her* ~ **of arms** герб **2.** *v* покрыва́ть
coat-hanger пле́чики *m pl*
coat-hook ве́шалка
coating покры́тие
co-author соа́втор
coax угова́ривать, упра́шивать
co-axial коаксиа́льный
coaxing 1. *n* угова́ривание **2.** *adj* проси́тельный
cob (*lump*) комо́к, кусо́к; (*swan*) ле́бедь-саме́ц; (*nut*) (лесно́й) оре́х; (*corn-cob*) сердцеви́на кукуру́зного поча́тка; (*loaf*) кру́глая бу́лка; (*brick*) сама́н
cobalt 1. *n* ко́бальт **2.** *adj* ко́бальтовый
cobble 1. *n (stone)* булы́жник; **~d street** булы́жная мостова́я **2.** *v* (*lay ~s*) мости́ть булы́жниками; (*mend shoes*) чини́ть о́бувь; (*mend crudely*) гру́бо чини́ть
cobbler сапо́жник (*also fig, pej*)
COBOL *comput* КОБО́Л
cobra ко́бра, очко́вая змея́
cobweb паути́на
cobwebbed, cobwebby затя́нутый паути́ной
coca ко́ка; **Coca-Cola** ко́ка-ко́ла
cocaine кокаи́н
coccus (*bacterium*) кокк; *bot* оре́шек
coccyx ко́пчик
cochineal кошени́ль *f*
cochlea ули́тка
cock 1. *n* (*male*) саме́ц; (*domestic fowl*) пету́х; **fighting ~** бойцо́вый пету́х; *fig* забия́ка *m and f*; (*tap*) кран; **ball ~** поплавко́вый кран; (*of gun*) куро́к; (*wind-vane*) флю́гер; (*of hay*) стог; *vulg* (*penis*) хуй **2.** *v* (*lift*) поднима́ть; ~ **ears** насторáживать у́ши, насторáживаться; ~ **pistol** взводи́ть куро́к пистоле́та
cockade кока́рда
cock-a-doodle-doo кукаре́ку́; **go, cry ~** кукаре́кать
cock-a-hoop лику́ющий
cock-and-bull: ~ **story** невероя́тная исто́рия
cockatoo какаду́ *m indecl*
cockatrice васили́ск
cockchafer ма́йский хрущ
cocked (*turned up*) за́дранный кве́рху; ~ **hat** треуго́лка
cocker spaniel ко́кер-спание́ль *m*
cockerel пету́х
cockeyed *coll* (*squinting*) косо́й, косогла́зый; (*crooked*) косо́й; (*crazy*) дура́цкий; (*drunk*) пья́ный
cock-fight петуши́ный бой
cockily де́рзко, наха́льно; самонаде́янно
cockiness (*pertness*) де́рзость *f*; (*conceit*) самонаде́янность *f*
cockle 1. *n bot* пле́вел; **corn-~** ку́коль *m*; (*shell-fish*) сердцеви́дка; (*boat*) плоскодо́нная ло́дка; (*wrinkle*) морщи́на **2.** *v* (*wrinkle*) морщи́нить(ся); (*of sea*) покрыва́ться бара́шками
cockle-shell ра́ковина; (*boat*) у́тлая ло́дка
cockney ко́кни *m indecl*
cockpit (*for cock-fighting*) аре́на для петуши́ного бо́я; *fig* аре́на борьбы́; *aer* каби́на; *naut* ко́кпит
cockroach тарака́н
cockscomb (*cock's crest, also bot*) пету́ший гре́бень *m*; (*jester's cap*) шутовско́й колпа́к; (*braggart*) фанфаро́н
cocksure, cocky (*saucy*) де́рзкий, наха́льный; (*conceited*) самонаде́янный
cocktail кокте́йль *m*
cock-up *typ* надстро́чный знак; *vulg* (*fiasco*) неразбери́ха, *vulg* барда́к
cocoa 1. *n* кака́о *neut indecl* **2.** *adj* кака́овый; ~ **bean** боб кака́о
coconut коко́совый оре́х; ~ **matting** цино́вка из коко́сового волокна́; ~ **tree** коко́совая па́льма
cocoon ко́кон
cod 1. *n* (*fish*) треска́ **2.** *v* (*hoax*) надува́ть; (*joke*) шути́ть
coda ко́да
coddle (*pamper*) балова́ть; (*simmer*) вари́ть на ме́дленном огне́
code 1. *n leg* ко́декс; ~ **of conduct** но́рмы *f pl* поведе́ния; ~ **of honour** зако́ны *m pl* че́сти; (*cipher*) код; ~ **message** коди́рованное сообще́ние; ~**-name** усло́вное наименова́ние; ~ **word** ко́довое сло́во; **Morse ~** а́збука, код Мо́рзе

2. *v* коди́ровать
codeine кодеи́н
codex ко́декс, рукопи́сная кни́га
codicil припи́ска (к завеща́нию)
codification кодифика́ция
codify кодифици́ровать
codling (*fish*) ме́лкая треска́; (*apple*) кисли́ца
cod-liver oil ры́бий жир
codpiece гу́льфик
co-education совме́стное обуче́ние
coefficient коэффицие́нт
coelacanth целака́нт
coequal ра́вный (**with,** + *dat*)
coerce принужда́ть
coercion принужде́ние, наси́лие
coercive принуди́тельный
coeval 1. *n* (*of same age*) све́рстник, рове́сник; (*of same period*) совреме́нник **2.** *adj* (*of same age*) одного́ во́зраста (**with,** с + *instr*); (*of same period*) совреме́нный (**with,** + *dat*)
coexist сосуществова́ть
coexistence сосуществова́ние; **peaceful** ~ ми́рное сосуществова́ние
coexistent сосуществу́ющий
coextensive одина́кового протяже́ния (**with,** с + *instr*)
coffee ко́фе *m indecl*; **black** ~ чёрный ко́фе; **instant**~ раствори́мый ко́фе; **Turkish** ~ ко́фе по восто́чному; **white** ~ ко́фе с молоко́м; **~-bean** кофе́йный боб; **~-coloured** кофе́йного цве́та; **~-cup** кофе́йная ча́шка; **~-grinder** кофе́йная ме́льница, кофемо́лка; **~-house** кофе́йня; **~-pot** кофе́йник; **~-table** ни́зкий сто́лик
coffer (*strong box*) сунду́к; *bui* кессо́н; (*canal lock*) шлюз; ~ **dam** ко́ффердам, перемы́чка
coffin гроб; **in a** ~ в гробу́
cog зубе́ц; **cog-wheel** зубча́тое колесо́
cogency убеди́тельность *f*
cogent убеди́тельный
cogged зубча́тый
cogitate (*reflect*) размышля́ть (**on,** о + *pr*); (*devise*) приду́мывать
cogitation размышле́ние
cogitative (*of thinking*) мысли́тельный; (*thinking deeply*) мы́слящий
cognac конья́к
cognate 1. *n ling* ро́дственное сло́во; *leg* ро́дственник **2.** *adj* ро́дственный
cognition позна́ние
cognitive познава́тельный
cognizance (*knowledge*) зна́ние; (*understanding*) понима́ние; **take ~ of** принима́ть во внима́ние; *her* герб; *leg (hearing)* суде́бное рассмотре́ние де́ла; (*competence*) компете́нция; (*admission*) призна́ние
cognizant зна́ющий (**of,** + *acc*), осведомлённый (**of,** о + *prep*); **become ~ of** осознава́ть
cognomen (*surname*) фами́лия; (*nickname*) про́звище
cohabit сожи́тельствовать
cohabitation сожи́тельство
coheir сонасле́дник, *f* сонасле́дница
cohere (*stick together*) сцепля́ться; (*be logical*) быть логи́чески после́довательным
coherence, coherency сцепле́ние; после́довательность *f*
coherent (*sticking together*) сце́пленный; (*consistent*) после́довательный, свя́занный; (*intelligible*) поня́тный; (*of speech*) свя́зный
cohesion сцепле́ние
cohesive свя́зывающий
cohort *hist, bot* кого́рта; *fig* отря́д
coiffure причёска
coign (*corner*) у́гол; (*corner-stone*) углово́й ка́мень *m*; ~ **of vantage** вы́годная пози́ция
coil 1. *n* (*of rope etc; also single loop*) вито́к; *naut* бу́хта; (*spiral*) спира́ль *f*; (*loop*) пе́тля; (*contraceptive*) спира́лька; *tech (spiral tube)* змееви́к; *elect* кату́шка **2.** *v* (*twist, loop*) свёртывать(ся) кольцо́м/в бу́хту; (*wind in reel*) нама́тывать, обма́тывать; (*move in spirals*) извива́ться
coin 1. *n* моне́та; **toss a** ~ подбра́сывать моне́ту; **pay back in his own** ~ отпла́чивать той же моне́той **2.** *v* (*mint*) чека́нить; (*strike medal*) выбива́ть; *fig (phrase etc)* создава́ть
coinage (*coining*) чека́нка моне́ты; (*money system*) моне́тная систе́ма; (*coins*) моне́ты *f pl*; (*of phrase etc*) созда́ние
coin-box телефо́н-автома́т
coincide совпада́ть (**with,** с + *instr*)
coincidence совпаде́ние
coincidental (*coinciding*) совпада́ющий; (*chance*) случа́йный
coiner чека́нщик; (*counterfeiter*) фальшивомоне́тчик
coir 1. *n* коко́совое волокно́, койр **2.** *adj* коко́совый
coition, coitus совокупле́ние, ко́итус
coke 1. *n* кокс **2.** *adj* ко́ксовый **3.** *v* коксова́ть
col *geol, meteorol* седлови́на
cola ко́ла
colander дуршла́г
cold 1. *n* (*low temperature*) хо́лод; (*illness*) просту́да; ~ **in the head** на́сморк; **catch a** ~ простуди́ться *pf* **2.** *adj (not hot, also fig)* холо́дный; **in ~ blood** хладнокро́вно; **it makes your blood run** ~ от э́того кровь сты́нет; ~ **comfort** сла́бое утеше́ние; ~ **cream** кольдкре́м; **it leaves me** ~ э́то меня́ не волну́ет; ~ **war** холо́дная война́; *meteorol* ~ **front** холо́дный фронт; **~-blooded** хладнокро́вный; *zool* холоднокро́вный; **~-chisel** слеса́рное зуби́ло; **~-drawn** холоднотя́нутый; **~-hearted** бессерде́чный; **~-rolled** холоднока́таный; *coll* ~ **-shoulder** ока́зывать (+ *dat*) холо́дный приём; **~-store** холоди́льник; **~-storage** хране́ние в холоди́льнике; *fig* **put into ~ storage** отложи́ть *pf* в до́лгий я́щик
coldish холоднова́тый
coldness холо́дность *f*; (*cold*) хо́лод
cole капу́ста
coleoptera жесткокры́лые *pl*
cole-seed суре́пица
coleslaw сала́т из капу́сты
colic 1. *n* ко́лика **2.** *adj* толстокише́чный
Coliseum Колизе́й
colitis коли́т
collaborate сотру́дничать (**with,** с + *instr*); (*with enemy*) сотру́дничать с враго́м, коллабораци-они́ровать
collaboration сотру́дничество; коллабора́ция
collaborationist коллаборациони́ст, *f* коллаборациони́стка
collaborator (*helper*) сотру́дник, *f* сотру́дница, (*traitor*) коллаборациони́ст, *f* коллаборациони́стка
collage колла́ж

collagen коллаге́н
collapsar коллапса́р
collapse 1. *n* (*falling to pieces*) разруше́ние, обва́л; (*of ceiling etc*) прова́л; (*political, financial*) крах, прова́л; (*downfall, destruction*) паде́ние, прова́л; *med, astr* колла́пс; (*exhaustion*) изнеможе́ние **2.** *v* (*break, fall to pieces*) ру́шиться, обва́ливаться; (*fall in; hopes, plans*) прова́ливаться; (*from exhaustion*) свали́ться *pf* от сла́бости; (*fold, flatten*) скла́дывать(ся)
collapsible (*folding up*) складно́й; (*folding away*) откидно́й; (*dismountable*) разбо́рный; (*telescopic*) телескопи́ческий
collar 1. *n* (*of garment*) воротни́к; (*necklace*) ожере́лье; (*dog's*) оше́йник; (*horse's*) хому́т; *mech* кольцо́; *bot* че́хлик **2.** *v* (*put on* ~) надева́ть оше́йник, хому́т; *coll (grab hold)* схва́тывать; (*appropriate*) захва́тывать
collar-bone ключи́ца
collate (*compare*) слича́ть (**with,** с + *instr*); (*check*) проверя́ть
collateral 1. *n* (*relation*) ро́дственник по боково́й ли́нии; *fin* дополни́тельное обеспе́чение **2.** *adj* (*side*) побо́чный; (*parallel*) паралле́льный; (*related*) ро́дственный по боково́й ли́нии; (*secondary*) вспомога́тельный; (*additional*) дополни́тельный
collation (*comparison*) сличе́ние, сравне́ние; (*check*) прове́рка; (*light meal*) заку́ска
colleague (*fellow worker*) сослужи́вец; (*professional associate*) колле́га *m*
collect (*gather together*) собира́ть(ся); (*accumulate*) скопля́ть(ся); (*as hobby*) коллекциони́ровать; (*taxes etc*) взима́ть; (*receive money etc*) получа́ть; (*call for*) заходи́ть за (+ *instr*); ~ **oneself** брать себя́ в ру́ки, овладева́ть собо́й, ~ **one's thoughts** собира́ться с мы́слями
collected (*calm; gathered together*) со́бранный
collection (*act of gathering*) собира́ние; (*in museum etc*) собра́ние; (*of stamps etc*) колле́кция; (*accumulation*) скопле́ние; (*crowd*) толпа́; (*of money*) де́нежный сбор; (*of taxes*) взима́ние, взыска́ние
collective 1. *n* коллекти́в **2.** *adj* коллекти́вный; ~ **bargaining** перегово́ры о заключе́нии коллекти́вного догово́ра; ~ **farm** колхо́з; *gramm* ~ **noun** существи́тельное собира́тельное; ~ **security** коллекти́вная безопа́сность *f*
collective farmer колхо́зник
collectivization коллективиза́ция
collector (*one who collects*) сбо́рщик; **tax** ~ сбо́рщик нало́гов; **ticket** ~ контролёр; (*one who collects as hobby*) коллекционе́р, собира́тель *m*; *elect (of motor)* колле́ктор; **current** ~ токоснима́тель *m*
college (*university*) колле́дж; (*special teaching establishment*) специа́льное уче́бное заведе́ние; (*school*) сре́дняя шко́ла; (*association*) колле́гия
collegial (*of college*) колле́джский; (*collective*) коллегиа́льный
collegian член колле́джа
collegiate коллегиа́льный, коллекти́вный; колле́джский
collet (*ring*) кольцо́; (*flange*) вту́лка
collide ста́лкивать(ся) (**with,** с + *instr)*
collie ко́лли *m indecl*
collier (*miner*) шахтёр; (*ship; merchant*) у́гольщик
colliery каменноуго́льная копь *f*
collimator коллима́тор
collision столкнове́ние
collocate располага́ть (ря́дом)
collocation расположе́ние (ря́дом); (*of words*) словосочета́ние
collocutor собесе́дник
collodion 1. *n* колло́дий **2.** *adj* коллодио́нный
colloid 1. *n* колло́ид **2.** *adj* колло́идный
colloidal колло́идный
colloquial разгово́рный
colloquialism разгово́рное выраже́ние, коллоквиали́зм
colloquy (*conversation*) разгово́р; (*conference*) колло́квиум
collotype коллоти́пия
collude та́йно сгова́риваться
collusion сго́вор
cologne, eau de ~ одеколо́н
Colombia Колу́мбия
Colombian 1. *n* колумби́ец, *f* колумби́йка **2.** *adj* колумби́йский
colon *anat* то́лстая кишка́; *gramm* двоето́чие
colonel полко́вник
colonial 1. *n* жи́тель *m* коло́нии **2.** *adj* колониа́льный
colonialism колониали́зм
colonialist 1. *n* колониза́тор **2.** *adj* колониали́стский, колониза́торский
colonist колони́ст
colonization колониза́ция
colonize колонизи́ровать, заселя́ть
colonizer колониза́тор
colonnade колонна́да
colony *polit, biol* коло́ния; (*settlement*) поселе́ние
colophon колофо́н, концо́вка
Colorado beetle колора́дский жук
coloration (*colour, shade; also fig*) окра́ска; (*colour pattern*) раскра́ска, расцве́тка
coloratura колорату́ра; ~ **soprano** колорату́рное сопра́но
coloric (*making colour*) кра́сящий; (*brightly coloured*) кра́сочный
colorimeter колори́метр, цветоме́р
colossal колосса́льный (*also coll, fig*)
colossus коло́сс
colour 1. *n* (*hue*) цвет; **primary** ~**s** основны́е цвета́ *m pl*; **what** ~ **are his eyes?** како́го цве́та его́ глаза́?; (*shade of* ~) отте́нок; (*of skin*) цвет (ко́жи, лица́); **be off** ~ пло́хо себя́ чу́вствовать; **change** ~ (*pale*) побледне́ть *pf*; (*flush*) покрасне́ть *pf*; **high** ~ румя́нец; (*paint etc*) кра́ска; **water** ~ акваре́ль *f*; *pl mil (banner)* зна́мя *neut*; **join the** ~**s** вступа́ть в а́рмию; *fig* **sail under false** ~**s** притворя́ться; **strike one's** ~**s** сдава́ться; **with flying** ~**s** блестя́ще; (*vividness*) я́ркость *f*; **add** ~ **to** (*brighten*) оживля́ть; (*add authenticity*) придава́ть правдоподо́бие (+ *dat*) **2.** *adj* цветно́й; *phot* ~ **film** цветна́я плёнка; ~ **filter** светофи́льтр; *phys* ~ **temperature** цветова́я температу́ра **3.** *v* (*paint, dye*) кра́сить, раскра́шивать; (*exaggerate*) прикра́шивать; (*distort*) искажа́ть; (*influence*) влия́ть на (+ *acc*); (*flush*) красне́ть
colour-bar ра́совая дискримина́ция, цветно́й барье́р
colour-blind страда́ющий дальтони́змом; **he is** ~ он дальто́ник
colour-blindness дальтони́зм, цветова́я слепота́
colour-coded с усло́вной окра́ской

coloured 1. *n* (*person*) цветно́й **2.** *adj* (*in colour; dark-skinned*) цветно́й; (*painted*) окра́шенный, раскра́шенный; (*exaggerated*) прикра́шенный; (*tendentious*) тенденцио́зный; (*influenced*) **be ~ by** быть окра́шенным (+ *instr*)
colour-fast цветосто́йкий
colourful кра́сочный
colouring (*act*) окра́шивание, раскра́шивание; (*pigment*) краси́тель *m*, кра́сящее вещество́; (*colours*) окра́ска; (*characteristic*) колори́т; *zool, bot* **protective ~** защи́тная окра́ска; (*complexion*) цвет
colourless бесцве́тный, бле́дный
colporteur разно́счик книг
colt (*horse*) жеребёнок; (*gun*) кольт
coltish (*frisky*) игри́вый
coltsfoot мать-и-ма́чеха
columbine *theat* Коломби́на; *bot* водосбо́р
column *archi, mil, tech* коло́нна; **~ of mercury** сто́лбик рту́ти; **~ of smoke** столб ды́ма; **in ~** *mil* в коло́нне; *nav* в строю́ кильва́тера; *anat* **spinal ~** позвоно́чный столб
columnar (*like column*) колоннообра́зный; (*having columns*) коло́нный; *geol* сто́лбчатый
columnist фельетони́ст
colza рапс; **~ -oil** суре́пное ма́сло
coma *med, opt* ко́ма; *bot* пучо́к волоско́в; *astr* оболо́чка (коме́ты)
comatose (*in coma*) комато́зный; (*drowsy*) сонли́вый
comb 1. *n* (*for hair*) гре́бень *m*, гребёнка; *coll* расчёска; (*for horse*) скребни́ца; (*of cock*) гре́бень *m*; *tech* гребёнка; (*for textiles*) чеса́лка; (*of honey*) со́ты *m pl* **2.** *v* (*hair*) расчёсывать; **~ one's hair** (*arrange tidily*) причёсываться; (*horse*) чи́стить скребни́цей; *tech* чеса́ть; *fig (search)* прочёсывать; **~ out** вычёсывать
combat бой; **close ~** рукопа́шный бой; **single ~** единобо́рство; (*duel*) поеди́нок; **unarmed ~** са́мбо *neut indecl* **2.** *adj* боево́й **3.** *v* (*oppose*) боро́ться про́тив (+ *gen*), с (+ *instr*); (*counteract*) противоде́йствовать (+ *dat*)
combatant 1. *n* (*soldier*) бое́ц; (*person in fight*) уча́стник сраже́ния; (*side in war*) вою́ющая сторона́ **2.** *adj* боево́й
combative (*pugnacious*) вои́нственный; (*quarrelsome*) драчли́вый, задиристый
comber *tech (for textiles)* гребнечеса́льная маши́на; (*wave*) дли́нная волна́
combination (*joining together*) соедине́ние; (*linking together*) сочета́ние; (*arrangement*) комбина́ция; (*tech, math*) комбина́ция; *pl* (*undergarment*) комбина́ция; **motor cycle ~** мотоци́кл с коля́ской **2.** *adj* **~ lock** секре́тный замо́к
combinative комбинацио́нный
combine 1. *n comm* комбина́т; *agr* **~ harvester** комба́йн **2.** *v* (*unite*) объединя́ть(ся); (*link*) сочета́ть(ся), комбини́ровать(ся); (*mix*) сме́шивать(ся); (*do at same time*) совмеща́ть; *mil* **~d operations** совме́стные опера́ции *f pl*
combustibility воспламеня́емость *f*, горю́честь *f*
combustible воспламеня́емый, горю́чий
combustion (*burning*) горе́ние, сгора́ние; *tech* **~chamber** ка́мера сгора́ния; **internal ~engine** дви́гатель *m* вну́треннего сгора́ния; (*bursting into flame*) воспламене́ние; **spontaneous ~** самовоспламене́ние
come (*on foot*) приходи́ть (**to, towards,** к + *dat*; **into**, в + *acc*); (*by transport*) приезжа́ть (**to**, к + *dat*; **into**, в + *acc*); (*arrive*) прибыва́ть (**to**, в + *acc*); (*go towards*) подходи́ть (**to**, к + *dat*); (*of time*) наступа́ть; **winter is ~ing** зима́ наступа́ет; (*become*) де́латься, станови́ться (+ *instr*); *coll* **~ clean** признава́ться; **~ true** сбыва́ться; **~ unstuck** раскле́иваться; **~ what may** будь, что бу́дет
~ about (*happen*) случа́ться, происходи́ть; (*of ship*) ложи́ться на друго́й галс; (*of wind*) меня́ть направле́ние
~ across (*meet*) случа́йно встреча́ть; (*happen on*) ната́лкиваться на (+ *acc*), набрести́ *pf* на (+ *acc*)
~ after (*follow*) сле́довать за (+ *instr*); (*hunt*) пресле́довать
~ again (*return*) возвраща́ться; **do ~ again!** приходи́те к нам!; *coll* **~ again?** (*repeat*) что вы говори́те?
~ along (*go together*) идти́ вме́сте; **~ along!** (*let's go*) идём!; (*hurry*) бы́стро!
~ apart, asunder (*fall to pieces*) распада́ться на ча́сти
~ around (*visit*) заходи́ть; (*regain senses*) приходи́ть в себя́; (*reconsider*) переду́мать *pf*
~ at (*attack*) напада́ть на (+ *acc*); (*get at, reach*) добира́ться до (+ *gen*)
~ away (*leave*) уходи́ть; (*break off*) отла́мываться; (*~ unstuck*) откле́иваться
~ back возвраща́ться
~ before (*precede*) предше́ствовать (+ *dat*); (*surpass*) превосходи́ть; (*appear before*) яви́ться *pf* пе́ред (+ *instr*); (*be more important*) быть бо́лее ва́жным, чем; (*be considered by*) обсужда́ться (+ *instr*)
~ between (*interpose*) вставля́ться ме́жду (+ *instr*); (*estrange*) разлуча́ть
~ by (*call in*) заходи́ть; (*obtain*) приобрета́ть
~ down (*descend*) спуска́ться; **~ down the stairs** спуска́ться по ле́стнице; (*fall*) па́дать; (*of prices*) снижа́ться; (*by tradition*) переходи́ть по тради́ции (**to**, к + *dat*); **~ down on** (*scold*) брани́ть; **~ down with** (*fall ill*) заболе́ть *pf* (+ *instr*)
~ for заходи́ть за (+ *instr*)
~ forward (*move forward*) идти́, е́хать вперёд; (*volunteer*) предлага́ть свои́ услу́ги; **~ forward in response to** отклика́ться на (+ *acc*)
~ from (*be native of*) быть ро́дом из (+ *gen*); (*derive from, originate in*) происходи́ть из (+ *gen*)
~ in (*enter*) входи́ть; (*of ships, trains*) прибыва́ть; (*of letters, funds etc*) поступа́ть; (*become fashionable*) входи́ть в мо́ду; **~ in for** (*receive*) получа́ть; **~ in useful** пригоди́ться *pf*
~ into (*enter*) входи́ть в (+ *acc*); **~ into being** возника́ть; **~ into force** вступа́ть в си́лу; **~ into play** начина́ть де́йствовать; **~ into use** входи́ть в употребле́ние; **~ into view** появи́ться *pf*; (*inherit*) получа́ть в насле́дство
~ of: nothing will ~ of it ничего́ из э́того не вы́йдет, ничего́ из э́того не полу́чится; **this is what more ~s of…** вот что получа́ется, когда́…
~ off (*be torn off*) отрыва́ться; (*fall off*) отва́ливаться; (*~ unstuck*) раскле́иваться; (*take place*) име́ть ме́сто; (*be successful*) име́ть успе́х; *coll* **~ off it!** брось!
~ on (*advance; be imminent*) наступа́ть; (*make progress*) де́лать успе́хи; (*begin*) начина́ться; *theat* явля́ться на сце́не; (*find*) ната́лкиваться

на (+ *acc*); (*hurry*) бы́стро, живе́е
~ **out** (*emerge; become known; be published*) выходи́ть (**of, from,** из + *gen*); (*make debut*) дебюти́ровать; (*on strike*) бастова́ть; (*of stains*) выводи́ться; ~ **out with** (*announce*) выступа́ть с (+ *instr*); (*blurt out*) выпа́ливать
~ **over** (*cross*) переходи́ть, переезжа́ть; (*arrive over*) приходи́ть, приезжа́ть че́рез (+ *acc*); (*of feelings*) охва́тывать; **what came over you?** что с тобо́й случи́лось?; (*visit*) заходи́ть (**to,** к + *dat*)
~ **past** проходи́ть, проезжа́ть ми́мо (+ *gen*)
~ **round** (*visit*) заходи́ть (**to,** к+ *dat*); (*recover*) приходи́ть в себя́; (*change mind*) переду́мать *pf*
~ **through** (*arrive through, across*) приходи́ть че́рез (+ *acc*); (*pass through*) проходи́ть, проезжа́ть че́рез (+ *acc*); (*remain unhurt*) уцеле́ть *pf*; (*survive*) остава́ться в живы́х
~ **to** (*regain senses*) приходи́ть в себя́; (*amount to*) сто́ить; **it ~s to five roubles** э́то сто́ит всего́ пять рубле́й; **the expenses ~ to 5000 roubles** расхо́ды дохо́дят до 5000 рубле́й; **it ~s to the same thing** э́то факти́чески то же са́мое; ~ **to blows** дойти́ *pf* до кулако́в; **it won't ~ to that** до э́того не дойдёт; (*reach*) доходи́ть до (+ *gen*); **just before you ~ to...** не доходя́, доезжа́я до (+ *gen*); (*in various expressions*) **at last it came to me** наконе́ц я вспо́мнил; ~ **to an end** конча́ться, приходи́ть к концу́; ~ **to harm** пострада́ть *pf*; **he came to no harm** с ним ничего́ не случи́лось; ~ **to a head** *fig* достига́ть крити́ческой ста́дии; ~ **to life** оживля́ться; ~ **to light** обнару́живаться; ~ **to pass** случа́ться; ~ **to one's senses** приходи́ть в себя́
~ **together** (*meet*) собира́ться; (*unite*) объединя́ться; (*of man and woman*) сойти́ *pf*; (*arrive together*) приходи́ть вме́сте; (~ *into contact*) прийти́ *pf* в соприкоснове́ние
~ **under** (*be subordinate to*) подчиня́ться (+ *dat*); (*be included under*) относи́ться к (+ *dat*); (*discussion, scrutiny etc*) подверга́ться (+ *dat*)
~ **up** (*approach*) подходи́ть, подъезжа́ть (**to,** к + *dat*); (*ascend*) поднима́ться; (*arise*) возника́ть; (*before court*) представа́ть пе́ред судо́м; ~ **up against** (*be blocked by*) упира́ться в (+ *acc*); (*find oneself opposing*) находи́ться, стоя́ть пе́ред (+ *instr*); ~ **up to** (*approach*) приходи́ть к (+ *dat*); (*a town etc*) приезжа́ть в (+ *acc*); (*equal*) сра́вниваться с (+ *instr*); **not ~ up to expectations** не опра́вдывать ожида́ний; ~ **up with** (*catch up*) нагоня́ть; (*idea etc*) приду́мывать
~ **upon** ната́лкиваться на (+ *acc*)

come-at-able досту́пный
come-back (*return*) возвраще́ние
COMECON СЕВ (Совет экономи́ческой взаимопо́мощи)
comedian ко́мик
comedienne комедиа́нтка, комеди́йная актри́са
come-down (*fall*) паде́ние; (*humiliation*) униже́ние; (*deterioration*) ухудше́ние
comedy 1. *n* коме́дия **2.** *adj* комеди́йный
come-hither соблазни́тельный; **a ~ look** завлека́ющий взгляд
comeliness милови́дность *f*
comely милови́дный
comer: the first ~ пе́рвый встре́чный
comestible 1. *n* **~s** съестны́е припа́сы *m pl* **2.** *adj* съедо́бный
comet коме́та
cometary коме́тный
come-uppance: get one's ~ получи́ть *pf* по заслу́гам
comfit конфе́та
comfort 1. *n* (*consolation*) утеше́ние; **cold ~** сла́бое утеше́ние; **take ~** утеша́ться (**in,** + *instr*); (*encouragement*) ободре́ние; (*support*) подде́ржка; (*well-being*) благополу́чие, благосостоя́ние; (*physical ~*) комфо́рт, удо́бства *neut pl*; (*relief from pain*) облегче́ние; **2.** *v* (*console*) утеша́ть; (*encourage*) ободря́ть
comfortable (*convenient; chair etc*) удо́бный; **are you ~?** вам удо́бно?; (*well-appointed*) комфорта́бельный; (*cosy*) ую́тный
comforter (*consoler*) утеши́тель *m*; **Job's ~** гореутеши́тель *m*; (*scarf*) шарф; (*baby's*) со́ска
comfortless (*cheerless*) неую́тный; (*inconsolable*) безуте́шный
comic 1. *n* (*comedy*) **the ~** коми́зм; (*comedian*) ко́мик; (*cartoon paper*) ко́микс **2.** *adj* (*amusing*) коми́ческий, заба́вный; (*causing laughter*) смешно́й, коми́ческий; (*of comedy*) комеди́йный
comical коми́ческий, заба́вный; смешно́й
coming 1. *n* (*arrival*) прихо́д, прибы́тие, прие́зд; **the Second Coming** второ́е прише́ствие **2.** *adj* (*future*) бу́дущий, гряду́щий; (*approaching*) наступа́ющий; (*promising*) многообеща́ющий
Comintern Коминте́рн
comity ве́жливость *f*
comma запята́я; **inverted ~s** кавы́чки *f pl*; *mus* ко́мма
command 1. *n* (*written order*) прика́з; (*spoken order*) кома́нда; **at, on the ~ of** по кома́нде (+ *gen*); **give a ~** пода́ть *pf* кома́нду; **word of ~** кома́нда, кома́ндное сло́во; (*authority*) кома́ндование; **be in ~** кома́ндовать (**of,** + *instr*); **high ~** гла́вное кома́ндование; **under the ~ of** под кома́ндованием (+ *gen*); **who is in ~?** кто здесь кома́ндует?, кто ста́рший?; (*control, dominating position*) госпо́дство (**over,** над + *instr*); **~ in the air** госпо́дство в во́здухе; **have ~ of** владе́ть (+ *instr*); (*body of military*) войска́ *neut pl*; (*military area*) вое́нный о́круг **2.** *adj* кома́ндный; **~ post** кома́ндный пункт **3.** *v* (*give order*) прика́зывать (+ *dat*); (*have authority over*) кома́ндовать; (*control*) управля́ть (+ *instr*); (*dominate*) госпо́дствовать (над + *instr*); (*have*) владе́ть (+ *instr*); (*compel respect etc*) внуша́ть; (*give view over*) домини́ровать (над + *instr*)
commandant (*commander*) команди́р; (*governor*) коменда́нт
commandeer *mil* реквизи́ровать; *coll (take)* присва́ивать
commander (*officer*) команди́р; (*person in command*) кома́ндующий (**of,** + *instr*); *nav* капита́н тре́тьего ра́нга; **Commander-in-Chief** главнокома́ндующий
commanding (*in command*) кома́ндующий; (*impressive*) внуши́тельный; (*overlooking*) домини́рующий (над + *instr*); **~ heights** кома́ндные высо́ты *f pl*
commandment (*order*) прика́з; *bibl* за́поведь *f*; **the Ten Commandments** де́сять за́поведей
commando (*unit*) кома́ндос, деса́нтно-диверсио́нная гру́ппа; (*soldier*) диверса́нт; **~ carrier** деса́нтный вертолетоно́сец; **~ raid** диверсио́нный налёт

commemorate (*mark with honour*) отмечáть; (*celebrate anniversary etc*) прáздновать
commemoration прáзднование; **in ~ of** в пáмять (+ *gen*)
commemorative мемориáльный; **~ stamps** пáмятные, коммеморати́вные мáрки *f pl*
commence начинáть(ся)
commencement начáло
commend (*praise*) хвали́ть; (*recommend*) рекомендовáть; (*entrust*) вверя́ть, поручáть (**to**, + *dat*)
commendable похвáльный
commendation (*praise*) похвалá; (*recommendation*) рекомендáция
commensurable соизмери́мый
commensurate (*of equal extent*) соразмéрный; (*proportionate, appropriate*) соотвéтственный (**with**, + *dat*)
comment 1. *n* (*remark*) замечáние; **make ~s** дéлать замечáния; (*explanatory note*) примечáние **2.** *v* (*make remark*) замечáть, дéлать замечáние (**on**, о + *prep*); (*criticize*) комменти́ровать (**on**, + *acc*)
commentary комментáрий; **radio ~** радиорепортáж (**on**, о + *prep*)
commentate вести́ радиорепортáж
commentator (радио)комментáтор
commerce торгóвля, коммéрция; **chamber of ~** торгóвая палáта
commercial 1. *n coll* (*advertisement*) реклáма **2.** *adj* коммéрческий, торгóвый; **~ traveller** коммивояжёр; **~ vehicle** грузовáя маши́на
commercialize (*put on business footing*) стáвить на коммéрческую нóгу; (*put on sale*) выпускáть в продáжу; (*turn to profit*) превращáть в истóчник при́были
commination угрóза
comminatory угрожáющий
commingle смéшивать(ся)
comminute толóчь, измельчáть; **~d fracture** оскóлочный перелóм
commiserate (*sympathize*) сочýвствовать (**with**, с + *instr*); (*express sympathy*) выражáть соболéзнование (**with**, с + *instr*), соболéзновать
commiseration сочýвствие, соболéзнование
commissar комиссáр
commissariat *mil* интендáнтство; (*Soviet department*) комиссариáт
commissary уполномóченный
commission 1. *n* (*carrying out*) совершéние; (*committee etc*) коми́ссия; (*task*) поручéние; (*authority to act*) полномóчие; (*agent's percentage*) комиссиóнные *pl*, коми́ссия; *mil* патéнт на офицéрский чин; **get a ~** получи́ть *pf* офицéрский чин; (*of ship*) кампáния; **go into ~** вступáть в строй; **out of ~** не в строю́; (*out of order*) в неисправном состоя́нии, в неисправности **2.** *v* (*give authority*) уполномóчивать; (*give task*) поручáть (+ *dat*); (*give order for*) закáзывать; *naut* вводи́ть в строй
commissionaire швейцáр
commissioner (*member of commission*) член коми́ссии; (*official*) комиссáр
commit (*perpetrate*) совершáть; (*entrust, hand over*) поручáть (**to**, + *dat*); (*consign*) предавáть (**to**, + *dat*); **~ to memory** запоминáть; **~ to paper** запи́сывать; **~ to prison** заключáть в тюрьмý; **~ oneself** обязывáться (+ *infin*)
commitment (*performance of*) совершéние; (*obligation*) обязáтельство
committal: ~ for trial предáние судý
committee комитéт; (*commission*) коми́ссия; **~-man** член комитéта
commode (*cupboard*) комóд; (*chamber pot*) стульчáк
commodious помести́тельный
commodity товáр, предмéт торгóвли
commodore *nav* (*rank*) коммодóр; (*of shipping line*) стáрший капитáн; (*of yacht club*) командóр
common 1. *n* (*~ land*) общи́нная земля́; (*open area*) вы́гон; **in ~** сообщá, совмéстно; **in ~ with** вмéсте с (+ *instr*), подóбно (+ *dat*); **have sth in ~ with** имéть что-то óбщее с (+ *instr*); **out of the ~** незауря́дный; **nothing out of the ~** ничегó осóбенного **2.** *adj* (*mutual; general*) óбщий; **by ~ consent** с óбщего соглáсия; **the ~ good** óбщее блáго; **~ interests** óбщие интерéсы *m pl*; (*public*) общéственный; (*ordinary*) простóй, обыкновéнный; **the ~ cold** нáсморк; **the ~ man** простóй/рядовóй/обыкновéнный человéк; **~ sense** здрáвый смысл; **~ soldier** рядовóй; (*vulgar*) вульгáрный; (*widespread*) распространённый; **it is ~ knowledge** э́то общеизвéстно; *biol, bot* обыкновéнный; *gramm* **~ gender** óбщий род; **~ noun** и́мя *neut* нарицáтельное; *leg* **~ law** óбщее прáво; *math* **~ fraction** простáя дробь *f*; **~ multiple** óбщее крáтное; *pol* **Common Market** Óбщий ры́нок
commoner нетитулóванный человéк
commonness (*ordinariness, frequency*) обы́чность *f*; (*vulgarity*) вульгáрность *f*
commonplace 1. *n* óбщее мéсто, банáльность *f* **2.** *adj* банáльный
common-room (*students'*) студéнческая кóмната; (*teachers'*) учи́тельская
commons простóй нарóд; **the House of Commons** палáта óбщин
commonweal óбщее блáго
commonwealth (*state*) государство; (*republic*) респýблика; **the British Commonwealth** Британское Содрýжество Нáций
commotion (*disturbance*) волнéние, суматóха, суетá
communal (*public*) общéственный; (*collective*) коллекти́вный; (*of commune*) коммунáльный, общи́нный
communard коммунáр
commune 1. *n* óбщина, коммýна **2.** *v* общáться (**with**, с + *instr*)
communicable (*of disease, habit*) передавáемый, зарáзный, инфекциóнный; (*ideas*) передавáемый
communicant (*source of news*) информáнт, информáтор; *rel* причáстник, *f* причáстница
communicate (*transmit*) передавáть (**to**, + *dat*); (*inform*) сообщáть (**to**, + *dat*); (*exchange messages etc; be connected*) сообщáться (**with**, с + *instr*); (*talk*) говори́ть (друг с дрýгом); *rel* причащáться
communication (*message, giving of message, link*) сообщéние; *pl* (*~s system*) срéдство сообщéния; **lines of ~** пути́ сообщéния; *tech (link)* связь *f*; **radio ~** радиосвя́зь *f*
communicative (*talkative*) разговóрчивый
communion (*relationship*) общéние (**with**, с + *instr*); *relig* (*religious group*) вероисповедáние; (*rite*) причáстие; **take ~** причащáться
communiqué официáльное сообщéние, коммюникé *neut indecl*

communism коммуни́зм
communist 1. *n* коммуни́ст **2.** *adj* коммунисти́ческий
community 1. *n* (*communal group*) общи́на; (*association*) соо́бщество; (*village etc*) населённый пункт; (*local inhabitants*) ме́стное населе́ние; (*the public*) о́бщество; (*of ideas etc*) о́бщность *f* **2.** *adj* обще́ственный
commutation *elect* коммута́ция; *leg* смягче́ние наказа́ния
commutator (*of motor*) колле́ктор; (*switch*) переключа́тель *m*
commute (*change*) заменя́ть; *leg* смягча́ть наказа́ние; *elect* переключа́ть; *coll* е́здить ежедне́вно на рабо́ту по́ездом
commuter 1. *n* регуля́рный пассажи́р **2.** *adj* (*of suburb, train*) при́городный
compact 1. *n* (*agreement*) соглаше́ние, догово́р; (*for powder*) пу́дреница; *tech* (*caked mass*) прессо́вка **2.** *adj* (*small*) компа́ктный; (*dense*) пло́тный; (*compressed; concise*) сжа́тый **3.** *v* (*compress*) сжима́ть; (*fit closely*) уплотня́ть
compacted уплотнённый
companion 1. *n* (*friend*) това́рищ; (*fellow-traveller*) спу́тник, попу́тчик; ~ **in arms** собра́т по ору́жию; (*hired*) компаньо́н, *f* компаньо́нка; (*one of pair*) па́ра; (*guidebook*) спра́вочник, спу́тник **2.** *adj* (*matching*) па́рный; *naut* ~ **ladder** сходно́й трап
companionable общи́тельный
companionship (*company*) о́бщество; (*group of friends*) компа́ния
company (*society*) о́бщество; (*convivial group*) компа́ния; **he is good** ~ с ним не соску́чишься; **I am bored in his** ~ мне ску́чно в его́ о́бществе; **keep s.o.** ~ составля́ть компа́нию (+ *dat*); **keep** ~ **with** обща́ться, встреча́ться с (+ *instr*); **part** ~ **with** расстава́ться с (+ *instr*); (*guests*) го́сти *m pl*; *comm* о́бщество, компа́ния; *theat* тру́ппа, анса́мбль *m*; *mil* ро́та; *naut* экипа́ж
comparable сравни́мый
comparative 1. *n gramm* сравни́тельная сте́пень *f* **2.** *adj* сравни́тельный
comparator компара́тор
compare 1. *n* **beyond** ~ вне вся́кого сравне́ния **2.** *vt* сра́внивать (**with**, **to**, с + *instr*); *vi* сравни́ться *pf* (**with**, с + *instr*); ~**d with** по сравне́нию с (+ *instr*); **not to be** ~**d with** не мо́жет сравни́ться с (+ *instr*)
comparison сравне́ние; **in**, **by** ~ **with** по сравне́нию, в сравне́нии с (+ *instr*); **make** ~ сра́внивать, проводи́ть сравне́ние; *gramm* **degrees of** ~ сте́пени сравне́ния
compartment (*subdivision*) отделе́ние; (*of train*) купе́ *neut indecl*
compass 1. *n* (*magnetic*) ко́мпас; **dip** ~ инклино́метр; **prismatic** ~ при́зменная буссо́ль *f*; **radio** ~ радиоко́мпас; **surveyor's** ~ буссо́ль *f*; *pl* (*drawing instrument*) ци́ркуль *m*; **beam** ~**es** штангенци́ркуль; (*circumference*) окру́жность *f*; (*range, scope*) диапазо́н; (*limit*) преде́лы *m pl* **2.** *adj* ко́мпасный; ~ **bearing** ко́мпасный пе́ленг **3.** *v* (*go round*) окружа́ть; (*plot*) замышля́ть; (*achieve*) достига́ть (+ *gen*); (*realize*) осуществля́ть
compassion жа́лость *f*, сочу́вствие, сострада́ние; **feel** ~ **for** жале́ть
compassionate (*sympathetic*) сострада́тельный, сочу́вствующий, (*kindly*) милосе́рдный, жа́лостливый
compatibility совмести́мость *f* (**with**, с + *instr*)
compatible совмести́мый (**with**, с + *instr*)
compatriot соотéчественник
compeer ро́вня́
compel заставля́ть, принужда́ть
compelling неотрази́мый, непреодоли́мый
compendious (*concise*) кра́ткий, сжа́тый
compendium (*summary*) конспе́кт; (*abridgement*) сокраще́ние; (*collection*) набо́р
compensate (*in all senses*) компенси́ровать (**for**, за я+ *acc*); (*make up for*) возмеща́ть (+ *dat;* **for**, + *acc*)
compensation компенса́ция (*amends for*, за + *acc; other senses*, + *gen*)
compensator компенса́тор
compensatory компенси́рующий; *leg* ~ **damages** компенса́торные убы́тки *m pl*
compère 1. *n* конферансье́ *m indecl* **2.** *v* конфери́ровать
compete (*contend*) соревнова́ться, состяза́ться (**with**, с + *instr*); (*rival*) конкури́ровать (**with**, с + *instr*); ~ **for** (*prize etc*) уча́ствовать в соревнова́ние на (+ *acc*)
competence (*ability*) спосо́бность *f*, уме́ние; (*having qualifications*) компете́нтность *f*; (*income*) доста́ток; *leg (authority*) компете́нция
competent (*able*) спосо́бный; (*qualified*) компете́нтный; *leg (admissible*) надлежа́щий; (*having authority*) компете́нтный
competition (*rivalry; sports competition*) соревнова́ние; **be in** ~ **with** соревнова́ться с (+ *instr*); (*in business etc*) конкуре́нция; (*contest*) состяза́ние; (*tournament*) турни́р; (*competitive examination*) ко́нкурс
competitive (*as trait*) честолюби́вый; (*in competition*) конкури́рующий; ~ **examination** ко́нкурсный экза́мен; ~ **price** конкурентоспосо́бная цена́
competitor (*rival*) сопе́рник; (*in business*) конкуре́нт; (*participant*) уча́стник
compilation (*compiling*) компили́рование; (*collecting*) собира́ние; (*of dictionary etc*) составле́ние; (*compiled work*) компиля́ция
compile компили́ровать; составля́ть
compiler компиля́тор; состави́тель *m*
complacence, complacency самодово́льство
complacent самодово́льный
complain жа́ловаться (**of**, на + *acc*; **to**, + *dat*); ~ **of headaches** жа́ловаться на головну́ю боль; **I can't** ~ не могу́ пожа́ловаться
complaint жа́лоба (**against**, **of**, на + *acc*); **make**, **bring a** ~ **against** подава́ть жа́лобу на (+ *acc*); (*illness*) боле́знь *f*
complaisance любе́зность *f*
complaisant любе́зный, услу́жливый
complement 1. *n* (*that which completes; gramm, math*) дополне́ние; (*crew*) экипа́ж, кома́нда **2.** *v* (*complete*) дополня́ть; (*make up number of crew etc*) укомплекто́вывать
complementary дополни́тельный
complete 1. *adj (entire*) це́лый; (*full*) по́лный; ~ **with spare parts** компле́ктно с запасны́ми частя́ми; (*ended*) зако́нченный; *coll (absolute*) соверше́нный **2.** *v* (*finish*) конча́ть, зака́нчивать; (*make up set*) комплектова́ть; (*make entire*) дополня́ть
completely (*entirely*) по́лностью; (*absolutely*) соверше́нно; (*thoroughly*) вполне́

completeness полнота́; зако́нченность *f*
completion (*of work*) заверше́ние, оконча́ние; (*of contract etc*) заключе́ние
complex 1. *n* ко́мплекс **2.** *adj* (*complicated*) сло́жный; *math* ко́мплексный; *gramm* ~ **sentence** сложноподчинённое предложе́ние
complexion (*colour*) цвет лица́; (*skin*) ко́жа; (*appearance*) вид; **put another ~ on** представля́ть в ино́м све́те
complexity сло́жность *f*
compliance (*yielding*) пода́тливость *f*; (*agreement*) согла́сие; **in ~ with** согла́сно (+ *dat*), в соотве́тствии с (+ *instr*); (*being obliging*) уго́дливость *f*
compliant пода́тливый; уго́дливый
complicate усложня́ть, осложня́ть
complicated (*complex*) сло́жный; (*confused*) запу́танный
complication (*complex nature*) сло́жность *f*; (*making complex; difficulty; med*) осложне́ние
complicity соуча́стие (**in**, в + *prep*)
compliment 1. *n* комплиме́нт; **pay a ~** де́лать комплиме́нт; *pl* (*greeting*) приве́т, покло́н **2.** *v* (*congratulate*) поздравля́ть (**on**, с + *instr*); (*praise*) хвали́ть; (*pay ~*) де́лать комплиме́нт (+ *dat*)
complimentary (*congratulatory*) поздрави́тельный; **be ~ about** отзыва́ться с похвало́й о (+ *prep*); ~ **ticket** беспла́тный биле́т
comply (*obey*) подчиня́ться (**with**, + *dat*); (*carry out*) исполня́ть (**with**, + *acc*); (*agree*) соглаша́ться; (*yield*) уступа́ть
component (*part of whole*) составна́я часть *f*, компоне́нт; (*of machine*) дета́ль *f*; *math, elect* составля́ющая **2.** *adj* составно́й
comport (*behave*) ~ **oneself** вести́ себя́, держа́ться; (*be consistent*) согласова́ться (**with**, с + *instr*)
comportment поведе́ние
compose (*constitute*) составля́ть; (*settle, reconcile*) ула́живать; (*poem etc*) сочиня́ть; (*picture*) компонова́ть; (*music*) писа́ть му́зыку; *print* набира́ть; (*calm*) успока́ивать; ~ **oneself** успоко́иться *pf*
composed (*calm*) споко́йный
composer компози́тор
composite 1. *n* смесь *f*; *math* компози́т **2.** *adj* (*made up*) составно́й; *bot* сложноцве́тный; *math* сло́жный, составно́й
composition (*act of combining*) составле́ние; *arts* (*act*) компози́ция; (*work of art*) произведе́ние; (*school essay*) сочине́ние; (*make-up; chemical compound*) соста́в; (*character*) хара́ктер; *print* набо́р
compositor набо́рщик
compost 1. *n* компо́ст **2.** *v* удобря́ть компо́стом
composure (*calm*) споко́йствие; (*self-control*) самооблада́ние
compound 1. *n* (*mixture*) смесь *f*; *chem* соедине́ние; *gramm* составно́е сло́во; *elect* (*insulation*) компа́унд; (*enclosure*) огоро́женное ме́сто **2.** *adj* (*made up*) составно́й; *med* ~ **fracture** откры́тый перело́м; *comm* ~ **interest** сло́жные проце́нты *m pl*; *gramm, math* сло́жный **3.** *v* (*mix*) сме́шивать; (*make up of parts*) составля́ть; *chem* соединя́ть(ся); *leg* (*settle*) приходи́ть к компроми́ссу; (*condone*) потво́рствовать; (*aggravate*) усугубля́ть; (*complicate*) осложня́ть
comprehend (*understand*) понима́ть; (*include*) охва́тывать
comprehensible поня́тный
comprehension (*understanding*) понима́ние; **beyond ~** вы́ше понима́ния; (*grasp*) охва́т; (*inclusion*) включе́ние
comprehensive (*wide*) обши́рный; (*inclusive*) объе́млющий; (*exhaustive*) исче́рпывающий; ~ **school** еди́ная шко́ла
compress 1. *n med* компре́сс **2.** *v* сжима́ть
compressed сжа́тый; ~ **air** сжа́тый во́здух
compression сжа́тие
compressor компре́ссор
comprise (*contain*) содержа́ть; (*include*) включа́ть, заключа́ть в себе́; (*consist of*) состоя́ть из (+ *gen*)
compromise 1. *n* компроми́сс **2.** *v* (*reach ~*) пойти́ *pf* на компроми́сс; (*reputation etc*) компромети́ровать; (*endanger*) подверга́ть ри́ску
comptometer арифмо́метр
compulsion (*act of compelling*) принужде́ние; (*force*) наси́лие; *psych* непреодоли́мое влече́ние (**to**, к + *dat*)
compulsive (*compelling*) принуди́тельный; (*done under compulsion*) вы́нужденный; *psych* ~ **idea** навя́зчивая мысль *f*; ~ **liar** безу́держный лгун
compulsory (*compelling*) принуди́тельный; (*obligatory*) обяза́тельный
compunction (*conscience*) угрызе́ния *neut pl* со́вести; (*contrition*) раска́яние; (*regret*) сожале́ние; **without ~** без сожале́ния
computable исчисли́мый, вычисли́мый
computation расчёт; *math* вычисле́ние
compute (*calculate*) счита́ть, подсчи́тывать; *math* вычисля́ть
computer компью́тер, ЭВМ (электро́нно-вычисли́тельная маши́на); **personal ~**, *abbr* **PC** персона́льный компью́тер, *abbr* ПК; ~ **language** програ́ммный язы́к
computerized (*computer-controlled*) управля́емый компью́тером; (*automated*) автоматизи́рованный; (*programmed*) программи́рованный
comrade това́рищ; **~-in-arms** това́рищ по ору́жию
comradely това́рищеский
comradeship това́рищеские отноше́ния *neut pl*
con 1. *n coll* (*trick*) моше́нничество; (*trickster*) моше́нник; (*convict*) заключённый **2.** *v* (*examine*) рассма́тривать; (*learn by heart*) зау́чивать наизу́сть; (*steer*) вести́; *coll* (*trick*) надува́ть, проводи́ть
concatenation сцепле́ние; ~ **of circumstances** стече́ние обстоя́тельств; *elect* каска́дное включе́ние; *math* сочлене́ние
concave во́гнутый
concavo-: **~-concave** двояково́гнутый; **~-convex** во́гнуто-вы́пуклый
conceal (*hide*) скрыва́ть, пря́тать; (*keep secret*)ума́лчивать (о + *prep*),ута́ивать; (*mask, obscure*) маскирова́ть
concealment скрыва́ние; ута́ивание; маскиро́вка; (*hiding-place*) убе́жище
concede (*grant*) допуска́ть; (*admit*) признава́ть; (*give up*) уступа́ть (**to**, + *dat*)
conceit (*vanity*) самонаде́янность *f*; самомне́ние; *lit* причу́дливый о́браз
conceited самодово́льный
conceivable (*imaginable*) мы́слимый; (*possible*) возмо́жный
conceive (*child*) зача́ть *pf*; (*devise*) заду́мывать; (*imagine*) представля́ть себе́
concentrate 1. *n* концентра́т **2.** *v* (*bring, come*

together); сосредото́чивать(ся), концентри́ровать(ся); (*liquids*) сгуща́ть; (*by evaporation*) выпа́ривать; (*ores*) обогаща́ть; (*think hard*) сосредото́чиваться (**on,** на + *prep*)
concentration 1. *n* (*act of concentrating*) сосредото́чение, концентра́ция; (*state*) сосредото́ченность *f*; *chem* (*process*) сгуще́ние; (*strength*) кре́пость *f*; (*of ores*) обогаще́ние **2.** *adj* ~ **camp** концентрацио́нный ла́герь *m*, концла́герь
concentric концентри́ческий; (*coaxial*) коакси́альный
concept поня́тие, иде́я
conception (*understanding; interpretation*) понима́ние; (*concept*) поня́тие, конце́пция; *physiol* зача́тие
conceptual (*of concept*) концептуа́льный, поня́тийный; (*speculative*) умозри́тельный
concern 1. *n* (*worry*) забо́та, беспоко́йство; **feel ~ about** беспоко́иться о (+ *prep*); (*responsibility*) забо́та; **it is no ~ of yours** э́то не ва́ше де́ло; (*importance*) ва́жность *f*, значе́ние; **a matter of great ~** де́ло большо́й ва́жности; (*interest*) интере́с; (*firm*) предприя́тие, фи́рма **2.** *v* (*relate to, affect*) каса́ться (+ *gen*); **as ~s** что каса́ется (+ *gen*)
concerned (*worried*) озабо́ченный; **be ~** (*worried*) беспоко́иться (**about**, о + *prep*); (*take interest in*) занима́ться (+ *instr*); (*take trouble*) забо́титься (**with**, о + *prep*); (*be involved*) быть заме́шанным (**in**, в + *prep*); **as far as I am ~** что каса́ется меня́
concerning относи́тельно, каса́тельно (+ *gen*)
concert 1. *n* (*music etc*) конце́рт; **at the ~** на конце́рте; (*agreement*) согла́сие; **in ~** во взаимоде́йствии, совме́стно **2.** *adj* конце́ртный
concerted согласо́ванный
concertina концерти́но, гармо́нь *f*
concerto конце́рт; **violin ~** конце́рт для скри́пки
concession (*yielding*) усту́пка (**to**,+ *dat*); **make ~s to** идти́ на усту́пки (+ *dat*); (*grant of land etc*) конце́ссия
concessionaire концессионе́р
concessive усту́пчивый; *gramm* уступи́тельный
conch ра́ковина; *archi* ко́нха
concha *archi* ко́нха; *anat* ушна́я ра́ковина
conchoid конхо́ида
conchology конхи(ли)оло́гия
concierge консье́рж, *f* консье́ржка
conciliar собо́рный
conciliate (*placate*) умиротворя́ть; (*reconcile*) примиря́ть
conciliation (*placating*) умиротворе́ние; (*reconciliation*) примире́ние; ~ **commission** согласи́тельная коми́ссия
conciliator миротво́рец; *leg* мирово́й посре́дник; *polit* примире́нец
conciliatory примири́тельный
concise (*brief*) кра́ткий; (*clear*) чёткий
conciseness кра́ткость *f*; чёткость *f*
conclave та́йное совеща́ние; *eccles* конкла́в
conclude (*end*) конча́ть(ся), зака́нчивать(ся); (*a treaty etc*) заключа́ть; (*settle*) реша́ть; (*infer*) заключа́ть, де́лать вы́вод (**from**, из + *gen*)
conclusion (*end*) коне́ц, оконча́ние; **bring to a ~** доводи́ть до конца́; **in ~** ита́к, в заключе́нии; (*of treaty etc*) заключе́ние; (*result*) результа́т, исхо́д; (*inference*) вы́вод; **come to the ~ that** де́лать вы́вод, что; **jump to a ~** де́лать поспе́шный вы́вод; **foregone ~** предрешённое де́ло
conclusive (*decisive*) реша́ющий; (*convincing*) убеди́тельный; (*final*) заключи́тельный
concoct (*mix*) сме́шивать; (*make up*) составля́ть; (*plot, story etc*) приду́мывать, стря́пать
concoction (*mixing*) сме́шивание; (*mixture*) смесь *f*; *pej* (*food, story*) стряпня́
concomitant 1. *n* сопу́тствующее обстоя́тельство **2.** *adj* сопу́тствующий
concord (*amity*) согла́сие; (*treaty*) догово́р, соглаше́ние; *gramm* согласова́ние; *mus* гармо́ния
concordance (*agreement*) согла́сие, соотве́тствие; (*index*) указа́тель *m*
concordant согла́сный, соглacу́ющийся (**with**, с + *instr*)
concordat конкорда́т
concourse (*coming together*) стече́ние; (*crowd*) толпа́; (*open space*) пло́щадь *f*; (*vestibule*) вестибю́ль *m*
concrete 1. *n* бето́н; **reinforced ~** железобето́н; **~ mixer** бетономеша́лка **2.** *adj* (*made of ~*) бето́нный; (*actual*) конкре́тный, реа́льный **3.** *v* (*cover with ~*) покрыва́ть бето́ном
concretion сраще́ние; *geol* конкре́ция; *med* ка́мни *m pl*, конкреме́нты *m pl*
concubine нало́жница
concupiscence похотли́вость *f*, по́хоть *f*
concupiscent похотли́вый
concur (*agree*) соглаша́ться (**with**, с + *instr*); (*cooperate*) де́йствовать совме́стно; (*coincide*) совпада́ть (**with**, с + *instr*)
concurrence согла́сие; совпаде́ние
concurrent 1. *n* (*factor*) фа́ктор **2.** *adj* (*coinciding*) совпада́ющий; (*acting together*) де́йствующий совме́стно; (*simultaneous*) де́йствующий одновре́ме́нно
concurrently одновре́ме́нно (**with**, с + *instr*)
concuss сотряса́ть; *med* вызыва́ть сотрясе́ние мо́зга
concussion конту́зия, сотрясе́ние (мо́зга)
condemn (*blame*) осужда́ть; (*declare unfit*) признава́ть него́дным; *leg* пригова́ривать (**to**, к + *dat*)
condemnation осужде́ние; *leg* пригово́р
condemnatory (*blaming*) осужда́ющий; (*accusing*) обвини́тельный
condensate конденса́т
condensation 1. *n* конденса́ция; (*abridgement*) сокраще́ние **2.** *adj* конденсацио́нный
condense (*make, become denser*) сгуща́ть(ся); (*make liquid*) конденси́ровать; (*abridge*) сокраща́ть
condensed конденси́рованный; ~ **milk** сгущённое молоко́
condenser *eng*, *elect* конденса́тор; *opt* конде́нсор
condescend (*deign*) удоста́ивать; (*be indulgent*) снисходи́ть; (*stoop*) унижа́ться (**to**, до + *gen*)
condescending (*indulgent*) снисходи́тельный; (*patronizing*) покрови́тельственный
condescension снисходи́тельность *f*
condign (*deserved*) заслу́женный; (*worthy*) досто́йный
condiment припра́ва
condition 1. *n* (*proviso; circumstance*) усло́вие; **on ~ that** при усло́вии, что; **we cannot accept these ~s** мы не мо́жем согласи́ться на э́ти усло́вия; **working ~s** усло́вия рабо́ты; (*state*) состоя́ние; **in good ~** в хоро́шем состоя́нии; **his ~ has improved** состоя́ние его здоро́вья улу́чшилось **2.** *v* (*make ~s*) ста́вить усло́вия; (*determine*) обусло́вли-

вать; (*train, accustom*) приуча́ть (**to**, к + *dat*)
conditional (*all senses*) усло́вный
conditioned (*determined*) обусло́вленный; **well** ~ кондицио́нный; ~ **reflex** усло́вный рефле́кс
conditioning приуче́ние (**to**, к + *dat*)
condole выража́ть соболе́знование (**with**, с + *instr*)
condolence *usu pl* соболе́знование
condom презервати́в, кондо́м
condominium кондоми́ниум
condone проща́ть
condor ко́ндор
condottiere кондотье́р
conduce спосо́бствовать (**to**, + *dat*)
conducive спосо́бствующий (**to**, + *dat*)
conduct 1. *n* (*management*) веде́ние; (*behaviour*) поведе́ние; **safe** ~ гара́нтия безопа́сности; *hist* охра́нная гра́мота **2.** *v* (*manage*) вести́; (*accompany*) сопровожда́ть; *mus* дирижи́ровать (+ *instr*); *phys* проводи́ть; ~ **oneself** вести́ себя́
conductance проводи́мость *f*
conductive проводя́щий
conductivity проводи́мость *f*
conductor (*guide*) *phys* проводни́к; *mus* дирижёр; (*of bus etc*) конду́ктор; *elect* про́вод; **lightning** ~ громоотво́д, молниеотво́д
conductress конду́ктор, *coll* конду́кторша
conduit (*water pipe*) водопрово́дная труба́; *elect* **cable** ~ кабелепрово́д
cone *math* ко́нус; *bot* ши́шка; (*ice cream*) стака́нчик; *mil* ~ **of fire** сноп траекто́рии
confabulation бесе́да
confection (*fancy food*) сла́сти *f pl*
confectioner конди́тер; ~**'s (shop)** конди́терская
confectionery (*sweetmeats*) конди́терские изде́лия *neut pl*
confederacy конфедера́ция
confederate 1. *n* (*member of confederation*) член конфедера́ции; (*ally*) сою́зник; (*partner in crime*) соуча́стник; *Am hist* конфедера́т **2.** *adj* (*allied*) сою́зный; (*joined in confederation*) федерати́вный; *Am hist* **Confederate States** конфедера́ция ю́жных шта́тов
confederation конфедера́ция
confer (*title, award*) присва́ивать (**on**,+ *dat*); (*degree*) присужда́ть (**on**, + *dat*); (*discuss*) совеща́ться (**with**, с + *instr*); *impers* (*compare*) сравни́, *abbr* ср.
conference (*bestowal*) присвое́ние; присужде́ние (**on**, + *dat*); (*meeting*) конфере́нция, съезд, совеща́ние
conferment присвое́ние; присужде́ние (**on**, + *dat*)
confess (*admit*) *vt* признава́ть, сознава́ть; *vi* признава́ться, сознава́ться; *eccles* испове́доваться
confession (*admission*) призна́ние; **make a full** ~ признава́ться во всём; *eccles* и́споведь *f*; (*sect*) вероисповеда́ние
confessional исповеда́льня
confessor испове́дник; (*spiritual director*) духовни́к
confetti конфетти́ *neut indecl*
confidant напе́рсник
confidante напе́рсница
confide 1. *vt* (*entrust*) вверя́ть (**to**, + *dat*); (*tell as secret*) сообща́ть по секре́ту (**to**, + *dat*) **2.** *vi* (*admit*) признава́ться; ~ **in** (*take into one's confidence*) доверя́ть (+ *dat*)
confidence (*trust*) дове́рие; **be in s.o.'s** ~ по́льзоваться дове́рием кого́-нибудь; **put** ~ **in** доверя́ть (+ *dat*); (*assurance*) уве́ренность *f* (**of**, в + *pr*); **lose** ~ теря́ть уве́ренность; **with** ~ уве́ренно, с уве́ренностью; (*self-reliance*) самоуве́ренность *f*; (*secret*) секре́т; **in** ~ конфиденциа́льно, по секре́ту; ~ **trick** моше́нничество; ~ **man** моше́нник
confident (*certain*) уве́ренный (**of**, в + *pr*); **I am** ~ **that** я уве́рен, что; (*self-reliant*) самоуве́ренный
confidential (*private, secret*) конфиденциа́льный, секре́тный; (*entrusted with secrets*) дове́ренный; (*trusting*) доверя́ющий
confidentially конфиденциа́льно, по секре́ту
configuration (*shape*) очерта́ние; *tech* конфигура́ция; (*arrangement*) расположе́ние
confine 1. *n pl* (*limits*) преде́лы *m pl* **2.** *v* (*restrict*) ограни́чивать (**to**, + *instr*); (*imprison*) заключа́ть; **be** ~**d** (*in childbirth*) рожа́ть; ~**d to bed** прико́ванный к посте́ли; ~ **oneself to** приде́рживаться (+ *gen*)
confinement (*imprisonment*) заключе́ние; (*childbirth*) ро́ды *m pl*
confirm (*strengthen, approve, ratify*) утвержда́ть; (*acknowledge, corroborate*) подтвержда́ть; (*verify*) проверя́ть; *eccles* конфирмова́ть
confirmation утвержде́ние; подтвержде́ние; **in** ~ **of** в подтвержде́ние (+ *gen*); *eccles* конфирма́ция
confirmative, confirmatory подтвержда́ющий
confirmed (*long-established*) да́вний; (*chronic*) хрони́ческий; (*inveterate*) закорене́лый
confiscate конфискова́ть
confiscation конфиска́ция
conflagration большо́й пожа́р
conflict 1. *n* (*struggle*) борьба́; (*battle*) би́тва; (*clash*) столкнове́ние, конфли́кт; *leg* колли́зия **2.** *v* (*clash with*) ста́лкиваться с (+ *instr*); (*be incompatible with*) противоре́чить (+ *dat*); *leg* коллиди́ровать; ~**ing claims** коллиди́рующие притяза́ния *neut pl*
confluence (*of rivers*) слия́ние; (*of roads*) пересече́ние; (*of people*) стече́ние наро́да
confluent 1. *n* (*river*) прито́к **2.** *adj* слива́ющийся; *med* сливно́й
conform (*make similar*) *vt* сообразова́ть (**to**, + *dat*), *vi* сообразова́ться (**to**, **with**, с + *instr*); (*correspond*) соотве́тствовать (**to**, + *dat*); (*obey*) подчиня́ться (**to**, **with**, + *dat*); (*accept prevailing customs*) приспособля́ться (**to**, + *dat*)
conformable (*similar*) подо́бный (**to**, **with**, + *dat*); (*corresponding*) соотве́тствующий (**to**, **with**, + *dat*); (*submissive*) послу́шный
conformism конформи́зм
conformist конформи́ст
conformity (*similarity*) схо́дство; (*correspondence*) соотве́тствие (**to**, **with**, + *dat*); (*agreement*) согласо́ванность *f*; (*compliance*) подчине́ние; **in** ~ **with** в соотве́тствии с (+ *instr*)
confound (*mix up*) сме́шивать; (*dismay*) приводи́ть в смуще́ние; (*plans, hopes etc*) разруша́ть; *exclam* ~ **it** чёрт его́ побери́
confounded (*confused*) смущённый; *coll* проклятый
confoundedly *coll* черто́вски
confraternity бра́тство
confrère собра́т, колле́га *m and f*
confront (*face boldly*) смотре́ть в лицо́; (*oppose*) противостоя́ть (+ *dat*); (*be face to face*) стоя́ть лицо́м к лицу́ с (+ *instr*); (*bring face to face*) де́лать о́чную ста́вку (**with**, с + *instr*); (*compare*)

сопоставля́ть
confrontation о́чная ста́вка; сопоставле́ние; *pol* конфронта́ция
confuse (*bewilder, embarrass*) смуща́ть; (*mix up*) пу́тать, перепу́тывать (**with**, с + *instr*)
confused (*bewildered*) смущённый, сби́тый с то́лку; **be(come)** ~ смуща́ться; (*mixed up*) спу́танный; (*chaotic*) беспоря́дочный
confusion (*embarrassment*) смуще́ние; (*mix-up*) пу́таница; (*misunderstanding*) недоразуме́ние; (*chaos*) беспоря́док
confutation опроверже́ние
confute опроверга́ть
congeal *vt* (*freeze*) замора́живать; (*clot*) свёртывать; (*thicken*) сгуща́ть; *vi* (*freeze*) замерза́ть, застыва́ть; (*clot*) свёртываться; (*thicken*) сгуща́ться
congelation (*freezing*) замора́живание; (*setting*) застыва́ние; (*coagulation*) затвердева́ние
congener ро́дственник
congeneric ро́дственный; *biol* одноро́дный
congenial (*similar in temperament*) бли́зкий по ду́ху; (*suitable*) подходя́щий; (*pleasant*) прия́тный
congenital врождённый
conger морско́й у́горь *m*
congest переполня́ть
congested (*overfull, also med*) перепо́лненный; (*overpopulated*) перенаселённый; (*traffic etc*) перегру́женный
congestion переполне́ние; перенаселе́ние; **traffic** ~ зато́р, про́бка
conglomerate 1. *n* конгломера́т **2.** *v* скопля́ться
conglomeration скопле́ние, конгломера́т
Congo Ко́нго *indecl*
Congolese 1. *n* конголе́зец, *f* конголе́зка **2.** *adj* конголе́зский
congratulate поздравля́ть (**on**, с + *instr*)
congratulation поздравле́ние; ~**s!** поздравля́ю!; **letter of** ~ поздрави́тельное письмо́
congratulatory поздрави́тельный
congregate собира́ть(ся)
congregation (*assembly*) собра́ние; *eccles* (*in church*) моля́щиеся *pl*; (*parishioners*) прихожа́не *m pl*
congress (*assembly*) *pol* конгре́сс; (*meeting*) съезд; (*sexual*) совокупле́ние
congressional (*of congress*) конгре́сса
Congressman (*person at congress; Indian pol*) конгесси́ст; *Am pol* конгрессме́н, член конгре́сса
congruence (*agreement*) согласо́ванность *f*; (*coincidence*) совпаде́ние; *math* конгруэ́нтность *f*
congruent (*suitable*) подходя́щий; (*conformable*) соотве́тствующий (**with**, с + *instr*); *math* конгруэ́нтный
conic (*conical*) кони́ческий; *math* ~ **section** кони́ческое сече́ние; (*of cone*) ко́нусный
conical кони́ческий, конусообра́зный
conifer хво́йное де́рево
coniferous хво́йный
coniform конусообра́зный, конусови́дный
conjectural предположи́тельный
conjecture 1. *n* (*suggestion*) предположе́ние; (*guess*) дога́дка **2.** *v* (*suggest*) предполага́ть; (*guess*) гада́ть
conjoin (*combine*) соединя́ть(ся); (*link*) сочета́ть(ся)
conjoint (*combined*) соединённый; (*joint*) совме́стный, о́бщий; *leg* ~**s** супру́ги *m pl*
conjugal (*of marriage*) бра́чный; (*of married people*) супру́жеский
conjugality супру́жество
conjugate 1. *adj gramm* ро́дственный; *math* сопряжённый; *bot* па́рный **2.** *v gramm* спряга́ть; *bot* соединя́ться
conjugation *gramm* спряже́ние; *biol* конъюга́ция
conjunction (*joining, also astron*) соедине́ние; **in** ~ **with** вме́сте с (+ *instr*), совме́стно с (+ *instr*); *gramm* сою́з
conjunctive свя́зывающий; *gramm* соедини́тельный; ~ **mood** сослага́тельное наклоне́ние
conjunctivitis конъюнктиви́т
conjuncture (*of circumstances*) стече́ние обстоя́тельств; (*crisis*) крити́ческий моме́нт
conjuration заклина́ние
conjure (*adjure*) заклина́ть; (*perform tricks*) пока́зывать фо́кусы; ~ **up** вызыва́ть
conjuror фо́кусник
conk 1. *n sl* (*nose*) сопа́тка; (*blow*) уда́р **2.** *v* ~ **out** (*of engine*) загло́хнуть *pf*
connate прирождённый
connect (*join*) соединя́ть(ся) (**with**, с + *instr*); (*link, associate*) свя́зывать(ся) (**with**, с + *instr*); *elect* присоединя́ть(ся)
connected соединённый; свя́занный; **be well** ~ име́ть больши́е свя́зи; (*coherent*) свя́зный
connecting соедини́тельный; ~ **- rod** шату́н
connection (*joining, joint, also elect*) соедине́ние; (*link*) связь *f*; **in** ~ **with** в связи́ с (+ *instr*); **in this** ~ в э́той связи́; (*relative*) ро́дственник; *pl* (*influence*) свя́зи *f pl*, знако́мства *neut pl*
connective (*joining*) соедини́тельный; (*linking*) связу́ющий
conning управле́ние кораблём; ~ **tower** боева́я ру́бка
connivance (*consent*) молчали́вое согла́сие; *leg* потво́рство, попусти́тельство (**at**, + *dat*); **with the** ~ **of** при попусти́тельстве (+ *gen*)
connive (*pretend not to notice*) смотре́ть сквозь па́льцы (**at**, на + *acc*); (*abet*) молчали́во допуска́ть (**at**, + *acc*); *leg* потво́рствовать (**at**, + *dat*)
connoisseur знато́к
connotation (*implication*) подразумева́емое; (*meaning*) (дополни́тельное) значе́ние; *log* созначе́ние
connote (*imply*) подразумева́ть; (*have extra meaning*) име́ть дополни́тельное значе́ние; *coll* (*mean*) означа́ть; *log* создача́ть
connubial (*of marriage*) бра́чный; (*of married people*) супру́жеский
conoid 1. *n* коно́ид **2.** *adj* конусообра́зный
conquer (*defeat; be victorious*) побежда́ть; (*win by war*) завоёвывать; (*subjugate*) покоря́ть; (*overcome*) преодолева́ть
conqueror победи́тель *m*; завоева́тель *m*; **William the Conqueror** Вильге́льм Завоева́тель; покори́тель *m*
conquest (*victory*) побе́да; (*act of conquering; thing captured*) завоева́ние; (*subjugation*) покоре́ние; *coll* (*in love*) покорённое се́рдце
conquistador конквиста́дор
consanguineous единокро́вный
consanguinity кро́вное родство́
conscience со́весть *f*; **have a clean, bad** ~ име́ть чи́стую/нечи́стую со́весть; **have on one's** ~ име́ть на со́вести; **with a clear** ~ с чи́стой

со́вестью; **prisoner of ~** у́зник со́вести
conscienceless бессо́вестный
conscience-smitten испы́тывающий угрызе́ния со́вести
conscientious (*true to conscience*) со́вестливый; **~ objector** челове́к, отка́зывающийся от вое́нной слу́жбы по мора́льным убежде́ниям; (*aware of duty*) созна́тельный; (*scrupulous, of work etc*) добросо́вестный
conscious (*having one's senses*) в созна́нии, сознаю́щий; (*feeling*) чу́вствующий, ощуща́ющий; (*aware, understanding*) сознаю́щий; **be ~ of** отдава́ть себе́ отчёт в (+ *prep*); (*deliberate*) созна́тельный
consciousness созна́ние; **class ~** кла́ссовое созна́ние; **lose ~** потеря́ть *pf* созна́ние; **regain ~** прийти́ *pf* в себя́
conscript 1. *n* призывни́к **2.** *adj* мобилизо́ванный **3.** *v* призыва́ть на вое́нную слу́жбу, мобилизова́ть
conscription (*liability for military service*) во́инская пови́нность *f*; (*call-up*) призы́в на вое́нную слу́жбу
consecrate (*dedicate, devote*) посвяща́ть (**to**, + *dat*); (*sanctify*) освяща́ть
consecration посвяще́ние; освяще́ние
consecutive после́довательный; **for the sixth ~ time** в шесто́й раз подря́д; *gramm* **~ clause** предложе́ние сле́дствия
consensus о́бщее согла́сие
consent 1. *n* согла́сие; **give ~** дава́ть согла́сие (**to**, на + *acc*); **by common ~** с о́бщего согла́сия; **age of ~** бра́чный во́зраст **2.** *v* (*agree*) соглаша́ться, дава́ть согла́сие (**to**, на + *acc*); (*give permission*) разреша́ть
consequence (*result*) (по)сле́дствие, результа́т; **as a ~** в результа́те; **in ~ of** в результа́те (+ *gen*), всле́дствие (+ *gen*); **take the ~s of** отвеча́ть за (+ *acc*); (*importance*) ва́жность *f*; **of ~** ва́жный; **it's of no ~** э́то не име́ет значе́ния; *log* сле́дствие
consequent 1. *n* (*result*) результа́т; *gramm, math* сле́дующий член, консекве́нт **2.** *adj* (*following*) сле́дующий, (*resulting*) явля́ющийся результа́том; (*following logically*) после́довательный
consequential (*important*) ва́жный, значи́тельный; (*self-important*) ва́жничающий
consequently (*as a result*) в результа́те; (*therefore*) сле́довательно
conservancy (*care of rivers etc*) охра́на рек и лесо́в; (*official body*) управле́ние охра́ны рек и лесо́в
conservation (*act of conserving*) сохране́ние; **~ of energy** зако́н сохране́ния эне́ргии; (*of food etc*) консерви́рование; *see* **conservancy**
conservatism консервати́зм
conservative 1. *n* консерва́тор **2.** *adj* (*disliking change; pol*) консервати́вный; (*cautious*) осторо́жный; (*moderate*) уме́ренный
conservatoire консервато́рия
conservatory (*for plants*) оранжере́я; *mus* консервато́рия
conserve 1. *n* (*jam*) варе́нье, джем; (*canned fruit*) консе́рвы *m pl*; (*candied fruit*) цука́т **2.** *v* (*protect*) сохраня́ть; **~ one's strength** бере́чь (свои́) си́лы; (*fruit etc*) консерви́ровать
consider (*ponder*) обду́мывать; (*think over*) рассма́тривать, обсужда́ть; (*take account of*) учи́тывать, принима́ть во внима́ние; **all things ~ed** в о́бщем, приня́в всё во внима́ние; (*be considerate*) счита́ться с (+ *instr*); (*be of opinion*) счита́ть; **I ~ed him a good pupil** я счита́л его́ хоро́шим ученико́м
considerable (*worthy of consideration*) досто́йный внима́ния; (*important*) ва́жный; (*significant*) значи́тельный; (*large*) большо́й
considerably значи́тельно
considerate (*attentive*) внима́тельный (**to**, **of**, к + *dat*); (*tactful*) такти́чный
consideration (*thought, discussion*) обсужде́ние, рассмотре́ние; **after, on ~** по размышле́нии; **take into ~** принима́ть во внима́ние; **under ~** рассма́триваемый; **the plan is under ~** план обсужда́ется; (*fact to be considered*) соображе́ние; (*care, concern*) внима́ние (**for**, к + *dat*); **show ~ for** быть предупреди́тельным к (+ *dat*); (*recompense*) возмеще́ние; **for a certain ~** за определённую су́мму; **in ~ of** в благода́рность за (+ *acc*); *econ* удовлетворе́ние
considering (*allowing for*) учи́тывая, принима́я во внима́ние, име́я в виду́; *coll* приня́в всё во внима́ние
consign (*hand over*) передава́ть (**to**, + *dat*); (*entrust*) поруча́ть (**to**, + *dat*); (*send*) посыла́ть, отправля́ть на консигна́цию; (*abandon, commit to*) предава́ть
consignee адреса́т, грузополуча́тель *m*
consignment (*sending*) отпра́вка; **~ note** накладна́я; (*batch*) па́ртия
consist состоя́ть (**in**, в + *prep;* **of**, из + *gen*); **~ with** совмеща́ться с (+ *instr*)
consistence, consistency (*density*) консисте́нция; (*constancy*) постоя́нство; (*logicality*) после́довательность *f*, логи́чность *f*
consistent (*logically compatible*) после́довательный; **~ with** совмести́мый с (+ *instr*); (*fixed, stable*) сто́йкий; (*unchanging*) постоя́нный; (*reliable*) надёжный
consolation утеше́ние; **~ prize** утеши́тельный приз
consolatory утеши́тельный
[1]**console** *v* утеша́ть
[2]**console** *archi* консо́ль *m*; (*control panel*) пульт
consolidate (*make strong*) укрепля́ть(ся); (*combine*) объединя́ть(ся); *econ* консолиди́ровать; (*become solid*) тверде́ть
consolidation (*making strong*) укрепле́ние; (*combining*) объедине́ние; *econ* консолида́ция; (*solidifying*) тверде́ние; (*compacting*) уплотне́ние
consommé консоме́ *neut indecl*, бульо́н
consonance (*agreement*) согла́сие; (*of sound*) созву́чие; *mus* консона́нс
consonant 1. *n* (*sound, letter*) согла́сный **2.** *adj* (*in agreement*) согла́сный; (*compatible*) совмести́мый (**with**, с + *instr*)
consonantal согла́сный
consort 1. *n* (*spouse*) супру́г, *f* супру́га; (*ship*) кора́бль *m*, пла́вающий совме́стно с други́м(и) **2.** *v* (*associate*) обща́ться (**with**, с + *instr*); (*harmonize*) гармони́ровать (**with**, с + *instr*)
consortium консо́рциум
conspectus (*survey*) обзо́р; (*synopsis*) конспе́кт
conspicuous (*visible*) ви́дный; (*noticeable*) заме́тный; (*eye-catching*) броса́ющийся в глаза́; **make oneself ~** обраща́ть на себя́ внима́ние; **be ~ by one's absence** блиста́ть свои́м отсу́тствием
conspiracy (*plot*) за́говор; (*secret agreement*) сго́вор
conspirator загово́рщик, конспира́тор

conspiratorial конспира́торский, загово́рщический
conspire (*plot*) устра́ивать за́говор, конспири́ровать (**against**, про́тив *+ gen*); (*cooperate secretly*) сгова́риваться
constable полисме́н, полице́йский; **Chief Constable** нача́льник поли́ции; *hist* коннета́бль *m*
constant **1.** *n math* постоя́нная **2.** *adj* (*faithful*) ве́рный (**to**, *+ dat*); (*unchanging*) неизме́нный; (*steadfast; unremitting*) неосла́бный; (*ever-present*) постоя́нный; (*frequent*) ча́стый; (*unceasing*) беспреры́вный
constantly (*always*) всё вре́мя; (*incessantly*) непреста́нно
Constantinople Константино́поль *m*
constellation созве́здие
consternation у́жас
constipate вызыва́ть запо́р
constipation запо́р
constituency избира́тельный о́круг
constituent **1.** *n* (*part*) составна́я часть *f*; (*elector*) избира́тель *m*; *math* конституэ́нт **2.** *adj* (*forming part*) составля́ющий часть це́лого; ~ **assembly** учреди́тельное собра́ние
constitute (*establish*) учрежда́ть; (*appoint*) назнача́ть; (*compose, make up, be*) составля́ть
constitution (*establishing*) учрежде́ние; (*appointing*) назначе́ние; (*composing*) составле́ние; *pol* конститу́ция; (*structure*) строе́ние; (*build*) сложе́ние; (*bodily health*) конститу́ция, органи́зм
constitutional **1.** *n* (*walk*) моцио́н **2.** *adj pol* конституцио́нный, *med* органи́ческий
constrain (*compel*) принужда́ть; (*restrain, restrict*) сде́рживать
constrained (*forced*) вы́нужденный, принуждённый; (*embarrassed*) смущённый; (*cramped*) стеснённый; (*of movements*) несвобо́дный
constraint (*force*) принужде́ние; (*embarrassment*) смуще́ние; (*restriction of freedom*) ограниче́ние; (*imprisonment*) тюре́мное заключе́ние; *tech* связь *f*
constrict (*compress*) сжима́ть; (*reduce*) сокраща́ть; (*contract*) стя́гивать; (*narrow*) су́живать
constriction сжа́тие; сокраще́ние; стя́гивание; суже́ние
constrictor *anat* сжима́тель *m*; *zool* уда́в
constringent (*constricting*) сжима́ющий; (*contracting*) стя́гивающий
construct **1.** *n* построе́ние **2.** *v* (*build*) стро́ить; (*erect*) воздвига́ть; (*compose*) сочиня́ть; (*make up; gramm*) составля́ть
construction **1.** *n* (*act of building*) стро́йка, строи́тельство; (*thing constructed*) строе́ние, сооруже́ние; (*interpretation*) истолкова́ние; *gramm* констру́кция **2.** *adj* строи́тельный
constructional (*of building*) строи́тельный; (*of structure*) структу́рный
constructive (*of building*) строи́тельный; (*helpful*) конструкти́вный; (*structural*) структу́рный; *leg* (*inferred*) юриди́чески подразумева́емый, конструкти́вный
constructivism конструктиви́зм
constructivist конструктиви́ст
constructor строи́тель *m*
construe толкова́ть, истолко́вывать
consul ко́нсул
consular ко́нсульский
consulate ко́нсульство
consult (*ask advice etc*) сове́товаться (с *+ instr*, у *+ gen*); (*a book*) справля́ться (в *+ prep*); (*take into account*) учи́тывать; (*confer*) совеща́ться
consultant консульта́нт
consultation консульта́ция; (*conference*) совеща́ние
consultative консультати́вный
consulting: ~ **hours** приёмные часы́ *m pl*; ~ **physician** врач-консульта́нт; ~ **room** кабине́т врача́
consume (*eat up*) съеда́ть; (*use up*) потребля́ть; (*waste*) расточа́ть; (*absorb*) поглоща́ть; (*spend*) расхо́довать; (*destroy*) истребля́ть
consumer **1.** *n* потреби́тель *m* **2.** *adj* потреби́тельский; ~ **goods** потреби́тельские това́ры, предме́ты *m pl* широ́кого потребле́ния, ширпотре́б; ~ **society** о́бщество ма́ссового потребле́ния
consummate **1.** *adj* соверше́нный **2.** *v* (*complete*) заверша́ть; (*perfect*) соверше́нствовать; (*marriage*) консумми́ровать
consummation (*completion*) заверше́ние; (*of aims etc*) осуществле́ние; (*of marriage*) консумма́ция
consumption (*use*) потребле́ние; (*expenditure*) расхо́д; **fuel** ~ расхо́д то́плива; *med* чахо́тка, туберкулёз
consumptive туберкулёзный, чахо́точный
contact **1.** *n* (*state of touching*) соприкоснове́ние, конта́кт; (*relationship*) связь *f*, конта́кт; **make, establish** ~ установи́ть *pf* конта́кт (**with**, с *+ instr*); *elect* конта́кт; *math* каса́ние; *coll* (*acquaintance*) знако́мый **2.** *adj* конта́ктный; ~ **lenses** конта́ктные ли́нзы *f pl*, *coll* конта́кты *m pl*; ~ **print** конта́ктный фотоотпеча́ток **3.** *v* (*touch*) (со)прикаса́ться, приходи́ть в соприкоснове́ние с (*+ instr*); (*get in touch*) устана́вливать связь, конта́кт с (*+ instr*), связа́ться *pf* с (*+ instr*)
contact-breaker конта́ктный прерыва́тель *m*
contactor конта́ктор
contagion зара́за, инфе́кция
contagious (*disease*) зара́зный; (*laughter etc*) зарази́тельный
contain (*hold, enclose*) содержа́ть (в себе́); (*have space for*) вмеща́ть; (*restrain*) сде́рживать; ~ **oneself** сде́рживаться
container (*vessel*) сосу́д, конте́йнер; (*receptacle*) вмести́лище; (*tank*) бак, резервуа́р; (*packaging*) та́ра; (*for bulk transport*) конте́йнер; ~ **ship** контейнерово́з; ~ **vehicle** автомоби́ль *m* – конте́йнер
containerization контейнериза́ция
contaminate (*pollute*) загрязня́ть; (*infect*) заража́ть; *fig* (*corrupt*) разлага́ть
contamination (*pollution*) загрязне́ние; (*infection*) зараже́ние; *ling* контамина́ция
contemplate (*gaze at*) рассма́тривать; (*reflect*) созерца́ть; (*meditate*) размышля́ть, поду́мывать о (*+ prep*); (*intend*) предполага́ть; (*expect*) ожида́ть
contemplation (*gazing*) рассмотре́ние; (*reflection*) созерца́ние; (*meditation*) размышле́ние
contemplative созерца́тельный
contemporaneous совреме́нный (**with**, *+ dat*)
contemporary **1.** *n* (*of same period*) совреме́нник; (*of same age*) све́рстник **2.** *adj* совреме́нный (**with**, *+ dat*)
contempt презре́ние (**towards**, к *+ dat*); **hold in** ~ презира́ть; **in** ~ **of** (*despite*) вопреки́ (*+ dat*); *leg* ~ **of court** неуваже́ние к суду́

contemptible презре́нный
contemptuous презри́тельный
contend (*struggle*) боро́ться (**with**, с + *instr*); (*deal with*) справля́ться (**with**, с + *instr*); (*compete*) состяза́ться (**with**, с + *instr*); (*dispute*) спо́рить (**with**, с + *instr*); (*assert*) утвержда́ть
[1]**content** *n* (*what is contained*) содержа́ние; **table of ~s** содержа́ние, оглавле́ние; (*amount contained*) содержи́мое; (*volume, size*) объём; (*essential meaning*) суть *f*
[2]**content 1.** *n* (*satisfaction*) дово́льство; **to one's heart's ~** вдо́воль **2.** *adj* дово́льный (**with**, + *instr*) **3.** *v* (*satisfy*) удовлетворя́ть; **~ oneself with** дово́льствоваться (+ *instr*)
contention (*strife*) спор, раздо́р; (*struggle*) борьба́; (*assertion*) утвержде́ние; **bone of ~** я́блоко раздо́ра
contentious (*quarrelsome*) сварли́вый; (*controversial*) спо́рный; (*leading to strife*) раздо́рный
contentment дово́льство
conterminous (*coextensive*) совпада́ющий; (*adjacent*) сме́жный
contest 1. *n* (*competition*) соревнова́ние, ко́нкурс; (*struggle*) борьба́ **2.** *v* (*fight for*) боро́ться за (+ *acc*); (*try to disprove*) оспа́ривать; (*argue against*) выступа́ть про́тив (+ *gen*)
contestant уча́стник соревнова́ния
context конте́кст; **in the ~ of** в пла́не (+ *gen*); **take out of ~** вырыва́ть из конте́кста
contextual контекстуа́льный
contiguity сме́жность *f*
contiguous (*adjoining*) сме́жный; (*neighbouring*) сосе́дний; (*nearby*) близлежа́щий
continence (*restraint*) сде́ржанность *f*; (*abstinence*) воздержа́ние; (*chastity*) целому́дрие
[1]**continent** *adj* сде́ржанный; возде́ржанный, целому́дренный
[2]**continent** *n* (*land mass*) контине́нт, матери́к
continental континента́льный
contingency (*possibility*) возмо́жность *f*; (*chance*) слу́чай; (*chance occurrence*) непредви́денное обстоя́тельство; (*in statistics*) континге́нция
contingent 1. *n* (*quota*) континге́нт, кво́та; (*group*) гру́ппа; (*batch*) па́ртия; *mil* континге́нт **2.** *adj* (*possible*) возмо́жный; (*conditional*) усло́вный; (*dependent*) зави́сящий (**on**, от + *gen*); **be ~ on** быть в зави́симости от (+ *gen*), зави́сеть от (+ *gen*)
continual (*repeated*) повторя́ющийся; (*unceasing*) беспреста́нный; (*uninterrupted*) беспреры́вный
continuance (*quality of continuing*) продолжи́тельность *f*; (*act of continuing*) продолже́ние
continuation (*act of continuing, extension, instalment*) продолже́ние; (*renewal*) возобновле́ние
continue (*most senses*) продолжа́ть(ся); (*stay*) остава́ться
continued (*continuing*) продолжа́ющийся; (*unceasing*) непреры́вный; **to be ~** продолже́ние сле́дует
continuity (*continuous state*) непреры́вность *f*; (*connectedness*) неразры́вность *f*; (*of rule, tradition*) преє́мственность *f*; *elect* электропрово́дность *f* це́пи; (*sequence*) после́довательность *f*
continuous (*unceasing*) непреры́вный; (*unbroken*) сплошно́й
continuum конти́нуум
contort искривля́ть
contortion искривле́ние
contortionist челове́к-змея́
contour (*outline*) очерта́ние; **~ line** горизонта́ль *f*; **~ map** ка́рта в горизонта́лях, ко́нтурная ка́рта
contraband 1. *n* контраба́нда **2.** *adj* контраба́ндный
contrabass контраба́с
contraception примене́ние противозача́точных мер
contraceptive 1. *n* противозача́точное сре́дство **2.** *adj* противозача́точный
contract 1. *n comm* контра́кт; *leg* догово́р **2.** *adj* **~ note** контра́кт; **~ law** догово́рное пра́во **3.** *v* (*undertake*) принима́ть на себя́ обяза́тельство; (*enter into ~*) заключа́ть догово́р; (*acquire*) приобрета́ть; (*disease*) заболе́ть *pf* (+ *instr*); **~ debts** де́лать долги́; (*compress*) сжима́ть(ся); (*shorten, reduce; of muscle*) сокраща́ть(ся); (*shrink*) уменьша́ть(ся); *ling* стя́гивать
contracted (*brow etc; med*) смо́рщенный; *ling* сокращённый; *leg* (*stipulated*) обусло́вленный до́гово́ром
contractile сжима́ющий(ся); сокраща́ющий(ся)
contraction (*compression*) сжа́тие; (*narrowing*) суже́ние; (*shortening; abbreviation, reduction*) сокраще́ние; (*shrinking*) уса́дка; *ling* стяже́ние
contractor *comm* подря́дчик; (*muscle*) стя́гивающая мы́шца
contractual догово́рный
contradict (*deny*) отрица́ть; (*assert opposite, negate*) противоре́чить; (*argue*) спо́рить с (+ *instr*)
contradiction (*denial*) отрица́ние; (*inconsistency; assertion of opposite*) противоре́чие
contradictory противоречи́вый, несовмести́мый
contradistinction противополо́жность *f*; **in ~ to** в отли́чие от (+ *gen*)
contradistinguish противопоставля́ть
contrail инверсио́нный след
contra-indicate противопока́зывать
contra-indication противопоказа́ние
contralto 1. *n* контра́льто *neut indecl* **2.** *adj* контра́льтовый
contraption устро́йство
contrapuntal контрапункти́ческий
contrariety (*inconsistency*) несовмести́мость *f*; (*opposition*) противополо́жность *f*; (*disagreement*) разногла́сие; (*set-back*) препя́тствие
contrarily своево́льно
contrariness своево́лие
contrariwise (*on the contrary*) наоборо́т; (*on the other hand*) с друго́й стороны́; (*in opposite direction*) в противополо́жном направле́нии
contrary 1. *n* противополо́жность *f* (**of**, + *dat*), обра́тное; **on the ~** наоборо́т; **there is no evidence to the ~** нет доказа́тельств обра́тного; **to the ~** в обра́тном смы́сле **2.** *adj* (*opposite*) противополо́жный (**to**, + *dat*), обра́тный; **~ wind** проти́вный ве́тер; (*perverse*) своево́льный **3.** *adv* (*despite*) вопреки́ (**to**, + *dat*); (*against*) про́тив (**to**, + *gen*)
contrast 1. *n* (*comparing*) сопоставле́ние; (*dissimilarity*) разли́чие; (*of colour*) контра́ст; (*person, thing ~ed*) противополо́жность *f* (**to**, с + *instr*); **in ~ to, by ~ with** в противополо́жность (+ *dat*) **2.** *v* (*compare*) сопоставля́ть, противополага́ть; (*of colours*) контрасти́ровать; (*differ, stand out*) отлича́ться (**with**, от + *gen*)
contravene наруша́ть
contravention наруше́ние
contretemps (*complication*) неожи́данное ослож-

нéние; (*embarrassment*) неприя́тность *f*
contribute (*give*) дава́ть; (*money, time*) же́ртвовать; (*help*) спосо́бствовать (+ *dat*); (*to art, science etc*) де́лать вклад (в + *acc*); (*to journal*) писа́ть статьи́ (для + *gen*)
contribution (*giving*) поже́ртвование; (*amount given*) взнос; (*to art, science etc*) вклад (**to**, в + *acc*); (*article*) статья́
contributor (*of money etc*) же́ртвователь *m*; (*author*) а́втор статьи́
contributory (*sharing in*) соде́йствующий, (*helping in*) спосо́бствующий (+ *dat*); **~cause, factor** спосо́бствующий фа́ктор; *leg* встре́чная вина́; (*paying*) контрибуцио́нный
contrite сокруша́ющийся, ка́ющийся
contritely пока́янно, с раска́янием
contrition раска́яние
contrivance (*device*) механи́зм, устро́йство, приспособле́ние; (*scheme*) зате́я, план; (*invention, fiction*) вы́думка
contrive (*arrange*) устра́ивать; (*think up*) приду́мывать; (*scheme*) замышля́ть; (*manage to*) ухитря́ться, умудря́ться (+ *infin*)
contrived (*artificial*) иску́сственный
control 1. *n* (*guiding, regulation*) управле́ние (**of**, + *instr*); **be in ~ of** управля́ть (+ *instr*); **get out of ~** не слу́шаться; **lose ~** потеря́ть *pf* управле́ние; (*power, command*) власть *f*, контро́ль *m*; **gain ~** завладе́ть *pf* (**of**, + *instr*); **under the ~ of** под контро́лем, в ве́дении (+ *gen*); (*check, supervision*) контро́ль *m*; (*regulation*) регули́рование; **birth ~** регули́рование рожда́емости; (*contraception*) противозача́точные сре́дства *neut pl*; (*restraint*) самооблада́ние; (*tuning*) настро́йка; *mil* госпо́дство (**of**, над + *instr* or в + *prep*); *agr* **pest ~** борьба́ с вреди́телями; *med* (*in experiment*) контро́льный пацие́нт; *pl* (*of car, plane etc*) о́рганы *m pl* управле́ния **2.** *adj* контро́льный **3.** *v* (*guide, rule, steer*) управля́ть (+ *instr*); (*have command of, dominate*) владе́ть (+ *instr*); (*adjust, regulate*) регули́ровать; (*check, monitor*) контроли́ровать; (*restrain*) сде́рживать; **~ oneself** владе́ть собо́й
controllable, controlled *tech* управля́емый
controller (*person*) контролёр; (*device*) регуля́тор, контро́ллер
controversial спо́рный; **~ question** спо́рный вопро́с; (*writer etc*) полеми́ческий
controversialist полеми́ст
controversy спор, поле́мика
controvert (*contest*) оспа́ривать; (*contradict*) отрица́ть
contumacious непоко́рный; *leg* не подчиня́ющийся постановле́нию суда́
contumely (*insult*) оскорбле́ние; (*disgrace*) бесче́стье
contusion уши́б, конту́зия
conundrum зага́дка
conurbation конурба́ция, городска́я агломера́ция
convalesce выздора́вливать, поправля́ться
convalescence выздоровле́ние
convalescent *n and adj* выздора́вливающий; **~ home** санато́рий
convection 1. *n* конве́кция **2.** *adj* конвекцио́нный
convector конве́ктор
convene (*gather*) собира́ть(ся); (*a meeting*) созыва́ть
convenience (*comfort; suitability*) удо́бство; **at your ~** когда́ вам бу́дет удо́бно; **for the sake of ~** для удо́бства; **marriage of ~** брак по расчёту; **with all modern ~s** со все́ми удо́бствами; **~ foods** полуфабрика́ты *m pl*; (*lavatory*) туале́т
convenient удо́бный
convent же́нский монасты́рь *m*
conventicle моле́льня
convention (*assembly*) собра́ние; (*pact*) догово́р, конве́нция; (*custom*) обы́чай; (*accepted usage*) усло́вность *f*
conventional (*socially accepted*) общепри́нятый; (*standard, agreed*) усло́вный; *mil* **~ weapons** обы́чные ви́ды *m pl* ору́жия; (*usual*) обы́чный; (*unoriginal*) шабло́нный; (*conservative*) консервати́вный
conventionality усло́вность *f*; шабло́нность *f*; консервати́зм
converge сходи́ться, приближа́ться
convergence схожде́ние; *math, pol, econ* конверге́нция
convergent сходя́щийся; **~ angle** у́гол конверге́нция
conversant with знако́мый с (+ *instr*)
conversation разгово́р, бесе́да
conversational (*talkative*) разгово́рчивый; (*of conversation, colloquial*) разгово́рный
[1]**converse** *v* (*talk*) разгова́ривать, бесе́довать
[2]**converse 1.** *n* обра́тное (утвержде́ние, положе́ние *etc*); *math* обра́тная теоре́ма **2.** *adj* обра́тный
conversely наоборо́т
conversion (*transformation*) превраще́ние, преобразова́ние (**into**, в + *acc*); (*religious*) обраще́ние (**to**, в + *acc*); (*of currency, figures etc*) перево́д (**into**, в + *acc*); *leg* обраще́ние в свою́ по́льзу
convert 1. *n rel* новообращённый; **make ~s (of)** обраща́ть (**to**, в + *acc*) **2.** *v* (*transform*) превраща́ть (**into**, в + *acc*); (*adapt*) переде́лывать, адапти́ровать; (*to religion etc*) обраща́ть (**to**, в + *acc*); *fin* конверти́ровать; *leg* присва́ивать
converter *elect* преобразова́тель *m*; *metal* конве́ртер
convertibility обрати́мость *f*
convertible 1. *n* (*car*) автомоби́ль *m* с откидны́м ве́рхом **2.** *adj* обрати́мый, конверти́руемый
convex вы́пуклый
convey (*carry on foot*) переноси́ть; (*by transport*) перевози́ть; (*lead*) вести́; (*transmit, import*) передава́ть (**to**, + *dat*); (*express*) выража́ть; (*mean*) зна́чить; *leg* передава́ть (**to**, + *dat*)
conveyance (*carrying*) перево́зка; (*vehicle*) тра́нспорт; *leg* переда́ча
conveyor конве́йер, транспортёр; **~ belt** ле́нточный конве́йер
convict 1. *n* (*~ed person*) осуждённый; (*prisoner*) заключённый **2.** *v* признава́ть вино́вным (**of**, в + *prep*)
conviction *leg* осужде́ние; (*strong opinion*) убежде́ние; (*certainty*) убеждённость *f*
convince убежда́ть (**of**, в + *prep*)
convincing убеди́тельный
convivial (*festive*) весёлый; (*sociable*) общи́тельный
conviviality весёлость *f*
convocation (*summoning*) созы́в; (*meeting*) собра́ние
convoke созыва́ть, собира́ть
convolute 1. *n* конволю́т **2.** *adj bot* свёрнутый
convoluted (*coiled*) свёрнутый; (*twisted*) изо́гнутый; (*intricate*) запу́танный

convolution (*twisted state*) свёрнутость *f*; (*coil*) вито́к; (*twist*) оборо́т
convolvulus вьюно́к
convoy 1. *n nav* конво́й; (*of vehicles*) коло́нна **2.** *v* сопровожда́ть; *nav* конвои́ровать
convulse (*shake*) потряса́ть; (*cause spasms*) вызыва́ть су́дороги; **be ~d with laughter** умира́ть со́ смеху
convulsion (*spasm*) су́дорога, конву́льсия; (*upheaval*) потрясе́ние
convulsive су́дорожный
coo 1. *n* воркова́нье **2.** *v* воркова́ть
cook 1. *n* по́вар, *f* куха́рка; **she is a good ~** она́ хорошо́ гото́вит **2.** *v* гото́вить(ся); (*fry*) жа́рить(ся); (*boil*) вари́ть(ся) (*fake*) подде́лывать; **~ up** состря́пать *pf*, приду́мывать
cooker (*stove*) плита́; (*with oven*) печь *f*
cookery кулина́рия; **~ book** пова́ренная кни́га
cookie *Am* (*small cake*) пече́нье; *coll* тип; **smart ~** ловка́ч
cooking 1. *n* (*cookery*) кулина́рия; **French ~** францу́зская ку́хня; **I like ~** я люблю́ гото́вить **2.** *adj* (*culinary*) кулина́рный; (*for use in kitchen*) ку́хонный
cool 1. *n* прохла́да **2.** *adj* (*not warm; unfriendly*) прохла́дный; (*calm*) споко́йный; **keep ~** сохраня́ть споко́йствие; (*impudent*) наха́льный **3.** *v* (*make, grow colder*) охлажда́ть(ся); (*lose heat*) остыва́ть
coolant охлажда́ющее сре́дство
cooler (*device*) охлади́тель *m*; (*refrigerator*) холоди́льник
coolie ку́ли *m indecl*
cooling охлажде́ние
coolness (*cool state*) прохла́да; (*calmness*) хладнокро́вие, споко́йствие; (*of feelings*) охлажде́ние; (*of voice etc*) холодо́к
coon (*racoon*) ено́т
coop 1. *n* (*for hens*) куря́тник **2.** *v* сажа́ть в куря́тник; **~ in, up** держа́ть взаперти́
cooper бо́ндарь *m*
cooperate (*work together*) сотру́дничать (**with**, с + *instr*); (*act together*) соде́йствовать (**with**, с + *instr*); *mil* взаимоде́йствовать (**with**, с + *instr*); (*help*) помога́ть (**with**, + *dat*)
cooperation сотру́дничество; совме́стные де́йствия *neut pl*; *mil* взаимоде́йствие; по́мощь *f*
cooperative 1. *n* (*shop, venture*) кооперати́в **2.** *adj* (*joint*) совме́стный; *econ* кооперати́вный
co-opt коопти́ровать
coordinate 1. *n* координа́та **2.** *adj* (*equal*) ра́вный, одного́ разря́да; *gramm* сочинённый; *math* координа́тный **3.** *v* координи́ровать, согласо́вывать
coordination координа́ция, согласова́ние; *gramm* сочине́ние
coot лысу́ха
cop 1. *n coll* (*policeman*) полице́йский, *coll* мильту́ша *m*; **traffic, speed ~** гаи́шник; (*arrest*) пои́мка; (*mound*) бугоро́к; (*ball of thread*) поча́ток **2.** *v coll* (*get*) получа́ть; (*arrest*) пойма́ть *pf*, забра́ть *pf*; **~ it** (*die*) дать *pf* ду́ба; (*get reprimand*) получи́ть *pf* нагоня́й; **you'll ~ it!** тебе́ попадёт
copal копа́л
[1]**cope** *n eccles* ри́за
[2]**cope** *v* справля́ться (**with**, с + *instr*)
copeck копе́йка
coper торго́вец лошадьми́

Copernican: ~ system систе́ма Копе́рника
copier (*copyist*) перепи́счик; (*imitator*) подража́тель *m*; (*machine*) ксерокс
co-pilot второ́й пило́т
coping перекрыва́ющий ряд кла́дки стены́
copious оби́льный
copper 1. *n* (*metal*) медь *f*; (*coin*) ме́дная моне́та; (*vessel*) котёл; *coll* (*policeman*) полице́йский **2.** *adj* ме́дный **3.** *v* покрыва́ть ме́дью
copper-beech тёмно-пунцо́вый бук
copperplate *print* ме́дная гравирова́льная доска́; (*writing*) каллиграфи́ческий по́черк
coppersmith ме́дник
coppice (*small wood*) ро́ща; *tech* низкостве́льный лес
copra ко́пра
copse *see* **coppice**
Copt копт, *f* ко́птка
Coptic 1. *n* ко́птский язы́к **2.** *adj* ко́птский
copula свя́зка
copulate спа́риваться, совокупля́ться
copulation спа́ривание, совокупле́ние
copulative *biol* детоpо́дный; *gramm* соедини́тельный
copy 1. *n* (*facsimile, transcript*) ко́пия; **rough ~** чернови́к; (*one of number of books etc*) экземпля́р; (*issue of paper etc*) но́мер; (*reproduction*) репроду́кция; (*written material*) материа́л **2.** *v* (*imitate*) подража́ть (+ *dat*); (*make ~*) снима́ть, де́лать ко́пию, копи́ровать; (*reproduce*) воспроизводи́ть; (*write out*) спи́сывать; (*rewrite*) перепи́сывать
copy-book 1. *n* тетра́дь *f*; *fig* **blot one's ~** по́ртить свою́ репута́цию **2.** *adj* (*trite*) шабло́нный; (*correct*) (соверше́нно) пра́вильный; (*of manners etc*) корре́ктный
copyist перепи́счик
copyright 1. *n* а́вторское пра́во **2.** *adj* охраня́емый а́вторским пра́вом **3.** *v* обеспе́чивать а́вторским пра́вом
coquetry коке́тство
coquette 1. *n* коке́тка **2.** *v* коке́тничать
coquettish коке́тливый
cor anglais англи́йский рожо́к
coral 1. *n* кора́лл **2.** *adj* кора́лловый
corbel *archi* вы́ступ; *tech* кронште́йн
cord 1. *n* верёвка, шнур; *anat* свя́зка; **spinal ~** спинно́й мозг **2.** *v* свя́зывать верёвкой
cordage такела́ж
cordate сердцеви́дный
cordial 1. *n* тони́рующий напи́ток **2.** *adj* серде́чный
cordiality серде́чность *f*
cordite корди́т
cordon кордо́н; **~ bleu** (*cook*) первокла́ссный по́вар; **~ sanitaire** санита́рный кордо́н
corduroy 1. *n* ру́бчатый плис; *pl* пли́совые штаны́ *m pl* **2.** *adj* пли́совый
core 1. *n* (*of fruit etc*) сердцеви́на; (*centre*) центр; *tech* серде́чник; (*essence*) суть *f* **2.** *v* выреза́ть сердцеви́ну
co-respondent соотве́тчик
coriander кишне́ц
Corinthian кори́нфский; **~ order** кори́нфский о́рдер
cork 1. *n* (*material; stopper*) про́бка **2.** *adj* про́бковый **3.** *v* (*stop up*) затыка́ть про́бкой; (*blacken with ~*) ма́зать жжёной про́бкой
corkscrew 1. *n* што́пор **2.** *adj* спира́льный **3.** *v*

двигаться по спирали
cork-tipped с пробковым фильтром
corm клубнелуковица
cormorant большой баклан
corn 1. *n* (*grain*) зерно; (*cereals*) хлеба *m pl*; (*wheat*) пшеница; (*maize*) кукуруза; *med* (*on foot*) мозоль *f* **2.** *adj* зерновой; кукурузный **3.** *v* (*pickle*) солить
corn-chandler торговец хлебом и фуражом
corn-cob (*head of maize*) кукурузный початок; (*woody stem of corn*) кочерыжка кукурузного початка
corncrake коростель *m*
cornea 1. *n* роговица **2.** *adj* корнеальный, роговичный
corned солёный; ~ **beef** солонина
cornel кизил
cornelian сердолик
corner 1. *n* (*angle, junction etc*) угол; **round the ~** за углом; **turn the ~** завернуть *pf* за угол; *fig* перенести *pf* кризис; *fig* **drive into a ~** загонять в угол; **tight ~** трудное положение; (*bend in road*) поворот; (*quiet spot*) закоулок; (*region*) район; **the four ~s of the earth** четыре страны света; *econ* спекулятивная скупка, корнер; *sp* угловой удар, корнер **2.** *adj* угловой **3.** *v* (*trap*) загонять в угол; *econ* скупать; (*turn*) поворачивать
cornering движение на повороте
cornerstone *archi* угловой камень *m*; *fig* краеугольный камень *m*
cornet *mus, mil* корнет; (*paper-cone*) фунтик; **ice-cream ~** вафельный фунтик с мороженым
corn exchange хлебная биржа
cornfield нива
cornflakes кукурузные хлопья *neut pl*, корнфлекс
cornflour кукурузная мука
cornflower василёк
cornice карниз
cornucopia рог изобилия
corny (*of corn*) зерновой; (*corn producing*) хлеборобный; *coll* (*hackneyed*) шаблонный; (*old-fashioned*) старомодный; (*calloused*) мозолистый
corolla венчик
corollary следствие
corona *astron* (*seen at eclipse*) солнечная корона; (*ring round sun, moon*) кольцо; *archi* венец; *anat* коронка; *elect* корона
coronary 1. *n coll* коронаротромбоз **2.** *adj* коронарный, венечный
coronation коронация, коронование
coroner коронер
coronet (*small crown*) корона; (*garland*) венок
corporal 1. *n mil* капрал; *eccles* антиминс **2.** *adj* телесный; ~ **punishment** телесное наказание
corporate (*of corporation*) корпоративный; (*joint*) общий
corporation (*body*) корпорация; (*local govt.*) муниципалитет; *comm* акционерное общество
corporeal (*bodily*) телесный; (*physical*) физический; (*material*) материальный
corps корпус; **~-de-ballet** кордебалет; ~ **diplomatique** дипломатический корпус, дипкорпус
corpse труп
corpulence дородность *f*, тучность *f*
corpulent дородный, тучный
corpus (*of laws, texts etc*) свод; *leg* ~ **delicti** состав преступления
corpuscle частица; *biol* тельце; **red/white ~** красное/белое кровяное тельце
corpuscular корпускулярный
corral 1. *n* загон **2.** *v* загонять в загон
correct 1. *adj* (*right*) правильный; (*accurate*) точный; (*of manner*) корректный **2.** *v* (*rectify, remedy*) исправлять; (*a mistake, pupil; adjust*) поправлять; (*punish*) наказывать; (*neutralize*) нейтрализовать
correction (*act of correcting*) исправление, поправление; (*amendment*) поправка; (*punishment*) наказание
correctitude корректность *f*
corrective 1. *n* поправка, корректив; *med* нейтрализующее средство **2.** *adj* исправительный; *med* нейтрализующий
correctness (*of manner*) корректность *f*; (*rightness*) правильность *f*; (*truth, accuracy*) верность *f*
correlate 1. *n* коррелят **2.** *vt* устанавливать соотношение (между + *instr*); *vi* находиться в соотношении (**with**, с + *instr*)
correlation соотношение
correlative 1. *n* коррелят, коррелятива **2.** *adj* (*related*) соотносительный; *phys, gramm* коррелятивный
correspond (*agree with, be equivalent to*) соответствовать (**to, with,** + *dat*); (*write*) переписываться (**with**, с + *instr*)
correspondence (*relationship*) соответствие (**to, with,** + *dat*); (*analogy*) аналогия; (*written communication*) переписка; (*letters*) письма *neut pl*; ~ **column** столбец для писем в редакцию; ~ **course** заочный курс
correspondent корреспондент
corridor коридор, проход
corrigendum список опечаток
corroborate подтверждать
corroborative подтверждающий
corrode разъедать(ся), корродировать(ся); (*rust*) ржаветь
corrosion 1. *n* коррозия; **~-resistant** коррозиестойкий **2.** *adj* коррозионный
corrosive едкий, разъедающий; *tech* коррозийный
corrugate (*wrinkle*) сморщивать(ся); (*form folds*) гофрировать, делать рифлёным
corrugated (*cardboard, iron*) волнистый
corrugation (*fold*) складка; (*wrinkle*) морщина; *tech* (*process*) рифление; (*waviness*) волнистость *f*
corrupt 1. *adj* (*rotten*) испорченный; (*depraved*) развращённый, (*venal*) продажный; (*of texts*) искажённый **2.** *v* (*become, make rotten*) портить(ся); (*deprave*) развращать; (*bribe*) подкупать; коррумпировать; (*falsify*) искажать
corruptibility продажность *f*, подкупность *f*
corruptible подкупный
corruption (*decay*) порча, гниение; (*of body*) разложение (трупа); (*depravity*) развращение; (*bribery*) коррупция, продажность *f*; (*of text*) искажение
corsage корсаж
corsair пират, корсар
corset корсет
cortège кортеж
cortex кора
cortical корковый
cortisone кортизон

corundum корýнд
coruscate сверкáть
coruscation сверкáние
corvée бáрщина
corvette сторожевóй корáбль *m*; *hist* корвéт
cos (*lettuce*) салáт ромэ́н; (*cosine*) кóсинус
cosecant косéканс
cosh 1. *n* дуби́нка **2.** *v* трáхнуть *pf* по головé
cosine кóсинус
cosmetic 1. *n* космéтика **2.** *adj* космети́ческий
cosmic (*of cosmos*) косми́ческий; (*vast*) огрóмный
cosmogony космогóния
cosmography космогрáфия
cosmology космолóгия
cosmonaut космонáвт
cosmopolitan 1. *n* космополи́т **2.** *adj* космополити́ческий
cosmos кóсмос, вселéнная *f*
cossack 1. *n* казáк, *f* казáчка **2.** *adj* казáцкий
cosset (*pamper*) баловáть; (*pet*) ласкáть
cost 1. *n* ценá; **at any** ~ любóй ценóй; (*value, expense*) стóимость *f*; ~ **of living** стóимость жи́зни; (*outlay*) издéржки *f pl*, расхóд; (*of time etc*) расхóд; **legal** ~**s** судéбные издéржки; *comm* (~ *price*) себестóимость *f*; (*loss, suffering*) **at all** ~**s** любóй ценóй; **at the** ~ **of** ценóю (+ *gen*); **learn to one's** ~ узнáть *pf* по гóрькому óпыту **2.** *adj* ~ **accounting** калькуля́ция себестóимости; ~ **price** себестóимость *f* **3.** *v* (*be priced at*) стóить (+ *acc*); **what does it** ~? скóлько это стóит?; **it** ~ **him three roubles** э́то стóило емý три рубля́; *fig* стóить (+ *gen*); **it** ~ **him his life** э́то емý стóило жи́зни; (*assess expense of*) расцéнивать
costal рёберный
co-star 1. *n* партнёр, *f* партнёрша **2.** *v* (*of two stars*) выступáть вмéсте в глáвных роля́х; **the film** ~**red ...** в фи́льме тóже выступáл ...
cost-effective рентáбельный
coster ýличный торгóвец
costing калькуля́ция
costly (*dear*) дорогóй; (*sumptuous*) роскóшный
costume 1. *n* (*style of dress*) одéжда; (*other senses*) костю́м **2.** *adj* ~ **ball** бал-маскарáд; ~ **jewellery** украшéния *neut pl* для плáтья; *theat* ~ **piece** истори́ческая пьéса **3.** *v* одевáть
costumier костюмéр
cosy 1. *n* чехóл для чáйника **2.** *adj* ую́тный
cot дéтская кровáтка; *naut* кóйка
cotangent котáнгенс
coterie и́збранный круг, кли́ка
coterminous (*having same boundaries*) имéющий óбщие грани́цы; (*closely related*; *neighbouring*) смéжный; (*synonymous*) синоними́чный
cotillion котильóн
cottage (*small house*) коттéдж; (*summer retreat*) дáча; (*peasant dwelling*) избá; ~ **cheese** (прессóванный) твóрóг; ~ **industry** кустáрная промы́шленность *f*
cotter клин, чекá
cotton 1. *n* (*material*) хлóпок; (*plant*) хлопчáтник; (*cloth*) хлопчáтая бумáга; (*thread*) ни́тка **2.** *adj* (**of** ~) хлóпковый; (*of* ~ *cloth*) хлопчатобумáжный **3.** *v* (*like*) ~ **to** полюби́ть *pf*; ~ **on** понимáть, соображáть (в чём дéло)
cotton-cake хлóпковый жмых
cotton-grass пуши́ца
cotton-plant хлопчáтник
cotton-waste хлопчатобумáжные обти́рочные концы́ *m pl*
cotton-wood тóполь *m*
cotton wool вáта
cotyledon семядóля
couch 1. *n* (*sofa*) дивáн; *poet* лóже; *arts* грунт **2.** *v* (*lay down*) класть; (*lie down*) ложи́ться; (*express*) выражáть
couchette спáльное мéсто
couch-grass пырéй ползýчий
cougar пýма, кугуáр
cough 1. *n* кáшель *m*; **whooping** ~ коклю́ш **2.** *v* кáшлять; ~ **up** (*expectorate*) отхáркивать, (*reveal*) сболтнýть *pf*, (*pay up*) неохóтно плати́ть, давáть
cough-drop таблéтка от кáшля
coulisse *tech* желобóк; *theat* кули́са
coulomb кулóн
coulter нож плýга
council совéт; *eccles* собóр
councillor, councilman член совéта
counsel 1. *n* (*advice*) совéт; (*consultation*) обсуждéние, совещáние; **keep one's own** ~ помáлкивать; **take** ~ **with** совещáться с (+ *instr*); *leg* адвокáт **2.** *v* (*advise*) совéтовать (+ *dat*); (*recommend*) рекомендовáть
counsellor (*adviser*) совéтник; *leg* адвокáт
[1]**count 1.** *n* (*reckoning*) счёт; **keep** ~ вести́ счёт; **lose** ~ терять счёт; (*adding-up*) подсчёт; (*total*) итóг; **on all** ~**s** во всех отношéниях; *leg* пункт; *sp* (*boxing*) счёт; **out for the** ~ нокаути́рованный **2.** *v* (*repeat numbers; find number of*) считáть; (*add up*) подсчи́тывать; (*go over one by one*) пересчи́тывать; (*include*) считáть, принимáть во внимáние; **not** ~**ing** не считáя; (*be considered*) считáться (**as**, + *instr*)
~ **down** вести́ отсчёт врéмени
~ **for** стóить; ~ **for nothing** не имéть значéния
~ **in** включáть
~ **on** рассчи́тывать на (+ *acc*)
~ **out** отсчи́тывать
~ **up** подсчи́тывать
[2]**count** (*title*) граф
count-down счёт врéмени готóвности
countenance 1. *n* (*face*) лицó; (*expression*) выражéние лицá; **keep one's** ~ не покáзывать ви́да; **lose** ~ терять самообладáние; **put out of** ~ смущáть **2.** *v* (*approve*) одобрять; (*sanction*) санкциони́ровать; (*permit*) разрешáть
counter 1. *n* (*device*) счётчик; (*for game*) фи́шка, мáрка; (*in shop*) прилáвок; *naut* кормовóй подзóр; (*boxing*) встрéчный удáр; *mil, sp* контратáка **2.** *adj* (*opposite*) противополóжный; (*reverse*) обрáтный; (*in reply*) встрéчный **3.** *adv* **run** ~ **to** идти́ прóтив (+ *gen*), противорéчить (+ *dat*) **4.** *v* (*reply*) отвечáть (на + *acc*; **with**, + *instr*); (*deny*) противорéчить (+ *dat*)
counter-accusation контробвинéние
counteract противодéйствовать (+ *dat*)
counteraction противодéйствие
counter-attack 1. *n* контратáка **2.** *v* контратаковáть
counter-attraction отвлекáющее срéдство
counterbalance 1. *n* противовéс; **as a** ~ **to** в противовéс (+ *dat*) **2.** *v* служи́ть противовéсом (+ *dat*)
counterblast агресси́вный отвéт (**to**, на + *acc*)
countercharge 1. *n* встрéчное обвинéние **2.** *v* выставлять встрéчное обвинéние
counter-claim встрéчный иск
counter-clockwise прóтив часовóй стрéлки

counter-espionage контрразве́дка
counterfeit 1. *n* (*forgery*) подде́лка; (*imposter*) обма́нщик **2.** *adj* (*forged*) подде́льный; (*spurious*) фальши́вый; (*pretended*) притво́рный **3.** *v* (*forge*) подде́лывать; (*pretend*) притворя́ться; ~ **death** притворя́ться мёртвым; (*imitate*) подража́ть (+ *dat*)
counterfeiter фальшивомоне́тчик
counterfoil корешо́к
counter-intelligence контрразве́дка
countermand отменя́ть (прика́з)
countermove встре́чный ход
counter-offensive контрнаступле́ние
counterpane покрыва́ло
counterpart (*other of pair*) па́ра; (*duplicate*) дублика́т; (*equivalent*) эквивале́нт; (*colleague*) колле́га *m*
counterplot контрза́говор
counterpoint контрапу́нкт
counterpoise противове́с
counter-productive приводя́щий к обра́тным результа́там; (*inexpedient*) нецелесообра́зный
counter-proposal контрпредложе́ние
counter-revolution контрреволю́ция
counter-revolutionary 1. *n* контрреволюционе́р **2.** *adj* контрреволюцио́нный
countersign 1. *n* (*password*) паро́ль *m* **2.** *v* скрепля́ть по́дписью
countersink 1. *n* зенко́вка **2.** *v* зенкова́ть
counter-threat контругро́за
countess графи́ня
countless бесчи́сленный
countrified дереве́нский
country 1. *n* (*land*) страна́; (*state*) госуда́рство; (*native land*) ро́дина, оте́чество; (*rural area*) се́льская ме́стность *f*; (*as opposed to town*) **in the** ~ за́ городом, в дере́вне; **to the** ~ за́ город, в дере́вню; (*terrain; area, locality*) ме́стность *f*; **rough** ~ пересечённая ме́стность *f*; (*population*) населе́ние **2.** *adj* дереве́нский, се́льский; ~ **gentleman** поме́щик; ~ **house estate** поме́стье
country-and-western ка́нтри *indecl*
countryman (*fellow national*) соотéчественник; (*country dweller*) се́льский жи́тель *m*
countryside се́льская ме́стность *f*; (*considered visually*) пейза́ж, ландша́фт
country-wide по всей стране́
county гра́фство
coup уда́чный ход; ~ **de grâce** смерте́льный уда́р; ~ **d'état** госуда́рственный переворо́т
coupé купе́ *neut indecl*
couple 1. *n* (*all senses*) па́ра **2.** *v* (*join*) соединя́ть; (*link, associate*) свя́зывать (**with,** с + *instr*); *tech* (*link up*) сцепля́ть
couplet двусти́шие
coupling (*joining*) соедине́ние; (*linking*) сцепле́ние; (*joint*) му́фта
coupon тало́н
courage хра́брость *f*, сме́лость, *f* отва́га; **lose** ~ па́дать ду́хом; **pluck up** ~ отва́житься *pf* (**to,** + *infin*)
courier курье́р
course 1. *n* (*movement*) ход; ~ **of events** ход собы́тий; (*of time*) тече́ние; **in due** ~ своевре́менно, в до́лжное вре́мя; **a matter of** ~ в поря́дке веще́й; **of** ~ коне́чно; **in the** ~ **of** в тече́ние (+ *gen*); **in the** ~ **of nature** в есте́ственном поря́дке веще́й; (*path*) путь *m*; (*of river*) тече́ние; (*direction*) направле́ние; *naut* курс; (*procedure*) ли́ния де́йствия; (*of lectures, treatment etc*) курс; (*of meal*) блю́до; **the sweet** ~ сла́дкое; (*race* ~) скаково́й круг; (*of bricks*) ряд; *geol* пласт, жи́ла **2.** *v* (*run*) бежа́ть; (*flow*) течь; (*hunt*) охо́титься с го́нчими
court 1. *n* (*yard; royal household*) двор; *leg* суд; ~ **of appeal** кассацио́нный суд; ~ **of arbitration** трете́йский суд; ~ **of honour** суд че́сти; ~ **of enquiry** сле́дственный суд; **go to** ~ обраща́ться в суд, суди́ться; **take to** ~ суди́ть; *sp* площа́дка, корт **2.** *adj* (*of royal* ~) придво́рный; *leg* суде́бный **3.** *v* (*seek*) иска́ть; (*flatter*) льстить; (*woo*) уха́живать за (+ *instr*); ~ **disaster** игра́ть с огнём
court-card фигу́рная ка́рта
courteous ве́жливый, учти́вый
courtesan куртиза́нка
courtesy (*politeness*) ве́жливость *f*, учти́вость *f*; **by** ~ **of** благодаря́ любе́зности (+ *gen*); (*etiquette*) этике́т
court-house зда́ние суда́
courtier придво́рный
courting уха́живание
courtly ве́жливый; ~ **love** ры́царская любо́вь *f*
court-martial 1. *n* вое́нный суд **2.** *v* суди́ть вое́нным судо́м
courtship уха́живание
courtyard двор
cousin двоюро́дный брат, *f* двоюро́дная сестра́; **second** ~ троюро́дный брат, *f* троюро́дная сестра́
couturier да́мский портно́й
covalent ковале́нтный
covalency ковале́нтность *f*
cove (*bay*) бу́хточка; *archi* вы́кружка; *sl* (*fellow*) тип
coven шаба́ш ведьм
covenant 1. *n* соглаше́ние, догово́р; *leg* обяза́тельство **2.** *v* (*agree*) заключа́ть соглаше́ние; (*undertake*) обяза́ться *pf* по догово́ру
cover 1. *n* (*top*) кры́шка; (*wrapping*) обёртка; (*case*) футля́р; (*soft case*) чехо́л; (*covering cloth*) покрыва́ло; (*of book*) обло́жка; **dust** ~ (*of book*) суперобло́жка; (*layer*) покро́в; *meteorol* **cloud** ~ о́блачный покро́в; (*shelter*) убе́жище, укры́тие; **take** ~ укрыва́ться; **under** ~ в укры́тии; *mil* прикры́тие; (*pretence*) **under** ~ **of** под ма́ской, под личи́ной (+ *gen*); *cul* прибо́р; *comm* покры́тие; (*insurance*) страхова́ние; ~ **note** ковернóта **2.** *v* (*place over; extend over*) покрыва́ть; (*protect*) укрыва́ть; *mil* прикрыва́ть; (*conceal*) скрыва́ть; (*include*) охва́тывать; (*expenses*) покрыва́ть; (*aim at*) це́литься в (+ *acc*); (*take up space*) занима́ть; (*travel certain distance*) покрыва́ть; (*on foot*) проходи́ть; (*in transport*) проезжа́ть; ~ **over** скрыва́ть; ~ **up** (*cover*) покрыва́ть; (*conceal*) скрыва́ть, пря́тать; *sp* защища́ться
coverage (*publicity*) гла́сность *f*; (*scope*) охва́т; (*area of cover*) зо́на де́йствия; (*insurance*) страхова́ние
covering 1. *n see* **cover 2.** *adj* покрыва́ющий; ~ **letter** сопроводи́тельное письмо́
coverlet покрыва́ло
covert 1. *n* убе́жище (для ди́чи) **2.** *adj* (*hidden*) скры́тый; (*secret*) та́йный; ~ **glance** взгляд укра́дкой
cover-up сокры́тие
covet жа́ждать (+ *gen*)
covetous жа́дный

covey стáя
[1]**cow** *n* (*bovine*) корóва; (*female of species*) сáмка; ~ **elephant** сáмка слонá, слони́ха
[2]**cow** *v* (*browbeat*) запýгивать
coward трус, *f coll* труси́ха
cowardice трýсость *f*
cowardly трусли́вый
cowboy (*cowherd*) пастýх; *Am* ковбóй; ~ **film** ковбóйский фильм; ~ **shirt, hat** ковбóйка
cowcatcher (*on railway engine*) скотосбрáсыватель *m*
cower съёживаться (от стрáха)
cowherd пастýх
cowhide волóвья кóжа
cowhouse хлев
cowl (*hood*) капюшóн; (*on chimney*) колпáк; (*on air extractor*) зонт; (*on engine*) капóт
cowling (*on engine*) капóт
cow-parsley бýтень *m* одуря́ющий
cow-pox корóвья óспа
cowrie кáури *neut indecl*
cowshed хлев
cowslip первоцвéт
coxswain *nav* старшинá шлю́пки; *sp* рулевóй
coy кокéтливый
coyly с напускнóй застéнчивостью
coyness напускнáя застéнчивость *f*
coyote луговóй волк, койóт
coypu кóйпу *m indecl*
crab 1. *n* (*shellfish*) краб; (*louse*) вошь лобкóвая; ~ **apple** ди́кое я́блоко; ~ **apple tree** ди́кая я́блоня; *astron* **Crab** Рак; *sp* **catch a** ~ поймáть *pf* лещá **2.** *v* (*catch ~s*) лови́ть крáбов; *naut, aer* ры́скать; *coll* (*find fault*) придирáться
crabbed (*bad-tempered*) раздражи́тельный; (*hard to understand*) трýдно понимáемый; (*hard to read*) неразбóрчивый
crack 1. *n* (*sharp noise*) треск; (*of whip, fingers*) щёлканье; (*blow*) удáр; (*split*) трéщина; (*slit*) щель *f*; *coll* (*witticism*) острóта; (*sarcasm*) саркасти́ческое замечáние; (*attempt*) **have a** ~ попрóбовать *pf* (**at**, свои́ си́лы на + *acc*); **at the** ~ **of dawn** на рассвéте **2.** *adj* лýчший, первоклáссный **3.** *vt* (*break, split*) расщепля́ть, колóть, раскáлывать; *sl* (*break open*) взлáмывать; (*whip*) щёлкать (+ *instr*); *tech* (*oil*) креки́ровать; *coll* ~ **jokes** шути́ть; *vi* (*split open*) раскáлываться; (*become fissured*) трéскаться; (*of voice*) ломáться; (*make noise, shot*) производи́ть треск, вы́стрел; ~ **down on** принимáть сурóвые мéры прóтив (+ *gen*); ~ **up** *coll* (*praise*) превозноси́ть; (*break up*) разбивáться; (*weaken*) слабéть; (*grow old*) старéть
crack-brained сумасшéдший
cracked (*having cracks*) трéснутый; (*voice*) надтрéснутый; *coll* (*slightly mad*) ненормáльный, трóнутый, чóкнутый
cracker (*firework*) фейервéрк; **Christmas** ~ хлопýшка; (*biscuit*) крéкер; *tech* (*crusher*) дроби́лка; (*oil*) крéкинг-устанóвка
crackle 1. *n* потрéскивание, треск; (*of gunfire*) трескотня́; (*of paper, snow, undergrowth*) хруст **2.** *v* потрéскивать; хрустéть
crackling *see* **crackle;** *cul* шквáрки *f pl*
crackpot 1. *n* чудáк **2.** *adj* чудáческий
cracksman взлóмщик
cradle 1. *n* (*infant's*) колыбéль *f*, лю́лька; *fig* (*origin*) колыбéль *f* истóки *m pl*; *tech* (*support*) рáма, опóра; (*suspended platform*) подвеснáя лю́лька; (*of gun*) лю́лька; (*of telephone*) рычáг; *naut* (*launching*) спусковы́е салáзки *f pl* **2.** *v* (*rock in* ~) качáть в лю́льке; (*lull*) убаю́кивать; (*put, hold tenderly*) класть, держáть нéжно, осторóжно
craft (*cunning*) хи́трость *f*; (*skill*) лóвкость *f*; (*trade*) ремеслó; (*manual art*) рукодéлие; (*guild*) ги́льдия; (*ship*) сýдно; (*boat*) лóдка
craftily хи́тро, лукáво
craftiness хи́трость *f*, лукáвство
craftsman мáстер
craftsmanship мастерствó
crafty хи́трый, лукáвый
crag скалá, утёс
craggy скали́стый; (*of face*) угловáтый
cram (*fill*) набивáть; (*crowd into*) переполня́ть; (*stuff into*) впи́хивать; (*overfeed*) откáрмливать; (*eat greedily*) наедáться; *coll* (*for exam*) зубри́ть
cram-full биткóм наби́тый
cramp 1. *n* (*muscular*) сýдорога, спáзма; *tech* скобá **2.** *v* (*clamp together*) скрепля́ть скобóй; (*constrict*) сýживать; (*hamper*) мешáть (+ *dat*), стесня́ть
cramped (*restricted*) стеснённый; *fig* (*narrow*) ограни́ченный; (*writing*) сжáтый
crampon *tech* желéзный захвáт; (*on climbing boots*) шип
cranberry клю́ква
crane 1. *n orni* журáвль *m*; *tech* ((грузо) подъёмный) кран **2.** *v* ~ **one's neck** вытя́гивать шéю
cranial черепнóй
cranium чéреп
crank 1. *n tech* (*bent bar*) колéнчатый рычáг; (*in engine*) кривоши́п; *coll* (*odd person*) чудáк **2.** *v* (*bend*) сгибáть; (*start engine*) заводи́ть рукоя́тью, вручнýю
crankiness чудаковáтость *f*
crankcase кáртер
cranked колéнчатый
crank-pin пáлец кривоши́па
crankshaft колéнчатый вал
cranky (*eccentric*) чудаковáтый, причýдливый
cranny щель *f*
crap *vulg* **1.** *n* (*dung; nonsense*) говнó **2.** *v* срать
crape (*cloth*) креп; (*mourning band*) трáурная повя́зка
crapulence (*drunkenness*) похмéлье; (*debauchery*) разврáт
crapulent, crapulous пья́ный; разврáтный
crash 1. *n* (*noise*) грóхот; (*collision*) столкновéние; (*disaster*) авáрия; *fig* (*collapse*) крах **2.** *adj* (*urgent*) срóчный **3.** *vt* (*wreck vehicle*) разби́ть *pf*; *coll* (*gatecrash*) пройти́ *pf* без приглашéния, билéта; *vi* (*fall noisily*) пáдать с грóхотом; (*make noise*) грохотáть; (*have accident*) потерпéть *pf* авáрию; (*be smashed*) разби́ться *pf*; *fig* (*collapse*) потерпéть *pf* крах; ~ **down** пáдать с грóхотом; ~ **into** стáлкиваться с (+ *instr*), врезáться в (+ *acc*)
crash-dive *nav* **1.** *n* срóчное погружéние **2.** *v* срóчно погружáться
crash-helmet мотошлéм, кáска
crash-land совершáть авари́йную посáдку
crash-landing авари́йная посáдка
crasis крáсис
crass (*coarse*) грýбый; (*stupid*) глýпый; (*utter*) полнéйший
crate 1. *n* (*case*) я́щик, клеть *f*; (*basket*) корзи́на;

coll (*old car etc*) ста́рая разва́лина **2.** *v* упако́вывать в я́щик
crater (*of volcano*) кра́тер; (*bomb-hole*) воро́нка
cravat (*tie*) га́лстук; (*neck-scarf*) шарф
crave (*ask earnestly*) умоля́ть; (*require*) тре́бовать (+ *gen*); (*long for*) стра́стно жела́ть, жа́ждать (+ *gen*)
craven 1. *n* трус **2.** *adj* трусли́вый
craving стра́стное жела́ние
craw зоб
crawfish рак
crawl 1. *n* по́лзание; *sp* кроль *m* **2.** *v* (*move on hands and knees*) по́лзать; (*go s'where by ~ing*) ползти́; (*move slowly*) ме́дленно дви́гаться, ползти́; *fig* (*abase oneself*) пресмыка́ться, по́лзать (**to**, **before**, пе́ред + *instr*); (*abound with*) кише́ть (**with**, + *instr*)
~ **away** уполза́ть
~ **in** лезть, влеза́ть, вполза́ть в (+ *acc*)
~ **out** вылеза́ть, выполза́ть (**from**, **of**, из + *gen*)
~ **through** пролеза́ть, проползáть (че́рез + *acc*)
crawler (*one who crawls*) ползу́н; *coll* (*flatterer*) подхали́м; *pl* (*garment*) ползу́нки *m pl*
crawling по́лзание; **by** ~ ползко́м; *coll* (*flattery*) подли́зывание
crayfish рак
crayon 1. *n* (*pencil*) цветно́й каранда́ш; (*chalk*) цветно́й мело́к **2.** *v* рисова́ть цветны́м каранда́шо́м, мелко́м
craze 1. *n* (*exaggerated enthusiasm*) ма́ния; **have a ~ for** быть поме́шанным на (+ *prep*); (*fashion*) мо́да **2.** *v* (*drive mad*) своди́ть с ума́; (*crack*) де́лать тре́щины
crazed (*mad*) сумасше́дший (**with**, от + *gen*); (*distraught*) вне себя́ (**with**, от + *gen*); (*cracked*) име́ющий тре́щины
crazily (*wildly*) бе́шено; (*like madman*) как сумасше́дший; (*unsteadily*) ша́тко
crazy (*mad*) сумасше́дший; (*excited*) поме́шанный (**about**, на + *prep*); (*rickety*) ша́ткий
creak 1. *n* скрип **2.** *v* скрипе́ть
creaky скрипу́чий
cream 1. *n* (*of milk*) сли́вки *f pl*; (*sauce, cake-filling etc; cosmetic, ointment*) крем; (*colour*) кре́мовый цвет; *fig* (*best part*) са́мое лу́чшее, сли́вки; **the ~ of the joke** соль *f* шу́тки **2.** *adj* (*of ~*) сли́вочный; ~ **cake** пиро́жное с кре́мом; ~ **cheese** сли́вочный сыр; (*colour*) кре́мового цве́та **3.** *v* (*take off ~*) снима́ть сли́вки; (*froth*) пе́ниться; *cul* (*whip*) взбива́ть; (*make into ~*) де́лать крем, пюре́ *etc* из (+ *gen*); ~ **off** *fig* выделя́ть (са́мое лу́чшее *etc*)
creamed взби́тый; ~ **potatoes** карто́фельное пюре́ *neut indecl*
creamery (*butter factory*) маслоде́льный заво́д, маслобо́йня; (*shop*) моло́чная
creamy (*containing milk cream*) сли́вочный; (*of colour, consistency*) кре́мовый
crease 1. *n* скла́дка; (*fold in paper etc*) фальц **2.** *v* (*wrinkle*) мять(ся); (*iron a fold*) утю́жить скла́дку; (*fold*) загиба́ть; (*fold paper, metal, etc to shape*) фальцева́ть
crease-resistant несмина́емый
create (*make*) создава́ть, твори́ть; (*cause*) причиня́ть; (*bring about*) вызыва́ть; ~ **an impression** производи́ть впечатле́ние; *coll* (*fuss*) суети́ться; (*confer title*) возводи́ть в зва́ние (+ *gen*)
creation (*act of creating*) созида́ние, созда́ние; (*thing created*) созда́ние, творе́ние; (*work of art etc*) произведе́ние; (*universe*) мирозда́ние; **the Creation** сотворе́ние ми́ра
creative тво́рческий
creator творе́ц, созда́тель *m*
creature (*living being*) живо́е существо́; (*animal*) живо́тное; (*servile, dependent*) ста́вленник, креату́ра
crèche (де́тские) я́сли *pl*
credence (*belief*) ве́ра; (*trust*) дове́рие; **give ~ to** ве́рить (+ *dat*); **letter of ~** рекоменда́тельное письмо́
credentials рекоменда́ция; (*of envoy*) вери́тельные гра́моты *f pl*
credibility (*worthiness of belief*) достове́рность *f*; (*veracity*) правди́вость *f*; (*likelihood*) вероя́тность *f*
credible достове́рный, вероя́тный
credit 1. *n* (*belief*) ве́ра; (*trust*) дове́рие; **give ~ to** (*believe*) ве́рить (+ *dat*); **lose ~ with** теря́ть дове́рие (+ *gen*); (*praise*) похвала́; **give ~ for, give ~ where ~ is due** воздава́ть до́лжное (+ *dat*, за + *acc*); (*honour*) честь *f*; **it does you ~** э́то де́лает вам честь; **take ~ for** ста́вить себе́ в заслу́гу; *econ* креди́т; **letter of ~** аккредити́в; **on ~** в креди́т; (*ability to pay*) кредитоспосо́бность *f* **2.** *adj* креди́тный; ~ **card** креди́тная ка́рточка; (*in accountancy*) кре́дитовый **3.** *v* (*believe*) ве́рить (+ *dat*); (*ascribe to*) припи́сывать (**s.o. with**, + *dat* + *acc*); *econ* кредитова́ть (+ *acc*), запи́сывать в креди́т (+ *gen*)
creditable похва́льный
creditor кредито́р
creditworthy кредитоспосо́бный
creditworthiness кредитоспосо́бность *f*
credo *eccles* си́мвол ве́ры; (*belief*) кре́до *neut indecl*
credulity легкове́рие, дове́рчивость *f*
credulous легкове́рный, дове́рчивый
creed (*teaching*) вероуче́ние; (*belief*) кре́до *neut indecl*; (*prayer*) си́мвол ве́ры; (*denomination*) вероисповéдание
creek (*inlet*) зали́в; (*small river*) прито́к
creel рыба́цкая корзи́на
creep 1. *n tech* (*of metal*) ползу́честь *f*, крип; (*of rail*) уго́н; (*slip*) набега́ние; *rad* ухо́д частоты́; *geol* о́ползень *m*; *sl* (*person*) отврати́тельный тип; *coll* **it gives one the ~s** жу́тко, моро́з по ко́же подира́ет **2.** *v* (*move by crawling*) по́лзать; (*go s'where by crawling*) ползти́; (*move, slowly, stealthily, silently, imperceptibly*) дви́гаться ме́дленно, тайко́м, по-тихо́ньку, незаме́тно; *bot* ви́ться; *fig* (*be servile*) пресмыка́ться; (*of skin*) чу́вствовать мура́шки по те́лу; *tech* (*deform*) спо́лзать, ползти́; (*slip*) набега́ть
creeper (*animal*) пресмыка́ющееся; (*bird*) пищу́ха; (*plant*) ползу́чее расте́ние; *tech* (*drag*) дра́га; (*conveyor*) конве́йер; *coll* (*servile person*) подхали́м
creepily жу́тко
creepy (*eerie*) жу́ткий; **-crawly** *coll* бука́шка, козя́вка
cremate креми́ровать
cremation крема́ция
crematorium кремато́рий
crenate(d) городча́тый
crenellated зубча́тый
creole 1. *n* крео́л, *f* крео́лка **2.** *adj* крео́льский
creosote 1. *n* креозо́т **2.** *v* креозоти́ровать

crêpe креп
crepuscular сумеречный
crescendo крещéндо, крешéндо *neut indecl and adv*
crescent 1. *n* (*quarter moon*) пéрвая *or* послéдняя чéтверть *f* луны́, серп луны́; (*half-moon*) полумéсяц; (*semicircle*) полукру́г **2.** *adj* (*sickle-shaped*) серпови́дный; (*growing*) расту́щий
cresol крезóл
cress кресс
crest 1. *n* (*of bird*) хохолóк; (*of animal*) гри́ва; (*of helmet, hill, wave*) грéбень *m*; (*emblem*) эмблéма; (*of roof*) конёк **2.** *v* (*reach top*) достигáть верши́ны
crestfallen смущённый
cretaceous меловóй
Cretan 1. *n* критя́нин, *f* критя́нка **2.** *adj* кри́тский
Crete Крит
cretin крети́н
cretinism кретини́зм
cretinous слабоу́мный; *coll* (*of idea etc*) дурáцкий
cretonne кретóн
crevasse рассéлина в леднике́
crevice щель *f*, расщéлина
crew (*of ship, plane*) экипáж; (*of boat*) комáнда; (*of gun*) расчёт; *coll* (*group*) компáния; (*gang*) шáйка; (*of workmen*) бригáда
crew-cut стри́жка ёжиком
crib 1. *n* (*manger*) корму́шка, я́сли *pl*; (*cot*) дéтская кровáтка; (*mining*) крепь *f*; (*close translation*) подстрóчник; (*plagiarism*) плагиáт; (*for cheating at exams*) шпаргáлка **2.** *v* (*copy*) спи́сывать (**from**, с + *gen*); (*plagiarize*) плаги-и́ровать; (*in exam*) пóльзоваться шпаргáлкой
cricket (*insect*) сверчóк; (*game*) кри́кет
crier (*announcer*) глашáтай
crime преступлéние; **commit a ~** совершáть преступлéние
Crimea Крым
Crimean кры́мский; **the ~ War** Кры́мская (*or* Востóчная) войнá
criminal 1. *n* престу́пник **2.** *adj* (*illegal; wicked*) престу́пный; (*concerned with crime*) крими-нáльный, уголóвный; **~ law** уголóвное прáво
criminology криминолóгия
crimp (*hair*) завивáть; (*cloth*) гофрировáть; (*fish, meat*) надрезáть
crimson 1. *n* (*colour*) мали́новый цвет; (*blush*) румя́нец; **turn ~** покраснéть *pf* **2.** *adj* мали́новый **3.** *v* (*colour ~*) окрáшивать(ся) в мали́новый цвет; (*blush*) краснéть
cringe (*be servile*) раболéпствовать, пресмы-кáться (**before**, **to**, пéред + *instr*); (*cower*) съё-живаться от стрáха
crinoline кринолйн
cripple 1. *n* калéка *m and f* **2.** *v* калéчить, урóдовать; *fig* (*spoil*) калéчить
crisis 1. *n* кри́зис **2.** *adj* кри́зисный
crisp 1. *n pl* чи́псы *m pl* **2.** *adj* (*brittle*) хрустя́щий; (*frizzy*) завитóй; (*of voice, manner*) реши́-тельный; (*of air*) бодря́щий; (*of style*) живóй **3.** *v* (*fry*) жáрить; (*frizz*) завивáть
criss-cross 1. *adv* перекрéщивающийся **2.** *adv* крест-нáкрест **3.** *v* (*put crosswise*) класть крест-нáкрест; (*intersect*) пересекáть
criterion критéрий
critic кри́тик; **theatre ~** театрáльный кри́тик; (*fault-finder*) критикáн, *f* критикáнка
critical (*of crisis, criticism*) крити́ческий; (*crucial*) перелóмный; (*discriminating*) разбóрчивый; (*carping*) приди́рчивый
criticize (*judge*) критиковáть; (*blame*) осуждáть; (*carp*) придирáться к (+ *dat*)
critique (*criticism*) кри́тика; (*critical article*) крити́ческая статья́
croak (*of ravens; also fig, talk gloomily*) кáркать; (*of frogs*) квáкать; (*speak hoarsely*) хрипéть; *sl* (*die*) дóхнуть *pf*; (*kill*) прикóнчить *pf*
croakily хри́пло
croaking кáрканье; квáканье
croaky хри́плый
crochet 1. *n* вышивáние тáмбуром **2.** *v* вышивáть тáмбуром
crock 1. *n* (*pot*) гли́няный горшóк; (*broken piece*) черепóк; (*old horse; also fig of person*) кля́ча; (*old car*) стáрая развáлина **2.** *v* (*injure*) повреждáть; (*lose strength*) истощáться
crockery посу́да
crocodile 1. *n* крокоди́л **2.** *adj* крокоди́ловый
crocus крóкус, шафрáн
cromlech крóмлех
crone каргá
crony закады́чный друг
crook 1. *n* (*staff; crozier*) пóсох; (*hook*) крюк; **by hook or by ~** всéми прáвдами и непрáвдами; (*bend*) изги́б; *coll* (*criminal*) жу́лик **2.** *v* сгибáть(ся)
crook-back(ed) горбáтый
crooked (*bent*) кривóй; (*winding*) изви́листый; (*dishonest*) нечéстный; (*illicit*) незакóнный
crop 1. *n* (*produce, harvest*) урожáй; (*type of produce*) культу́ра; (*of bird*) зоб; (*whip*) кнуто-ви́ще; *geol* обнажéние; (*tanned hide*) дублёная шку́ра; (*haircut*) кóротко остри́женные вóлосы *m pl* **2.** *v* (*cut off*) подстригáть; (*nibble*) щипáть; (*trim off*) обрезáть; (*give harvest*) давáть урожáй; (*collect harvest*) собирáть урожáй; *geol* **~ out** обнажáться; **~ up** (*arise*) возникáть; (*appear unexpectedly*) неожи́данно обнару́живаться
crop-eared корноу́хий
cropper *tech* нóжницы *f pl*; *coll* **come a ~** (*fall*) упáсть *pf* (вниз головóй); (*fail*) потерпéть *pf* крах
croquet крокéт
croquette крокéт
crosier, crozier епи́скопский пóсох
cross 1. *n* (*most senses*) крест; *biol* пóмесь *f* **2.** *adj* (*transverse*) поперéчный; (*intersecting*) пересекáющийся; (*~-shaped*) крестообрáзный; (*from side*) боковóй; **~ wind** боковóй вéтер; (*bad-tempered*) злой, серди́тый, **be ~ with** серди́ться на (+ *acc*); (*opposite, contrary*) противополóжный; **at ~ purposes** наперекóр (+ *dat*) **3.** *v* (*make sign of ~*) крести́ть; **~ oneself** крести́ться; (*place ~wise*) скрéщивать; (*lie across, intersect*) пересекáть(ся); (*go across on foot*) переходи́ть; (*in vehicle*) переезжáть (+ *acc or* чéрез + *acc*); (*over water*) переправля́ться чéрез (+ *acc*); **it ~ed my mind** меня́ осени́ла мысль, что; **it never even ~ed my mind** э́то мне дáже не приходи́ло в гóлову; (*oppose*) противо-рéчить (+ *dat*); (*interbreed*) скрéщивать; **~ off, out** вычёркивать; **~ over** (*change to*) переходи́ть к (+ *dat*)
crossbar *tech* поперéчина; *sp* (*athletics*) плáнка; (*football*) штáнга
crossbeam крестови́на
cross-bearing *naut* крю́йс-пéленг, кроспéленг;

(*geodesy*) засе́чка
crossbill клёст
crossbow самостре́л
cross-bred гибри́дный
cross-breed 1. *n* гибри́д, по́месь *f* **2.** *v* скре́щивать
cross-check 1. *n* све́рка **2.** *v* сверя́ть
cross-country *sp* кросс; ~ **runner** кроссови́к
crosscut (*transverse cut*) попере́чный разре́з; ~ **saw** попере́чная пила́; *geol* квершла́г
cross-examination перекрёстный (д)опро́с
cross-examine подверга́ть перекрёстному допро́су
cross-eyed косо́й, косогла́зый
cross-fertilize перекрёстно опыля́ть
crossfire перекрёстный ого́нь *m*
cross-grained (*of wood*) свилева́тый; (*stubborn*) упря́мый
cross-hatch штрихова́ть перекрёстными штриха́ми
crossing (*passing across*) перехо́д, перее́зд, перепра́ва (че́рез + *acc*) (*see* **cross**); (*intersection*) пересече́ние; (*crossroads*) перекрёсток; (*~-place on road etc*) перехо́д; (*over railway*) перее́зд; (*interbreeding*) скре́щивание
cross-legged: sit ~ сиде́ть, положи́в но́гу на́ ногу
crosspatch злю́ка *m and f*
crosspiece попере́чина
cross-purposes: at ~ **to** наперекóр (+ *dat*); **be at** ~ тяну́ть в ра́зные сто́роны
cross-reference (перекрёстная) ссы́лка (**to**, на + *acc*)
crossroad (*road that crosses another*) попере́чная доро́га; (*crossing*) перекрёсток; *fig* **at the ~s** на распу́тье
cross-section попере́чное сече́ние
cross-stitch 1. *n* кре́стик **2.** *v* вышива́ть кре́стиком
crosswise (*like cross*) крестообра́зно; (*across*) попере́чно
crossword кроссво́рд
crotch (*fork*) крюк; (*of tree*) разветвле́ние; *anat* промéжность *f*
crotchet *mus* че́тверть *f*
crotchety капри́зный
crouch приседа́ть, согну́ться *pf*
croup (*of horse; disease*) круп
croupier крупье́, банкомёт
croûton грено́к
crow 1. *n* (*bird*) воро́на; **as the** ~ **flies** по прямо́й ли́нии; (*cry of cock*) пе́ние петуха́, кукаре́канье **2.** *v* (*of cock*) кукаре́кать; (*of baby*) гу́кать; (*exult*) ликова́ть; ~ **over** торжествова́ть над (+ *instr*)
crowbar лом
crowd 1. *n* (*of people*) толпа́; (*crush*) да́вка, толкотня́; (*of things*) ма́сса; *coll* (*clique*) компа́ния **2.** *v* (*gather*) собира́ться толпо́й, толпи́ться; (*press forward*) тесни́ться; (*fill, cram*) тесни́ть; ~ **into** вти́скиваться в (+ *acc*); ~ **out** вытесня́ть
crowded (*full*) по́лный (**with**, + *gen*); (*overfull*) перепо́лненный, битко́м наби́тый (**with**, + *instr*)
crown 1. *n* (*wreath*) вено́к; (*royal*) вене́ц, коро́на; (*royal power*) короле́вская власть *f*; (*the State*) **Crown** госуда́рство; (*of tree*) кро́на, верху́шка; (*of head*) те́мя *neut*, маку́шка; (*of hat*) тулья́; (*of tooth*) коро́нка; (*coin*) кро́на; *fig* (*summit of achievement*) вене́ц, заверше́ние **2.** *adj* (*royal*) короле́вский; (*state*) **Crown** госуда́рственный; ~ **law** уголо́вное пра́во; ~ **prince** насле́дник престо́ла **3.** *v* (*put* ~ *on; also fig*) венча́ть (**with**, + *instr*); (*make king*) коронова́ть; (*complete successfully*) заверша́ть; *med* (*tooth*) ста́вить коро́нку
crown-wheel коро́нная шестерня́
crow's-nest *naut* наблюда́тельный пост
crucial (*detail, moment etc*) реша́ющий; (*period, time*) крити́ческий
crucible ти́гель *m*
crucifix, crucifixion распя́тие
cruciform крестообра́зный
crucify распина́ть
crude (*raw, natural*) сыро́й; ~ **materials** сырьё; ~ **oil** нефть *f*; (*harsh, coarse, vulgar, badly made*) гру́бый
crudity гру́бость *f*
cruel жесто́кий
cruelty жесто́кость *f*
cruise 1. *n* пла́вание; (*tourist trip*) круи́з; ~ **ship** круи́зное су́дно; *mil* ~ **missile** крыла́тая раке́та **2.** *v naut* крейси́ровать
cruiser *nav* кре́йсер; (*yacht*) я́хта; *sp* ~ **weight** полутяжёлый вес
cruising speed кре́йсерская ско́рость *f*
crumb кро́шка
crumble кроши́ть(ся); *fig* разруша́ться
crumbly рассы́пчатый
crumpet сдо́бная лепёшка
crumple (*crease*) мя́ть(ся); (*crush into ball*) ко́мкать; (*sag, collapse*) сгиба́ться; *fig* (*collapse*) ру́шиться
crunch 1. *n* хруст; *sl* **the** ~ реша́ющий моме́нт **2.** *vt* (*bite, chew noisily*) куса́ть, жева́ть с хру́стом; (*trample noisily*) разда́вливать с хру́стом; *vi* хрусте́ть
crunchy (*brittle*) хру́пкий; (*crackling*) хрустя́щий
crupper (*hind part*) круп; (*harness*) подхво́стник
crural бе́дренный
crusade *hist* кресто́вый похо́д; *fig* похо́д, кампа́ния (**against**, про́тив + *gen*)
crusader *hist* крестоно́сец; *fig* боре́ц (**for**, за + *acc;* **against**, про́тив + *gen*)
crush 1. *n* (*crowd*) да́вка, толкотня́; *coll* **have a** ~ **on** увлека́ться (+ *instr*); **2.** *v* (*squash*) дави́ть, разда́вливать; ~ **against** прижима́ть к (+ *dat*); (*pulverize*) дроби́ть, толо́чь; (*crumple*) мя́ть(ся); (*cram*) вти́скивать(ся) (**into**, в + *acc*); *fig* (*suppress*) подавля́ть, сокруша́ть; (*disconcert*) смуща́ть
crusher дроби́лка
crushing сокруши́тельный
crust (*most senses*) ко́рка; **the Earth's** ~ земна́я ко́рка
Crustacea ракообра́зные *pl*
crustacean ракообра́зный
crusted покры́тый ко́ркой
crusty (*having crust*) покры́тый ко́ркой; (*hard*) жёсткий, твёрдый; (*surly*) сварли́вый
crutch (*for lame person*) косты́ль *m*; (*crotch*) промéжность *f*
crux тру́дный вопро́с; **the** ~ **of the matter** суть *f* де́ла
cry 1. *n* (*call*) крик; *fig* **a far** ~ **from** далеко́ от (+ *gen*); **hue and** ~ (*public anger*) возмуще́ние; (*pursuit*) пого́ня; *fig* **in full** ~ (*in pursuit*) в бе́шеной пого́не; (*in full swing*) в по́лном разга́ре; (*weeping*) плач; **have a** ~ вы́плакаться *pf*; (*entreaty*) мольба́ **2.** *v* (*shout, call*) крича́ть; (*exclaim*) восклица́ть; (*weep*) пла́кать; **start to** ~ запла́кать *pf*
~ **down** умаля́ть
~ **for** (*demand*) тре́бовать (+ *gen*), вызыва́ть о (+ *prep*)
~ **off** (*cancel*) отка́зываться (от + *gen*)

~ **out** вскри́кивать
~ **up** восхваля́ть
cry-baby пла́кса *m and f*
crying 1. *n* плач **2.** *adj* крича́щий; пла́чущий; (*demanding redress*) вопию́щий
cryochemistry хи́мия ни́зких температу́р
cryogen охлажда́ющая смесь *f*
cryogenic криоге́нный
cryogenics фи́зика ни́зких температу́р
cryolite криоли́т
cryotron криотро́н
crypt склеп
cryptogam спо́ровое расте́ние
cryptogram криптогра́мма, та́йнопись *f*
cryptographer шифрова́льщик
crystal 1. *n chem* криста́лл; (*glass; rock-*~) хруста́ль *m* **2.** *adj chem* кристалли́ческий; (*glass*) хруста́льный; (*clear*) криста́льный
crystalline *see* **crystal**
crystallization кристаллиза́ция
crystallize *chem and fig* кристаллизова́ть(ся); *cul* заса́харивать; ~**d fruit** цука́ты *m pl*
cub 1. *n* (*young animal*) детёныш; *pej* (*youth*) щено́к, мальчи́шка *m*; (*beginner*) новичо́к **2.** *v* щени́ться
Cuba Ку́ба
Cuban 1. *n* куби́нец, *f* куби́нка **2.** *adj* куби́нский
cubby-hole (*cosy nook*) ую́тное месте́чко; (*small room*) камо́рка, ко́мнатка; (*in desk etc*) гнездо́ для бума́г
cube 1. *n* куб **2.** *adj* (*cubic*) куби́ческий; *math* ~ **root** куби́ческий ко́рень *m*; *cul* ~ **sugar** пилёный са́хар **3.** *v math* возводи́ть в куб
cubic куби́ческий; ~ **centimetre** куби́ческий сантиме́тр, *coll* ку́бик
cubicle каби́нка
cubiform кубови́дный
cubism куби́зм
cubist 1. *n* куби́ст **2.** *adj* кубисти́ческий
cuboid 1. *n* кубо́ид **2.** *adj* кубови́дный
cuckold 1. *n* рогоно́сец **2.** *v* наставля́ть рога́ (+ *dat*)
cuckoo 1. *n* (*bird*) куку́шка; *coll* (*fool*) глупе́ц **2.** *adj coll* (*mad*) чо́кнутый; **he's a bit** ~ он немно́го не того́ **3.** *interj* ку́-ку́
cuckoo-clock часы́ *m pl* с куку́шкой
cuckoo-pint а́рум пятни́стый
cucumber огуре́ц; **cool as a** ~ (*as adj*) соверше́нно споко́йный; (*as adv*) соверше́нно споко́йно
cud жва́чка; **chew the** ~ жева́ть жва́чку; *fig* размышля́ть
cuddle 1. *n* объя́тия *neut pl* **2.** *v* обнима́ть(ся); ~ **up to** прижима́ться (к + *dat*)
cudgel 1. *n* дуби́на; **take up the** ~**s for** выступа́ть защи́тником (+ *gen*) **2.** *v* бить па́лкой; ~ **one's brains** лома́ть себе́ го́лову
cue 1. *n theat* ре́плика; (*hint*) намёк; (*signal*) сигна́л; *sp* **billiard** ~ кий **2.** *v* дать *pf* сигна́л (+ *dat*)
cuff 1. *n* (*of sleeve*) манже́та; **off the** ~ экспро́мтом; (*blow*) уда́р руко́й **2.** *v* ударя́ть руко́й
cuff-link за́понка для манже́т
cuirass кира́са
cuirassier кираси́р
cuisine ку́хня
cul-de-sac тупи́к (*also fig*)
culinary (*of cooking*) кулина́рный; (*of kitchen*) ку́хонный
cull 1. *n* отбо́р; брако́вка **2.** *v* (*gather*) собира́ть; (*select*) отбира́ть; (*reject*) бракова́ть
culm *bot* сте́бель *m*; *geol* кульм; (*coal dust*) у́гольная пыль *f*
culminate достига́ть (свое́й) вы́сшей то́чки; *astron* кульмини́ровать
culmination (*highest point*) вы́сшая то́чка; (*critical point*) кульминацио́нный пункт; (*conclusion*) заверше́ние; *astron* кульмина́ция
culpability вино́вность *f*
culpable (*blameworthy*) заслу́живающий порица́ния; *leg* вино́вный, престу́пный
culprit (*guilty person*) вино́вный; (*accused person*) обвиня́емый
cult 1. *n* культ **2.** *adj* ку́льтовый; ~ **figure** куми́р
cultivate (*land*) обраба́тывать, возде́лывать, культиви́ровать; (*crops*) выра́щивать, культиви́ровать (*also fig*)
cultivated (*person*) культу́рный; ~ **area** посевна́я пло́щадь *f*; ~ **land** па́шня; ~ **plants** культу́рные расте́ния *neut pl*
cultivation возде́лывание, обрабо́тка, культива́ция; выра́щивание
cultivator (*person*) земледе́лец; (*machine*) культива́тор
cultural культу́рный
culture (*most senses*) культу́ра; (*growing, raising*) разведе́ние
cultured культу́рный; ~ **pearl(s)** культиви́рованный же́мчуг
culvert (*channel*) водово́д; (*of lock*) водопрово́дная галлере́я
cumbersome громо́здкий
cumin тмин
cumulate нака́пливать(ся)
cumulative кумуляти́вный
cumulo-nimbus кучеводождевы́е облака́
cumulus кучевы́е облака́
cuneiform 1. *n* кли́нопись *f* **2.** *adj* клинопи́сный
cunning 1. *n* (*artfulness*) хи́трость *f*; (*skill*) ло́вкость *f* **2.** *adj* (*artful*) хи́трый, кова́рный; (*skilful*) ло́вкий, иску́сный
cunt *vulg* пизда́ (*also as abuse*)
cup 1. *n* ча́шка; ~ **of tea** ча́шка ча́ю; (*prize*) ку́бок; *bot* ча́шечка **2.** *v med* ста́вить ба́нки (+ *dat*)
cupboard (*in general*) шкаф; (*for crockery etc*) буфе́т
Cupid Купидо́н
cupidity жа́дность *f*
cupola *archi* ку́пол; *mil* бронеку́пол; *tech* вагра́нка
cupping-glass ба́нка
cupreous ме́дный
cupric содержа́щий двувале́нтную медь
cupriferous ме́дистый
cuprite купри́т
cupro-nickel 1. *n* мельхио́р **2.** *adj* мельхио́ровый
cuprous содержа́щий одновале́нтную медь
cur (*mongrel*) дворня́га; (*oaf*) хам; (*coward*) трус
curable излечи́мый
curare кура́ре *neut indecl*
curate помо́щник прихо́дского свяще́нника
curative лече́бный, целе́бный
curator храни́тель *m*
curb 1. *n* (*harness*) подгу́бная цепо́чка; (*restraint*) узда́; (*of road*) край тротуа́ра **2.** *v* (*harness*) надева́ть узду́; (*restrain*) обу́здывать
curd сгу́сток (молока́); ~ **cheese** творо́г
curdle свёртывать(ся); **to** ~ **the blood** леденить кровь

cure 1. *n* (*remedy*) сре́дство (**for**, от + *gen*); (*treatment*) лече́ние (**for**, + *gen*); (*course of treatment*) курс лече́ния; (*recovery*) выздоровле́ние **2.** *v* (*heal*) вылёчивать; (*of a habit etc*) отуча́ть (**of**, от + *gen*); (*remedy*) исправля́ть; (*food*) консерви́ровать; (*rubber*) вулканизи́ровать
curfew комендáнтский час
curia ку́рия
curie *phys* кюри́ *neut indecl*
curio антиквáрная вещь *f*
curiosity (*desire to learn*) любознáтельность *f*; (*inquisitiveness*) любопы́тство; (*oddity*) стрáнность *f*; (*rarity*) ре́дкость *f*; (*curio*) антиквáрная вещь *f*
curious (*eager to learn*) любознáтельный; (*inquisitive*) любопы́тный; **I am ~ to know why** мне любопы́тно узнáть почему́; (*strange*) стрáнный
curiously с любопы́тством; стрáнно; (*unusually*) необычáйно
curl 1. *n* (*of hair*) ло́кон, завито́к; *pl* ку́дри *pl*; (*twist*) завито́к; **a ~ of the lips** кривáя улы́бка; (*spiral*) спирáль *f* **2.** *vt* (*hair etc*) завивáть; **have one's hair ~ed** завивáться; **~ one's lip** криви́ть гу́бы; *vi* (*of hair, smoke, plants*) ви́ться; *vt, vi* (*twist*) закру́чивать(ся); **~ up** свёртывать(ся)
curler бигуди́ *pl indecl*
curlew кроншне́п
curly (*of person, hair*) кудря́вый
curmudgeon брюзгá *m and f*
currant (*fruit*) сморо́дина; (*dried*) изю́м
currency (*money*) валю́та; (*prevalence*) распространённость *f*; **give ~ to** пускáть в обраще́ние
current 1. *n* (*stream*) пото́к; (*flow*; *trend*; *naut*) тече́ние; **against the ~** про́тив тече́ния; **with the ~** по тече́нию; *elect* ток **2.** *adj* (*in use*) ходя́чий, в обраще́нии; (*widespread*) распространённый; (*up-to-date, latest*) теку́щий; **~ affairs** теку́щие делá *neut pl*; **~ issue** (*of journal*) после́дний но́мер; (*present*) настоя́щий; **the ~ situation** настоя́щее положе́ние
currently в настоя́щее вре́мя
curriculum (*of school*) учéбный план; **~ vitae** (авто)биогрáфия
[1]**curry** *cul* кэ́рри *neut indecl*
[2]**curry** (*a horse*) чи́стить скребни́цей; (*leather*) вы́делывать ко́жу
curry-comb скребни́ца
curse 1. *n* (*supernatural misfortune; nuisance*) прокля́тие; **put a ~ on** проклинáть; (*profanity*) ругáтельство; *fig* (*scourge*) бич **2.** *v* (*call down evil on; rail at*) проклинáть; (*abuse*) ругáть; (*be profane*) ругáться; (*put spell on*) заколдо́вывать, заговáривать
cursed прокля́тый; **be ~ with** страдáть (+ *instr*)
cursive 1. *n* ско́ропись *f* **2.** *adj* скоропи́сный
cursor *tech* (*indicator*) указáтель *m*; (*on slide-rule*) движо́к; (*on screen*); зáйчик
cursorily бéгло; пове́рхностно
cursory (*hasty*) бéглый; (*superficial*) пове́рхностный
curt ре́зкий
curtail (*stop*) прекращáть; (*reduce*) сокращáть
curtailment прекраще́ние; сокраще́ние
curtain 1. *n* (*at window*) занаве́ска; *theat* зáнавес; *mil, tech* заве́са **2.** *v* (*cover with ~*) занаве́шивать (**with**, + *instr*); **~ off** отгорáживать занаве́ской
curtsy 1. *n* реверáнс **2.** *v* де́лать реверáнс
curvaceous (*curved*) изо́гнутый; (*of woman*) с пы́шной фигу́рой
curvature кривизнá
curve 1. *n* (*line*) кривáя ли́ния; *math* кривáя; (*bend*) изги́б **2.** *v* изгибáть(ся)
curved криво́й, изо́гнутый
curvilinear криволине́йный
cushion 1. *n* поду́шка **2.** *v* (*furnish with ~s*) снабжáть поду́шками; (*blow*) смягчáть (удáр *etc*)
cusp *math* то́чка возврáта; (*of moon*) рог луны́
cuspid клык
cuspidor плевáтельница
cuss 1. *n* (*curse*) ругáтельство; (*fellow*) тип **2.** *v* ругáться
cussed *coll* упря́мый
cussedness *coll* упря́мство
custard слáдкий со́ус
custodian (*of museum etc*) храни́тель *m*; (*guardian*) опеку́н
custody (*safe keeping*) хране́ние, охрáна; (*guardianship*) опе́ка; (*detention*) заключе́ние; **take into ~** арестовáть
custom 1. *n* (*social, legal*) обы́чай; (*habit*) привы́чка, обыкнове́ние; (*customers*) клиенту́ра; (*order*) закáз; *pl econ* (*at border*) тамо́жня; (*duty*) тамо́женные по́шлины *f pl* **2.** *adj* **~s** тамо́женный, **~s officer** тамо́женник
customable облагáемый тамо́женной по́шлиной
customary (*usual*) обы́чный; (*habitual*) привы́чный; *leg* **~ law** обы́чное прáво
custom-built сде́ланный на закáз
customer покупáтель *m*
custom-house тамо́жня
cut 1. *n* (*small wound*) поре́з; (*section, ~ place, slash*) разре́з; (*blow*) удáр; (*of meat, piece ~ out*) вы́резка; (*notch*) засе́чка; (*of cloth, suit etc*) покро́й; (*fashion*) мо́да; (*lowering*) сниже́ние; (*curtailment*) сокраще́ние; *coll* (*share*) до́ля; **short ~** кратчáйший путь *m* **2.** *adj* **~ finger** поре́занный пáлец; **~ flowers** сре́занные цветы́ *m pl*; **~ glass** гранёное стекло́ **3.** *v* (*in general*) ре́зать; **~ one's finger** поре́зать *pf* себе́ пáлец; **~ oneself** поре́заться *pf*; (*gash*) разрезáть; (*lash*) хлестáть; (*mow*) коси́ть; (*wood*) руби́ть; (*intersect*) пересекáть(ся); (*precious stone*) грани́ть; (*hair, fleece, hedge etc*) стричь; (*cloth*) крои́ть; (*lower, reduce*) снижáть; (*curtail, shorten*) сокращáть, уре́зывать; (*ignore*) не узнавáть; (*not attend*) пропускáть; *coll* (*hurry*) бежáть; **~ cards** снимáть коло́ду; (*in expressions*) **~ both ways** быть обоюдоо́стрым; **~ a dash** рисовáться; **be ~ out for** быть сло́вно со́зданным для (+ *gen*); **~ to pieces** разрезáть на куски́; (*criticize*) разби́ть *pf* в пух и прах; **~ to the quick** глубоко́ задéть *pf*; **~ short** обрывáть, прерывáть
~ across (*intersect*) пересекáть; (*run counter to*) идти́ про́тив (+ *gen*)
~ away срезáть
~ back (*prune*) вырезáть; (*reduce*) уре́зывать, сокращáть
~ down (*trees*) руби́ть; (*reduce*) уменьшáть
~ in (*interrupt*) вмéшиваться; (*switch*) включáть; (*of car swerving*) врезáться
~ into (*incise; penetrate; enter*) врезáться в (+ *acc*)
~ off (*sever; isolate*) отрезáть; (*trim off*) обрезáть; (*switch off*) выключáть; (*relations, telephone calls etc*) прерывáть; (*disinherit*) лиши́ть *pf* насле́дства
~ out (*excise*) вырезáть; (*cloth*) крои́ть; (*oust*)

вытеснять; (*switch off*) выключать(ся); **the engine ~ out** мотор заглох; **~ it out!** (*stop it*) перестань(те)!

~ through (*sever*) перерезать; (*pass through, over*) пересекать

~ up разрезать на куски

cutaneous кожный

cutaway (*tail coat*) визитка

cutback уменьшение

cute (*quick-witted*) сообразительный; (*charming*) прелестный

cut-glass 1. *n* хрусталь *m*, гранёное стекло **2.** *adj* хрустальный, гранёный

cuticle кутикула

cutlass абордажная сабля

cutler ножовщик

cutlery (*knives*) ножевые изделия *neut pl*; (*eating implements*) ножи, вилки и ложки *pl*; **~ set** набор ножей и вилок

cutlet котлета отбивная

cut-off *tech* (*valve*) отсечка

cut-out (*figure*) вырезанная фигура; *tech* (*fuse*) предохранитель *m*; (*switch*) автоматический выключатель *m*

cut-price удешевлённый, уценённый

cutter (*one who cuts*) резчик; (*tailor*) закройщик; (*machine tool*) фреза; *naut* катер

cut-throat 1. *n* головорез **2.** *adj* жестокий

cutting 1. *n* (*in general*) резание, резка; (*of trees*) рубка; (*of gems*) гранение; (*of clothes*) закройка; (*from newspaper etc*) вырезка; (*railway*) выемка; (*from plant*) черенок; *pl* (*pieces*) обрезки *m pl* **2.** *adj* (*sharp*) резкий; (*remark*) язвительный; (*wind*) пронизывающий; (*edge, tool etc*) режущий

cuttlefish каракатица

cutworm бабочка-совка

cyan циан

cyanamide цианамид

cyanic циановый

cyanide цианид

cyanogen циан

cyanosis цианоз

cybernetics кибернетика

cybernetic кибернетический

cyclamen цикламен

cycle 1. *n* цикл; (*bicycle*) велосипед; **~ track** велосипедная дорожка **2.** *v* (*on bicycle*) ездить на велосипеде

cyclical циклический, цикличный

cycling езда на велосипеде

cyclist велосипедист

cycloid циклоида

cyclometer циклометр

cyclone *meteor* циклон

cyclonic циклонический

Cyclops Циклоп

cyclotron циклотрон

cygnet молодой лебедь *m*

cylinder цилиндр

cylindrical цилиндрический

cymbal тарелка

cymograph кимограф

cymometer волномер

cynic циник

cynical циничный

cynicism цинизм

cynosure центр внимания

cypress кипарис

Cypriot 1. *n* киприот, *f* киприотка **2.** *adj* кипрский

Cyprus Кипр

Cyrillic 1. *n* кириллица **2.** *adj* кирилловский

cyst киста

cystitis цистит

cytology цитология

cytoplasm цитоплазма

czar царь *m*

czardas чардаш

czarina царица

Czech 1. *n* (*person*) чех, *f* чешка; (*language*) чешский язык **2.** *adj* чешский

Czechoslovak(ian) 1. *n* житель *m* Чехословакии **2.** *adj* чехословацкий

Czechoslovakia Чехословакия

D

[1]**dab 1.** *n* (*adept at*) мáстер (**at,** на + *acc*), *coll* дóка *m and f* (**at,** по чáсти + *gen*); (*tap*) тычóк; (*splodge*) мазóк **2.** *v* (*touch*) легкó касáться; (*poke*) тыкать; **~ one's eyes with a handkerchief** приклáдывать платóк к глазáм; (*smear*) намáзывать

[2]**dab** (*fish*) лимáнда, ершовáтка

dabble (*splash*) плескáть; (*dip*) окунáть; (*splash about*) барáхтаться; (*take slight interest in*) слегкá занимáться (+ *instr*)

dabbler дилетáнт

dabchick погáнка мáлая

dace елéц

dachshund тáкса

dactyl *zool* пáлец; *pros* дáктиль *m*

dactylic дактили́ческий

dad, daddy пáпа *m*

Dadaism дадаи́зм

daddy-long-legs долгонóжка

dado (*pedestal*) пьедестáл; (*panel*) панéль *f*

daffodil нарци́сс (жёлтый)

daft (*person*) сумасшéдший; (*idea etc*) дурáцкий

dagger кинжáл; **be at ~s drawn** быть на ножáх; **look ~s** бросáть гнéвные взгля́ды

daguerreotype дагерроти́п

dahlia георги́н

daily 1. *n* (*newspaper*) ежеднéвная газéта; (*domestic*) домрабóтница **2.** *adj* ежеднéвный; **~ bread** насýщный хлеб **3.** *adv* ежеднéвно

dainty 1. *n* лáкомство **2.** *adj* (*tasty*) лáкомый; (*elegant*) элегáнтный; (*pretty*) хорóшенький; (*fastidious*) разбóрчивый

dairy 1. *n* маслодéльня; (*shop*) молóчная **2.** *adj* молóчный; **~ cattle** молóчный скот; **~ farm** молóчная фéрма; **~ produce** молóчные продýкты *m pl*

dairying молóчное хозя́йство

dairymaid доя́рка

dairyman молóчник

dais платфóрма, помóст

daisy маргари́тка; **~ wheel** печáтающее колесó

Dalai Lama далáй-лáма *m*

dale доли́на; **up hill and down ~** по горáм по долáм

dalliance (*trifling*) несерьёзное отношéние (**with,** к + *dat*); (*flirting*) флирт

dally (*loiter, loaf*) слоня́ться, болтáться; (*delay*) задéрживаться; **~ with an idea** носи́ться с мы́слью

Dalmatian 1. *n* (*dog*) далмáтский дог **2.** *adj* далмáтский

dalton *phys* дальтóн

dam 1. *n* (*mother animal*) мáтка; *tech* (*barrier*) плоти́на; (*reservoir*) запрýда **2.** *v* запрýживать

damage 1. *n* (*harm*) вред; (*injury, destruction*) повреждéние, пóрча; (*loss*) ущéрб; *leg pl* убы́тки *m pl* **2.** *v* (*injure*) повреждáть(ся); (*spoil*) пóртить(ся); (*discredit*) позóрить, дискреди́ровать

damascene (*with gold or silver*) насекáть зóлотом, серебрóм; (*steel*) ворони́ть

damask 1. *n* (*fabric*) кáмка, дамá; (*steel*) дамáсская сталь *f* **2.** *adj* (*fabric*) камчáтный; (*steel*) из дамáсской стáли; (*colour*) áлый

dame (*title*) кавалéрственная дáма; (*with name*) дейм; *Am sl* (*woman*) бáба

damn 1. *n* проклятие; *coll* **I don't give a ~** мне наплевáть; *as interj* чёрт! **2.** *adj coll* прокля́тый **3.** *v* (*condemn*) осуждáть; *rel* проклинáть; (*reveal guilt of*) изобличáть; (*swear*) ругáться

damnable прокля́тый, дья́вольский

damnably чертóвски, дья́вольски

damnation проклятие, *inter* чёрт!; **eternal ~** вéчные мýки

damned 1. *n* **the ~** прóклятые *pl* **2.** *adj* (*accursed*) прóклятый; *as expl* прокля́тый; *emph* чертóвский, дья́вольский **3.** *adv* чертóвски, дья́вольски

damnification *leg* причинéние вредá

damnify *leg* причиня́ть вред

damning (*evidence etc*) изобличáющий

damp 1. *n* (*moisture, humidity*) влáжность *f*, сы́рость *f*; (*gas*) рудни́чный газ **2.** *adj* (*moist*) влáжный, сырóй; (*having absorbed moisture*) отсырéлый **3.** *v* (*moisten*) увлажня́ть, смáчивать; (*fire*) туши́ть; (*enthusiasm etc*) обескурáживать; *ac* заглушáть; *tech* (*deaden*) амортизи́ровать

damp course гидроизоля́ция

dampen see **damp**

damper (*that which damps*) увлажни́тель *m*; *tech* (*in piano*) дéмпфер; (*shock absorber*) амортизáтор; (*in flue*) дымовáя заслóнка; (*in store*) регуля́тор тя́ги; (*flat cake*) лепёшка

damping (*moistening*) увлажнéние, смáчивание; (*shock-absorbing*) амортизáция; (*sound*) глушéние; *rad* затухáние

dampness сы́рость *m*, влáжность *f*

damp-proof влагонепроницáемый, влагостóйкий

damsel *arch* деви́ца

damson тернослúва

dance 1. *n mus* тáнец; **folk ~** пля́ска; (*ball*) бал, тáнцы *m pl*, танцевáльный вéчер; *med* **St Vitus's ~** пля́ска святóго Ви́тта **2.** *adj* танцевáльный **3.** *v* (*perform ~; also fig*) танцевáть; (*folk dance; caper about*) плясáть

dance-band танцевáльный оркéстр

dance-hall танцевáльный зал

dancer (*one who dances*) танцóр, танцóвщик, *f* танцóвщица; (*in ballet*) танцóвщик, арти́ст балéта, *f* танцóвщица, арти́стка балéта, балери́на

dancing 1. *n* танцевáние; пля́ска **2.** *adj* (*for ~*) танцевáльный; (*of movement, step, people*) танцýющий

dandelion одувáнчик

dandified щегольскóй, фатовáтый

dandle качáть на рукáх

dandruff пéрхоть *f*

dandy 1. *n* дéнди *m indecl*, щёголь *m* **2.** *adj Am coll* чýдный, клáссный; **that's ~!** прекрáсно!

dandyism денди́зм

Dane датчáнин, *f* датчáнка; (*dog*) **great ~** дáтский дог

danger 1. *n* (*peril*) опáсность *f*; (*on notice*)

опа́сность для жи́зни; **in** ~ в опа́сном положе́нии, в опа́сности; **be in** ~ **of** рискова́ть (+ *instr or infin*); **out of** ~ вне опа́сности; (*menace*) угро́за (**to,** + *dat*) **2.** *adj* опа́сный; ~ **signal** сигна́л опа́сности; ~ **zone** опа́сная зо́на

dangerous опа́сный; риско́ванный

dangle *vt* (*swing*) пока́чивать; *fig* (~ *sth before s.o.*) соблазня́ть (+ *instr*); *vi* (*hang down*) свиса́ть; (*swing*) кача́ться; ~ **after** бе́гать за (+ *instr*)

Danish 1. *n* (*language*) да́тский язы́к; (*people*) **the** ~ датча́не *m pl* **2.** *adj* да́тский

dank сыро́й

Danube Дуна́й

Danubian дуна́йский

dapper (*neat*) опря́тный, наря́дный; (*brisk*) ю́ркий

dapple 1. *adj* (*variegated*) испещрённый; (*spotted*) пятни́стый; (*of horse*) ~**-grey** се́рый в я́блоках **2.** *v* покрыва́ть(ся) пя́тнами, испестря́ть(ся)

dare 1. *n* (*challenge*) вы́зов **2.** *v* (*have courage to*) сметь; (*make bold*) осме́ливаться; **just you** ~**!** посме́йте то́лько; **I** ~ **say you are right** наве́рное вы пра́вы; (*challenge*) вызыва́ть (**to,** на + *acc*) ; (*risk*) рискова́ть

daredevil 1. n (*daring person*) смельча́к; (*reckless person*) сорвиголова́ *m and f* **2.** *adj* опроме́тчивый

daring 1. *n* (*boldness*) сме́лость *f*; (*audacity*) де́рзость *f* **2.** *adj* (*bold*) сме́лый; (*audacious*) де́рзкий

dark 1. *n* темнота́; *fig* **be in the** ~ быть в неве́дении; **keep s.o. in the** ~ держа́ть в неве́дении, **2.** *adj* (*not light*) тёмный; ~ **lantern** потайно́й фона́рь; *fig* ~ **horse** тёмная лоша́дка; **keep sth** ~ держа́ть в секре́те

darken *vt* затемня́ть, де́лать тёмным; *vi* темне́ть, станови́ться тёмным

darkly (*gloomily*) мра́чно; (*obscurely*) зага́дочно

darkness темнота́

darling 1. *n* (*beloved*) дорого́й, *f* дорога́я; (*favourite*) люби́мец; ~ **of fortune** ба́ловень *m* судьбы́ **2.** *adj* (*beloved*) дорого́й; (*favourite*) люби́мый

darn 1. *n* (~*ed place*) зашто́панное ме́сто; (~*ing*) што́пка **2.** *v* што́пать

darned (*garment*) зашто́панный; *coll* (*damned*) прокля́тый

darning што́панье, што́пка; **do the** ~ што́пать; ~**-needle** што́пальная игла́

dart 1. *n* (*missile*) стрела́; (*in garment*) вы́тачка; (*movement*) бы́строе движе́ние **2.** *v* (*shoot, also fig*) мета́ть

~ **away, off** стреми́тельно умча́ться *pf*

~ **in** ворва́ться *pf* (в + *acc*)

~ **forward** рвану́ть *pf* вперёд

~ **out** вы́скочить *pf*

~ **through, past** промча́ться *pf*

darting стреми́тельный

dash 1. *n* (*rush*) рыво́к, стреми́тельное движе́ние; **make a** ~ **for** ки́нуться *pf* к (+ *dat*); *sp* рыво́к, спринт; (*energy*) эне́ргия; (*ardour*) пыл; **cut a** ~ выделя́ться, рисова́ться; (*drop*) ка́пелька; (*short line*) тире́ *neut indecl; as exclam* фу! **2.** *vt* (*smash*) разбива́ть (**against,** о + *acc*); (*hopes etc*) разруша́ть; (*splash*) бры́згать, плеска́ть; (*abash*) смуща́ть; ~ **off** (*do quickly*) бы́стро наброса́ть *pf*; *vi* (*rush along*) мча́ться, носи́ться; (*rush*) броса́ться; (*smash against*) разбива́ться (о + *acc*)

~ **away** умча́ться *pf*

~ **by** промча́ться *pf* ми́мо (+ *gen*)

~ **for** ки́нуться *pf* к (+ *dat*)

~ **in** вбежа́ть *pf* (в + *acc*)

~ **out** вы́бежать *pf* (**of, from,** из + *gen*)

~ **up** подбежа́ть *pf* (**to, k** + *dat*)

dashboard пере́дний щито́к

dashing лихо́й, бо́йкий

dashpot бу́фер, амортиза́тор

dastard трус

dastardly (*despicable*) по́длый; (*cowardly*) трусли́вый

data да́нные *pl*; ~ **bank** банк да́нных; ~ **base** ба́за да́нных; ~ **processing** обрабо́тка да́нных

[1]**date 1.** *n* (*in general*) да́та; (*day of month*) число́; **what is the** ~ **today?** како́е сего́дня число́?; (*day*) день *m*; ~ **of birth** да́та рожде́ния; **on a certain** ~ в определённый день; (*period*) пери́од; **a work of unknown** ~ па́мятник неизве́стного пери́ода; **it is out of** ~ э́то бо́льше не в мо́де; **bring, keep up to** ~ (*keep informed*) держа́ть, быть в ку́рсе; (*modernize*) подновля́ть; **to** ~ до настоя́щего вре́мени; *coll* (*meeting*) свида́ние; **make a** ~ назна́чить *pf* свида́ние **2.** *vt* (*affix, assign* ~ *to*) дати́ровать; *coll* назнача́ть свида́ние с (*instr*); *vi* (*age*) старе́ть; ~ **from** восходи́ть к (+ *dat*)

[2]**date** *fruit* фи́ник; (*tree*) фи́никовая па́льма

dated (*having* ~) дати́рованный; (*old-fashioned*) старомо́дный, вы́шедший из мо́ды

dateless (*undated*) недати́рованный; (*immemorial*) незапа́мятный; (*endless*) бесконе́чный

date-line *geog* ли́ния сме́ны дат; (*in newspaper*) указа́ние да́ты

dative да́тельный паде́ж

datum да́нный факт, да́нная величина́; *geol* ~ **line** ба́за, ба́зовая ли́ния; *math* ось *f* координа́т

daub 1. *n* (*material*) штукату́рка; (*crude picture*) мазня́; (*smear*) мазо́к **2.** *v* (*smear*) обма́зывать

dauber *pej* мази́ла *m and f*

daughter дочь *f*; *affec dim* до́чка; ~**'s** доче́рний; ~**-in-law** (*son's wife*) неве́стка

daunt (*frighten*) запу́гивать, устраша́ть; (*dismay*) смуща́ть; (*discourage*) обескура́живать; **nothing** ~**ed** не смуща́ясь

dauntless бесстра́шный

dauphin дофи́н

davit шлюпба́лка

dawdle (*be idle*) безде́льничать; (*loiter, delay*) ме́длить, ме́шкать

dawn 1. *n* (*daybreak*) рассве́т; **at** ~ на рассве́те; (*sunrise; also fig*) заря́ **2.** *v* (*grow light*) рассвета́ть; (*begin*) начина́ться; (*become obvious*) станови́ться я́сным; **it** ~**ed on me that** меня́ осени́ло, что

day 1. *n* (*in general; daylight hours*) день *m*; **all** ~ весь день; **all** ~ **long** день-деньско́й; **any** ~ в любо́й день; **at break of** ~ на рассве́те; **by** ~ днём; **by the** ~ поде́нно; ~ **in,** ~ **out, from** ~ **to** ~ и́зо дня в день; **the** ~ **after** (в) сле́дующий день; **the** ~ **after tomorrow** послеза́втра; **the** ~ **before** в предыду́щий день; накану́не (+ *gen*); **the** ~ **before yesterday** позавчера́, тре́тьего дня; ~ **off** выходно́й день; **every** ~ ка́ждый день; ежедне́вно; **every other** ~ че́рез день; **one** ~ (*in past*) одна́жды; (*in future*) когда́-нибудь; **the other** ~ на днях; **some** ~ когда́-нибудь; (*24 hours*) су́тки *f pl*; (*period, epoch, life*) *usu pl* **in** ~**s of old** в старину́, в были́е времена́; **in his** ~ в его вре́мя; (*in greeting*) **good** ~ (*hello*) до́брый день;

(*goodbye*) до свидáния; (*in expressions*) ~ **of judgement** день стрáшного судá; **end one's ~s** окóнчить *pf* дни свои́; **its ~s are numbered** егó дни сочтены́; **save the** ~ спасти́ *pf* положéние; **win the** ~ одержáть *pf* побéду

daybook журнáл

daybreak рассвéт; **at** ~ на рассвéте

daydream 1. *n* мечты́ *f pl*, грёзы *f pl* **2.** *v* мечтáть, грéзить (наявý)

daydreamer мечтáтель *m*, фантазёр

day labour подённая рабóта

day labourer подёнщик

daylight дневнóй свет; **in broad** ~ средь бéла дня; *fig* **see** ~ (*see way out*) ви́деть просвéт, (*begin to understand*) начинáть понимáть; **throw** ~ **on** проливáть свет на (+ *acc*); **frighten the ~s out of** напугáть *pf* дó смéрти; ~ **robbery** сýщий грабёж

daylong для́щийся весь день

day nursery дневны́е я́сли *pl*

day-school шкóла (без пансиóна)

day shift дневнáя смéна

day-star ýтренняя звездá

day ticket обрáтный билéт, действи́тельный в течéние одногó дня

daytime дневнóе врéмя *neut*; **in the** ~ днём

day-to-day повседнéвный

daze 1. *n* ошеломлéние; **in a** ~ ошеломлённо **2.** *v* ошеломля́ть

dazzle 1. *n* ослепи́тельный блеск **2.** *v* (*blind with light*) ослепля́ть (я́рким свéтом); *fig* прельщáть, ослепля́ть

deacon дья́кон

deaconess диакони́са

dead 1. *n* **the** ~ мёртвые, умéршие *pl*; **in the** ~ **of night, winter** глубóкой нóчью, зимóй **2.** *adj* (*lifeless*; *also fig*) мёртвый; ~ **man** мертвéц, покóйник; **he fell** ~ он упáл зáмертво; **more** ~ **than alive** ни жив ни мёртв; (*of animals*) дóхлый; (*of plants*) засóхший, увя́дший; *fig* (*numb*) онемéвший; (*of colours, expressions etc*) безжи́зненный; (*of sound*) глухóй; (*obsolete*) вы́шедший из употреблéния; *elect* мёртвый; ~ **short** пóлное корóткое замыкáние; *sp* ~ **heat** ничья́; *naut* ~ **calm** мёртвый штиль *m*; ~ **reckoning** счислéние пути́; ~ **water** попýтная струя́; *mil* ~ **space** мёртвое пространство; (*in expressions*) ~ **centre** как раз в середи́ну; **it's a** ~ **certainty** э́то уж навернякá; **come to a** ~ **stop** останови́ться *pf* как вкóпанный; **a** ~ **loss** катастрóфа; ~ **march** похорóнный марш; ~ **shot** мéткий стрелóк **3.** *adv* ~ **against** реши́тельно прóтив (+ *gen*); ~ **ahead** пря́мо впереди́, *naut* пря́мо пó носу; ~ **drunk** мертвéцки пья́ный; ~ **flat** абсолю́тно рóвный; ~ **keen** пóлный энтузиáзма; ~ **level** (*horizontal*) стрóго горизонтáльный; (*on same level as*) наравнé (**with,** с + *instr*); (*with same marks etc*) с одинáковыми отмéтками; ~ **tired** смертéльно, дó смерти устáлый; **be** ~ **set on** реши́ть *pf* во что бы то ни стáло (+ *infin*)

dead-beat *coll* смертéльно устáлый; *mech* апериоди́ческий; (*of instrument*) успокóенный

deaden (*numb*) дéлать нечувстви́тельным (**to,** к + *dat*); (*pain*) утоля́ть, ослабля́ть; (*sound*) заглушáть

dead end 1. *n* тупи́к *also fig* **2.** *fig adj* бесперспекти́вный

dead-eye юферс

deadlight глухóй иллюминáтор

deadline предéльный срок

deadlock тупи́к; **be at a** ~ быть в тупикé; **come to a** ~ зайти́ *pf* в тупи́к; **break the** ~ вы́йти *pf* из тупикá

deadly смертéльный, смертонóсный; ~ **enemy** закля́тый враг; ~ **nightshade** красáвка, белладóнна, сóнная óдурь *f*; ~ **sin** смéртный грех

deadness мéртвенность *f*

deadpan 1. *n* неподви́жное лицó **2.** *adj* без выражéния, непроницáемый; ~ **humour** ю́мор под простачкá

deaf глухóй (**to,** к + *dat*); ~ **and dumb** глухонемóй; ~ **in one ear** глухóй на однó ýхо; **turn a** ~ **ear to** быть глухи́м к (+ *dat*); **~-aid** слуховóй аппарáт

deafen (*make deaf*) оглушáть; (*drown with noise*) заглушáть

deafness глухотá

deal 1. *n* (*quantity*) коли́чество; **a great** ~ **of** мнóго (+ *gen*); **a great** ~ **easier** горáздо лéгче; (*transaction*) сдéлка; (*cards*) сдáча; (*timber*) ди́льс **2.** *adj* (*timber*) из ди́льса, соснóвый *or* елóвый **3.** *v* (*distribute*) раздавáть; (*cards*) сдавáть; (*blow*) наноси́ть; ~ **in** (*trade*) торговáть (+ *instr*); ~ **with** (*have to do with*) имéть дéло с (+ *instr*), относи́ться к (+ *dat*); (*touch upon*) касáться (+ *gen*); (*discuss*) обсуждáть; (*take care of*) занимáться (+ *instr*); (*cope with*) справля́ться с (+ *instr*); (*settle*) разрешáть; (*trade with*) вести́ торгóвые делá с (+ *instr*); (*be client of*) быть клиéнтом (+ *gen*); (*behave*) обращáться с (+ *instr*)

dealer (*trader*) торгóвец (**in,** + *instr*); (*sales agent*) агéнт по продáже, ди́лер; (*stock jobber*) биржевóй мáклер

dealing *usu pl* (*behaviour*) отношéния *neut pl*; **commercial** ~**s** торгóвые делá *neut pl*; **double** ~ двурýшничество; **have** ~**s with** имéть свя́зи с (+ *instr*); **honest** ~ чéстность *f*; **plain** ~ прямотá

dean декáн

dear 1. *n* ми́лый, дорогóй, *f* ми́лая, дорогáя; **be a** ~ будь дрýгом; **my** ~ ми́лый, *f* ми́лая; **she is a** ~ онá такáя ми́лая; **what a** ~**!** какáя прéлесть!; *as inter* **oh** ~**!** (*distress*) ох!; (*irritation*; *at tiredness or heat*) фу!; (*reproach, regret*) ай-ай-áй; ~ **me!** (*surprise, sympathy*) бóже мой; (*surprise and disapproval*) вот ещё; (*incredulity*) неужéли **2.** *adj* (*loved*; *expensive*) дорогóй (**to,** + *dat*); (*in familiar letters*) дорогóй ...; (*in formal letters*) (много)уважáемый **3.** *adv* дóрого; **it cost him** ~ э́то емý дóрого стóило

dearer дорóже, бóлее дорогóй

dearest сáмый дорогóй, (*much loved, less usu*) дражáйший

dearly (*at a cost*) дóрого; (*affectionately*) нéжно; **love** ~ óчень люби́ть; **I would** ~ **love to** я так хотéл бы (+ *infin*)

dearth нехвáтка, недостáток

death 1. *n* смерть *f*; **at ~'s door** при́ смерти; **beat to** ~ изби́ть *pf* до смéрти; **the Black** ~ чёрная смерть *f*, чумá; **I am sick to** ~ **of it** мне э́то дó смéрти надоéло; **like grim** ~ отчáянно; **meet one's** ~ найти́ *pf* свою́ смерть; **put to** ~ (*kill*) убивáть; (*execute*) казни́ть; **starve to** ~ умирáть с гóлода; **to one's** ~ до сáмой смéрти; **to the** ~ до концá; (*end*) конéц, ги́бель *f* **2.** *adj* (*of, for* ~) смéртный; ~ **certificate** свидéтельство о смéрти; ~ **grip** мёртвая хвáтка; ~ **mask** посмéртная мáска; ~ **penalty** смéртная казнь *f*; ~ **rate** смéртность *f*;

~ **rattle** предсме́ртный хрип; ~ **sentence** сме́ртный пригово́р; ~ **throes** предсме́ртная аго́ния; ~ **toll** коли́чество поги́бших; ~ **trap** опа́сное ме́сто; ~ **warrant** сме́ртный пригово́р; ~ **wish** жела́ние умере́ть *pf*; *psych* инсти́нкт сме́рти; (*deadly*) смерте́льный
deathbed сме́ртное ло́же; **on one's** ~ на сме́ртном одре́
deathblow смерте́льный уда́р
death-knell похоро́нный звон; *fig* **sound the** ~ **of** предвеща́ть ги́бель (+ *gen*)
deathless бессме́ртный
deathly 1. *adj* смерте́льный; ~ **silence** гробово́е молча́ние **2.** *adv* смерте́льно
death-roll спи́сок поги́бших
death's-head че́реп
debacle (*of ice*) ледохо́д; *geol* стихи́йный проры́в вод; *fig* (*collapse*) крах; (*of army etc*) разгро́м
debar (*exclude*) исключа́ть; (*prevent*) препя́тствовать (+ *dat*)
debase (*lower in dignity*) унижа́ть (досто́инство + *gen*); (*adulterate*) понижа́ть ка́чество, це́нность (+ *gen*)
debasement униже́ние; пониже́ние, сниже́ние
debatable спо́рный
debate 1. *n* (*discussion*) диску́ссия; (*controversy*) спор, поле́мика; (*formal*) пре́ния *neut pl*; **beyond** ~ бесспо́рно **2.** *v* (*discuss*) обсужда́ть; (*argue*) спо́рить (*о* + *pr*); ~ **in one's mind** обду́мывать
debater (*participant in debate*) уча́стник пре́ний; (*orator*) ора́тор
debauch 1. *n* (*dissoluteness*) развра́т; (*orgy*) о́ргия **2.** *v* развраща́ть, соврвща́ть
debauchee развра́тник
debauchery развра́т
debenture облига́ция
debilitate ослабля́ть
debility сла́бость *f*
debit 1. *n* де́бет **2.** *v* дебетова́ть
debonair (*gay*) жизнера́достный; (*well-bred*) воспи́танный
debouch (*come out*) выходи́ть; *mil* дебуши́ровать
debrief 1. *n* опро́с по́сле выполне́ния зада́ния **2.** *v* расспра́шивать по́сле выполне́ния зада́ния
debriefing *see* **debrief**
debris (*fragments*) обло́мки *m pl*; (*wreckage*) разва́лины *f pl;* (*rubbish*) му́сор
debt долг; **be in** ~ быть в долгу́ (**to,** у + *gen*); **get into** ~ лезть в долг; ~ **of honour** долг че́сти
debtor должни́к, дебито́р; ~**'s prison** долгова́я тюрьма́
debunk (*story etc*) разоблача́ть; (*person*) разве́нчивать
debunking разоблаче́ние; разве́нчивание, дегероиза́ция
début дебю́т; **make one's** ~ дебюти́ровать
debutante дебюта́нтка
decade (*ten years*) десятиле́тие; (*group of ten*) деся́ток
decadence (*decline*) упа́док; (*cultural*) декаде́нтство, упа́дочничество
decadent 1. *n* декаде́нт **2.** *adj* декаде́нтский, упа́дочный
decagon десятиуго́льник
decagonal десятиуго́льный
decagram декагра́мм
decahedral десятигра́нный
decalitre декали́тр
decametre декаме́тр
decamp снима́ться с ла́геря; *coll* (*abscond*) удира́ть
decanal дека́нский
decant *tech* деканти́ровать; (*drinks*) перелива́ть в графи́н
decanter графи́н
decapitate обезгла́вливать, отруба́ть го́лову
decapitation обезгла́вливание
decapod *n and adj* десятино́гий
decarbonize *chem* обезуглеро́живать; (*engine*) очища́ть от нага́ра
decasyllabic десятисло́жный
decathlon десятибо́рье
decay 1. *n* (*rotting*) гние́ние; (*decomposition*) разложе́ние, распа́д; *fig* (*decline*) распа́д; (*degeneration*) разложе́ние, упа́док **2.** *v* (*rot*) гнить, разлага́ться; *fig* (*decline*) приходи́ть в упа́док, распада́ться
decease 1. *n* смерть *f* **2.** *v* сконча́ться
deceased 1. *n* поко́йник, поко́йный **2.** *adj* поко́йный
deceit (*deception*) обма́н; (*untrustworthiness*) лжи́вость *f*
deceitful обма́нчивый; лжи́вый
deceive обма́нывать; ~ **oneself** обма́нывать себя́; **be** ~**ed** быть обма́нутым
decelerate замедля́ть(ся), уменьша́ть ско́рость
deceleration замедле́ние, торможе́ние
December 1. *n* дека́брь *m* **2.** *adj* дека́брьский (*see also* **April**)
Decembrist 1. *n* декабри́ст **2.** *adj* декабри́стский
decency (*propriety*) прили́чие, благопристо́йность *f*; *coll* (*good manners*) любе́зность *f*
decennial (*of ten years*) десятиле́тний; (*repeated every ten years*) повторя́ющийся ка́ждые де́сять лет
decent (*most senses*) прили́чный; (*seemly*) благопристо́йный; (*respectable*) поря́дочный; *coll* (*passable*) прили́чный, поря́дочный; **that's very** ~ **of you** э́то о́чень ми́ло с ва́шей стороны́
decentralize децентрализова́ть
decentralization децентрализа́ция
deception обма́н
deceptive обма́нчивый
deci- деци-
decibel децибе́л
decide (*resolve; give decision*) реша́ть; (*determine*) определя́ть; (*make up one's mind*) реша́ться; ~ **between** де́лать вы́бор ме́жду (+ *instr*); ~ **on** (*choose*) выбира́ть; (*course of action*) реша́ться (на + *acc* or + *infin*)
decided (*definite*) определённый; (*undoubted*) бесспо́рный; (*pronounced*) я́вный; (*resolute*) реши́тельный
deciduous (*leaf etc*) опада́ющий; (*tree, forest*) ли́ственный, листопа́дный
decigram(me) децигра́мм
decilitre децили́тр
decimal 1. *n* десяти́чная дробь *f* **2.** *adj* десяти́чный; ~ **coinage** десяти́чная моне́тная систе́ма; ~ **point** запята́я (в десяти́чном числе́)
decimate (*kill one in ten*) казни́ть ка́ждого деся́того; (*destroy large numbers*) коси́ть
decimetre децимéтр
decipher (*decode*) расшифро́вывать; (*make out meaning of*) разбира́ть
decipherment расшифро́вка
decision (*settlement, ruling, intention*) реше́ние; **come to a** ~ принима́ть реше́ние; (*determination*)

решимость *f*, решительность *f*
decisive (*deciding, conclusive*) решающий; (*firm*) решительный
decisiveness решительность *f*
deck-chair шезлонг
deck-hand матрос
deck-house рубка
decking (*decoration*) украшение; (*planking*) настил
deckle-edged с необрезанными краями
declaim декламировать; ~ **against** выступать против (+ *gen*)
declamation (*declaiming*) декламация; (*mus*) фразировка; (*speech*) торжественная речь *f*
declamatory декламационный, ораторский
declaration заявление; ~ **of love** объяснение в любви; ~ **of war** объявление войны; **customs** ~ таможенное заявление; **make a** ~ делать заявление
declarative, declaratory (*of, like declaration*) декларативный; (*explanatory*) объяснительный, пояснительный
declare (*state*) заявлять; (*proclaim to be*) объявлять (+ *instr*); ~ **an outlaw** объявлять вне закона (+ *acc*); ~ **war** объявлять войну (**on,** + *dat*; *also fig*); ~ **one's love** объясняться в любви; (*opt*) высказываться (**for,** за + *acc*; **against,** против + *gen*); (*to Customs*) предъявлять вещи, облагаемые пошлиной
declared (*admitted*) признанный; (*overt*) явный
déclassé деклассированный
declassify рассекречивать
declension *gramm* склонение
declinable *gramm* склоняемый
declination (*slope*) склон; (*deviation*) отклонение; (*astron*) склонение; (*compass*) магнитное склонение
decline 1 *n* (*of health*) ухудшение; (*deterioration*) упадок; **on the** ~ на ущербе; (*reduction*) уменьшение **2.** *v* (*slope down, droop*) склонять(ся), наклонять(ся); (*draw to an end*) идти к концу; (*deteriorate*) ухудшаться; (*of arts etc*) приходить в упадок; (*lessen*) уменьшаться; (*refuse*) отказываться (от + *gen*); *gramm* склонять
declining: ~ **years** преклонные годы *m pl*
declinometer деклинометр
declivity спуск, склон
declutch расцеплять
decoct приготовлять отвар
decoction отвар
decode расшифровывать
decoder дешифратор
décolletage декольте *neut indecl*
décolleté декольте *indecl adj*, декольтированный
decolour обесцвечивать
decompose (*take apart*) разлагать; (*rot*) разлагаться
decomposition *tech, chem* разложение; (*rotting*) гниение
decompress снижать давление
decompression снижение давления; ~ **chamber** декомпрессионная камера
decongestant противозастойное (средство)
deconsecrate секуляризировать
decontaminate (*from infection*) обеззараживать; (*from gas*) дегазировать; (*from radiation*) дезактивировать
decontrol освобождать от (государственного) контроля
décor обстановка
decorate (*adorn*) украшать; (*house etc*) отделывать; (*with medals etc*) награждать (**with,** + *instr*)
decoration (*adorning, adornment*) украшение; (*of house etc*) отделка; *pl* (*flags etc*) праздничные флаги *m pl*; (*medal etc*) орден, медаль *f*
decorative декоративный
decorator маляр
decorous приличный, пристойный
decorum приличие, декорум
decouple расцеплять
decoy 1. *n* (*lure*) приманка; (*dummy*) манок; *mil* макет; (*trap*) ловушка **2.** *adj* (при)манный; *mil* ложный; ~**-ship** судно-приманка **2.** *v* (*lure into*) приманивать; (*lure away*) завлекать
decrease 1. *n* (*lessening*) уменьшение; (*lowering*) понижение; **be on the** ~ идти на убыль **2.** *v* (*lessen*) уменьшать(ся); (*lower*) понижать(ся)
decree 1. *n* (*edict*) указ, декрет; (*command*) приказ; (*decision of court etc*) постановление **2.** *v* (*issue edict*) декретировать, издавать декрет/указ; (*pronounce decision etc*) постановлять
decrepit (*of person*) дряхлый; (*of thing*) ветхий
decrepitude дряхлость *f*; ветхость *f*
decry (*censure*) порицать; (*disparage*) принижать
decuple 1. *adj* удесятерённый **2.** *v* удесятерять
dedicate посвящать (**to,** + *dat*)
dedication посвящение
dedicatory посвятительный
deduce выводить (**from,** из + *gen*)
deduct вычитать, отнимать
deduction (*taking away; amount taken*) вычет; (*inference*) вывод; *log* дедукция
deductive дедуктивный
deed (*act*) действие, поступок; **in word and** ~ словом и делом; (*feat*) подвиг; *leg* документ, акт (**of,** о + *prep*)
deed-poll одностороннее обязательство
deem считать (+ *acc* + *instr*)
deep 1. *n* (*deep place*) глубокое место; (*depths*) глубина; (*sea*) море, океан **2.** *adj* (*going far down*; *fig of sleep, secret etc*) глубокий; (*of sounds*) низкий; (*of colours*) тёмный; ~ **blue** тёмно-синий; ~ **in** (*busy with*) погружённый в (+ *acc*) **3.** *adv* глубоко; ~ **into the night** до глубокой ночи
deepen (*go further down, make deeper*) углублять(ся); (*intensify*) усиливать(ся); (*of colours*) делать(ся) темнее; (*thicken, of shadows etc*) сгущать(ся); (*of sounds*) понижать(ся)
deep-felt глубоко прочувствованный
deep-freeze 1. *n* морозилка **2.** *v* замораживать
deep-frozen свежезамороженный
deepness глубина
deep-rooted глубоко укоренившийся
deep-sea глубоководный; ~ **fishing** рыболовство в глубоких водах
deep-seated вкоренившийся
deer олень *m*; **fallow** ~ лань *f;* **red** ~ благородный олень; **roe** ~ косуля
deer-forest олений заповедник
deer-hound шотландская борзая
deerskin оленья кожа, лосина
de-escalation деэскалация
deface (*spoil*) портить; (*disfigure*) искажать; (*make illegible*) стирать
defacement порча; искажение; стирание
de facto 1. *adj* фактический **2.** *adv* фактически, на

де́ле; *leg* де-фа́кто
defalcate растра́чивать
defalcation растра́та
defamation клевета́; *leg* диффама́ция
defamatory клеветни́ческий, позо́рящий
defame (*speak ill of*) позо́рить, поро́чить; (*calumniate*) клевета́ть
defatted обезжи́ренный
default 1. *n* (*failure to act*) безде́йствие; невыполне́ние; (*failure to appear*) нея́вка; (*failure to pay*) неплатёж; **in ~ of** за неиме́нием, за отсу́тствием (+ *gen*) **2.** *v* не выполня́ть обяза́тельств; не явля́ться; прекраща́ть платежи́
defaulter (*on contract*) сторона́, не выполня́ющая свои́х обяза́тельств; (*in court*) уклони́вшийся от я́вки (в суд); (*on payment*) растра́тчик; (*bankrupt*) банкро́т; *mil* провини́вшийся
defaulting неиспра́вный
defeat 1. *n* (*overthrow*) пораже́ние; (*failure*) круше́ние **2.** *v* (*conquer*) побежда́ть, наноси́ть пораже́ние (+ *dat*); (*overcome*) преодолева́ть; (*plans etc*) расстра́ивать; (*hopes*) разруша́ть; (*a motion, bill etc*) прова́ливать; *leg* аннули́ровать
defeatism пораже́нчество
defeatist пораже́нец
defecate (*empty bowels*) испражня́ться; *tech* очища́ть(ся), осветля́ть
defecation испражне́ние; очи́стка, осветле́ние
defect 1. *n* (*inadequacy*) недоста́ток; (*failure to function*) неиспра́вность *f*; (*blemish, fault*) дефе́кт; (*flaw*) поро́к **2.** *v* убега́ть, сбега́ть, дезерти́ровать; **~ to the enemy** перебега́ть к проти́внику
defecting бе́глый
defection (*desertion*) дезерти́рство; (*absconding*) бе́гство; (*apostasy*) отсту́пничество
defective (*having defect*) дефе́ктный; (*imperfect*) несоверше́нный; (*faulty in function*) неиспра́вный; (*inadequate*) недоста́точный; (*incomplete*) непо́лный; *gramm* недоста́точный
defector (*deserter*) дезерти́р; (*to foreign country*) перебе́жчик, невозвраще́нец; (*apostate*) отсту́пник
defence 1. *n* (*most senses*) защи́та (**against,** от + *gen*); **in ~ of** в защи́ту (+ *gen*); *mil* оборо́на; **Ministry of Defence** Министе́рство оборо́ны; *pl* оборо́на; (*fortifications*) укрепле́ния *neut pl* **2.** *adj* защи́тный; оборони́тельный
defenceless беззащи́тный
defend (*all senses*) защища́ть (**against, from,** от + *gen*), *esp mil* обороня́ть; (*support*) подде́рживать; (*justify*) опра́вдывать; **~ oneself** защища́ться, обороня́ться; (*justify oneself*) опра́вдываться
defendant (*in civil case*) отве́тчик; (*accused*) подсуди́мый, обвиня́емый
defender *mil, sp etc* защи́тник; (*supporter*) сторо́нник
defensible защити́мый; (*justifiable*) опра́вданный
defensive 1. *n* **on the ~** настороже́; **be on the ~** защища́ться; **he is always on the ~** он всё принима́ет за упрёк; **go on the ~** перейти́ в оборо́ну **2.** *adj* оборони́тельный
defer (*postpone*) откла́дывать; (*procrastinate*) тяну́ть; (*give way to*) уступа́ть (+ *dat*)
deference уваже́ние; **out of ~ to** из уваже́ния к (+ *dat*); **with all due ~ to** при всём уваже́нии к (+ *dat*)
deferential почти́тельный
deferment (*delay, extension*) отсро́чка; (*postponement*) откла́дывание
deferred (*postponed*) отло́женный; *fin* отсро́ченный
defiance (*challenge*) вы́зов; (*disobedience*) неповинове́ние; (*flouting*) пренебреже́ние; **in ~ of** вопреки́ (+ *dat*)
defiant (*challenging*) вызыва́ющий; (*disobedient*) непослу́шный; (*insolent*) де́рзкий
deficiency (*lack*) отсу́тствие; (*shortage*) недоста́ток; *econ, tech* дефици́т; **dietary ~** пищева́я недоста́точность *f*; **~ disease** авитамино́з; **mental ~** у́мственная отста́лость *f*
deficient (*insufficient*) недоста́точный; (*incomplete*) непо́лный; **mentally ~** у́мственно отста́лый, слабоу́мный; (*lacking*) **~ in** лишённый (+ *gen*)
deficit дефици́т
[1]**defile** *n* (*gorge*) тесни́на, уще́лье
[2]**defile** (*pollute*) загрязня́ть; (*sully, desecrate*) оскверня́ть; (*march in file*) дефили́ровать
defilement загрязне́ние; оскверне́ние
definable определи́мый
define определя́ть
definite (*most senses; gramm*) определённый; (*precise*) то́чный; (*clear*) я́сный
definitely определённо; то́чно; я́сно; (*without doubt*) без вся́кого сомне́ния; (*without fail*) непреме́нно
definition (*defining, description, explanation*) определе́ние; *ac, opt (sharpness)* чёткость *f*
definitive (*final*) оконча́тельный; (*decisive*) реши́тельный
deflagration бы́строе горе́ние
deflate (*balloon etc*) выпуска́ть во́здух, газ из (+ *gen*); (*reduce*) уменьша́ть; *pol, econ* вести́ поли́тику дефля́ции; *fig* уменьша́ть самомне́ние, самоуве́ренность *f*
deflated (*emptied*) опоро́жненный; (*tyre*) спу́щенный; (*crestfallen*) как в во́ду опу́щенный
deflation вы́пуск(ание) во́здуха, га́за (из + *gen*); *econ, geol* дефля́ция
deflationary дефляцио́нный
deflect отклоня́ть(ся) (**from,** от + *gen*)
deflection отклоне́ние; (*of compass*) склоне́ние магни́тной стре́лки; (*of gun*) у́гол горизонта́льной наво́дки
deflector дефле́ктор
defloration дефлора́ция
deflower (*remove flowers*) обрыва́ть цветы́; (*a woman*) лиша́ть де́вственности; (*rape*) изнаси́ловать; *fig (spoil)* по́ртить
defoliant дефолиа́нт
defoliate лиша́ть листвы́
defoliation (*natural*) опаде́ние ли́стьев; (*artificial*) дефолиа́ция
deforest обезле́сить *pf*
deforestation обезле́сение
deform (*distort*) искажа́ть; (*disfigure*) уро́довать; *tech* деформи́ровать
deformation искаже́ние; уро́дование; деформа́ция
deformity (*physical, mental defect*) уро́дство; (*ugliness*) уро́дливость *f*
defraud (*cheat*) обма́нывать; (*deprive by fraud*) обма́ном лиша́ть (+ *gen*)
defray опла́чивать
defrock расстри́чь *pf*
defrost размора́живать, дефрости́ровать
deft ло́вкий, иску́сный

defunct (*dead*) умéрший; (*no longer existing*) бóлее не существýющий
defuse (*take out fuse*) снимáть взрывáтель (+ *gen*); *fig* (*situation*) разрядúть *pf*
defy (*challenge*) вызывáть; (*resist*, *baffle*) не поддавáться (+ *dat*); (*flout*) пренебрегáть (+ *instr*); (*disobey*) не повиновáться (+ *dat*)
degas дегазúровать
degauss размагнúчивать
degeneracy *physiol* дегенератúвность *f*; (*moral*) упáдок
degenerate 1. *n* дегенерáт, вы́родок **2.** *adj* вырождáющийся, дегенератúвный; *math*, *phys* вы́рожденный **3.** *v* (*deteriorate*) ухудшáться; (*become depraved*) опускáться
degeneration вырождéние, дегенерáция; *med* перерождéние; *rad* отрицáтельная обрáтная связь *f*
degradation (*lowering*) понижéние; (*in rank*) разжáлование; (*squalor*; *also tech*, *chem*) деградáция
degrade (*lower*) понижáть; (*reduce*) снижáть; (*corrupt*) развращáть, деградúровать; (*humiliate*) унижáть
degrading унизúтельный
degree (*measure*, *extent*, *level*) стéпень *f*; **by ~** постепéнно; **a high ~ of** высóкий ýровень *m* (+ *gen*); **to a certain ~** до извéстной стéпени; (*BA etc*) диплóм; **he has a ~** он окóнчил университéт; (*doctoral*) учёная стéпень; (*measure of angle*, *temperature*) грáдус
degustation дегустáция
dehumanization дегуманизáция
dehumanize дéлать вáрварским, озверéлым, обесчеловéчить; **~d** озверéлый; **become ~d** озверéть *pf*
dehumidifier осушúтель *m*
dehydrate обезвóживать(ся)
dehydration обезвóживание, дегидрáция
de-ice (*prevent ice*) предотвращáть обледенéние; (*remove ice*) удалять лёд
de-icer антиобледенúтель *m*
deify обожествлять, обоготворять
deign *vi* соизвóлить *pf*, соблаговолúть *pf* (+ *infin*); *vt* снисходúть к (+ *dat*), удостáивать (+ *acc* + *instr*)
deism деúзм
deist деúст
deistic деистúческий
deity (*god*) божествó; (*godhood*) божéственность *f*
deject удручáть, угнетáть
dejected удручённый, уны́лый
dejection уны́ние
de jure де-юре
delay 1. *n* (*postponement*) отлагáтельство, отсрóчка; (*hold-up*, *wait*) задéржка; **without ~** безотлагáтельно; (*immediately*) немéдленно **2.** *v* (*postpone*) отклáдывать; (*extend*) отсрóчивать; (*keep waiting*, *hold up*) задéрживать; (*retard*) препятствовать (+ *dat*); (*linger*) мéдлить, опáздывать
delayed-action замéдленного дéйствия
delaying задéржка; **~ action** искýсственная задéржка
delectable прелéстный
delectation наслаждéние
delegacy (*body of delegates*) делегáция; (*system*) делегúрование
delegate 1. *n* делегáт **2.** *v* делегúровать; (*hand over*) поручáть (+ *dat*)
delegation (*body of delegates*) делегáция; (*action*) делегúрование
delete (*cross out*) вычёркивать; (*erase*) стирáть; (*remove*) удалять, исключáть
deleterious врéдный
deletion (*crossing out*) вычёркивание; (*rubbing out*) стирáние; (*removal*) удалéние, исключéние; (*passage removed*) вы́пущенное мéсто
delft 1. *n* фаянс **2.** *adj* фаянсовый
deliberate 1. *adj* (*intentional*) умы́шленный, нарочúтый, преднамéренный; (*purposeful*) решúтельный; (*careful*) осторóжный; (*slow*) неторoплúвый **2.** *vt* (*consider*) обдýмывать, взвéшивать; (*discuss*) обсуждáть; *vi* (*ponder*) размышлять (**on**, о + *prep*); (*confer*) совещáться
deliberately (*on purpose*) нарóчно; (*carefully*) осторóжно; (*slowly*) не спешá
deliberation (*consideration*) обдýмывание, взвéшивание; (*discussion*) обсуждéние; (*conferring*) совещáние; (*pondering*) размышлéние; (*slowness*) неторoплúвость *f*; (*care*) осторóжность *f*
deliberative совещáтельный
delicacy (*fineness*; *perceptiveness*) тóнкость *f*; (*tact*; *modesty*) деликáтность *f*; (*of skin colour etc*) нéжность *f*; (*sensitivity*) чувствúтельность *f*; (*fragility*) хрýпкость *f*; (*food*) деликатéс, лáкомство
delicate (*dainty*, *elegant*) изящный; (*finely made*) искýсный; (*pale*) блёклый; (*tender*) нéжный; (*fragile*) хрýпкий; (*sensitive*) чувствúтельный; (*of situation*) щекотлúвый; (*health*) слáбый; (*tactful*, *needing tact*) деликáтный; (*fine*; *perceptive*) тóнкий
delicatessen (*food*) деликатéсы *m pl*; (*shop*) гастронóм
delicious (*tasty*) óчень вкýсный; (*delightful*) восхитúтельный
delight 1. *n* (*pleasure*) удовóльствие, наслаждéние; **take ~ in** наслаждáться (+ *instr*); (*rapture*) восхищéние, востóрг; **to the ~ of** к востóргу (+ *gen*); (*delightful thing*) прéлесть *f* **2.** *vt* (*give pleasure*) доставлять наслаждéние (+ *dat*); (*enrapture*) восхищáть, приводúть в востóрг; *vi* **~ in** наслаждáться (+ *instr*); восхищáться (+ *instr*)
delighted востóрженный, восхищённый; **be ~** быть в востóрге (**at**, от + *gen*); (*be pleased*) **I am ~ to meet you** я óчень рад познакóмиться с вáми
delightful (*person*) очаровáтельный; (*thing*, *idea etc*) замечáтельный
delimit (*fix limit*) определять границы, предéлы; (*remove restriction*) снимáть ограничéние
delineate (*sketch*) очéрчивать; (*describe*) опúсывать; (*depict*) изображáть
delineation (*sketching*) очéрчивание; (*depicting*) изображéние; (*sketch*) чертёж; (*outline*) очертáние
delinquency (*failure in duty*) невыполнéние обязанностей; (*misdeed*) простýпок; (*lawbreaking*) правонарушéние; **juvenile ~** престýпность *f* несовершеннолéтних
delinquent 1. *n* (*culprit*) винóвник; (*criminal*) престýпник; **juvenile ~** несовершеннолéтний престýпник **2.** *adj* (*neglecting duty*) не выполняющий обязанностей; (*guilty*) винóвный; (*criminal*) престýпный; (*careless*) халáтный
deliquesce расплывáться

deliquescence расплыва́ние
deliquescent расплыва́ющийся
delirious (*in* ~ *state*) в бреду́; **be** ~ бре́дить; (*of speech*) бессвя́зный; (*of delirium*) бредово́й; (*frantic*) ~ **with** вне себя́ от (+ *gen*)
delirium бред; ~ **tremens** бе́лая горя́чка
deliver (*set free*) освобожда́ть; (*save*) спаса́ть; (*hand over*) передава́ть, вруча́ть (**to,** + *dat*); (*surrender*) сдава́ть; (*distribute letters etc*) разноси́ть; (*bring letter, goods etc*) доставля́ть; (*speech*) произноси́ть; (*blow etc*) наноси́ть; (*child*) принима́ть; *tech* (*develop, produce*) производи́ть; (*of pump*) нагнета́ть; (*supply*) поставля́ть; *sp* подава́ть
deliverance освобожде́ние; спасе́ние
deliverer спаси́тель *m*
delivery (*handing over*) переда́ча; (*distribution*) разно́ска; (*postal etc*) доста́вка; (*of speech*) произнесе́ние; (*diction*) ди́кция; (*surrender*) сда́ча; (*childbirth*) ро́ды *m pl*; *tech* (*of current, fuel etc*) снабже́ние (**of** + *instr*); (*of machine*) производи́тельность *f*; (*supply*) пода́ча; *sp* пода́ча; *comm* поста́вка, сда́ча; ~ **note** накладна́я
dell лесна́я лощи́на
delouse дезинсекти́ровать
Delphic (*of Delphi*) дельфи́йский; ~ **oracle** дельфи́йский ора́кул; *fig* зага́дочный
delphinium живокость *f*, шпо́рник
delta де́льта; ~ **metal** де́льта-мета́лл; ~ **rays** де́льта-лучи́ *m pl*; ~ **wing** треуго́льное крыло́
deltaic де́льтовый
deltoid 1. *n* (*muscle*) дельтови́дная мы́шца **2.** *adj* дельтови́дный
delude обма́нывать; ~ **oneself** обма́нывать себя́
deluge 1. *n* (*flood*) пото́п; (*downpour*) ли́вень *m*; *fig* (*of words*) пото́к; (*of questions etc*) град **2.** *v* (*flood*) затопля́ть, наводня́ть; *fig* наводня́ть, засыпа́ть (**with,** + *instr*)
delusion (*act of deluding*) обма́н; (*mistaken belief*) заблужде́ние; (*mania*) ма́ния, бред
delusive, delusory (*deceptive*) обма́нчивый; (*of delusion*) бредово́й
de luxe роско́шный, -люкс (*in compounds*)
delve *ar* (*dig*) копа́ть; *fig* копа́ться, ры́ться (**into, among,** в + *pr*)
demagnetize размагни́чивать
demagogic(al) демагоги́ческий
demagogue демаго́г
demagogy демаго́гия
demand 1. *n* (*claim, request*) тре́бование (**for,** + *gen*); **make** ~ выдвига́ть тре́бование; **meet** ~ удовлетворя́ть тре́бование; **on** ~ по пе́рвому тре́бованию; *econ* спрос (**for,** на + *acc*); **be in** ~ по́льзоваться спро́сом, быть в спро́се, име́ть спрос; **satisfy** ~ удовлетворя́ть спрос; **supply and** ~ спрос и предложе́ние **2.** *v* (*claim, require*) тре́бовать (+ *gen*; **of from,** от, с + *gen*; **to,** + *infin*; **that,** + что́бы + *past*); (*ask*) спра́шивать
demanding тре́бовательный
demarcate разграни́чивать
demarcation разграни́чивание; *pol* демарка́ция; ~ **line** демаркацио́нная ли́ния
démarche дема́рш
demean (*degrade*) унижа́ть; ~ **oneself by** позо́рить себя́ (+ *instr*)
demeanour (*behaviour*) поведе́ние; (*bearing*) мане́ра держа́ть себя́
demented сумасше́дший; **become** ~ сходи́ть с ума́
dementia слабоу́мие, деме́нция
demerara са́хар Демера́ра
demerit недоста́ток, дефе́кт
demesne уса́дьба, име́ние
demigod полубо́г
demijohn буты́ль *f*
demilitarize демилитаризи́ровать
demi-mondaine да́ма полусве́та
demi-monde полусве́т, демимо́нд
demise 1. *n* (*death*) конч́ина; *leg* переда́ча по насле́дству **2.** *v leg* (*by will*) передава́ть по насле́дству; (*by lease*) сдава́ть в аре́нду
demisemiquaver три́дцать втора́я (но́та)
demister деми́стер
demobilization демобилиза́ция
demobilize демобилизова́ть
democracy (*system*) демокра́тия; (*state*) демократи́ческая страна́; (*democratic spirit*) демократи́зм; (*equality of rights*) равнопра́вие
democrat демокра́т; *Am* (*member of Democratic Party*) член демократи́ческой па́ртии
democratic демократи́ческий
democratize демократизи́ровать(ся)
démodé вы́шедший из мо́ды
demodulation демодуля́ция
demodulator демодуля́тор
demography демогра́фия
demographic демографи́ческий
demolish (*destroy*) уничтожа́ть; (*wreck*) разруша́ть; (*smash*) разбива́ть; (*a building*) сноси́ть; (*a theory etc*) опроверга́ть; *coll (eat up)* съеда́ть, уничтожа́ть
demolition уничтоже́ние; (*of a building*) снос; ~ **bomb** фуга́сная бо́мба
demon де́мон, дья́вол
demoniac (*devilish*) дья́вольский; (*frenzied*) беснова́тый
demoniacal (*fiendish*) чудо́вищный; (*possessed*) одержи́мый
demonic демони́ческий
demonism демони́зм
demonology демоноло́гия
demonstrable (*provable*) доказу́емый; (*evident*) я́вный
demonstrably я́вно
demonstrate (*show*) пока́зывать; (*feelings etc*) проявля́ть; (*prove*) дока́зывать; (*exhibit*; *take part in protest*) демонстри́ровать
demonstration (*showing by examples*) демонстри́рование; (*example*) приме́р; (*proof*) доказа́тельство; (*exhibition*) пока́з; (*public parade*) демонстра́ция
demonstrational нагля́дный
demonstrative (*showing clearly*) доказа́тельный; (*person*) экспанси́вный; (*expressing openly*) демонстрати́вный; *gramm* указа́тельный
demonstrator (*in teaching*) демонстра́тор; (*protester*) демонстра́нт, уча́стник демонстра́ции
demoralization деморализа́ция
demoralize деморализова́ть, подрыва́ть мора́льный дух
demote понижа́ть в до́лжности
demotic (*of common people*) простонаро́дный; *hist* ~ **script** демоти́ческое письмо́
demount демонти́ровать, разбира́ть
demur 1. *n* (*hesitation*) колеба́ние; (*objection*) возраже́ние; **without** ~ без возраже́ний **2.** *v* (*hesitate*) колеба́ться; (*object*) возража́ть (**to,**

at, прóтив + *gen*); *leg* подавáть правовóе возражéние

demure (*grave*) серьёзный; (*reserved*) сдéржанный; (*modest*) скрóмный; (*mock-modest*) притвóрно застéнчивый

demythologization демифологизáция

den (*lair*) лóгово, лóговище; (*of bear*) берлóга; (*cage*) клéтка; (*of thieves*) воровскóй притóн; (*private room*) кабинéт

denationalize *econ* денационализúровать; (*deprive of national rights*) лишáть национáльных прав

denaturalize (*make unnatural*) лишáть прирóдных свойств; (*deprive of citizen's rights*) лишáть пóдданства, денатурализовáть

denature (*adulterate*) денатурúровать; (*destroy nature of*) изменя́ть естéственные свóйства

dendrochronology дендрохронолóгия

dendrology дендролóгия

denial (*denying*) отрицáние; (*contradiction*) опровержéние; (*disavowal*) отречéние; (*refusal*) откáз; **brook no** ~ не терпéть откáза

denigrate чернúть, порóчить, клеветáть

denigration клеветá (**of,** на + *acc*)

denizen обитáтель *m*

denominate (*coll*) назывáть; (*designate*) обозначáть

denomination (*naming*) назывáние; (*name*) назвáние, наименовáние; (*sect*) вероисповéдание; (*unit*) единúца

denominative (*naming*) нарицáтельный; *gramm* отымённый, деноминатúвный

denominator *math* знаменáтель *m*; **common** ~ óбщий знаменáтель

denotation (*designation*) обозначéние; (*symbol*) знак; (*meaning*) значéние; *log* денотáт

denote (*indicate*) укáзывать (на + *acc); (mean*) знáчить, означáть; (*stand for*) обозначáть, означáть

dénouement (*of plot*) развя́зка; (*outcome*) исхóд

denounce (*accuse*) обвиня́ть; (*condemn*) осуждáть; (*inform against*) доносúть на (+ *acc*); (*repudiate*) денонсúровать

dense (*solid, close-packed*) плóтный; (*compact*) компáктный; (*thick, of woods, crowd, smoke etc*) густóй; ~ **traffic** большóе движéние; *coll* (*stupid*) тупóй

densitometer денсимéтр

density плóтность *f*; густотá

dent 1. *n* вы́боина, вмя́тина **2.** *v* (*press in*) вдáвливать; (*leave mark*) оставля́ть след, вы́боину, вмя́тину

dented с вы́боинами, с вмя́тинами

dental 1. *n phon* зубнóй звук **2.** *adj* (*of teeth*; *phon*) зубнóй; ~ **surgeon** зубнóй врач; (*of dentistry*) зубоврачéбный

dentate, denticulate зубчáтый

dentrifrice (*paste*) зубнáя пáста; (*powder*) зубнóй порошóк

dentine дентúн

dentist зубнóй врач, дантúст

dentistry лечéние зубóв, зубоврачевáние; (*profession*) профéссия зубнóго врачá

dentition (*cutting of teeth*) прорéзывание зубóв; (*arrangement of teeth*) расположéние зубóв

denture зубнóй протéз

denudation *geol* денудáция

denude (*make bare*) обнажáть; (*deprive*) лишáть (+ *gen*)

denunciation (*accusation*) обвинéние; (*exposure*; *condemnation*) обличéние; (*of treaty*) денонсúрование

deny (*declare untrue*) отрицáть (**that,** что); (*a charge, claim etc*) отвергáть; (*refuse*) откáзывать (**s.o. sth,** когó-нибудь в + *prep*); (*repudiate*) откáзываться от (+ *gen*); ~ **oneself** откáзывать себé (в + *prep*)

deodar гималáйский кедр

deodorant 1. *n* дезодорáнт, дезодорáтор **2.** *adj* дезодорúрующий

deodorize дезодорúровать

deoxidize *chem* восстанáвливать; (*metal*) раскисля́ть

deoxidizer восстановúтель *m*; раскислúтель *m*

deoxyribonucleic acid, *abbr* **DNA** дезоксирибонуклеúновая кислотá, *abbr* **ДНК**

depart (*on foot*) уходúть; (*by transport*) уезжáть; (*set out*) отправля́ться; (*of train etc*) уходúть, отходúть; (*in officialese*) убывáть; *fig* (*die*) отправля́ться на тот свет; ~ **from** (*deviate*) отходúть, отклоня́ться, уклоня́ться от (+ *gen*)

departed 1. *n* покóйный, покóйник **2.** *adj* покóйный

department (*most senses*) отдéл, отделéние; ~ **store** универмáг; (*of government*; *in France*) департáмент; *Am State Department* Госдепартáмент

departmental вéдомственный (*or use gen of appropriate noun for* **department)**

departure (*leaving*; *see verbs under* **depart)** ухóд; отхóд; отъéзд; отправлéние; отклонéние (*see verbs under* **depart**); *fig* **new** ~ нóвая отправнáя тóчка; **point of** ~ исхóдное положéние

depend (*hang*) висéть; *coll* **that ~s,** смотря́ по обстоя́тельствам, смотря́ как; ~ **on** (*for support*; *be contingent on*) завúсеть от (+ *gen*); (*trust*) полагáться на (+ *acc*); (*rely on*) надéяться, рассчúтывать на (+ *acc*); *coll* **you can ~ on it!** бýдьте увéрены!

dependability надёжность *f*; достовéрность *f*

dependable (*person, thing*) надёжный; (*information*) достовéрный

dependant иждивéнец

dependence (*contingency, subordination, reliance*) завúсимость *f* (**on,** от + *gen*); (*trust*) довéрие; **place ~ on** питáть довéрие к (+ *dat*); (*state of dependency*) подчинённое положéние

dependency (*subordinate condition*) завúсимость *f*, подчинённое положéние; *pol* (*country*) завúсимая странá, колóния

dependent 1. *n* иждивéнец **2.** *adj* (*hanging*) вися́щий; (*subordinate*; *contingent*) завúсимый; ~ **on** завúсящий от (+ *gen*); **be ~ on** завúсеть от (+ *gen*); **be ~ on one's parents** жить на иждивéнии родúтелей, завúсеть от родúтелей; *math, pol* завúсимый; *gramm* подчинённый

depending (*hanging*) вися́щий; ~ **on** (*in adj clause*) завúсящий от (+ *gen*); (*in adv clause*) в завúсимости от (+ *gen*)

depersonalize обезлúчивать

depict изображáть

depiction изображéние

depilatory 1. *n* срéдство для удалéния волóс, депиля́торий **2.** *adj* депилúрующий

deplenish опорожня́ть, опустошáть

deplete (*reduce*) уменьшáть; (*exhaust*) истощáть, исчéрпывать; (*empty*) опорожня́ть

depletion уменьшéние; истощéние, исчéрпывание; опорожнéние

depletive 1. *n* слаби́тельное (сре́дство) **2.** *adj* слаби́тельный
deplorable (*wretched*) скве́рный; (*lamentable*) плаче́вный; (*regrettable*) приско́рбный
deplore (*regret*) сожале́ть (о + *prep*); (*disapprove of*) порица́ть
deploy *mil* развёртывать(ся); (*use*) испо́льзовать
deployment развёртывание
depolarize деполяризова́ть
deponent 1. *n leg* свиде́тель *m* (даю́щий пи́сьменные показа́ния под прися́гой); *gramm* отложи́тельный глаго́л **2.** *adj gramm* отложи́тельный
depopulate *vt* (*reduce population of*) уменьша́ть населе́ние (+ *gen*); (*destroy population of*) истребля́ть населе́ние (+ *gen*); (*remove population of*) лиша́ть (+ *gen*) населе́ния, обезлю́живать; **become ~d** обезлю́деть *pf*
deport высыла́ть, депорти́ровать
deportation вы́сылка, депорта́ция
deportee вы́сланный
deportment (*bearing*) мане́ра держа́ть себя́; (*behaviour*) поведе́ние
depose (*dethrone*) сверга́ть (с престо́ла); (*testify*) свиде́тельствовать
deposit 1. *n* (*in bank*) вклад; (*pledge, part payment*) зало́г, зада́ток; (*storage place*) храни́лище; (*layer of dust etc*) налёт, покро́в; (*sediment*) оса́док, отсто́й; *geol* за́лежь *f*, месторожде́ние, отложе́ние **2.** *v* (*put*) класть; (*for safe-keeping*) сдава́ть на сохране́ние; (*money*) класть в банк; (*as pledge*) дава́ть зада́ток; (*layer of dust etc*) наноси́ть, покрыва́ть (+ *instr*); *tech* (*metal*) наплавля́ть; (*sediment*) осажда́ть; *geol* отлага́ть
depositary (*person*) лицо́, кото́рому вве́рены вкла́ды; (*storehouse*) склад; (*place of safe-keeping*) храни́лище
deposition (*of ruler*) сверже́ние; *leg* пи́сьменное показа́ние; *geol* отложе́ние
depositor вкла́дчик, депози́тор, депоне́нт
depository храни́лище; склад; *fig* кла́дезь *m*
depot (*storehouse*) склад; (*railway*) депо́ *neut indecl*; *Am* (*station*) ста́нция
deprave развраща́ть
depraved развра́тный; **become ~** развраща́ться
depravity (*depraved behaviour*) развра́т; (*depraved nature*) развращённость *f*; (*sinfulness*) грехо́вность *f*
deprecate (*protest against*) возража́ть, выступа́ть (про́тив + *gen*); (*express disapproval*) выража́ть неодобре́ние
deprecation возраже́ние (**of,** про́тив + *gen*); неодобре́ние
deprecatory (*disapproving*) неодобри́тельный; (*apologetic*) извиня́ющийся
depreciate (*reduce in value*) обесце́нивать(ся); (*disparage*) умаля́ть
depreciation (*fall in value*) обесце́нивание; (*allowance for ~*) амортиза́ция; (*wear*) изно́с; (*disparagement*) умале́ние; (*underestimation*) недооце́нка
depredation (*plunder*) расхище́ние; (*laying waste*) опустоше́ние
depress (*press*) нажима́ть на (+ *acc*); (*lower prices, voice*) понижа́ть; (*sadden*) подавля́ть, угнета́ть; (*weaken*) ослабля́ть
depressant успокои́тельное (сре́дство)
depressed (*pressed down*) нажа́тый; (*pressed in*) вда́вленный; (*flattened*) сплю́щенный; (*dejected*) пода́вленный, уны́лый; **be ~** быть в депре́ссии; **~ area** райо́н хрони́ческой безрабо́тицы
depressing (*gloomy*) уны́лый; (*causing gloom*) гнету́щий
depression (*lowering*) пониже́ние; (*pressing down*) нажа́тие; (*dejection*) уны́ние; *med, econ, meteor, geol* депре́ссия; (*hollow*) углубле́ние; (*low area*) низи́на; *mil* (*of gun*) склоне́ние
depressive *med* депресси́вный
depressor *anat* депре́ссор
deprivation (*taking away; hardship*) лише́ние; (*loss*) поте́ря
deprive лиша́ть (**of,** + *gen*)
deprived (*poor*) бе́дный, нужда́ющийся
depth (*most senses*) глубина́; **the ~s of the earth** не́дра *neut pl* земли́; **at a ~ of** на глубине́ (+ *gen*); **get out of one's ~** (*in water*) попа́сть *pf* на глубо́кое ме́сто; *fig* теря́ться; **in ~** (*thoroughly*) подро́бно; **in the ~s of despair** в глубо́ком отча́янии; **in the ~ of winter** в разга́р зимы́
depth-charge глуби́нная бо́мба
depth-gauge глубоме́р
deputation (*group of representatives*) депута́ция, делега́ция; (*act of deputing*) делеги́рование
depute (*delegate*) делеги́ровать; (*hand over*) передава́ть полномо́чие (+ *dat*); (*appoint as representative*) назнача́ть представи́телем
deputize (*appoint as deputy*) назнача́ть представи́телем; (*act as deputy for*) представля́ть, замеща́ть
deputy (*representative*) представи́тель *m*; *pol* депута́т, делега́т; (*of an official*) замести́тель *m*, помо́щник
deracinate вырыва́ть с ко́рнем; *fig* искореня́ть
derail *vt* сбра́сывать с ре́льсов; *vi* сходи́ть с ре́льсов
derailment сход с ре́льсов; (*crash*) круше́ние
derange (*throw into confusion*) приводи́ть в беспоря́док; (*disorganize, upset*) расстра́ивать; (*send mad*) сводить с ума́
deranged сумасше́дший
derangement психи́ческое расстро́йство
derelict 1. *n* (*person*) отве́рженный; (*ship*) поки́нутое су́дно **2.** *adj* (*abandoned*) поки́нутый, бро́шенный; (*useless*) него́дный; (*neglectful*) наруша́ющий обя́занности
dereliction (*abandoned state*) забро́шенность *f*; **~ of duty** наруше́ние до́лга, упуще́ние
deride осме́ивать, высме́ивать, издева́ться над (+ *instr*)
derision осме́яние, высме́ивание; **object of ~** посме́шище
derisive насме́шливый, издева́тельский
derisory смешно́й
derivation (*act of deriving*) получе́ние, извлече́ние; (*source*) происхожде́ние, исто́чник; (*of word*) происхожде́ние, этимоло́гия; (*tracing history*) установле́ние происхожде́ния; *math* дифференци́рование
derivative 1. *n* (*thing derived; chem, ling*) произво́дное; *math* произво́дная **2.** *adj* произво́дный
derive (*obtain, receive*) получа́ть, извлека́ть (**from,** из + *gen*); (*take origin in*) брать нача́ло (**from,** в + *pr*); **this word is ~ed from Latin** э́то сло́во лати́нского происхожде́ния; (*establish origin*) устана́вливать происхожде́ние; *math, log* выводи́ть, производи́ть от (+ *gen*); *tech*

ответвлять, отводить
dermal кожный
dermatitis дерматит
dermatologist дерматолог
dermatology дерматология
derogate (*lessen*) понижать; (*belittle*) умалять; *leg* частично отменять
derogatory умаляющий, пренебрежительный
derrick (*crane*) деррик-кран; *naut* подъёмная стрела; (*of oil-well*) буровая вышка
derring-do доблесть *f*
derv дизельное топливо
dervish дервиш
desalinate опреснять
desalination опреснение
descale удалять накипь *f* (из, от, с + *gen*), очищать от накипи
descant 1. *n* (*voice*) дискант; (*part of song*) вторая часть *f*; (*comment*) рассуждение **2.** *v mus* вторить; (*enlarge, comment*) распространяться (**upon,** о + *pr*)
descend (*go down*) спускаться; ~ **a hill** спускаться с горы; ~ **the stairs** спускаться по лестнице; (*come down*) сходить (**from,** с + *gen*); (*drop*) опускаться, падать; (*slope downwards*) спускаться к (+ *dat*); (*of fog, night etc*) спускаться, опускаться; (*be derived*) происходить (**from,** от, из + *gen*); (*be passed on*) переходить (**from,** от + *gen*; **to,** к + *dat*); ~ **to** (*lower oneself*) унижаться до (+ *gen*); (*stoop to*) не останавливаться перед (+ *instr*), перед тем, что; ~ **upon** (*attack, come in large numbers; visit suddenly; of storm*) налетать на (+ *acc*)
descendant потомок
descending (*order, tone, etc*) нисходящий
descent (*fall, going down*) спуск; (*of aircraft*) снижение; (*slope*) склон; (*ancestry*) происхождение; (*attack; visit*) налёт
describe описывать
description описание; **it is beyond** ~ это не поддаётся описанию; **answer, fit** ~ соответствовать описанию; **of every** ~ всевозможный, всякого рода; **of the worst** ~ худшего типа
descriptive описательный
descry увидеть *pf*
desecrate осквернять
desecration осквернение, профанация
desegregate десегрегировать
desegregation десегрегация
desert 1. *n* (*wilderness*) пустыня; *usu pl* (*thing deserved*) заслуженное; **get one's** ~**s** получать по заслугам **2.** *adj* пустынный; ~ **island** необитаемый остров **3.** *v* (*leave*) покидать, бросать; *mil* дезертировать
deserter дезертир
desertion оставление; *mil* дезертирство
deserve заслуживать (+ *gen, sometimes* + *acc*)
deservedly заслуженно
deserving достойный (**of,** + *gen*)
desiccant 1. *n* осушитель *m* **2.** *adj* осушающий
desiccate сушить, высушивать
desiccation сушка, высушивание
desiccator эксикатор, сушилка
desideratum что-нибудь желаемое; (*requirement*) требование; *pl* (*in library etc*) дезидераты *f pl*
design 1. *n* (*basic pattern*) план; (*plan, project*) проект (**for** + *gen*); (*technical drawing*) чертёж, план; (*type of construction*) конструкция; (*act of devising new construction etc*) конструирование; (*pattern*) узор; (*layout of picture etc*) композиция; (*sketch*) эскиз, рисунок; **industrial** ~ промышленная эстетика, дизайн; (*purpose, end*) намерение, цель *f*; **by** ~ нарочно; **evil** ~**s** злой умысел **2.** *v* (*plan*) проектировать, планировать; (*machines etc*) конструировать; (*think up*) придумывать; (*sketch*) рисовать; (*costume etc*) делать эскизы (+ *gen*); (*intend*) намереваться, предполагать; (*set apart for*) предназначать для (+ *gen*)
designate 1. *adj* назначенный **2.** *v* (*indicate*) указывать; (*represent*) обозначать; (*specify*) определять; (*name*) называть; (*fix in advance*) предназначать; (*appoint*) назначать (**as,** на должность + *gen*)
designation указание; обозначение; определение; название; предназначение; назначение
designed (*intended*) предназначенный; *tech* (*of performance*) расчётный; (*intentional*) предумышленный
designer (*artist*) художник; (*draughtsman*) чертёжник; (*of machine, product etc*) конструктор; **dress** ~ модельер; **industrial** ~ дизайнер; (*of building, scheme etc*) проектировщик; (*intriguer*) интриган
designing 1. *n* (*planning*) проектирование; конструирование; (*scheming*) интриганство **2.** *adj* (*scheming*) хитрый, коварный
desirability желательность *f*
desirable (*to be desired*) желательный; (*attractive*) привлекательный
desire 1. *n* (*longing, wish*) желание (**for,** + *gen;* **to** + *infin*); (*sexual*) страсть *f*, вожделение; (*request*) просьба, требование; (*object of* ~) предмет желания; (*dream*) мечта **2.** *v* (*wish for*) желать (+ *gen*); (*long for*) жаждать (+ *gen*); (*require*) просить; **leave much to be** ~**d** оставлять желать много лучшего
desirous желающий (**of,** + *gen*)
desist прекращать, переставать
desk (*writing table*) письменный стол; (*school*) парта; (*music stand*) пюпитр; (*department*) отдел; (*information centre etc*) пункт; *as adj* (*for use on* ~) настольный
desk-top *adj* настольный; ~ **publishing** настольная издательская система
desolate 1 *adj* (*uninhabited*) необитаемый; (*deserted*) безлюдный; (*lying waste*) заброшенный; (*abandoned*) покинутый; (*forlorn*) унылый; (*inconsolable*) неутешный **2.** *v* (*lay waste*) опустошать; (*depopulate*) обезлюдить *pf*; (*make wretched*) делать несчастным
desolation (*laying waste*) опустошение; (*loneliness*) одиночество; (*woe*) горе
despair 1. *n* (*loss of hope*) безнадёжность *f*; (*desperation*) отчаяние; **from, out of** ~ с отчаяния; **in the depths of** ~ в полном отчаянии **2.** *v* (*fall into* ~) впадать в отчаяние; (*give up hope*) терять надежду (**of,** + *gen* or на + *acc*), отчаиваться (**of,** в + *pr*)
despairing отчаянный
despatch see **dispatch**
desperado головорез, сорвиголова *m and f*
desperate (*most uses*) отчаянный; (*hopeless*) безнадёжный
desperately (*very much*) страшно, ужас как, страсть как
desperation отчаяние; **in, out of** ~ с отчаяния
despicable (*contemptible*) презренный; (*mean*)

по́длый
despise презира́ть
despite несмотря́ на (+ *acc*), вопреки́ (+ *dat*)
despoil (*rob*) гра́бить; (*deprive of*) лиша́ть (+ *gen*); (*ravage*) разоря́ть
despond па́дать ду́хом, унывать
despondency уны́ние, упа́док ду́ха
despondent уны́лый, пода́вленный
despot де́спот
despotic деспоти́ческий
despotism (*tyranny*) деспоти́зм; (*type of state*) деспоти́я
dessert 1. *n* сла́дкое, десе́рт **2.** *adj* десе́ртный
dessertspoon десе́ртная ло́жка
destabilization дестабилиза́ция
destabilize дестабилизи́ровать
destination (*arrival point*) ме́сто назначе́ния; (*aim, end*) цель *f*
destine (*intend*) назнача́ть, предназнача́ть (**to,** + *infin*; **for,** для + *gen; for a job* на + *acc*); (*preordain*) предопределя́ть (**for,** для + *gen*); **be ~d for** (*bound for*) направля́ться в (+ *acc*)
destiny судьба́
destitute (*in need*) си́льно нужда́ющийся; **~ of** лишённый (+ *gen*)
destitution (*poverty*) нищета́; (*deprivation*) лише́ние
destroy уничтожа́ть; (*esp people*) истребля́ть; (*demolish buildings, hopes etc*) разруша́ть
destroyer разруши́тель; *nav* эсми́нец
destruction (*annihilation*) уничтоже́ние; (*ruin, demolition*) разруше́ние, разоре́ние; (*cause of* ~) причи́на разруше́ния/ги́бели; **be the ~ of** губи́ть
destructive разруши́тельный; (*harmful*) вре́дный (**to,** для + *gen*)
destructor мусоросжига́тельная печь *f*; *tech* ликвида́тор
desuetude: fall into ~ выходи́ть из употребле́ния
desultory (*disconnected*) бессвя́зный; (*unmethodical*) бессисте́мный; (*occasional*) случа́йный
detach (*in general, remove*) снима́ть (**from,** с + *gen*); (*separate*) отделя́ть(ся) (**from,** от + *gen*); (*untie*) отвя́зывать(ся) (**from,** от + *gen*); (*tear off*) отрыва́ть(ся) (**from,** от + *gen*); (*unstick*) откле́ивать(ся) (**from,** от + *gen*); (*uncouple*) отцепля́ть(ся) (**from,** от + *gen*); *mil, nav* отряжа́ть
detached (*separate, apart*) отде́льный; **~ house** особня́к; (*impartial*) беспристра́стный; *mil* откомандиро́ванный
detachment (*separation*) отделе́ние; (*unconcern*) беспристра́стие; **an air of ~** равноду́шный вид; *mil, nav* отря́д
detail 1. *n* (*small part*) дета́ль *f*; (*particular*) подро́бность *f*; **go into ~** вдава́ться в подро́бности; **in ~** подро́бно; *mil* наря́д **2.** *v* (*report in ~*) подро́бно расска́зывать; (*enumerate*) перечисля́ть; *mil* выделя́ть
detailed подро́бный
detain (*delay, keep waiting*) заде́рживать; (*hinder*) меша́ть (+ *dat*); (*withhold*) уде́рживать; *leg* (*place in custody*) заде́рживать, брать под стра́жу; (*keep in custody*) содержа́ть под стра́жей
detainee заде́ржанный
detect (*discover*) обнару́живать; (*notice*) замеча́ть; *tech* детекти́ровать
detection обнару́живание; детекти́рование
detective 1. *n* сы́щик, детекти́в **2.** *adj* сыскно́й; **~ novel** детекти́в, детекти́вный рома́н
detector детe´ктор; **fire ~** пожа́рный сигнализа́тор; **flaw ~** дефектоско́п; **metal ~** мета́ллоискатель *m*
détente разря́дка, дета́нт
detention (*delay*) заде́ржка; (*withholding*) уде́рживание; *leg* (*taking into custody*) задержа́ние, заключе́ние под стра́жу; (*custody*) содержа́ние под стра́жей
deter (*restrain*) уде́рживать (**from,** от + *gen*); (*frighten off*) отпу́гивать (**from,** от + *gen*)
detergent 1. *n* мо́ющее сре́дство, детерге́нт; (*washing-powder*) стира́льный порошо́к **2.** *adj* мо́ющий, очища́ющий
deteriorate (*get worse*) ухудша́ть(ся); (*spoil*) по́ртить(ся)
deterioration ухудше́ние; по́рча
determinable определя́емый
determinant 1. *n math* детермина́нт, определи́тель *m* **2.** *adj* (*determining, defining*) определя́ющий; (*deciding*) реша́ющий
determinate (*definite*) определённый; (*final, conclusive*) решённый, оконча́тельный; *math* детермини́рованный
determination (*resoluteness*) реши́мость *f*, (*decisiveness*) реши́тельность *f*; (*decision*) реше́ние; (*act of determining*) определе́ние, установле́ние; *leg* (*cessation*) прекраще́ние
determinative 1. *n* реша́ющий фа́ктор; *gramm* определя́ющее сло́во **2.** *adj* (*deciding*) реша́ющий; (*defining*) определя́ющий
determine (*settle, decide, resolve*) реша́ть(ся); (*define, set limits*) определя́ть; (*ascertain*) устана́вливать; (*leg*) конча́ться
determined реши́тельный; **I am ~ to** я твёрдо реши́л (+ *infin*)
determinism детермини́зм
determinist 1. *n* детермини́ст **2.** *adj* детерминисти́ческий
deterrence устраше́ние, отпу́гивание
deterrent 1. *n* сре́дство устраше́ния **2.** *adj* отпу́гивающий, устраша́ющий
detest ненави́деть, пита́ть отвраще́ние к (+ *dat*)
detestable отврати́тельный
detestation отвраще́ние (**of,** к + *dat*)
dethrone сверга́ть с престо́ла; *fig* разве́нчивать
dethronement сверже́ние с престо́ла; *fig* разве́нчивание
detonate (*cause to explode*) детони́ровать; (*explode*) взрыва́ться
detonation (*explosion*) взрыв; *tech* детона́ция
detonator детона́тор, ка́псюль *m*; (*fog-signal*) петa´рда
detour (*on foot*) обхо́д; (*in vehicle*) объе́зд; **make a ~** де́лать крюк
detoxication обезвре́живание; устране́ние токси́на; вытрезвле́ния
detoxify (*make harmless*) обезвре́живать; (*remove toxin from*) устраня́ть токси́на из (+ *gen*); (*alcoholic*) вытрезвля́ть
detract (*belittle*) умаля́ть (**from,** + *acc*); (*diminish*) уменьша́ть; (*defame*) поро́чить
detraction умале́ние; уменьше́ние; (*slander*) клевета́
detrain выса́живать(ся) из по́езда
detriment уще́рб, вред; **to the ~ of** в уще́рб, во вред (+ *dat*); **without ~ to** без уще́рба для (+ *gen*)
detrimental (*harmful*) вре́дный (**to,** для + *gen*);

(*causing; loss*) убы́точный
detrition стира́ние
detritus детри́т
detruncate среза́ть, укора́чивать
detrusion деформа́ция
detumescence уменьше́ние припу́хлости
detune расстра́ивать
deuce (*card*) дво́йка; (*tennis*) ро́вно; *coll* (*devil*) чёрт; **the ~ of a ...** ужа́сный; **what, why the ~?** како́го чёрта
deuced черто́вский
deuterium дейте́рий, тяжёлый водоро́д
deuteron дейтро́н
Deuteronomy Второзако́ние
deuteropathy втори́чное заболева́ние
deva *myth* дэ́ва, дэв
devaluate (*reduce value*) обесце́нивать; (*a currency*) проводи́ть девальва́цию, девальви́ровать
devaluation (*depreciation*) обесце́нивание; (*of currency*) девальва́ция
devalue *see* **devaluate**
devastate опустоша́ть, разоря́ть
devastating (*laying waste*) опустоши́тельный; (*destructive*) разруши́тельный; *coll* (*striking*) потряса́ющий
devastation опустоше́ние, разоре́ние
develop (*most senses*) развива́ть(ся); (*plans etc*) развёртывать(ся); (*improve*) соверше́нствовать; (*elaborate, exploit*) разраба́тывать; (*show by degrees*) раскрыва́ть(ся); (*build*) стро́ить; (*cover with buildings*) застра́ивать; (*happen*) происходи́ть; **it ~ed that** вы́яснилось, что; *phot* проявля́ть; **~ into** превраща́ть(ся) в (+ *acc*), развива́ть(ся) в (+ *acc*)
developer *phot* прояви́тель *m*; (*builder*) строи́тель *m*, застро́йщик
developing: ~ countries развива́ющиеся стра́ны *f pl*; *phot* **~ tank** проя́вочный бак, фотобачо́к
development (*most senses*) разви́тие; (*event*) **recent ~s** неда́вние собы́тия *neut pl*; (*devising, elaboration*) разрабо́тка; (*improvement*) усоверше́нствование; (*of plans*) развёртывание; (*building*) застро́йка; *phot* проявле́ние
deviant отклоня́ющийся
deviate отклоня́ться, уклоня́ться (**from,** от + *gen*)
deviation (*most senses*) отклоне́ние; *tech* отклоне́ние, девиа́ция; *pol* укло́н; *med* **sexual ~** полова́я анома́лия
deviationist уклони́ст
device (*plan*) план; (*method, way*) спо́соб, сре́дство, приём; (*trick*) хи́трость *f*; (*instrument*) прибо́р, аппара́т; (*mechanism*) механи́зм; (*mechanical, electrical attachment, unit*) устро́йство, приспособле́ние; (*emblem*) эмбле́ма; (*motto*) деви́з; **leave s.o. to his own ~s** предоста́вить *pf* (+ *acc*) самому́ себе́
devil 1. *n* чёрт, бес, дья́вол; *coll* **between the ~ and the deep blue sea** ме́жду двух огне́й; **blue ~s** хандра́; **a ~ of a** черто́вский; **it cost a ~ of a lot** э́то сто́ило черто́вски до́рого; **~ a bit** (*not at all*) нисколько; (*nothing at all*) чёрта с два, ни черта́; **the ~ only knows** чёрт его́ зна́ет; **the ~ knows what, where** чёрт-те что, где; **it was the ~ to** (*very difficult*) черто́вски тру́дно бы́ло (+ *infin*); **the ~ take it!** чёрт его́ возьми́ (побери́, подери́); **there will be the ~ to pay if** у́жас что бу́дет, если; **that's the ~ of it** вот в чём беда́; **give the ~ his due** отдава́ть до́лжное; **go to the ~** (*be ruined*) пойти́ *pf* к чертя́м (соба́чьим); (*go away*) иди́ к чёрту; **little ~** чертёнок; **lucky ~** счастли́вчик; **poor ~** бедня́га *m and f*; **raise the ~** поднима́ть шум; **talk of the ~!** лёгок на поми́не; **what the ~** что за чёрт; **where the ~ is my book?** где моя́ кни́га, чёрт возьми́?; **what the ~** на кой чёрт, како́го чёрта; **work like the ~** рабо́тать как чёрт; *meteorol* пы́льный вихрь *m*; **printer's ~** посы́льный в типогра́фии; *leg* помо́щник адвока́та; *zool* **Tasmanian ~** су́мчатый волк **2.** *v cul* жа́рить с пря́ностями; (*work*) рабо́тать; (*write*) писа́ть на друго́е лицо́
devil-fish (*Manta*) морско́й дья́вол, ма́нта; (*Mobula*) скат-рога́ч; (*octopus*) осьмино́г
devilish 1. *adj* дья́волский, а́дский **2.** *adv coll* черто́вски
devil-may-care (*happy-go-lucky*) беззабо́тный; (*reckless*) бесшаба́шный
devilment (*malice*) зло́ба; (*pranks*) прока́зы *f pl*
devilry (*black magic*) чёрная ма́гия; (*evil deed*) чертовщи́на, злодея́ние; (*cruelty*) жесто́кость *f*
devil-worship сатани́зм
devil-worshipper сатани́ст
devious (*roundabout*) око́льный; (*winding*) изви́листый; (*insincere*) нейскренний; (*dishonest*) нече́стный; (*cunning*) хи́трый
devise 1. *n leg* (*gift by will*) заве́щанная недви́жимость *f* **2.** *v* (*think up*) приду́мывать; (*invent*) изобрета́ть; *leg* завеща́ть недви́жимость
deviser (*inventor*) изобрета́тель *m*; *leg* завеща́тель *m*
devitalize (*deprive of life*) де́лать безжи́зненным; (*deprive of vigour*) лиша́ть жи́зненной си́лы
devocalize *phon* оглуша́ть
devoid (*not having*) лишённый (**of,** + *gen*); (*free of*) свобо́дный от (+ *gen*)
devolution (*transference*) перехо́д; (*delegation*) переда́ча; (*decentralization*) децентрализа́ция; *biol* ретрогресси́вная эволю́ция
devolve (*pass to, fall to*) переходи́ть (**on,** к + *dat*); (*delegate*) передава́ть (+ *dat*); *leg* сле́довать (**with** за + *instr*)
Devonian (*of Devonshire*) девонши́рский; *geol* дево́нский; (*as noun*) дево́н, дево́нский перио́д
devote (*set apart*) уделя́ть (**to,** + *dat*); (*dedicate*) посвяща́ть (**to,** + *dat*); **~ oneself to** посвяща́ть себя́ (+ *dat*)
devoted (*loyal, faithful*) пре́данный (**to,** + *dat*); (*set apart for*) посвящённый (**to,** + *dat*)
devotee (*zealot*) сторо́нник, приве́рженец; (*of sport etc*) энтузиа́ст, люби́тель *m*
devotion (*piety*) на́божность *f*; (*solicitude, loyalty*) пре́данность *f*; приве́рженность *f* (**to,** + *dat*); *pl* (*prayers*) моли́твы *f pl*
devotional религио́зный
devour (*eat hungrily*) жа́дно есть, глота́ть; (*consume*) пожира́ть; *fig* (*books etc*) поглоща́ть; **~ with one's eyes** пожира́ть глаза́ми
devout (*pious*) на́божный, благочести́вый; (*reverential*) благогове́йный; (*sincere*) и́скренний; (*devoted*) пре́данный
devoutness на́божность *f*
dew 1. *n* роса́; *coll* **mountain ~** (*spirits*) самого́н **2.** *v* покрыва́ть росо́й
dewberry ежеви́ка
dewdrop ка́пля росы́, роси́нка
dewlap подгру́док
dew-point то́чка росы́
dewy роси́стый; **~-eyed** с вла́жными глаза́ми; *fig*

(*innocent*) неви́нный, простоду́шный
dexter пра́вый; *her* на ле́вой стороне́ герба́
dexterity (*all senses*) ло́вкость *f*; (*agility*) прово́рство; (*skill*) сноро́вка
dexterous ло́вкий; прово́рный
dextral (*right*) пра́вый, правосторо́нний; (*right-handed*) правору́кий; (*turning to right*) правовраща́ющий
dextrin декстри́н
dextrogyrate, dextrorotary, dextrorotatory правовраща́ющий
dextrose декстро́за
dhole кра́сный волк
dhoti набе́дренная повя́зка
dhow да́у *neut indecl*
di- дву-, двух-
diabase диаба́з
diabasic двухосно́вный
diabetes диабе́т, са́харная боле́знь *f*
diabetic 1. *n* диабе́тик **2.** *adj* диабети́ческий
diabolic(al) (*of devil*; *also fig*) дья́вольский; (*evil*) злой; *coll* (*awful*) ужа́сный
diabolism сатани́зм, культ сатаны́
diacetate диацета́т
diacetic: ~ **acid** ацетоу́ксусная кислота́
diachronic диахрони́ческий
diaconate дья́конство
diaconal дья́конский
diacritic 1. *n* диакрити́ческий знак **2.** *adj* диакрити́ческий
diactinic диактини́ческий
diadem диаде́ма
diaeresis диэре́за
diagnose (*make diagnosis*) ста́вить диа́гноз; (*establish*) устана́вливать, распознава́ть
diagnosis диа́гноз; **make a** ~ ста́вить диа́гноз
diagnostic 1. *n* симпто́м **2.** *adj* диагности́ческий
diagnostician диагно́ст
diagonal 1. *n* диагона́ль *f* **2.** *adj* диагона́льный
diagram (*explanatory drawing*) чертёж, рису́нок; (*plan*) схе́ма; (*statistical*) диагра́мма
diagrammatic(al) схемати́ческий, графи́ческий
dial 1. *n* (*sun-dial*) со́лнечные часы́ *m pl* ; (*of clock etc*) цифербла́т; (*graduated scale*) шкала́; (*of telephone*) диск набо́ра; **miner's** ~ го́рный ко́мпас; *sl* (*face*) мо́рда, ро́жа **2.** *v* (*telephone*) набира́ть (но́мер)
dialect диале́кт, наре́чие
dialectal диалекта́льный
dialectic(s) диале́ктика
dialectical диалекти́ческий
dialectician диале́ктик
dialectology диалектоло́гия
dialling (*making sundials*) строе́ние со́лнечных часо́в; (*making compass traverse*) съёмка буссо́лью; (*telephone*) набо́р но́мера; ~ **tone** сигна́л «ли́ния свобо́дна»
dialogue (*conversation*) разгово́р; (*in novel, play*) диало́г
dialysis диа́лиз
diamagnetic диамагни́тный
diameter диа́метр; **a metre in** ~ диа́метром в метр
diametric(al) (*all senses*) диаметра́льный
diamide диами́д
diamine диами́н
diamond 1. *n* (*as mineral*) алма́з; (*as gem*) бриллиа́нт; *fig* **rough** ~ неотёсанный бриллиа́нт; (*shape*) ромб; (*cards*) бу́бны *f pl*, (*sing coll*) бу́бна; **queen of** ~**s** бубно́вая да́ма, да́ма бубён; *print* диама́нт **2.** *adj* алма́зный; бриллиа́нтовый; (*shape, pattern*) ромбови́дный, ромбоида́льный
diandrous двутычи́ночный
dianthus гвозди́ка
diapason (*range*) диапазо́н; (*organ stop*) основно́й реги́стр орга́на; (*tuning instrument*) камерто́н
diaper (*pattern*) ромбови́дный узо́р; (*material*) материа́л с ромбови́дным узо́ром; *Am* (*baby's*) пелёнка
diaphanous прозра́чный, просве́чивающий
diaphoretic 1. *n* потого́нное сре́дство **2.** *adj* потого́нный
diaphragm (*most senses*) диафра́гма; (*between thorax and abdomen*) грудобрю́шная прегра́да; (*partition*) перегоро́дка; *bot, zool* перепо́нка; (*contraceptive*) противозача́точный колпачо́к; *tech* **pump** ~ мембра́на насо́са
diarchy двоевла́стие
diarist а́втор дневника́
diarrhoea поно́с
diary (*daily record*) дневни́к; (*printed calendar note-book*) записна́я кни́жка-календа́рь *m*
diascope диаско́п
Diaspora диа́спора, рассе́яние
diaspore диаспо́р
diastase диаста́за, диастати́ческийферме́нт
diastole диа́стола
diathermic теплопрозра́чный, диатерми́ческий
diathesis диате́з
diatom диато́мовая во́доросль *f*
diatomic двуха́томный
diatomite диатоми́т
diatonic диатони́ческий
diatribe напа́дки *f pl*, диатри́ба
dibasic двухосно́вный
dibber лункокопа́тель *m*, сади́льник
dibs (*counters*) фи́шки *f pl*; *sl* (*money*) де́нежки *f pl*
dice 1. *n* (*for game*) игра́льные ко́сти *f pl*; (*game*) игра́ в ко́сти; *cul* ку́бики *m pl* **2.** *v* (*play* ~) игра́ть в ко́сти; *cul* нареза́ть в фо́рме ку́биков; (*pattern*) графи́ть в клётку
diced ме́лко наре́занный, наре́занный ку́биками
dicephalous двугла́вый
dicey *coll* риско́ванный
dichotomize разделя́ть на две ча́сти
dichotomous дихотоми́ческий
dichotomy (*division*) деле́ние на две ча́сти; *leg* дихотоми́я; *bot* вилообра́зное разветвле́ние
dichromatic (*having two colours*) двухцве́тный; (*sight*) спосо́бный различа́ть то́лько два цве́та; *biol*; дихромати́ческий
dick *sl* (*detective*) сы́щик; *coll* **clever** ~ у́мник; *vulg* (*penis*) хуй
dickens *coll* **what the** ~ **do you want?** како́го чёрта вам ну́жно?
dicker 1. *n* (*ten*) деся́ток **2.** *v* торгова́ться (**over,** о + *prep*)
dickey, dicky 1. *n* (*driver's seat*) сиде́нье для ку́чера; (*folding seat*) за́днее складно́е сиде́нье; *coll* (*bird*) пти́чка, пта́шка; (*shirt-front*) мани́шка **2.** *adj coll* ша́ткий, ненадёжный
dicotyledon двудо́льное расте́ние
dictaphone диктофо́н
dictate 1. *n usu pl* веле́ние; *pol* дикта́т **2.** *v* (*all senses*) диктова́ть
dictation (*reading out*) дикто́вка; (*exercise*) дикта́нт, дикто́вка; **write from** ~ писа́ть под дикто́вку; (*order*) предписа́ние, прика́з; **at the** ~

of по прика́зу (*+ gen*)
dictator дикта́тор
dictatorial (*of, like dictator*) дикта́торский; (*imperious*) повели́тельный
dictatorship диктату́ра; ~ **of the proletariat** диктату́ра пролетариа́та
diction мане́ра говори́ть, вы́говор, ди́кция; **poetic** ~ язы́к поэ́зии
dictionary слова́рь *m*; **look up a word in the** ~ смотре́ть, иска́ть сло́во в словаре́
dictograph дикто́граф
dictum изрече́ние, афори́зм, сенте́нция; *leg* выска́зывание судьи́, не явля́ющееся реше́нием де́ла
didactic дидакти́ческий, назида́тельный, поучи́тельный
didacticism дидакти́зм
didactics дида́ктика
diddle *coll* надува́ть, обма́нывать
diddler *coll* надува́ла *m and f*
dido *Am coll* прока́за, ша́лость *f*
didymate(d) соединённый в па́ры
[1]**die 1.** *n* (*for game*) игра́льная кость *f*; **the** ~ **is cast** жре́бий бро́шен; *tech* (*stamp*) штамп; (*mould*) ма́трица; (*screw-cutting*) винторе́зная пла́шка; *archi* куби́ческая часть пьедеста́ла **2.** *v* штампова́ть
[2]**die** (*expire*) умира́ть (**of, from,** от + *gen*; **for,** за + *acc*); ~ **hard** быть живу́чим; **he ~d young** он у́мер молоды́м; *coll* **I am dying for, to** мне ужа́сно хо́чется; (*cease*) конча́ться; (*of wind*) затиха́ть; (*of engine*) загло́хнуть *pf*; (*wither*) увяда́ть, засыха́ть; (*perish*) погиба́ть
~ **away** (*of sound*) замира́ть
~ **down** (*grow less*) уменьша́ться; (*of wind*) затиха́ть; (*of fire*) га́снуть
~ **off** отмира́ть, вымира́ть
~ **out** (*of species etc*) вымира́ть; (*of customs etc*) отжива́ть
die-cast лито́й под давле́нием
die-casting литьё под давле́нием
diehard *n and adj* твердоло́бый
dielectric 1. *n* диэле́ктрик **2.** *adj* диэлектри́ческий
diesel 1. *n* ди́зель *m* 2. *adj* ди́зельный; **~-electric** ди́зель-электри́ческий
die-sinker ре́зчик штемпеле́й, гравёр по шта́мпам
die-stock клупп
[1]**diet 1.** *n* (*customary food*) пи́ща; *med* дие́та, режи́м; **be on a** ~ быть на дие́те **2.** *vi* соблюда́ть дие́ту; *vt* держа́ть на дие́те
[2]**diet** *n* (*conference*) конфере́нция; (*parliament*) парла́мент
dietary 1. *n* дие́та **2.** *adj* ди(ет)ети́ческий
dietetic(al) диет(ет)и́ческий
dietetics диете́тика
dietician диете́тик, дието́лог
dieting дие́та, лече́ние дие́той
differ (*be different*) отлича́ться друг от дру́га, различа́ться (**in,** + *instr*); ~ **from** отлича́ться от (+ *gen*); (*disagree*) расходи́ться, не соглаша́ться (**from,** с + *instr*); **I beg to** ~ позво́льте с ва́ми не согласи́ться; (*quarrel*) ссо́риться
difference (*most senses*; *disparity*) ра́зница (**between,** ме́жду + *instr*; **in,** в + *pr*); **the** ~ **is that . . .** ра́зница в том, что; **it makes no** ~ **to me** мне безразли́чно, мне всё равно́; **what's the** ~? кака́я ра́зница?; **with the** ~ **that** с той ра́зницей, что; (*distinction, dissimilarity*) разли́чие (**between,** ме́жду + *instr;* **in,** в + *prep*); **what is the** ~ **between these two words?** чем различа́ются э́ти слова́?; *math* ра́зность *f*; **split the** ~ дели́ть по́ровну оста́ток; *fig* идти́ на компроми́сс; (*disagreement*) разногла́сие; **settle ~s** ула́дить *pf* спор
different (*most senses*) ра́зный; (*dissimilar*) непохо́жий; (*diverse*) разли́чный; **this is done in** ~ **ways** э́то де́лается по-ра́зному; (*other, another, altered*) друго́й; **that's a** ~ **matter** э́то совсе́м друго́е де́ло; **be** ~ **from** отлича́ться от (+ *gen*)
differentiable дифференциру́емый
differential 1. *n tech, math* дифференциа́л; **2.** *adj tech, math* дифференциа́льный; (*of difference*) отличи́тельный
differentiate (*distinguish*) отлича́ть (**from,** от + *gen*), различа́ть (**from,** от + *gen*; **between,** ме́жду + *instr*); *math* дифференци́ровать
differentiation дифференци́рование
differentiator дифференциа́тор
differently (*in another way*) и́наче, по-ино́му; (*variously*) по-ра́зному; (*each in his own way*) ка́ждый по-сво́ему
difficult (*hard to do*) тру́дный; (*burdensome, troublesome, of person*) тяжёлый; (*complex*) сло́жный
difficulty (*quality of being difficult*) тру́дность *f* (*often pl*); **the** ~ **is that** тру́дность заключа́ется в том, что; **he has** ~ **in** ему́ тру́дно (+ *infin*); **with** ~ с трудо́м; **without the slightest** ~ без мале́йшего труда́; (*obstacle, complication*) затрудне́ние (*often pl*); **a** ~ **arose** возни́кло затрудне́ние; **financial** ~ де́нежные затрудне́ния
diffidence (*lack of confidence*) неуве́ренность *f* в себе́; (*shyness*) скро́мность *f*
diffident (*lacking confidence*) неуве́ренный в себе́; (*shy*) скро́мный
diffract дифрагйровать, преломля́ть
diffraction дифра́кция, преломле́ние; ~ **grating** дифракцио́нная решётка
diffuse 1. *adj* (*widely spread*) распространённый; (*not clearly defined*) расплы́вчатый; (*verbose*) многосло́вный; (*of light*) рассе́янный; (*of sound*) диффу́зный **2.** *v* (*light, warmth etc*) рассе́ивать; (*knowledge etc*) распространя́ть; *phys* диффунди́ровать
diffused (*light*) рассе́янный
diffuser *tech* диффу́зор; (*of light*) рассе́иватель *m*
diffusion (*spreading*) распростране́ние; (*verbosity*) многосло́вие; *phys* рассе́ивание, диффу́зия
diffusive (*capable of spreading*) распространя́ющийся; (*verbose*) многосло́вный; *phys* рассе́янный, диффу́зный
diffusivity коэффицие́нт диффу́зии
dig 1. *n* (*prod*) тычо́к, толчо́к; **have a** ~ **at** (*refer to*) де́лать намёк на (+ *acc*); (*mock*) высме́ивать; *arch* раско́пки *f pl* **2.** *v* (*earth, with spade etc*) копа́ть; (*trench, grave etc*) рыть, копа́ть; (*prod*) ты́кать; (*jolt*) толка́ть; ~ **in the ribs** толка́ть в бок; *coll* (*live*) прожива́ть, снима́ть ко́мнату (**with,** у+ *gen*)
~ **away** раска́пывать, выка́пывать
~ **in** (*penetrate*) вонза́ть(ся); (*bury, set in earth etc*) зака́пывать, вка́пывать; (~ *oneself cover*) ока́пываться
~ **into** (*book, pocket etc*) копа́ться в (+ *prep*); (*be sticking into*) ты́кать в (+ *acc*)
~ **out** выка́пывать (**of,** из + *gen*)
~ **up** (*soil*) копа́ть, раска́пывать; (*excavate; discover*) выка́пывать

digenesis дигене́з
digest 1. *n* (*survey*) обзо́р; (*résumé*) резюме́ *neut indecl*; (*magazine*) да́йджест **2.** *v* (*food*) перева́ривать(ся); *fig* (*ideas etc*) усва́ивать, обду́мывать; (*classify*) классифици́ровать; (*summarize*) конспекти́ровать; *chem* дигери́ровать, выва́ривать
digestible легко́ усва́иваемый, удобовари́мый
digestion пищеваре́ние, перева́ривание
digestive (*of digestion*) пищевари́тельный; (*aiding digestion*) спосо́бствующий пищеваре́нию
digger (*person, machine*) копа́тель *m*; (*gold-miner*) золотоиска́тель *m*; *sl* австрали́ец; (*wasp*) земляна́я оса́
diggings (*gold*) золото́й при́иск; *coll* (*lodgings*) жильё
digit (*numeral*) ци́фра; **binary** ~ двои́чная ци́фра; (*single figure*) однозна́чное число́; (*finger*) па́лец (на руке́); (*toe*) па́лец (на ноге́); (*as measure*) ширина́ па́льца
digital (*of fingers*) пальцево́й; ~ **computer** цифрова́я вычисли́тельная маши́на (*abbr* ЦВМ); ~ **watch** цифровы́е часы́ *m pl*
digitalis наперстя́нка, дигита́лис
digitate *zool* име́ющий развиты́е па́льцы; *bot* па́льчатый
diglot (*in two languages*) двуязы́чный; (*bilingual*) говоря́щий на двух языка́х
dignified (*person, manner*) досто́йный, ва́жный; **in a** ~ **manner** с досто́инством; (*thing*) велича́вый
dignify (*give dignity to*) придава́ть досто́инство (+ *dat*); (*ennoble*) облагора́живать; (*honour*) удоста́ивать; (*exaggerate importance of*) велича́ть
dignitary ва́жное, высокопоста́вленное лицо́; (*ar, esp eccles*) сано́вник
dignity (*worthinesss*) досто́инство; (*sense of superiority*) чу́вство со́бственного досто́инства; **beneath one's** ~ ни́же своего́ досто́инства; **stand on one's** ~ держа́ться с больши́м досто́инством; (*be stubborn from pride*) упо́рствовать из самолю́бия; (*title*) зва́ние, ти́тул; (*rank*) сан
digraph дигра́ф
digress отступа́ть, отклоня́ться, отвлека́ться (**from,** от + *gen*)
digression отклоне́ние, отступле́ние (**from,** от + *gen*)
digressive отступа́ющий, отклоня́ющийся
digs *coll* жильё, кварти́ра
dihedral 1. *n math* двугра́нный у́гол; *aer* у́гол попере́чного V **2.** *adj* диэдри́ческий, V-обра́зный
dike, dyke 1. *n* (*ditch*) кана́ва; (*bank*) да́мба; *geol* да́йка; *sl* лесбия́нка **2.** *v* (*make* ~) прорыва́ть кана́ву; стро́ить да́мбу; (*protect with* ~) защища́ть да́мбой
diktat дикта́т
dilapidate *vi* (*fall into disrepair*) приходи́ть в упа́док; (*become ruined*) разруша́ться, разва́ливаться; (*get broken*) лома́ться; *vt* приводи́ть в упа́док; разруша́ть, разва́ливать; лома́ть
dilapidated (*old, shabby*) ве́тхий; (*broken-down*) полуразру́шенный, полуразвали́вшийся; (*ramshackle*) обветша́лый
dilapidation (*state of decrepitude*) ве́тхость *f*, обветша́лость *f*; (*process*) обветша́ние; *leg* (*damage*) по́рча иму́щества нанима́телем; (*payment for* ~) пла́та за по́рчу иму́щества нанима́телем
dilatable расширя́емый, растяжи́мый
dilatancy расширя́емость *f*, растяжи́мость *f*
dilatant 1. *n* расшири́тель *m* **2.** *adj* расширя́ющий
dilatation (*widening*) расшире́ние; (*expatiation*) распростране́ние
dilate (*widen*) расширя́ть(ся); (*expatiate*) распространя́ться
dilation see **dilatation**
dilatometer дилато́метр
dilator *surg* расшири́тель *m*; *anat* расширя́ющая мы́шца
dilatory (*slow*) ме́дленный; (*tardy*) медли́тельный
dilemma диле́мма; **be in a** ~ стоя́ть пе́ред диле́ммой
dilettante 1. *n* дилета́нт **2.** *adj* дилета́нтский
dilettantism дилета́нтство
diligence (*perseverance*) прилежа́ние, усе́рдие; (*coach*) дилижа́нс
diligent приле́жный, усе́рдный, стара́тельный
dill укро́п
dilly-dally (*vacillate*) колеба́ться; (*dawdle*) ме́шкать
diluent разжижи́тель *m*, разбави́тель *m*
dilute 1. *adj* разведённый, разба́вленный **2.** *v* разводи́ть, разбавля́ть
dilution (*process*) разведе́ние, разбавле́ние; (*solution*) раство́р
diluvial дилювиа́льный
diluvium дилю́вий, леднико́вые отложе́ния *neut pl*
dim 1. *adj* (*dark*) тёмный; (*of light, wan, lacklustre*) ту́склый; (*indistinct*) нея́сный; (*vague*) сму́тный; **a** ~ **idea of** сму́тное представле́ние о (+ *prep*); (*of intellect etc*) сла́бый; *coll* (*stupid*) тупо́й; *coll* **take a** ~ **view of** (*be sceptical*) смотре́ть скепти́чески на (+ *acc*); (*disapprove*) не одобря́ть **2.** *v* (*make, grow darker*) де́лать(ся) ту́склым, затума́нивать(ся); (*light*) убавля́ть; (*grow, make indistinct*) де́лать(ся) сму́тным, нея́сным; (*wane; grow dull*) тускне́ть
dime *Am* (*coin*) (моне́та в) де́сять це́нтов; ~ **novel** дешёвый рома́н
dimension (*measurement*) разме́р; *math* измере́ние; **in three** ~**s** в трёх измере́ниях; (*algebra*) сте́пень *f*, разме́рность *f*; *usu pl* (*size*) разме́ры *m pl*, величина́; (*extent*) протяже́ние; (*volume*) объём; (*importance*) ва́жность *f*; (*scope*) разма́х
dimensional (*spatial*) простра́нственный; **one-, three-**~ одноме́рный/трёхме́рный
dimerous двучле́нный, диме́рный
dimeter четырёхсто́пный стих
dimethyl диметидовый
dimidiate 1. *adj* разделённый на две ра́вные ча́сти; *bot* разнобо́кий **2.** *v* (*divide in two*) дели́ть попола́м; (*reduce by half*) уменьша́ть наполови́ну
diminish (*reduce*) уменьша́ть(ся); (*lower*) понижа́ть(ся); (*lessen in intensity*) *vt* ослабля́ть; *vi* слабе́ть; (*restrict*) сокраща́ть
diminuendo *n and adv* диминуэ́ндо *neut indecl*
diminution (*reduction*) уменьше́ние; (*lowering*) пониже́ние; (*restriction*) сокраще́ние
diminutive 1. *n gramm* уменьши́тельное **2.** *adj* (*small*) ма́ленький; (*miniature*) миниатю́рный; *gramm* уменьши́тельный
dimmer *elect* затемни́тель *m*
dimness ту́склость *f*; нея́сность *f*; ту́пость *f*
dimorphic димо́рфный

dimple 1. *n* (*on face*) я́мочка; (*hollow*) впа́дина; (*ripple*) рябь *f* **2.** *vt* рябить; *vi* покрыва́ться я́мочками
dimwit *coll* дура́к
dimwitted тупо́й
din 1. *n* (*noise*) шум; (*of machinery*) гро́хот; **make a** ~ шуме́ть **2.** *v* ~ **into s.o.** вда́лбливать (+ *dat*) в го́лову
dinar дина́р
dine *vt* (*give dinner*) угоща́ть обе́дом; *vi* (*have dinner*) обе́дать; ~ **out** обе́дать не до́ма, в рестора́не, у друзе́й
diner (*person*) обе́дающий; (*restaurant*) рестора́н; (*on train*) ваго́н-рестора́н
ding 1. *n* звон **2.** *v* звене́ть
ding-dong 1. *n* (*sound*) динг-до́нг, динь-до́н **2.** *adj* (*heated*) горя́чий; (*with varying fortune*) с переме́нным успе́хом
dinghy (*small boat*) ди́нги *neut indecl*, я́лик; **rubber** ~ надувна́я ло́дка
dinginess (*dullness*, *drabness*) ту́склость *f*; (*grubbiness*) грязь *f*; (*squalor*) убо́гость *f*
dingle лесна́я лощи́на
dingo ди́нго *m indecl*
dingy (*dull*) ту́склый; (*dirty*) гря́зный; (*squalid*) убо́гий; (*shabby*) обтрёпанный; (*of reputation*) зама́ранный
dining-car ваго́н-рестора́н
dining-hall, dining-room столо́вая
dining-table (обе́денный) стол
dinky *coll* (*tiny*) малю́сенький; (*pretty*) хоро́шенький
dinner 1. *n* обе́д; (*banquet*) зва́ный обе́д; **at** ~ за обе́дом; **have** ~ обе́дать; **invite to** ~ приглаша́ть на обе́д; **what do you want for** ~**?** что вы хоти́те на обе́д? **2.** *adj* ~ **dress** вече́рний туале́т; ~ **jacket** смо́кинг; ~ **service** обе́денный серви́з; ~ **time** вре́мя *neut* обе́да; (*lunchbreak*) обе́денный переры́в
dinner-bell звоно́к к обе́ду
dinner-party зва́ный обе́д
dinosaur диноза́вр
dinothere, dinotherium диноте́рий
dint 1. *n* (*dent*) вмя́тина, след от уда́ра; **by** ~ **of** посре́дством (+ *gen*) **2.** *v* (*dent*) оставля́ть след
diocesan 1. *n* епи́скоп **2.** *adj* епархиа́льный
diocese епа́рхия
diode дио́д
dioecious *bot* двудо́мный; *zool* раздельнопо́лый
diopside диопси́д
dioptase диопта́з
diopter, dioptre (*instrument*) дио́птр; (*unit*) диоптри́я
dioptric диоптри́ческий; ~**s** дио́птрика
diorama диора́ма
dioxide двуо́кись *f*
dip 1. *n* (*act of dipping*) погруже́ние; **take a** ~ купа́ться; (*dive*) ныро́к, ныря́ние; (*slope*) укло́н; (*hollow*) впа́дина; (*sag*) проги́б; (*cleaning etc liquid*) раство́р; (*candle*) ма́каная свеча́; *geol* паде́ние; *magn* у́гол наклоне́ния; ~ **of horizon** депре́ссия горизо́нта **2.** *v* (*immerse*) погружа́ть(ся), окуна́ться (**in, into,** в + *acc*); (*dive*) ныря́ть; (*fingers*, *pen etc*) обма́кивать (**into,** в + *acc*); (*dye*) кра́сить; (*sheep etc*) купа́ть в дезинфици́рующем раство́ре; (*lower into*; *spoon etc*) опуска́ть (**into,** в + *acc*); (*drop a little*) приспуска́ться; (*sink suddenly*) опусти́ться *pf*; (*slope*) спуска́ться, опуска́ться; (*sails*) спуска́ть; ~ **the flag** салютова́ть фла́гом; (*head*, *headlights*) наклоня́ть; *geol* па́дать; ~ **into** (*have a look at*) просма́тривать; ~ **into one's pocket** (*pay up*) раскоше́ливаться
diphase двухфа́зный
diphtheria 1. *n* дифтери́я, дифтери́т **2.** *adj* дифтери́йный
diphthong дифто́нг
diphthongal дифтонги́ческий
diphthongization дифтонгиза́ция
diplegia диплеги́я
diplodocus диплодо́к
diploid 1. *n* дипло́ид **2.** *adj* дипло́идный
diploma дипло́м; (*from school*) аттеста́т
diplomacy диплома́тия; (*tact*) такти́чность *f*
diplomat(ist) диплома́т
diplomatic (*of diplomacy*, *diplomatics*) дипломати́ческий; ~ **corps** дипломати́ческий ко́рпус, дипко́рпус; ~ **text** дипломати́ческий текст; (*tactful*) дипломати́чный, такти́чный
diplomatics диплома́тика
dip-needle буссо́ль *f* наклоне́ния
dipnoan *n*, *adj* двоякоды́шащий
dipolar име́ющий два по́люса
dipole дипо́ль *f*; *tech* вибра́тор
dipper (*ladle*) ковш; (*bird*) оля́пка; *astron* **Big Dipper** Больша́я Медве́дица; (*of excavator*) черпа́к
dipsomania алкоголи́зм
dipsomaniac алкого́лик
dipstick измери́тельный шток
diptera двукры́лые насеко́мые *pl*
dipteral *archi* с двумя́ ряда́ми коло́нн; *ent* двукры́лый
dipterous двукры́лый
diptych ди́птих
dire (*terrible*) ужа́сный, стра́шный; (*extreme*) кра́йний
direct 1. *adj* (*most senses*) прямо́й; *mil* ~ **hit** прямо́е попада́ние; *tech* ~ **drive** пряма́я переда́ча; *elect* ~ **current** постоя́нный ток; *gramm* ~ **speech** пряма́я речь; (*without intermediary*) непосре́дственный; ~ **opposite** по́лная противополо́жность *f*; ~ **result** непосре́дственный результа́т **2.** *adv* пря́мо; непосре́дственно **3.** *v* (*order*) прика́зывать, веле́ть (+ *dat*); (*control*) управля́ть (+ *instr*); (*supervise*) руководи́ть (+ *instr*); (*efforts*, *gaze etc*; *point*, *aim*) направля́ть (**to, at,** на + *acc*; **against,** про́тив + *gen*); (*send*) направля́ть (**to,** к + *dat*); (*show way*) ука́зывать (+ *dat*) доро́гу; (*orchestra*) дирижи́ровать; (*play*) ста́вить
direction (*order*) указа́ние, распоряже́ние; **at the** ~ **of** по указа́нию (+ *gen*); (*control*) управле́ние; (*supervision*) руково́дство; *pl* (*instructions*) указа́ния *neut pl*, инстру́кции *f pl*; (*course*, *point of aim*) направле́ние; **in all** ~**s** во всех направле́ниях; **in the** ~ **of** в направле́нии (+ *gen*), по направле́нию к (+ *dat*); (*body of directors*) правле́ние, дире́кция; (*of play*) режиссу́ра
directional напра́вленный
direction-finder радиопеленга́тор
directive 1. *n* директи́ва **2.** *adj* (*directing*) направля́ющий; (*indicating*) ука́зывающий
directivity напра́вленность *f*
directly 1. *adv* (*immediately*) то́тчас; (*very soon*) неме́дленно; (*straight*) пря́мо; (*without intervening medium*) непосре́дственно; (*just*, *pre-*

cisely) как раз **2.** *conj* (*as soon as*) как то́лько
directness прямота́; непосре́дственность *f*
director (*supervisor*) руководи́тель *m*; (*of firm etc*) дире́ктор; (*head of enterprise etc*) нача́льник; **managing ~** управля́ющий; (*of orchestra*) дирижёр; (*of play*) режиссёр; (*of film*) кинорежиссёр; *nav* центра́льный автома́т стрельбы́
directorate правле́ние
directorial (*of director*) дире́кторский; (*directing*) директи́вный
directorship дире́кторство
directory 1. *n* (*book of directions*) спра́вочник; (*address book*) а́дресная кни́га; **telephone ~** телефо́нная кни́га; *hist* **the Directory** Директо́рия **2.** *adj* директи́вный; **~ enquiries** спра́вочное
directress директри́са
direful стра́шный, ужа́сный
dirge (*funeral song*) погреба́льная песнь *f*; (*sad song*) печа́льная пе́сня
dirigible 1. *n* дирижа́бль *m* **2.** *adj* управля́емый
dirk кинжа́л
dirt 1. *n* (*mud, filth*) грязь *f*; *fig* **do ~ to** де́лать (+ *dat*) га́дость; **eat ~** проглоти́ть *pf* оби́ду; **throw ~ at** поноси́ть; **treat like ~** трети́ровать; (*earth*) по́чва, земля́; (*rubbish*) му́сор; (*obscenity*) непристо́йность *f*; (*malicious gossip*) гря́зные спле́тни *f pl*; *vulg* **dish the ~** спле́тничать **2.** *adj* земляно́й; **~ cheap** о́чень дешёвый; **~ floor** земляно́й пол; **~ road** грунтова́я доро́га; *sp* **~ track** трек для мотого́нок
dirtiness грязь *f*; *fig* ни́зость, *f* га́дость *f*
dirty 1. *n* **do the ~ on** подложи́ть *pf* свинью́ (+ *dat*) **2.** *adj* (*most senses*) гря́зный; **~ player** нече́стный игро́к; **~ story** скабрёзный, неприли́чный анекдо́т; **~ weather** нена́стная, скве́рная пого́да; **give a ~ look** бро́сить *pf* непри́язненный взгляд (на + *acc*) **3.** *v* па́чкать, загрязня́ть
disability (*powerlessness*) бесси́лие, неспосо́бность *f*; (*physical*) инвали́дность *f*; *leg* неправоспосо́бность *f*
disable (*make unfit*) де́лать неспосо́бным; (*maim*) кале́чить; *mil* (*machine etc*) вы́вести *pf* из стро́я; *leg* лиша́ть пра́ва
disabled (*maimed*) искале́ченный; *mil* вы́веденный из стро́я; **~ person** инвали́д
disablement (*inability to work*) нетрудоспосо́бность *f*; *mil* выведе́ние из стро́я; *leg* лише́ние прав; **~ pension** пе́нсия по инвали́дности
disabuse выводи́ть из заблужде́ния, исправля́ть
disaccord 1. *n* разногла́сие, расхожде́ние **2.** *v* быть несогла́сным
disaccustom отуча́ть; **become ~ed** отвыка́ть (**to,** от + *gen*)
disadvantage (*drawback*) невы́года, недоста́ток; (*weak position*) невы́годное положе́ние; **be at a ~** быть в невы́годном положе́нии; **put at a ~** ста́вить в невы́годное положе́ние
disadvantageous невы́годный, неблагоприя́тный
disaffect вызыва́ть недово́льство
disaffected (*discontented*) недово́льный; (*disloyal*) нелоя́льный
disaffection (*discontent*) недово́льство; (*disloyalty*) нелоя́льность *f*
disafforest вырубáть леса́
disagree (*be different, not tally*) не совпада́ть (**with,** с + *instr*), не соотве́тствовать (**with,** + *dat*); (*be of different opinion*) расходи́ться во мне́ниях; **I ~ with you** я с ва́ми несогла́сен; (*quarrel*) ссо́риться; (*be harmful, of food etc*) быть вре́дным (**with,** + *dat*)
disagreeable (*unpleasant*) неприя́тный; (*bad-tempered*) неприве́тливый
disagreement (*of opinion*) разногла́сие; (*quarrel*) ссо́ра; (*discrepancy*) противоре́чие, несогла́сие
disallow (*refuse to allow*) не позволя́ть; (*prohibit*) запреща́ть; (*reject*) отверга́ть; *leg* (*a claim etc*) отка́зывать (+ *dat* + в + *prep*)
disallowance отка́з (в + *prep*)
disappear (*all senses*) исчеза́ть (**to, into,** в + *prep*); **where did you ~ to?** куда́ вы пропа́ли?; (*be lost*) пропада́ть; (*be hidden from view*) скрыва́ться (из ви́ду)
disappearance исчезнове́ние
disappoint разочаро́вывать; **be ~ed** разочаро́вываться (**in,** в + *prep*; **at, with, by,** + *instr*)
disappointment разочарова́ние; **to our ~** к на́шему разочарова́нию; **what a ~!** кака́я доса́да; **he was a ~ to us** он не оправда́л на́ших ожида́ний
disapprobation неодобре́ние
disapprobative, disapprobatory неодобри́тельный
disapproval неодобре́ние
disapprove не одобря́ть
disapproving неодобри́тельный
disarm (*deprive of weapons; also fig*) обезору́живать; (*conciliate*) умиротворя́ть; (*reduce, abandon armament*) разоружа́ться
disarmament разоруже́ние
disarmer сторо́нник поли́тики разоруже́ния
disarrange (*upset*) расстра́ивать; (*disorganize*) дезорганизова́ть; (*make untidy*) приводи́ть в беспоря́док
disarrangement расстро́йство; дезорганиза́ция; беспоря́док
disarray 1. *n* беспоря́док, смяте́ние **2.** *v* приводи́ть в беспоря́док, смяте́ние; (*disrobe*) раздева́ть
disarticulate расчленя́ть
disarticulation *surg* ампута́ция че́рез суста́в
disassimilation катаболи́зм
disassociate *see* **dissociate**
disaster бе́дствие, катастро́фа; **court ~** накли́кать беду́
disastrous бе́дственный, катастрофи́ческий
disavow (*repudiate*) отрека́ться, отка́зываться от (+ *gen*); (*deny*) отрица́ть; *pol* дезавуи́ровать
disavowal отрече́ние, отка́з (**of,** от + *gen*); отрица́ние; дезавуаза́ция
disband *vt* распуска́ть; *vi* (*scatter*) разбега́ться; (*separate*) расходи́ться
disbar лиша́ть зва́ния адвока́та
disbelief неве́рие
disbelieve не ве́рить (+ *dat*)
disbud обреза́ть по́чки
disburden освобожда́ть(ся) от тя́жести; *fig* освобожда́ть(ся) от бре́мени
disburse (*pay*) плати́ть; (*hand over money*) выдава́ть
disbursement (*payment*) опла́та; (*sum paid*) вы́плаченная су́мма
disc *see* **disk**
discard 1. *n* (*reject*) брак; (*card*) сбро́шенная ка́рта **2.** *v* (*throw away*) выбра́сывать; (*reject, abandon*) отка́зываться от (+ *gen*); *comm* (*reject as faulty*) бракова́ть; (*take off*) снима́ть; (*cards*) сбра́сывать
discern (*distinguish*) различа́ть, распознава́ть; (*see*) ви́деть

discernible (*distinguishable*) различи́мый; (*noticeable*) заме́тный
discerning (*discriminating*) разбо́рчивый; (*shrewd*) проница́тельный
discernment (*discrimination*) разбо́рчивость *f*; (*shrewdness*) проница́тельность *f*
discharge 1. *n* (*unloading*) разгру́зка; (*emission*) вы́пуск, вы́брос; (*of gun*) вы́стрел; (*dismissal*) увольне́ние; (*release*) освобожде́ние; (*of debt*) упла́та; (*of duty*) исполне́ние; (*of water, gas etc*) деби́т; *med* выделе́ние; *elect* разря́д **2.** *v* (*unload*) разгружа́ть; (*emit, deliver*) выпуска́ть; *med* выделя́ть; (*gun*) вы́стрелить *pf* (из + *gen*); (*of rivers etc*) впада́ть, влива́ться (**into,** в + *acc*); (*dismiss*) увольня́ть; (*free*) освобожда́ть; (*from hospital*) выпи́сывать; (*debt*) выпла́чивать; (*duties*) выполня́ть; *elect* разряжа́ть
discharger *elect* разря́дник
disciple (*follower*) учени́к, после́дователь *m*; (*apostle*) апо́стол
disciplinarian сторо́нник дисципли́ны
disciplinary (*corrective*) исправи́тельный; (*concerned with discipline*) дисциплина́рный; ~ **committee** дисциплина́рная коми́ссия
discipline 1. *n* (*maintenance of order; branch of learning*) дисципли́на; (*order*) поря́док; (*~d behaviour*) дисциплини́рованность *f*; (*punishment*) наказа́ние **2.** *v* (*enforce ~*) дисциплини́ровать; (*train*) тренирова́ть; (*punish*) нака́зывать
disclaim (*refuse to acknowledge*) не признава́ть; (*disown*) отрека́ться от (+ *gen*); *leg* отка́зываться от (+ *gen*)
disclaimer (*denial*) отрече́ние, опроверже́ние; *leg* отка́з
disclose (*show*) обнару́живать; (*uncover; tell secret*) раскрыва́ть
disclosure обнару́жение; раскры́тие, разоблаче́ние
disco дискоте́ка
discobolus дискобо́л
discoid(al) дископодо́бный
discoloration обесцве́чивание
discolour (*change colour*) изменя́ть цвет; (*stain*) па́чкать(ся); (*lose colour*) обесцве́чивать(ся)
discomfit (*defeat*) поража́ть; (*confuse*) расстра́ивать; (*disconcert*) смуща́ть
discomfiture смуще́ние
discomfort 1. *n* (*lack of comfort; inconvenience*) неудо́бство; (*uneasiness*) беспоко́йство; (*privation*) лише́ния *neut pl* **2.** *v* (*make uncomfortable*) причиня́ть неудо́бство (+ *dat*); (*make uneasy*) беспоко́ить
discommode (*inconvenience*) причиня́ть неудо́бство (+ *dat*); (*disturb*) беспоко́ить
discommodity (*inconvenience*) неудо́бство
discompose расстра́ивать
discomposure (*agitation*) беспоко́йство; (*embarrassment*) смуще́ние
disconcert (*abash*) смуща́ть; (*plans etc*) расстра́ивать
disconnect (*separate*) разъединя́ть; (*unhook, uncouple*) расцепля́ть; (*telephone etc*) отключа́ть
disconnected (*disjointed*) бессвя́зный; отры́вистый; (*not linked*) не свя́занный
disconsolate (*inconsolable*) неуте́шный; (*wretched*) печа́льный, несча́стный
discontent 1. *n* недово́льство (**with,** + *instr*) **2.** *adj* недово́льный (**with,** + *instr*) **3.** *v* вызыва́ть недово́льство у (+ *gen*); **be ~ed** быть недово́льным (**with,** + *instr*)
discontentment недово́льство
discontiguous не сме́жный
discontinuance прекраще́ние
discontinue прекраща́ть(ся)
discontinuity (*break*) переры́в; *math* разры́в; (*lack of continuity*) отсу́тствие непреры́вности
discontinuous (*intermittent*) преры́вистый; *sci, math* разры́вный, дискре́тный
discord (*lack of harmony*) дисгармо́ния; (*lack of unity*) разла́д; (*dissension*) раздо́р; (*disagreement*) разногла́сие; *mus* диссона́нс
discordance разногла́сие; *mus* диссона́нс
discordant (*disagreeing*) несогла́сный; (*contradictory*) противоречи́вый; (*not harmonizing*) дисгармони́чный; ~ **note** диссона́нс
discothèque дискоте́ка
discount 1. *n* ски́дка; **at a ~** со ски́дкой; (*banking*) диско́нт, учёт векселе́й; ~ **rate** учётная ста́вка **2.** *v* (*banking*) дисконти́ровать; (*reduce price*) де́лать ски́дку (в + *acc*); (*make allowance for*) учи́тывать; (*disregard*) пренебрега́ть, не принима́ть в расчёт; (*cast doubt on*) подверга́ть сомне́нию
discountenance (*abash*) смуща́ть; (*disapprove*) не одобря́ть; (*discourage*) обескура́живать
discourage (*dishearten*) обескура́живать; (*disapprove*) не одобря́ть; (*dissuade*) отгова́ривать (**from,** от + *gen*)
discouragement (*disheartening*) обескура́живание; (*disheartened state*) обескура́женность *f*; (*dissuasion*) отгова́ривание; (*set-back*) препя́тствие
discourse 1. *n* (*address*) речь *f*; (*lecture*) ле́кция; (*treatise*) тракта́т; (*conversation*) бесе́да, разгово́р **2.** *v* рассужда́ть (**upon,** о + *prep*); (*converse*) вести́ бесе́ду
discourteous (*impolite*) неве́жливый, неучти́вый; (*boorish*) невоспи́танный
discourtesy неве́жливость *f*; неучти́вость *f*; невоспи́танность *f*; (*insult*) оби́да
discover (*learn*) узнава́ть; (*find*) открыва́ть, обнару́живать; (*disclose*) раскрыва́ть (**to,** + *dat*)
discoverer открыва́тель *m*
discovery откры́тие
discredit 1. *n* (*shame*) позо́р; **bring ~ on, be a ~ to** дискредити́ровать; (*doubt*) недове́рие, сомне́ние; **throw ~ on** ста́вить под сомне́ние **2.** *v* (*damage reputation*) дискредити́ровать; (*cast doubt on*) подверга́ть сомне́нию; (*disbelieve*) не ве́рить (+ *dat*)
discreditable (*shameful*) позо́рный; (*unworthy*) недосто́йный
discreet (*prudent*) осторо́жный; (*careful in speech*) не болтли́вый
discrepancy (*difference*) разли́чие, ра́зница; (*inconsistency*) противоре́чие; (*variation in results etc*) расхожде́ние; (*lack of agreement*) разногла́сие
discrepant (*differing from*) отлича́ющийся от (+ *gen*); (*not agreeing*) несогла́сный; (*dissimilar*) несхо́дный; (*contradictory*) противоречи́вый, разноречи́вый
discrete *math* дискре́тный; *bot* разде́льный
discretion (*caution*) осторо́жность *f*; (*good judgement*) благоразу́мие; **act with ~** вести́ себя́ благоразу́мно; (*freedom of decision*) свобо́да

действия; (*authority*) **at** ~ по собственному усмотрению; **at the** ~ **of** по усмотрению (+ *gen*); **use one's** ~ действовать по своему усмотрению

discretionary дискреционный

discriminate 1. *adj* (*distinct*) отчётливый **2.** *v* (*differentiate between*) различать, распознавать; (*distinguish from*) отличать (от + *gen*); (*treat differently*) относиться по-разному (к + *dat*); (*be biased*) ~ **against** дискриминировать (*acc*); ~ **in favour of** действовать в пользу (+ *gen*)

discriminating (*distinguishing*) отличительный; (*discerning*) разборчивый; (*refined*) утончённый; ~ **taste** тонкий вкус; (*differential*) дифференциальный

discrimination (*ability to distinguish*) разборчивость *f*, умение различать; (*prejudice*) дискриминация; *tech* разрешающая способность *f*

discriminatory (*distinguishing*) отличительный; (*prejudiced*) пристрастный

discursive (*rambling*) беспорядочный; *log* дискурсивный

discus диск; ~ **thrower** дискобол, *f* дискоболка

discuss обсуждать, дискутировать

discussion обсуждение; (*debate*) дискуссия; *pl polit* переговоры *m pl*; **hold** ~**s** вести переговоры

disdain 1. *n* (*contempt*) презрение (**for, towards,** к + *dat*); (*haughtiness*) надменность *f* **2.** *v* (*despise*) презирать; (*be too proud to*) считать ниже своего достоинства

disdainful презрительный, пренебрежительный

disease болезнь *f*

diseased (*ill*) больной; (*infected*) заражённый; (*morbid*) болезненный

disembark (*people*) высаживать(ся); (*goods*) выгружать

disembarkation (*of people*) высадка; (*of goods*) выгрузка

disembarrass (*free from*) освобождать (**of,** от + *gen*); (*disentangle*) распутывать (**from,** от + *gen*)

disembodied бестелесный

disembogue (*flow into*) впадать, вливаться (**into,** в + *acc*); (*discharge*) выливать

disembowel потрошить

disenchant (*disappoint*) разочаровывать; (*disillusion*) освобождать от иллюзий

disencumber освобождать (от бремени, затруднений *etc*)

disenfranchise лишать гражданских прав

disengage (*free, get free*) освобождать(ся) (**from,** от + *gen*); (*uncouple*) расцеплять, разъединять; (*switch off*) выключать; *mil* (*withdraw*) выходить из боя

disengaged не занятый

disengagement освобождение (**from** от + *gen*); *mil* выход из боя

disentangle распутывать(ся); *fig* выпутывать(ся) (из затруднений)

disentitle лишать права (**from,** на + *acc*)

disentomb выкапывать из могилы; *fig* откапывать

disentrain высаживать(ся) из поезда

disequilibrium неравновесное состояние, неустойчивость *f*

disestablish (*church*) отделять (церковь от государства); (*cancel*) отменять

disesteem 1. *n* неуважение, неодобрение **2.** *v* низко оценивать

disfavour 1. *n* (*disapproval*) неодобрение; **regard with** ~ относиться с неодобрением; (*loss of favour*) немилость *f*; **be in** ~ быть в немилости; **fall into** ~ впадать в немилость

disfeature обезображивать, уродовать

disfigure (*spoil*) портить; (*spoil appearance*) уродовать, обезображивать; (*distort*) искажать

disfigurement обезображивание; искажение; (*physical blemish*) физический недостаток, уродство

disfranchise (*of civic rights*) лишать гражданских прав; (*of right to vote*) лишать избирательных прав

disgorge (*from throat*) изрыгать; (*eject*) выбрасывать, извергать; (*of river*) впадать (**into,** в + *acc*); (*give back*) отдавать, возвращать; (*wine*) дегоржировать

disgrace 1. *n* (*shame*) позор; **be a** ~ **to** позорить (+ *acc*); **bring** ~ **on** навлекать позор на (+ *acc*); (*disfavour*) немилость *f*; **be in** ~ быть в немилости; *coll* (*shocking thing*) безобразие **2.** *v* (*bring shame on*) позорить, бесчестить; (*dismiss from favour*) подвергнуть *pf* немилости; (*demote*) разжаловать *pf*

disgraceful (*shameful*) позорный, постыдный; (*shocking*) безобразный; **it's** ~**!** (какое) безобразие!

disgruntled (*dissatisfied*) недовольный; (*out of humour*) в дурном настроении

disguise 1. *n* (*clothing etc*) переодевание; **in** ~ (*person*) переодетый; (*thing*) замаскированный; (*deceptive device*) маскировка **2.** *v* (*person*) переодевать (**as,** + *instr* or в + *acc*); (*thing*) маскировать; (*hide*) скрывать; (*voice, handwriting*) менять

disgust 1. *n* (*revulsion*) отвращение; (*indignation*) возмущение; (*exasperation*) раздражение **2.** *v* внушать отвращение; возмущать; раздражать; **I was** ~**ed** мне было противно, я был возмущён

disgusting отвратительный, гнусный, противный

dish 1. *n* (*vessel; food*) блюдо; *pl* (*crockery*) посуда; *tech* чаша, чашка; (*of wheels*) развал; (*hollow*) впадина; *sl* (*girl*) красотка **2.** *v* (*put on* ~) класть на блюдо; (*serve*) подавать; (*shape like* ~) придавать вогнутую форму; (*thwart*) испортить *pf* планы (+ *gen*); (*trick*) провести *pf*); ~ **out** (*food*) раскладывать; (*distribute*) раздавать; ~ **up** (*food*) подавать

dishabille, deshabille дезабилье *neut indecl*

dishabituate отучать (**from,** от + *gen*)

disharmonious дисгармоничный

disharmonize нарушать гармонию

disharmony дисгармония

dishcloth тряпка (для мытья посуды)

dishearten обескураживать

dished (*concave*) вогнутый; (*cup-shaped*) чашевидный

dishevelled (*hair*) взъерошенный; (*person*) растрёпанный

dishonest (*lacking honesty; deceitful*) нечестный; (*fraudulent*) мошеннический

dishonesty нечестность *f*

dishonour 1. *n* позор, бесчестье **2.** *v* (*disgrace*) бесчестить, позорить; (*insult*) оскорблять; ~ **promise** не сдержать своего обещания; (*refuse to pay*) отказывать в платеже

dishonourable бесчестный, подлый

dishwasher (*person*) судомойка; (*machine*) посу-

домо́ечная маши́на
dishwater помо́и *m pl*; **dull as ~** невыноси́мо ску́чный
disillusion 1. *n* (*loss of illusion*) утра́та иллю́зий; (*disappointment*) разочарова́ние **2.** *v* (*destroy illusions*) разруша́ть иллю́зии; (*disappoint*) разочаро́вывать
disincentive расхола́живающий фа́ктор; **~ to** препя́тствие (+ *dat*)
disinclination неохо́та
disincline отбива́ть охо́ту (+ *dat*)
disinfect дезинфици́ровать
disinfectant 1. *n* дезинфици́рующее сре́дство **2.** *adj* дезинфекцио́нный
disinfection дезинфе́кция
disinfest уничтожа́ть насеко́мых
disinfestation уничтоже́ние насеко́мых, дезинсе́кция
disinflation дефля́ция
disingenuous нейскренний
disinherit лиша́ть насле́дства
disinheritance лише́ние насле́дства
disintegrate (*break into pieces*) разделя́ть(ся) на составны́е ча́сти; (*fall to pieces, collapse*) разруша́ться, разва́ливаться, рассыпа́ться
disintegration разруше́ние, распаде́ние; *tech* дезинтегра́ция; *phys* распа́д
disintegrator дезинтегра́тор, дроби́лка
disinter вы́капывать (из моги́лы); *fig* отка́пывать
disinterested (*impartial*) бескоры́стный, незаинтересо́ванный; (*uninterested*) равноду́шный (**in,** к + *dat*)
disjoin разъединя́ть
disjoint (*dismember*) расчленя́ть, разбира́ть на ча́сти; (*dislocate*) вы́вихнуть *pf*; (*disorder*) расстра́ивать
disjointed (*of speech*) несвя́зный; (*disorganized*) беспоря́дочный
disjunction разъедине́ние; *elect* размыка́ние
disjunctive 1. *n gramm* раздели́тельный сою́з; *log* альтернати́ва **2.** *adj* разъединя́ющий; *gramm* раздели́тельный; *log* альтернати́вный
disk, disc 1. *n* (*most senses*) диск; *mil* **identification ~** ли́чный знак; (*gramophone*) грампласти́нка **2.** *adj* ди́сковый, дискообра́зный; **~ saw** ди́сковая пила́; **~ harrow** ди́сковый культива́тор; **~ valve** таре́льчатый кла́пан
dislike 1. *n* неприя́знь *f*, нелюбо́вь *f*, антипа́тия (**for, of,** + *dat*) **2.** *v* **I ~** я не люблю́ (+ *gen or infin*), мне не нра́вится (+ *nom or infin*)
dislocate (*joint*) вы́вихнуть *pf*; (*plans etc*) расстра́ивать; **~ traffic** наруша́ть движе́ние; *tech* дислоци́ровать, смеща́ть
dislocation (*of joint*) вы́вих; (*disturbance*) расстро́йство; *geol, tech* дислока́ция
dislodge (*remove*) удаля́ть; (*displace*) смеща́ть, сдвига́ть с ме́ста; (*drive out*) выгоня́ть
disloyal (*not loyal*) нелоя́льный; (*treacherous*) преда́тельский
disloyalty нелоя́льность *f*; преда́тельство
dismal (*gloomy*) мра́чный; (*sad, cheerless*) уны́лый; **~ mood** пода́вленное настрое́ние; **~ prospects** мра́чные перспекти́вы *m pl*; **a ~ sight** печа́льное зре́лище; **~ thoughts** уны́лые мы́сли *f pl*; **~ weather** мра́чная, гнету́щая пого́да
dismantle (*take down*) снима́ть; (*take to pieces*) разбира́ть (на ча́сти); *tech* демонти́ровать; *mil* разоружа́ть
dismast сноси́ть ма́чту
dismay 1. *n* (*fear*) страх, испу́г; (*alarm*) трево́га; (*discomfiture*) смуще́ние; (*disappointment*) разочарова́ние **2.** *v* (*alarm; cast down*) смуща́ть; (*daunt*) обескура́живать
dismember (*take to pieces*) расчленя́ть; (*tear to pieces*) разрыва́ть; (*divide up*) разделя́ть
dismiss (*send away*) отпуска́ть; (*disperse*) распуска́ть; (*as command*) разойди́сь!; (*from employment*) увольня́ть; (*thoughts, fears etc*) гнать от себя́; *leg* (*petition etc*) отклоня́ть
dismissal (*dispersal*) ро́спуск; (*from job*) увольне́ние; (*letting go*) освобожде́ние; (*from hospital*) вы́писка
dismissive (*contemptuous*) презри́тельный
dismount (*alight*) слеза́ть (**from,** с + *gen*); *mil* (*command*) слеза́й!; (*remove, take down*) снима́ть; (*dismantle*) разбира́ть; (*take out*) вынима́ть
disobedience неповинове́ние, непослуша́ние
disobedient непослу́шный; **be ~** не слу́шаться
disobey (*refuse to obey*) не повинова́ться (+ *dat*), не слу́шаться (+ *gen*); (*disregard*) не слу́шаться (+ *gen*), не сле́довать (+ *dat*), ослу́шиваться (+ *gen*)
disoblige (*fail to oblige*) не угожда́ть (+ *dat*); (*offend*) обижа́ть; **he did it to ~ me** он сде́лал э́то в пи́ку мне, на зло мне
disobliging нелюбе́зный
disorder 1. *n* (*confusion*) беспоря́док; (*riots etc*) беспоря́дки *m pl*; (*illness*) расстро́йство **2.** *v* (*disarrange*) приводи́ть в беспоря́док; (*upset health*) расстра́ивать
disorderly 1. *adj* (*most senses*) беспоря́дочный; *leg* **~ conduct** поведе́ние, наруша́ющее обще́ственный поря́док, хулига́нство **2.** *adv* беспоря́дочно
disorganization (*lack, breakdown of organization*) дезорганиза́ция; (*confusion*) беспоря́док
disorganize (*throw into disorder*) приводи́ть в беспоря́док; (*upset working of*) дезорганизова́ть
disorient(ate) (*confuse sense of direction*) дезориенти́ровать; *fig* сбива́ть с то́лку
disown (*disclaim, not recognize*) не признава́ть; (*repudiate*) отрица́ть; (*cast off*) отка́зываться (от + *gen*)
disparage умаля́ть
disparagement умале́ние
disparaging пренебрежи́тельный, унизи́тельный, умаля́ющий
disparate (*not comparable*) несравни́мый; (*unequal*) несоизмери́мый
disparity (*inequality*) нера́венство; (*difference*) несоотве́тствие, ра́зница; **~ of age** ра́зница в во́зрасте; **~ of views** несовмести́мость *f* взгля́дов
dispassionate (*without emotion*) бесстра́стный; (*calm*) споко́йный; (*without bias*) беспристра́стный
dispatch, despatch 1. *n* (*sending off*) отпра́вка; отправле́ние; (*speed*) быстрота́; (*thing sent*) отправле́ние; (*report*) донесе́ние; (*communiqué*) сообще́ние; (*diplomatic*) депе́ша; (*killing*) уби́йство; (*execution*) казнь *f* **2.** *adj* **~ boat** посы́льное су́дно; **~ box** су́мка для официа́льных докуме́нтов; **~ rider** мотоцикли́ст свя́зи **3.** *v* (*send*) отправля́ть, посыла́ть; (*kill*) убива́ть; (*do quickly*) бы́стро выполня́ть; (*deal with*) справля́ться с (+ *instr*); *coll* (*eat up*) уничтожа́ть
dispel (*disperse; fears etc*) рассе́ивать; (*drive away*)

разгоня́ть
dispensable необяза́тельный; **he, it is** ~ без него́ мо́жно обойти́сь
dispensary (*chemist's*) апте́ка; (*clinic*) кли́ника; (*out-patients'*) амбулато́рия
dispensation (*giving out*) разда́ча, распределе́ние; (*exemption*) освобожде́ние (**from,** от + *gen*)
dispensatory фармакопе́я
dispense (*distribute*) раздава́ть, распределя́ть; ~ **justice** отправля́ть правосу́дие; *med* пригото-вля́ть (лека́рства); (*exempt*) освобожда́ть (**from,** от + *gen*); ~ **with** (*do without*) обходи́ться без (+ *gen*); (*make unnecessary*) де́лать нену́жным
dispenser *med* фармаце́вт, апте́карь *m*; (*dispensing machine*) автома́т; (*device for delivering measured amounts*) доза́тор
dispeople обезлю́дить *pf*
dispersal рассе́ивание; *biol* распростране́ние
disperse 1. *adj chem* диспе́рсный **2.** *v* (*scatter*) рассе́ивать(ся); (*drive away*) разгоня́ть; (*spread widely*) распространя́ться; (*go in different directions*) расходи́ться; *chem* дисперги́ровать
dispersed *chem* диспе́рсный
dispersing рассе́ивающий; *chem* ~ **agent** дисперга́тор; *opt* рассе́ивающий
dispersion (*scattering*) рассе́ивание; (*being scattered*) разбро́санность *f*; *chem*, *phys* диспе́рсия, рассе́яние
dispersity диспе́рсность *f*
dispersive рассе́ивающий; *chem* дисперги́рующий
dispirit удруча́ть, приводи́ть в уны́ние
dispirited уны́лый, удручённый
displace (*move out of place*) передвига́ть, переставля́ть, перекла́дывать, перемеща́ть; (*supplant*) вытесня́ть, замеща́ть; (*put in wrong place*) смеща́ть; (*remove from office*) увольня́ть; *naut* име́ть водоизмеще́ние в (+ *acc*)
displaced смещённый, не на своём ме́сте; ~ **person** перемещённое лицо́, бе́женец
displacement (*move to another place*) перемеще́ние, перестано́вка; (*removal*; *distance moved*; *med*, *phys*) смеще́ние; *phys* (*of liquid*, *gas*) вытесне́ние; *elect* смеще́ние; **phase** ~ сдвиг фа́зы; *geol* сдвиг; *tech* (*of pump etc*) производи́тельность *f*; *naut* водоизмеще́ние
display 1. *n* (*exhibition*) вы́ставка; (*demonstration*) пока́з; **put on** ~ выставля́ть напока́з; (*of learning*, *courage etc*) проявле́ние; *print* выделе́ние осо́бым шри́фтом; *tech* (*of information presentation*) индика́ция; (*device*) диспле́й, индика́тор; **radar** ~ радиолокацио́нный индика́тор; **visual-~ unit, VDU** диспле́й; *zool* демонстрацио́нное поведе́ние; (*of birds*) токова́ние **2.** *v* (*show*) пока́зывать; (*exhibit*) выставля́ть; (*at exhibition etc*) экспони́ровать; (*symptoms*, *fear etc*) проявля́ть; *print* выделя́ть шри́фтом
displease (*not please*) не нра́виться (+ *dat*); (*annoy*) раздража́ть; (*offend*) обижа́ть; **be ~d at, with** быть недово́льным (+ *instr*)
displeasing (*unpleasant*) неприя́тный; (*unattractive*) непривлека́тельный
displeasure (*dissatisfaction*) неудово́льствие, недово́льство; (*annoyance*) доса́да; **incur** ~ навлека́ть на себя́ гнев
disport (*amuse oneself*) развлека́ться, забавля́ться (+ *instr*); (*gambol*) весели́ться; (*play*) игра́ть
disposable (*available*) име́ющийся в распоряже́нии; ~ **income** дохо́д, остаю́щийся по́сле упла́ты нало́гов; (*non-returnable*; *throw-away*) (одно-)ра́зовый; (*capable of being disposed of*) устрани́мый; *tech* ~ **load** поле́зная нагру́зка
disposal (*arrangement*) расположе́ние; *mil* диспози́ция; (*handing over*) переда́ча; (*sale*) прода́жа; (*removal*) устране́ние; **bomb** ~ обезвре́живание бомб; **refuse** ~ удале́ние нечисто́т; (*freedom to deal with*) распоряже́ние; **at the ~ of** в распоряже́нии (+ *gen*); **place at the ~ of** предоста́вить *pf* в распоряже́ние (+ *gen*)
dispose (*arrange*) располага́ть, расставля́ть; (*incline*, *influence*) располага́ть, склоня́ть; **be ~d to** быть скло́нным (+ *infin*); ~ **of** (*deal with*) распоряди́ться *pf* (+ *instr*); (*get rid of*) избавля́ться от (+ *gen*); отде́латься *pf* от (+ *gen*); (*destroy*) ликвиди́ровать; (*remove*) устраня́ть
disposition (*arrangement*) расположе́ние; *mil* диспози́ция; (*control*) распоряже́ние; **have in one's** ~ име́ть в своём распоряже́нии; (*bestowal*) переда́ча; (*sale*) прода́жа; (*temperament*) хара́ктер; (*tendency*) скло́нность *f* (**to,** к + *dat*)
dispossess (*deprive*) лиша́ть (**of,** + *gen*); (*oust*) выселя́ть
dispraise 1. *n* порица́ние **2.** *v* (*blame*) порица́ть; (*disparage*) говори́ть с пренебреже́нием (о + *prep*)
disproof опроверже́ние
disproportion (*lack of proportion*) непропорциона́льность *f*; *math* диспропо́рция; (*disparity*) несоразме́рность *f*
disproportionate (*out of proportion*) непропорциона́льный (**to,** + *dat*), несоразме́рный (**to,** с + *instr*); (*excessive*) чрезме́рный
disprove (*prove untrue*) дока́зывать ло́жность (+ *gen*); (*refute*) опроверга́ть
disputable (*debatable*) спо́рный; (*doubtful*) сомни́тельный
disputant 1. *n* (*in debate*) уча́стник диску́ссии; (*in argument*) спо́рщик **2.** *adj* спо́рящий
disputation (*debate*; *defence of thesis*) ди́спут; (*discussion*) деба́ты *m pl*; (*argument*) спор
disputatious (*liking debate*) лю́бящий спо́рить; (*quarrelsome*) сварли́вый
dispute 1. *n* (*formal debate*) ди́спут; (*controversy*) деба́ты *m pl*, поле́мика; (*argument*, *quarrel*) спор; **beyond** ~ бесспо́рно; **in** ~ спо́рный **2.** *v* (*argue*) спо́рить; (*debate*) дискути́ровать; (*discuss*) обсужда́ть; (*quarrel*) ссо́риться; (*contest*, *call in question*; *strive to win*) оспа́ривать; (*oppose*) проти́виться (+ *dat*)
disputed (*undecided*) спо́рный; (*contested*) оспа́риваемый
disqualification (*loss of right*) лише́ние пра́ва (**from,** на + *acc*); (*loss of qualifications*; *sp*) дисквалифика́ция; *leg* неправоспосо́бность *f*; (*that which disqualifies*) обстоя́тельство, лиша́ющее пра́ва
disqualify (*deprive of qualification*) лиша́ть пра́ва (**from,** на + *acc*); (*debar*) дисквалифици́ровать; (*incapacitate*) де́лать него́дным (**for, from,** к + *dat*); (*ban from driving*) лиша́ть води́тельских прав
disquiet 1. *n* (*anxiety*) беспоко́йство, волне́ние; **feel** ~ беспоко́иться; (*civil commotion*) волне́ния *neut pl* **2.** *v* беспоко́ить, трево́жить
disquieting беспоко́йный, трево́жный
disquietude беспоко́йство, трево́га
disquisition (*investigation*) иссле́дование; (*treatise*, *discourse*) изложе́ние; (*lecture*) ле́кция

disregard 1. *n* (*neglect*) пренебреже́ние (**of,** + *instr*), игнори́рование (**of,** + *gen*); (*equanimity*) равноду́шие (**for,** к + *dat*) **2.** *v* (*ignore*) игнори́ровать; (*neglect*) пренебрега́ть (+ *instr*); (*pay no attention*) не обраща́ть внима́ния на (+ *acc*)

disrepair (*dilapidation*) ве́тхость *f*; (*bad, unusable state*) неиспра́вность *f*

disreputable (*having bad name*) по́льзующийся дурно́й репута́цией; (*shameful*) позо́рный; *coll* (*scruffy*) истрёпанный

disrepute плоха́я репута́ция; **be in** ~ име́ть дурну́ю репута́цию; **bring into** ~ навлека́ть дурну́ю сла́ву

disrespect неуваже́ние; **show** ~ **to** относи́ться неуважи́тельно к (+ *dat*)

disrespectful непочти́тельный

disrobe (*undress*) раздева́ть(ся); (*take off robes*) разоблача́ть(ся)

disrupt (*break up*) разрыва́ть, разруша́ть; *fig* подрыва́ть; (*disturb*; *throw into confusion*) наруша́ть

disruption разруше́ние; наруше́ние; *geol* дезинтегра́ция, распа́д; *elect* пробо́й

disruptive разруши́тельный; *fig* подрывно́й; *elect* пробивно́й, разря́дный

dissatisfaction (*displeasure*) недово́льство (**with,** + *instr*); (*not being satisfied*) неудовлетворённость *f*

dissatisfactory неудовлетвори́тельный

dissatisfied (*not satisfied*) неудовлетворённый (**with,** + *instr*); (*displeased*) недово́льный (**with,** + *instr*)

dissatisfy не удовлетворя́ть (*usu* + *gen*)

dissect (*cut up*) рассека́ть; *anat*, *bot* вскрыва́ть, анатоми́ровать; (*analyse*) анализи́ровать; (*criticize in detail*) разбира́ть крити́чески

dissecting (*instruments etc*) анатоми́ческий; ~ **room** секцио́нная ко́мната

dissection (*cutting up*) рассече́ние; *anat* анатоми́рование, вскры́тие, препари́рование; *elect* разложе́ние

dissector (*person*) прозе́ктор; (*instrument*) секцио́нный, анатоми́ческий инструме́нт; (*television*) диссе́ктор

disseise незако́нно лиша́ть (+ *gen*)

dissemble (*hide*) скрыва́ть; (*pretend*) притворя́ться; (*take to pieces*) разбира́ть

dissembler притво́рщик, лицеме́р

disseminate (*seed*) разбра́сывать, рассе́ивать; (*stories etc*) распространя́ть

dissemination разбро́с; распростране́ние

dissension (*disagreement*) разногла́сие; (*discord*) разла́д, раздо́ры *m pl*; **sow** ~ се́ять раздо́р

dissent 1. *n* (*disagreement*) несогла́сие; (*difference of opinion*) разногла́сие; (*nonconformity*) инакомы́слие **2.** *v* (*not concur*) не соглаша́ться; (*be of different opinions*) расходи́ться во мне́ниях; *eccles* отступа́ть от официа́льной це́ркви

dissenter *rel* секта́нт; *pol* диссиде́нт

dissentient 1. *n* инакомы́слящий **2.** *adj* инакомы́слящий; не соглаша́ющийся; несогла́сный

dissenting (*not agreeing*) не соглаша́ющий; ~ **vote** го́лос про́тив; (*of dissident*) диссиде́нтский

dissertation диссерта́ция

disservice плоха́я услу́га; **do a** ~ **to** ока́зывать плоху́ю услу́гу (+ *dat*), нанести́ *pf* уще́рб (+ *dat*); **to the** ~ **of** во вред, в уще́рб (+ *dat*)

dissever разъединя́ть(ся)

dissidence диссиде́нтство, инакомы́слие

dissident 1. *n* диссиде́нт **2.** *adj* (*disagreeing*) несогла́сный; (*of* ~) диссиде́нтский

dissimilar непохо́жий, несхо́дный

dissimilarity (*unlikeliness*) несхо́дство; (*point of difference*) разли́чие

dissimilate *ling* диссимили́ровать

dissimilation *ling* диссимиля́ция

dissimilatory *ling* диссимиляти́вный

dissimulate *vt* (*hide*) скрыва́ть; (*simulate*) симули́ровать; *vi* (*pretend*) притворя́ться

dissimulation (*hiding*) сокры́тие; (*pretence*) притво́рство; (*deception*) обма́н

dissimulator (*pretender*) притво́рщик; (*hypocrite*) лицеме́р

dissipate (*gloom, fears etc*) рассе́ивать(ся), разгоня́ть(ся); (*time, energy etc*) растра́чивать, расточа́ть; (*money, wealth*) прома́тывать; (*be dissolute*) распу́тничать

dissipated (*dissolute*) распу́тный

dissipation (*dispersal*) рассе́яние; (*waste*) расточе́ние; (*debauchery*) распу́тство; *tech* рассе́яние; **heat** ~ рассе́яние тепла́

dissipative диссипати́вный, рассе́ивающий

dissipator *tech* гаси́тель *m*

dissociable (*unsociable*) необщи́тельный; (*separable*) раздели́мый

dissocial необщи́тельный

dissociate (*separate*) разъединя́ть; (*disunite*) разобща́ть; (*sever link with*; *repudiate*) ~ **oneself** отмежёвываться (**from,** от + *gen*)

dissociation (*separation*) разъедине́ние; (*disuniting*) разобще́ние; (*repudiation*) отмежева́ние (**from,** от + *gen*); *psych*, *chem* диссоциа́ция

dissociative разъединя́ющий; разобща́ющий; *psych* диссоции́рующий

dissolubility (*solubility*) раствори́мость *f*; (*into constituent parts*) разложи́мость *f*; (*laws, marriage etc*) расторжи́мость *f*

dissoluble (*soluble*) раствори́мый; (*into constituent parts*) разложи́мый; (*laws, marriage etc*) расторжи́мый

dissolute распу́щенный, распу́тный

dissoluteness распу́тство, распу́щенность *f*

dissolution (*disintegration*) разложе́ние; (*dissolving*) растворе́ние; (*melting*) та́яние; (*of marriage*) расторже́ние; (*of Parliament etc*) ро́спуск; *comm* (*of partnership etc*) ликвида́ция; (*break-up of organization*) расформирова́ние; *fig* (*death*) конч́ина, смерть *f*

dissolvable (*soluble*) раствори́мый; (*into constituent parts*) разложи́мый

dissolve 1. *n cin* наплы́в **2.** *v* (*in liquid*) растворя́ть(ся); (*liquefy*) разжижа́ть(ся); (*melt*) та́ять; (*disintegrate*) разлага́ть(ся); (*annul*) расторга́ть, аннули́ровать; (*Parliament etc*) распуска́ть; (*end*) конча́ть, уничтожа́ть, ликвиди́ровать; (*disappear*) исчеза́ть; (*make disappear*) заставля́ть исче́знуть

dissolvent раствори́тель *m*

dissolver *cin* механи́зм наплы́ва

dissonance *mus* диссона́нс; (*disagreement*) разла́д

dissonant *mus* диссони́рующий, нестро́йный; (*at variance*) ста́лкивающийся, противоречи́вый; (*disagreeing*) разногла́сный

dissuade (*advise against*) отгова́ривать (**from,** от + *gen*); (*change mind of*) разубежда́ть

dissuasion разубежде́ние

dissuasive разубежда́ющий
dissymmetrical (*not symmetric*) асимметри́чный; (*mirror-symmetric*) зерка́льно симметри́чный
dissymmetry асимметри́я; зерка́льная симметри́я
distaff (*for spinning*) пря́лка; *fig* **on the ~ side** по же́нской ли́нии
distal *biol* диста́льный
distance 1. *n* (*intervening space*) расстоя́ние, дistáнция; **five miles ~ from** на расстоя́нии пяти́ миль от (+ *gen*); **it's quite a, some ~** э́то дово́льно далеко́; **it's within walking ~** туда́ мо́жно дойти́ пешко́м; **keep one's ~** держа́ться на почти́тельном расстоя́нии; **a short ~ from** недалеко́ от (+ *gen*); (*range*) да́льность *f*; (*interval*) промежу́ток; (*far-off point*) **from a ~** и́здали; **in the ~** вдали́; **into the ~** вдаль; (*remoteness*) да́льность *f*, отдалённость *f*; (*aloofness*) сде́ржанность *f*, хо́лодность *f* **2.** *v* (*remove to ~*) отдаля́ть; (*outstrip*) оставля́ть позади́ себя́
distant (*not near*) отдалённый; (*far off*) далёкий, да́льний; **~ lands** далёкие, да́льние стра́ны; **in the ~ future** в далёком бу́дущем; **~ relative** да́льний ро́дственник; **~ resemblance** отдалённое схо́дство; (*aloof*) сде́ржанный, холо́дный
distaste отвраще́ние (**for,** к + *dat*)
distasteful неприя́тный, проти́вный (**to,** + *dat*)
distemper 1. *n* (*disorder*) расстро́йство; (*disease of dogs*) соба́чья чума́; (*turmoil*) волне́ния *neut pl*; (*paint*) клеева́я кра́ска **2.** *v* кра́сить клеево́й кра́ской
distempered (*diseased*, *morbid*) расстро́енный; (*ill-humoured*) в дурно́м настрое́нии, не в ду́хе
distend надува́ть(ся), раздува́ть(ся)
distensible растяжи́мый, эласти́чный
distension (*stretching*) растяже́ние; (*expansion*) расшире́ние; (*filling-out*) раздува́ние
distich двусти́шие, ди́стих
distichous двуря́дный
distil (*refine*) очища́ть, дистилли́ровать; (*water*) опресня́ть; (*spirit*, *oil*, *etc*) перегоня́ть; (*extract essence*) извлека́ть эссе́нцию; *fig* извлека́ть суть (+ *gen*); (*fall in drops*) ка́пать
distillate дистилля́т, пого́н, фра́кция
distillation (*process*) дистилля́ция, перего́нка; **fractional ~** дро́бная перего́нка; (*product*) дистилля́т; *fig* су́щность *f*
distillatory очища́ющий, дистилли́рующий
distiller (*of spirituous liquors*) виноку́р; (*apparatus*) дистилля́тор
distillery виноку́ренный заво́д
distinct (*separate*) отде́льный; (*particular*) осо́бый; (*individual*) индивидуа́льный; (*different from*) отли́чный от (+ *gen*); **as ~ from** в отли́чие от (+ *gen*); (*definite*) определённый, я́вный; (*clear*) я́сный; (*speech*) отчётливый
distinction (*keeping distinct*) различе́ние; (*difference*) разли́чие, отли́чие; **make a ~ between** различа́ть; **without ~** без разли́чия; (*characteristic*) осо́бенность *f*; **have the ~ of** отлича́ться тем, что; (*pre-eminence*) отли́чие; **mark of ~** знак отли́чия; (*quality*) **person of ~** зна́тная осо́ба; **writer of ~** выдаю́щийся писа́тель *m*; (*originality*) оригина́льность *f*
distinctive (*distinguishing*) отличи́тельный; (*characteristic*) характе́рный
distinctly (*clearly*) я́сно, отчётливо; (*noticeably*) заме́тно; (*undoubtedly*) без вся́кого сомне́ния
distinctness я́сность *f*, отчётливость *f*
distinguish (*discern*; *see difference*) различа́ть; (*characterize*) отлича́ть (**from,** от + *gen*), характеризова́ть; **~ oneself** отлича́ться (**by,** + *instr*); (*become famous*) стать *pf* изве́стным (**by,** благодаря́ + *dat*)
distinguishable различи́мый, отличи́мый
distinguishably заме́тно
distinguished (*eminent*) выдаю́щийся; (*distinctive*) отличи́тельный
distinguishing (*distinctive*) отличи́тельный; (*characteristic*) характе́рный; *rad* **~ signal** позывно́й
distort (*most senses*) искажа́ть(ся); (*facts etc*) извраща́ть; (*twist*) искривля́ть(ся); *tech* деформи́ровать(ся)
distortion (*most senses*) искаже́ние; *tech*, *art* деформа́ция
distract (*divert*) отвлека́ть (внима́ние); (*confuse*) смуща́ть; (*prevent concentration*) расстра́ивать; (*drive mad*) своди́ть с ума́
distracted (*harassed*, *confused*) расстро́енный; (*frantic*) бе́шенный
distraction (*of attention*) отвлече́ние внима́ния; **be a ~** отвлека́ть внима́ние, меша́ть; (*absent-mindedness*) рассе́янность *f*; (*agitation*) отча́яние; (*madness*) бе́шенство; (*amusement*) развлече́ние
distrain накла́дывать аре́ст на иму́щество (в обеспе́чение до́лга)
distrainment о́пись *f* иму́щества в обеспе́чение до́лга
distraught (*mad*) обезу́мевший (**with,** от + *gen*); (*agitated*) взволно́ванный
distress 1. *n* (*grief*) го́ре; (*anxiety*) волне́ние; (*suffering*) страда́ние; (*danger*) опа́сность *f*; **ship** (*etc*) **in ~** су́дно (*etc*), те́рпящее бе́дствие; (*woeful situation*) беда́; (*want*, *poverty*) нужда́; **in ~** нужда́ющийся; (*exhaustion*) утомле́ние **2.** *adj* **~ signal** сигна́л бе́дствия; **~ rocket** сигна́л бе́дствия раке́той **3.** *v* (*cause grief*, *suffering*) причиня́ть го́ре, страда́ние (+ *dat*), огорча́ть; (*worry*, *agitate*) волнова́ть, беспоко́ить
distressed (*in trouble*) бе́дствующий; (*ship*) те́рпящий бе́дствие; (*upset*) расстро́енный; **be ~** расстра́иваться; (*needy*) нужда́ющийся; **in ~ circumstances** в стеснённых обстоя́тельствах
distressing (*causing distress*) огорчи́тельный; (*pitiful*) печа́льный
distributary рука́в реки́
distribute (*hand out*, *share*) раздава́ть, распределя́ть; (*disperse*) распределя́ть; (*send out*) рассыла́ть; (*deliver*) разноси́ть, развози́ть; (*spread*) распространя́ть; (*sprinkle over*) рассыпа́ть; (*scatter*) разбра́сывать; (*classify*) классифици́ровать; *print* разбира́ть шрифт; *log*, *math* распределя́ть
distribution (*most senses*) распределе́ние; (*handing out*) разда́ча; (*spreading*) распростране́ние; (*sending out*) рассы́лка; (*delivery of goods etc*) разво́з
distributive распредели́тельный; *gramm* раздели́тельный
distributor распредели́тель *m*; (*in engine*) распредели́тель зажига́ния; (*tradesman*) торго́вец, аге́нт
district 1. *n* (*most senses*) райо́н; (*locality*, *terrain*) ме́стность *f* **2.** *adj* (*of ~*) райо́нный; (*local*) ме́стный
distrust 1. *n* (*lack of trust*) недове́рие; (*doubt*) сомне́ние; (*suspicion*) подозре́ние **2.** *v* (*not trust*)

не доверя́ть (+ *dat*); (*suspect*) подозрева́ть; (*doubt*) сомнева́ться (в + *prep*)
distrustful (*untrusting*) недове́рчивый; (*suspicious*) подозри́тельный
disturb (*upset position, order, plans etc*) расстра́ивать; (*silence, balance etc*) наруша́ть; (*trouble*) беспоко́ить; (*interrupt*) меша́ть (+ *dat*); (*alarm*) трево́жить, волнова́ть
disturbance (*disorder*) расстро́йство, беспоря́док; (*of balance, peace etc*) наруше́ние; (*commotion, agitation*) волне́ния *neut pl*; (*riot*) беспоря́дки *m pl*; *geol* дислока́ция; *rad* поме́хи *f pl*
disturbed (*mentally ill*) психи́чески больно́й; **be ~** (*worried*) волнова́ться, беспоко́иться
disturbing (*disquieting*) беспоко́ящий; (*alarming*) трево́жный
distyle по́ртик с двумя́ коло́ннами
disunion (*severance*) разъедине́ние; (*dissension*) разногла́сие, разла́д
disunite (*separate*) разделя́ть; (*break unity*) разъединя́ть(ся)
disunity (*lack of unity*) отсу́тствие еди́нства; (*dissension*) разла́д, разногла́сие
disuse 1. *n* неупотребле́ние; **fall into ~** вы́йти *pf* из употребле́ния **2.** *v* переста́ть *pf* употребля́ть/по́льзоваться (+ *instr*)
disyllabic двусло́жный
disyllable двусло́жное сло́во
ditch 1. *n* (*irrigation etc*) кана́ва; (*beside road*) кюве́т; *mil* транше́я; **fight to the last ~** би́ться до конца́ **2.** *v* (*dig ~*) копа́ть кана́ву; (*clean out ~*) чи́стить кана́ву, кюве́т; (*surround with ~*) ока́пывать кана́вой; **drive into ~** въе́хать *pf* в кюве́т; *coll* (*throw away*) броса́ть; (*abandon*) покида́ть; *aer sl* соверша́ть вы́нужденную поса́дку на́ воду
ditcher (*machine*) канавокопа́тель *m*
ditch-water стоя́чая вода́; **dull as ~** кра́йне ску́чный
ditetragonal дитетрагона́льный
ditetrahedral дитетраэдри́ческий
dither (*tremble*) дрожа́ть; (*be nervous*) не́рвничать; (*be confused*) смуща́ться; (*hesitate*) колеба́ться, не реши́ться
dithering 1. *n* нереши́тельность *f* **2.** *adj* нереши́тельный
dithyramb дифира́мб
dithyrambic дифирамби́ческий
ditto (*same thing*) то́ же; (*same amount*) сто́лько же; (*of the same kind*) тако́й же; **~ marks** кавы́чки *f pl*
ditty пе́сенка
diuresis диуре́з
diuretic 1. *n* мочего́нное сре́дство **2.** *adj* мочего́нный
diurnal (*of daytime*) дневно́й; (*daily*) ежедне́вный; (*lasting one day*) однодне́вный; *astron, meteorol* су́точный
diva примадо́нна, ди́ва
divagate (*digress*) отклоня́ться от те́мы; (*wander*) броди́ть
divalent двухвале́нтный
divan (*all senses*) дива́н; **~-bed** куше́тка, дива́н-крова́ть *f*
divaricate разветвлённый
dive 1. *n* (*plunge*) прыжо́к в во́ду, *coll* нырóк; **make a ~ for** броса́ться на, в (+ *acc*); (*of diver, submarine*) погруже́ние; **crash ~** сро́чное погруже́ние; (*of aircraft*) пики́рование; *coll* (*tavern*) кабачо́к **2.** *v* (*plunge*) ныря́ть; (*sink, descend underwater*) погружа́ться; (*of aircraft*) пики́ровать; (*go lower*) спуска́ться; (*dart at, into, through*) броса́ться (в, на, че́рез + *acc*); (*disappear into*) скры́ться *pf*, исче́знуть *pf* (в + *pr*)
dive-bomb бомби́ть с пики́рования
dive-bomber пики́рующий бомбардиро́вщик
dive-bombing бомбомета́ние с пики́рования
diver *sp* прыгу́н (в во́ду), *coll* ныро́к; (*with breathing apparatus*) водола́з; (*bird*) гага́ра
diverge (*separate*) расходи́ться; (*vary from*) отклоня́ться, уклоня́ться от (+ *gen*)
divergence, divergency расхожде́ние; отклоне́ние (*from*, от + *gen*); *math* диверге́нция, расходи́мость *f*
divergent расходя́щийся; **~ from** отклоня́ющийся от (+ *gen*)
divers ра́зные, разли́чные
diverse (*different*) ра́зный; (*other*) ино́й; (*various*) разнообра́зный
diversification (*variety*) разнообра́зность *f*; (*broadening*) расшире́ние (ассортиме́нта, комме́рческих интере́сов *etc*); **~ of the economy** разносторо́ннее разви́тие эконо́мики
diversify (*make varied*) разнообра́зить; (*broaden*) расширя́ть
diversion (*divergence, turning away*) отклоне́ние; (*alternative road*) вре́менная объездна́я доро́га; **~ of traffic** отво́д движе́ния; **~ of attention** отвлече́ние внима́ния; *mil* диве́рсия; (*amusement*) развлече́ние
diversity (*variety*) разнообра́зие; (*difference*) несхо́дство
divert (*traffic, river etc*) отводи́ть; (*attention etc*) отвлека́ть; (*amuse*) развлека́ть, забавля́ть
diverting заба́вный, развлека́тельный
divertissement *mus* дивертисме́нт
divest (*take off*) снима́ть (**of,** + *acc*); (*deprive*) лиша́ть (**of,** + *gen*)
divide 1. *n* (*division*) разделе́ние; (*ridge*) хребе́т; (*watershed*) водоразде́л **2.** *v* (*most senses*) дели́ть(ся), разделя́ть(ся) (**among, between,** ме́жду + *instr*; **into, by,** на + *acc*); **20 ~d by 5 gives 4** 20, делённое на 5, равня́ется четырём; (*cause disagreement*) разъединя́ть; **opinions are ~d** мне́ния расхо́дятся; (*split into branches*) **the road ~d** доро́га разветви́лась; (*separate*) отделя́ть (**from,** от + *gen*); (*mark gradations*) градуи́ровать
dividend *math* дели́мое; *fin* диви́де́нд
divider (*various senses, tech*) дели́тель *m*; *pl* ци́ркуль-измери́тель *m*
dividing *tech* дели́тельный; **~ wall** перегоро́дка
dividual (*separate*) отде́льный; (*shared out*) разделённый; (*divisible*) разделимый
divination (*fortune-telling*) гада́ние, ворожба́; (*prophecy*) предсказа́ние; (*inspired guesswork*) уда́чный прогно́з
divinatory гада́тельный
divine 1. *n* (*theologian*) богосло́в; (*priest*) свяще́нник **2.** *adj* (*of God, godlike*) боже́ственный; (*sacred*) свяще́нный; *coll* (*glorious, wonderful*) чу́дный, ди́вный **3.** *v* (*practise divination*) гада́ть, ворожи́ть; (*prophesy*) проро́чествовать; (*foretell*) предска́зывать; (*guess*) уга́дывать; (*know by intuition*) отга́дывать
diviner (*dowser*) лозохо́дец
diving 1. *n* ныря́ние; *sp* прыжки́ *m pl* в во́ду; (*of submarine etc*) погруже́ние; *av* пики́рование **2.**

adj (*of, for diver*) водола́зный; ~**-board** трампли́н; ~**-bell** водола́зный ко́локол; ~ **suit** водола́зный скафа́ндр

divining 1. *n see* **divination**; **water-**~ отыска́ние воды́

divinity (*divine nature*) боже́ственность *f*; (*god, deity*) божество́; (*theology*) богосло́вие

divisibility дели́мость *f*

divisible дели́мый; *math* де́лящийся без оста́тка

division (*act of dividing*) деле́ние, разделе́ние; (*separation*) отделе́ние; (*partition*) перегоро́дка; (*boundary*) грани́ца; (*section*) разде́л; (*department*) отде́л, отделе́ние; (*voting*) голосова́ние; (*discord*) разногла́сие; ~ **of opinion** расхожде́ние во взгля́дах; *mil* диви́зия; *nav* дивизио́н

divisional (*of area*) райо́нный; *mil* дивизио́нный

divisive (*separating*) разлуча́ющий; (*destroying unity*) раско́льнический; (*contentious*) спо́рный

divisor дели́тель *m*

divorce 1. *n* (*of married pair*) разво́д; (*separation*) отделе́ние (**from,** от + *gen*); (*split*) разъедине́ние, разры́в **2.** *adj* разво́дный; ~ **rate** разводи́мость *f* **3.** *v* (*dissolve marriage*) разводи́ть; (*become* ~*d*) разводи́ться; (*husband, wife*) разводи́ться с му́жем, жено́й; (*separate*) отделя́ть (**from,** от + *gen*)

divorced разведённый; **be** ~ быть в разво́де; **get** ~ разводи́ться (**from,** с + *instr*); ~ **from** (*having no connection with*) ото́рванный от (+ *gen*)

divorcee разведённый, *f* разведённая

divot дёрн

divulge разглаша́ть

divulgement, divulgence разглаше́ние

dixie похо́дный котело́к

Dixieland (*jazz*) ди́ксиле́нд

dizziness головокруже́ние

dizzy (*causing dizziness*) головокружи́тельный; **I am** ~ у меня́ голова́ кру́жится (**with, from,** от + *gen*); (*bewildered*) ошеломлённый

djinn джин

do, doh *mus* до

do 1. *n coll* (*event*) собы́тие; (*party*) вечери́нка; (*trick*) обма́н **2.** *vt* (*perform, carry out*) де́лать; **I have a lot to** ~ мне мно́гое ну́жно сде́лать; **I shall** ~ **my best** я сде́лаю всё возмо́жное; **what are you** ~**ing?** что вы де́лаете?; **what can I** ~ **for you?** чем могу́ служи́ть?; **what's to be done?** что де́лать?; (*work*) рабо́тать; **what does he** ~**?** кем он рабо́тает?; (*study*) учи́ться (+ *dat*); (*be busy with*) занима́ться (+ *instr*); ~ **gardening** занима́ться садово́дством; (*travel*) **we were** ~**ing 50 mph** мы де́лали 50 миль в час; (*tidy*) убира́ть; ~ **one's hair** причёсываться; (*perform play*) исполня́ть; (*play part of*) исполня́ть роль (+ *gen*), де́лать; (*imitate*) имити́ровать; (*visit as sightseer*) осма́тривать; (*cause*) причиня́ть; (*cheat*) надува́ть; (*spend time*) отбыва́ть; *sl* ~ **time** (*in prison*) сиде́ть; (*suit*) подходи́ть (+ *dat*); (*be good enough*) годи́ться (+ *dat*); (*in expressions*) ~ **battle** сража́ться; ~ **homage to** ока́зывать уваже́ние (+ *dat*); ~ **in the eye** наду́ть *pf*; ~ **one's best, worst to** лезть из ко́жи вон, что́бы; ~ **to death** уби́ть *pf*; **it does you credit** э́то вам де́лает честь; **it will** ~ **you good** э́то вам бу́дет поле́зно, э́то вам пойдёт на по́льзу; (*NB*: **do** + *verbal noun in English is often rendered in Russian by the verb alone, eg* ~ **some knitting** вяза́ть; ~ **the washing** стира́ть; ~ **the washing-up** мыть посу́ду); *vi* (*act, behave*) де́лать, поступа́ть; ~ **well** (*behave well, wisely*) хорошо́ де́лать; (*prosper*) процвета́ть; **well done!** молоде́ц! бра́во!; (*suffice*) **that will** ~ (*that is enough*) хва́тит, доста́точно; (*is suitable*) годи́тся; **will this book** ~**?** э́та кни́га годи́тся?; (*NB*: **do** *as aux verb (i) in interrogative or inverted phrases is not translated; (ii) in polite requests*: ~ **please...** пожа́луйста (+ *imper*), прошу́ вас (+ *imper*); *(iii) to avoid repetition of verbs – in Russian repeat verb*: **I'll go if you** ~ я пойду́, е́сли вы пойдёте, *or in some cases of comparison*: **he works as much as you** ~ он рабо́тает сто́лько, ско́лько и вы; (*iv*) *for emphasis*: (*a*) (*for intensity of feeling*) так; **I** ~ **love a smoke** я так люблю́ кури́ть!; (*b*) (*nevertheless*) всё-таки; **but they did go** но они́ всё-таки пошли́; (*c*) (*really*) пра́вда, действи́тельно; **I did tell him** я пра́вда сказа́л ему́; **you did?** пра́вда?

~ **again** (*repeat*) повторя́ть; (*re-*~) переде́лывать

~ **away with** (*kill*) убива́ть; ~ **away with oneself** поко́нчить *pf* с собо́й; (*destroy*) уничтожа́ть; (*abolish*) отменя́ть, ликвиди́ровать

~ **down** (*cheat*) надува́ть; (*get better of*) брать верх над (+ *instr*); (*oppress*) угнета́ть

~ **for** (*finish off*) поко́нчить *pf* с (+ *instr*); (~ *housework for*) вести́ хозя́йство для (+ *gen*)

~ **in** (*kill*) уби́ть *pf*; (*exhaust*) переутоми́ть *pf*

~ **out** (*tidy*) убира́ть; (*decorate*) украша́ть

~ **out of** обма́ном лиша́ть (+ *gen*); **he did me out of five pounds** он меня́ наду́л на пять фу́нтов

~ **over** (*rub, wipe*) вытира́ть; (*paint*) подкра́шивать; *sl* (*beat up*) избива́ть; (*re-*~) переде́лывать

~ **up** (*fasten garment*) застёгивать; (*parcel*) завёртывать; (*put in order*) приводи́ть в поря́док; (*repair*) ремонти́ровать; (*repaint*) перекра́шивать

~ **with** (*need*) нужда́ться в (+ *prep*); **I could** ~ **with a drink** я не про́чь вы́пить; (*manage*) обходи́ться (+ *instr*); **have to** ~ **with** (*have dealings with*) име́ть де́ло с (+ *instr*); (*be concerned with, related to*) каса́ться (+ *gen*), относи́ться к (+ *dat*), име́ть отноше́ние к (+ *dat*)

~ **without** обходи́ться без (+ *gen*)

docile (*tractable*) послу́шный, поко́рный; (*apt*) поня́тливый

docility (*tractability*) поко́рность *f*; (*aptitude*) поня́тливость *f*

[1]**dock** *bot* щаве́ль *m*

[2]**dock 1.** *n* (*tail*) обру́бленный хвост **2.** *v* (*tail*) обруба́ть; (*hair*) ко́ротко стричь; (*reduce*) сокраща́ть; (*wages*) уре́зывать

[3]**dock** *naut* **1.** *n* док; **dry** ~ сухо́й док; **floating** ~ плаву́чий док; (*wharf*) прича́л **2.** *v* (*enter* ~) входи́ть в док; (*put into* ~) ста́вить в док, докова́ть; (*moor*) швартова́ться; (*of space vehicle*) стыкова́ться

dockage (*space in* ~) помеще́ние в до́ке; (*port dues*) до́ковые, порто́вые сбо́ры *m pl*; (*deduction*) сокраще́ние, уре́зка

docker до́кер

docket 1. *n* (*receipt*) квита́нция; (*label*) ярлы́к; (*register*) рее́стр; (*summary*) кра́ткое содержа́ние **2.** *v* (*affix* ~) прикрепля́ть ярлы́к; (*summarize*) де́лать кра́ткое изложе́ние содержа́ния; (*enter in* ~) вноси́ть в рее́стр

docking *naut* швартовка; (*of space vehicles*)

стыкóвка
dockland(s) райóн дóков
dock-master начáльник дóка/вéрфи
dockside причáл, стéнка
dockyard верфь *f*
doctor 1. *n* (*physician*) врач, дóктор; (*woman* ~) жéнщина-врач, *coll* врачи́ха; (*as form of address*) дóктор; (*holder of academic degree*) кандидáт, (*at highest level*) дóктор **2.** *v* (*treat medically*) лечи́ть; (*repair*) чини́ть; (*adulterate*) фальсифици́ровать; (*falsify*) поддéлывать
doctoral кандидáтский; дóкторский; ~ **thesis** кандидáтская диссертáция
doctorate (*degree*) кандидáтская стéпень *f*; (*at higher level*) дóкторская стéпень
doctrinaire 1. *n* доктринёр **2.** *adj* доктринёрский
doctrinal относя́щийся к доктри́не, доктринáльный
doctrine (*teaching*) учéние, доктри́на; (*tenet*) вéра, дóгма
document 1. *n* докумéнт **2.** *v* документи́ровать
documentary 1. *n* (*film*) документáльный фильм **2.** *adj* документáльный; ~ **evidence** документáльное доказáтельство
documentation документáция
[1]**dodder** *bot* повили́ка
[2]**dodder** (*tremble*) трясти́сь; (*totter*) ковыля́ть
doddering, doddery (*trembling*) дрожáщий; (*unsteady*) нетвёрдый на ногáх; (*senile*) впáвший в дéтство, сени́льный
dodecagon двенадцатиуróльник
dodecahedron двенадцатигрáнник, додекаэ́др
dodecaphonic додекафони́ческий
dodge 1. *n* (*movement*) финт; (*trick*) увёртка, улóвка; (*method, contrivance*) приём, спóсоб **2.** *v* (*avoid*) избегáть (+ *gen*); (*a blow etc*) уклоня́ться от (+ *gen*), увёртываться от (+ *gen*); (*shirk*) уви́ливать от (+ *gen*); (*hide*) пря́таться (**behind,** за + *instr*)
dodger (*person*) хитрéц; *naut* навéс; *Am* реклáма
dodgy *coll* (*cunning*) увёртливый; (*not easy*) слóжный; (*dubious*) сомни́тельный; (*not safe*) ненадёжный
dodo дронт
doe (*deer*) сáмка олéня; (*rabbit*) сáмка крóлика, крольчи́ха
doer (*of action*) исполни́тель *m*; (*active person*) человéк дéла
doeskin (*leather*) олéнья кóжа; (*suede*) зáмша; (*cloth*) ткань *f*, имити́рующая зáмшу
doff снимáть
dog 1. *n* (*in general*) собáка; (*male, usu pej*) пёс; (*male of species*) самéц; ~**-fox** самéц лисы́ *etc*; *coll* (*of man*) **dirty** ~ свóлочь *f*; **lucky** ~ счастли́вец; **sly** ~ хитрéц; **top** ~ победи́тель *m*; (*in expressions*) **go to the** ~**s** разоря́ться; **a** ~**'s life** собáчья жизнь *f*; **let sleeping** ~**s lie** не вмéшиваться; *tech* собáчка, пáлец **2.** *v* ходи́ть по пятáм; *fig* преслéдовать
dog-biscuit галéта
dogcart (*carriage*) двухколёсный экипáж
dog-collar (*for dog*) ошéйник; (*for clergy*) стоя́чий воротни́к свящéнника
doge дож
dog-ear зáгнутый уголóк страни́цы; ~**ed** (*tattered*) растрёпанный
dog-eat-dog *adj* беспощáдный
dog-fancier собаковóд
dogfight дрáка; *av coll* группов́ой воздýшный бой
dog-fish морскáя собáка
dogged (*obstinate*) упря́мый, упóрный; (*tenacious*) настóйчивый
doggedness упря́мство, упóрность *f*; настóйчивость *f*
doggerel 1. *n* ви́рши *pl* **2.** *adj* (*of verse*) плохóй
doggo: lie ~ притаи́ться *pf*
doggone *Am sl* **1.** *adj* проклятый **2.** *interj* чёрт побери́!, фу ты чёрт!
doggy 1. *n* собáчка, собачóнка **2.** *adj* (*of dog*) собáчий; (*dog-loving*) лю́бящий собáк
dog-house собáчья конурá; *coll* **in the** ~ в неми́лости
dog-latin кухóнная латы́нь *f*
dogma (*tenet*) дóгма; *rel* дóгмат
dogmatic (*of dogma*) догмати́ческий; (*person*) изли́шне самоувéренный; (*remark*) категори́ческий
dogmatism догмати́зм
dogmatize догматизи́ровать
do-gooder навя́зчивый благодéтель *m*
dog-paddle плáвать собáчкой
dog-rose шипóвник
dogsbody *coll* ишáк
dogskin лáйка
Dog-Star Си́риус
dog-tired устáлый как собáка
dog-tooth клык
dogtrot рысцá; **at a** ~ рысцóй
dog-violet ди́кая фиáлка
dogwatch полувáхта
dogwood 1. *n* кизи́л, кизи́ль *m* **2.** *adj* кизи́ловый, кизи́левый
doily салфéточка
doings (*activities*) дéйствия *neut pl*; (*affairs*) делá *neut pl*; (*behaviour*) поведéние; (*deeds*) пóдвиги *m pl*; *coll* (*thing needed, replacing more precise word*) штýка
do-it-yourself *abbr* **DIY 1.** *n* «сдéлай сам» **2.** *adj* (*of thing made, done*) самодéльный; (*amateur*) люби́тельский; ~ **enthusiast,** ~**er** домáшний умéлец
doldrums *naut, meteorol* экваториáльная штилевáя полосá; *fig* (*low spirits*) депрéссия, подáвленное настроéние; **be in the** ~ быть в угнетённом настроéнии
dole 1. *n* пособие по безрабóтице; **be on the** ~ получáть посóбие **2.** *v* (скýпо) раздавáть
doleful печáльный, грýстный
dolichocephalic длинноголóвый, долихоцефáльный
doll 1. *n* кýкла; ~**'s house** кýкольный дóмик **2.** *coll v* ~ **up** разряжáть; ~ **oneself up** разряжáться
dollar 1. *n* дóллар **2.** *adj* дóлларовый; ~ **area** дóлларовая зóна
dollop кусóк
dolly 1. *n* (*pet doll*) кýколка; (*for laundry*) бельевóй валёк; *tech* (*trolley*) тeлéжка; (*block*) поддéржка; *cin* дóлли *neut indecl* **2.** *adj sl* ~ **shop** ломбáрд
dollying *cin*: ~ **in** наéзд; ~ **out** отъéзд
dolman доломáн
dolmen дольмéн
dolomite *min* доломи́т; **the Dolomites** Доломи́товые Áльпы *m pl*
dolorous печáльный, грýстный
dolose со злым ýмыслом
dolour печáль *f*, гóре
dolphin *zool* дельфи́н; *naut* швартóвый пал
dolt болвáн, дурáк

doltish тупо́й

domain (*lands*) име́ние; (*realm, territory*) владе́ние; *fig* (*sphere of activity*) о́бласть *f*, сфе́ра

dome (*cupola*) ку́пол; (*vault*) свод; *poet* (*stately building*) дворе́ц; *coll* (*head*) башка́; *tech* колпа́к, ку́пол

domed (*dome-shaped*) куполообра́зный; (*having dome*) укра́шенный ку́полом; (*convex*) вы́пуклый

domelike куполообра́зный

domestic 1. *n* ~s прислу́га **2.** *adj* (*of home, animals*) дома́шний; (*of family*) семе́йный; ~ **science** домово́дство; (*devoted to home*) домосе́дливый; (*of country*) оте́чественный, вну́тренний; ~ **affairs** вну́тренние дела́ *neut pl*

domesticate (*animals*) приручи́ть; (*person*) приучи́ть к семе́йной жи́зни

domesticated (*tame*) ручно́й; (*person*) привы́кший к семе́йной жи́зни

domesticity (*home life*) семе́йная, дома́шняя жизнь *f*; (*love of home life*) любо́вь *f* к семе́йной жи́зни

domicile 1. *n* местожи́тельство; *leg* юриди́ческий а́дрес **2.** *v* посели́ть(ся) на постоя́нное жи́тельство

domiciliary дома́шний

dominance (*influence*) влия́ние; (*control*) госпо́дство (**over,** над + *instr*); (*predominance*) преоблада́ние

dominant 1. *n mus* домина́нта **2.** *adj* (*controlling*) госпо́дствующий; (*prevailing*) домини́рующий, преоблада́ющий; (*standing out*) домини́рующий

dominate (*have mastery of*) владе́ть (+ *instr*), госпо́дствовать (над + *instr*); (*prevail*) домини́ровать, преоблада́ть (над + *instr*); (*tower over*) возвыша́ться над (+ *instr*), домини́ровать над (+ *instr*); (*influence*) име́ть влия́ние на (+ *acc*)

domination (*power*) госпо́дство, власть *f*; **under the ~ of** под вла́стью (+ *gen*); (*prevalence*) преоблада́ние

domineer (*control*) вла́ствовать (**over,** над + *instr*); (*be arrogant*) держа́ть себя́ высокоме́рно

domineering (*imperious*) высокоме́рный; (*despotic*) деспоти́ческий

dominical госпо́дний; ~ **letter** вруцеле́то, вруцеле́тие

dominican 1. *n* (*friar*) доминика́нец **2.** *adj* доминика́нский

dominion (*authority*) власть *f*; *usu pl* (*realm*) владе́ние; (*self-governing territory*) доминио́н

domino (*mask*) ма́ска; (*costume*) домино́ *neut indecl*; (*for game*) кость *f*, домино́ *neut indecl*; *pl* ~**es** (*game*) домино́ *neut indecl*

[1]**don** (*Spanish title Don*) Дон; *coll* (*Spaniard*) испа́нец; (*teacher*) (университе́тский) преподава́тель *m*; **Don Juan** (*seducer*) донжуа́н; **Don Quixote** (*dreamer*) донкихо́т

[2]**don** (*put on*) надева́ть

donate (*present to*) дари́ть (**to,** + *dat*); (*contribute*) же́ртвовать (**to,** + *dat*)

donation (*gift*) дар; (*giving*) даре́ние; (*contribution*) поже́ртвование; **blood** ~ до́норство

done (*see also* **do**); (*finished*) око́нченный, сде́ланный; (*cooked; ready*) гото́вый; (*tired*) **he was** ~ он исче́рпался; (*tricked*) его́ наду́ли; ~! (*agreed*) ла́дно; ~ **for** (*ruined*) разорённый; (*finished*) ко́нченный; (*dying*) умира́ющий; (*dead*) мёртвый; **he's ~ for** он ко́нченный челове́к; **the ~ thing** то, что при́нято; **it's not ~** э́то не при́нято

donkey (*animal; also fig*) осёл; **don't be a ~** не будь дурако́м; ~ **work** (*hard work*) тяжёлая рабо́та; (*most of the work*) гла́вная часть рабо́ты; ~**'s years** це́лая ве́чность *f*

donkey-engine вспомога́тельный дви́гатель *m*

donnish (*pedantic*) педанти́чный

donor же́ртвователь *m*; *med* до́нор

doodle 1. *n* бессмы́сленный рису́нок **2.** *v* машина́льно рисова́ть

doom 1. *n* (*judgement*) пригово́р; (*condemnation*) осужде́ние; (*fate*) судьба́; (*death*) смерть *f*; (*ruin*) ги́бель *f*; **day of, crack of ~** день стра́шного суда́ **2.** *v* осужда́ть (**to,** + *dat*), обрека́ть (**to,** на + *acc*)

doom-laden ги́бельный

doomsday день *m* стра́шного суда́; **wait till ~** ждать до второ́го прише́ствия

door (*in house*) дверь *f* (**to, into,** в + *acc*); **answer the ~** открыва́ть дверь; **knock at the ~** стуча́ть в дверь; **lay at s'one's ~** припи́сывать к (+ *dat*); **show to the ~** проводи́ть до две́ри; **show the ~ to** показа́ть *pf* (+ *dat*) на дверь; *fig* (*way*) путь *m* (**to,** к + *dat*); (*small ~, car ~, hatch*) две́рца; (*entrance*) вход; **front ~** пара́дный вход, пара́дное; **back ~** чёрный ход; (*house*) **next ~** сосе́дний дом; **next ~ to** ря́дом с (+ *instr*); **out of ~s** на откры́том во́здухе

doorbell дверно́й звоно́к

door-frame дверна́я коро́бка

door-keeper швейца́р

doormat полови́к; *fig coll* (*of person*) тря́пка, шля́па

door-money пла́та за вход

doornail дверно́й гвоздь *m*; **dead as a ~** соверше́нно мёртвый

doorplate доще́чка на дверя́х

door-post дверно́й育 кося́к; **between you and me and the ~** стро́го ме́жду на́ми

doorstep поро́г

door-to-door покварти́рный; ~ **salesman** разно́счик по дома́м, по кварти́рам

doorway дверно́й проём; **in the ~** в дверя́х; (*entrance*) вход

dope 1. *n coll* (*drug*) нарко́тик; (*given to horses etc*) до́пинг; (*addict*) нарко́ман; (*information*) секре́тная информа́ция; (*fool*) дура́к, глупе́ц; *tech* (*lacquer*) лак; (*for aeroplane fabric*) аэрола́к; **fuel ~** антидетона́тор **2.** *v* (*give drugs*) дава́ть нарко́тики; (*make sleepy*) одурма́нивать; (*lacquer*) покрыва́ть ла́ком, аэрола́ком; (*deceive*) обма́нывать

dopey, dopy *coll* (*as drugged*) под ду́рью; (*half-asleep*) полусо́нный; (*stupid*) глу́пый

doppelganger двойни́к, второ́е я

Doppler effect эффе́кт До́пплера

Dorian 1. *n* дори́ец, *f* дори́йка **2.** *adj* дори́ческий

Doric 1. *n* (*Greek dialect*) дори́ческое наре́чие; (*local dialect*) ме́стный диале́кт; *print* гроте́ск **2.** *adj* дори́ческий; (*provincial*) провинциа́льный; *archi* ~ **order** дори́ческий, дори́йский о́рдер

dormancy (*sleepy state*) дремо́та; (*inactivity*) безде́йствие; *zool* спя́чка; *bot* поко́й

dormant (*sleeping; her*) спя́щий; (*inactive*) безде́йствующий; **lie ~** безде́йствовать; (*potential*) потенциа́льный; (*latent*) лате́нтный; (*hidden*) скры́тый; *zool* в состоя́нии спя́чки; *bot* поко́ящийся

dormer мансáрдное, слуховóе окнó
dormitive 1. *n* снотвóрное **2.** *adj* снотвóрный
dormitory (*common sleeping quarters*) óбщая спáльня; (*hostel*) общежи́тие; ~ **suburb** спáльный райóн
dormouse сóня
dorsal дорсáльный, спиннóй
dorsum (*back*) спинá, дóрсум; (*rear part*) тыл, зáдняя часть *f*
dory (*fish*) сóлнечник; (*boat*) плоскодóнная лóдка
dosage (*giving in doses*) дозирóвка; (*dose*) дóза
dose 1. *n med* дóза; (*additive*) при́месь *f*; *coll* (*bout of illness*) припáдок; (*amount*) дóля; **give s.o. a ~ of his own medicine** отплати́ть *pf* (+ *dat*) той же монéтой **2.** *v* (*give ~*) давáть дóзу (+ *dat*); (*measure*) дози́ровать; (*add to*) прибавля́ть (к + *dat*)
dosimeter дозимéтр
doss *sl* **1.** *n* (*bed*) ночлéг **2.** *v* (*sleep*) спать; (*spend night*) ночевáть; ~ **down** постлáть *pf* себé постéль
dossal (dossel, dorsal, dorsel) (*eccles*) зáнавес за алтарём; (*of chair*) спи́нка
doss-house *sl* ночлéжка
dossier досьé *neut indecl*
dossil *med* тампóн
[1]**dot 1.** *n* (*most senses*) тóчка; **on the ~** тóчно, минýта в минýту; **on the ~ of five** рóвно в пять; **since the year ~** испокóн векóв; **to the ~** в тóчности **2.** *v* (*make a ~*) стáвить тóчку; (*cover with ~s*) покрывáть тóчками; *coll* (*punch*) дать *pf* (+ *dat*; **on,** в + *acc*)
[2]**dot** (*dowry*) придáное
dotage (*senility*) сени́льность *f*; **be in one's ~** впасть *pf* в дéтство; (*love*) слепáя любóвь
dotard стáрый дурáк
dote (*be senile*) быть сени́льным, впадáть в дéтство; ~ **on** обожáть, люби́ть до безýмия
doting обожáющий
dotted (*having a dot*) с тóчкой; (*covered with dots*) покры́тый тóчками; (*having dotted pattern*) в горóшек, в тóчку; (*scattered*) разбрóсанный; ~ **with** рассы́панный (+ *instr*); ~ **line** пункти́р, пункти́рная ли́ния
dotterel ржáнка
dottle недокýренный табáк в трýбке
dotty (*marked with dots*) усéянный тóчками; *coll* (*crazy*) рехнýвшийся, чóкнутый
double- двух-, дву
double 1. *n* (*twice as much*) два рáза бóльше; (*exactly similar person*) двойни́к; (*duplicate*) дубликáт; *theat* дублёр; (*pace*) бéглый шаг; **at the ~** бегóм; (*sharp turn*) крутóй поворóт; *pl sp* пáрная игрá **2.** *adj* (*most senses*; *twice as much*, *big*; *having two parts*) двойнóй; ~ **bed** двуспáльная кровáть *f*; ~ **chin** двойнóй подборóдок; ~ **doors** двуствóрчатая дверь; (*folded in two*; *twisted together*) сдвóенный; (*of pair*) пáрный; (*having two forms*; *ambiguous*, *contradictory*) двоя́кий, двóйственный; ~ **meaning** двоя́кий смысл; (*increased*, *multiplied by two*) удвóенный **3.** *adv* (*twice as much*, *twofold*) в два рáза, вдвóе бóльше; ~ **the size** вдвóе бóльше; **he is ~ her age** он в два рáза стáрше её; **pay ~** плати́ть вдвойнé; (*two at a time*; *as a pair*) вдвоём; (*in half*, *into two*) вдвóе; **fold ~** склáдывать вдвóе; **you must be seeing ~** у вас навéрно двои́тся в глазáх **4.** *v* (*increase twofold*) удвáиваться; (*pair*; *repeat*) сдвáивать(ся); (*fold in two*) склáдывать вдвóе, сдвáивать(ся); (*turn*) завёртывать (**round,** за + *acc*); (*turn back*) дéлать пéтли; *theat* дубли́ровать; *naut* обходи́ть, огибáть; *mil* дви́гаться бéглым шáгом; ~ **back** (*fold back*) загибáть; (*turn back*) убегáть обрáтно, поворáчивать обрáтно; ~ **up** (*fold*) сгибáть(ся); (*from pain etc*) скрýчивать(ся) (**with,** от + *gen*)
double-acting двойнóго дéйствия
double-banked *tech* двухря́дный; ~ **boat** шлю́пка с валькóвыми вёслами
double-barrelled двуствóльный; ~ **gun** двуствóлка; (*ambiguous*) двусмы́сленный; ~ **name** двойнáя фами́лия
double-bass контрабáс
double-breasted (*coat*) двубóртный
double-check перепроверя́ть
double-cross *coll* **1.** *n* (*deception*) обмáн; (*betrayal*) предáтельство **2.** *v* обмáнывать; предавáть
double-crosser предáтель *m*
double-dealer обмáнщик, двурýшник
double-dealing двурýшничество
double-decker двухэтáжный автóбус
double Dutch тарабáрщина
double-dyed двáжды окрáшенный; *fig* (*thorough*) закоренéлый
double-edged обоюдоóстрый
double entendre двусмы́сленность *f*
double-entry: ~ book-keeping двойнáя бухгалтéрия
double-exposure двойнáя экспози́ция
double-faced (*material*) двусторóнний; ~ **hammer** двубойкóвый мóлот; (*hypocritical*) двули́чный
double-jointed крáйне ги́бкий, «гуттапéрчевый»
double-headed двухголóвый, двуглáвый
double-natured двóйственный, двули́кий
double-quick 1. *adj* óчень бы́стрый **2.** *adv* óчень бы́стро, в два счёта
doubler *tech* удвои́тель *m*
double-sided двухсторóнний
double-spaced напечáтанный чéрез два интервáла
doublet (*garment*) камзóл; (*duplicate*) дубликáт; *ling*, *tech* дублéт; *elect* дипóль *m*
double take повтóрный взгляд; **do a ~** полýчше вглядéться *pf*
double-talk (*ambiguity*) двусмы́сленные словá *neut pl*; (*empty words*) пусты́е словá *neut pl*; (*hypocrisy*) лицемéрие
double-throw *tech* перекиднóй
double-tongued лжи́вый
double-track двухколéйный
doubling (*multiplication*) удвоéние; (*dodging*) увёртки *f pl*; *theat* дубли́рование
doubloon дублóн
doublure внýтренняя сторонá переплёта
doubly (*in two ways*) двоя́ко; (*twice over*) вдвóе, вдвойнé; (*very*, *particularly*) осóбенно; (*completely*) совсéм, вполнé
doubt 1. *n* сомнéние; **be in ~** (*unclear*) быть нея́сным; (*undecided*) быть нерешённым; (*~ful*) быть сомни́тельным; **beyond ~** несомнéнно, вне сомнéния; **I have no ~ that** у меня́ нет сомнéний в том, что; **make no ~ of** (*be sure*) быть увéренным в (+ *prep*); (*check*) проверя́ть; **no ~** (*probably*) навéрное; (*of course*) безуслóвно; **there is not the slightest ~ that** нет ни малéйшего сомнéния, что; **throw ~ on** подвергáть сомнéнию; **without any ~** без вся́кого сомнéния **2.** *vt* (*have ~s of*) сомневáться (в +

prep); (*distrust*) не доверя́ть; (*suspect*) подозрева́ть; *vi* быть неуве́ренным, име́ть сомне́ния; **I ~ it** (*hardly, probably not*) вряд ли; (*I think not*) я не ду́маю; **I ~ if he will come now** он вряд ли придёт тепе́рь

doubtful (*not convinced*) неуве́ренный; (*hesitating*) сомнева́ющийся; **be ~ of** сомнева́ться в (+ *pr*); (*not clear*) нея́сный; (*not decided*) нерешённый; (*arousing suspicion, uncertainty*) сомни́тельный; **it is ~ whether** (*unlikely that*) вря́д ли (+ *ind*), сомни́тельно, что́бы (+ *past*)

doubting: ~ Thomas Фома́ Неве́рный

doubtless (*unquestionably*) несомне́нно; (*probably*) наве́рное, вероя́тно

douche 1. *n* (*shower*) душ **2.** *vt* (*give shower*) полива́ть из ду́ша; (*soak*) облива́ть водо́й; *med* промыва́ть; *vi* принима́ть душ

dough *cul* те́сто; *sl* (*money*) де́нежки *f pl*, гро́ши *m pl*

doughnut по́нчик, пы́шка

doughtily отва́жно, хра́бро

doughty отва́жный, хра́брый

doughy (*like dough*) тестообра́зный; (*undercooked*) недопечённый; (*of complexion*) бле́дный

dour (*stern*) стро́гий, суро́вый; (*obstinate*) упря́мый

douse, dowse (*drench*) облива́ть водо́й; (*dip*) окуна́ть в во́ду; *naut* бы́стро спуска́ть па́рус; *coll* (*put out*) гаси́ть (свет)

dove го́лубь *m*

dovecot(e) голубя́тня

dovetail 1. *n tech* ла́сточкин хвост **2.** *v tech* соединя́ть ла́сточкиным хвосто́м; *fig* (*adapt to*) согласо́вывать(ся) (**with,** с + *instr*)

dowager (*queen, duchess etc*) вдо́вствующая (короле́ва, герцоги́ня *etc*); *coll* вели́чественная да́ма

dowdily немо́дно; нера́шливо

dowdy (*shabbily dressed*) пло́хо оде́тый; (*unfashionable*) немо́дный; (*slovenly*) неря́шливый

dowel 1. *n* (*peg*) шип, штырь *m*; (*pin*) шпо́нка **2.** *v* соединя́ть ши́пом, шпо́нкой

dower 1. *n* (*widow's inheritance*) вдо́вья часть насле́дства; (*dowry*) прида́ное; (*talent*) приро́дный дар **2.** *v* (*leave to widow*) оставля́ть насле́дство (+ *dat*); (*give dowry*) дава́ть прида́ное; (*endow*) одаря́ть

[1]**down** (*fluff, feathers*) пух, пушо́к

[2]**down** *usu pl* (*hills*) холм, безле́сная возвы́шенность *f*

[3]**down 1.** *n* **have a ~ on** име́ть зуб про́тив (+ *gen*); **ups and ~s** подъёмы и спу́ски; *fig* хоро́шие и плохи́е времена́ *neut pl*, превра́тности *f pl* судьбы́ **2.** *adj* (*descending*) напра́вленный вниз, кни́зу; *tech* **~ stroke** ход (по́ршня) вниз; *rlwy* **~ train** по́езд из столи́цы, большо́го го́рода; **~ payment** платёж нали́чными **3.** *adv* (*to lower position*) вниз; **climb ~** слеза́ть (**from,** с + *gen*); **come ~** сходи́ть, спуска́ться (**from,** с + *gen*); **fall ~** па́дать; **flow ~** стека́ть; **look ~** смотре́ть вниз; **write ~** писа́ть (*for similar combinations see main verb entry*); (*low*) внизу́; **be, go ~ with** (*ill*) заболе́ть *pf* (+ *instr*); **hit a man who is ~** бить лежа́чего; (*to lesser level*) **bring ~** (*price etc*) снижа́ть; **go ~** (*reduce*) понижа́ть(ся); (*get worse*) ухудша́ться (*for similar constructions see main verb entry*); (*in expressions*) **cash ~** де́ньги на бо́чку; **~ at heel** (*shoes*) со сто́птанными каблука́ми; (*shabby*) неря́шливый; **~ in the mouth** в уны́нии; **~ on** про́тив (+ *gen*); **~ on one's luck** в беде́; **~ to the ground** (*absolutely*) вполне́; **~ with ...** доло́й (+ *acc*); (*in time*) **~ to** (вплоть) до (+ *gen*) **4.** *v* (*lower*) спуска́ть, опуска́ть; (*shoot, knock ~*) сбива́ть; **~ tools** бастова́ть **5.** *prep* (**~ from**) вниз по (+ *dat*); **go ~ the hill** идти́ вниз по холму́; **he fell ~ the stairs** он упа́л с ле́стницы; (*along*) по (+ *dat*); **go ~ the street** идти́ по у́лице; **~ wind** по ве́тру

downbeat *coll* (*gloomy*) мра́чный; (*casual*) непринуждённый

[1]**downcast** (*of mine*) вентиляцио́нная ша́хта

[2]**downcast** (*dejected*) пода́вленный, уны́лый; (*eyes*) опу́щенный; **with ~ eyes** поту́пя взгля́д

down draught нисходя́щий пото́к; **~ carburettor** карбюра́тор с па́дающим пото́ком во́здуха

downfall (*from power*) паде́ние; (*ruin, collapse*) ги́бель *f*, крах; (*of rain*) ли́вень *m*

downgrade 1. *n* (*slope*) укло́н; *fig* **be on the ~** (*get worse*) ухудша́ться; (*of person*) опуска́ться **2.** *v* понижа́ть

downhearted упа́вший ду́хом, уны́лый; **don't be ~** не унывайте

downhill 1. *n* склон; *sp* скоростно́й спуск **2.** *adj* пока́тый, накло́нный **3.** *adv* вниз, по́д гору; **go ~** спуска́ться; *fig* ухудша́ться

downpipe водосто́чная труба́

downpour ли́вень *m*

downright 1. *adj* (*frank*) прямо́й; (*utter*) соверше́нный; (*unmistakable*) я́вный **2.** *adv* соверше́нно

downrightness прямота́, прямоду́шие

downrush бы́стрый спуск

downstairs 1. *n* ни́жний эта́ж **2.** *adj* располо́женный в ни́жнем этаже́ **3.** *adv* (*movement*) вниз; **go ~** спуска́ться, сходи́ть вниз; (*place*) внизу́, в ни́жнем этаже́

downstream 1. *adj* находя́щийся ни́же по тече́нию, низово́й **2.** *adv* вниз по тече́нию

downthrow *geol* опуска́ние

downtown 1. *n* делово́й центр (го́рода) **2.** *adj* (располо́женный) в делово́м це́нтре (го́рода) **3.** *adv* (*to ~*) в делово́й центр; (*in ~*) в делово́м це́нтре

downtrend тенде́нция к пониже́нию

downtrodden растóптанный; *fig* угнетённый, по́пранный, заби́тый

downturn пониже́ние, спад

downwards 1. *adj* (*descending*) спуска́ющийся; (*directed ~*) напра́вленный вниз; *fig* (*ruinous*) ги́бельный; (*worsening*) ухудша́ющийся **2.** *adv* вниз

downwash *av* скос пото́ка

downy (*fluffy*) пуши́стый; *coll* (*sharp*) неглу́пый

dowry прида́ное

dowser лозохо́дец, лозоиска́тель *m*

dowsing rod волше́бная лоза́

doyen старе́йшина, старшина́ *m*; **~ of the diplomatic corps** дуайе́н, старшина́ дипломати́ческого ко́рпуса

doze 1. *n* дремо́та **2.** *v* дрема́ть; **~ off** задрема́ть *pf*

dozen дю́жина; **baker's ~** чёртова дю́жина; **half a ~** полдю́жины *f*

dozy со́нный, дре́млющий

[1]**drab** (*slattern*) неря́ха; (*prostitute*) проститу́тка

[2]**drab 1.** *n* (*cloth*) гру́бая шерстяна́я ткань *f* **2.** *adj* (*dull-brown*) ту́скло-кори́чневый; (*fawn*) жёлтова́то-се́рый; (*dull*) се́рый

drabble (*make, become wet*) замочи́ть(ся) *pf*;

(*make, become dirty*) испа́чкать(ся) *pf*; (*fish*) уди́ть
drabness се́рость *f*
drachm (*weight*; *Greek coin*) дра́хма; *fig* небольшо́е коли́чество
drachma дра́хма
Draco *astr* Драко́н
Draconian драко́новский
draff (*brewing dregs*) барда́; (*swill*) по́йло; *fig* подо́нки *m pl*
draft- *see* **draught-**
draft (*see also* **draught**) **1.** *n* (*plan*) план, прое́кт; (*drawing*) чертёж; (*sketch*) набро́сок, эски́з; (*first version*) чернови́к; *fin* тра́тта (**on,** на + *acc*); *mil* (*detachment*) отря́д; *Am* пополне́ние **2.** *adj* черново́й; ~ **law** законопрое́кт; ~ **treaty** прое́кт догово́ра **3.** *v* (*draw up*) составля́ть; (*make rough plan*) наброса́ть *pf* чернови́к (+ *gen*); (*sketch*) де́лать чертёж (+ *gen*); *Am* (*conscript*) призыва́ть на вое́нную слу́жбу; (*select for special duty*) назнача́ть (на + *acc*)
draftee *Am* призывни́к
drag 1. *n* (*scoop*) дра́га, землечерпа́лка; (*trawl*) трал, ко́шка; (*harrow*) борона́; (*coach*) тяжёлый экипа́ж; (*brake*) то́рмоз; (*resistance*) сопротивле́ние; *aer* лобово́е сопротивле́ние; (*smoking*) затя́жка; **take a** ~ **on a cigarette** затяну́ться *pf* папиро́сой; *coll* (*burden*) обу́за (**on, for,** для + *gen*); (*tedium*) ску́ка; (*tedious person*) зану́да *m and f*; *Am coll* (*influence*) блат **2.** *v* (*pull*) тащи́ть(ся), волочи́ть(ся); ~ **one's feet** волочи́ть но́ги; *fig* ме́длить (**in, over,** с + *instr*); (*river etc*) обша́ривать; (*harrow*) борони́ть; (*of time*) тяну́ться; (*grow tedious*) де́латься ску́чным; (*lag behind*) отстава́ть; *naut* ~ **anchor** дрейфова́ть при о́тданном я́коре
~ **along** тащи́ть (с собо́й)
~ **away, off** ута́скивать (*also fig*)
~ **by** (*of time*) тяну́ться
~ **in** вта́скивать; *fig* притя́гивать некста́ти; *coll* **why** ~ **that in?** причём тут ста́рые кало́ши?
~ **off** (*tear off*) срыва́ть; (~ *away*) ута́скивать (*also fig*)
~ **on** (*of time etc*) тяну́ться; *coll* (*clothes*) напя́ливать
~ **out** (*pull out*) выта́скивать; (*story etc*) растя́гивать; (*delay*) ме́длить, тяну́ть
draggle (*trail along*) волочи́ть(ся); (*drag in mud*) тащи́ть(ся) по гря́зи; (*lag behind*) тащи́ться в хвосте́
dragline дра́глайн
drag-net бре́день *m*
dragoman драгома́н
dragon *myth*, *zool* драко́н; ~**-fly** стрекоза́
dragoon 1. *n* драгу́н **2.** *v* (*subdue*) подавля́ть; (*harass*) пресле́довать; (*force*) принужда́ть
drain 1. *n* (*channel*) дрена́жная, водоотво́дная кана́ва; (*in street*) сток, водосто́к, водоотво́д; (*for roof*) водосто́к; *pl* канализа́ция; *med* дрена́жная тру́бка; *fig* (*continued demand*) уте́чка (**on,** + *gen*); (*exhaustion*) истоще́ние **2.** *adj* водосто́чный, водоотво́дный, дрена́жный **3.** *v* (*flow away*) утека́ть; (*draw away*) отводи́ть; (*land*) дрени́ровать, осуша́ть; (*strength, resources*) истоща́ть; (*drink up*) пить до дна; *med* дрени́ровать
drainage (*of land etc*) дрена́ж, осуше́ние; (*domestic drains*) канализа́ция; *med* дрени́рование
draining-board суши́льная доска́
drainpipe водосто́чная труба́
drake (*bird*) се́лезень *m*
dram (*weight*) дра́хма; (*small drink*) глото́к, рю́мочка
drama (*all senses*) дра́ма
dramatic *theat* (*of drama*) драмати́ческий; (*theatrical*) театра́льный; (*of actor*) актёрский; (*melodramatic*) мелодрамати́ческий; (*thrilling, vivid*) драмати́чный, драмати́ческий
dramatically драмати́чески; драмати́чно
dramatics драмати́ческое иску́сство; **amateur** ~ люби́тельский теа́тр
dramatis personae (*characters in play*) де́йствующие ли́ца *neut pl*; (*list of characters*) спи́сок де́йствующих лиц
dramatist драмату́рг
dramatization (*turning into drama*) драматиза́ция; (*of novel etc*) инсцениро́вка
dramatize (*turn into play*) инсцени́ровать; (*describe dramatically*) драматизи́ровать; (*exaggerate*) преувели́чивать
drape 1. *n* (*hangings*) драпиро́вка; (*line*) ли́ния; (*folds*) скла́дки *f pl*; (*how cloth hangs*) как сиди́т; *pl Am* (*curtains*) занаве́ски *f pl* **2.** *v* драпирова́ть(ся)
draper торго́вец мануфакту́рными това́рами; ~**'s shop** магази́н тка́ней
drapery (*hangings*) драпиро́вка; (*cloth*) тка́ни *f pl*; (*shop*) магази́н тка́ней
drastic (*violent*) ре́зкий, круто́й; ~ **measures** круты́е ме́ры *f pl*; (*thorough*) реши́тельный; ~ **changes** коренны́е измене́ния *neut pl*; *med* сильноде́йствующий
drastically ре́зко, кру́то
dratted *coll* прокля́тый
draught (*see also* **draft**) **1.** *n* (*amount caught*) уло́в; (*amount drunk*) глото́к; **drink at a** ~ вы́пить *pf* за́лпом; (*dose*) до́за; *naut* (*displacement*) водоизмеще́ние; (*depth of ship*) оса́дка; (*air current*) сквозня́к; (*in furnace etc*) тя́га; **forced** ~ дутьё; *pl* (*game*) ша́шки *f pl* **2.** *adj* ~ **animals** тя́гловый, рабо́чий скот; ~ **beer** пи́во из бо́чки; ~ **horse** ломова́я ло́шадь *f*
draught-board ша́шечная доска́
draughtsman (*one who makes drawings*) чертёжник; (*designer*) констру́ктор; (*one who draws up documents etc*) состави́тель *m*
draughtsmanship иску́сство черче́ния; (*of artist*) иску́сство рисова́ния
draughty: in a ~ **place** на сквозняке́; **it is** ~ **here** здесь сквозня́к, сквози́т
Dravidian драви́дский
draw 1. *n* (*pull*) тя́га; (*attraction*) то, что привлека́ет; **be a** ~ привлека́ть; (*lot*) жеребьёвка; (*lottery*) лотере́я; *sp* (*tie*) ничья́; **end in a** ~ ко́нчиться *pf* вничью́, ничье́й **2.** *v* (*drag*) тащи́ть, волочи́ть; ~ **rein** натя́гивать пово́дья; ~ **wire** тяну́ть про́волоку; (*pull, attract*) притя́гивать; ~ **curtains** задёргивать занаве́ски; (*a bow*) натя́гивать; (*pull out*) вытя́гивать, вынима́ть; ~ **the sting** (*also fig*) вы́рвать *pf* жа́ло; ~ **a sword** обнажи́ть *pf* шпа́гу; ~ **a tooth** выдёргивать зуб; (*extract liquid etc from*) получа́ть, извлека́ть (**from,** из + *gen*); ~ **blood** пуска́ть кровь; ~ **water** че́рпать во́ду; (*disembowel*) потроши́ть; (*from a bank etc*) вынима́ть, брать; (*choose*) выбира́ть; (*cards*) брать; *fig* ~ **a blank** разочаро́вываться; ~ **lots** броса́ть жре́бий; (*deduce*) выводи́ть; ~ **a**

conclusion де́лать вы́вод; ~ **a distinction** проводи́ть разли́чие; (*attract attention etc*) привлека́ть (внима́ние *etc* к + *dat*); (*direct attention etc*) обраща́ть (внима́ние *etc* на + *acc*); (*elicit, cause*) вызыва́ть; (*derive*) извлека́ть (**from,** из + *gen*); ~ **breath** вдыха́ть; ~ **a deep breath** сде́лать *pf* глубо́кий вздох; ~ **strength from** че́рпать си́лу из (+ *gen*); (*of chimney, pipe*) тяну́ть; ~ **well** име́ть хоро́шую тя́гу; (*of tea*) наста́иваться; (*sketch*) рисова́ть; ~ **a line** проводи́ть ли́нию; *fig* ~ **the line at** остана́вливаться пе́ред (+ *instr*); (*design*) черти́ть; (*describe*) опи́сывать; ~ **a cheque** выпи́сывать чек; (*game*) ко́нчить *pf* вничью́; *naut* име́ть поса́дку в (+ *acc*)

~ **ahead** опережа́ть (**of,** + *acc*)

~ **aside** *vt* отводи́ть в сто́рону; *vi* отходи́ть в сто́рону

~ **away** (*lead off*) уводи́ть; (*move off, further off*) отходи́ть (**from,** от + *gen*)

~ **back** (*step back, retreat*) отступа́ть; (*shrink*) остана́вливаться (**from,** пе́ред + *instr*); ~ **back one's arm** (*i.e. to strike*) разма́хиваться; ~ **back the curtains** открыва́ть занаве́ски

~ **down** (*lower*) спуска́ть; (*incur*) навлека́ть (**on,** на + *acc*)

~ **in** (*suck in*) вса́сывать; (*attract*) вовлека́ть; (*approach*) приближа́ться; (*shorten*) сокраща́ться

~ **near** приближа́ться (**to,** к + *dat*); (*of time*) наступа́ть

~ **off** (*distract*) отвлека́ть; (*water etc*) отводи́ть; (*retreat*) отступа́ть

~ **on** (*put on*) надева́ть, натя́гивать; (*approach*) приближа́ться, наступа́ть; (*have recourse to*) прибега́ть к (+ *dat*); ~ **on a cigarette** затяну́ться *pf* папиро́сой

~ **out** (*pull out, stretch*) вытя́гивать, вытаскивать; (*extend*) продолжа́ть; (*make talk*) заставля́ть разгова́ривать; (*troops etc*) выводи́ть; (*drag on*) тяну́ться

~ **round** собира́ть(ся) вокру́г (+ *gen*)

~ **together** (*gather*) собира́ть(ся); (*make, get closer*) сближа́ть(ся); (*link*) соединя́ть; (*pull together*) стя́гивать

~ **up** (*compose*) составля́ть; (*troops*) выстра́ивать; (*stop*) остана́вливать(ся); ~ **oneself up** подтяну́ться *pf*

drawback (*inadequacy*) недоста́ток; (*disadvantage*) невы́года, отрица́тельная сторона́; *comm* возвра́т по́шлины

drawbar (*railway*) тя́говый сте́ржень *m*; (*tractor etc*) сцепно́й крюк

drawbridge подъёмный мост

drawee трасса́т

drawer (*in cupboard etc*) (выдвижно́й) я́щик; **chest of** ~**s** комо́д; (*one who sketches*) рисова́льщик; (*of cheque*) трасса́нт; *pl* (*garment*) кальсо́ны *f pl*

drawing (*act*) рисова́ние; *tech* черче́ние; (*picture*) рису́нок; **rough** ~ эски́з, набро́сок; ~**-board** чертёжная доска́; ~**-paper** бума́га для рисова́ния, чертёжная бума́га; ~**-pin** (канцеля́рская) кно́пка

drawing-room гости́ная

drawknife струг, ско́бель *m*

drawl 1. *n* протя́жное произноше́ние **2.** *v* тяну́ть

drawn (*of face; distorted*) искажённый (**with,** от + *gen*); (*exhausted*) изму́ченный, измождённый; (*unsheathed*) обнажённый; (*of game*) око́нчившийся вничью́; *tech* (*wire etc*) протя́нутый

dray теле́га; ~**-horse** ломова́я ло́шадь *f*

drayman ломово́й изво́зчик

dread 1. *n* (*fear, awe*) страх; (*apprehension*) опасе́ние; **have a** ~ **of** боя́ться (+ *gen*); **in** ~ **of** в стра́хе (+ *gen*) **2.** *adj* стра́шный **3.** *v* (*fear*) боя́ться (+ *gen*), страши́ться (+ *gen*); (*anticipate with fear*) опаса́ться (+ *gen*); **I** ~ **their coming** я с у́жасом жду их прихо́да

dreadful стра́шный, ужа́сный

dreadfully стра́шно, ужа́сно, о́чень

dreadnought *nav* дредно́ут

dream 1. *n* (*during sleep*) сон, сновиде́ние; **have a** ~ ви́деть сон; (*daydream; ambition*) мечта́; **pipe** ~**s** пусты́е мечты́; **their** ~**s came true** их мечты́ сбы́лись **2.** *adj coll* идеа́льный **3.** *vi* (*see in sleep*) ви́деть сны; **I** ~**t that** мне сни́лось, что; (*have wild hopes of*) мечта́ть (о + *prep*); (*see in sleep*) ви́деть во сне; (*imagine*) вообража́ть; **you must have** ~**t it!** вам э́то, наве́рно, присни́лось!; **I shouldn't** ~ **of it** мне э́то да́же не пришло́ бы в го́лову, я бы и не поду́мал об э́том; ~ **up** (*devise*) приду́мывать; (*invent untrue excuse etc*) выду́мывать

dreamer мечта́тель *m*

dreamily мечта́тельно

dreamland мир грёз

dreamless без сновиде́ний

dreamlike (*fantastic*) ска́зочный; (*unreal*) нереа́льный, при́зрачный

dreamy (*given to daydreams*) мечта́тельный; (*unpractical*) непракти́чный; (*absent-mindedly*) рассе́янный; (*dreamlike*) ска́зочный; (*vague*) нея́сный; *coll* (*lovely*) чу́дный

drearily угрю́мо, мра́чно; ску́чно

dreary (*gloomy*) угрю́мый, мра́чный; (*boring*) ску́чный

dredge 1. *n* (*net*) сеть *f*; (*dredger*) землесо́сный снаря́д **2.** *v* (*clear bottom*) драги́ровать; (*deepen*) углубля́ть; *cul* посыпа́ть; ~ **up** драги́ровать; *fig* выка́пывать

dredger (*vessel*) землесо́сный снаря́д, землечерпа́лка, дноуглуби́тельный снаря́д

dredging дноуглуби́тельные рабо́ты *f pl*

dregs подо́нки *m pl* (*also fig*)

drench 1. *n* (*soaking*) промока́ние; *vet* до́за лека́рства **2.** *v* (*soak*) мочи́ть, прома́чивать; (*soil etc*) ороша́ть; *vet* влива́ть лека́рство (+ *dat*)

Dresden (*china*) дре́зденский фарфо́р

dress 1. *n* (*clothing*) оде́жда, пла́тье; **national** ~ национа́льный костю́м; (*woman's garment*) пла́тье; **evening** ~ (*man's*) смо́кинг; (*woman's*) вече́рний туале́т; *mil* **full** ~ пара́дная фо́рма; *tech* **diving** ~ водола́зный костю́м **2.** *adj* ~ **circle** бельэта́ж; ~ **coat** фрак; ~ **rehearsal** генера́льная репети́ция **3.** *v* (*put on clothes*) одева́ть(ся) (**in,** в + *acc*); ~ **well** хорошо́ одева́ться; (*provide clothes for*) одева́ть; (*adorn*) украша́ть; *cul* приготовля́ть; ~ **meat** разде́лывать мя́со; ~ **a salad** заправля́ть сала́т; (*a wound*) перевя́зывать; (*leather*) выде́лывать; (*stone*) шлифова́ть; (*timber*) обтёсывать, строга́ть; (*horse*) чи́стить; (*soil*) удобря́ть; *geol* обогаща́ть; *mil* равня́ться; **right** ~! напра́во равня́йсь!; ~ **down** (*horse*) чи́стить; *coll* (*tell off*) отруга́ть *pf*; ~ **up** (~ *formally*) наряжа́ться; (*wear fancy* ~) надева́ть маскара́дный костю́м; ~ **up as** переодева́ть(ся) в (+ *acc*)

dressage вы́ездка

dresser (*cabinet*) ку́хонный шкаф; *theat* костюме́р; **window** ~ оформи́тель *m* витри́н; (*of leather*) коже́вник; *med* хирурги́ческая сестра́
dressing (*art*, *act of* ~) одева́ние; *med* повя́зка, перевя́зка; *cul* припра́ва (**for**, к + *dat*); (*manure etc*) удобре́ние; *coll* ~ **down** вы́говор, головомо́йка; **give s.o. a good** ~ **down** дать *pf* (+ *dat*) хоро́шую головомо́йку
dressing-case несессе́р
dressing-gown хала́т
dressing-room убо́рная
dressing-station перевя́зочный пункт
dressing-table туале́тный сто́лик
dressmaker портни́ха
dressmaking шитьё (да́мского пла́тья)
dressy (*fashionable*) шика́рный, наря́дный; (*liking smart clothes*) лю́бящий наря́дно одева́ться
dribble 1. *n* слю́ни *pl*; *sp* дри́бблинг, веде́ние мяча́ **2.** *v* (*flow in drips*) ка́пать; (*salivate*) пуска́ть слю́ни; *sp* вести́ мяч
driblet ка́пелька
dribs and drabs: in ~ ма́ло по ма́лу
dried (*of foods*) сушёный
drier (*device*) суши́лка; **hair** ~ фен; (*room*) суши́льня
drift 1. *n* (*of current*) тече́ние; *av*, *naut* дрейф, снос; (*sense*) смысл; (*trend*) тенде́нция; (*movement*) перемеще́ние; (*of snow*) сугро́б; *geol* нано́с, отложе́ние; (*mine*) подзе́мная вы́работка; (*net*) дри́фтерная сеть *f*; (*tool*) пробо́йник **2.** *v* (*move with current or wind*) относи́ть(ся) тече́нием, ве́тром; *naut* дрейфова́ть; (*heap up*) наноси́ть тече́нием/ве́тром, скопля́ть; (*wander*) броди́ть; (*be aimless*) плыть по тече́нию
driftage (*from course*) снос, дрейф
drift-anchor плаву́чий я́корь *m*
drifter *naut* дри́фтер; (*person*) никчёмный челове́к; (*tramp*) бродя́га *m*
drift-ice дрейфу́ющий лёд
drifting 1. *n* дрейф **2.** *adj* дрейфу́ющий
drift-net плавна́я сеть *f*
drift-pin бородо́к
drift-way што́льня
driftwood (*floating wood*) пла́вающий лес; (*on shore*) лес, приби́тый к бе́регу
¹drill 1. *n* (*boring tool*) сверло́; **electric** ~ электродре́ль *f*; **hand** ~ ручна́я дрель *f*; **pneumatic** ~ пневмати́ческое сверло́; **twist** ~ спира́льное сверло́; (*oil*, *mining*) бур; (*for seed*) рядова́я се́ялка **2.** *v* (*make hole*) сверли́ть; (*mining*) бури́ть; (*seed*) се́ять, сажа́ть ряда́ми; *sl* (*shoot*) застрели́ть *pf*; ~ **out** вы́сверлить *pf*; ~ **through** просверли́ть *pf*
²drill 1. *n* (*exercise*) упражне́ние; *mil* строево́е уче́ние **2.** *v* тренирова́ть; *mil* муштрова́ть
³drill 1. *n* (*material*) тик **2.** *adj* ти́ковый
drill-book строево́й уста́в
driller (*worker*) сверло́вщик; бури́льщик; (*machine*) сверли́льный стано́к
drill-hall мане́ж
drill-hole бурова́я сква́жина
drilling (*training*) обуче́ние, муштро́вка; (*making hole*) сверле́ние; (*for oil etc*) буре́ние; (*seed*) посе́в рядово́й се́ялкой
drill-sergeant сержа́нт-инстру́ктор по стро́ю
drink 1. *n* напи́ток; **have a** ~ попи́ть *pf*, вы́пить; (*alcoholic*) спиртно́й напи́ток; *collect* спиртно́е; **in** ~ (*drunk*) в пья́ном ви́де; **take to** ~ запи́ть *pf* **2.** *v* (*swallow*; *habitually* ~ *alcohol*) пить; ~ **s.o.'s health** пить за здоро́вье (+ *gen*); ~ **to** пить за (+ *acc*); ~ **down** вы́пить *pf* за́лпом; ~ **in** *fig* упива́ться (+ *instr*); ~ **up** вы́пить *pf* (до дна)
drinkable го́дный для питья́, питьево́й
drinker пью́щий
drinking питьё; ~**-bout** запо́й; ~**-fountain** питьево́й фонта́нчик; ~**-horn** ча́ша сде́ланная из ро́га; ~**-song** засто́льная пе́сня; ~**-water** питьева́я вода́
drip 1. *n* ка́пание; *coll* (*person*) тря́пка; *med* ка́пельное влива́ние **2.** *v* ка́пать, па́дать ка́плями; **the tap is** ~**ping** кран течёт
drip-dry 1. *adj* быстросо́хнущий **2.** *v* суши́ть на ве́шалке
dripping 1. *n* (*drips*) ка́пание; (*fat*) топлёный жир **2.** *adj* ка́пающий, ка́плющий; ~ **wet** насквóзь промо́кший
dripstone слезни́к
drive 1. *n* (*pleasure trip*) прогу́лка; (*road*) доро́га; (*road to house*) подъездна́я алле́я; (*blow*) уда́р; *mil* энерги́чное наступле́ние; (*campaign*) камп́ания; ~ **against** похо́д на (+ *acc*); (*energy*, *character*) си́ла, эне́ргия; (*stimulus*) сти́мул; *tech* (*power supply*) приво́д; (*transmission*) переда́ча **2.** *v* (*urge on*) гнать; (*compel*) заставля́ть, вынужда́ть; (*in expressions*) ~ **a bargain** заключа́ть сде́лку; ~ **mad** своди́ть с ума́; ~ **to despair** доводи́ть до отча́яния; (*strike*) ударя́ть; ~ **home** (*nail*) вбива́ть; (*emphasize*) подчёркивать; (*give motion to*) дви́гать, приводи́ть в движе́ние; (*turn*) враща́ть; (*control vehicle*) управля́ть (+ *instr*); вести́; (*horses etc*) пра́вить (+ *instr*); (*go in vehicle*) е́хать; (*convey*) везти́; **I drove him home** я отвёз его́ домо́й; (*lay road*, *railway etc*) проводи́ть, прокла́дывать
~ **across** переезжа́ть (+ *acc*, *or* че́рез + *acc*)
~ **at** (*hint*) ме́тить; **what is he driving at?** куда́ он гнёт? что он хо́чет сказа́ть?
~ **away** (*make leave*) прогоня́ть; (*dispel*) рассе́ивать; (*leave*) уезжа́ть
~ **back** оттесня́ть
~ **in(to)** (*hammer in*) вбива́ть; (*enter*) въезжа́ть; (*cattle*) загоня́ть (в + *acc*)
~ **out** (*chase out*) выгоня́ть; (**of, from,** из + *gen*); (*exclude*, *expel*) вытесня́ть (**of, from,** из + *gen*); (*strike out*) выбива́ть (**from,** из + *gen*)
~ **past** проезжа́ть (ми́мо + *gen*)
~ **up** подъезжа́ть (**to,** к + *dat*)
drive-in (*bank etc*) (банк *etc*) с подъездны́м око́шком
drivel 1. *coll* (*nonsense*) чепуха́ **2.** *v* (*salivate*) пуска́ть слю́ни; *coll* нести́ чепуху́
driver (*of car etc*) води́тель *m*; **racing** ~ го́нщик; (*of taxi*) шофёр; (*of tram*) вожа́тый; (*of engine*) машини́ст; (*of carriage*) ку́чер; *rad* возбуди́тель *m*; **pile** ~ копёр для заби́вки свай
drive-shaft веду́щий вал
driveway подъездна́я доро́га
driving 1. *n* (*travel in vehicle*) ката́ние, езда́; (*steering*) вожде́ние **2.** *adj tech* приводно́й; ~ **wheel** веду́щее колесо́; (*controlling*) управля́ющий (+ *instr*); (*forceful*) си́льный; ~ **force** дви́жущая си́ла; ~ **rain** си́льный косо́й дождь *m*; (*driver's*) води́тельский; ~ **licence** води́тельские права́ *neut pl*; ~ **mirror** зе́ркало за́днего ви́да; ~ **offence** наруше́ние пра́вил движе́ния; ~ **school** автошко́ла

drizzle 1. *n* ме́лкий дождь *m*, и́зморось *f* **2.** *v* мороси́ть

drogue *naut* плаву́чий я́корь *m*; *aer* (*target etc*) мише́нь-ко́нус; (*braking*) тормозно́й парашю́т; (*wind-indicator*) ко́нусный ветроуказа́тель *m*

droll (*comic*) заба́вный, смешно́й; (*odd*) стра́нный

dromedary дромаде́р, одного́рбый верблю́д

drone 1. *n* (*bee*; *also fig*) тру́тень *m*; *aer* радиоуправля́емый самолёт; (*buzzing*) жужжа́ние; (*noise of engine*) гул, гуде́ние; (*of voices*) моното́нный шум **2.** *v* (*buzz*) жужжа́ть; (*of engine*) гуде́ть; (*speak*, *sing etc monotonously*) говори́ть, петь *etc* моното́нно

drool (*salivate*) пуска́ть слю́ни; *coll* (*talk nonsense*) нести́ чепуху́; ~ **over** обли́зываться на (+ *acc*)

droop 1. *n* (*hanging down*) опуска́ние, пои́кание; (*limpness*) вя́лость *f*; (*depression*) упа́док ду́ха **2.** *v* (*head*, *plants*) опуска́ть, поника́ть; (*fade*) увяда́ть; (*from exhaustion*) изнемога́ть; (*be depressed*) унывать, па́дать ду́хом

drop 1. *n* (*of liquid*) ка́пля; *fig* **a ~ in the ocean** ка́пля в мо́ре; *pl med* ка́пли *f pl*; (*confection*) ледене́ц; (*small drink*, *amount*) ка́пелька; **have a ~ too much** хлебну́ть *pf* ли́шнего; (*bead*) бу́синка; (*earring*) серьга́; (*pendant*) подве́ска; (*difference of level*) расстоя́ние; (*fall*, *decrease*) паде́ние, пониже́ние, сниже́ние; *fig* **at the ~ of a hat** по мале́йшему по́воду; (*steep slope*) склон; *theat* па́дающий за́навес **2.** *v* (*fall*, *let fall in ~s*) ка́пать; (*fall*) па́дать; ~ **dead** внеза́пно умере́ть; *exclam* ~ **dead!** иди́ ты к чёрту!; (*lower*) спуска́ть(ся); (*let fall*, *esp accidentally*) роня́ть; (*hint*, *word etc*; *let fall and lose*) оброни́ть *pf*; (*eyes*, *head etc*; *let fall deliberately*) опуска́ть; (*voice*) понижа́ть; (*price*) снижа́ть; (*give up*) броса́ть; (*omit*) пропуска́ть; (*deliver*, *leave*) оставля́ть; (*give s.o. a lift to*) подвози́ть (до + *gen*); *mil* (*bombs etc*) сбра́сывать

~ **away** (*be reduced*) уменьша́ться; (*leave one by one*) уходи́ть оди́н за други́м; (*defect*) отпада́ть; (*slope away*) спуска́ться

~ **back, behind** (*lag*) отстава́ть (от + *gen*); (*retreat*) отступа́ть

~ **in** (*call in*) заходи́ть (**on,** к + *dat*)

~ **off** (*give lift*) подвози́ть; (*fall from*) па́дать с (+ *gen*); (*be reduced*) уменьша́ться; (*fall asleep*) засну́ть *pf*

~ **out** (*omit*) пропуска́ть, исключа́ть; (*disappear*) исчеза́ть; (*stop taking part*) бо́льше не уча́ствовать (**of,** в + *prep*); выбыва́ть (**of,** из + *gen*); ~ **of society** оторва́ться *pf* от о́бщества

drop-curtain па́дающий за́навес

drop-forging горя́чая штампо́вка

drop-hammer копёр

drop-leaf откидна́я доска́

droplet ка́пелька

dropper (*instrument*) ка́пельница

droppings помёт

drop-shot (*metal shot*) дробь *f*; *sp* укоро́ченный уда́р

dropsical страда́ющий водя́нкой

dropsy водя́нка

dross *metal* дросс, шлак; (*coal*) неспека́ющийся у́голь *m*; у́гольный му́сор; (*refuse*) оста́тки *m pl*; *fig* дрянь *f*

drought за́суха

drove (*flock*) ста́до; (*channel*) ирригацио́нный кана́л; (*chisel*) зуби́ло, долото́

drover гуртовщи́к

drown *vi* тону́ть; *vt* топи́ть; ~ **oneself** утопи́ться *pf*; **be ~ed** утону́ть *pf*; ~ **one's sorrows** (*in drink*) топи́ть го́ре в вине́; (*land*) затопля́ть; (*sounds*) заглуша́ть

drowse 1. *n* дремо́та **2.** *v* (*be half-asleep*) дрема́ть; (*induce sleep*) наводи́ть сон

drowsy (*sleepy*) со́нный; (*inducing sleep*) снотво́рный; (*lethargic*) вя́лый, сонли́вый

drub бить; ~ **into** вбива́ть (+ *dat*) в го́лову

drudge (*servant*) слуга́; *fig* иша́к

drudgery (*hard work*) тяжёлая рабо́та; (*tedious work*) ну́дная рабо́та

drug 1. *n* (*medicine*) лека́рство, медикаме́нт; (*narcotic*) нарко́тик; *fig* **a ~ on the market** неходово́й това́р, неходо́вка **2.** *adj* (*of medicine*) лека́рственный; (*narcotic*) наркоти́ческий; ~ **addict** наркома́н; ~ **addiction** наркома́ния **3.** *v* (*add ~ to food*, *drink*) подме́шивать нарко́тики в (+ *acc*); (*administer ~*) дава́ть нарко́тики (+ *dat*); (*take ~*) употребля́ть нарко́тики; (*deaden*) притупля́ть

drugget драге́т

druggist апте́карь *m*

drugstore апте́ка

druid друи́д

druidic друиди́ческий

drum 1. *n* (*most senses*) бараба́н; (*container*) бидо́н **2.** *v* (*beat a ~*) бить в бараба́н; ~ **one's fingers** бараба́нить па́льцами; (*strike against*) стуча́ть (в + *acc*)

~ **in** вда́лбливать

~ **out** изгоня́ть

~ **up** зазыва́ть

drumbeat бараба́нный бой

drumhead ко́жа на бараба́не; *naut* дромге́д; ~ **court-martial** вое́нно-полево́й суд

drum-major ста́рший полково́й бараба́нщик

drummer бараба́нщик; *Am* (*commercial traveller*) коммивояжёр

drumstick бараба́нная па́лочка; (*leg of bird*) но́жка

drunk 1. *n* (*person*) пья́ный; (*drunkard*) пья́ница *m and f*; (*spree*) попо́йка **2.** *adj* пья́ный; **blind, dead ~** мертве́цки пьян; **get ~** напива́ться; ~ **with success** опьянённый успе́хом

drunkard пья́ница *m and f*, алкого́лик

drunken пья́ный; **in a ~ state** в пья́ном ви́де

drupaceous ко́сточковый

drupe ко́сточковый плод

druse *min* дру́за

Druse, Druze друз

dry 1. *adj* (*most senses*) сухо́й; ~ **as dust** (*boring*) ску́чный; ~ **battery, cell** сухо́й элеме́нт; ~ **goods** мануфакту́ра, галантере́я; ~ **ice** сухо́й лёд; ~ **land** су́ша; ~ **measure** ме́ра сыпу́чих тел; ~ **region** засу́шливый райо́н; ~ **rot** суха́я гниль *f*; ~ **season** засу́шливый пери́од го́да; ~ **spell** сухо́й пери́од; ~ **wall** стена́ из сухо́й кла́дки; ~ **weather** суха́я пого́да; ~ **well** вы́сохший коло́дец; **feel ~** (*thirsty*) хоте́ть пить; **his mouth was ~** у него́ во рту́ бы́ло су́хо **2.** *v* (*most senses*) суши́ть(ся); (*grow ~*) со́хнуть; (*wipe ~*) вытира́ть; ~ **oneself** суши́ться; ~ **off** суши́ть(ся); ~ **up** (*of liquid*, *source*) иссяка́ть; (*of river*, *well etc*) высыха́ть; (*dishes*) вытира́ть посу́ду; *coll* (*be silent*) замолча́ть *pf*

dryad дриа́да

dry-clean подверга́ть хими́ческой чи́стке; (*send to*

~*ers*) отдава́ть в химчи́стку
dry-cleaner's химчи́стка
dry-dock сухо́й док
dryer *see* **drier**
drying 1. *n* су́шка; **kiln** ~ печна́я су́шка; **vacuum** ~ ва́куумная су́шка **2.** *adj* суши́льный
dryish сухова́тый
dryness су́хость *f*
dry-nurse ня́ня
dry-point 1. *n* (*needle*) суха́я игла́; (*process*) гравирова́ние сухо́й игло́й; (*picture*) гравю́ра, вы́полненная сухо́й игло́й **2.** *v* гравирова́ть сухо́й игло́й
dry-salted сухо́го посо́ла
dry-salter москате́льщик
dry-shod *adv* не замочи́в ног
dual 1. *n ling* дво́йственное число́ **2.** *adj* (*double*) двойно́й; ~ **control** двойно́е управле́ние; (*having two parts*) состоя́щий из двух часте́й; (*two-fold; with contrasting characteristics; math*) дво́йственный; ~ **personality** раздвое́ние ли́чности; (*joint*) совме́стный; (*reciprocal*) взаи́мный; (*having two of*) сдво́енный
dualism дуали́зм
dualist дуали́ст
dualistic дуалисти́ческий, дво́йственный
duality дво́йственность *f*
dualize раздва́ивать
dual-purpose двойно́го назначе́ния
dub (*knight*) посвяща́ть в ры́цари; (*give name to*) называ́ть (+ *acc* + *instr*); (*give nickname*) дава́ть про́звище (+ *dat*); (*leather*) жирова́ть; *cin* дубли́ровать
dubbin жир для сма́зывания ко́жи
dubbing *cin* дубля́ж, дубли́рование
dubiety (*doubt*) сомне́ние; (*hesitation*) колеба́ние
dubious (*doubtful*) сомнева́ющийся; **be** ~ **of, about** сомнева́ться в (+ *prep*); (*uncertain, causing doubt*) сомни́тельный; (*unclear*) нея́сный
dubiously (*in doubt*) сомни́тельно, недове́рчиво
ducal ге́рцогский, кня́жеский
ducat дука́т
duchess герцоги́ня
duchy ге́рцогство
[1]**duck 1.** *n* (*bird*) у́тка; (*meat*) утя́тина; *coll* (*endearment*) голу́бчик, *f* голу́бушка; *fig* **dead** ~ (*person*) ко́нченый челове́к, (*thing, idea*) мёртвый но́мер; **lame** ~ неуда́чник; **like a** ~ **to water** как ры́ба в воде́; **like water off a** ~**'s back** как с гу́ся вода́; **play** ~**s and drakes with** (*risk*) рискова́ть (+ *instr*); (*squander*) расточа́ть; *mil* автомоби́ль-амфи́бия
[2]**duck 1.** *n* (*cloth*) паруси́на **2.** *adj* паруси́новый
[3]**duck 1.** *n* (*dive*) ныря́ние; (*immersion*) окуна́ние; (*nod*) киво́к **2.** *v* (*nod*) кива́ть голово́й; (*to avoid blow etc*) увёртываться (от + *gen*); (*dive*) ныря́ть; (*immerse*) окуна́ть; *coll* ~ **down** (*hide*) скры́ться *pf* (*behind*, за + *acc*); ~ **out** улизну́ть *pf*
duckbill *zool* утконо́с; *bot* англи́йская пшени́ца
duckboard доща́тый насти́л
ducking погруже́ние в во́ду; **take a** ~ быть оку́нутым
duckling утёнок; *fig* **ugly** ~ га́дкий утёнок
duck-shot ме́лкая дробь *f*
duckweed ря́ска
duct (*most senses*) кана́л; (*pipe*) труба́, трубопрово́д; *bot* ход; *anat* прото́к
ductile (*metal*) тягу́чий, ко́вкий; *fig* послу́шный
ductility тягу́честь *f*, ко́вкость *f*
ductless: ~ **gland** железа́ вну́тренней секре́ции
dud 1. *n* (*shell*) неразорва́вшийся снаря́д; (*thing which does not work*) брак; (*fake*) подде́лка; (*failure*) неуда́ча; *coll* (*person*) никчёмный челове́к; *pl coll* (*clothes*) оде́жда **2.** *adj* (*useless*) него́дный; (*fake*) подде́льный; (*invalid*) недействи́тельный; (*worthless*) никчёмный
dude *Am sl* пижо́н
dudgeon оби́да, возмуще́ние; **be in high** ~ негодова́ть
due 1. *n* (*what is owed*) до́лжное; **give s.o his/her** ~ отдава́ть до́лжное (+ *dat*); *usu pl* (*tax*) нало́г; **customs** ~**s** тамо́женная по́шлина; **membership** ~**s** чле́нские взно́сы *m pl* **2.** *adj* (*owing*) причита́ющийся (**to,** + *dat*); (*of time*) **in** ~ **time** в своё вре́мя; **the train is** ~ **at ten** по́езд до́лжен прийти́ в де́сять; (*required, fair*) до́лжный; **with** ~ **attention** с до́лжным внима́нием; (*be expected*) ожида́ться (**from,** от + *gen*); (*fitting*) надлежа́щий; (*deserved*) заслу́женный; (*caused by*) ~ **to** вы́званный (+ *instr*) **3.** *adv* пря́мо; **go** ~ **south** е́хать пря́мо на юг **4.** *prep* ~ **to** (*usu agreeable cause*) благодаря́ (+ *dat*); из-за (*gen*); (*as result of*) всле́дстие (+ *gen*)
duel 1. *n* (*single combat*) ду́эль *f*, поеди́нок; (*contest*) ду́эль *f*, борьба́ (**between,** ме́жду + *instr*); **challenge to a** ~ вы́звать *pf* на ду́эль **2.** *v* дра́ться на ду́эли
dueller, duellist уча́стник ду́эли, дуэля́нт
duelling 1. *n* ду́эль *f* **2.** *adj* ду́эльный
duenna ду́энья
duet ду́эт; **in** ~ ду́этом
[1]**duff** *n* (*pudding*) пу́динг; (*coal*) у́гольная ме́лочь *f*
[2]**duff** *coll* **1.** *adj* (*fake*) подде́льный; (*worthless*) никчёмный, дрянно́й **2.** *v* (*bungle*) угро́бить *pf*; ~ **up** (*beat*) колоти́ть
duffel, duffle шерстяна́я ба́йка; ~ **bag** вещево́й мешо́к; ~ **coat** шерстяно́е пальто́ с капюшо́ном
duffer тупи́ца *m and f*
dug (*of animal*) сосо́к; *vulg* ти́тька, си́ська
dugong дюго́нь *m*
dugout (*boat*) челно́к; *mil* блинда́ж
duke ге́рцог; **Grand Duke** вели́кий князь *m*
dukedom (*title*) ти́тул ге́рцога; (*land*) ге́рцогство; кня́жество
dulcet сла́дкий, мелоди́чный
dulcimer цимба́лы *f pl*
dull 1. *adj* (*stupid; blunted*) тупо́й; (*dim; unpolished, tarnished*) ту́склый; (*unclear*) нея́сный; (*of weather*) па́смурный; (*boring*) ску́чный; (*jaded*) вя́лый; (*depressed*) уны́лый; (*of sound*) глухо́й **2.** *v* (*make, become blunt, stupid*) притупля́ть(ся); де́лать(ся) ту́склым *etc*
dullard тупи́ца *m and f*
dullness ту́пость *f*; ту́склость *f*; па́смурность *f*; ску́ка
dulse кра́сная во́доросль *f*
duly (*properly*) до́лжным о́бразом, как сле́дует, как подоба́ет; (*punctually*) в до́лжное вре́мя, своевре́менно
dumb 1. *n* (*collect*) немы́е *pl* **2.** *adj* (*speechless*) немо́й; ~ **animals** бессłове́сные живо́тные *pl*; ~ **show** пантоми́ма; **deaf and** ~ глухонемо́й; (*from shock etc*) онеме́вший; **strike** ~ лиша́ть да́ра сло́ва; *coll* (*stupid*) тупо́й, глу́пый; **don't be so** ~**!** не будь дурако́м
dumb-bell ги́ри *f pl*; *coll* (*fool*) дура́к, болва́н
dumbfound ошеломля́ть, ошара́шивать

dumbly (*not speaking*) мóлча, бесслове́сно
dumbness немота́
dumb-struck ошеломлённый
dumb-waiter враща́ющийся стóлик
dumdum пу́ля дум-ду́м
dummy 1. *n* (*model*) маке́т; (*of human figure*) манеке́н; *pej* **tailor's** ~ пижóн; (*at cards*) болва́н; (*baby's*) сóска; *sp* (*feint*) финт **2.** *adj* (*not real*) не настоя́щий; (*fake*) подде́льный, подставнóй; (*model*) моде́льный; (*for training purposes*) учéбный; (*for testing*) испыта́тельный
dump 1. *n* (*refuse*) сва́лка; (*depôt*) склад; *coll pej* (*place*) медве́жий у́гол; *coll* **in the ~s** (*depressed*) в плохóм настрое́нии **2.** *v* (*unload*) разгружа́ть; (*rubbish*) сбра́сывать, сва́ливать; *coll* (*drop, put*) сва́ливать; *econ vi* занима́ться де́мпингом; *vt* сбра́сывать (на ры́нок); *coll* (*get rid of*) отде́лываться от (+ *gen*)
dumper самосва́л
dumping (*unloading*) разгру́зка; *econ* де́мпинг
dumpling клёцка
dumpy (*short*) корена́стый, призе́мистый
[1]**dun** *adj* серова́то-кори́чневый
[2]**dun 1.** *n* назóйливый кредитóр **2.** *v* тре́бовать упла́ты дóлга
dunce (*dullard*) тупи́ца *m and f*; (*poor pupil*) неуспева́ющий учени́к
dunderhead болва́н
dune дю́на
dung *n* (*excrement*) помёт, навóз; (*manure*) удобре́ние **2.** *v* удобря́ть навóзом
dungaree гру́бая бума́жная ткань *f*; *pl* (*overalls*) комбинезóн
dungeon (*prison*) темни́ца; (*tower*) гла́вная ба́шня
dunghill навóзная ку́ча
dunk мака́ть; *nav* **~ing sonar** опуска́емый гидролока́тор
dunlin чернозóбик
dunnage подсти́лочный материа́л
duo (*duet*) дуэ́т; (*couple*) па́ра
duodecimal двенадцатери́чный
duodecimo дуоде́цима
duodenal дуодена́льный
duodenary двенадцатери́чный
duodenum двенадцатипе́рстная кишка́
dupe 1. *n* (*simpleton*) простофи́ля *m* and *f*; (*victim*) же́ртва (обма́на) **2.** *v* обма́нывать, одура́чивать
duple двойнóй; *mus* двухта́ктный
duplet *chem* электрóнная па́ра
duplex (*double*) двойнóй; (*two-sided*) двухсторóнний; *elect, eng* дупле́ксный; ~ **cable** двухжи́льный ка́бель *m*; (*paired*) сдвóенный, спа́ренный; *Am* ~ **house** двухкварти́рный дом
duplicate 1. *n* (*copy*) кóпия; (*extra copy of book etc*) дубле́т, дублика́т; **in** ~ в двух экземпля́рах **2.** *adj* (*doubled*) удвóенный, двойнóй; ~ **copy** вторóй экземпля́р; (*spare, reserve*) запаснóй **3.** *v* (*make copy*) снима́ть кóпию; (*make copies*) размножа́ть; (*double*) удва́ивать; (*repeat*) повторя́ть
duplication удва́ивание; сня́тие кóпии; размноже́ние; повторе́ние
duplicator множи́тельный аппара́т
duplicity двули́чность *f*
durability (*lasting*) дли́тельность *f*, долгове́чность *f*; (*toughness*) прóчность *f*
durable 1. *n pl* това́ры *m pl* дли́тельного пóльзования; **consumer ~s** потреби́тельские това́ры дли́тельного пóльзование **2.** *adj* (*long-lasting*) дли́тельный, долговре́менный; *econ* дли́тельного пóльзования; (*hard-wearing*) прóчный
duralumin 1. *n* дуралюми́н, дюра́ль *m* **2.** *adj* дуралюми́ниевый
duramen *bot* сердцеви́на; *tech* ядрó
durance заточе́ние
duration продолжи́тельность *f*, дли́тельность *f*; **of short** ~ кратковре́менный; **for the ~ of** на вре́мя (+ *gen*)
duress (*imprisonment*) заключе́ние; (*compulsion*) **under** ~ по принужде́нию, под принужде́нием, под давле́нием
during (*throughout*) в тече́ние (+ *gen*), за (+ *acc*); (*at some time* ~) во вре́мя (+ *gen*)
dusk 1. *n* (*twilight*) су́мерки *f pl*; (*gloom*) су́мрак **2.** *adj* су́мрачный, су́меречный
dusky (*dark*) тёмный, су́меречный; (*dark-skinned*) сму́глый
dust 1. *n* (*most senses*) пыль *f*; (*insecticide etc*) дуст; **gold** ~ золотóй песóк; (*mortal remains*) прах; (*in expressions*) **bite the** ~ (*fall flat*) па́дать ниц, (*be killed*) быть уби́тым, (*fail*) ру́хнуть *pf*; **kick up a** ~ поднима́ть шум; **throw ~ in the eyes of** пуска́ть пыль в глаза́ (+ *gen*) **2.** *vt* (*wipe ~ from*) вытира́ть пыль (с + *gen*); (*clean coat etc*) чи́стить; (*sprinkle*) посыпа́ть (**with,** + *instr*); (*make dusty*) пыли́ть; (*with insecticide etc*) опыля́ть (**with,** + *instr*); *vi* (*do cleaning*) убира́ть
dustbin му́сорный я́щик, помóйное ведрó
dust-bowl засу́шливый райóн
dustcart му́сорный фургóн
dust-cover (*of book*) суперoблóжка; (*for furniture*) чехóл
duster (*rag*) (пы́льная) тря́пка; (*sprinkler*) распыли́тель *m*
dustiness запылённость *f*
dust-jacket (*on book*) суперoблóжка
dustman му́сорщик
dustpan совóк
dust-proof пыленепроница́емый
dust-sheet пы́льник, чехóл
dust-storm пы́льная бу́ря
dust-up *coll* (*fight*) дра́ка; (*squabble*) перебра́нка
dusty (*covered with dust*) пы́льный; (*like dust*) пылеви́дный; *sl* **not so ~!** неплóхо, ничегó себе́!
Dutch 1. *n* (*language*) голла́ндский язы́к; **double** ~ тараба́рщина; *collect* **the** ~ голла́ндцы *m pl* **2.** *adj* голла́ндский; ~ **auction** голла́ндский аукциóн; ~ **courage** хмельна́я у́даль *f*; ~ **treat** скла́дчина; **go** ~ плати́ть ка́ждый за себя́
Dutchman голла́ндец; **the Flying** ~ лету́чий голла́ндец
Dutchwoman голла́ндка
duteous (*obedient*) послу́шный; (*respectful*) покóрный, почти́тельный
dutiable подлежа́щий обложе́нию пóшлиной
dutiful (*obedient*) послу́шный; (*respectful*) покóрный
duty 1. *n* (*obligation*) долг, обя́занность *f*; **do one's** ~ исполня́ть свой долг; (*task*) обя́занности *f pl*; (*official duties*) служе́бные обя́занности; **do ~ for** (*serve as*) служи́ть (+ *instr*); (*work period*) дежу́рство; **off** ~ в свобóдное вре́мя; **go off** ~ конча́ть дежу́рство, сме́ну; **he is off ~ today** он сегóдня не дежу́рит, рабóтает; **on** ~ на дежу́рстве; **who is on ~?** кто дежу́рит?; (*tax*) пóшлина; *tech* режи́м **2.** *adj* (*on* ~) дежу́рный
duty-free 1. *adj* беспóшлинный; **these goods are** ~ э́ти това́ры не облага́ются пóшлиной **2.** *adv*

беспо́шлинно
duvet ва́тное одея́ло, пухо́вое одея́ло
dwarf 1. *n* ка́рлик, лилипу́т; *astr* **white** ~ бе́лый ка́рлик **2.** *adj* ка́рликовый; ~ **star** звезда́-ка́рлик **3.** *v* (*stunt*) меша́ть ро́сту (+ *gen*); *hort* иску́сственно заде́рживать рост; *fig* (*eclipse*) затмева́ть; (*loom over*) вы́ситься над (+ *instr*); (*make look small*) быть огро́мным по сравне́нию с (+ *instr*)
dwarfish ка́рликовый
dwell (*live*) жить; (*remain*) остана́вливаться; (*pause*) приостанови́ться *pf*; ~ **on** (*ponder*) размышля́ть о (+ *prep*); (*linger over*) заде́рживаться на (+ *prep*); (*expatiate*) распространя́ться о (+ *prep*)
dweller (*in general*) жи́тель *m*, обита́тель *m*; (*of houses*, *flat*) жиле́ц
dwelling жили́ще, дом; ~**-house** жило́й дом; ~**-place** местожи́тельство; ~ **space** жилпло́щадь *f*
dwindle (*become smaller*) уменьша́ться; (*waste away*) истоща́ться; (*lose importance*) теря́ть значе́ние
dyad (*couple*) дво́йка, па́ра; *chem* двухвале́нтный элеме́нт; *biol*, *math* диа́да
dyadic двои́чный, двучле́нный
Dyak дая́к
dye 1. *n* (*paint*) кра́ска; (*colouring agent*) краси́тель *m*; (*colour*) цвет **2.** *v* кра́сить(ся)
dyed-in-the-wool закорене́лый
dyer краси́льщик
dyestuff краси́тель *m*
dye-works краси́льня
dying 1. *n* (*expiring*) умира́ние; (*death*) смерть *f*; (*of sound*) затуха́ние; (*of light*) угаса́ние **2.** *adj* (*near death*) умира́ющий; (*preceding death*) предсме́ртный; (*of sound*) замира́ющий; (*of light*, *fire*) угаса́ющий
dyke *see* **dike**
dynamic 1. *n* (*motive force*) дви́жущая си́ла; *pl phys* дина́мика **2.** *adj phys* динами́ческий; (*of character etc*) динами́чный, динами́ческий; *med* функциона́льный
dynamism динами́зм
dynamite 1. *n* динами́т; *fig* (*sensation*) сенса́ция; **be** ~ (*dangerous*) быть опа́сным **2.** *v* взрыва́ть динами́том
dynamiter динами́тчик
dynamo дина́мо *neut indecl*, дина́мо-маши́на
dynamometer динамо́метр
dynast потомственный прави́тель *m*
dynastic династи́ческий
dynasty дина́стия
dyne ди́на
dysentery дизентери́я
dysfunction дисфу́нкция
dyslexia дислекси́я
dyspepsia диспепси́я
dyspeptic (*having indigestion*) страда́ющий диспепси́ей
dystrophy дистрофи́я; **muscular** ~ мы́шечная дистрофи́я

E

each *adj*, *pron* (*every*) ка́ждый, *more rarely* вся́кий; ~ **of** ка́ждый из (+ *gen*); ~ **other** друг дру́га; **they are like ~ other** они́ похо́жи друг на дру́га; **we help ~ other** мы помога́ем друг дру́гу; *distributively with numerals* по (+ *dat* of *1, 5–20, 30, 40, etc... 100, 1,000, etc*; + *acc of 2, 3, 4, 200, 300, 400,* полтора́ *and collective numerals*; + *the forms* пятисо́т *etc for 500, 600, 700, 800, 900. If the numeral is followed by a noun this will be in the dat after 1, in the gen sing after 2, 3, 4 and in the gen pl after all others*; *in colloquial speech the acc may be used for all numerals except 1*); **he gave us a book** ~ он нам подари́л по (одно́й) кни́ге; **she gave them two books** ~ она́ им подари́ла по две кни́ги; **we received 500 roubles** ~ мы получи́ли по пятисо́т рубле́й; (*in statements of cost*) по (+ *case as above*); **they cost a rouble** ~ они сто́ят по рублю́; **eight stamps at four kopecks** ~ во́семь ма́рок по четы́ре копе́йки

eager (*enthusiastic*) по́лный энтузиа́зма, стра́стный; (*energetic*) энерги́чный; ~ **beaver** (*worker*) работя́га *m and f*; (*enthusiast*) энтузиа́ст; ~ **to** (*impatient to*) стремя́щийся (+ *infin*); (*desiring to*) (стра́стно) жела́ющий (+ *infin*); **be ~ to** о́чень хоте́ть; ~ **for** жа́ждущий (+ *gen*); **be ~ for** жа́ждать (+ *gen*)

eagerly (*enthusiastically*) с энтузиа́змом; (*avidly*) охо́тно, с жа́ром

eagerness (*ardour*) пыл, рве́ние; (*haste*) поспе́шность *f*

eagle орёл; ~ **eye** орли́ный глаз; **~-eyed** с проница́тельным взгля́дом, с орли́ным гла́зом; **~-owl** фи́лин; ~ **stone** эти́т, орли́ный ка́мень *m*

eaglet орлёнок

ear у́хо; **be all ~s** весь обрати́ться *pf* в слух, слу́шать во все у́ши; **box ~s of/give a thick ~ to,** дать *pf* (+ *dat*) в у́хо; **have a good ~** име́ть хоро́ший слух; **have one's ~ to the ground** держа́ть у́хо востро́; **it went in one ~ and out the other** в одно́ у́хо вошло́, в друго́е вы́шло; **play by ~** игра́ть по слу́ху; **prick up one's ~** навостри́ть *pf* у́ши; **set by the ~s** (*cause quarrel*) поссо́рить *pf*; (*agitate*) взбудора́жить *pf*; **strain one's ~s** напряга́ть слух; **turn a deaf ~ to** быть глухи́м к (+ *dat*), пропусти́ть *pf* ми́мо уше́й; **up to the ~s, head over ~s** по́ уши (**in,** в + *prep*); **whisper etc in s.o's ~** шепта́ть *etc* (+ *dat*) на́ ухо; *bot* (*of cereal*) ко́лос; (*of maize*, *sweet-corn*) поча́ток; *tech* зажи́м

earache боль *f* в у́хе; **I have the ~** у меня́ у́хо боли́т

ear-drum бараба́нная перепо́нка

ear-flaps нау́шники *m pl*

earl граф

earldom гра́фство

earlier 1. *adj* бо́лее ра́нний **2.** *adv also* ~ **on** ра́ньше

earliest са́мый ра́нний; **from one's ~ years** с ра́нних лет; **on Wednesday at the ~** не ра́ньше среды́

early 1. *adj* ра́нний; *coll* ~ **bird** ра́нняя пта́шка; (*premature*) преждевре́менный; (*ancient*) дре́вний **2.** *adv* ра́но; ~ **next week** в нача́ле сле́дующей неде́ли; ~ **in the day** ра́но у́тром; (*in good time*) заблаговре́менно; (*prematurely*) преждевре́менно

earmark 1. *n* клеймо́ на у́хе **2.** *v* клейми́ть; *fig* предназнача́ть (**for,** для + *gen*)

earn (*wage*) зараба́тывать; ~ **one's living** зараба́тывать (себе́) на жизнь; (*deserve*) заслу́живать; (*receive*) получа́ть

earnest 1. *n* (*pledge*) зало́г; **in ~** всерьёз, серьёзно **2.** *adj* (*serious*) серьёзный; (*sincere*) и́скренний; (*determined*) реши́тельный

earnings (*wages*) за́работок; (*profit*) при́быль *f*; (*income*) дохо́д

earphone нау́шник *usu pl*

ear-piece ра́ковина телефо́на

ear-piercing (*shrill*) пронзи́тельный

ear-plug заты́чки для уше́й

earring (*jewellery*) серьга́; **a pair of ~s** се́рьги

earshot: within/out of в преде́лах/вне преде́лов слы́шимости

ear-splitting (*shrill*) пронзи́тельный; (*deafening*) оглуши́тельный

earth 1. *n* (*world*) земля́, свет; **from all corners of the ~** со всех концо́в све́та; **on ~** (*in this life*) на э́том све́те; **why on ~?** с како́й ста́ти? почему́ же?; **how on ~?** каки́м же о́бразом?; (*globe*) земно́й шар; *astr* Земля́; (*land*) земля́; (*dry land*) су́ша; (*soil*) по́чва, грунт; **black ~** чернозём; (*lair*) нора́; **run to ~** (*find*) отыска́ть *pf*; **down to ~** (*realistic*) реалисти́чный, практи́чный; (*direct*) прямо́й; **move heaven and ~** напряга́ть все уси́лия; *elect* заземле́ние; *chem* **rare ~s** ре́дкие зе́мли *f pl* **2.** *adj* (*earthen*) земляно́й; (*of this world*) земно́й **3.** *v* (*cover with ~*) покрыва́ть землёй; *elect* заземля́ть

earth-born (*human*) челове́ческий; (*mortal*) сме́ртный

earth-bound (*worldly*) жите́йский; (*prosaic*) прозаи́ческий, (*going towards earth*) напра́вленный к земле́

earthen (*of earth*) земляно́й; (*of clay*; *pottery etc*) гли́няный

earthenware 1. *n* гли́няная посу́да, гонча́рное изде́лие **2.** *adj* гли́няный, гонча́рный

earthing *elect* заземле́ние

earthly (*of earth*) земно́й; (*non-spiritual*) све́тский, суе́тный; *coll* **not have an ~** (*chance*) не име́ть ни мале́йшего ша́нса

earthman земля́нин

earth-nut ара́хис, земляно́й оре́х

earthquake землетрясе́ние

earth-shaking *fig* потряса́ющий

earthwork(s) *eng* земляны́е рабо́ты *f pl*; *mil* земляно́е укрепле́ние; (*rampart*) вал

earthworm земляно́й червь *m*

earthy (*of earth*) земляно́й; (*earth-like*) земли́стый; (*earthly*) земно́й, жите́йский; (*crude*) гру́бый; (*vulgar*) вульга́рный

ear-trumpet слухова́я тру́бка

earwax ушна́я се́ра

earwig уховёртка

ease 1. *n* (*calm*, *rest from pain*) поко́й; (*lack of constraint*) свобо́да, непринуждённость *f*; **at one's ~** свобо́дно, непринуждённо; **be ill at ~**

чу́вствовать себя́ нело́вко; *mil* **at ~!** во́льно; **stand at ~** стоя́ть во́льно; (*leisure*) досу́г; (*easiness*) лёгкость *f*; **with ~** легко́, без труда́ **2.** *v* (*lighten*; *pain etc*) облегча́ть; (*facilitate*) спосо́бствовать (+ *dat*); (*loosen*) освобожда́ть; (*diminish*) уменьша́ть(ся)
 ~ in осторо́жно вставля́ть (в + *acc*)
 ~ off (*remove*) осторо́жно снима́ть; (*diminish*) уменьша́ть(ся)
 ~ out осторо́жно вынима́ть (**from,** из + *gen*)
easeful споко́йный
easel мольбе́рт
easement облегче́ние; *leg* сервиту́т
easily (*without difficulty*) легко́, без труда́; (*indubitably*) несомне́нно; (*freely*) свобо́дно; **he could ~ refuse** вполне́ возмо́жно, что он отка́жется; **easier said than done** ле́гче сказа́ть, чем сде́лать
easiness лёгкость *f*
east 1. *n* восто́к; *nav* ост; **the Far East** Да́льний Восто́к; **the Middle East** Сре́дний Восто́к; **to the ~ of** к восто́ку от (+ *gen*), восто́чнее (+ *gen*); (*~ern part*) восто́чная часть *f*; (*the Orient*) Восто́к **2.** *adj* восто́чный **3.** *adv* на восто́к, к восто́ку
Easter 1. *n* Па́сха; **at ~** на Па́схе **2.** *adj* пасха́льный
easterly 1. *n* (*wind*) восто́чный ве́тер **2.** *adj* восто́чный **3.** *adv* (*to ~*) на восто́к, к восто́ку; (*from ~*) с восто́ка
eastern восто́чный
easternmost са́мый восто́чный
Eastertide пасха́льная неде́ля
East Indies Ост-Йндия
eastwards в восто́чном направле́нии, на восто́к, к восто́ку
easy 1 *adj* (*light*; *not difficult*) лёгкий, нетру́дный; (*simple*) просто́й; **~ of access** досту́пный; (*comfortable*) удо́бный; (*loose*) свобо́дный; (*not strict*) терпи́мый; (*calm*) споко́йный; *coll* **~ on the eye** привлека́тельный; **I'm ~** (*have no preference*) мне безразли́чно, мне всё равно́ **2.** *adv* легко́; споко́йно; **go ~ on** (*drink etc less*) пить *etc* ме́ньше; (*not ask too much of*) не тре́бовать сли́шком мно́го от (+ *gen*); **take it ~** (*not hurry*) не торопи́ться; (*not get excited*) не расстра́иваться, быть споко́йным; **take it ~!** не беспоко́йтесь!, успоко́йтесь!, ле́гче на поворо́тах!
easy-chair кре́сло
easy-going (*carefree*, *casual*) беспе́чный, беззабо́тный; (*complaisant*, *obliging*) покла́дистый; (*not strict*) не стро́гий; (*calm*) споко́йный
eat есть, ку́шать; *fig* **~ one's heart out** страда́ть мо́лча; **~ one's words** брать наза́д свои́ слова́
 ~ at, away разъеда́ть
 ~ in, into (*cut into*, *corrode*) въеда́ться (в + *acc*); (*~ at home*) обе́дать до́ма
 ~ out есть вне до́ма, есть в рестора́не
 ~ up (*gobble*, *also fig*) пожира́ть; (*finish ~ing*) конча́ть есть; (*use up*) пожира́ть, поглоща́ть; **~ up!** ку́шай(те)!
eatable 1. *n pl coll* съестно́е **2.** *adj* съедо́бный
eater едо́к
eating 1. *n* еда́ (*but usu transl by infin* есть: **he finds ~ difficult** ему́ тру́дно есть) **2.** *adj* (*edible*) съедо́бный; **~ apple** десе́ртное я́блоко
eats *coll* съестно́е
eau-de-cologne одеколо́н
eau-de-vie конья́к
eaves свес кры́ши
eavesdrop подслу́шивать
eavesdropper подслу́шивающий
eavesdropping подслу́шивание
ebb 1. *n* (*also* **~-tide**) отли́в; *fig* **at a low ~** в упа́дке **2.** *v* отлива́ть; **~ away** ослабева́ть
E-boat (неме́цкий) торпе́дный ка́тер
ebonite 1. *n* эбони́т **2.** *adj* эбони́товый
ebony 1. *n* (*tree*, *wood*) эбе́новое де́рево **2.** *adj* (*wood*) эбе́новый; (*black*) чёрный
ebullience (*boiling*) кипе́ние; (*enthusiasm*) экспанси́вность *f*
ebullient (*boiling*) кипя́щий; (*person*) экспанси́вный
ebullition кипе́ние
écarté экарте́
ecbolic 1. *n* або́ртное сре́дство **2** *adj* вызыва́ющий або́рт
eccentric 1. *n* (*person*) чуда́к; *tech* эксце́нтрик **2.** *adj* (*odd*) эксцентри́чный, чудакова́тый, чуда́ческий; *geom* эксцентри́ческий; *tech* эксце́нтриковый; (*off-centre*) нецентра́льный
eccentricity эксцентри́чность *f*
ecchymosis синя́к, экхимо́з
ecclesiastic(al) 1. *n* духо́вное лицо́ **2.** *adj* (*of church*) церко́вный; (*clerical*) духо́вный
ecdemic экдеми́чный
ecdysis ли́нька
echelon усту́п; *mil*, *phys* эшело́н
echidna ехи́дна
echinate шипова́тый
echinus *zool* морско́й ёж; *archi* эхи́н
echo 1. *n* э́хо; *fig* отголо́сок; (*repetition*) подража́ние (**of,** + *dat*); (*person*) подража́тель *m* **2.** *v* (*ring with ~*) отдава́ться э́хом; (*be reflected*) отража́ться (**from,** от + *gen*); (*repeat*) вто́рить, подража́ть (+ *dat*)
echo-sounder эхоло́т
éclair экле́р
eclampsia эклампси́я
éclat (*brilliance*) блеск; (*acclaim*) сла́ва; (*success*) успе́х
eclectic 1. *n* экле́ктик **2.** *adj* эклекти́ческий
eclecticism эклекти́зм
eclipse 1. *n* затме́ние **2.** *v* затмева́ть
ecliptic 1. *n* эклипти́ка **2.** *adj* эклипти́ческий
eclogue экло́га
ecological экологи́ческий
ecologist эко́лог
ecology эколо́гия
economic(al) (*of economics*) экономи́ческий; (*frugal*, *restrained*; *using little fuel etc*) экономи́чный, эконо́мный
economics эконо́мика
economist экономи́ст
economize эконо́мить (**on, in,** на + *prep*)
economizer *tech* эконома́йзер
economy 1. *n* (*of country etc*) (наро́дное) хозя́йство, эконо́мика; **political ~** полити́ческая эконо́мия, политэконо́мия; (*thrift*; *saving*) эконо́мия; (*efficiency*) эконо́мность *f*, экономи́чность *f* **2.** *adj* (*economical*) экономи́чный; **~ class** туристи́ческий класс
ecosystem экосисте́ма
ecru цве́та небелёного полотна́
ecstasy экста́з, восто́рг; **be in ~ over** быть в восто́рге от (+ *gen*)
ecstatic (*of ecstasy*) экстати́ческий; (*in ecstasy*) в экста́зе, в восто́рге
ecstatically с восто́ргом

ectoblast эктобла́ст
ectoderm эктоде́рма
ectopic эктопи́ческий
ectoplasm эктопла́зма
Ecuador Эквадо́р, Экуадо́р
Ecuadorian 1. *n* жи́тель *m* Эквадо́ра **2.** *adj* эквадо́рский
ecumenical *eccles* (*of council etc*) вселе́нский; (*of, for church unity*) экумени́ческий
ecumenism экумени́зм
eczema экзе́ма
edacious (*greedy*) жа́дный; (*voracious*) прожо́рливый
eddy 1 *n* (*small whirlpool*) ма́ленький водоворо́т; (*swirling movement of air etc*) вихрь *m*; *tech* ~ **currents** вихревы́е то́ки *m pl* **2.** *v* (*swirl*) крути́ться; (*of smoke etc*) клуби́ться
edelweiss эдельве́йс
Eden Эде́м
edentate(d) (*toothless*) беззу́бый; (*without front teeth*) неполнозу́бый
edge (*cutting side*) остриё, ле́звие; (*sharpness*) острота́; **lose** ~ затупи́ться *pf*; (*border, rim*) край, кро́мка; ~ **of a road** обо́чина доро́ги; ~ **of a wood** опу́шка ле́са; (*margin of page*) по́ле; (*brink*) край; **on the** ~ **of** на краю́ (+ *gen*) (*also fig*); *fig* (*border*) грань *f*; **on the** ~ **of** на гра́ни (+ *gen*); *coll* (*superiority*) преиму́щество; (*nervousness*) **on** ~ в не́рвном состоя́нии; **set on** ~ раздража́ть **2.** *v* (*sharpen*) точи́ть; (*be rim, border*) окаймля́ть, обрамля́ть; (*trim*) обреза́ть края́
~ **away** осторо́жно/тихо́нько отходи́ть **(from,** от + *gen*)
~ **in(to)** вти́скивать(ся)
~ **out** (*exclude*) вытесня́ть
edgeways (*with edge to front/upwards*) кра́ем вперёд/вверх; (*sideways*) попере́чно; (*on side*) бо́ком; **get a word in** ~ ввернуть *pf* слове́чко
edging (*on material*) кайма́, бордю́р
edgy (*with edge*) о́стрый; *fig* (*nervous*) не́рвный
edibility съедо́бность *f*
edible съедо́бный
edict эди́кт, ука́з
edification наставле́ние, назида́ние; **for your** ~ для ва́шего назида́ния
edifice зда́ние; *fig* структу́ра, систе́ма
edify поуча́ть, наставля́ть
edit (*text*) редакти́ровать; (*be editor*) быть реда́ктором (+ *gen*); (*film*) монти́ровать
edition (*most senses*) изда́ние; (*number of copies*) тира́ж; (*of newspaper*) вы́пуск
editor реда́ктор
editorial 1. *n* передова́я (статья́), передови́ца **2.** *adj* (*of editor*) реда́кторский; ~ **office** реда́кция; (*of editing*) редакцио́нный
educate (*bring up*) воспи́тывать; (*give education to*) дава́ть (+ *dat*) образова́ние; (*train*) трениро́вать, обуча́ть; (*develop*) развива́ть
educated образо́ванный
education (*bringing up*) воспита́ние; (*schooling*) образова́ние; (*instruction*) обуче́ние, трениро́вка; (*development*) разви́тие; **institute of** ~ педагоги́ческий институ́т, пединститу́т
educational образова́тельный; воспита́тельный; (*pedagogical*) педагоги́ческий, уче́бный; ~ **literature** уче́бная литерату́ра
education(al)ist педаго́г-теоре́тик
educative почти́тельный
educator педаго́г
educe (*draw out*) выявля́ть; (*deduce*) выводи́ть **(from,** из + *gen*)
eduction (*deduction*) вы́вод; *tech* вы́пуск
eductor эже́ктор
edulcorate очища́ть (промы́вкой)
eel у́горь *m*; **conger** ~ морско́й у́горь; **~-grass** морска́я трава́; **~-pout** бельдю́га; **~-worm** немато́да
eerie, eery жу́ткий
efface (*rub out*) стира́ть; (*cross out*) вычёркивать; ~ **oneself** держа́ться в тени́
effect 1. *n* (*result*) результа́т; (*consequence*) сле́дствие; **cause and** ~ причи́на и сле́дствие; **have** ~ (*have result*) име́ть результа́т; (*be ~ive*) быть действи́тельным; (*influence*) де́йствовать **(on,** на + *acc*); (*force*) де́йствие, си́ла; **come into** ~ вступа́ть в си́лу; **put into** ~ осуществля́ть, проводи́ть в жизнь; (*purpose*) цель *f*; **to this** ~ для э́той це́ли; **to no** ~ безрезульта́тно, напра́сно; (*actuality*) **in** ~ в действи́тельности, в су́щности, факти́чески; (*impression*) впечатле́ние, эффе́кт; **create an** ~ производи́ть впечатле́ние; *sci* эффе́кт; *pl* (*goods*) иму́щество **2.** *v* (*cause*) производи́ть; (*bring about*) осуществля́ть
effective (*efficient, producing result*) эффекти́вный; (*in force*) действи́тельный, де́йствующий; **become** ~ входи́ть, вступа́ть в си́лу; (*striking*) эффе́ктный; *mil* го́дный; *tech* поле́зный
effectiveness эффекти́вность *f*
effectual (*producing effect*) достига́ющий це́ли; (*valid*) действи́тельный; *leg* име́ющий си́лу
effectuate соверша́ть
effeminacy же́нственность *f*, изне́женность *f*
effeminate изне́женный, женоподо́бный
efferent *anat* вынося́щий; ~ **nerve** дви́гательный нерв
effervesce (*of drink etc*) шипе́ть, пе́ниться; *chem* бу́рно выделя́ть газ; *fig* и́скриться
effervescence шипе́ние; *chem* выделе́ние га́за; *fig* весёлое оживле́ние
effervescent шипу́чий; *fig* оживлённый
effete (*exhausted*) истощённый; (*barren*) беспло́дный; (*decadent*) упа́дочный
efficacious эффекти́вный
efficacy де́йственность *f*, си́ла
efficiency (*competence*) уме́лость *f*; (*productivity*) производи́тельность *f*; *tech* (*of engines etc*) коэффицие́нт поле́зного де́йствия (*abbr* кпд); (*effectiveness*) эффекти́вность *f*; (*profitability*) рента́бельность *f*
efficient (*effective*) эффекти́вный, де́йственный; (*skilled*) уме́лый; (*productive*) продукти́вный, производи́тельный; (*economic*) экономи́чный
effigy изображе́ние
effloresce *bot* расцвета́ть; *chem* выцвета́ть; *geol* выкристаллизо́вываться
efflorescence *bot* расцве́т, цвете́ние; *chem* выцвета́ние; *geol* выве́тривание криста́ллов; *med* высыпа́ние
effluence истече́ние
effluent 1. *n* (*river*) пото́к, вытека́ющий из друго́й реки́/о́зера; (*waste discharge*) сток **2.** *adj* вытека́ющий
effluvium испаре́ние, миа́зма
efflux истече́ние
effort (*exertion*) уси́лие; **without** ~ без труда́; (*strain*) напряже́ние; (*work*) рабо́та, труд; **make ~s** приложи́ть *pf* уси́лия; **spare no** ~ не щади́ть уси́лий; (*attempt*) попы́тка; **make an** ~

попыта́ться *pf*; (*endeavour*) стара́ние; *coll* (*achievement*) достиже́ние
effortless (*making no effort*) не де́лающий уси́лий; (*needing no effort*) лёгкий, не тре́бующий уси́лий
effrontery на́глость *f*, наха́льство
effulgence сия́ние, лучеза́рность *f*
effulgent лучеза́рный
effuse 1. *adj bot* разве́систый **2.** *v* (*pour out*) вылива́ть(ся); *fig* излива́ть(ся); (*shed*) пролива́ть(ся)
effusion излия́ние
effusive экспанси́вный, демонстрати́вный; *geol* эффузи́вный
eft трито́н
egalitarian 1. *n* побо́рник равнопра́вия, эгалита́рист **2.** *adj* эгалита́рный
[1]**egg** яйцо́; **dried** ~ яи́чный порошо́к; **fried** ~ яи́чница; **poached** ~ яйцо́-пашо́т; **white of** ~ бело́к; *fig* **put all one's ~s in one basket** ста́вить всё на одну́ ка́рту; **teach one's grandmother to suck ~s** я́йца ку́рицу не у́чат; **~-cup** рю́мка для яйца́; **~-plant** баклажа́н; **~-shaped** яйцеви́дный
[2]**egg: egg on** подстрека́ть (**to,** к + *dat*; or + *infin*)
eggshell яи́чная скорлупа́; ~ **china** то́нкий фарфо́р
eglantine ро́за эглантéрия, ро́за ржа́вая
ego э́го (*neut indecl*), со́бственное я; (*egoism*) эгои́зм; (*pride*) самолю́бие
egocentric эгоцентри́ческий; (*of person*) эгоцентри́чный
egoism эгои́зм
egoist эгои́ст
egoistic эгоисти́ческий; (*of person*) эгоисти́чный
egotism эготи́зм, самомне́ние
egotist эготи́ст
egotistic (*self-important*) самодово́льный; (*egoistic*) эгоисти́ческий
egregious отъя́вленный; ~ **lie** вопию́щая ложь *f*
egress вы́ход
egret (*bird*) бе́лая ца́пля; *bot* пушо́к
Egypt Еги́пет
Egyptian 1. *n* египтя́нин, *f* египтя́нка **2.** *adj* еги́петский
Egyptologist египто́лог
Egyptology египтоло́гия
eh (*expression of inquiry*) а?, как?; (*following phrase*) непра́вда ли?
eider га́га (обыкнове́нная)
eiderdown (*feathers*) гага́чий пух; (*quilt*) пухо́вое стёганое одея́ло
eidolon (*image*) о́браз; (*phantom*) фанто́м, приви́дение
eight *num* во́семь *f* (+ *gen pl*); *collect num* во́сьмеро (+ *gen pl*); (*figure 8, group, number of bus etc, at cards, boat*) восьмёрка; *distr num* ~ **each** по восьми́ (*see also* **each**); (*age*) **he is** ~ ему́ во́семь лет; (*time*) ~ **o'clock** во́семь часо́в; **(at) about** ~ о́коло восьми́; **after half past** ~ по́сле полови́ны девя́того; **at** ~ в во́семь (часо́в); **(at)** ~ **twenty** (в) во́семь два́дцать; **(at) a quarter to** ~ без че́тверти во́семь; **by** ~ к восьми́; **since** ~ с восьми́ (часо́в); **until** ~ до восьми́ (часо́в)
eighteen восемна́дцать *f* (+ *gen pl*); (*age*) восемна́дцать лет; **he is** ~ ему́ восемна́дцать лет
eighteenth 1. *n* (*fraction*) восемна́дцатая (часть *f*); (*date*) восемна́дцатое (число́); **on the** ~ восемна́дцатого (числа́) **2.** *adj* восемна́дцатый
eighth 1. *n* восьма́я (часть); **seven ~s** семь восьмы́х; (*date*) восьмо́е (число́); **by the** ~ к восьмо́му (числу́); **on the** ~ **of May** восьмо́го ма́я; **until the** ~ до восьмо́го **2.** *adj* восьмо́й
eightieth восьмидеся́тый
eighty во́семьдесят (+ *gen pl*); **the 80s, the eighties** восьмидеся́тые го́ды *m pl*
Eire Э́йре, Ирла́ндия
eirenic миротво́рческий
either 1. *adj, pron* (*one of two*) любо́й (**of,** из + *gen*), тот и́ли друго́й; (*both*) о́ба, *f* о́бе (+ *gen sing*), и тот и друго́й **2.** *adv, conj* (*introducing alternatives*) и́ли; ~ **one or the other** и́ли тот и́ли друго́й; (*in negative expressions*) то́же, также; **if you do not go then I shall not go** ~ е́сли вы не пойдёте, то я то́же не пойду́; *coll* (*for emphasis*) **he said he wouldn't go and he didn't** ~ он сказа́л, что не пойдёт, так и не пошёл
ejaculate (*exclaim*) восклица́ть; (*emit*) изверга́ть
ejaculation (*exclamation*) восклица́ние; (*emission*) изверже́ние; *physiol* эякуля́ция
ejaculatory *physiol* семяизверга́ющий
eject *vt* (*throw out*) выбра́сывать, изверга́ть; (*drive out*) выгоня́ть; (*smoke etc*) выпуска́ть; (*expel*) изгоня́ть, исключа́ть, *coll* выгоня́ть (**from,** из + *gen*); (*tenant etc*) выселя́ть; *vi* (*from aircraft*) выбра́сываться, катапульти́роваться (**from,** из + *gen*)
ejection выбра́сывание; изверже́ние; выселе́ние; исключе́ние, катапульти́рование; ~ **seat** катапульти́руемое сиде́нье
ejector эже́ктор, выбра́сыватель *m*; (*in gun*) отража́тель *m*; *av* (*seat*) катапульти́руемое сиде́нье
eke: eke out (*prolong*) продлева́ть; (*supplement*) пополня́ть (**with,** + *instr*)
elaborate 1. *adj* (*most senses*) сло́жный; (*intricate*) изы́сканный **2.** *v* (*make more complicated*) усложня́ть, де́лать бо́лее сло́жным; (*work out in detail*) разраба́тывать в дета́лях; (*go into detail*) уточня́ть, вдава́ться в подро́бности; (*ornament*) украша́ть
elaboration (*working out*) разрабо́тка; (*development*) разви́тие; (*making more precise*) уточне́ние; (*complication*) усложне́ние
élan (*fervour*) рве́ние, пы́лкость *f*; (*dash*) стреми́тельность *f*
eland антило́па ка́нна
elapse проходи́ть
elastic 1. *n* рези́нка **2.** *adj* (*stretchable*) эласти́чный; ~ **band** рези́нка; (*resilient*) упру́гий; (*bendable, also fig*) ги́бкий; (*adaptable*) приспоса́бливающийся
elasticity эласти́чность *f*; упру́гость *f*; ги́бкость *f*
elate подбодря́ть, приводи́ть в восто́рг
elated в восто́рге (**at, with,** от + *gen*); восто́рженный, лику́ющий
elater *bot* элате́ра; *ent* жук-щелку́н
elation восто́рг
elbow 1. *n* ло́коть *m*; **at one's** ~ ря́дом; **out at** ~ в лохмо́тьях; *tech* (*pipe*) коле́но **2.** *v* толка́ть локтём, локтя́ми; ~ **one's way through** прота́лкиваться (че́рез + *acc*)
elbow-grease энерги́чная рабо́та
elbow-rest подлоко́тник
elbow-room ме́сто, просто́р
[1]**elder 1.** *n* (*of tribe etc*) старе́йшина; (*monk*) ста́рец; (*old person*) стари́к; (*the older of two*) ста́рший **2.** *adj* ста́рший
[2]**elder** *bot* бузина́; **~berry** я́года бузины́

elderly пожило́й
eldest са́мый ста́рший
El Dorado Эльдора́до *neut indecl*
eldritch жу́ткий
elect 1. *n collect* и́збранные *pl* **2.** *adj* и́збранный **3.** *v* (*choose by vote*) избира́ть; ~ **a committee** избра́ть *pf* комите́т; **he was ~ed chairman** его́ избра́ли председа́телем; **he was ~ed to Parliament** он был и́збран в парла́мент; **she was ~ed a member** она́ была́ и́збрана в чле́ны; (*choose*) выбира́ть; (*prefer*) предпочита́ть; (*decide*) реши́ть
election 1. *n* (*voting*) вы́боры *m pl*; **general** ~ всео́бщие вы́боры; (*act of electing, state of being elected*) избра́ние; (*choice*) вы́бор **2.** *adv* избира́тельный
electioneer проводи́ть предвы́борную кампа́нию, агити́ровать *coll*
electioneering предвы́борная кампа́ния
elective (*appointed by election*) вы́борный; (*having power of election*) име́ющий избира́тельное пра́во; (*not obligatory*) факультати́вный; *chem* ~ **affinity** избира́тельное схо́дство
elector (*voter*) избира́тель *m*; *hist* (*title*) курфю́рст
electoral избира́тельный
electorate избира́тели *m pl*
electric(al) электри́ческий; ~ **blanket** электроодея́ло; ~ **blue** электри́к (*indecl adj*); ~ **engineering** электроте́хника; ~ **fence** электроизгородь *f*; ~ **light** электри́ческий свет, электри́чество; ~ **locomotive** электрово́з; ~ **shock** электри́ческий шок, уда́р; *fig* (*tense*) напряжённый
electrician электроте́хник, электромонтёр
electricity электри́чество
electrification электрифика́ция
electrify (*charge with electricity*) заряжа́ть; (*provide with electricity*) электрифици́ровать; (*startle*) электризова́ть
electroanalysis электроана́лиз
electrocardiogram электрокардиогра́мма
electrocute (*kill by electricity*) убива́ть электри́ческим то́ком; (*execute*) казни́ть на электри́ческом сту́ле
electrocution казнь *f* на электри́ческом сту́ле
electrode электро́д
electrodeposit гальвани́ческий покро́в
electrodepositing гальваносте́гия
electrodynamic электродинами́ческий
electrodynamics электродина́мика
electroencephalogram электроэнцефалогра́мма
electrography электрогра́фия
electro-kinetics электрокине́тика
electrology электротерапи́я
electrolysis электро́лиз
electrolyte электроли́т
electrolytic электролити́ческий
electromagnet электомагни́т
electromagnetic электромагни́тный
electromagnetism электромагнети́зм
electromechanics электромеха́ника
electrometer электро́метр
electromotive электродви́жущий; ~ **force** (*abbr* EMF) электродви́жущая си́ла (*abbr* ЭДС, *or* эдс)
electromotor электродви́гатель *m*
electron 1. *n* электро́н **2.** *adj* электро́нный; ~ **microscope** электро́нный микроско́п; ~ **volt** электро́н-во́льт
electronic электро́нный
electronics электро́ника
electroplate 1. *n* гальваностереоти́п **2.** *v* покрыва́ть гальвани́ческим спо́собом; **~d** гальванизи́рованный
electroplating гальваносте́гия
electroscope электроско́п
electrostatics электроста́тика
electrotherapeutics, electrotherapy электротерапи́я
electrotype (*plate*) гальваностереоти́п; (*process*) гальваностереоти́пия, электроти́пия
electrum медноникелеци́нковый сплав
electuary электуа́рий
eleemosynary (*supported by alms*) живу́щий ми́лостыней; (*charitable*) благотвори́тельный
elegance элега́нтность *f*, изя́щество
elegant элега́нтный, изя́щный
elegiac(al) элеги́ческий
elegiacs элеги́ческие стихи́ *m pl*
elegize писа́ть эле́гии
elegy эле́гия
element (*most senses*) элеме́нт; (*constituent*) составна́я часть *f*; (*small portion*) до́ля; *pl* (*rudiments*) осно́вы *f pl*; (*natural force*) стихи́я; **native** ~ родна́я стихи́я; **in one's** ~ в свое́й стихи́и
elemental (*of natural forces*) стихи́йный; (*basic*) основно́й; (*simple*) просто́й
elementary (*simple*) просто́й; (*rudimentary*) элемента́рный; *phys* ~ **particle** элемента́рная части́ца; (*of early stages*) первонача́льный, перви́чный; ~ **school** нача́льная шко́ла
elephant слон; ~ **calf** слонёнок; ~ **cow** слони́ха; **white** ~ обремени́тельное иму́щество; **~'s** слоно́вый
elephantiasis слоно́вая боле́знь *f*
elephantine (*of elephant*) слоно́вый; (*like elephant*) слоноподо́бный; (*clumsy*) неуклю́жий; (*heavy*) тяжёлый; (*huge*) грома́дный, огро́мный; (*unwieldy*) громо́здкий
elevate (*lift*) поднима́ть; (*voice, in rank etc*) повыша́ть; (*improve*) улучша́ть; (*ennoble; also fig*) облагора́живать
elevated (*raised up, exalted*) возвы́шенный; (*above ground*) надзе́мный; *coll* (*drunk*) подвы́пивший
elevation (*height*) высота́; (*lifting*) подня́тие; (*raising*) возвыше́ние; (*ennobling*) облагора́живание; (*promotion*) повыше́ние; (*high place; of style*) возвы́шенность *f*; *archi* про́филь *m*; **front** ~ фаса́д; **side** ~ боково́й фаса́д; *mil* у́гол возвыше́ния
elevator (*lift*) лифт; ~ **operator** лифтёр; (*for grain*) элева́тор; *anat* поднима́ющая мы́шца; *av* руль *m* высоты́
eleven *num* оди́ннадцать *f* (+ *gen pl*); (*age*) **he is** ~ ему́ оди́ннадцать лет; (*team*) кома́нда
eleventh 1. *n* (*fraction*) оди́ннадцатая (часть); (*date*) оди́ннадцатое (число́); **on the** ~ оди́ннадцатого (числа́) **2.** *adj* оди́ннадцатый; **at the** ~ **hour** в после́днюю мину́ту
elf эльф
elfin (*like elf*) похо́жий на э́льфа; (*tiny*) кро́шечный; (*mischievous*) прока́зливый
elicit (*draw out*) извлека́ть; (*bring to light*) выявля́ть; (*establish*) устана́вливать; (*applause etc*) вызыва́ть
elide выпуска́ть
eligibility (*acceptability*) прие́млемость *f*; (*for election*) пра́во на избра́ние
eligible (*for election*) могу́щий быть и́збранным; (*suitable*) подходя́щий; (*desirable*) жела́тель-

ный; (*acceptable*) приéмлемый
Elijah Илия́
eliminable устрани́мый
eliminant *math* результáнт
eliminate (*get rid of*) устраня́ть; (*exclude*) исключáть; (*kill*) ликвиди́ровать; *chem*, *med* выделя́ть
elimination устранéние; исключéние; ликвидáция; выделéние
elision эли́зия
elite 1. *n* эли́та **2.** *adj* и́збранный; *bot* эли́тный
elitist элитáрный, в пóльзу эли́ты
elixir эликси́р
Elizabethan 1. *n* елизавéтинец, совремéнник елизавéтинской эпóхи **2.** *adj* елизавéтинский, эпóхи королéвы Елизавéты
elk лось *m*
ellipse э́ллипс
ellipsis э́ллипс, э́ллипсис
ellipsograph эллипсográф
ellipsoid эллипсóид
ellipsoidal эллипсоидáльный
elliptic(al) эллипти́ческий
elm (*variously*) ильм, вяз
elocution (*diction*) ди́кция; (*art*) орáторское искýсство, красноре́чие
elongate (*make*, *become longer*) удлиня́ть(ся); (*stretch*) растя́гивать(ся)
elongation удлинéние; растя́гивание; (*prolongation*) продлéние, продолжéние
elope сбежáть
elopement тáйное бéгство
eloquence красноре́чие
eloquent (*speaking well*) красноречи́вый; (*expressive*) вырази́тельный
else (*in addition*) ещё; **who ~?** кто ещё?; (*different*) другóй; **it was someone** ~ э́то был ктó-нибудь другóй; **somebody else's** чужóй; **somewhere** ~ в другóм мéсте; **more than anything** ~ бóльше всегó; **or** ~ а то, инáче
elsewhere (*in other place*) в другóм мéсте; (*in other places*) в други́х местáх; (*to other place*) (кудá-нибудь) в другóе мéсто
elucidate объясня́ть (+ *acc*), проливáть свет на (+ *acc*)
elucidation объяснéние, разъяснéние
elucidatory объясни́тельный
elude (*escape*) ускользáть от (+ *gen*), избегáть (+ *gen*); (*not come to mind*) не приходи́ть на ум; **his name ~s me** не могý вспóмнить егó фами́лию
elusive неулови́мый, уклóнчивый
eluvial элювиáльный
eluvium элю́вий
elver молодóй ýгорь *m*
Elysian Елисéйский
Elysium Эли́зиум
elytron надкры́лье
em *print* эм; ~ **rule** тирé *neut indecl*
emaciate истощáть(ся)
emaciation истощéние
emanate исходи́ть, истекáть (**from,** из + *gen*); (*originate from*) происходи́ть (**from,** из + *gen*)
emanation истечéние; *phys*, *chem* эманáция
emancipate освобождáть, эмансипи́ровать
emancipation освобождéние, эмансипáция; ~ **of slaves** освобождéние рабóв; ~ **of women** эмансипáция жéнщин
emancipationist сторóнник эмансипáции
emasculate 1. *adj* (*castrated*) кастри́рованный; (*effeminate*) изнéженный **2.** *v* (*castrate*) кастри́ровать; (*make weak*) обесси́ливать; (*language*) обедня́ть; (*make effeminate*) изнéживать
emasculation (*castration*) кастрáция; (*weakness*) бесси́лие
embalm бальзами́ровать
embalming бальзами́рование; ~ **fluid** бальзами́рующий состáв
embank (*enclose with bank*) обноси́ть вáлом; (*build bank*) дéлать нáсыпь
embankment (*ridge*) нáсыпь *f*; (*along river*) нáбережная
embargo 1. *n* эмбáрго, запрещéние; **under** ~ запрещённый **2.** *v* (*put ~ on*) запрещáть; (*requisition*) реквизи́ровать
embark (*load*) грузи́ть(ся); (*go on board*) сади́ться (на парохóд *etc*); (*put passengers on board*) производи́ть посáдку (+ *gen*); ~ **for** отправля́ться в (+ *acc*); ~ **on** (*begin*) начинáть; (*launch into*) вступáть в (+ *acc*)
embarkation (*of cargo*) погрýзка; (*of passengers*) посáдка
embarrass (*confuse*, *make shy*) смущáть, стесня́ть; (*hamper*, *obstruct*) затрудня́ть, стесня́ть; **be ~ed** стесня́ться, смущáться (**to,** + *infin*; **by**, + *instr*); (*financially*) быть стеснённым в деньгáх; (*be in difficult position*) находи́ться в неудóбном положéнии (**by,** из-за + *gen*)
embarrassing (*inconvenient*) неудóбный, стесни́тельный; (*causing shyness*) смущáющий
embarrassment (*difficulty*) затруднéние; (*shyness*, *confusion*) смущéние, замешáтельство; **cause ~ to** стáвить в неудóбное положéние
embassy (*building*; *mission*) посóльство
embattle (*draw up for battle*) стрóить в боевóй поря́док; (*fortify*) защищáть зубцáми и бойни́цами
embed (*set in*) вставля́ть (**in,** в + *acc*); ~ **itself in** врезáться в (+ *acc*); (*plunge into*) вонзи́ться в (+ *acc*); *fig* внедря́ть; *geol* залегáть
embellish (*adorn*) украшáть; (*improve upon*) приукрáшивать
embellishment украшéние; приукрáшивание
ember (*glowing cinder*) послéдние крáсные угольки́ *m pl*; (*hot ash*) горя́чая золá
embezzle присвáивать (чужóе имýщество, чужи́е дéньги)
embezzlement растрáта, присвоéние (чужóго имýщества)
embitter (*make bitter*) озлобля́ть; (*life etc*) отравля́ть; (*aggravate*) отягчáть
emblazon украшáть гербóм; *fig* слáвить
emblem (*device*) эмблéма; (*symbol*) си́мвол
emblematic символи́ческий
embodiment воплощéние, олицетворéние
embody (*give material form*) воплощáть; (*be expression of*) олицетворя́ть, изображáть; (*give reality to*) осуществля́ть; (*include*) включáть в себé; *mil* формировáть
embolden ободря́ть, поощря́ть, давáть смéлость (+ *dat*)
embolism *med* эмболи́я
embonpoint полнотá
embosom (*embrace*) обнимáть; (*enclose*) окружáть; (*cherish*) лелéять
emboss выдáвливать рельéф (**with,** + *gen*); (*metal*) чекáнить; (*leather*) выбивáть тиснéние
embossed (*designed eg on bookcover*) тиснёный; (*relief*) рельéфный

embouchure (*of river*) ýстье; *mus* мундштýк, амбушю́р
embrace 1. *n* объя́тие **2.** *v* (*hug*) обнима́ть(ся); (*accept, adopt*) принима́ть; (*include*) включа́ть (в себе́)
embrasure *archi* проём; *mil* амбразу́ра
embrocation жи́дкая мазь *f*
embroider вышива́ть; *fig* (*a story etc*) приукра́шивать
embroidery (*process*) вы́шивка; (*product*) вышива́ние; *fig* прикра́сы *f pl*
embroil (*involve*) впу́тывать (**in,** в + *acc*); (*confuse*) запу́тывать
embryo 1. *n* эмбрио́н, заро́дыш; **in** ~ в зача́точном состоя́нии **2.** *adj* эмбриона́льный
embryology эмбриоло́гия
embryonic эмбриона́льный; *fig* в зача́точном состоя́нии, начина́ющийся
embus *vt* сажа́ть в авто́бус; *vi* сади́ться в авто́бус
emend (*correct*) исправля́ть; (*alter*) изменя́ть
emendation (*correcting, correction*) исправле́ние; (*alteration*) попра́вка
emerald 1. *n* изумру́д **2.** *adj* изумру́дный
emerge (*appear*) появля́ться; (*come out*) выходи́ть; (*arise*) возника́ть; (*become plain*) выясня́ться
emergence появле́ние; вы́ход
emergency 1. *n* (*unexpected situation*) неожи́данность *f*; (*dangerous situation*) чрезвыча́йное, опа́сное положе́ние; **in (case of)** ~ в слу́чае кра́йней необходи́мости; (*accident*) ава́рия **2.** *adj* ~ **brake** э́кстренный то́рмоз; ~ **exit** запа́сный вы́ход; ~ **landing** вы́нужденная поса́дка; ~ **lighting** авари́йное освеще́ние; ~ **measures** э́кстренные ме́ры *f pl*; ~ **powers** чрезвыча́йные полномо́чия *neut pl*; ~ **ration** неприкоснове́нный запа́с (*abbr* НЗ); ~ **repairs** авари́йный ремо́нт; ~ **signal** сигна́л бе́дствия; ~ **turn** сро́чный поворо́т
emergent развива́ющийся
emeritus заслу́женный, почётный
emersion *astr* появле́ние; *nav* всплы́тие
emery 1. *n* кору́нд, наждa̋к **2.** *adj* ~ **paper** нажда́чная бума́га
emetic 1. *n* рво́тное (лека́рство) **2.** *adj* рво́тный
emigrant эмигра́нт
emigrate эмигри́ровать
emigration эмигра́ция
emigratory эмиграцио́нный; (*of birds*) мигри́рующий
émigré 1. *n* эмигра́нт **2.** *adj* эмигра́нтский
eminence (*height*) высота́; (*high ground*) возвы́шенность *f*; (*high office*) высо́кое положе́ние; (*distinction*) знамени́тость *f*; **person of** ~ знамени́тый челове́к; (*cardinal's title*) преосвяще́нство, эмине́нция
eminent (*elevated*) возвы́шенный; (*famous*) знамени́тый, выдаю́щийся
eminently (*in highest degree*) в вы́сшей сте́пени; (*particularly*) осо́бенно
emir эми́р
emirate эмира́т
emissary (*messenger*) по́сланный; (*envoy*) посла́нец; (*agent*) аге́нт
emission (*of heat etc*) выделе́ние; (*radiation*) излуче́ние; *fin, elect* эми́ссия; *physiol* поллю́ция
emissive эмиссио́нный
emissivity коэффицие́нт излуче́ния
emit (*give off*) испуска́ть, выделя́ть; (*a cry etc*) издава́ть; (*money*) выпуска́ть
emitter излуча́тель *m*
emollient 1. *n* мягчи́тельное сре́дство **2.** *adj* смягча́ющий
emolument (*income*) дохо́д; (*pay*) за́работок; (*salary*) жа́лование
emotion (*feeling*) чу́вство, эмо́ция; (*strong feeling, excitement*) возбужде́ние
emotional (*expressing, feeling emotion; easily aroused*) эмоциона́льный, чувстви́тельный; (*excited*) взволно́ванный; (*arousing emotion*) волну́ющий; ~ **stress** душе́вное волне́ние
emotionalism эмоциона́льность *f*
emotive эмоциона́льный, волну́ющий
empanel (*jury*) составля́ть спи́сок прися́жных; (*juror*) включа́ть в спи́сок прися́жных
empathetic, empathic эмпати́ческий
empathize сопережива́ть (**with,** с + *instr*)
empathy вчу́вствование, эмпа́тия; *coll* (*sympathy*) сочу́вствие (**with,** с + *instr*)
emperor импера́тор; (*butterfly*) ба́бочка-нимфали́на
emphasis (*stress; ling*) ударе́ние (**on,** на + *pr*); **lay special** ~ **on** придава́ть осо́бое значе́ние (+ *dat*), подчёркивать; (*expressiveness*) вырази́тельность *f*; (*force*) си́ла; (*rhetorical vigour*) эмфа́за
emphasize (*importance etc*) подчёркивать (**that,** что + *indic*), придава́ть осо́бое значе́ние (+ *dat*); (*word etc*) де́лать осо́бое ударе́ние на (+ *acc*); (*make more obvious*) де́лать акце́нт на (+ *acc*)
emphatic (*having emphasis*) эмфати́ческий; (*expressive*) вырази́тельный; (*striking*) порази́тельный; (*definite, forceful*) реши́тельный
emphysema эмфизе́ма
empire 1. *n* импе́рия; (*style*) стиль *m* ампи́р **2.** *adj* импе́рский; (*style*) в сти́ле ампи́р
empiric 1. *n* эмпи́рик; (*charlatan*) шарлата́н **2.** *adj* эмпири́ческий
empirical эмпири́ческий
empiricism эмпири́зм
empiricist 1. *n* эмпи́рик **2.** *adj* эмпири́ческий
empirio-criticism эмпириокритици́зм
emplacement (*position*) местоположе́ние; (*putting in place*) устано́вка на ме́сто; *mil* **gun** ~ огнева́я то́чка
employ 1. *n* слу́жба, заня́тие; **to be in the** ~ **of** служи́ть, рабо́тать у (+ *gen*) **2.** *v* (*be employer of*) держа́ть на слу́жбе; (*provide work*) предоставля́ть рабо́ту (+ *dat*); (*hire*) нанима́ть; **be used by** служи́ть, рабо́тать у (+ *gen*); (*use*) применя́ть, испо́льзовать, употребля́ть; (*spend time etc*) занима́ть
employable (*usable*) применя́емый; (*able to work*) работоспосо́бный
employee (*manual*) рабо́чий; (*office*) слу́жащий
employer (*one who employs*) работода́тель *m*; (*user*) потреби́тель *m*
employment (*work*) рабо́та; **out of** ~ без рабо́ты; (*level of* ~) за́нятость *f*; **full** ~ по́лная за́нятость *f*; (*occupation*) заня́тие; (*use*) примене́ние, употребле́ние; *as adj* ~ **agency, bureau** бюро́ *neut indecl* на́йма; ~ **exchange** би́ржа труда́
emporium (*shop*) универма́г; (*trading centre*) това́рная ба́за
empower (*authorize*) уполномо́чивать; (*enable*) дава́ть возмо́жность (+ *dat*)
empress императри́ца
emptiness пустота́

empty 1. *n* (*bottle*) пустáя буты́лка **2.** *adj* (*most senses*) пустóй; (*house*) необитáемый; *coll* (*hungry*) голóдный **3.** *vt* (*make* ~) опорожня́ть; (*pour out liquid*) выливáть; (*pour out powder etc*) высыпáть; (*pump out*) выкáчивать (содержáние) из (+ *gen*); (*unload*) выгружáть; *vi* опорожня́ться; (*of people*) пустéть
empty-handed с пусты́ми рукáми
empty-headed пустоголóвый
empurple обагря́ть
empyema эмпиéма
empyreal (*heavenly*) небéсный; (*pure*) чистéйший; (*of fire*) óгненный
empyrean 1. *n* эмпирéй **2.** *adj* = **empyreal**
emu э́му *m indecl*
emulate (*imitate*) подражáть (+ *dat*); (*rival*) соревновáться с (+ *instr*); сопéрничать с (+ *instr*)
emulation (*imitation*) подражáние; (*competition*) соревновáние; (*rivalry*) сопéрничество
emulative соревновáтельный, сопéрничающий; ~ **spirit** дух соревновáния
emulous: ~ **of** (*striving for*) стремя́щийся к (+ *dat*); (*thirsting for*) жáждущий (+ *gen*); *see also* **emulative**
emulsifier (*apparatus*) эмульсификáтор; (*substance*) эмульгáтор
emulsify эмульги́ровать(ся), эмульси́ровать(ся)
emulsion эму́льсия; ~ **paint** эмульсиóнная крáска
emulsive эмульсиóнный
emulsoid эмульсóид
enable (*make possible for*) давáть возмóжность (+ *dat*); (*give right*) давáть (+ *dat*) прáво
enact (*making into law*) вводи́ть; (*decree*) постановля́ть; (*perform*) игрáть роль (+ *gen*); **be ~ed** (*take place*) происходи́ть
enactment (*of law*) введéние; (*decree*) укáз; (*law*) закóн
enamel 1. *n* (*hard coating; of tooth*) эмáль *f*; (*paint*) эмáлевая крáска; (*varnish*) лак **2.** *adj* (*of* ~) эмáлевый; (*enamelled*) эмалирóванный **3.** *v* эмалировáть
enamelled эмалирóванный
enamelling эмалирóвка; **stove** ~ горя́чая эмалирóвка
enamour возбуждáть любóвь; **be ~ed of** (*s.o.*) быть влюблённым в (+ *acc*); (*s'th*) стрáстно увлекáться (+ *instr*)
en bloc целикóм
encage сажáть в клéтку
encamp располагáть(ся) лáгерем
encampment (*act*) расположéние лáгерем; (*camp*) лáгерь *m*; (*camp-site*) стан
encapsulate (*put in capsule*) заключáть в кáпсулу, инкапсули́ровать; (*seal off*) герметизи́ровать; *fig* (*isolate*) изоли́ровать; (*summarize*) сумми́ровать
encase (*put in case*) класть в я́щик; (*cover completely*) пóлностью закрывáть; *tech* обшивáть
encash (*realize in cash*) реализовáть; (*cheque*) размéнивать
encasing, encasement *tech* обши́вка
encaustic 1. *n* энкáустика **2.** *adj* обожжённый; ~ **tile** керáмиковая пли́тка
enceinte 1. *n mil* крепостнáя огрáда **2.** *adj* (*pregnant*) берéменная
encephalic мозговóй
encephalitis энцефали́т
enchain (*put on chain*) сажáть на цепь; (*put into chains*) закóвывать; *fig* (*captivate*) очарóвывать, пленя́ть
enchant (*bewitch*) околдóвывать; *fig* (*charm*) очарóвывать; (*delight*) приводи́ть в востóрг
enchanter чародéй; *fig* обворожи́тельный человéк
enchanting (*charming*) очаровáтельный; (*fascinating*) чару́ющий
enchantment (*most senses*) очаровáние; (*sorcery, spell*) чáры *f pl*
enchantress (*fascinating woman*) чаровни́ца; (*witch*) чародéйка
encipher зашифрóвывать
encircle (*surround*) окружáть; (*embrace*) обнимáть
encirclement окружéние
enclasp обхвáтывать, обнимáть
enclave анклáв
enclitic 1. *n* энкли́тика **2.** *adj* энклити́ческий
enclose (*surround*) окружáть; (*fence off*) огорáживать; (*include*) включáть; (*put into*) вклáдывать; (*a second document with letter etc*) прилагáть (**with,** к + *dat*)
enclosed (*sealed off*) закры́тый
enclosure (*closed area*) загорóженное мéсто; (*fence etc*) огрáда, ограждéние; (*in letter etc*) вложéние, приложéние; *geol* включéние
encode коди́ровать, шифровáть
encomiastic панегири́ческий
encomium панеги́рик
encompass (*surround*) окружáть; (*contain*) включáть (в себé)
encore 1. *n* вы́зов на бис; **2.** *interj* бис! **3.** *v* (*shout* ~) кричáть бис; (*demand* ~) трéбовать повторéния
encounter 1. *n* (*meeting*) (неожи́данная) встрéча; (*clash*) столкновéние **2.** *v* (*meet*) (неожи́данно) встречáть(ся); (*clash*) стáлкиваться с (+ *instr*); (*be confronted by*) натáлкиваться на (+ *acc*), стáлкиваться с (+ *instr*)
encourage (*give courage*) ободря́ть; (*support*) поощря́ть, поддéрживать; (*egg on*) подстрекáть; ~ **trade** содéйствовать торгóвле
encouragement ободрéние; поощрéние, поддéржка; подстрекáтельство; (*stimulus*) сти́мул
encouraging (*giving courage*) ободря́ющий; (*reassuring*) обнадёживающий
encroach посягáть (**on,** на + *acc*)
encroachment посягáтельство (**on,** на + *acc*)
encrust (*cover with*) покрывáть (**with,** + *instr*); (*stud with*) инкрусти́ровать (**with,** + *instr*)
encumber (*burden, with debts etc*) обременя́ть (**with,** + *instr*); (*overload; block up*) загромождáть; (*impede*) мешáть (+ *dat*)
encumbrance (*burden*) брéмя *neut*; (*hindrance*) препя́тствие; (*dependent*) иждивéнец; *leg* закладнáя
encyclical энци́клика
encyclopedia энциклопéдия
encyclopedic энциклопеди́ческий
encyclopedist энциклопеди́ст
end 1. *n* (*most senses*) конéц; **at a loose** ~ без дéла; **at the** ~ в концé (**of,** + *gen*); **at one's wit's** ~ в отчáянии; **be at an** ~ прийти́ *pf* к концу́; **to the bitter** ~ до сáмого концá; **come to an** ~ приходи́ть к концу́; **dead** ~ тупи́к; ~ **on** концóм вперёд; ~ **to** ~ (*in a row*) в ряду́; (*abutting*) впри́тык; (*over whole length*) по всей длинé; **place** ~ **to** ~ стáвить в ря́д; **in the** ~ (*at last*) в концé концóв; (*in the last analysis*) в конéчном

счёте; **make ~s meet** сводить концы с концами; *coll* **no ~** (*very*) страшно; **no ~ of** (*a lot of*) масса (+ *gen*); (*fine*) прекрасный; (*terrible*) страшный; **on ~** (*standing*) стоймя; (*erect*) дыбом; **his hair stood on ~** у него волосы стали дыбом; (*without cease*) **for days on ~** целые дни; **for two hours on ~** два часа подряд; **on the ~** на конце; **put an ~ to** положить *pf* конец (+ *dat*); (*purpose*) цель *f*; **the ~ justifies the means** цель оправдывает средства; **to that ~** с этой целью; (*limit*) предел; (*death*) смерть *f*, кончина; (*remnant*) остаток; **odds and ~** безделушки *f pl*; (*result*) результат; *sl* (*buttocks*) зад **2.** *adj* конечный, крайний; *tech* **~ bearing** концевой подшипник; (*chess*) **~ game** эндшпиль *m* **3.** (*most senses*) кончать(ся) (**in, with,** + *instr*); (*stop*) прекращать(ся)

endanger подвергать опасности; **~ed species** исчезающий вид

endear заставить *pf* полюбить; **~ oneself to** внушать (+ *dat*) любовь к себе

endearing привлекательный, подкупающий

endearment (*affection, caress*) ласка; (*affectionate words*) нежности *f pl*

endeavour 1. *n* (*attempt*) попытка; (*effort*) старание; (*striving*) стремление **2.** *v* (*try*) пытаться, стараться; (*strive*) стремиться

endemic *med* эндемический, эндемичный; (*local*) местный

ending окончание; (*chess*) эндшпиль *m*

endive (салат-)эндивий

endless (*most senses*) бесконечный; (*innumerable*) бесчисленный

endlong (*lengthwise*) вдоль; (*on end*) стоймя

endmost крайний

endocarditis эндокардит

endocardium эндокард

endocarp эндокарпий, внутриплодник

endocrine эндокринный

endocrinology эндокринология

endoderm эндодерма

endogamy эндогамия

endogenous эндогенный

endomorph эндоморф

endoplasm эндоплазма

endorse (*sign on back of*) расписываться на обороте (документа *etc*); (*cheque etc*) индоссировать; (*make note on*) сделать *pf* отметку на (+ *prep*); *fig* (*confirm*) подтверждать; (*approve*) одобрять

endorsee индоссатор, жират

endorsement подпись *f* на обороте; индоссамент; отметка; подтверждение; одобрение; (*on driving licence*) прокол *coll*

endorser индоссант

endosperm эндосперм

endospore эндоспора

endothermic эндотермический

endow (*give*) давать (+ *dat*, **with** + *acc*); (*provide support*) материально обеспечивать; (*with talent etc*) одарять (**with,** + *instr*), наделять (**with,** + *instr*)

endowment (*gift*) дар; (*contribution*) пожертвование; (*act of giving*) предоставление (+ *dat*; **with,** + *gen*); (*capability*) способность *f*; (*talent*) дарование

endpaper форзац

end-product готовый продукт; *fig* результат

endue *see* **endow**

endurable (*most senses*) терпимый; (*acceptable*) приемлемый; (*tolerable*) сносный

endurance (*ability to bear*) терпение, выносливость *f*; *tech* прочность *f*, стойкость *f*; **cold ~** хладостойкость *f*; **heat ~** теплостойкость *f*; *aer* продолжительность *f* полёта; *naut* автономность *f* плавания

endure (*most senses*) терпеть; (*bear with*) выдерживать, выносить, переносить; (*undergo, suffer*) переживать; (*last, continue*) длиться, продолжаться

enduring (*long-lasting*) прочный, долговечный; (*constant*) постоянный; (*unfading*) неувядаемый, неувядающий

end-view концевой вид, вид с конца

endways (*upright*) стоймя; (*end foremost*) концом вперёд

enema клизма; **give an ~** ставить клизму (+ *dat*)

enemy 1. *n* (*in general*) враг; (*in war*) неприятель *m*, противник **2.** *adj* (*inimical*) враждебный; (*of enemy, in war*) вражеский, неприятельский

energetic энергичный

energetics энергетика

energize (*stimulate*) возбуждать; *elect* (*switch on*) включать; (*activate*) возбуждать

energizer активизатор

energy (*force*) сила; (*vigour*) энергия; *tech, phys* энергия

enervate обессиливать, расслаблять

enervation расслабление

enfeeble ослаблять

enfilade 1. *n* продольный огонь *m* **2.** *v* обстреливать продольным огнём

enfold (*wrap up*) закутывать (**in,** + *instr*); (*embrace*) обнимать

enforce (*force, oblige*) принуждать, заставлять; (*force to observe*) заставлять соблюдать; (*make effective*) приводить в исполнение

enforcement (*compulsion*) принуждение; (*of law etc*) осуществление, соблюдение; **law ~** наблюдение за соблюдением законов

enfranchise (*give voting rights*) предоставлять избирательные права (+ *dat*); (*set free*) освобождать

enfranchisement предоставление избирательных прав; освобождение

engage (*hire*) нанимать; (*reserve*) заказывать; (*bind to contract etc*) обязывать(ся); (*time, attention etc*) занимать; *mil* вступать в бой с (+ *instr*); *tech* (*interlock*) зацеплять(ся); (*operate, switch in*) включать; **~ in** (*take part in*) заниматься (+ *instr*)

engaged (*occupied, in use, busy*) занятый (**in, with, by,** + *instr*); **he is ~** он занят; (*to marry*) **he is ~** он жених (**to,** + *gen*); **she is ~** она невеста (**to,** + *gen*); **they are ~** они жених и невеста, они помолвлены

engagement (*hiring*) наём; (*business*) дело; (*meeting*) свидание; (*pledge*) обязательство; (*betrothal*) помолвка; **~ ring** обручальное кольцо; *tech* зацепление; (*switching*) включение; *mil* бой, стычка

engaging (*charming*) обаятельный; (*attractive*) привлекательный

engender (*cause*) вызывать; (*beget, also fig*) порождать

engine 1. *n* (*power source*) двигатель *m*, мотор; **diesel ~** дизель *m*, дизельный двигатель *m*; **steam ~** паровая машина; (*machine*) машина;

(*railways*) локомоти́в; **steam** ~ парово́з; *ar* (*device*) ору́дие **2.** *adj* маши́нный, мото́рный
engine-driver машини́ст
engine-driven приводно́й, мото́рный
engineer 1. *n* (*most senses*) инжене́р; **building, civil** ~ инжене́р–строи́тель *m*; **design** ~ констру́ктор; **electrical** ~ инжене́р-эле́ктрик; **flight** ~ борт-инжене́р; **mechanical** ~ инжене́р-машино-строи́тель *m*; **process, production** ~ инжене́р-техно́лог; (*mechanic*) меха́ник; (*engine-driver*) машини́ст; *mil* сапёр **2.** *v* (*design*) проекти́ро-вать; (*build, erect*) сооружа́ть; (*work as* ~) рабо́тать инжене́ром; (*contrive*) подстра́ивать
engineering 1. (*in general*) те́хника; **automotive** ~ автотра́кторная те́хника; **chemical** ~ хими́ческая техноло́гия; **civil** ~ гражда́нское строи́тельство; **construction** ~ строи́тельная те́хника; **electrical** ~ электроте́хника; **highway** ~ доро́жное де́ло; **locomotive** ~ локомотивострое́ние; **management** ~ те́хника управле́ния; **marine** ~ судо-строи́тельная те́хника; **mechanical** ~ машино-строе́ние; **military** ~ вое́нно-инжене́рное де́ло; **nuclear** ~ я́дерная те́хника; **power** ~ энерге́тика **2.** *adj* (*technical*) техни́ческий, инжене́рный; (*of mechanical* ~) машино-строи́тельный
engine-room маши́нное отделе́ние
England А́нглия; **New** ~ Но́вая А́нглия
English 1. *n* (*people*) **the** ~ англича́не *m pl*, англи́йский наро́д; (*language*) англи́йский язы́к; (*directly*) **in plain** ~ без обиняко́в; **speak** ~ говори́ть по-англи́йски; **what is the ~ for koshka?** как по-англи́йски ко́шка? **2.** *adj* англи́йский
English-language *adj* англоязы́чный
Englishman англича́нин
Englishwoman англича́нка
engorge (*swallow greedily*) жа́дно прогла́тывать; (*fill to excess*) переполня́ть; *med* налива́ться кро́вью
engraft привива́ть (+ *acc*; **in, on to,** к + *dat*)
engrain (*dye*) кра́сить в пря́же; (*implant permanently*) внедря́ть (**in,** в + *acc*), укореня́ть (**in,** в + *prep*)
engrained укорени́вшийся
engrave (*cut*) ре́зать (**on, in,** по + *dat*); (*make engraving*) гравирова́ть; *fig* запечатлева́ть; **be ~d on one's memory** запечатлева́ться у кого́-либо в па́мяти
engraver гравёр
engraving (*cutting*) гравирова́ние; (*print*) гра-вю́ра; **line** ~ штрихово́е клише́; **photo** ~ фото-гравю́ра; **wood** ~ ксилогра́фия
engross поглоща́ть; **be ~ed in** быть поглощённым (+ *instr*)
engrossing всепоглоща́ющий
engulf поглоща́ть
enhance (*increase*) увели́чивать; (*raise*) повы-ша́ть; (*intensify, strengthen*) уси́ливать; (*im-prove*) улучша́ть
enharmonic энгармони́ческий
enigma зага́дка
enigmatic зага́дочный
enjambment анжамбема́н
enjoin (*order*) веле́ть, прика́зывать (+ *dat* + *infin*); (*demand*) тре́бовать (+ *gen*)
enjoy (*take pleasure in*) наслажда́ться (+ *instr*), получа́ть удово́льствие от (+ *gen*); **did you ~ the book?** вам понра́вилась кни́га?; **I have ~ed talking to you** мпе бы́ло прия́тно с ва́ми разгова́ривать; **I ~ the cinema/smoking** я люблю́ кино́/кури́ть; **we ~ed ourselves very much** мы о́чень хорошо́ провели́ вре́мя; (*success, reputa-tion etc*) по́льзоваться (+ *instr*); (*good health etc*) облада́ть (+ *instr*)
enjoyable прия́тный
enjoyment (*pleasure*) удово́льствие; **take ~ in** получа́ть удово́льствие от (+ *gen*); (*possession*) облада́ние (+ *instr*)
enkindle (*set on fire*) зажига́ть; *fig* возбужда́ть
enlace (*entwine*) обвива́ть
enlarge (*make, grow larger*; *phot*) увели́чи-вать(ся); (*widen*) расширя́ть(ся); ~ **upon** (*expa-tiate*) распространя́ться о (+ *prep*); (*explain*) объясня́ть подро́бно
enlargement увеличе́ние; расшире́ние
enlarger фотоувеличи́тель *m*
enlighten (*educate*) просвеща́ть; (*inform*) осве-домля́ть, информи́ровать
enlightenment просвеще́ние; **the Enlightenment** эпо́ха Просвеще́ния
enlist *vi* (*in army*) поступа́ть на вое́нную слу́жбу; *vt* (*in army*) вербова́ть на вое́нную слу́жбу; (*support*) привлека́ть на свою́ сто́рону
enlisted: *Am* ~ **men** (у́нтер-офице́ры и) рядовы́е *m pl*
enlistment (*recruiting*) вербо́вка; (*entry into army*) поступле́ние на вое́нную слу́жбу
enliven оживля́ть, подбодря́ть
en masse (*as a body*) все вме́сте; (*as a whole*) в ма́ссе, целико́м
enmesh запу́тывать; **become ~ed in** запу́тываться в (+ *acc*)
enmity вражда́; **at ~ with** во вражде́бных отноше́ниях с (+ *instr*)
ennoble (*make nobler*) облагора́живать; (*raise to peerage*) жа́ловать дворя́нством
ennoblement облагора́живание; пожа́лование дворя́нством
ennui ску́ка
Enoch Ено́х
enormity (*size*) огро́мность *f*; (*bulk*) грома́да; (*outrage*) у́жас; (*of a crime*) чудо́вищность *f*; (*of behaviour*) гну́сность *f*
enormous огро́мный, грома́дный
enormously чрезвыча́йно, *coll* стра́шно
enough 1. *adj* доста́точный, доста́точно (+ *gen*); **he has ~ money for that** у него́ доста́точно де́нег на э́то; *as predicate often transl by impers verb* хвата́ть **we don't have ~ time for that** нам/у нас не хвата́ет вре́мени для э́того; **that's ~!, ~ of that!** хва́тит!; **I've had ~ of him** он мне надое́л **2.** *adv* доста́точно, дово́льно
enounce (*express, proclaim*) выража́ть; (*pro-nounce*) произноси́ть
enquire *etc see* **inquire**
enrage беси́ть; **become ~d** беси́ться
enrapt в восто́рге (**with,** от + *gen*)
enrapture восхища́ть, приводи́ть в восто́рг
enregister регистри́ровать
enrich (*all senses*) обогаща́ть (**with,** + *instr*); ~ **oneself** обогаща́ться
enrichment обогаще́ние
enrobe облача́ть (**with, in,** в + *acc*)
enrol (*place on list*) вноси́ть в спи́сок; (*register*) регистри́ровать
enrolment внесе́ние в спи́сок; регистра́ция
en route по пути́, по доро́ге (**to,** в + *acc*)
ensanguine окрова́вливать

ensconce усади́ть *pf*, устра́ивать; ~ **oneself** уса́живаться (**in**, в + *acc*)
ensemble (*various senses*) анса́мбль *m*; (*general effect*) о́бщее впечатле́ние
enshrine *rel* помеща́ть в ра́ку; *fig* храни́ть
enshroud (*cover with shroud*) покрыва́ть са́ваном; *fig* обвола́кивать; **be** ~**ed in** обвола́киваться (+ *instr*)
ensign (*badge*) значо́к; (*emblem*) эмбле́ма; (*banner*) зна́мя *neut*; *naut* кормово́й флаг; *mil hist* пра́порщик; *Am nav* мла́дший лейтена́нт, энси́н
ensilage 1. *n* (*process*) силосова́ние; (*fodder*) силосо́ванный корм, си́лос **2.** *v* силосова́ть
ensile силосова́ть
enslave порабоща́ть; *fig* покоря́ть
enslaver поработи́тель *m*
enslavement порабоще́ние; *fig* покоре́ние
ensnare пойма́ть *pf* в лову́шку; *fig* зама́нивать
ensue (*follow*) сле́довать; (*result from*) получа́ться в результа́те
ensuing (*following*) после́дующий; (*resulting*) вытека́ющий
ensure (*make certain, safe etc*) обеспе́чивать; (*guarantee*) гаранти́ровать; (*insure*) страхова́ть
entablature антаблеме́нт
entail 1. *n leg* ограни́ченное насле́дование **2.** *v* (*have as result*) влечь *pf* за собо́й; (*cause*) вызыва́ть; (*involve, mean*) зна́чить; *leg* определя́ть поря́док насле́дования земли́ без пра́ва отчужде́ния
entangle запу́тывать (**in**, в + *acc*)
entanglement запу́танность *f*, пу́таница; *mil* про́волочное загражде́ние
entente дру́жеское соглаше́ние; *hist* Анта́нта; ~ **cordiale** Серде́чное согла́сие
enter (*go, come in*) входи́ть; (*in vehicle*) въезжа́ть; (*penetrate*) проника́ть (в + *acc*); ~ **into detail** входи́ть в подро́бности; **it didn't** ~ **my head** мне да́же не пришло́ в го́лову (+ *infin*); (*join party etc*) вступа́ть в (+ *acc*); (*army, university*) поступа́ть в (+ *acc*); (*in a list etc*) вноси́ть (**in**, в + *acc*); (*register*) запи́сывать; ~ **a protest** заяви́ть *pf* проте́ст; ~ **for** запи́сываться в, на (+ *acc*); ~ **into** (*join*) вступа́ть в (+ *acc*); ~ **into a contract** заключа́ть догово́р; (*be included in*) входи́ть в (+ *acc*); (*be constituent of*) явля́ться составно́й ча́стью (+ *gen*); (*take part in*) принима́ть уча́стие в (+ *prep*); **that doesn't** ~ **into it** э́то тут не причём; ~ **upon** приступа́ть к (+ *dat*)
enteric брюшно́й, кише́чный; ~ **fever** брюшно́й тиф
enteritis энтери́т, воспале́ние то́нких кишо́к
enterprise (*undertaking*) предприя́тие; (*boldness*) сме́лость *f*; (*initiative*) инициати́ва; **show** ~ проявля́ть инициати́ву; (*resourcefulness*) предприи́мчивость *f*; **free** ~ свобо́дное предпринима́тельство
enterprising предприи́мчивый, инициати́вный
entertain (*amuse*) развлека́ть; (*receive*) принима́ть; (*give parties etc*) принима́ть госте́й; (*hopes, doubts*) пита́ть; (*consider*) принима́ть во внима́ние
entertainer (эстра́дный) арти́ст
entertaining (*amusing*) заба́вный; (*diverting*) развлека́тельный, занима́тельный
entertainment (*reception of guests*) приём (госте́й); (*hospitality*) гостеприи́мство; (*performance*) представле́ние; (*amusement*) развлече́ние
enthalpy энтальпи́я
enthral увлека́ть; **be** ~**led** увлека́ться (**by**, + *instr*)
enthralling увлека́тельный
enthrone возводи́ть на престо́л; *fig* возвели́чивать
enthronement возведе́ние на престо́л
enthuse *vi* приходи́ть в восто́рг (**over**, от + *gen*); *vt* приводи́ть в восто́рг
enthusiasm (*fervour, exaltation*) восто́рг; (*exalted state*) восто́рженность *f*; (*great interest*) увлече́ние (**for**, + *instr*); (*dedication*) энтузиа́зм
enthusiast энтузиа́ст (**of, for**, + *gen*); **sports** ~ энтузиа́ст спо́рта
enthusiastic (*full of enthusiasm*) по́лный энтузиа́зма; (*keen*) стра́стный; (*rapturous*) восто́рженный; **be** ~ **about** быть в восто́рге от (+ *gen*)
entice (*tempt*) соблазня́ть (**with**, + *instr*); (*lure*) зама́нивать, перема́нивать (**from**, с, от + *gen*; **into**, в, на + *acc*)
enticement (*temptation*) собла́зн, прима́нка; (*act of enticing*) зама́нивание, перема́нивание
enticing соблазни́тельный, зама́нчивый, привлека́тельный
entire (*whole, with definite article*) весь; **the** ~ **day** весь день; (*with indefinite article*) це́лый; **an** ~ **year** це́лый год; (*complete; math*) це́лый; (*unbroken*) сплошно́й
entirely (*absolutely*) соверше́нно, совсе́м; **I disagree** ~ я соверше́нно не согла́сен; (*in entirety*) по́лностью, целико́м, всеце́ло
entirety (*completeness*) полнота́; **in its** ~ по́лностью; (*totality*) совоку́пность *f*; (*whole of*) *use adj* весь *with noun*
entitle (*name*) называ́ть (+ *acc* + *instr*); (*give title to*) озагла́вливать; (*give right*) дава́ть (+ *dat*) пра́во (**to**, на + *acc*); **be** ~**d to** име́ть пра́во (на + *acc*; or + *infin*)
entitlement (*right*) пра́во (**to**, на + *acc*); (*portion*) до́ля
entity (*existing thing*) существо́; (*object*) вещь *f*, объе́кт; (*organization*) организа́ция; **legal** ~ юриди́ческое лицо́; *philos* бытие́
entomb (*put in tomb*) погреба́ть; (*serve as tomb*) служи́ть (+ *dat*) гробни́цей; *fig* укрыва́ть
entombment погребе́ние
entomological энтомологи́ческий
entomologist энтомо́лог
entomology энтомоло́гия
entophyte расти́тельный парази́т
entotic внутриушно́й
entourage (*surroundings*) окружа́ющая обстано́вка; (*retinue*) сви́та; (*attendants, associates*) сопровожда́ющие ли́ца *neut pl*
entozoon живо́тный парази́т вну́тренних о́рганов
entr'acte антра́кт
entrails вну́тренности *f pl*, кишки́ *f pl*
entrain *vi* (*board train*) сади́ться в по́езд; *vt* (*people*) сажа́ть в по́езд; (*goods*) грузи́ть в по́езд
[1]**entrance** (*act of entering; door; admittance*) вход (**to**, в + *acc*); ~ **free** вход беспла́тный; **back** ~ чёрный ход; **force an** ~ ворва́ться *pf*; **no** ~ вход запрещён; (*for vehicles*) въезд; *theat* вы́ход (на сце́ну); (*joining*) вступле́ние (**to**, в + *acc*); ~ **examination** вступи́тельный экза́мен
[2]**entrance** (*charm, enthrall*) восхища́ть, очаро́вывать, приводи́ть в восто́рг
entrancement восхище́ние, очарова́ние
entrancing очарова́тельный
entrant (*one who enters*) тот, кто вхо́дит; (*one who joins*) вступа́ющий, поступа́ющий; (*can-*

didate) записа́вшийся, жела́ющий; (*participant, competitor*) уча́стник
entrap (*catch in trap*) пойма́ть *pf* в лову́шку; (*trick*) обману́ть *pf*
entreat умоля́ть
entreaty мольба́, про́сьба
entrechat антраша́ *neut indecl*
entrée (*right of entry*) пра́во вхо́да (**to,** в + *acc*); (*admittance*) до́ступ (**to,** к + *dat*); (*light dish*) лёгкое ку́шанье, подава́емое ме́жду ры́бой и жарки́м; (*main dish*) гла́вное блю́до
entrench (*surround with trenches*) окружа́ть око́пами; ~ **oneself** ока́пываться; (*defend, fortify*) укрепля́ть(ся)
entrenchment око́п
entrepôt пакга́уз, склад для транзи́тных гру́зов; ~ **trade** транзи́тная торго́вля
entrepreneur предпринима́тель *m*
entrepreneurial предпринима́тельский
entresol антресо́ль *f*, полуэта́ж
entropy энтропи́я
entrust (*give into s.o.'s care*) поруча́ть (**to,** + *dat*); (*confide*) вверя́ть (**to,** + *dat*)
entry (*act; doorway*) вход (**into,** в + *acc*); (*in vehicle*) въезд (**into,** в + *acc*); (*joining*) вступле́ние, поступле́ние (**into,** в + *acc*); (*in list etc*) занесе́ние; (*in dictionary*) статья́; *see also* **entrance**
entwine (*twist together*) сплета́ть(ся); (*interlace*) вплета́ть; (*twine, wind round*) обвива́ть(ся) (**round,** вокру́г + *gen*)
enucleate (*explain*) выясня́ть; *med* вылу́щивать
enumerable счётный
enumerate перечисля́ть
enumerator счётчик
enumeration (*act*) перечисле́ние; (*list*) пе́речень *m*
enunciate (*state formally*) объявля́ть; (*formulate*) формули́ровать; (*utter*) отчётливо произноси́ть
enunciation (*declaration*) провозглаше́ние, объявле́ние; (*formulation*) формулиро́вка; (*diction*) ди́кция
enuresis недержа́ние мочи́
envelop (*cover completely*) по́лностью покрыва́ть (**with, in,** + *instr*); (*wrap up*) обёртывать (**in,** в + *acc*); (*wrap round*) оку́тывать (**with, in,** + *instr*); ~**ed in flames** объя́тый пла́менем; (*obscure*) затемня́ть; *mil* охва́тывать, окружа́ть
envelope (*of letter*) конве́рт; (*wrapping*) обёртка; (*of balloon*) оболо́чка; *bot* обвёртка; *math* огиба́ющая
envelopment обёртывание
envenom отравля́ть
enviable (*desirable*) зави́дный; (*exciting envy*) вызыва́ющий за́висть *f*
envied зави́дный
envious зави́стливый; **be** ~ **of** зави́довать (+ *dat*)
enviously с за́вистью, зави́стливо
environment (*domestic etc*) обстано́вка; (*local conditions*) среда́; **the** ~ (*nature*) окружа́ющая среда́
environmental: ~ **protection** охра́на приро́ды; ~ **research** иссле́дование окружа́ющей среды́
environmentalist друг приро́ды
environs окре́стности *f pl*
envisage (*visualize*) мы́сленно ви́деть; (*foresee, plan*) предусма́тривать
envoy посла́нник
envy 1. *n* (*jealousy*) за́висть *f* (**of, towards,** к + *dat*); (*object of* ~) предме́т за́висти; **he was the** ~ **of all** все зави́довали ему́ **2.** *v* зави́довать (+ *dat*)
enwrap (*wrap up parcels etc*) завёртывать (**in, with,** в + *acc*); (*wrap round with*) оку́тывать (**in, with,** + *instr*)
enzyme энзи́м, ферме́нт
Eocene 1. *n* эоце́н **2.** *adj* эоце́новый
eolation выве́тривание
eolith эоли́т
eon э́ра
epact эпа́кта
eparchy епа́рхия
epaulet(te) эполе́т
épée шпа́га; ~ **fencer** шпажи́ст
epenthetic вставно́й
ephedrin(e) эфедри́н
ephemera *zool* однодне́вки *f pl*, подёнки *f pl*; *fig* эфемери́да
ephemeral эфеме́рный, преходя́щий, недолгове́чный; *biol* эфеме́рный, однодне́вный
ephemeris *astron* эфемери́ды *f pl*
epic 1. *n* эпи́ческая поэ́ма; *fig* эпопе́я **2.** *adj* эпи́ческий; ~ **poetry** э́пос
epicardium эпика́рдий
epicardia эпика́рд
epicarp эпика́рпий
epicene (*of both sexes*) неопределённого по́ла; *gramm* о́бщего ро́да; (*indeterminate*) неопределённый
epicentre эпице́нтр
epicure эпикуре́ец
epicurean 1. *n* эпикуре́ец **2.** *adj* эпикуре́йский
epicureanism (*doctrines of Epicurus*) эпикуре́изм, уче́ние Эпику́ра; (*epicurism*) эпикуре́йство
epicurism эпикуре́йство, эпикуреи́зм
epicycle эпици́кл
epicycloid эпициклои́да
epidemic 1. *n* эпиде́мия **2.** *adj* эпидеми́ческий
epidemiology эпидемиоло́гия
epidermal, epidermic эпидерми́ческий
epidermis эпиде́рма, эпиде́рмис
epidiascope эпидиаско́п
epiglottis надгорта́нник
epigone эпиго́н
epigram эпигра́мма
epigrammatic(al) эпиграммати́ческий
epigrammatist эпиграммати́ст, а́втор эпигра́мм
epigraph эпи́граф
epigraphic эпиграфи́ческий
epigraphy эпигра́фика
epilepsy эпиле́псия
epileptic 1. *n* эпиле́птик **2.** *adj* эпилепти́ческий
epilogue эпило́г
Epiphany Богоявле́ние, Креще́ние
epiphyte *bot* эпифи́т
episcopacy (*church government*) епископа́льная систе́ма церко́вного управле́ния; (*body of bishops*) епи́скопство
episcopal (*of bishops*) епи́скопский; (*of episcopacy*) епископа́льный
episcopalian 1. *n* (*member of episcopal church*) член епископа́льной це́ркви; (*support of episcopacy*) приве́рженец епископа́льной це́ркви **2.** *adj* епископа́льный
episcopate (*office of bishop*) сан епи́скопа; (*bishopric*) епа́рхия; (*body of bishops*) епи́скопы *m pl*
episode эпизо́д
episodic(al) эпизоди́ческий

epistemology теóрия познáния, гносеолóгия
epistemological эпистемологи́ческий
epistle послáние
epistolary эпистоля́рный
epistyle архитрáв
epitaph эпитáфия
epithalamium эпиталáма
epithelium эпитéлий
epithet эпи́тет
epitome (*summary*) конспéкт; (*abridgement*) сокращéние; (*copy in miniature*) изображéние в миниатю́ре; (*embodiment*) олицетворéние
epitomize (*summarize*) конспекти́ровать, резюми́ровать; (*abridge*) сокращáть; (*characterize*) характеризовáть; (*be embodiment of*) олицетворя́ть
epizoon живóтный эктопарази́т
epoch эпóха
epochal эпохáльный
epoch-making эпохáльный, истори́ческий
epode эпóд
eponym эпони́м
epos (*epic poetry*) э́пос; (*epic*) эпи́ческая поэ́ма
epoxy- эпокси-
epoxy эпокси́дный; ~ **resin** эпокси́дная смолá, эпоксисмолá
Epsom salts сернокúслый мáгний; *med* англи́йская соль *f*
equability (*uniformity*) равномéрность *f*; (*serenity*) уравновéшенность *f*
equable (*uniform*) равномéрный; (*of person*) уравновéшенный
equal 1. *n* рáвный, рóвня́; **he has no** ~ емý нет рáвного; **he is not your** ~ он тебé не рóвня́ **2.** *adj* (*same in size*) рáвный (**to,** + *dat*); **make** ~ урáвнивать, срáвнивать; **on** ~ **terms** на рáвных начáлах; (*identical*) одинáковый (**with,** с + *instr*); (*equivalent*) равноси́льный (**to,** + *dat*); (*fair to both sides*) равноправный; (*capable*) **be** ~ **to** справля́ться с (+ *instr*); **I don't feel** ~ **to** я не чýвствую себя́ в си́лах (+ *infin*); (*balanced*) уравновéшенный; (*calm*) спокóйный, вы́держанный **3.** *v* (*make* ~) прирáвнивать (**to,** к + *dat*), урáвнивать; (*be* ~ *to, with*) равня́ться (+ *dat*); (*compete with*) равня́ться с (+ *instr*)
equality рáвенство; (*of rights*) равнопрáвие
equalization урáвнивание, уравнéние
equalize дéлать рáвным, урáвнивать; *sp* сравня́ть *pf* счёт
equalizer *tech* вырáвниватель *m*, уравни́тель *m*; (*railways*) баланси́р; *sp* отвéтный гол
equally (*to some extent*) одинáково, в рáвной стéпени; (*alike*) равнó
equanimity (*calm*) спокóйствие; (*imperturbability*) невозмути́мость *f*; (*self-control*) самообладáние; (*lack of emotion*) хладнокрóвие
equate (*make equal*) урáвнивать; (*consider equal*) прирáвнивать (**with,** к + *dat*), считáть рáвным; (*not distinguish*) не различáть, не отличáть (**with,** от + *gen*), срáвнивать (**with,** с + *instr*); *math* (*make equation*) составля́ть уравнéние; (*make* ~ *to*) прирáвнивать (**with,** к + *dat*)
equation вырáвнивание; *math* уравнéние
equator эквáтор
equatorial экваториáльный
equerry коню́ший
equestrian 1. *n* всáдник, наéздник; (*in circus*) цирковóй наéздник **2.** *adj* кóнный; ~ **sport** кóнный спорт; ~ **statue** кóнная стáтуя
equestrienne наéздница
equiangular равноугóльный
equiareal эквиареáльный
equidistant равноудалённый, равноотстоя́щий (**from,** от + *gen*); *math* эквидистáнтный; ~ **projection** сохраня́ющая расстоя́ния проéкция
equilateral равносторóнний
equilibrate уравновéшивать(ся)
equilibrist эквилибри́ст
equilibrium равновéсие
equine лошади́ный, кóнский
equinoctial 1. *n* равнодéнственная ли́ния, небéсный эквáтор **2.** *adj* равнодéнственный
equinox равнодéнствие
equip (*supply, fit out*) снаряжáть (**with,** + *instr*); (*fit with, furnish with*) снабжáть, обору́довать (**with,** + *instr*); (*rig, supply machinery etc*) оснащáть (**with,** + *instr*); (*train*) подготовля́ть
equipage (*retinue*) сви́та; (*carriage*) экипáж
equipment (*most senses*) обору́дование, оснащéние (*supply, kit*) инвентáрь *m*, снаряжéние; (*installation*) установка; (*device*) устрóйство; (*of army*) вооружéние
equipoise (*balance*) равновéсие; (*counterweight*) противовéс
equipollent *math* эквиполлéнтный
equiponderant равновéсный
equipotential эквипотенциáльный
equitable (*fair*) справедли́вый; *leg* оснóванный на прáве, справедли́вости; ~ **treaty** равнопрáвный договóр
equitant *bot* вкладнóй
equitation верховáя ездá
equity (*fairness*) справедли́вость *f*; (*impartiality*) беспристрáстность *f*; *leg* прáво справедли́вости; *comm* обыкновéнная áкция
equivalence эквивалéнтность *f*, равноцéнность *f*
equivalent 1. *n* эквивалéнт **2.** *adj* (*most senses*) эквивалéнтный; (*equal in value*) равноцéнный; (*equal in meaning*) равнознáчащий, равнознáчный; (*equal in force*) равноси́льный (**to,** + *dat*); (*corresponding*) соответствующий (**to,** + *dat*)
equivocal (*ambiguous*) двусмы́сленный; (*uncertain*) нея́сный; (*arousing doubt*) сомни́тельный
equivocate (*be ambiguous*) говори́ть двусмы́сленно; (*quibble, hedge*) увúливать
equivocation увúливание
era (*calendrical*) э́ра; (*period, time*) эпóха, э́ра
eradiate излучáть
eradiation излучéние
eradicate (*tear up by roots*) вырывáть с кóрнем; (*destroy*) искореня́ть, уничтожáть; (*get rid of*) ликвиди́ровать
eradication искоренéние, уничтожéние; ликвидáция
erase стирáть; ~ **from one's memory** вычёркивать из пáмяти
eraser рези́нка, лáстик
erasure (*act*) стирáние; (*erased word, place*) стёртое мéсто
erbium э́рбий
ere *ar, poet* **1.** *prep* до (+ *gen*), пéред (+ *instr*); ~ **long** вскóре; ~ **then, that** до э́того; ~ **this** ужé **2.** *conj* (*before*) прéжде чем; (*rather than*) скорéе чем
erect 1. *adj* (*straight*) прямóй; (*vertical*) вертикáльный; (*upraised*) пóднятый; (*bristling*) ощети́нившийся **2.** *adv* пря́мо, вертикáльно; (*in*

standing position) стоймя́ **3.** *v* (*put upright*) ста́вить стоймя́; (*construct*) сооружа́ть; (*statue etc*) воздвига́ть; (*establish*) устана́вливать; (*raise up*) поднима́ть; *tech* (*assemble*) собира́ть, монти́ровать

erectile спосо́бный выпрямля́ться; *physiol* напряжённый

erection (*setting up*) устано́вка; (*building*) строе́ние; (*assembly*) сбо́рка, монта́ж; *physiol* эре́кция

erector (*builder*) строи́тель *m*; (*engineer*) монтёр; *anat* выпрямля́ющая мы́шца

eremite отше́льник

eremitic отше́льнический

erg *phys* эрг

ergo ита́к, сле́довательно

ergonomics эргоно́мика

ergosterol эргостери́н

ergot спорынья́

ergotism отравле́ние спорыньёй

ergotropic эрготро́пный

erica э́рика

ermine 1. *n* (*animal, fur*) горноста́й **2.** *adj* горноста́евый

erne орла́н-белохво́ст

erode (*corrode*) разъеда́ть; (*by wind*) выве́тривать; (*by water*) размыва́ть

erodent е́дкий

erogenous эротоге́нный

Eros Э́рос, Эро́т

erosion (*corrosion*) разъеда́ние; *geol* эро́зия

erosive разъеда́ющий; эрози́вный

erotic эроти́ческий

eroticism эроти́зм

err (*make error*) ошиба́ться, заблужда́ться; (*sin*) греши́ть

errancy заблужде́ние

errand поруче́ние; **go on an** ~ идти́ по поруче́нию; **run ~s** быть на посы́лках; **send on an** ~ посла́ть *pf* с поруче́нием

errand-boy ма́льчик на побегу́шках

errant (*wandering*) стра́нствующий; **knight** ~ стра́нствующий ры́царь *m*; (*of thoughts etc*) (*erring*) заблу́дший, блужда́ющий, (*mistaken*) заблужда́ющийся

errata опеча́тки *f pl*

erratic (*irregular*) неусто́йчивый, непра́вильный; (*odd*) стра́нный; (*irresponsible*) безотве́тственный; *geol* эррати́ческий

erratum (*in writing*) опи́ска; (*in print*) опеча́тка

erring заблу́дший, гре́шный

erroneous (*mistaken*) оши́бочный; (*incorrect*) непра́вильный

error (*mistake*) оши́бка; **be in** ~ ошиба́ться; **by, in** ~ по оши́бке; **make an** ~ ошиби́ться *pf*; (*sin*) грех; ~ **of omission** упуще́ние; (*inaccuracy*) погре́шность *f*; **compass** ~ оши́бка ко́мпасса

ersatz иску́сственный, эрза́ц (+ *gen*)

Erse 1. *n* гэ́льский язы́к **2.** *adj* гэ́льский

erstwhile 1. *adj* бы́вший **2.** *adv* пре́жде

erubescence покрасне́ние

erubescent красне́ющий

eructate отры́гивать; *fig* изверга́ть

eructation отры́жка; (*of violence*) изверже́ние

erudite (*learned*) учёный, эруди́рованный; (*much-read*) начи́танный

erudition (*learning*) эруди́ция, учёность *f*; (*being well-read*) начи́танность *f*

erupt (*of volcano etc*) изверга́ться; (*explode*; *also fig*) взрыва́ться

eruption (*of volcano*) изверже́ние; (*explosion*; *of laughter etc*) взрыв; *med* сыпь *f*

eruptive *geol* эрупти́вный, вулкани́ческий; *med* сопровожда́емый сы́пью

erysipelas ро́жа

erythema эрите́ма

erythrocyte кра́сное кровяно́е те́льце, эритроци́т

Esau Иса́в

escalade штурмова́ть (по ле́стницам)

escalading ladder штурмова́я ле́стница

escalate (*make, become greater*) постепе́нно увели́чивать(ся); (*make, become higher*) постепе́нно повыша́ть(ся); (*extend*) постепе́нно расширя́ть(ся); (*intensify*) постепе́нно уси́ливать(ся)

escalation (*of war etc*) эскала́ция

escalator эскала́тор

escalope эскало́п

escapade вы́ходка, проде́лка

escape 1. *n* (*flight*; *from captivity*) бе́гство, побе́г; **make one's** ~ бежа́ть; **have a narrow** ~ быть на волосо́к от (+ *gen*); (*from situation etc*) вы́ход (**from,** из + *gen*); **fire** ~ пожа́рный вы́ход; (*of gas etc*) уте́чка **2.** *adj* спаса́тельный; ~ **clause** огово́рка; ~ **hatch** спаса́тельный люк; ~ **valve** предохрани́тельный кла́пан; ~ **velocity** втора́я косми́ческая ско́рость *f* **3.** *v* (*from captivity*) бежа́ть; (*avoid danger etc*) избежа́ть *pf* (+ *gen*), спасти́сь *pf* (от + *gen*); (*avoid conclusion etc*) отде́латься *pf* (от + *gen*); (*of gas, liquids*) утека́ть, течь; (*free oneself*) освобожда́ться (**from,** от + *gen*)

escapee (*fugitive*) бе́женец; (*survivor*) уцеле́вший

escapement (*escape*) вы́ход; (*of clock*) спуск; **anchor** ~ крючко́вый спуск; **lever** ~ свобо́дный а́нкерный спуск

escapism эскапи́зм

escapist 1. *n* эскапи́ст **2.** *adj* эскапи́стский

escarpment обры́в; *mil* эска́рп

eschar струп

eschatological эсхаталоги́ческий

eschatology эсхатоло́гия

escheat 1. *n* перехо́д вы́морочного иму́щества в казну́ **2.** *vi* переходи́ть в казну́ в ка́честве вы́морочного иму́щества; *vt* брать в казну́ в ка́честве вы́морочного иму́щества; (*confiscate*) конфискова́ть

eschew (*refrain from*) возде́рживаться (от + *gen*); (*avoid*) избега́ть (+ *gen*)

escort 1. *n* охра́на, конво́й, эско́рт; (*ship*) эско́ртный кора́бль *m* **2.** *adj nav* конво́йный, эско́ртный **3.** *v* (*accompany*) сопровожда́ть; (*protect*) охраня́ть; *nav* конвои́ровать, эскорти́ровать

escritoire секрете́р

escrow пи́сьменное обяза́тельство, вруча́емое на хране́ние тре́тьему лицу́

escudo эску́до *neut indecl*

esculent съедо́бный

escutcheon *her* щит герба́; **a blot on one's** ~ позо́рное пятно́; (*of keyhole*) фу́тор; *ent* среднещи́ток

Eskimo 1. *n* эскимо́с, *f* эскимо́ска **2.** *adj* эскимо́сский

esoteric (*secret*) та́йный; (*mysterious*) таи́нственный; (*for the initiated*) поня́тный лишь посвящённым

espadrilles эспадри́льи *f pl*

espalier (*training of tree*) в шпале́рно́й фо́рме;

(*tree*) шпалéрник; (*trellis*) трельяж
esparto эспáрто *neut indecl*
especial осóбенный, специáльный
especially осóбенно
Esperantist эсперантúст, *f* эсперантúстка
Esperanto эсперáнто *neut indecl*
espial наблюдéние
espionage шпионáж, шпиóнство
esplanade эспланáда
espousal (*betrothal*) обручéние; (*marriage*) свáдьба; *fig* (*support*) поддéржка
espouse (*arrange marriage of man, couple*) женúть (**to,** на + *prep*); (*arrange marriage of woman*) выдавáть зáмуж (**to,** за + *acc*); (*get married, of couple; take a wife*) женúться на (+ *prep*); (*take a husband*) выходúть зáмуж за (+ *acc*); (*support*) поддéрживать; (*take up*) отдавáться (+ *dat*)
esprit de corps чýвство солидáрности
espy (*catch sight of*) замéтить *pf*, увúдеть *pf*; (*detect*) обнарýжить *pf*
esquire эсквáйр
essay 1. *n* (*literary*) óчерк, эссé *neut indecl*; (*in school*) сочинéние; (*effort*) попы́тка; (*trial attempt*) óпыт, прóба **2.** *v* (*attempt*) пытáться (+ *infin*); (*test*) прóбовать
essayist очеркúст, эссеúст
essence (*essential nature; philos*) сýщность *f*, существó; **in** ~ по существý; **of the** ~ сущéственно; **the** ~ **of the matter** суть *f* дéла; (*existence*) существовáние; (*concentrate*) эссéнция, экстрáкт; (*scent*) ароmáт; (*perfume*) духú *m pl*; *chem* эфúрное мáсло
essential 1. *n often pl* (~ *quality*) сýщность *f*, существó; (*fundamentals*) оснóвы *f pl*; (*indispensable items*) предмéты *m pl* пéрвой необходúмости; **the first** ~ **is ...** сáмое вáжное, э́то ... **2.** *adj* (*material, real, significant*) сущéственный; (*indispensable*) необходúмый; (*very important*) весьмá вáжный; *chem* эфúрный
essentiality сущéственность *f*
essentially (*in essence*) по существý; (*basically*) в основнóм; **he is** ~ **honest** он по прирóде своéй чéстный человéк
establish (*found, set up*) оснóвывать, учреждáть; (*fact, contract, custom etc; install*) устанáвливать; (*reputation etc*) создавáть; (*prove*) докáзывать
established (*see* **establish**) (*accepted*) прúнятый; (*officially recognized*) официáльно прúзнанный; ~ **church** государственная цéрковь *f*; (*well settled*) упрочúвшийся, укоренúвшийся
establishment 1. *n* (*setting up*) оснoвáние; (*introduction*) введéние; (*of fact etc*) установлéние; (*official etc department*) учреждéние; (*educational etc*) заведéние; (*personnel*) штат; (*household*) дом, хозя́йство; (*firm*) фúрма; (*controlling élite*) истэ́блишмент, прáвящие кругú *m pl* **2.** *adj* влия́тельный
estate 1. *n* (*land*) имéние; **real** ~ недвúжимость *f*; (*possessions*) имýщество; **personal** ~ двúжимость *f*; (*condition*) положéние; (*class*) сослóвие **2.** *adj* ~ **agent** агéнт по продáже домóв; ~ **car** машúна с кýзовом «универсáл»; ~ **duty** налóг на передáчу имýщества по наслéдству
esteem 1. *n* уважéние; **hold in high** ~ весьмá уважáть, высокó ценúть, **2.** *v* (*value*) ценúть; (*respect*) уважáть; (*consider*) считáть (+ *acc* + *instr*)
ester слóжный эфúр
Esther Эсфúрь *f*
estimable почтéнный, уважáемый
estimate 1. *n* (*evaluation*) оцéнка; (*rough calculation*) смéта; (*opinion*) мнéние; **in my** ~ помóему, по моемý мнéнию **2.** *v* (*evaluate*) оцéнивать; (*calculate*) составля́ть смéту; (*judge by eye*) определя́ть
estimated *tech* расчётный; *naut* ~ **position** счислúмое мéсто; ~ **speed** скóрость *f* хóда по счислéнию; (*expenditure etc*) счётный
estimation (*calculation*) расчёт, подсчёт; (*rough measurement by eye*) определéние на глаз; (*opinion*) мнéние; **in my** ~ по моемý мнéнию; (*evaluation*) оцéнка; (*see also* **estimate**)
Estonia Эстóния
Estonian 1. *n* (*person*) эстóнец, *f* эстóнка; (*language*) эстóнский язы́к **2.** *adj* эстóнский
estrange отдаля́ть, отстраня́ть (**from,** от + *gen*); **be ~d** (*of married couple*) жить врозь; (*of friends*) расстáться *pf*
estrangement (*quarrel*) ссóра; (*coolness*) холодóк; (*separation*) разры́в
estuary ýстье рекú
esurient голóдный
et cetera (*and so on*) и так дáлее (*abbr* и т.д.), и прóчее; (*and suchlike*) и томý подóбное (*abbr* и т.п.); *as n* (*sundries*) вся́кая вся́чина; (*additions*) добáвки *f pl*
etch (*with acid*) травúть (кислотóй, на метáлле), гравировáть; *fig* **be ~ed in the memory** врéзаться *pf* в пáмять
etcher травúльщик, гравёр; (*artist*) офортúст; (*machine*) травúльная машúна
etching (*process*) травлéние; (*picture*) офóрт
eternal (*most senses*) вéчный; (*unceasing*) беспреры́вный; (*constant*) постоя́нный
eternalize увековéчивать
eternity (*most senses*) вéчность *f*; (*the next world*) тот свет; **for all** ~ во вéки векóв
etesian ежегóдный; ~ **winds** лéтние сéверо-зáпадные пассáтные вéтры *m pl*
ethane этáн
ethanol этúловый спирт
ether *chem, phys* эфúр
ethereal (*light*) лёгкий; (*airy*) воздýшный; (*ephemeral*) эфемéрный; (*unearthly*) неземнóй; *chem* эфúрный
etherize (*anaesthetize*) усыпля́ть эфúром
ethic 1. *n* э́тика **2.** *adj* этúческий
ethical этúческий, этúчный
ethics э́тика
Ethiopia Эфиóпия
Ethiopian 1. *n* эфиóп, *f* эфиóпка **2.** *adj* эфиóпский
ethnic этнúческий; (*tribal*) племеннóй; (*pagan*) язы́ческий
ethnographer этнóграф
ethnographic(al) этнографúческий
ethnography этногрáфия
ethnological этнологúческий
ethnologist этнóлог
ethnology этнолóгия
ethology этолóгия
ethos дух
ethyl 1. *n* этúл **2.** *adj* этúловый
ethylene этилéн
etiolate *bot* этиолúровать; *med* дéлать блéдным
etiology этиолóгия
etiquette (*social*) этикéт; **professional** ~ профессионáльная э́тика
Eton 1. *n* И́тонский коллéдж **2.** *adj* ~ **coat**

коро́ткий пиджа́к; ~ **collar** широ́кий отложно́й воротни́к; ~ **crop** же́нская коро́ткая стри́жка
Etonian 1. *n* воспи́танник И́тонского колле́джа **2.** *adj* и́тонский
Etruscan 1. *n* (*person*) этру́ск; (*language*) этру́сский язы́к **2.** *adj* этру́сский
étude *mus* этю́д
etymological этимологи́ческий
etymologist этимо́лог
etymologize (*study etymology*) изуча́ть этимоло́гию; (*establish etymology of*) определя́ть этимоло́гию (+ *gen*)
etymology этимоло́гия
etymon этимо́н
eucalyptus эвкали́пт; ~ **oil** эвкали́птовое ма́сло
Eucharist евхари́стия, прича́стие
Euclid Эвкли́д
Euclidean евкли́дов; ~ **geometry** евкли́дова геоме́трия; ~ **space** евкли́дово простра́нство; **non-**~ неевкли́дов
eudiometer эвдио́метр
eugenic евгени́ческий
eugenics евге́ника
eugenist евгени́ст
eulogist панегири́ст
eulogistic(al) хвале́бный, панегири́ческий
eulogize восхваля́ть, превозноси́ть
eulogy (*praise*) похвала́; (*speech*) хвале́бная речь *f*, панеги́рик **(of, to,** + *dat*)
eunuch е́внух
eupeptic (*having good digestion*) име́ющий хоро́шее пищеваре́ние; (*easily digested*) удобовари́мый; *fig* жизнера́достный
euphemism эвфеми́зм
euphemistic эвфемисти́ческий
euphonic, euphonious благозву́чный
euphonium гелико́н
euphony благозву́чие
euphorbia молоча́й
euphoria *med* эйфори́я; *coll* повы́шенно ра́достное состоя́ние
euphuism эвфуи́зм
euphuistic эвфуисти́ческий
Eurasian 1. *n* еврази́ец, *f* еврази́йка **2.** *adj* еврази́йский
eureka э́врика
Europe Евро́па
European 1. *n* европе́ец, *f* европе́йка **2.** *adj* европе́йский
Europeanize европеизи́ровать
Eurovision Еврови́дение
europium евро́пий
Eustachian tube евста́хиева труба́
euthanasia эйтана́зия
evacuant (*purgative*) слаби́тельное
evacuate (*air etc*) выка́чивать, выса́сывать; (*vessel*) выка́чивать, выса́сывать во́здух из (+ *gen*); (*empty*) опорожня́ть; (*people from town etc*) эвакуи́ровать(ся); (*town, area*) оставля́ть, очища́ть; *med* очища́ть, опорожня́ть
evacuation 1. *n* (*of air*) отка́чивание, выса́сывание; (*of vessel*) отка́чивание, выса́сывание во́здуха из (+ *gen*); (*of people*) эвакуа́ция; *med* очище́ние, испражне́ние **2.** *adj* эвакуацио́нный
evacuee эвакуи́рованный
evade (*get away from*) ускольза́ть от (+ *gen*); (*avoid*) избега́ть (+ *gen*); (*get round, law etc*) обходи́ть; (*dodge*) уклоня́ться от (+ *gen*)
evaluate (*value*; *ascertain*) оце́нивать; (*assess number of*) определя́ть коли́чество; *math* выража́ть в чи́слах, вычисля́ть
evaluation оце́нка; *math* вычисле́ние
evanesce исчеза́ть
evanescence исчезнове́ние
evanescent (*transient*) бы́стро исчеза́ющий, мимолётный; (*vanishing*) исчеза́ющий
evangelic(al) 1. *n* (*Protestant*) протеста́нт; (*sectarian*) евангели́ст **2.** *adj* (*of Gospels*) ева́нгельский; (*of sects etc*) евангели́ческий
evangelist (*author of Gospel*; *member of sect*) евангели́ст; **St John the Evangelist** Иоа́нн Богосло́в; (*preacher*) пропове́дник
evangelization христианиза́ция
evangelize (*preach*) пропове́довать (+ *dat*); (*convert to Christianity*) обраща́ть в христиа́нство, христианизи́ровать
evaporate *vt* испаря́ть; (*drive out moisture*) выпа́ривать; *vi* испаря́ться, улету́чиваться (*also coll*); *fig* исчеза́ть
evaporated: ~ **milk** сгущённое молоко́
evaporating выпарно́й; ~ **dish** выпарна́я ча́шка; ~ **tower** концентрацио́нная ба́шня
evaporation испаре́ние; (*driving out moisture*) выпа́ривание; ~ **loss** поте́ря от испаре́ния
evaporative испари́тельный
evaporator выпарно́й аппара́т, испари́тель *m*
evasion (*see* **evade**) обхо́д; уклоне́ние (от + *gen*); бе́гство
evasive (*reply etc*) укло́нчивый; (*hard to catch*) неулови́мый
evasiveness укло́нчивость *f*
Eve Е́ва
eve кану́н; **on the** ~ **of** накану́не (+ *gen*); **Christmas Eve** соче́льник; **New Year's Eve** кану́н Но́вого го́да; *ar* (*evening*) ве́чер
even 1. *n ar* (*evening*) ве́чер **2.** *adj* (*flat, calm, regular*) ро́вный; (*uniform*) равноме́рный; (*smooth*) гла́дкий; (*equal*) ра́вный, на одно́м у́ровне с (+ *instr*); (*number*) чётный; ~ **with** (*on level with*) вро́вень с (+ *instr*); **break** ~ избежа́ть убы́тка, покры́ть *pf* расхо́ды; **get** ~ **with** расквита́ться *pf* с (+ *instr*) **3.** *adv* (*evenly*) ро́вно; (*just*) то́чно; *as emph particle* да́же; ~ **better** ещё лу́чше; (*if only*) хотя́ бы; ~ **as** (*while*) как раз, когда/в то вре́мя, как; ~ **if** да́же е́сли; ~ **so** всё равно́ **4.** *v* (*make level*) выра́внивать; (*make smooth*) сгла́живать; (*make equal*) равня́ть; (*balance*) уравнове́шивать
even-handed беспристра́стный
evening 1. *n* ве́чер; **good** ~! до́брый ве́чер!; ~ **dress** (*woman's*) вече́рний туале́т, (*man's*) смо́кинг; ~ **meal** у́жин; ~ **star** вече́рняя звезда́
evenly (*levelly*) ро́вно; (*equally*) одина́ково; (*impartially*) беспристра́стно; (*calmly*) споко́йно; (*uniformly*) равноме́рно
event (*happening*) собы́тие; **at all** ~**s** во вся́ком слу́чае; **in any** ~ в любо́м слу́чае; **the course of** ~**s** ход собы́тий; **current** ~**s** теку́щие собы́тия *neut pl*; **in the** ~ **of** в слу́чае (+ *gen*); (*outcome*) исхо́д, результа́т; *sp* соревнова́ние
even-tempered споко́йный, уравнове́шенный
eventful (*full of events*) по́лный собы́тий; (*momentous*) па́мятный
eventual (*consequent*) после́дующий; (*possible*) возмо́жный; (*final*) коне́чный
eventuality (*possibility*) возмо́жность *f*; (*chance*) случа́йность *f*
eventually (*at last*) наконе́ц; (*in the event*) в конце́

концо́в; (*in last analysis*) в коне́чном счёте; (*in course of time*) со вре́менем
eventuate (*happen*) случа́ться; (*result*) конча́ться (**in,** + *instr*)
ever (*in questions*) когда́-нибудь; **have you ~ been in Moscow?** вы быва́ли когда́-нибудь в Москве́?; (*in emph questions*) **why ~ did you say that?** да почему́ же вы э́то сказа́ли?; (*in neg expressions*) никогда́; **they hardly ~ come here** они́ почти́ никогда́ сюда́ не прихо́дят; (*in comparisons*) когда́-либо; **it is the best novel I have ~ read** э́то лу́чший рома́н, кото́рый я когда́-либо чита́л; **more than ~** бо́льше чем когда́-либо; **worse than ~** ещё ху́же; (*always*) всегда́, всё вре́мя; (*in letter formula*) **Yours ~** всегда́ Ваш; **for ~** навсегда́; *coll* **~ so** (*very*) стра́шно; **thank you ~ so much** большо́е вам спаси́бо
evergreen 1. *n* вечнозелёное расте́ние **2.** *adj* вечнозелёный
everlasting (*endless*) ве́чный; (*durable*) долгове́чный; (*tiresomely continuous*) постоя́нный
evermore навсегда́, наве́к(и)
every ка́ждый, (*more rarely, in sense of every sort of*) вся́кий; **~ few minutes** ка́ждые не́сколько мину́т; **~ now and then** то и де́ло, вре́мя от вре́мени; **~ other** (*alternate*) че́рез (+ *acc*); **~ other day** че́рез день; **~ time** ка́ждый раз (**that,** когда́); **~ two or three days** ка́ждые два-три дня; **of ~ kind** вся́кого ро́да
everybody ка́ждый, вся́кий (челове́к), (*in most expressions*) все *pl*; **~ knows that** все э́то зна́ют; **it was clear to ~** всем бы́ло я́сно
everyday (*happening daily*) ежедне́вный; (*usual*) обы́чный; (*common, colloquial*) обихо́дный
everyman радово́й челове́к
everyone *see* **everybody**
everything всё
everyway вся́чески
everywhere везде́, всю́ду; (*all over*) повсю́ду; **from ~** отовсю́ду
evict (*dispossess*) оттяга́ть по суду́; (*expel from property*) выселя́ть
eviction (*from property*) выселе́ние; *leg* лише́ние иму́щества
evidence 1. *n leg* ули́ка; **circumstantial ~** ко́свенные ули́ки; (*testimony*) (свиде́тельское) показа́ние; **give ~** свиде́тельствовать (**of,** о + *prep*); (*proof*) доказа́тельство; (*obviousness*) очеви́дность *f*; **in ~** (*evident, visible*) заме́тный; **on the ~ of** на основа́нии (+ *gen*); **be ~ of** свиде́тельствовать о (+ *prep*) **2.** *v* доќазывать, свиде́тельствовать (о + *prep*)
evident очеви́дный (**to,** + *dat*)
evidential доказа́тельный
evidently очеви́дно
evil 1. *n* зло; **speak ~ of** ду́рно отзыва́ться о (+ *prep*) **2.** *adj* дурно́й, злой; **~ eye** дурно́й глаз; **put the ~ eye on** сгла́зить *pf*; **~ genius** злой ге́ний; **~ tongue** злой язы́к
evil-doer (*criminal*) престу́пник; (*sinner*) гре́шник
evil-doing злоде́йство
evil-minded (*ill-intentioned*) злонаме́ренный; (*vicious*) зло́бный, злой
evince проявля́ть
evincible доказу́емый
eviscerate потроши́ть; *fig* выхола́щивать
evocation (*arousal*) вызыва́ние, возбужде́ние; (*memory*) воспомина́ние (**of,** о + *prep*); (*embodiment*) воплоще́ние
evocative возбужда́ющий воспомина́ния (**of,** о + *prep*); **be ~ of** напомина́ть
evoke вызыва́ть, возбужда́ть; *leg* передава́ть (де́ло) в вы́сшую инста́нцию
evolution (*development*) разви́тие; *biol* эволю́ция; *mil* манёвр; *math* извлече́ние ко́рня; (*of gases etc*) выделе́ние
evolutionary эволюцио́нный
evolutionism эволюцио́нная тео́рия
evolutionist 1. *n* эволюциони́ст **2.** *adj* эволюцио́нный
evolve (*develop*) развива́ть(ся); (*a plan*) намеча́ть; (*gases etc*) выделя́ть
evulsion вырыва́ние
ewe овца́
ewer кувши́н
ex- экс-, бы́вший
exacerbate (*make worse*) ухудша́ть; (*make more critical*) обостря́ть; (*irritate*) раздража́ть
exacerbation ухудше́ние; обостре́ние; раздраже́ние
exact 1. *adj* (*most senses*) то́чный; **the ~ sciences** то́чные нау́ки *f pl*; (*of rules etc, strict*) стро́гий; (*thorough*) аккура́тный **2.** *v* (*demand*) насто́ятельно тре́бовать (+ *gen*); (*extort*) вымога́ть (**from,** + *gen*); (*recover*) взы́скивать (**from,** с + *gen*); *comm* **~ dues** взима́ть по́шлину
exacting (*demanding*) тре́бовательный; (*carping*) приди́рчивый; (*work*) напряжённый
exaction (*demand*) настоя́тельное тре́бование; (*extortion*) вымога́тельство; (*of taxes etc*) взима́ние
exactitude то́чность *f*
exactly (*precisely*) то́чно; **he said ~ the same thing** он сказа́л то́чно тоже са́мое; (*quite*) **it is not ~ what I meant** э́то не совсе́м то, что я хоте́л сказа́ть; (*in time expressions*) **at ~ 9 o'clock** ро́вно в де́вять часо́в; (*just*) как раз; **it is ~ what I need** э́то как раз то, что мне ну́жно; (*in agreement or emphasis*) вот и́менно, то́чно
exactness то́чность *f*
exaggerate преувели́чивать
exaggeration преувеличе́ние
exaggerative преувели́чивающий
exalt (*raise high; elevate in rank*) возвыша́ть; (*extol*) превозноси́ть, восхваля́ть; (*mood*) поднима́ть настрое́ние
exaltation (*raising*) возвыше́ние; (*praise*) возвели́чение; (*rapture*) восто́рг; (*excitement*) возбужде́ние; (*elation*) припо́днятое настрое́ние
exalted (*in rank*) высокопоста́вленный; (*style etc*) возвы́шенный; (*mood*) припо́днятый, восто́рженный
exam *see* **examination**
examination (*educational*) экза́мен (**in,** по + *dat*); **in, at the ~** на экза́мене; **fail an ~** провали́ться *pf* на экза́мене; **pass an ~** сдать *pf* экза́мен; **take an ~** сдава́ть экза́мен; (*looking over*) осмо́тр; **customs ~** тамо́женный досмо́тр; **medical ~** медици́нский осмо́тр; **post-mortem ~** вскры́тие тру́па; (*expertise*) эксперти́за; *leg* допро́с, опро́с
examine (*scrutinize, inspect*) рассма́тривать; (*study*) иссле́довать; (*medically*) осма́тривать; (*in school etc*) экзаменова́ть (**in,** по + *dat*); *leg* опра́шивать
examinee экзамену́ющийся
examiner экзамина́тор
example (*most senses*) приме́р; **follow the ~ of** сле́довать приме́ру (+ *gen*); **for ~** наприме́р;

give ~s приводи́ть приме́ры; **he was an ~ to all** он был приме́ром для всех; **set a good ~** дава́ть хоро́ший приме́р; **without ~** без прецеде́нта; (*model*, *specimen*) образе́ц
exanimate безжи́зненный
exanthema сыпь *f*
exarch экза́рх
exarchate экзарха́т
exasperate (*put out of patience*) выводи́ть из терпе́ния; (*infuriate*) серди́ть; (*irritate*) раздража́ть; (*aggravate*) уси́ливать
exasperating раздража́ющий; **how ~!** кака́я доса́да
exasperation раздраже́ние, доса́да; **out of ~** с доса́ды
excavate (*dig*) копа́ть, рыть; (*dig out*) выка́пывать; *arch* производи́ть раско́пки
excavation (*digging*) рытьё; (*digging out*) выка́пывание; *bui* вы́емка (гру́нта *etc*), экскава́ция; (*hole*) я́ма, вы́емка; *arch* раско́пки *f pl*
excavator экскава́тор; **dragline ~** дра́глайн; **hydraulic ~** землесо́с, земснаря́д; **trench ~** канавокопа́тель *m*; **walking ~** шага́ющий экскава́тор
exceed (*go beyond*) превыша́ть; (*surpass*) превосходи́ть (**in,** + *instr or* в + *prep*); (*go too far*) заходи́ть сли́шком далеко́
exceeding (*very great*) чрезвыча́йный
exceedingly чрезвыча́йно, о́чень
excel (*be better*, *best*) превосходи́ть (**in, at,** + *instr or* в + *prep*); (*be outstanding*) выдава́ться, выделя́ться (**in,** + *instr*)
excellence (*superiority*) превосхо́дство; (*high quality*) превосхо́дное ка́чество; (*skill*) выда́ющееся мастерство́
excellency (*title*) превосходи́тельство
excellent превосхо́дный, отли́чный
except 1. *v* исключа́ть; **~ against** возража́ть про́тив (+ *gen*) **2.** *prep* исключа́я (+ *acc*), кро́ме (+ *gen*); **~ for** за исключе́нием (+ *gen*) **3.** *conj* (*unless*) е́сли бы не
excepting за исключе́нием (+ *gen*), кро́ме (+ *gen*)
exception исключе́ние; **~s prove the rule** исключе́ния подтвержда́ют пра́вило; **take ~ to** (*object to*) возража́ть про́тив (+ *gen*); (*resent*) обижа́ться на (+ *acc*); (*find fault*) придира́ться к (+ *dat*); **with the ~ of** за исключе́нием (+ *gen*); **without ~** без исключе́ния
exceptionable предосуди́тельный, небезупре́чный
exceptional исключи́тельный, необы́чный
exceptive составля́ющий исключе́ние; (*captious*) приди́рчивый
excerpt 1. *n* отры́вок, вы́держка **2.** *v* де́лать вы́держки
excess 1. *n* (*superfluity*) избы́ток, изли́шек; **in ~ of** сверх (+ *gen*), свы́ше (+ *gen*), бо́льше чем; (*extreme*) кра́йность *f*; (*outrage*) эксце́сс; (*lack of moderation*) невозде́ржанность *f*, неуме́ренность *f*; **to ~** до изли́шества; (*over-indulgence*) изли́шество **2.** *adj* (*additional*) дополни́тельный; (*superfluous*) ли́шний; **~ fare** допла́та, припла́та; **~ profit** сверхпри́быль *f*
excessive чрезме́рный, изли́шний
exchange 1. *n* (*barter*) ме́на; **~ of** обме́н (+ *instr*); **in ~** в обме́н (**for,** на + *acc*); *fin* разме́н; **bill of ~** ве́ксель *m*; **rate of ~** валю́тный курс; (*institution*) би́ржа; **labour ~** би́ржа труда́; **stock ~** фо́ндовая би́ржа; **telephone ~** коммута́тор, (*building*) телефо́нная ста́нция **2.** *adj* менов́ой; валю́тный; обме́нный; биржево́й **3.** *v* (*one for another*) обме́нивать (**for,** на + *acc*); (*interchange*) обме́ниваться (+ *instr*); **~ greetings** обме́ниваться приве́тствиями (**with,** с + *instr*); **~ places** меня́ться места́ми (**with,** с + *instr*)
exchangeable подлежа́щий обме́ну, го́дный для обме́на; *tech* взаимозаменя́емый
exchanger *tech* обме́нник; **heat ~** теплообме́нник
exchequer казна́, казначе́йство; **Chancellor of the Exchequer** мини́стр фина́нсов
excisable подлежа́щий обложе́нию акци́зом
[1]**excise** (*tax*) акци́з
[2]**excise** (*cut out*) выреза́ть; (*cut off*) отреза́ть
exciseman акци́зный чино́вник
excision (*cutting out*) выреза́ние; (*cutting off*) отреза́ние
excitability возбуди́мость *f*
excitable (легко́) возбуди́мый
excitant 1. *n* возбужда́ющее сре́дство **2.** *adj* возбужда́ющий
excitation возбужде́ние
excitative возбуди́тельный
excite (*most senses*) возбужда́ть; (*arouse interest*, *envy etc*) вызыва́ть; (*make anxious*; *thrill*) волнова́ть
excited взволно́ванный; **don't get ~d!** не волну́йтесь!; **be ~d** быть взволно́ванным (**at,** + *instr*)
excitement возбужде́ние, волне́ние
exciter *tech* возбуди́тель *m*
exciting (*stimulating*) возбужда́ющий, волну́ющий; (*thrilling*) захва́тывающий; *tech* возбужда́ющий
exclaim восклица́ть; **~ against** возража́ть про́тив (+ *gen*); **~ at** удивля́ться (+ *dat*)
exclamation восклица́ние; **~ mark** восклица́тельный знак
exclamatory восклица́тельный
exclude (*not include*, *thrust out*) исключа́ть (**from,** из + *gen*); (*prevent entry*) не впуска́ть; (*possibilities etc*) не допуска́ть (+ *gen*)
exclusion исключе́ние; **to the ~ of** исключа́я, за исключе́нием (+ *gen*)
exclusive (*excluding*) исключи́тельный; (*sole*) еди́нственный; (*unapproachable*) недосту́пный; **~ of** не счита́я, исключа́я, за исключе́нием (+ *gen*)
exclusively исключи́тельно, то́лько
excommunicate отлуча́ть от це́ркви
excommunication отлуче́ние от це́ркви
excoriate (*flay*) сдира́ть ко́жу с (+ *gen*); (*bark*) сдира́ть кору́ с (+ *gen*); (*graze*) ссади́ть; *fig* раскритикова́ть, разноси́ть
excoriation сдира́ние ко́жи, коры́; *fig* разно́с
excrement экскреме́нты *m pl*, фека́лии *f pl*, кал
excremental фека́льный, ка́ловый
excrescence (*growth*) наро́ст; (*projection*) вы́ступ
excrescent образу́ющий наро́ст; (*superfluous*) ли́шний
excreta испражне́ния *neut pl*
excrete выделя́ть, изверга́ть
excretion выделе́ние
excretory выводно́й, выдели́тельный
excruciate му́чить, терза́ть
excruciating мучи́тельный; *fig* уби́йственный
excruciation муче́ние
exculpate опра́вдывать; **~ oneself** опра́вдываться
exculpation оправда́ние
exculpatory опра́вдывающий

excursion 1. *n* (*trip*) экскýрсия; (*digression*) э́кскурс; *mil* вы́лазка; **alarms and ~s** суматóха **2.** *adj* экскурсиóнный
excursive отклоня́ющийся
excursus (*digression*) отступлéние, э́кскурс; (*discussion*) обсуждéние
excusable извини́тельный, прости́тельный
excusatory (*excusable*) извини́тельный; (*exculpatory*) опрáвдывающий
excuse 1. *n* (*apology*) извинéние; (*justification*) оправдáние; (*attempted explanation*) отговóрка; (*pretext*) предлóг **2.** *v* (*pardon*) извиня́ть, прощáть; ~ **me!** прости́те, извини́те!; (*exonerate*) опрáвдывать; (*set free from*) освобождáть от (+ *gen*); ~ **oneself** (*justify oneself*) опрáвдываться; (*take one's leave*) прощáться
ex-directory: ~ **number** нóмер, не внесённый в телефóнную кни́гу; **she is** ~ её нóмера в телефóнной кни́ге нет
exeat прóпуск
execrable отврати́тельный, гнýсный
execrate (*detest*) ненави́деть, питáть отвращéние к (+ *dat*); (*curse*) проклинáть
execration (*loathing*) омерзéние; (*curse*) проклятие
executant исполни́тель *m*
execute (*carry out*) выполня́ть, исполня́ть; (*perform*) исполня́ть; (*realize*) осуществля́ть; (*as punishment*) казни́ть; *leg* (*a document*) оформля́ть; (*put into effect*) исполня́ть
execution выполнéние; исполнéние; осуществлéние; оформлéние; (*capital punishment*) смéртная казнь *f*
executioner палáч
executive 1. *n* (*authority*) исполни́тельная власть *f*; (*official*) должностнóе лицó, сотрýдник **2.** *adj* исполни́тельный; *nav* ~ **officer** *Br* строевóй офицéр; *Am* стáрший помóщник команди́ра
executor душеприкáзчик
executrix душеприкáзчица
exegesis толковáние, экзегéза
exegetics экзегéтика
exemplar образéц, примéр
exemplary (*model*) образцóвый, примéрный; (*commendable*) похвáльный; (*typical*) типи́чный; *leg* ~ **damages** штрафны́е убы́тки *m pl*
exemplification (*showing by example*) пояснéние примéром; (*illustration*) иллюстрáция
exemplify (*give example*) приводи́ть примéр (+ *gen*); (*be example*) служи́ть примéром; *leg* заверя́ть кóпию
exempt 1. *adj* (*not liable to*) освобождённый (**from,** от + *gen*); (*free from*) свобóдный от (+ *gen*) **2.** *v* освобождáть (**from,** от + *gen*)
exemption освобождéние (**from,** от + *gen*)
exequies пóхороны *f pl*
exercise 1. *n* (*use; of right etc*) пóльзование; (*practice, training, lesson*) упражнéние (**of,** + *gen*; **for,** для + *gen*); (*physical training*) тренирóвка; (*physical jerks*) заря́дка, гимнáстика; **take** ~ дéлать моциóн; *mil* учéние, манёвры *m pl* **2.** *adj* учéбный; ~ **book** учéбник **3.** *v* (*make use of*) пóльзоваться (+ *instr*); (*exert*) окáзывать; (*control etc*) осуществля́ть; (*display*) проявля́ть; (*practise; give, take* ~) упражня́ть(ся); (*make anxious*) беспокóить
exert (*strength*) напрягáть; ~ **oneself** утруждáть себя́; ~ **oneself to** старáться, дéлать уси́лия, чтóбы (+ *infin*); (*influence etc*) окáзывать; (*personal qualities*) проявля́ть
exertion (*effort*) уси́лие, напряжéние; (*of authority etc*) испóльзование; (*of will etc*) проявлéние
exeunt *theat* ухóдят
exfoliate *geol* расслáиваться, отслáиваться; *med* лупи́ться, шелуши́ться; *bot* сбрáсывать ли́стья
exfoliation *geol* расслоéние, отслоéние; *med* шелушéние; *bot* опадéние ли́стьев
exhalation (*breathing out*) выдыхáние; (*single breath*) вы́дох; (*evaporation*) испарéние; (*vapour*) пар
exhale (*breathe out*) выдыхáть; (*once*) дéлать вы́дох; (*give off fumes etc*) выделя́ть; (*evaporate*) испаря́ться
exhaust 1. *n* (*gas etc*) вы́хлоп, вы́пуск; (*pipe*) выхлопнáя трубá **2.** *adj* выхлопнóй **3.** *v* (*person, strength, patience, reserves etc*) истощáть; (*tire out*) изнуря́ть; (*subject, possibilities*) исчéрпывать; (*draw out, empty*) высáсывать, вытя́гивать
exhausted измýченный, изнурённый, изнемождённый; **be** ~ изнемогáть (**from, with,** от + *gen*)
exhauster вытяжнóй вентиля́тор
exhaustible истощи́мый
exhausting утоми́тельный, изнури́тельный
exhaustion (*tiredness*) истощéние, изнеможéние; (*emptying*) высáсывание, вытя́гивание
exhaustive истощáющий, исчéрпывающий
exhaustively пóлностью
exhaust-pipe выхлопнáя трубá
exhibit 1. *n* экспонáт; *leg* вещéственное доказáтельство **2.** *v* (*show*) покáзывать; (*qualities*) проявля́ть; (*at exhibition*) экспони́ровать
exhibition (*showing*) покáз; (*of qualities*) проявлéние; (*show, display of art, wares etc*) вы́ставка; **make an** ~ **of oneself** дéлать из себя́ посмéшище
exhibitionism *med* эксгибициони́зм
exhibitionist *med* эксгибициони́ст
exhibitor экспонéнт
exhilarate (*cheer*) весели́ть; (*invigorate*) подбодря́ть, оживля́ть; (*thrill*) восхищáть
exhilaration (*gaiety*) весёлость *f*; (*thrill*) восхищéние
exhort (*admonish*) увещевáть; (*entreat*) умоля́ть; (*encourage*) уговáривать; (*urge*) призывáть (**to,** к + *dat*); (*warn*) предупреждáть
exhortation увещевáние; призы́в; предупреждéние; (*incitement*) подстрекáтельство
exhortative увещевáтельный
exhumation эксгумáция, выкáпывание трýпа
exhume эксгуми́ровать, выкáпывать
exigence, exigency (*necessity*) óстрая необходи́мость *f*; (*extremity*) крáйность *f*; (*urgency*) срóчность *f*
exigent (*urgent*) срóчный, неотлóжный; (*exacting*) трéбовательный
exiguity (*scantiness*) скýдость *f*; (*smallness*) незначи́тельность *f*
exiguous (*scanty*) скýдный; (*small*) мáлый; (*insignificant*) незначи́тельный
exile 1. *n* (*person banished*) изгнáнник; (*political*) ссы́льный; (*banishment*) изгнáние; (*banishment to particular place*) ссы́лка **2.** *v* (*drive out*) изгоня́ть; (*to s'where*) ссылáть (**to,** в + *acc*)
exist (*to have being, most senses*) существовáть; (*occur*) находи́ться, встречáться
existence (*being*) существовáние; **be in** ~ существовáть; (*creation*) тварь *f*; (*presence*) нали́чие

existent существу́ющий
existential экзистенциа́льный
existentialism экзистенциали́зм
existentialist **1.** *n* экзистенциали́ст **2.** *adj* экзистенциа́льный
exit **1.** *n* (*way out*) вы́ход; *theat* ухо́д со сце́ны **2.** *adj* ~ **visa** выездна́я ви́за **3.** *v theat* уходи́ть
ex-libris экsли́брис
exodus ма́ссовый отъе́зд; *bibl* **Exodus** исхо́д; (*book of Bible*) Исхо́д
ex officio по до́лжности
exogamy экзога́мия
exogenous экзоге́нный
exonerate (*free from blame*) опра́вдывать; (*release from*) освобожда́ть от (+ *gen*)
exoneration оправда́ние; освобожде́ние (**from,** от + *gen*)
exophthalmia пучегла́зие
exophthalmic экзофтальми́ческий; ~ **goitre** базе́дова боле́знь *f*
exorbitance непоме́рность *f*, чрезме́рность *f*
exorbitant чрезме́рный, непоме́рный; ~ **price** чрезме́рная цена́
exorcism изгна́ние ду́хов
exorcize изгоня́ть ду́хов из (+ *gen*); (*dispel*) разгоня́ть
exordium вступле́ние, введе́ние
exoteric экзотери́ческий, общедосту́пный
exothermic экзотерми́ческий
exotic **1.** *n bot, zool* экзо́т **2.** *adj* экзоти́ческий
exotica экзо́тика
expand (*widen, spread out*) расширя́ть(ся); (*grow larger*) увели́чивать(ся); (*stretch*) растя́гивать(ся); (*develop*) развива́ть(ся) (**into,** в + *acc*); (*go into detail*) излага́ть подро́бно; (*become communicative*) распространя́ться; *math* раскрыва́ть; *bot* распуска́ться
expander расшири́тель *m*
expanse (*space*) простра́нство; (*extent*) протяже́ние; (*unbroken area of water*) пове́рхность *f*; (*of land*) просто́р
expansible растяжи́мый
expansion (*see* **expand**) расшире́ние; увеличе́ние; растяже́ние; распростране́ние; *math* раскры́тие; *pol* экспа́нсия; *tech* раска́тка; **triple-~ engine** парова́я маши́на тройно́го расшире́ния
expansionism экспансиони́зм
expansionist **1.** *n* экспансиони́ст **2.** *adj* экспансиони́стский
expansive (*able to expand, be expanded*) спосо́бный расширя́ться; (*character*) экспанси́вный; ~ **smile** располага́ющая улы́бка
expatiate распространя́ться (**upon,** о + *prep*)
expatiation распростране́ние
expatriate **1.** *n* (*exile*) изгна́нник; (*emigré*) эмигра́нт **2.** *adj* в эмигра́ции **3.** *v* экспатрии́ровать; *refl* (*emigrate*) эмигри́ровать; (*give up nationality*) отка́зываться от гражда́нства
expatriation экспатриа́ция
expect (*await*) ждать (+ *acc or gen*), ожида́ть (+ *gen*); ~ **a child** ожида́ть ребёнка; **I didn't ~ that** я э́того не ожида́л; **when do you ~ him back?** когда́ вы ждёте его́ обра́тно?; (*bank on*) наде́яться на (+ *acc*), рассчи́тывать на (+ *acc*); *coll* (*think, suppose*) ду́мать; **I ~ so** наве́рно, наве́рное
expectance, expectancy (*awaiting*) ожида́ние; (*anticipation*) предвкуше́ние; (*hope*) наде́жда
expectant (*waiting*) ожида́ющий; ~ **mother** бере́менная (же́нщина)
expectantly в предвкуше́нии того́, что бу́дет
expectation (*waiting, what is awaited*) ожида́ние; ~ **of life** вероя́тная продолжи́тельность *f* жи́зни; **beyond ~s** сверх ожида́ний; **in ~ of** в ожида́нии (+ *gen*); **live, come up to ~s** опра́вдывать ожида́ния; (*hope*) наде́жда, упова́ние; (*anticipation*) предвкуше́ние
expectorant **1.** *n* отха́ркивающее (сре́дство) **2.** *adj* отха́ркивающий
expectorate (*cough up*) отха́ркивать, отка́шливать; (*spit*) плева́ть
expectoration отха́ркивание
expedience, expediency (*convenience, suitability*) целесообра́зность *f*; (*self-interest*) корыстолю́бие; (*opportunism*) оппортуни́зм
expedient **1.** *n* приём, сре́дство; **by the ~ of** посре́дством (+ *gen*); **2.** *adj* (*appropriate*) уме́стный, целесообра́зный; (*suitable*) подходя́щий; (*advantageous*) вы́годный
expedite (*speed up*) ускоря́ть; (*facilitate*) упроща́ть; (*carry out quickly*) бы́стро выполня́ть; (*dispatch*) отправля́ть
expedition (*trip*) экспеди́ция; (*speed*) быстрота́; **with ~** бы́стро; (*sending*) отпра́вка
expeditionary экспедицио́нный
expeditious (*fast*) бы́стрый, ско́рый; (*urgent*) сро́чный
expel (*drive out, most senses*) выгоня́ть (**from,** из + *gen*); (*from school, party etc*) исключа́ть (**from,** из + *gen*); (*remove*) удаля́ть; (*eject*) выбра́сывать
expend (*most senses*) тра́тить (**on,** на + *acc*); (*use up*) расхо́довать
expendable (*what can be expended*) расхо́дуемый; (*consumable*) потребля́емый; (*non-returnable*) невозвра́тный; (*for use once only*) однора́зовый; *mil* невозвра́тно теря́емый; *coll* (*of little value*) незначи́тельный
expenditure (*spending*) тра́та; ~ **of** расхо́д (+ *gen*); (*outgoings*) расхо́ды *m pl* (**on,** на + *acc*); **item of ~** расхо́дная статья́
expense (*spending*) тра́та, расхо́д; **cut down ~s** сокраща́ть расхо́ды; *pl* (*outlay*) расхо́ды *m pl*, изде́ржки *f pl*; **travelling ~s** доро́жные расхо́ды; (*item of expenditure*) расхо́дная статья́; (*cost*) цена́; **at the ~ of** за счёт (+ *gen*), цено́й (+ *gen*); **at one's own ~** на свой счёт
expensive дорого́й, дорогосто́ящий
expensiveness дорогови́зна
experience **1.** *n* (*of life etc*) о́пыт; **know by ~** знать по о́пыту; **learn by ~** позна́ть *pf* на го́рьком о́пыте; (*work seniority*) стаж; (*skill*) мастерство́; (*event*) слу́чай; **unpleasant ~** непри́ятный слу́чай; (*suffering, trial*) пережива́ние; (*adventure*) приключе́ние **3.** *v* (*know by ~*) испы́тывать; (*suffer, undergo*) пережива́ть; (*feel*) ощуща́ть
experienced о́пытный
experiential эмпири́ческий
experiment **1.** *n* о́пыт, экспериме́нт **2.** *v* эксперименти́ровать
experimental (*based on experiment*) эксперимента́льный; (*trial*) про́бный; (*under experiment*) подо́пытный
experimentally (*by way of experiment*) в поря́дке о́пыта
experimenter экспериме́нта́тор
experimentation эксперименти́рование

expert 1. *n* (*connoisseur*) знато́к (**in** + *gen*, *or* в + *prep*, *or* по + *dat*); (*specialist*) специали́ст, экспе́рт **2.** *adj* (*experienced*) о́пытный; (*skilful*) иску́сный (**at, in,** в + *prep*); (*highly qualified*) квалифици́рованный; (*dexterous*) ло́вкий

expertise (*expert opinion*) эксперти́за; (*expert skill*) сноро́вка; (*dexterity*) ло́вкость *f*

expiate искупа́ть

expiation искупле́ние

expiatory искупи́тельный

expiration (*breathing out*) выдыха́ние; (*end*) оконча́ние; (*termination*) истече́ние; **on the ~ of** по истече́нии сро́ка действи́тельности

expiratory выдыха́тельный, экспирато́рный

expire (*die*) умира́ть; (*die out*) вымира́ть; (*end*) конча́ться; (*run out*) истека́ть; (*lose validity*) теря́ть си́лу; (*breathe out*) выдыха́ть

expiring (*dying*) умира́ющий; (*last*) после́дний

expiry (*of period*) истече́ние

explain (*most senses*) объясня́ть (**to,** + *dat*); **~ oneself** объясня́ться

explainable объясни́мый

explanation объясне́ние; **with no ~** без вся́кого объясне́ния; **it needs no ~** э́то не нужда́ется в объясне́нии; **what is the ~ of** чем объясня́ется (+ *nom*)

explanatory объясни́тельный, поясни́тельный; (*of dictionary etc*) толко́вый

expletive 1. *n* (*exclamation*) восклица́ние; (*oath*) руга́тельство; *gramm* вставно́е сло́во **2.** *adj* вставно́й, дополни́тельный

explicable объясни́мый

explicate (*explain*) объясня́ть; (*a problem*) распу́тывать; (*interpret*) толкова́ть

explication объясне́ние; распу́тывание; толкова́ние

explicative, explicatory объясни́тельный

explicit (*plain*) я́сный; (*definite*) определённый; (*outspoken*) открове́нный

explode (*blow up*) взрыва́ть(ся); *fig* (*of idea etc*) подрыва́ть, разбива́ть; (*with anger etc*) разража́ться (**with,** + *instr*)

exploder детона́тор, взрыва́тель *m*

[1]**exploit** (*deed*) по́двиг

[2]**exploit** по́льзоваться (+ *instr*), эксплуати́ровать; *mil* развива́ть

exploitation эксплуата́ция; разрабо́тка

exploiter эксплуата́тор

exploration (*investigation*) иссле́дование; (*discovery*) откры́тие

exploratory (*investigatory*) иссле́довательский; (*tentative*) про́бный

explore (*investigate*) иссле́довать; (*study*) изуча́ть; (*probe*) зонди́ровать; *mil*, *geol* разве́дывать

explorer *geog* путеше́ственник-иссле́дователь *m*; (*of early travellers*) землепрохо́дец; (*researcher*) иссле́дователь *m*; (*discoverer*) первооткрыва́тель *m*; (*pioneer*) пионе́р, первопрохо́дец

explosion взрыв; *fig* (*of rage etc*) вспы́шка

explosive 1. *n* взры́вчатое вещество́ **2.** *adj* взры́вчатый; *fig* (*hot-tempered*) вспы́льчивый; (*tense*) напряжённый

exponent (*representative*) представи́тель *m*; (*expounder*) истолкова́тель *m*; (*performer*) исполни́тель *m*; *math* показа́тель *m* сте́пени

exponential экспоне́нтный

export 1. *n* (*action*; *goods ~ed*) э́кспорт, вы́воз; (*item*) предме́т, статья́ э́кспорта; **invisible ~s** неви́димые статьи́ э́кспорта **2.** *adj* э́кспортный **3.** *v* экспорти́ровать, вывози́ть

exportation экспорти́рование

exporter экспортёр

exposal *see* **exposure**

expose (*uncover*) раскрыва́ть; (*bare*) обнажа́ть; (*subject to*) подверга́ть (+ *dat*); **~ to danger** подверга́ть опа́сности; **~ to the sun** *etc* подверга́ть де́йствию со́лнца *etc*; (*leave unprotected*) оставля́ть незащищённым; (*for sale*) выставля́ть; (*a secret*) раскрыва́ть; (*a person*, *fraud etc*) разоблача́ть; *phot* де́лать вы́держку, экспони́ровать

exposé (*disclosure*) разоблаче́ние; (*explanation*) изложе́ние, экспозе́ *neut indecl*

exposed (*open*) откры́тый; (*unprotected*) незащищённый; (*unmasked*) разоблачённый

exposition (*setting forth*) изложе́ние; (*exhibition*) вы́ставка

expositor толкова́тель *m*

expository объясни́тельный

expostulate (*remonstrate*) увещева́ть (**with,** + *acc*); (*protest*) протестова́ть, возража́ть (**against,** про́тив + *gen*)

expostulation (*remonstrance*) увещева́ние; (*protest*) проте́ст

expostulatory увещева́тельный

exposure (*to the elements*) выставле́ние (на со́лнце *etc*); **die of ~** поги́бнуть *pf* от хо́лода; (*to danger etc*) подверга́ние (**to,** + *dat*); (*for sale*) вы́ставка; (*laying bare*) обнаже́ние; (*uncovering*; *secret etc*) раскры́тие; (*unmasking*) разоблаче́ние; *phot* экспози́ция, вы́держка; *archi* местоположе́ние; *sci* (*to radiation*) облуче́ние; (*to light*) засве́тка

expound (*set forth*) излага́ть; (*interpret*) толкова́ть

express 1. *n* (*train*) экспре́сс **2.** *adj* (*definite*) определённый; (*deliberate*) нарочи́тый; (*for specific purpose*) специа́льный; (*urgent*) сро́чный; **~ delivery** сро́чная доста́вка; **~ train** экспре́сс, курье́рский по́езд **3.** *adv* (*fast*) о́чень бы́стро; (*on purpose*) наро́чно; **send ~** отправля́ть сро́чной по́чтой **4.** *v* (*communicate*) выража́ть; **~ oneself** выража́ться, объясня́ться; (*squeeze out*) выжима́ть; (*send by ~ post*) отправля́ть сро́чной по́чтой

expressible вырази́мый

expression (*most senses*) выраже́ние; **facial ~, ~ on one's face** выраже́ние лица́, ми́на; **give ~ to** выража́ть; (*expressiveness*) вырази́тельность *f*; **read with ~** чита́ть с чу́вством, вырази́тельно

expressionist 1. *n* экспрессиони́ст **2.** *adj* экспрессионисти́ческий

expressive (*most senses*) вырази́тельный; (*full of meaning*) многозначи́тельный

expressly (*plainly*) я́сно; (*on purpose*) наро́чно, нарочи́то; (*directly*) пря́мо; (*specially*) специа́льно

expropriate (*deprive*) отчужда́ть, лиша́ть (+ *gen*); *leg*, *pol* экспроприи́ровать

expropriation отчужде́ние; *leg*, *pol* экспроприа́ция

expulsion (*driving out*) изгна́ние; (*from school*, *party etc*) исключе́ние (**from,** из + *gen*); *tech* (*ejection*) выбра́сывание; (*exhaust*) вы́хлоп

expulsive изгоня́ющий

expunction вычёркивание

expunge вычёркивать

expurgate (*book*) вычёркивать нежела́тельные

места́ из (+ *gen*); (*remove*) убира́ть
expurgation вычёркивание, исключе́ние нежела́тельных мест
exquisite 1. *n* щёголь *m* **2.** *adj* (*refined*) утончённый; (*select*) изы́сканный; (*delightful*) преле́стный; (*acute*) о́стрый
exsanguine бескро́вный, анеми́чный
exscind (*cut out*) выреза́ть; (*remove*) удаля́ть
ex-service (*retired*) отставно́й; (*demobilized*) демобилизо́ванный; **~man** отставно́й/демобилизо́ванный вое́нный, ветера́н
extant сохрани́вшийся
extemporaneous, extemporary (*unprepared*) неподгото́вленный; (*improvised*) импровизи́рованный
extempore 1. *adj see* **extemporaneous 2.** *adv* экспро́мтом
extemporization импровиза́ция
extemporize импровизи́ровать
extend (*stretch, reach out*) простира́ть, вытягивать; **he ~ed his hand** он простёр ру́ку; (*of road, terrain etc*) простира́ться, тяну́ться (**for,** на + *acc*); (*put up, lay wire etc*) тяну́ть, протя́гивать, натя́гивать; (*widen, expand; enlarge house etc*) расширя́ть(ся); (*lengthen road etc*) продолжа́ть; (*lengthen period of time*) продлева́ть, удлиня́ть; (*continue in time*) продолжа́ться; (*spread*) распространя́ть(ся); (*offer, bestow*) ока́зывать (**to** + *dat*); (*reach*) доходи́ть (**to,** до + *gen*)
extended (*see* **extend**) (*lengthy*) дли́тельный; (*on large scale*) обши́рный; *mil* ~ **order** расчленённый строй; *gramm* распространённый
extender (*plastic*) наполни́тель *m*
extensibility растяжи́мость *f*
extensible, extensile, растяжи́мый
extension (*stretching*) вытя́гивание; (*extent*) протяже́ние; (*widening, spreading, expansion*) расшире́ние, распростране́ние; (*lengthening*) удлине́ние, продолже́ние; (*to house*) пристро́йка; (*of period*) продле́ние; (*extra part*) удлине́ние, доба́вочная часть *f*; (*telephone*) доба́вочный аппара́т; (*in telephone numbers*) **ext 12** доба́вочный 12
extensive (*of great extent*) обши́рный, простра́нный; (*wide-ranging*) широ́кий; (*detailed*) подро́бный; *agr* экстенси́вный
extensively (*widely*) широко́
extensor *anat* разгиба́тель *m*; *math* экстéнзор
extent (*degree*) сте́пень *f*; **to a certain** ~ до не́которой, изве́стной сте́пени; **to a great** ~ в большо́й ме́ре, в значи́тельной сте́пени; **to such an** ~ до тако́й сте́пени; **to what** ~ до како́й сте́пени, наско́лько; (*length*) протяже́ние; **over the whole ~ of** на всём протяже́нии (+ *gen*); (*space*) простра́нство; (*scale, size*) разме́р(ы); (*limit*) преде́л
extenuate (*lessen*) уменьша́ть; (*guilt*) смягча́ть
extenuating: ~ **circumstances** смягча́ющие обстоя́тельства *neut pl*
extenuation (*excuse*) извине́ние; (*circumstance*) смягча́ющее обстоя́тельство
exterior 1. *n* (*outer appearance, surface*) вне́шность *f*, нару́жность *f*; **from, on the** ~ снару́жи; (*outer part*) вне́шняя, нару́жная сторона́ **2.** *adj* вне́шний, нару́жный
exteriority вне́шность *f*
exteriorly снару́жи
exterminate истребля́ть, уничтожа́ть
extermination истребле́ние, уничтоже́ние
exterminator истреби́тель *m*
exterminatory истреби́тельный
external 1. *n* вне́шнее; *pl* (*appearances*) вне́шность *f* **2.** *adj* вне́шний, нару́жный; ~ **cause** вне́шняя причи́на; ~ **trade** вне́шняя торго́вля; **the ~ world** вне́шний мир; **for ~ use only** то́лько для нару́жного употребле́ния
externalize (*express*) выража́ть(ся); (*embody*) воплоща́ть(ся)
externally (*outwardly*) вне́шне; (*on, from outside*) с вне́шней стороны́
exterritorial экстерриториа́льный
extinct (*animals etc*) вы́мерший; (*feelings, life*) уга́сший; (*light, volcano*) поту́хший
extinction (*of species*) вымира́ние; (*of light, feelings etc*) угаса́ние, потуха́ние
extinguish (*put out*) туши́ть, гаси́ть; (*destroy*) уничтожа́ть
extinguisher: fire ~ огнетуши́тель *m*
extirpate искореня́ть, истребля́ть; *med* удаля́ть
extirpation искорене́ние, истребле́ние; *med* удале́ние
extirpator *agr* культива́тор-экстирпа́тор
extol превозноси́ть
extort (*money etc*) вымога́ть; (*obtain by torture*) выпы́тывать
extortion вымога́тельство; *coll* (*excessive price*) грабёж
extortionate вымога́тельский; (*price*) граби́тельский
extra 1. *n* (*addition*) добавле́ние; (*additional item*) доба́вочный предме́т (*or appropriate noun*); (*newspaper issue*) э́кстренный вы́пуск; *cin* стати́ст **2.** *adj* (*additional*) доба́вочный, дополни́тельный; *sp* ~ **time** доба́вочное вре́мя *neut*; (*more than usual or necessary*) ли́шний **3.** *adv* (*specially*) осо́бо, осо́бенно; (*additionally*) дополни́тельно; (*with some adjectives:* сверх–) ~ **sweet** сверхсла́дкий
extract (*essence*) экстра́кт; (*passage*) вы́держка, извлече́ние **2.** *v* (*most senses*) извлека́ть (**from,** из + *gen*); (*tooth*) выта́скивать, удаля́ть; (*juice*) выжима́ть; *chem* экстраги́ровать
extraction (*most senses*) извлече́ние; *chem* экстра́кция; (*extract*) экстра́кт; (*origin*) **of Tatar** ~ тата́рского происхожде́ния; (*of tooth*) удале́ние
extractor экстра́ктор; **air** ~ вытяжно́й вентиля́тор; (*pincers, forceps*) щипцы́ *m pl*
extraditable (*of criminal*) подлежа́щий вы́даче; (*of crime*) обусло́вливающий вы́дачу
extradite выдава́ть
extradition вы́дача, экстради́ция
extrajudicial внесуде́бный
extramarital внебра́чный
extramural вне стен; ~ **lectures** ле́кции университе́тских преподава́телей для лиц, не явля́ющихся студе́нтами
extraneous посторо́нний
extraordinary (*most senses*) чрезвыча́йный; (*unusual*) необыча́йный; (*surprising*) удиви́тельный; **it is ~ how...** удиви́тельно, как...; **how ~!** удиви́тельно!
extrapolate экстраполи́ровать
extrapolation экстраполя́ция
extrasensory: ~ **perception** внечу́вственное восприя́тие
extraterrestrial внеземно́й

extraterritorial экстерриториа́льный
extrauterine внема́точный
extravagance (*excess*) изли́шество; (*waste*) расточи́тельство; (*of behaviour*) экстравага́нтность *f*
extravagant (*spend-thrift*) расточи́тельный; (*excessive*) непоме́рный; (*flamboyant, eccentric*) экстравага́нтный
extravaganza (*show*) эффе́ктное зре́лище (фильм, постано́вка *etc); (farce*) фарс; (*of behaviour etc*) экстравага́нтность *f*
extreme 1. *n* (*limit*) кра́йность *f*, кра́йняя сте́пень *f*; **go to** ~**s** впада́ть в кра́йность, уда́риться *pf* в кра́йности; **go from one** ~ **to the other** впада́ть из одно́й кра́йности в другу́ю; **in the** ~ в вы́сшей сте́пени, чрезвыча́йно **2.** *adj* (*most senses*) кра́йний; **the** ~ **penalty** вы́сшая ме́ра наказа́ния; (*last*) после́дний; *sci* экстрема́льный
extremely кра́йне; *coll* о́чень
extremism экстреми́зм
extremist 1. *n* экстреми́ст **2.** *adj* кра́йний, экстреми́стский
extremity (*end*) коне́ц, оконе́чность *f*; *pl* (*limbs*) коне́чности; (*extreme; distress, danger*) кра́йность *f*
extricate (*disentangle*) выпу́тывать; ~ **oneself from** выпу́тываться из (+ *gen*); (*from difficulty*) выводи́ть (**from,** из + *gen*)
extrication выпу́тывание
extrinsic (*external*) вне́шний; (*not inherent*) несво́йственный, непрису́щий
extrovert, extravert экстраве́рт
extrude (*force out*) вытесня́ть; *tech* (*metal*) штампова́ть выда́вливанием; (*plastics*) экструди́ровать
extruder экстру́дер, шприцмаши́на
extrusion вытесне́ние; *tech* (*process*) прессова́ние; (*product*) вы́прессованное изде́лие; *geol* экстру́зия
extrusive *geol* экструзи́вный
exuberance (*high spirits*) весёлость *f*, жизнера́достность *f*; (*vitality*) жи́вость *f*; (*abundance*) изоби́лие; (*extravagance*) экстравага́нтность *f*; (*excess*) избы́ток
exuberant весёлый, жизнера́достный; живо́й; оби́льный; экстравага́нтный; (*rich*) пы́шный
exuberantly (*joyfully*) ра́достно; (*of plants, style*) пы́шно
exudation *med* выделе́ние жи́дкости; (*perspiration*) экссуда́т, вы́пот
exude выделя́ть(ся)
exult (*rejoice*) ра́доваться (**at,** + *instr*), ликова́ть; (*triumph*) торжествова́ть (**over,** над + *instr*)
exultant лику́ющий
exultation (*rejoicing*) ликова́ние; (*triumph*) торжество́
exuviate сбра́сывать ко́жу
eye 1. *n* (*organ*) глаз; *ar, poet* о́ко; *coll* **all my** ~**!** чепуха́; **be all** ~**s** смотре́ть во все глаза́; **black** ~ подби́тый глаз; **by** ~ на глаз, визуа́льно; **close one's** ~**s to** смотре́ть сквозь па́льцы на (+ *acc*), закрыва́ть глаза́ на (+ *acc*); **do in the** ~ надува́ть; **an** ~ **for an** ~ о́ко за о́ко; **have an** ~ **for** быть знатоко́м (+ *gen*); **in one's mind's** ~ в воображе́нии; **keep an** ~ **on** следи́ть за (+ *instr*); **keep one's** ~**s open, skinned** смотре́ть в о́ба; **make** ~**s at** де́лать гла́зки (+ *dat*); **a quick** ~ о́стрый глаз; **see** ~ **to** ~ сходи́ться во взгля́дах; **turn a blind** ~ **to** закрыва́ть глаза́ на (+ *acc*); **up to the** ~**s in** по́ уши в (+ *prep*); **with the naked, unaided** ~ невооружённым гла́зом; **with an** ~ **to** с це́лью (+ *gen*); (*vision*) зре́ние; (*observation*) наблюда́тельность *f*; (*of needle*) у́шко́; (*loop*) пе́тля; *bot* глазо́к **2.** *adj* глазно́й; ~ **specialist** окули́ст, глазни́к **3.** *v* (*watch*) смотре́ть; (*scrutinize*) разгля́дывать
eyeball глазно́е я́блоко
eyebath глазна́я ва́нночка
eye-bolt болт с кольцо́м; *naut* о́бух
eyebrow бровь *f*; **rasie one's** ~ подня́ть *pf* бро́ви
eyeglass (*monocle*) моно́кль *m*; (*of microscope etc*) окуля́р; (*lens*) ли́нза; (*magnifying glass*) лу́па; *pl* (*spectacles*) очки́ *m pl*
eyehole (*viewing hole*) смотрово́е отве́рстие, глазо́к; (*eyelet*) у́шко́
eyelash ресни́чка; *pl* ресни́цы *f pl*
eyeless безгла́зый
eyelet (*hole*) ушко́; (*loop*) пе́телька
eyelid ве́ко, *pl* ве́ки
eye-opener (*surprise*) удиви́тельная но́вость *f*; **this will be an** ~ **for them** э́то им откро́ет глаза́; *sl* (*drink*) глото́к спиртно́го
eyepiece окуля́р
eyeshadow каранда́ш для век
eyeshot *joc* по́ле зре́ния
eyesight зре́ние
eye-socket глазни́ца, глазна́я впа́дина
eyesore: be an ~ оскорбля́ть взор
eyetooth глазно́й зуб
eyewash *med* глазна́я примо́чка; *coll* (*humbug*) очковтира́тельство
eyewitness очеви́дец, свиде́тель *m*
eyot острово́к
eyrie орли́ное гнездо́

F

fa *mus* фа *indecl*

fabaceous (*of bean*) бобо́вый; (*bean-like*) бобоподо́бный

Fabian 1. *n* фабиа́нец, *f* фабиа́нка **2.** *adj* (*cautious*) выжида́тельный; (*of ~ Society*) фабиа́нский

fable 1. *n* (*tale*) ба́сня; (*myth*) миф; (*fantasy*) вы́думка; (*lie*) измышле́ние **2.** *v* выду́мывать

fabled (*famous in tales*) изве́стный по ба́сне; (*fairy-tale*) ска́зочный; (*legendary, also fig*) легенда́рный; (*invented*) вы́думанный

fabliau фабльо́, фаблио́ *neut indecl*

fabric 1. *n* (*structure*) структу́ра; (*framework*) о́стов; (*cloth*) ткань *f*, мате́рия; (*basis*) осно́ва; **~ of society** обще́ственный строй **2.** *adj* тка́невый

fabricate (*manufacture*) фабрикова́ть; (*construct*) изготовля́ть; (*build*) стро́ить; (*invent*) выду́мывать; (*falsify*) фальсифици́ровать, подде́лывать

fabrication (*fiction*) вы́думка; (*forgery*) подде́лка

fabulist баснопи́сец

fabulous (*legendary*) басносло́вный, легенда́рный; (*incredible*) невероя́тный, неслы́ханный; (*fantastic*) басносло́вный, ска́зочный; *coll* чу́дный

façade *archi* фаса́д; (*outward appearance*) нару́жность *f*

face 1. *n* (*visage*) лицо́; (*in expressions*) **~ to ~** лицо́м к лицу́ (**with,** с + *instr*); **in (the) ~ of** (*in spite of*) вопреки́ (+ *dat*); (*before*) пе́ред лицо́м (+ *gen*); **keep a straight ~** стара́ться не сме́яться; **look s.o. in the ~** смотре́ть (+ *dat*) в лицо́; **lose ~** теря́ть лицо́; **on the ~ of it** на пе́рвый взгляд; **save ~** спаса́ть прести́ж; **say to s.o.'s ~** говори́ть (+ *dat*) пря́мо в лицо́; (*impudence*) на́глость *f*; **have the ~ to** име́ть на́глость (+ *infin*); (*façade, front*) фаса́д; **full ~** анфа́с; **half ~** в про́филь; (*of fabric*) лицева́я сторона́; (*of clock etc*) цифербла́т; *typ* шрифт; *tech* пове́рхность *f*; (*end*) торе́ц; *geom* грань *f*; *min* забо́й **2.** *adj* лицево́й; *tech* торцево́й; *fin* **~ value** номина́льная сто́имость *f* **3.** *v* (*stand facing*) стоя́ть лицо́м к (+ *dat*); (*be in front of*) стоя́ть пе́ред (+ *instr*); (*look in the ~*) смотре́ть (+ *dat*) в лицо́; (*be directed towards*) выходи́ть в, на (+ *acc*); (*turn to ~*) повора́чиваться лицо́м к (+ *dat*); (*realize*) отдава́ть себе́ отчёт в (+ *prep*); (*oppose*) проти́виться (+ *dat*); (*be in prospect*) предстоя́ть; **~ danger** *etc* стоя́ть пе́ред лицо́м опа́сности *etc*; *sp* (*encounter*) встреча́ться с (+ *instr*); *tech* облицо́вывать (**with,** + *instr*)

~ about повора́чивать(ся) лицо́м

~ out выде́рживать сме́ло

~ up to (*withstand*) выде́рживать; (*accept*) признава́ть; (*cope with*) справля́ться с (+ *instr*)

face-ache невралги́я

face-cream крем для лица́

faced (*covered*) покры́тый (**with,** + *instr*); (*having facing*) облицо́ванный (**with,** + *instr*)

face-guard предохрани́тельная ма́ска

face-hardened с повы́шенной пове́рхностной твёрдостью

faceless (*featureless*) безли́кий; (*anonymous*) анони́мный

face-lift пласти́ческая опера́ция лица́; *joc and fig* космети́ческий ремо́нт

face-mounted смонти́рованный на лицево́й стороне́

face-pack космети́ческая ма́ска

face-plate (*of lathe*) планша́йба

face-powder пу́дра для лица́

facer (*blow*) уда́р в лицо́; (*problem*) неожи́данное затрудне́ние

face-saving 1. *n* спасе́ния прести́жа **2.** *adj* спаса́ющий прести́ж

facet (*of gem, glass*) грань *f*, фаце́т; *tech* (*bevel*) фа́ска; (*of question*) аспе́кт

faceted гранёный

facetiae (*anecdotes*) анекдо́ты *m pl*; (*books*) фаце́ции *f pl*

facetious (*waggish*) шутли́вый; (*foolish*) дура́цкий, несерьёзный; (*inappropriate*) неуме́стно игри́вый

facetiousness шутли́вость *f*; неуме́стная игри́вость *f*

facial 1. *n* масса́ж лица́ **2.** *adj* (*of face*) лицево́й; (*on face*) на лице́; **~ expression** выраже́ние лица́

facient множи́тель *m*

facies *anat* (*surface*) пове́рхность *f*; (*expression*) выраже́ние лица́; *geol* вид поро́д; *biol* о́бщий о́блик; (*in ecology and various special senses*) фа́ция

facile (*easy*) лёгкий; (*superficial*) пове́рхностный; (*yielding*) усту́пчивый; (*manner*) снисходи́тельный; (*glib, fluent*) пусто́й

facilitate (*make easy*) облегча́ть; (*make easier, promote*) спосо́бствовать (+ *dat*), продвига́ть

facilitation (*making easy*) облегче́ние; (*help*) по́мощь *f*

facility (*ease*) лёгкость *f*; (*aptitude*) спосо́бность *f*; (*dexterity*) ло́вкость *f*; *pl* (*opportunity*) возмо́жности *f pl* (**to,** + *infin*; **for,** для + *gen*); *tech* (*installation*) устано́вка; (*equipment*) устро́йства *neut pl*; (*means*) сре́дства *neut pl*; (*devices*) приспособле́ния *neut pl*; *econ* (*privileges*) льго́ты *f pl*; *pl coll* (*toilet*) удо́бства *neut pl*

facing 1. *n* (*outer coating*) облицо́вка; (*of garment*) отде́лка

facsimile 1. *n* факси́миле *neut indecl* **2.** *adj* факси́мильный **3.** *v* воспроизводи́ть в ви́де факси́миле

fact (*most senses*) факт; **as a matter of ~, in ~, in point of ~** факти́чески, на са́мом де́ле, в действи́тельности; **the ~ (of the matter) is that …** де́ло в том, что; **the ~ that …** тот факт, что; **to know for a ~** знать наве́рное; *leg* **the ~s of the case** обстоя́тельства *neut pl* де́ла; **accessory before/after the ~** соуча́стник до/по́сле собы́тия преступле́ния; **question of ~** вопро́с фа́кта

fact-finding 1. *n* установле́ние фа́ктов **2.** *adj* иссле́довательский; **~ committee** комите́т по рассле́дованию

faction (*group*) группиро́вка; (*clique*) кли́ка; *pol* фра́кция; (*discord*) раздо́р

factionalism фракцио́нность *f*

factionary 1. *n* член фрáкции **2.** *adj* фракциóнный, раскóльнический
factious (*of faction*) фракциóнный; (*causing split*) раскóльнический
factiousness фракциóнность *f*; раскóльничество
factitious (*artificial*) искýсственный; (*sham*) поддéльный
factitive каузáльный, фактитúвный
factor (*most senses*; *aspect, condition etc*) фáктор; *math* множúтель *m*, фáктор, коэффициéнт; *tech* коэффициéнт; (*dealer*) комиссионéр; *Scots* (*estate manager*) управля́ющий (имéнием)
factorable *math* факторизýемый
factorial 1. *n* факториáл **2.** *adj* факториáльный
factorizable разложúмый
factorization разложéние, факторизáция
factorize разлагáть(ся) на множúтели
factory 1. *n* (*works*) завóд, фáбрика; **at, in a** ~ на завóде; (*trading post*) фактóрия **2.** *adj* заводскóй, фабрúчный; **~-made** фабрúчный; ~ **owner** завóдчик; ~ **ship** плавýчий рыбозавóд; ~ **worker** заводской/фабрúчный рабóчий
factotum фактóтум
factual фактúческий
facture фактýра
facula фáкел
facultative факультатúвный; *bot* спосóбный жить в рáзных услóвиях
faculty (*ability*) спосóбность *f* (**of,** + *infin*; **for,** к + *dat*); (*of university*) факультéт; (*permission*) разрешéние
fad (*whim*) каприз, прúхоть *f*; (*pet scheme*) конёк; (*craze*) мóдное увлечéние; (*fixed idea*) навя́зчивая идéя; (*eccentricity*) чудáчество
faddiness капрúзность *f*; чудáчество
faddist капрúзник; чудáк
faddy капрúзный; чудаковáтый; (*captious*) придúрчивый
fade (*most senses*; *diminish*) вя́нуть, увядáть; (*of sound*) замирáть; (*lose colour*) обесцвéчивать(ся); (*disappear*) постепéнно исчезáть
faded вы́цветший
fadeless неувядáющий
fading увядáние; *rad* затухáние, фéдинг
fade-out постепéнное исчезновéние
faecal, fecal кáловый
faeces, feces (*excrement*) кал, экскремéнты *m pl*; (*dregs*) подóнки *m pl*; (*sediment*) осáдок
faerie, faery 1. *n* (*enchantment*) волшебствó; (*enchanted land*) волшéбное цáрство **2.** *adj* (*fairy-like*) волшéбный, феерúческий; (*imagined*) воображáемый
fag *coll* **1.** *n* (*tedious job*) нýдная рабóта; **what a ~!** какáя скýка; *sl* (*cigarette*) сигарéта **2.** *vt* утомля́ть; **be ~ged** утомля́ться (**by, with,** от + *gen*); **I am ~ged out** я бóльше не могý; *vi* (*work*) трудúться (**at, over,** над + *instr*)
fag-end (*very end*) сáмый конéц; (*of cigarette*) окýрок; (*remnant*) остáток
faggot, fagot 1. *n* (*of sticks*) вязáнка хвóроста; *tech* фашúна; (*of metal*) пакéтная свя́зка; *cul* лúверная котлéта; *Am sl* (*homosexual*) пéдик **2.** *v* свя́зывать; *tech* пакетúровать
Fahrenheit: sixty degrees ~ шестьдеся́т грáдусов по Фаренгéйту; **the ~ scale** шкалá Фаренгéйта
faience 1. *n* фая́нс **2.** *adj* фая́нсовый
fail 1. *n* (*failure*) провáл; *tech* откáз; (*examinee*) провалúвшийся (на экзáмене); **without** ~ обязáтельно, непремéнно **2.** *vi* (*not manage to*) не удавáться *impers* (+ *infin*); **I ~ed to convince him** мне не удалóсь убедúть егó; (*end without success*; *in exam*) провáливаться; **the plan ~ed** план провалúлся; **he ~ed the exam** он провалúлся на экзáмене; ~ **in mathematics** провалúться *pf* по математúке; (*not have success*) не имéть успéха, терпéть неудáчу; **the crop ~ed** урожáй был плохóй; (*be inadequate*) быть недостáточным; (*go bankrupt*) обанкрóтиться *pf*; (*grow weak*) слабéть; **his eyes began to** ~ егó зрéние нáчало сдавáть; (*forget, not do*) **don't ~ to ...** не забýдь(те) (+ *infin*); (*of mechanism*) откáзывать; *vt coll* (*not pass*) провáливать (на экзáмене); (*let down*) подводúть; (*not justify*) не оправдывать (довéрия *etc*); **courage ~ed him** мýжество оставило егó; **words ~ me** не нахожý слов; (*in many expressions translate by* не + *verb or* не + мочь + *verb*, *eg* **he ~ed to come** он не пришёл; **I ~ to understand** я не могý поня́ть; **they cannot ~ to agree** онú не мóгут не согласúться)
failing 1. *n* (*fault*) недостáток; (*weakness*) слáбость *f* **2.** *adj* слабéющий **3.** *prep* (*in absence of*) за неимéнием (+ *gen*)
fail-safe надёжный при откáзе, самоотключáющийся (при авáрии)
failure (*lack of success*) неудáча, неуспéх; (*in examination etc*) провáл; **be a** ~ провáливаться; ~ **of crops** неурожáй; (*bankruptcy*) банкрóтство; (*person*) неудáчник; *tech* (*non-operation*) неисправность *f*, откáз; (*break*) разрушéние; **power** ~ перерыв в подáче энéргии; *geol* обвáл; (*expressions with the infinitive are often translated by nouns with the prefix* не- *eg* ~ **to appear** неявка; ~ **to pay** неуплáта *or by paraphrases depending on context*)
fain *ar* **1.** *adj* (*ready*) готóвый; (*glad*) рад; ~ **to** вы́нужденный **2.** *adv* охóтно
faint 1. *n* (*swoon*) óбморок; **fall in a** ~ пáдать в óбморок **2.** *adj* (*weak, slight*) слáбый; **not the ~est hope** ни малéйшей надéжды; (*timid*) рóбкий; (*dim*) тýсклый; (*pale*) блéдный; (*vague*) неотчётливый; (*dizzy*) обморочный; **feel** ~ чýвствовать дурнотý; **be ~ with hunger** ослабéть *pf* от гóлода **3.** *v* пáдать в óбморок, теря́ть сознáние
faint-hearted малодýшный
faintly (*see* **faint**); (*only just*) едвá; (*slightly*) немнóго
faintness (*weakness*) слáбость *f*; (*feeling of* ~) дурнотá; (*dimness*) тýсклость *f*; (*vagueness*) неотчётливость *f*
fair 1. *n* (*market*) я́рмарка; (*bazaar*) базáр; **trade** ~ вы́ставка **2.** *adj* (*beautiful*) красúвый, прекрáсный; ~ **sex** прекрáсный пол; ~ **weather** благоприя́тная погóда; (*clean*) чúстый; ~ **copy** чистовúк; (*skin*) свéтлый; (*of hair*) свéтлый, белокýрый; ~ **man** блондúн; ~ **woman** блондúнка; (*honest*) чéстный; (*just*) справедлúвый; (*usual*) нормáльный; (*average*) срéдний, посрéдственный; (*considerable*) значúтельный **3.** *adv* (*honestly*) чéстно; (*politely*) вéжливо; (*directly*) пря́мо; **bid ~ to** обещáть; (*not badly, in answer*) так себé
fair-dealing чéстность *f*
faired обтекáемый
fair-faced (*beautiful*) красúвый; (*hypocritical*) лицемéрный
fair-ground 1. *n* я́рмарочная плóщадь *f* **2.** *adj* я́рмарочный

fairing обтекáтель *m*
fairlead *naut* рóульс, полуклю́з, сопля́к
fairly (*honestly*) чéстно; (*justly*) справедли́во; (*rather, to some extent*) довóльно; (*completely*) совершéнно, вполнé
fair-minded беспристрáстный, справедли́вый
fairness (*honesty*) чéстность *f*; (*justice*) справедли́вость *f*; (*of colour*) свéтлость *f*; **in ~ to** чтóбы отдáть *pf* дóлжное (+ *dat*)
fair-spoken обходи́тельный, учти́вый
fairway *naut* (*channel*) фарвáтер
fair-weather: ~ friends ненадёжные друзья́ *m pl*; **~ sailor** неóпытный моря́к
fairy 1. *n* фéя; *sl* (*homosexual*) гóмик, пéдик **2.** *adj* (*magic; of story*) волшéбный; (*as in ~-tale*) скáзочный; (*like a ~*) похóжий на фéю
fairyland волшéбная странá
fairy-lights электрогирля́нда
fairy-like похóжий на фéю; *fig* феери́ческий
fairy-tale (волшéбная) скáзка; *pej* вы́думка, небыли́ца
faith (*trust*) вéра (**in,** в + *acc*); (*confidence*) довéрие; **have ~ in** (*trust*) вéрить (+ *dat*), (*rely on*) полагáться на (+ *acc*); (*religious belief*) вéра; (*church, sect*) вероисповéдание; (*honesty*) чéстность *f*; **in bad ~** веролóмно; **in good ~** добросóвестно
faithful 1. *n pl collect* **the ~** вéрующие *pl* **2.** *adj* (*trusty, loyal*) прéданный, вéрный (**to,** + *dat*); (*truthful*) правди́вый; (*accurate*) вéрный, тóчный; **~ account** тóчный отчёт; **~ copy** вéрная кóпия
faithfully вéрно; (*in good faith*) добросóвестно; (*in letters*) **yours ~** с совершéнным почтéнием
faithfulness вéрность *f*
faith-healing лечéние внушéнием, моли́твами
faithless (*not believing*) невéрующий; (*unreliable*) ненадёжный; (*disloyal*) невéрный; (*not true to one's word*) веролóмный
fake 1. *n* (*forgery*) поддéлка; (*person*) мошéнник **2.** *adj* поддéльный **3.** *v* (*forge*) поддéлывать; (*tamper with*) искажáть
faker (*crook*) обмáнщик; (*fabricator*) поддéлыватель *m*
fakir факи́р
Falange фалáнга
Falangist 1. *n* фаланги́ст **2.** *adj* фаланги́стский
falchion меч
falciform серпови́дный
falcon сóкол
falconer сокóльничий
falconet *zool* сорокопу́т; (*gun*) фальконéт
falconry сколи́ная охóта
falderal, folderol (*trifle*) безделу́шка
fall 1. *n* (*most senses*) падéние; *rel* **the Fall (of Man)** грехопадéние; *Am* (*autumn*) óсень *f*; **in the ~** óсенью; *naut* фал; *pl* (*waterfall*) водопáд; (*gradient*) склон **2.** *v* (*most senses*) пáдать; (*become lower*) понижáться; (*be dropped*) опускáться; (*become*) станови́ться (+ *instr*); **~ asleep** засыпáть; **~ ill** заболéть *pf*; **~ silent** замолчáть *pf*; (*of night*) **night fell** спусти́лась ночь; **night is ~ing** наступáет ночь; (*of wind*) стихáть
~ away (*desert*) покидáть, отпадáть; (*diminish*) уменьшáться
~ back (*fall*) пáдать; (*retreat*) отступáть
~ back on (*rely on*) прибегáть к (+ *dat*); (*retreat to*) отступáть к (+ *dat*)
~ behind отставáть; (*be in arrears*) опáздывать с уплáтой
~ down пáдать; *coll* (*make error*) промахну́ться *pf*
~ for (*in love*) влюбля́ться в (+ *acc*); (*be tricked*) попáсться *pf* на у́дочку
~ in впадáть в (+ *acc*); (*collapse*) провáливаться, обру́шиваться; *mil* стрóиться; **~ in with** (*meet*) случáйно встрéтиться *pf* с (+ *instr*); (*agree*) соглашáться с (+ *instr*)
~ into (*most senses*) впадáть в (+ *acc*); (*be divided into*) распадáться на (+ *acc*)
~ off пáдать, спадáть с (+ *gen*); (*become detached*) отвáливаться с (+ *gen*); (*diminish*) уменьшáться
~ on (*attack*) нападáть на (+ *acc*); (*food etc*) набрáсываться на (+ *acc*); (*meet with*) встречáться с (+ *instr*)
~ out выпадáть (**of, from,** из + *gen*); (*quarrel*) ссóриться (**with,** с + *instr*); (*happen*) случáться; *mil* выходи́ть из стрóя
~ over (**~** *from*) пáдать с (+ *gen*); (*trip over*) споткну́ться *pf* о(бо) (+ *acc*); *coll* **~ over oneself to** из кóжи лезть вон, чтóбы
~ short (*not reach*) не достигáть (цéли); (*be inadequate*) не хватáть
~ through провáливаться
~ to принимáться за дéло, начинáть; (*start eating*) принимáться за еду́
~ under пáдать под (+ *acc*); (*suspicion etc*) попадáть под (+ *acc*); (*be classified as*) подпадáть под категóрию (+ *gen*); (*become subject to*) подвергáться (+ *dat*)
~ upon *see* **~ on**
fallacious (*mistaken*) оши́бочный; (*false*) лóжный
fallacy (*mistake*) оши́бка; (*erroneous opinion*) заблуждéние; (*incorrectness*) оши́бочность *f*; (*false conclusion*) лóжный вы́вод
fallen 1. *n pl* (*in battle*) пáвшие *pl* в бою́ **2.** *adj* (*in battle*) пáвший; (*degraded*) пáдший
fall-guy *sl* козёл отпущéния
fallibility оши́бочность *f*, погрéшность *f*
fallible подвéрженный оши́бкам; **all are ~** все мóгут ошибáться
Fallopian: ~ tube мáточная трубá, фаллóпиева трубá
fall-out (*atomic*) выпадéние; **~ shelter** противорадиациóнное убéжище; *fig* сопу́тствующий результáт
fallow 1. *n* пар **2.** *adj* (*land*) вспáханный под пар; **lie ~** оставáться под пáром; *fig* неразвитóй; (*colour*) коричневáто-жёлтый **3.** *v* поднимáть пар
fallow-deer лань *f*
false (*not true; of information, impression, evidence etc*) лóжный; **that is ~!** э́то непрáвда!; (*mistaken*) оши́бочный; (*incorrect*) непрáвильный; (*deceptive*) обмáнчивый; **~ horizon** мни́мый горизóнт; (*unfaithful*) невéрный (**to,** + *dat*); **play s.o. ~** обмáнывать; (*fake*) фальши́вый, поддéльный; (*artificial*) иску́сственный; **~ limb** протéз; **~ teeth** вставны́е зу́бы *m pl*
false-hearted верóломный
falsehood ложь *f*, непрáвда
falsely лóжно; оши́бочно; непрáвильно; (*by means of deception*) путём обмáна, обмáнным óбразом
falseness (*see* **false**) лóжность *f*; фальши́вость *f*; оши́бочность *f*; невéрность *f*; непрáвильность *f*

falsetto фальце́т; **sing** ~ петь фальце́том
falsification фальсифика́ция; (*forgery*) подде́лка; (*distortion*) искаже́ние
falsify (*forge*) подде́лывать; (*alter*, *misrepresent*) фальсифици́ровать; (*distort*) искажа́ть; (*disappoint*) обма́нывать
falsity *see* **falseness**
falter (*stumble*, *get stuck*) спотыка́ться (**at, over,** на + *prep*); (*move, act hesitantly*) дви́гаться, де́йствовать нереши́тельно; (*be indecisive*) колеба́ться; (*pause*) приостана́вливаться; (*stammer*) запина́ться
faltering 1. *n* (*indecision*) нереши́тельность *f*; (*hesitation in speech*) запи́нка; **without** ~ без остано́вки **2.** *adj* (*indecisive*) нереши́тельный; ~ **voice** дрожа́щий го́лос
fame (*renown*) сла́ва; (*reputation*) репута́ция; **house of ill** ~ публи́чный дом
famed изве́стный, знамени́тый
familial семе́йный, семе́йственный
familiar 1. *n* (*friend*) бли́зкий друг **2.** *adj* (*close*) бли́зкий; (*intimate*) инти́мный; (*common, known*) привы́чный, знако́мый (**to,** + *dat*); ~ **sight** привы́чная карти́на; **all this was** ~ **to us** всё э́то нам бы́ло знако́мо; **be** ~ **with** быть знако́мым с (+ *instr*), быть в ку́рсе (+ *gen*); (*presumptuous*) фамилья́рный
familiarity (*close relations*) бли́зкие отноше́ния *neut pl*; (*presumption*) фамилья́рность *f*; (*cordiality*) серде́чность *f*; (*knowledge*) зна́ние (**with,** + *gen*)
familiarize ознакомля́ть; ~ **oneself with** ознакомля́ться с (+ *instr*)
family 1. *n* (*most senses*) семья́, семе́йство; (*ancestral*) род **2.** *adj* семе́йный; ~ **friend** друг семьи́; ~ **likeness** фами́льное схо́дство; ~ **name** фами́лия; *coll* **in the** ~ **way** в интере́сном положе́нии
famine го́лод; *fig* нехва́тка
famish *vt* мори́ть го́лодом; *vi* голода́ть; **I am** ~**ed** я о́чень го́лоден
famous изве́стный, знамени́тый, сла́вный; *coll* замеча́тельный; **be** ~ **for** сла́виться (+ *instr*)
famously (*very well*) сла́вно, прекра́сно
[1]**fan 1.** *n* (*lady's*) ве́ер; (*mechanical*) вентиля́тор; (*propeller*) винт **2.** *adj* ~ **belt** реме́нь *m* вентиля́тора; ~ **vaulting** ве́ерный свод **3.** *v* (*cool with* ~) обма́хивать ве́ером; (*fire*) раздува́ть; *fig* ~ **the flames** разжига́ть стра́сти; (*winnow*) ве́ять; (*direct air on to*) обвева́ть (**with,** + *instr*); ~ **out** развёртывать(ся) ве́ером
[2]**fan** (*enthusiast*) энтузиа́ст, боле́льщик; (*admirer*) покло́нник
fanatic 1. *n* фана́тик **2.** *adj* фанати́ческий
fanatical фанати́ческий
fanaticism фанати́зм
fancied (*imagined*) вообража́емый; (*favourite*) люби́мый; ~ **horse** *etc* фавори́т
fancier (*connoisseur*) знато́к; (*amateur of*) люби́тель *m*
fanciful (*whimsical, faddy*) капри́зный; (*in design*) причу́дливый; (*unreal*) нереа́льный; (*fantastic*) фантасти́ческий
fancy 1. *n* (*delusion*) фанта́зия; (*whim*) капри́з, при́хоть *f*; (*imagination*) воображе́ние, фанта́зия; (*fondness*) скло́нность *f* (**for,** к + *dat*); (*taste*) вкус (**for,** к + *dat*); **I have a** ~ **to** мне хо́чется (+ *infin*); **I took a** ~ **to him** он мне полюби́лся **2.** *adj* (*in design*) причу́дливый, прихотли́вый; (*fantastic*) фантасти́ческий; (*ornamental*) орнамента́льный; ~ **dress** маскара́дный костю́м; ~ **goods** галантере́я; (*imaginary*) вообража́емый; (*unusual*) необыкнове́нный **3.** *v* (*imagine*) вообража́ть, представля́ть себе́; **just** ~! поду́май(те) (то́лько)!, ишь ты!; (*suppose*) полага́ть; (*like*) нра́виться (*impers* + *dat*); **I don't much** ~ **that** э́то мне не о́чень нра́вится; **take whatever you** ~ возьми́, что пригля́нется; (*prefer*) предпочита́ть; **do you** ~ **a stroll?** вы не хоти́те погуля́ть?
fancy dress костюмиро́ванный
fancy-free невлюблённый
fandango фанда́нго *neut indecl*
fanfare фанфа́ра
fanfaronade фанфаро́нство
fang (*long tooth*) клык; (*of snake*) ядови́тый зуб; *anat* ко́рень *m* зу́ба; *tech* зубе́ц
fanlight веерообра́зное окно́
fan-like веерообра́зный
fanner ве́ялка
fanny *vulg* за́дница
fantasia фанта́зия
fantast мечта́тель *m*, фанта́ст
fantastic (*most senses*) фантасти́ческий; (*elaborate*) причу́дливый; (*grotesque*) гроте́скный; (*exaggerated*) преувели́ченный; *coll* (*excellent*) чу́дный; (*preposterous*) невероя́тный
fantasy (*most senses*) фанта́зия
far 1. *adj* (*distant*) далёкий (**from,** от + *gen*); **how** ~ **is it to ...?** ско́лько на́до идти́/е́хать до (+ *gen*), ско́лько киломе́тров *etc* до (+ *gen*); **it is** ~ **from here** отсю́да далеко́; (*in comparisons and certain expressions*) да́льний, **the Far East** Да́льний Восто́к; (*very* ~ *off*) отдалённый **2.** *adv* (*of distance;* ~ *away, off*) далеко́; **don't go** ~! не ходи́ далеко́!; ~ **and away** (*undoubtedly*) несомне́нно; ~ **from** (*by no means*) далеко́ не; **from** ~ **off** и́здали, издалека́; **go** ~ далеко́ пойти́; **go too** ~ заходи́ть сли́шком далеко́; (*much*) намно́го, гора́здо; **by** ~ намно́го; ~ **better** гора́здо лу́чше; **as** ~ **as** (*up to*) до (+ *gen*); **as** ~ **as possible** как мо́жно да́льше; **as** ~ **as I know** наско́лько я зна́ю; **in so** ~ **as** поско́льку; **so** ~ (*till now*) до сих пор, пока́
farad фара́да
faraday фараде́й
faradic фаради́ческий; ~ **coil** индукцио́нная кату́шка
faradization фарадиза́ция
faraway (*distant*) отдалённый; *fig* (*look etc*) отсу́тствующий
farce *theat*, *pej* фарс; *cul* фарш
farceur шутни́к
farcical (*like, of farce*) фа́рсовый; (*funny*) смешно́й; (*absurd*) дура́цкий, неле́пый
fare 1. *n* (*cost of trip*) сто́имость *f* прое́зда; **have you the** ~? у вас есть де́ньги на биле́т?; **what is the** ~? ско́лько сто́ит биле́т до (+ *gen*)?; (*passenger*) пассажи́р; (*food*) пи́ща **2.** *v* (*travel*) путеше́ствовать; (*feed*) пита́ться; (*turn out*) **it** ~**d ill** пло́хо получи́лось; **how did he** ~? как бы́ло с ним?
farewell 1. *n* проща́ние; **bid** ~ **to** проща́ться с (+ *instr*) **2.** *adj* проща́льный **3.** *interj* проща́й(те)
far-famed широко́ изве́стный
far-fetched (*unnatural*) неесте́ственный; (*argument*) притя́нутый за́ волосы; (*improbable*) невероя́тный, маловероя́тный

far-flung обши́рный
farina (*flour*) мука́; (*starch*) крахма́л; *bot* пыльца́
farinaceous мучно́й, мучни́стый
farinose мучни́стый
farm 1. (*private or as unit of collective farm*) фе́рма; (*peasant*) хозя́йство; (*state-owned*) хозя́йство; **collective** ~ колхо́з (коллекти́вное хозя́йство); **state** ~ совхо́з (сове́тское хозя́йство); (*nursery for plants or animals*) пито́мник; (~*house*) дом фе́рмера **2.** *adj* сельскохозя́йственный; ~ **labourer** сельскохозя́йственный рабо́чий; (*on kolkhoz*) колхо́зник **3.** *v* (*be farmer*) быть фе́рмером; (*work land*) обраба́тывать зе́млю; ~ **out** (*hire*) сдава́ть в аре́нду; (*work etc*) отдава́ть (друго́й фи́рме *etc*)
farmer фе́рмер; (*on kolkhoz*) колхо́зник
farm-hand сельскохозя́йственный рабо́чий
farm-house жило́й дом на фе́рме, дом фе́рмера
farming 1. *n* (*agriculture*) се́льское хозя́йство; (*of land*) обрабо́тка **2.** *adj* сельскохозя́йственный
farmyard двор фе́рмы, ско́тный двор
faro (*cards*) фарао́н
farouche нелюди́мый
farraginous сбо́рный, сме́шанный
farrago (*mixture*) смесь *f*; (*nonsensical hotchpotch*) галиматья́
far-reaching (*extensive*) широ́кий, обши́рный; (*of consequence*) име́ющий больши́е после́дствия, далеко́ иду́щий
farrier (*horse-shoer*) кузне́ц; (*horse-doctor*) ветерина́р, конова́л
farrow 1. *n* (*litter*) помёт порося́т **2.** *v* пороси́ться
far-seeing дальнови́дный
far-sighted (*perceptive*) дальнови́дный; (*long-sighted*) дальнозо́ркий
fart 1. *n* **give a** ~ *coll* пу́кнуть *pf*; *vulg* пёрнуть *pf* **2.** *v coll* пу́кать; *vulg* бздеть; (*noisily*) перде́ть
farther 1. *adj* (*remoter*) бо́лее отдалённый; (*subsequent*) дальне́йший **2.** *adv* да́льше
farthest 1. *adj* са́мый да́льний **2.** *adv* да́льше всего́
farthing фа́ртинг; **not worth a** ~ гроша́ ло́маного не сто́ит
farthingale ю́бка с фи́жмами
fasces *hist* пучо́к пру́тьев ли́ктора
fascia, facia (*stripe*) полоса́, по́яс; *bui* поясо́к; *anat* соединительнотка́нная оболо́чка; (*of car*) инструмента́льный щито́к
fasciated (*striped*) полоса́тый; (*malformed*) сро́сшийся
fascicle, fascicule *bot* пучо́к; (*issue of book or journal*) вы́пуск, кни́жка; (*of manuscript*) тетра́дь *f*
fascinate (*enthrall*) увлека́ть; (*charm*) очаро́вывать; (*hypnotize*) гипнотизи́ровать
fascinating увлека́тельный; очарова́тельный
fascination увлече́ние (**for,** + *instr*); очарова́ние
fascine фаши́на
Fascism фаши́зм
Fascist 1. *n* фаши́ст **2.** *adj* фаши́стский
fashion 1. *n* (*way*) о́браз, мане́ра; **after a** ~ (*in a way*) не́которым о́бразом; (*not well*) ко́е-как; (*to some extent*) до изве́стной сте́пени; **in one's own** ~ по-сво́ему; (*with certain adjectives, trans by corresponding adverb, eg* **in strange** ~ стра́нно); (*mode*) мо́да; **in** ~ в мо́де; **it's out of** ~ э́то вы́шло из мо́ды; (*style*) стиль *m* **2.** *v* (*form*) придава́ть фо́рму (+ *dat*); (*statue etc*) лепи́ть; *tech* формова́ть; (*make, create*) создава́ть
fashionable (*in vogue*) мо́дный; (*in good style*) фешене́бельный
[1]**fast 1.** *n* (*abstention from food*) пост **2.** *v* пости́ться
[2]**fast 1.** *adj* (*firm, fixed*) закреплённый; ~ **colour** про́чная кра́ска; ~ **friend** ве́рный друг; **make** ~ (*fix firmly*) закрепля́ть; (*door*) запира́ть; *naut* швартова́ться; (*quick*) бы́стрый, ско́рый; (*of machines*) быстрохо́дный; ~ **train** ско́рый по́езд; **the clock is** ~ часы́ спеша́т; (*dissipated*) распу́тный; (*frivolous*) фриво́льный **2.** *adv* (*firmly*) кре́пко, про́чно; **be** ~ **asleep** кре́пко спать; ~ **shut** пло́тно закры́тый; **stick** ~ застрева́ть (**in,** в + *prep*); (*quickly*) бы́стро, ско́ро
fasten (*fix to*) прикрепля́ть (**to,** к + *dat*); (*tie to*) привя́зывать (**to,** к + *dat*); (*tie together, tie up*) свя́зывать; (*fix together*) скрепля́ть; (*a buckle, button, zip etc*) застёгивать(ся); (*door*) запира́ть(ся); ~ **down** (*stick down*) прикле́ивать; (*fix down*) прикрепля́ть; ~ **on** (*ascribe to*) припи́сывать (+ *dat*); (*gaze, thoughts etc*) устремля́ть на (+ *acc*); (*fix on*) прикрепля́ть (к + *dat*); ~ **up** (*close*) закрыва́ть; (*do up dress, buttons etc*) застёгивать
fastener (*of door, window*) запо́р, задви́жка; (*of dress, boots etc, clip*) застёжка; **paper** ~ скре́пка для бума́г; **zip** ~ мо́лния; *tech* зажи́м, захва́т
fastening свя́зывание, скрепле́ние (*see also* **fastener**)
fastidious (*hard to please*) привере́дливый; (*discriminating*) разбо́рчивый; (*squeamish*) брезгли́вый, привере́дливый
fastidiousness привере́дливость *f*; брезгли́вость *f*; разбо́рчивость *f*
fasting пост; (*before Communion*) гове́нье
fastness (*fortress*) кре́пость *f*, тверды́ня; (*of colour*) про́чность *f*; (*speed*) быстрота́
fat 1. *n* (*grease, fatty matter*) жир; **pork** ~ са́ло; (*corpulence*) полнота́, ту́чность *f*; *fig* (*best part*) лу́чшая часть *f* **2.** *adj* (*greasy; rich*) жи́рный; (*fatty*) жирово́й; (*thick, corpulent*) то́лстый; **become, grow** ~ толсте́ть; **that dress makes her look** ~ э́то пла́тье её полни́т, толсти́т; (*well-fed*) упи́танный; (*profitable*) вы́годный; (*large*) большо́й; *coll, iron* **a** ~ **lot** о́чень, мно́го; **a** ~ **lot of use that is to me!** о́чень э́то мне ну́жно!; **a** ~ **lot you know!** мно́го ты зна́ешь!
fatal (*causing death*) смерте́льный, смертоно́сный; (*ruinous*) губи́тельный; (*disastrous*) катастрофи́ческий; (*of fate*) рокова́й, фата́льный
fatalism фатали́зм
fatalist фатали́ст
fatalistic фаталисти́ческий
fatality (*death*) смерть *f*; (*misfortune*) неизбе́жное несча́стье; (*destiny*) рок
Fata Morgana фа́та-морга́на
fate (*most senses*) судьба́; (*death*) смерть *f*; *pl myth* Па́рки *f pl*
fated (*predestined*) предопределённый; **he was** ~ **to ...** ему́ суждено́ бы́ло (+ *infin*); (*doomed*) обречённый (**to,** на + *acc* or + *infin*)
fateful (*ominous, momentous*) рокова́й; (*decisive*) реша́ющий
fat-head болва́н, дура́к
fat-headed (*person*) глу́пый; (*idea etc*) дура́цкий
father 1. *n* (*all senses, also as title*) оте́ц **2.** *v* (*be* ~) быть отцо́м; (*act as father to*) усыновля́ть; (*beget*) порожда́ть; (*originate*) быть а́втором, творцо́м (+ *gen*); ~ **on** (*ascribe paternity*) припи́сывать (+ *dat*) отцо́вство (+ *gen*); (*ascribe*

authorship) приписывать (+ *dat*) áвторство (+ *gen*)
fatherhood отцóвство
father-in-law (*husband's father*) свёкор; (*wife's father*) тесть *m*
fatherland отéчество, отчизна
fatherless остáвшийся без отцá
fatherly **1.** *adj* отéческий **2.** *adv* отéчески
fathom **1.** *n* сáжень *f* **2.** *v* (*measure depth*) измерять глубинý; *fig* (*make out*, *understand*) понимáть, разбирáть
fathomless (*immeasurable*) неизмеримый; (*bottomless*) бездóнный; (*incomprehensible*) непроницáемый
fatigue **1.** *n* устáлость *f*, утомлéние; *tech* (*of metal*) устáлость *f*; *mil* нестроевóй нарЯд **2.** *v* утомлЯть
fatiguing утомительный
fatling откóрмленное молодóе живóтное
fatness (*greasiness*, *grossness*) жирность *f*; (*thickness*) толщинá
fatten (*get fatter*) толстéть, жирéть; (*feed to make fat*) откáрмливать; **this food is ~ing** от э́той еды́ потолстéешь
fatty **1.** *n* *joc* толстЯк **2.** *adj* (*greasy*; *chem*) жирный; *med* жировóй
fatuity *see* **fatuousness**
fatuous (*foolish*) глýпый, дурáцкий; (*senseless*) бессмы́сленный; (*useless*) бесполéзный
fatuousness глýпость *f*; бессмы́сленность *f*; бесполéзность *f*
fauces зев, гóрло, глóтка
faucet (*tap*) кран
fault **1.** *n* (*failing*) недостáток; (*defect*) дефéкт; (*technical failure*) неисправность *f*; (*mistake*) ошибка; **find ~ with** придирáться к (+ *dat*); (*culpability*) винá; **it is his ~, he is at ~** он виновáт; **to a ~** чрезмéрно; *geol* сброс; (*tennis*) непрáвильно пóданный мяч **2.** *v* придирáться к (+ *dat*)
fault-finder придира *m and f*
faultless (*without error*) безошибочный; (*blameless*) безупрéчный
faulty (*defective*) дефéктный; (*out of order*) неисправный; (*imperfect*) несовершéнный; **in ~ English** на лóманом англи́йском языкé; (*unreliable*) ненадёжный
faun фавн
fauna фáуна
faux pas (*blunder*) лóжный шаг; (*in behaviour*) глýпость *f*
favour **1.** *n* (*regard*) расположéние; **be in ~** быть в милости (**with,** у + *gen*); **out of ~** в немилости; **win ~** располагáть к себé; (*approval*) одобрéние; **enjoy s.o.'s ~** пóльзоваться благосклóнностью (+ *gen*); **look with ~ on** одобрЯть; (*kind act*) одолжéние, любéзность *f*; **as a ~** из любéзности; **will you do me a ~?** сдéлайте мне одолжéние; (*partiality*) пристрáстие (**towards,** к + *dat*); **in ~ of** (*in support of*) за (+ *acc*); **we are in ~ of going** мы за то, чтóбы идти́; (*in defence of*) в защи́ту (+ *gen*); (*to the advantage of*) в пóльзу (+ *gen*); **the score is 3–2 in our ~** счёт три-два в нáшу пóльзу; **a cheque in your ~** чек на вáше и́мя **2.** *v* (*show good will to*) быть благосклóнным к (+ *dat*); (*support*) поддéрживать; (*prefer*) предпочитáть; (*help*) помогáть (+ *dat*); (*facilitate*) спосóбствовать (+ *dat*); (*show partiality to*) быть пристрáстным к (+ *dat*); (*resemble*) быть похóж(им) на (+ *acc*)
favourable (*most senses*) благоприЯтный; (*advantageous*) вы́годный; (*suitable*) подходЯщий; (*approving*) одобри́тельный; (*convenient*) удóбный; **~ wind** попýтный вéтер; (*positive*) положи́тельный; *econ* **~ balance** акти́вное сáльдо *neut indecl*
favoured (*privileged*) привилегирóванный; (*fortunate*) счастли́вый; (*elect*) и́збранный; (*climate*) благодáтный; *pol* **most ~ nation** наибóлее благоприЯтствуемая нáция
favourite **1.** *n* (*person*) люби́мец; (*at court*) фавори́т, *f* фавори́тка; (*thing*) люби́мая вещь *f*; (*expected to win*) фавори́т **2.** *adj* люби́мый
favouritism фаворити́зм
fawn **1.** *n* (*deer*) молодóй олéнь *m*; (*colour*) желтовáто-кори́чневый цвет **2.** *adj* желтовáто-кори́чневый **3.** *v* (*of deer*) тели́ться; (*show affection*) ласкáться; (*be servile*) подли́зываться (**on,** к + *dat*)
fawning **1.** *n* раболéпство **2.** *adj* раболéпный
faze *Am* смущáть
fealty вéрность *f* (**to,** + *dat*)
fear **1.** *n* (*dread*) страх, боЯзнь *f*; **in ~ of** в стрáхе (+ *gen*); **in ~ of one's life** под стрáхом смéрти, в стрáхе за своЮ жизнь; **for ~ that** боЯсь, опасáясь, что (+ *ind*)/чтóбы не (+ *infin*); **for ~ of** из боЯзни (+ *gen*); (*anxiety*) опасéние; **our ~s were well-founded** нáши опасéния бы́ли не без основáния **2.** *v* (*be afraid*) боЯться (**of,** + *gen*; **to,** + *infin*; **that, lest,** что + *indic or* чтóбы не + *past*)
fearful (*afraid of, to*) боЯщийся (+ *gen or infin*); (*in adverbial clause*) боЯсь, опасáясь (**that,** что + *indic*; **lest,** чтóбы не + *past*); (*frightened*) испýганный, пугли́вый; (*terrible*; *also coll*) ужáсный, стрáшный
fearless бесстрáшный, неустраши́мый
fearsome стрáшный
feasibility (*possibility*) возмóжность *f*; (*practicability*) осуществи́мость *f*
feasible (*possible*) возмóжный; (*practicable*) осуществи́мый
feast **1.** *n* (*festival*) прáздник; (*banquet*) пир **2.** *v* (*rejoice*) прáздновать; (*eat*) пировáть; (*feed guests*) угощáть, чéствовать; *fig* **~ one's eyes on** наслаждáться (+ *instr*)
feast-day прáздник
feat пóдвиг
feather **1.** *n* перó; *pl collect* (*of bird*) оперéние; **birds of a ~** ≈ одногó пóля Ягода; **light as a ~** лёгкий как пух **2.** *v* (*adorn with ~s*) украшáть пéрьями; **~ one's nest** нагрéть *pf* рýки; (*oars*) выноси́ть плашмЯ; (*propeller*) устанáвливать во флЮгерное положéние
feather-bed **1.** *n* пери́на **2.** *v* *fig* (*pamper*) баловáть
feather-brained (*stupid*) глýпый; (*irresponsible*) безотвéтственный; (*frivolous*) легкомы́сленный
feathered (*having feathers*) пернáтый; (*adorned with feathers*) укрáшенный пéрьями
feathering (*plumage*) оперéние; *archi* фестóн; (*of propeller*) установка винтá во флЮгерное положéние
feather-stitch шов в ёлочку
feather-weight (*boxing*) полулёгкий вес
feathery (*having feathers*) пернáтый; (*like feather*) пéристый; (*light*, *downy*) пуши́стый
feature **1.** *n* (*characteristic*) (характéрная) чертá; *pl* (*of face*) черты́ *f pl* лицá; (*peculiarity*) осóбенность *f*; (*part*) детáль *f*; *geog* **~ of terrain,**

physical ~ подро́бность *f* релье́фа; ~ **article** о́черк; ~ **film** худо́жественный фильм **2.** *v* (*characterize*) характеризова́ть; (*portray*) изобража́ть; (*present*) пока́зывать; (*appear*) фигури́ровать (**in,** в + *prep*); (*give prominence to*) отводи́ть важне́йшее ме́сто (+ *dat*)
featureless безли́кий; (*dull*) бесцве́тный
febrifuge жаропонижа́ющее (сре́дство)
febrile лихора́дочный
February 1. *n* февра́ль *m* **2.** *adj* февра́льский (*see also* **April**)
feckless (*careless*) безду́мный; (*helpless*) беспо́мощный; (*useless, futile*) бесполе́зный
feculence (*dirt*) грязь *f*; (*dregs*) оса́док
feculent му́тный
fecal, feces *see* **faecal, faeces**
fecund (*of land, plants*) плодоро́дный; (*of animals; fig*) плодови́тый
fecundate (*make fertile*) оплодотворя́ть
fecundity плодоро́дность; плодови́тость
fed up: I *etc* **am** ~ мне *etc* надое́ло; **he was** ~ **with waiting** ему́ надое́ло ждать; **she was** ~ **with promises** ей надое́ли обеща́ния
federal федера́льный
federalism федерали́зм
federalist федерали́ст
federalize составля́ть федера́цию
federate 1. *adj* федерати́вный **2.** *v* объединя́ть(ся) в федера́цию
federation федера́ция; (*association*) сою́з
fee (*payment*) пла́та; (**for,** за + *acc*); **entrance** ~ входна́я пла́та; (*to club etc*) вступи́тельный взнос; (*doctor's, lawyer's*) гонора́р; *hist* (*fief*) феода́льное поме́стье
feeble (*most senses*) сла́бый; **~-minded** слабоу́мный
feebleness сла́бость *f*
feed 1. *n* (*act of feeding*) пита́ние, кормле́ние; (*food*) пи́ща; (*for cattle*) корм; *tech* (*supply*) пода́ча, пита́ние; **drip** ~ ка́пельная пода́ча **2.** (*give food; eat*) пита́ть(ся), корми́ть(ся) (**on, with,** + *instr*); *fig* пита́ться; (*graze*) пасти́(сь); (*supply with fuel etc*) снабжа́ть (**with,** + *instr*), подава́ть (*acc*; в + *acc*); (*gratify*) удовлетворя́ть
feedback *rad* обра́тная связь *f*; ~ **circuit** цепь *f* обра́тной свя́зи; *elect* обра́тное пита́ние
feeding пита́ние
feeder (*one that eats*) едо́к; (*baby's bib*) де́тский нагру́дник; (*feeding bottle*) де́тский рожо́к; (*tributary*) прито́к; *tech* пита́тель *m*; *elect* фи́дер
feed-pipe пита́ющая труба́
feel 1. *n* (*sense*) осяза́ние, ощуще́ние; **by** ~, **to the** ~ на о́щупь; (*awareness*) чутьё; **get the** ~ **of** осва́иваться с (+ *instr*) **2.** *v* (*of health, emotions*) чу́вствовать себя́ (+ *instr*); ~ **ill** чу́вствовать себя́ больны́м; ~ **unwell** пло́хо себя́ чу́вствовать; (*sense, be aware of*) чу́вствовать; (*of sensory perception*) ощуща́ть; (*not translated in some expressions*: ~ **certain** быть уве́ренным; **do you** ~ **comfortable?** вам удо́бно?; **I** ~ **hot** мне жа́рко; **he** ~**s hungry** он го́лоден); (*touch, handle*) тро́гать, ощу́пывать; ~ **one's way** пробира́ться о́щупью; (*experience*) испы́тывать; (*suffer*) пережива́ть; (*consider*) счита́ть; ~ **it one's duty to** счита́ть свои́м до́лгом (+ *infin*); ~ **for** (*search*) нащу́пывать; (*sympathize*) сочу́вствовать с (+ *instr*); ~ **like** хо́чется (*impers* + *dat*); **I didn't** ~ **like eating** мне не хоте́лось есть; ~ **up to** быть в состоя́нии (+ *infin*); **I don't** ~ **up to** я не чу́вствую себя́ в си́лах (+ *infin*)
feeler *zool* щу́пальце; *fig* про́бный шар; **put out** ~**s** зонди́ровать по́чву; *tech* щуп
feeling 1. *n* (*most senses*) чу́вство (**of, for,** + *gen*); **hurt s.o.'s** ~**s** обижа́ть (+ *acc*); (*strong emotion*) эмо́ция, волне́ние; (*mood*) настрое́ние; (*sympathy*) сочу́вствие; (*opinion*) мне́ние **2.** *adj* (*sensitive*) чувстви́тельный; (*sympathetic*) по́лный сочу́вствия
feelingly с чу́вством
feign притворя́ться; ~ **death, indifference** притворя́ться мёртвым, безразли́чным
feigned притво́рный
feint 1. *n* (*deception*) притво́рство; *mil* ло́жная ата́ка; *sp* финт **2.** *adj* притво́рный, ло́жный **3.** *v* де́лать ло́жную ата́ку, финт
feldspar полево́й шпат
felicitate поздравля́ть (**on,** с + *instr*)
felicitation поздравле́ние
felicitous (*happy*) счастли́вый; (*apt*) уда́чный, уме́стный
felicity (*happiness*) сча́стье; (*bliss*) блаже́нство; (*aptness*) ме́ткость *f*, уда́чность *f*; **with** ~ уда́чно, ло́вко
feline коша́чий; *fig* (*crafty*) кова́рный; (*spiteful*) зло́бный
[1]**fell** (*skin*) шку́ра; (*hill*) гора́
[2]**fell** (*cruel*) жесто́кий; (*ruthless*) беспоща́дный; (*savage*) свире́пый
[3]**fell** (*cut down trees*) руби́ть, вали́ть; (*knock over*) сбить *pf* с ног; (*a seam*) запошива́ть
fellah, *pl* **fellaheen** фелла́х
fellatio мине́т
felling (*of trees*) ру́бка, ва́лка
felloe обод
fellow (*companion etc*) това́рищ (**in,** по + *dat*); ~ **citizen** согражда́ни́н; (*member of society*) член; (*of pair*) па́ра; *coll* (*person*) тип; **a good** ~ хоро́ший па́рень *m*; **be a good** ~ будь дру́гом; **my dear** ~ дорого́й мой; **poor** ~! бедня́га *m* !
fellow-countryman соотéчественник
fellow-feeling сочу́вствие
fellowship (*companionship*) това́рищество; (*community of interest*) о́бщность *f* интере́сов; (*title in college, society*) зва́ние чле́на
fellow-traveller (*travelling companion*) спу́тник, попу́тчик; *pol* попу́тчик
felon 1. *n* (*criminal*) престу́пник; (*whitlow*) ногтое́да **2.** *adj* (*wicked*) престу́пный; (*cruel*) жесто́кий
felonious престу́пный
felony уголо́вное преступле́ние
felt 1. *n* (*thick*) во́йлок; (*lighter*) фетр **2.** *adj* во́йлочный; фе́тровый
felucca фелю́га
female 1. *n* (*woman*) же́нщина; *zool* са́мка **2.** *adj* (*of woman*) же́нский, же́нского по́ла; *zool* (*translate by feminine form of name of animal where it exists, or* са́мка + *gen of masculine form of animal name* ~ **elephant** слони́ха; ~ **leopard** са́мка леопа́рда); *bot* же́нский; *tech* охва́тывающий, вне́шний
femineity (*womanliness*) же́нственность *f*; (*effeminacy*) женоподо́бность *f*
feminine (*female*) же́нский; *gramm* ~ **gender** же́нский род; ~ **rhyme** же́нская ри́фма; (*womanly*) же́нственный
femininity же́нственность *f*
feminism фемини́зм

feminist 1. *n* фемини́ст, *f* фемини́стка **2.** *adj* феминисти́ческий
feminize (*make, become effeminate*) изне́живать(ся); (*make feminine*) де́лать же́нственным
femme fatale рокова́я же́нщина
femoral бе́дренный
femur бедро́
fen (*marsh*) боло́то; (*marshy region*) боло́тистая ме́стность *f*
fence 1. *n* (*barrier*) огра́да; (*of planks*) забо́р; (*of stakes, wire*) и́згородь *f*; **wire** ~ про́волочная и́згородь; *fig* **sit on the** ~ занима́ть выжида́тельную пози́цию; *sl* (*receiver of stolen goods*) ску́пщик кра́деного, *sl* бары́га *m* **2.** *v* (*surround with* ~) огора́живать (**with,** + *instr*); ~ **about, in, round** (*also fig*) огора́живать, огражда́ть; ~ **off** отгора́живать (**from,** от + *gen*); (*with sword*) фехтова́ть; *sl* (*stolen goods*) продава́ть кра́деное
fenceless неогоро́женный
fencer (*swordsman*) фехтова́льщик
fencing (*fence*) забо́р; и́згородь *f*; огра́да; (*material for fence*) материа́л для забо́ра, и́згородей; (*with sword*) фехтова́ние
fend (*deflect*) отража́ть; (*parry*) пари́ровать; (*boat*) отта́лкивать; ~ **for** забо́титься о (+ *pr*)
fender (*on hearth*) ками́нная решётка; (*of train*) отбра́сыватель *m*; (*of car*) ба́мпер; *naut* кра́нец
fenestrate(d) *bot, zool* продыря́вленный
fenestration распределе́ние о́кон
Fenian 1. *n* фений **2.** *adj* фениа́нский
fennel фе́нхель *m*
fenugreek па́житник
feoffee ле́нник
feoffment даре́ние недви́жимости
feral (*fatal*) роково́й; (*funereal*) похоро́нный; (*wild*) ди́кий
feretory (*shrine for relics*) ра́ка; (*tomb*) гробни́ца
ferial бу́дний
ferment 1. *n* ферме́нт; *chem* броже́ние; *fig* (*turmoil*) броже́ние **2.** *vt* вызыва́ть броже́ние; *vi* броди́ть
fermentation броже́ние, фермента́ция; **end, secondary** ~ добра́живание
fermentative броди́льный
fermion фермио́н, фе́рми-части́ца
fermium фе́рмий
fern па́поротник
fern-owl козодо́й
ferny (*like fern*) папоротникови́дный; (*covered with ferns*) поро́сший па́поротником
ferocious свире́пый
ferocity свире́пость *f*
ferrate ферра́т
ferreous желе́зный
ferret 1. *n* хорёк **2.** *v* (*hunt with* ~) охо́титься с хорько́м; ~ **out** (*drive from hole*) выгоня́ть из норы́; *fig* выню́хивать
ferriage (*transport*) перепра́ва; (*fare for ferry*) пла́та за перепра́ву
ferric содержа́щий трёхвале́нтное желе́зо; ~ **acid** желе́зная кислота́; ~ **oxide** о́кись *f* желе́за
ferriferous желе́зистый
ferrimagnetic ферримагни́тный
ferrimagnetism ферримагнети́зм
ferrite 1. *n* ферри́т **2.** *adj* ферри́товый
ferro-alloy 1. *n* ферроспла́в **2.** *adj* ферроспла́вный
ferro-concrete 1. *n* железобето́н **2.** *adj* железобето́нный
ferromagnetic ферромагни́тный
ferromagnetism ферромагнети́зм
ferrotype ферроти́пия
ferrous содержа́щий двувале́нтное желе́зо; ~ **metal** чёрный мета́лл; ~ **oxide** за́кись *f* желе́за
ferruginous (*containing iron*) железосодержа́щий, желе́зистый; (*rusty*) ржа́вый; (*colour*) цве́та ржа́вщины, ржа́вый
ferrule (*ring*) ободо́к; (*tip*) наконе́чник
ferry 1. *n* (*system of transport*) перево́з, перепра́ва; (*vessel*) паро́м; **train** ~ железнодоро́жный паро́м; (*place*) перепра́ва **2.** *v* (*transport*) перевози́ть; *aer* перегоня́ть; (*cross*) переезжа́ть
ferry-boat паро́м
ferry-bridge парохо́д-паро́м
ferryman перево́зчик, паро́мщик
fertile (*land*) плодоро́дный; (*animal*) плодови́тый; (*fertilized*) оплодотворённый; (*abundant*) изоби́льный; ~ **in** изоби́лующий (+ *instr*); (*of imagination*) бога́тый, плодови́тый
fertility (*of land*) плодоро́дие; (*of animal*) плодови́тость *f*; (*of imagination*) бога́тство
fertilization *biol* оплодотворе́ние; (*of soil*) удобре́ние
fertilize *biol* оплодотворя́ть; (*soil*) удобря́ть
fertilizer удобре́ние
ferule лине́йка
fervency горя́чность *f*, пы́лкость *f*, рве́ние
fervent, fervid горя́чий, пы́лкий
fervour (*intense feeling*) страсть *f*, пыл, жар; (*zeal*) рве́ние, усе́рдие
fescue (*pointer*) ука́зка; (*grass*) овся́ница
festal пра́здничный
fester (*become septic*) гнои́ться; (*make septic*) вызыва́ть нагное́ние; *fig* (*rankle*) терза́ть, му́чить
festival 1. *n* (*celebration*) пра́зднество, пра́здник; *mus, theat etc* фестива́ль *m* **2.** *adj* пра́здничный
festive (*of feast, festival*) пра́здничный; (*merry*) весёлый
festivity (*holiday*) пра́здник; *pl* (*celebration*) пра́зднества *neut pl*; (*merrymaking*) весе́лье
festoon 1. *n* (*garland*) гирля́нда; *archi* фесто́н **2.** *v* украша́ть гирля́ндами, фесто́нами; ~ **with** обве́шивать (+ *instr*)
Festschrift сбо́рник стате́й (*eg* к семидесятиле́тию И.И.Ивано́ва)
fetch 1. *n* (*trick*) уло́вка, хи́трость *f*; (*double*) двойни́к; (*spectre*) привиде́ние **2.** *v* (*bring thing*) приноси́ть; (*bring person*) приводи́ть; (*bring in vehicle*) привози́ть; (*call for*) сходи́ть *pf* за (+ *instr*); (*get, obtain*) достава́ть; (*bring forth*) вызыва́ть; (*attract*) привлека́ть; ~ **and carry** прислу́живать; ~ **s.o. a blow** уда́рить *pf*; ~ **a profit** приноси́ть при́быль *f*; ~ **a high price** продава́ться по высо́кой цене́; ~ **a sigh** тяжело́ вздохну́ть *pf*
~ **in** вноси́ть
~ **out** выноси́ть
~ **up** (*vomit*) рвать *impers*; **he** ~**ed up** его́ вы́рвало; (*stop*) остана́вливаться; (*finish*) конча́ться (*see also* **bring**)
fetching (*attractive*) привлека́тельный
fête 1. *n* (*festival*) пра́здник, пра́зднество; (*fair*) я́рмарка **2.** *v* че́ствовать
fetid, foetid зловóнный, воню́чий
fetidness злово́ние
fetish фети́ш
fetishism фетиши́зм
fetishist фетиши́ст

fetlock щётка
fetter 1. *n* (*for animal*) пу́ты *f pl*; (*for person*) пу́ты *f pl*, кандалы́ *m pl*; *fig* око́вы *f pl* **2.** *v* (*horse etc*) спу́тывать; (*person*) зако́вывать; *fig* свя́зывать по рука́м и нога́м
fettle 1. *n* (*condition*) состоя́ние; (*form*) настрое́ние; **in fine** ~ в хоро́шем настрое́нии **2.** *v* приводи́ть в поря́док
feud 1. *n* вражда́ **2.** *v* враждова́ть (**with,** с + *instr*)
feudal феода́льный; ~ **lord** феода́л
feudalism феодали́зм
feudality феодали́зм
feudalize (*lands*) превраща́ть в лен; (*people*) превраща́ть в васса́лов
feudatory 1. *n* феода́льный васса́л **2.** *adj* васса́льный
fever 1. *n* (*high temperature*) жар; (*in name of disease*; *also fig*) лихора́дка; **brain** ~ воспале́ние мо́зга; **gold** ~ золота́я лихора́дка; **rheumatic** ~ ревмати́ческий полиартри́т; **scarlet** ~ скарлати́на; **be in a** ~ лихора́дить; **in a** ~ **of excitement** в лихора́дочном состоя́нии, в возбужде́нии **2.** *adj* лихора́дочный; ~ **heat** лихора́дочный жар; *fig* вы́сшая то́чка волне́ния **3.** *v* броса́ть в жар
feverfew *bot* пире́трум де́вичий
fevered лихора́дочный
feverish (*most senses*) лихора́дочный; (*excited*) возбуждённый; **I feel** ~ меня́ лихора́дит
few 1. *n* (*not many*) немно́го, ма́ло (**of,** + *gen*); **a good** ~ поря́дочное число́; (~ *people*) немно́гие (**of,** из + *gen*); **one of the** ~ **who ...** оди́н из (тех) немно́гих, кто; (*minority*) меньшинство́; (*some but not others*) не́которые; **a** ~ **of my friends are Russian** не́которые/ко́е-кто́ из мои́х друзе́й – ру́сские; (*several*) не́сколько (+ *gen*); **a** ~ **times** не́сколько раз **2.** *adj* (*not many*) ма́ло, немно́го (+ *gen*); **one of my** ~ **pleasures** одно́ из мои́х немно́гих удово́льствий; (*rare*) ре́дкий; (*not numerous*) немногочи́сленный; **in the last** ~ **days** за после́дние не́сколько дней
fewer ме́ньше (+ *gen*; **than,** чем)
fewness немногочи́сленность *f*, малочи́сленность *f*
fey (*fated*) обречённый; (*clairvoyant*) ясновидя́щий; (*whimsical*) причу́дливый
fez фе́ска
fiacre фиа́кр
fiancé жени́х
fiancée неве́ста
fiasco прова́л, фиа́ско *neut indecl*
fiat (*authorization*) разреше́ние; (*decree*) декре́т, ука́з
fib *coll* **1.** *n* (*lie*) вы́думка **2.** *v* выду́мывать, врать
fibber *coll* вы́думщик, враль *m*, лгуни́шка *m and f*
fibre 1. *n* (*strand*) нить *f*; (*material*) волокно́; (*bast*) лы́ко; **nerve** ~ не́рвное волокно́; (*character*) хара́ктер **2.** *adj* из волокна́, волокни́стый; ~**-board** фи́бровый карто́н; ~**-glass** стекловолокно́, фибергла́с; *as adj* фибергла́совый; ~ **optics** волоко́нная о́птика
fibred волокни́стый
fibril *anat* фибри́лла, волоко́нце; *bot* корнево́й волосо́к
fibrin фибри́н
fibroid 1. *n* фибро́зная о́пухоль *f* **2.** *adj* волокни́стый
fibroin фиброи́н
fibroma фибро́ма
fibrous волокни́стый, фибро́зный
fibula *anat* ма́лая берцо́вая кость *f*; (*brooch*) фи́була
fichu фишю́ *neut indecl*
fickle (*inconstant*) непостоя́нный; (*changeable*) переме́нчивый
fickleness непостоя́нство, переме́нчивость *f*
fictile (*of pottery*) гонча́рный
fiction (*invention*) вы́мысел, вы́думка, фи́кция; (*literature*) беллетри́стика, повествова́тельная литерату́ра; ~ **writer** беллетри́ст
fictional вы́мышленный, фикти́вный
fictitious (*invented*) вы́мышленный; (*imaginary*) вообража́емый; (*false*) фикти́вный
fictive фикти́вный
fiddle 1. *n* (*violin*) скри́пка; **fit as a** ~ соверше́нно здоро́вый; **play second** ~ игра́ть втору́ю скри́пку; *sl* (*minor illegality*) сде́лка; (*deception*) обма́н **2.** *v* (*play violin*) игра́ть на скри́пке; (*play with*) игра́ть (+ *instr*); (*waste*) расточа́ть, прома́тывать; *sl* (*obtain illegally*) приобрета́ть по бла́ту; (*contrive*) устра́ивать; (*be crook*) моше́нничать; (*falsify*) подде́лывать
fiddledeedee *excl* чепуха́
fiddle-faddle 1. *n* чепуха́ **2.** *v* безде́льничать
fiddler (*violinist*) скрипа́ч; (*petty crook*) жу́лик
fiddlestick (*bow*) смычо́к; *excl* ~**s!** чепуха́, вздор!
fiddling (*trivial*) пусто́й, ничто́жный
fidelity (*faithfulness*) ве́рность *f*, пре́данность *f*; (*exactness*) то́чность *f*
fidget 1. *n* (*person*) непосе́да *m and f* **2.** *v* (*move restlessly*) ёрзать; **stop** ~**ting!** не ёрзай!; (*disturb*) беспоко́ить; (*irritate*) раздража́ть
fidgety неугомо́нный, беспоко́йный
fiducial осно́ванный на дове́рии; *math* фидуциа́льный
fiduciary 1. *n* попечи́тель *m* **2.** *adj* осно́ванный на дове́рии; (*held in trust*) дове́ренный; ~ **mark** постоя́нный репе́р
fie фу! тьфу!
fief лен
field 1. *n* (*various senses*; *agr, phys*) по́ле; ~ **of battle** по́ле би́твы, по́ле сраже́ния; ~ **of vision** по́ле зре́ния; **magnetic** ~ магни́тное по́ле; (*sphere of activity*) о́бласть *f*, сфе́ра; (*background*) фон; *geol* месторожде́ние; **coal** ~ каменноу́гольный бассе́йн; **gold** ~ золота́я ро́ссыпь *f*; **oil** ~ нефтяно́е месторожде́ние; *mil* **mine** ~ ми́нное загражде́ние **2.** *adj* (*most senses*) полево́й **3.** *v sp* (*catch*) лови́ть; ~ **a team** выставля́ть кома́нду
field-artillery полева́я артилле́рия
field-book полево́й журна́л
field-day *mil* такти́ческие заня́тия на ме́стности; *fig* (*outstanding day*) па́мятный день *m*
field-dressing первичная повя́зка
field-events соревнова́ние по лёгкой атле́тике
fieldfare дрозд-ряби́нник
field-glass (*binoculars*) бино́кль *m*; (*of microscope etc*) окуля́р
field-gun полева́я пу́шка
field-hospital полево́й го́спиталь *m*
field-ice сплошно́й лёд
field-magnet возбужда́ющий магни́т
field-marshal фельдма́ршал
field-mouse полева́я мышь *f*
field-officer штаб-офице́р
field sports (*open-air sports*) спорти́вные заня́тия *neut pl* на откры́том во́здухе; (*hunting*) охо́та;

(*shooting*) стрельба́; (*fishing*) ры́бная ло́вля
field-work (*scientific work in open*) рабо́та в по́ле, полевы́е рабо́ты *f pl*; (*exploration*) разве́дка; (*mapping*) съёмка; *pl mil* оборони́тельные сооруже́ния *neut pl*
fiend (*devil*) дья́вол; *coll* (*addict*) наркома́н
fiendish (*devilish*) дья́вольский; (*cruel*) жесто́кий; (*awful*) ужа́сный
fierce (*savage*) свире́пый, лю́тый; (*unrestrained*) неи́стовый; (*of storm*, *heat etc*) си́льный; *coll* стра́шный
fierceness свире́пость *f*; си́ла; неи́стовство
fierily о́гненно; горячо́
fiery (*of*, *like fire*) о́гненный, пла́менный; (*burning*) горя́щий; *fig* жгу́чий, горя́чий; (*quick-tempered*) горя́чий, вспы́льчивый; *min* воспламеня́ющийся; (*of horse*) горя́чий
fife ма́ленькая фле́йта
fifteen пятна́дцать *f* (+ *gen pl*); (*age*) **she was** ~ ей бы́ло пятна́дцать
fifteenth 1. *n* (*date*) пятна́дцатое (число́); **on the** ~ **of May** пятна́дцатого ма́я; *mus* кви́нта **2.** *adj* пятна́дцатый
fifth 1. *n* (*fraction*) пя́тая (часть); (*date*) пя́тое (число́); **on the** ~ **of May** пя́того ма́я **2.** *adj* пя́тый; ~ **column** пя́тая коло́нна
fifthly в-пя́тых
fiftieth пятидеся́тый
fifty пятьдеся́т; **fifty-fifty** (*equally*) по́ровну, попола́м; (*of chance*) ра́вные ша́нсы *m pl*; (*age*) **he is** ~ ему́ пятьдеся́т лет; *pl* **the 50s** пятидеся́тые го́ды *m pl*; **he is in his fifties** ему́ за пятьдеся́т
fig (*fruit*) инжи́р; (*tree*) смоко́вница; *coll* (*gesture*) шиш, фи́га; **I don't care a** ~ мне наплева́ть (**for,** на + *acc*); *coll* (*dress*) наря́д; **in full** ~ в по́лном пара́де, во всём пара́де
fight 1. *n* (*battle*) бой; **in the** ~ в бою́; (*fist-*~) дра́ка; **free** ~ сва́лка; **spoil for a** ~ лезть в дра́ку; (*quarrel*) спор; (*struggle*) борьба́ (**for,** за + *acc*; **against,** про́тив + *gen*); (*pugnacity*) задо́р, драчли́вость *f*; **show** ~ быть по́лным задо́ра **2.** *v* (*in battle*) сража́ться; ~ **a battle** вести́ бой; (*be at war*) воева́ть; (*with fists etc*) дра́ться; ~ **a duel** дра́ться на ду́эли; (*struggle*) боро́ться (**for,** за + *acc*; **against,** про́тив + *gen*); (*quarrel*) спо́рить; (*defend*) ~ **a case** отста́ивать де́ло; ~ **for one's interests** отста́ивать свои́ интере́сы; *fig* ~ **one's way** прокла́дывать себе́ путь (**through,** че́рез + *acc*); ~ **shy of** избега́ть (+ *gen*)
~ **back** (*resist*) сопротивля́ться
~ **down** (*suppress*) подавля́ть
~ **off** отбива́ть
~ **on** продолжа́ть борьбу́
fighter 1. *n* (*soldier*) бое́ц; *fig*, *sp* боре́ц (**for,** за + *acc*); *av* истреби́тель *m*; ~**-bomber** истреби́тель-бомбардиро́вщик; ~ **cover, support** прикры́тие истреби́телями; ~**-pilot** лётчик-истреби́тель *m*
fighting 1. *n* бой; сраже́ние; дра́ка; **hand-to-hand** ~ рукопа́шный бой **2.** *adj* боево́й
fig-leaf фи́говый листо́к
figment фи́кция; ~ **of the imagination** плод воображе́ния
figurate фигу́рный
figuration (*shape*) фо́рма; (*outline*) ко́нтур; (*ornamentation*) орnámента́ция
figurative (*metaphorical*) метафори́ческий; **in a** ~ **sense** в перено́сном смы́сле; (*symbolic*) символи́ческий; *arts* изобрази́тельный
figuratively в перено́сном смы́сле
figure 1. *n* (*number*) ци́фра; (*price*) цена́; (*diagram in book*) рису́нок; (*representation*) изображе́ние; (*other senses*) фигу́ра; ~ **of fun** смешна́я фигу́ра, посме́шище; **she has a good** ~ у неё хоро́шая фигу́ра **2.** *adj* фигу́рный; ~ **skating** фигу́рное ката́ние (на конька́х); ~ **skater** фигури́ст, *f* фигури́стка **3.** *v* (*depict*) изобража́ть; (*imagine*) вообража́ть; (*suppose*) представля́ть себе́; (*be prominent*) фигури́ровать, игра́ть ви́дную роль (**in,** в + *prep*); (*decorate*) украша́ть фигу́рами; (*calculate*) счита́ть; ~ **on** рассчи́тывать на (+ *acc*); ~ **out** (*understand*) понима́ть; (*work out*) разга́дывать
figured (*patterned*) узо́рчатый; (*other senses*) фигу́рный
figure-head *naut* носово́е украше́ние; (*person*) номина́льная глава́
figure-of-eight (*form*, *knot*) восьмёрка; **in a** ~ восьмёркой
figurine статуэ́тка
filament (*thread*) волосо́к, нить *f*; *bot* нить *f*; *elect* нить нака́ла; ~ **lamp** ла́мпа нака́ливания
filamentary волокни́стый
filar филя́рный
filbert лещи́на
filch красть, *coll* тащи́ть
[1]**file 1.** *n* (*tool*) напи́льник; (*nail* ~) пи́лочка **2.** *v* пили́ть, подпи́ливать; ~ **away, off** спи́ливать
[2]**file 1.** *n* (*spike for papers*) шпи́лька; (*for sorted papers*) регистра́тор; **card** ~ картоте́ка; (*folder*) **pocket, envelope** ~ па́пка; **springback** *etc* ~ скоросшива́тель *m*; (*for newspapers*) подши́вка; (*dossier*) досье́ *neut indecl*; (*computer*) файл **2.** *v* (*documents*) (регистри́ровать и) храни́ть; (*sort*) расставля́ть; (*present document etc*) подава́ть
[3]**file 1.** *n* (*row*) ряд; **in single** ~ гусько́м; **rank and** ~ рядовы́е *pl* **2.** *v* ~ **through, past** проходи́ть верени́цей (че́рез + *acc*; ми́мо + *gen*)
filer точи́льщик
filial (*of son*) сыно́вний; (*of daughter*) доче́рний
filiation (*descent*) происхожде́ние; (*relationship*) отноше́ние родства́; (*formation of branch*) образова́ние филиа́ла; *leg* установле́ние отцо́вства
filibuster 1. *n* (*pirate*) флибустье́р, пира́т; *pol* (*obstruction*) обстру́кция, флибустье́рство; *pol* (*obstructionist*) обструкциони́ст **2.** *v pol* занима́ться обстру́кцией; (*be pirate*) быть пира́том
filiform нитеви́дный
filigree филигра́нная рабо́та
filing 1. *n* (*of documents*) регистра́ция и хране́ние; (*with tool*) напи́ливание; ~**s** опи́лки *f pl*; ~ **cabinet** шкаф для хране́ния докуме́нтов
fill 1. *n* (*sufficiency*) **eat** *etc* **one's** ~ нае́сться *pf etc* до́сыта; **I've had my** ~ **of** с меня́ хва́тит (+ *gen*); **a** ~ **of tobacco** щепо́тка табака́ **2.** *v* (*make, become full*) наполня́ть(ся); (*a hole*, *container*) заполня́ть; (*pour*) налива́ть; (*with liquid*, *light etc*) залива́ть (**with,** + *instr*); (*with dry substances*) засыпа́ть, насыпа́ть; (*stuff full*, *pockets ec*) набива́ть (**with,** + *instr*); (*satisfy*) удовлетворя́ть; (*occupy space*, *job*) занима́ть
~ **in** (*hole*) засыпа́ть; (*document*) заполня́ть; ~ **in one's name** вписа́ть *pf* своё и́мя
~ **out** (*document*) заполня́ть; (*expand*) расширя́ть(ся); (*get fatter*) полне́ть
~ **up** (*document*) заполня́ть; (*make full*) наполня́ть(ся)
filler (*one who fills*) тот, кто наполня́ет, запол-

ня́ет; (*opening for filling*) наливно́е отве́рстие; *mil* (*of shell*) заря́д; *tech* (*device*) устро́йство для наполне́ния; (*material*) наполни́тель *m*, заполни́тель *m*, уплотни́тель *m*

fillet 1. *n* (*strip*) ле́нта; (*meat*, *fish*) филе́ *neut indecl*, филе́й; *print* ли́ния; *archi* поясо́к; *tech* ва́лик **2.** *v* филети́ровать

filling (*act*) наполне́ние; заполне́ние; зали́вка (*see* **fill**); *tech* на́сыпь *f*; (*of tooth*) пло́мба; (*textiles*) уто́к; *cul* начи́нка; **~-station** автозапра́вочный пункт

fillip 1. *n* (*snap*) щелчо́к; (*blow*) толчо́к; (*stimulus*) сти́мул; **give a ~ to** стимули́ровать; (*trifle*) пустя́к **2.** *v* (*snap*) щёлкнуть *pf*; (*stimulate*) стимули́ровать

fillister фальцо́вка

filly молода́я кобы́лка

film 1. *n* (*layer*) слой, плёнка; (*covering*) оболо́чка; *phot* плёнка, фотоплёнка; **cine ~** киноплёнка, кинолéнта, (*motion picture*) фильм, кинофи́льм, кино́ *neut indecl* **2.** *adj* (*usually rendered by compound words beginning* кино-) **~ critic** кинокри́тик; **~ première** кинопремье́ра **3.** *v* (*cover with ~*) покрыва́ть плёнкой; **~ over** покрыва́ться плёнкой; (*make ~*, *photograph*) снима́ть; (*adapt for screen*) экранизи́ровать

filmgoer кинозри́тель *m*

filming съёмка (кинофи́льма)

film-pack фильмпа́к

film-star кинозвезда́

filmstrip диафи́льм

film-studio киносту́дия

film-test кинопро́ба

filmy (*covered with film*) покры́тый плёнкой; (*misty*) тума́нный; (*thin*) то́нкий

filter 1. *n* фильтр; *phot* светофи́льтр **2.** *v* (*most senses*) фильтрова́ть; (*penetrate*) проника́ть; **~-tipped cigarette** сигаре́та с фи́льтром

filterable фильтру́емый

filth (*dirt*) грязь *f*; *fig* ме́рзость *f*

filthiness грязь *f*; отврати́тельность *f*; непристо́йность *f*; ме́рзость *f*; гну́сность *f*

filthy (*dirty*) гря́зный; (*repellent*) отврати́тельный; (*obscene*) непристо́йный; (*low*) ме́рзкий; **~ lucre** презре́нный мета́лл; (*vile*, *of accusation etc*) гну́сный

filtrate 1. *n* фильтра́т **2.** *v* фильтрова́ть

filtration фильтрова́ние, фильтра́ция

fimbriate(d) бахро́мчатый

fin плавни́к; *av* стабилиза́тор

finable (*liable to fine*) облага́емый штра́фом; (*purifiable*) очища́емый

final 1. *n sp* фина́л; (*exam*) выпускно́й экза́мен **2.** *adj* (*last*) заключи́тельный, после́дний, коне́чный; **in the ~ analysis** в коне́чном ито́ге; (*decisive*) оконча́тельный; **is that ~?** э́то оконча́тельно?; *gramm* **~ clause** прида́точное предложе́ние це́ли

finale заключе́ние, фина́л

finalist финали́ст

finality оконча́тельность *f*

finalize (*conclude*) заключа́ть; (*finish off*) зака́нчивать; (*give final form*) придава́ть оконча́тельную фо́рму

finally (*at last*) наконе́ц; (*in conclusion*) в заключе́ние; (*conclusively*) оконча́тельно; (*once for all*) раз и навсегда́

finance 1. *n* фина́нсовое де́ло; **Ministry of Finance** министе́рство фина́нсов **2.** *v* финанси́ровать

financial фина́нсовый; **~ year** отчётный год

financier финанси́ст

finch вьюро́к

find 1. *n* нахо́дка **2.** *v* (*most senses*) находи́ть; (*discover*) обнару́живать; (*meet with*) встреча́ть; (*consider*) счита́ть; **~ at home** застава́ть до́ма; **~ guilty** признава́ть вино́вным; *math etc* (*determine*) определя́ть; **~ oneself** оказа́ться *pf*, очути́ться *pf* (**in, at,** в + *prep*); **~ out** (*learn*) узнава́ть; (*ascertain*) выясня́ть; (*expose*) разоблача́ть; (*guess*) разгада́ть *pf*; **~ one's way** (*~ route*) найти́ *pf* доро́гу; (*come to be*, *get into*) попа́сть *pf* (**into,** в + *acc*); **~ one's way home** добра́ться *pf* домо́й

finder (*one who finds*) тот, кто нахо́дит; *tech* иска́тель *m*; *phot etc* видоиска́тель *m*, визи́р; **depth ~** эхоло́т; **direction ~** пеленга́тор; **range ~** дальноме́р

finding (*find*) нахо́дка; (*discovery*) откры́тие; (*of court*) реше́ние; (*of inquiry etc*) вы́вод, заключе́ние

[1]fine 1. *n* штраф **2.** *v* штрафова́ть, налага́ть штраф

[2]fine 1. *adj* (*excellent*) прекра́сный, превосхо́дный; **one ~ day** в оди́н прекра́сный день; **~ weather** хоро́шая пого́да; (*thin*; *subtle*; *delicate*; *of taste*, *wit etc*) то́нкий; **~r feelings** лу́чшие чу́вства *neut pl*; (*sand etc*) ме́лкий; **~ print** ме́лкий шрифт; (*keen*) о́стрый; (*of clothes*) наря́дный; (*of gold*) высокопро́бный; (*elegant*) изя́щный; **the ~ arts** изобрази́тельные, изя́щные иску́сства *neut pl*; *pej* (*pretentious*) претенцио́зный; *in excl* **a ~ ...!** ну и ...! **2.** *adv* (*splendid*) прекра́сно; (*just right*) как раз; **cut it ~** оставля́ть о́чень ма́ло (вре́мени *etc*) **3.** *v* (*purify*) очища́ть; (*wine etc*) де́лать прозра́чным; (*make*, *become thinner etc*) де́лать/станови́ться ме́ньше, то́ньше, ме́льче *etc*

fine-draw (*sew together*) сшива́ть незаме́тным швом; *tech* волочи́ть

fine-drawn (*wine*) тонкотя́нутый; (*argument*) то́нкий

fine-grained мелкозерни́стый

fineness (*most senses*) то́нкость *f*; (*of precious metals*) про́ба

finery пы́шный наря́д

fine-spun то́нкий; *fig* сли́шком изощрённый

finesse 1. *n* (*tact*) такти́чность *f*; (*delicacy*) то́нкость *f*; (*skill*) иску́сность *f*; (*artfulness*) хи́трость *f*; (*cards*) проре́зывание **2.** *v* (*cards*) проре́зать *pf*

finger 1. *n* па́лец; **index ~** указа́тельный па́лец; **little ~** мизи́нец; **middle ~** сре́дний па́лец; **ring ~** безымя́нный па́лец; *in expressions* **have a ~ in** быть заме́шанным в (+ *pr*); **let slip through one's ~s** упусти́ть *pf* из рук; **not lift a ~** па́льцем не пошевели́ть; **one's ~s itch to** ру́ки че́шутся (+ *infin*); **snap one's ~s at** плева́ть на (+ *acc*) **2.** *v* (*touch*) тро́гать; (*handle*) верте́ть в рука́х, перебира́ть па́льцами; (*pages*, *strings*) перебира́ть; *sl* (*steal*) тащи́ть; (*take bribes*) брать взя́тки

fingerboard *mus* гриф

fingered (*soiled by fingers*) захва́танный; *bot* па́льчатый

fingering прикоснове́ние па́льцев; *mus* аппликату́ра

finger-mark 1. *n* отпеча́ток/след па́льца **2.** *v* захва́тывать

fingernail ноготь *m* пальца
finger-nut гайка-барашек
fingerplate наличник дверного замка
fingerpost указательный столб
fingerprint 1. *n* отпечаток пальца **2.** *v* снимать отпечатки пальцев
fingerstall напальчник
fingertip кончик пальца; **have at one's ~s** знать как свой пять пальцев; **to one's ~** до кончиков ногтей
finial заканчивающее украшение
finical (*fussy*) придирчивый; (*affected*) жеманный
finicky (*fussy*) придирчивый; (*fastidious*) брезгливый; (*petty*) мелочно требовательный
fining (*purification*) очистка; (*clarification*) осветление; ~ **agent** осветляющее средство; *leg* наложение штрафа
finis конец
finish 1. *n* (*end*) конец, окончание; *sp* финиш; (*completeness*) законченность *f*, завершённость *f*; *tech* (*treated surface*) отделка; (*polish*) полировка; (*textile*) аппретура **2.** *v* (*end*) кончать(ся) **(in, by,** + *instr*); (*complete*) заканчивать; (*stop*) прекращать; *coll* (*kill*) приканчивать; *tech* отделывать; (*polish*) полировать; *sp* финишировать; ~ **off** (*complete*) завершать; (*kill*) приканчивать; ~ **up** (*food*) доесть *pf*; (*drink*) допить *pf*; (*similarly*: ~ **speaking** договорить *pf*; ~ **telling** досказать *pf*; ~ **watching** досмотреть *pf*; ~ **writing** дописать *pf*)
finished *tech* отделанный, обработанный; ~ **goods** готовые изделия *neut pl*; ~ **manners** изысканные манеры *f pl*; (*exhausted*) **I am ~!** я больше не могу
finisher (*worker*) отделочник; *tech* инструмент для чистовой обработки; (*textile*) аппретурщик; (*paper*, *road*) финишер
finishing 1. *n* отделка **2.** *adj* (*last*) последний; ~ **coat** отделочный слой; ~ **touch** последние штрихи *m pl*; **put the ~ touch** завершать, наносить последние штрихи; ~ **school** пансион для девиц; *geom* ~ **point** конечная точка
finite ограниченный; *math* конечный, финитный; *gramm* личный
finiteness, finitude ограниченность *f*
fink *Am sl* 1. *n* (*informer*) стукач; (*strike-breaker*) штрейкбрехер; (*swine*) сволочь *f* **2.** *v* (*be informer*) быть стукачом; (*squeal*) расколоться *pf*
Finland Финляндия
Finn финн, *f* финнка; **the ~s** финны *m pl*
finned *zool* имеющий плавники; *tech* ребристый; (*projectile*) оперённый
Finnic, Finnish 1. *n* финский язык **2.** *adj* финский
Finno-Ugric финно-угорский
finny имеющий плавники
fiord фиорд
fir (*Abies*) пихта; (*Picea*) ель *f*; **~-cone** еловая шишка
fire 1. *n* (*combustion*; *source of heat*; *shooting*; *also fig*) огонь *m*; **be on** ~ гореть; **catch** ~ загораться; **set ~ to** зажигать, поджигать (*esp in arson*); (*in expressions*) **out of the frying pan into the ~** из огня да в полымя; **play with** ~ играть с огнём; **there's no smoke without** ~ нет дыма без огня; (*~place*) камин; (*camp~*, *bon~*) костёр; (*conflagration*) пожар; *mil* огонь *m*, стрельба; **cease** ~ прекращать огонь; **open** ~ открывать огонь; **under** ~ под огнём, под обстрелом; (*passion*) пыл **2.** *adj* огневой; пожарный **3.** *vt* (*set alight*) зажигать, разжигать, (*esp in arson*) поджигать; ~ **a boiler** развести *pf* котёл; ~ **a stove** топить печь; (*bricks*, *pottery*) обжигать; (*explode*) взрывать; (*shoot*) стрелять **(at,** в + *acc*); ~ **a rifle** стрелять из винтовки; *coll* ~ **questions at** засыпать вопросами; *fig* (*arouse*) возбуждать; (*inspire*) воодушевлять; ~ **the imagination** захватить *pf* воображение; *coll* (*dismiss*) выгонять с работы; *vi* (*of engine*) заводиться
~ **away, off** расстрелять; ~ **away!** давай!
fire-alarm пожарная тревога, пожарный сигнал
firearm огнестрельное оружие
fireball болид
firebox огневая коробка, топка
firebrand (*burning wood*) головня; *fig* подстрекатель *m*, *f* подстрекательница
firebreak (*in forest*) просека
firebrick огнеупорный кирпич
fire-brigade пожарная команда
fire-bug поджигатель *m*
fireclay огнеупорная глина
fire-control *mil*, *nav* управление огнём; *nav* ~ **tower** командно-дальномерный пост
firedamp рудничный/гремучий газ
fire-door пожарная дверь *f*
fire-drill (*safety measure*) пожарное учение
fire-eater (*entertainer*) пожиратель *m* огня; (*quarrelsome person*) драчун, вспыльчивый человек, горячая голова
fire-engine пожарная машина
fire-escape пожарная лестница
fire-extinguisher огнетушитель *m*
fire-fighter пожарник, пожарный
fire-fighting *adj* противопожарный
firefly (жук-)светляк, *coll* светлячок
fireguard (*round fire*) каминная решётка
fire-hose пожарный рукав, шланг
fire-insurance страхование от огня
fire-irons каминный прибор
firelight свет от огня/камина/костра (*see* **fire**)
firelighter растопка
firelock кремнёвый мушкет
fireman (*firefighter*) пожарный, пожарник; (*stoker*) кочегар
fireplace камин, очаг
fire-plug гидрант, пожарный кран
fire-policy полис страхования от огня
fireproof огнеупорный, огнестойкий, несгораемый
fire-raiser поджигатель *m*
fire-raising поджог
fire-screen каминный экран
fire-ship брандер
fireside 1. *n* место у камина; **by the ~** у камелька; *fig* домашний очаг **2.** *adj* у камелька
fire-station пожарное депо *neut indecl*, пожарная станция
fire-wall брандмауэр
firewarden (*forest*) пожарный объездчик; (*senior firewatcher*) брандмейстер
firewatcher дежурный пожарный
firewater *coll* огненная вода
firewood дрова *neut pl*
firework фейерверк; *pl* фейерверк, пиротехника *fig* (*display*) блеск; (*outburst*) взрыв, вспышка
fire-worship огнепоклонничество
fire-worshipper огнепоклонник

firing 1. *n* разжига́ние; поджига́ние; о́бжиг; ого́нь *m*, стрельба́ (*see* **fire**); (*of rocket*) за́пуск; (*of explosive*) взрыва́ние **2.** *adj tech* ~ **sequence** (*of engine*) поря́док рабо́ты цили́ндров; *mil* ~ **area** полиго́н, стре́льбище; ~ **line** ли́ния огня́; **be on the ~ line** находи́ться на ли́нии огня́; ~ **party** (*for salute*) салю́тная кома́нда; (*for execution*) кома́нда, наря́женная для расстре́ла; ~ **pin** уда́рник; ~ **squad** *see* ~ **party**

firkin (*cask*) бочо́нок

firm 1. *n* фи́рма **2.** *adj* (*solid, steady; of ground, purpose, voice etc*) твёрдый; *fig* **be on ~ ground** (*make no mistake*) не ошиба́ться; (*be sure*) чу́вствовать по́чву под нога́ми; **with a ~ hand** твёрдой руко́й; (*strong; of foundations*) про́чный, кре́пкий; (*decisive*) ~ **measures** реши́тельные ме́ры *f pl*; (*strict*) стро́гий; (*unwavering*) усто́йчивый, сто́йкий; ~ **friends** ве́рные друзья́ *m pl*; ~ **as a rock** твёрдый как скала́ **3.** *adv* **stand ~** стоя́ть про́чно **4.** *v* (*soil etc*) уплотня́ть(ся)

firmament *bibl* твердь *f* небе́сная; *poet* небе́сный свод

firmness твёрдость *f*; кре́пость *f*; про́чность *f*; усто́йчивость *f*; реши́тельность *f* (*see* **firm**); (*of soil*) уплотнённость *f*, пло́тность *f*

first 1. *n* (*person*) пе́рвый; **he was the ~ to arrive** он пришёл пе́рвым; (*date*) пе́рвое (число́); **on the ~ (of June)** пе́рвого (ию́ня); (*beginning*) **at ~** снача́ла; **from ~ to last** с нача́ла до конца́; **from the ~** с са́мого нача́ла **2.** *adj* пе́рвый; ~ **cousin** двою́родный брат, *f* двою́родная сестра́; ~ **finger** указа́тельный па́лец; ~ **name** и́мя *neut*; *theat* ~ **night** премье́ра; **at ~ hand** из пе́рвых рук; **at ~ sight** с пе́рвого взгля́да; **at the ~ opportunity; for the ~ time** (в) пе́рвый раз; **(for) the ~ two days** пе́рвые два дня; **in the ~ place** (*firstly*) во-пе́рвых; (*at all*) вообще́ **3.** *adv* (*to begin with*) сперва́, снача́ла; (*in the ~ place*) во-пе́рвых; (*for the ~ time*) впервы́е; (*rather, sooner*) скоре́е; ~ **of all** пре́жде всего́, в пе́рвую о́чередь; ~ **thing** пе́рвым де́лом

first-aid 1. *n* пе́рвая по́мощь *f*; **give ~** ока́зывать **(to,** + *dat*) пе́рвую по́мощь **2.** *adj* ~ **kit** доро́жная апте́чка; ~ **post** пункт пе́рвой по́мощи

first-born 1. *n* пе́рвенец **2.** *adj* ста́рший; *bibl* первоpо́дный

first-class 1. *adj* (*excellent*) первокла́ссный, отли́чный; (*vehicle*) пе́рвого кла́сса; ~ **carriage** ваго́н пе́рвого кла́сса **2.** *adv* (*fine*) превосхо́дно; **travel ~** путеше́ствовать пе́рвым кла́ссом

first-floor (*in Britain*) второ́й эта́ж; (*US and elsewhere*) пе́рвый эта́ж

first-fruit(s) пе́рвые плоды́ *m pl*

first-hand (*direct*) непосре́дственный, из пе́рвых рук; **from ~ experience** из ли́чного о́пыта

firstly во-пе́рвых

first-rate 1. *adj* (*excellent*) первокла́ссный, прекра́сный, превосхо́дный; *hist* (*ship*) пе́рвого кла́сса **2.** *adv* прекра́сно, превосхо́дно

firth (*estuary*) у́стье

fiscal (*of public revenue*) фиска́льный; (*financial*) фина́нсовый; ~ **year** бюдже́тный год

fish 1. *n* ры́ба (*often collect*); *in expressions* **cry stinking ~** хули́ть свой това́р; **a fine kettle of ~!** хоро́шенькое де́ло; **like a ~ out of water** не в свое́й стихи́и; **neither ~, flesh nor fowl** ни ры́ба ни мя́со; **an odd, queer ~** стра́нный челове́к; **a poor ~** шля́па *m and f* **2.** *adj* (*obtained from ~*) ры́бий; ~ **oil** ры́бий жир; ~ **scale** ры́бья чешуя́; (*fishy, of, for ~*) ры́бный **3.** *v* (*catch ~*) лови́ть ры́бу; ~ **a river** лови́ть ры́бу в реке́; ~ **for** иска́ть (+ *gen*); *fig* (*information etc*) добыва́ть, выу́живать; ~ **for compliments** напра́шиваться на комплиме́нты; ~ **out, up** выта́скивать (**from,** из + *gen*)

fishball, fishcake те́фтели *pl* из ры́бы и карто́феля

fish-bone ры́бья кость *f*

fish-day по́стный день *m*

fisher (*boat*) рыба́чья ло́дка; *see* **fisherman**

fisherman (*sportsman*) рыболо́в; (*in fishing industry*) рыба́к

fishery (*industry*) ры́бный про́мысел, рыболо́вство; (*fishing area*) ры́бное ме́сто; *leg* пра́во ры́бной ло́вли; ~ **protection** охра́на рыболо́вства

fish-glue ры́бий клей

fish-hook (*for fishing*) рыболо́вный крючо́к; *nav* фиш-га́к

fishiness (*taste*) ры́бный при́вкус; (*suspicious character*) сомни́тельность *f*

fishing 1. *n* (*act*) ло́вля ры́бы; **go ~** идти́ на рыба́лку; (*method*) лов ры́бы; (*industry*) ры́бный про́мысел, рыболо́вство; (*sport*) ры́бная ло́вля; (*right to ~*) пра́во на ры́бную ло́влю **2.** *adj* (*industry, limit etc*) рыболо́вный; **~-boat** рыболо́вное су́дно; (*small*) рыба́чья ло́дка; **~-line** ле́са; **~-net** рыболо́вная сеть *f*; **~-rod** уди́лище; **~-tackle** рыболо́вная снасть *f*; ~ **village** рыба́цкий посёлок

fish-ladder рыбохо́д

fish-meal ры́бная мука́

fishmonger торго́вец ры́бой, ры́бник

fishpaste паште́т из ры́бы

fish-plate *tech* стыкова́я накла́дка

fish-pond рыбово́дный пруд

fish-shop ры́бный магази́н

fishtail 1. *n* ры́бий хвост **2.** *adj* веерообра́зный

fishwife торго́вка ры́бой; *fig* база́рная торго́вка

fishy ры́бный; **there is a ~ smell** па́хнет ры́бой; *fig* (*dubious*) сомни́тельный; (*suspicious*) подозри́тельный; **there's something ~ about this** здесь что́-то нечи́сто

fissile *phys* деля́щийся, расщепля́ющийся; *geol* слои́стый

fission деле́ние, расщепле́ние; **nuclear ~** я́дерное деле́ние

fissionable дели́мый, расщепля́емый

fissiparous размножа́ющийся деле́нием

fissure 1. *n* (*surface crack; also med, anat*) тре́щина; (*split, opening*) щель *f*; (*in ice, rock etc*) расще́лина **2.** *v* (*become covered with cracks*) растре́скиваться; (*split*) раска́лывать(ся)

fist кула́к; **shake one's ~ at** грози́ть (+ *dat*) кулако́м; *coll* (*hand*) ла́па; (*handwriting*) по́черк

fistful горсть *f*

fisticuffs *pl* кула́чный бой

fistula *med* фистула́, свищ; *mus* свире́ль *f*

fistular *med* свищево́й; (*like pipe*) ду́дчатый

[1]**fit** (*attack*) припа́док, при́ступ; **fainting ~** о́бморок; ~ **of coughing** при́ступ ка́шля; (*stroke*) уда́р; **throw a ~** закати́ть *pf* исте́рику; *fig* (*burst*) поры́в; **a ~ of anger** поры́в гне́ва; (*sudden access*) при́ступ; **by ~s and starts** рывка́ми; (*mood*) настрое́ние

[2]**fit 1.** *n* (*of clothes: use verb*) **the ~ is not good** пло́хо сиди́т; (*size*) разме́р; *tech* поса́дка; **loose ~** свобо́дная поса́дка **2.** *adj* (*proper, appropriate*) подходя́щий (**for,** для + *gen or* к + *dat*); (*of use, in good condition*) (при)го́дный (**for,** для + *gen or* к + *dat*); (*in good health*) здоро́вый; ~ **for duty**

го́дный к слу́жбе; (*ready*) гото́вый; **he is ~ for anything** он гото́в на всё; (*worthy*) досто́йный; *as pred* **it is ~ing that** подоба́ет, сле́дует (+ *infin*); **see, think ~ to** счита́ть ну́жным (+ *infin*) **3.** *v* (*of clothes, be right size*) подходи́ть по разме́ру; **it ~s me exactly** э́то мне как раз; (*be right shape*) сиде́ть; **the dress ~s her well** пла́тье хорошо́ на ней сиди́т; (*be suitable; also tech*) подходи́ть (+ *dat*), соотве́тствовать (+ *dat*); (*make right size*) подгоня́ть; (*adapt*) приспоса́бливать(ся); (*install*) устана́вливать

~ **in** (*go in, be inserted*) входи́ть, вставля́ться (в + *acc*); (*insert*) вставля́ть; (*find space for*) помеща́ть(ся); (*be suitable*) подходи́ть

~ **in with** (*coincide*) совпада́ть с (+ *instr*); (*correspond, go with*) соотве́тствовать (+ *dat*)

~ **on** (*try garment*) примеря́ть; (*put on*) надева́ть; (*install*) устана́вливать

~ **out** снаряжа́ть

~ **up** снабжа́ть, оснаща́ть

fitful (*in bursts; of breeze*) поры́вистый; (*irregular*) преры́вистый; ~ **light** мерца́ющий свет; (*uneasy*) беспоко́йный

fitly подоба́ющим, надлежа́щим о́бразом

fitment (*built-in furniture*) встро́енная ме́бель *f*; *pl* (*domestic*) обстано́вка; *tech* приспособле́ние

fitness (*good health*) хоро́шее состоя́ние здоро́вья; *sp* натрениро́ванность *f*; (*endurance*) выно́сливость *f*; (*usefulness*) (при)го́дность *f* (**for,** для + *gen or* к + *dat*); (*readiness*) спосо́бность *f*, подгото́вленность *f* (**to,** + *infin*)

fitter (*mechanic*) монтёр, сле́сарь-монта́жник

fitting 1. *n* (*measuring*) приме́рка; (*installation*) устано́вка; *tech pl* фи́тинги *m pl*, армату́ра; (*appurtenances*) принадле́жности *f pl* **2.** *adj* (*suitable*) подходя́щий; (*seemly*) надлежа́щий

fittingly подоба́ющим, надлежа́щим о́бразом

five *num* пять *f* (+ *gen pl*); ~ **hundred** пятьсо́т; *collect num* пя́теро; **there were ~ of us** нас бы́ло пять, пя́теро; (*bus, card*) пятёрка; (*time*) ~ **(o'clock)** пять (часо́в); **he came out at ~** он пришёл в пять; (*age*) **he was ~** ему́ бы́ло пять (лет) (*see also* **eight**)

fivefold 1. *adj* (*of five parts*) состоя́щий из пяти́ часте́й; (*done five times, five times larger*) пятикра́тный **2.** *adv* в пять раз (бо́льше), впя́теро

fiver *coll* пятёрка

fix 1. *n coll* (*situation*) тру́дное положе́ние; (*dilemma*) диле́мма; **be in a ~** быть в тру́дном положе́нии; **get into a ~** попа́сть *pf* в переде́лку, в переплёт; (*navigation*) определе́ние ме́ста; (*position*) ме́сто; *sl* (*of drug*) уко́л **2.** *v* (*fasten*) закрепля́ть(ся); (*attach to*) прикрепля́ть(ся) (**to,** к + *dat*); (*nail*) прибива́ть (**to,** к + *dat*); (*screw*) приви́нчивать(ся) (**to,** к + *dat*); ~ **in(to) the ground** вбива́ть в зе́млю; (*establish*) устана́вливать; (*time etc*) назнача́ть; *coll* (*settle*) реша́ть; (*mend*) чини́ть; (*arrange*) устра́ивать; (*arrange dishonestly*) подстра́ивать; (*gaze etc*) устреми́ть *pf* (взгляд *etc*; **on,** на + *acc*); (*concentrate*) сосредото́чивать; (*prepare*) гото́вить; *phot* фикси́ровать, закрепля́ть; ~ **on** (*decide on*) останови́ться *pf* на (+ *prep*); (*choose*) вы́брать *pf*; ~ **up** устра́ивать

fixation *tech, sci* фикса́ция; *phot* фикси́рование, закрепле́ние; (*obsession*) навя́зчивая иде́я

fixative 1. *n* фиксати́в **2.** *adj* фикси́рующий

fixed (*unmoving*) неподви́жный; (*constant*) постоя́нный; ~ **idea** навя́зчивая иде́я, иде́я-фикс; *chem* свя́занный

fixedly: look ~ at смотре́ть при́стально на (+ *acc*)

fixer (*arranger*) нала́дчик; *chem* фикса́ж, закрепи́тель *m*

fixing закрепле́ние, установле́ние (*etc, see* **fix**); (*method of attachment*) крепле́ние; *pl coll* (*accessories*) принадле́жности *f pl*

fixity (*immobility*) неподви́жность *f*; (*constancy*) постоя́нство

fixture что́-нибудь постоя́нное/неподви́жное; *leg* дви́жимость *f*, соединённая с недви́жимостью; *tech* (*accessory*) приспособле́ние; (*fastening*) крепле́ние

fizz 1. *n* (*effervescence*) шипе́ние; *coll* (*drink*) шипу́чий напи́ток; (*champagne*) шампа́нское **2.** *v* шипе́ть

fizzle слегка́ шипе́ть; ~ **out** га́снуть; *fig* око́нчиться *pf* неуда́чей

fizzy шипу́чий, игри́стый

flabbergast изумля́ть, ошеломля́ть

flabby (*loosely hanging*) отви́слый; (*limp; also fig*) вя́лый

flaccid вя́лый

flag 1. *n* (*banner etc*) флаг; (*small; on map etc*) флажо́к; **hoist, lower the ~** поднима́ть, спуска́ть флаг; ~ **at half-mast** приспу́щенный флаг; ~ **of distress** фла́жный сигна́л бе́дствия; ~ **of convenience** удо́бный флаг; ~ **of truce** парламентёрский флаг; *bot* каса́тик; (*stone*) плита́ **2.** *v* (*decorate with ~s*) украша́ть фла́гами; (*signal*) сигнализи́ровать фла́гами; (*weaken*) ослабева́ть; (*lessen*) уменьша́ться; (*droop*) ви́снуть; ~ **down** остана́вливать; **the conversation was ~ing** разгово́р не кле́ился

flagellant 1. *n* флагелла́нт **2.** *adj biol* жгу́тиковый

flagellate 1. *v* сечь, поро́ть, бичева́ть; *fig* бичева́ть, клейми́ть **2.** *adj biol* жгу́тиковый

flagellation по́рка, бичева́ние; (*sexual deviation*) флагелля́ция

flagelliform жгутикови́дный

flagellum *biol* жгу́тик; *bot* побе́г, ус

flageolet флажоле́т

flagging (*paving*) мостова́я/пол *etc* из плит

flag-lieutenant флаг-адъюта́нт

flag-officer (*admiral*) адмира́л; (*of naval force*) кома́ндующий (**of,** + *instr*)

flagon (*jug*) кувши́н; (*bottle*) буты́ль *f*

flagpole флагшто́к

flagrant (*obvious*) я́вный; (*scandalous*) сканда́льный; (*outrageous*) вопию́щий; (*notorious*) преслову́тый

flagship фла́гманский кора́бль *m*, фла́гман (*also fig*)

flagstaff флагшто́к

flagstone ка́менная плита́

flag-wagging, flag-waving *coll pej* ура́-патриоти́зм

flail 1. *n* цеп; ~**-tank** танк-разгради́тель *m* **2.** *v* (*thresh*) молоти́ть цепо́м; (*beat*) бить

flair (*bent, gift*) чутьё (**for,** + *gen*); (*nose for*) нюх на (+ *acc*)

flak (*guns*) зени́тная артилле́рия; (*fire*) зени́тный ого́нь *m*; *fig* о́страя кри́тика

flake 1. *n* (*thin piece*) чешу́йка; (*of stone*) оско́лок; *pl* хло́пья *m pl*; **corn ~s** кукуру́зные хло́пья, корнфле́кс; **soap ~s** мы́льные хло́пья; **snow ~** снежи́нка **2.** *v* (*fall in ~s*) сы́паться хло́пьями; (*make, become flaky*) рассла́ивать(ся); ~ **away, off** отсла́иваться

flake-white свинцо́вые бели́ла *neut pl*

flakiness (*appearance*) хлопьеви́дность *f*; (*layered nature*) чешу́йчатость *f*, слои́стость *f*

flaky (*appearance*) хлопьеви́дный; (*layered*) слои́стый, чешу́йчатый

flam *coll* **1.** *n* (*deception*) обма́н; (*sham story*) вы́думка **2.** *v* одура́чивать

flamboyance (*behaviour*) экспанси́вность *f*; (*style*) цвети́стость *f*

flamboyant экспанси́вный; цвети́стый

flame 1. *n* пла́мя *neut sing only*; **be in ~s** горе́ть; **burst into ~s** вспы́хнуть *pf* пла́менем, загоре́ться *pf*; *coll* **an old ~** ста́рая любо́вь *f*, ста́рая па́ссия **2.** *v* (*burn with ~*) горе́ть пла́менем; *fig* (*be bright, glow*) пламене́ть; (*flare up*) вспы́хивать, запыла́ть *pf*

flame-coloured кра́сно-жёлтый, о́гненного цве́та, о́гненный

flame-out заглуха́ние дви́гателя

flame-proof огнесто́йкий

flame-thrower огнемёт

flaming (*burning*) горя́щий, пыла́ющий; **~ sun** паля́щее со́лнце; (*bright*) я́ркий, пламене́ющий; (*ardent*) пы́лкий; *sl* (*cursed*) проклятый

flamingo флами́нго *m indecl*

flammable воспламеня́емый, огнеопа́сный

flan откры́тый пиро́г

flâneur фланёр

flange (*of pipe, mounting etc*) фла́нец; (*of wheel*) ребо́рда; (*of rail*) подо́шва

flank 1. *n* (*side of animal*) бок; (*of carcase*) бочо́к; (*side*) сторона́; (*of hill*) склон; (*of building*) крыло́; *mil* фланг; **attack on the ~** атакова́ть с фла́нга; **turn the ~ of** обходи́ть с фла́нга **2.** *v* (*be at side of*) располага́ться по бока́м; *mil* располага́ться на фла́нге; (*abut on*) примыка́ть (к + *dat*); (*turn ~*) обходи́ть с фла́нга

flannel 1. *n* (*material*) флане́ль *f*; (*for washing*) флане́лька **2.** *adj* флане́левый

flannelette 1. *n* фланеле́т **2.** *adj* фланеле́товый

flap 1. *n* (*slap*) шлепо́к; (*of wings*) взмах; (*noise of sail etc*) хло́панье; (*hinged panel*) заслонка; (*of table*) откидна́я доска́; (*of pocket, valve*) кла́пан; (*curtain etc*) за́навес; (*hanging piece*) вися́щий кусо́к; *aer* закры́лок; *coll* (*panic*) па́ника; **be in a ~** паникова́ть **2.** *v* (*of flag etc*) развева́ть(ся), колыха́ть(ся); (*wings etc*) хло́пать, маха́ть (+ *instr*); (*strike lightly*) хло́пать, шлёпать; *coll* не́рвничать, волнова́ться

flap-eared вислоу́хий

flapjack (*pancake*) лепёшка; (*powder compact*) пу́дреница

flapper (*fly-whisk*) хлопу́шка; (*for birds*) колоту́шка; (*flipper*) ласт

flare 1. *n* (*sudden flame, outburst etc*; *also astron*) вспы́шка; (*signal*) светово́й сигна́л; (*rocket*) сигна́льная раке́та; *mil* освети́тельный патро́н; (*of dress*) клёш; *naut* разва́л **2.** *v* (*burn brightly*) горе́ть я́рким пла́менем; (*blaze suddenly*; *also fig*) вспы́хивать; (*of dress*) расклёшивать(ся); (*widen*) расширя́ть(ся); **~ up** вспы́хивать

flare-path взлётно-поса́дочная полоса́ со светово́ым обору́дованием

flare-up вспы́шка

flash 1. *n* (*most senses*) вспы́шка; (*moment*) миг, мгнове́ние; **in a ~** мгнове́нно; (*communication*) мо́лния; *mil* (*on uniform*) эмбле́ма; *phot* вспы́шка; (*of a shot*) блеск; **~ in the pan** осе́чка **2.** *adj* (*smart*) шика́рный; (*showy*) крича́щий; (*sham*) подде́льный; (*of underworld*) блатно́й; (*instantaneous*) мгнове́нный **3.** *v* (*gleam, glitter*) сверка́ть; (*gleam once*) сверкну́ть; **the lightning ~ed** мо́лния сверкну́ла; (*explosively*) вспы́хивать; (*appear for moment*) мелька́ть; **~ past** мча́ться, носи́ться ми́мо (+ *gen*); **it ~ed into his mind** его́ вдруг осени́ло; (*send express message*) молни́ровать; (*signal*) сигнализи́ровать; (*glance etc*) мета́ть

flashback *cin etc* ретроспекти́вная сце́на; *tech* обра́тное зажига́ние

flash-bulb ла́мпа-вспы́шка

flashily (*ostentatiously*) напока́з; (*in loud colours etc*) крикли́во

flashiness вульга́рность *f*; (*of clothes*) крикли́вость *f*

flashing 1. *n* вспы́хивание; сверка́ние; блеск (*see* **flash**); *tech, bui* фа́ртук **2.** *adj* (*beacon etc*) про́блесковый; (*see also* **flash**)

flash-lamp, flashlight карма́нный фона́рь *m*

flashpoint температу́ра вспы́шки

flashy (*showy, loud*) крича́щий; (*specious*) показно́й; (*vulgar*) вульга́рный

flask фля́жка; **vacuum ~** те́рмос; *chem* ко́лба

flat 1. *n* (*~ surface*) пло́скость *f*; (*level area*) равни́на; (*facet*) грань *f*; (*shallows*) мель *f*; (*apartment*) кварти́ра; *mus* бемо́ль *m*; *theat* за́дник; *coll* (*of tyre*) спу́щенная ши́на **2.** *adj* (*level*) ро́вный, пло́ский; (*smooth*) гла́дкий; (*stretched out*) растяну́вшийся; (*dull, inactive*) вя́лый; (*colourless*) бле́дный; (*depressed*) пода́вленный; **I feel ~** мне ску́чно; (*of joke*) пло́ский, неуда́чный; (*of drink*) вы́дохшийся; (*of flavour*) пре́сный; (*of tyre*) **~ tyre** спу́щенная ши́на; **the tyre was ~** ши́на спусти́ла; **the battery is ~** батаре́я се́ла; *comm* **~ rate** единообра́зная ста́вка; **~ rate fare** еди́ный тари́ф; *mus* бемо́льный; (*not of true pitch*) фальши́вый; **sing ~** фальши́вить; (*outright*) **~ refusal** категори́ческий отка́з; **that's ~!** э́то оконча́тельно **3.** *adv* (*level*) пло́ско, ро́вно; (*smooth*) гла́дко; **fall ~** упа́сть *pf* плашмя́; *fig* не име́ть успе́ха; **knock ~** сбить *pf* с ног; (*outright*) пря́мо; (*completely*) соверше́нно; **~ out** во всю мочь

flat-bosomed плоскогру́дый

flat-bottomed плоскодо́нный

flatfish пло́ская ры́ба

flat-footed страда́ющий плоскосто́пием, име́ющий пло́ские сто́пы; *fig* (*clumsy*) неуклю́жий

flat-iron утю́г

flatly (*outright*) категори́чески, пря́мо; **refuse ~** отказа́ться *pf* наотре́з; (*lifelessly*) вя́ло, безжи́зненно; (*evenly*) пло́ско, ро́вно

flatmate соквартира́нт, *f* соквартира́нтка

flatness (*level*) пло́скость *f*, ро́вность *f*; (*tedium*) ску́ка; (*lifelessness*) вя́лость *f*

flat-sided плоскобо́ртный

flatten *vt* (*make flat*) де́лать пло́ским, ро́вным; (*smooth out*) разгла́живать; (*make even*) выра́внивать; (*knock down*) вали́ть; (*squash flat*) раздави́ть *pf*, сплю́щивать; **~ oneself against** прижима́ться к (+ *dat*); *mus* детони́ровать; *coll* (*overcome, crush*) разбива́ть; *vi* (*become flat*) станови́ться пло́ским, ро́вным; (*be squashed*) сплю́щиваться; **~ out** (*make, become level*) выра́внивать(ся)

flatter льстить (+ *dat*); **~ oneself that** льстить себя́ наде́ждой, что

flatterer льстец

flattering (*insincerely praising*) льсти́вый; (*esteeming highly*) ле́стный
flattery лесть *f*
flatting-mill листопрока́тный стан
flattish плосковáтый
flatulence метеори́зм, скопле́ние га́зов; *fig* претенцио́зность *f*
flatulent страда́ющий от га́зов; *fig* претенцио́зный, напы́щенный
flaunt (*of banners etc*) развева́ть(ся); (*display ostentatiously*) щеголя́ть (+ *instr*)
flautist флейти́ст, *f* флейти́стка
flavin флави́н
flavour 1. *n* (*taste*) вкус; (*secondary taste*) при́вкус; **metallic** ~ металли́ческий при́вкус; (*smell*) за́пах, арома́т; *fig* (*a touch of*) отте́нок, намёк на (+ *acc*); (*character*) хара́ктер; (*zest*) пика́нтность *f*, соль *f* **2.** *v* (*give taste, smell to*) придава́ть вкус, за́пах (+ *dat*); *cul* приправля́ть (**with,** + *instr*); *fig* придава́ть интере́с (+ *dat*)
flavouring (*of dish*) припра́ва; (*in food processing*) вкусово́е вещество́
flavourless безвку́сный, пре́сный
flaw (*crack; in jewel, china etc*) тре́щина; (*deficiency, shortcoming*) недоста́ток; (*defect, fault*) дефе́кт, поро́к, изъя́н; (*omission*) упуще́ние
flawed (*defective*) дефе́ктный; (*fallacious*) поро́чный; *see also* **flaw**
flawless (*without defect*) без изъя́на, без поро́ка; (*irreproachable*) безупре́чный, беспоро́чный; (*perfect*) соверше́нный
flax 1. *n* лён **2.** *adj* льняно́й
flaxen (*of flax*) льняно́й; (*colour, of hair*) соло́менный
flay (*remove skin*) сдира́ть ко́жу с (+ *gen*), свежева́ть; (*thrash*) поро́ть; (*criticize savagely*) разноси́ть
flayer живодёр
flea блоха́; **go away with a ~ in one's ear** получи́ть *pf* ре́зкий отпо́р; **~bane** бло́шница; **~-bite** блоши́ный уку́с; *fig* пустя́к; **~-bitten** иску́санный бло́хами
fleam ланце́т
flèche (*spire*) шпиль *m*; (*fencing*) ата́ка стрело́й
fleck 1. *n* (*spot*) пя́тнышко; (*of colour, rain*) кра́пинка; (*particle*) крупи́нка; (*of snow*) снежи́нка; (*of dust*) пыли́нка **2.** *v* покрыва́ть кра́пинками *etc*; **be ~ed with** (*various colours etc*) пестри́ть (**with,** + *instr*)
fledge опери́ть(ся); *fig* **fully ~d** (*adult*) взро́слый; (*qualified*) вполне́ квалифици́рованный; (*complete*) соверше́нный
fledgeling (*young bird*) (опери́вшийся) птене́ц; (*person*) начина́ющий
flee (*run away*) бежа́ть, убега́ть (**from,** из + *gen*); (*shun*) избега́ть (+ *gen*)
fleece 1. *n* (*wool*) шерсть *f*; **the Golden Fleece** Золото́е Руно́; (*cut from sheep*) на́стриг **2.** *v* (*shear sheep*) стричь; *coll* (*rob*) обдира́ть, обкра́дывать
fleecy (*covered with fleece*) покры́тый ше́рстью; (*fluffy*) пуши́стый; (*curly*) кудря́вый
[1]**fleet** *nav* флот; (*of fishing boats etc*) флоти́лия; (*of taxis etc*) парк
[2]**fleet 1.** *adj* бы́стрый; **~ of foot** быстроно́гий **2.** *v* проноси́ться
fleet-footed быстроно́гий
fleeting (*quick*) бы́стрый; (*passing*) мимолётный, скороте́чный
Fleming флама́ндец, *f* флама́ндка
Flemish 1. *n* (*language*) флама́ндский язы́к; *collect* **the ~** флама́ндцы *m pl* **2.** *adj* флама́ндский
flench, flense (*skin*) сдира́ть ко́жу; (*strip blubber*) разде́лывать
flesh (*animal, human*) мя́со; (*of fruit*) мя́коть *f*; (*body*) те́ло; (*physical nature*) плоть *f*; **sins of the ~** пло́тские грехи́ *m pl*; **~ and blood** плоть *f* и кровь *f*; **one's own ~ and blood** плоть от пло́ти; **in the ~** во плоти́; **~ wound** пове́рхностная ра́на
flesh-coloured теле́сного цве́та
flesh-eating плотоя́дный
fleshiness полнота́
fleshless (*without flesh*) без мя́са; (*emaciated*) то́щий
fleshly (*of body*) теле́сный; (*carnal*) пло́тский
fleshy мяси́стый
fletch оперя́ть
fleur-de-lis геральди́ческая ли́лия
flex 1. *n* (*wire*) ги́бкий шнур **2.** *v* (*bend*) сгиба́ть(ся)
flexibility (*ability to bend*) ги́бкость *f*; (*elasticity*) эласти́чность *f*; (*of attitude*) усту́пчивость *f*; (*adaptability*) приспособля́емость *f*
flexible (*most senses*) ги́бкий; (*of character etc*) усту́пчивый; (*adaptable*) легко́ приспоса́бливающийся
flexion *med, tech* сгиба́ние; *gramm* фле́ксия
flexional флекти́вный
flexor сгиба́тель *m*, сгиба́тельная мы́шца
flibbertigibbet *coll* верту́шка, болту́шка
flick 1. *n* (*light blow*) лёгкий уда́р; (*snap of fingers, switch etc*) щелчо́к; (*tap*) стук; (*jerk*) толчо́к; *pl coll* (*cinema*) кино́ *neut indecl* **2.** *v* (*hit lightly*) слегка́ уда́рить *pf*; (*with whip*) стега́ть; (*fingers, switch etc*) щёлкать(ся); (*propel with a ~*) толка́ть; **~ off, away** сма́хивать
flicker 1. *n* (*unsteady gleam*) мерца́ние; (*brief flare*) вспы́шка; (*quiver*) тре́пет, дрожь *f* **2.** *v* (*gleam unsteadily*) мерца́ть; (*flare up*) вспы́хивать; **~ out** вспы́хивать и га́снуть; (*flit*) мелька́ть; (*quiver*) трепета́ть, дрожа́ть
flight 1. *n* (*flying; trip by air*) полёт; (*scheduled trip*) рейс; (*of time*) тече́ние; **~ of the imagination** полёт фанта́зии; **~ of stairs** ле́стничный марш; (*flock*) стая; *av* звено́; (*fleeing*) бе́гство; **put to ~** обраща́ть в бе́гство; **take to ~** обраща́ться в бе́гство **2.** *adj* лётный, полётный; **~ deck** полётная па́луба; **~ engineer** бортмеха́ник; **~ -lieutenant** капита́н авиа́ции; **~ path** траекто́рия полёта; **~ recorder** бортово́й самопи́сец; **~ sergeant** ста́рший сержа́нт авиа́ции
flighty (*capricious*) капри́зный; (*frivolous*) легкомы́сленный; (*horse*) пугли́вый
flimsy 1. *n* (*paper*) то́нкая бума́га; *coll* (*banknote*) бума́жка **2.** *adj* (*fragile*) хру́пкий; (*weak*) сла́бый
flinch (*draw back*) отступа́ть, уклоня́ться (**from,** от + *gen*); (*start*) вздра́гивать
fling 1. *n* (*throw*) швыро́к, бросо́к; (*sudden jerk*) ре́зкое движе́ние; (*try*) попы́тка; **have a ~** (*try*) попыта́ться *pf*; (*enjoy oneself*) погуля́ть *pf* **2.** *vt* швыря́ть, броса́ть; **~ oneself** броса́ться (**into,** в + *acc*); *vi* броса́ться
 ~ about разбра́сывать
 ~ aside отбра́сывать
 ~ away выбра́сывать
 ~ back отбра́сывать
 ~ down сбра́сывать (на зе́млю); (*destroy*) разруша́ть

~ **off** сбрáсывать (**from,** с + *gen*)
~ **over, up** (*give up*) бросáть

flint 1. *n* (*stone*) кремéнь *m*; **hard as** ~ твёрдый как кáмень; (*glass*) флúнтглас **2.** *adj* кремнёвый; ~ **glass** флúнтглас

flintlock кремнёвое ружьё

flinty (*made of flint*) кремнёвый; (*full of flints*) кремнúстый; *fig* (*hard*) твёрдый; (*severe*) сурóвый

flip 1. *n* (*blow*) лёгкий удáр, щелчóк; (*jerk*) рывóк; (*somersault*) кувыркáнье; ~ **of a coin** жеребьёвка; (*flight*) мáленький полёт **2.** *adj coll* (*cheeky*) дéрзкий; (*reverse*) **the** ~ **side** обрáтная сторонá **3.** *v* (*strike lightly*) слегкá удáрить *pf*, щёлкнуть *pf*; (*toss*) подбрáсывать; ~ **a coin** подбрóсить *pf* монéту; *sl* (*go wild*) спятить *pf*; ~ **over** перевернýть(ся) *pf*

flip-flop *elect* трúггер

flippancy (*frivolity*) легкомы́слие; (*disrespect*) дéрзость *f*, непочтúтельность *f*

flippant (*frivolous*) легкомы́сленный, не серьёзный; (*disrespectful*) дéрзкий

flipper плавнúк, ласт; *coll* (*hand*) лáпа

flirt 1. *n* (*woman*) кокéтка; (*flick*) взмах **2.** *v* (*of woman*) флиртовáть, кокéтничать (**with,** с + *instr*); (*of man*) ухáживать (**with,** за + *instr*); (*trifle with, play with*) заúгрывать (**with,** с + *instr*)

flirtation флирт; ухáживание; заúгрывание (*see* **flirt**)

flirtatious кокéтливый

flit 1. *coll* переéзд **2.** *v* (*of bird, butterfly etc*; *also fig*) порхáть; (*of smiles, thoughts etc*) мелькáть

float 1. *n* поплавóк; (*vehicle*) электрокáр **2.** *v* (*not sink*) плáвать, держáться наповéрхности; (*in one direction*) плыть, нестúсь; (*set afloat*) поднимáть; (*off a shoal*) снимáть(ся) с мéли; (*lower on to water*) спускáть на вóду; *fig* (*set in motion*) пускáть в ход; ~ **a loan** разместúть *pf* заём

flo(a)tation (*of company*) основáние; (*of loan*) размещéние; *tech, geol* флотáция

floating плáвающий, плавýчий; ~ **capital** оборóтный капитáл; ~ **dock** плавýчий док; ~ **exchange rate** свобóдно колéблющийся курс; ~ **kidney** блуждáющая пóчка

floatplane поплавкóвый гидросамолёт

flocculent (*woolly*) шерстúстый; (*fluffy*) пушúстый

flock 1. *n* (*crowd*) толпá; (*of animals*) стáдо; (*of birds*) стáя; *rel* пáства; (*of wool*) клочóк **2.** *v* (*gather*) собирáться толпóй; (*go in crowd*) идтú тóлпами
~ **around** толпúться вокрýг (+ *gen*)
~ **in** входúть толпóй
~ **together** (*come together*) собирáться толпóй; (*keep together*) держáться толпóй

floe плавýчая льдúна

flog (*beat*) порóть, сечь; *fig* ~ **a dead horse** трáтить сúлы понапрáсну; (*of sails*) сúльно хлóпать; *coll* (*sell*) загонять, сбывáть

flogging (*thrashing*) пóрка; (*corporal punishment*) телéсное наказáние

flood 1. *n* (*inundation*) наводнéние; **in** ~ (*of river*) разлúвшаяся; *bibl* потóп; (*of light*; *torrent*) потóк; (*tide*) прилúв; *elect* прожéктор **2.** *adj* ~ **water** пáводковая водá **3.** *v* (*inundate*) наводнять; ~ **with light** заливáть свéтом; (*with requests etc*) засыпáть (**with,** + *instr*); (*of river*) выступáть из берегóв; ~ **out** (*rush out*) хлы́нуть *pf* (**of, from,** из + *gen*); (*inundate*) заливáть

floodgate шлюз

flooding затоплéние

floodlight 1. *n* прожéктор **2.** *v* освещáть прожéктором; *fig* проливáть свет на (+ *acc*)

floodlighting освещéние прожекторáми

floodtide прилúв

floor 1. *n* (*of room etc*) пол; (*of sea etc*) дно; (*storey*) этáж; **ground** ~ пéрвый этáж **2.** *v* (*furnish with* ~) настилáть пол; (*knock to ground*) повалúть *pf* нá пол; (*defeat*) сразúть *pf*; (*reduce to silence*) застáвить *pf* замолчáть *pf*; (*confuse*) смутúть *pf*

floor-board половúца

floorcloth половáя тряпка

flooring настúл

floor-show кабарé *neut indecl*

flop 1. *n* (*fiasco*) фиáско *neut indecl*; (*person*) неудáчник; **fall with a** ~ плю́хнуться *pf* **2.** *v* (*fall, sit down*) плю́хнуться *pf*; (*fail*) провалúться *pf* **3.** *interj, adv* шлёп, бух, хлоп

floppy (*limp*) вя́лый; (*dangling*) висящий, обвúслый; *comp* ~ **disk** гúбкий диск

flora флóра

floral (*of flowers*) цветóчный; *bot* цветкóвый; (*of flora*) растúтельный

Florentine 1. *n* флорентúнец, *f* флорентúнка **2.** *adj* флорентúйский, флорентúнский

florescence цветéние

floret цветóк, цветóчек

floriated с растúтельным орнáментом

floriculture цветовóдство

florid (*complexion*) крáсный; (*style*) витиевáтый; (*gaudy*) кричáщий

florist (*flower-grower*) цветовóд; (*flower-dealer*) цветóчник, *f* цветóчница; ~**'s shop** цветóчная лáвка

floss (*silk*) шёлк-сырéц; *metal* пýдлинговый шлак

flotilla флотúлия

flotsam плáвающие облóмки *m pl*

[1]**flounce 1.** *n* (*movement*) рéзкое движéние **2.** *v* бросáться

[2]**flounce** (*frill*) обóрка, волáн

[1]**flounder** (*fish*) кáмбала

[2]**flounder** (*e.g. in water*) барáхтаться; (*move forward with difficulty*) с трудóм пробирáться/передвигáться (**through,** чéрез + *acc*); *fig* (*in speech etc*) терятся, пýтаться

flour 1. *n* мукá **2.** *adj* мучнóй **3.** *v* посыпáть мукóй

flourish 1. *n* (*wave*) взмах; (*sweeping gesture*) ширóкий жест; **with a** ~ (*elaborately*) торжéственно; *mus* туш; (*decoration*) завитýшка; ~ **of the pen** рóсчерк перá **2.** *v* (*grow well*) пы́шно растú; *fig* (*thrive*) процветáть; (*brandish*) размáхивать (+ *instr*); (*decorate*) украшáть

floury (*of flour*) мучнóй; (*like flour*) мучнúстый, (*covered in flour*) посы́панный мукóй

flout (*mock*) насмехáться, издевáться над (+ *instr*); (*ignore*) пренебрегáть (+ *instr*)

flow 1. *n* (*most senses*; *stream*) потóк; (*act of* ~*ing*) течéние; (*outflow*) истечéние; (*inflow*) прилúв; (*of line, dress*; *fluidity*) плáвность *f* **2.** *v* (*most senses*) течь; (*pour*) лúться; **the river** ~**s into the sea** рекá впадáет в мóре
~ **by** протекáть
~ **down** стекáть
~ **in** (*of river etc*) впадáть; *fig* (*accrue*) притекáть, стекáться

~ **out** вытека́ть (**of,** из + *gen*); (*arise from*) вытека́ть, проистека́ть (**of,** из + *gen*)
~ **over** (*overflow*) перелива́ться; (*spread over*) разлива́ться по (+ *dat*)

flow-chart блок-схе́ма

flower 1. *n* (*single blossom*) цвето́к; ~**s** цветы́ *m pl*; *fig* **the** ~ **of** цвет (+ *gen*); (*flowering*) **in** ~ в цвету́; *fig* в расцве́те; **be in** ~ цвести́; **come into** ~ расцвета́ть **2.** *v* (*be in* ~; *also fig*) цвести́; (*come into* ~; *also fig*) расцвета́ть

flowerbed клу́мба

flowered (*decorated with flowers*) укра́шенный цвета́ми; (*with flower pattern*) с цвето́чным узо́ром

floweret цвето́чек

flower-garden цветни́к

flowering (*in flower*) цвету́щий; *bot* ~ **plants** цветко́вые расте́ния *neut pl*

flowerless бесцветко́вый

flowerpot цвето́чный горшо́к

flower-show вы́ставка цвето́в

flowery (*flowering*) цвету́щий; (*covered with flowers*) покры́тый цвета́ми; (*with flower pattern*) с цвето́чным узо́ром; (*ornate*) цвети́стый, витиева́тый

flowing 1. *n* тече́ние; *tech* (*oil*) фонтани́рование **2.** *adj* (*smooth*) гла́дкий; (*of movement*) пла́вный; (*of water etc*) теку́щий; (*clothes*) па́дающий свобо́дными скла́дками

flowmeter расходоме́р

flu грипп

fluctuate колеба́ться

fluctuating коле́блющийся, неусто́йчивый

fluctuation колеба́ние, неусто́йчивость *f*

flue дымохо́д

fluency (*speed*) бе́глость *f*; (*ease of style etc*) пла́вность *f*

fluent 1. *n math* фу́нкция **2.** *adj* (*speech*) бе́глый; **he is a** ~ **speaker of Russian** он бе́гло говори́т по-ру́сски; (*style, movements etc*) пла́вный

fluff 1. *n* пух **2.** *v coll* (*bungle*) испо́ртить *pf*; (*stumble over words etc*) сбива́ться; ~ **up** взбива́ть

fluffy (*like fluff; covered with fluff*) пуши́стый; (*having soft surface*) ворси́стый; *cul* взби́тый

fluid 1. *n* жи́дкость *f*; *tech, sci* **gaseous** ~ газообра́зная среда́; **brake** ~ тормозна́я жи́дкость *f* **2.** *adj* (*liquid*) жи́дкий; (*flowing*) теку́чий; (*of movements etc*) пла́вный; (*gaseous*) газообра́зный; *fig* (*situation etc*) теку́чий

fluidify разжижа́ть

fluidity (*state*) жи́дкое состоя́ние; (*property*) теку́честь *f*; пла́вность *f*

fluidize превраща́ть(ся) в жи́дкость

fluke (*fish*) ка́мбала; (*of whale*) хвостово́й плавни́к; (*parasite*) тремато́да; (*of anchor*) ла́па; (*barb*) зазу́брина; *coll* (*chance*) случа́йность *f*; **by a** ~ случа́йно

fluky (*lucky*) счастли́вый; (*chance*) случа́йный; *med* заражённый тремато́дами

flume *tech* лото́к, гидравли́ческий транспортёр; *Am* уще́лье с пото́ком

flummery *cul* драчёна; *coll* (*humbug*) притво́рство; (*nonsense*) вздор

flummox (*disconcert*) смуща́ть; (*make uncertain*) приводи́ть в недоуме́ние; (*puzzle*) озада́чивать

flunk (*an exam*) провали́ться (на экза́мене), завали́ть

flunkey (*servant*) лаке́й; (*toady*) подхали́м

fluor фтор

fluorate фтори́ровать

fluoresce флюоресци́ровать

fluorescence флюоресце́нция; (*glow*) свече́ние

fluorescent флюоресци́рующий; ~ **lamp** ла́мпа дневно́го све́та

fluoric фто́ристый, фто́рный

fluoridation фтори́рование

fluoride фтори́д

fluorine фтор

fluorite, fluorspar флюори́т, пла́виковый шпат

flurry 1. *n* (*of wind*) поры́в ве́тра; ~ **of snow** сне́жный шквал; (*commotion*) сумато́ха; (*agitation*) волне́ние, возбужде́ние **2.** *v* (*fluster*) волнова́ть, возбужда́ть

¹flush (*birds*) *vt* вспу́гивать; *vi* взлета́ть

²flush 1. *n* (*rush of water*) пото́к; (*blush*) прили́в кро́ви, внеза́пная кра́ска; ~ **of anger** кра́ска гне́ва; (*of emotion etc*) прили́в, поры́в; (*height of vigour*) расцве́т; **in full** ~ в по́лном расцве́те; (*cleansing*) промы́вка; *cards* ка́рты *f pl* одно́й ма́сти **2.** *v* (*flow*) ли́ться; (*cleanse, rinse*) промыва́ть; ~ **the toilet** спуска́ть во́ду в убо́рной; (*blush*) красне́ть (**from, with,** от + *gen*); (*make blush*) заставля́ть красне́ть; (*redden*) румя́нить

³flush 1. *adj* (*full*) по́лный; (*abounding*) бога́тый (**with,** + *instr*); *coll* **be** ~ (*have money*) быть при деньга́х; (*level*) ро́вный; (*in same plane*) вро́вень (**with,** с + *instr*), на одно́м у́ровне (**with,** с + *instr*) **2.** *adv* на одно́м у́ровне, заподлицо́ (**with,** с + *instr*)

fluster 1. *n* (*confusion*) смуще́ние; (*indecision*) смяте́ние; (*agitation*) волне́ние **2.** *vt* (*excite*) волнова́ть, возбужда́ть; *vi* волнова́ться, суети́ться; (*confuse*) смуща́ть; (*befuddle*) сбива́ть с то́лку

flute 1. *n mus* фле́йта; *archi* каннелю́ра; (*groove*) желобо́к **2.** *v* (*play on flute*) игра́ть на фле́йте; (*pipe*) свисте́ть

fluted рифлёный, гофриро́ванный; ~ **column** коло́нна с каннелю́рами

flutist *see* **flautist**

flutter 1. *n* (*trembling*) тре́пет, дрожь *f*; (*agitation*) волне́ние; *av* фла́ттер; *rad* (пульси́рующие) поме́хи *f pl* **2.** *vt* (*wave, flap*) взма́хивать (+ *instr*); (*make quiver*) трепета́ть (+ *instr*); *vi* (*tremble*) трепета́ть, дрожа́ть; (*be agitated*) волнова́ться; (*fly, move nervously*) порха́ть; (*of flags etc*) ~ **in the wind** развева́ться на ветру́; *coll* (*of heart*) си́льно би́ться; ~ **with emotion** трепета́ть от волне́ния

fluvial речно́й

flux 1. *n* (*flow*) пото́к; (*inflow*) прили́в; (*state of change*) постоя́нные измене́ния *neut pl*; *med* истече́ние; *phys* пото́к; *tech* **soldering** ~ пая́льный флюс **2.** *v* (*flow*) течь; (*melt*) пла́вить(ся)

fluxion (*discharge*) истече́ние; *math* флю́ксия

¹fly 1. *n* (*insect*) му́ха; *fig* ~ **in the ointment** ло́жка дёгтя в бо́чке мёда; **there are no flies on him** его́ не проведёшь; (*flight*) полёт; (*of trousers*) шири́нка; (*of flag*) коси́ца; (*of compass*) карту́шка **2.** *adj coll* (*cautious*) осмотри́тельный; (*artful; nimble*) ло́вкий

²fly *vi* (*without direction; be able to fly*) лета́ть; (*in definite direction*) лете́ть; **time flies** вре́мя лети́т; (*travel in aircraft*) лете́ть (самолётом); (*rush*) лете́ть, нести́сь, мча́ться; *coll* **we must** ~ нам ну́жно бежа́ть; (*hasten*) спеши́ть; (*of flags etc; to*

stream) развева́ться; (*flee*) спаса́ться бе́гством; *vt* (*pilot*) вести́, пилоти́ровать; (*passengers*) перевози́ть самолётом; (*kite*) запуска́ть; (*flag*) идти́, пла́вать под фла́гом (+ *gen*); (*fly across*) перелета́ть че́рез (+ *acc*); (*flee*) бежа́ть из (+ *gen*); **let** ~ (*start firing*) застреля́ть *pf* (**at,** в + *acc*); (*throw*) заброса́ть *pf* (**at,** + *acc*; **with,** + *instr*)
~ **around** (*rush about*) суети́ться; (*visit flying*; *avoid while flying*) облета́ть; (*of rumours etc*) разлета́ться
~ **at** бро́ситься *pf* на (+ *acc*)
~ **away** улета́ть
~ **down** слета́ть (**from,** с + *gen*)
~ **in** *vi* (*arrive by air*) прилета́ть (*enter flying*; *rush in*) влета́ть; *vt* доставля́ть по во́здуху
~ **into** (*rush into*) влета́ть в (+ *acc*), броса́ться в (+ *acc*); ~ **into a rage** прийти́ *pf* в я́рость *f*
~ **off** (~ *away*) улета́ть; (*rush away*) убежа́ть; (*become detached*) отлета́ть, отска́кивать
~ **open** распахну́ться *pf*
~ **out** вылета́ть
~ **past** пролета́ть ми́мо (+ *gen*)
~ **round** (*visit flying*; *avoid while flying*) облета́ть; (*rotate quickly*) бы́стро кружи́ться
~ **to** (*have recourse to*) прибега́ть к (+ *dat*)
~ **up** взлета́ть

fly-agaric мухомо́р
fly-blown заси́женный му́хами
flycatcher (*bird*) мухоло́вка
flyer (*airman*) лётчик
flying 1. *n* (*flight*) полёт; (*aviation*) лётное де́ло; (*piloting*) пилоти́рование **2.** *adj* лета́ющий; (*able to fly*) лету́чий; ~**-bomb** самолёт-снаря́д; ~**-buttress** а́рочный ко́нтрфорс; ~ **column** лету́чий отря́д; ~ **jump** прыжо́к с разбе́га; ~**-saucer** лета́ющее блю́дце; ~ **visit** мимолётный визи́т; *av* лётный; ~ **machine** лета́тельный аппара́т; ~ **weather** лётная пого́да
flying-boat лета́ющая ло́дка
flying-bridge перекидно́й мост
flying-fish лету́чая ры́ба
flying fox лету́чая соба́ка
flying-officer ста́рший лейтена́нт авиа́ции
flying squirrel летя́га
flyleaf фо́рзац
fly-over путепрово́д
fly-paper бума́га от мух
fly-past возду́шный пара́д
fly-sheet листо́вка
flyweight (*boxer etc*) **1.** *n* боксёр наилегча́йшего ве́са **2.** *adj* наилегча́йший
flywheel махови́к
foal 1. *n* жеребёнок **2.** *v* жереби́ться
foam 1. *n* пе́на; ~ **plastic** пенопла́ст; ~ **rubber** пенорези́на **2.** *v* пе́нить(ся); ~ **at the mouth** бры́згать слюно́й, *fig* прийти́ *pf* в бе́шенство; ~ **up** вспе́ниваться
foaming, foamy пе́нящийся
fob 1. *n* (*for watch*) карма́шек для часо́в; *coll* (*deception*) обма́н; ~**-chain** цепо́чка для часо́в **2.** *v* надува́ть; ~ **off** подсо́вывать (+ *dat*, **with,** + *acc*); ~ **off with promises** корми́ть обеща́ниями
focal фо́кусный; ~ **point** фо́кус; ~**-plane shutter** што́рный фотозатво́р
focus 1. *n opt*, *geol*, *math* фо́кус; **out of** ~ не в фо́кусе; (*central point*) средото́чие, центр; ~ **of attention** центр внима́ния **2.** *v* фокуси́ровать; (*concentrate*) сосредото́чивать (**on,** на + *prep*)
fodder 1. *n* корм **2.** *adj* кормово́й
foe враг
foetal пло́дный
foetid зловонный
foetus, fetus утро́бный плод, заро́дыш
fog 1. *n* густо́й тума́н; *phot* вуа́ль *f* **2.** *v* (*cover with fog*) покрыва́ть тума́ном; (*vision etc*) тума́нить(ся); (*confuse*) пу́тать; *phot* засве́чивать(ся)
fog-bank полоса́ тума́на
fogbound заде́ржанный тума́ном
fogginess тума́нность *f*; (*confusion*) нея́сность *f*
foggy тума́нный; *phot* с вуа́лью, засве́ченный
foghorn *naut* тума́нный горн
fog-lamp противотума́нная фа́ра
fog-signal тума́нный сигна́л
foible (*weakness*) сла́бость *f*; (*idiosyncrasy*) пу́нктик, причу́да
foil 1. *n* (*metal*) фо́льга; (*contrast*) контра́ст; (*rapier*) рапи́ра; (*trail*) след **2.** *v* (*cover with* ~) покрыва́ть фо́льгой; (*thwart*) срыва́ть пла́ны (+ *gen*)
foist навя́зывать (**on,** + *dat*)
[1]**fold 1.** *n* (*enclosure*) заго́н; (*flock*) ота́ра ове́ц; *fig rel* па́ства **2.** *v* загоня́ть
[2]**fold 1.** *n* (*most senses*) скла́дка **2.** *v* (*most senses*; *paper*, *clothes etc*) скла́дывать(ся); (*embrace*) обнима́ть; (*wrap around*) завора́чивать, завёртывать; *tech* фальцева́ть; ~ **one's arms** скрести́ть *pf* ру́ки на груди́; ~ **back, over** загиба́ть; ~ **up** скла́дывать(ся); *coll* (*end*) конча́ться
folder (*for papers*) па́пка; (*brochure*) брошю́ра; *tech* фальцо́вочный стано́к
folding 1. *n tech* фальцо́вка; *geol* скла́дчатость *f* **2.** *adj* (*collapsible*) складно́й; (~ *back*) откидно́й; ~ **bed** раскладу́шка
foliaceous ли́ственный
foliage ли́стья *m pl*, листва́
foliate 1. *adj* (*like leaf*) листообра́зный; (*having leaves*) обли́ственный **2.** *v* (*split*) расщепля́ть на слои́; (*decorate with leaves*) украша́ть ли́ственным орна́ментом; (*a book etc*) нумерова́ть листы́
folio (*sheet*) лист; (*format*) **in** ~ ин-фо́лио, в лист; (*large tome*) фолиа́нт **2.** *adj* (*of manuscript*) в лист; (*of book*) большо́го форма́та
folk 1. *n* (*people*) лю́ди *pl*; **old** ~ старики́ *m pl*; **young** ~ молодёжь *f*; (*race*, *nation*) наро́д; (*population*) населе́ние; *coll* (*relations*) родня́ **2.** *adj* (*of the people*, *traditional*) наро́дный
folk-dance наро́дный та́нец
folklore 1. *n* фолькло́р; (*study of*) фольклори́стика **2.** *adj* фолькло́рный
folklorist фольклори́ст
folk-song наро́дная пе́сня
folksy *coll* (*simple*) просто́й; (*of common people*) простонаро́дный; (*rustic*) дереве́нский; (*sociable*) общи́тельный
folk-tale наро́дная ска́зка
folk-ways наро́дные обы́чаи *m pl*
follicle *anat* фолли́кул; **hair** ~ волосяно́й мешо́чек; *bot* стручо́к; (*cocoon*) ко́кон
follicular фолликуля́рный
follow (*go after*) сле́довать (за + *instr*), идти́ за (+ *instr*); (*be next in time or series*) сле́довать (за + *instr*); (*be consequence*) сле́довать (**from,** из + *gen*); (*advice*, *custom etc*) сле́довать (+ *dat*); (*pursue*; *keep under scrutiny*; *take interest in*; *watch*, *listen carefully*) следи́ть за (+ *instr*);

(*understand*) понимáть; (*observe instructions*, *diet etc*) соблюдáть; (*obey orders etc*) выполня́ть; (*a policy etc*) придéрживаться (+ *gen*); (*imitate*) подражáть (+ *dat*); (*be adherent to*) быть сторóнником (+ *gen*); ~ **on** слéдовать чéрез нéкоторое врéмя; ~ **suit** слéдовать примéру; ~ **up** (*continue to end*) доводи́ть до концá; (*pursue*) преслéдовать

follower (*adherent*) сторóнник, привéрженец; (*disciple*) учени́к; (*of doctrine etc*) послéдователь *m*; *tech* (*instrument*) повтори́тель *m*; (*of machine*) ведóмый элемéнт; *ar coll* обожáтель *m*

following 1. *n* (*supporters*) послéдователи *m pl*, сторóнники *m pl*; (*that which follows*) слéдующее; (*those whose names follow*) (ниже)-слéдующие *pl* **2.** *adj* (*next*) слéдующий; ~ **wind** попýтный вéтер **3.** *prep* (*after*) пóсле (+ *gen*); (*behind*) вслед за (+ *instr*)

follow-through *sp* провóдка

follow-up 1. *n* (*next stage*) слéдующий этáп; (*development*) разви́тие; (*consequence*) послéдствие; *tech*, *med* контрóль *m* **2.** *adj* (*consequent*) послéдующий; (*additional*) дополни́тельный

folly (*foolishness*) глýпость *f*; (*caprice*) причýда, капри́з

foment (*incite*) подстрекáть; *med* стáвить припáрки

fomentation подстрекáтельство; *med* припáрка

fond (*affectionate*; *also iron*) лю́бящий, нéжный; **be ~ of** люби́ть; (*naïve*) наи́вный; ~ **hope** тщéтная надéжда

fondant помáда

fondle ласкáть

fondly (*tenderly*) нéжно, с нéжностью, с любóвью; (*foolishly*, *naïvely*) тщéтно, наи́вно

font купéль *f*; *tech* резервуáр

food 1. *n* (*all senses*) пи́ща; ~ **and drink** едá и питьё; ~ **for thought** пи́ща для размышлéний; (*food product*) продýкт (питáния) **2.** *adj* пищевóй

foodstuff пищевóй продýкт

fool 1. *n* дурáк, *f* дýра; **make a ~ of** одурáчивать; **play the ~** валя́ть дуракá **2.** *v* (*deceive*) обмáнывать; (*play the ~*) валя́ть дуракá; (*joke*) шути́ть

foolery дурáчество, глýпости *f pl*

foolhardiness безрассýдная хрáбрость *f*

foolhardy (*foolishly brave*) безрассýдно хрáбрый; (*foolish*) безрассýдный; ~ **person** сорвиголовá *m and f*

foolish (*stupid*) глýпый; (*rash*) безрассýдный; (*ridiculous*) дурáцкий; **feel ~** почýвствовать себя́ в глýпом положéнии; (*feeble-minded*) слабоýмный

foolishness глýпость *f*

foolproof (*safe*) совершéнно безопáсный; (*reliable*) совершéнно надёжный; (*sure*, *certain*) вéрный; (*simple*) неслóжный

foot 1. *n* (*of person*, *animal*) ногá; **get to one's feet** вставáть (нá ноги); (*from sitting position*) вставáть с мéста; **on ~** пешкóм; **swift of ~** лёгкий нá ногу; (*in expressions*) **be at the feet of** быть у ног (+ *gen*); **catch on the wrong ~** застáть *pf* врасплóх; **get cold feet** стрýсить *pf*; **put one's ~ in it** сплоховáть *pf*; **my ~!** ври́(те) бóльше!; **set on ~** пускáть в ход; (*of table etc*) нóжка; (*bottom*) поднóжие, подóшва; **at the ~ of the mountain, tree** у поднóжия горы́, дéрева; **at the ~ of the bed** в ногáх кровáти; (*of sock*) носóк; *mil* (*infantry*) пехóта; (*measure*) фут; (*in verse*) стопá **2.** *adj* (*of, for ~*) ножнóй **3.** *v* ~ **the bill** плати́ть (**for,** за + *acc*); ~ **it** (*walk*) идти́ пешкóм; (*dance*) танцевáть

footage (*length*) длинá

foot-and-mouth disease я́щур

football 1. *n* (*game*) футбóл; (*ball*) футбóльный мяч **2.** *adj* футбóльный

footballer футболи́ст

foot-brake ножнóй тóрмоз

foot-bridge пешехóдный мóстик

foot-candle фут-свечá

footfall звук шагóв

foothill предгóрье

foothold опóра для ног; *fig* опóра

footing (*foothold*) опóра для ног; **keep one's ~** устоя́ть *pf*; **lose one's ~** оступи́ться *pf*; *fig* (*position*) положéние; **gain a ~** приобрести́ *pf* положéние; (*relationship*) отношéния *neut pl*; (*basis*) **on a ~ of** на начáлах (+ *gen*); *tech* (*foundation*) фундáмент

footle валя́ть дуракá

footlights рáмпа

footling (*trivial*) пустякóвый; (*stupid*) дурáцкий

footloose свобóдный, на вóле

footman лакéй

footmark след, отпечáток ноги́

footnote снóска

footpath (*path*) тропи́нка; (*pavement*, *sidewalk*) тротуáр

footplate (*railway*) площáдка машини́ста

foot-pound футофýнт

footprint след, отпечáток ноги́

footrest поднóжка

foot-rot копы́тная гниль *f*

foot-slog *coll* тащи́ться пешкóм

foot-soldier пехоти́нец

footsore со стёртыми ногáми

footstep (*mark*) след, отпечáток ноги́; **follow in s.o.'s ~s** (*follow closely*) идти́ по пятáм (+ *gen*); (*imitate*) подражáть (+ *dat*); (*follow same path*) идти́ по стопáм (+ *gen*); (*sound*) звук шагóв; (*pace*) шаг

footstool скамéечка для ног

footway *see* **footpath**

footwear óбувь *f*

footwork *sp* рабóта ног

fop щёголь *m*, пижóн, фат

foppery щегольствó, фатовствó

foppish щегольскóй, фатовáтый

for 1. *prep* (*duration of time*) в течéние (+ *gen*; *or use acc of time expression alone*); ~ **hours** цéлыми часáми; ~ **the last four days** в течéние послéдних четырёх дней, (за) послéдние четы́ре дня; ~ **a long time** дóлго, дóлгое врéмя; **I haven't seen him ~ a long time** я давнó не ви́дел егó; ~ **the time being** покá; **I have worked here ~ years** я мнóго лет рабóтаю здесь; (*intended duration*) на (+ *acc*); **they came ~ four days** они́ приéхали на четы́ре дня; ~ **ever** навсегдá; ~ **a long time** на дóлго; ~ **a short time** ненадóлго; ~ **a while** на нéкоторое врéмя; (*appointed time*) **the meeting was fixed ~ two o'clock** собрáние бы́ло назнáчено на два часá; (*direction to*) в (+ *acc*); **the plane ~ Moscow** самолёт в Москвý; (*distance covered*: *use acc*) **run ~ a mile** пробежáть *pf* ми́лю; (*extent*) на (+ *acc*); **there was not a tree ~ miles around** на мнóгие ми́ли вокрýг нé было ни одногó дéрева; (*aim*, *intention*: *various constructions*) ~ **that purpose** для э́той цéли; ~ **the purpose of** для тогó, чтобы; ~ **sale** продаётся; **what does he want it ~?** для чегó э́то емý нýжно?; (*object of emotions*) **love, hate** *etc* ~ любóвь *f*, неприя́знь *f etc* к (+ *dat*); (*on behalf of*; *designed* ~; *destined* ~) для (+ *gen*); **he did it ~ her** он сдéлал э́то для неё; **this book is not ~ children** э́та кни́га не для детéй; **this picture is ~ you** э́та карти́на для вас; (~ *the sake of*) рáди (+ *gen*); ~ **a joke, fun** рáди шýтки; (*in favour of*) за (+ *acc*); **I am ~ this** я за э́то; (*indicating reason*) ~ **fear that** из боя́зни, что; ~ **joy** от рáдости; ~ **lack of** из-за недостáтка (+ *gen*); **if it were not ~ him** éсли бы не он; (*instead of*) вмéсто (+ *gen*); **he took me ~ a German** он при́нял меня́ за нéмца; (*price*) за (+ *acc*); **sell ~ 5 rubles** продáть *pf* за пять рублéй; (*amount*) **a bill ~ 20 rubles** счёт на двáдцать рублéй; (*in various expressions*) ~ **all** (*despite*) несмотря́ на (+ *acc*); ~ **all I know** наскóлько я могý суди́ть; ~ **breakfast, dinner** на зáвтрак, обéд; ~ **certain** навернякá; ~ **example** напримéр; ~ **the first time** в пéрвый раз; ~ **good** совсéм; ~ **my part** что касáется меня́; ~ **nothing** (*free*) бесплáтно, дáром; (*to no purpose*) напрáсно; **better ~ you to wait** вам лýчше бы́ло бы подождáть *pf*; **it will be hard ~ him to get a job** емý трýдно бýдет найти́ рабóту **2.** *conj* (*since, because*) так как; (*in literary style*) и́бо; (~ *emphasis and to explain preceding statement*) ведь

forage 1. *n* фурáж **2.** *adj* фурáжный **3.** *v mil* фуражи́ровать; *fig* (*rummage about*) ры́ться (**for,** в пóисках + *gen*); (*seek out*) разы́скивать, искáть (+ *gen*)

forage-cap фурáжка

foramen *med* отвéрстие, дырá; *geol* форáмен

forasmuch as принимáя во внимáние, что; поскóльку

foray 1. *n* набéг, вы́лазка **2.** *v* дéлать набéг

forbear воздéрживаться (**from,** от + *gen*); **I could not ~ (from)** я не мог не (+ *infin*)

forbearance (*restraint*) вы́держка; (*patience*) терпéние

forbearing (*restrained*) сдéржанный, вы́держанный; (*patient*) терпели́вый; ~ **smile** снисходи́тельная улы́бка

forbid (*prohibit*) запрещáть (+ *acc of thing, dat of person*); **the doctor ~s me to smoke** врач запрещáет мне кури́ть; (*not permit*) не позволя́ть (+ *dat*)

forbidden запрещённый, запрéтный; ~ **fruit** запрéтный плод

forbidding (*unattractive*) непривлекáтельный; (*repulsive*) оттáлкивающий; (*grim, threatening*) грóзный, угрожáющий

force 1. *n* (*most senses*) си́ла; **by ~ of** путём (+ *gen*); **come into ~** вступáть в си́лу; **in ~** (*valid*) действи́тельный; (*in large numbers*) в пóлном состáве; (*violence*) наси́лие; **brute ~** грýбая си́ла; **by ~** наси́льно, си́лой; (*body of troops*) вооружённый отря́д; (*of ships*) соединéние; **the Air Force** воéнно-воздýшный флот; **the police ~** поли́ция; *pl mil* **the ~s** вооружённые си́лы *f pl*; (*on scale*) балл; **a ~ one wind** вéтер в оди́н балл **2.** *v* (*compel*) заставля́ть, принуждáть; ~ **oneself to** заставля́ть себя́ (+ *infin*); (*lock, door etc*) взлáмывать; ~ **an entry** врывáться (**into,** в + *acc*); ~ **one's way through** пробивáться (чéрез + *acc*); (*confession etc*) вынуждáть; (*strain*) напрягáть; ~ **a laugh** принуждённо смея́ться; *tech, mil, mus* форси́ровать; (*plants*) выгоня́ть; (*speed up*) ускоря́ть

~ **away** (*drive off*) прогоня́ть

~ **in(to)** (*compel*) заставля́ть (+ *infin*); (*make enter*) заставля́ть войти́ (в + *acc*); (*insert by force*) вгоня́ть, втáлкивать; (*liquid, gas*) накáчивать (в + *acc*)

~ **out** (*expel*) выгоня́ть (**from,** из + *gen*); (*exclude*) вытесня́ть (**from,** из + *gen*); (*squeeze out*) выжимáть

~ **up/down** (*prices*) взбивáть/сбивáть цéны

~ **upon, on** навя́зывать (+ *dat*)

forced: ~ **labour** принуди́тельный труд; ~ **landing** вы́нужденная посáдка; ~ **laugh** принуждённый смех; (*artificial*) искýсственный; *mil* ~ **march** форси́рованный марш; *tech* принуди́тельный

forceful си́льный

force-majeure форс-мажóр

forcemeat фарш

forceps щипцы́ *m pl*

force-pump нагнетáтельный насóс

forcible (*done by force*) наси́льственный; (*forceful*) си́льный

forcing *tech, mil* форси́рование; (*of plant*) вы́гонка

ford 1. *n* брод **2.** *v* переходи́ть вброд

fordable переходи́мый вброд

fore 1. *n naut* нос; **to the ~** (*prominent*) на перéднем плáне **2.** *adj* (*front*) перéдний; *naut* носовóй

forearm предплéчье

forebear, forbear прéдок

forebode предвещáть

foreboding (дурнóе) предчýвствие

forecast 1. *n* (*prediction*) предсказáние; (*of weather etc*) прогнóз **2.** *v* (*predict*) предскáзывать; (*be omen of*) предвещáть

forecastle бак

foreclose (*exclude*) исключáть; (*settle beforehand*) предрешáть; (*a mortgage*) лишáть прáва вы́купа (залóженного имýщества)

forecourt перéдний двор

foredoom обрекáть (**to,** на + *acc*)

forefather прéдок

forefinger указáтельный пáлец

forefoot перéдняя ногá

forefront (*front rank*) передовáя ли́ния; (*most important place*) центр; **in the ~** в цéнтре; **bring to the ~** выдвигáть на перéдний план

forego *see* **forgo**

foregoing предшéствующий

foregone предрешённый; ~ **conclusion** (*inevitable result*) неизбéжный результáт; (*something already settled*) зарáнее при́нятое решéние

foreground пéрвый/перéдний план; **in the ~** на перéднем плáне

forehand *sp* **1.** *n* удáр спрáва **2.** *adj* спрáва

forehead лоб

foreign (*not native, of different nationality, country*) инострáнный; ~ **language** инострáнный язы́к; (*overseas, abroad*) зарубéжный; ~ **affairs, policy** внéшняя поли́тика; **Foreign Office** министéрство инострáнных дел (*abbr* МИД); ~ **trade** внéшняя торгóвля; (*alien*) чýждый (**to,** + *dat*); ~ **body** инорóдное тéло

foreigner инострáнец, *f* инострáнка

forejudge принимáть предвзя́тое решéние относи́тельно (+ *gen*)

foreknowledge: have ~ of знать зарáнее

foreland мыс

foreleg пере́дняя нога́
forelock чуб
foreman (*in workshop etc*) ма́стер; (*of work group*) деся́тник
foremast фок-ма́чта
foremost 1. *adj* (*in front*) пере́дний; (*important*) (са́мый) гла́вный, крупне́йший **2.** *adv* вперёд; **first and** ~ пре́жде всего́; **head** ~ голово́й вперёд
forename и́мя *neut*
forenoon 1. *n* у́тро; **in the** ~ у́тром **2.** *adj* у́тренний
forensic суде́бный
foreordain предопределя́ть
forepart пере́дняя часть *f*
forerunner предше́ственник
foresail фок
foresee предви́деть; (*envisage*) предусма́тривать
foreshadow предзнаменова́ть, предвеща́ть
foreshore (*beach*) пляж; *geog* полоса́ осу́шки
foreshorten (*shorten*) сокраща́ть; *arts* изобража́ть в раку́рсе; *phot* снима́ть в раку́рсе
foreshortening раку́рс
foresight (*foreseeing*) предви́дение; (*prudence*) предусмотри́тельность *f*; **lack of** ~ непредусмотри́тельность *f*; (*of gun*) му́шка
foreskin кра́йняя плоть *f*
forest 1. *n* лес (*also fig*) **2.** *adj* лесно́й
forestall предупрежда́ть, предвосхища́ть, опережа́ть
forester (*officer in charge of forest*) лесни́чий; (*forest worker*) лесни́к; (*forest-dweller*) обита́тель *m* ле́са
forestry лесово́дство
foretaste 1. *n* предвкуше́ние **2.** *v* предвкуша́ть
foretell предска́зывать
forethought предусмотри́тельность *f*
foretoken предвеща́ть
forever навсегда́, наве́ки
forewarn предостерега́ть
forewoman же́нщина-деся́тник
foreword предисло́вие
forfeit 1. *n* (*penalty*) штраф; (*loss*) потéря, лише́ние (**of,** + *gen*); (*confiscation*) конфиска́ция **2.** *adj* конфиско́ванный **3.** *v* лиша́ться (+ *gen*)
forfeiture (*loss*) потéря, лише́ние; (*confiscation*) конфиска́ция
forgather собира́ться
forge 1. *n* ку́зница **2.** *v* (*shape metal*) кова́ть; *fig* сочиня́ть; (*fake*) подде́лывать; ~ **ahead** (*move ahead*) продвига́ться вперёд; (*overtake*) опережа́ть (**of,** + *acc*)
forger (*faker*) подде́лыватель *m*; (*of money*) фальшивомоне́тчик; (*smith*) кузне́ц; *fig* (*creator*) созда́тель *m*
forgery подде́лка, подло́г
forget (*not remember*) забыва́ть (**to,** + *infin*; **about,** о + *pr*); **I** ~ не по́мню; (*leave out*) пропуска́ть; (*neglect*) пренебрега́ть (+ *instr*); ~ **oneself** (*abandon self-interest*) забыва́ть о себе́; (*behave badly*) забыва́ться
forgetful (*of poor memory*) забы́вчивый; (*scatter-brained*) рассе́янный; (*neglectful*) небре́жный
forgetfulness (*bad memory*) забы́вчивость *f*; (*neglect*) пренебреже́ние (**of,** + *instr*)
forget-me-not *bot* незабу́дка
forgivable прости́тельный
forgive (*person*; *offence*) проща́ть (+ *acc*, **for,** за + *acc*); (*s.o. s'th*) проща́ть (+ *dat* + *acc*); **I'll** ~ **you everything** я тебе́ всё прощу́; ~ **me for being late** прости́те, что я опозда́л
forgiveness проще́ние; **beg for** ~ проси́ть проще́ния (**for,** за + *acc*)
forgiving (все)проща́ющий; (*magnanimous*) снисходи́тельный, великоду́шный
forgo (*refuse*, *renounce*) отка́зываться от (+ *gen*); (*refrain*) возде́рживаться от (+ *gen*)
forgotten забы́тый
fork 1. *n* (*for eating*; *tech*) ви́лка; (*garden etc*) ви́лы *f pl*; (*in road*) разви́лка; (*of river*) рука́в; (*of tree*) разви́лина; (*bifurcation*) разветвле́ние **2.** *v* (*work*, *lift etc with* ~) рабо́тать, поднима́ть *etc* ви́лами; (*of road*, *river*) разветвля́ться; *coll* (*pay*) ~ **out, up** *vt* выпла́чивать, *vi* раскоше́ливаться
forked (*bifurcated*) разветвлённый, раздво́енный
forlorn (*deserted*) забро́шенный; (*wretched*) жа́лкий; ~ **hope** (*faint hope*) сла́бая наде́жда; (*desperate undertaking*) отча́янное предприя́тие
form 1. *n* (*shape*) фо́рма; (*guise*, *arrangement*, *type*) вид, фо́рма; **in the** ~ **of** в ви́де, в фо́рме (+ *gen*); **take the** ~ **of** принима́ть фо́рму, вид (+ *gen*); (*human*) фигу́ра; (*manners*) тон; **bad** ~ дурно́й тон; *sp* фо́рма; **not in** ~ не в фо́рме; (*official custom*) профо́рма; **for the sake of** ~ для профо́рмы; (*formula*) фо́рмула; (*school class*) класс; (*telegraph etc*) бланк; (*questionnaire*) анке́та; *tech* (*most senses*) фо́рма **2.** *v* (*most senses*) образо́вывать(ся); (*give shape to*) придава́ть фо́рму (+ *dat*); (*conceive*) составля́ть; ~ **a habit** приобрета́ть привы́чку; **I had** ~**ed an idea** я представля́л себе́; (*constitute*, *be*) представля́ть собо́й (+ *acc*), явля́ться (+ *instr*); (*organize*; *also tech*) формирова́ть
formal (*most senses*) официа́льный, форма́льный; (*pertaining to form only*) форма́льный
formaldehyde формальдеги́д
formalin формали́н
formalism формали́зм
formalist 1. *n* формали́ст **2.** *adj* формалисти́ческий
formalistic формалисти́ческий
formality форма́льность *f*; **a mere** ~ чи́стая форма́льность
formalize (*give form*, *make official*) оформля́ть; (*give official status*) придава́ть официа́льный ста́тус (+ *dat*)
format (*of book*) форма́т; (*form*) фо́рма; (*appearance*) вид
formation (*act of forming*) образова́ние; (*structure*) строе́ние; *geol* форма́ция; *mil* (*arrangement*) строй, боево́й поря́док; (*a force*) соедине́ние
formative 1. *n gramm* формати́в **2.** *adj* образу́ющий; формиру́ющий; ~ **years** го́ды, когда́ скла́дывается хара́ктер
former 1. *n* (*pattern*) шабло́н; (*frame*) карка́с; (*creator*) созда́тель *m* **2.** *adj* (*earlier*) пре́жний, бы́вший; **in** ~ **times** в пре́жние времена́; (*onetime*) бы́вший; **the** ~ **owner** бы́вший владе́лец; (*preceding*) предше́ствующий; (*first of two*) пе́рвый
formerly ра́ньше, пре́жде
formic муравьи́ный; ~ **acid** муравьи́ная кислота́
formidable (*terrifying*) стра́шный, устраша́ющий; (*of appearance*) отпу́гивающий; (*huge*) огро́мный; (*very difficult*) труднопреодоли́мый; ~ **task** гига́нтская зада́ча
forming образова́ние; *tech* штампо́вка
formless бесфо́рменный
formula фо́рмула

formularize формули́ровать
formulary *med* рецепту́рная кни́га; *eccles* тре́бник
formulate формули́ровать
formulation формулиро́вка
fornicate развра́тничать, блуди́ть
fornication развра́т, блуд
fornicator развра́тник, *f* развра́тница
fornicatress развра́тница
forsake (*leave*) покида́ть, броса́ть, оставля́ть; (*renounce*) отка́зываться от (+ *gen*)
forsaken (*person*) поки́нутый, бро́шенный; (*place*, *appearance*) забро́шенный
forswear (*renounce*) отрека́ться от (+ *gen*), отка́зываться от (+ *gen*); (*repudiate on oath*) отрица́ть под прися́гой; ~ **oneself** (*give false witness*) лжесвиде́тельствовать; (*break oath*) наруша́ть кля́тву
fort форт, кре́пость *f*
forte 1. *n* (*strong point*) си́льная сторона́ **2.** *adv* фо́рте
forth: and so ~ и так да́лее; **back and** ~ туда́-сюда́, вперёд и наза́д; **bring** ~ производи́ть, рожда́ть; **go, come** ~ выходи́ть; **from that day** ~ с э́того дня
forthcoming (*event*) предстоя́щий; ~ **book** кни́га, кото́рая должна́ вско́ре вы́йти; (*sociable*) общи́тельный; **to be** ~ (*be at hand*) поступа́ть; (*be expected*) ожида́ться; **he was not** ~ **about** он не хоте́л говори́ть о (+ *prep*)
forthright открове́нный
forthwith то́тчас, неме́дленно
fortieth 1. *n* (*fraction*) сорокова́я (часть *f*) **2.** *adj* сороково́й
fortification фортифика́ция; *pl* укрепле́ния *neut pl*
fortified (*place*) укреплённый; (*wine*) креплёный; (*food*) обогащённый; (*of person*) подкреплённый
fortify (*most senses*) укрепля́ть; (*support*) подде́рживать; (*corroborate*) подкрепля́ть; (*wine*) крепи́ть; (*food*) обогаща́ть
fortissimo форти́ссимо
fortitude си́ла ду́ха, сто́йкость *f*
fortnight две неде́ли
fortnightly 1. *adj* (*happening*, *appearing every fortnight*) происходя́щий, выходя́щий раз в две неде́ли **2.** *adv* раз в две неде́ли
FORTRAN ФОРТРА́Н
fortress кре́пость *f*; *fig* тверды́ня
fortuitous случа́йный
fortunate (*most senses*) счастли́вый; (*favourable*) благоприя́тный; **how** ~ **that ...** как хорошо́, что ..., как уда́чно, что ...
fortunately (*luckily*) к сча́стью; (*well*) хорошо́, счастли́во
fortune (*luck*) сча́стье; **I had the good** ~ **to** мне посчастли́вилось (+ *infin*); **ill** ~ несча́стье; **seek one's** ~ иска́ть сча́стья; **try one's** ~ пыта́ть сча́стье; (*fate*) судьба́; **read, tell** ~ предска́зывать судьбу́; **tempt** ~ искуша́ть судьбу́; (*riches*) бога́тство; (*inheritance*) (*large sum*) огро́мная су́мма, огро́мные де́ньги *f pl*; **it costs a** ~ э́то сто́ит це́лое состоя́ние
fortune-teller гада́лка
fortune-telling гада́ние
forty *num* со́рок (+ *gen pl*); (*age*) **he is** ~ ему́ со́рок лет; *pl* **the 40s** сороковы́е го́ды *m pl*; **he's in his forties** ему́ за́ сорок
forum фо́рум; *fig* (*court*) суд
forward 1. *n sp* напада́ющий **2.** *adj* (*front*) пере́дний; *nav* носово́й; *mil* передово́й; (*precocious*) не по года́м развито́й; (*presumptuous*) наха́льный; (*early*) ра́нний **3.** *adv* (*ahead*) вперёд; (*further*) да́льше; ~ **of** впереди́ (+ *gen*); **from this time** ~ с э́того вре́мени **4.** *v* (*help*, *foster*) спосо́бствовать (+ *dat*); (*speed up*) ускоря́ть; (*send*) отправля́ть; (*send on*) пересыла́ть
forward-looking (*far-sighted*) дальнови́дный; прогресси́вный
forwardness (*zeal*) рве́ние; (*presumption*) развя́зность *f*, наха́льство
fossil 1. *n* ископа́емое (*also fig*) **2.** *adj* (*petrified*) окамене́лый; (*preserved in earth's surface*) ископа́емый; ~ **fuel** углеводоро́дное то́пливо
fossilize фоссилизи́ровать(ся)
foster (*a child*) воспи́тывать; (*hopes etc*) пита́ть, леле́ять; (*encourage*) спосо́бствовать (+ *dat*); ~**-child, -mother** *etc* приёмный ребёнок, приёмная мать *etc*; ~**-brother, -sister** моло́чный брат, моло́чная сестра́
foul 1. *n sp* наруше́ние, фол **2.** *adj* (*dirty*) гря́зный; (*stinking*) воню́чий; ~ **air** нечи́стый во́здух; (*disgusting*) отврати́тельный, проти́вный; (*clogged*) заби́тый, засорённый; (*base*) по́длый; (*word etc*) непристо́йный; ~ **insinuation** гну́сная инсинуа́ция; ~ **language** сквернosло́вие; *sp* непра́вильный; ~ **play** нече́стная игра́; (*crime*) преступле́ние; (*treachery*) преда́тельство, обма́н; (*murder*) уби́йство; *coll* (*bad*) скве́рный, проти́вный, отврати́тельный; **fall** ~ **of** (*collide with*, *also fig*) столькну́ться *pf* с (+ *instr*) **3.** *v* (*dirty*) па́чкать, загрязня́ть; (*block up*) засоря́ть; (*of ropes etc*) запу́тывать(ся); *sp* наруша́ть пра́вила
~ **up** (*with dirt etc*) засоря́ть(ся); *coll* (*mess up*) *vt* по́ртить; *vi* по́ртить де́ло
foulard фуля́р
foul-mouthed сквернoсло́вящий; ~ **person** сквернoсло́в
foulness гря́зь *f*; отврати́тельность *f*; по́длость *f*; непристо́йность *f*; *see* **foul**
foul-smelling злово́нный
foul-tempered злой
foul-up *coll* неразбери́ха
found (*a building etc*) закла́дывать; (*set up*) учрежда́ть, осно́вывать; (*create*, *originate*) создава́ть; (*base*) осно́вывать (**on,** на + *prep*); **be** ~**ed on** осно́вываться на (+ *prep*); *tech* (*metal*) выплавля́ть; (*a gun*, *bell etc*) отлива́ть
foundation (*of building etc*) фунда́мент; **lay** ~**s** заложи́ть *pf* фунда́мент; *fig* положи́ть *pf* нача́ло (**of,** + *dat*); (*of town*, *state*, *organization*; *statement*, *rumour etc*) основа́ние; (*basis*) осно́ва; *pl* (*principles*) осно́вы *f pl*; (*institution*) организа́ция, учрежде́ние; ~ **cream** крем под пу́дру; ~ **garment** корсе́т; ~ **stone** фунда́ментный ка́мень *m*; *fig* краеуго́льный ка́мень *m*
[1]**founder** основа́тель *m*; *tech* плави́льщик, лите́йщик; **iron** ~ чугунолите́йщик
[2]**founder** (*of ship*) затону́ть *pf*; *fig* (*collapse*) терпе́ть крах
founding *tech* литьё
foundling найдёныш, подки́дыш
foundry лите́йный цех
foundryman лите́йщик
fount (*spring*; *source*) исто́чник; *typ* компле́кт шри́фта
fountain (*jet of water*) фонта́н; (*spring*; *source*) исто́чник; (*drinking place*) питьево́й фонта́н;

(*reservoir*) резервуа́р; **~-head** исто́чник; **~-pen** авторучка
four *num* четы́ре (+ *gen sing of nouns*, *gen pl of adjs*); ~ **hundred** четы́реста (+ *gen pl*); *collect num* че́тверо (+ *gen pl*); **she has ~ children** у неё че́тверо дете́й; (*number*, *group*, *number of bus etc*, *at cards*; *boat*) четвёрка; *distr num* ~ **each** по четы́ре; (*age*) **he is** ~ ему́ четы́ре го́да; (*time*) четы́ре (часа́); **at** ~ в четы́ре (часа́); **on all ~s** на четвере́ньках
four-cornered четырёхуго́льный
four-dimensional четырёхме́рный
four-engined четырёхмото́рный
fourfold 1. *adj* (*of four parts*) состоя́щий из четырёх часте́й; (*quadruple*) четырёхкра́тный **2.** *adv* вчéтверо
four-footed четвероно́гий
four-inch четырёхдюймо́вый
four-leaved четырёхли́стный
fourpenny четырёхпе́нсовый
four-seater четырёхме́стный (автомоби́ль *m*)
foursome (*group of four*) четвёрка
four-square (*square*) квадра́тный; (*firm*, *unyielding*) усто́йчивый, сто́йкий
fourstroke четырёхта́ктный
fourteen четы́рнадцать *f*; (*age*) четы́рнадцать лет
fourteenth 1. *n* (*date*) четы́рнадцатое; **on the ~ of May** четы́рнадцатого ма́я; (*fraction*) четы́рнадцатая (часть *f*) **2.** *adj* четы́рнадцатый (*see* **eighth**)
fourth 1. *n* (*quarter*) че́тверть *f*; (*date*) четвёртое; **on the** ~ четвёртого; *mus* ква́рта **2.** *adj* четвёртый
fourthly в-четвёртых
fovea я́мка
fowl 1. *n* (*bird*) пти́ца; **domestic** ~ дома́шняя пти́ца; (*game*) дичь *f*; (*chicken*) ку́рица; (*meat*) пти́чье мя́со **2.** *v* (*shoot birds*) охо́титься на дичь; (*catch birds*) лови́ть птиц
fowler птицело́в
fowling (*shooting*) охо́та на птиц; (*catching birds*) ло́вля птиц; **~-piece** охо́тничье ружьё
fox 1. *n* (*animal*; *also fig*) лиса́; (*species*) лиси́ца; (*fur*) ли́сий мех, лиса́ **2.** *v* (*deceive*) обма́нывать
fox-brush ли́сий хвост
fox-cub лисёнок
fox-earth ли́сья нора́
foxglove наперстя́нка
foxhound (англи́йская пара́тая) го́нчая
fox-hunt охо́та на лис
fox-hunter охо́тник на лис
fox-hunting парфо́рсная охо́та на лис
foxiness (*cunning*) хи́трость *f*
fox-terrier фокстерье́р
foxtrot 1. *n* фокстро́т **2.** *v* танцева́ть фокстро́т
foxy (*of fox*) ли́сий; (*cunning*) хи́трый; (*colour*) ры́жий; (*of drink*) проки́сший
foyer фойе́ *neut indecl*
fracas сканда́л
fraction *math* дробь *f*; **vulgar** ~ простая дробь; (*small piece*) части́ца, до́ля; ~ **of a second** до́ля секу́нды; (*a little*) чуть-чуть; *tech* фра́кция
fractional (*of fraction*) дро́бный; (*partial*) части́чный; (*insignificant*) незначи́тельный; *chem* фракцио́нный
fractionally (*by small amount*) чуть-чуть
fractionate фракциони́ровать
fractious раздражи́тельный, беспоко́йный, капри́зный
fracture 1. *n* (*crack*) тре́щина; (*break*) изло́м; (*of bone*) перело́м **2.** *v* лома́ть(ся); **he ~d his arm** он слома́л (себе́) ру́ку
fractured *med* перело́манный
fragile (*brittle*; *frail*) хру́пкий; (*easily destroyed*, *impermanent*) непро́чный
fragility хру́пкость *f*; непро́чность *f*
fragment 1. *n* (*piece*) кусо́к; (*broken-off lump*) обло́мок; (*sharp broken piece*) оско́лок; (*torn-off piece*; *incomplete snatch of talk etc*) обры́вок; (*incomplete piece of text*, *extract*) отры́вок, фрагме́нт; **smash to ~s** разби́ть *pf* вдре́безги; *pl* (*remains*) оста́тки *m pl* **2.** *v* дроби́ть(ся)
fragmental обло́мочный
fragmentary непо́лный, фрагмента́рный
fragmentation распаде́ние; (*of bomb*) разры́в; ~ **shell** оско́лочный снаря́д
fragrance арома́т, благоуха́ние
fragrant арома́тный, благоуха́нный
frail (*fragile*) хру́пкий, непро́чный; (*weak*) сла́бый
frailty хру́пкость *f*, непро́чность *f*; сла́бость *f*
frame 1. *n* (*structure*) структу́ра; (*of building*) карка́с; (*most tech senses*) ра́ма; (*of window*) ра́ма; (*of picture*) ра́мка; (*of spectacles*) опра́ва; (*of ship*) шпанго́ут; *cin* кадр; (*body*) те́ло; (*physique*) телосложе́ние; ~ **of mind** настрое́ние **2.** *v* (*make*) создава́ть; (*draw up*, *compose*) составля́ть; (*express*) выража́ть; (*pronounce*) произноси́ть; (*adapt*) приспоса́бливать (**to,** к + *dat*); (*put in* ~) вставля́ть в ра́му, ра́мку; (*act as* ~ *to*) обрамля́ть (**with,** + *instr*); *sl* подстра́ивать де́ло про́тив (+ *gen*)
frameless безра́мный, без ра́мы
frame-saw ра́мная пила́
frame-up (*false charge*) подстро́енное де́ло, ли́повое де́ло; (*plot*) та́йный сго́вор
framework (*structure*) структу́ра; (*of building etc*) карка́с, о́стов; (*limits*) ра́мки *f pl*, преде́лы *m pl*; **within the ~ of** в ра́мках (+ *gen*)
framing (*frame*) ра́ма; (*composing*) составле́ние; *naut* набо́р
franc франк
France Фра́нция
franchise (*right to vote*) пра́во голосова́ния; *comm* привиле́гия; (*insurance*) франши́за
Franciscan 1. *n* францисканец **2.** *adj* франциска́нский
francium фра́нций
francophile 1. *n* франкофи́л **2.** *adj* франкофи́льский
francophone франкоязы́чный, франкоговоря́щий
frangible ло́мкий
[1]**frank 1.** *n* франки́рованное письмо́ **2.** *v* франки́ровать
[2]**frank** (*candid*) открове́нный; (*sincere*) и́скренний; (*open*, *honest*) откры́тый
frankfurter соси́ска
frankincense ла́дан
frankly (*candidly*) открове́нно; ~ **(speaking),...** открове́нно говоря́ ...; (*sincerely*) и́скренне; (*directly*) пря́мо, откры́то
frankness (*candour*) открове́нность *f*; (*sincerity*) и́скренность *f*
frantic (*wild*) неи́стовый, безу́мный; **make, drive** ~ доводи́ть до бе́шенства; ~ **with** вне себя́ от (+ *gen*); (*desperate*) отча́янный; *coll emph* стра́шный, ужа́сный; **in a ~ hurry** в стра́шной спе́шке

fraternal бра́тский
fraternity бра́тство
fraternization (*mixing with*) обще́ние (с + *instr*); (*with enemy etc*) брата́ние
fraternize обща́ться (**with,** с + *instr*); брата́ться (**with,** с + *instr*)
fratricidal братоуби́йственный
fratricide (*murderer of sister*) уби́йца сестры́; (*murderer of brother*) братоуби́йца; (*murder of sister*) уби́йство сестры́; (*murder of brother*) братоуби́йство
fraud (*deception*) обма́н; (*fake*) фальши́вка; (*crookedness*) жу́льничество, надува́тельство; (*deceiver*) обма́нщик; (*imposter, crook*) моше́нник
fraudulence обма́н; моше́нничество
fraudulent обма́нный; моше́ннический; фальши́вый
fraught with по́лный (+ *gen*), чрева́тый (+ *instr*)
[1]**fray** (*brawl*) дра́ка; (*fight, struggle*) борьба́
[2]**fray** (*wear*) изна́шивать(ся), протира́ть(ся); (*nerves*) истрепа́ть
freak 1. *n* (*monster*) чудо́вище; (*abnormal person*) уро́д; (*eccentric person*) чуда́к; (*whim*) при́хоть *f*, капри́з; *rad* замира́ние **2.** *adj* (*abnormal*) анорма́льный; (*chance*) случа́йный; (*grotesque*) причу́дливый
freakish (*grotesque*) причу́дливый; (*strange*) стра́нный; (*chance*) случа́йный; (*capricious*) капри́зный
freckle 1. *n* весну́шка **2.** *v* покрыва́ть(ся) весну́шками
freckled весну́шчатый
free 1. *adj* (*most senses*) свобо́дный (**of, from,** от + *gen*); ~ **from care** беззабо́тный; ~ **of** (*without*) без (+ *gen*); ~ **speech** свобо́да сло́ва; ~ **trade** свобо́дная торго́вля; ~ **verse** во́льный стих; ~ **will** свобо́да во́ли; **of one's (own)** ~ **will** доброво́льно; **get** ~ освобожда́ться; **have a** ~ **hand** име́ть свобо́ду де́йствия; **make** ~ **with** бесцеремо́нно обраща́ться с (+ *instr*); **set** ~ освобожда́ть (**from,** от + *gen*); (*gratis*) беспла́тный **2.** *adv* беспла́тно **3.** *v* освобожда́ть (**from,** от + *gen*)
free-and-easy (*relaxed*) непринуждённый; (*informal*) неформа́льный; (*familiar*) фамилья́рный
freeboard надво́дный борт; (*as measurement*) высота́ надво́дного бо́рта
freedom (*most senses*) свобо́да (**from,** от + *gen*); (*independence*) незави́симость *f*; (*of manner*) непринуждённость *f*; (*frankness*) открове́нность *f*
free-for-all (*fight*) всео́бщая дра́ка
free-hand от руки́
free-handed ще́дрый
freehold безусло́вное пра́во со́бственности на недви́жимость; *hist* фриго́льд
free kick *sp*: **indirect** ~ свобо́дный уда́р; **direct** ~ штрафно́й уда́р
freelance neшта́тный
Freemason франкмасо́н, масо́н
freemasonry франкмасо́нство
freesia фре́зия
free-spoken открове́нный
freethinker вольноду́мец
freethinking вольноду́мный
freeze 1. *n* (*freezing; also of prices etc*) замора́живание; (*cold period*) хо́лод, моро́з **2.** *vt* (*turn to ice*) превраща́ть в лёд; (*food, prices etc*) замора́живать; *vi* (*become frozen; also fig*) замерза́ть; (*become ice-covered*) покрыва́ться льдом; (*feel cold*) замерза́ть, мёрзнуть; *v impers* **it is freezing** моро́зит
~ **in** вмерза́ть
~ **out** *coll* вытесня́ть
~ **over** покрыва́ться льдом
~ **to** примерза́ть к (+ *dat*)
~ **together** смерза́ться
freezer морози́лка
freezing 1. *n* (*becoming frozen*) замерза́ние; (*of food, prices etc*) замора́живание **2.** *adj* ~ **mixture** замора́живающая смесь *f*; ~ **point** то́чка замерза́ния; (*icy; also fig*) ледяно́й, холо́дный; **it's** ~ **cold** ужа́сно хо́лодно
freight 1. *n* (*transportation*) перево́зка; (*cost of transport*) фрахт; (*load*) груз **2.** *adj* ~ **rates** грузово́й тари́ф; ~ **train** това́рный по́езд
freighter (*ship*) грузово́е су́дно; (*aircraft*) грузово́й самолёт
French 1. *n collect* **the** ~ францу́зы *m pl*; (*language*) францу́зский язы́к **2.** *adj* францу́зский; **he is** ~ он францу́з; ~ **bean** фасо́ль *f*; ~ **chalk** тальк; ~ **curve** лека́ло; ~ **horn** валто́рна; ~ **polish** шелла́чная политу́ра; ~ **window, door** застеклённая двуство́рчатая дверь *f*
French-speaking франкоязы́чный, франкоговоря́щий
Frenchman францу́з
Frenchwoman францу́женка
frenzied бе́шеный
frenzy (*fury; madness*) бе́шенство; (*attack*) при́ступ; **in a** ~ **of** в при́ступе (+ *gen*)
frequency 1. *n* (*all senses*) частота́; **with great** ~ о́чень ча́сто **2.** *adj phys, rad* часто́тный; ~ **modulation,** *abbr* **FM** часто́тная модуля́ция, *abbr* ЧМ
[1]**frequent** *adj* (*often recurring*) ча́стый; (*common*) обы́чный; (*often found*) ча́сто встреча́ющийся
[2]**frequent** *v* ча́сто посеща́ть, ча́сто быва́ть в (+ *prep*), у (+ *gen*)
frequentative многокра́тный (глаго́л)
frequenter ча́стый посети́тель *m*, завсегда́тай
fresco фре́ска
fresh (*most senses*) све́жий; (*new*) но́вый; (*recent*) неда́вний; (*clean*) чи́стый; ~ **paint** непросо́хшая кра́ска; ~ **water** пре́сная вода́; *coll* (*impertinent*) наха́льный; (*inexperienced*) нео́пытный
freshen *vt* освежа́ть; (*water*) опресня́ть; *vi* свеже́ть
freshly (*in fresh way*) свежо́; (*recently*) неда́вно; (*only just*) то́лько что; (*in combination with certain adjectives* свеже-) ~ **baked** свежеиспечённый
freshman первокýрсник
freshness (*most senses*) све́жесть *f*; (*originality*) оригина́льность *f*; (*brightness*) я́ркость *f*
freshwater пресново́дный
[1]**fret 1.** *n* (*anxiety*) волне́ние; (*irritation*) раздраже́ние **2.** *v* (*corrode*) разъеда́ть; (*worry*) беспоко́ить(ся), му́чить(ся); (*irritate*) раздража́ть(ся); (*complain*) жа́ловаться
[2]**fret 1.** *n* (*ornament*) прямоуго́льный орна́мент; *mus* лад **2.** *v* украша́ть прямоуго́льным орна́ментом
fretful (*discontented*) недово́льный; (*irritable*) раздражи́тельный; (*fitful*) поры́вистый
fretsaw ло́бзик
fretwork ажу́рная рабо́та

Freudian фрейди́стский
friability ры́хлость *f*
friable ры́хлый
friar мона́х
fricassee фрикасе́ *neut indecl*
fricative 1. *n* фрикати́вный звук **2.** *adj* фрикати́вный
friction 1. *n* тре́ние **2.** *adj* фрикцио́нный
frictional фрикцио́нный
frictionless бесфрикцио́нный
Friday пя́тница; **Good ~** (вели́кая) страстна́я пя́тница; **on ~** в пя́тницу; **on ~s** по пя́тницам
friend (*close*) друг; **be ~s with** дружи́ть с (+ *instr*); **make ~s with** подружи́ться *pf* с (+ *instr*); (*less close*) прия́тель *m*, *f* прия́тельница; (*acquaintance*) знако́мый; (*comrade*) това́рищ; (*supporter*) сторо́нник, друг
friendliness дружелю́бие
friendly (*of, like friend*) дру́жеский; (*affectionate*) дружелю́бный; (*of countries, peoples*) дру́жественный; **be on ~ terms with** дружи́ть с (+ *instr*); **be ~ to** (*approve of*) одобря́ть; *sp* **~ match** това́рищеская встре́ча; *mil* (*not enemy*) свой
friendship дру́жба
frieze *archi* фриз
frigate фрега́т
fright испу́г; **get a ~** испуга́ться *pf*; **give a ~ to** испуга́ть *pf*; *coll* (*person*) страши́ла *m and f*
frighten пуга́ть; **~ away, off** спу́гивать, отпу́гивать; **~ into** стра́хом заставля́ть (+ *infin*)
frightened испу́ганный; **be ~ of** боя́ться (+ *gen*), пуга́ться (+ *gen*)
frightful стра́шный, ужа́сный
frigid холо́дный; *med* фриги́дный
frigidity холо́дность *f*; *med* фриги́дность *f*
frill (*on dress*) обо́рочка; (*ruffle*) бры́жи *pl*; *pl* (*useless decoration*) нену́жные украше́ния *neut pl*
frilly (*having frills*) отде́ланный обо́рками; (*overornate*) разукра́шенный
fringe 1. *n* (*on curtain etc*) бахрома́; (*of hair*) чёлка; (*edge, border*) кайма́; (*outer extremity*) край; **on the ~** на краю́, на перифери́и (**of,** + *gen*); (*of forest*) опу́шка (ле́са) **2.** *adj* перифери́йный **3.** *v* (*add ~ to*) отде́лывать бахромо́й; (*to surround*) окаймля́ть (**with,** + *instr*)
frippery мишура́
frisk (*gambol*) резви́ться; (*wave*) маха́ть (+ *instr*); *sl* (*search*) обы́скивать, *sl* шмона́ть
frisky (*gambolling*) ре́звый; (*playful*) игри́вый; (*lively*) живо́й
[1]**fritter** *cul* ола́дья
[2]**fritter: ~ away** тра́тить по мелоча́м, пустяка́м; (*money*) растра́чивать, *coll* транжи́рить
frivolity легкомы́слие
frivolous (*person, behaviour*) легкомы́сленный; (*superficial*) пове́рхностный; (*trivial*) пустя́чный; (*not serious*) несерьёзный
frizz(le) (*hair*) завива́ть(ся)
frizzy (*curly*) вью́щийся; (*curled*) завито́й
fro: to and ~ взад и вперёд, туда́-сюда́
frock пла́тье; **~-coat** сюрту́к
frog (*animal*) лягу́шка; **have a ~ in one's throat** хрипе́ть; (*rail*) крестови́на; (*ornament*) отде́лка из сутажа́
frogman лёгкий водола́з, легководола́з
frog-spawn лягу́шечья икра́
frolic 1. *n* (*gaiety*) весе́лье; (*escapade*) ша́лость *f* **2.** *v* (*gambol*) резви́ться; (*play*) игра́ть; (*make merry*) весели́ться
frolicsome (*lively*) ре́звый; (*gay*) весёлый
from (*out of*) из (+ *gen*), с (+ *gen: for nouns taking* на *in the sense of* in); **come home ~ school, work** прийти́ *pf* домо́й из шко́лы, с рабо́ты; **take ~ one's pocket** вы́нуть *pf* из карма́на; **~ here** отсю́да; **is it far ~ here?** э́то далеко́ отсю́да?; **~ there** отту́да; **~ where?** отку́да?; **~ everywhere** отовсю́ду; (*of distances*) от (+ *gen*); **a mile ~ town** на расстоя́нии ми́ли от го́рода; (*in time expressions*) с (+ *gen*); **~ the fifth of June** с пя́того ию́ня; **~ two till six** с двух до шести́; **~ the beginning** с нача́ла; **~ that time** с э́того вре́мени; **~ time to time** вре́мя от вре́мени; (*indicating source*) **a letter ~ my brother** письмо́ от бра́та; **buy ~** купи́ть у (+ *gen*); **I heard it ~ him** я узна́л э́то от него́; **a translation ~ French** перево́д с францу́зского; (*indicating cause*) *usu* от, с, из (+ *gen*); **die ~ hunger** умере́ть *pf* от го́лода, с го́лоду; **~ fear that** из боя́зни, что; (*indicating reason for statement*) *usu* по (+ *dat*); **~ appearances** по вне́шности; **~ experience** по о́пыту; **~ memory** по па́мяти; (*after verbs of protection, prevention, liberation, separation* от (+ *gen*): *see appropriate verb entry*); (*in combinations*) **~ above** све́рху; **~ across** из-за (+ *gen*); **~ afar** и́здали, издалека́; **~ among** из (+ *gen*); **~ behind** из-за (+ *gen*); **~ below** (*prep*) из-под (+ *gen*); (*adv*) сни́зу; **~ beneath** из-под (+ *gen*); **~ between** из (+ *gen*); **~ beyond** из-за (+ *gen*); **~ inside** (*prep*) из (+ *gen*); (*adv*) изнутри́; **~ out of** из (+ *gen*); **~ outside** снару́жи; **~ over** из-за (+ *gen*); **~ round** из-за (+ *gen*); **~ under** из-под (+ *gen*); **~ underneath** сни́зу; **~ within** изнутри́; **~ without** снару́жи; **far ~** (*not at all*) далеко́ не, во́все не
frond (*leaf*) лист; (*branch*) ветвь *f*
front 1. *n* перёд; **to the ~** вперёд; **to the ~ of** пе́ред (+ *instr*), впереди́ (+ *gen*); (*~ part*) пере́дняя часть *f*; (*~ side*) пере́дняя сторона́; (*of building*) фаса́д; *fig* (*deceptive appearance*) вы́веска; *mil, pol, meteorol* фронт; **at the ~** на фро́нте; (*of shirt*) мани́шка **2.** *adj* пере́дний; **~ door** пара́дная дверь *f* **3.** *v* (*look out on*) выходи́ть на (+ *acc*); (*be in ~ of*) находи́ться пе́ред (+ *instr*); (*stand face to face*) стоя́ть лицо́м к лицу́ с (+ *instr*)
frontage (*façade*) фаса́д; (*length of site*) длина́ уча́стка
frontal *anat* ло́бный; *mil* фронта́льный; *tech* лобово́й, торцево́й; (*front*) пере́дний
frontier 1. *n* (*of country*) грани́ца, рубе́ж; (*limit*) преде́л **2.** *adj* пограни́чный
frontispiece фронтиспи́с
front page пе́рвая страни́ца; **~ news** сенса́ция
frontward(s) вперёд
frost 1. *n* моро́з; **10 degrees of ~** 10 гра́дусов моро́за; (*hoarfrost*) и́ней; *fig* холо́дность *f*, хо́лод **2.** *v* (*cover with ~*) покрыва́ться и́неем; (*nip with ~*) побива́ть моро́зом; (*roughen surface*) матирова́ть
frost-bite отморо́же́ние, обморо́же́ние
frost-bitten отморо́женный, обморо́женный
frosted (*covered with ~*) покры́тый и́неем; (*glass*) мати́рованный; *cul* глазиро́ванный
frostily хо́лодно
frosting (*frost covering*) и́ней; (*on glass*) мат; (*on cake*) глазиро́вка
frosty (*cold*) моро́зный; (*covered with frost*)

покры́тый и́неем; *fig* холо́дный, ледяно́й
froth 1. *n* пе́на **2.** *vi* пе́ниться, *vt* вспе́нивать
frothy пе́нистый
frown 1. *n* (*angry glance*) недово́льный взгляд; **give a ~** нахму́риться *pf*, нахму́рить *pf* бро́ви **2.** *v* хму́риться (**at,** на + *acc*); *fig* неодобри́тельно смотре́ть (**on,** на + *acc*)
frowning *adj* хму́рый
frowsty, frowzy (*stuffy*) ду́шный; (*unkempt*) неря́шливый
frozen (*liquid, limbs*) замёрзший; **~ to death** поги́бший от хо́лода; **I am ~!** я замёрз!; **the river was ~** река́ ста́ла, замёрзла; **~ over** покры́тый льдом; (*stuck in ice*) ско́ванный льдом; (*food*) заморо́женный
fructiferous плодонося́щий
fructification плодоноше́ние
fructify (*bear fruit*) плодоноси́ть; (*make fruitful*) де́лать плодоро́дным
fructose фрукто́за
frugal (*thrifty*) эконо́мный; (*humble*) скро́мный
frugality эконо́мность *f*; скро́мность *f*
fruit 1. *n* фрукт, плод; **candied ~** цука́ты *m pl*; **dried ~** сухофру́кты *m pl*; *fig* плод **2.** *adj* фрукто́вый; **~ salad** сала́т из фру́ктов; **~ tree** фрукто́вое де́рево **3.** *v* плодоноси́ть
fruit-cake кекс
fruiterer торго́вец фру́ктами
fruitful (*plant*) плодоно́сный; (*soil*) плодоро́дный; *fig* (*productive*) плодови́тый, плодотво́рный; (*beneficial*) плодотво́рный; (*successful*) уда́чный
fruit-grower плодово́д
fruit-growing плодово́дство
fruition (*fulfilment*) осуществле́ние; **come to ~** осуществля́ться
fruitless (*not bearing fruit*) беспло́дный (*also fig*); (*useless*) бесполе́зный
fruity (*of, like fruit*) фрукто́вый; *coll* (*voice*) зву́чный, со́чный; (*salacious*) пика́нтный; (*profane*) со́чный, сма́чный
frustrate (*plans etc*) срыва́ть, расстра́ивать; (*foes*) разбива́ть; *coll* **I feel ~d** я обескура́жен
frustrating *coll* доса́дный; **how ~!** как доса́дно!
frustration (*of plans etc*) срыв, расстро́йство; (*of opponents*) разгро́м; (*collapse*) крах, прова́л; (*irritation*) доса́да; (*disappointment*) разочарова́ние
[1]**fry** *n* мальки́ *m pl*; *coll* **small ~** (*insignificant things, people*) мелкота́, мелюзга́; (*children*) де́ти *pl*
[2]**fry** *cul* **1.** *n* жарко́е **2.** *v* жа́рить(ся)
frying-pan сковорода́; **out of the ~ into the fire** из огня́ да в по́лымя
fuchsia фу́ксия
fuck *vulg* еба́ть; **~ off!** иди́ в жо́пу, иди́ на́ хуй; **~ up** заговня́ть
fucking *vulg* **1.** *n* ёбля **2.** *adj* (*as intensive*) ёбаный, бля́дский **3.** *adv* бля́дски
fuddle одурма́нивать
fuddy-duddy 1. *n* старомо́дный челове́к **2.** *adj* устаре́вший, старомо́дный
fudge 1. *n* (*confection*) ири́ска; (*invention*) враньё; (*nonsense*) чепуха́ **2.** *v* (*fake, put together clumsily*) стря́пать
fuel 1. *n* то́пливо, горю́чее **2.** *adj* то́пливный **3.** *v* заправля́ть(ся) то́пливом
fug духота́
fugal фу́говый
fuggy ду́шный
fugitive 1. *n* (*runaway*) беглец; (*refugee*) бе́женец **2.** *adj* (*runaway*) бе́глый; (*transitory*) мимолётный; (*colour*) непро́чный
fugue фу́га
fulcrum *phys* то́чка опо́ры; (*of scales*) опо́рная при́зма; (*pivot*) ось *f*
fulfil (*promises, duties etc*) выполня́ть, исполня́ть; (*hopes, ambitions*) осуществля́ть; (*conditions*) удовлетворя́ть; (*requirements*) соотве́тствовать (+ *dat*)
fulfilment выполне́ние, исполне́ние; осуществле́ние; удовлетворе́ние
full 1. *adj* (*most senses*) по́лный (**of,** + *gen*); **~ blast** во всю мочь; **~ of** (*preoccupied*) за́нятый (+ *instr*); **~ of oneself** самодово́льный; **~ stop** то́чка; **~ up** битко́м наби́тый; **a ~ hour** це́лый час, би́тый час; **at ~ speed** на по́лной ско́рости; **in ~** по́лностью; **in ~ bloom** в расцве́те; **in ~ swing** в разга́ре; **stuffed ~** наби́тый (**with,** + *instr*); **to the ~** по́лностью, в по́лной ме́ре **2.** *adv* пря́мо, как раз
full-blooded (*vigorous*) полнокро́вный; (*of unmixed blood*) чистокро́вный
full-blown (*flower*) распусти́вшийся; (*grown-up*) взро́слый; (*mature*) созре́вший; (*complete*) настоя́щий, зако́нченный
full-bodied по́лный
fuller сукнова́л; **~'s earth** сукнова́льная гли́на
full-faced кругло́лицый
full-fledged (*bird*) (вполне́) опери́вшийся; (*qualified*) квалифици́рованный; (*complete, real*) зако́нченный
full-grown вполне́ разви́вшийся; (*grown-up*) взро́слый
full-length (*portrait*) во весь рост; (*complete*) по́лный; (*unabridged*) несокращённый; **~ film** полнометра́жный фильм
fullness полнота́; **in the ~ of time** в своё вре́мя
full-scale (*in natural size*) в натура́льную величину́; (*on large scale*) масшта́бный; **~ attack** наступле́ние по всему́ фро́нту
full-time (*constant*) постоя́нный; (*on regular staff*) шта́тный
fully по́лностью, вполне́
fulminate 1. *n chem* фульмина́т; **~ of mercury** гриму́чая ртуть *f* **2.** *v* (*explode*) взрыва́ть(ся); *fig* брани́ть (**against,** + *acc*)
fulmination взрыв; *fig* инвекти́ва
fulsome (*cloying*) слаща́вый, при́торный; (*feigned*) притво́рный; (*excessive*) чрезме́рный; (*gushing*) многосло́вный
fumble (*handle clumsily*) нело́вко обраща́ться с (+ *instr*); (*grope*) нащу́пывать; (*bungle*) по́ртить де́ло
fumbling нело́вкий, неуклю́жий
fume 1. *n pl* (*vapour*) пары́ *m pl*, испаре́ния; (*smoke*) дым; (*anger*) гнев **2.** *v* (*give off smoke, vapour*) дыми́ть, испаря́ться; (*expose to smoke; cure*) копти́ть, оку́ривать; (*oak*) мори́ть; (*fret*) волнова́ться; (*be furious*) кипе́ть от зло́сти
fumigate оку́ривать
fumigation оку́ривание
fumy (*smoky*) ды́мный; (*full of fumes*) по́лный испаре́ний
fun (*amusement*) развлече́ние; **for, in ~** (*not seriously*) в шу́тку; (*for sake of amusement*) ра́ди шу́тки; (*jollity*) весе́лье; **what ~!** как ве́село, как здо́рово!; **have ~** всссли́ться; **poke ~ at, make**

~ **of** (*mock*) издева́ться над (+ *instr*), разы́грывать; (*tease*) дразни́ть

function 1. *n* (*most senses*) фу́нкция; (*purpose*) цель *f*; (*rôle*) роль *f*; *pl (duty*) обя́занности *f pl*; (*public ceremony*) торжество́; (*social gathering*) приём **2.** *v* (*operate*) функциони́ровать, де́йствовать; (*work*) рабо́тать; (*serve as*) служи́ть (**as,** + *instr*)

functional функциона́льный

fund 1. *n* (*most senses*) фонд; (*reserve, stock*) запа́с **2.** *v* финанси́ровать, консолиди́ровать

fundament (*buttocks*) зад; (*anus*) за́дний прохо́д

fundamental 1. *n pl* осно́вы *f pl* **2.** *adj* (*basic*) основно́й; (*radical*) коренно́й; (*essential*) суще́ственный; (*main*) гла́вный

fundamentalism фундаментали́зм

fundamentally в основно́м, по существу́

funding финанси́рование

fund-raising сбор средств

funeral 1. *n* по́хороны *f pl* **2.** *adj* похоро́нный

funerary похоро́нный

funereal (*of funeral*) похоро́нный; (*gloomy*) мра́чный

funfair увесели́тельный парк

fungal грибко́вый

fungicide фунгици́д

fungoid грибови́дный

fungus гриб

funicular (*railway*) фуникулёр

funk 1. *n* испу́г **2.** *vt* (*fear*) боя́ться (+ *gen*); (*avoid*) избега́ть (+ *gen*); *vi* труси́ть, *coll* дре́йфить; **he ~ed it** он сдре́йфил

funnel (*for pouring*) воро́нка; (*of train, ship*) дымохо́д, труба́

funnily заба́вно; смешно́; стра́нно; ~ **enough ...** как э́то ни стра́нно, ...

funny (*amusing*) заба́вный; (*comic, laughable*) смешно́й; *coll* (*odd*) стра́нный, чудно́й; (*suspicious*) подозри́тельный

fur 1. *n* (*of animal*) мех; (*on tongue*) налёт; (*in boiler*) на́кипь *f* **2.** *adj* мехово́й; ~ **coat** шу́ба **3.** *v* покрыва́ть(ся) налётом, на́кипью

furbelows обо́рки *f pl*

furbish (*remove rust from*) очища́ть от ржа́вчины; (*clean*) чи́стить; (*smarten up*) подновля́ть

furfur пе́рхоть *f*

furfuraceous (*scaly*) чешу́йчатый; *bot* покры́тый чешу́йками

furious (*driven to fury*) разъярённый, взбешённый; (*violent*) нейстовый; **at a ~ pace** с бе́шеной ско́ростью; **be ~ with** серди́ться, зли́ться на (+ *acc*); ~ **struggle** я́ростная борьба́

furl свёртывать(ся)

furlong фарло́нг, восьма́я часть ми́ли

furlough о́тпуск; **on ~** в о́тпуске

furnace печь *f*

furnish (*supply*) доставля́ть; (*provide*) снабжа́ть, предоставля́ть; (*aid etc*) ока́зывать; (*proof etc*) представля́ть; (*room, house*) обставля́ть, меблирова́ть

furnishing (*furniture*) меблиро́вка; (*domestic fittings*) предме́ты *m pl* дома́шнего обихо́да

furniture ме́бель *f*; *tech* (*fittings*) фурниту́ра

furore фуро́р

furrier меховщи́к, скорня́к

furrow 1. *n* (*ploughed*) борозда́; (*groove*) жёлоб; (*track of wheel*) колея́; (*wrinkle*) глубо́кая морщи́на **2.** *v* (*plough*) паха́ть; (*make ~s*) борозди́ть; (*wrinkle*) покрыва́ть(ся) морщи́нами, борозди́ть

furry (*of fur*) мехово́й; (*covered with fur*) покры́тый ме́хом; (*animal*) пуши́стый

further 1. *adj* (*later*) дальне́йший; ~ **education** дальне́йшее образова́ние; **until ~ notice** до дальне́йшего уведомле́ния; (*additional*) дополни́тельный; (*more distant*) да́льний **2.** *adv* да́льше, да́лее; (*moreover*) кро́ме того́ **3.** *v* соде́йствовать, спосо́бствовать (+ *dat*)

furtherance продвиже́ние; **in ~ of** для осуществле́ния (+ *gen*)

furthermore кро́ме того́, к тому́ же

furthermost са́мый да́льний, са́мый отдалённый, са́мый далёкий

furthest 1. *adj* са́мый да́льний; са́мый отдалённый; са́мый далёкий **2.** *adv* да́льше всего́

furtive (*stealthy, secretive*) ворова́тый; **cast a ~ glance** смотре́ть укра́дкой; (*sly*) хи́трый; (*secret*) та́йный, скры́тый

furtively укра́дкой

furuncle фуру́нкул

fury я́рость *f*; **be in a ~** быть в я́рости; **like ~** бе́шено; *myth* **Fury** Фу́рия

fuse 1. *n mil* взрыва́тель *m*; *elect* предохрани́тель *m*, *coll* про́бка **2.** *adj* ~ **wire** пла́вкая про́волока **3.** *v* (*melt*) пла́вить(ся); (*melt together*) сплавля́ть(ся); *coll* (*of electric light etc*; *burn out*) перегоре́ть *pf*; (*short-circuit*) сде́лать *pf* коро́ткое замыка́ние

fuselage фюзеля́ж

fusel-oil сиву́шное ма́сло

fusible пла́вкий

fusilier фузилёр

fusillade руже́йный ого́нь *m*

fusion (*melting*) пла́вка, плавле́ние; (*melting together*) сплавле́ние; *phys* **nuclear ~** нуклеоси́нтез; ~ **bomb** термоя́дерная бо́мба

fuss 1. *n* (*nervous agitation*) не́рвное состоя́ние; (*commotion*) суета́, сумато́ха; **make a ~** поднима́ть шум (**about,** вокру́г + *gen*); **make a ~ of** носи́ться с (+ *instr*) **2.** *vi* (*worry*) волнова́ться, суети́ться; ~ **over** носи́ться с (+ *instr*); *vt* (*bother*) беспоко́ить

fussily суетли́во; тре́бовательно

fussy (*making fuss*) суетли́вый; (*demanding*) тре́бовательный; **be ~ about** о́чень забо́титься о (+ *prep*); (*fastidious*) разбо́рчивый; (*of dress, design, etc*) вы́чурный

fustian 1. *n* (*cloth*) бумазе́я; (*bombast*) напы́щенность *f*, наду́тость *f* **2.** *adj* бумазе́йный; напы́щенный, наду́тый

fusty за́тхлый; *fig* старомо́дный

futile (*useless*) бесполе́зный, тще́тный; (*trivial*) пусто́й, пустя́чный

futility бесполе́зность *f*, тще́тность *f*

future 1. *n* бу́дущее; **for the ~** на бу́дущее; **have no ~** не име́ть бу́дущего, перспекти́вы; **in (the) ~** в бу́дущем **2.** *adj* бу́дущий; ~ **tense** бу́дущее вре́мя *neut*

futureless бесперспекти́вный

futurism футури́зм

futurist футури́ст

futuristic футуристи́ческий

futurity бу́дущее

fuzz (*fluff*) пух; *sl* (*police*) мильто́ны *m pl*

fuzzy (*fluffy*) пуши́стый; (*furry*) ворси́стый; (*hair*) курча́вый; (*blurred*) нея́сный, сму́тный

G

galvanize (*give electric shock*) гальванизи́ровать; (*coat with zinc*) оцинко́вывать; *fig* (*electrify*) электризова́ть; ~ **into action** побуди́ть *pf* к де́йствию
galvanized оцинко́ванный
galvanizing оцинко́вывание
galvanometer гальвано́метр
gambit (*chess*) гамби́т; (*trick, strategy*) манёвр
gamble 1. *n* (*playing for money*) аза́ртная игра́; (*risky affair*) риско́ванное де́ло; (*chance*) шанс **2.** *v* (*play for money*) игра́ть на де́ньги; (*speculate*) спекули́ровать (**on,** на + *prep*; **in,** + *instr*); (*take risk*) рискова́ть (**with,** + *instr*); ~ **everything on** ста́вить всё на (+ *acc*); ~ **away** прои́грывать
gambler игро́к, картёжник
gamboge гуммигу́т
gambol резви́ться
game 1. *n* (*play, most senses*) игра́; **Olympic ~s** Олимпи́йские и́гры; (*single bout*) па́ртия; **a ~ of chess** па́ртия в ша́хматы; (*in tennis*) гейм; **have a ~ with** игра́ть с (+ *instr*); (*make fun of*) издева́ться над (+ *instr*), разы́грывать; (*trick*) фо́кус; (*plan*) за́мысел, план; **so that's the ~!** вот в чём де́ло; **the ~ is up** всё поте́ряно; (*bird, animal*) дичь *f*; **big ~** кру́пная дичь; *fig* **easy ~** лёгкая добы́ча **2.** *adj* (*brave*) сме́лый; (*ready, willing*) гото́в (**for,** на + *acc*; **to,** + *infin*); (*crippled*) искале́ченный **3.** *v* игра́ть на де́ньги; ~ **away** прои́грывать
game-bag ягдта́ш
gamecock бойцо́вый пету́х
gamekeeper лесни́к
gameness (*bravery*) сме́лость *f*; (*endurance*) вы́держка; (*readiness*) гото́вность *f*
game-reserve запове́дник
gamete гаме́та
gametic гамети́ческий
gametocyte гаметоци́т
gaming аза́ртная игра́
gamma га́мма; ~ **radiation** га́мма-лучи́ *m pl*, га́мма-излуче́ние
gammon (*a ham*) о́корок; (*bacon*) за́дняя часть *f*, беко́нной полови́нки; *coll* (*nonsense*) чепуха́; (*deception*) очковтира́тельство **2.** *v* (*trick*) наду-ва́ть
gamp *coll* зонт
gamut (*range*) диапазо́н; *mus* (*scale*) га́мма
gander гуса́к
gang 1. *n* (*group*) гру́ппа; (*of friends*) компа́ния; (*crowd*) толпа́; (*criminal*) ша́йка; (*of workmen*) брига́да, па́ртия; *tech* (*set of tools etc*) набо́р, компле́кт; (*of machines*) агрега́т **2.** *v* ~ **together, up** собира́ться в гру́ппу *etc*; ~ **up on** ополча́ться про́тив (+ *gen*)
ganged *tech* спа́ренный
ganger (*foreman*) деся́тник
gangling долговя́зый
ganglion не́рвный у́зел, га́нглий
gangplank схо́дни *f pl*
gangrene гангре́на
gangrenous гангрено́зный, омертве́лый
gangster га́нгстер
gangway (*passage*) прохо́д; *naut* схо́дни *f pl*
gannet бакла́н
gantry (*of crane*) порта́л; **signal ~** сигна́льный мо́стик; **~-crane** порта́льный кран
gaol *etc see* **jail**
gap (*slit*) щель *f*; (*passage*) прохо́д; (*break*) проло́м; (*in trees, clouds etc*) просве́т; (*in knowledge etc*) пробе́л; (*in text*) лаку́на, про́пуск; (*interval*) промежу́ток; (*difference*) ра́зница; *tech* (*clearance*) зазо́р
gape 1. *n* (*opening*) отве́рстие; (*yawn*) зево́к; (*fit of yawning; disease*) зево́та **3.** *v* (*open mouth*) разева́ть рот; (*yawn*) зева́ть; (*look surprised*) тара́щить глаза́ (**at,** на + *acc*), глазе́ть (**at,** на + *acc*); (*stand open, split*) зия́ть
gap-toothed редкозу́бый
garage 1. *n* гара́ж **2.** (*put in ~*) ста́вить в гара́ж; (*keep in ~*) держа́ть в гараже́
garb 1. *n* наря́д, оде́жда **2.** *v* одева́ть (**in,** в + *acc*)
garbage му́сор; ~ **can** му́сорный я́щик
garble (*distort*) искажа́ть; (*confuse*) перепу́тывать
garden 1. *n* (*most senses*) сад; **front ~** палиса́дник; **kitchen, vegetable ~** огоро́д; (*park*) парк, сад; **botanical ~s** ботани́ческий сад **2.** *adj* садо́вый **3.** *v* (*be gardener*) занима́ться са́дом, садово́дством; (*potter in ~*) вози́ться в саду́
gardener садо́вник
gardenia гарде́ния
gardening садово́дство
gargantuan огро́мный, колосса́льный, гига́нтский
gargle 1. *n* полоска́ние го́рла **2.** *v* полоска́ть го́рло
gargoyle горгу́лья
garish крича́щий
garland 1. *n* гирля́нда, вено́к **2.** *v* украша́ть гирля́ндой
garlic чесно́к
garment (*item of clothing*) предме́т оде́жды; *pl* оде́жда, пла́тье
garner запаса́ть
garnet грана́т
garnish 1. *n* (*ornament*) украше́ние; (*food*) гарни́р **2.** *v* (*decorate*) украша́ть (**with,** + *instr*); (*food*) гарни́ровать
garnishing украше́ние; гарни́р
garret черда́к
garrison 1. *n* гарнизо́н **2.** *v* ста́вить гарнизо́н в (+ *pr*)
garrotte 1. *n* гарро́та **2.** *v* (*execute by ~*); (*throttle*) удави́ть *pf*, гарроти́ровать
garrulity болтли́вость *f*
garrulous болтли́вый
garrulousness болтли́вость *f*
garter подвя́зка; **Order of the Garter** о́рден Подвя́зки
gas 1. *n* (*most senses*) газ; **coal ~** каменно-у́гольный газ; **natural ~** приро́дный газ; *coll* (*petrol*) бензи́н; **step on the ~** дать *pf* газ(у) **2.** *adj* га́зовый **3.** *v* (*poison with ~*) отравля́ть га́зом
gas-bag (*balloon*) аэроста́т; *coll* (*talker*) болту́н, *f* болту́нья
gas-bracket га́зовый рожо́к
gas-burner га́зовая горе́лка

gas-chamber га́зовая ка́мера
gas-cooker га́зовая плита́
gaseous (*in form of gas*) газообра́зный; (*of gas*) га́зовый
gas-fired га́зовый
gas-fitter газопрово́дчик, газовщи́к
gash 1. *n* (*long cut*) поре́з; (*open wound*) глубо́кая ра́на **2.** *v* нанос́ить глубо́кую ра́ну
gasification газифика́ция
gasify превраща́ть(ся) в газ
gas-jet га́зовый рожо́к
gasket прокла́дка
gas-lamp га́зовая ла́мпа
gaslight (*light*) га́зовое освеще́ние; (*lamp*) га́зовая ла́мпа
gas-main газопрово́д
gas-mantle кали́льная се́тка
gas-mask противога́з
gas-meter газоме́р, га́зовый счётчик
gasoline 1. *n* бензи́н **2.** *adj* бензи́новый
gasometer газо́метр
gasp 1. *n* (*difficult breathing*) затруднённое дыха́ние; **at one's last** ~ при после́днем издыха́нии; (*at last moment*) в после́днюю мину́ту **2.** *v* (*breathe with difficulty*) задыха́ться (**with,** от + *gen*); (*hold one's breath*) затаи́ть *pf* дыха́ние; (*utter with* ~) произноси́ть задыха́ясь; (*exclaim*) а́хнуть *pf*; ~ **for** (*want very much*) стра́шно хоте́ть; (*need very much*) о́чень нужда́ться в (+ *pr*)
gas-pipe газопрово́д
gas-ring га́зовая горе́лка
gas-station *Am* автозапра́вочный пункт
gas-stove га́зовая плита́
gassy (*gas-like*) газообра́зный; (*effervescent*) газиро́ванный
gasteropoda брюхоно́гие *pl*
gastric желу́дочный; ~ **ulcer** я́зва желу́дка
gastritis гастри́т, воспале́ние желу́дка
gastroenteritis гастроэнтери́т
gastronome гурма́н
gastronomic гастрономи́ческий
gastronomy гастроно́мия
gas-works га́зовый заво́д
gate (*large; gateway*) воро́та *neut pl*; (*garden*) кали́тка; (*of dock*) шлю́зные воро́та; *tech* (*of gearbox*) кули́са; *cin* фи́льмовый кана́л; *sp* (*spectators*) коли́чество зри́телей
gâteau торт
gate-crasher незва́ный гость *m*
gatehouse до́мик привра́тника
gate-keeper привра́тник
gate-money входна́я пла́та
gatepost воро́тный столб
gateway воро́та *neut pl*; *fig* (*access*) до́ступ (**to,** к + *dat*)
gather (*collect, assemble*) собира́ть(ся); (*accumulate; strength etc*) накопля́ть; ~ **speed** набира́ть ско́рость; (*conclude*) заключа́ть; (*understand*) понима́ть; (*in sewing*) собира́ть в скла́дки
gathering (*act of collecting*) собира́ние; (*of people*) собра́ние; (*sewing*) сбо́рка; (*of pages*) тетра́дь *f*
gauche (*clumsy*) неуклю́жий, нело́вкий; (*tactless*) бестáктный; (*socially crude*) неотёсанный
gaucheness, gaucherie неуклю́жесть *f*, нело́вкость *f*; беста́ктность *f*; неотёсанность *f*
gaucho га́учо *m indecl*
gaudiness (*showiness*) бро́скость *f*; (*vulgar brilliance*) безвку́сная я́ркость *f*
gaudy (*showy*) крича́щий, бро́ский; (*bright*) я́ркий
gauge 1. *n* (*standard measure*) ме́ра; (*for measuring pressure*) мано́метр; **oil pressure** ~ ма́сляный мано́метр; **wind** ~ анемо́метр; (*for measuring physical dimensions*) кали́бр; **depth** ~ глубоме́р; **rain** ~ дождеме́р; (*size of wire, metal*) сорта́мент; (*size of bullet*) кали́бр; (*pattern*) шабло́н; (*of railway*) ширина́ колеи́; **narrow** ~ у́зкая колея́ **2.** *v* (*measure*) измеря́ть; (*estimate*) оце́нивать
Gaul *hist* (*country*) Га́ллия; (*person*) галл
Gaulish 1. *n* (*language*) га́лльский язы́к **2.** *adj* га́лльский
gaunt (*thin, wasted*) измождённый, исхуда́лый; (*grim*) мра́чный
gauntlet (*long glove*) рукави́ца; *hist* ла́тная рукави́ца; **throw down/take up the** ~ бро́сить *pf*, подня́ть *pf* перча́тку; **run the** ~ (*in punishment*) проходи́ть сквозь строй, *fig* подверга́ться напа́дкам
gauss га́усс
gauze (*fabric*) ма́рля, газ; *med* ма́рля; *tech* (*metal*) металли́ческая се́тка
gavel (*hammer*) молото́к
gavotte гаво́т
gawky неуклю́жий
gay весёлый; *coll (homosexual)* гомосексуа́льный, (*as noun*) гомосексуали́ст; *sl* го́мик, пе́дик
gaze 1. *n* (при́стальный) взгляд **2.** *v* (при́стально) гляде́ть (**at,** на + *acc*); ~ **about, around** гляде́ть по сторона́м; ~ **into** вгля́дываться в (+ *acc*)
gazebo бельведе́р
gazelle газе́ль *f*
gazette (*newspaper*) газе́та; (*official journal*) бюллете́нь *m*
gazetteer слова́рь *m* географи́ческих назва́ний
gear 1. *n* (*equipment*) принадле́жности *f pl*; инвента́рь *m*; (*apparatus*) устро́йство; (*mechanism*) механи́зм; *naut* такела́ж; *tech* (*drive mechanism*) приво́д, зубча́тая переда́ча; **first** ~ пе́рвая ско́рость *f*; **reverse** ~ за́дний ход; **in** ~ включённый, **out of** ~ невключённый; **put into** ~ включи́ть *pf* переда́чу; (*gear-wheel*) шестерня́, зубча́тое колесо́; *coll* (*belongings*) ве́щи *f pl*; (*costume*) костю́м **2.** *v* ~ **to** (*link*) свя́зывать с (+ *instr*); (*adapt*) приспоса́бливать к (+ *dat*)
gearbox коро́бка переда́ч, коро́бка скоросте́й
gear-change переключе́ние переда́ч; ~ **lever** рыча́г переключе́ния переда́ч
gearing переда́ча
gearshift переключе́ние переда́ч
gearwheel зубча́тое колесо́, шестерня́
gecko гекко́н
gee (*to horse*) но!; *Am exclam* (*surprised approval*) вот э́то да!; (*in surprise*) ого́!, ничего́ себе́!, во́т так та́к; (*various emphatic uses*) ну
gee-up *exclam* пошёл!, но!
geezer *sl* тип
Geiger counter счётчик Ге́йгера
geisha ге́йша
gel 1. *n* гель *m*; **silica** ~ силикаге́ль *m*; ~ **coat** желеобра́зное покры́тие **2.** *v* застудне́вать
gelatin(e) 1. *n* желати́н **2.** *adj* желати́новый
gelatinize превраща́ть(ся) в желати́н
gelatinous (*of, like gelatine*) желати́новый; (*of, like jelly*) студени́стый
geld холости́ть
gelding (*gelded horse*) ме́рин
gelid ледяно́й
gelignite гелигни́т

gem 1. *n* (*jewel*) драгоце́нный ка́мень *m*; (*engraved*) ге́мма; (*semi-precious*) самоцве́т; *fig* (*prize specimen*) жемчу́жина; (*of person*) **she is a ~ !** она́ пре́лесть *f*! **2.** *v* украша́ть драгоце́нными камня́ми

geminate 1. *adj* двойно́й **2.** *v* удва́ивать

Gemini *astron* Близнецы́ *m pl*

gemma *bot* по́чка; *zool* ге́мма

gendarme жанда́рм

gendarmerie жандарме́рия

gender род

gene ген; ~ **pool** генофо́нд

genealogical генеалоги́ческий; ~**tree, table** родосло́вная

genealogy (*study of descent*) генеало́гия; (*diagram*) родосло́вная; (*derivation*) происхожде́ние

general 1.*n mil* генера́л; *hist*, *lit* полково́дец **2.** *adj* (*most senses*) о́бщий; (*universal*) всео́бщий; ~ **Assembly** Генера́льная Ассамбле́я; ~ **election** всео́бщие вы́боры *m pl*; ~ **practitioner** (*abb* GP) ≈ райо́нный врач; ~ **strike** всео́бщая забасто́вка; **as a ~ rule** как пра́вило; **in ~** вообще́; **in ~ terms** в о́бщих черта́х

generalissimo генерали́ссимус

generality (*imprecise nature*) неопределённость *f*; (*large part*) большинство́; *usu pl* (*vague statements*) о́бщие места́ *neut pl*

generalization обобще́ние

generalize обобща́ть

generally (*usually*) обы́чно, как пра́вило; (*in general sense*) вообще́; ~ **speaking** вообще́ говоря́; (*widely*) широко́; ~ **received, held** общепри́нятый

general-purpose универса́льный, многоцелево́й

generalship (*rank of general*) генера́льский чин; (*military skill*) вое́нное иску́сство; (*leadership*) руково́дство

generate (*cause*) порожда́ть, вызыва́ть; (*produce*) производи́ть, образо́вывать; (*electricity*) генери́ровать; *math* образова́ть

generation (*giving rise to*) порожде́ние; *tech* генери́рование; (*age group, period etc*) поколе́ние

generative генерати́вный

generator генера́тор

generic (*of genus, class*) родово́й; (*general*) о́бщий; (*of drug*) непатенто́ванный

generosity ще́дрость *f*; (*magnanimity*) великоду́шие

generous (*giving freely*) ще́дрый; (*magnanimous*) великоду́шный; (*abundant*) оби́льный; (*large*) большо́й, ще́дрый

genesis (*origin*) происхожде́ние; *bibl* кни́га Бытия́

genetic: ~ **engineering** ге́нная инжене́рия; ~ **code** генети́ческий код

genetics гене́тика

genial (*cheerful*) весёлый; (*kindly*) доброду́шный; (*pleasant*) прия́тный

geniality весёлость *f*; доброду́шие

genie джин

genista дрок

genital 1. *n pl* половы́е о́рганы *m pl* **2.** *adj* полово́й

genitive 1. *n* роди́тельный паде́ж **2.** *adj* роди́тельный

genius (*quality*) гениа́льность *f*; **man of ~** гениа́льный челове́к; (*person*) ге́ний; **evil ~** злой ге́ний, злой дух; (*essential character*) дух; **the ~ of the age** дух ве́ка; (*aptitude*) тала́нт **(for,** + *infin*), спосо́бность *f* **(for,** к + *dat*)

genocide геноци́д

genotype геноти́п

genre жанр; ~**-piece** жа́нровая карти́на

genteel (*well-bred*) благовоспи́танный; (*polite*) ве́жливый; (*excessively polite*) преувели́ченно ве́жливый; (*mannered*) жема́нный

gentian гореча́вка

gentile 1. *n* (*non-Jew*) неевре́й **2.** *adj* неевре́йский

gentility (*good breeding*) благовоспи́танность *f*; (*politeness*) ве́жливость *f*; (*aristocratic quality, manner*) аристократи́чность *f*; (*manneredness*) жема́нность *f*

gentle (*kind*) до́брый; (*tender*) не́жный; (*mild-mannered*) кро́ткий; (*soft*) мя́гкий; (*light*) лёгкий; (*faint*) сла́бый; (*calm*) ти́хий; (*of slope*) отло́гий; (*moderate*) уме́ренный; (*well-bred*) благовоспи́танный; (*of animals*) сми́рный

gentlefolk благоро́дные лю́ди *pl*; (*as class*) дворя́нство

gentleman джентльме́н; *pl* (*in addressing group*) господа́!; ~**'s agreement** джентльме́нское соглаше́ние; ~**-at-arms** лейб-гварде́ец; ~**-in-waiting** камерге́р; *pl* (*lavatory*) мужска́я убо́рная; (*on door*) мужчи́ны *m pl*

gentlemanly 1. *adj* джентльме́нский **2.** *adv* по-джентльме́нски

gentleness доброта́; не́жность *f*; мя́гкость *f*; кро́тость *f*; (*see* **gentle**)

gentlewoman да́ма; ~**'s** да́мский

gentry дже́нтри *neut indecl*, дворя́нство; *iron*, *pej* господа́ *m pl*

genuflect преклоня́ть коле́на

genuflection коленопреклоне́ние

genuine (*real*) настоя́щий; (*authentic*) по́длинный; (*true*) и́стинный; (*unfeigned*) и́скренний

genuinely (*really*) действи́тельно; (*sincerely*) и́скренне

genuineness по́длинность *f*; и́скренность *f*

genus *biol* род; (*kind, sort*) вид

geocentric геоцентри́ческий

geodesic 1. *n* геодези́ческая ли́ния **2.** *adj* геодези́ческий

geodesy геоде́зия

geodetic геодези́ческий

geographer гео́граф

geographic(al) географи́ческий

geography геогра́фия

geoid гео́ид

geological геологи́ческий

geologist гео́лог

geology геоло́гия

geomagnetic геомагни́тный

geometer гео́метр

geometric(al) геометри́ческий

geometry геоме́трия

geophysical геофизи́ческий

geophysics геофи́зика

geopolitics геополи́тика

geoponic агрономи́ческий

georgette жорже́т

Georgia (*in Caucasus*) Гру́зия; (*in USA*) Джо́рджия

Georgian 1. *n* (*person*) грузи́н, *f* грузи́нка; (*in USA*) уроже́нец Джо́рджии, челове́к из Джо́рджии; (*language*) грузи́нский язы́к **2.** *adj* (*USSR*) грузи́нский; (*USA*) Джо́рджии, из Джо́рджии; (*period*) пери́ода, эпо́хи короле́й Гео́ргов

georgics гео́ргики *f pl*

geranium гера́нь *f*

gerbil песча́нка
gerfalcon кре́чет
geriatric (*for the aged*) для престаре́лых; (*of old age*) ста́рческий; *med* гериатри́ческий
geriatrician гериа́трик
geriatrics гериатри́я
germ (*microbe*) микро́б, микроорганизм; (*bacterium*) бакте́рия; (*prime organism; embryo*) заро́дыш; *fig* зача́ток; ~ **warfare** бактериологи́ческая война́
German 1. *n* (*language*) неме́цкий язы́к; (*person*) не́мец, *f* не́мка **2.** *adj* неме́цкий; ~ **measles** красну́ха корева́я, ~ **silver** нейзи́льбер
german (*having same parents*) родно́й; (*having same grandparents*) двою́родный
germane (*appropriate*) уме́стный, (*relevant*) име́ющий отноше́ние (**to,** к + *dat*)
Germanic герма́нский
Germanist германи́ст
germanium герма́ний
Germanize онеме́чивать(ся)
germicidal бактерици́дный
germicide бактерици́дное сре́дство
germinal заро́дышевый
germinate (*start sprouting*) прораста́ть
germination прораста́ние
germinative герминати́вный
gerontology геронтоло́гия
gerrymander перестра́ивать избира́тельную систе́му в со́бственную по́льзу
gerrymandering предвы́борные махина́ции *f pl*
gerund геру́ндий
gerundive герунди́в
gesso гипс
Gestapo геста́по *neut indecl*
gestation пери́од бере́менности; *fig* созрева́ние
gesticulate жестикули́ровать
gesticulation жестикуля́ция
gesticulatory жестикуляцио́нный
gesture 1. *n* жест **2.** *v* жестикули́ровать
get (*obtain*) достава́ть; **he got me two tickets** он доста́л мне два биле́та; (*buy*) покупа́ть; (*fetch*) приноси́ть, достава́ть; (*receive, obtain as result*) получа́ть; (*acquire*) приобрета́ть; (*achieve, secure*) добива́ться; (*catch illness etc*) схвати́ть *pf*; ~ **a cold** простуди́ться *pf*; (*catch*) пойма́ть *pf*; (*earn*) зараба́тывать; (*understand*) пойма́ть *pf*; (*become*) станови́ться (+ *instr*); (*for combinations such as* ~ **drunk, married, ready** *see relevant adj entry*); (*deliver*) доставля́ть; (*persuade*) уговори́ть *pf* (**to,** + *infin*); (*force*) заставля́ть (**to,** + *infin*); (*have done*) ~ **one's hair cut** постри́чься *pf*; ~ **a suit made** сшить *pf* себе́ костю́м; (*often translated by infin*) **I must** ~ **this done by midday** я до́лжен ко́нчить это к полу́дню; (*start to*; *see entry for main verb*) ~ **to know** узнава́ть; ~ **to know s'one** познако́миться *pf* с (+ *instr*); ~ **talking** нача́ть *pf* разгова́ривать; ~ **to sleep** засыпа́ть; ~ **going** начина́ться; *coll* ~ **cracking** начина́ть(ся); (*as order*) дава́й; **let's** ~ **going, cracking** пошли́; (*have*) име́ть; **I have got two brothers** у меня́ два бра́та; (*come across, find*) находи́ть; *coll* (*puzzle*) озада́чивать, ста́вить в тупи́к; (*thrill*) захва́тывать; (*annoy, sicken*) надоеда́ть (+ *dat*)
~ **about** (*travel around*) передвига́ться; **she doesn't** ~ **about much** она́ ма́ло где быва́ет; (*be able to walk*) ходи́ть; (*of news etc*) распространя́ться; (*become known*) станови́ться изве́стным
~ **across** (*cross on foot*) переходи́ть (+ *acc*, *or* че́рез + *acc*); (*in vehicle*) переезжа́ть (+ *acc*, *or* че́рез + *acc*); (*by any means*) переправля́ться (че́рез + *acc*); (*convey across*) переправля́ть (че́рез + *acc*); (*convey sense, emotion*) передава́ть (**to,** + *dat*); (*explain*) объясни́ть *pf*
~ **ahead** (*excel*) преуспева́ть; (*prosper*) процвета́ть; ~ **ahead of** обгоня́ть, опережа́ть
~ **along** (*go away*) уходи́ть; **I must be** ~**ting along** ну, мне на́до идти́/ну, я пошёл; ~ **along with you!** иди́ ты! да ну́ тебя́!; (*live*) жить; **how are you** ~**ting along?** как вы пожива́ете?; (*manage, cope*) справля́ться (**with,** с + *instr*); (*make progress*) де́лать успе́хи; (*be on good terms*) ла́дить (**with,** с + *instr*); (*age*) старе́ть
~ **around** (*pass, avoid; evade*) обходи́ть; (*persuade*) угова́ривать; (*see also* ~ **about**) ~ **around to** (*reach*) доходи́ть, добира́ться до (+ *gen*); (*find time to*) находи́ть вре́мя, что́бы (+ *infin*)
~ **at** (*reach, attack*) добира́ться до (+ *gen*); (*understand*) понима́ть; (*hint*) намека́ть; **what are you** ~**ting at?** на что вы намека́ете? что вы хоти́те э́тим сказа́ть?; (*have in mind*) име́ть в виду́; (*try to say*) хоте́ть сказа́ть; (*taunt*) издева́ться над (+ *instr*); *coll* (*bribe*) подкупи́ть *pf*; (*tamper with*) приложи́ть *pf* ру́ку к (+ *dat*)
~ **away** (*go away*) уходи́ть; уезжа́ть (**from,** от, из + *gen*); ~ **away!** прочь! (**from,** от + *gen*); (*run away*) убега́ть; (*escape*) избега́ть; (*evade successfully*) избежа́ть *pf*, убежа́ть *pf*; (*take away*) уводи́ть; ~ **away with** (*make off with*) удра́ть *pf* с (+ *instr*); (*succeed in*) ухитря́ться, успева́ть; (*know how to*) уме́ть; (*suffer only*) отде́лываться (+ *instr*); **he got away with it** э́то ему́ сошло́ с рук; **they always** ~ **away with it** они́ всегда́ выхо́дят сухи́м и из воды́
~ **back** (*return*) возвраща́ться; **we must be** ~**ting back** пора́ нам домо́й; (*receive back*) получа́ть обра́тно; (*recover*) возвраща́ть; ~ **back at** мстить (+ *dat*)
~ **behind** (*go behind*) заходи́ть за (+ *acc*), скрыва́ться за (+ *instr*); (*lag*) отстава́ть от (+ *gen*); (*with the rent etc*) опа́здывать с (+ *instr*); (*support*) подде́рживать
~ **by** (*go past*) проходи́ть; (*manage*) справля́ться; ~ **by without** обходи́ться без (+ *gen*)
~ **down** (*descend*) сходи́ть (**from,** с + *gen*), спуска́ться (**from,** с + *gen*); (*fetch down*) снима́ть (**from,** с + *gen*); (*depress*) по́ртить настрое́ние, де́йствовать на не́рвы; ~ **down to** взя́ться за (+ *acc*), приступа́ть к (+ *dat*)
~ **in** (*climb into*) влеза́ть в (+ *acc*); (*a car etc*) сади́ться в (+ *acc*); (*arrive, of train, boat*) приходи́ть; (*arrive home*) приходи́ть, приезжа́ть домо́й; (*take into*) проводи́ть в (+ *acc*); (*insert*) вкла́дывать, всо́вывать в (+ *acc*); (*gather*) собира́ть; (*be elected*) быть вы́бранным; ~ **in with** подружи́ться *pf* с (+ *instr*); ~ **into** (*enter*) входи́ть, влеза́ть в (+ *acc*); (*a situation*) попада́ть; ~ **into trouble** попа́сть *pf* в беду́; (*clothes*) надева́ть
~ **off** (*climb off*) слеза́ть с (+ *gen*); (*a bus etc*) сходи́ть с (+ *gen*); (*remove*) снима́ть (**from,** с + *gen*); (*leave*) отправля́ться; (*send off*) отправля́ть; (*be excused*) отде́лываться (**with,**

+ *instr*)
~ **on** (*climb on to*) влеза́ть на (+ *acc*); (*a bus etc*) сади́ться в (+ *acc*); ~ **on one's feet** встава́ть; (*clothes*) надева́ть; (*succeed*) де́лать успе́хи (*see also* ~ **along**)
~ **on to** (*contact*) связа́ться *pf* с (+ *instr*); (*phone*) звони́ть (+ *dat*)
~ **on with** (*person*) ла́дить с (+ *instr*); (*work etc*) продолжа́ть
~ **out** (*take out*) вынима́ть (**from,** из + *gen*); (*climb out*) выходи́ть, вылеза́ть (**from,** из + *gen*); (*from vehicle*) сходи́ть
~ **over** (*climb over*) перелеза́ть че́рез (+ *acc*); (*cross*) переходи́ть; (*difficulties etc*) преодолева́ть; (*recover*) опра́виться *pf* по́сле (+ *gen*); (*be reconciled to*) свыка́ться с (+ *instr*); (*finish*) зако́нчить *pf*; (*communicate*) передава́ть (**to,** + *dat*)
~ **past** (*go past*) проходи́ть, проезжа́ть ми́мо (+ *gen*); (*overtake*) обгоня́ть
~ **round** *see* ~ **about,** ~ **around**
~ **through** (*pass through*) проходи́ть, проезжа́ть; (*with difficulty*) пробира́ться; (*finish*) ко́нчить *pf*; (*spend*) тра́тить; (*bear with*) вы́держать *pf*; (*pass exam*) сдать *pf*; (*contact*) связа́ться *pf* (**to,** с + *instr*)
~ **together** собира́ть(ся)
~ **up** (*stand, rise from bed*) встава́ть; (*climb*) взбира́ться на (+ *acc*)
~ **up on to** залеза́ть на (+ *acc*); ~ **up speed** набира́ть ско́рость; ~ **up steam** поднима́ть пары́; (*organize*) устра́ивать; ~ **oneself up** (*dress*) наряжа́ться; ~ **up to** доходи́ть до (+ *gen*); **what are they ~ting up to?** что они́ де́лают?

get-at-able досту́пный
getaway (*escape*) бе́гство; **make a** ~ (*get out of*) бежа́ть (**from,** из + *gen*); (*make off*) удра́ть *pf*, улизну́ть *pf*; *sp* старт
get-together (*meeting*) совеща́ние; (*social gathering*) сбо́рище
get-up (*dress*) костю́м, наря́д; (*of book*) оформле́ние
gewgaw безделу́шка
geyser (*hot spring*) ге́йзер; (*heater*) га́зовая коло́нка
Ghana Га́на
Ghanaian 1. *n* га́нец **2.** *adj* га́нский
ghastliness у́жас
ghastly (*awful*) ужа́сный, стра́шный, жу́ткий; (*deathlike*) ме́ртвенный
ghazal газе́ль *f*
gherkin корнишо́н
ghetto ге́тто *neut indecl*
ghost привиде́ние, при́зрак; (*of s'one*) тень *f*; ~ **of a smile** тень улы́бки; **not a** ~ **of a chance** ни мале́йшего ша́нса; *relig* **the Holy** ~ свято́й дух; *tech* побо́чное изображе́ние, дух
ghostly (*like ghost*) при́зрачный; (*spiritual*) духо́вный
ghoul (*monster*) вурдала́к, вампи́р; *fig* (*one who likes horrors*) охо́тник до у́жасов
ghoulish (*awful*) стра́шный, жу́ткий
giant 1. *n* гига́нт, велика́н; *fig* тита́н **2.** *adj* огро́мный, грома́дный, гига́нтский, колосса́льный
giantess велика́нша
gibber бормота́ть, лепета́ть
gibberish тараба́рщина
gibbet ви́селица
gibbon гиббо́н
gibbous (*bulging, convex*) вы́пуклый; (*humpbacked*) горба́тый, (*of moon etc*) почти́ по́лный
gibe, jibe 1. *n* насме́шка, издёвка **2.** *v* насмеха́ться (**at,** над + *instr*), издева́ться (**at,** над + *instr*)
giblets потроха́
giddiness головокруже́ние; легкомы́слие
giddy (*dizzy*) страда́ющий головокруже́нием; **I feel** ~ у меня́ кру́жится голова́ (**with,** от + *gen*); (*causing dizziness*) головокружи́тельный; *fig* (*frivolous*) легкомы́сленно
gift (*present*) пода́рок; (*talent*) тала́нт, дар (**for,** + *gen*), спосо́бность *f* (**for,** к + *dat*); *coll* **he has the** ~ **of the gab** у него́ дар ре́чи, у него́ язы́к хорошо́ подве́шан
gifted одарённый, тала́нтливый
gift-horse: look a ~ **in the mouth** дарёному коню́ в зу́бы не смо́трят
gig (*carriage*) кабриоле́т; (*boat*) ги́чка; **captain's gig** команди́рская шлю́пка, команди́рский ка́тер
gigantic гига́нтский, колосса́льный
giggle 1. *n* хихи́канье; **burst into ~s** расхихи́каться *pf*; **give a** ~ хихи́кнуть *pf* **2.** *v* хихи́кать
giggling 1. *n* хихи́канье **2.** *adj* хихи́кающий
gigolo сутенёр
gild золоти́ть; *fig* украша́ть; ~ **the pill** позолоти́ть *pf* пилю́лю
gilded позоло́ченный
gilder позоло́тчик
gilding (*process*) золоче́ние; (*material*) позоло́та
[1]gill (*measure*) че́тверть *f* пи́нты
[2]gill (*of fish*) жа́бры *f pl*; (*of fowl*) боро́дка
gillyflower (*wallflower*) желтофио́ль *f*; (*stock*) левко́й
gilt 1. *n* позоло́та **2.** *adj* позоло́ченный
gilt-edged с золоты́м обре́зом; *fig coll* лу́чшего ка́чества; *as n, comm* госуда́рственные це́нные бума́ги *f pl*
gimbals карда́нов подве́с
gimcrack мишу́рный
gimlet бура́вчик
gimmick (*trick*) фо́кус, трюк; (*novelty*) нови́нка; (*clever, modish etc thing*) хи́трая, мо́дная *etc* штýка
gin (*drink, cotton machine*) джин; (*crane*) подъёмная лебёдка; (*trap*) западня́
ginger 1. *n bot, cul* имби́рь *m* **2.** *adj* (*of* ~) имби́рный; (*colour*) ры́жий **3.** *v* ~ **up** оживля́ть
ginger-beer имби́рное пи́во
gingerbread имби́рный хлеб
gingerly осторо́жно
ginger-nut имби́рное пече́нье, пря́ник
gingham 1. *n* бума́жная мате́рия **2.** *adj* бума́жный
gingivitis воспале́ние дёсен
gipsy, gypsy 1. *n* (*person*) цыга́н, *f* цыга́нка; (*language*) цыга́нский язы́к **2.** *adj* цыга́нский
giraffe жира́ф
gird (*with belt etc*) подпоя́сывать (**with,** + *instr*); (*surround*) окружа́ть (**with,** + *instr*); ~ **up one's loins** препоя́сать *pf* уре́сла; *fig* собра́ться *pf* с си́лами
girder ба́лка
girdle 1. *n* (*belt*) по́яс, куша́к; (*any ring shape*) кольцо́; (*light corset*) по́яс **2.** *v* (*with belt*) подпоя́сывать; (*surround*) окружа́ть (**with,** + *instr*)
girl (*female child*) де́вочка; (*young unmarried woman*) де́вушка; (*servant*) служа́нка
girlhood деви́чество
girlfriend подру́га; **he has a** ~ у него́ де́вушка

girlish (*of girl*) деви́ческий, де́ви́чий; (*girl-like*) похо́жий на де́вушку; (*effeminate*) изне́женный
girth (*harness*) подпру́га; (*circumference*) обхва́т; (*corpulence*) толщина́, полнота́
gist суть *f*
[1]**give** *n* (*springiness*) упру́гость *f*; (*play*) зазо́р, люфт
[2]**give** *v* (*in general*) дава́ть (**to,** + *dat*); (*as present*) дари́ть (**to** + *dat*); (*add to, lend quality to*) придава́ть (+ *dat*); (*pay*) плати́ть; (*arrange*) устра́ивать; ~ **a party** устра́ивать ве́чер; ~ **a dinner, concert** дава́ть обе́д, конце́рт; ~ **a lecture** чита́ть ле́кцию; (*devote*) уделя́ть; (*display*) проявля́ть; (*move back*) отступа́ть; (*yield; cave in*) подава́ться; (*bend*) сгиба́ться; (*be springy*) пружи́нить; ~ **advice** дава́ть сове́ты, сове́товать (**to,** + *dat*); ~ **birth** роди́ть; *fig* ~ **birth to** порожда́ть; ~ **effect to** приводи́ть в де́йствие; ~ **help to** ока́зывать по́мощь (+ *dat*); ~ **joy to** ра́довать; ~ **offence to** обижа́ть, оскорбля́ть; ~ **rise to** вызыва́ть, порожда́ть; (*for the many other expressions such as* ~ **a laugh,** ~ **a nod,** ~ **a cry,** *usually translated by a verb, see appropriate entries*); ~ **oneself to, over to, up to** предава́ться (+ *dat*)
~ **away** (*as charity*) отдава́ть (**to,** + *dat*); (*as present*) дари́ть (**to,** + *dat*); (*betray*) выдава́ть
~ **back** возвраща́ть, отдава́ть (**to,** + *dat*)
~ **forth** (*announce*) объявля́ть; (*emit*) выпуска́ть
~ **in** (*yield*) уступа́ть (**to,** + *dat*); (*surrender*) сдава́ться; (*hand in*) подава́ть
~ **off** (*emit*) испуска́ть, выделя́ть
~ **on to** (*of window etc*) выходи́ть на, в (+ *acc*)
~ **out** (*distribute*) раздава́ть (**to,** + *dat*); (*announce*) объявля́ть; (*rumour*) распуска́ть слу́х; (*emit*) выделя́ть; (*radiate*) излуча́ть; (*finish*) конча́ться
~ **over** (*hand over*) передава́ть (**to,** + *dat*); (*stop*) переста́ть *pf*, прекрати́ться *pf*
~ **up** (*abandon, cease*) броса́ть; (*renounce*) отка́зываться от (+ *gen*); (*yield*) уступа́ть (**to,** + *dat*); (*surrender*) сдава́ться; (*hand over*) выдава́ть (**to,** + *dat*)
given (*accepted as basis*) да́нный; ~ **that** (*if*) е́сли в са́мом де́ле; (*on condition*) при усло́вии; (*fixed*) определённый; ~ **name** и́мя *neut*; (*stipulated*) обусло́вленный; ~ **to** (*in habit of*) име́ть привы́чку (+ *infin*); (*inclined to*) скло́нный к (+ *dat*)
gizzard (*of bird*) за́дний желу́док; *coll* (*throat*) го́рло; *fig* **stick in one's** ~ стать *pf* поперёк го́рла
glabrous (*smooth*) гла́дкий; (*bare*) го́лый; (*hairless*) безволо́сый
glacé (*sugared*) заса́харенный; (*iced*) глазиро́ванный
glacial (*icy*) ледо́вый, ледяно́й; *fig* холо́дный; (*of glacier*) леднико́вый
glaciate (*freeze*) замора́живать; *tech* (*give matt surface*) наводи́ть ма́товую пове́рхность
glaciation оледене́ние
glacier ледни́к, глетчер
glad (*pleased*) рад (**of,** + *dat*); ~ **to meet you** о́чень рад с ва́ми познако́миться; **I am** ~ **of that** я о́чень рад э́тому; (*happy*) ра́достный; *coll* **give** ~ **eye to** стро́ить гла́зки (+ *dat*)
gladden ра́довать; **be** ~**ed by** ра́доваться (+ *dat*)
glade поля́на
gladiator гладиа́тор
gladiatorial гладиа́торский
gladiolus гладио́лус
gladly (*happily*) ра́достно; (*with pleasure, readily*) с удово́льствием, охо́тно
glair яи́чный бело́к
glamour (*allure*) обая́ние, блеск; (*charm*) очарова́ние; (*romance*) рома́нтика
glamorize (*make seem romantic*) представля́ть в романти́ческом све́те; (*publicize*) реклами́ровать
glamorous (*alluring*) обая́тельный; (*romantic*) романти́чный; (*chic*) шика́рный
glance 1. *n* взгляд; **at a** ~ с пе́рвого взгля́да, сра́зу; **at first** ~ на пе́рвый взгляд; **cast a** ~ **at** бро́сить *pf* взгляд на (+ *acc*); **have a** ~ **at** взгляну́ть *pf*, погляде́ть *pf* на (+ *acc*) **2.** *v* (*look*) взгля́дывать (**at,** на + *acc*);
~ **around** погля́дывать вокру́г; (*reflect*) отража́ть; (*be reflected*) отража́ться
~ **against** задева́ть
~ **off** (*rebound*) отска́кивать (от + *gen*); (*ricochet*) рикошети́ровать; (*slide*) скользи́ть по (+ *dat*)
glancing (*light etc*) сверка́ющий; (*blow*) скользя́щий
gland *anat* железа́; *tech* са́льник
glanderous сапно́й, са́пный
glanders сап
glandular желе́зистый
glandule (*small gland*) желёзка; (*tumour*) о́пухоль *f*
glans *anat* концо́вка мужско́го чле́на
glare 1. *n* (*light*) ослепи́тельный свет; (*reflected light*) ослепи́тельный блеск; (*angry look*) серди́тый взгляд **2.** *v* (*shine brightly*) я́рко свети́ть; **the sun was glaring down** со́лнце пали́ло; (*reflect, shine blindingly*) ослепи́тельно сверка́ть; (*stare angrily*) свире́по смотре́ть (**at,** на + *acc*)
glaring (*bright*) я́ркий; (*blinding*) ослепи́тельный; (*gaudy*) крича́щий; (*conspicuous*) броса́ющийся в глаза́; (*injustice etc*) вопию́щий; (*error*) гру́бый
glass 1. *n* (*material*) стекло́; (~ *vessels*) стекля́нная посу́да; (*tumbler*) стака́н; (*wineglass*) рю́мка; (*mirror*) зе́ркало; (*telescope*) подзо́рная труба́; (*lens*) ли́нза; *pl* (*spectacles*) очки́ *m pl*; (*barometer*) баро́метр **2.** *adj* стекля́нный; ~ **fibre** стекловолокно́
glassblower стеклоду́в
glassblowing стеклоду́вное де́ло
glasscutter стеклоре́з
glassful стака́н (**of,** + *gen*)
glasshouse (*hothouse*) тепли́ца; *mil sl* тюрьма́
glassine пергами́н
glass-paper нажда́чная бума́га
glassware стекля́нные изде́лия *neut pl*
glass-wool стекля́нная ва́та
glassy (*of glass*; *also fig. of look*) стекля́нный; (*glass-like*) стеклови́дный; (*smooth, still*) зерка́льный; (*glossy*) глянцеви́тый
Glauber's salt гла́уберова соль *f*
glaucoma глауко́ма
glaucous (*colour*) серова́то-зелёный, сине-зелёный; *bot* си́зый, с белова́тым налётом
glaze 1. *n* (*on pottery*) мурава́, глазу́рь *f*; (*glossiness*) лоск; (*varnish*) лак; *cul* глазу́рь *f* **2.** *v* (*fit glass into*) вставля́ть стёкла в (+ *acc*); (*pottery*) мура́вить, глазурова́ть; *cul* глазирова́ть; *fig* (*of eyes*) тускне́ть; (*varnish*)

лакировать; (*paper*) лощить
glazed (*having glass*) застеклённый; *cul* глазированный; (*pottery*) глазурованный; (*paper*) лощёный; (*eyes*) безжизненный
glazier стекольщик
glazing (*putting in windows*) вставка стёкол, застекление; (*of paper, skins*) лощение
gleam 1. *n* (*flicker of light, hope etc*) проблеск; (*dim light*) слабый свет; (*reflected light*) отблеск; (*of polished surface*) блеск, лоск; (*in the eye*) свет **2.** *v* (*of light shining*) светиться; (*flicker*) мерцать; (*be reflected*) отражаться; (*of polished surface*) блестеть; (*of oiled, painted etc surface*) лосниться; **his eyes ~ed with pleasure** его глаза сияли от удовольствия
glean подбирать
gleaning (*of corn etc*) подбор колосьев; (*of information*) собирание сведений; *pl* собранные колосья, сведения *etc*
glee (*joy*) радость *f*; (*malicious joy*) злорадство; (*exultation*) ликование
gleeful (*joyful*) радостный; (*maliciously joyful*) злорадный; (*exultant*) ликующий
glen горная долина
glib (*fluent, talkative*) говорливый; **have a ~ tongue** быть бойким на язык; (*plausible*) благовидный
glibness (*talkativeness*) разговорчивость *f*, говорливость *f*; (*plausibility*) благовидность *f*
glide 1.*n* (*sliding*) скольжение; (*flow*) течение; *aer* планирование; **~ angle** угол планирования; **~ path** глиссада планирования; *ling* скольжение **2.** *v* (*slide*) скользить; (*move smoothly*) плавно двигаться; *aer* планировать
glider планёр; **~-pilot** планерист
gliding 1. *n* (*sliding*) скольжение; (*through air*) планирование; (*as sport*) планеризм **2.** *adj* (*sliding*) скользящий; (*smooth, fluent*) плавный; (*through air*) планирующий
glimmer 1. *n* (*flicker*) мерцание; (*faint light*) слабый, тусклый свет; (*glimpse of light, hope etc*) проблеск **2.***v* (*flicker*) мерцать; (*shine faintly*) тускло светить
glimpse 1. *n* (*quick glance*) быстрый взгляд; **get, catch ~ of** увидеть *pf* мельком; (*faint sign*) проблеск; **2.** *v* увидеть *pf* мельком
glint 1. *n* (*sparkle*) сверкание, блеск; (*polished gleam*) лоск; **he had an evil ~ in his eye** его глаза загорелись недобрым светом; (*reflection*) отблеск **2.** *v* сверкать, блестеть; **~ in the sun** блестеть на солнце; (*of eyes*) загореться *pf*
glissade скольжение
glissando глиссандо *neut indecl*
glisten 1. *n* сверкание, блеск **2.** *v* сверкать, блестеть (**with**, + *instr*, *or* от + *gen*)
glitter 1. *n* блеск (*also fig*) **2.** *v* блестеть, сверкать
gloaming сумерки *f pl*
gloat (*exult*) радоваться (**over**, + *dat*); (*feel malicious joy*) злорадствовать
gloating 1. *n* злорадство **2.** *adj* злорадный
global (*all senses*) глобальный; (*world-wide*) мировой, всемирный; (*total*) всеобщий; (*spherical*) шаровидный
globe (*sphere*) шар; (*the earth*) земной шар; (*model of Earth*) глобус; (*lampshade*) круглый абажур; (*orb, symbol of power*) держава
globe-trotter ненасытный путешественник
globoid 1. *n* шарообразное тело **2.** *adj* шарообразный, сферический
globose, globous шаровидный
globular шаровидный, сферический
globule (*small globe, bead*) шарик; (*drop*) капля
globulin глобулин
glockenspiel металлофон
gloom (*darkness*) темнота, тьма; (*half-light*) полутьма; (*dullness, depression, of weather, thoughts*) мрачность *f*, мрак; (*melancholy*) уныние
gloominess мрачность *f*
gloomy мрачный
glorification прославление
glorify (*make glorious*) прославлять; (*praise highly*) восхвалять; (*idealize*) идеализировать
glorious (*magnificent*) великолепный, чудесный; (*exhilarating*) восхитительный; (*bringing glory, reknown*) славный
glory 1. *n* (*splendour*) великолепие; (*celestial bliss*) блаженство; (*fame; praise*) слава; (*halo*) нимб, ореол **2.** *v* (*take pride*) гордиться (**in,** + *instr*); (*exult*) упиваться (**in,** + *instr*), торжествовать; (*boast*) хвастаться (**in,** + *instr*)
gloss 1. *n* (*shiny surface*) блеск, лоск, глянец; (*deceptive appearance*) видимость *f*; (*marginal note*) заметка на полях, глосса; (*interpretation*) истолкование, интерпретация **2.** *v* (*make shiny*) придавать блеск (+ *dat*); (*make notes*) делать заметки на полях; (*interpret*) истолковывать; **~ over** *fig* замазывать
glossary глоссарий, словарь *m*
glossiness лоск, глянец
glossitis воспаление языка
glossy (*shiny*) блестящий; (*of treated surface*) глянцевитый; (*gleaming*) лоснящийся
glottal глоттальный; **~ stop** твёрдый приступ
glottis голосовая щель *f*
glove перчатка; **hand in ~ with** в тесной связи с (+ *instr*); **fit like a ~** быть как раз впору
glover перчаточник
glow 1. *n* (*heat*) жар; (*warmth*) тепло; (*of embers*) отсвет; (*of heated metal*) накал; (*light*) свет; (*of distant fire etc*) зарево; (*reflected gleam*) отблеск; (*blush*) румянец; (*fervour*) пыл, жар **2.** *v* (*burn without flame*) тлеть; (*be incandescent*) накаляться докрасна; (*burn; also fig*) гореть; (*gleam*) светиться; (*blaze with light*) блистать; (*feel warm*) ощущать приятную теплоту; (*blush*) краснеть
glower (*look angrily at*) сердито смотреть (**at,** на + *acc*); (*frown*) хмуриться (**at,** на + *acc*)
glowing (*incandescent*) раскалённый; (*vivid*) яркий; (*ardent*) пылкий; (*enthusiastic*) восторженный
glow-worm жук-светляк
gloxinia глоксиния
glucose глюкоза
glue 1. *n* клей **2.** *v* клеить; **~ to** приклеивать к (+ *dat*); **~ together** склеивать; *fig* **be ~d to** не мочь оторваться от (+ *gen*), сидеть *etc* как приклеенный
gluepot клееварка
gluey липкий, клейкий, вязкий
glum угрюмый, мрачный
glut 1. *n* (*excess*) избыток; (*overproduction*) перепроизводство **2.** *v* (*sate*) насыщать; **~ the market** заваливать рынок (товарами); **~ oneself** (*gorge*) объедаться (**with,** + *instr*); (*do to excess*) пресыщаться (**with,** + *instr*)
gluten клейковина
glutinous (*like glue*) клейкий; (*sticky*) липкий; (*of*

sticky consistency) вя́зкий

glutton (*greedy person*) обжо́ра *m and f*; **a ~ for** ненасы́тный люби́тель *m* (+ *gen*); **a ~ for work** работя́га *m and f*

gluttonous (*insatiable*) ненасы́тный; (*voracious*) обжо́рливый, прожо́рливый

gluttony обжо́рство, прожо́рливость *f*

glycerine глицери́н

glycogen гликоге́н

glycol глико́ль *m*

glyph *archi* глиф; *archeol* релье́фно вы́резанная фигу́ра

glyptic 1. *n pl* гли́птика **2.** *adj* глипти́ческий

glyptography глиптогра́фия

gnarl (*knot*) у́зел; (*on tree trunk*) наро́ст

gnarled (*covered with gnarls*) сучкова́тый, шишкова́тый; (*calloused*) заскору́злый

gnash: ~ teeth скрежета́ть зуба́ми

gnat (*mosquito*) кома́р; (*midge*) мо́шка

gnathic челюстно́й

gnaw грызть, глода́ть; *fig* терза́ть

gnawing 1. *n* глода́ние; (*of conscience etc*) угрызе́ние **2.** *adj* грызу́щий; (*worry etc*) терза́ющий; (*pain*) но́ющий

gneiss гнейс

[1]gnome *myth* гном

[2]gnome (*maxim*) сенте́нция, афори́зм

gnomic гноми́ческий, афористи́ческий

gnomon гно́мон

gnosis гно́сис

Gnostic 1. *n* гно́стик **2.** *adj* гности́ческий

Gnosticism гностици́зм

gnu гну *m and f indecl*

go 1. *n* (*move in game*) ход; **at a ~** сра́зу; **at first ~** с пе́рвого ра́за; (*turn*) о́чередь *f*; *coll* (*try*) попы́тка; **have a ~** попыта́ться *pf*; (*affair*) де́ло; (*energy*) эне́ргия; **be on the ~** (*work*) рабо́тать; (*busy*) быть за́нятым; (*in expressions*) **it's no ~** бесполе́зно, не пойдёт; **from the word ~** с са́мого нача́ла; **make a ~ of** преуспева́ть в (+ *pr*) **2.** *v* (*on foot, in definite direction, on one occasion; also in general of movement of object to destination*) идти́; (*on foot, for repeated movements, ability to walk, indefinite or multiple direction; journey there and back; attend regularly e.g. school*) ходи́ть; **he already ~es to school** он уже́ хо́дит в шко́лу; (*with similar distinctions, but in vehicle or mounted*) е́хать; е́здить; **~ by air** лете́ть (самолётом); (*of movement of vehicle on one occasion; also of post*) идти́; **this train ~es to Moscow** э́тот по́езд идёт в Москву́; (*of regular round trips, repeated trips, movement of vehicles in general*) ходи́ть; **the boat ~es twice a week** парохо́д хо́дит два ра́за в неде́лю; (*of aircraft, with same distinction*) лете́ть; лета́ть (*colloquially* е́хать; е́здить *are s'times used of vehicles with the same distinction*); (*~ + gerund*, **~ for** + *n*) идти́, е́хать *etc* (+ *infin*); **he went swimming** он пошёл купа́ться; **they went for a walk** они́ пошли́ гуля́ть; (*leave*) уходи́ть; **I must ~ now** мне пора́ уходи́ть, идти́; (*by transport*) уезжа́ть; (*of departure of train, boat*) отходи́ть; (*disappear*) исчеза́ть; (*be used up*) конча́ться, вы́йти; (*pass, go away*) проходи́ть; (*of time*) идти́, проходи́ть; (*work, function*) рабо́тать, идти́, де́йствовать; (*extend*) протяну́ться *pf*, проходи́ть, идти́; (*lead, of roads etc*) вести́, идти́; **where does this road ~ to?** куда́ ведёт э́та доро́га?; (*be put*) **this book ~es on the top shelf** э́та кни́га идёт на ве́рхнюю по́лку, должна́ стоя́ть на ве́рхней по́лке; (*get to*) дева́ться; **where have my spectacles gone?** куда́ де́лись мои́ очки́?; (*be kept*) храни́ться; (*break*) слома́ться *pf*; (*collapse*) ру́хнуть *pf*; (*move, give*) подава́ться; (*run, of text etc*) гласи́ть, говори́ться; **as the saying goes** как говори́тся; **be ~ing to** (*be about to*) собира́ться (+ *infin*); (*intend to*) намерева́ться (+ *infin*), быть наме́ренным (+ *infin*); (*be determined to*) быть твёрдо наме́ренным (+ *infin*); (*where unemphatic future is intended, use future tense*) **we are going to have a new car** у нас бу́дет но́вая маши́на; *in various expressions* **~ to bed** ложи́ться спать; **~ to sleep** засыпа́ть; **~ halves** дели́ть попола́м; **~ mad** сходи́ть с ума́; **~ too far** заходи́ть сли́шком далеко́; **it goes without saying** само́ собо́й разуме́ется; **let ~** (*release*) отпуска́ть; (*involuntarily; fig fail to catch*) упуска́ть; **let oneself ~** (*abandon restraint*) разойти́сь *pf*, распусти́ться *pf*; (*degenerate*) опуска́ться; (*for combinations with other words see relevant entry*)

~ aboard сади́ться (в, на + *acc*)

~ about (*person, rumours*) ходи́ть (по + *dat*); *naut* де́лать поворо́т овершта́г

~ against (*oppose*) сопротивля́ться (+ *dat*); **everything is ~ing against us** всё про́тив нас; (*disobey*) не слу́шаться (+ *gen*); (*contradict*) быть про́тив (+ *gen*)

~ ahead идти́, е́хать *etc* вперёд; (*continue*) продолжа́ть; *coll excl* валя́й(те)!; **~ ahead of** идти́, е́хать впереди́ (+ *gen*)

~ along идти́, е́хать по (+ *dat*); **~ along with** (*accompany*) сопровожда́ть; (*agree*) быть согла́сным с (+ *instr*); (*not object to*) не возража́ть про́тив (+ *gen*)

~ around ходи́ть; **~ around in rags** ходи́ть в отре́пьях (*see also* **~ about, ~ round**)

~ at (*work etc*) бра́ться за (+ *acc*); (*attack*)броса́ться на (+ *acc*)

~ away уходи́ть; уезжа́ть (**from,** от, из + *gen*; **to,** в + *acc*)

~ back (*return*) возвраща́ться (*to place etc*, в + *acc*; *to person, subject*, к + *dat*); (*get worse*) ухудша́ться; **~ back on one's promise** отказа́ться *pf* от своего́ обеща́ния

~ before (*go in front of*) идти́, е́хать впереди́ (+ *gen*); (*in time*) предше́ствовать; **it was better than what had gone before** э́то бы́ло лу́чше того́, что бы́ло ра́ньше

~ behind заходи́ть за (+ *acc*); (*follow*) идти́, е́хать позади́ (+ *gen*)

~ between проходи́ть че́рез (+ *acc*)

~ beyond идти́, е́хать за (+ *acc*); (*exceed orders etc*) превыша́ть

~ by (*pass*) проходи́ть, проезжа́ть (ми́мо + *gen*); (*of time*) проходи́ть; (*judge*) суди́ть по (+ *dat*); **go by the name of** быть изве́стным под и́менем (+ *gen*); (*rules etc*) руково́дствоваться (+ *instr*)

~ down (*descend*) сходи́ть, спуска́ться (**from,** с + *gen*); (*of sun*) заходи́ть; (*fall, be reduced*) па́дать; (*of ship*) идти́ ко дну; *coll* (*be accepted*) быть при́нятым; (*lose*) проигра́ть *pf*; (*be remembered*) запомина́ться (**as,** как)

~ for (*fetch*) идти́ за (+ *instr*); (*attack*) набра́сываться, броса́ться на (+ *acc*); (*be in favour of*) быть за (+ *acc*); (*be attracted by*) увлека́ться (+ *instr*); (*be sold for*) продава́ться за (+ *acc*)

~ **forth** выходи́ть
~ **forward** идти́, е́хать вперёд; (*of plans etc*) продвига́ться
~ **in** входи́ть (в + *acc*); ~ **in for** (*hobbies etc*) занима́ться (+ *instr*); (*exam*) сдава́ть
~ **into** (*examine*) рассле́довать; ~ **into details** вдава́ться в подро́бности; (*undertake*) брать на себя́
~ **off** (*away*) уходи́ть; (*stage*) уходи́ть со сце́ны; (*happen*) пройти́ *pf*; (*turn out*) вы́йти, получи́ться *pf*; (*explode*) взорва́ться *pf*; (*of gun*) вы́стрелить *pf*; (*of siren etc*) разда́ться *pf*; (*spoil*) по́ртиться
~ **on** (*go further*) идти́, е́хать да́льше; (*continue*) продолжа́ть; (*of time*) проходи́ть; (*happen*) **what is ~ing on?** что тут происхо́дит, де́лается?; *coll* (*fuss, complain*) ныть; (*behave*) вести́ себя́; (*talk*) говори́ть; **keep ~ing on about s'thing** прожужжа́ть у́ши кому́-нибудь насчёт (+ *gen*); (*abuse*) брани́ть; (*argue*) спо́рить; ~ **on for: it's ~ing on for ten** ско́ро бу́дет де́сять (часо́в); **he's ~ing on for fifty** ему́ под пятьдеся́т, к пяти́десяти; *coll exclam* бро́сь(те)!
~ **out** выходи́ть (**of, from,** из + *gen*); ~ **out of use, fashion, action** выходи́ть из употребле́ния, мо́ды, бо́я; (*be extinguished*) га́снуть; (*go out to*) е́хать в (+ *acc*); **go all out** стара́ться изо всех сил
~ **over** (*cross*) переходи́ть, переезжа́ть (+ *acc, or* че́рез + *acc*); (*examine*) рассма́тривать, просма́тривать; (*re-examine, review*) пересма́тривать; (*repeat*) повторя́ть; (*turn over*) опроки́дываться, перевёртываться; (*change allegiance*) переходи́ть (**to,** к + *dat*; в + *acc*); **he went over to the Russians, enemy, Liberal Party** он перешёл к ру́сским, на сто́рону проти́вника, в Либера́льную па́ртию
~ **round** (*rotate*) враща́ться, верте́ться; (*circle*) кружи́ть; (*enclose*) окружа́ть; ~ **round a corner** повора́чивать; (*be enough*) хвата́ть на всех; (*walk round; make detour round; visit in turn*) обходи́ть; ~ **round the world** соверши́ть *pf* путеше́ствие вокру́г све́та; ~ **round to** (*visit*) заходи́ть к (+ *dat*)
~ **through** (*walk, travel through*) проходи́ть, проезжа́ть че́рез (+ *acc*); (*penetrate*) проника́ть че́рез, сквозь (+ *acc*); (*look over*) просма́тривать; (*of plan etc, be accepted*) пройти́ *pf*; (*endure*) пережива́ть; ~ **through with** доводи́ть до конца́
~ **together** (*harmonize*) сочета́ться
~ **under** (*sink*) тону́ть; (*fail, collapse*) прова́ливаться
~ **up** (*rise, ascend*) поднима́ться (по + *dat*); (*increase*) расти́; (*of prices*) повыша́ться; (*of buildings*) стро́иться; (*explode*) взорва́ться *pf*; (*burn*) сгоре́ть *pf*; ~ **up to** подходи́ть к (+ *dat*)
~ **with** (*accompany*) сопровожда́ть; (*combine with*) сочета́ться с (+ *instr*)
~ **without** обходи́ться без (+ *gen*)

goad 1. *n* боде́ц, стрека́ло; *fig* сти́мул **2.** *v* (*cattle*) подгоня́ть; *fig* (*stimulate*) стимули́ровать; (*incite*) подстрека́ть; (*urge*) побужда́ть (**to,** на + *acc*); ~ **to fury** доводи́ть до бе́шенства; (*irritate*) раздража́ть

go-ahead 1. *n* (*signal*) сигна́л; (*permission*) разреше́ние; *coll* **give the** ~ дать *pf* добро́ (**for,** на + *acc*) **2.** *adj* (*enterprising*) предприи́мчивый; (*energetic*) энерги́чный, *coll* пробивно́й

goal (*purpose, end, destination*) цель *f*; *sp* (*goalposts*) воро́та *neut pl*; (*scoring points*) гол; **score a** ~ заби́ть *pf* гол

goalkeeper врата́рь *m*

goal-kick уда́р от воро́т

goal-line ли́ния воро́т

goal-post сто́йка воро́т

goal-scorer забива́ющий гол

goat козёл, *f* коза́; **get s'one's** ~ разозли́ть *pf*, рассерди́ть *pf*; **act, play the** ~ валя́ть дурака́

goatherd козопа́с

goatish (*of goat*) козли́ный; (*lecherous*) похотли́вый

goatsucker козодо́й

gob *sl* (*mouth*) гло́тка; **shut your ~!** заткни́ гло́тку!; (*lump*) кусо́к; (*of spit*) плево́к

gobbet (*piece*) кусо́к; *coll* (*short extract*) отры́вок

gobble (*eat*) жрать; (*of turkey*) кулды́кать; ~ **up** пожира́ть

gobbledygook галиматья́, ахине́я

gobelin гобеле́н

go-between посре́дник

goblet бока́л; *hist* ку́бок

goblin домово́й

goby бычо́к

go-by: *coll* **give the** ~ (*avoid*) избега́ть (+ *gen*); (*ignore*) игнори́ровать

go-cart (*for learning to walk*) ходуно́к; (*handcart*) теле́жка; (*pram*) де́тская коля́ска; (*miniature racing car*) карт; ~ **racer** картинги́ст; ~ **racing** ка́ртинг

god бог; **make a ~ of** обожа́ть, боготвори́ть; *leg* **act of God** форс-мажо́р; *in interjections* бо́же!, го́споди!; ~ **damn it!** будь оно́ про́клято; ~ **forbid!** изба́ви бог!; ~ **knows** бог его́ зна́ет; **by ~!** ей-бо́гу!; **for ~'s sake** ра́ди бо́га; **honest to** ~ че́стное сло́во; **thank ~!** сла́ва бо́гу; **the ~s** (*theat*) галёрка, раёк; **ye ~s!** бо́же пра́вый

godchild кре́стник, *f* кре́стница

goddam, goddamn, goddamned прокля́тый

god-daughter кре́стница

goddess боги́ня

godfather крёстный (оте́ц)

god-fearing богобоя́зненный; (*pious*) на́божный

god-forsaken (*deserted*) забро́шенный; (*of remote place*) захолу́стный; *coll* (*awful*) ужа́сный

godhead (*divine nature*) боже́ственность *f*; (*deity*) божество́

godless (*irreligious*) безбо́жный; (*impious*) нечести́вый

godlessness безбо́жие

godlike (*like god*) богоподо́бный; (*divine, also facetious*) боже́ственный

godliness на́божность *f*

godly на́божный, благочести́вый

godmother крёстная (мать)

godparent крёстный, *f* крёстная

godsend (*piece of luck*) сча́стье; (*find*) нахо́дка; (*invaluable person, thing*) сокро́вище

godson кре́стник

goer (*of horse, vehicle etc*) ходо́к; **good** ~ хоро́ший ходо́к

goffer 1. *n* гофриро́вка **2.** *v* гофрирова́ть

go-getter пробивно́й челове́к

goggle тара́щить глаза́ (**at,** на + *acc*)

goggle-eyed 1. *adj* пучегла́зый **2.** *adv* с вы́пученными глаза́ми; **look ~ at** тара́щиться на (+ *acc*)

goggles защи́тные очки́ *m pl*

going 1. *n* (*departure on foot*) ухо́д; (*in vehicle*) отъе́зд; (*pace*) ско́рость *f*; (*state of road*) состоя́ние доро́ги; **it was rough/heavy** ~ (*a difficult task*) э́то бы́ло нелёгкое де́ло **2.** *adj* (*working*) рабо́тающий, де́йствующий; (*prosperous*) процвета́ющий; **a ~ concern** предприя́тие на ходу́; (*in working order*) испра́вный, в испра́вном состоя́нии; (*prevailing, current*) существу́ющий; (*available*) **I'll take whatever is** ~ я возьму́, что есть

going-over (*check-up*) прове́рка; (*beating-up*) избие́ние

goings-on *coll* (*events*) дела́ *neut pl*, происше́ствия *neut pl*

goitre зоб

goitrous зо́бный

go-kart *see* **go-cart**

gold 1.*n* (*metal*) зо́лото; **all is not ~ that glisters** не всё то зо́лото, что блести́т; **have a heart of** ~ име́ть золото́е се́рдце; **he is as good as** ~ (*of child*) он золото́й ребёнок; (*colour*) цвет зо́лота; *sp* (*medal*) золота́я меда́ль *f* **2.** *adj* (*of* ~) золото́й; (*colour*) золото́й, золото́го цве́та

goldbeater золотобо́ец

gold-digger (*prospector*) золотоиска́тель *m*; *fig, pej* авантюри́стка

gold-dust золотоно́сный песо́к

golden (*of gold*) золото́й; (*colour of hair etc*) золоти́стый; *fig* **~age** золото́й век; **~ fleece** золото́е руно́; **~ mean** золота́я середи́на; **~ opportunity** прекра́сный слу́чай; **~ rule** золото́е пра́вило; **~ wedding** золота́я сва́дьба

golden eagle бе́ркут

golden-rod золота́рник

gold-fever золота́я лихора́дка

goldfield золото́й при́иск

goldfinch щего́л; **American ~** чиж америка́нский

goldfish золота́я ры́бка

gold-foil листово́е зо́лото

gold-lace золото́й позуме́нт

gold-leaf золота́я фо́льга

gold-mine золото́й при́иск, золото́й рудни́к; *fig* золото́е дно

gold-plate (*gold vessels*) золота́я посу́да; (*gold-plated vessels*) золочёные, позоло́ченные изде́лия *neut pl*; (*gilt surface*) позоло́та

gold-plated золочёный, позоло́ченный

gold-plating (*process*) золоче́ние

gold-rush золота́я лихора́дка

goldsmith (*craftsman in gold*) золоты́х дел ма́стер; (*jeweller*) ювели́р

goldstone авантюри́н, златои́скр

golf гольф

golfer игро́к в гольф

golliwog ку́кла-негритёнок

golly го́споди!, бо́же мой!

gonad полова́я железа́

gondola гондо́ла

gondolier гондолье́р

gone (*hopeless, lost*) пропа́щий; (*dead*) уше́дший; (*past*) проше́дший; **~ on** *coll* (*in love with*) по́ уши влюблённый в (+ *acc*); (*mad about*) поме́шанный на (+ *prep*)

goner ко́нченый челове́к *etc*; **he's a** ~ с ним всё ко́нчено

gonfalon хору́гвь *f*

gong гонг

goniometer гонио́метр

gonococcus гоноко́кк

gonorrhoea гоноре́я

goo *coll* (*sticky substance*) ли́пкое, кле́йкое вещество́; (*sentimentality*) сентимента́льность *f*, слюня́вость *f*

good 1. *n* добро́, бла́го; **do** ~ де́лать добро́; (*benefit*) по́льза; **for the ~ of** на бла́го (+ *gen*); **it will do you** ~ э́то вам бу́дет поле́зно; **what is the ~ of?** како́й смысл (+ *infin*)?; **what ~ is that?** что по́льзы в э́том, како́й смысл (в э́том); (*variously*) **come to no** ~ пло́хо ко́нчить(ся) *pf*; **for** ~ навсегда́, оконча́тельно; **it's no** ~ э́то бесполе́зно; *pl* (*possessions*) иму́щество; (*merchandise*) това́ры *m pl*; **consumer ~s** потреби́тельские това́ры, предме́ты *m pl* широ́кого потребле́ния, *coll* ширпотре́б; (*manufactured article*) изде́лие; **leather ~s** ко́жаные изде́лия; **tinned, canned** ~ консе́рвы *m pl*; (*articles in transit*) груз **2.** *adj* (*most senses*) хоро́ший; **~ sense** здра́вый смысл; (*beneficial*) **it's ~ for coughs** э́то помога́ет от ка́шля; **its ~ for you** э́то вам поле́зно; **it's not ~ for children** э́то вре́дно де́тям; (*sufficient*) доста́точный; (*considerable*) **a ~ three hours, miles** до́брых три часа́, ми́ли; **a ~ way off** дово́льно далеко́; **a ~ while** дово́льно до́лго; (*capable*) **be ~ at** быть спосо́бным к (+ *dat*); (*of ~ character*) до́брый; *coll* (*thorough*) **give a ~ beating, scolding** хороше́нько отлупи́ть, отруга́ть *pf*; (*suitable, fit*) (при) го́дный (**for,** для + *gen*); (*in address*) **my ~ man** дорого́й мой; (*in greeting*) **~ day, evening** до́брый день, ве́чер; **~ morning** до́брое у́тро, с до́брым у́тром; **~ night** (с)поко́йной, до́брой но́чи; (*in expressions*) **as ~ as** всё равно́ как, почти́; **be ~ enough to** (*please do*) бу́дьте любе́зны (+ *imp*); **~ for** (*capable of*) спосо́бный на (+ *acc*); (*reliable*) **he's ~ for** от него́ мо́жно ожида́ть; (*likely to live, last*) **he's ~ for another three years** он протя́нет ещё три го́да; **do a ~ turn** ока́зывать услу́гу (+ *dat*); **~ luck** сча́стье; **~ luck!** ни пу́ха ни пера́!; (*as goodbye*) всего́ хоро́шего!; **~ for you!** молоде́ц, бра́во!; **have a ~ time** хорошо́ проводи́ть вре́мя; **we had a very ~ time** нам бы́ло о́чень ве́село; **in ~ faith** добросо́вестно; **it's very ~ of you** э́то о́чень ми́ло с ва́шей стороны́; **it's ~ to see you** о́чень прия́тно вас ви́деть; **make** ~ (*replace, compensate*) возмеща́ть; (*carry out*) выполня́ть; (*finish*) отде́лывать

goodbye 1. *n* проща́ние; **say** ~ проща́ться (**to,** с + *instr*) **2.** *interj* (*until next time*) до свида́ния; (*at final parting*) проща́й(те)

good-for-nothing никчёмный, никуды́шный, никуда́ не го́дный; (*also as noun* никчёмный *etc* челове́к)

good-humoured доброду́шный

good-looking краси́вый, интере́сный

goodly (*handsome*) краси́вый; (*considerable*) поря́дочный, значи́тельный

good-natured доброду́шный

goodness (*of character etc*) доброта́; (*virtue*) доброде́тель *f*; (*of quality*) доброка́чественность *f*; (*of food*) пита́тельность *f*; *in expressions* **~ gracious!** бо́же мой!; **~ knows** бог его́ зна́ет; **for ~ sake** ра́ди бо́га; **have the ~ to** бу́дьте добры́ (+ *imp*)

goods 1. *n see* **good 2.** *adj* това́рный; **~ train** това́рный по́езд

good-sized (*of suitable size*) подходя́щих разме́ров;

(*fairly large*) поря́дочный
good-tempered (*calm*) споко́йный; (*pleasant*) доброду́шный; (*easy-going*) с хоро́шим хара́ктером
goodwill (*kindness etc*) доброжела́тельность *f*, до́брая во́ля; (*of firm*) репута́ция и клиенту́ра
goody *coll* (*hypocrite*) ханжа́ *m and f; usu pl (tasty things, also fig)* сла́дости *f pl*; (*sweets*) конфе́ты *f pl*; (*in film, story*) положи́тельный геро́й; *pl* хоро́шие
gooey *coll* (*sticky*) ли́пкий, клёйкий; (*sickly, sentimental*) слаща́вый, слюня́вый
goof *coll* **1.** *n* (*person*) тупи́ца *m and f* **2.** *v* оплоша́ть *pf*
goofy *coll* тупо́й
goose (*bird*) гусь *m*, *f* гусы́ня; (*meat*) гуся́тина; *fig* (*fool*) дура́к, *f* ду́ра; *fig* **cook s'one's** ~ (*ruin, kill*) погуби́ть *pf*; (*spoil chances*) провали́ть *pf*; **~-flesh** гуси́ная ко́жа; **~-neck** S-обра́зное коле́но; **~-step** гуси́ный шаг
gooseberry крыжо́вник; *fig coll* **play** ~ быть тре́тьим лицо́м
gopher го́фер, су́слик
Gordian: cut the ~ knot разруби́ть *pf* го́рдиев у́зел
[1]**gore** (*blood*) кровь *f*; (*triangular piece*) клин
[2]**gore** (*pierce*) бода́ть
gorge 1. *n* (*narrow valley*) уще́лье; (*throat*) го́рло; **his ~ rose** его́ тошни́ло (**at,** от + *gen*) **2.** *v* (*eat to excess*) объеда́ться (**with,** + *instr*), наеда́ться (**with,** + *gen*); (*fill*) наполня́ть
gorgeous великоле́пный
gorget (*armour*) ла́тный воротни́к; (*necklace*) ожере́лье
Gorgon *myth* Горго́на
Gorgonzola сыр горгонзо́ла
gorilla гори́лла
gormandize обжира́ться
gormless *coll* тупо́й, бестолко́вый
gorse утёсник (обыкнове́нный)
gory окрова́вленный
gosh бо́же!
goshawk (большо́й) я́стреб
gosling гусёнок
go-slow сниже́ние те́мпа рабо́ты
gospel *eccles* ева́нгелие; (*teaching*) уче́ние; (*doctrine*) доктри́на; **take for ~** принима́ть на ве́ру; **~ truth** и́стинная пра́вда
gossamer 1. *n* (*cobweb*) паути́на; (*material*) о́чень то́нкая мате́рия **2.** *adj* (*light*) лёгкий; (*thin*) то́нкий; (*transparent*) прозра́чный
gossip 1. *n* (*chat*) болтовня́; (*rumour*) спле́тни *f pl*; (*person*) болту́н, *f* болту́нья, спле́тник, *f* спле́тница; ~ **column** отде́л све́тской хро́ники **2.** *v* (*chat*) болта́ть, бесе́довать; (*spread rumour; chat maliciously*) спле́тничать
gossipy (*person*) болтли́вый
Goth гот
Gothic 1. *n* (*language*) го́тский язы́к; *archi* готи́ческий стиль, го́тика; *print* готи́ческий шрифт **2.** *adj* (*of Goths*) го́тский; (*of style, type etc*) готи́ческий
gouache гуа́шь *f*
gouge 1. *n* полукру́глое долото́ **2.** *v* (*cut with ~*) выда́лбливать; (*prise out*) выда́вливать
goulash гуля́ш
gourd ты́ква буты́лочная
gourmand (*gourmet*) гурма́н; (*glutton*) обжо́ра *m and f*
gourmet гурма́н
gout (*illness*) пода́гра; (*drop*) ка́пля
gouty подагри́ческий
govern (*country etc*) управля́ть (+ *instr*); пра́вить (+ *instr*); (*control, run; also gramm*) управля́ть (+ *instr*); (*guide*) руководи́ть (+ *instr*); **be ~ed by** (*considerations etc*) руково́дствоваться; (*determine*) определя́ть, обусло́вливать; *tech* регули́ровать
governess гуверна́нтка
governing 1. *n* (у)правле́ние **2.** *adj* (*controlling*) руководя́щий, управля́ющий; ~ **body** правле́ние; (*ruling*) пра́вящий; (*main, chief*) основно́й, гла́вный
government (*rule; also gramm*) управле́ние (+ *instr*); **local** ~ ме́стное самоуправле́ние; (*political system*) фо́рма правле́ния; (*those who rule*) прави́тельство; **provisional** ~ вре́менное прави́тельство; **form a** ~ сформи́ровать *pf* прави́тельство
governmental прави́тельственный
governor (*ruler*) прави́тель *m*; (*of state, colony etc*) губерна́тор; (*of school etc*) член правле́ния; (*of prison*) нача́льник; *tech* регуля́тор; *sl* (*father*) оте́ц; (*boss*) хозя́ин; **~-general** генера́л-губерна́тор
gown 1. *n* (*dress*) (дли́нное) пла́тье; **dressing** ~ хала́т; (*official, academic robe*) ма́нтия **2.** *v* одева́ть в пла́тье, ма́нтию
grab 1. *n* (*snatch*) попы́тка схвати́ть *pf*; **make a** ~ попыта́ться схвати́ть; (*forcible appropriation*) захва́т; *tech* захва́т; (*scoop*) ковш, черпа́к **2.** *v* (*catch hold*) схва́тывать, хвата́ть (**by,** за + *acc*); (*appropriate*) захва́тывать
grace 1. *n* (*elegance*) гра́ция, изя́щество; (*charm*) обая́ние, шарм; (*good manners*) такт, любе́зность *f*; **with ill** ~ неохо́тно; (*favour*) благоскло́нность *f*; **be in the good ~s of** быть в ми́лости у (+ *gen*); (*mercy*) милосе́рдие; (*respite*) отсро́чка; *theol* благода́ть *f*; **by the ~ of God** бо́жьей ми́лостью; (*prayer*) моли́тва (пе́ред едо́й/по́сле еды́); (*as title*) све́тлость *f*; *leg* **act of** ~ амни́стия; **year of** ~ ле́то госпо́днее; *myth* Гра́ция **2.** *v* украша́ть (**with,** + *instr*)
graceful (*full of grace, elegant*) грацио́зный, изя́щный; (*compliment etc*) краси́вый
gracefulness грацио́зность *f*, изя́щество
graceless (*shameless*) бессты́дный; (*godless*) безбо́жный; (*clumsy*) неуклю́жий; (*unattractive*) непривлека́тельный; (*remark, behaviour*) некраси́вый; (*disobliging*) нелюбе́зный
gracelessly (*with bad grace*) нелюбе́зно
grace-note мели́зм(а), фиориту́ра
gracious ми́лостивый; **good ~!** Го́споди!
gradation града́ция; *usu pl* (*level, shade, distinction*) отте́нки *f pl*; *tech* сортиро́вка
grade 1. *n* (*level*) ступе́нь *f*, у́ровень *m*; (*degree*) сте́пень *f*; (*kind*) сорт; (*quality*) ка́чество; (*rank*) ранг; (*school class*) класс; (*school mark*) оце́нка, отме́тка; (*slope*) укло́н; (*slope up*) подъём; (*slope down*) спуск **2.** *v* (*distribute in ~s*) распределя́ть, располага́ть по степеня́м, ра́нгам *etc*; *tech* (*sort into various qualities*) сортирова́ть; (*classify*) классифици́ровать; (*roads etc*) нивели́ровать
grader (*sorting machine*) сортирова́льная маши́на; (*road-making etc machine*) гре́йдер
gradient (*slope*) укло́н; *phys* градие́нт
gradual постепе́нный
gradually постепе́нно, ма́ло-пома́лу
graduate 1. *n* (*person with degree*) око́нчивший

университе́т; **he is a ~ of London** он око́нчил Ло́ндонский университе́т; (*postgraduate student*) аспира́нт **2.** *adj* (*having degree*) око́нчивший университе́т; (*having diploma*) дипломи́рованный **3.** *v* (*take degree*) око́нчить *pf* университе́т; (*grade*) располага́ть в поря́дке; (*mark with scale*) градуи́ровать

graduation (*completion of studies*) оконча́ние университе́та; (*gradation*) града́ция; (*scale markings*) градуиро́вка; (*line on scale*) деле́ние

graffiti на́дписи *f pl*

graft 1. *n hort* приви́вка; *surg* (*tissue*) жива́я ткань *f* для переса́дки; (*part grafted*) трансплanта́т; (*process*) переса́дка; *coll* (*bribes*) взя́тки *f pl*; (*corruption*) взя́точничество; (*hard work*) тяжёлая рабо́та **2.** *v hort* привива́ть (**to,** к + *dat*); *surg* переса́живать; (*join on*) присоединя́ть (**to,** к + *dat*); *coll* (*be crook*) жу́льничать

grafter (*bribetaker*) взя́точник; (*swindler*) моше́нник; (*hard worker*) работя́га *m and f*

grafting *hort* приви́вка; *surg* переса́дка; (*bribetaking*) взя́точничество; (*swindling*) моше́нничество

Grail Гра́аль *m*

grain 1. *n* (*cereal seed*) зерно́; (*single seed*) зёрнышко; (*crop*) хлеб; (*as prepared foodstuff*) крупа́; (*small particle*) крупи́нка; *fig* (*small amount*) крупи́ца; **not a ~ of truth** ни крупи́цы и́стины; (*unit of weight*) гран; (*of wood*) волокно́; (*pattern*) узо́рчатость *f*; *fig* **against the ~** про́тив ше́рсти; *phot* зерни́стость *f* **2.** *v* (*paint to imitate ~*) кра́сить под де́рево

grain-dryer зерносуши́тель *m*

grainy *phot* зерни́стый

graminaceous, gramineous травяни́стый

graminivorous травоя́дный

grammar 1. *n* грамма́тика **2.** *adj* граммати́ческий; **~ book** уче́бник грамма́тики; **~ school** сре́дняя шко́ла

grammarian граммати́ст, грамма́тик

grammatic(al) граммати́ческий

gramme, gram грамм; **five ~s** пять гра́мм(ов) **~-centimetre, ~-molecule** *etc* грамм-сантиме́тр, грамм-моле́кула *etc*

gramophone (*of older type*) граммофо́н, патефо́н; (*record-player*) прои́грыватель *m*; **~ record** граммофо́нная пласти́нка, грампласти́нка

grampus дельфи́н-каса́тка

granary (*grain store*) амба́р, жи́тница, зернохрани́лище; *fig* (*region*) жи́тница

grand 1. *n* (*piano*) роя́ль *m*; (*thousand*) ты́сяча (до́лларов, фу́нтов) **2.** *adj* (*splendid*) великоле́пный, грандио́зный; (*of style, lofty*) возвы́шенный; (*imposing*) внуши́тельный, импоза́нтный; (*luxurious*) пы́шный, роско́шный; (*large*) большо́й; (*great*) вели́кий; (*important*) ва́жный; (*of people*) зна́тный; (*main*) основно́й, гла́вный; **~ opera** о́пера; **~ total** о́бщая су́мма; *coll* (*very good*) прекра́сный, чуде́сный

grand-aunt двоюро́дная ба́бушка

grandchild внук, *f* вну́чка

grand-dad де́душка

granddaughter вну́чка

grandee (*Spanish*) гранд; (*important person*) зна́тная осо́ба, ва́жная персо́на

grandeur (*magnificence*) великоле́пие; (*of design etc*) вели́чие

grandfather дед, де́душка; **~ clock** стоя́чие часы́ *m pl*; **~'s** де́душкин, де́довский

grandiloquence высокопа́рность *f*, напы́щенность *f*

grandiloquent (*of style etc*) высокопа́рный, напы́щенный

grandiose (*grand*) грандио́зный; (*pretentious*) претенцио́зный

grandma ба́бушка

grand master (*of military order; chess-master*) гроссме́йстер

grandmother ба́бушка; **~'s** ба́бушкин

grand-nephew внуча́тый племя́нник

grandness грандио́зность *f*; вели́чие

grand-niece внуча́тая племя́нница

grandparents ба́бушка и де́душка; (*ancestors*) пре́дки *m pl*

grandsire дед; (*ancestor*) пре́док

grandson внук

grandstand трибу́на; **play to the ~** игра́ть на пу́блику

grand-uncle двоюро́дный дед

grange уса́дьба

granite 1. *n* грани́т **2.** *adj* грани́тный

granny *coll* ба́бушка; (*old woman*) стару́шка; (*knot*) ба́бий у́зел

grant 1. *n* (*gift*) дар; (*conferment*) пожа́лование (**of,** + *instr*); (*subsidy*) субси́дия; (*student's*) стипе́ндия **2.** *v* (*bestow*) дарова́ть (**to,** + *dat*), жа́ловать (**to,** + *dat*); **~ pardon** дарова́ть проще́ние; **~ rights** дава́ть права́ (**to,** + *dat*); *leg* (*transfer*) передава́ть (**to,** + *dat*); (*make available*) предоставля́ть; **~ credit** предоставля́ть креди́т; (*permit*) дава́ть разреше́ние, дава́ть согла́сие на (+ *acc*); (*concede request etc*) удовлетворя́ть; (*admit*) допуска́ть, признава́ть; **~ed that** е́сли допусти́ть, что; **take for ~ed** (*accept as decided, proved, usual etc*) счита́ть решённым, дока́занным, норма́льным; (*assume*) полага́ть; (*not notice*) не обраща́ть внима́ние на (+ *acc*)

granular зерни́стый

granulate гранули́ровать(ся)

granulated (*in grains*) зерни́стый; (*crushed*) дроблёный; **~ sugar** са́харный песо́к

granule зёрнышко; *tech* гра́нула

grape виногра́д; (*vine*) виногра́дная лоза́; **~ sugar** глюко́за

grapefruit гре́йпфрут; **~ juice** гре́йпфрутовый сок

grapeshot кру́пная карте́чь *f*

grapevine виногра́дная лоза́; *fig coll* (*rumour*) слу́хи *m pl*

graph (*diagrammatic representation*) диагра́мма; (*of an equation etc*) гра́фик; (*curve*) крива́я; (*in topology*) граф; **~ paper** миллиметро́вка

graphic *math, art* (*of writing, drawing etc*) графи́ческий; (*expressive*) вырази́тельный; (*vivid*) я́ркий; (*by visual methods*) нагля́дный

graphite 1. *n* графи́т **2.** *adj* графи́товый

graphology графоло́гия

graphomania графома́ния

graphometer графоме́тр

grapnel дрек, ко́шка

grapple (*clutch*) схва́тываться (**with,** с + *instr*); (*in wrestling*) обхва́тывать; *fig* (*problems etc*) боро́ться (**with,** с + *instr*), справля́ться (**with,** с + *instr*); *naut, hist* (*a ship*) сцепля́ться на аборда́ж; *naut* (*with grapnel*) закла́дывать гак (за + *acc*)

grappling-iron *see* **grapnel**

grasp 1. *n* (*grip*) хва́тка; **in s'one's ~** в руке́, в рука́х; *fig* **be in the ~ of** быть во вла́сти (+ *gen*);

fall into the ~ of попада́ть в ру́ки (+ *gen*); **beyond s'one's ~** вне преде́лов досяга́емости; (*understanding*) понима́ние; **it's beyond his ~** э́то вы́ше его понима́ния; (*handle*) руко́ятка **2.** *v* (*grip in hand*) сжима́ть; (*hold tightly*) кре́пко держа́ться за (+ *acc*); (*seize*) схва́тывать, захва́тывать; (*understand*) понима́ть; **~ at** хвата́ться за (+ *acc*); *fig* (*seize chance etc*) ухвати́ться *pf* за (+ *acc*)

grasping жа́дный

grass 1. *n bot* злак; (*in field, lawn etc*) трава́; (*lawn*) газо́н; (*grassy patch*) лужа́йка; (*pasture*) па́стбище; *sl* (*drug*) марихуа́на; *sl* (*informer*) доно́счик, *sl* стука́ч **2.** *v* (*sow with* ~) засева́ть траво́й; (*turf*) обкла́дывать дёрном; (*pasture*) выгоня́ть на па́стбище; *sl* (*inform*) доноси́ть

grass-cutter коси́лка

grass-hook серп

grasshopper кузне́чик

grassland (*pasture*) па́стбище; (*meadow*) луг; (*region*) райо́н луго́в, лугопа́стбищное уго́дье

grass-roots (*ordinary people*) широ́кие ма́ссы *f pl*; (*ordinary members of party*) рядовы́е чле́ны *m pl* па́ртии

grass-snake уж

grass-widow соло́менная вдова́

grass-widower соло́менный вдове́ц

grassy травяно́й, травяни́стый

[1]**grate** (*fireplace*) ками́н; (*firebars*) ками́нная решётка; *tech* решётка

[2]**grate** (*rub*) тере́ть(ся) (**against, on,** о + *acc*); *cul* (*shred*) тере́ть на тёрке; (*make harsh noise*) скрежета́ть; **it ~s on my ear** э́то ре́жет мне у́хо; (*annoy*) раздража́ть

grateful благода́рный, призна́тельный (**to,** + *dat*; **for,** за + *acc*)

gratefulness благода́рность *f*

grater тёрка

graticule се́тка

gratification удовлетворе́ние

gratify (*satisfy, comply with*) удовлетворя́ть; (*please*) доставля́ть удово́льствие; (*indulge*) потво́рствовать (+ *dat*)

gratifying (*flattering*) ле́стный

[1]**grating** *n* (*network, grid etc*) решётка

[2]**grating 1.** *n* (*sound*) скре́жет **2.** *adj* ре́зкий, скрипу́чий, скреже́щущий

gratis беспла́тно

gratitude благода́рность *f*; **express ~ for** выража́ть благода́рность за (+ *acc*)

gratuitous (*free of charge*) беспла́тный; (*unpaid*) безвозме́здный; (*without reason*) беспричи́нный; (*uncalled for*) ниче́м не вы́званный

gratuity (*tip*) чаевы́е *pl*; (*money gift*) посо́бие; *mil* выходно́е посо́бие

gravamen суть *f*

[1]**grave** *n* (*for burial*) моги́ла; *fig* **dig one's own ~** самому́ себе́ моги́лу рыть; **have one foot in the ~** стоя́ть одно́й ного́й в моги́ле; **turn in one's ~** поверну́ться *pf* в моги́ле; *fig* (*death*) смерть *f*, ги́бель *f*; (*tombstone*) надгро́бная плита́

[2]**grave** *adj* (*serious*) серьёзный; **~ expression** серьёзное выраже́ние лица́; **~ illness** тяжёлая боле́знь *f*; (*weighty*) ве́ский; (*important*) ва́жный; (*ominous*) угрожа́ющий; (*solemn*) степе́нный

grave-digger моги́льщик

gravel 1. *n* гра́вий; *med* мочево́й песо́к **2.** *adj* грави́йный **2.** *adj* (*cover with* ~) посыпа́ть гра́вием; *tech* (*ballast*) балласти́ровать гра́вием; *fig* (*disconcert*) озада́чивать

gravelly (*of gravel*) состоя́щий из гра́вия; (*covered with gravel*) посы́панный гра́вием; (*like gravel*) похо́жий на гра́вий

gravel-pit грави́йный карье́р

graven (*engraved*) вы́гравированный; (*sculpted*) вы́сеченный

graveness (*most senses*) серьёзность *f*

graver (*craftsman*) граве́р; (*tool*) резе́ц

gravestone моги́льная/надгро́бная плита́

graveyard кла́дбище

gravid бере́менная

gravimeter гравиме́тр

gravimetric гравиметри́ческий

graving-dock ремо́нтный док

gravitate *phys* притя́гиваться (**towards,** к + *dat*); (*sink*) оседа́ть, опуска́ться; *fig* (*tend towards*) тяготе́ть (**towards,** к + *dat*), стреми́ться (**to,** к + *dat*)

gravitation *phys* тяготе́ние, гравита́ция; **law of universal ~** зако́н всеми́рного тяготе́ния; *fig* тяготе́ние, стремле́ние (**towards,** к + *dat*)

gravitational гравитацио́нный

gravity (*seriousness*) серьёзность *f*; (*solemnity*) ва́жность *f*; *phys* (*gravitation*) тяготе́ние; (*weight, force tending to centre of the earth*) тя́жесть *f*; **by (the force of) ~** си́лой тя́жести; (*of rolling, flowing things*) самотёком; **centre of ~** центр тя́жести; **specific ~** уде́льный вес; **zero ~** невесо́мость *f*

gravure гравю́ра

gravy (*meat juices*) сок; (*sauce*) подли́вка; **~-boat** со́усник

gray *see* **grey**

grayling (*fish*) ха́риус; (*eat*) ба́бочка-ба́рхатница

[1]**graze 1.** *n* (*scratch*) цара́пина; (*abrasion*) сса́дина **2.** *v* (*touch in passing*) задева́ть; (*scrape*) цара́пать; (*take off skin slightly*) сдира́ть ко́жу

[2]**graze** (*eat grass*) пасти́(сь)

grazing (*pasture*) па́стбище; (*feeding*) пастьба́

grease 1. *n* (*animal fat*) топлёное са́ло; жир; (*lubricant*) консисте́нтная сма́зка **2.** *adj* **~ gun** шприц для сма́зки; **~ paint** грим **3.** *v* (*lubricate*) сма́зывать; (*leather*) жирова́ть; *coll* **~ s'one's palm** подма́зывать (+ *acc*)

greaseproof жиронепроница́емый

greaser (*workman*) сма́зчик; (*device*) сма́зочное приспособле́ние

greasiness жи́рность *f*, са́льность *f*

greasy (*of, covered with grease*) жи́рный, са́льный; (*food*) жи́рный; (*slippery; also fig*) ско́льзкий; (*unctuous*) еле́йный

great (*of size, significance*) большо́й; **a ~ deal, many** о́чень мно́го (+ *gen*); **pay ~ attention to** обраща́ть большо́е внима́ние на (+ *acc*); **to a ~ extent** в большо́й сте́пени; (*enormous*) огро́мный; (*important*) ва́жный; (*intense*) си́льный; (*of high rank, outstanding*) вели́кий; **Peter the ~** Петр Вели́кий; (*noble*) благоро́дный; *coll* (*keen*) стра́стный; (*good at*) си́льный; (*excellent*) великоле́пный, замеча́тельный; *geog* **~ circle** большо́й круг

great-aunt двою́родная ба́бушка

Great Britain Великобрита́ния; **of ~** (велико)брита́нский

greatcoat (*overcoat*) пальто́ *neut indecl*; *mil* шине́ль *f*

greater бо́льший; **for the ~ part** бо́льшей ча́стью;

(*in names of animals, conurbations*) большой; *as predicate* больше
greatest (*largest*) самый большой; (*most outstanding*) самый великий, величайший; (*extreme*) величайший; **with the ~ difficulty** с величайшим трудом
great-grandchild правнук, *f* правнучка
great-granddaughter правнучка
great-grandfather прадед
great-grandmother прабабка
great-grandparent прародитель *m*
great-grandson правнук
great-great-grandfather прапрадед
great-hearted великодушный
greatly (*very much*) очень, весьма; **~ exaggerated** сильно преувеличенный; (*considerably*) значительно; **it is ~ to be feared that** есть серьёзные основания опасаться, что
greatness (*quality*) величие; (*size*) величина
greaves (*armour*) наголенники *m pl*
grebe поганка; **great crested ~** чомга
Grecian 1. *n* (*scholar*) эллинист **2.** *adj* греческий
greed жадность *f*
greediness жадность *f*
greedy (*most senses*) жадный; (*gluttonous*) прожорливый; **~ for** алчущий, жаждущий (+ *gen*); *coll* **~-guts** обжора *m and f*
Greek 1. *n* (*person*) грек, *f* гречанка; (*language*) греческий язык **2.** *adj* греческий
green 1. *n* (*colour*) зелёный цвет; (*foliage*) зелень *f*; (*stretch of grass*) лужайка; *sp* площадка; *pl* (*vegetables*) зелёные овощи *pl* **2.** *adj* зелёный; **~ belt** зелёная зона; **turn ~** *vt* зеленить; *vi* зеленеть; *fig* **give the ~ light to** дать *pf* зелёную улицу (+ *dat*); (*fresh*) свежий; *fig* (*inexperienced*) неопытный, зелёный; (*naïve*) наивный
greenery зелень *f*
greenfinch зеленушка
greenfly тля
greengage слива-венгерка
greengrocer (*trader*) зеленщик; (*shop*) зеленная лавка
greengrocery зелень *f*, овощи *m pl*
greenhorn новичок
greenhouse теплица; **~ effect** парниковый эффект
greenish зеленоватый
Greenland Гренландия
greenness (*of colour*) зелень *f*, зелёный цвет; (*inexperience*) неопытность *f*
green-sand глауконитовый песок
green-sickness хлороз
greenstick (*fracture*) надлом, неполный перелом
greenstuff зелень *f*
Greenwich time гринвичское время *neut*, время по Гринвичу
greet (*exchange greeting*) здороваться (с + *instr*), кланяться (+ *dat*); (*welcome, hail*) приветствовать; (*receive, meet with applause, joy etc*) встречать; **~ the New Year** встречать Новый год
greeting приветствие; (*message of ~*) привет, поклон; **~-card** поздравительная карточка
gregarious стадный; *fig* (*fond of company*) общительный
Gregorian григорианский
grenade граната; **~-launcher** гранатомёт
grenadier гренадер
grenadine (*syrup*) гранатовый сироп; (*cloth*) гренадин; *cul* гренадины *m pl*
grey, gray 1. *n* (*colour*) серый цвет; (*hair*) седина; (*horse*) лошадь *f* серой масти **2.** *adj* серый; (*of hair*) седой; **go ~** седеть; (*of light*) сумрачный; (*of weather*) пасмурный; (*gloomy*) мрачный; *fig* **~ area** серая зона
greybeard (*old man*) старик
grey-haired седой
greyhound борзая
greyish сероватый
greyness серость *f*; (*of hair*) седина; (*of weather*) пасмурность *f*; (*of light*) сумрачность *f*
grid (*grating*) решётка; *tech, rad* сетка; **map ~** координатная сетка; (*electrical power network*) энергетическая система
griddle сковородка; **~-cake** лепёшка
gridiron *cul* рашпер; (*grating*) решётка
grief (*sorrow; misfortune*) горе, печаль *f*; **come to ~** (*of person*) плохо кончить *pf*; (*of plans etc*) проваливаться; **~-stricken** подавленный горем
grievance (*complaint*) жалоба; (*discontent*) недовольство; (*cause for complaint*) повод для жалобы; (*injury*) обида; **have a ~ against** обижаться на (+ *acc*)
grieve (*cause grief*) огорчать, печалить; (*mourn*) горевать (**over,** по поводу + *gen*); **~ over** оплакивать
grievous (*distressing*) печальный; (*severe*) сильный; (*serious*) серьёзный; **~ sin** тяжкий грех
griffin, gryphon грифон
griffon (*vulture*) гриф; (*dog*) грифон
grill 1. *n* (*cooking device*) рашпер; (*food*) жаренное на рашпере мясо; (*grill-room*) грилль *m*; (*grating*) решётка **2.** *v* (*cook*) жарить(ся) на рашпере; (*be exposed to heat*) жариться; *coll* (*interrogate*) допрашивать
grille решётка
grilse молодой лосось *m*
grim (*stern*) строгий; (*angry-looking, pitiless*) суровый; (*gloomy*) мрачный; (*ghastly*) ужасный; (*unpleasant*) неприятный; **~ struggle** ожесточённая борьба; **~ truth** жестокая правда; (*threatening*) грозный
grimace гримаса; **make ~s** делать/строить гримасы, гримасничать
grime грязь *f*
grimness (*see* **grim**) строгость *f*; суровость *f*; мрачность *f*, жестокость *f etc*
grimy (*dirty*) грязный; (*smoke-blackened*) закопчённый
grin 1. *n* широкая улыбка **2.** *v* широко улыбаться, ухмыляться; **~ and bear it** (*put up with it*) терпеть; (*accept*) проглотить *pf* пилюлю
grind 1. *n* тяжёлая, скучная работа **2.** *v* (*grain etc*) молоть(ся); (*knives etc*) точить; (*lens, valve*) шлифовать; (*teeth*) скрежетать; (*wear down*) стирать; (*rub noisily against*) тереть(ся) со скрежетом о (+ *acc*)
 ~ (away) at (*work hard*) усердно работать над (+ *instr*); (*study*) зубрить
 ~ away стачивать, стирать
 ~ down (*to powder*) размалывать(ся); (*knife etc*) стачивать; (*oppress*) угнетать
 ~ in притирать
 ~ out (*a tune*) вымучивать
grinder (*of tools etc*) точильщик; (*machine*) шлифовальный станок; (*grindstone*) точильный камень *m*; **coffee ~** кофейная мельница; (*crusher*) дробилка; (*tooth*) коренной зуб
grindstone точильный камень *m*, точило; **keep one's nose to the ~** работать без передышки,

вка́лывать

grip 1. *n* (*hold*) хва́тка; **death ~** мёртвая хва́тка (*also fig*); **get a ~ on** ухвати́ться *pf* за (+ *acc*); **iron ~** желе́зная хва́тка; **let go one's ~** отпусти́ть *pf*; *fig* **have a ~ of** (*situation etc*) хорошо́ понима́ть; **get to ~s with** серьёзно взя́ться *pf* за (+ *acc*); (*control*) **in the ~ of** в тиска́х (+ *gen*); (*in hands of*) в рука́х; **get a ~ on oneself** взять *pf* себя́ в ру́ки; **lose one's ~ on** утра́тить *pf* контро́ль над (+ *instr*); (*handle*) ру́чка; (*clamp*) захва́т; (*adhesion*) сцепле́ние; (*bag*) саквоя́ж **2.** *vt* (*seize; also of emotions, pain, cold etc*) схва́тывать (**by,** за + *acc*); **~ s'one's hand** схвати́ть *pf* за́ руку; (*catch at*) схвати́ться *pf* за (+ *acc*); (*hold*) кре́пко держа́ть; (*audience, attention etc*) захва́тывать; *vi* (*hold, not slip*) держа́ть

gripe 1. *n* (*pain*) ко́лика, резь *f*; *coll* (*complaint*) жа́лоба; *naut* греп, грунто́в **2.** *v* вызыва́ть резь; *coll* (*complain*) ворча́ть

gripping (*exciting*) захва́тывающий, увлека́тельный

grisaille гриза́йль *f*, гриза́ль *f*

grisly стра́шный

grist (*corn*) зерно́ для помо́ла; (*malt*) со́лод

gristle хрящ

gristly (*of, like gristle*) хрящево́й; (*having much gristle*) хрящева́тый

grit 1. *n* (*small chippings*) ще́бень *m*; (*gravel*) гра́вий; (*sand*) кру́пный песо́к, хрящ; (*gritstone*) песча́ник; *coll* (*of character*) му́жество **2.** *v* (*grate*) скрипе́ть; **~ teeth** (*in anger etc*) скрежета́ть зуба́ми; *fig* (*put up with*) сти́снуть *pf* зу́бы; **with ~ted teeth** сти́снув зу́бы; (*cover with ~*) посыпа́ть песко́м

gritstone песча́ник

gritty (*sandy*) песча́ный; (*to the touch, taste, ear etc*) **be ~** скрипе́ть (под нога́ми, на зуба́х *etc*)

grizzle (*of child*) хны́кать

grizzled (*grey-haired*) седо́й; (*partially grey*) с про́седью

grizzly 1. *n* (*bear*) (медве́дь-)гри́зли *m indecl*; *tech* гро́хот **2.** *adj* седо́й

groan 1. *n* стон; **give a ~** простона́ть *pf* **2.** *v* (*give ~s*) стона́ть; (*grumble*) ворча́ть; *fig* **~ beneath, under** (*oppression etc*) стона́ть под (+ *instr*); (*weight*) ломи́ться под тя́жестью (+ *gen*); (*creak*) скрипе́ть

groats овся́нка

grocer бакале́йщик; **~'s shop** бакале́йная ла́вка

grocery (*shop*) бакале́йная ла́вка; (*trade*) бакале́йная торго́вля; *pl* бакале́я

grogginess (*unsteadiness*) нетвёрдость *f* в нога́х

groggy (*unsteady*) нетвёрдый на нога́х; **feel ~** чу́вствовать сла́бость *f*

grogram фай

groin *anat* пах; *archi* ребро́ кресто́вого сво́да; (*breakwater*) волноре́з, мол

grommet *see* **grummet**

groom 1. *n* (*servant with horses*) ко́нюх, грум; (*royal attendant*) камерди́нер; (*bridegroom*) жени́х **2.** *v* (*a horse etc*) чи́стить; (*prepare*) гото́вить (**for,** к + *dat*); (*make smart*) уха́живать (за + *instr*), хо́лить

groove 1. *n* (*slot, cut*) кана́вка, жёлоб; (*furrow*) боро́здка; *fig* **get into a ~** войти́ *pf* в колею́ **2.** *v* де́лать кана́вку *etc*

grooved жело́бчатый

groovy (*grooved*) жело́бчатый; *sl* шика́рный; *pred* здо́рово

grope (*seek by touch*) иска́ть на о́щупь, нащу́пывать; **~ one's way** идти́ о́щупью; *fig* иска́ть

gross 1. *n* (*twelve dozen*) гросс; (*greater part*) бо́льшая часть *f*; **in ~** (*as a whole*) в це́лом; *comm* о́птом **2.** *adj* (*fat*) ту́чный; (*crude, coarse*) гру́бый; (*vulgar*) вульга́рный; (*obscene*) непристо́йный; (*flagrant*) гру́бый, я́вный; (*total, inclusive*) валово́й, о́бщий; **~ weight** вес бру́тто **3.** *v coll* **to ~ £10,000** получи́ть *pf* о́бщую при́быль в де́сять ты́сяч фу́нтов

grossness (*coarseness*) гру́бость *f*; (*fatness*) ту́чность *f*

grotesque 1. *n* (*various senses*) гроте́ск **2.** *adj* (*various senses*) гроте́скный; (*fantastic*) фантасти́ческий; (*absurd*) неле́пый, абсу́рдный; (*distorted*) искажённый

grotto грот

grotty *sl* парши́вый

grouch 1. *n* (*grudge*) **have a ~ against** зата́ить *pf* оби́ду на (+ *acc*) **2.** *v* ворча́ть

grouchy ворчли́вый

[1]**ground 1.** *n* (*in general, land*) земля́; **on the ~** на земле́; (*soil*) грунт, по́чва (*also fig*); (*terrain*) ме́стность *f*; (*surface*) пове́рхность *f* (земли́); (*sea-bottom*) дно мо́ря; (*background*) фон; (*basis*) основа́ние; **on the ~s of, that** на основа́ние (+ *gen*), по причи́не (+ *gen, or* что + *v*); *pl* (*reasons*) основа́ния *neut pl*, причи́ны *f pl*; **have no ~s for** не име́ть причи́н (+ *infin, or* для + *gen*); *pl* (*gardens etc*) сад, парк; *pl* **coffee ~s** кофе́йная гу́ща; *sp* площа́дка; (*stadium*) стадио́н; *elect Am* заземле́ние; (*in various expressions*) **down to the ~** (*completely*) вполне́, как раз; **fall to the ~** (*of scheme etc*) ру́шиться; **gain ~** (*advance*) продвига́ться вперёд; (*spread*) распространя́ться; **give ~** отступа́ть; **stand one's ~** не отступа́ть; *fig* стоя́ть на своём **2.** *adj* **~ floor** пе́рвый эта́ж; **~ forces** назе́мные войска́ *neut pl*; **~ ivy** бу́дра плющеви́дная; **~ rules** основны́е пра́вила *neut pl*; **~ staff, crew** назе́мный персона́л; **~ wave** земна́я волна́; **~ zero** эпице́нтр **3.** *v* (*put on ~*) класть на зе́млю; *naut vt* посади́ть *pf* на мель; *vi* сесть *pf* на мель; *av* (*forbid flight*) запреща́ть полёт (+ *gen*); (*base argument etc*) (об)осно́вывать (**on,** на + *prep*); (*give basic information*) обуча́ть (**in,** + *dat*)

[2]**ground** (*pulverized*) мо́лотый; **~ coffee** мо́лотый ко́фе; **~ glass** ма́товое стекло́

groundbait до́нная прима́нка

grounding (*basic instruction*) подгото́вка по осно́вам (**in,** + *gen*)

groundless беспричи́нный, необосно́ванный

groundnut ара́хис

ground-plan *archi* план пе́рвого этажа́; *fig* основно́й план

ground-rent земе́льная ре́нта

groundsel кресто́вник

ground-speed путева́я ско́рость *f*

ground-swell мёртвая зыбь *f*

ground-to-air missile (управля́емая) раке́та кла́сса земля́–во́здух (*similarly* **ground-to-ground** кла́сса земля́–земля́ *etc*)

groundwork (*basis*) осно́ва; (*preliminary work*) предвари́тельная рабо́та; (*background*) фон

group 1. *n* (*most senses*) гру́ппа **2.** *adj* группово́й; *av* **~ captain** полко́вник авиа́ции **3.** *v* (*form group*) группирова́ть(ся); (*cluster*) собира́ться (**around,** вокру́г + *gen*); (*arrange in position*) расположи́ть *pf*; (*classify*) классифици́ровать

grouping группиро́вка; (*classification*) классифика́ция

[1]**grouse** (*bird*) шотла́ндская куропа́тка, гра́ус

[2]**grouse 1.** *n* (*grumbling*) ворча́ние; (*complaint*) жа́лоба **2.** *v* ворча́ть

grouser ворчу́н

grout 1. *n* (*cement*) цеме́нтный раство́р **2.** *v* залива́ть раство́ром

grove лесо́к, ро́ща

grovel (*crawl*) по́лзать; *fig* пресмыка́ться, унижа́ться (**before,** пе́ред + *instr*)

groveller подхали́м

grow (*become larger*) расти́, увели́чиваться; (*intensify*) уси́ливаться, расти́; (*of living things*) расти́; (*cultivate*) выра́щивать; (*hair, beard*) отпуска́ть; (*become*) станови́ться (+ *instr*); (*with certain adjectives*) ~ **angry** серди́ться; ~ **dark** темне́ть; ~ **less** уменьша́ться; ~ **old** старе́ть; ~ **pale** бледне́ть; ~ **tired** устава́ть; ~ **worse** ухудша́ться
- ~ **into** (*become*) станови́ться; (*of roots etc*) враста́ть в (+ *acc*)
- ~ **near** приближа́ться (**to,** к + *dat*)
- ~ **on** всё бо́льше нра́виться (+ *dat*)
- ~ **out of** (*get too big for*) выраста́ть из (+ *gen*); (*arise, derive from*) возника́ть из (+ *gen*); (*habit etc*) отвыка́ть от (+ *gen*)
- ~ **together** сраста́ться
- ~ **up** (*become adult*) выраста́ть, станови́ться взро́слым; (*arise*) возника́ть

grower (*farmer*) фе́рмер; (*producer*) производи́тель *m*; **fruit** ~ плодово́д

growl 1. *n* рыча́ние; ворча́ние **2.** *v* (*of dog*) рыча́ть; (*of person*) ворча́ть, рыча́ть

grown, grown-up взро́слый

growth (*most senses*) рост; (*development*) разви́тие; (*increase in size, number*) увеличе́ние; *med* (*tumour*) о́пухоль *f*; (*bacterial*) культу́ра; (*vegetation*) расти́тельность *f*

groyne волноре́з, волноло́м

[1]**grub** (*larva*) личи́нка; *coll* (*food*) жратва́

[2]**grub:** ~ **about** ры́ться, копа́ться; ~ **up** выка́пывать

grubby (*dirty*) гря́зный

grub-screw потайно́й винт

grudge 1. *n* (*resentment*) чу́вство оби́ды; **have a** ~ **against** име́ть зуб про́тив (+ *gen*) **2.** *v* (*give unwillingly*) жале́ть (**s'thing,** + *acc*; **s'one,** + *dat*); (*envy*) зави́довать

grudging скупо́й

grudgingly не́хотя, неохо́тно

gruel жи́дкая ка́ша, похлёбка

gruelling (*severe*) суро́вый; (*exhausting*) изнури́тельный

gruesome стра́шный, ужа́сный

gruff (*rough, surly*) грубова́тый; (*unfriendly*) неприве́тливый; (*of voice*) хри́плый

grumble 1. *n* (*grumbling*) ворча́ние; (*complaint*) жа́лоба **2.** *v* ворча́ть, жа́ловаться (**at,** на + *acc*); **what have you to ~ at?** чем ты недово́лен?

grumbler ворчу́н

grumbling ворча́ние

grummet кольцо́

grumpy (*in a bad temper*) недово́льный; (*irritable*) раздражи́тельный

grunt 1. *n* (*snort, of pig*) хрю́канье; (*growl*) ворча́ние **2.** *v* хрю́кать; ворча́ть

G-suit противоперегру́зочный костю́м

guano гуа́но *neut indecl*

guarantee 1. *n* (*undertaking*) гара́нтия; (*pledge*) зало́г **2.** *v* (*most senses*) гаранти́ровать; (*ensure*) обеспе́чивать; (*give one's word*) руча́ться

guarantor *leg* поручи́тель *m*, гара́нт

guaranty (*guarantee*) гара́нтия; (*undertaking*) поручи́тельство

guard 1. *n* (*watch, protection*) охра́на; **border** ~ пограни́чная охра́на; (*duty; group of ~s*) карау́л; ~ **dog** карау́льная соба́ка; ~ **of honour** почётный карау́л; **changing of the** ~ сме́на карау́ла; **keep under** ~ держа́ть под стра́жей; **mount** ~ **over** карау́лить; **stand, be on** ~ стоя́ть на часа́х; (*escort*) конво́й; (*member of escort*) конвои́р; (*sentry*) часово́й; (*watchman*) сто́рож; (*of train*) конду́ктор; (*protective device*) защи́тное устро́йство; (*wire net*) се́тка; *mil* (*soldier*) гварде́ец; *pl* **the ~s** гва́рдия; *sp* сто́йка; (*vigilance*) бди́тельность *f*; **be on one's** ~ быть насторожé, начеку́; **be on one's** ~ **against** остерега́ться (+ *gen*, *or* + *infin*); **catch off** ~ заста́ть *pf* врасплóх; **put s'one on his** ~ предостере́чь *pf* **2.** *v* (*most senses*) охраня́ть; (*stand watch over*) сторожи́ть; (*patrol*) карау́лить; (*escort*) конвои́ровать; (*defend*) защища́ть; (*keep, look after*) храни́ть; (*be on one's ~*) остерега́ться (**against,** + *gen or* + *infin*); **to** ~ **against** (*for the avoidance of*) во избежа́ние (+ *gen*)

guard-duty карау́льная слу́жба

guarded (*protected*) охраня́емый; (*cautious*) осмотри́тельный, осторо́жный

guardhouse гауптва́хта

guardian опеку́н; ~ **angel** а́нгел-храни́тель *m*

guardianship опе́ка

guard-rail (*handrail*) по́ручень *m*; (*railway*) ко́нтррельс

guardroom гауптва́хта

guardsman гварде́ец

guard's van бага́жный ваго́н

Guatemala Гватема́ла

Guatemalan 1. *n* гватема́лец, *f* гватема́лка **2.** *adj* гватема́льский

guava гуа́ва

gubernatorial губерна́торский

gudgeon (*fish*) песка́рь *m*; *coll* (*dupe*) проста́к; *tech* (*of piston*) поршнево́й па́лец; *bui* шпи́лька

guernsey гернзе́йская коро́ва

guerrilla 1. *n* партиза́н **2.** *adj* ~ **warfare** партиза́нская война́

guess 1. *n* дога́дка; **at a** ~ приме́рно; **by** ~ наугáд **2.** *v* (*conjecture*) дога́дываться (о + *prep*); (*estimate*) приме́рно определя́ть; (*answer thoughts etc*) уга́дывать, отга́дывать; *Am* (*think, suppose*) ду́мать, счита́ть; **I guess that's all** ка́жется э́то всё

guesswork (*mere guesses*) дога́дки *f pl*; (*working by surmise*) рабо́та в слепу́ю; **by** ~ науга́д

guest гость, *f* го́стья; **~-house** пансио́н; **~-night** зва́ный ве́чер; **~-room** ко́мната для госте́й

guffaw гогота́ть, хохота́ть, ржать

guidance руково́дство; **under the** ~ **of** под руково́дством (+ *gen*); **for your** ~ для ва́шего све́дения; *tech* (*control*) управле́ние (+ *instr*); *mil* наведе́ние; **homing** ~ самонаведе́ние; **inertial** ~ инерциа́льное наведе́ние

guide 1. *n* (*person who knows the way*) проводни́к, *f* проводни́ца; (*on tour*) гид, экскурсово́д; (*guidebook*) путеводи́тель *m* (**to,** по + *dat*); (*textbook*) руково́дство (**to,** по + *dat*); (*instructor*) руководи́тель; (*guiding principle*) руководя́щий при́нцип; (*exemplar*) образе́ц, приме́р; (*indication*) указа́тель *m*; **as a rough** ~ гру́бо ориентиро́вочно; *mil* разве́дчик; **Girl-**~ де́вочка-ска́ут; *tech* направля́ющая **2.** *v (take around)* води́ть; (*lead*) вести́; (*show route*) пока́зывать (+ *dat*) доро́гу; (*direct*) направля́ть; (*control*) управля́ть (+ *instr*); (*steer vehicle etc*) пра́вить (+ *instr*), води́ть; (*counsel, supervise*) руководи́ть (+ *instr*); **be** ~**d by** руково́дствоваться (+ *instr*)

guide-book путеводи́тель *m* (**of, to,** по + *dat*)

guided missile управля́емая раке́та

guide-dog соба́ка-поводы́рь *m*

guideline *pol* директи́ва

guide-post указа́тельный столб

guiding: ~ **principle** руководя́щий при́нцип; ~ **star** путево́дная звезда́

guild (*merchants'*) ги́льдия; (*craftsmen's*) цех

guildhall (*of guild*) ме́сто собра́ний ги́льдии/це́ха; (*townhall*) ра́туша

guile (*cunning*) хи́трость *f*; (*deceit*) обма́н

guileful хи́трый, кова́рный

guileless бесхи́тростный

guillemot ка́йра

guillotine 1. *n* гильоти́на **2.** *v* гильотини́ровать

guilt вина́, вино́вность *f*; ~ **complex** ко́мплекс вины́

guiltily винова́то, с винова́тым ви́дом

guiltiness вино́вность *f*

guiltless (*innocent, irreproachable*) неви́нный; (*not guilty*) невино́вный; ~ **of** непови́нный в (+ *prep*)

guiltlessness неви́нность *f*; невино́вность

guilty (*of crime*) вино́вный (**of,** в + *prep*); **find** ~ призна́ть *pf* вино́вным; (*in less legal sense*) винова́тый (**of,** в + *prep*); ~ **conscience** нечи́стая со́весть *f*; ~ **look** винова́тый вид; ~ **secret** посты́дная та́йна; (*responsible for*) ~ **of** пови́нный в (+ *prep*)

guinea гине́я

guinea-fowl цеса́рка

guinea-pig морска́я сви́нка; *fig* подо́пытный кро́лик

guise (*attire*) одея́ние; (*appearance*) вид; **in the** ~ **of** под ви́дом (+ *gen*)

guitar гита́ра

guitarist гитари́ст

gulch у́зкое уще́лье

gulf (*large bay*) зали́в; (*chasm*) бе́здна; *fig* про́пасть *f*; **bridge the** ~ переки́нуть *pf* мост че́рез про́пасть; **Gulf Stream** Гольфстри́м

[1]**gull** (*bird*) ча́йка

[2]**gull** (*dupe*) **1.** *n* проста́к **2.** *v* дура́чить, обма́нывать

gullet пищево́д; *coll* гло́тка

gullibility легкове́рие, дове́рчивость *f*

gullible легкове́рный, дове́рчивый

gully овра́г

gulp 1. *n* глото́к; **at a** ~ одни́м глотко́м **2.** *v* (*drink greedily*) жа́дно глота́ть; (*swallow down*) прогла́тывать; (*choke back*) сде́рживать; (*catch breath*) задыха́ться

[1]**gum** (*around teeth*) десна́

[2]**gum 1.** *n* (*sticky sap*) каме́дь *f*; (*glue*) клей; *Am* (*rubber*) рези́на; **chewing** ~ жева́тельная рези́нка; (*tree*) эвкали́пт; ~ **arabic** гуммиара́бик **2.** *v* ~ **down** закле́ивать; ~ **to** прикле́ивать к (+ *dat*); ~ **together** скле́ивать; *coll* ~ **up** засто́порить *pf*; ~ **up the works** по́ртить де́ло

gumboil флюс

gumboots рези́новые сапоги́ *m pl*

gummy кле́йкий, ли́пкий

gumption (*common sense*) здра́вый смысл; (*initiative*) инициати́ва; (*resourcefulness*) нахо́дчивость *f*

gumshield *sp* назу́бник

gumshoe *Am* (*galosh*) гало́ши *f pl*; (*soft sports shoe*) ке́ды *m pl*

gum-tree эвкали́пт

gun 1. *n* (*hand weapon*) ружьё; (*revolver*) револьве́р; (*pistol*) пистоле́т; (*large*) пу́шка, ору́дие; **machine-**~ пулемёт; **fire a** ~ стреля́ть из ружья́, пу́шки *etc*; **grease** ~ шприц (для консисте́нтной сма́зки); **harpoon** ~ гарпу́нная пу́шка; **riveting** ~ пневмати́ческий клепа́льный молото́к; **spray** ~ пульвериза́тор; **paint-spray** ~ краскопу́льт, аэрогра́ф; *coll* **big** ~ больша́я ши́шка; **stick to one's** ~**s** сто́йко держа́ться, не отступа́ть; **spike s'one's** ~**s** срыва́ть пла́ны (+ *gen*) **2.** *v* (*bombard*) обстре́ливать; (*shoot down, kill*) застрели́ть *pf*; (*shoot for sport*) охо́титься; *coll* (*a car, engine*) гнать вовсю́

gunboat каноне́рская ло́дка; ~ **diplomacy** диплома́тия каноне́рок

gun-carriage лафе́т

gun-cotton пироксили́н

gun-crew ору́дийный расчёт

gun-deck батаре́йная па́луба

gunfire артиллери́йский ого́нь *m*

gunite торкре́т-бето́н

gunlayer наво́дчик

gunman вооружённый банди́т

gunmetal пу́шечная бро́нза

gunner артиллери́ст; *nav* комендо́р; *aer* стрело́к

gunnery 1. *n* артиллери́йское де́ло **2.** *adj* артиллери́йский; ~ **rating** комендо́р; ~ **officer** команди́р артиллери́йской боево́й ча́сти

gunpowder чёрный по́рох

gunrunning контраба́ндный ввоз ору́жия

gunship вооружённый вертолёт

gunshot (*range*) да́льность *f* вы́стрела; (*shot, sound of* ~) вы́стрел

gunsmith оруже́йный ма́стер

gun-stock руже́йная ло́жа

gunwale пла́нширь *m*, пла́ншир

gurgitation бу́льканье

gurgle 1. *n* (*as of water from bottle*) бу́льканье; **give a** ~ бу́лькнуть *pf*; (*as of stream*) журча́нье; (*of baby*) гу́канье; **give a** ~ гу́кнуть **2.** *v* бу́лькать; журча́ть; гу́кать

gush 1. *n* (*flow*) (си́льный) пото́к; (*spurt, jet*) струя́; (*like fountain*) фонта́н **2.** *v* (*flow copiously*) хлы́нуть; (*like fountain*) бить фонта́ном; (*emit copiously*) изверга́ть; (*of oil*) фонтани́ровать; (*talk excitedly*) говори́ть взахлёб; ~ **over** (*be sentimental*) умиля́ться над (+ *instr*)

gusher нефтяно́й фонта́н

gushing (*of manner*) экспанси́вный

gusset (*in dress*) ла́стовица; *tech* науго́льник

gust поры́в

gustatory вкусово́й

gusto (*enthusiasm*) энтузиа́зм; (*pleasure, appetite*) смак

gusty (*in gusts*) поры́вистый; (*windy*) ве́треный

gut 1. *n anat* кишка́; *pl vulg* кишки́ *f pl*; *mus* (*string*) струна́; *med* (*for stitches*) кетгу́т; *pl coll* (*courage*) му́жество; (*channel*) проли́в **2.** *v* (*remove guts*) потроши́ть; (*remove contents*) опустоша́ть

gutless *coll* тряпи́чный
gutta-percha 1. *n* гуттапе́рча **2.** *adj* гуттапе́рчевый
gutter 1. *n* (*in road*) водосто́чная кана́ва, кюве́т; (*on roof*) водосто́чный жёлоб; *fig* **the ~ press** бульва́рная пре́сса **2.** *v* (*of candle*) оплыва́ть
guttersnipe у́личный мальчи́шка *m*
guttiferous выделя́ющий каме́дь *m*
guttural 1. *n phon* задненёбный звук **2.** *adj* горта́нный; *phon* задненёбный, веля́рный
guy 1. *n* (*effigy*) чу́чело; *coll* (*fellow*) тип, па́рень *m*; (*rope*) оття́жка **2.** *v* (*mock*) осме́ивать; (*mimic*) передра́знивать; (*secure with ropes*) укрепля́ть оття́жками
guzzle глота́ть
gybe (*sail*) перебра́сывать; (*change course*) де́лать поворо́т че́рез фо́рдевинд
gybing поворо́т че́рез фо́рдевинд
gym *see* **gymnasium, gymnastics**
gymnasium (*gymnastics hall*) гимнасти́ческий зал; (*high school*) гимна́зия
gymnast гимна́ст, *f* гимна́стка
gymnastic гимнасти́ческий
gymnastics гимна́стика
gynaecological гинекологи́ческий
gynaecologist гинеко́лог
gynaecology гинеколо́гия
gypsum гипс
gypsy *see* **gipsy**
gyrate враща́ться
gyration враще́ние
gyrator гира́тор
gyratory враща́тельный, враща́ющийся
gyro 1. *n* гироско́п **2.** *adj* гироскопи́ческий
gyrocompass гироко́мпас
gyromagnetic гиромагни́тный
gyropilot автопило́т
gyroplane автожи́р
gyroscope гироско́п
gyroscopic гироскопи́ческий
gyrostatics гироста́тика
gyve (*fetter*) кандалы́ *m pl*, око́вы *f pl*

H

ha (*indicating astonishment*) ба, а!; (*triumph*) ага́!; (*contempt*) фу!; (*disagreement*) ха!; (*various senses*) а!; **ha-ha** ха-ха́!

habeas corpus Ха́беас Ко́рпус, зако́н о неприкоснове́нности ли́чности

haberdasher галантере́йщик, торго́вец галантере́йными това́рами

haberdashery (*goods*) галантере́йные това́ры *m pl*; (*shop*) галантере́йный магази́н

habiliment одея́ние

[1]**habit** (*in general*) привы́чка; **be in the ~ of** име́ть обыкнове́ние (+ *gen or infin*); **get into the ~ of** привыка́ть (к + *dat*, or + *infin*), осво́ить/приобрести́ *pf* привы́чку; **get out of the ~** отвыка́ть (**of,** от + *gen*); **by force of ~** по привы́чке, в си́лу привы́чки; **bad ~s** дурны́е привы́чки *f pl*; (*tendency*) скло́нность *f* (**to,** к + *dat*); (*usual practice*) обыкнове́ние; *med* телосложе́ние; *bot, zool* га́битус

[2]**habit** (*garment*) одея́ние; (*religious*) ря́са; **riding ~** амазо́нка

habitable (*of large area*) обита́емый; (*of house etc*) го́дный для жилья́

habitant жи́тель *m*, обита́тель *m*

habitat (*milieu*) есте́ственная среда́; (*area, place*) местообита́ние

habitation (*place where one lives*) жи́тельство; **place of ~** ме́сто жи́тельства; (*dwelling*) жили́ще; (*act of inhabiting*) жильё; **fit for ~** го́дный для жилья́

habitual (*usual*) привы́чный, обы́чный; (*inveterate*) укорени́вшийся

habituate приуча́ть (**to,** к + *dat*); **~ oneself to** приуча́ться к (+ *dat*)

habitude обыкнове́ние

habitué завсегда́тай (**of,** + *gen*)

habitus га́битус

hachure 1. *n* штрих, гашю́ра **2.** *v* штрихова́ть

hacienda гасие́нда

[1]**hack 1.** *n* (*blow*) уда́р; (*score mark*) зару́бка; (*cut*) поре́з, надре́з; (*cough*) сухо́е пока́шливание **2.** *v* (*chop*) руби́ть; (*cut*); ре́зать; **~ to pieces** разруба́ть на куски́; (*cut roughly to shape*) теса́ть, обтёсывать; (*break up*) разбива́ть; (*kick shins*) подкова́ть; (*cough*) ка́шлять сухи́м ка́шлем

[2]**hack 1.** *n* (*work horse*) рабо́чая ло́шадь *f*; (*hired horse*) наёмная ло́шадь (для верхово́й езды́); *pej* (*poor mount*) кля́ча; *pej* (*writer*) наёмный писа́ка *m* **2.** *adj* (*for hire*) наёмный; (*banal*) бана́льный; (*tedious*) ску́чный, ну́дный; **~ work** халту́ра **3.** *v* (*let for hire*) дава́ть напрока́т; (*ride*) е́здить верхо́м

hacking: ~ cough ча́стый, сухо́й ка́шель *m*

hackle (*feathers*) пе́рья *neut pl* на ше́е; **with one's ~s up** разъярённый; *sp* (*fly*) иску́сственная му́ха

hackney-carriage наёмный экипа́ж; (*taxi*) такси́ *neut indecl*

hackneyed бана́льный, изби́тый

hacksaw ножо́вка

hackwork (*inferior work*) халту́ра; (*tedious work*) ску́чная однообра́зная рабо́та

haddock пи́кша

Hades *myth* Гаде́с; (*hell*) ад, преиспо́дняя

hadji хаджи́ *m indecl*

haemal кровяно́й, кровено́сный

haematic (*of blood*) кровяно́й; (*containing blood*) содержа́щий кровь; (*acting on blood*) де́йствующий на кровь

haematin гемати́н

haematite гемати́т, кра́сный железня́к

haematology гематоло́гия

haemoglobin гемоглоби́н

haemophilia гемофили́я, кровоточи́вость *f*

haemophiliac страда́ющий кровоточи́востью

haemorrhage кровотече́ние

haemorrhoid(s) геморро́й

haemostatic 1. *n* кровоостана́вливающее сре́дство **2.** *adj* кровоостана́вливающий

hafnium га́фний

haft черено́к, рукоя́тка; (*of axe*) топори́ще

[1]**hag** (*malicious, old woman*) зла́я уро́дливая стару́ха; (*witch*) ве́дьма; (*as abuse*) ста́рая ве́дьма, ста́рая карга́

[2]**hag** (*tree-felling*) ва́лка ле́са; (*felled timber*) сва́ленный лес; (*marsh*) боло́то

haggard (*exhausted*) измождённый, изму́ченный; (*gaunt*) худо́й

haggle торгова́ться, спо́рить (**over,** о + *prep*)

haggling торго́вля (по по́воду цен *etc*)

hagiarchy, hagiocracy агиокра́тия

hagiographer агио́граф

hagiography (*genre*) агиогра́фия; (*life of saint*) житие́

hagiographic агиографи́ческий

hagiology жити́йная литерату́ра

hagridden изму́ченный кошма́рами

[1]**hail 1.** *n* (*ice particles, also fig*) град **2.** *vi* **it is ~ing** град идёт; (*fall like ~*) сы́паться гра́дом; *vt* осыпа́ть (**with,** гра́дом + *gen*; *or* + *instr*)

[2]**hail 1.** *n* (*shout*) о́клик; (*greeting*) приве́тствие **2.** *v* (*greet*) приве́тствовать; (*call out to person, ship etc*) оклика́ть; **~ a taxi** останови́ть *pf* такси́; **~ from** быть ро́дом из (+ *gen*)

hailstone гра́дина

hailstorm си́льный град

hair 1. *n* (*single*) во́лос, волоси́нка (*collect*); (*on head*) во́лосы *m pl*; **a ~'s breadth from** на волосо́к от (+ *gen*); **do one's ~** причёсываться; **his ~ stood on end** у него́ во́лосы вста́ли ды́бом; **keep one's ~ on** не горячи́ться; **lose one's ~** лысе́ть; **not turn a ~** гла́зом не моргну́ть *pf*; **split ~s** спо́рить о мелоча́х; **tear one's ~** рвать на себе́ во́лосы; **to a ~** как раз; (*of animal*) шерсть *f*; *ent, bot* волосо́к **2.** *adj* волосяно́й

hairband ле́нта для воло́с

hairbreadth (*very thin, narrow*) весьма́ то́нкий, у́зкий

hairbrush щётка для воло́с

hairclip зако́лка для воло́с

haircloth волосяна́я ткань *f*

hair-crack волосови́на

hair-curler бигуди́ *pl or indecl*

hair-cut стри́жка; **have a ~** постри́чься *pf*

hair-do причёска; **have a ~** причёсываться

hairdresser парикма́хер; ~**'s (shop)** парикма́херская
hairdressing парикма́херское де́ло
hair-grip зако́лка для воло́с
hairiness волоса́тость *f*
hairless безволо́сый; (*bald*) лы́сый
hair-line (*thin line*) то́нкая ли́ния; (*limit of hair growth*) ли́ния воло́с
hairnet се́тка для воло́с
hair-oil ма́сло для воло́с
hairpiece шиньо́н
hairpin шпи́лька для воло́с; ~ **bend** крутóй поворо́т
hair-raising стра́шный, ужа́сный
hair-remover сре́дство для удале́ния воло́с
hair-restorer сре́дство для восстановле́ния воло́с
hair-shirt власяни́ца
hair-slide зако́лка (для воло́с)
hair-splitter педа́нт
hair-splitting казуи́стика
hair-spray лак для воло́с
hairspring волоско́вая пружи́на, волосо́к
hairstroke (*serif*) засе́чка
hairstyle причёска
hairy волоса́тый
Haiti Гаи́ти
Haitian 1. *n* гаитя́нин, *f* гаитя́нка **2.** *adj* гаитя́нский
hake хек, мерлу́за
halation орео́л
halberd алеба́рда
halberdier алеба́рдщик
halcyon 1. *n* зиморо́док **2.** *adj* споко́йный, ти́хий
[1]**hale** (*hearty*) здоро́вый, бо́дрый
[2]**hale** (*drag*) тащи́ть
half 1. *n* полови́на; ~ **a dozen** полдю́жины; **one and a** ~ полтора́ (+ *gen sing*); **two** *etc* **and a** ~ два с полови́ной; ~ **an hour** полчаса́; ~ **an hour's walk from here** в получа́се ходьбы́ отсю́да; **an hour and a** ~ полтора́ часа́; **a year and a** ~ полтора́ го́да; ~ **past two** полови́на тре́тьего; **at** ~ **past twelve** в полови́не пе́рвого; **in, by** ~, **halves** попола́м; **go halves** дели́ть попола́м; *many compounds are formed with* пол-, полу-: ~ **a bottle** полбуты́лки *f*; ~ **a pace, step** полшага́ *m*; ~**-circle** полукру́г; **at, for** ~ **price** за полцены́; *coll* **better** ~ (*wife*) дража́йшая полови́на; *sp* тайм **2.** *adj* (*measuring* ~) полови́нный; (*incomplete*) непо́лный; *naut* ~ **speed** сре́дний ход; (*inconclusive, inadequate*) полови́нчатый; ~ **measure** полуме́ра **3.** *adv* (*fifty per cent*) наполови́ну; (*partly*) части́чно; (*almost*) почти́; ~ **as much** вдво́е ме́ньше; ~ **as much again** в полтора́ ра́за бо́льше; ~ **joking** полушутя́; **not** ~! ещё как!
half-and-half 1. *adj* полови́нчатый **2.** *adv* попола́м
half-back *sp* полузащи́тник; **the** ~**s** полузащи́та
half-baked (*part-cooked*) недопечённый; (*not thought out*) непроду́манный; (*inexperienced*) нео́пытный; (*stupid*) дура́цкий; (*of stupid person*) недалёкий
half-binding полуко́жаный переплёт
half-bound в полуко́жаном переплёте
half-bred (*of race, breed*) мети́сный; (*of behaviour*) невоспи́танный
half-breed мети́с, челове́к сме́шанной ра́сы
half-brother (*of same mother*) единоутро́бный брат; (*of same father*) единокро́вный брат
half-caste мети́с, челове́к сме́шанной ра́сы
half-circle полукру́г
half-cock предохрани́тельный взвод; **go off at** ~ (*do hastily*) поступа́ть, де́лать опроме́тчиво; (*fail*) дать *pf* про́мах; (*act prematurely*) поступа́ть, де́лать преждевре́менно
half-conscious (*semiconscious*) в полусозна́тельном состоя́нии; (*not fully aware*) не отдаю́щий себе́ до конца́ отчёта
half-crown полкро́ны *f*
half-dead полумёртвый (**from,** от + *gen*), е́ле живо́й
half-deck полупа́луба
half-dollar полдо́ллара *m*
half-done (*not finished*) неоко́нченный; (*half-cooked*) недова́ренный, недопечённый
half-dozen полдю́жины *f*
half-finished (*incomplete*) неоко́нченный; (*of goods, semi-finished*) полуобрабо́танный
half-hearted (*lacking enthusiasm*) лишённый энтузиа́зма, равноду́шный; (*indecisive*) нереши́тельный
half-hitch полушты́к
half-hour 1. *n* полчаса́; **after a** ~ по́сле получа́са; **every** ~ ка́ждые полчаса́ **2.** *adj* получасово́й
half-hourly *adv* ка́ждые полчаса́
half-length (*of portrait*) поясно́й
half-life *phys* пери́од полураспа́да
half-light (*dim light*) полутьма́; (*twilight*) су́мерки *f pl*
half-mast: at ~ приспу́щенный
half-measure полуме́ра
half-moon полуме́сяц
half-nelson полуне́льсон
half-note полови́нная но́та
half-pay 1. *n* полови́нный окла́д; *mil, nav* непо́лный окла́д **2.** *adj* ~ **officer** офице́р на пе́нсии
halfpenny полпе́нса *m*
half-pound 1. *n* полфу́нта *m* **2.** *adj* полфунто́вый
half-price 1. *n* полцены́ **2.** *adj, adv* за полцены́
half-round полукру́глый
half-sister (*of same mother*) единоутро́бная сестра́; (*of same father*) единокро́вная сестра́
half-sovereign полсовере́на *m*
half-timbered деревя́нно-кирпи́чный
half-time непо́лный рабо́чий день *m*; **work** ~ рабо́тать непо́лный рабо́чий день; *sp* (*end of first half*) коне́ц пе́рвого та́йма; (*interval between halves*) переры́в ме́жду та́ймами
half-title шмуцти́тул
half-tone (*mus, arts*) полуто́н; *typ* автоти́пия
half-track (*vehicle*) полугу́сеничная маши́на
half-truth полупра́вда
half-volley уда́р с полулёта
halfway *adj, adv* на полпути́; *fig* **meet s.o.** ~ идти́ на компроми́сс (с + *instr*)
half-wit (*idiot*) слабоу́мный; (*stupid person*) дура́к
half-witted (*idiot*) слабоу́мный; (*foolish, stupid*) дура́цкий
half-year полго́да *m*
half-yearly 1. *adj* полугодово́й **2.** *adv* раз в полго́да
halibut па́лтус
halide гало́идное соедине́ние
halite гали́т
halitosis дурно́й за́пах изо рта́
hall (*large public room*) зал; **concert** ~ конце́ртный зал; **entrance** ~ вестибю́ль *m*; (*passage*) коридо́р; (*large house*) поме́щичий дом; ~ **of residence** общежи́тие
hallelujah аллилу́йя

hallmark 1. *n* проби́рное клеймо́, про́ба; *fig* печа́ть *f* **2.** *v* ста́вить клеймо́, про́бу
hallo, hello (*greeting*) здра́вствуй(те)!; (*less formally*) приве́т!; (*call for attention*) ау́!, эй!; (*exclam of surprise*) ого́!; (*in answering telephone*) алло́, аллё
halloo гро́мко крича́ть
hallow (*consecrate*) освяща́ть; (*revere*) благогове́ть пе́ред (+ *instr*)
hallucinate *vt* вызыва́ть галлюцина́ции; *vi* галлюцини́ровать
hallucination галлюцина́ция
hallucinatory галлюцинато́рный
hallucinogen галлюциноге́н
hallucinogenic галлюциноге́нный
hallucinosis галлюцино́з
hallux большо́й па́лец ноги́
hallway прихо́жая
halo *astron* гало́ *neut indecl*, гало́с; *fig* орео́л; *rel* нимб
halogen галоге́н
haloid 1. *n* гало́ид **2.** *adj* гало́идный
halt 1. (*stop*) остано́вка; **come to a** ~ останови́ться *pf*; (*small station*) полуста́нок **2.** *adj ar* (*lame*) хромо́й **3.** *v* (*stop*) остана́вливать(ся); *mil* (*as command*) стой!; (*limp*) хрома́ть; (*in speech*) запина́ться
halter 1. *n* (*for horse*) недоу́здок; (*for execution*) верёвка на ви́селице **2.** *v* надева́ть недоу́здок
halting (*stumbling*) спотыка́ющийся; (*hesitant*) нереши́тельный; ~ **steps** неве́рные шаги́ *m pl*
haltingly (*of speech*) запина́ясь, с запи́нками
halve (*divide into halves*) дели́ть попола́м; (*reduce by half*) уменьша́ть наполови́ну
halyard фал
ham ветчина́; (*leg of ham*) о́корок; (*thigh*) бедро́; *sl* (*actor*) плохо́й актёр; **radio** ~ радиолюби́тель *m*
hamadryad *myth* гамадриа́да; *zool* (*snake*) ко́бра; (*monkey*) гамадри́лл
hamburger бифште́кс ру́бленый
ham-fisted, ham-handed неуклю́жий
Hamite хами́т
hamitic хами́тский
hamlet селе́ние, дереву́шка
hammer 1. *n* (*large; also sp*) мо́лот; (*small*) молото́к; **sledge** ~ кува́лда; (*in piano; also anat, elect*) молото́чек; (*of gun*) куро́к **2.** *v* (*strike with* ~) бить молотко́м; (*forge*) кова́ть; (*strike*) бить; ~ **on the door** бараба́нить в дверь; *fig* (*defeat*) разгроми́ть *pf*
~ **away** (*work*) упо́рно рабо́тать (**at,** над + *instr*)
~ **in** вбива́ть (в + *acc*); *fig* ~ **into s'o.'s head** вбива́ть кому́-нибудь в го́лову
~ **out** (*flatten*) расплю́щивать; *fig* (*plan etc*) выраба́тывать
~ **together** сбива́ть, скола́чивать
hammer-head *tech* голо́вка мо́лота; (*shark*) мо́лот-ры́ба; (*bird*) молотогла́в
hammer-toe молоткообра́зное искривле́ние па́льца ноги́
hammock гама́к; *naut* подвесна́я ко́йка
[1]**hamper** (*basket*) корзи́на
[2]**hamper** (*obstruct*) меша́ть (+ *dat*); (*encumber*) обременя́ть; (*impede*) препя́тствовать (+ *dat*); (*make difficult*) затрудня́ть
hamster хомя́к
hamstring 1. *n* (*in man*) подколе́нное сухожи́лие; (*in animals*) ахи́ллово сухожи́лие **2.** *v* (*cut* ~) переpе́зать *pf* подколе́нное сухожи́лие; *fig* (*hamper*) меша́ть; (*frustrate*) подорва́ть *pf*; (*limit action of*) подреза́ть *pf* кры́лья
hand 1. *n* (*limb*) рука́; **on** ~**s and knees** на четвере́ньках; **shake** ~**s** пожима́ть ру́ку (**with,** + *dat*); **take by the** ~ брать за́ руку; **with one's bare** ~**s** го́лыми рука́ми; **with one's own** ~**s** со́бственными рука́ми; (*in various expressions*) **ask for the** ~ **of** проси́ть руки́ (+ *gen*); **at** ~ (*within reach*) под руко́й; (*near by*) побли́зости; (*near, approaching*) бли́зко; **the time is at** ~ **when** наступа́ет вре́мя, когда́; **at first** ~ непосре́дственно; **at second** ~ понаслы́шке; **at the** ~**s of** от руки́ (+ *gen*); **by** ~ ручны́м спо́собом; **send by** ~ посыла́ть с на́рочным; **change** ~**s** перейти́ *pf* в други́е ру́ки; **fall into the** ~**s of** попа́сть *pf* в ру́ки (+ *gen*); **from** ~ **to** ~ из рук в ру́ки; **gain the upper** ~ брать верх (**of,** над + *instr*); **get one's** ~**s on** наложи́ть *pf* ру́ки на (+ *acc*); **give, lend a** ~ помога́ть (+ *dat*); ~ **in** ~ взя́вшись за́ руки; ~ **in glove with** в те́сной свя́зи с (+ *instr*); ~**s off!** ру́ки прочь (от + *gen*); ~ **up** ру́ки вверх; **have a** ~ **in** уча́ствовать в (+ *pr*); **have/give a free** ~ име́ть/дава́ть по́лную свобо́ду де́йствия; **in** ~ (*under control*) под контро́лем; (*in reserve*) в запа́се; (*extra*) ли́шний; (*on one's person*) при себе́, нали́чный; (*envisaged*) предусмо́тренный; (*under examination*) обсужда́емый; **in safe** ~**s** в надёжных рука́х; **in the** ~**s of** в рука́х (+ *gen*); **it's out of my** ~**s** э́то от меня́ не зави́сит; **lay** ~**s on** наложи́ть *pf* ру́ки на (+ *acc*); **lift, raise one's** ~ **against** подня́ть *pf* ру́ку на (+ *acc*); **on all** ~**s** со всех сторо́н; **on** ~ (*nearby*) ря́дом (*see also* **at, in** ~); **on one** ~ с одно́й стороны́; **on the other** ~ с друго́й стороны́, за то; **on the left, right** ~ сле́ва, спра́ва; **out of** ~ (*immediately*) неме́дленно, сра́зу, то́тчас же; **get out of** ~ отби́ться *pf* от рук, распусти́ться *pf*; **put, turn one's** ~ **to** бра́ться за (+ *acc*); **rub one's** ~**s** потира́ть ру́ки; **take in** ~ взять *pf* в свои́ ру́ки; **to** ~ под руко́й; **with a firm** ~ твёрдой руко́й; **with an open** ~ ще́дрой руко́й; **try one's** ~ **at** про́бовать свои́ си́лы в (+ *pr*); (*worker*) рабо́чий; (*sailor*) моря́к; *pl* кома́нда; (*skilful person*) ма́стер (**at,** + *infin*); **be a dab** ~ **at** прекра́сно уме́ть; **he's an old** ~ **at that** он на э́том соба́ку съел; (*cards*) ка́рты *f pl*; **he has a good** ~ у него́ хоро́шие ка́рты; (*one round of game*) па́ртия; (*handwriting*) по́черк; (*of clock, instrument*) стре́лка; (*measure*) ладо́нь *f* **2.** *adj* ручно́й **3.** *v* (*place in* ~*s*) вруча́ть (**to,** + *dat*); (*pass, give*) дава́ть, передава́ть (**to** + *dat*)
~ **down** (*pass down*) подава́ть в све́рху; (*traditions etc*) передава́ть
~ **in** (*submit*) подава́ть; (*lost property etc*) приноси́ть (**to,** в + *acc*)
~ **on** передава́ть (**to,** + *dat*)
~ **out** раздава́ть
~ **over** передава́ть (**to,** + *dat*)
~ **round** раздава́ть
~ **up** подава́ть наве́рх
handbag (да́мская) су́мочка
handball (*game*) гандбо́л, ручно́й мяч; (*in football*) игра́ руко́й
handbarrow та́чка, теле́жка
handbill афи́ша, рекла́ма, листо́к
handbook спра́вочник
handbrace коловоро́т

handbrake ручно́й то́рмоз
handcart ручна́я теле́жка
handcuff 1. *n pl* нару́чники *m pl* 2. *v* надева́ть нару́чники на (+ *acc*)
hand-driven с ручны́м приво́дом
handful при́горшня, горсть *f*; *fig* горсть *f*, го́рстка; *coll* (*difficult child etc*) тру́дный ребёнок; пробле́ма
handglass (*mirror*) зе́ркальце с ру́чкой; (*magnifying*) лу́па
hand-grenade ручна́я грана́та
handgrip (*grasp*) рукопожа́тие; (*handle*) рукоя́тка
handhold (*handle, grip*) рукоя́тка; (*climbing*) опо́ра для рук
handicap 1. *n* (*disadvantage*) препя́тствие; (*difficulty*) затрудне́ние; (*negative aspect*) отрица́тельная сторона́; (*defect*) недоста́ток; **mental, physical** ~ у́мственный, физи́ческий недоста́ток; *sp* гандика́п 2. *v* (*hinder*) меша́ть (+ *dat*), препя́тствовать (+ *dat*)
handicapped: mentally, physically ~ с у́мственным, физи́ческим недоста́тком
handicraft (*handwork*) ручна́я рабо́та; (*craft, trade*) ремесло́; ~ **industry** куста́рное произво́дство
handicraftsman ремéсленник, куста́рь *m*
handily (*conveniently*) удо́бно; (*cleverly*) ло́вко
handiness (*skill*) иску́сство, ло́вкость *f*; (*closeness*) бли́зость *f*; (*convenience*) удо́бство
handiwork (*work done by hand*) ручна́я рабо́та; (*thing made*) рукоде́лие; *fig* **I know whose ~ this is!** зна́ю, чья э́то рабо́та!
handkerchief (носово́й) плато́к
handle 1. *n* (*for carrying, opening etc*) ру́чка; **door** ~ дверна́я ру́чка; **starting** ~ пускова́я ру́чка; (*of tool, weapon etc*) рукоя́тка; *fig coll* **fly off the** ~ взбеси́ться *pf*; *fig* (*pretext*) предло́г 2. *v* (*hold*) держа́ть в рука́х; (*touch*) тро́гать; (*manage, treat*) обраща́ться с (+ *instr*); (*control*) управля́ть (+ *instr*); (*have to do with*) име́ть де́ло с (+ *instr*); (*cope with*) справля́ться с (+ *instr*); (*deal in*) торгова́ть (+ *instr*)
handlebar(s) руль *m* (велосипе́да)
handler (*animal trainer*) дрессиро́вщик
handling (*treatment*) обраще́ние (с + *instr*); (*direction*) управле́ние (+ *instr*); (*attitude to, approach to*) подхо́д (к + *dat*); (*of goods*) перерабо́тка гру́зов; ~ **capacity** пропускна́я спосо́бность *f*; ~ **charges** пла́та за обрабо́тку гру́за; *tech* **data** ~ обрабо́тка да́нных
handlist спи́сок, пе́речень *m*
handmade ручно́й рабо́ты
handmaid служа́нка
hand-mill ручна́я ме́льница
hand-operated (*driven by hand*) с ручны́м приво́дом; (*hand-controlled*) с ручны́м управле́нием, управля́емый вручну́ю
handout (*charity*) ми́лостыня; (*pamphlet*) листо́вка, листо́к; (*prepared text*) текст заявле́ния
hand-picked (*gathered by hand*) со́бранный вручну́ю; (*choice*) отбо́рный; (*selected for a purpose*) подо́бранный
handrail по́ручень *m*, пери́ла *neut pl*
handsaw ручна́я пила́, ножо́вка
handshake рукопожа́тие
handsome (*beautiful*) краси́вый, прекра́сный; (*generous*) щ[illegible]дрый; (*large*) большо́й
handspike *naut* га́ншпуг
handspring са́льто *neut indecl*
handstand сто́йка на кистя́х
hand-to-hand 1. *adj* рукопа́шный; ~ **fight** рукопа́шная 2. *adv* врукопа́шную
handwheel маховичо́к
handwork ручна́я рабо́та
hand-worked ручно́й рабо́ты
handwriting по́черк, рука́
handy (*accessible*) под руко́й; **keep** ~ держа́ть под руко́й; (*convenient*) удо́бный; (*nearby*) ря́дом; (*dexterous*) ло́вкий; (*useful*) поле́зный; **that will come in very** ~ э́то бу́дет о́чень кста́ти, э́то мо́жет пригоди́ться
handyman ма́стер на все ру́ки
hang 1. *n* **get the** ~ **of** (*understand*) поня́ть *pf*; (*get used to*) осво́иться с (+ *instr*) 2. *vt* (*suspend; execute*) ве́шать; (*a door*) наве́сить *pf*; (*meat*) подве́шивать; *coll* ~ **it all!** чёрт возьми́!; *fig* ~ **one's head** смуща́ться; ~ **oneself** пове́ситься *pf*; ~ **wallpaper** окле́ивать обо́ями; *vi* (*be suspended*) висе́ть; ~ **by a thread** висе́ть на волоске́; ~ **heavy** (*of time*) тяну́ться; (*of responsibilities etc*) тяготи́ть; (*dangle*) болта́ться; (*of clouds etc*) висе́ть, нависа́ть (**over,** над + *instr*); (*of clothing*) сиде́ть, лежа́ть; (*be executed*) быть пове́шанным
~ **about, around** *coll* (*keep close to*) держа́ться во́зле (+ *gen*); (*loiter*) слоня́ться, болта́ться
~ **back** (*drop back*) отстава́ть; (*be shy*) стесня́ться; (*be indecisive*) не реша́ться
~ **on** (*hold*) держа́ться; (*continue*) продолжа́ть; (*wait*) ждать; (*not give in*) не сдава́ться
~ **out** (*tongue*) высо́вывать(ся); (*flags, washing*) выве́шивать; *coll* (*live*) жить
~ **over** висе́ть, нависа́ть над (+ *instr*); (*threaten*) грози́ть (+ *dat*)
~ **together** (*keep together*) подде́рживать друг дру́га
~ **up** ве́шать; (*telephone*) пове́сить *pf* тру́бку
~ **upon** (*depend*) зави́сеть от (+ *gen*)
hangar анга́р
hangdog (*guilty*) винова́тый; (*sullen*) угрю́мый
hanger (*loop in coat; hooks for hanging clothes*) ве́шалка; (*with arms, for coats etc*) пле́чики *m pl*; *tech* крюк; (*suspension*) подве́ска; *geol* вися́чий бок
hanger-on (*supporter, accomplice*) приспе́шник; (*toady*) прихлеба́тель *m*; (*parasite*) прижива́льщик
hang-glider дельтапла́н
hang-gliding дельтапланёрный спорт
hanging 1. *n* (*act*) ве́шание, подве́шивание; (*sentence*) сме́ртная казнь *f* че́рез пове́шение; (*act of executing*) пове́шение; *pl* (*drapes*) драпиро́вки *f pl*; (*wallpaper*) обо́и *m pl* 2. *adj* (*suspended*) вися́чий; (*suspendable, fixed in* ~ *position*) подвесно́й
hangman пала́ч
hangnail заусе́ница
hangover (*after drinking*) похме́лье; (*relic of past*) пережи́ток
hank (*of yarn etc*) мото́к
hanker (*long for*) мечта́ть (**for,** о + *prep*); (*yearn for, miss*) тоскова́ть (**after,** по + *prep*), скуча́ть (**after,** по + *dat, or* без + *gen, or* о + *prep*)
hankering (*longing for*) жа́жда (+ *gen*); (*strong desire to*) си́льное жела́ние (+ *infin*); (*nostalgia*) ску́ка (**after, for,** по + *dat*)
hanky-panky фо́кус, обма́н
Hanoverian ганно́верский

Hansa, Hanse Га́нза, Ганзе́йский сою́з
Hanseatic ганзе́йский; ~ **League** Ганзе́йский сою́з
hansom (cab) двухколёсный экипа́ж
haphazard 1. *adj* (*random*) случа́йный; (*disordered*) беспоря́дочный; (*not thought out*) непроду́манный **2.** *adv* случа́йно, науда́чу
hapless несча́стный, злополу́чный
haplography гаплогра́фия
haplology гаплоло́гия
happen (*occur*) случа́ться (**to,** с + *instr*), происходи́ть; (*occur occasionally*) быва́ть; **anything may** ~ всё мо́жет быть; **it sometimes ~s that** иногда́ быва́ет, случа́ется, что; **what has ~ed?** что случи́лось?; **whatever ~s** что бы ни случи́лось; (*by chance*) **as it ~s** соверше́нно случа́йно; **it ~ed that** случи́лось, что; (*followed by infin*) случа́йно (+ *indic*); ~ **to be** (случа́йно) ока́зываться (+ *instr*); **do you ~ to know … ?** вы случа́йно не зна́ете … ?; **I ~ed to see him yesterday** я случа́йно ви́дел его́ вчера́; (*have the good luck to*) **I ~ed to** мне посчастли́вилось (+ *infin*); (*turn out*) **as it ~ed** как оказа́лось; ~ **along, by** случа́йно приходи́ть, заходи́ть; ~ **on, upon** (случа́йно) натолкну́ться *pf* на (+ *acc*)
happening собы́тие; *arts* хе́ппенинг
happily (*in happiness*) счастли́во; (*fortunately*) к сча́стью; (*successfully*) уда́чно
happiness сча́стье
happy (*glad, joyful, fortunate*) счастли́вый; ~ **birthday!** с днём рожде́ния!; ~ **New Year!** с Но́вым го́дом!; (*pleased*) рад; **we shall be ~ to see you** мы бу́дем ра́ды вас ви́деть; **we shall be ~ to come** мы с удово́льствием придём; (*successful*) уда́чный, счастли́вый
happy-go-lucky беспе́чный, беззабо́тный
hara-kiri харакри́ри *neut indecl*
harangue 1. *n* (*speech*) речь *f*; *pej* разглаго́льствование **2.** *v* выступа́ть пе́ред (+ *instr*); разглаго́льствовать пе́ред (+ *instr*)
harass (*vex, worry; also mil*) трево́жить, беспоко́ить; (*pester*) не дава́ть поко́я (+ *dat*), пресле́довать; (*exhaust*) изнуря́ть
harassment (*state*) беспоко́йство; *mil* беспоко́ящие де́йствия *neut pl*; пресле́дование
harbinger 1. *n* предве́стник **2.** *v* предвеща́ть
harbour 1. *n* га́вань *f*, порт **2.** *v* (*give refuge*) дава́ть, ока́зывать убе́жище (+ *dat*); (*hide*) укрыва́ть; (*feelings*) зата́ивать
harbourage *naut* ме́сто стоя́нки в порту́; (*refuge*) убе́жище
harbour-bar бар
harbour-master нача́льник по́рта
hard 1. *adj* (*firm, solid; of food*) твёрдый; **grow** ~ затвердева́ть; (*stiff; of chair, bed etc*) жёсткий; (*of blow etc*) си́льный; (*difficult*) тру́дный; ~ **to reach** труднодосту́пный; **it is ~ to tell** тру́дно сказа́ть; (*heavy, ~ to bear*) тяжёлый; ~ **times** тяжёлые времена́ *neut pl*; **he had ~ luck** ему́ не везло́; **things are ~ for him** ему́ тяжело́; ~ **work** тяжёлая рабо́та; (*stern*) стро́гий; (*cruel; ~ to accept*) жесто́кий; (*assiduous*) упо́рный, приле́жный; ~ **worker** приле́жный рабо́тник; (*of weather, climate*) суро́вый; *phon* твёрдый; (*in expressions*) ~ **cash** нали́чные (де́ньги) *f pl*; ~ **currency** свобо́дно конверти́руемая валю́та; ~ **labour** ка́торга; ~ **liquor** кре́пкий спирт; ~ **of hearing** туго́й на́ ухо; ~ **water** жёсткая вода́; ~ **up** в стеснённых обстоя́тельствах **2.** *adv* (*strongly*) си́льно; **breathe** ~ тяжело́ дыша́ть; **it was raining** ~ шёл си́льный дождь; **run** ~ бежа́ть со всех ног; **try** ~ о́чень стара́ться; **work** ~ упо́рно рабо́тать; (*tightly*) кре́пко; (*with difficulty*) с трудо́м; (*in expressions*) **be ~ on** быть стро́гим к (+ *dat*); **die** ~ до́лго умира́ть; ~ **at hand,** ~ **by** ря́дом; ~ **on** (*almost*) почти́; ~ **pressed** в тру́дном положе́нии
hard-and-fast (*rule*) жёсткий
hardback кни́га в жёстком переплёте
hard-bitten (*stubborn, tough*) упо́рный
hardboard твёрдый карто́н
hard-boiled (*of egg*) вкруту́ю; *fig coll* (*tough*) жёсткий, круто́й; (*not easily shocked*) вида́вший ви́ды; (*cynical*) цини́чный
hard-bound в жёстком переплёте
hard-core *adj* непримири́мый, непрекло́нный
hard-earned с трудо́м зарабо́танный
harden *vt* (*make firm*) де́лать твёрдым; (*make insensitive*) де́лать бесчу́вственным, ожесточа́ть; (*toughen*) закаля́ть; ~ **off** зака́ливать; *vi* (*become firm*) затвердева́ть, де́латься твёрдым; (*become insensitive*) де́латься бесчу́вственным, ожесточа́ться; (*become tough*) закаля́ться
hardened (*steel etc; also fig*) закалённый; ~ **criminal** рецидиви́ст; (*inveterate*) закорене́лый
hardener *chem* отверди́тель *m*; *phot* дубя́щий раство́р, дуби́тель *m*
hardening (*of plants, people*) зака́ливание; (*of metal*) зака́лка; **case** ~ упрочне́ние пове́рхности, цемента́ция; (*of resin*) отвержде́ние; *med* уплотне́ние, склеро́з; (*of cement*) затверде́ние
hard-faced, hard-featured с суро́вым лицо́м
hard-fisted (*mean*) прижи́мистый
hard-fought (*battle*) ожесточённый
hard-headed (*practical*) практи́чный; (*businesslike*) делови́тый
hard-hearted (*unfeeling*) бессерде́чный; (*cruel*) жесто́кий; (*merciless*) безжа́лостный
hardihood (*courage*) сме́лость *f*; (*nerve*) де́рзость *f*, наха́льство
hardily (*boldly*) сме́ло; (*toughly*) му́жественно
hardiness выно́сливость *f*
hard-line жёсткий, бескомпроми́ссный
hardly (*scarcely, only just*) едва́; **I had ~ left the house when it began to rain** едва́ я вы́шел и́з дому, как пошёл дождь; (*with difficulty*) с трудо́м; **I can ~ wait** жду с нетерпе́нием; **we could ~ understand him** мы с трудо́м понима́ли его́; (*surely not*) вряд ли, едва́ ли; **I need ~ say** едва́ ли мне ну́жно говори́ть; (*almost*) почти́; ~ **anyone** почти́ никто́; ~ **ever** почти́ никогда́; **deal ~ with** жесто́ко обходи́ться с (+ *instr*)
hardness твёрдость *f*; про́чность *f*; суро́вость *f*; жёсткость *f*
hardpan *geol* ортште́йн
hard-pressed (*in difficult situation*) в тру́дном положе́нии; **they were ~ for time** у них бы́ло ма́ло вре́мени
hard-set (*set hard*) закреплённый неподви́жно; (*obstinate*) упря́мый
hardship (*privation*) лише́ние; (*suffering, misfortune*) беда́; (*difficulties*) тру́дности *f pl*
hard-tack гале́та
hardware (*ironmongery*) скобяны́е изде́лия *neut pl*; (*weaponry*) ору́жие; *tech* (*metal parts*) мети́зы *m pl*; (*computers etc*) аппара́тное обору́дование
hard-wearing про́чный; *tech* износосто́йкий
hardwood 1. *n* твёрдая древеси́на **2.** *adj* из твёрдой древеси́ны

hardy (*resistant*) выно́сливый, сто́йкий; (*robust*) здоро́вый; (*bold*) сме́лый; (*seasoned, of soldiers etc*) закалённый; *hort* морозоусто́йчивый, морозосто́йкий
hare 1. *n* за́яц **2.** *v* бежа́ть изо всех сил
harebell, hairbell колоко́льчик круглоли́стый
hare-brained (*rash*) опроме́тчивый; (*senseless*) бессмы́сленный; ~ **schemes** прожектёрские пла́ны *m pl*
harelip за́ячья губа́
harem гаре́м
haricot (*bean*) фасо́ль *f*; (*dish*) рагу́ *neut indecl* с фасо́лью
hark (*listen*) слу́шать; ~ **back to** (*return to*) возвраща́ться к (+ *dat*); (*recall*) напомина́ть
harlequin 1. *n* (*in comedy*) Арлеки́н; (*clown, fool*) шут **2.** *adj* (*many coloured*) пёстрый
harlequinade арлекина́да
harlot проститу́тка
harlotry проститу́ция
harm 1. *n* (*in general*) вред; **do ~ to** причиня́ть вред (+ *dat*); **it will do her no ~ to, if** ей не повреди́т, е́сли (+ *fut*); **it will do no ~ to, if** не стра́шно е́сли (+ *fut*); **more ~ than good** бо́льше вреда́, чем по́льзы; **out of ~'s way** от греха́ пода́льше; **safe from ~** в безопа́сности; **they will come to no ~** с ни́ми ничего́ не случи́тся; **there's no ~ done** ничего́ стра́шного; **what ~ is there in...?** что стра́шного в том, что; (*damage loss*) ущéрб; **do ~ to** наноси́ть ущéрб (+ *dat*); (*injury*) поврежде́ние **2.** *v* вреди́ть (+ *dat*)
harmful (*causing harm*) вре́дный; (*dangerous*) опа́сный
harmless (*not dangerous*) безвре́дный, безопа́сный; (*inoffensive*) безоби́дный; (*innocent*) ни в чём не пови́нный
harmonic 1. *n mus* оберто́н; *phys, math* гармо́ника **2.** *adj, phys, mus, math* гармони́ческий
harmonica гармо́ника
harmonious (*in harmony*) гармони́чный; (*melodious*) мелоди́чный, благозву́чный; (*in accord*) согла́сный; ~ **relations** ми́рные отноше́ния *neut pl*; (*well-proportioned*) стро́йный, гармони́чный
harmonist гармони́ст
harmonium фисгармо́ния
harmonization гармониза́ция
harmonize (*bring into harmony*) согласо́вывать; (*reconcile*) примиря́ть; (*blend*) гармонизи́ровать; (*go with, blend with*) сочета́ться с (+ *instr*); (*coincide*) совпада́ть; *mus* гармонизи́ровать
harmony (*agreement*; *mus*) гармо́ния; (*of colours, sounds etc*) гармони́чность *f*; **be in ~ with** гармони́ровать с (+ *instr*)
harness 1. *n* (*horse's*) сбру́я, у́пряжь *f*; **parachute ~** подвесна́я систе́ма парашю́та; *elect* прово́дка **2.** *v* (*horse etc*) запряга́ть; *fig* эксплуати́ровать, испо́льзовать
harp 1. *n* а́рфа **2.** *v* (*play ~*) игра́ть на а́рфе; **~ on** всё вре́мя говори́ть о (+ *pr*)
harper, harpist арфи́ст
harpoon 1. *n* гарпу́н **2.** *v* бить гарпуно́м
harpooner гарпунёр
harpsichord клавеси́н
harpy *myth* га́рпия; *fig* хи́щный челове́к, хи́щник, *f* хи́щница
harquebus аркебу́за
harridan ста́рая карга́
harrier (*dog*) го́нчая; (*bird*) лунь *m*; (*runner*) уча́стник кро́сса
harrow 1. *n* борона́ **2.** *v* (*land*) борони́ть, боронова́ть; (*anguish*) му́чить, терза́ть
harrowing 1. *n* (*of land*) боронова́ние **2.** *adj* (*distressing*) душераздира́ющий
harry (*make raids on*) соверша́ть набе́ги на (+ *acc*); (*ravage*) разоря́ть; (*harass*) беспоко́ить; (*torment*) му́чить
harsh (*coarse*) гру́бый; (*hard*) жёсткий; (*rough to touch*) шерохова́тый; (*of voice, words*) ре́зкий; (*stern, severe*) суро́вый, стро́гий; (*cruel*) жесто́кий; (*to taste*) те́рпкий
harshness гру́бость *f*; ре́зкость *f*; суро́вость *f*; жесто́кость *f*
hart оле́нь *m*
hartshorn нашаты́рный спирт; ~ **liniment** лету́чая мазь *f*
harum-scarum (*rash*) опроме́тчивый; (*frivolous*) легкомы́сленный, ве́треный
harvest (*in general sense*; *crop*) урожа́й; (*reaping*) жа́тва; (*gathering in*) убо́рка урожа́я; **get in the ~** собира́ть урожа́й; ~ **time** вре́мя *neut* жа́твы/убо́рки урожа́я; *fig* плоды́ *m pl* **2.** *adj* урожа́йный **3.** *v* собира́ть урожа́й, убира́ть
harvester (*person*) жнец; (*machine*) комба́йн
harvesting убо́рка урожа́я
has-been бы́вший челове́к
hash 1. *n cul* жа́реное ру́бленое мя́со; *fig* (*muddle*) пу́таница; **make a ~ of** *coll* (*spoil*) завали́ть *pf*; **settle s.o.'s hash** (*teach a lesson*) проучи́ть *pf*; (*deal with*) показа́ть *pf* (+ *dat*); *sl* (*hashish*) гаши́ш, хаш **2.** *v* (*chop up*) измельча́ть; *fig* (*spoil*) зава́ливать; ~ **up** (*concoct*) стря́пать
hashish гаши́ш
haslet потроха́
hasp (*clasp*) застёжка; (*on door*) запо́р
hassle *coll* **1.** *n* (*wrangle*) перебра́нка; (*trouble*) хло́поты *f pl* **2.** *v* пристава́ть к (+ *dat*)
hassock (*of grass*) пучо́к травы́; (*for kneeling*) поду́шечка
hastate стрелови́дный
haste 1. *n* (*hurry; lack of care*) поспе́шность *f*; **in ~** второпя́х, на́спех, в спе́шке; **be in ~** спеши́ть, торопи́ться (**to,** + *infin*); **more ~, less speed** ти́ше е́дешь – да́льше бу́дешь; (*rashness*) опроме́тчивость *f*; (*speed*) ско́рость *f*; (*quickness*) быстрота́ **2.** *v* спеши́ть, торопи́ться
hasten *vi* спеши́ть, торопи́ться; **I ~ to add** спешу́ доба́вить; *vt* (*hurry, urge*) торопи́ть; (*make quicker, sooner*) ускоря́ть
hastily (*in a hurry*) поспе́шно, на́спех, второпя́х; (*quickly*) бы́стро; (*rashly*) опроме́тчиво, необду́манно
hastiness (*hurry*) поспе́шность *f*; (*rashness*) опроме́тчивость *f*; (*quick temper*) вспы́льчивость *f*, горя́чность *f*
hasty (*hurried*) поспе́шный, торопли́вый; (*quick*) бы́стрый; (*rash*) опроме́тчивый, необду́манный; (*of temper etc*) вспы́льчивый
hat шля́па; **bowler ~** котело́к; **top ~** цили́ндр; **he had a ~ on** он был в шля́пе; **keep under one's ~** держа́ть в секре́те; **old ~** старомо́дный; **take off one's ~ to** снима́ть шля́пу пе́ред (+ *instr*); **talk through one's ~** нести́ чушь
hatband ле́нта на шля́пе
hatbox карто́нка
[1]hatch (*opening*) люк; **emergency, safety ~** авари́йный люк; (*cover*) кры́шка лю́ка

²hatch 1. *n* (*fine line*) штрих **2.** *v* штриховáть

³hatch *vt* (*chicks*) высиживать; (*eggs*) насиживать; (*by incubator*) выводить искусственно; *fig* (*plot etc*) замышлять; *vi* выводиться

hatcher инкубáтор

hatchery инкубáторная стáнция

hatchet топóр; **bury the ~** заключить *pf* мир, помириться *pf*; **~ face** кувшинное лицó

hatching (*shading*) штрихóвка; **cross ~** штрихóвка нáкрест

hatchway люк

hate 1. *n* (*hatred*) нéнависть *f* (**towards,** к + *dat*); (*object of hatred*) объéкт нéнависти **2.** *v* (*feel ~ towards*) ненавидеть; (*detest*) не терпéть; **he just ~s ...** он терпéть не мóжет (+ *infin or* + *acc*)

hateful ненавистный

hater ненавистник

hatless 1. *adj* без шляпы, простоволóсый **2.** *adv* без шляпы

hatpin шпилька

hatrack вéшалка

hatred нéнависть *f* (**of, for, towards,** к + *dat*); **have a ~ of, for** ненавидеть, испытывать нéнависть к (+ *dat*)

hatstand стоячая вéшалка

hatter (*hatmaker*) шляпный мáстер, шляпник; (*hat-seller*) торгóвец шляпами; **mad as a ~** абсолютно сумасшéдший

hatted в шляпе

hauberk кольчýга

haughtiness надмéнность *f*, высокомéрие

haughty надмéнный, высокомéрный

haul 1. *n* (*act of ~ing*) вытягивание; (*tug*) рывóк; (*concentration of effort*) напряжéние сил; (*load*) груз; (*of fish*) улóв; (*trip*) рейс, éздка; (*distance covered*) пробéг; (*transportation*) перевóзка; *fig* (*catch, profits etc*) добыча **2.** *v* (*drag, pull*) тянýть, тащить; **~ on a rope** тянýть канáт; (*tow*) буксировать; (*transport*) возить, транспортировать; *naut* (*change direction*) менять направлéния; (*bring into the wind*) держáть(ся) крýто к вéтру; **~ before** (*court etc*) привлекáть к (+ *dat*); **~ down** спускáть; **~ in** втягивать; **~ off** отходить, отступáть; **~ up** (*lift*) поднимáть; *naut* приводить(ся) к вéтру; (*stop*) останáвливать(ся); (*rebuke*) отчитывать

haulage 1. *n* (*force*) тяга; (*transport*) перевóзка, транспортирóвка; (*charge for transport*) плáта за транспортирóвку; *tech* (*mining etc*) откáтка **2.** *adj* перегрýзочный; (*mining*) откáточный; **~ business, company** трáнспортное предприятие; **~ truck, lorry** грузовáя машина

hauler (*winch*) лебёдка

haulier (*haulage company*) трáнспортное предприятие; (*worker in mine etc*) откáтчик

haunch (*thigh*) бедрó, ляжка; (*hind leg*) зáдняя ногá; **squat on one's ~es** сидéть на кóрточках; *archi* (*of arch*) полудýжье áрки

haunt 1. *n* (*favourite place*) любимое мéсто; (*lair*) лóговище; (*of thieves*) притóн **2.** *v* (*visit often*) чáсто посещáть; (*of ghosts*) обитáть (+ *acc of place*), являться (пéред + *instr of person*); (*of memories etc*) мýчить, не давáть покóя

haunted (*house etc*) наводнённый призраками; (*by thoughts etc*) преслéдуемый (**by,** + *instr*)

haunting (*tune etc*) навязчивый

hauteur высокомéрие, надмéнность *f*

Havana (*town*) Гавáна; (*tobacco*) кубинский табáк; (*cigar*) гавáнская сигáра

have имéть (*esp with abstract noun objects*) ; **~ no idea** не имéть ни малéйшего представлéния (**of,** о + *prep*); **~ the honour, right to** имéть прáво, честь (+ *infin*); (*more commonly rendered impersonally*) **I had a cold** у меня был нáсморк; **I, he, they ~ a large house** у меня, негó, них большóй дом, **we ~ no money** у нас нет дéнег; **what a big nose he has** какóй у негó большóй нос; **you will not ~ the time to** у вас не бýдет врéмени, чтóбы; (*temporary possession is indicated by reversed word order*): **I ~ a car** у меня машина *but* **I ~ the car** (*ie already mentioned, for a while, at my house etc*) машина у меня; (*in questions*) **~ you any ...?** у вас есть ..., нет ли у вас (+ *gen*)?; (*receive*) получáть; (*take*) брать; **I'll ~ this one** я возьмý это; **do ~ some more** возьмите ещё; (*tolerate*) **I won't ~ ...** я не потерплю (+ *gen*); (*contain*) **the book has two hundred pages** в книге двéсти страниц; *coll* (*deceive*) обмáнывать; (*cause to be*) **~ one's hair cut** стричься; **she had a dress made** она сшила себé плáтье; (*be obliged*) **I ~ to** мне нýжно, нáдо (+ *infin*), я дóлжен (+ *infin*) (*see also* **must**); (*in various expressions*) **~ about, on one** имéть при себé; **~ a baby** имéть ребёнка; **she is going to ~ a baby** онá ждёт ребёнка; **~ dinner** обéдать; **~ done with** бросáть; **~ it that** (*assert*) утверждáть; **~ it in for** имéть зуб на (+ *acc*); **~ on** (*be dressed in*) быть одéтым в (+ *acc*), быть в (+ *prep*); **he had a hat on** на нём былá шляпа; **she had no hat on** онá былá без шляпы; *coll* (*be busy*) **~ s'th on** имéть дéло; **~ you anything on this evening?** вы зáняты сегóдня вéчером?; **~ over, in** (*invite*) приглашáть; **~ a shave** побриться *pf*; **~ a smoke** покурить *pf*; **~ s'thing against** имéть чтó-нибудь прóтив (+ *gen*); **~ to do with** (*have business*) имéть дéло с (+ *instr*); (*concern*) касáться (+ *gen*); **it has nothing to do with you** это вас не касáется; **~ a try** попытáться; **~ a walk** прогуляться *pf*; **~ a wash** помыться *pf*; **I had, would rather** я предпочёл бы (+ *infin*); **you had better** вам лýчше бы (+ *infin*); **he has had it** емý капýт, крышка

haven (*harbour*) гáвань *f*; *fig* убéжище

haversack рáнец

haves: ~ and have-nots имýщие и неимýщие *pl*

havoc (*devastation*) опустошéние; (*ruin*) разорéние; (*destruction*) разрушéние; (*chaos*) хáос; (*disorder*) беспорядок; (*panic*) пáника; **play ~ with** разорять, разрушáть

haw 1. *n bot* ягода боярышника; *anat* мигáтельная перепóнка **2.** *interj* гм, м-да **3.** *v* **to hum and ~** (*not speak clearly*) мямлить, бормотáть; (*be indecisive*) не решáться, тянýть

hawfinch дубонóс

hawk 1. *n orni* (*falcon*) сóкол; (*accipiter*) ястреб; **watch like a ~** не спускáть глаз с (+ *gen*); *fig* (*rapacious person*) хищник; *pol* ястреб; (*swindler*) мошéнник; (*plasterer's*) сóкол **2.** *v* (*hunt*) охóтиться с ястребом, сóколом; (*cough up*) отхáркивать(ся); (*sell in streets*) торговáть (+ *instr*) вразнóс; *fig* **~ about** распространять

hawker (*pedlar*) ýличный торгóвец

hawk-eyed (*keen-sighted*) зóркий, остроглáзый; (*observant*) зóркий, наблюдáтельный; *iron* всевидящий

hawking *sp* соколиная охóта

hawkmoth бáбочка-брáжник

hawk-nosed горбонóсый

hawkweed ястребинка

hawse (hole) клюз
hawsepipe трубá клю́за
hawser трос, швартóв; **~-laid** обрáтного спу́ска
hawthorn боя́рышник
hay 1. *n* сéно; **make ~** суши́ть сéно; *coll* **hit the ~** идти́ на бокову́ю; **make ~ of** (*arguments etc*) разнести́ *pf* вдрéбезги; **make ~ while the sun shines** ковáть желéзо, покá горячó **2.** *adj* сеннóй **3.** *v* коси́ть травý на сéно
haycock копнá сéна
hay-drier сеносуши́лка
hay-fever сеннáя лихорáдка
hayfork ви́лы *f pl*
hayloft сеновáл
haymaking сенокóс
hayrick стог сéна, скирд
hayseed семенá трав; *Am coll* (*bumpkin*) дерeвéнщина *m and f*
haystack *see* **hayrick**
haywire *coll* (*crazy*) сумасшéдший; (*disorganized*) расстрóенный; **go ~** (*of person*) сби́ться *pf* с панталы́ку; (*of machine*) барахли́ть
hazard 1. *n* (*risk*) риск; **put at ~** рисковáть (+ *instr*); (*peril*) опáсность *f*; **health ~** опáсность для здорóвья; (*chance*) шанс; **choose at ~** выбирáть наугáд **2.** *v* (*risk*) рисковáть (+ *instr*); (*venture*) **~ a guess** отвáжиться *pf* вы́сказать догáдку; **~ a remark** осмéлиться *pf* сказáть
hazardous рискóванный, опáсный
haze 1. *n* ды́мка, лёгкий тумáн; **heat ~** мáрево; (*mental*) тумáн в головé **2.** *v* (*make, become hazy*) затумáнивать(ся); *coll* (*jeer at, rag*) издевáться над (+ *instr*); (*overwork*) изнуря́ть рабóтой; (*bully*) запу́гивать
hazel 1. *n* (*tree*) лещи́на (обыкновéнная), леснóй орéх, орéшник **2.** *adj* (*of ~ wood*) орéховый; (*colour*) свéтло-кори́чневый; (*of eyes*) кáрий; **~-grouse, ~-hen** ря́бчик; **~-nut** леснóй; **~-wood** орéх
hazily тумáнно, нея́сно
haziness тумáнность *f*
hazy (*misty*) окýтанный ды́мкой, тумáнный; (*unclear*) нея́сный, нечёткий, неопределённый; **~ idea** смýтное представлéние
H-bomb водорóдная бóмба
he 1. *n* (*male child*) мáльчик; (*man*) мужчи́на; (*male animal*) самéц; **~-deer** олéнь *m*, самéц олéня; **he-goat** козёл; (*game*) догоня́лки *f pl* **2.** *pron* он; **~ and I are friends** мы с ним друзья́; **~ who ...** тот, кто. . .
head 1. *n* (*of person, animal*) головá; (*mind*) ум; **a clear ~** я́сный ум; **get it into one's ~** забрáть *pf* себé в гóлову; **give s.o. his head** дать *pf* вóлю (+ *dat*); **~ first** головóй вперёд; **~s or tails?** орёл и́ли рéшка?; **I can't make ~ or tail of it** я тут ничегó не понимáю; **keep in one's ~** держáть в головé; **keep one's ~** не теря́ть гóлову; **off one's ~** не в своём умé; **taller by a ~** вы́ше на гóлову; (*when counting people*) человéк; **per ~** на человéка, на дýшу; (*animals*) головá скотá; (*chief person*) главá; (*of school*) дирéктор; (*boss*) начáльник; (*top*) верх; (*of queue*) головá; (*on beer*) пéна; (*upper part*) вéрхняя часть *f*; (*of river*); истóк; **~ of cabbage** кочáн капу́сты; **~ of grain** кóлос; (*of flower, bolt, pin, cylinder etc*) голóвка; (*of axe*) óбух; (*of nail*) шля́пка; (*of arrow*) наконéчник; (*promontory*) мыс; *typ* (*headline*) заголóвок; (*caption*) рýбрика; (*title*) заглáвие; (*point in document*) пункт; *naut* (*of ship*) нос; (*wc*) гальюн; (*pressure*) давлéние; **~ of water** высотá напóра; (*crisis point*) крити́ческая тóчка, перелóм; **bring to a ~** (*make critical*) обостря́ть; (*bring to finish*) доводи́ть до концá; **come to a ~** дости́гнуть *pf* крити́ческой тóчки **2.** *adj* (*of head*) головнóй; (*chief*) глáвный; **~ nurse** стáршая медсестрá; **~ office** глáвная контóра; **~ waiter** метрдотéль *m*; *naut* (*of wind, sea*) встрéчный, лобовóй **3.** *v* (*be leader*) возглавля́ть, стоя́ть во главé; (*be in front*) стоя́ть впереди́ (+ *gen*); (*go at front*) идти́ пéрвым; (*be first*) быть пéрвым; (*direct*) направля́ть; (*go*) направля́ться (**for,** к + *dat*); **~ south** держáть курс на юг; (*document, chapter etc*) озаглáвливать; *sp* **~ the ball** отбивáть мяч головóй; **~ back** (*return*) возвращáться; **~ off** (*divert*) отвлекáть; (*frustrate*) мешáть (+ *dat*); (*intercept*) перехвáтывать
headache головнáя боль *f*; **I have a ~** у меня́ головá боли́т; *fig* (*problem*) проблéма, задáча
headband (*on head*) головнáя повя́зка; (*of book*) каптáл
headboard изголóвье (кровáти)
headcheese *Am cul* зельц
head cold нáсморк
head-dress головнóй убóр
header (*dive*) прыжóк головóй вперёд; **take a ~** (*dive*) нырнýть *pf*; (*fall*) упáсть *pf* головóй вниз; (*in football*) удáр головóй; (*brick*) тычóк; (*of boiler*) коллéктор; **~ tank** водянóй бак
head-foremost головóй вперёд
headgear головнóй убóр
head-hunt охóтиться за головáми
head-hunter охóтник за головáми
heading (*title*) заглáвие; (*of article, chapter etc*) заголóвок; (*category in list*) рýбрика; (*point in document*) пункт; **running ~** колонти́тул; (*direction*) направлéние; (*course*) курс; (*mining*) штрек
headlamp фáра; **~ dipper** переключáтель *m* свéта фар; **dipped ~s** спýщенные фáры
headland мыс
headless (*having no head*) безголóвый; (*decapitated*) обезглáвленный
headlight (*of car*) фáра; (*of locomotive*) головнóй прожéктор; (*of ship*) носовóй огóнь *m*
headline 1. *n* (*newspaper*) заголóвок, *coll* шáпка; *typ* (*in book*) колонти́тул; *rad* крáткое содержáние послéдних извéстий **2.** *v* озаглáвить
headlong 1. *adj* опромéтчивый **2.** *adv* (*head foremost*) головóй вперёд; (*at a rush*) стремглáв; (*impetuously*) опромéтчиво
headman (*of tribe*) вождь *m*; (*foreman*) деся́тник
headmaster дирéктор шкóлы
headmistress директри́са шкóлы, жéнщина-дирéктор *m* шкóлы
head-on 1. *adj* фронтáльный, лобовóй; **~ attack** лобовáя атáка; **~ collision** прямóе столкновéние; **~ view** вид спереди́ **2.** *adv* (*directly*) пря́мо; (*with the head*) головóй; (*with the bows*) нóсом
headphones наýшники *m pl*
headpiece (*head-dress*) головнóй убóр; (*in book*) застáвка; *ar* (*helmet*) шлем; *coll* (*head*) головá; *tech* (*in mine*) верхня́к; *rad* головнóй телефóн; (*of door*) вéрхний брус
headquarters 1. *n* (*administrative organ of unit*) штаб; (*of whole army, navy*) генерáльный штаб; (*location of ~*) штаб-кварти́ра; (*of commander-in-chief*) стáвка, глáвное комáндование; **police ~**

гла́вное полице́йское управле́ние; (*of civil organization*) гла́вное управле́ние **2.** *adj* штабно́й

headrace водово́д

headrest (*in car*) подголо́вник; (*in aircraft*) заголо́вник

headroom *bui* габари́тная высота́; (*of bridge etc*) просве́т

headscarf косы́нка

headset головно́й телефо́н

headshrinker охо́тник за голова́ми; *sl* психиа́тр

headsman пала́ч

headstall недоу́здок

headstock (*of lathe*) пере́дняя ба́бка

headstone (*tombstone*) надгро́бный ка́мень *m*; (*cornerstone*) краеуго́льный ка́мень *m*

headstrong (*wilful*) своево́льный; (*obstinate*) упря́мый

head-voice головно́й го́лос

headwaters (*of river*) верхо́вье

headway продвиже́ние вперёд; *fig* прогре́сс; **make ~** (*move forward*) продвига́ться; (*make progress*) де́лать успе́хи; *naut* пере́дний ход; (*with stopped engines*) ине́рция пере́днего хо́да

headwind встре́чный ве́тер

heady (*intoxicating*) опьяня́ющий; *fig* пьяня́щий; (*rash*) опроме́тчивый; (*headstrong*) своево́льный

heal (*the sick*) лечи́ть, выле́чивать; (*a wound*) *vt* излéчивать, *vi* зажива́ть; *fig* успока́ивать

healer исцели́тель *m*

healing 1. *n* лече́ние **2.** *adj* лече́бный, целе́бный; *fig* (*soothing*) утеши́тельный

health здоро́вье; **be in good ~** быть здоро́вым; **be in poor ~** быть нездоро́вым, недомога́ть; **drink to the ~ of** пить за здоро́вье (+ *gen*); **regain one's ~** поправля́ться; **Ministry of Health** министе́рство здравоохране́ния; **your ~!** (за) ва́ше здоро́вье!; (*prosperity*) благосостоя́ние; **~ centre** здравпу́нкт; **~ hazard** опа́сность *f* для здоро́вья; **~ resort** куро́рт

healthful (*healthy*) здоро́вый; (*healing*) целе́бный

healthy (*in, conducive to health, well-being*) здоро́вый; **~ appetite** здоро́вый аппети́т; **~ climate** здоро́вый кли́мат; **~ criticism** здоро́вая кри́тика; (*beneficial*) поле́зный

heap 1. *n* (*pile*) ку́ча, гру́да; **lie in ~s** лежа́ть гру́дами; **refuse, spoil ~** отва́л; **throw down in a ~** броса́ть в ку́чу; *coll* (*much, many*) ма́сса, у́йма; **~s of money/time** ма́сса, у́йма де́нег/вре́мени **2.** *adv coll* (*very much*) намно́го **3.** *v* (*pile in a ~*) сва́ливать в ку́чу; **~ up** нагромозжда́ть; (*store*) нака́пливать; **~ with** (*load*) нагружа́ть (+ *instr*); (*lavish on*) осыпа́ть (+ *instr*)

hear (*perceive by ear*) слы́шать; (*when followed by gerund, translate by* как + *ind*, e.g. **he ~d them talking** он слы́шал, как они́ разгова́ривали); (*learn*) слы́шать (**of, about,** о + *pr*); **I have never ~d anything like it!** я никогда́ ничего́ подо́бного не слы́шал!; **I ~ that you are leaving** я слы́шал, что вы уезжа́ете; **we ~d it on the radio** мы услы́шали э́то по ра́дио; (*listen to*) слу́шать; (*agree*) **I won't ~ of it!** я и слы́шать об э́том не хочу́; *leg* (*a case*) слу́шать; (*a report*) заслу́шивать; **~ from** получа́ть письмо́ от (+ *gen*); **~ out** выслу́шивать; *as exclam* **hear! hear!** пра́вильно!

hearer слу́шатель *m*

hearing (*sense*) слух; **hard of ~** туго́й на́ ухо; **in his ~** при нём, в его́ прису́тствии; **out of ~** вне преде́лов слы́шимости; **within ~** в преде́лах слы́шимости; (*of lecture, legal case etc*) слу́шание; **give s.o. a ~** выслу́шивать

hearing-aid слухово́й аппара́т

hearsay 1. *n* слу́хи *m pl* **2.** *adj* **~ evidence** показа́ния *neut pl* с чужи́х слов

hearse катафа́лк

heart *anat and fig* се́рдце; **the ~ of the matter** суть *f* де́ла; (*middle*) середи́на; (*core*) сердцеви́на; *tech* серде́чник; (*card*) черво́нка; *pl* (*suit*) че́рви, че́рвы *f pl*; **queen of ~s** черво́нная да́ма, да́ма черв(е́й); *in expressions* **after one's own ~** по душе́, по се́рдцу; **at ~** в глубине́ се́рдца; **be the ~ and soul of** быть душо́й (+ *gen*); **it broke his ~** э́то разби́ло его се́рдце; **by ~** наизу́сть; **have a ~** сжа́льтесь!; **I didn't have the ~ to** у меня́ не хвати́ло ду́ху (+ *infin*); **his ~ was heavy** у него́ бы́ло тяжело́ на душе́; **lose ~** па́дать ду́хом; **take ~** собра́ться *pf* с ду́хом; **take to ~** принима́ть бли́зко к се́рдцу; **with a light ~** с лёгким се́рдцем; **with all one's ~** от всего́ се́рдца, от всей души́

heartache (*grief*) го́ре

heart attack серде́чный при́ступ

heartbeat (*one beat of heart*) уда́р пу́льса; (*sound of heart*) бие́ние се́рдца

heartbreak (*great grief*) большо́е го́ре; (*bitter disappointment*) жесто́кое разочарова́ние

heartbreaking (*scene, cry etc*) душераздира́ющий; (*causing grief*) вызыва́ющий большо́е го́ре, го́рький, го́рестный; (*causing disappointment*) вызыва́ющий жесто́кое разочарова́ние; *coll* (*of task, work*) надое́дливый

heartbroken уби́тый го́рем

heartburn изжо́га

heart-burning (*envy*) за́висть *f*; (*discontent*) доса́да

hearten ободря́ть, подбодря́ть

heartfelt и́скренний, серде́чный

hearth оча́г (*also fig*); (*fireplace and surround*) ками́н; *fig* (*home*) дом, семе́йный оча́г; *tech* (*forge*) горн

hearthrug ко́врик пе́ред ками́ном

heartily (*sincerely*) и́скренне, серде́чно, от всего́ се́рдца; **thank ~** серде́чно благодари́ть; (*energetically*) с жа́ром, усе́рдно; **eat ~** есть с аппети́том; **laugh ~** от души́ смея́ться; (*very*) о́чень, си́льно; **I am ~ sick of her** она́ мне совсе́м надое́ла

heartiness серде́чность *f*

heartless (*unfeeling*) бессерде́чный, безду́шный; (*pitiless*) безжа́лостный; (*cruel*) жесто́кий

heartlessness бессерде́чность *f*; безжа́лостность *f*; жесто́кость *f*

heart-like сердцеви́дный

heart-rending душераздира́ющий

heartsease *bot* аню́тины гла́зки *m pl*

heart-strings глубоча́йшие чу́вства *neut pl*; **pull at s.o.'s ~** волнова́ть до глубины́ души́

heart-throb люби́мец

heart-to-heart инти́мный, задуше́вный

heartwarming ра́достный, душе́вный

heartwood ядро́вая древеси́на

hearty (*sincere*) и́скренний, серде́чный; **~ thanks** и́скренняя благода́рность *f*; (*warm, cordial*) тёплый; дру́жеский, серде́чный; (*energetic*) энерги́чный; (*healthy*) здоро́вый; **he is still hale and ~** он всё ещё бодр и кре́пок; **~ appetite** здоро́вый, хоро́ший аппети́т; (*of laugh, voice*) гро́мкий и весёлый; (*of manner, person*) экспанси́вный; (*strong*) си́льный; **he gave him a ~ slap on the back** он кре́пко хло́пнул его́ по спине́; **~ curse** кре́пкое руга́тельство; **~ dislike** о́страя неприя́знь *f* (**for,** к + *dat*); ~ **meal** оби́льная еда́

heat 1. *n* (*warmth, various senses*) тепло́; (*as perceived; of weather, air temperature*) жара́; **feel the** ~ страда́ть от жары́; **I can't work in this** ~ я не могу́ рабо́тать в таку́ю жару́; (*high degree of warmth, body temperature*) жар; *phys, tech* тепло́, теплота́; **latent** ~ скры́тая теплота́; (*temperature*) температу́ра; **blood, body** ~ температу́ра кро́ви; **red** ~ кра́сный нака́л; **white** ~ бе́лый нака́л; (*mating period*) те́чка; *fig* (*strong feeling*) пыл, горя́чность *f*, жар; **in the** ~ **of the argument** в пылу́ спо́ра; **in the** ~ **of battle** в пылу́ сраже́ния, в разга́ре би́твы; **in the** ~ **of the moment** сгоряча́; **speak with** ~ говори́ть с жа́ром; *sp* (*tie*) гит; **dead** ~ мёртвый гит; (*early round of competition*) заёзд; (*of race*) забе́г **2.** *adj* ~ **capacity** теплоёмкость *f*; ~ **exchange** теплообме́н; ~ **pump** теплово́й насо́с; ~ **shield** теплова́я защи́та; ~ **treatment** теплова́я обрабо́тка; ~ **wave** жара́, пери́од жары́ **3.** *v* (*make, become warm; food etc*) нагрева́ть(ся), согрева́ть(ся); ~ **up** подогрева́ть(ся), разогрева́ть(ся); *tech* (*metal etc*) нака́ливать(ся); (*store, furnace*) топи́ть; (*house*) ота́пливать; (*excite*) возбужда́ть

heat-absorbing теплопоглоща́ющий

heat-conducting теплопрово́дный

heated (*excited*) возбуждённый; ~ **imagination** разгорячённое воображе́ние; (*vehement*) горя́чий; ~ **argument** горя́чий спор; **become** ~ разгорячи́ться *pf*; (*passionate*) стра́стный; (*made hot*) нагре́тый; **centrally** ~ с центра́льным отопле́нием

heatedly пы́лко, горячо́

heat-engine теплово́й дви́гатель *m*

heater (*in general*) нагрева́тель *m*, подогрева́тель *m*; **air** ~ воздухоподогрева́тель *m*; **immersion** ~ погружа́емый нагрева́тель *m*; **storage** ~ теплово́й аккумуля́тор; *rad* подогрева́тель *m* като́да

heath (*land*) пу́стошь *f*; (*heather*) ве́реск

heath-cock те́терев

heathen 1. *n* (*pagan*) язы́чник, *f* язы́чница; *coll* (*atheist*) безбо́жник; (*savage*) дика́рь *m* **2.** *adj* язы́ческий; безбо́жный; ди́кий, ва́рварский

heathenish (*of pagan*) язы́ческий; (*barbarous*) ва́рварский, ди́кий

heathenism язы́чество

heather *bot* ве́реск

heathery поро́сший ве́реском

heath-grass трёхзубка

heath-hen тетёрка

heating 1. *n* (*in general*) нагрева́ние; (*of house*) отопле́ние; **central** ~ центра́льное отопле́ние **2.** *adj* нагрева́тельный; ~ **device** нагрева́тельный прибо́р; (*for* ~ *buildings*) отопи́тельный; ~ **system** отопи́тельная систе́ма; ~ **engineer** отопле́нец

heatproof теплосто́йкий, жаропро́чный

heat-rash потни́ца

heat-resistant *see* **heatproof**

heat-sensitive термочувстви́тельный

heat-stroke теплово́й уда́р

heat-treated терми́чески обрабо́танный

heave 1. *n* тя́га; **give a** ~ потяну́ть *pf* **2.** *v* (*pull*) тяну́ть; (*thrown*) швыря́ть, броса́ть; (*rise and fall*) поднима́ться и опуска́ться; ~ **a groan** простона́ть *pf*; ~ **a sigh** тяжело́ вздохну́ть *pf*

~ **aback** *naut* ложи́ться в дрейф

~ **ahead** *naut* дви́гаться вперёд

~ **alongside** *naut* подтя́гивать к бо́рту

~ **astern** *naut* дви́гаться наза́д

~ **down** спуска́ть

~ **in** (*rope*) выбира́ть; (*boat*) поднима́ть на борт; (*drag in*) вта́скивать; ~ **in sight** появля́ться

~ **off** снима́ть

~ **on** (*rope*) тяну́ть, выбира́ть

~ **round** повора́чивать(ся)

~ **to** *naut* остана́вливаться, ложи́ться в дрейф

~ **up** поднима́ть

heaven *relig* рай; (*sky*) не́бо; **the** ~**s** небеса́ *neut pl*, небе́сный свод; *fig* **in the seventh** ~ на седьмо́м не́бе; *in interj* ~**s!** Бо́же! Бо́же мой!; ~ **forbid** бо́же упаси́!; **by** ~! ей-Бо́гу; **for** ~**'s sake** ра́ди Бо́га; **thank** ~ сла́ва Бо́гу

heavenly (*divine*) небе́сный, боже́ственный; (*otherworldly*) неземно́й; *astr* небе́сный; ~ **body** небе́сное те́ло, свети́ло; *coll* (*wonderful*) чу́дный, чуде́сный

heaven-sent ниспо́сланный бо́гом; ~ **opportunity** блестя́щая возмо́жность *f*

heavenwards ввысь, в не́бо

heaver гру́зчик

heavily (*fall, walk, load etc*) тяжело́; (*severely, strongly*) си́льно; ~ **armed** си́льно вооружённый; ~ **wooded** гу́сто поро́сший ле́сом; **drink** ~ си́льно пить; **it's raining** ~ идёт си́льный дождь; **sleep** ~ спать глубо́ким сном; **use** ~ уси́ленно по́льзоваться (+ *instr*)

heaviness (*weight*) тя́жесть *f*; (*clumsiness*) неуклю́жесть *f*; (*depression*) вя́лость *f*, депре́ссия; ~ **of heart** тя́жесть на се́рдце

heaving 1. *n* (*lifting*) подъём; (*throwing*) броса́ние; *naut* ка́чка; (*rising and falling*) вздыма́ние **2.** *adj* ~ **line** броса́тельный коне́ц

Heaviside layer слой Хэвиса́йда

heavy 1. *adj* (*weighty; cumbersome; fig in various senses*) тяжёлый; ~ **breathing** тяжёлое дыха́ние; ~ **coat** тяжёлое пальто́; ~ **fall** тяжёлое паде́ние; ~ **style** тяжёлый стиль *m*; ~ **work** тяжёлая рабо́та; (*of more than usual size*) ~ **artillery** тяжёлая артилле́рия; ~ **crop** бога́тый урожа́й; ~ **expenses** больши́е расхо́ды *m pl*; ~ **industry** тяжёлая промы́шленность *f*; ~ **sea** больша́я волна́; ~ **seas** бу́рное мо́ре; ~ **swell** си́льная зыбь *f*; (*more intensive than usual*) ~ **accent** си́льный акце́нт; ~ **cold** си́льный на́сморк; ~ **fire** си́льный ого́нь *m*; ~ **pressure** си́льное давле́ние; ~ **rain** си́льный, проливно́й дождь *m*; ~ **sleep** глубо́кий сон; ~ **traffic** интенси́вное движе́ние; ~ **use** интенси́вное по́льзование; ~ **weather** (*storm*) шторм; (*oppressive weather*) ду́шная пого́да; **make** ~ **weather of** с трудо́м справля́ться с (+ *instr*); (*not fine*) ~ **features** кру́пные черты́ *f pl* лица́; *print* ~ **type** жи́рный шрифт; (*thick*) ~ **gauge** большо́го сече́ния; ~ **paper** то́лстая бума́га; (*of soil*) вя́зкий; (*dense*) густо́й; ~ **fog** густо́й тума́н; ~ **layer** густо́й слой; (*difficult*) **it was** ~ **going** тру́дно бы́ло продвига́ться; ~ **task** тру́дная зада́ча; (*grievous*) ~ **blow** сокруши́тельный уда́р (**to,** + *dat or* для + *gen*); ~ **loss** (*material*) большо́й убы́ток; (*emotional*) тяжёлая потеря; *mil* ~ **losses** больши́е потери *f pl*; (*strict, severe*) стро́гий; (*gloomy*) мра́чный; **with a** ~ **heart** с тяжёлым се́рдцем; (*boring*) ску́чный, тяжёлый; *chem* ~ **hydrogen** тяжёлый водоро́д; ~ **water** тяжёлая вода́; (*in expressions*) ~ **with sleep** в полусо́нном состоя́нии; ~ **with**

wine отупе́вший от вина́; ~ **with young** бере́менная **2.** *adv* тяжело́

heavy-duty (*powerful*) мо́щный; (*of heavy type*) тяжёлый, тяжёлого ти́па; (*for heavy work*) для тяжёлых усло́вий; ~ **truck** грузова́я маши́на большо́й грузоподъёмности; ~ **tyre** ши́на для тяжёлых усло́вий рабо́ты; (*tough*) сверхпро́чный, повы́шенной про́чности

heavy-handed (*clumsy*) неуклю́жий, нело́вкий; (*tactless*) беста́ктный; (*crude*) гру́бый

heavy-hearted печа́льный, с тяжёлым се́рдцем

heavy-laden (*loaded down*) тяжело́ нагру́женный; *fig* угнетённый, пода́вленный

heavyweight 1. *n sp* (*boxer, wrestler*) боксёр/боре́ц тяжёлого ве́са **2.** *adj* (*heavy*) тяжёлый, тяжелове́сный; (*of materials*) то́лстый; *sp* тяжёлого ве́са

hebdomadal еженеде́льный

hebetude тупоу́мие

Hebraic древнеевре́йский

Hebraism *relig* иуде́йство; *ling* древнеевре́йское выраже́нне, гебраи́зм

Hebraist гебраи́ст

Hebrew 1. *n* (*person*) евре́й, *f* евре́йка; (*language*) древнеевре́йский язы́к **2.** *adj* (*Jewish*) евре́йский; (*of ancient Hebrew(s)*) древнеевре́йский; ~ **studies** гебраи́стика

hecatomb (*hist*) гекато́мба (*also fig*); *fig* (*slaughter*) ма́ссовое уби́йство; (*large number*) несме́тное число́

heck *euph, see* **hell**

heckle прерыва́ть вы́криками

hectare гекта́р

hectic (*feverish*) лихора́дочный; (*restless*) беспоко́йный; *med* чахо́точный, туберкулёзный

hectogram(me) гектогра́мм

hectograph гекто́граф

hectolitre гектоли́тр

hectometre гектоме́тр

hector *vt* (*bully*) запу́гивать; (*pester*) пристава́ть к (+ *dat*); *vi* (*swagger*) ва́жничать

hedge 1. *n* (*of bushes etc*) (жива́я) и́згородь *f*; (*barrier*) прегра́да; (*row of people*) цепь *f* **2.** *v* (*plant* ~) сажа́ть живу́ю и́згородь; (*cut* ~) подреза́ть, стричь живу́ю и́згородь; (*provide with* ~) обса́живать живо́й и́згородью; (*enclose with* ~) огора́живать живо́й и́згородью; *fig* (*surround*) окружа́ть (**with,** + *instr*); *fig, coll* (*hang back*) ме́длить; (*be evasive*) виля́ть; *fig, coll* ~ **a bet** перестрахо́вываться; ~ **about, round** обноси́ть живо́й и́згородью; ~ **about with conditions** обставля́ть усло́виями; ~ **in** отгора́живать живо́й и́згородью; *fig* (*surround*) окружа́ть; (*limit*) ограни́чивать

hedgehog ёж; *mil* кругова́я оборо́на

hedge-hop лета́ть на бре́ющем полёте

hedge-hopping бре́ющий полёт

hedge-rose шипо́вник

hedgerow жива́я и́згородь *f*

hedonism гедони́зм

hedonist *phil, psych* гедони́ст; (*voluptuary*) сластолю́бец, сладостра́стник

hedonistic гедонисти́ческий

heed 1. *n* (*attention*) внима́ние; **pay no** ~ **to** (*ignore*) не обраща́ть внима́ния на (+ *acc*); (*not take into account*) не учи́тывать; **take** ~! осторо́жно, береги́тесь; **take** ~ **what you do** смотри́те, что де́лаете **2.** *v* (*take note of*) обраща́ть внима́ние на (+ *acc*); (*take into account, take to heart*) учи́тывать; (*listen to*) слу́шать; *ar* (*notice*) замеча́ть

heedful (*careful*) осторо́жный; (*attentive*) внима́тельный (**of,** к + *dat*); **be** ~ **of** учи́тывать, не забыва́ть о (+ *prep*)

heedless не обраща́ющий внима́ния (**of,** на + *acc*); ~ **of her tears, he left the room** не обраща́я внима́ния на её слёзы, он вы́шел из ко́мнаты; **be** ~ **of** не обраща́ть внима́ния на (+ *acc*); не учи́тывать (*see* **heed**)

heedlessly (*carelessly*) неосторо́жно; (*casually*) небре́жно

hee-haw 1. *n* крик осла́ **2.** *v* крича́ть

[1]**heel 1.** *n* (*of foot, sock*) пя́тка; (*raised part of shoe*) каблу́к; (*back of shoe*) за́дник; *in expressions* **Achilles'** ~ ахилле́сова пята́, больно́е ме́сто; **at, on the** ~**s of** по пята́м (+ *gen*); **bring to** ~ заста́вить *pf* подчиня́ться; **cool one's** ~**s** ждать, дожида́ться; **dig in one's** ~**s** упря́миться *pf*, упо́рствовать; **down-at-**~ (*of shoes*) со сто́птанными каблука́ми; *fig* бе́дный, жа́лкий; **head over** ~**s** вверх нога́ми, кувырко́м; **head over** ~**s in love** по́ уши влюблённый; **lay by the** ~**s** пойма́ть *pf*; **take to one's** ~**s** удира́ть; **turn on one's** ~ поверну́ться *pf* на каблука́х; **under the** ~ **of** под пято́й (+ *gen*); *tech, bui* ни́жняя часть *f*; *archi* обра́тный гусёк; *rlwy* серде́чник; (*of mast*) шпор; *sl* (*person*) подле́ц, негодя́й **2.** *v* (*shoes*) ста́вить каблуки́ (на + *acc*); *sp* уда́рить *pf* пя́ткой

[2]**heel 1.** *n* (*of ship*) крен **2.** *v* крени́ть(ся)

hefty (*large*) большо́й; (*big and strong*) дю́жий, здорове́нный; (*forceful*) си́льный; (*considerable*) поря́дочный, изря́дный

Hegelian 1. *n* гегелья́нец **2.** *adj* гегелья́нский

hegemony гегемо́ния

Hegira хи́джра

he-he хи-хи́

heifer тёлка

height (*vertical measurement, altitude*) высота́; ~ **above sea level** высота́ над у́ровнем мо́ря; **a tree 40m in** ~ де́рево высото́й в со́рок ме́тров; **at a** ~ **of 20,000 feet** на высоте́ двадцати́ ты́сяч ме́тров; **from a** ~ **of ten feet** с высоты́ десяти́ фу́тов; (*of person*) рост; **a man of above average** ~ челове́к вы́ше сре́днего ро́ста; **he is six feet in** ~ он ро́стом в шесть фу́тов; **what is his** ~**?** како́го он ро́ста, како́й у него́ рост?; (*top of hill etc*) верши́на; (*culmination*) верх, вы́сшая сте́пень *f*; **at the** ~ **of his fame** на верши́не сла́вы; **the** ~ **of folly** верх глу́пости; (*most intense point*) **in the** ~ **of summer** в разга́ре ле́та; **the flood was at its** ~ наводне́ние дости́гло вы́сшей то́чки; **the storm was at its** ~ бу́ря была́ в (по́лном) разга́ре

heighten (*make higher*) повыша́ть; (*intensify*) повыша́ть(ся), уси́ливать(ся)

height-indicator альтиме́тр, высотоме́р

heinous (*odious*) отврати́тельный, гну́сный; (*awful*) ужа́сный

heir насле́дник; **be** ~ **to one's father's property** насле́довать иму́щество своего́ отца́; ~ **apparent** пе́рвый насле́дник; ~ **presumptive** предполага́емый насле́дник; ~ **to the throne** насле́дник престо́ла; *fig* (*successor*) прее́мник

heiress насле́дница

heirloom фами́льная вещь *f*; *leg* дви́жимость *f*, сле́дующая за недви́жимостью

heliacal (*of sun*) со́лнечный; ~ **rising** гелиакти́ческий восхо́д

helical (*spiral*) спира́льный; (*of screw section*) винтово́й, геликоида́льный
helicoid гелико́ид
helicopter вертолёт
heliocentric гелиоцентри́ческий
heliograph 1. *n* (*all senses*) гелио́граф **2.** *v* (*send message*) передава́ть по гелио́графу
heliography гелиогра́фия
heliogravure гелиогравю́ра
heliophilous *bot* светолюби́вый
heliophobic светобоя́зливый
helioscope гелиоско́п
heliostat гелиоста́т
heliotherapy солнцелече́ние
heliotrope 1. *n bot*, *min* гелиотро́п; (*colour*) све́тло-лило́вый цвет **2.** *adj* све́тло лило́вый
heliotropism гелиотропи́зм, фототропи́зм
heliotype гелиоти́пия
heliport аэродро́м для вертолётов, вертодро́м
helium 1. *n* ге́лий **2.** *adj* ге́лиевый
helix спира́ль *f*; *anat* завито́к ушно́й ра́ковины; *archi* волю́та
hell *relig*, *fig* ад; **in ~** в аду́; (*den*) прито́н; *in expressions*) **a ~ of a** (*extreme*) черто́вский, а́дский; (*awful*) ужа́сный; стра́шный; (*said ruefully or indignantly*) ну и . . . ; **a ~ of a lot of** жу́тко мно́го (+ *gen*), у́жас как мно́го (+ *gen*); **all ~ broke loose** подня́лся а́дский шум; **... as hell** черто́вски, ужа́сно, жу́тко; **catch, get ~** получи́ть *pf* нагоня́й; **for the ~ of it** ра́ди сме́ха; **give ~** дать *pf* нагоня́й (+ *dat*); **go to ~!** иди́ ты к чёрту!, пошёл к чёрту!; **hell!** чёрт!; **~ for leather** во всю прыть; **like ~** (*very badly*) стра́шно, ужа́сно; (*very much*) черто́вски, у́жас как; (*very urgently*) как сумасше́дший; (*ironically as emph neg*) ну да!, как бы не так!; **like ~ they'll be pleased!** о́чень они́ бу́дут дово́льны!; **raise ~** поднима́ть шум; **sure as ~** непреме́нно; **to ~ with him** а ну его́, пошёл он к чёрту; **through ~ and high water** сквозь ого́нь и во́ду; **what the ~ ...** како́го чёрта ...; **what the ~ do you want?** а вы что хоти́те, чёрт побери́?; **who the ~ are you?** вы кто бу́дете, чёрт побери́?; **why the ~ ...?** на кой чёрт, како́го чёрта?
hellbent 1. *adj* наме́ренный во что бы то ни ста́ло (**on,** + *infin*) **2.** *adv* во весь опо́р, как бе́шеный
hellebore *bot* (*Veratrum*) чемери́ца; (*Helleborus*) моро́зник
Hellene 1. *n* э́ллин, грек **2.** *adj* гре́ческий, э́ллинский
Hellenic э́ллинский, гре́ческий
Hellenism эллини́зм
Hellenist эллини́ст
Hellenistic эллинисти́ческий
hellion озорни́к
hellish 1. *adj* (*most senses*) а́дский; (*fiendish; extreme*) дья́вольский; (*very unpleasant*) отврати́тельный, проти́вный **2.** *adv* дья́вольски, жу́тко
hello *see* **hallo**
helm (*helmet*) шлем; *naut* (*for steering*) руль *m*; **answer the ~** слу́шаться руля́; **on, at the ~** у штурва́ла; **port the ~!** ле́во руля́!; *fig* корми́ло вла́сти
helmet (*soldier's*, *fireman's*) ка́ска; (*part of armour*; *protective*) шлем; **crash ~** защи́тный шлем; **diver's ~** водола́зный шлем; **flying ~** лётный шлем
helmeted в ка́ске; в шле́ме
helminth глист, кише́чный парази́т
helminthology гельминтоло́гия
helmsman рулево́й
helot ило́т, раб
help 1. *n* (*aid*) по́мощь *f*; **be of ~** помога́ть (**to,** + *dat*); **call for ~** звать на по́мощь, крича́ть карау́л; **give ~** помога́ть (**to,** + *dat*), ока́зывать по́мощь (**to,** + *dat*); **send for ~** посла́ть *pf* за по́мощь; **there's no ~ for it** э́тому нельзя́ помо́чь; **with the ~ of** с по́мощью, при по́мощи (+ *gen*); (*helper*) помо́щник; (*domestic*) домрабо́тница **2.** *v* (*aid*) помога́ть (+ *dat*; **to,** + *infin*; **with,** с + *instr*); **that won't ~** э́то не помо́жет; *as exclam* (*if needing ~*) на по́мощь!; (*if being molested*) карау́л!; (*oh dear!*) Бо́же!; (*be of use*) быть поле́зным (+ *dat*); (*be conducive*) спосо́бствовать (+ *dat*); (*serve food*) подава́ть (+ *acc of thing*, *dat of person*), угоща́ть (+ *acc of person*, *instr of thing*); **~ oneself to** угоща́ться (+ *instr*), брать себе́; **~ yourself!** возьми́те пожа́луйста!; (*in answer to request*) пожа́луйста!; (*after* **can, cannot**) **can he ~ it if he is a fool?** э́то его́ вина́, что он дура́к?; **I can't ~ it if** не моя́ вина́, что/я не винова́т в том, что; **I can't ~ thinking that** я не могу́ отде́латься от мы́сли, что; **I'm sorry, I couldn't ~ it** прости́те, я неча́янно; **it can't be ~ed** ничего́ не поде́лаешь; **how can one ~ but, one can't ~ but** невозмо́жно не (+ *infin*); **no more than you can ~** не бо́льше, чем на́до; **they couldn't ~ laughing** они́ не могли́ не смея́ться
 ~ down помога́ть сойти́ (**from,** с + *gen*)
 ~ forward спосо́бствовать (+ *dat*)
 ~ in помога́ть войти́ в (+ *acc*); **~ into a car** подса́живать в маши́ну
 ~ off with (*clothes*) помога́ть снять
 ~ on with (*clothes*) помога́ть наде́ть
 ~ out помога́ть (**with,** с + *gen*); **~ out of** помога́ть вы́йти из (+ *gen*); **~ out of a coat** помо́чь *pf* снять пальто́
helper помо́щник
helpful (*useful*) поле́зный; (*convenient*) удо́бный; **he was very ~** он мно́го помо́г
helpfulness (*readiness to help*) гото́вность *f* помога́ть; поле́зность *f*; удо́бность *f*
helpfully (*wanting to help*) услу́жливо, с гото́вностью помо́чь; (*conveniently*) удо́бно
helping 1. *n* (*portion*) по́рция; (*aiding*) оказа́ние по́мощи **2.** *adj* помога́ющий; **a ~ hand** по́мощь *f*
helpless (*unable to help oneself*) беспо́мощный; (*incompetent*, *powerless*) басси́льный; (*defenceless*) беззащи́тный; (*clumsy*) нело́вкий
helplessly беспо́мощно
helplessness басси́лие, беспо́мощность *f*
helpmate, helpmeet помо́щник, *f* помо́щница
helter-skelter 1. *n* (*spiral slide*) спира́льная го́рка для ката́ния **2.** *adj* (*disordered*) беспоря́дочный **3.** *adv* в беспоря́дке
helve рукоя́тка
hem 1. *n* (*stitched edge*) подру́бочный шов; (*lower edge of garment*) низ; (*border*) кро́мка **2.** *v* (*put ~ on*) подруба́ть; (*stitch up*) подшива́ть; *fig* **~ in, about, round** окружа́ть (**with,** + *instr*)
hem, h'm *interj* гм
he-man настоя́щий мужчи́на
hemicycle полукру́г
hemiplegia гемиплеги́я
hemisphere полуша́рие
hemispherical полусфери́ческий
hemistich полусти́шие

hemline (*lower edge*) низ (ю́бки, пла́тья); (*dress length*) длина́ (ю́бки, пла́тья)
hemlock болиголо́в кра́пчатый
hemp 1. *n* (*plant*) конопля́; (*fibre*) пенька́ **2.** *adj* пенько́вый; ~ **cake** конопля́ный жмых; ~ **field** конопля́ник
hempen пенько́вый
hemstitch потайно́й шов
hen (*chicken*) ку́рица; *pl* ку́ры *f pl*; (*of other birds: fem form of name, e.g.* тетёрка, *or* са́мка + *gen sing of masc form*); *coll* (*of man*) ба́ба
henbane белена́
hence (*from this, from here*) отсю́да; ~ **it follows that** отсю́да сле́дует, что; (*from now*) с э́того вре́мени; **a week** ~ че́рез неде́лю; (*therefore*) поэ́тому, сле́довательно
henceforth с э́того вре́мени
henchman (*supporter*) сторо́нник, приве́рженец; (*accomplice, hanger-on*) приспе́шник
hen-coop куря́тник
hendecagon одиннадцатиуго́льник
hendecasyllables одиннадцатисло́жник
hendiadys гендиа́дис
hen-house куря́тник
henna 1. *n* хна **2.** *v* кра́сить хной
hennery птицефе́рма
hen-party *coll* вечери́нка без мужчи́н, деви́чник
henpeck (*nag*) придира́ться, пристава́ть (к + *dat*); (*domineer over*) держа́ть под башмако́м
hen-roost насе́ст
henry *elect* ге́нри *neut indecl*
hepatic печёночный
hepatite гепати́т
hepatitis гепати́т
heptad 1. *n* гру́ппа из семи́, семёрка **2.** *adj chem* семивале́нтный
heptagon семиуго́льник
heptagonal семиуго́льный
heptahedral семигра́нный
heptahedron семигра́нник
heptane гепта́н
her *poss adj* (*qualifying subject*) её *indecl*; ~ **house is big** её дом большо́й; (*in predicate, not referring to subject*) её *indecl*; **I read** ~ **book** я прочита́л её кни́гу; (*in predicate, referring to subject;* ~ **own**) свой (*often omitted if unambiguous*) **she gave me** ~ **address** она́ дала́ мне свой а́дрес
herald 1. *n hist* геро́льд; (*bringer of news, precursor; also fig*) ве́стник; (*proclaimer*) глаша́тай **2.** *v* (*proclaim*) возвеща́ть (о + *pr*); (*presage, foretell*) предвеща́ть
heraldic геральди́ческий
heraldry гера́льдика
herb трава́; **aromatic, culinary, and medicinal** ~**s** аромати́ческие, ку́хонные, и лека́рственные тра́вы
herbaceous (*of, like herb*) травяни́стый; ~ **border** цвето́чный бордю́р
herbage (*herbal vegetation*) травяно́й покро́в; (*pasture*) па́стбище; *leg* пра́во па́стбища
herbal 1. *n* (*herb book*) тра́вник **2.** *adj* травяно́й
herbalist (*dealer in herbs*) торго́вец лека́рственными тра́вами; *ar* (*botanist*) бота́ник
herbarium герба́рий
herbicide гербици́д
herbivore травоя́дное живо́тное
herbivorous травоя́дный
Herculean геркуле́сов; ~ **task** непоме́рно тру́дная зада́ча
Hercules *myth, astron* Геркуле́с
herd 1. *n* (*of cattle etc*) ста́до; (*crowd*) толпа́; (*shepherd etc*) пасту́х **2.** *vt* (*collect into* ~) собира́ть в ста́до; *fig* собира́ть вме́сте; (*tend animals*) пасти́; (*drive* ~) гоня́ть; *fig* гоня́ть как ста́до; *vi* (*huddle together*) сбива́ться в ку́чу
herdsman пасту́х
here (*in this place*) здесь, (*usu more coll*) тут; ~ **and there** там и сям, иногда́; ~ **is** вот; ~ **is my house** вот мой дом; *emph* **Ivan** ~ **will show you** вот Ива́н вам пока́жет; (*at this juncture*) тут, в э́тот моме́нт; (*hither*) сюда́; **come** ~ иди́те сюда́; **give it** ~ дава́й его́ сюда́; *in expressions* ~ **goes** ну, пое́хали; **neither** ~ **nor there** ни к селу́, ни к го́роду; **same** ~ я то́же
hereabout(s) поблизости, ря́дом; **somewhere** ~ где-то тут
hereafter 1. *n* потусторо́ний мир; **in the** ~ на том све́те **2.** *adv* (*afterwards*) зате́м; (*in future*) в бу́дущем, в дальне́йшем; (*in book references*) да́льше
hereat при э́том
hereby (*thus*) таки́м о́бразом; (*in legal formulas*) настоя́щим, сим; **I** ~ **certify, witness** настоя́щим удостоверя́ю
hereditament иму́щество (могу́щее быть предме́том насле́дования)
hereditary *leg, biol* насле́дственный; (*inborn*) врождённый; (*traditional*) традицио́нный
heredity насле́дственность *f*
herein (*in this*) в э́том; (*here*) здесь
hereinafter в дальне́йшем, ни́же
hereinbefore вы́ше
hereof э́того
hereon на э́том (докуме́нте)
heresiarch ересиа́рх
heresy е́ресь *f*; **fall into** ~ впада́ть в е́ресь *f*
heretic ерети́к
heretical ерети́ческий
hereto к э́тому (докуме́нту *etc*)
heretofore (*formerly*) пре́жде; (*until now*) до сих пор
hereunder ни́же
hereunto до сих пор
hereupon (*on this matter*) в отноше́нии э́того; (*on this*) на э́том; (*here*) здесь; (*following on this*) по́сле э́того; (*at this, immediately after and as a result of this*) при э́том
herewith (*of appended letter etc*) при сём, с э́тим; (*now, hereby*) настоя́щим
heritable (*property*) насле́дуемый, насле́дственный; (*able to inherit*) могу́щий насле́довать
heritage (*inherited property*) насле́дство; *fig* **cultural** ~ культу́рное насле́дие, насле́дство; (*tradition*) традиция
heritor насле́дник
hermaphrodite 1. *n* гермафроди́т **2.** *adj* гермафроди́тный, двупо́лый
hermaphroditism гермафродити́зм
hermeneutic герменевти́ческий
hermeneutics гермене́втика
Hermes Герме́с
hermetic (*seal*) гермети́ческий; (*of alchemy*) алхими́ческий; (*magic*) маги́ческий
hermetically гермети́чески; ~ **sealed** герметизо́ванный
hermit отше́льник (*also fig*), пусты́нник; ~ **crab** рак-отше́льник
hermitage прию́т отше́льника

hernia гры́жа
Herod Иро́д
hero (*all senses*) геро́й
heroic (*most senses*) герои́ческий; ~ **deed** герои́ческий по́двиг; ~ **couplet** герои́ческий двусти́х; ~ **poem** эпи́ческая поэ́ма
heroics высокопа́рные слова́ *neut pl*
heroin герои́н
heroine герои́ня
heroism герои́зм, геро́йство
heron ца́пля
heronry гнездо́вье ца́пель
hero-worship 1. *n* героиза́ция, культ геро́я **2.** *v* обожа́ть
herpes лиша́й
herpetologist герпето́лог
herpetology герпетоло́гия
herring *zool*, *collect* сельдь *f*; *cul* селёдка; **chopped** ~ селёдочный паште́т; **red** ~ предме́т, отвлека́ющий внима́ние; ~**-bone** (*pattern*) ёлочка; *as adj* в ёлочку; ~**-bone stitch** стежо́к в ёлочку; *bui*, *archi* ~**-bone bond** кла́дка (кирпича́) в ёлку
hers её; **this book is** ~ э́та кни́га её; **a friend of** ~ оди́н из её друзе́й
herself *emph pron* сама́; **she** ~ **told me** она́ сама́ мне сказа́ла; *refl pron* себя́ (*acc*), себе́ (*dat*, *pr*), собо́й (*instr*) (*in some cases rendered by reflexive verb in* -ся); **(all) by** ~ (*unaided*) сама́ (*usu after verb*); **she made it all by** ~ она́ его́ сде́лала сама́; (*alone*) одна́ (*use after verb*) **she lives there all by** ~ она́ живёт там соверше́нно одна́; **she blamed** ~ она́ вини́ла себя́; **she bought** ~ **a new hat** она́ купи́ла себе́ но́вую шля́пу; **she did it for** ~ она́ э́то сде́лала для себя́; **she doesn't think about** ~ она́ не ду́мает о себе́; **she felt** ~ **falling** она́ чу́вствовала, как па́дает; **she found** ~ **in the garden** она́ очути́лась в саду́; **she hurt** ~ она́ ушибла́сь; **she is looking at** ~ **in the mirror** она́ смо́трит на себя́ в зе́ркало; **she is not** ~ **today** она́ сама́ не своя́ сего́дня; **she often asks** ~ **that question** она́ ча́сто задаёт себе́ э́тот вопро́с; **she talks to** ~ она разгова́ривает сама́ с собо́й, про себя́; **she was ashamed of** ~ ей бы́ло сты́дно; **when she came to** ~ когда́ она́ пришла́ в себя́
hertz герц; **3,000 hertz** 3,000 герц
Hertzian: ~ **wave** электромагни́тная волна́
hesitance, hesitancy (*wavering*) колеба́ние; (*indecisiveness*) нереши́тельность *f*
hesitant (*wavering*) колеблю́щийся; (*doubtful*) сомнева́ющийся; (*indecisive*) нереши́тельный; (*of speech*) заика́ющийся, запина́ющийся
hesitate (*waver*) колеба́ться; **he didn't** ~ **for a moment** он ни мину́ты не колеба́лся; (*be shy to*) стесня́ться; **don't** ~ **to ask** не стесня́йтесь спра́шивать; **I** ~ **to tell you** бою́сь вам сказа́ть; (*hang back*) не реша́ться; (*in speech*) заика́ться, запина́ться
hesitatingly нереши́тельно
hesitation (*wavering*) колеба́ние; (*doubt*) сомне́ние; **without** ~ (*decisively*) реши́тельно, без вся́ких сомне́ний; (*willingly*) охо́тно, не колеблясь; (*immediately*) сра́зу же, неме́дленно; (*indecision*) нереши́тельность *f*, неуве́ренность *f*; (*unwillingness*) неохо́та
Hesperus вече́рняя звезда́
hessian (*cloth*) мешкови́на; *pl* (*boots*) ботфо́рты *m pl*
hessite гесси́т
heteroclite непра́вильно склоня́ющийся, гетероклити́ческий
heterodox неортодокса́льный
heterodoxy неортодокса́льность *f*
heterodyne 1. *n* гетероди́н **2.** *adj* гетероди́нный
heterogamous гетерога́мный
heterogamy гетерога́мия
heterogeneity гетероге́нность *f*, неоднoро́дность *f*, разноро́дность *f*
heterogeneous гетероге́нный, разноро́дный; *math* гетероге́нный, неоднoро́дный
heterogenesis гетерогене́з
heteromorphic, heteromorphous гетеромо́рфный
heteronym омогра́ф
heterosexual 1. *n* гетеросексуали́ст **2.** *adj* гетеросексуа́льный
heterosexuality гетеросексуали́зм
heterotypic(al) гетеротипи́ческий
hetman ге́тман
het-up *coll* взволно́ванный; **get** ~ психова́ть
heuristic эвристи́ческий
heuristics эври́стика
hew (*fell*, *chop*, *hack*) руби́ть; (*shape with axe*) теса́ть; ~ **away** отруба́ть; отсека́ть; ~ **down** руби́ть, вали́ть; ~ **off** отруба́ть, отсека́ть; ~ **out** выруба́ть, высека́ть; ~ **to pieces** разруба́ть, раска́лывать
hewer (*of wood*) дровосе́к; (*of stone*) каменотёс; (*of coal*) забо́йщик
hewing (*shaping*) тёска; (*felling*) ру́бка
hewn (*shaped*) тёсаный; ~ **out of** вы́тесанный, вы́сеченный из (+ *gen*)
hexad гру́ппа из шести́
hexaëmeron *hist*, *lit* шестодне́в
hexagon шестиуго́льник
hexagonal шестиуго́льный
hexahedron шестигра́нник
hexahedral шестиуго́льный
hexameter гекза́метр
hexane гекса́н
hexangular шестиуго́льный
hexapod 1. *n* насеко́мое **2.** *adj* шестино́гий
hexarch *biol* с шесть́ю сосу́дистыми луча́ми
hexarchy сою́з шести́ госуда́рств
hexatomic шестиа́томный
hexavalent шестивале́нтный
hexode гексо́д
hexose гексо́за
hey (*exclam to attract attention*) эй!; (*exclam of surprise*, *pleasure*) ну!; ~**-presto!** алле́-гоп!
heyday расцве́т; **in, at its** ~ в его́ расцве́те
hi (*hey*) эй!; (*hallo*) приве́т!
hiatus *ling* хиа́тус, зия́ние; (*lacuna*) пробе́л; (*interruption*) переры́в
hibernaculum (*of animal*) ме́сто зи́мней спя́чки; *bot* зиму́ющая по́чка
hibernate (*be in hibernation*) находи́ться в зи́мней спя́чке; (*spend winter*) зимова́ть
hibernation зи́мняя спя́чка, гиберна́ция
Hibernian 1. *n* ирла́ндец, *f* ирла́ндка **2.** *adj* ирла́ндский
hibiscus ро́за гиби́скус
hiccup, hiccough 1. *n* ико́та; **give a** ~ икну́ть *pf* **2.** *v* ика́ть
hick *Am* (*bumpkin*) дереве́нщина
hickory гико́ри *m indecl*, пека́н
hidalgo (г)ида́льго *m indecl*
hidden (*having been* ~) скры́тый, спря́танный; ~ **treasure** спря́танное сокро́вище; (*thoughts*, *meaning etc*) та́йный

[1]hide (*whole skin*) шку́ра; **save one's ~** спаса́ть свою́ шку́ру; (*leather, skin*) ко́жа

[2]hide 1. *n* (*concealed place*) заса́да, укры́тие; (*hiding place*) тайни́к **2.** *v* (*put out of sight*) пря́тать; (*conceal*) скрыва́ть; (*conceal oneself*) скрыва́ться (**in,** в + *prep*; **from,** от + *gen*); (*be concealed*) пря́таться (**in,** в + *pr*; **from,** от + *gen*)

hide-and-seek (игра́ в) пря́тки; **play ~** игра́ть в пря́тки

hidebound (*narrow-minded*) ограни́ченный; (*conventional*) ортодокса́льный

hideous (*repulsive*) отврати́тельный; (*terrible*) ужа́сный, стра́шный; (*very ugly*) безобра́зный

hideousness отврати́тельность *f*; безобра́зие

hideout укры́тие, убе́жище; (*den of thieves etc*) прито́н

[1]hiding (*thrashing*) по́рка; **give a good ~ to** вы́пороть *pf*, вы́драть *pf*

[2]hiding (*act*) пря́тание, скрыва́ние; **be in ~** пря́таться, скрыва́ться; **go into ~** спря́таться *pf*, скры́ться *pf*; **~-place** (*for things*) тайни́к; (*refuge*) убе́жище, укры́тие, тайни́к

hierarch иера́рх

hierarchical иерархи́ческий

hierarchy (*various senses*) иера́рхия

hieratic иерати́ческий

hieroglyph иеро́глиф, символи́ческие письмена́ *neut pl*

hieroglyphic иероглифи́ческий

hierophant жрец

hi-fi *coll* (ра́дио, прои́грыватель *m*) с высо́кой то́чностью воспроизведе́ния, высокока́чественный

higgledy-piggledy 1. *adj* беспоря́дочный, хаоти́ческий **2.** *adv* в беспоря́дке, как попа́ло

high 1. *n* (*~ point*) вы́сшая то́чка; (*~ degree*) вы́сший у́ровень *m*; (*heaven*) **on ~** на не́бе, в небеса́х; **from on ~** с не́ба; *meteor* антицикло́н; *sl* (*from drug*) кайф **2.** *adj* (*most senses*) высо́кий; (*in measurements*) высото́й в (+ *acc*); **a tree fifty feet ~** де́рево высото́й в пятьдеся́т фу́тов; **how ~ is the wall?** како́й высоты́ стена́?; (*great, intense, heightened*) **at ~ speed** на большо́й ско́рости; **~ colour** я́ркий румя́нец; **~ point** вы́сшая то́чка; **~ wind** си́льный ве́тер; **in ~ spirits** в хоро́шем настрое́нии; **to a ~ degree** в вы́сшей сте́пени; (*senior*) **~ command** вы́сшее кома́ндование; **High Court** Высо́кий суд; **~ official** вы́сший чино́вник; **~ school** сре́дняя шко́ла; (*in time expressions*) **at ~ noon** то́чно в по́лдень; **in ~ summer** в разга́ре ле́та; **it is ~ time to** давно́ пора́ (+ *infin*); (*of food*) с душко́м; *coll* (*drunk*) подвы́пивший; (*in various expressions*) **~ and dry** (*of boat*) на берегу́, на су́ше; *fig* поки́нутый (в беде́, без средств *etc*); **~ and mighty** высокоме́рный, надме́нный; **~ explosive** briза́нтное (взры́вчатое) вещество́; **the Most High** всевы́шний; **the ~ seas** откры́тое мо́ре; **~ street** гла́вная у́лица; **~ tide** по́лная вода́ **3.** *adv* (*most senses*) высоко́; **~ and low** повсю́ду, везде́; **~ in the mountains** высоко́ в гора́х; **aim ~** ме́тить высоко́; **hold one's head ~** высоко́ держа́ть го́лову

high-altitude высо́тный

high-board *sp* вы́шка; **~ diving** прыжки́ *m pl* с вы́шки

high-born аристократи́ческий, зна́тного происхожде́ния

highboy *Am* высо́кий комо́д

highbrow 1. *n* интеллектуа́л **2.** *adj* интеллектуа́льный; *pej* изы́сканный

high-capacity (*capacious*) высокообъёмный; (*of high productivity*) высокопроизводи́тельный; (*multi-channel*) многокана́льный; (*of high power*) большо́й мо́щности

highchair высо́кий де́тский сту́льчик

high-class высо́кого кла́сса; (*category*) перво-кла́ссный

high-compression с высо́кой сте́пенью сжа́тия

high-density с больши́м уде́льным ве́сом

high-energy (*fuel etc*) высококалори́йный; *phys* **~ particle** бы́страя части́ца; **~ physics** фи́зика части́ц высо́ких эне́ргий

higher 1. *adj* (*in fixed expressions*) вы́сший; **~ education** вы́сшее образова́ние; **~ mathematics** вы́сшая матема́тика; *comp attrib* бо́лее высо́кий; *comp pred* вы́ше; **the first house is ~ than the second** пе́рвый дом вы́ше второ́го

highest *superl adj* са́мый высо́кий; (*very high*) вы́сший; **in the ~ degree** в вы́сшей сте́пени; *lit* (*very, most high*) высоча́йший, наивы́сший; **~ of all** (*things*) вы́ше всего́; (*people*) вы́ше всех

high-explosive фуга́сный, бриза́нтный

highfalutin(g) напы́щенный, высокопа́рный

high-fidelity с высо́кой то́чностью воспроизведе́ния; (*radio set etc*) высокока́чественный

highflown (*bombastic*) напы́щенный; (*exalted*) высокопа́рный, возвы́шенный

high-flying (*flying high*) высоко́ лета́ющий; (*ambitious*) честолюби́вый

high-frequency высокочасто́тный

high-grade высокосо́ртный, высо́кого ка́чества, высокока́чественный

high-handed своево́льный

high-handedness своево́лие, произво́л

high-hat *Am* **1.** *adj* высокоме́рный **2.** *v* обраща́ться высокоме́рно с (+ *instr*)

high-heeled: ~ shoes ту́фли *f pl* на высо́ких каблука́х

high-jump *sp* прыжо́к в высоту́

highland(s) 1. *n* наго́рье, го́рная ме́стность *f* **2.** *adj* (*mountainous*) го́рный; (*of Scottish ~ers*) шотла́ндских го́рцев

highlander (*mountain dweller*) го́рец; (*Scottish ~*) шотла́ндский го́рец

high-level (*intensive*) интенси́вный; (*at high official level*) на вы́сшем у́ровне; *aer* (*at great height*) на большо́й высоте́; (*from great height*) с большо́й высоты́

high life све́тская жизнь *f*

highlight 1. *n* (*best part*) лу́чшее ме́сто, лу́чшая часть *f*; (*of programme*) гвоздь *f*; (*most striking part*) са́мая порази́тельная часть *f*; (*in picture*) блик **2.** *v* (*illuminate*) я́рко освеща́ть; *fig* (*emphasize*) подчёркивать; (*demonstrate*) я́рко демонстри́ровать; (*make prominent*) выдвига́ть на пе́рвый план

highly (*very, very much*) о́чень, весьма́; (*well*) хорошо́; (*to high degree*) высоко́; **~-developed** высокора́звитый; **~-paid** высокоопла́чиваемый; **~-placed** высокопоста́вленный; **~ strung** не́рвный, чувстви́тельный

high-mettled хра́брый

high-minded (*noble*) благоро́дный; (*having high principles*) принципиа́льный; (*idealistic*) идеалисти́ческий, идеалисти́чный

highness (*height*) высота́; (*high degree*) высо́кая сте́пень *f*; (*title*) высо́чество

high-octane высокоокта́новый

high-performance с высо́кими показа́телями, высокоэффекти́вный
high-pitched (*sound*) высо́кий; (*shrill*) пронзи́тельный; (*roof*) высо́кий и круто́й; (*aspiring*) возвы́шенный
high-polymers высокополиме́ры *m pl*
high-power мо́щный; ~ **engine** высокомо́щный дви́гатель *m*
high-precision высокото́чный, прецизио́нный
high-pressure *tech* высо́кого давле́ния; *meteor* ~ **area** антицикло́н; (*politics etc*) агресси́вный
high-priced дорого́й
high-priority первоочередно́й; (*urgent*) сро́чный
high-protein высокобелко́вый
high-resistance высо́кого сопротивле́ния; *elect* высокоо́мный
high-rise: ~ **building** высо́тный дом
highroad *see* **highway**
high-sounding гро́мкий
high-speed *tech; naut* быстрохо́дный; (*car, plane*) скоростно́й; (*steel*) быстроре́жущий
high-spirited (*brave*) отва́жный; (*gay*) весёлый; (*lively*) живо́й; (*horse*) ре́звый, горя́чий
high-strength высокопро́чный
high-temperature высокотемперату́рный; (*heat-resistant*) жаросто́йкий
high-tension *elect* высо́кого напряже́ния, высоково́льтный
high-up *coll* **1.** *n* больша́я ши́шка **2.** *adj* высокопоста́вленный
high-velocity высокоскоростно́й; ~ **rifle** винто́вка под уси́ленный патро́н
high-voltage высоково́льтный
high-water по́лная вода́; ~ **mark** у́ровень *m* по́лной воды́; *fig* вы́сшая то́чка
highway (*road*) доро́га; (*metalled roadway*) шоссе́ *neut indecl*; (*main road*) больша́я доро́га; (*motorway*) автостра́да; (*route*) путь *m* (**to,** к + *dat*); **on the** ~ **to success** на пути́ к успе́ху; ~ **robbery** разбо́й на больши́х доро́гах
highwayman разбо́йник (с большо́й доро́ги)
high-yield (*productive*) высокопродукти́вный; (*crop*) высокоурожа́йный; (*profitable*) высокодохо́дный
hijack (*take by force*) си́лой отнима́ть; (*steal*) похища́ть; (*rob*) гра́бить; (*aircraft*) угоня́ть
hijacker банди́т; (*of aircraft*) возду́шный пира́т
hijacking (*robbery*) ограбле́ние; (*of aircraft*) уго́н самолёта
hike 1. *n* (*walk*) прогу́лка; (*walking tour*) (тур) похо́д **2.** *v* ходи́ть пешко́м
hiker тури́ст
hiking тури́зм, турпохо́ды *m pl*
hilarious (*noisily cheerful*) шу́мный и весёлый; (*very funny*) весьма́ смешно́й, умори́тельный
hilarity бу́рное весе́лье
hill (*elevated area*) холм; (*slope up*) подъём; (*slope down*) спуск, скат; **climb a** ~ взбира́ться на холм; **go up a** ~ поднима́ться на холм, в го́ру; **go down a** ~ спуска́ться с холма́; **as old as the** ~**s** старо́ как мир
hillbilly 1. *n* (*backwoodsman*) дереве́нщина; (*mountain dweller*) бе́дный го́рец **2.** *adj* дереве́нский
hilliness холми́стость *f*
hillock хо́лмик, буго́р, пригоро́к
hillside склон холма́
hilltop верши́на холма́
hilly холми́стый
hilt (*of weapon*) эфе́с, рукоя́тка; **up to the** ~ по эфе́с; *fig* по́лностью
hilum ру́бчик се́мени
hilus хи́лус
him *see* **he**
Himalayas Гимала́и *m pl*
Himalayan гимала́йский
himself *emph pron* сам; *refl pron* себя́ (*for usage see* **herself**)
[1]**hind** (*deer*) са́мка благоро́дного оле́ня
[2]**hind** (*rear*) за́дний
[1]**hinder** (*rear*) за́дний
[2]**hinder** (*not facilitate*) меша́ть (+ *dat*, **from,** + *infin*) **he** ~**s me from working** он меша́ет мне рабо́тать; (*obstruct*) препя́тствовать (+ *dat*); ~ **the enemy's advance** препя́тствовать наступле́нию проти́вника; (*keep from*) не дава́ть (+ *dat*, **from,** + *infin*); ~ **from falling** не дать *pf* упа́сть
hind-foremost за́дом наперёд
Hindi язы́к хи́нди
hindmost (*rearmost*) са́мый за́дний; (*last*) са́мый после́дний
hindquarter (*of meat*) за́дняя четверти́на мясно́й ту́ши; (*bullocks*) зад
hindrance поме́ха, препя́тствие (**to,** + *dat*); **be a** ~ меша́ть (**to,** + *dat*)
hindsight запозда́лое осозна́ние; **with** ~ огля́дываясь на про́шлое, вспомина́я про́шлое
Hindu 1. *n* инду́с, *f* инду́ска **2.** *adj* инду́сский; (*of Hinduism*) индуи́стский
hinduism индуи́зм
Hindustani 1. *n* (*person*) инди́ец, *f* инди́йка; (*language*) язы́к хиндуста́ни **2.** *adj* инди́йский
hinge 1. *n* (*of door etc*) пе́тля, наве́ска; (*other flexible joints*) шарни́р; (*of book*) сте́ржень *m* **2.** *vt* (*hang on* ~*s*) наве́шивать на пе́тли; *vi* (*turn on* ~*s*) висе́ть, враща́ться на пе́тлях; *fig* (*depend on*) зави́сеть от (+ *gen*)
hinged (*on hinges*) на пе́тлях; (*rotatable*) поворо́тный; (*bonnet, seat etc*) откидно́й; (*having flexible joints*) шарни́рный
hinny *zool* лоша́к
hint 1. *n* (*oblique suggestion*) намёк (**at,** на + *acc*); **broad** ~ я́сный намёк; **drop, give a** ~ намека́ть (**to,** + *dat*; **at,** на + *acc*); **gentle** ~ то́нкий намёк; **take a** ~ поня́ть *pf* намёк; (*slight amount*) ка́пелька; (*trace*) след; (*sign*) при́знак; **with a** ~ **of** с намёком на (+ *acc*); **without a, not a** ~ **of** без вся́кого намёка на (+ *acc*); **a** ~ **of garlic** при́вкус чеснока́; **a** ~ **of green/yellow** про́зелень *f*/ про́желть *f*; **with a** ~ **of grey** (*in hair*) с про́седью; **a** ~ **of irony, mockery** отте́нок иро́нии, насме́шки; **the first** ~ **of spring** пе́рвые при́знаки *m pl* весны́; (*advice*) сове́т; **useful** ~**s for motorists** поле́зные сове́ты автолюби́телям **2.** *v* намека́ть (**to,** + *dat*; **at,** на + *acc*; **that,** что + *ind*)
hinterland райо́ны *m pl* вглубь от прибре́жной полосы́; ~ **of** райо́ны за (+ *instr*)
hip 1. *n anat* бедро́; ~ **measurement** объём бедёр; **with one's hands on one's** ~**s** подбоче́нясь; (*rose-hip*) я́года шипо́вника; *coll* (*gloom*) уны́ние **2.** *interj* **hip, hip, hurrah!** ура́! **3.** *v* (*depress*) расстра́ивать
hip-bath сидя́чая ва́нна
hip-joint тазобе́дренный суста́в
hip-pocket за́дний карма́н
Hippocratic: ~ **oath** кля́тва Гиппокра́та
hippodrome ипподро́м
hippopotamus гиппопота́м, бегемо́т

hippy хи́ппи *m indecl*

hircine (*of goat*) козли́ный; (*like goat*) похо́жий на козла́

hire 1. *n* наём, прока́т; **let out on** ~ сдава́ть внаём, дава́ть напрока́т; (*of taxi*) **for** ~ свобо́дно; (*cost of* ~) пла́та за наём, прока́т; **work for** ~ рабо́тать по на́йму **2.** *v* (*worker etc*) нанима́ть; (*car, boat etc*) брать напрока́т; (*a room etc*) снима́ть; ~ **out** сдава́ть (внаём), дава́ть напрока́т (**to,** + *dat*); ~ **oneself out to** нанима́ться к (+ *dat*)

hired (*workers, soldiers etc*) наёмный; ~ **hand** батра́к; (*car, boat etc*) взя́тый напрока́т

hireling 1. *n* наёмник **2.** *adj* наёмный

hire-purchase поку́пка в рассро́чку; **buy on** ~ купи́ть *pf* в рассро́чку

hirer (*of worker*) нанима́тель *m*; (*of vehicle etc*) беру́щий напрока́т

hirsute волоса́тый

his (*qualifying subject*) его́ *indecl*; ~ **house is big** его́ дом большо́й; (*in predicate, not referring to subject*) его́ *indecl*; **I read** ~ **book** я прочита́л его́ кни́гу; **is this** ~**?** э́то его́?; (*in predicate, referring to subject;* ~ **own**) свой (*often omitted if unambiguous*); **he gave me** ~ **address** он дал мне свой а́дрес

hispid колю́чий

hiss 1. *n* (*of snake etc*) шипе́ние; (*of steam, gas; expression of disapproval*) свист **2.** *v* (*make ~ing noise*) шипе́ть; (*a play, artist*) осви́стывать

histamine гистами́н

histogenesis гистогене́з

histogram гистогра́мма

histological гистологи́ческий

histologist гисто́лог

histology гистоло́гия

historian исто́рик

historiated (*decorated*) укра́шенный; (*manuscript*) лицево́й

historic(al) (*all senses*) истори́ческий

historicity истори́чность *f*

historiographer историо́граф

historiography историогра́фия

history (*all senses*) исто́рия; **go down in** ~ войти́ *pf* в исто́рию; **make** ~ де́лать исто́рию; **modern** ~ но́вая исто́рия; **natural** ~ естествозна́ние

histrionic (*dramatic*) драмати́ческий; (*theatrical*) театра́льный; (*insincere*) нei̇скренний

histrionics (*acting technique*) театра́льное иску́сство; (*false emotion*) театра́льность *f*

hit 1. *n* (*blow*) уда́р; (*successful shot etc*) попада́ние; (*success*) успе́х; **make a** ~ име́ть успе́х; (*sarcastic remark etc*) вы́пад (**at,** по а́дресу + *gen*); ~ **or miss** (*anyhow*) как попа́ло, кое-ка́к; (*by guesswork*) науда́чу, наугад, наобу́м **2.** *v* (*strike blow*) ударя́ть (*on the head* по голове́, *in the face* в лицо́); (*beat*) бить; (*knock against*) ударя́ться о (+ *acc*); *naut* (*a mine etc*) наска́кивать на (+ *acc*); (*collide with*) ста́лкиваться с (+ *instr*); (*not miss*) попада́ть в (+ *acc*); *fig* ~ **home** заде́ть *pf* за живо́е; ~ **the nail on the head** попа́сть *pf* в то́чку; (*cause loss*) наноси́ть уще́рб (+ *dat*); **her death will** ~ **him hard** её смерть бу́дет для него́ жесто́ким уда́ром; (*strike imagination*) поража́ть; (*reach*) достига́ть (+ *gen*); **be** ~ (*wounded*): **he was** ~ он был ра́нен; (*suffer*) страда́ть

~ **at** (*attack*) напада́ть на (+ *acc*); *mil* наноси́ть уда́р на (+ *acc*)

~ **back** дава́ть сда́чи, отвеча́ть; *mil* контратакова́ть

~ **off** (*knock off*) сбива́ть; (*imitate*) подража́ть; ~ **it off with** ла́дить с (+ *instr*)

~ **on** (*find*) найти́ *pf*; (*stumble on*) наткну́ться *pf* на (+ *acc*); ~ **on the idea of** догада́ться (+ *infin*)

~ **out** (*with fists*) размахну́ться *pf* (**at,** на + *acc*); (*in speech*) выступа́ть про́тив (+ *gen*)

hitch 1. *n* (*tug*) рыво́к; **give a** ~ поддёрнуть *pf*; (*delay*) заде́ржка; (*obstacle*) препя́тствие (**to, in,** + *dat*); (*mix-up*) недоразуме́ние; **without a** ~ без задо́ринки, как по ма́слу, без вся́ких затрудне́ний; (*knot*) у́зел; *tech* сце́пка, сцепно́е устро́йство **2.** *v* (*tug up*) подтя́гивать, поддёргивать; (*fasten*) зацепля́ть (**to,** за + *acc*), прицепля́ть (**to,** к + *dat*); (*couple eg vehicles*) сцепля́ть; (*tie up to*) привя́зывать (**to,** к + *dat*); (*harness*) запряга́ть; (*be caught on*) зацепи́ться *pf* (**on,** за + *acc*); *coll* (*hitch-hike*) е́хать автосто́пом, голосова́ть; *coll* **get** ~**ed** (*marry*) жени́ться, *coll* загси́роваться

hitch-hike е́хать автосто́пом, *coll* голосова́ть (на доро́ге)

hitch-hiker автосто́повец

hither 1. *adj* (*nearest*) ближа́йший; (*on this side*) на э́той стороне́ **2.** *adv* сюда́; ~ **and thither** туда́ и сюда́, взад и вперёд

hitherto до сих пор, до э́того вре́мени

hit-or-miss (*chance*) случа́йный; (*not properly planned*) непроду́манный; (*guesswork*) сде́ланный наугад

Hittite 1. *n* (*person*) *hist* хетт; *bibl* хетте́й; (*language*) хе́ттский язы́к **2.** *adj hist* хе́ттский; *bibl* хетте́йский

hive 1. *n* (*of bees*) у́лей; (*of wild bees*) борт; *fig* (*busy place*) людско́й мураве́йник; **the place became a** ~ **of activity** наступи́ла лихора́дочная де́ятельность **2.** *v* (*put in* ~) сажа́ть в у́лей; (*swarm together*) рои́ться; ~ **off** передава́ть (**to,** + *dat*)

hives *med* крапи́вница

h'm гм

ho (*to attract attention*) эй!; (*exclam of surprise*) ого́!; **ho, ho, ho** (*ironic laughter*) ха-ха-ха

hoar 1. *n* (*frost*) и́ней **2.** *adj* (*frost-covered*) покры́тый и́неем; (*grey-haired*) седо́й; (*old*) преста́релый

hoard 1. *n* (*store*) запа́с; (*hidden reserves*) скры́тые запа́сы *m pl*; (*of coins*) клад **2.** *v* (*save, put by*) копи́ть, запаса́ть; (*hide away*) припря́тывать

hoarding (*storing up*) накопле́ние; *fin* тезаври́рование; (*fence*) огражде́ние; (*billboard*) забо́р для накле́йки афи́ш

hoarfrost и́ней

hoarse (*rough, raucous*) хри́плый; (*sibilantly coarse, husky*) си́плый; **go** ~ охри́пнуть *pf*; оси́пнуть *pf*

hoarseness хрипота́

hoary (*grey-haired, white-haired*) седо́й; (*old*) преста́релый; (*ancient*) дре́вний; *bot, zool* побеле́вший

hoax 1. *n* (*trick*) мистифика́ция; (*deception*) обма́н; (*false alarm*) ло́жная трево́га **2.** *v* (*play trick*) мистифици́ровать, разы́грывать; (*deceive*) обма́нывать

hoaxer мистифика́тор

hob (*by fire*) по́лка ками́на

hobble 1. *n* (*limp*) прихра́мывание; (*for horse*) пу́ты *f pl* **2.** *v* (*limp*) хрома́ть, прихра́мывать; ~

along ковыля́ть; (*fasten horse*) трено́жить
hobby (*pastime*) люби́мое заня́тие, хо́бби *neut indecl*; (*favourite theme*) конёк; (*falcon*) чегло́к обыкнове́нный
hobby-horse (*toy*) лоша́дка; (*rocking-horse*) конь-кача́лка; *fig* (*fixed idea*) конёк
hobgoblin (*imp*) чертёнок; (*fairy*) эльф; (*wood-sprite*) ле́ший; (*bogy*) пу́гало
hobnail сапо́жный гвоздь *m*
hobnailed подби́тый гвоздя́ми
hobnob 1. *n* (*chat*) бесе́да **2.** *v* (*drink together*) пить вме́сте; (*be on good terms with*) обща́ться с (+ *instr*)
hobo (*tramp*) бродя́га *m*
Hobson's choice вы́бор без вы́бора
hock 1. *n anat* (*of horse*) пя́тка; (*of cow*) подколе́нок; (*joint of meat*) голя́шка; (*wine*) рейнве́йн; *coll* **in** ~ (*in prison*) в тюрьме́; **be in** ~ сиде́ть; (*in pawn*) в закла́де **2.** *v* (*hamstring*) подреза́ть поджи́лки; *coll* (*pawn*) отдава́ть в зало́г, закла́дывать
hockey (*on field*) хокке́й с мячо́м, хокке́й на траве́; **ice** ~ хокке́й; ~**-player** хоккеист; ~**-stick** клю́шка
hocus-pocus (*trick*) фо́кус; (*deception*) очковтира́тельство; (*nonsense*) ахине́я, галиматья́
hod (*for bricks*) лото́к; (*for coal*) ведёрко для угля́
hodometer одо́метр
hodoscope годоско́п
hoe 1. *n* моты́га; **motor** ~ мотокультива́тор **2.** *v* моты́жить
hog 1. *n* (*castrated boar*) бо́ров; (*pig*) свинья́; *fig* (*crude person*) свинья́; (*greedy person*) обжо́ра *m and f*; (*selfish person*) эгои́ст, *coll* жадю́га *m and f*; **go the whole** ~ (*do thoroughly*) де́лать основа́тельно; (*complete*) довести́ *pf* до конца́; (*not take half-measures*) не остана́вливаться на полуме́рах; *tech* (*bend*) проги́б; (*warping*) искривле́ние **2.** *v* (*bend*) выгиба́ть(ся), изгиба́ть(ся); (*warp*) искривля́ть(ся); (*eat greedily*) пожира́ть; (*grab for oneself*) захва́тывать себе́; ~ **the road** не уступа́ть доро́ги
hogback, hogsback (*ridge of hills*) круто́й го́рный хребе́т
hoggish сви́нский
Hogmanay (*New Year's Eve*) кану́н Но́вого го́да; **celebrate** ~ встреча́ть Но́вый год
hogshead (*barrel*) бо́чка; (*measure*) хо́гсхед (*about 240 litres*)
hogskin 1. *n* свина́я ко́жа **2.** *adj* из свино́й ко́жи
hog-tie (*animal*) свя́зывать по четырём нога́м; (*man*) свя́зывать ру́ки и но́ги; *fig* свя́зывать ру́ки
hogwash (*pig food*) свино́е по́йло; (*nonsense*) вздор
hoick (*jerk*) вздёргивать; (*hitch up*) подтя́гивать
hoi polloi ма́ссы *f pl*, простонаро́дье
hoist 1. *n* (*lift up*) подъём; *tech* подъёмник; **cable** ~ лебёдка; *naut* (*tackle*) та́ли *pl*; (*flags*) фла́жный сигна́л **2.** *v* поднима́ть; ~ **oneself up** взбира́ться
  ~ **away!** выбира́й!
  ~ **down** опуска́ть
  ~ **in** (*boat*) поднима́ть
  ~ **out** (*boat*) спуска́ть на́ воду
  ~ **up** поднима́ть
hoisting 1. *n* подъём **2.** *adj* подъёмный
hoity-toity (*arrogant*) высокоме́рный; (*fussy*) приди́рчивый
hokum *coll Am* (*sentimentality*) дешёвая сентимента́льность *f*; (*nonsense*) чушь *f*, вздор; (*deception*) обма́н
hold 1. *n* (*grip*) захва́т; **catch, get, take** ~ **of** (*seize*) хвата́ть; (*snatch at*) хвата́ться за (+ *acc*); **get** ~ **of** (*obtain*) достава́ть; **keep one's** ~ **on** не выпуска́ть из рук; **lose one's** ~ **on** вы́пустить из рук; *fig* **have a** ~ **over** (*influence*) име́ть власть над (+ *instr*); (*control*) кре́пко держа́ть в рука́х; **keep** ~ **of oneself** владе́ть собо́й; **take** ~ (*of imagination etc*) овладе́ть *pf* (**of,** + *instr*); (*of fire, feelings etc*) охвати́ть *pf* (**of,** + *acc*); *tech* (*grip*) захва́т; (*adhesion*) сцепле́ние; (*support*) опо́ра; (*handle*) рукоя́тка; *sp* захва́т; *fig* **no** ~**s barred** все сре́дства хороши́; *naut* трюм **2.** *v* (*most senses; grasp, support, sustain, keep in position*) держа́ть; ~ **by the hand** держа́ть за́ руку; ~ **hands** держа́ться за́ руки; ~ **in one's arms** держа́ть на рука́х; (*embrace*) обнима́ть; ~ **on, fast, to** кре́пко держа́ться за (+ *acc*); ~ **oneself erect** держа́ться пря́мо; ~ **oneself ready for** быть гото́вым к (+ *dat*); ~ **one's head high** высоко́ держа́ть го́лову; (*own*) владе́ть (+ *instr*), име́ть; ~ **the record** держа́ть ре́корд (**for,** + *gen*); (*occupy, maintain*) уде́рживать (**against,** про́тив + *gen*); (*have in one's charge*) держа́ть, храни́ть; ~ **captive** держа́ть в плену́; (*contain quantity*) вмеща́ть; (*have in itself*) содержа́ть; (*have space for*) помеща́ть; **how much does it** ~**?** ско́лько в нём?; (*keep in mind etc*) ~ **in mind** храни́ть в па́мяти; (*have opinion*) счита́ть (что, *or* + *instr*); ~ **cheap** ни в грош не ста́вить; ~ **in contempt** презира́ть; ~ **in esteem** уважа́ть; ~ **worthy of** счита́ть досто́йным (+ *gen*); **the court held him guilty** суд призна́л его́ вино́вным; (*views etc*) держа́ться (+ *gen*), име́ть; (*restrain*) сде́рживать; ~ **in check** сде́рживать; ~ **one's breath** затаи́ть *pf* дыха́ние; (*delay*) заде́рживать; (*withstand strain*) выде́рживать; ~ **fast** сто́йко держа́ться; (*organize*) устра́ивать, организова́ть; (*carry out*) проводи́ть; ~ **a service** отправля́ть слу́жбу; (*occupy*) занима́ть; ~ **office** (*of person*) занима́ть пост; (*of govt*) быть у вла́сти; (*continue*) продолжа́ться; (*in expressions*) ~ **hard,** ~ **on!** (*wait*) стой! подожди́; ~ **it!** (*stop*) стой!, стоп!; ~ **one's hand** (*refrain*) воздержа́ться; ~ **one's own** (*withstand*) не уступа́ть (**with, against,** + *dat*); (*be compared with*) сравня́ться (**with,** с + *instr*); ~ **one's tongue** молча́ть, держа́ть язы́к за зуба́ми; ~ **your tongue** замолчи́; ~ **the stage** (*focus attention*) прико́вывать внима́ние; (*play main part*) игра́ть гла́вную роль; ~ **water** *fig* выде́рживать кри́тику
  ~ **against** (*grudge*) име́ть что́-нибудь про́тив (+ *gen*)
  ~ **back** (*hide*) скрыва́ть; (*withhold*) уде́рживать; (*restrain*) сде́рживать(ся); (*hesitate*) колеба́ться; (*forgo*) возде́рживаться (**from,** от + *gen*)
  ~ **by** приде́рживаться (+ *gen*)
  ~ **down** (*not let rise*) не дава́ть подня́ться; (*press flat*) прижима́ть к (+ *dat*); (*keep in subjection*) держа́ть в подчине́нии; ~ **down a job** удержа́ться *pf* в до́лжности
  ~ **forth** (*extend*) протя́гивать; (*offer*) предлага́ть; (*talk*) разглаго́льствовать
  ~ **in** (*restrain*) сде́рживать
  ~ **off** (*keep at distance*) держа́ть(ся) по́одаль; (*delay*) заде́рживать; (*prevent advance*) уде́рживать; **I hope the rain** ~**s off** наде́юсь, что

дождь не пойдёт

~ **on** (*grip tightly*) ухвати́ться *pf* (**to,** за + *acc*), держа́ться (**to,** за + *acc*); *as exclam* держи́сь!; (*not hand over*) держа́ться (**to,** за + *acc*), не уступа́ть; (*not give in*) выде́рживать, держа́ться; (*continue*) продолжа́ть; (*keep in position*) держа́ть

~ **out** (*extend*) вытя́гивать; (*propose*) предлага́ть; (*promise*) обеща́ть; (*not give in*) выде́рживать, держа́ться; (*keep going*) продержа́ться *pf*; (*last*) хва́тить (*impers* + *gen*); (*insist on*) наста́ивать на (+ *prep*); ~ **out on** утáивать от (+ *gen*)

~ **over** (*use as threat*) грози́ть (+ *instr* + *dat of pers*) ; (*postpone*) откла́дывать

~ **to** (*insist on*) наста́ивать на выполне́нии (+ *gen*); (*keep to, maintain*) остава́ться при (+ *prep*), приде́рживаться (+ *gen*)

~ **together** (*fasten*) скрепля́ть; (*unify*) объединя́ть; (*remain united*) быть еди́ным; (*remain in one piece*) держа́ться

~ **up** (*lift*) поднима́ть; (*support*) подде́рживать; (*delay*) заде́рживать; (*stop*) остана́вливать; (*stop for a while*) приостана́вливать; (*rob*) гра́бить; (*not give in*) выде́рживать; ~ **up as an example** выставля́ть в приме́р

~ **with** (*approve*) одобря́ть; **we don't** ~ **with** мы не лю́бим (+ *gen or infin*)

holdall су́мка, саквоя́ж

holder (*of post*) занима́ющий до́лжность; (*owner*) владе́лец; (*of pass, card etc*) предъяви́тель *m*; (*of prize etc*) облада́тель *m*; (*handle, pen*) ру́чка; (*gas*) газго́льдер; (*cigarette*) мундшту́к; (*film*) кассе́та; (*lamp*) патро́н; (*in many compounds* – держа́тель *m*; **brush** ~ щёткодержа́тель *m)*

holdfast (*support*) опо́ра; (*clamp*) скоба́, захва́т

holding 1. *n* (*property*) иму́щество; (*land*) уча́сток земли́; *fin* вклад; (*of library*) фо́нды *m pl*; (*ownership*) владе́ние **2.** *adj* ~ **capacity** вмести́мость *f*; ~ **company** компа́ния-держа́тель *m*; *mil* ~ **area** зо́на ожида́ния; ~ **unit** запасна́я часть *f*

hold-up (*delay*) заде́ржка; (*stoppage*) остано́вка; (*crime*) вооружённый грабёж

hole 1. *n* (*opening*) отве́рстие; (*esp worn or broken*) дыра́; (*in earth*) я́ма; (*in road*) вы́боина; (*flaw*) ра́ковина; (*animal's lair*) нора́; *coll* (*difficulty*) тру́дное положе́ние; (*wretched dwelling*) лачу́га; (*dull place*) медве́жий у́гол; **what a** ~**!** ну и дыра́!; *coll* **make a** ~ **in** (*spend, use*) си́льно опустоши́ть *pf*; **pick** ~**s in** (*carp at*) придира́ться к (+ *dat*); (*in argument*) ука́зывать на сла́бые места́ в (+ *prep*)

hole-and-corner (*underhand*) нече́стный, тёмный; (*secret*) закули́сный

holiday 1. *n* (*festival*) пра́здник; (*period off work*) о́тпуск; **on** ~ в о́тпуске; **where will you spend your** ~**?** где вы бу́дете отдыха́ть?; (*school vacation*) кани́кулы *f pl*; **on** ~ на кани́кулах; (*day off work*) день *m* о́тдыха, выходно́й день **2.** *adj* (*festive*) пра́здничный; ~ **area, season** куро́ртный райо́н, сезо́н **3.** *v* проводи́ть о́тпуск, отдыха́ть

holiday-maker (*person on holiday*) отдыха́ющий; (*tripper*) тури́ст

holiness свя́тость *f*, свяще́нность *f*; **Holiness** (*title of Pope*) святе́йшество

holism холи́зм

holland (*cloth*) холст, полотно́

hollandaise sauce голла́ндский со́ус

hollow 1. *n* (*cavity*) по́лость *f*; (*depression*) впа́дина, углубле́ние; (*hole*) я́ма; (*valley*) ложби́на, лощи́на; (*in tree*) дупло́; (*cave*) пеще́ра **2.** *adj* (*empty*) пусто́й; (*with cavity*) по́лый; ~ **tree** дупли́стое де́рево; (*sunken*) впа́лый; ~ **cheeks** впа́лые щёки *f pl*; (*having depression*) во́гнутый; (*of sound*) глухо́й; *fig* (*insincere, unreal*) ~ **promises, threats** пусты́е обеща́ния, угро́зы **3.** *adv* **beat** ~ разби́ть *pf* в пух и прах **4.** *v* выда́лбливать, де́лать я́му, углубле́ние *etc*

hollow-eyed с ввали́вшимися глаза́ми

hollowly (*gloomily*) мра́чно; (*of sound*) глу́хо

hollowness (*emptiness*) пустота́; (*of sound*) глу́хость *f*; (*of voice*) глухо́й тон

holly па́дуб, остроли́ст

hollyhock алте́й

holm (*island*) речно́й острово́к

holmium го́льмий

holm oak дуб ка́менный

holocaust (*slaughter*) бо́йня, резня́; (*by fire*) всесожже́ние

hologram гологра́мма

holograph 1. *n* собственнору́чно напи́санный докуме́нт **2.** *adj* собственнору́чный

holography *opt* гологра́фия

holster кобура́

holy (*divine*; *saintly*; *pious*) свято́й; **Holy Ghost, Spirit** свято́й дух; **Holy Week** страстна́я неде́ля; (*associated with religion*) свяще́нный; ~ **orders** свяще́нство; **Holy Roman Empire** Свяще́нная Ри́мская импе́рия; **Holy See** святе́йший престо́л; **Holy Writ** свяще́нное писа́ние; *as n* **the** ~ **of holies** свята́я святы́х

holy-day Церко́вный пра́здник

holystone 1. *n* пе́мза **2.** *v* (*clean deck*) дра́ить пе́мзой

homage (*respect*) почте́ние, уваже́ние; **in** ~ **to** в честь (+ *gen*); **pay** ~ **to** преклоня́ться пе́ред (+ *instr*); *hist* (*allegiance*) феода́льная пови́нность *f*; (*loyalty*) лоя́льность *f*

home 1. *n* (*house*) дом; **at** ~ до́ма; **feel at** ~ чу́вствовать себя́ как до́ма; **feel at** ~ **with** (*not be shy*) не стесня́ться с (+ *instr*); (*cope with*) легко́ справля́ться с (+ *instr*); **make yourself at** ~ бу́дьте как до́ма; (*family, parental*) родно́й дом; (*family*) семья́; (*family life*) семе́йная жизнь *f*; (~*land*) ро́дина; **at** ~ на ро́дине; (*habitat*) аре́ал; (*place of origin*) ро́дина, колыбе́ль *f*; (*institution*) прию́т **2.** *adj* (*domestic*) дома́шний; (*of* ~*land*) оте́чественный; (*of family*) семе́йный; *sp* ~ **team** кома́нда хозя́ев по́ля; (*in official names*) **Home Fleet** флот метропо́лии; **Home Guard** ополче́ние; (*member of*) ополче́нец; **Home Office** министе́рство вну́тренних дел **3.** *adv* (*at* ~) до́ма; (~*ward; after verbs of motion*) домо́й; **arrive** ~ прие́хать *pf* домо́й; (*on target*) в цель; **go** ~ попа́сть *pf* в цель; (*as far as it will go*) до конца́, до отка́за; *fig* **bring** ~ **to** вталко́вывать (+ *dat*); **nothing to write** ~ **about** не́чем похва́статься **4.** *v* (*of pigeon*) лете́ть домо́й; (*of rocket*) самонаводи́ться (**on,** по + *dat*)

home-brewed (*beer*) дома́шнее пи́во

homecoming возвраще́ние домо́й

homeland (*country*) ро́дина, оте́чество; (*home area*) родно́й край

homeless 1. *n collect pl* бездо́мные *pl* **2.** *adj* бездо́мный; ~ **child** беспризо́рник

homelike как до́ма

homely (*like home*) дома́шний; (*simple*) просто́й;

(*unpretentious*) скрóмный; (*cosy*) ую́тный; *Am* (*plain*) некраси́вый
home-made (*of food*) домáшнего изготовлéния; (*made at home*) самодéльный
Homeric (*of Homer*) гомéровский; ~ **laughter** гомери́ческий смех; (*heroic*) герои́ческий
home rule самоуправлéние; *hist* гóмруль *m*
homesick тоскýющий по дóму, рóдине; **be** ~ соскучи́ться *pf* по дóму, рóдине
homesickness тоскá по рóдине, ностальги́я
homespun 1. *n* домоткáная матéрия **2.** *adj* (*cloth*) домоткáный; *fig* (*simple*) простóй; (*unsophisticated*) примити́вный
homestead усáдьба; *Am* гóмстед
homesteader гóмстедер
home-thrust удáчный удáр; *fig* мéткое замечáние
homeward 1. *adj* (*return*) возврáтный **2.** *adv* домóй, к дóму; ~**-bound** направля́ющийся на рóдину
homework урóк (нá дом)
homicidal (*of murder*) относя́щийся к уби́йству; (*murderous*) уби́йственный; ~ **mania** мáния уби́йства
homicide (*murder*) уби́йство; (*murderer*) уби́йца *m and f*
homiletic проповéднический
homiletics гомилéктика
homily прóповедь *f*
homing 1. *n* (*of birds*) возвращéние на голубя́тню; (*of missile*) самонаведéние; **active** ~ акти́вное самонаведéние; **radio** ~ радиопеленгáция **2.** *adj* ~ **pigeon** почтóвый гóлубь *m*; (*of missile*) самонаводя́щийся
hominy мамалы́га
homo *zool* человéк; ~ **legalis** юриди́ческое лицó; ~ **sapiens** хóмо сáпиенс
homocentric гомоцентри́ческий
homoeomorphous (г)омомóрфный
homoeopath гомеопáт
homoeopathic гомеопати́ческий
homoeopathy гомеопáтия
homogamous гомогáмный
homogeneity однорóдность *f*, гомогéнность *f*
homogeneous однорóдный
homogenize гомогенизи́ровать
homogenizer гомогенизáтор
homogeny óбщность *f* геноти́па
homograph омóграф
homographic *ling* омографи́ческий; *math* гомографи́ческий
homography *ling* фонети́ческое письмó; *math* гомográфия
homologous *math*, *biol* гомологи́чный; *chem* гомологи́ческий; (*corresponding*) соотвéтственный
homologue гомóлог
homology гомолóгия
homomorph омомóрф
homonym омóним
homonymous омоними́ческий
homonymy омони́мия
homophone омофóн
homophonic *mus* гомофóнный
homophony *mus* гомофóния
homosexual 1. *n* гомосексуали́ст **2.** *adj* гомосексуáльный
homosexuality гомосексуали́зм
homunculus (*tiny man*) человéчек; (*dwarf*) кáрлик
homey, homy ую́тный, как дóма
Honduran 1. *n* гондурáсец **2.** *adj* гондурáсский
Honduras Гондýрас; **British** ~ Британский Гондýрас
hone 1. *n* (*whetstone*) оселóк; *tech* хон **2.** *v* точи́ть; *tech* хонинговáть
honer хóнинг-станóк
honest (*trustworthy*) чéстный; (*sincere*) прямóй, и́скренний; (*frank*) откровéнный; **be** ~ **with oneself** не обмáнывать себя́; **I'll be** ~ **with you** скажý вам откровéнно; (*impartial*) беспристрáстный; (*objective*) объекти́вный; (*good*) дóбрый; *as exclam* чéстное слóво!; ~ **to God, goodness!** кляну́сь!; ~**-to-goodness** (*real*) настоя́щий; (*in good faith*) добросóвестный
honestly чéстно; *as excl* чéстное слóво!
honesty чéстность *f*; (*sincerity*) и́скренность *f*; *bot* лу́нник
honey 1. *n* мёд; *coll* (*darling*) ми́лый, *f* ми́лая **2.** *adj* медóвый **3.** *v* (*flatter*) обольщáть
honey-bee пчелá (медонóсная)
honeycomb 1. *n* медóвый сот **2.** *adj* (*of structure*) ячéистый **3.** *v* изрешéчивать
honeydew медвя́ная росá; (*melon*) бéлая мускáтная ды́ня
honeyed (*covered with honey*) покры́тый мёдом; (*sweetened with honey*) подслáщенный мёдом; ~ **words** медоточи́вые рéчи *f pl*
honeymoon 1. *n* медóвый мéсяц **2.** *adj* свáдебный; ~ **couple** новобрáчные *pl*
honeysuckle жи́молость *f*
honey-tongued сладкоречи́вый
Hong Kong Гонкóнг
honk 1. *n* (*of goose*) крик (гýся); (*of car*) гудóк **2.** *v* (*of car*) сигнáлить, гудéть
honorarium гонорáр
honorary почётный
honorific почётный
honour 1. *n* (*most senses*) честь *f*; ~ **among thieves** воровскáя честь *f*; **affair of** ~ дéло чéсти; **be an** ~ **to** дéлать честь (+ *dat*); **debt of** ~ долг чéсти; **in** ~ **of** в честь (+ *gen*); (*in memory of*) в пáмять (+ *gen*); **man of** ~ чéстный человéк; **on my word of** ~ чéстное слóво; **point of** ~ вопрóс чéсти; (*glory*) слáва; (*respect*) почёт, пóчесть *f*; **guard of** ~ почётный караýл; **place of** ~ почётное мéсто; **roll of** ~ почётный спи́сок; (*in polite expressions*) **I have the** ~ **to** имéю честь (+ *infin*); **may I have the** ~ **of** окажи́те мне честь (+ *infin*); (*marks of esteem*) пóчести *f pl*; **military** ~**s** вóинские пóчести; (*medal*) нагрáда, óрден; (*award*) нагрáда; ~**s list** спи́сок награждéний; (*cards*) онёры *m pl* **2.** *v* (*respect*) почитáть, чтить; ~ **with** удостáивать (+ *instr*); (*observe*) соблюдáть; (*carry out*) выполня́ть
honourable (*honest*) чéстный; (*upright*) благорóдный; ~ **intentions** чéстные намéрения *neut pl*; (*with honour*) почётный; ~ **peace** почётный мир; (*as form of address*) уважáемый, почтéнный; (*as title*) достопочтéнный
hooch *sl* (*whisky*) ви́ски *neut indecl*; (*home-distilled*) самогóн
hood 1. *n* (*attached to coat*) капюшóн; (*tied under chin*) кáпор; (*monks*) клобýк; (*car top*) складнóй верх; (*car bonnet*) капóт; *tech* (*cowling*) кожýх; (*cover*) чехóл; (*ventilation*) зонт **2.** *v* покрывáть капюшóном
hooded (*having hood*) с капюшóном *etc*; (*in hood*) в капюшóне, в клобукé *etc*; (*covered*) закры́тый капюшóном, клобукóм; *bot* со шлéмом; *zool* с

капюшо́ном; ~ **crow** воро́на се́рая
hoodoo 1. *n* (*bad luck*) несча́стье, невезе́ние; (*evil spell*) по́рча, сглаз; **put a ~ on** сгла́зить *pf* **2.** *v* сгла́зить *pf*
hoodwink (*deceive*) обма́нывать; (*dupe*) втира́ть очки́; ~ **into** обма́ном вовле́чь *pf* в (+ *acc*)
hooey ерунда́, чепуха́
hoof 1. *n* копы́то **2.** *v sl* (*go on foot*) ~ **it** идти́ пешко́м, на свои́х на двои́х; (*dance*) танцева́ть; ~ **out** вы́гнать *pf*
hoofbeat цо́кот копы́т, то́пот копы́т
hoofed копы́тный
hoo-ha *coll* (*row*, *quarrel*) сканда́л; (*fuss*, *noise*) шуми́ха
hook 1. *n* (*most senses*) крюк, крючо́к; **boat ~** баго́р; **coat ~** ве́шалка; **fish ~** рыболо́вный крючо́к; **grass-~** серп; *naut* гак; *sp* (*boxing*) хук, крюк; *coll* **by ~ or by crook** все́ми пра́вдами и непра́вдами; **~, line and sinker** целико́м; *sl* **sling one's ~** смота́ться *pf* **2.** *vt* (*catch with ~*, *also fig*) пойма́ть *pf*; (*fasten with ~*) прицепля́ть (**to,** к + *dat*), зацепля́ть; (*hang on ~*) надева́ть, наве́шивать на крюк; *vi* прицепля́ться (**to,** к + *dat*), зацепля́ться; (*hang on ~*) надева́ть, наве́шивать на крюк; *vi* прицепля́ться (**to,** к + *dat*), зацепля́ться (**to,** в + *acc*); (*dress etc*) застёгиваться на крючо́к
~ **on** прицепля́ть(ся) (**to,** к + *dat*)
~ **together** сцепля́ть(ся)
~ **up** (*dress etc*) застёгивать; (*join*) сцепля́ть (-ся) (*link*) свя́зывать(ся)
hookah кальян
hooked (*curved*) крючкова́тый, криво́й; (*nose*, *finger*) крючкова́тый; (*having hook*) име́ющий крючо́к, с крю́ком; *coll* **be ~ on** (*drug*) употребля́ть; (*devoted to*) быть поме́шанным на (+ *prep*)
hook-nosed с крючкова́тым но́сом
hook-up *elect* сцепле́ние ко́нтуров; *rad* одновре́менная переда́ча по не́скольким ста́нциям; *coll* (*link*) конта́кт, связь *f*
hookworm немато́да
hooligan хулига́н
hooliganism хулига́нство
hoop (*ring*) о́бод, кольцо́; (*toy*; *of barrel*) о́бруч
hoopoe удо́д
hooray ура́
hoot 1. *n* (*of owl*) крик совы́ **2.** (*cry*) крик; **~s of laughter** взры́вы *m pl* хо́хота; (*of car*) гудо́к; **give a ~** сигна́лить; *coll* **I don't care two ~s** мне на э́то наплева́ть **2.** *v* (*of owl*) крича́ть, у́хать; (*cry*) крича́ть; (*a play*) оши́кать *pf*; (*of car*) сигна́лить; (*of siren*) выть; ~ **with laughter** расхохота́ться *pf*, разрази́ться сме́хом *pf*
hooter гудо́к; *sl* (*nose*) сопа́тка
hoover *coll* **1.** *n* пылесо́с **2.** *v* пылесо́сить
[1]**hop 1.** *n* прыжо́к; *sp* **~, skip and jump** тройно́й прыжо́к; *coll* **catch on the ~** заста́ть *pf* врасплох; *coll* (*dance*) та́нцы *m pl*; *av* перелёт **2.** *v* пры́гать на одно́й ноге́; (*up and down*) подпры́гивать; *coll* ~ **it** смы́ться *pf*; ~ **it!** убира́йся!
~ **about, along** пры́гать (на одно́й ноге́)
~ **away** упры́гивать
~ **in, on** (*vehicle*) вска́кивать (в, на + *acc*)
~ **off** спры́гивать; (*vehicle*) соска́кивать (с + *gen*)
~ **out** выска́кивать (**of,** из + *gen*)
~ **over** перепры́гивать
[2]**hop** *bot* хмель *m*

hope 1. *n* наде́жда (**of,** на + *acc*); **cherish the ~ that** леле́ять, пита́ть наде́жду, что; **have ~s** наде́яться (**of,** на + *acc*, *or* + *infin*); **have little ~ of** име́ть ма́ло наде́жды (+ *gen*, *or* + *infin*); **in the ~ of** в наде́жде (+ *gen*); **in the ~ that** наде́ясь, что **2.** *v* наде́яться (**for,** на + *acc*); ~ **for the best** наде́яться на лу́чшее; **I ~ not** наде́юсь, что нет; **I ~ so** наде́юсь (что э́то так); (*expect*) ожида́ть
hoped-for жела́нный; **long ~** долгожда́нный
hopeful (*full of hope*) по́лный наде́жды; **be ~ of** наде́яться (на + *acc*, *or* + *infin*), быть в наде́жде (+ *gen*); (*promising*) многообеща́ющий; (*encouraging*) обнадёживающий
hopefully оптимисти́чески, с наде́ждой; ~ **he will arrive in time** на́до наде́яться, что он придёт во́время
hopefulness оптими́зм
hopeless (*despairing*; *having no hope of success*) безнадёжный; ~ **situation** безвы́ходное положе́ние; (*incurable*) неисправи́мый; *coll* **it's ~** (*impossible*) невозмо́жно
hopelessness безнадёжность *f*; (*desperation*) отча́яние
hop-garden хме́льник
hop-growing хмелево́дство
hop-kiln хмелесуши́лка
hopper *tech* воро́нка, бу́нкер
hop-picker сбо́рщик хме́ля
hopscotch (*game*) кла́ссы *m pl*; **play ~** игра́ть в кла́ссы
horary *astron* часово́й; (*hourly*) ежеча́сный; (*lasting an hour*) для́щийся час
horde о́рда; (*crowd*) толпа́
horizon горизо́нт; **mental ~** у́мственный кругозо́р; *fig* **new ~s** но́вые перспекти́вы *f pl*
horizontal 1. *n* горизонта́ль *f* **2.** *adj* горизонта́льный
hormone гормо́н
horn 1. *n* (*on animal*; *as material*) рог; *fig* **~ of plenty** рог изоби́лия; *mus* рог, рожо́к; (*brass*) горн; **French ~** валто́рна; (*of car*) гудо́к; (*shoe ~*) рожо́к; (*loudspeaker*) ру́пор; *geog* **the Horn** мыс Горн **2.** *adj* рогово́й **3.** *v coll* ~ **in** вме́шиваться (**on,** в + *acc*)
hornbeam граб
hornbill пти́ца-носоро́г
hornblende амфибо́л, рогова́я обма́нка
horned рога́тый
hornet оса́ настоя́щая; *fig* **stir up a ~'s nest** потрево́жить *pf* оси́ное гнездо́
hornpipe (*dance*; *instrument*) хо́рнпайп
horn-rimmed (*spectacles*) в рогово́й опра́ве
hornstone рогови́к
horny (*of horn*) рогово́й; (*skin*, *hands*) мозо́листый
horologer часовщи́к
horology (*time measurement*) измере́ние вре́мени; (*clockmaking*) часово́е де́ло
horoscope гороско́п; **cast a ~** составля́ть гороско́п
horrendous стра́шный
horrible (*terrible*) стра́шный, ужа́сный; (*repulsive*) отврати́тельный; *coll* (*unpleasant*) проти́вный
horrid проти́вный, отврати́тельный
horrific ужаса́ющий
horrify ужаса́ть, страши́ть; **we were horrified by** мы пришли́ в у́жас от (+ *gen*)
horrifying ужаса́ющий
horror (*fear*) у́жас, страх; (*disgust*) отвраще́ние;

in, with ~ в у́жасе, с у́жасом; *coll* (*ugly, vulgar etc thing*) кошма́р, у́жас; (*of person*) ужа́сный челове́к, ребёнок *etc*
horror-stricken, horror-struck охва́ченный у́жасом; **they were** ~ они́ бы́ли в у́жасе (**at,** от + *gen*)
hors d'œuvre заку́ска
horse 1. *n* (*animal*) ло́шадь *f*; (*cavalry*) кавале́рия; *sp* **vaulting** ~ конь *m*; *tech* стано́к; **saw** ~ ко́злы *m pl*; (*in expressions*) **back the wrong** ~ поста́вить *pf* не на ту ло́шадь; **dark** ~ тёмная лоша́дка; **flog a dead** ~ стега́ть до́хлую ло́шадь; **get on one's high** ~ ва́жничать; **hold your** ~**s!** ле́гче на поворо́тах!; **a** ~ **of another colour** совсе́м друго́е де́ло **2.** *adj* (*of horse*) лошади́ный, ко́нский
horseback 1. *adj* верхово́й; ~ **riding** верхова́я езда́ **2.** *adv* (*on* ~) верхо́м
horse-breaker объе́здчик лошаде́й
horse-breaking объе́здка лошаде́й
horse-breeder (*specialist*) конево́д; (*owner of horse-breeding establishment*) коннозаво́дчик
horse-breeding конево́дство; коннозаво́дство
horse-chestnut кашта́н ко́нский
horsecloth попо́на
horse-collar хому́т
horse-coper, horse-dealer торго́вец лошадьми́
horse-doctor конова́л
horse-drawn (*transport*) гужево́й; (*cart*) ко́нный
horseflesh (*meat*) кони́на; *collect* (*horses*) ло́шади *f pl*
horsefly слепе́нь *m*
horsehair 1. *n* ко́нский во́лос; (*as stuffing*) волосяна́я борто́вка **2.** *adj* волосяно́й
horseman (*rider*) вса́дник, верхово́й; *sp* (*skilful rider*) нае́здник; (*cavalryman*) кавалери́ст
horsemanship иску́сство верхово́й езды́
horseplay гру́бая игра́, возня́
horsepower (*unit*) лошади́ная си́ла (*abbr* л.с.); **ten** ~ 10 лошади́ных сил; (*power*) мо́щность *f*; **brake** ~ эффекти́вная мо́щность; **indicated** ~ индика́торная мо́щность; **nominal/rated** ~ номина́льная мо́щность; **shaft** ~ мо́щность на валу́
horse-radish хрен
horse-sense здра́вый смысл
horseshoe 1. *n* подко́ва **2.** *adj* подковообра́зный
horse-stealing конокра́дство
horsetail ко́нский хвост; *bot* хвощ
horsewhip 1. *n* хлыст **2.** *v* отхлёстывать
horsewoman (*rider*) вса́дница; *sp* (*skilful rider*) нае́здница
hortative, hortatory наставИ́тельный
horticultural садово́дческий
horticulture садово́дство
horticulturist садово́д
hosanna оса́нна
hose 1. *n* (*garden, brake*) рука́в; (*heavy*) шланг; (*socks*) носки́ *m pl*; (*stockings*) чулки́ *m pl* **2.** *v* полива́ть из шла́нга
hosier торго́вец трикота́жными изде́лиями
hosiery трикота́жные изде́лия *neut pl*; (*underwear*) бельё; (*stockings*) чулки́ *m pl*; (*socks*) носки́ *m pl*
hospice (*for homeless etc*) богаде́льня; (*for terminally ill*) больни́ца для безнадёжных пацие́нтов
hospitable (*welcoming*) гостеприи́мный; (*attractive*) привлека́тельный
hospitableness гостеприи́мство
hospital 1. *n* больни́ца; *mil* го́спиталь *m* **2.** *adj* больни́чный
hospitality гостеприи́мство
hospitalize госпитализи́ровать
Hospitaller: Knights ~**s** ры́цари-госпитальеры *m pl*
host 1. *n* (*innkeeper*; *one who entertains*; *biol*) хозя́ин; *rad*, *theat* конферансье́ *m indecl*; ~ **country** принима́ющая страна́; (*very many*) мно́жество; (*crowd*) толпа́; (*army*) во́йско; *eccles* (*communion bread*) го́стия **2.** *v rad*, *theat* ~ **a programme** вести́ програ́мму
hostage зало́жник
hostel общежи́тие
hostess (*of house, inn*) хозя́йка; **air** ~ стюарде́сса, бортироводни́ца
hostile (*of enemy*) вра́жеский, неприя́тельский; (*inimical*) вражде́бный, неприя́зненный; (*negative*) отрица́тельный
hostility (*enmity*) вражда́; (*antagonism*) вражде́бность *f*; *pl mil* (*action*) вое́нные де́йствия *neut pl*
hot 1. *adj* (*heated*) горя́чий; ~ **to the touch** горя́чий на о́щупь; (*of weather*) жа́ркий; **I am** ~ мне жа́рко; **make** ~ нагрева́ть; *fig* ~ **temper** вспы́льчивость *f*; **be** ~ **on the scent of** идти́ по пята́м/по горя́чему сле́ду за (+ *instr*); ~ **from** то́лько что от, с (+ *gen*), пря́мо от, с (+ *gen*); ~ **with anger** в пылу́ гне́ва; (*highly spiced*) о́стрый; *sl* (*stolen*) кра́деный; (*contraband*) контраба́ндный; (*dangerous*) опа́сный; *coll* ~ **at, on** (*good at, clever*) о́чень спосо́бный к (+ *dat*); (*keen on*) **be** ~ **on** увлека́ться (+ *instr*); *coll in expressions*: ~ **air** пуста́я болтовня́; ~ **dog** бу́лочка с горя́чей соси́ской; **get** ~ (*approach truth etc*) приближа́ться; ~ **line** пряма́я связь *f*; ~ **stuff** (*very good*): **that was** ~ **stuff** э́то бы́ло здо́рово; **he is** ~ **stuff as a writer** он здо́рово пи́шет; *as exclam* здо́рово, ничего́ себе́; **be in** ~ **water** (*trouble*) име́ть неприя́тности **2.** *v* ~ **up** (*intensify*) уси́ливать(ся) **3.** *adv* жа́рко, горячо́; **catch it** ~ получи́ть *pf* по шее́; *tech* **run** ~ перегрева́ться
hot-air balloon монгольфье́р
hotbed *hort* парни́к; *fig* оча́г, расса́дник
hot-blooded (*ardent*) пы́лкий, стра́стный; (*quick-tempered*) вспы́льчивый
hotchpotch (*mixture*) смесь *f*; *pej* (*chaotic mixture*) мешани́на; (*stew*) рагу́ *neut indecl*
hot-drawn горячетя́нутый
hotel гости́ница
hotelier хозя́ин гости́ницы
hotfoot стремгла́в, как на пожа́р
hot-head горя́чая голова́
hot-headed горя́чий, опроме́тчивый
hot-house тепли́ца
hotly (*eagerly, passionately*) горячо́; (*angrily, indignantly*) с жа́ром
hotpot тушёное мя́со с карто́фелем
hotpress 1. *n tech* горя́чий пресс; (*for paper*) кала́ндр **2.** *v* (*paper*) каландри́ровать
hot-rolled горячека́таный
hot-tempered вспы́льчивый
Hottentot 1. *n* (*person*) готтенто́т, *f* готтенто́тка; (*language*) готтенто́тский язы́к **2.** *adj* готтенто́тский
hot-water bottle гре́лка
hound 1. *n* (*dog*) соба́ка; (*hunting*) охо́тничья соба́ка; (*male dog*) пёс **2.** *v* пресле́довать; ~ **down** разы́скивать; ~ **out** изгоня́ть
hour 1. *n* час; ~ **after** ~ час за ча́сом; ~ **and a half** полтора́ часа́; **at an early** ~ ра́но; **at any** ~ в

любо́й час; **at such a late** ~ в тако́й по́здний час; **at the eleventh** ~ в после́днюю мину́ту; **every** ~ ка́ждый час; **every** ~ **and a half** ка́ждые полтора́ часа́; **for** ~**s (on end)** це́лыми часа́ми; **half an** ~ полчаса́; **after half an** ~ по́сле получа́са; **per** ~ в час; **till all** ~**s** допоздна́; **24** ~**s** су́тки *f pl*; (*period*) **office** ~**s** часы́ *m pl* приёма; **opening, working** ~**s** часы́ рабо́ты; **rush** ~ часы́-пик; *rel* **Book of Hours** часосло́в **2.** *adj* (*every hour*) ежеча́сный; (*per hour*) часово́й; (*of wage*) почасово́й, поча́сный; (*constant*) постоя́нный **3.** *adv* (*every hour*) ежеча́сно, ка́ждый час; (*at any moment*) с ча́су на ча́с, в любо́е вре́мя; (*constantly*) постоя́нно, всё вре́мя

hourglass песо́чные часы́ *m pl*

hour-hand часова́я стре́лка

houri гу́рия

house 1. *n* (*dwelling*) дом; **at your** ~ у вас; **dwelling** ~ жило́й дом; **keep** ~ вести́ дома́шнее хозя́йство; (*any building*) зда́ние; *fig* **like a** ~ **on fire;** (*quickly*) момента́льно; **safe as** ~**s** соверше́нно надёжный; (*for animals*) **monkey** ~ обезья́нник; **poultry** ~ пти́чник; (*in names of places*) **House of Commons** пала́та о́бщин; **House of Lords** пала́та ло́рдов; **House of Representatives** пала́та представи́телей; **White House** Бе́лый дом; ~ **of ill-fame** публи́чный дом; **public** ~ пивна́я; (*firm*) фи́рма; *theat* (*auditorium*) зри́тельный зал; (*audience*) пу́блика, зри́тели *m pl*; (*sitting, performance*) сеа́нс; (*family line*) род, дом; *astrol* дом **2.** *adj* дома́шний **3.** *v* (*provide housing*) обеспе́чивать жильём; (*give shelter*) приюти́ть *pf*; (*put in, find room for*) помеща́ть; (*contain*) содержа́ть; **be** ~**ed in** помеща́ться в (+ *prep*); (*dwell*) жить

house-agent комиссионе́р по прода́же домо́в

houseboat плаву́чий дом

housebound прико́ванный к до́му

housebreaker взло́мщик

housebreaking взлом до́ма

housecoat хала́т

house-dog сторожево́й пёс

house-fly му́ха ко́мнатная

houseful по́лный дом

household 1. *n* (*home, house*) дом; (*family*) семья́ **2.** *adj* (*domestic*) дома́шний; (*for running house*) хозя́йственный, бытово́й; ~ **goods** предме́ты *m pl* дома́шнего обихо́да; ~ **word** (*familiar phrase*) ходя́чее выраже́ние; (*name*) всем изве́стное и́мя *neut*

householder домовладе́лец

housekeeper (*housewife*) дома́шняя хозя́йка; (*paid*) эконо́мка

housekeeping дома́шнее хозя́йство; ~ **money** де́ньги *f pl* на хозя́йство

housemaid (*in hotel etc*) го́рничная; (*in home*) убо́рщица; *med* ~**'s knee** воспале́ние су́мки надколе́нника

house-proud домови́тый

houseroom жильё

house-surgeon ста́рший хиру́рг

house-to-house: ~ **search** о́быск всех домо́в; ~ **fighting** у́личный бой

housetop кры́ша, кро́вля

house-trained приу́ченный к поря́дку

house-warming новосе́лье

housewife дома́шняя хозя́йка

housework рабо́та по до́му

housing 1. *n* (*house-building*) жили́щное строи́тельство; (*provision of accommodation*) обеспе́чение жилпло́щадью; (*living conditions*) жили́щные усло́вия *neut pl*; (*houses*) дома́ *m pl*; (*storage, preservation*) хране́ние; *tech* (*casing*) кожу́х; (*of bearing*) ко́рпус **2.** *adj* жили́щный; ~ **estate** жило́й микрорайо́н

hovel лачу́га, хиба́рка

hover (*of bird*) пари́ть; (*of helicopter*) зависа́ть; (*hang around, linger*) верте́ться, болта́ться (вокру́г + *gen*); ~ **around s.o.** ходи́ть вокру́г (+ *gen*); (*be on the verge of*) быть на краю́; ~ **between** быть ме́жду (+ *instr*); (*hesitate*) колеба́ться

hovercraft су́дно на возду́шной поду́шке, аэрохо́д

how *inter and rel adv*; *conj* как, каки́м о́бразом; **and** ~! ещё бы!; ~ **about** (+ *n, pr*) как насчёт (+ *gen*); (+ *gerund*) а что е́сли, дава́йте (+ *infin or fut*); ~ **are things?** как дела́?; ~ **are you?** как вы пожива́ете?; ~ **come?** как э́то?, э́то почему́ же?; ~ **dare you!** как вы сме́ете!; **how the devil** *etc* како́го чёрта; ~ **the devil should I know?** отку́да мне знать?; ~ **is he?** как он себя́ чу́вствует?; ~ **odd!** как стра́нно!; (*in expressions of quantity, degree*) ~ **long is the river?** какова́ длина́ реки́?; ~ **long did it take you?** ско́лько вре́мени вы утра́тили на э́то?; ~ **many?** ско́лько (+ *gen*); ~ **many times, people?** ско́лько раз, челове́к?; ~ **many of them are there?** ско́лько их?; ~ **much?** ско́лько (+ *gen*)?; ~ **much is the chocolate?** ско́лько сто́ит шокола́д?; **I don't know** ~ **much** не зна́ю ско́лько (сто́ит); ~ **much chocolate do you want?** ско́лько шокола́да вы хоти́те?; ~ **much?** (+ *comp adj*) наско́лько (+ *comp adj*), *coll* куда́ (+ *comp adj*); ~ **often?** как ча́сто?; ~ **much better this one is!** наско́лько э́то лу́чше!; ~ **old are you?** ско́лько вам лет?; ~ **tall is he?** како́го он ро́ста?; (*with adjs*: как + *short form adj*; како́й + *long form adj*) ~ **good it was** как э́то бы́ло хорошо́; ~ **beautiful your garden is** како́й у вас краси́вый сад; **I know** ~ **different they are** я зна́ю, наско́лько они́ ра́зные

howdah паланки́н

how-do-you-do *n coll* **here's a fine** ~! ну и дела́!

however 1. *adv* (*with adv or short-form adj*) как(бы) ни; ~ **clever he may be** как он ни умён; ~ **good his intentions** как ни хороши́ бы́ли его́ наме́рения; ~ **hard he tried** как он ни стара́лся; ~ **late it is** как ни по́здно; ~ **strange it may seem** как стра́нно ни ка́жется; ~ **that may be** как бы то ни́ бы́ло; *coll* (*how*) как, каки́м о́бразом; ~ **will you tell him?** как же вы ска́жете ему́? **2.** *conj* одна́ко; (*nevertheless*) тем не ме́нее

howitzer га́убица

howl 1. *n* (*of animal*) вой; (*loud cry*) вопль *m*, крик; (*of child etc*) рёв; ~ **of laughter** взрыв хо́хота; ~**s of protest** кри́ки проте́ста; (*of wind*) вой, рёв **2.** *v* (*of animal, wind*) выть, завыва́ть; ~ **with pain** выть, реве́ть, *coll* ора́ть от бо́ли; (*of child*) реве́ть; (*shout*) выкри́кивать, ора́ть; ~ **down** заглуши́ть *pf* кри́ками

howler *tech* зу́ммер; (*monkey*) реву́н; *coll* (*mistake*) гру́бая оши́бка, оплo̒шность *f*; (*stupid act*) глу́пость *f*; (*lie*) на́глая ложь *f*

howling *coll* (*scandal etc*) вопию́щий, крича́щий; ~ **error** грубе́йшая оши́бка; ~ **success** колосса́льный успе́х

hub вту́лка; *fig* центр

hubbub гул, шум и гам; **there was such a** ~ **that ...** стоя́л тако́й шум, что ...

hubby *coll* муженёк
hubcap колпáк ступи́цы
hubris гóрдость *f*, высокомéрие
huckleberry черни́ка
huckster (*pedlar*) разнóсчик; (*street trader*) лáвочник
huddle 1. *n* (*heap*) свáлка; (*crowd*) толпá **2.** *v* (*heap*) свáливать в кýчу; (*drive into group*) загоня́ть, затáлкивать; (*gather*) собирáть(ся); ~ **up, together** прижимáться друг к дрýгу; ~ **up** (*of one person*) съёживаться, сжимáться
hue (*colour*) цвет; (*shade*; *also fig*) оттéнок
hue and cry (*pursuit*) преслéдование; (*outcry*) тревóга, шуми́ха; **raise a** ~ поднимáть крик
huff 1. *n* (*anger*) гнев; (*annoyance*) досáда; (*sense of offence*) оби́да; **in a ~, ~ed** оби́женный; (*draughts*) фук **2.** *v* (*anger*) раздражáть; (*offend*) обижáть; (*in draughts*) фýкать
huffish (*sulky*) оби́дчивый; (*irritated*) раздражи́тельный
hug 1. *n* объя́тие; (*in wrestling*) захвáт **2.** *v* (*embrace*) крéпко обнимáться; (*keep close to*) держáться (+ *gen*); *fig* ~ **oneself** быть весьмá довóльным собóй
huge огрóмный, громáдный
hugely (*very much*) óчень, весьмá; **he is ~ pleased** он стрáшно довóлен
Huguenot гугенóт
hula (*dance*) хýла-хýла; ~ **skirt** юбка из травы́; ~ **hoop** хула-хýп
hulk *naut* блóкшив; (*person*, *thing*) громáдина
hulking (*clumsy*) неуклю́жий; (*unwieldy*) неповорóтливый
hull 1. *n* (*of ship*) кóрпус; **pressure** ~ прóчный кóрпус; (*of peas*) стручóк; (*of seed etc*) скорлупá, шелухá **2.** *v* (*peas*, *beans*) лущи́ть; (*grain*) шелуши́ть
hullabaloo шум, гам; **raise a** ~ поднимáть крик
hullo *see* **hallo**
hum 1. *n* (*of bees etc*) жужжáние; (*of traffic*, *voices*, *engine etc*) гул **2.** *v* (*of bees etc*) жужжáть; (*of traffic etc*) гудéть; (*a tune*) напевáть, мурлы́кать; *sl* (*smell*) воня́ть; ~ **and haw** (*mumble*) мя́млить; (*hesitate*) колебáться **3.** *interj* гм!
human 1. *n* (*man*) человéк **2.** *adj* (*most senses*) человéческий; ~ **being** человéк; ~ **nature** человéческая прирóда; ~ **rights** правá *neut pl* человéка; (*social*) социáльный; (*sensitive*, *humane*) человéчный
humane человéчный, гумáнный
humanism гумани́зм
humanist гумани́ст
humanistic гуманисти́ческий
humanitarian 1. *n* гумани́ст; (*philanthropist*) филантрóп **2.** *adj* (*humane*) гумáнный, человéчный
humanity (*human race*) человéчество; (*human nature*) человéческая прирóда; (*humaneness*) человéчность *f*, гумáнность *f*; (*people*, *crowd*) нарóд; *pl* (*study*) гуманитáрные наýки *f pl*
humanize очеловéчивать
humankind род людскóй
humanly по-человéчески; **not ~ possible** вы́ше человéческих сил
humble 1. *adj* (*all senses*) скрóмный; (*in letter formula*) **your ~ servant** ваш покóрный слугá **2.** *v* унижáть; ~ **oneself** унижáться (**before,** пéред + *instr*)
humbug 1. *n* (*insincerity*) нейскренность *f*; (*hypocrisy*) лицемéрие; (*deceit*) обмáн; (*sham*, *pretence*) притвóрство; (*nonsense*) вздор; (*imposter*) обмáнщик, притвóрщик; (*hypocrite*) лицемéр; (*sweet*) мя́тный леденéц **2.** *v* (*deceive*) обмáнывать, проводи́ть
humdrum банáльный, скýчный, заурядный
humeral *anat* плечевóй
humerus плечевáя кость *f*
humid влáжный, сырóй
humidifier увлажни́тель *m*
humidify увлажня́ть
humidity влáжность *f*
humify *agr* гумифици́ровать, утучня́ть
humiliate (*lower self-respect*) унижáть; (*insult*) оскорбля́ть
humiliating унизи́тельный; оскорби́тельный
humiliation унижéние; оскорблéние
humility смирéние, покóрность *f*, скрóмность *f*
humming 1. *n* жужжáние **2.** *adj* жужжáщий; ~**-bird** коли́бри *m and f indecl*
hummock (*hillock*) бугóр, пригóрок, хóлмик; (*sandhill*) дю́на; (*of ice*) торóс
hummocky холми́стый
humoresque *mus* юморéска
humorist (*joker*) шутни́к; (*wit*) остря́к; (*humorous writer etc*) юмори́ст
humorous (*funny person*, *event*) забáвный, коми́ческий; (*witty*) остроýмный; (*of literature*) юмористи́ческий; (*having sense of humour*) с чýвством ю́мора
humour 1. *n* (~*ous attitude*, *amusement*; *kind of literature*) ю́мор; **sense of** ~ чýвство ю́мора; (*absurdity*) коми́зм; **the ~ of the situation** коми́зм положéния; (*mood*) настроéние; **in a good** ~ в хорóшем настроéнии; **he was not in the ~ for** емý не хотéлось (+ *infin*), у негó нé было настроéния (+ *infin*); **out of** ~ не в дýхе; (*whim*) капри́з **2.** *v* потакáть (+ *dat*)
hump 1. *n* (*on back*, *on camel*) горб; (*in road*) бугóр; (*hummock*) бугорóк; *coll* (*depression*) плохóе настроéние; (*railway*) сортирóвочная гóрка **2.** *v* ~ **one's back** сутýлиться; *coll* (*carry on back*) нести́ на спинé; (*drag*, *carry with difficulty*) тащи́ть
humpback (*person*) горбýн; (*hunched back*) горб; (*salmon*) горбýша; (*whale*) горбáтый кит
humpbacked горбáтый
humph *interj* гм, хм
humpy (*having humps*) нерóвный; (*in bad temper*) в плохóм настроéнии
humus гýмус
Hun *hist* гунн; *pej* (*German*) нéмец
hunch 1. *n coll* (*premonition*) предчýвствие; (*guess*) догáдка; (*suspicion*) подозрéние; **have a** ~ (*feel*) чýвствовать; (*guess*) догадáться *pf*; (*suspect*) подозревáть **2.** *v* гóрбиться, сутýлиться; **sit ~ed up** сидéть сгóрбившись
hunchback 1. *n* горбýн **2.** *adj* горбáтый
hunchbacked горбáтый
hundred *num* сто (+ *gen pl*); **two** ~ двéсти; **three** ~ три́ста; **four** ~ четы́реста; **five** ~ пятьсóт *etc to* **nine** ~ девятьсóт; *distributive num* **one** ~ *etc* **each** по ста (*coll* по сто) (+ *gen pl*), по двéсти, по три́ста, по четы́реста, по пятисóт *etc to* по девятисóт; **a ~ and fifty** полторáста, сто пятьдеся́т; *collect n* (*usu pl*) сóтня; **~s of people** сóтни людéй; (*age*) **he is one ~ (years old)** емý сто лет; **100 per cent** сто процéнтов; (*as adj*)

стопроце́нтный; (*as adv*) на сто проце́нтов
hundredfold 1. *adj* стокра́тный **2.** *adv* в сто раз
hundredth со́тый; (*fraction*) одна́ со́тая
hundredweight (*English*) англи́йский це́нтнер; (*American*) америка́нский це́нтнер; **metric** ~ це́нтнер
Hungarian 1. *n* (*person*) венгр, венге́рец, *f* венге́рка; (*language*) венге́рский язы́к **2.** *adj* венге́рский
Hungary Ве́нгрия
hunger 1. *n* го́лод; **die of** ~ умере́ть с го́лода; *fig* ~ **for** жа́жда (+ *gen*) **2.** *v* голода́ть; *fig* жа́ждать (**for, after,** + *gen*)
hunger-march голо́дный похо́д
hunger-strike голодо́вка; **go on** ~ объявля́ть голодо́вку
hungrily жа́дно, с жа́дностью
hungry голо́дный; *fig* ~ **for** жа́ждущий (+ *gen*)
hunk большо́й кусо́к
hunt 1. *n sp* охо́та; (*search*) по́иски *m pl* (**for,** + *gen*); **on the** ~ **for** в по́исках (+ *gen*); (*pursuit*) пресле́дование **2.** *v sp* охо́титься (на + *acc*); (*pursue, persecute*) пресле́довать; *tech* (*oscillate*) колеба́ться; (*run unevenly*) неравноме́рно рабо́тать
~ **down** (*pursue*) высле́живать; (*find*) вы́следить *pf*
~ **for** иска́ть
~ **out, up** оты́скивать, разы́скивать
hunter *sp etc* охо́тник; (*seeker*) иска́тель *m* (**after, of,** + *gen*); (*horse*) гу́нтер; *nav* ~ **group** по́исковая гру́ппа; ~**-killer** противоло́дочный кора́бль *m*
hunting 1. *n sp etc* охо́та; (*search*) по́иски *m pl*; *mech* неравноме́рная рабо́та, колеба́ния *neut pl* **2.** *adj* охо́тничий; ~**-box** охо́тничий до́мик; ~**-crop** (охо́тничий) хлыст; ~**-ground** охо́тничье уго́дье; *fig* рай; ~**-horn** охо́тничий рог; ~ **season** охо́тничий сезо́н
huntress же́нщина-охо́тник
huntsman (*hunter*) охо́тник; (*professional, official of hunt*) е́герь *m*
hurdle 1. *n* (*temporary fence*) перено́сный плете́нь *m*; *sp* барье́р; ~ **race** барье́рный бег; *fig* препя́тствие (**to,** + *dat*) **2.** *v* (*race*) уча́ствовать в барье́рном бе́ге; (*jump a* ~) брать барье́р, препя́тствие; *fig* преодолева́ть препя́тствия
hurdler *sp* барьери́ст
hurdy-gurdy (*barrel-organ*) шарма́нка
hurl (*throw*) броса́ть, швыря́ть; *sp* мета́ть; ~ **oneself at** броса́ться на (+ *acc*); ~ **abuse at** осыпа́ть оскорбле́ниями
hurly-burly сумато́ха, суета́
hurrah, hurray ура́ (**for,** + *dat*)
hurricane урага́н; ~**-force wind** ве́тер урага́нной си́лы; ~ **warning** предупрежде́ние об урага́не; ~ **lamp** фона́рь *m* мо́лния
hurried торопли́вый, поспе́шный
hurry 1. *n* спе́шка, поспе́шность *f*; **in a** ~ (*hastily*) в спе́шке, впопыха́х; *coll* (*soon*) ско́ро; (*easily*) легко́; **be in a** ~ спеши́ть, торопи́ться; **do in a** ~ де́лать на́спех; **there's no** ~ не к спе́ху, ничего́ спе́шного **2.** *vi* спеши́ть, торопи́ться; ~ **in,** ~ **out** *etc* поспе́шно, торопли́во входи́ть, выходи́ть *etc*; *vt* торопи́ть
hurt 1. *n* (*wound, injury*) ра́на, ране́ние; (*harm*) вред, уще́рб (**to,** + *dat*); (*pain*) боль *f*; (*insult*) оби́да; *collect* (*victims of accident etc*), пострада́вшие *pl* **2.** *adj* (*wounded*) ра́неный; (*damaged*) повреждённый; (*offended*) оби́женный, оскорблённый **3.** *vt* (*cause pain*) причиня́ть боль; **it** ~**s me to cough** мне бо́льно ка́шлять; (*injure with blow etc*) ушиби́ть *pf*; **I have** ~ **my finger** я уши́б себе́ па́лец; ~ **oneself** ушиби́ться *pf*; (*wound*) ра́нить; (*harm*) вреди́ть; (*feelings*) обижа́ть, оскорбля́ть; *vi* (*ache, be painful*) боле́ть; **my head** ~**s** голова́ боли́т; **be** ~ (*suffer in accident etc*) страда́ть
hurtful (*harmful*) вре́дный (**to,** + *dat*); (*painful*) бо́льный; (*insulting*) оби́дный
hurtle (*rush*) нести́сь, мча́ться; (*fly*) лете́ть; ~ **against** ната́лкиваться на (+ *acc*); ~ **past** пронести́сь *pf*; промча́ться *pf*
husband 1. *n* муж, супру́г **2.** *v* (*save*) эконо́мить, бере́чь
husbandry (*farming*) земледе́лие; **animal** ~ животново́дство; (*thrift*) бережли́вость *f*
hush 1. *n* (*quiet*) тишина́; (*silence*) молча́ние **2.** *vt* (*make quiet*) водворя́ть тишину́; (*impose silence*) заставля́ть молча́ть; *coll* ~ **up** замя́ть *pf*; (*calm*) успока́ивать; ~ **to sleep** убаю́кивать; *vi* стиха́ть **3.** *interj* ти́ше! тс!
hush-hush секре́тный, засекре́ченный
hush-money взя́тка за молча́ние
husk 1. *n* шелуха́, лузга́ **2.** *v* очища́ть от шелухи́, лущи́ть
huskiness (*of voice*) хрипота́
[1]**husky** (*voice*) хри́плый, си́плый; *coll* (*big, strong*) здоро́вый
[2]**husky** (*breed*) эскимо́сская ла́йка; (*sledge-dog*) ездова́я соба́ка
hussar гуса́р; ~**'s** гуса́рский
hussy (*impertinent girl*) де́рзкая девчо́нка; (*woman*) шлю́ха
hustings *hist* (*platform*) трибу́на; (*electioneering*) предвы́борная кампа́ния
hustle *vi* (*hurry*) спеши́ть; (*act vigorously*) де́йствовать энерги́чно; *vt* (*hurry*) торопи́ть; (*jostle*) толка́ть
~ **aside** оттесня́ть
~ **away, off** торопли́во отводи́ть
~ **out** выгоня́ть, торопли́во выводи́ть
hustler пробивно́й челове́к
hut (*peasant*) хи́жина, лачу́га; (*cabin*) изба́; (*temporary shed; mil*) бара́к; (*watchman's etc*) бу́дка
hutch (*for rabbits*) кле́тка для кро́ликов; *tech* (*trough*) лото́к; (*truck*) вагоне́тка; (*storage*) бу́нкер
hyacinth *bot, min* гиаци́нт
Hyades Гиа́ды *f pl*
hyaline 1. *n biol* гиали́н **2.** *adj* стеклови́дный
hyalite *min* гиали́т, бесцве́тный опа́л; *geol* стеклова́тая поро́да
hyaloid (*transparent*) прозра́чный; ~ **membrane** оболо́чка стеклови́дного те́ла
hybrid 1. *n* гибри́д **2.** *adj* гибри́дный
hybridization гибридиза́ция, скре́щивание
hydra *myth*; *zool* ги́дра; ~**-headed** многогла́вый
hydrangea горте́нзия
hydrant гидра́нт; **fire** ~ пожа́рный гидра́нт
hydrate 1. *n* гидра́т, гидро́окись *f* **2.** *v* гидрати́ровать(ся)
hydrated гидрати́рованный, гидра́тный; ~ **lime** гашёная и́звесть *f*
hydration гидрата́ция
hydraulic гидравли́ческий; ~ **drive** гидропри́во́д; ~ **engineering** гидроте́хника; ~ **fluid** гидросме́сь *f*; ~ **power** гидроэне́ргия; ~ **press** гидравли́ческий пресс; ~ **system** гидросисте́ма

hydraulics гидра́влика
hydride гидри́д
hydro- гидро-
hydro (*establishment*) водолече́бница; (*spa*) водолече́бный куро́рт
hydroacoustics гидроаку́стика
hydrocarbon углеводоро́д
hydrocephaly водя́нка головно́го мо́зга, гидроцефа́лия
hydrochloric acid соля́ная/хлористоводоро́дная кислота́
hydrocyanic acid сини́льная/цианистоводоро́дная кислота́
hydrodynamic гидродинами́ческий
hydrodynamics гидродина́мика
hydroelectric гидроэлектри́ческий; ~ **power** гидроэлектроэне́ргия; ~ **power station** гидроэлектроста́нция, *abbr* гэс
hydroelectricity гидроэлектри́чество
hydrofluoric acid фтористоводоро́дная кислота́
hydrofoil (*device*) подво́дное крыло́, гидрокрыло́; (*vessel*) су́дно на подво́дных кры́льях
hydrogen 1. *n* водоро́д; ~ **peroxide** пе́рекись *f* водоро́да; **heavy** ~ тяжёлый водоро́д, дейте́рий **2.** *adj* водоро́дный; ~ **bomb** водоро́дная бо́мба
hydrogenize гидрогенизи́ровать
hydrogenous гидроге́нный, водоро́дный
hydrograph гидрогра́ф
hydrographer гидро́граф
hydrographic гидрографи́ческий
hydrography гидрогра́фия
hydrology гидроло́гия
hydrolysis гидро́лиз
hydrometer арео́метр
hydropathic водолече́бный
hydropathy водолече́ние
hydrophilic *chem* гидрофи́льный
hydrophilous *bot* водолюби́вый
hydrophobia водобоя́знь *f*
hydrophone гидрофо́н
hydrophyte гидрофи́т
hydropic водя́ночный
hydroplane (*motor-boat*) гли́ссер; (*aircraft*) гидросамолёт; (*of submarine*) горизонта́льный руль *m*
hydroplaning (*of car*) аквапланиро́вание
hydropneumatic гидропневмати́ческий
hydroponics гидропо́ника
hydropsy водя́нка
hydrosol гидрозо́ль *f*
hydrosphere гидросфе́ра
hydrostat гидроста́т
hydrostatic гидростати́ческий
hydrostatics гидроста́тика
hydrotherapy водолече́ние
hydrous во́дный
hydroxide гидроо́кись *f*
hydroxyl гидрокси́л
hyena гие́на
hygiene гигие́на
hygienic гигиени́ческий
hygro- гигро-
hygrometer гигро́метр
hygroscopic гигроскопи́ческий
hylotheism гилотеи́зм
hylozoism гилозои́зм
hymen *myth* Гимене́й; (*marriage*) сва́дьба; *anat* де́вственная плева́, гиме́н
hymeneal *anat* гимена́льный; (*of marriage*) сва́дебный
hymenoptera перепончатокры́лые *pl*
hymn 1. *n* гимн **2.** *v* (*sing ~s*) петь ги́мны; (*praise*) воспева́ть
hymnal, hymn-book сбо́рник ги́мнов
hyoid 1. *n* подъязычко́вая кость *f*
hype *sl* **1.** *n* (*deception*) очковтира́тельство; (*advertisement*) (агресси́вное) реклами́рование **2.** *v* (агресси́вно) реклами́ровать
hyperacidity повы́шенная кисло́тность *f*
hyperactivity гиперфу́нкция
hyperaesthesia гиперестези́я
hyperbola гипе́рбола
hyperbole гипе́рбола
hyperbolic гиперболи́ческий
hyperboloid гиперболо́ид
hyperborean 1. *n myth* гипербоpе́ец; (*northerner*) северя́нин **2.** *adj* се́верный
hypercardia гипертрофи́я се́рдца
hypercritical сли́шком стро́гий
hypergalaxy сверхгала́ктика
hypergroup гипергру́ппа
hypermetropia дальнозо́ркость *f*
hypernucleus ги́пер-ядро́
hyperon гипеpо́н
hyperphasia гиперфа́зия
hypersensitive чрезме́рно чувстви́тельный, сверхчувстви́тельный
hypersonic гиперзвуково́й
hypertension повы́шенное давле́ние, гипертони́я
hypertonic гипертони́ческий
hypertrophy гипертрофи́я
hyphen дефи́с; **write with a** ~ писа́ть че́рез дефи́с
hyphenate писа́ть че́рез дефи́с
hypnosis гипно́з; **under** ~ под гипно́зом
hypnotherapy лече́ние гипно́зом, гипнотерапи́я
hypnotic 1. *n* (*drug*) снотво́рное (сре́дство); (*person*) челове́к, легко́ поддаю́щийся гипно́зу **2.** *adj* (*of hypnosis*) гипноти́ческий; (*inducing sleep*) снотво́рный
hypnotism гипноти́зм
hypnotist гипнотизёр
hypnotize гипнотизи́ровать
hypo *phot* фикса́ж; (*syringe*) шприц
hypochlorite гипохлори́т
hypochondria ипохо́ндрия
hypochrondriac 1. *n* ипохо́ндрик **2.** *adj* ипохондри́ческий
hypocrisy лицеме́рие
hypocrite лицеме́р, ханжа́
hypocritical лицеме́рный, ха́нжеский
hypodermic подко́жный; ~ **needle** игла́ для подко́жных впры́скиваний
hypodermis гиподе́рма
hypotenuse гипотену́за
hypothalamus гипотала́мус
hypothermia гипотерми́я
hypothesis гипо́теза
hypothesize стро́ить гипо́тезу
hypothetical гипотети́ческий, предположи́тельный
hypsometer гипсо́метр
hyssop иссо́п
hysterectomy удале́ние ма́тки
hysteresis гистере́зис; ~ **loop** пе́тля гистере́зиса
hysteria истери́я
hysteric(al) истери́ческий, истери́чный
hysterics истéрика; **in** ~ в исте́рике
hysterotomy ке́сарево сече́ние

I

I *pron* я; ~ **am here** я здесь; **it is** ~ э́то я; **may** ~? мо́жно?; **my husband and** ~ мы с му́жем; **you and** ~ мы с тобо́й
iamb ямб
iambic 1. *n pl* ямби́ческий стих **2.** *adj* ямби́ческий
Iberian 1. *n* (*person*) ибе́р **2.** *adj* ибери́йский
ibex ка́менный козёл, козеро́г
ibid(em) там же
ibis и́бис
ice 1. *n* лёд; **black** ~ ледяна́я ко́рка; **dry** ~ сухо́й лёд; **needle** ~ шуга́; **pack** ~ пак, па́ковый лёд; *fig* **break the** ~ слома́ть *pf* лёд; **cold as** ~ холо́дный как лёд; **cut no** ~ не име́ть значе́ния; **skate on thin** ~ игра́ть с огнём; *cul* (*~-cream*) моро́женое; (*sorbet*) фрукто́вое моро́женое **2.** *adj* ~ **age** леднико́вый век; ~ **cave** ледо́вая пеще́ра; ~ **cloud** ледяно́е о́блако; ~ **warning** предупреждéние о льдах **3.** *v* (*cover with* ~) покрыва́ть(ся) льдом; (*freeze*) замерза́ть; (*drinks*) охлажда́ть; (*cake*) глазирова́ть, покрыва́ть глазу́рью; ~ **over** покрыва́ть(ся) льдом; ~ **up** обледене́ть *pf*
ice-axe ледору́б
ice-bag пузы́рь *m* для льда
iceberg а́йсберг
iceblink ледяно́й о́тблеск
icebound (*caught in ice*) затёртый льда́ми; (*surrounded by ice*) окружённый льдом
icebox холоди́льник
ice-breaker ледоко́л
ice-cap *geol* леднико́вый покро́в; (*polar ice*) поля́рный лёд
ice-cold холо́дный как лёд, ледяно́й
ice-cream моро́женое
iced (*cake*, *fruits*) глазиро́ванный; (*drink*) охлаждённый, со льдом
ice-drift ледохо́д
ice-field ледяно́е по́ле
ice-floe плаву́чая льди́на
ice-foot берегово́й припа́й
ice-fox песе́ц
ice-free (*clear of ice*) свобо́дный от льда; (*not freezing*) незамерза́ющий
ice-hockey хокке́й (на льду)
ice-house ле́дник
Iceland Исла́ндия; ~ **moss** исла́ндский мох; ~ **spar** исла́ндский шпат
Icelander исла́ндец, *f* исла́ндка
Icelandic 1. *n* исла́ндский язы́к **2.** *adj* исла́ндский
ice-pack ледяно́й пак, па́ковый лёд; *med* пузы́рь *m* со льдом
ice-pick *cul* пешня́ для льда́
ice-rink като́к
ice-yacht бу́ер
ichneumon ихневмо́н
ichthyography ихтиогра́фия
ichthyologist ихтио́лог
ichthyology ихтиоло́гия
ichthyosaurus ихтиоза́вр
ichthyosis ры́бья ко́жа, ихтио́з
icicle сосу́лька
icily хо́лодно
icing (*formation of ice*) обледене́ние; (*sugar coating*) глазу́рь *f*; (*applying* ~) глазиро́вка; ~ **-sugar** са́харная пу́дра
icon ико́на
iconic (*of portrait*) портре́тный; (*traditional*) традицио́нный
iconoclasm *hist* иконобо́рство
iconoclast *hist* иконобо́рец; *fig* бунта́рь *m*
iconoclastic *hist* иконобо́рческий; *fig* ерети́ческий
iconographic иконографи́ческий
iconography иконогра́фия
iconoscope иконоско́п
iconostasis иконоста́с
icosahedron двадцатигра́нник
icterus желту́ха
ictus *pros* икт; *med* уда́р
icy (*cold*; *also fig*) ледяно́й, холо́дный; ~ **conditions** ледо́вая обстано́вка; ~ **look** ледяно́й взгляд; ~ **weather** моро́зная пого́да; (*slippery*) ско́льзкий; (*ice-covered*) покры́тый льдом, обледене́лый
id ид
idea (*most senses*) иде́я; **at the bare, mere** ~ **of** при одно́й мы́сли о (+ *prep or* что + *verb*); **brilliant** ~ блестя́щая иде́я; **fixed** ~ навя́зчивая иде́я; **have an, some** ~ **of** име́ть поня́тие, представле́ние о (+ *prep*); **he had the** ~ **of** ему́ пришло́ в го́лову, ему́ пришла́ мысль (+ *infin*); **I haven't the slightest** ~ я не име́ю ни мале́йшего представле́ния; **what an** ~! что за иде́я!; **where did you get the** ~ **that** отку́да вы взя́ли, что; (*intention*) наме́рение
ideal 1. *n* идеа́л **2.** *adj* (*most senses*) идеа́льный; **it would be** ~ **if** бы́ло бы идеа́льно, е́сли бы (+ *past*); (*imaginary*) вообража́емый, мы́сленный; (*just right*) как ра́з; **that is** ~ **for the purpose** э́то как раз то, что ну́жно
idealism идеали́зм
idealist идеали́ст
idealistic идеалисти́ческий
idealization идеализа́ция
idealize идеализи́ровать
ideally (*very well*) идеа́льно; (*best of all*) лу́чше всего́
idée fixe навя́зчивая иде́я, идефи́кс
idem (*author*) о́н же
identical (*the self-same*) тот же са́мый; (*not differing*) одина́ковый, иденти́чный, тожде́ственный (**with,** с + *instr*); ~ **twins** однояйцевые близнецы́ *m pl*
identifiable опознава́емый, определя́емый *etc* (*see* **identify**)
identification 1. *n* опозна́ние; идентифика́ция; установле́ние; определе́ние; отождествле́ние **2.** *adj* (*marks, lights etc*) опознава́тельный; ~ **card** удостовере́ние ли́чности; ~ **disc, tag** ли́чный знак
identify (*establish, indicate*) устана́вливать, определя́ть; (*establish identity of*) опознава́ть, идентифици́ровать; (*recognize*) узнава́ть; (*discern*) распознава́ть; (*regard, show as identical*) отождествля́ть (**with,** с + *instr*); (*associate*) асс-

ци́ровать (**with,** с + *instr*); (*betray identity of*) выдава́ть; ~ **oneself** (*prove identity*) устана́вливать со́бственную ли́чность; (*give name*) назва́ть *pf* себя́; (*show documents*) предъявля́ть удостовере́ние ли́чности; *mil* дава́ть свои́ позывны́е; ~ **oneself as** называ́ть себя́ (+ *instr or nom of name*); ~ **oneself with** (*cause, view etc*) солидаризи́роваться с (+ *instr*); (*think oneself identical with*) отождествля́ться с (+ *instr*); **be identified with** ассоции́роваться с (+ *instr*)

identity (*of person*) ли́чность *f*; ~ **card** удостовере́ние ли́чности; (*genuineness*) по́длинность *f*; (*sameness*) тожде́ственность *f*, иденти́чность *f*; *math* то́ждество

ideogram, ideograph идеогра́мма

ideological идеологи́ческий

ideologist, ideologue идео́лог, теоре́тик

ideology идеоло́гия

ides и́ды *f pl*

idiocy *med* (*mental state*) идиоти́я, идиоти́зм; (*foolishness*) глу́пость *f*, идио́тство; (*foolish act, remark*) глу́пость *f*

idiom (*expression*) идио́ма, оборо́т ре́чи; (*language*) язы́к; (*dialect*) го́вор, наре́чие; (*style*) стиль *m*

idiomatic (*of idioms*) идиомати́ческий; (*colloquial*) разгово́рный; (*fluent*) свобо́дный, бе́глый

idiopathic идиопати́ческий, первичный

idiosyncrasy (*characteristic*) характе́рная черта́; *med* идиосинкрази́я

idiosyncratic (*peculiar*) своеобра́зный; (*characteristic*) характе́рный; *med* идиосинкрази́ческий

idiot *med, coll* идио́т

idiotic идио́тский

idle 1. *adj* (*not busy*) неза́нятый, нерабо́тающий; **be** ~ ничего́ не де́лать, быть неза́нятым; ~ **capacity** резе́рвная мо́щность *f*; ~ **capital** мёртвый капита́л; ~ **hours** свобо́дные часы́ *m pl*; **I haven't an** ~ **moment** у меня́ нет ни одно́й свобо́дной мину́ты; (*lazy*) лени́вый; (*useless*) бесполе́зный; (*vain*) тще́тный; (*talk, rumour, dreams etc*) пусто́й, пра́здный; *tech* холосто́й **2.** *v* (*do nothing*) безде́льничать; (*be lazy*) лени́ться; ~ **away one's time** проводи́ть вре́мя в безде́лье, растра́чивать вре́мя; *tech* рабо́тать вхолосту́ю

idleness (*doing nothing*) безде́лье, пра́здность *f*; (*laziness*) лень *f*

idler (*person*) лентя́й, безде́льник; *tech* (*wheel*) холосто́е колесо́; (*gear*) парази́тная шестерня́; (*tensioner*) натяжно́й ро́лик; ~ **jet** жиклёр ма́лых оборо́тов; ~ **pulley** холосто́й шкив

idling (*doing nothing*) безде́льничанье, пра́здность *f*; *tech* холосто́й ход

idly (*lazily*) лени́во, пра́здно; (*in vain*) тще́тно, напра́сно

Ido и́до *neut indecl*

idol и́дол, куми́р; *fig* куми́р; **make an** ~ **of** возвести́ *pf* в куми́р, боготвори́ть

idolater идолопокло́нник; *fig* обожа́тель *m*

idolatrous идолопокло́ннический

idolatry идолопокло́нство

idolize (*worship*) поклоня́ться (+ *dat*); *fig* боготвори́ть, де́лать и́долом, возвести́ *pf* в куми́р

idyll *lit, fig* иди́ллия; *mus* пастора́ль *f*

idyllic идилли́ческий

if (*with real condition*) е́сли (+ *indic*) (*if main clause follows it may begin* то, *esp when indicating inescapable conclusion*) **if it doesn't rain, we shall go** мы пое́дем, е́сли не бу́дет дождя́; ~ **you wish** е́сли хоти́те; ~ **not** е́сли нет, то; ~ **necessary** е́сли ну́жно; (*with unfulfilled or improbable condition*) е́сли бы (+ *past*); ~ **I knew I should tell you** е́сли бы я знал, я бы вам сказа́л; ~ **I were you I should leave** (е́сли бы я был) на ва́шем ме́сте, я бы ушёл; ~ **it were not for him we should have lost** е́сли бы не он, мы проигра́ли бы; (*in exclamations*) ~ **only I knew!** е́сли бы я то́лько знал; (*whether*) ли; **I don't know** ~ **he is dead or not** я не зна́ю, у́мер ли он и́ли нет; **ask** ~ **she has arrived** спроси́те, не пришла́ ли она́; (*although*) хотя́; (*in various expressions*) **complaints, if any, should be sent to the editor** жа́лобы, е́сли они име́ются, должны́ быть напра́влены в реда́кцию; ~ **anything** (*even*) да́же; ~ **not** (*otherwise, or else*) а то, не то; ~ **only to** хотя́ бы то́лько, что́бы (+ *infin*); ~ **that is so** е́сли э́то так; **as** ~ как бу́дто (бы); **it looks as** ~ похо́же, что; **even** ~ да́же е́сли (бы)

igloo и́глу *neut indecl*

igneous (*of fire*) о́гненный, огнево́й; *geol* изве́рженный, вулкани́ческий

ignis fatuus блужда́ющий огонёк; *fig* обма́нчивая наде́жда

ignitable горю́чий, воспламеня́емый

ignite воспламеня́ть(ся), зажига́ть(ся)

ignition (*catching fire*) зажига́ние, воспламене́ние; (*of engine*) зажига́ние; ~ **coil** кату́шка зажига́ния; ~ **switch** выключа́тель *m* зажига́ния; ~ **timing** устано́вка опереже́ния зажига́ния

ignoble по́длый, ни́зкий

ignominious (*shameful*) позо́рный; (*humiliating*) унизи́тельный

ignominy (*shame*) позо́р; (*dishonour*) бесче́стье; (*humiliation*) униже́ние

ignoramus неве́жда *m and f*

ignorance (*lack of knowledge, education*) неве́жество; (*inexperience*) нео́пытность *f*; (*unawareness*) неве́дение, незна́ние; **from, out of** ~ по неве́дению, незна́нию; **in blissful** ~ в блаже́нном неве́дении; **keep in** ~ держа́ть в неве́дении (**about, of,** относи́тельно + *gen*)

ignorant (*uneducated*) неве́жественный; (*unaware, not informed*) незна́ющий, неосведомлённый (**of, about,** относи́тельно + *gen*); ~ **in mathematics** несве́дущий в матема́тике; **I am quite** ~ **in this matter** я в э́том ничего́ не понима́ю; (*innocent of*) лишённый (+ *gen*)

ignore (*pay no attention to*) не обраща́ть внима́ния на (+ *acc*); (*deliberately not notice*) пренебрега́ть (+ *instr*), игнори́ровать; *leg* отклоня́ть

iguana игуа́на

ikon ико́на

ileum подвздо́шная кишка́

ilex па́дуб

iliac подвздо́шный

Iliad Илиа́да

ilium подвздо́шная кость *f*

ilk *coll*: **of that** ~ того́ же ро́да

ill 1. *n* (*harm*) зло, вред; **do** ~ пло́хо поступа́ть; **do** ~ **to** причиня́ть вред (+ *dat*); **for good or** ~ раз навсегда́; *pl* (*misfortune*) невзго́ды *f pl*, беды́ *f pl* **2.** *adj* больно́й, нездоро́вый; **be** ~ боле́ть (**with,** + *instr*); **I am** ~ я бо́лен; **fall** ~ заболева́ть; **feel** ~ пло́хо себя́ чу́вствовать; (*bad*) плохо́й, дурно́й; **of** ~ **repute** с дурно́й репута́цией; (*notorious*) пресловýтый; **as** ~ **luck would have it** как на зло; **it's an** ~ **wind that blows nobody good** ≈ нет ху́да без добра́; (*malicious*) злой; (*hostile*)

враждéбный; (*harmful*) врéдный **3.** *adv* (*badly*) плóхо, дýрно; ~ **at ease** не по себé; **feel ~ at ease** нелóвко чýвствовать себя́; (*with difficulty*) с трудóм, едвá ли; **we can ~ afford ...** мы едвá ли мóжем позвóлить себé (+ *acc or* + *infin*)
ill-advised (*unwise*) неразýмный; (*rash*) опромéтчивый
ill-affected нерасполóженный (**towards,** к + *dat*)
ill-assorted плóхо подóбранный
illative заключи́тельный
ill-bred (*badly brought up*) невоспи́танный; (*rude*) грýбый
ill-breeding невоспи́танность *f*; грýбость *f*
ill-conditioned (*bad-tempered*) злой; (*in bad state*) в плохóм состоя́нии
ill-considered непродýманный
ill-defined нетóчный, неопределённый
ill-disciplined недисциплини́рованный
ill-disposed (*hostile*) враждéбный, нерасполóженный (**towards,** к + *dat*); (*bad-tempered*) злой
illegal незакóнный, нелегáльный
illegality незакóнность *f*, нелегáльность *f*
illegibility неразбóрчивость *f*
illegible неразбóрчивый
illegitimacy (*illegality*) незакóнность *f*; (*of birth*) незаконнорождённость *f*
illegitimate (*illegal*) незакóнный; (*child*) незаконнорождённый, внебрáчный; (*inconsequent*) непослéдовательный
ill-fated злополýчный, злосчáстный
ill-favoured (*ugly*) некраси́вый; (*hideous*) урóдливый
ill-founded необоснóванный
ill-gotten добы́тый нечéстным путём
ill-humour дурнóе настроéние
illiberal (*mean*) жáдный, скупóй; (*petty*) мéлкий; (*reactionary*) реакциóнный; (*narrow*) ýзкий; (*intolerant*) нетерпи́мый
illiberality жáдность *f*; ýзость *f*
illicit (*illegal*) незакóнный; (*not permitted*) запрещённый, недозвóленный; (*contraband*) контрабáндный
illimitable безграни́чный, беспредéльный
illiteracy негрáмотность *f*, безгрáмотность *f*
illiterate негрáмотный, безгрáмотный
ill-judged (*unwise*) неразýмный; (*careless*) неосмотри́тельный; (*hasty*) поспéшный
ill-mannered невоспи́танный, грýбый
ill-natured злой, недоброжелáтельный
illness (*ill health*) болéзнь *f*, нездорóвье; (*specified disease*) болéзнь *f*, заболевáние
illogic нелоги́чность *f*
illogical нелоги́чный
illogicality нелоги́чность *f*
ill-omened (*foredoomed*) обречённый на неудáчу; (*ill-fated*) злополýчный, злосчáстный
ill-pleased недовóльный
ill-provided необеспéченный
ill-starred (*born under unlucky star*) рождённый под несчастли́вой звездóй; (*ill-fated*) злополýчный, злосчáстный
ill-tempered злой, сварли́вый
ill-timed (*at wrong time*) несвоеврéменный; (*inappropriate*) неумéстный
ill-treat дýрно, жестóко обращáться (с + *instr*)
ill-treatment дурнóе обращéние
illuminant 1. *n* осветúтельное срéдство **2.** *adj* освещáющий
illuminate (*light*) освещáть; (*light up*) озаря́ть; (*with decorative lights, decorate manuscript*) иллюмини́ровать; (*explain*) разъясня́ть; (*throw light on*) бросáть свет на (+ *acc*); (*enlighten*) просвещáть
illuminated (*embellished*) укрáшенный; (*manuscript*) лицевóй
illumination освещéние; разъяснéние; просвещéние; иллюмини́рование (*see* **illuminate**)
illuminator (*device*) освети́тельный прибóр; (*person*) освети́тель *m*; (*artist*) иллюстрáтор
ill-usage плохóе обращéние
ill-use плóхо обращáться (с + *instr*)
illusion иллю́зия
illusionism иллюзиони́зм
illusionist (*conjurer*) иллюзиони́ст, фóкусник; *philos* привéрженец иллюзиони́зма
illusive обмáнчивый, иллюзóрный
illusory нереáльный, иллюзóрный, обмáнчивый; ~ **quality, nature** (*of s'th*) иллюзóрность *f*
illustrate (*explain, demonstrate*) поясня́ть; (*books etc*) иллюстри́ровать
illustration (*in book etc*) иллюстрáция; (*example*) примéр
illustrative (*pictorial*) иллюстрати́вный; (*explanatory*) поясни́тельный; **be ~ of** быть показáтельным для (+ *gen*)
illustrator иллюстрáтор
illustrious (*distinguished*) выдаю́щийся; (*famous*) знамени́тый; (*famed, glorious*) прослáвленный
ill-will неприя́знь *f*, недоброжелáтельность *f*
ill-wisher недоброжелáтель *m*
image 1. *n* (*representation; opt*) изображéние; (*figure*) фигýра; (*copy*) подóбие, кóпия; **he is the ~ of his father** он вы́литый отéц; *arts* óбраз; (*mental ~*) представлéние **2.** *v* (*portray*) изображáть; (*symbolize*) символизи́ровать
imagery (*images*) óбразы *m pl*
imaginable вообрази́мый, мы́слимый
imaginary (*in imagination*) воображáемый, мни́мый; (*unreal*) нереáльный; *math* мни́мый
imagination воображéние, фантáзия; **catch the ~** захвати́ть *pf* воображéние
imaginative (*having vivid imagination*) пóлный фантáзий; (*creative*) твóрческий; (*ingenious*) изобретáтельный; (*colourful*) óбразный
imagine воображáть, представля́ть себé; **don't ~ it will be easy!** не дýмайте, что э́то бýдет легкó; **I can ~!** могý себé представить!; **just ~!** подýмай(те)!, подýмать тóлько; **what do you ~ he will do?** как вы дýмаете, что он сдéлает?; **nothing, I ~** я дýмаю, что ничегó; **you are imagining things, it** э́то вам тóлько кáжется
imagism имажини́зм
imagist имажини́ст
imam имáм
imbalance (*lack of balance*) отсýтствие равновéсия; (*instability*) неустóйчивость *f*; (*lack of proportion*) несоответствие; ~ **in trade** пасси́вный балáнс
imbecile 1. *n med* слабоýмный; *coll* дурáк **2.** *adj* слабоýмный, имбеци́льный; *coll* (*mad*) сумасшéдший; (*of ideas etc*) дурáцкий
imbecility *med* имбеци́льность *f*, слабоýмие; (*stupid act, remark*) глýпость *f*
imbibe (*drink*) пить; (*absorb*) впи́тывать
imbrex желóбчатая черепи́ца
imbroglio (*complicated affair*) слóжное дéло; (*confusion*) пýтаница
imbue (*saturate*) пропи́тывать; (*dye, stain*)

окрáшивать; (*instil*) насыщáть, наполнять; (*inspire*) вдохновлять; **~d with** насыщенный (+ *instr*)

imitate (*mimic*; *take as model*) подражáть (+ *dat*), имитировать; (*copy*) копировать; (*counterfeit*) поддéлывать

imitation 1. *n* (*act*) подражáние (**of,** + *dat*); **in ~ of** в подражáние (+ *dat*), под (+ *acc*); (*copy*) кóпия; (*counterfeit*) имитáция, поддéлка **2.** *adj* искýсственный

imitative подражáтельный

imitator подражáтель *m*

immaculate (*clean*) совершéнно чистый; (*beyond reproach*) безупрéчный, безукоризненный; (*chaste*) непорóчный; *relig* **Immaculate Conception** непорóчное зачáтие

immanence имманéнтность *f*

immanent присýщий, свóйственный; *philos* имманéнтный

immaterial (*not of matter*) невещéственный; (*spiritual*) духóвный; (*not important*) несущéственный; **it is ~ to me** мне безразлично, мне всё равнó

immaterialism имматериализм

immature (*person*, *judgement etc*) незрéлый; (*unripe*) неспéлый, недозрéлый

immaturity незрéлость *f*

immeasurable неизмеримый, безмéрный

immediacy (*directness*) непосрéдственность *f*; (*urgency*) безотлагáтельность *f*; (*closeness*) близость *f*

immediate (*direct*, *without intermediary*) непосрéдственный, прямóй; **~ heir** прямóй наслéдник; **~ result** непосрéдственный результáт; (*close*) **~ neighbours** ближáйшие сосéди *m pl*; **in the ~ future** в ближáйшем бýдущем; **in the ~ vicinity** поблизости; (*instant*) немéдленный; (*urgent*) срóчный

immediately 1. *adv* (*instantly*) срáзу же, немéдленно; (*directly*) непосрéдственно, прямо **2.** *conj* (*as soon as*) как тóлько

immemorial (*ancient*) дрéвний; **from time ~** с незапáмятных времён, испокóн векóв

immense (*huge*) огрóмный, громáдный; (*immeasurable*) безмéрный; *coll* (*splendid*) великолéпный

immensely (*very much*) крáйне; *coll* стрáшно, невероятно

immensity огрóмность *f*

immensurable неизмеримый

immerse погружáть (**in,** в + *acc*); **~d in thought** поглощённый своими мыслями; **~ oneself in** погружáться в (+ *acc*)

immersion погружéние; **~ heater** погружáемый нагревáтель *m*

immigrant 1. *n* иммигрáнт, переселéнец, **2.** *adj* (*immigrating*) иммигрирующий; (*of immigrants*) иммигрáнтский

immigrate иммигрировать

immigration иммигрáция

imminence (*approach*) наступлéние, приближéние; (*closeness*) близость *f*; (*threat*) угрóза

imminent надвигáющийся, нависший

immiscible несмéшивающийся, несмéшиваемый

immitigable (*not to be mitigated*) не поддающийся смягчéнию; (*unrelenting*) неумолимый

immobile (*not moving*) неподвижный, недвижимый; (*stationary*, *fixed*) стационáрный

immobility неподвижность *f*

immobilization *med* иммобилизáция; (*loss of movement*) потéря подвижности; (*deprivation of movement*) лишéние подвижности; (*of machine etc*) выведéние из стрóя

immobilize (*make immobile*) дéлать неподвижным; (*tie down*) скóвывать; (*stop*) останáвливать; *mil* парализовáть; (*machine*) вывести *pf* из стрóя; *med* иммобилизировать; (*currency*) изъять *pf* из обращéния

immoderate неумéренный, чрезмéрный, непомéрный

immoderation неумéренность *f*, чрезмéрность *f*, непомéрность *f*

immodest (*indecent*) неприличный; (*lacking modesty*, *humility*) нескрóмный; (*impudent*) нáглый; (*shameless*) бесстыдный

immodesty неприличие; нескрóмность *f*; нáглость *f*

immolate приносить в жéртву; *fig* жéртвовать

immolation (*act*) принесéние в жéртву; (*victim*) жéртва

immoral (*not moral*) аморáльный, безнрáвственный; (*depraved*) распýтный, разврáтный

immorality аморáльность *f*, безнрáвственность *f*; распýщенность *f*, разврáт

immortal *n* and *adj* бессмéртный

immortality бессмéртие

immortalize обессмéртить *pf*, увековéчивать

immovability (*fixedness*) неподвижность *f*; (*imperturbability*) невозмутимость *f*

immovable (*fixed*) неподвижный, недвижимый; *tech* стационáрный; (*steadfast*) непоколебимый, непреклóнный; (*imperturbable*) невозмутимый, бесстрáстный; *leg* недвижимый

immune (*free*, *exempt from*) свобóдный от (+ *gen*); (*secure against*) защищённый от (+ *gen*); *med* иммýнный, невосприимчивый (**from, to,** к + *dat*); *leg* неприкосновéнный, обладáющий иммунитéтом

immunity *med*, *leg* иммунитéт; **diplomatic ~** дипломатический иммунитéт; (*exemption*) освобождéние (от + *gen*)

immunization *med* иммунизáция

immunize *med* иммунизировать

immunodeficiency имýнная недостáточность *f*

immunology иммунолóгия

immunosuppressant 1. *n* иммунодепрессáнт **2.** *adj* иммунодепрессивный

immure (*imprison*) заточáть; **~ oneself** запирáться (**in,** в + *pr*)

immutability неизмéнность *f*

immutable неизмéнный, непрелóжный

imp чертёнок, бесёнок; *fig*, *coll* шалýн, прокáзник, озорник

impact 1. *n* (*blow*) удáр; (*collison*) столкновéние; (*effect*) воздéйствие, эффéкт; (*impression*) впечатлéние **2.** *adj* удáрный; **~ fuse** удáрный взрывáтель *m* **3.** *v* уплотнять; **~ed fracture** вколóченный перелóм

impair (*weaken*) ослаблять; (*reduce*) уменьшáть; (*make worse*) ухудшáть; (*damage*) пóртить; **~ one's health** пóртить себé здорóвье

impairment ослаблéние; ухудшéние; уменьшéние; пóрча, повреждéние

impale прокáлывать; *hist* (*execute*) сажáть нá кол

impalpable (*not perceptible to touch*) неощутимый; (*intangible*) неосязáемый; (*subtle*, *hard to define*) неудобопонятный

imparity нерáвенство

impart (*transmit, divulge, communicate*) сообща́ть (**to,** + *dat*); (*give, add*) придава́ть (**to,** к + *dat*)
impartial (*not biased*) беспристра́стный; (*objective*) объекти́вный
impartiality беспристра́стность *f*; объекти́вность *f*
impassable (*on foot, also fig*) непроходи́мый; (*for vehicle*) непрое́зжий; ~ **road** непрое́зжая доро́га
impasse тупи́к; **reach an** ~ зайти́ *pf* в тупи́к
impassion глубоко́ вольнова́ть; **~ed** стра́стный
impassive (*unmoved*) равноду́шный; (*without emotion*) бесстра́стный; (*calm*) споко́йный; (*apathetic*) апати́чный
impatience (*lack of patience*) нетерпе́ние, нетерпели́вость *f*; (*irritability*) раздражи́тельность *f*; (*intolerance*) нетерпи́мость *f* (**of, towards,** к + *dat*)
impatient (*not patient*) нетерпели́вый; **grow** ~ теря́ть терпе́ние; (*eager*) ожида́ющий с нетерпе́нием (+ *gen*); **be** ~ **for, to** ждать с нетерпе́нием; (*irritable*) раздражи́тельный; (*intolerant*) нетерпи́мый; ~ **of** не те́рпящий (+ *gen*)
impatiently с нетерпе́нием
impeach (*accuse*) обвиня́ть (**for,** в + *prep*); (*impugn*) ста́вить под сомне́ние; (*discredit*) дискредити́ровать; (*inform*) докла́дывать
impeachable *leg* подлежа́щий импи́чменту; (*dubious*) сомни́тельный
impeachment *leg* импи́чмент; (*doubt*) сомне́ние (в + *prep*)
impeccability (*sinlessness*) безгре́шность *f*; (*infallibility*) непогреши́мость *f*; (*faultlessness*) безупре́чность *f*, безукори́зненность *f*
impeccable безгре́шный; непогреши́мый; (*irreproachable*) безупре́чный, безукори́зненный
impecuniosity безде́нежье
impecunious (*without money*) безде́нежный; (*in need*) бе́дный, нужда́ющийся
impedance (по́лное) сопротивле́ние, импеда́нс
impede меша́ть (+ *dat*), препя́тствовать (+ *dat*)
impediment препя́тствие (**to,** + *dat*); **speech** ~ дефе́кт ре́чи; (*stammer*) заика́ние
impedimenta бага́ж; *coll* ве́щи *f pl*
impel (*urge*) побужда́ть (**to,** к + *dat*); (*compel*) принужда́ть; (*put in motion*) приводи́ть в движе́ние; (*move*) дви́гать; (*move forward*) продвига́ть, подгоня́ть
impellent дви́жущая си́ла
impeller *tech* крыльча́тка, импе́ллер
impend (*approach*) надвига́ться; (*threaten*) угрожа́ть, нависа́ть; (*hang over*) нависа́ть, висе́ть
impending (*approaching*) надвига́ющийся, приближа́ющийся; (*expected*) предстоя́щий; (*threatening*) нави́сший, угрожа́ющий
impenetrability непроница́емость *f*
impenetrable (*various senses*) непроница́емый; (*not pierceable*) непробива́емый; ~ **darkness** непрогля́дная тьма; (*incomprehensible*) непостижи́мый
impenitence нераска́янность *f*
impenitent (*not penitent*) нераска́явшийся; (*incorrigible*) неисправи́мый
imperative 1. *n gramm* повели́тельное наклоне́ние; *philos* императи́в; (*command*) прика́з **2.** *adj* (*authoritative*) повели́тельный, вла́стный; (*urgent*) настоя́тельный; (*essential*) необходи́мый; **it is** ~ **that, to** необходи́мо (+ *infin*)
imperceptible (*not noticeable*) незаме́тный; (*insignificant*) незначи́тельный
impercipient невосприи́мчивый
imperfect 1. *n gramm* имперфе́кт **2.** *adj* (*not perfect*) несоверше́нный; (*defective*) дефе́ктный; (*incomplete*) непо́лный
imperfection (*lack of perfection*) несоверше́нство; (*defect*) недоста́ток, дефе́кт
imperfective 1. *n* несоверше́нный вид **2.** *adj* несоверше́нный
imperforate(d) непросверлённый; *med* заращённый; (*stamp*) незубцо́вый
imperial 1. *n* (*beard*) эспаньо́лка; (*coin*) империа́л **2.** *adj* (*of empire*) импе́рский; (*of emperor*) импера́торский; *fig* (*majestic*) ца́рственный; (*of weights and measures*) англи́йский
imperialism империали́зм
imperialist 1. *n* империали́ст **2.** *adj* империалисти́ческий
imperil подверга́ть опа́сности, рискова́ть (+ *instr*)
imperious (*forceful*) вла́стный, повели́тельный; (*despotic*) деспоти́ческий, дикта́торский; (*haughty*) надме́нный; (*urgent*) настоя́тельный
imperishable (*not decaying*) непо́ртящийся; *fig* неувяда́емый, бессме́ртный
impermanence непостоя́нство, вре́менность *f*
impermanent непостоя́нный, вре́менный
impermeable непроница́емый
impermissible (*not allowed*) недозво́ленный; (*not acceptable*) неприе́млемый, недопусти́мый
impersonal (*without personality*) безли́кий; (*without feeling*) бесстра́стный; (*unbiased*) беспристра́стный; (*objective*) объекти́вный; (*automatic, mechanical*) машина́льный; *gramm* безли́чный
impersonate (*mimic*) подража́ть (+ *dat*); (*play part of*) игра́ть роль (+ *gen*); (*fraudulently*) выдава́ть себя́ за (+ *acc*); (*personify*) олицетворя́ть
impersonator (*s.o. pretending to be another*) самозва́нец, *f* самозва́нка; **the** ~ **of** тот, кто выдаёт себя́ за (+ *acc*); (*actor*) актёр, *f* актри́са
impersonation (*representation*) изображе́ние; (*deception*) обма́н; (*personification*) олицетворе́ние
impertinence (*insolence*) де́рзость *f*, на́глость *f*, наха́льство; (*irrelevance*) неуме́стность *f*
impertinent (*insolent*) де́рзкий, на́глый, наха́льный; (*irrelevant*) неуме́стный
imperturbability невозмути́мость *f*, споко́йствие
imperturbable невозмути́мый, споко́йный, хладнокро́вный
impervious непроница́емый; *fig* (*not receptive*) невосприи́мчивый; (*deaf to*) глухо́й к (+ *dat*); (*not subject to influence of*) не поддаю́щийся возде́йствию (+ *gen*)
impetigo импети́го *neut indecl*
impetuosity (*hastiness*) поспе́шность *f*; (*rashness*) опроме́тчивость *f*; (*rush, speed*) стреми́тельность *f*
impetuous поспе́шный; опроме́тчивый; стреми́тельный
impetus (*driving force*) дви́жущая си́ла; (*stimulus*) и́мпульс, сти́мул, **give** ~ **to** стимули́ровать; (*force*) си́ла; (*speed*) стреми́тельность *f*
impiety (*lack of piety*) отсу́тствие благоче́стия; (*ungodliness*) неве́рие в бо́га; (*lack of respect*) непочти́тельность *f*
impinge (*contact*) соприкаса́ться; (*conflict*) ста́лкиваться; ~ **on** (*contact*) соприкаса́ться с (+ *instr*); (*collide with*) ударя́ться о (+ *acc*), ста́лкиваться с (+ *instr*); (*infringe*) посяга́ть на

(+ *acc*); (*affect*) каса́ться (+ *gen*)
impious *rel* нечести́вый; (*evil*) злой; (*lacking respect*) непочти́тельный
impish (*mischievous*) прока́зливый, озорно́й; (*malicious*) злой
implacability неумоли́мость *f*
implacable неумоли́мый
implant 1. *n med* имплантáт **2.** *v* (*instil*) внуша́ть, вселя́ть (**in,** в + *acc*); (*establish*) внедря́ть; (*insert*) вставля́ть (**in,** в + *acc*); (*plunge*) вса́живать (**in,** в + *acc*)
implantation внуше́ние; внедре́ние; *med* имплантáция
implausibility невероя́тность *f*, неправдоподо́бие
implausible невероя́тный, неправдоподо́бный
implement 1. *n* (*tool*) инструме́нт, ору́дие; *pl* (*accessories*) принадле́жности *f pl* **2.** *v* (*accomplish*) выполня́ть, осуществля́ть; ~ **a policy** проводи́ть поли́тику
implementation выполне́ние, осуществле́ние, имплемента́ция
implicate вовлека́ть, впу́тывать; **be ~d in** быть заме́шанным в (+ *prep*); *leg* имплици́ровать
implication (*act of involving*) влече́ние, впу́тывание; (*complicity*) заме́шанность *f* (**in,** в + *prep*); (*in crime*) соуча́стие; (*meaning*) смысл; **by** ~ по смы́слу; (*hint*) намёк (**of,** на + *acc*); (*consequence*) после́дствие
implicit (*implied*) подразумева́емый; (*hidden*) скры́тый; (*complete*) по́лный
implicitly (*obliquely*) ко́свенно; (*completely*) по́лностью
implied подразумева́емый
implode взрыва́ться вовну́трь
implore умоля́ть (**for,** о + *prep*)
imploring умоля́ющий
implosion импло́зия
implosive имплози́вный
imply (*suggest other meaning, conclusion*) подразумева́ть; (*hint*) намека́ть на (+ *acc*); **what do you ~ by that?** что вы под э́тим подразумева́ете?, на что вы намека́ете?, что вы хоти́те э́тим сказа́ть?
impolite неве́жливый
impolitic (*injudicious*) неблагоразу́мный; (*tactless*) нетакти́чный, неполити́чный; (*inappropriate*) неуме́стный
imponderable (*of no weight*) невесо́мый; (*incalculable*) неопредели́мый; (*imperceptible*) неощути́мый
import 1. *n* (*goods etc*) и́мпорт, ввоз; (*meaning*) значе́ние; (*importance*) ва́жность *f* **2.** *adj* ввозно́й **3.** *v* (*goods etc*) импорти́ровать, ввози́ть; (*introduce*) вноси́ть; (*signify*) означа́ть; (*imply*) подразумева́ть; (*be important*) быть ва́жным
importable ввози́мый
importance (*most senses*) ва́жность *f*; (*significance*) значе́ние; **of great ~** большо́й ва́жности; **of no ~** малова́жный, незначи́тельный; **that is of no ~** э́то не име́ет значе́ния; **a person of ~** ва́жное лицо́; **attach ~ to** придава́ть значе́ние (+ *dat*)
important (*all senses*) ва́жный (**for, to** для + *gen*; *s'times*: **to,** + *dat*)
importation ввоз, импорти́рование
imported и́мпортный, ввозно́й
importer импортёр
importunate (*pestering*) назо́йливый, доку́чливый; (*insistent*) настоя́тельный
importune (*pester*) докуча́ть (+ *dat*), пристава́ть к (+ *dat*); (*beg*) выпра́шивать
importunity назо́йливость *f*, доку́чливость *f*
impose (*exact tax etc*) облага́ть (+ *instr*); **~ a fine on s.o.** обложи́ть *pf* штра́фом кого́-нибудь (*acc*); (*a burden, task*) возлага́ть (**on,** на + *acc*); (*an obligation*) налага́ть; (*force to accept*) навя́зывать (**on,** + *dat*); ~ **on** (*deceive*) обма́нывать; (*take advantage of*) злоупотребля́ть доброто́й (+ *gen*)
imposing впечатля́ющий, импоза́нтный
imposition (*see* **impose**) возложе́ние; наложе́ние; навя́зывание; обма́н; (*demand*) тре́бование; **~ of hands** рукоположе́ние
impossibility невозмо́жность *f*
impossible (*most senses*) невозмо́жный; **it is ~ to...** невозмо́жно (+ *infin*); **that is ~!** э́того не мо́жет быть!; (*task, condition*) невыполни́мый; *coll* (*insufferable*) несно́сный, невыноси́мый; (*unthinkable*) немы́слимый
impost (*tax*) по́шлина; *archi* и́мпост
impostor (*cheat*) обма́нщик; (*charlatan*) моше́нник, шарлата́н; (*false claimant*) самозва́нец
imposture (*deception*) обма́н; (*fraud*) надува́тельство
impotence (*helplessness*) беспо́мощность *f*; (*weakness, inability*) беси́лие; *med* импоте́нция
impotent бесси́льный, беспо́мощный; *med* импоте́нтный; **~ person** импоте́нт
impound (*take into care*) принима́ть на хране́ние; (*confiscate*) конфискова́ть; (*confine*) заключа́ть; (*animals*) загоня́ть
impoverish доводи́ть до нищеты́, разоря́ть; *fig* обедня́ть; (*soil etc*) истоща́ть; **~ed** бе́дный, ску́дный
impoverishment обедне́ние, обнища́ние
impracticability невыполни́мость *f*, неосуществи́мость *f*
impracticable (*not realizable*) невыполни́мый, неосуществи́мый; (*impossible*) невозмо́жный; (*useless*) бесполе́зный; (*road*) непрое́зжий
impractical (*not practical*) непракти́чный; (*not realistic*) нереалисти́чный; (*inefficient*) неэффекти́вный; (*see also* **impracticable**)
impracticality непракти́чность *f*
imprecate проклина́ть
imprecation прокля́тие
imprecatory проклина́ющий
imprecise нето́чный
impregnability непристу́пность *f*; неуязви́мость *f*; неопровержи́мость *f*
impregnable (*fortress etc*) непристу́пный; (*invulnerable*) неуязви́мый; (*invincible*) неопровержи́мый, непоколеби́мый; *tech* (*saturable*) пропи́тывающийся
impregnate (*make fertile*) оплодотворя́ть; (*make pregnant*) де́лать бере́менной; (*saturate*) насыща́ть; (*steep*) пропи́тывать; (*fill*) наполня́ть; (*fig*) насыща́ть, наполня́ть
impregnation оплодотворе́ние; пропи́тывание; насыще́ние; наполне́ние
impresario импреса́рио *m indecl*
impress 1. *n* отпеча́ток **2.** *v* (*have strong effect on*) производи́ть впечатле́ние (на + *acc*), поража́ть; (*fix in the mind*) внуша́ть (**on,** + *dat*); **I want to ~ on you the importance of this decision** я хочу́, что́бы вы по́няли ва́жность э́того реше́ния; (*mark by pressing*) де́лать отпеча́ток; (*stamp*) чека́нить; *mil* (*compel to serve*) наси́льственно вербова́ть; (*requisition*) реквизи́ровать

impression (*effect*) впечатле́ние; **create an ~** производи́ть впечатле́ние (**on,** на + *acc*); (*notion, idea, vague feeling*) представле́ние; **I was under the ~ that** я ду́мал, что…, мне показа́лось, что…; (*mark*) отпеча́ток; (*copy*) изображе́ние, ко́пия; (*of type*) тисне́ние; (*printed copy*) о́ттиск; (*number of copies*) тира́ж; (*edition, issue*) изда́ние
impressionable впечатли́тельный
impressionism импрессиони́зм
impressionist 1. *n arts* импрессиони́ст; *theat* имита́тор **2.** *adj* импрессиони́стский
impressionistic (*of art style*) импрессионисти́ческий; (*based on own impressions*) импрессионисти́чный, импрессионисти́ческий
impressive (*imposing*) впечатля́ющий; производя́щий глубо́кое впечатле́ние; **to be ~** производи́ть глубо́кое впечатле́ние; (*persuasive*) убеди́тельный; (*arousing emotion*) волну́ющий; (*having dramatic effect*) эффе́ктный
imprimatur (*licence to print*) разреше́ние цензу́ры; (*sanction*) одобре́ние
imprint 1. *n* (*mark, sign*) отпеча́ток; *print* выходны́е да́нные *pl* **2.** *v* (*stamp, mark*) штемпелева́ть; (*leave impression*) отпеча́тывать; (*leave trace*) оставля́ть след; (*in the memory etc*) запечатлева́ть
imprison (*put in prison*) сажа́ть, заключа́ть в тюрьму́; (*lock up*) запира́ть
imprisonment тюре́мное заключе́ние, заточе́ние
improbability невероя́тность *f*, маловероя́тность *f*
improbable (*not likely*) невероя́тный, маловероя́тный, неправдоподо́бный
impromptu 1. *n* экспро́мт (*also mus*) **2.** *adj* импровизи́рованный **3.** *adv* экспро́мтом
improper (*unseemly; indecent*) непристо́йный, неприли́чный; (*unsuitable*) неподходя́щий, неприго́дный; (*inappropriate, embarrassing*) неуме́стный; (*incorrect*) непра́вильный; *math* **~ fraction** непра́вильная дробь *f*
impropriety непристо́йность *f*; неприго́дность *f*; неуме́стность *f*; непра́вильность *f*; (*indecent act*) непристо́йное поведе́ние; (*remark*) неуме́стное замеча́ние
improve (*all senses*) улучша́ть(ся); (*a design etc*) усоверше́нствовать; **~ on** (*surpass*) превосходи́ть
improvement улучше́ние; усоверше́нствование; **an ~ on, over** шаг вперёд по сравне́нию с (+ *instr*); *agr* мелиора́ция
improvidence (*lack of foresight*) непредусмотри́тельность *f*; (*lack of thrift*) расточи́тельность *f*
improvident непредусмотри́тельный; расточи́тельный
improving 1. *n* улучше́ние **2.** *adj* (*edifying*) поучи́тельный
improvisation импровиза́ция
improvisator импровиза́тор
improvise импровизи́ровать
improviser импровиза́тор
imprudence (*quality*) неблагоразу́мие; (*act*) неблагоразу́мный посту́пок
imprudent неблагоразу́мный
impudence де́рзость *f*, на́глость *f*; **have the ~ to** име́ть на́глость (+ *infin*)
impudent де́рзкий, на́глый, наха́льный
impudicity бессты́дство
impugn (*argue against*) оспа́ривать; (*cast doubt on*) ста́вить под сомне́ние
impulse (*sudden urge*) поры́в; **act on ~** поддава́ться поры́ву; **restrain an ~** сдержа́ть *pf* поры́в; (*stimulus; thrust*) толчо́к; **give a strong ~ to** дать *pf* си́льный толчо́к (+ *dat*); *tech, phys* и́мпульс
impulser да́тчик и́мпульсов
impulsion (*incitement*) побужде́ние; *see also* **impulse**
impulsive (*emotional, acting on impulse*) импульси́вный; (*rash*) опроме́тчивый; (*impelling*) побужда́ющий; (*providing motion*) дви́жущий
impunity безнака́занность *f*, **with ~** безнака́занно
impure (*not clean*) нечи́стый, гря́зный; (*indecent; unchaste*) непристо́йный; **~ motives** гря́зные, нече́стные моти́вы *m pl*; (*adulterated*) с при́месью, сме́шанный
impurity нечистота́, грязь *f*; непристо́йность *f*; (*in food etc*) при́месь *f*
imputable припи́сываемый (**to,** + *dat*)
imputation (*accusation*) обвине́ние (**of,** в + *prep*); (*insinuation*) инсинуа́ция
impute (*ascribe*) припи́сывать (**to,** + *dat*); (*accuse of*) обвиня́ть в (+ *prep*)
in 1. *n* **~s and outs** (*details*) подро́бности *f pl*; (*pros and cons*) за и про́тив; **know all the ~s and outs** знать все ходы́ и вы́ходы **2.** *adj* (*internal*) вну́тренний; (*directed inward*) напра́вленный внутрь; *tech* (*input*) входно́й; *coll* (*~ fashion*) мо́дный **3.** *adv* (*inside*) внутри́; (*at home*) до́ма; **be ~** (*at home*) быть до́ма; (*~ power*) быть у вла́сти; *coll* (*~ prison*) сиде́ть; (*~ right place*) быть на ме́сте; **be well ~ with** быть в хоро́ших отноше́ниях с (+ *instr*); **be ~ for** (*expect*) быть под угро́зой; **he's ~ for it now!** тепе́рь он полу́чит; **are you ~ for his job?** вы по́дали на его́ ме́сто?; (*after verbs, esp* **go, get** *etc, see verb entry*) **4.** *prep* (*location, situation, answering question 'where?'*) в (+ *prep*); **~ Moscow** в Москве́; (*with certain nouns,* e.g. заво́д, по́чта, Ура́л, Кавка́з *and points of the compass use* на + *prep*); (*movement in definite direction, answering question 'whither?'*) в (+ *acc*) (*with certain nouns* на + *acc*); **arrive ~ London** прие́хать в Ло́ндон; **put ~ one's pocket** положи́ть в карма́н; (*~ time*) **~ the daytime** днём; **~ the evening** ве́чером; **~ the morning** у́тром; **at six ~ the morning** в шесть часо́в утра́; **~ the future** в бу́дущем; **~ the past** в про́шлом; **~ summer, winter** ле́том, зимо́й; **~ May** в ма́е (ме́сяце); **~ 1981** в 1981-ом году́; **~ the fifties** в пятидеся́тые го́ды; **~ time** (*not late*) во́время; (*with passage of time*) со вре́менем; **~ the meantime** тем вре́менем; (*after*) че́рез (+ *acc*); **~ a moment** сию мину́ту, сейча́с же; **~ no time** мгнове́нно; **~ two days' time** че́рез два дня; (*indicating time taken*) за (+ *acc*); **he finished the work ~ an hour** он ко́нчил рабо́ту за час; (*of physical, weather conditions*); **~ the cold** на хо́лоде; **~ good weather** в хоро́шую пого́ду; **~ the rain** под дождём; **~ the sun** на со́лнце; (*of state, condition*) **~ good condition** в хоро́шем состоя́нии; **~ order** в поря́дке; **~ despair** в отча́янии; (*of cause, reason*) **cry out ~ alarm** вскри́кнуть от стра́ха; **~ honour, memory of** в честь, в па́мять (+ *gen*); **~ reply to** в отве́т на (+ *acc*); (*of dress*) **~ a hat** в шля́пе; **~ rags** в лохмо́тьях; (*after verb* одева́ть(ся) *and participle* оде́тый *usually* в + *acc*); (*of manner*) в (+ *prep*), *also instr*; **~ brief** вкра́тце; **~ confidence** по секре́ту; **~ detail** подро́бно; **~ a few words** в не́скольких слова́х;

~ **turn** по о́череди; ~ **a whisper** шёпотом; (*of arrangement*) ~ **groups** гру́ппами; ~ **rows** ряда́ми; (*of measurement*) в (+ *acc*) **one metre ~ length** (оди́н) метр в длину́; (*with respect to*) по (+ *dat*); **vary ~ size** различа́ться по разме́ру; (*of speciality*) по (+ *dat*); **an exam ~ physics** экза́мен по фи́зике; **a specialist ~ ancient history** специали́ст по дре́вней исто́рии; (*indicating material*) из (+ *gen*); **built ~ stone** постро́енный из ка́мня; (*of medium*) **paint ~ oils** писа́ть ма́слом; **write ~ pencil** писа́ть карандашо́м; (*of language*) ~ **Russian** по-ру́сски, на ру́сском языке́; (*per*) в, на (+ *acc*); **once ~ ten years** раз в де́сять лет; **three ~ every ten** три на ка́ждые де́сять; (*in expressions*) ~ **case** в слу́чае, е́сли; ~ **case of** в слу́чае (+ *gen*); ~ **fact** на са́мом де́ле; ~ **front of** пе́ред (+ *instr*); ~ **order to** что́бы (+ *infin*); ~ **so far as** поско́льку; ~ **spite of** несмотря́ на (+ *acc*); ~ **that** тем, что; (*for other fixed expressions, adverbial and verbal postposition combinations see the appropriate main word entry*)

inability (*lack of ability, knowledge*) неспосо́бность *f*, неуме́ние (**to,** + *infin*); (*impotence*) бесси́лие; (*lack of opportunity etc*) невозмо́жность *f* (**to,** + *infin*)

in absentia зао́чно

inaccessibility (*difficulty of access*) недосту́пность *f*; (*difficulty of attainment*) недосяга́емость *f*; (*aloofness*) за́мкнутость *f*

inaccessible (*hard to reach, get at*) недосту́пный; (*unapproachable*) непристу́пный; (*hard to attain, emulate*) недосяга́емый; (*not responsive*) за́мкнутый

inaccuracy (*all senses*) нето́чность *f*

inaccurate нето́чный

inaction безде́йствие

inactivate де́лать неакти́вным, инакти́ровать

inactive (*passive*) безде́ятельный, пасси́вный; (*not in operation*) безде́йствующий; *chem, phys* ине́ртный, неакти́вный

inactivity безде́ятельность *f*; ине́ртность *f*; (*inaction*) безде́йствие

inadaptability неприспосо́бленность *f*

inadequacy (*insufficiency*) недоста́точность *f*; (*inability, incompetence*) неспосо́бность *f*; (*of explanation etc*) несостоя́тельность *f*; (*lack*) недоста́ток

inadequate недоста́точный; неспосо́бный; несостоя́тельный

inadmissibility недопусти́мость *f*

inadmissible недопусти́мый

inadvertence, inadvertency (*carelessness*) небре́жность *f*; (*lack of attention*) невнима́тельность *f*; (*mistake*) оши́бка; (*oversight*) недосмо́тр

inadvertent (*careless*) небре́жный, неосторо́жный; (*inattentive*) невнима́тельный; (*unintentional*) нечáянный; (*accidental*) случа́йный

inadvisability нецелесообра́зность *f*, нежела́тельность *f*

inadvisable нецелесообра́зный, нежела́тельный

inalienable неотчужда́емый; ~ **right** неотъе́млемое пра́во

inane (*stupid*) глу́пый; (*senseless*) бессмы́сленный; (*empty*) пусто́й

inanimate (*not alive*) неодушевлённый, неживо́й; (*lifeless, dead; also fig*) безжи́зненный

inanition истоще́ние

inanity (*foolishness; stupid remark etc*) глу́пость *f*; (*senselessness*) бессмы́сленность *f*; (*emptiness*) пустота́

inapplicability неприме́ни́мость *f*

inapplicable (*not applicable*) непримени́мый; (*not relevant*) неуме́стный

inapposite (*irrelevant, ill-timed*) неуме́стный; (*unsuitable*) неподходя́щий

inappreciable (*negligible*) незначи́тельный; (*not noticeable*) незаме́тный, неощути́мый

inapprehensible непостижи́мый

inapprehension непонима́ние

inapprehensive непоня́тливый, несообрази́тельный; ~ **of** (*danger etc*) не подозрева́ющий о (+ *prep*)

inapproachability недосту́пность *f*, непристу́пность *f*

inapproachable (*of person*) непристу́пный, недосту́пный; (*unattainable*) недосяга́емый

inappropriate (*not suitable*) неподходя́щий; ~ **to** несоотве́тствующий (+ *dat*); (*ill-timed, out of place*) неуме́стный

inapt (*unskilful*) неуме́лый; (*inappropriate*) неуме́стный

inaptitude (*lack of skill*) неуме́ние; (*lack of aptitude for*) неспосо́бность *f* (к + *dat*); (*unsuitability; inappropriateness*) неуме́стность *f*

inarticulate (*dumb*) немо́й; (*of speech etc*) невня́тный, нечленоразде́льный; (*not able to express oneself*) не уме́ющий выража́ть свои́ мы́сли; (*reticent*) немногосло́вный; *zool, anat* несочленённый

inarticulateness невня́тность *f*; немногосло́вность *f*

inartistic (*not artistic*) нехудо́жественный; (*unskilled*) неуме́лый; (*crude*) гру́бый; (*tasteless*) лишённый вку́са

inasmuch as (*since, because*) поско́льку, так как; (*considering*) име́я в виду́, что; (*as far as*) насто́лько, наско́лько; (*in such measure as*) поско́льку; (*in the sense that*) в смы́сле, что

inattention (*lack of concentration*) невнима́тельность *f*, невнима́ние; (*carelessness*) невнима́ние, небре́жность *f*; (*negligence*) хала́тность *f*

inattentive невнима́тельный

inattentiveness невнима́тельность *f*

inaudibility (*poor audibility*) плоха́я слы́шимость *f*; (*incomprehensibility*) невня́тность *f*

inaudible (*not audible*) неслы́шный, неслы́шимый; (*noiseless*) неслы́шный, бесшу́мный; (*not comprehensible*) невня́тный

inaugural (*introductory*) вступи́тельный; ~ **speech** (*on taking office*) речь при вступле́нии в до́лжность; (*at opening ceremony*) речь при откры́тии (+ *gen*)

inaugurate (*install in office*) торже́ственно вводи́ть в до́лжность; (*introduce*) вводи́ть; (*begin*) начина́ть; (*declare open*) открыва́ть

inauguration (*in office*) (торже́ственное) введе́ние в до́лжность; (*opening*) (торже́ственное) откры́тие

inauspicious (*unfavourable*) неблагоприя́тный; (*ill-omened*) злове́щий; (*unsuccessful*) неуда́чный

inboard 1. *adj* (*within ship; closest to centre-line*) вну́тренний **2.** *adv* (*within ship*) внутри́ корабля́, ло́дки *etc*; (*into ship*) внутрь; (*further from side*) да́льше от бо́рта

inborn врождённый

inbreathe вдыха́ть

inbred (*innate*) врождённый; (*natural*) приро́дный; *biol* инбре́дный

inbreeding *zool* инбри́динг, ро́дственное спа́ривание; *bot* инцу́хт
inbuilt (*built-in*) встро́енный; (*inherent*) прису́щий; (*inborn*) врождённый
Inca: the ~s и́нки *m pl*; **the ~ civilization** цивилиза́ция и́нков; (*prince of ~s*) и́нка *m indecl*
incalculable (*not calculable*) неисчисли́мый; (*countless*) бесчи́сленный; (*of tremendous extent*) неизмери́мый; (*unreliable*) ненадёжный
incandesce нака́ливать(ся)
incandescence нака́л, кале́ние, свече́ние
incandescent (*white-hot*) накалённый добела́; (*brilliant*) сверка́ющий, блестя́щий; **~ lamp** ла́мпа нака́ливания
incantation (*magic formula*) маги́ческая фо́рмула; (*spell*) заклина́ние, загово́р; (*sorcery*) колдовство́
incantatory заклина́тельный
incapability (*inability*) неспосо́бность *f*; (*helplessness*) беспо́мощность *f*, бесси́лие
incapable (*not able*) неспосо́бный (**of,** + *infin*, *or* на + *acc*); (*unfit for*) неспосо́бный (к + *dat*); (*not amenable to*) не поддаю́щийся (+ *dat*); (*helpless*) беспо́мощный; *leg* неправоспосо́бный
incapacitate (*make incapable*) де́лать неспосо́бным; (*put out of action*) выводи́ть из стро́я; (*disable*, *cripple*) кале́чить; (*disqualify*) ограни́чивать в пра́ве
incapacity неспосо́бность *f* (**to, for,** к + *dat*, *or* + *infin*); (*inability to work*) нетрудоспосо́бность *f*
incarcerate заточи́ть *pf*, заключа́ть в тюрьму́
incarceration заточе́ние, заключе́ние в тюрьму́
incarnadine (*pink*) ро́зовый; (*crimson*) багря́ный
incarnate 1. *adj* (*embodied*) воплощённый; (*personified*) олицетворённый; **the devil ~** су́щий дья́вол **2.** *v* (*represent bodily*; *embody*) воплоща́ть; (*personify*) олицетворя́ть
incarnation (*embodiment*; *also relig*) воплоще́ние; (*personification*) олицетворе́ние
incautious неосторо́жный, неосмотри́тельный
incautiousness неосторо́жность *f*, неосмотри́тельность *f*
incendiarism поджо́г
incendiary 1. *n* (*arsonist*) поджига́тель *m*; *fig* (*inciter*) подстрека́тель *m* **2.** *adj* (*starting fire*) зажига́тельный; **~ bomb** зажига́тельная бо́мба; (*inciting*) подстрека́тельский
[1]**incense 1.** *n* (*spices*) фимиа́м, ла́дан; *fig* (*praise*) восхвале́ние; (*flattery*) лесть *f* **2.** *v* кади́ть
[2]**incense** *v* (*enrage*) приводи́ть в я́рость; **be ~d at** приходи́ть в я́рость от (+ *gen*)
incensory кади́ло, кади́льница
incentive 1. *n* (*stimulus*) сти́мул; (*encouragement*) поощре́ние; **~ bonus** поощри́тельная пре́мия; (*motive*) побуди́тельный моти́в **2.** *adj* побуди́тельный, стимули́рующий
incept (*absorb*) поглоща́ть; (*begin*) начина́ть
inception (*beginning*) нача́ло; (*absorption*) поглоще́ние
inceptive начина́ющий; *gramm* начина́тельный
incertitude (*uncertainty*) неуве́ренность *f*; (*doubt*) сомне́ние
incessant (*constant*) постоя́нный; (*unending*) бесконе́чный; (*uninterrupted*, *ceaseless*) непреры́вный, беспреста́нный
incest кровосмеше́ние
incestuous кровосмеси́тельный
inch 1. *n* дюйм; **by ~es, ~ by ~** ма́ло-пома́лу; **every ~ a ...** с головы́ до пят; **not give an ~** не уступи́ть *pf* ни на йо́ту; **3-~ gun** трёхдюймо́вая пу́шка **2.** *v* ме́дленно/осторо́жно/ма́ло-пома́лу продвига́ться вперёд
inchoate 1. *adj* (*just beginning*) начина́ющийся, ра́нний; (*initial*) нача́льный; (*rudimentary*) зача́точный
inchoative начина́ющийся, нача́льный; *gramm* начина́тельный
incidence (*extent*) охва́т, распростране́ние; (*amount*) число́ слу́чаев; (*frequency*) частота́; (*burden*) бре́мя *neut*; *phys* (*of ray etc*) паде́ние; **angle of ~** у́гол паде́ния; *math* инциде́нтность *f*
incident 1. *n* (*happening*) слу́чай, происше́ствие; (*disturbance*) инциде́нт; (*episode*) эпизо́д **2.** *adj* (*connected with*) свя́занный (**to,** с + *instr*); (*pertaining to*, *characteristic of*) характе́рный (**to,** для + *gen*), сво́йственный (**to,** + *dat*); (*falling*) па́дающий
incidental (*characteristic of*) характе́рный (**to,** для + *gen*), сво́йственный (**to,** + *dat*); (*casual*, *chance*) случа́йный; (*subordinate*) побо́чный; (*secondary*) второстепе́нный; **~ expenses** побо́чные расхо́ды *m pl*; **~ music** му́зыка, сопровожда́ющая спекта́кль *etc*
incidentally (*by chance*) случа́йно; *coll* (*by the way*) ме́жду про́чим
incinerate сжига́ть (дотла́)
incineration сжига́ние
incinerator мусоросжига́тель *m*
incipient начина́ющийся
incise (*cut into*) надреза́ть; (*carve*) выреза́ть; (*engrave*) гравирова́ть
incision (*cut*) разре́з; *fig* (*trenchancy*) острота́, ре́зкость *f*; (*decisiveness*) реши́тельность *f*
incisive (*cutting*) ре́жущий; *fig* (*sharp*, *clear*) ре́зкий; (*penetrating*) проница́тельный; (*decisive*) реши́тельный; (*acute*) о́стрый
incisor резе́ц, пере́дний зуб
incite (*encourage*) побужда́ть (**to,** к + *dat*); (*instigate*; *make hostile*) подстрека́ть (**to,** к + *dat*, на + *acc*; *or* + *infin*)
incitement побужде́ние, подстрека́тельство
incivility (*impoliteness*) неве́жливость *f*, гру́бость *f*; (*incivil act*) неве́жливый посту́пок, гру́бость *f*
incivism отсу́тствие патриоти́зма
inclemency суро́вость *f*
inclement суро́вый; **~ weather** нена́стье, непого́да
inclinable скло́нный (**to,** к + *dat*)
inclination (*act*) наклоне́ние; (*movement*, *bow*) накло́н; (*lean*) накло́н; (*slope*) укло́н; (*tendency*, *disposition*) скло́нность *f* (**to,** + *dat*); **against one's ~** вопреки́ свои́м скло́нностям; (*liking*) влече́ние (**to,** к + *dat*); (*of magnetic needle*) склоне́ние
incline 1. *n* укло́н, скат **2.** *v* (*slope*) отклоня́ть(ся) (**from,** от + *gen*); (*head*, *body*) склоня́ть, наклоня́ть; (*tend*) склоня́ться (**to,** к + *dat*); (*influence*) склоня́ть; **be ~d to** (*feel inclination to*) быть скло́нным к (+ *dat*); (*tend to*) склоня́ться к (+ *dat*), име́ть скло́нность к (+ *dat*)
inclined (*sloping*) накло́нный; (*tending to*) скло́нный, располо́женный (к + *dat*)
inclinometer инклино́метр, уклономе́р
include (*contain*) содержа́ть, заключа́ть в себе́; (*make part of*, *reckon as part of*) включа́ть (**in,** в + *acc*); (*comprise*) включа́ть в себя́
including включа́я, вме́сте с (+ *instr*), в том числе́
inclusion включе́ние (**in,** в + *acc*)
inclusive включа́ющий (в себя́); *as adv* включи́тельно; **~ of** включа́я

incognito *n, adj, adv* инко́гнито *m and neut indecl*
incognizable непознава́емый, неузнава́емый
incoherence, incoherency несвя́зность *f*, бессвя́зность *f*
incoherent (*of speech etc*) несвя́зный, бессвя́зный; **be** ~ говори́ть бессвя́зно; (*inconsistent*) непосле́довательный; *phys* некогере́нтный
incohesive несвя́зный, бессвя́зный
incombustibility негорю́честь *f*
incombustible (*not flammable*) негорю́чий, невоспламеня́емый; (*fire-resistant*) огнесто́йкий
income (*in general*) дохо́д; (*wage*) за́работок; (*salary*) жа́лование; ~ **tax** подохо́дный нало́г
incomer (*person entering*) входя́щий; (*immigrant*) иммигра́нт; (*newcomer*) прише́лец
incoming (*entering*) входя́щий; ~ **tide** прили́в; (*arriving*) прибыва́ющий; (*accruing*) поступа́ющий; (*entering into office, etc*) вступа́ющий; (*about to begin*) наступа́ющий
incommensurable несоизмери́мый
incommensurate (*unequal*) несоразме́рный; (*inadequate*) неадеква́тный; (*not appropriate to*) не соотве́тствующий (**with,** + *dat*)
incommode (*inconvenience*) меша́ть (+ *dat*); (*embarrass*) стесня́ть; (*disturb*) беспоко́ить
incommodious (*uncomfortable, inconvenient*) неудо́бный; (*too small*) те́сный
incommunicable непередава́емый, несообща́емый
incommunicado лишённый пра́ва перепи́ски и сообще́ния; **hold** ~ держа́ть взаперти́
incommunicative (*not talkative*) неразгово́рчивый; (*not sociable*) необщи́тельный; (*reticent*) сде́ржанный
incommutable неизме́нный
incomparable (*not comparable*) несравни́мый; (*without peer*) несравне́нный, бесподо́бный
incompatibility несовмести́мость *f*; (*of temperament*) несхо́дство хара́ктеров
incompatible (*most senses*) несовмести́мый (**with,** с + *instr*); *med* противополо́жный по де́йствию
incompetence (*lack of skill*) неспосо́бность *f*; (*lack of relevant knowledge, authority*) некомпете́нтность *f*
incompetent (*lacking skill*) неспосо́бный, неуме́лый; (*lacking knowledge, authority*) некомпете́нтный; *leg* (*inadmissible*) недопусти́мый; (*witness etc*) неправоспосо́бный
incomplete (*not full, complete*) непо́лный; (*imperfect*) несоверше́нный, дефе́ктный; (*unfinished*) незавершённый, незако́нченный; (*inadequate*) недоста́точный
incompleteness неполнота́; несоверше́нность *f*; незако́нченность *f*; недоста́точность *f*
incomprehensibility непоня́тность *f*
incomprehensible непоня́тный
incomprehension непонима́ние
incomprehensive (*not understanding*) непоня́тливый; (*not fully inclusive*) ограни́ченный
incompressible несжима́емый
incomputable неисчисли́мый
inconceivable (*unimaginable*) непостижи́мый; *coll* (*incredible*) невероя́тный, немы́слимый
inconclusive (*not conclusive*) недоказа́тельный; (*not final*) неоконча́тельный; (*not convincing*) неубеди́тельный; (*not decisive*) нереши́тельный
incongruity (*not in keeping*) несообра́зность *f*; (*absurdity*) неле́пость *f*
incongruous (*not in keeping*) несообра́зный (**with,** с + *instr*); (*absurd*) неле́пый; (*unsuitable*) неподходя́щий
inconsecutive непосле́довательный
inconsequence непосле́довательность *f*
inconsequent(ial) (*illogical*) непосле́довательный, нелоги́чный; (*irrelevant*) неуме́стный
inconsiderable (*insignificant*) незначи́тельный
inconsiderate (*thoughtless*) невнима́тельный; (*selfish*) эгоисти́чный; (*rash*) опроме́тчивый; (*of action*) необду́манный
inconsistency (*contradiction*) противоре́чие; (*lack of logic*) непосле́довательность *f*; (*incongruity*) несообра́зность *f*; (*changeability*) изме́нчивость *f*; (*incompatibility*) несовмести́мость *f*
inconsistent противоречи́вый; непосле́довательный; несообра́зный; изме́нчивый; (*mutually exclusive*) несовмести́мый; ~ **with** противоре́чащий (+ *dat*), несоотве́тствующий (+ *dat*); несовмести́мый с (+ *instr*)
inconsolable безуте́шный, неуте́шный
inconsonant (*disagreeing*) несогла́сный; (*discordant*) негармони́рующий
inconspicuous незаме́тный, не привлека́ющий внима́ния; **remain** ~ не привлека́ть к себе́ внима́ния
inconstancy (*changeability*) изме́нчивость *f*; (*fickleness*) непостоя́нство
inconstant изме́нчивый; непостоя́нный
incontestable неоспори́мый, неопровержи́мый, бесспо́рный
incontestably бесспо́рно
incontinence (*lack of restraint*) несде́ржанность *f*; *med* недержа́ние
incontinent несде́ржанный; страда́ющий недержа́нием
incontinently (*immediately*) неме́дленно
incontrollable (*not controllable*) не поддаю́щийся контро́лю; (*not regulable*) не поддаю́щийся регулиро́вке; (*of laughter etc*) неудержи́мый
incontrovertible неопровержи́мый, неоспори́мый
incontrovertibly неоспори́мо, несомне́нно
inconvenience **1.** *n* неудо́бство **2.** *v* причиня́ть неудо́бство (**to,** + *dat*); (*disturb, annoy*) беспоко́ить, затрудня́ть, меша́ть (+ *dat*)
inconvenient неудо́бный
inconveniently неудо́бно; (*at wrong time*) в неудо́бное вре́мя
inconvertibility необрати́мость *f*
inconvertible необрати́мый, неконверти́руемый
incoordinate некоордини́рованный
incoordination несогласо́ванность *f*
incorporate **1.** *adj* (*incorporeal*) беспло́тный, бестеле́сный; (*united*) соединённый; (*closely associated*) объединённый **2.** *v* (*unite*) соединя́ть(ся); (*associate closely*) объединя́ть(ся); (*join to*) присоединя́ть (**with,** к + *dat*); (*include*) включа́ть (**in,** в + *acc*); (*contain*) содержа́ть; (*a company*) зарегистри́ровать *pf* как корпора́цию
incorporation соедине́ние; объедине́ние; присоедине́ние; включе́ние; регистра́ция
incorporeal бестеле́сный, беспло́тный; *leg* невеще́ственный
incorrect (*not accurate*) нето́чный, непра́вильный; (*not true*) непра́вильный, неве́рный; (*behaviour etc*) некорре́ктный
incorrectness непра́вильность *f*
incorrigibility неисправи́мость *f*
incorrigible (*of person*) неисправи́мый; (*of error etc*) непоправи́мый; (*inveterate*) закорене́лый

incorruptibility (*probity*) неподку́пность *f*
incorruptible (*not decaying*) непо́ртящийся; (*eternal*) ве́чный; (*not bribable*) неподку́пный
incorruptness неподку́пность *f*
increase 1. *n* (*in size*) увеличе́ние, рост; (*growth*) возраста́ние, рост; (*rise in quality, level, income etc*) повыше́ние; (*increment, net* ~) приро́ст **2.** *v* (*most senses, grow make larger*) увели́чивать(ся); (*raise, rise*) повыша́ть(ся); (*grow*) расти́; (*intensify*) уси́ливать(ся); (*multiply, of animals*) размножа́ться
increasingly всё бо́льше (и бо́льше)
incredibility невероя́тность *f*
incredible (*all senses*) невероя́тный; (*scarcely believable*) неправдоподо́бный; (*unheard-of*) неслы́ханный; (*extraordinary*) невероя́тный, неимове́рный
incredulity недове́рие
incredulous недове́рчивый, скепти́ческий
incredulously с недове́рием
increment (*increase*) увеличе́ние, повыше́ние *etc*; *econ* ~ **value** при́рост сто́имости; (*in salary etc*) приба́вка; *math* прираще́ние, инкреме́нт
incriminate (*accuse*) обвиня́ть (в + *prep*), инкримини́ровать (+ *dat*); (*reveal guilt*) изоблича́ть
incriminating (*look etc*) обвиня́ющий; (*evidence etc*) изоблича́ющий
incrimination обвине́ние; изобличе́ние
incriminatory обвини́тельный
incrustation (*crust*) кора́, ко́рка; (*layer*) слой, покро́в; (*in boiler, pipe etc*) на́кипь *f*; (*decorative inlay*) инкруста́ция
incubate (*sit on eggs*) выси́живать; (*in incubator*) выводи́ть; *biol* (*bacteria*) культиви́ровать; *fig* (*plot*) вына́шивать
incubation инкуба́ция; ~ **period** инкубацио́нный пери́од
incubator инкуба́тор
incubus (*evil spirit*) инку́б; (*burden*) бре́мя *neut*; (*nightmare*) кошма́р
inculcate внуша́ть, внедря́ть
inculcation вну́шение, внедре́ние
inculpate *see* **incriminate**
incumbency (*benefice*) бенефи́ций
incumbent 1. *n* свяще́нник, име́ющий прихо́д **2.** *adj* (*obligatory*) обяза́тельный; **it is ~ on him to ...** он обя́зан (+ *infin*); (*holding present tenure*) ны́нешний
incunable инкуна́була
incunabula инкуна́булы *f pl*
incur (*be liable to*) подверга́ться (+ *dat*); (*bring on oneself*) навлека́ть на себя́; (*expenses, liability etc*) нести́; ~ **losses** терпе́ть убы́тки; (*anger, displeasure*) вызыва́ть
incurable (*disease etc*) неизлечи́мый, неисцели́мый; (*ineradicable*) неискорени́мый; (*inveterate*) закорене́лый
incurious нелюбопы́тный; **not** ~ любопы́тный, небезинтере́сный
incursion (*invasion*) вторже́ние; (*attack*) наше́ствие, нападе́ние; (*raid*) набе́г; (*by air*) налёт; (*violation of border*) наруше́ние (грани́цы)
incursive (*invading*) вторга́ющийся; (*aggressive*) агресси́вный
incurvate 1. *adj* за́гнутый **2.** *v* загиба́ть
incus накова́льня
incuse 1. *n* вы́чеканенное изображе́ние **2.** *adj* вы́чеканенный **3.** *v* чека́нить
indebted (*in debt*) в долгу́ (**to**, у + *gen*); (*obliged*) обя́занный (**to**, + *dat*; **for**, за + *acc*)
indebtedness (*being in debt*) задо́лженность *f*; (*amount of debt*) су́мма до́лга; (*obligation*) обяза́тельство (**to**, пе́ред + *instr*); (*gratitude*) благода́рность *f*
indecency (*in general*) неприли́чие; (*obscenity*) непристо́йность *f*
indecent (*most senses*) неприли́чный; (*obscene*) непристо́йный; (*unseemly*) неподоба́ющий
indecipherable (*writing*) неразбо́рчивый; (*code etc*) не поддаю́щийся расшифро́вке
indecision (*lack of decisiveness*) нереши́тельность *f*; (*hesitation*) колеба́ние
indecisive (*not final*) нереша́ющий, неоконча́тельный; (*irresolute*) нереши́тельный
indeclinable несклоня́емый
indecorous неблагопристо́йный
indecorum неблагопристо́йность *f*
indeed 1. *adv* действи́тельно, в са́мом де́ле; **I am ~ very grateful** я действи́тельно о́чень благода́рен; (*even*) да́же **2.** *interj* (*of surprise*) в са́мом де́ле; (*of irony*) неуже́ли; (*of disbelief*) да ну, да что́ вы
indefatigable (*person*) неутоми́мый; (*labours*) неуста́нный, неосла́бный
indefensible (*not protectable*) незащити́мый, неудо́бный для оборо́ны; (*unjustifiable*) неопра́вданный
indefinable неопредели́мый
indefinite (*not precise*) неопределённый, нея́сный; (*not limited*) неограни́ченный
indefinitely (*for indefinite period*) бесконе́чно
indefiniteness неопределённость *f*
indelible (*of stain, mark, disgrace*) несмыва́емый; (*memories etc*) неизглади́мый
indelicacy неделика́тность *f*
indelicate неделика́тный, беста́ктный
indemnification (*of loss*) возмеще́ние; (*compensation*) компенса́ция (**for**, + *gen or* за + *acc*)
indemnify (*insure*) страхова́ть (**against**, от + *gen*); (*compensate*) возмеща́ть, компенси́ровать (+ *dat of person*; **for**, + *acc*)
indemnity (*guarantee*) гара́нтия (*against loss, damage* от убы́тков, от уще́рба); (*compensation*) компенса́ция (**for**, за + *acc*); (*reimbursement*) возмеще́ние (**for**, + *gen*)
indent 1. *n* (*notch*) вы́рез, зазу́брина; (*order*) зака́з; *print* абза́ц **2.** *v* (*cut notches*) зазу́бривать; *print* де́лать абза́ц; (*draw up in duplicate*) составля́ть докуме́нт в двух экземпля́рах; (*order*) ~ **for** зака́зывать
indentation (*cut, notch*) зубе́ц; (*dent*) впа́дина
indenture (*duplicated document*) докуме́нт с отрывны́м дублика́том; (*contract*) контра́кт; (*of apprenticeship*) догово́р об отда́че в учени́чество
independence (*most senses*) незави́симость *f* (**from**, от + *gen*); (*of character*) самостоя́тельность *f*
independent 1. *n pol* незави́симый **2.** *adj* (*most senses, not dependent*) незави́симый (**of**, от + *gen*); (*of person, character, unaided, working separately*) самостоя́тельный; ~ **income** незави́симое состоя́ние, самостоя́тельный дохо́д; *tech* ~ **suspension** незави́симая подве́ска; *mil* ~ **fire** самостоя́тельный ого́нь *m*; (*objective, neutral*) беспристра́стный
independently незави́симо, самостоя́тельно; (*separately*) незави́симо друг от дру́га
in-depth глубо́кий
indescribable неопису́емый
indestructibility неразруша́емость *f*, неруши-

мость *f*
indestructible неразруши́мый, *usu fig* неруши́мый
indeterminable (*not definable*) неопредели́мый; (*not settleable*) неразреши́мый
indeterminate (*not definite*, *defined*; *also math*) неопределённый; (*unclear*) нея́сный; (*not settled*, *decided*) нерешённый; (*not fixed*, *determined*) неустано́вленный; (*not determinable*) неопредели́мый
indeterminateness неопределённость *f*
indetermination нереши́тельность *f*
indeterminism индетермини́зм
index 1. *n* (*pointer on dial etc*) стре́лка; (*indicating device*) указа́тель *m*; (*to book*) указа́тель *m*; *math etc* показа́тель *m*, и́ндекс; *econ*, *relig* и́ндекс; *fig* (*indication*) показа́тель *m*; ~ **finger** указа́тельный па́лец; **card** ~ картоте́ка **2.** *v* снабжа́ть указа́телем *etc*; *tech*, *econ* индекси́ровать
India И́ндия
Indian 1. *n* (*from India*) инди́ец, инду́с, *f* индиа́нка, инду́ска; *collect* ~**s** инди́йцы *m pl*; (*from America*) инде́ец, *f* индиа́нка; *collect* ~**s** инде́йцы *m pl*; **Red** ~ краснoко́жий **2.** *adj* (*of India*) инди́йский; (*of American* ~*s*) инде́йский; ~ **blue** инди́го *neut indecl*; ~ **club** булава́; ~ **corn** кукуру́за; **in** ~ **file** гусько́м; ~ **ink** тушь *f*; ~ **summer** ба́бье ле́то
india-paper (*for printing*) то́нкая печа́тная бума́га, инди́йская бума́га; (*soft*) кита́йская бума́га
india rubber 1. *n* (*raw material*) каучу́к; (*eraser*) рези́нка **2.** *adj* каучу́ковый
indicant 1. *n* указа́тель *m* **2.** *adj* ука́зывающий, указа́тельный
indicate (*point out*, *to*) ука́зывать на (+ *acc*); ~ **the way** ука́зывать путь; (*show*) пока́зывать; (*be sign of*) быть при́знаком (+ *gen*); (*imply*) означа́ть; (*be evidence of*) свиде́тельствовать о (+ *prep*); (*show need for*) свиде́тельствовать о необходи́мости (+ *gen*)
indicated: **be** ~ (*required*) тре́боваться; *tech* индика́торный
indication (*sign*) при́знак (**of,** + *gen*); (*hint*) намёк (**of,** на + *acc*); (*act of indicating*) указа́ние; (*symptom*) симпто́м; (*evidence*) показа́тель *m*
indicative 1. *n gramm* изъяви́тельное наклоне́ние **2.** *adj* ука́зывающий (**of,** на + *acc*), пока́зывающий *etc*; (*meaningful*) показа́тельный; *gramm* изъяви́тельный; **be** ~ **of** быть при́знаком (+ *gen*), свиде́тельствовать о (+ *prep*)
indicator (*instrument*) указа́тель *m*, индика́тор; *chem* индика́тор; (*hand on dial*) стре́лка
indict обвиня́ть (**for,** в + *prep*)
indictable уголо́вный; ~ **offence** уголо́вное де́ло
indiction (*in date*) инди́кт
indictment (*document*) обвини́тельный акт; (*accusation*) предъявле́ние обвине́ния
indifference (*not caring*) равноду́шие; **it is a matter of** ~ **to him** ему́ всё равно́, ему́ безразли́чно; (*poor quality*) посре́дственность *f*
indifferent (*not caring*) равноду́шный; **be** ~ **to** быть равноду́шным к (+ *dat*); (*ignore*) пренебрега́ть (+ *instr*); (*have no interest in*) не интересова́ться (+ *instr*); (*mediocre*) посре́дственный; (*unimportant*) малова́жный; *ar* (*impartial*) беспристра́стный, нейтра́льный
indigence нужда́, нищета́
indigenous (*native*) тузе́мный; (*local*) ме́стный; (*natural to*) сво́йственный (+ *dat*); (*inborn*) врождённый
indigent нужда́ющийся, ни́щий
indigested (*chaotic*) беспоря́дочный; (*not thought out*) непроду́манный; (*food*) неперева́ренный
indigestible неудобовари́мый
indigestion *med* наруше́ние пищеваре́ния; *coll* расстро́йство желу́дка
indignant возмущённый, гне́вный
indignation возмуще́ние, негодова́ние
indignity (*insult*) оскорбле́ние, оби́да
indigo инди́го *neut indecl*
indirect (*not direct*) непрямо́й; ~ **route** обхо́дный / око́льный путь *m*; (*reference*, *taxation*; *also gramm*) ко́свенный; (*secondary*) побо́чный; (*evasive*) укло́нчивый; (*dishonest*) нече́стный
indiscernible (*not discernible*) неразличи́мый; (*not visible*) неви́димый
indiscipline недисциплини́рованность *f*
indiscoverable необнаружи́мый
indiscreet (*not discreet*) неосторо́жный; ~ **question** нескро́мный вопро́с; (*foolish*) неблагоразу́мный; (*rash*) опроме́тчивый; (*tactless*) беста́ктный
indiscrete непреры́вный, сплошно́й
indiscretion (*imprudence*) неосторо́жность *f*; (*foolishness*) неблагоразу́мие; (*rashness*) опроме́тчивость *f*; (*impropriety*) нескро́мность *f*; (*indiscreet act*) неблагоразу́мный посту́пок
indiscriminate (*not discriminating*) неразбо́рчивый; (*sweeping*) огу́льный; (*random*) беспоря́дочный
indiscriminately без разбо́ра, без разли́чия
indiscriminateness неразбо́рчивость *f*
indispensability необходи́мость *f*; незамени́мость *f*
indispensable (*essential*) необходи́мый; (*person*) незамени́мый
indispose (*make unwilling*) не располага́ть (**to,** к + *dat*); (*make hostile to*) настра́ивать про́тив (+ *gen*); (*make unfit*) де́лать неспосо́бным (**to,** к + *dat*); (*make unwell*) вызыва́ть недомога́ние
indisposed: **be** ~ (*unwell*) пло́хо себя́ чу́вствовать; **be** ~ **to** (*disinclined*) быть нерасполо́женным (+ *infin*)
indisposition (*illness*) недомога́ние; (*disinclination*) нерасположе́ние
indisputability неоспори́мость *f*, бесспо́рность *f*
indisputable неоспори́мый, бесспо́рный
indissolubility неразруши́мость *f*
indissoluble (*indestructible*) неразруши́мый; (*bond*, *union etc*) неруши́мый, нерасторжи́мый; (*insoluble*) нерастворимый
indistinct (*unclear*) нея́сный, неотчётливый; (*vague*; *of ideas*, *memories*) сму́тный
indistinctness нея́сность *f*
indistinguishable (*not distinguishable*) неразличи́мый; (*not noticeable*) незаме́тный
indite сочиня́ть
indium и́ндий
indivertible неотврати́мый
individual 1. *n* (*person*) ли́чность *f*, челове́к; (*single specimen*; *also person*) индиви́дуум **2.** *adj* (*single*, *separate*) отде́льный, ча́стный; (*characteristic*) характе́рный; (*distinctive*) осо́бый; (*personal*) ли́чный, индивидуа́льный; (*for one person*) одино́чный
individualism индивидуали́зм
individualist индивидуали́ст
individualistic индивидуалисти́ческий
individuality индивидуа́льность *f*
individualize индивидуализи́ровать

individuate индивидуализи́ровать
indivisibility недели́мость *f*, неразделимость *f*
indivisible недели́мый
Indo-China Индокита́й
Indo-Chinese индокита́йский
indocile непослу́шный, непоко́рный
indoctrinate внуша́ть (+ *dat*), внедря́ть (в + *acc*) мы́сли, поли́тику *etc*
indoctrination внедре́ние, внуше́ние; (*teaching*) обуче́ние
Indo-European 1. *n* индоевропе́йский язы́к **2.** *adj* индоевропе́йский
Indo-Germanic индогерма́нский
indolence (*idleness*) пра́здность *f*; (*laziness*) ле́ность *f*, лень *f*
indolent (*idle*) пра́здный; (*lazy*) лени́вый; *med* безболе́зненный
indomitable неукроти́мый
Indonesia Индоне́зия
Indonesian 1. *n* (*person*) индонези́ец, *f* индонези́йка; (*language*) индонези́йский язы́к **2.** *adj* индонези́йский
indoor (*domestic, done at home*) дома́шний; (*of, for interior of house*) вну́тренний; (*kept in room*) ко́мнатный
indoors (*in house*) в до́ме; **stay** ~ сиде́ть до́ма; (*into house*) в дом
indraught (*of air*) прито́к
indrawn втя́нутый
indubitable несомне́нный, бесспо́рный, неоспори́мый
induce (*persuade*) угова́ривать, склоня́ть; (*cause*) вызыва́ть, причиня́ть; *elect* индукти́ровать; *log* выводи́ть индукти́вным путём
induced (*artificial*) иску́сственный; ~ **current** индукти́вный ток; ~ **delivery** провоци́рованные ро́ды *m pl*
inducement (*stimulus*) сти́мул; (*encouragement*) побужде́ние
induct вводи́ть в до́лжность
inductance индукти́вность *f*
inductile нетягу́чий, неко́вкий
induction (*installation*) введе́ние в до́лжность; *elect* инду́кция; ~ **coil** индукцио́нная кату́шка; ~ **motor** асинхро́нный дви́гатель *m*; *phys* наведе́ние; *tech* (*sucking in*) вса́сывание; ~ **stroke** такт впу́ска; *log* инду́кция
inductive *elect* индукцио́нный; *log* индукти́вный
inductor кату́шка индукти́вности
indulge (*yield to wishes of*) потака́ть (+ *dat*), потво́рствовать (+ *dat*); (*pamper*) балова́ть; (*gratify*) доставля́ть удово́льствие (+ *dat*); ~ **in** (*amuse oneself with*) увлека́ться (+ *instr*); (*allow oneself*) позволя́ть себе́ (+ *acc or infin*); (*be given up to*) предава́ться (+ *dat*)
indulgence (*tolerance*) снисхожде́ние, снисходи́тельность *f*, терпи́мость *f*; (*giving in to*) потво́рство (+ *dat*), потака́ние (+ *dat*); (*favour*) ми́лость *f*; (*privilege*) привиле́гия; *eccles* индульге́нция; (*of debt*) отсро́чка
indulgent (*tolerant, not severe*) снисходи́тельный (**of,** к + *dat*); (*parents etc*) потака́ющий, потво́рствующий
industrial промы́шленный; ~ **action** забасто́вка; ~ **design** промы́шленный диза́йн; **Industrial Revolution** промы́шленный переворо́т
industrialism индустриали́зм
industrialist промы́шленник
industrialize индустриализи́ровать
industrious трудолюби́вый, усе́рдный, приле́жный
industry (*manufacture*) промы́шленность *f*; (*branch of* ~) о́трасль *f* промы́шленности; **forest, fishing industries** лесны́е, ры́бные про́мыслы; (*industriousness*) трудолю́бие, усе́рдие
inebriate 1. *n, adj* пья́ный **2.** *v* пьяни́ть
inebriation опьяне́ние
inedible несъедо́бный
inedited (*not edited*) неотредакти́рованный; (*not published*) неи́зданный
ineducable необуча́емый
ineffable (*inexpressible*) невырази́мый, несказа́нный, неизъясни́мый; (*indescribable*) неопису́емый
ineffaceable неизглади́мый
ineffective (*inadequate*) неэффекти́вный; (*vain*) напра́сный; (*useless*) бесполе́зный; (*incompetent*) неспосо́бный, неуме́лый; (*producing no effect*) безрезульта́тный
ineffectual (*producing no effect*) безрезульта́тный; (*fruitless*) беспло́дный; (*vain*) тще́тный, напра́сный; (*powerless*) беспо́мощный; (*useless*) бесполе́зный; *leg* лишённый си́лы
inefficacious неэффекти́вный
inefficacy бесполе́зность *f*
inefficiency (*of person*) неспосо́бность *f*; **he was sacked for** ~ его́ уво́лили за плоху́ю рабо́ту; (*failure to work, produce effect*) неэффекти́вность *f*; (*unproductiveness*) непроизводи́тельность *f*
inefficient неспосо́бный; неэффекти́вный; непроизводи́тельный
inelastic неэласти́чный; *fig* неги́бкий
inelegance неизя́щность *f*, неэлега́нтность *f*
inelegant неизя́щный, неэлега́нтный
ineligibility отсу́тствие пра́ва
ineligible не име́ющий пра́ва; (*undesirable*) нежела́тельный
ineluctable неизбе́жный, неотврати́мый
inept (*inappropriate*) неуме́стный; (*absurd*) абсу́рдный; (*foolish*) глу́пый; (*incompetent*) неуме́лый
ineptitude неуме́стность *f*; глу́пость *f*; неуме́ние
inequality (*lack of equality; math*) нера́венство; (*difference*) ра́зница; (*distinction*) разли́чие; (*unevenness*) неро́вность *f*; (*variability*) изме́нчивость *f*, непостоя́нство
inequitable несправедли́вый
inequity несправедли́вость *f*
ineradicable неискорени́мый
inert (*not active; chem etc*) ине́ртный; (*lifeless*) безжи́зненный; (*motionless*) неподви́жный; (*sluggish*) вя́лый
inertia *phys* ине́рция; (*inertness*) ине́ртность *f*; (*sluggishness*) вя́лость *f*
inertial инерцио́нный; *nav, tech* ~ **control** инерциа́льное наведе́ние
inertialess безынерцио́нный
inertness ине́ртность *f*; вя́лость *f*
inescapable неизбе́жный
inessential 1. *n pl* предме́ты *m pl* не пе́рвой ва́жности **2.** *adj* несуще́ственный, не пе́рвой ва́жности, malováжный
inestimable неоцени́мый, беце́нный
inevitability неизбе́жность *f*, немину́емость *f*
inevitable (*not avoidable*) неизбе́жный; (*certain*) немину́емый; *coll* (*constant*) неизме́нный, постоя́нный

inexact нето́чный
inexactitude нето́чность *f*
inexcusable непрости́тельный
inexhaustible (*unending*) неисчерпа́емый; (*unfailing*) неистощи́мый; (*untiring*) неутоми́мый
inexhaustive неисче́рпывающий, непо́лный
inexorable (*not to be swayed*) неумоли́мый; (*relentless, merciless*) безжа́лостный; (*inescapable*) неизбе́жный, немину́емый
inexpediency нецелесообра́зность *f*
inexpedient (*not expedient*) нецелесообра́зный; (*inappropriate*) неуме́стный; (*inadvisable*) неблагоразу́мный
inexpensive недорого́й, дешёвый
inexperience нео́пытность *f*
inexperienced нео́пытный
inexpert неуме́лый, неиску́сный
inexpiable неискупи́мый
inexplicable необъясни́мый, непоня́тный
inexplicit неопределённый, нея́сный
inexpressible невырази́мый, неопису́емый
inexpressive невырази́тельный
inexpugnable неодоли́мый
inextinguishable (*fire etc; also fig*) неугаси́мый
inextricable (*tangled*) запу́танный; (*insoluble*) неразреши́мый; ~ **muddle** невероя́тная пу́таница
infallibility (*inability to err*) непогреши́мость *f*; (*rightness, accuracy*) безоши́бочность *f*; (*reliability*) надёжность *f*
infallible (*incapable of erring*) непогреши́мый; (*unerring*) безоши́бочный; (*reliable*) надёжный; (*unfailing*) безотка́зный
infamous (*vile*) гну́сный, скве́рный; (*of ill fame*) бесcла́вный; (*disgraceful*) позо́рный, посты́дный
infamy (*vileness*) гну́сность *f*, скве́рность *f*; (*disgrace*) позо́р, бесче́стие; (*evil act*) позо́рный, гну́сный *etc* посту́пок
infancy (*babyhood*) ра́ннее де́тство, младе́нчество; **in** ~ в ра́ннем де́тстве; *fig* ра́нная ста́дия разви́тия, нача́ло; *leg* несовершенноле́тие
infant 1. *n* ма́ленький ребёнок, младе́нец; *fig* (*of adult*) младе́нец; *leg* несовершенноле́тний **2.** *adj* де́тский, младе́нческий; *leg* несовершенноле́тний; *fig* (*developing*) зарожда́ющийся, молодо́й
infanta инфа́нта
infante инфа́нт
infanticide (*act*) детоуби́йство; (*person*) детоуби́йца *m and f*
infantile де́тский, младе́нческий; (*mentally backward*) инфанти́льный; ~ **paralysis** полиомиели́т
infantilism инфантили́зм
infantry 1. *n* пехо́та **2.** *adj* пехо́тный
infantryman пехоти́нец
infarct инфа́ркт
infatuate (*attract excessively*) си́льно увле́чь *pf*, вскружи́ть *pf* го́лову; (*make foolish*) свести́ *pf* с ума́
infatuated (*attracted*) си́льно увлечённый (**by,** + *instr*); (*blinded*) ослеплённый (**by,** + *instr*); (*madly in love*) влюблённый до безу́мия
infatuation (*unreasonable love*) безрассу́дная страсть *f* (**for,** к + *dat*); (*excessive attraction*) стра́стное увлече́ние (**for,** + *instr*)
infect заража́ть (**with,** + *instr*; *also fig*)
infection (*process*) инфе́кция, зараже́ние; *fig* зарази́тельность *f*; (*a disease*) зара́за
infectious зара́зный; *fig* зарази́тельный
infective зара́зный, инфекцио́нный
infecund беспло́дный
infelicitous (*not apt*) неуме́стный; (*tactless*) беста́ктный; (*unsuccessful*) неуда́чный; (*unhappy*) несча́стный, злополу́чный
infelicity неуме́стность *f*; беста́ктность *f*; несча́стье; (*fault*) погре́шность *f*
infer (*deduce*) заключа́ть, выводи́ть (**from,** из + *gen*; **that,** что + *indic*); (*draw conclusions*) де́лать вы́воды
inference (*conclusion*) вы́вод, заключе́ние; **by** ~ (*by deduction*) путём выведе́ния; (*obliquely*) ко́свенно; (*consequently*) сле́довательно; **draw an ~ from** де́лать вы́вод из (+ *gen*); (*hint*) намёк
inferential вы́веденный
inferior 1. *n* подчинённый **2.** *adj* (*lower*) ни́зкий, ни́зший; (*subordinate*) подчинённый, ни́зший; (*of value, quality*) ни́зкий; **of ~ quality** плохо́го, ни́зкого ка́чества; (*weak, poor*) сла́бый; ~ **to** (*worse*) ху́же; (*lower*) ни́же (+ *gen* or чем + *nom*); *print* подстро́чный
inferiority (*low(er) position*) (бо́лее) ни́зкое положе́ние; (*low(er) quality*) (бо́лее) ни́зкое ка́чество; (*inadequacy*) неполноце́нность *f*; ~ **complex** ко́мплекс неполноце́нности
infernal (*of hell; also fig*) а́дский; (*diabolical; also fig*) дья́вольский; *coll* черто́вский
infernally *coll* черто́вски, а́дски
inferno ад
infertile (*soil etc*) неплодоро́дный; (*giving no progeny*) беспло́дный
infest наводня́ть; **be ~ed with** кише́ть (+ *instr*)
infestation *med, biol* инва́зия
infidel 1. *n* (*pagan*) язы́чник; (*unbeliever*) неве́рующий; (*atheist*) безбо́жник; (*adherent of another religion*) неве́рный **2.** *adj* язы́ческий; неве́рующий; безбо́жный; неве́рный
infidelity (*of friend, spouse; unfaithful act*) неве́рность *f*; (*absence of religion*) неве́рие; (*atheism*) безбо́жие
infighting *mil* бли́жний бой; (*boxing*) и́нфайтинг, бли́жний бой
infiltrate 1. *n* инфильтра́т **2.** *v* (*filter*) фильтрова́ть; (*seep through*) инфильтри́ровать; (*penetrate by stealth*) проника́ть
infiltration проникнове́ние; *tech* инфильтра́ция; (*filtrate*) фильтра́т
infinite 1. *n* (*infinity*) бесконе́чность *f*; (*space*) бесконе́чное простра́нство; (*God*) бог **2.** *adj* (*boundless*) бесконе́чный, беспреде́льный, безграни́чный; (*very great*) бесконе́чный; *emph* (*of vast numbers*) несме́тный, бесчи́сленный; (*patience, care etc*) беспреде́льный
infinitesimal 1. *n math* бесконе́чно ма́лая величина́ **2.** *adj* (*very small*) о́чень ма́ленький; *math* бесконе́чно ма́лый
infinitive 1. *n* инфинити́в **2.** *adj* инфинити́вный
infinitude (*infinity*) бесконе́чность *f*; (*vast number*) мно́жество
infinity бесконе́чность *f*; (*vast number*) мно́жество
infirm (*feeble*) сла́бый, не́мощный; (*with age*) дря́хлый; (*irresolute*) нереши́тельный; (*unsteady*) неусто́йчивый
infirmary (*hospital*) больни́ца; (*sick-bay*) лазаре́т
infirmity (*weakness*) сла́бость *f*, не́мощь *f*; (*of age*) дря́хлость *f*; (*defect, fault*) недоста́ток; ~ **of character** слабохара́ктерность *f*; ~ **of purpose** нереши́тельность *f*

infix 1. *n gramm* и́нфикс **2.** *v* (*put into*) вставля́ть (в + *acc*); (*instil*) внедря́ть (в + *acc*)
inflame (*set on fire*) зажига́ть; *med* вызыва́ть воспале́ние (+ *gen*); *fig* (*arouse feelings*, *people*) возбужда́ть (**against,** про́тив + *gen*); (*an audience*) зажига́ть; (*enmity*, *ambition etc*) разжига́ть; (*exacerbate*) обостря́ть
inflamed *med* воспалённый; **be** ~ воспаля́ться; *fig* охва́ченный, горя́щий, пыла́ющий (**with,** + *instr*)
inflammability воспламеня́емость *f*
inflammable (*flammable*) (легко́)воспламеня́ющийся; ~ **mixture** горю́чая смесь *f*; *fig* (*of person*) вспы́льчивый; (*situation*) возбуждённый; (*not flammable*) невоспламеня́емый
inflammation *med* воспале́ние
inflammatory (*arousing*) возбужда́ющий; (*inciting*) зажига́ющий, подстрека́тельский; *med* воспали́тельный
inflatable надувно́й
inflate (*distend*; *also fig*) надува́ть(ся); ~ **prices** вздува́ть це́ны; (*produce inflation*) производи́ть инфля́цию
inflated наду́тый
inflation (*act of inflating*) надува́ние; *fig* (*of style etc*) напы́щенность *f*; *econ* инфля́ция; **creeping/runaway** ~ ползу́чая/необу́зданная инфля́ция
inflationary инфляцио́нный
inflect (*bend in*) вгиба́ть; *phys* отклоня́ть; (*voice*) придава́ть тон (+ *dat*); *gramm* прибавля́ть фле́ксии, флекти́ровать
inflection (*bend*) изги́б; (*of voice*) интона́ция; *gramm* фле́ксия, словоизмене́ние; *phys* отклоне́ние
inflectional *gramm* флекти́вный, флекти́рующий
inflective *gramm* флекти́вный, флекти́рующий
inflexibility неги́бкость *f*, жёсткость *f*; *fig* непрекло́нность *f*, непоколеби́мость *f*
inflexible (*stiff*) неги́бкий, жёсткий; (*unbendable*) несгиба́емый; *fig* непрекло́нный, несгиба́емый, непоколеби́мый; (*inexorable*) неумоли́мый
inflexion *see* **inflection**
inflict (*wound*, *blow*, *loss etc*) наноси́ть (**on,** + *dat*); (*cause*) причиня́ть (**on,** + *dat*); (*penalty*) налага́ть (**on,** на + *acc*); (*force upon*) навя́зывать (**on,** + *dat*)
infliction нанесе́ние; причине́ние; наложе́ние
inflorescence (*process*) цвете́ние; (*group of flowers*) соцве́тие
inflow прито́к
inflowing втека́ющий
influence 1. *n* (*most senses*) влия́ние (**on,** на + *acc*); **come under the** ~ **of** попа́сть *pf* под влия́ние (+ *gen*); **have an** ~ име́ть влия́ние (**on,** на + *acc*); **under the** ~ **of** под влия́нием; **use one's** ~ по́льзоваться свои́м влия́нием; (*action*, *effect*) возде́йствие, де́йствие, влия́ние **2.** *v* ока́зывать влия́ние (на + *acc*); (*persuade*) угова́ривать
influent 1. *n* прито́к **2.** *adj* втека́ющий
influential влия́тельный
influenza грипп, инфлюэ́нца
influx (*inflowing*) втека́ние, впаде́ние, (**into,** в + *acc*); (*copious inflow*, *arrival*) прито́к, наплы́в; (*of tributary*) впаде́ние
inform (*convey information*) сообща́ть (*a person*, + *dat*; *an office etc* в + *acc*; **of,** о + *pr*); (*make cognizant of*) осведомля́ть, извеща́ть, информи́ровать (**of, about,** о + *prep*); (*give information against*) доноси́ть (**against,** на + *acc*; **to,** + *dat*); (*pervade*) наполня́ть
informal (*simple*) просто́й; (*everyday*) повседне́вный; (*friendly*) дру́жеский; (*free and easy*) непринуждённый; (*unofficial*) неофициа́льный
informality непринуждённость *f*; неофициа́льность *f*
informant (*informer*) осведоми́тель *m*; *sci*, *ling* (*in survey etc*) информа́нт
informatics информа́тика
information 1. *n* (*knowledge sought*, *obtained*) све́дения *neut pl*, информа́ция; *tech* информа́ция; (*data*) да́нные *pl*; *leg* (*complaint*) жа́лоба; **give** ~ **against** доноси́ть на (+ *acc*); **lay** ~ пода́ть *pf* жа́лобу (**against,** на + *acc*) **2.** *adj* информацио́нный; ~ **bureau** спра́вочное бюро́ *neut indecl*; ~ **theory** тео́рия информа́ции
informative (*giving information*) информи́рующий; (*containing much information*) содержа́тельный; (*instructive*) поучи́тельный
informed (*having information*) осведомлённый; **well** ~ хорошо́ осведомлённый; **keep** ~ держа́ть в ку́рсе; (*knowledgeable*) зна́ющий
informer доно́счик; (*in pay of police etc*) осведоми́тель *m*
infra ни́же
infraction наруше́ние
infrangible неруши́мый
infra-red инфракра́сный
infrasonic инфразвуково́й
infrastructure инфраструкту́ра
infrequency ре́дкость *f*
infrequent ре́дкий
infringe (*law etc*) наруша́ть; ~ **on** посяга́ть на (+ *acc*)
infringement наруше́ние; ~ **on** посяга́тельство на (+ *acc*)
infructuous неплодоро́дный; *fig* невы́годный
infundibular воронкообра́зный
infuriate приводи́ть в я́рость, разъяря́ть; **be ~d** быть вне себя́, разозли́ться *pf*
infuse (*pour into*) влива́ть; (*steep*) наста́ивать; *fig* (*instil*) вселя́ть (**in,** в + *acc*), внуша́ть (**in,** + *dat*); **~d with** вдохновлённый (+ *instr*)
infusible непла́вкий
infusion (*inpouring*) влива́ние; (*instilling*) внуше́ние; (*admixture*) при́месь *f*; (*steeping*) наста́ивание; (*liquid from steeped herbs*, *tea etc*) насто́й
infusoria инфузо́рии *f pl*
infusorial инфузо́рный
ingathering сбор
ingeminate повторя́ть
ingenious (*inventive*) изобрета́тельный; (*skilful*) иску́сный; (*cunning*) хи́трый; (*original*) оригина́льный; (*resourceful*) находчи́вый
ingenue инженю́ *f indecl*
ingenuity (*inventiveness*) изобрета́тельность *f*; (*resourcefulness*) нахо́дчивость *f*; (*cunning*) хи́трость *f*
ingenuous (*guileless*) бесхи́тростный; (*naïve*) наи́вный; (*simple*) простоду́шный; (*candid*) открове́нный; (*sincere*) и́скренний
ingenuousness бесхи́тростность *f*; наи́вность *f*; простоду́шие; открове́нность *f*; и́скренность *f*
ingest прогла́тывать
ingestion приём пи́щи
inglorious (*bringing no honour*) бесcла́вный; (*shameful*) позо́рный; (*little-known*) безызве́стный
ingoing 1. *n* (*entering*) вход **2.** *adj* входя́щий; (*new*)

новый
ingot слиток
ingrained (*permeating*) прони́кший; ~ **dirt** въе́вшаяся грязь *f*; (*firmly established*) укорени́вшийся; (*inveterate*) закорене́лый
ingrate *ar* **1.** *n* неблагода́рный челове́к **2.** *adj* неблагода́рный
ingratiate: ~ **oneself with** сниска́ть ми́лость (+ *gen*)
ingratiating льсти́вый; ~ **smile** заи́скивающая улы́бка
ingratitude неблагода́рность *f* (**for,** за + *acc*; **to,** к + *dat*)
ingredient составна́я часть *f*
ingress (*entry*) вход; *leg* пра́во вхо́да
ingrowing враста́ющий
ingrown вро́сший
inguinal пахово́й
ingurgitate жа́дно глота́ть; *fig* поглоща́ть
inhabit (*live in*) жить в, на (+ *prep*), обита́ть; (*settle*) насел́ять
inhabitable обита́емый, приго́дный для жилья́
inhabitant жи́тель *m*, обита́тель *m*; (*occupant*) жиле́ц; ~**s of an area** ме́стное населе́ние
inhabited населённый
inhalation вдыха́ние; *med* ингаля́ция
inhale вдыха́ть; (*tobacco smoke*) затяну́ться папиро́сой
inhaler *med* ингаля́тор; (*gas mask*) респира́тор, противога́з
inharmonious (*not in harmony*) негармони́чный, несозву́чный; (*of colours etc*) негармони́рующиеся (ме́жду собо́й); (*conflicting*) несогла́сный
inhere (*be part of*) быть прису́щим (+ *dat*); (*be inseparable*) быть неотъе́млимым (от + *gen*)
inherent (*being essentially part of*) прису́щий (**in,** + *dat*), сво́йственный (**in,** + *dat*); (*innate*) врождённый, прирождённый; (*inalienable*) неотъе́млемый
inherently по своему́ существу́
inherit (*receive as heir*) насле́довать, получа́ть в насле́дство (**from,** от + *gen*); (*have as hereditary trait*) унасле́довать *pf* (**from,** от + *gen*); (*be heir*) быть насле́дником
inheritable насле́дуемый
inheritance (*act of inheriting*) насле́дование; (*of qualities etc*) унасле́дование; (*what is inherited*) насле́дство; *fig* (*aftermath*) насле́дие; *biol* насле́дственность *f*
inheritor насле́дник; (*successor*) преє́мник
inhibit (*restrain*) сде́рживать; (*stifle emotions etc*) подавля́ть; (*hinder*) меша́ть (+ *dat*; **from,** + *infin*); (*forbid*) запреща́ть; (*growth etc*) заде́рживать; *chem* ингиби́ровать
inhibited *coll* (*person*) за́мкнутый; *psych* (*of characteristic*) затормо́женный
inhibition сде́рживание; подавле́ние; запреще́ние; заде́рживание; ингиби́рование; *psych*, *physiol* торможе́ние
inhibitor *tech*, *chem* тормозя́щий аге́нт, замедли́тель *m*, ингиби́тор
inhibitory (*forbidding*) запреща́ющий; (*restraining*) сде́рживающий; (*hindering*) препя́тствующий; (*suppressing*) подавля́ющий; *chem*, *physiol* тормозя́щий, тормозно́й
inhospitable (*not hospitable*) негостеприи́мный; (*bleak*) суро́вый
in-house вну́тренний
inhuman (*brutal*) бесчелове́чный; (*not human*, *more than human*) нечелове́ческий
inhumane негума́нный, жесто́кий
inhumanity бесчелове́чность *f*, жесто́кость *f*
inhumation погребе́ние
inimical (*hostile*) вражде́бный (**to,** + *dat*); (*conflicting*) ста́лкивающийся; (*harmful*) вре́дный (**to,** для + *gen*); (*unfavourable*) неблагоприя́тный
inimitable неповтори́мый, неподража́емый; (*incomparable*) несравне́нный
iniquitous (*monstrous*) чудо́вищный, кошма́рный; (*unjust*) несправедли́вый; (*disgraceful*) позо́рный
iniquity (*evil*) зло; (*injustice*) несправедли́вость *f*; (*vice*) поро́к
initial **1.** *n* нача́льная, прописна́я бу́ква; *pl* инициа́лы *m pl* **2.** *adj* (*first*) нача́льный, пе́рвый; (*original*) первонача́льный, изнача́льный **3.** *v* подписа́ть *pf* инициа́лами
initially (*at first*) внача́ле, с са́мого нача́ла; (*originally*) первонача́льно
initiate **1.** *n* посвящённый **2.** *v* (*begin*) начина́ть; (*put forward*) предложи́ть; (*into a society etc*) принима́ть (**into,** в + *acc*); (*admit to secret etc*) посвяща́ть (**into,** в + *acc*); (*acquaint*, *instruct*) познако́мить *pf* с осно́вами
initiation (*setting up*) основа́ние, учрежде́ние; (*of measures*, *new members etc*) приня́тие; (*to secrets etc*) посвяще́ние (**into,** в + *acc*); ~ **ceremony** обря́д посвяще́ния
initiative **1.** *n* инициати́ва; **on one's own** ~ по со́бственной инициати́ве; **take the** ~ взять *pf* на себя́ инициати́ву (**in,** в + *prep*); **show** ~ проявля́ть инициати́ву **2.** *adj* нача́льный
initiator инициа́тор
initiatory (*beginning*) нача́льный; (*introductory*) вво́дный; (*first*) пе́рвый; (*preliminary*) предвари́тельный
inject *med*, *tech* (*liquid*) впры́скивать; (*person*) инъеци́ровать; *fig* (*introduce into*) вводи́ть (**into,** в + *acc*)
injection *med* впры́скивание, инъе́кция; *tech* впры́скивание, инъе́кция; (*introduction*) введе́ние (**into,** в + *acc*); **cement** ~ цемента́ция; **fuel** ~ впрыск то́плива; ~ **moulding** литьё под давле́нием
injector инже́ктор
injudicious (*unwise*) неразу́мный; (*rash*) опроме́тчивый; (*inappropriate*) неуме́стный; (*not thought out*) необду́манный; (*incautious*) неосмотри́тельный
injunction (*order*) повеле́ние; *leg* суде́бный запре́т
injure (*wound*) ра́нить; (*damage limb etc*) поврежда́ть, ушиби́ть *pf*; ~ **oneself** пора́ниться *pf*, ушиби́ться *pf*; (*cause harm*) вреди́ть (+ *dat*); (*spoil*) по́ртить; (*hurt feelings*) обижа́ть
injured **1.** *n pl* (*wounded*) ра́неные *pl*; (*in accident*) пострада́вшие *pl* **2.** *adj* ра́неный; повреждённый; **be** ~ **in an accident** пострада́ть *pf* в несча́стном слу́чае, в ава́рии; (*feelings*, *air etc*) оби́женный, оскорблённый
injurious (*harmful*) вре́дный (**to,** для + *gen*); (*unjust*) несправедли́вый; (*insulting*) оскорби́тельный, оби́дный; (*slanderous*) клеветни́ческий
injury (*harm*) вред; (*wound*) ра́на; (*physical damage*) поврежде́ние; **receive an** ~ получи́ть *pf* поврежде́ние; (*insult*) оби́да; *med* тра́вма
injustice несправедли́вость *f*
ink **1.** *n* черни́ла *neut pl*; **Indian** ~ тушь *f*; **printing**

~ печа́тная кра́ска **2.** *v print* покрыва́ть кра́ской; ~ **in** обводи́ть черни́лами
inkling (*hint*) намёк; (*suspicion*) подозре́ние; **have some ~ of** име́ть не́которое представле́ние о (+ *prep*); **have no ~ of** не име́ть ни мале́йшего поня́тия о (+ *prep*)
ink-pad ште́мпельная поду́шечка
inkstand черни́льный прибо́р
inkwell черни́льница
inky (*of, like ink*) черни́льный; (*ink-stained*) запа́чканный черни́лами
inlaid инкрусти́рованный (**with,** + *instr*)
inland 1. *adj* (*far from sea*) далёкий от мо́ря, располо́женный внутри́ страны́; (*internal; not foreign*) вну́тренний; **Inland Revenue** департа́мент вну́тренних нало́гов и сбо́ров **2.** *adv* вглубь страны́
in-laws ро́дственники *m pl* му́жа/жены́
inlay 1. *n* инкруста́ция **2.** *v* инкрусти́ровать (**with,** + *instr*)
inlet (*in coast*) у́зкий зали́в; *tech* (*admission*) впуск; *tech* (*opening*) впускно́е отве́рстие; ~ **pipe/valve** впускна́я труба́/впускно́й кла́пан
inlier *geol* окно́
inmate (*of house*) жиле́ц; (*of hospital, asylum*) больно́й; (*of monastery etc*) обита́тель *m*
in memoriam в па́мять (+ *gen*)
inmost (*farthest*) са́мый отдалённый; (*deepest*) глубоча́йший; (*feelings etc*) са́мый сокрове́нный
inn (*hotel*) гости́ница; *hist* (*coaching ~*) постоя́лый двор; (*tavern*) тракти́р
innards *coll* вну́тренности *f pl*
innate (*inborn*) врождённый, прирождённый; (*natural*) приро́дный
inner (*most senses*) вну́тренний; (*thoughts etc*) сокрове́нный
innermost *see* **inmost**
innervate возбужда́ть
innkeeper хозя́ин (гости́ницы, тракти́ра)
innocence (*purity, ingenuousness, blamelessness*) неви́нность *f*; (*of crime*) невино́вность *f*; (*naïveté*) наи́вность *f*
innocent 1. *n collect* неви́нные (лю́ди) *pl*; **the Holy Innocents** неви́нные младе́нцы *pl*; (*naïve person*) наи́вный челове́к; (*idiot*) блаже́нный **2.** *adj* (*blameless, pure, simple*) неви́нный; (*innocent of crime*) невино́вный (**of,** в + *prep*), непови́нный (**of,** в + *prep*); (*harmless, of remark etc*) безоби́дный; (*naïve*) наи́вный, простоду́шный; (*quite without*) лишённый (**of,** + *gen*), без вся́кого, без вся́кой (+ *gen*)
innocuous безоби́дный, безвре́дный
innocuousness безоби́дность *f*, безвре́дность *f*
innovate (*introduce*) вводи́ть; (*make changes*) де́лать нововведе́ния
innovation (*process*) нова́торство; (*new method etc*) нововведе́ние, но́вшество; (*introduction*) введе́ние
innovative нова́торский
innovator нова́тор
innovatory нова́торский
innuendo (*insinuation*) инсинуа́ция; (*indirect suggestion*) ко́свенный намёк
innumerable бесчи́сленный, неисчисли́мый
inobservance (*of rules, customs etc*) несоблюде́ние
inobservant (*of rules etc*) несоблюда́ющий; (*unobservant*) ненаблюда́тельный
inoculate (*give injection, immunize*) де́лать приви́вку (+ *dat*; **against,** про́тив + *gen*); *fig* (*imbue*) всели́ть (в + *acc*, **with,** + *acc*); *hort* инокули́ровать
inoculation *med* приви́вка, инокуля́ция; *hort* окулиро́вка
inodorous без за́паха
inoffensive (*harmless*) безоби́дный; (*not offensive*) необи́дный, неоскорби́тельный
inoffensiveness безоби́дность *f*
inoperable *med* неопера́бельный
inoperative (*not working*) неде́йствующий; **render ~** вы́вести из стро́я; (*not effective*) недействи́тельный, неэффекти́вный, *leg* не име́ющий си́лы
inopportune (*not at good time*) несвоевре́менный; **at an ~ moment** в неудо́бный моме́нт; (*inconvenient, inappropriate*) неуме́стный
inordinate (*immoderate*) чрезме́рный; (*very great, extreme*) чрезвыча́йный
inorganic неоргани́ческий
inosculate сра́щивать(ся)
inosculation анастомо́з
in-patient стациона́рный больно́й
input (*supply*) пода́ча; *rad* входно́й ко́нтур; (*of information*) ввод; *tech* **power ~** подводи́мая мо́щность *f*; *econ* пуск, за́пуск; *tech* **~-output** ввод-вы́вод; *econ* **~-output coefficient** коэффицие́нт затра́т-вы́пуска
inquest сле́дствие
inquietude беспоко́йство
inquire, enquire спра́шивать (**about,** о + *prep*; **of,** у + *gen*); ~ **after** справля́ться о (+ *prep*); ~ **into** рассле́довать (+ *acc*)
inquiring (*look etc*) вопроси́тельный; (*mind etc*) пытли́вый
inquiry, enquiry (*question*) вопро́с; ~ **desk** спра́вочное бюро́ *neut indecl*; (*process of asking*) расспра́шивание; **make inquiries** наводи́ть спра́вки (**about,** о + *prep*), спра́шивать (**about,** о + *prep*); (*research*) иссле́дование; *leg* рассле́дование; **commission of ~** сле́дственная коми́ссия
inquisition (*research*) иссле́дование; *leg* рассле́дование; *hist* **Inquisition** инквизи́ция
inquisitional иссле́довательский; *leg* сле́дственный; *hist* инквизи́торский
inquisitive (*mind etc*) пытли́вый, любозна́тельный; (*curious, prying*) любопы́тный
inquisitiveness пытли́вость *f*; любопы́тство
inquisitor *leg* сле́дователь *m*; *hist* инквизи́тор
inquisitorial (*of inquisitor*) инквизи́торский; (*methods etc*) инквизицио́нный
inroad (*attack*) набе́г; (*encroachment*) вторже́ние (**into,** в + *acc*); *fig* (*on time, resources*) посяга́тельство (**into, on,** на + *acc*)
inrush (*invasion*) вторже́ние; (*sudden access of people, liquid*) внеза́пный прито́к
insalubrious нездоро́вый
insalutary вре́дный
insane 1. *n collect* душевнобольны́е *pl* **2.** *adj* (*lunatic*) сумасше́дший, ненорма́льный; (*mentally ill*) душевнобольно́й, ненорма́льный; (*very foolish*) безу́мный, безрассу́дный
insanitary антисанита́рный
insanity (*mental illness*) психи́ческая боле́знь *f*; (*derangement*) умопомеша́тельство; (*foolishness*) безу́мие
insatiability ненасы́тность *f*
insatiable ненасы́тный, жа́дный
inscribe (*write on*) надпи́сывать; (*carve*) выреза́ть, высека́ть (**on,** на + *prep*); (*dedicate*)

посвящáть (**to,** + *dat*); *geom* впи́сывать (**in,** в + *acc*); (*enter in list etc*) впи́сывать, запи́сывать (**in,** в + *acc*)
inscription нáдпись *f*
inscrutability непостижи́мость *f*, загáдочность *f*
inscrutable (*incomprehensible*) непостижи́мый; (*mysterious*) загáдочный; ~ **face** непроницáемое лицó
insect насекóмое
insecticide инсектици́д
insectivore насекомоя́дное
insectivorous насекомоя́дный
insecure (*not safe*) небезопáсный; (*not firm*) неустóйчивый, шáткий; (*unreliable*) ненадёжный; (*not protected*) незащищённый; (*of feelings, character*) неувéренный
insecurity небезопáсность *f*; неустóйчивость *f*; ненадёжность *f*; неувéренность *f*
inseminate оплодотворя́ть, осеменя́ть; (*sow*) сéять
insemination оплодотворéние, осеменéние; **artificial** ~ искýсственное осеменéние/оплодотворéние
insensate (*irrational*) безýмный; (*stupid*) глýпый; (*not having sensation*) бесчýвственный; (*not alive*) безжи́зненный, неживóй
insensibility (*lack of feeling*) нечувстви́тельность *f* (**to,** к + *dat*); (*unconsciousness*) óбморок; (*lack of appreciation*) бесчýвственность *f*; (*indifference*) равнодýшие (**to,** к + *dat*)
insensible (*to pain etc*) нечувстви́тельный (**of,** к + *dat*); (*unconscious*) без сознáния; (*indifferent*) равнодýшный (**of, to,** к + *dat*); (*unaware*) не сознаю́щий; (*imperceptible*) незамéтный, неощути́мый
insensitive нечувстви́тельный (**to,** к + *dat*)
insensitivity нечувстви́тельность *f*
insentient неодушевлённый, неживóй
inseparable неотдели́мый (**from,** от + *gen*); (*indissoluble*) неразры́вный; (*friends etc*) неразлýчный
insert 1. *n* (*various senses*) вклáдка **2.** *v* (*put in*) вставля́ть (**into,** в + *acc*); ~ **a coin** опусти́ть *pf* монéту; (*introduce*) вводи́ть (**into,** в + *acc*); ~ **an advertisement in a paper** помести́ть *pf* объявлéние в газéте; (*include clause etc*) включáть (**in,** в + *prep*)
insertion вставлéние; введéние; (*piece added, interpolation*) встáвка; (*placing of article etc in paper*) помещéние; (*advertisement etc*) объявлéние
inset 1. *n* (*insertion*) вклáдка, встáвка **2.** *v* вставля́ть, вклáдывать
inshore 1. *adj* (*nearshore*) прибрéжный; ~ **fishing** прибрéжный лов; ~ **minesweeper** рéйдовый трáльщик; ~ **navigation** мáлый каботáж; ~ **wind** вéтер, дýющий на бéрег **2.** *adv* (*near shore*) у бéрега; (*towards shore*) к бéрегу; ~ **of** бли́же к бéрегу
inside 1. *n* (*interior*) внýтренность *f*, внýтренняя часть *f*; **(on) the** ~ внутри́ (**of,** + *gen*); **be on the** ~ быть внутри́ (**of,** + *gen*); *pl* (*bowels*) внýтренности *f pl* **2.** *adj* внýтренний; (*secret*) секрéтный **3.** *adv* (*within*) внутри́; (*into house etc*) внутрь; **go** ~ входи́ть (в дом *etc*) **4.** *prep* (*in*) внутри́ (+ *gen*), в (+ *prep*); (*into*) внутрь (+ *gen*), в (+ *acc*); (*in less than*) мéньше чем за (+ *acc*); ~ **of** в предéлах (+ *gen*)
inside-out наизнáнку
insider (*member of group*) член грýппы; (*one with special knowledge*) хорошó осведомлённый человéк; (*agent*) свой человéк
insidious (*sly, treacherous*) ковáрный; (*creeping up*) незамéтно подкрáдывающийся; (*undermining*) подрывнóй
insidiousness ковáрство
insight (*understanding*) понимáние; (*perception*) проницáтельность *f*; ~ **into** проникновéние в (+ *acc*); **this will give you some** ~ **of the matter** э́то вам даст нéкоторое поня́тие об э́том дéле
insignia *mil* знáки *m pl* разли́чия; (*civil decorations*) орденá *m pl*
insignificance незначи́тельность *f*
insignificant (*most senses*) незначи́тельный; (*contemptible*) ничтóжный
insincere нейскренний
insincerely нейскренно
insincerity нейскренность *f*
insinuate (*hint*) намекáть на (+ *acc*), инсинуи́ровать; (*introduce unnoticed*) незамéтно вводи́ть; (*slip through*) просóвывать; ~ **oneself** пробирáться, пролезáть, проникáть (**into,** в + *acc*; **through,** мéжду + *instr*)
insinuating (*stealthy*) вкрáдчивый; ~ **remark** двусмы́сленное замечáние
insinuation намёк, инсинуáция
insipid (*tasteless*) безвкýсный, прéсный; (*dull*) неинтерéсный; (*colourless*) бесцвéтный
insipidity (*lack of taste*) прéсность *f*; (*dullness*) скýка; (*flatness*) плóскость *f*; (*lack of colour*) бесцвéтность *f*
insist настáивать (**on,** на + *pr*; **that,** на том, что + *ind*/на том, чтóбы + *infin*); (*demand*) ~ **on** трéбовать (+ *gen*; чтóбы + *infin*); (*persist*) упóрствовать; **all right, if you** ~ лáдно, раз уж вы настáиваете
insistence (*quality of insisting*) настóйчивость *f*; (*demand*) настоя́ние; **at the** ~ **of** по настоя́нию (+ *gen*)
insistent (*demanding, stubborn*) настоя́тельный, настóйчивый; (*urgent*) настоя́тельный; (*vivid*) брóский
in situ на мéсте
insobriety нетрéзвость *f*
insofar as поскóльку, наскóлько
insolation сóлнечная радиáция
insole стéлька
insolence (*rudeness, insult*) нáглость *f*, нахáльство; (*arrogance*) высокомéрие
insolent (*impudently rude, insulting*) нáглый, нахáльный; (*arrogant*) высокомéрный
insolubility (*of substance*) нерастворимость *f*; (*of problem*) неразреши́мость *f*
insoluble (*substance*) нераствори́мый; (*problem*) неразреши́мый; (*mystery*) непостижи́мый
insolvency несостоя́тельность *f*, неплатёжеспосóбность *f*
insolvent несостоя́тельный, неплатёжеспосóбный
insomnia бессóнница
insomniac страдáющий бессóнницей
insomuch: ~ **as** постóльку; ~ **that** настóлько, что
insouciance небрéжность *f*, равнодýшие
inspect (*examine*) осмáтривать; (*have a look at*) посмотрéть *pf*; ~ **troops** производи́ть смотр войскáм
inspection (*medical, customs etc*) осмóтр; **open to** ~ откры́тый для обозрéния; (*official visitation, examination of accounts etc*) инспекти́рование;

(*of troops*) смотр; (*investigation*) официа́льное рассле́дование

inspector (*official*) инспе́ктор; (*customs, railway*) контролёр

inspectorate (*post*) до́лжность *f* инспе́ктора, инспе́кторство; (*official department*) инспе́кция; (*area under inspector*) райо́н, подве́домственный инспе́ктору

inspectorship инспе́кторство

inspiration (*creating impulse*) вдохнове́ние; **draw ~ from** че́рпать вдохнове́ние в (+ *prep*); (*sudden idea*) вдохнове́нная мысль *f*; *relig* найтие; **by ~** (*also joc*) по найтию; (*inspirer*) вдохнови́тель *m*; (*inhaling*) вдыха́ние

inspirational вдохновля́ющий

inspirator *tech* (*injector*) инже́ктор; (*breathing apparatus*) респира́тор

inspire (*influence creatively*) вдохновля́ть; (*arouse*) вызыва́ть; **~ confidence** вызыва́ть дове́рие; (*instil*) внуша́ть; **the sight of him ~d me with fear** его́ вид внуши́л мне страх; (*incite rumours etc*) инспири́ровать

inspired вдохнове́нный; **in an ~ moment** в моме́нт вздохнове́ния

inspiring вдохновля́ющий, вдохнове́нный

inspirit вдохновля́ть, воодушевля́ть, ободря́ть

inspiriting вдохновля́ющий, воодушевля́ющий, ободря́ющий

instability неусто́йчивость *f*, нестаби́льность *f*

install (*seat, put in place*) устра́ивать; (*in office*) вводи́ть в до́лжность; *tech* (*machines, systems etc*) устана́вливать, монти́ровать

installation (*act of installing*) введе́ние в до́лжность; *tech* (*of machines etc*) устано́вка, монта́ж; (*unit of machinery etc*) устано́вка; (*equipment*) обору́дование; *pl* сооруже́ния *neut pl*; **military ~** вое́нные сооруже́ния

instalment (*of payment*) взнос; **pay by ~s** плати́ть в рассро́чку; (*part*) часть *f*; (*batch*) па́ртия; (*of book*) вы́пуск; (*of film*) се́рия; (*of story*) **the next ~ will be tomorrow** продолже́ние бу́дет за́втра; (*act of installing*) устано́вка; введе́ние *etc*

instance 1. *n* (*example*) приме́р; **for ~** наприме́р; (*case, occurrence*) слу́чай; **in this ~** в да́нном слу́чае; **in the first ~** (*as first step*) в пе́рвую о́чередь, пре́жде всего́; (*first of all*) во-пе́рвых; (*at first*) снача́ла; (*request*) про́сьба; (*suggestion*) предложе́ние; *leg* инста́нция **2.** *v* (*give as example*) приводи́ть в ка́честве приме́ра, ссыла́ться на (+ *acc*)

instant 1. *n* (*moment*) мгнове́ние; **the ~ that** (*as soon as*) как то́лько; **for an ~** на мгнове́ние; **not for an ~** ни на мину́ту; **in an ~: he returned in an ~** он верну́лся то́тчас; **it disappeared in an ~** оно́ исче́зло момента́льно, ми́гом, мгнове́нно; (*immediately*) неме́дленно; **on the ~** сейча́с же; **stop it this ~!** переста́нь(те) сию́ мину́ту! **2.** *adj* (*immediate*) неме́дленный; (*instantaneous*) мгнове́нный; (*direct*) непосре́дственный; (*urgent*) безотлага́тельный; *cul* **~ coffee** раствори́мый ко́фе *m indecl*; (*of month*) теку́щий

instantaneous мгнове́нный, момента́льный

instantaneously (*in a flash*) мгнове́нно, момента́льно; (*immediately*) сра́зу же; (*on the spot*) на ме́сте

instantly 1. *adv* (*immediately*) сра́зу же; (*very quickly*) неме́дленно; (*in a flash*) момента́льно, мгнове́нно; (*on the spot*) на ме́сте **2.** *conj* (*as soon as*) как то́лько

instead 1. *adv* (*as substitute*) взаме́н; **don't smoke, have a sweet ~** не кури́те, лу́чше возьми́те конфе́ту; **he couldn't go out so he read a book ~** так как вы́йти он не мог, он приня́лся чита́ть; **he went ~** (*ie ~ of me*) он пошёл вме́сто меня́ **2.** *prep* **~ of** вме́сто (+ *gen*); **~ of working he went swimming** вме́сто того́, что́бы рабо́тать, он пошёл купа́ться

instep (*of shoe*) подъём; *anat* предплюсна́

instigate (*incite*) подстрека́ть (**to,** на + *acc*), побужда́ть (**to,** на + *acc*; от + *infin*); (*provoke*) провоци́ровать

instigation подстрека́тельство; **at the ~ of** по науще́нию (+ *gen*)

instigator подстрека́тель *m*

instil (*ideas etc*) внуша́ть (**in,** + *dat*), вселя́ть (**in,** в + *prep*); (*drops*) зака́пывать

instillation внуше́ние; влива́ние по ка́пле

instinct *biol etc* инсти́нкт; (*intuition*) интуи́ция; **by ~** инстинкти́вно, по интуи́ции; (*flair*) чутьё; **he has an ~ for languages** у него́ хоро́шее чутьё языка́; (*tendency*) врождённая скло́нность *f* (**for,** к + *dat*); **be by ~ …** быть прирождённый…

instinctive инстинкти́вный

institute 1. *n* (*society*) о́бщество; (*scientific etc establishment*) институ́т **2.** *v* (*establish*) устана́вливать; (*found*) учрежда́ть, осно́вывать; (*introduce*) вводи́ть; (*start*) начина́ть; *leg* **~ proceedings** возбужда́ть де́ло (**against,** про́тив + *gen*), предъяви́ть *pf* иск (**against,** + *dat*)

institution (*act of instituting, see* **institute**) установле́ние; учрежде́ние; введе́ние; (*society*) о́бщество; (*scientific etc establishment*) институ́т; (*organization*) организа́ция; (*hospital, home etc*) заведе́ние **~ for the aged** дом для престаре́лых; **charitable ~** благотвори́тельное учрежде́ние; **mental ~** психиатри́ческая лече́бница; (*custom*) обы́чай; (*political, legal concept*) институ́т, учрежде́ние; (*social norm*) поря́док

institutional (*organized as institution*) учре́ждённый, устано́вленный; (*of institution*) относя́щийся к учрежде́нию

institutionalize (*make into institution*) превраща́ть в заведе́ние *etc*; (*establish*) устана́вливать официа́льно; *coll* (*put into home*) помеща́ть в де́тский дом, дом для престаре́лых, психиатри́ческую больни́цу *etc*

instruct (*teach*) учи́ть, обуча́ть (**in,** + *dat*); (*order*) прика́зывать (+ *dat*), дава́ть указа́ния (+ *dat*); (*inform*) информи́ровать; *leg* (*lawyer*) поруча́ть (+ *dat*) веде́ние де́ла

instruction (*teaching*) обуче́ние; (*order*) указа́ние, инстру́кция; **~s for use** инстру́кции к по́льзованию; **according to ~s** согла́сно указа́ниям; **follow ~s** сле́довать указа́ниям; **give ~s** дава́ть указа́ния; **on his ~s** по его́ указа́ниям

instructional уче́бный

instructive поучи́тельный

instructor (*teacher*) учи́тель *m*; преподава́тель *m*; (*technical*) инстру́ктор

instructress учи́тельница, преподава́тельница

instrument 1. *n* (*tool, implement*) ору́дие, инструме́нт; **surgical ~** хирурги́ческий инструме́нт; (*weapon; means of doing*) ору́дие; **~ of vengeance** ору́дие ме́сти; (*scientific, measuring etc*) прибо́р; **precision ~** (высоко)то́чный/прецизио́нный прибо́р; **musical ~** музыка́льный инструме́нт; *leg* докуме́нт, акт **2.** *adj* **~ panel** прибо́рный щито́к; *av* **~ landing** поса́дка по прибо́рам **3.**

v mus инструменти́ровать
instrumental *mus* инструмента́льный; *gramm* твори́тельный (паде́ж); **be ~ in** (*be means*) служи́ть ору́дием (+ *gen*); (*be cause*) быть причи́ной (+ *gen*); (*play main part*) игра́ть веду́щую роль в (+ *prep*); **he was ~ in having us released** э́то благодаря́ ему́ нас освободи́ли; **they were ~ in his downfall** они́ спосо́бствовали его́ паде́нию
instrumentalist инструментали́ст
instrumentality: by the ~ of с по́мощью
instrumentation *mus* инструменто́вка; *tech* (*provision of instruments*) оснаще́ние инструме́нтами; *collect* (*range of instruments*) прибо́ры *m pl*; (*equipment*) обору́дование
insubordinate (*disobedient*) непослу́шный; (*rebellious*) непоко́рный; (*resisting discipline*) неподчиня́ющийся
insubordination непослу́шность *f*; непоко́рность *f*; неподчине́ние
insubstantial (*not solid*) непро́чный; (*fragile*) хру́пкий; (*lacking substance*) необосно́ванный; (*unreal*) нереа́льный; (*illusory*) иллю́зорный; (*insignificant*) незначи́тельный
insufferable (*unbearable*) невыноси́мый; (*extremely irritating*) несно́сный; (*not usu of people*) нестерпи́мый
insufficiency (*inadequacy*) недоста́точность *f*; (*lack*) недоста́ток
insufficient (*inadequate*) недоста́точный; (*often translated by* недоста́ток + *gen*); (*unsatisfactory*) неудовлетвори́тельный
insufflate вдува́ть
insular (*of island*) островно́й; (*cut off*) изоли́рованный; (*narrow-minded*) у́зкий
insularity (*isolation*) изоли́рованность *f*; (*narrowness*) у́зость *f*
insulate (*all senses*) изоли́ровать (**from,** от + *gen*)
insulating изоляцио́нный; **~ tape** изоляцио́нная ле́нта
insulation изоля́ция; (*material*) изоляцио́нный материа́л; **heat, thermal ~** теплоизоля́ция; **sound ~** звукоизоля́ция; **vibration ~** виброизоля́ция
insulator изоля́тор; **shock ~** бу́фер
insulin инсули́н; **~ shock** инсули́новый шок
[1]**insult 1.** *n* оскорбле́ние (**to,** + *gen*); **swallow an ~** проглоти́ть *pf* оби́ду **2.** *v* (*abuse, offend honour*) оскорбля́ть; (*hurt*) обижа́ть
[2]**insult** *med* кровоизлия́ние, инсу́льт
insulting оскорби́тельный, оби́дный
insuperability непреодоли́мость *f*
insuperable непреодоли́мый
insupportable (*intolerable*) невыноси́мый, нестерпи́мый; (*unsubstantiated*) необосно́ванный
insurable могу́щий быть застрахо́ванным
insurance 1. *n* страхова́ние (**against,** от + *gen*); **accident ~** страхова́ние от несча́стных слу́чаев; **life ~** страхова́ние жи́зни **2.** *adj* страхово́й; **~ broker, certificate, policy** страхово́й бро́кер, аге́нт, по́лис / сертифика́т; **~ premium** страхова́я пре́мия
insure (*take out insurance*) *vt* страхова́ть, застрахо́вывать (**against,** от + *gen*; **with,** у + *gen*); *vi* застрахо́вываться; (*make sure*) обеспе́чивать; **~ success** обеспе́чить *pf* успе́х (**of,** + *dat*); **~ against** *vi* уберега́ться от (+ *gen*)
insurer страховщи́к
insurgent 1. *n* повста́нец **2.** *adj* восста́вший
insurmountable непреодоли́мый
insurrection восста́ние
insurrectional, insurrectionary повста́нческий
insurrectionist (*insurgent*) повста́нец; (*inciter*) подстрека́тель *m* восста́ния
insusceptible (*to disease etc*) невосприи́мчивый (**to,** к + *dat*); (*not sensitive*) нечувстви́тельный (**to,** к + *dat*); (*not subject, amenable*) не поддаю́щийся (**to,** + *dat*)
intact (*unharmed*) невреди́мый; (*undamaged*) неповреждённый; (*entire*) це́лый
intaglio (*engraved ornament*) инта́лия; *print* глубо́кая печа́ть *f*
intake (*admittance; number admitted*) впуск; (*requirement, rate of consumption*) потребле́ние; **~ of breath** вдох; (*inlet*) впускно́е отве́рстие; **air ~** воздухозабо́рник; **water ~** водозабо́рник
intangibility неосяза́емость *f*
intangible (*not felt by touch, ungraspable; also fig*) неосяза́емый, неощути́мый; (*not clearly understandable*) непостижи́мый; (*vague*) сму́тный; (*not material*) нереа́льный; *comm* **~ assets** неосяза́емые сре́дства *neut pl*
integer *math* це́лое число́
integrable интегри́руемый
integral 1. *n math* интегра́л **2.** *adj* (*entire*) це́лый, интегра́льный; (*inseparable*) неотъе́млемый; **~ part** неотъе́млемая часть *f*; *math* интегра́льный
integrand подинтегра́льное выраже́ние
integrate (*make into whole*) интегри́ровать, объединя́ть (в еди́ное це́лое); (*form whole*) составля́ть еди́ное це́лое; (*coordinate*) координи́ровать; (*introduce policy of integration*) ввести́ *pf* ра́ссовую интегра́цию; *math* интегри́ровать
integrated *tech* ко́мплексный, интегра́льный; **~ circuit** интегра́льная схе́ма
integration (*combining*) объедине́ние (в одно́ це́лое), интегри́рование; **racial ~** ра́ссовая интегра́ция; (*coordination*) координа́ция; *math* интегри́рование, интегра́ция
integrationist *Am pol* сторо́нник поли́тики ра́ссовой интегра́ции
integrator интегра́тор
integrity (*completeness*) це́льность *f*; **territorial ~** территориа́льная це́льность *f*; (*honesty*) че́стность *f*
integument (*outer covering*) нару́жный покро́в, оболо́чка, интегуме́нт; (*skin*) ко́жа; (*shell*) скорлупа́; (*of seed, fruit*) кожура́
intellect интелле́кт, ум; **a man of great ~** челове́к огро́много ума́
intellectual 1. *n* интеллектуа́л, интеллиге́нт; *pl collect* интеллиге́нция **2.** *adj* (*of intellect*) интеллектуа́льный, у́мственный; (*of ~*) интеллектуа́льный, интеллиге́нтный
intellectualism интеллектуа́льность *f*
intellectuality интеллектуа́льность *f*
intellectualize (*treat intellectually*) относи́ться интеллектуа́льно (к + *dat*); (*philosophize*) филосо́фствовать
intelligence 1. *n* (*intellect*) ум, интелле́кт; (*quickness to understand*) сообрази́тельность *f*, поня́тливость *f*; (*information*) све́дения *neut pl*, информа́ция; (*news*) изве́стия *neut pl*; (*communication*) сообще́ние; *mil* (*information*) разве́дывательные да́нные *pl*; (*~ service*) разве́дка **2.** *adj* (*of intellect*) у́мственный; **~ test** испыта́ние у́мственных спосо́бностей; *mil* разве́дывательный; **~ officer** офице́р разве́дки; **~ quotient** (*abbr* **IQ**) коэффицие́нт у́мственного разви́тия

intelligent (*clever, rational*) у́мный, разу́мный; (*quick to understand*) поня́тливый, сообрази́тельный
intelligentsia интеллиге́нция
intelligibility поня́тность *f*; вня́тность *f*
intelligible (*understandable*) поня́тный; (*of pronunciation*) вня́тный
intemperance (*excess*) невозде́ржанность *f*; (*inebriety*) нетре́звость *f*; (*in speech etc*) несде́ржанность *f*
intemperate (*excessive*) невозде́ржанный, неуме́ренный; (*behaviour*) разну́зданный; (*remark etc*) ре́зкий
intend (*mean to*) намерева́ться (+ *infin*); **what do they ~ to do?** что они́ наме́рены де́лать?; (*have in mind*) име́ть в виду́; (*get ready to*) собира́ться (+ *infin*); (*do deliberately*) **I ~ed it** я э́то сде́лал наро́чно; **she ~ed him to hear** она́ хоте́ла, что́бы он услы́шал; (*design*) предназнача́ть (**for,** для + *gen*); (*signify*) зна́чить
intended 1. *n* (*fiancé*) жени́х; (*fianceé*) неве́ста **2.** *adj* (*future*) бу́дущий; (*proposed*) преднаме́ренный; **be ~ for** (*designed for*) быть расчи́танным, предназна́ченным для (+ *gen*); (*supposed to*) **they were ~ to arrive at eight** они́ должны́ бы́ли прийти́ в во́семь
intense (*extreme*) кра́йний; (*heat, cold*) си́льный; (*feeling*) о́стрый, глубо́кий; (*concentrated*) интенси́вный
intensely (*closely, attentively*) внима́тельно; (*extremely*) кра́йне; (*very*) о́чень
intenseness (*force, strength*) си́ла; (*of colour*) густота́, интенси́вность *f*; (*strain, concentration*) напряжённость *f*
intensification (*increase; also phot*) усиле́ние; *tech, econ etc* интенсифика́ция
intensifier усили́тель *m*
intensify уси́ливать(ся); *tech, econ etc* интенсифици́ровать
intension (*intensity*) интенси́вность *f*; (*mental effort*) у́мственное уси́лие
intensity (*force*) си́ла; (*degree of concentration*) интенси́вность *f*; *econ* **capital ~** капиталоёмкость *f*; **labour ~** трудоёмкость *f*
intensive (*most senses*) интенси́вный; **~ care unit** блок интенси́вной терапи́и; *econ* **capital-~** капиталоёмкий; **labour-~** трудоёмкий
intent 1. *n* наме́рение; **with ill ~** со злым у́мыслом; **to all ~s (and purposes)** (*virtually*) факти́чески **2.** *adj* (*concentrated*) сосредото́ченный; **an ~ look** при́стальный взгляд; **~ on** (*concentrated on*) сосредото́ченный на (+ *pr*); (*engrossed in*) поглощённый (+ *instr*); (*determined to*) по́лный реши́мости (+ *infin*)
intention (*determination; wish*) наме́рение; **have good ~s** име́ть до́брые наме́рения; **have the ~ of** намерева́ться (+ *infin*), име́ть наме́рение (+ *gen, or* + *infin*); **I have no ~ of** я во́все не собира́юсь (+ *infin*), у меня́ нет ни мале́йшего наме́рения (+ *infin*); (*aim*) цель *f*; (*meaning*) значе́ние
intentional наме́ренный, преднаме́ренный, (*usu of sth unpleasant*) умы́шленный
intentionally наме́ренно, умы́шленно, наро́чно
intently (*attentively*) внима́тельно; (*fixedly*) при́стально
inter погреба́ть, хорони́ть
interact взаимоде́йствовать
interaction взаимоде́йствие
interbreed скре́щивать(ся)
interbreeding межпоро́дное/межвидово́е скре́щивание
intercalary (*day, month*) приба́вленный; **~ year** високо́сный год; (*interpolated*) интерполи́рованный
intercalate (*in calendar*) прибавля́ть; (*interpolate*) интерполи́ровать, вставля́ть
intercalation (*act*) интерполи́рование, вставле́ние; (*inserted portion*) интерполя́ция, вста́вка
intercede хода́тайствовать (**for,** за + *acc*; **with,** пе́ред + *instr*; **for, about,** о + *prep*); (*mediate*) быть посре́дником (**between,** ме́жду + *instr*)
intercellular межкле́точный
intercept 1. *n mil* перехва́т **2.** *v* (*stop en route*) перехва́тывать; (*stop*) приостана́вливать; (*obstruct*) препя́тствовать (+ *dat*); **~ the passage of** прегражда́ть путь (+ *dat*); (*switch off*) выключа́ть; *math* выделя́ть, отделя́ть
interception (*of message, enemy etc*) перехва́т; (*of radio signal*) радиоперехва́т; (*of telephone call*) подслу́шивание
interceptor *av* истреби́тель-перехва́тчик *m*
intercession (*pleading*) хода́тайство, засту́пничество; (*mediation*) посре́дничество
intercessor (*pleader*) хода́тай, засту́пник; (*mediator*) посре́дник
interchange 1. *n* (*exchange*) обме́н (**of,** + *instr*); (*replacement*) заме́на (**of,** + *gen*, **with** + *instr*); (*alteration*) чередова́ние; (*railway*) обме́нный пункт **2.** *v* обме́нивать(ся); заменя́ть; чередова́ть(ся)
interchangeability (*of parts etc*) взаимозаменя́емость *f*
interchangeable взаимозаменя́емый
interchanger обме́нник
intercity междугоро́дный
intercollegiate (*between universities*) межуниверсите́тский; (*between higher educational establishments*) межву́зовский
intercom вну́треннее/самолётное перегово́рное устро́йство
intercommunicate (*talk*) разгова́ривать друг с дру́гом; (*of rooms etc*) сообща́ться
intercommunication (*telephone*) вну́треннее перегово́рное устро́йство; (*link etc*) связь *f*
interconnect *vt* (взаи́мно) свя́зывать; *vi* быть свя́занным; (*of rooms etc*) сообща́ться ме́жду собо́й
interconnection (взаи́мная) связь *f*
intercontinental межконтинента́льный
intercostal межрёберный
intercourse (*social*) обще́ние (**with,** с + *instr*); **diplomatic ~** дипломати́ческие сноше́ния *neut pl*; **sexual ~** половы́е сноше́ния *neut pl*
intercrop промежу́точная междуря́дная культу́ра
interdenominational (*held in common*) о́бщий
interdepartmental межве́домственный
interdependence взаимозави́симость *f*
interdependent взаимозави́симый
interdict 1. *n* запре́т; *relig* интерди́кт **2.** *v* (*forbid*) запреща́ть; *mil* воспреща́ть
interdiction запреще́ние; *mil* воспреще́ние
interdigital межпа́льцевый
interest 1. *n* (*most senses*) интере́с; **arouse ~** вызыва́ть интере́с; **be of ~** представля́ть интере́с (**to,** для + *gen*); **show ~** проявля́ть интере́с (**in,** к + *dat*); **take, have an ~ in** интересова́ться (+ *instr*); (*profitable concern*)

заинтересо́ванность *f*; *pl* (*advantage*) интере́сы *m pl*; **it is in your ~s** э́то в ва́ших интере́сах; **protect one's ~s** защища́ть свои́ интере́сы; *pl* (*interested parties*) заинтересо́ванные сто́роны *f pl*; (*percentage rate*) проце́нты *m pl*; **simple/compound ~** просты́е/сло́жные проце́нты; **pay ~** плати́ть проце́нты; **~ rate** проце́нтная ста́вка **2.** *v* (*most senses*) интересова́ть (**in,** + *instr*); **be ~ed** интересова́ться (**in,** + *instr*); **become ~ed** заинтересова́ться (**in,** + *instr*)

interested (*having interest*; *personally involved*) заинтересо́ванный; **~ parties** заинтересо́ванные сто́роны *f pl*; (*attentive*) внима́тельный; (*curious*) пытли́вый; (*biased*) пристра́стный

interesting интере́сный

interestingly интере́сно; **~, ~ enough ...** не без интере́са, что ...

interface (*separating surface*) пове́рхность *f* разде́ла; (*boundary*) грани́ца; *fig sci* взаимосвя́зь *f*

interfere (*meddle*, *intervene*) вме́шиваться (**in,** в + *acc*); (*hinder*) меша́ть; **don't ~!** не меша́йте!; **it ~s with my work** э́то меша́ет мне рабо́тать

interference (*intervention*) вмеша́тельство (**in,** в + *acc*); *rad* поме́хи *f pl*; *phys* интерфере́нция

interfering (*meddlesome*) назо́йливый

interferometer интерферо́метр

interferon интерферо́н

intergalactic межгалакти́ческий

intergovernmental межправи́тельственный

interim 1. *n* **in the ~** тем вре́менем **2.** *adj* (*temporary*) вре́менный; (*preliminary*) предвари́тельный

interior 1. *n* (*inside*) вну́тренность *f*; (*of house*; *theat*, *archi*) интерье́р; (*of country*) вну́тренняя часть *f*; **Department of the Interior** министе́рство вну́тренних дел **2.** *adj* вну́тренний

interjacent лежа́щий ме́жду (+ *instr*)

interject вставля́ть (**into,** в + *acc*)

interjection (*exclamation*) восклица́ние; (*interruption*) вмеша́тельство; *gramm* междоме́тие

interlace переплета́ть(ся), сплета́ть(ся)

interlard пересыпа́ть (**with,** + *instr*)

interleave прокла́дывать бе́лую бума́гу (ме́жду страни́цами)

interlibrary межбиблиоте́чный

interlinear междустро́чный

interlock соединя́ть, смыка́ть; *tech* блоки́ровать

interlocking блокиро́вка; (*railway*) централиза́ция

interlocution (*conversation*) разгово́р; (*dialogue*) диало́г

interlocutor собесе́дник

interlope вме́шиваться (в + *acc*)

interloper (*meddler*) назо́йливый челове́к; (*uninvited guest*) незва́ный гость *m*; (*outsider*) посторо́нний (челове́к)

interlude (*episode*) эпизо́д; (*short period*) промежу́ток вре́мени; *theat* антра́кт; *mus* интерлю́дия

intermarriage брак ме́жду людьми́ ра́зных рас, племён *etc*; (*mixed marriage*) сме́шанный брак; (*consanguineous*) кровосмеше́ние

intermarry родни́ться (**with,** с + *instr*)

intermediary 1. *n* посре́дник **2.** *adj* (*mediating*) посре́днический; (*coming between*) промежу́точный; (*transitional*) перехо́дный

intermediate 1. *adj* (*coming between*) промежу́точный; (*transitional*) перехо́дный **2.** *v* (*mediate*) посре́дничать

interment (*burial*) погребе́ние; (*funeral*) по́хороны *f pl*

intermezzo интерме́ццо *neut indecl*

interminable бесконе́чный, ве́чный; (*boring*) несконча́емый

intermingle сме́шивать(ся), переме́шивать(ся)

intermission (*interval*) переры́в; (*temporary cessation*) вре́менное прекраще́ние; (*respite*) переды́шка

intermit (*cut short*) прекраща́ть; (*suspend*) приостана́вливать

intermittence *tech* преры́вистость *f* (*see also* **intermission**)

intermittent (*coming in bursts*; *also elect*, *tech*) преры́вистый; *tech* скачкообра́зный

intermittently преры́висто, с переры́вами; (*now and then*) то и де́ло

intermix сме́шивать(ся)

intermixture смеше́ние, смесь *f*

intermolecular межмолекуля́рный

intern 1. *n med* инте́рн **2.** *v* интерни́ровать

internal (*most senses*) вну́тренний; **~ combustion engine** дви́гатель *m* вну́треннего сгора́ния; (*inward thoughts etc*) сокрове́нный

international 1. *n sp* (*match*) междунаро́дный матч; (*player*) член сбо́рной страны́, сбо́рник *coll*; *pol* Интернациона́л **2.** *adj* междунаро́дный; (*interstate*) межгосуда́рственный

Internationale Интернациона́л

internationalism интернационали́зм

internationalize интернационализи́ровать

internecine междоусо́бный

internee интерни́рованный

internment интерни́рование; **~ camp** ла́герь *m* для интерни́рованных

internode междоу́злие

internuclear межъя́дерный

interosculate сме́шиваться

interparietal межтеменно́й

interpellate интерпелли́ровать

interpellation интерпелля́ция

interpenetrate взаимопроника́ть

interpenetration взаимопроникнове́ние

interphone вну́треннее разгово́рное устро́йство

interplanetary межплане́тный

interplay взаимоде́йствие

Interpol Интерпо́л

interpolate *phil*, *math* интерполи́ровать (**into,** в + *acc*); (*insert*) вставля́ть (**into,** в + *acc*)

interpolation интерполя́ция

interpolator интерполя́тор

interpose (*place between*) ста́вить (ме́жду + *instr*); (*raise objection etc*) выдвига́ть; (*a remark etc*) вставля́ть; (*interrupt*) перебива́ть; (*interfere*) вме́шиваться

interposition (*placing between*) помеще́ние ме́жду (+ *instr*); (*what is placed between*) вста́вка; (*interference*) вмеша́тельство

interpret (*explain*) толкова́ть, интерпрети́ровать; (*take to mean*) объясня́ть, понима́ть; (*a role etc*) раскрыва́ть; (*translate*) переводи́ть

interpretation (*exegesis*) толкова́ние, интерпрета́ция; (*explanation*) объясне́ние; **put a different ~ on** ина́че истолко́вывать; **Marxist ~ of history** маркси́стское понима́ние исто́рии; (*translation*) перево́д

interpretative толкова́тельный, объясни́тельный

interpreter перево́дчик, *f* перево́дчица, толкова́тель *m*

interracial межра́совый

interregnum междуца́рствие; *fig* переры́в

interrelate взаимосвя́зывать
interrelation взаимосвя́зь *f*
interrogate (*ask*) спра́шивать; (*question closely*) допра́шивать
interrogation допро́с; ~ **mark** вопроси́тельный знак
interrogative 1. *n gramm* вопроси́тельное сло́во **2.** *adj* вопроси́тельный
interrogator (*investigator*) сле́дователь *m*
interrogatory вопроси́тельный
interrupt (*break off*) прерыва́ть; (*speaker, conversation*) *vi* вме́шиваться; *vt* перебива́ть; (*hinder, disturb*) меша́ть (+ *dat*), препя́тствовать (+ *dat*); (*hold up*) приостана́вливать; ~ **the view** загора́живать, заслоня́ть вид
interrupter *tech* прерыва́тель *m*
interruption (*break*) переры́в; (*intervention*) вмеша́тельство; (*breakdown*) наруше́ние
intersect пересека́ть(ся)
intersection (*all senses*) пересече́ние; (*crossroads*) перекрёсток
interspace (*space between*) промежу́ток; (*of time*) интерва́л
intersperse (*scatter*) рассыпа́ть (**with,** + *instr*); (*put at intervals*) пересыпа́ть (**with,** + *instr*)
interstate (*international*) межгосуда́рственный; (*in federation*) межшта́тный
interstellar межзвёздный
interstice (*crack*) щель *f*, расще́лина; (*gap, interval*) промежу́ток
interstitial промежу́точный
intertribal межплеменно́й
intertwine сплета́ть(ся), переплета́ть(ся)
interurban междугоро́дный
interval (*of time*) промежу́ток вре́мени, интерва́л; **after an** ~ по́сле не́которого вре́мени; **at ~s** вре́мя от вре́мени, по времена́м; **at ~s of ten minutes** с интерва́лом в де́сять мину́т; (*break*) переры́в; *theat* антра́кт; *mus* интерва́л; (*space, gap*) промежу́ток (**between,** ме́жду + *instr*); **at ~s** с промежу́тками (**of,** в + *acc*); (*here and there*) здесь и там; (*distance*) расстоя́ние
intervene (*interfere*) вме́шиваться (**in,** в + *acc*); (*be, lie between*) находи́ться (**between,** ме́жду + *instr*); (*take place*) происходи́ть, случа́ться; (*mediate*) посре́дничать; (*hinder*) меша́ть
intervening (*lying between*) лежа́щий ме́жду (+ *instr*); **in the** ~ **years** за э́ти го́ды; (*interfering*) вме́шивающийся
intervention (*interference, participation*) вмеша́тельство (**in, into,** в + *acc*); *mil, pol* интерве́нция; (*mediation*) посре́дничество
interventionist интерве́нт
interview 1. *n* интервью́ *neut indecl* **2.** *v* интервьюи́ровать
interviewee интервьюи́руемый
interviewer интервьюе́р
intervocalic интервока́льный
interweave (*weave with*) затка́ть *pf* (**with,** + *instr*); (*intertwine*) переплета́ть(ся); (*mix*) переме́шивать
intestate (у́мерший) без завеща́ния
intestinal кише́чный
intestine 1. *n* кишка́; **large** ~ больша́я кишка́; **small** ~ то́нкая кишка́; *pl* кише́чник **2.** *adj* вну́тренний
intimacy инти́мность *f*; (*closeness*) бли́зость *f*; (*sexual*) инти́мные отноше́ния *neut pl*; (*knowledge*) хоро́шее зна́ние (**with,** + *gen*)
[1]intimate 1. *n* бли́зкий друг **2.** *adj* (*of friends*) бли́зкий; (*knowledge*) подро́бный; (*feelings*) сокрове́нный; (*private, personal; sexual*) инти́мный
[2]intimate (*hint*) намека́ть (**that,** на то, что); (*let be known*) дать *pf* знать (**that,** что); (*announce*) объявля́ть
intimation намёк (**of,** на + *acc*); объявле́ние
intimidate (*frighten*) запу́гивать, устраша́ть; ~ **into** принужда́ть (к + *dat*; or + *infin*)
intimidation запу́гивание; (*threats*) угро́зы *f pl*
into (*see also* **in**; *for use after verbs eg* **change, go, get, let,** *see verb entry*) в (+ *acc*), на (+ *acc of certain nouns eg* пло́щадь); (*deep* ~, ~ *middle of*) внутрь (+ *gen*); *coll* **be** ~ увлека́ться (+ *instr*)
intolerable невыноси́мый, (*usu only of things*) нестерпи́мый
intolerance нетерпи́мость *f* (**of,** к + *dat*)
intolerant нетерпи́мый (**of, towards,** к + *dat*)
intonation интона́ция
intone (*chant*) произноси́ть нараспе́в; (*give tone to*) интони́ровать
intoxicant 1. *n* опьяня́ющее сре́дство; (*drink*) опьяня́ющий напи́ток **2.** *adj* опьяня́ющий
intoxicate опьяня́ть (*also fig*)
intoxicated (*drunk*) пья́ный; *fig* опьянённый (**with,** + *instr*); **become** ~ опьяне́ть *pf*
intoxicating опьяня́ющий, пьяня́щий
intoxication опьяне́ние; **in a state of** ~ в нетре́звом ви́де; *med* интоксика́ция, отравле́ние
intractability (*stubbornness*) упря́мство; (*of material etc*) неподáтливость *f*
intractable (*stubborn*) упря́мый; (*hard to deal with*) непода́тливый; ~ **child** трудновоспиту́емый ребёнок; ~ **disease** трудноизлечи́мое заболева́ние; (*of materials*) непода́тливый, труднообра́батываемый
intramural вну́тренний; *anat, biol* внутристе́нный
intransigence непримири́мость *f*, непрекло́нность *f*
intransigent непримири́мый, непрекло́нный
intransitive *gramm* непереxо́дный
intrauterine внутрима́точный; ~ **device** (*abbr* **IUD**) внутрима́точный контрацепти́в (*abbr* ВМК)
intravenous внутриве́нный
intrepid бесстра́шный, отва́жный
intrepidity неустраши́мость *f*, отва́га
intricacy сло́жность *f*
intricate (*complicated*) сло́жный; (*entangled*) запу́танный
intrigue 1. *n* интри́га **2.** *v* (*plot*) вести́ интри́ги, интригова́ть; (*fascinate*) заинтриго́вывать
intriguer интрига́н, *f* интрига́нка
intrinsic (*real*) по́длинный, и́стинный; (*inherent*) прису́щий (**to,** + *dat*), сво́йственный (**to,** + *dat*)
intrinsically (*really*) в действи́тельности; (*essentially*) по су́ти
introduce (*bring in; bring into use*) вводи́ть; (*insert*) вставля́ть (**into,** в + *acc*); (*import*) ввози́ть; (*acquaint*) представля́ть (**to,** + *dat*), знако́мить; **allow me to** ~ **my friend** разреши́те мне предста́вить своего́ дру́га; (*begin talk etc*) начина́ть (**with, by,** + *instr*)
introduction (*of persons*) представле́ние; **letter of** ~ рекоменда́тельное письмо́; (*bringing in*) введе́ние; (*preface*) предисло́вие, введе́ние (**to,** к + *dat*); (*to a subject*) введе́ние (**to,** в + *acc*)
introductory (*first*) вступи́тельный, вво́дный; (*preliminary*) предвари́тельный

introit входна́я
introspection интроспе́кция
introspective интроспекти́вный; *coll* (*of person*) за́мкнутый
introversion *psych* сосредото́ченность *f* на само́м себе́, интрове́рсия; *med* завёртывание внутрь
introvert челове́к, сосредото́ченный на само́м себе́; интрове́ртик
intrude (*force one's way in*; *interfere*) вторга́ться (**on, into,** в + *acc*); (*force upon*) навя́зывать (себя́) (**on,** + *dat*); (*be unwelcome*) быть назо́йливым
intruder (*unwelcome person*) назо́йливый, навя́зчивый челове́к; (*uninvited guest*) незва́ный гость *m*; (*outsider*) посторо́нний (челове́к); (*burglar*) взло́мщик; *mil av* (*illegally crossing frontier*) самолёт-наруши́тель *m*; (*raider*) самолёт, производя́щий налёт
intrusion (*bursting in*) вторже́ние; (*interference*) вмеша́тельство (**on, in,** в + *acc*); *geol* интру́зия
intrusive (*bursting in*) вторга́ющийся; (*pestering*) назо́йливый, навя́зчивый; (*extraneous*) посторо́нний; (*uninvited*) незва́ный; *geol* интрузи́вный
intuition интуи́ция; (*flair*) чутьё
intuitional интуити́вный
intuitionalism интуитиви́зм
intuitive интуити́вный, инстинкти́вный
intuitively интуити́вно, чутьём
intumescence вспу́чивание, распуха́ние, разбуха́ние; *med* припу́хлость *f*
inundate наводня́ть (*also fig*)
inundation наводне́ние
inurbane (*rude*) неве́жливый; (*disobliging*) нелюбе́зный; (*unpolished*) неизя́щный
inurbanity нелюбе́зность *f*; гру́бость *f*
inure приуча́ть (**to,** к + *dat*); *leg* вступи́ть *pf* в си́лу
inutility бесполе́зность *f*
invade (*enter by force*) вторга́ться (в + *acc*); (*seize country*) захва́тывать, оккупи́ровать; (*crowd into*) наводня́ть; (*encroach*) посяга́ть (на + *acc*); (*of emotions*) овладева́ть (+ *instr*)
invader захва́тчик, оккупа́нт
¹invalid 1. *n* (*person*) инвали́д, больно́й **2.** *adj* (*sick*) больно́й; (*for ~s*) для инвали́дов, больны́х; ~ **chair** ката́лка; ~ **home** инвали́дный дом **3.** *v mil* освобожда́ть от слу́жбы по инвали́дности
²invalid (*of document, ticket etc*) недействи́тельный; (*argument etc*) несостоя́тельный, необосно́ванный
invalidate де́лать недействи́тельным, несостоя́тельным *etc*; (*annul*) аннули́ровать
invalidation аннули́рование
invalidism инвали́дность *f*
invalidity (*of document etc*) недействи́тельность *f*; (*of argument etc*) несостоя́тельность *f*, необосно́ванность *f*
invaluable неоцени́мый, бесце́нный
invar инва́р
invariability (*unchangeable nature*) неизменя́емость *f*; (*constancy*) постоя́нство
invariable 1. *n math* постоя́нная (величина́) **2.** *adj* (*constant*) постоя́нный, неизме́нный; (*unchangeable*) неизменя́емый
invariably неизме́нно, постоя́нно, всегда́
invariance *math* инвариа́нтность *f*
invariant 1. *n* инвариа́нт **2.** *adj* инвариа́нтный
invasion (*attack*) нападе́ние (**of,** на + *acc*), вторже́ние (**of,** в + *acc*); (*encroachment*) посяга́тельство (**of,** на + *acc*)
invective (*violent, hostile speech*) оскорби́тельная речь *f*, инвекти́ва; **full of** ~ по́лный оскорбле́ний; (*foul language*) брань *f*, ру́гань *f*
inveigh: ~ **against** я́ростно выступа́ть про́тив (+ *gen*), поноси́ть
inveigle (*entice*) соблазня́ть; (*implicate*) вовлека́ть (**into,** в + *acc*)
invent (*device, method etc*) изобрета́ть; (*story, excuse*) выду́мывать
invention (*act of inventing*) изобрете́ние; (*device etc*) изобрете́ние; (*story etc*) вы́думка; (*inventiveness*) изобрета́тельность *f*
inventive (*creative*) изобрета́тельный; (*ingenious*) нахо́дчивый
inventor изобрета́тель *m*
inventiveness изобрета́тельность *f*; нахо́дчивость *f*
inventory 1. *n* (*of goods etc*) о́пись *f*; (*list*) спи́сок **2.** *v* составля́ть о́пись, спи́сок
inverse 1. *n* противополо́жность *f* (**of,** + *dat*) **2.** *adj* (*reverse*) обра́тный; ~ **ratio** обра́тная пропорциона́льность *f*; (*opposite*) противополо́жный
inversely обра́тно; обра́тно пропорциона́льно
inversion (*reversal of order*) измене́ние поря́дка; (*reversal*) перестано́вка; *gramm, biol, tech* инве́рсия; *mus, math* обраще́ние
invert 1. *n archi* обра́тный свод **2.** *adj chem* инве́ртный **3.** *v* (*put upside down*) ста́вить вверх нога́ми/вверх дном, опроки́дывать; (*reverse order*) переставля́ть, изменя́ть поря́док; *chem* инверти́ровать
invertebrate 1. *n* беспозвоно́чное (живо́тное) **2.** *adj* беспозвоно́чный
inverted (*turned over*) опроки́нутый; **in ~ commas** в кавы́чках; (*reverse*) обра́тный; **in ~ order** в обра́тном поря́дке
inverter, invertor *elect* инве́ртор, обра́тный преобразова́тель *m*
invest (*money*) вкла́дывать (**in,** в + *acc*); (*array*) облачи́ть *pf*, оде́ть *pf* (**in,** в + *acc*); (*impart to, endue; with authority, mystery*) облека́ть (+ *instr*); (*install in office*) вводи́ть в до́лжность; *mil* (*besiege*) осажда́ть, окружа́ть; ~ **in** вкла́дывать капита́л/де́ньги в (+ *acc*); *coll* (*buy*) покупа́ть себе́; (*acquire*) приобрета́ть
investigate (*crime etc*) рассле́довать; (*research into*) иссле́довать; *coll* (*see what is happening*) узнава́ть в чём де́ло; (*study*) изуча́ть
investigative сле́дственный
investigation рассле́дование, сле́дствие; иссле́дование; (*study of*) изуче́ние
investigator рассле́дователь *m*, сле́дователь *m*; иссле́дователь
investiture форма́льное введе́ние в до́лжность, инвеститу́ра
investment (*action*) вложе́ние (**in,** в + *acc*); (*sum invested*) капиталовложе́ние, инвести́ция; **a good** ~ разу́мное испо́льзование де́нег; (*asset*) акти́в; (*siege*) оса́да
investor (*of money*) вкла́дчик; (*shareholder etc*) держа́тель *m*, владе́лец а́кций *etc*
inveterate (*long established*) закорене́лый; (*deep-rooted*) укорени́вшийся; (*incorrigible*) неизлечи́мый; (*out-and-out*) отъя́вленный; (*bitter*) зло́бный
invidious (*offensive*) оскорби́тельный; (*outrageous*) возмути́тельный; ~ **position** незави́дное положе́ние; (*law*) несправедли́вый
invigilate следи́ть (**over,** за + *instr*)

invigorate (*give strength to*) укрепля́ть, придава́ть си́лу (**to,** + *dat*); (*enliven*) ободря́ть
invincibility непобеди́мость *f*
invincible (*not beatable*) непобеди́мый; (*insuperable*) непреодоли́мый
inviolability незы́блемость *f*; ненаруши́мость *f*; неприкоснове́нность *f*
inviolable (*oath etc*) неруши́мый; (*law*) незы́блемый; (*not to be touched, tampered with*) неприкоснове́нный
inviolate (*unbroken*) ненару́шенный; (*unharmed*) невреди́мый; (*untouched*) нетро́нутый; (*unprofaned*) неосквернённый
invisibility неви́димость *f*
invisible неви́димый; ~ **exports** неви́димый э́кспорт; ~ **ink** симпати́ческие черни́ла *neut pl*
invitation приглаше́ние (**to,** к + *dat*); **accept an** ~ приня́ть *pf* приглаше́ние; **at the** ~ **of, by** ~ по приглаше́нию (**of,** + *gen*)
invite (*ask*) приглаша́ть (**to,** к + *dat*; *or* + *infin*); (*dispose to*) располага́ть (**to,** к + *dat*), склоня́ть (**to,** к + *dat*); (*give rise to*) вызыва́ть; (*attract*) привлека́ть
inviting (*attractive*) привлека́тельный; (*tempting*) зама́нчивый
invocation обраще́ние (**to,** к + *dat*)
invoice 1. *n* (*list of goods supplied*) факту́ра (**of, for,** на + *acc*); (*bill*) счёт **2.** *v* вы́писать *pf* факту́ру, счёт
invoke (*pray to*) обраща́ться; (*appeal for*) моли́ть о (+ *pr*); (*call down*) призыва́ть; (*cite as witness*) цити́ровать; (*spirits etc*) вызыва́ть
involuntarily нево́льно
involuntary (*not voluntary*) вы́нужденный; (*not intentional*) ненаме́ренный; (*of movements etc*) нево́льный
involute 1. *n math* эвольве́нта **2.** *adj* (*complex*) сло́жный; *bot* завито́й
involution (*complication*) сло́жность *f*; (*entanglement*) запу́танность *f*; (*curling*) завёртывание; *bot* закру́чивание; *biol* дегенера́ция; *math* возведе́ние в сте́пень; *geom* инволю́ция
involve (*entangle*) вовлека́ть (**in,** в + *acc*), втя́гивать (**in,** в + *acc*); (*include*) включа́ть; (*imply*) подразумева́ть, предполага́ть; (*entail, cause*) причиня́ть, вызыва́ть; (*be connected with*) быть свя́занным с (+ *instr*); (*touch on*) каса́ться (+ *gen*); (*complicate*) осложня́ть
involved (*complicated*) сло́жный; (*tangled, confused*) запу́танный; (*obscure*) тума́нный; (*intricate*) витиева́тый, зате́йливый; **be** ~ (*be busy with*) занима́ться (**with, in,** + *instr*); (*in situation, crime etc*) быть заме́шанным (**in,** в + *pr*)
involvement (*complication*) осложне́ние; (*participation*) уча́стие (**in,** в + *pr*); (*complicity*) соуча́стие (**in,** в + *pr*); (*bringing in*) введе́ние
invulnerability неуязви́мость *f*
invulnerable неуязви́мый
inward 1. *adj* (*internal*) вну́тренний; (*going inwards*) иду́щий к це́нтру; (*facing inwards*) обращённый внутрь **2.** *adv* внутрь
inwardly (*inside*) внутри́; (*mentally*) вну́тренне, про себя́
inwardness (*inner meaning*) су́щность *f*; (*sincerity*) и́скренность *f*; (*spirituality*) духо́вность *f*
inwards *see* **inward**
inwards *coll* (*entrails*) вну́тренности *f pl*
inwrought (*adorned*) укра́шенный (**with,** + *instr*)
iodate йода́т
iodide йоди́д
iodine йод; **tincture of** ~ йо́дная насто́йка
iolite иоли́т
ion ио́н; **~-exchange** ионообме́н
Ionian *hist* **1.** *n* иони́ец **2.** *adj* иони́йский
ionic ио́нный
Ionic (*all senses*) иони́ческий
ionization иониза́ция
ionize ионизи́ровать
ionosphere ионосфе́ра
ionospheric ионосфе́рный
iota (*letter*) йо́та; **not one** ~ ни на йо́ту
I.O.U. долгова́я распи́ска
ipecacuanha ипекаку́ана
ipso facto по са́мому фа́кту
Iran Ира́н
Iranian 1. *n* ира́нец, *f* ира́нка **2.** *adj* ира́нский; ~ **languages** ира́нская гру́ппа языко́в
Iraq Ира́к
Iraqi 1. *n* ира́кец **2.** *adj* ира́кский
irascibility вспы́льчивость *f*; раздражи́тельность *f*
irascible (*easily angered*) вспы́льчивый; (*easily irritated*) раздражи́тельный
irate разгне́ванный
ire гнев
Ireland Ирла́ндия
irenic умиротвори́тельный
iridescence ра́дужность *f*; перели́вчатость *f*; *phys* иридесце́нция
iridescent (*multicoloured*) пёстрый, ра́дужный; (*changing colour*) перели́вчатый
iridium ири́дий
iris (*of eye*) ра́дужная оболо́чка; *phot* ~ **diaphragm** и́рисовая диафра́гма; *bot* и́рис
Irish 1. *n collect* (*people*) ирла́ндцы *m pl*, ирла́ндский наро́д; (*language*) ирла́ндский язы́к **2.** *adj* ирла́ндский
Irishman ирла́ндец
Irishwoman ирла́ндка
irk (*bore*) надоеда́ть (+ *dat*); (*irritate*) раздража́ть
irksome (*tedious*) ску́чный, надое́дливый; (*wearisome*) утоми́тельный; (*annoying*) раздража́ющий
iron 1. *n* (*metal*) желе́зо; **cast** ~ чугу́н; **pig** ~ чу́шковый чугу́н; **scrap** ~ стально́й лом; **wrought** ~ мя́гкое, ко́вкое желе́зо; (*domestic*) утю́г; **electric** ~ электри́ческий утю́г; *pl* (*fetters*) око́вы *f pl*, кандалы́ *m pl* **2.** *adj* (*made of* ~; *also fig*) желе́зный; **Iron Age** желе́зный век; **Iron Curtain** желе́зный за́навес; ~ **ore** железня́к; ~ **rations** неприкоснове́нный запа́с; ~ **will** желе́зная во́ля **3.** *v* (*smoothe with* ~) гла́дить, утю́жить; (*fetter*) зако́вывать в кандалы́; ~ **out** (*problems etc*) ула́живать
ironbound (*box etc*) оби́тый желе́зом; (*harsh*) суро́вый; (*rocky*) скали́стый
ironclad 1. *n nav* бронено́сец **2.** *adj* (*armoured*) брониро́ванный; (*faced with iron*) облицо́ванный желе́зом
iron-founder лите́йщик
iron-foundry чугунолите́йный заво́д
iron-grey се́ро-стально́й цвет
ironic, ironical ирони́ческий
ironing (*act of* ~) гла́женье, утю́жка; (*clothes to be ironed*) бельё для гла́женья; (*ironed clothes*) гла́женое бельё; ~ **board** глади́льная доска́
ironmaster (*ironfounder*) лите́йщик; (*manufacturer*) фабрика́нт желе́зных изде́лий

ironmonger торгóвец скобяны́ми издéлиями
ironstone желéзная рудá
ironware скобяны́е издéлия *neut pl*
ironwork (*iron parts*) желéзные детáли *f pl*; (*iron structure*) желéзная констрýкция; **~s** чугунолитéйный завóд
irony ирóния; **dramatic ~** скры́тая ирóния; **~ of fate** ирóния судьбы́
irradiate (*make bright*) освещáть; (*animate*) оживля́ть; (*radiate*; *emit*; *also fig*) излучáть; *phys* (*expose to radiation*) облучáть
irradiation освещéние; излучéние; облучéние
irrational неразýмный, нелоги́чный, нерационáльный; *math* иррационáльный
irrationality неразýмность *f*, нелоги́чность *f*; *math* иррационáльность *f*
irrealizable неосуществи́мый
irreclaimable (*lost*) безвозврáтный; (*not repairable*; *incorrigible*) неисправи́мый
irreconcilable (*enemies etc*) непримири́мый; (*conflicting*) противоречи́вый; **be ~ with** противорéчить (+ *dat*), быть несовмести́мым (с + *instr*)
irrecoverable (*beyond repair*, *correction*) непоправи́мый; (*lost*) безвозврáтный; (*irreplaceable*) невозмести́мый
irredeemable (*incorrigible*) неисправи́мый; (*not convertible*) неразмéнный; (*not mendable*) непоправи́мый
irredentism ирреденти́зм
irredentist ирреденти́ст
irreducible (*not reducible*) предéльный, неуменьшáемый; *math* несократи́мый; *med* невправи́мый
irrefragable неоспори́мый, неопровержи́мый
irrefrangible ненаруши́мый, непрелóжный; *opt* непреломля́емый
irrefutable неопровержи́мый
irregular 1. *n pl* нерегуля́рные войскá *neut pl* **2.** *adj* (*uneven*) нерóвный; (*incorrect*; *not normal*; *not symmetrical*; *gramm*) непрáвильный; (*not usual*) необы́чный; (*not regularly occurring*; *mil*) нерегуля́рный
irregularity нерóвность *f*; непрáвильность *f*; нерегуля́рность *f*
irrelevance неумéстность *f*; (*remark etc*) неумéстное замечáние
irrelevant неумéстный; **~ to the situation** не имéющий отношéния к дéлу; **~ to our requirements** несоотвéтствующий нáшим трéбованиям; (*not important*) несущéственный
irreligion невéрие
irreligious (*not religious*, *of person*) невéрующий; (*antireligious*) антирелигиóзный; (*atheistic*) атеисти́ческий
irremediable (*not mendable*) непоправи́мый, неисправи́мый; (*hopeless*) безнадёжный; (*incurable*) неизлечи́мый
irremovable (*not removable*) неустрани́мый; (*permanent*) постоя́нный
irreparable (*damage*) непоправи́мый; (*loss*) невозврáтный
irreplaceable (*essential*) незамени́мый; (*of s'th lost*) невозмести́мый
irrepressible (*person*) неукроти́мый, неугомóнный; (*not restrainable*) неудержи́мый; (*joy etc*) безýдержный
irreproachable безукори́зненный, безупрéчный
irresistibility непреодоли́мость *f*; неопровержи́мость *f*; неотрази́мость *f*
irresistible (*desire etc*) непреодоли́мый; (*argument etc*) неопровержи́мый; (*charm etc*) неотрази́мый
irresolute нереши́тельный; **be ~** колебáться
irresolution нереши́тельность *f*
irresolvable (*not solvable*) неразреши́мый; (*not separable*) недели́мый
irrespective of (*without reference*) безотноси́тельно к (+ *dat*), незави́симо от (+ *gen*); (*not taking into account*) не обращáя внимáния на (+ *acc*), не взирáя на (+ *acc*)
irresponsibility безотвéтственность *f*
irresponsible (*lacking sense of responsibility*; *unreliable*) безотвéтственный; (*of minor*) неотвéтственный
irresponsive (*not responding to*) не реаги́рующий (**to,** на + *acc*); (*passive*) неотзы́вчивый
irretrievable (*lost*) невозврáтный; (*irreparable*) непоправи́мый
irreverence непочти́тельность *f*, неуважéние
irreverent непочти́тельный, неуважи́тельный
irreversible (*past*, *lost*) безвозврáтный; (*process etc*) необрати́мый; (*decision*) неотменя́емый
irrevocable (*past*, *lost*) безвозврáтный; (*final*) окончáтельный; (*unalterable*) неотменя́емый; (*admitting no appeal*) безотзы́вный
irrigable орошáемый
irrigate орошáть; *med* (*wash out*) смывáть, промывáть
irrigation орошéние, ирригáция; **spray ~** дождевáние; **~ canal** ирригациóнный канáл; **~ engineering** мелиорáция; *med* промывáние
irrigative ороши́тельный, ирригациóнный
irrigator *agr*, *med* ирригáтор
irritability раздражи́тельность *f*; *med* раздражи́мость *f*
irritable раздражи́тельный; (*irritated*) раздражённый; *med* раздражи́мый
irritant 1. *n* раздражи́тель *m* **2.** *adj* раздражáющий
irritate (*annoy*) раздражáть; (*make sore*) вызывáть раздражéние; **be ~d** быть раздражённым (**by,** + *instr*)
irritating раздражáющий; **how ~!** как досáдно!
irritation раздражéние
irruption вторжéние (**into,** в + *acc*)
isinglass ры́бий клей, желати́н
Islam ислáм
Islamic мусульмáнский, ислами́стский
island 1. *n geog* óстров; **safety/traffic ~** островóк безопáсности; *fig* (*of resistance etc*) очáг **2.** *adj* островнóй
islander жи́тель *m* óстрова, островитя́нин
isle óстров
islet островóк
isobar изобáра
isobaric изобáрный
isobath изобáта
isocentre изоцéнтр
isochromatic изохромати́ческий
isoclinal изоклинáльный
isocline изоклинáль *f*
isogonal изогонáльный, равноугóльный
isolate (*most senses*) изоли́ровать; (*cut off*) отделя́ть (**from,** от + *gen*); *chem* выделя́ть; (*pinpoint*, *determine*) определя́ть
isolated изоли́рованный; (*of place*, *remote*) уединённый, отдалённый; **~ examples** отдéльные слýчаи *m pl*

isolating *tech* ~ **switch** разъедини́тель *m*; *ling* изоли́рующий
isolation изоля́ция; отделе́ние; выделе́ние; (*being alone*) изоли́рованность *f*, уедине́ние; (*remoteness*) отдалённость *f*; *med* каранти́н; ~ **ward** изоляцио́нная пала́та, изоля́тор
isolationism изоляциони́зм
isolationist 1. *n* изоляциони́ст **2.** *adj* изоляциони́стский
isolator (*switch*) разъедини́тель *m*
isomer изоме́р
isomeric изоме́рный
isomerism изомери́я
isometric изометри́ческий
isomorphic изомо́рфный
isomorphism изоморфи́зм
isoprene 1. *n* изопре́н **2.** *adj* изопре́новый
isosceles равнобе́дренный
isotherm изоте́рма
isothermal изотерми́ческий
isotope 1. *n* изото́п **2.** *adj* изотопи́ческий
isotropic изотро́пный
Israel Изра́иль *m*
Israeli 1. *n* израильтя́нин, *f* израильтя́нка **2.** *adj* изра́ильский
Israelite 1. *n hist* израильтя́нин; (*Jew*) евре́й, *f* евре́йка **2.** *adj hist* изра́ильский; (*Jewish*) евре́йский
issuance (*publication*) изда́ние; (*release*) вы́пуск; (*handing out*) вы́дача
issue 1. *n* (*distribution*) вы́дача; (*of commands*) изда́ние; (*of stamps, journals etc*) вы́пуск; (*individual number of journal*) но́мер; (*discharge*) вытека́ние; ~ **of blood** кровотече́ние; (*outlet point*) вы́ход; (*river mouth*) у́стье; *med* выделе́ние; (*batch*) па́ртия; (*point of discussion*) вопро́с; (*controversial matter*) спо́рный вопро́с (**of,** о + *prep*); **the point at** ~ **is** де́ло состои́т в том, де́ло каса́ется (+ *gen*); **take** ~ **with** быть несогла́сным с (+ *instr*), спо́рить с (+ *instr*); (*children*) де́ти *pl*; (*descendants*) пото́мки *m pl*; (*result*) исхо́д, результа́т **2.** *v* (*publish*) издава́ть; (*put in circulation; emit*) выпуска́ть; (*sell tickets etc*) продава́ть; (*distribute*) раздава́ть, выдава́ть; (*come out*) выходи́ть (**from,** из + *gen*); (*flow out*) вытека́ть (**from,** из + *gen*); (*derive from; be descended from*) происходи́ть (**from,** от + *gen*); (*result in*) конча́ться (**in,** + *instr*)
issueless (*without children*) безде́тный; (*without result*) безрезульта́тный
isthmus перешеек
it он, она́, оно́ (*depending on gender of noun replaced*); *refl pr* себя́; *dem pr* э́то (*invariable form*); ~ **is a book** э́то кни́га; ~ **is I!** э́то я!; **who was** ~**?** кто э́то был?; (*in impersonal constructions: not translated*) ~ **is raining** идёт дождь; ~ **is cold today** хо́лодно сего́дня; ~ **is already three o'clock** уже́ три часа́; ~**'s obvious that he did** ~ я́сно, что э́то он сде́лал; ~ **seems to me that** мне ка́жется, что; (*game of tag*) са́лки *f pl*; (*person in game*) водя́щий; **who's** ~**?** кто во́дит?
Italian 1. *n* (*person*) италья́нец, *f* италья́нка; (*language*) италья́нский язы́к **2.** *adj* италья́нский
Italianize итальянизи́ровать
italic 1. *n* курси́в **2.** *adj* курси́вный
italicize выделя́ть курси́вом
Italy Ита́лия
itch 1. *n* зуд; *med* чесо́тка; **have an** ~ чеса́ться; *fig* (*craving*) жа́жда (**for,** + *gen*); (*urge*) жела́ние **2.** *v* чеса́ться, зуде́ть; *fig coll* стра́шно хоте́ть
itchiness зуд, чесо́тка
itchy зудя́щий
item (*in list, agenda*) пункт, статья́; (*in bill etc*) статья́; (*in programme*) но́мер; (*subject*) предме́т; (*thing*) вещь *f*; (*of news*) но́вость *f*; (*in newspaper*) заме́тка, сообще́ние
itemize (*set out*) излага́ть подро́бно; (*list*) перечисля́ть по пу́нктам
iterate повторя́ть
iterative *gramm* многокра́тный
itinerant 1. *n* (*wanderer*) стра́нник; (*tramp*) бродя́га *m* **2.** *adj* стра́нствующий
itinerary (*plan of journey*) маршру́т; (*guidebook*) путеводи́тель *m*; (*travel notes*) путевы́е заме́тки *f pl*
itinerate стра́нствовать
its (i) *when qualifying masc or neut subject, or in predicate when not coinciding with person of subject* его́; *with fem subject* её; (ii) *in predicate where coinciding with person of subject* свой (*often omitted where unambiguous*) (*for usage see* **her(s)**)
itself *see* **himself, herself**
ivied заро́сший плющо́м
ivory 1. *n* слоно́вая кость *f* **2.** *adj* из слоно́вой ко́сти
ivy плющ

J

jab 1. *n* (*blow*) толчо́к, тычо́к; (*stab*) уко́л; *sp* коро́ткий уда́р; (*injection*) уко́л **2.** *v* (*knock*) толка́ть; (*poke*) ты́кать, ткнуть *pf*; (*stab*) коло́ть; (*thrust into*) вонза́ть (в + *acc*)

jabber 1. *n* (*chatter*) болтовня́; (*babble*) ле́пет; (*gibberish*) тарабá́рщина **2.** *v* (*talk quickly, incessantly*) тарато́рить; (*chatter*) болта́ть; (*gabble*) лепета́ть

jabot жабо́ *neut indecl*

jacaranda джакара́нда

jacinth гиаци́нт

jack *tech* (*for lifting*) домкра́т; (*stand*) подста́вка; *elect*, *rad* гнездо́; (*cards*) вале́т; *nav* (*flag*) гюйс; *coll* (*sailor*) матро́с; **Jack** (*name*) Джек; ~ **of all trades** на все ру́ки ма́стер; **Jack Frost** Моро́з Кра́сный Нос; **before you could say Jack Robinson** и а́хнуть не успе́ть; **Union Jack** флаг Великобрита́нии; **every man** ~ все до одного́ **2.** *v* ~ **up** (*lift*) поднима́ть домкра́том; ~ **up prices** взви́нчивать це́ны; *coll* ~ **in** (*give up*) бро́сить *pf*

jackal шака́л

jackanapes (*mischievous boy*) озорни́к, шалу́н; (*conceited person*) зазна́йка; (*impudent person*) наха́л; (*fop*) фат

jackass осёл; *fig* дура́к; **laughing** ~ (*bird*) большо́й австрали́йский зимоpо́док

jackbit голо́вка бу́ра

jackboot высо́кий сапо́г; *hist* ботфо́рт

jackdaw га́лка

jacket 1. *n* (*short outer garment*) ку́ртка, тужу́рка; (*of suit*) пиджа́к; (*lady's*) жаке́т, жаке́тка; (*of book*) супероблóжка; *cul* **potatoes in their** ~**s** карто́фель *m* в мунди́ре; *tech* кожу́х, руба́шка **2.** *v* надева́ть ку́ртку; надева́ть кожу́х

jack-fish щу́ка

jackhammer бури́льный молото́к

jack-in-office чину́ша *m*

jack-in-the-box игру́шка попрыгу́нчик

jackknife 1. *n* большо́й складно́й нож; *sp* ~ **dive** прыжо́к согну́вшись **2.** *v fig* скла́дывать(ся) (вдво́е)

jackknifing (*of lorry*) скла́дывание автопо́езда

jacklift грузоподъёмная теле́жка

jack-o'-lantern блужда́ющий огонёк

jack-plane шерхе́бель *m*, руба́нок

jackpot (*at cards etc*) банк; (*prize*) пре́мия, вы́игрыш; *fig* **he hit the** ~ **with that one** с э́тим ему́ повезло́

jack-rabbit америка́нский за́яц

jacks, jackstones (игра́ в) ка́мешки

jackstraw (*effigy*) чу́чело; *fig* (*nonentity*) ничто́жество; *pl* (*game*) бирю́льки *f pl*

Jacobean эпо́хи Я́кова I

Jacobin 1. *n* якоби́нец **2.** *adj* якоби́нский

Jacobinism якоби́нство

Jacobite 1. *n* якоби́т **2.** *adj* якоби́тский

Jacob's ladder *naut* што́рм-тра́п; *bot* синю́ха

Jacob's staff гра́дшток

jactitation *leg* ло́жное заявле́ние; *med* мета́ние

[1]jade 1. *n* (*horse*) кля́ча; (*woman*) шлю́ха **2.** *v* (*tire*) утомля́ть; (*sate*) пресыща́ть; (*ride overmuch*) зае́здить *pf*

[2]jade 1. *n* (*jadeite*) жаде́ит; (*nephrite*) нефри́т **2.** *adj* нефри́товый; (*colour*) цве́та нефри́та, зелёный

jag 1. *n* (*projection*) зубе́ц; (*tear*) проре́ха; (*notch*) зазу́брина; *coll* (*drinking-bout*) кутёж; **go on a** ~ кути́ть; (*bout*) при́ступ

jagged (*serrated*) зубча́тый; (*unevenly torn, cut etc*) неро́вно ото́рванный, отре́занный *etc*; (*spiky*) колю́чий

jaguar ягуа́р

jail 1. *n* тюрьма́; ~**-bird** (*prisoner*) заключённый; (*habitual criminal*) закорене́лый престу́пник; ~ **-fever** сыпня́к **2.** *adj* тюре́мный **3.** *v* сажа́ть, заключа́ть в тюрьму́

jailer тюре́мщик, тюре́мный надзира́тель *m*

Jain член се́кты джа́йна

Jainism джайни́зм

jalopy *coll joc* драндуле́т, «антило́па-гну»

jalousie жалюзи́ *neut indecl*

[1]jam 1. *n* (*dense crowd*) да́вка; (*blockage*) зато́р; **traffic** ~ доро́жная про́бка, зато́р в у́личном движе́нии; *coll* (*difficulty*) **get into, be in a** ~ попа́сть *pf* в переде́лку, влипа́ть в исто́рию; **get s.o. out of a** ~ вы́ручить *pf* кого́-нибу́дь **2.** *v* (*compress*) сжима́ть, зажима́ть; (*block*) забива́ть; (*fill*) набива́ть(ся); (*wedge*) закли́нивать(ся); (*become stuck*) забива́ться; (*of mechanism*) заеда́ть, застрева́ть; *rad* глуши́ть; ~ **into** (*cram into*) впи́хивать, вти́скивать в (+ *acc*); (*thrust into*) сова́ть в (+ *acc*); ~ **on** напя́ливать; ~ **on a hat** нахлобу́чить *pf* шля́пу; ~ **on the brakes** кру́то затормози́ть *pf*

[2]jam (*thick, set*) джем; (*with whole fruit pieces in syrup*) варе́нье; (*thick fruit pulp for cakes etc*) пови́дло

Jamaica Яма́йка *m indecl and f*

Jamaican 1. *n* жи́тель *m* Яма́йки **2.** *adj* яма́йский

jamb (*of door*) кося́к

jamboree (*gathering*) слёт; (*celebration*) пиру́шка

jam-jar ба́нка для варе́нья; (*empty*) ба́нка из-под варе́нья

jamming *rad* заглуше́ние

jammy (*like jam*) похо́жий на варе́нье; (*covered with jam*) покры́тый варе́ньем; (*sticky*) ли́пкий от варе́нья

jam-packed битко́м наби́тый (**with,** + *instr*)

jangle 1. *n* (*clashing sound*) бряца́ние **2.** *vi* бряца́ть; *vt* бряца́ть (+ *instr*)

janissary, janizary яныча́р

janitor (*doorkeeper*) привра́тник; (*caretaker*) сто́рож, убо́рщик

Jansenism янсени́зм

Jansenist 1. *n* янсени́ст **2.** *adj* янсени́стский

January 1. *n* янва́рь *m*; **in** ~ в январе́ **2.** *adj* янва́рский (*see also* **April**)

Janus Я́нус

japan 1. *n* чёрный лак **2.** *v* лакирова́ть

Japan Япо́ния

Japanese 1. *n* (*person*) япо́нец, *f* япо́нка; (*language*) япо́нский язы́к **2.** *adj* япо́нский

jape 1. *n* шу́тка **2.** *v* шути́ть

Japhetic яфети́ческий

japonica (*quince*) айвá япóнская
[1]jar 1. *n* (*jolt*) толчóк; (*vibration*) сотрясéние; (*sound*) рéзкий звук; (*mental shock*) шок, потрясéние; **give s.o. a ~** потрясти́ *pf* (+ *acc*); (*dissension*) разлáд **2.** *v* (*jolt, vibrate*) сотрясáть(ся); (*shock*) поражáть, потрясáть; (*sound wrong*) не звучáть; (*irritate*) раздражáть; (*clash*) дисгармони́ровать; (*not correspond to*) не соотвéтствовать (**with,** + *dat*); (*conflict*) стáлкиваться; **~ on the ear** рéзать ýхо; **~ on s.o.'s nerves** дéйствовать (+ *dat*) на нéрвы
[2]jar (*vessel*) бáнка
jargon (*slang, specialized language*) жаргóн; **talk ~** говори́ть на жаргóне; (*gibberish*) тарабáрщина
jarring 1. *n* (*vibration*) вибрáция, дрожáние; (*dissonance*) диссонáнс; (*clash*) столкновéние **2.** *adj* (*sharp, harsh*) рéзкий; (*disagreeing*) несоглáсный; (*irritating*) раздражáющий; **strike a ~ note** (*sound false*) прозвучáть *pf* фальши́во; (*get wrong note*) попáсть *pf* не в тон; (*introduce dissent*) внести́ *pf* несоглáсие
jasmine 1. *n* жасми́н **2.** *adj* жасми́нный
jasper *min* **1.** *n* я́шма **2.** *adj* я́шмовый
jaundice 1. *n med* желтýха; *fig* (*bitter feelings*) жёлчность *f*; (*jealousy*) зáвисть *f* **2.** *v* дéлать цини́чным
jaundiced *med* больнóй желтýхой; (*pessimistic*) пессимисти́ческий; (*cynical*) цини́чный; (*jealous*) зави́стливый; (*bitter*) злой, жёлчный
jaunt (*walk*) прогýлка; (*trip*) поéздка; **go for a ~** (*in vehicle*) катáться
jaunty (*self-confident*) самоувéренный; (*pleased with oneself*) самодовóльный; (*carefree*) беспéчный; (*sprightly*) живóй, бóйкий; (*gay*) весёлый
Java Я́ва *f*
Javanese 1. *n* явáнец, *f* явáнка **2.** *adj* явáнский
javelin (метáтельное) копьё; **throw the ~** метáть копьё; **~ thrower** копьеметáтель, *f* копьеметáтельница
jaw 1. *n* чéлюсть *f*; (*chin*) подборóдок; *pl* (*mouth*) рот; (*of animal*) пасть *f*; *mech* (*of vice etc*) гýбка; (*gripping device*) тиски́ *m pl*; (*of spanner*) зёв; (*of chuck*) кулачóк; *coll* (*chatter*) болтовня́; **hold your ~!** придержи́(те) язы́к; (*conversation*) бесéда **2.** *v coll* (*chat*) болтáть; (*reprove*) отчи́тывать
jaw-bone челюстнáя кость *f*
jay (*bird*) сóйка; (*chatterer*) болтýн; (*simpleton*) простáк; **~-walker** неосторóжный пешехóд
jazz 1. *n* джаз **2.** *adj* джáзовый; **~ band** джаз-бáнд **3.** *v* (*play ~*) исполня́ть джáзовую мýзыку; (*dance*) танцевáть под джаз; **~ up** оживля́ть
jazzman джази́ст
jazzy (*of music*) джáзовый; (*lively*) живóй; (*colours, patterns etc*) я́ркий, кричáщий
jealous (*suspicious of rivals etc*) ревни́вый; **be ~ of** ревновáть (+ *acc* or к + *dat*); (*envious*) зави́стливый; **be ~ of** зави́довать (*person or thing,* + *dat*); (*vigilant*) забóтливый, рéвностный; **be ~ of** ревни́во оберегáть
jealousy рéвность *f*; зáвисть *f*
jean плóтная хлопчатобумáжная ткань *f*; *pl* (*trousers*) джи́нсы *m pl*
jeep джип, вездехóд
jeer 1. *n* насмéшка **2.** *v* насмехáться (**at,** над + *instr*)
jeerer насмéшник
jeering насмéшливый
Jehovah Иеговá *m*; **~'s Witnesses** иегови́сты *m pl*, свидéтели *m pl* Иеговы́
jejune (*boring*) скýчный; (*dry*) сухóй; (*meagre*) скýдный, бéдный
jejunum тóщая кишкá
jell (*turn to jelly*) превращáться в желé; (*set*) застывáть; *coll* (*take definite form*) определя́ться
jellied (*set*) засты́вший; (*in aspic*) заливнóй
jelly 1. *n* (*sweet*) желé *neut indecl*; (*aspic*) стýдень *m* **2.** *adj* желéйный **3.** *v* превращáть(ся) в желé
jellyfish медýза
jemmy (*bar*) лóм, *sl* фóмка
jennet (*horse*) мáленькая испáнская лóшадь *f*; (*donkey*) осли́ца
jenny (*spinning*) пряди́льная маши́на; (*crane*) передвижнóй подъёмный кран; (*winch hoist*) передвижнáя лебёдка
jeopardize (*put in danger*) подвергáть опáсности; (*risk*) рисковáть (+ *instr*); (*put at hazard*) стáвить под удáр
jeopardy (*danger*) опáсность *f*; (*risk*) риск; *leg* подсýдность *f*
jerboa тушкáнчик
jeremiad иеремиáда
Jeremiah Иереми́я *m*
jerk 1. *n* (*sudden movement; also sp*) толчóк; (*tug*) рывóк; (*start*) вздрáгивание; *med* (*reflex*) рефлéкс; **give a ~** дёрнуть(ся) *pf*; **in ~s** рывкáми, толчкáми; **with a ~** рывкóм, толчкóм **2.** *vt* (*knock*) толкáть; (*tug*) дёргать; *vi* дёргаться
~ along дви́гаться толчкáми
~ back отдёргивать(ся)
~ open рéзко распахнýть *pf*
~ out выдёргивать (**from,** из + *gen*); (*words*) говори́ть отры́висто
~ up вздёргивать
jerkily (*in jerks*) толчкáми; (*unevenly*) нерóвно; (*spasmodically*) сýдорожно, отры́висто
jerkin корóткая кóжаная кýртка; (*armless*) кóжаная безрукáвка
jerky (*spasmodic*) сýдорожный; (*in bursts*) поры́вистый; (*uneven*) нерóвный; (*of speech etc*) отры́вистый
jerrican кани́стра
jerry *sl* (*chamber pot*) ночнóй горшóк; *coll* (*German*) нéмец; *collect* нéмцы *m pl*; (*German soldier, aircraft etc*) немéцкий солдáт, самолёт *etc*; **~-built** пострóенный кóе-кáк
jersey 1. *n* (*garment*) сви́тер, фуфáйка; (*material*) джерсé, джéрси *neut indecl*; (*cow*) джерсéйская корóва **2.** *adj* (*material*) джéрси *neut indecl*, джерсóвый, **~ dress** плáтье джéрси; (*of cattle*) джерсéйский
Jerusalem Иерусали́м; **~ artichoke** землянáя грýша, топинамбýр
jest 1. *n* (*joke*) шýтка; (*witticism*) остротá; **as a ~, in ~** в шýтку; (*object of ridicule*) посмéшище, объéкт насмéшек, шýтка **2.** *v* шути́ть (**with,** с + *instr*; **at,** над + *instr*)
jester (*joker*) шутни́к; *hist* (*at court*) шут
jesting шýтки *f pl*
jestingly шутя́, в шýтку
Jesuit 1. *n* иезуи́т **2.** *adj* иезуи́тский
jesuitic(al) иезуи́тский; *fig pej* ковáрный
Jesus Иисýс; *as expl* Бóже, Гóсподи
jet 1. *n min* гагáт; (*stream*) струя́; (*of carburettor*) жиклёр; (*nozzle*) сопло́; (*engine*) реакти́вный дви́гатель *m*; *coll* (*plane*) реакти́вный самолёт **2.** *adj* (*with ~ engine*) реакти́вный; *meteor* **~ stream** стрýйное течéние **3.** *vi* бить струёй; *vt* выпускáть

струёй
jet-black чёрный как смоль
jet-propelled реакти́вный, с реакти́вным дви́гателем
jetsam предме́ты *m pl*, сбро́шенные с корабля́ (при ава́рии)
jettison *naut* выбра́сывать за́ борт; *av* сбра́сывать; *fig* (*abandon*) броса́ть, покида́ть
jetton жето́н
jetty (*landing pier*) пирс, при́стань *f*; (*groyne*) мол
Jew евре́й
jewel 1. *n* (*gem*) драгоце́нный ка́мень *m*; (*precious item*; *also fig*) драгоце́нность *f*; (*in clock*) ка́мень *m* **2.** *v* украша́ть драгоце́нными камня́ми
jeweller ювели́р; **~'s rouge** кро́кус
jewellery драгоце́нности *f pl*; (*goods*) ювели́рные изде́лия *neut pl*
Jewess евре́йка
Jewish евре́йский
Jewry (*Jews*) евре́и *m pl*; *hist* (*ghetto*) ге́тто *neut indecl*
jew's-harp варга́н
Jezebel Иезаве́ль; *fig* распу́тная же́нщина
[1]**jib** (*sail*) кли́вер; (*of crane*) стрела́; **~-boom** утле́гарь *m*; **~-crane** кран-уко́сина
[2]**jib** *v* (*of horse*) упира́ться, арта́читься (*also fig*); (*object*) возража́ть; **~ at** (*object to*) возража́ть про́тив (+ *gen*); (*be unwilling*) не хоте́ть (+ *infin*)
[1]**jibe** *see* **gibe**
[2]**jibe** *Am* согласова́ться (**with,** с + *instr*)
jiffy, jiff (*moment*) мгнове́ние; **in a ~** (*very quickly*) мгнове́нно; **I'll be there in a ~** сейча́с приду́; **wait a ~** одну́ мину́точку!
jig 1. *n* (*dance*) джи́га; *tech* (*template*) направля́ющий шабло́н; (*for lathe etc*) конду́ктор; **assembly ~** сбо́рочный стенд; (*mining*) отса́дочная маши́на **2.** *v* (*dance*) пляса́ть джи́гу; (*move in jerks*) дви́гать(ся) толчка́ми; (*jump up and down*) подпры́гивать, припля́сывать; (*throw, bounce up and down*) подбра́сывать; *tech* зажима́ть, закрепля́ть
jigger (*coat*) ку́ртка; (*for drink*) ме́рный стака́нчик; *naut (tackle)* хват-та́ли *pl*; (*boat*) джи́ггер; (*sail*) выносна́я биза́нь *f*; *rad* трансформа́тор затуха́ющих колеба́ний
jiggery-pokery (*intrigue*) махина́ции *f pl*; (*trickery*) обма́н
jiggle подта́лкивать
jigsaw (*saw*) ло́бзик; **~ puzzle** карти́нка-зага́дка
Jihad, Jehad свяще́нная война́
jilt 1. *n* обма́нщица **2.** *v* бро́сить *pf*
jingle 1. *n* (*of bells*) звон; (*chinking*) звя́канье; (*alliteration*) аллитера́ция; (*verse*) стишо́к, ви́рши *pl* **2.** *vi* звене́ть; звя́кать; *vt* позвя́кивать (+ *instr*)
jingoism джингои́зм, ура́-патриоти́зм
jingoist 1. *n* джингои́ст, ура́-патрио́т **2.** *adj* джингои́стский, ура́-патриоти́ческий
jink 1. *n pl* **high ~s** весе́лье **2.** *v* (*dodge*) увёртываться; *aer* применя́ть противозени́тный манёвр
jinn(ee) джинн
jinricksha ри́кша
jinx 1. *n* (*hoodoo*) сглаз, по́рча; (*bringer of bad luck*) челове́к, принося́щий несча́стье **2.** *v* заколдова́ть *pf*, сгла́зить *pf*
jitter *coll* **1.** *n pl* (*nervousness*) волне́ние; (*panic*) па́ника; **get the ~s** (*be nervous*) не́рвничать; (*be scared*) паникова́ть **2.** *v* не́рвничать, волнова́ться
jittery не́рвный
jive 1. *n* джа́зовая му́зыка **2.** *v* танцева́ть под джа́зовую му́зыку
job 1. *n* (*work*) рабо́та; **find a ~** найти́ *pf* рабо́ту; **he did a good ~** он хорошо́ сде́лал; **leave a ~** уйти́ *pf* с рабо́ты; **odd ~s** случа́йная рабо́та; **(be) out of a ~** (быть) без рабо́ты; (*situation*) ме́сто; (*post*) до́лжность *f*; (*duties*) обя́занности *f pl*; (*task*) зада́ча, де́ло; **he had a ~ to speak** ему́ тру́дно бы́ло говори́ть; **it was a hard ~ to convince him** нелёгкое де́ло, нелегко́ было убеди́ть его́; (*affair*) де́ло; **a bad ~** скве́рное де́ло; **fall down on the ~** провали́ть *pf* де́ло; **give up as a bad ~** махну́ть *pf* руко́й на (+ *acc*); **it's a good ~ that** хорошо́, что; **and a good ~ too!** так и на́до бы́ло!; **just the ~** э́то как раз то, что ну́жно, *coll* вот!, во!; **a put-up ~** подстро́енное де́ло; (*dishonest deal*) сде́лка; *tech*, *comm* (*operation*) опера́ция; (*item being made*) обраба́тываемое изде́лие; (*order*, *commission*) зада́ние, зака́з **2.** *adj* **~ lot** разро́зненные ве́щи *f pl*; **~ evaluation** определе́ние разря́да; **~ number** но́мер зака́за **3.** *v* (*do casual work*) рабо́тать сде́льно; (*hire out*) дава́ть внаём; (*speculate*) спекули́ровать; (*be broker*) быть ма́клером; (*misuse one's position*) злоупотребля́ть (свои́м) служе́бным положе́нием
jobber (*share dealer*) ма́клер; (*wholesale trader*) опто́вый торго́вец
jobbing (*casual work*) случа́йная рабо́та; (*piecework*) сде́льная рабо́та; (*in shares*) ма́клерство
jobless *adj and n* безрабо́тный
jockey 1. *n* (*rider*) жоке́й; *tech* направля́ющий шкив **2.** *v* (*jostle*) толка́ть; (*cheat*) обма́нывать; (*manoeuvre*) маневри́ровать (**for,** что́бы доби́ться + *gen*)
jockstrap *sp* суспензо́рий
jocose (*playful*) игри́вый; (*jesting*) шутли́вый
jocular (*jesting*) шутли́вый; (*merry*) весёлый; (*playful*) игри́вый
jocularity шутли́вость *f*; весёлость *f*
jocund весёлый
jodhpurs галифе́ *neut pl indecl*
jog 1. *n* (*knock*) толчо́к; (*nudge*) толчо́к ло́ктем; (*gait*) **at a ~** рысцо́й **2.** *v* (*knock*, *jostle*) толка́ть; (*nudge*) подта́лкивать ло́ктем; **~ the memory** напо́мнить *pf* (**of,** + *dat*); (*trot*) идти́, е́хать рысцо́й; **~ along** ме́дленно продвига́ться; *sp* (*run*) бежа́ть трусцо́й
jogging бег трусцо́й
joggle (*jolt*) подта́лкивать
joggled *tech* (*curved*) изо́гнутый
jogtrot рысца́; **go at a ~** е́хать рысцо́й
John (*English name*) Джон; **~ Bull** Джон Булль *m*; (*Russian name*) Ива́н
join 1. *n* соедине́ние, связь *f*; (*seam*) шов **2.** *vt* (*joint*, *connect*, *combine*, *link*) соединя́ть (**together,** вме́сте); (*tie together*) свя́зывать; (*game*, *group etc*; *unite with*) присоединя́ться к (+ *dat*); (*participate*) принима́ть уча́стие в (+ *prep*); (*become member*) станови́ться чле́ном (+ *gen*), вступа́ть в (+ *acc*); **~ the army** вступи́ть *pf* в а́рмию; **~ forces** объединя́ть уси́лия; **~ battle** нача́ть *pf* сраже́ние; *fig* вступи́ть *pf* в борьбу́ (**with,** с + *instr*); *vi* соединя́ться; свя́зываться; (*become allied*) объединя́ться; **~ up** (*enlist*) поступи́ть *pf* в а́рмию
joiner столя́р

joinery (*work*) столя́рная рабо́та; (*craft*) столя́рное ремесло́
joint 1. *n* (*point of joining*) место соедине́ния; (*junction, union*) соедине́ние; **ball (and socket)** ~ шарово́й шарни́р; **butt** ~ стык, стыково́е соедине́ние; **universal** ~ универса́льный шарни́р; (*seam*) шов; *anat* суста́в; **out of** ~ вы́вихнутый; *bot* у́зел; *cul* (*part of carcase*) часть *f* ту́ши; (*piece of meat*) большо́й кусо́к мя́са; (*leg*) нога́; *sl* (*place*) ме́сто **2.** *adj* (*joined together*) соединённый; (*allied, associated*) объединённый; (*done by more than one, shared*) совме́стный; ~ **efforts** совме́стные уси́лия *neut pl*; (*common*) о́бщий; ~ **interests** о́бщие интере́сы *m pl*; (*having partner*) ~ **author** соа́втор; ~ **heir** сонасле́дник; ~ **owner** совладе́лец **3.** *v* (*fasten*) соединя́ть (вме́сте); (*link, make up of separate parts*) сочленя́ть; (*take to pieces*) расчленя́ть
jointed (*joined*) соединённый; (*having joints*) сочленённый; (*having movable joint*) шарни́рный; (*folding*) складно́й
jointer (*plane*) руба́нок
jointing 1. *n* (*joining etc*) соедине́ние; сочлене́ние; (*packing*) уплотне́ние; (*filling cracks etc*) заде́лка; *geol* отде́льность *f*
jointly совме́стно, сообща́; ~ **and separately (severally)** сообща́ и по́рознь, совме́стно и ка́ждый по́рознь
joint-stock акционе́рный капита́л; ~ **company** акционе́рное о́бщество
joist ба́лка
joke 1. *n* (*most senses*) шу́тка; **in, as a** ~ в шу́тку; **it's no** ~ э́то не шу́тка; **play a** ~ **on** подшу́чивать над (+ *instr*); (*anecdote*) анекдо́т; **tell ~s** расска́зывать анекдо́ты; (*ludicrous thing, person*) посме́шище **2.** *v* шути́ть
joker шутни́к; (*card*) дополни́тельная ка́рта, джо́кер; *coll* (*fellow*) тип
jokey, joky (*fond of joking*) шутли́вый; (*not serious*) шу́точный
joking (*jokes*) шу́тки *f pl*; ~ **apart** шу́тки в сто́рону
jollification *coll* (*making jolly*) увеселе́ние; (*festivities*) весе́лье
jollify весели́ть
jollity весе́лье
jolly 1. *adj* (*gay*) весёлый; (*cheerful*) жизнера́достный; (*lively*) живо́й; *coll* (*slightly drunk*) подвы́пивший; *coll* (*pretty*) хоро́шенький; (*splendid*) прекра́сный, замеча́тельный, чу́дный, чуде́сный **2.** *adv coll* (*very*) о́чень; ~ **well** (*all the same*) всё-таки **3.** *v* (*persuade by cajolery, flattery*) угова́ривать ла́ской, ле́стью; (*cheer up*) ободря́ть
jolt 1. *n* (*knock, jog*) толчо́к; (*blow; also fig*) уда́р; **give a** ~ потрясти́ *pf*, порази́ть *pf* **2.** *v* (*judder*) трясти́(сь); (*knock*) толка́ть; (*shock*) потрясти́ *pf*, порази́ть *pf*
jolting 1. *n* тря́ска **2.** *adj* тря́ский
jongleur менестре́ль *m*
jonquil *bot* жонки́лия, *Am* нарци́сс
Jordan (*river*) Иорда́н; (*country*) Иорда́ния
Jordanian 1. *n* иорда́нец, *f* иорда́нка **2.** *adj* иорда́нский
Joseph Ио́сиф
josh *coll Am* **1.** *n* шу́тка **2.** подшу́чивать над (+ *instr*)
joss-stick паху́чая па́лочка
jostle (*knock against*) толка́ть(ся); ~ **against** *vi* ста́лкиваться с (+ *instr*); (*in crowd*) тесни́ть(ся)
jostling 1. *n* толкотня́ **2.** *adj* толка́ющий(ся)
[1]**jot** *n* йота́; **not a** ~ (*not even by a little*) ни на йо́ту; (*not in the slightest*) ни ка́пли, нисколько
[2]**jot** *v* (*note*) запи́сывать
jotter (*notepad*) блокно́т
jotting запи́ска
joule джо́уль *m*
journal (*diary*) дневни́к; (*newspaper*) газе́та; (*periodical; also comm, naut*) журна́л; *tech* (*shaft*) ца́пфа, шип; **~-bearing** опо́рный подши́пник; ~ **-box** бу́кса
journalese газе́тный стиль *m*
journalism журнали́стика
journalist журнали́ст
journalistic (*of journalism, journalist*) журнали́стский; (*of journal*) журна́льный, газе́тный
journey 1. *n* пое́здка, путеше́ствие; **after a three-hour** ~ по́сле трёх часо́в езды́ (ходьбы́ *if on foot*); **make a** ~ соверши́ть *pf* путеше́ствие; **set out on a** ~ отпра́виться *pf* в путеше́ствие; **two days'** ~ **from here** два дня пути́ отсю́да **2.** *v* путеше́ствовать
journeyman (*qualified workman*) квалифици́рованный реме́сленник; (*day worker*) подёнщик
joust 1. *n* (*combat*) ры́царский поеди́нок; (*tourney*) турни́р **2.** *v* би́ться на поеди́нке/турни́ре
Jove Юпи́тер; **by** ~! (*in surprise*) Бо́же мой!; (*for emphasis*) ей-Бо́гу; (*in surprise*) Го́споди
jovial (*cheerful*) весёлый; (*convivial*) общи́тельный
joviality весёлость *f*; общи́тельность *f*
jowl (*jaw*) че́люсть *f*; (*chin*) подборо́док; (*of cattle*) подгру́док
joy ра́дость *f*; **shout with/for** ~ крича́ть от ра́дости; **wish** ~ **to** жела́ть (+ *dat*) сча́стья, поздравля́ть
joyful ра́достный
joyless безра́достный
joyous ра́достный
joy-ride 1. *n* (*trip for fun*) увесели́тельная пое́здка **2.** *v* ката́ться; (*without permission*) ката́ться без разреше́ния на чужо́й маши́не
joystick ру́чка управле́ния
jubilant лику́ющий
jubilantly лику́юще
jubilate ликова́ть
jubilation ликова́ние
jubilee 1. *n* юбиле́й **2.** *adj* юбиле́йный
Judaic иуде́йский, евре́йский
Judaism юдаи́зм
Judas Иу́да *m*; *fig* (*betrayer*) преда́тель *m*, Иу́да; (*peep-hole*) глазо́к
judder 1. *n* вибра́ция **2.** *v* вибри́ровать
judge 1. *n leg, sp* судья́ *m*; (*connoisseur*) знато́к (**of,** + *gen*); *bibl* **Book of ~s** Кни́га Суде́й **2.** *v* (*most senses*) суди́ть; **judging by/from** су́дя по (+ *dat*); (*evaluate*) оце́нивать; (*condemn*) осужда́ть; (*consider to be*) счита́ть (+ *instr*)
judgement (*verdict*) реше́ние; (*sentence*) пригово́р; **pass** ~ суди́ть; *leg* выноси́ть реше́ние суда́, пригово́р; (*opinion*) мне́ние; **in his** ~ по его́ мне́нию; **form a** ~ соста́вить *pf* мне́ние; (*discrimination, sense*) рассуди́тельность *f*, здра́вый смысл; **show** ~ суди́ть здра́во; *relig* **the Last Judgement** Стра́шный суд
judgeship суде́йская до́лжность *f*
judicatory суде́йский

judicature (*judicial system*) судоустро́йство; (*administration of justice*) отправле́ние правосу́дия; (*body of judges*) корпора́ция суде́й
judicial (*of court*) суде́бный; (*of judge*) суде́йский; (*impartial*) беспристра́стный; (*judicious*) здравомы́слящий
judiciary *see* **judicature, judicial**
judicious (*person*) здравомы́слящий, рассуди́тельный; (*opinion*) благоразу́мный
judo дзюдо́ *neut indecl*
judoist дзюдои́ст, *f* дзюдои́стка
jug 1. *n* кувши́н; *sl* (*prison*) тюрьма́ **2.** *v cul* туши́ть в горшо́чке; *sl* посади́ть *pf* (в тюрьму́)
jugal скулово́й
jugate *bot*, *zool* па́рный
jugful кувши́н (**of,** + *gen*)
juggernaut *hist* Джаггерна́утова колесни́ца; (*lorry*) тяжёлый грузови́к, джаггерна́ут
juggins *coll* дура́к
juggle 1. *n* (*trick*) фо́кус; (*sleight of hand*) ло́вкость *f* рук **2.** *v* жонгли́ровать; (*manipulate by sleight of hand*; *also fig*) передёргивать (**with,** + *acc*)
juggler жонглёр; *fig* плут
juggling жонгли́рование; (*sleight of hand*) ло́вкость *f* рук; *fig* (*deception*) обма́н; (*with words etc*) извраще́ние слов *etc*
Jugoslav *etc see* **Yugoslav**
jugular яре́мный; ~ **vein** яре́мная ве́на
juice сок; *coll* (*fuel*) бензи́н; **step on the** ~ дать *pf* га́з; (*electricity*) ток
juicer соковыжима́лка
juiciness со́чность *f*
juicy со́чный (*also fig*)
ju-jitsu джи́у-джи́тсу *neut indecl*
ju–ju (*fetish*) фети́ш; (*taboo*) табу́ *neut indecl*
jujube ю́юба
jukebox прои́грыватель-автома́т
julep сиро́п; **mint** ~ мя́тный напи́ток из ви́ски со льдом
Julian: ~ **calendar** юлиа́нский календа́рь *m*
julienne су́п-жулье́н
July 1. *n* ию́ль *m* **2.** *adj* ию́льский (*see also* **April**)
jumble 1. (*confusion*) пу́таница, беспоря́док; **in a** ~ в беспоря́дке; (*heap*) ку́ча; (*random collection*) беспоря́дочная смесь *f*; ~**-sale** благотвори́тельный база́р **2.** *v* переме́шивать(ся)
jumbled беспоря́дочный
jump 1. *n* прыжо́к, скачо́к; *sp* **high/long** ~ прыжо́к в высоту́/в длину́; **parachute** ~ прыжо́к с парашю́том; (*sudden change*) скачо́к (**in,** + *gen*); ~ **in prices** ре́зкое повыше́ние цен; (*start*) **give a** ~ вздро́гнуть *pf* **2.** *v* пры́гать, скака́ть; *sp* пры́гать; (*across*) перепры́гивать, переска́кивать; (*train*) ~ **the rails** сойти́ *pf* с ре́льсов; ~ **to one's feet** вскочи́ть *pf*; (*give a start*) вздро́гнуть *pf*; **you made me** ~**!** вы меня́ испуга́ли!; (*rise sharply*) ре́зко поднима́ться; (*omit*) пропуска́ть; *coll* ~ **the queue** проходи́ть без о́череди; (*receive out of turn*) получа́ть без о́череди
~ **about** пры́гать, подпры́гивать (**with,** от + *gen*)
~ **across** перепры́гивать, переска́кивать (че́рез + *acc*)
~ **at** (*attack*) набра́сываться на (+ *acc*); (*a chance etc*) ухвати́ться *pf* за (+ *acc*)
~ **down** спры́гивать, соска́кивать (**from,** с + *gen*)
~ **from** спры́гивать, соска́кивать с (+ *gen*), сбра́сываться с (+ *instr*); (*an aircraft*) выбра́сываться с парашю́том из самолёта
~ **into** (*a car etc*) вска́кивать в (+ *acc*); (*water etc*) пры́гать, броса́ться в (+ *acc*)
~ **off** пры́гать, спры́гивать с (+ *gen*)
~ **on** (*a bus etc*) вска́кивать в (+ *acc*); (*attack*) набра́сываться на (+ *acc*); (*reprimand*) руга́ть
~ **out** выска́кивать (**of,** из + *gen*); ~ **out of bed** вскочи́ть *pf* с посте́ли
~ **over** перепры́гивать, переска́кивать че́рез (+ *acc*)
~ **to:** ~ **to conclusions** де́лать поспе́шные заключе́ния; **he** ~**ed to the conclusion that** он сра́зу заключи́л, что; ~ **to it** торопи́ться; *imp* ~ **to it!** живе́й!
~ **up** вска́кивать (**from,** с + *gen*); ~ **and down** подпры́гивать
jumped-up (*impudent*) наха́льный; ~ **person** (*socially*) вы́скочка *m and f*
jumper (*athlete*) прыгу́н; *tech* (*borer*) ручно́й бур; *elect* соедини́тельный про́вод; (*pullover*) дже́мпер
jumpiness не́рвность *f*
jumping пры́ганье; *sp* прыжки́ *m pl*; ~**-off place** *mil* плацда́рм; *fig* исхо́дный пункт
jumpy не́рвный
junction (*joint*, *union*) соедине́ние; (*combination*) сочета́ние; (*joining point*) ме́сто соедине́ния; **railway** ~ железнодоро́жный у́зел; **road** ~ скреще́ние доро́г, доро́жный у́зел
juncture (*point in time*) **at this** ~ в э́то вре́мя; (*state of affairs*) при таки́х обстоя́тельствах; (*crisis*) кри́зис; (*see also* **junction**)
June 1. *n* ию́нь *m* **2.** *adj* ию́ньский (*see also* **April**)
jungle джу́нгли *pl*; **law of the** ~ зако́н джу́нглей
junior 1. *n* мла́дший; *Am coll* сын; *sp* юнио́р **2.** *adj* (*most senses*) мла́дший; *pred* моло́же (**to,** + *gen*); **she is** ~ **to him by a year** она́ на́ год моло́же его́; (*for young people*) ю́ношеский; ~ **school** нача́льная шко́ла
juniper можжеве́льник
junk 1. *n coll* (*lumber*) барахло́, хлам; (*rubbish*) му́сор, отбро́сы *m pl*; (*scrap*) ути́ль *m*; (*scrap metal*) скрап; *fig* (*nonsense*) чепуха́; (*Chinese boat*) джо́нка **2.** *v* выбра́сывать
Junker ю́нкер
junker 1. *n* (*feast*) пиру́шка **2.** *v* пирова́ть
junketing пиру́шка, кутёж
junkman старьёвщик
junkshop ла́вка ста́рых веще́й, барахо́лка
junky *sl* наркома́н
Juno *myth*, *astron* Юно́на
junta ху́нта
Jupiter *myth*, *astron* Юпи́тер
Jurassic ю́рский
juridical юриди́ческий; ~ **person** юриди́ческое лицо́
jurisconsult юри́ст, юриско́нсульт
jurisdiction (*administration of justice*) судопроизво́дство; (*authority*, *extent of authority*) юрисди́кция; (*competence*) компете́нция; (*legal answerability*) подсу́дность *f*; (*administrative*) подве́домственность *f*; **in, under the** ~ **of** подве́домственный (+ *dat*)
jurisdictional подсу́дный, подпада́ющий под юрисди́кцию; ~ **immunity** суде́бный иммуните́т
jurisprudence юриспруде́нция, правове́дение
jurist (*law expert*) юри́ст; (*academic law expert*) учёный юри́ст; (*writer on law*) а́втор юриди́-

ческих трудо́в; *Am* (*lawyer*) адвока́т
juristic юриди́ческий
juror *leg* прися́жный (заседа́тель *m*); (*for competition etc*) член жюри́
jury прися́жные *pl*; (*in certain courts, for deciding awards etc*) жюри́ *neut indecl*; *sp* (*panel of judges*) суде́йская колле́гия; **~-box** скамья́ прися́жных
juryman прися́жный; член жюри́
jurymast вре́менная ма́чта
jury-rig авари́йное устро́йство
jussive *gramm* **1.** *n* юсси́в **2.** *adj* юсси́вный
[1]**just** (*fair*) справедли́вый (**towards,** к + *dat*); (*well-grounded*) обосно́ванный; (*justified*) опра́вданный; (*true, correct*) ве́рный, пра́вильный; (*well-deserved*) заслу́женный
[2]**just** (*exactly*) как раз, и́менно; ~ **as much** сто́лько же (**as,** ско́лько); ~ **in time** как раз (во́время); ~ **the opposite** как раз наоборо́т; ~ **then** и́менно тогда́; **it is ~ four o'clock** ро́вно четы́ре часа́; **it is ~ what I need** э́то как раз то, что мне ну́жно; **that's ~ it!** вот и́менно!; (*on the point of*) как раз; (*more or less*) ~ **about** приме́рно; (*almost*) почти́ что; (*barely*) едва́; **he ~ caught the train** он едва́ успе́л на по́езд; (*a moment before*) то́лько что; **I have ~ returned** я то́лько что верну́лся; (*with difficulty*) е́ле-е́ле, с трудо́м, с грехо́м попола́м; (*only*) то́лько; ~ **a minute!** одну́ мину́ту!, подожди́(те); (*at least*) **couldn't you give me ~ one bottle?** вы не мо́жете дать мне хотя́ бы одну́ буты́лку?; *emph* про́сто, пря́мо; **that's ~ silly** э́то про́сто глу́по; ~ **imagine!** поду́мать то́лько!; (*in various expressions*) **I might ~ as well have said nothing** я мог с тем же успе́хом молча́ть; **it is ~ as well that...,** хорошо́, что..., сла́ва Бо́гу, что...; ~ **in case** на вся́кий слу́чай; (*when clause follows*) на слу́чай, е́сли...; **it is ~ the same to me** мне всё равно́; (*nevertheless*) тем не ме́нее, всё-таки́
justice (*fairness*) справедли́вость *f*; (*truth, correctness*) ве́рность *f*, пра́вильность *f*; **do ~ to** (*person*) отдава́ть справедли́вость (+ *dat*); (*person, thing*) отдава́ть до́лжное (+ *dat*); **in ~ to** отдава́я до́лжное (+ *dat*); **there is much ~ in his remarks** в его́ замеча́ниях мно́го справедли́вого; (*legality*) зако́нность *f*; (*legal system*) правосу́дие; **administer ~** отправля́ть правосу́дие; **bring to ~** привлека́ть к суду́; (*magistrate*) судья́ *m*; **Justice of the Peace** мирово́й судья́ *m*
justiciable подлежа́щий рассмотре́нию судо́м
justiciary 1. *n* суде́йский чино́вник **2.** *adj* суде́йский, суде́бный
justifiability (*acceptability*) позволи́тельность *f*; (*legality*) зако́нность *f*
justifiable (*that can be justified*) могу́щий быть опра́вданным; (*permissible*) допусти́мый; (*legal; fair, deserved*) зако́нный; ~ **pride** зако́нная го́рдость *f*
justifiably опра́вданно; зако́нно *etc*; (*with reason*) не без основа́ния
justification оправда́ние; (*justifying circumstance*) опра́вдывающее обстоя́тельство; (*cause*) **not without ~** не без основа́ния; (*corroboration*) подтвержде́ние; *typ* вы́ключка строк
justificative, justificatory оправда́тельный
justify опра́вдывать; ~ **oneself** опра́вдываться; (*explain*) объясня́ть; (*confirm*) подтвержда́ть; *print* выключа́ть; **be justified in** (*have cause to*) име́ть основа́ние (+ *infin*); (*have right*) счита́ть себя́ в пра́ве (+ *infin*)
justly (*fairly*) справедли́во; (*truly*) ве́рно; (*deservedly*) заслу́женно
justness (*fairness*) справедли́вость; (*truth*) ве́рность *f*; (*accuracy*) то́чность *f*
jut 1. *n* вы́ступ **2.** *v and* **~ out** выступа́ть
jute 1. *n* джут **2.** *adj* джу́товый
Jute ют
juvenile 1. *n* ю́ноша; *leg* несовершенноле́тний; *theat* молодо́й геро́й **2.** *adj* (*young*) молодо́й, ю́ный, ю́ношеский; ~ **delinquency** малоле́тняя престу́пность *f*; ~ **delinquent** малоле́тний престу́пник; ~ **literature** де́тская литерату́ра; ю́ношеская литерату́ра
juvenilia ра́нние произведе́ния *neut pl*
juxtapose (*place side by side*) ста́вить ря́дом (**with,** с + *instr*); (*compare*) сопоставля́ть
juxtaposition непосре́дственное сосе́дство; (*comparison*) сопоставле́ние

K

Kaffir 1. *n* (*person*) кафр; (*language*) ка́фрский язы́к **2.** *adj* ка́фрский

Kafir (*native of Kafiristan*) кафи́р; *lang* язы́к кафи́ри

kaftan *see* **caftan**

Kaiser ка́йзер

kainite каини́т

kale, kail капу́ста (*bot* капу́ста листова́я кормова́я)

kaleidoscope калейдоско́п

kaleidoscopic калейдоскопи́ческий

kalends *see* **calends**

Kalmuck 1. *n* (*person*) калмы́к, *f* калмы́чка; (*language*) калмы́цкий язы́к **2.** *adj* калмы́цкий

kame *geol* кам

Kampuchea Кампучи́я

Kampuchean 1. *n* кампучи́ец, *f* кампучи́йка **2.** *adj* кампучи́йский

Kanaka кана́к

kangaroo кенгуру́ *m indecl*; ~ **bear** су́мчатый медве́дь *m*; ~ **rat** су́мчатая кры́са

Kantian кантиа́нский

kaolin 1. *n* каоли́н **2.** *adj* каоли́новый

kaolinite каолини́т

kapok капо́к

kaput *coll* (*end*) капу́т (**for, to,** + *dat*); (*broken, out-of-order*) сло́манный, испо́рченный

Karaite 1. *n* караи́м, *f* караи́мка **2.** *adj* караи́мский

karate карате́ *neut indecl*

karma (*fate*) судьба́, ка́рма

katabatic катабати́ческий

katydid (зелёный) кузне́чик

kayak кая́к; *sp* байда́рка

Kazakh 1. *n* (*person*) каза́х, *f* каза́шка; (*language*) каза́хский язы́к **2.** *adj* каза́хский

kedge 1. *n* (*anchor*) стоп-а́нкер, верп **2.** *v* верпова́ть

keel 1. *n naut*, *av* киль *m*; **false** ~ фа́льшкиль *m*; **on an even** ~ (*steadily*) не кача́ясь; (*level*) на ро́вный киль; *fig* ро́вно, споко́йно; *ar*, *poet* кора́бль *m* **2.** *adj* килево́й **3.** *v* килева́ть; ~ **over** опроки́дываться, перевора́чиваться; *fig* (*of person*) свали́ться *pf*

keel-boat килева́я шлю́пка

keelhaul килева́ть, прота́скивать под ки́лем; *fig* де́лать стро́гий вы́говор (+ *dat*)

[1]**keen** (*most senses*) о́стрый; (*fine, delicate*) то́нкий; *coll* (*enthusiastic*) по́лный энтузиа́зма; ~ **to** стра́стно жела́ющий; **be** ~ **to** стра́стно жела́ть, о́чень хоте́ть; **be** ~ **on** (*sport etc*) о́чень люби́ть, увлека́ться (+ *instr*), быть энтузиа́стом (+ *gen*)

[2]**keen** (*mourn*) голоси́ть, причита́ть

keenness (*sharpness etc*) острота́; (*enthusiasm*) энтузиа́зм

keep 1. *n* (*sustenance*) прoко́рм; (*maintaining*) содержа́ние; **earn one's** ~ опра́вдывать своё содержа́ние рабо́той; *coll* **for** ~**s** (*for ever*) навсегда́; (*finally*) оконча́тельно **2.** *vt* (*store; preserve*) храни́ть; ~ **in a cold place** храни́ть в холо́дном ме́сте; (*have*) держа́ть; ~ **in one's hands** держа́ть в рука́х; ~ **about one** име́ть при себе́; ~ **secret** держа́ть вта́йне; ~ **under lock and key** храни́ть, держа́ть под замко́м; (*not return*) не возвраща́ть; (*as memento etc*) оставля́ть при себе́; **you may** ~ **it** счита́йте свои́м; (*have for sale*) име́ть в прода́же; **do you** ~ **stamps?** ма́рки у вас есть?; (*maintain family, mistress, house*) содержа́ть; (*domestic animals*) держа́ть; (*not throw out*) бере́чь; (~ *for, leave for*) оставля́ть для (+ *gen*); (*make stay*) уде́рживать; ~ **in bed** держа́ть в посте́ли; (*delay*) заде́рживать; (*protect*) защища́ть; (*maintain, observe*) приде́рживаться; ~ **the law** соблюда́ть зако́н; ~ **one's promise** выполня́ть обеща́ние; ~ **a secret** храни́ть та́йну; (*celebrate*) ~ **a birthday** отмеча́ть день рожде́ния; ~ **Christmas** пра́здновать рождество́; ~ **the New Year** встреча́ть Но́вый год; (*diary, list etc*) вести́; (*not lose*) храни́ть, сохраня́ть; ~ **contact with** приде́рживать связь с (+ *instr*); ~ **in mind** не забыва́ть; ~ **one's figure** сохраня́ть фигу́ру; ~ **one's temper** сде́рживаться; (*force, make*) заставля́ть; ~ **waiting** заставля́ть ждать; ~ **from** (*prevent*) меша́ть (+ *dat*, + *infin*); **the noise** ~**s me from sleeping** шум меша́ет мне спать; *vi* (*not spoil*) не по́ртиться; сохраня́ться; (*remain*) оставля́ться; ~ **at home** сиде́ть до́ма; ~ **from** уде́рживаться от (+ *gen*); **he couldn't** ~ **from laughing** он не мог удержа́ться от сме́ха; ~ **to** (*rules etc*) приде́рживаться; ~ **to the path** не сбива́ться с пути́; ~ **to the right** держа́ться пра́вой стороны́; (*with gerunds*) (*continue*) продолжа́ть; ~ **working** продолжа́ть рабо́тать; (*persist in*) **she** ~**s talking** она́ всё вре́мя говори́т; (*with adjectives: see relevant entry*) ~ **calm** сохраня́ть споко́йствие; ~ **silent** храни́ть молча́ние; ~ **still** не дви́гаться

~ **away** (*not let approach*) не пуска́ть; (*not come*) не приходи́ть; ~ **away!** не подходи́(те)!; (*avoid*) сторони́ться (**from,** + *gen*)

~ **back** (*restrain, withhold*) уде́рживать; (*tears, crowds*) сде́рживать; (*hide*) скрыва́ть; (*not let come forward*) держа́ть(ся) в стороне́; ~ **back!** не подходи́(те)

~ **down** (*not raise*) не поднима́ть; (*not rise*) не поднима́ться; (*repress*) подавля́ть; (*restrain*) сде́рживать; (*prevent increase*) не допуска́ть повыше́ния (+ *gen*)

~ **from** (*prevent*) меша́ть (+ *dat*, + *infin*); (*abstain*) возде́рживаться от (+ *gen*); (*hide*) скрыва́ть от (+ *gen*); (*protect*) защища́ть от (+ *gen*); (*restrain*) уде́рживать от (+ *gen*)

~ **in** (*not let out*) не выпуска́ть

~ **in with** угожда́ть (+ *dat*)

~ **off** (*not approach*) не приближа́ться; (*hold at distance*) держа́ть в отдале́нии; (*not allow close*) не подпуска́ть (к + *dat*); (*protect from*) защища́ть от (+ *gen*); (*abstain from*) возде́рживаться от (+ *gen*)

~ **on** (*continue*) продолжа́ть(ся); (*with gerund*) всё вре́мя (+ *verb*); (*not take off*) не снима́ть

~ **on at** пристава́ть к (+ *dat*)

~ **out** не впуска́ть

~ **to** (*rules etc*) приде́рживаться (+ *gen*),

соблюда́ть; (*limit oneself*) ограни́чиваться (+ *instr*); ~ **to oneself** (*not disclose*) молча́ть о (+ *pr*); (*be alone*) держа́ться особняко́м
~ **together** держа́ть(ся) вме́сте
~ **under** *see* ~ **down**
~ **up** (*preserve*) сохраня́ть, храни́ть; (*support, maintain*), подде́рживать; (*continue*) продолжа́ть; (*not lag*) не отстава́ть (**with,** от + *gen*)
keeper (*watchman, of park etc*) сто́рож; (*curator*) храни́тель *m*; (*of lighthouse, in prison etc*) смотри́тель *m*; (*gamekeeper*) лесни́к, лесни́чий; (*owner*) владе́лец; *tech* (*various senses*) держа́тель *m*; (*washer*) контрга́йка; (*of magnet*) я́корь *m*
keeping хране́ние; **have in one's** ~ храни́ть; **in** ~ **with** (*in agreement with*) согла́сно (+ *dat*); **it's in** ~ **with his character** э́то на него́ похо́же; (*in proportion*) сораэме́рно с (+ *instr*); (*suitable for*) соотве́тствующий (+ *dat*); **in safe** ~ в по́лной сохра́нности
keepsake пода́рок на па́мять; **as a** ~ на па́мять
keg бочо́нок
kelp бу́рая во́доросль *f*
kelson, keelson ки́льсон
ken круг зна́ний; **beyond his** ~ вы́ше его́ понима́ния
kennel соба́чья конура́; ~**s** пса́рня
Kenya Ке́ния
Kenyan 1. *n* кени́ец, *f* кени́йка **2.** *adj* кени́йский
kepi ке́пи *neut indecl*
kept (*see* **keep**): **a** ~ **woman** содержа́нка
keramic *see* **ceramic**
keratin керати́н
kerb край тротуа́ра
kerbstone бордю́рный ка́мень *m*
kerchief плато́к
kerf (*cut*) зару́бка; (*mining*) вруб
kermes керме́с
kernel (*of nut*) ядро́, я́дрышко; (*grain*) зерно́; *fig* суть *f*, су́щность *f*
kerosene 1. *n* кероси́н **2.** *adj* кероси́новый
kersey ки́рза
kestrel пустельга́
ketch кеч
ketchup ке́тчуп
ketone кето́н
kettle (*domestic*) ча́йник; **put the** ~ **on** ста́вить ча́йник; (*pot*) котело́к; *fig* **a fine** ~ **of fish** хоро́шенькое де́ло; *tech* (*boiler*) котёл
kettledrum лита́вра
key 1. *n* (*of lock etc; spanner; rad*) ключ (**of, to,** от + *gen*); **skeleton** ~ отмы́чка; (*to mystery etc; way; dominating position*) ключ (**to,** к + *dat*); (*secret*) та́йна; (*of piano, typewriter*) кла́виша; (*of musical work*) тона́льность *f*; (*style, tenor; of colour*) тон; *archi* замо́к сво́да; *tech* шпо́нка; (*low island, reef*) *see* **cay 2.** *adj* (*most senses*) ключево́й; ~ **position** ключева́я пози́ция; (*important, central*) веду́щий; *mus* ~ **signature** ключево́й знак **3.** *v tech* (*fix with wedge*) закрепля́ть шпо́нкой; ~ **to a shaft** закли́нивать на вал; *rad, tel* рабо́тать ключо́м; *fig* ~ **up** взви́нчивать; *mus* настра́ивать
keyboard клавиату́ра; *elect* коммута́тор
keyhole замо́чная сква́жина
Keynesian *econ* кейнсиа́нский
keynote *mus* то́ника, основно́й тон; *fig* (*main note, style*) тон; **give** ~ задава́ть тон; (*tendency*) направле́ние; (*persistent theme*) лейтмоти́в
key-ring кольцо́ для ключе́й
keystone *archi* замко́вый ка́мень *m*; *fig* краеуго́льный ка́мень *m*
khaki 1. *n* ха́ки *neut indecl* **2.** *adj* цве́та ха́ки, защи́тного цве́та
khan хан
khanate ха́нство
Khedive хеди́в
kibbutz киббу́ц
kibosh: put the ~ **on** *coll* прихло́пнуть *pf*, присту́кнуть *pf*
kick 1. *n* (*with foot*) пино́к, уда́р ного́й; (*with hoof*) уда́р копы́том; *sp* уда́р; **direct free** ~ штрафно́й уда́р; **indirect free** ~ свобо́дный уда́р; (*jerk*) толчо́к; (*of gun*) отда́ча; *coll* (*strength*) кре́пость *f*; **for** ~**s** для сме́ху; **get a** ~ **out of** получа́ть удово́льствие от (+ *gen*) **2.** *v* ударя́ть (ного́й), дать *pf* пино́к, поддава́ть; (*of horse etc*) ляга́ть(ся), брыка́ть(ся); (*of gun*) отдава́ть; *sp* бить; ~ **a goal** заби́ть *pf* гол; *coll* ~ **one's heels** безде́льничать, бить баклу́ши
~ **about** (*a ball*) перебра́сывать; (*be lying about*) валя́ться
~ **against** протестова́ть, возража́ть про́тив (+ *gen*); ~ **against the pricks** ≈ лезть на рожо́н
~ **around** *coll* (*treat badly*) гру́бо обраща́ться с (+ *instr*)
~ **aside, away** отпи́хивать, отта́лкивать ного́й
~ **back** (*ball*) поддава́ть обра́тно; (*strike in return*) отвеча́ть уда́ром на уда́р; (*reply in kind*) плати́ть той же моне́той
~ **down** вали́ть уда́ром, уда́рами ноги́
~ **in** проби́ть *pf* уда́ром, уда́рами ноги́
~ **off** *sp* начина́ть игру́; (*shoes*) сбра́сывать
~ **out** *coll* вы́гнать *pf*, прогна́ть *pf*
~ **over** опроки́дывать уда́ром ноги́
~ **up** (*fuss etc; dust*) поднима́ть; (*legs*) задира́ть но́ги; *vi* (*bounce*) кру́то отскочи́ть *pf*; *fig* ~ **up one's heels** резви́ться
kick-off нача́ло, старт
kickshaw безделу́шка
kid 1. (*young goat*) козлёнок; *coll* (*child*) ребёнок, малы́ш; ~ **brother** брати́шка, мла́дший брат; (*meat*) козля́тина; (*leather*) ла́йка; ~ **gloves** ла́йковые перча́тки *f pl*; *sl* (*trick*) обма́н **2.** *v* (*play joke on*) подшу́чивать (над + *instr*), разы́грывать; (*deceive*) надува́ть; (*mock*) издева́ться над (+ *instr*); **you're** ~**ding!** ты смеёшься!; **no** ~**ding?** пра́вда?
kiddy де́тка *m and f*, малы́ш
kid-glove (*delicate*) делика́тный; (*fastidious*) брезгли́вый
kidnap похища́ть, наси́льно увози́ть
kidnapper похити́тель *m*
kidnapping похище́ние
kidney по́чка; ~ **basin** почкови́дный та́зик; ~**-bean** фасо́ль *f* почкообра́зная; ~**-shaped** почкообра́зный
kidskin 1. ла́йка **2.** *adj* ла́йковый
kieselguhr кизельгу́р
kill 1. *n* (*final blow*) смерте́льный уда́р; (*of game*) добы́ча **2.** *v* (*put to death*) убива́ть; (*exterminate insects etc*) уничтожа́ть; (*crops, hopes etc; cause to perish*) губи́ть; ~ **time** убива́ть вре́мя; ~ **off** убива́ть, уничтожа́ть
killer уби́йца *m* and *f*; (*animal of prey*) хи́щник; ~ **whale** каса́тка
killick дрек
killing 1. *n* (*act of* ~) убие́ние; (*murder*) уби́йство,

умерщвле́ние; (*slaughter of cattle*) убо́й **2.** *adj* (*fatal*) смерте́льный, смертоно́сный; *coll* (*work etc*) уби́йственный; (*very funny*) умори́тельный
killjoy (*grouser*) брюзга́ *m and f*, ны́тик
kiln печь *f*; **~-dried** иску́сственной су́шки
kilo кило́ *neut indecl*, килогра́мм (*abbr* кг); **five ~s** пять килогра́мм(ов)
kilocalorie (*abbr* **Kcal**) килокало́рия (*abbr* ккал)
kilocycle килоге́рц (*abbr* кгц); **500 ~s** пятьсо́т килоге́рц
kilogram(me) килогра́мм (*abbr* кг)
kilohertz (*abbr* **kHz**) килоге́рц (*abbr* кгц)
kilolitre килоли́тр (*abbr* кл)
kilometre 1. *n* киломе́тр (*abbr* км) **2.** *adj* километро́вый
kiloton килото́нна (*abbr* кт)
kilovolt килово́льт (*abbr* кв); **100 ~s** сто килово́льт
kilowatt килова́тт (*abbr* квт); **10 ~s** де́сять килова́тт; **~-hour** килова́тт-ча́с; **100 ~-hours** сто килова́тт-часо́в
kilt ю́бка
kimono кимоно́ *neut indecl*
kin родня́, ро́дственники *m pl*; **next of ~** ближа́йший ро́дственник
kinaesthetic кинэстети́ческий
kind 1. *n* (*sort*) вид, сорт; **a new ~ of** но́вый вид (+ *gen*); (*variety*) разнови́дность *f*; (*type*) род, тип; **all ~s of** вся́кие; **of all ~s** вся́кого ро́да; **of that ~** тако́й, тако́го ро́да; **nothing of the ~!** ничего́ подо́бного; **something of that ~** что-нибу́дь в э́том ро́де; **some ~ of** не́что в ро́де (+ *gen*), како́й-то; **what ~ of books do you have?** каки́е у вас кни́ги?; **what ~ of man is he?** что он за челове́к?; **the wrong ~ of** не тот; (*race*) род; (*nature*) приро́да; **pay in ~** плати́ть нату́рой; **pay back in ~** отпла́чивать той же моне́той; *coll* (*as adv*) **~ of** (*to some extent*) до не́которой сте́пени; (*more or less*) бо́лее или ме́нее; (*a little*) немно́жко; (*as it were*) вро́де, как бы, так сказа́ть **2.** *adj* (*friendly, generous*) до́брый; **a ~ face** до́брое лицо́; **you are very ~** вы о́чень добры́; (*obliging*) любе́зный; **be so ~, be ~ enough to** бу́дьте любе́зны, добры́ (+ *imp*); **it's very ~ of you** э́то о́чень любе́зно с ва́шей стороны́
kindergarten де́тский сад
kind-hearted до́брый, добросерде́чный
kindle зажига́ть(ся); *fig* (*interest, anger*) возбужда́ть; (*flare up*) вспы́хивать
kindliness доброта́, добросерде́чие
kindling (*act*) зажига́ние, разжига́ние; (*fuel*) расто́пка
kindly 1. *adj* доброду́шный, до́брый; (*of climate etc*) мя́гкий **2.** *adv* (*pleasantly*) любе́зно; **~ explain ...** бу́дьте любе́зны объясни́ть ...; **he won't take ~ to that!** э́то ему́ не понра́вится!
kindness (*goodness*) доброта́; (*benevolence, obliging quality*) любе́зность *f*; **show ~ to** ока́зывать (+ *dat*) любе́зность; (*obliging act*) услу́га
kindred 1. *n* (*relatives*) родня́; (*relationship*) ро́дство (**with,** с + *instr*) **2.** *adj* ро́дственный
kinematic кинемати́ческий
kinematics кинема́тика
kinetic кинети́ческий
kinetics кине́тика
king коро́ль *m* (*also fig, cards, chess*); **~'s** короле́вский; **~'s evil** золоту́ха
kingcup калу́жница боло́тная
kingdom короле́вство; **United Kingdom** Соединённое Короле́вство; **the animal ~** живо́тное ца́рство; *coll* **send to ~ come** отпра́вить *pf* на тот свет; **till ~ come** до второ́го прише́ствия
kingfisher зимоpо́док
kingly (*of king*) короле́вский, ца́рский; (*splendid*) ца́рственный
king penguin короле́вский пингви́н
kingpin (*central figure*) гла́вная фигу́ра; *tech* шкво́рень *m*
kingship (*rank*) короле́вский сан; (*royal power*) короле́вская власть *f*
king-size *coll* о́чень большо́й; (*of cigarette*) полу́торный
kink 1. *n* (*twist*) перекру́чивание; (*loop*) пе́тля; (*knot*) у́зел; (*sharp bend*) заги́б; *fig coll* (*oddity*) стра́нность *f*, вы́верт, бзик; (*odd person*) чуда́к; (*hitch*) непола́дка **2.** *v* (*form loop*) образо́вывать пе́тлю; (*twist*) скру́чивать(ся); (*bend*) загиба́ть(ся)
kinky (*of hair*) курча́вый; *coll* (*eccentric*) чудакова́тый, с вы́вертами, с бзи́ком; (*perverted*) извращённый; (*weird*) ди́кий
kinsfolk ро́дственники *m pl*
kinship (*blood relationship*) кро́вное ро́дство (**with,** с + *instr*); (*similarity*) схо́дство, бли́зость *f*
kinsman ро́дственник
kinswoman ро́дственница
kiosk кио́ск, бу́дка; **telephone ~** телефо́нная бу́дка, автома́т
kip *sl* **1.** *n* (*bed*) ко́йка; (*lodging*) ночле́жка; **have a ~** вздремну́ть *pf* **2.** *v* (*sleep*) спать; **~ down** ложи́ться (спать)
kipper 1. *n* копчённая селёдка **2.** *v* соли́ть и копти́ть
Kirghiz 1. *n* (*person*) кирги́з, *f* кирги́зка; (*language*) кирги́зский язы́к **2.** *adj* кирги́зский
kirk це́рковь *f*
kirsch вишнёвая во́дка
kish графи́тная слепь *f*, дросс
kismet кисме́т, судьба́
kiss 1. *n* поцелу́й (**on,** в + *acc*); **blow a ~** посла́ть *pf* возду́шный поцелу́й; **give a ~** поцелова́ть *pf* **2.** *v*. целова́ть(ся); (*touch lightly*) слегка́ косну́ться *pf*
kiss-curl ло́кон
kisser *vulg* (*mouth*) рот; **smack in the ~** дать *pf* в мо́рду
kit 1. *n* (*bag*) вещево́й мешо́к; (*uniform*) фо́рма; (*clothes*) оде́жда; (*things*) ве́щи *f pl; sp etc* (*equipment*) снаряже́ние; (*set of tools etc*) компле́кт, набо́р; **tool ~** набо́р инструме́нтов; **medicine ~** апте́чка, **2.** *v* **~ out** снаряжа́ть
kit-bag вещево́й мешо́к
kitchen 1. *n* ку́хня; (*on ship*) ка́мбуз **2.** *adj* ку́хонный; **~ cabinet** ку́хонный буфе́т; **~ garden** огоро́д
kitchenette ма́ленькая ку́хня, кухо́нька
kite (*bird*) ко́ршун; (*toy*) змей; **fly a ~** запуска́ть змея́; *fig* пуска́ть про́бный шар; *sl* (*aeroplane*) самолёт; **~ balloon** зме́йковый аэроста́т
kith знако́мые *pl;* **~ and kin** друзья́ *m pl* и родны́е *pl*
kitsch 1. *n* мишура́, кич **2.** *adj* мишу́рный
kitten котёнок; **have ~s** коти́ться; *fig coll* (*be agitated)* психова́ть; (*be furious*) лезть на сте́нку
kittenish игри́вый
kittiwake моёвка
kitty (*of money*) банк; *coll* (*cat*) ки́са

kiwi *zool* ки́ви *m indecl*
klaxon кла́ксон, гудо́к
kleptomania клептома́ния
kleptomaniac клептома́н
klystron клистро́н
knack (*ability*) уме́ние, сноро́вка; **have the ~ of** уме́ть (+ *infin*); **lose the ~** отуча́ться *pf* (**of,** + *gen* or + *infin*); **there's a ~ in, to it** де́ло тре́бует сноро́вки; (*special sense*) чутьё (**of,** + *gen*); (*trick*) хи́трый приём, трюк; (*habit*) привы́чка
knacker 1. *n* ску́пщик ста́рых лошаде́й (домо́в, судо́в); *pl sl* (*testicles*) я́йца *neut pl* **2.** *v sl* (*exhaust*) изводи́ть
knapsack *mil* ра́нец; (*shoulder bag*) заплёчный мешо́к; (*rucksack*) рюкза́к
knapweed василёк
knave моше́нник; (*card*) вале́т
knavery моше́нничество, жу́льничество
knavish моше́ннический, жу́льнический
knead (*dough etc*) меси́ть; (*massage*) масси́ровать; (*work into shape*) лепи́ть; *fig* (*form*) формирова́ть
knee 1. *n anat, tech* коле́но; **bring s.o. to his ~s** (*also fig*) поста́вить *pf* на коле́ни; **fall on one's ~s** упа́сть, стать *pf* на коле́ни; **on one's ~s** на коле́нях; **up to the ~** по коле́но **2.** *v* ударя́ть коле́ном
knee-brace подко́с
knee-boot сапо́г до коле́н
knee-breeches бри́джи *pl*
knee-cap *anat* коле́нная ча́шка; (*protector*) наколе́нник
knee-deep, knee-high по коле́но
knee-jerk *med* коле́нный рефле́кс
knee-joint *anat* коле́нный суста́в
kneel (*act*) станови́ться на коле́ни; (*be on one's knees*) стоя́ть на коле́нях; **~ before** (*beseech*) умоля́ть на коле́нях
kneeler (*hassock*) поду́шечка для коленопреклоне́ния; (*bench for kneeling*) скаме́ечка для коленопреклоне́ния
knee-pad наколе́нник
knee-piece *tech* (*bend*) коле́но; (*bracket, corner-piece*) уго́льник; *bui* подко́с; *naut* кни́ца
knell (*of bells*) похоро́нный звон; *fig* (*omen*) предве́стие сме́рти; **be, ring the death ~ of** возвеща́ть коне́ц (+ *gen*)
knickerbockers бри́джи *pl*
knickers (*long*) пантало́ны *f pl*; (*short, light*) трусы́ *m pl*; (*for sports*) спорти́вные штаны́ *m pl*
knick-knack безделу́шка
knife 1. *n* (*most senses*) нож; (*dagger*) кинжа́л; (*sheath-~*) фи́нка; *fig* **have one's ~ in(to)** име́ть зуб на (+ *acc*), про́тив (+ *gen*) **2.** *v* (*stab*) заколо́ть *pf* ножо́м; (*kill with a ~*) заре́зать *pf*
knife-edge (*of knife*) остриё (*also fig*); (*of scales*) при́зма
knife-grinder точи́льщик
knight 1. *n hist* ры́царь *m*; (*of an order*) кавале́р; (*chess*) конь *m* **2.** *v hist* посвяща́ть в ры́цари; (*give title of 'Sir'*) дава́ть дворя́нское зва́ние
knighthood *hist collect* ры́царство; *hist* (*title of knight*) ры́царское зва́ние; (*modern distinction*) дворя́нское зва́ние
knightly (*all senses*) ры́царский
knit *vt* (*a garment etc*) вяза́ть; (*join together*) соединя́ть; **~ one's brows** хму́рить бро́ви, хму́риться; *vi* соединя́ться; (*of bones*) сраста́ться
knitted вя́заный; (*by machine*) трикота́жный; **with ~ brows** с нахму́ренными бровя́ми
knitter (*person*) вяза́льщик, *f* вяза́льщица; (*machine*) трикота́жная маши́на
knitting (*act, process*) вяза́ние; (*knitted item, piece of ~*) вяза́нье; **~-needle** вяза́льная игла́, спи́ца
knitwear трикота́ж
knob (*protuberance*) вы́пуклость *f*, вы́ступ; (*handle*) ру́чка; (*lump of*) кусо́к; *coll* **with ~s on** (и) ещё как
knobbly шишкова́тый
knock 1. *n* (*blow*) уда́р; **~ on the head** уда́р по голове́; (*sound*) стук; **~ on the door** стук в дверь; **2.** *v* (*strike*) ударя́ть; (*with sharp sound*) стуча́ть (**on,** в + *acc*); **~ flat** сбива́ть с ног; (*of engine*) стуча́ть; *sl* (*find fault*) критикова́ть; (*belittle*) умаля́ть
~ about *coll* (*wander*) броди́ть; (*lie around*) валя́ться; (*beat*) колоти́ть; (*beat up*) избива́ть; (*treat roughly*) гру́бо обраща́ться с (+ *instr*)
~ against ударя́ть(ся) о (+ *acc*); *fig* (*meet*) ната́лкиваться на (+ *acc*)
~ around *see* **~ about**
~ back отбра́сывать; *coll* (*drink*) уничтожа́ть
~ down (*~ over*; *also of price*) сбива́ть; (*house etc*) сноси́ть; (*argument*) опроки́дывать; (*auction*) продава́ть с молотка́ (**to,** + *dat*; **for,** за + *acc*)
~ off (*~ over*) сбива́ть (с + *gen*); (*reduce*) сбавля́ть; *coll* (*finish work*) конча́ть рабо́ту; (*steal*) стащи́ть *pf*; (*do job quickly*) состря́пать *pf*; **~ it off!** (*stop*) переста́нь(те)!, бро́сь(те)!
~ out выбива́ть (**of,** из + *gen*); (*stun*) оглуша́ть; *sp* нокаути́ровать; *mil* выводи́ть из стро́я; *coll* (*exhaust*) выма́тывать
~ over сбива́ть, сва́ливать
~ together ста́лкивать(ся); *coll* (*assemble hastily*) скола́чивать
~ up (*waken*) буди́ть; *coll* (*exhaust*) выма́тывать; (*assemble hastily*) скола́чивать; (*meal, story etc*) состря́пать *pf; vulg* обрюха́тить
knockabout 1. *n* балага́н **2.** *adj* балага́нный
knock-down 1. *n sp* нокда́ун **2.** *adj* (*dismantleable*) разбо́рный; **~ prices** са́мые ни́зкие це́ны *f pl*
knocker (*door ~*) дверно́й молото́к; *coll* (*critic*) критика́н
knocking (*sound*) стук; (*in pipes*) гидравли́ческий уда́р; (*in engine*) детона́ция
knock-kneed с вы́вернутыми внутрь коле́нями
knock-out (*blow*) нокаути́рующий уда́р; (*result of contest*) нока́ут; (*sensation*) сенса́ция; **~ competition** соревнова́ние по олимпи́йской систе́ме; **~ drops** снотво́рное, нарко́тик
knoll хо́лмик, бугоро́к
knot 1. *n* (*in string etc; unit of speed*) у́зел; (*group*) ку́чка, гру́ппа; (*in wood*) сук, свиль *f* **2.** *v* (*tie*) завя́зывать; (*become tangled*) запу́тываться
knotgrass спо́рыш
knot-hole свищ
knotted (*tied*) завя́занный узло́м; (*tangled*) запу́танный; (*wood*) сучкова́тый
knotty (*wood*) сучкова́тый; (*problem*) запу́танный
knout кнут
know (*most senses*) знать; (*be acquainted with s.o.*) быть знако́мым с (+ *instr*); (*understand*) понима́ть; (*recognize*) узнава́ть; (*be certain*) быть уве́ренным; **~ how to** уме́ть (+ *infin*); **as far as I ~** наско́лько мне изве́стно; **God, Heaven ~s!** одному́ бо́гу изве́стно; *vulg* чёрт его́ зна́ет!; **how should I ~?** отку́да мне знать?

knowable познава́емый
know-all всезна́йка *m* and *f*
know-how (*specialized knowledge*) техноло́гия, *coll* но́у-хау *neut indecl*; (*ability*) уме́ние; (*experience*) о́пыт
knowing 1. *n* зна́ние; **there's no ~ …** неизве́стно … **2.** *adj* зна́ющий, понима́ющий
knowingly (*deliberately*) преднаме́ренно; (*consciously*) созна́тельно; **smile ~** понима́юще улыбну́ться *pf*
knowledge *philos* позна́ние; (*of s'th*) зна́ние; **~ of languages** зна́ние языко́в; **to the best of my ~** наско́лько мне изве́стно; **without the ~ of** без ве́дома (+ *gen*); (*in general*; *learning*) зна́ния *neut pl;* **increase one's ~** увели́чивать свои́ зна́ния; **it is common ~ that** (обще)изве́стно, что; (*information*) све́дения *neut pl*; (*understanding*) понима́ние
knowledgeable зна́ющий, хорошо́ осведомлённый
known (*all senses*) изве́стный; **~ as** (*alias*) изве́стный под и́менем (+ *name*)
knuckle 1. *n* (*finger joint*) суста́в па́льца; *cul* голя́шка; *tech* (*joint*) шарни́р, кула́к; *fig* **rap on the ~s** дать *pf* нагоня́й (+ *dat*) **2.** *v* **~ down to** (*work etc*) реши́тельно взя́ться *pf* за (+ *acc*); **~ under** (*submit*) подчиня́ться (**to,** + *dat*)
knucklebone *anat* ба́бка; *pl* (*game*) (игра́ в) ба́бки
knuckleduster касте́т
knurl ши́шка
knurled (*knobbly*) сучкова́тый; *tech* **~ nut** га́йка с нака́ткой
koala коа́ла *m*, су́мчатый медве́дь *m*
kohl сурьма́
kohlrabi кольра́би *neut indecl*
kolkhoz 1. *n* колхо́з **2.** *adj* колхо́зный
kopeck, kopek копе́йка
Koran кора́н
Korea Коре́я
Korean 1. *n* (*person*) коре́ец, *f* корея́нка; (*language*) коре́йский язы́к **2.** *adj* коре́йский
kosher 1. *n* ко́шер **2.** *adj* коше́рный
koumiss, kumis кумы́с
kowtow 1. *n* ни́зкий покло́н **2.** *v* ни́зко кла́няться; *fig* раболе́пствовать (**to,** пе́ред + *instr*)
kraal краа́ль *m*
Kremlin кремль *m*
Krishna Кри́шна
krypton крипто́н
kudos сла́ва
Ku-Klux-Klan ку-клукс-кла́н
kulak кула́к
Kuomintang гоминда́н
Kurd курд, *f* ку́рдка
Kurdish 1. *n* (*language*) ку́рдский язы́к **2.** *adj* ку́рдский
Kuwait Куве́йт
kvass квас

L

la *mus* ля

laager ла́герь *m*

lab *coll abbr* лаборато́рия

label 1. *n* (*stuck to goods etc*) этике́тка, ярлы́к; (*tied-on tag*) би́рка; *fig* ярлы́к; *archi* слезни́к; *ling* поме́та **2.** *v* накле́ивать этике́тку (на + *acc*), прикрепля́ть ярлы́к, би́рку к (+ *dat*); *fig* прикле́ивать ярлы́к к (+ *dat*; **as,** + *gen*); *phys* ме́тить

labelled (*with label*) с этике́ткой; (*marked*) поме́ченный; *phys* ме́ченый

labial 1. *n phon* губно́й звук **2.** *adj anat* губно́й; *phon* лабиа́льный, губно́й

labialization лабиализа́ция

labialize лабиализова́ть

labiate *bot* двугу́бый

labile (*unstable*) неусто́йчивый; (*prone to move*) лаби́льный, подви́жный

labio-dental гу́бно-зубно́й, ла́био-дента́льный

labium губа́

laboratory 1. *n* лаборато́рия **2.** *adj* лаборато́рный; ~ **assistant** лабора́нт, *f* лабора́нтка

laborious (*difficult*) тру́дный, тяжёлый; (*tiring*) утоми́тельный; (*painstaking*) стара́тельный; (*laboured*) вы́мученный; (*demanding*) тре́бующий мно́го труда́, трудоёмкий; (*industrious*) трудолюби́вый

labour 1. *n* (*work*) труд; ~ **of love** бескоры́стный труд; **forced** ~ принуди́тельный труд; *leg, fig* **hard** ~ ка́торжные рабо́ты *f pl;* **manual** ~ физи́ческий труд; (*workers*) рабо́чие, трудя́щиеся *pl; pol, econ* труд; **division of** ~ разделе́ние труда́; **surplus** ~ приба́вочный труд; (*manpower*) рабо́чая си́ла; **cost of** ~ сто́имость *f* рабо́чей си́лы; (*task*) зада́ние; (*childbirth*) ро́ды *m pl*; **in** ~ в ро́дах **2.** *adj* трудово́й; ~ **exchange** би́ржа труда́; ~ **intensiveness** трудоёмкость *f*; ~ **party** лейбори́стская па́ртия; ~ **union** профсою́з, (*in UK and USA*) тред-юнио́н; (*of* ~ *party*) лейбори́стский; (*of childbirth*) ~ **pains** родовы́е схва́тки *f pl* **3.** *v* труди́ться, рабо́тать (**at, over,** над + *instr*); (*strive*) добива́ться (**for, towards,** + *gen*); (*move with difficulty*) продвига́ться с трудо́м; (*have difficulties*) испы́тывать затрудне́ния; (*a point etc*) распространя́ться о (+ *prep*); ~ **under** (*disability*) страда́ть от (+ *gen*); ~ **under a misapprehension** находи́ться в заблужде́нии

laboured (*done with difficulty*) затруднённый; (*style, joke etc*) вы́мученный, тяжелове́сный

labourer (*worker*) рабо́чий; (*manual* ~) чернорабо́чий; (*farm* ~) сельскохозя́йственный рабо́чий

labourite 1. *n* лейбори́ст **2.** *adj* лейбори́стский

labour-saving эконо́мящий труд; (*methods*) рационализа́торский

Labrador Лабрадо́р; (*dog*) ньюфа́ундленд

laburnum (*tree*) золото́й дождь *m* (обыкнове́нный)

labyrinth лабири́нт

labyrinthine (*like labyrinth*) подо́бный лабири́нту, лабири́нтный; (*complex*) сло́жный; (*muddled*) запу́танный

lac лак, шелла́к

lace 1. *n* (*fabric*) кру́жево; (*gold braid*) галу́н; (*for shoes*) шнуро́к; (*tape on garment*) тесьма́ **2.** *adj* (*of, like* ~) кружевно́й **3.** *v* (*shoes*) зашнуро́вывать; (*add spirits*) подлива́ть спиртно́е в (+ *acc*); *coll* ~ **into** (*thrash*) стега́ть, колоти́ть; (*criticize*) ре́зко критикова́ть; ~ **up** *vt* шнурова́ть

lacerate 1. *adj bot* изо́рванный, зазу́бренный **2.** *v* (*tear*) рвать; (*into tatters*) изрыва́ть; (*slash*) разреза́ть; *fig* (*feelings etc*) терза́ть

laceration разрыва́ние; (*wound*) рва́ная ра́на; *med* разры́в; *fig* терза́ние

lace-up (*boots etc*) на шнурка́х

lachrymal 1. *n ar* слезни́ца **2.** *adj* слёзный

lachrymatory слезоточи́вый

lachrymose (*tearful*) слезли́вый, плакси́вый; (*weeping*) пла́чущий; (*full of tears*) по́лный слёз; (*sad*) печа́льный

lacing шнуро́вка; (*on uniform*) галу́н; *tech* сшива́ние

lack 1. *n* (*absence*) отсу́тствие; **for** ~ **of** за отсу́тствием, за неиме́нием (+ *gen*); (*shortage; inadequacy*) недоста́ток, нехва́тка; **through, for** ~ **of** из-за недоста́тка (+ *gen*); **there's no** ~ **of** нет недоста́тка (+ *gen*), не отсу́тствовать **2.** *v* (*not have*) не име́ть; (*need*) нужда́ться в (+ *prep*); (*be deficient in*) **he** ~ **s courage** ему́ недостаёт, не хвата́ет му́жества; (*be absent*) отсу́тствовать

lackadaisical (*apathetic*) равноду́шный; (*listless*) вя́лый; (*casual*) легкомы́сленный

lackey лаке́й (*also fig*)

lacking (*feeble-minded*) слабоу́мный; **be** ~ недостава́ть (**in,** + *gen*); **there was something** ~ чего́-то недостава́ло

lack-lustre ту́склый

laconic лакони́чный

lacquer 1. *n* лак **2.** *v* лакирова́ть

lacquering лакиро́вка

lacrosse лакро́сс

lactase лакта́за

lactation (*milk secretion*) выделе́ние молока́, лакта́ция; (*suckling*) кормле́ние гру́дью; (*period of* ~) пери́од грудно́го кормле́ния, лакта́ция

lacteal (*of, like milk*) моло́чный; *med, anat* мле́чный, моло́чный

lactic моло́чный; ~ **acid** моло́чная кислота́

lactiferous выделя́ющий молоко́; *bot* выделя́ющий мле́чный сок

lactose лакто́за

lacuna (*gap*) пробе́л; *biol* лаку́на, по́лость *f*

lacustrine озёрный

lacy (*of lace*) кружевно́й; (*lace-like*) кружевови́дный, кружевно́й, ажу́рный

lad (*boy*) ма́льчик; (*young fellow; fellow*) па́рень *m*; *coll* **one of the** ~**s** свой па́рень; (*dashing fellow*) лихо́й па́рень

ladder ле́стница; *naut* трап, (*in stocking*) спусти́вшаяся пе́тля

lade нагружа́ть

laden (*loaded*) нагружённый (**with,** + *instr*); (*heaped up with*) зава́ленный (+ *instr*); (*with cares etc*) обременённый (+ *instr*)

la-di-da *coll* (*affected*) жема́нный; (*high-class*)

кла́ссный; (*conceited*) самодово́льный; (*superior*) чо́порный

ladies *coll* (*lavatory*) же́нский туале́т

lading 1. *n* (*cargo*) груз, фрахт; **bill of ~** коносаме́нт

ladle 1. *n* (*large spoon*) больша́я ло́жка; (*scoop*) ковш, черпа́к **2.** *v* черпа́ть; **~ out** вычёрпывать; (*distribute*) разлива́ть; *fig* раздава́ть

lady (*gentlewoman*) да́ма, ле́ди *f indecl*, госпожа́; *iron* ле́ди; **great ~** зна́тная да́ма; **young ~** ба́рышня (*also iron*); (*fiancée*) неве́ста; **ladies and gentlemen!** да́мы и господа́!; (*any woman*) же́нщина; (*housewife*) хозя́йка (до́ма); (*wife*) супру́га; (*~ of one's heart*) да́ма се́рдца; (*title*) ле́ди; *theat* **leading ~** веду́щая актри́са; *rel* **Our Lady** Богоро́дица; *in combinations* **~ doctor** же́нщина-врач *m*, *coll* врачи́ха; **~ judge** же́нщина-судья́ *m*; **~ secretary** секрета́рша; **~'s** же́нский, да́мский; **~'s maid** камери́стка, го́рничная; **~'s man** да́мский уго́дник, кавале́р, волоки́та; **~'s slipper** *bot* вене́рин башмачо́к; *as adj* **Lady chapel** часо́вня богома́тери; **Lady Day** Благове́щение

ladybird бо́жья коро́вка

lady-in-waiting фре́йлина

lady-killer сердцее́д

ladylike (*well-bred*) воспи́танный; (*genteel*) благоро́дный; (*elegant*) элега́нтный; (*unmanly*) изне́женный, женоподо́бный

lady-love возлю́бленная

ladyship (*addressing lady*) **your, her ~** ва́ша, её ми́лость

laevorotatory левовраща́ющий

[1]**lag 1.** *n* (*falling behind*) отстава́ние; (*in time*) запа́здывание; (*delay*) опозда́ние (**of**, в + *acc*); *elect* сдвиг фаз **2.** *v* (*fall behind*) отстава́ть (**behind**, от + *gen*); (*loiter*) ме́длить, ме́шкать; (*be retarded*) запа́здывать

[2]**lag** (*insulate*) покрыва́ть изоля́цией

[3]**lag** *sl* (*convict*) ка́торжник

lager лёгкое пи́во, ла́герное пи́во

laggard 1. *n* (*straggler*) отстаю́щий (челове́к, *etc*) **2.** *adj* (*slow*) медли́тельный, (*lagging*) отстаю́щий; (*lacking energy*) вя́лый

lagging (*insulation*) изоля́ция

lagoon лагу́на

laic 1. *n* све́тское лицо́, миря́нин **2.** *adj* све́тский

laicize (*secularize*) секуляризи́ровать; (*deprive of clerical status*) расстрига́ть

laid (*paper*) бума́га верже́; **~ up** (*confined to bed*) прико́ванный к посте́ли (**with**, + *instr*) ; *see* **lay**

lair ло́говище (*also fig*); (*of bear*) берло́га; (*of smaller animals*) нора́

laird лаэ́рд, поме́щик

laissez-faire невмеша́тельство

laity (*non-clerics*) све́тские ли́ца *neut pl*; (*non-professionals*) непрофессиона́лы *m pl*; (*ignorant outsiders*) профа́ны *m pl*, непосвящённые *pl*

lake 1. *n* (*of water*) о́зеро; (*pigment*) кра́сочный лак **2.** *adj* озёрный; **~-dwelling** сва́йная постро́йка

lakh сто ты́сяч

laky (*of, like lake*) озёрный; (*with many lakes*) покры́тый, изоби́лующий озёрами

lam (*thrash*) лупи́ть, колоти́ть, поро́ть

lama ла́ма *m*; **Dalai-Lama** дала́й-ла́ма *m*

lamaism ламаи́зм

Lamarckism ламарки́зм

lamasery ламаи́стский монасты́рь *m*

lamb 1. *n* (*young sheep*) ягнёнок, бара́шек; (*meat*) (молода́я) бара́нина; *coll* (*of child*) ове́чка **2.** *v* ягни́ться

lambast(e) *coll* (*thrash*) колоти́ть, лупи́ть; (*criticize*) обруга́ть, крыть

lambda(c)ism ламдаи́зм

lambent (*flickering*) игра́ющий; (*gleaming*) сия́ющий; (*clear*) я́ркий; (*brilliant*) блестя́щий

lambert *phys* ла́мберт

lambing ягне́ние

lambkin ягнёночек

lamblike *fig* кро́ткий

lambskin (*entire fleece*) ове́чья шку́ра; (*as trimming*) мерлу́шка; (*leather*) овчи́на

lamb's-wool 1. *n* поя́рок **2.** *adj* поя́рковый

lame 1. *n collect* **the ~** хромы́е *pl* **2.** *adj* (*limping*) хромо́й; **be ~ in one leg** хрома́ть на одну́ но́гу; (*crippled*) изуве́ченный; *fig* (*unconvincing*) неубеди́тельный, сла́бый; *fig* **~ duck** неуда́чник **3.** *v* kале́чить, уве́чить

lamé ламе́ *neut indecl*

lamella (*plate*) пласти́нка; (*scale*) чешу́йка; (*layer*) слой

lamellar, lamellate пласти́нчатый; чешу́йчатый; слои́стый

lameness хромота́; (*of argument etc*) несостоя́тельность *f*

lament 1. *n* (*wailing*) плач (**for**, по + *prep*); (*grieving*) се́тование; (*complaint*) жа́лоба; *lit* ламента́ция; (*song*) жа́лобная песнь *f*; (*elegy*) эле́гия **2.** *vi* (*weep*) пла́кать; (*grieve*) се́товать; *vt* (*weep for*) опла́кивать; (*regret*) жале́ть, сокруша́ться о (+ *prep*)

lamentable (*distressing*) печа́льный, плаче́вный, приско́рбный; (*wretched; inferior*) жа́лкий

lamentably печа́льно *etc*; (*unfortunately*) к сожале́нию; *coll* (*very*) ужа́сно

lamentation се́тование; (*cries*) вопль *m*; *hist lit* плач; *bibl* **Lamentations** Плач Иереми́и

lamented опла́киваемый; (*late*) поко́йный

lamina (*plate*) пласти́нка; (*layer*) слой; (*scale*) чешу́йка; *geol* пло́скость *f* отслое́ния

laminar ламина́рный

laminate 1. *n* слои́стый пла́стик; **wood ~** древе́сный, слои́стый пла́стик **2.** *adj* пласти́нчатый, слои́стый **3.** *v* (*form layers*) отсла́ивать(ся); (*build up in layers*) изготовля́ть из то́нких листо́в; (*roll into sheet*) прока́тывать в то́нкие листы́

laminated (*glass, plastic*) слои́стый, ламини́рованный; (*in plates*) пласти́нчатый; (*in sheets*) листово́й

lamination (*of plastics*) наслое́ние; (*rolling*) прока́тка; (*flattening*) расплю́щивание; *geol* слои́стость *f*; (*see also* **laminate**)

lammergeyer борода́ч-ягня́тник

lamp (*most senses*) ла́мпа; **signal ~** сигна́льная ла́мпочка; **spirit ~** спирто́вка; **street ~** у́личный фона́рь *m*

lampblack ла́мповая са́жа/ко́поть *f*

lampion лампио́н

lamplighter фона́рщик

lampoon 1. *n* зла́я сати́ра, па́сквиль *m* (**on**, на + *acc*) **2.** *v* писа́ть злу́ю сати́ру на (+ *acc*)

lampooner, lampoonist пасквиля́нт

lamp-post (*street lamp*) фона́рь *m*; (*actual post*) фона́рный столб

lamprey мино́га

lampshade абажу́р

lance 1. *n* пи́ка, копьё **2.** *v* пронза́ть пи́кой, копьём; *med* вскрыва́ть ланце́том
lance-corporal мла́дший капра́л
lanceolate ланцетови́дный
lancer *mil* ула́н; *pl* (*dance*) лансье́ *neut indecl*
lance-sergeant мла́дший сержа́нт
lancet *med* ланце́т; *zool* о́стрый коне́ц жа́ла; ~ **arch** стре́льчатая а́рка; ~ **window** сво́дчатое окно́
land 1. *n* (*ground; soil; territory*) земля́; **cultivated** ~ обрабо́танная земля́; **flood** ~ по́йма; **plot of** ~ уча́сток земли́; **table** ~ равни́на; **virgin** ~ целина́; (*not sea*) су́ша; **by** ~ по су́ше; **dry** ~ су́ша; **go by** ~ идти́ су́шей, по су́ше, сухи́м путём; **on** ~ на су́ше; (*shore*) земля́, бе́рег; **far from** ~ далеко́ от земли́; **make** ~ откры́ть *pf* бе́рег; **sight** ~ уви́деть *pf*, откры́ть *pf* зе́млю; (*terrain*) ме́стность *f*; *fig* **see how the** ~ **lies** зонди́ровать по́чву; (*property*) земля́ (*also pl*); **common** ~ обще́ственный вы́гон; (*country*) страна́; **in foreign** ~ **s** в чужи́х края́х, на чужби́не; **the Holy Land** свята́я земля́; **native** ~ ро́дина; **no man's** ~ ничья́ земля́, ниче́йная зо́на; **the Promised Land** земля́ обетова́нная **2.** *adj* (*on, by* ~; *forces, route etc*) сухопу́тный; (*of* ~ *property*) земе́льный; ~ **reclamation** мелиора́ция; ~ **surveyor** землеме́р; ~ **tenure** землепо́льзование; ~ **utilization** землеиспо́льзование **3.** *vt* (*passengers from ship*) выса́живать (на бе́рег); (*cargo*) выгружа́ть (на бе́рег); (*aircraft*) приземля́ть; (*fish*) вы́тащить *pf*; *coll* (*catch*) пойма́ть *pf*; (*obtain*) получа́ть; ~ **a blow** нанести́ *pf* уда́р; ~ **s.o. in trouble** ста́вить в тру́дное положе́ние; *vi* (*of passengers*) сходи́ть, выса́живаться (на бе́рег); (*of aircraft*) приземля́ться, де́лать поса́дку; ~ **on the moon** прилуня́ться, де́лать поса́дку на Луну́ (**on Mars** на Марс *etc*); ~ **on water** приводня́ться; (*fall*) па́дать; (*arrive, get into; hit*) попада́ть (**in, at,** в + *acc*); **how did you** ~ **up here?** как вы сюда́ попа́ли?; (*find oneself*) оказа́ться *pf*, очути́ться *pf* (**in,** в + *prep*)
land-agent (*manager*) управля́ющий име́нием; (*dealer*) аге́нт по прода́же земли́
landau ландо́ *neut indecl*
land-based *mil, nav* берегово́й
land-breeze берегово́й ве́тер
land-chain землеме́рная цепь *f*
land-clearing расчи́стка пло́щади, мелиорати́вные рабо́ты *f pl*
land-crab сухопу́тный краб
landed земе́льный; ~ **interest** землевладе́льцы *m pl*; ~ **proprietor** землевладе́лец
landfall откры́тие бе́рега; **make** ~ откры́ть *pf* бе́рег
land-girl сельскохозя́йственная рабо́тница
landgrave ландгра́ф
landing 1. *n* (*of passengers, troops*) вы́садка; (*place of* ~) ме́сто вы́садки; (*of aircraft*) поса́дка; **forced** ~ вы́нужденная поса́дка; **instrument, blind** ~ слепа́я поса́дка; (*on stairs*) площа́дка **2.** *adj* ~ **barge** деса́нтная ба́ржа; ~ **force, party** деса́нт; *av* ~ **gear** шасси́ *neut indecl;* ~**-stage** плаву́чая при́стань *f*; ~ **strip** взлётно-поса́дочная полоса́
landlady (*of inn etc*) хозя́йка; (*woman landlord*) домовладе́лица
landless безземе́льный
land-lineназе́мная ли́ния
landlocked окружённый су́шей; ~ **sea** вну́треннее мо́ре
landlord (*owner of house*) домовладе́лец; (*owner of land*) лендло́рд; (*of inn etc*) хозя́ин
landlubber *sl* сухопу́тный моря́к
landmark (*conspicuous point*) ориенти́р; *fig* ве́ха; (*turning point*) поворо́тный пункт; (*boundary mark*) межево́й знак
landmine ми́на, фуга́с
landowner землевладе́лец, поме́щик
landowning 1. *n* землевладе́ние **2.** *adj* землевладе́льческий
landrail (*bird*) коросте́ль *m*
landscape 1. *n* (*view of country; painting etc*) пейза́ж, ландша́фт; *geog* (*terrain*) ландша́фт **2.** *adj* пейза́жный, ландша́фтный; ~ **gardening** садо́во-па́рковая архитекту́ра, архитекту́рное садово́дство; ~ **painter** пейзажи́ст **3.** *v* разбива́ть (под пейза́ж)
landscapist пейзажи́ст
landslide о́ползень *m*; (*rock-fall*) обва́л; *fig pol* ~ **victory** по́лная побе́да
landslip о́ползень *m*
landsman неморя́к
land-surveying геодези́ческая съёмка
landswell прибо́й
land-tax земе́льный нало́г
landward(s) к бе́регу
lane (*in country*) доро́жка; (*tree-lined*) алле́я; (*in town*) у́лочка, переу́лок; (*clear passage*) прохо́д; *naut* **shipping** ~ морско́й путь *m*; *av* **air** ~ авиацио́нная ли́ния, возду́шная тра́сса; (*traffic*) полоса́ движе́ния; *sp* доро́жка
language (*most senses*) язы́к; **in the Russian** ~ на ру́сском языке́; (*speech*) речь *f*; **bad, foul** ~ скверносло́вие; **strong** ~ (*swearing*) ру́гань *f*
languid (*listless*) то́мный, вя́лый; (*apathetic*) апати́чный; (*weak*) сла́бый; (*lazy*) лени́вый
languish (*become languid, droop*) вя́нуть, ча́хнуть; (*suffer, pine*) томи́ться; ~ **in prison** томи́ться в тюрьме́
languishing, languorous то́мный
languor (*lassitude*) то́мность *f*, вя́лость *f*; (*apathy*) апати́чность *f*; (*weakness*) сла́бость *f*; (*weariness*) уста́лость *f*; (*melancholy*) то́мность *f*
lank (*limp*) мя́гкий; (*straight*) прямо́й; (*long and thin*) худоща́вый
lanky долговя́зый; (*legs*) дли́нный
lanolin ланоли́н
lantern фона́рь *m*; **dark** ~ потайно́й фона́рь; **magic** ~ волше́бный фона́рь; ~**-jawed** длинноли́цый
lanthanum ланта́н
lanyard *naut* та́лреп; (*carrying strap*) реме́нь *m*; (*cord*) шнур
Laos Лао́с
Laotian 1. *n* лао́сец, *f* лао́ска, лаотя́нин, *f* лаотя́нка **2.** *adj* лао́сский
lap 1. *n* (*sound of waves etc*) плеск; (*of seated person*) коле́ни *neut pl*; **the child sat on its mother's** ~ ребёнок сиде́л на коле́нях у ма́тери; *fig* **in the** ~ **of luxury** в ро́скоши; **in the** ~ **of nature** на ло́не приро́ды; **in the** ~ **of the gods** в рука́х судьбы́; *sp* (*circuit*) круг; (*round*) ра́унд; (*stage*) эта́п; *tech* (*join*) нахлёстка; (*fold*) скла́дка; (*wrinkle*) морщи́на; (*turn, loop*) круг, оборо́т; (*polishing disc*) шлифова́льный круг; (*of coat*) подо́л **2.** *v* (*of animal, to drink*) лака́ть; *coll* (*of human*) глота́ть; *fig* (*of waves etc*) плеска́ться (**against,** о + *acc*); ~ **up** (*flattery etc*) упива́ться (+ *instr*); (*absorb*) впи́тывать; (*enfold*) оку́ты-

вать, завёртывать; (*surround*) окружа́ть; *tech* (*overlap*) перекрыва́ть; (*polish*) шлифова́ть; (*grind in*) притира́ть; *sp* (*complete circuit*) соверша́ть круг; (*gain one lap lead*) обгоня́ть на круг

lapdog ко́мнатная соба́чка, боло́нка

lapel ла́цкан, отворо́т

lapidary 1. *n* (*gem cutter*) грани́льщик; (*gem expert*) зна́ток драгоце́нных камне́й **2.** *adj* (*carved on stone*) вы́гравированный на ка́мне; (*of, for grinding and cutting gems*) грани́льный; *fig* (*concise*) лапида́рный; ~ **bee** пчела́-ка́менщица

lapis lazuli *min* ля́пис-лазу́рь *f*, лазури́т; (*odour*) лазу́рь *f*

Laplacian *math* лапласиа́н, опера́тор Лапла́са

Lapland Лапла́ндия

Laplander лапла́ндец, *f* лапла́ндка (*now usu* саа́ми: *see* **Lapp**)

Lapp 1. *n* (*person*) саа́м, *f* саа́мка (*formerly* лопа́рь, *f* лопа́рка; лапла́ндец, *f* лапла́ндка); *pl* **the** ~ **s** саа́ми, саа́мы *pl indecl*; (*language*) язы́к саа́ми **2.** *adj* саа́мский

lapping (*grinding in*) притирка

Lappish *see* **Lapp**

lapse 1. *n* (*omission*) упуще́ние; (*failing*) оплошность *f*, прома́х; (*error, slip*) оши́бка, ля́псус; (*slip of the pen*) опи́ска; (*slip of the tongue*) обмо́лвка, оговорка; ~ **of memory** прова́л па́мяти; (*moral*) паде́ние; (*passage of time etc*) тече́ние; (*interval*) промежу́ток **2.** *v* (*err morally*) пасть *pf*; (*fall away from*) отклоня́ться (от + *gen*); (*fall into*) впа́дать (в + *acc*); (*pass, pass away*) проходи́ть; (*revert to; also leg*) переходи́ть в (+ *acc*); *leg* (*lose validity*) теря́ть си́лу; станови́ться недействи́тельным; (*of period of time*) истека́ть; (*come to an end*) прекраща́ться

lapsed (*of members of church, society etc*) бы́вший; (*bygone*) было́й

lapwing чи́бис

larceny похище́ние иму́щества, кра́жа

larch ли́ственница

lard 1. *n* лярд **2.** *v cul* шпигова́ть; *fig* пересыпа́ть, уснаща́ть (**with,** + *instr*)

larder кладова́я

large (*most senses*) большо́й; (*consisting of ~ pieces; ~-scale; massive*) кру́пный; (*considerable*) значи́тельный; **as** ~ **as life** (*full-size*) в натура́льную величину́; (*in person*) со́бственной персо́ной; (*without any doubt*) во всей красе́; **at** ~ на свобо́де; **by and** ~ в о́бщем

large-calibre крупнокали́берный

large-eyed (*having large eyes*) большегла́зый, с больши́ми глаза́ми; (*with wide-open eyes*) с широко́ откры́тыми глаза́ми

large-hearted великоду́шный

largely (*to a large extent*) в большо́й ме́ре, в значи́тельной сте́пени; (*mainly, basically*) в основно́м

largeness величина́

larger *pred adj* бо́льше; *attrib adj* бо́льший

large-scale в кру́пном масшта́бе, крупномасшта́бный; (*large*) кру́пный; (*mass, widespread, for all*) ма́ссовый

largesse (*generosity*) ще́дрость *f*; (*gift*) ще́дрый дар

largest са́мый большо́й, наибо́льший; *pred adj* бо́льше всех

largish дово́льно большо́й

largo ла́рго *neut indecl*

lariat арка́н, лассо́ *neut indecl*

lark 1. *n* (*bird*) жа́воронок; (*joke*) шу́тка; **for a** ~ шу́тки ра́ди; (*prank*) ша́лость *f*, прока́за **2.** *v* (*play tricks*) шали́ть; ~ **about** (*play*) весели́ться, резви́ться

larkspur живокость *f*

larky (*playful*) весёлый; (*joking*) шутли́вый

larva личи́нка

larval личи́ночный

laryngeal горта́нный

laryngitis ларинги́т

laryngoscope ларингоско́п

larynx горта́нь *f*

lascivious похотли́вый

lasciviousness похотли́вость *f*

laser 1. *n* ла́зер **2.** *adj* ла́зерный; ~ **printer** ла́зерное печа́тающее устро́йство

lash 1. *n* (*whip*) плеть *f*, хлыст, бич; (*blow*) уда́р плётью *etc*; (*beating*) по́рка; *fig* **the** ~ **of satire** бич сати́ры; (*eyelash*) ресни́ца **2.** *v* (*strike, flog*) стега́ть, хлеста́ть; (*of branches, wind, rain etc*) хлеста́ть; (*rouse to violence*) доводи́ть до исступле́ния; *fig* (*criticize*) бичева́ть; (*tail*) бить, маха́ть (+ *instr*); (*tie*) свя́зывать; *naut* найто́вить; (*tie to*) привя́зывать к (+ *dat*); ~ **down** закрепля́ть; ~ **out** нанести́ *pf* уда́р; (*with hooves*) лягну́ть *pf*; *fig* (*attack*) набро́ситься *pf* (**at**, на + *acc*); *coll* (*spend*) *vi* раскоше́литься; *vt* выкла́дывать

lashing (*whipping*) по́рка; *naut* найто́в; *coll pl* (*lots of*) ма́сса, у́йма

lash-up вре́менное приспособле́ние

lass, lassie (*girl*) де́вушка; (*small girl*) де́вочка

lassitude вя́лость *f*

lasso 1. *n* лассо́ *neut indecl*, арка́н **2.** *v* лови́ть арка́ном, арка́нить

last 1. *n* (~ *person*) после́дний; (~ *thing*) после́днее; (*end*) коне́ц; **at** ~ наконе́ц; **see the** ~ **of** ви́деть в после́дний раз; **to the** ~ до конца́; (*shoemaker's*) коло́дка **2.** *adj* (*hindmost; final*) после́дний; ~ **but one** предпосле́дний; ~ **but not least** после́дний но не ме́нее ва́жный; **the** ~ **day** день *m* стра́шного суда́; **the Last Supper** та́йная ве́черя; **be on one's** ~ **legs** е́ле дви́гаться; (*past, preceding*) про́шлый; ~ **April** в мину́вшем апре́ле, в апре́ле про́шлого го́да; ~ **month** в про́шлом ме́сяце; ~ **night** (*during night*) про́шлой но́чью; (*evening*) вчера́ ве́чером; ~ **Thursday** в про́шлый четве́рг; ~ **week** на про́шлой неде́ле; ~ **year** в про́шлом году́; **the day before** ~ позавчера́; **the week before** ~ позапро́шлая неде́ля; (*latest*) са́мый после́дний, нове́йший; **the** ~ **word in** после́днее сло́во (+ *gen*) **3.** *adv* (*after others*) по́сле всех; **I arrived** ~ я пришёл после́дним; (*most recently*) (в) после́дний раз; **when did you see her** ~ **?** когда́ вы её ви́дели в после́дний раз?; (*finally*) в конце́ **4.** *v* (*continue*) продолжа́ться; **how long will this** ~**?** ско́лько э́то бу́дет продолжа́ться?; **the play** ~**ed two hours** пье́са продолжа́лась два часа́; (*endure*) выде́рживать; (*stay in good condition*) сохраня́ться; (*suffice*) хвата́ть (**for**, на+ *acc*); **their supplies** ~**ed a week** запа́сов им хвати́ло на неде́лю; *tech* (*shoes*) натя́гивать на коло́дку; ~ **out** выде́рживать

lasting (*long continuing*) дли́тельный, продолжи́тельный; (*firm, enduring*) про́чный

lastly наконе́ц, в конце́; (*in the last place*) на

послéднем мéсте; (*in conclusion*) в заключéние

latch 1. *n* (*simple bar catch*) щекóлда; (*other simple catches*) защёлка; (*Yale type*) америкáнский замóк **2.** *v* запирáть(ся), закрывáть(ся), защёлкивать(ся)

late 1. *adj* (*not early*) пóздний; **at a ~ hour** в пóздний час; **it is too ~** слúшком пóздно (**to,+** *infin*); **~ at night** пóздно вéчером; **to be ~** опáздывать (**for,** в, на+ *acc;* к + *dat*); **he was two hours ~** он опоздáл на два часá; **don't be ~!** не опáздывай(те)!; (*of latter part*) **in ~ summer** к концý лéта, в концé лéта; **the ~ nineteenth century** пóздний девятнáдцатый век; (*recent*) недáвний; (*former*) бы́вший; (*recently dead*) покóйный **2.** *adv* пóздно; **better ~ than never** лýчше пóздно, чем никогдá; (*too ~*) (слúшком) пóздно; (*after delay*) с опоздáнием; (*until ~*) допозднá; **as ~ as** (*only*) тóлько; (*still*) ещё

lately (в, за) послéднее врéмя; **until ~** до послéднего врéмени

latency латéнтность *f*

lateness (*delay*) запоздáлость *f*, опоздáние; **the ~ of the hour** пóздний час; **please excuse my ~** простú(те), что я опоздáл

latent (*most uses*) скры́тый, латéнтный; *med* **~ period** инкубациóнный перúод

later 1. *adj*: *attrib adj* бóлее пóздний; *pred adj* пóзже, позднéе **2.** *adv* пóзже, позднéе; **~ on** пóзже, потóм; **I'll tell you ~** я вам скажý потóм; **come at no ~ than twelve** приходú(те) не пóзже двенáдцати (часóв); **sooner or ~** рáно или пóздно

lateral 1. *n bot* боковóй побéг; *phon* латерáльный сонáнт; (*mining*) горизонтáльная вы́работка **2.** *adj* (*most senses*) боковóй; (*transverse*) поперéчный; (*secondary*) побóчный

laterally (*from side*) со стороны́, сбóку; (*to side*) в стóрону, вбок; (*transversely*) поперéчно; *geneal* по боковóй лúнии

latest (*most late*) сáмый пóздний; **by six o'clock at the ~** сáмое пóзднее в шесть часóв; (*most recent*) сáмый послéдний, сáмый нóвый, новéйший; **the ~ thing** послéднее слóво (**in,** + *gen*); **~ information** позднéйшие свéдения *neut pl*

latex 1. *n* латéкс, млéчный сок; **foam ~** вспéненный латéкс **2.** *adj* латéксный

lath (*thin strip*) рéйка, плáнка; (*as base for plaster*) дрань *f*

lathe (*turning ~*) токáрный станóк; **boring ~** карусéльный станóк; **capstan ~** токáрноревóльверный станóк; **potter's ~** гончáрный станóк; **screw-cutting ~** резьбонарезнóй станóк; **turret ~** ревóльверный станóк

lathe-bed станúна станкá

lather 1. *n* (*soap*) мы́льная пéна; (*on horse*) пéна, мы́ло **2.** *vt* намы́ливать; *coll* (*thrash*) колотúть; *vi* (*of soap*) мы́литься; (*of horse*) покрывáться пéной

Latin 1. *n* (*language*) латúнский язы́к, латы́нь *f*; **dog ~** кýхонная латы́нь; **thieves' ~** воровскóй жаргóн, блатнáя мýзыка; *usu pl* (*people of Latium*) латинЯне *pl*; (*Italians, Spanish etc*) ромáнские нарóды *m pl* **2.** *adj* (*of ~ language, Rome*) латúнский; **~ alphabet** латúница; (*of Romance languages*) ромáнский; **~ America** Латúнская Амéрика; **~ American** латиноамерикáнский

Latinism латинúзм

Latinist латинúст

Latinity знáние латúнского языкá/латы́ни

latinize латинизúровать; (*use latinisms*) употреблЯть латинúзмы

latitude (*broadness*) широтá; (*freedom*) свобóда; (*tolerance*) терпúмость *f*; *geog, astron* широтá; **reckon, find the ~** определЯть широтý; **at ~ 20°N** под 20° (*instr*) сéверной широты́ (*abbr* с.ш.), под широтóй 20° (*gen*); **at this ~** на э́той широтé; **high, temperate, low ~s** высóкие, умéренные, тропúческие ширóты

latitudinal ширóтный

latitudinarian 1. *n* веротерпúмый человéк **2.** *adj* веротерпúмый

latrine отхóжее мéсто

latter (*second*) вторóй; (*last; last-mentioned*) послéдний; **~ day** сегóдняшний, нáших времён

latterly (*recently*) (в, за) послéднее врéмя

lattice (*most senses*) решётка

latticed решётчатый

Latvia Лáтвия

Latvian 1. *n* (*Lett*) латы́ш, *f* латы́шка; (*inhabitant of Latvia*) латвúец, *f* латвúйка; (*language*) латы́шский язы́к **2.** *adj* (*Lettish*) латы́шский; (*of Latvia*) латвúйский

laud восхвалЯть, прославлЯть, превозносúть

laudable похвáльный

laudanum настóйка óпия

laudatory хвалéбный

laugh 1. *n* смех; **give a ~** рассмеЯться *pf*, засмеЯться *pf*; **have a ~** посмеЯться *pf* (**at, over,** над + *instr*); **have the ~ on** одержáть *pf* верх над (+ *instr*) **2.** *v* смеЯться (**at, over,** над + *instr*) (*also fig*); **~ to scorn** высмéивать; **~ in, up one's sleeve** смеЯться в кулáк; **~ off** отдéлываться смéхом от (+ *gen*)

laughable смешнóй

laughing 1. *n* смех **2.** *adj* (*that laughs*) смéющийся; (*joyful*) весёлый; (*causing laughter*) смехотвóрный; **~ gas** веселЯщий газ; **it's no ~ matter** дéло серьёзное, э́то не шýтка; **~ jackass** зи́морóдок-хохотýн

laughing-stock посмéшище; **make a ~ of** сдéлать *pf* (+ *acc*) посмéшищем

laughter смех; **burst into ~** расхохотáться *pf*; **roar with ~** хохотáть

launch 1. *n* (*of ship*) спуск нá воду; (*of rocket*) пуск; (*small boat*) кáтер **2.** *adj* пусковóй **3.** *vt* (*ship*) спускáть нá воду; (*rocket*) запускáть; (*torpedo etc*) выпускáть; (*from aircraft*) сбрáсывать; (*throw*) метáть; **~ blow** нанестú *pf* удáр; (*set going*) пускáть в ход; (*begin attack, campaign*) начинáть, открывáть; *vi* **~ into** пускáться (в + *acc*)

launcher (*for missiles*) пусковáя установка; **anti-tank rocket ~** реактúвный противотáнковый гранатомёт

launching *see* **launch 1, 2.**

launder стирáть(ся)

launderette, laundromat прáчечная самообслýживания; прáчечная-автомáт

laundress прáчка

laundry прáчечная

laureate 1. *n* лауреáт; **Poet Laureate** придвóрный поэ́т **2.** *adj* увéнчанный лаврóвым венкóм

laurel 1. *n* (*tree*) лáвровое дéрево, лавр; *pl fig* лáвры *m pl*; **look to one's ~s** оберегáть свои лáвры; **rest on one's ~s** почúть *pf* на лáврах **2.** *adj* (*of tree*) лáвровый; (*other uses*) лаврóвый

lava лáва; **~ flow** лáвовый потóк

lavage промывáние

lavatory убо́рная, туале́т
lave *poet* (*wash*) мыть; (*of river*) омыва́ть
lavender 1. *n bot* лава́нда; (*colour*) бле́дно-лило́вый цвет **2.** *adj* (*of* ~) лава́ндовый; ~ **oil** лава́ндовое ма́сло; ~ **water** лава́ндовая вода́; (*colour*) цве́та лава́нды
lavish 1. *adj* (*generous*) ще́дрый; (*abundant*) оби́льный; **be** ~ **of** не скупи́ться на (+ *acc*); (*prodigal*) расточи́тельный; (*excessive*) чрезме́рный **2.** *v* (*give generously*) ще́дро раздава́ть (**on**, + *dat*); ~ **care on** окружа́ть забо́той; (*squander*) расточа́ть
law 1. *n* (*rule, legislation*) зако́н; **according to the** ~ согла́сно зако́ну; **against the** ~ про́тив зако́на; **break the** ~ наруша́ть зако́н; **by, in** ~ по зако́ну; **go to** ~ пода́ть *pf* в суд; **have the** ~ **on** пода́ть *pf* в суд на (+ *acc*); **lynch** ~ зако́н Ли́нча; ~ **and order** правопоря́док; ~ **of the jungle** зако́н джу́нглей; (*of custom, nature, science*) зако́н; ~ **of gravity** зако́н всеми́рного тяготе́ния; **the** ~**s of honour** зако́н че́сти; (*of game*) пра́вило; (*legal science*) пра́во; **study** ~ изуча́ть пра́во; **canon** ~ канони́ческое, церко́вное пра́во; **civil** ~ гражда́нское пра́во; **common** ~ обы́чное пра́во; **criminal** ~ уголо́вное пра́во; **martial** ~ вое́нное положе́ние; (*legal profession*) профе́ссия юри́ста; (*jurisprudence*) правове́дение; *coll* (*police*) **the** ~ мили́ция; (*in non-communist countries*) поли́ция **2.** *adj* юриди́ческий
law-abiding (*keeping the law*) законопослу́шный, подчиня́ющийся зако́нам; (*peaceful*) ми́рный; (*decent, respectable*) поря́дочный
law-breaker наруши́тель *m* зако́на, правонаруши́тель *m*
law-court суд; (*building*) зда́ние суда́
lawful зако́нный
lawfulness зако́нность *f*
lawgiver законода́тель *m*
lawless (*without law*) беззако́нный; (*not legal*) незако́нный; (*unruly*) непоко́рный
lawlessness беззако́ние; незако́нность *f*; (*disorder*) беспоря́док
lawmaker законода́тель *m*
lawmaking законода́тельство
lawn (*grass*) газо́н; (*textile*) бати́ст; ~**-mower** газонокоси́лка; ~**-sprinkler** садо́вый дождева́льный аппара́т; ~ **tennis** те́ннис, ла́ун-те́ннис
lawsuit суде́бный проце́сс; **enter, bring a** ~ предъявля́ть иск (**against**,+ *dat;* **for**, о + *prep*)
lawyer (*legal expert, jurist*) юри́ст; (*legal adviser of firm etc*) юриско́нсульт; (*solicitor*) соли́ситор; (*advocate*) адвока́т, защи́тник
lax (*careless*) небре́жный; (*not strict*) нестро́гий; (*slack*) сла́бый; ~ **discipline** сла́бая дисципли́на; (*imprecise*) нето́чный
laxative 1. *n* слаби́тельное (сре́дство) **2.** *adj* слаби́тельный
laxity (*carelessness*) небре́жность *f*; (*casual attitude to work etc*) хала́тность *f*; (*weakness*) сла́бость *f*; (*imprecision*) нето́чность *f*
[1]**lay** (*song*) лэ *neut indecl*, (коро́ткая) пе́сенка; (*ballad*) балла́да; (*lyric*) лири́ческое стихотворе́ние
[2]**lay** (*not in orders*) недухо́вный; (*not of church*) све́тский, мирско́й; (*not professional*) непрофессиона́льный
[3]**lay 1.** *n* (*position*) положе́ние; ~ **of the land** хара́ктер ме́стности; *fig* ситуа́ция; (*of rope*) спуск **2.** *v* (*put in lying position*) класть *impf*, положи́ть *pf* (**on**, на + *acc*; **in**, в + *acc*); ~ **bricks** класть кирпичи́; ~ **carpet** настила́ть ковёр; ~ **foundation** заложи́ть *pf* фунда́мент; *fig* положи́ть *pf* нача́ло (**of**, + *dat*); ~ **a bet** держа́ть пари́ (**on**, на + *acc*); (*pipe, cable etc*) проводи́ть, прокла́дывать; (*cover*) покрыва́ть (**with**, + *instr*); ~ **the table** накрыва́ть на стол; (*set*) ~ **an ambush, trap** устра́ивать заса́ду, ста́вить лову́шку; (*of hens*) ~ **eggs** класть я́йца, нести́сь; **the hens are not** ~**ing** ку́ры не несу́тся; (*of insects*) откла́дывать я́йца; (*impose*) налага́ть (**on**, на + *acc*); ~ **tax on** облага́ть (+ *acc*) нало́гом; ~ **blame on** возлага́ть вину́ на (+ *acc*); ~ **accusation against** обвиня́ть; ~ **information against** доноси́ть на (+ *acc*); ~ **stress on** подчёркивать, де́лать ударе́ние на (+ *prep*); (*present, display*) излага́ть (**before**, пе́ред + *instr*), представля́ть (**before**, к + *dat*); ~ **claim to** предъявля́ть прете́нзию на (+ *acc*); (*allay*) рассе́ивать; (*in various expressions*); ~ **bare** обнажа́ть; *fig* раскрыва́ть; ~ **eyes on** уви́деть *pf*; ~ **hands on** (*seize*) захвати́ть *pf*; (*find*) найти́ *pf*; ~ **hold of** схвати́ть *pf*; ~ **low** повали́ть *pf*; ~ **open** открыва́ть; ~ **oneself open to** навлека́ть на себя́; ~ **waste** опустоша́ть
~ **about** наноси́ть уда́ры напра́во и нале́во
~ **aside, by** (*put aside; save*) откла́дывать; (*abandon*) броса́ть
~ **down** (*put down*) укла́дывать; (*plan*) составля́ть; (*rules etc*) устана́вливать; (*arms*) сложи́ть *pf* ору́жие, капитули́ровать; (*ship, building*) закла́дывать; ~ **down one's life for** отда́ть *pf* свою́ жизнь за (+ *acc*)
~ **in** запаса́ть
~ **into** набра́сываться на (+ *acc*)
~ **off** (*workers*) вре́менно увольня́ть; *coll* (*cease*) переста́ть *pf*; ~ **off!** отста́нь!; (*keep away from*) не тро́гать; *naut* отходи́ть на небольшо́е расстоя́ние
~ **on** (*apply*) накла́дывать; (*gas, electricity etc*) прокла́дывать; (*provide*) обеспе́чивать; (*attack*) набра́сываться на (+ *acc*); ~ **it on** (*exaggerate*) преувели́чивать; (*flatter*) льсти́ть
~ **out** (*arrange, display*) выставля́ть, выкла́дывать; (*a room*) обставля́ть; (*garden, park*) разбива́ть; (*plan*) плани́ровать; (*money*) выкла́дывать; *coll* (*knock down*) сбива́ть с ног
~ **to** (*ascribe*) припи́сывать к (+ *dat*); *naut* ложи́ться в дрейф; (*as order*) навали́сь!
~ **up** (*put aside*) откла́дывать; (*store*) запаса́ть; (*save*) копи́ть; *naut* (*a rope*) скру́чивать; **be laid up** (*by illness*) быть прико́ванным к посте́ли
layabout безде́льник
lay-by (*road*) (придоро́жная) стоя́нка; (*railway*) разъе́зд, ве́тка
layer 1. *n* (*thickness*) слой; (*of dust etc*) налёт; *hort* отво́док; (*hen*) несу́шка; *mil* наво́дчик **2.** *v* (*make* ~) насла́ивать; (*form* ~*s*) рассла́ивать(ся)
layered слои́стый
layman (*not cleric*) миря́нин; (*not expert*) непрофессиона́л, профа́н, обыва́тель *m*
lay-off вре́менное увольне́ние
layout (*plan*) план; (*drawing*) чертёж; *print* маке́т; (*arrangement*) планиро́вка; (*display*) экспози́ция
lay-shaft промежу́точный вал
lay-up просто́й
laze безде́льничать, лентя́йничать
lazy лени́вый; ~**-bones** лентя́й; ~**-tongs** пантогра́фный захва́т
lea луг, по́ле

leach 1. *n* рапа́ **2.** *v* выщела́чивать

[1]lead 1. *n* (*metal*) свине́ц; **red ~** свинцо́вый су́рик; **white ~** свинцо́вые бели́ла *neut pl*; (*of pencil*) графи́т; *print* шпон; *naut* лот; **swing the ~** броса́ть лот; *fig* симули́ровать **2.** *adj* свинцо́вый

[2]lead 1. *n* (*control*) руково́дство; **take the ~** брать на себя́ руково́дство; (*main role; theat, fig*) веду́щая роль *f*; (*initiative*) инициати́ва; **take the ~** проявля́ть инициати́ву; (*hint*) намёк (**to,** на + *acc*); (*clue*) ключ (**to,** к + *dat*); (*example*) приме́р; **give a ~** показа́ть *pf* приме́р (**to,** + *dat*; **in,** в + *prep*); *sp* (*front position*) пе́рвое ме́сто; (*in contest*) пе́рвенство; **go into the ~** заня́ть *pf* пе́рвое ме́сто; (*distance in front*) **have a ~ of** опереди́ть *pf* на (+ *acc*); (*advantage*) преиму́щество (**over,** над + *instr*); (*dog's leash*) поводо́к; **on a ~** на поводке́; *elect* про́вод; (*at cards*) ход; *naut* прохо́д **2.** *v* (*guide*; *live*; *be way to*) вести́; **~ astray** сбить *pf* с пути́ и́стинного; **~ a dissolute life** вести́ распу́тную жизнь; **~ a double life** жить двойно́й жи́знью; **~ a miserable existence** влачи́ть жа́лкое существова́ние; **~ by the hand** вести́ за́ руку; **the road ~s to the town** доро́га ведёт в го́род, к го́роду; (*conduct*) проводи́ть; (*have as result*) приводи́ть (**to,** к + *dat*); **this will ~ to trouble** э́то приведёт к неприя́тностям; (*persuade*) убежда́ть; (*incline*) склоня́ть; (*oblige*) заставля́ть; **this ~s me to think** э́то наво́дит (меня́) на мысль, что; (*be head of*) возглавля́ть, стоя́ть во главе́; **a delegation led by ...** делега́ция во главе́ с (+ *instr*); (*govern*) управля́ть (+ *instr*); (*organize, run*) руководи́ть (+ *instr*); (*be in front*) быть впереди́; *sp* лиди́ровать; **~ by** опереди́ть *pf* на (+ *acc*); (*surpass*) превосходи́ть; (*at cards*) ходи́ть; **~ spades** ходи́ть с пик (*gen pl*)

- **~ away** уводи́ть; (*water etc*) отводи́ть
- **~ off** (*begin*) начина́ть (**with,** с + *gen*)
- **~ on** (*lure*) зама́нивать (**into,** в + *acc*), завлека́ть
- **~ out** выводи́ть; **~ out of** (*of passage etc*) выходи́ть из (+ *gen*)
- **~ to** (*result*) приводи́ть к (*dat*); (*place*) вести́ к (+ *dat*), в (+ *acc*)
- **~ up to** (*bring to*) подводи́ть к (+ *dat*); (*prepare gradually*) постепе́нно подгота́вливать к (+ *dat*); (*be introduction to*) служи́ть введе́нием к (+ *dat*); (*hint at*) намека́ть на (+ *acc*); (*approach*) подходи́ть к (+ *dat*)

leaded *typ* на шпо́нах; *tech* **~ fuel** этили́рованное то́пливо

leaden свинцо́вый *also fig*

leader (*head*) глава́; (*of tribe*) вождь *m*; (*person in charge*) руководи́тель *m*; (*of political party, esp foreign; also sp*) ли́дер; (*article*) передова́я (статья́); (*of orchestra*) концертме́йстер; (*conductor*) дирижёр; (*of herd*) вожа́к; *typ* пункти́р

leadership (*most senses*) руково́дство; **under the ~ of** под руково́дством, во главе́ с (+ *instr*); *sp, pol* (*esp foreign*) ли́дерство

lead-in *elect* ввод; (*introduction*) введе́ние

leading (*front*) пере́дний; (*guiding, controlling*) руководя́щий; (*eminent*) выдаю́щийся; (*foremost*) веду́щий; (*main*) гла́вный; **~ article** передова́я статья́; *leg* **~ case** руководя́щий суде́бный прецеде́нт; *theat* **~ lady** исполни́тельница гла́вной ро́ли; **~ light** ви́дный де́ятель *m*; **~ question** наводя́щий вопро́с

leadline ло́тлинь *m*

leadsman лотово́й

leady свинцо́вый

leaf 1. *n* (*of plant*) лист, *pl* ли́стья; **come into ~** распуска́ться, покрыва́ться листво́й; (*of book*) лист, *pl* листы́, страни́ца; *fig* **turn over a new ~** испра́виться *pf*; **gold ~** золота́я фо́льга; (*of table*) опускна́я доска́; **2.** *adj* листово́й **3.** *v* **~ through** перели́стывать

leafage листва́

leafless безли́стный

leaflet (*small leaf*) листо́к, ли́стик; (*printed*) листо́вка

leaf-mould ли́ственный перегно́й

leafy (*having leaves*) ли́ственный; *bot* обли́ственный; (*covered with leaves*) покры́тый ли́стьями; (*like leaf*) листово́й

league 1. *n* (*alliance*) ли́га, сою́з; **League of Nations** Ли́га На́ций; **in ~ with** в сою́зе с (+ *instr*); (*measure*) ли́га **2.** *v* **~ together** объединя́ться (**against,** про́тив + *gen*)

leak 1. *n* (*hole*) течь *f*; **spring a ~** дать *pf* течь; (*leakage, also fig*) уте́чка **2.** *v* (*of vessel*) дава́ть течь; **the bucket is ~ing** ведро́ течёт; (*escape*) вытека́ть; (*seep in, through*) проника́ть (че́рез + *acc*); **~ out** вытека́ть; (*of news etc*) стать *pf* изве́стным

leakage уте́чка (*also fig*)

leakance *elect* проводи́мость *f* изоля́ции

leak-proof гермети́чный

leaky (*having leak*) с те́чью; (*of joint etc*) непло́тный

[1]lean 1. *n* (*slope*) накло́н **2.** *vt* прислоня́ть (**on, against,** к + *dat*); *vi* (*slope*) наклоня́ться (**over,** над + *instr*); (*support oneself, be supported*) опира́ться (**against,** о + *acc*; **on,** на + *acc*); (*rest against*) прислоня́ться (**against,** к+ *dat*); (*rely on*) опира́ться (**on,** на + *acc*), полага́ться (**on,** на + *acc*); (*tend, incline*) склоня́ться (**towards,** к + *dat*)

- **~ back** отки́дываться наза́д; **he ~ed back in his chair** он отки́нулся на спи́нку кре́сла
- **~ down** наклоня́ться
- **~ forward** наклоня́ться вперёд
- **~ out of** высо́вываться из (+ *gen*)
- **~ over** (*slope*) наклоня́ться; (*bend*) перегиба́ться; *fig* **~ over backwards to** из ко́жи вон лезть, что́бы

[2]lean 1. *n* (*meat*) по́стное мя́со **2.** *adj* (*thin*) худо́й, то́щий; (*of meat*) по́стный, нежи́рный; (*poor*) ску́дный; **~ years** неурожа́йные го́ды *m pl*

leaning 1. *n* (*slope*) накло́н; (*tendency*) скло́нность *f* (**towards,** к + *dat*) **2.** *adj* накло́нный; **~ tower** па́дающая ба́шня

leanness худоба́; ску́дость *f*

lean-to пристро́йка с односка́тной кры́шей

leap 1. *n* (*jump*) прыжо́к, скачо́к; *fig* скачо́к; **~ in the dark** прыжо́к в неизве́стность; **~ year** високо́сный год **2.** *v* пры́гать, скака́ть

- **~ across** перепры́гивать, переска́кивать (+ *acc or* че́рез + *acc*)
- **~ at** набра́сываться на (+ *acc*); *fig* (*at chance etc*) ухвати́ться *pf* за (+ *acc*)
- **~ from** броса́ться с (+ *gen*); **~ from a window** вы́прыгнуть *pf* из окна́
- **~ in** вска́кивать (в + *acc*)
- **~ off** спры́гивать, соска́кивать (с + *gen*)
- **~ on** вска́кивать (на + *acc*); (*attack*) набра́сываться на (+ *acc*); (*seize upon*) ухвати́ться *pf*
- **~ out** выска́кивать (**of,** из + *gen*)

~ **over** перепры́гивать, переска́кивать (+ *acc or* через + *acc*)
~ **through** проска́кивать (че́рез + *acc*)
leap-frog 1. *n* чехарда́ **2.** *v* перепры́гивать
learn (*find out*) узнава́ть (**of, about,** о + *prep*); (*study*) учи́ть, изуча́ть; (*be pupil; acquire knowledge*) учи́ться (+ *dat, or* + *infin*)
learned учёный
learner (*pupil*) уча́щийся, учени́к; (*beginner*) начина́ющий
learning (*study*) изуче́ние; (*knowledge*) зна́ния *neut pl;* (*erudition*) учёность *f*, эруди́ция
lease 1. *n* наём, аре́нда; **take a** ~ **on** арендова́ть; (*contract*) догово́р об аре́нде; (*period*) срок аре́нды **2.** *v* (*let on* ~) сдава́ть в аре́нду/внаём; (*take on* ~) арендова́ть, брать в аре́нду/внаём
leasehold владе́ние на права́х аре́нды; ~ **property** арендо́ванная со́бственность *f*
leaseholder арендо́тор
leash 1. *n* (*lead for pet dog*) поводо́к; (*for hunting dogs etc*) сво́ра, при́вязь *f*; **keep on a** ~ держа́ть на при́вязи; *fig* **strain at the** ~ сгора́ть от нетерпе́ния **2.** *v* (*keep on* ~) держа́ть на при́вязи; (*put on a* ~) сажа́ть на при́вязь
least 1. *n* са́мое ме́ньшее; **at** ~ по кра́йней ме́ре; **to say the** ~ мя́гко выража́ясь, по ме́ньшей ме́ре; **not in the** ~ ниско́лько, ни в мале́йше сте́пени; (*minimum*) ми́нимум **2.** *superl adj* мале́йший, наиме́ньший; **there isn't the** ~ **chance** нет ни мале́йшего ша́нса; **in the** ~ **possible time** в кратча́йший срок; ~ **of all** ме́нее всего́; *to translate compound superlatives use* са́мый + *neg adj, eg* **the** ~ **beautiful** са́мый некраси́вый **3.** *adv* ме́ньше всего́ (всех)
leastways, leastwise по кра́йней ме́ре
leather 1. *n* ко́жа **2.** *adj* ко́жаный, из ко́жи **3.** *v* (*cover with* ~) покрыва́ть ко́жей; *coll* (*beat*) поро́ть
leather-bound в ко́жаном переплёте
leatherette иску́сственная ко́жа
leathern ко́жаный
leathery похо́жий на ко́жу, ко́жистый; (*tough*) жёсткий
leave 1. *n* (*permission*) разреше́ние, позволе́ние; **by your** ~ с ва́шего позволе́ния; **without** ~ без разреше́ния; (*farewell*) **take** ~ **of** проща́ться с (+ *instr*); **take** ~ **of one's senses** с ума́ сойти́ *pf*; (*from work, army etc*) о́тпуск; **a month's** ~ о́тпуск на ме́сяц; **on** ~ в о́тпуске; **French** ~ (*without saying goodbye*) ухо́д без проща́ния; (*from work etc*) прогу́л **2.** *v* (*go away on foot*) уходи́ть; (*in vehicle*) уезжа́ть (из + *gen;* **for,** в + *acc*); (*go out of*) выходи́ть; выезжа́ть (из + *gen*); (*of train, ship etc*) отправля́ться, отходи́ть; (*part from; not take; deposit; allow to remain*) оставля́ть; **I left him a note** я оста́вил ему́ запи́ску; **I left him at home** я оста́вил его́ до́ма; ~ **it till tomorrow!** оста́вь(те) до за́втра!; ~ **open** *etc* оставля́ть откры́тым *etc*; (*quit, abandon*) покида́ть, броса́ть; **she left her job** она́ бро́сила рабо́ту, ушла́ с рабо́ты; (*after one's death*) оставля́ть; (*bequeath*) завеща́ть, оставля́ть в насле́дство; (*entrust*) предоставля́ть (**to,** + *dat*); *math* **8 from 10** ~**s 2** де́сять ми́нус во́семь равня́ется двум; (*remain*) остава́ться; **how much is left?** ско́лько оста́лось?; ~ **alone** (*not interrupt*) не меша́ть (+ *dat*); (~ *in peace*) оставля́ть в поко́е; (*not touch*) не тро́гать; ~ **me alone!** отста́нь!
~ **behind** оставля́ть; (*forget*) забыва́ть; (*go beyond*) оставля́ть позади́; (*outdistance*) опережа́ть
~ **off** (*cease*) переста́ть *pf* (+ *infin*), конча́ть (+ *acc*); (*give up*) броса́ть; (*stop wearing*) перестава́ть носи́ть
~ **out** (*omit*) пропуска́ть; (*fail to take account of*) не учи́тывать; ~ **out of account** не принима́ть во внима́ние
leaven 1. *n* (*yeast*) дро́жжи *pl; fig* (*influence*) влия́ние **2.** *v* заква́шивать; *fig* (*fortify*) подкрепля́ть (**with,** + *instr*); (*dilute*) разбавля́ть (**with,** + *instr*)
leave-taking проща́ние
leavings (*remainder*) оста́тки *m pl*; (*of food*) объе́дки *m pl*
Lebanese 1. *n* лива́нец, *f* лива́нка **2.** *adj* лива́нский
Lebanon Лива́н
lecher развра́тник
lecherous развра́тный, распу́тный
lechery развра́т, распу́тство
lectern (*in church*) анало́й; (*bookstand*) пюпи́тр
lection (*reading*) чте́ние; (*variant*) разночте́ние
lecture 1. *n* (*talk*) ле́кция; **give a** ~ **on history** чита́ть ле́кцию по исто́рии; *fig* (*rebuke*) вы́говор, нота́ция; **give s.o. a** ~ отчи́тывать (+ *acc*) **2.** *v* чита́ть ле́кции; *fig* чита́ть нота́ции (+ *dat*), отчи́тывать
lecturer ле́ктор; (*university teacher*) университе́тский преподава́тель *m*, ≈ доце́нт
LED (light-emitting diode) светоизлуча́ющий дио́д
ledge (*narrow shelf*) по́лочка; (*batten*) ре́йка, пла́нка; **window** ~ подоко́нник; (*on cliff*) вы́ступ; (*in sea*) риф
ledger *comm* гла́вная кни́га, гро́ссбух; *bui* попере́чная ба́лка; (*on grave*) надгро́бная плита́; ~ **bait** нажи́вка; ~**-wall** *geol* лежа́чий бок
lee 1. *n* (*shelter*) защи́та, укры́тие; **in the** ~ **of** защищённый (+ *instr*); *naut* подве́тренная сторона́; **on, under the** ~ под ве́тром **2.** *adj* подве́тренный; ~**shore** подве́тренный бе́рег; ~ **tide** прили́вное тече́ние в подве́тренную сто́рону
lee-board шверц
leech *zool and fig* пия́вка; **stick, clung like a** ~ присоса́ться *pf* как пия́вка; *coll, ar* ле́карь *m*
leek лук-поре́й
leer 1. *n* (*smirk*) хи́трая/злора́дная усме́шка; (*lustful look*) плотоя́дный взгляд **2.** *v* хи́тро/зло́бно смотре́ть (**at,** на + *acc*); плотоя́дно смотре́ть (**at,** на + *acc*)
lees оса́док
leeward 1. *n* подве́тренная сторона́; **to the** ~ в подве́тренную сто́рону; **on the** ~ с подве́тренной стороны́ **2.** *adj* подве́тренный
Leeward Islands Подве́тренные острова́ *m pl*
leeway (*of ship*) дрейф; (*of aircraft*) снос; **make** ~ дрейфова́ть; *fig* **make up** ~ наверста́ть *pf* упу́щенное; (*margin of time etc*) **have some** ~ име́ть вре́мя *etc* в запа́се; (*room for manoeuvre*) свобо́да де́йствий
left 1. *n* ле́вая сторона́; **from the** ~ сле́ва; **keep to the** ~ держа́ться ле́вой стороны́; **on, to the** ~ нале́во; **on, to the** ~ **of** нале́во, сле́ва от (+ *gen*); (*boxing*) уда́р ле́вой; *pol* ле́вые *pl* **2.** *adj* (*all senses*) ле́вый
left-back ле́вый защи́тник
left-hand ле́вый; **on the** ~ **side** на ле́вой стороне́
left-handed 1. *adj* (*done with left hand*) сде́ланный ле́вой руко́й; ~ **blow** уда́р ле́вой руко́й; (*of person*) де́лающий всё ле́вой руко́й; ~ **person**

левша́ *m and f*; *fig* ~ **compliment** сомни́тельный комплиме́нт; ~ **marriage** морганати́ческий брак; *tech* (*with* ~ *thread*) с ле́вой резьбо́й **2.** *adv* ле́вой руко́й

left-hander (*person*) левша́ *m and f*; (*blow*) уда́р ле́вой руко́й

leftism *pol* левизна́

leftist ле́вый

left-luggage office ка́мера хране́ния

left-over оста́ток

leftward 1. *adj* ле́вый **2.** *adv* (*on the left*) сле́ва; (*towards the left*) вле́во

left-wing *pol*, *sp* ле́вый

left-winger *pol* ле́вый; *sp* ле́вый напада́ющий

leg 1. *n* (*of man, animal; meat*) нога́; **be on one's last** ~**s** быть при после́днем издыха́нии; **be run off one's** ~**s** быть без ног (**with,** от + *gen*); **get one's sea** ~**s** привыка́ть к ка́чке; **give a** ~ **up** помога́ть взобра́ться; *fig* помога́ть (+ *dat*); **have not a** ~ **to stand on** не име́ть оправда́ния; **pull s.o.'s** ~ разы́грывать, подшу́чивать над (+ *instr*); **stretch one's** ~**s** прогуля́ться, размя́ть *pf* но́ги; (*of chair etc*) но́жка; (*of trousers*) штани́на; (*of stocking*) па́голенок; (*of journey*) эта́п; *sp* (*round*) круг; *naut* (*tack*) галс **2.** *v* ~ **it** (*go on foot*) идти́ пешко́м; (*run*) бежа́ть; (*run away*) убежа́ть

legacy (*inheritance*) насле́дство; (*something handed down*) насле́дие

legal (*permitted, established by law*) зако́нный; ~ **owner** зако́нный владе́лец; ~ **tender** зако́нное платёжное сре́дство; (*in law, of law*) юриди́ческий; ~ **document** правово́й докуме́нт; ~ **person** юриди́ческое лицо́; (*of court*) суде́бный; ~ **action** суде́бный иск; ~ **decision** реше́ние суда́; ~ **procedure** судопроизво́дство

legality зако́нность *f*

legalization узаконе́ние, легализа́ция

legalize (*make legal*) узако́нивать; (*give legal force*) придава́ть (+ *dat*) зако́нную си́лу

legate (*papal*) лега́т; (*envoy*) посо́л; (*delegate*) делега́т

legatee насле́дник по завеща́нию

legation дипломати́ческое представи́тельство

legato *mus* лега́то *indecl*

legend (*story*) леге́нда; (*inscription*) леге́нда, на́дпись *f*

legendary легенда́рный

legerdemain (*quickness of hands*) ло́вкость *f* рук; (*conjuring trick*) фо́кус; (*deception*) ло́вкий обма́н

leggings гама́ши *f pl*; (*leather*) кра́ги *f pl*; (*child's*) де́тские рейту́зы *f pl*

leggy длинноно́гий

leghorn (*straw*) италья́нская соло́мка; (*hat*) шля́па из италья́нской соло́мки; (*chicken*) легго́рн

legibility разбо́рчивость *f*

legible разбо́рчивый

legion (*all senses*) легио́н

legionary легионе́р

legislate (*give laws*) издава́ть зако́ны, законода́тельствовать; ~ **against** запреща́ть зако́ном (+ *acc*)

legislation (*act of legislating*) законода́тельство; (*laws*) зако́ны *m pl*

legislative законода́тельный

legislator законода́тель *m*

legislature законода́тельный о́рган

legist юри́ст

legitimacy (*of child*) законнорождённость *f*; (*lawfulness*) зако́нность *f*; (*reasonableness*) закономе́рность *f*

legitimate 1. *adj* (*lawful*) зако́нный; (*justifiable*) зако́нный, опра́вданный; (*child*) законнорождённый **2.** *v leg* узако́нивать; (*justify*) опра́вдывать; (*a child*) усыновля́ть

legitimation узаконе́ние

legitimatize, legitimize узако́нивать; усыновля́ть

legless безно́гий

leg-pull ро́зыгрыш

legume боб

leguminous бобо́вый

leisure 1. *n* свобо́дное вре́мя, досу́г; **at** ~ на досу́ге, в свобо́дное вре́мя; **do at one's** ~ де́лать при слу́чае; **life of** ~ пра́здная жизнь *f* **2.** *adj* ~ **time** свобо́дное вре́мя

leisured (*free from work*) пра́здный, досу́жий; (*unhurried*) неторопли́вый

leisurely 1. *adj* (*unhurried*) неторопли́вый; (*calm*) споко́йный; (*having leisure*) досу́жий **2.** *adv* не спеша́, неторопли́во

leitmotiv лейтмоти́в

lemma *math* ле́мма; (*of book*) подзаголо́вок

lemming ле́мминг

lemon 1. *n* (*fruit*) лимо́н; (*tree*) лимо́н, лимо́нное де́рево; (*colour*) лимо́нный цвет **2.** *adj* лимо́нный; ~ **balm** мели́сса лимо́нная; ~ **cheese, curd** лимо́нная пома́дка; ~ **drop** лимо́нный ледене́ц; ~ **sole** ка́мбала европе́йская

lemonade лимона́д

lemur лему́р

lend (*money etc*) ода́лживать (**to,** + *dat*), дава́ть (+ *dat*) взаймы́; (*give temporarily*) дава́ть на вре́мя (**to,** + *dat*); (*impart qualities*) придава́ть (+ *dat*); ~ **assistance** ока́зывать по́мощь (+ *dat*); ~ **a hand** помога́ть; ~ **oneself to** (*be drawn into*) дать *pf*/втяну́ть *pf* себя́ в (+ *acc*); ~ **itself to** (*be suitable for*) быть подходя́щим для (+ *gen*)

lending-library библиоте́ка с вы́дачей книг на́ дом

lend-lease ленд-ли́з

length (*measurement*) длина́; **at full** ~ во всю длину́; **4 metres in** ~ длино́й в четы́ре ме́тра, четы́ре ме́тра в длину́; (*extent*) протяжённость *f*; **along the whole** ~ **of the street** по всей длине́ у́лицы, вдоль всей у́лицы; (*distance*) расстоя́ние; *opt* **focal** ~ фо́кусное расстоя́ние; (*duration*) продолжи́тельность *f*; (*piece*) кусо́к, отре́зок; (*of cloth*) отре́з; *sp* ко́рпус; *phon* долгота́; *naut* **cable's** ~ ка́бельтов; *in expressions* **at** ~ (*at last*) наконе́ц; (*in detail*) подро́бно, дета́льно; (*for long time*) до́лго; **go to any** ~ ни пе́ред чем не остана́вливаться; **go to great** ~**s to** всё де́лать, что́бы, лезть из ко́жи вон, что́бы; **keep at arm's** ~ держа́ться пода́льше от (+ *gen*)

lengthen (*make, get longer*) удлиня́ть(ся); (*prolong*) продлева́ть

lengthily (*for a long time*) до́лго; (*verbosely*) многосло́вно; (*at length*) растя́нуто

lengthiness растя́нутость *f*; многосло́вие

lengthways, lengthwise (*in length*) в длину́; (*along length*) вдоль

lengthy (*long*) дли́нный; (*overlong*) сли́шком дли́нный; (*protracted*) растя́нутый, дли́тельный; (*verbose*) многосло́вный

lenience, leniency (*lack of severity*) мя́гкость *f*; (*indulgence*) снисходи́тельность *f*; (*tolerance*) терпи́мость *f*

lenient мя́гкий; ~ **punishment** мя́гкое наказа́ние; снисходи́тельный, терпи́мый

Leninism ленини́зм
Leninist 1. *n* ле́нинец **2.** *adj* ле́нинский
lenitive 1. *n med* мягчи́тельное сре́дство **2.** *adj* мягчи́тельный, болеутоля́ющий
lenity (*mildness*) мя́гкость *f*; (*mercy*) милосе́рдие
lens (*in general*) ли́нза; (*of camera, projector, telescope*) объекти́в; **achromatic** ~ ахрома́т; **anastigmatic** ~ анастигма́т; **bifocal** ~ бифока́льная ли́нза; **condenser** ~ конде́нсор; **magnifying** ~ лу́па; **telephoto** ~ телеобъекти́в; **zoom** ~ вариобъекти́в, зум-объекти́в; *anat* хруста́лик (гла́за)
Lent вели́кий пост
lenten (велико)по́стный
lenticular двояковы́пуклый, линзообра́зный
lentil чечеви́ца
lento *mus* ле́нто
lentoid чечевицеобра́зный
Leo *astron* Лев
leonine льви́ный; *pros* леони́нский
leopard леопа́рд, барс; **American** ~ ягуа́р; **snow** ~ и́рбис
leopardess са́мка леопа́рда
leotard трико́ *neut indecl*
leper лепро́зный больно́й, прокажённый; ~ **colony, house** лепрозо́рий
lepidoptera чешуекры́лые *pl*
lepidopterous чешуекры́лый
leprosarium лепрозо́рий
leprosy ле́пра, прока́за
leprous лепро́зный, прокажённый
lesbian 1. *n* (*female homosexual*) лесбия́нка **2.** *adj* (*of Lesbos*) лесбо́сский; (*homosexual*) лесби́йский
lesbianism лесбия́нство
lese-majesty, lèse-majesté (*treason*) госуда́рственная изме́на; (*against sovereign state*) посяга́тельство на суверените́т; (*insult*) оскорбле́ние прави́теля
lesion (*damage*) поврежде́ние; (*wound*) ра́на; *leg* уще́рб
less 1. *n* ме́ньшее коли́чество, ме́ньше **2.** *adj* ме́ньший, ме́ньше **3.** *adv* ме́ньше, ме́нее; (*in comparisons*) ме́нее (+ *adj or adv*); *in expressions* **far** ~ (*not to mention*) не говоря́ уже́ о (+ *prep*), тем бо́лее; **in** ~ **than no time** в мгнове́ние о́ка, момента́льно; **more or** ~ бо́лее и́ли ме́нее; **no** ~ **a person than** не кто ино́й, как; **nothing** ~ **than** (*amounts to*) не ме́нее, чем/не что ино́е, как; (*at least*) по кра́йней ме́ре; **none the** ~ тем не ме́нее **4.** *prep* без (+ *gen*), ми́нус
lessee аренда́тор, съёмщик, нанима́тель *m*
lessen (*make, grow less*) уменьша́ть(ся); (*belittle*) умаля́ть
lesser ме́ньший
lesson (*instruction*) уро́к (**in**, + *gen*); **give, take** ~**s** дава́ть, брать уро́ки; (*what is taught by experience, example*) уро́к; ~**s of history** уро́ки исто́рии; **learn one's** ~ получи́ть *pf* хоро́ший уро́к; **let that be a** ~ **to him** пусть э́то бу́дет ему́ уро́ком; **teach s.o. a** ~ проучи́ть *pf* (+ *acc*); **that will teach him a** ~ э́то ему́ нау́ка
lessor арендова́тель *m*
lest (*in order that not*) что́бы не; (*for fear that*) из опасе́ния, что; (*in case*) на слу́чай е́сли бу́дет
[1]**let** (*impediment*) препя́тствие; (*tennis*) не счита́ется
[2]**let 1.** *n* (*hire*) сда́ча внаём **2.** *v* сдава́ть внаём
[3]**let** (*permit s.o. to*) разреша́ть (+ *dat*), позволя́ть (+ *dat*); дава́ть (+ *dat*); ~ **me help you** да́йте, я вам помогу́; ~ **me think/have a look** да́й(те) поду́мать/посмотре́ть; (*permit s.o. or sth*) позволя́ть (+ *dat or* что́бы), допуска́ть (+ *acc or* что́бы), дава́ть (+ *dat* + *infin*); **I have** ~ **the fire go out** я дал огню́ поту́хнуть; (*as modal verb: 1st pers pl translate as imperative*) ~**'s go** пойдём(те); (*as invitation to joint action*) дава́йте (+ *fut ind*); ~**'s talk things over** дава́йте всё обсу́дим; (*3rd pers sing and pl*) пусть (+ *ind*); ~ **them do as they wish** пусть они́ де́лают, что хотя́т; **he will be very angry.** ~ **him!** он о́чень рассе́рдится. Пусть!; ~ **alone** (*not touch*) не тро́гать (+ *gen*); (*leave in peace*) оставля́ть в поко́е; (*not to mention*) не говоря́ уже́ о (+ *prep*); ~ **blood** пуска́ть кровь; ~ **drop, fall** (*drop*) урони́ть *pf*; вы́пустить (из рук) *pf*; (*allow to fall*) опуска́ть; ~ **drop a word** *etc* оброни́ть *pf* сло́во; ~ **drop a hint** де́лать намёк; ~ **fly** (*throw*) швыря́ть; (*with anger*) разрази́ться *pf* (+ *instr*); ~ **free** освобожда́ть; ~ **go!** выпуска́ть, отпуска́ть; ~ **go!** (от)пусти́(те); ~ **go the anchor** отдава́ть я́корь; ~ **oneself go** (*vent feelings*) не сде́рживаться; (*not care for oneself*) опусти́ться *pf*; ~ **have** (*give*) дава́ть (+ *dat*); *coll* **I'll** ~ **him have it** (*punish*) я ему́ дам!; ~ **know** дать *pf* знать, сообща́ть; ~ **loose** освобожда́ть, пуска́ть; (*dog*) спуска́ть с це́пи; ~ **pass** пропуска́ть (*also fig*); ~ **slip** (*chance*) упусти́ть *pf*; (*secret*) ~ **it slip** проговори́ться *pf* (**that**, о том, что)
~ **by** *see* **let pass**
~ **down** (*lower*) опуска́ть; (*lengthen*) удлиня́ть; (*fail*) подводи́ть; (*disappoint*) разочаро́вывать
~ **in** (*admit*) (в)пуска́ть (в + *acc*); (*insert*) вставля́ть (в + *acc*); (*include*) включа́ть (**on**, в + *acc*); ~ **oneself in for** брать на себя́
~ **into** (*admit*) впуска́ть (в + *acc*); (*secret etc*) ввести́ *pf*, посвяти́ть *pf* (в + *acc*)
~ **off** (*fire*) разряди́ть *pf*; ~ **off a gun** вы́стрелить *pf* из ружья́; (*forgive*) проща́ть; **he was** ~ **off with a fine** он отде́лался штра́фом
~ **on** (*pretend*) де́лать вид; **not** ~ **on** не выдава́ть секре́т
~ **out** (*set free*) выпуска́ть, освобожда́ть; (*garment*) выпуска́ть; (*reveal*) раскры́ть *pf;* (*blurt out*) вы́болтать *pf*; (*publish*) издава́ть, выпуска́ть; (*hire*) дава́ть напрока́т, в аре́нду *etc*; (*widen*) выпуска́ть; ~ **out a shout** вскри́кнуть *pf*
~ **through** пропуска́ть
~ **up** (*slacken*) ослабева́ть; (*cease*) прекраща́ться, перестава́ть
let-down (*disappointment*) разочарова́ние; (*anticlimax*) спад
lethal (*most senses*) смерте́льный
lethargic (*torpid*) вя́лый; (*apathetic*) апати́чный; (*drowsy*) со́нный; *med* летарги́ческий
lethargy вя́лость *f*; апати́чность *f;* летарги́я
Lethe Ле́та
Lett *see* **Latvian**
letter 1. *n* (*written symbol*) бу́ква; **capital/small** ~ прописна́я/строчна́я бу́ква; **to the** ~ буква́льно; ~ **of the law** бу́ква зако́на; *typ* ли́тера; *collect* (*graphic character*) шрифт; *pl* (*symbols, usu ancient*) письмена́ *neut pl*; (*communication*) письмо́; **registered** ~ заказно́е письмо́; *pl* (*literature*) литерату́ра; **man of** ~**s** литера́тор; (*scholarship*) учёность *f*; (*in diplomacy*) ~**s of credence** вери́тельные гра́моты *f pl*; *leg* ~**s patent**

жа́лованная гра́мота **2.** *v* (*mark ~s*) намеча́ть бу́квами; (*draw ~s*) писа́ть бу́квы
letter-box почто́вый я́щик
lettered (*literate*) гра́мотный; (*well-read*) начи́танный
letterhead печа́тный заголо́вок
lettering (*letters*) бу́квы *f pl*; (*inscription*) на́дпись *f*; (*style of letter*) шрифт; (*act of forming letters*) начерта́ние, тисне́ние букв
letterpress (*printed text*) печа́тный текст; (*printing from type*) высо́кая печа́ть *f*
letter-punch пунсо́н
letter-writer (*author of letter*) а́втор письма́ (пи́сем); (*correspondent*) корреспонде́нт
lettuce (*in general*) сала́т; *bot* лату́к; **cabbage ~** сала́т коча́нный; **cos ~** сала́т ромэ́н
let-up *coll* (*pause*) переды́шка; (*slackening*) ослабле́ние; (*cessation*) прекраще́ние
leucocyte лейкоци́т
leucotomy лейкотоми́я
leukaemia белокро́вие, лейкеми́я
Levant Лева́нт
Levantine 1. *n* жи́тель *m* Лева́нта **2.** *adj* леванти́йский
levée (*reception*) приём; (*raised bank*) берегово́й вал; (*protective embankment*) да́мба; (*artificial riverbank*) на́бережная
level 1. *n (horizontal plane)* пло́скость *f*, горизонта́льная пове́рхность *f*; (*horizontal line*) горизонта́льная ли́ния; (*flat ground*) равни́на; *tech* (*instrument*) у́ровень *m*, нивели́р; **builder's ~** ватерпа́с; (*of mine*) эта́ж, горизо́нт; (*height, point on scale, stage*) у́ровень *m*; **above sea ~** над у́ровнем мо́ря; **at a high ~** на высо́ком у́ровне; **on a ~ with** на одно́м у́ровне с (+ *instr*); *coll fig* **on the ~** че́стный **2.** *adj (even)* ро́вный; (*flat*) пло́ский; (*horizontal*) горизонта́льный; **make ~** выра́внивать; **~ crossing** железнодоро́жный перее́зд; **be ~** (*with each other*) быть на одно́м у́ровне; (*neck and neck*) вро́вень (с + *instr*); (*exact*) ро́вно; (*of voice*) ро́вный; (*of character*) уравнове́шанный; **keep a ~ head** сохраня́ть споко́йствие **3.** *adv (levelly)* ро́вно; (*on a ~ with*) наравне́ с (+ *instr*); **draw ~ with** поровня́ться с (+ *instr)* **4.** *v (make ~)* выра́внивать; (*gun etc*) наводи́ть (**at,** на + *acc*); (*blow, satire etc*) направля́ть (**at,** про́тив + *gen); (raze)* сровня́ть с землёй; (*make equal*) ура́внивать; *tech (measure ~)* нивели́ровать
 ~ down выра́внивать; (*lower*) понижа́ть, ура́внивать
 ~ off (*make flat etc*) выра́внивать, сровня́ть; (*straighten*) выпрямля́ть(ся); (*aircraft*) выра́внивать(ся)
 ~ out *see* **~ off**
 ~ up (*raise*) повыша́ть, ура́внивая; (*make level*) выра́внивать; (*make equal*) ура́внивать
levelly ро́вно
level-headed уравнове́шанный, споко́йный
levelling *geod* нивели́рование
lever 1. *n* рыча́г **2.** *v* (*use ~*) по́льзоваться рычаго́м; (*move with ~*) передвига́ть, поднима́ть *etc* рычаго́м; **~ against** опира́ться о (+ *acc*)
leverage (*action of lever*) де́йствие рычага́; (*lifting force*) подъёмная си́ла; (*mechanical advantage*) вы́игрыш в си́ле; (*support*) опо́ра; *fig* рыча́г
leveret зайчо́нок
leviathan *bibl* левиафа́н; *fig* гига́нт
levitate поднима́ть(ся) в во́здух
Levite леви́т
Leviticus Леви́т
levity (*frivolity*) легкомы́слие, неуме́стная весёлость *f*; (*inconstancy*) непостоя́нство; (*lightness*) лёгкость *f*
levy 1. *n (collection of taxes etc)* сбор, взима́ние (нало́гов, по́датей *etc*); (*imposition of taxes etc*) обложе́ние нало́гом; (*conscription*) набо́р ре́крутов; (*troops*) войска́ *neut pl* **2.** *v* собира́ть, взима́ть (нало́ги *etc*); облага́ть (нало́гом); набира́ть (ре́крутов); **~ war against** начина́ть войну́ про́тив (+ *gen*)
lewd (*licentious*) похотли́вый; (*obscene*) непристо́йный; (*shameless*) бессты́дный
lewdness похотли́вость *f*; непристо́йность *f*; бессты́дство
lewisite люизи́т
lexical (*of vocabulary*) лекси́ческий; (*of dictionaries*) слова́рный
lexicographer лексико́граф
lexicographic(al) лексикографи́ческий
lexicography лексикогра́фия
lexicology лексиколо́гия
lexicon (*dictionary*) лексико́н, слова́рь *m*; (*vocabulary, lexis)* ле́ксика, слова́рь *m*
Leyden jar ле́йденская ба́нка
liability (*tendency*) скло́нность *f* (**to,** к + *dat*), подве́рженность *f* (**to,** + *dat*) ; (*responsibility*) отве́тственность *f* (**for,** за + *acc*); (*obligation*) обя́занность *f*; (*financial*) обяза́тельство; *pl* (*debts*) долги́ *m pl*, задо́лженность *f*; *coll* (*disadvantage*) невы́года; (*burden*) обу́за
liable (*inclined*) скло́нный (**to,** к + *dat*, or + *infin); (subject to*) подлежа́щий (**to,** + *dat); (likely to suffer*) подве́рженный (**to,** + *dat); (likely*) вероя́тный; (*possible*) возмо́жный; (*under obligation*) обя́занный (+ *infin); (responsible*) отве́тственный (**for,** за + *acc)*
liaise (*make contact with*) свя́зываться (**with,** с + *instr); (maintain contact*) подде́рживать связь (**with,** с + *instr*)
liaison (*co-operation*) связь *f*; **~ officer** офице́р свя́зи; (*sexual*) (любо́вная) связь *f*
liana лиа́на
liar лгун, *more coll* врун, *f* лгу́нья, вру́нья
lias лейа́с
libation возлия́ние (**to,** + *dat)*
libel 1. *n* клевета́ (**on,** на + *acc); (libellous writing*) па́сквиль *m* (**on,** на + *acc*), диффама́ция **2.** *v* клевета́ть
libellant исте́ц
libeller клеветни́к
libellous клеветни́ческий
liberal 1. *n* либера́л **2.** *adj (of views, politics etc*) либера́льный; (*generous*) ще́дрый; (*arts, education*) гуманита́рный; **~ interpretation** свобо́дное, во́льное толкова́ние
liberalism либерали́зм
liberality ще́дрость *f*; либера́льность *f*
liberalize де́лать бо́лее либера́льным
liberate освобожда́ть (**from,** от + *gen); phys, chem* выделя́ть
liberation освобожде́ние; *phys, chem* выделе́ние
liberator освободи́тель *m*
libertine (*debauchee*) распу́тник; (*freethinker*) вольноду́мец
libertinism распу́щенность *f*
liberty (*freedom*) свобо́да (**of,** + *gen*); **at ~** на свобо́де, свобо́дный; **set at ~** освобожда́ть; **be at**

~ **to** мочь (+ *infin*); (*familiarity*) фамилья́рность *f*; (*over-free, insulting behaviour*) во́льность *f*; **take the ~ of** позволя́ть себе́ (+ *infin*); **I have taken the ~ of** я осме́лился (+ *infin*); **take liberties with s'thing** бесцеремо́нно обраща́ться с (+ *instr*); (*with s.o.*) позволя́ть себе́ во́льности по отноше́нию к (+ *dat*); *pl* (*privileges*) во́льности *f pl*, привиле́гии *f pl*

libidinous похотли́вый, чу́вственный

libido либи́до *neut indecl*, полово́й инсти́нкт

Libra *astron* Весы́ *m pl*

librarian библиоте́карь *m*; (*head of library*) заве́дующий библиоте́кой

librarianship библиоте́чное де́ло

library 1. *n* библиоте́ка; **mobile ~** библиоте́ка-автомоби́ль *m* **2.** *adj* библиоте́чный; **~ science** библиотекове́дение

libration *astron* либра́ция

librettist либретти́ст

libretto либре́тто *neut indecl*

Libya Ли́вия

Libyan 1. *n* ливи́ец, *f* ливи́йка **2.** *adj* ливи́йский

lice *see* **louse**

licence (*permission*) разреше́ние; (*permit*) разреше́ние (**to, for,** на + *acc*); **driving ~** води́тельские права́ *neut pl*; *comm* лице́нзия; **export ~** э́кспортная лице́нзия; (*excessive freedom*) во́льность *f*; **poetic ~** поэти́ческая во́льность *f*; (*licentiousness*) распу́щенность *f*; (*unbridled behaviour*) разну́зданность *f*

license разреша́ть (+ *dat*), дава́ть (+ *dat*) разреше́ние (**to, for,** на + *acc*)

licensed (*to sell liquor*) име́ющий разреше́ние на прода́жу спиртны́х напи́тков; (*holding licence, patent*) име́ющий пате́нт, лице́нзию

licensee облада́тель *m* разреше́ния, лице́нзии *etc*

licentiate лиценциа́т

licentious распу́щенный

lichen *bot* лиша́йник; *med* лиша́й

licit зако́нный

lick 1. *n* (*licking*) лиза́ние; **have a ~ at** слизну́ть *pf* (+ *acc*) **2.** *v* (*with tongue*) лиза́ть, облы́зывать; (*of flame etc*) лиза́ть; *coll* (*thrash*) колоти́ть, поро́ть; (*surpass*) поби́ть *pf*; **~ off** сли́зывать

licking лиза́ние, обли́зывание; по́рка

lickspittle подли́за *m and f*

lictor ли́ктор

lid 1. *n* (*of vessel etc*) кры́шка; (*eyelid*) ве́ко; *fig* **put the ~ on s'thing** положи́ть *pf* коне́ц (+ *dat*); **take the ~ off** вскрыть *pf*, разоблачи́ть *pf*

lido бассе́йн на откры́том во́здухе

[1]lie 1. *n* (*untruth*) ложь *f*; **tell a ~** солга́ть *pf*; **tell ~s** лгать; **white ~** неви́нная ложь; **give the ~ to** пока́зывать ло́жность (+ *gen*) **2.** *v* лгать

[2]lie 1. *n* (*position*) положе́ние; **~ of the land** хара́ктер ме́стности; *fig* положе́ние веще́й **2.** *v* (*be recumbent*) лежа́ть; (*be situated*) находи́ться, лежа́ть; (*be*) быть; **~ in wait for** поджида́ть, подстерега́ть; *naut* стоя́ть; **~ at anchor** стоя́ть на я́коре

~ **about** валя́ться; (*be scattered*) быть разбро́шенным

~ **along** простира́ться по (+ *dat*)

~ **back** отки́дываться (**on,** на + *acc*)

~ **down** ложи́ться

~ **in** (*in childbirth*) лежа́ть в ро́дах

~ **off** *naut* стоя́ть на не́котором расстоя́нии от (+ *gen*)

~ **over** *naut* крени́ться

~ **to** *naut* лежа́ть в дре́йфе

~ **up** (*keep in bed*) лежа́ть в посте́ли; *naut* стоя́ть в до́ке

~ **with** (*depend on*) зависе́ть от (+ *gen*); (*a lover*) спать с (+ *instr*)

lie-detector дете́ктор лжи

lief охо́тно; **as ~ ... as** так же охо́тно ... как

liege 1. *n* (*lord*) сеньо́р; (*vassal*) васса́л **2.** *adj* сеньориа́льный; васса́льный

liegeman васса́л

lien *leg* пра́во удержа́ния

lieu: **in ~ of** вме́сто (+ *gen*)

lieutenancy зва́ние лейтена́нта

lieutenant (*deputy*) замести́тель *m*; (*army*) лейтена́нт; (*navy*) ста́рший лейтена́нт; **~-colonel** подполко́вник; **~-commander** капита́н-лейтена́нт; **~-general** генера́л-лейтена́нт; *hist* (*governor*) наме́стник

life 1. *n* (*most senses*) жизнь *f*; **be the ~ and soul of** быть душо́й (+ *gen*); **bring to ~** (*activate*) осуществля́ть, приводи́ть в жизнь; (*enliven*) оживля́ть; (*after faint*) приводи́ть в чу́вство; **come to ~** (*become lively*) оживля́ться; (*after faint*) прийти́ *pf* в себя́; **for dear ~** (*as quickly as possible*) во весь опо́р, изо всех сил; (*desperately*) отча́янно; **a dog's ~** соба́чья жизнь; **for ~** на всю жизнь; **he was full of ~** он был по́лон жи́зни; **give one's ~ for** отда́ть *pf* свою́ жизнь ра́ди (+ *gen*), за (+ *acc*); **high ~** вы́сший свет; **low ~** ни́зменная жизнь; **lose one's ~** поги́бнуть *pf*; **a matter of ~ and death** вопро́с жи́зни и сме́рти; **in the next ~** на том све́те; **in real ~** в действи́тельности; **take one's own ~** поко́нчить *pf* с собо́й; **at his time of ~** в его́ во́зрасте; **throughout one's ~** всю свою́ жизнь; **way of ~** о́браз жи́зни; *arts* **from ~** с нату́ры; **still ~** натюрмо́рт; (*liveliness*) оживле́ние, жи́вость *f*; (*biography*) жизнь *f*; (*of saint*) житие́; *tech* (*period of use*) срок слу́жбы **2.** *adj* (*of ~*) жи́зненный; **~ history** исто́рия жи́зни; *biol* жи́зненный цикл; (*lasting lifetime*) пожи́зненный; **~ peer** пожи́зненный пэр

life annuity пожи́зненная ре́нта

life assurance страхова́ние жи́зни

lifebelt спаса́тельный по́яс

lifeblood (*blood*) кровь *f*; *fig* (*essence*) су́щность *f*

lifeboat спаса́тельная шлю́пка

lifebuoy спаса́тельный круг

life cycle жи́зненный цикл

lifeguard (*bodyguard*) ли́чная охра́на; *pl* (*regiment*) лейб-гва́рдия; (*soldier*) лейб-гварде́ец

life-jacket спаса́тельный жиле́т

lifeless (*dead*) мёртвый; (*dull*) безжи́зненный

lifelike (*as if alive*) сло́вно живо́й; (*of picture*) о́чень похо́жий

lifeline спаса́тельный ле́ер; (*in palmistry*) ли́ния жи́зни

lifelong пожи́зненный; **~ friends** (*for life*) друзья́ на всю жизнь; (*from childhood*) друзья́ с де́тства

life member пожи́зненный член

life-preserver дуби́нка

life-saving спаса́тельный

life-size(d) в натура́льную величину́

life-span срок жи́зни

lifestyle о́браз жи́зни

lifetime 1. *n* жизнь *f*, це́лая жизнь; **in one's ~** на своём веку́; **once in a ~** раз в жи́зни **2.** *adj* пожи́зненный

lift 1. *n* (*raising*) подня́тие, подъём; **give a ~ to**

поднима́ть; *fig* подъём; (*elevator*) лифт; (*for goods etc*) подъёмник; (*upward trend*) повыше́ние; *tech* (~*ing force*) подъёмная си́ла; (*of component*) подъём, движе́ние вверх; *coll* (*transport*) **give a** ~ подвезти́ *pf*; **hitch a** ~ (*signal to get* ~) голосова́ть; (*get a* ~) е́хать по автосто́пу; **I got a** ~ **to the station** меня́ подвезли́/подбро́сили до ста́нции **2.** *v* (*most senses*) поднима́ть(ся); ~ **one's hand against** поднима́ть ру́ку на (+ *acc*); ~ **one's voice against** протестова́ть про́тив (+ *gen*); (*potatoes*) копа́ть; (*ban etc*) снима́ть; *coll* (*steal*) спере́ть *pf*, стащи́ть *pf*, уноси́ть; (*an idea etc*) плаги́ровать

lifter (*lifting machine*) подъёмный механи́зм

lifting 1. *n* поднима́ние, подня́тие, подъём **2.** *adj* подъёмный; *aer* несу́щий

liftman лифтёр

lift-off (*of rocket*) моме́нт схо́да; (*of aircraft*) моме́нт отры́ва от земли́, взлёт

lift-truck автопогру́зчик

ligament *med* свя́зка; *tech* связь *f*

ligature 1. *n* (*link*) связь *f*, соедине́ние; *surg* перевя́зка; (*thread*) ни́тка, лигату́ра; *mus, print* лигату́ра **2.** *v* накла́дывать лигату́ру

light 1. *n (in general)* свет; **in the** ~ **of the moon** при све́те луны́; *fig* **come to** ~ обнару́живаться; **in the** ~ **of** в све́те (+ *gen*); **see the** ~ (*realize; be published*) ви́деть свет; **shed, throw** ~ **on** пролива́ть свет на (+ *acc*); (*illumination*) освеще́ние; (*fire; source of* ~) ого́нь *m*; **set** ~ **to** зажига́ть, поджига́ть; (*lamp*) ла́мпа; **traffic** ~**s** светофо́р; **turn** ~ **on, off** включа́ть, вы́ключать свет **2.** *adj* (*bright; well lit; of colour, hair*) све́тлый; ~ **blue** голубо́й, све́тло-си́ний; (*pale*) бле́дный; (*not heavy; not hard; not serious; of food, soil, clothes etc*) лёгкий; ~ **as a feather** лёгкий как пёрышко; **make** ~ **of** не придава́ть значе́ния (+ *dat*); (*cheerful*) весёлый; беззабо́тный; (*frivolous*) легкомы́сленный; *sci* (*of* ~) светово́й **3.** *adv* легко́ **4.** *v (make burn)* зажига́ть; ~ **a cigarette** закури́ть *pf* сигаре́ту; (*illuminate*) освеща́ть; ~ **up** (*illuminate*) освеща́ть(ся); *fig* **his face lit up** он просия́л; (*start smoking*) заку́ривать; ~ **upon, on** набрести́ *pf*, напа́сть *pf* на (+ *acc*); (*alight*) опуска́ться, сади́ться на (+ *acc*)

lighten (*illuminate*) освеща́ть; (*become brighter*) станови́ться светле́е; **the sky** ~**ed** не́бо посветле́ло, осветйлось; (*flash with lightning*) сверка́ть; (*make less heavy; also fig*) облегча́ть(ся)

[1]lighter (*cigarette* ~) зажига́лка; (*boat*) ли́хтер

[2]lighter *comp adj* (*brighter*) светле́е; (*paler*) бледне́е; (*less heavy*) ле́гче

lighterman рабо́чий на ли́хтере

light-fingered (*dexterous*) ло́вкий; (*thievish*) нечи́стый на́ руку

light-handed 1. *adj* (*skilful*) ло́вкий, прово́рный **2.** *adv* (*carrying little*) без но́ши, налегке́

light-headed (*delirious*) в бреду́; **I feel** ~ у меня́ голова́ кру́жится; (*frivolous*) легкомы́сленный

light-hearted (*cheerful*) весёлый; (*carefree*) беззабо́тный, беспе́чный

lighthouse мая́к

lighting освеще́ние

lightly (*run, jump, press, strike*) легко́; (*slightly*) слегка́; **sleep** ~ спать чу́тко; **take** ~ не принима́ть всерьёз; (*gaily*) беспе́чно; (*without due consideration*) не заду́мываясь

light-minded легкомы́сленный

lightness лёгкость *f*; све́тлость *f*; беспе́чность *f*; легкомы́слие (*see* **light**)

lightning мо́лния; **ball** ~ шарова́я мо́лния; **forked** ~ разветвлённая мо́лния; **sheet** ~ сплошна́я мо́лния; **summer** ~ зарни́ца; *fig* **like** ~ молниено́сно, момента́льно; ~**-conductor** молниеотво́д

light-resistant светосто́йкий

lights (*entrails*) лёгкие *pl*

light-sensitive светочувстви́тельный

lightship плаву́чий мая́к

light-tight светонепроница́емый

lightweight 1. *n* (*light person*) челове́к ни́же сре́днего ве́са; *fig* несерьезный челове́к; *sp* лёгкий вес; (*boxer*) боксёр лёгкого ве́са **2.** *adj* (*light*) лёгкий, легкове́сный; *fig* несерьёзный

light-year светово́й год

ligneous древе́сный, деревяни́стый

lignite лигни́т, бу́рый у́голь *m*

lignum vitae бака́ут

[1]like 1. *n* **the** ~**s of him** таки́е как он; **not for the** ~**s of us** не для на́шего бра́та; **have you ever heard the** ~**?** вы когда́-нибудь слы́шали что́-нибудь подо́бное?, как э́то вам нра́вится?; **and the** ~ и тому́ подо́бное **2.** *adj* (*similar*) подо́бный (+ *dat*); **in** ~ **manner** подо́бным о́бразом; **I never saw anything** ~ **it** я никогда́ не ви́дел ничего́ подо́бного; (*resembling*) похо́жий (на + *acc*); **he is** ~ **his father** он похо́ж на отца́; (*resembling each other*) схо́дный, схо́жий; (*equal*) ра́вный, одина́ковый; (*probable*) вероя́тный; **very** ~ о́чень возмо́жно **3.** *adv* таки́м же о́бразом; *coll* так сказа́ть **4.** *prep* как **5.** *conj* (*in the same way as*) как; (*as if*) как бу́дто, сло́вно

[2]like (*have taste for*) люби́ть; **he** ~**s fruit** он лю́бит фру́кты; **she** ~**s singing** она́ лю́бит петь; (*be attracted, enjoy*) нра́виться; **how did you** ~ **the opera?** как вам понра́вилась о́пера?; **she doesn't** ~ **my friends** мои́ друзья́ ей не нра́вятся; (*wish*) хоте́ть; **I shouldn't** ~ **to …** я не хоте́л бы (+ *infin*); (*prefer*) предпочита́ть

likeable (*attractive*) привлека́тельный; (*agreeable*) прия́тный

likelihood вероя́тность *f*; **in all** ~ по всей вероя́тности; **there is no** ~ **of that** э́то совсе́м не вероя́тно

likely 1. *adj* (*probable*) вероя́тный; (*plausible*) правдоподо́бный; (*promising*) подаю́щий наде́жды; (*suitable*) подходя́щий (**for**, для + *gen*) **2.** *adv* вероя́тно; **as** ~ **as not** вполне́ вероя́тно, возмо́жно

like-minded согла́сный (с + *instr*); ~ **people** единомы́шленники *m pl*

liken сра́внивать (**to**, с + *instr*)

likeness схо́дство; **his photograph is a good** ~ фотогра́фия о́чень похо́жа на него́; **a speaking** ~ живо́й портре́т; **in the** ~ **of** в о́бразе (+ *gen*)

likewise (*in same way*) таки́м же о́бразом; (*also*) та́кже

liking (*feeling*) симпа́тия; **he has taken a** ~ **to you** вы ему́ понра́вились; **have a great** ~ **for** о́чень люби́ть; **is it to your** ~**?** э́то вам по вку́су?; э́то вам нра́вится?; **the matter was not settled to his** ~ де́ло бы́ло решено́ не так, как он хоте́л

lilac 1. *n* (*tree*) сире́нь *f*; (*colour*) сире́невый цвет **2.** *adj* сире́невый

Lilliputian 1. *n* лилипу́т **2.** *adj* лилипу́тский

lilt ритм

lily ли́лия; **water** ~ водяна́я ли́лия; ~**-of-the-valley** ла́ндыш

lily-white лиле́йный, бе́лый как ли́лия

limb (*of body*) коне́чность *f*, член; **artificial ~** проте́з; (*branch*) сук, ве́тка; *fig* **out on a ~** в опа́сном положе́нии; *tech, astr* лимб

limber 1. *adj* (*flexible*) ги́бкий; (*lithe*) прово́рный **2.** *v* **~ up** де́лать разми́нку

limbless (*handless*) безру́кий; (*legless*) безно́гий

lime 1. *n chem* и́звесть *f*; **slaked ~** гашёная и́звесть; (*linden tree*) ли́па; (*citrus*) лайм **2.** *adj* известко́вый; ли́повый; **~ juice** сок ла́йма **3.** *v* (*soil*) удобря́ть и́звестью; (*whitewash*) бели́ть и́звестью; (*catch birds*) лови́ть птиц; (*treat branches*) сма́зывать пти́чьим клее́м

limelight друммо́ндов свет; *fig* **in the ~** в це́нтре внима́ния

limestone 1. *n* известня́к **2.** *adj* известняко́вый

limetree (*linden*) ли́па; (*citrus*) лайм

limewash известко́вая побе́лка

limewater известко́вая вода́

limit 1. *n* (*boundary*) грани́ца; **town ~s** городска́я черта́; (*extreme point*) преде́л (**to**, + *dat*); **know no ~s** не знать преде́лов; **reach the ~** дойти́ *pf* до преде́ла; **set a ~ to** установи́ть *pf* преде́л (+ *dat*); **speed ~** преде́льная ско́рость *f*; **break the speed ~** превы́сить *pf* преде́льную ско́рость; **to the ~** до преде́ла, до отка́за; **within ~s** в определённых преде́лах; *coll* **that's the ~** э́то уж сли́шком **2.** *adj* преде́льный **3.** *v* ограни́чивать (**to**, + *instr*)

limitary (*limited*) ограни́ченный; (*confirming*) ограничи́тельный

limitation (*in general*) ограниче́ние; (*inadequacy*) недоста́ток; (*caveat*) огово́рка; *leg* срок да́вности; **statute of ~s** зако́н о сро́ках да́вности

limited ограни́ченный; **~ liability company** акционе́рное о́бщество с ограни́ченной отве́тственностью

limiter *tech* ограничи́тель *m*

limiting ограни́чивающий, ограничи́тельный, преде́льный

limitless (*not limited*) неограни́ченный; (*unbounded*) безграни́чный, беспреде́льный

limn (*draw, paint*) писа́ть; (*describe*) опи́сывать

limousine (*car*) лимузи́н

[1]**limp 1.** *n* хромота́; **have a ~, walk with a ~** хрома́ть **2.** *v* хрома́ть (*also of verse*), прихра́мывать; *fig* (*of vehicle etc*) е́хать с трудо́м, ме́дленно

[2]**limp** (*soft*) мя́гкий; **~ binding** мя́гкий переплёт; (*weak*) сла́бый; (*enervated*) вя́лый

limpet *zool* блю́дечко; **stick like a ~** приста́ть *pf* как ба́нный лист; *naut* (*mine*) диверсио́нная ми́на

limpid прозра́чный, я́сный

limpidity прозра́чность *f*, я́сность *f*

limpness мя́гкость *f*; сла́бость *f*; вя́лость *f*

linchpin чека́

linctus лека́рственный сиро́п

linden ли́па

line 1. *n* (*most senses*) ли́ния; **~ of force** силова́я ли́ния; **~ of sight** ли́ния визи́рования; **draw a straight ~** проводи́ть пряму́ю ли́нию; **in a straight ~** прямолине́йно; (*stroke of pen*) черта́; (*boundary*) преде́л, грани́ца; *fig* **cross the ~** перейти́ *pf* преде́л; **draw the ~** положи́ть *pf* преде́л; **draw the ~ at** не признава́ть; **not draw the ~ at** не остана́вливаться пе́ред (+ *instr*); (*row, series*) ряд; **in a ~** в ряду́; **stand in ~** стро́иться, стоя́ть в ряду́; *fig* **all along the ~** (*in all ways*) во всех отноше́ниях; **bring into ~** согласо́вывать (**with**, с + *instr*); **toe the ~** подчиня́ться; (*queue*) о́чередь *f*; **stand in a ~** стоя́ть в о́череди; *mil* рубе́ж; **front ~** ли́ния фро́нта; *naut* строй; **~ abreast** строй фро́нта; **~ ahead** строй кильва́тера; **ship of the ~** лине́йный кора́бль *m*; (*communications*) ли́ния; **~ of communication** ли́нии *f pl* свя́зи, сообще́ния; **telephone ~** телефо́нная ли́ния; **the ~ is busy** ли́ния занята́; **hold the ~!** не ве́шайте тру́бку!; **shipping ~** парохо́дная ли́ния; (*railways*) **railway ~** (*route*) железнодоро́жная ли́ния; (*track*) ре́льсовый путь *m*; (*rails*) ре́льсы *m pl*; **main ~** гла́вный путь *m*; **single ~** однопу́тная ли́ния; (*cord*) верёвка; *naut* (*rope*) коне́ц; **throw a ~** броса́ть коне́ц; *fig coll* **shoot a ~** хва́статься; (*elect*) про́вод; (*fishing*) ле́са́; (*wrinkle*) морщи́на; *pl* (*outline*) ли́нии *f pl*; (*course of action*) ли́ния; **~ of action** ли́ния поведе́ния; **~ of least resistance** ли́ния наиме́ньшего сопротивле́ния; (*direction*) направле́ние; **~ of fire** направле́ние стрельбы́; **~ of march** маршру́т; **~ of retreat** путь отхо́да; (*family*) семья́, род; (*descent*) ли́ния; **descendant in a direct ~** пото́мок по прямо́й ли́нии; (*of writing, print*) строка́; **read between the ~s** чита́ть ме́жду строк; *coll* **drop a ~ to** черкну́ть *pf* (+ *dat*) (не́сколько строк); (*of verse*) стих; *pl* (*passage of literature*) **memorable ~s** па́мятные стро́ки *f pl*; *comm* (*type of goods*) род това́ра; (*branch of trade*) о́трасль *f* торго́вли; *coll* (*area of interest*) о́бласть *f* интере́сов; (*speciality*) специа́льность *f*; **it's not in my ~** э́то не по мое́й ча́сти; *various tech* **air ~** возду́шная ли́ния; **assembly ~** сбо́рочный конве́йер; **base, datum ~** ба́зис, ба́зисная ли́ния; **bearing ~** пе́ленг; **depth ~** изоба́та; **dotted ~** пункти́р; **flow, production ~** пото́чная ли́ния; **gas ~** газопрово́д; **grid ~** ли́ния се́тки координа́тов; **guide ~** направля́ющая ли́ния; *pl fig* руково́дство; **oil pipe ~** нефтепрово́д; **overhead ~** возду́шная; **party ~** (*telephone*) группова́я абоне́нтская ли́ния; **pipe ~** трубопрово́д; **plumb ~** ли́ния отве́са; **rhumb ~** локсодро́мия; (*measure of length*) ли́ния **2.** *adj* лине́йный; *arts* **~ drawing** рису́нок; **~ engraving** гравю́ра (резцо́м); *mil* **~ battalion** лине́йный батальо́н; **~ troops** строевы́е войска́ *neut pl* **3.** *v* (*mark with ~(s)*) проводи́ть ли́нию, ли́нии; (*rule*) разлинова́ть; (*wrinkle*) борозди́ть морщи́нами; (*put in row*) стро́ить в ряд, ли́нию, (*stand in ~ along*) стоя́ть вдоль (+ *gen*); (*garment*) де́лать подкла́дку к (+ *dat*); (*box etc*) обива́ть изнутри́ (**with**, + *instr*); *tech* (*face*) облицо́вывать; (*fill*) наполня́ть; *fig* **~ one's pockets** набива́ть кошелёк; **~ through** (*cross out*) вычёркивать; **~ up** (*put in line*) стро́ить(ся), выстра́ивать(ся) в ряд, ли́нию; *tech* (*centre, adjust*) центри́ровать; (*level*) выра́внивать

lineage происхожде́ние

lineal прямо́й, по прямо́й ли́нии

lineament *usu pl* (*features*) черты́ *f pl* (лица́); (*characteristic*) характе́рная черта́; (*outlines*) очерта́ния *neut pl*

linear (*of, in line*) лине́йный; **~ measures** лине́йные ме́ры *f pl*, ме́ры длины́; *phys* **~ accelerator** лине́йный ускори́тель *m*; *math* **equation** уравне́ние пе́рвой сте́пени; (*consisting of lines*) состоя́щий из ли́ний; (*outlined*) ко́нтурный; (*like line*) похо́жий на ли́нию, лине́йный

line-breeding *agr* лине́йное разведе́ние

lined (*paper*) линóванный; (*face*) морщи́нистый; (*having lining*) на подклáдке; ~ **with fur** на мехý, подби́тый мéхом; ~ **with silk** на шёлковой подклáдке
lineman (*telephone etc*) линéйный монтёр
linen 1. *n* (*material*) лён, льнянóе полотнó; (*underclothes*) (ни́жнее) бельё; (*bedclothes*) (постéльное) бельё; **table** ~ столóвое бельё; *fig* **wash one's dirty ~ in public** выноси́ть сор из избы́ **2.** *adj* льнянóй; **~-draper** торгóвец льняны́м товáром
liner (*ship, aircraft*) лáйнер; *tech* (*of bearing etc*) вклáдыш; (*of cylinder, brake-drum*) ги́льза; (*of joint*) проклáдка; (*of gun barrel*) лéйнер; (*of tunnel*) обдéлка
linesman (*railway*) путевóй обхóдчик; *sp* судья́ *m* на ли́нии
line-up (*arrangement*) расстанóвка; *sp* (*of team*) состáв комáнды; (*disposition*) расположéние
ling (*heather*) вéреск; (*fish*) нали́м
linger (*wait behind; dwell on*) задéрживаться (**on,** на + *prep*); (*loiter*) мéдлить, мéшкать; (*be late*) запáздывать; (*drag out*) затя́гиваться
lingerie дáмское бельё
lingering (*slow*) медли́тельный; (*long*) дли́тельный; ~ **illness** затяжнáя болéзнь *f*; ~ **look** дóлгий взгляд
lingo (*jargon*) жаргóн; (*foreign tongue*) инострáнный язы́к; (*incomprehensible language*) тарабáрщина
lingua franca (*common language*) óбщий язы́к; (*mixed language*) смéшанный язы́к
lingual (*of tongue*) язы́чный; (*of language*) языковóй
linguist (*specialist in language*) лингви́ст, языковéд; (*speaker of foreign languages*) человéк, владéющий инострáнными языкáми
linguistic лингвисти́ческий
linguistics лингви́стика
liniment жи́дкая мазь *f*
lining (*of garments*) подклáдка; *tech* обклáдка, обши́вка, облицóвка; (*of vessel*) футерóвка (*see also* **liner**)
link 1. *n* (*connection*) связь *f*; (*in chain*) звенó; **cuff** ~ зáпонка для манжéт; *chem* связь *f*; *tech* кули́са; **missing** ~ недостающее звенó **2.** *v* свя́зывать, соединя́ть; ~ **up with** (*tie in with*) быть свя́занным с (+ *instr*)
linkage (*joint*) соединéние, сцеплéние; (*association*) свя́зывание; (*connecting mechanism*) рычáжный механи́зм; *chem* связь *f*
link-up соединéние; (*of spacecraft*) сты́ковка; (*connection*) связь *f*
Linnaean линнéевский
linnet конопля́нка
lino линóлеум
linocut линогравю́ра
linoleum линóлеум
linotype 1. *n* линоти́п **2.** *adj* линоти́пный, ~ **operator** линотипи́ст
linseed льнянóе сéмя *neut*; ~ **cake** льняны́е жмыхи́ *m pl*; ~ **oil** льнянóе мáсло
lint *surg* кóрпия
lintel перемы́чка
lion лев; **~'s share** льви́ная дóля; **brave as a ~** хрáбрый как лев
lion-cub львёнок
lioness льви́ца
lion-hearted неустраши́мый
lion-hunter охóтник на львóв
lionize носи́ться с (+ *instr*), как со знамени́тостью, чéствовать
lion-tamer укроти́тель *m* львов
lip (*of mouth*) губá; **lick one's ~s** обли́зываться; *fig* **keep a stiff upper ~** бодри́ться; *coll* (*impudence*) дéрзость *f*; (*rim*) край; (*of jug*) нóсик
lip-read читáть с губ
lip-reading чтéние с губ
lipsalve гигиени́ческая губнáя помáда
lip-service пусты́е словá *neut pl*; **pay ~ to** признавáть тóлько на словáх
lipstick губнáя помáда
liquate плáвить(ся); *metal* зейгеровáть
liquefaction сжижéние, ожижéние
liquefy сжижáть(ся), превращáть(ся) в жи́дкость
liqueur ликёр
liquid 1. *n* жи́дкость *f*; *phon* плáвный звук **2.** *adj* (*not solid*) жи́дкий; (*watery*) водянóй; (*clear*) прозрáчный; (*bright; of eyes*) свéтлый; (*of sounds*) мелоди́чный, плáвный; *comm* ~ **assets** ликви́дные акти́вы *m pl*; *tech* (*fluid*) жи́дкостный
liquidate (*all senses*) ликвиди́ровать
liquidation ликвидáция
liquidator ликвидáтор
liquidity (*liquid state*) жи́дкое состоя́ние; *fin* ликви́дность *f*
liquidize превращáть в жи́дкость
liquidizer соковыжимáлка
liquor (*alcohol*) спиртнóй напи́ток; *cul* отвáр; (*liquid*) жи́дкость *f*; (*solution*) раствóр
liquorice (*plant*) лакри́чник; (*extract*) лакри́ца
lira ли́ра
lisle 1. *n* фильдекóс **2.** *adj* фильдекóсовый
lisp 1. *n* шепеля́вость *f* **2.** *v* шепеля́вить
lissom (*supple*) ги́бкий; (*lithe*) провóрный
[1]**list 1.** *n* спи́сок; **make a ~** составля́ть спи́сок **2.** *v* (*make ~*) составля́ть спи́сок; (*enter in a ~*) вноси́ть в спи́сок, перечисля́ть
[2]**list** (*of ship*) **1.** *n* крен **2.** *v* крени́ться
[3]**list** (*edge*) край, крóмка, каймá
listen (*use hearing*) слýшать (**to,** + *acc*); (*obey*) слýшаться (**to,** + *gen*); (*heed advice etc*) прислýшиваться (**to,** к + *dat*); ~ **in** (*to radio*) слýшать рáдио; (*eavesdrop*) подслýшивать
listener слýшатель *m*/тот, кто слýшает; (*to radio*) радиослýшатель *m*
listening 1. *n* слýшание; подслýшивание; *tech* шумопеленговáние **2.** *adj* ~ **device** шумопеленгáтор; ~ **post** пост подслýшивания
listless (*apathetic*) апати́чный; (*lacking life*) вя́лый; (*lacking interest*) равнодýшный, безрази́чный
listlessness апати́чность *f*, апáтия; вя́лость *f*; равнодýшие
litany литáния
literacy грáмотность *f*
literal (*of letter*) бýквенный; ~ **error** бýквенная оши́бка; (*of translation*) буквáльный, дословный; (*accurate*) тóчный; (*pedantic*) педанти́чный; (*matter-of-fact*) прозаи́ческий; (*written*) пи́сьменный
literally буквáльно (*also coll*)
literary литературный; ~ **man** литерáтор
literate 1. *collect n* грáмотные лю́ди *pl* **2.** *adj* грáмотный
literati литерáторы *m pl*
literatim буквáльно, слóво в слóво

literature литерату́ра
litharge свинцо́вый глёт, о́кись *f* свинца́
lithe (*pliant*) ги́бкий; (*agile*) прово́рный
lithium ли́тий
lithograph 1. *n* литогра́фия **2.** *v* литографи́ровать
lithographic литографи́ческий
lithography литогра́фия
lithology литоло́гия
lithosphere литосфе́ра
Lithuania Литва́
Lithuanian 1. *n* (*person*) лито́вец, *f* лито́вка; (*language*) лито́вский язы́к **2.** *adj* лито́вский
litigant 1. *n* (тя́жущаяся) сторона́ **2.** *adj* тя́жущийся
litigate (*go to law*) суди́ться; (*be party to litigation*) быть тя́жущейся стороно́й в проце́ссе
litigation тя́жба, проце́сс
litigious (*eager to go to law*) сутя́жнический, сутя́жный; (*contentious*) спо́рный
litmus ла́кмус; ~ **paper** ла́кмусовая бума́га; ~ **test** ла́кмусовая реа́кция
litotes лито́та
litre 1. *n* литр **2.** *adj* литро́вый; **a ~ bottle** литро́вая буты́лка; **a two-~ can** двухлитро́вый бидо́н; **half a ~** полли́тра
litter 1. *n* (*rubbish*) му́сор, сор; (*chaos*) беспоря́док; (*of young animals*) помёт; (*palanquin*) паланки́н; (*stretcher*) носи́лки *f pl* **2.** *v* (*with rubbish*) сори́ть, му́сорить; (*scatter*) набра́сывать (**with**, + *instr*)
litterateur литера́тор
litter-bin му́сорный я́щик
little 1. *n* (то) немно́гое; **I did what ~ I could** я сде́лал то немно́гое, что мог; **~ by ~** ма́ло-пома́лу, постепе́нно; **for a ~** (*time*) не́которое вре́мя, немно́го; **a ~** (*some*) немно́го (+ *gen*), (*somewhat* + *comp adj or adv*) немно́го + *comp adj or adv*); **just a ~** немно́жко **2.** *adj* (*small*; *young*) ма́ленький; **~ finger** мизи́нец; **~ toe** мизи́нец ноги́; **too ~** (*of garment etc*) ма́лый; **the coat is too ~ for him** пальто́ ему́ мало́; *tech* **~ end** ма́лая голо́вка (шатуна́); (*not large, of house, town etc*; *with abstract nouns*) небольшо́й; (*not much*; *insufficient*) ма́ло (+ *gen*); **there is ~ time left** остаётся ма́ло вре́мени; (*unimportant*) незначи́тельный; (*trivial*) ме́лкий, ме́лочный **3.** *adv* ма́ло, немно́го; **as ~ as possible** как мо́жно ме́ньше; **~ better than** немно́гим лу́чше, чем; **~ less than** немно́го ме́ньше, чем; **~ more than** не бо́льше, чем; **~ short of** бли́зкий к (+ *dat*); **he was ~ surprised** он ниско́лько не удиви́лся; **I ~ knew that** я и не знал, что; **I ~ thought** я и не ду́мал, я ника́к не ожида́л, что; **make ~ of** умаля́ть; **think ~ of** (*not rate highly*) быть невысо́кого мне́ния о (+ *prep*); (*not hesitate to*) счита́ть пустяко́м (+ *infin*)
littleness (*of person*) небольшо́й рост; (*small size*) небольшо́й разме́р, небольша́я величина́; (*insignificance*) незначи́тельность *f*; (*triviality*) ме́лочность *f*
littler *attrib adj* ме́ньший; *pred adj* ме́ньше
littlest *attrib adj* са́мый ма́ленький; *pred adj* ме́ньше всего́, всех
littoral 1. *n* побере́жье **2.** *adj* прибре́жный, примо́рский
liturgical литурги́ческий
liturgy (*service*) литурги́я; (*ritual*) ритуа́л, обря́ды *m pl*
[1]**live** *adj* (*alive; lively*) живо́й; **~ bait** нажи́вка; (*real*) настоя́щий; (*burning*) горя́щий; (*unexploded*) не взорва́вшийся; **~ ammunition** боевы́е патро́ны *m pl*; *elect* (*switched on*) включённый, под напряже́нием; **~ rail** конта́ктный рельс; **~ transmission** непосре́дственная переда́ча
[2]**live** *v* (*most senses*) жить; **~ beyond one's means** жить не по сре́дствам; **~ to see** (*s'th*) дожи́ть *pf* до (+ *gen*); **he ~s alone, in Moscow** он живёт оди́н, в Москве́; **he has been living there for two years** он там живёт уже́ два го́да; **I have ~d a hard life** я про́жил тру́дную жизнь; *excl* **long ~ ...!** да здра́вствует (+ *nom*)!
~ by жить (+ *instr*)
~ down; **~ down the past** загла́дить *pf* про́шлое; **he'll never ~ it down** э́то никогда́ не забу́дут про него́
~ off жить за счёт (+ *gen*)
~ on (*not die*) не умира́ть, всё жить; (*salary etc*) жить на (+ *acc*); (*at expense of*) жить за счёт (+ *gen*); (*food*) пита́ться (+ *instr*)
~ out прожи́ть *pf*
~ through пережи́ть *pf*
~ up to (*in accordance with*) жить согла́сно (+ *dat*); (*be worthy of*) быть досто́йным (+ *gen*); (*justify*) опра́вдывать; (*reputation etc*) соотве́тствовать (+ *dat*)
liveable (*bearable*) сно́сный; (*inhabitable*) приго́дный для жилья́
livelihood сре́дства *neut pl* к жи́зни; **earn one's ~** зараба́тывать на жизнь (**by**, + *instr*)
liveliness жи́вость *f*, оживле́ние; (*gaiety*) весёлость *f*
livelong: **the ~ day** це́лый день, день-деньско́й
lively (*full of life; of mind, imagination*) живо́й; (*cheerful*) весёлый; (*strong*) си́льный; **~ breeze** све́жий ве́тер
liven оживля́ть(ся)
liver *anat* пе́чень *f*; *cul* печёнка
liveried ливре́йный, в ливре́е
liverish жёлчный; **feel ~** чу́вствовать пе́чень
liverwort печёночник
livery (*servant's uniform*) ливре́я; *fig, zool* наря́д; **~ stable** пла́тная коню́шня; *leg* переда́ча владе́ния
livestock дома́шний скот
livid (*bluish*) си́ний, синева́то-се́рый; (*pale*) бле́дный; *coll* (*very angry*) **he was ~!** он стра́шно разозли́лся, он бledне́л от зло́сти
living 1. *n* (*life*) жизнь *f*; (*livelihood*) сре́дства *neut pl* к жи́зни; **earn a ~** зараба́тывать на жизнь; **standard of ~** жи́зненный у́ровень *m*; **cost of ~** прожи́точный ми́нимум; (*way of life*) о́браз жи́зни; (*benefice*) бенефи́ция **2.** *adj* живо́й; **in ~ memory** на па́мяти живу́щих; **the greatest ~ composer** велича́йший из живу́щих компози́торов
living-room гости́ная
living-space жи́зненное простра́нство
lizard я́щерица
llama ла́ма
lo смотри́(те); **and ~, ~ and behold!** и вот!, и вдруг
load 1. *n* (*amount carried by vehicle*) груз; (*carried by person*) но́ша, тя́жесть *f*; *fig* бре́мя *neut*, тя́жесть *f*; **take a ~ off s.o.'s mind** снять *pf* тя́жесть с души́ (+ *gen*); *coll* (*large amount*) ма́сса, у́йма; (*amount of work, pressure etc*) нагру́зка; **working ~** рабо́чая нагру́зка **2.** *adj* **~ capacity** грузоподъёмность *f*; **~ waterline**

грузовáя ватерлúния **3.** *vt* (*vehicle*) грузúть, нагружáть (**with**, + *instr*); *fig* обременя́ть; (*with insults etc*) осыпáть (**with**, + *instr*); (*gun, camera*) заряжáть; *vi* ~ **up** грузúться (**with**, + *instr*)

loaded (*having load*) нагру́женный; **fully, heavily** ~ с пóлным/большúм грýзом; ~ **dice** кóсти *f pl*, налúтые свинцóм; ~ **question** провокациóнный вопрóс; *sl* (*drunk*) **he is** ~ он нагрузúлся; (*rich*) при деньгáх; (*fixed in favour of*) настрóенный в пóльзу (+ *gen*)

loader (*worker*) грýзчик; (*machine*) погрýзчик, погрýзочная машúна; (*conveyer*) транспортёр, конвéйер; (*of guns*) заряжáющий

loading 1. *n* нагрýзка; (*of vehicle*) погрýзка; **port of** ~ порт погрýзки **2.** *adj* ~ **berth** погрýзочный причáл; ~ **hatch** грузовóй люк

loadline грузовáя ватерлúния

loadstone, lodestone естéственный магнúт

[1]loaf (*bread in general*) хлеб; **French** ~ батóн; (*of rye bread*) бухáнка; (*of white bread*) бýлка; **meat** ~ мяснóй хлеб; **sugar** ~ головá сáхара; *sl* (*head*) башкá; **use your** ~! пошевелú(те) мозгáми

[2]loaf (*idle*) бездéльничать, гоня́ть лóдыря; (*hang around*) болтáться, слоня́ться

loafer (*idler*) бездéльник; *pl* (*shoes*) мокасúны *m pl*

loam (*soil*) суглúнок; (*brick clay*) глинá для кирпичéй

loamy суглúнистый

loan 1. *n* заём, (*esp of formal grant*) ссýда; **raise a** ~ сдéлать *pf* заём; **meet a** ~ покрыть, оплатúть *pf* заём, ссýду; **on** ~ взаймы́; **have on** ~ получúть *pf* на врéменное пóльзование; **give a** ~ дать *pf* взаймы́; (*of words, ideas etc*) заúмствование **2.** *v* давáть взаймы́

loan-bank ссýдный банк

loan-collection собрáние, врéменно предоставленное для вы́ставки

loan-translation кáлька

loan-word заúмствованное слóво

loath, loth: **be** ~ **to** не хотéть; **not** ~ **to** не прочь (+ *infin*); **nothing** ~ весьмá охóтно

loathe (*feel disgust*) чýвствовать отвращéние от (+ *gen*); (*hate*) ненавúдеть; *coll* **I** ~ **him** я терпéть егó не могý

loathing отвращéние (**for**, от + *gen*); нéнависть *f* (**for**, к + *dat*)

loathsome отвратúтельный, протúвный

lob *sp* **1.** *n* свечá **2.** *v* подавáть свечý

lobby 1. *n* (*hall*) вестибю́ль *m*; (*waiting room*) приёмная; (*in parliament*) кулуáры *m pl*; *collect* (*pressure group*) лóбби *neut indecl*; ~ **system** лоббúзм **2.** *v* (*influence politicians*) пытáться воздéйствовать на (+ *acc*), обрабáтывать; (*campaign*) вестú агитáцию

lobbyist лоббúст

lobe (*of ear*) мóчка ýха; *anat, bot* дóля; *tech* вы́ступ; *rad* лепестóк

lobed дóльчатый

lobelia лобéлия

lobotomy лоботомúя

lobster омáр; **spiny** ~ лангýст; ~**-pot** вéрша для омáров

lobworm пескожúл

local 1. *n* (*inhabitant*) мéстный жúтель *m*; (*pub*) мéстный трактúр **2.** *adj* (*all senses*) мéстный; ~ **colour** мéстный колорúт; *art* локáльный цвет; *med* ~ **anaesthesia** мéстная анестезúя

locale мéсто дéйствия

locality (*position*) местонахождéние; (*area*) мéстность *f*, рай́он; **in the** ~ **of** поблúзости от (+ *gen*)

localization (*restriction to area; med*) локализáция; (*fixing position*) определéние местонахождéния

localize (*restrict to area*) локализовáть(ся); (*fix position*) определя́ть местонахождéние

locally (*in locality*) в райóне

locate (*identify place*) устанáвливать, определя́ть местонахождéние; (*find*) находúть; (*on map etc*) засекáть; (*place in position*) поместúть *pf*, расположúть *pf*; **be** ~**d** находúться, быть располóженным

location (*act of locating*) определéние местонахождéния; (*placing*) расположéние; (*place*) местонахождéние; *cin* мéсто выездны́х съёмок

locative *gramm* мéстный падéж

loch (*lake*) óзеро; (*inlet*) ýзкий залúв

[1]lock (*of hair*) лóкон; *pl* вóлосы *m pl*

[2]lock 1. *n* (*of door*) замóк; **mortise** ~ врезнóй замóк; **under** ~ **and key** под замкóм; **Yale(-type)** ~ америкáнский замóк; (*padlock*) вися́чий замóк; (*of gun*) затвóр; (*in canal*) шлюз; ~ **gates** шлю́зные ворóта *neut pl*; **air** ~ (*blockage*) воздýшная прóбка; (*in submarine etc*) шлюзовáя кáмера; *sp* захвáт; *tech* стóпор; (*steering*) ýгол поворóта **2.** *vt* (*door*) запирáть (на замóк); *tech* блокировáть; *vi* (*of door, catch etc*) запирáться

~ **away** пря́тать под замóк

~ **in** запирáть (в + *prep*); ~ **oneself in** заперéться *pf*

~ **on** *tech* (*to target*) захвáтывать; (*synchronize*) синхронизúровать(ся) с (+ *instr*)

~ **out** заперéть *pf* дверь и не впускáть; (*workers*) объявля́ть локáут; *tech* блокировáть(ся)

~ **up** (*lock*) запирáть; (*hide away*) упря́тать *pf* под замóк; (*house*) запирáть все двéри; (*imprison*) сажáть в тюрьмý; (*lunatic*) поместúть *pf* в сумасшéдший дом; ~ **oneself up in a room** запирáться в кóмнате

locker шкáфчик, я́щик; ~ **room** раздевáлка

locket медальóн

lockjaw столбня́к

locknut контргáйка

lock-on *tech* захвáт

lock-out (*of workers*) локáут; *tech* выключéние

locksmith слéсарь *m*

lock-up (*time for closing*) врéмя *neut* закры́тия; *coll* (*prison*) тюрьмá

loco *sl* (*mad*) сумасшéдший; *coll* (*locomotive*) локомотúв

locomotion передвижéние

locomotive 1. *n* локомотúв **2.** *adj* (*motive*) движущий; (*railway*) ~ **depot** паровóзное депó *neut indecl*; ~ **works** паровозостроúтельный завóд

locomotor двúгательный

locum (tenens) врéменный заместúтель *m* (врачá)

locus мéсто; ~ **classicus** классúческая цитáта; ~ **communis** óбщее мéсто

locust саранчá; (*carob*) рожкóвое дéрево

locution оборóт рéчи

lode *geol* жúла

lodestar Поля́рная звездá; *fig* путевóдная звездá

lodestone естéственный магнúт

lodge 1. *n* (*small house*) дóмик; (*at entrance*)

помеще́ние привра́тника; (*Freemason's*) ло́жа; (*beaver's*) ха́тка; (*wigwam*) вигва́м **2.** *v* (*give, find lodging*) помести́ть(ся) *pf*; (*live*) жить; (*become embedded in*) засе́сть *pf*, застря́ть *pf*; (*place safely*) помести́ть *pf*, дава́ть на хране́ние; ~ **a complaint** подава́ть жа́лобу; ~ **a protest** заявля́ть проте́ст

lodger жиле́ц

lodging помеще́ние; **find ~ for the night** найти́ прию́т на́ ночь; *pl* сдава́емая ко́мната

loess *geol* лёсс

loft (*attic*) черда́к; (*for hay*) сенова́л; **pigeon ~** голубя́тня

loftiness (*of ideals etc*) возвы́шенность *f*; (*dignity*) вели́чественность *f*; (*haughtiness*) высокоме́рие

lofty (*high*) высо́кий; (*ideals etc*) возвы́шенный; (*haughty*) высокоме́рный

[1]log 1. (*beam*) бревно́; (*small*) поле́но; *naut* (*showing speed*) лаг; (*record book*) журна́л; **ship's ~** судово́й журна́л **2.** *adj* **~ cabin** бреве́нчатый до́мик; **~ conveyor** лесота́ска **3.** *v* (*note in ~*) вноси́ть в журна́л; (*record*) регистри́ровать

[2]log (*logarithm*) логари́фм; **~ tables** табли́ца логари́фмов

loganberry лога́нова я́года

logarithm логари́фм

logarithmic логарифми́ческий

log-book журна́л; (*ship's*) судово́й журна́л; (*of aircraft*) бортово́й журна́л

logger лесору́б

loggerheads: at ~s в ссо́ре (**with**, с + *instr*); **be at ~s** ссо́риться, пререка́ться (**with**, с + *instr*)

loggia ло́джия

logic (*branch of philosophy*) ло́гика; (*of an argument*) ло́гика, логи́чность *f*

logical *philos* логи́ческий; (*consistent, rational*) логи́чный

logicality логи́чность *f*

logician ло́гик

logistic логисти́ческий

logistics *math* логи́стика; *sci, mil* материа́льно-техни́ческое обеспе́чение

logline *naut* лагли́нь *m*

logo *see* **logotype**

logogram логогра́мма

logotype *typ* логоти́п; (*emblem*) эмбле́ма; (*trade-mark*) фи́рменный знак

logwood кампе́шевое де́рево

loin *anat* поясни́ца; *fig* **gird one's ~** препоя́сать *pf* чре́сла; *cul* филе́йная часть *f*; **~-cloth** набе́дренная повя́зка

loiter (*hang about*) слоня́ться, болта́ться; (*dawdle*) ме́шкать, ме́длить

loiterer праздношата́ющийся *m*

loll (*sit limply*) сиде́ть разваля́сь; (*lounge*) стоя́ть, сиде́ть в лени́вой по́зе; (*dangle*) болта́ться

lollipop леденец на па́лочке, поллипо́п

lolly (*sweet*) леденец на па́лочке; **ice-~** моро́женое на па́лочке; *sl* (*money*) деньжа́та *pl*, де́нежки *f pl*

Lombard 1. *n* ломба́рдец, *hist* лангоба́рд **2.** *adj* ломба́рдский

Lombardy Ломба́рдия; **~ poplar** то́поль италья́нский

London 1. *n* Ло́ндон **2.** *adj* ло́ндонский

Londoner ло́ндонец, *f* ло́ндонка

lone (*solitary, lonely*) одино́кий; (*isolated*) уединённый; (*unfrequented*) забро́шенный; (*sole*) еди́нственный; (*single*) одино́чный

loneliness одино́чество

lonely (*without friends etc*) одино́кий; **feel ~** чу́вствовать себя́ одино́ким; (*deserted*) пусты́нный; (*isolated*) уединённый

loner (*recluse*) нелюди́м; (*individualist*) индивидуали́ст; (*one who works etc alone*) одино́чка *m and f*, **he's a ~** он лю́бит рабо́тать *etc* в одино́чку

lonesome одино́кий

[1]long 1. *adj* (*in linear extent*) дли́нный; **a ~ distance** большо́е расстоя́ние; **at ~ range** на большо́м расстоя́нии; **how ~ is the table?** какова́ длина́ э́того стола́; **a table four feet ~** стол длино́ю в четы́ре фу́та; *rad* **~ wave** дли́нная волна́; (*of time; phon, pros*) до́лгий; **after a ~ wait** по́сле до́лгого ожида́ния; **a ~ time** до́лгое вре́мя; (*of specific periods of time etc, often indicating tedium*) дли́нный; **the day seemed very ~** день каза́лся о́чень дли́нным; **~ speech, argument** дли́нная речь, дли́нный спор; (*extended, protracted*) дли́тельный, продолжи́тельный; **an hour ~** продолжа́ющийся (оди́н) час; **a flight two hours ~** двухчасово́й полёт; **for a ~ time** (*extent of action*) до́лго; (*intended duration*) надо́лго; (*slow*) ме́дленный; (*tedious*) томи́тельный; *in expressions*: **~ face** мра́чное лицо́; **in the ~ run** в коне́чном счёте; **~ memory** хоро́шая па́мять *f*; **~ shot** (*attempt*) сме́лая попы́тка; (*guess*) счастли́вая дога́дка; **the ~ and short of it is ...** ко́ротко говоря́ **2.** *adv* (*for a ~ time*) до́лго; **~ afterwards** спустя́ до́лгое вре́мя; **~ before** задо́лго до (+ *gen*); **all night ~** всю ночь, ночь напролёт; **as ~ as** (*while*) пока́; (*since*) так как, раз; **before ~** вско́ре, немно́го спустя́, в ско́ром вре́мени; **don't be ~** не заде́рживайтесь, быстре́е; **for ~** надо́лго; **for as ~ as you like** ско́лько хоти́те; **how ~ will you be in Moscow?** ско́лько (вре́мени)/как до́лго вы бу́дете в Москве́?; **it will not take ~** э́то не займёт мно́го вре́мени; **so ~ as** е́сли то́лько/при усло́вии, что; (*since ~ ago*) давно́; **~ ago, since** давно́; **not ~ ago** неда́вно; **have you been here ~?** вы давно́ прие́хали?

[2]long (*want very much*) стра́стно жела́ть, о́чень хоте́ть; (*yearn*) тоскова́ть (**for**, по + *dat*); (*thirst for*) жа́ждать (**for**, + *gen*)

longanimity долготерпе́ние

long-awaited долгожда́нный

longboat барка́с

longbow большо́й лук

long-distance да́льний; **~ call** междугоро́дный телефо́нный разгово́р; **~ race** бег на дли́нные диста́нции; **~ train** по́езд да́льнего сле́дования

long-drawn-out затяну́вшийся, затяжно́й; (*account*) тягу́чий

long-eared длинноу́хий

longeron лонжеро́н

longevity (*long life*) до́лгая жизнь *f*; (*as characteristic*) долголе́тие; (*of materials, ideas*) долгове́чность *f*

long-expected долгожда́нный

long-felt давно́ ощуща́емый

long-forgotten давно́ забы́тый

longhand обы́чное письмо́; **write out ~** писа́ть от руки́

long-headed (*of head*) долгоголо́вый; (*shrewd*) проница́тельный, предусмотри́тельный

longing (*strong desire*) стра́стное жела́ние; (*thirst for*) жа́жда (+ *gen*); (*for home etc*) тоска́ (по

+ *dat*)
longingly жа́дно; с тоско́й
longitude долгота́
longitudinal продо́льный
longitudinally в длину́
long johns кальсо́ны *f pl*
long-jumper прыгу́н в длину́
long-legged длинноно́гий
long-lived долгове́чный
long-necked длинноше́ий
long-playing (*record*) долгоигра́ющий
long-range (*of operating range*) да́льнего де́йствия; (*gun*) дальнобо́йный; (*plans etc*) перспекти́вный; ~ **weather forecast** долгосро́чный прогно́з пого́ды
longshoreman порто́вый рабо́чий
long-sighted дальнозо́ркий; *fig* дальнови́дный
long-sightedness дальнозо́ркость *f*; *fig* дальнови́дность *f*
long-standing давни́шний, долголе́тний; ~ **friendship** ста́рая, да́вняя, многоле́тняя дру́жба
long-suffering 1. *n* долготерпе́ние **2.** *adj* (*suffering much*) многострада́льный; (*patient*) долготерпели́вый
long-tailed длиннохво́стый
long-term долгосро́чный; (*plans etc*) перспекти́вный
long-time (*of long standing*) давни́шний; (*long-term*) долгосро́чный
longways в длину́
long-winded *fig* (*person*) многоречи́вый; (*story*) ску́чный
loo (*game*) му́шка; *coll* (*lavatory*) убо́рная
loofah *bot* люфа́; (*for washing*) моча́лка, люфа́
look 1. *n* (*glance*) взгляд; **cast, have a ~ at** броса́ть взгляд, посмотре́ть *pf*, взгляну́ть *pf* на (+ *acc*); **have a good ~ at** хороше́нько посмотре́ть *pf*; (*appearance*) вид; **have the ~ of** (*resemble*) напомина́ть; *usu pl* (*appearance of person*) вне́шность *f*, нару́жность *f*; **good ~s** красота́; (*expression*) выраже́ние **2.** *v* (*gaze*) смотре́ть (**at,** на + *acc*); ~! смотри́(те)!, вот!; ~ **here!** посмотри́(те) сюда́; (*listen to me*) послу́шай(те); ~ **in a mirror** смотре́ть(ся) в зе́ркало; ~ **out of the window** смотре́ть в окно́; (*have appearance*) вы́глядеть (+ *instr*), каза́ться (+ *instr*), име́ть вид; **he ~s happy, ill** у него́ счастли́вый, больно́й вид; **he ~s well, young, old** он вы́глядит хорошо́, мо́лодо, старо́; ~ **like**: **he ~s like his father** он похо́ж на отца́; **she ~ed like an old woman** она́ вы́глядела стару́хой; **it ~s as if, as though** похо́же, что/ви́димо/очеви́дно/ка́жется; **it ~s as if he is right** ка́жется он прав; **it ~s as if they have gone** ви́димо они́ ушли́; **they don't ~ like finishing soon** не похо́же, что они́ ско́ро ко́нчат; **it ~s like rain** ка́жется бу́дет дождь/похо́же, что пойдёт дождь; (*face*) **the window ~s south, on to the garden** окно́ выхо́дит на юг, в сад
~ **about, around** смотре́ть вокру́г, огля́дываться (вокру́г)
~ **about for** иска́ть
~ **after** смотре́ть за (+ *instr*), присма́тривать за (+ *instr*), уха́живать за (+ *instr*); (*be concerned about*) забо́титься (о + *pr*); (*deal with*) занима́ться (+ *instr*)
~ **at** (*examine*) смотре́ть на (+ *acc*)
~ **back** (*over shoulder*) огля́дываться; (*whence one has come*) смотре́ть наза́д; (*remember*) вспомина́ть
~ **down** (*downwards*) смотре́ть вниз; (*avert eyes*) опуска́ть глаза́, потупля́ть взор; ~ **down on** (*despise*) презира́ть
~ **for** (*search*) иска́ть; (*expect*) ожида́ть
~ **forward** смотре́ть вперёд; ~ **forward to** ждать с нетерпе́нием, удово́льствием, предвкуша́ть
~ **in** зайти́ *pf*, загляну́ть *pf* (**on,** к + *dat*)
~ **into** (*investigate*) разбира́ть, иссле́довать
~ **on** (*be spectator*) наблюда́ть; (*consider*) счита́ть (**as,** + *instr*), смотре́ть на (+ *acc*; **as,** как на + *acc*)
~ **out** (*watch from*) выгля́дывать (из + *gen*); (*take care*) быть насторожé; ~ **out!** осторо́жно; ~ **out for** (*beware*) бере́чься (+ *gen or infin*); (*in order to obtain*) присма́тривать; (*seek*) иска́ть; (*expect, await*) ожида́ть
~ **out on, over** выходи́ть на (+ *acc*)
~ **over** (*examine*) просма́тривать
~ **round** (*back*) огля́дываться; (*all round*) смотре́ть вокру́г себя́, огля́дываться круго́м; (*examine*) смотре́ть, осма́тривать
~ **through** (*window etc*) смотре́ть в (+ *acc*), (*examine*) просма́тривать
~ **to** (*turn to*) обраща́ться к (+ *dat*; **for,** за + *instr*); (*rely on*) наде́яться на (+ *acc*); (*expect from*) иска́ть у (+ *gen*), ждать от (+ *gen*)
~ **up** (*upwards*) смотре́ть вверх; (*in dictionary etc*) иска́ть (**in,** в + *prep*); (*visit*) навести́ть *pf*; *coll* (*improve*) улучша́ться; ~ **up to** уважа́ть
looker: **good ~** краса́вица, *m* краса́вец
looker-on (*observer*) наблюда́тель *m*; (*spectator*) зри́тель *m*
looking-glass зе́ркало
look-out (*watchman*) наблюда́тель *m*; (*post*) наблюда́тельный пункт; **be on the ~** (*watchful*) быть насторожé; **be on the ~ for** (*seek*) присма́тривать; (*prospect*) перспекти́вы *m pl*; *coll* **that's my ~** э́то моё де́ло
[1]**loom** (*weaving*) тка́цкий стано́к
[2]**loom** (*appear indistinctly*) нея́сно вырисо́вываться, мая́чить; ~ **dark** черне́ть(ся); ~ **white** беле́ть(ся); (*tower*) возвыша́ться (**over,** над + *instr*); (*impend*) наступа́ть
loony *coll n, adj* сумасше́дший
loop 1. *n* (*bend, of rope etc*) пе́тля; (*railway*) обво́дная ли́ния; *av* мёртвая пе́тля; *tech* ко́нтур, пе́тля **2.** *v* (*make ~*) де́лать пе́тлю; (*fasten*) закрепля́ть пе́тлей; *av* де́лать мёртвую пе́тлю
loophole (*in castle*) бойни́ца; *fig* лазе́йка
loop-line обво́дная ли́ния
loose 1. *adj* (*free*) свобо́дный; (*not tight*) не туго́й, свобо́дный; **let ~** выпуска́ть; *fig* дава́ть во́лю (+ *dat*); (*not tied up*) несвя́занный; **come ~** развяза́ться *pf*; (*not fastened*) незакреплённый; (*not pulled tight*) не натя́нутый; (*not fastened, screwed tight*) шата́ющийся, болта́ющийся; **it is ~** болта́ется; **come ~** (*break off*) отрыва́ться; (*come off*) отде́лываться; ~ **hair** распу́щенные во́лосы *m pl*; ~ **tooth** шата́ющийся зуб; (*not strict, of translation etc*) свобо́дный, во́льный; (*careless*) небре́жный; (*immoral*) распу́щенный; (*not dense*) неплóтный; (*not packaged*) развесно́й; ~ **soil** ры́хлая по́чва; *in expressions* **at a ~ end** без де́ла; **have a ~ tongue** быть болтли́вым; **on the ~** на свобо́де **2.** *v* (*free*) освобожда́ть, выпуска́ть; (*untie*) развя́зывать; (*slacken*) ослабля́ть; (*arrow etc*) пуска́ть
loose-leaf: ~ **binder, notebook** скоросшива́тель *m*;

~ **binding** съёмный переплёт

loosen (*slacken*) ослабля́ть(ся); (*untie*) развя́зывать(ся); (*let go*) отпуска́ть

looseness (*imprecision*) нето́чность *f*; (*of morals*) распу́щенность *f*; *med* сла́бый стул

loosestrife верб́ейник

loose-tongued болтли́вый

loot 1. *n* добы́ча **2.** *v* (*a place*) гра́бить; (*things*) захва́тывать

lop (*chop off*) отруба́ть; (*a tree*) подре́зывать; (*shorten*) уре́зывать

lope бежа́ть дли́нными шага́ми

lop-eared вислоу́хий

lop-sided (*uneven*) неро́вный; (*crooked*) криво́й, кривобо́кий; *fig* односторо́нний

loquacious болтли́вый, говорли́вый

loquacity болтли́вость *f*

loran систе́ма Ло́ран

lord 1. *n* (*master*) господи́н; (*ruler*) влады́ка *m*; (*feudal*) сеньо́р, феода́л; (*rank*) лорд; **drunk as a** ~ пьян как сапо́жник; **live like a** ~ жить ба́рином; **my** ~ мило́рд; *pol* **House of Lords** пала́та ло́рдов; *rel* **the, Our Lord** госпо́дь *m*; **~'s prayer** О́тче наш; *in exclam* **good ~!** го́споди!; ~ **knows** Бог (его́) зна́ет **2.** *v* ~ **it over** (*family, subordinates*) помыка́ть (+ *instr*); (*in general*) вла́ствовать над (+ *instr*)

lordliness (*magnificence*) великоле́пие; (*grandness*) вели́чие; (*haughtiness*) высокоме́рие

lordly (*dignified*) досто́йный, (*magnificent*) великоле́пный; (*haughty*) высокоме́рный

lordship (*power*) власть *f* (**over,** над + *instr*); **your** ~ ва́ша све́тлость *f*

lore зна́ния *neut pl*

lorgnette лорне́т; (*opera-glass*) (театра́льный) бино́кль *m*

lorry грузови́к, грузова́я маши́на; **tip** ~ самосва́л

lorryload (*depending on context: load*) груз; (*batch*) па́ртия; (*loaded lorry*) грузови́к (**of,** с + *instr*)

lose (*most senses; mislay*) теря́ть; (*be deprived of*) лиша́ться (+ *gen*), теря́ть; (*a contest, game*) прои́грывать; (*be too late for*) опа́здывать на (+ *acc*); (*miss*) пропуска́ть; (*cost*) сто́ить; **it lost him his job** э́то сто́ило ему́ ме́ста; ~ **oneself** (*be absorbed*) погружа́ться (**in,** в + *acc*); (*become lost*) теря́ться; *in expressions* ~ **ground** отступа́ть; ~ **one's head** потеря́ть *pf* го́лову, растеря́ться *pf*; ~ **one's heart to** влюби́ться *pf* в (+ *acc*); ~ **heart** па́дать ду́хом; ~ **no opportunity to, of** не упуска́ть слу́чая, возмо́жности (+ *infin or gen*); ~ **out** (*be loser*) прои́грывать; (*fail*) терпе́ть неуда́чу; ~ **patience** теря́ть терпе́ние; ~ **sight of** потеря́ть *pf* из ви́ду; ~ **one's temper** выходи́ть из себя́, серди́ться; ~ **no time in** спеши́ть; ~ **one's way** заблуди́ться *pf*; ~ **weight** худе́ть

loser (*in game*) проигра́вший; (*in war etc*) потерпе́вший пораже́ние; *coll* (*unlucky person*) неуда́чник

losing 1. *n* про́игрыш **2.** *adj* про́игрышный; (*bound to fail*) обречённый на неуда́чу

loss (*most senses*) поте́ря; **a great** ~ **to** больша́я поте́ря для (+ *gen*); *pl mil* **inflict heavy ~s** нанести́ *pf* больши́е поте́ри, большо́й уро́н; (*of ship*) ги́бель *f*; (*financial*) убы́ток; **sell at a** ~ продава́ть в убы́ток; (*in game*) про́игрыш; (*disappearance*) пропа́жа; **be at a** ~ быть в недоуме́нии

loss-making убы́точный

lost поте́рянный; **make up** ~ **time** наверста́ть *pf* поте́рянное вре́мя; (*vain*) тще́тный, напра́сный; (*perished*) поги́бший; (*battle etc*) прои́гранный; (*wasted*) да́ром истра́ченный; **it was ~ on me** э́то для меня́ ничего́ не зна́чило, не дошло́ до меня́

lot 1. *n* (*much*) мно́го (**of,** + *gen*); **~s of** ма́сса, у́йма, ку́ча (+ *gen*); (*of land*) уча́сток; **parking** ~ стоя́нка; *cin* киносту́дия; (*allotted share*) до́ля; **fall to the ~ of** вы́пасть *pf* на до́лю (+ *gen*); (*fate*) судьба́, у́часть *f*; **cast ~s** броса́ть жре́бий; (*batch*) па́ртия; (*group*) гру́ппа; *coll* (*person*) тип **2.** *adv* **a** ~ (*much*) мно́го; (*with comparatives*) гора́здо

lotion лосьо́н

lottery лотере́я; **~-ticket** лотере́йный биле́т

lotto лото́ *neut indecl*

lotus ло́тос

loud (*of volume, voice*) гро́мкий; (*noisy*) шу́мный; (*gaudy*) крича́щий

loud-hailer ру́пор; (*electric*) громкоговори́тель *m*

loud-mouthed крикли́вый

loudness гро́мкость *f*; *phys* у́ровень *m* шу́ма

loudspeaker громкоговори́тель *m*

lounge 1. *n* (*sitting room*) гости́ная; (*of hotel*) вестибю́ль *m* (*couch*) шезло́нг; ~ **suit** костю́м **2.** *v* (*loaf around*) слоня́ться; (*sit lazily*) сиде́ть развaля́сь; (*do nothing*) безде́льничать

lounger ло́дырь *m*, безде́льник

lour, lower (*of person, weather*) хму́риться; (*of clouds*) нависа́ть угрожа́юще

louse 1. *n* вошь *f*; *coll fig* подле́ц **2.** *v coll* ~ **up** по́ртить

lousy вши́вый; *coll fig* проти́вный, отврати́тельный, омерзи́тельный; **be ~ with** (*full of*) по́лный (+ *gen*); (*swarming with*) кишмя́ кише́ть (+ *instr*)

lout (*yokel*) деревéнщина; (*rough*) грубия́н, хулига́н; (*ill-mannered person*) хам

louvre жалюзи́ *neut indecl*

lovable ми́лый

love 1. *n* любо́вь *f* (**for,** к + *dat*); **be in** ~ быть влюблённым (**with,** в + *acc*); **fall in** ~ влюби́ться *pf* (**with,** в + *acc*); **fall out of** ~ разлюби́ть *pf* (**with,** + *acc*); **for the ~ of** ра́ди (+ *gen*), из любви́ к (+ *dat*); **make** ~ **to** (*court*) уха́живать за (+ *instr*); (*sleep with*) спать с (+ *instr*); **send one's ~ to** посыла́ть приве́т (+ *dat*); ~ **story** любо́вная исто́рия; *sp* ноль *m* **2.** *v* люби́ть; **(be glad to) I should ~ to meet him** мне о́чень хоте́лось бы встре́тить его́

love-affair рома́н, любо́вная интри́га

loveless (*not loving*) нелю́бящий; (*not loved*) нелюби́мый; (*without love*) без любви́

loveliness красота́

lovelorn безнадёжно влюблённый

lovely (*beautiful*) краси́вый, прекра́сный; *coll* (*delightful*) преле́стный; **how ~!** кака́я пре́лесть!; (*marvellous*) чу́дный, прекра́сный; **that's, how ~!** прекра́сно!

love-making (*courting*) уха́живание; (*coition*) половы́е снoше́ния *neut pl*

lover (*devotee*) люби́тель *m*; (*person in love*) любо́вник, *f* любо́вница

lovesick томя́щийся от любви́

loving (*feeling, expressing love*) лю́бящий; (*tender*) не́жный; (*dutiful*) ве́рный

¹low (*of cattle*) мыча́ть

²low 1. *n* (*low level*) ни́зкий у́ровень *m*; *meteor* депре́ссия; (*gear*) пе́рвая ско́рость *f*; **2.** *adj* (*most senses*) ни́зкий; (*not very high*) невысо́кий; (*not *loud*) ти́хий; (*base*) ни́зменный; (*poor, weak*) сла́бый; **in ~ health** в плохо́м здоро́вьи; **~ marks** плохи́е отме́тки *f pl*; **in ~ spirits** в уны́нии, в пода́вленном состоя́нии **3.** *adv* ни́зко; **bring ~** унижа́ть; **lay ~** повали́ть *pf*; **lie ~** притаи́ться *pf*; **run ~** истоща́ться, конча́ться

low-born ни́зкого происхожде́ния

lowbrow 1. *n* малообразо́ванный челове́к, профа́н **2.** *adj* неинтеллиге́нтный

low-cut декольти́рованный, декольте́ *indecl*

low-down 1. *n coll* (*information*) подного́тная **2.** *adj coll* (*dishonest*) нече́стный, по́длый; **~ trick** по́длость *f*

lower 1. *adj* (*classes, animals etc*) ни́зший; (*situated below*) ни́жний; **~ jaw** ни́жняя че́люсть *f*; *print* **~ case** стро́чные бу́квы *f pl*; *comp attrib adj* бо́лее ни́зкий; *comp pred adj* ни́же **2.** *adv* ни́же **3.** *v* (*let down*) спуска́ть(ся); **~ eyes** опуска́ть глаза́, потупля́ться; **~ voice** понижа́ть го́лос, говори́ть поти́ше; (*reduce*) снижа́ть(ся), уменьша́ть(ся); (*humiliate*) унижа́ть; **~ oneself** унижа́ться, опуска́ться

lowering 1. *n* пониже́ние, паде́ние **2.** *adj* (*degrading*) унизи́тельный; (*clouds etc*) мра́чный

lowermost са́мый ни́жний

lowest са́мый ни́зкий, (са́мый) ни́зший, нижа́йший (*attrib only, usu in comparisons*)

low-grade низкопро́бный, низкосо́ртный

lowing (*of cattle*) мыча́ние

lowland 1. *n usu pl* ни́зменность *f*, низи́на **2.** *adj* ни́зменный

lowly скро́мный

low-lying ни́зменный

low-necked (*dress*) декольти́рованный, декольте́ *indecl*

low-pitched (*sound*) ни́зкий; (*aims*) невысо́кого полёта; (*sloping*) поло́гий

low-powered маломо́щный

low-resistance ни́зкого сопротивле́ния

low-speed тихохо́дный

loyal (*devoted, true*) ве́рный, пре́данный (**to,** + *dat*); (*true to allegiance*) лоя́льный

loyalist лояли́ст

loyalty ве́рность *f*, пре́данность *f*; лоя́льность *f*

lozenge (*tablet*) табле́тка; *geom* ромб; **~-shaped** ромбови́дный

lubricant сма́зочный материа́л, сма́зка

lubricate сма́зывать

lubricating сма́зочный; **~ grease** консисте́нтная сма́зка; **~ oil** сма́зочное ма́сло

lubrication сма́зка

lubricity (*slipperiness; also fig*) ско́льзкость *f*; (*lust*) похотли́вость *f*

lubricious ско́льзкий; похотли́вый

lucerne люце́рна

lucid (*clear*) я́сный; (*rational*) с я́сным умо́м; (*bright*) све́тлый; (*transparent*) прозра́чный

lucidity я́сность *f*

luck (*chance*) судьба́; **~ was against us** судьба́ была́ про́тив нас; **by ~** случа́йно; **a matter of ~** де́ло слу́чая; **try one's ~** попыта́ть *pf* сча́стье; (*good ~*) сча́стье, *coll* везе́ние; **by good ~** по сча́стью; **for ~** на сча́стье; **he was, is in ~** ему́ повезло́; **good ~!** счастли́во/ни пу́ха ни пера́; **I never have any ~** мне никогда́ не везёт; **some people have all the ~!** везёт же лю́дям!; **what ~!** како́е сча́стье, *coll* како́е везе́ние; **I wish you ~** жела́ю вам сча́стья; (*bad ~*) **what bad ~!** како́е несча́стье, *coll* како́е невезе́ние!; **worse ~!** к несча́стью; **he has very bad ~** ему́ о́чень не везёт

luckily к сча́стью (**for,** для + *gen*)

luckless несчастли́вый, злополу́чный

lucky (*fortunate*) счастли́вый; **~ man!** счастли́вец! **I was ~ enough to** мне посчастли́вилось (+ *infin*); (*successful*) уда́чный; (*chance*) случа́йный

lucrative при́быльный, вы́годный

lucre бары́ш, при́быль *f*; **filthy ~** презре́нный мета́лл

Luddite лудди́т

ludicrous смешно́й, неле́пый

luff 1. *n* (*of sail*) пере́дняя шкато́рина; (*of ship*) ску́ла, кра́мбол **2.** *v* приводи́ть(ся) к ве́тру

lug 1. *n* (*jerk*) рыво́к; (*worm*) пескожи́л; *tech* (*projection*) вы́ступ; (*lifting loop*) проу́шина; (*clamp*) зажи́м; (*endpiece*) наконе́чник; *coll* (*ear*) у́хо **2.** *v* тащи́ть, волочи́ть; **~ in** вта́скивать; **~ out** выта́скивать

luggage бага́ж; **left ~ (office)** ка́мера хране́ния; **~ van** бага́жный ваго́н

lugger лю́гер

lugsail лю́герный па́рус

lugubrious печа́льный, мра́чный

lukewarm (*water etc*) теплова́тый; (*hardly warm*) чуть тёплый; *fig* (*without enthusiasm*) без энтузиа́зма; (*cool*) прохла́дный

lull 1. *n* (*interval*) переры́в; (*in storm, fight*) зати́шье **2.** *v* (*calm*) успока́ивать(ся); **~ to sleep** (*a child*) убаю́кивать

lullaby колыбе́льная пе́сня

lumbago люмба́го *neut indecl*, *coll* простре́л

lumbar поясни́чный

lumber 1. *n* (*timber*) лесоматериа́л; (*junk*) хлам **2.** *v* (*encumber*) загроможда́ть (**with,** + *instr*); (*burden with*) обременя́ть (**with,** + *instr*); (*clutter with rubbish*) засоря́ть; (*cut timber*) вали́ть дере́вья; (*more heavily*) дви́гаться тяжело́; (*of lorries etc*) громыха́ть; **~ past** проезжа́ть с гро́хотом

lumber-camp лесозагото́вки *f pl*

lumberjack, lumberman лесору́б

lumber-room чула́н

lumber-yard лесно́й склад

lumen *phys* лю́мен

luminary свети́ло (*also fig*)

luminescence свече́ние, люминесце́нция

luminescent светя́щийся, люминесце́нтный

luminosity (*brightness*) я́ркость *f*; (*of star*) свети́мость *f*; (*light output*) светова́я отда́ча, ви́дность *f*

luminous (*emitting light; phosphorescent*) светя́щийся; (*bright*) я́ркий; (*of light*) светово́й; **~ energy** светова́я эне́ргия; *fig* (*brilliant*) блестя́щий; (*clear*) я́сный

lump 1. *n* (*piece*) кусо́к; **~ of sugar** кусо́к са́хару; (*clod*) ком; (*swelling on body*) ши́шка; *fig* **~ in the throat** комо́к в го́рле; *coll, pej* (*oaf*) болва́н, дуби́на **2.** *adj* **~ coal** кусково́й у́голь *m*; **~ sugar** пилёный са́хар; **~ sum** *comm* пауша́льная су́мма; **pay in a ~ sum** плати́ть сра́зу **3.** *v* (*form ~s*) образова́ть комки́; (*heap together*) сме́шивать в ку́чу; **~ together** (*not distinguish*) не разбира́ть

lumpish (*shapeless*) бесфо́рменный; (*clumsy*) неуклю́жий; (*stupid*) тупо́й

lumpy (*having lumps*) комкова́тый; (*shapeless*) бесфо́рменный

lunacy (*madness*) помеша́тельство; *fig coll* безу́мие; **sheer ~** абсолю́тный идиоти́зм

lunar лу́нный

lunatic 1. *n* душевнобольно́й; *coll* сумасше́дший **2.** *adj* сумасше́дший, безу́мный; ~ **asylum** психиатри́ческая больни́ца; *coll* сумасше́дший дом
lunation лу́нный ме́сяц
lunch 1. *n* второ́й за́втрак, ленч **2.** *v* за́втракать
luncheon 1. *n* за́втрак; ~ **meat** мясно́й хлеб **2.** *v* за́втракать
lunch-hour, lunch-time обе́денный переры́в
lunette *archi* тимпа́н; *mil* люне́т
lung 1. *n* лёгкое **2.** *adj* лёгочный; ~ **cancer** рак лёгких
lunge *sp* вы́пад; (*sudden rush*) бросо́к, рыво́к вперёд **2.** *v sp* де́лать вы́пад; (*rush forward*) броса́ться вперёд
lungfish двоякоды́шащая ры́ба
lupin люпи́н
lupus волча́нка
lurch 1. *n* (*jerk*) толчо́к; **give a** ~ дёрнуться *pf*; (*stagger*) поша́тывание; **give a** ~ пошатну́ться *pf*; *coll* **leave in the** ~ поки́нуть *pf* в тру́дном положе́нии **2.** *v* (*give a jerk*) дёрнуться *pf*; (*more jerkily, of vehicle*) дви́гаться толчка́ми; (*of person*) идти́ шата́ясь; (*give a stagger*) пошатну́ться *pf*; ~ **against** споткну́ться *pf* о (+ *acc*); (*of ship, plane*) накрени́ться *pf*
lure 1. *n* (*temptation*) собла́зн; (*fishing*) нажи́вка; (*hunting*) прима́нка **2.** *v* (*attract*) привлека́ть; (*entice*) завлека́ть, соблазня́ть
lurid (*ghastly*) ужа́сный; (*sensational*) сенсацио́нный, сканда́льный; (*of colours, glaring*) крича́щий; (*stormy*) грозово́й; (*unnatural*) неесте́ственный; (*glaring*) о́гненный
lurk (*hide*) пря́таться, скрыва́ться; (*in ambush*) скрыва́ться в заса́де; (*exist unknown, be latent*) таи́ться
luscious (*juicy*) со́чный; (*sweet*) сла́дкий; (*tasty*) вку́сный; (*delightful*) восхити́тельный; (*cloying*) при́торный
lush (*rich, abundant*) пы́шный; (*fresh*) све́жий; (*delightful*) великоле́пный
lust 1. *n* (*sexual*) по́хоть *f*, вожделе́ние; (*for power etc*) жа́жда (**for**, + *gen*) **2.** *v* ~ **after** жа́ждать (+ *gen*)
lustful похотли́вый
lustfulness похотли́вость *f*
lustily (*strongly*) си́льно; **shout** ~ гро́мко крича́ть; (*enthusiastically*) с энтузиа́змом, с жа́ром
lustre (*gleam*) блеск; (*sheen*) лоск; *fig* (*glory*) сла́ва, блеск
lustrous блестя́щий
lusty си́льный, здоро́вый
lute лю́тня
Lutheran 1. *n* лютера́нин, *f* лютера́нка **2.** *adj* лютера́нский
Lutheranism лютера́нство
lux *phys* люкс
luxuriance (*of growth*) пы́шность *f*; (*abundance*) изоби́лие; (*richness*) бога́тство
luxuriant пы́шный, оби́льный, бога́тый
luxuriate наслажда́ться (**in**, + *instr*); (*grow luxuriantly*) пы́шно, бу́йно разраста́ться
luxurious роско́шный
luxury 1. *n* (*all senses*) ро́скошь *f* **2.** *adj* роско́шный, люкс
lycanthropy ликантро́пия
lycée, lyceum лице́й
lychee личжи́ *m indecl*
lyddite лидди́т
lye щёлок
lying 1. *n* ложь *f*, *coll* лганьё **2.** *adj* (*untrue*) ло́жный; (*untruthful*) лжи́вый
lying-in ро́ды *m pl*
lymph ли́мфа; ~ **gland** лимфати́ческая железа́
lymphatic лимфати́ческий
lynch линчева́ть; ~ **law** зако́н Ли́нча
lynching линчева́ние
lynx рысь *f*; ~ **eyed** остроглáзый
lyre ли́ра; ~**-bird** лирохво́ст
lyric 1. *n* (*poem*) лири́ческое стихотворе́ние; (*text of song*) текст, слова́ пе́сни **2.** *adj* лири́ческий
lyrical лири́ческий; *fig* **be, wax** ~ **about** быть в восто́рге от (+ *gen*)
lyricism лири́чность *f*, лири́зм
lysol лизо́л

M

mac (*raincoat*) плащ
macabre жуткий; ***danse*** ~ та́нец сме́рти
macadam макада́м, щебёночное покры́тие
macadamize мости́ть щёбнем
macaroni макаро́ны *f pl*
macaronic макарони́ческий
macaroon минда́льное пече́нье
macassar макасса́р; ~ **oil** макасса́ровое ма́сло
macaw мака́о *m indecl*, а́ра
mace (*weapon*) булава́; (*staff of office*) жезл; (*spice*) муска́тный цвет
macebearer жезлоно́сец
macedoine маседуа́н
Macedonia Македо́ния
Macedonian 1. *n* (*person*) македо́нец, *f* македо́нка **2.** *adj* македо́нский
macerate (*steep*) выма́чивать; (*waste*) истоща́ть
Mach *aer* ~ **number** число́ Ма́ха, число́ М, мах; **at** ~ **2** при ско́рости 2 ма́ха
machete маче́те *neut indecl*
Machiavellian макиаве́ллевский, макиавеллисти́ческий
machinate (*plot*) интригова́ть; (*contrive*) ухитря́ться
machination *usu pl* интри́ги *f pl*, ко́зни *f pl*, махина́ции *f pl*
machine 1. *n* (*all senses*) маши́на; **sewing** ~ шве́йная маши́на; (~ *tool*) стано́к; **flying** ~ лета́тельный аппара́т **2.** *adj* маши́нный; ~ **drawing** машинострои́тельное черче́ние; ~ **tool** (*lathe etc*) стано́к **3.** *v* обраба́тывать на станке́
machine-gun 1. *n* пулемёт **2.** *adj* пулемётный **3.** *v* обстре́ливать пулемётным огнём
machine-made (*made by machine*) сде́ланный маши́нами; (*manufactured*) фабри́чный
machine-readable машиночита́емый
machinery (*machines*) те́хника, маши́ны *f pl*, механи́змы *m pl*, машине́рия (*also fig*); (*equipment*) обору́дование; (*device*) механи́зм; (*parts of machine*) дета́ли *f pl*; (*organization*) аппара́т
machine-shop механи́ческий цех
machining механи́ческая обрабо́тка
machinist (*mechanic*) меха́ник; (*lathe operator*) сле́сарь-меха́ник, стано́чник; (*seamstress*) швея́
mackerel ску́мбрия, макре́ль *f*; ~ **sky** не́бо бара́шками
mackintosh непромока́емое пальто́ *neut indecl*, макинто́ш, *coll* плащ
macrobiotic макробиоти́ческий
macrocosm макроко́см, макроми́р
macron знак долготы́
mad (*insane*) сумасше́дший, безу́мный; **drive** ~ своди́ть с ума́; **go** ~ с ума́ сходи́ть; **like** ~ *coll* как сумасше́дший; (*of animal*) бе́шеный; (*rash*) безу́мный; **what a** ~ **thing to do** како́е безу́мие; (*wild, uncontrolled*) бе́шеный, сумасше́дший; **at a** ~ **speed** с бе́шеной ско́ростью; (*infatuated about person*) без ума́ от (+ *gen*); (*about thing*) поме́шанный на (+ *pr*); (*furious*) **he was** ~ **(with anger)** он был вне себя́ (от гне́ва); **she was** ~ **with/at me** она́ стра́шно разозли́лась на меня́; **make s.o.** ~ беси́ть; **I feel so** ~ **when I think of it** так злюсь, когда́ ду́маю об э́том
madam госпожа́, мада́м
madcap (*prankster*) сорване́ц; (*wild person*) сорвиголова́ *m and f*
madden (*make mad*) своди́ть с ума́; (*infuriate*) бе́сить, разъяря́ть, выводи́ть из себя́
maddening *fig* невыноси́мый, невозмо́жный
madder (*dye*; *bot*) маре́на
made of (сде́ланный) из (+ *gen*)
Madeira (*place*) Маде́йра; (*wine*) маде́ра; (*cake*) бискви́т
mademoiselle мадемуазе́ль *f*
made-to-measure, made-to-order сде́ланный на зака́з
madhouse сумасше́дший дом (*also fig*)
madly как сумасше́дший; **fall** ~ **in love** по́ уши влюби́ться *pf*
madman сумасше́дший, безу́мец (*also fig*)
madness (*lunacy*) сумасше́ствие; (*in animals*) бе́шенство; (*wildness*) бе́шенство; (*folly*) безу́мие
Madonna мадо́нна; ~ **lily** бе́лая ли́лия
madrigal мадрига́л
madwoman сумасше́дшая
maecenas мецена́т
maelstrom водоворо́т
maenad мена́да
maestoso маэсто́зо
maestro маэ́стро *m indecl*
Mafia ма́фия
magazine (*journal*) журна́л; (*ammunition store*) склад боеприпа́сов; (*of gun*) магази́н; (*for film*) кассе́та
magenta 1. *n* фукси́н **2.** *adj* фукси́новый
maggot (*grub*) личи́нка; (*worm*) червь *m*; (*in names of pests*) му́ха
maggoty черви́вый
magic 1. *n* ма́гия, волшебство́; (*witchcraft*) колдовство́; **as if by** ~ сло́вно по волшебству́; **black** ~ чёрная ма́гия, чернокни́жие; *fig* (*charm*) волше́бная си́ла **2.** *adj* маги́ческий, волше́бный; ~ **lantern** волше́бный фона́рь *m*
magician волше́бник, колду́н, маг, чароде́й; (*conjuror*) фо́кусник
magisterial (*of magistrate*) суде́йский; (*authoritative*) авторите́тный
magistracy (*office*) до́лжность *f* судьи́; *collect* мировы́е су́дьи *m pl*
magistrate магистра́т, мирово́й судья́ *m*; ~ **court** магистра́тский суд, мирово́й суд
magma ма́гма
magnanimity великоду́шие
magnanimous великоду́шный
magnate магна́т
magnesia о́кись *f* ма́гния
magnesium 1. *n* ма́гний **2.** *adj* ма́гниевый
magnet магни́т
magnetic магни́тный; ~ **tape** магни́тная ле́нта; *fig* (*mesmeric*) магнети́ческий, гипноти́ческий
magnetism магнети́зм
magnetite магнети́т
magnetization (*process*) намагни́чивание; (*state*) намагни́ченность *f*

magnetize *phys* намагни́чивать(ся); *fig* (*attract*) привлека́ть; (*hypnotize*) гипнотизи́ровать
magneto магне́то *neut indecl*
magnetometer магнито́метр
magneton магнето́н
magnetron магнетро́н
magnification *opt* увеличе́ние; *ac* усиле́ние
magnificence великоле́пие
magnificent великоле́пный
magnifier (*glass*) лу́па, увеличи́тельное стекло́
magnify (*appearance*; *increase*) увели́чивать; (*sound*) уси́ливать; (*exaggerate*) преувели́чивать
magnifying glass лу́па
magniloquence высокопа́рность *f*
magnitude (*size*; *math*, *astron*) величина́; (*dimensions*) разме́ры *m pl*; (*importance*) ва́жность *f*
magnolia магно́лия
magnum opus шеде́вр
magpie (*bird*) соро́ка; (*chatterer*) болту́н, *f* болту́шка; (*hoarder*) *joc* барахо́льщик
magus маг; **the three magi** три волхва́
Magyar 1. *n* (*person*) венгр, *f* венге́рка; мадья́р, *f* мадья́рка; (*language*) венге́рский язы́к **2.** *adj* венге́рский, мадья́рский
Maharaja магара́джа *m*
Maharani магара́ни *f indecl*
mahatma маха́тма *m*
mah-jong маджо́нг
mahogany 1. *n* кра́сное де́рево **2.** *adj* (из) кра́сного де́рева
Mahomet *see* **Muhammad**
Mahometan 1. *n* мусульма́нин, *f* мусульма́нка **2.** *adj* магомета́нский, мусульма́нский
maid (*servant*) прислу́га, домрабо́тница; (*chambermaid*) го́рничная; (*girl*) де́вушка; (*young girl*) де́вочка; *ar* (*unmarried woman*) де́вушка, незаму́жняя же́нщина; (*virgin*) де́ва; **old ~** ста́рая де́ва; **~ of honour** фре́йлина
maiden 1. *n see* **maid 2.** *adj* (*virgin*) де́вственный (*also fig*); (*unmarried*) незаму́жняя; **~ name** де́вичья фами́лия; (*first*) пе́рвый
maidenhair адиа́нтум
maidenhead (*hymen*) де́вственная плева́; *ar* (*virginity*) де́вственность *f*
maidenhood деви́чество
maidenly де́вичий, деви́ческий
maidservant прислу́га
[1]**mail 1.** *n* (*postal service*, *letters*) по́чта; **by ~** по по́чте, по́чтой **2.** *adj* почто́вый **3.** *v* (*post*) сдава́ть на по́чту; (*send by ~*) посыла́ть по по́чте
[2]**mail** (*armour*) кольчу́га
mailbag мешо́к с по́чтой
mail-boat почто́вое су́дно
mailbox почто́вый я́щик
mailed брониро́ванный; *fig* **~ fist** брониро́ванный кула́к
mailman *Am* почтальо́н
mail-order 1. *n* почто́вый зака́з **2.** *adj* **~ company** фи́рма, торгу́ющий по по́чте
mail-plane почто́вый самолёт
mail-train почто́вый по́езд
maim кале́чить, уве́чить
main 1. *n* (*water*, *gas etc*) магистра́ль *f*; *pl elect* сеть *f*; *poet* (*sea*) (откры́тое) мо́ре; **in the ~** в основно́м; **with might and ~** изо всех сил **2.** *adj* (*chief*) гла́вный; **the ~ thing is** гла́вное – э́то ...; (*basic*) основно́й
mainbrace гро́та-брас
mainframe (*computer*) (универса́льная) вычисли́тельная маши́на
mainland 1. *n* матери́к **2.** *adj* материко́вый
mainline 1. *adj rlwy* магистра́льный, на магистра́льной ли́нии **2.** *v* (*take drug*) принима́ть нарко́тик внутриве́нно
mainly (*chiefly*) гла́вным о́бразом; (*basically*) в основно́м; (*mostly*) бо́льшей ча́стью
mainmast грот-ма́чта
mainsail грот
mainsheet гро́та-шкот
mainspring (*of clock*) ходова́я пружи́на; *fig* (*chief motive*) гла́вный моти́в; (*source*) исто́чник; (*driving force*) гла́вная дви́жущая си́ла
mainstay *naut* гро́та-штаг; *fig* гла́вная опо́ра
mainstream госпо́дствующая тенде́нция
maintain (*keep up*) подде́рживать; (*preserve*) сохраня́ть; **~ silence** храни́ть молча́ние; (*continue*) продолжа́ть; (*opinion etc*) приде́рживаться (+ *gen*); (*assert*) утвержда́ть, уверя́ть; (*a family etc*) содержа́ть; (*defend*, *not give up*) уде́рживать; (*keep in repair*) обслу́живать
maintenance поддержа́ние; сохране́ние; продолже́ние; содержа́ние; обслу́живание (*see* **maintain**)
maître d'hôtel метр-доте́ль *m*
maize 1. *n* кукуру́за, маи́с **2.** *adj* кукуру́зный
majestic вели́чественный, велича́вый
majesty (*stateliness*) вели́чественность *f*, велича́вость *f*; (*title*) вели́чество; **His ~** его́ вели́чество
majolica майо́лика
major 1. *n mil* майо́р; **~-domo** майордо́м; **~-general** генера́л-майо́р; *mus* мажо́р; *leg* (*adult*) совершенноле́тний **2.** *adj* (*greater*) бо́льший; (*great*) большо́й; (*important*) ва́жный, значи́тельный; (*chief*) гла́вный; *mus* мажо́рный; (*senior*, *after name*) ста́рший
majority большинство́; **be in the ~** быть в большинстве́; **by a ~ of 10** большинство́м в де́сять голосо́в; *leg* (*adulthood*) совершенноле́тие
make 1. *n* (*way of making*; *product*) произво́дство, рабо́та; (*brand*) ма́рка; (*design*) констру́кция; (*model*) моде́ль *f*; (*type*) тип; *coll* **be on the ~** идти́ в го́ру **2.** *v* (*in general*) де́лать; (*produce*) производи́ть; (*prepare*) изготовля́ть; (*meals*) гото́вить; (*cause to be*) де́лать (+ *instr*); (*compose*, *compile*) составля́ть; (*enact*) вводи́ть; (*conclude treaty etc*) заключа́ть; (*earn*) зараба́тывать; **~ a living** зараба́тывать на жизнь; **~ a profit on** получа́ть при́быль от (+ *gen*); (*acquire*, *gain*) получа́ть; (*friends etc*) приобрета́ть; (*submit*) подава́ть; (*appoint*) назнача́ть (+ *acc*; **as,** + *instr*); (*promote*) производи́ть в (+ *nom*); (*arrange*, *cause*) устра́ивать; (*cause success*) обеспе́чивать успе́х (+ *gen*); (*amount to*, *total*) составля́ть; **two and three ~s five** два и три равня́ется пяти́; (*do*, *perform*, *perpetrate*) соверша́ть; (*compel*) заставля́ть; (*reckon*, *consider to be*) счита́ть; **I ~ that five** э́то по-мо́ему пять; (*represent*, *be*) представля́ть, быть (*or omit*); (*reach*; *also fig*) достига́ть (+ *gen*); (*on foot*) доходи́ть до (+ *gen*); (*in vehicle*) доезжа́ть до (+ *gen*); (*with difficulty*) добира́ться до (+ *gen*); *coll* **~ it** (*be able*) мочь; **he can't ~ it before eight** он не мо́жет прийти́ ра́ньше восьми́; (*succeed*) удава́ться (*impers*, *subj in dat*); (*catch train etc*) поспе́ть *pf* на (+ *acc*); (*let it be*) пусть бу́дет...; (*cards*) брать; *sp* (*points etc*) получа́ть; (*goals*) забива́ть; *sl* (*steal*) спере́ть *pf*, стащи́ть *pf*; *in expressions* ~

as if to де́лать вид, что; ~ **the best of** (*not grumble*) не жа́ловаться на (+ *acc*), не па́дать ду́хом; (*put to best use*) испо́льзовать наилу́чшим о́бразом; ~ **believe** притворя́ться; ~ **do** обходи́ться (**with,** + *instr*; **without,** без + *gen*); ~ **good** (*succeed*) доби́ться *pf* успе́ха; (*recompense, regain*) возмеща́ть, компенси́ровать; *naut* (*course*) брать; ~ **no bones** не стесня́ться; ~ **sure** проверя́ть, убежда́ться (**of,** в + *pr*); ~ **sure you're not late** смотри́, не опозда́й!; ~ **way** (*move back*) уступа́ть доро́гу (**for,** + *dat*); (*give place to*) уступа́ть ме́сто (+ *dat*); *naut* име́ть ход

~ **away** (*see* ~ **off**); ~ **away with** поко́нчить *pf* с (+ *instr*)

~ **for** (*go towards*) направля́ться к (+ *dat*); (*attack*) набра́сываться на (+ *acc*); (*facilitate*) спосо́бствовать (+ *dat*)

~ **off** удира́ть; ~ **off with** унести́ *pf*

~ **out** (*distinguish*) различа́ть; (*writing etc*) разбира́ть; (*understand*) понима́ть; (*pretend*) де́лать вид, дать *pf* поня́ть; (*prove*) дока́зывать; (*write out*) составля́ть; (*bills, cheques*) выпи́сывать; *coll* (*succeed*) преуспева́ть; (*cope with*) справля́ться (**with,** с + *instr*); (*get on*) **how is he making out?** как у него́ иду́т дела́?

~ **over** (*transfer*) передава́ть (**to,** + *dat*); (*renovate*) переде́лывать

~ **towards** направля́ться к (+ *dat*)

~ **up** (*comprise; compose*) составля́ть; (*assemble*) собира́ть; (*invent*) изобрета́ть, приду́мывать; (*untrue story*) выду́мывать, сочиня́ть; (*with cosmetics*) кра́сить(ся); (*actor*) гримирова́ть(ся); (*complete set*) дополня́ть; (*pay residue*) допла́чивать; (*reconcile*) помири́ть(ся) *pf*; *print* верста́ть; (*garment*) шить; ~ **up lost time** навёрстывать потёрянное вре́мя; ~ **up for** (*compensate*) компенси́ровать, возмеща́ть; ~ **up to** (*flatter*) льстить (+ *dat*); (*toady to*) заи́скивать, подли́зываться пе́ред (+ *instr*); ~ **up one's mind** реша́ть

make-believe 1. *n* (*pretending*) притво́рство; (*a fiction*) вы́думка; (*fantasy*) фанта́зия **2.** *adj* (*pretended*) притво́рный; (*invented*) вы́думанный; (*imaginary, fictitious*) вообража́емый

maker (*creator, also rel*) творе́ц, созда́тель *m*; (*one who produces*) производи́тель *m*, изготови́тель *m*; (*craftsman*) ма́стер

makeshift (*temporary*) вре́менный; (*home-made*) самоде́льный; (*hastily contrived*) на́скоро состря́панный, импровизи́рованный

make-up (*cosmetic*) косме́тика; *theat* грим; (*composition*) соста́в; (*character*) хара́ктер; ~ **man** гримёр; ~ **room** убо́рная

makeweight дове́сок

making (*process of creating*) созда́ние; (*production*) произво́дство; (*manufacturing, preparation*) изготовле́ние; (*coming-to-be*) становле́ние; **in the** ~ в проце́ссе становле́ния

malachite 1. *n* малахи́т **2.** *adj* малахи́товый

maladjusted (*machine*) пло́хо отрегули́рованный; ~ **child** пло́хо адапти́рованный ребёнок

maladjustment непра́вильная регулиро́вка; (*mental*) плоха́я адапти́рованность *f*

maladministration плохо́е управле́ние

maladroit (*clumsy*) неуклю́жий, нело́вкий; (*tactless*) беста́ктный

malady боле́знь *f* (*also fig*)

malapropos некста́ти

malnourished недоко́рмленный

malaise *med* недомога́ние; *fig* боле́знь *f*

malapropos неуме́стно, некста́ти

malaria маляри́я

malarial маляри́йный

Malawi Мала́ви *indecl*

Malay 1. *n* (*person*) мала́ец, *f* мала́йка; (*language*) мала́йский язы́к **2.** *adj* мала́йский

Malaya Мала́йя

Malayalam малая́лам

Malaysia Мала́йзия

malcontent 1. *n* (*discontented person*) недово́льный (челове́к); (*rebel*) мятёжник **2.** *adj* недово́льный; мятёжный

male 1. *n* (*man*) мужчи́на; *leg* лицо́ мужско́го по́ла; (*animal*) саме́ц **2.** *adj* (*of man*) мужско́й; (*of* ~ *sex*) мужско́го по́ла; ~ **nurse** санита́р; (*of animals*) саме́ц (+ *name of animal in gen*); *tech* (*of screws etc*) с нару́жной резьбо́й

malediction прокля́тие

malefactor (*evildoer*) злоде́й; (*criminal*) престу́пник

maleficent (*harmful*) па́губный, зловре́дный; (*criminal*) престу́пный

malevolence (*malice*) зло́ба, злора́дство; (*ill-will*) недоброжела́тельность *f*, недоброжела́тельство

malevolent (*ill, hostile*) злой; (*malicious, vicious*) зло́бный

malfeasance *leg* соверше́ние неправоме́рного де́йствия

malformation непра́вильное образова́ние

malfunction 1. *n* отка́з **2.** *v* отка́зывать

malfunctioning 1. *n* неиспра́вность *f* **2.** *adj* неиспра́вный

Mali Мали́ *indecl*

Malian 1. *n* мали́ец, *f* малийка **2.** *adj* мали́йский

malice (*spite*) зло́ба, злость *f*; **bear** ~ **against** таи́ть зло́бу про́тив (+ *gen*); *leg* злой у́мысел; **with** ~ **aforethought** с зара́нее обду́манным злым у́мыслом

malicious (*with angry ill-will*) зло́бный, злой; (*having harmful intention*) зло́стный, злонаме́ренный; *leg* злонаме́ренный, умы́шленный

malign 1. *adj* (*harmful*) вре́дный; (*pernicious*) па́губный; (*evil*) злой; (*malicious*) зло́бный, зло́стный; *med* злока́чественный **2.** *v* клевета́ть

malignancy зло́бность *f*; *med* злока́чественность *f*

malignant (*full of malice*) зло́бный, зло́стный, злой; (*harmful*) зловре́дный; *med* злока́чественный

malinger симули́ровать боле́знь *f*

malingerer симуля́нт, *f* симуля́нтка

malingering симуля́ция

mall алле́я; **shopping** ~ торго́вый центр

mallard кря́ква, ди́кая у́тка

malleability ко́вкость *f*, тягу́честь *f*; *fig* пода́тливость *f*

malleable ко́вкий, тягу́чий; *fig* пода́тливый, мя́гкий

mallet деревя́нный молото́к

mallow *bot* просвирня́к, ма́льва; **marsh** ~ алте́й апте́чный; **rose** ~ гиби́скус

malnutrition недоста́точное пита́ние

malodorous злово́нный

malpractice (*illegal act*) противозако́нное де́йствие; (*breach of rules*) наруше́ние пра́вил; (*abuse of position*) злоупотребле́ние служе́бным положе́нием; (*medical*) престу́пная небре́жность *f*

malt 1. *n* со́лод **2.** *adj* солодо́вый **3.** *v* (*make* ~) де́лать со́лод; (*add* ~) добавля́ть со́лод
Malta Ма́льта
Maltese 1. *n* (*person*) мальти́ец; (*language*) мальти́йский язы́к **2.** *adj* мальти́йский
Malthusian 1. *n* мальтузиа́нец **2.** *adj* мальтузиа́нский
maltreat пло́хо обраща́ться с (+ *instr*)
maltster солодо́вник
malversation злоупотребле́ние
mamba ма́мба
Mameluke мамелю́к, мамлю́к
mamilla грудно́й сосо́к
mamma ма́ма
mammal млекопита́ющее
mammary грудно́й
mammon мамо́на
mammoth 1. *n* ма́монт **2.** *adj* (*of* ~) ма́монтовый; *fig* (*very large*) огро́мный; (*vast and massive*) грома́дный, гига́нтский
man 1. *n* (*male*) мужчи́на; **old** ~ стари́к (*also fig*); **young** ~ молодо́й челове́к; (*human being*) челове́к; *collect* (*mankind*) челове́чество, челове́ческий род; (*husband*) муж; (*servant*) слуга́ *m*; *usu pl* (*employees*) рабо́чие *pl*; (*soldiers*) солда́ты *m pl*; (*sailors*) матро́сы *m pl*; *hist* (*vassal*) васса́л; (*in board games*) пе́шка, ша́шка; *in expressions* ~ **and boy** с де́тства; ~ **in the street** сре́дний челове́к; ~ **of the world** быва́лый челове́к; **as one** ~ все как оди́н; **become a new** ~ стать *pf* други́м челове́ком; **best** ~ ша́фер; **to a** ~ все до одного́; **to the last** ~ до после́днего челове́ка **2.** *vt* (*supply men*) снабжа́ть людьми́; (*a ship*) укомплекто́вывать ли́чным соста́вом; (*guns, pumps etc*) ста́вить люде́й к (+ *dat*); ~ **boats** сажа́ть люде́й на шлю́пки; (*occupy*) занима́ть; (*take up position*) стать *pf* к (+ *dat*); (*be on duty in*) дежу́рить в (+ *pr*)
manacle *usu pl* нару́чники *m pl*
manage (*control, rule*) управля́ть (+ *instr*); (*run, direct*) руководи́ть (+ *instr*); (*be at head of*) заве́довать (+ *instr*); (*affairs, home etc*) вести́; (*deal with people*) обраща́ться с (+ *instr*); *sp* менажи́ровать; (*cope with*) справля́ться с (+ *instr*); (*make do, get by*) справля́ться, обходи́ться; (*contrive, succeed in*) суме́ть *pf*, ухитри́ться *pf* (+ *infin*); **he ~d to get a copy** он суме́л доста́ть экземпля́р; (*usu negative or ironic*) умудря́ться; **how did you ~ to lose your glasses?** как ты умудри́лся потеря́ть очки́?
manageable (*easily controlled*) легко́ управля́емый; (*realizable*) осуществи́мый; (*possible*) возмо́жный; (*persuadable*) сгово́рчивый; (*obedient*) послу́шный
management (*act of managing*) управле́ние (**of,** + *instr*); (*control*) руково́дство (**of,** + *instr*); (*managers of firm etc*) администра́ция, дире́кция; (*controlling body*) правле́ние; *econ* (*theory of* ~) ме́неджмент; (*ability to deal with*) уме́ние обраща́ться с (+ *instr*); уме́ние справля́ться с (+ *instr*)
manager (*person in control*) управля́ющий, заве́дующий (**of,** + *instr*); (*director*) дире́ктор; (*of home, business etc*) хозя́ин, *f* хозя́йка; **she is a good** ~ она́ хоро́шая хозя́йка; *theat, sp* ме́неджер
manageress заве́дующая (**of,** + *instr*)
managerial (*administrative*) администрати́вный, управле́нческий; ~ **staff** управле́нческий аппара́т; (*organizational*) организа́торский; (*of management*) отно́сящийся к управле́нию; (*of, for* ~) дире́кторский
managing 1. *n* управле́ние (+ *instr*) **2.** *adj* управля́ющий, руководя́щий; ~ **director** дире́ктор-распоряди́тель *m*
man-at-arms *ar* во́ин
manatee ламанти́н
Manchu 1. *n* (*person*) маньчжу́р, *f* маньчжу́рка **2.** *adj* маньчжу́рский
Manchuria Маньчжу́рия
Manchurian маньчжу́рский
mandarin 1. *n* (*rank; fruit*) мандари́н; (*language*) **Mandarin** мандари́нское наре́чие кита́йского языка́ **2.** *adj* мандари́новый; мандари́нский
mandate 1. *n* (*order etc to delegate*) нака́з; (*credentials*) манда́т; *leg* прика́з суда́; (*to administer territory*) манда́т **2.** *v* (*a territory*) передава́ть под манда́т; (*delegate etc*) дава́ть нака́з (+ *dat*)
mandated (*territory*) подманда́тный
mandatory (*obligatory*) обяза́тельный; (*of mandate*) манда́тный
mandible (*lower jaw*) ни́жняя че́люсть *f*; (*of insect*) манди́була
mandolin мандоли́на
mandragora мандраго́ра
mandrake мандраго́ра
mandrel (*on lathe*) опра́вка; (*miner's*) кайла́
mandrill *zool* мандри́л
mane гри́ва
man-eater людое́д, *f* людое́дка
manful му́жественный
manganese 1. *n* ма́рганец **2.** *adj* ма́рганцевый; ~ **steel** ма́рганцевая сталь *f*
mange чесо́тка, парша́
mangel-wurzel кормова́я свёкла
manger я́сли *pl*, корму́шка
mangle 1. *n* (*for clothes*) като́к (для белья́); *tech* кала́ндр **2.** *v* (*clothes etc*) ката́ть; *tech* каландрова́ть; (*twist, distort; ruin*) кове́ркать; (*maim*) кале́чить; (*hack*) руби́ть
mango ма́нго *neut indecl*
mangrove 1. *n* ма́нгровое де́рево **2.** *adj* ма́нгровый
mangy чесо́точный, парши́вый (*also fig pej*)
manhandle (*move by hand*) передвига́ть вручну́ю; (*treat roughly*) гру́бо обраща́ться с (+ *instr*)
manhole (*hatch*) люк; (*in street*) смотрово́й коло́дец
manhood (*age*) возмужа́лость *f*, зре́лость *f*; **reach** ~ дости́чь *pf* зре́лого во́зраста; (*virility*) му́жественность *f*; *collect* мужско́е населе́ние
man-hour челове́к-ча́с
manhunt обла́ва
mania (*obsession*) ма́ния; **persecution** ~ ма́ния пресле́дования; (*violent madness*) помеша́тельство; *fig* ма́ния (**to,** + *infin*), пристра́стие (**for,** к + *dat*); **have a** ~ **for** быть поме́шанным на (+ *pr*)
maniac 1. *n* манья́к; *coll* сумасше́дший **2.** *adj* маниака́льный; *coll* сумасше́дший, безу́мный
manic маниака́льный; ~ **depression** маниака́льно-депресси́вный психо́з
Manich(a)ean маніхе́йский
manicure 1. *n* махикю́р; ~ **set** прибо́р для маникю́ра **2.** *v* де́лать маникю́р
manicurist маникю́рша
manifest 1. *n* (*ship's*) манифе́ст **2.** *adj* (*obvious*) очеви́дный, я́вный; (*clear*) я́сный **3.** *v* (*show qualities etc*) проявля́ть; (*make obvious*) де́лать

очеви́дным, я́сно пока́зывать; (*prove*) дока́зывать; ~ **itself** (*also of spirit*) проявля́ться
manifestation проявле́ние
manifesto манифе́ст
manifold 1. *n tech* колле́ктор; **exhaust** ~ выпускно́й колле́ктор **2.** *adj* (*various*) ра́зный; (*multifarious*) разнообра́зный; (*multipurpose*) многоцелево́й; (*numerous*) многочи́сленный
manikin, mannikin (*little man*) челове́чек; (*dwarf*) ка́рлик; (*dummy*) манеке́н
manilla (*hemp*) мани́льская пенька́; (*paper*) мани́льская бума́га
manioc маниóка
manipulate (*control*, *operate*) управля́ть (+ *instr*), манипули́ровать (+ *instr*); *fig* (*influence*, *fix*) обраба́тывать; (*handle skilfully*) уме́ло обраща́ться с (+ *instr*); (*alter*) подме́нивать
manipulation манипуля́ция
mankind челове́чество, челове́ческий род
manliness му́жественность *f*
manly (*brave*, *virile*) му́жественный; (*befitting man*) подоба́ющий мужчи́не
man-made иску́сственный
manna ма́нна
mannequin (*model*) манеке́нщица; (*dummy*) манеке́н
manner (*way*) о́браз; **in this, such a** ~ таки́м о́бразом; **in the same** ~ таки́м же о́бразом; **in the proper** ~ надлежа́щим о́бразом; **in a** ~ **of speaking** так сказа́ть; (*method*) спо́соб; (*way of behaving*) мане́ра; **a strange** ~ **of speaking** стра́нная мане́ра говори́ть; (*style*) стиль *m*, мане́ра; **in, after the** ~ **of** в мане́ре (+ *gen*); *pl* (*customs*) обы́чаи *m pl*, нра́вы *m pl*; *pl* (*behaviour*) мане́ры *f pl*; **good** ~**s** хоро́шие мане́ры; **have bad** ~**s** не уме́ть себя́ вести́, быть невоспи́танным; **it is bad** ~**s to** неприли́чно (+ *infin*); (*kind*, *sort*) сорт, род; **all** ~ **of** вся́кий, всевозмо́жный
mannered (*style etc*) мане́рный; **well-**~ с хоро́шими мане́рами, (хорошо́) воспи́танный; **bad-**~ с плохи́ми мане́рами, невоспи́танный
mannerism (*habit*) осо́бенность *f*; (*affectation*) мане́рность *f*; *arts* маньери́зм
mannerless неве́жливый, невоспи́танный
mannerly ве́жливый, воспи́танный
mannish (*of woman*) мужеподо́бный; (*of dress etc*) неже́нственный
manoeuvrability манёвренность *f*
manoeuvrable манёвренный
manoeuvre 1. *n* манёвр; *pl mil* манёвры *m pl* **2.** *v* маневри́ровать; *mil* (*conduct* ~*s*) проводи́ть манёвры
man-of-war *naut* вое́нный кора́бль *m*
manometer мано́метр
manor *hist* поме́стье, ма́нор; ~**-house** поме́щичий дом, ба́рский дом
manorial манориа́льный
manpower (*labour force*) рабо́чая си́ла; **resources of** ~ людски́е ресу́рсы *m pl*; **technical** ~ техни́ческие ка́дры *m pl*
manqué неуда́вшийся
mansard манса́рдная кры́ша, манса́рда
man-servant слуга́ *m*
mansion большо́й дом, особня́к
man-sized (*large*) большо́й; (*difficult*) тру́дный; **that's a** ~ **job** э́то рабо́та для мужчи́ны
manslaughter человекоуби́йство; *leg* просто́е уби́йство, непредумы́шленное уби́йство
mantelpiece ками́н; (*shelf*) ками́нная по́лка
mantic гада́тельный
mantis богомо́л
mantissa манти́сса
mantle 1. *n* (*cape*) наки́дка; (*of snow*, *darkness*) покро́в; **gas** ~ газокали́льная се́тка; *zool*, *geol* ма́нтия **2.** *v* (*cover*; *be covered*) покрыва́ть(ся); (*become suffused*) красне́ть
man-to-man (*talk*) открове́нный; (*fighting*) рукопа́шный
man-trap лову́шка, западня́
manual 1. *n* (*textbook*) руково́дство (**of,** по + *dat*); (*reference book*) спра́вочник; *mus* мануа́л **2.** *adj* ручно́й; ~ **worker** рабо́тник физи́ческого труда́
manufacture 1. *n* (*process*) произво́дство, изготовле́ние; *pl* (*goods*) изде́лия *neut pl* **2.** *v* (*produce goods*) изготовля́ть, производи́ть; (*concoct*) фабрикова́ть, изобрета́ть
manufactured (*artificial*) иску́сственный; (*processed, not in natural state*) обрабо́танный; ~ **goods** промы́шленные това́ры *m pl*
manufacturer (*factory owner*) фабрика́нт; (*producer*) изготови́тель *m*; ~**'s mark** фабри́чная ма́рка
manufacturing 1. *n* (*process*) произво́дство; (*industry*) обраба́тывающая промы́шленность *f* **2.** *adj* (*of production*) произво́дственный; (*industrial*) промы́шленный
manumission освобожде́ние
manure 1. *n* наво́з, удобре́ние **2.** *v* унаво́живать, удобря́ть
manuscript 1. *n* ру́копись *f* **2.** *adj* рукопи́сный
many 1. *n* (*many people*) мно́гие (лю́ди), мно́го люде́й; **the** ~ большинство́ **2.** *adj* (*a large number of, collectively*) мно́го (+ *gen*; *in oblique cases use* мно́гие *in agreement with noun*); **there were** ~ **people there** там бы́ло мно́го люде́й; (*each of a larger number considered separately*) мно́гие (*in agreement with noun*); ~ **people think that** мно́гие (лю́ди) ду́мают, что; ~ **of** мно́гие из; (*multifarious*) многочи́сленный; **as** ~ **as** (сто́лько) ско́лько; **as** ~ **as you like** ско́лько хоти́те; **as** ~ **as twenty** це́лых два́дцать, до двадцати́; **as** ~ **(again)** (ещё) сто́лько же (+ *gen*); **half as** ~ вдво́е ме́ньше; **how** ~ ско́лько (+ *gen*); **ten times as** ~ в де́сять раз бо́льше (+ *gen*); **too** ~ сли́шком мно́го; **there is one chair too** ~ здесь ли́шний стул; **twice as** ~ вдво́е бо́льше; ~ **a time** ско́лько раз, ча́сто
many-sided многосторо́нний (*also fig*)
Maoism Маои́зм
Maoist 1. *n* маои́ст **2.** *adj* маои́стский
Maori 1. *n* (*person*) ма́ори *m and f indecl*; (*language*) язы́к ма́ори **2.** *adj* ма́ори *indecl* (*following noun qualified*)
map 1. *n* ка́рта; ~ **reading** чте́ние ка́рты; ~ **reference** координа́ты *f pl* по ка́рте **2.** *v* (*draw* ~) черти́ть ка́рту; (*put on* ~) наноси́ть на ка́рту; (*survey*) производи́ть съёмку; *fig* ~ **out** составля́ть план
maple 1. *n* клён **2.** *adj* кленóвый
map-maker карто́граф
map-measurer курвиме́тр
mapping (*surveying*) съёмка; *math* отображе́ние
maquis (*partisan*) маки́ *m indecl*
mar по́ртить
marathon 1. *n* марафо́н **2.** *adj* марафо́нский; ~ **runner** марафо́нец
maraud мародёрствовать

marauder мародёр

marauding 1. *n* мародёрство **2.** *adj* мародёрский

marble 1. *n* (*stone*; *sculpture*) мрáмор; (*child's*) (стеклянный) шáрик; **play ~s** игрáть в шáрики **2.** *adj* мрáморный; ~ **paper** мрáморная бумáга **3.** *v* раскрáшивать под мрáмор; **~d** крáпчатый

marcasite марказит

March 1. *n* март **2.** *adj* мáртовский (*see also* **April**)

march 1. *n* (*act of marching*) марш; **on the ~** на мáрше; (*distance ~ed*) перехóд; **a day's, ten-mile,** ~ сýточный, десятимúльный перехóд; *fig* (*of time*, *events*) ход; (*boundary*) гранúца; (*border zone*) пограничная полосá **2.** *vi* (*walk in military style*) маршировáть; (*proceed*) идтú; ~ **into** входúть в (+ *acc*); ~ **out of** выходúть из (+ *gen*); ~ **past** проходúть мúмо (+ *gen*); **forward ~!** шáгом марш!; (*cover distance*) ~ **ten miles** дéлать десятимúльный перехóд; *vt* (*troops*) вестú стрóем; ~ **off** уводúть

marching 1. *n* марширóвка **2.** *adj* похóдный; ~ **song** похóдная пéсня

marchioness маркúза

march-past парáд

mare кобы́ла; **~'s nest** иллюзия; **~'s tail** *bot* водянáя сосёнка; *pl* (*clouds*) пéристые облакá *neut pl*

margarine 1. *n* маргарúн **2.** *adj* маргарúнный

margin (*of page*) пóле; (*edge*) край; (*bank*) бéрег; (*of cloth*) каймá; (*of wood*) опýшка; (*of road*) обóчина; (*reserve*) запáс; ~ **of safety** коэффициéнт безопáсности; ~ **of power** запáс мóщности; (*limit*) предéл; ~ **of error** допустúмая погрéшность; (*gap*) промежýток, интервáл; *comm* (*profit*) размéр прúбыли; (*deposit*) гарантúйный задáток; (*difference, in various transactions*) мáржа

marginal (*on margin*) на поля́х; ~ **notes** маргинáлия; (*at edge*) краевóй; (*extreme*, *border line*) крáйний; (*insignificant*) незначúтельный; (*not of prime importance*) не пéрвой вáжности; *math*, *econ* маргинáльный

marginalia маргинáлия

margrave маркгрáф

marigold (*Calendula*) ноготкá; (*Tagetes*) бáрхатец; **African** ~ бáрхатцы; **corn** ~ златоцвéт

marijuana марихуáна

marina (*for yachts*) марúна

marinade 1. *n* маринáд **2.** *v* (*also* **marinate**) мариновáть

marine 1. *n* (*fleet*) морскóй флот; (*soldier on ship*) морскóй пехотúнец; **the ~s** морскáя пехóта **2.** *adj* (*of sea*) морскóй; (*naval*) воéнно-морскóй; (*of the ~s*) морскóй пехóты

mariner моря́к; **master** ~ капитáн; **~'s compass** судовóй кóмпас

marionette марионéтка

marital супрýжеский, брáчный; ~ **status** семéйное положéние

maritime (*of the sea*) морскóй; ~ **law** морскóе прáво; ~ **powers** морскúе держáвы *f pl*; (*by the sea*) примóрский

marjoram душúца, майорáн

mark 1. *n* (*sign*) знак; **question** ~ вопросúтельный знак; *fig* прúзнак; **as a ~ of** в знак (+ *gen*); **have all the ~s of** имéть все прúзнаки (+ *gen*); (*trace*) след, отпечáток; **dirty** ~ пятнó; **leave a** ~ оставля́ть след; (*score*, *blaze*) зарýбка; (*landmark*) ориентúр; (*of pen etc*) помéтка; (*level on scale*) отмéтка; *sp* лúния стáрта; **on your ~s!** на старт!; **overstep the** ~ зайтú *pf* слúшком далекó; **up to the** ~ на дóлжной высотé; **not feel up to the** ~ невáжно себя́ чýвствовать; (*target*) цель *f*; **hit the** ~ попáсть *pf* в цель; *fig* попáсть *pf* в тóчку; **miss the** ~ промахнýться *pf*; *fig* ошибáться; **be wide of the** ~ бить мúмо цéли; (*assessment*) отмéтка, оцéнка, балл; **get a good** ~ получúть *pf* хорóшую отмéтку (**in,** по + *dat*); (*emblem*) знак; **trade** ~ торгóвый знак; (*brand*) клеймó; (*money*) мáрка **2.** *v* (*distinguish*, *indicate with* ~) отмечáть (**with,** + *instr*); (*on map*) наносúть на кáрту; (*show*) укáзывать; (*leave trace*) оставля́ть след на (+ *prep*); (*make dirty*) пáчкать; *sp* закрывáть; (*evaluate*) стáвить оцéнку на (+ *acc*); (*commit to memory*) запоминáть; ~ **time** топтáться на мéсте

~ **down** (*price etc*) понижáть; (*record*) записывать

~ **off** (*an area etc*) отделя́ть; (*distinguish*) отличáть; (*measure off*) отмечáть

~ **out** (*boundaries etc*) размечáть; (*distinguish*) выделя́ть

~ **up** (*prices etc*) повышáть

mark-down снижéние цены́

marked (*bearing mark*) отмéченный, обознáченный (**with,** + *instr*); (*conspicuous*) замéтный, я́вный; (*considerable*) значúтельный; (*doomed*) обречённый; (*under surveillance*) **he is a ~ man** за ним следя́т

marker (*indicator*) указáтель *m*; (*sign*, *tag*) знак, мéтка; (*in book*) заклáдка; (*in game*) маркёр

market 1. *n* (*~-place*; *also econ*) ры́нок; **be in the ~ for** быть потенциáльным покупáтелем (+ *gen*), искáть; **be on the** ~ быть в продáже, продавáться; **black** ~ чёрный ры́нок; **Common** ~ Óбщий ры́нок; **home** ~ внýтренний ры́нок; **on, in the** ~ на ры́нке; **put on the** ~ пустúть *pf* в продáжу; **stock** ~ фóндовая бúржа; (*sale*) сбыт; **find a ready** ~ найтú *pf* лёгкий сбыт; (*demand*) спрос; **there is no ~ for** нет спрóса на (+ *acc*); (*trade*) торгóвля (**in,** + *instr*); **free** ~ свобóдная торгóвля **2.** *adj* ры́ночный **3.** *vt* (*sell*) продавáть (на ры́нке); (*launch*) пустúть *pf* в продáжу; (*deal in*) торговáть (+ *instr*); *vi* продавáться

marketable (*saleable*) гóдный для продáжи; (*in demand*) хóдкий; (*designed for trade*) товáрный

market garden огорóд, огорóдное хозя́йство

market gardener огорóдник

market gardening товáрное овощевóдство

marketing (*sale*) продáжа; (*trading*) торгóвля (+ *instr*); (*Western-style*) мáркетинг

market-place ры́ночная плóщадь *f*, ры́нок

market price ры́ночная ценá

market rate биржевóй курс

market research исслéдование ры́нка

marking (*assessment*) оцéнка; *zool*, *bot* расцвéтка, окрáска; ~ **ink** чернúла *neut pl* для мéтки; *pl* (*of aircraft*) опознавáтельные знáки *m pl* (*see also* **mark**)

marksman (мéткий) стрелóк

marksmanship (*shooting*) стрельбá; (*art of* ~) искýсство стрельбы́

mark-up повышéние цены́

marl мéргель *m*

marline мáрлинь *m*; **~-spike** свáйка; ~ **hitch** свáечный ýзел

marmalade апельсúновый джем

marmoreal мрáморный

marmoset марты́шка

marmot суро́к, байба́к
[1]**maroon** **1.** *n* (*colour*) бордо́вый цвет; (*signal*) бура́к; (*runaway slave*) маро́н **2.** *adj* бордо́вого цве́та
[2]**maroon** (*cast away*) выса́живать на необита́емом о́строве; (*abandon*) броса́ть, покида́ть; (*cut off*) отреза́ть; (*leave without transport*) оставля́ть без тра́нспорта
marquee шатёр
marquetry маркетри́ *neut indecl n and adj*
marquis, marquess марки́з
marriage **1.** *n* (*married state*) брак; ~ **of convenience** брак по расчёту; **contract a** ~ бракосочета́ться; **proposal of** ~ предложе́ние (о бра́ке); **relation by** ~ ро́дственник по му́жу/жене́; (*contracting of* ~) бракосочета́ние; (*wedding*) сва́дьба; *fig* сою́з **2.** *adj* бра́чный; сва́дебный; ~ **licence** разреше́ние на брак; ~ **rate** бра́чность *f*
marriageable (*adult*) взро́слый; ~ **age** бра́чный во́зраст
married (*of man*) жена́тый; (*of woman*) заму́жняя; (*of both*) жена́тый; ~ **couple** супру́ги *m pl*; **get** ~ (*of man*) жени́ться (**to,** на + *prep*); (*of woman*) выходи́ть за́муж (**to,** на + *acc*); (*of both*) жени́ться; (*conjugal*) бра́чный, супру́жеский; ~ **life** супру́жество
marrow (*of bone*) ко́стный мозг; **to the** ~ **of one's bones** до мо́зга косте́й; *fig* (*essence*) суть *f*, су́щность *f*; (*vegetable*) кабачо́к
marrowbone мозгова́я кость *f*
marry *vt* (*man*) жени́ть (**to,** на + *prep*); (*woman*) выдава́ть за́муж (**to,** за + *acc*); (*act of officiating priest*) венча́ть; *fig* соединя́ть, сочета́ть; *vi* (*of man*) жени́ться (на + *prep*); (*of woman*) выходи́ть за́муж (за + *acc*); (*of couple*) жени́ться, вступа́ть в брак
Mars *astron, myth* Марс
marsh **1.** *n* боло́то **2.** *adj* боло́тный; ~ **gas** мета́н, боло́тный газ
marshal **1.** *n mil* ма́ршал; (*ceremonial*) церемонийме́йстер; (*official*) официа́льное лицо́; *sp* коменда́нт **2.** *v* (*put in order*) приводи́ть в поря́док; (*people, soldiers*) выстра́ивать; (*lead*) вести́
marshalling-yard сортиро́вочная ста́нция
marshland боло́тистая ме́стность *f*
marshmallow (*herb*) алте́й; (*confection*) зефи́р, маршме́ллоу *neut indecl*
marshy болоти́стый
marsupial **1.** *n* су́мчатое живо́тное **2.** *adj* су́мчатый
mart (*market*) ры́нок; (*auction room*) аукцио́нный зал
marten куни́ца
martial (*military*) вое́нный; ~ **law** вое́нное пра́во; **state of** ~ **law** вое́нное положе́ние; (*militant*) вои́нственный
Martian **1.** *n* марсиа́нин **2.** *adj* марсиа́нский
martin городска́я ла́сточка
martinet сторо́нник стро́гой дисципли́ны
martingale мартинга́л
martyr **1.** *n* му́ченик, *f* му́ченица; **be a** ~ **to** страда́ть (+ *instr*) **2.** *v* предава́ть му́ченической сме́рти
martyrdom му́ченичество
marvel **1.** *n* чу́до; **work** ~**s** твори́ть чудеса́ **2.** *v* (*be amazed*) удивля́ться (**at,** + *dat*), поража́ться (**at,** + *dat*); (*admire*) восхища́ться (**at,** + *instr*)
marvellous изуми́тельный, удиви́тельный, чуде́сный
Marxism маркси́зм
Marxist **1.** *n* маркси́ст **2.** *adj* маркси́стский
marzipan марципа́н
mascara тушь *f* для ресни́ц
mascot талисма́н
masculine **1.** *n gramm* мужско́й род **2.** *adj* (*male*) мужско́й; (*strong, virile*) му́жественный
masculinity му́жественность *f*
maser ма́зер
mash **1.** *n* (*purée*) пюре́ *neut indecl*, ма́сса; (*potato*) карто́фельное пюре́; (*in food technology*) зато́р; (*animal food*) ме́сиво **2.** *v* размина́ть
mask **1.** *n* (*most senses*) ма́ска; *fig* **under the** ~ **of** под ма́ской (+ *gen*); **gas** ~ противога́з **2.** *v* маскирова́ть, скрыва́ть
masked замаскиро́ванный; ~ **ball** бал-маскара́д
masochism мазохи́зм
masochist мазохи́ст
masochistic мазохи́стский
mason (*builder*) ка́менщик; (*stone-dresser*) каменотёс; (*Freemason*) масо́н
masonic масо́нский
masonry ка́менная кла́дка; (*freemasonry*) масо́нство
masque ма́ска
masquerade **1.** *n* маскара́д **2.** *v* (*pretend*) притворя́ться (**as,** + *instr*); (*claim to be*) выдава́ть себя́ (**as,** за + *acc*)
[1]**Mass** *eccles* обе́дня, литурги́я; **say** ~ служи́ть обе́дню
[2]**mass** (*of matter; phys*) ма́сса; (*solid lump*) глы́ба; (*heap*) груда́; (*large quantity*) ма́сса, мно́жество; *coll* ку́ча; (*RC, mus*) ме́сса; ~**es of** ма́сса, ку́ча, у́йма (+ *gen*); **in the** ~ в це́лом; (*greater part*) бо́льшая часть *f*; (*majority*) большинство́; *pl* **the** ~**es** (наро́дные) ма́ссы *f pl* **2.** *adj* ма́ссовый **3.** *v* собира́ть(ся) в ку́чу; (*of people*) собира́ть(ся); *mil* сосредото́чивать
massacre **1.** *n* резня́ **2.** *v* устра́ивать резню́ (+ *gen*), перебива́ть
massage **1.** *n* масса́ж **2.** *v* де́лать масса́ж (+ *dat*), масси́ровать
massed масси́рованный
masseur массажи́ст
masseuse массажи́стка
massif го́рный масси́в
massive (*solid, bulky*) масси́вный; (*large, powerful*) кру́пный; (*large-scale*) ма́ссовый; (*enormous*) огро́мный
mass-produce производи́ть в большо́м коли́честве; ~**d** сери́йного/ма́ссового произво́дства
mass-production ма́ссовое/сери́йное произво́дство
mass-spectrometry масс-спектроме́трия
mast (*ship's*) ма́чта; (*flag*) флагшто́к; *bot* (*acorn*) жёлудь *m*; (*beech*) бу́ковый оре́шек; (*as animal food*) плодоко́рм
mastectomy мастектоми́я
master **1.** *n* (*owner, employer*) хозя́ин, владе́лец; (*person in control*) хозя́ин; **be** ~ **in one's own house** быть хозя́ином в со́бственном до́ме; **be** ~ **of oneself** владе́ть собо́й; **he is his own** ~ он сам себе́ хозя́ин; ~ **of the house** глава́ семьи́; ~ **of the situation** господи́н положе́ния; *hist* (*having servants*) господи́н, ба́рин; (*teacher*) учи́тель *m*; (*academic degree; of order*) маги́стр; (*craftsman; expert*) ма́стер; **old** ~ (*artist*) ста́рый ма́стер; (*painting*) карти́на ста́рого ма́стера; **past** ~

непревзойдённый мáстер; *naut* (*captain*) капитáн; (*original text*) оригинáл **2.** *adj* (*main*) глáвный; (*copy*; *tape etc*) контрóльный **3.** *v* (*language*, *technique etc*) овладевáть; (*problem*) преодолевáть; (*defeat*) одéрживать побéду над (+ *instr*); (*conquer*) подчинять себé; (*cope with*) справляться с (+ *instr*)
master-builder строитель-подрядчик
masterful (*strong*) влáстный; (*skilful*) мастерскóй
master-key отмычка
masterly мастерскóй
master-mariner капитáн
master-mind 1. *n* гéний **2.** *v* руководить (+ *instr*)
master-of-ceremonies церемониймéйстер; *theat* конферансьé *m indecl*
masterpiece шедéвр
masterstroke гениáльный ход
mastery (*superiority*) госпóдство (**over,** над + *instr*); (*skill*) мастерствó; (*of instrument*, *technique etc*) владéние (**of,** + *instr*)
masthead топ мáчты
mastic мастика
masticate жевáть
mastication жевáние
masticatory жевáтельный
mastiff мастифф, английский дог
mastitis грудница, мастит
mastodon мастодóнт
mastoid 1. *n* сосцевидный отрóсток **2.** *adj* сосцевидный
masturbate мастурбировать, онанировать, рукоблýдничать
masturbation мастурбáция, онанизм, рукоблýдие
masturbator онанист, рукоблýдник
[1]**mat 1.** *n* (*small doormat*) кóврик, половик; (*table* ~, *solid*) подстáвка; (*of cloth*) салфéтка; (*coarse carpet*; *also sp*) мат; (*tangle*) **a ~ of ...** спýтанный, переплетённый ...; *tech* (*layer*) слой **2.** *v* спýтывать(ся)
[2]**mat, matt** (*not polished*) мáтовый
matador матадóр
match 1. *n* (*for striking light*) спичка; **box of ~es** корóбка спичек; **safety ~** безопáсная спичка; **strike a ~** чиркнуть *pf*, зажéчь *pf* спичку; (*equal*) рóвня; **be no ~ for** не справляться с (+ *instr*); **he has no ~** емý нет рáвного; **meet one's ~** встрéтить *pf* достóйного противника; (*one of pair*; *suitable partner*) пáра (**for,** + *dat*); **be a poor ~** плóхо сочетáться; (*eligible person*) пáртия; *sp* матч; (*chess*) турнир **2.** *v* (*make pair*) подходить под пáру; (*correspond to*) соотвéтствовать (+ *dat*); (*harmonize with*) гармонировать; сочетáться (**with,** с + *instr*); (*be equal of*) состязáться с (+ *instr*); (*pit against*) противопоставлять; (*be identical*) быть одинáковыми; (*suit*) подходить; (*marry*) женить; *tech* подгонять
matchboard шпунтовáя доскá
matchbox спичечная корóбка, корóбка из-под спичек
matchless несравнéнный, бесподóбный
matchlock фитильное ружьё
matchmaker (*manufacturer of matches*) фабрикáнт спичек; (*arranger of marriages*) сват, *f* свáха
match-point решáющее очкó
matchstick спичка
matchwood древесина для спичечного произвóдства; **smash to ~** разбить *pf* вдрéбезги
mate 1. *n* (*spouse*) супрýг, *f* супрýга; (*of animal*) самéц, *f* сáмка; (*friend*, *fellow-worker*) товáрищ; *coll* чувáк, кóреш; (*in address*) друг, приятель *m*; (*assistant*) помóщник; *naut* помóщник капитáна; (*chess*) мат **2.** *v* (*marry*) сочетáть(ся) брáком; (*animals*) спáривать(ся), случáть(ся); (*chess*) сдéлать *pf* мат
material 1. *n* (*most senses*) материáл; **raw ~** сырóй материáл, сырьё; (*substance*) веществó; (*textile*) ткань *f*, матéрия, материáл; *pl* (*implements*) принадлéжности *f pl* **2.** *adj* (*most senses*) материáльный; (*substantial*, *real*) реáльный; (*physical*) физический; **~ needs** физические потрéбности *f pl*; (*important*, *relevant*) сущéственный, значительный
materialism материализм
materialist 1. *n* материалист **2.** *adj* материалистический
materialistic (*mercenary*) меркантильный; *philos* материалистический
materialize (*give*, *assume material form*) материализовáть(ся); (*realize*, *be realized*) осуществлять(ся)
materially (*significantly*) значительно; (*essentially*) по существý; (*in material way*) материáльно
maternal (*motherly*) материнский; (*on mother's side*) с материнской стороны; **~ grandfather** дéдушка по мáтери, со стороны мáтери
maternity 1. *n* материнство **2.** *adj* **~ benefit** посóбие рожéнице; **~ dress** плáтье для берéменных; **~ leave** декрéтный óтпуск; **~ ward** родильное отделéние
mathematical математический
mathematician математик
mathematics матемáтика
matinée дневнóй спектáкль *m*, ýтренник
matins (за)ýтреня
matriarch матриáрх
matriarchal матриархáльный
matriarchy матриархáт
matricide (*murder of mother*) матереубийство; (*one who murders mother*) матереубийца *m and f*
matriculate быть принятым в университéт
matriculation зачислéние в университéт; (*exam*) вступительный экзáмен
matrilineal по материнской линии
matrimonial брáчный, супрýжеский; **~ law** брáчносемéйное прáво
matrimony брак, супрýжество
matrix *anat* мáтка; *math*, *elect*, *print* мáтрица; *geol* материнская порóда; *tech* (*mould*) фóрма; (*pattern*) шаблóн
matron (*woman*) немолодáя дáма, матрóна; (*nurse*) стáршая сестрá
matronly почтéнный
matted переплетённый, спýтанный
matter *philos*, *phys* матéрия; (*substance*) веществó, субстáнция; (*material*) материáл; **reading ~** материáл; (*content of book etc*) содержáние; (*subject*) предмéт, тéма; **~ of dispute** предмéт спóра; **~ for discussion** тéма для обсуждéния; (*affair*, *business*) дéло; **business ~s** делá *neut pl*; **an important ~** вáжное дéло; **it's no laughing ~** éто не шýточное дéло, не пустяк; (*question*, *concern*) вопрóс; **it's only a ~ of a few hours** éто вопрóс всегó нéскольких часóв; **it's not a ~ of money** éто не вопрóс дéнег, дéло не в деньгáх; **a ~ of time** вопрóс врéмени; **~ of opinion** спóрный вопрóс; (*cause*) пóвод (**of,** для + *gen*); (*in various expressions*) **what's the ~?** в чём дéло?,

что случи́лось?; **what's the ~ with him?** что случи́лось с ним, что с ним?; **there's something the** ~ что́-то случи́лось (**with**, с + *instr*); **as a ~ of fact** (*properly speaking*) со́бственно говоря́; (*if you want to know*) е́сли хоти́те знать; **in the ~ of** что каса́ется (+ *gen*); **no ~ how I try** как бы я ни стара́лся; **no ~ what we do** что бы мы ни де́лали; **no ~ where he went** куда́ бы он ни пошёл; **no ~ where they were** где бы они́ ни бы́ли; **no ~ who I spoke to** с кем бы я ни говори́л; **no ~!** ничего́!, не ва́жно!; **~ of course** (*expected*) есте́ственное де́ло; (*inevitable outcome*) неизбе́жность *f*; **as a ~ of course** в есте́ственном поря́дке веще́й **2.** *v* (*be important*) име́ть значе́ние; **it doesn't ~** э́то не име́ет значе́ния, не ва́жно; **it ~s to me a lot** э́то для меня́ о́чень ва́жно

matter-of-fact (*factual*) факти́ческий; (*prosaic*) прозаи́чный; (*direct*) прямо́й

matting цино́вка

mattock моты́га

mattress матра́ц

maturation созрева́ние

mature 1. *adj* (*person*) зре́лый; (*adult*) взро́слый; (*fruit etc*) спе́лый; (*wine*) вы́держанный; (*well thought-out*) хорошо́ обду́манный; *comm* подлежа́щий опла́те **2.** *v* (*grow* ~) созрева́ть; (*make* ~) доводи́ть до зре́лости; (*plans etc*) разраба́тывать; *comm* наступа́ть

maturity зре́лость *f*

maudlin (*tearful*) плакси́вый; (*sentimental*) слезли́во-сентимента́льный; **~ sentiment** сентимента́льщина

maul 1. *n* (*mallet*) колоту́шка **2.** *v* (*injure*) кале́чить; (*treat roughly*) гру́бо обраща́ться с (+ *instr*); **~ about** трепа́ть

maunder (*mutter*) бормота́ть

Maundy Thursday вели́кий четве́рг

mausoleum мавзоле́й

Mauritania Маврита́ния

Mauritius Маври́кий

mauve 1. *n* розова́то-лило́вый цвет **2.** *adj* розова́то-лило́вого цве́та, розова́то-лило́вый

maverick 1. *n* (*calf*) неклеймёный телёнок; *fig* диссиде́нт **2.** *adj* (*unorthodox*) неортодокса́льный; (*undisciplined*) недисциплини́рованный

maw (*stomach*) желу́док; (*crop of bird*) зоб; (*open jaws*) пасть *f*

mawkish (*sentimental*) слаща́во-сентимента́льный, при́торный

mawkishness слаща́вая, слезли́вая сентимента́льность *f*

maxilla че́люсть *f*

maxillary (верхне)челюстно́й

maxim (*aphorism*) афори́зм, сенте́нция; (*principle*) при́нцип; (*rule*) пра́вило

Maxim (gun) пулемёт систе́мы Ма́ксима

maximal максима́льный

maximalist 1. *n* максимали́ст **2.** *adj* максималистский

maximize увели́чивать до ма́ксимума; *math* максимизи́ровать

maximum 1. *n* ма́ксимум **2.** *adj* максима́льный

maxwell *elect* ма́ксвелл, *abbr* мкс

[1]**May 1.** *n* май **2.** *adj* ма́йский; **May Day** пе́рвое ма́я; *as adj* первома́йский (*see also* **April**)

[2]**may** (*be able*; *be possible*; *be permitted*) мочь, (*esp in questions*) мо́жно (+ *infin*); **~ I?** мо́жно?; **~ I come in?** мо́жно войти́? **you~** мо́жно; **you ~ go** вы мо́жете идти́, мо́жно идти́; (*indicating uncertainty*) возмо́жно, мо́жет быть; **be that as it ~** ка́к бы то ни́ было; **if I ~** е́сли мо́жно; **it ~ be that they don't want to** они́ мо́жет быть не хотя́т; **it ~ rain** возмо́жно бу́дет дождь; **that ~ be so** возмо́жно, что э́то так/э́то мо́жет быть; **they ~ have left already** они́ могли́ уже́ уе́хать, мо́жет быть они́ уже́ уе́хали; **who ~ you be?** вы кто тако́й, вы кто бу́дете?; (*indicating hope*, *fear*, *wish*) **I am afraid he ~ not come** бою́сь, что он не придёт; **I hope he ~ soon recover** наде́юсь, что он ско́ро попра́вится; *in exclam* что́бы (+ *past*); **~ it never happen again!** что́бы э́того бо́льше никогда́ не́ было!; **~ he be damned!** будь он про́клят!; **~ he rest in peace** мир пра́ху его́

Maya майа *indecl*

maybe (*perhaps*) мо́жет быть; (*possibly*) пожа́луй, возмо́жно

maybug ма́йский жук

mayfly подёнка, му́ха-однодне́вка

mayhem (*injury*) уве́чье

mayonnaise майоне́з; **egg ~** яйцо́ под майоне́зом

mayor мэр

mayoress (*wife of mayor*) жена́ мэ́ра; (*lady-mayor*) же́нщина-мэр

maze (*labyrinth*) лабири́нт; (*confusion*) пу́таница

mazurka мазу́рка

me *see* **I**

mead (*drink*) мёд; (*meadow*) луг

meadow луг; **~ grass** мя́тлик лугово́й

meagre ску́дный, то́щий

meal (*no exact equivalent*) (*food*) еда́; **main ~** обе́д; **morning ~** за́втрак; **cook ~s** гото́вить; **eat a hearty ~** пло́тно пое́сть *pf*; **share a ~ with** дели́ть тра́пезу с (+ *instr*); (*flour*, *powder*) мука́

mealtime вре́мя *neut* еды́

mealy (*floury*) мучно́й; (*granular*) ры́хлый; (*flour-covered*) покры́тый муко́й; (*pale*) бле́дный; **~-bug** черве́ц мучни́стый; **~-mouthed** (*hypocritical*) лицеме́рный; (*insincere*) нeiскренний; (*smooth-tongued*) сладкоречи́вый

[1]**mean 1.** *n* середи́на; **golden/happy ~** золота́я середи́на; *math* сре́днее, сре́днее значе́ние **2.** *adj* (*average*) сре́дний

[2]**mean** (*miserly*) жа́дный, скупо́й; (*petty*, *despicable*) по́длый, ни́зкий; (*shabby*) жа́лкий, убо́гий; (*malicious*) злой; (*meagre*) ску́дный; (*inferior*) посре́дственный; **no ~ feat** нелёгкое де́ло

[3]**mean** (*denote*) зна́чить, означа́ть; **what does this word ~?** что зна́чит/означа́ет э́то сло́во?; (*have significance*) име́ть значе́ние; **it ~s a lot to me** э́то для меня́ име́ет большо́е значе́ние; (*have in mind*, *intend*) хоте́ть (сказа́ть); **what do you ~ by that?** что вы хоти́те э́тим сказа́ть?; **whom did you ~?** кого́ вы име́ли в виду́; **I didn't ~ to do it** я не хоте́л э́того де́лать; **that's not what I meant** э́то не то, что я хоте́л сказа́ть; (*emphatically*) **I ~ it!** я серьёзно говорю́, не шучу́; (*intend to*) намерева́ться (+ *infin*), быть наме́ренным (+ *infin*), собира́ться (+ *infin*); (*destine*) предназнача́ть (**for**, для + *gen*)

meander 1. *n* (*in road*, *river*) изви́лина, (*in river*) излу́чина **2.** *v* (*of road*, *river*) извива́ться, изгиба́ться; (*of speech*) говори́ть бессвя́зно

meandering (*river etc*) изви́листый; (*speech*) бессвя́зный

meaning 1. *n* значе́ние, смысл; **double ~** двусмы́сленность *f*; **full of ~** многозначи́тельный **2.** *adj* многозначи́тельный

meaningful многознаstarting

meaningful многозначи́тельный; **be ~** име́ть значе́ние; (*serious*) серьёзный
meaningless (*senseless*) бессмы́сленный; (*purposeless*) бесце́льный
meanness жа́дность *f*, ску́пость *f*; по́длость *f*, ни́зость *f*; ску́дость *f*; зло́ба, злость *f*; убо́жество
means (*way*, *method*) спо́соб; **find ~s of** найти́ *pf* спо́соб (+ *infin*); (*agency*) сре́дство (*also pl*); **by ~ of** при по́мощи (+ *gen*), посре́дством (+ *gen*); **by all ~!** пожа́луйста!; **by no ~** (*not at all*) совсе́м не, отню́дь не; **by no ~!** (*of course not*) нисколько, коне́чно нет; (*under no circumstances*) ни в ко́ем слу́чае; (*wealth*, *financial ability*) сре́дства *neut pl*; **a man of ~** челове́к со сре́дствами, состоя́тельный челове́к
mean-spirited (*base*) по́длый; (*malicious*) злонаме́ренный; (*miserly*) скупо́й; (*small-minded*) ме́лочный
meantime: in the ~ тем вре́менем, ме́жду тем
meanwhile тем вре́менем, ме́жду тем
measles корь *f*; **German ~** красну́ха (корева́я)
measly (*having measles*) корево́й; *coll* (*worthless*) ничто́жный; (*stingy*) жа́дный
measurable измери́мый
measurably (*noticeably*) заме́тно; (*to certain extent*) в изве́стной ме́ре
measure 1. *n* (*system*, *unit of ~*; *amount*; *measuring vessel*) ме́ра; **a ~ of length** ме́ра длины́; **short ~** непо́лная ме́ра; (*standard*) мери́ло, крите́рий; (*degree*, *extent*) сте́пень *f*, ме́ра; **be a ~ of** (*success etc*) свиде́тельствовать о (+ *prep*); **for good ~** в дополне́ние; **in large ~** в большо́й сте́пени; **in some ~** до не́которой сте́пени, в изве́стной ме́ре; (*device*; *size*) ме́рка; **made to ~** сде́ланный на зака́з; **take a ~** снима́ть ме́рку (**of,** с + *gen*); **tape ~** руле́тка, ме́рная ле́нта, *coll* сантиме́тр; (*action*) ме́ра, мероприя́тие; **drastic ~s** кра́йние ме́ры; **take ~s** принима́ть ме́ры; *mus* разме́р; *geol* пласт **2.** *v* (*calculate size*) ме́рить, измеря́ть; (*time*) отсчи́тывать; (*person*) снима́ть ме́рку с (+ *gen*); (*try on*) ме́рить; (*evaluate*) оце́нивать, определя́ть; (*have dimensions*) **the table ~s six feet long** стол име́ет шесть фу́тов в длину́; **~ oneself against** поме́ряться с (+ *instr*)
~ **off** отмеря́ть
~ **out** отмеря́ть; **~ out two spoons of medicine** отме́рить *pf* две ло́жки лека́рства; (*distribute*) распределя́ть
~ **up** (*for garment*) снима́ть ме́рку с (+ *gen*); (*assess by eye*) ме́рить взгля́дом; (*evaluate*) оце́нивать; **~ up to** (*be adequate for*) соотве́тствовать (+ *dat*); (*be capable of*) быть спосо́бным на (+ *acc*); (*be worthy of*) быть досто́йным (+ *gen*)
measured (*having been ~*) изме́ренный; **~ mile** ме́рная ми́ля; (*well thought out*) хорошо́ обду́манный; (*intentional*) наме́ренный; (*not hastily*) неторопли́вый; **in ~ tones** ро́вным то́ном; (*steady*, *rhythmic*) разме́ренный; **~ tread** ме́рная по́ступь *f*
measureless безграни́чный, безме́рный
measurement (*act of measuring*) измере́ние; **system of ~** систе́ма мер; *usu pl* (*size*) разме́ры; (*of person*) ме́рка; **take the ~ of** снима́ть ме́рку с (+ *gen*)
measuring 1. *n* измере́ние **2.** *adj* (*instrument*) измери́тельный; (*of standard size*, *graduated*) ме́рный; **~ flask, glass** мензу́рка; **~ tape** ме́рная ле́нта
meat 1. *n* мя́со **2.** *adj* мясно́й; **~ pie** пиро́г с мя́сом; **~ loaf** мясно́й хлеб
meat-ball (*small*, *in soup etc*) мясна́я фрикаде́лька (*usu pl*); (*rissole*) те́фтели *pl*, ру́бленая котле́та
meat-safe я́щик для хране́ния мя́са
meaty (*of*, *containing meat*) мясно́й; (*full of meat*) по́лный мя́са; (*fleshy*) мяси́стый; (*of book etc*) содержа́тельный
Mecca Ме́кка *also fig*
mechanic меха́ник; **wireless ~** радиоте́хник
mechanical (*of*, *by machinery*) механи́ческий; **~ engineer** инжене́р-меха́ник; **~ engineering** машинострое́ние; (*technical*) техни́ческий; *fig* (*automatic*, *not done consciously*) машина́льный
mechanics меха́ника
mechanism механи́зм; (*of government etc*) устро́йство
mechanistic механисти́ческий
mechanization механиза́ция
mechanize механизи́ровать
mechanized механизи́рованный; *mil* бронета́нковый
medal меда́ль *f*, о́рден
medallion медальо́н
medallist (*maker of medals*) медалье́р; (*winner of medal*) медали́ст; **gold ~** золото́й медали́ст
meddle (*interfere*) вме́шиваться (**in,** в + *acc*); (*fiddle with*; *touch*) тро́гать (**with,** + *acc*); (*have to do with*) име́ть де́ло с (+ *instr*)
meddlesome (*interfering*) вме́шивающийся не в свои́ дела́; **she's a ~ person** она́ ве́чно суёт нос не в своё де́ло; (*importunate*) назо́йливый, навя́зчивый
meddling 1. *n* вмеша́тельство **2.** *adj see* **meddlesome**
media: the ~ *collect* ма́ссовые сре́дства *neut pl* информа́ции
medial (*middle*; *average*) сре́дний; (*statistics*) среди́нный
median 1. *n* медиа́на, сре́дняя ли́ния **2.** *adj* сре́дний
mediate посре́дничать (**between,** ме́жду + *instr*)
mediation (*act of mediating*) посре́дничество; (*intercession*) хода́тайство
mediator (*one who mediates*) посре́дник; (*peacemaker*) миротво́рец, примири́тель *m*; (*intercessor*) хода́тай; *med* медиа́тор
mediatory посре́днический; примири́тельный
medical (*of medical science*, *practice*) медици́нский; **~ care** медици́нское обслу́живание; **~ examination** медици́нский осмо́тр; **~ officer of health** санита́рный врач; (*curative*) лече́бный; (*medicinal*) лека́рственный
medicament лека́рство, медикаме́нт
medicate (*treat*) лечи́ть лека́рством; (*impregnate with medicine*) пропи́тывать лека́рством; **~d** медици́нский, лека́рственный
medication (*medical treatment*) лече́ние, медици́нский ухо́д; (*treatment with medicine*) медикаменто́зное лече́ние; (*medicament*) лека́рство, медикаме́нт
medicative лече́бный, целе́бный
medicinal (*of medicine*) медици́нский; (*curative*) лече́бный, лека́рственный
medicine 1. *n* (*science*) медици́на; (*curative substance*) лека́рство, медикаме́нт; **take ~** принима́ть лека́рство **2.** *adj sp* **~ ball** медици́нбол; **~ chest** дома́шняя апте́чка; **~-man** зна́харь *m*, шама́н

medico *coll* (*doctor*) ме́дик, врач; (*student*) студе́нт-ме́дик
medieval, mediaeval средневеко́вый; **the ~ period** средневеко́вье; **~ studies** медиеви́стика
medievalist медиеви́ст
mediocre посре́дственный
mediocrity (*mediocre state*) посре́дственность *f*; (*mediocre person*) посре́дственный челове́к
meditate (*ponder*) размышля́ть (**on,** о + *prep*); (*plan*) замышля́ть; (*consider, intend*) ду́мать (+ *infin*); (*contemplate, observe*) созерца́ть
meditation (*thought*) размышле́ние; **lost in ~** погружённый в размышле́ния; (*contemplation*) созерца́ние, медита́ция
meditative (*thoughtful*) заду́мчивый; (*contemplative*) созерца́тельный
Mediterranean 1. *n* Средизе́мное мо́ре **2.** *adj* средиземномо́рский
medium 1. *n* (*means, agency*) сре́дство; **~ of communication** сре́дство свя́зи; **through the ~ of** посре́дством (+ *gen*); (*agent*) аге́нт, посре́дник; (*spiritualist*) ме́диум; (*milieu*; *also phys*) среда́; *arts* материа́л; (*middle way*) середи́на; **happy ~** золота́я середи́на **2.** *adj* (*average*) сре́дний; (*intermediate*) промежу́точный
medium-sized сре́днего разме́ра
medium-wave среднево́лновый
medlar мушмула́ (герма́нская)
medley (*mixture*) смесь *f*; (*jumble*) мешани́на; *mus* попурри́ *neut indecl*
medulla (*spinal cord*) спинно́й мозг; (*marrow*) ко́стный мозг; *bot* сердцеви́на
medullary *anat* мозгово́й; *bot* сердцеви́нный
medusa *zool* меду́за; *myth* **Medusa** Меду́за
meek (*mild*) кро́ткий; (*humble*) смире́нный
meerschaum морска́я пе́нка; **~ pipe** пе́нковая тру́бка
meet 1. *n* (*of hunters*) сбор; *sp* встре́ча **2.** *vt* (*encounter*) встреча́ться с (+ *instr*), встреча́ть; (*satisfy*) удовлетворя́ть (+ *dat*), отвеча́ть (+ *dat*); (*counter, answer*) отвеча́ть (+ *dat*); *vi* (*people, glances etc*) встреча́ться; (*become acquainted*) познако́миться *pf*; (*gather*) собира́ться; (*fit, come together*) сходи́ться; (*be combined*) соединя́ться; (*intersect*) пересека́ться; **~ together** встреча́ться; (*of group*) собира́ться; **~ with** (*experience*) испы́тывать; **~ with an accident** потерпе́ть *pf* ава́рию; (*come across*) встреча́ть
meeting (*encounter*; *also sp*) встре́ча (**with,** с + *instr*); (*gathering*) собра́ние; **at a ~** на собра́нии; **call a ~** созва́ть *pf* собра́ние; **public, political ~** ми́тинг; (*consultation*) совеща́ние; (*session*) заседа́ние; (*of roads*) пересече́ние; (*of rivers*) слия́ние; **~-place** ме́сто встре́чи, собра́ния *etc*; (*rendezvous*) усло́вное ме́сто встречи
megacycle мегаге́рц; **five ~s** пять мегаге́рц, 5 *Мгц*
megafarad мегафара́да
megalith мегали́т
megalithic мегалити́ческий
megalomania ма́ния вели́чия, мегалома́ния
megalosaur мегалоза́вр
megampere мегампе́р
megaphone ру́пор, мегафо́н
megatherium мегате́рий
megaton 1. *n* мегато́нна (*abbr Мт*) **2.** *adj* мегато́нный; **five-~** пятимегато́нный
megavolt мегаво́льт; **five ~s** пять мегаво́льт
megawatt мегава́тт; **five ~s** пять мегава́тт, 5 *Мгвт*; **~-hour** мегава́тт-час (*abbr Мгвт-ч*)
megger ме́ггер, мегоме́тр
megohm мего́м; **five ~s** пять мего́м, 5 *Мгом*
meiosis *rhet* мейо́зис; *biol* мейо́з
mekometer дальноме́р
melamine 1. *n* мелами́н **2.** *adj* мелами́новый
melancholia меланхо́лия
melancholic меланхоли́ческий
melancholy 1. *n* (*sadness*) грусть *f*, печа́ль *f*; (*depression*) уны́ние, пода́вленность *f*; (*melancholia*) меланхо́лия **2.** *adj* (*sad, depressing*) гру́стный, печа́льный; (*depressed*) уны́лый, пода́вленный
Melanesia Мелане́зия
Melanesian 1. *n* меланезе́ец, *f* меланезийка **2.** *adj* меланези́йский
melanin мелани́н
melanism мелани́зм
meld слива́ться
mêlée (*hand-to-hand fighting*) рукопа́шный бой; (*free-for-all*) о́бщая сва́лка
meliorate улучша́ть(ся)
meliorist мелиори́ст
melisma мели́зма
mellifluous (*voice*) сладкозву́чный, медоточи́вый
mellow 1. *adj* (*ripe*) спе́лый; (*soft and sweet*) мя́гкий и сла́дкий; (*of colour, voice*: *rich*) со́чный; (*deep*) густо́й; (*of light*) мя́гкий; (*of person*) смягчи́вшийся с во́зрастом; **grow ~ with age** смягча́ться, добре́ть с года́ми; *coll* (*jovial*) весёлый; (*merrily drunk*) подвы́пивший **2.** *v* (*ripen*) спеть; (*with age etc*) смягча́ть(ся)
melodeon мелодио́н
melodic (*of melody*) мелоди́ческий; (*tuneful*) мелоди́чный
melodious мелоди́чный
melodist (*singer*) певе́ц; (*composer*) композио́р
melodrama *theat* мелодра́ма (*also fig*); (*sensationalism*) сенсацио́нность *f*; (*theatricality*) театра́льность *f*, мелодрамати́зм
melodramatic (*of melodrama*) мелодрамати́ческий; *fig* (*exaggerated*) мелодрамати́чный; (*sensational*) сенсацио́нный
melody (*song*) мело́дия, напе́в; (*melodiousness*) мелоди́чность *f*; *mus* (*theme*) те́ма
melon ды́ня; **water ~** арбу́з
melt (*ice etc*) *vi* та́ять; *vt* раста́пливать; (*butter, metal etc*) пла́вить(ся), раста́пливать(ся); (*dissolve*) растворя́ть(ся); *fig* та́ять; **it ~s in one's mouth** та́ет во рту; (*feelings, soften*) смягча́ть(ся); (*fade, disperse*) рассе́иваться; (*blend with*) слива́ться с (+ *instr*); **~ away** та́ять, раста́ять *pf*; (*disappear*) исчеза́ть; (*fade away*) рассе́иваться; **~ down** (*render fat etc*) раста́пливать, расплавля́ть; (*re-use metal*) переплавля́ть
melting (*tender*) не́жный; (*soft*) мя́гкий; (*sentimental*) сентимента́льный; (*touching*) тро́гательный; *tech* **~ furnace** плави́льная печь *f*; **~ point** то́чка плавле́ния; **~-pot** (*crucible*) ти́гель *m*
member (*of club etc*; *limb*; *math*) член; *tech* (*component*) элеме́нт, дета́ль *f*; **cross ~** попере́чный элеме́нт, попере́чина
membership (*state of being member*) чле́нство; (*number of members*) коли́чество чле́нов; *collect* (*members*) чле́ны *m pl*; (*composition of committee etc*) соста́в; **~ card** чле́нский биле́т
membrane (*covering, lining*) оболо́чка; (*separating*) перепо́нка, плева́; *tech* мембра́на; (*parchment*) перга́мент
membraneous, membranous перепо́нчатый; мем-

бра́нный
memento (*souvenir*) сувени́р; **as a ~** на па́мять; (*reminder*) напомина́ние
memo *see* **memorandum**
memoir (*biography*) биогра́фия; (*monograph*) моногра́фия, статья́; *pl* (*published reminiscences*) мемуа́ры *m pl*; (*autobiography*) автобиогра́фия
memorabilia достопа́мятные ве́щи *f pl*
memorable (*worthy of being remembered*) достопа́мятный; (*unforgettable*) незабыва́емый
memorandum (*note*) запи́ска, мемора́ндум; (*diplomatic*) мемора́ндум, дипломати́ческая но́та
memorial 1. *n* (*monument etc*) па́мятник (**to,** + *dat*); (*memorandum*) мемора́ндум; *pl* (*chronicles*) ле́топись *f* **2.** *adj* па́мятный, мемориа́льный
memorize (*commit to memory*) запомина́ть; (*learn by heart*) зау́чивать наизу́сть
memory (*ability to remember*) па́мять *f* (**for,** на + *acc*); **commit to ~** зау́чивать наизу́сть; **from ~** по па́мяти; **I have a bad ~** у меня́ плоха́я па́мять; **in ~ of** в па́мять (+ *gen*); **jog s.o.'s ~** напомина́ть; **lose one's ~** теря́ть па́мять; **within living ~** на па́мяти живу́щих; (*recollection*) воспомина́ние (**of,** о + *prep*); (*posthumous reputation*) посме́ртная сла́ва; **of happy, infamous ~** счастли́вой, недо́брой па́мяти; *tech* па́мять *f*, запомина́ющее устро́йство; **~ bank** гру́ппа бло́ков па́мяти
menace 1. *n* (*threat*) угро́за (**to,** + *dat*); (*danger*) опа́сность *f*; *coll* (*pest*) зану́да *m and f*; **as a director he is a ~** как дире́ктор он катастро́фа **2.** *v* угрожа́ть, грози́ть (+ *dat*; **with,** + *instr*)
menacing гро́зный, угрожа́ющий
menacingly гро́зно, с угро́зой, угрожа́юще
menagerie звери́нец
mend 1. *n* (*patch*) запла́та, ла́тка; (*join*) шпо́нка; **be on the ~** улучша́ться **2.** *vt* (*repair*) чини́ть; *fig* **~ matters** помога́ть де́лу; **~ one's ways** исправля́ться; (*darn*) што́пать; (*patch*) лата́ть; (*put in order, rectify*) исправля́ть; (*machines*) ремонти́ровать; *vi* (*of health*) поправля́ться; (*improve*) улучша́ться
mendacious (*untruthful*) лжи́вый; (*untrue*) ло́жный
mendacity лжи́вость *f*
mendelevium *chem* менделе́вий
Mendelian ме́нделевский
mendicancy ни́щенство
mendicant 1. *n* ни́щий **2.** *adj* ни́щий; *rel* **~ order** ни́щенствующий о́рден
mending почи́нка; што́пка; ремо́нт; улучше́ние; исправле́ние (*see* **mend**)
menfolk мужчи́ны *m pl*, мужско́й род
menhir менги́р
menial 1. *n* слуга́ *m* **2.** *adj* (*low, mean*) ни́зкий; (*servile*) рабо́ле́пный; **~ work** чёрная рабо́та
meningitis менинги́т
meniscus мени́ск
Mennonite менони́т
menology (*saints' lives*) че́тьи мине́и *pl*; (*calendar of saints' days*) месяцесло́в
menopause менопа́уза, кли́макс
menses менструа́ция, *pl*, ме́сячные *pl*
Menshevik 1. *n* меньшеви́к **2.** *adj* меньшеви́стский
Menshevism меньшеви́зм
menstrual *physiol* менструа́льный; *astron* ежеме́сячный
menstruate менструи́ровать
menstruation менструа́ция
menstruous менструа́льный
mensurable измери́мый; *mus* мензура́льный
mensural ме́рный
mensuration измере́ние
menswear мужска́я оде́жда
mental (*of the mind*) у́мственный; **~ arithmetic** у́стный счёт; **make a ~ note** отме́тить *pf* про себя́; **~ reservation** мы́сленная огово́рка; *med* **~ defective** у́мственно отста́лый; **~ deficiency** у́мственная отста́лость *f*; **~ derangement** психи́ческое заболева́ние; **~ hospital** психиатри́ческая больни́ца; **~ patient** душевнобольно́й; *coll* ненорма́льный
mentality (*intellect*) ум, интелле́кт; (*outlook*) мировоззре́ние; (*cast of mind*) склад ума́
mentally (*intellectually*) у́мственно; (*in the mind*) мы́сленно
menthol менто́л; **~ cigarette** сигаре́та с менто́лом
mention 1. *n* упомина́ние; **make ~ of** упомяну́ть *pf* **2.** *v* упомина́ть, ссыла́ться на (+ *acc*); **not to ~** не говоря́ уже́ о (+ *prep*); **don't ~ it** (*in answer to apology*) ничего́; (*in answer to thanks*) пожа́луйста
mentor наста́вник
menu меню́ *neut indecl*
Mephistopheles Мефисто́фель *m*
Mephistophelian мефисто́фельский
mercantile (*commercial*) комме́рческий; (*of trade*) торго́вый; **~ marine** торго́вый флот
mercantilism меркантили́зм
mercaptan меркапта́н
Mercator projection мерка́торская прое́кция
mercenary 1. *n* наёмник, наёмный солда́т **2.** *adj* (*self-interested, greedy*) коры́стный; (*hired*) наёмный
mercerization мерсериза́ция
mercerize мерсеризова́ть
merchandise това́ры *m pl*
merchant 1. *n* купе́ц, торго́вец **2.** *adj* торго́вый; **~ bank** торго́вый банк; **~ navy** торго́вый флот
merchantman торго́вое су́дно, купе́ц
merciful (*showing mercy*) милосе́рдный; (*lenient*) мя́гкий; (*providential*) счастли́вый
merciless беспоща́дный, безжа́лостный
mercilessness беспоща́дность *f*, безжа́лостность *f*
mercurial (*of mercury*) рту́тный; *fig* (*lively*) живо́й; (*changeable*) переме́нчивый; (*temperamental*) темпера́ментый, экспанси́вный
Mercury *myth*, *astron* Мерку́рий
mercury 1. *n* ртуть *f* **2.** *adj* рту́тный
mercy (*pity*) милосе́рдие; (*forgiveness, quarter*) поща́да; **beg for ~** проси́ть поща́ды; **have ~ on** щади́ть; **show no ~ to** беспоща́дно обраща́ться с (+ *instr*); **at the ~ of** во вла́сти (+ *gen*); (*circumstances etc*) на во́лю (+ *gen*); *coll* **what a ~ that** како́е сча́стье, что
[1]**mere** *n* (*lake*) о́зеро
[2]**mere** (*simple*) просто́й; **~ chance** чи́стая случа́йность *f*; **~ coincidence** просто́е совпаде́ние; **a ~ handful of** всего́ не́сколько (+ *gen*), ничто́жная го́рсточка (+ *gen*); **she is a ~ child** она то́лько/всего́ лишь/су́щий/ребёнок; **a ~ trifle** су́щий пустя́к; **at the ~ thought of** при одно́й мы́сли о (+ *prep*)
merely то́лько, про́сто, всего́ лишь
meretricious (*specious*) показно́й; (*tawdry*) мишу́рный
merge (*absorb*) поглоща́ть; (*blend with*) слива́ться с (+ *instr*); (*disappear into*) исчеза́ть (**into,** в + *prep*); *comm* (*companies etc*) слива́ть(ся),

соединя́ть(ся)
merger слия́ние, объедине́ние
meridian 1. *n* (*line of longitude*) меридиа́н; (*zenith*) зени́т **2.** *adj* полу́денный
meridional (*of meridian*) меридиа́нный, меридиона́льный; (*southern*) ю́жный
meringue мере́нга
merino (*sheep*) мерино́с; (*wool*) мерино́совая шерсть *f*
merit 1. *n* (*quality, deserts*) заслу́га; **on, according to ~(s)** по заслу́гам; (*worthiness; positive quality*) досто́инство (*usu pl*); **have many ~s** име́ть мно́го досто́инств **2.** *v* заслу́живать, быть досто́йным (+ *gen*)
meritocrat меритокра́т
meritorious похва́льный
merlin (*bird*) кре́чет
mermaid руса́лка
merman трито́н
merriment весе́лье
merry (*cheerful, happy*) весёлый; **~ Christmas!** с Рождество́м!; **make ~** весели́ться; (*funny*) смешно́й; **make ~ over, with** шути́ть, смея́ться над (+ *instr*)
merry-go-round карусе́ль *f*
merrymaking (*gaiety*) весе́лье; (*festivity*) пра́зднество
mésalliance мезалья́нс
mescalin мескали́н
mesh 1. *n* (*in net*) пе́тля, яче́йка; (*of sieve etc*) отве́рстие; (*net*) сеть *f*, се́тка; *tech* зацепле́ние; **in ~** сцеплённый; (*standard of size*) меш **2.** *v* (*catch in net*) лови́ть в се́ти; *tech* (*of gears etc*) сцепля́ть(ся)
meshed (*like net*) се́тчатый; **wide-~** крупносе́тчатый; (*like grid*) решётчатый
mesmeric гипноти́ческий
mesmerism (*hypnotism*) гипноти́зм; (*hypnotic state*) гипно́з
mesmerist гипнотизёр
mesmerize гипнотизи́ровать
meson мезо́н
mesosphere мезосфе́ра
mesotron мезотро́н
mesozoic мезозо́йский
[1]**mess 1.** *n* (*untidiness, muddle*) беспоря́док; (*confusion*) пу́таница; (*dirt*) грязь *f*; **make a ~ of** (*make dirty*) па́чкать; (*spoil*) по́ртить; (*do badly*) прова́ливать, зава́ливать; (*difficult situation*) неприя́тность *f*; **get into a ~** попа́сть *pf* в неприя́тное положе́ние, влипа́ть **2.** *v* (*also,* ~ *up*) (*make untidy, confused*) перепу́тывать; (*bungle*) прова́ливать; (*spoil*) по́ртить; *coll* **~ about** (*potter*) ло́дырничать; (*play the fool*) валя́ть дурака́; (*play, not work*) игра́ть; (*fiddle*) тро́гать (**with,** + *acc*), ковыря́ться (**with,** в + *prep*)
[2]**mess 1.** *n* (*dining room*) столо́вая; *naut* каю́т-компа́ния **2.** *adj naut* **~ deck** жила́я па́луба; *pl* ку́брики *m pl*; **~ dress** пара́дная обе́денная фо́рма; **~ kettle** бачо́к; **~ tin** ми́ска **3.** *v* столова́ться вме́сте
message (*in general*) сообще́ние; **receive a ~** получи́ть *pf* сообще́ние; **send a ~ that ...** сообща́ть, что ...; (*letter*) письмо́; (*note*) запи́ска; (*oral*) **I received a telephone ~** мне переда́ли по телефо́ну; **I was asked to give you a ~ that ...** меня́ проси́ли переда́ть, что ...; (*official greeting etc*) посла́ние; (*errand*) **run a ~** быть на посы́лках (**for,** у + *gen*); (*of book etc*) иде́я; **have a ~** пропове́довать; *coll* **he got the ~** (*understood*) до него́ дошло́
messenger связно́й, посы́льный; **diplomatic ~** дипломати́ческий курье́р, дипкурье́р; *hist* гоне́ц
Messiah месси́я
messianic мессиа́нский
messianism мессиани́зм
messmate това́рищ (по каю́т-компа́нии)
Messrs господа́ *m pl*
messy (*dirty*) гря́зный; (*untidy*) беспоря́дочный
mestizo мети́с, *f* мети́ска
metabasis метаба́зис
metabolic обме́нный; **~ chemistry** хи́мия обме́на; **~ disorder** расстро́йство обме́на веще́ств
metabolism обме́н веще́ств, метаболи́зм
metabolite метаболи́т
metacarpal 1. *n* пя́стная кость *f* **2.** *adj* пя́стный
metacarpus пясть *f*
metal 1. *n* мета́лл; **road ~** ще́бень *m*; (*railway ballast*) балла́ст; *pl* (*rails*) ре́льсы *m pl* **2.** *adj* металли́ческий **3.** *v* (*cover with ~*) покрыва́ть мета́ллом; (*road*) шосси́ровать; (*railway*) балласти́ровать
metalanguage метаязы́к
metalinguistics металингви́стика
metalled (*of roads*) шосси́рованный, покры́тый ще́бнем; **~ road** шоссе́ *neut indecl*
metallic металли́ческий; (*of voice*) ре́зкий
metalling (*making road*) шосси́рование; (*road surface*) щебёночная оде́жда
metallize металлизи́ровать
metalloid металло́ид
metallurgic(al) металлурги́ческий
metallurgist металлу́рг
metallurgy металлу́ргия
metalwork (*working of metal*) металлообрабо́тка; (*metal parts*) металли́ческие дета́ли *f pl*; (*metal ware*) металли́ческие изде́лия *neut pl*
metamorphic метаморфи́ческий
metamorphose превраща́ть(ся), трансформи́ровать(ся), преобража́ть(ся) (**into,** в + *acc*); подверга́ть(ся) метаморфо́зе
metamorphosis метаморфо́за; *biol* метаморфо́з
metaphor мета́фора; **mixed ~** сме́шанная мета́фора
metaphoric(al) метафори́ческий
metaphysical метафизи́ческий
metaphysician метафи́зик
metaphysics метафи́зика
metastable метастаби́льный
metastasis *med* метаста́з; *biol* метаболи́зм
metatarsal 1. *n* плюснева́я кость *f* **2.** *adj* плюснево́й
metathesis метате́за
metazoan многокле́точное живо́тное
mete out распределя́ть, назнача́ть
metempsychosis метемпсихо́з
meteor метео́р
meteoric (*of meteor*) метеори́ческий, метео́рный; (*meteorological*) метеорологи́ческий; *fig* блиста́тельный, головокружи́тельный
meteorite метеори́т
meteoroid метео́рное те́ло
meteorological метеорологи́ческий; **~ forecast** прогно́з пого́ды
meteorologist метеоро́лог
meteorology метеороло́гия
meter 1. *n* (*measuring device*) измери́тель *m*, индика́тор; (*recording, counting device*) счётчик;

exposure ~ экспоно́метр; **flow** ~ расходоме́р; **gas-**~ газоме́р; **water** ~ водоме́р; (*metre*) метр **2.** *v* (*measure*) измеря́ть; (*monitor*) контроли́ровать; (*pass controlled quantities*) дози́ровать
metering 1. *n* измере́ние; дозиро́вка **2.** *adj* измери́тельный; дози́рующий (*see* **meter**)
methane мета́н, боло́тный газ
methanol метано́л, мети́ловый спирт
method (*manner, way*) ме́тод, спо́соб; (*system, usu pl*) мето́дика; (*methodical procedure*) систе́ма
methodical (*systematic*) системати́ческий; (*person, habits*) методи́чный
Methodism методи́зм
Methodist методи́ст
methodless бессисте́мный
methodological методологи́ческий
methodology методоло́гия
methyl мети́л; ~ **alcohol** мети́ловый спирт
methylate 1. *n* метила́т **2.** *v* метили́ровать; (*denature ethyl alcohol*) денатури́ровать; ~**d spirit** денатура́т
methylene метиле́н
meticulous (*careful*) тща́тельный; (*over-exact*) педанти́чный; (*scrupulous*) скрупулёзный
metier (*profession*) профе́ссия; (*trade*) ремесло́; (*forte*) си́льная сторона́
metol мето́л
metonymy метони́мия
metre (*unit of length*) метр; **ten** ~**s** де́сять ме́тров; *poet, mus* разме́р, ритм
metric(al) метри́ческий
metrics ме́трика
metro метро́ *neut indecl* (*abbr of* метрополите́н); **go by** ~ е́хать на метро́; ~ **station** ста́нция метро́
metrological метрологи́ческий
metrology метроло́гия
metronome метроно́м
metropolis (*capital*) столи́ца; (*large town*) кру́пный го́род; (*country, also eccles*) метропо́лия
metropolitan 1. *n eccles* митрополи́т **2.** *adj* (*of capital*) столи́чный; ~ **borough** муниципа́льный райо́н; (*of bishop*) митрополи́чий
mettle (*courage*) хра́брость *f*; (*ardour*) пыл, горя́чность *f*; (*strong character*) си́льный хара́ктер; **show one's** ~ проявля́ть хара́ктер
mettlesome (*vigorous, ardent*) пы́лкий, горя́чий, рети́вый; (*brave*) сме́лый, хра́брый; (*having strong character*) хара́ктерный
[1]**mew** (*gull*) ча́йка
[2]**mew** (*miaow*) **1.** *n* мяу́канье **2.** *v* мяу́кать **3.** *interj* мя́у
mews (*stables*) коню́шни *f pl*; (*stable yard*) изво́зчичий двор; (*backstreet*) закоу́лок, тупи́к
Mexican 1. *n* мексика́нец, *f* мексика́нка **2.** *adj* мексика́нский
Mexico Ме́ксика; ~ **City** Ме́хико; **Gulf of** ~ Мексика́нский зали́в
mezzanine *bui* антресо́ль *f* (*usu pl*), полуэта́ж, мезани́н; *theat* помеще́ние под сце́ной
mezza voce вполго́лоса
mezzo forte дово́льно гро́мко
mezzo-soprano ме́ццо-сопра́но (*singer, f indecl; voice, neut indecl*)
mezzotint ме́ццо-ти́нто *neut indecl*
mho *elect* мо *neut indecl*
miaow 1. *n* мяу́канье; **give a** ~ мяу́кнуть *pf* **2.** *v* мяу́кать **3.** *interj* мя́у
miasma миа́змы *f pl*
miasmal, miasmic миазмати́ческий
mica слюда́; ~**-schist** слюдяно́й сла́нец
micaceous слюдяно́й
Michaelmas Миха́йлов день *m*; ~ **daisy** а́стра
microampere микроампе́р; **100** ~**s** сто микроампе́р, 100 *мка*
microanalysis микроана́лиз
microbalance микровесы́ *m pl*
microbar микроба́р, *abbr мкб*
microbarograph микробаро́граф
microbe микро́б
microbial, microbic микро́бный
microbiologist микробио́лог
microbiology микробиоло́гия
microcard микрока́рточка
microcephalic микроцефали́ческий
microchemistry микрохи́мия
microchip чип, криста́лл
microcircuit микросхе́ма
microclimate микрокли́мат
microcomputer ми́кро-ЭВМ, микрокомпью́тер
microcopy микроко́пия
microcosm микроко́см, микроми́р
microelectronics микроэлектро́ника
microelement микроэлеме́нт
microfarad микрофара́да, *abbr мкф*
microfiche микрофи́ша
microfilm микрофи́льм
microhm микроо́м; **100** ~**s** сто микроо́м, 100 *мком*
micrometer микро́метр
micrometry микроме́трия
micron микро́н, *abbr мк, мкн*
Micronesia Микроне́зия
Micronesian микронези́йский
micro-organism микрооргани́зм
microphone микрофо́н
microphotograph микрофотогра́фия
microphotography микрофотогра́фия
microphysics микрофи́зика
microphyte микрофи́т
microprocessor микропроце́ссор
microscope микроско́п; **compound** ~ сло́жный микроско́п; **electron** ~ электро́нный микроско́п
microscopic(al) микроскопи́ческий
microscopy микроскопи́я
microsecond микросеку́нда, *abbr мксек*
microsection шлиф
microspore микроспо́ра
microstructure микрострукту́ра
microsurgery микрохирурги́я
microtome микрото́м
microvolt микрово́льт; **100** ~**s** сто микрово́льт, 100 *мкв*
microwatt микрова́тт; **100** ~**s** сто микрова́тт, 100 *мквт*
microwave 1. *n* микроволна́ **2.** *adj* микрово́лновый; ~ **oven** высокочасто́тная печь *f*
mid- середи́на; **in mid-** в середи́не (+ *gen*); **in mid-air** в во́здухе
midday 1. *n* по́лдень *m*; **towards, by** ~ к полу́дню **2.** *adj* полу́денный, полдне́вный; ~ **meal** за́втрак, обе́д
midden (*dunghill*) наво́зная ку́ча; (*rubbish heap*) му́сорная ку́ча
middle 1. *n* (*centre*) середи́на; **(right) in the** ~ в середи́не, в са́мом це́нтре (**of,** + *gen*); **in the** ~ **of the night** в по́лночь; (*of town*) центр; (*waist*) та́лия; *coll* (*belly*) живо́т **2.** *adj* сре́дний; **the** ~ **Ages** сре́дние века́ *m pl*; **the** ~ **classes** сре́дние слои́ о́бщества, буржуази́я; ~ **ear** сре́днее у́хо; ~

East Сре́дний Восто́к; *art* ~ **distance** сре́дний план; *naut* ~ **watch** ночна́я ва́хта; *philos* ~ **term** сре́дняя посы́лка
middle-aged (*no longer young*) сре́дних лет; (*almost old*) пожило́й
middle-bracket сре́дний
middle-class (*of* ~) сре́дних слоёв о́бщества; *usu pej* буржуа́зный
middleman (*intermediary*) посре́дник; *comm* (*agent*) комиссионе́р
middlemost сре́дний, ближа́йший к середи́не
middle-sized сре́днего разме́ра, сре́дний
middle-weight *sp* **1.** *n* боксёр *etc* сре́днего ве́са **2.** *adj* сре́днего ве́са
middling 1. *adj* (*medium*) сре́дний, сре́днего разме́ра; (*not bad*) не плохо́й; (*of health*) так себе́; (*mediocre*) посре́дственный **2.** *adv* (*fairly well*) так себе́, сре́дне, ничего́; (*fairly*) дово́льно
midge кома́р-дергу́н; *coll* (*any small insect*) бука́шка
midget 1. *n* ка́рлик, лилипу́т **2.** *adj* миниатю́рный; ~ **submarine** сверхма́лая подво́дная ло́дка
midland 1. *n* вну́тренняя часть *f* (страны́); **the Midlands** центра́льные гра́фства А́нглии **2.** *adj* располо́женный внутри́ страны́, центра́льный
midmost сре́дний, в са́мой середи́не
midnight 1. *n* по́лночь *f*; **about** ~ о́коло полу́ночи **2.** *adj* полу́ночный
midriff *anat* диафра́гма; (*belly*) живо́т
midship 1. *n* ми́дель *m*, сре́дняя часть *f* су́дна **2.** *adj* ~ **frame** ми́дель-шпанго́ут; ~ **line** диаметра́льная ли́ния; ~ **section** сре́днее сече́ние **3.** *adv* ~**s!** пря́мо руль!
midshipman гардемари́н
midst 1. *n* середи́на; **in the** ~ **of** (*among*) среди́, посреди́ (+ *gen*); (*in the middle of*) в середи́не (+ *gen*); (*at the height of*) в разга́р(е) (+ *gen*)
midsummer 1. *n* середи́на ле́та; (*solstice*) ле́тнее солнцестоя́ние **2.** *adj* середи́ны ле́та, ле́тний; **Midsummer Day** Ива́нов день *m*
midway на полпути́, на полдоро́ге
mid-week середи́на неде́ли; *as adj* в середи́не неде́ли, середи́ны неде́ли
midwife акуше́рка, повива́льная ба́бка
midwifery акуше́рство
midwinter середи́на зимы́; (*solstice*) зи́мнее солнцестоя́ние
mien (*appearance*) вид; (*expression*) выраже́ние лица́; (*manner*) мане́ра
miff 1. *n* плохо́е настрое́ние **2.** *v* обижа́ть
[1]**might** мощь *f*; **work etc with all one's** ~ рабо́тать *etc* изо всех сил; **shout with all one's** ~ крича́ть во весь го́лос
[2]**might** *see* **may**
mightily (*strongly*) си́льно, мо́щно; (*very*) о́чень
mighty 1. *adj* (*powerful*) могу́щественный, мо́щный; (*vast*) грома́дный; **high and** ~ высокоме́рный, надме́нный; **2.** *adv coll* о́чень
mignonette резеда́
migraine мигре́нь *f*
migrant (*person*) переселе́нец; (*bird*) перелётная пти́ца
migrate мигри́ровать
migration мигра́ция
migratory (*nomadic*) кочу́ющий; (*birds*) перелётный
Mikado мика́до *m indecl*
mike *coll* микрофо́н
mil (*thousandth of an inch*) мил
milch: ~ **cow** до́йная коро́ва
mild (*of weather, punishment, tone etc*) мя́гкий; (*warm*) тёплый; (*not strong*) некре́пкий; (*of flavour*) нео́стрый; (*slight*) лёгкий; ~ **steel** мя́гкая сталь *f*
mildew пле́сень *f*; (*plant disease*) ми́лдью *f indecl*
mildewy запле́сневелый
mildly (*slightly*) слегка́; **to put it** ~ мя́гко выража́ясь (*see* **mild**)
mildness (*lack of severity*; *softness*) мя́гкость *f*; (*weather*) тёплая пого́да; (*weakness*) сла́бость *f*
mild-spoken (*with soft voice*) с мя́гким го́лосом; (*calm*) споко́йный
mild-tempered кро́ткий
mile ми́ля; **nautical** ~ морска́я ми́ля; **that's** ~**s away from here** э́то стра́шно далеко́ отсю́да; **it sticks out a** ~ **that** сра́зу ви́дно, что
mileage (*distance*) расстоя́ние (в ми́лях); (*miles completed by vehicle, tyre etc*) пробе́г (в ми́лях); ~ **per gallon, litre** пробе́г на галло́н, литр
milepost поми́льный столб, доро́жный столб
miler *sp* бегу́н на ми́лю
milestone ка́менный доро́жный знак; *fig* ве́ха (**in,** в + *prep*)
milieu среда́, окруже́ние
militancy войнственность *f*
militant 1. *n* (*side in conflict*) вою́ющая сторона́; (*activist*) активи́ст **2.** *adj* (*at war*) вою́ющий; (*bellicose*) вои́нственный; (*pushing, aggressive*) боево́й; (*in politics, religion*) вои́нствующий
militarism милитари́зм
militarist милитари́ст
militaristic милитаристи́ческий
military 1. *n* (*soldiers*) вое́нные *pl*; (*armed forces*) войска́ *neut pl* **2.** *adj* (*of soldiers, war*) вое́нный; ~ **government** вое́нная администра́ция; ~ **police** вое́нная поли́ция; ~ **rank** во́инское зва́ние
militate: ~ **against** (*hinder*) препя́тствовать (+ *dat*), меша́ть (+ *dat*); (*be unfavourable to*) говори́ть про́тив (+ *gen*)
militia (*police*) мили́ция; (*auxiliary force*) наро́дное ополче́ние
militiaman милиционе́р
milk 1. *n* (*animal's*) молоко́; (*plant's*) мле́чный сок **2.** *adj* моло́чный **3.** *v* дои́ть (*also fig*)
milk-cow до́йная коро́ва
milk-float теле́жка для разво́зки молока́
milkiness (*milky colour*) моло́чный цвет; (*turbidity*) му́тность *f*
milking дое́ние; ~ **-machine** дои́льная маши́на
milkmaid доя́рка
milkman продаве́ц молока́, моло́чник
milk-shake моло́чный кокте́йль *m*
milksop тря́пка (*coll*)
milk-tooth моло́чный зуб
milkweed молоча́й
milky моло́чный; (*turbid*) му́тный; *astron* ~ **Way** Мле́чный Путь *m*
mill 1. *n* (*factory*) заво́д, фа́брика; **paper** ~ бума́жная фа́брика; **steel** ~ сталелите́йный заво́д; (*for grinding*) ме́льница; (*wind* ~) ветряна́я ме́льница; (*water*~) водяна́я ме́льница; **coffee** ~ кофе́йная ме́льница; (*heavy machine*) стан; **crushing** ~ дроби́лка; **rolling** ~ прока́тный стан; **stamping** ~ толчея́; (~*ing machine*) фре́зерный стано́к **2.** *v* (*grind*) моло́ть(ся); (*crush*) дроби́ть; (*roll steel etc*) прока́тывать; (*on milling machine*) фрезерова́ть; (*coin*) гурти́ть; ~ **around** (*of crowd etc*) толпи́ться

millboard то́лстый карто́н
mill-dam ме́льничная плоти́на
millenarian 1. *n* хилиа́ст, тысячеле́тник **2.** *adj* (*of 1,000 years*) тысячеле́тний; *rel* хилиасти́ческий
millenarianism хилиа́зм
millenary 1. *n* (*1,000 years anniversary*) тысячеле́тие **2.** *adj* (*of 1,000 years*) тысячеле́тний
millennial тысячеле́тний
millennium (*1,000 years*) тысячеле́тие; *rel* второ́е прише́ствие (Христа́); (*future golden age*) золото́й век
millepede, millipede многоно́жка
miller ме́льник
millesimal ты́сячный
millet 1. *n* про́со **2.** *adj* просяно́й
mill-hand заводско́й рабо́чий
milliampere миллиампе́р; **100 ~s** сто миллиампе́р, 100*ма*
milliard миллиа́рд
millibar миллиба́р, *abbr мб*
milligram(me) миллигра́м, *abbr мг*
millilitre миллили́тр, *abbr мл*
millimetre миллиме́тр, *abbr мм*
milliner моди́стка
milling 1. *n* молотьба́; **flour ~** помо́л, размо́л; дробле́ние; прока́т; фрезеро́вка; гурче́ние (*see* **mill**) **2.** *adj* (*flour-~*) мукомо́льный; **~ machine** фре́зерный стано́к
millinery да́мские шля́пы *f pl*
million миллио́н; **half a ~** полмиллио́на *m*
millionaire миллионе́р
millionairess миллионе́рша (*coll*)
millionth 1. *n* миллио́нная (часть) **2.** *adj* миллио́нный
milliroentgen миллирентге́н, *abbr мр*
millisecond миллисеку́нда, *abbr мсек*
millivolt милливо́льт; **100 ~s** сто милливо́льт, 100*мв*
millpond ме́льничный пруд
millrace (*water chute*) ме́льничный лото́к; (*water flow*) пото́к воды́ для ме́льницы
millstone жёрнов; *fig* **a ~ round one's neck** ка́мень *m* на шее
mill-wheel ме́льничное колесо́
millwright сле́сарь-монтёр
milt (*of fish*) семенники́ *m pl*; (*spleen*) селезёнка
mime 1. *n* (*mimicry*) ми́мика; *theat, hist* мим; (*mimic*) мими́ст **2.** *v* (*express in ~*) изобража́ть мими́чески; (*imitate*) имити́ровать; (*impersonate mockingly*) передра́знивать
mimeograph 1. *n* мимеогра́ф, рота́тор; **~ copy** ротапри́нтная ко́пия
mimetic подража́тельный; *biol* миметический
mimetism миметизм, мимикри́я
mimic 1. *n* (*one who copies others*) подража́тель *m*, имита́тор; *theat* мими́ст **2.** *adj* (*imitating*) подража́тельный; (*not real*) ненастоя́щий; (*fake*) подде́льный **3.** *v* (*copy*) подража́ть (+ *dat*), имити́ровать; (*mockingly*) передра́знивать; (*fake*) подде́лывать; *biol* принима́ть окра́ску (+ *gen*)
mimicry (*miming*) ми́мика; (*imitation*) подража́ние (**of,** + *dat*); передра́знивание; *biol* мимикри́я
mimosa мимо́за
minaret минаре́т
minatory угрожа́ющий, грозя́щий
mince 1. *n* (*meat*) фарш **2.** *v* (*food etc*) руби́ть; (*put through mincer*) пропуска́ть че́рез мясору́бку; *fig* **not to ~ words** говори́ть без обиняко́в; (*behave affectedly*) жема́ниться; (*speak affectedly*) говори́ть жема́нно; (*walk with small steps*) ходи́ть ма́ленькими шажка́ми
minced ру́бленый; **~ meat** фарш, ру́бленое мя́со
mincemeat сла́дкая начи́нка (из изю́ма, миндаля́ и цука́та); *coll fig* **make ~** сде́лать *pf* котле́ту из (+ *gen*)
mincer (*kitchen tool*) мясору́бка
mincing жема́нный, аффекти́рованный
mincing-machine измельчи́тель *m*; (*kitchen mincer*) мясору́бка
mind 1. *n* (*intellect, reason*) ум, ра́зум; **broaden the ~** развива́ть ум; **go out of one's ~** сходи́ть с ума́; (*be desperate*) быть вне себя́ от (+ *gen*); **he has a good ~** у него́ хоро́шая голова́; (*thoughts*) **give one's ~ to** уделя́ть внима́ние (+ *dat*); **it didn't cross, enter my ~** мне э́то не пришло́ в го́лову; **keep one's ~ on** сосредото́чиваться на (+ *pr*); **on one's ~** на уме́; **peace of ~** споко́йствие ду́ха; **take s.o.'s ~ off** отвлека́ть мы́сли, внима́ние от (+ *gen*); **state of ~** состоя́ние ду́ха; (*opinion*) мне́ние; **be of one ~** быть одного́ мне́ния (**with,** с + *instr*); **be in two ~s** колеба́ться; **change one's ~** переду́мать *pf*; **speak one's ~** открове́нно выска́зываться; **to my ~** на мой взгляд; (*intention*) наме́рение; **have a ~ to** (*wish*) хоте́ть; **I have a good ~ to tell him** я пожа́луй ему́ скажу́; **I had half a ~ to tell him** я чуть не сказа́л ему́; **have in ~** име́ть в виду́; **make up one's ~** реша́ть(ся); (*memory*) па́мять *f*; **call to ~** (*remember*) вспомина́ть; (*cause to remember*) напомина́ть; **it went right out of my ~** э́то соверше́нно вы́летело у меня́ из головы́; **keep in ~** име́ть в виду́ **2.** *v* (*pay attention*) обраща́ть внима́ние (**to,** на + *acc*); **~ your own business** не суй нос не в своё де́ло; (*beware*) смотре́ть; **~!** осторо́жнее!; **~ what you are doing** осторо́жнее; **~ where you are going** смотри́те под ног/смотри́те, не оступи́тесь; **~ you** (*but*) но, одна́ко; (*look after*) забо́титься о (+ *prep*), смотре́ть за (+ *instr*); (*be worried*) беспоко́иться; **I don't ~ his remarks** его́ замеча́ния не волну́ют меня́; **never ~** (*don't worry*) не волну́йся; (*it doesn't matter*) ничего́, не ва́жно; (*object to*) возража́ть; **if you don't ~** е́сли вы не возража́ете; **would you ~ if** вы не бу́дете возража́ть, е́сли; **would you ~?** (*be kind enough to*) бу́дьте любе́зны (+ *imp*); **I don't ~** (*not care*) мне безразли́чно; **I shouldn't ~ a drink** я не прочь вы́пить
mindful: be ~ of (*remember*) по́мнить; (*attentive to*) внима́тельно относи́ться к (+ *dat*)
mindless (*unreasoning*) безу́мный; (*stupid*) глу́пый; (*careless of*) не счита́ющийся с (+ *instr*)
mind-reader ясновидящий
[1]**mine** мой; **this is not ~** э́то не моё; **that hat is ~** э́та шля́па – моя́; **he is a friend of ~** он мой друг; (*when referring back to the subject of the sentence*) свой; **lend me your pen, I have lost ~** дай мне ру́чку, я потеря́л свою
[2]**mine 1.** *n min, tech* (*pit, shaft*) ша́хта; (*gallery*) што́льня; **coal ~** у́гольная ша́хта; (*mineral*) рудни́к; **gold ~** золоты́е при́иски *m pl*; *fig* сокро́вищница; *fig* (*source*) неистощи́мый исто́чник; *mil hist* (*sap*) подко́п; *mil, naut* (*bomb*) ми́на **2.** *adj* го́рный; *mil, naut* ми́нный **3.** *v* (*do mining work*) производи́ть го́рные рабо́ты; (*extract coal etc*) добыва́ть; *mil, naut* (*lay ~s*) мини́ровать; (*blow up*) подрыва́ть
mine-clearing размини́рование
mine-detector миноиска́тель *m*

minefield ми́нное по́ле
minelayer ми́нный загради́тель *m*
miner (*of coal*) шахтёр; (*of minerals*) рудоко́п
mineral 1. *n* (*inorganic substance*) минера́л; (*ore*) руда́; *pl* (*mining products*) поле́зные ископа́емые *pl*; *pl* (*aerated water*) газиро́ванная вода́; (*soft drinks*) безалкого́льный напи́ток **2.** *adj* минера́льный; ~ **deposits** месторожде́ния *neut pl* минера́лов; ~ **water** минера́льная вода́
mineralize минерализова́ть
mineralogist минерало́г
mineralogy минерало́гия
mine-sweeper ми́нный тра́льщик
mine-sweeping трале́ние мин
mine-thrower миномёт
mingle (*mix*, *blend into*) сме́шивать(ся) (**in, into,** в + *acc*; **with,** с + *instr*); (*with people*) обща́ться (**with,** с + *instr*); ~ **in society** враща́ться в обществе
mingy *coll* (*mean*) жа́дный
mini (*car*) малолитра́жная маши́на; (*skirt*) ми́ни-ю́бка
miniature 1. *n* миниатю́ра; **in** ~ в миниатю́ре **2.** *adj* миниатю́рный
miniaturist миниатюри́ст
miniaturization миниатюриза́ция
miniaturize миниатюризи́ровать
minibus микроавто́бус
minicomputer мини-ЭВМ, мини-компью́тер
minim *mus* полови́нная но́та; (*fluid measure*) ка́пля
minimal минима́льный
minimalist 1. *n* минимали́ст **2.** *adj* минимали́стский
minimax минима́кс
minimize (*reduce to minimum*) доводи́ть до ми́нимума; (*play down*) преуменьша́ть
minimum 1. *n* ми́нимум **2.** *adj* минима́льный
mining 1. *n* го́рное де́ло; ~ **industry** го́рная промы́шленность *f*; (*extraction of minerals*) добы́ча, вы́емка; **coal** ~ угледобы́ча; **longwall** ~ сплошна́я добы́ча; **open-cast** ~ откры́тая го́рная разрабо́тка; **shortwall** ~ разрабо́тка у́зкими забо́ями **2.** *adj* (*of* ~) го́рный; (*of miners*) шахтёрский
minion (*favourite*) фаво́ри́т; (*henchman*) приспе́шник; (*toady*) подхали́м
miniscule 1. *n* мину́скул **2.** *adj* мину́скульный
mini-skirt ми́ни-ю́бка
minister 1. *n pol* мини́стр; (*envoy*) посла́нник; (*clergyman*) свяще́нник **2.** *v* (*serve*) прислу́живать (**to,** + *dat*); (*look after*) уха́живать за (+ *instr*)
ministerial (*of minister*) министе́рский; **at** ~ **level** на у́ровне мини́стров
ministration (*giving help*) оказа́ние по́мощи; *pl* (*help*) по́мощь *f*; (*care*) ухо́д
ministry *pol* (*government department*) министе́рство; (*government*) прави́тельство; (*cabinet*) кабине́т (мини́стров); (*period of rule*) правле́ние, вре́мя *neut* правле́ния; (*clergy*) духове́нство
miniver (*ermine*) горноста́й; (*white fur*) бе́лый мех
mink 1. *n* (*fur*; *zool*) но́рка **2.** *adj* но́рковый
minnesinger миннези́нгер
minnow голья́н
Minoan мино́йский
minor 1. *n* (*person*) несовершенноле́тний; *mus*, *math* мино́р; *log* ма́лая посы́лка **2.** *adj* (*lesser*) ме́ньший; (*secondary*) второстепе́нный; (*insignificant*) незначи́тельный; (*light*, *not serious*) ме́лкий; *mus* мино́рный; *math*, *tech* ма́лый
minority меньшинство́; (*not being of age*) несовершенноле́тие
Minotaur Минота́вр
minster кафедра́льный собо́р
minstrel менестре́ль *m*
[1]**mint 1.** *n* (*for coining*) моне́тный двор; *fig* **a** ~ **of money** ку́ча де́нег **2.** *adj* (*brand-new*, *as new*) но́венький **3.** *v* (*money*) чека́нить; (*new word etc*) создава́ть, приду́мывать, сочиня́ть
[2]**mint 1.** *n bot* мя́та; (*confection*) мя́тная конфе́та **2.** *adj* мя́тный
mintage чека́нка
minuet менуэ́т
minus 1. *n* ми́нус **2.** *adj* (*negative*) отрица́тельный, ми́нусовый; ~ **sign** (знак) ми́нус **3.** *prep* ми́нус; **6** ~ **2** шесть ми́нус два; *coll* (*without*) без (+ *gen*); (*deprived of*) лишённый (+ *gen*); (*except*) кро́ме (+ *gen*)
minuscule 1. *n* мину́скул **2.** *adj* (*of script*) мину́скульный; (*minute*) о́чень ма́ленький
[1]**minute 1.** *n* (*of time*, *angle*) мину́та; **at three** ~**s to one** без трёх мину́т час; **be five** ~**s late** опа́здывать на пять мину́т; **every few** ~**s** ка́ждые не́сколько мину́т; **in a** ~ сейча́с, сию́ мину́ту; **in three** ~**s (time)** че́рез три мину́ты; **I shan't be a** ~ я сейча́с, я сию́ мину́ту; **it's only a few** ~**s' (walk) from here** э́то отсю́да всего́ не́сколько мину́т (ходьбы́); **it is twenty-five** ~**s past five** сейча́с два́дцать пять мину́т шесто́го; **just a** ~! (*wait*) подожди́те (мину́ту)!, одну́ мину́ту!; (*just coming*) сейча́с; **the** ~ **they arrive** (*as soon as*) как то́лько они́ приду́т; **wait a** ~! подожди́те (мину́ту)!, одну́ мину́ту; (*note*) заме́тка; *pl* (*of meeting*) протоко́л; **record in the** ~**s** занести́ *pf* в протоко́л **2.** *adj* мину́тный; **a five-**~ **rest** пятимину́тный о́тдых **3.** *v* (*keep* ~*s of*) вести́ протоко́л (+ *gen*); (*enter in* ~*s*) занести́ *pf* в протоко́л
[2]**minute** (*very small*) мельча́йший, кро́шечный; (*detailed*) подро́бный, дета́льный
minute-book кни́га протоко́лов
minute-hand мину́тная стре́лка
minuteness (*small size*) ма́ленький разме́р; (*detail*) дета́льность *f*, подро́бность *f*; (*care*) тща́тельность *f*
minutiae (*details*) подро́бности *f pl*; (*niceties*) то́нкости *f pl*; (*trifles*, *mere details*) ме́лочи *f pl*
minx (*coquette*) коке́тка; (*impudent girl*, *woman*) де́рзкая девчо́нка
miracle чу́до (*also fig*); ~ **play** мира́кль *m*; **work** ~**s** твори́ть чудеса́
miraculous (*like miracle*, *wonderful*) чуде́сный; (*wonder-working*) чудотво́рный
miraculously (*by a miracle*) (каки́м-то) чу́дом
mirage мира́ж
mire (*swampy ground*) боло́то; (*mud*) грязь *f*, сля́коть *f*; *fig* грязь *f*
mirror 1. *n* зе́ркало; **look (at oneself) in the** ~ смотре́ть(ся) в зе́ркало; (*in car*) зе́ркало за́днего ви́да **2.** *adj* зерка́льный **3.** *v* отража́ть (*also fig*)
mirth (*gaiety*) весе́лье; (*laughter*) смех
mirthful весёлый
mirthless невесёлый, безра́достный
miry гря́зный, то́пкий
misaddress непра́вильно адресова́ть
misadventure несча́стье; *leg* **death by** ~ смерть *f* от

несча́стного слу́чая
misadvice плохо́й сове́т
misalignment (*poor assembly*) нето́чность *f* сбо́рки; (*axial displacement*) смеще́ние о́сей
misalliance мезалья́нс, неро́вный брак
misanthrope мизантро́п
misanthropic человеконенави́стнический
misanthropy мизантро́пия
misapplication злоупотребле́ние
misapply злоупотребля́ть
misapprehend неве́рно/непра́вильно понима́ть
misapprehension (*misunderstanding*) недоразуме́ние; (*mistaken opinion*) превра́тное мне́ние; **be under a** ~ быть в заблужде́нии
misappropriate незако́нно присва́ивать
misappropriation незако́нное присвое́ние
misbegotten (*child*) незаконнорождённый; (*wealth*) незако́нно приобретённый
misbehave пло́хо, ду́рно вести́ себя́
misbehaviour плохо́е, дурно́е поведе́ние
misbelief ло́жное мне́ние; *rel* неве́рие
miscalculate просчи́тывать(ся)
miscalculation оши́бка, просчёт
miscarriage *med* вы́кидыш; (*failure*) неуда́ча; (*error*) оши́бка; *leg* ~ **of justice** (*error of court*) суде́бная оши́бка; (*improper procedure*) процеду́рные упуще́ния *neut pl*
miscarry (*go wrong*) прова́ливаться, терпе́ть неуда́чу; *med* де́лать, име́ть вы́кидыш
miscegenation смеше́ние рас
miscellaneous (*various, diverse*) ра́зный, разли́чный, разнообра́зный; (*mixed*) сме́шанный; (*of different types*) разноти́пный; (*ill-assorted*) разношёрстный
miscellany (*mixture*) смесь *f*; (*book*) сбо́рник
mischance (*misfortune*) несча́стье; (*accident*) несча́стный слу́чай
mischief (*naughtiness*) озорство́; (*tricks*) ша́лости *f pl*, прока́зы *f pl*; **full of** ~ озорно́й; **be up to** ~ шали́ть, озо́рничать; (*trouble*) неприя́тности *f pl*; (*harm*) вред; **make** ~ причиня́ть неприя́тности (**for,** + *dat*); **make** ~ **between** ссо́рить; (*evil*) зло; **out of** ~ со зло́сти, по зло́бе; **do s.o. a** ~ причиня́ть вред (+ *dat*); (*wound*) ра́нить
mischief-maker интрига́н
mischievous (*naughty*) озорно́й, прока́зливый; (*roguish, coquettish*) шаловли́вый; (*causing harm*) вре́дный; (*evil*) злой
miscibility сме́шиваемость *f*
miscible (легко́) сме́шивающийся
misconceive непра́вильно понима́ть
misconception (*misunderstanding*) недоразуме́ние; (*mistaken opinion*) неве́рное мне́ние
misconduct 1. *n* (*bad behaviour*) дурно́е поведе́ние; *mil* наруше́ние дисципли́ны; (*mismanagement*) плохо́е выполне́ние свои́х обя́занностей; *leg* неправоме́рное поведе́ние; (*marital*) супру́жеская неве́рность *f* **2.** *v* (*mismanage*) пло́хо вести́; ~ **oneself** ду́рно вести́ себя́
misconstruction непра́вильное толкова́ние
misconstrue непра́вильно истолко́вывать
miscount 1. *n* непра́вильный подсчёт **2.** *v* ошиба́ться при подсчёте
miscreant 1. *n* злоде́й **2.** *adj* злоде́йский
misdeal (*at cards*) **1.** *n* непра́вильная сда́ча **2.** *v* ошиба́ться при сда́че
misdeed преступле́ние, злодея́ние
misdemeanour просту́пок, ме́лкое преступле́ние
misdirect (*direct wrongly*) непра́вильно направля́ть; (*send in wrong direction*) посыла́ть не туда́; (*give wrong information*) дава́ть неве́рные све́дения (+ *dat*); (*wrongly address*) непра́вильно адресова́ть; (*a jury*) непра́вильно инструкти́ровать
misdirection (*of jury*) оши́бка в инструкти́ровании
misdoubt (*have forebodings*) име́ть дурны́е предчу́вствия; (*suspect*) подозрева́ть
mise-en-scène мизансце́на
miser скупе́ц, скря́га *m and f*
miserable (*unhappy*) несча́стный; (*wretched*) жа́лкий; (*worthless*) ничто́жный; (*of weather*) отврати́тельный; (*of news etc*) печа́льный; (*scanty*) ску́дный, ничто́жный
miserliness ску́пость *f*
miserly скупо́й
misery (*unhappiness*) несча́стье; (*suffering*) страда́ние; (*squalor*) нищета́, убо́жество; *coll* (*person*) зану́да *m and f*
misfire 1. *n* (*of gun*) осе́чка; (*of engine*) перебо́й; (*of rocket*) неза́пуск **2.** *v* дава́ть осе́чку; рабо́тать с перебо́ем; (*of plan etc*) вы́йти *pf* не так (как ожида́лось)
misfit (*social*) неуда́чник, ли́шний челове́к; **he is a** ~ **here** он тут не на ме́сте; *tech* плоха́я приго́нка
misfortune несча́стье, беда́; **have the** ~ **to** име́ть несча́стье (+ *infin*)
misgiving опасе́ние, предчу́вствие недо́брого; **full of** ~ по́лный дурны́х предчу́вствий; **not without** ~ не без опасе́ний
misgotten незако́нно приобретённый
misgovern пло́хо управля́ть (+ *instr*)
misgovernment плохо́е управле́ние (**of,** + *instr*)
misguided (*deceived*) обма́нутый; (*misinformed*) пло́хо осведомлённый; (*foolish*) неблагоразу́мный; (*erroneous*) оши́бочный
mishandle (*treat roughly*) пло́хо, гру́бо обраща́ться с (+ *instr*); (*use incorrectly*) непра́вильно употребля́ть; (*mismanage*) непра́вильно вести́; (*deal with incorrectly*) пло́хо, непра́вильно справля́ться с (+ *instr*)
mishandling (*misuse*) непра́вильное обраще́ние (**of,** с + *instr*); (*mismanagement*) непра́вильное управле́ние (**of,** + *instr*)
mishap (*accident*) несча́стный слу́чай; (*misfortune*) несча́стье; (*unpleasantness*) неприя́тность *f*; **without** ~ благополу́чно
mishear ослы́шаться *pf*
mish-mash пу́таница, мешани́на
misinform непра́вильно информи́ровать, дезинформи́ровать
misinformation дезинформа́ция
misinterpret (*interpret wrongly*) непра́вильно истолко́вывать; (*translate wrongly*) непра́вильно переводи́ть; (*misunderstand*) непра́вильно понима́ть
misinterpretation непра́вильное истолко́вывание; непра́вильный перево́д; непра́вильное понима́ние
misjudge (*assess wrongly*) непра́вильно оце́нивать; (*underestimate*) недооце́нивать
mislay затеря́ть *pf*; **I seem to have mislaid my book** я куда́-то задева́л свою́ кни́гу
mislead (*deceive*) вводи́ть в заблужде́ние, обма́нывать; ~ **into** обма́ном заставля́ть (+ *infin*); (*corrupt*) развраща́ть; **be misled** (*mistaken*) ошиба́ться; (*deceived*) быть обма́нутым
misleading (*deceptive*) обма́нчивый; (*intended to deceive*) обма́нный, вводя́щий в заблужде́ние

mislike не люби́ть; **I ~ ...** мне не нра́вится (+ *nom or infin*)
mismanage (*run badly*) пло́хо, непра́вильно управля́ть (+ *instr*); (*organize badly*) пло́хо организова́ть; (*conduct badly*) пло́хо проводи́ть
mismanagement плохо́е, непра́вильное управле́ние (**of,** + *instr*), бесхозя́йственность *f*; плоха́я организа́ция
misnomer (*incorrect name*) непра́вильное и́мя, назва́ние; (*mistaken name*) оши́бочное и́мя, назва́ние; (*unsuitable name*) неподходя́щее и́мя, назва́ние
misogynist женоненави́стник
misogyny женоненави́стничество
misplace (*put in wrong place*) класть не на ме́сто; (*mislay*) затеря́ть; **~ one's confidence** дове́риться *pf* челове́ку, не заслу́живающему дове́рию
misplaced (*inappropriate*) неуме́стный; (*mistaken*) оши́бочный
misprint 1. *n* опеча́тка **2.** *v* непра́вильно печа́тать
misprision (*error*) оши́бка; (*underestimation*) недооце́нка; *leg* (*offence*) преступле́ние; (*concealment*) укрыва́тельство
misprize (*undervalue*) недооце́нивать; (*scorn*) презира́ть
mispronounce непра́вильно произноси́ть
mispronunciation непра́вильное произноше́ние
misquotation непра́вильная цита́та
misquote непра́вильно цити́ровать
misread (*read wrongly*) непра́вильно чита́ть; (*misinterpret*) непра́вильно истолко́вывать; (*misunderstand*) непра́вильно понима́ть
misreport непра́вильно передава́ть
misrepresent представля́ть в ло́жном све́те, искажа́ть
misrepresentation (*distortion*) искаже́ние; (*deception*) обма́н
misrule (*bad rule*) плохо́е правле́ние; (*disorder*) беспоря́док
[1]**miss** (*in English name*) мисс *f indecl*; (*girl*) де́вушка
[2]**miss 1.** *n* (*not hit*) про́мах; *coll* **give sth a ~** (*leave out*) пропуска́ть; **near ~** бли́зкий про́мах; *fig* части́чная уда́ча, чуть-чуть не попа́л **2.** *v* (*not hit*) промахну́ться *pf*, не попа́сть *pf* в (+ *acc*); **~ the target** не попа́сть *pf* в цель; (*not reach*) не достига́ть (+ *gen*); (*go past*) проходи́ть ми́мо; (*let past*; *omit*; *not be present at*) пропуска́ть, *coll* прозева́ть; **~ out on** пропуска́ть; **~ the boat** прозева́ть слу́чай; (*not notice*) не замеча́ть, пропуска́ть; (*not meet*) не заста́ть *pf*; (*not find*) не найти́ *pf*; (*not understand*) не понима́ть; (*not hear*) не улови́ть *pf*, не расслы́шать; (*be late for*) опозда́ть *pf* на (+ *acc*); (*ball etc*) не улови́ть *pf*; (*notice absence*) обнару́живать отсу́тствие (+ *gen*); (*notice loss*) замеча́ть пропа́жу (+ *gen*); (*be short of*) у меня́ *etc* не хвата́ет (+ *gen*); (*escape*) избежа́ть (+ *gen*); **we just ~ed hitting him** мы чуть не столкну́лись с ним; (*chance etc*) упуска́ть; (*regret absence of*) чу́вствовать отсу́тствие (+ *gen*); (*pine for*) скуча́ть (по + *dat*; *sometimes* без + *gen of persons*)
missal служе́бник
missel-thrush дрозд-деря́ба
misshapen уро́дливый
missile 1. *n* снаря́д; **guided ~** управля́емый снаря́д, управля́емая раке́та **2.** *adj* раке́тный; **~ base** раке́тная ба́за
missing (*not present*) отсу́тствующий; **be ~** отсу́тствовать; (*lost*) пропа́вший, исче́знувший; *mil* пропа́вший без ве́сти; **be ~** пропада́ть; (*be unaccounted for*) недостава́ть, не хвата́ть (+ *gen*); **there is a part ~** дета́ль отсу́тствует, одно́й дета́ли не хвата́ет; **~ link** недостаю́щее звено́
mission (*delegation*; *church*; *diplomatic*; *vocation*) ми́ссия; (*task*) поруче́ние; (*official trip*) команди-ро́вка; *mil* (*task*) зада́ча; (*flight*) боево́й вы́лет; (*space flight*) полёт
missionary 1. *n* миссионе́р **2.** *adj* миссионе́рский
missive посла́ние
misspell непра́вильно писа́ть, де́лать орфографи́ческие оши́бки
misspelling (*wrong spelling*) орфографи́ческая оши́бка, непра́вильное написа́ние; (*slip of the pen*) опи́ска
misspend растра́чивать, зря тра́тить; **a misspent youth** растра́ченная мо́лодость *f*
misstatement (*incorrect*) непра́вильное заявле́ние; (*fraudulent*) ло́жное заявле́ние
mist 1. *n* лёгкий тума́н, ды́мка; *fig* тума́н; **lost in the ~s of time** затеря́вшийся во мгле веко́в **2.** *v* (*also ~ up, over*) затума́нивать(ся)
mistakable (*liable to be misunderstood*) могу́щий быть непра́вильно по́нятым; **~ for sth, s.o. else** легко́ принима́емый за друго́е, друго́го
mistake 1. *n* (*most senses*) оши́бка (**of, in,** в + *prep*); **by ~** по оши́бке; **it would be a ~ to** бы́ло бы оши́бкой (+ *infin*); **it would be no ~ to say that** не бы́ло бы оши́бкой сказа́ть, что; **make a ~** де́лать оши́бку, ошиба́ться; **make no ~!** бу́дьте уве́рены!; **I made the ~ of listening to him** я напра́сно слу́шал его́; **there must be some ~** тут должна́ быть кака́я-то оши́бка; **there can be no ~ about it** э́то бесспо́рно, э́то не подлежи́т сомне́нию **2.** *v* (*make ~ of time, place etc*) ошиба́ться в (+ *prep*); (*be misled in*) ошиба́ться, заблужда́ться в (+ *prep*); (*misunderstand*) непра́вильно понима́ть; (*choose wrongly*) не так вы́брать *pf*; **~ the road** вы́брать не ту доро́гу, пойти́ не той доро́гой; (*confuse*) пу́тать; (*wrongly identify*) принима́ть за (+ *acc*); **he mistook me for the postman** он при́нял меня́ за почтальо́на
mistaken (*erroneous*) оши́бочный; **~ identity** оши́бочное опозна́ние; (*ill-judged*) неуме́стный; **to be ~** ошиба́ться (**about, in,** в + *prep*); **unless I am ~** е́сли я не ошиба́юсь; **be ~ for** быть при́нятым за (+ *acc*)
mistakenly по оши́бке, оши́бочно
mister (*with surname*) господи́н, *sometimes* ми́стер; *coll* (*without name*) ми́стер
mistime (*calculate time wrongly*) непра́вильно рассчита́ть *pf* вре́мя; (*do at wrong time*) сде́лать *pf* некста́ти
mistiness тума́нность *f*
mistletoe оме́ла; *bot* оме́ла бе́лая
mistranslate непра́вильно переводи́ть
mistranslation непра́вильный перево́д
mistreat (*person*) ду́рно обраща́ться с (+ *instr*); (*misuse*) непра́вильно по́льзоваться
mistress (*of household*) хозя́йка; *fig* (*ruler*) влады́чица; (*teacher*) учи́тельница; (*kept woman*) любо́вница; *poet* (*beloved*) возлю́бленная
mistrust 1. *n* (*lack of trust*) недове́рие; (*suspicion*) подозре́ние **2.** *v* не доверя́ть; подозрева́ть; (*doubt*) сомнева́ться в (+ *prep*)
mistrustful недове́рчивый
misty (*weather etc*) тума́нный; (*of eyes*) затума́-

ненный (**with,** + *instr*); (*obscure, unclear*) смýтный, неясный
misunderstand непрáвильно понимáть
misunderstanding (*failure to understand*) непрáвильное понимáние; (*confusion, mistake*) недоразумéние; (*estrangement*) размóлвка
misuse 1. *n* (*wrong use*) непрáвильное употреблéние; (*abuse*) злоупотреблéние **2.** *v* (*use wrongly*) непрáвильно употреблять; (*maltreat; abuse*) злоупотреблять
mite (*small amount*) кáпля; (*modest contribution*) лéпта; **widow's** ~ лéпта вдовúцы; *coll* (*of child*) крóшка; *ent* клещ
Mithras Мúтра
mitigate (*punishment, circumstances etc*) смягчáть; (*pain*) утолять, облегчáть
mitigating: ~ **circumstance** смягчáющее обстоятельство
mitigation смягчéние; утолéние
mitosis митóз
mitre 1. *n eccles* мúтра; *tech* (*joint*) соединéние в ус **2.** *v tech* соединять в ус
mitt (*mitten*) вáрежка; *sl* (*hand*) лáпа; (*fist*) кулáк
mitten вáрежка
mix 1. *n* (*mixture*) смесь *f*; (*composition*) состáв **2.** *vt* (*stir together, mingle*) мешáть; (*combine*) сочетáть; (*prepare*) приготáвливать; (*dilute*) разбавлять; *vi* (*mingle, form mixture*) смéшиваться; (*blend, harmonize*) сочетáться; (*unite*) соединяться; (*meet socially*) общáться (**with,** с + *instr*); (*frequent*) вращáться (**in,** средú + *gen*); ~ **in** примéшивать, добавлять; ~ **up** (*not distinguish*) пýтать; (*put in disorder*) перепýтывать, спýтывать; (*make uncertain*) запýтывать; ~ **up in** (*involve*) впýтывать в (+ *acc*); **be, get ~ed up in** быть замéшанным в (+ *pr*)
mixed (*most senses*) смéшанный; ~ **bag** смесь *f*; **with** ~ **feelings** со смéшанными чýвствами; ~ **marriage** смéшанный брак; ~ **metaphor** смéшанная метáфора; ~ **school** смéшанная шкóла; *sp* ~ **doubles** смéшанная пáрная игрá; **~-up** (*of person*) запýтавшийся
mixer (*mixing machine*) мешáлка; *cul* мúксер; **concrete** ~ бетономешáлка; (*other devices*) смесúтель *m*; *rad, cin* мúкшер; *coll* (*person*) **a good** ~ общúтельный человéк
mixture (*most senses*) смесь *f*; (*medicine*) микстýра; (*act, process of mixing*) смéшивание
mix-up пýтаница
mizen, mizzen бизáнь *f*; **~-mast** бизáнь-мáчта
mnemonic 1. *n* мнемонúческий приём **2.** *adj* мнемонúческий
mnemonics мнемóника
mo *coll* (*moment*) **half a** ~! однý минýточку!
moan 1. *n* (*groan*) стон; (*of wind*) вой; *pl coll* (*complaints*) жáлобы *f pl*, ворчáние **2.** *v* (*groan*) стонáть; *coll* (*complain*) ворчáть; **what are you ~ing about?** чем ты недовóлен?
moat ров
mob 1. *n* (*crowd*) (беспорядочная) толпá; *coll* (*group of cronies*) компáния; *sl* (*gang*) шáйка **2.** *v* (*attack in* ~) нападáть толпóй (на + *acc*); (*surround*) шýмно окружáть
mob-cap чепéц
mobile 1. *n arts* мобáйл, мóбиль **2.** *adj* (*moving; motorized*) подвижнóй, мобúльный; (*transportable*) передвижнóй, мобúльный; ~ **home** дом-прицéп; (*of features etc*) подвúжный, живóй
mobility подвúжность *f*, мобúльность *f*; (*manoeuvrability*) манéвренность *f*
mobilization мобилизáция
mobilize мобилизовáть(ся)
moccasin мокасúн
mocha кóфе мóкко *m indecl*
mock 1. *n* (*object of ridicule*) посмéшище; **make a** ~ **of** (*ridicule*) высмéивать; (*parody*) пародúровать; (*treat with contempt*) издевáться над (+ *instr*) **2.** *adj* (*fake*) поддéльный, фальшúвый; (*false, assumed*) лóжный, притвóрный; *mil etc* (*for training purposes*) учéбный **3.** *v* (*laugh at*) насмехáться, издевáться над (+ *instr*); (*treat with contempt*) издевáться над (+ *instr*); (*mimic*) передрáзнивать; (*parody*) пародúровать; (*render useless*) сводúть на нет; (*withstand*) выдéрживать; ~ **up** *coll* (*improvise*) мастерúть, сочинять
mockery (*ridicule*) осмéивание, издевáтельство; (*object of ridicule*) посмéшище; (*travesty*) парóдия (**of,** на + *acc*)
mock-heroic псевдогероúческий
mocking насмéшливый, издевáтельский
mocking-bird пересмéшник
mock-up *tech coll* макéт
modal модáльный
modality модáльность *f*
mode (*method*) спóсоб; ~ **of life** óбраз жúзни; (*manner*) манéра; (*kind*) вид; (*fashion*) мóда; *mus* лад; *log* модáльность *f*
model 1. *n* (*pattern*) образéц; *fig* **a** ~ **of virtue** образéц добродéтели; (*copy, mock-up*) макéт; (*miniature copy; car, dress etc*) модéль *f*; (*most tech and sci senses*) модéль *f*; (*artist's*) натýрщик, *f* натýрщица, модéль *f*; (*mannequin*) манекéн, *f* манекéнщица **2.** *adj* (*copied in miniature*) ~ **aircraft** модéль *f* самолёта; (*exemplary*) образцóвый **3.** *v* (*in various senses*) моделúровать; (*make in clay etc*) лепúть; (*make miniature copy*) дéлать модéль (+ *gen*); (*make reproduction, mock-up*) дéлать макéт (+ *gen*); (*work as* ~) рабóтать натýрщицей, манекéнщицей; ~ **on** дéлать по образцý (+ *gen*); ~ **oneself on** взять (+ *acc*) за образéц, слéдовать образцý (+ *gen*)
modeller (*in clay etc*) лéпщик; (*of miniature toys etc*) моделúст; *tech* модéльщик
modem мóдем
moderate 1. *n* умéренный **2.** *adj* (*not extreme or excessive*) умéренный; (*medium*) срéдний; (*mediocre*) посрéдственный **3.** *vt* умерять; *vi* становúться умéренным
moderation умéренность *f*, сдéржанность *f*
moderato *mus* модерáто
moderator (*arbitrator*) арбúтр; (*examiner*) экзаминáтор; *Am* (*chairman*) председáтель *m*; *tech* (*regulator*) регулятор; *phys* замедлúтель *m*
modern 1. *n* совремéнный человéк **2.** *adj* совремéнный; (*of views etc*) передовóй; (*new, fashionable*) модéрный, модéрновый
modernism модернúзм
modernist модернúст
modernistic модернúстский
modernity совремéнность *f*
modernization модернизáция
modernize модернизúровать
modest (*all senses*) скрóмный
modesty скрóмность *f*
modicum немнóгое; **a** ~ **of** немнóго (+ *gen*), кáпля (+ *gen*)
modification (*adaptation, small change*) модифи-

ка́ция; (*variant*) вариа́нт
modifier *tech* модифика́тор; *gramm* определе́ние
modify (*alter slightly*) модифици́ровать; (*moderate*) смягча́ть; *gramm* определя́ть
modish мо́дный
modular мо́дульный
modulate модули́ровать
modulation модуля́ция
modulator модуля́тор
module *math*, *eng* мо́дуль *m*; (*of rocket craft*) мо́дуль *m*, мо́дульный отсе́к
modulus мо́дуль *m*
modus: ~ **operandi** спо́соб де́йствия; ~ **vivendi** (*way of living*) о́браз жи́зни; *pol etc* мо́дус виве́нди
Mogul 1. *n* (*Mongolian*) монго́л; *hist* **the Great** ~ Вели́кий Мого́л **2.** *adj* монго́льский
mohair 1. *n* (*wool*, *material*) мохе́р **2.** *adj* мохе́ровый
Mohammed Муха́ммед
Mohammedan 1. *n* магомета́нин, *f* магомета́нка, мусульма́нин, *f* мусульма́нка **2.** *adj* магомета́нский, мусульма́нский
Mohammedanism магомета́нство, мусульма́нство
moiety (*half*) полови́на; (*share*) до́ля
moiré муа́ровый
moist вла́жный, сыро́й
moisten увлажня́ть(ся)
moisture вла́га, вла́жность *f*
moisturize увлажня́ть
moisturizer увлажня́ющий крем
molar 1. *n* моля́р, коренно́й зуб **2.** *adj* (*of tooth*) коренно́й; *chem* моля́рный
molasses мела́сса; **black** ~ чёрная па́тока
Moldavia Молда́вия
Moldavian 1. *n* (*person*) молдава́нин, *f* молдава́нка; (*language*) молда́вский язы́к **2.** *adj* молда́вский
mole (*spot on skin*) роди́мое пятно́, борода́вка; (*breakwater*) мол; *zool* крот; *chem* грамм-моле́кула, моль *m*
mole-catcher кротоло́в
molecular молекуля́рный
molecule моле́кула
molehill кросто́вина; **make a mountain out of a** ~ ≈ де́лать из му́хи слона́
mole-plough кросто́вый плуг
moleskin (*skin of mole*) крото́вый мех; (*material*) молески́н
molest (*accost*, *pester*) пристава́ть к (+ *dat*); (*cause annoyance*) досажда́ть (+ *dat*); (*harm*) вреди́ть (+ *dat*); (*attack*) напада́ть на (+ *acc*)
mollify (*soften*) смягча́ть; (*pacify*) успока́ивать
mollusc моллю́ск
mollycoddle балова́ть, не́жить
molten (*melted*) распла́вленный; (*in liquid form*) жи́дкий
molybdenum 1. *n* молибде́н **2.** *adj* молибде́новый
moment (*in time*) мгнове́ние, моме́нт; **at any** ~ в любо́й моме́нт; **at that** ~ в э́тот моме́нт; **at the** ~ в да́нный моме́нт; **at the last** ~ в после́днюю мину́ту; **at the right** ~ в подходя́щий моме́нт; **for a** ~ на мину́ту; **for the** ~ пока́; **in a** ~ (*quickly*) в оди́н миг; (*soon*) че́рез мину́ту, сейча́с; **just a** ~ (*soon*) сейча́с, си́ю мину́ту; (*wait*) одну́ мину́ту, оди́н моме́нт; **not for a** ~! никогда́ (в жи́зни)!; **the** ~ **that** (*as soon as*) как то́лько; **wait a** ~ подожди́те мину́ту; (*importance*) значе́ние, ва́жность *f*; **a matter of** ~ ва́жное де́ло; *phys* моме́нт
momentarily (*for a moment*) на мгнове́ние; (*immediately*) мгнове́нно
momentary (*lasting short time*) кратковре́менный; (*brief and quick*) момента́льный, мгнове́нный
momentous (*important*) весьма́ ва́жный; (*staggering*) потряса́ющий; **a** ~ **occasion** торже́ственный моме́нт
momentum *phys* коли́чество движе́ния; (*impetus*) и́мпульс; **gather** ~ (*speed*) нара́щивать ско́рость; (*gain force*) набира́ть си́лу; **give** ~ **to** дать *pf* толчо́к (+ *dat*)
Monaco Мона́ко *indecl*
monad *chem* одновале́нтный элеме́нт; *biol* однокле́точный органи́зм; *philos* мона́да
monarch мона́рх
monarchic(al) монархи́ческий
monarchism монархи́зм
monarchist 1. *n* монархи́ст **2.** *adj* монархи́стский
monarchy мона́рхия
monastery монасты́рь *m*
monastic (*of monastery*) монасты́рский; (*of monks*, *monasticism*) мона́шеский
monasticism мона́шество
monatomic одноа́томный
monaural монаура́льный
Monday понеде́льник; **on** ~ в понеде́льник; **~s** по понеде́льникам
monetarism монетари́зм
monetarist 1. *n* монетари́ст **2.** *adj* монетари́стский
monetary (*of money*) де́нежный; (*of currency*) валю́тный; ~ **crisis** валю́тный кри́зис; **International Monetary Fund** Междунаро́дный валю́тный фонд; (*of coinage*) моне́тный
money 1. *n* де́ньги *f pl*; **hard** ~ зво́нкая моне́та; **paper** ~ бума́жные де́ньги; **ready** ~ нали́чные (де́ньги); **make** ~ зараба́тывать (де́ньги); (*get rich*) богате́ть, нажива́ться; **put** ~ **into** вложи́ть *pf* капита́л в (+ *acc*); **not for love or** ~ ни за каки́е де́ньги; (*wealth*) бога́тство **2.** *adj* де́нежный; ~ **order** де́нежный почто́вый перево́д
moneybox копи́лка
money-changer меня́ла *m*
moneyed (*rich*) бога́тый
money-grubber стяжа́тель *m*
money-lender ростовщи́к
money-spinner вы́годное де́ло
mongol *med* **1.** *n* монголо́ид **2.** *adj* монголо́идный
Mongol(ian) 1. *n* (*person*) монго́л, *f* монго́лка; (*language*) монго́льский язы́к **2.** *adj* монго́льский
Mongolia Монго́лия
mongolism монголи́зм
mongoose мангу́ста
mongrel 1. *n* (*animal of mixed breed*) по́месь *f*; *coll* (*dog*) дворня́га **2.** *adj* нечистокро́вный, сме́шанный
monism мони́зм
monist мони́ст
monistic монисти́ческий
monitor 1. *n* (*school*) ста́роста *m and f* кла́сса; (*adviser*) наста́вник; *rad* контролёр переда́чи; *tech* контро́льное устро́йство, монито́р; (*for radiation etc*) дозиме́тр; (*television*, *naut*) монито́р; *zool* вара́н **2.** *v* (*check*) контроли́ровать; (*intercept radio*) вести́ радиоперехва́т
monitoring (*checking*) монито́ринг, контро́ль *m*; (*radio interception*) радиоперехва́т; *med* дозиро́вка
monk мона́х

monkey 1. *n zool* обезья́на; *coll* (*mischievous child*) шалу́н, прока́зник; ~ **tricks** штý чки *f pl*, фо́кусы *m pl*; *sl* (*500 pounds, dollars*) пятьсо́т фу́нтов, до́лларов; *coll* **make a ~ of** де́лать дурака́ из (+ *gen*), надува́ть; ~ **business** фо́кус **2.** *v coll* ~ **(about) with** (*handle*) тро́гать; (*tinker with machine etc*) ковыря́ться в (+ *acc*); (*tamper with*) приложи́ть *pf* ру́ку к (+ *dat*); (*alter*) изменя́ть; (*play about with*) забавля́ться с (+ *instr*)
monkey-engine лебёдка копра́
monkey-jacket матро́сская ку́ртка
monkey-nut ара́хис, земляно́й оре́х
monkey-puzzle араука́рия (чешу́йчатая)
monkey-wrench разводно́й ключ
monkfish морско́й чёрт
monkish мона́шеский
monkshood *bot* акони́т, боре́ц
monobasic одноосно́вный
monochromatic одноцве́тный, монохромати́ческий
monochrome однокра́сочная карти́на
monocle моно́кль *m*
monocline *geol* флексу́ра
monocoque моноко́к
monocular монокуля́рный
monocycle одноколёсный велосипе́д
monodrama монодра́ма
monody моно́дия
monogamy монога́мия, единобра́чие
monogram моногра́мма
monograph моногра́фия
monolith моноли́т
monolithic моноли́тный
monologue моноло́г
monomania монома́ния
monomaniac маньяк
monomer *chem* мономе́р
monometric изометри́ческий
monomial 1. *n* одночле́н **2.** *adj* одночле́нный
mononucleosis мононуклео́з
monophthong монофто́нг
monophysite *rel* монофизи́т
monoplane монопла́н
monopolism монополи́зм
monopolist монополи́ст
monopolistic монополисти́ческий
monopolize монополизи́ровать; ~ **conversation** завладе́ть *pf* разгово́ром
monopoly 1. *n* монопо́лия **2.** *adj* монопо́льный
monorail (*rail*) моноре́льс; (*railway*) моноре́льсовая желе́зная доро́га
monosexual *biol* однопо́лый
monosyllabic односло́жный
monosyllable односло́жное сло́во
monotheism монотеи́зм, единобо́жие
monotheist монотеи́ст
monotheistic монотеисти́ческий
monotone моното́нность *f*; **in a ~** моното́нно
monotonous (*in one tone*) моното́нный; *fig* (*boring, unvaried*) однообра́зный
monotony моното́нность *f*; *fig* однообра́зие
monotype 1. *n print, biol* моноти́п **2.** *adj* моноти́пный
monovalent одновале́нтный
monoxide одноо́кись *f*
Monseigneur монсеньёр
monsieur мосье́
Monsignor монсеньёр
monsoon 1. *n* (*wind*) муссо́н; (*season*) дождли́вый сезо́н, сезо́н муссо́нов **2.** *adj* муссо́нный
monster 1. *n* (*deformed creature*) уро́д; (*s'th abnormally huge*) чудо́вище; *fig pej* чудо́вище, монстр; (*s'th very large*) гига́нт **2.** *adj* грома́дный
monstrance дароно́сица
monstrosity чудо́вище
monstrous (*deformed*) уро́дливый; (*abnormally huge; hideous, terrible*) чудо́вищный; (*vast*) грома́дный; (*outrageous*) возмути́тельный
montage монта́ж
Montenegrin 1. *n* черного́рец **2.** *adj* черного́рский
Montenegro Черного́рия
montgolfier монгольфье́р
month ме́сяц; **by the ~** поме́сячно; **each ~** ежеме́сячно; **in the ~ of June** в ию́не ме́сяце; **last ~** в про́шлом ме́сяце; **once a ~** раз в ме́сяц; **per ~** в ме́сяц
monthly 1. *n* (*journal*) ежеме́сячник **2.** *adj* (*occurring once a month*) ежеме́сячный; (*of, for, lasting one month*) ме́сячный **3.** *adv* ежеме́сячно, поме́сячно
monument па́мятник (**of,** + *gen*; **to,** + *dat*)
monumental (*of monument*) монумента́льный; (*vast*) огро́мный, колосса́льный; (*historic*) истори́ческий
moo 1. *n* мыча́нье; *as exclam* му **2.** *v* мыча́ть
mooch *coll* слоня́ться, валя́ться
mood настрое́ние; **in a good ~** в хоро́шем настрое́нии; **she is not in the ~** ей не хо́чется (**to,** + *infin*); **I am in no ~ to argue** я не настро́ен спо́рить; **I was in no ~ to talk** мне бы́ло не до разгово́ра; *pl* (*caprice*) капри́зы *m pl*, причу́ды *f pl*; *gramm* наклоне́ние
moody (*gloomy*) уны́лый, угрю́мый; (*irritable*) раздражи́тельный; (*capricious*) капри́зный
moon 1. *n* луна́, *poet* ме́сяц; **full ~** по́лная луна́; (*period*) полнолу́ние; **half ~** полуме́сяц; **new ~** молодо́й ме́сяц; (*period*) новолу́ние; *astron* **the Moon** Луна́; (*satellite*) спу́тник; **land on the ~** прилуня́ться **2.** *adj* лу́нный **3.** *v* (*wander*) броди́ть; (*loiter*) болта́ться; (*dream*) мечта́ть
moonbeam лу́нный луч
moon-faced круглоли́цый
moonless безлу́нный
moonlight лу́нный свет; **in the ~** при све́те луны́; **by ~** при луне́; **a ~ night** лу́нная ночь
moonlit зали́тый лу́нным све́том
moonrise восхо́д луны́
moon-rover луноход
moonscape лу́нный ландша́фт
moonshine (*moonlight*) лу́нный свет; *coll* (*nonsense*) вздор, чепуха́; *sl* (*illicit whisky*) самого́н; (*contraband whisky*) контраба́ндный спирт
moonstone лу́нный ка́мень *m*
moonstruck поме́шанный
[1]**moor** (*anchor*) *vt* ста́вить на я́корь; *vi* станови́ться на я́корь; (*to buoy*) *vt* ста́вить на бо́чку; *vi* станови́ться на бо́чку; (*make fast*) швартова́ть(ся)
[2]**moor** (*wild country*) ди́кая ме́стность *f*; (*marshland*) боло́то
Moor (*Moroccan*) марокка́нец; *hist* мавр, *f* маврита́нка; (*Moslem*) мусульма́нин
moorhen камы́шница
mooring 1. *n* (*action*) постано́вка на я́корь, бо́чку; швартóвка; (*place*) ме́сто стоя́нки; *pl* (*anchor*) я́корь *m*; (*buoy*) бо́чка; (*cables*) швартóвы *m pl* **2.** *adj* швартóвный; ~ **anchor** мёртвый я́корь; ~ **buoy** швартóвная бо́чка; ~ **cable** швартóв; (*of*

mine) минрéп
Moorish мавритáнский
moorland вéресковая пýстошь *f*
moose (америкáнский) лось *m*
moot спóрный; **a ~ point** спóрный вопрóс
mop 1. *n* (*swab*) швáбра; (*of hair*) копнá волóс **2.** *v* (*clean with ~*) протирáть швáброй; (*brow etc*) вытирáть; **~ up** вытирáть; (*finish off*) раздéлываться с (+ *instr*); *mil* (*the enemy*) уничтожáть
mope хандри́ть
moped мопéд
moquette мокéт
moraine морéна
moral 1. *n* (*of story*) морáль *f*; *pl* нрáвы *m pl*, морáль *f* **2.** *adj* (*ethical*) морáльный, эти́ческий, нрáвственный; (*virtuous*) высоконрáвственный; (*influencing the mind*) нравоучи́тельный; (*not physical*) морáльный; **~ support** морáльная поддéржка; **~ victory** морáльная побéда
morale (морáльный) дух; **loss of ~** деморализáция
moralist морали́ст
moralistic моралисти́ческий
morality (*ethics*) морáль *f*, э́тика; (*of behaviour, person*) нрáвственность *f*; **~ play** моралитé *neut indecl*
moralize (*expound moral views*) морализи́ровать; (*draw moral*) извлекáть морáль
morally морáльно; (*virtually*) факти́чески
morass (*bog*) болóто; *fig* (*difficult position*) тяжёлое положéние; (*degradation*) грязь *f*, болóто
moratorium моратóрий
Moravia Морáвия
Moravian 1. *n* (*person*) жи́тель *m* Морáвии **2.** *adj* морáвский
moray мурéна
morbid (*abnormal*) болéзненный, нездорóвый; (*pathological*) патологи́ческий; (*gloomy*) мрáчный; (*gruesome*) ужáсный
morbidity болéзненность *f*
mordant 1. *n tech* протрáва **2.** *adj* (*biting*) язви́тельный, éдкий; (*sarcastic*) саркасти́ческий
more 1. *n* (*additional amount*) ещё; **a few ~** ещё нéсколько; **have you any ~?** у вас есть ещё?; (*greater quantity*) бóльше **2.** *adj* (*additional*) ещё; **give me some ~ water** дáйте ещё воды́; **one ~ time** ещё оди́н раз; (*larger in number, quantity*) бóльше (+ *gen*; **than,** чем); **that is ~ than I need** э́то бóльше, чем мне нýжно; **what is ~** бóльше тогó **3.** *adv* бóльше, бóлее (**than,** чем); (*in comp adj*) бóлее; **~ and ~** всё бóлее, всё бóльше и бóльше; **~ or less** бóлее или мéнее; **~ important** бóлее вáжный; **~ than enough** бóлее чем достáточно; **I shan't do it any ~** я бóльше не бýду (э́то дéлать); **once ~** ещё раз; **the ~ the better** чем бóльше, тем лýчше; (*rather*) бóльше, скорéе
morel (*fungus*) сморчóк
morello ви́шня морéль, ви́шня ки́слая
moreover крóме тогó, к томý же, бóлее тогó
mores нрáвы *m pl*
Moresque мавритáнский
morganatic морганати́ческий
morgue морг
moribund (*dying*) умирáющий; (*dying out*) вымирáющий
Mormon мормóн
morning 1. *n* ýтро; **at one in the ~** в час нóчи; **at six in the ~** в шесть часóв утрá; **from ~ to night** с утрá до вéчера; **in the ~** ýтром; **one ~** однáжды ýтром; **on Friday ~** в пя́тницу ýтром; **the next ~** на слéдующее ýтро; **this ~** сегóдня ýтром; **tomorrow ~** зáвтра ýтром **2.** *adj* ýтренний; **~ coat** визи́тка; **~ glory** *bot* вьюнóк; **~ star** ýтренняя звездá
Moroccan 1. *n* мароккáнец, *f* мароккáнка **2.** *adj* мароккáнский
Morocco 1. *n* (*country*) Марóкко *indecl*; (*leather*) сафья́н **2.** *adj* сафья́новый
moron идиóт
moronic слабоýмный; *pej* идиóтский
morose (*gloomy*) угрю́мый, мрáчный; (*brooding*) зáмкнутый
morpheme морфéма
morphia, morphine мóрфий
morphological морфологи́ческий
morphology морфолóгия
morphosis морфóз
morse (*walrus*) морж
Morse (code) áзбука Мóрзе
morsel кусóк, кусóчек
mortal 1. *n* смéртный **2.** *adj* (*not immortal*) смéртный; (*causing death*) смертéльный; **~ combat** смéртный бой; **~ fear** смертéльный страх; **~ foe** смертéльный враг; **~ sin** смéртный грех; **~ wound** смертéльная рáна
mortality (*fatal nature*) смертéльность *f*; (*death rate*) смéртность *f*; (*humanity*) человéчество
mortar (*cement*) строи́тельный раствóр; (*weapon*) миномёт; (*for grinding*) стýпка
mortar-board *bui* сóкол; (*academic cap*) академи́ческая шáпка
mortgage 1. *n* ипотéка, закладнáя **2.** *v* заклáдывать
mortgagee кредитóр по закладнóй
mortgager должни́к по закладнóй
mortician владéлец похорóнного бюрó *neut indecl*
mortification (*humiliation*) унижéние; (*suppression*) подавлéние; (*gangrene*) гангрéна
mortify (*suppress passions etc*) подавля́ть; **~ the flesh** умерщвля́ть плоть; (*humiliate*) унижáть; (*offend*) обижáть; *med* гангренизи́роваться
mortise 1. *n* паз; **~ lock** врезнóй замóк **2.** *v* (*join by ~*) соединя́ть врýбкой; (*cut ~*) долби́ть
mortuary морг, покóйницкая
mosaic 1. *n* мозáика **2.** *adj* мозаи́чный
Mosaic Моисéев; **~ Law** Моисéевы закóны *m pl*
Moscow 1. *n* Москвá **2.** *adj* москóвский
Moses Моисéй
Moslem, Muslim 1. *n* мусульмáнин, *f* мусульмáнка **2.** *adj* мусульмáнский
mosque мечéть *f*
mosquito комáр; **~-net** сéтка (для защи́ты) от комарóв, противомоски́тная сéтка
moss мох; **~-covered, ~ grown** зарóсший мхом; **~-rose** мýскусная рóза
mossy (*of, like moss*) мши́стый; (*moss-covered*) покры́тый мхом
most 1. *n* (*greatest extent, amount*) сáмое бóльшее; **at the ~** сáмое бóльшее, не бóльше, максимýм; **make the ~ of** максимáльно испóльзовать; **that is the ~ I can do** э́то сáмое бóльшее, что я могý сдéлать; (*majority*) большинствó; (*greater part*) бóльшая часть *f* **2.** *adj* (*majority of*) большинствó (+ *gen*); **in ~ cases** в большинствé слýчаев; (*greatest*) наибóльший; (*maximum*) максимáльный; **for the ~ part** бóльшей чáстью, глáвным óбразом **3.** *adv* бóльше всегó; **he likes reading ~** он бóльше всегó лю́бит читáть; (*very*) весьмá, óчень; (*in*

superl adj) са́мый; **the ~ important thing** са́мое ва́жное
mostly (*for most part*) бо́льшей ча́стью; (*mainly*) в основно́м, гла́вным о́бразом; (*usually*) обы́чно
mote пыли́нка
motel моте́ль *m*
motet моте́т
moth моль *f* (*esp clothes-~*); (*nocturnal*) ночна́я ба́бочка, мотылёк; **~-ball** нафтали́новый/камфа́рный ша́рик; *coll, mil* **put in ~-balls** ста́вить на консерва́цию; **~-eaten** изъе́денный мо́лью; *fig* изно́шенный
mother 1. *n* мать *f*; **~'s** матери́нский; **Mother-Superior** мать-игу́менья; **Queen Mother** вдо́вствующая короле́ва **2.** *adj* матери́нский; **~ country** (*homeland*) ро́дина; (*colonizing power*) метропо́лия; **~ love** матери́нская любо́вь *f*; **~ ship** плаву́чая ба́за; **~ tongue** родно́й язы́к **3.** *v* (*give birth to*) роди́ть; (*behave like ~*) относи́ться по-матери́нски; (*cherish*) леле́ять; (*bring up*) воспи́тывать
Mother Carey's chicken буреве́стник
motherhood матери́нство
mothering матери́нская ла́ска
mother-in-law (*wife's mother*) тёща; (*husband's mother*) свекро́вь *f*
motherless лишённый ма́тери
motherly матери́нский
mother-of-pearl 1. *n* перламу́тр **2.** *adj* перламу́тровый
motherwort пусты́рник
motif моти́в, лейтмоти́в
motile подви́жный
motion 1. *n* (*movement*) движе́ние; **in ~** в движе́нии; **set in ~** приводи́ть в движе́ние; (*of machine etc*) ход; (*proposal*) предложе́ние; **propose, carry, reject a ~** вы́двинуть *pf*, приня́ть *pf*, отклони́ть *pf*, предложе́ние; *leg* хода́тайство (**for,** о + *prep*); (*of the bowels*) стул; (*faeces*) кал **2.** *v* (*indicate*) пока́зывать же́стом (+ *dat*; **to,** что́бы); (*beckon*) мани́ть (руко́й); **~ away** замаха́ть *pf*
motionless неподви́жный
motion-picture кинофи́льм
motivate (*induce*) побужда́ть (**to,** к + *dat*; or + *infin*); (*be motive*) мотиви́ровать
motivation побужде́ние; мотивиро́вка; *psych* мотива́ция
motive 1. *n* (*cause of action*) моти́в, по́вод; (*inducement*) побужде́ние **2.** *adj* дви́жущий; **~ power** дви́жущая си́ла
motiveless немотиви́рованный
motley 1. *n* шутовско́й костю́м **2.** *adj* пёстрый
motor 1. *n* (*engine*) дви́гатель *m*, мото́р; **electric ~** электродви́гатель *m*; (*car*) маши́на; *anat* дви́гательный му́скул, нерв **2.** *adj* (*motive*) дви́гательный; (*of automobile*) автомоби́льный; **~ enthusiast** автолюби́тель *m*; **~ industry** автомоби́льная промы́шленность *f*; **~ racing** автомоби́льные го́нки *f pl*; **~ rally** авторáлли *neut indecl*; **~ scooter** мотоpо́ллер; **~ transport** автотра́нспорт; **~ vehicle** автомаши́на **3.** *v* (*go by car*) е́здить на маши́не
motorbike мотоци́кл
motorboat мото́рная ло́дка, мото́рный ка́тер
motorbus авто́бус
motorcade корте́ж автомоби́лей
motorcar автомоби́ль *m*, *coll* маши́на
motorcycle мотоци́кл
motorcyclist мотоцикли́ст
motor-drawn прицепно́й
motor-driven мото́рный
motoring 1. *n* автомоби́льное де́ло, автомобили́зм; **school of ~** автошко́ла; (*as hobby*) автомобили́зм, автолюби́тельство **2.** *adj* автомоби́льный; автолюби́тельский
motorist (*driver*) води́тель *m*; (*car enthusiast*) автолюби́тель *m*, автомобили́ст
motorized моторизо́ванный
motor-lorry грузови́к
motorman (*of train*) машини́ст; (*of tram*) вагонoвожа́тый
motorship теплохо́д
motor-sleigh мотоса́ни *f pl*
motor-spirit автомоби́льный бензи́н
motorway 1. *n* автостра́да **2.** *adj* автостра́дный
mottle 1. *n* кра́пинка **2.** *v* испещря́ть
mottled (*blotched*) кра́пчатый; (*multicoloured*) пёстрый, испещрённый
motto (*watchword, slogan*) ло́зунг; (*device*) деви́з
¹mould (*soil*) земля́; (*humus*) гу́мус; (*fungus*) пле́сень *f*
²mould 1. *n tech* (*for casting etc*) фо́рма; *typ* ма́трица; (*pattern*) шабло́н; (*character*) хара́ктер; **made in the same ~** ≈ (сде́ланный) из одного́ те́ста **2.** *v tech* (*cast etc*) формова́ть; (*clay, wax etc*) лепи́ть (**in, out of,** из + *gen*); (*character etc*) формирова́ть; **~ together** (*a team etc*) пая́ть
¹moulder формовщи́к, лите́йщик; (*paper*) черпа́льщик
²moulder (*crumble*) рассыпа́ться
moulding 1. *n* (*shaping*) формо́вка; (*casting*) литьё; **injection ~** литьё под давле́нием; (*cast component*) отли́тая дета́ль *f*; (*pressed component*) формо́ванная дета́ль *f*; (*paper*) черпа́ние; (*on ceiling etc*) баге́т **2.** *adj* формо́вочный
mouldy запле́сневелый; *fig, coll* парши́вый
moult 1. *n* ли́нька **2.** *v* линя́ть
mound (*heap*) ку́ча; (*artificial bank, hillock*) на́сыпь *f*; (*hillock*) хо́лмик; **burial ~** курга́н
¹mount (*hill*) холм; (*mountain, esp in names*) гора́
²mount 1. *n* (*horse*) ло́шадь *f*; (*setting for jewel etc*) опра́ва; (*for picture*) подло́жка; (*for gun*) стано́к; (*microscope*) предме́тное стекло́ **2.** *v* (*go up*) поднима́ться, взбира́ться на (+ *acc*); (*get on horse etc*) сади́ться на (+ *acc*); (*put on horse etc*) посади́ть на (+ *acc*); (*supply with horses etc*) снабжа́ть лошадьми́; (*rise, increase*) повыша́ться, возраста́ть; (*of blushes etc*) **his colour ~ed** кровь бро́силась ему́ в лицо́; (*fix in position*) устана́вливать; (*jewels etc*) вставля́ть в опра́ву; (*play*) ста́вить; (*stuff*) набива́ть; (*organize*) **~ an attack** предприня́ть *pf* ата́ку; **~ guard** стоя́ть на часа́х
mountain 1. *n* гора́; *fig* (*large amount*) ма́сса, у́йма; **make a ~ out of a molehill** ≈ де́лать из му́хи слона́ **2.** *adj* го́рный; **~ ash** ряби́на
mountaineer (*mountain-dweller*) го́рец; (*climber*) альпини́ст
mountaineering 1. *n* альпини́зм **2.** *adj* го́рный
mountainous (*hilly*) гори́стый; (*vast*) грома́дный
mountebank (*clown*) шут; (*charlatan*) шарлата́н
mounted (*on horseback*) ко́нный
mounting (*act of establishing*) устано́вка; (*act of climbing*) восхожде́ние; (*fixing*) монта́ж; (*frame, base*) опо́ра, подве́ска; (*fastening*) крепле́ние; **gun-~** артустано́вка
mourn (*for person; deplore*) опла́кивать, скорбе́ть

(о + *pr*); (*be sad*) печа́литься
mourner уча́ствующий на похорона́х
mournful (*sad*; *deplorable*) печа́льный, приско́рбный; (*gloomy*) мра́чный
mourning 1. *n* (*grief*) печа́ль *f*, го́ре; (*black clothes*) тра́ур; **go into** ~ наде́ть *pf* тра́ур; **in deep** ~ в глубо́ком тра́уре **2.** *adj* тра́урный
mouse 1. *n* мышь *f*; **quiet as a** ~ ти́хий, как мышь **2.** *v* лови́ть мыше́й
mouse-coloured мыши́ного цве́та, мыша́стый
mouse-hole мыши́ная но́рка
mouser мышело́в
mousetrap мышело́вка
mousse мусс
moustache усы́ *m pl*
moustached с уса́ми, уса́тый
mousy мыши́ный; *fig* ти́хий
mouth 1. *n anat* рот; **by word of** ~ у́стно; **down at, in the** ~ в уны́нии; **from** ~ **to** ~ из уст в уста́; **give** ~ **to** выража́ть; **in the** ~ во рту́; (*opening*) отве́рстие; (*of cave etc*) вход (в + *acc*); (*of river; mine*) у́стье; (*of bottle*) го́рлышко **2.** *v* (*utter*) изрека́ть; (*declaim*) деклами́ровать
mouthful (*full mouth*) по́лный рот; (*quantity*) глото́к
mouth-organ губна́я гармо́ника
mouthpiece (*of pipe, cigarette, instrument*) мундшту́к; *fig* ру́пор; *tech* растру́б
mouthwash жи́дкость *f* для полоска́ния рта
mouth-watering аппети́тный
movable подвижно́й; (*portable*) перено́сный, передвижно́й, портати́вный; (*of property*) дви́жимый; *eccles* (*feast*) переходя́щий
move 1. *n* (*motion*) движе́ние; **get a** ~ **on** спеши́ть; **make a** ~ дви́гаться; **on the** ~ в движе́нии; (*action*) шаг; **make the first** ~ сде́лать *pf* пе́рвый шаг; (*in game; also fig*) ход; **it's your** ~ ваш ход; (*change of home*) перее́зд (**to,** на + *acc*) **2.** *v* (*change position*) дви́гать(ся), передвига́ть(ся), перемеща́ть(ся); ~ **troops** перебра́сывать войска́; (*be, put in motion, budge; be movable*) дви́гать(ся); (~ *out of the way*) сдвига́ть; (*transfer people*) переводи́ть; (*in game*) де́лать ход, ходи́ть; (*stir emotions*) тро́гать; (*agitate*) взволнова́ть; (*act*) де́йствовать; (*prompt, provoke*) побужда́ть (+ *infin*, or к + *dat*); ~ **to anger** рассерди́ть *pf*; ~ **to laughter** рассмеши́ть *pf*; ~ **to tears** довести́ *pf* до слёз; (*influence*) влия́ть на (+ *acc*); (*develop*) развива́ться; (*frequent*) быва́ть; ~ **in high society** враща́ться в вы́сшем о́бществе; (*change house*) переезжа́ть; ~ **to a new flat, area** перее́хать *pf* на но́вую кварти́ру, в друго́й райо́н; (*to new town etc*) переселя́ться; (*propose*) предложи́ть *pf* (**that,** + *infin*); ~ **about, around** *vt* (*alter position*) переставля́ть; *vi* (*be in motion*) дви́гаться; ~ **about the room** ходи́ть по ко́мнате; (*travel*) переезжа́ть
~ **aside** *vt* отодвига́ть (в сто́рону); *vi* отходи́ть в сто́рону
~ **away** (*to one side*) отодвига́ть(ся); (*into distance*) удаля́ть(ся); (*depart*) уезжа́ть; (*to new home*) переезжа́ть
~ **back** (*away*) отодвига́ть(ся); (*return*) возвраща́ть(ся)
~ **down** спуска́ть(ся)
~ **forward** дви́гать(ся) вперёд, продвига́ть(ся)
~ **in** (*to new house etc*) въезжа́ть (в + *acc*)
~ **off** (*leave*) уходи́ть; (*of train*) отходи́ть; **the train ~d off** по́езд тро́нулся
~ **on** (*go further*) идти́ да́льше; (*make leave*) заставля́ть отойти́
~ **out** (*of house etc*) съезжа́ть (с + *gen*); (*force out*) выгоня́ть
~ **over** отодвига́ть(ся)
~ **round** *vt* (*turn*) верте́ть, враща́ть; *vi* (*rotate*) враща́ться; (*circle round*) кружи́ться
~ **up** пододвига́ть(ся) (**to,** к + *dat*)
movement (*motion, act of moving; organization*) движе́ние (**for,** за + *acc*); (*gesture*) жест; (*literary etc trend*) тече́ние, направле́ние; (*of musical work*) часть *f*; (*of clock, machine*) механи́зм
mover (*instigator*) инициа́тор, а́втор; **prime** ~ перви́чный дви́гатель *m*; **earth** ~ экскава́тор
movie *sl* (*film*) фильм; *pl* кино́ *neut indecl*; **go to the ~s** идти́ в кино́; ~ **star** кинозвезда́
moving (*causing motion*) дви́жущий; (*in motion*) дви́жущийся; ~ **staircase** эскала́тор; (*mobile, movable*) подвижно́й; (*pathetic*) тро́гательный, волну́ющий
mow (*also fig*, ~ *down*) коси́ть, жать
mower (*person*) косе́ц; (*machine*) коси́лка; **lawn** ~ газонокоси́лка; **motor** ~ мото́рная коси́лка; **rotary** ~ ротацио́нная коси́лка
mowing косьба́; ~ **machine** коси́лка
Mr (*when translating English names*) ми́стер, господи́н; (*when preceding name of rank etc*) **Mr President** господи́н президе́нт
Mrs госпожа́
much 1. *n* мно́го, мно́гое; ~ **you know about it!** мно́го вы об э́том зна́ете!; **is there** ~ **left?** мно́го оста́лось?; **it leaves** ~ **to be desired** э́то оставля́ет жела́ть мно́гого; **make** ~ **of** носи́ться с (+ *instr*); **not** ~ ма́ло; **there is** ~ **in what you say** вы во мно́гом пра́вы; **there is still** ~ **to do** ещё мно́гое на́до сде́лать; **think** ~ **of** быть высо́кого мне́ния о (+ *prep*) **2.** *adj* мно́го (+ *gen*); **as** ~ **again** ещё сто́лько же; **five times as** ~ в пять раз бо́льше; **half as** ~ вдво́е ме́ньше; **have you** ~ **work?** у вас мно́го рабо́ты; **how** ~? ско́лько (+ *gen*)?; **how** ~ **is** …? (*costs*) ско́лько сто́ит …?; **not** ~ ма́ло, немно́го (+ *gen*); **not so** ~ … **as** … не сто́лько … ско́лько … **3.** *adv* (*of degree*) о́чень; ~ **to my surprise** к моему́ большо́му удивле́нию; **I am** ~ **obliged to you** я вам о́чень благода́рен (**for,** за + *acc*); **I would very** ~ **like** я бы о́чень хоте́л (+ *gen* or *infin*); **not** ~ не о́чень; **thank you very** ~ большо́е спаси́бо; (*of quantity*) мно́го; **talk too** ~ говори́ть сли́шком мно́го; (*approximately*) приме́рно, бо́лее и́ли ме́нее; ~ **the same age** приме́рно одного́ во́зраста; (*with comp adj or adv*) гора́здо; ~ **better** гора́здо лу́чше; (*in combinations*) **as** ~ **as** сто́лько, ско́лько; **talk as** ~ **as you like** говори́те сто́лько, ско́лько хоти́те; **as** ~ **as I tried** как/ка́к бы/ско́лько бы я ни стара́лся; **how** ~ ско́лько; **so** ~ сто́лько; **so** ~ **the better** тем лу́чше; **that is as** ~ **as to say** э́то всё равно́, что сказа́ть
mucilage расти́тельный клей
muck 1. *n* (*filth*) грязь *f*; (*manure*) наво́з; (*trash*) дрянь *f*, ме́рзость *f*; *coll* **make a** ~ **of it** испо́ртить *pf* де́ло **2.** *v coll* ~ **about** (*idle*) слоня́ться; (*play the fool*) валя́ть дурака́; *coll* ~ **in with** дели́ться с (+ *instr*); *coll* ~ **up** (*spoil*) по́ртить
muck-heap наво́зная ку́ча
muck-raker *fig* выгреба́тель *m* му́сора
mucky (*dirty*) гря́зный; (*disgusting*) проти́вный
mucous слизи́стый

mucus слизь *f*
mud грязь *f*, сля́коть *f*; **covered in** ~ весь в грязи́; *fig* **throw, sling** ~ **at** облива́ть гря́зью
mudbank и́листая ба́нка
mud-bath грязева́я ва́нна
muddiness грязь *f*; (*of water etc*) му́тность *f*, замутнённость *f*
muddle 1. *n* (*physical confusion*) беспоря́док; **be in a** ~ быть в беспоря́дке; (*mental confusion*; *mistake*) пу́таница; **be in a** ~ перепу́таться; **get into a** ~ **about** запу́таться в (+ *prep*) **2.** *v* (*jumble up*) сме́шивать, пу́тать; (*confuse*, *mistake*) пу́тать; (*bewilder*) смуща́ть; ~ **along** де́лать кое-ка́к; ~ **through** кое-ка́к довести́ *pf* де́ло до конца́
muddle-headed бестолко́вый
muddy 1. *n* (*dirty*; *of mud*) гря́зный; (*of water etc*) му́тный; *fig* (*confused*) пу́таный; (*of colour*) нечи́стый **2.** *v* (*make dirty*) де́лать гря́зным, па́чкать; (*bespatter*) обры́згивать гря́зью
mudfish и́льная ры́ба
mudflap брызгови́к
mudflat (*muddy area*) то́пкое ме́сто; (*of river*, *coast*) и́листая о́тмель *f*
mudguard брызгови́к; (*wing of car*, *motorcycle*) крыло́
mudpack космети́ческая ма́ска
mud-slinging (*slander*) клевета́; (*insults*) брань *f*, оскорбле́ния *neut pl*
muezzin муэдзи́н
[1]**muff** *n* (*for hands*) му́фта; *tech* му́фта; **radiator** ~ чехо́л радиа́тора
[2]**muff 1.** *n coll* (*person*) шля́па; (*miss*, *mistake*) про́мах; **make a** ~ **of it** промахну́ться *pf* **2.** *v* (*bungle*) по́ртить; ~ **a catch** пропусти́ть *pf* мяч; ~ **it** промахну́ться *pf*; ~ **one's lines** пу́тать ре́плики
muffin горя́чая бу́лочка, сдо́ба
muffle 1. *n tech* му́фель *m* **2.** *v* (*wrap*) обма́тывать; (*wrap for warmth*) оку́тывать; (*sounds*) заглуша́ть, глуши́ть
muffler (*scarf*) кашне́ *neut indecl*, шарф; *tech* глуши́тель *m*
mufti *rel* му́фтий; *coll* **in** ~ в шта́тском
mug 1. *n* (*cup*) кру́жка; *sl* (*face*) ро́жа, мо́рда, ха́ря; *coll* (*swot*) зубри́ла *m and f*; *coll* (*dupe*) проста́к **2.** *v coll* (*rob*) гра́бить на у́лице; (*study*) зубри́ть (**for**, к + *dat*); ~ **up** (*refresh memory*) подзу́бривать
mugger у́личный граби́тель *m*
mugging у́личный грабёж
muggins *coll* дура́к
muggy ду́шный
Muhammad Муха́ммед, Магоме́т
mujik мужи́к
mulatto мула́т *f*, мула́тка
mulberry (*tree*) ту́товое де́рево, шелкови́ца; (*fruit*) ту́товая я́года; (*colour*) багро́вый
mulch 1. *n* му́льча **2.** *v* мульчи́ровать
mulct 1. *n* штраф **2.** *v* (*fine*) штрафова́ть; (*trick out of*) лиша́ть обма́ном (+ *gen*)
mule (*animal*) мул; *fig* **stubborn as a** ~ упря́мый как осёл; (*slipper*) бабу́ша
muleteer погóнщик му́лов
mulish упря́мый (как осёл)
mulishness упря́мство
mull (*wine*, *beer*) подогрева́ть вино́, пи́во; ~**ed wine** глинтве́йн; ~ **over** обду́мывать
mullah мулла́ *m*
mullet (*fish*) кефа́ль *f*
mullion сре́дник
multi-barrelled *mil* многоство́льный
multicellular многояче́йковый
multichannel многокана́льный
multicolour(ed) многоцве́тный
multicore многожи́льный
multidimensional многоме́рный
multidirectional многонаправлённый
multiengined многомото́рный
multifaceted многогра́нный, многосторо́нний
multifarious разнообра́зный
multiform многообра́зный
multilateral многосторо́нний
multilayered многосло́йный
multilingual многоязы́чный
multimillionaire мультимиллионе́р
multinational 1. *n* (*company*) междунаро́дная корпора́ция **2.** *adj* многонациона́льный
multiphase многофа́зный
multiple 1. *n math* кра́тное; **least common** ~ о́бщее наиме́ньшее кра́тное; *pl* (*firms*) одноти́пные магази́ны *m pl* **2.** *adj* (*having many parts*) составно́й, сло́жный; (*manifold*) многокра́тный; (*numerous*) многочи́сленный; (*multifarious*) разнообра́зный; *math* кра́тный; *med* ~ **sclerosis** мно́жественный, рассе́янный склеро́з
multiple-stage многоступе́нчатый
multiplex 1. *n* мультипле́ксная переда́ча **2.** *adj* мультипле́ксный
multiplexer мультипле́ксор
multiplexing мультиплекси́рование
multiplicand мно́жимое
multiplication *math* умноже́ние (**by**, на + *acc*); ~ **table** табли́ца умноже́ния; *biol* размноже́ние
multiplicity (*variety*) разнообра́зие; (*great number*) многочи́сленность *f*
multiplier *math* мно́житель *m*; *tech* умно́житель *m*
multiply *math* умножа́ть, мно́жить (**by**, на + *acc*); (*increase*) увели́чивать(ся); (*breed*) размножа́ться
multipurpose универса́льный, многоцелево́й
multiracial многора́совый; (*multinational*) многонациона́льный
multirôle многоцелево́й
multistage (*rocket*) многоступе́нчатый; *elect* многокаска́дный
multistorey многоэта́жный
multitude (*vast number*) мно́жество; (*crowd*) толпа́; (*common people*) ма́ссы *f pl*, наро́д
multitudinous многочи́сленный
multivalent многовале́нтный
[1]**mum: keep** ~ пома́лкивать; ~**'s the word!** ни гугу́!
[2]**mum** *coll* ма́ма, мама́ша
mumble 1. *n* бормота́ние **2.** *v* бормота́ть
mumbo-jumbo (*superstition*) суеве́рие; (*jabber*) тараба́рщина
mummification мумифика́ция
mummify мумифици́ровать(ся)
[1]**mummy** (*embalmed body*) му́мия
[2]**mummy** *coll* (*mother*) ма́ма, ма́мочка
mumps *med* пароти́т эпидеми́ческий, *coll* сви́нка, за́ушница
munch (*chew*) жева́ть; (*noisily*) ча́вкать
mundane (*of this world*) земно́й, мирско́й; (*worldly*) све́тский
municipal муниципа́льный, городско́й
municipality (*town*) го́род; (*urban council*) муниципалите́т

munificence щéдрость *f*
munificent щéдрый
muniments (*legal documents*) докумéнты *m pl*, грáмоты *f pl*; (*archive*) архи́в
munitions (*military supplies*) снаряжéние; (*arms*) вооружéние; (*ammunition*) боеприпáсы *m pl*; ~ **factory** воéнный завóд
muon мюóн, мю-мезóн
mural 1. *n* (*wall-painting*) стеннáя рóспись *f*; (*fresco*) фрéска **2.** *adj* стеннóй
murder 1. *n* убийство; **commit ~** соверши́ть *pf* убийство; *coll* (*of sth unpleasant*) ýжас **2.** *v* убивáть; *fig* (*a song etc*) загуби́ть *pf*; (*language*) коверкáть
murderer, murderess убийца *m and f*
murderous (*killing*; *also fig, extreme*) убийственный; (*fatal, death-dealing*) смертонóсный; (*bloody*) кровáвый
muriatic: ~ **acid** солянáя кислотá
murk темнотá, мрак
murky (*dark, gloomy*) тёмный, мрáчный; (*overcast*) пáсмурный; *fig* (*shameful etc*) тёмный
murmur 1. *n* (*sound of voices*) рóпот, шум голосóв; (*of stream etc*) рóпот, журчáние; (*of foliage*) шóрох, шéлест; (*indistinct speech*) бормотáние; (*whisper*) шёпот; (*grumble*) рóпот, ворчáние; **without a ~** безрóпотно; *med* шум **2.** *v* (*mumble*) бормотáть; (*speak in undertone*) говори́ть вполгóлоса; (*whisper*) шептáть; (*speak quietly*) говори́ть ти́хо; (*of stream etc*) журчáть; (*of foliage*) шелестéть; (*grumble*) роптáть, ворчáть
murrain падёж скотá, мор
muscatel (*wine*) мускáт
muscle 1. *n* мы́шца, мýскул; **not to move a ~** не шевели́ться **2.** *adj* мы́шечный **3.** *v coll* ~ **in on** примáзываться к (+ *dat*)
Muscovite 1. *n* (*person*) *hist* москвитя́нин; (*dweller in Moscow*) москви́ч, *f* москви́чка; *min* (*mica*) бéлая слюдá **2.** *adj* москóвский
Muscovy Москóвская Русь *f*; **the ~ Company** Москóвская компáния
muscular (*of muscles*) мы́шечный, мýскульный; ~ **dystrophy** мы́шечная дистрофи́я; (*strong*) мýскулистый
musculature мускулатýра
Muse Мýза; *fig* (*inspiration*) вдохновéние
muse (*ponder*) размышля́ть, задýмываться (**on, about,** о + *prep*)
museum 1. *n* музéй **2.** *adj* музéйный; ~ **piece** (*rare item*) музéйная рéдкость *f*, (*exhibit*) музéйный экспонáт
mush (*pulp*) кáшица; (*sentiment*) сентиментáльщина; *rad* помéхи *f pl*
mushroom 1. *n* (*edible fungus*) (съедóбный) гриб; **true, field ~** шампиньóн; (*explosion cloud*) грибови́дное óблако, гриб **2.** *adj* (*of* ~) грибнóй; (*~-shaped*) грибови́дный **3.** *v* (*gather* ~) собирáть грибы́, ходи́ть по грибы́; (*grow*) расти́ как гриб(ы́)
mushy *coll* (*soft*) мя́гкий; (*sentimental*) слащáвый
music 1. *n* (*as art form*) мýзыка; **play ~** игрáть (мýзыку); **to the ~ of** под мýзыку (+ *gen*); (*score*) нóты *f pl*; *fig* **face the ~** (*pay for behaviour*) расплáчиваться; (*accept responsibility*) быть в отвéте (**for,** за + *acc*) **2.** *adj* музыкáльный; для мýзыки
musical 1. *n* музыкáльная комéдия, мю́зикл **2.** *adj* (*of music; having ~ talent*) музыкáльный; (*melodious*) мелоди́чный; ~ **box** музыкáльная шкатýлка
musicality музыкáльность *f*
music-hall (*variety*) мю́зик-хóлл
musician (*performer*) музыкáнт; (*composer*) компози́тор
musicology музыковéдение
music-paper нóтная бумáга
music-stand пюпи́тр
musing размышлéние
musingly задýмчиво
musk мýскус; ~**-deer** мýскусный олéнь *m*
muskeg сфáгновое болóто
musket мушкéт
musketeer мушкетёр
musk-ox мýскусный бык, овцебы́к
musk-rat ондáтра, мýскусная кры́са
musk-rose мýскусная рóза
musky (*of musk*) мýскусный; (*smelling of musk*) пáхнущий мýскусом
Muslim *see* **Moslem**
muslin 1. *n* мусли́н, кисея́ **2.** *adj* мусли́новый, кисéйный
musquash *zool* ондáтра; (*fur*) мех ондáтры
muss *Am coll* **1.** *n* (*disarray*) беспоря́док; (*confusion*) пýтаница **2.** *v* (*disarrange*) приводи́ть в беспоря́док; (*hair*) растрепáть *pf*; (*clothes*) помя́ть *pf*; (*dirty*) пáчкать
mussel *zool* двуствóрчатая рáкушка; *cul* ми́дия
Mussulman *see* **Mohammedan, Moslem**
[1]**must 1.** *n* (*necessity*) необходи́мость *f*; **it is an absolute ~** э́то совершéнно необходи́мо **2.** *v* (*indicating obligation, certainty, emphatic request*) дóлжен; **I ~ say** я дóлжен сказáть; **we ~ go home** мы должны́ идти́ домóй, нам порá домóй; (*in negative sentences; prohibition*) нельзя́; **you ~n't talk here** тут нельзя́ говори́ть; (*should not*) не дóлжен; (*indicating probability*) должнó быть, навéрное, по-ви́димому; **that ~ be him** э́то навéрное он
[2]**must** (*unfermented wine*) сýсло, муст; (*new wine*) молодóе винó; (*mustiness*) зáтхлость *f*; (*mould*) плéсень *f*
mustang мустáнг
mustard *bot, cul* горчи́ца; **keen as ~** (*energetic*) энерги́чный; **be keen as ~ about** относи́ться к (+ *dat*) с энтузиáзмом; ~**-gas** горчи́чный газ, ипри́т; ~ **plaster** горчи́чник; ~**-pot** горчи́чница
muster 1. *n* (*gathering*) собрáние; (*of members of organization, soldiers etc; signal for this*) сбор; *fig* **pass ~** годи́ться, быть приéмлемым **2.** *v* (*gather*) собирáть(ся); (*thoughts, strength etc*) собирáться с (+ *instr*)
muster-roll *mil* спи́сок ли́чного состáва; *nav* судовáя роль *f*
mustiness (*mould*) плéсень *f*; (*staleness*) зáтхлость *f*
musty (*stale*) зáтхлый; (*mouldy*) заплéсневелый
mutable (*liable to change*) измéнчивый; (*not constant*) перемéнчивый, непостоя́нный
mutability измéнчивость *f*; перемéнчивость *f*
mutagen мутагéн
mutagenous мутагéнный
mutant 1. *n* мутáнт **2.** *adj* мутáнтный
mutate видоизменя́ть(ся)
mutation (*change*) изменéние; *biol* (*process*) мутáция; (*mutant*) мутáнт; *ling* перегласóвка
mutative *biol* мутациóнный
mute 1. *n* (*dumb person*) немóй; (*hired mourner*)

наёмный пла́кальщик; *mus* сурди́нка **2.** *adj* немо́й **3.** *v* приглуша́ть
mutely мо́лча, безмо́лвно
muteness немота́
mutilate (*maim*) уве́чить, кале́чить, уро́довать; (*distort words etc*) искажа́ть
mutilation уве́чье; искаже́ние
mutineer мяте́жник, бунтовщи́к
mutinous мяте́жный
mutiny мяте́ж (*esp mil*), бунт; (*uprising*) восста́ние
mutism немота́
mutt *coll* дура́к, болва́н
mutter 1. *n* бормота́ние **2.** *v* бормота́ть
muttering бормота́ние; (*grumbling*) ворча́ние
mutton 1. *n* бара́нина **2.** *adj* бара́ний
mutton-head болва́н
mutual взаи́мный; ~ **aid** взаимопо́мощь *f*; ~ **relations** взаимоотноше́ния *neut pl*; ~ **friend** о́бщий друг
muzzle 1. *n* (*of animal*) мо́рда, ры́ло; (*strap etc round* ~) намо́рдник; (*of gun*) ду́ло; ~ **velocity** нача́льная ско́рость *f*; *tech* сопло́ **2.** *v* (*animal*) надева́ть намо́рдник; (*silence*) заставля́ть молча́ть; (*curb*) обу́здывать
muzzy (*confused*) запу́тавшийся; (*with drink etc*) одуре́вший; (*vague*) нея́сный, тума́нный
my 1. *poss adj* мой; **that is ~ book** э́то моя́ кни́га; *when referring back to subject* свой; **I gave him ~ book** я дал ему́ свою́ кни́гу; (*often omitted when unambiguous*) **I put on ~ hat** я наде́л шля́пу; (*in forms of address*) мой (*usu following noun*); ~ **dear!** ми́лая моя́!; ~ **dear fellow!** дорого́й мой!; ~ **friend** друг мой **2.** *exclam* (*of admiration*) вот э́то да!; (*for emphasis*) **My! He will like that!** вот э́то ему́ понра́вится!
Mycenean мике́нский
mycologist мико́лог
mycology миколо́гия
mycosis мико́з
myelitis миели́т
myocarditis миокарди́т
myopia миопи́я, близору́кость *f*
myopic миопи́ческий, близору́кий
myosis мио́зис
myriad 1. *n* (*vast numbers*) тьмы́ *f pl*, мириа́ды *f pl*, несме́тное число́; (*10,000*) де́сять ты́сяч **2.** *adj* бесчи́сленный, несме́тный
myrmidon *pej* приспе́шник, прислу́жник
myrrh *bot* ми́ррис; (*aromatic gum*) ми́рра
myrtle мирт
myself *emph pron* сам; **I saw him ~** я сам ви́дел его́; **(all) by ~** оди́н; (*I*) я; **my brother and ~** мы с бра́том; **I was not ~** я был сам не свой; *refl pron* себя́; **I am not doing it for ~** я де́лаю э́то не для себя́; **I was talking to ~** я говори́л про себя́; (*often rendered by reflexive verb*) **I dressed ~** я оде́лся
mysterious (*secret*) таи́нственный; (*secretive*) скры́тный
mysteriously (*in mysterious way*) (каки́м-то) таи́нственным о́бразом
mystery 1. *n* (*secret*) та́йна, секре́т; **make a ~ of** де́лать та́йну из (+ *gen*); **wrapped in ~** оку́танный та́йной; (*puzzle*) зага́дка; (*mysteriousness*) таи́нственность *f*; *rel* та́инство; *hist*, *theat* мисте́рия; *hist* (*guild*) ги́льдия; *lit* (*novel*) детекти́в
mystic(al) 1. *n* ми́стик **2.** *adj* (*of mysticism*) мисти́ческий; (*mysterious*) таи́нственный
mysticism мистици́зм, ми́стика
mystification (*perplexity*) недоуме́ние; (*act of mystifying*; *deception*) мистифика́ция
mystify (*puzzle*) озада́чивать; (*deceive*) мистифици́ровать
mystifying зага́дочный
mystique (*mysteriousness*) таи́нственность, зага́дочность *f*; (*secret*) та́йна
myth миф (*also fig*)
mythical (*of myths*) мифи́ческий (*also fig*); (*mythological*) мифологи́ческий; (*non-existent*) несуществу́ющий; (*invented*) вы́мышленный; *coll* (*of fabulous proportions etc*) легенда́рный
mythological мифологи́ческий
mythologist мифо́лог
mythologize (*make into myth*) превраща́ть в миф
mythology мифоло́гия
myxoedema микседе́ма
myxomatosis миксомато́з

N

nab *sl* (*catch*) схвати́ть *pf*; (*arrest*) забра́ть *pf*; (*steal*) спере́ть *pf*, стащи́ть *pf*; (*grab*) ца́пнуть *pf*
nabob *hist* набо́б; *fig* (*rich man*) магна́т
nacelle (*for engine*) гондо́ла дви́гателя; (*of airship*) гондо́ла
nacre 1. *n* перламу́тр **2.** *adj* перламу́тровый
nacreous перламу́тровый
nadir *astr* нади́р; *fig* са́мый ни́зкий у́ровень *m*
[1]**nag** (*horse*) ло́шадь *f*; *pej* кля́ча
[2]**nag** *n* (*person*) приди́ра *m and f*, пила́ **2.** *v* (*grumble*) придира́ться (**at,** к + *dat*); **don't ~!** не пили́, не ворчи́; (*ache*) ныть; (*of doubts etc*) грызть
nagger приди́ра *m and f*, пила́
nagging (*grumbling*) ворчли́вый, надое́дливый; (*of pain*) но́ющий
naiad *myth*, *ent* ная́да
nail 1. *n* (*on finger*, *toe*) но́готь *m*; (*claw*) ко́готь *m*; (*metal spike*) гвоздь *m*; *fig* **hit the~ on the head** попа́сть *pf* в то́чку; **on the ~** сра́зу; **pay on the ~** де́ньги *f pl* на бо́чку; **2.** *v* (*fix with ~*) прибива́ть (гвоздём, гвоздя́ми) (**to,** к + *dat*); *fig* (*catch*) схвати́ть *pf*, пойма́ть *pf*; (*arrest*) забра́ть *pf*
  ~ down прибива́ть (**to,** к + *dat*); *fig* (*pin down person*) прижа́ть *pf* к сте́нке; (*identify*) уточня́ть, определя́ть
  ~ on прибива́ть (**to,** к + *dat*)
  ~ together скола́чивать, сбива́ть
  ~ up закола́чивать, забива́ть
nail-brush щёточка для ногте́й
nail-extractor гвоздодёр
nail-file пи́лка для ногте́й
nail-scissors но́жницы *f pl* для ногте́й
nail-varnish, polish лак для ногте́й
nainsook 1. *n* на́нсук **2.** *adj* на́нсуковый
naïve наи́вный
naïveté, naïvety наи́вность *f*
naked (*most senses*) го́лый; (*less commonly*) наго́й; (*bared*, *usu fig*) обнажённый; **a ~ sword** обнажённый меч; **go about ~** ходи́ть нагишо́м; (*obvious*) я́вный; (*unconcealed*) неприкры́тый; **the ~ truth** го́лая и́стина; (*unprotected*; *also tech*) незащищённый; **with the ~ eye** невооружённым гла́зом
nakedness нагота́
namby-pamby (*sentimental*) сентимента́льный; (*affected*) жема́нный; (*slushy*) слаща́вый
name 1. *n* (*in general*; *forename*) и́мя *neut*; **by ~** по и́мени; **full ~** по́лное и́мя (о́тчество и фами́лия); **in the ~ of** (*on behalf of*) от и́мени (+ *gen*); (*in support of*) во и́мя (+ *gen*); (*addressed to*) на и́мя (+ *gen*); **in the ~ of the law** и́менем зако́на; **under the ~ of** под и́менем (+ *nom*); (*if not person*) под назва́нием (+ *gen*); **what is your ~?** как вас зову́т; (*surname*) фами́лия; **maiden ~** де́вичья фами́лия; (*of object*) назва́ние; **what is the ~ of this tree?** как называ́ется э́то де́рево?; (*fame*) сла́ва; (*reputation*) репута́ция; **have a ~ for** сла́виться (+ *instr*); **have a bad ~** име́ть дурну́ю репута́цию; *pl* (*abuse*) **call s.o ~s** руга́ть **2.** *v* (*designate*; *give name*) называ́ть; **they ~d him Jack after his father** его́ назва́ли джек в честь отца́; **a man ~d Smith** челове́к по и́мени Смит; (*appoint*; *fix*; *nominate*) назнача́ть (+ *acc*; **as,** + *instr*); (*refer to*) упомина́ть
name-day имени́ны *f pl*
nameless (*unnamed*) без назва́ния, безымя́нный; (*anonymous*) анони́мный; (*little known*) малоизве́стный, неизве́стный; (*inexpressible*) невырази́мый; (*abominable*) гну́сный
namely а и́менно
nameplate (*on door*) доще́чка с фами́лией; (*on product*, *machine etc*) фи́рменная доще́чка
namesake (*of same first name*) тёзка; (*of same surname*) однофами́лец
nankeen (*cloth*) на́нка; (*trousers*) на́нковые брю́ки *f pl*
nanna *coll* бабу́ся
nanny ня́ня
nanny-goat коза́
nano- на́но-
nanous ка́рликовый
nap 1. *n* (*sleep*) коро́ткий сон; **take a ~** вздремну́ть *pf*; (*of cloth*) ворс; (*game*) наполео́н **2.** *v* (*sleep*) дрема́ть; *fig* **catch ~ping** застига́ть врасплох
napalm 1. *n* напа́лм **2.** *adj* напа́лмовый
nape (*of the neck*) загри́вок
naphtha (*distillate*) лигро́ин; (*petroleum*) сыра́я нефть *f*
naphthalene 1. *n* нафтали́н **2.** *adj* нафтали́новый
naphthalic нафтали́новый
naphthol нафто́л
Napierian: ~ logarithms натура́льные, не́перовы логари́фмы *m pl*
napkin (*table*) салфе́тка; **~ ring** кольцо́ для салфе́тки; (*baby's*) пелёнка
napoleon (*coin*) наполеондо́р; (*game*) наполео́н; (*top-boot*) высо́кий сапо́г
Napoleon Наполео́н
napoleonic наполео́новский
napper *sl* (*head*) башка́
nappy пелёнка
narcissism самолюбова́ние; *med* нарцисси́зм
narcissistic самовлюблённый; *med* автомоносексуа́льный
narcissus *bot* нарци́сс
narcosis нарко́з
narcotic 1. *n* наркоти́ческое сре́дство, нарко́тик **2.** *adj* наркоти́ческий
narcotism (*drugged state*) нарко́з; (*addiction*) наркома́ния
narcotize наркотизи́ровать, усыпля́ть
nares но́здри *f pl*
nark *sl* **1.** *n* (*informer*) стука́ч, лега́вый **2.** *v* (*inform*) доноси́ть; (*infuriate*) беси́ть; **~ it!** (*be quiet*) заткни́сь!; (*stop it*) брось!
narrate расска́зывать, повествова́ть (о + *prep*)
narration повествова́ние, расска́з (о + *prep*)
narrative 1. *n* (*story*) повествова́ние, расска́з (о + *pr*); (*account*) изложе́ние; (*as part of book*) повествова́ние **2.** *adj* повествова́тельный
narrator (*storyteller*) расска́зчик
narrow 1. *adj* (*variously*; *not wide*) у́зкий; **he had a**

~ **escape** он чу́дом уцеле́л; (*tight*; *constricted*) те́сный; (*limited*) ограни́ченный; (*detailed*) подро́бный **2.** *v* су́живать(ся); (*limit*) ограни́чивать; ~ **down** своди́ть к (+ *dat*); ~ **one's eyes** прищу́риваться

narrow-eyed узкогла́зый

narrow-gauge (*railway*) узкоколе́йный

narrowing суже́ние

narrowly (*carefully*) тща́тельно; (*attentively*) внима́тельно; (*strictly*) стро́го; (*in detail*) подро́бно; (*just*) е́ле-е́ле

narrow-minded (*not broad-minded*, *limited*) ограни́ченный, у́зкий, узколо́бый; (*prejudiced*) с предрассу́дками

narrow-mindedness ограни́ченность *f*, у́зость *f*; (*prejudice*) предрассу́дки *m pl*

narrowness у́зость *f*

narrows (*straits*) у́зкость *f*

narthex нарте́кс

narwhal нарва́л

nasal 1. *n phon* носово́й звук **2.** *adj* (*of nose*; *phon*) носово́й; (*of voice*) гнуса́вый

nasally (*through nose*) че́рез нос; **speak** ~ говори́ть в нос, гнуса́вить

nascent (*being born*) рожда́ющийся; (*just arising*) возника́ющий, зарожда́ющийся; (*beginning*) начина́ющийся

nasturtium насту́рция

nasty (*unpleasant*) неприя́тный, скве́рный; (*repulsive*) проти́вный, отврати́тельный; (*dangerous*) опа́сный; (*spiteful*) зло́бный, зло́стный; (*threatening*) угрожа́ющий; (*difficult*) тру́дный; (*of illness*) тяжёлый

natal относя́щийся к рожде́нию

natality рожда́емость *f*

natant (*swimming*) пла́вающий; (*floating*) плаву́чий

natatory пла́вательный

nation (*people*) наро́д, на́ция; **League of Nations** Ли́га на́ций; (*ethnic group*) наро́дность *f*; (*country*) страна́; (*state*) госуда́рство

national 1. *n* (*citizen*) граждани́н **2.** *adj* (*in ethnic, administrative sense*) национа́льный; (*of state*) госуда́рственный; (*of the whole people*) наро́дный; ~ **debt** госуда́рственный долг; ~ **economy** наро́дное хозя́йство; ~ **newspapers** центра́льные газе́ты *f pl*; ~ **service** во́инская пови́нность *f*

nationalism национали́зм

nationalist 1. *n* национали́ст **2.** *adj* националисти́ческий

nationalistic националисти́ческий

nationality (*membership of, quality of nation*) национа́льность *f*; (*nation*) на́ция, национа́льность *f*; (*citizenship*) по́дданство; (*statehood*) госуда́рственность *f*

nationalization национализа́ция

nationalize национализи́ровать

nationally (*from national viewpoint*) с национа́льной то́чки зре́ния; (*as nation*) как на́ция; (*countrywide*) по всей стране́, всенаро́дно

National Socialism национа́л-социали́зм

nationwide 1. *adj* общенаро́дный, всенаро́дный **2.** *adv* по всей стране́

native 1. *n* (*person born in a place*) уроже́нец (**of,** + *gen*); (*inhabitant*) коренно́й жи́тель *m*; (*original inhabitant of colonized country*) тузе́мец **2.** *adj* (*one's own by birth*) родно́й; ~ **land** ро́дина; ~ **parts** родно́й край; ~ **tongue** родно́й язы́к; (*of indigenous people*) тузе́мный; (*local*) ме́стный; (*inborn*) врождённый, прирождённый, приро́дный; (*natural*) есте́ственный; (*of metals*) саморо́дный; *geol* матери́нский; *biol* абориге́нный

native-born коренно́й

nativity (*birth*) рожде́ние; *rel* **the Nativity** рождество́ Христо́во; (*horoscope*) гороско́п

NATO 1. *n* НАТО **2.** *adj* на́товский

natter *coll* (*chatter*) болта́ть, трепа́ться; (*grumble*) ворча́ть, ныть, скули́ть

natty (*neat*) аккура́тный; (*smart*) изя́щный; (*of actions*) ло́вкий, иску́сный

natural 1. *n coll* (*idiot*) идио́т, крети́н; *mus* бека́р **2.** *adj* приро́дный, есте́ственный, натура́льный; ~ **disaster** стихи́йное бе́дствие; ~ **economy** натура́льное хозя́йство; ~ **gas** приро́дный газ; ~ **history** природове́дение, естествозна́ние; ~ **law** есте́ственное пра́во; ~ **number** натура́льное число́; ~ **phenomena** явле́ния приро́ды; ~ **science** есте́ственные нау́ки *f pl*; **in its** ~ **state** в есте́ственном состоя́нии; (*normal*, *ordinary*) норма́льный, обы́чный; (*to be expected*) поня́тный; **a** ~ **mistake** поня́тная, есте́ственная оши́бка; **it's quite** ~ **that** есте́ственно/поня́тно, что; (*wild*, *uncultivated*) ди́кий; (*spontaneous*) непринуждённый; (*innate*) врождённый, прирождённый; (*characteristic*) характе́рный (**to,** для + *gen*), прису́щий (**to,** + *dat*); (*illegitimate*) побо́чный, внебра́чный

naturalism натурали́зм

naturalist натурали́ст

naturalistic натуралисти́ческий

naturalization *leg* натурализа́ция; *biol* акклимати́зация

naturalize *leg* натурализова́ть; *biol* акклиматизи́ровать

naturally (*of course*) коне́чно, разуме́ется; (*instinctively*) инстинкти́вно; (*by natural tendency*) есте́ственно, по приро́де; (*unforcedly*) непринуждённо, свобо́дно; (*freely*) свобо́дно; (*wild*) ди́ко

nature (*physical world*; *landscape etc*) приро́да; (*natural state*) приро́дное состоя́ние; **draw from** ~ рисова́ть с нату́ры; **in a state of** ~ (*naked*) в чём мать родила́; (*character*) нату́ра; **by** ~ по нату́ре, по приро́де; (*disposition*) хара́ктер; **human** ~ челове́ческая приро́да; **second** ~ втора́я нату́ра; (*character of thing*) приро́да; **in the** ~ **of things** э́то в приро́де веще́й; (*essence*) су́щность *f*; (*kind*) род; **something of that** ~ что-то в э́том ро́де; **something of the** ~ **of** не́что вро́де (+ *gen*); **things of that** ~ **don't interest me** тако́го ро́да ве́щи меня́ не интересу́ют

nature-study природове́дение

nature-worship поклоне́ние си́лам приро́ды

naturism нуди́зм

naught *see* **nought**

naughtiness (*disobedience*) непослуша́ние; (*bad behaviour*) плохо́е поведе́ние; (*mischief*) ша́лости *f pl*, капри́зы *m pl*

naughty (*of child*; *disobedient*) непослу́шный; (*badly behaved*) нехоро́ший; (*troublesome*, *capricious*) капри́зный; **he is just being** ~ он про́сто капри́зничает; (*lewd*) непристо́йный; *ar* (*sinful*) гре́шный

nausea тошнота́; (*revulsion*) отвраще́ние

nauseant тошнотво́рное вещество́

nauseate (*make sick*) вызыва́ть тошноту́, рво́ту; *fig* (*revolt*) вызыва́ть отвраще́ние; **I am** ~**d** меня́ тошни́т (**by,** от + *gen*)

nauseating, nauseous (*causing nausea*) тошнотво́рный; *fig* (*revolting*) отврати́тельный, проти́вный, гну́сный, тошнотво́рный
nautical морско́й
nautilus наути́лус, кора́блик
naval вое́нно-морско́й; ~ **action** морско́й бой; ~ **architect** вое́нный кораблестро́итель *m*; ~ **depot** фло́тский экипа́ж; ~ **force** соедине́ние корабле́й; ~ **ship** вое́нный кора́бль *m*; ~ **supremacy** госпо́дство на мо́ре
nave *archi* неф; *eng* вту́лка; ступи́ца
navel *anat* пуп, пупо́к; *fig* пуп; *bot* ру́бчик; ~ **orange** апельси́н с ру́бчиком; ~ **string** пупови́на; *naut* ~ **pipe** па́лубный клюз
navigability (*of waterway*) судохо́дность *f*; (*of ship*) морехо́дность *f*
navigable (*of waterway*) судохо́дный; (*of ship*) морехо́дный; (*steerable*) управля́емый
navigate (*sail*) пла́вать; (*pass through*) проезжа́ть; (*steer*) вести́
navigating: ~ **bridge** шту́рманскии, ходово́й мо́стик; ~ **officer** шту́рман
navigation 1. *n* (*science of navigating ship*) кораблевожде́ние, судовожде́ние; **inshore** ~ (ма́лый) кабота́ж; (*of aircraft*) самолётовожде́ние; (*shipping*) судохо́дство; (*sea travel*) морепла́вание **2.** *adj* навигацио́нный; ~ **light** (*at sea*) ходово́й ого́нь *m*; (*in air*) аэронавигацио́нный ого́нь
navigator (*navigating officer*) шту́рман; (*voyager*) морепла́ватель *m*
navvy (*labourer*) чернорабо́чий; (*digger*) землеко́п; (*machine*) землечерпа́лка, экскава́тор
navy 1. *n* вое́нно-морско́й флот **2.** *adj* вое́нно-морско́й
navy-blue тёмно-си́ний
nay (*refusal*) отка́з; (*negative vote*) го́лос про́тив; (*yet more*) бо́лее того́
Nazi 1. *n* наци́ст **2.** *adj* наци́стский
Nazism нацизм
Neanderthal 1. *n* неандерта́лец **2.** *adj* неандерта́льский
neap квадрату́ра; ~ **tide** квадрату́рный прили́в
Neapolitan 1. *n* неаполита́нец, *f* неаполита́нка **2.** *adj* неаполита́нский; ~ **ice** моро́женое-ассорти́
near 1. *adj* (*most senses*) бли́зкий; (*in predicates often*) бли́зко; **the shop is quite** ~ магази́н совсе́м бли́зко; **Near East** Бли́жний Восто́к; ~ **miss** *mil* разры́в вблизи́ це́ли, бли́зкий про́мах; (*of time*) **in the** ~ **future** в ближа́йшем бу́дущем; (*almost complete*) почти́ по́лный; (*closest*) э́тот; **on the** ~ **bank** на э́том берегу́; (*left*) **the** ~ **side** ле́вая сторона́ **2.** *v* приближа́ться, подходи́ть (к + *dat*); (*of events, time*) бли́зиться **3.** *adv* (*close*) бли́зко; (*not far*) недалеко́; (*next to*) ря́дом; ~ **at hand** (*to hand*) под руко́й; (*near by*) недалеко́, неподалёку; **be** ~ **at hand** (*of event, time*) приближа́ться, бли́зиться, наступа́ть; (*almost*) почти́, чуть не **4.** *prep* (*emphasizing closeness*) бли́зко от (+ *gen*), к (+ *dat*), недалеко́ от (+ *gen*); (*next to*) ря́дом с (+ *instr*), во́зле (+ *gen*); (*by, in vicinity of*) у, о́коло (+ *gen*); ~ **here** недалеко́ отсю́да; ~ **there** недалеко́ отту́да; (*about*) о́коло (+ *gen*)
nearby 1. *adj* (*not far distant*) близлежа́щий; (*neighbouring, adjacent*) сосе́дний; (*close*) бли́зкий **2.** *adv see* **near** 3
nearly (*almost*) почти́, (*esp with verbs*) чуть не; (*closely*) бли́зко
nearness бли́зость *f* (**of,** + *gen*; **to,** к + *dat*)
near-sighted близору́кий
neat (*tidy; in good order; of work etc*) аккура́тный; (*clean and tidy*) опря́тный; (*well-fitting*) ло́вко сидя́щий; (*of figure*) ла́дный; (*precise*) то́чный; (*apt*) ме́ткий; (*deft*) ло́вкий; (*undiluted*) неразба́вленный
neatness аккура́тность *f*, опря́тность *f*; то́чность *f*; ме́ткость *f*; ло́вкость *f*
nebula *astron* тума́нность *f*; *med* бельмо́
nebular небуля́рный
nebulizer распыли́тель *m*
nebulosity (*cloudiness*) о́блачность *f*; *astron* тума́нность *f*; (*vagueness*) нея́сность *f*
nebulous (*like nebula*) тума́нный, небуля́рный; (*cloudy*) о́блачный, тума́нный; (*indistinct*) сму́тный, нея́сный; (*plans etc*) неопределённый, зача́точный
necessarily неизбе́жно, непреме́нно; (*esp with neg*) обяза́тельно
necessary 1. *n* необходи́мое **2.** *adj* (*needed*) необходи́мый, ну́жный (**to,** + *dat*; **for,** для + *gen*; *also* + *infin*); **if** ~ е́сли ну́жно; (*essential*) необходи́мый; (*compulsory*) обяза́тельный; (*inevitable, logically consequent*) неизбе́жный
necessitarian 1. *n* детермини́ст **2.** *adj* детермини́стский
necessitate (*make necessary*) де́лать необходи́мым; (*demand*) тре́бовать (+ *gen*); (*give rise to*) вызыва́ть; (*compel*) вынужда́ть
necessitous нужда́ющийся
necessity (*necessary thing; compulsion*) необходи́мость *f*; **in case of** ~ в слу́чае необходи́мости; **of** ~ по необходи́мости; **there is no** ~ **for** нет никако́й необходи́мости (+ *gen or* + *infin*); (*inevitability*) неизбе́жность *f*; (*poverty*) нужда́
neck 1. *n anat* ше́я; *fig* ~ **and** ~ голова́ в го́лову; **get it in the** ~ получи́ть *pf* по ше́е; **risk one's** ~ рискова́ть голово́й; **save one's** ~ спаса́ть свою́ шку́ру; **stick one's** ~ **out** ста́вить себя́ под уда́р; **talk through one's** ~ нести́ чепуху́; **up to one's** ~ **in** по го́рло, по́ уши (**in,** в + *prep*); (*of garment*) во́рот; (*of bottle*) го́рлышко; (*of meat*) ше́йная часть *f*; *mus*; *tech* ше́йка; *coll* (*impertinence*) на́глость *f*, наха́льство **2.** *v coll* обжима́ться
neckband во́рот
neck-cloth ше́йный плато́к
neckerchief ше́йный плато́к
necklace ожере́лье
necklet (*necklace*) ожере́лье; (*fur*) горже́тка
neckline вы́рез; **low** ~ большо́е декольте́ *neut indecl*
necktie га́лстук
necromancer колду́н, чароде́й
necromancy колдовство́, чёрная ма́гия
necrophilia, necrophilism, necrophily некрофи́лия
necrophobia некрофо́бия
necropolis кла́дбище
necrosis омертве́ние, некро́з
necrotic некроти́ческий
nectar некта́р
nectareous некта́рный
nectariferous нектароно́сный
nectarine нектари́н
nectary некта́рник
née урождённая
need 1. *n* (*necessity*) на́добность *f* (**of** + *gen*), нужда́ (**of,** в + *prep*); **be in** ~ **of** нужда́ться в (+ *prep*); **there is no** ~ нет на́добности (**to,** + *infin*); (*requirement, usu pl*) тре́бования *neut pl*;

(*personal* ~*s*) потре́бности *f pl*, ну́жды *f pl*; (*poverty*) нужда́, бе́дность *f*; **be in** ~ нужда́ться; (*lack*) отсу́тствие; **for** ~ **of** за неиме́нием (+ *gen*); (*insufficiency*) недоста́ток; (*distress*) беда́ **2.** *v* (*usu impersonal construction with* ну́жный) **he ~s rest** ему́ ну́жен о́тдых, ему́ ну́жно отдыха́ть; *also* нужда́ться в (+ *pr*); (*call for*) тре́бовать; **the letter ~s no reply** письмо́ не тре́бует отве́та; (*indicating obligation in interrogative and negative constructions*) **you ~n't wait** мо́жете идти́, вам не́зачем ждать; ~ **I tell him?** мне обяза́тельно говори́ть ему́ об это́м?

needed ну́жный, необходи́мый

needful ну́жный, необходи́мый (**for**, для + *gen*)

needle 1. *n* (*in general*; *med*, *tech*) игла́; (*for sewing*) игла́, иго́лка; **thread a** ~ вдеть *pf* ни́тку в иго́лку; **sew with a** ~ шить иго́лкой; (*for knitting*) (вяза́льная) спи́ца; (*of compass*, *instrument*) стре́лка; *pl* (*of pine*) хво́я, иго́лки *f pl* **2.** *adj tech* иго́льчатый **3.** *v* (*pierce*) прока́лывать игло́й; *coll* (*provoke*) дразни́ть, подна́чивать; (*infuriate*) беси́ть

needle-case иго́льник

needle-shaped иглообра́зный

needless (*not needed*) нену́жный; (*superfluous*) изли́шний; (*pointless*, *useless*) бесполе́зный; ~ **to say** я́сно без слов, само́ собо́й разуме́ется

needlessly без вся́кой нужды́, без на́добности

needlewoman (*domestic*) рукоде́льница; (*seamstress*) швея́

needlework (*sewing*) шитьё; (*embroidery*) вы́шивка

needy 1. *n collect* нужда́ющиеся *pl* **2.** *adj* нужда́ющийся, бе́дный

ne'er-do-well безде́льник

nef кора́блик

nefarious (*unlawful*) незако́нный; (*impious*) нече-сти́вый; ~ **purposes** гну́сные це́ли *f pl*

negate (*deny*) отрица́ть; (*nullify*) своди́ть на нет; (*contradict*) противоре́чить; (*make negative*) де́лать отрица́тельным

negation (*denying*) отрица́ние; (*contradiction*) противоре́чие; (*opposite*) противополо́жность *f*; (*absence*) отсу́тствие; (*destruction*) сведе́ние на нет

negative 1. *n* (*answer etc*) отрица́тельный отве́т *etc*; (~ *proposition*) отрица́тельное предложе́ние; *gramm* отрица́ние; *elect* отрица́тельный по́люс; *phot* негати́в **2.** *adj* (*most senses*) отрица́тельный; (*vain*, *void; not positive*) негати́вный; (*hostile*) недоброжела́тельный; *phot* негати́вный **3.** *v* (*disprove*) опроверга́ть; (*reject*) отклоня́ть; (*nullify*) своди́ть на нет; (*cancel*, *reverse*) отменя́ть

negativeness отрица́тельность *f*

negativity отрица́тельность *f*

neglect 1. *n* (*ignoring*; *lack of care*) пренебреже́ние (**of**, + *instr*); (*lack of attention*) невнима́ние (**of**, к + *dat*); (*neglected state*) забро́шенность *f*; (~ *of duty*) хала́тность *f*; (*oblivion*) забве́ние **2.** *v* (*ignore*) пренебрега́ть (+ *instr*); (*fail to care for*) не забо́титься (о + *prep*); (*not pay attention to*) не обраща́ть внима́ние на (+ *acc*); (*fail*, *forget*) забыва́ть (+ *infin*); (*allow to lapse*, *fall into decay*) запуска́ть, забра́сывать

neglectful (*careless*) небре́жный; ~ **of** невнима́тельный к (+ *dat*), пренебрега́ющий (+ *instr*)

négligée (*dressing-gown*) пеньюа́р; (*not fully dressed*) неглиже́ *neut indecl*; **in** ~ в неглиже́

negligence небре́жность *f*; (*in work etc*) хала́тность *f*; **criminal** ~ престу́пная хала́тность

negligent (*careless*) небре́жный; (*carefree*) беспе́чный; (*in dress*) неопря́тный; (*in work etc*) хала́тный; ~ **of** пренебрега́ющий (+ *instr*)

negligible (*insignificant*) ничто́жный, незначи́тельный

negotiability (*of securities etc*) обраща́емость *f*; (*of road*) проходи́мость *f*

negotiable (*of securities etc*) оборо́тный; **not** ~ без пра́ва переда́чи; (*road*) проходи́мый; (*open to discussion*) могу́щий быть предме́том перегово́ров

negotiate (*confer*) вести́ перегово́ры (**about**, о + *pr*); (*discuss*) обсужда́ть; (*try to reach agreement*) догова́риваться (о + *prep*); (*reach agreement*) договори́ться *pf* (о + *prep*); (*conclude contract*, *treaty*, *etc*) заключи́ть *pf*; (*encash*) получа́ть де́ньги (по че́ку *etc*); (*make one's way along*, *through*) пробира́ться че́рез (+ *acc*); (*travel through*) продвига́ться по (+ *dat*); (*obstacles*) преодолева́ть

negotiation *usu pl* перегово́ры *m pl*; **enter**, **conduct ~s** вступа́ть в, вести́ перегово́ры (**with**, с + *instr*; **about**, о + *prep*); (*discussion*) обсужде́ние; (*of obstacles etc*) преодоле́ние

negotiator (*participant in negotiations*) лицо́, веду́щее перегово́ры; (*representative*) представи́тель *m*; (*intermediary*) посре́дник

Negress негритя́нка

Negrito негрито́с

Negro 1. *n* негр, *f* негритя́нка **2.** *adj* негритя́нский

negroid 1. *n* негро́ид **2.** *adj* негро́идный

negrophile негрофи́л

negrophobe негрофо́б

negus не́гус, глинтве́йн

neigh 1. *n* ржа́ние **2.** *v* ржать

neighbour 1. *n* сосе́д, *f* сосе́дка, *pl* сосе́ди; (*fellow man*) бли́жний **2.** *v* ~ **on** грани́чить с (+ *instr*)

neighbourhood 1. *n* (*closeness*) бли́зость *f*, сосе́дство; (*district*, *vicinity*) райо́н; (*neighbours*) сосе́ди *pl*; **in the** ~ **of** (*approximately*) приме́рно, приблизи́тельно; (*close to*) недалеко́ от (+ *gen*) **2.** *adj* ме́стный

neighbouring сосе́дний; (*adjacent*) сме́жный

neighbourliness (*good relations*) добрососе́дские отноше́ния *neut pl*; (*friendliness*) дружелю́бие

neighbourly (*of good neighbour*) добрососе́дский; (*friendly*) дружелю́бный

neither 1. *pron*, *adj* ни оди́н (из них), ни тот, ни друго́й; ~ **of them knew** ни тот, ни друго́й не знал/они́ о́ба не зна́ли; ~ **clock is working** ни те, ни други́е часы́ не иду́т; **I gave it to** ~ я не дал его́ ни тому́, ни друго́му **2.** *adv* та́кже, то́же; **if you won't go,** ~ **shall I** е́сли вы не пойдёте, то и я не пойду́ **3.** *conj* (*with indicative v*) ~ **… nor …** не … и не …; **I** ~ **know nor care** я не зна́ю и не хочу́ знать; (*all other uses*) ни … ни …; ~ **one thing nor the other** ни то, ни друго́е; ~ **she nor I remember** ни она́, ни я не по́мним; **he has** ~ **mother nor father** у него́ нет ни ма́тери ни отца́

nelson (*in wrestling*) не́льсон

Nemesis *myth* Немези́да; *fig* (*fate*) судьба́; (*retribution*) возме́здие

Neocene 1. *n* неоце́н **2.** *adj* неоце́новый

neocolonialism неоколониали́зм

neodymium неоди́м

neo-fascist 1. *n* неофаши́ст **2.** *adj* неофаши́стский

neogrammarian младограмма́тик, неограмма́тик

Neolithic неолити́ческий; **the ~ Age** неоли́т
neologism неологи́зм
neon 1. *n* нео́н **2.** *adj* нео́новый; **~ lamp** нео́новая ла́мпа; **~ sign** нео́новая рекла́ма
neophyte *eccles*, *iron* новообращённый, неофи́т; (*beginner*) новичо́к
neoplasm неопла́зма
neoplatonic неоплатони́ческий
neoplatonism неоплатони́зм
neoplatonist неоплатони́ст
neoprene 1. *n* неопре́н **2.** *adj* неопре́новый
Nepal Непа́л
Nepalese 1. *n* (*person*) непа́лец, *f* непа́лка **2.** *adj* непа́льский
nephew племя́нник
nephology нефоло́гия
nephoscope нефоско́п
nephrite 1. *n* нефри́т **2.** *adj* нефри́товый
nephritic по́чечный, нефрити́ческий
nephritis нефри́т, воспале́ние по́чек
nepotic непоти́ческий
nepotism непоти́зм, кумовство́
Neptune *myth*, *astr* Непту́н
neptunium непту́ний
nereid *myth*, *zool* нере́йда
Nero Неро́н
nervation *bot* жилкова́ние; *anat*, *zool* иннерва́ция
nerve 1. *n anat* нерв; *pl* (*nervous system*) не́рвная систе́ма; *coll* **an attack of ~s** (*anxiety*) не́рвный припа́док; (*fright*) припа́док малоду́шия; **get on the ~s of** де́йствовать (+ *dat*) на не́рвы; **strong ~s** кре́пкие не́рвы; (*courage*) му́жество; (*coolness*) хладнокро́вие; **lose one's ~** теря́ть самооблада́ние; (*strength*) **strain every ~** напряга́ть все си́лы; *coll* (*impudence*) на́глость *f*, наха́льство; **have the ~ to** име́ть на́глость (+ *infin*); **what a ~!** како́е наха́льство; *bot* жи́лка **2.** *v* **~ oneself** (*screw up courage*) набра́ться *pf* му́жества; (*force oneself*) заставля́ть себя́ (+ *infin*)
nerve-cell не́рвная кле́тка
nerve-centre не́рвный центр
nerve-ending не́рвное оконча́ние
nerveless (*weak*) сла́бый, басси́льный; (*flaccid*) вя́лый; *biol* (*having no nervous system*) не име́ющий не́рвной систе́мы; (*having no nervures*) не име́ющий жи́лок
nerve-racking (*affecting nerves*) де́йствующий на не́рвы; (*causing nervous strain*, *apprehension*) не́рвный, нерво́зный, трево́жный
nerve-strain не́рвное напряже́ние
nervine сре́дство, успока́ивающее не́рвы
nervo-muscular не́рвно-мы́шечный
nervon церебрози́д не́рвной тка́ни
nervous (*most senses*) не́рвный; **~ breakdown** не́рвное расстро́йство; **~ exhaustion** не́рвное истоще́ние; **~ system** не́рвная систе́ма; **be ~** не́рвничать; **become ~** начина́ть не́рвничать
nervousness (*nervous state*) не́рвность *f*, не́рвное состоя́нии; (*apprehensive state*) трево́жность *f*
nervure *bot*, *ent* нервю́ра, жи́лка; *archi* нервю́ра
nervy не́рвный
nescience незна́ние, неве́дение
ness нос, мыс
nest 1. *n* (*birds'*, *wasps'*) гнездо́; **build a ~** вить гнездо́; *fig* **~ of vipers** зме́иное гнездо́; (*den of thieves etc*) прито́н; *naut* **crow's ~** наблюда́тельный пункт **2.** *v* (*make*, *have one's ~*) гнезди́ться; (*search for ~s*) охо́титься за гнёздами
nest-egg (*savings*) сбереже́ния *neut pl* на чёрный день
nestle (*settle down cosily*) ую́тно устра́иваться (**in,** в + *prep*); (*press against*) прижима́ться (**against,** к + *dat*); (*lie in sheltered position*) юти́ться, укрыва́ться
nestling птё́нец, птё́нчик
Nestorian *rel* несториа́нский
Nestorianism несториа́нство
net 1. *n* (*most senses*, *network*) сеть *f*; (*in some specific senses, usu sp and tech*) се́тка **2.** *adj* (*made of ~*, *~like*) се́тчатый; (*of network*) сетево́й; *econ* (*of weight*, *income etc*) чи́стый; **~ price** цена́ не́тто; (*overall*) о́бщий; **~ result** коне́чный счёт, результа́т **3.** *v* (*catch with ~*) лови́ть сетя́ми; *fig* (*catch*) лови́ть; (*cover with a ~*) закрыва́ть се́ткой; (*weave ~*) плести́, вяза́ть се́ти; *coll sp* (*ball*, *goal*) заби́ть *pf*; *econ* (*make as clear profit*) получа́ть чи́стый дохо́д; (*bring as profit*) приноси́ть чи́стый дохо́д
netball нетбо́л
nether ни́жний
Netherlands Нидерла́нды *m pl*
netlayer *nav* сетево́й загради́тель *m*
nett *see* **net**
netting се́тка, сеть *f*
nettle 1. *n* крапи́ва; **~ rash** крапи́вница **2.** *v* (*irritate*) раздража́ть
network (*most senses*) сеть *f*; **radio ~** радиосе́ть *f*; *elect* (*circuitry*) ко́нтур, схе́ма
neum(e) *mus* крюк
neural не́рвный
neuralgia невралги́я
neuralgic невралги́ческий
neurasthenia неврастени́я
neuritis неври́т, воспале́ние не́рва
neurological неврологи́ческий
neurologist невропато́лог, невро́лог
neurology невроло́гия
neuron не́рвная кле́тка, нейро́н
neuropath неврасте́ник, невропа́т
neuropathology невропатоло́гия
neuropathy невропа́тия, не́рвное заболева́ние
neurosis невро́з
neurotic 1. *n* невро́тик **2.** *adj* неврастени́ческий; *coll* не́рвный
neuter 1. *n* (*animal*) кастри́рованное живо́тное; *gramm* сре́дний род **2.** *adj gramm* сре́дний, сре́днего ро́да. **3.** *v* кастри́ровать
neutral 1. *n* (*state etc*) нейтра́льное госуда́рство, *etc*; (*citizen of ~ state*) нейтра́л; *tech* **~ gear** нейтра́льное положе́ние **2.** *adj* (*most senses*) нейтра́льный; (*impartial*) беспристра́стный; *bot*, *zool* бесло́лый
neutralism (*neutral policy*) нейтрали́зм; (*neutrality*) нейтралите́т
neutrality (*of country*) нейтралите́т; (*neutral condition*, *attitude*) нейтра́льность *f*; (*impartiality*) беспристра́стность *f*
neutralization нейтрализа́ция
neutralize нейтрализова́ть; (*make ineffectual*) своди́ть на нет; *mil* (*render harmless*) обезвре́живать
neutrino 1. *n* нейтри́но *neut indecl* **2.** *adj* нейтри́нный
neutron 1. *n* нейтро́н **2.** *adj* нейтро́нный
never *adv* (*not ever*) никогда́; *as excl* (*it can't be*) не мо́жет быть; **~ after** никогда́ по́сле э́того; **~ before** никогда́ до э́того; никогда́ ещё; **I ~ want to see her again** я бо́льше никогда́ не хочу́ ви́деть

её; **I shall ~ forget it** я никогда́ э́того не забу́ду; **she had ~ seen anything like it** она (никогда́) (в жи́зни) не ви́дела ничего́ подо́бного; (*not once*) ни ра́зу; (*not at all*) нисколько; *in expressions* ~ **fear** не беспокойтесь, бу́дьте уве́рены; ~ **mind** (*consolingly*; *in answer*) ничего́; ~ **you mind!** не ва́ше де́ло!; **well I ~!** ну и ну́, во́т так та́к!
never-ending бесконе́чный, непреры́вный, ве́чный
never-failing (*constant*) постоя́нный; (*unceasing*) ве́чный; (*reliable*) надёжный
nevermore никогда́ бо́льше
never-never: buy on the ~ покупа́ть в рассро́чку
nevertheless всё же/несмотря́ на э́то/тем не ме́нее
new (*most senses*) но́вый; **anything ~?, what's ~?** что но́вого?; **become a ~ man** стать *pf* други́м челове́ком; **brand ~** совсе́м но́вый; (*of clothes*) с иго́лочки; **there's nothing ~ here** тут ничего́ но́вого нет; **this book is ~ to me** э́та кни́га для меня́ но́вая; (*unfamiliar*) незнако́мый (**to,** с + *instr*); (*more*) ещё; (*fresh*) све́жий; (*of wine, cheese, vegetables*) молодо́й; *in combinations* **New England** Но́вая А́нглия; **New Mexico** Нью-Ме́ксико *indecl*; ~ **moon** молодо́й ме́сяц; (*period*) новолу́ние; **New Style** но́вый стиль *m*; **New Testament** Но́вый заве́т; **New Year** Новый год; **New Year's Day** день *m* Но́вого го́да; **Happy New Year!** с Новым го́дом!; **New York** Нью-Йорк; **New Zealand** Но́вая Зела́ндия
newborn новорождённый
newcomer (*person from elsewhere*) прие́зжий; (*stranger*) незнако́мец; (*person who has just entered*) то́лько что воше́дший челове́к
newel (*supporting handrail*) баляси́на пери́л; (*of spiral staircase*) коло́нна винтово́й ле́стницы
newfangled новомо́дный
new-found (*new*) но́вый; (*just discovered*) новооткры́тый
Newfoundland 1. *n geog* Ньюфаундле́нд; (*dog*) ньюфа́ундленд **2.** *adj* ньюфаундле́ндский
new-laid (*egg*) све́жий, свежеснесённый
newly (*recently*) неда́вно, то́лько что; (*afresh*) вновь, за́ново; (*in a new way*) по-но́вому, поино́му
newly wed новобра́чный; *as noun* **~s** молодожёны *m pl*
newmarket (*game*) ньюма́ркет
new-mown (*hay*) свежеско́шенный; (*field*) свежевы́кошенный; (*lawn*) то́лько что постри́женный
newness новизна́
news 1. *n* (*piece of ~ hitherto unknown*) но́вость *f*, но́вости *f pl*; **break the ~** сообща́ть (неприя́тную) но́вость; **have you heard the ~?** вы слы́шали но́вость?; **what's the latest ~?** каки́е после́дние но́вости?; (*information*) изве́стие, изве́стия *neut pl*; **be in the ~** попа́сть *pf* в газе́ты; **the latest ~** после́дние изве́стия; **I've had no ~ of him** я не получа́л от него́ никаки́х изве́стий; (*communication*) сообще́ние **2.** *adj* ~ **agency** телегра́фное аге́нтство; ~ **bulletin** после́дние изве́стия *neut pl*; ~ **media** сре́дства *neut pl* информа́ции
newsagent газе́тный киоскёр
newsboy газе́тчик
newscast после́дние изве́стия *neut pl*
newscaster, newsreader ди́ктор после́дних изве́стий
newsletter информацио́нный бюллете́нь *m*
newspaper 1. *n* газе́та **2.** *adj* газе́тный
newsprint газе́тная бума́га
newsreel кинохро́ника
news-stand газе́тный кио́ск
news-vendor газе́тчик
newt трито́н
newton *phys* нью́тон
next 1. *adj* (*most senses*) сле́дующий; ~ **but one** че́рез оди́н; ~ **day** (на) сле́дующий день; ~ **month** в сле́дующем ме́сяце; ~ **morning** (на) сле́дующее у́тро; ~ **time** (в) сле́дующий раз; ~ **to last** предпосле́дний; ~ **Wednesday** в сле́дующую сре́ду; ~ **week** на сле́дующей неде́ле; **who is ~?** кто сле́дующий?; (*with seasons, years*) бу́дущий; (*nearest*) ближа́йший; (*adjacent*) сосе́дний **2.** *adv* (*after that*) пото́м, зате́м, по́сле э́того; (*further*) да́льше; (*again*) в сле́дующий раз; **when shall we meet ~?** когда́ мы встре́тимся в сле́дующий раз?; *in exclam* **whatever ~!** ещё что!; (*with superlatives*) ~ **best, largest** *etc* второ́й по ка́честву, величине́ *etc*; ~ **to** (*almost*) почти́; (*second to*) по́сле (+ *gen*) **3.** *prep* (*also*) ~ **to** ря́дом с (+ *instr*), о́коло (+ *gen*)
next of kin ближа́йший ро́дственник
nexus связь *f*
nib перо́
nibble 1. *n* (*nibbling*) обгрыза́ние; (*small amount*) чу́точка, кусо́чек **2.** *v* обгрыза́ть (**at,** + *acc*); (*graze*) щипа́ть; (*bite lightly*) поку́сывать; *fig* (*be undecided*) колеба́ться; (*at bait, of fish; also fig*) клева́ть
Nicaragua Никара́гуа *indecl*
Nicaraguan жи́тель *m* Никара́гуа
nice (*pleasant*) прия́тный; (*attractive etc, of person*) ми́лый; (*well-bred*) поря́дочный; (*pretty*) краси́вый; (*tasty*) вку́сный; (*kind*) любе́зный; **she was very ~ to me** она́ была́ со мной о́чень любе́зна; **how ~ of you** како́й вы ми́лый; (*fine, subtle*) то́нкий; (*dainty*) изы́сканный; (*discriminating*) разбо́рчивый; *iron* хоро́шенький; **a ~ state of affairs** хоро́шенькое де́ло
nice-looking привлека́тельный, миловидный
nicely (*well*) хорошо́; (*just right*) как раз; (*see also* **nice**)
Nicene: the ~ Creed нике́йский си́мвол ве́ры
niceness прия́тность *f*; любе́зность *f*; то́нкость *f* (*see* **nice**)
nicety (*accuracy*) то́чность *f*; **to a ~** как раз; (*care*) осторо́жность *f*; (*subtlety*) то́нкость *f*; (*fastidiousness*) щепети́льность *f*
niche ни́ша
nick 1. *n* (*notch, cut*) надре́з; (*on skin*) поре́з; **in the ~ of time** в са́мое вре́мя, как раз во́-время; *sl* (*prison*) тюрьма́, *sl* катала́жка; (*police station*) уча́сток **2.** *v* (*make small cut*) поре́зать *pf*; **I ~ed my finger** я поре́зал себе́ па́лец; (*notch*) надреза́ть; *sl* (*steal*) спере́ть *pf*, стащи́ть *pf*
nickel 1. *n* ни́кель *m*; *Am coll* (*coin*) (моне́та в) пять це́нтов **2.** *adj* ни́келевая
nickel-plated никелиро́ванный
nickname 1. *n* про́звище **2.** *v* прозыва́ть (+ *instr of name*)
nicotine 1. *n* никоти́н **2.** *adj* никоти́новый
nicotinic никоти́новый
nicotinism никотини́зм
nictitate мига́ть
niece племя́нница
niello (*material*) чернь *f*; (*object inlaid with ~*) изде́лие с че́рнью
nielloed черне́ный
nifty *coll* (*smart*) изя́щный; (*clever*) ло́вкий

Nigeria Нигéрия
Nigerian 1. *n* нигериéц, *f* нигериáйка **2.** *adj* нигериáйский
niggard скупéц, скрягá
niggardly (*miserly*) скупóй; (*meagre*) жáлкий, скýдный
nigger *coll pej* черномáзый
niggle (*be pedantic*) крохобóрствовать; (*carp*) придирáться (**at,** к + *dat*); (*haggle*) торговáться (**over,** о + *prep*)
niggling 1. *n* (*pedantry*) крохобóрство; (*carping*) придúрка **2.** *adj* (*pedantic*) крохобóрческий, мéлочный; (*trivial*) мéлкий, пустя́чный; (*persistent*) неотстýпный
nigh блúзкий
night 1. *n* (*not day*) ночь *f*; **all** ~ всю ночь; **at** ~ нóчью; **day and** ~ и днём и нóчью; **every** ~ кáждую ночь; **good** ~! (с)покóйной нóчью!; **one** ~ однáжды нóчью; **stay the** ~ остáться *pf* на ночь; **tomorrow** ~ зáвтра нóчью; (*evening*) вéчер; **last** ~ вчерá вéчером; (*darkness*) темнотá; ~ **fell** наступúла ночь; *theat* **first** ~ премьéра **2.** *adj* ночнóй
night-bell ночнóй звонóк
night-blindness курúная слепотá, ночнáя слепотá
nightcap (*cap*) ночнóй колпáк; (*drink*) напúток пéред сном, на сон грядýщий
night-clothes (*night-shirt*) ночнáя рубáшка; (*pyjamas*) пижáма
night-club ночнóй клуб
nightdress ночнáя рубáшка
nightfall (*approach of night*) наступлéние нóчи, темнотьí; (*twilight*) сýмерки *f pl*
night-fighter *av* ночнóй истребúтель *m*
night-glasses ночнóй бинóкль *m*
nightgown ночнáя рубáшка
nightingale соловéй
nightjar козодóй
night-light ночнúк
nightly 1. *adj* (*every night*) еженóщный; (*every evening*) ежевечéрний **2.** *adv* кáждую ночь; кáждый вéчер
nightmare 1. *n* кошмáр (*also fig*) **2.** *adj* кошмáрный
nightmarish кошмáрный
night-school вечéрние кýрсы *m pl*
nightshade паслён; **deadly** ~ белладóнна, красáвка
night-shift ночнáя смéна; **be on the** ~ рабóтать в ночнýю смéну
nightshirt ночнáя рубáшка
night-soil нечистóты *f pl*
night-time ночнáя порá, ночь *f*; **in the** ~ нóчью
nightwalker (*somnambulist*) сомнáмбул, лунáтик; (*prostitute*) проститýтка
nightwatch (*guard*; *period of night*) ночнáя стрáжа; *naut* ночнáя вáхта
nightwatchman ночнóй стóрож
nightwear (*night-shirt*) ночнáя рубáшка; (*pyjamas*) пижáма
night-work ночнáя рабóта
nighty *coll* ночнáя рубáшка
nigrescence (*blackness*) чернотá; (*turning black*) почернéние
nigrescent чернéющий
nigrosine нигрозúн
nihilism нигилúзм
nihilist нигилúст
nihilistic нигилистúческий
nil ноль *m*; *sp* **3–0 to Dynamo** три–ноль в пóльзу Динáмо; **win 2–0** вьíиграть *pf* со счётом два–ноль
nimble провóрный, лóвкий
nimble-fingered лóвкий
nimble-footed быстронóгий
nimbleness провóрность *f*, лóвкость *f*
nimble-witted сообразúтельный, нахóдчивый
nimbus (*cloud*) дождевьíе облакá *neut pl*; (*halo*) нимб, ореóл
nincompoop простофúля *m and f*
nine *num* дéвять *f* (+ *gen pl*); ~ **hundred** девятьсóт (+ *gen pl*); *collect num* дéвятеро (+ *gen pl*); (*figure 9, group, number of bus etc, at cards*) девя́тка; (*age*) дéвять лет; (*time*) дéвять часóв (*see also* **eight**)
ninefold 1. *adj* девятикрáтный **2.** *adv* в дéвять раз, вдéвятеро
nineteen девятнáдцать *f* (+ *gen pl*); (*age*) **he is** ~ емý девятнáдцать лет
nineteenth 1. *n* (*date*) девятнáдцатое (числó); **on the** ~ **of May** девятнáдцатого мáя **2.** *adj* девятнáдцатый
ninetieth девянóстый
ninety девянóсто (+ *gen pl*)
ninny дурачóк, *f* дýрочка
ninth 1. *n* (*fraction*) девя́тая (часть); (*date*) девя́тое (числó); **on the** ~ девя́того (числá) **2.** *adj* девя́тый
niobium ниóбий
nip 1. *n* (*pinch*) щипóк; **give a** ~ ущúпнуть *pf*; (*bite*) укýс; (*of cold*) холодóк, морóзец; *coll* (*of spirits*) глотóк, рюмочка **2.** *v* (*pinch*) щипáть; (*bite*) укусúть *pf*, тя́пнуть *pf*; (*of frost*) побúть *pf*; *coll* (*go quickly to fetch*) сбéгать *pf* (**down to, round to,** *etc* в + *acc*; к + *dat*); (*catch in*) прищемúть *pf* (**in, with,** + *instr*); (*clamp*) зажимáть; *sl* (*steal*) сперéть *pf*
~ **along** (*move fast*) нестúсь; ~ **along to** сбéгать в (+ *acc*)
~ **away** удрáть *pf*
~ **in** (*push in*) протúскиваться; (*interrupt*) перебивáть; (*call in*) забегáть (к + *dat*; в + *acc*)
~ **off** (*cut off*) отщúпывать; *coll* (*run off*) удрáть *pf*
~ **on (ahead)** забегáть вперёд
~ **out** вьíскочить *pf*
nipper (*of crab etc*) клешня́; *tech* (*pincers*) острогýбцы *m pl*; *sl* (*small boy*) мальчугáн
nipple (*of breast*) сосóк; (*of bottle*) сóска; *tech* нúппель *m*
nippy (*quick*) бьíстрый; (*agile*) провóрный; (*frosty*) морóзный; (*cold*) холóдный
nirvana нирвáна
nisi: decree nisi услóвно-окончáтельное решéние судá
nit гнúда; *coll* (*fool*) кретúн, дурáк; **~-picker** *coll* придúра *m and f*, крохобóр; **~-picking** крохобóрство
nitrate 1. *n* нитрáт; **potassium** ~ азотнокúслый кáлий **2.** *adj* нитрáтный **3.** *v* нитрúровать
nitration нитрáция
nitre селúтра
nitric азóтный; ~ **acid** азóтная кислотá
nitride нитрúд; **hydrogen** ~ аммиáк
nitrification нитрификáция
nitrile нитрúл
nitrite нитрúт; **sodium** ~ азотистокúслый нáтрий
nitrobenzene нитробензóл

nitrocellulose нитроцеллюло́за
nitrogen 1. *n* азо́т **2.** *adj* азо́тный
nitrogenize азоти́ровать, нитри́ровать
nitrogenous азо́тный, азо́тистый
nitroglycerin(e) нитроглицери́н
nitron нитро́н
nitrous азо́тистый; ~ **oxide** за́кись *f* азо́та, веселя́щий газ
nitwit *coll* крети́н, дура́к
[1]**no 1.** *adj* (*not any*) никако́й (+ *neg*); **we saw ~ students there** мы не ви́дели там никаки́х студе́нтов; (*with verbs* **to have** *and* **to be**) нет (+ *gen*); **I have ~ money** у меня́ нет де́нег; **there are ~ people there** там нет люде́й; (*not a*) не; **he is ~ fool** он не дура́к; (*not one*) ни оди́н, никако́й; (*in prohibitions*) не (+ *impf infin*); ~ **admittance** вход посторо́нним воспрещён; ~ **entry** въезд запрещён; ~ **parking** стоя́нка запрещена́; ~ **smoking** не кури́ть, кури́ть воспреща́ется; (*with gerund*) нельзя́ (+ *infin*); **there is ~ knowing what ...** нельзя́ знать, что; *in expressions* ~ **doubt** наве́рно; ~ **other than** не кто ино́й, как; ~ **wonder** неудиви́тельно **2.** *adv* (*with comp adj or adv*) не; ~ **bigger, larger than** не бо́льше чем, не бо́лее (+ *gen*); ~ **more: he, it is ~ more** его́ бо́льше нет; **he is ~ more a Russian than I am** он тако́й же ру́сский как я; **we went there ~ more** мы бо́льше не ходи́ли туда́; ~ **sooner had I ... than ...** я едва́ успе́л (+ *infin*), как ... **3.** *neg, interj* нет; **he said ~** он сказа́л нет; (*in neg report*) он сказа́л, что нет; ~ **thank you** нет, спаси́бо; (*interj of incredulity*) не мо́жет быть!, что вы говори́те!; (*as pl noun, votes against*) (голоса́ *m pl*) про́тив
[2]**No** (*Japanese drama*) ноо *neut indecl*
Noah Ной; **~'s Ark** Но́ев ковче́г
nob *sl* (*head*) башка́; (*grand person*) вельмо́жа *m*
nobble (*horse*) по́ртить; (*bribe*) подкупа́ть
nobelium нобе́лий
Nobel prize Но́белевская пре́мия
nobiliary дворя́нский
nobility (*quality*) благоро́дство; (*titled*) титуло́ванное дворя́нство; (*aristocracy*) аристокра́тия
noble 1. *n* (*aristocrat*) аристокра́т, вельмо́жа *m*; (*nobleman*) титуло́ванное лицо́; (*peer*) пэр **2.** *adj* (*of actions, motives etc*; *of family*) благоро́дный; (*aristocratic*) аристократи́ческий; (*stately*) вели́чественный; (*very fine*) прекра́сный, превосхо́дный; *chem* (*metal*) благоро́дный; (*gas*) ине́ртный
nobleman *see* **noble**
noble-minded великоду́шный, благоро́дный
nobleness благоро́дство
noblesse oblige положе́ние обя́зывает
noblewoman (*aristocrat*) аристокра́тка; (*titled lady*) титуло́ванная да́ма; (*peer's wife*) супру́га пэ́ра
nobly *see* **noble;** ~ **born** благоро́дного происхожде́ния
nobody никто́ (+ *neg*); ~ **else** никто́ друго́й; ~ **else's** ниче́й; ~ **knows** никто́ не зна́ет; **I spoke to ~** я ни с ке́м не говори́л; **there was ~ there** там никого́ не́ было; (*as noun*) ничто́жество
noctambulism сомнамбули́зм
noctule летучая мышь *f*
nocturnal ночно́й
nocturne *mus, arts* ноктю́рн
nod 1. *n* киво́к; **give a ~** кивну́ть *pf* голово́й **2.** *v* кива́ть (**to,** + *dat*); ~ **one's head** кива́ть голово́й; ~ **in agreement** кивну́ть *pf* в знак согла́сия, кивко́м вы́разить *pf* согла́сие; (*with drowsiness*) клева́ть но́сом; ~ **off** (*doze off*) задрема́ть *pf*; **catch s.o. nodding** заста́ть *pf* врасплóх, засти́чь *pf*
nodal узлово́й
nodding 1. *n* кива́ние **2.** *adj* ~ **acquaintance** (*with s.o.*) ша́почное знако́мство (**with,** с + *instr*); (*with sth*) пове́рхностное знако́мство (**with,** с + *instr*)
node у́зел
nodical *astr* дракони́ческий
nodose узлова́тый
nodular (*knotty*) узлова́тый; (*of node*) узлово́й; *geol* почкови́дный
nodule *bot, med* узело́к; *geol* рудна́я по́чка
Noel Рождество́
nog *bui* на́гель *m*
noggin (*mug*) кру́жечка; (*measure*) 0,142 ли́тра
nogging *bui* заполне́ние кирпи́чной кла́дкой
nohow *sl* ника́к (+ *neg*)
noise 1. *n* (*most senses*) шум; **make a ~** шуме́ть; *fig* поднима́ть шум (**about,** из-за + *gen*); *rad* поме́хи *f pl*, шу́мы *m pl*; *coll* **a big ~** больша́я ши́шка **2.** *v* (*disseminate*) распространя́ть
noiseless бесшу́мный
noisiness шум; (*clamour*) шумли́вость *f*
noisome (*harmful*) вре́дный; (*unhealthy*) нездоро́вый; (*disgusting*) отврати́тельный; (*stinking*) злово́нный, воню́чий
noisy (*all senses*) шу́мный; (*clamorous*) шумли́вый, шу́мный; (*loud*) гро́мкий
nomad коче́вник
nomadic кочево́й
nomadism номади́зм
no-man's-land ничья́ земля́
nom-de-guerre, nom-de-plume псевдони́м; **under the ~ of** под псевдони́мом (*usu* + *nom of name*)
nomenclature (*classification*) классифика́ция; (*terminology*) терминоло́гия; (*list*) спи́сок, пе́речень *m*; (*catalogue, complete list of terms, components etc*) номенклату́ра
nominal (*in name only*; *econ, tech*) номина́льный; (*not real*) фикти́вный; (*very small*) ничто́жный; (*for form's sake*) форма́льный; (*symbolic*) символи́ческий; *gramm* именно́й; (*of names*) ~ **roll** поимённый спи́сок
nominalism номинали́зм
nominalist номинали́ст
nominate (*appoint*) назнача́ть (+ *instr*); (*propose*) предлага́ть; (*as candidate*) выдвига́ть кандидату́ру (+ *gen*; **for,** на + *acc*)
nomination назначе́ние; выдвиже́ние
nominative *gramm* **1.** *n* имени́тельный паде́ж **2.** *adj* имени́тельный
nominee кандида́т
nomogram номогра́мма
nonabsorbent неабсорби́рующий, невпи́тывающий
non-acceptance неприня́тие
nonage несовершенноле́тие
nonagenarian 1. *n* девяностоле́тний стари́к **2.** *adj* девяностоле́тний
non-aggression ненападе́ние; ~ **pact** пакт о ненападе́нии
non-alcoholic безалкого́льный
non-aligned *pol* неприсоедини́вшийся
non-alignment поли́тика неприсоедине́ния к бло́кам
non-appearance нея́вка, отсу́тствие

non-arrival неприбы́тие
nonary 1. *n* гру́ппа из девяти́ **2.** *adj* девятери́чный
non-attendance (*at meeting, court etc*) нея́вка; (*at work etc*) непосеще́ние
non-availability неиме́ние, отсу́тствие
nonce: for the ~ пока́; **~-word** окказиона́льное сло́во
nonchalance (*lack of anxiety*) беззабо́тность *f*, беспе́чность *f*; (*coolness*; *indifference*) равноду́шие
nonchalant беззабо́тный, беспе́чный; равноду́шный
nonclassified (*document etc*) незасекре́ченный
non-combatant *mil* нестроево́й солда́т; (*civilian*) *pl* гражда́нское населе́ние
non-commissioned: ~ officer сержа́нт, у́нтер-офице́р
noncommittal укло́нчивый
non-compliance (*failure to carry out*) невыполне́ние (**with,** + *gen*); (*lack of agreement*) несогла́сие (**with,** с + *instr*)
non-conducting непроводя́щий
non-conductor непроводни́к
nonconformist 1. *n* диссиде́нт **2.** *adj* диссиде́нтский; (*of art etc*) неконформи́стский
nonconformity (*failure to conform*) неподчине́ние (**with,** + *dat*); (*failure to observe*) несоблюде́ние (**with,** + *gen*), несоотве́тствие (**with,** с + *instr*)
non-delivery недоста́вка
nondescript (*unremarkable*) неприме́тный; (*indescribable*) неопису́емый; (*hard to define*) тру́дно определи́мый; (*insignificant*) нева́жный
none 1. *adv* (*not at all*) совсе́м не, во́все не, не о́чень; **~ too soon** в после́днюю мину́ту, в са́мый раз; **~ too well** совсе́м нева́жно; (*with comp*) **~ the better** ничу́ть не лу́чше (**for,** что + *ind*) **2.** *pron* (*no one*) никто́ (+ *neg*); **~ but** никто́, ничто́ кро́ме (+ *gen*); **~ other than** (*person*) не кто ино́й, как; (*thing*) не что ино́й, как; **I saw ~ of my friends** я не ви́дел никого́ из мои́х друзе́й; **second to ~** непревзойдённый; **he is second to ~** он никому́ не уступа́ет; (*not one*) ни оди́н (+ *neg*); **~ of the rooms was big enough** ни одна́ из ко́мнат не была́ доста́точно велика́; (*nothing*) ничто́; **it's ~ of your business** не ва́ше де́ло; **there was ~** ничего́ не́ было; (*not any*) никако́й (+ *neg*)
nonentity (*person*) ничто́жество; *philos* небытие́
nones (*in calendar*) но́ны *f pl*
non-essential 1. *n* предме́т непервостепе́нной ва́жности **2.** *adj* (*not essential*) не необходи́мый; (*unimportant*) несуще́ственный
none the less тем не ме́нее
non-European неевропе́йский
non-existent несуществу́ющий
non-ferrous (*metal*) цветно́й
non-fiction небеллетристи́ческая литерату́ра, нау́чная и нау́чно-популя́рная литерату́ра
non-flammable невоспламеня́емый
non-intervention невмеша́тельство
non-member нечле́н
non-metallic неметалли́ческий
non-observance несоблюде́ние
nonpareil (*paragon*) идеа́л; *typ* нонпаре́ль *f*
non-payment неплатёж
nonplus (*disconcert*) приводи́ть в замеша́тельство, смуща́ть; (*baffle*) ста́вить в тупи́к
nonpolitical аполити́чный
non-recognition *pol* непризна́ние
non-resistance непротивле́ние (**to,** + *dat*)
nonsense чепуха́, ерунда́, вздор; **it is ~ to think that …** глу́по ду́мать, что; **a piece of ~** глу́пость *f*, неле́пость *f*; **talk ~** говори́ть глу́пости
nonsensical (*senseless*) бессмы́сленный; (*stupid*) глу́пый; (*absurd*) абсу́рдный, неле́пый
non sequitur нелоги́чный вы́вод
non-slip нескользя́щий
non-smoker (*person*) некуря́щий; (*railway carriage*) ваго́н, купе́ *neut indecl* для некуря́щих
non-standard нестанда́ртный
non-starter (*hopeless candidate*) неуда́чник; **that's a ~** э́то не пройдёт
non-stick не допуска́ющий пригора́ния
non-stop 1. *adj* (*unceasing*) непреры́вный; (*of train etc*) безостано́вочный; (*flight*) беспоса́дочный **2.** *adv* без остано́вки
non-transferable не подлежа́щий переда́че друго́му лицу́
non-violent ненаси́льственный
noodle (*food*) лапша́; *sl* (*fool*) ду́рень *m*, о́лух; (*head*) башка́
nook уголо́к
noon 1. *n* по́лдень *m*; **at ~** в по́лдень **2.** *adj* полу́денный
no one *see* **none**
noontide *see* **noon**
noose (*loop*) пе́тля; (*lasso*) арка́н
noosphere ноосфе́ра
nor (*and not*) и не; **I do not know, ~ do I wish to know** я не зна́ю и не хочу́ знать; (*in negative rejoinders*) то́же **I don't think so. Nor do I** я не ду́маю. Я то́же; **neither, not, no … ~ …** ни … ни … (+ *neg*); **neither one ~ the other** ни тот ни друго́й
Nordic норди́ческий
norm но́рма
normal 1. *n* (*the ~*) норма́льное; *math* норма́ль *f* **2.** *adj* (*all senses*) норма́льный (**for,** для + *gen*); *math* перпендикуля́рный
normalcy обы́чное, норма́льное состоя́ние, но́рма
normality норма́льность *f*, норма́льное состоя́ние
normalization нормализа́ция
normalize нормализова́ть(ся)
normally (*usually*) обы́чно; (*as normal*) норма́льно
Norman 1. *n* (*person*) норма́ндец, *f* норма́ндка; *hist* **the ~s** норма́нны *m pl* **2.** *adj* норма́ндский; *hist* норма́ннский
normative нормати́вный
Norse 1. *n* (*language*) древнеисла́ндский язы́к **2.** *adj* (*Norwegian*) норве́жский; (*Scandinavian*) скандина́вский
Norseman дре́вний скандина́в, норма́нн
north 1. *n* (*direction*; *region*) се́вер; **from the ~** с се́вера; **go to the ~** е́хать на се́вер; **in the ~** на се́вере; **to the ~ of** к се́веру от (+ *gen*), се́вернее от (+ *gen*); *naut* норд **2.** *adj* се́верный; (*arctic*) аркти́ческий, поля́рный; **North Star** Поля́рная звезда́; (*facing ~*) обращённый к се́веру; *naut* но́рдовый **3.** *adv* (*northwards*) к се́веру, на се́вер; **due ~** пря́мо на се́вер
north-east 1. *n* се́веро-восто́к; *naut* норд-о́ст **2.** *adj* се́веро-восто́чный; *naut* норд-о́стовый **3.** *adv* к се́веро-восто́ку, на се́веро-восто́к
north-easter се́веро-восто́чный ве́тер
north-easterly се́веро-восто́чный
north-eastern се́веро-восто́чный
north-eastward 1. *adj* се́веро-восто́чный **2.** *adv* в северовосто́чном направле́нии

norther се́верный ве́тер

northerly 1. *adj* се́верный; *naut* но́рдовый **2.** *adv* к се́веру, на се́вер, в се́верном направле́нии

northern се́верный; ~ **lights** се́верное сия́ние

northerner северя́нин

northernmost са́мый се́верный

northing *naut* но́рдовая ра́зность *f* широ́т; (*drift to north*) дрейф на норд

northward 1. *n* се́вер; **to the** ~ к се́веру (**of,** от + *gen*); *naut* норд **2.** *adj* (*northern*) се́верный **3.** *adv* к се́веру, на се́вер, в се́верном направле́нии

north-west 1. *n* се́веро-за́пад; *naut* норд-ве́ст **2.** *adj* се́веро-за́падный; *naut* норд-ве́стовый **3.** *adv* к се́веро-за́паду, на се́веро-за́пад (*etc – see* **north-east**)

nose 1. *n* (*organ*) нос; **blow one's** ~ сморка́ться; **follow one's** ~ идти́ пря́мо вперёд; **look down one's** ~ **at** (*haughtily*) смотре́ть свысока́ на (+ *acc*); **lead by the** ~ вести́ на поводу́; **parson's** ~ гу́зка; **pay through the** ~ плати́ть бе́шеные де́ньги; **plain as the** ~ **on your face** соверше́нно я́сно, я́сно как день; **poke one's** ~ **in** сова́ть свой нос в (+ *acc*); **turn up one's** ~ **at** (*haughtily*) задира́ть нос пе́ред (+ *instr*); (*despise*) презира́ть; (*refuse fastidiously*) бре́згать (+ *instr or* + *infin*); **right under one's** ~ под са́мым но́сом у (+ *gen*); **talk through one's** ~ гнуса́вить, говори́ть в нос; (*sense of smell*) чутьё; *fig* **have good** ~ **for** име́ть хоро́ший нюх на (+ *acc*), име́ть чутьё (+ *infin*); *naut, aer* нос, носова́я часть *f*; (*of rocket*) голо́вка **2.** *adj* носово́й **3.** *v* (*nuzzle*) тере́ться но́сом; (*sniff around*) обню́хивать; (*move cautiously*) осторо́жно продвига́ться вперёд; ~ **out** (*detect by smelling*) учу́ять *pf*; *fig* проню́хивать, выню́хивать, разню́хивать

nosebag то́рба

noseband храпово́й ремешо́к

nosebleed кровотече́ние и́з носу; **he has a** ~ у него́ кровь течёт/идёт и́з носу

nosedive 1. *n* круто́е пики́рование; *fig* (*of prices etc*) круто́й спад **2.** *v* кру́то пики́ровать; *fig* ре́зко упа́сть *pf*

nosegay (*bouquet*) буке́т; (*buttonhole*) бутонье́рка

noseless безно́сый

nosepiece (*end piece; nozzle*) наконе́чник; (*of microscope*) рево́льверный держа́тель *m* объекти́вов

nose-spin што́пор

nosey, nosy любопы́тный; **don't be** ~! не су́йся!, не твоё де́ло!

nosh *sl* (*food*) жратва́

nosing *aer* капоти́рование; *tech* (*edge*) предохрани́тельная око́вка

nosological нозологи́ческий

nosology нозоло́гия

nostalgia тоска́ (**for,** по + *dat*), ностальги́я

nostalgic (*suffering from nostalgia*) тоску́ющий по (+ *dat*); (*arousing nostalgia*) вызыва́ющий тоску́ по (+ *dat*)

nostril ноздря́

nostrum (*quack medicine*) шарлата́нское лека́рство; (*panacea*) панаце́я

not (*neg particle*) не; **I do** ~ **know** я не зна́ю; **I must ask you** ~ **to do that** я вас о́чень прошу́ не де́лать э́того; **I think** ~ я не ду́маю/я ду́маю что нет; ~ **at all,** ~ **a bit** нисколько; ~ **half!** еще как!; ~ **I!** (то́лько) не я!; ~ **once** ни ра́зу (+ *neg*); ~ **that** не то, что(бы); ~ **today** не сего́дня; ~ **to mention** не говоря́ уже́ о (+ *prep*); ~ **to say** да́же, что́бы не сказа́ть; **that is** ~ **to say that ...** э́тим я не хочу́ сказа́ть, что ...; ~ **until** (*only after*) то́лько по́сле (+ *gen*); (*only in*) то́лько в, на (+ *pr or acc depending on noun*); ~ **until next week, March** то́лько на сле́дующей неде́ле, в ма́рте; (*only when*) то́лько когда́/не ра́ньше, чем; ~ **yet** нет ещё, пока́ нет; **she has** ~ **yet come** она́ ещё не пришла́; **she is** ~ **a fool** она́ не ду́ра; **why** ~? почему́ (бы) нет? **why** ~ **do it?** почему́ бы не сде́лать э́того?

notability знамени́тость *f*

notable 1. *n* (*person*) выдаю́щийся челове́к **2.** *adj* (*remarkable*) замеча́тельный (**for,** + *instr*); (*prominent*) ви́дный, выдаю́щийся; (*well-known*) изве́стный (**for,** + *instr*)

notably (*noticeably*) заме́тно; (*considerably*) значи́тельно; (*paticularly*) осо́бенно

notarial нотариа́льный

notary нота́риус

notation нота́ция

notch 1. *n* (*cut*) зару́бка, засе́чка; (*in blade etc*) зазу́брина; (*mark*) ме́тка; (*setting on scale etc*) ступе́нь *f* **2.** *v* (*cut*) заруба́ть; (*make marks*) де́лать ме́тки, зару́бки; (*score*) отмеча́ть засе́чками; *fig* ~ **up** (*record*) отмеча́ть; (*add to score*) набира́ть

notched (*with indentations*) зазу́бренный

note 1. *n* (*brief letter*) запи́ска; *pl* (*record*) за́пись *f*; (*observation*) заме́тка; **take, make** ~**s of** запи́сывать; **make** ~**s** де́лать заме́тки; (*explanatory comment*) примеча́ние; **diplomatic** ~ дипломати́ческая но́та; *comm* накладна́я; **promissory** ~ ве́ксель *m*; (*of treasury, bank*) банкно́та; *mus* но́та; (*tone*) тон; *fig* но́тка, тон; **hit the right** ~ попа́сть *pf* в тон; (*reputation*) **of** ~ знамени́тый, ви́дный; **nothing of** ~ ничего́ осо́бенного; (*attention*) внима́ние; **take** ~ **of** обраща́ть внима́ние на (+ *acc*); **worthy of** ~ досто́йный внима́ния; (*distinctive feature*) при́знак **2.** *v* (*record in writing*) запи́сывать; (*notice*) замеча́ть; (*acknowledge*) принима́ть к све́дению; (*mention*) отмеча́ть

notebook записна́я кни́жка; (*exercise book*) тетра́дь *f*; (*notepad*) блокно́т

noted знамени́тый, изве́стный (**for,** + *instr*)

notepad блокно́т

notepaper почто́вая бума́га

noteworthy (*worthy of notice*) заслу́живающий внима́ния; (*remarkable*) примеча́тельный (**for,** + *instr*)

nothing 1. *n* (*trifle*) пустя́к, ме́лочь *f*; (*zero*) ноль *m* **2.** *pron* ничто́ (+ *neg*); ~ **on earth** ничто́ на све́те; **it's** ~! э́то ничего́; (*with adj and adv*) ничего́; **there's** ~ **funny about it** в э́том нет ничего́ смешно́го; (*with infin*) не́чего; **I had** ~ **to say** мне бы́ло не́чего сказа́ть; *in various expressions* **come to** ~ (*collapse*) потерпе́ть *pf* крах; (*fizzle out*) сойти́ *pf* на нет,ниче́м не ко́нчиться; **for** ~ (*gratis*) беспла́тно; (*without recompense; very cheaply*) да́ром; (*in vain*) напра́сно, зря, да́ром; **have** ~ **to do with** (*not concern*) не каса́ться (+ *gen*); **it has** ~ **to do with you** не ва́ше де́ло; (*have no connection with*) не име́ть отноше́ния к (+ *dat*); (*shun*) не име́ть де́ло с (+ *instr*); **he thinks** ~ **of** ему́ ничего́ не сто́ит (+ *infin*); **I could do** ~ **but** я мог то́лько (+ *infin*); **like** ~ **better than** бо́льше всего́ люби́ть; **make** ~ **of** (*not understand*) не понима́ть; **next to** ~ почти́ ничего́; **not for** ~ неда́ром; ~ **if not** в вы́сшей сте́пени; ~ **to** (*compared with*) ничто́/

ничего́ по сравне́нию с (+ *instr*); ~ **of the kind!** ничего́ подо́бного!; ~ **but** (*just*) то́лько, про́сто; (*no other, only*) ничто́ кро́ме (+ *gen*); ~ **else than** (*none other than*) не что ино́е, как; **there's ~ like ...** нет ничего́ лу́чше (+ *gen*); **there's ~ for it but to** остаётся то́лько, не остаётся ничего́ друго́го, как; **to say ~ of** не говоря́ уже́ о (+ *prep*) **3.** *adv* (*not in the least*) ниско́лько; **he is ~ like me** он ниско́лько не похо́ж на меня́; **that is ~ like all, the end** э́то далеко́ не всё

nothingness (*non-existence*) небытие́; (*worthlessness*) ничто́жность *f*

notice 1. *n* (*advance information*) извеще́ние, уведомле́ние (**of,** о + *prep*); (*warning*) предупрежде́ние; ~ **of appeal** апелля́ция; **at short ~** (*in short time*) в коро́ткий срок; (*without warning*) без предупрежде́ния; **give ~** (*inform*) извеща́ть; (*warn*) предупрежда́ть; (*of dismissal*) предупрежда́ть об увольне́нии; (*of intention to quit*) пода́ть *pf* заявле́ние об ухо́де с рабо́ты; **three months' ~** предупрежде́ние за три ме́сяца; **until further ~** до дальне́йшего извеще́ния; **without further ~** без дальне́йшего извеще́ния, предупрежде́ния; (*written announcement*) объявле́ние; **put up a ~** ве́шать объявле́ние; (*review*) о́тзыв; (*attention*) внима́ние; **attract ~** привлека́ть к себе́ внима́ние; **bring to the ~ of** обрати́ть *pf* внима́ние (+ *gen*) на (+ *acc*); **escape ~** ускользну́ть *pf* от внима́ния; **take ~** обраща́ть внима́ние (**of,** на + *acc*); **take no ~!** не обраща́й(те) внима́ния!; (*react*) реаги́ровать (**of,** на + *acc*) **2.** *v* (*observe*) замеча́ть; (*pay attention*) обраща́ть внима́ние на (+ *acc*); (*note, record, refer to*) отмеча́ть

noticeable заме́тный; (*remarkable*) примеча́тельный (**for,** + *instr*)

notice-board доска́ для объявле́ний

notifiable подлежа́щий зая́вке, регистра́ции

notification извеще́ние; предупрежде́ние

notify (*inform*) извеща́ть, уведомля́ть (**of,** о + *prep*); (*warn*) предупрежда́ть (**of,** о + *prep*); (*announce*) объявля́ть

notion (*idea*) иде́я; (*conception*) поня́тие, представле́ние; **have no ~ of** не име́ть поня́тия о (+ *prep*); (*opinion*) взгляд

notional (*abstract*) отвлечённый; (*of concept*) поняти́йный; (*imaginary*) вообража́емый; (*hypothetical*) предположи́тельный

notoriety дурна́я сла́ва

notorious (*ill-famed, much discussed*) пресловýтый; (*known to all*) общеизве́стный; **be ~ for** прославля́ться (+ *instr*), сла́виться (+ *instr*)

notoriously (*incorrigibly*) неисправи́мо; (*as everyone knows*) как всем изве́стно

notwithstanding 1. *adv* тем не ме́нее, всё равно́ **2.** *prep* несмотря́ на (+ *acc*) **3.** *conj* ~ **that** несмотря́ на то, что

nougat нуга́

nought (*nothing*) ничто́ (+ *neg*); **bring to ~** своди́ть на нет; **come to ~** сойти́ *pf* на нет; **set at ~** ни во что не ста́вить; (*zero*) ноль *m*; *math* нуль *m*; **~s and crosses** кре́стики и но́лики *m pl*

noun (и́мя *neut*) существи́тельное

nourish пита́ть (*also fig*); **well-~ed** упи́танный

nourishing пита́тельный; (*filling*) сы́тный

nourishment (*food*) пи́ща; (*sustenance*) пита́ние

nous (*intelligence*) ра́зум; (*common sense*) здра́вый смысл; (*gumption*) смётка

nouveau riche нувори́ш; (*parvenu*) (бога́тый) вы́скочка *m and f*

nova но́вая (звезда́)

novel 1. *n* рома́н **2.** *adj* (*new*) но́вый; (*unusual*) непривы́чный

novelette (*short novel*) по́весть *f*; (*cheap novel*) дешёвый рома́н; *mus* новеле́тта

novelist романи́ст, а́втор рома́на

novella нове́лла, по́весть *f*

novelty (*newness*) новизна́; (*new thing, experience*) нови́нка; (*innovation*) но́вшество

November 1. *n* ноя́брь *m* **2.** *adj* ноя́брьский (*see also* **April**)

novice новичо́к, начина́ющий; (*monastic*) по́слушник, *f* по́слушница; (*convert*) новообращённый

novitiate *eccl* по́слушничество

now 1. *n* настоя́щее вре́мя *neut* **2.** *adv* (*at present time; next*) тепе́рь; **before ~** (*already*) уже́; (*until ~*) до сих пор; **by ~** к э́тому вре́мени; **from ~ on** с э́того вре́мени, в дальне́йшем; **until, up to ~** до сих пор; **what will happen ~?** что тепе́рь бу́дет; (*at the moment*) сейча́с; **just ~** (*at the moment*) сейча́с; (*a moment ago*) то́лько что, сейча́с; **not ~** не сейча́с; (*immediately*) то́тчас же, сию́ же мину́ту; (*then*) тогда́; (*after that*) по́сле э́того; (*by that time*) к тому́ вре́мени ; ~ **and then** то и де́ло **3.** *conj* ~ **...** ~ **...** то ... то ...; ~ **that ...** тепе́рь, когда́ ...; (*since*) раз; ~ **he is here, he can stay** раз он здесь, он мо́жет оста́ться; (*introducing phrase*) (*and so, you see*) так вот, и вот; (*well*) ну; (*but*) а; (*with interrogative phrase or excl: so*) так, ну; (*in friendly question*) ~ **where are you off to?** куда́ ты пошёл-то; (*concessively; after all*) ну; ~**, I'm no saint** ну вот, я не свято́й; **come on ~** (+ *impers*) ну (+ *impers*); (*in exhortation*) да (+ *impers*); ~ **don't you worry!** да ты не беспоко́йся!; (*in admiration*) вот э́то, во́т так, ну́ и; ~ **there's a man!** вот э́то челове́к

nowadays в на́ше вре́мя, в на́ши дни, ны́нче

nowhere (*not in any place*) нигде́ (+ *neg*); **he was ~ in sight** он исче́з; ~ **else** бо́льше нигде́; (*with infin*) не́где; **there is ~ to ...** не́где (+ *infin*); **this book is ~ to be had** э́ту кни́гу нигде́ не доста́ть; (*not in any direction*) никуда́ (+ *neg*); (*with infin*) не́куда; **I have ~ to go** мне не́куда идти́; ~ **near as, so** далеко́ не так(о́й)

nowise (*in no way*) нико́им о́бразом; (*not at all*) ниско́лько (+ *neg*)

noxious (*harmful*) вре́дный; (*poisonous*) ядови́тый

nozzle сопло́

nth *math* э́нный

nuance нюа́нс, отте́нок

nub (*lump*) кусо́к; (*bump*) ши́шка; (*essential point*) суть *f*; **the ~ of the matter** суть де́ла

Nubian 1. *n* (*person*) нуби́ец, *f* нуби́йка; (*language*) ну́ба **2.** *adj* нуби́йский

nubile (*of age*) бра́чный; (*mature*) зре́лая, взро́слая; (*blooming*) цвету́щая

nuclear я́дерный; ~ **family** нуклеа́рная семья́; ~ **weapons** я́дерное ору́жие

nucleate содержа́щий ядро́

nucleic: ~ **acid** нуклеи́новая кислота́

nucleon нукло́н

nucleonics нуклео́ника

nucleus ядро́

nuclide нукли́д, изото́п

nude 1. *n* обнажённая фигу́ра; **in the ~** в го́лом ви́де; (*as adv of manner*) голышо́м **2.** *adj* (*unclothed*) обнажённый, наго́й, в го́лом ви́де; (*bare*) го́лый; (*plain*) я́сный; *leg* недействительный

nudge 1. *n* толчо́к ло́ктем; **give a ~** подтолкну́ть *pf* ло́ктем; *fig* подтолкну́ть *pf* **2.** *v* подта́лкивать ло́ктем; *fig* подта́лкивать

nudism нуди́зм

nudist нуди́ст

nudity нагота́, обнажённость *f*

nugatory (*worthless*) пустя́чный; (*ineffectual*) тще́тный; (*invalid*) недействи́тельный

nugget (*lump*) комо́к, кусо́к; (*of gold*) саморо́док

nuisance (*annoyance*) доса́да; **what a ~!** кака́я доса́да!; (*of person*) ну́дный челове́к, *coll* зану́да *m and f*; **be a ~** надоеда́ть (+ *dat*); (*get in the way*) меша́ть (+ *dat*); (*to child*) **don't be a ~!** не меша́й!; (*irritate*) досажда́ть; *leg* **public ~** наруше́ние обще́ственного поря́дка

null 1. *n math* нуль *m* **2.** *adj leg* недействи́тельный; *math* нулево́й; **~ and void** ничто́жный

nullification *leg* аннули́рование; *fin* нуллифика́ция

nullify (*bring to naught*) своди́ть на нет; (*make null*) аннули́ровать; (*cancel*) отменя́ть

nullity (*invalidity*) недействи́тельность *f*, ничто́жность *f*; (*nothingness*) ничто́жество

numb (*deprived of feeling*) онеме́лый; (*with fear etc*) оцепене́вший (**with,** от + *gen*); **~ with cold** окочене́вший от хо́лода; **go ~** онеме́ть *pf*; оцепене́ть *pf*; окочене́ть *pf* **2.** *v* оцепеня́ть

number 1. *n* число́, коли́чество; **a ~ of** (*some*) не́которые (+ *pl*, *n*); (*a series of*) ряд (+ *gen*); (*a few*) не́сколько (+ *gen pl*); **a large ~ of** о́чень мно́го (+ *gen pl*), большо́е число́ (+ *gen pl*); **any ~ of** (*many*) мно́жество (+ *gen pl*); (*as many as wished*) ско́лько уго́дно; (*when followed by numeral*; *of house*, *bus*, *in list etc*; *song*, *act etc*) но́мер; **at No 10** в до́ме № 10 (но́мер де́сять); **what is your telephone ~?** како́й у вас телефо́н, но́мер телефо́на?; **you have the wrong ~** вы не туда́ попа́ли; (*figure*, *numeral*) ци́фра; *gramm* число́; (*of periodical*) но́мер, вы́пуск **2.** *v* (*give ~ to*) нумерова́ть; (*count*) счита́ть; (*amount to*) насчи́тываться; **the population of the town ~s 10,000** в го́роде насчи́тывается де́сять ты́сяч жи́телей; **we ~ed six** нас бы́ло шесть; (*contain*) насчи́тывать; **the army ~s 4,000 men** а́рмия насчи́тывает четы́ре ты́сячи солда́т; **~ among** причисля́ть к (+ *dat*); **~ off** *mil* рассчи́тываться

numbered нуремо́ванный, номерно́й; **his days are ~** его́ дни сочтены́

numbering нумера́ция; **~ machine** нумера́тор

numberless (*countless*) бесчи́сленный, неисчисли́мый; (*not numbered*) не име́ющий но́мера

number-plate (*of car*) номерно́й знак

numbness онеме́ние, оцепене́ние, окочене́ние

numbskull *see* **numskull**

numerable исчисли́мый

numeracy уме́ние счита́ть

numeral 1. *n math* ци́фра; *gramm* числи́тельное **2.** *adj math* числово́й, цифрово́й; *gramm* числи́тельный

numerate 1. *adj* (*able to count*) уме́ющий счита́ть; (*mathematically minded*) разбира́ющийся в матема́тике **2.** *v* счита́ть

numeration (*counting*) счёт, счисле́ние; (*numbering*) нумера́ция

numerator *math* числи́тель *m*; *tech* нумера́тор

numerical (*of amount*, *number*) числово́й; (*of figure*) цифрово́й; (*expressed in numbers*, *quantitative*) чи́сленный; **in ~ order** по поря́дку номеро́в

numerology гада́ние по чи́слам

numerous многочи́сленный

numinous (*divine*) боже́ственный; (*awesome*) ужа́сный

numismatic нумизмати́ческий

numismatics нумизма́тика

numismatist нумизма́т

numskull тупи́ца, болва́н

nun мона́хиня

nunciature нунциату́ра

nuncio ну́нций

nunnation нуна́ция

nunnery же́нский монасты́рь *m*

nuptial 1. *n pl* сва́дьба **2.** *adj* (*of wedding*) сва́дебный; (*of marriage*) бра́чный

nurse 1. *n* (*child ~*) ня́ня; (*wet ~*) корми́лица; (*sick ~*) сиде́лка; (*in hospital*, *trained*) медици́нская сестра́, медсестра́ **2.** *v* (*looking after sick*, *children*) уха́живать (за больны́ми, детьми́); (*suckle*) выка́рмливать; (*hopes etc*) леле́ять, пита́ть; **~ a grudge against** име́ть зуб про́тив (+ *gen*); (*treat with care*) бере́чь; (*fondle*) ласка́ть; (*encourage*) поощря́ть

nursemaid ня́нька

nursery (*children's room*) де́тская (ко́мната); (*kindergarten*) де́тский сад; (*for plants*; *also fig*) пито́мник; **~ garden** пито́мник; **~ rhymes** де́тские стишки́ *m pl*; **~ school** де́тский сад

nurseryman (*owner of nursery*) владе́лец пито́мника; (*gardener*) садо́вник

nursing 1. *n* (*care*) ухо́д (**of,** за + *instr*); (*suckling*) кормле́ние гру́дью; (*profession*) профе́ссия медици́нской сестры́ **2.** *adj* **~ bottle** рожо́к; **~ home** санато́рий; **~ mother** кормя́щая мать; **~ staff** уха́живающий персона́л

nurture (*rear*) воспи́тывать; (*grow*) выра́щивать; *fig* леле́ять, пита́ть

nut 1. *n bot*, *cul* оре́х; *fig* **tough ~** (*task*) тру́дная зада́ча; (*person*) тру́дный челове́к, кре́пкий оре́шек; *tech* га́йка; *sl* (*head*) башка́; **do one's ~** психова́ть; **go off one's ~** спя́тить *pf* (с ума́), рехну́ться *pf*; **off one's ~** чо́кнутый; *sl* (*madman*) псих; *sl* (*fop*) франт; *pl* (*as adj*, *mad*) чо́кнутый; **be ~s about** (*s'th*) быть поме́шанным на (+ *prep*); (*s.o.*) быть без ума́ от (+ *gen*); **go ~s over** помеша́ться на (+ *prep*); *coll* **for ~s** (*not at all*) соверше́нно, абсолю́тно, ниско́лько (+ *neg*); *as interj* (*nonsense*) чепуха́; (*in exasperation*) а ну его́, чёрт побери́ его́; (*in defiance*) иди́, пошёл он *etc* к чёргу **2.** *v* собира́ть оре́хи

nutation нута́ция

nut-bearing орехопло́дный

nut-brown кашта́новый, кашта́нового цве́та

nut-case *sl* псих

nutcracker(s) щипцы́ *m pl* для оре́хов

nuthatch (*bird*) по́ползень *m*

nut-house *sl* сумасше́дший дом

nutmeg муска́тный оре́х

nutria ну́трия

nutrient 1. *n* пита́тельное вещество́ **2.** *adj* пита́тельный

nutriment пита́ние

nutrition (*feeding*) пита́ние; (*food*) пи́ща, пита́ние

nutritional (*of feeding*, *nourishing*) пита́тельный; **~ value** пита́тельная це́нность *f*; (*of food*) пищево́й

nutritious пита́тельный

nutritive пита́тельный

nutshell оре́ховая скорлупа́; *fig* **in a ~** в двух

слова́х, вкра́тце; **put in a ~** ко́ротко, коро́че говоря́

nut-tree оре́шник

nutty (*containing nuts*) с оре́хом; **have a ~ flavour** име́ть вкус оре́ха; *sl* (*mad*) чо́кнутый

nuzzle (*push nose against*) ты́каться но́сом (**to, against,** в + *acc*); (*rub against*, *of dog etc*) тере́ться мо́рдой о (+ *acc*); (*snuggle against*) прильну́ть *pf* к (+ *dat*)

nyctalopia никтало́пия

nylghau антило́па нилга́у

nylon 1. *n* (*material*) нейло́н; *pl* (*stockings*) нейло́новые чулки́ *m pl* **2.** *adj* нейло́новый

nymph ни́мфа (*also fig*); **river, water ~** ная́да; **tree, wood ~** дриа́да; *zool* личи́нка, ни́мфа

nymphomania нимфома́ния

nymphomaniac нимфома́нка

O

o interj o
oaf (*dolt*) о́лух, болва́н; (*boor*) грубия́н; (*yokel*) дереве́нщина *m*
oafish (*crude*) гру́бый; (*clumsy*) неуклю́жий; (*foolish*) глу́пый
oak 1. *n* дуб; **made of** ~ дубо́вый **2.** *adj* дубо́вый
oak-apple черни́льный оре́шек
oaken дубо́вый
oakum па́кля
oar весло́; *fig* **put one's ~ in** вме́шиваться в (+ *acc*)
oared весе́льный
oarlock уклю́чина
oarsman гребе́ц
oasis оа́зис
oast-house хмелесуши́лка
oat(s) овёс; **porridge** ~ геркуле́с, овся́ная ка́ша; **rolled** ~ плю́щеная овся́ная крупа́; *fig* **be off one's** ~ неиме́ть аппети́та; **feel one's** ~ быть оживлённым; **sow one's wild** ~ распу́тничать; **to have sown one's wild** ~ (*settle down*) перебеси́ться *pf*
oakcake овся́ная лепёшка
oaten овся́ный
oath (*solemn assertion*) кля́тва; *leg* прися́га; **under, on one's** ~ под прися́гой; **make, take, swear an** ~ дать кля́тву; *leg* приноси́ть прися́гу; **put on** ~ привести́ *pf* к прися́ге; **~ of allegiance** прися́га на ве́рность *f*; (*profanity*) руга́тельство; **~-breaker** клятвопресту́пник; **~-breaking** клятвопреступле́ние
oatmeal (*grain*) овся́ная крупа́; (*porridge*) овся́ная ка́ша
obbligato облига́то *neut indecl*
obduracy (*stubbornness*) упря́мство; (*impenitence*) закосне́лость *f*
obdurate упря́мый; закосне́лый
obedience (*act of obeying*) послуша́ние, повинове́ние; (*submissiveness*) поко́рность *f*; **in ~ to** согла́сно (+ *dat*)
obedient послу́шный, поко́рный (**to,** + *dat*)
obeisance (*bow*) покло́н; (*curtsey*) рeverа́нс; (*homage*) почте́ние (**to,** + *dat*)
obelisk обели́ск
obese ту́чный
obesity ту́чность *f*, ожире́ние
obey (*person, order; be obedient*) слу́шаться, повинова́ться (+ *dat*); (*law; submit to*) подчиня́ться (+ *dat*); (*be guided by rules of*) руководствова́ться (+ *instr*), сле́довать (+ *dat*)
obfuscate (*darken, also fig*) затемня́ть; (*confuse*) запу́тывать
obfuscation затемне́ние
obituary 1. *n* некроло́г **2.** *adj* некрологи́ческий
[1]**object** (*thing*) предме́т, вещь *f*; (*of admiration, pity etc*) объе́кт, предме́т (**of,** + *gen*); (*purpose, aim*) цель *f*; **attain one's** ~ дости́чь *pf* це́ли; **with the ~ of** с це́лью (+ *gen or infin*); *gramm* дополне́ние; *philos* объе́кт; **~ lesson** нагля́дный уро́к, нагля́дное доказа́тельство
[2]**object** (*protest*) возража́ть, протестова́ть; **if you don't** ~ е́сли вы не возража́ете; **~ to** (*be against*) быть про́тив (+ *gen*), возража́ть про́тив (+ *gen*), про́тив того́, что́бы (+ *past or infin*); (*disapprove*) не одобря́ть; **~ that** возража́ть, что (+ *ind*)
object-finder видоиска́тель *m*
object-glass объекти́в
objectify воплоща́ть
objection (*hindrance*) препя́тствие (**to,** + *dat*); (*drawback*) недоста́ток (**to,** + *gen*); (*protest*) возраже́ние, проте́ст; **raise, make an** ~ возража́ть (**to,** про́тив + *gen*), протестова́ть; **have, raise no** ~ не возража́ть; **have you any ~ to ...?** вы не возража́ете, е́сли (+ *ind*)?; (*dislike*) нелюбо́вь *f*, неприя́знь (**to,** к + *dat*); (*disapproval*) неодобре́ние (**to,** + *gen*)
objectionable (*unpleasant*) неприя́тный; (*open to objection*) вызыва́ющий возраже́ния, нежела́тельный
objective 1. *n* (*aim*) цель *f*; *opt, mil* объекти́в **2.** *adj* объекти́вный
objectiveness объекти́вность *f*
objectivism объективи́зм
objectivist объективи́ст
objectivity объекти́вность *f*
object-lens объекти́в
objector возража́ющий
objet d'art предме́т иску́сства
objurgation вы́говор
oblate *math* сплю́щенный, сжа́тый (у по́люсов)
oblation (*offering*) приноше́ние; (*contribution*) поже́ртвование
obligate обя́зывать
obligated обяза́тельный
obligation (*requirement, agreement*) обяза́тельство; **place under an** ~ связа́ть *pf* обяза́тельством; (*indebtedness*) обя́занность *f*; долг; **be under an ~ to** быть обя́занным (+ *dat*), быть в долгу́ пе́ред (+ *instr*)
obligatory обяза́тельный
oblige (*compel*) заставля́ть; (*place under obligation to*) обя́зывать; (*do favour*) услу́жить *pf* (+ *dat*), де́лать одолже́ние (+ *dat*); **be ~d to** (*compelled*) быть вы́нужден(ным) (+ *infin*); (*under obligation*) быть обя́зан(ным) (+ *infin*); (*grateful*) **I am much ~d to you for your help** я вам о́чень благода́рен за по́мощь
obliging услу́жливый, любе́зный
oblique 1. *n* коса́я ли́ния; *typ* курси́в **2.** *adj* (*slanting*) косо́й, накло́нный; (*indirect; also gramm*) ко́свенный; *math* **~-angled** косоуго́льный
obliquely (*slanting*) ко́со, накло́нно; (*indirectly*) ко́свенно, око́льным путём
obliquity (*divergence from vertical, norm etc*) отклоне́ние (от прямо́й ли́нии *etc*); (*slanting position*) накло́нное положе́ние; (*lack of candour*) укло́нчивость *f*
obliterate (*erase*) стира́ть; (*destroy*) уничтожа́ть
obliteration стира́ние; уничтоже́ние
oblivion забве́ние
oblivious (*forgetful*) рассе́янный, забы́вчивый; **~ of** не замеча́ющий, не обраща́ющий внима́ния на (+ *acc*)
oblong 1. *n* продолгова́тая фигу́ра; (*rectangle*) прямоуго́льник **2.** *adj* продолгова́тый;

(*rectangular*) прямоуго́льный
obloquy (*censure*) порица́ние; (*reproach*) упрёк; (*shame*) позо́р
obnoxious (*odious*) отврати́тельный, проти́вный; (*harmful*) вре́дный
oboe гобо́й
oboist гобои́ст
obscene (*indecent*) непристо́йный, неприли́чный; (*bawdy*) похáбный (*coll*); (*filthy*) гря́зный
obscenity непристо́йность *f*, неприли́чие; *pf* (*foul language etc*) нецензу́рные руга́тельства *neut pl*, непристо́йности *f pl*, поха́бщина (*coll*)
obscurantism мракобе́сие
obscurantist мракобе́с
obscuration помраче́ние; *astr* потемне́ние
obscure 1. *adj* (*dark*) тёмный; (*gloomy*) мра́чный; (*indistinct*) нея́сный, сму́тный; (*vague; remote; of sound*) глухо́й; (*barely intelligible*) неудобопоня́тный; (*unintelligible*) непоня́тный; (*not well known*) малоизве́стный; (*unknown*) неизве́стный **2.** *v* (*darken*) затемня́ть; (*hide*) скрыва́ть (**from**, от + *gen*); (*block off*) загора́живать; (*confuse*) запу́тывать; (*make unclear*) де́лать нея́сным
obscurity темнота́, тьма́; мрак; нея́сность *f*; непоня́тность *f*; неизве́стность *f*
obsequies по́хороны *f pl*
obsequious раболе́пный, подобостра́стный
obsequiousness раболе́пие, подобостра́стие
observable (*discernible*) заме́тный; (*noteworthy*) достопримеча́тельный
observance (*obedience to*) соблюде́ние; (*custom*) обы́чай, обря́д
observant (*watchful*) наблюда́тельный; (*strict in carrying out*) соблюда́ющий
observation 1. *n* (*act of observing*) наблюде́ние; (*capacity to observe*) наблюда́тельность *f*; (*remark*) замеча́ние; (*observance*) соблюде́ние **2.** *adj* наблюда́тельный; ~ **point, post** наблюда́тельный пост, пункт
observational наблюда́тельный
observatory обсервато́рия
observe (*watch*) наблюда́ть, следи́ть (за + *instr*); (*notice; remark*) замеча́ть; (*maintain laws, customs etc*) соблюда́ть; (*celebrate*) отмеча́ть, пра́здновать; (*study*) изуча́ть
observer (*most senses*) наблюда́тель *m*
obsess пресле́довать, му́чить; **he was ~ed with** он был поме́шан на (+ *acc*)
obsession навя́зчивая иде́я
obsessional, obsessive навя́зчивый
obsidian 1. *n* обсидиа́н **2.** *adj* обсидиа́новый
obsolescence устаре́лость *f*; *tech* мора́льный изно́с
obsolescent выходя́щий из употребле́ния, устарева́ющий
obsolete устаре́лый, вы́шедший из употребле́ния
obstacle (*all senses*) препя́тствие (**to**, + *dat*); ~ **race** бег с препя́тствиями
obstetric(al) акуше́рский
obstetrician акушёр, *f* акуше́рка
obstetrics акуше́рство
obstinacy (*stubbornness*) упря́мство; (*persistence*) упо́рство
obstinate упря́мый; упо́рный (*also med*)
obstreperous (*noisy*) шу́мный; (*turbulent*) бу́йный
obstruct (*hinder*) препя́тствовать (+ *dat*), меша́ть (+ *dat*); (*block*) прегражда́ть; ~ **the view** заслоня́ть вид; ~ **the light** загора́живать свет; *med* загроможда́ть, заку́поривать
obstruction (*barrier, hindrance*) препя́тствие, поме́ха (**to**, + *dat*); (*obstacle*) прегра́да, препя́тствие; (*blockage*) загражде́ние, загроможде́ние; (*in pipe etc*) про́бка
obstructionism обструкциони́зм
obstructionist 1. *n* обструкциони́ст **2.** *adj* обструкциони́стский
obstructive препя́тствующий; прегражда́ющий; *med* заку́поривающий
obstruent *med* **1.** *n* противопоно́сное сре́дство **2.** *adj* закрыва́ющий
obtain (*procure, gain*) приобрета́ть; (*get, fetch*) достава́ть; (*receive*) получа́ть; (*reach*) добива́ться, достига́ть (+ *gen*); (*exist*) существова́ть; (*be accepted*) быть при́знанным; (*be valid*) быть действи́тельным
obtainable (*accessible*) досту́пный; (*attainable*) достижи́мый; (*on sale*) в прода́же
obtrude (*stick out*) высо́вывать(ся); (*thrust upon*) навя́зывать(ся) (**on**, + *dat*)
obtrusion навя́зывание
obtrusive (*sticking out*) выступа́ющий, торча́щий; (*demanding notice*) навя́зчивый, назо́йливый
obtuse (*all senses*) тупо́й; **~-angled** тупоуго́льный
obtuseness ту́пость *f*
obverse 1. *n* (*upperside*) лицева́я сторона́; (*counterpart*) дополне́ние **2.** *adj* лицево́й; дополни́тельный
obviate (*remove*) устраня́ть; (*avoid*) избега́ть (+ *gen*); (*make unnecessary*) де́лать нену́жным
obvious (*easy to perceive*) я́вный, очеви́дный; (*easily understood*) я́сный; (*too simple*) сли́шком я́вный; (*deliberate*) нарочи́тый; (*banal*) бана́льный
ocarina окари́на
occasion 1. *n* (*circumstance, time*) слу́чай; **on ~** (*sometimes*) иногда́; (*when necessary*) когда́ ну́жно; **on all ~s** во всех слу́чаях; **on many ~s** не раз; **on several ~s** не́сколько раз; **on the ~ of** по слу́чаю (+ *gen*); **this is no ~ for** э́то не подходя́щее вре́мя для (+ *gen*); (*opportunity*) возмо́жность *f*; **when the ~ offers** при слу́чае; (*necessity*) необходи́мость *f*; (*cause, pretext*) по́вод (**of**, для + *gen*); **be the ~ of** послужи́ть *pf* по́водом для (+ *gen*); **I had ~ to** (*happened to*) мне довело́сь (+ *infin*); (*had to*) мне приходи́лось (+ *infin*); (*event*) собы́тие; **rise to the ~** оказа́ться *pf* на высоте́ (положе́ния); (*affairs*) дела́ *neut pl* **2.** *v* (*give rise to*) вызыва́ть; (*bring about*) причиня́ть
occasional (*not constant, irregular, random*) случа́йный; (*from time to time*) случа́ющийся вре́мя от вре́мени; (*repeated*) повторя́ющийся; (*rare*) ре́дкий; ~ **verses** стихи́ *m pl* на слу́чай; *philos* окказиона́льный
occasionally иногда́, вре́мя от вре́мени
Occident За́пад
Occidental за́падный
occipital заты́лочный
occiput заты́лок
occlude (*close*) закрыва́ть; (*block*) прегражда́ть; *chem* поглоща́ть; *meteorol* окклюди́ровать
occlusion (*closing*) закры́тие; *chem, meteorol* окклю́зия
occult 1. *n* **the ~** (*magic etc*) окку́льтные нау́ки *f pl*; (*phenomena*) окку́льтные явле́ния *neut pl* **2.** *adj* (*mysterious*) таи́нственный; (*secret*) та́йный; (*of magic etc*) окку́льтный **3.** *v* (*of star*) покрыва́ть(ся); (*of light*) затмева́ться

occultation покры́тие, затме́ние
occulting *naut* ~ **light** затмева́ющийся ого́нь *m*
occultism оккульти́зм
occultist оккульти́ст
occupancy (*art of occupying*) заня́тие; (*possession*) владе́ние; (*term of occupation*) срок владе́ния
occupant (*dweller*) обита́тель *m*, жиле́ц; (*owner*) владе́лец; (*renter*) аренда́тор; (*hirer*) нанима́тель *m*; (*person in, occupying place etc*) челове́к, занима́ющий (+ *acc*); **the carriage had only three ~s** в купе́ бы́ло то́лько три пассажи́ра
occupation (*act of occupying*) заня́тие; *mil* оккупа́ция; (*period of tenure*) срок владе́ния; (*task, activity*) заня́тие; (*profession*) профе́ссия
occupational профессиона́льный; ~ **disease** профессиона́льное заболева́ние; ~ **therapy** трудова́я терапи́я, трудотерапи́я
occupier владе́лец
occupy (*most senses*) занима́ть; *mil* оккупи́ровать; ~ **oneself with** занима́ться (+ *instr*)
occur (*happen*) случа́ться, происходи́ть; (*be found*) встреча́ться; ~ **to** приходи́ть на ум, в го́лову; **didn't it ~ to you to ask?** вам не пришло́ в го́лову спроси́ть?
occurrence (*happening*) слу́чай, происше́ствие; (*case*) слу́чай (**of,** + *gen*); (*event*) собы́тие; *geol* месторожде́ние
ocean 1. *n* океа́н; (*total world sea-area*) мирово́й океа́н; *fig* (*a lot*) ма́сса; *fig* **a drop in the ~** ка́пля в мо́ре **2.** *adj* океа́нский; **~-going** океа́нский
Oceania Океа́ния
oceanic океа́нский
oceanographer океано́граф
oceanographic(al) океанографи́ческий
oceanography океаногра́фия
ocellate(d) *zool* гла́зчатый
ocellus *zool* глазо́к
ocelot оцело́т
ochre *min* о́хра
ochreous, ochrous (*of ochre*) о́хровый; (*colour*) коричнева́то-жёлтый
ocrea *bot* растру́б
o'clock: at one ~ в час; **(at) ten ~** (в) де́сять часо́в; **about/before/after two ~** о́коло/до/по́сле двух часо́в
octad окта́да
octagon восьмиуго́льник
octagonal восьмиуго́льный
octahedral восьмигра́нный
octahedron восьмигра́нник, окта́эдр
octameter 1. *n* окта́метр **2.** *adj* октаметри́ческий
octane 1. *n chem* окта́н **2.** *adj* окта́новый; ~ **rating** окта́новое число́
octant окта́нт
octave *mus* окта́ва; *eccles* (*eighth day after feast*) восьмо́й день по́сле пра́здника; (*week after feast*) неде́ля по́сле пра́здника
octavo 1. *n* (*format, book*) окта́во, ин-окта́во *neut indecl*; **in ~** ин-окта́во, в восьму́шку; (*book*) кни́га форма́том окта́во **2.** *adj* окта́во *indecl*, форма́том окта́во
octet *mus* окте́т; (*group of eight*) во́семь (+ *gen pl*)
octillion миллио́н в восьмо́й сте́пени; *Am* октильо́н
October 1. *n* октя́брь *m* **2.** *adj* октя́брьский (*see also* **April**)
octogenarian 1. *n* восьмидесятиле́тний стари́к, *f* восьмидесятиле́тняя стару́ха **2.** *adj* восьмидесятиле́тний
octopod 1. *n* восьмино́гое живо́тное **2.** *adj* восьмино́гий
octopus осьмино́г
octosyllabic восьмисло́жный
octosyllable (*word*) восьмисло́жное сло́во; *pros* восьмисло́жная строка́
octuple восьмикра́тный
ocular 1. *n opt* окуля́р **2.** *adj* (*of the eye*) глазно́й; (*visual*) нагля́дный
oculate (*having eyes*) име́ющий глаза́; (*spotted*) гла́зчатый
oculist окули́ст
odalisque одали́ска
odd (*strange*) стра́нный; (*unusual*) необы́чный; (*eccentric*) эксцентри́чный; (*unimportant*) незначи́тельный; (*of numbers*) нечётный; (*lacking pair*) непа́рный; (*part of incomplete set*) разро́зненный; (*surplus*) ли́шний; **twenty years ~** два́дцать с ли́шним лет; **it cost thirty-~ pounds** э́то сто́ило три́дцать с ли́шком фу́нтов; (*occasional*) случа́йный; ~ **job** случа́йная рабо́та
oddball *coll* чуда́к
oddity (*strangeness; strange trait*) стра́нность *f*; (*strange thing*) стра́нная вещь *f*
oddly стра́нно; ~ **enough** как (э́то) ни стра́нно
oddment (*remnant*) оста́ток; *pl* (*various items*) разро́зненные предме́ты *m pl*; (*trifles*) ме́лочи *f pl*
oddness стра́нность *f*
odds (*inequality*) нера́венство; (*difference*) ра́зница; (*chance*) ша́нсы *m pl*; **the ~ are three to one** ша́нсы – три про́тив одного́; (*balance of probability*) переве́с, преиму́щество; **the ~ are that ...** вероя́тнее всего́, что; **it makes no ~** э́то не име́ет значе́ния; **be at ~ with** (*disagree*) не ла́дить с (+ *instr*); (*not conform with*) не соотве́тствовать (+ *dat*); ~ **and ends** (*remnants*) оста́тки *m pl*; (*trifles*) ме́лочи *f pl*
odds-on: ~ **chance** ша́нсы вы́ше сре́днего; **it's ~ that** вероя́тнее всего́, что
ode о́да
odious (*hateful*) не́навистный; (*loathsome*) отврати́тельный, гну́сный; ~ **insinuation** гну́сная инсинуа́ция
odiousness отврати́тельность *f*, гну́сность *f*
odium (*hatred*) не́нависть *f*; (*blame*) вина́ (**for,** за + *acc*); (*shame*) позо́р
odometer одо́метр
odontic зубно́й
odontoid зубови́дный
odontology одонтоло́гия
odoriferous благоуха́нный, души́стый
odorous (*sweet-smelling*) благоуха́нный, души́стый; *coll* (*evil-smelling*) зловонный
odour (*smell*) за́пах; (*sweet smell*) арома́т; *fig* (*reputation*) **be in bad ~ with** быть в неми́лости у (+ *gen*)
odyssey одиссе́я
oedema, edema отёк
Oedipus complex эди́пов ко́мплекс
oersted э́рстед
oesophagus пищево́д
oestrogen эстроге́н
oestrous эструа́льный
oestrus те́чка
of (*most senses involving belonging, pertaining, authorship, membership, partitive relationship, quality, participation, measurement: use Russ gen*) ~ **high quality** хоро́шего ка́чества; **a cup ~ tea**

чáшка чáю; **member ~ the party** член пáртии; **the novels ~ Tolstoy** ромáны Толстóго; **a piece ~ meat** кусóк мя́са; **the wall ~ the room** стенá кóмнаты; (*in dates*) **the 10th ~ May** десятое мáя; (*in age*) **a man ~ forty** человéк сорокá лет, *also rendered adjectivally* сорокалéтний человéк; (*in expressions denoting origin, material composition, relationship of part to whole*) из (+ *gen*); **~ good family** из хорóшей семьи́; **made ~ wood** сдéланный из дéрева; **one ~ the best** оди́н из лу́чших; **most, many, some ~ them** большинствó, мнóгие, нéкоторые из них; (*denoting reason, cause, distance*) от (+ *gen*); **die ~ fright** умерéть *pf* от испу́га; **to the west ~ the town** к зáпаду от гóрода; (*in accordance with*) по (+ *dat*); **~ necessity** по необходи́мости; **~ one's own accord** по сóбственной инициати́ве, по сóбственному желáнию; **~ one's own will** по сóбственной вóли; (*during, on*) по (+ *dat*); **~ an evening** по вечерáм; (*about*) о (+ *prep*); **we were speaking ~ you** мы говори́ли о вас; (*with place and month names in apposition: put both nouns into the same case*) **the city ~ Moscow** гóрод Москвá; **in the month ~ April** в aпрéле мéсяце; (*for other uses determined by preceding word, eg* **accuse ~, for the love ~,** *see relevant entry*)

off 1. *adj* (*on right side*) прáвый; (*removed*) сня́тый (*for various senses indicating 'having come ~' etc, use appropriate verb*); (*free*) незáнятый, свобóдный; **day ~** свобóдный день, выходнóй день *m*; (*unsuccessful*) неудáчный; (*not well*) невáжный; (*not fresh, bad*) испóрченный; (*cancelled*) отменённый; (*switched ~*) вы́ключенный; (*of tap*) закры́тый **2.** *adj* (*for most uses after certain verbs see* **come, fall, go, put, send, switch, take** *etc*); **to be ~** (*leave*) уйти́ *pf*, отпрáвиться *pf*; **I must be ~** мне порá; **be well ~** быть хорошó обеспéченным; **far ~** далекó; (*in the distance*) вдали́; **from far ~** и́здали, издалекá; **hands ~ ...** ру́ки прочь (от + *gen*); **~ and on** врéмя от врéмени **3.** *prep* (*down from, from ~*) с (+ *gen*); (*away from*) от (+ *gen*); (*for common uses with certain verbs see appropriate entries*); (*leading from*) иду́щий от (+ *gen*); (*near coast etc*) недалекó от (+ *gen*); *naut* **~ the beam** на трáверзе; **ten miles ~ the coast** на расстоя́нии десяти́ миль от бéрега; **several miles ~ the main road** в нéскольких киломéтрах от большóй дорóги

offal (*edible organs*) потрохá; (*waste*) отхóды *m pl*; (*carrion*) пáдаль *f*

offbeat *mus* синкопи́ческий; *coll* (*odd*) чуднóй дикóвинный; (*unusual*) необы́чный

off-centre смещённый, эксцентри́чный

off-chance малéйший шанс; **on the ~** на вся́кий слу́чай

off-colour (*unwell*) нездорóвый; (*indecent*) непристóйный; (*dubious*) сомни́тельный

offcut обрéзок, отрéзок

offence (*breach of custom etc*) нарушéние (закóна *etc*), простýпок; (*crime*) преступлéние; **driving ~** нарушéние прáвил движéния; (*insult*) оби́да, оскорблéние; **cause ~ to** обижáть, оскорбля́ть; **take ~** обижáться (**at,** на + *acc*)

offend (*insult*) обижáть, оскорбля́ть; **be ~ed at** обижáться на (+ *acc*); (*affront feelings etc*) оскорбля́ть; **~ against** (*custom etc*) нарушáть (+ *acc*), погреши́ть *pf* прóтив (+ *gen*); (*commit crime*) соверши́ть *pf* преступлéние

offender (*giver of offence*) оби́дчик, оскорби́тель *m*; (*transgressor*) наруши́тель *m*; (*culprit*) винóвник; (*criminal*) престу́пник

offensive 1. *n mil* наступлéние; **on the ~** в наступлéнии; **take the ~** перейти́ *pf* в атáку **2.** *adj* (*insulting*) оби́дный, оскорби́тельный; (*disgusting*) отврати́тельный; (*indecent*) непристóйный; (*attacking*) наступáтельный

offer 1. *n* предложéние **2.** *v* (*propose, propose to give, sell*) предлагáть (**to s.o.,** + *dat*; **to do** *etc*, + *pf infin*); **~ advice** давáть совéт; **~ battle** навязáть *pf* бой; **~ an opinion** выражáть мнéние; **~ one's hand** протя́гивать ру́ку; **~ resistance** окáзывать сопротивлéние; **~ prayers** моли́ться; **~ up** (*in sacrifice*) приноси́ть в жéртву; (*show signs of*) обещáть (+ *infin*); **as occasion ~s** при слу́чае

offering (*act of ~; suggestion*) предложéние; (*contribution*) пожертвовáние; (*gift*) подáрок; (*presentation*) подношéние, приношéние; (*sacrifice*) жéртва; (*oblation*) жертвоприношéние

offertory дароприношéние

off-hand 1. *adj* (*casual*) несерьёзный; (*careless*) небрéжный; (*curt*) рéзкий; (*rude*) грýбый; (*aloof*) непривéтливый; (*unceremonious*) бесцеремóнный; (*impromptu*) сдéланный экспрóмтом **2.** *adv* (*impromptu*) экспрóмтом; (*just now, on the spot*) срáзу

off-handedly несерьёзно; небрéжно; грýбо *etc*

office 1. *n* (*duty, task*) долг, обя́занность *f*; (*function*) фу́нкция; (*favour*) услу́га; **good ~s** дóбрые услу́ги; **through the good ~s of** благодаря́ любéзности (+ *gen*); (*room*) кабинéт; (*administrative centre*) контóра; (*place of business*) учреждéние; **editorial ~** редáкция; **ticket ~** билéтная кáсса; (*ministry*) министéрство; **Foreign Office** Министéрство инострáнных дел; **Home Office** Министéрство вну́тренних дел; (*position*) дóлжность *f*; **take ~** вступи́ть *pf* в дóлжность *f*; **be in ~** (*of government*) быть у влáсти; **hold ~** занимáть дóлжность, пост; *rel* обря́д; *pl* (*domestic services*) слу́жбы при дóме **2.** *adj* канцеля́рский, администрати́вный; **~ furniture** контóрская мéбель *m*; **~ worker** слу́жащий

officer 1. *n* (*official*) слу́жащий; (*hist, pej or outside USSR*) чинóвник; **customs ~** тамóженник; **police ~** полицéйский; **scientific ~** нау́чный сотру́дник; (*inspector*) инспéктор; (*of society etc*) член правлéния; *mil* офицéр; **commanding ~** команди́р; *naut* **first ~** стáрший помóщник (капитáна) **2.** *v* (*command*) командовáть (+ *instr*); (*provide with ~s*) укомплектóвывать офицéрским состáвом

official 1. *n* (*holding public office*) должностнóе лицó; (*hist, pej, or outside USSR*) чинóвник; (*employee of govt or large organization*) слу́жащий; *sp* судья́ *m* **2.** *adj* (*of, for govt etc service*) служéбный; (*authorized*) официáльный; (*formal*) формáльный; (*ceremonial*) церемóнный

officialdom (*authorities*) влáсти *f pl*; **petty ~** чинóвничество; (*bureaucracy*) канцеля́рщина

officialese канцеля́рский слог/стиль *m*

officiate (*preside*) председáтельствовать; (*at relig ceremony*) совершáть (**at,** + *acc*); *sp* суди́ть

officinal (*medicinal*) лекáрственный; (*in pharmacopoeia*) фармакопéйный; (*stocked by chemist*) аптéкарский

officious (*importunate*) навя́зчивый, назóйливый; (*arrogant*) высокомéрный; (*informal*) неофициáльный

officiousness навя́зчивость *f*, назóйливость *f*; высокомéрие

offing мо́ре, ви́димое от бе́рега; *fig* **be in the ~** (*approach*) наступа́ть, бре́зжить; (*not far off*) быть недалеко́, невдалеке́; (*threaten*) грози́ть
off-key 1. *adj* (*of sound*) фальши́вый; (*suspect*) подозри́тельный **2.** *adv* **sing, play ~** фальши́вить
off-licence магази́н спиртны́х напи́тков
offload разгружа́ть
off-peak непи́ковый
offprint отде́льный о́ттиск
off-putting (*disconcerting*) смуща́ющий; (*repulsive*) отта́лкивающий; (*distracting*) сбива́ющий с то́лку; (*discouraging*) обескура́живающий
off-season 1. *n* мёртвый сезо́н **2.** *adj* несезо́нный
offset 1. *n* (*start*) нача́ло; (*compensation*) компенса́ция (за + *acc*); *hort* побе́г; *typ* офсе́т; *bui* вы́ступ; *tech* (*from centre-line etc*) смеще́ние **2.** *adj typ* офсе́тный **3.** *v* (*compensate*) возмеща́ть, компенси́ровать
offshoot (*branch*) ответвле́ние; (*of family etc*) бокова́я ветвь *f*
offshore 1. *adj* (*at sea*) в (откры́том) мо́ре; (*near shore*) прибре́жный; **~ islands** прибре́жные острова́ *m pl*; (*from shore*) **~ breeze** берегово́й бриз **2.** *adv* в откры́том мо́ре
off-side (*of vehicle*) пра́вый; *sp* офса́йд, вне игры́; **~ trap** иску́сственное положе́ние вне игры́
offspring (*children*) де́ти *pl*; (*descendants*) пото́мки *m pl*; *fig* (*result*) проду́кт; (*brainchild etc*) де́тище
offstage 1. *adj* закули́сный **2.** *adv* (*from stage*) со сце́ны; (*behind scenes*) за кули́сами; (*in private life*) в ча́стной жи́зни
off-the-cuff 1. *adj* (*improvised*) импровизи́рованный, сде́ланный экспро́мтом **2.** *adv* экспро́мтом
off-the-peg, shelf гото́вый
off-the-record (*confidential*) конфиденциа́льный; (*not for publication*) не для печа́ти
off-white не совсе́м бе́лый
often ча́сто; **as ~ as not** нере́дко; **how ~?** как ча́сто?; **more ~ than not** ча́ще всего́; **once too ~** сли́шком ча́сто
ogee (*curve*) S-обра́зная крива́я; *archi* си́нус; **~ arch** дву(х)ска́тная стре́льчатая а́рка
ogham, ogam 1. *n* о́гам **2.** *adj* огами́ческий
ogival стре́льчатый, оживáльный
ogive стре́лка
ogle стро́ить гла́зки (+ *dat*)
ogre (*in stories*) чудо́вище, (велика́н-)людое́д; *fig* стра́шный челове́к
ogress (велика́нша-)людое́дка
oh *excl* (*for emphasis, reassurance, hesitation, exhaltation*) о!; (*for pain, fright, fear; surprise, delight*) ой, ай; (*for annoyance*) а, ну; **~, to hell with it!** а ну́ его́!; (*resignation*) **~ well!** да ла́дно!; **~, come!** да бро́сь(те)!; (*for polite surprise, scepticism*) пра́вда? неуже́ли?
ohm ом; **ten ~s** де́сять ом
ohmage сопротивле́ние в о́мах
ohmic оми́ческий
ohmmeter омме́тр
oho! ого́!
oil 1. *n* (*in general*) ма́сло; **burn midnight ~** заси́живаться по́здно за рабо́той; **pour ~ on troubled waters** умиротворя́ть; (*crude ~*) нефть *f*; **strike ~** найти́ нефть; *fig* сде́лать це́нное откры́тие; **cod-liver ~** ры́бий жир; **diesel ~** ди́зельное то́пливо; **gas ~** газо́йль *m*; **lubricating ~** жи́дкая сма́зка, сма́зочное ма́сло; *arts* (*paint*) ма́сляная кра́ска; *rel* еле́й **2.** *adj* (*of ~*) ма́сляный; (*of crude ~*) нефтяно́й; **~ refinery** нефтеперераба́тывающий заво́д **3.** *v* (*lubricate*) сма́зывать; (*impregnate with ~*) пропи́тывать ма́слом
oil-bearing нефтено́сный
oil-burning рабо́тающий на не́фти
oilcake жмых
oil-can маслёнка
oilcloth клеёнка
oil-colour ма́сляная кра́ска
oil-cooled с ма́сляным охлажде́нием
oildag графи́тная сма́зка
oil-derrick нефтяна́я вы́шка
oiled (*lubricated*) сма́занный; (*impregnated*) прома́сленный; *sl* (*drunk*) подвы́пивший
oiler (*person*) сма́зчик; (*device*) лубрика́тор; (*ship*) нефтеналивно́е су́дно
oilfield месторожде́ние не́фти
oil-fired рабо́тающий на жи́дком то́пливе; **~ central heating** нефтяно́е центра́льное отопле́ние
oiliness маслянистость *f*; *fig* еле́йность *f*
oiling сма́зка
oil-lamp кероси́новая ла́мпа; *ar* ма́сляная ла́мпа
oilless не содержа́щий ма́сла; **~ bearing** самосма́зывающийся подши́пник
oilman (*in oil industry*) нефтепромы́шленник
oilmeal мука́ из ма́сличных жмы́хов
oil-painting (*picture*) карти́на, напи́санная ма́сляными кра́сками; (*art of*) жи́вопись *f* ма́сляными кра́сками
oil-palm ма́сличная па́льма
oil-paper прома́сленная бума́га
oil-pipeline нефтепрово́д
oil-press маслобо́йный пресс
oilproof маслонепроница́емый, маслосто́йкий
oil-seal са́льник
oil-seed ма́сличное се́мя *neut*
oil-shale горю́чий сла́нец
oil-shop москате́льная ла́вка
oilskin то́нкая клеёнка; *pl* непромока́емый костю́м; *naut* дождево́е пла́тье
oilstone (*hone*) осело́к
oil-tanker (*ship*) нефтеналивно́е су́дно, нефтево́з; (*vehicle*) автоцисте́рна для перево́зки то́плива
oil-well нефтяна́я сква́жина
oily (*of, like, containing oil*) ма́сляный, маслян́истый; (*covered with oil*) покры́тый ма́слом; (*greasy to touch, taste*) жи́рный; *fig* (*unctuous*) еле́йный; (*flattering*) льсти́вый
ointment мазь *f*
OK, okay *coll* **1.** *n* (*permission*) разреше́ние, *coll* добро́; **give the ~ for** дать *pf* добро́ на (+ *acc*); (*approval*) одобре́ние **2.** *adj* (*correct*) пра́вильный; *pred adj* **everything is ~** всё в поря́дке; **it's ~ with me** я не про́тив; (*suitable*) **is this ~?** идёт?; **is it ~ for me to …?** ничего́, е́сли я …?; (*as interj, question or answer*) ла́дно, хорошо́; (*in confirmation of order*) слу́шаюсь **3.** *v* одобря́ть, разреша́ть, дать *pf* добро́ (на + *acc*)
okapi ока́пи *m and f indecl*
okra о́кра
old 1. *n collect* **the ~** старики́ *m pl*; (*~ things*) старьё; **of ~** (*formerly*) пре́жде; (*long ago*) в старину́ **2.** *adj* (*most senses*) ста́рый; **~ age** ста́рость *f*; **in ~ age** на ста́рости лет; **~ man** стари́к; **~ woman** стару́ха; **how ~ is he?** ско́лько ему́ лет?; **when he was ten years ~** когда́ ему́ бы́ло де́сять (лет); **grow ~** старе́ть, ста́риться;

look ~ вы́глядеть ста́рым; (*ancient, existing in past*) стари́нный, дре́вний; *ling* **Old High German, Old Russian** древневерхненеме́цкий, древнеру́сский язы́к; **Old Church Slavonic** старославя́нский язы́к; (*long-standing*) давни́шний; ~ **friend** ста́рый, давни́шний друг; (*familiar*) привы́чный, ста́рый; (*former*) бы́вший; (*experienced*) о́пытный; (*worn*) поно́шенный, ста́рый; (*dilapidated*) обветша́лый; *in various expressions* **Old Believer** старове́р, старообря́дец; ~ **boy** (*ex-pupil*) бы́вший учени́к; (~ *man*) стари́к; (*form of address*) стари́к, старина́; **the ~ country** ро́дина; ~ **guard** ста́рая гва́рдия; ~ **hat** (*out of date*) устаре́лый; (*hackneyed*) изби́тый; **be an ~ hand at** съесть *pf* соба́ку на (+ *pr*); ~ **inhabitant** старожи́л; ~ **maid** ста́рая де́ва; ~ **man** стари́к (*also as head of family, captain*); (*boss*) хозя́ин, шеф; (*in address*) стари́к, старина́; ~ **master** (*artist*) ста́рый ма́стер; **the ~ moon** ве́тхая луна́; **the ~ school** (*conservatives*) консерва́торы *m pl*; **of the ~ school** ста́рой шко́лы, ста́рой зака́лки; **Old Style** (*date*) ста́рый стиль *m*; **Old Testament** Ве́тхий заве́т; *as adj* ветхозаве́тный; ~ **woman** (*wife*) стару́ха; **the Old World** Ста́рый Свет

old-age (*of old age*) ста́рческий; ~ **pension** пе́нсия (по ста́рости); ~ **pensioner** пенсионе́р

old-clothes: ~ **man** старьёвщик; ~ **shop** ла́вка старьёвщика

olden: **in ~ times, the ~ days** в ста́рые времена́, в старину́

old-established давни́шний

old-fashioned старомо́дный

oldish старова́тый

old-looking старообра́зный

old-maidish стародеви́ческий

oldster *coll* стари́к

old-style в ста́ром сти́ле, старомо́дный

old-time (*old fashioned*) старомо́дный; (*of past*) стари́нный

old-timer (*old inhabitant*) старожи́л; (*veteran*) ветера́н; (*old man*) стари́к

old-world старосве́тский, старомо́дный

oleaginous (*oily*) масляни́стый; (*greasy*) жи́рный (*also fig*)

oleander олеа́ндр

oleaster ди́кая масли́на

olefine олефи́н

oleic оле́йновый

oleiferous маслопроизводя́щий, ма́сличный

olein олеи́н

oleograph(y) олеогра́фия

oleum о́леум

olfactory обоня́тельный

oligarch олига́рх

oligarchic(al) олигархи́ческий

oligarchy олига́рхия

oligopoly олигопо́лия

olivaceous (*green*) оли́вкового цве́та

olive 1. *n* (*tree, fruit*) масли́на; (*colour*) оли́вковый цвет **2.** *adj* оли́вковый; ~ **branch** оли́вковая ветвь *f*; **~-oil** оли́вковое ма́сло

olive-green коричнева́то-зелёный

Olympiad олимпиа́да

Olympian 1. *n* олимпи́ец **2.** *adj* олимпи́йский

Olympic олимпи́йский; ~ **athlete** олимпи́ец; ~ **Games** Олимпи́йские и́гры *f pl*

Olympus Оли́мп

omega оме́га

omelette омле́т

omen предзнаменова́ние; **bad ~** дурна́я приме́та; **good ~** хоро́ший знак, хоро́шее предзнаменова́ние

ominous злове́щий, угрожа́ющий

omission (*leaving out*) опуще́ние; (*thing left out*) про́пуск; (*failure in duty*) упуще́ние

omit (*leave out*) пропуска́ть, опуска́ть (**from**, из + *gen*); (*by negligence*) упуска́ть; (*exclude*) исключа́ть (**from**, из + *gen*); (*not do*) ~ **to say** не упомина́ть; (*forget to*) забыва́ть (+ *infin*)

omnibus 1. *n* (*vehicle*) авто́бус **2.** *adj* (*having many purposes*) многоцелево́й; (*all-embracing*) всеобъе́млющий; ~ **edition** по́лное собра́ние сочине́ний; ~ **volume** одното́мник

omnifarious (*of all kinds*) всевозмо́жный, вся́кого ро́да; (*various*) разнообра́зный

omnipotence всемогу́щество

omnipotent всемогу́щий

omnipresence вездесу́щность *f*

omnipresent вездесу́щий

omniscience всезна́ние, всеве́дение

omniscient всезна́ющий, всеве́дущий

omnivorous всея́дный, всепожира́ющий; *fig* жа́дный

omophagous пита́ющийся сыры́м мя́сом

omphalic пупо́чный

on 1. *adv* (*after verbs such as* **go, put, carry,** *etc, see appropriate entry*); (*after infin, to continue*) продолжа́ть (+ *infin*); (*in position*) на ме́сте; (*switched* ~) включённый; (*taking place*) **what's ~ at the cinema?** что идёт в кино́?; (*as excl*) вперёд, да́льше!; **further** ~ да́льше; **later** ~ поздне́е, по́зже; ~ **and off** вре́мя от вре́мени; ~ **and** ~ без остано́вки **2.** *prep* (~ *top of, in contact with*) на (+ *prep*); ~ **the table** на столе́; (*on to, with verb of motion*) на (+ *acc*); **he fell ~ the floor** он упа́л на́ пол; (*concerning*) о (+ *prep*); **a book, lecture ~ ...** кни́га, ле́кция по (+ *prep*); ~ **the subject of** на те́му (+ *gen*); (*along*) по (+ *dat*); (*according to*) по (+ *dat*); ~ **the advice of** по сове́ту (+ *gen*); ~ **one's own initiative** по со́бственной инициати́ве; (*transmitted by*) по (+ *dat*); ~ **the telephone** по телефо́ну; ~ **the radio, television** по ра́дио, телеви́дению; (*after*) по́сле (+ *gen*); (*of simultaneous action*) по (+ *prep*); ~ **arriving, returning** по прие́зде, возвраще́нии, *also by gerund* ~ **entering the room** войдя́ в ко́мнату; (*with day names*) в (+ *acc*); ~ **Wednesday** в сре́ду; (*in certain time expressions*) ~ **that day, night** в тот день, в ту ночь; ~ **the next day** на сле́дующий день; ~ **the following morning** на сле́дующее у́тро; (*in dates: gen of ordinal*) ~ **the 10th of May** деся́того ма́я; ~ **the first** пе́рвого числа́; *in various expressions* ~ **account of** из-за (+ *gen*), по причи́не (+ *gen*); ~ **no account** ни в ко́ем слу́чае; ~ **all, both sides** со всех, обе́их сторо́н; ~ **both sides** по о́бе сто́роны (**of**, + *gen*); ~ **the left, right side of** по ле́вую, пра́вую сто́рону (+ *gen*); ~ **the left, right** нале́во, напра́во (**of**, от + *gen*); ~ **average** в сре́днем; ~ **behalf of** от и́мени (+ *gen*); ~ **business** по де́лу; ~ **the cheap** по дешёвке; ~ **condition that** при усло́вии, что; ~ **the contrary** наоборо́т; ~ **credit** в креди́т; ~ **earth** на земле́; **be ~ fire** горе́ть; ~ **foot** пешко́м; ~ **holiday** в о́тпуске; **be ~ holiday** отдыха́ть; ~ **horseback** верхо́м; **just** ~ почти́; ~ **land** на су́ше; ~ **leave** в о́тпуске; ~ **the one hand** с одно́й стороны́; ~ **the other hand** с друго́й стороны́; ~ **the**

стороны́ (+ *gen*); ~ **the point of** как раз; ~ **purpose** наро́чно; ~ **the quiet** тайко́м, потихо́ньку; ~ **sale** в прода́же; ~ **the side** (*illicitly*) на стороне́, *coll* нале́во; ~ **the spot** (*immediately*) на ме́сте, сра́зу; ~ **time** во́-время; ~ **trust** на ве́ру; ~ **the way** по пути́, по доро́ге (**to**, в + *acc*); ~ **the whole** в о́бщем, в це́лом
onager она́гр
onanism онани́зм
on-board бортово́й
once (*at one time only*) (оди́н) раз; **all at** ~ (*suddenly*) вдруг, внеза́пно; (*all together*) все вме́сте; **at** ~ сра́зу же, то́тчас же; **for** ~ на э́тот раз; ~ **again, more** ещё раз; ~ **and for all** раз и навсегда́; ~ **or twice** ра́за два; ~ **a week** раз в неде́лю; (*on occasion in past*) одна́жды; ~ **upon a time** давны́м-давно́; (*some time ago*) когда́-то; (*as soon as*) как то́лько, сто́ит то́лько
once-over бе́глый осмо́тр; **give s.o. the, a** ~ бе́гло, бы́стро осмотре́ть *pf*
oncological онкологи́ческий
oncoming 1. *n* наступле́ние **2.** *adj* (*approaching*) надвига́ющийся; ~ **traffic** встре́чное движе́ние; (*near in time*) наступа́ющий
oncost накладны́е расхо́ды *m pl*
on-duty служе́бный
one 1. *num* оди́н, *f* одна́, *neut* одно́, *with pl nouns* одни́; ~ **of** оди́н из (+ *gen*); ~ **more** ещё оди́н; ~ **or two** (*some*) не́сколько (+ *gen pl*); (*certain*) не́которые *pl*; (*in counting*) ~, **two, three** раз, два, три; **last but** ~ предпосле́дний; **as** ~ как оди́н, единоду́шно; ~ **too many** сли́шком мно́го; (~ *o'clock*) час; **at** ~ в час **2.** *adj* (*single*) оди́н; (*only*) еди́нственный; (*undivided*) еди́ный; ~ **and the same** тот же са́мый, оди́н и тот же; (*whole*) це́лый; (*of age*) **he is** ~ ему́ год; (*a certain*) не́кий, не́который, изве́стный; ~ **day** одна́жды; ~ **fine day** в оди́н прекра́сный день; ~ **evening** одна́жды ве́чером; ~ **summer's morning** одна́жды ле́тним у́тром; **at** ~ **time** (*once*) ко́гда-то, ка́к-то; (*together*) вме́сте **3.** *indef pron*: *transl by impersonal construction* ~ **may, can …** мо́жно (+ *infin*); ~ **may not, cannot …** нельзя́ (+ *infin*); ~ **must** на́до, ну́жно (+ *infin*); *or by 2nd pers sing without pronoun* ~ **never knows what might happen** никогда́ не зна́ешь, что бу́дет; ~ **another** друг дру́га; **they were talking to** ~ **another** они́ разгова́ривали друг с дру́гом; ~ **and all** все до одного́; **I for** ~ я, наприме́р/ли́чно я; ~ **by** ~ оди́н за други́м; **the** ~ **which …** то, что …; **the** ~ **who …** тот, кто; **not the** ~ не тот; **he is not** ~ **to** он не тако́й челове́к, что́бы (+ *infin*); (*referring back to previous noun*) **which** ~? како́й?; **that** ~ э́тот; **use my pen. Thanks, I have** ~ возьми́те мою ру́чку. Спаси́бо, у меня́ есть; **this radio is better than that** ~ э́тот радиоприёмник лу́чше того́; **I have read this book. Please give me another** ~ я прочита́л э́ту кни́гу. Да́йте пожа́луйста другу́ю; **the house was a new** ~ дом был но́вый
one-act одноа́ктный
one-armed одноро́укий; ~ **bandit** игрово́й автома́т
one-eyed (*with one eye*) одногла́зый; (*blind in one eye*) слепо́й на оди́н глаз; *sl* (*petty*) ничто́жный; (*low-grade*) пога́ный, дрянно́й
one-horse одноко́нный; *sl* (*feeble*) сла́бый; (*insignificant*) ничто́жный; ~ **town** захолу́стный городи́шко *m*
one-legged одноно́гий
one-man (*for only one man*) для одного́ челове́ка; (*having only one place*) одноме́стный
oneness (*uniqueness*) едини́чность *f*; (*unity*) еди́ность *f*; (*identity*) то́ждество, иденти́чность *f*; (*unanimity*) единомы́слие; (*concord*) согла́сие
one-off едини́чный
one-piece це́льный
onerous обремени́тельный, тя́гостный
onerousness тя́гостность *f*
oneself 1. *refl pr* себя́; **by** ~ оди́н; **look at** ~ смотре́ть на себя́; *often translated by refl verb*: **excuse** ~ извиня́ться; **forget** ~ забыва́ться; **hurt** ~ ушиба́ться; **wash** ~ умыва́ться **2.** *emph pr* сам; **be** ~ быть сами́м собо́й; **one cannot do everything** ~ нельзя́ самому́ всё де́лать
one-sided односторо́нний
one-time (*former*) бы́вший; (*for use once only*) однора́зовый
one-track (*railway*) одноколе́йный; *fig* **have a** ~ **mind about** ду́мать то́лько о (+ *prep*)
one-way (*traffic*) односторо́нний; ~ **street** у́лица с односторо́нним движе́нием; (*ticket, trip*) в оди́н коне́ц
on-going продолжа́ющийся, постоя́нный
onion *bot* лук (ре́пчатый); (*single* ~) лу́ковица; **spring** ~ зелёный лук; *coll* **know one's** ~**s** знать своё де́ло
on-line неавтоно́мный
onlooker зри́тель *m*, наблюда́тель *m*
only 1. *adj* еди́нственный **2.** *adv* то́лько; ~ **just** (*barely*) едва́; **be** ~ **just in time** едва́ успе́ть; (*a moment ago*) то́лько что; **he had** ~ **just come in** он то́лько что вошёл; ~ **too** о́чень, весьма́; **if** ~ е́сли бы то́лько (+ *past*); **not** ~ **… but also …** не то́лько … но и … **3.** *conj* то́лько, но
onomastic ономасти́ческий
onomastics онома́стика
onomatopoeia ономатопе́я, звукоподража́ние
onomatopoeic звукоподража́тельный
onrush (*dash forward*) бросо́к; (*influx of people*) наплы́в; (*pressure*) напо́р; (*onslaught*) на́тиск
onset (*attack*) на́тиск, нападе́ние; (*start*) нача́ло
onshore с мо́ря
on-site на ме́сте
onslaught на́тиск, нападе́ние
on-the-spot на ме́сте
on to на (+ *acc*)
ontogenesis онтогене́з
ontogenetic онтогенети́ческий
ontological онтологи́ческий
ontology онтоло́гия
onus (*responsibility*) отве́тственность *f* (**of**, за + *acc*); (*burden*) бре́мя *neut*; ~ **probandi,** ~ **of proof** бре́мя *neut* дока́зывания
onward 1. *adj* дви́жущийся вперёд; ~ **movement** движе́ние вперёд **2.** *adv* вперёд, да́льше
onyx 1. *n* о́никс **2.** *adj* о́никсовый
oodles *coll* (*masses*) ку́ча, ма́сса, у́йма; (*any amount*) ско́лько уго́дно
oolite ооли́т
oologist коллекционе́р пти́чьих яиц
ooze 1. *n* (*mud*) ти́на, ил; (*marsh*) боло́то; (*slow leak*) истече́ние **2.** *v* (*trickle*) ме́дленно течь; ~ **with** (*water*) быть по́лным вла́ги; (*exude*) сочи́ться (из + *gen*); ~ **away** ме́дленно исчеза́ть
opacity непрозра́чность *f*; *fig* нея́сность *f*
opal опа́л; ~ **glass** ма́товое стекло́
opalesce перелива́ться
opalescence опалесце́нция
opalescent (*colour etc*) перели́вчатый

opaline 1. *n* опали́н **2.** *adj* опа́ловый
opaque непрозра́чный; *fig* нея́сный
op-art о́п-арт
open 1. *n* **in the** ~ на откры́том во́здухе; **come into the** ~ (*be frank*) быть открове́нным; (*admit*) признава́ться; (*reveal true aims*) сбро́сить *pf* ма́ску; (*become known*) вы́йти *pf* нару́жу **2.** *adj* (*most senses*) откры́тый; ~ **circuit** разо́мкнутая ли́ния; ~ **country** откры́тая ме́стность *f*, откры́тое по́ле; ~ **letter** откры́тое письмо́; ~ **market** во́льный ры́нок; *mil* ~ **order** разо́мкнутый строй; ~ **sea** откры́тое мо́ре; ~ **season** сезо́н охо́ты; ~ **secret** секре́т полишине́ля; **in the** ~ **air** на откры́том во́здухе; **keep one's eyes** ~ (*alert*) смотре́ть в о́ба; **throw** ~ распахну́ть *pf*; (*make available*) откры́ть *pf*; **wide** ~ распа́хнутый; **with an** ~ **hand** ще́дрой руко́й; **with** ~ **arms** с распростёртыми объя́тиями (*also fig*); (*frank*) открове́нный; **be** ~ **with** быть открове́нным с (+ *instr*); (*not occupied*) свобо́дный, неза́нятый; ~ **to** (*accessible*) досту́пный для (+ *gen*); (*ready, inclined to*) гото́вый (+ *infin*); (*suspicion etc*) подверга́ться (+ *dat*); (*persuasion etc*) поддава́ться (+ *dat*) **3.** *v* (*most senses; unclose; begin*) открыва́ть(ся); (*book etc*) раскрыва́ть(ся); (*of flowers*) расцвета́ть; (*unwrap*) разворáчивать; ~ **on to** (*of window etc*) выходи́ть на (+ *acc*); *fig* ~ **s.o.'s eyes to** откры́ть *pf* кому́-нибудь глаза́ на (+ *acc*); ~ **the door to** откры́ть *pf* путь (+ *dat*); ~ **out** (*widen*) расширя́ть(ся); (*map, umbrella etc*) раскрыва́ть; (*of flower*) расцвета́ть, распуска́ться; ~ **up** (*packet, wound etc*) вскрыва́ть(ся); (*reveal*) раскрыва́ть(ся); (*explore*) открыва́ть; (*begin*) открыва́ть, начина́ть; *mil* откры́ть *pf* ого́нь
open-air на откры́том во́здухе
open-cast: ~ **mining** откры́тые го́рные рабо́ты *f pl*, добы́ча (угля́ *etc*) откры́тым спо́собом
open-ended (*open*) откры́тый; (*not limited in time*) бессро́чный
opener (*in general*) открыва́лка; (*knife-type can* ~) консе́рвный нож; (*key type*) консе́рвный ключ; *agr* со́шник
open-eyed 1. *adj* с широко́ раскры́тыми глаза́ми **2.** *adv* (*amazed*) с удивле́нием; (*fully aware*) созна́тельно, с откры́тыми глаза́ми
open-faced с откры́тым лицо́м
open-handed ще́дрый
open-handedness ще́дрость *f*
open-hearted (*kindly*) до́брый; (*frank*) чистосерде́чный
open-hearth (*furnace etc*) марте́новский
opening 1. *n* (*act*) откры́тие; (*hole*) отве́рстие, щель *f*; (*gap in clouds etc*) просве́т; (*beginning*) нача́ло; (*opportunity*) удо́бный слу́чай; (*job*) вака́нсия; (*in chess*) дебю́т **2.** *adj* (*first*) пе́рвый, нача́льный; *theat* ~ **night** премье́ра; (*preliminary*) предвари́тельный; (*serving to open*) открыва́ющий
openly (*frankly*) открове́нно, откры́то; (*publicly*) публи́чно
open-minded непредубеждённый, беспристра́стный
open-mouthed (*with open mouth*) с откры́тым ртом; (*astonished*) рази́нувший рот от удивле́ния; **stand** ~ стоя́ть, рази́нув рот
openness открове́нность *f*, и́скренность *f*
open-work 1. *n* ажу́р **2.** *adj* ажу́рный
opera 1. *n* о́пера **2.** *adj* о́перный
operable *med* опера́бельный
opera-glasses (театра́льный) бино́кль *m*
opera-hat шапокля́к
opera-house о́перный теа́тр, о́пера
operand *math* опера́нд
opera-singer о́перный певе́ц, *f* о́перная певи́ца
operate (*function*) де́йствовать, рабо́тать, функциони́ровать; *tech* (*of control devices etc*) срабáтывать; (*have effect*) возде́йствовать, ока́зывать возде́йствие (**on**, на + *acc*); (*control machine, run*) управля́ть (+ *instr*); (*conduct*) вести́; (*cause to move*) приводи́ть в движе́ние; *med* опери́ровать (**on**, + *acc*); де́лать опера́цию (**on**, на + *prep*)
operatic о́перный
operating *med* операцио́нный; ~ **theatre** операцио́нная; *tech* (*conditions, temperature etc*) рабо́чий; (*controlling*) управля́ющий; (*driving*) приводно́й; *comm* (*costs etc*) эксплуатацио́нный
operation (*action*) де́йствие; **in** ~ в де́йствии; **be in** ~ (*work*) рабо́тать; (*in force*) де́йствовать; **come into** ~ начина́ть де́йствовать; (*effect*) де́йствие, возде́йствие (**on**, на + *acc*); *tech, fin, mil* опера́ция; *med* опера́ция (**on**, на + *prep*); (*task*) зада́ча; (*of factory etc*) эксплуата́ция; (*of machine*) управле́ние (+ *instr*)
operational (*usable*) испра́вный; (*working*) рабо́чий; *mil* (*of operation*) боево́й; (*fit for action*) операти́вный; *math, med* операцио́нный; *comm* эксплуатацио́нный
operative 1. *n* (*worker*) рабо́чий; (*non-manual, employee*) сотру́дник; (*machine etc operator*) опера́тор, стано́чник **2.** *adj* (*working*) рабо́тающий; (*having effect*) де́йствующий; (*valid*) действи́тельный; **become** ~ входи́ть в си́лу
operator (*various senses*) опера́тор; **radio** ~ ради́ст; **telephone** ~ телефони́ст, *f* телефони́стка; (*speculator*) спекуля́нт; *coll pej* комбина́тор
operculum *anat, biol* покры́шка; *zool* жа́берная кры́шка
operetta опере́тта
ophicleide офиклеи́д
ophthalmia офтальми́я
ophthalmic глазно́й; ~ **surgeon** окули́ст
ophthalmology офтальмоло́гия
ophthalmoscope офтальмоско́п
opiate (*drug*) опиа́т; (*soporific*) снотво́рное
opine (*consider*) счита́ть; (*suppose*) полага́ть
opinion (*judgement, estimation*) мне́ние (**of**, о + *prep*); **be of the** ~ **that** счита́ть, что; **have a high** ~ **of** быть высо́кого мне́ния о (+ *prep*); **in the** ~ **of** по мне́нию (+ *gen*); **in my** ~ по-мо́ему; *pl* (*convictions*) взгля́ды *m pl*, убежде́ния *neut pl*
opinionated самоуве́ренный, догмати́чный
opisometer курвиме́тр
opium 1. *n* о́пиум, о́пий; ~ **eater** кури́льщик о́пиума **2.** *adj* опи́йный
opossum опо́ссум, су́мчатая кры́са
opponent 1. *n* оппоне́нт, проти́вник **2.** *adj* (*opposed*) противополо́жный; (*hostile*) вражде́бный
opportune (*appropriate*) подходя́щий; (*well-timed*) своевре́менный; (*apt*) уме́стный
opportunism оппортуни́зм
opportunist 1. *n* оппортуни́ст **2.** *adj* оппортунисти́ческий
opportunity (*possibility*) возмо́жность *f*; **find, give, have, lose** ~ найти́ *pf*, дать *pf*, име́ть, упусти́ть

pf, возмóжность (+ *infin*); **I had no** ~ я не имéл возмóжности (**of** + *gen*; **to,** + *infin*); (*good chance, occasion*) слýчай; **golden** ~ прекрáсный слýчай; **this is a good** ~ э́то удóбный слýчай, чтóбы; **seize the** ~ воспóльзоваться слýчаем, возмóжностью

oppose (*resist*) сопротивля́ться (+ *dat*); (*be against*) быть прóтив (+ *gen*); (*speak against*) возражáть прóтив (+ *gen*); ~ **a motion** отклони́ть *pf* резолю́цию; (*counterbalance*) противопоставля́ть (**s'th with, to s'th,** + *acc,* + *dat*); **be ~d to** быть прóтив (+ *gen*)

opposer оппонéнт

opposing противостоя́щий; *sp* **the ~ side** комáнда проти́вника

opposite 1. *n* (*extreme*) противоположность *f*; **the exact, direct** ~ прямáя противоположность; **it's just the** ~ как раз наоборóт **2.** *adj* (*facing*) противоположный (**to,** + *dat*); (*on other side*) находя́щийся напрóтив (**to,** + *gen*); (*in other direction*) обрáтный **3.** *adv* напрóтив **4.** *prep* прóтив, напрóтив (+ *gen*)

opposition (*resistance*) сопротивлéние (**to,** + *dat*); (*objection*) возражéние (на + *acc*); (*hostility*) враждéбность *f* (**to,** к + *dat*); (*obstacle*) препя́тствие (**to,** + *dat*); *polit* оппози́ция; (*contrast*) противоположность *f*; *astron* противостоя́ние

oppress (*tyrannize over peoples*) угнетáть; (*over individuals*) притесня́ть; (*depress*) удручáть, угнетáть

oppression (*action*) угнетéние; притеснéние; (*tyranny*) тирани́я, гнёт; **under the** ~ **of** под гнётом (+ *gen*); (*depression*) угнетённость *f*, подáвленность *f*

oppressive (*tyrannical*) деспоти́ческий; (*exhausting*) томи́тельный; (*sultry*) дýшный; (*heavy*) тя́гостный; (*depressing*) гнетýщий

oppressor угнетáтель *m*; притесни́тель *m*

opprobrious (*insulting*) оскорби́тельный; (*disgraceful*) позóрный

opprobrium (*shame*) позóр; (*abuse*) оскорблéние; (*blame*) порицáние; (*reproach*) упрёк

opt выбирáть (**for,** + *acc*; **to,** + *infin*); **opt out** отказáться *pf* учáствовать, пассовáть

optative 1. *n* оптати́в **2.** *adj* оптати́вный

optic (*of eyes*) глазнóй; (*of sight*) зри́тельный

optical опти́ческий; ~ **illusion** опти́ческий обмáн

optician óптик

optics óптика

optimism оптими́зм

optimist оптими́ст

optimistic оптимисти́ческий, оптимисти́чный

optimization оптимизáция

optimize быть оптими́стом; *math* оптимизи́ровать

optimum 1. *n* оптимýм **2.** *adj* оптимáльный

option (*choice*) вы́бор; (*right of choice*) прáво вы́бора; *comm* **have an** ~ **on** имéть преимýщественное прáво купи́ть; (*on shares etc*) опциóн

optional (*not compulsory*) необязáтельный; (*that may be chosen*) факультати́вный

opulence (*wealth*) богáтство; (*abundance*) изоби́лие; (*luxury*) рóскошь *f*; (*of style*) напы́щенность *f*

opulent богáтый; оби́льный; роскóшный; напы́щенный

opus (*work*) труд, произведéние; *mus* óпус

opuscule небольшóе произведéние

or (*introducing alternative*) и́ли; **either ... ~ ...** и́ли ... и́ли ...; (*otherwise*) и́нáче, а тó; ~ **else** (*otherwise*) и́нáче, а тó; (~) и́ли; *coll* (*in threat*) а (не) тó (вам *etc*) хýже бýдет

oracle *myth* орáкул (*also fig*); (*prophecy*) предсказáние

oracular (*of oracle*) орáкульский; (*prophetic*) прорóческий; (*wise*) мýдрый; (*ambiguous*) двусмы́сленный; (*like riddle*) загáдочный

oral 1. *n* (*exam*) ýстный экзáмен **2.** *adj* (*spoken*) ýстный; (*of mouth*) ротовóй; (*to be taken ~ly*) орáльный

orange 1. *n* (*fruit, tree*) апельси́н; (*colour*) орáнжевый цвет **2.** *adj* (*of ~*) апельси́новый; (*made from ~*) апельси́нный; (*colour*) орáнжевый

orangeade оранжáд

orange-blossom (*bridal decoration*) флёрдорáнж

Orangeman оранжи́ст

orange-peel апельси́нная кóрка

orangery оранжерéя

orang-outang орангутáн

orate орáторствовать

oration речь *f*

orator орáтор

oratorical орáторский

oratorio оратóрия

oratory (*art of speaking*) орáторское искýсство; (*rhetoric*) ритóрика; (*chapel*) часóвня

orb (*sphere*) сфéра; (*globe*) шар; (*in regalia*) держáва

orbicular (*spherical*) сфери́ческий; (*round*) крýглый

orbit 1. *n astr, phys, anat* орби́та; **in** ~ на орби́те; **put/go into** ~ вы́вести *pf*/вы́йти *pf* на орби́ту; *fig* сфéра **2.** *v* (*put in ~*) выводи́ть на орби́ту; (*move in ~*) дви́гаться по орби́те

orbital орбитáльный; ~ **road** кольцевáя дорóга

orchard фруктóвый сад

orchestra *mus* оркéстр; ~ **pit** оркéстр, мéсто для оркéстра; (*in Greek theatre*) оркéстра

orchestral оркестрóвый

orchestrate оркестри́ровать

orchestration оркестрóвка, инструментóвка

orchid орхидéя

orchidaceous орхидéйный

orchitis орхи́т, воспалéние яи́чек

ordain (*order*) предпи́сывать; (*priest*) посвящáть (в духóвный сан)

ordeal тяжёлое испытáние

order 1. *n* (*arrangement; tidiness*) поря́док; **in** ~ в поря́дке; **in** ~ **of** соглáсно (+ *dat*); **in alphabetical** ~ в алфави́тном поря́дке; **out of** ~ (*untidy*) в беспоря́дке; (*not in ~*) не в поря́дке; **put in** ~ приводи́ть в поря́док; (*sequence*) послéдовательность *f*; (*behaviour*) поря́док; **call to** ~ призывáть к поря́дку; (*open meeting*) откры́ть *pf* собрáние; **maintain** ~ поддéрживать поря́док; **public** ~ общéственный поря́док; (*discipline*) дисципли́на; (*social organization*) строй; **social** ~ общéственный строй; (*class*) слой óбщества; *mil* строй, боевóй поря́док; **close** ~ сóмкнутый строй; *math* поря́док; **of the** ~ **of** поря́дка (+ *gen*); (*condition*) испрáвность *f*, поря́док, состоя́ние; **in good** ~ в испрáвности, в поря́дке, в хорóшем состоя́нии; **keep in** ~ держáть в поря́дке; **be out of** ~ быть в неиспрáвности; *archi* óрдер; (*command*) прикáз; **give** ~ дать *pf* прикáз (**to,** + *infin*); **obey ~s** подчиня́ться прикáзу; **by** ~ **of** по прикáзу (+ *gen*); *coll* **that's a tall** ~ дéло нелёгкое; (*computer*) комáнда; (*authorization*) разрешéние; (*pass*) прóпуск;

(*warrant*) óрдер; *comm* (*for goods*) закáз (**for,** на); **to** ~ на закáз; **on** ~ закáзанный; (*decoration; knightly, monastic*) óрден; *pl eccles* (*priestly status*) духóвный сан; **take** ~s стать *pf* свящéнником; (*kind*) род, сорт; **something of that** ~ нéчто в э́том рóде; **of quite a different** ~ совсéм инóго поря́дка; *zool* отря́д; *bot* поря́док; **in** ~ **to** чтóбы (+ *infin*), (*more emphatically, esp at beginning of sentence*) для тогó, чтóбы (+ *infin*); **in** ~ **that** чтóбы, (*more emphatically*) для тогó, чтóбы/с тем, чтóбы (+ *past*) **2.** *v* (*command*) прикáзывать (+ *dat;* **to**, + *infin*); (*have bought, made*) закáзывать; (*make tidy*) приводи́ть в поря́док; (*arrange*) располагáть, распределя́ть; ~ **about** комáндовать (+ *instr*), распоряжáться
order-book кни́га закáзов
ordering закáз; расположéние
orderliness (*order*) поря́док; (*tidiness*) аккурáтность *f*; (*good behaviour*) хорóшее поведéние
orderly 1. *n* (*hospital*) санитáр; *mil* (*soldier with special duty*) дневáльный; (*batman*) ординáрец; (*messenger*) связнóй **2.** *adv* (*tidy*) опря́тный, аккурáтный; (*systematic*) организóванный; **in an** ~ **fashion** организóванно; (*disciplined*) дисциплини́рованный; (*methodical*) методи́чный; *mil* дежýрный
ordinal поря́дковое числи́тельное
ordinance (*decree*) укáз; (*statute*) статýт; (*law*) закóн; (*local regulation*) постановлéние
ordinary (*usual*) обы́чный; (*common, not special*) обыкновéнный; (*habitual*) привы́чный; (*average*) срéдний; (*mediocre*) зауря́дный, посрéдственный; *naut* ~ **seaman** млáдший матрóс; **in** ~ ординáрный; **out of the** ~ (*unusual*) необы́чный; (*exceptional*) незауря́дный
ordinate *math* ординáта
ordination рукоположéние, посвящéние (в духóвный сан)
ordnance 1. *n* (*artillery*) артиллéрия; (*stores*) материáльная часть *f*; **piece of** ~ пýшка, орýдие **2.** *adj* артиллери́йский; **Ordnance (Survey) map** кáрта государственной топографи́ческой слýжбы
ordure (*dung*) навóз; (*filth*) грязь *f*; (*obscenity*) непристóйность *f*
ore рудá; ~**-bearing** рудонóсный; ~**-carrier** рудовóз
organ 1. *n mus* оргáн; **mouth** ~ губнáя гармóника; **street, barrel** ~ шармáнка; (*all other senses*) óрган **2.** *adj mus* оргáнный
organ-grinder шармáнка
organic (*most senses; biol, chem*) органи́ческий; (*innate*) врождённый; *leg* основнóй; ~ **whole** еди́ное цéлое
organism органи́зм
organist органи́ст
organization (*most senses*) организáция; **United Nations Organization (UNO)** Организáция Объединённых Нáций (ООН)
organizational организациóнный
organize (*all senses*) организóвывать; (*arrange*) устрáивать
organized организóванный
organizer организáтор
organometallic металлоргани́ческий
organon органóн
organ-pipe оргáнная трубá
organ-stop реги́стр оргáна
orgasm оргáзм
orgiastic разнýзданный
orgy óргия
oriel: ~ **window** окнó э́ркера
Orient 1. *n* Востóк **2.** *adj* востóчный
orient ориенти́ровать(ся)
Oriental 1. *n* урожéнец Востóка, азиáт **2.** *adj* востóчный; ~ **studies** востоковéдение
Orientalism ориентали́зм
Orientalist востоковéд
orientate ориенти́ровать; ~ **oneself** ориенти́роваться (**towards,** на + *acc*)
orientation (*action*) ориенти́рование; (*position*) ориентáция, ориентирóвка; (*inclination*) уклóн; (*direction*) направлéние; (*familiarization*) ознакомлéние
orienteering *sp* ориенти́рование
orifice (*opening*) отвéрстие; (*passage*) прохóд; (*of jet*) соплó
origin (*source*) истóчник; (*beginning*) начáло; **have, take its** ~ брать своё начáло; (*cause*) причи́на; (*derivation, parentage*) происхождéние; **of unknown** ~ неизвéстного происхождéния
original 1. *n* (*person; of picture*) оригинáл; (*of document*) пóдлинник, оригинáл **2.** *adj* (*first*) пéрвый, первоначáльный; (*of document*) пóдлинный; (*other senses*) оригинáльный; ~ **sin** перворóдный грех
originality оригинáльность *f*
originally (*at first*) первоначáльно, в начáле; (*by birth*) по происхождéнию
originate *vt* (*give rise to s'th new*) порождáть; (*create*) создавáть; (*cause*) вызывáть; *vi* (*begin*) начинáться (**in, with,** с + *gen*); (*arise*) возникáть; (*have origin*) брать начáло, происходи́ть
originator (*of plan etc*) áвтор; (*of message*) отправи́тель *m*
oriole и́волга
Orion Ориóн
orlon 1. *n* орлóн **2.** *adj* орлóновый
orlop (deck) ни́жняя пáлуба
ormolu (*alloy*) сплав золотóго цвéта; (*gilt bronze*) золочёная брóнза
ornament 1. *n* (*in general*) украшéние; *fig* украшéние (**to,** + *gen*); (*embellishment*) орнáмент; (*trinket*) безделýшка **2.** *v* украшáть
ornamental декорати́вный, орнаментáльный; **purely** ~ тóлько для украшéния, чи́сто декорати́вный
ornamentation (*act*) украшéние; (*ornaments*) украшéния *pl*
ornate (*decorated*) укрáшенный; (*elaborately decorated*) богáто укрáшенный; (*of style*) витиевáтый
ornithological орнитологи́ческий
ornithologist орнитóлог
ornithology орнитолóгия
ornithopter орнитоптéр
orotund (*voice*) полнозвýчный; (*pompous*) напы́щенный
orphan 1. *n* сиротá *m and f* **2.** *adj* сирóтский **3.** *v* дéлать сиротóй; ~**ed** осиротéвший, осиротéлый
orphanage прию́т для сирóт
orphanhood сирóтство
orpiment аурипигмéнт
orrery планетáрий
orthocentre ортоцéнтр
orthochromatic ортохромати́ческий
orthodontics ортодóнтия
orthodox 1. *n* (*person*) ортодóкс; (*member of*

Orthodox Church) правосла́вный **2.** *adj* ортодокса́льный; **Orthodox Church** правосла́вная це́рковь *f*
orthodoxy ортодокса́льность *f*; *eccles* правосла́вие
orthoepy орфоэ́пия
orthogonal ортогона́льный, прямоуго́льный
orthographic (*of spelling*) орфографи́ческий; *math* ортогона́льный
orthography правописа́ние, орфогра́фия
orthopaedic ортопеди́ческий
orthopaedics ортопе́дия
orthopaedist ортопе́д
orthopterous прямокры́лый
ortolan овся́нка садо́вая
oryx сернобы́к
Oscar (*award*) О́скар
oscillate (*swing*) кача́ться; (*vibrate*) вибри́ровать; (*hesitate, waver*) колеба́ться; *tech* осцилли́ровать, колеба́ться
oscillation кача́ние; *fig*, *tech* колеба́ние
oscillator *tech* генера́тор
oscillatory колеба́тельный
oscillograph осцилло́граф
oscilloscope осциллоско́п
osculate (*kiss*) целова́ться; *math* соприкаса́ться
osculation поцелу́й; (*math*) соприкоснове́ние
osier и́ва; ~ **bed** са́женый ивня́к
osmometer осмо́метр
osmosis о́смос
osmotic осмоти́ческий
osprey скопа́
osseous ко́стный
ossicle ко́сточка
ossification окостене́ние
ossify (*turn to bone*) превраща́ться в кость; (*grow stiff*) костене́ть
ossuary (*burial vault*) склеп; (*urn*) у́рна
osteitis ости́т
ostensible (*pretended*) мни́мый; (*official*) официа́льный; (*apparent*) ка́жущийся; (*evident*) очеви́дный
ostensibly я́кобы
ostentation (*pretentiousness*) претенцио́зность *f*; (*vainglory*) тщесла́вие; (*deliberateness*) нарочи́тость *f*
ostentatious (*pretentious*) претенцио́зный; (*showy*) показно́й; (*deliberate*) нарочи́тый
ostentatiously нарочи́то
osteo-arthritis остеоартри́т
osteology остеоло́гия
osteomyelitis остеомиели́т
osteopath остеопа́т
osteopathy остеопа́тия
osteoporosis остеопоро́з
ostler ко́нюх
ostracism остраки́зм
ostracize изгоня́ть из о́бщества, подверга́ть остраки́зму
ostrich стра́ус
other 1. *n pl* остальны́е, други́е; **and ~s** и други́е **2.** *adj* (*different*) друго́й, ино́й; **none ~ than** некто́ ино́й, как; (*rest of, remaining*) остально́й; (*second*) второ́й; (*additional, more*) ещё; **have you any ~ books?** есть ли у вас ещё каки́е-нибудь кни́ги?; **I have three ~s** у меня́ есть ещё три; *in various expressions* **one after the ~** оди́н за други́м; **every ~** че́рез (+ *acc*); **every ~ week** че́рез неде́лю; **the ~ day** на дня́х, неда́вно; **something or ~** что́-нибудь; **~ than** кро́ме (+ *gen*) **3.** *adv* (*differently*) ина́че (**than**, чем + *infin*); (*except*) кро́ме того́, что́бы (+ *infin*); **I cannot do ~ than** я могу́ то́лько (+ *infin*), я не могу́ не (+ *infin*) **4.** *pron* **one or ~** тот или друго́й; **each ~** друг дру́га
otherness (*difference*) отли́чие; (*dissimilarity*) непохо́жесть *f*; (*alien quality*) чу́ждость *f*
otherwise 1. *adv* (*differently*) ина́че; **~ than** ина́че чем; (*in other respects*) в други́х отноше́ниях; (*apart from that*) кро́ме э́того; **and ~** и наоборо́т **2.** *conj* (*or else*) ина́че, а то́
otherworldly (*impractical*) непракти́чный; (*religious*) набо́жный; **he is an ~ person** он не от ми́ра сего́
otiose (*futile*) бесполе́зный; (*superfluous*) ли́шний
otitis оти́т
otology отоло́гия
otter *zool* вы́дра
Ottoman 1. *n* оттома́н, ту́рок **2.** *adj* оттома́нский, туре́цкий
ottoman дива́н, оттома́нка
ouch *interj* ой! ай!
ought (*have as duty*) до́лжен, *or impersonally* сле́довать (+ *dat*); **I ~ to go** я до́лжен пойти́, мне сле́дует пойти́; (*expressing desirability*) *impersonally* сле́довало бы (+ *dat*); **you ~ to have told me** тебе́ сле́довало бы сказа́ть мне; (*indicating probability*) до́лжен, *or by adv* вероя́тно, должно́ быть, наве́рное; **he ~ to be there by now** сейча́с он до́лжен уже́ быть там, он вероя́тно уже́ там
[1]**ounce** у́нция; *fig* **not an ~ of** ни ка́пли (+ *gen*)
[2]**ounce** *zool* и́рбис
our наш; **that is ~ car** э́то на́ша маши́на; (*when person of pron coincides with subject; omitted when unambiguous*) свой; **we left ~ car in the road** мы оста́вили (свою́) маши́ну на у́лице; **Our Father** (*prayer*) О́тче наш
ours наш, свой; **it's no business of ~** э́то не на́ше де́ло; **we dined with some friends of ~** мы пообе́дали со свои́ми друзья́ми
ourselves *emph pr* са́ми; **it concerns ~** э́то каса́ется нас сами́х; **we saw it ~** мы са́ми э́то ви́дели; (*alone*) одни́; **we can't do it ~** мы не смо́жем сде́лать э́то са́ми/одни́; *refl pr* себя́; **we bought ~ a house** мы купи́ли се́бе дом; *sometimes rendered by refl verb*; **we hurt ~** мы ушиблись; **we were washing ~** мы умыва́лись
oust (*drive out*) выгоня́ть (**from**, из + *gen*); (*dispossess*) выселя́ть (**from**, из + *gen*)
out 1. *adj and adv* (*with verbs of motion usually translated by verbs prefixed by* вы-; *eg* **go ~** выходи́ть; **take ~** вынима́ть: *see under* **go, run, take** *etc*); **be ~** (*not at home*) не быть до́ма; **he's ~** его́ нет (до́ма); (*on strike*) бастова́ть; (*be mistaken*) ошиба́ться (**by**, на + *acc*); (*not in fashion*) быть не в мо́де; (*be excluded*) быть исключённым; (*dislocated*) быть вы́вихнутым; (*published*) вы́йти (из печа́ти); (*in bloom*) быть в цвету́; (*of sun*) сия́ть; (*of stars*) блесте́ть; (*of fire*) пога́снуть *pf*; (*in open air*) быть на у́лице, на дворе́; (*at large*) быть на свобо́де, свобо́дным; (*unconscious*) быть без па́мяти; **I** *etc* **am ~ to** я *etc* наме́рен (+ *infin*); **all ~, flat ~** (*at full speed*) во всю прыть; (*with all one's might*) изо всех сил; **~ and away** несравне́нно; **~ loud** вслух; **~ and ~** соверше́нный, отъя́вленный; **~ of** (*from; part of larger number*) из (+ *gen*); **we are ~ of sugar** у нас ко́нчился са́хар; (*because of*) из-за (+ *gen*), из

(+ *gen*), с (+ *gen*); (*outside*) вне (+ *gen*); (*made from*) из (+ *gen*); ~ **of breath** задыхáясь; ~ **of control** вне контрóля; ~ **of danger** вне опáсности; ~ **of favour** в немúлости; ~ **of one's mind** без умá (**with**, от + *gen*); ~ **of order** (*not working*) неисправный; **the lift is ~ of order** лифт не рабóтает, испóртился; (*disarranged*) не в порядке; ~ **of work** безрабóтный, без рабóты; *sp* áут, за **2.** *v coll* (*knock* ~) нокаутúровать; (*expel*) выгонять

out-argue переспóрить *pf*

outback захолýстный, необжитóй райóн

outbid перебивáть цéну (+ *gen*)

outboard 1. *adj* нарýжный; *naut* забóртный; ~ **motor** подвеснóй двúгатель *m* **2.** *adv* за бóртом

outbound уходящий

outbrave превосходúть храбростью

outbreak (*of anger etc*) вспышка, взрыв; (*of rebellion, epidemic etc*) вспышка; (*of war*) начáло

outbuilding (*attached to main building*) пристрóйка; (*not so attached*) надвóрная пострóйка; (*shed*) сарáй

outburst взрыв, вспышка

outcast 1. *n* (*social pariah*) изгнáнник, пáрия; (*homeless person*) бездóмный человéк **2.** *adj* изгнанный; бездóмный

outclass перевосходúть, оставлять далекó позадú

outcome результáт, послéдствие

outcrop 1. *n geol* выход; (*projection*) выступ; *fig* вспышка **2.** *v geol* обнажáться

outcry (*cry*) грóмкий крик; (*protest*) протéст (**at, against**, прóтив + *gen*); (*indignation*) óбщее негодовáние; (*uproar*) шум, гам

outdated устарéлый, устарéвший; (*ticket etc*) просрóченный

outdistance перегонять

outdo перегонять, превосходúть, перещеголять

outdoor (*in the open*) на открытом вóздухе; ~ **games** игры на открытом вóздухе; (*of clothes*) для ýлицы; (*external*) нарýжный, внéшний

outdoors (*in the open*) на открытом вóздухе; (*outside*) на ýлице, на дворé

outer (*external, exterior*) внéшний, нарýжный; (*outward, visible*) внéшний; (*farther out*) дáльний; ~ **garments** вéрхняя одéжда; ~ **space** внéшнее, космúческое прострáнство; **Outer Hebrides** Внéшние Гебрúдские островá *m pl*

outermost (*extreme*) крáйний; (*most distant*) сáмый дáльний

outface (*stare*) смущáть прúстальным взглядом; (*defy*) переупрямить *pf*

outfall (*of river*) ýстье; (*drain etc*) водоотвóд

outfit 1. *n* (*equipment*) снаряжéние; (*attire*) наряд; (*set, kit*) комплéкт, набóр; *coll* (*group*) грýппа; (*gang*) лáвочка; (*company*) компáния **2.** *v* снаряжáть

outfitter торгóвец мужскóй одéждой

outflank *mil* охвáтывать с флáнга; *fig* (*outwit*) перехитрúть *pf*

outflow (*flow*) потóк; (*act of flowing out*) истечéние; (*loss; of funds etc*) утéчка, отлúв

outgo 1. *n* (*expenditure*) расхóд **2.** *v* (*surpass*) превосходúть

outgoing 1. *n usu pl* (*expenditure*) расхóды *m pl*; (*leaving*) выход **2.** *adj* (*retiring*) уходящий; (*departing*) отъезжáющий

outgrow (*grow faster than*) перерастáть; (*clothes*) вырастáть из (+ *gen*); (*habit etc*) избавляться с вóзрастом

outhouse сарáй

outing прогýлка, экскýрсия

outlandish (*foreign*) чужестрáнный; (*strange*) диковúнный; (*exotic*) экзотúческий; (*wild*) дúкий

outlast (*continue longer than s'th*) продолжáться дóльше, чем; (*than s.o.*) продержáться дóльше, чем; (*outlive*) пережúть *pf*

outlaw 1. *n* (*outcast*) изгнáнник; (*bandit*) бандúт **2.** *adj* (~*ed*) объявленный вне закóна; (*bandit*) бандúтский **3.** *v* (*declare beyond law*) объявлять вне закóна; (*make illegal*) лишáть закóнной сúлы; (*ban*) запрещáть

outlay (*expenses*) расхóды *m pl*, издéржки *f pl* (**on**, на + *acc*); (*investment*) затрáта

outlet 1. *n* (*exit point*) выпуск, выпускнóе отвéрстие; *fig* отдýшина, выход (**for**, + *dat*) **2.** *adj* выпускнóй, выходнóй

outline 1. *n* (*outer defining line*) кóнтур, очертáние; (*silhouette*) силуэ́т; (*sketch*) наброćок; (*in textbook titles etc*) óчерк, оснóвы *f pl*; (*plan*) план; (*rough idea*) óбщее понятие; **in** ~ в óбщих чертáх **2.** *adj* (*of map etc*) кóнтурный; (*general*) óбщий **3.** *v* (*draw line round*) обводúть (**in, with,** + *instr*); (*give form to*; *describe*; *sketch*) очéрчивать; (*explain briefly*) намечáть в óбщих чертáх

outlive пережúть *pf*

outlook (*view*) вид (**on, over,** на + *acc*); (*prospect*) перспектúва (**of, for,** + *gen*); (*forecast*) прогнóз; (*point of view*) тóчка зрéния; (*mental attitude*) мировоззрéние, кругозóр

outlying удалённый, далёкий

outmanoeuvre перехитрúть *pf*

outmatch превосходúть

outmoded (*out of fashion*) вышедший из мóды; (*obsolete*) отжúвший

outnumber превосходúть чúсленностью

out-of-date (*old-fashioned*) старомóдный; (*obsolete*) отжúвший; (*ticket etc*) просрóченный

out-of-the-ordinary необычáйный

out-of-the-way (*of place*) отдалённый; (*rare*) рéдкий; (*unusual*) необычный

out-of-tune расстрóенный

out-of-work безрабóтный

outpace опережáть

out-patient амбулатóрный больнóй; ~ **department** амбулатóрия

outplay (*play better*) игрáть лýчше, чем/превосходúть; (*beat*) обыгривать

outpoint *sp* побúть *pf* по очкáм

outpost *mil, fig* аванпóст; (*settlement*) отдалённое поселéние

outpouring излияние

output (*total produced*) продýкция; (*yield*) выпуск; (*of mine*) добыча; (*power*) мóщность *f*; (*productivity*) производúтельность *f*; *elect* выход; *as adj* на выходе, выходнóй

outrage 1. *n* (*crime*) преступлéние; (*violent act*) акт насúлия; (*insult*) оскорблéние; (*cruel act*) жестóкость *f*, вáрварство; (*rape*) изнасúлование; *coll* **what an** ~! какóе безобрáзие! **2.** *v* (*offend*) оскорблять; (*rape*) изнасúловать; (*anger*) возмущáть, разгнéвать; (*principles etc*) преступáть, нарушáть

outrageous (*offensive*) возмутúтельный; (*atrocious, also fig*) ужáсный, невозмóжный; (*scandalous*) скандáльный

outrank (*be senior to*) превосходúть по рáнгу, имéть высшее звáние чем; (*excel*) превосходúть

outrider верховóй; (*on motorcycle*) полицéйский эскóрт
outrigger *naut* (*stabilizer*) утлéгарь *m*; (*boat*) аутри́гер; (*crane*) стрелá
outright 1. *adj* (*thorough*) совершéнный; (*categorical*) категори́ческий; (*direct*) прямóй, откры́тый **2.** *adv* пря́мо; категори́чески; (*immediately*) срáзу, тóтчас
outrun (*run faster*) опережáть; (*exceed*) превышáть
outset начáло; **at the** ~ в начáле; **from the** ~ с сáмого начáла
outshine (*shine brighter*) свети́ть я́рче, чем; *fig* затмевáть, превосходи́ть
outside 1. *n* (*outer part etc*) нарýжная часть *f*, сторонá; (*outer surface*) (внéшняя) повéрхность *f*; (*outer appearance*) внéшность *f*; **from the** ~ извнé; **at the** ~ в крáйнем слýчае, мáксимум; **on the** ~ снарýжи; **2.** *adj* (*external*) нарýжный, внéшний; (*from* ~ *country, group etc*) внéшний, посторóний; ~ **chance** ничтóжный шанс **3.** *adv* (*place*) снарýжи; (*motion*) нарýжу; (*in the open*) на ýлице, на дворé **4.** *prep* вне (+ *gen*); ~ **one's own country** *etc* за предéлами своéй рóдины; ~ **the door, window** за двéрью, окнóм; (*next to*) ря́дом с (+ *instr*), óколо (+ *gen*); (*apart from*) крóме (+ *gen*)
outsider (*person not of group, unauthorized person*) посторóнний (человéк); (*interloper*) чужáк; *sp* (*horse etc*) аутсáйдер (*also of business firms*)
outsize 1. *n* размéр бóльше стандáртного **2.** *adj* нестандáртный; *coll* (*large*) огрóмный
outskirts окрáина, предмéстье
outsmart перехитри́ть *pf*
outspoken (*person*) прямóй; (*remark etc*) откровéнный
outspread 1. *adv* распростёртый **2.** *v* распростирáть
outstanding (*exceptional*) выдаю́щийся, знамени́тый; (*uncompleted*) невы́полненный; (*problems etc*) остаю́щийся неразрешённым; (*debts*) неуплáченный
outstare смущáть при́стальным взгля́дом, заставля́ть опусти́ть глазá
outstay (*longer than others*) пересидéть *pf*; ~ **one's welcome** злоупотребля́ть чьи́м-либо гостеприи́мством
outstretch протя́гивать; **with ~ed arms** с распростёртыми рукáми; **with ~ed hand** с протя́нутой рукóй
outstrip (*overtake*) опережáть; (*exceed*) превышáть
out-talk (*defeat in argument*) переспóрить *pf*; (*talk more than*) говори́ть бóльше чем; (*tire with talking*) заговори́ть *pf*
out-thrust (*extended*) протя́нутый; (*projecting*) торчáщий
outvote поражáть при голосовáнии; **he was ~d** он потерпéл поражéние во врéмя голосовáния
outward 1. *adj* (*external*) внéшний; (*facing, going* ~) выходя́щий, напрáвленный нарýжу; ~ **bound** уходя́щий; ~ **journey** поéздка тудá **2.** *adv* (*also* **outwards**) нарýжу
outwardly внéшне, снарýжи; (*to the eye*) на вид
outwear (*wear out*) изнáшивать; *fig* истощáть; (*last longer than*) носи́ться дóльше, чем
outweigh перевéшивать
outwit перехитри́ть
outwork *mil* внéшнее укреплéние
outworn (*worn out*) изнóшенный; (*hackneyed*) изби́тый; (*obsolete*) устарéлый
oval 1. *n* овáл **2.** *adj* овáльный
ovarian яи́чниковый
ovary *anat* яи́чник; *bot* зáвязь *f*
ovate яйцеви́дный
ovation овáция
oven (*domestic*) духóвка; *baker's etc*; *tech* печь *f*
ovenware огнеупóрная посýда
over 1. *adv* (*after verbs of motion often translated by verb with prefix* пере-; *eg* **go** ~ переходи́ть: *see under appropriate verb*); (*again*) снóва, опя́ть, ещё раз; ~ **and** ~ всё врéмя, мнóго раз, ещё и ещё; **twice** ~ два рáза (*more*) бóльше; ~ **and above** (*in addition*) вдобáвок к (+ *dat*); (*not counting*) не считáя; ~ **here** здесь; **come** ~ **here** иди́(те) сюдá; ~ **there** там; **look** ~ **there** смотри́(те) тудá; **all** ~ (*everywhere*) повсю́ду, вездé; **all** ~ **the country** по всей странé; (*covered in*) покры́тый (+ *instr*), весь в (+ *prep*); (*finished*) **it is all** ~ всё кóнчено; **(left) over** (*remaining*) **I had ten pence** ~ у меня́ остáлось дéсять пéнсов; (*extra; too much*) ли́шний; **I have two tickets** ~ у меня́ ли́шних два билéта **2.** *prep* (*above*) над (+ *instr*); (*across, through*) чéрез (+ *acc*); (*around; along surface of*) по (+ *dat*); ~ **the whole country** по всей странé; (*more than*) бóлее, бóльше (+ *gen*); (*on*) на (+ *prep*); (*on to*) на (+ *acc*); (*on other side of*) за (+ *instr*); ~ **dinner, work, a bottle** за обéдом, рабóтой, буты́лкой; (*about*) о (+ *prep*); (*through medium of*) по (+ *dat*); ~ **the telephone, radio** по телефóну, рáдио; (*in course of*) за (+ *acc*); ~ **the last two weeks** за послéдние две недéли; ~ **many years** в течéние мнóгих лет
over- *prefix*: *in combination with many adjectives, translate by* сли́шком + *simple adjective, eg* **~-bold** сли́шком смéлый; *when prefixed to verbs often translated by verb with prefix* пере-
over-abundant избы́точный
overact переи́грывать
overactive сверхакти́вный, чрезмéрно акти́вный
[1]**overall 1.** *adj* (*most senses*) óбщий **2.** *adv* (*over whole area*) повсю́ду; (*in total*) в óбщем и цéлом
[2]**overall** (*garment*) спецодéжда, комбинезóн
overawe (*inspire awe*) внушáть благоговéйный страх (+ *dat*); (*daunt*) запýгивать; **be ~d by** (*person*) благоговéть (пéред + *instr*); (*situation*) смущáться (+ *instr*)
overbalance (*outweigh*) перевéшивать; (*upset balance*) выводи́ть из равновéсия; (*lose balance*) потеря́ть *pf* равновéсие (и упáсть)
overbearing влáстный
overblown (*of flower*) осыпáющийся; (*of style*) напы́щенный
overboard (*state*) за бóртом; **man** ~ человéк за бóртом; (*motion*) зá борт; **throw** ~ выбрáсывать зá борт; *fig* бросáть, откáзываться от (+ *gen*)
over-bold сли́шком смéлый
overbuild (*build too much*) стрóить сли́шком мнóго; (*an area*) застрáивать
overburden перегружáть (**with,** + *instr*)
overcast 1. *adj* (*cloudy*) óблачный, покры́тый облакáми; (*dark*) мрáчный; (*gloomy*) угрю́мый **2.** *v* (*cover with cloud*) закрывáть облакáми; (*darken*) затемня́ть; (*make gloomy*) омрачáть
overcharge (*set too high price*) назначáть сли́шком высóкую цéну, запрáшивать дóрого; (*cheat s.o. in giving bill*) обсчи́тывать; (*overload*) перегру-

жáть; *elect* перезаряжáть; (*overfill*) переполня́ть; (*style*) загромождáть (**with**, + *instr*)
overcloud застилáть(ся) тýчами
overcoat пальтó *neut indecl*
overcome (*surmount*) преодолевáть; (*conquer*) побеждáть, поборóть *pf*; (*exhaust*) истощáть; (*of feelings*) охвати́ть; **be ~ by** (*feelings*) быть охвáченным (+ *instr*); (*collapse*) пáдать, с ног вали́ться от (+ *gen*)
over-compensation перекомпенсáция
over-confidence чрезмéрная самоувéренность *f*, самонадéянность *f*
over-confident сли́шком увéренный, самонадéянный
overcrowd переполня́ть
overcrowding перенаселéние
overdevelop *phot* передержáть *pf*
overdo (*exaggerate*) преувели́чивать; (*try too hard*) перестарáться *pf*; **~ a part** переи́грывать роль; (*fry too long*) пережáривать; (*boil too long*) перевáривать; (*overbake*) перепекáть; *coll* **~ it** (*exhaust oneself*) переутомля́ться; (*go too far*) перебáрщивать, заходи́ть сли́шком далекó
overdose сли́шком большáя дóза
overdraft превышéние креди́та
overdraw (*exaggerate*) преувели́чивать; (*account*) превышáть креди́т
overdress одевáть(ся) сли́шком наря́дно
overdrive 1. *n* (*gear*) ускоря́ющая передáча **2.** *v* переутомля́ть
overdue (*late*) пóздний; **be ~** запáздывать; (*bill etc*) просрóченный; (*excessive*) чрезмéрный
overeat объедáться
over-estimate 1. *n* сли́шком высóкая оцéнка **2.** *v* переоцéнивать
over-excite сли́шком возбуждáть; **~d** перевозбуждённый
over-exert перенапрягáть; **~ oneself** перенапрягáться
over-exertion перенапряжéние, чрезмéрное напряжéние
overexpose *phot* передéрживать; (*show too much, often*) сли́шком мнóго, чáсто покáзывать (**to**, + *dat*); (*leave open to too long*) сли́шком дóлго подвергáть (**to**, + *dat*)
overfall *naut* быстринá; (*outlet*) водосли́в
overflow 1. *n* (*excess water*) разли́в; (*excess*) изби́ток; (*outlet*) водосли́в; **~ pipe** сли́вная трубá **2.** *v* (*flow over*) переливáться (чéрез + *acc*); (*flood, spill over*) разливáться; (*flood land etc*) наводня́ть; (*overfill*) переполня́ть; (*rush*) хлы́нуть *pf* за (+ *acc*); (*abound with*) изоби́ловать (**with**, + *instr*)
overfulfil перевыполня́ть
overgrown (*too large*) перерóсший; (*with weeds etc*) зарóсший; **be ~ with** зарастáть, обрастáть (+ *instr*)
overhang 1. *n* свес, вы́ступ **2.** *v* выступáть над, нависáть над (+ *instr*); *fig* нависáть над (+ *instr*), угрожáть (+ *dat*)
overhaul 1. *n* (*inspection*) осмóтр; (*repair*) ремóнт; **major ~** капитáльный ремóнт **2.** *v* тщáтельно осмáтривать; капитáльно ремонти́ровать
overhead 1. *n usu pl* накладны́е расхóды *m pl* **2.** *adj* (*above head*) над головóй; (*high*) высóкий; *tech* подвеснóй; (*railway*) надзéмный; *comm* накладнóй **3.** *adv* над головóй, наверхý
overhear нечáянно услы́шать *pf*, подслы́шать *pf*; (*eavesdrop*) подслýшивать
overheat перегревáть(ся)
overjoy приводи́ть в востóрг; **~ed** в востóрге (**at**, от + *gen*), вне себя́ от рáдости
overkill *fig* перегиб
overladen перегрýженный
overland 1. *adj* сухопýтный, по сýше **2.** *adv* по сýше
overlap 1. *n* (*cover*) перекры́тие; *tech* нахлёстка; (*of function*) параллели́зм, совпадéние; (*repetition*) повторéние **2.** *v* (*half-cover*) перекрывáть; (*joint*) соединя́ть в нахлёстку; (*partially coincide*) части́чно совпадáть (**with**, с + *instr*)
overlay 1. *n* (*covering*) покры́тие **2.** *v* (*cover*) покрывáть; (*conceal*) скрывáть
overleaf на обрáтной сторонé
overload 1. *n tech* перегрýзка **2.** *v* перегружáть
overlong сли́шком дóлго
overlook (*tower over*) возвышáться над (+ *instr*); (*look down on*) смотрéть свéрху на (+ *acc*); (*look, open on to*) выходи́ть на, в (+ *acc*); (*fail to see*) не замечáть, пропускáть; (*disregard*) не обращáть внимáние на (+ *acc*); (*condone*) смотрéть сквозь пáльцы на (+ *acc*); (*supervise*) смотрéть за (+ *instr*)
overlord сюзерéн
overly сли́шком
overmuch (*too*) сли́шком; (*very*) óчень
over-nice щепети́льный
overnight 1. *adj* (*of, for night*) ночнóй; *fig* (*sudden*) внезáпный **2.** *adv* (*for the night*) нá ночь; (*during the night*) в течéние нóчи, зá ночь; *fig* (*suddenly*) вдруг; (*on evening before*) наканýне вéчером **3.** *v* переночевáть
overpass путепровóд, эстакáда
overplay (*exaggerate*) преувели́чивать; **~ one's hand** перестарáться *pf*
over-population перенаселéние
overpower (*all senses*) переси́ливать
overpowering непреодоли́мый
over-production перепроизвóдство
overrate переоцéнивать
overreach (*outwit*) перехитри́ть *pf*; **~ oneself** зарвáться *pf*
overreact сли́шком óстро реаги́ровать
override (*reject*) отвергáть; (*countermand*) отменя́ть; (*disregard*) пренебрегáть (+ *instr*)
overriding основнóй, важнéйший
overrule (*reject*) отвергáть; (*a decision etc*) отменя́ть; (*overcome*) брать верх над (+ *instr*)
overrun 1. *n econ* перерасхóд; (*of engine*) разнóс **2.** *v* (*capture*) захвáтывать; (*exceed*) переходи́ть; (*go beyond*) проезжáть ми́мо (+ *gen*); (*overflow*) переливáться; **be ~ with** (*infested*) кишéть (+ *instr*); (*with weeds etc*) зарастáть (+ *instr*)
oversea(s) 1. *adj* (*beyond a sea*) замóрский; (*foreign*) заграни́чный **2.** *adv* (*place*) за мóрем; за грани́цей; (*motion*) за грани́цу; зá мóре
oversee надзирáть, наблюдáть за (+ *instr*)
overseer надзирáтель *m*, надсмóтрщик
overset (*turn over*) опроки́дывать; (*upset*) расстрáивать
overshadow (*put in shadow*) затеня́ть; (*loom over*) возвышáться над (+ *instr*); *fig* (*eclipse*) затмевáть; (*make gloomy*) омрачáть
overshoe галóша
overshoot (*go beyond*) проезжáть ми́мо (+ *gen*); (*miss*) промахнýться *pf*; (*exceed*) превышáть; *fig* **~ the mark** зайти́ слы́шком далекó
oversight недосмóтр, упущéние; **by an ~** по

ошибке, по недосмотру
oversimplify слишком упрощать
oversleep просыпать
overspend тратить слишком много
overspread распространяться по (+ *dat*)
overstate преувеличивать
overstay оставаться слишком долго; ~ **one's welcome** злоупотреблять чьим-либо гостеприимством
overstep (*exceed*) превышать; ~ **the mark** зайти *pf* слишком далеко
overstrain перенапрягать; ~ **oneself** перенапрягаться
overstress слишком подчёркивать
overstrung перенапряжённый
overt (*unconcealed*) открытый; (*evident*) явный
overtake (*catch up*) догонять; (*go past*) обгонять; (*take by surprise*) застигать; (*befall*) постигать
overtax (*overstrain*) перенапрягать; (*overtire*) переутомлять; (*demand too much of*) требовать слишком много от (+ *gen*); (*tax too highly*) облагать чрезмерным налогом
overthrow 1. *n* ниспровержение **2.** *v* (*overturn*) опрокидывать; (*a ruler etc*) свергать, ниспровергать; (*refute*) опровергать
overtime 1. *n* (*time*) сверхурочное время *neut*; (*work*) сверхурочная работа; (*pay*) сверхурочные *pl*
overtone *mus* обертон; *fig* (*hint*) скрытый намёк; (*implication*) значение; (*note, nuance*) оттенок
overtop (*loom over*) возвышаться над (+ *instr*); (*be taller than*) быть выше (+ *gen*); (*exceed*) превышать; (*excel*) превосходить
overture *mus* увертюра; *pl* **peace ~s** мирные предложения *neut pl*; (*advances*) авансы *m pl*; **make ~s to** делать авансы (+ *dat*)
overturn (*turn over*) опрокидывать(ся); (*government etc*) свергать, ниспровергать; (*refute*) опровергать
overview обзор
overweening (*arrogant*) высокомерный; (*overconfident*) самонадеянный; (*excessive*) чрезмерный
overweight (*of luggage etc*) излишек веса; **be ~** весить больше нормы; (*be fat*) быть слишком тучным
overwhelm (*flood*) заливать; (*cover with mass of; also fig*) заваливать; (*engulf*) поглощать; (*destroy*) разорять; (*seize, of emotions*) овладевать (+ *instr*); (*astonish*) потрясать, поражать
overwork 1. *n* перегрузка, перенапряжение **2.** *vt* перегружать, заставлять слишком много работать; *vi* слишком много работать, переутомляться
overwrought перенапряжённый, нервный
oviduct яйцевод
oviparous яйцекладущий
ovipositor яйцеклад
ovoid яйцевидный
ovular овулярный
ovulate овулировать
ovulation овуляция
ovule *bot* семяпочка
owe (*be in debt*) быть в долгу; **I ~ him ten pounds** я ему должен десять фунтов; **what does he ~ you?** сколько он вам должен?; **can I ~ it to you?** не могу ли я вам после вернуть эти деньги?; (*of moral debt*) быть обязанным (+ *instr*, **to**, + *dat*) **I ~ my life to you** я обязан вам жизнью; ~ **thanks, loyalty** *etc* быть благодарным, лояльным (+ *dat*)
owing (*unpaid*) неуплаченный; **there is five pounds ~ to you** вам причитается пять фунтов; (*in debt*) в долгу; ~ **to** (*thanks to*) благодаря (+ *dat*); (*as a result of*) вследствие (+ *gen*); (*usu indicating hindrance, unpleasant cause*) из-за (+ *gen*)
owl сова; **barn ~** сипуха; **horned ~, eagle ~** филин; **screech ~** совка
owlet совёнок
owlish (*like owl*) похожий на сову; (*foolish*) глуповатый; (*solemn*) серьёзный
[1]**own** (мой, свой, его *etc*) собственный; **be one's ~ master** быть самому себе хозяином; **come into one's ~** (*get one's rights*) добиться *pf* своего; (*take rightful place*) занять *pf* подобающее место; **get one's ~ back** мстить (**on**, + *dat*; **for**, за + *acc*; **hold one's ~** не уступать (**against**, + *dat*); **I live in my ~ house** я живу в собственном доме; **with one's ~ eyes, hands** собственными глазами, руками
[2]**own** (*possess*) иметь, владеть (+ *instr*); (*accept*) признавать; (*confess*; *also* ~ **up**, ~ **to**) признаваться (**to**, в + *prep*)
owner владелец; (*of house, premises*) хозяин, владелец
owner-driver владелец-водитель *m*
ownerless бесхозяйный
ownership (*state of owning*) собственность *f* (**of**, на + *acc*); (*possession*) владение (**of**, + *instr*); (*state of belonging*) принадлежность *f*
ox (*in general*) вол; (*buffalo*) буйвол; **musk ~** овцебык
oxalic щавелевый; ~ **acid** щавелевая кислота
oxbow ярмо для быков; (*bend in river*) излучина реки; ~ **lake** старица
Oxbridge Оксфорд и Кембридж
ox-eyed большеглазый, волоокий
Oxford (*town*) Оксфорд; (*university*) Оксфордский университет
oxidant окислитель *m*
oxidate окислять
oxidation окисление
oxide окись *f*
oxidize окислять(ся)
oxidizer окислитель *m*
Oxonian 1. *n* (*inhabitant of Oxford*) житель *m* Оксфорда; (*student*) (бывший) студент Оксфордского университета **2.** *adj* оксфордский
oxyacetylene ацетилено-кислородный; ~ **welding** ацетилено-кислородная сварка
oxygen 1. *n* кислород **2.** *adj* кислородный; ~ **mask** кислородная маска; ~ **tent** кислородная палатка
oxygenate *physiol* насыщать кислородом; (*oxidize*) окислять
oxymoron оксюморон
oyster устрица; **pearl ~** жемчужница; **~-bed** устричный садок; **~-catcher** (*bird*) кулик-сорока
ozone 1. *n* озон **2.** *adj* озонный; ~ **layer** озоносфера

P

pa *coll* папа́ша *m*
pabulum пи́ща
[1]**pace 1.** *n* (*step*) шаг; (*gait*) похо́дка, шаг; (*speed*) ско́рость *f*; **at a snail's ~** черепа́шьим ша́гом; **keep ~ with** не отстава́ть от (+ *gen*); (*tempo, rate*) темп; **set the ~** задава́ть темп **2.** *v* (*step, walk*) шага́ть; **~ up and down** ходи́ть взад и вперёд; (*set speed*) задава́ть темп; (*control speed*) регули́ровать ско́рость; **~ out** измеря́ть шага́ми
[2]**pace** *Lat* (*with consent of*) с разреше́ния (+ *gen*); (*despite*) вопреки́ (+ *dat*)
pacemaker *sp* ли́дер; (*trend-setter*) задаю́щий тон; *med* электрокардиостимуля́тор
pachyderm толстоко́жее (живо́тное)
pacific (*peaceable*) ми́рный; **Pacific Ocean** Ти́хий океа́н; (*of Pacific Ocean*) тихоокеа́нский
pacification (*peacemaking*) умиротворе́ние; (*calming*) успокое́ние; (*suppression*) усмире́ние
pacifier (*peace-maker*) миротво́рец; (*subduer*) усмири́тель *m*
pacifism пацифи́зм
pacifist 1. *n* пацифи́ст **2.** *adj* пацифи́стский
pacify (*calm*) успока́ивать; (*suppress*) усмиря́ть
pack 1. *n* (*of small goods, eg cigarettes*) па́чка; (*larger packed bundle*) свя́зка, ки́па; (*load of ~ animal*) вьюк; (*haversack*) ра́нец; (*of hounds*) сво́ра; (*of wolves*) стая́; *fig coll* (*gang*) ша́йка, сво́ра; (*large amount*) ма́сса; **~ of lies** сплошна́я ложь *f*; (*of cards*) коло́да; (*ice*) па́ковый лёд; *med* тампо́н; **film ~** фильмпа́к **2.** *v* (*put away*) укла́дывать (**into,** в + *acc*); (*make package of*) запако́вывать, упако́вывать; (*prepare for journey*) укла́дываться; (*crowd together, fill*) заполня́ть(ся), набива́ть(ся); (*become solid*) уплотня́ться; *med* тампони́ровать; **~ off** отправля́ть; **~ up** (*ready to go*) укла́дываться; (*put away*) укла́дывать; (*tidy up*) убира́ть; *coll* (*go wrong, stop*) по́ртиться
~ it in *coll* (*give up doing*) броса́ть
package 1. *n* (*parcel*) паке́т; (*postal*) посы́лка; (*bundle*) свёрток; (*container*) коро́бка, я́щик; *tech* агрега́т **2.** *adj* (*deal, plan etc*) ко́мплексный **3.** *v* (*pack*) упако́вывать; (*wrap*) завора́чивать
packaging упако́вка
pack-animal вью́чное живо́тное
packer упако́вщик, *f* упако́вщица
packet (*parcel*) паке́т; (*of cigarettes etc*) па́чка; (*~ boat*) пакетбо́т; *sl* (*of money*) ку́ча де́нег; **make a ~** сорва́ть *pf* куш
packet-boat пакетбо́т
pack-horse вью́чная ло́шадь *f*
pack-ice па́ковый лёд, пак
packing упако́вка; *tech* наби́вка, уплотне́ние
packing-case я́щик (для упако́вки)
packing needle упако́вочная игла́
pack-saddle вью́чное седло́
packthread бечёвка, шпага́т
pact пакт, догово́р (**of,** о + *pr*)
pad 1. *n* (*of material, also tech*) поду́шка; (*for writing*) блокно́т; (*paw*) ла́па; (*of paw*) поду́шечка (на ла́пе); *aer* **landing ~** поса́дочная площа́дка; **launching ~** стартова́я, пускова́я площа́дка **2.** *v* (*stuff*) набива́ть; (*line*) подкла́дывать; *coll* (*enlarge unnecessarily*) раздува́ть; (*walk noiselessly*) идти́ неслы́шным ша́гом
padding наби́вка
paddle 1. *n* (*for canoe*) гребо́к, байда́рочное весло́; *tech* ло́патка, ло́пасть *f* **2.** *v* (*row slowly*) ме́дленно грести́; (*in canoe*) грести́ гребко́м; (*swim*) пла́вать; (*splash around*) плеска́ться; (*walk in water*) идти́ босико́м по воде́
paddle-boat колёсный парохо́д
paddle-wheel гребно́е колесо́
paddock заго́н, вы́гон; (*at races*) падо́к
paddy рис-сыре́ц, рис-па́дди *m*
paddyfield ри́совое по́ле
padlock 1. *n* вися́чий замо́к **2.** *v* запира́ть на (вися́чий) замо́к
pad-saw ножо́вка
paean (*of praise*) хвале́бная песнь *f*, хвала́; (*of triumph*) побе́дная песнь *f*; *class* пеа́н
paederasty, pederasty педера́стия
paedeutics, paideutics педаго́гика
paediatric, pediatric педиатри́ческий
paediatrician, pediatrician педиа́тр
paediatrics, pediatrics педиатри́я
pagan 1. *n* (*heathen*) язы́чник; (*atheist*) безбо́жник **2.** *adj* язы́ческий; безбо́жный
paganism язы́чество
page 1. *n* (*of book*) страни́ца; (*boy servant*) ма́льчик-слуга́; *hist* паж **2.** *v* (*call*) вызыва́ть
pageant (*parade*) карнава́льное ше́ствие; (*historical*) жива́я карти́на; (*rich display*) пы́шное зре́лище
pageantry пы́шность *f*, великоле́пие
paginate пагини́ровать, нумерова́ть страни́цы
pagination пагина́ция
pagoda па́года
pah *excl* фу!, тьфу!, уф!
paid пла́тный; **put ~ to** положи́ть *pf* коне́ц (+ *dat*)
pail ведро́
pailful (*as measure*) ведро́; (*whole pail*) це́лое ведро́; (*full pail*) по́лное ведро́
pain 1. *n* (*hurt*) боль *f* (**in,** в + *prep*); (*suffering*) страда́ние; **be in ~** страда́ть; (*grief*) го́ре; (*penalty*) **under, on ~ of** под стра́хом (+ *gen*); *pl* (*effort*) **be at ~s to** вся́чески стара́ться (+ *infin*) **2.** *v* (*hurt*) причиня́ть боль (+ *dat*); (*cause to grieve*) огорча́ть
pained (*offended*) оби́женный; (*with air of suffering*) страда́льческий
painful (*causing, feeling, expressing pain*) боле́зненный; *coll* (*unwell, giving pain*) больно́й; **~ tooth** больно́й зуб; **it is ~ to** (мне *etc*) бо́льно (+ *infin*); **be ~** боле́ть; (*distressing*) огорча́ющий; (*unpleasant*) неприя́тный, тяжёлый; (*agonizing, also fig*) мучи́тельный
pain-killer болеутоля́ющее (сре́дство)
painless безболе́зненный
painstaking стара́тельный; **with ~ care** тща́тельно, стара́тельно
paint 1. *n* кра́ска; **oil ~** ма́сляная кра́ска **2.** *v*

(*cover with* ~) кра́сить; (*a picture etc*) писа́ть (кра́сками); (*be artist*) занима́ться жи́вописью; *fig* ~ **black, in bright colours** изобража́ть в мра́чном све́те, я́рким кра́сками; ~ **in** впи́сывать; ~ **out** закра́шивать; ~ **the town red** кути́ть
paint-box набо́р кра́сок
paint-brush кисть *f*
painter (*artist*) худо́жник, живопи́сец; (*craftsman*) маля́р; *naut* фа́линь *m*
painting (*picture*) карти́на; (*form of art*) жи́вопись *f*; (*process*) окра́ска; (*trade*) маля́рное де́ло
paint-spraying окра́ска распыле́нием
pair 1. *n* (*two*; *other one of* ~; *most senses*) па́ра (**of,** + *gen pl*); **in** ~**s** па́рами; (*of people, usu married*) па́ра, чета́; ~ **of trousers** па́ра брюк; ~ **of scissors, spectacles** *etc* но́жницы *f pl*, очки́ *pl*, *etc*; *tech, elect* па́ра **2.** *v* (*arrange in* ~*s*) располага́ть(ся) па́рами; (*double*) спа́ривать; (*mate*) спа́ривать(ся); ~ **off** *vt* разделя́ть на па́ры; *vi* разделя́ться па́рами
paired спа́ренный
pairing спа́ривание
Pakistan Пакиста́н
Pakistani 1. *n* пакиста́нец, *f* пакиста́нка **2.** *adj* пакиста́нский
pal *coll* **1.** *n* прия́тель *m*, *f* прия́тельница, това́рищ **2.** *v* ~ **up with, in with** подружи́ться *pf* с (+ *instr*)
palace 1. *n* дворе́ц **2.** *adj* дворцо́вый; ~ **revolution** дворцо́вый переворо́т
Palaeocene 1. *n* палеоце́н **2.** *adj* палеоце́новый
palaeographer палео́граф
palaeographic палеографи́ческий
palaeography палеогра́фия
Palaeolithic палеолити́ческий
palaeontologist палеонто́лог
palaeontology палеонтоло́гия
Palaeozoic палеозо́йский
palais (*dance hall*) да́нсинг
palanquin, palankeen паланки́н
palatable (*tasty*) вку́сный; (*acceptable*) прие́млемый
palatal *anat* нёбный; *ling* палата́льный
palatalization смягче́ние, палатализа́ция
palatalize смягча́ть, палатализова́ть; ~**d consonant** мя́гкий согла́сный
palate *anat* нёбо; **cleft** ~ расщеплённое нёбо; (*taste*) вкус
palatial (*of palace*) дворцо́вый; (*splendid*) роско́шный; (*spacious*) обши́рный
palaver (*conference*) совеща́ние; *coll* (*chatter*) болтовня́; (*fuss*) возня́
[1]**pale** (*stake*) кол; (*fence*) забо́р; (*boundary*) грани́ца; *hist* черта́ осе́длости; *fig* **beyond the** ~ неприе́млемый; **beyond the** ~ **of** за преде́лами (+ *gen*)
[2]**pale 1.** *adj* (*whitish*) бле́дный; **turn, go** ~ бледне́ть; (*of light etc*) сла́бый, ту́склый **2.** *v* бледне́ть; (*also fig*; **beside,** пе́ред + *instr*)
paleface бледноли́цый
pale-faced бледноли́цый
paleness бле́дность *f*
Palestine Палести́на
Palestinian 1. *n* жи́тель *m* Палести́ны, палести́нец, *f* палести́нка **2.** *adj* палести́нский
palette пали́тра (*also fig*); ~**-knife** мастихи́н
Pali па́ли, язы́к па́ли
palimpsest палимпсе́ст
palindrome палиндро́м
paling частоко́л
palingenesis палингене́з
palinode палино́дия
palisade палиса́д, частоко́л
[1]**pall** *n* покро́в (*also fig*)
[2]**pall** *v* приеда́ться (**on,** + *dat*)
palladium (*safeguard*) защи́та; *chem* палла́дий; *hist* пала́диум
pall-bearer несу́щий гроб
pallet (*mattress*) тюфя́к; *tech* (*for stacking*) поддо́н, палле́т; (*in mechanism*) соба́чка
palliasse тюфя́к
palliate (*alleviate*) (вре́менно) облегча́ть; (*mitigate*) смягча́ть
palliative 1. *n* паллиати́в **2.** *adj* паллиати́вный
pallid бле́дный
pallor бле́дность *f*
pally *coll* (*friendly*) дру́жеский; (*sociable*) общи́тельный; **be** ~ **with** дружи́ть с (+ *instr*)
[1]**palm** (*tree*) па́льма; (*branch, as symbol*) па́льмовая ветвь *f*; **Palm Sunday** ве́рбное воскресе́нье
[2]**palm 1.** *n* (*of the hand*) ладо́нь *f*; **have an itching** ~ (*be avaricious*) быть жа́дным; (*take bribes*) быть взя́точником; **grease s.o.'s** ~ подма́зывать, дава́ть взя́тки (+ *dat*); **hold in the** ~ **of one's hand** держа́ть в рука́х **2.** *v* (*hide in* ~) пря́тать в руке́; ~ **off as** выдава́ть за (+ *acc*); ~ **off on** сбыва́ть, подсо́вывать (+ *dat*)
palmate ла́пчатый, па́льчатый
palmer *hist* пало́мник
palmette пальме́тта
palmist хирома́нт
palmistry хирома́нтия
palm-oil па́льмовое ма́сло; *coll* взя́тка
palmy (*of palms*) па́льмовый; (*flourishing*) цвету́щий; (*fortunate*) счастли́вый
palp щу́пать
palpability очеви́дность *f*
palpable (*felt by touch*) ощути́мый; (*obvious*) я́вный, очеви́дный
palpate *med* пальпи́ровать
palpation *med* пальпа́ция
palpitate (*of heart*) си́льно би́ться; (*throb*) дрожа́ть
palsy (*paralysis*) парали́ч; (*trembling*) дрожь *f*
palter хитри́ть, плутова́ть
paltry (*trifling*) ничто́жный; (*contemptible*) презре́нный; (*pitiful*) жа́лкий
paludal боло́тный
pampas па́мпа, пампа́сы *m pl*; ~ **grass** пампа́сная трава́
pamper балова́ть
pamphlet брошю́ра
pamphleteer памфлети́ст
pan 1. *n* (*bowl*) ми́ска, таз; (*saucepan*) кастрю́ля; (*frying* ~) сковорода́; (*hollow*) углубле́ние; (*of lavatory*) унита́з; *sl* (*face*) ро́жа; *tech* поддо́н **2.** *v* (*gold*) промыва́ть; *cin* панорами́ровать; *coll* ~ **out** (*turn out*) вы́йти *pf*, получа́ться
panacea панаце́я
panache (*plume*) султа́н; (*swagger*) щегольство́
Panama Пана́ма; ~ **Canal** Пана́мский кана́л
panama (*hat*) пана́ма
Panamanian 1. *n* жи́тель *m* Пана́мы **2.** *adj* пана́мский
Pan-American панамерика́нский
pancake 1. *n* блин; *aer* ~ **landing** поса́дка с парашюти́рованием **2.** *v* парашюти́ровать
panchromatic панхромати́ческий
pancreas поджелу́дочная железа́

pancreatic панкреати́ческий
panda па́нда
pandemic 1. *n* пандеми́я **2.** *adj* пандеми́ческий
pandemonium (*din*) шум и гам, галдёж; (*commotion, confusion*) смяте́ние
pander 1. *n* сво́дник **2.** *v* (*procure*) сво́дничать; ~ **to** угожда́ть (+ *dat*)
pane (око́нное) стекло́
panegyric панеги́рик
panel 1. *n* (*of wood, metal etc*) пане́ль *f*; **control** ~ пульт управле́ния; **instrument** ~ прибо́рная доска́; (*list*) спи́сок; (*in quiz etc*) уча́стники *m pl* виктори́ны; (*of judges in competition*) жюри́ *neut indecl* **2.** *v* (*cover with* ~) обшива́ть пане́лями
panel-game виктори́на
panelling (*wooden*) пане́ль *f*; (*casing*) обши́вка
panellist (*participant*) уча́стник (програ́ммы, диску́ссии, виктори́ны *etc*); (*member of jury*) член жюри́
pang (*sudden pain*) стреля́ющая боль *f*; *pl* му́ки *f pl*
pangram пангра́мма
panhandle 1. *n* (*handle*) ру́чка кастрю́ли; (*of land*) у́зкий уча́сток, у́зкая полоса́ **2.** *v coll Am* (*beg*) проси́ть ми́лостыню; (*cadge*) попроша́йничать
panic 1. *n* па́ника; **in a** ~ в па́нике **2.** *adj* пани́ческий **3.** *vt* приводи́ть в па́нику; *vi* впада́ть в па́нику, теря́ть го́лову
panicky пани́ческий, не́рвный
panic-stricken 1. *adj* охва́ченный па́никой **2.** *adv* в па́нике
panjandrum *coll* ши́шка
pannier корзи́на
pannikin (*mug*) кру́жка; (*small pan*) кастрю́лька
panoply (*armour*) доспе́хи *m pl*; (*array*) наря́д; (*magnificence*) великоле́пие
panorama панора́ма
panoramic панора́мный
pan-pipe свире́ль *f*
pansy 1. *n bot* аню́тины гла́зки *m pl; sl* (*homosexual*) пе́дик, го́мик; (*effeminate*) изне́женный челове́к **2.** *adj* (*effeminate*) изне́женный
pant (*gasp*) задыха́ться; (*say breathlessly*) говори́ть задыха́ясь; *fig* ~ **for** жа́ждать (+ *gen*)
pantaloon *theat* Пантало́не *m indecl; pl* (*trousers; knickers*) пантало́ны *f pl*
pantechnicon (*van*) большо́й фурго́н (для перево́зки ме́бели); (*store*) склад (для хране́ния ме́бели)
pantheism пантеи́зм
pantheist пантеи́ст
pantheistic пантеисти́ческий
pantheon пантео́н
panther пантéра, барс, леопа́рд; *Am* (*puma*) пу́ма, кугуа́р
panties *pl coll* тру́сики *m pl*
pantile жело́бчатая черепи́ца
pantograph (*instrument*; *on locomotive*) панто́граф
pantomime *hist* (*also mime, dumb show*) пантоми́ма; **in, by** ~ же́стами, пантоми́мой; (*Christmas play*) рожде́ственское представле́ние для дете́й; *fig* (*farce*) фарс
pantomimic мими́ческий
pantry (*butler's etc*) буфе́тная; (*larder*) кладова́я
pants (*underwear*) трусы́ *m pl*; (*long*) кальсо́ны *f pl*; *Am* (*trousers*) брю́ки *f pl*
panzer бронета́нковый
pap (*nipple*) сосо́к; (*food*) ка́шка; (*of fruit*) мя́коть *f*
papa па́па *m*
papacy па́пство
papain папаи́н
papal па́пский
papaw азими́на
paper 1. *n* (*in general*) бума́га; **brown, wrapping** ~ обёрточная бума́га; **writing, note** ~ пи́счая, почто́вая бума́га; **carbon** ~ копирова́льная бума́га; **cartridge** ~ чертёжная бума́га; **music** ~ но́тная бума́га; **tracing** ~ чертёжная ка́лька; (*a sheet of* ~) лист бума́ги; (*newspaper*) газе́та; (*learned lecture*) (нау́чный) докла́д; (*article*) статья́; *usu pl* (*documents, esp of identity*) докуме́нты *m pl*; (*examination*) экза́мен **2.** *adj* бума́жный **3.** *v* (*wall*) оклéивать обо́ями; *fig* ~ **over** прикрыва́ть
paperback 1. *n* кни́га в бума́жном переплёте **2.** *adj* в бума́жном переплёте
paper-clip, paper-fastener скре́пка (для бума́г)
paperhanger обо́йщик
paper-knife разрезно́й нож
papermill бума́жная фа́брика
paper-pulp бума́жная ма́сса
paperweight пресс-папье́ *neut indecl*
paper-work (*writing*) пи́сьменная рабо́та; (*office work*) канцеля́рская рабо́та; (*documents*) докуме́нты *m pl*
papier-mâché 1. *n* папье́-маше́ *neut indecl* **2.** *adj* (сде́ланный) из папье́-маше́
papilla сосо́чек
papism *pej* папи́зм
papist *pej* **1.** *n* папи́ст **2.** *adj* папи́стский
paprika кра́сный пе́рец
Papua Па́пуа *indecl*
Papuan 1. *n* папуа́с, *f* папуа́ска **2.** *adj* папуа́сский
papyrology папироло́гия
papyrus папи́рус
par: on a ~ **with** наравне́ с (+ *instr*), на одно́м у́ровне с (+ *instr*); *comm, fin* парите́т; ~ **value** номина́л; **at** ~ по парите́ту, по номина́лу; **above, below** ~ вы́ше, ни́же парите́та
parable при́тча (**of,** о + *prep*)
parabola пара́бола
parabolic *math* параболи́ческий; (*metaphorical*) метафори́ческий
paraboloid параболо́ид
paracentric парацентри́ческий
parachute 1. *n* парашю́т; ~ **jump** прыжо́к с парашю́том **2.** *vt* сбра́сывать с парашю́том; *vi* (*descend by* ~) спуска́ться с парашю́том; (*jump with* ~) пры́гать с парашю́том
parachutist парашюти́ст
parade 1. *n mil etc* пара́д; (*display*) пока́з; **make a** ~ **of** щеголя́ть (+ *instr*); (*promenade*) промена́д **2.** *adj mil* пара́дный **3.** *v* (*troops*) стро́ить(ся); (*walk in procession*) ше́ствовать; (*display*) выставля́ть; (*flaunt*) щеголя́ть (+ *instr*)
parade-ground плац
paradigm (*example*) приме́р; *ling* паради́гма
paradisal ра́йский
paradise рай *also fig*; **in** ~ в раю́
paradisiac, paradisial ра́йский
parados ты́льный тра́верс
paradox парадо́кс
paradoxical парадокса́льный
paraffin *chem* парафи́н; **liquid** ~ парафи́новое ма́сло; ~ **lamp** кероси́новая ла́мпа; ~ **oil** (*kerosene*) кероси́н; ~ **wax** твёрдый парафи́н

paragon образе́ц
paragraph (*section of prose*) абза́ц; **begin a new** ~ нача́ть *pf* с но́вой строки́; (*in document*) пара́граф, пункт; (*in newspaper*) заме́тка
Paraguay Парагва́й
Paraguayan 1. *n* парагва́ец, *f* парагва́йка **2.** *adj* парагва́йский
parakeet длиннохво́стый попуга́й
parallactic параллакти́ческий
parallax паралла́кс
parallel 1. *n* (*line*) паралле́льная ли́ния; **in** ~ (*also elect*) паралле́льно; (*of latitude*) паралле́ль *f*; (*analogy*) анало́гия, паралле́ль *f*; **draw a** ~ **between** сра́внивать; **have no** ~ не име́ть себе́ ра́вного **2.** *adj* паралле́льный; (*analogous*) анало́гичный, подо́бный; *sp* ~ **bars** паралле́льные бру́сья *m pl* **3.** *v* (*compare*) сра́внивать(ся) с (+ *instr*)
parallelepiped параллелепи́пед
parallelism паралле́ли́зм
parallelogram параллелогра́м
paralogism паралоги́зм
paralyse парализова́ть (*also fig*)
paralysis *med* парали́ч; (*powerlessness*) бесси́лие
paralytic 1. *n* парали́тик **2.** *adj* паралити́ческий, парали́чный; *coll* (*drunk*) мертве́цки пья́ный
paramagnetic парамагни́тный
paramagnetism парамагнети́зм
parameter пара́метр
paramilitary полувое́нный
paramount (*of ruler etc*) верхо́вный; (*prime, foremost*) первостепе́нный
paramour любо́вник, *f* любо́вница
paranoia парано́йя
paranoiac 1. *n* парано́ик **2.** *adj* парано́идный
paranoid парано́идный
paranormal паранорма́льный
parapet парапе́т; *mil* бру́ствер
paraphernalia (*belongings*) ве́щи *f pl*; (*accessories, attributes*) принадле́жности *f pl*; (*equipment*) обору́дование
paraphrase 1. *n* переска́з; (*free translation*) во́льный перево́д; *mus*, *ling* парафра́за **2.** *v* переска́зывать, парафрази́ровать
paraplegia параплеги́я
parapsychology парапсихоло́гия
parasite *biol* парази́т; (*person*) парази́т, тунея́дец
parasitic(al) паразити́ческий, парази́тный
parasitism паразити́зм
parasol зо́нтик (от со́лнца)
paratactic паратакти́ческий
parataxis парата́ксис
paratrooper парашюти́ст
paratroops парашю́тно-деса́нтные войска́ *neut pl*
paratyphoid парати́ф
paravane парава́н
parboil (*cook thoroughly*) прова́ривать; (*cook partly*) слегка́ отва́ривать
parbuckle 1. *n* двойно́й подъёмный строп **2.** *v* поднима́ть двойны́м стро́пом
parcel 1. *n* (*package*) паке́т, свёрток; (*postal*) посы́лка; (*of land*) уча́сток **2.** *v* (*wrap up*) завёртывать в паке́т; ~ **out** разделя́ть на ма́ленькие ча́сти; ~ **up** завёртывать
parcelling *naut* клетневи́на
parcener сонасле́дник, *f* сонасле́дница
parch *vt* (*dry*) иссуша́ть; (*scorch*) поджа́ривать; *vi* (*go dry*) пересыха́ть; (*of lips*) запека́ться
parchment перга́мент
pardon 1. *n* проще́ние, извине́ние; **ask for** ~ проси́ть проще́ния (**for,** за + *acc*); **I beg your** ~**!** извини́те, прости́те!; *leg* поми́лование, амни́стия **2.** *v* проща́ть, извиня́ть; ~ **me** извини́те, прости́те (меня́) (**for,** что + *ind*); *leg* поми́ловать
pardonable прости́тельный
pare (*trim*) подреза́ть; (*nails etc*) стричь; (*peel*) чи́стить; *fig* (*cut down*) уре́зывать, сокраща́ть
paregoric болеутоля́ющее сре́дство
parent 1. *n* (*father*) роди́тель *m*; (*mother*) роди́тельница; *pl* роди́тели *pl*; (*ancestor*) пре́док **2.** *adj* (*original*) первонача́льный; *chem*, *geol* матери́нский
parentage (*paternity*) отцо́вство; (*origin, ancestry*) происхожде́ние
parental роди́тельский
parenthesis *gramm* внесе́ние, паренте́за; (*bracket*) ско́бка; **in** ~ в ско́бках; *fig* (*interlude*) отде́льный эпизо́д
parenthetic (*inserted*) вставно́й, вво́дный; (*in brackets*) в ско́бках
parent-in-law (*husband's father*) свёкор; (*husband's mother*) свекро́вь *f*; (*wife's father*) тесть *m*; (*wife's mother*) тёща
paresis паре́з, полупарали́ч
par excellence (*to highest degree*) в вы́сшей сте́пени; (*model*) образцо́вый
parget 1. *n* штукату́рка **2.** *v* штукату́рить
pargeting орна́ментная штукату́рка
parhelion парге́лий; ло́жное со́лнце
pariah па́рия (*also fig*)
parietal *biol* париета́льный, присте́ночный; *anat* ~ **bones** теменна́я кость *f*
paring (*act*) обре́зывание, стри́жка; (*sliver*) обре́зок
pari passu *Latin* наравне́ (**with,** с + *instr*)
Paris Пари́ж
parish 1. *n eccl* (*unit*) прихо́д; (*parishioners*) прихожа́не *m pl* **2.** *adj* прихо́дский; ~ **register** прихо́дская метри́ческая кни́га
parishioner прихожа́нин, *f* прихожа́нка
Parisian 1. *n* парижа́нин, *f* парижа́нка **2.** *adj* пари́жский
parity (*equality*) ра́венство; *econ* парите́т
park 1. *n* (*public garden*) парк; (*reserve, national* ~) запове́дник; (*vehicle base*) парк; **car** ~ стоя́нка **2.** *v* (*vehicle*) ста́вить на стоя́нку; *coll* (*leave*) оставля́ть; (*put*) класть
parka па́рка
parking стоя́нка; **no** ~ стоя́нка запрещена́; ~ **brake** стоя́ночный то́рмоз; ~ **lot** стоя́нка; ~ **meter** счётчик продолжи́тельности стоя́нки
Parkinson's disease паркинсони́зм
parky *coll* прохла́дный, свежева́тый
parlance язы́к
parley 1. *n* перегово́ры *m pl* **2.** *v* вести́ перегово́ры (**with,** с + *instr*)
parliament парла́мент
parliamentarian 1. *n* (*member of Parliament*) парламента́рий; (*expert in procedure*) знато́к парла́ментской пра́ктики; *hist* сторо́нник парла́мента **2.** *adj* парла́ментский
parliamentary парла́ментский, парламента́рный
parlour 1. *n* (*sitting-room*) гости́ная; (*reception room*) приёмная; *Am* **beauty** ~ космети́ческий кабине́т; **funeral, mortician's** ~ бюро́ *neut indecl* похоро́нных дел; **ice-cream** ~ кафе́-моро́женое **2.** *adj* (*amateur*) сало́нный

parlourmaid гóрничная
parlous (*difficult*) трýдный; (*dangerous*) опáсный; (*risky*) рискóванный
Parmesan (сыр) пармезáн
Parnassian *lit* **1.** *n* парнáссец **2.** *adj* парнáсский
parochial (*of parish*) прихóдский; (*narrow*) ýзкий; (*local*) мéстный; (*provincial*) провинциáльный
parochialism ограни́ченность *f*
parodist пароди́ст
parody 1. *n* парóдия (**of,** на + *acc*) **2.** *v* пароди́ровать
parole 1. *n* (*word of honour*) чéстное слóво; **on ~** освобождённый под чéстное слóво **2.** *v* освобождáть под чéстное слóво
paronomasia парономази́я
parotid 1. *n* околоýшная железá **2.** *adj* околоýшный
parotitis сви́нка
parousia вторóе пришéствие
paroxysm при́ступ, припáдок
parquet 1. *n* паркéт **2.** *adj* паркéтный
parquetry паркéт
parricidal отцеуби́йственный
parricide (*act*) отцеуби́йство; (*person*) отцеуби́йца *m and f*
parrot 1. *n* попугáй **2.** *v* (*repeat*) повторя́ть бессмы́сленно; (*imitate*) подражáть (+ *dat*)
parrot-fish скáровая ры́ба
parry 1. *n* (*boxing*) отби́в; (*fencing*) защи́та **2.** *v sp* пари́ровать, отражáть; *fig* пари́ровать
parsec парсéк
Parsee *rel* парс; *ling* парси́ *indecl*
parsimonious (*careful of money*) бережли́вый, эконóмный; (*mean*) скупóй; (*sparse*) скýдный, жáлкий
parsimony бережли́вость *f*; скýпость *f*
parsley петрýшка
parsnip пастернáк
parson (прихóдский) священник; **~'s nose** кури́ная гýзка
parsonage дом прихóдского свящéнника
part 1. *n* (*most senses*) часть *f*; **for the most ~** бóльшей чáстью; **the best ~ of** дóбрая полови́на; **in ~** части́чно; **be ~ of** входи́ть в (+ *acc*); **spare ~** запаснáя часть, запчáсть *f*; **~ of speech** часть рéчи; (*share*) дóля; (*region*) райóн; (*side in dispute etc*) сторонá; **for my ~** с моéй стороны́; **take the ~ of** станови́ться на стóрону (+ *gen*); (*role*) роль *f*; **take, play** *etc* **the ~ of** игрáть роль (+ *gen*); **take ~** учáствовать, принимáть учáстие в (+ *prep*) **2.** *adj* части́чный, непóлный **3.** *adv* части́чно, отчáсти; **she is ~ English, ~ French** она наполови́ну англичáнка, наполови́ну францýженка **4.** *v* (*divide*) дели́ть(ся) (**into,** в + *acc*), разделя́ть(ся); (*separate from*) отделя́ть(ся) (от + *gen*); (*diverge*) расходи́ться; (*separate, of friends etc*) разлучáть(ся); (*combatants*) разнимáть; (*hair*) расчёсывать на пробóр; **~ with** расставáться с (+ *instr*); *fig* **~ company with** расходи́ться во мнéниях с (+ *instr*); (*break, split*) порвáться *pf*; (*open up*) раскрывáться
partake (*take part*) принимáть учáстие (**of,** в + *prep*); (*taste, try*) отвéдать (**of,** + *gen*); (*eat*) есть; (*be akin to*) имéть схóдство с (+ *instr*)
parterre *theat* партéр; (*in garden*) цветни́к
parthenogenesis партеногенéз
Parthenon Парфенóн
Parthian : ~ shot парфя́нская стрелá; **... he said as a ~ shot** ...сказáл он под зáнавес
partial (*in part*) части́чный; (*incomplete*) непóлный; (*biased*) пристрáстный; **~ to** неравнодýшный к (+ *dat*)
partiality (*bias*; *weakness for*) пристрáстие к (+ *dat*)
participant 1. *n* учáстник (**in, of,** + *gen*) **2.** *adj* учáствующий
participate (*take part*) учáствовать, принимáть учáстие в (+ *prep*); (*share*) разделя́ть
participation учáстие; (*complicity*) соучáстие
participator учáстник
participial причáстный
participle причáстие
particle (*all senses*) части́ца
parti-coloured разноцвéтный, пёстрый
particular 1. *n* (*detail*) подрóбность *f*; **go into ~s** вдавáться в подрóбности; **in ~** в осóбенности; (*respect*) отношéние; **in all ~s** во всех отношéниях **2.** *adj* (*special, specific*) осóбый; *often transl by* и́менно э́тот; **why did he want this ~ book?** почемý он хотéл и́менно э́ту кни́гу?; (*distinct, separate*) отдéльный (*definite*) определённый; (*characteristic*) характéрный; (*detailed*) подрóбный; (*careful*) тщáтельный; (*fussy*) привередливый; (*exacting*) трéбовательный
particularity (*specific nature*) специ́фика; (*carefulness*) тщáтельность *f*
particularize (*name*) назывáть, упоминáть; (*list*) перечисля́ть; (*go into detail*) вдавáться в подрóбности
particularly (*especially*) осóбенно; (*specifically*) в чáстности; (*in detail*) подрóбно, детáльно
parting 1. *n* (*separation*) расставáние, разлýка; (*saying farewell*) прощáние; (*of road*) разветвлéние дорóги; (*of hair*) пробóр **2.** *adj* (*farewell*) прощáльный; (*separating*) разделя́ющий
partisan 1. *n* (*supporter*) сторóнник; (*guerrilla*) партизáн **2.** *adj* (*biased*) пристрáстный; (*of ~s*) партизáнский
partisanship слепáя привéрженность *f*
partita парти́та
partite раздéльный
partition 1. *n* (*act*; *also pol*) разделéние; (*division*) раздéл; (*section*) отделéние; (*wall, screen*) перегорóдка; *naut* шпангóут **2.** *v* дели́ть, разделя́ть; **~ off** отгорáживать перегорóдкой
partitive раздели́тельный
partly (*in part*) части́чно; (*to some extent*) отчáсти, до нéкоторой стéпени; (*not entirely*) не пóлностью
partner 1. *n* (*in business*) компаньóн, партнёр; (*in game, dancing*) партнёр; (*husband*) супрýг; (*wife*) супрýга; (*companion, friend*) товáрищ; (*accomplice*) соудáстник **2.** *v* быть партнёром (+ *gen*)
partnership товáрищество; **enter into ~** сдéлаться партнёром (**with,** + *gen*), партнёрами
part-owner совладéлец
partridge куропáтка
part-time (*partly employed*) зáнятый непóлный рабóчий день; **~ teacher** учи́тель *m* на полстáвки; (*in spare time*) в свобóдное врéмя
parturition рóды *m pl*
party 1. *n* (*team, also pol*) пáртия; (*group*) грýппа; (*company*) компáния; (*reception*) приём; (*less formal*) вéчер; (*very informal*) вечери́нка; **dinner ~** звáный обéд; (*side*) сторонá; **be a ~ to** принимáть учáстие в (+ *prep*); *coll* (*person*) осóба **2.** *adj* парти́йный; **~ line** ли́ния пáртии; (*telephone*) группов́ая абонéнтская ли́ния
party-wall брандмáуэр

parvenu вы́скочка, парвеню́ *m indecl*
pas: ~ **de deux** па-де-дé *neut indecl;* ~ **de trois** па-де-труá *neut indecl*
paschal пасхáльный
pasha пашá *m*
pasquinade пáсквиль *m*
pass 1. *n* (*passage*) прохóд; (*transfer*) перехóд; (*mountain*) перевáл, ущéлье; (*permit*) прóпуск; (*short leave*) краткосрóчный óтпуск; (*free ticket*) бесплáтный билéт, контрамáрка; (*in exam*) сдáча экзáмена без отли́чия; (*situation*) положéние; (*of the hands*) пасс; *sp* передáча, пас; *coll* (*amorous*) авáнсы *m pl*; **make a** ~ **at** пристáть *pf* (к + *dat*); **bring to** ~ осуществля́ть; **come to** ~ происходи́ть, случáться **2.** *adj* ~ **degree** диплóм без отли́чия; ~ **mark** оцéнка «удовлетвори́тельно» **3.** *v* (*go past*; *go too far*) *vi* проходи́ть (ми́мо); (*in vehicle*) проезжáть (ми́мо); *vt* проходи́ть ми́мо (+ *gen*); проезжáть ми́мо (+ *gen*); (*go through*) проходи́ть; проезжáть; (*overtake*) обгоня́ть; (*go round*) обходи́ть; (*leave behind*, *outdistance*) обгоня́ть; (*allow past*) пропускáть; (*run hand*, *brush etc over*) проводи́ть рукóй *etc* (**over,** по + *dat*); (*insert*, *push through*) продевáть, прosóвывать (**through,** чéрез + *acc*); (*run cable etc*) проводи́ть; (*transfer*, *transmit*; *hand over*; *give*) передавáть(ся) (**to** + *dat*); *sp* передавáть, пасовáть (**to,** + *dat*); (*cards*) пасовáть; **I** ~ я пас; (*be handed over*; *change*; *go over to*) переходи́ть (**to,** в + *acc*; к + *dat*); (*disappear*, *be past*; *elapse*, *of time etc*) проходи́ть; (*be adequate*) годи́ться; (*be accepted as*) быть приня́тым (**as,** за + *acc*); (*happen*) случи́ться *pf*; (*go beyond*) выходи́ть за предéлы (+ *gen*); (*spend time etc*) проводи́ть; (*satisfy*) удовлетворя́ть; (*test*, *inspection*) пройти́ *pf*; (*exam*) сдать *pf*; (*a bill*, *plan etc*) утверждáть; (*law*, *motion etc*) принимáть; (*disseminate*) распространя́ть; *in various expressions* ~ **an opinion** вы́сказать *pf* мнéние; ~ **a remark** дéлать замечáние; ~ **the buck to** взвали́ть *pf* всё на (+ *acc*); ~ **sentence** выноси́ть приговóр (**on,** + *dat*); ~ **unnoticed** пройти́ незамéченным; ~ **water** мочи́ться
~ **around** *see* ~ **round**
~ **away** (*die*) скончáться; (*disappear*) исчезáть
~ **by** проходи́ть ми́мо (+ *gen*)
~ **for** сходи́ть за (+ *acc*), быть при́нятым за (+ *acc*)
~ **off** (*decrease*) уменьшáться; (*disappear*) исчезáть, проходи́ть; (*end*) кóнчиться *pf*; (*take place*) пройти́ *pf*, сойти́; (*foist*) подсóвывать, сбывáть (**on,** + *dat*); ~ **oneself off as** выдавáть себя́ за (+ *acc*)
~ **on** (*go further*) проходи́ть дáльше; (*hand on*) передавáть (дáльше); ~ **on to** (*eg new subject*) переходи́ть к (+ *dat*)
~ **out** (*hand out*) раздавáть; (*lose consciousness*) теря́ть сознáние
~ **over** (*cross*) переправля́ться чéрез (+ *acc*); (*miss out*) не останáвливаться на (+ *prep*); ~ **over in silence** обходи́ть молчáнием; (*hand over*) передавáть (+ *dat*); (*overlook*, *not promote*) обходи́ть
~ **round** (*distribute*) раздавáть (**to,** + *dat*); (*circulate*) передавáть(ся)
~ **through** (*go through*) проходи́ть, проезжáть чéрез (+ *acc*); (*let through*) пропускáть; (*live through*) переживáть
~ **up** *coll* (*refuse*) откáзываться от (+ *gen*); (*let slip*) пропускáть
passable (*which can be passed through*) проходи́мый; (*with vehicle*) проéзжий; (*adequate*) достáточный; (*tolerable*) снóсный; *coll* (*decent*) прили́чный
passage (*way through*) прохóд; (*for vehicle*) проéзд; (*corridor*) коридóр; (*of birds*) перелёт; **birds of** ~ перелётные пти́цы *f pl*; (*movement through*) перехóд; (*of time*) ход; (*of text*) отры́вок, мéсто
pass-band полосá пропускáния
pass-book бáнковская расчётная кни́жка
passé (*out-of-date*) устарéлый; (*faded*) увя́дший
passenger 1. *n* пассажи́р **2.** *adj* пассажи́рский
passer-by прохóжий
passible чувстви́тельный
passing 1. *n* (*going by*) прохождéние; **in** ~ мимохóдом; (*overtaking*) обгóн; (*handing over*) передáча; (*transition*) перехóд; (*of law*) утверждéние; (*of sentence*) вынесéние; (*of time*) протекáние; (*demise*) кончи́на; (*disappearance*) исчезновéние **2.** *adj* (*going by*) проходя́щий; (*driving by*) проезжáющий; (*transient*) преходя́щий, мимолётный; (*casual*) случáйный **3.** *adv ar* (*very*) óчень
passion (*emotion*, *desire*) страсть *f* (**for,** к + *dat*); (*drive*, *force*) стрáстность *f*, пыл; (*outburst*) взрыв, вспы́шка, при́ступ; (*anger*) гнев; **fly into a** ~ прийти́ *pf* в я́рость; *rel* **the Passion** стрáсти госпóдни *f pl*
passionate (*ardent*) стрáстный, пы́лкий; (*easily angered*) вспы́льчивый
passion-flower страстоцвéт, пассифлóра
passionless бесстрáстный
passive 1. *n gramm* страдáтельный залóг **2.** *adj* пасси́вный, инéртный; ~ **resistance** пасси́вное сопротивлéние; *gramm* страдáтельный
passivity пасси́вность *f*, инéртность *f*
pass-key (*key*) ключ; (*master-key*) отмы́чка
Passover еврéйская пáсха
passport пáспорт
password парóль *m*
past 1. *n* прóшлое; **in the** ~ в прóшлом; **a man with a** ~ человéк с прóшлым; *gramm* прошéдшее врéмя *neut* **2.** *adj* прóшлый; ~ **events** минýвшие собы́тия; **for the** ~ **few years** (за) послéдние нéсколько лет **3.** *adv* ми́мо **4.** *prep* (*after*) пóсле (+ *gen*), за (+ *acc*); **it's already** ~ **midnight** ужé зá пóлночь; (*with hours*) **at half** ~ **seven** в полови́ну восьмóго; (*by*) ми́мо; **walk** ~ проходи́ть ми́мо (+ *gen*); (*beyond*) за (+ *instr*); (*more than*) сверх, бóльше (+ *gen*); **he is** ~ **forty** емý за сóрок; ~ **bearing, belief etc** невыноси́мый, невероя́тный *etc*; (*no longer capable*) **I am** ~ **...** я ужé не могý (+ *infin*), я бóльше не могý (+ *infin*)
pasta макарóнные издéлия *neut pl*
paste 1. *n* (*dough*) тéсто; (*cosmetic*, *med*) пáста; (*glue*) клей; *tech* пáста, мáсса; (*imitation jewel*) страз **2.** *v* (*stick on to*) приклéивать к (+ *dat*); (*stick together*) склéивать; *coll* (*thrash*) колоти́ть
pasteboard 1. *n* картóн **2.** *adj* картóнный
pastel 1. *n* пастéль *f* **2.** *adj* пастéльный; (*pale*) блéдный, блёклый
pastern бáбка
pasteurization пастеризáция
pasteurize пастеризовáть
pasteurizer пастеризáтор

pastiche (*imitation*) стилизáция (**of,** под + *acc*); (*medley*) смесь *f*; (*parody*) парóдия (**of,** на + *acc*)
pastille таблéтка, лепёшечка
pastime (*amusement*) развлечéние; (*game*) игрá; (*sport*) спорт; (*way of passing time*) времяпрепровождéние
pasting *coll* (*thrashing*) взбýчка, пóрка
past-master (непревзойдённый) мáстер (**of, at,** на + *acc*, *or* + *infin*)
pastor пáстор
pastoral 1. *n lit* пасторáль *f* **2.** *adj* (*of shepherds*) пастýшеский; (*rural*; *also lit*) пасторáльный; *rel* пáстырский; ~ **letter** послáние
pastorale пасторáль *f*
pastry (*dough*) тéсто, сдóба; (*pie, tart etc*) кондитерское издéлие; ~**-cook** кондúтер
pasturage (*pasture*) пáстбище; (*grazing*) пастьбá
pasture 1. *n* пáстбище **2.** *v* пастú(сь)
pasty 1. *n* пирожóк **2.** *adj* (*paste-like*) тестообрáзный; (*pale*) блéдный
[1]**pat 1.** *n* хлопóк, шлепóк; (*of butter*) кусóк мáсла **2.** *v* похлóпывать (**on,** по + *dat*)
[2]**pat 1.** *adj* (*ready*) готóвый **2.** *adv* (*aptly*) умéстно; (*at right moment*) кстáти; (*accurately*) тóчно, как раз
patch 1. *n* (*on garment*) заплáта; (*small piece of material*) лоскýт; (*torn fragment*; *of cloud*) обры́вок; (*spot, blotch*) пятнó; (*beauty spot*) мýшка; (*of land*) учáсток; (*area, zone*) полосá; *fig* **bad** ~ полосá невезéния; **not a** ~ **on** ничтó в сравнéнии с (+ *instr*) **2.** *v* (*put ~s on*) стáвить заплáты на (+ *acc*), *coll* латáть; (*mend*) чинúть; ~ **up** (*mend*) кое-как чинúть, налáживать; (*quarrel*) улáживать (ссóру *etc*); (*arrange hurriedly*) состря́пать *pf*
patched залáтанный, в заплáтах
patching заплáта
patchouli пачýли *pl*
patch-pocket накладнóй кармáн
patchwork (*sewing*) лоскýтная рабóта; ~ **blanket, cover** лоскýтное одея́ло; *fig* (*mixture*) смесь *f*; *pej* мешанúна
patchy (*uneven*) нерóвный; (*blotchy*) пятнúстый; (*of uneven quality*) неоднорóдный; (*broken up*) обры́вочный; (*occasional*) случáйный
pâté паштéт
patella *anat* колéнная чáшечка, надколéнник; *bot* патéлла, блю́дце
paten *eccles* дúскос
patent 1. *n* патéнт (**for, on,** на + *acc*); *hist* жáлованная грáмота; (*privilege*) привилéгия **2.** *adj* (*obvious*) я́вный, очевúдный; (*of* ~) патéнтный; (*patented*) патентóванный; ~ **medicine** патентóванное лекáрство; ~ **leather** лакирóванная кóжа **3.** *v* (*give or obtain* ~) патентовáть
patentable патентоспосóбный
patentee патентодержáтель *m*, владéлец патéнта
patenting патентовáние
paterfamilias главá семьú
paternal (*fatherly*) отéческий; (*of father*) отцóвский; (*related through father*) со сторон́ы отцá
paternalism патернализм
paternity отцóвство
paternoster (*prayer*) **Paternoster** Óтче наш; (*lift*) патернóстер; (*fishing*) лéсá с ря́дом крючкóв
path (*track*) тропúнка; (*esp. in garden*) дорóжка; (*way, also fig*) путь *m*; (*trajectory*) траектóрия
Pathan патáн
pathetic (*touching*) трóгательный; (*wretched*) жáлкий
pathfinder (*pioneer*) первопрохóдец, первопрохóдчик; (*tracker*) следопы́т; *mil aer* самолёт наведéния; *tech* зонд
pathless бездорóжный, непроходúмый
pathogen патогéнный организм
pathogenesis патогенéз
pathogenic патогéнный
pathological патологúческий
pathologist патóлог
pathology патолóгия
pathos пáфос
pathway (*track*) тропúнка; (*in garden*) дорóжка; (*pavement, sidewalk*) тротуáр; *tech* (*catwalk*) мосткú *m pl*; (*way; also fig*) путь *m*
patience (*most senses*) терпéние, терпелúвость *f*; **have** ~ терпéть; **try, lose** ~ испы́тывать, теря́ть терпéние; (*game*) пасья́нс; **play** ~ расклáдывать пасья́нс
patient 1. *n* больнóй, *f* больнáя, пациéнт, *f* пациéнтка **2.** *adj* (*forbearing*) терпелúвый; **be** ~ **!** имéйте терпéние!; (*persistent*) упóрный, настóйчивый
patina патúна
patio двóрик, пáтио *neut indecl*
patisserie (*shop*) кондúтерская; (*pastries*), кондúтерские издéлия *neut pl*, пирóжное
patois мéстный гóвор
patriarch патриáрх
patriarchal патриархáльный; *eccles* патриáршеский, патриáрший; (*venerable; of age, beard etc*) патриáрший
patriarchate *eccles* (*rank*; *system*) патриáршество; (*church ruled by patriarch*) патриархáт, патриáршество; (*area of jurisdiction*) патриáрхая
patriarchy патриархáт
patrician 1. *n* (*Roman noble*) патрúций; (*aristocrat*) аристокрáт **2.** *adj* патрициáнский; аристократúческий
patricide *see* **parricide**
patrilineal по мужскóй лúнии
patrimonial наслéдственный, родовóй
patrimony (*inheritance*) наслéдство; (*property*) родовóе имýщество; *fig* наслéдие
patriot патриóт
patriotic патриотúческий
patriotism патриотизм
patristics патрúстика
patrol 1. *n* (*group*) дозóр, патрýль *m*; **on** ~ в дозóре; (*act*) патрулúрование **2.** *adj* патрýльный, дозóрный **3.** *v* патрулúровать
patrol car полицéйская машúна
patrolman *Am* полицéйский
patron (*protector, supporter*) покровúтель *m*, патрóн; ~ **of the arts** меценáт; (*client*) клиéнт; (*regular visitor*) завсегдáтай, постоя́нный посетúтель *m*; (*in cinema*) кинозрúтель *m*; *rel* святóй-покровúтель *m*, патрóн
patronage покровúтельство, патронáж
patronize (*protect*) покровúтельствовать; (*visit regularly*) быть постоя́нным посетúтелем; (*treat condescendingly*) обращáться снисходúтельно (с + *instr*)
patronizing (*condescending*) снисходúтельный
patronymic патрóним; (*in Russian name*) óтчество
patter 1. *n* (*quick speech*) скороговóрка; (*slang*) жаргóн; (*sound of feet*) лёгкий тóпот; (*of rain etc*) стук **2.** *v* (*chatter*) таратóрить; (*make tapping*

sound) стуча́ть; (*go with tapping noise*) то́пать; (*of rain etc*) стуча́ть, бараба́нить

pattern 1. *n* (*model*) образе́ц; (*dressmaking*) вы́кройка; (*sample*) обра́зчик; (*shape*) фо́рма; (*logical regularity*) закономе́рность *f*; ~ **of one's life** о́браз жи́зни; ~ **of events** ход собы́тий, разви́тие собы́тий; (*routine*) шабло́н; (*design of material etc*) рису́нок, узо́р; (*structure*) структу́ра; *tech* (*visual effect*) карти́на, диагра́мма; *tech* (*for casting*) моде́ль *f*; (*template*) шабло́н **2.** *v* (*copy*) де́лать по образцу́ (+ *gen*); (*decorate*) украша́ть узо́ром

pattern-maker *tech* моде́льщик

pattern-shop *tech* моде́льный цех

patty пирожо́к

paucity (*fewness*) ма́лое коли́чество; (*scarcity*) недоста́точность *f*, нехва́тка, ску́дость *f*; (*meagreness*) ску́дость *f*

paunch (*belly*) живо́т; (*large belly*) брюшко́, пу́зо; *zool* рубе́ц

paunchy пуза́тый

pauper ни́щий; *hist*, *leg* па́упер

pause 1. *n* (*in speech*) па́уза; **make a** ~ де́лать па́узу; (*interval*) переры́в, промежу́ток; *pros* цезу́ра; **2.** *v* (*stop*) остана́вливаться; (*stop for a moment*) приостана́вливаться; (*in speech*) де́лать па́узу; (*linger on*) заде́рживаться (на + *prep*)

pavan(e) пава́на

pave мости́ть; *fig* ~ **the way** прокла́дывать путь (**to**, к + *dat*; **for**, для + *gen*)

paved мощёный, вы́мощенный

pavement (*sidewalk*) тротуа́р; *Am* (*roadway*) мостова́я

pavilion (*tent*) шатёр; (*summer-house etc*; *at exhibition*) павильо́н; (*annexe*) фли́гель *m*

paving (*act*) моще́ние; (*material*) доро́жное покры́тие; ~**-stone** брусча́тка

paw 1. *n* ла́па **2.** *v* (*touch with* ~) тро́гать ла́пой; (*of horse*) бить копы́том; *coll* (*handle*) ла́пать

pawl соба́чка, защёлка

[1]**pawn** (*chess*) пе́шка (*also fig*)

[2]**pawn 1.** *n* **in** ~ зало́женный, в закла́де **2.** *v* закла́дывать, отдава́ть в зало́г

pawnbroker ростовщи́к; ~**'s** ломба́рд

pawnshop ломба́рд

pawnticket ломба́рдный биле́т

pay 1. *n* (*payment*) опла́та; **rate of** ~ но́рма опла́ты; ~ **in kind** натура́льная опла́та; (*wage*) за́работная пла́та, зарпла́та; (*salary*) жа́лованье; **in the** ~ **of** на жа́лованье у (+ *gen*) **2.** *v* (*give money*) плати́ть (+ *acc of amount paid*; + *dat of person paid*; **for**, за + *acc of work or object paid for*); ~ **a bill** опла́чивать счёт; (*be profitable*) быть вы́годным, окупа́ться; **it doesn't** ~ **to ...** не сто́ит (+ *infin*); (*suffer*) **he paid for his mistake with his life** он поплати́лся жи́знью за свою́ оши́бку; ~ **dearly for** до́рого заплати́ть за (+ *acc*); *naut* (*rope*) трави́ть; (*caulk*) смоли́ть; *in expressions* ~ **attention** обраща́ть внима́ние (**to**, на + *acc*); ~ **a call on** посеща́ть; ~ **court to** уха́живать за (+ *instr*); ~ **a compliment to** сде́лать *pf* комплиме́нт (+ *dat*); ~ **tribute to** возда́ть *pf* до́лжное (+ *dat*); ~ **respects to** засвиде́тельствовать своё почте́ние (+ *dat*)

~ **away** *naut* трави́ть

~ **back** (*money*) возвраща́ть; *fig* (*retaliate*) отпла́чивать (+ *dat*); ~ **back in the same coin/in kind** отплати́ть то́й же моне́той; (*recompense*) вознагражда́ть (**for**, за + *acc*)

~ **down** плати́ть нали́чными; *naut* трави́ть

~ **in** (*to bank*) вноси́ть в банк; (*make contributions to*) де́лать взно́сы в (+ *acc*)

~ **off** (*settle with*) расплати́ться *pf* с (+ *instr*); (*debt*) погаси́ть *pf* (долг); (*grudge etc*) отплати́ть *pf* за (+ *acc*); *naut* (*dismiss crew*) спи́сывать кома́нду; (*fall to leeward*) ува́ливать(ся) под ве́тер; *coll* (*be profitable*) быть рента́бельным; (*be successful*) име́ть успе́х

~ **out** выпла́чивать; (*for grudge*) отплати́ть *pf* (+ *dat*); *naut* трави́ть

~ **over** (*pay out*) выпла́чивать; (~ *too much*) перепла́чивать

~ **up** плати́ть, расплати́ться *pf*

payable подлежа́щий опла́те (**in**, **at**, в + *prep*)

pay-day платёжный день *m*, день *m* полу́чки (*coll*)

payee (*person paid*) лицо́ получа́ющее пла́ту; (*of cheque, bill*) получа́тель *m*

payer плате́льщик

pay-freeze замора́живание зарпла́ты

paying (*profitable*) вы́годный, рента́бельный

payload поле́зная нагру́зка

paymaster касси́р; *mil* казначе́й; **Paymaster-General** гла́вный казначе́й

payment (*act of paying*) платёж, упла́та; **in** ~ **of** в упла́ту за (+ *acc*); (*pay*, *recompense*) пла́та; (*amount paid*) платёж; (*instalment*) взнос; (*defrayment*) опла́та

pay-off (*retribution*) отпла́та; (*settling score*) распла́та; (*denouement*) развя́зка; (*bribe*) взя́тка

pay-out вы́плата

pay-packet зарпла́та, полу́чка (*coll*)

pay-rise повыше́ние зарпла́ты

payroll (*list*) платёжная ве́домость *f*; (*work-force*) рабо́чие и слу́жащие *pl*

pea *bot*, *cul* горо́х; (*as dish*) *usu* (зелёный) горо́шек; **split** ~**s** лущёный горо́х; *bot* **sweet** ~ души́стый горо́шек

peace 1. *n* (*not war*) мир; **be at** ~ не воева́ть; **be, live in, at** ~ **with** жить с (+ *instr*) в ми́ре; **in time of** ~ в ми́рное вре́мя; **pipe of** ~ тру́бка ми́ра; (*treaty*) ми́рный догово́р; **make** ~ **with** заключа́ть мир с (+ *instr*); *fig* мири́ться с (+ *instr*); (*public order*) поря́док; **keep, break the** ~ соблюда́ть, наруша́ть обще́ственный поря́док; (*calm*) поко́й, споко́йствие; ~ **and quiet** мир и споко́йствие; ~ **of mind** споко́йствие ду́ха; **at** ~ споко́йно; **in** ~ в поко́е; **leave in** ~ оста́вить *pf* в поко́е; **give no peace until** не дава́ть (+ *dat*) поко́я, пока́ (не + *ind*); **may he rest in** ~ мир пра́ху его́; (*quiet*) тишина́; **hold one's** ~ молча́ть **2.** *adj* (*of treaty etc*) ми́рный

peaceable (*at peace*; *not warlike*) ми́рный; (*peace-loving*) миролюби́вый

peaceful (*peaceable*) ми́рный; (*calm*) споко́йный; (*quiet*) ти́хий

peacemaker миротво́рец, примири́тель *m*

peacetime ми́рное вре́мя *neut*; **in** ~ в ми́рное вре́мя

peach 1. п пе́рсик; ~ **tree** пе́рсиковое де́рево; *sl* (*girl*) красо́тка; (*admired object*) пре́лесть *f*; **what a** ~! вот э́то да! **2.** *adj* пе́рсиковый **3.** *v sl* (*inform*) доноси́ть (**on**, на + *acc*)

peacock павли́н

peafowl павли́н

pea-green зелёный

peahen са́мка павли́на, па́ва

pea-jacket *naut* бушла́т

¹peak 1. *n* (*top*; *culmination*) верши́на; **at its** ~ в по́лном разга́ре; (*maximum*) ма́ксимум; (*mountain*) пик; (*of cap*) козырёк; *naut* концево́й отсе́к **2.** *adj* преде́льный, максима́льный; ~ **hours, period** часы́-пик *m pl* **3.** *v* достига́ть преде́ла, ма́ксимума
²peak (*pine away*) ча́хнуть
peaked (*pointed*) остроконе́чный; (*of face*) измождённый; ~ **cap** фура́жка
peak-load максима́льная нагру́зка
peaky измождённый
peal 1. *n* (*of bells*) звон, трезво́н; (*of laughter*) взрыв; (*of thunder*) раска́т **2.** *vt* ~ **bells** звони́ть в колокола́; *vi* (*of bells*) греме́ть
peanut ара́хис, землян́ой оре́х; *coll pl* (*trifling sum*) гроши́ *m pl*
pear гру́ша; ~ **tree** гру́шевое де́рево, гру́ша
pearl 1. *n* (*single* ~; *also fig*) жемчу́жина; *collect* (*and as jewel*) же́мчуг; **seed** ~ ме́лкий же́мчуг; (*mother-of-*~) перламу́тр; *typ* перл **2.** *adj* (*of, like* ~) жемчу́жный; (*mother-of-*~) перламу́тровый **3.** *adj* (*fish for* ~*s*) добыва́ть же́мчуг; (*adorn with* ~*s*) украша́ть же́мчугом; (*cover with drops*) покрыва́ть жемчу́жными ка́плями
pearl-barley пе́рловая крупа́
pearl-diver иска́тель *m* же́мчуга
pearlite 1. *n* перли́т **2.** *adj* перли́товый
pearl-oyster жемчу́жница
pearl-shell жемчу́жная ра́ковина
pearly жемчу́жный
pear-shaped грушеви́дный
peasant 1. *n* крестья́нин, *f* крестья́нка **2.** *adj* крестья́нский
peasantry крестья́нство
pea-soup горо́ховый суп
pea-souper *coll* (*fog*) густо́й жёлтый тума́н
peat 1. *n* торф **2.** *adj* торфяно́й; ~ **bog** торфяни́к, торфяно́е боло́то
peaty торфяно́й
pebble га́лька, голы́ш; (*lens*) ли́нза из го́рного хрусталя́; ~**-dash** грави́йная посы́пка
pebbly покры́тый га́лькой
pecan оре́х-пека́н
peccadillo грешо́к
peccancy гре́шность *f*, грехо́вность *f*
peccant гре́шный, грехо́вный; *med* вре́дный, нездоро́вый
peccary пе́кари *m indecl*
¹peck (*measure*) пек (*Br 9·09 l*; *Am 8·8 l*); *coll* (*lot of*) ма́сса, ку́ча
²peck 1. *n* клево́к; (*kiss*) поспе́шний поцелу́й **2.** *v* клева́ть (**at,** + *acc*)
peckish голо́дный
pectase пекта́за
pecten гре́бень *m*
pectic пекти́новый
pectin пекти́н
pectoral 1. *n* нагру́дное украше́ние **2.** *adj* (*of, in breast*) грудно́й; (*worn on breast*) нагру́дный; ~ **cross** напе́рсный крест
pectose пекто́за
peculate присва́ивать чужи́е де́ньги, растра́чивать
peculation растра́та
peculiar (*odd*, *queer*) стра́нный; (*eccentric*) эксцентри́чный; (*unusual*) необы́чный; (*unlike others, distinctive*) осо́бый, своеобра́зный; (*specific*) специфи́ческий; (*characteristic*) характе́рный (**to,** для + *gen*), сво́йственный (**to,** + *dat*); (*inherent*) прису́щий (**to,** + *dat*); (*personal*) ли́чный, со́бственный
peculiarity (*oddity*) стра́нность *f*; (*unusual quality, nature*) необы́чность *f*; (*characteristic*) осо́бенность *f*, характе́рная черта́
pecuniary де́нежный
pedagogic(al) педагоги́ческий
pedagogics педаго́гика
pedagogue (*teacher*) учи́тель *m*, педаго́г; (*pedant*) педа́нт
pedagogy педаго́гика
pedal 1. *n* (*all senses*) педа́ль **2.** *adj tech* педа́льный; *anat* ножно́й **3.** *v* (*turn, push* ~*s*) рабо́тать педа́лями; (*go on bicycle*) е́хать на велосипе́де
pedal-driven с педа́льным/ножны́м при́водом
pedalling *sp* педаля́ж
pedant педа́нт
pedantic педанти́чный
pedantry педанти́чность *f*
peddle (*trade*) торгова́ть (+ *instr*) вразно́с; (*carry around for sale*) развози́ть (това́ры) для прода́жи
pederast педера́ст
pedestal *archi* (*for column*) ба́за, основа́ние; (*for statue etc*) пьедеста́л; *fig* **put on a** ~ ста́вить на пьедеста́л; *tech* подста́вка, подкла́дка
pedestrian 1. *n* пешехо́д **2.** *adj* пешехо́дный; ~ **crossing** (пешехо́дный) перехо́д; *fig* (*prosaic*) прозаи́ческий, бана́льный
pediatric педиатри́ческий
pediatrician педиа́тр
pediatrics педиатри́я
pedicel, pedicle *bot* стебелёк; *zool* но́жка
pedicular, pediculous вши́вый
pedicure педикю́р
pedigree 1. *n* (*genealogy*) родосло́вная; (*origin, ancestry*) происхожде́ние **2.** поро́дистый, племенно́й
pediment *archi* фронто́н
pedlar разно́счик, коробе́йник
pedological по́чвенный
pedologist почвове́д
pedology почвове́дение
pedometer шагоме́р
peduncle *bot* стебелёк; *zool* но́жка
pee *coll* **1.** *n* моча́ **2.** *v* мочи́ться, пи́сать
peek 1. *n* **take a** ~ взгляну́ть *pf*, посмотре́ть *pf* (**at,** на + *acc*) **2.** *v* (*look at*) загля́дывать (**at,** на + *acc*); ~ **in** загля́дывать (в + *acc*); ~ **out** выгля́дывать (**from,** из + *gen*; **from behind,** из-за + *gen*); ~ **out of the window** вы́глянуть *pf* в окно́
peek-a-boo ку-ку́!
peel 1. *n* (*of fruit etc in general*) кожура́, ко́жица; (*esp of oranges, lemons*) ко́рка, *coll* ко́жа; (*waste* ~*ings*) шелуха́, очи́стки *f pl*; **candied** ~ цука́т **2.** *vt* (*fruit etc*) чи́стить; *more tech* снима́ть кожуру́; (*remove*) снима́ть (**off, from,** с + *gen*); (*tear off in strips*) сдира́ть; *coll* (*clothes*) ски́дывать, ста́скивать; *vi* (*come off*) сходи́ть (**off, from,** с + *gen*); (*of skin*) лупи́ться, шелуши́ться; *coll* **keep one's eye's** ~**ed** смотре́ть в о́ба
peeler очисти́тельная, шелуши́льная маши́на; **potato** ~ картофелечи́стка
peeling (*process*) очи́стка; *pl* (*refuse*) шелуха́, очи́стки *f pl*
peen (*of hammer*) о́стрый боёк молотка́
peep 1. *n* (*quick glance*) бы́стрый взгляд; **have a** ~ **at** взгляну́ть *pf* на (+ *acc*); **get a** ~ **of** уви́деть *pf*; (*sound*) писк; **not a** ~ **out of you!** (*to child*) и не пи́кни! **2.** *v* взгля́дывать (**at,** на + *acc*); ~ **in** загля́дывать (в + *acc*); ~ **out** выгля́дывать

(**from,** из + *gen*); (*show itself*) прогля́дывать; (*observe furtively*) подсма́тривать, подгля́дывать
peep-hole глазо́к; *mil* смотрова́я щель *f*
peep-show раёк, кинетоско́п
[1]**peer** *n* (*equal*) ро́вня́, ра́вный; **he has no** ~ ему́ нет ра́вного; **without** ~ несравне́нный; (*lord*) пэр
[2]**peer** *v* вгля́дываться, всма́триваться (**at, into,** в + *acc*)
peerage (*the peers*) сосло́вие пэ́ров; (*title*) зва́ние пэ́ра
peeress (*wife of peer*) супру́га пэ́ра; (*lady*) ле́ди *f indecl*
peerless несравне́нный
peeve *coll* раздража́ть; **be ~d** быть недово́льным
peevish раздражи́тельный, брюзгли́вый; (*of child*) капри́зный
peewit, pewit чи́бис
peg 1. *n* (*small stake*) ко́лышек; (*dowel*) деревя́нный гвоздь *m*, на́гель *m*; (*for coats etc*) ве́шалка; **off-the-**~ гото́вый; (*for clothes-line*) прище́пка; *mus* коло́к; *tech* (*pin, projection*) штифт **2.** *v* (*fasten with* ~) прикрепля́ть ко́лышками; (*mark out with* ~*s*) размеча́ть ко́лышками; (*prices etc*) устана́вливать
~ **away at** усе́рдно, упо́рно рабо́тать над (+ *instr*)
~ **down** закрепля́ть, прикрепля́ть ко́лышками
~ **out** (*mark*) отмеча́ть, размеча́ть ко́лышками; *coll* (*die*) сыгра́ть *pf* в я́щик, приказа́ть *pf* до́лго жить
pegamoid пегамо́ид
Pegasus *myth*, *astr* Пега́с
peg-leg деревя́нная нога́
pejorative унижи́тельный, пейорати́вный
Pekin(g)ese 1. *n* (*person*) жи́тель *m* Пеки́на; (*dog*) кита́йский мопс **2.** *adj* пеки́нский
pelagic морско́й; *geol* пелаги́ческий
pelargonium пеларго́ния
pelf де́ньги *f pl*; *pej* презре́нный мета́лл
pelican пелика́н
pelisse (*lady's*) ното́нда; (*child's*) де́тское пальто́ *neut indecl*; *mil* ме́нтик
pellagra пелла́гра
pellet (*ball*) ша́рик; (*pill*) пилю́ля; (*tablet*) лепёшка; (*shot*) дроби́нка
pellicle плёнка
pellitory *bot* посте́нница
pell-mell 1. *n* пу́таница, неразбери́ха, беспоря́док **2.** *adj* пу́таный, беспоря́дочный **3.** *adv* (*in disarray*) беспоря́дочно; (*confusedly*) вперемешку, как попа́ло; (*in a rush*) сломя́ го́лову
pellucid (*transparent*) прозра́чный; (*lucid, clear*) я́сный
pelmet ламбреке́н
[1]**pelt** (*skin*) шку́ра
[2]**pelt 1.** *n* **at full** ~ по́лным хо́дом, во всю ива́новскую **2.** *v* (*throw*) забра́сывать (**with,** + *instr*); (*of rain*) бараба́нить; **it's ~ing down!** дождь льёт как из ведра́!; (*run*) броса́ться, нести́сь
pelting (*of rain*) проливно́й
pelvic *anat* та́зовый
pelvis *anat* (*bones*) таз; (*in kidney*) по́чечная лоха́нка
pemmican пеммика́н
[1]**pen 1.** *n* (*enclosure*) заго́н; (*for fish*) запру́да; *sl* (*prison*) тюрьма́ **2.** *v* (*cattle*) загоня́ть в заго́н; (*imprison*) запира́ть; (*enclose*) огора́живать
[2]**pen 1.** *n* (*quill*) перо́ (*also fig of author, writing*); **come from the** ~ **of** вы́йти из-под пера́ (+ *gen*), принадлежа́ть перу́ (+ *gen*); **take up one's** ~ взя́ться *pf* за перо́; (~ *holder, fountain* ~) ру́чка; **fountain** ~ (авто)ру́чка; **ball-point** ~ ша́риковая ру́чка); *orni* (*swan*) са́мка ле́бедя **2.** *v* писа́ть
penal (*punishable*) наказу́емый; ~ **battalion** штрафно́й батальо́н, *coll* штрафба́т; ~ **code** уголо́вный ко́декс; ~ **servitude** ка́торжные рабо́ты *f pl*; ~ **system** пенитенциа́рная систе́ма
penalize (*punish*) нака́зывать; (*impose penalty*; *sp*) штрафова́ть
penalty 1. *n* (*punishment*) наказа́ние; **death** ~ сме́ртная казнь *f*; **on, under** ~ **of** под стра́хом (+ *gen*); **pay the** ~ **for** распла́чиваться за (+ *acc*); *comm*, *sp* штраф; *sp* ~ **area** штра́фная пло́щадь *f*; *sp* (*football*) одиннадцатиметро́вый (уда́р), пена́льти *m or neut indecl* **2.** *adj* штрафно́й; ~ **clause** пункт о штрафно́й неусто́йке; *sp* ~ **kick** одиннадцатиметро́вый (уда́р), пена́льти *m or neut indecl*
penance *rel* эпитимья́; (*punishment*) наказа́ние
pen-and-ink: ~ **drawing** рису́нок перо́м
penates *Lat* пена́ты *m pl*
pence *pl of* **penny**
penchant (*inclination*) скло́нность *f* (**for,** к + *dat*); **having a** ~ **for** па́дкий на (+ *acc*) *or* до (+ *gen*)
pencil 1. *n* каранда́ш; **eyebrow** ~ каранда́ш для брове́й; **propelling** ~ автомати́ческий каранда́ш **2.** *adj* нарисо́ванный/напи́санный карандашо́м **3.** *v* рисова́ть/писа́ть карандашо́м
pencil-case пена́л
pendant, pendent 1. *n* (*ornament*) подве́ска; (*jewel*) куло́н; (*on bracelet, watch-chain*) брело́к; *fig* (*counterpart*) па́ра; (*complement*) дополне́ние; *archi* вися́чий орна́мент; *mil*, *naut* (*flag*) вы́мпел; (*wire*) шке́птель *m* **2.** *adj* (*hanging*) вися́чий; (*overhanging*) нави́сший; (*pending*) нерешённый
pendentive *archi* па́рус
pending 1. *adj* (*undecided*) нерешённый; (*awaiting decision*) ожида́ющий реше́ния; (*uncompleted*) незако́нченный; (*forthcoming*) предстоя́щий **2.** *prep* до (+ *gen*), в ожида́нии (+ *gen*)
pendulous (*hanging*) вися́чий; (*swinging*) кача́ющийся
pendulum ма́ятник
penetrable проница́емый, досту́пный
penetralia святи́лище
penetrate (*all senses*) проника́ть (**into,** в + *acc*)
penetrating (*of cry, cold etc*) пронзи́тельный; (*of glance, wind*) прони́зывающий; (*of mind etc*) проница́тельный; *mil* ~ **power** пробивна́я си́ла
penetration (*physical*) проника́ние; (*of ideas etc*) проникнове́ние; (*perception*) проница́тельность *f*; *phys* проница́емость *f*; (*of projectile*) пробивна́я си́ла
penetrative проника́ющий; пронзи́тельный; проница́тельный
penetrometer пенетро́метр
pen-friend корреспонде́нт, *f* корреспонде́нтка
penguin пингви́н
penholder ру́чка
penicillin 1. *n* пеницилли́н **2.** *adj* пеницилли́новый
penicillium пеници́лл
peninsula полуо́стров
peninsular полуостровно́й
penis пе́нис, (мужско́й полово́й) член
penitence раска́яние; *eccles* покая́ние
penitent 1. *n* ка́ющийся гре́шник **2.** *adj* (*repentant*) раска́ивающийся, ка́ющийся; (*expressing*

penitence) покая́нный
penitential покая́нный
penitentiary (*reformatory*) исправи́тельный дом; *Am* (*prison*) тюрьма́, пенитенциа́рий
penknife перочи́нный нож
penman каллигра́ф, писе́ц
penmanship (*calligraphy*) каллигра́фия; (*hand*) по́черк; (*style*) стиль *m*
pen-name псевдони́м; **under the ~ of** под псевдони́мом (+ *nom*)
pennant *naut* (*flag*) вы́мпел
penniless безде́нежный; **leave ~** оста́вить *pf* без гроша́
pennon флажо́к; *naut* вы́мпел
penny пенс, пе́нни *neut indecl*; **a pretty ~** поря́дочная су́мма; **it cost me a pretty ~** э́то мне ста́ло в копе́ечку; **not a ~** ни гроша́; **turn an honest ~** че́стно зараба́тывать; **~-a-liner** писа́ка *m*; **~-in-the-slot machine** автома́т; **~-pincher** скря́га *m and f*
penny-pinching 1. *n* скя́редность *f* **2.** *adj* скя́редный
pennyroyal *bot* мя́та боло́тная
pennyweight пеннриве́йт (=1·5552 *g*)
pennywort *bot* щитоли́стник
pennyworth на одно́ пе́нни; **he bought a ~ of sweets** он купи́л конфе́т на одно́ пе́нни
penology пеноло́гия
pen-pusher писа́ка *m and f*
pensile вися́чий
[1]**pension 1.** *n* пе́нсия; **disability ~** пе́нсия по инвали́дности; **old age ~** пе́нсия по ста́рости; **retire on one's ~** уходи́ть на пе́нсию **2.** *v* плати́ть пе́нсию; **~ off** уво́лить *pf* на пе́нсию
[2]**pension** (*boarding house*) пансио́н; **en ~** на пансио́не
pensionable (*entitled to pension*) име́ющий пра́во на пе́нсию; (*entitling to pension*) даю́щий пра́во на пе́нсию; **~ age** пенсио́нный во́зраст
pensioner пенсионе́р(ка)
pensive (*thoughtful*) заду́мчивый; (*sad*) печа́льный, гру́стный
penstock (*sluice gate*) шлю́зный затво́р; *tech* напо́рный водово́д
pent (*confined*) заключённый; (*suppressed*) пода́вленный; **~up** (*feelings etc*) нако́пленный, накопи́вшийся
pentachord пентахо́рд
pentad (*five*) гру́ппа из пяти́ (+ *gen pl*); (*time*) пятиле́тие
pentagon пятиуго́льник; *Am* **the Pentagon** Пентаго́н
pentagonal пятиуго́льный
pentagram пентагра́мма
pentahedron пятигра́нник, пентаэ́др
pentameter пентаме́тр
pentane пента́н
pentastich пятисти́шие
pentasyllabic пятисло́жный
Pentateuch пятикни́жие
pentathlete пятибо́рец
pentathlon пятибо́рье
pentatomic пятиа́томный
pentatonic пентато́нный
pentavalent пятивале́нтный
Pentecost пятидеся́тница
penthouse надстро́йка на кры́ше
pentode пенто́д
pentoxide пятио́кись *f*
pent-roof односка́тная кры́ша
penultimate предпосле́дний
penumbra *astr* полуте́нь *f*; (*half-light*) полусве́т
penurious (*stingy*) скупо́й; (*scant*) ску́дный; (*poor*) бе́дный
penury (*need*) нужда́; *fig* ску́дость *f*, бе́дность *f*
peon (*in Sp America*) пео́н; (*in India*) пехоти́нец
peony, paeony пио́н, пео́н
people 1. *n* (*race*, *nation*; *the masses*) наро́д; (*inhabitants of place*) населе́ние, жи́тели *m pl*; (*persons*) лю́ди *pl*; **a lot of ~** мно́го наро́ду; **many ~** мно́гие *pl*; **most ~** большинство́ (люде́й); **old ~** старики́ *m pl*; **young ~** молодёжь *f*, молоды́е *pl*; (*as indefinite subject*) **~ say, think etc** говоря́т, ду́мают (*without pronoun*); (*family*) родны́е *pl*; (*congregation*) прихожа́не *m pl* **2.** *v* (*be population of*) населя́ть; (*provide with population*) заселя́ть
pep *coll* **1.** *n* (*energy*) эне́ргия; (*liveliness*) жи́вость *f*; **~-talk** нака́чка **2.** *v* **~ up** (*stimulate*) стимули́ровать; (*enliven*) оживля́ть; (*cheer up*) подбодря́ть
pepper 1. *n* (*capsicum*; *hot spice*) пе́рец **2.** *v* (*sprinkle with ~*) перчи́ть, посыпа́ть пе́рцем; *fig* (*dot with*) усе́ивать (**with,** + *instr*); (*bombard with*) забра́сывать (**with,** + *instr*); (*beat*) колоти́ть; (*hit with small shot*) стреля́ть ме́лкой дро́бью
pepper-and-salt (*colour*) кра́пчатый, соль с пе́рцем
pepper-box пе́речница
peppercorn пе́речное зерно́; **~ rent** номина́льная аре́ндная пла́та
peppermint 1. *n bot* мя́та (пе́речная); (*confection*) мя́тная конфе́та **2.** *adj* мя́тный
pepper-pot пе́речница
pepperwort марси́лия
peppery (*pepper-flavoured*) напе́рченный; (*hot to taste*) о́стрый; *fig* (*irritable*) вспы́льчивый
peppy живо́й, энерги́чный
pepsin пепси́н
peptic (*of pepsin*) пепси́новый; (*digestive*) пепти́ческий; **~ ulcer** пепти́ческая я́зва
peptide пепти́д
peptone пепто́н
per (*in or for each*) в, на (+ *acc*); **~ capita, person** *etc* на ду́шу, на (ка́ждого) челове́ка, (*as adj*) поголо́вный (*see also* **each** *for use of distributive numerals*); **~ cent** *see below*; **~ minute, day** *etc* в мину́ту, в день; **~ mille** на ты́сячу; **30 miles ~ hour** три́дцать миль в час; (*cost*) за (+ *acc*); **20 roubles ~ kilo** два́дцать рубле́й (за) кило́; (*by means of*) че́рез (+ *acc*); **~ post** по по́чте; (*according to*) **as ~** согла́сно (+ *dat*)
peracid надкислота́, перкислота́
peradventure *ar* (*perhaps*) быть мо́жет, пожа́луй; **beyond ~** без сомне́ния, несомне́нно
perambulate (*walk*) ходи́ть; (*go all round*) обходи́ть
perambulation (*walking*) ходьба́; (*stroll*) прогу́лка; (*tour*) обхо́д
perambulator (де́тская) коля́ска
per annum в год
perceivable (*noticeable*) заме́тный, ви́димый; (*able to be perceived*) осяза́емый
perceive (*see*) ви́деть; (*apprehend*) осяза́ть; (*distinguish*) различа́ть; (*be aware of*) осознава́ть; (*notice*) замеча́ть; (*understand*) понима́ть
per cent проце́нт (*as adj* проце́нтный); 1%, 3%,

10% оди́н проце́нт, три проце́нта, де́сять проце́нтов (*as adj* однопроце́нтный, трёхпроце́нтный, десятипроце́нтный; *as adv* на оди́н проце́нт *etc*); **rate** ~ разме́р проце́нтов

percentage 1. *n* (*rate*) проце́нт, проце́нтное отноше́ние; (*proportion*) проце́нтное содержа́ние; (*interest, commission etc*) проце́нт; (*certain amount*) изве́стный проце́нт **2.** *adj* проце́нтный

perceptilibility ощути́мость *f*

perceptible (*noticeable*) заме́тный, ви́димый; (*distinguishable*) различи́мый; (*evident to senses*) ощути́мый, осяза́емый (*also fig of success etc*)

perception (*faculty of perceiving*) восприя́тие; (*understanding*) понима́ние; (*awareness*) осозна́ние; (*insight*) проница́тельность *f*

perceptive (*penetrating*) проница́тельный; (*sensitive, quick to notice*) восприи́мчивый

[1]perch (*fish*) о́кунь *m*

[2]perch 1. *n* (*for birds*) насе́ст; (*place*) ме́сто; (*projection*) вы́ступ; (*measure*) перч (= 5·03 m) **2.** *vi* (*of bird*) сади́ться; (*of person*; *sit*) приса́живаться (**on,** на + *acc*); *vt* (*put*) помеща́ть, класть

perchance быть мо́жет

percheron перше́ро́н

perchlorate перхлора́т

perchloride перхлори́д

percipience спосо́бность *f* восприя́тия

percipient воспринима́ющий; *see also* **perceptive**

percolate *vi* (*pass through*) проходи́ть (**through,** сквозь + *acc*); (*soak through*) проса́чиваться; *vt* (*filter*) фильтрова́ть, проце́живать; *tech* перколи́ровать; (*coffee*) вари́ть в перколя́торе

percolator перколя́тор

percuss *med* высту́кивать, перкути́ровать

percussion 1. *n* (*impact*) уда́р; (*collision*) столкнове́ние; *med* высту́кивание, перку́ссия **2.** *adj* ~ **instrument** уда́рный инструме́нт; ~ **cap** уда́рный ка́псюль *m,* писто́н; ~ **hammer** перкусcио́нный молото́к; *med* перку́торный

percussionist уда́рник

percutaneous подко́жный

perdition *rel* (*damnation*) ве́чные му́ки *f pl*; *fig* ги́бель *f*

peregrination стра́нствование

peregrine со́кол обыкнове́нный, сапса́н

peremptory (*imperious*) вла́стный, повели́тельный; (*categorical*) категори́ческий; (*not to be questioned, final*) безапелляцио́нный; *leg* императи́вный

perennial 1. *bot* многоле́тнее расте́ние, многоле́тник **2.** *adj* (*constant*) постоя́нный; (*everlasting*) ве́чный; *bot* многоле́тний

perestroika перестро́йка

perfect 1. *n gramm* перфе́кт **2.** *adj* (*complete*; *thorough*) соверше́нный, по́лный; **in** ~ **silence** в по́лном молча́нии; (*excellent*) прекра́сный; (*irreproachable*) безупре́чный, безукори́зненный; (*ideal*) идеа́льный; (*absolute*) абсолю́тный, по́лный; (*accurate*) ~ **copy** то́чная ко́пия **3.** *v* (*make* ~; *improve*) соверше́нствовать; (*complete*) заверша́ть, зака́нчивать

perfection (*state*) соверше́нство; **to** ~ в соверше́нстве; (*completeness*) завершённость *f*, зако́нченность *f*; (*act of perfecting*) (у)соверше́нствование

perfective *gramm* **1.** *n* соверше́нный вид **2.** *adj* соверше́нный

perfectly (*excellently*) прекра́сно, отли́чно; **he knows that** ~ **well** он прекра́сно э́то зна́ет; (*completely*) соверше́нно, вполне́

perfervid пы́лкий

perfidious (*faithless*) вероло́мный; (*treacherous*) преда́тельский; ~ **Albion** кова́рный Альбио́н

perfidy вероло́мство; преда́тельство, изме́на

perforate (*strike hole*) пробива́ть; (*drill hole*) просве́рливать; (*make line of holes*) перфори́ровать

perforation (*hole*) отве́рстие; (*act of perforating*; *med*) перфора́ция

perforce во́лей-нево́лей

perform (*do, carry out task, duty etc*) выполня́ть, исполня́ть; ~ **an experiment** проводи́ть экспериме́нт; ~ **an operation** де́лать, производи́ть опера́цию; (*act*) игра́ть; (*role, dance etc*) исполня́ть; ~ **a conjuring trick** пока́зывать фо́кус; *sp* (*play*) выступа́ть, игра́ть; (*of engine etc*) рабо́тать

performance (*carrying out*) выполне́ние; исполне́ние; (*acting, playing*) игра́; (*behaviour*) поведе́ние; (*feat*) по́двиг; *theat* (*appearance*) выступле́ние; (*of a work*) исполне́ние; **first** ~ премье́ра; (*showing, sitting*) спекта́кль *m*; (*at cinema*) сеа́нс; *tech* характери́стики *f pl*; (*productive capacity*) производи́тельность *f*

performer исполни́тель *m*

performing (*of arts*) исполни́тельский; (*of trained animals*) дрессиро́ванный

perfume 1. *n* (*fragrance*) благоуха́ние, арома́т; (*scented liquid*) духи́ *m pl* **2.** *v* (*make fragrant*) де́лать благоуха́нным; (*apply scent*) души́ть; ~ **oneself** души́ться

perfumer парфюме́р

perfumery (*perfumes*) парфюме́рия; (*place*) парфюме́рная фа́брика

perfunctory (*superficial*) пове́рхностный; (*casual*) небре́жный; (*hasty*) поспе́шный

pergola пе́ргола

perhaps мо́жет быть, возмо́жно

peri пе́ри *f indecl*

perianth околоцве́тник

pericarditis перикарди́т, воспале́ние серде́чной су́мки

pericardium околосерде́чная су́мка

pericarp околопло́дник, перика́рпий

pericentre перице́нтр

perigee периге́й

perihelion периге́лий

peril опа́сность *f*, риск (**of,** + *gen*); **in** ~ **of** риску́я (+ *instr*); **be in** ~ **of** рискова́ть (+ *instr or infin*)

perilous опа́сный, риско́ванный

perimeter пери́метр

period 1. *n* (*length of time*) пери́од, промежу́ток вре́мени; **for a short** ~ **of time** в тече́ние коро́ткого пери́ода; (*fixed term limiting something*) срок; *comm* ~ **of grace** льго́тный срок; ~ **of validity** срок де́йствия; **for a** ~ **of 3 months** на срок в три ме́сяца; (*era*) эпо́ха; **in the** ~ **of Louis XIV** в эпо́ху Людо́вика XIV; (*time*) вре́мя *neut*; **at that** ~ в э́то вре́мя; (*stage*) ста́дия; *gramm* (*sentence*) предложе́ние; (*phrase, passage*) фра́за; (*full stop*) то́чка; *med* (*menstrual*) ме́сячные *pl*; *phys, mus* пери́од **2.** *adj* истори́ческий

periodic периоди́ческий; *chem* ~ **table** периоди́ческая табли́ца Менделе́ева

periodical 1. *n* (*journal*) журна́л **2.** *adj* периоди́ческий; **the** ~ **press** перио́дика

periodically вре́мя от вре́мени

periodicity периоди́чность *f*; (*frequency*) частота́

peripatetic 1. *n philos* перипате́тик **2.** *adj philos* перипатети́ческий; (*wandering*) стра́нствующий
peripeteia перипети́я
peripheral (*on periphery*) перифери́йный, окружно́й; (*secondary*) побо́чный, второстепе́нный; (*minor*) малова́жный
periphery перифери́я
periphrasis перифра́з(а)
periphrastic перифрасти́ческий, иносказа́тельный; *gramm* описа́тельный
periscope периско́п; ~ **depth** периско́пная глубина́
periscopic перископи́ческий
perish (*die*) погиба́ть, ги́бнуть; (*disappear*) исчеза́ть; (*decay, rot*) по́ртить(ся); (*end*) конча́ться
perishable 1. *n pl* скоропо́ртящиеся това́ры *m pl* **2.** *adj* тле́нный; *comm* скоропо́ртящийся
perished (*rotted*) испо́рченный; *coll* (*with cold*) замёрзший
perisher *sl* тип
perishing 1. *adj coll* (*cold*) **it's ~ outside**! жу́тко хо́лодно на у́лице!; (*objectionable*) проти́вный **2.** *adv coll* стра́шно, жу́тко
peristyle перисти́ль *m*
peritoneal брюши́нный
peritoneum брюши́на
peritonitis воспале́ние брюши́ны, перитони́т
periwig пари́к
periwinkle *bot* барви́нок; *zool* морска́я ули́тка
perjure: ~ oneself (*swear falsely*) ло́жно кля́сться; *leg* дава́ть ло́жное показа́ние под прися́гой; (*break oath*) наруша́ть кля́тву
perjurer лжесвиде́тель *m*
perjury *leg* лжесвиде́тельство; (*breaking oath*) вероло́мство
perk: ~ up (*cheer up*) воспря́нуть *pf* ду́хом, оживи́ться *pf*; **~ one's ears** навостри́ть *pf* у́ши; (*smarten oneself*) прихора́шиваться
perky (*jaunty*) бо́йкий; (*impudent*) де́рзкий
perlite 1. *n* перли́т **2.** *adj* перли́товый
perm *coll* **1.** *n* пермане́нт **2.** *v* **~ one's hair** де́лать (себе́) пермане́нт
permafrost 1. *n* ве́чная мерзлота́ **2.** *adj* вечномёрзлый
permalloy пермалло́й
permanence постоя́нство, неизме́нность *f*
permanent (*constant*) постоя́нный; (*long-lasting*) долговре́менный, долгове́чный; (*firm*) про́чный; **~ wave** пермане́нт; **~ way** железнодоро́жное полотно́
permanently (*constantly*) постоя́нно; (*for ever*) навсегда́
permanganate перманга́на́т; **~ of potash** перманга́на́т ка́лия
permeability проница́емость *f*
permeable проница́емый
permeate (*penetrate*) проника́ть (в + *acc*); (*soak*) пропи́тывать
permeation проникнове́ние
Permian пе́рмский
permissible позволи́тельный, допусти́мый
permission разреше́ние, позволе́ние (+ *infin or* на + *acc*); **with your ~** с ва́шего разреше́ния
permissive (*permitting*) дозволя́ющий, разреша́ющий; **~ society** о́бщество вседозво́ленности; (*not strict*) снисходи́тельный; (*optional*) факультати́вный
permissiveness вседозво́ленность *f*, всепроще́нство
permit 1. *n* (*written permission*) разреше́ние (**to,** на + *acc*); **export** *etc* ~ разреше́ние на вы́воз *etc*; (*entry pass*) про́пуск (**to,** в + *acc*) **2.** *v* разреша́ть, позволя́ть (+ *dat*; **to,** + *infin*); **~ of** (*tolerate*) допуска́ть (+ *acc*); **be ~ted** разреша́ться
permittivity *elect* диэлектри́ческая постоя́нная
permutation пермута́ция
permute (*change order*) меня́ть поря́док; (*interchange*) переставля́ть
pernicious вре́дный, па́губный; *med* злока́чественный
pernickety приди́рчивый, привере́дливый
perorate (*end speech*) заключа́ть речь; (*declaim*) деклами́ровать; (*speak at length*) разглаго́льствовать
peroration заключе́ние; деклама́ция; разглаго́льствование
peroxide пе́рекись *f*; **hydrogen ~** пе́рекись водоро́да
perpendicular 1. перпендикуля́р **2.** *adj* перпендикуля́рный, вертика́льный
perpetrate соверша́ть
perpetual (*never-ending*) бесконе́чный, ве́чный; (*permanent, constant*) постоя́нный; (*continuous*) беспреста́нный; (*lasting lifetime*) пожи́зненный
perpetuate увекове́чивать
perpetuation увекове́чение
perpetuity бесконе́чность *f*, ве́чность *f*; **in ~** навсегда́
perplex (*confuse*) озада́чивать, смуща́ть; (*put in quandary*) ста́вить в тупи́к; (*make intricate*) усложня́ть
perplexing озада́чивающий, стра́нный
perplexity (confusion) смуще́ние; (*uncertainty*) недоуме́ние
perquisite (*extra earnings*) побо́чные дохо́ды *m pl*; (*prerogative*) льго́та
perron нару́жная ле́стница
perry гру́шевый сидр
persecute пресле́довать
persecution пресле́дование, гоне́ние; **~ mania** ма́ния пресле́дования
persecutor мучи́тель *m*
perseverance упо́рство, насто́йчивость *f*
persevere (*persist in*) упо́рствовать (**in,** в + *prep*); (*keep on doggedly*) упо́рно продолжа́ть (**in,** + *acc or* + *infin*)
Persia Пе́рсия
Persian 1. *n* (*person*) перс, *f* персия́нка; (*language*) перси́дский язы́к **2.** *adj* перси́дский; **~ blinds** жалюзи́ *neut indecl*; **~ cat** перси́дская ко́шка; **~ lamb** кара́куль *m*; **the ~ Gulf** Перси́дский зали́в
persiflage подшу́чивание
persimmon хурма́
persist (*continue*) упо́рствовать (**in,** в + *prep*), упо́рно продолжа́ть (+ *acc* or + *infin*); (*remain*) остава́ться, сохраня́ться
persistence, persistency (*perseverance*) упо́рство, насто́йчивость *f*; (*continuation*) продолжи́тельность *f*, постоя́нство
persistent (*persevering*) упо́рный, насто́йчивый; (*constant*) постоя́нный, бесконе́чный; (*hard to get rid of*) неотсту́пный; (*of gas, smell etc*) сто́йкий
person (*human being*) челове́к; **in ~** ли́чно; **in the ~ of** в лице́ (+ *gen*); (*individual*) ли́чность *f*, лицо́; (*appearance*) вне́шность *f*, нару́жность *f*; *leg, gramm, rel* лицо́
persona (*personality*) о́блик; **~ grata** персо́на гра́та; **~ non grata** персо́на нон гра́та

personable (*impressive*) представи́тельный; (*good-looking*) краси́вый, (*in pred only*) хоро́ш собо́й
personage (*person*) челове́к, осо́ба; (*important*) персо́на, ли́чность *f*; (*in story*) персона́ж
personal (*most senses*) ли́чный; (*offensive*) оскорби́тельный; ~ **pronoun** ли́чное местоиме́ние; ~ **remarks** ли́чности *f pl*; (*exclusive*) персона́льный
personality (*character*) ли́чность *f*; ~ **cult** культ ли́чности; **split** ~ раздво́енная ли́чность; (*celebrity*) выдаю́щаяся ли́чность; **sports, literary** *etc* ~ де́ятель *m* спо́рта, литерату́ры *etc*; *pl* (*offensive remarks*) ли́чности *f pl*
personalize (embody) воплоща́ть; (*personify*) олицетворя́ть; (*make personal*) де́лать ли́чным, персона́льным
personally ли́чно; (*as regards myself*) что каса́ется меня́
personalty *leg* дви́жимость *f*
personate (*act part*) игра́ть ро́ль (+ *gen*); (*pretend to be*) выдава́ть себя́ за (+ *acc*)
personification (*depiction as person*) олицетворе́ние; (*embodiment*) воплоще́ние
personify олицетворя́ть; воплоща́ть
personnel персона́л, штат; *mil* ли́чный соста́в; ~ **manager** нача́льник отде́ла ка́дров; ~ **mine** противопехо́тная (*abbr.* ПП) ми́на
perspective 1. *n* (*art*) перспекти́ва; (*view*) вид (**of,** на + *acc*); **bird's eye** ~ вид с пти́чьего полёта; (*point of view*) то́чка зре́ния; (*proportion*) соразме́рность *f*; **see in** ~ ви́деть в настоя́щем све́те; **keep in** ~ пра́вильно оце́нивать; (*not exaggerate*) не преувели́чивать **2.** *adj* перспекти́вный
perspex 1. *n* плексигла́с **2.** *adj* плексигла́совый
perspicacious проница́тельный
perspicacity проница́тельность *f*
perspicuity я́сность *f*
perspicuous я́сный
perspiration (*process*) поте́ние; (*sweat*) пот
perspiratory потово́й
perspire поте́ть
persuade (*induce*) угова́ривать (**to** + *infin*); ~ **out of** отгова́ривать от (+ *gen*); (*convince*) убежда́ть (**of,** в + *prep*; **that,** что; *also* + *infin*)
persuasion (*act of persuading*; *belief*) убежде́ние; (*argument*) уговоры *m pl*; *rel* вероиспове́дание
persuasive убеди́тельный
persuasiveness убеди́тельность *f*
pert (*sprightly*) бо́йкий; (*impertinent*) де́рзкий
pertain (*relate to*) относи́ться (**to,** к + *dat*); (*belong to*) принадлежа́ть (**to,** + *dat*); (*be connected with*) име́ть отноше́ние (**to,** к + *dat*); (*touch on*) каса́ться (**to,** + *gen*); (*be suitable for*) подоба́ть (**to,** + *dat*)
pertinaceous (*persistent*) упо́рный; (*stubborn*) упря́мый
pertinence, pertinency уме́стность *f*; **be of** ~ **to, have** ~ **to** име́ть отноше́ние к (+ *dat*)
pertinent (*appropriate*) уме́стный; (*relevant to*) относя́щийся к (+ *dat*)
pertness бойкость *f*; де́рзость *f*
perturb (*disturb*) беспоко́ить, волнова́ть; (*alarm*) трево́жить; (*dismay*) смуща́ть
perturbation (*agitation*) волне́ние; (*disorder*) беспоря́док; *astr* возмуще́ние
Peru Пе́ру *indecl*
peruke пари́к
perusal (*careful reading*) (внима́тельное) чте́ние; (*reading through*) прочте́ние
peruse внима́тельно чита́ть; прочита́ть, проче́сть *pf*
Peruvian 1. *n* перуа́нец, *f* перуа́нка **2.** *adj* перуа́нский
pervade (*spread everywhere*) распространя́ться по (+ *dat*); (*permeate, fill*) пронизáть
pervasion распростране́ние; проникнове́ние
pervasive распространя́ющийся повсю́ду
perverse (*perverted*) извращённый; (*obstinate*) упря́мый; (*cantankerous*) тру́дный, несгово́рчивый; (*fickle*) превра́тный
perversion извраще́ние, пэрве́рсия
perversity извращённость *f*; упря́мство; превра́тность *f*
pervert 1. *n* извращённый челове́к **2.** *v* извраща́ть, искажа́ть
peseta песе́та
pesky *Am coll* проти́вный
peso пе́со *neut indecl*
pessary песса́рий
pessimism пессими́зм
pessimist пессими́ст
pessimistic пессимисти́ческий
pest (*insect etc*) (сельскохозя́йственный) вреди́тель *m*; *coll* (*person*) зара́за, зану́да; (*nuisance*) доса́да; *ar* (*plague*) чума́
pester (*annoy*) надоеда́ть (+ *dat*); (*with questions etc*) докуча́ть (+ *dat*; **with,** + *instr*), пристава́ть (к + *dat*; **with,** с + *instr*)
pesticide пестици́д
pestiferous вре́дный, опа́сный; *coll* надое́дливый
pestilence чума́
pestilent (*noxious*) ядови́тый; (*harmful*) вре́дный; (*deadly*) смертоно́сный; *coll* надое́дливый
pestilential (*causing disease*) зара́зный; (*of plague*) чумно́й; (*harmful*) вре́дный, па́губный; *coll* проти́вный
pestle пе́стик
pet 1. *n* (*domestic animal*) дома́шнее живо́тное; (*kept in house*) ко́мнатное живо́тное; (*favourite*) люби́мец **2.** *adj* (*domestic*) дома́шний, ко́мнатный; (*tame*) ручно́й; (*favourite*) люби́мый; ~ **name** ласка́тельное и́мя *neut* **3.** *v* (*caress*) ласка́ть; (*pamper*) балова́ть; *coll* (*embrace*) обнима́ться
petal лепесто́к
petalled лепестко́вый
petard пета́рда
peter: ~ **out** исчеза́ть, сходи́ть на нет
petiole *bot* черешо́к (листа́)
petit bourgeois мелкобуржуа́зный
petite (*of woman*) миниатю́рная
petition 1. *n* (*entreaty*) мольба́, про́сьба; (*formal request*) заявле́ние, проше́ние, хода́тайство (**for,** о + *prep*) **2.** *v* (*present* ~) подава́ть заявле́ние *etc*; (*entreat*) моли́ть, проси́ть (**for,** о + *prep*)
petitioner (*one who asks*) проси́тель *m*; (*litigant*) исте́ц
petrel буреве́стник; **stormy** ~ (*bird*) качу́рка ма́лая; *fig* (*person*) буреве́стник
petrifaction (*process*) окамене́ние; (*state*) окамене́лость *f*
petrified (*made into, like stone*; *also fig*) окамене́лый; (*with fear etc*) оцепене́вший (**with,** от + *gen*); **be** ~ **with** камене́ть, цепене́ть от (+ *gen*)
petrify *vt* (*turn to stone*) превраща́ть в ка́мень; *fig* (*stun*) ошеломля́ть; (*horrify*) приводи́ть в у́жас; *vi* (*turn to stone*) превраща́ться в ка́мень, окаменева́ть

petrochemical нефтехими́ческий
petrography петрогра́фия
petrol 1. *n* (*motor fuel*) бензи́н **2.** *adj* бензи́новый; ~ **gauge** бензиноме́р; ~ **pump** бензоколо́нка; ~ **station** бензозапра́вочный пункт, *coll* бензозапра́вка; ~ **tank** (*of car etc*) бензоба́к; ~ **tanker** (*road vehicle*) бензово́з
petrolatum петрола́тум, вазели́н
petrol-engined бензомото́рный
petroleum нефть *f*; ~ **ether** петроле́йный эфи́р; ~ **jelly** петрола́тум
petroliferous нефтено́сный
petrology петроло́гия
petticoat (*underskirt*) ни́жняя ю́бка; (*skirt*) ю́бка; *coll* **chase** ~**s** бе́гать за ка́ждой ю́бкой
pettifogging 1. *n* сутя́жничество **2.** *adj* сутя́жнический
pettiness ме́лкость *f*; незначи́тельность *f*; ме́лочность *f*; по́длость *f* (*see* **petty**)
pettish оби́дчивый
petty (*most senses*) ме́лкий; (*insignificant*) незначи́тельный; (*concerned with trifles*) ме́лочный; (*mean*) по́длый; ~ **bourgeois** мелкобуржуа́зный, меща́нский; (*as noun*) ме́лкий буржуа́; ~ **cash** ка́сса для ме́лких расхо́дов; (*small sums*) ме́лкие су́ммы *f pl*; ~ **larceny** ме́лкая кра́жа; *nav* ~ **officer** старшина́ *m*; **chief** ~ **officer** гла́вный старшина́
petulance раздражи́тельность *f*
petulant (*irritable*) раздражи́тельный; (*dissatisfied*) недово́льный
petunia пету́ния
pew (церко́вная) скамья́; *coll* (*chair*) стул
pewit, peewit чи́бис
pewter 1. *n* (*alloy*) пью́тер; (*utensils*) оловя́нная посу́да **2.** *adj* оловя́нный
peyote *bot* мeска́л; (*drug*) мескали́н
pfennig пфе́нниг
phaeton фаэто́н
phagocyte фагоци́т
phalanger ку́скус
phalanx фала́нга
phalarope плаву́нчик
phallic фалли́ческий
phallus фа́ллос
phantasm (*illusion*) иллю́зия; (*phantom*) фанто́м
phantasmagoria фантасмаго́рия
phantasmal (*illusory*) иллюзо́рный; (*ghostly*) при́зрачный
phantasy *see* **fantasy**
phantom 1. *n* (*ghost*) фанто́м, при́зрак; (*illusion*) иллю́зия **2.** *adj* (*ghostly*) при́зрачный; (*illusory*) иллюзо́рный; (*fictitious*) фикти́вный; *tech* (*of image*) прозра́чный
Pharaoh фарао́н
pharisaic(al) ха́нжеский, фарисе́йский
Pharisee фарисе́й; *fig* ханжа́, фарисе́й
pharmaceutical фармацевти́ческий
pharmaceutics фармаце́втика
pharmacist фармаце́вт, апте́карь *m*
pharmacologist фармако́лог
pharmacology фармаколо́гия
pharmacopeia фармакопе́я
pharmacy (*occupation*) фармаци́я; (*shop*) апте́ка
pharyngeal гло́точный
pharyngitis фаринги́т
pharynx гло́тка, зев
phase 1. *n* (*stage, state*) фа́за, ста́дия, эта́п; (*period*) пери́од; *astron, tech* фа́за; **out of** ~ не в фа́зе; (*aspect*) аспе́кт **2.** *v* (*do in stages*) де́лать по эта́пам/постепе́нно; *tech* фази́ровать; ~ **out** постепе́нно снима́ть
phasic фа́зный
pheasant фаза́н
phenol фено́л
phenology феноло́гия
phenomenal феномена́льный
phenomenalism феномена́лизм
phenomenalist 1. *n* феномена́ли́ст **2.** *adj* феноменалисти́ческий
phenomenon явле́ние; (*prodigy*) чу́до, фено́мен
phenyl фени́л
phew (*indicating disgust*) фу!; (*weariness, relief*) уф!
phial скля́нка, пузырёк
philander флиртова́ть
philanderer волоки́та *m*, донжуа́н
philanthropic филантропи́ческий
philanthropist филантро́п
philanthropy филантро́пия
philatelist филатели́ст
philately филатели́я
philharmonic филармони́ческий
philhellene, philhellenist грекофи́л, филэллини́ст
philippic 1. *n* фили́ппика **2.** *adj* обличи́тельный
Philippines Филиппи́ны *f pl*
Philistine 1. *n hist* филисти́млянин; *fig* фили́стер **2.** *adj* фили́стерский
philistinism фили́стерство, меща́нство
phillumenist филумени́ст
philological филологи́ческий; языкове́дческий
philologist фило́лог; языкове́д, лингви́ст
philology (*study of learning and literature*) филоло́гия; (*study of language*) языкове́дение, лингви́стика
philosopher фило́соф
philosophic(al) филосо́фский
philosophize филосо́фствовать
philosophy филосо́фия
philtre любо́вный напи́ток
phiz, phizog *sl* (*face*) фи́зия, физионо́мия
phlebitis флеби́т
phlebotomy (*opening vein*) вскры́тие ве́ны; (*bleeding*) кровопуска́ние
phlegm *med* мокро́та, слизь *f*; *hist, med* фле́гма; (*placidity*) флегмати́чность *f*
phlegmatic флегмати́чный
phlegmon флегмо́на
phloem флоэ́ма, луб
phlogiston флогисто́н
phlox флокс
phobia фо́бия
Phoenician 1. *n* (*person*) финики́янин, *f* финики́янка; (*language*) финики́йский язы́к **2.** *adj* финики́йский
phoenix фе́никс
[1]**phone** *ling* фо́на
[2]**phone** (*telephone*) **1.** *n* телефо́н; **by, on the** ~ по телефо́ну; **who is on the** ~**?** кто у телефо́на? **2.** *v* (*call up on* ~) звони́ть (+ *dat*); (*talk on* ~) говори́ть по телефо́ну (с + *instr*)
phone-in програ́мма «звони́те–отвеча́ем»
phoneme фоне́ма
phonemic фонемати́ческий
phonemics фоне́мика
phonetic фонети́ческий
phonetician фонети́ст
phonetics фоне́тика

phoney, phony *coll* **1.** *n* (*fake*) подде́лка; (*impostor*) шарлата́н; (*insincere person*) пустозво́н **2.** *adj* (*bogus*) ло́жный, фальши́вый; (*faked*) подде́льный; (*insincere*) неискренный
phonic звуково́й
phonogram фонogра́мма
phonograph фоно́граф; *Am* граммофо́н, патефо́н
phonological фонологи́ческий
phonology фоноло́гия
phonometer фоно́метр
phooey *sl* (*nonsense*) чепуха́, мура́; (*in disbelief*) ну да; (*in scorn*) тьфу
phosgene фосге́н
phosphate фосфа́т
phosphine фосфи́н
phosphite фосфи́т
phosphor-bronze фо́сфористая бро́нза
phosphoresce фосфоресци́ровать, свети́ться
phosphorescence фосфоресце́нция, свече́ние
phosphorescent фосфоресци́рующий, светя́щийся
phosphoric *chem* фо́сфорный; ~ **acid** фо́сфорная кислота́
phosphorous *chem* фосфори́стый; (*shining*) фосфоресци́рующий
phosphorus 1. *n* фо́сфор **2.** *adj* фо́сфорный
phot фот
photo *coll* **1.** *n* сни́мок, фотогра́фия **2.** *v* снима́ть, фотографи́ровать
photoactive светочувстви́тельный
photocell фотоэлеме́нт
photochemical фотохими́ческий
photocopy 1. *n* фотоко́пия **2.** *v* фотокопи́ровать
photoelectric фотоэлектри́ческий; ~ **cell** фотоэлеме́нт
photo-finish фотофи́ниш
photoflash ла́мпа-вспы́шка, фотовспы́шка
photoflood фотола́мпа
photogenic фотогени́чный
photograph 1. *n* фотогра́фия, сни́мок, фотосни́мок; **aerial** ~ аэрофотогра́фия, аэросни́мок; **black-and-white** ~ чёрно-бе́лая фотогра́фия; **colour** ~ цветна́я фотогра́фия **2.** *v* фотографи́ровать, снима́ть
photographer фото́граф; **amateur** ~ фотолюби́тель *m*; **press** ~ фотокорреспонде́нт
photographic фотографи́ческий
photography (*art*) фотогра́фия; (*process*) фотографи́рование, съёмка; **aerial** ~ аэрофотосъёмка; **stereoscopic** ~ стереофотогра́фия; **trick** ~ трюкова́я съёмка
photogravure фотогравю́ра
photolithography фотолитогра́фия
photolysis фото́лиз
photomechanical фотомехани́ческий
photometer фото́метр, экспозиме́тр; **actinic** ~ актинофото́метр
photometry фотоме́трия
photomicrograph микрофотогра́фия
photomontage фотомонта́ж
photon фото́н
photo-offset 1. *n* фотоофсе́т **2.** *adj* фотоофсе́тный
photosensitive светочувстви́тельный
photostat 1. *n* фотоста́т **2.** *adj* фотоста́тный **3.** *v* фотокопи́ровать
photosurveying фотограмметри́рование
photosynthesis фотоси́нтез
phototherapy светолече́ние
phototropic фототропи́ческий
phrase 1. *n* *gramm* фра́за, оборо́т; (*clause*) предложе́ние; (*expression*) выраже́ние; *mus* фра́за **2.** *v* (*express*) выража́ть; (*letter, document*) формули́ровать; *mus* фрази́ровать
phrase-book фразеологи́ческий слова́рь *m*
phraseogram фразеогра́мма
phraseological фразеологи́ческий
phraseology фразеоло́гия
phrasing формули́рование; *mus* фразиро́вка
phrenetic бе́шенный, неистовый
phrenologist френо́лог
phrenology френоло́гия
phthisis чахо́тка, туберкулёз
phut: *coll* **go** ~ ло́пнуть *pf*
phylactery филакте́рия
phylloxera филлоксе́ра
phylogenesis филогене́з
phylum фи́люм
physic (*medicine*) лека́рство; (*laxative*) слаби́тельное; (*medical art*) медици́на
physical (*all senses*) физи́ческий; ~ **force** физи́ческая си́ла; ~ **impossibility** физи́ческая невозмо́жность *f*; ~ **jerks** заря́дка; *med* ~ **examination** медици́нский осмо́тр; ~ **science** естествозна́ние
physician врач
physicist фи́зик
physics фи́зика
physiognomy (*study of face*) физиогно́мика; (*face*) физионо́мия; *joc*, *pej* фи́зия
physiological физиологи́ческий
physiologist физио́лог
physiology физиоло́гия
physiotherapist физиотерапе́вт
physiotherapy физиотерапи́я
physique телосложе́ние, конститу́ция
pi пи *indecl*
piacular искупи́тельный
pianissimo *adv and n* пиани́ссимо *neut indecl*
pianist пиани́ст, *f* пиани́стка
piano 1. *n* (*instrument*) фортепья́но *neut indecl*; **grand** ~ роя́ль *m*; **upright** ~ пиани́но; (*soft note*) пиа́но *neut indecl* **2.** *adj* фортепья́нный; ~ **concerto** конце́рт для фортепья́но **3.** *adv* пиа́но
pianoforte фортепья́но *neut indecl*
pianola пиано́ла
piastre пиа́стр
piazza пло́щадь *f*; *Am* вера́нда
pica *typ* ци́церо *m indecl*
picador пикадо́р
picaresque плутовско́й
picayune *Am* ме́лкий, ничто́жный
piccaninny негритёнок
piccolo пи́кколо *neut indecl*
[1]**pick** *n* (*pickaxe*) кирка́; (*for rock*) кайла́; (*for ice*) ледору́б
[2]**pick 1.** *n* (*choice*) вы́бор; **take your** ~ выбира́йте; (*best part*) лу́чшая часть *f*, лу́чшие *pl* **2.** *v* (*choose*) выбира́ть, отбира́ть; (*select*) подбира́ть; (*gather fruit etc*) собира́ть; ~ **a quarrel** иска́ть по́вод для ссо́ры; (*teeth, nose*) ковыря́ть (в + *acc*); (*peck at*) клева́ть; (*a bone*) обгла́дывать; *fig* **have a bone to** ~ **with** име́ть счёты с (+ *instr*); (*a pimple etc*) сковы́ривать; (*a lock*) открыва́ть отмы́чкой; ~ **s.o.'s pocket** залéзть *pf* (+ *dat*) в карма́н; ~ **one's way** осторо́жно пробира́ться; *fig* ~ **holes in** критикова́ть
~ **at** (*grumble*) придира́ться к (+ *dat*); ~ **at one's food** ковыря́ть ви́лкой еду́
~ **off** (*remove*) снима́ть; (*shoot one by one*)

перестрелять по одному
~ **on** (*choose*) выбирать; (*pester*) приставать к (+ *dat*); (*tease*) дразнить
~ **out** (*select*) выбирать, подбирать; (*take out*) вытаскивать; (*recognize*) узнавать; (*determine*) определять; (*distinguish*) отличать (**from,** от + *gen*); (*tune*) подбирать по слуху; (*with colour*) отделывать (**in,** + *instr*)
~ **over** перебирать
~ **up** (*lift*) поднимать; (*obtain*) (случайно) приобретать; (*find*) находить; (*passengers*) забирать; (*call for*) заезжать, заходить к (+ *dat*); (*radio signal etc*) ловить; (*habit, tune, information etc*) подхватывать; (*learn*) быстро схватывать; (*improve*) поправляться, улучшаться; *coll* (*a girl*) клеить; *coll* (*arrest*) забирать; ~ **up speed** набирать скорость; ~ **up with** завести *pf* знакомство с (+ *instr*)

pickaback на спине; **ride** ~ ехать верхом

pickaxe кирка

picked (*specially chosen*) отборный

picker сборщик

picket 1. *n* (*stake*) кол; (*in strike*) пикет; *mil* караул; *nav* дозор ~ **boat** дозорный катер **2.** *v* (*in strike*) пикетировать; (*stake*) обносить частоколом

picketing пикетирование

pickings (*scraps*) объедки *m pl*; (*profit*) пожива

pickle 1. *n* (*liquid*) рассол, маринад; (*vegetable* ~) маринады *m pl*, пикули *pl* **2.** *v* мариновать

pickled маринованный, солёный; *coll* (*drunk*) пьяный; **get** ~ напиваться

picklock (*person*) взломщик; (*device*) отмычка

pickpocket карманник, карманный вор

pick-up (*microphone*) микрофон; (*detecting, transmitting device*) датчик; (*of record-player*) звукосниматель *m*; (*vehicle*) пикап; (*improvement*) улучшение; (*acceleration*) ускорение; (*chance acquaintance*) случайный знакомый

picnic 1. *n* пикник; *coll* **it was no** ~ это было не так-то уж весело **2.** *v* устраивать пикник

picric пикриновый; ~ **acid** пикриновая кислота

Pict пикт

pictogram пиктограмма

pictographic пиктографический

pictorial (*of, by pictures*) изобразительный; (*illustrated*) иллюстрированный

picture 1. *n* (*in general*) картина; **draw, paint** ~ писать картину; *fig* **be in the** ~ (*play part*) играть роль, (*be informed*) быть в курсе; **be the** ~ **of** быть воплощением (+ *gen*); **keep in the** ~ держать в курсе (дел); **put in the** ~ информировать; (*photograph*) фотография; (*mental image*) образ (**of,** + *gen*), представление (**of,** о + *prep*); (*cinema*) кино *neut indecl*; (*film*) фильм, кинофильм **2.** *adj* ~ **gallery** картинная галерея; ~ **hat** большая шляпа; ~ **postcard** художественная открытка **3.** *v* (*represent*) изображать; (*describe*) описывать; (*imagine*) представлять себе

picture-book книга с картинками

picturesque (*of scene*) живописный; (*colourful, graphic*) колоритный

picture-writing пиктографическое письмо

piddle *coll* писать

piddling *coll* (*petty*) пустячный

pidgin English пиджин-инглиш

pie пирог; **meat** ~ пирог с мясом; *fig* **have a finger in the** ~ быть замешанным в (+ *prep*); (*magpie*) сорока; *print* сыпь *f*

piebald 1. *n* пегая лошадь *f* **2.** *adj* пегий

piece 1. *n* (*bit, portion*) кусок; **a** ~ **of bread** кусок хлеба; *fig, coll* **(it's) a** ~ **of cake** (*easy matter*) дело в шляпе; **(they are) all of a** ~ все одинаковы; **give a** ~ **of one's mind** отчитать *pf*; **in one** ~ целиком; *fig* цел-невредим; **smash to** ~**s** разбивать на куски; **tear to** ~**s** разрывать в клочья; (*section, part*) часть *f*; **take to** ~**s** разбирать на части; (*item*) штука; (*specimen*) образец; (*coin*) монета; (*chess*) фигура; (*variously*) ~ **of advice** совет; ~ **of art** произведение искусства; ~ **of luggage** место, вещь *f*; ~ **of clothing** предмет одежды; ~ **of furniture** мебель *f*; ~ **of information** сведение; ~ **of land** участок земли; ~ **of luck** везение; ~ **of music** пьеса; ~ **of news** новость *f*; ~ **of work** работа **2.** *v* (*mend*) чинить; (*patch*) латать; (*join*) соединять; ~ **together** (*join*) соединять; (*assemble*) собирать; (*picture*) составлять; (*facts etc*) сводить воедино

piecemeal 1. *adj* (*done bit by bit*) сделанный по частям; (*gradual*) постепенный; (*scattered*) разбросанный **2.** *adv* по частям; постепенно

piece-work сдельная работа

piecrust корочка пирога

pied пёстрый, разноцветный; (*of horse*) пегий

pied-à-terre пристанище

Piedmont Пьемонт

pier (*jetty*) пирс; (*breakwater*) волнолом; (*of bridge*) бык, устой; (*column*) колонна; (*brickwork*) простенок; (*buttress*) контрфорс

pierce (*plunge into*) пронзать; (*prick through*) прокалывать; (*make opening*) пробивать отверстие, дыру (**in,** в + *prep*); (*penetrate*) проникать (в + *acc*); (*of cold etc*) пронизывать

piercing (*wind, cold*) пронизывающий; (*cry*) пронзительный; (*eyes, intellect*) проницательный

pier-glass трюмо *neut indecl*

pierrot пьеро *m indecl*

pietism пиетизм

pietist пиетист

piety благочестие, набожность *f*; **filial** ~ почтительность *f* к родителям

piezo-electric пьезоэлектрический

piezometer пьезометр

piffle 1. *n* вздор, чепуха **2.** *v* нести чепуху

piffling (*trifling*) пустячный; (*absurd*) дурацкий

pig 1. *n* свинья (*also fig, pej*); *pej* (*dirty person*) грязнуля *m and f*; (*greedy person*) обжора *m and f*; **make a** ~ **of oneself** обжираться; **buy a** ~ **in a poke** ≈ покупать кота в мешке; *tech* (*of iron etc*) чушка, болванка; (*pig-iron*) чугун **2.** *v* (*have piglets*) пороситься *pf*; ~ **it** жить по-свински

pigeon голубь *m*; **carrier, homing** ~ голубь связи, почтовый голубь; **racing** ~ гоночный голубь; *sp* **clay** ~ глиняная летающая мишень *f*; *fig* (*simpleton*) простак; *coll* **that's his** ~ это его дело

pigeon-breasted с куриной грудью

pigeon-fancier голубятник

pigeonhole 1. *n* ящик для бумаги **2.** *v* (*put in* ~) раскладывать по ящикам; (*classify*) классифицировать; (*delay decision*) откладывать в долгий ящик

pigeon-toed косолапый

piggery свинарник, хлев

piggish (*greedy*) жадный; (*obstinate*) упрямый; (*dirty*) свинский

piggy 1. *n* поросёнок **2.** *adj* свиной; *coll* ~ **bank**

копи́лка
piggyback *see* **pickaback**
pig-headed (*stupid*) тупо́й; (*stubborn*) упря́мый
pig-iron чугу́н в чу́шках
piglet поросёнок
pigment пигме́нт
pigmentation пигмента́ция
pignut земляно́й кашта́н
pigskin свина́я ко́жа
pigsticking охо́та на кабано́в копьём
pigsty хлев, свина́рник; *fig*, *pej* хлев
pigtail коса́, коси́чка
pigweed амара́нт
pike (*spear*) пи́ка; (*fish*) щу́ка
pikeman пикинёр
pikestaff дре́вко пи́ки; *fig* **plain as a ~** ≈ я́сный как день
pilaff плов
pilaster пиля́стр
pilau *see* **pilaff**
pilchard сарди́на
¹pile 1. *n* (*post*) сва́я **2.** *v* вбива́ть сва́и
²pile 1. *n* (*heap*) ку́ча, гру́да; **put in a ~** скла́дывать (в ку́чу); (*stack*) сто́пка, ки́па; (*bundle*) па́чка, свя́зка; **~ of logs** шта́бель *m* брёвен; **~ of wood** поле́нница; (*mass of building etc*) грома́да; *coll* (*lot of*) ку́ча, ма́сса; (*fortune*) состоя́ние; *elect* **voltaic ~** во́льтов столб; *phys* **atomic ~** я́дерный реа́ктор **2.** *v* (*heap up*) скла́дывать в ку́чу; (*stack*) штабелева́ть; (*load*) нагружа́ть (*cover with heap*) нава́ливать, зава́ливать (+ *instr*)
 ~ in, into (*crowd in*) набива́ться в (+ *acc*)
 ~ on (*clamber on*) взбира́ться (**to,** на + *acc*); (*intensify*) уси́ливать; *coll* **~ it on** сгуща́ть кра́ски
 ~ up (*accumulate*) накопля́ть(ся); *coll* (*crash*) разбива́ть(ся)
³pile (*nap*) ворс
⁴pile (*crash*) столкнове́ние, ава́рия; (*traffic jam*) доро́жная про́бка
pile-driver копёр
piles *med* геморро́й
pilfer ворова́ть
pilferage ме́лкая кра́жа
pilferer вори́шка *m*
pilgrim *rel* пало́мник, пилигри́м; (*traveller*) стра́нник
pilgrimage 1. *n* пало́мничество; **go on a ~** отправля́ться в пало́мничество **2.** *v* пало́мничать
pill пилю́ля; (*contraceptive*) противозача́точная табле́тка; *fig* **gild the ~** позолоти́ть *pf* пилю́лю; **a bitter ~** го́рькая пилю́ля
pillage 1. *n* грабёж **2.** *v* гра́бить
pillar (*in general*; *of smoke etc*) столб; *archi* коло́нна; *tech* сто́йка; *fig* (*supporter*) столп, опо́ра
pillar-box (стоя́чий) почто́вый я́щик
pill-box (*box for pills*) коро́бочка для пилю́ль; **~ hat** ма́ленькая шля́пка без поле́й; *mil* огнево́е сооруже́ние
pillion за́днее сиде́ние (мотоци́кла)
pillory 1. *n* позо́рный столб **2.** *v* выставля́ть к позо́рному столбу́; *fig* пригвозди́ть *pf* к позо́рному столбу́
pillow 1. *n* поду́шка **2.** *v* (*rest*) класть го́лову (на + *acc*); (*serve as a ~*) служи́ть поду́шкой
pillow-case на́волочка
pilose волоси́стый
pilot 1. *n naut* ло́цман; (*of aircraft*) пило́т; **~ officer** (*rank*) лейтена́нт авиа́ции **2.** *adj* (*experimental*) про́бный, эксперимента́льный **3.** *v* вести́
pilotage *naut* ло́цманское де́ло, навига́ция; *av* пилота́ж
pilot-balloon шар-пило́т
pilot-boat ло́цманское су́дно
pilot-cloth то́лстое си́нее сукно́
pilot-fish ры́ба-ло́цман
pilotless беспило́тный
pilot-light (*of gas appliance*) контро́льная горе́лка, дежу́рный ого́нь *m*; (*indicator light*) сигна́льная ла́мпочка
pilule пилю́ля
pimento (*allspice*) пе́рец души́стый; (*capsicum*) стручко́вый пе́рец
pimp 1. *n* сво́дник **2.** *v* сво́дничать
pimpernel о́чный цвет
pimple прыщ
pimpled, pimply прыщева́тый, прыща́вый
pin 1. *n* була́вка; **drawing pin** (чертёжная) кно́пка; **safety ~** англи́йская була́вка; *fig* **~s and needles** колотьё; **get ~s and needles in one's leg** отсиде́ть *pf* но́гу; (*brooch*) бро́шка; (*skittle*) ке́гля; *pl coll* (*legs*) но́ги *f pl*; *tech* **bolt pin** чека́; **cotter ~** шплинт; **dowel ~** устано́вочный штифт; **firing ~** боёк уда́рника; **gudgeon ~** поршнево́й па́лец; **hinge ~** ось шарни́ра; **king ~** шкво́рень *m*; **linch ~** чека́; **split ~** шплинт; *elect* штырь *m* **2.** *v* (*fasten with pin*) прика́лывать, прикрепля́ть (була́вкой) (**to,** к + *dat*); (*fasten together*) ска́лывать, скрепля́ть; (*hold firmly*) прижима́ть, придавля́ть (**to,** к + *dat*); (*chess*) запира́ть; *fig* **~ one's faith on** возлага́ть все наде́жды на (+ *acc*)
 ~ down (*hold down*) придавля́ть (к + *dat*); *mil* прижима́ть к земле́; (*allow no evasion*) прижима́ть к стене́; (*force to promise*) вы́нудить *pf* обеща́ние у (+ *gen*); (*determine*) определя́ть
 ~ on прика́лывать, прикрепля́ть (к + *dat*); **~ blame on** взва́ливать вину́ на (+ *acc*)
 ~ together скрепля́ть, ска́лывать (вме́сте)
 ~ up (*hair*, *clothing*) зака́лывать; **~ up a notice** пове́сить *pf* объявле́ние
pinafore пере́дник
pinball кита́йский билья́рд
pince-nez пенсне́ *neut indecl*
pincer: ~ movement *mil* двойно́й охва́т
pincers *tech* щипцы́ *m pl*, кле́щи *pl*; *zool* клешни́ *f pl*
pinch 1. *n* (*nip*) щипо́к; **give a ~** ущипну́ть *pf*; (*of salt etc*) щепо́тка; **~ of snuff** поню́шка табаку́; **feel the ~** (*be poor*) быть в стеснённых обстоя́тельствах; (*suffer*) страда́ть; **at a ~** в кра́йнем слу́чае **2.** *v* (*nip*) щипа́ть; (*jam*, *catch*) прищемля́ть; **~ one's finger in a door** прищеми́ть себе́ па́лец две́рью; (*of shoes*) жать; (*grip*) зажима́ть; *sl* (*steal*) спере́ть *pf*, стащи́ть *pf*, сти́брить *pf*; *sl* (*arrest*) забра́ть *pf*, заца́пать *pf*
pinchbeck 1. *n* томпа́к **2.** *adj* томпа́ковый; *fig* подде́льный, фальши́вый
pinched (*difficult*) стеснённый; (*of features*) исхуда́лый, худо́й, изму́ченный
pincushion поду́шка для була́вок
¹pine 1. *n* (*tree*, *wood*) сосна́ (*also collect*) **2.** *adj* сосно́вый
²pine (*fade*, *languish*) ча́хнуть, томи́ться; (*be faint from*) изныва́ть (**from,** от + *gen*); (*long for*)

тосковáть (**for,** по + *dat or* без + *gen*)
pineal шишковúдный
pineapple 1. *n* ананáс **2.** *adj* ананáсовый
pine-cone соснóвая шúшка
pine marten америкáнская кунúца
pine-needle хвóя (*also collect*)
pine-tree соснá
pinewoods соснóвый лес
pin-feather пенёк
ping 1. *n* (*sharp sound*) рéзкий звук; (*of bullet*) свист **2.** *v* издавáть рéзкий звук; ~ **against** ударя́ться со стýком о (+ *acc*); (*of bullet*) свистéть
ping-pong настóльный тéннис, пинг-пóнг
pinguid жúрный
pinhead голóвка булáвки; *pej* (*fool*) тупúца
pinhole (*hole made by pin*) булáвочный прокóл; *tech* булáвочное отвéрстие; (*small hole*) ды́рочка
[1]**pinion 1.** *n* (*wing joint*) оконéчность *f* крылá; (*feather*) перó; *poet* (*wing*) крылó **2.** *v* (*tie up*) свя́зывать; (*tie to*) привя́зывать (к + *dat*); (*clip wings*) подрезáть кры́лья
[2]**pinion** *tech* (*gear*) (ведýщая) шестерня́; (*in clock*) триб
pink 1. *n* (*colour*) рóзовый цвет; (*perfection*) верх, вы́сшая стéпень; **in the** ~ **of condition** в прекрáсном состоя́нии; (*flower*) гвоздúка **2.** *adj* (*colour*) рóзовый; *pol* лéвый, розовáтый **3.** *v* (*scallop*) украшáть зубцáми; (*pierce*) пронзáть, прокáлывать; (*of engine*) стучáть
pinking (*of engine*) детонúрование, стук
pinking shears фестóнные нóжницы *f pl*
pinkish розовáтый
pinkness рóзовость *f*
pin-money кармáнные дéньги *f pl*, дéньги на булáвки
pinnace полубаркáс, кáтер
pinnacle *archi* остроконéчная бáшня; (*spire*) шпиц; (*peak, also fig*) вершúна
pinnate (*like feather*) перовúдный; (*feathery*) пéристый
pinny *coll* перéдничек
pinpoint 1. *n* (*point of pin*) остриё булáвки; *mil* тóчечный ориентúр **2.** *v* тóчно определя́ть, укáзывать; (*on map etc*) засекáть
pinprick булáвочный укóл; *fig* укóл
pin-stripe 1. *n* тóнкая полóска **2.** *adj* в тóнкую полóску
pint пúнта (0·57 *litre*)
pintle поворóтный шкврóрень *m*
pinwheel *tech* цéвочное колесó
piny (*of pine*) соснóвый; (*covered with pines*) порóсший соснóй
pion *phys* пиóн
pioneer 1. *n* пионéр (**of, in,** + *gen*); *mil* сапёр **2.** *adj* пионéрский **3.** *v* (*be pioneer*) быть пионéром; (*take lead in*) проклáдывать путь для (+ *gen*); (*introduce*) вводúть впервы́е
pious нáбожный, благочестúвый
[1]**pip** (*bird disease*) типýн; *sl* **have the pip** хандрúть, быть в плохóм настроéнии; **give s'one the pip** надоедáть (+ *dat*)
[2]**pip** (*in fruit*) сéмечко, зёрнышко; (*on cards*) очкó; *mil* (*on uniform*) звёздочка; *rad, tel* бип
[3]**pip** *coll* (*fail*) провáливать(ся); (*defeat*) бить; (*outwit*) перехúтрить *pf*; (*thwart*) мешáть (+ *dat*); (*hit*) попадáть (в + *acc*)
pipe 1. *n* (*tube*) трубá; (*for smoking*) трýбка; ~ **of peace** трýбка мúра; (*reed-pipe*) свирéль *f*; (*penny-whistle*) дýдка; *pl* (*bagpipes*) волы́нка; (*organ*) трубá; (*of birds etc*) пéние; (*thin voice*) тóнкий гóлос **2.** *adj* (*of, for tube*) трýбный; (*tobacco*) трýбочный; ~ **dreams** пусты́е мечты́ *f pl* **3.** *v* (*play* ~) игрáть на свирéли *etc*; (*of birds*) петь, чирúкать; (*in thin voice*) пищáть, говорúть тóнким гóлосом; *coll* ~ **one's eye** плáкать; (*fit with* ~*s*) оборýдовать систéмой трубопровóдов; (*send through* ~) пускáть по трýбам; (*supply by* ~) транспортúровать по трубопровóду; ~ **down!** (*be quieter*) тúше!; (*shut up*) замолчú, заткнúсь!; ~ **up** (*start talking*) (неожúданно) заговорúть
pipeclay 1. *n* бéлая глúна **2.** *v* чúстить бéлой глúной
piped (*in pipe form*) трýбчатый; ~ **water** водопровóдная водá; (*of garment*) отдéланный кáнтом
pipe-fitter слéсарь-водопровóдчик
pipeful трýбка табакý
pipeline трубопровóд; **gas** ~ газопровóд; **oil** ~ нефтепровóд; **lay a** ~ проклáдывать трубопровóд *etc*
piper дýдочник; (*bagpiper*) волы́нщик; **he who pays the** ~ **calls the tune** ≈ кто плáтит, тот и распоряжáется
pipe-stem черенóк трýбки
pipette пипéтка
pipework систéма трубопровóдов
piping 1. *n* (*pipes*) трубопровóд, трýбы *f pl*; (*pipe system*) систéма труб; (*pipe-laying*) уклáдка, проклáдка труб; (*delivery by pipe*) перекáчивание (по трубопровóду); (*on garment*) кант; (*sound of birds*) пéние, чирúканье; (*playing*) игрá на свирéли *etc* **2.** *adj* (*shrill*) тóнкий, писклúвый; ~ **hot** óчень горя́чий, (*of food just cooked*) с пы́лу, с жáру
pipistrel летýчая мышь *f*
pipit *orni* конёк
pipkin глúняный горшóчек
pippin пепúн(ка)
pip-squeak *pej* ничтóжество
piquancy пикáнтность *f*
piquant пикáнтный
pique 1. *n* (*annoyance*) досáда; (*resentment*) обúда; **out of** ~ из чýвства досáды **2.** *v* (*irritate*) раздражáть; (*annoy*) досаждáть; (*offend*) обижáть; (*hurt pride*) задéть *pf*; (*arouse*) возбуждáть; ~ **oneself on** гордúться (+ *instr*)
piquet пикéт
piracy пирáтство
pirate 1. *n* пирáт **2.** *adj* (*of* ~) пирáтский; (*of book*) незакóнно переúзданный; ~ **radio** радиопирáт **3.** *v* (*rob*) грáбить; (*a book*) незакóнно переиздавáть
piratical пирáтский
pirouette 1. *n* пируэ́т **2.** *v* дéлать пируэ́т(ы)
piscatorial, piscatory рыболóвный
Pisces *astr* Ры́бы *f pl*
pisciculture рыбоводство
piscivorous рыбоя́дный
pish *excl* (*of disgust*) фи!, фу!
piss *vulg* **1.** *n* мочá **2.** *v* пúсать, ссать; ~ **off** (*go away*) смы́ться *pf*; ~ **off!** идú ты в жóпу!
pissed *vulg* (*drunk*) пья́ный; **get** ~ наклю́каться; ~ **off** (*fed up*) сы́тый по гóрло (**with,** + *instr*)
pistachio 1. фистáшка **2.** *adj* фистáшковый
piste *sp* лыжня́
pistil *bot* пéстик
pistol пистолéт

pistole (*coin*) пистóль *m*
piston 1. *n tech* пóршень *m*; *mus* пистóн **2.** *adj* поршневóй; **~-engined** с поршневы́м двигáтелем; **~-head** дни́ще пóршня; **~-ring** поршневóе кольцó; **~-rod** шату́н
pit 1. (*hole*) я́ма; (*depression*) впáдина, углублéние; (*mine*) шáхта; (*quarry*) карьéр; (*abyss*) бéздна; *fig* (*Hell*) преиспóдняя; (*trap*) западня́; (*flaw in casting*) рáковина; (*rust etc mark*) я́звина; (*pockmark*) óспина, ряби́на; *theat* партéр; (*motor-racing*) ремóнтный пункт; *Am* (*in fruit*) кóсточка **2.** *v* (*dig pits*) рыть я́мы; (*cover with pits*) покрывáть я́мками, ряби́нами *etc*; (*corrode*) покрывáть(ся) коррóзией; **~ (against each other)** стрáвливать; **~ oneself against** противостоя́ть (+ *dat*); *Am* (*fruit*) вынимáть кóсточки
[1]**pitch 1.** *n* (*tar*) смолá; **black as ~** чёрный как смоль **2.** *v* смоли́ть
[2]**pitch 1.** *n* (*throw*) бросóк; (*degree*) у́ровень *m*, стéпень *f*; **at full ~** (*in full swing*) в пóлном разгáре; (*at full speed*) пóлным хóдом; **to full ~** до мáксимума; (*angle*) наклóн; (*of roof etc*) скат, уклóн; (*of screw etc*) шаг; (*of sound*) высотá; *mus* **absolute ~** абсолю́тный слух; (*of ship*) (килевáя) кáчка; *sp* (*field*) пóле, площáдка; (*place*) мéсто (торгóвли *etc*) **2.** *v* (*throw*) бросáть; (*hurl*) швыря́ть; (*fall*) пáдать; (*put in position*) устанáвливать; **~ camp** расположи́ться *pf* (лáгерем); **~ a tent** разби́ть *pf* палáтку; (*determine*) стáвить, устанáвливать; *mus*, *fig* давáть тон; *naut* подвергáться килевóй кáчке, качáться
  ~ in охóтно, энерги́чно брáться за дéло
  ~ into (*attack*) набрáсываться на (+ *acc*); (*scold*) придирáться к (+ *dat*)
  ~ on, upon (*choose*) выбирáть; (*find*) случáйно наткну́ться *pf* на (+ *acc*)
  ~ out вы́швырнуть *pf*
  ~ over опроки́нуться *pf*
pitch-and-toss расшибáлочка, орля́нка
pitch-black чёрный как смоль
pitchblende смолянáя обмáнка, урани́т
pitch-dark 1. *n* тьма кромéшная **2.** *adj* совершéнно тёмный
pitched (*sloping*) наклóнный; (*tuned*) настрóенный; **high ~** высóкий; (*chosen*) подóбранный; **~ battle** би́тва; *fig* настоя́щая би́тва
pitcher (*jug*) кувши́н; *sp* подаю́щий
pitchfork 1. *n* (сенны́е) ви́лы *f pl*; *mus* камертóн; **2.** *v* бросáть ви́лами; *fig* неожи́данно, поспéшно бросáть
pitching *naut* (килевáя) кáчка; *av* кабри́рование; *bui* одéжда откóса
pitch-pine соснá лóмкая
pitch-pipe камертóн-ду́дка
pitchstone обсидиáн
pitchy смоли́стый; *fig* совершéнно тёмный, чёрный
piteous (*pitiable*) жáлкий; (*plaintive*, *doleful*) жáлобный
pitfall вóлчья я́ма; *fig* лову́шка
pith (*in plant*) сердцеви́на; (*of bone*) мозг; *fig* (*essence*) суть *f*
pithecanthropus питекáнтроп
pithy (*having pith*) с сердцеви́ной; (*of pith*) из сердцеви́ны; (*laconic*) лакони́чный; (*concise*) сжáтый; (*full of meaning*) содержáтельный
pitiable жáлкий
pitiful (*wretched*) жáлкий, печáльный; (*compassionate*) жáлостливый
pitiless безжáлостный
pitman шахтёр
pittance жáлкие гроши́ *f pl*
pitted изры́тый; (*of skin*) рябóй; *tech* изъéденный
pitting тóчечная коррóзия
pituitary сли́зистый; **~ gland** шишкови́дная железá
pity 1. *n* жáлость *f*; **feel ~ for** жалéть; **for ~'s sake!** умоля́ю вас!; **out of ~** из жáлости (**for,** к + *dat*); **take ~ on** сжали́ться *pf* над (+ *instr*); **that's a ~** жаль, жáлко; **what a ~** как жаль, какáя жáлость (**that,** что) **2.** *v* жалéть; **I ~ you** мне жаль, жáлко тебя́
pivot 1. *n tech* (*turning point*) центр вращéния; (*rod*) стéржень *m*; (*hinge*) шарни́р; *fig* центр; *mil* опóрный пункт; *sp* поворóт **2.** *v* (*rotate*) вращáться; (*wheel round*) рéзко, кру́то, поверну́ться *pf*; *fig* (*hinge on*) зави́сеть от (+ *gen*)
pivotal (*axial*) осевóй; (*central*) центрáльный; (*vital*, *basic*) основнóй
pixel элемéнт изображéния
pixy, pixie фéя, эльф
pizza пи́цца
pizzicato пиццикáто *neut indecl and adv*
placable (*gentle*) крóткий; (*forgiving*) незлопáмятный
placard плакáт, афи́ша
placate (*enemies*) умиротворя́ть; (*soothe*) успокáивать
placatory умиротворя́ющий; успокои́тельный
place 1. *n* (*most senses*) мéсто; **all over the ~** вездé; **at, in, some ~** гдé-то; **change ~ with** поменя́ться *pf* местáми с (+ *instr*); **give ~ to** уступáть мéсто (+ *dat*); **have no ~** нет мéста (+ *dat*); **in ~** на мéсте; **in ~ of** вмéсто (+ *gen*); **in the first/second ~** во-пéрвых/во-вторы́х; **in the wrong ~** не на мéсте; **it's not his ~ to** не егó дéло (+ *infin*); **know one's ~** знать своё мéсто; **out of ~** не на мéсте; (*as adj*) неумéстный; **put in ~** класть, стáвить на мéсто; **put s'one in his ~** постáвить *pf* (+ *acc*) на мéсто; **take ~** имéть мéсто, происходи́ть; **take one's ~** сади́ться; **take the ~ of** (*replace*) заменя́ть; (*deputize for*) замещáть; (*home*) дом; **come round to my ~** заходи́те ко мне; *math* десяти́чный знак; **to four decimal ~s** до четырёх десяти́чных знáков **2.** *v* (*put*, *lay*) класть; (*put*, *stand*) стáвить; (*accommodate*) помещáть; **~ an order** помести́ть *pf* закáз (**for,** на + *acc*); **~ in command** постáвить *pf* во главé; **~ on agenda** постáвить *pf* на повéстку дня; (*arrange*, *dispose*) расставля́ть, расклáдывать; (*find job etc*, *fix*) устрáивать (когó-н. на рабóту *etc*); (*seal*, *signature*) приложи́ть *pf*; (*locate*) определя́ть мéсто; (*establish*) устанáвливать; (*recognize*) узнавáть; (*assess*) считáть; **be well ~d to** быть в хорóшем положéнии, чтóбы (+ *infin*); **you don't know how I am ~d** вы не знáете, в какóм я положéнии
placebo безврéдное лекáрство, плацéбо
placeman *pej* стáвленник
placement (*arrangement*) расстанóвка, расположéние; *fin* **~ of loan** размещéние зáйма; **~ of funds** капиталовложéние
place-name географи́ческое назвáние
placenta *anat* плацéнта; *bot* семянóсец
placer *geol* рóссыпь *f*, при́иск
placid спокóйный
placidity спокóйствие
plagiarism плагиáт

plagiarist плагиатор
plagiarize *vi* заниматься плагиатом; *vt* заимствовать (**from,** у + *gen*)
plague 1. *n* (*disease*) чума; (*epidemic*) поветрие (*also fig*); *fig* (*calamity*) бедствие, бич; (*nuisance*) наказание, мучение; *coll* (*of person*) зараза; (*infestation*) массовое появление; (*outbreak*) вспышка **2.** *v* мучить, докучать
plague-spot (*on skin*) чумное пятно; (*source of plague*) источник заразы; *fig* (*hotbed*) рассадник, очаг (**of,** + *gen*)
plaice камбала
plaid плед
plain 1. *n* равнина **2.** *adj* (*clear*) ясный; ~ **to see** ясно видно; ~ **as day, as a pikestaff** ясный как день; (*visible*) видимый; (*comprehensible*) ясный, понятный; **in** ~ **English** без обиняков; (*obvious*) явный, очевидный; **it was** ~ **to all that** всем было ясно, что; (*outspoken*) прямой, откровенный; ~ **dealing** прямота; (*simple*) простой; (*not patterned*) гладкий; (*not pretty*) некрасивый; (*level*) ровный; **in** ~ **clothes** в штатском, переодетый; **it was** ~ **sailing** дело пошло как по маслу
plainchant, plainsong грегорианский напев
plainness ясность *f*; очевидность *f*; прямота; простота; некрасивость *f*, немиловидность *f*
plainsman обитатель *m* равнин
plain-spoken (*blunt*) прямой; (*frank*) откровенный
plaint *poet* (*lamentation*) плач; (*complaint*) жалоба; *leg* исковое заявление
plaintiff истец
plaintive жалобный
plait 1. *n* (*of hair*) коса; (*twisted strands*) плетёнка **2.** *v* заплетать
plan 1. *n* (*most senses*) план (**of,** + *gen*; **for,** на + *acc*); **according to** ~ по плану; **draw up, make** ~**s** составлять план; **spoil, wreck** ~**s** сорвать *pf* планы; (*intention*) намерение; (*drawing, diagram*) чертёж; (*project*) проект; (*projection*) ~ **view** вид сверху, вид в плане **2.** *v* (*draw up* ~) составлять план (на + *acc*), планировать; (*design*) проектировать; (*scheme*) строить планы; (*intend*) собираться (**on, to,** + *infin*); (*arrange*) устраивать; (*envisage*) предусматривать (**for,** + *acc*)
planar плоскостной
[1]**plane 1.** *n* (*tool*) рубанок; **jack** ~ шерхебель *m*; **plough** ~ пазник; **smoothing** ~ фуганок **2.** *v* строгать; ~ **away, off** сострагивать
[2]**plane 1.** *n* (*surface*) плоскость *f*; (*level*) уровень *m* **2.** *adj* плоский; ~ **geometry** планиметрия
[3]**plane 1.** *n coll* (*aeroplane*) самолёт **2.** *v* (*glide*) планировать
planed (*timber*) строганый
planer *tech* строгальный станок
planet планета
plane-table *geod* мензула
planetarium планетарий
planetary *astr, tech* планетарный
planetoid астероид
plangent (*resonant*) звонкий; (*loud, mournful*) громкий и заунывный; (*drawn-out*) протяжный
planimetric планиметрический
planish (*smooth*) выправлять; (*polish*) шлифовать
planisphere планисфера
planispheric планисферный
plank 1. *n* доска; *tech* планка; *fig, pol* пункт программы **2.** *v* настилать, выстилать досками; *coll* ~ **down** швырять, шлёпать (на + *acc*); (*money*) выкладывать
planking (*plank covering*) обшивка досками; (*flooring*) настил; *collect* (*planks*) доски *f pl*, планки *f pl*
plankton планктон
planner проектировщик
planning 1. *n* планирование, планировка; **family** ~ планирование семьи; **town** ~ планировка городов; (*esp of new towns*) градостроительство **2.** *adj* планировочный, проектный
plano-: ~**-concave** плоско-вогнутый; ~**-convex** плоско-выпуклый
plant 1. *n bot* растение; (*factory*) завод; (*equipment*) оборудование; (*set, unit of machinery*) агрегат; (*installation*) установка; **power** ~ силовая установка; *sl* (*ambush*) засада; (*fake evidence*) липа; (*informer*) стукач **2.** *v* (*put in soil*) сажать; ~ **out** высаживать; (*land*) засаживать; (*place*) ставить; (*put in position*) устанавливать; (*plunge*) всаживать (**in,** в + *acc*); (*colonize*) населять; (*a blow*) наносить; *coll* (*palm off*) подсовывать (**on,** + *dat*)
plantain (*weed*) подорожник; (*banana*) пизанг
plantation (*of trees*) насаждение; (*estate*) плантация
planter (*owner of plantation*) плантатор; (*colonist*) колонист; (*one who plants*) сажальщик; (*machine*) сажалка
plantigrade стопоходящий
plaque доска, дощечка; *med, biol* пятно, бляшка
plash 1. *n* плеск **2.** *v* плескать(ся)
plasma *biol, phys* плазма; ~ **physics** физика плазмы
plasmic плазматический
plasmin плазмин
plaster 1. *n bui* штукатурка; *med* пластырь *m*; **sticking** ~ липкий пластырь; ~ **of Paris** гипс; ~ **cast** гипсовый слепок; *med* гипсовая повязка **2.** *v bui* штукатурить; (*smear with*) намазывать (**with,** + *instr*); (*cover with*) покрывать (**with,** + *instr*); (*wound*) накладывать пластырь на (+ *acc*)
plasterboard штукатурная плита
plasterer штукатур
plastic 1. *n* пластмасса, пластик; **foam** ~ пенопласт **2.** *adj* (*synthetic*) пластмассовый, пластикатовый; (*mouldable; of movements*) пластичный; ~ **art** пластическое искусство; ~ **surgery** пластическая хирургия
plasticine пластилин
plasticity пластичность *f*
plasticizer *chem* пластификатор
plastid пластида
plat (*of land*) участок; (*plan*) карта
plate 1. *n* (*dish*) тарелка; (*silverware*) серебряная посуда; (*sheet of metal*) плита, лист, пластина; (*disc*) диск; **clutch** ~ диск сцепления; (*name-plate etc*) дощечка; *print* форма; *phot* фотопластинка; (*dental*) зубной протез **2.** *adj* (*in* ~ *form*) листовой **3.** *v* (*cover with* ~*s*) обшивать листом; (*coat*) покрывать, плакировать
plate-armour броневые плиты *f pl*
plateau плоскогорье, плато *neut indecl*
plate-glass зеркальное стекло
platelayer путевой рабочий
platemark проба
platen *print* тигель *m*; (*typewriter*) валик; (*of machine*) стол

platform (*in hall, station etc*) платфо́рма; *tech* помо́ст; (*of bus etc*) площа́дка; (*at meeting*) трибу́на; (*policy*) (полити́ческая) платфо́рма; ~ **shoe, sole** танке́тка

plating (*coating*) металли́ческое покры́тие; **chromium** ~ хроми́рование; **copper** ~ медне́ние; **gold** ~ золоче́ние; **silver** ~ серебре́ние; **zinc** ~ цинкова́ние; (*casing*) листова́я обши́вка

platinoid платино́ид

platinum 1. *n* пла́тина **2.** *adj* пла́тиновый; *coll* ~ **blonde** пла́тиновая блонди́нка

platitude пло́скость *f*, бана́льность *f*, о́бщее ме́сто

platitudinous бана́льный, пло́ский

Platonic платони́ческий

Platonism платони́зм, уче́ние Плато́на

Platonist после́дователь *m* уче́ния Плато́на, плато́ник

platoon взвод; (*detachment*) отря́д

platter (деревя́нная) таре́лка

platypus утконо́с

plaudit *usu pl* (*clapping*) аплодисме́нты *m pl*; (*praise*) похвала́

plausibility правдоподо́бие; убеди́тельность *f*; благови́дность *f*; льсти́вость *f*

plausible (*apparently true*) правдоподо́бный; (*convincing*) убеди́тельный; (*specious*) благови́дный, показно́й; (*smooth-tongued*) льсти́вый; (*attractive*) привлека́тельный; (*hypocritical*) лицеме́рный

play 1. *n* (*game, playing*) игра́; **be at** ~ игра́ть; **fair** ~ че́стная игра́; *fig* справедли́вость *f*; **foul** ~ *sp* нече́стная игра́, наруше́ние; (*crime*) преступле́ние; **out of** ~ вне игры́; ~ **on words** игра́ слов, каламбу́р; **rough** ~ гру́бая игра́; (*gambling*) аза́ртная игра́; *theat* пье́са; (*playfulness*) шу́тка; **in** ~ шутя́, в шу́тку; (*of light etc*) игра́; (*scope*) свобо́да; **give free** ~ **to** дать *pf* во́лю (+ *dat*); (*action*) де́йствие; **bring into** ~ пуска́ть в ход; **come into** ~ нача́ть *pf* де́йствовать; **in full** ~ в по́лном разга́ре; *tech* (*gap*) зазо́р; (*movement*) люфт **2.** *adj* (*toy*) игру́шечный **3.** *v* (*most senses*) игра́ть (**at,** в + *acc*; **with,** с + *instr*); (*a game*) игра́ть в (+ *acc*); ~ **tennis** игра́ть в те́ннис; **they ~ed two games** они́ сыгра́ли две па́ртии; (*compete against*) игра́ть с (+ *instr*); (*another team*) выступа́ть про́тив (+ *gen*); (*pretend to be*) игра́ть в (+ *acc*); *theat* (*a part*) игра́ть (+ *acc*), игра́ть роль (+ *gen*); *mus* игра́ть на (+ *prep*); ~ **the violin** игра́ть на скри́пке; (*a piece of music*) исполня́ть; (*appear on stage*) выступа́ть; (*of music, radio etc*) игра́ть; ~ **a record** проигрывать пласти́нку; (*toy with*) игра́ть (+ *instr*); (*of fountains*) бить; (*kick, strike ball*) бить, ударя́ть; (*piece, card etc*) идти́ (+ *instr*, *or* с + *gen*); (*light, beam*) направля́ть (**on,** на + *acc*); *tech* име́ть люфт; (*in expressions*) ~ **ball with** (*cooperate*) идти́ (+ *dat*) навстре́чу; ~ **fair** *sp* че́стно игра́ть; *fig* че́стно поступа́ть; ~ **false** (*betray*) изменя́ть (+ *dat*); (*trick*) обма́нывать; (*let down*) подвести́ *pf*; ~ **the fool** валя́ть дурака́; ~ **the game** че́стно поступа́ть; ~ **into the hands of** сыгра́ть *pf* (+ *dat*) на ру́ку; ~ **a joke on** подшу́чивать над (+ *instr*), разы́грывать; ~ **safe** игра́ть наверняка́, не идти́ на риск; ~ **a trick on** (*deceive*) обма́нывать; ~ **on words** каламбу́рить

~ **along** подда́кивать

~ **around** *coll* игра́ть; (*flirt*) флиртова́ть

~ **at** игра́ть в (+ *acc*)

~ **down** (*minimize*) преуменьша́ть; (*belittle*) умаля́ть

~ **off** (*one against another*) натравля́ть одного́ на друго́го

~ **on** игра́ть на (+ *prep*)

~ **out** доигра́ть *pf* до конца́

~ **up** (*support*) подде́рживать; *coll* (*of child*) капри́зничать; (*of engine etc*) шали́ть; (*publicize*) поднима́ть шум вокру́г (+ *gen*); (*accentuate*) подчёркивать; *coll* ~ **up to** (*flatter*) льстить

playable (*game, move*) могу́щий быть сы́гранным; (*of ground*) го́дный для игры́

play-act (*pretend*) притворя́ться; (*put on an act*) лома́ть коме́дию

playback *tech* плэ́й-бэк

playbill театра́льная афи́ша

playboy плейбо́й, плэйбо́й

played-out (*exhausted*) измо́танный; (*worn out*) изно́шенный; (*hackneyed*) изби́тый

player (*in game*) игро́к, уча́стник игры́; (*sportsman*) спортсме́н; (*gambler*) игро́к, картёжник; (*actor*) актёр, исполни́тель *m* ро́ли; **bit** ~ киностати́ст; (*musician*) музыка́нт, исполни́тель *m*; **piano** ~ пиани́ст; **record** ~ прои́грыватель *m*; **violin** ~ скрипа́ч

player-piano пиано́ла

playfellow това́рищ (де́тских игр)

playful (*gay*) весёлый; (*jesting*) шутли́вый; (*skittish*) игри́вый

playgoer театра́л

playground де́тская площа́дка

playgroup де́тский сад (на обще́ственных нача́лах)

playhouse (*theatre*) теа́тр; (*toy*) до́мик для игр

playing игра́

playing-card игра́льная ка́рта

playing-field спорти́вная площа́дка, спортплоща́дка

playmate това́рищ (де́тских игр)

play-off *sp* (*after draw*) повто́рная встре́ча; (*final*) реша́ющая встре́ча

playpen де́тский мане́ж

playroom де́тская

plaything игру́шка (*also fig*)

playtime вре́мя *neut* о́тдыха

playwright драмату́рг

plaza пло́щадь *f*

plea (*request*) про́сьба, мольба́ (**for,** о + *prep*); **make a** ~ **to** умоля́ть (+ *acc*); (*excuse*) оправда́ние; **on the** ~ **of** под предло́гом (+ *gen*); *leg* (*statement*) заявле́ние; (*of defendant*) возраже́ние; (*case*) иск по суду́

plead (*entreat*) моли́ть, умоля́ть (**with,** + *acc*; **for,** о + *prep*; **to,** + *infin*); (*intercede*) хода́тайствовать (**for,** за + *acc*); (*give as excuse*) ссыла́ться (на + *acc*); *leg* (*be advocate*) выступа́ть в суде́; (*a cause*) защища́ть; ~ **guilty** признава́ть себя́ вино́вным; ~ **not guilty** заявля́ть о свое́й невино́вности, не признава́ть себя́ вино́вным

pleader *leg* адвока́т; *fig* защи́тник

pleading 1. *n* (*entreaty*) мольба́; (*urging*) призы́в; (*intercession*) засту́пничество, хода́тайство; *leg* (*statement*) заявле́ние; (*presentation of case*) предвари́тельное произво́дство по де́лу **2.** *adj* умоля́ющий

pleasant прия́тный

pleasantry (*joke*) шу́тка; (*sally*) острота́; (*gaiety*) весе́лье

please (*give pleasure*) нра́виться (+ *dat*); (*make*

glad) ра́довать; (*wish*) хоте́ть; **as you** ~ как хоти́те, как вам уго́дно; (*satisfy*) угожда́ть; ~ **yourself** де́лайте как вам уго́дно; (*in request*) пожа́луйста (+ *impers*), бу́дьте добры́; **if you** ~ бу́дьте так добры́; *as interj* (*ironical*, *indignant*) предста́вь(те) (себе́); **be ~d** (*satisfied*) быть дово́льным (**with,** + *instr*); **be ~d to** (*pron* +) рад (+ *infin*); **I was ~d to see her** я был рад ви́деть её; **~d to meet you!** о́чень рад с ва́ми познако́миться!; (*deign*) соизволя́ть (+ *infin*)

pleased дово́льный (**with, at,** + *instr*)

pleasing (*pleasant*) прия́тный; (*attractive*) привлека́тельный

pleasurable прия́тный, доставля́ющий удово́льствие

pleasure (*satisfaction*, *happiness*) удово́льствие; **have the ~ of** име́ть удово́льствие (+ *infin*); **give** ~ доставля́ть удово́льствие (**to,** + *dat*); **it is such a ~ to** тако́е удово́льствие (+ *infin*); **take ~ in** находи́ть удово́льствие в (+ *prep*); **with** ~ с удово́льствием; (*self-indulgence*) наслажде́ние; (*amusement*) развлече́ние; (*wish*, *convenience*) **at the ~ of** по соизволе́нию (+ *gen*)

pleasure-boat прогу́лочный ка́тер

pleasure-ground парк (с аттракцио́нами)

pleat 1. *n* скла́дка **2.** *v* плиссирова́ть

pleated плиссиро́ванный, плиссе́ *indecl* (*follows noun*)

pleating плиссиро́вка

plebeian 1. *n* плебе́й **2.** *adj* плебе́йский

plebiscite плебисци́т

plectrum плектр

pledge 1. *n* (*as security*) зало́г; (*promise*) обеща́ние; (*obligation*) обяза́тельство; **under ~ of** под обяза́тельством; **make a ~** дава́ть сло́во (**to,** + *infin*); (*token*) знак; **as a ~ of** в знак (+ *gen*); (*proof*) доказа́тельство; (*toast*) тост **2.** *v* (*pawn*) закла́дывать; (*swear*) руча́ться, дава́ть торже́ственное обеща́ние; (*devote*) посвяща́ть (**to,** + *dat*); ~ **oneself to** посвяща́ть себя́ (+ *dat*); (*toast*) пить за (+ *acc*)

Pleiades Плея́ды *f pl*

Pleistocene 1. *n* плейстоце́н **2.** *adj* плейстоце́новый

plenary (*unqualified*) неограни́ченный; (*meeting*) плена́рный

plenipotentiary 1. *n* полномо́чный представи́тель *m*, уполномо́ченный **2.** *adj* полномо́чный

plenitude полнота́

plenteous, plentiful оби́льный

plenty 1. *n* (*abundance*) изоби́лие; **horn of** ~ рог изоби́лия; **in** ~ в изоби́лии; **live in** ~ жить в доста́тке; (*large amount*) мно́жество; ~ **of** мно́го, ма́сса (+ *gen*); *coll* (*quite enough*) вполне́ доста́точно **2.** *adv coll* (*enough*) доста́точно; (*very*) о́чень

plenum пле́нум

pleonasm плеона́зм

pleonastic плеонасти́ческий

plethora (*excess*) избы́ток; *med* полнокро́вие

pleurisy плеври́т

plexus сплете́ние; **solar** ~ со́лнечное сплете́ние

pliability ги́бкость *f*; усту́пчивость *f*

pliable, pliant (*supple*) ги́бкий; (*tractable*) усту́пчивый

plicate скла́дчатый

pliers кле́щи *m pl*, плоскогу́бцы *m pl*

[1]**plight** (*state*) состоя́ние; (*situation*) (тру́дное) положе́ние

[2]**plight** (*promise*) дава́ть обяза́тельство; (*betroth*) помо́лвить *pf* (**to,** с + *instr*)

Plimsoll line, mark грузова́я ма́рка

plimsolls полуке́ды *m pl*

plinth (*of wall*, *column*) цо́коль *m*, пли́нтус; (*of statue*) постаме́нт

Pliocene 1. *n* плиоце́н **2.** *adj* плиоце́новый

plod 1. *n* (*walk*) тяжёлая похо́дка; (*work*) тяжёлая рабо́та **2.** *v* (*walk*) брести́, тащи́ться; (*work*) упо́рно рабо́тать

plonk 1. *n* (*sound*) стук; *coll* (*wine*) дешёвое вино́ **2.** *v* ~ **against** стуча́ть о (+ *acc*); ~ **down** швыря́ть (**on,** на + *acc*), шлёпать (**on,** на + *acc*)

plop 1. *n* шлёпанье, хлоп; **fall with a** ~ шлёпаться (**into,** в + *acc*) **2.** шлёпать(ся) (**against,** о + *acc*; **on to,** на + *acc*; **into,** в + *acc*); (*into water*) бултыха́ться (в + *acc*)

plosive 1. *n* взрывно́й звук **2.** *adj* взрывно́й

plot 1. *n* (*intrigue*) за́говор; **lay** ~ замышля́ть за́говор; (*of story*) фа́була; (*of land*) уча́сток; **building** ~ строи́тельный уча́сток; **vegetable** ~ огоро́д **2.** *v* (*conspire*) составля́ть за́говор; (*intrigue*) интригова́ть; (*plan*) замышля́ть; (*on chart*, *graph etc*) наноси́ть (на + *acc*); (*keep check on*) контроли́ровать; (*follow track*) следи́ть за (+ *instr*); ~ **a course** прокла́дывать курс

plotter заговóрщик; интрига́н; *mil* планшети́ст

plough 1. *n* плуг; *astron* **the Plough** Больша́я Медве́дица **2.** *v* (*till*) паха́ть; (*furrow*) бороздова́ть; *coll* (*in exam*) прова́ливаться (на экза́мене)

~ **into** (*crash*) вреза́ться в (+ *acc*)

~ **through** (*smash through*) прореза́ться (че́рез + *acc*); (*make one's way*) с трудо́м пробира́ться (че́рез + *acc*); (*a book etc*) с трудо́м оси́лить *pf*

~ **under, in** запа́хивать

~ **up** распа́хивать

plough-land па́хотная земля́

ploughman па́харь *m*

ploughshare ле́ме́х

plover ржа́нка

ploy *coll* (*stunt*) трюк; (*ruse*) уло́вка; (*job*) заня́тие

pluck 1. *n* (*tweak*) щипо́к; (*jerk*) рыво́к; **give a** ~ дёрнуть *pf*, потяну́ть *pf*; *coll* му́жество **2.** *v* (*a flower etc*) срыва́ть; (*gather*) собира́ть; (*bird*) ощи́пывать; ~ **eyebrows** выщи́пывать бро́ви; (*jerk sleeve etc*) дёргать (**by,** за + *acc*); *mus* (*strings*) перебира́ть; (*seize*) хвата́ть (**from,** из + *gen*); *coll* (*cheat*) надува́ть; ~ **up courage** набра́ться *pf* хра́брости (**to,** + *infin*)

plucky сме́лый, му́жественный

plug 1. *n* (*for hole*) про́бка, заты́чка; (*tap*) кран; *elect* (ште́псельная) ви́лка, ште́псель *m*; ~ **socket** розе́тка; **sparking** ~ запа́льная свеча́; (*of tobacco*) штранг; *coll* (*advertisement*) рекла́ма **2.** *v* (*close with a* ~) затыка́ть; *med* тампони́ровать; *coll* (*work*) корпе́ть над (+ *instr*); (*advertise*) реклами́ровать; *sl* (*shoot*) шара́хнуть *pf*, всади́ть *pf* пу́лю в (+ *acc*); ~ **away at** корпе́ть над (+ *instr*); ~ **in** вставля́ть; ~ **up** заку́поривать

plug in вставно́й

plum (*fruit*, *tree*) сли́ва; (*currant*) изю́м; *fig* (*job*) при́быльное ме́сто; (*colour*) тёмно-фиоле́товый цвет

plumage опере́ние

plumb 1. *n* (*weight*) отве́с; **out of** ~ невертика́льный **2.** *adj* вертика́льный **3.** *v* (*depth*) измеря́ть глубину́; *fig* проника́ть; (*test perpen-*

dicularity) проверя́ть по отве́су; (*be plumber*) рабо́тать водопрово́дчиком; (*a joint*) запа́ивать **4.** *adv* вертика́льно; (*exactly*) пря́мо
plumbago графи́т
plumb-bob гру́зик отве́са
plumber водопрово́дчик, сле́сарь *m* (-водопрово́дчик)
plumbic свинцо́вый
plumbing (*trade*) сле́сарно-водопрово́дное де́ло; (*pipes*) водопрово́дная систе́ма
plumbism отравле́ние свинцо́м
plumb-line отве́с
plumcake кекс с изю́мом
plume 1. *n* перо́; (*on headdress etc*) султа́н; (*of smoke*) дымо́к **2.** *v* (*adorn*) украша́ть пе́рьями; (*clean feathers*) чи́стить пёрышки; *fig* ~ **oneself on** горди́ться (+ *instr*)
plummet 1. *n* (*plumb-line*) отве́с; (*weight*) грузи́ло **2.** *v* бы́стро па́дать
plummy (*of plum*) сли́вовый; *coll* (*of voice*) со́чный; *coll* ~ **job** тёпленькое местéчко
[1]**plump** *adj* (*fleshy*) по́лный; (*well-fed*) упи́танный **2.** *v* (**fatten**) выка́рмливать; (*get fatter*) толсте́ть; ~ **up** (*pillow*) взбива́ть
[2]**plump 1.** *v* (*fall*) шлёпаться (**on to,** на + *acc*); (*into water etc*) бултыхну́ться *pf*; (*into chair etc*) бу́хнуться *pf*, плю́хнуть *pf* (в + *acc*); (*drop, throw down*) швыря́ть, шлёпать (на + *acc*); ~ **for** быть за (+ *acc*) **2.** *adv* (*directly*) пря́мо; (*suddenly*) внеза́пно
plumpness полнота́
plum-pudding (*Christmas*) рожде́ственский пу́динг; (*suet pudding*) варёный пу́динг с изю́мом
plunder 1. *n* добы́ча **2.** *v* гра́бить
plunderer граби́тель *m*
plunge 1. *n* (*dive*) ныря́ние, ныро́к (*coll*); (*rush*) бросо́к; *fig* **take the** ~ сде́лать *pf* реши́тельный шаг **2.** *v* (*dive*) ныря́ть; (*submerge*) погружа́ть(ся); *fig*; ~ **in darkness** погружа́ть в темноту́; (*immerse*) окуна́ть; (*thrust*) засо́вывать (**into,** в + *acc*); (*knife etc*) вонзи́ть *pf* (**into,** в + *acc*); (*rush*) броса́ться; (*into despair etc*) вверга́ть (в + *acc*); (*launch into*) пуска́ться (в + *acc*); (*descend steeply*) кру́то опуска́ться; (*of ship*) кача́ться
plunger *tech* плу́нжер
plunk 1. *n* зво́нкий уда́р **2.** *v coll* (*guitar etc*) *vt* бренча́ть; *vi* звене́ть, звуча́ть; *coll* ~ **down** бу́хать(ся)
pluperfect давнопроше́дшее вре́мя *neut*
plural 1. *n* мно́жественное число́ **2.** *adj gramm* мно́жественный; (*multiple*) многочи́сленный
pluralism совмести́тельство; *philos* плюрали́зм
pluralist совмести́тель *m*
plurality мно́жественность *f*; (*majority*) большинство́; (*many*) мно́жество
plus 1. *n* (*sign*) (знак) плюс; (*quantity*) положи́тельная величина́; *coll* (*bonus*; *good feature*) плюс **2.** *adj math*, *elect* положи́тельный; (*of temperature*) плюсо́вый; (*additional*) доба́вочный **3.** *prep* плюс; **2** ~ **3 equals 5** два плюс три равня́ется пяти́
plush 1. *n* плюш **2.** *adj* плю́шевый
plushy *coll* роско́шный
Pluto *myth*, *astron* Плуто́н
plutocracy плутокра́тия
plutocrat плутокра́т; *coll* бога́ч
plutocratic плутократи́ческий
plutonium 1. *n* плуто́ний **2.** *adj* плуто́ниевый
[1]**ply** (*fold*) скла́дка; (*strand of cord*) вито́к; (*of rope*) прядь *f*; (*layer*) слой; **three-**~ трёхсло́йный; (*plywood*) фане́ра
[2]**ply** (*a trade etc*) занима́ться (+ *instr*); (*wield*) рабо́тать (+ *instr*); (*food etc*) уси́ленно угоща́ть (**with,** + *instr*); (*with questions etc*) засыпа́ть (**with,** + *instr*); (*travel*) курси́ровать; ~ **for hire** ждать пассажи́ра; *naut* (*against wind*) лави́ровать
plywood 1. *n* фане́ра **2.** *adj* фане́рный
pneumatic пневмати́ческий
pneumatics пневма́тика
pneumoconiosis пневмокonио́з
pneumonia воспале́ние лёгких, пневмони́я
poach (*an egg*) вари́ть без скорлупы́; ~**ed egg** яйцо́-пашо́т; (*hunt illegally*) браконье́рствовать (на + *acc*); (*steal*) красть; (*ideas etc*) перенима́ть; (*interfere*) вме́шиваться в (+ *acc*)
poacher браконье́р
poaching браконье́рство
pocket 1. *n* (*in garment*; *also geol*) карма́н; (*billiards*) лу́за; (*area*) райо́н; (*centre*) оча́г, центр; ~ **of resistance** оча́г сопротивле́ния; *fig* **in** ~ в вы́игрыше; **be out of** ~ быть в убы́тке; **line one's** ~**s** набива́ть карма́н; **in s.o.'s** ~ в рука́х (+ *gen*) **2.** *adj* карма́нный **3.** *v* (*put in* ~) класть в карма́н; (*steal*) прикарма́нивать; (*profit*) нажива́ть; (*billiards*) загоня́ть в лу́зу
pocket-book (*wallet*) бума́жник; (*notebook*) записна́я кни́жка
pocketful по́лный карма́н (+ *gen*)
pocket-knife карма́нный (перочи́нный, складно́й) но́ж(ик)
pocket-money карма́нные де́ньги *f pl*
pocket-sized карма́нный; (*miniature*) миниатю́рный
pock-mark о́спина, ряби́нка; ~**ed** рябо́й
pod 1. *n* (*of pea*) стручо́к; *bot* боб; *av* подве́ска; **engine** ~ гондо́ла дви́гателя **2.** *v* (*peas*) лущи́ть
podagra пода́гра
podgy (*plump*) то́лстенький; ~ **cheeks** пу́хлые щёки *f pl*
podium *archi* по́диум; (*rostrum*) трибу́на; (*dais*) помо́ст
poem (*short*) стихотворе́ние, стихи́ *m pl*; (*long, narrative*) поэ́ма
poet поэ́т
poetaster рифмоплёт
poetess поэте́сса
poetic(al) (*of, for poem*) поэти́ческий; (*romantic*) поэти́чный; (*in verse*) в стиха́х, стихотво́рный; ~ **justice** справедли́вое возме́здие; ~ **licence** поэти́ческая во́льность *f*
poetics поэ́тика
poetize поэтизи́ровать
poetry (*art*) поэ́зия; (*verse works*) стихи́ *m pl*; (*quality*) поэти́чность *f*
pogrom погро́м
poignancy острота́
poignant (*bitter*) го́рький; (*agonizing*) мучи́тельный; (*pathetic*) тро́гательный
point (*various senses*; *dot*, *full stop*) то́чка; ~ **of view** то́чка зре́ния; **from my** ~ **of view** с моей то́чки зре́ния; (*place*) ме́сто, то́чка; ~ **of the compass** страна́ све́та; (*level*) сте́пень; **to such a** ~ **that** до тако́й сте́пени, что; (*in time*) моме́нт; **at any** ~ в любо́й моме́нт; **at this** ~ тут; **up to this** ~ до сих пор; **be on the** ~ **of** (*just going to*) собира́ться (+ *infin*); (*almost*) чуть не (+ *ind*);

(*item in list, detail*) пункт; ~ **by** ~ по пу́нктам; (*matter*) вопро́с, де́ло; **a case in** ~ приме́р; **a fine** ~ то́нкость *f*; **in** ~ **of** что каса́ется (+ *gen*); **make a** ~ **of** (*think important*) счита́ть ва́жным; **I'll make a** ~ **of reading it** я обяза́тельно его́ прочита́ю; **the** ~ **at issue** спо́рный вопро́с; **in** ~ **of fact** в действи́тельности; ~ **of honour** де́ло че́сти; ~ **of order** вопро́с к поря́дку ве́дения; **sore** ~ больно́е ме́сто; (*essence, reason*) гла́вное, суть *f*; **come to the** ~ дойти́ *pf* до су́ти де́ла; **keep to the** ~ говори́ть по существу́ де́ла; **off, beside the** ~ не по существу́; **that's just the** ~ в э́том-то и де́ло; **that's not the** ~ де́ло не в э́том; **the** ~ **is** де́ло в том, что; (*purpose*) цель *f*; **gain one's** ~ дости́чь це́ли; (*meaning*) значе́ние; **get the** ~ понима́ть; **give** ~ **to** придава́ть смысл (+ *dat*); (*sense*) смысл; **there's no** ~ **in** нет смы́сла (+ *infin or* в + *prep*); **what's the** ~ **in, of** како́й смысл (+ *infin*); (*on scale*) балл; *sp* (*in score*) очко́; (*characteristic*) сторона́, черта́; (*sharp end*) ко́нчик, остриё; (*for engraving*) игла́, резе́ц; *typ* пункт; *elect* розе́тка; *pl* (*railway*) стре́лка; *geog* мыс **2.** *v* (*indicate*) ука́зывать, пока́зывать (па́льцем) (**to, at,** на + *acc*); (*direct at*) направля́ть (**at, to,** на + *acc*); (*show*) пока́зывать (+ *acc*); (*turn to face*) обраща́ть (на + *acc*); (*face*) быть обращённым (на + *acc*), смотре́ть (на + *acc*); (*be evidence of*) свиде́тельствовать (**to,** о + *prep*); (*sharpen*) заостря́ть; (*bricks*) расшива́ть швы; ~ **out** (*call attention to*) отмеча́ть, обраща́ть внима́ние на (+ *acc*) (*remark*) замеча́ть; (*show*) пока́зывать; (*indicate*) ука́зывать на (+ *acc*); (*emphasize*) подчёркивать; ~ **up** подчёркивать

point-blank 1. *adj* прямо́й, категори́ческий; ~ **range** да́льность прямо́го вы́стрела; **at** ~ **range** в упо́р **2.** (*directly*) пря́мо; (*categorically*) категори́чески; (*at close range*) в упо́р

point-duty: be on ~ регули́ровать у́личное движе́ние

pointed (*sharp*) о́стрый, заострённый; (*tapered*) остроконе́чный; (*sarcastic*) ре́зкий, ехи́дный, ко́лкий; (*critical*) крити́ческий, ре́зкий; (*spiteful*) язви́тельный; (*precise*) то́чный; (*evident*) я́вный

pointer (*on dial etc*) стре́лка; (*rod*) ука́зка; (*indication*) указа́ние; (*hint*) намёк (**to,** на + *acc*); (*dog*) по́йнтер

pointillism пуантили́зм

pointing ука́зывание; заостре́ние *etc*; *bui* расши́вка швов

pointless (*blunt*) тупо́й; (*without point*) без ко́нчика; (*futile; meaningless*) бессмы́сленный; *sp* с неоткры́тым счётом

pointsman стре́лочник

poise 1. *n* (*self-possession*) самооблада́ние; (*balance*) равнове́сие; (*bearing*) мане́ра держа́ться **2.** *v* (*balance*) баланси́ровать; (*hang in air*) висе́ть в во́здухе; **~d for** гото́вый к (+ *dat*) (+ *gen*); (*place*) ста́вить; (*head*) держа́ть

poison 1. *n* яд **2.** *adj* ядови́тый **3.** *v* отравля́ть; ~ **oneself** отравля́ться

poisoner отрави́тель *m*

poisoning отравле́ние

poison-ivy сума́х

poisonous ядови́тый; (*pernicious*) па́губный; *coll* (*repulsive*) омерзи́тельный

poison-pen анони́мщик

poke 1. *n* (*jab*) тычо́к, толчо́к; **give a** ~ ткнуть *pf* **2.** *v* (*jab*) ты́кать, толка́ть; (*push*) толка́ть; (*thrust*) сова́ть (**into,** в + *acc*); ~ **a hole in** протыка́ть; ~ **one's nose into** сова́ть нос в (+ *acc*); ~ **the fire** меша́ть ого́нь кочерго́й

~ **about, around** (*grope; hunt around*) ша́рить (**in,** в + *prep*; по + *dat*); (*rummage*) ры́ться (**in,** в + *prep*); (*be curious*) любопы́тствовать

~ **away** отта́лкивать

~ **in** вты́кать (в + *acc*)

~ **into** (*investigate*) иссле́довать

~ **off** *coll* слоня́ться

~ **out** (*knock out*) выбива́ть; (*stick out*) высо́вывать(ся); (*project*) торча́ть

~ **up** высо́вывать(ся); торча́ть

poker (*rod*) кочерга́; (*cards*) по́кер

poker-face ка́менное лицо́

poky (*cramped*) те́сный; (*shabby*) убо́гий

Poland По́льша

polar поля́рный; ~ **bear** бе́лый медве́дь *m*

polarimeter поляри́метр

polariscope полярифско́п

polarity поля́рность *f*

polarization поляриза́ция

polarize *phys* поляризова́ть(ся); *fig* (*split*) раска́лывать(ся); (*give, get definite direction*) кристаллизова́ть(ся)

Pole поля́к, *f* по́лька

pole (*shaft, support*) столб; **telegraph** ~ телегра́фный столб; (*stake*) кол; (*rod*) *also sp* шест; *phys, geog* по́люс; **Pole star** поля́рная звезда́; *fig* путево́дная звезда́; **North P~** се́верный по́люс

pole-axe 1. *n* (*butcher's*) бо́енский мо́лот; *hist, mil* секи́ра, боево́й топо́р **2.** *v* (*kill with* ~) убива́ть секи́рой, мо́лотом; (*fell*) сва́ливать

polecat хорёк

polemic 1. *n* поле́мика **2.** *adj* полеми́ческий

polemical полеми́ческий

polemist, polemicist полеми́ст

pole-vault 1. *n* прыжо́к с шесто́м **2.** *v* пры́гать с шесто́м

pole-vaulter шестови́к

police 1. *n* (*in non-Soviet bloc*) поли́ция; (*in Soviet bloc*) мили́ция **2.** *adj* полице́йский; ~ **constable, officer** полице́йский, полисме́н (*in UK and USA*); (*Soviet*) милиционе́р; ~ **dog** ище́йка; ~ **state** полице́йское госуда́рство; ~ **station** (полице́йский) уча́сток **3.** *v* (*keep order*) подде́рживать поря́док (в + *acc*); (*patrol*) патрули́ровать; (*keep check on*) контроли́ровать

policeman (*in Soviet bloc*) милиционе́р; (*elsewhere*) полице́йский; (*in UK and USA*) полисме́н, полице́йский

policewoman же́нщина-милиционе́р, *coll* милиционе́рка, милиционе́рша

policy поли́тика (**of,** + *gen*); **pursue a** ~ проводи́ть поли́тику; **insurance** ~ страхово́й по́лис; ~ **holder** полисодержа́тель *m*

polio(myelitis) полиомиели́т

Polish 1. *n* (*people*) поля́ки *m pl*; (*language*) по́льский язы́к **2.** *adj* по́льский

polish 1. *n* (*action*) полиро́вка, чи́стка; (*gloss*) лоск, блеск; (*liquid etc*) **floor** ~ масти́ка, воск; **French** ~ политу́ра; **shoe** ~ сапо́жная мазь *f*, ва́кса; (*of manner*) лоск **2.** *v* полирова́ть, шлифова́ть; (*shoes*) чи́стить; (*floor*) натира́ть; (*manners*) отшлифо́вывать; ~ **off** (*finish, kill*) расправля́ться с (+ *instr*); (eat) умина́ть, уничтожа́ть; ~ **up** (*improve*) усоверше́нствовать

polished (*shiny*) полиро́ванный; (*refined*) изы́сканный, элега́нтный; (*of performance*) безукори́зненный

polisher (*person*) полиро́вщик; (*machine*) полирова́льная маши́на; **floor** ~ полотёр
politburo политбюро́ *neut indecl*
polite (*not rude*) ве́жливый (**to,** с + *instr*); (*refined*) изы́сканный
politeness ве́жливость *f*
politic (*prudent*) благоразу́мный, полити́чный; (*expedient*) целесообра́зный; (*cunning*) хи́трый; (*opportune*) своевре́менный
political полити́ческий
politician поли́тик; *pej* политика́н
politics поли́тика
polity (*state system*) госуда́рственное устро́йство; (*social order*) обще́ственный строй
polka *mus* по́лька; ~**-dot** (*as adj*) в горо́шек
[1]**poll 1.** *n* (*list*) спи́сок избира́телей; (*voting*) голосова́ние; *pl* (*election*) вы́боры *m pl*; (*size of vote*) коли́чество голосо́в; (*survey*) опро́с **2.** *v* (*vote*) голосова́ть; (*get vote*) получа́ть голоса́; (*survey*) проводи́ть опро́с (+ *gen*)
[2]**poll** (*trim*) подреза́ть; (*horns*) среза́ть рога́
pollard 1. *n* (*tree*) подстри́женное де́рево; (*animal*) комо́лое живо́тное **2.** *v* подстрига́ть
pollen (цвето́чная) пыльца́
pollinate опыля́ть
pollination опыле́ние
polling голосова́ние; ~ **booth** каби́на для голосова́ния
poll-tax поду́шный нало́г
pollute (*make dirty*) загрязня́ть; (*profane*) оскверня́ть
pollution загрязне́ние; оскверне́ние
polo (ко́нное) по́ло *neut indecl*; **water** ~ во́дное по́ло
polonaise *mus* полоне́з
polo-neck во́рот по́ло; (*garment*) по́ло, водола́зка
polonium поло́ний
poltroon (отъя́вленный) трус
polyandrous *bot* многотычи́нковый
polyandry многому́жество
polychromatic полихромати́ческий, многоцве́тный
polyester 1. *n* полиэфи́р **2.** *adj* полиэфи́рный
polyethylene 1. *n* полиэтиле́н **2.** *adj* полиэтиле́новый
polygamous полига́мный
polygamy полига́мия
polyglot 1. *n* полигло́т **2.** *adj* многоязы́чный
polygon многоуго́льник
polygonal многоуго́льный
polyhedral полиэдри́ческий
polyhedron полиэ́др
polymath эруди́т
polymer полиме́р
polymerization полимериза́ция
polymerize полимеризи́ровать(ся)
polymorphism полиморфи́зм
polymorphous полимо́рфный
Polynesia Полине́зия
Polynesian 1. *n* полинези́ец, *f* полинези́йка **2.** *adj* полинези́йский
polynia полынья́
polynomial 1. *n* многочле́н, полино́м **2.** *adj* многочле́нный
polyp поли́п
polyphonic полифони́ческий
polyphony полифони́я
polypropylene 1. *n* полипропиле́н **2.** *adj* полипропиле́новый
polypus полип
polysemantic полисеманти́ческий, многозна́чный
polysemy полисеми́я, многозна́чность *f*
polystyrene 1. *n* полистиро́л; **expanded** ~ пенополистиро́л **2.** *adj* полистиро́ловый
polysyllabic многосло́жный
polysyllable многосло́жное сло́во
polysyndeton полиси́ндетон
polytechnic 1. полите́хникум **2.** *adj* политехни́ческий
polytheism политеи́зм, многобо́жие
polythene 1. *n* полиэтиле́н **2.** *adj* полиэтиле́новый
polyunsaturated полиненасы́щенный
polyurethane 1. *n* полиурета́н **2.** *adj* полиурета́новый
polyvalent многовале́нтный
polyvinyl: ~ **chloride 1.** *n* поливинилхлори́д **2.** *adj* поливинилхлори́дный
pomade 1. *n* пома́да **2.** *v* пома́дить
pomegranate грана́т
Pomeranian (*dog*) шпиц
pommel, pummel 1. *n* (*of sword*) голо́вка эфе́са; (*of saddle*) лука́ **2.** *v* (*punch*) бить, колоти́ть; (*leather etc*) размина́ть
pomology помоло́гия
pomp (*splendour*) пы́шность *f*; (*ostentation*) по́мпа
pompom (*gun*) многоство́льный зени́тный автома́т
pompon помпо́н
pomposity (*self-importance*) ва́жность *f*; (*self-satisfaction*) самодово́льство, самомне́ние; (*bombast*) напы́щенность *f*; (*grandeur*) по́мпа
pompous (*self-satisfied*) самодово́льный, кичли́вый; (*having airs*) ва́жный; (*bombastic*) напы́щенный
ponce *sl* сутенёр
poncho по́нчо *neut indecl*
pond пруд; *tech* бассе́йн
ponder *vt* обду́мывать; *vi* разду́мывать, размышля́ть (**on, over,** о + *prep*)
ponderous (*heavy*; *of style*) тяжёлый, тяжелове́сный; (*unwieldy*) громо́здкий; (*clumsy*) неуклю́жий
pong *coll* (*smell*) **1.** *n* вонь *f* **2.** *v* воня́ть (**of,** + *instr*)
poniard кинжа́л
pontiff (*bishop*) епи́скоп; (*Pope*) па́па ри́мский; (*high priest*) первосвяще́нник
pontifical епи́скопский; па́пский
pontificate 1. *n* (*rank*, *reign of Pope*) па́пство **2.** *v* (*conduct service*) отправля́ть слу́жбу; *fig*, *pej* веща́ть
pontoon (*for bridge etc*) понто́н; (*caisson*) кессо́н; (*barge*) плашко́ут; (*cards*) два́дцать одно́; ~ **bridge** понто́нный мост
pony (*horse*) по́ни *m indecl*; *sl* (*drink*) сто́пка; *sl* (£25) два́дцать пять фу́нтов; ~**-tail** (*hair*) ко́нский хвост
poodle пу́дель *m*
pooh! (*in contempt*, *disgust*) фу!; (*nonsense*) чепуха́; ~**-**~ *v* (*disparage*) умаля́ть; (*scorn*, *disregard*) пренебрега́ть (+ *instr*); (*deride*) издева́ться над (+ *instr*)
pool 1. *n* (*pond*) пруд; (*puddle*) лу́жа; (*in river*) за́водь *f*; **swimming** ~ (пла́вательный) бассе́йн; (*common reserve*) о́бщий фонд; *econ* пул; (*game*) пул **2.** *v* (*lump together*) объединя́ть
poop 1. *n* полую́т **2.** *v* (*ship*) залива́ть корму́ (+ *gen*); *coll* **I'm** ~**ed** я бо́льше не могу́

poor 1. *n collect* бéдные *pl*, беднотá **2.** *adj* (*not rich*; *unfortunate*) бéдный; ~ **man** бедня́к; ~ **chap!** бедня́га!; (*bad*) плохóй; ~ **harvest** плохóй урожáй; (*meagre*, *pitiful*) жáлкий; (*humble*) скрóмный; (*weak*) слáбый (**in, at,** в + *prep*)

poorhouse богадéльня

poorly 1. *adj* (*sick*) нездорóвый; **he is** ~ он плох **3.** *adv* (*not richly*) бéдно; (*badly*) плóхо

poorness бéдность *f*; (*of quality*) плóхое кáчество; (*low level*) ни́зкий ýровень *m*

poor-spirited малодýшный

[1]pop 1. *n* (*plop*) хлóпанье; (*snap*) треск; **go** ~ хлóпнуть *pf*; (*snap*) трéснуть; (*explode*) лóпнуть *pf*; (*drink*) лимонáд **2.** *v* хлóпнуть *pf*; трéснуть *pf*; лóпаться; **his eyes ~ped** он вы́лупил глазá (**with,** от + *gen*)

~ **down** съéздить, сходи́ть *pf* (**to,** в + *acc*)

~ **in** (*put in*) сýнуть *pf*; (*visit*) заходи́ть, забегáть (в + *acc or* к + *dat of person*)

~ **off** (*leave*) уходи́ть, уезжáть (внезáпно); (*visit*) ~ **off to** схóдить, съéздить *pf* (в + *acc*); *sl* (*die*) загнýться *pf*, отпрáвиться *pf* на тот свет

~ **on** (*clothes*) бы́стро надéть *pf*

~ **out** (*go out*) выходи́ть; (*stick out*) высóвывать(ся); (*jump out*) вы́скочить *pf*

~ **up** (*get up*) вскочи́ть *pf*; (*crop up*) неожи́данно возникáть

[2]pop *coll* **1.** *n* (*music*) поп-мýзыка; *pl* (*songs*) пóпсы *m pl* **2.** *adj* ~ **art** поп-áрт; ~ **concert** поп-концéрт; ~ **group** поп-ансáмбль *m*; **~-musician** поп-музыкáнт

[3]pop *coll* (*father*; *old man*) папáша *m*

popcorn пóпкорн

Pope пáпа (ри́мский)

popery папи́зм

pop-eyed 1. *adj* пучеглáзый **2.** *adv* вы́пущенными глазáми, вы́пучив глазá

popgun пугáч

popinjay щёголь *m*, фат

popish пáпский

poplar тóполь *m*

poplin 1. *n* попли́н **2.** *adj* попли́новый, из попли́на

poppet *coll* (*child*) крóшка

poppy мак

poppycock *coll* чепухá, ерундá

populace (*people*) нарóдные мáссы *f pl*; (*population*) населéние

popular (*of, by people*) нарóдный; (*liked*) популя́рный; (*widespread*) распространённый; **the** ~ **press** мáссовая прéсса

popularity популя́рность *f*

popularize популяризи́ровать

populate (*inhabit*) населя́ть; (*settle*) заселя́ть

population населéние

populist *Am* попули́ст; (*in Russia*) нарóдник

populous (*densely peopled*) густонаселённый; (*busy with people*) (много)лю́дный

porcelain 1. *n* фарфóр **2.** *adj* фарфóровый

porch (*of house*) крыльцó, подъéзд; (*of church*) пáперть *f*

porcine (*of pig*) свинóй; (*piglike*) сви́нский

porcupine дикобрáз

[1]pore (*in skin*) пóра

[2]pore: ~ **over** (*study*) погружáться в изучéние (+ *gen*); ~ **over books** сидéть над кни́гами; (*ponder*) размышля́ть о (+ *prep*)

poriferous пóристый

pork 1. *n* свини́на **2.** *adj* свинóй; ~ **pie** пирóг со свини́ной

pornographic порнографи́ческий

pornography порногрáфия

porosity пóристость *f*

porous пóристый

porphyry порфи́р

porpoise дельфи́н, морскáя свинья́

porridge овся́ная кáша

porringer ми́сочка

[1]port 1. *n* (*harbour*) порт; **enter** ~ входи́ть в порт; **leave** ~ выходи́ть из пóрта; **home** ~ порт припи́ски; ~ **of arrival** порт прибы́тия; ~ **of call** порт захóда; ~ **of entry** и́мпортный порт; (*porthole*) иллюминáтор; *hist* оруди́йный порт; *tech* отвéрстие, окнó; (*wine*) портвéйн; (*left side*) лéвый борт; **to** ~ налéво **2.** *adj* (*of harbour*) портовóй; (*left*) лéвый **3.** *v naut* класть руля́ налéво; ~ **the helm!** лéво руля́!; *mil* ~ **arms!** на грýдь!

portability портати́вность *f*

portable портати́вный

portage 1. *n* (*transport*) перевóзка; (*of boat*) перепрáва вóлоком; (*place of this*) вóлок **2.** *v* переправля́ть(ся) вóлоком

portal 1. *n* ворóта *neut pl* **2.** *adj* портáльный

portcullis опускнáя решётка

Porte (*Ottoman*) Пóрта

portend предвещáть

portent (*omen*) предзнаменовáние; (*marvel*) чýдо

portentous (*ominous*) зловéщий; (*impressive*) впечатля́ющий; (*remarkable*) удиви́тельный; (*pompous*) вáжный; (*solemn*) серьёзный

porter (*carrier*) носи́льщик; (*gatekeeper*) приврáтник; (*beer*) пóртер

porterage перенóска, достáвка

portfolio (*all senses*) портфéль *m*; (*for prints etc*) пáпка

porthole иллюминáтор; *hist* (*for gun*) оруди́йный порт

portico пóртик

portion 1. *n* (*part*) часть *f*; (*share*) дóля; (*in will*) дóля; (*dowry*) придáное; (*of food*) пóрция **2.** *v* дели́ть на чáсти, дóли

portionless не имéющий дóли наслéдства; ~ **girl, bride** бесприда́нница

Portland: ~ **cement** портлáнд-цемéнт

portly пóлный, дорóдный, тýчный

portmanteau (*case*) чемодáн; *ling* ~ **word** слóвогибри́д

portrait 1. *n* портрéт **2.** *adj* портрéтный; ~ **painter** портрети́ст

portraiture (*art*) портрéтная живопись *f*; (*portrayal*) изображéние

portray (*draw picture of*) писáть портрéт (+ *gen*); (*depict*) изображáть; (*describe*) опи́сывать; (*play role of*) представля́ть, игрáть

portrayal изображéние

Portugal Португáлия

Portuguese 1. *n* (*person*) португáлец, *f* португáлка; (*language*) португáльский язы́к **2.** *adj* португáльский

pose 1. *n* пóза; **adopt a** ~ приня́ть *pf* пóзу **2.** *vt* (*place*) стáвить в пóзу; (*arrange*) располагáть; (*a question etc*) стáвить; *vi* (*for picture*, *also pej*) пози́ровать; ~ **as** принимáть пóзу (+ *gen*); (*impersonate*) выдавáть себя́ за (+ *acc*)

poser трýдный вопрóс

poseur позёр

posh *coll* шикáрный; ~ **oneself up** прихорáшиваться

posit (*assume*) полагáть, исходи́ть из (+ *gen*); (*assert*) утверждáть
position 1. *n* (*situation*, *state*, *condition*, *attitude*, *rank*) положéние; **in a difficult** ~ в трýдном положéнии; (*location*) расположéние, местонахождéние; (*place*, *job*) мéсто; (*mental attitude*; *also mil*) пози́ция **2.** *v* (*put*) стáвить; (*assign places to*) расставля́ть; (*find* ~ *of*) определя́ть местонахождéние (+ *gen*)
positional позициóнный
positive 1. *n phot* позити́в; *gramm* положи́тельная стéпень *f* **2.** *adj* (*definitive*) определённый; (*explicit*) несомнéнный; (*real*) настоя́щий; (*sure*) увéренный; (*not negative*, *affirmative*; *also elect*, *math*, *gramm*) положи́тельный; *phot*, *philos* позити́вный
positively несомнéнно, определённо *etc*; *coll* (*very*) совершéнно
positiveness положи́тельность *f*
positivism позитиви́зм
positivist 1. *n* позитиви́ст **2.** *adj* позитиви́стский
positivity положи́тельность *f*
positron позитрóн
possess (*own*) владéть (+ *instr*), имéть; (*seize*; *also fig*) овладевáть (+ *instr*), имéть; (*qualities*, *rights etc*) обладáть (+ *instr*); **be ~ed of** = possess; **be ~ed by** быть одержи́мым (+ *instr*); ~ **oneself of** (*obtain*) приобретáть; **what ~ed you to ...?** что вас дёрнуло (+ *infin*)
possessed (*by devil*, *rage*) бесновáтый, одержи́мый (**by**, + *instr*); **be** ~ бесновáться
possession (*ownership*) владéние (**of**, + *instr*); **be in** ~ **of** (*own*) владéть (+ *instr*); (*have at disposal*) имéть в распоряжéнии; **be in the** ~ **of** быть во владéнии (+ *gen*); **come into** ~ **of** получи́ть *pf*, приобрести́ *pf*; **come into the** ~ **of** попáсть *pf* в рýки; **take** ~ **of** (*begin to own*) вступáть во владéние (+ *instr*); (*seize*; *also fig*) овладевáть; (*demonic*) одержи́мость *f* (бéсом); (*of qualities*) обладáние (+ *instr*); *pl* (*belongings*) сóбственность *f*; (*lands*) владéния *neut pl*
possessive сóбственнический; *gramm* притяжáтельный
possessor владéлец, обладáтель *m*
possibility возмóжность *f* (**of**, + *gen or infin*; **for**, для + *gen*); **there's no** ~ нет никакóй возмóжности; **there are great possibilities** есть больши́е возмóжности
possible 1. *n* возмóжное **2.** *adj* возмóжный; **as quickly, much as** ~ как мóжно быстрée, бóльше; **to do everything** ~ дéлать всё возмóжное; **if** ~ éсли возмóжно; **it is quite** ~ **that** вполнé возмóжно, что; **it's not** ~**!** э́того не мóжет быть!
possibly (*perhaps*) мóжет быть, возмóжно; *emph* **could you** ~ (+ *v*) бýдьте любéзны (+ *impers*); **I can't** ~ (+ *v*) я прóсто не могý (+ *infin*), я никáк не могý (+ *infin*)
possum: *coll* **play** ~ (*sham sleep*) притворя́ться спя́щим; (*sham death*) притворя́ться мёртвым
[1]**post 1.** *n* (*pole*) столб; *tech* стóйка; **deaf as a** ~ совершéнно глухóй; **drive from pillar to** ~ гнать неотстýпно; (*stake*) кол **2.** *v* (*put up notice etc*) вывéшивать; (*make known*) объявля́ть
[2]**post 1.** *n* (*mail*) пóчта; **by** ~ по пóчте; **by registered** ~ заказны́м письмóм; **by return of** ~ с обрáтной пóчтой; **has the** ~ **come?** пóчта пришлá? **2.** *adj* почтóвый **3.** *v* (*send by* ~) отправля́ть, посылáть по пóчте; (*put in* ~ *box*) опускáть в почтóвый я́щик; *hist* (*go by coach*) éхать на почтóвых
[3]**post 1.** *n* (*job*) дóлжность *f*, пост; (*military*, *trading*) пост; **at one's** ~ на постý; (*fort*) форт; (*garrison*) гарнизóн **2.** *v* (*appoint*) назначáть; (*sentries etc*) расставля́ть
postage (*cost of post*) стóимость *f* пересы́лки по пóчте; (*postal expenses*) почтóвые расхóды *m pl*; ~ **stamp** почтóвая мáрка
postal почтóвый; ~ **order** дéнежный перевóд (по пóчте)
postbag (*postman's*) сýмка почтальóна; (*mailbag*) мешóк с пóчтой; (*letters*) корреспондéнция
post-box почтóвый я́щик
postcard откры́тка
postcode почтóвый и́ндекс
post-date (*put later date*) отмечáть перéдним числóм; (*assign to later time*) относи́ть к бóлее пóзднему врéмени; (*follow*) идти́ за (+ *instr*)
poster (*placard*) афи́ша, плакáт; (*sticker of ~s*) расклéйщик афи́ш; ~ **colour, paint** гуáшь *f*
poste restante до востребования
posterior 1. *n* (*rear*) зад **2.** *adj* (*later*) послéдующий, позднéйший; (*rear*) зáдний
posterity потóмство, потóмки *m pl*
postfix пóстфикс
postgraduate 1. *n* аспирáнт **2.** *adj* аспирáнтский
post-haste возмóжно быстрée
posthumous посмéртный
postillion форéйтор
Post-Impressionism постимпрессиони́зм
Post-Impressionist 1. *n* постимпрессиони́ст **2.** *adj* постимпрессиони́стский
posting (*of letters*) отпрáвка; (*job*) назначéние
postman (*delivering letters*) почтальóн; (*postal worker*) сотрýдник пóчты
postmark почтóвый штéмпель *m*
postmaster нача́льник почтóвого отделéния; **Postmaster-General** мини́стр почт
postmeridian послеполýденный
postmistress начáльница почтóвого отделéния
post-mortem 1. *n* аутопси́я, вскры́тие трýпа; *coll*, *fig* анáлиз **2.** *adj* посмéртный
post-natal *med* послеродовóй
post office 1. *n* (*in general*) пóчта; (*branch*) почтóвое отделéние, пóчта; **at the** ~ на пóчте; **main, central** ~ почтáмт **2.** *adj* почтóвый
postpone откладывать
postponement отсрóчка, откладывание
postposition постпози́ция, послелóг
postprandial послеобéденный
post-road *hist* почтóвый тракт
postscript постскри́птум
postulate 1. *n* постулáт **2.** *v* (*assume*) постули́ровать; (*demand*) трéбовать (+ *gen*)
posture 1. *n* пóза, положéние **2.** *v* пози́ровать
post-war послевоéнный
posy букéт
pot 1. *n* (*large vessel*) горшóк, котелóк; (*saucepan*) кастрю́ля; (*for tea*) чáйник; (*for coffee*) кофéйник; (*of jam etc*) бáнка; (*for flowers*) горшóк; (*mug*) крýжка; (*chamber* ~) ночнóй горшóк; *coll* (*trophy*) кýбок; *sl* (*marijuana*) трáвка; *coll* **go to** ~ разоря́ться **2.** *v* (*preserve*) консерви́ровать; (*plants*) сажáть в горшóк; (*billiards*) загоня́ть в лýзу; (*shoot*) стреля́ть; (*hit*) попадáть в (+ *acc*)
potable питьевóй
potash потáш, углеки́слый кáлий; **caustic** ~ éдкое кáли *neut indecl*

potassium ка́лий
potation питьё
potato 1. *n* карто́фель *m* (*no pl*), (*usu in home*) карто́шка (*no pl*); (*single* ~) карто́фелина **2.** *adj* карто́фельный; ~ **blight** фитофто́ра
pot-bellied толстопу́зый, пуза́тый
pot-belly брю́хо, пу́зо
pot-boiler халту́ра
potency (*strength*) си́ла; (*efficacy*) де́йственность *f*; (*of liquor*) кре́пость *f*
potent (*strong*) си́льный; (*of drink*) кре́пкий; (*mighty*) могу́щественный; (*powerful*) мо́щный
potentate власти́тель *m*, властели́н
potential 1. *n* потенциа́л **2.** *adj* (*realizable, also tech, sci*) потенциа́льный; (*possible*) возмо́жный; (*latent*) скры́тый
potentiality потенциа́льность *f*; возмо́жность *f*
potentiometer потенцио́метр
pothole (*cave*) пеще́ра; (*in road*) ры́твина, вы́боина
potholer спортсме́н-спелео́лог
potion (*drink*) напи́ток; (*infusion*) насто́йка; (*draught, philtre*) зе́лье
potluck (*chance*) шанс; **take** ~ (*risk*) пойти́ *pf* на риск; (*eat*) обе́дать чем бог посла́л
pot-pourri попурри́ *neut indecl*
pot-roast тушёное мя́со
potsherd, potshard гли́няный черепо́к
pot-shot неприце́льный вы́стрел; **take a** ~ стреля́ть наугад (**at,** + *acc*); (*try*) попыта́ться *pf* на аво́сь
pottage густо́й суп; *bibl* **mess of** ~ чечеви́чная похлёбка
potted *cul* консерви́рованный; *coll* (*abridged*) сокращённый
[1]**potter** гонча́р; ~**'s wheel** гонча́рный круг
[2]**potter** (*idle*) безде́льничать; (*work casually*) халту́рить; ~ **about** слоня́ться
pottery (*trade*) гонча́рное де́ло; (*place*) гонча́рня; (*vessels*) гонча́рные изде́лия *neut pl*
potty 1. *n coll* де́тский горшо́к **2.** *adj* (*trifling*) пустяко́вый; (*crazy*) сумасше́дший; **be** ~ **about** (*s'th*) быть поме́шанным на (+ *prep*); (*s.o.*) сходи́ть с ума́ по (+ *prep*)
pouch (*bag*) су́мка; **tobacco** ~ кисе́т
pouf(fe) пуф
poulterer торго́вец дома́шней пти́цей и ди́чью
poultice 1. *n* припа́рка **2.** *v* ста́вить припа́рки (кому́-нибудь, на + *acc*)
poultry дома́шняя пти́ца; ~ **farming** птицево́дство; ~**-house** пти́чник; ~**-yard** пти́чий двор
[1]**pounce 1.** *n* (*leap*) наско́к, внеза́пный прыжо́к; (*swoop*) внеза́пный налёт; (*talon*) ко́готь *m* **2.** *v* набра́сываться (**on,** на + *acc*), налета́ть (**on,** на + *acc*); (*swoop down*) бить с налёта (**on,** + *acc*); *fig* (*seize on*) ухва́тываться (за + *acc*)
[2]**pounce** (*gold etc*) выбива́ть рису́нок (на + *prep*); (*cloth*) украша́ть ды́рочками
[1]**pound** (*weight*) фунт (453·6 *gr*); (*money*) фунт (сте́рлингов)
[2]**pound** (*beat*) бить(ся), колоти́ть(ся) (**on,** по + *dat*); (*grind*) толо́чь; *mil* обстре́ливать, бить (по + *dat*); (*move heavily*) тяжело́ ходи́ть, бежа́ть
poundage (*percentage*) проце́нт; (*charge on weight*) по́шлина с ве́са
pounder пе́стик
pour (*flow, make flow*) ли́ть(ся); (*fill*) налива́ть; (*distribute tea etc*) разлива́ть; (*flour, sand, sugar etc*) насыпа́ть (+ *acc or gen*); (*gush*) хлы́нуть *pf*; (*of crowd etc*) вали́ть, хлы́нуть *pf*; *fig* (*abuse, gifts*) осыпа́ть (+ *instr*; **on,** + *acc*)
~ **away** вылива́ть(ся)
~ **down** (*of liquid*) лить(ся); **it ~ed down all day** весь день дождь лил как из ведра́; (*of things*) сы́пать(ся); (~ *away*) вылива́ть(ся)
~ **forth** (*flow out*) вылива́ть(ся) (**from,** из + *gen*); (*gush*) хлы́нуть *pf*; (*throng*) вали́ть нару́жу, хлы́нуть *pf*
~ **in** влива́ть(ся) (*also fig, mil*), налива́ть(ся) (в + *acc*); *fig* (*arrive in quantity*) сы́паться
~ **out** вылива́ть(ся) (**of, from,** из + *gen*) (*see also* **pour, pour forth**); (*feelings*) излива́ть
pouring: ~ **rain** проливно́й дождь *m*
pout надува́ть гу́бы, ду́ться (**at,** на + *acc*)
poverty бе́дность *f*, нищета́; ~**-stricken** (*person*) бе́дный; (*place, thing*) убо́гий
powder 1. *n* порошо́к; (*cosmetic*) пу́дра; (*gunpowder*) по́рох **2.** *v* (*turn to* ~) превраща́ть(ся) в порошо́к; (*grind*) толо́чь; (*sprinkle*) посыпа́ть (порошко́м *etc*); (*one's nose etc*) пу́дрить, напу́дривать
powder-compact пу́дреница
powder-flask пороховни́ца
powder keg *fig* порохова́я бо́чка, порохово́й погре́б
powder-magazine порохово́й по́греб
powderpuff пухо́вка
powder-room да́мская (туале́тная) ко́мната
powdery (*like powder*) порошкообра́зный; (*friable*) ры́хлый, рассы́пчатый; (*covered in powder*) посы́панный порошко́м
power 1. *n* (*strength, force*) си́ла; (*capability*) спосо́бность *f*; **penetrating** ~ проника́ющая спосо́бность *f*; (*ability to do*) возмо́жность *f*; **it is not in our** ~ э́то не в на́ших си́лах; (*control, rule, influence*) власть *f*; **come to** ~ прийти́ *pf* к вла́сти; **in** ~ у вла́сти; **in the** ~ **of** во вла́сти (+ *gen*), в рука́х (+ *gen*) (*authority*) полномо́чие; (*right*) пра́во; **have no** ~ **to** не име́ть пра́ва (+ *infin*); *leg* дове́ренность *f*; (*state*) держа́ва; **the Great** ~**s** вели́кие держа́вы; (*powerful person*) си́ла; **the** ~**s that be** власть иму́щие *pl*; (*energy*) эне́ргия; **atomic** ~ а́томная эне́ргия; **electric** ~ электоэне́ргия; (*electricity*) электри́чество; (*of machine*) мо́щность *f*, си́ла; **motive** ~ дви́жущая си́ла; **horse** ~ лошади́ная си́ла; *math* сте́пень *f*; **raise to the fifth** ~ возвести́ *pf* в пя́тую сте́пень; *opt* си́ла увеличе́ния; *coll* (*lot, much*) мно́го **2.** *adj* (*driven*) приводно́й; (*with engine*) мото́рный; (*electric*) электри́ческий; (*mechanical*) механи́ческий; ~ **brake** то́рмоз с усили́телем; ~ **circuit** энергети́ческая сеть *f*; ~ **cut** отключе́ние пода́чи эне́ргии; ~ **engineering** энерге́тика; ~ **plant** силова́я устано́вка; ~ **politics** поли́тика с пози́ции си́лы; ~ **stroke** рабо́чий такт; ~ **supply** пода́ча эне́ргии, энергопита́ние; ~ **unit** силово́й агрега́т **3.** *v* (*supply power*) снабжа́ть эне́ргией; (*drive*) приводи́ть в движе́ние, де́йствие; **be ~ed by** (*have engine*) име́ть дви́гатель; (*use as fuel*) рабо́тать на (+ *prep*)
power-dive пики́рование с рабо́тающим мото́ром
power-driven приводно́й, с при́водом; (*mechanized*) механизи́рованный; (*electric*) электри́ческий; (*with motor*) мото́рный
powerful (*strong*) си́льный; (*machine etc*) мощный; (*mighty*) мо́щный, могу́чий; (*influential*) влия́тельный; (*potent*) могу́щественный

power-house электроста́нция
powerless беcси́льный (**to,** + *infin*)
power-point *elect* розе́тка
power-station электроста́нция
power-tool маши́на-ору́дие
practicability (*capacity for realization*) осуществи́мость *f*; (*desirability*) целесообра́зность *f*
practicable (*realizable*) осуществи́мый, реа́льный; (*usable*) употребля́емый
practical (*not theoretical, real, useful*) практи́ческий; (*business-like, of person, clothes etc*) практи́чный; (*actual*) факти́ческий; ~ **joke** ро́зыгрыш
practicality практи́чность *f*
practically практи́чески; факти́чески; (*almost*) почти́; (*with verb*) чуть не
practice 1. *n* (*custom*) обы́чай; (*habit*) обыкнове́ние; **make a ~ of** взять *pf* себе́ за пра́вило (+ *infin*); (*established procedure*) пра́ктика, поря́док; (*performance, action, reality*) пра́ктика; **in ~** на пра́ктике, факти́чески; **put into ~** осуществля́ть; (*gain skill*) пра́ктика, упражне́ние; **be out of ~** не име́ть пра́ктики, разучи́ться *pf*; (*of doctor etc*) пра́ктика; *pl coll* (*trickery*) про́иски *m pl*; **sharp ~** моше́нничество **2.** *adj* уче́бный
practician пра́ктик
practise (*to gain skill*) упражня́ться, практикова́ться (в + *prep*); (*engage in*) занима́ться (+ *instr*); (*apply in practice; of lawyer etc*) практикова́ть; (*have habit of*) име́ть обыкнове́ние (+ *infin*); ~ **on** (*exploit*) по́льзоваться (+ *instr*); (*deceive*) обма́нывать
practised о́пытный, иску́сный
practising (*active*) акти́вный; (*of doctor etc*) практику́ющий
practitioner (*user*) тот, кто по́льзуется (**of,** + *instr*); (*participant*) то, кто занима́ется (**of,** + *instr*); (*doctor etc*) практику́ющий врач (*etc*); **general ~** терапе́вт, участко́вый врач
praetor пре́тор
pragmatic(al) прагмати́ческий
pragmatism прагмати́зм
pragmatist прагмати́ст
prairie пре́рия, степь *f*; ~**-dog** лугова́я соба́чка; ~**-wolf** койо́т
praise 1. *n* похвала́; (*glorification*) восхвале́ние **2.** *v* хвали́ть; (*extol*) восхваля́ть, сла́вить
praiseworthy похва́льный
praline пралине́ *neut indecl*
pram *coll* (де́тская) коля́ска; (*boat*) плашко́ут
prance 1. *n* прыжо́к **2.** *v* (*rear*) станови́ться на дыбы́; (*caracole*) гарцева́ть; (*jump about*) скака́ть; (*jump*) пры́гать
prang *sl* разбива́ть(ся)
prank ша́лость *f*, прока́за; **play ~s** прока́зничать
prankster прока́зник
prate болта́ть
prattle 1. *n* (*chatter*) болтовня́; (*childish*) ле́пет **2.** *v* болта́ть; лепета́ть
prattler болту́н, болту́шка, *f* болту́нья, болту́шка
prawn 1. *n* креве́тка **2.** *v* лови́ть креве́тки
praxis (*practice*) пра́ктика; (*custom*) обы́чай
pray 1. *v* (*say prayer*) моли́ться (**to,** + *dat*; **for,** о + *prep*); (*entreat*) моли́ть, умоля́ть (**for,** о + *prep*); (*in polite requests*) прошу́ вас!, пожа́луйста! (+ *imper*); (*as interj in questions*) интере́сно (знать)
prayer 1. *n rel* моли́тва; **say ~s** моли́ться **2.** (*request*) про́сьба, мольба́ **2.** *adj* моли́твенный; ~ **book** моли́твенник; ~ **mat** моли́твенный ко́врик
praying моле́ние, моли́тва
preach пропове́довать
preacher пропове́дник
preaching 1. *n* пропове́дование, про́поведь *f* **2.** *adj* пропове́дующий
preamble (*introduction*) вступле́ние; *leg* преа́мбула
preamplifier предвари́тельный усили́тель *m*, предусили́тель *m*
prearranged (*prepared*) зара́нее подгото́вленный; (*agreed*) зара́нее устано́вленный, договорённый
precarious (*uncertain*) ненадёжный; (*dangerous*) опа́сный; (*risky*) риско́ванный; (*unsteady*) ша́ткий; *leg* отзывно́й
precast (*of concrete*) сбо́рный
precaution (*step*) ме́ра предосторо́жности (**against,** про́тив + *gen*); **take ~s** принима́ть ме́ры предосторо́жности; (*prudence*) предосторо́жность *f*
precautionary (*warning*) предупреди́тельный; (*prudent*) предусмотри́тельный; ~ **measure** ме́ра предосторо́жности
precede (*be before*) предше́ствовать (+ *dat*); (*walk in front of*) идти́ впереди́ (+ *gen*); (*in rank etc*) превосходи́ть
precedence (*act of preceding*) предше́ствование; **take ~ over** предше́ствовать (+ *dat*); (*priority*) приорите́т; (*seniority*) старшинство́
precedent прецеде́нт; **without ~** беспрецеде́нтный
preceding предыду́щий, предше́ствующий (+ *dat*)
precentor ре́гент
precept (*rule*) пра́вило; (*admonition*) наставле́ние; (*maxim*) сенте́нция
preceptive поучи́тельный
preceptor наста́вник
precession *astron* прецё́ссия; ~ **of the equinoxes** предваре́ние равноде́нствий
precinct (*territory*) террито́рия; *Am* (избира́тельный) уча́сток; *pl* (*environs*) окре́стности *f pl*; (*boundaries*) преде́лы *m pl*
preciosity мане́рность *f*
precious 1. *adj* (*valuable*) драгоце́нный; ~ **stone** драгоце́нный ка́мень *m*; ~ **metal** благоро́дный мета́лл; (*dearly loved, also pej*) дорого́й, люби́мый; *coll* (*absolute*) настоя́щий; *iron* хоро́ший; (*affected*) мане́рный, изы́сканный **2.** *adv* о́чень
precipice обры́в, про́пасть *f*
precipitance, precipitancy (*rashness*) опроме́тчивость *f*; (*haste*) торопли́вость *f*, поспе́шность *f*; (*speed, rush*) стреми́тельность *f*
precipitate 1. *n* оса́дка **2.** *adj* (*rash*) опроме́тчивый; (*in haste*) торопли́вый, поспе́шный; (*headlong*) стреми́тельный **3.** *v* (*hurl down*) низверга́ть; (*hasten*) ускоря́ть; (*cause*) вызыва́ть; (*plunge into*) вверга́ть (**into,** в + *acc*); ~ **oneself** броса́ться; *chem* осажда́ть(ся); *meteorol* выпада́ть
precipitation (*rashness*) опроме́тчивость *f*; (*haste*) торопли́вость *f*, поспе́шность *f*; (*rush*) стреми́тельность *f*; *chem* осажде́ние, выделе́ние; *meteorol* выпаде́ние
precipitous (*steep*) круто́й; (*sheer*) обры́вистый, отве́сный
précis 1. *n* конспе́кт, кра́ткое изложе́ние **2.** *v* кра́тко излага́ть, де́лать конспе́кт
precise (*exact*) то́чный; (*definite*) определённый; (*person*) аккура́тный; (*voice*) отчётливый; (*clear*) чёткий

precisely (*exactly*) то́чно; **at ~ 2 o'clock** ро́вно в два часа́; (*to be precise*) (а) и́менно; **what ~ do you want?** что и́менно вы хоти́те?; (*as affirmative*) (вот) и́менно
preciseness то́чность *f*; аккура́тность *f*; чёткость *f*
precision 1. *n* то́чность *f*; чёткость *f* **2.** *adj* то́чный
preclude (*exclude, debar*) исключа́ть; (*prevent*) меша́ть (+ *dat*, + *infin*); (*avert*) предотвраща́ть
precocious (*early maturing*) ра́но разви́вшийся; **~ child** не по лета́м развито́й ребёнок; (*premature*) преждевре́менный; *bot* скороспе́лый
precocity ра́нее, преждевре́менное разви́тие; *bot* скороспе́лость *f*
precognition предви́дение
preconceived (*idea etc*) предвзя́тый
preconception (*hasty opinion*) предвзя́тое мне́ние, предубежде́ние; (*prejudice*) предрассу́док
precondition предвари́тельное усло́вие
precursor (*predecessor*) предше́ственник; (*harbinger*) предве́стник
precursory (*preliminary*) предвари́тельный; (*preceding*) предше́ствующий; (*announcing*) предвеща́ющий
pre-date (*precede*) предше́ствовать (+ *dat*); (*put earlier date on*) дати́ровать за́дним число́м
predator хи́щник
predatory (*animal etc*) хи́щный; (*like predator, thieving*) хи́щнический
predecease умере́ть *pf* ра́ньше (+ *gen*)
predecessor предше́ственник
predestinate предопределя́ть
predestination предопределе́ние
predestine (*preordain*) предопределя́ть; (*assign in advance*) предназна́чать (**for, to,** для + *gen*)
predetermine (*decide beforehand*) предреша́ть, предопределя́ть; (*convince*) предубежда́ть; (*arrange beforehand*) зара́нее устана́вливать
predicament (тру́дное) положе́ние
predicate 1. *n* сказу́емое, предика́т **2.** *v gramm, log* предици́ровать; (*assert*) утвержда́ть
predication предика́цая; утвержде́ние
predicative предикати́вный
predict (*foretell*) предска́зывать; (*foresee*) предви́деть
predictable (*to be expected*) предсказу́емый; (*envisaged*) предви́димый; (*reliable*) надёжный
prediction (*foretelling*) предсказа́ние; (*forecast*) прогно́з; (*calculation*) предвычисле́ние; (*prophecy*) проро́чество
predigest предвари́тельно перева́ривать
predilection предпочте́ние (**for,** + *gen*); скло́нность *f* (**for,** к + *dat*)
predispose предрасполага́ть (**to,** к + *dat*)
predisposition предрасположе́ние (**to,** к + *dat*)
predominance (*in quality*) превосхо́дство; (*numerical*) преоблада́ние; (*mastery*) госпо́дство, преоблада́ние
predominant (*prevailing*) преоблада́ющий; (*main*) основно́й, гла́вный; (*dominating*) госпо́дствующий, домини́рующий; **be ~** преоблада́ть; госпо́дствовать
predominate (*be most powerful, large etc*) госпо́дствовать; (*in number*) преоблада́ть
pre-election предвы́борный
pre-eminence превосхо́дство
pre-eminent (*superior*) превосходя́щий; (*most important*) важне́йший
pre-eminently (*mostly*) гла́вныи о́бразом; (*in highest degree*) в вы́сшей сте́пени
pre-empt (*buy before*) покупа́ть пре́жде (+ *gen*); (*forestall*) предупрежда́ть; *mil* упрежда́ть
pre-emptive упрежда́ющий; *comm, leg* преиму́щественный
preen (*of bird*) чи́сти́ть клю́вом пе́рья; *fig* (*smarten oneself*) прихора́шиваться; **~ oneself on** горди́ться (+ *instr*)
pre-existence предсуществова́ние
pre-existent уже́ существу́ющий, предсуществу́ющий
prefab сбо́рный дом
prefabricate изготовля́ть заводски́м спо́собом, изготовля́ть из гото́вых часте́й
prefabricated сбо́рный, гото́вый, заводско́го изготовле́ния; **~ house** сбо́рный дом
preface 1. *n* (*of book*) предисло́вие; (*introduction*) вступле́ние (**to,** к + *dat*) **2.** *v* (*give ~*) снабжа́ть предисло́вием; **~ with** (*book, speech*) предпосыла́ть (+ *dat*, **with,** + *acc*); (*be ~ to*) служи́ть (+ *dat*) преди́словием; (*precede*) предше́ствовать (+ *dat*)
prefatory вступи́тельный, предвари́тельный
prefect (*in school*) ста́роста *m*; (*French, Roman*) префе́кт
prefectorial префекту́рный
prefecture префекту́ра
prefer (*like more*) предпочита́ть (**to,** + *dat*; *with infin or ger*, + *infin*); (*promote*) продвига́ть; (*a charge etc*) подава́ть
preferability предпочти́тельность *f*
preferable предпочти́тельный
preference (*liking*) предпочте́ние (**for,** + *gen*; **to,** + *dat*); **have a ~ for** предпочита́ть; **give ~ to** отдава́ть предпочте́ние (+ *dat*; **over,** пе́ред + *instr*); **in ~ to** скоре́е чем; **~ share** привилегиро́ванная а́кция; (*choice*) вы́бор; (*game*) префера́нс
preferential (*favourable*) благоприя́тный; (*privileged, also of shares*) привилегиро́ванный; *econ* преференциа́льный, льго́тный
preferment продвиже́ние по слу́жбе
prefiguration прообраз
prefigure (*represent*) представля́ть; (*imagine*) вообража́ть; (*be prototype of*) служи́ть про́образом (+ *gen*)
prefix 1. *n* приста́вка, пре́фикс **2.** *v* (*place before*) ста́вить пе́ред (+ *instr*; **with,** + *acc*); (*a word*) присоединя́ть приста́вку к (+ *dat*)
pre-glacial доледнико́вый
pregnancy бере́менность *f*
pregnant (*woman*) бере́менная; (*full of*) по́лный (+ *gen*); (*significant*) многозначи́тельный; (*fraught with*) чрева́тый (+ *instr*)
prehensile хвата́тельный
prehistoric доистори́ческий
prehistory предысто́рия
prejudge предреша́ть
prejudice 1. *n* (*unreason*) предрассу́док; (*hostile opinion*) предубежде́ние (**against,** про́тив + *gen*); (*partial opinion*) пристра́стное мне́ние; *leg* (*injury*) вред, уще́рб; **to the ~ of** в уще́рб (+ *dat*); **without ~ to** сохраня́я за собо́й пра́во на (+ *acc*) **2.** *v* (*bias towards*) располага́ть в по́льзу (+ *gen*); (*bias against*) внуша́ть (+ *dat*) предубежде́ние (**against,** про́тив + *gen*); (*damage*) наноси́ть уще́рб (+ *dat*); (*spoil*) по́ртить
prejudiced (*person*) предубеждённый (**against,** про́тив + *gen*), пристра́стный (**towards,** к + *dat*); (*opinions*) предвзя́тый

prejudicial нанося́щий ущéрб (**to,** + *dat*), врéдный (**to,** + *dat*)
prelate прела́т
preliminary 1. *n usu pl* пéрвые эта́пы *m pl* **2.** *adj* предвари́тельный
prelude 1. *n mus* прелю́дия, прелю́д; *fig* прелю́дия (**to,** к + *dat*) **2.** *v* служи́ть прелю́дией к (+ *dat*)
premarital добра́чный
premature (*too early*) преждеврéменный; ~ **baby** недоно́сок; (*hasty*) поспéшный
prematurity преждеврéменность *f*; поспéшность *f*
premeditate обду́мывать зара́нее; ~**d** (*deliberate*) умы́шленный, преднамéренный
premeditation преднамéренность *f*, у́мысел
premier 1. *n* премьéр-мини́стр **2.** *adj* пéрвый, лу́чший
première премьéра
premise 1. *n* предпосы́лка; *log* посы́лка; *leg* вво́дная часть *f*; *pl* (*house*) зда́ние, дом; (*accommodation*) помещéние; *leg* недви́жимость *f* **2.** *v* предполага́ть
premium (*most senses*) прéмия; **at a** ~ в большо́м спро́се; **put a** ~ **on** поощря́ть
premonition (*warning*) предостережéние; (*foreboding*) предчу́вствие
premonitory предостерега́ющий; *med* продрома́льный
preoccupation (*absorption*) озабо́ченность *f*, поглощённость *f* (**with,** + *instr*); (*absent-mindedness*) рассéянность *f*; (*care*) забо́та
preoccupied озабо́ченный, поглощённый (+ *instr*); рассéянный
preoccupy (*occupy before*) занима́ть ра́ньше; (*fill mind*) озабо́чивать, забо́тить
preordain предопределя́ть
pre-packed расфасо́ванный
preparation (*making ready*) приготовлéние, подгото́вка (**for,** к + *dat*); **in** ~ **for** в ожида́нии (+ *gen*); **be in** ~ гото́виться; *pl* (*measures*) приготовлéния *neut pl* (**for,** к + *dat*); **make** ~ **for** гото́виться к (+ *dat*); (*remedy, cosmetic*) препара́т, срéдство
preparative приготови́тельный, подготови́тельный
preparatory (*preparing*) приготови́тельный, подготови́тельный; (*preliminary*) предвари́тельный; ~ **to** прéжде чем (+ *infin*)
prepare пригота́вливать(ся) (*or* приготовля́ть(-ся)), подгота́вливать(ся) (*or* подготовля́ть(ся)), гото́вить(ся) (**for,** к + *dat*; **to,** + *infin*)
prepared гото́вый (**for,** к + *dat*; **to,** + *infin*)
preparedness гото́вность *f*
prepay опла́чивать зара́нее; (*post*) франки́ровать
prepense преднамéренный; **with malice** ~ со злым у́мыслом
preponderance перевéс, преоблада́ние, преиму́щество
preponderant преоблада́ющий, госпо́дствующий
preponderate (*have advantage*) имéть перевéс; (*prevail*) преоблада́ть (**over,** над + *instr*)
preposition предло́г
prepositional предло́жный
prepossess располага́ть (**towards,** к + *dat*)
prepossessing привлека́тельный
preposterous (*ridiculous*) смешно́й, нелéпый; (*absurd*) абсу́рдный; (*inordinate*) чрезмéрный; (*outrageous*) возмути́тельный
prepuce кра́йняя плоть *f*
Pre-Raphaelite 1. *n* прерафаэли́т **2.** *adj* прерафаэли́тский
prerequisite 1. *n* предпосы́лка **2.** *adj* необходи́мый
prerogative (*right*) исключи́тельное пра́во; (*privilege*) привилéгия; *leg*, *pol* прерогати́ва
presage 1. *n* (*foreboding*) предчу́вствие; (*omen*) предзнаменова́ние **2.** *v* предвеща́ть, предзнаменова́ть
presbyopia ста́рческая дальнозо́ркость *f*
presbyter (*elder*) старéйшина *m*; (*priest*) пресви́тер
Presbyterian 1. *n* пресвитериа́нин **2.** *adj* пресвитериа́нский
Presbyterianism пресвитериа́нство
pre-school дошко́льный
prescience предви́дение
prescribe (*order*) предпи́сывать; (*medicine*) прописывать (**for,** + *dat of person*; от, про́тив + *gen of illness*); (*indicate*) ука́зывать; (*establish*) устана́вливать
prescription (*medical direction*) рецéпт (*also fig*, **for,** на + *acc*); (*medicine*) прописанное лека́рство; *leg* пра́во да́вности
prescriptive (*long-standing*) да́вний, осно́ванный на да́вности
presence прису́тствие; **in the** ~ **of** в прису́тствии (+ *gen*); ~ **of mind** прису́тствие ду́ха; (*bearing*) оса́нка; (*appearance*) нару́жность *f*
[1]**present 1.** *n* (*time*) настоя́щее (врéмя *neut*); **at** ~ в настоя́щее врéмя; **for the** ~ пока́; *gramm* настоя́щее врéмя *neut* **2.** *adj* (*of time, existing*) настоя́щий; (*now*) тепéрешний, ны́нешний; (*being here*) прису́тствующий; **be** ~ прису́тствовать; (*answer at roll-call*) здесь!; (*the one in question*) да́нный
[2]**present** (*gift*) пода́рок (**for,** + *dat*, для + *gen*); **make s.o a** ~ **of** подари́ть *pf* (+ *dat* + *acc*); **as a** ~ в пода́рок
[3]**present** (*gift*) дари́ть (+ *dat of person*); (*formally*) преподноси́ть (+ *dat of person*); (*introduce; put forward; represent; arouse; have appearance*) представля́ть (**to,** + *dat*); (*play etc*) ста́вить; (*cheque*) предъявля́ть; (*hand over*) вруча́ть (**to,** + *dat*); (*petition*) подава́ть (**to,** + *dat*)
presentable прили́чный, благопристо́йный
presentation (*gift*) пода́рок; (*formal*) подношéние; (*act of giving*) преподнесéние; (*of facts, material*) изложéние; (*other senses*) представлéние
present-day совремéнный, ны́нешний
presentiment предчу́вствие
presently (*soon*) вско́ре; (*at present*) сейча́с, в настоя́щее врéмя
preservation (*act*) сохранéние; (*state*) сохра́нность *f*; (*of food etc*) консерви́рование
preservative 1. *n* предохраня́ющее, консерви́рующее срéдство, консерва́нт **2.** *adj* предохраня́ющий, консерви́рующий
preserve 1. *n usu pl* (*food*) консéрвы *m pl*; (*jam*) варéнье; (*land*) ча́стная земля́; (*area of interest*) о́бласть *f* **2.** *v* (*most senses*) сохраня́ть; (*maintain*) храни́ть; (*food*) консерви́ровать
preset 1. *adj* за́данный, программи́рованный **2.** *v* зара́нее устана́вливать
preshrunk безуса́дочный
preside председа́тельствовать, быть председа́телем
presidency (*of meeting etc*) председа́тельство; (*of country etc*) президéнтство
president (*chairman*) председа́тель *m*; (*of country*

etc) президе́нт

presidential президе́нтский; ~ **election** вы́боры президе́нта, президе́нтские вы́боры *m pl*

press 1. *n* (*machine*) пресс; (*printing*) печа́тный стано́к; (*journalism*) пре́сса, печа́ть *f*; **freedom of the** ~ свобо́да печа́ти; **be in the** ~ печа́таться; (*publisher*) изда́тельство; (*crowd*) толпа́ **2.** *v* (*squeeze*) жать, пожима́ть; (*push on*) нажима́ть; ~ **a button** нажа́ть *pf* кно́пку; (*crush*) дави́ть; (*extract*) выжима́ть из (+ *gen*); (*iron*) гла́дить; (*crowd against*; *attack*) тесни́ть; (*insist*) наста́ивать на (+ *prep*); (*demand*) тре́бовать (**for,** + *gen*); (*oppress*) тяготи́ть; (*be urgent*) быть неотло́жным; **be** ~**ed for money** быть стеснённым в деньга́х; **be** ~**ed for time** не име́ть вре́мени; (*force*, *importune*) навя́зывать (**on,** + *dat*); *tech* прессова́ть, штампова́ть

~ **ahead** (*go on*) продвига́ться вперёд; ~ **ahead with** энерги́чно продолжа́ть

~ **back** (*bend*) отгиба́ть; (*repulse*) отбра́сывать

~ **down** (*depress*) нажима́ть (на + *acc*)

~ **forward** устремля́ться вперёд

~ **in** вти́скивать(ся)

~ **on** *see* ~ **ahead**

~ **out** выжима́ть (**from,** из + *gen*)

~ **together** прижима́ть(ся) друг к дру́гу

press-agency газе́тное аге́нтство

press-agent а́гент по рекла́ме

press conference пресс-конфере́нция

press-cutting вы́резка (из газе́ты)

press-gang 1. *n* кома́нда вербо́вщиков **2.** *v* наси́льно вербова́ть (во флот)

pressing 1. *n* (*process*) прессо́вка, штампо́вка; (*object*) прессо́ванное, штампо́ванное изде́лие; (*of record*) о́ттиск; (*applying pressure*) нажа́тие **2.** *v* (*urgent*) сро́чный, неотло́жный; (*importunate*) настоя́тельный

pressman (*journalist*) журнали́ст; (*press operator*) прессовщи́к

pressmark (*in book*) шифр

press-photographer фотокорреспонде́нт

press-stud кно́пка

press-up *sp* выжима́ние

pressure давле́ние; **exert** ~ **on** ока́зывать давле́ние на (+ *acc*); **under** ~ под давле́нием; **at high** ~ при высо́ком давле́нии; *fig* изо всех сил; **high blood** ~ повы́шенное кровяно́е давле́ние; ~**-cooker** скорова́рка; ~**-gauge** мано́метр; ~ **group** (*campaign*) инициати́вная гру́ппа; (*faction*) кли́ка

pressurize (*cabin etc*) герметизи́ровать; (*under pressure*) под давле́нием; *fig* ока́зывать давле́ние на (+ *acc*)

prestige прести́ж

prestigious прести́жный

presto *mus* пре́сто; *excl* **hey** ~! гопля́!

prestressed (*concrete*) предвари́тельно напряжённый

presumable (*probable*) вероя́тный; (*possible*) возмо́жный

presume (*assume*) полага́ть, предполага́ть; (*make bold*) осме́ливаться, брать на себя́ сме́лость (**to,** + *infin*); (*be presumptuous*) сли́шком мно́го позволя́ть себе́; ~ **on** (*rely on*) рассчи́тывать на (+ *acc*); (*abuse*) злоупотребля́ть

presumed предполага́емый

presumption (*assumption*) предположе́ние; *leg* презу́мпция (**of,** + *gen*); (*probability*) вероя́тность *f*; (*self-confidence*) самонаде́янность *f*; (*effrontery*) на́глость *f*

presumptive предполага́емый, предположи́тельный; *leg* презумпти́вный; (*probable*) вероя́тный

presumptuous (*arrogant*) высокоме́рный; (*insolent*) на́глый; (*over-confident*) самонаде́янный

presuppose предполага́ть

presupposition предположе́ние

pretence (*deception*) притво́рство, обма́н; **by** ~ обма́ном; (*guise*) вид; **under the** ~ **of** под ви́дом (+ *gen*); (*pretext*) предло́г; **on the** ~ **of** под предло́гом (+ *gen*); (*claim*) прете́нзия (**to,** на + *acc*); **make no** ~ **to** не претендова́ть на (+ *acc*)

pretend (*feign*) притворя́ться; ~ **that** де́лать вид, что; ~ **to be asleep, dead** притворя́ться спя́щим, мёртвым; (*play at*) игра́ть в (+ *acc*); (*claim*) претендова́ть на (+ *acc*)

pretended мни́мый

pretender претенде́нт (**to,** на + *acc*)

pretension (*claim*) прете́нзия (**to,** на + *acc*); **have** ~**s to** претендова́ть на (+ *acc*); (*affectation*) претенцио́зность *f*

pretentious претенцио́зный

preterite прете́рит

preternatural сверхесте́ственный

pretext предло́г; **on the** ~ **of** под предло́гом (+ *gen*)

pre-tonic предуда́рный

prettify прихора́шивать

prettiness милови́дность *f*, привлека́тельность *f*

pretty 1. *adj* (*of person*) хоро́шенький; (*scene, place*) преле́стный; (*charming*) очарова́тельный; (*pleasant*) прия́тный; (*well done*) хоро́ший; *iron* хоро́шенький; *coll* (*considerable*) поря́дочный; **a** ~ **penny** кру́гленькая су́мма **2.** *adv coll* (*fairly, quite*) дово́льно; (*more or less*) бо́лее и́ли ме́нее; (*very*) о́чень; **sitting** ~ в прекра́сном положе́нии

pretty-pretty слаща́во-краси́вый

pretzel кре́ндель *m*

prevail (*triumph*) торжествова́ть (**over,** над + *instr*); (*get upper hand*) брать верх (**over,** над + *instr*); (*predominate*) преоблада́ть, госпо́дствовать; ~ **on** угова́ривать (+ *acc*, **to,** + *infin*)

prevailing (*predominating*) преоблада́ющий, госпо́дствующий; ~ **winds** преоблада́ющие ве́тры *m pl*; (*widespread*) распространённый

prevalence распространённость *f*; преоблада́ние

prevalent (*widespread*) распространённый; (*predominant*) преоблада́ющий

prevaricate (*be evasive*) виля́ть, уклоня́ться от прямо́го отве́та; (*lie*) лгать

prevarication увёливание, уклоне́ние от прямо́го отве́та; ложь *f*

prevent (*make impossible*) предотвраща́ть; (*hinder, stop*) препя́тствовать (+ *dat*); меша́ть (+ *dat*; **from,** + *infin*)

preventer предохрани́тель *m*; *naut* предохрани́тельный трос

prevention предотвраще́ние, предупрежде́ние

preventive, preventative 1. *n med* профилакти́ческое сре́дство **2.** *adj* (*measures etc*) предупреди́тельный; (*medicine, maintenance*) профилакти́ческий

preview предвари́тельный просмо́тр, верниса́ж

previous (*preceding*) предыду́щий; (*former*) пре́жний; (*earlier*) бо́лее ра́нний; *coll* (*premature*) преждевре́менный; (*hasty*) поспе́шний; (*too early*) сли́шком ра́нний; ~ **to** до (+ *gen*); до того́, как (+ *v*), пе́ред тем, как

previously (*formerly*) ра́ньше, до э́того; (*in*

advance) зара́нее
pre-war довое́нный
prey 1. *n* (*animal*) добы́ча; **bird, beast of** ~ хи́щник; (*victim*) же́ртва **2.** *v* ~ **on** (*catch*) лови́ть; (*plunder*) гра́бить; (*swindle*) обма́нывать; (*weight on*) угнета́ть; (*torment*) му́чить; (*undermine*) подрыва́ть
price 1. *n* цена́; **at any** ~ любо́й цено́й; **not at any** ~ ни за что́; **at the** ~ **of** по цене́ (+ *gen*); *fig* цено́ю (+ *gen*); **cost** ~ себесто́имость *f* **2.** *adj* ~ **level** у́ровень *m* цен; ~ **limit** преде́льная цена́ **2.** *v* оце́нивать (**at**, в + *acc*)
priceless бесце́нный, неоцени́мый; *coll* (*funny*) стра́шно смешно́й; (*marvellous*) чуде́сный; (*incredible*) невероя́тный
price-list прейскура́нт
pricey *coll* дорогова́тый
prick 1. *n* (*small puncture*, *sensation*, *place of this*) уко́л; *fig* ~**s of conscience** угрызе́ния *neut pl* со́вести; (*thorn*) шип; *vulg* (*penis*) хуй **2.** *v* (*stick into*) коло́ть(ся); (*hurt by* ~; *also fig*) ука́лывать(ся); (*pierce*) прока́лывать; ~ **out** *hort* пикирова́ть; ~ **up one's ears** навостри́ть *pf* у́ши
prick-eared остроу́хий
prickle 1. *n* (*thorn*) шип; (*spine*) игла́; (*feeling*) ко́лотье, иго́лки *f pl* **2.** *v* коло́ть(ся)
prickly колю́чий; (*of person*) вспы́льчивый; ~ **heat** потни́ца; ~ **pear** опу́нция
pride 1. *n* (*self-esteem*; *object of* ~) го́рдость *f*; **he has no** ~ у него́ нет самолю́бия; **she was the** ~ **of the town** она́ была́ го́рдостью го́рода; **take** ~ **in** горди́ться (+ *instr*); **with** ~ с го́рдостью; (*vice*) горды́ня; (*arrogance*) надме́нность *f*; ~ **of lions** стáя львов; ~ **of place** пе́рвое ме́сто **2.** *v* ~ **oneself on** горди́ться (+ *instr*)
priest (*Christian*) свяще́нник; (*pagan*) жрец
priestess жри́ца
priesthood свяще́нство
priestly свяще́ннический
priest-ridden под вла́стью духове́нства
[1]**prig** (*pedant*) (самодово́льный) педа́нт; (*holier-than-thou person*) свято́ша, ханжа́ *m and f*
[2]**prig** *sl* (*steal*) пере́ть
priggish (*self-satisfied*) самодово́льный; (*pedantic*) педанти́чный; (*holier-than-thou*) ханжева́тый; (*of behaviour*) ха́нжеский
prim чо́порный
primacy пе́рвенство; (*of archbishop*) сан архиепи́скопа
prima donna примадо́нна
prima facie с пе́рвого взгля́да; ~ **evidence** презу́мпция доказа́тельства
primal (*primeval*) первобы́тный; (*original*) первонача́льный; (*most important*) гла́вный
primarily (*in first place*) в пе́рвую о́чередь; (*mainly*) гла́вным о́бразам
primary 1. *n Am* (*election*) предвари́тельные вы́боры *m pl* **2.** *adj* (*first*) пе́рвый; (*original*) первонача́льный; (*chief*) гла́вный, основно́й; (*most important*) важне́йший; (*elementary*) элемента́рный; ~ **school** нача́льная шко́ла; *tech*, *sci* перви́чный; ~ **colours** основны́е цвета́ *m pl*
primate *eccles* прима́с; *zool* прима́т
prime 1. *n* (*best time*) расцве́т; **in the** ~ **of** в расцве́те **2.** *adj* (*chief*) гла́вный; (*most important*) важне́йший; (*initial*) первонача́льный; (*first*) пе́рвый; ~ **minister** премье́р-мини́стр; ~ **meridian** нулево́й меридиа́н; (*excellent*) превосхо́дный, отли́чный; *tech*, *sci* перви́чный; ~ **number** просто́е число́ **3.** *v* (*with detonator*) вставля́ть взрыва́тель в (+ *acc*); (*paint*) грунтова́ть; *coll* (*with drink*) напа́ивать; (*instruct*) инструкти́ровать; (*pump*) залива́ть
primer (*text book*) уче́бник; (*for teaching reading*) буква́рь *m*; (*paint*) грунто́вочная кра́ска
primeval первобы́тный
priming (*charge*) запра́вка; (*paint*) грунт
primitive (*crude*) примити́вный; (*primeval*) первобы́тный; (*art*) примитиви́стский
primness чо́порность *f*
primogenitor прароди́тель *m*
primogeniture перворо́дство; *leg* пра́во перворо́дства
primordial (*primeval*) первобы́тный; (*immemorial*) иско́нный; *biol* примордиа́льный
primp наряжа́ть(ся), прихора́шивать(ся)
primrose самоцве́т, при́мула
primula при́мула
primus (*stove*) при́мус
prince (*Russian*) князь *m*; (*non-Russian*; *fairy-tale*) принц; **Prince of Wales** принц Уэ́льский; (*any ruler*) госуда́рь *m*
princedom кня́жество
princeling князёк
princely (*of prince*) кня́жеский; (*royal*) короле́вский; *fig* (*regal*) ца́рственный; (*lavish*) великоле́пный
princess (*Russian*, *wife of prince*) княги́ня; (*daughter of prince*) княжна́; (*non-Russian*; *fairy-tale*) принце́сса
principal 1. *n* (*of school etc*) дире́ктор; (*capital*) капита́л; (*actor*) веду́щий актёр; (*main figure*) гла́вная фигу́ра **2.** *adj* гла́вный
principality кня́жество
principally гла́вным о́бразом
principle (*most senses*) при́нцип; **in** ~ в при́нципе; **on** ~ из при́нципа; **man of** ~ принципиа́льный челове́к; (*fundamental*) осно́ва; (*element*) элеме́нт
principled принципиа́льный
prink наряжа́ть(ся), прихора́шивать(ся)
print 1. *n* (*type*, *process*) печа́ть *f*; **in** ~ (*of book*) в прода́же; **out of** ~ распро́данный; (*lettering*) шрифт; **in bold** ~ жи́рным шри́фтом; (*non-cursive writing*) печа́тные бу́квы *f pl*; (*issue*) изда́ние, вы́пуск; (*engraving etc*) эста́мп; (*fabric*) си́тец; *phot* отпеча́ток; (*impression*, *trace*) след, отпеча́ток **2.** *v* (*most senses*) печа́тать; (*fabric*) набива́ть; (*leave trace*) оставля́ть след; (*in the mind*) запечатлева́ть
printed печа́тный; ~ **circuit** печа́тная схе́ма
printer (*man*) печа́тник, типо́граф; (*machine*) печа́тающее устро́йство; **daisy-wheel** ~ печа́тающее устро́йство ти́па рома́шки; **dot-matrix** ~ матри́чное печа́тающее устро́йство; **ink-jet** ~ стру́йное печа́тающее устро́иство; **laser** ~ ла́зерное печа́тающее устро́йство; **thermal** ~ термографи́ское печа́тающее устро́йство
printing 1. *n* (*process*) печа́тание; (*trade*) печа́тное де́ло; (*issue*) изда́ние; (*number of copies*) тира́ж **2.** *adj* печа́тный; ~ **works** типогра́фия; (*for textiles*) ситценабивна́я фа́брика
printing-press печа́тная маши́на, печа́тный стано́к
printout распеча́тка
print-shop (*print-room*) печа́тный цех; (*selling prints*) магази́н гравю́р и эста́мпов
[1]**prior** *eccles* прио́р, игу́мен

[2]prior 1. *adj* (*earlier*) пре́жний; (*former*) бы́вший; (*preceding*) предше́ствующий; (*more important*) бо́лее ва́жный **2.** *adv* ~ **to** до + *gen*, пре́жде чем (+ *verb*)
prioritize (*put in order of priority*) устана́вливать очерёдность (+ *gen*); (*do first*) де́лать в пе́рвую о́чередь
priority (*being first*) приорите́т; **give ~ to** де́лать *etc* в пе́рвую о́чередь; **take ~ over** по́льзоваться преиму́ществом пе́ред (+ *instr*); (*seniority*) старшинство́; (*urgency*) сро́чность *f*; (*order of* ~) очерёдность *f*
priory монасты́рь *m*
prise *see* **prize**
prism при́зма
prismatic призмати́ческий
prison 1. *n* тюрьма́; **be in ~** сиде́ть в тюрьме́, *coll* сиде́ть; **go to ~** сесть *pf* в тюрьму́; **put in ~** сажа́ть в тюрьму́ **2.** *adj* тюре́мный
prison camp 1. *n* ла́герь *m* **2.** *adj* ла́герный
prisoner заключённый; **keep ~** держа́ть в заключе́нии; **take, make ~** брать в плен; **~ of war** военнопле́нный; *fig* пле́нник
pristine (*ancient*) дре́вний; (*original*) первонача́льный
privacy (*seclusion*) уедине́ние; (*refuge*) убе́жище; (*freedom from interruption*) поко́й
private 1. *n* (*soldier*) рядово́й; *pl* половы́е о́рганы *m pl*; **in ~** (*in ~ life*) в ча́стной жи́зни; (*alone*) в уедине́нии; (*tête-à-tête*) наедине́; (*in secret*) секре́тно; (*at home*) до́ма, у себя́ **2.** *adj* (*not public*) ча́стный; **~ enterprise** ча́стное предпринима́тельство; (*personal*) ли́чный; **~ person** ча́стное лицо́; (*one's own*) со́бственный; (*secret*) секре́тный, конфиденциа́льный; (*secluded*) уединённый
privateer ка́пер
privateering ка́перство
privation лише́ние
privatization приватиза́ция
privatize приватизи́ровать
privet бирючи́на
privilege 1. *n* привиле́гия; (*honour*) честь *f* **2.** *v* дава́ть привиле́гию (+ *dat*)
privileged привилегиро́ванный; **be ~ to** име́ть честь (+ *infin*)
privy 1. *n* (*latrine*) отхо́жее ме́сто **2.** *adj* (*private*) ча́стный; (*secret*) та́йный, секре́тный; **Privy Council** та́йный сове́т; **~ parts** половы́е о́рганы *m pl*; **~ to** посвящённый в (+ *acc*)
[1]prize 1. *n* (*reward, decoration*) награ́да (**for,** за + *acc*); (*in competition; booty*) приз; (*money award*) пре́мия; (*winnings*) вы́игрыш **2.** *v* (высоко́) цени́ть
[2]prize, prise: ~ away отнима́ть си́лой; **~ off** отла́мывать; **~ open** вскрыва́ть, взла́мывать; **~ out** выковы́ривать; **~ up** поднима́ть рычаго́м
prizewinner призёр
pro (*professional*) профессиона́л; (*argument*) **~ and contra** за и про́тив
probability 1. *n* вероя́тность *f*; **in all ~** по всей вероя́тности **2.** *adj math* вероя́тностный; **~ theory** тео́рия вероя́тности
probable вероя́тный
probably вероя́тно, наве́рно
probate утвержде́ние завеща́ния
probation (*testing*) испыта́ние; (*test period*) испыта́тельный срок; (*conditional release*) усло́вное освобожде́ние
probationary испыта́тельный
probationer *leg* усло́вно осуждённый
probe 1. *n med, tech* зонд; *coll* (*investigation*) рассле́дование (**into,** + *gen*) **2.** *v* зонди́ровать; рассле́довать
probity че́стность *f*
problem 1. *n* (*difficulty*) пробле́ма; **solve a ~** разреши́ть *pf* пробле́му; (*matter*) вопро́с, пробле́ма; *math* зада́ча **2.** *adj* (*of ~*) пробле́мный; (*difficult*) тру́дный
problematic(al) проблемати́чный, сомни́тельный
proboscis (*of elephant*) хо́бот; (*of insect*) хобото́к; *sl* (*nose*) прави́ло
procedural процеду́рный
procedure (*way*) процеду́ра; *tech* (*methods*) мето́дика; (*technique*) те́хника; *leg* судопроизво́дство
proceed (*continue, go on, go on speaking*) продолжа́ть (**to,** + *infin*); (*be in process*) продолжа́ться; (*begin*) начина́ть; (*behave*) поступа́ть; (*emanate from*) нести́сь (**from,** из, от + *gen*); (*derive from; base argument on*) исходи́ть (**from,** из + *gen*); *leg* **~ against** возбужда́ть де́ло про́тив (+ *gen*)
proceeding (*procedure*) процеду́ра; (*action*) посту́пок; (*behaviour*) поведе́ние; *leg* суде́бное де́ло; *pl* (*journal*) труды́ *m pl*; *coll* (*matters*) дела́ *neut pl*; (*events*) собы́тия *neut pl*
proceeds вы́ручка, вы́рученная су́мма, дохо́д
[1]process 1. *n* (*most senses*) проце́сс; **in the ~ of** в проце́ссе (+ *gen*); (*method*) спо́соб; (*system*) систе́ма; *leg* (*case*) суде́бный проце́сс; **due ~** надлежа́щая зако́нная процеду́ра **2.** *v* (*treat*) обраба́тывать; **~ed cheese** пла́вленый сыр
[2]process (*walk*) ше́ствовать
processing обрабо́тка; **data ~** обрабо́тка да́нных
procession (*walk*) проце́ссия, ше́ствие; (*series*) ряд, верени́ца
processor *comput* проце́ссор
procès-verbal протоко́л
proclaim (*announce, declare*) объявля́ть; (*formally, officially*) провозглаша́ть; **they ~ him king** провозгласи́ли его́ королём; (*state, say*) заявля́ть; (*demonstrate*) свиде́тельствовать
proclamation (*act of declaring*) объявле́ние, провозглаше́ние; (*speech, document*) деклара́ция
proclitic 1. *n* прокли́тика **2.** *adj* проклити́ческий
proclivity скло́нность *f* (**to,** к + *dat*)
proconsul замести́тель *m* ко́нсула; *hist* проко́нсул
procrastinate медли́ть, откла́дывать (де́ло, реше́ние *etc*)
procrastination промедле́ние
procreate (*beget*) рожа́ть; *fig* (по)рожда́ть; (*reproduce*) производи́ть пото́мство
procreation (*reproduction*) размноже́ние; (*childbearing*) деторожде́ние; (*begetting*) произведе́ние
procurable кото́рый мо́жно доста́ть, досту́пный
procuration (*obtaining*) приобрете́ние; (*management*) веде́ние дел по дове́ренности; (*for prostitution*) сво́дничество
procurator (*proxy*) пове́ренный; *leg* (*in Scotland*) **Procurator Fiscal** прокуро́р
procure (*obtain*) достава́ть; (*acquire*) приобрета́ть; (*pander*) сво́дничать
procurer (*supplier*) поста́вщик; (*pimp*) сво́дник
procuress сво́дница, сво́дня
prod 1. *n* тычо́к; **give a ~** ткнуть *pf* (**with,** + *instr*; **in,** в + *acc*) **2.** *v* ты́кать (**with,** + *instr*; **in,** в

+ *acc*); *fig* (*urge on*) подстрекáть (**to,** к + *dat*), толкáть (**to,** на + *acc*); ~ **s.o's memory** напоминáть (+ *dat*; **about,** о + *prep*)
prodigal 1. *n* (*waster*) мот **2.** *adj* (*person*) расточи́тельный; (*excessive*) чрезмéрный; (*abundant*) оби́льный; (*generous*) щéдрый (**of,** на + *acc*); ~ **son** блу́дный сын
prodigality расточи́тельность *f*; щéдрость *f*
prodigious (*amazing*) изуми́тельный; (*tremendous, vast*) огрóмный; (*incredible*) невероя́тный
prodigy чу́до; **infant** ~ вундерки́нд
produce 1. *n* (*output*) проду́кция; (*goods*) товáры *m pl*, издéлия *neut pl*; (*food products*) проду́кты *m pl* **2.** *v* (*make, create*) производи́ть; (*crop, profit, result*) давáть; (*issue, deliver*) выпускáть; (*be cause*) вызывáть; (*show*) представля́ть, предъявля́ть; *math* продолжáть; (*play*) стáвить
producer *econ* производи́тель *m*; ~ **country** продуцéнт; *theat* режиссёр; *cin* (кино)продю́сер; *tech* генерáтор
producible производи́мый
product (*thing produced*) проду́кт; **finished** ~**s** готóвые издéлия *neut pl*; **waste** ~**s** отхóды *m pl*; (*total output*) проду́кт, проду́кция; **gross national** ~ валовóй проду́кт страны́; (*result*) результáт; *math* произведéние
production 1. *n* (*producing*) произвóдство; **mass** ~ мáссовое произвóдство; (*of coal, oil etc*) добы́ча; (*rate, level of* ~) производи́тельность *f*; (*product*) проду́кт, проду́кция, издéлие; (*of documents etc*) предъявлéние; **on** ~ **of** по предъявлéнии (+ *gen*); *theat* постанóвка **2.** *adj* произвóдственный
productive (*producing*) производи́тельный; (*fertile*) плодорóдный; (*producing results, effective, also ling*) продукти́вный; **be** ~ **of** приноси́ть
productivity производи́тельность *f*
proem предислóвие
profanation осквернéние, профанáция
profane 1. *n* (*blasphemous*) богоху́льный; (*worldly*) свéтский; ~ **love** земнáя любóвь *f*; (*secular*) непосвящённый **2.** *v* оскверня́ть, профани́ровать
profanity (*blasphemy*) богоху́льство; (*swearing*) брань *f*, ру́гань *f*; (*swear-word*) ругáтельство
profess (*declare*) заявля́ть; ~ **one's love** объясня́ться, признавáться в любви́; (*admit*) признавáть; (*a religion*) исповéдовать; ~ **oneself** (*admit*) признавáться (+ *instr*); (*declare*) объявля́ть себя́ (+ *instr*); (*pretend*) притворя́ться (+ *instr*); ~ **to be** выдавáть себя́ за (+ *acc*); (*teach*) преподавáть; (*practise*) занимáться (+ *instr*)
professed (*avowed*) откры́тый, я́вный; (*ostensible*) мни́мый
profession (*occupation*) профéссия; (*declaration*) заявлéние; (*faith*) вероисповедáние
professional 1. *n* профессионáл **2.** *adj* профессионáльный
professionalism профессионали́зм
professor профéссор
professorial профéссорский
professorship профéссорство
proffer предлагáть
proficiency (*ability*) умéние (**in, at,** + *infin*), знáние (**in, at,** + *gen*); (*experience*) óпытность *f*; (*skill*) иску́сство, мастерствó
proficient (*skilful*) иску́сный; (*competent*) компетéнтный; (*experienced*) óпытный; **be** ~ **in** (хорошó) умéть (+ *infin*), владéть (+ *instr*)
profile (*drawing*) прóфиль *m*; **in** ~ в прóфиль; (*literary*) биографи́ческий óчерк
profit 1. *n* (*benefit*) пóльза, вы́года; **derive** ~ **from** извлекáть пóльзу из (+ *gen*); **with** ~ **to** с пóльзой для (+ *gen*); (*financial*) при́быль *f*; **at a** ~ с при́былью **2.** *v* (*gain*) получáть пóльзу, при́быль; (*take advantage of*) пóльзоваться (**by,** + *instr*); (*bring benefit*) приноси́ть пóльзу (+ *dat*)
profitable (*advantageous*) полéзный; (*lucrative*) при́быльный, вы́годный; (*of business*) рентáбельный
profitability при́быльность *f*, рентáбельность *f*
profiteer 1. *n* спекуля́нт **2.** *v* спекули́ровать
profiteering спекуля́ция
profitless (*pointless*) бесполéзный; (*not profitable*) невы́годный
profligacy (*immorality*) распу́тство; (*extravagance*) расточи́тельность *f*
profligate 1. *n* распу́тник; расточи́тель *m* **2.** *adj* распу́тный; расточи́тельный
profound (*deep, intense*) глубóкий; (*absolute*) пóлный, абсолю́тный
profundity глубинá
profuse (*lavish*) щéдрый; (*excessive*) чрезмéрный; (*abundant*) оби́льный
profusion (*abundance*) изоби́лие; (*extravagance*) чрезмéрность *f*
progenitor прароди́тель *m*
progeny (*children*) дéти *pl*; (*descendants*) потóмство
prognosis прогнóз
prognostic 1. *n* (*omen*) предзнаменовáние, предвéстник; (*warning*) предсказáние **2.** *adj* предвещáющий
prognosticate (*foretell*) предскáзывать; (*be sign of*) предвещáть
prognostication (*forecast*) предсказáние; (*omen*) предзнаменовáние
programme 1. *n* (*most senses*) прогрáмма; (*plan*) план **2.** *v* составля́ть прогрáмму, план; *tech* программи́ровать
programmed *comput* программи́руемый
programmer *comput* программи́ст
programming *comput* программи́рование
progress 1. *n* (*advancement*) прогрéсс; **make** ~ дéлать успéхи (**in,** в + *prep*); (*movement forward*) продвижéние; (*improvement*) улучшéние; (*development*) разви́тие; (*natural course*) ход; **be in** ~ идти́; **work in** ~ теку́щая рабóта **2.** *v* (*advance*) продвигáться, идти́ вперёд; (*develop*) развивáться; (*improve*) улучшáться; (*in knowledge etc*) дéлать успéхи
progressive *polit, econ, med* прогресси́вный; (*by stages*) постепéнный; (*advancing*) поступáтельный
prohibit (*forbid*) запрещáть, воспрещáть (**from,** + *infin*); (*prevent*) препя́тствовать (+ *dat*)
prohibition запрещéние; (*law against alcohol*) сухóй закóн
prohibitive запрети́тельный; ~ **price** недосту́пная ценá
project 1. *n* (*plan*) проéкт, план; (*building etc*) объéкт **2.** *v* (*plan*) проекти́ровать, плани́ровать; (*stick out*) выступáть, торчáть; (*cast*) выпускáть; (*light, shadow*) бросáть; *cine* проеци́ровать; (*transfer*) переноси́ть (**into,** в + *acc*); *math* проекти́ровать
projectile снаря́д

projection (*planning*) проекти́рование; (*part sticking out*) вы́ступ; *opt, math* прое́кция
projectionist киномеха́ник
projective проекти́вный
projector (*schemer*) прожектёр; *cine* (кино)прое́ктор; **slide** ~ диаско́п
prolapse *med* выпаде́ние, прола́пс
proletarian 1. *n* пролета́рий, *f* пролета́рка **2.** *adj* пролета́рский
proletariat(e) пролетариа́т
proliferate (*multiply*) размножа́ться; (*spread*) распространя́ться; *biol* пролифери́ровать
proliferation (*spread*) распростране́ние; (*growth*) рост; *biol* пролифера́ция
prolific (*fertile*) плодови́тый (*also fig*); (*abundant*) оби́льный; (*rich in*) изоби́лующий (**in,** + *instr*)
prolix многосло́вный
prolixity многосло́вие
prologue проло́г
prolong (*make longer*) продлева́ть; (*continue*) продолжа́ть; *leg* пролонги́ровать
prolongation продле́ние; *leg* пролонга́ция
prolonged (*lengthy*) дли́тельный; (*long-lasting*) продолжи́тельный
promenade 1. *n* (*walk*) прогу́лка; (*place for walk*) промена́д; ~ **deck** ве́рхняя па́луба **2.** *v* гуля́ть, прогу́ливаться
prominence (*importance*) ва́жность *f*; (*conspicuousness*) очеви́дность *f*; **give ~ to** выделя́ть; (*projection*) вы́ступ; (*of terrain*) возвыше́ние; *astr* протубера́нец
prominent (*important*) ва́жный; (*foremost*) ви́дный, выдаю́щийся; (*well-known*) изве́стный; (*conspicuous*) ви́дный, заме́тный; (*projecting*) выступа́ющий
promiscuity (*mixture*) сме́шанность *f*; (*lack of discrimination*) неразбо́рчивость *f*; (*sexual*) промискуите́т
promiscuous сме́шанный; неразбо́рчивый; (*relations*) беспоря́дочный
promise 1. *n* (*undertaking*) обеща́ние (**of,** + *gen*; **that, to,** + *infin*); **carry out, break a** ~ выполня́ть, не выполня́ть обеща́ние; **give a** ~ дава́ть обеща́ние, обеща́ть; **keep a** ~ сдержа́ть *pf* обеща́ние; (*hope*) наде́жда; **give ~ of** подава́ть наде́жды на (+ *acc*), обеща́ть; (*of great* ~) многообеща́ющий, подаю́щий наде́жды **2.** *v* (*undertake, give hope of*) обеща́ть (**that,** + *infin or* что + *ind*)
promised обе́щанный; **the Promised Land** земля́ обетова́нная
promising (*person*) многообеща́ющий, подаю́щий наде́жды; (*design, method etc*) перспекти́вный
promissory: ~ **note** долгово́е обяза́тельство
promontory мыс
promote (*at work*) продвига́ть, повыша́ть; (*in rank*) производи́ть (**to,** в + *nom pl*); (*assist, facilitate*) спосо́бствовать (+ *dat*); (*foster*) соде́йствовать (+ *dat*), поощря́ть; (*advertise*) реклами́ровать
promotion повыше́ние; произво́дство (**to,** в + *nom pl*); соде́йствие, поощре́ние
[1]**prompt 1.** *n* (*hint*) подска́зка; (*prompter*) суфлёр **2.** *v* (*remind*) напомина́ть; (*suggest*) подска́зывать; (*urge*) побужда́ть; (*inspire thought etc*) внуша́ть (+ *dat of person*); *theat* суфли́ровать
[2]**prompt 1.** *adj* (*immediate*) неме́дленный; (*quick*) бы́стрый **2.** *adv* (*exactly*) то́чно, ро́вно
prompt-box суфлёрская бу́дка
prompter *theat* суфлёр
promptitude (*speed*) быстрота́, неме́дленность *f*; (*readiness*) гото́вность *f*; (*haste*) поспе́шность *f*; (*in paying*) аккура́тность *f*
promulgate (*publish*) обнаро́довать; (*laws etc*) промульги́ровать; (*spread*) распространя́ть
promulgation обнаро́дование; промульга́ция; распростране́ние
prone 1. *adj* (*stretched out face down*) распростёртый, лежа́щий ничко́м/лицо́м вниз; (*inclined to*) скло́нный к (+ *dat*) **2.** *adv* ничко́м, лицо́м вниз
prong зубе́ц
pronominal местоиме́нный
pronoun местоиме́ние; **personal** ~ ли́чное местоиме́ние
pronounce (*articulate, deliver, utter*) произноси́ть; (*declare*) объявля́ть, заявля́ть; ~ **judgement** выноси́ть реше́ние; ~ **sentence** объявля́ть пригово́р; (*an opinion*) выска́зывать; ~ **on** выска́зывать мне́ние по по́воду (+ *gen*)
pronounced (*definite*) определённый; (*marked*) я́вный, заме́тный
pronouncement объявле́ние, заявле́ние
pronunciation произноше́ние
proof 1. *n* (*evidence*) доказа́тельство; **as, in ~ of** в доказа́тельство (+ *gen*); (*test*) испыта́ние, прове́рка; *print* корректу́ра; **galley ~s** гра́нки *f pl*; **press** ~ сигна́льный экземпля́р; ~ **in sheets** вёрстка; (*of engraving*) про́бный о́ттиск; (*of spirits*) кре́пость *f* **2.** *adj* ~ **against** (*impenetrable*) непробива́емый для (+ *gen*); (*impervious*) непроница́емый для (+ *gen*); *fig* **be ~ against** не поддава́ться (+ *dat*) **3.** *v* де́лать (водо)непроница́емым
proofreader корре́ктор
proofreading корректу́ра
prop 1. *n* (*support*) опо́ра (*also fig*); (*in mine etc*) сто́йка; **pit** ~ пропс **2.** *v* (*support*) подде́рживать, подпира́ть; ~ **against** опира́ть о (+ *acc*)
propaganda пропага́нда
propagandist 1. *n* пропаганди́ст **2.** *adj* пропаганди́стский
propagandize *vt* пропаганди́ровать; *vi* вести́ пропага́нду
propagate (*breed, of animals*) размножа́ть(ся); (*plant*) выра́щивать; (*disseminate*) распространя́ть; (*transmit*) передава́ть
propagation размноже́ние; распростране́ние; переда́ча
propane пропа́н
propel (*move forward*) продвига́ть вперёд; (*push forward*) толка́ть (вперёд) (*also fig*); (*be motive force*) приводи́ть в движе́ние
propellant 1. *n* то́пливо **2.** *adj* дви́жущий
propeller *av* пропе́ллер, (возду́шный) винт; *naut* (гребно́й) винт; ~**-driven** винтово́й
propensity (*tendency*) скло́нность *f* (**to, for,** к + *dat*); (*weakness*) пристра́стие (**to, for,** к + *dat*)
proper (*appropriate*) подходя́щий; (*required*) ну́жный; (*correct*) пра́вильный, надлежа́щий; (*real*) настоя́щий; (*decent*) прили́чный, присто́йный; (*prim*) чо́порный; (*in strict sense*) со́бственно, стро́го говоря́; ~ **to** (*belonging to*) сво́йственный (+ *dat*); (*one's own; also gramm*) со́бственный; *math* пра́вильный; ~ **noun** и́мя со́бственное
properly (*in right way*) как сле́дует, до́лжным о́бразом; (*strictly speaking*) со́бственно, стро́го говоря́; (*appropriately*) подоба́ющим о́бразом;

coll (*thoroughly*) здо́рово
propertied иму́щий
property (*ownership*) со́бственность *f*, (*possessions*) иму́щество; **private** ~ ча́стная со́бственность; **man of** ~ состоя́тельный челове́к; (*land*) уча́сток; (*estate*) име́ние; *theat* реквизи́т; ~ **man** реквизи́тор; (*attribute*) сво́йство
prophecy (*foretelling*) предсказа́ние, проро́чество; *rel* проро́чество
prophesy предска́зывать; *rel* проро́чествовать
prophet (*foreteller*) предсказа́тель *m*; *rel* проро́к; (*advocate*, *pioneer of*) пропове́дник (*of*, + *gen*)
prophetess проро́чица
prophetic(al) проро́ческий
prophylactic 1. *n* профилакти́ческое сре́дство **2.** *adj* профилакти́ческий
prophylaxis профила́ктика
propinquity бли́зость *f*; **in close** ~ ря́дом (**to,** с + *instr*)
propitiate (*mollify*) умилосе́рдить; (*pacify*; *appease*) умиротворя́ть
propitiation умиротворе́ние
propitiatory (*conciliatory*) примири́тельный; **as a** ~ **gesture** в знак примире́ния; (*atoning*) искупи́тельный
propitious благоприя́тный
propjet 1. *n* (*aircraft*, *engine*) турбовинтово́й самолёт, дви́гатель *m* **2.** *adj* турбовинтово́й
proponent сторо́нник
proportion 1. *n* (*quantity*) пропо́рция; (*part*) часть *f*; (*share*) до́ля; (*ratio*) соотноше́ние; (*balance*, *symmetry*) пропорциона́льность *f*; (*commensurateness*) соразме́рность *f*; **in** ~ пропорциона́льно; **in** ~ **to** соразме́рно с (+ *instr*); (*corresponding*) соотве́тственно (+ *dat*); (*by comparison*) по сравне́нию с (+ *instr*); **out of** ~ (*not in* ~) непропорциона́льный; (*incommensurate*) несоразме́рный (**to, with,** + *dat or* с + *instr*); *usu pl* (*size*) разме́ры *m pl* **2.** *v* (*make proportional*) соразмеря́ть (**to,** с + *instr*); (*share*) разделя́ть
proportional пропорциона́льный
proportionality пропорциона́льность *f*, соразме́рность *f*
proportionate пропорцио́нальный, соразме́рный (**to,** + *dat*)
proportioned (*designed*) рассчи́танный (**for,** на + *acc*); (*divided*) разделённый; **large** *etc* ~ больши́х разме́ров
proposal предложе́ние (**of,** о + *pr*)
propose (*suggest*) предлага́ть; (*marriage*) де́лать предложе́ние (о бра́ке) (**to,** + *dat*); ~ **a toast** предлага́ть тост; (*as candidate*) выдвига́ть кандидату́ру (+ *gen*); (*intend*) предполага́ть
proposition (*proposal*) предложе́ние; (*assertion*) утвержде́ние; *math* теоре́ма; *log* сужде́ние; *coll* (*matter*, *affair*) де́ло
propound (**set forth**) излага́ть; (*propose*) предлага́ть
proprietary (*private*) ча́стный; (*possessive*) со́бственнический; (*patent*) патенто́ванный; (*of one firm*) фи́рменный
proprietor (*owner*) владе́лец, со́бственник; (*of shop etc*) хозя́ин
proprietress владе́лица, со́бственница; хозя́йка
propriety (*appropriateness*) уме́стность *f*; (*correctness*) пра́вильность *f*; (*decency*) прили́чие; **the proprieties** прили́чия *neut pl*
props *theat*, *coll* (*things*) реквизи́ты *m pl*; (*person*) реквизи́тор
propulsion (*moving forward*) движе́ние (вперёд); (*motive force*) дви́жущая си́ла, тя́га; ~ **unit** (*engine*) дви́гатель *m*, силова́я устано́вка
propulsive дви́жущий
propylene пропиле́н
pro rata 1. *adj* пропорциона́льный **2.** *adv* пропорциона́льно
prorogue назнача́ть переры́в (в рабо́те парла́мента)
prosaic (*of*, *for*, *prose*) прозаи́ческий; (*unimaginative*) прозаи́чный, прозаи́ческий
proscenium *hist* проске́ниум; *theat* просце́ниум, авансце́на
proscribe (*forbid*) запреща́ть; (*banish*) изгоня́ть; (*outlaw*) объявля́ть вне зако́на; (*exclude*) исключа́ть
proscription запре́т; объявле́ние вне зако́на; исключе́ние
proscriptive запрети́тельный
prose 1. *n* про́за **2.** *adj* прозаи́ческий
prosecute (*bring action against*) возбуди́ть *pf* иск про́тив (+ *gen*); (*for crime*) пресле́довать в уголо́вном поря́дке; (*conduct prosecution*) вести́ обвине́ние; (*conduct*) вести́; (*further*, *pursue*) пресле́довать
prosecution (*legal action*) суде́бное пресле́дование; (*accusing party*) обвине́ние; (*conduct*) веде́ние; (*pursuance*) пресле́дование
prosecutor обвини́тель *m*; **public** ~ прокуро́р
proselyte прозели́т
proselytize обраща́ть в свою́ ве́ру
prose-writer проза́ик
prosiness (*dullness*) прозаи́чность *f*; (*wordiness*) многосло́вность *f*, многоречи́вость *f*
prosodic просоди́ческий
prosody просо́дия
prospect 1. *n* (*future outlook*) перспекти́ва *usu pl* (**for,** на + *acc*); **in** ~ в виду́; (*hope*, *expectation*) перспекти́ва, наде́жда; **have no** ~**s** не име́ть никаки́х перспекти́в; (*view*) вид (**of,** на + *acc*); *coll* (*possible customer etc*) возмо́жный покупа́тель *m etc* **2.** *v* (*an area*) иссле́довать; (*look for*) иска́ть (**for,** + *acc*)
prospecting по́иски *m pl*, разве́дка (**for,** + *gen*)
prospective (*future*) бу́дущий; (*possible*) возмо́жный; (*expected*) ожида́емый; (*probable*) вероя́тный
prospector разве́дчик; **gold** ~ стара́тель *m*
prospectus проспе́кт
prosper (*succeed*) преуспева́ть; (*flourish*) процвета́ть, (*get rich*) нажива́ться; (*favour*) благоприя́тствовать (+ *dat*)
prosperity (*flourishing*) процвета́ние; (*well-being*) благосостоя́ние, благополу́чие; (*wealth*) бога́тство
prosperous процвета́ющий; преуспева́ющий; (*successful*) уда́чный; (*wealthy, of persons*) зажи́точный, состоя́тельный; (*of country*) бога́тый
prostate проста́та
prosthesis *med* проте́з; *ling* проте́за
prosthetic *med* проте́зный; *ling* протети́ческий
prostitute 1. *n* проститу́тка **2.** *v* проституи́ровать
prostitution проститу́ция (*also fig*)
prostrate 1. *adj* (*lying*) распростёртый, лежа́щий ничко́м; (*exhausted*) изможде́нный (**with,** от + *gen*), в прострáции; (*overcome*) пода́вленный (+ *instr*); (*crushed*, *defeated*) разгро́мленный **2.** *v* (*cast down*) опроки́дывать; ~ **oneself** па́дать

ниц; (*grovel*) унижа́ться (**before,** пе́ред + *instr*); (*with grief*) подавля́ть; (*exhaust*) истоща́ть; (*defeat utterly*) разгроми́ть *pf*

prostration (*exhaustion*) изнеможе́ние, простра́ция

prosy (*dull*) прозаи́чный; (*long-winded*) многосло́вный, многоречи́вый

protagonist (*in play etc*) гла́вный геро́й, протагони́ст; (*champion*) побо́рник; (*of theory etc*) сторо́нник

protasis про́тазис

protect (*all senses*) защища́ть (**from, against,** от + *gen*); (*guard*) охраня́ть; (*take measures to preserve*) предохраня́ть

protection (*most senses*) защи́та (**from, against** от + *gen*); **under the ~ of** под защи́той (+ *gen*); охра́на, охране́ние; *econ* протекциони́зм; (*patronage*) покрови́тельство

protectionism протекциони́зм

protectionist 1. *n* протекциони́ст **2.** *adj* протекциони́стский

protective (*giving protection*) защи́тный; (*precautionary*) предохрани́тельный

protector (*person*) защи́тник; (*patron*) покрови́тель *m*; (*device*) предохрани́тельное устро́йство

protectorate протектора́т

protegé, protégée протеже́ *m* and *f indecl*

protein 1. *n* протеи́н, бело́к **2.** *adj* протеи́новый, белко́вый

protest 1. *n* проте́ст (**against,** про́тив + *gen*); **make a ~** заявля́ть проте́ст; **under ~** про́тив во́ли, с проте́стом; **in ~** в знак проте́ста **2.** *v* протестова́ть (**against,** про́тив + *gen*), возража́ть (**against,** про́тив + *gen*); (*affirm*) утвержда́ть

Protestant 1. *n* протеста́нт **2.** *adj* протеста́нтский

Protestantism протеста́нтство, протестанти́зм

protestation утвержде́ние

protocol протоко́л

proton 1. *n* прото́н **2.** *adj* прото́нный

protoplasm протопла́зма

protoplasmic протоплазмати́ческий, протопла́зменный

prototype 1. *n* прототи́п, о́пытный образе́ц **2.** *adj* о́пытный (*or use* прототи́п + *gen*)

Protozoa протозо́а *pl indecl*

protract (*prolong*) продлева́ть; (*delay*) затя́гивать; **~ed** дли́тельный, затяну́вшийся

protractor *math* транспорти́р; *anat* протра́ктор

protrude (*thrust out*) высо́вывать(ся); (*project*) торча́ть

protruding торча́щий; вы́сунутый; **~ eyes** глаза́ навы́кате, вы́пуклые глаза́

protrusion вы́ступ

protuberance (*swelling*) вы́пуклость *f*; (*projection*; *lump*) вы́ступ; *med* о́пухоль *f*; *astron* протубера́нец

protuberant вы́пуклый

proud (*having, showing pride*) го́рдый (**of,** + *instr*); **be ~ of** горди́ться (+ *instr*); (*haughty*) надме́нный; (*arrogant, conceited*) спеси́вый; (*very pleased with*) о́чень дово́льный (**of,** + *instr*); **I shall be ~ to** я бу́ду рад (+ *infin*); (*happy*) ра́достный, счастли́вый; (*magnificent*) великоле́пный

prove (*show to be true*) дока́зывать (**that,** что + *ind*; **to,** + *dat*); (*test*) испы́тывать; (*turn out*) ока́зываться (+ *instr*); *math* проверя́ть

provable доказу́емый

proven дока́занный, устано́вленный

provenance происхожде́ние

Provençal 1. *n* (*person*) прованса́лец; (*language*) прованса́льский язы́к **2.** *adj* прованса́льский

provender фура́ж

proverb посло́вица

proverbial (*become proverb, byword*) воше́дший в посло́вицу; (*famous*) знамени́тый; (*notorious*) пресловýтый

provide (*give*) дава́ть, предоставля́ть (+ *dat*; **with,** + *acc*); (*supply, furnish*) снабжа́ть (**with,** + *instr*); (*make provision for; be source of*) обеспе́чивать; *comm* (*supply*) поставля́ть; **~ against** принима́ть ме́ры про́тив (+ *gen*); **~ for** (*look after*) обеспе́чивать; (*envisage*) предусма́тривать; (*stipulate*) обусло́вливать

provided предоста́вленный; снабжённый; обеспе́ченный; поста́вленный; предусмо́тренный; (*ready*) гото́вый (**for,** к + *dat*); **~ that** (*on condition*) при усло́вии, что; (*if only*) е́сли (то́лько) (+ *ind*)

providence (*foresight*) предусмотри́тельность *f*; *rel* **Providence** провиде́ние

provident (*foreseeing*) предусмотри́тельный; (*thrifty*) расчётливый, эконо́мный

providential (*preordained*) предопределённый; (*miraculous*) чуде́сный; (*fortunate*) счастли́вый

provider (*supply*) поставщи́к, снабже́нец

province о́бласть *f*, прови́нция; **the ~s** (*away from capital*) прови́нция; (*of learning etc*) о́бласть *f*

provincial 1. *n* провинциа́л, *f* провинциа́лка **2.** *adj* провинциа́льный

provincialism провинциа́льность *f*; (*of manner, speech*) провинциали́зм

provision 1. *n* (*see* **provide**) предоставле́ние; снабже́ние; обеспе́чение; поста́вка; (*condition*) усло́вие; (*of law, treaty*) постановле́ние; **make ~ for** (*foresee*) предусма́тривать; (*take measures*) принима́ть ме́ры про́тив (+ *gen*); (*stipulate*) обусло́вливать; *pl* (*food etc*) прови́зия, пищевы́е проду́кты *m pl* **2.** *v* снабжа́ть прови́зией

provisional (*temporary*) вре́менный; (*conditional*) усло́вный; (*preliminary*) предвари́тельный

proviso усло́вие, огово́рка

provocation (*incitement*) подстрека́тельство; (*stimulation*) побужде́ние (**to,** на + *acc*); (*reason*) по́вод; *polit, med* провока́ция; (*irritation*) раздраже́ние

provocative (*of behaviour etc*) вызыва́ющий; (*alluring*) соблазни́тельный; *polit, med, tech* провокацио́нный

provoke (*arouse*) вызыва́ть, возбужда́ть; (*anger*) раздража́ть; (*incite*) подстрека́ть; *polit, med, tech* провоци́ровать

provoking (*irritating*) раздража́ющий; **how ~!** как доса́дно!

provost (*of college*) ре́ктор; (*of town*) мэр; **~-marshal** нача́льник вое́нной поли́ции

prow нос

prowess (*valour*) до́блесть *f*, отва́га; (*skill*) мастерство́

prowl (*hunt around*) ры́скать (по + *dat*); (*roam*) броди́ть (по + *dat*); (*creep*) кра́сться

proximate (*nearest*) ближа́йший; **~ cause** непосре́дственная причи́на

proximity бли́зость *f*; **in the ~ of** поблизости от (+ *gen*)

proxy (*authority*) полномо́чие, дове́ренность *f*; **by ~** по дове́ренности; (*agent*) уполномо́ченный

prude (*affectedly modest woman*) жема́нница;

(*guardian of morals*) блюсти́тель *m* нра́вов
prudence (*sagacity*) благоразу́мие; (*foresight*) предусмотри́тельность *f*; (*care*) осторо́жность *f*
prudent (благо)разу́мный; предусмотри́тельный; осторо́жный
prudery (*over-modesty*) изли́шняя стыдли́вость *f*; (*sanctimoniousness*) ха́нжество́
prudish изли́шне стыдли́вый; ха́нжеский
[1]**prune** (*dried plum*) чернosли́в
[2]**prune** (*trees etc*) подреза́ть; *fig* (*reduce*) уре́зывать
pruning-shears сека́тор, садо́вые но́жницы *f pl*
prurience, pruriency похотли́вость *f*
prurient похотли́вый
pruritus зуд
Prussian 1. *n* прусса́к, *f* прусса́чка **2.** *adj* пру́сский; ~ **blue** берли́нская лазу́рь *f*
prussic acid сини́льная кислота́
pry (*be inquisitive*) любопы́тствовать; ~ **into** (*peek into*) загля́дывать в (+ *acc*); (*interfere*) вме́шиваться в (+ *acc*), сова́ть нос в (+ *acc*); (*inquire into*) рассле́довать
~ **away** отрыва́ть
~ **off** срыва́ть
~ **open** вскрыва́ть
~ **up** поднима́ть при по́мощи рычага́
psalm псало́м
psalmist псалми́ст
psalmody псалмо́дия
psalter псалты́рь *f*
psaltery псалтерио́н
psephologist псефо́лог
psephology псефоло́гия
pseudo- псевдо-
pseudonym псевдони́м
pseudonymous напи́санный под псевдони́мом
psittacosis попуга́йная боле́знь *f*, пситтако́з
psyche (*soul*) душа́; (*mentality*) пси́хика; (*moth*) психе́я; *myth* **Psyche** Психе́я
psychedelic психедели́ческий
psychiatric психиатри́ческий
psychiatrist психиа́тр
psychiatry психиатри́я
psychic 1. *n* ме́диум **2.** *adj* психи́ческий
psychical психи́ческий
psycho *coll* псих, психопа́т
psychoanalyse подверга́ть психоана́лизу
psychoanalysis психоана́лиз
psychoanalyst психоанали́тик
psychoanalytic(al) психоаналити́ческий
psychological психологи́ческий
psychologist психо́лог
psychology (*science*) психоло́гия; (*mentality*) пси́хика
psychometrics психометри́я
psychoneurosis психоневро́з
psychoneurotic психоневроти́ческий
psychopath психопа́т, *f* психопа́тка
psychopathic психопати́ческий
psychopathology психопатоло́гия
psychosis психо́з
psychosomatic психосомати́ческий
psychotherapy психотерапи́я
psychotic психоти́ческий
ptarmigan куропа́тка
pterodactyl птерода́ктиль *m*
ptomaine птомаи́н, тру́пный яд; ~ **poisoning** отравле́ние колба́сным я́дом
pub пивна́я
puberty полова́я зре́лость *f*, возмужа́лость *f*
pubes *anat* лобко́вая о́бласть *f*; (*hair*) во́лосы *m pl* на лобке́
pubescence возмужа́лость *f*; *bot* пушо́к
pubescent половозре́лый; *bot* волоси́стый
pubic лобко́вый, ло́нный
pubis лобо́к
public 1. *n* пу́блика; **in** ~ публи́чно; **the general** ~, **the** ~ **at large** широ́кая пу́блика **2.** *adj* (*not private*) обще́ственный; ~ **figure** обще́ственный де́ятель *m*; ~ **opinion** обще́ственное мне́ние, обще́ственность *f*; **make** ~ опубликова́ть *pf*; (*open to, addressed to*) публи́чный; ~ **library** публи́чная библиоте́ка; (*national*) наро́дный; ~ **enemy** враг наро́да; ~ **holiday** наро́дный пра́здник; (*state*) госуда́рственный; ~ **school** (*in England*) ча́стная шко́ла; (*Scotland, USA*) госуда́рственная шко́ла; ~ **relations** связь *f* с пу́бликой; (*information*) информа́ция; (*propaganda*) пропага́нда; (*publicity*) рекла́ма; ~ **relations officer** сотру́дник отде́ла информа́ции
publican хозя́ин пивно́й
publication (*making public*) опубликова́ние; (*of book*) публика́ция; (*issue*) изда́ние; (*printed work*) публика́ция
public house пивна́я
publicist публици́ст
publicity (*being, making known*) гла́сность *f*; **avoid** ~ избега́ть гла́сности, огла́ски; **give** ~ **to** (*make known*) предава́ть (+ *acc*) гла́сности; (*advertise*) реклами́ровать; (*advertisement*) рекла́ма; (*disclosure, scandal*) огла́ска; (*fame*) изве́стность *f*, сла́ва
publicize (*make public*) предава́ть (+ *acc*) гла́сности, оглаша́ть; (*advertise*) реклами́ровать
publicly откры́то, публи́чно
public-spirited (*aware of civic duty*) созна́тельный; (*generous*) ще́дрый; (*charitable*) благотвори́тельный; (*neighbourly*) добрососе́дский
public-spiritedness обще́ственность *f*
publish (*make known*) оглаша́ть, публикова́ть; (*a book, journal*) издава́ть; (*an article, views etc*) опублико́вывать
publisher изда́тель *m*; (*firm*) изда́тельство
publishing 1. *n* книгоизда́тельство **2.** *adj* изда́тельский
puce краснова́то-кори́чневый
puck *sp* ша́йба
pucker морщи́ть(ся)
puckish прока́зливый
pudding пу́динг; *coll* (*any sweet course*) сла́дкое
puddle 1. *n* лу́жа **2.** *v* (*make watertight*) обкла́дывать гли́ной; (*tamp down*) трамбова́ть; *metal* пудлингова́ть
puddling *metal* пудлингова́ние
pudenda половы́е о́рганы *m pl*
pudgy пу́хлый
puerile (*childish*) де́тский; **don't be** ~! не будь ребёнком!; (*naïve*) наи́вный; (*foolish*) дура́цкий
puerperal роди́льный
puff 1. *n* (*waft*) дунове́ние; (*gust*) поры́в; (*of smoke etc*) клуб; (*exhalation*) вы́дох; *pl* (*sounds of engine etc*) пыхте́ние; **powder-**~ пухо́вка; (*on dress*) бу́фы *f pl*; *coll* (*advertisement*) рекла́ма; (*reference*) похва́льная ссы́лка **2.** *v* (*pant, also of engine etc*) пыхте́ть; (*blow in gusts*) дуть поры́вами; (*emit*) пуска́ть клу́бы (ды́ма *etc*); (*at a pipe etc*) попы́хивать (**at,** + *instr*); *coll* (*advertise*) реклами́ровать

~ **away** (*blow away*) относи́ть; (*pant*) пыхте́ть; (*smoke*) попы́хивать (**at,** + *instr*); (*of train*) отходи́ть пыхтя́
~ **out** (*emit*) пуска́ть; (*extinguish*) задува́ть; (*distend*) надува́ть; ~ **out one's chest** выпя́чивать грудь; **be ~ed out** запыха́ться, задыха́ться
~ **up** (*swell*) раздува́ть(ся); (*of wound*) распуха́ть, вздува́ться
puff-ball дождеви́к
puffed (*sleeves*) с бу́фами; ~ **out** запыха́вшийся; ~ **up** надýтый; **be ~ up** надува́ться, зазнава́ться
puffin ту́пик
puffiness одутлова́тость *f*, отёчность *f*
puff-pastry слоёное те́сто
puffy (*inflated*) надýтый; (*gusty*) поры́вистый; (*swollen*) одутлова́тый
pug (*dog*) мопс; (*clay*) мя́тая гли́на; **~-nosed** курно́сый
pugilist бокс
pugilism боксёр
pugnacious драчли́вый
pugnacity драчли́вость *f*
puke *coll* **1.** *n* рво́та **2.** *v* рвать *impers*; **he ~d** его́ вы́рвало
pukka *coll* настоя́щий
pulchritude красота́
pule хны́кать, скули́ть
pull (*traction, attraction*) тя́га (к + *dat*); (*tug*) дёрганье; **give a ~** (*tug*) дёрнуть *pf*; (*heave*) потяну́ть *pf* (**at,** за + *acc*); (*tension*) натяже́ние; (*handle*) ру́чка; (*drink*) глото́к; **take a ~** сде́лать *pf* глото́к; (*smoking*) затяну́ться *pf* (**at,** + *instr*); *print* про́бный о́ттиск; *coll* (*influence*) блат; (*long climb*) тру́дный подъём **2.** *v* (*draw*) тяну́ть; (*drag*) тащи́ть; (*tug*) дёргать (**by,** за + *acc*); (*curtains*) задёргивать; (*a tooth*) вы́тащить *pf*; (*a cork*) вы́дернуть *pf*; (*row*) грести́; (*attract*) привлека́ть; *in expressions*: ~ **a fast one on** наду́ть *pf*; ~ **a long face** сде́лать *pf* ско́рбный вид; ~ **faces** стро́ить ро́жи, де́лать грима́сы; ~ **one's weight** выполня́ть свою́ до́лю рабо́ты; ~ **no punches** (*be blunt*) говори́ть без обиняко́в; (*not spare*) не щади́ть; ~ **s.o.'s leg** подшу́чивать над (+ *instr*); ~ **strings** нажима́ть на кно́пки; ~ **to pieces** разрыва́ть на куски́; *fig* раскритикова́ть *pf*
~ **about** теребить
~ **apart** разрыва́ть на куски́
~ **aside** отта́скивать в сто́рону
~ **at** (*bottle*) тяну́ть из (+ *gen*); (*pipe*) затяну́ться (+ *instr*); (*tug*) дёрнуть за (+ *acc*)
~ **away** отрыва́ть(ся) (**from,** от + *gen*); (*move off*) отходи́ть
~ **back** (*drag back, withdraw*) оття́гивать; (~ *toward oneself*) тяну́ть к себе́; (*delay*) заде́рживать; (*step back, retreat*) отступа́ть
~ **down** (*blinds, trousers*) спуска́ть; (*building*) сноси́ть; (*tear down*) срыва́ть; (*weaken*) ослабля́ть
~ **in** (*draw in*) втя́гивать; (*drag in*) вта́скивать; (*arrive*) приходи́ть; (*to side of road*) подъезжа́ть к кра́ю доро́ги; (*stop*) остана́вливаться; *coll* (*arrest*) забира́ть; (*attract*) привлека́ть; (*money*) нажива́ть
~ **off** (*clothes etc*) снима́ть, ста́скивать; (*tear off*) срыва́ть; *coll* (*achieve*) соверши́ть *pf*
~ **on** натя́гивать
~ **out** выта́скивать (**from,** из + *gen*); (*tooth*) выдёргивать; (*of train*) отходи́ть; (*of car*) отъезжа́ть от тротуа́ра; (*get out of*) вы́йти из (+ *gen*); *av* вы́йти *pf* из пики́рования
~ **over** натя́гивать на (+ *acc*)
~ **round** (*after illness*) *vi* поправля́ться, *vt* выле́чивать
~ **through** (*survive*) уцеле́ть *pf*; (*manage*) справля́ться; (*stick it out*) выжива́ть; (*save*) спаса́ть; *see also* ~ **round**
~ **together** (*tighten, bring closer*) стя́гивать; *fig* сотру́дничать; ~ **oneself together** взять *pf* себя́ в ру́ки, подтяну́ться *pf*
~ **up** (*lift*) поднима́ть; (*haul up to*) подтя́гивать (к + *dat*), подта́скивать (к + *dat*); (*stop*) остана́вливать(ся); (*plants*) вырыва́ть (с ко́рнем)
puller *tech* съёмник
pullet моло́дка, ку́рица
pulley шкив
pull-in доро́жная заку́сочная
pull-out выдвижно́й
pullover пуло́вер
pullulate (*teem*) кише́ть; (*multiply*) размножа́ться; *bot* почкова́ться
pulmonary лёгочный
pulp 1. *n* (*soft mass*) каши́ца; *tech, med* пу́льпа; **paper ~** бума́жная ма́сса; (*soft part of fruit*) мя́коть *f*; **beet ~** свеклови́чный жом; **fruit ~** фрукто́вая пу́льпа **2.** *v* превраща́ть(ся) в каши́цу, пу́льпу, мя́гкую ма́ссу
pulper пу́льпер
pulpit ка́федра, амво́н
pulpy (*soft*) мя́гкий; (*juicy*) со́чный
pulsar пульса́р
pulsate пульси́ровать
pulsation пульса́ция
[1]**pulse 1.** *n med* пульс; **feel a ~** щу́пать пульс; (*throb*) пульса́ция; (*rhythm*) ритм; *tech* (*impulse*) и́мпульс; ~ **jet** пульси́рующий возду́шно-реакти́вный дви́гатель *m*; **~-rate** частота́ пу́льса **2.** *v* пульси́ровать
[2]**pulse** (*beans etc*) бобо́вое расте́ние; *pl* бобо́вые
pulverization превраще́ние в порошо́к; *tech* пульвериза́ция, размо́л
pulverize (*powder*) превраща́ть(ся) в порошо́к; (*spray*) распыля́ть(ся); (*destroy*) уничтожа́ть
pulverizer (*spray*) пульвериза́тор; (*crusher*) дроби́лка; (*for food*) измельчи́тель *m*, ме́льница
puma пу́ма, кугуа́р
pumice пе́мза
pummel колоти́ть, бить (кулака́ми)
pump 1. *n* насо́с; **petrol ~** бензоколо́нка **2.** *v* (*liquid, gas*) кача́ть, нака́чивать; (*from one place to another*) перека́чивать (**from,** из + *gen*; **into,** в + *acc*); (*pulsate*) пульси́ровать; (*interrogate*) допра́шивать, выспра́шивать
~ **in** нака́чивать в (+ *acc*)
~ **off, away** отка́чивать
~ **out** выка́чивать (из + *gen*)
~ **up** нака́чивать
pumpkin ты́ква
pun 1. *n* каламбу́р, игра́ слов **2.** *v* каламбу́рить
[1]**punch 1.** *n* (*for tickets etc*) компо́стер; (*for driving holes*) пробо́йник; **centre ~** ке́рнер; **nail ~** бородо́к, пробо́йник; (*stamp*) штамп; *print* пуансо́н **2.** *v* компости́ровать; штампова́ть; керни́ть; ~ **a hole** пробива́ть отве́рстие
[2]**punch 1.** *n* (*blow*) уда́р кулако́м; *fig* си́ла, эне́ргия **2.** *v* ударя́ть кулако́м
[3]**punch** (*drink*) пунш
punch-ball пенчингбо́л, гру́ша
punch-bowl ча́ша для пу́нша

punched *tech* перфори́рованный; ~ **card** перфока́рта; ~ **tape** перфоле́нта
puncheon (*post*) подпо́рка; (*punch*) пуансо́н; (*cask*) бо́чка
punch-line кульминацио́нный пункт
punch-up *coll* дра́ка
punchy си́льный, эффе́ктный
punctilio (*fine point*) то́нкость *f*; (*scrupulosity*) скрупулёзность *f*; (*etiquette*) этике́т
punctilious (*precise*) то́чный; (*scrupulous*) скрупулёзный; (*formal*) церемо́нный
punctual пунктуа́льный, то́чный
punctuality пунктуа́льность *f*, то́чность *f*
punctuate (*put in commas etc*) ста́вить зна́ки препина́ния; (*interrupt*) прерыва́ть; (*emphasize*) подчёркивать
punctuation пунктуа́ция
puncture 1. *n* проко́л; *med* пу́нкция **2.** *vt* прока́лывать; *vi* (*receive* ~) получи́ть *pf* проко́л, *coll* ло́пнуть *pf*
pundit (*Hindu*) учёный инду́с; (*expert*) экспе́рт, специали́ст
pungency е́дкость *f*; острота́
pungent (*sharp*) о́стрый; (*acrid*) е́дкий; *fig* о́стрый, е́дкий, ко́лкий
punish (*make suffer*, *penalize*) нака́зывать (**by,** + *instr*; **for,** за + *acc*); (*cause pain*, *damage*) бить
punishable наказу́емый
punishment наказа́ние
punitive кара́тельный
punk 1. *n* (*rotten wood*) гнилу́шка; (*fungus*, *touchwood*) трут; *coll* (*youth*, *style*) панк; *Am sl* дрянь *f*; (*fool*) дура́к; (*hooligan*) хулига́н **2.** *adj Am sl* дрянно́й
punnet корзи́ночка
punt 1. *n* плоскодо́нный я́лик **2.** *v* (*go in* ~) ката́ться на плоскодо́нном я́лике; (*propel* ~) отта́лкива́ть шесто́м; (*kick*) поддава́ть; (*at races*) ста́вить (де́ньги) на ло́шадь; (*at cards*) понти́ровать
puny (*small*) ма́ленький; (*weak*) сла́бый; (*frail*, *feeble*) тщеду́шный; (*paltry*) ничто́жный
pup (*dog*) щено́к; *fig*, *pej* щено́к, молокосо́с; (*seal*) тюленёнок
pupa ку́колка
pupate оку́кливаться
pupil (*person taught*; *disciple*) учени́к, *f* учени́ца; (*schoolchild*) шко́льник, *f* шко́льница; (*student*) уча́щийся; *anat* (*of eye*) зрачо́к
puppet ку́кла, марионе́тка; ~**-theatre** ку́кольный теа́тр; ~ **state** марионе́точное госуда́рство
puppy щено́к; ~ **fat** де́тская пу́хлость *f*; ~ **love** де́тская любо́вь *f*
purblind (*slightly blind*) подслеповáтый; (*short-sighted*; *also fig*) близору́кий; (*obtuse*) тупо́й
purchase 1. *n* (*buying*, *thing bought*) поку́пка; (*lifting tackle*) та́ли *f pl*; (*point of leverage*) то́чка опо́ры; (*leverage*) вы́игрыш; (*grip*) **get a** ~ **on** схвати́ться за (+ *acc*) **2.** *adj* (*buying*) покупно́й **3.** *v* (*buy*) покупа́ть; (*acquire*) приобрета́ть; (*lift*) поднима́ть
purchaser покупа́тель *m*
pure (*clean*; *unmixed*) чи́стый; (*uncorrupted*) непоро́чный, безупре́чный; (*chaste*, *virginal*) целому́дренный; (*honest*) че́стный; (*clear*, *of voice etc*) я́сный; (~ *bred*) чистокро́вный; (*sheer*) чисте́йший
pure-bred чистокро́вный
purée пюре́ *neut indecl*; (*soup*) суп-пюре́
purely (*simply*) про́сто, то́лько
purgation очище́ние
purgative 1. *n* слаби́тельное (сре́дство) **2.** *adj* (*cleansing*) очисти́тельный; (*laxative*) слаби́тельный
purgatory *rel* чисти́лище; *fig* муче́ние
purge 1. *n med* (*purgative*) слаби́тельное (сре́дство); *pol* чи́стка; (*cleansing*) очи́стка **2.** *v* (*cleanse*) очища́ть (**of,** от + *gen*); (*give laxative*) дава́ть (+ *dat*) слаби́тельное; *polit* (*party etc*) проводи́ть чи́стку (+ *gen*); (*expel*) выгоня́ть, вы́чистить *pf* (из + *gen*); (*expiate*) искупа́ть
purification очи́стка; *rel* **Purification** (*feast of*) сре́тение
purificatory очисти́тельный
purify очища́ть
purism пури́зм
purist 1. *n* пури́ст **2.** *adj* пуристи́ческий
Puritan 1. *n hist*, *fig* пурита́нин, *f* пурита́нка **2.** *adj* пурита́нский
puritanical пурита́нский
purity (*most senses*) чистота́; (*of gold*, *silver*) про́ба
purl 1. *n* (*stitch*) изна́ночная пе́тля **2.** *v* (*knit*) вяза́ть изна́ночными пе́тлями; (*ripple*) журча́ть
purler: come a ~ упа́сть *pf* вниз голово́й
purlieu (*of forest*) опу́шка; *pl* (*of town*) окре́стности *f pl*; (*slums*) трущо́бы *f pl*
purlin обреше́тина
purloin присва́ивать, прикарма́нивать
purple 1. *n* (*red-blue*) пу́рпур; (*deep red*) багря́нец **2.** *adj* пурпу́рный, пурпу́ровый; багря́ный; *fig* (*of style*, *writing*) напы́щенный **3.** *v* (*make* ~) окра́шивать в пурпу́ровый цвет; обагря́ть; (*become*) станови́ться пурпу́ровым; (*with rage etc*) багрове́ть
purport 1. *n* (*meaning*) значе́ние; (*essential sense*) суть *f*; (*purpose*) наме́рение **2.** *v* (*signify*) означа́ть; (*pass oneself off as*) выдава́ть себя́ за (+ *acc*); (*have claim to*) претендова́ть на (+ *acc*); **this letter ~s to be written by you** э́то письмо́ напи́сано я́кобы ва́ми
purportedly я́кобы
purpose 1. *n* (*aim*) цель *f*; (*intention*) наме́рение; **on** ~ наро́чно; **to the** ~ кста́ти, к де́лу; (*result*) результа́т, успе́х; **to no** ~ без успе́ха, напра́сно; **to such** ~, **that** с таки́м успе́хом, что; (*resolve*) целеустремлённость *f* **2.** *v* намерева́ться
purpose-built заказно́й, специа́льно изгото́вленный
purposeful (*decisive*) реши́тельный; (*significant*) значи́тельный
purposeless бесце́льный
purposely наро́чно
purr 1. *n* мурлы́канье **2.** *v* мурлы́кать
purse 1. *n* (*for money*) кошелёк; (*small handbag*) су́мочка; (*prize*) приз, пре́мия **2.** *v* ~ **one's lips** поджима́ть гу́бы
purser судово́й казначе́й
purse-strings: hold the ~ контроли́ровать расхо́ды
purslane портула́к
pursuance (*carrying out*) выполне́ние, исполне́ние; (*pursuit*) пресле́дование
pursue (*chase*; *strive after*) пресле́довать; (*seek*) иска́ть (+ *gen*); (*policy etc*) проводи́ть; (*continue*) продолжа́ть; (*engage in*) занима́ться (+ *instr*)
pursuer пресле́дователь *m*
pursuit (*chase*) пресле́дование, пого́ня; **in** ~ **of** в

погóне за (+ *acc*); (*search*) пóиски; **in ~ of** в пóисках (+ *gen*); (*occupation*) заня́тие; (*of aims etc*) преслéдование; (*carrying out*) выполнéние, исполнéние
purulent гнóйный
purvey поставля́ть
purveyance постáвка
purveyor поставщи́к
purview (*area of activity*) сфéра дéйствия; (*competence*) компетéнция
pus гной
push 1. *n* (*shove*) толчóк; **give s.o a ~** подтолкну́ть *pf*; (*pressure*) давлéние, напóр; (*on button, lever etc*) нажи́м; (*attempt*) попы́тка; *mil* (*advance*) наступлéние, бросóк; (*for bell etc*) кнóпка; (*energy*) энéргия; (*initiative*) предприи́мчивость *f*, инициати́ва; **he has a lot of ~** он óчень пробивнóй; *coll* **get the ~** вы́лететь *pf*; **give the ~** прогнáть *pf*; (*thrust, propel*) толкáть; (*jostle*, *~ each other*) толкáться; **don't ~!** не толкáйтесь!; **~ one's way** протáлкиваться (**through,** сквозь + *acc*); **~ in front** проти́снуться *pf* вперёд; **~ open** распáхивать; (*button etc*) нажимáть; (*urge on, make go faster*) подгоня́ть; (*exert influence*) окáзывать давлéние на (+ *acc*); (*further*) продвигáть; (*advertise*) реклами́ровать
~ along (*leave*) уходи́ть; (*travel briskly*) кати́ться
~ around передвигáть; *fig* комáндовать (+ *instr*)
~ aside, away оттáлкивать
~ back (*plate, chair, bolt etc*) отодвигáть; (*~ away*) оттáлкивать; (*a crowd*) оттесня́ть; (*an attack*) отбрáсывать, отбивáть
~ down (*fell*) вали́ть; (*shove downwards*) стáлкивать, толкáть вниз; (*button etc*) нажимáть
~ forward продвигáть(ся) вперёд
~ in (*knock into*) втáлкивать; (*knock hole in*) выбивáть; (*insert*) протáлкивать; (*interfere*) пролезáть
~ off (*from edge*) стáлкивать (с + *gen*); (*~ away; boat etc*) оттáлкивать(ся) (**from,** от, с + *gen*); *coll* (*go*) убирáться; **~ off!** кати́сь!, проваливáй!
~ on (*press*) нажимáть; (*advance*) продвигáться вперёд
~ out (*extend, protrude*) *vi* выступáть; *vt* высóвывать
~ over опроки́дывать
~ through протáлкивать(ся)
~ up (*lift*) поднимáть; (*~ upwards*) толкáть вверх; (*prices etc*) повышáть(ся)
push-bike велосипéд
push-button (нажи́мная) кнóпка
push-cart телéжка
push-chair складнáя коля́ска
pusher *tech* (*ejector*) выбрáсыватель *m*; (*engine*) толкáч; *coll* (*person*) пробивнóй человéк; *sl* (*of drugs*) гонéц
pushful (*energetic*) энерги́чный; (*bossy*) **be ~** люби́ть распоряжáться; (*go-getting*) пробивнóй
pushover (*s'th easy*) пустя́к; (*situation, person*) не проблéма; **he is a ~ for** он пáдок на (+ *acc*)
pushy *see* **pushful**
pusillanimity малоду́шие
pusillanimous малоду́шный, трусли́вый
puss *coll* (*cat*) кóшечка, ки́са; (*in call*) **puss-puss!** ки́с-ки́с!, кы́с-кы́с!
pussy(-cat) *coll* ки́ска
pussyfoot (*go warily*) крáсться по-кошáчьи; (*be careful*) осторóжничать; (*prevaricate*) виля́ть
pussy-willow и́ва, вéрба; *bot* и́ва–шелю́га крáсная
pustule прыщ, гнойничóк, пу́стула
[1]**put** (*things that lie*) класть (**in, on** в, на + *acc*); (*things that stand*) стáвить (**in, on,** в, на + *acc*); (*find place for*) помещáть; (*arrange*) располагáть; (*express*) выражáть; (*direct*) направля́ть; (*apply*) приклáдывать (**to,** к + *dat*); (*propose*) предлагáть; (*in various expressions*) **~ to use** испóльзовать; **~ right** исправля́ть; **~ in mind of** напоминáть; **~ wise** откры́ть глазá (**to,** на + *acc*); **~ paid to** положи́ть *pf* конéц (+ *dat*)
~ about (*spread*) распространя́ть; *naut* лечь на другóй галс
~ across (*express*) выражáть; (*convey*) передавáть (**to,** + *dat*); *coll* **~ it across** (*outwit*) провести́ *pf*
~ aside (*move away*) отклáдывать в стóрону; (*save*) отклáдывать (**for,** на + *acc*)
~ away (*tidy up*) убирáть; (*save*) отклáдывать (**for,** на + *acc*); (*ideas, hopes etc*) отказáться *pf* от (+ *gen*); (*hide*) пря́тать; *coll* (*in prison, asylum*) упря́тать (**in,** в + *acc*); *coll* (*eat, drink*) уничтожáть, уминáть, *sl* (*kill*) прикóнчить *pf*
~ back (*return*) возвращáть; (*~ in place*) класть на мéсто; (*clock*) перевести́ *pf* часы́ назáд; (*retard*) отклáдывать
~ by (*save*) отклáдывать, копи́ть
~ down (*on ground etc*) класть, опускáть, стáвить; (*revolt etc*) подавля́ть; (*write*) запи́сывать (**in,** в + *acc*); (*include*) вноси́ть, включáть (**in,** в + *acc*); (*knock down*) сбивáть; (*kill*) усыпи́ть *pf*; (*ascribe to*) припи́сывать (**to,** к + *dat*); (*passengers*) высáживать
~ forward (*extend*) протя́гивать; (*propose*) предлагáть; (*clock*) переставля́ть вперёд
~ in (*place in*) класть, стáвить в (+ *acc*); (*insert*) вставля́ть; (*add*) добавля́ть; (*do*) дéлать; (*submit*) подавáть; *naut* заходи́ть (**at,** в + *acc*); **~ in for** подавáть на (+ *acc*)
~ off (*postpone*) отклáдывать; (*get rid of*) отдéлываться от (+ *gen*); (*discourage*) отговáривать (**from,** от + *gen*); (*disgust*) оттáлкивать; (*deter*) отпу́гивать (от + *gen*); (*hinder*) мешáть (+ *dat*); (*distract*) отвлекáть (от + *gen*); (*passengers*) высáживать; (*clothes*) сбрáсывать; *naut* отчáливать (**from,** от + *gen*); (*switch off*) выключáть
~ on (*place on*) класть, стáвить на (+ *acc*); (*switch on*) включáть; (*garment*) надевáть; (*dress in*) одевáться в (+ *acc*); (*pretend*) дéлать вид; (*assume*) принимáть; (*add*) прибавля́ть; (*arrange, make*) устрáивать; (*records, plays etc*) стáвить; **~ on airs** вáжничать, зазнавáться
~ out (*stick out*) вытя́гивать; **~ out one's tongue** покáзывать язы́к; (*extend hand etc*) протя́гивать; (*display*) выставля́ть; (*light etc*) гаси́ть, туши́ть; (*dislocate*) вы́вихнуть *pf*; (*inconvenience*) расстрáивать; (*disturb, upset*) беспокóить; (*disconcert*) смущáть; (*spread rumour*) пускáть слу́хи; (*publish*) выпускáть, издавáть; (*~ outside*) выноси́ть; **~ out of action** вывéсти *pf* из стрóя
~ over (*communicate*) убеди́тельно сообщáть
~ through (*insert*) засóвывать (в + *acc*); (*of thread, wire etc*) продевáть (в + *acc*); (*subject to*) подвергáть (+ *dat*); (*on telephone*) соединя́ть (**to,** с + *instr*)

~ **to** (*propose*) предлагáть (+ *dat*); (*set to*) застáвить *pf* приня́ться за (+ *acc*); (*subject to*) подвергáть (+ *dat*); (*cause*) причиня́ть; ~ **to bed** уклáдывать спать; ~ **to death** (*kill*) уби́ть; (*execute*) казни́ть; ~ **to shame** позóрить; ~ **to work** засади́ть *pf* за рабóтой

~ **together** (*join*) соединя́ть; (*bring together*) своди́ть; (*make*) стрóить, дéлать; (*assemble*) собирáть; (*compile*) составля́ть; (*concoct*) состря́пать

~ **up** (*hoist*) поднимáть; (*build*) стрóить; (*prices etc*) повышáть; (*notice*) вывéшивать; (*for sale*) продавáть; (*propose*) выдвигáть; (*accommodate*; *arrange*) устрáивать (нá ночь); (*stay*) останáвливаться; ~ **up with** терпéть; ~ **s.o up to** подбивáть на (+ *acc*)

~ **upon** (*deceive*) обмáнывать; (*exploit*) злоупотребля́ть добродýшием (+ *gen*)

[2]**put, putt** *sp* **1.** *n* толчóк **2.** *v* толкáть

putative мни́мый, предполагáемый

put-on (*hoax*) мистификáция; (*deception*) очковтирáтельство

putrefaction разложéние, гниéние

putrefactive гни́лостный

putrefy гнить, разлагáться

putrescence (*process*) гниéние, разложéние; (*matter*) гниль *f*

putrid (*rotten*) гнилóй; (*stinking*) воню́чий; (*of food*) испóрченный; (*very nasty*) гнýсный

putridity гни́лость *f*

putsch путч

puttee обмóтка (для ног), портя́нка

putty 1. *n* замáзка **2.** *v* замáзывать замáзкой

put-up: ~ **job** подстрóенное дéло

put-upon многострадáльный

puzzle 1. *n* (*mystery*, *riddle*) загáдка; (*toy*, *game*) головолóмка; **crossword** ~ кроссвóрд; (*problem*) проблéма, задáча **2.** *v* (*perplex*) приводи́ть в недоумéние; (*confuse*) смущáть; (*make think*) озадáчивать; (*rack one's brains*) ломáть гóлову (**over,** над + *instr*); ~ **out** разгáдывать

puzzled озадáченный

puzzlement недоумéние, озадáченность *f*

puzzler (*problem*) проблéма

puzzling озадáчивающий; (*strange*) стрáнный; (*mysterious*) загáдочный

pyelitis пиели́т

pygmy 1. *n* пигмéй **2.** *adj* (*of* ~) пигмéйский; (*small*) кáрликовый

pyjamas пижáма

pylon пилóн

pyorrhoea пиорéя

pyramid (*all senses*) пирами́да

pyramidal (*of shape*) пирамидáльный; *med* пирами́дный

pyre костёр

Pyrenean пиренéйский

Pyrenees Пиренéи *f pl*

pyrethrum пирéтрум

pyretic 1. *n* срéдство прóтив лихорáдки **2.** *adj* лихорáдочный

pyrexia лихорáдка

pyrite пири́т

pyrolysis пирóлиз

pyrolytic пироли́тический

pyromania пиромáния

pyrometer пирóметр

pyrotechnic пиротехни́ческий

pyrotechnics пиротéхника

Pyrrhic: ~ **victory** пи́ррова побéда

Pythagorean 1. *n* пифагорéец **2.** *adj* пифагорéйский; ~ **theorem** пифагóрова теорéма

python питóн

pyx *eccles* дарохрани́тельница

Q

qua в ка́честве (+ *gen*), как

[1]**quack 1.** *n* (*duck's*) кря́канье; **give a ~** кря́кнуть *pf* **2.** *v* кря́кать

[2]**quack 1.** *n* (*charlatan*) шарлата́н **2.** *adj* шарлата́нский

quackery шарлата́нство

quad (*see* **quadrangle, quadruplet**); *sl* (*prison*) тюрьма́, *sl* тюря́га

quadragenarian 1. *n* сорокале́тний челове́к **2.** *adj* сорокале́тний

quadrangle *geom* четырёхуго́льник; (*courtyard*) двор

quadrangular четырёхуго́льный

quadrant квадра́нт

quadraphonic квадрофони́ческий

quadrate 1. *n* квадра́т **2.** *adj* квадра́тный **3.** *v* квадри́ровать

quadratic квадра́тный; **~ equation** квадра́тное уравне́ние

quadrature квадрату́ра

quadrenniel (*of, lasting 4 years*) четырёхле́тний; (*happening every 4 years*) происходя́щий раз в четы́ре го́да

quadrilateral 1. *n* четырёхсторо́нник, четырёхуго́льник **2.** *adj* четырёхсторо́нний

quadrille (*dance, game*) кадри́ль *f*

quadrillion *British* сентильо́н; *Am* квадрильо́н

quadripartite (*in 4 parts*) состоя́щий из четырёх часте́й; (*with 4 participants*) четырёхсторо́нний

quadripole четырёхпо́люсник

quadrivalent четырёхвале́нтный

quadrivium квадри́виум

quadroon квартеро́н

quadruped 1. *n* четвероно́гое (живо́тное) **2.** *adj* четвероно́гий

quadruple 1. *n* (*group of 4*) четвёрка; (*multiple*) **the ~ of x** x умно́женное на четы́ре **2.** *adj* (*in 4 parts*) четверно́й; (*4-fold*) четырёхкра́тный **3.** *v* увели́чивать(ся) в четы́ре ра́за; *math* учетверя́ть

quadruplet оди́н из четырёх близнецо́в; *pl* четверня́

quadruplex четырёхкра́тный

quadruplicate 1. *n* **in ~** в четырёх экземпля́рах **2.** *adj* четырёхкра́тный **3.** *v* (*multiply by 4*) учетверя́ть; (*make 4 copies*) де́лать четы́ре экземпля́ра (+ *gen*)

quaff (*drink*) пить; (*drink at one go*) пить за́лпом

quag(mire) боло́то

quaggy болоти́стый

[1]**quail** *ornith* пе́репел; *Am* куропа́тка

[2]**quail** (*be afraid*) тру́сить (**at, before**, пе́ред + *instr*); (*cower down*) ёжиться от стра́ха; (*not withstand*) дро́гнуть *pf*, не вы́держать *pf*

quaint (*unusual*) причу́дливый, необы́чный; (*strange*) стра́нный; (*original*) оригина́льный, своеобра́зный; (*old-fashioned*) старомо́дный

quaintness причу́дливость *f*; стра́нность *f*; оригина́льность *f*; своеобра́зие

quake 1. *n* (*tremor*) тре́пет (**of**, + *gen*); *coll* (*earthquake*) землетрясе́ние **2.** *v* трепета́ть, дрожа́ть, трясти́сь (**with**, от + *gen*)

Quaker 1. *n* ква́кер **2.** *adj* ква́керский

qualification (*limitation*) ограниче́ние; (*alteration*) измене́ние; (*correction*) попра́вка; (*condition*) огово́рка, усло́вие; (*electoral etc*) ценз; (*for job etc*) квалифика́ция

qualified (*limited*) ограни́ченный; (*conditional*) усло́вный; (*trained*) квалифици́рованный; (*competent*) компете́нтный; (*suitable*) го́дный (**for**, для + *gen*)

qualify (*limit*) ограни́чивать; (*alter*) изменя́ть; *gramm* определя́ть; (*modify*) модифици́ровать; (*moderate*) умеря́ть; (*describe*) опи́сывать, квалифици́ровать; (*give qualification*) квалифици́ровать; (*give right*) дава́ть пра́во (**for**, на + *acc*); (*have, get right*) име́ть, приобрета́ть пра́во (**for**, на + *acc*); (*train*) гото́вить(ся) (**for**, к + *dat*); (*get through*) проходи́ть; (*be suitable*) годи́ться, подходи́ть

qualitative ка́чественный

quality 1. *n* (*characteristic*) ка́чество, сво́йство; (*merit*) высо́кое ка́чество, досто́инство; (*degree of goodness*) ка́чество; (*of goods*) сорт; (*people of rank*) знать *f*; (*role*) **in the ~ of** в ка́честве (+ *gen*) **2.** *adj* высокока́чественный

qualm (*of nausea*) при́ступ тошноты́; (*doubt*) сомне́ние; **~s of conscience** угрызе́ния *neut pl* со́вести

quandary (*difficulty*) затрудни́тельное положе́ние; (*dilemma*) диле́мма; **be in a ~** быть в затрудни́тельном положе́нии, стоя́ть пе́ред диле́ммой

quantifier ква́нтор

quantify (*measure quantity*) определя́ть коли́чество; (*express in quantities*) выража́ть коли́чественно; *log* квантифици́ровать

quantitative коли́чественный

quantity (*amount*) коли́чество; **in large quantities** в большо́м коли́честве; (*part*) часть *f*; *math* величина́; *phon*, *pros* долгота́; **~ surveyor** нормиро́вщик

quantize квантова́ть

quantum (*quantity*) коли́чество; (*part*) до́ля, часть *f*; *phys* квант; **~ theory** ква́нтовая тео́рия

quarantine 1. *n* каранти́н, изоля́ция **2.** *adj* каранти́нный **3.** *v* изоли́ровать

quark *phys* кварк

quarrel 1. *n* ссо́ра; **start a ~** затея́ть *pf* ссо́ру (**with**, с + *instr*); **have a ~** ссо́риться (**with**, с + *instr*) **2.** *v* ссо́риться (**with**, с + *instr*; **over**, из-за + *gen*); (*argue*) спо́рить

quarrelsome сварли́вый

[1]**quarry 1.** *n* (*pit*) карье́р; **stone ~** каменоло́мня; *fig* исто́чник **2.** *v* (*work ~*) разраба́тывать карье́р; (*mine*) добыва́ть; *fig* ры́ться (в + *prep*)

[2]**quarry** (*prey*) добы́ча; (*victim*) наме́ченная же́ртва; (*target*) цель *f*

quart (*measure*) ква́рта (*1·14 l, Am 0·95 l*)

quarter 1. *n* (*one fourth*) че́тверть *f*; **three and a ~** три с че́твертью (+ *gen sing*); (*time*) че́тверть (ча́са); **(at) a ~ to one** без че́тверти час; **(at) a ~ past three** (в) че́тверть четвёртого; (*three months; part of town*) кварта́л; (*of meat*) четверти́на; (*of moon*) че́тверть; (*place*) ме́сто,

райо́н; (*direction*) сторона́; **from all ~s** со всех сторо́н; (*of compass*) страна́ све́та; *naut* ра́ковина; **on the port** ~ на ле́вой ра́ковине; (*mercy*) поща́да; **give ~ to** щади́ть (+ *acc*) **2.** *adj* че́тверть (+ *gen*) **3.** *v* (*cut into ~s*) дели́ть на четы́ре ча́сти; *hist* (*punishment*) четвертова́ть; (*billet*) расквартиро́вывать(ся) (**on**, в + *prep*)
quarter-day кварта́льный день *m*
quarter-deck (*on sailing ship, captain's*) шка́нцы *m pl*; (*raised after-deck*) квартерде́к
quartering (*division*) деле́ние на четы́ре ча́сти; (*punishment*) четвертова́ние; (*billeting*) расквартирова́ние
quarterly 1. *n* (*journal*) ежекварта́льник **2.** *adj* трёхме́сячный, (по)кварта́льный **3.** *adv* покварта́льно
quartermaster *mil* квартирме́йстер; *naut* старшина́-рулево́й
quarters (*accommodation*) помеще́ние; (*lodgings*) кварти́ра; *mil* (*billets*) кварти́ры *f pl*; (*barracks*) каза́рма; *naut* места́ *neut pl* по боево́му расписа́нию; **at close** ~ на бли́зком расстоя́нии
quarter-staff па́лка
quartet *mus* кварте́т; (*group of four*) четвёрка
quarto 1. *n* (*size*) ква́рто, ин-ква́рто; (*book*) кни́га форма́та ква́рто; (*paper*) бума́га форма́та ква́рто **2.** *adj* форма́та ква́рто, в форма́те ква́рто
quartz 1. *n* кварц **2.** *adj* ква́рцевый
quartzite кварци́т
quasar кваза́р
quash (*annul*) аннули́ровать, отменя́ть; (*subdue*) подавля́ть
quasi- квази-, полу-; **~-conductor** полупроводни́к; **~-official** полуофициа́льный, официо́зный
quassia ква́ссия
quatercentenary четырёхсотле́тие
quaternary 1. *n* четвёрка **2.** *adj* состоя́щий из четырёх, кватерна́рный; *geol, chem* четверти́чный
quaternion кватернио́н
quatrain четверости́шие
quatrefoil четырёхли́стник
quattrocento кватроче́нто *neut indecl*
quaver 1. *n* (*shake*) дрожа́ние го́лоса; (*trill*) трель *f*; *mus* восьма́я но́та **2.** *v* (*shake*) дрожа́ть; (*vibrate*) вибри́ровать; (*speak shakily*) говори́ть дрожа́щим го́лосом
quay (*mooring wall*) прича́л, сте́нка; (*wharf, jetty*) при́стань *f*
queasiness (*nausea*) тошнота́; (*fastidiousness*) привере́дливость *f*
queasy (*nauseating*) тошнотво́рный; **I feel** ~ меня́ тошни́т, мути́т; (*squeamish*) привере́дливый, брезгли́вый
queen 1. *n* (*female ruler*) короле́ва; (*card*) да́ма; (*chess*) ферзь *m*, короле́ва; (*bee, ant*) ма́тка **2.** *vt* (*chess*) проводи́ть в ферзи́; *vi* (*chess*) проходи́ть в ферзи́; *coll* ~ **it** ва́жничать
queenliness велича́вость *f*
queenly (*fitting for queen*) подоба́ющий короле́ве; (*majestic*) велича́вый
queen-mother вдо́вствующая короле́ва
queer 1. *n coll* (*homosexual*) пе́дик **2.** *adj* (*strange*) стра́нный; (*unusual*) необы́чный; (*eccentric*) чудакова́тый; **a ~ fellow** чуда́к; (*suspicious*) подозри́тельный; (*unwell*) нездоро́вый; **feel** ~ пло́хо себя́ чу́вствовать; (*mad*) ненорма́льный; (*homosexual*) гомосексуа́льный **3.** *v coll* (*spoil*) прова́ливать; ~ **s.o.'s pitch** подложи́ть *pf* свинью́ (+ *dat*)
quell (*suppress*) подавля́ть; (*calm*) успока́ивать
quench (*fire*) туши́ть; (*light*) гаси́ть; (*destroy*) уничтожа́ть; (*suppress*) подавля́ть; (*satisfy*) удовлетворя́ть; ~ **one's thirst** утоля́ть жа́жду; *tech* (*temper*) зака́ливать
quenching *tech* зака́лка; **spark-~** искрогаше́ние
querulous (*discontented*) недово́льный; (*grousing*) ворчли́вый; (*peevish*) раздражи́тельный; (*complaining*) жа́лующийся
query 1. *n* (*question*) вопро́с; (*doubt*) сомне́ние; (*question mark*) вопроси́тельный знак **2.** *v* (*ask*) спра́шивать; (*check*) проверя́ть; (*express doubt*) выража́ть сомне́ние относи́тельно (+ *gen*)
quest 1. *n* по́иски *m pl*; **in ~ of** в по́исках (+ *gen*) **2.** *v* иска́ть
question 1. *n* (*query*) вопро́с (**of**, + *gen*); **answer a** ~ отвеча́ть на вопро́с; **ask a** ~ задава́ть вопро́с (+ *dat*); **I have a ~ for you** у меня́ к вам вопро́с; (*problem*) вопро́с (**of**, о + *prep*), пробле́ма; (*matter*) вопро́с, де́ло; **it's a ~ of** э́то де́ло, вопро́с (+ *gen*); **the ~ is** де́ло в том, что; **that is not the** ~ де́ло не в э́том; **out of the** ~ соверше́нно невозмо́жный, *as excl* исключено́!; **in** ~ да́нный, о кото́ром/кото́рой идёт речь; **raise a** ~ поднима́ть вопро́с; (*doubt*) сомне́ние; **beyond** ~ вне вся́кого сомне́ния, несомне́нно; **call into** ~ подверга́ть сомне́нию; **there can be no ~ of that** об э́том не мо́жет быть и ре́чи **2.** *v* (*express doubt*) подверга́ть сомне́нию; (*doubt*) сомнева́ться (в + *prep*); (*challenge*) ста́вить под сомне́ние; (*object*) возража́ть про́тив (+ *gen*); (*ask*) задава́ть вопро́сы (+ *dat*); (*interrogate*) допра́шивать
questionable (*dubious*) сомни́тельный; (*suspicious*) подозри́тельный; (*arousing questions*) вызыва́ющий сомне́ния; (*disputable*) спо́рный
questioner спра́шивающий
questioning 1. *n* (*interrogation*) допро́с **2.** *adj* вопроси́тельный; (*curious*) пытли́вый
question mark вопроси́тельный знак
questionnaire анке́та
queue 1. *n* (*of hair*) коса́; (*line, list*) о́чередь *f*; **stand in a** ~ стоя́ть в о́череди; **form a** ~ образова́ть о́чередь **2.** *v* стоя́ть в о́череди (**for**, за + *acc*; *for bus etc* на + *acc*)
quibble 1. *n* (*evasion*) увёртка; (*cavil*) (ме́лочная) приди́рка **2.** *v* (*argue pedantically*) крохобо́рствовать; (*cavil*) придира́ться (**at**, к + *dat*); (*argue over trifles*) спо́рить из-за пустяко́в
quibbler крохобо́р; приди́ра *m and f*
quibbling крохобо́рство
quick 1. *n* (*flesh*) мя́со; *fig* **cut to the** ~ заде́ть *pf* за живо́е **2.** *adj* (*fast*) бы́стрый; **be ~!** скоре́е!; (*brief*) коро́ткий; (*frequent*) ча́стый; (*hasty*) торопли́вый; (*~-witted*) сообрази́тельный; ~ **to anger** вспы́льчивый; ~ **to take offence** оби́дчивый **3.** *adv* (*fast*) бы́стро; (*soon*) ско́ро
quick-acting быстроде́йствующий
quick-adjusting бы́стро регули́руемый
quick-change: ~ **artist** трансформа́тор
quick-detachable быстросъёмный
quicken (*speed up*) ускоря́ть(ся); (*enliven*) оживля́ть(ся); (*of foetus*) шевели́ться
quick-firing скоростре́льный
quicklime негашёная и́звесть *f*
quickly (*fast*) бы́стро, ско́ро; (*soon*) ско́ро, вско́ре; (*hastily*) поспе́шно
quickness быстрота́

quicksand плыву́н, зыбу́чий песо́к
quicksilver ртуть *f*
quickstep (*dance*) куик-сте́п, квиксте́п
quick-tempered вспы́льчивый, раздражи́тельный
quick-witted (*intelligent*) сообрази́тельный; (*reacting quickly*) бы́стро реаги́рующий; (*witty*) остроу́мный
quid (*of tobacco*) кусо́к табака́; *sl* (*pound*) фунт
quiddity (*essence*) су́щность *f*; (*subtlety*) то́нкость *f*; (*quibble*) (ме́лочная) приди́рка
quidnunc спле́тник
quid pro quo (*compensation*) компенса́ция; **as a** ~ в обме́н
quiescence, quiescency поко́й; неподви́жность *f*; пасси́вность *f*
quiescent (*inactive*) в состоя́нии поко́я; (*still*) неподви́жный; (*passive*) пасси́вный
quiet 1. *n* (*silence*) тишина́; (*as order*) ти́ше!; (*calm*) споко́йствие; **peace and** ~ мир и споко́йствие; *coll* **on the** ~ втихомо́лку **2.** *adj* (*not loud*) ти́хий; (*not noisy*) бесшу́мный; (*calm*) ти́хий, споко́йный; (*still*) неподви́жный; (*not talkative*) молчали́вый; **be** ~! замолчи́(те); **to be, keep** ~ молча́ть; **keep** ~ **about** ума́лчивать о (+ *prep*); (*modest*) скро́мный; (*dull*) однообра́зный; (*submissive*) сми́рный; (*restrained*) сде́ржанный; (*secluded*) укро́мный; (*secret*) скры́тый; **keep s'th** ~ ута́ивать, держа́ть в секре́те **3.** *v* успока́ивать(ся)
quieten (*calm*) успока́ивать(ся); (*subside, be less noisy*) утиха́ть
quietism квиети́зм
quietly (*not noisily*) ти́хо; (*calmly*) споко́йно
quietude поко́й, споко́йствие
quietus (*death*) кончи́на; (*end*) коне́ц; **give the** ~ (*kill*) уби́ть *pf*; (*end*) положи́ть *pf* коне́ц (+ *dat*)
quiff чёлка
quill (*feather*) перо́; ~ **pen** перо́ для письма́; (*of porcupine*) игла́
quilt 1. *n* стёганое одея́ло **2.** *v* стега́ть
quinary пятери́чный
quince айва́
quincentenary пятисотле́тие
quinine хини́н
quinquagenarian 1. *n* челове́к пяти́десяти лет **2.** *adj* пятидесятиле́тный
quinquennial (*five-year*) пятиле́тний; (*happening every five years*) происходя́щий ка́ждый пя́тый год
quinquennium пятиле́тие
quinquevalent пятивале́нтный
quins *see* **quintuplet**
quinsy о́стрый гно́йный тонзилли́т, септи́ческая анги́на
quintan пятидне́вный
quintessence квинтэссе́нция
quintessential наибо́лее суще́ственный
quintet(te) квинте́т
quintillion *Br* нонильо́н; *Am* квинтильо́н
quintuple 1. *n* (**in** ~ в пяти́ экземпля́рах **2.** *adj* пятикра́тный **3.** *v* увели́чивать(ся) в пять раз
quintuplet оди́н из пяти́ близнецо́в; *pl* пять близнецо́в
quip 1. *n* остро́та **2.** *v* остри́ть
quire (*of paper*) десть *f*
quirk (*oddity, caprice of person or fate*) капри́з, причу́да; (*peculiarity*) стра́нность *f*; (*trick*) вы́верт; (*quip*) остро́та; (*flourish*) завиту́шка
quirky причу́дливый, капри́зный; стра́нный, своеобра́зный
quirt плеть *f*
quisling кви́слинг, преда́тель *m*
quit 1. *n* **get** ~ **of** отде́лываться от (+ *gen*) **2.** *v* (*abandon*) покида́ть,броса́ть; (*stop*) броса́ть; (*go away*; *leave job*) уходи́ть (**from**, с, от + *gen*)
quite 1. *adv* (*entirely*) совсе́м, соверше́нно; **I** ~ **forgot** я совсе́м забы́л; **he is** ~ **right** он соверше́нно прав; (*fully*) вполне́; **I** ~ **agree** я по́лностью согла́сен; **that's** ~ **enough** э́того вполне́ доста́точно; (*fairly*) дово́льно; **he is** ~ **a good actor** он дово́льно хоро́ший актёр; **for** ~ **a long time** дово́льно до́лго **2.** *interj* (*of course*) коне́чно; (*precisely*) вот и́менно
quits: **be** ~ **with** расквита́ться *pf* с (+ *instr*); **now we are** ~ тепе́рь мы квиты
quittance (*discharge*) освобожде́ние (от + *gen*); (*recompense*) возмеще́ние
quitter (*coward*) трус; (*spineless person*) шля́па
[1]**quiver** (*for arrows*) колча́н
[2]**quiver 1.** *n* (*shake*) дрожь *f*, тре́пет; **with a** ~ **in one's voice** дрожа́щим го́лосом **2.** *v* трепета́ть, дрожа́ть (**with**, от, с + *gen*)
qui vive: **on the** ~ начеку́
quixotic донкихо́тский
quixotry донкихо́тство
quiz 1. *n* (*contest*) виктори́на; **radio, television** ~ радиовиктори́на, телевиктори́на; (*puzzle*) головоло́мка; *ar* (*hoax*) мистифика́ция; *ar* (*eccentric*) чуда́к; *ar* (*teaser*) шутни́к **2.** *v* (*question*) опра́шивать; *ar* (*tease*) подтру́нивать; *ar* (*survey*) осма́тривать; *ar* (*look mockingly*) насме́шливо смотре́ть
quizzical (*mocking*) насме́шливый; (*ironic*) ирони́ческий; (*comical*) коми́чный
quoin (*cornerstone*) углово́й ка́мень *m*; (*corner*) у́гол
quoit кольцо́
quondam бы́вший
quorum кво́рум
quota (*share*) до́ля; *econ* квота; (*norm*) но́рма
quotation (*act of quoting*) цити́рование; (*passage*) цита́та (**from**, из + *gen*); (*price*) цена́; ~ **marks** кавы́чки *f pl*
quote 1. *n coll* цита́та **2.** *v* (*a book*) цити́ровать; (*refer to person, statement etc*) ссыла́ться на (+ *acc*); (*a price*) назнача́ть це́ну (**for**, за + *acc*)
quoth: ~ **he** мо́лвил он
quotidian (*daily*) ежедне́вный; (*commonplace*) бана́льный, обы́денный
quotient ча́стное

R

rabbet 1. *n* (*groove*) паз, шпунт; (*joint*) соединéние ши́пом и пáзом **2.** *v* шпунтовáть
rabbi равви́н
rabbinic(al) равви́нский
rabbit крóлик; **~-burrow, ~-hole** крóличья норá; **~ punch** удáр в затылок
rabble (*crowd*) (беспоря́дочная) толпá; *pej* (*common people*) чернь *f*, сброд; **~-rousing** демагоги́ческий
Rabelaisian раблезиáнский
rabid бéшеный
rabies бéшенство, водобоя́знь *f*
raccoon, racoon 1. *n* енóт **2.** *adj* (*of fur, coat*) енóтовый
[1]**race 1.** *n sp* (*running, motor etc*) гóнки *f pl*, гóнка; **have a ~ with** бéгать наперегóнки с (+ *instr*); *fig* **arms ~** гóнка вооружéний; (*horse ~*) скáчки *f pl*, бегá *m pl*; (*in stream*) быстри́на; (*fast current*) си́льный потóк; (*mill ~*) лотóк; (*channel*) канáл **2.** *adj* гóночный **3.** *v* (*take part in ~*) учáствовать в гóнках, скáчках; (*try to outpace*) бéгать (мчáться, плыть *etc*) наперегонки́ (с + *instr*); (*rush*) мчáться, нести́сь; (*make move fast*) гнать; (*of engine etc*) разгоня́ть(ся)
[2]**race 1.** *n* (*division of mankind*) рáса; (*people*) нарóд; (*tribe*) плéмя *neut*; (*kind; family*) род; **the human ~** человéчество, род человéческий **2.** *adj* рáсовый
racecourse (*place*) ипподрóм; (*track*) трек
racehorse скаковáя лóшадь *f*
race-meeting скáчки *f pl*
racer (*person*) гóнщик; (*horse*) скаковáя лóшадь *f*; (*car, boat etc*) гóночная маши́на, я́хта *etc*
race-track *see* **racecourse**
rachitic рахити́ческий
rachitis рахи́т
racial (*of race*) рáсовый; (*racialist*) раси́стский
racialism раси́зм
racialist 1. *n* раси́ст **2.** *adj* раси́стский
racing 1. *n* (*running, motor etc*) гóнки *f pl*, гóнка; **horse-~** скáчки *f pl*, бегá *m pl*; **go ~** ходи́ть на скáчки, бегá **2.** *adj* гóночный
racism раси́зм
racist 1. *n* раси́ст **2.** *adj* раси́стский
rack 1. *n* (*grid, wire basket*) решётка; (*shelving*) стеллáж; (*for hats, coats*) вéшалка; *tech* (*toothed bar*) зубчáтая рéйка; **~ and pinion** рéечная передáча, кремальéра; *hist* (*torture*) ды́ба **2.** *v* (*torture on ~*) вздёрнуть *pf* на ды́бу; (*torment*) мучи́ть; **~ one's brains** ломáть себé гóлову (**over**, над + *instr*)
racket *sp* ракéтка; (*noise*) шум; (*clatter*) грóхот; (*revelry*) разгу́л; (*deception*) обмáн; (*crooked deal*) афéра, комбинáция
racketeer рэкети́р
racketeering афéры *f pl*
racking мучи́тельный
raconteur расскáзчик
racy (*strong*) крéпкий, óстрый; (*of anecdote*) пикáнтный
rad *phys* рад
radar 1. *n* (*system*) радáр, радиолокáция; (*device*) радáр, радиолокáтор; (*installation*) радиолокациóнная стáнция, *abbr* РЛС **2.** *adj* радиолокациóнный, радáрный
radial (*of, like ray; also anat*) лучевóй; (*issuing from centre, arranged round centre; tech, phys*) радиáльный
radian *math* радиáн
radiance (*shining*) сия́ние; (*brilliance*) блеск
radiant 1. *n phys* истóчник; *astr* радиáнт **2.** *adj* (*shining*) сия́ющий; (*brilliant*) блестя́щий, лучезáрный
radiate (*light, heat etc*) излучáть(ся); (*shine with*) сия́ть (+ *instr*); (*diverge from point*) расходи́ться лучáми
radiation 1. *n* (*process*) излучéние; (*phenomenon*) радиáция, излучéние; (*shining*) сия́ние **2.** *adj* радиациóнный; **~ sickness** лучевáя болéзнь *f*
radiator (*central heating*) батарéя; (*of car*) радиáтор; *phys* излучáтель *m*
radical 1. *n pol, chem* радикáл; *ling, math* кóрень *m* **2.** *adj* (*basic*) креннóй, основнóй; (*complete; also pol, math*) радикáльный; *ling, bot* корневóй
radicalism радикали́зм
radically (*completely*) пóлностью; (*basically*) в сáмой своéй оснóве
radicle *bot, anat* корешóк; *chem* радикáл
radio 1. *n* (*system*) рáдио *neut indecl*; **by, on the ~** по рáдио; (*receiver*) приёмник, радиоприёмник **2.** *adj* **~ announcer** ди́ктор рáдио; **~ astronomy** радиоастронóмия; **~ broadcast** радиопередáча; **~ contact** радиосвя́зь *f*; **~ direction finder** радиопеленгáтор; **~ engineering** радиотéхника; **~ frequency** радиочастотá; **~ silence** радиомолчáние; *astr* **~ star** радиозвездá; **~ station** радиостáнция; **~ telescope** радиотелескóп **2.** *v* (*send by ~*) передавáть по рáдио; (*inform by ~*) сообщáть по рáдио, ради́ровать; (*call up*) вызывáть по рáдио
radioactive радиоакти́вный
radioactivity радиоакти́вность *f*
radiobiology радиобиолóгия
radiocarbon радиоуглерóд; **~ dating** радиоуглерóдная дати́рoвка
radiochemistry радиохи́мия
radio-controlled управля́емый по рáдио
radiogram (*radio telegram*) радиогрáмма; (*radio with gramophone*) радиóла
radiograph рентгеногрáмма
radiographer рентгенóлог
radiography радиогрáфия, рентгеногрáфия
radioisotope радиоизотóп, радиоакти́вный изотóп
radiolocation радиолокáция
radiological (*X-ray*) радиологи́ческий, рентгенологи́ческий; (*of atomic radiation*) радиациóнный
radiology радиолóгия
radiometry радиомéтрия
radio-operator ради́ст
radiosonde радиозóнд
radio-telephone радиотелефóн
radiotherapy радиотерапи́я, рентгенотерапи́я
radish *bot* реди́с; *cul* реди́ска
radium 1. *n* рáдий **2.** *adj* рáдиевый

radius *math*, *tech*, *mil* ра́диус; (*limit*) преде́лы *m pl*; **within a ~ of 10 miles** на де́сять миль вокру́г; *anat* лучева́я кость *f*
radix *math* основа́ние систе́мы счисле́ния
radon радо́н
raffia ра́фия
raffish (*dissolute*) беспу́тный; (*disreputable*) сомни́тельный
raffle 1. *n* лотере́я **2.** *v* разы́грывать (в лотере́е)
raft 1. *n* плот **2.** *v* (*send*, *cross on* ~) переправля́ть(ся) на плоту́; (*float timber*) сплавля́ть в плота́х
rafter стропи́ло
rag 1. *n* (*piece of material*) тря́пка; (*scrap*) клочо́к, клок; **tear to ~s** изорва́ть *pf* на кло́чья; *pl* (*tattered clothes*) лохмо́тья, отре́пья *neut pl*; *pej* (*newspaper*) листо́к; (*stone*) крупнозерни́стый песча́ник; (*practical joke*) ро́зыгрыш; (*teasing*) поддра́знивание; (*student*) студе́нческий пра́здник **2.** *adj* тряпи́чный **3.** *v* (*tease*) дразни́ть; (*play noisily*) шу́мно весели́ться; (*be riotous*) бу́йствовать
ragamuffin оборва́нец
ragbag мешо́к для лоскуто́в; *fig* мешани́на
rag-bolt а́нкерный болт
rage 1. *n* гнев, я́рость *f*; **in a ~** в припа́дке гне́ва, в я́рости; **beside oneself with ~** вне себя́ от я́рости; **fly into a ~** прийти́ *pf* в я́рость; **be in a ~ with** разгнева́ться, разозли́ться *pf* на (+ *acc*); *fig* (*of elements*) неистовство; (*passion*) страсть *f* (**for**, к + *dat*); (*outburst*) припа́док, взрыв; **all the ~** после́дний крик мо́ды **3.** *v* быть в я́рости, зли́ться (**at**, на + *acc*), гнева́ться (**at**, на + *acc*), быть вне себя́ (**with**, от + *gen*); (*of storms*, *fire*) бушева́ть; (*of epidemics etc*) свире́пствовать
ragged (*dressed in rags*) оде́тый в лохмо́тья, обо́рванный; (*tattered*) рва́ный, обо́рванный; (*shabby*) потрёпанный; (*irregular*) неро́вный; (*jagged*) зазу́бренный; (*of nerves*) истрёпанный
raging (*furious*) я́ростный; (*frenzied*) неистовый; (*elements*) бушу́ющий
raglan регла́н (*also as indecl adj following noun*)
ragman тряпи́чник
ragout рагу́ *neut indecl*
ragstone крупнозерни́стый песча́ник
rag-tag (*rabble*) сброд
ragtime ре́гтайм
raid 1. *n* (*armed incursion*) набе́г, налёт; (*air*, *mounted*, *for plunder*) налёт; (*police*) обла́ва, налёт; (*sudden attack*) рейд; (*sortie*) вы́лазка **2.** *v* соверша́ть набе́г, налёт *etc* (на + *acc*); (*rob*) гра́бить
raider налётчик; *naut* ре́йдер; (*saboteur*) диверса́нт
[1]**rail** (*for train*) рельс; (*railway*) желе́зная доро́га; **by ~** по́ездом; (*for stairway etc*) пери́ла *neut pl*, по́ручень *m*; *naut* ле́ер; (*fence*) огра́да **2.** *adj* (*railway*) железнодоро́жный **3.** *v* (*send by ~*) посыла́ть по желе́зной доро́ге; **~ in, off** отгора́живать
[2]**rail** руга́ться; **~ against** руга́ть
railhead коне́чный пункт (желе́зной доро́ги)
railing (*handrail*) по́ручень *m*; (*fence*) частоко́л; (*iron fence*) решётка
raillery подшу́чивание, шу́тки *f pl*
railroad *Am* **1.** *n* желе́зная доро́га **2.** *adj* железнодоро́жный
railway 1. *n* желе́зная доро́га **2.** *adj* железнодоро́жный

raiment одея́ние
rain 1. *n* дождь *m*; **in the ~** под дождём; **pouring ~** ли́вень *m*, проливно́й дождь *m*; **it poured with ~** дождь ливмя́ лил **2.** *adj* дождево́й **3.** *v* **it is ~ing** дождь идёт; **it began to ~** дождь пошёл; **it ~ed cats and dogs** дождь лил как из ведра́; *fig vt* (*shower with*) осыпа́ть, засыпа́ть (+ *instr*, **on**, + *acc*); (*fall in shower*) сы́паться; **be ~ed off** сорва́ться *pf* из-за дождя́
rainbow ра́дуга; **~ trout** форе́ль *f* ра́дужная
raincoat плащ, непромока́емое пальто́
raindrop дождева́я ка́пля, ка́пля дождя́
rainfall (*rain*, *fall of rain*) дождь *m*; (*amount of rain*) дождевы́е оса́дки *m pl*; **mean annual ~** среднемноголе́тнее коли́чество оса́дков
rain forest вла́жный тропи́ческий лес
rain-gauge дождеме́р
rain-proof водонепроница́емый, непромока́емый
rainwater дождева́я вода́
rainy дождли́вый; *fig* **for, against a ~ day** на чёрный день
raise 1. *n* повыше́ние **2.** *v* (*lift*; *also of eyes*, *revolt*, *game*, *flag*, *question*, *cry*, *voice*) поднима́ть; **~ one's hat** приподнима́ть шля́пу; (*tone of voice*, *prices*, *etc*) повыша́ть; (*resurrect*) воскреша́ть; (*cause*, *arouse*; *ghosts*) вызыва́ть; (*promote*) производи́ть (**to**, в + *nom pl*); (*erect*) воздвига́ть; (*crops*, *cattle*) выра́щивать; (*livestock*) разводи́ть; (*family*) воспи́тывать; **be ~d** (*grow up*) выраста́ть; (*money*, *taxes*) собира́ть; **~ a loan** сделать заём; (*remove ban etc*) снима́ть
raised (*elevated*, *lifted*) по́днятый; (*protruding*) вы́пуклый; (*of pattern etc*) релье́фный
raisin изю́минка; *pl* изю́м
raison d'être смысл (существова́ния)
rajah ра́джа *m*
rajput раджпу́т
[1]**rake 1.** *n* (*tool*) гра́бли *f pl*; **thin as a ~** худо́й как ще́пка **2.** *v* грести́; (*clean with ~*) чи́стить, убира́ть *etc* гра́блями; (*level with ~*) разровня́ть гра́блями; (*shoot*) обстре́ливать
  ~ away отгреба́ть
  ~ in загреба́ть (*also fig*, *coll of money*)
  ~ off сгреба́ть (**from**, с + *gen*)
  ~ out (*fire*) разгреба́ть; (*ashes etc*) выгреба́ть (**from**, из + *gen*); *fig* выка́пывать
  ~ together сгреба́ть
  ~ up сгреба́ть; *fig* выка́пывать, отка́пывать
[2]**rake** (*roué*) пове́са *m*
[3]**rake 1.** *n* (*slope*) укло́н, накло́н **2.** *v* отклоня́ть(ся)
rake-off комиссио́нные *pl*; (*bribe*) взя́тка
rakish (*dissolute*) распу́тный; (*dashing*) лихо́й, у́харский; (*sloping*) накло́нный
rallentando раллента́ндо
rally 1. *n* (*recovery*) восстановле́ние; (*improvement*) улучше́ние; (*meeting*) собра́ние, съезд; (*motor*) (авто)ра́лли *neut indecl*; **~ driver** ралли́ст; (*tennis etc*) обме́н (уда́рами) **2.** *v* (*gather*) собира́ть(ся) (**round**, вокру́г + *gen*); (*unify*) спла́чивать(ся); (*recover*) оправля́ться; **~ one's strength, wits** собира́ться с си́лами, мы́слями
RAM (*random-access memory*) *comput* ЗУПВ
ram 1. *n* (*sheep*) бара́н; (*for tamping earth*) трамбо́вка; (*of press*) ште́мпель *m*; (*battering ~*, *pile-driver*; *collision*) тара́н; *astr* Ове́н **2.** *v* (*collide with*, *smash through*) тара́нить; (*drive in*) забива́ть (**into**, в + *acc*); (*thrust into*) вти́скивать, запи́хивать (**into**, в + *acc*); (*instil*) вда́лбливать

(**into**, в + *acc*)
~ **against, into** ста́лкиваться с (+ *instr*)
~ **down** пло́тно закрыва́ть
~ **in** забива́ть

Ramadan рамада́н

ramble 1. *n* прогу́лка; **go for a** ~ пойти́ *pf* прогуля́ться **2.** *v* (*stroll*) гуля́ть; (*wander*) броди́ть; (*be delirious*) бре́дить

rambler (*walker*) (пешехо́дный) тури́ст; (*rose*) выю́щаяся ро́за

rambling (*chaotic*) беспоря́дочный; (*speech*) бессвя́зный; (*buildings, thoughts*) разбро́санный; *bot* ползу́чий, выю́щийся

ramification (*division*) разветвле́ние; (*branch*) ответвле́ние; (*consequence*) после́дствие; (*complexity*) осложне́ние; (*of a plot etc*) *pl* ни́ти *f pl*

ramify (*branch out*) разветвля́ться; (*become complex*) осложня́ться

ramjet прямото́чный возду́шно-реакти́вный дви́гатель *m*, *abbr* ПВРД

rammer *tech* трамбо́вка; *mil* шо́мпол

ramp 1. *n* (*slope*) скат; (*sloping entrance*) па́ндус; *aer* ме́сто стоя́нки; (*rocket*) пускова́я устано́вка; *sl* (*fraud*) комбина́ция **2.** *v* (*of plant*) ви́ться; (*of animal*) броса́ться; *coll* зли́ться

rampage (*rage*) неистовствовать; (*rush about*) носи́ться; **on the** ~ в я́рости

rampant (*wild*) я́ростный, неи́стовый; (*of disease*) свире́пствующий; (*ever-growing*) всёвозраста́ющий (*uncontrolled*) необу́зданный; *her* стоя́щий на за́дних ла́пах

rampart крепостно́й вал

ramrod шо́мпол

ramshackle (*old and shabby*) ве́тхий; (*tumble-down*) полуразвали́вшийся; (*rickety*) ша́ткий (*also fig*); (*disordered*) беспоря́дочный

ranch ра́нчо *neut indecl*, скотово́дческая фе́рма

rancid прого́рклый

rancorous зло́бный

rancour зло́ба

random 1. *n* **at** ~ (*by guesswork*) науга́д; (*without reflection*) наобу́м; (*haphazard*) науда́чу **2.** *adj* случа́йный

randy похотли́вый

ranee ра́ни *f indecl*

range 1. *n* (*row, series*) ряд; (*of mountains*) цепь *f*, хребе́т; (*field*) сфе́ра, о́бласть *f*, (*extent*) преде́лы *m pl*; (*scope*) разма́х; (*on a scale*) диапазо́н; (*distance*) расстоя́ние, диста́нция; *mil* (*of operations, radio, fire*) да́льность *f*; (*of gun*) дальнобо́йность *f*; **in** ~ в створе́; **out of** ~ вне преде́лов досяга́емости, вне ство́ра; (*of ship, plane*) да́льность *f* де́йствия; (*gunnery area*) полиго́н; **rifle** ~ тир; (*assortment*) ассортиме́нт; (*choice*) вы́бор; (*stove*) плита́ **2.** *v* (*put in row*) выстра́ивать (в ряд); (*arrange*) расставля́ть, располага́ть; (*extend*) простира́ться; (*be on side of*) быть на стороне́; ~ **oneself with** присоединя́ться к (+ *dat*); (*vary*) колеба́ться (**between**, ме́жду + *instr*)

range-finder дальноме́р

ranger (*wanderer*) бродя́га *m and f*; (*forest officer*) лесни́к

rangy (*wandering*) бродя́чий; (*lean*) худоща́вый

[1]**rank 1.** *n* (*row*) ряд; *mil* (*row*) шере́нга; **close** ~**s** смыка́ть ряды́, смыка́ться; **join the** ~**s** встать *pf* в строй; ~ **and file** рядовы́е *pl* (*also as adj* рядово́й); (*position*) ранг; (*officers*) чин, зва́ние; (*class*) класс; **of high** ~ высокопоста́вленный; **in the front** ~ **of** в пе́рвом ряду́ (+ *gen*); **taxi** ~ стоя́нка такси́ **2.** *v* (*consider*) счита́ть (+ *instr*); (*be considered*) счита́ться (+ *instr*); (*place*) ста́вить; (*be placed*) стоя́ть; (*be one of*) относи́ться к числу́ (+ *gen*); (*have status*) име́ть ста́тус (**as**, + *gen*)

[2]**rank** (*luxuriant*) бу́йный; (*overgrown*) заро́сший; (*rancid*) прого́рклый, ту́хлый; (*stinking*) злово́нный; (*loathsome*) гну́сный; (*arrant*) я́вный, отъя́вленный

ranked *sp* кла́ссный

ranker рядово́й

rankle (*make bitter*) му́чить; (*smoulder*) тлеть; (*irritate*) **it still** ~**s with him, that** его́ всё ещё зло берёт, что; (*be remembered with anger*) вспомина́ться с доса́дой

rankness бу́йность *f*; прого́рклость *f*, ту́хлость *f*; злово́ние; гну́сность *f*

ransack (*search thoroughly*) обы́скивать, обша́ривать; (*rummage*) ры́ться в по́исках (+ *gen*); (*plunder*) разгра́бить *pf*

ransom 1. *n* вы́куп **2.** *v* выкупа́ть; **hold to** ~ тре́бовать вы́купа за кого́-либо

rant 1. *n* гро́мкие слова́ *neut pl* **2.** *v* (*give tirade*) произноси́ть гро́мкие слова́, разража́ться тира́дами (**against**, про́тив + *gen*); (*shout*) ора́ть (**at**, на + *acc*)

rap 1. *n* (*blow*) лёгкий уда́р; (*tap*) стук (**on, at**, в + *acc*); **he doesn't give a** ~ ему́ наплева́ть; **it's not worth a** ~ не сто́ит ло́маного гроша́ **2.** *v* (*strike*) (слегка́) ударя́ть; (*tap, knock*) стуча́ть (**on, at**, в + *acc*); *coll* (*rebuke*) дать *pf* по рука́м; ~ **out** (*a message*) высту́кивать; (*commands*) выкри́кивать; (*answer sharply*) отреза́ть

rapacious (*greedy*) жа́дный; (*plundering*) захва́тнический; (*of animal*) хи́щный

rapacity жа́дность *f*

[1]**rape 1.** *n* (*sexual*) изнаси́лование; *ar* (*abduction*) похище́ние **2.** *v* изнаси́ловать; похища́ть

[2]**rape** *bot* рапс; ~**-cake** ра́псовый жмых; ~**-oil** ра́псовое ма́сло

rapid (*quick*) бы́стрый; (*high-speed*) скоростно́й; (*steep*) круто́й; ~**-firing** скорostре́льный

rapidity быстрота́, ско́рость *f*

rapidly (*quickly*) бы́стро; (*soon*) ско́ро

rapids поро́г

rapier рапи́ра

rapine грабёж

rapist наси́льник

rapport (*link*) связь *f*; (*sympathy*) взаимопонима́ние; (*harmony*) гармо́ния

rapprochement сближе́ние

rapt (*enraptured*) восхищённый; (*absorbed in*) поглощённый (**in**, + *instr*); (*in thought etc*) погру́женный (**in**, в + *acc*)

raptorial хи́щный

rapture восто́рг, упое́ние; **be in** ~**s over** быть в восто́рге от (+ *gen*)

rapturous восто́рженный

rare (*uncommon, also chem*) ре́дкий; (*rarefied*) разрежённый; *coll* (*outstanding*) ре́дкостный; (*fine, great*) чу́дный, на ре́дкость (хоро́ший *etc*); *cul* с кро́вью

rarebit грено́к с сы́ром

rarefaction (*process*) разреже́ние; (*state*) разрежённость *f*

rarefy разрежа́ть(ся)

rareness ре́дкость *f*

rarity (*all senses*) ре́дкость *f*; (*curio*) разите́т

rascal (*scoundrel*) моше́нник; (*swindler*, *also joc*) плут; (*of child*) озорни́к, шалу́н
rascality (*dishonesty*) нече́стность *f*; (*baseness*) по́длость *f*; (*base act*) по́длый посту́пок, по́длость *f*
rascally (*scoundrelly*) моше́ннический; (*base*) по́длый
[1]**rash** *med* сыпь *f*
[2]**rash** (*hasty*) поспе́шный; (*impetuous*) опроме́тчивый; (*thoughtless*) необду́манный; (*careless*) неосторо́жный
rasher ло́мтик бeко́на
rashness поспе́шность *f*; опроме́тчивость *f*; неосторо́жность *f*
rasp 1. *n* (*grater*) тёрка; *tech* ра́шпиль *m* **2.** *v* (*scrape*) скобли́ть, тере́ть; *tech* опи́ливать ра́шпилем; (*make grating sound*) скрежета́ть; (*say raspingly*) проскрипе́ть *pf*; (*irritate*) раздража́ть
raspberry 1. *n* мали́на **2.** *adj* мали́новый
rat 1. *n* кры́са; *fig* (*traitor*) преда́тель *m*; (*as abuse*) сво́лочь *f*; **smell a ~** чу́ять недо́брое; *exclam* **~s!** вздор, чепуха́! **2.** *v* (*catch ~s*) лови́ть крыс; **~ on** (*abandon*), покида́ть; (*betray*) изменя́ть; (*inform on*) стуча́ть на (+ *acc*); (*let down*) подводи́ть
ratable, rateable подлежа́щий обложе́нию нало́гом; **~ value** оце́ночная сто́имость *f*
rat-catcher крысоло́в
ratchet храпови́к
rate 1. *n* (*speed*) ско́рость *f*, темп; **at a ~ of** со ско́ростью (+ *gen*); (*degree*) сте́пень *f*; (*percentage*) проце́нт; *econ* (*norm*, *level*) но́рма; (*of interest*, *wages*) ста́вка; **exchange ~** курс; (*statistics*) показа́тель *m*; (*quality*) сорт; (*value*) цена́; (*local tax*) ме́стный нало́г, сбор; (*frequency*) частота́; **at any ~** во вся́ком слу́чае; **at this ~** е́сли так бу́дет продолжа́ться **2.** *v* (*evaluate*) оце́нивать; (*place*) ста́вить, цени́ть; (*consider*) счита́ть(ся); (*deserve*) заслу́живать; (*tax*) облага́ть ме́стным нало́гом
rateable *see* **ratable**
rated *tech* номина́льный
ratepayer плате́льщик ме́стных нало́гов
rather (*sooner*, *more properly*) скоре́е, лу́чше (**than,** чем); (*more willingly*) охо́тнее, скоре́е; **I would ~ ...** я бы предпочёл (+ *infin*); (*more accurately*) точне́е, верне́е; (*somewhat*, *fairly*, *quite*) дово́льно; (*a little*) немно́го, не́сколько; **I'm ~ tired** я немно́го уста́л; **it's ~ sudden** э́то не́сколько неожи́данно; (*perhaps*) пожа́луй; *as interj* ещё бы!
ratification ратифика́ция, утвержде́ние
ratify ратифици́ровать, утвержда́ть
[1]**rating** (*evaluation*) оце́нка; *tech* (номина́льная) мо́щность *f*; (*data*) да́нные *pl*; *naut* матро́с; (*category*) разря́д
[2]**rating** (*scolding*) вы́говор
ratio (*proportion*) пропо́рция; (*numerical relation*) отноше́ние; **in a ~ of one to three** в отноше́нии оди́н к трём; **in direct/inverse ~** пря́мо/обра́тно пропорциона́льно; (*coefficient*) коэффицие́нт
ratiocinate рассужда́ть логи́чески
ration 1. *n* (*issue of food*) паёк, рацио́н; **~ book** продово́льственная кни́жка; **iron ~s** неприкоснове́нный запа́с, *abbr* НЗ; (*share*) до́ля **2.** *v* (*supply*) снабжа́ть продово́льствием; (*share out*) раздава́ть пайка́ми; (*issue against card etc only*) выдава́ть по ка́рточке, кни́жке; (*limit*) ограни́чивать (**to,** + *instr*); (*control supply*) норми́ровать
rational (*reasoning*; *sensible*) разу́мный; (*prudent*) благоразу́мный; (*reasonable*) рассуди́тельный; (*based on reason*, *efficient*; *also math*) рациона́льный; (*not mad*) норма́льный; (*mental*) у́мственный
rationale (*reason*) основна́я причи́на; (*significance*) значе́ние; (*explanation*) изложе́ние
rationalism рационали́зм
rationalist 1. *n* рационали́ст **2.** *adj* рационалисти́ческий
rationalistic рационалисти́ческий
rationality разу́мность *f*, рациона́льность *f*; норма́льность *f*
rationalization объясне́ние; оправда́ние; рационализа́ция
rationalize (*explain*) объясня́ть; (*justify*) опра́вдывать; (*organize rationally*) рационализи́ровать
rationing норми́рование
rat-tat тук-ту́к
ratter крысоло́в
rattle 1. *n* (*sharp repeated sound*, *of shots etc*) треск; (*of windows*, *crocks etc*) дребезжа́ние; (*clatter*) стук, гро́хот; (*in throat*) хрип; (*child's*) погрему́шка; (*watchman's etc*) трещо́тка **2.** *vi* треща́ть; дребезжа́ть; стуча́ть; *vt* греме́ть (+ *instr*) (*see* **1.** *n*); (*shake*) трясти́(сь); (*more noisily*) грохота́ть; (*chatter*) болта́ть; (*frighten*) пуга́ть; (*alarm*, *confuse*) смуща́ть
  ~ along (*drive fast*) мча́ться, нести́сь; (*noisily*) мча́ться с гро́хотом, грохота́ть
  ~ away удаля́ться с гро́хотом
  ~ by, past прогрохота́ть *pf* ми́мо (+ *gen*)
  ~ down па́дать с гро́хотом, грохота́ть
  ~ off (*leave noisily*) отъе́хать *pf* с гро́хотом; (*repeat hastily*) отбараба́нить *pf*; (*do hastily*) де́лать на ско́рую ру́ку
  ~ on (*chatter*) болта́ть, треща́ть
  ~ through (*do*, *read etc hastily*) поспе́шно де́лать, чита́ть *etc*
rattlesnake, rattler грему́чая змея́
rattletrap *coll* (*old car*) драндуле́т
rattling грохо́чущий; дребезжа́щий *etc*; (*quick*) бы́стрый; *coll* **~ good** чу́дный, потряса́ющий
rat-trap крысоло́вка
ratty (*full of rats*) киша́щий кры́сами; *coll* (*irritable*) злой
raucous (*hoarse*) хри́плый, си́плый; (*coarse*) гру́бый; (*penetrating*) ре́зкий
ravage 1. *n* опустоше́ние; *pl* разруши́тельное де́йствие **2.** *v* опустоша́ть, разоря́ть
rave 1. *n coll* (*enthusiasm*) восто́рг (**about,** от + *gen*) **2.** *v* (*be delirious*) быть в бреду́, бре́дить; (*enthuse*) восторга́ться, бреди́ть (**about,** + *instr*); (*in anger*) быть вне себя́ (от гне́ва *etc*), неистовствовать
ravel (*tangle*, *confuse*) пу́тать; (*come apart*) располза́ться
ravelin равели́н
raven во́рон
ravening (*predatory*) хи́щный; (*voracious*) жа́дный
ravenous (*very hungry*) голо́дный как волк; (*voracious*, *rapacious*) жа́дный; (*insatiable*) ненасы́тный
ravine уще́лье, овра́г
raving 1. *n* (*delirium*) бред; (*fury*) неистовство **2.** *adj* в бреду́; неи́стовый; **~ mad** соверше́нно сумасше́дший
ravish (*enrapture*) восхища́ть; (*rape*) изнаси́ло-

вать; (*kidnap*) похищáть
ravishing восхити́тельный, очарова́тельный
raw 1. *n* **in the** ~ (*unprocessed*) необрабо́танный; (*natural*) в естéственном ви́де; (*unadorned*) без прикрáс; (*naked*) нагишóм; **touch on the** ~ задéть *pf* за живóе **2.** *adj* (*uncooked*; *unprocessed*; *of weather*) сырóй; ~ **material** сырьё; (*inexperienced*) неóпытный; (*crude*) грýбый; (*sore*) раздражённый; (*skinned*) обóдранный; ~ **place** ссáдина; ~ **wound** живáя рáна; *sl* (*harsh*) жестóкий; (*unjust*) несправедли́вый
rawboned костля́вый
rawhide сыромя́тная кóжа
[1]**ray** (*beam*) луч; **gamma-**~**s** гáмма-лучи́ *m pl*; *fig* ~ **of hope** прóблеск надéжды, луч надéжды
[2]**ray** (*fish*) скат
rayon 1. *n* вискóза, искýсственный шёлк **2.** *adj* вискóзный, из искýсственного шелкá
raze (*destroy*) уничтожáть; (*ruin*) разрушáть; ~ **to the ground** ровня́ть с землёй
razor бри́тва; **safety** ~ безопáсная бри́тва; ~ **blade** лéзвие; *fig* **on the** ~**'s edge** на краю́ прóпасти
razorbill (*auk*) гагáрка
razor-edge (*sharp*) óстрый; (*critical*) крити́ческий
re *mus* ре; *leg* по дéлу, в дéле (+ *gen*); *comm* (*with reference to*) ссылáясь на (+ *acc*); (*about*) относи́тельно (+ *gen*)
reach 1. *n* (*extent*, *scope*) размáх, охвáт; (*range of plane etc*) рáдиус дéйствия; (*attainability*) досягáемость *f*; **out of** ~ недоступный (**of,** для + *gen*), вне (предéлов) досягáемости; **within** ~ в предéлах досягáемости, достýпный (**of,** для + *gen*); (*to hand*) под рукóй; (*near*) недалекó (**of,** от + *gen*); (*length of arm*) длинá руки́; (*stretch of land etc*) полосá; (*of river*) колéно; **upper** ~**es** верхóвье; **lower** ~**es** низóвье; *naut* галс **2.** *v* (*arrive on foot*) приходи́ть в (+ *acc*); (*in vehicle*) приезжáть в (+ *acc*); (*of vehicle*) прибывáть в (+ *acc*); (*get as far as*) доходи́ть/доезжáть до (+ *gen*), добирáться до (+ *gen*); (*attain*) достигáть (+ *gen*); (*agreement*, *conclusion etc*) приходи́ть к (+ *dat*); (*extend as far as*; *be long enough*; *be delivered*) доходи́ть до (+ *gen*); **I can't** ~ **it** не могý достáть до негó; (*penetrate*) проникáть в, на (+ *acc*); (*affect*) трóгать; (*stretch out hand etc*) протя́гивать рýку *etc*; (*be stretched out*) протя́гиваться; (*pass over*, *down*) передавáть; (*get*) доставáть; (*take down*) снимáть; *coll* (*get in touch with*) связáться *pf* с (+ *instr*), установи́ть *pf* контáкт с (+ *instr*); (*phone*) звони́ть; **I couldn't** ~ **you** я не мог к тебé дозвони́ться
~ **after** стреми́ться к (+ *dat*)
~ **away** простирáться
~ **back** (*go back in time*) уходи́ть в прóшлое; (*date from*) восходи́ть к (+ *dat*)
~ **down** (*from shelf etc*) снимáть (**from,** с + *gen*); (*extend hand*) протя́гивать рýку; ~ **down to** (*extend to*) доходи́ть до (+ *gen*)
~ **for** (*go to take*; *aspire to*) тянýться за (+ *instr*)
~ **in** засóвывать рýку (в + *acc*)
~ **out** протя́гивать(ся), вытя́гивать(ся)
react (*respond*) реаги́ровать (**to,** на + *acc*); (*affect*) дéйствовать (**on,** на + *acc*); ~ **against** (*oppose*) сопротивля́ться (+ *dat*); (*counteract*) противодéйствовать; (*rebel against*) дéйствовать наперекóр (+ *dat*); *chem* реаги́ровать (**with,** с + *instr*)
reactance реакти́вное сопротивлéние
reaction 1. *n* (*most senses*) реáкция; **what was his** ~? как он реаги́ровал?; (*thought*) мысль *f*; (*opinion*) мнéние; (*in press*) óтклик **2.** *adj* реакти́вный
reactionary 1. *n* реакционéр **2.** *adj* реакциóнный
reactivate реактиви́ровать
reactivation восстановлéние; *tech* реактивáция
reactive *chem* реакционноспосóбный, реакти́вный
reactivity реакти́вность *f*
reactor реáктор
read *vt* (*book*, *map*, *music etc*) читáть; ~ **between the lines** читáть мéжду строк; (*interpret*) толковáть; (*study*) изучáть; (*show*, *of instrument*) покáзывать; *vi* (*be read*) читáться; (*sound*) читáться, звучáть; (*run*, *of notice etc*) гласи́ть
~ **back** повторя́ть
~ **into** вклáдывать в (+ *acc*)
~ **off** (*aloud*) читáть вслух; (*from instrument*) счи́тывать
~ **out** читáть вслух
~ **up** специáльно изучáть
readable (*of print*) удобочитáемый; (*decipherable*) разбóрчивый; (*worth reading*) стóящий чтéние; (*interesting*) интерéсный
readdress переадресовáть
reader (*one who reads*) читáтель *m*; (*aloud*) чтец, *f* чти́ца: (*university*) доцéнт; (*textbook*) учéбник, посóбие; (*anthology*) хрестомáтия; (*child's*) буквáрь *m*
readership круг читáтелей, пýблика
readily (*willingly*) охóтно; (*easily*) легкó; (*promptly*) немéдленно
readiness готóвность *f* (**for,** к + *dat*; **to,** + *infin*); **hold in** ~ держáть наготóве
reading (*act of* ~; ~ *matter*; *lecture*) чтéние; (*interpretation*) толковáние, понимáние; (*on instrument*) показáние; (*textual variant*) разночтéние, вариáнт; ~**-book** сбóрник тéкстов для чтéния; ~**-desk** пюпи́тр; ~**-glass** лýпа; ~**-room** читáльный зал, читáльня
readjust (*put in order*) приводи́ть в поря́док; (*rearrange*) передéлывать; (*adapt*) приспосáбливать(ся) (**to,** к + *dat*); *tech* перерегули́ровать
readjustment передéлка; приспособлéние; перерегулирóвка
readmission возвращéние
readmit вновь допускáть
readout счи́тывание, вы́вод
ready 1. *n sl* (*money*) нали́чные (дéньги) *pl*; *mil* **at the** ~ на изготóвке **2.** *adj* (*prepared*) готóвый (**for,** к + *dat*; **to,** + *infin*); **get, make** ~ готóвить(ся), подготáвливать(ся) (**for,** к + *dat*; **to,** + *infin*); (*quick*) бы́стрый; (*willing*) охóтный; (*inclined*) склóнный (к + *dat*); (*at hand*) под рукóй; ~ **money** нали́чные (дéньги) *pl* **3.** *adv* (*already*) ужé **4.** *v* готóвить
ready-cooked готóвый
ready-made (*clothes etc*) готóвый; (*trite*) шаблóнный
ready-mix: ~ **concrete** готóвый бетóн; ~ **lorry, truck** бетоновóз
ready-witted сообрази́тельный
reaffirm (вновь) подтверждáть
reafforestation лесовозобновлéние
reagent реакти́в, реагéнт
real (*most senses*) настоя́щий; (*true*; *also tech*) и́стинный; *econ*, *philos* реáльный; ~ **estate** недви́жимое имýщество

realign перестра́ивать
realism реали́зм; (*naturalism*) натурали́зм
realist реали́ст
realistic реалисти́ческий; (*practical*) практи́чный
reality (*actuality*) действи́тельность *f*, реа́льность *f*; **in** ~ в действи́тельности, на са́мом де́ле; (*realism*) реали́зм; (*truth*) по́длинность *f*, и́стинность *f*
realizable (*attainable*) осуществи́мый; *comm* мо́гущий быть реализо́ванным
realization (*of hopes etc*) осуществле́ние; (*awareness*) осозна́ние; (*understanding*) понима́ние; *comm* реализа́ция
realize (*hopes etc*) осуществля́ть; (*grasp*) осознава́ть, (*be aware*) отдава́ть себе́ отчёт в (+ *prep*); (*understand*) понима́ть
reallocate перераспределя́ть
really (*indeed*) действи́тельно; (*actually*) на са́мом де́ле; (*very*) о́чень; *as exclam* (*of surprise*, *interest*) пра́вда, вот как, что вы говори́те!; (*in protest*, *disgust*) фу!; (*ironically*) неуже́ли!; (*sceptically*) ну да́!
realm (*kingdom*) короле́вство; (*state*) госуда́рство; *poet* ца́рство; *fig* о́бласть *f*, сфе́ра
realtor *Am* аге́нт по прода́же недви́жимости
realty недви́жимость *f*
[1]**ream** (*of paper*) стопа́; *fig* (*lots*) ма́сса
[2]**ream** *tech* развёртывать
reamer развёртка
reanimate оживля́ть
reap (*cut corn etc*) жать; (*gather in*) собира́ть; *fig* пожина́ть; ~ **benefits** извлека́ть по́льзу (**from,** из + *gen*)
reaper (*person*) жнец, *f* жни́ца; (*machine*) жне́йка, жа́тка; ~**-binder** жа́тка-сноповяза́лка
reaping жа́тва; ~ **hook** серп; ~ **time** вре́мя *neut* жа́твы, страда́
reappear вновь появля́ться
reappearance возвраще́ние
reappointment повто́рное назначе́ние
[1]**rear 1.** *n* (*of army*) тыл; **in the** ~ в тылу́; **to the** ~ **of** сза́ди (+ *gen*); (*back*) за́дняя часть *f*, за́дняя сторона́; *coll* (*buttocks*) зад **2.** *adj* за́дний; *mil* тылово́й; ~ **view** вид сза́ди; ~**-view mirror** зе́ркало за́днего ви́да
[2]**rear** (*lift*) поднима́ть; *fig* ~ **its head** поднима́ть го́лову; (*plants*, *livestock*) выра́щивать; (*of mountains etc*) возвыша́ться; (*of horse*) станови́ться на дыбы́
rear-admiral контр-адмира́л
rearguard 1. *n* арьерга́рд **2.** арьерга́рдный; ~ **action** арьерга́рдный бой
rearm перевооружа́ть(ся)
rearmament перевооруже́ние
rearmost после́дний
rearrange (*put in new order*) переставля́ть, передвига́ть; (*refashion*, *reorganize*) перестра́ивать; (*adjust*) поправля́ть
rearrangement перестано́вка; перестро́йка
rearward 1. *adj* (*back*) за́дний; *mil* тылово́й **2.** *adv* наза́д; ~ **of** сза́ди, позади́ (+ *gen*)
reason 1. *n* (*motive*; *cause*) причи́на (**for, of,** + *gen*); **by** ~ **of** по причи́не (+ *gen*); **for some** ~ почему́-то; (*basis*, *grounds*) основа́ние *usu pl* (**for,** для + *gen*); **not without** ~ не без основа́ния; **with good** ~ с по́лным основа́нием; (*consideration*) соображе́ние; **for** ~**s of economy** по экономи́ческим соображе́ниям; (*explanation*) объясне́ние; (*intellect*) ра́зум; (*sanity*) здра́вый рассу́док; (*good sense*) здра́вый смысл; **within** ~ в разу́мных преде́лах; **it stands to** ~ разуме́ется **2.** *v* (*think*) рассужда́ть, размышля́ть (**on, about,** о + *prep*); (*conclude*) де́лать вы́вод (**that,** что; **from,** из + *gen*); (*persuade*) уговáривать (**with,** + *acc*); ~ **out** проду́мывать
reasonable (*sensible*, *judicious*; *possessing reason*) разу́мный; (*prudent*, *sensible*) благоразу́мный; (*not excessive*) уме́ренный; (*not dear*) недорого́й; (*well-founded*) обосно́ванный; (*acceptable*) прие́млемый; (*just*) справедли́вый
reasonably (*fairly*) дово́льно; *see also* **reasonable** *above*
reasoning (*process*) рассужде́ние; (*argument*) аргумента́ция
reassemble вновь собира́ть(ся)
reassembly перебо́рка
reassert (*support*) подтвержда́ть; (*repeat*) повторя́ть
reassign (*to other work etc*) назнача́ть (на другу́ю рабо́ту *etc*); (*reallocate*) перераспределя́ть; (*hand over*) передава́ть (**to,** + *dat*)
reassurance (*protestation*) завере́ние; (*calming*) успока́ивание; (*new confidence*) но́вая уве́ренность *f*
reassure заверя́ть; успока́ивать
reassuring (*comforting*) утеши́телный; (*calming*) успокои́тельный; (*encouraging*) обнадёживающий
Réaumur: ~ **scale** шкала́ Реомю́ра; **10°** ~ де́сять гра́дусов по Реомю́ру
rebarbative непривлека́тельный
rebate (*discount*) ски́дка; (*deduction*) вы́чет; (*refund*) возвра́т; *tech see* **rabbet**
rebel 1. *n* (*insurgent*) повста́нец; (*mutineer*, *rebellious person*) мяте́жник, бунта́рь *m* **2.** *adj* повста́нческий; мяте́жный **3.** *v* (*raise revolt*) поднима́ть восста́ние; (*revolt*) бунтова́ть(ся); (*rise up*; *also fig*) восстава́ть (**against,** про́тив + *gen*)
rebellion (*revolt*) восста́ние, мяте́ж; (*mutiny*, *also fig*) бунт (**against,** про́тив + *gen*); (*disobedience*) неповинове́ние; (*resistance*) сопротивле́ние (**against,** + *dat*)
rebellious (*in revolt*) восста́вший, мяте́жный; (*turbulent*; *seditious*) бунта́рский; (*disobedient*) непоко́рный
rebelliousness мяте́жность *f*, бунта́рство; непоко́рность *f*, непослу́шность *f*
rebirth (*second birth*) возрожде́ние; (*spiritual renewal*) воскресе́ние; (*reincarnation*) переселе́ние душ
rebore 1. *n* повто́рная расто́чка **2.** *v* повто́рно раста́чивать
reborn возрождённый
[1]**rebound 1.** *n* (*bounce*) отско́к; (*reaction*) реа́кция **2.** *v* (*bounce*) отска́кивать (**from,** от + *gen*); (*reflect*) отража́ться; *fig* име́ть обра́тное де́йствие; (*recover*) поправля́ться
[2]**rebound** (*book*) за́ново переплетённый
rebuff 1. *n* (*refusal*) отка́з; (*snub*) отпо́р; (*defeat*) неуда́ча **2.** *v* (*refuse*) отка́зывать (+ *dat*); (*snub*) дава́ть отпо́р (+ *dat*); (*repulse*) отража́ть; **be** ~**ed** получи́ть *pf* отка́з, отпо́р; потерпе́ть *pf* неуда́чу
rebuild (*build again*) вновь стро́ить; (*restore*) восстана́вливать; (*reconstruct*, *rearrange*) перестра́ивать
rebuilding реконстру́кция; (*major repair*) капи-

та́льный ремо́нт

rebuke 1. *n* (*reproach*) упрёк; (*reproof*) вы́говор **2.** *v* упрека́ть; выгова́ривать (+ *dat*; **for,** за + *acc*)

rebus ре́бус

rebut (*refute*) опроверга́ть; (*reject*, *repudiate*) отверга́ть

rebuttal опроверже́ние

recalcitrance (*obstinacy*) упо́рство, упря́мство; (*wilfulness*) непоко́рность *f*

recalcitrant 1. *n* бунта́рь *m* **2.** *adj* упря́мый; непоко́рный; (*of material*) непода́тливый

recall 1. *n* (*order to return*) отозва́ние; (*return*) возвраще́ние; (*memory*) па́мять *f*; **beyond** ~ (*forgotten*) совсе́м забы́тый; (*irrevocable*) оконча́тельный; (*beyond correction*) непоправи́мый; (*hopeless*) безнадёжный **2.** *v* (*call back*) вызыва́ть обра́тно; (*envoys etc*) отзыва́ть; (*return*) возвраща́ть; (*remember*) вспомина́ть; (*remind of*) напомина́ть; (*revive*) воскреша́ть; (*annul*) отменя́ть

recant отрека́ться, отка́зываться от (+ *gen*)

recantation отрече́ние (**of,** от + *gen*)

recapitulate (*repeat*) повторя́ть; (*summarize*) сумми́ровать, подыто́живать

recapitulation повторе́ние; сумми́рование, резюме́ *neut indecl*; *mus* репри́за; *biol* рекапитуля́ция

recapture 1. *n* (*of fugitive*) пои́мка; (*of town etc*) взя́тие обра́тно **2.** *v* (*catch*) пойма́ть *pf*; (*town etc*) взять *pf* обра́тно; (*recall*) восстана́вливать в па́мяти; (*reproduce*) воспроизводи́ть

recast (*remake*) переде́лывать; (*reformulate*) перестра́ивать; (*recount*) пересчи́тывать; (*remould*) отлива́ть за́ново; (*play*) ста́вить с но́вым соста́вом; (*actor*) дава́ть но́вую роль (+ *dat*); (*role*) назнача́ть но́вого исполни́теля на роль (+ *gen*)

recce *mil sl* разве́дка

recede (*move back*) отступа́ть; (*move into distance*) удаля́ться (**from,** от + *gen*); ~ **into backgound** отходи́ть в за́дний план; *fig* теря́ть значе́ние, забыва́ться; (*lessen*) уменьша́ться; (*of water level*) спада́ть; (*fade*) исчеза́ть; (*slope*) клони́ться наза́д

receding (*chin*) ско́шенный; (*brow*) пока́тый

receipt (*receiving*) получе́ние; **on** ~ **of** по получе́нии (+ *gen*); (*in shop etc*) квита́нция; (*acknowledgement*) распи́ска (в получе́нии + *gen*); (*recipe*) реце́пт; *pl* (*money*) прихо́д

receive (*get*) получа́ть; (*meet with*) встреча́ть; (*suffer*) терпе́ть; (*contain*) вмеща́ть; (*guest*; *proposal*; *programme*) принима́ть; (*stolen-goods*) укрыва́ть

received (*commonly accepted*) общепри́нятый

receiver (*person*) получа́тель *m*; (*of stolen goods*) укрыва́тель *m*; (*radio*) (радио)приёмник; (*telephone*) тру́бка; (*of bankrupt firm*) ликвида́тор

receiving приёмный

recension (*process*) реце́нзия; (*version*) вариа́нт, реда́кция

recent неда́вний, после́дний; (*fresh*) све́жий

recently (*not long ago*) неда́вно; (*of late*) в после́днее вре́мя, на днях; (*just*) то́лько что; **as** ~ **as** не да́лее как, то́лько; **until** ~ до после́днего вре́мени

receptacle вмести́лище; (*any vessel*) сосу́д

reception (*accepting*, *admission*) приём, приня́тие; (*obtaining*) получе́ние; (*welcome*; *party*) приём; **have a favourable** ~ быть хорошо́ при́нятым, встре́ченным; (*of ideas etc*) восприя́тие; *rad* приём; ~ **room** приёмная

receptionist дежу́рный, *f* дежу́рная

receptive восприи́мчивый (**to,** к + *dat*)

receptivity восприи́мчивость *f*

recess 1. *n* (*alcove*) алько́в, ни́ша; (*for window*) амбразу́ра; (*indentation*) углубле́ние; (*hollow*) по́лость *f*; *tech* вы́емка; *pl* (*remote place*) тайни́ки *m pl*; (*vacation*) кани́кулы *f pl*; (*break*, *interval*) переры́в **2.** *v* (*make alcove etc*) де́лать углубле́ние, вы́емка *etc*; (*set into*) помеща́ть в углубле́ние; (*have break*) де́лать переры́в

recession удале́ние, отступле́ние; *econ* реце́ссия

recessive удаля́ющийся; *biol* рецесси́вный

recharge 1. *n* перезаря́дка **2.** *v* перезаряжа́ть

recherché изы́сканный

recidivism рецидиви́зм

recidivist 1. *n* рецидиви́ст **2.** *adj* рецидиви́стский

recipe реце́пт (**for,** + *gen*); *fig* гото́вый реце́пт (**for,** + *gen*)

recipient 1. *n* получа́тель *m* **2.** *adj* получа́ющий

reciprocal 1. *n math* обра́тная величина́ **2.** *adj* (*mutual*) взаи́мный; (*on mutual basis*) на осно́ве взаи́мности; (*complementary*) соотве́тственный; (*done in return*) отве́тный; *math* обра́тный

reciprocate (*reply*) отвеча́ть взаимностью; ~ **with** отвеча́ть (+ *instr*); (*exchange*) обме́ниваться (+ *instr*); (*return*) возвраща́ть; *tech* дви́гать(ся) взад и вперёд

reciprocating *tech* возвра́тно-поступа́тельный; ~ **engine** поршнево́й дви́гатель *m*

reciprocation обме́н (**of,** + *instr*)

reciprocity взаи́мность *f*

recital (*story*) расска́з (**of,** о + *prep*); (*enumeration*) перечисле́ние; (*reading*) чте́ние; (*declamation*) деклама́ция; (*concert*) конце́рт

recitalist концерта́нт

recitation (*reading*) чте́ние; (*from memory*) повторе́ние наизу́сть; (*declamation*) деклама́ция; (*enumeration*) перечисле́ние

recitative речитати́в

recite (*say by heart*) повторя́ть наизу́сть; (*declaim*) деклами́ровать; (*read*) чита́ть вслух; (*tell story*) расска́зывать; (*enumerate*) перечисля́ть

reciter (*person*) деклама́тор, чтец; (*book*) чтец-деклама́тор

reck забо́титься (**of,** о + *prep*)

reckless (*rash*) опроме́тчивый; (*incautious*) безрасу́дный; (*daring*) де́рзкий; (*desperate*) отча́янный; (*irresponsible*) безотве́тственный; (*careless*) беспе́чный; (*neglectful*) пренебрега́ющий (**of,** + *instr*)

reckon (*count*; *consider*) счита́ть (**as, to be,** + *instr*); (*think*) ду́мать; (*add up*) подсчи́тывать; (*calculate*) исчисля́ть

~ **on** (*rely*) полага́ться на (+ *acc*); (*expect*) ожида́ть

~ **up** (*total*) подсчи́тывать

~ **with** счита́ться (с + *instr*)

reckoning (*calculation*, *also fig*) рассчёт; (*bill*, *also fig*) счёт; (*payment*, *retribution*) распла́та; (*adding up*) подсчёт; *naut* счисле́ние; **dead** ~ счисле́ние пути́

reclaim (*claim back*) тре́бовать обра́тно (+ *gen*); (*take back*) брать обра́тно; (*land*) мелиори́ровать; (*restore*) восстана́вливать; (*scrap*, *waste*) утилизи́ровать; (*reform*) исправля́ть

reclamation мелиора́ция; восстановле́ние; утилиза́ция; *comm* реклама́ция

recline (*lean back*) отки́дываться наза́д; (*lie*)

полулежáть, развáливаться; (*lean*) опирáться (**on,** на, о + *acc*)
recluse затвóрник, отшéльник
recognition (*status*; *of government etc*; *admission*) признáние; **in ~ of** в знак признáния (+ *gen*); (*awareness*) сознáние; (*of person, face etc*) узнавáние; **beyond ~** до неузнавáемости; *mil* опознавáние
recognizable (*identifiable*) опознавáемый; (*evident*) замéтный; (*definite*) определённый
recognizance (*obligation*) обязáтельство; (*pledge*) залóг
recognize (*identify*) узнавáть; (*admit, acknowledge*) признавáть (**as,** + *instr*); (*express appreciation*) выражáть признáние (+ *gen*); (*be aware of*) сознавáть; (*greet*) привéтствовать
recognized (*accepted*) (обще)признанный
recoil 1. *n* (*rebound*) отскóк; (*of gun*) отдáча, откáт; (*disgust*) отвращéние **2.** *v* (*rebound*) отскáкивать; (*of gun*) отдавáть, откáтываться; (*start back in horror etc*) отпрянуть *pf*; отшатнýться *pf*; (*shrink from*) откáзываться (**from,** от + *gen*); **~ on** бить, ударять по (+ *dat*); **~ on oneself** ударять по (самомý) себé
recoilless безоткáтный
recollect (*remember*) вспоминáть, припоминáть; (*thoughts etc*) собирáться с (+ *instr*); **~ oneself** опóмниться *pf*
recollection (*the memory*) пáмять *f*, (*a remembrance*) воспоминáние; **to the best of my ~** наскóлько мне пóмнится; **have no ~ of** не пóмнить
recommence снóва начинáть(ся)
recommend (*advise*) совéтовать, предлагáть, рекомендовáть (+ *dat or infin*); (*a book, medicine etc*) рекомендовáть (+ *acc*; **to,** + *dat*; **~ for a job** на рабóту); (*make acceptable*) говорить в его пóльзу; (*entrust*) вверять (**to,** + *dat*)
recommendable (*advisable*) рекомендýемый; (*praiseworthy*) достóйный
recommendation рекомендáция
recommendatory рекомендáтельный
recompense 1. *n* (*reward*) вознаграждéние (**for,** за + *acc*); (*compensation*) компенсáция (**for,** за + *acc*); (*requital*) расплáта **2.** *v* вознаграждáть; компенсировать
recompose (*compose again*) составлять зáново, пересоставлять; (*rearrange*) перестрáивать; (*do again*) передéлывать; (*calm*) успокáивать
reconcilable совместимый (**with,** с + *instr*)
reconcile (*restore friendship between*) мирить; (*persuade to accept*) примирять (**to,** с + *instr*); (*settle*) улáживать; (*make compatible*) согласóвывать, совмещáть; **be ~d to** смиряться, примиряться с (+ *instr*)
reconciliation примирéние; улáживание; согласовáние
recondite (*deep, abstruse*) глубóкий; (*obscure*) неудобопонятный; (*mysterious*) таинственный
recondition (*repair*) ремонтировать; (*restore*) восстанáвливать; (*accustom to new conditions*) переýчивать
reconnaissance 1. *n* развéдка **2.** *adj* развéдывательный
reconnoitre *vi* вести развéдку; *vt* развéдывать
reconsider пересмáтривать
reconsideration пересмóтр
reconstitute (*reorganize*) перестрáивать; (*re-create*) воссоздавáть; (*to original condition*) восстанáвливать
reconstruct (*rebuild*) перестрáивать, реконструировать; (*re-create*) воссоздавáть, воспроизводить; (*restore*) восстанáвливать
reconstruction перестрóйка, реконстрýкция; воссоздáние; восстановлéние
reconvert возвращáть в прéжнее состояние; *comm* производить реконвéрсию
record 1. *n* (*written, taped account*) зáпись *f*; **keep a ~** вести зáпись; **off the ~** неофициáльный, не для печáти; (*of meeting etc*) протокóл; (*report*) отчёт; *pl* (*documents*) дáнные *pl*; (*archives*) архив; (*reputation*) репутáция; (*past*) прóшлое; **criminal ~** уголóвное прóшлое; (*achievement*) достижéния *neut pl*; (*sound recording*) (звуко)зáпись *f*; (*gramophone*) пластинка; **put a ~ on** стáвить пластинку; *sp etc* рекóрд; **set/break a ~** постáвить, установить *pf* /побить *pf* рекóрд; **swimming ~** рекóрд по плáванию **2.** *adj* рекóрдный; *fig* небывáлый **3.** *v* (*in writing, on tape etc*) записывать (**on tape** на лéнту, **on a tape-recorder** на магнитофóн); (*register*) регистрировать; (*indicate*) покáзывать; (*make recording*) записываться
record-breaker рекордсмéн, *f* рекордсмéнка, рекордист, *f* рекордистка
record-breaking рекóрдный; *fig* небывáлый
recorder (*device*) самопи́сец; **tape ~** магнитофóн; *leg* рикóрдер; *mus* дýдка
record-holder рекордсмéн, *f* рекордсмéнка; рекордист, *f* рекордистка
recording 1. *n* зáпись *f* **2.** *adj tech* самопи́шущий
record-player проигрыватель *m*
[1]**recount 1.** *n* (*second count*) пересчёт **2.** *v* пересчитывать
[2]**recount** (*tell*) рассkáзывать
recoup (*recover*) получáть обрáтно; (*investment etc*) окупáть; **~ itself** окупáться; (*compensate*) возмещáть (**s.o.,** + *dat*; *losses etc* + *acc*); *leg* удéрживать
recourse 1. *n* (*seeking help*) обращéние за пóмощью; **have ~ to (s.o.)** обращáться (за пóмощью) к (+ *dat*); (*sth*) прибегáть к (*dat*) **2.** *v* прибегáть к (+ *dat*)
re-cover (*cover again*) снóва покрывáть; (*chair etc*) перебивáть
recover (*get back*) получáть обрáтно; **~ outlay** окупáть расхóды; **~ losses** возмещáть убытки; (*retrieve*) возвращáть себé; (*reconquer*) отвоёвывать; (*have restored*) восстанáвливать; **~ one's balance** восстановить *pf* равновéсие; **~ one's breath** отдышáться; (*get well*) поправляться, выздорáвливать (**from,** от + *gen*); (*regain former state*) оправляться (**from,** от + *gen*); (*regain composure*) прийти *pf* в себя; *tech* восстанáвливать; (*scrap etc*) утилизировать
recoverable (*losses etc*) возместимый; (*not hopeless*) поправимый
recovery (*return*) возврáт, возвращéние, получéние обрáтно; (*getting well*) выздоровлéние; (*after faint etc*) прихóд в себя; (*of losses etc*) возмещéние; (*restoration, also econ, tech*) восстановлéние; (*extraction*) извлечéние; (*of scrap etc*) утилизáция
recreant 1. *n* (*coward*) трус; (*renegade*) отстýпник **2.** *adj* трусливый; отстýпнический
re-create (*create again*) вновь создавáть; (*reproduce in art etc*) воссоздавáть
recreation (*relaxation*) óтдых; (*amusement*) раз-

влече́ние; ~ **ground** де́тская площа́дка
recreational для о́тдыха и развлече́ния
recriminate (*accuse in return*) отвеча́ть обвине́нием; (*accuse each other*) обвиня́ть друг дру́га
recrimination *usu pl* взаи́мные обвине́ния *neut pl*
recriminatory (*accusing*) обвиня́ющий; (*mutual*) взаи́мный; (*counter*) встре́чный;
recrudesce возобновля́ться
recrudescence возобновле́ние
recruit 1. *n* (*soldier*) новобра́нец; (*new member*) но́вый член **2.** (*enlist*) вербова́ть
recruiting, recruitment вербо́вка
rectal прямоки́шечный, ректа́льный
rectangle прямоуго́льник
rectangular прямоуго́льный
rectifiable исправи́мый, поправи́мый
rectification (*correction*) исправле́ние; *chem* очище́ние; *elect* выпрямле́ние; *math* спрямле́ние
rectifier *elect* выпрями́тель *m*
rectify исправля́ть; очища́ть; выпрямля́ть; спрямля́ть
rectilinear прямолине́йный; *opt* (*lens*) противодисторсио́нный
rectitude (*rightness*) правота́; (*correctness*) пра́вильность *f*; (*honesty*) че́стность *f*
recto (*page of book*) пра́вая страни́ца; (*side of folio*) лицева́я сторона́ (листа́)
rector (*of college etc*) ре́ктор; (*of parish*) прихо́дский свяще́нник
rectorial ре́кторский
rectory дом прихо́дского свяще́нника
rectum пряма́я кишка́
recumbent лежа́чий, лежа́щий
recuperate поправля́ть(ся)
recuperation (*making well*) восстановле́ние здоро́вья; (*getting well*) выздоровле́ние, попра́вка
recuperative (*restorative*) восстана́вливающий; (*curative*) целе́бный; (*fortifying*) укрепля́ющий
recur (*be repeated*) повторя́ться; (*return to mind*) возвраща́ться
recurrence повторе́ние
recurrent повторя́ющийся; *tech, med* повто́рный, периоди́ческий
recurring (*decimal*) периоди́ческий
recusancy диссиде́нтство
recusant 1. *n* диссиде́нт **2.** *adj* диссиде́нтский
recycle повто́рно испо́льзовать
red 1. *n* (*colour*) кра́сный (цвет); *pol* кра́сный; *fin* **in the** ~ в долгу́; *fig* **see** ~ приходи́ть в я́рость **2.** *adj* (*colour*; *pol*) кра́сный; (*of complexion*) румя́ный; **go, turn** ~ красне́ть; (*with anger, tears etc*) покрасне́вший (**with,** от + *gen*); (*of hair*) ры́жий; *in expressions* ~ **admiral** ба́бочка-адмира́л; ~ **ant** ры́жий лесно́й мураве́й; ~ **cabbage** капу́ста краснокоча́нная, кра́сная капу́ста; **Red Cross** Кра́сный Крест; ~ **deer** благоро́дный оле́нь *m*, мара́л; ~ **giant** *astron* кра́сный гига́нт ~ **herring** *fig* ло́жный след; ~ **lead** свинцо́вый су́рик; ~ **ochre** кра́сная о́хра; ~ **shift** *astron* кра́сное смеще́ние ~ **tape** *fig* волоки́та, канцеля́рщина
redaction (*editing*) редакти́рование; (*variant of text*) реда́кция
redbreast (*robin*) мали́новка
redbrick из кра́сного кирпича́; (*of university*) но́вый
redcap *coll* (*military policeman*) вое́нный полице́йский; *Am* (*porter*) носи́льщик
redcurrant кра́сная сморо́дина
redden (*colour red*) окра́шивать в кра́сный цвет; (*cause redness*) вызыва́ть красноту́; (*become red*; *blush*) красне́ть; (*show red*) красне́ть, красне́ться
reddish краснова́тый; (*of hair*) рыжева́тый
redecorate (*repaint*) перекра́шивать; (*decorate again*) за́ново декори́ровать, украша́ть
redeem (*buy back, ransom*) выкупа́ть; (*pay off*) выпла́чивать; (*regain*) возвраща́ть себе́; (*restore*) восстана́вливать; (*fulfil*) выполня́ть; (*expiate, also relig*) искупа́ть; (*save, also relig*) спаса́ть; (*justify*) опра́вдывать; (*put right*) исправля́ть
redeemer спаси́тель *m*
redemption вы́куп; вы́плата; возвраще́ние (себе́); восстановле́ние; выполне́ние; искупле́ние; спасе́ние; оправда́ние; исправле́ние
redemptional искупи́тельный
redemptive (*saving*) искупи́тельный; (*corrective*) исправи́тельный
redeploy *mil* передислоци́ровать(ся); (*put in new places*) переставля́ть; (*redistribute*) перераспределя́ть; (*give new job*) переназнача́ть
redeployment *mil* передислока́ция, перегруппиро́вка; перестано́вка; перераспределе́ние; (*of industry*) реорганиза́ция
redesign переконструи́ровать, перераба́тывать
red-haired ры́жий, рыжеволо́сый
red-handed (*with blood*) с окрова́вленными рука́ми; *fig* **catch** ~ пойма́ть *pf* с поли́чным, на ме́сте преступле́ния
red-head ры́жий
red-headed ры́жий, рыжеволо́сый
red-hot раскалённый докрасна́; *fig* (*fervent*) горя́чий; (*sensational*) сенсацио́нный
Red Indian 1. *n* краснико́жий, инде́ец **2.** *adj* красноко́жий, инде́йский
redingote рединго́т
redintegrate восстана́вливать
redirect (*forward*) переправля́ть, пересыла́ть; (*readdress*) переадресо́вывать; (*transfer*) переноси́ть
redistribute перераспределя́ть
redistribution перераспределе́ние
red-letter (*festive*) пра́здничный; (*memorable*) па́мятный
redman (*Indian*) красноко́жий
red-necked красноше́ий
redness краснота́
red-nosed красноно́сый
redo (*do again*) повторя́ть; (*remake, alter*) переде́лывать; (*redecorate*) перекра́шивать
redolence благоуха́ние
redolent благоуха́ющий, арома́тный; ~ **of** па́хнущий (+ *instr*); *fig* дыша́щий (+ *instr*)
redouble (*double again*) втори́чно удва́ивать; (*increase*) увели́чивать(ся); (*intensify*) уси́ливать(ся), усугубля́ть(ся); (*fold*) скла́дывать(ся) вдво́е
redoubt *mil* реду́т
redoubtable (*fearsome*) гро́зный; (*considerable*) внуши́тельный
redound (*promote*) спосо́бствовать (**to,** + *dat*); ~ **upon** па́дать на го́лову (+ *gen*), ударя́ть по (+ *dat*)
redraft перепи́сывать, пересоставля́ть
redress 1. *n* (*compensation*) возмеще́ние; (*satisfaction*) удовлетворе́ние **2.** *v* (*set right*) исправля́ть; (*restore*) восстана́вливать; (*compensate*) возмеща́ть

red-rimmed (*eyes*) покрасне́вший
redshank (*bird*) тра́вник
redskin (*Indian*) краснoко́жий
redstart (*bird*) горихво́стка
reduce (*make lower*, *of prices*, *speed etc*) снижа́ть; (*make less*, *smaller*; *weaken*) уменьша́ть; (*break into smaller pieces*) измельча́ть; (*of time*, *numbers*) сокраща́ть; (*in rank*) понижа́ть; ~ **to the ranks** разжа́ловать *pf* в рядовы́е; (*slim*) худе́ть; (*subdue*) покоря́ть; (*capture*) захва́тывать; *phon* редуци́ровать; ~ **to** (*turn into*; *convert into*) превраща́ть(ся) в (+ *acc*); (*bring to order etc*) приводи́ть в (+ *acc*); (*resolve into*) своди́ть к (+ *dat*); (*force into*) доводи́ть до (+ *gen*), заставля́ть (+ *infin*); ~ **to tears** довести́ *pf* до слёз
reduced: in ~ circumstances в стеснённых обстоя́тельствах
reducer *tech* реду́ктор; (*gear*) редукцио́нная переда́ча; *phot*, *chem* ослаби́тель *m*
reduction сниже́ние; (*discount*) ски́дка; уменьше́ние; измельче́ние; сокраще́ние; пониже́ние; покоре́ние; (*destruction*) уничтоже́ние; редуци́рование; превраще́ние; приведе́ние; доведе́ние (*see* **reduce**)
reductionism реду́кционизм
redundance, redundancy (*superfluousness*) избы́точность *f*; (*excess*) избы́ток, изли́шек; (*of workers*) избы́ток рабо́чей си́лы; (*dismissal*) увольне́ние по сокраще́нию шта́та
redundant (*excess*; *of employees*, *plant*) избы́точный, изли́шний; **become** ~ быть уво́ленным по сокраще́нию шта́та; (*superfluous*) ли́шний, нену́жный
reduplicate (*duplicate*) удва́ивать(ся); (*duplicate again*) повто́рно удва́ивать; (*repeat*) повторя́ть
reduplication удва́ивание (*also ling*); повторе́ние
redwood (*sequoia*) калифорни́йское ма́монтовое де́рево, секво́йя гига́нтская
re-echo (*echo back*) повторя́ться э́хом; (*resound*) раздава́ться, раска́тываться э́хом
reed 1. *n bot* тростни́к, камы́ш; *mus* язычо́к **2.** *adj* тростнико́вый; язычко́вый; **~-pipe** свире́ль *f*
re-educate перевоспи́тывать
re-education перевоспита́ние
reedy (*like*, *of reed*) тростнико́вый; (*covered in reeds*) заро́сший тростнико́м; (*of voice*) пронзи́тельный
[1]**reef 1.** *n* (*in sea*) риф; *geol* пласт **2.** *adj* ри́фовый
[2]**reef 1.** *n* (*in sail*) риф; **take in, let out a** ~ брать, отдава́ть риф **2.** *v* брать ри́фы; ~ **a sail** брать ри́фы у па́руса, зари́фливать па́рус
reefer (*coat*) бушла́т; *sl* (*marijuana cigarette*) сигаре́та с марихуа́ной
reef-knot ри́фовый у́зел
reek 1. *n* (*stench*) вонь *f* **2.** *v* (*stink*) воня́ть, па́хнуть (**of,** + *instr*); *fig* па́хнуть (**of,** + *instr*); (*give off smoke*) дыми́ть
[1]**reel 1.** *n* (*of thread etc*) кату́шка; (*of film*, *paper etc*) руло́н; (*of tape*) боби́на; *tech* (*drum*) бараба́н **2.** *v* (*wind in*) нама́тывать (**in, on,** на + *acc*); ~ **out** сма́тывать (с + *gen*); *fig* ~ **off** отбараба́нить *pf*
[2]**reel** (*dance*) рил
[3]**reel** (*stagger*, *rock*) шата́ться; (*spin*) кружи́ться; **his head ~ed** у него́ закружи́лась голова́; (*from sudden emotion*, *shock*) быть ошеломлённым, потрясённым
re-elect переизбира́ть
re-election переизбра́ние
re-eligible име́ющий пра́во на переизбра́ние
re-enter (*go in again*) сно́ва входи́ть в (+ *acc*); (*return*) возвраща́ться в (+ *acc*)
re-entry вход, возвраще́ние (**into,** в + *acc*)
re-establish (*restore*) восстана́вливать; (*transfer*) переноси́ть в (+ *acc*)
reeve (*rope*) продева́ть (че́рез + *acc*)
re-examine (*look at again*) вновь рассма́тривать; *leg* повто́рно опра́шивать
re-export 1. *n* реэ́кспорт **2.** *v* реэкспорти́ровать
ref *coll abbr, see* **referee**
reface перешлифова́ть
refashion переде́лывать
refection лёгкая заку́ска
refectory тра́пезная
refer (*send*) посыла́ть (**to,** к + *dat*); (*direct*) направля́ть (**to,** к + *dat*); (*to note*, *other work etc*) отсыла́ть (**to,** к + *dat*); (*apply to*) обраща́ться (**to,** к + *acc*; в + *acc*); (*look in book etc*) смотре́ть (**to,** в + *acc*), справля́ться (**to,** с + *instr*); (*ascribe*) относи́ть (**to,** к + *dat*); (*quote*, *allude*) ссыла́ться (**to,** на + *acc*); (*mention*) упомина́ть, говори́ть (**to,** о + *prep*); (*concern*) относи́ться (**to,** к + *dat*); ~ **back** возвраща́ть для но́вого рассмотре́ния; ~ **to arbitration** передава́ть в арбитра́ж
referee 1. *n sp* судья́; (*arbitrator*) арби́тр **2.** *v sp* суди́ть
reference 1. *n* (*to person*, *book etc*) ссы́лка (**to,** на + *acc*); **make ~ to** ссыла́ться на (+ *acc*); **with ~ to** (*in letters*) ссыла́ясь на (+ *acc*); (*with regard to*) что каса́ется (+ *gen*), относи́тельно (+ *gen*); **without ~ to** незави́симо от (+ *gen*); **cross ~** перекрёстная ссы́лка; (*mention*) упомина́ние; (*information*) спра́вка; **make ~ to** (*consult book etc*) справля́ться в (+ *prep*); (*recommendation*) рекоменда́ция; (*from employer*) характери́стика; **terms of ~** компете́нция **2.** *adj* спра́вочный; ~ **book** спра́вочник
referendum рефере́ндум
referential спра́вочный
referent рефере́нт
referral направле́ние
refill 1. *n* (*refuelling*) запра́вка; (*spare cartridge*, *cylinder etc*) запасно́й патро́н, балло́н *etc* **2.** *v* (*fill again*) сно́ва наполня́ть; (*pen*, *tank etc*) заправля́ть (**with,** + *instr*)
refine (*purify*) очища́ть; (*oil*, *sugar*, *etc*) рафини́ровать; (*make*, *become more elegant etc*) де́лать(ся) бо́лее изя́щным; (*make more subtle*, *exquisite*) утонча́ть
refined (*elegant*) изя́щный; (*recherché*) изы́сканный; (*subtle*, *exquisite*) утончённый; (*cultured*) культу́рный; *tech* очи́щенный, рафини́рованный
refinement изя́щность *f*; изы́сканность *f*; культу́ра; утончённость *f*; (*fine point*) то́нкость *f*; (*improvement*) усоверше́нствование
refinery рафиниро́вочный заво́д; **sugar** ~ рафина́дный заво́д; **oil** ~ нефтеперего́нный заво́д
refining очи́стка, рафини́рование
refit 1. *n* (*repair*) ремо́нт; (*re-equipment*) переобору́дование **2.** *v* (*reassemble*) монти́ровать; (*replace*) ста́вить обра́тно на ме́сто; (*repair*) ремонти́ровать; (*re-equip*) переобору́довать
reflect (*of mirror etc*; *also fig*) отража́ть(ся); (*think*) ду́мать; ~ **on** (*ponder*) размышля́ть над (+ *instr*); (*affect*) отража́ться на (+ *prep*); (*cast doubt on*) подверга́ть сомне́нию; (*discredit*)

бросáть тень на (+ *acc*); (*disparage*) умалять
reflecting отражáтельный; ~ **telescope** зеркáльный телескóп
reflection (*of light, sound etc; in mirror; also fig*) отражéние; (*gleam*) óтблеск; (*pondering*) размышлéние; **on** ~ подýмав; **without** ~ не подýмав; (*reproach*) упрёк; *pl* (*comments*) соображéния *neut pl*
reflective отражáтельный; размышляющий; (*thoughtful*) задýмчивый
reflector рефлéктор, отражáтель *m*; *astron* зеркáльный телескóп
reflex 1. *n physiol* рефлéкс; **conditioned** ~ услóвный рефлéкс; *coll* (*reaction*) реáкция; (*image*) отражéние; (*manifestation*) внéшнее выражéние **2.** *adj* (*reflected*) отражённый; ~ **camera** зеркáльный фотоаппарáт; (*backwards*) обрáтный; *physiol* рефлéкторный; ~ **action** рефлéкс, рефлéкторное движéние
reflexive 1. *n* (*verb*) возврáтный глагóл; (*pronoun*) возврáтное местоимéние **2.** *adj* возврáтный
refloat (*stranded vessel*) снимáть с мéли; (*sunken vessel*) поднимáть
reflux отлив
re-form (*form again*) зáново формировáть; (*refashion*) передéлывать; (*regroup*) перегруппирóвывать
reform 1. *n* реформа, преобразовáние **2.** *v* (*improve*) улучшáть(ся); (*change for better*) изменять(ся) к лýчшему; (*reorganize, transform*) преобразóвывать; *pol* (*introduce reforms into*) реформировать; (*morally*) исправлять(ся)
reformation 1. *n* изменéние; преобразовáние; исправлéние; *relig hist* **Reformation** Реформáция **2.** *adj relig hist* реформáтский
reformative реформирующий; исправляющий
reformatory 1. *n* реформатóрий, исправительное заведéние **2.** *adj* реформирующий; исправительный
reformed (*corrected*) испрáвленный; (*morally*) испрáвившийся; **Reformed Church** реформáтская цéрковь *f*
reformer реформáтор
reforming (*seeking reform*) реформáторский
reformist *pol* **1.** *n* реформист **2.** *adj* реформистский
refract преломлять(ся)
refracting преломляющий; ~ **telescope** рефрáктор
refraction преломлéние, рефрáкция
refractive преломляющий; ~ **index** показáтель *m* преломлéния
refractor рефрáктор
refractory (*obstinate*) упрямый; (*unruly*) непокóрный; (*resistant*) упóрный; *tech* огнеупóрный
[1]**refrain** (*in song*) рефрéн, припéв
[2]**refrain** сдéрживаться, удéрживаться; ~ **from** воздéрживаться от (+ *gen*); **please** ~ **from ...** прошý не (+ *infin*)
reframe (*put in new frame*) стáвить в нóвую рáмку; (*redraft*) пересоставлять
refrangibility преломляемость *f*
refrangible преломляемый
refresh (*freshen*) освежáть; ~ **oneself** освежáться; ~ **one's memory** освежáть в пáмяти; (*restore*) восстанáвливать
refresher (*reminder*) напоминáние; *coll* (*drink*) стакáнчик; ~ **course** курс повышéния квалификáции
refreshing (*drink etc*) освежáющий; (*welcome*) приятный
refreshment (*rest*) óтдых; (*food*) едá; (*drink*) питьё; (*snack*) закýска; (*buffet*) буфéт
refrigerant 1. *n* охладитель *m*, хладагéнт **2.** *adj* охлаждáющий
refrigerate (*keep cold*) охлаждáть; (*preserve by freezing*) заморáживать; (*keep in refrigerator*) хранить в холодильнике
refrigeration охлаждéние; заморáживание
refrigerator холодильник
refuel дозаправлять(ся) тóпливом
refuelling дозапрáвка тóпливом
refuge (*safe place*) убéжище (**from,** от + *gen*); (*protection*) защита (**from,** от + *gen*); (*comfort*) утешéние; (*salvation*) спасéние; **take** ~ **in** прибегáть к (+ *dat*); (*road island*) островóк безопáсности
refugee бéженец, *f* бéженка
refulgence сияние, сверкáние
refulgent сияющий, блестящий
refund 1. *n* (*return*) возврáт; (*compensation*) возмещéние **2.** *v* возвращáть; возмещáть
refurbish (*restore*) восстанáвливать; (*redecorate*) перекрáшивать; (*touch up*) подкрáшивать; (*polish up*) чистить до блéска
refusal откáз; **first** ~ прáво пéрвого выбора
[1]**refuse** (*rubbish*) отбрóсы *m pl*, мýсор; ~ **bin** ýрна для мýсора; ~ **dump, tip** свáлка
[2]**refuse** (*withhold, deny*) *vt* откáзывать (+ *dat of person*, в + *prep of thing*); **they ~d him a visa** емý откáзали в визе; (*reject, decline*) откáзываться от (+ *gen*); *vt* откáзываться (**to,** + *infin*); (*of horse*) артáчиться
refutable опровержимый
refutation опровержéние
refute опровергáть
regain (*receive back*) получáть обрáтно; (*have restored*) снóва приобретáть; (*reach again*) снóва достигáть (+ *gen*); (*catch up*) догонять; (*recover, restore*) восстанáвливать; ~ **consciousness** прийти *pf* в себя; ~ **one's feet** встать *pf* нá ноги
regal королéвский, цáрский; *fig* цáрственный
regale (*with feast*) угощáть (**with,** + *instr*); (*with story etc*) развлекáть (**with,** + *instr*); (*delight*) рáдовать
regalia регáлии *f pl*
regalism регализм
regard 1. *n* (*esteem*) уважéние; **have (a) high** ~ **for** óчень уважáть, питáть уважéние к (+ *dat*); **out of** ~ **for** из уважéния к (+ *dat*); *pl* (*greeting*) поклóн, привéт; (*attention*) внимáние; **have, pay** ~ **to** обращáть внимáние на (+ *acc*); (*matter*) **with** ~ **to** что касáется (+ *gen*); **in this** ~ в этом отношéнии; (*gaze*) взгляд **2.** *v* (*consider*) считáть (**as,** + *instr*); (*look*) смотрéть на (+ *acc*); (*respect*) уважáть; (*concern*) касáться (+ *gen*); **as ~s** что касáется (+ *gen*)
regarding (*about*) относительно (+ *gen*); (*with respect to*) по отношéнию к (+ *dat*); (*initially*) что касáется (+ *gen*); (*on the subject of*) по пóводу (+ *gen*)
regardless 1. *adj*; (*careless*) невнимáтельный **2.** *adv*); (*paying no heed*) не обращáя внимáния (**of,** на + *acc*); (*anyway*) всё равнó; ~ **of** (*despite*) несмотря на (+ *acc*); (*irrespective*) независимо от (+ *gen*)
regatta регáта

regency 1. *n* ре́гентство **2.** *adj hist* эпо́хи ре́гентства

regenerate 1. *adj* возрождённый **2.** *v* (*revitalize*) возрожда́ть(ся), перерожда́ть(ся); *tech* регенери́ровать

regeneration возрожде́ние, перерожде́ние; регенера́ция

regenerative (*restoring*) восстана́вливающий; *tech* регенерати́вный; *rad* с обра́тной свя́зью; (*railway*) рекуперати́вный

regenerator регенера́тор

regent ре́гент

reggae ре́гги *indecl*

regicide (*act*) цареуби́йство; (*person*) цареуби́йца *m and f*

regime (*all senses*) режи́м

regimen режи́м

regiment 1. *n mil* полк; (*many*) мно́жество **2.** *v* (*organize*) организо́вывать; (*control strictly*) стро́го регламенти́ровать

regimental 1. *n pl* (*uniform*) полкова́я фо́рма **2.** *adj* полково́й

regimentation регимента́ция, стро́гая регламента́ция

region (*of country etc*) райо́н; (*administrative area of USSR*) о́бласть *f*; **the lower ~s** преиспо́дняя; (*field of activity*) сфе́ра, о́бласть *f*; **in the ~ of** (*about*) о́коло (+ *gen*); *tech* о́бласть *f*, зо́на

regional (*of region*) райо́нный, областно́й; (*local*) ме́стный

register 1. *n* (*record*) за́пись *f*; (*official list*) рее́стр; (*record book*; *list*; *tech*, *of voice*, *instrument*, *typewriter etc*) реги́стр; *tech* (*coincidence*) совпаде́ние **2.** *v* (*record*) регистри́ровать(ся); (*enter in list*) вноси́ть в спи́сок; (*note*) отмеча́ть; (*indicate*; *express*) пока́зывать; (*create impression*) производи́ть впечатле́ние; (*coincide*, *fit*) совпада́ть; (*a letter*) отправля́ть заказны́м

registered зарегистри́рованный; **~ letter** заказно́е письмо́; **state ~ nurse** дипломи́рованная медсестра́

registering регистра́ция

registrar регистра́тор

registration (*act*) регистра́ция; (*record*) за́пись *f*; *geol* **~ mark** репе́р; (*of car*) **~ plate, number, mark** номерно́й знак

registry (*registration*) регистра́ция; (*office*) регистрату́ра; (*of births*, *marriages and deaths*) **~-office** отде́л за́писей а́ктов гражда́нского состоя́ния (*usu abbr* загс)

regius короле́вский

regnal: ~ year год ца́рствования

regnant ца́рствующий; *fig* преоблада́ющий

regress 1. *n* (*return*) возвраще́ние (**to,** к + *dat*); (*movement back*) движе́ние наза́д, обра́тное движе́ние; (*deterioration*) регре́сс **2.** возвраща́ться; дви́гаться в обра́тном направле́нии; регресси́ровать

regression регре́ссия

regressive регресси́вный

regret 1. *n* (*sorrow*) сожале́ние; *usu pl* (*excuse*) извине́ние **2.** *v* сожале́ть (о + *prep*)

regretful (*sad*) по́лный сожале́ния, опеча́ленный; (*apologetic*) извиня́ющийся

regretfully (*with regret*) с сожале́нием; (*unfortunately*) к сожале́нию

regrettable (*unfortunate*, *deplorable*) печа́льный; (*inappropriate*) неуме́стный; (*unwelcome*) нежела́нный

regroup перегруппиро́вывать

regrouping перегруппиро́вка

regular 1. *n* (*soldier*) профессиона́льный солда́т; *pl* регуля́рные войска́ *pl*; (*habitué*) завсегда́тай; (*worker*, *customer etc*) постоя́нный рабо́чий, клие́нт **2.** *adj* (*systematic*, *repeated*) регуля́рный; (*normal*) норма́льный; (*correct*, *symmetrical*; *also math*, *gramm*) пра́вильный; (*constant*) постоя́нный; (*habitual*) обы́чный; (*accepted*) при́нятый; (*official*) официа́льный; *mil* (*of army*) регуля́рный; (*of personnel*) ка́дровый; *coll* (*real*) настоя́щий; (*fine*) сла́вный

regularity регуля́рность *f*; пра́вильность *f*

regularize упоря́дочивать

regulate регули́ровать

regulation 1. *n* (*control*) регули́рование; (*ordering*) упоря́дочение; (*rule*) пра́вило; (*official instruction*) распоряже́ние; (*ordinance*) постановле́ние **2.** *adj* (*official*) официа́льный; (*laid-down*) устано́вленный; (*standard*) станда́ртный

regulator *tech* регуля́тор

regurgitate (*vomit*, *also fig*) изверга́ть(ся); (*flow back*) течь обра́тно

regurgitation (*vomit*) изверже́ние; (*flowing back*) обра́тный ток

rehabilitate (*disabled person*) восстана́вливать работоспосо́бность; (*criminal*) исправля́ть; (*reputation*, *rank etc*) реабилити́ровать; (*repair*) ремонти́ровать

rehabilitation исправле́ние; *med*, *pol* реабилита́ция; ремо́нт

rehash 1. *n* переде́лка **2.** *v* переде́лывать

rehearsal *theat* репети́ция; **dress ~** генера́льная репети́ция; (*repetition*) повторе́ние

rehearse *theat vt*, *vi* репети́ровать; (*repeat*) повторя́ть; (*recount*) переска́зывать

reheat (*heat again*) повто́рно нагрева́ть; (*warm up food*) подогрева́ть

reheater *tech* подогрева́тель *m*

rehouse переселя́ть в но́вый до́м, в но́вые дома́

reign 1. *n* (*period of rule*) ца́рствование; **in the ~ of** в ца́рствование (+ *gen*); (*power*) власть *f*; (*dominance*) госпо́дство; **~ of terror** терро́р **2.** *v* ца́рствовать; *fig* цари́ть

reimburse (*repay*) возвраща́ть; (*expenses etc*) возмеща́ть, покрыва́ть

reimport 1. *n* реи́мпорт **2.** *v* реимпорти́ровать

rein 1. *n* вожжа́, по́вод *usu pl*; *fig* **~s of government** бразды́ *f pl* правле́ния; **keep a tight ~ on** держа́ть в узде́; **give ~ to** дать *pf* во́лю (+ *dat*) **2.** *v* (*pull ~s*) натя́гивать во́жжи; **~ in, up** остана́вливать(ся); *fig* (*restrain*) обу́здывать

reincarnate 1. *adj* перевоплощённый **2.** *v* перевоплоща́ть

reincarnation перевоплоще́ние

reindeer (се́верный) оле́нь *m*; **~ moss** оле́ний мох

reinforce (*strengthen*) уси́ливать, укрепля́ть; (*give additional support*) подкрепля́ть; (*concrete*) арми́ровать; *tech* (*stiffen*) придава́ть жёсткость (+ *dat*)

reinforced: ~ concrete 1. *n* железобето́н **2.** *adj* железобето́нный

reinforcement 1. *n* усиле́ние, укрепле́ние; подкрепле́ние; арми́рование; *mil* (*of men*) пополне́ние; (*support*) подкрепле́ние **2.** *adj tech* армату́рный

reinstate (*restore*, *replace*) восстана́вливать; (*repair*) ремонти́ровать

reinstatement восстановле́ние

reinsurance перестрахова́ние
reinsure перестрахо́вывать
reinvest сно́ва вкла́дывать капита́л (**in,** в + *acc*)
reinvestment повто́рное инвести́рование
reissue 1. *n* переизда́ние **2.** *v* переиздава́ть
reiterate повторя́ть
reiteration повторе́ние
reject 1. *n* (*damaged product*) брако́ванное изде́лие, *collect* брак **2.** (*refuse sth*) отверга́ть, отклоня́ть; (*refuse s.o.*) отка́зывать (+ *dat*); (*deny*) отрица́ть; (*refuse to accept*) не принима́ть; (*refuse to recognize*) не признава́ть; (*spew out*) изверга́ть; (*goods*) бракова́ть
rejection отклоне́ние; отка́з; отрица́ние; непри-я́тие; *med* отторже́ние
rejoice ра́довать(ся) (**in, at,** + *dat*)
rejoicing (*joy*) ра́дость *f*; (*gaiety*) весе́лье; (*festivities*) пра́зднование
rejoin (*join together*) присоединя́ть; (*meet again*) присоединя́ться к (+ *dat*); (*return*) возвраща́ться в (+ *acc*); (*retort*) возража́ть; (*reply*) отвеча́ть
rejoinder возраже́ние; отве́т; *leg* втори́чное возраже́ние
rejuvenate (*make young*) омола́живать; (*renew vigour*) восстана́вливать си́лы (+ *gen*)
rejuvenation омоложе́ние; восстановле́ние сил
rejuvenescence омола́живание
rejuvenescent молоде́ющий
rekindle *vt* вновь заже́чь *pf* (*also fig*); *vi* разгоре́ться (*also fig*)
relapse 1. *n* (*repetition*) повторе́ние; *med* рециди́в; (*return*) возвра́т (**into, to,** к + *dat*) **2.** *v* (*fall back into*) сно́ва впада́ть в (+ *acc*); ~ **into silence** сно́ва замолча́ть *pf*
relate (*tell*) расска́зывать; (*link*) устана́вливать связь ме́жду (+ *instr*); ~ **to** относи́ться к (+ *dat*), име́ть отноше́ние к (+ *dat*)
related (*linked*) свя́занный; (*in family*) ро́дственный; **he is distantly ~ to me** он мой да́льний ро́дственник
relation (*story*) расска́з; (*act of relating*) изложе́ние; (*link*) связь *f* (**between,** ме́жду + *instr*); (*relationship*) отноше́ние; **have some ~ to, with** име́ть связь с (+ *instr*); **have, bear no ~ to** не име́ть отноше́ния к (+ *dat*); **with, in ~ to** что каса́ется (+ *gen*); *pl* (*between people, etc*) отноше́ния *neut pl*; (*sexual, diplomatic*) сноше́ния *neut pl*; **establish/break off ~** установи́ть *pf*/ порва́ть *pf* отноше́ния (**between,** между + *instr*); (*related person*) ро́дственник, *f* ро́дственница
relational относи́тельный
relationship (*link*) отноше́ние (**between,** ме́жду + *instr*; **to,** к + *dat*), связь *f* (**between,** ме́жду + *instr*; **to,** с + *instr*); (*family*) ро́дство
relative 1. *n* (*related person*) ро́дственник, *f* ро́дственница **2.** *adj* (*not absolute*; *also gramm*) относи́тельный; (*comparative*) сравни́тельный; (*mutual*) взаимосвя́занный; (*proportionate, corresponding*) соотве́тственный (**to,** + *dat*); (*concerning*) относя́щийся (**to,** к + *dat*)
relativism релятиви́зм
relativist релятиви́ст
relativistic релятиви́стский
relativity относи́тельность *f*; *phys* **theory of ~** тео́рия относи́тельности
relax (*muscles etc*) расслабля́ть(ся); (*lessen, slacken*) ослабля́ть(ся), уменьша́ть(ся); (*reduce severity*) смягча́ть(ся); (*rest*) отдыха́ть
relaxation расслабле́ние; ослабле́ние, уменьше́ние; смягче́ние; о́тдых
relay 1. *n* (*of workers, horses etc*) сме́на; *sp* (*race*) эстафе́та; (*stage of race*) эта́п эстафе́ты; *elect* реле́ *neut indecl*; *rad* трансля́ция; ~ **station** ретрансляцио́нная ста́нция **2.** *v* передава́ть (**to,** + *dat*)
release 1. *n* (*freeing*) освобожде́ние (**from,** от + *gen*); (*issue*) вы́пуск; (*publication*) публика́ция; **press ~** сообще́ние (для печа́ти); *tech* (*disengagement*) разъедине́ние; (*of gas, energy*) выделе́ние; *mil* увольне́ние; *av* (*bomb*) сбра́сывание; *tech* размыка́ющий механи́зм **2.** *v* (*free*) освобожда́ть (**from,** от + *gen*); (*let go*) отпуска́ть; (*let out*; *publish, issue*) выпуска́ть; (*gas etc*) выделя́ть; *tech* (*disengage*) размыка́ть, разъединя́ть; (*bomb*) сбра́сывать
relegate (*send*) отправля́ть (**to,** к + *dat*; в + *acc*); (*refer*) отсыла́ть (**to,** к + *dat*); (*hand over*) передава́ть (**to,** + *dat*); (*transfer to lower position*) переводи́ть (в бо́лее ни́зкий класс *etc*)
relent (*soften*) смягча́ться; (*have mercy*) щади́ть; (*cease*) прекраща́ть(ся); (*slacken*) слабе́ть
relentless (*pitiless*) беспоща́дный, безжа́лостный; (*inexorable*) неумоли́мый
relevance, relevancy уме́стность *f*; **it has no ~ to** э́то не име́ет отноше́ния к (+ *dat*)
relevant (*appropriate*) уме́стный; (*corresponding*) соотве́тствующий; (*concerning the matter*) относя́щийся к де́лу; (*of current importance*) актуа́льный; ~ **to** име́ющий отноше́ние к (+ *dat*)
reliability надёжность *f*
reliable надёжный
reliance (*trust*) уве́ренность *f* (**in, on,** в + *prep*); **place ~ in** полага́ться на (+ *acc*); (*dependence*) зави́симость *f* (**on,** от + *gen*)
reliant уве́ренный; **be ~ on** полага́ться на (+ *acc*)
relic (*remains*) оста́ток; (*keepsake*) рели́квия; *relig* мо́щи *pl*
relict (*widow*) вдова́; *biol* рели́кт
relief (*feeling*) облегче́ние; (*help*) по́мощь *f*; **come to the ~ of** приходи́ть на по́мощь (+ *dat*); *mil* (*of siege*) сня́тие оса́ды; (*reinforcements*) подкрепле́ние; (*change of shift*) сме́на; *arts, geog* релье́ф; **in ~** релье́фно; **high ~** горелье́ф; **low ~** барелье́ф; (*distinctness*) чёткость *f*; **~ map** релье́фная ка́рта
relieve (*ease*) облегча́ть; (*lessen*) уменьша́ть; (*calm*) успока́ивать; (*help*) приходи́ть на по́мощь (+ *dat*); *mil* (*raise siege*) снять *pf* оса́ду с (+ *gen*); (*deprive*) отнима́ть (**of,** от + *gen*); (*free*) освобожда́ть (**of,** от + *gen*); (*take over from*) сменя́ть; (*monotony etc*) разнообра́зить, оживля́ть; *euph* **~ oneself** облегча́ться
religion рели́гия
religiosity религио́зность *f*
religious 1. *n* мона́х **2.** *adj* религио́зный; *fig* (*conscientious*) добросо́вестный; (*exact*) то́чный
reline сменя́ть подкла́дку
relinquish (*give up*) оставля́ть; (*renounce*) отка́зываться от (+ *gen*); (*surrender*) сдава́ть
reliquary ра́ка, ковче́г
relish 1. *n* (*enjoyment*) наслажде́ние; (*appetite*) аппети́т; (*enthusiasm*) увлече́ние (**for,** + *instr*); (*liking*) скло́нность *f* (**for,** к + *dat*); (*delight*) пре́лесть *f*; (*taste*) вкус; (*trace of flavour*) при́вкус; (*dash, pinch*) чу́точка; (*dressing*) о́страя припра́ва **2.** *v* (*enjoy*) наслажда́ться (+ *instr*); (*eat with ~*) смакова́ть; (*look forward to*) **~ the thought of** ждать с нетерпе́нием; **he did not ~ the**

prospect он нé был в востóрге от э́той мы́сли; (*give flavour*) придавáть вкус (+ *dat*); (*have flavour*) имéть вкус; *fig* (*smack of*) пáхнуть (**of,** + *instr*)
relive (*live again*) опя́ть проживáть; (*experience again*) снóва переживáть
reload (*vehicle*) снóва нагружáть; (*transfer load*) перегружáть; (*gun etc*) перезаряжáть
relocate перемещáть, переселя́ть
reluctance неохóта, нежелáние (**to,** + *infin*)
reluctant неохóтный; **be ~ to** неохóтно (+ *verb*)
rely полагáться, надéяться (**on,** на + *acc*)
remain (*be left*; *stay*) оставáться; (*continue to be*) оставáться (+ *instr*); **~ silent** молчáть
remainder (*remaining part*; *also math*) остáток; (*remaining people*) остальны́е *pl*
remains (*leftover pieces*) остáтки *m pl*; (*ruins*) развáлины *f pl*; (*of body*) остáнки *m pl*, прах
remake передéлывать
remand 1. *n* **on ~** под слéдствием; **~ home** дом для малолéтних престу́пников **2.** *v* возвращáть под стрáжу (для дальнéйшего расслéдования)
remark 1. *n* (*comment*) замечáние; **make a ~** дéлать замечáние; (*note*) примечáние; (*notice*) внимáние **2.** *v* (*comment*; *notice*) замечáть
remarkable (*striking*) замечáтельный (**for,** + *instr*, *or* по + *dat*), удиви́тельный; (*unusual*) необыкновéнный; (*noteworthy*) примечáтельный (**for,** + *instr*)
remarkably замечáтельно, удиви́тельно; необыкновéнно; (*very*) весьмá, óчень
remarriage нóвый брак
remarry вступáть в нóвый брак
remediable (*curable*) излечи́мый; (*rectifiable*) поправи́мый
remedial (*correcting*) исправи́тельный; (*curative*) лечéбный; (*in school*) корректи́вный
remedy 1. *n* (*cure*, *redress*) срéдство (**for, against** от, прóтив + *gen*) **2.** *v* (*cure*) вылéчивать; (*correct*) исправля́ть
remember (*keep in mind*) пóмнить; (*recall*) вспоминáть; (*not forget*) не забывáть; (*know by heart*) знать наизу́сть; *coll* **~ me to ...** передáйте привéт (+ *dat*); **~ oneself** опóмниться *pf*
remembrance (*memory*) пáмять *f*; **in ~ of** в пáмять (+ *gen*); (*recollection*) воспоминáние; **have no ~ of** не пóмнить; (*souvenir*) сувени́р
remind (*jog memory*) напоминáть (+ *dat*; **about, of,** о + *prep*; **to,** + *infin*); **that ~s me!** сейчáс вспóмнил!; (*recall*, *resemble*) напоминáть (+ *dat*; **of,** + *acc*)
reminder напоминáние; (*hint*) намёк; (*souvenir*) сувени́р
reminisce вспоминáть, разговáривать о прóшлом
reminiscence (*memory*; *anecdote*) воспоминáние (**of, about,** + *gen*); (*similarity*) схóдство (**of,** с + *instr*); (*hint*) намёк (**of,** на + *acc*)
reminiscent (*recalling*) напоминáющий (**of,** + *acc*); (*remembering*) вспоминáющий; (*full of memories*) пóлный воспоминáний
remiss: be ~ in пренебрегáть (+ *instr*)
remissible прости́тельный
remission (*pardon*) прощéние; *relig* (*of sins*) отпущéние; (*of debts etc*) освобождéние (**of,** от + *gen*); (*reduction*) уменьшéние
remit (*pardon*) прощáть; (*waive*) снимáть, освобождáть от (+ *gen*); (*lessen*) уменьшáть; (*post money*) переводи́ть; (*send*) посылáть; (*postpone*) отклáдывать
remittance (*act*) перевóд дéнег; (*money*) дéнежный перевóд
remittent перемежáющийся
remitter (*sender*) отправи́тель *m*
remnant (*fragment*) остáток; (*trace*) след
remodel передéлывать
remonstrance (*objection*) возражéние; (*protest*) протéст; (*admonition*) увещáние
remonstrate (*protest*) возражáть, протестовáть (**against,** прóтив + *gen*); (*admonish*) увещевáть (**with,** + *acc*)
remorse (*conscience*) угрызéния *neut pl* сóвести; (*repentance*) раскáяние; **without ~** беспощáдно, безжáлостно
remorseful пóлный раскáяния
remorseless беспощáдный, безжáлостный
remote (*far off*) далёкий, отдалённый, дáльний; **~ from** далекó от (+ *gen*); (*in time*) далёкий; (*relatives*) дáльний, далёкий; (*inaccessible*) глухóй, уединённый; (*connection*, *resemblance etc*) отдалённый; **~ from** (*not concerning*) не имéющий отношéния к (+ *dat*); **~ possibility** небольшáя возмóжность; **not the ~st idea** ни малéйшего представлéния (**of,** о + *prep*); (*unlikely*) маловероя́тный; **~ control** дистанциóнное управлéние
remote-controlled дистанциóнный, с дистанциóнным управлéнием
remotely отдалённо
remoteness отдалённость *f*
remould 1. *n* (*tyre*) ши́на с восстанóвленным протéктором **2.** *v* (*recast*) переливáть; (*remake*) передéлывать; *fig* преобразóвывать
remount 1. *n* ремóнтная лóшадь *f* **2.** *v* (*get on horse etc again*) снóва сесть *pf* (на + *acc*); (*stairs etc*) снóва поднимáться (по + *dat*); (*put back*) снóва устанáвливать; (*supply horses*) ремонти́ровать; (*go back to*) восходи́ть к (+ *dat*)
removable (*movable*) передвижнóй; (*that may be taken off*) съёмный; (*replaceable*) сменя́емый
removal (*change of place*) перемещéние; (*to a new house*) переéзд в нóвый дом; (*dismissal*) смещéние, сня́тие; (*elimination*) устранéние; (*getting rid of*, *extraction*; *also med*) удалéние; (*taking off*, *away*) сня́тие; **~ van** фургóн для перевóзки мéбели
remove 1. *n* (*degree*) ступéнь *m*; **only one ~ from** всегó оди́н шаг до (+ *gen*) **2.** *v* (*take from s.o.*) отнимáть (**from,** от + *gen*); (*take off*) снимáть (**from,** с + *gen*); (*take away*, *clear up*) убирáть (**from,** с + *gen*); (*eliminate*) устраня́ть; (*get rid of*; *extract*) удаля́ть; (*move*) передвигáть, перемещáть; (*change house*) переезжáть; (*dismiss*) смещáть, снимáть
remunerate (*pay*) оплáчивать; (*reward*) вознаграждáть
remuneration оплáта; вознаграждéние
remunerative (*well-paid*) хорошó оплáчиваемый; (*profitable*) вы́годный
renaissance 1. *n* (*revival*) возрождéние; **the Renaissance** Возрождéние, Ренессáнс; (*period*) эпóха Возрождéния **2.** *adj* (эпóхи) Возрождéния
renal пóчечный
rename переименовáть
rend (*tear*) рвать; **~ one's hair** рвать на себé вóлосы; (*tear away from*) срывáть (**from,** от, с + *gen*); (*tear out*) вырывáть (**from,** из + *gen*); (*air*, *silence etc*; *tear asunder*) разрывáть
render (*pay back*) отдавáть (**to,** + *dat*); (*offer up*) воздавáть (**to,** + *dat*); (*give aid*, *service etc*)

оказывать (**to,** + *dat*); (*surrender*) сдавать; (*represent*) представлять; (*translate*) переводить; (*perform*) исполнять; (*convey*) передавать; (*cause to be*) делать (+ *acc* + *instr*); (*boil down*) растапливать; (*plaster wall*) штукатурить; *naut* (*rope*) потравливать

rendering (*version*) версия; (*translation*) перевод; (*interpretation*) исполнение; *bui* штукатурка

rendezvous 1. *n* (*meeting*) рандеву *neut indecl*, свидание; (*meeting-place*) место встречи **2.** *v* встречаться

rendition исполнение

renegade ренегат

renege, renegue *coll* изменять своему слову; (*renounce*) отрекаться

renew (*replace, update*) обновлять; (*start again*) возобновлять; (*repeat*) повторять; (*renovate, restore*) восстанавливать; (*replenish*) пополнять; (*ticket etc*) продлевать

renewal обновление; возобновление; повторение; восстановление; пополнение; продление

rennet *cul* сычужный экстракт; (*apple*) ранет

renounce (*disclaim*) отказываться от (+ *gen*); (*give up*) отрекаться от (+ *gen*); (*treaty*) денонсировать; (*cards*) делать ренонс

renovate восстанавливать

renovation восстановление

renown слава; **of** ~ знаменитый

renowned знаменитый, прославленный

[1]**rent 1.** *n* (*for rooms etc*) квартирная плата; (*for lease*) арендная плата; (*income from land*) рента **2.** *v* (*let on lease*) сдавать в аренду; (*let for hire*) сдавать внаём; (*take on lease*) арендовать; (*hire*) брать внаём

[2]**rent** (*hole*) дыра; (*cut*) прорезь *f*; (*gap*) разрыв; (*split*) трещина

rental (*rent*) арендная плата; (*income*) рентный доход

renter арендатор

rentier рантье *m indecl*

renumber перенумеровывать

renunciation (*giving up*) отказ от (+ *gen*), отречение от (+ *gen*); (*self-denial*) самоотречение

reoccupy вновь занимать

reopen вновь открывать(ся); (*resume*) возобновлять

reorder (*rearrange*) перестраивать; (*order again*) повторять заказ

reorganization реорганизация

reorganize реорганизовывать(ся), переорганизовывать(ся)

reorientation переориентация

repaint перекрашивать

[1]**repair** (*go*) направляться (**to,** к + *dat*)

[2]**repair 1.** *n* (*mend*) ремонт; **under** ~ в ремонте; (*condition*) состояние; **in good** ~ в хорошем состоянии; (*working condition*) исправность *f*; **in good** ~ в полной исправности; **in bad** ~ в неисправности **2.** *v* (*house, car, machine etc*) ремонтировать; (*mend*) чинить; (*put right*) исправлять; (*restore*) восстанавливать

repairer ремонтный мастер; **shoe** ~ сапожник; **watch** ~ часовщик

reparable (*that can be repaired*) поддающийся ремонту; (*that can be put right*) поправимый

reparation (*compensation*) возмещение; **war** ~**s** военные репарации *f pl*; **make** ~ **for** заглаживать; **in** ~ **for** в искупление (+ *gen*)

repartee остроумный ответ, остроумные ответы *m pl*

repass снова проходить мимо (+ *gen*)

repast (*light meal*) закуска; (*meal*) трапеза; (*feast*) пир, пиршество

repatriate репатриировать

repatriation репатриация

repay (*money*) возвращать, отдавать (**s.o.,** + *dat*); ~ **loan** отдавать долг; (*do in return*) отплачивать (**s.o.,** + *dat*); (*reward*) вознаграждать (**for,** за + *acc*); (*be worth*) стоить

repayment (*of money etc*) возвращение; (*instalment*) взнос; (*reward*) вознаграждение

repeal 1. *n* отмена **2.** *v* отменять

repeat 1. *n* повторение **2.** *adj* повторный **3.** *v* (*most senses*) повторять(ся); *coll* **onions** ~ **on me** от лука у меня отрыжка

repeated (*frequent*) неоднократный; (*done again*) повторный

repeatedly неоднократно, часто, не раз

repeater (*watch*) часы *m pl* с репетиром; (*gun*) магазинная винтовка; *math* непрерывная дробь *f*; *elect* повторитель *m*

repel (*drive away*) отгонять; (*an attack, foe*) отбивать, отражать; (*arouse disgust etc; repulse; also phys*) отталкивать; (*reject*) отклонять, отвергать

repellent 1. *n* отталкивающее средство; **insect** ~ репеллент, средство, отпугивающее насекомых **2.** *adj* отталкивающий; (*waterproof*) водонепроницаемый; (*revolting*) отвратительный

repent раскаиваться (**of,** в + *prep*), каяться (**of,** в + *prep*)

repentance раскаяние

repentant кающийся, раскаивающийся

repeople вновь заселять

repercussion (*consequence*) последствие; (*effect*) эффект; (*echo; also fig*) отзвук; (*shock*) толчок; (*recoil*) отдача

repertoire репертуар

repertory (*repertoire*) репертуар; (*stock*) запас; (*store*) хранилище; ~ **theatre** театр с меняющимся репертуаром

repetition повторение

repetitious, repetitive (*constantly repeating*) без конца повторяющий(ся); (*tedious*) скучный

rephrase перефразировать

repine роптать (**at,** на + *acc*)

replace (*put back in standing position*) ставить обратно на место; (*in lying position*) класть обратно на место; (*supplant, substitute for*) заменять (**by, with,** + *instr*); (*repay*) возвращать

replaceable заменяемый

replacement (*act; substitute*) замена; (*spare part*) запасная часть *f*; (*person, shift*) смена; *mil* (*reinforcements*) пополнение

replant (*transplant*) пересаживать; (*land*) снова засаживать

replay *sp* **1.** *n* переигровка **2.** *v* переигрывать

replenish (*fill again*) снова наполнять; (*supplies etc*) пополнять

replenishment пополнение

replete (*full*) наполненный (**with,** + *instr*); (*sated*) сытый

repletion (*fullness*) полнота; (*satiety*) насыщение

replica (*copy*) точная копия; (*model*) модель *f*; (*reproduction*) репродукция

replicate (*copy*) копировать; (*repeat*) повторять

reply 1. *n* ответ; **in** ~ в ответ (**to,** на + *acc*) **2.** *v* отвечать (*to question etc,* на + *acc*)

report 1. *n* (*formal account*) докла́д (**of, about, on,** о + *prep*); *mil* донесе́ние; (*in press etc*) сообще́ние; (*rumour*) слух; (*fame*) репута́ция; (*of explosion*) взрыв, звук взры́ва; (*of shot*) вы́стрел, звук вы́стрела; (*bang, clap*) хлопо́к **2.** *v* (*relate, inform*) сообща́ть (о + *prep*; **to,** + *dat*); (*describe*) опи́сывать; (*give formal account*) докла́дывать (**to,** + *dat*; **on, about,** о + *prep*); (*repeat, transmit*) передава́ть (**to,** + *dat*); (*complain*) жа́ловаться о (+ *prep*; **to,** + *dat*); (*denounce*) доноси́ть о (+ *prep*); (*for work, duty*) явля́ться; (*work as reporter*) рабо́тать репортёром
reportage репорта́ж
reported: ~ speech ко́свенная речь *f*
reportedly (*as is reported*) по сообще́ниям; (*allegedly*) я́кобы
reporter репортёр
reporting репорта́ж
repose 1. *n* (*rest*) о́тдых; (*sleep*) сон; (*calm*) поко́й **2.** *v* (*lie*) лежа́ть; (*place*) класть; (*rest*) отдыха́ть; (*be supported by*) держа́ться (**on,** на + *acc*); **~ one's trust in** полага́ться на (+ *acc*)
reposeful споко́йный
repository (*store*) храни́лище, склад; (*confidant*) напе́рсник
repossess возвраща́ть себе́
repoussé релье́фный
reprehend осужда́ть
reprehensible предосуди́тельный
represent (*describe*) опи́сывать; (*depict*) изобража́ть; (*present; act on behalf of; deputize for*) представля́ть; (*be typical of*) явля́ться представи́телем (+ *gen*); (*be*) представля́ть собо́й; (*symbolize*) символизи́ровать; (*play part*) исполня́ть роль (+ *gen*); **~ oneself as** выдава́ть себя́ за (+ *acc*)
representation изображе́ние; представле́ние; **make ~s to** заяви́ть *pf* проте́ст (+ *dat*); (*diplomatic*) де́лать представле́ния (+ *dat*); *pol* **proportional ~** пропорциона́льное представи́тельство
representational *arts* предме́тно-изобрази́тельный
representative 1. *n* представи́тель *m* **2.** *adj* (*typical*) характе́рный, типи́чный (**of,** для + *gen*); (*depicting*) изобража́ющий (**of,** + *acc*); (*symbolizing*) символизи́рующий (**of,** + *acc*); *pol* (*of government etc*) представи́тельный
repress (*crush*) подавля́ть; (*restrain*) сде́рживать; *pol* репресси́ровать
repression подавле́ние; репре́ссия
repressive репресси́вный
reprieve 1. *n* (*postponement of sentence*) отсро́чка исполне́ния пригово́ра; (*annulment of sentence*) отме́на пригово́ра; (*respite*) переды́шка **2.** *v* отсро́чивать исполне́ние пригово́ра; отменя́ть пригово́р
reprimand 1. *n* вы́говор **2.** *v* де́лать вы́говор (+ *dat*)
reprint 1. *n* (*new impression*) перепеча́тка; (*of article*) отде́льный о́ттиск **2.** *v* (*print again*) перепеча́тывать; (*republish*) переиздава́ть
reprisal (*retaliation*) отве́тное де́йствие, отве́тная ме́ра; (*revenge*) возме́здие; *leg, pol* репресса́лия (*usu pl*)
reproach 1. *n* (*rebuke, blame*) упрёк; **beyond, above ~** безукори́зненный, безупре́чный; (*disgrace*) позо́р (**to,** для + *gen*) **2.** *v* упрека́ть (**with,** в + *prep*)
reproachful укори́зненный
reprobate 1. *n* (*depraved person*) распу́тник; (*sinner*) гре́шник **2.** *adj* распу́тный, развра́тный; косне́ющий во грехе́ **3.** *v* (*condemn*) порица́ть; (*reject*) отверга́ть
reprocess перераба́тывать; (*waste*) регенери́ровать
reproduce (*copy, re-create*) воспроизводи́ть; (*print, picture*) репродуци́ровать(ся); (*repeat*) повторя́ть; (*procreate*) *vt* порожда́ть, производи́ть; *vi* размножа́ться
reproduction воспроизведе́ние; размноже́ние; (*copy of artwork*) репроду́кция
reproductive воспроизводи́тельный; **~ organs** о́рганы *m pl* размноже́ния
reproof (*reproach*) упрёк, уко́р
reprove (*reproach*) упрека́ть; (*censure*) де́лать вы́говор (+ *dat*), порица́ть
reptile 1. *n* пресмыка́ющееся, репти́лия; *fig* гад **2.** *adj* пресмыка́ющийся, репти́льный
reptilian (*of, like reptile*) репти́льный; *fig* (*insidious*) кова́рный; (*revolting*) ме́рзкий, га́дкий
republic респу́блика; **~ of letters** литерату́рный мир
republican 1. *n* (*supporter of republic*) республика́нец; (*member of Republican Party*) член Республика́нской па́ртии **2.** *adj* республика́нский
republicanism республикани́зм
republication переизда́ние
republish переиздава́ть
repudiate (*disclaim*) отрека́ться от (+ *gen*); (*reject*) отверга́ть; (*refuse to admit*) отка́зываться признава́ть; (*divorce*) разводи́ться с (+ *instr*)
repudiation (*denial*) отрица́ние; (*renunciation*) отрече́ние (**of,** от + *gen*); (*refusal to accept, admit*) отка́з приня́ть, призна́ть; (*of debt*) отка́з от упла́ты; (*divorce*) разво́д
repugnance (*aversion*) отвраще́ние (**for,** к + *dat*); (*incompatibility*) несовмести́мость *f*
repugnant (*revolting*) проти́вный (**to,** + *dat*), отврати́тельный; (*insupportable*) неприе́млемый; (*contradictory*) противоречи́вый; (*incompatible*) несовмести́мый; (*alien*) чу́ждый (**to,** + *dat*)
repulse 1. *n* (*rebuff*) отпо́р; (*refusal*) отка́з **2.** *v* (*drive back*) отража́ть; (*reject*) отверга́ть; (*snub*) дать *pf* отпо́р (+ *dat*)
repulsion (*aversion*) отвраще́ние; *phys* отта́лкивание
repulsive отврати́тельный, омерзи́тельный; *phys* отта́лкивающий
repurchase покупа́ть обра́тно
reputable (*having good reputation*) с хоро́шей репута́цией; (*of firm etc*) изве́стный
reputation репута́ция; **have a ~ for** сла́виться (+ *instr*); **have the ~ of** по́льзоваться репута́цией (+ *gen*); **gain a ~** завоёвывать репута́цию (+ *gen*); (*good name*) до́брое и́мя *neut*
repute 1. *n* репута́ция; **by ~** понаслы́шке; **of ~** изве́стный; **of ill ~** преслову́тый, дурно́й сла́вы; **of good ~** с хоро́шей репута́цией **2.** *v* (*consider*) счита́ть
reputed (*alleged*) предполага́емый
reputedly (*generally considered*) по о́бщему мне́нию; (*allegedly*) я́кобы
request 1. *n* (*asking*) про́сьба (**for,** о + *prep*; **to,** + *infin*); **at, by the ~ of** по про́сьбе (+ *gen*); (*order*) зая́вка; **in great ~** в большо́м спро́се; **~**

stop остано́вка авто́бусов по тре́бованию **2.** *v* проси́ть (+ *gen*; **to,** + *infin*)
requiem ре́квием
require (*demand*) тре́бовать (+ *gen*; **of,** от + *gen*; **to,** + *infin*); (*need*) нужда́ться в (+ *prep*), тре́бовать (+ *gen*); **you will have all you** ~ у вас бу́дет всё, что ну́жно
required необходи́мый
requirement (*demand*) тре́бование; (*condition*) усло́вие; (*need*) нужда́
requisite 1. *n* необходи́мое **2.** *adj* необходи́мый (**for,** для + *gen*)
requisition 1. *n* (*demand*) тре́бование; (*written order*) зая́вка (**for,** на + *acc*) **2.** *v* реквизи́ровать
requital (*recompense*) возмеще́ние; (*retribution*) возме́здие (**of, for** за + *acc*)
requite (*repay*) отпла́чивать (**with,** + *instr*); (*reward*) вознагражда́ть; (*avenge*) мстить за (+ *acc*)
reread перечи́тывать
reroute изменя́ть маршру́т
rerun 1. *n* (*of film*) повто́рный пока́з фи́льма **2.** *v* (*repeat*) повторя́ть
resale перепрода́жа
rescind отменя́ть, аннули́ровать
rescript *hist* рескри́пт; (*edict*) ука́з; (*palimpsest*) палимпсе́ст
rescue 1. *n* (*saving*) спасе́ние (**from,** от + *gen*); **go to the** ~ приходи́ть на по́мощь (**of,** + *dat*); (*freeing*) освобожде́ние (**from,** от + *gen*) **2.** *adj* спаса́тельный **3.** *v* (*save*) спаса́ть (**from,** от + *gen*); (*free*) освобожда́ть (**from,** от, из, + *gen*)
rescuer спаси́тель *m*
reseal вновь запеча́тывать
research 1. *n* иссле́дование (*often pl*; **in, into, on,** по + *dat*) **2.** *adj* иссле́довательский **3.** *v* иссле́довать
researcher иссле́дователь *m*
reseat (*put back in seat*) посади́ть *pf* обра́тно; (*put in new seat*) пересади́ть *pf*; (*renew seat*) снабжа́ть но́вым сиде́ньем; *tech* притира́ть
resection резе́кция
resell перепродава́ть
resemblance схо́дство (**to,** с + *instr*; **between,** ме́жду + *instr*)
resemble походи́ть на (+ *acc*), быть похо́жим на (+ *acc*); **they** ~ **each other** они́ похо́жи друг на дру́га
resent (*see as insult*) счита́ть оби́дным, обижа́ться на (+ *acc*); (*be indignant at*) негодова́ть на (+ *acc*)
resentful (*full of resentment*) оби́женный; (*quick to resent*) оби́дчивый
resentment (*indignation*) возмуще́ние, негодова́ние (**at,** на + *acc*); (*sense of injury*) чу́вство оби́ды; **bear no** ~ не чу́вствовать оби́ды (**against,** на + *acc*)
reservation (*keeping*) сохране́ние; (*proviso*) огово́рка; **without** ~ безоговоро́чно, без огово́рок; (*doubt*) сомне́ние; (*of seat*) бро́ня (**of,** на + *acc*); **make a** ~ заброни́ровать *pf* ме́сто; (*wildlife park etc*) запове́дник; **Indian** ~ инде́йская резерва́ция
reserve 1. *n* (*store, spare supply*; *econ, fin, mil*) запа́с, резе́рв; **in** ~ в запа́се; (*reticence*) сде́ржанность *f*; (*proviso*) огово́рка; **without** ~ безоговоро́чно; (*doubt*) сомне́ние; (*failure to mention*) умолча́ние; (*enclosed area*) запове́дник; *sp* запасно́й игро́к **2.** *adj* запасно́й, запа́сный, резе́рвный; *sp* ~ **team** дубль *m* **3.** *v* (*postpone*; *put aside*) откла́дывать (**for,** на + *acc*); (*keep*) сохраня́ть; *leg* (*right etc*) сохраня́ть за собо́й; (*save*) сберега́ть; (*book place*) брони́ровать; (*hotel room*) зара́нее зака́зывать но́мер; (*intend for*) предназнача́ть (**for,** на + *acc*)
reserved (*reticent*) сде́ржанный, за́мкнутый; (*secretive*) скры́тный; (*seat*) заброни́рованный
reservist резерви́ст, *coll* запа́сник
reservoir (*water supply*) водохрани́лище, водоём, бассе́йн; (*tank*) резервуа́р; *fig* (*reserve*) запа́с; (*source*) исто́чник
reset (*adjust*) подрегули́ровать; (*set to zero*) устана́вливать на нуль; (*retune*) перестра́ивать; (*jewel*) вставля́ть в но́вую опра́ву; *med* вправля́ть
resettle (*to new home*) переселя́ть(ся) (**in,** в + *acc*); (*sit down again*) уса́живаться опя́ть; (*of sediment*) оседа́ть
reshape (*reorganize*) перестра́ивать; (*give new form*) придава́ть (+ *dat*) но́вую фо́рму; (*alter*) изменя́ть
reshuffle 1. *n* (*cards*) перетасо́вка; (*cabinet etc*) перестано́вка **2.** *v* перетасо́вывать; переставля́ть
reside (*live*) прожива́ть (**in,** в + *prep*); (*inhere*) быть прису́щим (**in,** + *dat*); (*be present*) прису́тствовать (**in,** в + *prep*)
residence (*living*) прожива́ние; (*staying*) пребыва́ние; (*abode*) местожи́тельство; **take up** ~ **in** поселя́ться в (+ *prep*); (*large house*) резиде́нция; **in** ~ прожива́ющий по ме́сту слу́жбы; ~ **permit** вид на жи́тельство
resident 1. *n* жи́тель *m*; *pol* резиде́нт; *zool* обита́тель *m* **2.** *adj* (*living*) прожива́ющий; **be** ~ **in** прожива́ть в (+ *prep*); (*regular, permanent*) постоя́нный; (*living at place of work*) живу́щий при (+ *prep of place*); ~ **physician** врач живу́щий при больни́це; (*inherent*) прису́щий (**in,** + *dat*)
residential (*area, block*) жило́й; ~ **qualification** ценз осе́длости
residual оста́точный
residuary оста́вшийся; ~ **legatee** оста́точный насле́дник
residue оста́ток; (*sediment*) оса́док; *leg* насле́дство, очи́щенное от долго́в и завеща́тельных отка́зов
resign (*renounce*) отка́зываться; (*leave office, job*) отка́зываться от до́лжности; (*retire*) уходи́ть в отста́вку; (*hand over*) передава́ть (**to,** + *dat*); (*yield*) уступа́ть (**to,** + *dat*); ~ **oneself to** (*accept*) смири́ться *pf*, примири́ться *pf* с (+ *instr*); (*devote oneself*) предава́ться (**to,** + *dat*)
resignation (*from job etc*) отка́з от до́лжности; ухо́д в отста́вку; **letter of** ~ заявле́ние об отста́вке; **hand in one's** ~ пода́ть *pf* проше́ние об отста́вке; (*renunciation*) отка́з (**of,** от + *gen*); (*patience*) терпе́ние; (*acceptance*) поко́рность *f* (**to,** + *dat*); (*in game*) сда́ча
resigned поко́рный; ~ **to** смири́вшийся с (+ *instr*)
resilience *phys* упру́гость *f*, эласти́чность *f*; (*of character*) живу́честь *f*
resilient *phys* упру́гий, эласти́чный; (*tenacious*) живу́чий; (*cheerful*) жизнера́достный
resin смола́
resiniferous смолоно́сный
resinous смоли́стый
resist 1. *n tech* защи́тное покры́тие **2.** *v* (*oppose,*

struggle) сопротивля́ться (+ *dat*); (*withstand*) не поддава́ться (+ *dat*); **I can't ~ ...** не могу́ воздержа́ться от (+ *gen*); (*temptation, charm etc*) устоя́ть *pf* (про́тив + *gen*)
resistance (*most senses*) сопротивле́ние (**to,** + *dat*); **offer** ~ ока́зывать сопротивле́ние; **line of least** ~ ли́ния наиме́ньшего сопротивле́ния; (*hostility*) неприя́знь *f*
resistant сопротивля́ющийся (**to,** + *dat*); *in compounds*: **fire-**~ огнесто́йкий, огнеупо́рный; **drought-**~ засухоусто́йчивый; **cold-**~ холодосто́йкий; **heat-**~ теплосто́йкий *etc*
resistible отрази́мый
resistive спосо́бный сопротивля́ться; *elect* резисти́вный
resistivity сопротивля́емость *f*, уде́льное сопротивле́ние
resistless непреодоли́мый
resistor *elect* сопротивле́ние, рези́стор
resit (*an exam*) пересдава́ть экза́мен
resoluble (*problem*) разреши́мый; (*dissolvable*) раствори́мый; (*separable*) разложи́мый (**into,** в, на + *acc*)
resolute (*determined*) реши́тельный; (*firm, of purpose etc*) твёрдый
resolution (*determination*) реши́тельность *f*; (*firmness*) твёрдость *f*; (*intention*) наме́рение; (*decision*) реше́ние; (*at meeting*) резолю́ция; (*of problem, dispute*) разреше́ние; *opt* разреша́ющая спосо́бность *f*
resolve 1. *n* (*purpose*) наме́рение; (*decision*) реше́ние; (*determination*) реши́тельность *f* **2.** *v* (*decide*) реша́ть; (*intend*) намерева́ться; (*problems, doubts etc, also mus*) разреша́ть; (*analyse*) анализи́ровать; (*break into parts*) разлага́ть (на составны́е ча́сти); (*turn into*) превраща́ться (**into,** в + *acc*)
resolved реши́тельный; ~ **to** с твёрдым наме́рением (+ *infin*)
resolver *tech* реша́ющее устро́йство
resonance резона́нс
resonant (*ringing*) зву́чный, зво́нкий; (*resonating*) резони́рующий; *tech* резона́нсный
resonate резони́ровать
resonator резона́тор
resorb ресорби́ровать
resorcin(ol) резорци́н
resorption ресо́рбция
resort 1. *n* (*recourse*) обраще́ние; **have ~ to** (*s.o.*) обраща́ться к (+ *dat*); (*s'th*) прибега́ть к (+ *dat*); (*refuge*) прибе́жище; **last** ~ после́днее прибе́жище; **in the last** ~ в кра́йнем слу́чае; (*expedient*) сре́дство, приём; (*holiday place*) куро́рт; (*favourite place*) излю́бленное ме́сто; (*den*) прито́н **2.** *adj* куро́ртный **3.** *v* (*visit*) посеща́ть; (*frequent*) быва́ть; ~ **to** прибега́ть к (+ *dat*)
resound (*reflect*) отража́ть(ся); (*be filled with sound*) оглаша́ться, звуча́ть (**with,** + *instr*); (*be repeated*) повторя́ться; (*ring out*) раздава́ться
resounding (*ringing*) зво́нкий; (*noisy*) гро́мкий; (*hearty*) си́льный; ~ **success** блестя́щий успе́х
resource (*ingenuity*) изобрета́тельность *f*; (*means*) сре́дство; *pl* (*money*) сре́дства *neut pl*; *econ* ресу́рсы *m pl*, запа́сы *m pl*
resourceful нахо́дчивый, изобрета́тельный
respect 1. *n* (*esteem*) уваже́ние (**for,** к + *dat*); **hold in** ~ уважа́ть; **command** ~ по́льзоваться уваже́нием; **out of ~ for** из уваже́ния к (+ *dat*); (*reference*) отноше́ние; **in that** ~ в э́том отноше́нии; **in ~ of/to, with ~ to** что каса́ется (+ *gen*), в отноше́нии (+ *gen*); (*greeting*) приве́т; **give my ~s to** переда́йте приве́т (+ *dat*) **2.** *v* (*esteem*) уважа́ть, почита́ть; (*observe*) соблюда́ть; (*concern*) каса́ться (+ *gen*)
respectability респекта́бельность *f*
respectable (*worthy of respect*) почте́нный; (*decent; quite good; considerable*) поря́дочный; (*socially correct*) респекта́бельный
respectful почти́тельный
respecting относи́тельно (+ *gen*), о (+ *prep*)
respective соотве́тственный
respiration (*breathing*) дыха́ние; (*single breath*) вдох
respirator (*gas mask*) противога́з; (*breathing apparatus*) респира́тор
respiratory дыха́тельный, респира́торный
respire (*breathe*) дыша́ть; (*breathe out*) выдыха́ть
respite 1. *n* переды́шка; **without** ~ (*tirelessly*) без о́тдыха; (*giving no rest*) не дава́я ни мину́ты переды́шки; (*reprieve*) отсро́чка **2.** *v* (*reprieve*) дать *pf* отсро́чку; (*postpone*) откла́дывать
resplendence блеск; *fig* великоле́пие
resplendent (*brilliant*) блестя́щий, сверка́ющий; (*magnificent*) великоле́пный
respond (*answer*) отвеча́ть (**to,** на + *acc*); (*react*) реаги́ровать (**to,** на + *acc*); (*react positively*) отзыва́ться (**to,** на + *acc*); *tech* (*to controls etc*) слу́шаться (+ *gen*); (*operate*) сраба́тывать
respondent 1. *n leg* отве́тчик **2.** *adj* отве́тный
responder *rad* отве́тчик
response (*answer*) отве́т; **in ~ to** в отве́т на (+ *acc*); (*reaction*) реа́кция; (*enthusiasm, positive reaction*) о́тклик (**to,** на + *acc*); *tech* характери́стика
responsibility отве́тственность *f* (**for,** за + *acc*); **take/bear the** ~ брать на себя́/нести́ отве́тственность; *pl* (*duties*) обя́занности *f pl*
responsible (*having, requiring responsibility*) отве́тственный (**for,** за + *acc*; **to,** пе́ред + *instr*); **be ~ for** отвеча́ть за (+ *acc*; **to,** пе́ред + *instr*); (*be cause of*) быть причи́ной (+ *gen*); (*reliable*) надёжный
responsive (*sensitive*) чувстви́тельный (**to,** к + *dat*); (*of audience etc*) отзы́вчивый; (*sympathetic*) сочу́вственный
responsiveness чувстви́тельность *f*; отзы́вчивость *f*
responsory респонсо́рий
[1]**rest 1.** *n* (*absence of motion*) поко́й, неподви́жное состоя́ние; **at** ~ в состоя́нии поко́я, неподви́жный; **bring to** ~ остана́вливать, приводи́ть в состоя́ние поко́я; (*pause from exertion*) переды́шка; **take a** ~ де́лать переды́шку; (*repose, holiday*) о́тдых; **have a** ~ отдыха́ть; (*peace, quiet*) поко́й; **at** ~ в поко́е; **put at** ~ успока́ивать; *euph* (*death*) ве́чный поко́й; **go to one's** ~ умере́ть *pf*; **lay to** ~ хорони́ть; (*support*) опо́ра; *tech* су́ппорт, люне́т; (*of seat*) **arm** ~ подлоко́тник; **back** ~ спи́нка; *mus* па́уза **2.** *v* (*repose; not work*) отдыха́ть (**from,** от + *gen*); (*be buried*) поко́иться; **may he ~ in peace** мир пра́ху его́; (*lie*) лежа́ть; (*be calm*) успока́иваться, не волнова́ться; (*give ~*) дава́ть поко́й, о́тдых (+ *dat*); (*not use*) не по́льзоваться (+ *instr*); (*place*) класть (**on,** на + *acc*); (*lean*) прислоня́ть(ся) к (+ *dat*), опира́ть(ся) о (+ *acc*); (*be supported by*) опира́ться на (+ *acc*), поко́ится на (+ *prep*); (*depend on*) зави́сеть от (+ *gen*),

опира́ться на (+ *acc*); (*remain*) остава́ться
[2]**rest** (*remainder*) оста́ток, остально́е; (*those left*) остальны́е *pl*
restart (*renew*) возобновля́ть; (*start again*) вновь начина́ть; (*engine etc*) вновь запуска́ть
restate (*state again*) опя́ть заявля́ть; (*rephrase*) перефрази́ровать
restaurant рестора́н; **~-car** ваго́н-рестора́н
restaurateur владе́лец рестора́на
rest-cure лече́ние поко́ем
restful (*calm*) споко́йный; (*calming*) успока́ивающий
rest-home санато́рий
resting-place (*own place*) (своё) ме́сто; (*grave*) моги́ла
restitution (*return*) возвраще́ние; (*reparation*) возмеще́ние; **make ~** возмеща́ть (**of**, + *acc*)
restive (*stubborn*) упря́мый; (*restless*) беспоко́йный; (*of horse*) норови́стый
restless (*fidgety*, *uneasy*) беспоко́йный; **~ night** бессо́нная ночь *f*
restlessness беспоко́йность *f*
restock пополня́ть запа́сы
restoration восстановле́ние; *arts*, *pol* реставра́ция
restorative 1. *n* укрепля́ющее сре́дство **2.** *adj* укрепля́ющий, тони́ческий
restore (*to previous state*) восстана́вливать (**to**, в + *prep*); (*put*, *give back*) возвраща́ть (**to**, + *dat*); *arts*, *pol* реставри́ровать
restorer реставра́тор
restrain (*hold back*) уде́рживать (**from**, от + *gen*); (*suppress*) сде́рживать; (*limit*) ограни́чивать
restrained (*person, feelings*) сде́ржанный; (*moderate*) уме́ренный
restraint (*of manner*) сде́ржанность *f*; (*restriction*) ограниче́ние; **without ~** без у́держу; (*confinement*) лише́ние свобо́ды
restrict (*limit*) ограни́чивать (**to**, + *instr*); (*confine to*) держа́ть в преде́лах (+ *gen*)
restriction ограниче́ние
restrictive ограничи́тельный
result 1. *n* результа́т; **as a ~** в результа́те (**of**, + *gen*); **without ~** безрезульта́тно **2.** *v* (*ensue*) сле́довать, вытека́ть (**from**, из + *gen*), происходи́ть в результа́те; (*end in*) конча́ться (**in**, + *instr*)
resultant получа́ющийся в результа́те
resume (*take back*, *again*) брать обра́тно; (*start again*) возобновля́ть; (*continue*) продолжа́ть; (*sum up*) резюми́ровать
résumé резюме́ *neut indecl*; **give a ~ of** резюми́ровать
resumption возвраще́ние; возобновле́ние
resurface (*give new surface*) возобновля́ть покры́тие; (*refinish surface*) повто́рно обраба́тывать пове́рхность (+ *gen*); (*of submarine etc*) всплыва́ть
resurgence возрожде́ние
resurgent (*renewed*) возроди́вшийся; (*reviving*) возрожда́ющийся
resurrect *vt* воскреша́ть; *vi* воскреса́ть
resurrection (*rising from the dead*) воскресе́ние; (*act of reviving*, *also fig*) воскреше́ние
resuscitate *vt* (*revive*; *enliven*) оживля́ть; *med* приводи́ть в созна́ние; (*bring back*) воскреша́ть; *vi* оживáть; воскреса́ть
resuscitation оживле́ние; приведе́ние в созна́ние
retail 1. *n* ро́зница; **at, by ~** в ро́зницу; **sell ~** продава́ть в ро́зницу **2.** *adj* ро́зничный **3.** *v* (*sell*) продава́ть(ся) в ро́зницу; (*repeat*) повторя́ть
retailer ро́зничный торго́вец
retain (*keep*, *still have*) сохраня́ть; (*keep back*; *suppress*; *deduct*; *not let go*) уде́рживать; (*remember*) по́мнить; (*hire*) нанима́ть
retainer (*attendant*) слуга́ *m*; (*fee*) предвари́тельный гонора́р; (*tech*) замо́к
retaining уде́рживающий; **~ wall** подпо́рная сте́нка
retake 1. *n cin* повто́рная съёмка **2.** *v* (*repeat*) повторя́ть; (*take back*) сно́ва взять *pf*; *cin* переснима́ть
retaliate (*repay like for like*) отпла́чивать (+ *dat*; **by**, + *instr*); (*reply*) отвеча́ть (**by**, + *instr*); *mil* наноси́ть отве́тный уда́р
retaliation (*revenge*) возме́здие; (*reply*) отве́т; **in, by way of ~** в отве́т (**for**, на+ *acc*); *mil* отве́тный уда́р; (*reprisal*) репресса́лия
retaliatory отве́тный; **~ forces** контрси́лы *f pl*; (*punitive*) кара́тельный
retard (*delay*) заде́рживать; (*slow*) замедля́ть; (*hinder*) меша́ть (+ *dat*)
retardation заде́рживание, заде́ржка; замедле́ние; поме́ха
retarded (*mentally*) отста́лый
retarder замедли́тель *m*
retch рвать (*impers*); **he ~ed** его́ вы́рвало
retention (*keeping*) сохране́ние, удержа́ние; (*memory*) па́мять *f*; *med* заде́ржка
retentive (*holding, keeping*) сохраня́ющий, уде́рживающий; **~ memory** хоро́шая па́мять *f*; *med*, *opt* заде́рживающий
rethink пересма́тривать
reticence (*reserve*) сде́ржанность *f*; (*silence*) молчали́вость *f*; (*secretiveness*) скры́тность *f*
reticent сде́ржанный; молчали́вый; скры́тный; **be ~ about** ума́лчивать о (+ *prep*)
reticular се́тчатый
reticulate 1. *adj* се́тчатый **2.** *v* де́лать се́тчатым
reticulation се́тчатый узо́р, ретикуля́ция
reticule (*bag*) ридикю́ль *m*; *opt* окуля́рная се́тка
retighten вновь затя́гивать
retime (*engine*) изменя́ть моме́нт сраба́тывания
retina сетча́тка, се́тчатая оболо́чка
retinue сви́та
retire (*go away*) уходи́ть (**from**, от, из, с + *gen*); удаля́ться (**to**, в + *acc*); **~ into oneself** уходи́ть в себя́; (*from work etc*) *vi* уходи́ть в отста́вку, на пе́нсию; *vt* увольня́ть в отста́вку; (*to bed*) ложи́ться спать; *mil vi* отходи́ть; *vt* отводи́ть
retired (*not public*, *secluded*) уединённый; (*on pension*) уше́дший на пе́нсию; (*officer*) отставно́й
retirement (*going into ~*) вы́ход на пе́нсию, в о́тставку; (*state of*, *time of ~*) отста́вка; (*sending into ~*) увольне́ние; (*seclusion*) уедине́ние; **~ age** пенсио́нный во́зраст
retiring (*shy*) скро́мный, засте́нчивый; (*reserved*) необщи́тельный
[1]**retort 1.** *n* (*reply*) отве́т, возраже́ние **2.** *v* (*reply*) отвеча́ть (ре́зко, серди́то), возража́ть; (*retaliate*) отвеча́ть (**with**, + *instr*)
[2]**retort** *chem* рето́рта
retouch 1. *n* ре́тушь *f* **2.** *v* ретуши́ровать
retoucher ретушёр
retouching ретуши́рование
retrace (*repeat*) повторя́ть; (*one's steps etc*) возвраща́ться; (*re-create*) восстана́вливать; (*recall*) вспомина́ть; (*trace back*) проследи́ть *pf*

retract (*draw in*) втя́гивать(ся); *aer* (*undercarriage*) убира́ть(ся); (*take back*) брать наза́д; (*revoke*) отменя́ть; (*disavow*) отрека́ться от (+ *gen*)
retractable, retractible *aer* убира́ющийся
retractile втяжно́й
retraction *aer* убо́рка; (*revocation*) отмене́ние; (*disavowal*) отрече́ние (от + *gen*)
retractive втяжно́й; *anat* сократи́тельный
retractor *anat* сократи́тельная мы́шца
retrain переквалифици́ровать(ся)
retranslate (*translate again*) сно́ва переводи́ть; (*translate back*) де́лать обра́тный перево́д (+ *gen*)
retransmit ретрансли́ровать
[1]**retread 1.** *n* (*new tread*) восстано́вленный проте́ктор; (*tyre*) ши́на с восстано́вленным проте́ктором **2.** *v* восстана́вливать проте́ктор (+ *gen*)
[2]**retread** (*repeat steps etc*) повторя́ть
retreat 1. *n* (*going back; mil*) отступле́ние, отхо́д (**from,** от + *gen*); (*refuge*) убе́жище; (*lair*) ло́гово; (*favourite place*) излю́бленное ме́сто **2.** *v* (*move back*) *vi* отходи́ть, отступа́ть (**from,** от + *gen*); (*mil*; *chess*) отводи́ть; (*depart*) уходи́ть, удаля́ться
retrench (*reduce*) сокраща́ть; (*economize*) эконо́мить
retrenchment сокраще́ние; *mil hist* ретранше́мент
retrial повто́рное слу́шание де́ла
retribution возме́здие (**for,** за + *acc*)
retributive кара́тельный
retrievable поправи́мый
retrieval (*return*) возвраще́ние; (*getting back*) получе́ние обра́тно; (*of error etc*) исправле́ние; (*obtaining*) добы́ча; *tech* по́иск; **information** ~ по́иск информа́ции
retrieve (*return*) возвраща́ть; (*take back*) брать обра́тно; (*get back*) получа́ть обра́тно; (*get, fetch, extract*) достава́ть; (*search out*) разы́скивать; (*restore*) восстана́вливать; (*correct*) исправля́ть; (*save*) спаса́ть
retriever охо́тничья, по́исковая соба́ка
retroaction обра́тное де́йствие
retroactive *leg* име́ющий обра́тную си́лу; *phys, rad* регенерати́вный
retrocede (*move away*) удаля́ться; (*give back*) возвраща́ть (**to,** + *dat*)
retroflex за́гнутый наза́д; *phon* ретрофлекси́вный
retrogradation (*moving backwards*) попя́тное движе́ние; (*worsening*) ухудше́ние, регре́ссия
retrograde 1. *adj* (*backwards*) обра́тный; *astron* дви́жущийся с восто́ка на за́пад; (*of views*) реакцио́нный; (*of step*) ретрогра́дный; *mil* отступа́тельный; (*regressive*) регресси́вный **2.** *v* (*move back*) дви́гаться наза́д; (*move in reverse*) дви́гаться в обра́тном направле́нии; *astron* дви́гаться с восто́ка на за́пад; (*worsen*) ухудша́ться, регресси́ровать
retrogress регресси́ровать
retrogression (*deterioration*) регре́сс; *biol* ретрогре́ссия
retrogressive *see* **retrograde**
retro-rocket тормозна́я раке́та
retrospect взгляд наза́д; **in** ~ ретроспекти́вно
retrospection размышле́ние о про́шлом
retrospective (*looking back*) ретроспекти́вный; (*retroactive*) име́ющии обра́тную си́лу
retroussé (*nose*) вздёрнутый
retroversion наклоне́ние наза́д
retrovert (*bend back*) наклоня́ть наза́д; (*return*) возвраща́ться (**to,** в + *acc*; к + *dat*)
retry (*try again*) сно́ва про́бовать; *leg* сно́ва слу́шать де́ло
retting мо́чка
return 1. *n* (*giving back*) возвра́т; **in** ~ в отве́т, за э́то; **in** ~ **for** в обме́н за (+ *acc*); (*going back*) возвраще́ние; **on one's** ~ по возвраще́нии; **by** ~ **of post** обра́тной по́чтой; (*recurrence*) повторе́ние; (*official account*) официа́льный отчёт; **tax** ~ нало́говая деклара́ция; (*election*) избра́ние; (*profit*) при́быль *f*; (*income*) дохо́д; *sp* (*tennis etc*) возвра́т; (*ticket there and back*) биле́т в о́ба конца́, туда́ и обра́тно; (*ticket back*) обра́тный биле́т **2.** *adj* (*reverse*) обра́тный; (*reciprocal*) отве́тный, взаи́мный **3.** *v* (*give, send, bring back*; *sp*) возвраща́ть; (*revert, come, go back, again*) возвраща́ться (**to,** к + *dat*); (*reply, reciprocate*) отвеча́ть (**with,** + *instr*); (*requite*) воздава́ть (+ *instr*, **for,** за + *acc*); (*elect*) избира́ть
returnable (*container*) многооборо́тный
retype перепеча́тывать, перепи́сывать (на маши́нке)
reunification воссоедине́ние
reunion (*reunification*) воссоедине́ние; (*meeting*) встре́ча; (*reconciliation*) примире́ние
reunite воссоединя́ть(ся); встреча́ться; примиря́ть
reusable повто́рно испо́льзуемый
reuse 1. *n* повто́рное испо́льзование **2.** *v* повто́рно испо́льзовать
rev *coll abbr* **1.** *n* (*revolution*) оборо́т (в мину́ту); *iron* (*reverend*) его́ преподо́бие **2.** *v* (*of engine*; *be turning*) враща́ться; (*increase speed*) гнать
revaluation *fin* ревальва́ция
revalue (*give new value*) переоце́нивать; *fin* (*of currency*) ревальви́ровать
revamp (*shoe*) де́лать но́вую сою́зку; *coll* (*reorganize*) перестра́ивать; (*renovate*) переде́лывать
revanchism реванши́зм
revanchist 1. *n* реванши́ст **2.** *adj* реванши́стский
reveal (*show*) пока́зывать; (*disclose*) обнару́живать, раскрыва́ть; (*divulge*) открыва́ть; (*be evidence of*) свиде́тельствовать о (+ *prep*); (*unmask*) разоблача́ть; ~ **oneself, itself** (*appear, arise*) появля́ться
reveille *mil* побу́дка
revel 1. *n* (*merry-making*) весе́лье; (*festival*) пра́зднество **2.** *v* (*carouse*) кути́ть; (*feast*) пирова́ть; (*make merry*) весели́ться; ~ **in** наслажда́ться (+ *instr*)
revelation (*discovery*) откры́тие, раскры́тие; (*new awareness*; *also ref*) открове́ние (**to,** для + *gen*); (*unmasking*) разоблаче́ние
reveller (*drunken*) бра́жник, гуля́ка *m and f*
revelry (*merry-making*) шу́мное весе́лье; (*festivity*) пиру́шка
revenge 1. *n* месть *f*, мще́ние; **in** ~ **for** в отме́стку за (+ *acc*); **have, take one's** ~ отомсти́ть *pf* (**on,** + *dat*; **for,** за + *acc*) **2.** *v* (*avenge*) отомсти́ть *pf* за (+ *acc*); ~ **oneself** отомсти́ть *pf* (**on,** + *dat*; **for,** за + *acc*)
revengeful мсти́тельный
revenger мсти́тель *m*
revenge-seeker реванши́ст
revenue (*income*) дохо́д, дохо́ды *m pl*; *pl* дохо́дные

статьи́ *f pl*; **Inland Revenue** департа́мент вну́тренних нало́гов и сбо́ров
reverberant зву́чный, звуча́щий
reverberate (*reflect*) отража́ть(ся); (*resound*) звуча́ть оглаша́ться; (*rumble, crash*) грохота́ть
reverberation (*reflection*) отраже́ние; *tech, sci* ревербера́ция; (*sound, echo; also fig*) о́тзвук
reverberator рефле́ктор, отража́тель *m*
revere (*venerate*) почита́ть, чтить; (*respect*) уважа́ть
reverence 1. *n* (*respect*) почте́ние, уваже́ние (**for,** к + *dat*); (*devoutness*) благогове́ние; *as title* **your Reverence** Ва́ше преподо́бие **2.** *v* почита́ть, чтить
reverend 1. *n coll* (*priest*) свяще́нник; *iron* его́ преподо́бие **2.** *adj in title* его́ преподо́бие; **Reverend Mother** настоя́тельница
reverent(ial) (*respectful*) почти́тельный; (*devout*) благогове́йный; (*humble*) поко́рный
reverie мечта́ние, мечты́ *f pl*
revers ла́цкан, отворо́т
reversal (*complete change*) по́лное измене́ние; *tech* реверси́рование; *leg* отме́на; *phot* обраще́ние; ~ **film** обрати́мая плёнка
reverse 1. *n* (*opposite*) противополо́жность *f*, противополо́жное (**of,** + *dat*); **in** ~ наоборо́т; **it's quite the** ~ э́то совсе́м наоборо́т; (*setback*) превра́тность *f*, неуда́ча; (*defeat*) пораже́ние; (*underside*) обра́тная сторона́, оборо́т; (*of page*) оборо́тная сторона́, оборо́т; *tech* ре́верс; **in** ~ (*backwards*) за́дним хо́дом **2.** *adj* (*opposite*) противополо́жный; (*backwards; other; obverse*) обра́тный; **in** ~ **order** в обра́тном поря́дке **3.** *v* (*change*) по́лностью изменя́ть; (*exchange*) поменя́ться (+ *instr*); (*transpose*) переставля́ть; (*turn about*) перевёртывать; (*turn back*) повора́чивать обра́тно; (*put into* ~) дать *pf* за́дний ход; (*nullify; also leg*) отменя́ть
reversible (*cloth*) двусторо́нний; (*process etc*) обрати́мый; *tech* реверси́вный; *leg* могу́щий быть отменённым
reversion (*return*) возвраще́ние (**to,** к + *dat*); *tech, biol* реве́рсия; *leg* поворо́т прав
revert (*return*) возвраща́ться (**to,** к + *dat*); *biol* проявля́ть при́знаки реве́рсии; *leg* переходи́ть к пре́жнему со́бственнику
revet облицо́вывать
revetment облицо́вка, обши́вка
review 1. *n* (*critical article*) реце́нзия; (*periodical*) журна́л; *mil* смотр; (*survey*) обзо́р, обозре́ние; (*check*) просмо́тр; (*re-examination*) пересмо́тр; **under** ~ рассма́триваемый **2.** *v* (*book, play*) рецензи́ровать; (*survey*) рассма́тривать; (*recall*) вспомина́ть; (*reconsider*) пересма́тривать; *mil* принима́ть пара́д (+ *gen*)
reviewer реценза́нт, кри́тик
revile *vt* поноси́ть, брани́ть; *vi* брани́ться
revilement брань *f*, ру́гань *f*
revisal просмо́тр, пересмо́тр
revise 1. *n print* све́рка **2.** *v* (*correct*) исправля́ть; (*change*) изменя́ть; (*check through*) просма́тривать, проверя́ть; (*reconsider*) пересма́тривать; (*rework*) перераба́тывать; (*for exam*) гото́виться к экза́мену
revision исправле́ние; просмо́тр, прове́рка; пересмо́тр; перерабо́тка
revisionism ревизиони́зм
revisionist 1. *n* ревизиони́ст **2.** *adj* ревизиони́стский
revisory ревизио́нный
revitalize оживля́ть
revival (*quickening; and med*) оживле́ние; (*renewal, rebirth*) возрожде́ние; *theat, leg* возобновле́ние
revive *vi* (*come back to consciousness*) приходи́ть в себя́; *fig* (*be reborn*) возрожда́ться, воскреса́ть; (*liven up*) ожива́ть; (*restore*) восстана́вливаться; *vt* приводи́ть в себя́; возрожда́ть; оживля́ть; восстана́вливать
revivification оживле́ние; *chem* реактива́ция, регенера́ция
revivify оживля́ть; *chem* регенери́ровать, реактиви́ровать
revocable могу́щий быть отменённым
revocation отме́на
revoke (*repeal, cancel*) отменя́ть; (*take back*) брать наза́д; (*at cards*) объявля́ть рено́нс
revolt 1. *n* (*uprising, esp armed*) восста́ние; (*disaffection*) бунт (**against,** про́тив + *gen*) **2.** *v* (*raise rebellion*) восстава́ть, поднима́ть восста́ние (**against,** про́тив + *gen*); (*be rebellious*) бу́нтовать; (*disgust*) внуша́ть (+ *dat*) отвраще́ние; ~ **at** восстава́ть про́тив (+ *gen*)
revolting (*disgusting*) отврати́тельный
revolution (*turning*) враще́ние; (*a turn*) оборо́т; (*of crops*) севооборо́т; *polit, fig* револю́ция; (*basic change*) переворо́т
revolutionary 1. *n* революционе́р **2.** *adj* революцио́нный
revolutionize революционизи́ровать
revolve (*turn round*) враща́ть(ся), верте́ть(ся); (*ponder*) обду́мывать
revolver (*gun*) револьве́р; *tech* бараба́н
revue *theat* ревю́ *neut indecl*
revulsion (*disgust*) отвраще́ние; (*sudden change*) перело́м; *med* отвлече́ние
revulsive *med* **1.** *n* отвлека́ющее сре́дство **2.** *adj* отвлека́ющий
reward 1. *n* (*prize*) награ́да; **as a** ~ **for** в награ́ду за (+ *acc*); (*fee, recompense*) вознагражде́ние (**for,** за + *acc*) **2.** *v* награжда́ть, дава́ть награ́ду (**for,** за + *acc*); вознагражда́ть (*also fig*; **for,** за + *acc*; **with,** + *instr*); (*requite*) отпла́чивать (+ *dat*; **with,** + *instr*; **for,** за + *acc*)
rewarding (*worthwhile*) сто́ящий, благода́рный; (*satisfying*) удовлетворя́ющий; (*well-paid*) хорошо́ опла́чиваемый
rewind перема́тывать
rewire обновля́ть прово́дку (в + *prep*)
reword (*express differently*) выража́ть други́ми слова́ми; (*reformulate*) ина́че формули́ровать
rewrite (*write again*) перепи́сывать; (*revise*) переде́лывать
rexine кожзамени́тель *m*
Reynard (*in tales*) Ре́йнеке-Лис, Рейна́р-Лис, Рена́р; (*equiv. in Rus tales*) Лиса́ Патрике́евна
rhabdomancy жезлогада́ние
rhapsodic рапсоди́ческий; *fig* восто́рженный
rhapsodist рапсо́д
rhapsodize сочиня́ть рапсо́дии; ~ **over** восторга́ться (+ *instr*), восхища́ться (+ *instr*)
rhapsody рапсо́дия; *fig* **go into rhapsodies over** восхища́ться (+ *instr*), восторга́ться (+ *instr*)
Rhenish 1. (*wine*) рейнве́йн **2.** *adj* ре́йнский
rhenium ре́ний
rheology реоло́гия
rheometer рео́метр
rheostat реоста́т

rhesus (*monkey*) ре́зус; ~ **factor** ре́зус-фа́ктор
rhetoric рито́рика (*also pej*)
rhetorical ритори́ческий (*also pej*); ~ **question** ритори́ческий вопро́с
rhetorician ри́тор
rheum выделе́ние
rheumatic ревмати́ческий; ~ **fever** ревмати́зм
rheumatism ревмати́зм
rheumatoid ревмати́ческий, ревмато́идный; ~ **arthritis** ревмати́ческий полиартри́т
rhinal носово́й
rhinestone (*rock crystal*) го́рный хруста́ль *m*; (*imitation gem*) иску́сственный бриллиа́нт
Rhine wine рейнве́йн
rhinitis рини́т
rhino *coll* (*rhinoceros*) носоро́г; *sl* (*money*) деньжа́та *neut pl*
rhinoceros носоро́г
rhinology риноло́гия
rhinoscope риноско́п
rhizoid 1. *n* ризо́ид **2.** *adj* ризо́идный
rhizome ризо́ма, корневи́ще
rhodamine родами́н
Rhodes Ро́дос
rhodium ро́дий
rhododendron рододе́ндрон
rhodonite родони́т
rhomb ромб
rhombic ромби́ческий, ромбови́дный
rhombohedron ромбо́эдр
rhomboid 1. *n* ромбо́ид **2.** *adj* ромбо́идный ромбови́дный
rhombus ромб
rhotacism ротаци́зм
rhotacize ротаци́ровать(ся)
rhubarb реве́нь *m*
rhumb румб; ~**-line** локсодро́мия
rhyme 1. *n* ри́фма (**to,** к + *dat*); **in** ~ в стиха́х; **without** ~ **or reason** ни скла́ду ни ла́ду, ни с того́ ни с сего́; (*verse*) стихи́ *m pl*; (*jingle*) стишо́к; **nursery** ~ де́тский стишо́к **2.** *v* рифмова́ть(ся) (**with,** с + *instr*)
rhymer, rhymester рифмоплёт
rhythm (*of sound etc*) ритм; (*rhythmic quality*) ритми́чность *f*; *pros* разме́р; (*cycle*) периоди́чность *f*
rhythmic(al) ритми́чный, ритми́ческий
rib 1. *n anat*, *tech* ребро́; *av* нервю́ра; *naut* шпанго́ут; (*in leaf*) жи́лка; (*in knitting*) ру́бчик; (*of umbrella*) пру́тик **2.** *v* снабжа́ть рёбрами; *coll* (*tease*) поддра́знивать
ribald (*crude*) гру́бый; (*indecent*) непристо́йный
ribaldry (*coarse joke*) непристо́йная шу́тка; (*joking*) непристо́йные шу́тки
ribbed ребри́стый, рифлёный, ру́бчатый
ribbon (*of material*; *of typewriter*, *medal*) ле́нта; (*strip*) поло́ска; **tear to** ~**s** разорва́ть *pf* в кло́чья; ~ **development** ле́нточная застро́йка
rib cage грудна́я кле́тка
riboflavin рибофлави́н
ribosome рибосо́ма
rice 1. *n* рис **2.** *rice* ри́совый; ~**-paper** ри́совая бума́га
rich 1. *n* **the** ~ бога́тые *pl*; *pl* (*wealth*) бога́тство **2.** *adj* (*most senses*) бога́тый (**with, in,** + *instr*); (*valuable*) це́нный; (*of food*, *soil*) жи́рный; (*fertile*) плодоро́дный; (*sumptuous*) роско́шный; (*of colour*) густо́й; (*of sound*) глубо́кий; (*abundant*) оби́льный
richly (*in rich way*) бога́то; (*fully*) вполне́
richness бога́тство; це́нность *f*; жи́рность *f*; оби́лие; плодоро́дие
[1]**rick 1.** *n* (*of hay*) стог, скирда́ **2.** *v* скирдова́ть
[2]**rick 1.** *n* (*sprain*) растяже́ние **2.** *v* растяну́ть *pf*
rickets рахи́т
rickety (*shaky*) ша́ткий, расша́танный (*esp of health*, *nerves*); *med* рахити́чный
rickshaw ри́кша
ricochet 1. *n* рикоше́т **2.** *v* рикошети́ровать
rid (*clear away*) очища́ть (**of,** от + *gen*); (*free*) освобожда́ть (**from,** от + *gen*), избавля́ть (**from,** от + *gen*); ~ **oneself of** освобожда́ться от (+ *gen*); **be** ~ **of** быть свобо́дным от (+ *gen*); **we are well** ~ **of him** нам лу́чше без него́; **get** ~ **of** избавля́ться, отде́лываться (от + *gen*)
riddance избавле́ние; **good** ~! тем лу́чше!, ска́тертью доро́га!
[1]**riddle 1.** *n* (*puzzle*) зага́дка; **talk in** ~**s** говори́ть зага́дкама **2.** *v* (*solve*) разга́дывать
[2]**riddle 1.** *n* (*sieve*) решето́, си́то **2.** *v* (*sieve*) просе́ивать; (*with bullets*) изреше́чивать; **be** ~**ed with** (*full of*) быть по́лным (+ *gen*); (*imbued with*) быть прони́занным (+ *instr*); (*swarm with*) кише́ть (+ *instr*)
ride 1. *n* (*trip*) пое́здка; (*for pleasure*) прогу́лка; (*path*) алле́я; **go for a** ~ вы́ехать *pf* на прогу́лку; *sl* **take for a** ~ (*kill*) укоко́шить *pf*; (*swindle*) разы́грывать, надува́ть **2.** *v* (*be conveyed*) е́здить; (*on specific journey*) е́хать; (*on horse etc*) е́здить/е́хать верхо́м (на + *pr*); (*gallop*) скака́ть; (*for pleasure*) ката́ться (верхо́м) (на + *prep*); (*be seated on*) сиде́ть на (+ *pr*); (*float*) пла́вать на (+ *prep*); (*travel*, *of vehicle*) идти́; (*grip*) охва́тывать; (*slide*) скользи́ть; *coll* (*pester*) надоеда́ть (+ *dat*); *naut* ~ **at anchor** стоя́ть на я́коре; *coll* **let it** ~! бог с ним!
~ **away** уезжа́ть (**from,** от + *gen*)
~ **down** (*trample*) топта́ть; (*overtake*) догоня́ть
~ **off** уезжа́ть
~ **out** (*for pleasure*) соверша́ть прогу́лку; *naut* ~ **out (a storm)** отста́иваться на я́коре; *fig* выде́рживать шторм
~ **up** (*approach*) подъезжа́ть; (*lift*) поднима́ться; (*shift*) съезжа́ть
rider (*of horse*) вса́дник, нае́здник; (*of bicycle*) велосипеди́ст; (*of motorcycle*) мотоцикли́ст; (*extra clause*) дополне́ние (**to,** к + *dat*); *math* дополни́тельная теоре́ма
riderless без вса́дника
ridge (*raised part*; *top*, *crest*; *meteor*) гре́бень *m*; (*of soil*) гряда́ (*of hills*) гряда́, хребе́т; (*of roof*) конёк; (*crease*) скла́дка; (*seam*, *scar*) рубе́ц
ridgepole (*of house*) коньќовый брус; (*of tent*) распо́рка
ridicule 1. *n* осмея́ние, насме́шка; **hold up to** ~ высме́ивать, выставля́ть на посме́шище **2.** *v* высме́ивать, осме́ивать
ridiculous (*ludicrous*) смешно́й; (*foolish*) неле́пый; **don't be** ~! не де́лайте/говори́те глу́постей!; *coll* (*infuriating*) возмути́тельный; (*absurd*) абсу́рдный
riding верхова́я езда́; ~**-habit** амазо́нка; ~**-light** *naut* я́корный ого́нь *m*; ~ **school** шко́ла верхово́й езды́
rife (*prevalent*) распространённый; **be** ~ ча́сто встреча́ться; (*abounding*) ~ **with** изоби́лующий (+ *instr*)
riffle (*leaf through*) перели́стывать; (*shuffle*) тасо-

ва́ть
riff-raff (*rabble*) сброд; (*worthless people*) подо́нки *m pl* (о́бщества)
¹rifle 1. *n* (*gun*) винто́вка; *pl* (*riflemen*) стрелки́ *m pl* **2.** *adj mil* (*of unit*) стрелко́вый **3.** *v* (*a barrel*) нареза́ть
²rifle (*search*) обы́скивать; (*plunder*) гра́бить
rifleman стрело́к
rifle-range (*place*) тир, стре́льбище; (*range of rifle*) да́льность *f* винто́вки
rifle-shot вы́стрел из винто́вки
rifling (*of barrel*) наре́з
rift 1. *n* (*crack*) тре́щина; (*narrow opening*) щель *f*; (*in mountains*) уще́лье; (*in clouds*) просве́т; (*in relations*) разла́д; *geol* ~ **valley** ри́фтовая доли́на, рифт **2.** *v* раска́лывать(ся)
rig 1. *n tech* (*device*) устро́йство; **drilling** ~ бурова́я вы́шка; **test** ~ испыта́тельный стенд; *naut* (*of ship*) па́русное вооруже́ние; *coll* (*clothes*) оде́жда, тря́пки *f pl* **2.** *v* (*a ship*) оснаща́ть, вооружа́ть; *naut* (*prepare for*) гото́виться (**for,** к + *dat*); (*fix*) устана́вливать; *coll* (*arrange, dishonestly*) подстра́ивать
~ **out** (*fit out*) снаряжа́ть (**with,** + *instr*); (*clothe*) наряжа́ть
~ **up** (*arrange*) устра́ивать; (*equip hastily*) снаряжа́ть на́спех; (*improvise*) смастери́ть *pf*, состря́пать *pf*
rigger такела́жник
rigging *naut* такела́ж
right 1. *n* (*side*) пра́вая сторона́; **from the** ~ спра́ва; **on the** ~ спра́ва, напра́во (**of,** от + *gen*); **keep to the** ~ держа́ться пра́вой стороны́; **to the** ~ напра́во (**of,** от + *gen*); *pol* пра́вые *pl*; (*blow*) уда́р пра́вой (руко́й); (*justice*) справедли́вость *f*, пра́вое де́ло; **be in the** ~ быть пра́вым; (*just claim*) пра́во (**of,** + *gen*; **to,** на + *acc*; **to,** + *infin*); **civil ~s** гражда́нские права́; **human ~s** права́ челове́ка; ~ **of way** право прохо́да; ~ **to work** пра́во на труд; **have a** ~ име́ть пра́во (**to,** на + *acc*, or + *infin*); **you have no** ~**!** вы не име́ете пра́ва; **by ~(s)** по пра́ву; *pl* **set to ~s** поправля́ть, наводи́ть поря́док; (*rightness*) правота́ **2.** *adj* (*not left, also pol*) пра́вый; **on the** ~ **hand** спра́ва, на пра́вой стороне́; (*correct, of thing*) пра́вильный; **you are doing the** ~ **thing** вы пра́вильно де́лаете; **I was** ~ **in thinking that** я пра́вильно ду́мал, что; (*just*) справедли́вый; (*justified, correct of person*) пра́вый; **you are** ~ вы правы́; (*suitable*) подходя́щий (**for,** для + *gen*); (*appropriate*) ну́жный, необходи́мый; **not the** ~ ... не тот ...; (*straight; of angle*) прямо́й; **at a** ~ **angle** под прямы́м угло́м; (*healthy*) здоро́вый; ~ **in the head, in one's** ~ **mind** в здра́вом уме́; **feel all** ~ хорошо́ чу́вствовать себя́; (*in good order*) в хоро́шем состоя́нии; **put, set** ~ исправля́ть, поправля́ть; *coll* (*utter*) су́щий, настоя́щий **3.** *adv* (*straight, directly*) пря́мо; (*exactly*) как ра́з; (*justly*) справедли́во; (*correctly*) пра́вильно; (*very*) о́чень; (*properly*) как сле́дует; (*completely*) совсе́м; ~ **through** насквозь; ~ **to the end** до са́мого конца́; *in expressions* ~ **away,** ~ **off** (*immediately*) сра́зу, неме́дленно; (*in answer*) сейча́с; **that's** ~ соверше́нно пра́вильно; **all** ~ *emph* безусло́вно; **that's him all** ~**!** э́то безусло́вно он!; (*in agreement, exasperation, summary*) ла́дно; **it's all** ~ всё в поря́дке; **that's all** ~ (*dismissively*) ла́дно, э́то ничего́; **he's all** ~ (*unharmed*) он цел и невреди́м; **he'll be all** ~ (*nothing will happen*) ничего́ с ним не случи́тся; (*get better*) он попра́вится; **is it all** ~ **if?** ничего́, е́сли? (+ *fut*); **if it's all** ~ **with you** е́сли э́то вас устра́ивает, если вы не возража́ете; *coll* **all** ~ (*not bad*) не пло́хо, неду́рно; (*fairly well*) дово́льно хорошо́ **3.** *v* (*correct*) исправля́ть; (*restore*) восстана́вливать; (*set upright*) выпрамля́ть; (*a boat*) выра́внивать
right-about (*opposite direction*) противополо́жное направле́ние; (*turn*) поворо́т; **do a** ~ поверну́ть *pf* обра́тно; *fig* сде́лать *pf* круто́й поворо́т, сде́лать поворо́т на все 180 гра́дусов; **send to the** ~ прогна́ть *pf* в ше́ю
right-angled прямоуго́льный
righteous (*good*) пра́ведный; (*just*) справедли́вый
righteousness пра́ведность *f*
rightful (*just*) справедли́вый; (*justifiable*) правоме́рный; (*in law*) зако́нный
right-hand (*on right*) пра́вый; ~ **side** пра́вая сторона́; ~ **screw** с пра́вой резьбо́й; *fig* ~ **man** пра́вая рука́
right-handed 1. *adj* (*person*) де́лающий всё пра́вой руко́й; (*for right hand*) для пра́вой руко́й; (*with right hand*) пра́вой руко́й; ~ **blow, stroke** уда́р пра́вой руко́й **2.** *adv* пра́вой руко́й
rightist *pol n and adj* пра́вый
rightly (*correctly*) пра́вильно; (*fairly*) справедли́во
right-minded (*upright*) че́стный; (*orthodox*) благомы́слящий; (*sensible*) разу́мный
rightness (*correctness*) пра́вильность *f*; (*justice*) справедли́вость *f*
right-thinking благомы́слящий
rightward 1. *adj* пра́вый **2.** *adv* напра́во
right-wing пра́вый
rigid (*stiff*) жёсткий; (*unyielding*) непода́тливый; (*not movable*) неподви́жный; (*strict*) стро́гий; (*unbending in views*) непрекло́нный
rigidity жёсткость *f*; стро́гость *f*; непрекло́нность *f*
rigmarole галиматья́
rigor (*stiffness*) оцепене́ние; ~ **mortis** тру́пное окочене́ние; (*in fever*) озно́б
rigorist стро́гий блюсти́тель *m*, ригори́ст
rigorous (*strict*) стро́гий; (*exact*) то́чный; (*harsh; inclement*) суро́вый
rigour стро́гость *f*; то́чность *f*; суро́вость *f*
rig-out *coll* оде́жда, наря́д
rile раздража́ть
rill (*stream*) ручеёк
rim 1. *n* (*edge; brim*) край; (*of wheel etc*) о́бод; (*outer border*) ободо́к; (*of spectacles etc*) опра́ва **2.** *v* обрамля́ть
rime 1. *n* (*frost*) и́ней **2.** *v* покрыва́ть(ся) и́неем, заиндеве́ть
rimless (*spectacles*) без опра́вы; *mil* (*cartridge*) с ги́льзой без закра́ины
rimy заиндеве́вший
rind (*of fruit, bacon*) кожура́; (*of cheese*) ко́рка
¹ring 1. *n* (*metal etc circlet; also fig, mil*) кольцо́; **wedding** ~ обруча́льное кольцо́; (*circle; in water, round eyes*) круг; **form a** ~ встать *pf* в круг; **in a** ~ круго́м, вокру́г (**round,** + *gen*); (*circus*) (цирковая) аре́на; (*boxing; of dealers etc*) ринг; **spy** ~ шпио́нская сеть *f* **2.** *adj* кольцево́й **3.** *v* (*encircle*) окружа́ть; (*draw* ~ *round*) отмеча́ть кружко́м; (*move round*) кружи́ть; (*put* ~ *on*) надева́ть кольцо́ на (+ *acc*); (*bird, tree*) кольцева́ть
²ring 1. *n* (*resonant sound*) звон; **give a** ~ издава́ть

звон; (*telephone*, *doorbell*) звоно́к; **a ~ at the door** звоно́к в дверь; **give a ~** (*at door*) позвони́ть *pf* (в дверь, в звоно́к); (*on phone*) позвони́ть *pf* (+ *dat*); (*vi of phone*) зазвони́ть *pf*; **there was a ~ at the door** в дверь позвони́ли; (*sound*) звук; (*hint*, *trace*) о́тзвук, отте́нок **2.** *vi* (*give out ~ing sound*) звене́ть; (*of doorbell, telephone*) звони́ть; (*start ~ing*) зазвони́ть *pf*; (*resound*) оглаша́ться (**with,** + *instr*); (*seem, sound*) звуча́ть (+ *instr*); *vt* (*bell etc*) звони́ть в (+ *acc*); (*summon by bell, phone*) вызыва́ть звонко́м, по телефо́ну; (*phone up*) звони́ть (+ *dat*) (по телефо́ну)
 ~ **off** ве́шать тру́бку
 ~ **out** раздава́ться
 ~ **up** звони́ть по телефо́ну (+ *dat of person*; в + *acc of place*)

ring-bark кольцева́ть

ring-dove витю́тень *m*, вя́хирь *m*

ringer (*of bells*) звона́рь *m*; *coll* (*double*) двойни́к (**for,** + *gen*)

ring-finger безымя́нный па́лец

ringing 1. *n* звон **2.** *adj* зво́нкий, зву́чный

ringleader глава́рь *m*, заводи́ла *m and f*

ringlet (*of hair*) ло́кон, завито́к; (*small ring*) коле́чко

ringmail кольчу́га

ringmaster инспе́ктор мане́жа

ring-road кольцева́я доро́га

ringworm стригу́щий лиша́й

rink (*for skating*) като́к

rinse 1. *n* (*act*) полоска́ние; **give a ~** полоска́ть; (*for hair*) кра́ска для воло́с **2.** *v* полоска́ть

rinser мо́ечная маши́на

rinsing полоска́ние

riot 1. *n* (*disturbances*) беспоря́дки *m pl*; *leg* наруше́ние обще́ственного поря́дка; (*rebellion*) бунт; (*rowdiness*) хулига́нство; *fig* (*abundance*) изоби́лие; **be a ~ of** изоби́ловать (+ *instr*), пестре́ть (+ *instr*); **run ~** (*act riotously*) бу́йствовать; (*rage*) бушева́ть; (*of plants*) бу́йно разраста́ться; (*run to excess*) переступа́ть все грани́цы; (*of thoughts etc*) разгу́ливаться **2.** *v* бу́йствовать, бесчи́нствовать

rioting беспоря́дки *m pl*

rioter бунтовщи́к; (*hooligan*) хулига́н

riotous (*rebellious*) мяте́жный; (*turbulent, violent*) бу́йный; (*disorderly*) беспоря́дочный; (*rioting*) бунту́ющий

[1]**rip 1.** *n* (*tear*) разры́в; (*cut*) разре́з **2.** *v* (*tear*) рва́ть(ся), разрыва́ть; (*rush*) мча́ться; *coll* **let it, her,** *etc* ~ пое́хали
 ~ **away** срыва́ть (**from,** с + *gen*)
 ~ **down** (*eg curtain*) срыва́ть; (*building*) сноси́ть
 ~ **into** (*attack*) набра́сываться на (+ *acc*)
 ~ **off** сры́вать, сдира́ть (**from,** с + *gen*)
 ~ **out** вырыва́ть (**from,** из + *gen*)
 ~ **up** (*open*) вскрыва́ть; (*tear up*) разрыва́ть

[2]**rip** (*horse*) кля́ча; (*profligate*) пове́са *m*

riparian прибре́жный

rip-cord (*of parachute*) вытяжно́й трос; (*of balloon*) разрывна́я верёвка

ripe (*of fruit*) спе́лый, зре́лый; (*mature*) зре́лый; **at a ~ old age** в прекло́нном во́зрасте; (*ready*) гото́вый (**for** к + *dat*, or + *infin*)

ripen *vi* (*of crops etc*) спеть, зреть, созрева́ть; (*become fully ripe*) вызрева́ть; (*mature*) созрева́ть; *vt* де́лать зре́лым

ripeness спе́лость *f*; зре́лость *f*

rip-off *coll* моше́нничество, надува́тельство

riposte *sp* отве́т; (*reply*) неме́дленный отве́т

ripping *sl* (*excellent*) потряса́ющий, чу́дный

ripple 1. *n* (*on water*; *of colour*) рябь *f*; (*sound of water*) журча́ние; **there was a ~ of laughter in the hall** смех пробежа́л по за́лу; (*waviness*) волни́стость *f*; *tech* пульса́ция **2.** *v* (*have, make ~s*) покрыва́ть(ся) ря́бью; (*sound*) журча́ть; (*flow*) струи́ться; (*of laughter etc*) пробега́ть, прока́тываться; (**over, round, through, along,** по + *dat*); (*more slightly*) шевели́ть(ся)

ripply волни́стый; покры́тый ря́бью

rip-roaring бу́йный

rip-saw продо́льная пила́

rip-tide разрывно́е тече́ние

rise 1. *n* (*act of rising, increasing*) повыше́ние; (*growth*) рост; (*intensification*) усиле́ние; (*in a road etc*) подъём; (*hill*) возвы́шенность *f*; (*in pay*) приба́вка; (*of sun etc*) восхо́д; (*of tide*) при́быль *f* прили́ва; (*beginning*) возникнове́ние; **~ to power** прихо́д к вла́сти; **take its ~ in** брать своё нача́ло в (+ *prep*); **give ~ to** (*cause*) причиня́ть, вызыва́ть; (*have as result*) име́ть результа́том; (*give occasion to*) дава́ть по́вод (+ *dat*); *coll* **get, take a ~ out of** (*mock*) издева́ться над (+ *instr*); (*infuriate*) беси́ть **2.** *v* (*move upwards; get up; ~ in level*) поднима́ться; **~ to one's feet** встава́ть (на́ ноги); **~ from the table** встава́ть из-за стола́; (*after sleep*) встава́ть; (*of terrain*; *prices, temperature etc*) повыша́ться; (*intensify*) уси́ливаться; (*of sun, moon*) восходи́ть; (*stand vertically, loom*) возвыша́ться (**above,** над + *instr*); (*come to surface*) поднима́ться, всплыва́ть (на пове́рхность); (*rebel*) восстава́ть; (*originate*) брать (своё) нача́ло, начина́ться; (*arise*) возника́ть; **~ above** (*be superior to*) быть вы́ше (+ *gen*); **~ to an occasion, emergency** быть на высоте́ положе́ния; **~ to the bait** попа́сться *pf* на у́дочку; *relig and fig* **~ again, from the dead** воскреса́ть

riser (*of stair*) по́дступень *f* ле́стницы; (*pipe*) стоя́к; **be an early ~** ра́но встава́ть

risibility смешли́вость *f*; смехотво́рность *f*

risible (*inclined to laugh*) смешли́вый; (*funny*) смешно́й, смехотво́рный

rising 1. *n* (*slope*) подъём; (*increase*) повыше́ние; (*of sun etc*) восхо́д; (*rebellion*) восста́ние **2.** *adj* (*sloping*) поднима́ющийся, повыша́ющийся; (*increasing*) повыша́ющийся, возраста́ющий; **~ generation** подраста́ющее поколе́ние; (*becoming successful*) начина́ющий приобрета́ть изве́стность; (*promising*) многообеща́ющий, подаю́щий наде́жды; **3.** *adv* **he is ~ fifty** ему́ под пятьдеся́т

risk 1. *n* (*chance of*) возмо́жность *f* (+ *gen*); (*danger of*) опа́сность *f* (+ *gen*); (*hazard*) риск; **at ~** в риско́ванном положе́нии; **at one's own ~** на свой риск; **at the ~ of** с ри́ском (для + *gen*; *or* + *infin*); **at the ~ of one's life** риску́я жи́знью, с ри́ском для жи́зни; **put at ~** рискова́ть (+ *instr*); **take a ~** пойти́ *pf* на риск; **take, run the ~ of** рискова́ть (+ *instr*; *or* + *infin*); **without ~** без вся́кого ри́ска **2.** *v* рискова́ть (+ *instr*; *or* + *infin*); **~ all on** ста́вить всё на (+ *acc*)

riskiness риско́ванность *f*

risky риско́ванный, опа́сный

risotto ризо́тто *neut indecl*

risqué риско́ванный

rissole котле́та ру́бленая, те́фтели *pl*

rite (*ritual*) обря́д; (*liturgy*) литурги́я
ritornello ритурне́ль *m and f*
ritual 1. *n* ритуа́л **2.** *adj* ритуа́льный
ritualism обря́дность *f*
ritualist приве́рженец обря́дности
ritualistic ритуалисти́ческий
rival 1. *n* (*in love, sport*) сопе́рник; (*in business*) конкуре́нт **2.** *adj* сопе́рничающий; конкури́рующий **3.** *v* сопе́рничать с (+ *instr*); конкури́ровать с (+ *instr*)
rivalry сопе́рничество; конкуре́нция
rive раска́лывать
river 1. *n* река́; *fig* пото́к **2.** *adj* речно́й
river-bank бе́рег реки́
river-basin бассе́йн реки́
river-bed ру́сло (реки́)
riverside 1. *n* бе́рег реки́ **2.** *adj* прибре́жный
river-water речна́я вода́
rivet 1. *n* заклёпка **2.** *v* (*fasten with ~s*) клепа́ть, склёпывать; ~ **up, down** заклёпывать; (*fix glance, attention etc*) прико́вывать (**to,** к + *dat*)
riveter (*worker*) клепа́льщик; (*machine*) клепа́льная маши́на
rivulet (*stream*) ручеёк; *fig* (*of rain, spilt liquid etc*) струя́
RNA *biol* РНК, рибонуклеи́новая кислота́
roach (*fish*) во́бла, плотва́; *Am* (*cockroach*) тарака́н
road 1. *n* (*in general*) доро́га (**to,** в + *acc*; **from** из + *gen*); **be on the** ~ быть в доро́ге; **by** ~ по доро́ге; (*in car*) маши́ной, на маши́не; **main, arterial** ~ магистра́ль *m*; **motor** ~ автотра́сса; (*surfaced, metalled*) шоссе́; **high** ~ больша́я доро́га; (*street*) у́лица; (*~way*) мостова́я; *fig* (*way*) путь *m*; **on the** ~ **to** на пути́ к (+ *dat*); *pl naut* рейд **2.** *adj* доро́жный; ~ **sign** доро́жный знак
roadblock (*checkpoint*) контро́льный пункт; *mil* загражде́ние на доро́ге
road-book доро́жный спра́вочник
road-holding держа́ние доро́ги
roadhouse придоро́жный рестора́н, придоро́жная гости́ница
roadless бездоро́жный
roadman доро́жный рабо́чий, доро́жник
road-map доро́жная ка́рта
road-metal щебёнка
road-roller доро́жный като́к
road-sense чу́вство доро́ги
roadside 1. *n* обо́чина **2.** *adj* придоро́жный
roadstead *naut* рейд
roadster (*cycle*) доро́жный велосипе́д; (*car*) ро́дстер
roadway (*road*) доро́га; (*part of road for vehicles*) мостова́я, прое́зжая часть *f*
roadworthiness приго́дность *f* к эксплуата́ции на доро́гах
roam (*wander*) броди́ть (**about, around,** по + *dat*); (*travel*) стра́нствовать (по + *dat*)
roamer стра́нник, скита́лец
roan 1. *n* (*horse*) ча́лая ло́шадь *f*; (*leather*) бара́нья переплётная ко́жа **2.** *adj* ча́лый
roar 1. *n* (*of animal, engine, storm*) рёв; (*of guns, traffic*) гро́хот; (*of laughter, applause*) взрыв **2.** *v* (*howl*) реве́ть, ора́ть (**with,** от + *gen*); (*of lion etc*) рыча́ть, реве́ть, (*shout*) крича́ть; (*make loud noise*) гуде́ть, шуме́ть, грохота́ть; ~ **with laughter** гро́мко расхохота́ться *pf*, хохота́ть во всё го́рло; (*of storm etc*) бушева́ть
roaring 1. *n* рёв; гро́хот; шум; гул **2.** *adj* (*noisy*) бу́рный, шу́мный; (*fire*) я́рко горя́щий; (*trade*) бо́йкий, оживлённый
roast 1. *n* (*dish*) жарко́е, жа́реное мя́со **2.** *adj* жа́реный **3.** *v cul, and fig* жа́рить(ся), пе́чь(ся)
rob (*person, place; pillage*) граби́ть; **rob s.o. of** красть у кого́-нибудь (+ *acc*); (*deprive*) лиша́ть (**of,** + *gen*)
robber (*bandit*) граби́тель *m*, разбо́йник; (*thief*) вор
robbery грабёж; (*theft*) кра́жа; **highway** ~ грабёж на большо́й доро́ге; **daylight** ~ грабёж средь бе́ла дня
robe 1. *n* (*loose outer garment*) хала́т; (*dress*) пла́тье; (*gown of office*) ма́нтия **2.** *v* облача́ть(ся) (**in,** в + *acc*)
robin (*European*) мали́новка, заря́нка; (*American*) дрозд
robot 1. *n* ро́бот, автома́т **2.** *adj* автомати́ческий
robotics робототе́хника
roburite робури́т
robust (*full of health; invigorating*) здоро́вый; (*strong*) кре́пкий; (*vigorous*) энерги́чный; (*sturdy*) дю́жий; (*direct*) прямо́й
robustious бу́йный, шу́мный
roc *myth* (пти́ца) Рух
[1]**rock 1.** *n geol* (*hard mineral*) (го́рная) поро́да; (*stone as material; boulder; pebble*) ка́мень *m*; (*jagged stones in coast or mountain*) скала́; (*high crag*) утёс; *sl* (*gem*) брилья́нт; *coll* **on the ~s** (*in trouble*) в тру́дном положе́нии; (*wrecked; coll broke*) на мели́; (*of drink*) со льдо́м **2.** *adj* (*of stone*) ка́менный
[2]**rock 1.** *n* кача́ние; тря́ска; *mus* рок (-н-ро́лл) **2.** *v* (*swing to and fro*) кача́ть(ся), колеба́ть(ся); (*shake violently*) трясти́(сь); (*to sleep*) ука́чивать; *fig* (*shock*) потрясать; *fig* ~ **the boat** се́ять раздо́ры
rock-bottom 1. *n* (*lowest point*) са́мый ни́зкий у́ровень *m* **2.** *adj* кра́йний
rock-climbing альпини́зм
rock-crystal го́рный хруста́ль *m*
rock-drill перфора́тор
rocker (*chair*) кре́сло-кача́лка; (*curved piece*) кача́лка; *tech* коромы́сло; *coll* **go off one's** ~ спя́тить *pf* с ума́
rockery альпи́йский сад
rocket 1. *n* (*all tech senses*) ракéта; *coll* (*reprimand*) нагоня́й **2.** *adj* раке́тный **3.** *v* (*fire ~s*) выпуска́ть раке́ты; (*send by* ~) посыла́ть раке́той; (*shoot ahead*) вырыва́ться (вперёд, на пе́рвое ме́сто *etc*); (*of prices etc*) ре́зко повыша́ться, взвива́ться
rocket-assisted, boosted разгоня́емый раке́тным ускори́телем
rocket-base раке́тная ба́за
rocket-carrying ракетоно́сный
rocketeer раке́тчик
rocket-launcher реакти́вный бомбомёт
rocket-range раке́тный полиго́н
rocketry раке́тная те́хника
rockfall обва́л
rock-hewn вы́сеченный из ка́мня
rockiness скали́стость *f*
rocking 1. *n* кача́ние; (*of ship*) ка́чка **2.** *adj* кача́ющийся; ~ **chair** кре́сло-кача́лка; **~-horse** конь-кача́лка
rock'n'roll рок-н-ро́лл
rock-plant альпи́йское расте́ние

rock-salt ка́менная соль *f*

[1]**rocky** (*strong*) камени́стый; (*craggy*) скали́стый; **the Rocky Mountains** Скали́стые го́ры *f pl*; *fig* (*firm*) твёрдый

[2]**rocky** (*shaky*) ша́ткий

rococo 1. *n* рококо́ *neut indecl* **2.** *adj* (*in* ~ *style*) в сти́ле рококо́; (*mannered*) вы́чурный

rod (*stick*) па́лка; (*switch*; *bar*) прут; (*metal shaft*) сте́ржень *m*; (*for punishment*) ро́зга; **make a** ~ **for one's own back** нака́зывать самого́ себя́, рыть себе́ я́му; (*staff of office*, *crozier etc*) жезл; **rule with a** ~ **of iron** управля́ть (+ *instr*) желе́зной руко́й; (*fishing*) у́дочка; (*measure*) род

rodent 1. *n* грызу́н **2.** *adj med* разъеда́ющий

rodeo роде́о *neut indecl*

rodomontade хвастовство́

roe (*of fish*) икра́; **milt, soft roe** моло́ки *f pl*; (*deer*) косу́ля

roebuck саме́ц косу́ли, косу́ля-саме́ц

roentgen (*unit*) рентге́н; ~ **rays** рентге́новы лучи́ *m pl*

roestone ооли́т, икряно́й ка́мень *m*

rogue (*crook*) жу́лик, моше́нник; (*good-for-nothing*) него́дник; *joc* шалу́н; *biol* уклоня́ющаяся фо́рма; ~ **elephant** слон-отше́льник

roguery (*fraud*) жу́льничество; (*mischief*) ша́лости *f pl*, прока́зы *f pl*

roguish (*mischievous*) шаловли́вый, прока́зливый; (*arch*) коке́тливый; (*dishonest*) жу́льнический

roister (*carouse*) бра́жничать; (*be boisterous*) бесчи́нствовать

roistering бу́йный

role роль *f*; **in the** ~ **of** в ро́ли (+ *gen*) (*also fig*); **play a** ~ игра́ть, исполня́ть роль

roll 1. *n* (*of s'th sold or stored rolled*) руло́н; (*coil*, *scroll*) сви́ток; (*anything rolled-up*) свёрнутый (в тру́бку) (**of,** + *nom*); (*of fat*) скла́дка; (*of bread*) бу́лочка; *cul* руле́т; (*list*) спи́сок; **call the** ~ де́лать перекли́чку; (*of thunder*) раска́т; (*of drums*) бой; (*somersault*) кувыро́к; (*turn*) поворо́т; (*rotation*) враще́ние; (*rocking*) кача́ние; *naut* бортова́я ка́чка; **walk with a** ~ ходи́ть вразва́лку; *aer* бо́чка; *tech* (*roller*) вало́к, ва́лик; (*drum*) бараба́н **2.** *v* (*move by turning*) кати́ть(ся), (*when direction*, *place*, *and time unspecified*) ката́ть(ся); (*make into* ~) свёртывать, свора́чивать(ся); (*make into ball*) сма́тывать; (*twist, rotate*) верте́ть(ся), враща́ть(ся); ~ **one's eyes** враща́ть глаза́ми; (*rock*) кача́ть(ся); (*walk with* ~) ходи́ть вразва́лку; (*of smoke*) клуби́ться; (*of thunder*) грохота́ть, греме́ть; (*lawn*, *pitch*) ука́тывать; (*pastry etc*) раска́тывать; (*metal*) вальцева́ть, прока́тывать; *phon* раска́тисто произноси́ть

~ **about** ката́ться, валя́ться; (*with laughter etc*) кати́ться (**with,** от + *gen*)

~ **along** (*in vehicle*) кати́ть

~ **away** отка́тывать(ся) (**from,** от + *gen*); (*of clouds*, *fog etc*) рассе́ивать(ся)

~ **back** отка́тывать(ся) (**from,** от + *gen*)

~ **by** (*of vehicles*) проезжа́ть (ми́мо + *gen*); (*of time*) проходи́ть

~ **in** приходи́ть в большо́м коли́честве, вали́ть

~ **off** (*fall*) ска́тываться с (+ *gen*); (*print*) отпеча́тывать

~ **on** (*of time*) проходи́ть; *tech* нака́тывать

~ **out** выка́тывать(ся); (*pastry etc*) раска́тывать

~ **over** (*move by* ~*ing*; *cross by* ~*ing*) перека́тывать(ся) (за + *acc*); (*turn over*) перевора́чивать(ся); (*in sleep*) воро́чаться

~ **up** (~ *into tube*) свёртывать(ся) (в тру́бку); (*into ball*) сма́тывать(ся); (*sleeves*; *packet*) завёртывать; *coll* (*appear*) появи́ться

roll-call перекли́чка

rolled: ~ **steel** стально́й прока́т; ~ **gold** нака́танное зо́лото; *as adj* золочёный; ~ **oats** плю́щеный овёс

roller *tech* ва́лик, ро́лик; (*drum*) бараба́н; ~**s** ро́льганг; **lawn** ~ газо́нный като́к; **steam** ~ парово́й като́к; (*wave*) вал; (*hair-curler*) бигуди́ *neut pl indecl*; ~**-bearing** ро́ликовый подши́пник; ~**-mill** вальцо́вая ме́льница; ~**-skates** ро́лики *m pl*

roller-coaster америка́нские го́ры *f pl*

roll-film рольфи́льм

rollicking (*person*) молодцева́тый; (*gay and noisy*) шу́мно весёлый; **have a** ~ **time** весели́ться

rolling 1. *n naut* бортова́я ка́чка; *tech* прока́тка **2.** *adj* (*landscape*) волни́стый; (*having rollers*) ро́ликовый; (*mobile*) подвижно́й; ~ **stock** подвижно́й соста́в; ~**-mill** прока́тный стан; ~ **pin** ска́лка; ~ **stone** *fig* перекати́-по́ле

roll-top: ~ **desk** шве́дское бюро́

roly-poly (*pudding*) пу́динг с варе́ньем; *fig coll* короты́шка

ROM (*read-only memory*) *comput* **ПЗУ**

Roman 1. *n* (*person*) ри́млянин, *f* ри́млянка; (*alphabet*) лати́нский шрифт; *typ* **roman** (*not italic*) прямо́й шрифт **2.** *adj* ри́мский; ~ **nose** ри́мский нос; ~ **numeral** ри́мское число́; (*of alphabet*) лати́нский; *typ* прямо́й

Roman Catholic 1. *n* като́лик **2.** *adj* (ри́мско-)католи́ческий

Roman Catholicism католи́чество

romance 1. *n* (*tale*; *novel*; *love affair*) рома́н; *mus* рома́нс; (*glamour*) рома́нтика **2.** *adj ling* **Romance** рома́нский **3.** *v* фантази́ровать

romancer (*writer of romances*) сочини́тель *m* рома́нов; (*exaggerator*) фантазёр

Romanesque 1. *n* рома́нский стиль *m* **2.** *adj* рома́нский

Romania Румы́ния

Romanian 1. *n* (*person*) румы́н, *f* румы́нка; (*language*) румы́нский язы́к **2.** *adj* румы́нский

Romanic рома́нский

Romanize (*make Roman*) романизи́ровать; (*Latinize script etc*) латинизи́ровать; (*convert to Catholicism*) обраща́ть в католи́чество

romantic 1. *n* рома́нтик **2.** *adj* (*of, like romance*, *of romanticism*) романти́ческий; *coll* (*emotional*, *sentimental*, *glamorous*) романти́чный

romanticism (*all senses*) романти́зм

romanticist рома́нтик

romanticize романтизи́ровать

Romany 1. *n* (*person*) цыга́н, *f* цыга́нка, *pl* цыга́не (*language*) цыга́нский язы́к **2.** *adj* цыга́нский

Rome Рим

Romish католи́ческий, папи́стский

romp 1. *n* (*game*) шу́мная игра́; (*child*) сорвиголова́ *m and f* **2.** *v* (*play*) шу́мно игра́ть; *coll* ~ **home** вы́играть *pf* с лёгкостью

rompers, romper-suit ползунки́ *m pl*, де́тский комбинезо́н

rondeau *pros* рондо́ *neut indecl*

rondo *mus* ро́ндо *neut indecl*

roneo 1. *n* ротапри́нт **2.** *adj* ротапри́нтный **3.** *v* ротапринти́ровать

roof 1. *n* (*of house etc*) кры́ша, кров; **without a ~ over one's head** без кро́ва; (*of cave etc*) свод, потоло́к; (*of mouth*) нёбо; *coll* **raise the ~** (*make noise*) поднима́ть шум; (*make fuss*) устра́ивать сканда́л **2.** *v* (*cover*) крыть, покрыва́ть; (*form ~*) образова́ть кры́шу, свод

roofer кро́вельщик

roofing кро́вля

roofless (*without roof*) без кры́ши; (*homeless*) бездо́мный

roof-tree стропи́льная нога́

[1]**rook 1.** *n* (*bird*) грач; (*cheat*) моше́нник **2.** *v* (*swindle*) надува́ть (**of,** на + *acc*); (*overcharge*) обсчи́тывать (**of,** на + *acc*)

[2]**rook** (*chess*) ладья́, тура́

rookery (*rook colony*) грачо́вник; (*of other birds*) гнездо́вье; (*of seals*) ле́жбище

rookie (*new soldier*) новобра́нец; (*tyro*) новичо́к

room 1. *n* (*in house etc*; *people in ~*) ко́мната; (*hall*) зал; (*in factory*) цех; *naut* **engine ~** маши́нное отделе́ние; (*in hotel*) но́мер; *pl* (*apartment*) кварти́ра; (*space*) ме́сто; **there isn't ~ to** не́где (+ *infin*); **there isn't ~ for** нет ме́ста для (+ *gen*); **it takes up too much ~** э́то занима́ет сли́шком мно́го ме́ста; (*opportunity*) возмо́жность *f* **2.** *v* (*have ~*) занима́ть ко́мнату; (*share ~*) жить в одно́й ко́мнате (**with,** с + *instr*)

roomful по́лная ко́мната (**of,** + *gen*)

roominess (*spaciousness*) просто́р; (*capaciousness*) вмести́тельность *f*

room-mate сожи́тель *m* по ко́мнате, това́рищ по ко́мнате

roomy (*spacious*) просто́рный; (*capacious*) вмести́тельный

roost 1. *n* насе́ст; *fig* **rule the ~** кома́ндовать **2.** *v* уса́живаться на насе́ст

rooster пету́х

root 1. *n* (*of plant, hair, tooth*; *math*; *fig*) ко́рень *m*; **take ~** пуска́ть ко́рни; *fig* укореня́ться; **pull up by the ~s** вы́тащить *pf* с ко́рнями; **square ~** квадра́тный ко́рень *m*; *av* (*of wing*) корнева́я часть *f*; (*cause*) причи́на; (*source*) исто́чник; (*basis*) осно́ва; **the ~ of the matter** суть *f* де́ла; **at ~** в свое́й осно́ве **2.** *adj bot* корнево́й; (*basic*) основно́й **3.** *v* (*take ~*) пуска́ть ко́рни; *fig* укореня́ться; *fig* **~ to the ground** проко́вывать к ме́сту; **be ~ed in** (*originate*) брать своё нача́ло в (+ *prep*); (*rummage*) ры́ться; *coll* (*cheer on*) боле́ть (**for,** за + *acc*); **~ about** ры́ться (**in,** в + *prep*); **~ out, up** (*pull up*) вырыва́ть, вытаскивать с ко́рнями; (*find*) раска́пывать; (*eliminate*) искореня́ть

root-crop корнепло́д

rooted (*having roots*) име́ющий ко́рни; (*firmly implanted*) укорени́вшийся; (*fixed*) твёрдый

rootless (*groundless*) необосно́ванный

rootlet корешо́к

root-stock (*rhizome*) корневи́ще; (*basic stock for grafting*) подво́й; *fig* первоисто́чник

rope 1. *n* (*thick cord, climbing, hangman's etc*) верёвка; **throw a ~** броса́ть коне́ц (**to,** + *dat*); (*heavier, on ships etc*) кана́т, трос; **guy ~** оття́жка; **mooring ~** шва́ртов; *fig* **know the ~s** хорошо́ ориенти́роваться, понима́ть в чём де́ло **2.** *adj* кана́тный **3.** *v* (*tie up, together*) свя́зывать; (*tie to*) привя́зывать (**to,** к + *dat*)

~ in (*fence off*) отгора́живать верёвкой; (*gather*) собира́ть; (*involve*) вовлека́ть в (+ *acc*)

~ off, round отгора́живать верёвкой

~ up (*tie up*) перевя́зывать верёвкой; (*for climbing*) свя́зываться друг с дру́гом

rope-dancer канатохо́дец

rope-end, rope's-end коне́ц; *fig* (*punishment*) по́рка

rope-ladder верёвочная ле́стница; *naut* штормтра́п

rope-walk кана́тный двор

ropeway кана́тная доро́га

ropey, ropy *coll* (*inadequate*; *unwell*) нева́жный; (*scruffy, worn out*) обша́рпанный; (*unpleasant, inferior*) скве́рный; (*unsound*) ненадёжный, ша́ткий

ropy (*stringy*) волокни́стый; (*glutinous*) вя́зкий; (*of milk*) сли́зистый; (*of liquids*) кле́йкий

Roquefort (*cheese*) рокфо́р

rorqual ро́рквал, кит-полоса́тик

rosaceous похо́жий на ро́зу

rosary (*beads*) чётки *f pl*; **say the ~** перебира́ть чётки; (*rose-garden*) роза́рий

rose 1. *n* (*plant, flower*) ро́за; **Christmas ~** моро́зник белоцве́тный; **tea ~** ча́йная ро́за; **wild ~** шипо́вник; **wind, compass ~** ро́за ве́тров; (*pattern*; *mus, elect*) розе́тка; (*sprinkler*) разбры́згиватель *m*; (*colour*) ро́зовый цвет; *fig* **under the ~** по секре́ту; **it won't be all ~s** э́то не бу́дет одно́ удово́льствие **2.** *adj* ро́зовый

roseate ро́зовый; *fig* ра́достный

rosebud буто́н ро́зы

rose-colour(ed) ро́зовый; *fig* **see everything through ~ glasses, spectacles** смотреть всё сквозь ро́зовые очки́, ви́деть в ро́зовом све́те

rose-cut огранённый ро́зочкой

rose-diamond ро́зочка

rose-garden роза́рий, сад с ро́зами

rosemary розмари́н

roseola (*rash*) розео́ла; (*measles*) красну́ха

rose-red (*crimson*) а́лый; (*like rose*) кра́сный как ро́за

rosette розе́тка

rosewater ро́зовая вода́

rose-window кру́глое окно́-розе́тка

rosewood ро́зовое де́рево; *bot* дальбе́ргия

Rosicrucian 1. *n* розенкре́йцер **2.** *adj* розенкре́йцерский

Rosicrucianism розенкре́йцерство

rosin канифо́ль *f*

roster спи́сок

rostral ростра́льный; *zool* клювови́дный

rostrum (*tribune*) трибу́на; (*prow*) нос; (*beak*) клюв

rosy (*like roses*; *pink*) ро́зовый; (*of cheeks*) румя́ный; (*of prospects etc*) ра́дужный; (*idealized, usu iron*) голубо́й; (*cheerful*) ра́достный; **~-fingered** розовопе́рстый

rot 1. *n* (*process*) гние́ние; (*fungus*; *disease*) гниль *f*; **dry, wet ~** суха́я, мо́края гниль; *coll* (*nonsense*) чепуха́, чушь *f*, вздор; **talk ~** вздор/чушь моло́ть, говори́ть глу́пости **2.** *vi* гнить; *fig* разлага́ться; (*waste away*) ча́хнуть; *vt* гнои́ть; *fig* разлага́ть

rota расписа́ние дежу́рств

rotary (*rotating*) враща́ющийся; **~ motion** враща́тельное движе́ние; *tech* (*engine, press*) ротацио́нный

rotatable поворо́тный

rotate (*spin*) враща́ть(ся); (*alternate crops, duties*

etc) чередова́ть(ся)
rotation (*spin*) враще́ние; (*single turn*) оборо́т; (*alternation*) чередова́ние; **in ~** по о́череди; **crop ~** севооборо́т
rotative враща́тельный
rotator враща́ющее устро́йство; *med* му́скул-враща́тель *m*
rotatory враща́ющийся
rote: by ~ (*by heart*) наизу́сть; **learn by ~** изуча́ть повторе́нием, зубри́ть
rot-gut *sl* самого́н
rotisserie (*spit*) ра́шпер с ве́ртелом
rotograph ротогра́фия
rotogravure ротацио́нная глубо́кая печа́ть *f*
rotor 1. *n* (*of turbine, motor*) ро́тор; (*of helicopter*) несу́щий винт **2.** *adj* ро́торный
rotten (*most senses*) гнило́й; **~ eggs** ту́хлые я́йца *neut pl*; (*unsound*) ненадёжный, непро́чный; (*corrupt*) растле́нный; *coll* (*disgusting; unpleasant; unwell*) проти́вный, скве́рный; (*awful*) ужа́сный; (*worthless*) дрянно́й; (*low-grade, incompetent*) скве́рный, никуды́шный, дрянно́й
rottenness гни́лость *f*
rottenstone тре́пел
rotter *coll* подле́ц
rotund (*round*) кру́глый; (*plump*) по́лный; (*spherical*) сфери́ческий; (*of voice*) полнозву́чный; (*of phrase, style*) округлённый
rotunda рото́нда
rotundity полнота́; зву́чность *f*; округлённость *f*
rouble рубль *m*
roué пове́са *m*
rouge 1. *n* (*cosmetic*) румя́на; (*jeweller's*) кро́кус **2.** *v* кра́сить
rough 1. *n* (*ground*) неро́вная ме́стность *f*; (*~ part*) неро́вная часть *f*; **in the ~** в неотде́ланном ви́де; (*person*) грубия́н, хулига́н **2.** *adj* (*not level*) неро́вный; (*not smooth*) шерохова́тый; (*to touch; shaggy*) терша́вый; (*coarse, crude; not soft*) гру́бый; (*unfinished*) неотде́ланный, необрабо́танный; (*approximate*) приблизи́тельный, приме́рный; (*of notes etc*) черново́й; **~ copy** чернови́к; (*clumsy*) неуклю́жий; (*stormy*) бу́рный; *coll* (*unwell*) нева́жный; (*unpleasant*) неприя́тный; (*difficult*) тяжёлый; **it's ~ on him** (*hard*) ему́ тяжело́, нелегко́; (*unlucky*) ему́ не везёт; **~ house** сканда́л, дра́ка; **~ and ready** (*hasty*) самоде́льный, сде́ланный на ско́рую ру́ку; (*unrefined*) грубова́тый; **~ and tumble** (*crude*) гру́бый; (*chaotic*) беспоря́дочный; (*as noun*) сумато́ха **3.** *adv* гру́бо **4.** *v* (*make ~*) де́лать шерохова́тым *etc*; **~ it** (*put up with it*) терпе́ть; (*get by*) как-нибу́дь устро́иться *pf*; (*live ~*) жить без удо́бств; **~ in, out** набра́сывать вчерне́; **~ up** *sl* избива́ть
roughen *vt* де́лать гру́бым, шерохова́тым *etc*; *vi* грубе́ть, де́латься гру́бым
rough-hewn гру́бо обтёсанный; *fig* неотёсанный
roughish грубова́тый
rough-neck хулига́н
roughshod подко́ванный на шипы́; *fig* **ride ~ over** попира́ть
roughly (*crudely, violently*) гру́бо; (*approximately*) приме́рно, приблизи́тельно
roulade рула́да
roulette руле́тка
round 1. *n* (*circle*) круг; (*sphere*) сфе́ра; (*slice*) ло́мтик; (*rotation*) круговоро́т; (*patrol, visits of doctor etc*) обхо́д; (*series*) ряд, се́рия; (*of competition*) тур, эта́п; (*boxing*) ра́унд; (*bullet*) патро́н; (*shot*) вы́стрел; (*turn*) о́чередь *f*; **~ of applause** взрыв аплодисме́нтов; **go the ~s** циркули́ровать **2.** *adj* (*most senses, circular*) кру́глый; (*spherical*) шарообра́зный, сфери́ческий; (*cylindrical*) цилиндри́ческий; (*moving in circle*) кругово́й; (*convex*) вы́пуклый; (*plump*) по́лный; (*blunt*) прямо́й; (*approximate*) приблизи́тельный; (*considerable*) поря́дочный, кру́гленький; (*pleasant*) прия́тный; (*complete*) це́лый **3.** *adv* (*on all sides*) круго́м, вокру́г; **all ~** круго́м; (*moving ~, by detour*) круго́м; **~ the clock** кру́глые су́тки *f pl*; *as adj* круглосу́точный; (*in circumference*) в окру́жности; (*back*) обра́тно; (*for use after verbs see verb entry*) **4.** *v* (*make, become~*) округля́ть(ся); (*corner, bend*) огиба́ть, обходи́ть
 ~ off (*make ~*) округля́ть; (*finish*) зака́нчивать, заверша́ть
 ~ on набра́сываться на (+ *acc*)
 ~ out округля́ть(ся); (*get plump*) полне́ть; (*complete*) заверша́ть
 ~ up (*cattle*) сгоня́ть; (*gather*) собира́ть; (*catch*) пойма́ть *pf* **5.** *prep* (*on all sides of; in circuit of; rotating about*) вокру́г (+ *gen*); (*near, approximately*) о́коло (+ *gen*); (*in space of, about, through*) по (+ *dat*); **~ the corner** (*place*) за угло́м; (*motion*) за́ угол; (*for use after verbs see verb entry*)
roundabout 1. *n* (*merry-go-round*) карусе́ль *f*; (*road*) кольцева́я пло́щадь *f* **2.** *adj* око́льный; **by a ~ way** око́льным путём
roundel (*circle, disc*) круг, кружо́к, диск; (*medallion*) медальо́н
roundelay пе́сенка (с припе́вом)
rounders (*game*) ≈ лапта́
round-eyed с широко́ раскры́тыми глаза́ми
round-faced круглоли́цый
Roundhead *n and adj* круглоголо́вый
roundish круглова́тый
roundly (*directly*) пря́мо, открове́нно; (*severely*) стро́го, ре́зко; (*thoroughly*) здо́рово
roundness окру́глость *f*
round-shot кру́глое ядро́
round-shouldered суту́лый
roundsman разно́счик
round-table: ~ conference конфере́нция кру́глого стола́
round-the-clock круглосу́точный
round-up (*of cattle*) заго́н; (*by police*) обла́ва (**of,** на+ *acc*); (*summary*) сво́дка
rouse (*awaken*) буди́ть; (*make rise*) поднима́ть; (*feelings*) возбужда́ть; (*incite*) побужда́ть (**to,** к + *dat*); **~ oneself** встряхну́ться *pf*
rousing (*inspiring*) внуши́тельный, воодушевля́ющий; (*triumphant*) восто́рженный
roustabout рабо́чий
[1]**rout 1.** *n* (*defeat*) разгро́м; (*flight*) беспоря́дочное бе́гство **2.** *v* громи́ть; обраща́ть в бе́гство
[2]**rout** (*rummage*) ры́ться; **~ out** (*find*) разы́скивать; (*unearth*) выка́пывать; (*rouse from bed*) поднима́ть; (*drive out*) выгоня́ть (из + *gen*)
route 1. *n* (*way*) путь *m*; **en ~** по пути́, в пути́; (*transport*) тра́сса; (*regular run; intended line of travel*) маршру́т **2.** *v* (*fix ~*) устана́вливать маршру́т; (*send*) направля́ть
router *tech* фасо́нно-фре́зерный стано́к

routine 1. *n* (*order*) поря́док; (*normal work etc*) норма́льная рабо́та *etc*; (*practice*) пра́ктика; (*procedure*) погра́мма; (*work regime*) режи́м; (*habit*) привы́чка; (*boring business*) рути́на; *theat* но́мер **2.** *adj* (*usual*) норма́льный, привы́чный, обыкнове́нный; (*regular*) регуля́рный; (*laid-down*) устано́вленный; (*stereotyped*) шабло́нный, станда́ртный
rove броди́ть, скита́ться
rover скита́лец; (*pirate*) пира́т
roving (*wandering*) бродя́чий, стра́нствующий; (*nomadic*) кочево́й; (*of thoughts, eye*) блужда́ющий
[1]**row** (*line*) ряд; **in ~s** ряда́ми; **in a ~** в ряду́; (*one after another*) подря́д; (*of vegetables*) гряда́
[2]**row 1.** *n* (*trip in boat*) прогу́лка на ло́дке; **go for a ~** ката́ться на ло́дке **2.** *v* грести́; **~ a boat** грести́ на ло́дке; (*carry in boat*) перевози́ть на ло́дке
[3]**row** (*noise*) шум; *fig* (*scandal*) сканда́л; **make a ~** поднима́ть шум, сканда́л (**about,** про + *acc*, по по́воду + *gen*); (*quarrel*) ссо́ра; **have a ~ with** поруга́ться *pf* с (+ *instr*); (*brawl*) дра́ка; (*trouble*) неприя́тности *f pl*
rowan ряби́на
rowdiness хулига́нство, бесчи́нство
rowdy 1. *n* хулига́н, грубия́н **2.** *adj* (*noisy*) шу́мный; (*wild*) бу́йный
rowdyism хулига́нство
rower гребе́ц
rowing-boat (гребна́я) шлю́пка
rowlock уклю́чина
royal 1. *n coll* член короле́вской семьи́ **2.** *adj* (*of king, queen*) короле́вский; (*majestic*) ца́рственный, вели́чественный; (*magnificent*) великоле́пный
royalism рояли́зм
royalist 1. *n* рояли́ст **2.** *adj* рояли́стский
royalistic рояли́стский
royalty (*rank*) досто́инство короля́; (*person*) член/чле́ны короле́вской семьи́; (*royal power*) короле́вская власть *f*; (*regality*) ца́рственность *f*; (*writer's*) гонора́р; (*on patent*) лицензио́нный платёж, ро́ялти *neut indecl*; (*mining etc*) пла́та за пра́во разрабо́тки
rozzer *sl* мильто́н, му́сор
rub 1. *n* тре́ние **2.** *v* тере́ть, потира́ть; *fig* **~ one's hands** потира́ть ру́ки (**with,** от + *gen*); (*~ oneself against*) тере́ться (**against,** о + *acc*); (*massage; make sore; polish*) натира́ть; (**~ dry, clean; spoil by ~bing**) вытира́ть; *fig* **~ the wrong way** раздража́ть
 ~ **along** (*with s.o.*) ла́дить; (*manage*) справля́ться
 ~ **away** стира́ть, оттира́ть
 ~ **down** (*dry*) вытира́ть на́сухо; (*a horse*) чи́стить
 ~ **in** втира́ть; *coll* (*emphasize*) подчёркивать
 ~ **off** стира́ть(ся)
 ~ **out** стира́ть(ся); *sl* (*kill*) убива́ть; (*destroy*) уничтожа́ть
 ~ **through** пережива́ть
 ~ **up** (*clean*) начища́ть; *coll* (*knowledge*) освежа́ть
rubber 1. *n* (*raw material*) каучу́к; (*processed*) рези́на; **foam ~** пенорези́на; (*eraser*) рези́нка; *pl* (*galoshes*) гало́ши *pl*; *sl* (*condom*) презервати́в; (*at cards*) ро́ббер *2. adj* каучу́ковый; рези́новый; **~ band** рези́нка
rubberized прорези́ненный
rubberneck *coll* зева́ка *m and f*
rubberoid рубер́оид
rubber-plant фи́кус (каучуконо́сный)
rubber-stamp ста́вить штамп (на + *acc*); *coll pej* штампова́ть
rubbery каучукообра́зный
rubbing тре́ние
rubbish му́сор, хлам; *fig* дрянь *f*, хлам; (*nonsense*) чепуха́, чушь *f*; вздор; **~ bin** му́сорный я́щик; **~ tip** сва́лка
rubbishy дрянно́й; вздо́рный
rubble (*ruins*) разва́лины *f pl*; *bui* бут
rub-down обтира́ние, масса́ж; (*of horse*) чи́стка
rubella красну́ха
rubeola корь *f*
rubescent красне́ющий
Rubicon : cross the ~ перейти́ Рубико́н
rubicund румя́ный
rubidium руби́дий
rubric (*heading*) ру́брика, заголо́вок; (*rule*) пра́вило; (*written in red*) инициа́л (сло́во), вы́деленный кра́сным цве́том
rubricate снабжа́ть ру́бриками; выделя́ть кра́сным цве́том; писа́ть, печа́тать кра́сными бу́квами
ruby 1. *n* (*gem; type*) руби́н; (*colour*) руби́нового цве́та **2.** *adj* руби́новый
ruche рюш
[1]**ruck 1.** *n* (*wrinkle*) морщи́на; (*crease*) скла́дка **2.** *v* собира́ть(ся) скла́дками, мо́рщить(ся)
[2]**ruck** (*pile*) ку́ча; (*crowd*) толпа́, ма́сса
rucksack рюкза́к
ruction *coll usu pl* (*row*) гвалт; (*disorder*) беспоря́дки *m pl*; (*brawl*) сканда́л
rudd краснопёрка
rudder руль *m*
rudderless без руля́
ruddiness румя́ность *f*
ruddle 1. *n* кра́сная о́хра **2.** *v* (*mark sheep*) ме́тить
ruddy (*red*) кра́сный; (*of face*) румя́ный; *sl* прокля́тый
rude (*impolite*) неве́жливый, гру́бый; **be ~ to** оскорбля́ть; (*ill-bred*) невоспи́танный; (*crude, violent*) гру́бый; (*primitive*) примити́вный; (*unworked*) необрабо́танный; (*sharp*) ре́зкий, си́льный; (*robust*) кре́пкий
rudeness неве́жливость *f*, гру́бость *f*
rudiment (*principle*) нача́ло, осно́ва; *pl* (*beginnings*) зача́тки *m pl*; (*basic knowledge*) зача́тки зна́ния, элемента́рные зна́ния *neut pl*; (*vestige*) след; (*organ*) рудимента́рный о́рган
rudimentary элемента́рный; *biol* рудимента́рный
[1]**rue** *bot* ру́та
[2]**rue** (*regret*) сожале́ть о (+ *prep*)
rueful (*sad*) печа́льный, жа́лкий; (*disappointed*) разочаро́ванный
[1]**ruff** (*bird*) турухта́н; (*fish*) ёрш; (*collar*) кру́глый гофриро́ванный воротни́к
[2]**ruff** (*at cards*) бить ко́зырем
ruffed *orni* гри́вистый
ruffian (*hooligan*) хулига́н; (*cutthroat*) головоре́з, банди́т
ruffianly хулига́нский; банди́тский
ruffle 1. *n* (*collar*) гофриро́ванный воротни́к; (*at wrist*) гофриро́ванная манже́та; (*on water*) рябь *f* **2.** *v* (*pleat*) гофрирова́ть; (*hair*) еро́шить; (*annoy*) раздража́ть; (*ripple*) ряби́ть; (*discompose*) наруша́ть споко́йствие
rufous ры́жый

rug (*small carpet*) ко́врик; (*blanket*) плед
rugby (football) ре́гби *neut indecl*
rugged (*uneven*) неро́вный; (*coarse*) гру́бый; (*strong*) си́льный, кре́пкий; (*difficult*) тяжёлый; (*harsh*) суро́вый
ruin 1. *n* (*perdition*) ги́бель *f*; (*collapse, downfall*) круше́ние; (*of fortune, firm, policy*) крах; (*wreckage*) разва́лины *f pl*; (*of castle etc*) руи́ны *f pl*; (*cause of* ~) причи́на ги́бели **2.** *v* (*a building etc*) разруша́ть; (*destroy*) уничтожа́ть; (*life, career etc*) губи́ть, по́ртить; (*financially*) разоря́ть; (*seduce*) обесче́стить *pf*; (*health*) подрыва́ть
ruination ги́бель *f*; разоре́ние; причи́на ги́бели
ruinous (*causing ruin*) губи́тельный, па́губный; (*financially*) разори́тельный; (*decayed*) разру́шенный
rule 1. *n* (*principle; regulation; law*) пра́вило; **against the** ~**s** про́тив пра́вил; **as a** ~ как пра́вило; **golden** ~ золото́е пра́вило; **make it a** ~ **to** взять *pf* себе́ за пра́вило (+ *infin*); (*control*) правле́ние; ~ **of law** зако́нность *f*; **home** ~ самоуправле́ние; *hist* (*in Ireland*) го́мруль *m*; (*power*) власть *f*; (*reign*) ца́рствование; (*ruler*) лине́йка; **slide** ~ логарифми́ческая лине́йка **2.** *v* (*reign*) ца́рствовать; (*govern country etc*) пра́вить (+ *instr*) управля́ть (+ *instr*); (*dominate*) госпо́дствовать над (+ *instr*); (*control*) руководи́ть (+ *instr*), контроли́ровать; **be** ~**d by** (*guided*) руково́дствоваться (+ *instr*); (*paper*) linова́ть; *leg* (*give ruling*) постановля́ть; ~ **off** отдели́ть *pf* черто́й; ~ **out** *fig* исключа́ть
ruler (*person*) прави́тель *m*; *math* лине́йка
ruling 1. *n* (*control*) управле́ние (+ *instr*); (*decision*) постановле́ние, реше́ние **2.** *adj* (*in power*) пра́вящий; (*prevailing*) преоблада́ющий, госпо́дствующий; (*current*) де́йствующий
ruling-pen рейсфе́дер
[1]**rum** (*drink*) ром
[2]**rum** (*odd*) стра́нный; (*suspicious*) подозри́тельный
Rumania *see* **Romania**
Rumanian *see* **Romanian**
rumba 1. *n* ру́мба **2.** *v* танцева́ть ру́мбу
rumble 1. *n* гро́хот, гул **2.** *v* грохота́ть, громыха́ть; (*of vehicle*) е́хать с гро́хотом; *sl* (*see through*) ви́деть насквозь; (*understand*) понима́ть; (*disclose*) раскрыва́ть
rumbling громыха́ние, гро́хот
rumbustious шумли́вый
ruminant 1. *n* жва́чное живо́тное **2.** *adj zool* жва́чный; (*thoughtful*) заду́мчивый
ruminate (*chew cud*) жева́ть жва́чку; (*reflect*) размышля́ть; ~ **over, about** обду́мывать (+ *acc*)
rumination жева́ние жва́чки; размышле́ние
rummage 1. *n* (*junk*) старьё; (*search*) о́быск; ~ **sale** благотвори́тельный база́р **2.** *v* (*poke about*) ры́ться; (*search*) обы́скивать; ~ **out** разыска́ть *pf*
rummy *coll* чудно́й
rumness *coll* стра́нность *f*
rumour 1. *n* слух, молва́; **there's a** ~ **that ...** хо́дят слу́хи, что ..., говоря́т, что... **2.** *v* распространя́ть слу́хи
rumoured ожида́емый, о кото́ром прошёл слух
rump (*of animal*) кресте́ц; *coll* (*of person*) за́дница; *cul* костре́ц; ~ **of beef** огу́зок
rumple (*crumple*) мять; (*disarrange*) еро́шить
rumpsteak (*cut*) вы́резка; (*piece of steak*) ромште́кс
rumpus *coll* (*noise; upset*) шум; (*quarrel*) ссо́ра; (*disturbance*) сканда́л
run 1. *n* (*running*) бег; **at, in a** ~ бего́м; **on the** ~ (*in motion*) на ходу́; (*busy*) в бега́х; **be on the** ~ (*flee*) бежа́ть; *fig* **in the long** ~ в коне́чном счёте; (*for exercise*) пробе́жка; (*short pleasure trip*) прогу́лка; (*trip*) пое́здка; (*regular route*) рейс, маршру́т; (*distance*) **a two-hour's** ~ два часа́ езды́; *av* **take-off** ~ разбе́г; **landing** ~ пробе́г; (*period*) пери́од; (*series*) ряд, се́рия; (*of luck etc*) полоса́; (*trend, direction*) направле́ние; (*batch*) па́ртия; *print* тира́ж; (*demand*) спрос (**on,** на + *acc*); (*freedom to use*) пра́во по́льзоваться (+ *instr*); (*for livestock*) заго́н; (*burrow*) нора́; (*average type*) **the normal** ~ **of** обыкнове́нный; (*in stocking*) стре́лка; (*length*) длина́; (*operation*) (*of film*) просмо́тр; (*of machine*) ход; **test** ~ испыта́ние **2.** *vi* (*move fast on foot, no direction implied*) бе́гать; (*no direction implied*) бежа́ть; (*of vehicles, ships*) ходи́ть; (*move*) дви́гаться; (*coll*) кати́ться; (*make quick trip*) съе́здить (**down to, over to,** etc, в + *acc*); (*take part in race etc*) уча́ствовать (**in,** в + *prep*); (*flee*) спаса́ться бе́гством; (*pass through; elapse*) проходи́ть; (*be worded*) гласи́ть; (*spread*) распространя́ться, пробега́ть; (*of road*) вести́, проходи́ть; (*extend*) тяну́ться, простира́ться; (*flow; leak; drip*) течь; (*pour into*) лить(ся) (в + *acc*); (*melt*) та́ять, течь; (*be wet with*) быть за́литым (+ *instr*); (*of dye*) линя́ть; (*operate*) рабо́тать, де́йствовать; (*use as fuel*) рабо́тать (**on,** на + *prep*); (*revolve*) враща́ться; (*continue*) продолжа́ться; (*be in force*) быть действи́тельным; (*be on, of film etc*) идти́; *vt* (*control*) руководи́ть (+ *instr*), управля́ть (+ *instr*); (*a house, shop etc*) вести́; (*a machine*) управля́ть (+ *instr*); (*put into operation*) пуска́ть; (*have in use*) эксплуати́ровать; (*have*) име́ть; (*show*) пока́зывать; (*a competition, survey etc*) проводи́ть; (*transport*) перевози́ть; (*give lift to*) отвози́ть (**to,** в + *acc*); (*install wire, fence etc*) проводи́ть; (*undergo*) подверга́ться (+ *dat*); ~ **the risk of** рискова́ть (+ *instr*); (*propose candidate*) выдвига́ть кандидату́ру (+ *gen*); *in expressions* ~ **aground** сади́ться на мель; ~ **cold** похолоде́ть *pf*; ~ **dry** иссяка́ть; ~ **errands** быть на побегу́шках, посы́лках; ~ **high** (*of feelings*) разгора́ться; ~ **hot** нагрева́ться; ~ **low, short** конча́ться, подходи́ть к концу́; ~ **a temperature** име́ть температу́ру; ~ **wild** (*of child*) расти́ без присмо́тра; (*of plants*) бу́рно разраста́ться; (*of land*) быть забро́шенным
~ **about** (*scurry*) снова́ть
~ **across** (случа́йно) встреча́ться с (+ *instr*), ната́лкиваться на (+ *prep*)
~ **after** бежа́ть за (+ *instr*)
~ **against** (*hit*) ударя́ться о (+ *acc*); (*collide*) наска́кивать **на** (+ *acc*); (*contradict*) противоре́чить (+ *dat*)
~ **along** (*leave*) уходи́ть; ~ **along now!** ну, беги́
~ **at** набра́сываться на (+ *acc*)
~ **away** убега́ть, сбега́ть (**from,** от + *gen*)
~ **away with** (*elope*) сбега́ть с (+ *instr*); (*steal*) уноси́ть; **his enthusiasm ran away with him** он сли́шком увлёкся; **his tongue** ~**s away with him** он говори́т ли́шнее
~ **by** пробега́ть
~ **down** (*stop*) остана́вливаться; (*of battery*)

разряжáть(ся); (*seek out*) разыскáть *pf*; (*knock down*) сбивáть; (*traduce*) дýрно говорúть о (+ *prep*); (*flow down*) стекáть (по + *dat*)

~ **in** *coll* (*arrest*) забирáть; (*car*, *engine*) обкáтывать

~ **into** (*meet*) (случáйно) встречáться с (+ *instr*); (*collide with*) наехáть *pf* на (+ *acc*); (*reach*, *amount to*) достигáть (+ *gen*); (*lead into*) вводúть в (+ *acc*)

~ **off** (*away*) убегáть, сбегáть; (*flow off*) стекáть (с + *gen*); (*let flow off*, *pump out*) отводúть; (*print*) печáтать; ~ **off the rails** сойтú *pf* с рéльсов

~ **on** (*continue*) продолжáться; (*drag out*) тянýться; (*collide with*) наскочúть на (+ *acc*)

~ **out** выбегáть (**of, from** из + *gen*); (*flow out*) вытекáть; (*finish*) кончáться; (*of rope etc*) травúться; (*drive out*) выгонять

~ **over** (*knock down*) задавúть *pf*; (*look over*) просмáтривать; (*rehearse*) повторять; (*overflow*) переливáться чéрез край; ~ **hand over** проводúть рукóй по (+ *dat*); (*give lift*) отвозúть

~ **round** (*fuss about*) суетúться; (*circle*) бежáть вокрýг (+ *gen*); (*detour*) обходúть; (*encircle*) проходúть вокрýг (+ *gen*); (*visit*) забегáть; (*give lift*) отвозúть

~ **through** пробегáть чéрез (+ *acc*); (*flow through*) протекáть; (*pierce*) пронзáть *pf*, проколóть *pf*; (*look through*) просмáтривать; (*put through*) проводúть (чéрез + *acc*); (*rehearse*) повторять; (*pass*, *let through*) пропускáть; (*spend*) растрáчивать, промáтывать

~ **to** (*amount to*) достигáть (+ *gen*); (*be enough*) хватáть на (+ *acc*)

~ **up** (*approach*) подбегáть (**to,** к + *dat*); (*hoist*) поднимáть(ся); (*increase*) увелúчивать(ся); (*make hastily*) смастерúть *pf*, дéлать на скóрую рýку; (*reach*) подходúть (**to,** к + *dat*); (*bills*) надéлать *pf*; (*a dress*) смётывать; ~ **up against** стáлкиваться с (+ *instr*)

runabout (*car*) мáленькая машúна

runaway 1. *n* беглéц, *f* беглянка **2.** *adj* убежáвший; (*fugitive*) бéглый; (*of horse*) понёсший

run-down 1. *n* (*précis*) крáткое изложéние; (*reduction*) сокращéние **2.** *adj* (*exhausted*) истощённый, переутомлённый

rune рýна

rung ступéнька

runic рунúческий

run-in *coll* (*quarrel*) ссóра; (*clash*) столкновéние; (*preparation*) подготóвка (к + *dat*); (*final stage*) послéдний этáп

runnel (*stream*) ручеёк; (*gutter*) сток, канáва

runner (*one who runs*) бегýн; (*participant*) учáстник; (*messenger*) посы́льный; *hist* гонéц; (*on sledge etc*) пóлоз; *tech* (*slider*) ползунóк; (*roller*) рóлик; (*of cloth*) дорóжка; *bot* побéг; **scarlet** ~ (*bean*) фасóль многоцветкóвая

runner-up вторóй

running 1. *n* бег, бéганье; (*of machine*) ход; (*managing*) ведéние; *fig* **be in the** ~ имéть шáнсы (**for,** на + *acc*); **make the** ~ задавáть темп **2.** *adj* бегýщий; ~ **jump** прыжóк с разбéга; *sp* (*for* ~) беговóй; (*flowing*; *current*) текýщий; ~ **expenses** текýщие расхóды *m pl*; ~ **water** протóчная водá; (*continuous*; *in progress*) ~ **commentary** непреры́вный репортáж; ~ **repairs** текýщий ремóнт; ~ **title** колонтúтул; *mil* ~ **battle** бой на отхóде; ~ **fire** бéглый огóнь *m*; *naut* ~ **lights** ходовы́е огнú *m pl*; (*in succession*) подряд; **four times** ~ четы́ре рáза подряд; *med* ~ **eyes** слезящиеся глазá; ~ **sore** гнóящаяся рáна

running-board поднóжка

running-rigging бегýчий такелáж

runny (*thin*, *liquid*) жúдкий; (*melting*) тáющий; *coll* (*nose*) соплúвый

runt (*animal*) малорóслое живóтное; *pej* (*person*) коротышка

run-through (*of film*) просмóтр; (*rehearsal*) репетúция, прогóн

run-up разбéг; (*last stage before*) послéдний этáп; *tech* пуск

runway (*path*) путь *m*, тропá; *av* взлётно-посáдочная полосá

rupee рýпия

rupture 1. *n* разры́в; (*hernia*) гры́жа **2.** *v* (*tear*; *break*; *fig*) разрывáть(ся); (*puncture*) прорывáть(ся)

rural сéльский, деревéнский

Ruritanian (*romantic*) романтúчный; (*melodramatic*) мелодраматúчный

ruse (*artifice*) улóвка, хúтрость *f*; (*deception*) обмáн

[1]**rush** (*plant*) камы́ш; *bot* сúтник

[2]**rush 1.** *n* (*sudden move*) бросóк; **make a** ~ **for** брóситься *pf* на (+ *acc*); (*burst*) поры́в; ~ **of blood** прилúв крóви; ~ **of water** напóр воды́; ~ **of work** напли́в рабóты; (*eager hunt*) погóня (**for,** за + *instr*); **gold** ~ золотáя лихорáдка; (*demand*) спрос (**for, on,** на + *acc*); (*haste*) спéшка; **be in a** ~ торопúться; (*bustle*) суматóха **2.** *adj coll* (*urgent*) срóчный, спéшный; ~ **hour(s)** часы́ *m pl* пик **3.** *v* (*attack*; *burst upon*, *into*; *move fast*) бросáться (**at, on** на + *acc*; **into,** в + *acc*); (*hurry*) торопúть(ся); ~ **to extremes** впадáть в крáйности; (*travel*, *be carried*, *flow quickly*) мчáться, нестúсь; (*do hastily*) дéлать слúшком поспéшно

~ **along** мчáться

~ **away, off** умчáться *pf*

~ **by, past** промчáться *pf*, пролетáть (мимо + *gen*)

~ **in** врывáться (в + *acc*)

~ **out** (*hasten out*) бросáться (из + *gen*); (*gush*) хлы́нуть *pf* (*also fig*, *of crowd*)

~ **through** *vi* нестúсь; *vt* (*a law etc*) бы́стро провестú *pf*

~ **up** подбегáть (**to,** к + *dat*)

rushed (*made hastily*) сдéланный нáспех; (*busy*) **I'm very** ~ я óчень зáнят

rushing стремúтельный

rushlight (*candle*) свечá из сúтника; (*pale light*) тýсклый свет

rushy (*made of rushes*) тростникóвый, камышóвый; (*thick with rushes*) зарóсший тростникóм, камышóм

rusk сухáрь *m*

Russ *ar* рýсский

russet 1. *n* (*colour*) красновáто-коричневый цвет; (*cloth*) красновáто-корúчневая домоткáная ткань *f*; (*apple*) жёлто-корúчневое я́блоко **2.** *adj* красновáто-корúчневый; *fig* простóй

Russia (*country*) Россúя; *ar* Русь *f*; (*leather*) юфть *f*

Russian 1. *n* (*person*) рýсский, *f* рýсская; (*language*) рýсский язы́к **2.** *adj* рýсский

Russianize русифици́ровать
Russification русифика́ция
Russify русифици́ровать
Russophile 1. *n* русофи́л **2.** *adj* русофи́льский
Russophobe 1. *n* русофо́б **2.** *adj* русофо́бский
Russophobia русофо́бия
rust 1. *n* (*of metal, plants*) ржа́вчина; (*colour*) цвет ржа́вчины **2.** *v* ржаве́ть; *fig* ослабля́ть
rustic 1. *n* крестья́нин **2.** *adj* (*of country*) дереве́нский, се́льский; (*simple*) просто́й; (*coarse, crude*) гру́бый; (*uncouth*) неотёсанный; (*of brickwork*) русто́ванный; (*of woodwork*) из неотёсанного де́рева
rusticate (*live in country*) жить в дере́вне; (*from university*) вре́менно исключа́ть (из университе́та); *bui* рустова́ть
rusticity (*simplicity*) простота́; (*crudity*) гру́бость *f*; (*awkwardness*) неотёсанность *f*
rustle 1. *n* ше́лест, шо́рох, шурша́нье **2.** *vi* шелесте́ть, шурша́ть; *vt* шурша́ть (+ *instr*); *Am* (*steal cattle*) красть (скот), угоня́ть (скот)
rustler *Am* уго́нщик скота́
rustling (*sound*) ше́лест, шо́рох, шурша́нье; *Am* (*of cattle*) уго́н скота́
rustless нержаве́ющий
rust-proof нержаве́ющий, коррозиеусто́йчивый
rust-proofing предохране́ние от ржавле́ния
rusty (*metal*) ржа́вый, покры́тый ржа́вчиной, заржа́вленный; (*colour*) кра́сно-кори́чневый; (*out-of-date*) устаре́вший; (*get ~ at*) разучи́ться *pf* (+ *infin*), отвыка́ть (от, + *gen*, *or* + *infin*)
[1]**rut** *physiol* половая́ охо́та, гон; **be in ~** быть в (полово́й) охо́те
[2]**rut** (*in road*) колея́, вы́боина; *tech* фальц, вы́емка; (*habit*) привы́чка; (*routine*) рути́на
rutabaga брю́ква
ruthenium руте́ний
rutherford *phys* резерфо́рд
ruthless безжа́лостный
rutted изры́тый колея́ми, уха́бистый
ruttish похотли́вый
rye 1. *n* (*cereal*) рожь *f*; (*whisky*) ви́ски *neut indecl* из ржи **2.** *adj* ржано́й
rye-bread ржано́й хлеб
rye-grass пле́вел

S

Sabbath (*Sunday*) воскресе́нье, воскре́сный день *m*; (*Saturday*) суббо́та; (*as Jewish holy day*), ша́баш; **witches ~** ша́баш ведьм

sabbatical (*of Sabbath*) воскре́сный; суббо́тний; **sabbatical year** (*seventh*) (ка́ждый) седьмо́й год; (*academic leave*) годи́чный о́тпуск

sable 1. *n zool* со́боль *m*; (*fur*) со́боль, собо́лий мех; (*colour*) чёрный цвет; (*mourning*) тра́ур **2.** *adj* собо́лий, соболи́ный; чёрный

sabot деревя́нный башма́к, сабо́ *neut indecl*

sabotage 1. *n mil* дивéрсия; (*industrial etc*) сабота́ж **2.** *v mil* соверша́ть диве́рсию (в + *prep etc*); (*blow up*) подрыва́ть; (*work, plans etc*) саботи́ровать, срыва́ть

saboteur *mil* диверса́нт; (*wrecker*) сабота́жник, вреди́тель *m*

sabre са́бля, ша́шка; *fig* **rattle one's ~s** бряца́ть ору́жием

sabre-rattling *fig* бряца́ние ору́жием

sabretache та́шка

sac мешо́чек

saccate мешкообра́зный

saccharase сахара́за

saccharate сахара́т

saccharify оса́харивать

saccharimeter сахари́метр

saccharin(e) 1. *n* сахари́н **2.** *adj* (*of sugar*) са́харный; (*of saccharin*) сахари́новый; (*cloying*) при́торный, слаща́вый

saccharometer сахари́метр

saccharose сахаро́за

sacciform мешкообра́зный, мешо́тчатый

sacerdocy свяще́нство

sacerdotal свяще́ннический

sachet саше́ *neut indecl*

[1]**sack 1.** *n* (*bag*) мешо́к; *coll* (*sleeping bag*) спа́льный мешо́к; **hit the ~** ложи́ться спать; (*dismissal*) **give s.o. the ~** увольня́ть, выгоня́ть (с рабо́ты); **get the ~** быть уво́ленным; **2.** *v* (*put in ~*) класть, насыпа́ть *etc* в мешо́к; *coll* (*from work*) увольня́ть

[2]**sack 1.** *n* (*plunder*) разграбле́ние **2.** *v* гра́бить; (*a city*) разгра́бить *pf*

sackcloth (*sacking*) мешкови́на; (*penitential*) власяни́ца

sacker (*plunderer*) граби́тель *m*; *tech* мешконасыпа́тель *m*

sackful по́лный мешо́к (+ *gen*); **by the ~** мешка́ми

sacking мешкови́на

sack-race бег в мешка́х

sacral *med* крестцо́вый; **~ bone** кресте́ц; (*ritual*) ритуа́льный, сакра́льный

sacrament та́инство; **the ~** (*communion*) свято́е прича́стие; **take the ~** причаща́ться; **the last ~s** собо́рование

sacramental свяще́нный, сакремента́льный

sacred (*holy*) свяще́нный, свято́й; (*inviolable*) неприкоснове́нный; (*dedicated*) **~ to** посвящённый (+ *dat*)

sacredness свя́тость *f*

sacrifice 1. *n* же́ртва; **make ~s** приноси́ть же́ртвы; **make a ~ (of)** приноси́ть в же́ртву (+ *acc*); (*renounce*) отка́зываться от (+ *gen*); (*ritual*) жертвоприноше́ние **2.** *vt* (*give up, offer up*) же́ртвовать (+ *instr*); (*devote*) посвяща́ть, отдава́ть (**to**, + *dat*); *vi rel* соверша́ть жертвоприноше́ние

sacrificial же́ртвенный

sacrilege святота́тство, кощу́нство

sacrilegious святота́тственный, кощу́нственный

sacrist(an) ри́зничий

sacristy ри́зница

sacrosanct (*sacred*) свяще́нный; (*inviolable*) неприкоснове́нный

sacrum кресте́ц

sad (*sorrowful*) гру́стный; **make ~** огорча́ть; **I felt ~** мне бы́ло гру́стно; (*lamentable*) печа́льный; **how ~ that ...** как жаль, что; *iron* **a ~ state of affairs** хоро́шенькое де́ло; (*gloomy*) уны́лый

sadden печа́лить(ся), опеча́ливать(ся)

saddle 1. *n* (*for riding; of meat*) седло́; **in the ~** верхо́м; *fig* **be in the ~** верхово́дить; (*mountain ridge*) седлови́на; *tech* опо́ра **2.** *v* седла́ть; *fig* обременя́ть (**with**, + *instr*)

saddleback (*ridge*) седлови́на

saddlebacked седлови́нный

saddlebag (*on horse*) седе́льный вьюк; (*material*) ковро́вая мате́рия

saddle-bow (седе́льная) лука́

saddlecloth по́тник

saddle-girth подпру́га

saddle-horse верхова́я ло́шадь *f*

saddler шо́рник, седе́льник; **~'s** шо́рня

saddlery (*trade*) шо́рное де́ло; (*place*) шо́рня

Sadducee саддуке́й

sadism сади́зм

sadist сади́ст

sadistic садисти́ческий

sadly (*sorrowfully*) гру́стно, печа́льно; (*unfortunately*) к сожале́нию; (*very*) о́чень, ужа́сно

sadness печа́ль *f*, грусть *f*, уны́ние

safari охо́тничья экспеди́ция, сафа́ри *neut indecl*

safe 1. *n* (*strongbox*) сейф, несгора́емый шкаф; **meat ~** холоди́льный шкаф **2.** *adj* (*not dangerous*) безопа́сный; **it is quite ~ to** мо́жете споко́йно (+ *infin*); (*unharmed*) невреди́мый; **~ and sound** це́лый и невреди́мый; (*in ~ place*) в безопа́сности; (*of journey, arrival etc*) благополу́чный; (*reliable*) надёжный; (*sure*) ве́рный; (*careful*) осторо́жный; *tech* (*maximum permissible*) допусти́мый; **to be on the ~ side** на вся́кий слу́чай

safe-conduct охра́нная гра́мота

safeguard 1. *n* (*guarantee*) гара́нтия (**against,** про́тив + *gen*); (*precaution*) ме́ра предосторо́жности **2.** *v* (*guarantee*) гаранти́ровать; (*protect*) охраня́ть; (*make sure of*) обеспе́чивать

safe-keeping: for ~ на хране́ние

safely (*arrive, complete etc*) благополу́чно; (*without risk*) без ри́ска, с уве́ренностью

safety 1. *n* безопа́сность *f*; **in ~** (*in safe place*) в надёжном ме́сте; (*of journey etc*) благополу́чно; (*without risk*) без ри́ска; (*with confidence*) с уве́ренностью **2.** *adj* безопа́сный; **~ belt** реме́нь *m* безопа́сности; ~ **catch** предохрани́тель *m*; ~ **curtain** противопожа́рный за́навес; ~ **film** невоспламеня́ющаяся плёнка; ~ **glass** безоско́лочное стекло́; ~ **lamp** рудни́чная ла́мпа; ~ **match** безопа́сная спи́чка; ~ **pin** англи́йская була́вка; ~ **razor** безопа́сная бри́тва; ~ **valve** предохрани́тельный кла́пан; *fig* отду́шина

saffron 1. *n bot, cul* шафра́н; (*colour*) шафра́новый цвет **2.** *adj* шафра́нового цве́та

sag 1. *n* (*in beam, rope etc*) проги́б, прове́с; (*drooping lower*) оседа́ние **2.** *v* (*of beam, rope etc*) прогиба́ться, провиса́ть; (*droop lower*) оседа́ть; (*hang unevenly*) свиса́ть; (*of skin, flesh*) обвиса́ть; **his shoulders ~ged** он ссуту́лился; (*sink down*) опуска́ться

saga са́га

sagacious (*clever*) у́мный; (*shrewd*) проница́тельный; (*wise, sensible*) (благо) разу́мный

sagacity благоразу́мие; проница́тельность *f*; (*of animal*) поня́тливость *f*

[1]sage *bot* шалфе́й

[2]sage 1. *n* (*wise man*) мудре́ц **2.** *adj* (*wise*) му́дрый; (*profound, also iron*) глубо́кий

sage-green серова́то-зелёный

Sagittarius Стреле́ц

sagittate стрелови́дный

sago *cul* са́го *neut indecl; (tree)* са́говая па́льма

Sahara Саха́ра

sahib саги́б

said (*aforementioned*) (выше)ука́занный, (выше)-упомя́нутый

sail 1. *n* (*of ship*) па́рус; **set ~** (*hoist*) поднима́ть паруса́; (*set out*) отправля́ться, отплыва́ть (**for**, в + *acc*); **under ~** под паруса́ми; **full ~** на всех паруса́х; *fig* по́лным хо́дом; (*ship*) су́дно; (*trip*) прогу́лка по воде́; **go for a ~** ката́ться на ло́дке; (*of mill*) крыло́ **2.** *v* (*make journeys, of ship or person*) пла́вать; (*specific journey of ship; also fig of majestic movement*) плыть; (*depart*) отплыва́ть (**from**, из + *gen*; **to**, в + *acc*); (*make journey on ship*) е́хать на парохо́де/парохо́дом; (*soar*) пари́ть; (*steer*) управля́ть (+ *instr*)

~ **away** уплыва́ть

~ **by, past** проплыва́ть

~ **in** (*enter port*) входи́ть (в + *acc*); *fig coll* (*intervene*) лезть; (*to fight*) лезть в дра́ку

~ **into** (*assail*) обруши́ться *pf* на (+ *acc*)

~ **out** выплыва́ть (**of**, из + *gen*; **into**, в + *acc*)

~ **through** (*pass easily*) пройти́ *pf* как по ма́слу

~ **up** подплыва́ть (**to**, к + *dat*)

sail-arm (*of mill*) крыло́

sail-boat *Am* па́русная шлю́пка

sailcloth паруси́на

sailer (*ship*) па́русник; **a good ~** хоро́ший ходо́к

sailfish па́русник

sailing 1. *n* пла́вание; (*as sport*) па́русный спорт; **like ~** люби́ть ката́ться на ло́дках; (*departure*) отплы́тие, отхо́д; (*regular trip*) рейс; (*navigation*) навига́ция **2.** *adj* па́русный; ~ **boat** па́русная шлю́пка, ло́дка

sailing-ship па́русное су́дно, па́русник

sailmaker па́русник

sailor (*any mariner; seaman*) моря́к; (*ordinary seaman in navy*) матро́с; ~ **suit** матро́ска

sailplane планёр

sail-yard ре́я

sainfoin эспарце́т

saint *n and adj* свято́й (*abbr* св.)

sainted (*holy*) свяще́нный

sainthood свя́тость *f*

saintlike свято́й

saintliness свя́тость *f*

saintly свято́й

[1]sake: for the ~ of ра́ди (+ *gen*); **for my/his ~** ра́ди, для меня́/него́; *exclam* **for God's ~!** ра́ди бо́га!

[2]sake (*drink*) сакэ́ *neut indecl*

sal соль *f*; **~-ammoniac** нашаты́рь *m*; ~ **volatile** ню́хательная соль *f*

salaam селя́м

salacious (*lustful*) похотли́вый; (*lewd*) непристо́йный

salaciousness, salacity похотли́вость *f*; непристо́йность *f*

salad (*cold dish; lettuce*) сала́т; **tomato ~** сала́т из помидо́ров; **Russian ~** винегре́т; ~ **dressing** припра́ва к сала́ту, для сала́та; ~ **cream** майоне́з

salamander *zool, myth* салама́ндра

salami саля́ми *f indecl*

salaried: ~ workers слу́жащие *pl*; (*of post*) шта́тный

salary жа́лованье, окла́д

sale (*act of selling*) прода́жа; **for ~** для прода́жи, продаётся; **be on ~** быть в прода́же, продава́ться; **put on ~, offer for ~** выставля́ть на прода́жу; (*demand*) сбыт (**for**, + *gen*); (*auction*) аукцио́н; (*clearance*) распрода́жа

saleable (*in sellable condition*) приго́дный для прода́жи; (*in demand*) по́льзующийся спро́сом, хо́дкий

sale room аукцио́нный зал

salesgirl, saleslady, saleswoman продавщи́ца

salesman продаве́ц; **travelling ~** коммивояжёр; *fig* пропаганди́ст

salesmanship торго́вая те́хника; (*advocacy*) пропага́нда

Salic: ~ law Сали́ческая пра́вда

salicylate соль *f* салици́ловой кислоты́

salicylic: ~ acid салици́ловая кислота́

salient 1. *n* вы́ступ **2.** *adj* (*projecting*) выступа́ющий; (*prominent*) выдаю́щийся; (*conspicuous*) броса́ющийся в глаза́; (*important*) основно́й

saliferous солено́сный

saline 1. *n* (*deposit*) солёный исто́чник; (*marsh*) соляно́е боло́то; (*lake*) соляно́е о́зеро; (*land*) солонча́к **2.** *adj* (*containing salt*) соляно́й; (*salty, of water, taste*) солёный; *med* ~ **solution** солево́й раство́р, физиологи́ческий раство́р; (*of soil*) солончако́вый; ~ **land** солонча́к

salinity солёность *f*

salinization засоле́ние

salinometer солеме́р

saliva слюна́

salivary слю́нный

salivate выделя́ть слюну́

salivation слюноотделе́ние

[1]sallow (*tree*) и́ва

[2]sallow (*yellow*) желтова́тый; (*sickly*) боле́зненный

sally 1. *n* (*sortie*) вы́лазка; (*witticism*) остро́та **2.** *v* де́лать вы́лазку; остри́ть; ~ **forth, out** (*set out*) отправля́ться; (*come out*) выходи́ть (**from**, из + *gen*)

salmon (*fish*) ло́со́сь *m*, сёмга; (*colour*) цвет сомо́н; **~-trout** ло́сось-тайме́нь *m*

salmonella сальмоне́лла

salon сало́н

saloon (*hall*) зал; (*in ship etc*) сало́н; (*bar*) бар, салу́н; (*car*) автомоби́ль *m* ти́па седа́н

salse грязевóй вулкáн
salsify *bot* козлоборóдник
salt 1. *n chem, cul* соль *f*; *fig* ~ **of the earth** соль земли́; **take with a pinch of** ~ относи́ться скепти́чески к (+ *dat*); *fig* (*wit*) остроýмие; (*zest*) пикáнтность *f*; *pl* (*purgative*) слаби́тельная соль, слаби́тельное; **Epsom** ~**s** англи́йская соль **2.** *adj* (*salted*; *salty*) солёный; ~ **beef** солони́на; *geog, geol* (*made of*; *for making* ~; *saline*) солянóй; ~ **lake** солянóе óзеро **3.** *v* (*add* ~; *preserve*) соли́ть; *sl accounts* поддéлывать; (*a gold-mine etc*) подсáливать; *coll* (*hide*) ~ **away** припря́тывать; ~ **down** (*preserve*) засáливать
saltatory (*jumping*) пры́гающий; *fig* (*irregular, in leaps*) скачкообрáзный
salt-cellar солóнка
salted солёный
salter (*maker*) солевáр; (*seller*) торгóвец сóлью
saltern солевáрня
salt-free бессолевóй
saltiness солёность *f*
salting (*preserving*) засóл(ка), солéние; (*salt-marsh*) солянóе болóто; *tech, chem* ~ **out** высáливание
saltire андрéевский крест; **in** ~ крест-нáкрест
saltish солоновáтый
salt-lick лизунéц
salt-marsh солянóе болóто
salt-mine солекóпь *f*
salt-pan чрен, вáрница
saltpetre сели́тра
salt-water (*saline*) солёный, солянóй; (*living in sea*) морскóй
saltworks солевáрня
salty (*saline*; *bawdy*) солёный
salubrious (*healthy*) здорóвый; (*curative*) целéбный
salubrity целéбность *f*
salutary полéзный
salutation привéтствие
salutatory привéтственный
salute 1. *n* (*greeting*) привéтствие; *mil* вóинское привéтствие; **give a** ~ отдáть *pf* честь; (*with guns*) салю́т; **fire a** ~ дать, произвести́ *pf* салю́т **2.** *v* (*greet*) привéтствовать; *mil* отдáть *pf* честь (+ *dat*); (*with guns*) дать, произвести́ салю́т, салюти́ровать; (*kiss*) привéтствовать поцелýем
salvage 1. *n* (*saved goods*) спасённое имýщество; (*usable scrap*) ути́ль *m*; (*saving*; *rescuing*) спасéние; (*reward*) спасáтельное вознаграждéние **2.** *adj* спасáтельный **3.** *v* спасáть
salvation спасéние; **Salvation Army** Áрмия спасéния
salvatory спаси́тельный
salve 1. *n* (*ointment*; *fig*) бальзáм; (*remedy*) срéдство **2.** *v* приклáдывать бальзáм к (+ *dat*); *fig* успокáивать
salver поднóс
salvia шалфéй
salvo *mil* залп; *leg* оговóрка; (*evasion*) увёртка
salvor спасáтель *m*
Samaritan 1. *n* самаритя́нин, *f* самаритя́нка; **good** ~ дóбрый самаритя́нин **2.** *adj* самаритя́нский
samarium самáрий
samba сáмба
sambo *hist* (*child of Negro and mulatto*) сáмбо *m indecl*; *cont coll* (*Negro*) негр
Sam Browne портупéя
same 1. *n* то же сáмое **2.** *adj* (*selfsame*) тот же (сáмый); **one and the** ~ оди́н и тóт же; **at the** ~ **time** в тó же (сáмое) врéмя, в однó и тó же врéмя; (*simultaneously*) одноврéмéнно; **on the** ~ **day** в тóт же (сáмый) день; (*identical*) одинáковый; (*just mentioned*) сáмый; **this** ~ и́менно э́тот; (*of* ~ *kind, amount*) тáкой же; **in the** ~ **way** таки́м же óбразом **3.** *adv* тáкже; **just/all the** ~ (*nevertheless*) всё-таки; **it's all the** ~ **to me** мне всё равнó, мне безразли́чно
sameness (*identity*) тóждество; (*similarity*) схóдство, одинáковость *f*; (*monotony*) однообрáзие
Samian самóсский
samite 1. *n* парчá **2.** *adj* парчóвый
Samoa Самóа *indecl*
Samoan 1. *n* самоáнец, *f* самоáнка **2.** *adj* самоáнский
samovar самовáр
Samoyed 1. *n* (*person*) нéнец, *f* нéнка (*formerly* самоéд, *f* самоéдка); (*language*) ненéцкий язы́к; (*dog*) лáйка **2.** *adj* ненéцкий (*formerly* самоéдский)
sampan сампáн
samphire кри́тмум
sample 1. *n* (*specimen*) образéц; (*portion for testing*) прóба; (*example*) примéр; *math* вы́борка **2.** *adj* прóбный; примéрный **3.** *v* (*try*) прóбовать; (*take specimen*) отбирáть образéц/прóбу; *math* производи́ть вы́борку
sampler (*sewing*) обрáзчик вы́шивки; (*tester*) пробоотбóрник
samurai самурáй
sanative целéбный, лечéбный
sanatorium санатóрий
sanatory целéбный
sanctification освящéние, канонизáция
sanctify (*make holy*; *fig*) освящáть; (*purify*) очищáть; (*justify*) оправдывать
sanctimonious хáнжеский
sanctimony хáнжество
sanction 1. *n* (*measure, penalty*; *ratification*) сáнкция (**for,** на + *acc*; **against,** прóтив + *gen*); (*approval*) одобрéние; (*agreement*) соглáсие **2.** *v* санкциони́ровать; одобря́ть; (*permit*) позволя́ть, разрешáть
sanctity (*holiness*) свя́тость *f*; (*sacredness*) свящéнность *f*; (*inviolability*) неприкосновéнность *f*
sanctuary (*holy place*) святи́лище; (*temple*) храм; (*altar*) алтáрь *m*; (*refuge*) убéжище; **seek** ~ искáть убéжища; (*for animals, birds*) заповéдник
sanctum (*holy place*) святи́лище; (*refuge*) убéжище
sand 1. *n* песóк; **grain of** ~ песчи́нка; (*beach*) пляж **2.** *adj* песчáный **3.** *v* (*sprinkle with* ~) посыпáть пескóм; (*smooth down*) шлифовáть шкýркой
sandal сандáлия
sandalled в сандáлиях
sandalwood 1. *n* сандáловое дéрево, сандáл **2.** *adj* сандáловый
sandbag мешóк с пескóм, с землёй
sandbank песчáная бáнка, óтмель *f*
sand-bar песчáный бар
sand-blast 1. *n* струя́ пескá **2.** *v* чи́стить струёй пескá
sand-blaster пескострýйный аппарáт
sand-blasting пескоструйная очи́стка
sand-blind подслеповáтый
sand-box песóчница
sand-drift бархáн
sand-dune песчáная дю́на

sander *tech* шлифова́льный стано́к; (*fish*) суда́к
sandglass песо́чные часы́ *m pl*
sandman дрёма
sand-martin берегова́я ла́сточка
sandpaper 1. *n* нажда́чная бума́га, шку́рка **2.** *v* чи́стить, шлифова́ть шку́ркой
sandpiper кули́к, перево́зчик
sandpit песча́ный карье́р; *sp* я́ма для прыжко́в; (*children's*) песо́чница
sand-shoes паруси́новые ту́фли *pl*
sandstone песча́ник
sandstorm саму́м, песча́ная бу́ря
sandwich 1. *n* са́ндвич; **open** ~ бутербро́д; **ham** ~ бутербро́д с ветчино́й; (*cake*) торт с прослóйкой; *tech* слои́стая констру́кция **2.** *v* (*insert*) вставля́ть (**between,** ме́жду + *instr*); (*squeeze in*) вти́скивать (**between,** ме́жду + *instr*); (*alternate*) чередова́ть; *tech* просла́ивать
sandwichman челове́к-рекла́ма
sandy (*made of, containing, covered with sand*) песча́ный; (*of, for, like sand*) песо́чный; (*of hair*) рыжева́тый
sane (*not mad*) норма́льный; (*rational, sensible*) разу́мный
sangfroid хладнокро́вие
sanguinary крова́вый
sanguine (*optimistic*) оптимисти́ческий; (*red*) крова́во-кра́сный; (*of complexion*) румя́ный
sanguineous крова́вый; *med* кровяно́й
Sanhedrin синедрио́н
sanitary (*of sanitation*) санита́рный; ~ **inspector** санинспе́ктор; (*hygienic*) гигиени́ческий; ~ **towel** гигиени́ческая поду́шка
sanitation (*public hygiene*) санитари́я; (*drains*) канализа́ция; (*conditions*) санита́рные усло́вия *neut pl*
sanity (*mental health*) психи́ческое здоро́вье; (*normality*) норма́льность *f*; (*common sense*) разу́мность *f*, здра́вый смысл
sans-culotte санкюло́т
sanserif, sans-serif 1. *n* гроте́ск **2.** *adj* гроте́сковый
Sanskrit 1. *n* санскри́т **2.** *ad* санскри́тский
Santa Claus ≈ Дед Моро́з
sap 1. *n* (*in plant*) сок; *mil* са́па; **drive a** ~ вести́ са́пу; *coll* (*fool*) простофи́ля *m and f*, дура́к **2.** *v* (*exhaust*) истоща́ть; (*undermine*) подрыва́ть
sapele энтандрофра́гма
sapid (*tasty*) вку́сный; (*interesting*) интере́сный
sapience му́дрость *f*
sapient му́дрый, прему́дрый
sapless (*dried up*) вы́сохший; (*lifeless*) безжи́зненный; (*colourless*) пло́ский
sapling молодо́е деревцо́ (де́ревце)
saponaceous мы́льный
saponification омыле́ние
saponify омыля́ться
sapper сапёр
Sapphic (*verse*) сафи́ческий; (*lesbian*) лесби́йский
sapphire 1. *n* сапфи́р **2.** *adj* сапфи́ровый
sapphism лесби́йская любо́вь *f*
sappiness со́чность *f*
sappy (*juicy*) со́чный; (*lively*) энерги́чный
sap-rot за́болонная гниль *f*
sapwood за́болонь *f*, о́болонь *f*
saraband сараба́нда
Saracen 1. *n* сараци́н **2.** *adj* сараци́нский
sarafan сарафа́н
saratoga большо́й сунду́к
sarcasm сарка́зм, зла́я иро́ния
sarcastic саркасти́ческий, язви́тельный
sarcoma сарко́ма
sarcophagus саркофа́г
sardine сарди́на; *fig* **(packed) like ~s** как се́льди в бо́чке
Sardinia Сарди́ния
Sardinian 1. *n* сарди́нец, *f* сарди́нка **2.** *adj* сарди́нский
sardonic сардони́ческий
sardonyx сардони́кс
sargasso сарга́сса; **the Sargasso Sea** Сарга́ссово мо́ре
sari са́ри *neut indecl*
sarong саро́нг
sarsaparilla *bot* сарсапари́ль *m*
sartorial портно́вский
sash (*belt*) куша́к; (*for medal*) ле́нта; (*of window*) (око́нная) ра́ма; **~-window** подъёмное окно́
sassafras сассафра́с
Satan сатана́ *m*
satanic satани́нский, дья́вольский
Satanism сатани́зм
satchel ра́нец
sate (*satisfy*) насыща́ть; (*glut*) пресыща́ть; ~ **oneself** пресыща́ться
satellite *astron* сателли́т, спу́тник; (*artificial*) (иску́сственный) спу́тник (земли́); **weather** ~ метеоспу́тник; (*follower*) приспе́шник; ~ **state** госуда́рство-сателли́т; ~ **town** го́род-спу́тник
satiate *see* **sate**
satiation, satiety насыще́ние; пресыще́ние
satin 1. *n* атла́с **2.** *adj* атла́сный
satinette сатине́т
satin-paper сатини́рованная бума́га
satinwood атла́сное де́рево
satire сати́ра (**on, of,** на + *acc*)
satiric(al) (*literature etc*) сатири́ческий; (*mocking*) язви́тельный
satirist сати́рик
satirize высме́ивать
satisfaction (*act*) удовлетворе́ние; (*state*) удовлетворённость *f*; (*pleasure*) удово́льствие; **take ~ in** получа́ть удово́льствие от (+ *gen*); (*compensation*) **in ~ of** (*debt*) в погаше́ние (+ *gen*); **make** ~ возмеща́ть (**for** + *acc*); (*for insult*) **demand** ~ тре́бовать сатисфа́кции
satisfactory (*adequate, satisfying*) удовлетвори́тельный; (*acceptable*) прие́млемый; (*successful*) уда́чный
satisfied (*most senses*) дово́льный (**with,** + *instr*)
satisfy (*fulfil, gratify, be enough for, content*) удовлетворя́ть; (*comply with*) удовлетворя́ть (+ *dat*); (*assuage*) утоля́ть; (*feed*) насыща́ть; (*please*) доставля́ть (+ *dat*) удово́льствие; (*convince*) убежда́ть; **be satisfied** быть дово́льным (**with,** + *instr*; **to,** + *infin*); (*convinced*) убежда́ться (**of,** в + *prep*)
satisfying удовлетворя́ющий; (*meal, food*) сы́тный
satrap сатра́п
satsuma (*orange*) мандари́н
saturant 1. *n* насыща́ющее вещество́ **2.** *adj* насыща́ющий
saturate (*soak*) пропи́тывать (**with,** + *instr*); *coll* **get ~d** (*in rain*) промо́кнуть *pf* до косте́й, насквóзь; (*pervade*) прони́зывать; ~ **oneself in** (*steep*) погружа́ться в (+ *acc*); *chem* насыща́ть
saturation пропи́тывание; насыще́ние; ~ **point** то́чка насыще́ния; *mil* ~ **bombing** масси́рован-

ный налёт большóй плóтности, площаднóе бомбометáние
Saturday суббóта; **on** ~ в суббóту; ~**s** по суббóтам
Saturn *astr, myth* Сатýрн
Saturnalia *hist* сатурнáлии *f pl*; (*orgy*) óргия
Saturnian *myth* Сатýрнов; *pros* сатурни́ческий; *astrol astron* Сатýрна (*gen sing*); (*of golden age*) золотóго вéка
saturnine (*gloomy*) угрю́мый, мрáчный; (*of lead*) свинцóвый
saturnism сатурни́зм
satyr *myth* сати́р; (*lecher*) разврáтник
satyriasis сатириáз
sauce 1. *n* сóус; *coll* (*cheek*) нахáльство **2.** *v coll* дерзи́ть (+ *dat*)
sauce-boat сóусник
saucepan кастрю́ля
saucer блю́дце
saucy (*impudent*) дéрзкий, нахáльный; (*lively*; *smart*) бóйкий; (*coquettish*) кокéтливый; (*risqué*) солёный; (*daring, of dress etc*) смéлый
sauerkraut ки́слая капýста
sauna фи́нская бáня, сáуна
saunter 1. *n* (*stroll*) прогýлка; (*slow gait*) неторопли́вая похóдка; **at a** ~ не спешá **2.** *v* (*stroll*) прогýливаться; (*walk slowly*) идти́ неторопли́во, не спешá
saurian 1. *n* (*extinct reptile*) я́щер **2.** *adj* напоминáющий я́щерицу
sausage (*soft, for frying etc*) соси́ска; (*cold, for slicing*) колбасá; *coll* ~ **dog** тáкса; ~**-meat** колбáсный фарш; ~**-roll** пирожóк с колбáсным фáршем
sauté сотé *indecl*
Sauternes сотéрн
savage 1. *n* дикáрь *m*; *fig* дикáрь *m*, вáрвар **2.** *adj* (*wild*) ди́кий; (*barbarous*) ди́кий, вáрварский; (*cruel, brutal*) жестóкий; (*fierce, violent*) свирéпый **3.** *v* (*maul*) терзáть; *fig* разнести́ *pf* (в пух и прах)
savagery (*state*) ди́кость *f*, первобы́тность *f*, вáрварство; (*brutality*) вáрварство, жестóкость *f*; (*fierceness, violence*) свирéпость *f*
savanna(h) савáнна
savant учёный
save 1. *n coll sp* перехвáт; (*economy*) эконóмия **2.** *v* (*rescue, preserve*) спасáть (**from**, от + *gen*); (*protect*) уберегáть (**from**, от + *gen*); (*not spend*) эконóмить (**on**, на + *acc*); (*accumulate money*) копи́ть; ~ **up for** копи́ть дéньги на (+ *acc*); (*keep in reserve, store up*) оставля́ть (**for**, для + *gen*); (*avoid*) избавля́ть (от + *gen*); **to** ~ (+ *ger*) (*in order not to*) чтóбы не (+ *infin*); (*prevent*) предотвращáть; *relig* спасáть дýшу (+ *gen*); ~ **the day, situation** спасти́ *pf* положéние; ~ **face** спасти́ *pf* репутáцию; ~ **one's skin** спасáть (свою́) шкýру; *as prep, conj* крóме (+ *gen*), за исключéнием (+ *gen*); ~ **that** крóме тогó, что/ тóлько не; ~ **for** (*were it not for*) éсли бы не (+ *nom*)
saving 1. (*salvation*) спасéние; (*economy*) эконóмия; (*accumulating money*) сбережéние; *pl* (*money saved*) сбережéния *neut pl* **2.** *adj* (*frugal*) эконóмный; (*redeeming*) спаси́тельный **3.** *conj prep* крóме (+ *gen*), за исключéнием (+ *gen*)
savings bank сберегáтельная кáсса, сберкáсса
saviour спаси́тель *m* (*also rel*)
savoir-faire смéтливость *f*
savory *bot* чабéр
savour 1. *n* (*flavour*) вкус; (*slight taste*) при́вкус; *fig* (*hint*) оттéнок; *fig* (*piquancy*) острóтá, пикáнтность *f* **2.** *v* (*relish*) смаковáть, наслаждáться (+ *instr*); (*have taste of*) имéть вкус, при́вкус (**of**, + *gen*); (*smack of*) пáхнуть (**of**, + *instr*)
savoury (*tasty*) вкýсный; (*of smell*) ароматный; (*spicy*) пря́ный, óстрый
savoy савóйская капýста
savvy *sl* **1.** *n* смекáлка **2.** *v* понимáть, кумéкать (*sl*); ~? поня́тно?, я́сно?
[1]**saw 1.** *n* пилá; **circular** ~ дископи́льный станóк; **power, motor** ~ бензопилá; **tenon** ~ шипорéзная пилá **2.** *v* пили́ть(ся); ~ **off** отпи́ливать; ~ **up** распи́ливать
[2]**saw** (*saying*) послóвица, поговóрка
sawbill крохáль *m*
sawcut пропи́л
sawdust опи́лки *f pl*
sawfish пилá-ры́ба, ры́ба-пилá
saw-fly пили́льщик
saw-horse кóзлы *f pl* для пи́лки
sawing пилéние, пи́лка
sawmill лесопи́льный завóд
sawyer пи́льщик
saxifrage камнелóмка
Saxon 1. *n hist* сакс; (*from Saxony*) саксóнец **2.** *adj* саксóнский
saxophone саксофóн
saxophonist саксофони́ст
say 1. *n* **have one's** ~ вы́сказываться; **have a** ~ **in** имéть влия́ние в (+ *prep*) **2.** *v* говори́ть, сказáть *pf*; **I dare** ~ (*perhaps*) пожáлуй; (*quite probably*) óчень мóжет быть; **do you mean to** ~ ...? вы хоти́те сказáть, что ...?; **it goes without** ~**ing** конéчно, самó собóй разумéется; **let us** ~ скáжем; **if I may** ~ **so** éсли мóжно так вы́разиться; **I'm sorry to** ~ к сожалéнию; **I must** ~ (*admit*) признаю́сь; **I** ~! послýшай!; **I should** ~ **that** я бы сказáл, что; **not to** ~ чтóбы не сказáть, éсли не; ~ **hello, good day** *etc* здорóваться (**to**, с + *instr*); ~ **goodbye** прощáться (**to**, с + *instr*); ~ **no more!** ни слóва бóльше!; ~ **to oneself** сказáть про себя́; ~ **prayers** читáть моли́твы; **so to** ~ так сказáть; ~ **much for** свидéтельствовать в пóльзу (+ *gen*); **to** ~ **nothing of** не говоря́ ужé о (+ *prep*); **strange to** ~ как ни стрáнно; **that is to** ~ то есть; **they** ~, **people** ~, **it is said** говоря́т; **there's no** ~**ing** кто знáет; **you don't** ~! что вы говори́те, неужéли!; (*recite*) повторя́ть; (*of text, law, etc*) гласи́ть; **the text** ~**s** текст гласи́т, в тéксте скáзано; **the letter** ~**s** в письмé говори́тся **3.** *interj* (*to attract attention*) послýшай(те)!, ей!; (*surprise*) огó!, ну и ну!
saying поговóрка, послóвица
say-so (*deciding voice*) решáющий гóлос; (*mere assertion*) голословное утверждéние
scab 1. *n* (*on wound*) струп, корóста, кóрка; (*sore*) боля́чка; (*disease*) паршá; *coll* (*blackleg*) штрейкбрéхер **2.** *v* покрывáться стрýпьями; быть штрейкбрéхером
scabbard нóжны *f pl*
scabbed покры́тый стрýпьями
scabby покры́тый стрýпьями, парши́вый (*also fig*)
scabies чесóтка
scabious скабиóза, вдовýшки *f pl*
scabrous (*indecent*) скабрёзный; (*scandalous*) скандáльный; (*crude*) грýбый; (*rough*) шершáвый

scaffold *bui* леса́ *m pl*; (*for execution*) эшафо́т
scaffolding *bui* леса́ *m pl*
scalar 1. *n* скаля́р **2.** *adj* скаля́рный
scald 1. *n* ожо́г **2.** *v* (*burn*) ошпа́ривать, обва́ривать; ~ **oneself** ошпа́риваться; (*cleanse*) ошпа́ривать; *cul* бланши́ровать
scalding (*boiling*) кипя́щий; (*very hot*) обжига́ющий; *fig* (*caustic*) е́дкий
[1]**scale 1.** *n* (*flake*; *zool*, *bot*) чешу́йка; *pl collect* чешуя́; (*crust*) шелуха́; *tech* на́кипь *f*, ока́лина **2.** *v* (*clean fish etc*) чи́стить; (*remove*) снима́ть на́кипь *etc*; (*teeth*) снима́ть ка́мень с зубо́в; (*flake off*) шелуши́ться
[2]**scale 1.** *n* (*for weighing*) весы́ *m pl*; (*pan*) ча́ша весо́в; (*relative size*; *of map etc*) масшта́б; **on a large** ~ в большо́м масшта́бе, в больши́х масшта́бах; **to** ~ в масшта́бе; **live on a grand** ~ жить на широ́кую но́гу; (*graduated measure*; *rate*) шкала́; *mus*, *fig* га́мма; (*ruler*) линейка **2.** *adj* масшта́бный **3.** *v* ~ **down** уменьша́ть; ~ **up** увели́чивать
[3]**scale** (*climb*) взбира́ться на (+ *acc*)
scalene неравносторо́нний
scaler (*for cleaning*) очисти́тель *m*; *math* пересчётное устро́йство
scaliness чешу́йчатость *f*
scaling-ladder *hist mil* штурмова́я ле́стница; *nav* деса́нтный трап
scallion (*green onion*) лук-перо́, зелёный лук; (*shallot*) лук-шало́т
scallop 1. *n* (*shell*) ство́рчатая ра́ковина; (*mollusc*) гребешо́к; *pl* (*on dress*) фесто́ны *m pl* **2.** *v* (*cut in ~s*) выреза́ть в ви́де фесто́нов; (*decorate*) украша́ть фесто́нами
scalloped зу́бчатый, фесто́нчатый
scalloping фесто́ны *m pl*
scallywag (*rascal*) моше́нник; (*of child*) разбо́йник
scalp 1. *n* скальп **2.** *v* скальпи́ровать
scalpel ска́льпель *m*
scaly чешу́йчатый
[1]**scamp** моше́нник, негодя́й; (*of child*) шалу́н, разбо́йник
[2]**scamp** де́лать спустя́ рукава́, халту́рить
scamped халту́рный; ~ **work** халту́ра
scamper 1. *n* (*romp*) возня́, весе́лье; (*rush*) бросо́к **2.** *v* (*run*) бе́гать; ~ **about, around** резви́ться; ~ **away, off** разбега́ться
scampi креве́тки *f pl*
scan 1. *n* (*radar*) по́иск; (*television*) развёртка **2.** *v* (*examine*) рассма́тривать; (*look at quickly*) бе́гло просма́тривать; (*peer at*) всма́триваться в (+ *acc*); *pros* сканди́ровать(ся); *tech* развёртывать
scandal (*disgrace*) позо́р; (*outrage*; *rumpus*) сканда́л; **cause a** ~ вызыва́ть сканда́л; (*gossip*) спле́тни *f pl*
scandalize возмуща́ть, шоки́ровать
scandalmonger спле́тник, *f* спле́тница
scandalous (*shameful*) позо́рный, сканда́льный; (*shocking*) возмути́тельный; (*defamatory*) клеветни́ческий
Scandinavia Скандина́вия
Scandinavian 1. *n* скандина́в, *f* скандина́вка **2.** скандина́вский
scandium ска́ндий
scanner *rad* развёртывающее устро́йство
scanning *rad* развёртка, скани́рование
scansion сканди́рование
scant (*little*) ма́лый, ма́ло (+ *gen*); (*meagre*) ску́дный; (*inadequate*) недоста́точный; (*barely decent*) на гра́ни (не)прили́чия
scantiness ску́дость *f*
scanty (*meagre*) ску́дный; (*inadequate*) недоста́точный
scapegoat козёл отпуще́ния
scapegrace пове́са *m*
scapula лопа́тка
[1]**scar 1.** *n* (*on skin*) шрам; (*deep*; *also bot*) рубе́ц; *fig* (*mark*) след **2.** *v* оставля́ть шрам; рубе́ц; след
[2]**scar** (*crag*) утёс
scarab скарабе́й
scarce (*meagre*) ску́дный; (*rare*) ре́дкий; (*in short supply*) дефици́тный; *coll* **make oneself** ~ сма́тываться, смыва́ться
scarcely (*with difficulty*) едва́, с трудо́м; (*barely, almost not*) едва́, почти́ не; (*surely not*) вря́д ли, едва́ ли
scarcity (*shortage*) недоста́ток, нехва́тка, дефици́т; (*rarity*) ре́дкость *f*
scare 1. *n* (*panic*) па́ника; (*fright*) испу́г; **give s.o. a** ~ напуга́ть *pf*; **get a** ~ испуга́ться *pf* **2.** *v* пуга́ть(ся); ~ **away, off** отпу́гивать
scarecrow пу́гало (*also fig*)
scaremonger паникёр
[1]**scarf** (*in general*) шарф; (*muffler*) кашне́ *neut indecl*; (*kerchief*) косы́нка; (*neckerchief*) га́лстук
[2]**scarf 1.** *n* (*joint*) косо́й замо́к; (*edge*) скос **2.** *v* (*join*) соединя́ть в замо́к; (*taper*) ска́шивать
scarificator, scarifier скарифика́тор
scarify *med*, *agr* скарифици́ровать
scarlatina скарлати́на
scarlet а́лый; ~ **fever** скарлати́на; ~ **runner** фасо́ль многоцветко́вая; **turn** ~ покрасне́ть *pf* (**with**, от + *gen*), вспы́хивать
scarp обры́в
scarper *sl* (*run away*) смы́ться *pf*
scat *sl* брысь!, прочь!
scathing (*bitter*) язви́тельный, е́дкий; (*devastating*) уничтожа́ющий
scatological непристо́йный
scatter 1. *n* (*dispersal*) разбро́с; *phys* рассе́яние **2.** *vt* (*throw, place around*) разбра́сывать; (*sprinkle*) рассыпа́ть; (*distribute*) осыпа́ть; *vi* (*disperse*) рассе́иваться; (*run off*) разбега́ться; (*fly off*) разлета́ться; *phys* рассе́иваться
scatter-brain вертопра́х
scatter-brained (*not serious*) легкомы́сленный; (*absent-minded*) рассе́янный
scattered разбро́санный; (*particular*) отде́льный; (*sporadic*) споради́ческий
scattering (*act*) разбра́сывание; (*few*) небольшо́е коли́чество; *phys* рассе́яние
scatty (*mad*) сумасше́дший; (*odd*) чудакова́тый; (*scatter-brained*) рассе́янный
scavenge убира́ть му́сор
scavenger му́сорщик; *zool* живо́тное, пита́ющееся па́далью
scenario сцена́рий
scene (*site*) ме́сто; *theat* (*place of action*) ме́сто де́йствия; (*part of play*; *scenery*; *stage*) сце́на; *fig* **appear on the** ~ появля́ться на сце́не; **behind the** ~**s** за кули́сами; (*episode*) эпизо́д, сце́на; (*spectacle*) зре́лище; (*view*) вид; (*picture*) карти́на; *coll* (*fuss, row*) сканда́л; **make a** ~ устра́ивать сце́ну, сканда́л
scene-painter худо́жник-декора́тор, театра́льный худо́жник
scenery (*nature*) пейза́ж; (*surroundings*) обстано́вка; *theat* декора́ция

scenic (*picturesque*) живопи́сный; (*theatrical*) театра́льный; (*of scenery*) сцени́ческий
scent 1. *n* (*smell*) за́пах, арома́т; (*sense of smell*) чутьё, нюх; (*trail*) след; (*perfume*) духи́ *m pl* **2.** *v* (*smell*) чу́вствовать за́пах (+ *gen*); (*sense*) чу́ять; (*apply perfume*) души́ть; (*impart aroma*) наполня́ть арома́том
scented (*aromatic*) арома́тный; (*with perfume applied*) наду́шенный
sceptic 1. *n* скéптик **2.** *adj* скепти́ческий
sceptical скепти́ческий; **be ~ about** скепти́чески относи́ться к (+ *dat*)
scepticism скептици́зм
sceptre ски́петр
schadenfreude злора́дство
schedule 1. *n* (*work programme*) гра́фик, план; **according to ~** по пла́ну; (*timetable*) расписа́ние; **on ~** во́-время; **complete on ~** конча́ть в срок; **before ~, ahead of ~** досро́чно; (*catalogue, list*) спи́сок; (*inventory*) о́пись *f*; (*price-scale*) тари́ф **2.** *v* (*write ~*) составля́ть гра́фик, расписа́нне, спи́сок; (*include in ~*) включа́ть в гра́фик *etc*; (*mark down for*) намеча́ть (**for,** на + *acc*); (*intend*) рассчи́тывать (**for,** на + *acc*); (*plan*) плани́ровать; **be ~d: when is he ~d to arrive?** когда́ он до́лжен прие́хать?
scheduled (*planned*) заплани́рованный; (*regular, of trip*) ре́йсовый; (*regulation*) устано́вленный; (*of price*) тари́фный; (*protected by law*) охраня́емый госуда́рством
schema схе́ма
schematic 1. *n* схе́ма **2.** *adj* схемати́ческий
scheme 1. *n* (*plan*) план, прое́кт (**for,** + *gen*); (*programme*) програ́мма; (*schedule*) гра́фик; (*system*) систе́ма; **colour ~** сочета́ние цвето́в; (*intrigue*) махина́ция, про́иски *m pl*; (*summary*) конспе́кт **2.** *vt* (*plan*) проекти́ровать, разраба́тывать прое́кт (+ *gen*); (*plot*) замышля́ть; *vi* (*plot*) плести́ интри́ги; (*devise wild ~s*) прожекте́рствовать
schemer (*plotter*) интрига́н; (*of wild schemes*) прожектёр
scheming 1. *n* махана́ции *f pl*, про́иски *m pl* **2.** *adj* (*plotting*) интригу́ющий; (*crafty*) хи́трый, кова́рный
scherzo ске́рцо *neut indecl*
schism раско́л
schismatic 1. *n* раско́льник, схизма́тик **2.** *adj* раско́льнический
schist сла́нец
schizoid шизо́идный
schizophrenia шизофрени́я
schizophrenic 1. *n* шизофре́ник **2.** *adj* шизофрени́ческий
schmaltz *sl* сентимента́льщина
schmaltzy *sl* сентимента́льный
scholar (*learned person*) учёный; (*specialist*) специали́ст; **he is a Sanskrit ~** он специали́ст по санскри́ту; (*holder of bursary*) стипендиа́т; (*student*) уча́щийся
scholarly учёный, нау́чный
scholarship (*standard of learning*) учёность *f*; (*erudition*) эруди́ция; (*humanities*) гуманита́рные нау́ки *f pl*; (*bursary*) стипе́ндия
scholastic 1. *n hist* схола́стик **2.** *adj* (*scholarly*) учёный, нау́чный; (*of school*) шко́льный; (*of teacher*) преподава́тельский; *hist*; *fig* (*of scholasticism*) схоласти́ческий, схоласти́чный
scholasticism схола́стика
scholiast схолиа́ст
[1]**school 1.** *n* (*establishment*) шко́ла; **at ~** в шко́ле; **go to ~** ходи́ть в шко́лу; **put, send to ~** отда́ть *pf* в шко́лу; **finish, leave ~** ока́нчивать шко́лу; (*lessons*) уро́ки *m pl*, заня́тия *neut pl*; (*pupils*) шко́льники *m pl*; (*institute*) институ́т; (*faculty*) факульте́т; (*tendency*) шко́ла; **there is another ~ of thought** есть и друго́е мне́ние **2.** *adj* шко́льный **3.** *v* (*train*) обуча́ть (**in,** + *dat*); (*accustom*) приуча́ть (**to,** к + *dat*); **~ oneself to** приуча́ть себя́ к (+ *dat*); (*restrain*) обу́здывать; (*animals*) дрессирова́ть
[2]**school** (*of fish*) кося́к
schoolbook уче́бник
schoolboy шко́льник
schooldays шко́льные го́ды *m pl*
schoolfellow соучени́к, однока́шник, однокла́ссник
schoolgirl шко́льница
schooling образова́ние
schoolman *hist* схола́стик, схола́ст
schoolmaster (шко́льный) учи́тель *m*
schoolmistress (шко́льная) учи́тельница
schoolroom кла́ссная ко́мната, класс
schoolteacher (шко́льный) учи́тель *m*, *f* (шко́льная) учи́тельница
schooner *naut* шху́на; (*for drink*) бока́л
sciatic седа́лищный; **~ nerve** седа́лищный нерв
sciatica ишиа́с, невралги́я седа́лищного не́рва
science нау́ка (**of,** о + *prep*); **social ~s** обще́ственные нау́ки; (*as opp to humanities*) **natural, physical ~s** есте́ственные нау́ки, то́чные нау́ки *f pl*, естествозна́ние; **~ fiction** нау́чная фанта́стика
scientific нау́чный; (*as opp to arts*) естественнонау́чный; *sp* техни́чный
scientist учёный
scilicet а и́менно, то есть
scimitar ятага́н
scintilla (*gleam*) про́блеск; (*tiny amount*; *also fig*) крупи́ца, ка́пелька
scintillate (*sparkle*; *also fig*) и́скри́ться, блесте́ть, сверка́ть (**with,** + *instr*)
scintillation сверка́ние, мерца́ние, блеск; (*of star*) мерца́ние; *tech*, *astron* сцинтилля́ция
scion о́тпрыск, пото́мок; *bot* побе́г
scissors но́жницы *f pl*
sclerosis склеро́з; **multiple ~** рассе́янный склеро́з
sclerotic склероти́ческий
[1]**scoff 1.** *n* (*jeer*) насме́шка **2.** *v* (*jeer*) издева́ться; **~ at** насмеха́ться (над + *instr*), издева́ться (над + *instr*); (*ridicule*) осме́ивать
[2]**scoff** *sl* **1.** *n* (*food*) жратва́ **2.** *v* жрать, ло́пать
scoffing 1. *n* насме́шки *f pl*, издева́тельство **2.** *adj* насме́шливый
scold 1. *n* (*shrew*) сварли́вая же́нщина **2.** *v* (*rebuke*) руга́ть, жури́ть; (*tell off noisily*) брани́ть; (*complain loudly*) брани́ться, руга́ться
sconce (*candle socket*) бра *neut indecl*
scone лепёшка
scoop 1. *n* (*like trowel*) сово́к; (*ladle*) ко́вшик, черпа́лка; (*of machine, excavator*) ковш; *coll* (*bit of luck*) везе́ние; (*in press*) сенсацио́нная но́вость *f* **2.** *v* (*dig out*) выка́пывать; (*ladle*) черпа́ть; *coll* (*appropriate*) присво́ить *pf*; (*get*) сорва́ть *pf*; (*be first*) опереди́ть *pf*; (*outwit*) перехитри́ть *pf*; **~ in** сгреба́ть; *coll* (*money*) загреба́ть; **~ out** *see* **~**; **~ up** сгреба́ть, загреба́ть; (*lift, gather up*) собира́ть
scoot (*hurry*) спеши́ть; (*dash off somewhere*) сбе́гать *pf*; (*run away*) смыва́ться, удира́ть

scooter (*child's*) самокáт; **motor** ~ моторóллер
scope (*range, extent*) предéлы *m pl*; **outside the ~ of** (*range*) за предéлами (+ *gen*); (*competence*) вне компетéнции (+ *gen*); (*scale*) размáх, масштáб; (*sphere, field*) сфéра, óбласть *f*; (*opportunities*) возмóжности *f pl* (**for,** для + *gen*); (*freedom*) свобóда, простóр
scorbutic цингóтный
scorch (*singe*) обжигáть(ся); (*parch*) выжигáть; (*be hot, of sun*) палúть; *coll* (*rush*) гнать
scorching (*singeing*; *fig, of look*) обжигáющий; (*of sun*) палящий; (*of day, weather*) знóйный; (*of criticism*) éдкий
score 1. *n* (*in game*) счёт; (*point*) очкó; **keep ~** вестú счёт; (*success*) удáча, побéда; (*debt*) счёт; **pay off old ~s** свестú *pf* счёты с (+ *instr*); (*mark*) след; (*notch*) рубéц; (*marker*) мéтка; (*scratch*) царáпина; (*line*) чертá; (*cause*) причúна; **on the ~ of** по причúне (+ *gen*); **on that ~** на э́тот счёт; (*twenty*) двáдцать, два деся́тка; *mus* партитýра; **vocal ~** клавúр **2.** *v* (*in game*) получáть очкó; **~ a goal** забúть *pf* гол; (*gain*) выúгрывать; (*have advantage*) имéть преимýщество; (*leave mark etc*) дéлать, оставля́ть след, мéтку, царáпину (на + *prep*); (*underline*) подчёркивать; (*cover with lines*) исчёркивать; *mus* оркестрúровать; **~ off** (*outwit*) перехитрúть *pf*; (*get advantage*) брать верх над (+ *instr*); (*humiliate*) посадúть в калóшу; **~ out, through** вычёркивать
score-board *sp* таблó *neut indecl*
scorer (*score-keeper*) счётчик очкóв; (*of goal*) игрóк, забивáющий гол; (*of point*) игрóк, получáющий очкó
scorn 1. *n* (*contempt*) презрéние (**for, towards,** к + *dat*); **hold in ~** презирáть; **laugh to ~** высмéивать; (*object of ~*) объéкт презрéния **2.** *v* (*despise*) презирáть; (*ignore, disdain*) пренебрегáть (+ *instr*)
scornful презрúтельный; **be ~ of** презирáть
Scorpio Скорпиóн
scorpion скорпиóн
Scot шотлáндец, *f* шотлáндка; *hist* скотт
scotch (*notch*) надрéзывать; (*suppress*) подавля́ть; (*end*) положúть *pf* конéц (+ *dat*); (*destroy*) уничтожáть
Scotch 1. *n* (*people*) шотлáндцы *m pl*; (*whisky*) шотлáндское вúски *neut indecl* **2.** *adj* шотлáндский
Scotchman шотлáндец
scot-free: get off, away ~ ≈ выйтú *pf* сухúм из воды́
Scotland Шотлáндия
Scots 1. *n* шотлáндский диалéкт **2.** *adj* шотлáндский
Scotsman шотлáндец
Scotswoman шотлáндка
Scotticism шотландúзм
Scottish шотлáндский
scoundrel негодя́й, подлéц
scoundrelly пóдлый
[1]**scour 1.** *n* (*cleaning*) чúстка; (*current*) сúльный потóк **2.** *v* (*clean*) чúстить; (*scrape*) скоблúть; (*with powder*) чúстить порошкóм; (*with scourer*) чúстить металлúческой/найлóновой мочáлкой; (*cleanse of; also fig*) очищáть от (+ *gen*); (*flush*) промывáть; (*flow through*) протекáть чéрез (+ *acc*); **~ away, off** (*clean*) счищáть; (*wear away*) вымывáть; **~ out** вымывáть
[2]**scour** (*hunt*) тщáтельно искáть, искáть повсю́ду; (*comb through*) прочёсывать
scourer (*pad*) металлúческая, пластмáссовая мочáлка; (*powder*) порошóк (для чúстки посýды)
scourge 1. *n* бич (*also fig*), плеть *f*, кнут **2.** *v* бить плéтью, кнутóм; *fig* бичевáть
scouring очúстка; **~ powder** порошóк для чúстки посýды
scout 1. *n mil* развéдчик; **boy ~** бойскáут **2.** *v* (*act as ~*) развéдывать; **~ about, around** (*prowl*) бродúть; (*have a look*) посмотрéть *pf*; (*hunt for*) ры́скать (в пóисках + *gen*); (*dismiss*) отвергáть
scouting 1. *n* развéдка **2.** *adj* развéдывательный
scow шалáнда
scowl 1. *n* (*sullen look*) хмýрый вид; (*angry glance*) сердúтый взгляд **2.** *v* (*frown*) хмýриться; (*look threateningly at*) бросáть злой/грóзный взгляд на (+ *acc*)
scrabble (*scratch; scribble*) царáпать; (*hunt about*) ры́ться; (*scramble*) карáбкаться, царáпаться
scrag 1. *n* (*meat*) барáнья шéя; *coll* (*neck*) шéя **2.** *v coll* свернýть *pf* (+ *dat*) шéю
scraggy худóй, тóщий; (*of meat*) пóстный
scram *sl* смывáться, удирáть; (*as angry order*) пошёл вон, вон отсю́да!; (*to animal*) брысь!
scramble 1. *n* (*clambering*) карáбканье; (*avidness*) погóня (**for,** за + *instr*); (*struggle*) борьбá (**for,** за + *acc*); (*tussle*) схвáтка; (*turmoil*) суматóха; *sp* мотокрóсс **2.** *v* (*clamber*) карáбкаться; (*mix*) смéшивать; *rad, tel* зашифрóвывать; (*struggle*) дрáться, борóться (**for,** за + *acc*); (*rush*) бросáться
~ **down** слезáть (**from,** с + *gen*)
~ **in** влезáть, залезáть (в + *acc*)
~ **out** вылезáть (**of, from,** из + *gen*)
~ **over** перелезáть (чéрез + *acc*)
~ **up** взбирáться (на + *acc*)
scrambled egg яи́чница-болтýнья
scrap 1. *n* (*bit*) кусóчек; (*fragment*) обры́вок; (*of cloth*) лоскýт; **not a ~ of** ни кáпли (+ *gen*); *pl* (*leavings*) остáтки *m pl*; (*waste metal etc*) скрап, лом; (*paper*) макулатýра; (*fight*) дрáка; (*quarrel*) ссóра **2.** *v* (*send for ~*) сдавáть в лом; (*ship etc*) пустúть на слом; (*reject*) выбрáсывать; (*cancel*) отменя́ть; (*reject defective product*) браковáть; (*fight*) дрáться
scrapbook альбóм (для вы́резок)
scrape 1. *n* (*scratch*) царáпина; (*sound*) скрип; (*trouble*) неприя́тное положéние **2.** *v* (*scratch*) скрестú, царáпать; (*clean*) очищáть (**~ clean of,** от + *gen*); (*remove*) соскáбливать (**from,** от + *gen*); *tech* шáбрить; (*just touch*) задевáть; (*make sound*) скрипéть; **~ an acquaintance with** ухитрúться *pf* завязáть знакóмство с (+ *instr*); **~ a living** с трудóм зарабáтывать на жизнь; **bow and ~** раболéпствовать (**to, before,** пéред + *instr*)
~ **along** едвá сводúть концы́ с концáми
~ **away, off** соскáбливать, счищáть (**from,** от + *gen*)
~ **out** вычищáть
~ **through** (*get through*) пробирáться чéрез (+ *acc*); (*just manage*) как-нибýдь справля́ться; **~ through an exam** сдать *pf* экзáмен с грехóм пополáм
~ **together, up** (*a heap*) сгребáть в кýчу, наскребáть; (*gather*) собирáть; (*money*) наскребáть
scraper (*tool*) скребóк, шáбер; (*excavator*) скрéпер

scrap-heap сва́лка; **throw on the ~** выбра́сывать
scrappy (*fragmentary*) отры́вочный; (*meagre*) ску́дный; (*miscellaneous*) разро́зненный
scratch 1. *n* (*mark*; *wound*) цара́пина; (*sound*) скрип; (*act of ~ing*) **give a ~** почеса́ть *pf*; **have a ~** почеса́ться *pf*; (*starting line*) ли́ния ста́рта; *fig* **come up to ~** опра́вдывать наде́жды; **start from ~** начина́ть с нуля́, с са́мого нача́ла **2.** *adj* (*hastily gathered*, *made etc*) на́спех со́бранный, сде́ланный *etc* **3.** *v* (*mark*; *wound*) цара́пать(ся); **~ oneself on, against** оцара́паться *pf* о (+ *acc*); (*at an itch etc*) чеса́ть(ся); (*make sound*) скрипе́ть; **~ at the door** скрести́сь в дверь; (*dig*) ры́ться (в земле́); *coll* (*cancel*) отмени́ть *pf*; (*remove*) снять *pf*
~ about, around ры́ться (**for,** в по́исках + *gen*)
~ off, away соска́бливать, счища́ть
~ out (*name*) вычёркивать; (*eyes*) вы́царапать *pf*
scratchy (*of sound*) скрипу́чий; (*irregular*) неро́вный; (*unskilled*) неиску́сный; (*itchy*) вызыва́ющий зуд
scrawl 1. *n* неразбо́рчивый по́черк, кара́кули *f pl* **2.** *v* (*write badly*) небре́жно писа́ть; **~ a note** на́спех черкну́ть *pf* запи́ску
scrawny костля́вый, сухопа́рый
scream 1. *n* пронзи́тельный крик, визг; **give a ~** вскри́кнуть *pf*; (*of metal*) визг; (*of engine*) рёв, гул **2.** *vi* (пронзи́тельно) крича́ть, визжа́ть (**with,** от + *gen*); (*of engine etc*) реве́ть, гуде́ть; (*of wind*) выть; *vt* крича́ть; **~ out** выкри́кивать
screamingly: ~ funny стра́шно смешно́й
scree (камени́стая) о́сыпь *f*
screech 1. *n* (*cry*) крик, визг; (*of machine*) визг **2.** *v* крича́ть; визжа́ть
screech-owl со́вка
screed (*letter*) дли́нное письмо́; (*speech*) дли́нная речь *f*
screen 1. *n* (*protection*) защи́та; (*concealment*) прикры́тие; *mil*, *sp* засло́н; **smoke ~** дымова́я заве́са; (*in room*) ши́рма; *tech*, *elect*, *cin etc* экра́н; (*the cinema*) кино́ *neut indecl*; (*sieve*) сито́, гро́хот **2.** *v* (*protect*) защища́ть; (*conceal*) прикрыва́ть, укрыва́ть; (*shield*) загора́живать; (*surround*, *mark off*) отгора́живать (**from,** от + *gen*); *cin* (*make film of*) экранизи́ровать; (*show film*) пока́зывать; (*sieve*) грохоти́ть; (*examine*) проверя́ть; (*sort*) сортирова́ть
screening *cin* экраниза́ция; (*examination*) прове́рка
screenplay киносцена́рий
screen-wiper стекло́-очисти́тель *m*, *coll* дво́рник
screenwriter киносценари́ст
screw 1. *n* (*wood~*; *bolt*; *propeller*) винт; *fig*, *coll* **he has a ~ loose** у него́ ви́нтика в голове́ не хвата́ет; (*thread*) резьба́; (*turn*) поворо́т; (*s'th twisted*) закру́тка; (*small packet*) кулёчек; *coll* (*pay*) зарпла́та; (*miser*) скря́га *m*; (*old horse*) кля́ча; *sl* (*warder*) тюре́мщик **2.** *adj* винтово́й **3.** *v* (*fasten with ~*) приви́нчивать(ся) (**to,** к + *dat*); (*turn ~*) зави́нчивать; *coll* (*extract*) вырыва́ть (**out of,** из + *gen*); (*twist*) крути́ть; (*distort*) искажа́ть; *sl* (*copulate*) еба́ть
~ down зави́нчивать, приви́нчивать (**to,** к + *dat*)
~ in вви́нчивать(ся) (**to,** в + *acc*)
~ off отви́нчивать(ся) (от + *gen*)
~ on (*nut etc*) нави́нчивать(ся); (*fix with screws*) приви́нчивать (**to,** к + *dat*)
~ out выви́нчивать(ся) (**from,** из + *gen*)
~ together сви́нчивать(ся)
~ up (*tighten screw*) зави́нчивать; *coll* (*increase*) взви́нчивать; **~ up one's courage** набра́ться хра́брости; (*crumple paper etc*) сжима́ть, мять; **~ one's eyes** прищу́риться *pf*; **~ one's face** смо́рщиться *pf*; *sl* (*bungle*) по́ртить де́ло, зава́ливать де́ло
screwball *coll* псих
screw-cutter винторе́зный стано́к
screwdriver отвёртка
screwed *tech* с резьбо́й; *sl* (*drunk*) си́льно под му́хой
screw top нави́нчивающаяся кры́шка
screwy *coll* (*mad*) ненорма́льный; (*suspicious*) подозри́тельный
scribal (*of scribe*) писца́, перепи́счика (*gen s*); **~ error** оши́бка перепи́счика
scribble 1. *n* (*hasty writing*) небре́жный по́черк; (*illegible writing*) неразбо́рчивый по́черк; (*meaningless lines*) кара́кули *f pl* **2.** *v* небре́жно/неразбо́рчиво писа́ть; де́лать кара́кули; (*jot down quickly*) цара́пать
scribbler *pej* (*writer*) писа́ка *m and f*
scribe (*copyist*) писе́ц, перепи́счик; (*writer*) писа́тель *m*; *bibl* кни́жник
scriber черти́лка
scrim холст
scrimmage сва́лка
scrimshanker (*idler*) ло́дырь *m*; (*malingerer*) симуля́нт
scrip *fin* облига́ции *f pl*; (*temporary currency*) вре́менные бума́жные де́ньги *f pl*
script 1. *n* (*handwriting*) по́черк; (*style of lettering*) письмо́, шрифт; (*cursive*) курси́в; (*text*) текст; (*scenario*) сцена́рий; (*manuscript*) ру́копись *f*; (*of examinee*) пи́сьменная рабо́та, отве́ты *m pl*; *leg* по́длинник **2.** *v* писа́ть сцена́рий для (+ *gen*)
scriptural библе́йский
scripture свяще́нное писа́ние; (*Bible*) **Scripture** би́блия
scriptwriter (кино)сценари́ст
scrivener *hist* (*scribe*) писе́ц; (*notary*) нота́риус
scrofula золоту́ха
scrofulous золоту́шный
scroll (*manuscript*) сви́ток; (*ornament*) завито́к
scrooge скря́га *m*
scrotum мошо́нка
scrounge (*cadge*) выкля́нчивать, выпра́шивать; (*pilfer*) ти́брить; (*obtain*) добыва́ть; (*sponge*) тунея́дствовать
scrounger (*cadger*) попроша́йка *m and f*; (*parasite*) прижива́льщик, тунея́дец
[1]**scrub** (*bushes*) куста́рник; (*vegetation*) (куста́рниковая) за́росль *f*
[2]**scrub 1.** *n* (*clean*) чи́стка **2.** *v* (*clean*) чи́стить; (*rub*) тере́ть; (*wash with brush*) мыть щёткой и мы́лом; *coll* **~**, **~ round** (*leave aside*) оста́вить *pf*; (*abandon*) бро́сить *pf*; (*cancel*) отмени́ть *pf*
scrubbing-brush жёсткая щётка
scrubby (*stunted*) низкоро́слый; (*covered with scrub*) поро́сший куста́рником
scruff загри́вок; **take by the ~ of the neck** взять *pf* за ши́ворот
scruffy (*person*, *work*) неря́шливый; (*clothes*, *appearance*) обтрёпанный; (*dirty*) гря́зный
scrumptious *coll* чу́дный, великоле́пный
scruple 1. *n* (*doubt*) сомне́ние; (*hesitation*) колеба́ние; **make no ~ about** не стесня́ться (+ *infin*);

(*conscience*) со́весть *f*; **without ~s** бессо́вестный; **have ~s about** (*doing s'th*) стесня́ться (+ *infin*); (*measure*) скру́пул **2.** *v usu neg* стесня́ться (**to,** + *infin*)
scrupulosity добросо́вестность *f*; че́стность *f*; то́чность *f*; скрупулёзность *f*; безупре́чность *f*; щепети́льность *f*
scrupulous (*conscientious*) добросо́вестный; (*honest*) че́стный; (*exact*) то́чный, скрупулёзный; (*irreproachable*) безупре́чный; (*punctilious, over-~*) щепети́льный
scrutinize (*examine*) (тща́тельно) рассма́тривать; (*check documents etc*) проверя́ть; (*study*) изуча́ть
scrutiny (*gaze*) взгляд, взор; (*examination*) изуче́ние; (*check*) прове́рка
scuba-diver плове́ц со ску́бой
scuba-diving ныря́ние со ску́бой
scud 1. *n* (*clouds*) рва́ные облака́ *neut pl*; (*gust*) шквал; (*of rain*) ли́вень *m* **2.** *v* (*move quickly*) нести́сь; *naut* идти́ под штормовы́ми паруса́ми
scuff (*wear*) протира́ть; (*scratch*) цара́пать; (*drag feet*) ша́ркать нога́ми
scuffle 1. *n* дра́ка, схва́тка **2.** *v* дра́ться
scull 1. *n* весло́ **2.** *v* (*row*) грести́; (*over stern*) гала́нить
scullery судомо́йня
sculpt (*be sculptor*) быть ску́льптором; (*carve, mould*) ва́ять
sculptor ску́льптор
sculptress же́нщина-ску́льптор
sculptural скульпту́рный
sculpture 1. *n* (*all senses*) скульпту́ра **2.** *v* ва́ять
scum (*froth*) пе́на; (*deposit on surface*) на́кипь *f*; *pej* сво́лочь *f* (*also collect*); **~ of the earth** подо́нки *m pl* о́бщества
scupper 1. *n naut* шпига́т **2.** *v coll* (*finish off*) докона́ть *pf*
scurf пе́рхоть *f*
scurfy (*covered with scurf*) покры́тый пе́рхотью
scurrility (*coarseness*) гру́бость *f*; (*indecency*) непристо́йность *f*; (*abusive remark*) гру́бое замеча́ние
scurrilous (*coarse*) гру́бый; (*indecent*) непристо́йный
scurry 1. *n* (*bustle*) суета́, беготня́; (*haste*) спе́шка **2.** *v* (*hasten*) спеши́ть; (*run, rush*) (суетли́во) бежа́ть
  ~ about (*fuss, bustle*) суети́ться; (*rush to and fro*) снова́ть
  ~ away, off юркну́ть *pf*
  ~ past пробега́ть
scurvy 1. *n* цинга́ **2.** *adj* (*low*) по́длый
scutch трепа́ть
scutcheon (*shield*) щит; (*arms*) герб; (*plate*) доще́чка; (*of lock*) фу́тор
scutcher трепа́льная маши́на
[1]**scuttle** ведёрко для у́гля
[2]**scuttle 1.** *n naut* (*hatchway*) люк; (*porthole*) иллюмина́тор; (*flight*) бе́гство **2.** *v naut* (*sink*) затопля́ть; (*by opening sea-cocks*) открыва́ть кингсто́ны; (*bolt*) удира́ть; (*hurry*) спеши́ть; (*scamper off*) юркну́ть *pf*
scuttlebutt лагу́н; *fig* (*gossip*) слух
scythe 1. *n* коса́ **2.** *v* коси́ть
sea 1. *n* (*ocean*) мо́ре; **at ~** в мо́ре; **by ~** мо́рем; на парохо́де; **on the ~** (*near the ~*) у мо́ря; **on the high ~s, in the open ~** в откры́том мо́ре; **go to ~** стать *pf* моряко́м; **put (out) to ~** выходи́ть в мо́ре; *fig* **be all at ~** быть в по́лном недоуме́нии; (*wave*) волна́, вал **2.** *adj* морско́й; **~ area** морско́й райо́н; **~ bed** морско́е дно, дно мо́ря; **~ boots** рези́новые сапоги́ *f pl*; **~ cabin** похо́дная каю́та; **~ cadet** морско́й каде́т; **~ lanes** морски́е пути́ *m pl* сообще́ния
sea-anchor плаву́чий я́корь *m*
sea-anemone акти́ния
seaboard морско́е побере́жье, бе́рег мо́ря
sea-boat мореходная шлю́пка
sea-borne (*maritime*) морско́й; (*transported by sea*) перевози́мый по́ морю; (*aircraft etc*) па́лубный
sea-breeze ве́тер с мо́ря
sea-captain капита́н да́льнего пла́вания
sea coast морско́е побере́жье, бе́рег мо́ря
sea-cock кингсто́н
sea-cook кок
sea-cow (*walrus*) морж; (*dugong*) сире́на; (*manatee*) ламанти́н
sea-dog (*old sailor*) морско́й волк
sea-eagle орла́н
seafarer морепла́ватель *m*
seafaring 1. *n* морепла́вание **2.** *adj* морско́й, морепла́вательный
sea-fowl морска́я пти́ца
sea-front примо́рский бульва́р
sea-girt опоя́санный моря́ми
sea-going (*of ship*) океа́нский, да́льнего пла́вания; (*maritime*) морско́й, морепла́вательный; (*shipborne*) корабе́льный; (*seaworthy*) морехо́дный
seagull ча́йка
sea-horse морско́й конёк
[1]**seal 1.** *n zool* тюле́нь *m*; **fur ~** ко́тик; (*fur*) ко́тиковый мех **2.** *v* охо́титься на тюле́ней
[2]**seal 1.** *n* (*stamp; of wax; also fig*) печа́ть *f*; (*of metal; customs etc*) пло́мба; (*brand, factory mark etc*) клеймо́, знак; *fig* (*sign*) знак; **~ of approval** знак одобре́ния; (*pledge*) зало́г; **under ~ of secrecy** под секре́том; *tech* **airtight** *etc* **~** гермети́чное уплотне́ние **2.** *v* (*stamp*) ста́вить, прикла́дывать печа́ть (к + *dat*); (*authorize with ~*) скрепля́ть печа́тью; (*envelope, parcel, room; close*) запеча́тывать; (*make airtight*) загермети-зи́ровать *pf*; (*confirm*) утвержда́ть; (*isolate*) изоли́ровать; **~ in, up** уплотня́ть, герметизи́ровать; **~ off, up** (*an area*) отгора́живать; (*blockade*) блоки́ровать; (*a pipe etc*) заде́лывать, запа́ивать на́глухо; (*rooms etc*) опеча́тывать; (*road, border*) закрыва́ть
sea-lawyer сутя́га *m and f*, «морско́й адвока́т»
sea-legs: get one's ~ привыка́ть к мо́рю
sealer (*person*) охо́тник на тюле́ней; (*boat*) зверобо́йное су́дно
sea-level у́ровень мо́ря; **above ~** над у́ровнем мо́ря
sea-line горизо́нт
sealing 1. *n* (*hunting seals*) охо́та на тюле́ней; *tech* (*of joint*) уплотне́ние; (*insulation*) изоля́ция; (*hermetic*) герметиза́ция; (*of letter etc*) запеча́тывание **2.** *adj* **~ coat** кро́ющий слой; **~ compound** масти́ка
sealing-wax сургу́ч
sea-lion морско́й лев
seal-ring пе́рстень *m* с печа́тью
sealskin ко́тиковый мех
seam 1. *n* (*in cloth, metal*) шов; (*layer*) пласт, слой; *min* жи́ла **2.** *v* сшива́ть(ся); **be ~ed with** (*covered*) быть покры́тым (+ *instr*)
seaman моря́к; (*as naval rank*) матро́с; **able ~** матро́с; **ordinary ~** мла́дший матро́с

seamanship искýсство морепла́вания
sea-mark навигацио́нный знак
sea-mile морска́я ми́ля
seamless бесшо́вный, без шва; (*of tube*) цельнотя́нутый
sea-monster морско́е чудо́вище
seamstress, sempstress швея́, белошве́йка
seamy (*having seams*) покры́тый шва́ми; (*disreputable*) име́ющий сомни́тельную репута́цию; **the ~ side** тёмная сторона́
séance (*meeting*) заседа́ние; (*spiritualist*) сеа́нс
seaplane гидросамолёт
seaport (*port town*) порто́вый го́род; (*port*) морско́й порт
sea-power (*naval strength*) морска́я мощь *f*; (*maritime country*) морска́я держа́ва
seaquake моретрясе́ние
sear 1. *adj* увя́дший **2.** *v* (*scorch*; *also fig*) обжига́ть; (*brand*) прижига́ть; (*make callous*) ожесточа́ть; (*wither*) иссуша́ть
search 1. *n* (*quest*) по́иски *m pl* (**for, after,** + *gen*); **in ~ of** в по́исках (+ *gen*); *mil* по́иск (**for,** + *gen*); (*examination of person, house etc*) о́быск **2.** *v* (*look for*) иска́ть (**for,** + *acc*, *or* + *gen of abstract object*); (*examine person, house etc*) обы́скивать; (*ransack*) обша́ривать; (*study*) изуча́ть; (*scrutinize*) внима́тельно рассма́тривать; (*penetrate*) проника́ть; **~ out** разыска́ть *pf*; *coll* **~ me!** поня́тия не име́ю!
searcher (*seeker*) иска́тель *m* (**after, for,** + *gen*); (*one who searches*) тот, кто и́щет, и́щущий
searching (*thorough*) тща́тельный; **~ glance** испыту́ющий взгляд
searchlight проже́ктор
search party по́исковая гру́ппа
search warrant о́рдер на о́быск
sea-room простра́нство для маневри́рования
sea-salt морска́я соль *f*
seascape мари́на
sea-serpent морско́е чудо́вище
seashell морска́я раку́шка
seashore морско́й бе́рег, бе́рег мо́ря
seasick страда́ющий морско́й боле́знью
seasickness морска́я боле́знь *f*
seaside 1. *n* морско́й куро́рт, мо́ре; **go to the ~** пое́хать *pf* к мо́рю; **at the ~** у мо́ря **2.** *adj* примо́рский, морско́й
[1]**season** (*of year*) вре́мя *neut* го́да, сезо́н; *theat, sp, etc* сезо́н; (*period, time*) вре́мя *neut*, пери́од; **be in ~** (*on sale*) продава́ться; **in ~** (*appropriate*) своевре́менный; **in due ~** в своё вре́мя
[2]**season** *v* (*timber*) суши́ть(ся) на во́здухе; (*wine etc*) выде́рживать; (*become mature*) созрева́ть; (*accustom*) приуча́ть (**to,** к + *dat*); (*add spice*) приправля́ть (**with,** + *instr*)
seasonable (*suitable*) подходя́щий; (*done at right moment*) своевре́менный
seasonal сезо́нный
seasoned (*toughened*) закалённый; (*experienced*) о́пытный; (*matured, of material*) вы́держанный; (*spiced*) припра́вленный; **highly ~** о́стрый
seasoning (*spice etc*) припра́ва; (*maturing*) выде́рживание
season ticket (*on train etc*) сезо́нный биле́т; (*at theatre etc*) абонеме́нт
seat 1. *n* (*for sitting*; *base of chair etc*) сиде́нье; **folding ~** складно́е сиде́нье; **take a ~** сади́ться; (*chair*) стул; (*bench*) скамья́; (*place in vehicle, theatre, parliament etc*) ме́сто; (*of trousers*; *buttocks*) зад; (*location*) местонахожде́ние; (*centre*) центр; (*of war*) теа́тр; (*root*) ко́рень *m*, причи́на; (*estate*) поме́стье; (*posture on horse*) поса́дка; *tech* (*of valve etc*) гнездо́, седло́ **2.** *v* (*cause to sit*) сажа́ть; **~ oneself** сади́ться; **be ~ed** сиде́ть; (*accommodate*) помеща́ть; (*instal*) устана́вливать; (*close completely*) закрыва́ться вплотну́ю
seat-belt реме́нь *m* безопа́сности
seating (*places*) места́ *neut pl*; (*provision of seats*) обеспе́чение места́ми для сиде́ния; (*table arrangement*) расса́дка госте́й за столо́м; (*accommodation*) помеще́ние; *tech* гнездо́, седло́
sea trout ку́мжа, ло́сось-тайме́нь *m*
sea urchin морско́й ёж
sea wall (*of harbour*) волноло́м, волноре́з; (*dike*) да́мба; (*coastal wall*) сте́нка на́бережной
seawards(s) 1. *adj* (*facing sea*) напра́вленный к мо́рю; (*on side away from land*) находя́щийся мори́стее **2.** *adv* в сто́рону мо́ря, мори́стее (**of,** от + *gen*)
seaway (*channel*) фарва́тер; (*headway*) пере́дний ход; (*shipping route*) морско́й путь *m*; (*rough sea*) волне́ние на мо́ре
seaweed морска́я во́доросль *f*
seaworthiness морехо́дность *f*
seaworthy морехо́дный
sebaceous са́льный
secant 1. *n* (*trigonometrical*) се́канс; (*line*) сеќущая **2.** *adj* пересека́ющий
secateurs сека́тор
secede (*separate*) отделя́ться (**from,** от + *gen*); (*from union*) выходи́ть (**from,** из + *gen*)
secession отделе́ние (**from,** от + *gen*); вы́ход (**from,** из + *gen*)
secessionist сепарати́ст
seclude (*keep solitary*) держа́ть в уедине́нии, изоля́ции; (*isolate from*) изоли́ровать (**from,** от + *gen*); **~ oneself** уединя́ться
secluded уединённый
seclusion уедине́ние
second 1. *n* (*next one*) второ́й; (*date*) второ́е; **on the ~** второ́го; (*boxing*; *in duel*) секунда́нт; (*class of travel*) второ́й класс; **travel ~** е́хать вторы́м кла́ссом; (*degree*) втора́я оце́нка; **~ in command** помо́щник, замести́тель *m*; (*of time*; *mus*) секу́нда; **just a ~!** одну́ секу́нду!; (*~ voice*) вто́ра **2.** *adj* (*most senses*) второ́й; **~ cousin** трою́родный брат, *f* трою́родная сестра́; **~ largest/longest** второ́й по величине́/длине́; **~ nature** втора́я нату́ра; **~ person** второ́е лицо́ **~ sight** ясновиде́ние; **~ to none** непревзойдённый; **at ~ hand** из вторы́х рук; **be ~ only to** уступа́ть лишь (+ *dat*) (**in,** по + *dat*); **every ~ day** че́рез день; **have ~ thoughts** переду́мать *pf*; (*one more*) ещё оди́н; (*other*) друго́й **3.** *adv* (*in ~ place*) вторы́м; **come in ~** приходи́ть вторы́м; (*~ly*) во-вторы́х **4.** *v* (*support*) подде́рживать; *mil* вре́менно откомандиро́вывать (**to,** в + *acc*)
secondary (*second*) второ́й; (*less important*) второстепе́нный; *sci, tech* (*esp in time, development*) втори́чный; (*additional*) дополни́тельный; *geol* мезозо́йский; **~ school** сре́дняя шко́ла
second-best второсо́ртный; **come off ~** потерпе́ть *pf* пораже́ние
second-class (*inferior*) второсо́ртный; (*of carriage etc*) второ́го кла́сса
seconder подде́рживающий предложе́ние
second-hand (*not new*) поде́ржанный; **~ shop**

комиссио́нный (магази́н); (*unoriginal*) взаи́мствованный; (*of information*) из вторы́х рук
secondly во-вторы́х
second-rate (*not best*) второсо́ртный; (*mediocre*) посре́дственный
secrecy (*secret*) та́йна; **in, with** ~ в та́йне; (*secret nature*) секре́тность *f*; (*seclusion*) уедине́ние
secret 1. *n* секре́т, та́йна; **in** ~ (*secretly*) та́йно; (*in confidence*) по секре́ту; **keep a** ~ храни́ть та́йну; **keep** ~ держа́ть в секре́те; **be in the** ~ быть посвящённым в та́йну; (*riddle*) зага́дка; (*explanation*) секре́т **2.** *adj* (*known only to few*) та́йный, секре́тный; ~ **agent** разве́дчик, шпио́н; ~ **service** секре́тная слу́жба ~ **society** та́йное о́бщество; (*concealed*) потайно́й; ~ **passage** потайно́й прохо́д; (*mysterious*) таинственный; (*secretive*) скры́тный; (*remote*) уединённый
secretarial секрета́рский
secretariat секретариа́т
secretary (*office worker*) секрета́рь *m*, *f coll only* секрета́рша; (*of committee etc*) секрета́рь *m*; (*minister*) мини́стр; **Home Secretary** мини́стр вну́тренних дел; **Foreign Secretary** мини́стр иностра́нных дел; **Secretary-General** Генера́льный Секрета́рь *m Am* **Secretary of State** госуда́рственный секрета́рь
secretary-bird секрета́рь *m*
secrete (*hide*) пря́тать, укрыва́ть; ~ **oneself** пря́таться; *biol* выделя́ть
secretion *biol* секре́ция, выделе́ние
secretive скры́тный; **be** ~ **about** ума́лчивать о (+ *prep*)
sect се́кта
sectarian 1. *n* секта́нт **2.** *adj* секта́нтский
sectarianism секта́нтство
section (*part*) часть *f*; (*unit, element*) се́кция; (*area; stretch*) уча́сток; (*piece*) кусо́к; (*slice*) отре́зок; (*stage*) эта́п; (*class, group*) слой; (*department*) отде́л, се́кция; *math, tech* сече́ние, разре́з; **cross** ~ попере́чное сече́ние; **in** ~ в разре́зе; (*for microscope slide*) срез
sectional (*in sections*) секцио́нный; (*composite*) сбо́рный; (*private, narrow*) ча́стный
sector се́ктор
secular (*non-religious*) све́тский; (*of century*) вековой
secularism секуляри́зм
secularization секуляриза́ция
secularize секуляризи́ровать
secure 1. *adj* (*out of danger*) вне опа́сности, в безопа́сности; (*safe; reliable*) надёжный; (*firm*) про́чный; (*unshakeable*) сто́йкий; (*sure*) уве́ренный (**in,** в + *prep*); (*calm*) споко́йный; (*undoubted*) несомне́нный; (*in safe place*) в надёжном ме́сте; (*well-guarded*) под надёжной охра́ной **2.** *v* (*fasten*) закрепля́ть; (*fasten together*) скрепля́ть; (*tie up*) завя́зывать, свя́зывать; (*lock*) запира́ть; (*obtain*) достава́ть; (*guarantee, ensure*) обеспе́чивать; (*make safe*) обеспе́чивать безопа́сность (+ *gen*); (*attain*) добива́ться (+ *gen*); (*seize*) захва́тывать
security (*safety, also pol*) безопа́сность *f*; **Security Council** Сове́т Безопа́сности; (*reliability, certainty*) надёжность *f*; (*feeling of safety*) чу́вство безопа́сности; (*well-being*) обеспе́ченность *f*; (*defence*) защи́та (**against,** от + *gen*); (*guarantee*) гара́нтия (**against,** от + *gen*); (*of loan etc*) обеспе́чение; **on the** ~ **of** под обеспе́чение (+ *gen*); *pl* це́нные бума́ги *f pl*
sedan (*chair*) носи́лки *f pl*, портшэ́з; (*car*) седа́н
sedate 1. *adj* (*calm*) споко́йный; (*staid*) степе́нный **2.** *v* дава́ть успокои́тельное (+ *dat*)
sedation успокое́ние; **he's under** ~ ему́ даю́т успока́ивающие сре́дства
sedative 1. *n* успока́ивающее сре́дство **2.** *adj* успока́ивающий
sedentary сидя́чий; *zool* осе́длый
sedge осо́ка
sediment оса́док
sedimentary оса́дочный
sedition подстрека́тельство, антиправи́тельственная агита́ция; (*disorder*) бунт
seditious бунта́рский, подстрека́тельский
seduce (*all senses*) соблазня́ть (**into,** на + *acc*, *or* + *infin*)
seducer соблазни́тель *m*, соврати́тель *m*
seduction (*act*) обольще́ние; (*temptation*) собла́зн
seductive соблазни́тельный, обольсти́тельный
seductress соблазни́тельница
sedulous приле́жный, усе́рдный
sedulousness, sedulity прилежа́ние, усе́рдие
[1]**see** (*have sight; perceive; meet, visit, talk to*) ви́деть; (*look, look at*) смотре́ть; (*examine; look around*) осма́тривать; (*have a look; ascertain*) посмотре́ть *pf*; (~ *for oneself*) убеди́ться *pf* (**that,** в том, что); (*think*) поду́мать *pf*; **I'll** ~ поду́маю/посмотрю́; (*consult*) обраща́ться к (+ *dat*); (*accompany*) провожа́ть; (*receive visitors etc*) принима́ть; (*understand*) понима́ть; **I** ~**!** (я) понима́ю!; ~? поня́тно?; (*find out*) узнава́ть; (*imagine*) представля́ть (себе́); *in expressions* ~ **here!** послу́шай(те)!; ~ **red** разозли́ться *pf*; ~ **the back of, last of** отде́латься *pf* (**of,** от + *gen*); *coll* **be** ~**ing you!,** ~ **you!** до ско́рого!, пока́!; ~ **things** галлюцини́ровать
~ **about** забо́титься о (+ *prep*), занима́ться (+ *instr*)
~ **off** провожа́ть
~ **out** (*of room etc*) провожа́ть до две́ри; (*wait till end*) досиде́ть *pf* до конца́; (*live until*) дожи́ть *pf* до (+ *gen*); (*last out*); **it will** ~ **this year out** хвата́ет на э́тот год
~ **through** (*be present till end*) прису́тствовать до конца́; (*bring to conclusion*) доводи́ть до конца́; ~ **it through** (*endure*) сто́йко держа́ться до конца́; (*be enough for*) хвата́ть (на + *acc*); (~ *hidden motives of*) ви́деть насквозь; (*plans etc*) разга́дывать; (*disguise*) распознава́ть
~ **to** (*arrange*) забо́титься о (+ *prep*), (*look after*) занима́ться (+ *instr*), смотре́ть за (+ *instr*); (*supervise*) проследи́ть *pf* (**to it that** за тем, что́бы); (*check*) проверя́ть; (*cope with*) справля́ться с (+ *instr*)
[2]**see** *eccles* (*area*) епа́рхия; **Holy See** па́пский престо́л
seed 1. *n bot* се́мя *neut* (*also fig*), зерно́; *collect* семена́ *neut pl*; **go, run to** ~ идти́ в семена́; *fig* опуска́ться; (*sperm*) спе́рма; *fig* (*descendants*) пле́мя *neut*, пото́мство; (*source*) нача́ло; (*cause*) причи́на; *sp* просе́янный игро́к **2.** *v* (*sow*) засева́ть; (*produce* ~) обсеменя́ться; (*remove* ~) очища́ть от семя́н; *sp* просе́ивать
seed-bearing семеноно́сный
seedbed расса́дник (*also fig*)
seedcake кекс с тми́ном
seed-corn посевно́е зерно́
seedless бессемя́нный; (*fruit*) беско́сточковый, без ко́сточек

seedling сéянец; *pl collect* рассáда
seed-pearl мéлкий жéмчуг
seedsman торгóвец семенáми
seed-vessel семеннáя корóбочка
seedy (*of clothes etc*) потрёпанный, понóшенный; (*of appearance*) жáлкий; (*run down, of place, person*) захудáлый; (*unwell*) нездорóвый; **feel ~** невáжно себя чýвствовать
seeing (that) (*since*) так как, поскóльку, ввидý тогó, что; *coll* раз; **~ he is so clever, let him do it himself** раз он так умён, пусть сам сдéлает
seek (*look for*) искáть (*usu + acc of specific object, + gen of non-specific or abstract object*); **~ one's fortune** искáть счáстья; (*ask for*) просúть (*+ acc or gen as above*); (*claim*) искáть (**from,** с + *gen*); **~ to** (*try*) пытáться, старáться; **~ out** разыскивать
seeker искáтель *m*
seem казáться *impers*; **it ~ed that** казáлось, что; **it ~s odd to me that** мне кáжется стрáнным, что; **it ~s, it would ~** кáжется; (*it turns out*) окáзывается; (*evidently*) очевúдно; **it ~s as if** кáжется как бýдто (бы); *in personal expressions* **he ~ed old to me** он мне показáлся стáрым; **she ~ed glad to see me** онá, казáлось, былá рáда вúдеть меня; **you don't ~ to understand** вы, кáжется, не понимáете; **he is not all he ~s** он не такóв, какúм кáжется; **I ~ to know that name** мне кáжется, я знáю э́ту фамúлию; **I can't ~ to** я почемý-то не могý (*+ infin*)
seeming (*apparent*) вúдимый, кáжущийся; (*feigned*) притвóрный, мнúмый
seemingly по-вúдимому
seemly (*decent, proper*) прилúчный; (*appropriate*) подобáющий; **it is not ~ for him to** емý не подобáет (*+ infin*)
seep (*leak*) течь, протекáть; (*soak through; fig, leak out*) просáчиваться
seepage просáчивание; (*leak out*) утéчка; (*leak in*) инфильтрáция
seer прорóк, провúдец
see-saw 1. *n* (*child's*) (дéтские) качéли *pl*; (*game*) качáние на доскé **2.** *adj* (*unstable*) колéблющийся; (*rocking*) качáющийся; *tech* возврáтно-поступáтельный **3.** *v* (*play*) качáться на доскé; (*rock*) качáться; (*go up and down*) двúгаться вверх и вниз; (*to and fro*) двúгаться взад и вперёд; *fig* (*vacillate*) колебáться
seethe (*boil*) кипéть; (*swirl, bubble; also fig*) бурлúть (**with,** + *instr*); (*rage*) злúться
see-through прозрáчный
segment 1. *n* (*piece*) кусóк, часть *f*; (*of fruit*) дóля; *math, sci, tech* сегмéнт **2.** *v* делúть(ся) на сегмéнты
segmental сегмéнтный
segmentation сегментáция; *biol* дроблéние
segregate (*isolate*) отделя́ть(ся); (*divide*) разделя́ть
segregated сегрегúрованный
segregation отделéние; разделéние; **racial ~** рáсовая сегрегáция; *metal* ликвáция
Seidlitz powder порошóк Зéйдлица
seigneur сеньóр
seine нéвод
seiner сéйнер
seismal, seismic сейсмúческий
seismograph сейсмóграф
seismology сейсмолóгия
seismometer сейсмóметр
seize (*grasp, grab*) хватáть (**by,** за + *acc*); (*snatch up*) подхвáтывать; (*take prisoner*) поймáть *pf*, схватúть *pf*; (*capture*) захвáтывать, завладевáть; (*confiscate*) конфисковáть; (*of feelings*) охвáтывать; (*understand*) понимáть; **~ the chance, opportunity** воспóльзоваться *pf* слýчаем, ухватúться *pf* за возмóжность; *naut* найтóвить; *tech* (*jam*) застревáть, заедáть
seizure захвáт; конфискáция; *med* (*attack*) припáдок, прúступ; (*stroke*) апоплексúческий удáр
seldom рéдко
select 1. *adj* (*carefully chosen*) úзбранный; (*choice*) отбóрный; (*exclusive*) исключúтельный; (*admitting only few*) для úзбранных; (*discriminating*) разбóрчивый **2.** *v* (*choose*) выбирáть; (*pick out some from others*) отбирáть
selection (*choice; collection*) вы́бор; *biol* отбóр, селéкция; **natural ~** естéственный отбóр; *tel* искáние
selective (*operating only in certain cases*) избирáтельный; (*partial, not general*) вы́борочный; (*choosing*) выбирáющий
selectivity избирáтельность *f*, селектúвность *f*
selenium 1. *n* селéн **2.** *adj* селéновый; **~ cell** селéновый фотоэлемéнт
selector (*person*) отбóрщик; *tech* (*switch*) переключáтель *m*; *rel* искáтель *m*, селéктор
selenology селенолóгия
self (*oneself*) себя́ *no nom*; **for one's own ~** для самогó себя́; (*ego, identity*) я *neut indecl*; **her real ~** её настоя́щее я; **he became his old ~ again** он стал похóж на себя́; (*personality*) лúчность *f*, персóна; (*essence*) сýщность *f*
self- *usu* само-
self-abasement самоуни(чи)жéние
self-absorbed (*egoistic*) эгоцентрúчный
self-abuse мастурбáция, рукоблýдие
self-acting автоматúческий, самодéйствующий
self-adjusting саморегулúруемый
self-advertisment самореклáма
self-aligning самоустанáвливающийся
self-apparent самоочевúдный
self-appointed самозвáный
self-assertive (*independent*) самонадéянный; (*forceful*) напóристый *coll*, пробивнóй *coll*
self-assurance самоувéренность *f*
self-assured самоувéренный
self-binder *agr* сноповязáлка
self-centering самоцентрúрующийся
self-centred эгоистúческий, эгоцентрúчный
self-complacent самодовóльный
self-conceit самомнéние
self-condemned осуждённый самúм собóй
self-confessed откровéнный
self-confidence увéренность *f* (в себé); *pej* самонадéянность *f*
self-confident увéренный (в себé); самоувéренный; самонадéянный
self-conscious (*shy*) застéнчивый; (*embarrassed*) смущённый; **make ~** смущáть; **be(come) ~** смущáться
self-contained (*independent*) самостоя́тельный; (*reserved*) сдéржанный; (*separate*) отдéльный; *tech* автонóмный
self-control (*control of oneself*) самообладáние; (*restraint*) сдéржанность *f*
self-criticism самокрúтика
self-deception самообмáн
self-defence самозащúта, самооборóна; **in ~** в

самозащи́те
self-denial самоотрече́ние, самоотве́рженность *f*
self-denying отка́зывающий себе́ во мно́гом, самоотве́рженный
self-destruct самоликвиди́роваться
self-destruction самоуничтоже́ние
self-determination *pol* самоопределе́ние
self-discipline самодисципли́на
self-doubt неве́рие в себя́
self-educated самостоя́тельно вы́учившийся; ~ **person** самоу́чка *m and f*
self-education самообразова́ние
self-effacement засте́нчивость *f*, скро́мность *f*
self-effacing засте́нчивый, скро́мный
self-employed рабо́тающий для самого́ себя́
self-esteem самоуваже́ние
self-evident очеви́дный, самоочеви́дный; **it is ~ that** само́ собо́й разуме́ется, что
self-examination самоана́лиз, самокри́тика
self-explanatory я́сный, очеви́дный, самоочеви́дный
self-expression самовыраже́ние
self-fertile самоферти́льный
self-forgetful бескоры́стный
self-fulfilment реализа́ция свои́х возмо́жностей
self-glorification самовосхвале́ние
self-governing самоуправля́ющийся
self-government самоуправле́ние
self-help самопо́мощь *f*
self-ignition самовозгора́ние
self-importance самомне́ние
self-important (*haughty*) зано́счивый; (*pompous*) ва́жный, ва́жничающий
self-imposed доброво́льно взя́тый на себя́
self-improvement самоусоверше́нствование
self-indulgence потво́рство со́бственным жела́ниям, избало́ванность *f*
self-indulgent (*indulgent to self*) потво́рствующий свои́м жела́ниям; (*self-satisfied*) самодово́льный
self-inflicted причинённый самому́ себе́; ~ **wound** самостре́л *coll*
self-interest своекоры́стие
selfish (*egoistic*) эгоисти́чный; (*mercenary*; *not for general good*) коры́стный; (*greedy*) жа́дный
selfishness (*egoism*) эгои́зм; (*self-interest*) своекоры́стие; (*greed*) жа́дность *f*
self-justification самооправда́ние
self-knowledge самопозна́ние
selfless (*self-sacrificing*) самоотве́рженный; (*without self-interest*) бескоры́стный
selflessness самоотве́рженность *f*
self-love себялю́бие
self-made обя́занный всем самому́ себе́
self-opinionated самонаде́янный
self-pity жа́лость *f* к самому́ себе́
self-portrait автопортре́т
self-possessed вы́держанный, хладнокро́вный
self-possession самооблада́ние, хладнокро́вие
self-preservation самосохране́ние; **instinct of ~** инсти́нкт самосохране́ния
self-propelled самохо́дный
self-raising: ~ **flour** самоподнима́ющаяся мука́
self-regard самолю́бие
self-registering, recording самопи́шущий
self-reliance уве́ренность *f* в себе́
self-reliant (*confident*) уве́ренный в себе́, самоуве́ренный; (*independent*) самостоя́тельный
self-respect уваже́ние к себе́, чу́вство со́бственного досто́инства
self-respecting уважа́ющий себя́
self-restraint сде́ржанность *f*
self-righteous (*sanctimonious*) ха́нжеский, фарисе́йский; (*smug*) самодово́льный
self-righteousness ха́нжество́, фарисе́йство; самодово́льство
self-sacrifice самопоже́ртвование
self-sacrificing самоотве́рженный
self-same тот же са́мый
self-satisfaction самодово́льство
self-satisfied самодово́льный
self-seeker своекоры́стный челове́к
self-seeking своекоры́стный
self-service 1. *n* самообслу́живание; (*shop*) магази́н самообслу́живания **2.** *adj* ~ **restaurant, shop** *etc* столо́вая/магази́н самообслу́живания
self-starter (*in car*) ста́ртер
self-styled самозва́ный, мни́мый
self-sufficiency (*independence*) самостоя́тельность *f*, незави́симость *f*
self-sufficient (*independent*) самостоя́тельный, незави́симый; (*sufficing in itself*) самодовле́ющий
self-supporting самостоя́тельный, незави́симый
self-taught вы́учившийся самостоя́тельно; ~ **person** самоу́чка *m and f*; ~ **writer** писа́тель-самоу́чка *m and f*
self-teacher (*textbook*) самоучи́тель *m*
self-will своево́лие
self-willed (*wilful*) своево́льный, своенра́вный; (*stubborn*) упря́мый
sell 1. *n coll* (*disappointment*) разочарова́ние; (*deception*) обма́н, поку́пка *coll* **2.** *vt* продава́ть (**to,** + *dat*); (*deal, trade in*) торгова́ть (+ *instr*); (*betray*) предава́ть; *coll* (*trick*) провести́ *pf*; *in expressions* ~ **one's life dearly** до́рого прода́ть *pf* свою́ жизнь; ~ **s.o. a pup** провести́ *pf* (+ *acc*); ~ **down the river** преда́ть *pf* (+ *acc*); ~ **short** (*trick*) наду́ть *pf*, провести́ *pf*; (*belittle*) умаля́ть; (*let down*) подводи́ть; *vi* (*be sold*) продава́ться; ~ **off, up** распродава́ть; ~ **out** (*dispose of*) продава́ть; (~ *all of*) распродава́ть
seller продаве́ц, *f* продавщи́ца
selling *n* прода́жа; ~ **price** прода́жная цена́
Sellotape кле́йкая ле́нта
sell-out *sl* (*of play etc*) огро́мный успе́х; (*betrayal*) изме́на
selsyn сельси́н
seltzer се́льтерская вода́
selvedge кро́мка
semantic семанти́ческий
semantics сема́нтика
semaphore 1. *n* семафо́р **2.** *v* передава́ть по семафо́ру, *coll* семафо́рить
semasiology семасиоло́гия
semblance (*resemblance*) подо́бие; (*appearance*; *guise*) вид; (*show, hint*) намёк (**of,** на + *acc*
semeiology семиоло́гия
semeiotic семиоти́ческий
semeiotics семио́тика
sememe семе́ма
semen се́мя *neut*, спе́рма
semester семе́стр
semi- полу-
semi *coll* (*semi-detached house*) полови́на особняка́
semi-automatic полуавтомати́ческий
semibreve це́лая но́та
semicircle полукру́г; **in a ~** полукру́гом
semicircular полукру́глый

semicolon то́чка с запято́й
semiconductor 1. *n* полупроводни́к **2.** *adj* полупроводнико́вый
semi-conscious полусозна́тельный, в полусозна́тельном состоя́нии
semi-detached: ~ **house** полови́на особняка́, оди́н из двух особняко́в с о́бщей стено́й
semi-final 1. *n* полуфина́л **2.** *adj* полуфина́льный
semifinalist полуфинали́ст
semifinished полуобрабо́танный; ~ **product** полуфабрика́т
semifluid полужи́дкий
semi-literate полугра́мотный
seminal *biol* семенно́й; *fig* плодотво́рный
seminar семина́р
seminarist семинари́ст
seminary (*school*) шко́ла; *eccles* духо́вная семина́рия
semination (*sowing*) обсемене́ние; *bot* распростране́ние семя́н
semi-official полуофициа́льный; (*of press supporting govt*) официо́зный
semi-precious полудрагоце́нный; ~ **stone** самоцве́т
semiquaver шестна́дцатая (но́та)
Semite семи́т
Semitic семити́ческий
semitone полуто́н
semitransparent полупрозра́чный
semi-tropical полутропи́ческий
semivowel полугла́сный (звук)
semolina (*grain*) ма́нная крупа́, ма́нка, семоли́на; (*as dish*) ма́нная ка́ша
sempiternal ве́чный
senate сена́т
senator сена́тор
senatorial сена́торский
send (*most senses*) посыла́ть (**to s.o.**, + *dat*; **to** *place*, в + *acc*; *sometimes*, к + *dat*; **for**, за + *instr*); (*from receiver's point of view*) присыла́ть; (*more formally*; *dispatch*) отправля́ть; (*direct*) направля́ть; (*greetings etc*; *by radio*) передава́ть (**to**, + *dat*); *in expressions* ~ **mad** своди́ть с ума́; ~ **packing** прогоня́ть; ~ **to sleep** усыпля́ть; ~ **word** сообща́ть (**to**, + *dat*; **of**, о + *prep*)
~ **away** (*dismiss*) увольня́ть; ~ **away for** посыла́ть за (+ *instr*)
~ **down** (*lower*) понижа́ть; (*from college*) исключа́ть (**from**, из + *gen*)
~ **forth** (*send*) посыла́ть; (*emit*) испуска́ть; (*radiate*) излуча́ть; (*of plants*) пуска́ть, дава́ть
~ **in** представля́ть; (*submit documents etc*) подава́ть
~ **off** (*dispatch*) отправля́ть; (*see off*) провожа́ть
~ **out** *see* ~ **forth**
~ **round** (*to various places*) рассыла́ть; (*pass round*) пуска́ть по кру́гу
~ **up** (*raise*) повыша́ть; *coll* (*parody*) пароди́ровать; (*mock*) высме́ивать
sender отправи́тель *m*; *rad* переда́тчик
send-off про́воды *m pl*; **give s.o. a** ~ устро́ить *pf* (+ *dat*) про́воды
send-up *coll* паро́дия
Senegal Сенега́л
Senegalese 1. *n* сенега́лец, *f* сенега́лка **2.** *adj* сенега́льский
senescence старе́ние
senescent старе́ющий
senile (*of person*) дря́хлый, вы́живший из ума́; (*caused by old age*) ста́рческий
senility дря́хлость *f*, сени́льность *f*
senior 1. *n* ста́рший; **be s.o.'s** ~ быть ста́рше (+ *gen*); (*at school*) учени́к ста́рших кла́ссов **2.** *adj* (*most senses*) ста́рший; **be** ~ **to** быть ста́рше (+ *gen*)
seniority (*in age*) старшинство́; **in order of** ~ в поря́дке старшинства́; (*in rank*) превосхо́дство в ра́нге; (*of service*) стаж
senna александри́йский лист
señor сеньо́р
señora сеньо́ра
señorita сеньори́та
sensation (*feeling*) ощуще́ние, чу́вство; (*awareness*) восприя́тие; (*excitement*, *event*) сенса́ция; **cause a** ~ вы́звать *pf* сенса́цию
sensational (*causing sensation*) сенсацио́нный; (*wonderful*, *remarkable*) замеча́тельный; (*striking*) порази́тельный
sensationalism сенсацио́нность *f*; *philos* сенсуали́зм
sense 1. *n* (*feeling*) чу́вство (**of**, + *gen*); **the five** ~**s** пять чувств; ~ **of humour** чу́вство ю́мора; (*judgement*) здра́вый смысл; **show common, good** ~ проявля́ть здра́вый смысл; **have no** ~ не име́ть смы́сла; **have the** ~ **to** быть доста́точно у́мным, что́бы; (*reason*) смысл; **talk** ~ говори́ть разу́мно; **he's talking** ~ он де́ло говори́т; **there's no** ~ **in** нет смы́сла (+ *infin*); **what's the** ~ **in …?** какой смысл (+ *infin*); (*meaning*) смысл, значе́ние; **in every** ~ во всех отноше́ниях; **in the** ~ **that** в том смы́сле, что; (*direction*) направле́ние; *pl* (*sanity*) **in one's right** ~**s** в здра́вом уме́; **be out of one's** ~**s** быть не в своём уме́; **come to one's** ~**s** (*regain common sense/consciousness*) прийти́ *pf* в себя́ **2.** *v* чу́вствовать
senseless (*meaningless*) бессмы́сленный; (*foolish*) глу́пый; (*unconscious*) без созна́ния; **fall** ~ упа́сть *pf* за́мертво; **knock** ~ оглуши́ть *pf*
senselessness бессмы́сленность *f*
sensibility (*sensitivity*) чувстви́тельность *f*; (*of feelings*) восприи́мчивость *f*; (*awareness*) созна́ние; *pl* чу́вства *neut pl*
sensible (*prudent*, *reasonable*) разу́мный, благоразу́мный; (*perceptible*) ощути́мый; (*noticeable*) заме́тный; (*conscious*) в созна́нии; ~ **of** (*aware*) осознаю́щий (+ *acc*); **be** ~ **of** осознава́ть (+ *acc*)
sensibleness разу́мность *f*
sensitive (*most senses*) чувстви́тельный (**to**, + *dat*); (*reacting quickly*) чу́ткий; (*of person*) впечатли́тельный; (*easily distressed*) оби́дчивый; (*of taste etc*, *delicate*) то́нкий; (*painful*) больно́й; *fig* **a** ~ **area** больно́е ме́сто
sensitiveness, sensitivity чувстви́тельность *f*; чу́ткость *f*; оби́дчивость *f*; то́нкость *f*
sensitize де́лать чувстви́тельным *etc*; *phot* сенсибилизи́ровать
sensor да́тчик
sensory чувстви́тельный
sensual (*of senses*, *physical pleasure*) чу́вственный; (*voluptuous*) сладостра́стный
sensualism чу́вственность *f*; *philos* сенсуали́зм
sensualist сластолю́бец; *philos* сенсуали́ст
sensuality чу́вственность *f*, сладостра́стие
sensuous чу́вственный, сладостра́стный
sentence 1. *n leg* пригово́р; **death** ~ сме́ртный пригово́р; **pass** ~ выноси́ть пригово́р; *gramm* предложе́ние **2.** *v* пригова́ривать (**to**, к + *dat*)

sententious (*instructive*) сентенцио́зный; (*pompous*) напы́щенный; (*trite*) бана́льный
sentient чу́вствующий
sentiment (*feeling*) чу́вство; (*opinion*) мне́ние; (*sentimentality*) сентимента́льность *f*
sentimental сентимента́льный
sentimentalist сентиментали́ст
sentimentality сентимента́льность *f*; *pej* сентимента́льщина
sentimentalize сентимента́льничать
sentinel часово́й
sentry часово́й; **stand ~ over** охраня́ть; **be on ~-go** стоя́ть на часа́х; **~-box** карау́льная бу́дка
sepal чашели́стик
separable отдели́мый
separate 1. *adj* (*divided off, not joined*) отде́льный (**from,** от + *gen*); (*distinct, not mixed*) разде́льный; (*independent*) самостоя́тельный; (*diverse*) ра́зный **2.** *v* (*part from; come between; sort out from*) отделя́ть(ся) (**from,** от + *gen*); (*disunite*) разъединя́ть(ся); (*split, divide up; form barrier between*) разделя́ть(ся) (**into,** в + *acc*); (*distinguish*) отлича́ть (**from,** от + *gen*); (*of married couple etc*) расходи́ться; (*keep apart, estrange*) разлуча́ть; (*disperse*) расстава́ться
separately отде́льно
separation отделе́ние; разделе́ние; разъедине́ние; (*parting of friends etc, time apart*) разлу́ка (**from,** с + *instr*)
separatism сепарати́зм
separatist сепарати́ст
separative сепарати́стский; *gramm* раздели́тельный
separator сепара́тор
sepia се́пия
sepoy сипа́й
sepsis се́псис
September 1. *n* сентя́брь *m* **2.** *adj* сентя́брьский (*see also* **April**)
septenary семери́чный, семерно́й
septennial семиле́тний
septennium семиле́тний пери́од
septentrional се́верный
septet септе́т
septic септи́ческий; **~ tank** отсто́йник
septicaemia се́псис
septuagenarian 1. *n* семидесятиле́тний челове́к **2.** *adj* семидесятиле́тний
Septuagesima тре́тье воскресе́нье пе́ред вели́ким посто́м
Septuagint перево́д Семи́десяти
septum *biol* перегоро́дка, се́пта; *geol* се́пта
septuple семикра́тный
sepulchral (*funerary*) погреба́льный; (*gloomy*) мра́чный; (*of voice*) замоги́льный
sepulchre гробни́ца, склеп, усыпа́льница; **the Holy Sepulchre** гроб госпо́ден; *bibl* **whited ~s** гро́бы пова́пленные *m pl*; *fig* ханжа́
sepulture погребе́ние
sequacious (*logical*) после́довательный; (*pliant*) пода́тливый
sequel (*result*) (по)сле́дствие, результа́т (**to,** + *gen*); **in the ~** впосле́дствии; (*of book etc*) продолже́ние
sequence (*succession; also gramm*) после́довательность *f*; (*order*) поря́док; (*series*) ряд; *cin* эпизо́д
sequential (*consecutive*) после́довательный; (*ensuing*) после́дующий
sequester, sequestrate (*set apart*) уединя́ть; (*confiscate*) конфискова́ть; *leg* секвестрова́ть
sequestration *leg* секве́стр; конфиска́ция
sequin (*ornament*) блёстка; (*coin*) цехи́н
sequoia секво́йя
sérac сера́к
seraglio (*palace*) сера́ль *m*; (*harem*) гаре́м, сера́ль *m*
serai карава́н-сара́й
seraph серафи́м
seraphic (*of seraph*) серафи́ческий; (*angelic; also fig*) а́нгельский
Serbia Се́рбия
Serbian 1. *n* (*person*) серб, *f* се́рбка; (*language*) се́рбский язы́к **2.** *adj* се́рбский
Serbo-Croatian сербохорва́тский
sere (*dried*) сухо́й; (*withered*) увя́дший
serenade 1. *n* серена́да **2.** *v* дава́ть серена́ду (+ *dat*)
serene (*calm*) споко́йный; (*clear*) я́сный; *coll* **all ~** всё в поря́дке, всё споко́йно
serenity споко́йствие; я́сность *f*
serf крепостно́й
serfdom крепостно́е пра́во
serge 1. *n* са́ржа, серж **2.** *adj* из са́ржи, се́ржа
sergeant сержа́нт; **~-at-arms** парла́ментский при́став; **~-major** старшина́, *Am* гла́вный сержа́нт
serial 1. *n* (*film*) многосери́йный фильм; (*TV, rad*) многосери́йная переда́ча; (*story*) рома́н в не́скольких частя́х, рома́н с продолже́нием; (*journal*) периоди́ческое изда́ние **2.** *adj* сери́йный; **~ number** сери́йный но́мер; (*of film, programme*) многосери́йный
serialize (*publish in separate issues*) издава́ть вы́пусками; (*issue as serial*) издава́ть се́риями; (*broadcast as serial*) передава́ть се́риями; (*adapt as serial*) переде́лывать для многосери́йной переда́чи
seriate располо́женный по поря́дку
seriatim по поря́дку
sericulture шелково́дство
series (*number, succession of; also math*) ряд; **in ~** по поря́дку; (*of books etc*) се́рия; (*set*) набо́р, компле́кт; *elect* (*connected etc*) **in ~** после́довательно (соединённый *etc*)
serif засе́чка
serio-comic трагикоми́ческий
serious (*most senses*) серьёзный; **be ~ about** серьёзно относи́ться к (+ *dat*); **look ~** име́ть серьёзный вид, вы́глядеть серьёзным; **are you ~?** (э́то) вы серьёзно (говори́те)?; **~-minded** серьёзный
seriousness серьёзность *f*; **in all ~** со всей серьёзностью
sermon про́поведь *f*; **preach a ~** чита́ть про́поведь
sermonize поуча́ть
serous серо́зный
serpent (*snake; also fig*) змея́; (*in Bible, folk tales*) змий
serpentine 1. *n min* серпенти́н, змееви́к; *tech* змееви́к **2.** *adj* (*twisting*) змееви́дный; (*winding, of road etc*) изви́листый; (*of serpent*) зме́йный; (*cunning*) кова́рный
serrate 1. (*notched*) зазу́бренный; (*like saw*) пилообра́зный **2.** *v* зазу́бривать
serration (*projection*) зубе́ц; (*serrated state, formation*) зубча́тость *f*
serried сомкну́тый; **in ~ ranks** сомкну́тыми ряда́ми
serum сы́воротка

servant (*domestic etc*; *also fig*) слугá *m*; (*female domestic*) служáнка, прислýга; *pl collect* прислýга; (*employee*, *official*) слýжащий; **civil** ~ госудáрственный слýжащий
serve 1. *n sp* подáча **2.** *v* (*in army etc*; *be servant*; *owe allegiance to*; *be substitute for*; *be of use*) служи́ть (+ *dat*; **as,** + *instr*); ~ **a purpose** служи́ть цéли; (*work*) рабóтать (**as,** + *instr*); (*be good for*, *do*) годи́ться; **what end will that ~?** что э́то мне, вам *etc* даст?; (*customer etc*; *of public etc services*, *provide service for*) обслýживать; **the underground ~s a large area** метрó обслýживает большóй райóн; (*supply*) снабжáть (**with,** + *instr*); (*food*) подавáть; (*a term of office*) отслýживать; (*a sentence*) отбывáть; *leg* вручáть (+ *dat*); *eccles* служи́ть; *sp* подавáть; (*mate with*) случáть; *naut* клетневáть; ~ **him right!** так емý и нáдо! поделóм емý!
~ **out** раздавáть
~ **round** угощáть (+ *instr of thing offered*)
~ **up** подавáть
server *sp* подáющий
servery раздáточная
service 1. *n* (*military*, *state*; *employment*; *relig*) слýжба; **in, at the ~ of** на слýжбе (+ *gen*); **Civil Service** госудáрственная слýжба; **National Service** (*conscription*) вóинская пови́нность *f*; **Secret Service** развéдка; (*branch of armed forces*) род вóйск; (*transport*) **air, rail** ~ воздýшное, железнодорóжное сообщéние; **telephone** ~ телефóнная связь *f*; (*in shop*, *hotel*; *maintenance*) обслýживание; (*use*) эксплуатáция, испóльзование; **put into** ~ вводи́ть в эксплуатáцию; (*work*) рабóта; (*domestic*) **be in** ~ служи́ть (**with,** у + *gen*); **go into** ~ пойти́ *pf* в прислýги; (*favour*, *help*) услýга; **do s.o. a** ~ окáзывать (+ *dat*) услýгу; **I am at your** ~ я к вáшим услýгам; **offer one's professional ~s** предлагáть свои́ профессионáльные услýги; **be of** ~ быть полéзным; *usu pl* (*meritorious acts*; *deserts*) заслýги *f pl* (**to,** + *dat*); **for past** ~ за прóшлые заслýги; (*set of china etc*) серви́з; *sp* подáча **2.** *adj mil* воéнный; (*official*) служéбный; (*of conditions of use etc*) эксплуатациóнный; (*engaged in maintenance*) обслýживающий; ~ **entrance** служéбный вход; ~ **flat** квартира с гости́ничным обслýживанием; ~ **hatch** раздáточная; ~ **road** врéменная дорóга, конструкциóнная дорóга; ~ **station** стáнция обслýживания **3.** *v* обслýживать
serviceable (*useful*) полéзный; (*in working order*) испрáвный; (*of clothes etc*) прóчный
service-book трéбник
serviceman воéнный, военнослýжащий
service-station (*for cars*) автозапрáвочная стáнция
servicing обслýживание, ухóд
serviette салфéтка
servile (*of slave*) рáбский; (*slavish*) раболéпный
servility раболéпство
serving (*portion*) пóрция
servitor слугá *m*
servitude (*state of slave*) рáбство; (*bondage*, *also fig*) порабощéние; *leg* **penal** ~ кáторжные рабóты *f pl*
servo сервомехани́зм
servobrake сервотóрмоз
servocontrol сервоуправлéние
servo-driven с при́водом от следя́щей систéмы
servoflap регули́рующий щитóк
servomechanism сервомехани́зм, следя́щая систéма
servomotor сервомотóр, серводви́гатель *m*
sesame: open ~ сезáм, открóйся
sesame *bot* кунжýт, сезáм
sesquipedalian (*of a foot and a half*) полторафýтовый; *joc* (*of words*) многослóжный
session (*of committee*) заседáние; (*of Parliament*, *UN etc*) сéссия; (*term*) тримéстр; (*academic year*) учéбный год; *coll* (*discussion*) собесéдование
sessional сессиóнный
sestet *see* **sextet**
set 1. *n* (*group of things*) набóр; ~ **of tools** набóр инструмéнтов; (*of china*) серви́з; (*of brushes etc*) туалéтный прибóр; (*complement*, *full range*, *run of*) комплéкт; **a full** ~ пóлный комплéкт; (*collection*) коллéкция; (*row*, *series*) ряд; (*group of people*) грýппа; (*in-group*) круг *often pl*; (*company*, *often bad*) компáния; (*gang*) шáйка; (*of rules*, *tables etc*) свод; *tech* **radio** ~ радиоприёмник; **transmitting** ~ радиопередáтчик; **television** ~ телеви́зор; **telephone** ~ телефóнный аппарáт; **generating** ~ генерáторная устанóвка; *theat* (*scenery*) декорáция; *cin* (*location*) съёмочная площáдка; *sp* сет; ~ **point** сет-бóл; *math* мнóжество; (*position*) положéние; (*line*, *angle*, *fit*, *altitude*) ли́ния; (*direction*) направлéние; (*tendency*) тендéнция; (*for hair*) уклáдка; **I want a shampoo and** ~ я хочý мытьё головы́ и уклáдку; *hort* побéг; **onion** ~ лук-севóк; (*of saw*) развóд; (*of badger*) норá; *coll* **make a dead** ~ **at** (*try to attract*) вéшаться (+ *dat*) на шéю; (*attack*) набрáсываться на (+ *acc*) **2.** *adj* (*fixed*) устанóвленный; (*constant*) постоя́нный; (*definite*) определённый; (*rigid*; *of expression*) неподви́жный; (*deliberate*) умы́шленный; ~ **menu** комплéксный обéд **3.** *vt* (*place standing*; *task*, *aim*, *clock*, *sails*, *record*, *seal etc*) стáвить; (*place lying*), класть; (*put sitting*) сажáть; (*cause to do*) заставля́ть; (*turn toward*) поворáчивать (**to,** к + *dat*); (*direct*) направля́ть; (*fix*, *determine*) устанáвливать; *sp* ~ **a record** фикси́ровать, стáвить рекóрд; (*specify time etc*) назначáть; *tech* (*an instrument etc*) устанáвливать (**to,** на + *acc*); (*adjust*) регули́ровать; (*value*) цени́ть; (*insert in*) вставля́ть (**in,** в + *acc*); (*jewels*) вставля́ть в опрáву; (*bones*) вправля́ть; (*hair*) уклáдывать; (*maps*) ориенти́ровать; ~ **course** проклáдывать курс; (*razor*) точи́ть; (*of wind*, *tide*) имéть направлéние; *typ* набирáть; *mus* (*arrange*) аранжи́ровать; ~ **to music** класть на мýзыку; *in expressions* ~ **an example** подавáть при́мер; ~ **one's hopes on** возлагáть надéжды (**on,** на + *acc*); ~ **in order** приводи́ть в поря́док; ~ **eyes on** уви́деть *pf*; ~ **free** освобождáть; ~ **on fire** поджигáть; ~ **right** налáживать; ~ **straight** поправля́ть; ~ **the table** накрывáть на стол; ~ **one's hand to** приложи́ть *pf* рýку к (+ *dat*); **he has** ~ **his heart on** он спит и ви́дит; ~ **sail** отправля́ться (в плáвание) (**for,** в + *acc*); ~ **going** запускáть; ~ **in motion** приводи́ть в движéние; *vi* (*of sun*, *moon*) заходи́ть, сади́ться; (*go hard*) твердéть; (*of cement*) схвáтываться; (*of jellies etc*; *fig of face*) застывáть
~ **about** (*begin*) принимáться, брáться за (+ *acc*); начинáть (+ *infin*); (*attack*) набрáсываться на (+ *acc*)
~ **apart** (*leave aside*) оставля́ть в сторонé; (*separate*) отделя́ть (**from,** от + *gen*); (*dis-*

tinguish) отличáть (**from,** от + *gen*)
~ **aside** (*money etc*) откла́дывать (**for,** на + *acc*); (*leave aside*) оставля́ть в стороне́; (*disregard*) пренебрега́ть; *leg* (*annul*) отменя́ть
~ **back** (*put back*) класть на ме́сто, наза́д; (*move back*) отодвига́ть; (*place at back, distance*) помеща́ть в глубине́ (+ *gen*); (*delay*) заде́рживать; *coll* (*cost*) обходи́ться (в + *acc of sum*)
~ **down** (*put down*) класть, ста́вить; (*lower*) опуска́ть; (*passengers*) выса́живать; (*write*) запи́сывать; (*ascribe*) припи́сывать (**to,** к + *dat*); (*reckon*) счита́ть (**as,** + *instr*)
~ **forth** (*expound*) излага́ть; (*display*) выставля́ть; (*on journey*) отправля́ться
~ **in** (*begin*) наступа́ть; (*become established*) устана́вливаться; (*fit, fix in*) вставля́ть, вде́лывать в (+ *acc*); (*into a wall etc*) встра́ивать в (+ *acc*)
~ **off** (*on journey*) отправля́ться (**for,** в + *acc*); (*explosive*) взрыва́ть; (*start*) начина́ть; (*show to advantage*) вы́годно выделя́ть; (*emphasize*) подчёркивать; (*counterbalance*) компенси́ровать
~ **on** (*attack*) набра́сываться на (+ *acc*)
~ **out** *see* ~ **forth,** ~ **out to** (*intend*) намерева́ться (+ *inf*); (*begin*) начина́ть
~ **to** бра́ться за де́ло, рабо́ту
~ **up** (*place*) ста́вить; (*install; establish, eg records*) устана́вливать; (*erect*) воздвига́ть; (*found*) осно́вывать; (*organize*) организова́ть; (*a business*) открыва́ть; (*a theory etc*) выдвига́ть; (*cause*) причиня́ть, вызыва́ть; (*invigorate*) бо́дрить; **that will ~ you up!** э́то вам бу́дет поле́зно; (*compromise*) подложи́ть *pf* свинью́ (+ *dat*)
~ **upon** набра́сываться на (+ *acc*)

setback (*failure*) неуда́ча; (*delay*) заде́ржка; (*obstacle*) препя́тствие; (*in illness*) рециди́в

set-down (*snub*) отпо́р; (*rebuke*) упрёк

set-piece (*firework*) фейерве́рк; (*centre-piece*) гвоздь *m coll*; (*in contest, exam*) зара́нее подгото́вленная рабо́та (*mus* пье́са)

set-screw устано́вочный винт

set-square уго́льник

sett брусча́тка

settee дива́н

setter (*dog*) се́ттер

setting (*background*) фон; (*surroundings*) окруже́ние, обстано́вка; (*frame, fig*) обрамле́ние; (*context*) конте́кст; (*of play*) постано́вка; (*scenery*) декора́ция; *mus* (*arrangement*) аранжиро́вка; (*of poem etc*) му́зыка на слова́ (+ *gen*); (*of sun*) захо́д, зака́т; *tech* устано́вка; (*hardening*) тверде́ние; застыва́ние

[1]**settle** (*seat*) скамья́

[2]**settle** *vt* (*put*) класть; (*put sitting*) сажа́ть; (*make comfortable*) уса́живать; (*calm*) успока́ивать; (*colonize*) заселя́ть; (*arrange*) устра́ивать; (*decide*) реша́ть; (*establish*) устана́вливать; (*agree on*) догова́риваться о (+ *prep*); (*a quarrel etc*) ула́живать; (*a bill etc*) плати́ть *vi*; (*make one's home*) поселя́ться (**in,** в + *prep*); (*make oneself comfortable*) устра́иваться, уса́живаться (**in,** в, на + *prep*); (*fall slowly*) опуска́ться; (*alight*) сади́ться (**on,** на + *acc*); (*of dust, foundations, dregs etc*) оседа́ть; (*of liquids*) отста́иваться; (*of ship etc*) погружа́ться (**in,** в + *acc*); (*become calm*) успока́иваться; (*of darkness*) нависа́ть; (*of silence etc*) воцаря́ться (**on, over,** в, на + *prep*); (*leave in will*) завеща́ть (**on,** + *dat*)
~ **down** (*make home*) поселя́ться (**in,** в + *prep*); (*adopt conventional life*) остепеня́ться; (*get used to*) привыка́ть (**to,** к + *dat*); (*begin*) бра́ться (**to,** за + *acc or infin*); *see also* **settle** *in various senses*
~ **for** (*agree to*) соглаша́ться на (+ *acc*)
~ **in** (*move*) переезжа́ть в (+ *acc*); (*adapt to new job etc*) устра́иваться (на но́вом ме́сте)
~ **on** *fix on* останови́ться *pf* на (+ *prep*)
~ **up** рассчи́тываться
~ **with** (*pay*) рассчи́тываться с (+ *instr*); (*make deal with*) догова́риваться с (+ *instr*)

settlement (*of land*) заселе́ние; (*colony*) поселе́ние; (*village*) посёлок; (*agreement*) соглаше́ние; (*of dispute etc*) урегули́рование, разреше́ние; **reach a ~** прийти́ *pf* к соглаше́нию; (*subsidence*) оса́дка

settler поселе́нец, колони́ст

settling (*sinking*) оседа́ние

set-to (*fight*) дра́ка; (*dispute*) шу́мный спор

set-up *coll* (*situation*) обстано́вка; (*organization*) систе́ма; (*affair*) де́ло; (*plan*) план; *sl* (*frame up*) подстро́енное де́ло

seven *num* семь *f* (+ *gen pl*) ~ **hundred** семьсо́т (+ *gen pl*); *collect num* се́меро (+ *gen pl*); (*figure 7, group, number of bus etc, card*) семёрка; (*age*) семь лет; (*time*) семь часо́в (*see also* **eight**)

sevenfold 1. *adj* (*in seven parts*) состоя́щий из семи́ часте́й; (*seven times*) семикра́тный **2.** *adv* всё́меро, в семь раз

seventeen семна́дцать *f* (+ *gen pl*); (*age*) **she was ~** ей бы́ло семна́дцать лет

seventeenth 1. *n* (*date*) семна́дцатое; **on the ~ of May** семна́дцатого ма́я **2.** *adj* семна́дцатый

seventh 1. *n* (*fraction*) седьма́я (часть); (*date*) седьмо́е; **on the ~ of May** седьмо́го ма́я **2.** *adj* седьмо́й; **in the ~ heaven** на седьмо́м не́бе

seventieth семидеся́тый

seventy се́мьдесят *f* (+ *gen pl*); (*age*) **he is ~** ему́ се́мьдесят лет; *pl* **the 70s** семидеся́тые го́ды *m pl*; **he is in his seventies** ему́ за се́мьдесят

sever (*cut*) разреза́ть(ся); (*cut off*) отреза́ть (**from,** от + *gen*); (*separate*) отделя́ть (**from,** от + *gen*); (*break connection etc*) порва́ть *pf*, разорва́ть *pf*

several 1. *n* (*a few*) не́сколько; (*certain ones*) не́которые *pl* (**of,** из + *gen*) **2.** *adj* (*some*) не́сколько (+ *gen pl*); (*certain, some but not others*) не́которые *pl*; (*various*) разли́чные *pl*; (*distinct*) отде́льные *pl*; (*own*) свой *pl*

severally (*individually*) индивидуа́льно; (*separately*) отде́льно; (*in turn*) по о́череди

severance (*separation*) отделе́ние (**from,** от + *gen*); (*of relations*) разры́в; ~ **pay** компенса́ция при увольне́нии

severe (*strict; austere*) стро́гий; (*harsh, also of weather etc*) суро́вый; (*grave*) тяжёлый; (*acute*) си́льный

severity стро́гость *f*; суро́вость *f*; си́ла

Seville Севи́лья; ~ **orange** помера́нец

sew шить; ~ **in** вшива́ть; ~ **on** пришива́ть (**to,** к + *dat*); ~ **up** зашива́ть

sewage сто́чные во́ды *f pl*; ~ **farm** по́ле ороше́ния

[1]**sewer** (*one who sews*) швец, *f* швея́

[2]**sewer** (*pipe*) сто́чная труба́, канализацио́нная труба́; (*large main*) колле́ктор

sewerage канализа́ция

sewing шитьё; ~**-machine** шве́йная маши́на

sex 1. *n* (*gender*) пол; **the fair/weaker** ~ прекра́сный/сла́бый пол; (*erotism, sexual life*) секс; ~ **-appeal** полова́я привлека́тельность *f*, сексэпи́л; (*sexual acts*) половы́е сноше́ния *neut pl* **2.** *adj* сексуа́льный, полово́й **3.** *v* определя́ть пол
sexagenarian 1. *n* (*man of 60*) шестидесятиле́тний челове́к; (*man of 60–70*) челове́к в во́зрасте от шести́десяти до семи́десяти лет **2.** *adj* шестидесятиле́тний
sexennial (*lasting 6 years*) шестиле́тний; (*happening every 6 years*) происходя́щий ка́ждые шесть лет
sexiness сексуа́льность *f*
sexism дискримина́ция женщи́н
sexless *biol* беспо́лый; (*cold*) холо́дный; (*unfeminine*) неже́нственная
sexology сексоло́гия
sextain шестисти́шие
sextant *math* шеста́я часть *f* кру́га; (*instrument*) секста́нт
sextet сексте́т
sexton церко́вный сто́рож
sextuple шестикра́тный
sexual полово́й, сексуа́льный
sexuality сексуа́льность *f*
sexy (*lustful*) похотли́вый; (*pornographic*) порнографи́ческий; (*erotic*) эроти́чный; (*sexual*) сексуа́льный
sforzando сфорца́ндо
sh! тсс!
shabby (*worn*) поно́шенный; (*tattered*) потрёпанный; (*wretched*) жа́лкий; (*drab, mean-looking*) убо́гий; (*of house etc*) ве́тхий; (*mean, shameful*) по́длый, ни́зкий; **a** ~ **trick** по́длый обма́н
shack (*hut*) лачу́га, хи́жина; *coll* ~ **up with** жить с (+ *instr*)
shackle 1. *n* кандалы́ *m pl*; *fig* око́вы *f pl*; *tech* (*link*) серьга́; (*clamp etc*) обо́йма **2.** *v* (*fetter*) зако́вывать в кандалы́; *fig* (*hamper*) ско́вывать; (*join*) соединя́ть
shade 1. *n* (*shadow*) тень *f* (**of, from,** + *gen*); **in the** ~ в тени́ (*also fig*); *fig* **put in the** ~ затмева́ть; (*twilight*) су́мерки *f pl*; (*of colour; tinge*) отте́нок; (*hint of*) намёк на (+ *acc*); (*nuance*) нюа́нс; (*a little, somewhat*) **a** ~ (*as adv*) немно́го, чуть-чуть; (*for lamp*) абажу́р; (*for eyes*) нагла́зник; (*awning*) марки́за; (*sun*~) зо́нтик **2.** *v* (*cast* ~) затеня́ть; (*protect from light*) заслоня́ть, защища́ть (**from,** от + *gen*); (*darken*) омрача́ть; (*in picture*) тушева́ть; ~ **into** переходи́ть в (+ *acc*); ~ **off, away** постепе́нно исчеза́ть
shaded (*shady*) тени́стый
shadiness тени́стость *f*; *fig* сомни́тельность *f*
shading (*in picture*) те́ни *f pl*; (*in drawing*) тушёвка
shadoof жура́вль *m*
shadow 1. *n* (*most senses*) тень *f*; **in** ~ в тени́; **in the** ~ **of** в тени́ (+ *gen*); **cast a** ~ броса́ть тень (**on,** на + *acc*); **be afraid of one's own** ~ боя́ться со́бственной те́ни; ~ **boxing** бой с те́нью; ~ **cabinet** ли́деры *m pl* оппози́ции **2.** *v* (*shade*) затеня́ть; (*make gloomy*) омрача́ть; (*follow*) следи́ть (за + *instr*)
shadowy (*shady*) тени́стый, затенённый; (*dark*) тёмный; (*gloomy*) мра́чный; (*vague*) тума́нный, сму́тный; (*insubstantial*) при́зрачный
shady (*shaded*) тени́стый; (*dishonest*) тёмный, сомни́тельный
shaft (*of spear etc*) дре́вко; (*handle*) рукоя́ть *f*, ру́чка; (*of light*) луч; (*column*) коло́нна, сте́ржень *m* коло́нны; (*of cart*) огло́бля́; (*of tree*) ствол; (*of mine*) ша́хтный ствол; (*of lift*) ша́хта; *eng* вал; **propeller** ~ вал винта́; *fig* (*gibe*) вы́пад
shag (*bird*) бакла́н; (*tobacco*) гру́бый таба́к
shagged (*shaggy*) лохма́тый; *coll* (*tired*) измо́танный
shaggy (*of hair; rough-haired*) лохма́тый, косма́тый; (*of material*) мохна́тый
shagreen 1. *n* шагре́нь *f* **2.** *adj* шагре́невый
shah шах
shake 1. *n* (*single* ~) встря́ска; **give sth a** ~ встряхну́ть *pf*; ~ **of the hand** рукопожа́тие; **by a** ~ **of the head** покача́в голово́й; (*shaking, jolting*) тря́ска; (*tremor*) толчо́к; (*shock*) потрясе́ние; (*crack*) тре́щина; *mus* трель *f*; **with a** ~ **in one's voice** дрожа́щим го́лосом; *coll* **in a** ~ (*soon*) сейча́с; (*quickly*) момента́льно; *pl* **the** ~**s** дрожь *f* **2.** *vt* (*in general*) трясти́; (*violently*) сотряса́ть; (*emotionally*) потряса́ть; ~ **hands with** пожа́ть *pf* кому́-нибудь ру́ку; ~ **one's head** кача́ть голово́й; ~ **one's fist at** грози́ть кулако́м (+ *dat*); (*cause to sway*) кача́ть; (*a bottle*) взба́лтывать; *fig* (*weaken*) колеба́ть; *vi* (*tremble*) дрожа́ть, трясти́сь (**with, from,** от + *gen*); сотряса́ться; кача́ться
~ **down** (*make fall*) сбива́ть; (*settle*) утряса́ться; *Am sl* (*extort*) вымога́ть де́ньги (у + *gen*)
~ **off** стря́хивать (**from,** с + *gen*); (*moods etc*) стря́хивать с себя́; (*get rid of*) отде́лываться (от + *gen*), избавля́ться (от + *gen*)
~ **out** вытря́хивать
~ **up** встря́хивать; (*a bottle etc*) взба́лтывать
shake-up *coll, pol etc* перетасо́вка
shakiness ша́ткость *f*; сомни́тельность *f*
shaking встря́ска; дрожа́ние; тря́ска
shako ки́вер
shaky (*unsteady*) ша́ткий, нетвёрдый, непро́чный; (*dubious*) сомни́тельный; **feel** ~ чу́вствовать себя́ нева́жно; **be** ~ **on one's legs** нетвёрдо держа́ться на нога́х
shale сла́нец
shall *see* **be**
shallot лук-шало́т
shallow 1. *n usu pl* ме́ли *f pl*, мелково́дье **2.** *adj* (*not deep*) неглубо́кий; (*of water etc*) ме́лкий; ~ **water** мелково́дье; (*superficial*) пове́рхностный; (*slight*) ме́лкий; ~**-brained** легкомы́сленный; *naut* ~**-draught** с ма́лой оса́дкой
shallowness ме́лкость *f*; пове́рхностность *f*
sham 1. *n* (*pretence*) притво́рство; (*deception*) обма́н; (*fake*) подде́лка; (*one who pretends*) притво́рщик; (*charlatan*) шарлата́н **2.** *adj* (*feigned*) притво́рный; (*fake*) подде́льный; (*forged*) фальши́вый **3.** *v* (*pretend to be*) притворя́ться (+ *instr*)
shaman шама́н
Shamanism шама́нство
shamble тащи́ться
shambles (*slaughterhouse; also fig*) бо́йня; (*chaos*) су́щий беспоря́док
shambling неуклю́жий, с неуклю́жей похо́дкой
shambolic *coll* безала́берный
shame 1. *n* (*sense of guilt*) стыд; ~ **on you!** как вам не сты́дно!; **for** ~**!** как не сты́дно!; **out of, for** ~ из чу́вства стыда́; **to the** ~ **of** к стыду́ (+ *gen*); **have no** ~ быть бессты́дным; (*disgrace*) позо́р (**to,** для + *gen*); **bring** ~ **on** позо́рить, навлека́ть позо́р на (+ *acc*); **put to** ~ срами́ть; *coll* (*pity*) **what a** ~ **that …** как жаль, что; (*bad luck*) **what a**

~! как оби́дно, как доса́дно **2.** *v* (*make ashamed*) стыди́ть; ~ **into** пристыди́ть *pf* и заста́вить *pf* (+ *infin*); ~ **out of** устыди́ть *pf* отказа́ться (от + *gen*, *or* + *infin*); (*disgrace*) позо́рить
shamefaced 1. *adj* (*shy*) стыдли́вый; (*ashamed*, *confused*) смущённый, стыдя́щийся **2.** *adv* стыдя́сь, смущённо
shameful позо́рный
shameless бессты́дный
shamelessness бессты́дство
shampoo 1. *n* (*act*) мытьё головы́; **have a** ~ мыть себе́ го́лову шампу́нем; (*liquid*) шампу́нь *m* **2.** *v* мыть го́лову
shamrock трили́стник
shandy пи́во с лимона́дом
shanghai похища́ть; ~ **into** заставля́ть (+ *infin*)
shank (*leg*) нога́; (*shin*) го́лень *f*; (*shaft*) сте́ржень *m*; (*of bolt*) те́ло; (*of key*) тру́бка; (*handle*) ру́чка; (*of anchor*) веретено́; **on shanks's pony** на свои́х двои́х
shantung 1. *n* чесуча́ **2.** *adj* чесучо́вый
shanty (*hut*) хи́жина, хиба́рка; (*song*) матро́сская пе́сня
shape 1. *n* (*form*) фо́рма; **in** ~ по фо́рме; **in the** ~ **of** в фо́рме, в ви́де (+ *gen*); **what** ~ **is ...?** како́й фо́рмы...?; **assume the** ~ **of** принима́ть фо́рму (+ *gen*); **lose, get out of** ~ теря́ть фо́рму; **take** ~ получа́ть определённую фо́рму; (*outline*) очерта́ние; (*image*) о́браз; (*pattern*) образе́ц; *math* шейп; *coll* (*condition*) состоя́ние; **in good** ~ в хоро́шем состоя́нии **2.** *vt* (*give shape to*) придава́ть фо́рму (+ *dat*; **into,** + *gen*); (*make out of*) де́лать (**out of,** из + *gen*); (*create*) образова́ть; (*turn into*) превраща́ть (**into,** в + *acc*); (*adapt to*) приспоса́бливать (**to,** к + *dat*); *vi* (*develop*) развива́ться; (*turn out*) получа́ться, выходи́ть
shapeless бесфо́рменный
shapely стро́йный
shard черепо́к; *ent* надкры́лье
share 1. *n* (*portion*) до́ля, часть *f*; **lion's** ~ льви́ная до́ля; (*participation*, *role*) уча́стие; **have, take a** ~ **in** принима́ть уча́стие в (+ *pr*); *comm* а́кция **2.** *v* (*divide*) дели́ть; (*distribute*) распределя́ть; (*with s.o.*) дели́ться (+ *instr*; **with,** с + *instr*); (*feelings*, *fate etc*) дели́ть (**with,** с + *instr*); (*opinions etc*) разделя́ть; ~ **a room** жить в одно́й ко́мнате; ~ **a compartment** сиде́ть в одно́м купе́; ~ **out** раздава́ть
shareholder держа́тель *m* а́кций, акционе́р
share-out делёж, вы́дача
shark аку́ла; *fig* (*swindler*) моше́нник
sharp 1. *n* (*at cards*) шу́лер; *mus* дие́з **2.** *adj* (*pointed*; *edged*; *keen*; *intense*; *acrid*) о́стрый; (*sudden*, *severe*; *loud*; *rude*; *well-defined*) ре́зкий; (*of turn*, *rise*) круто́й; (*cunning*) ло́вкий, хи́трый; **be too** ~ **for** перехитри́ть *pf*; ~ **practice** моше́нничество; (*sarcastic*) ко́лкий; (*sour*) ки́слый; (*of hearing etc*) то́нкий; *coll* **look** ~**!** живе́й, скоре́й **3.** *adv* (*in time expressions*) ро́вно, то́чно; (*abruptly*) кру́то
sharp-cut ре́зко оче́рченный
sharpen (*a knife etc*) точи́ть; (*pencil*) чини́ть; (*make pointed*) заостря́ть; *fig* обостря́ть(ся)
sharpener точи́ло; **pencil-**~ точи́лка
sharper (*cheat*) шу́лер, жу́лик
sharp-eyed (*with keen sight*) зо́ркий; (*observant*) наблюда́тельный; (*vigilant*) бди́тельный
sharpness острота́; (*clarity*) ре́зкость *f*
sharpshooter (*marksman*) хоро́ший стрело́к; (*sniper*) сна́йпер
sharp-sighted *see* **sharp-eyed**
sharp-tongued злоязы́чный; **she is** ~ у неё о́стренький язычо́к
sharp-witted сообрази́тельный
shatter (*smash*) разбива́ть(ся) вдре́безги; (*ruin plans etc*) расстра́ивать; (*health*, *nerves*) расша́тывать; (*hopes*) разруша́ть; (*silence*, *peace*) наруша́ть; (*undermine*) подрыва́ть; **be** ~**ed** (*by news etc*) быть потрясённым (**by,** + *instr*)
shattering (*smashing*) разруши́тельный; *fig* сокруши́тельный; (*deafening*) оглуши́тельный; (*startling*) порази́тельный
shave 1. *n* бритьё; **have a** ~ бри́ться; *fig* **have a close** ~ (*almost*) быть на волосо́к от (+ *gen*); (*only just*) е́ле-е́ле **2.** *v* (*with razor*) бри́ть(ся); (*pare*) скобли́ть; (*touch in passing*) слегка́ задева́ть; ~ **away, off** (*with razor*) сбрива́ть; (*cut off*) среза́ть
shaven бри́тый
shaver (*razor*) бри́тва; *coll* (*boy*) мальчи́шка
shaving бритьё; *pl* (*of wood etc*) стру́жка; ~**-brush** ки́сточка для бритья́
shawl шаль *f*, плато́к
she она́; (*female animal*) са́мка; ~**-bear** медве́дица; ~**-elephant** са́мка слона́, слони́ха; ~**-goat** коза́; ~**-wolf** волчи́ца, волчи́ха
sheaf (*of corn*) сноп, вяза́нка; (*of papers*) свя́зка, па́чка; (*of arrows*) пучо́к
shear 1. *n tech* срез, сдвиг; *pl* но́жницы *f pl* **2.** *vt* (*cut*) ре́зать; (*trim*) коси́ть; (*sheep etc*) стричь; ~ **off** среза́ть; ~ **through** рассека́ть; *vi* (*break off*) обла́мываться
shearer стрига́льщик
shear-legs стрела́, ко́злы *m pl*
shearing стри́жка
shearwater (*bird*) буреве́стник
sheath (*case*) футля́р; (*for knife*) но́жны *f pl*; (*outer casing*; *tech*, *bot*, *zool*) оболо́чка; (*contraceptive*) презервати́в; ~**-knife** фи́нка
sheathe (*put in case*) надева́ть футля́р; (*knife*, *sword*) вкла́дывать в но́жны; (*encase*) заключа́ть в оболо́чку; *tech* обшива́ть
shebang *sl* (*business*) шара́шка, ла́вочка; (*hut*) лачу́га; (*shop*) ла́вочка; (*dive*) прито́н
shebeen каба́к
[1]**shed** (*outhouse*) сара́й; (*railway*) депо́ *neut indecl*; *aer* анга́р
[2]**shed** (*drop*) роня́ть; (*let fall*) опуска́ть; (*lose*) теря́ть; (*moult*) линя́ть; (*divest oneself of*; *also fig*) сбра́сывать (с себя́); (*tears*, *blood*) пролива́ть; (*light*) излуча́ть; *fig* ~ **light on** пролива́ть свет на (+ *acc*); (*divert flow*) отводи́ть
sheen лоск, блеск
sheep овца́, *m* бара́н; (*sheepskin*) бара́нья ко́жа; **black** ~ парши́вая овца́; ~**'s eyes** не́жные взгля́ды *m pl*; **make** ~**'s eyes at** стро́ить гла́зки (+ *dat*); **wolf in** ~**'s clothing** волк в ове́чьей шку́ре
sheepdog овча́рка
sheepfold заго́н для ове́ц
sheepish (*timid*) ро́бкий; (*abashed*) сконфу́женный
sheep-run ове́чье па́стбище
sheepshank ко́лышка
sheepskin (*whole fleece*) овчи́на; (*material*) бара́нья ко́жа; (*parchment*) перга́мент
[1]**sheer** (*absolute*) полне́йший; (*pure*) чи́стый;

(*arrant*) сýщий; (*alone*) оди́н; **by ~ force** однóй тóлько си́лой; (*complete*) совершéнный; (*vertical*) отвéсный; (*of material*) прозрáчный

[2]**sheer 1.** *n naut* (*deviation*) отклонéние от кýрса; (*curve*) кривизнá бóрта **2.** *v* (*swerve*) отклоня́ть(ся) от кýрса; **~ away, off** отходи́ть (от + *gen*); *coll* (*scram*) удрáть *pf*

sheet 1. *n* (*on bed*) простыня́; **pale, white as a ~** блéдный как полотнó; (*paper, metal*) лист; (*broad strip*) ширóкая полосá; (*surface*)повéрхность *f*; *coll* **rain down in ~s** льёт как из ведрá; *coll* (*newspaper*) газéта; **clean ~** незапя́тнанная репутáция; **dust ~** чехóл; **winding ~** сáван; *naut* шкот **2.** *adj* (*of metal etc*) листовóй; **~ bend** шкóтовый ýзел; **~ ice** ледянóй покрóв **3.** *v* покрывáть (листáми, чехлóм *etc*)

sheet-anchor запаснóй становóй я́корь *m*; *fig* я́корь *m* спасéния

sheeting (*for bedsheets*) материáл для прóстынь; (*metal etc*) листовóй материáл; (*cladding*) обши́вка

sheet lightning зарни́ца

sheikh шейх

shekel (*weight, coin*) си́кель *m*, сикл; *coll joc* (*money*) презрéнный метáлл

sheldrake ýтка-пегáнка

shelf пóлка; *coll* **be on, the ~** (*fig, of woman*) остáться *pf* в деви́цах; *tech* **~ life** срок гóдности при хранéнии; (*ledge*) вы́ступ; (*reef*) óтмель *f*; *geol* **continental ~** континентáльный шельф; (*stratum*) пласт

shelf-mark шифр

shell 1. *n* (*outer covering*) оболóчка; (*of snail etc*) рáковина; *coll fig* **go into one's ~** уйти́ *pf* в свою́ скорлупý; (*of egg, nut*) скорлупá; (*husk*) шелухá, кожурá; (*emptied object; tech, sci*) оболóчка; (*frame of building*) каркáс, óстов; (*casing*) кóрпус; *mil* (*projectile*) снаря́д; (*cartridge case*) ги́льза **2.** *v* (*eggs*) очищáть; (*peas etc*) лущи́ть; *mil* обстрéливать; **~ out** *coll* (*pay*) выклáдывать (дéнежки)

shellac шеллáк

shellback *coll* (*sailor*) морскóй волк

shellfish (*mollusc*) моллю́ск; (*crustacean*) ракообрáзное *cul* ≈ дары́ *m pl* мóря

shellhole ворóнка

shelling *mil* обстрéл

shellshock контýзия

shellshocked контýженный

shelter 1. *n* (*cover, protection*) приют; (*refuge*) убéжище (**from,** от + *gen*); **air-raid ~** бóмбоубéжище; (*place of safety*) укры́тие, прикры́тие, защи́та; **under the ~ of the tree** под прикры́тием/защи́той дéрева; **under the ~ of night** под покрóвом нóчи; **give ~** укрывáть; **take ~** укрывáться (**from,** от + *gen*) **2.** *vt* **~ for the night** давáть приют нá ночь; (*protect*) укрывáть, защищáть (**from,** от + *gen*); *vi* (*take ~*) укрывáться (**from,** от + *gen*); **~ (oneself) behind** (*pseudonym etc*) прикрывáться (+ *instr*)

shelve (*put on shelf*) класть, стáвить на пóлку; (*defer*) отклáдывать (в дóлгий я́щик); (*slope*) отлóго спускáться

shelving 1. *n* (*shelves*) стеллáж **2.** *adj* (*sloping*) отлóгий

shemozzle *sl* шум, скандáл

shepherd 1. *n* пастýх; *rel* **the Good Shepherd** пáстырь *m* дóбрый **2.** *v* (*tend sheep*) пасти́ овéц; (*supervise*) смотрéть за (+ *instr*); (*take*) проводи́ть (**into,** в + *acc*)

shepherdess пастýшка

sherardizing шерардизáция

sherbet шербéт

sheriff шери́ф

sherry хéрес

shibboleth (*dogma*) дóгмат; (*catchword*) изби́тый лóзунг; (*convention*) услóвность *f*; (*password*) парóль *m*; *bibl* шиббалéт

shield 1. *n* (*most senses*) щит; *fig* защи́та (**against,** от + *gen*) **2.** *v* (*protect*) защищáть (**from, against,** от + *gen*); *mil* прикрывáть; *tech* экрани́ровать

shift 1. *n* (*change*) изменéние; (*movement*) перемещéние; (*displacement*) смещéние; *elect, geol, ling* сдвиг; (*at work*) смéна; **night ~** ночнáя смéна; (*expedient*) приём; **make ~ to** ухитря́ться (+ *infin*); (*chemise*) (ни́жняя) рубáшка; (*dress*) плáтье-рубáшка; *tech* **gear ~** рычáг переключéния передáч **2.** *v* (*move, budge*) дви́гать(ся), (*vi only*) трóгаться; (*to new position*) перемещáть(ся), передвигáться; (*transfer*) переноси́ть; (*change*) меня́ть(ся), изменя́ть(ся), переменя́ть(ся); *coll* (*remove*) убирáть; (*chase off*) прогоня́ть; (*move fast*) *vt* гнать, *vi* мчáться, летéть; **~ for oneself** справля́ться самомý

shifting непостоя́нный; **~ sands** зыбýчие пески́ *m pl*

shift key клáвиша для смéны реги́стра

shiftless беспóмощный

shifty (*untrustworthy*) скóльзкий, ненадёжный; (*dishonest*) нечéстный; (*of eyes*) бéгающий; (*dubious*) сомни́тельный; (*cunning*) хи́трый

shilling ши́ллинг

shilly-shally 1. *n* нереши́тельность *f* **2.** *v* колебáться

shim проклáдка

shimmer (*twinkle*) мерцáть; (*gleam*) блестéть

[1]**shin** *n anat* гóлень *f*; *cul* рýлька

[2]**shin** (*climb*) лезть (**up,** по + *dat,* на + *acc*); (*habitually*) лáзать

shin-bone большеберцóвая кость *f*

shindig (*party*) вечери́нка

shindy шум, скандáл

shine 1. *n* (*light*) свет; (*gleam*) блеск; (*polish*) гля́нец, лоск **2.** *v* (*give light*) свети́ть, сия́ть; (*gleam, glitter*) блестéть, сверкáть; *fig* сия́ть, блестéть (**with,** от + *gen*); (*be outstanding*) блистáть; (*polish*) чи́стить

shingle *n bui* крóвельная дрáнка; (*hair*) корóткая стри́жка; (*stones*) гáлька *collect sing*

shingles *med* опоя́сывающий лишáй

Shinto(ism) синтоизм

shiny (*gleaming*) блестя́щий; (*glossy*) глянцеви́тый

ship 1. *n* (*vessel in general*) сýдно; (*naval; sailing*) корáбль *m*; (*steamship, and loosely of all passenger ships*) пароxóд; **by ~** пароxóдом; **on the ~** на пароxóде; **take ~** сесть *pf* на пароxóд; (*motorship*) теплохóд **2.** *v* (*send by ~*) отправля́ть по водé, пароxóдом; (*transport*) перевози́ть по водé, пароxóдом; (*of crew*) нанимáть(ся) (на сýдно); (*embark*) сади́ться на пароxóд; (*load*) грузи́ть; (*take on board*) принимáть на борт; **~ water** принимáть вóду

shipboard: on ~ на бортý; *as adj* пароxóдский; корабéльный

shipborne перевози́мый мóрем; *nav* корабéльный

ship-breaker подря́дчик по слóму стáрых судóв; **send to the ~** передáть *pf* на слом

ship-broker судово́й ма́клер
shipbuilder судострои́тель *m*, кораблестрои́тель *m*, *coll* корабе́л
shipbuilding судострое́ние, кораблестрое́ние
shipload (*load*) судово́й груз; (*ship full of*) по́лное су́дно (**of**, + *gen*)
shipmaster капита́н
shipmate това́рищ по пла́ванию
shipment (*cargo*) груз; (*batch*, *load*) па́ртия; (*sending*) отпра́вка, отгру́зка; (*loading*) погру́зка; (*transportation*) перево́з
ship-owner судовладе́лец
shipper (*sender*) грузоотправи́тель *m*; (*exporter*) экспортёр
shipping (*ships*) суда́ *neut pl*; (*movement of ships*) судохо́дство; *see also* **shipment**
ship's biscuit гале́т
ship's company кома́нда, экипа́ж (корабля́)
shipshape в по́лном поря́дке
shipwreck 1. *n* (*action*) кораблекруше́ние; (*wreckage*) обло́мки *m pl* су́дна; *fig* круше́ние **2.** *v* (*cause* ~) вызыва́ть кораблекруше́ние; *fig* разруша́ть; **be ~ed** терпе́ть кораблекруше́ние
shipwright корабе́льный пло́тник
shipyard судострои́тельный заво́д, верфь *f*
shire гра́фство; **~-horse** шайр
shirk уви́ливать (от + *gen*), уклоня́ться (от + *gen*)
shirt руба́шка; (*sports*, *T-~*) ма́йка; *coll* **put one's ~ on** (*bet*) поста́вить *pf* всё на (+ *acc*); **keep one's ~ on** не горячи́ться; **~-front** (*stiff*) мани́шка; **~-sleeves** рукава́ *m pl* руба́шки; **in one's ~-sleeves** без пиджака́; *as adj* (*plain*) доморо́щенный
shirty раздражи́тельный
shit *vulg* **1.** *n* говно́, дерьмо́ (*also fig*); (*of person*) засра́нец **2.** *v* га́дить, срать
shitty *vulg* говённый
shiver 1. *n* (*from cold*, *fever*) дрожь *f*; (*from emotion*) содрога́ние, тре́пет; **give a ~** вздро́гнуть *pf*; (*fragment* оско́лок; **into ~s** вдре́безги **2.** *v* (*most senses*) дрожа́ть (**with, from,** от + *gen*); (*violently*) трясти́сь; (*tremble*) трепета́ть; **~ at the thought of** содрога́ться при мы́сли о (+ *pr*); (*smash*) разбива́ть(ся) вдре́безги
shivery (*shaking*) дрожа́щий; (*feverish*) лихора́дочный
shoal 1. *n* (*shallow*) мель *f*; (*sandbank*) ба́нка, о́тмель *f*; (*of fish*) кося́к, стая́; (*very many, much*) ма́сса **2.** *v* (*get shallow*) меле́ть
shock 1. *n* (*impact*, *blow*; *also fig*) уда́р; **electric ~** электри́ческий уда́р; (*jolt*, *jar*) толчо́к; *med* шок (*of hair etc*) копна́ **2.** *adj* уда́рный **3.** *v* (*cause ~*) поража́ть, потряса́ть; (*scandalize*) возмуща́ть, шоки́ровать
shock-absorber амортиза́тор
shocker *coll* у́жас
shocking (*offensive*) отврати́тельный; (*scandalous*) сканда́льный; (*outrageous*) возмути́тельный; (*striking*, *surprising*; *lamentable*) потряса́ющий; *coll* (*very bad*) ужа́сный
shockproof ударосто́йкий
shock-worker уда́рник
shod обу́тый
shoddy 1. *n* шо́дди *neut indecl* **2.** *adj* (*of quality*) дрянно́й; (*of actions*) по́длый, ни́зкий
shoe 1. *n* (*footwear*) ту́фля, полуботи́нок; (*for horse*) подко́ва; *tech* (*brake etc*) башма́к **2.** *v* (*provide with ~s*) обува́ть; (*horses*) подко́вывать
shoeblack (*person*) чи́стильщик сапо́г; (*polish*) сапо́жная мазь *f*
shoebrush сапо́жная щётка
shoehorn рожо́к
shoe-lace шнуро́к (для боти́нок)
shoemaker сапо́жник
shoestring: **on a~** с небольши́ми сре́дствами
shoe-tree коло́дка
shogun сёгун
shoo 1. *v* (*drive away*) прогоня́ть **2.** *interj* вон!; (*to birds*) кш!, кыш!; (*to cat*) брысь!
shoot 1. *n* (*hunt*) охо́та; (*rush*) бросо́к, рыво́к; (*of pain etc*) при́ступ; *tech* (*chute*) лото́к; *bot* (*sprout*) побе́г, росто́к **2.** *v* (*fire*) стреля́ть (**at,** в + *acc*); **~a gun** стреля́ть из ружья́; *coll* **~ a line** хва́статься; **~ game** стреля́ть дичь; (*kill*) застре́ливать; (*execute*) расстре́ливать; (*hit*) попада́ть в (+ *acc*); *fig* **~ home** попа́сть *pf* в цель; (*wound*) ра́нить; (*hunt*) охо́титься на (+ *acc*); (*throw*; *also of glance etc*) броса́ть; (*football*) бить (*at goal*, по воро́там); (*netball*) де́лать бросо́к; (*rush*) броса́ться; (*travel fast*) нести́сь, мча́ться; (*of pain*) стреля́ть, дёргать; (*emit*) излуча́ть; (*dump*) сва́ливать; (*unload*) сгружа́ть; **~ a bolt** задвига́ть задви́жку; *cin* снима́ть; (*grow*) расти́; (*be in bud*) дава́ть побе́ги; (*of leaves*) распуска́ться **3.** *coll interj* дава́й!
~ ahead вырыва́ться вперёд
~ along нести́сь, мча́ться
~ away (*rush off*) умча́ться *pf*; *coll interj* дава́й!
~ by пронести́сь, промча́ться *pf*
~ down (*shoot dead*) застре́ливать; (*aircraft*) сбива́ть
~ in (*rush in*) врыва́ться (в + *acc*)
~ off (*rush away*) умча́ться *pf*, броса́ться; (*use up bullets*) расстре́ливать
~ out (*rush out*) вырыва́ться (**of, from,** из + *gen*), вылета́ть (из + *gen*); (*extend*) высо́вывать
~ through пронести́сь, промча́ться *pf*
~ up (*attack with guns*) расстре́ливать; (*bombard*) обстре́ливать; (*grow fast*) бы́стро расти́; (*rise*) бы́стро поднима́ться; (*of flame etc*) взмыва́ть
shooter *sp* бомбарди́р
shooting (*with gun*) стрельба́; *mil* (*fire*) ого́нь *m*; (*hunting*) охо́та; *cin* съёмка; **~-box, -lodge** охо́тничий до́мик; **~-gallery** тир; **~ pain** внеза́пная о́страя боль *f*; **~-plane** (*carpenter's*) фуга́нок; **~-range** стре́льбище; **~ star** па́дающая звезда́
shop 1. *n* (*store*) магази́н; (*small*) ла́вка; **baker's ~** бу́лочная; **chemist's ~** апте́ка; **sweet-~** конди́терская; **keep a ~** содержа́ть магази́н, ла́вку; (*work~*) мастерска́я; (*in factory*) цех; (*business*) дела́ *neut pl*; **talk ~** говори́ть о дела́х **2.** *v* (*go shopping*) де́лать поку́пки; **~ (around) for** иска́ть в магази́нах; *sl* (*betray*) стуча́ть на (+ *acc*)
shop-assistant продаве́ц, *f* продавщи́ца
shop-floor (*workers*) рабо́чие *m pl*; **on the ~** в цеху́
shop-girl продавщи́ца
shopkeeper ла́вочник
shoplifter магази́нный вор
shoplifting ме́лкое воровство́ (в магази́нах)
shopman (*shopkeeper*) ла́вочник; (*employee in shop*) продаве́ц; (*workman*) рабо́чий
shopper покупа́тель *m*
shopping (*going to shops*) хожде́ние по магази́нам, посеще́ние магази́нов; (*purchases*) поку́пки *f pl*; **do one's, go ~** дела́ть поку́пки; **~ bag** су́мка (для

покýпок); ~ **centre** торгóвый центр
shop-soiled лежáлый
shop-steward цеховóй стáроста
shopwalker дежýрный администрáтор универмáга
shop-window витрúна
[1]**shore 1.** *n* (*edge of lake, sea*) бéрег; **on** ~ на берегý; **go on** ~ сходúть на бéрег; (*coast*) побережье, берегá *m pl* **2.** *adj* береговóй
[2]**shore** (*also* ~ **up**) подпирáть; *fig* поддéрживать
shore-based береговóй, береговóго базúрования
shore-line береговáя лúния
shoreward(s) к бéрегу
shoring подпóры *f pl*
short 1. *n cine* короткометрáжный фильм; (*glass*) рюмка; (*spirit*) спиртнóе; *elect* корóткое замыкáние; **in** ~ корóче говорá, однúм слóвом; **for** ~ сокращённо **2.** *adj* (*of size, distance*) корóткий; **a** ~ **way off** неподалёку; **a** ~ **distance from** недалекó от (+ *gen*); (*of time*) корóткий, недóлгий; **at** ~**notice** (*in* ~ *time*) в корóткий срок; (*without warning*) не предупредúв зарáнее; **a** ~ **time ago** недáвно; **in a** ~ **time** вскóре, скóро; **for a** ~ **time** на нéкоторое врéмя; **only for a** ~ **while** ненадóлго; ~ **memory** корóткая пáмять *f*; (*not high*) нúзкий, невысóкий; (*incomplete, reduced*) непóлный; ~ **measure** непóлная мéра; ~ **time** непóлный рабóчий день; (*inadequate*) недостáточный; **run** ~ **of** израсхóдовать; **supplies are running** ~ запáсы кончáются; **be** ~ **of** не хватáть (+ *gen*); **we are** ~ **of money** у нас не хватáет дéнег; **be** ~ **of breath** задыхáться, запыхáться; *in expressions* ~ **circuit** корóткое замыкáние; ~ **cut** бóлее корóткий путь; ~ **list** окончáтельный спúсок; **make** ~ **work of** бы́стро справля́ться с (+ *instr*); **nothing** ~ **of** (*simply*) не мéньше, чем; тóлько, прóсто, (*apart from*) крóме, помúмо (+ *gen*); ~ **of** (*not reaching*) не доходя́ до, не доезжáя до (+ *gen*); ~ **sight** близорýкость *f*; ~ **story** расскáз; (*curt*) рéзкий; (*of pastry*) рассы́пчатый, песóчный **3.** *adv* (*abruptly*) рéзко, крýто; (*suddenly*) внезáпно; **stop** ~ рéзко, внезáпно остановúться *pf*; **cut** ~ (*interrupt*) прерывáть, обрывáть; (*curtail*) сокращáть; **fall** ~ **of** (*not satisfy*) не удовлетворя́ть (+ *gen*), не отвечáть (+ *dat*); (*not justify*) не оправдывать; (*not reach*) не доходúть до (+ *gen*); ~ **of** (*except*) крóме тогó, чтóбы (+ *infin*), éсли не (+ *ind or infin*); **little** ~ **of** почтú **4.** *v elect* замкнýть(ся) *pf* нáкоротко
shortage недостáток, нехвáтка, дефицúт
shortbread, shortcake песóчное печéнье
shortchange обсчúтывать
short-circuit замыкáть(ся) нáкоротко; *fig* (*bypass*) обходúть
shortcoming (*imperfection*) несовершéнство; (*fault*) недостáток
shorten (*usu physically*) укорáчивать(ся); (*in time, quantity*) сокращáть(ся); ~ **sail** убавля́ть парусóв
shortening *cul* шóртенинг
shorter корóче, бóлее корóткий; (*in book titles*) крáткий
shortest кратчáйший, сáмый корóткий
shortfall недостáток, недостáча
shorthaired кóротко подстрúженный; (*of animal*) короткошёрстный
shorthand 1. *n* стеногрáфия; **write** ~, **in** ~ стенографúровать; ~ **typist** (машинúстка-)стенографúстка **2.** *adj* стенографúческий
shorthanded неукомплектóванный; **be** ~ нуждáться в рабóчих рукáх, не хватáть рабóтников
shortish коротковáтый
short-lived недолговéчный, мимолётный
shortly (*quickly, soon*) скóро, вскóре; (*abruptly*) рéзко; (*briefly*) крáтко
shortness корóткость *f*; крáткость *f*; ~ **of breath** оды́шка; ~ **of supply** нехвáтка
short-range (*aircraft*) с мáлым рáдиусом дéйствия; (*weapon*) блúжнего бóя, блúжнего дéйствия; ~ **weather forecast** краткосрóчный прогнóз погóды
short-sighted близорýкий (*also fig*); *fig* недальновúдный
short-tempered вспы́льчивый, раздражúтельный
short-term краткосрочный
short-wave *rad* коротковóлновый
shot 1. *n* (*act, sound of firing*) вы́стрел; **take a** ~ **at** стреля́ть по (+ *dat*); *fig* пытáться, попрóбовать *pf*; (*marksman*) стрелóк; (*bullet*) пýля; (*pellets*) дробь *f*; (*cannonball*; *also sp*) ядрó; **put the** ~ толкáть ядрó; *sp* (*football etc*) удáр; ~ **at goal** удáр по ворóтам; (*basketball etc*) бросóк; (*try*) попы́тка; *coll* (*of drink*) глотóк; (*of drug*) дóза; *phot* снúмок; *cine* кадр; *in expressions:* **big** ~ вáжная шúшка; (*boss*) шеф; **like a** ~ (*immediately*) моментáльно; (*without hesitation*) не задýмываясь, не раздýмывая; **a long** ~ (*brave try*) смéлая попы́тка; (*forlorn hope*) малообещáющая попы́тка; (*guess*) маловероя́тная догáдка; **not by a long** ~ нискóлько; ~ **in the arm** нóвый стúмул; ~ **in the dark** догáдка **2.** *adj* (*of material*) перелúвчатый
shotgun дробовúк; ~ **wedding** вы́нужденный брак
should (*ought, must*) **you** ~ вы должны́, вам слéдует (+ *infin*); **what** ~ **I do?** что я дóлжен сдéлать?; *in conditional sentences*: (i) *real-use fut, usu pf* **if you** ~ **see him then tell him** éсли увúдите егó, то скажúте емý; (ii) *unreal-use past* + бы **if I had seen him I** ~ **have told him** éсли бы я увúдел егó, я бы сказáл емý; *with Eng perfect infin* слéдовало бы (+ *infin*); **you** ~ **have been more careful** вам слéдовало бы быть осторóжнее; **I** ~ **like to** мне хотéлось бы (+ *infin*); *emph* **how** ~ **I know?** откýда мне знать?; **I** ~ **say, think so!** ещё бы!
shoulder 1. *n* (*of person, hill*) плечó; ~ **to** ~ плечóм к плечý; **stand head and** ~**s above** быть нá голову вы́ше (+ *gen*) **2.** *v* (*put on* ~) взвáливать на плечó; *fig* (*take on*) брать на себя́; ~ **one's way** протáлкиваться (**through,** сквозь + *acc*)
shoulder-blade лопáтка
shoulder-board *mil* погóн
shoulder-joint плечевóй сустáв
shoulder-strap (*of dress*) бретéлька, ля́мка
shout 1. *n* крик; ~**s of laughter** взры́вы *m pl* смéха; **give a** ~ вскрúкнуть *pf* **2.** *v* кричáть (**at,** на + *acc*; **with, from,** от + *gen*); ~ **down** перекрúкивать; ~ **out** выкрúкивать
shouting крúки *m pl*, вóзгласы *m pl*
shove 1. *n* толчóк; **give a** ~ толкнýть *pf* **2** *vt* (*push*) толкáть; *vi* (*jostle*) толкáться; *coll* (*put*) совáть; (*hastily, with difficulty*) пихáть; (*throw down*) швыря́ть
~ **aside, away** оттáлкивать, бросáть в стóрону
~ **in** *coll* засóвывать в (+ *acc*)
~ **off** *coll* (*make fall*) стáлкивать с (+ *gen*); (*in boat*) оттáлкиваться; *coll* (*leave*) отчáливать; ~ **off!** отчáливай! пошёл вон! вон отсюда!
~ **through** просóвывать(ся)
~ **up, over** *coll* (*move to make room*) пододвú-

нуться *pf*
shovel 1. *n* (*large*) лопа́та; (*small*) сово́к; *tech* (*excavator*) экскава́тор **2.** *v* (*dig*) копа́ть; (*move with* ~) броса́ть лопа́той, перелопа́чивать (**into,** в + *acc*); *coll* ~ **in** (*food*) уплета́ть
show 1. *n* (*display*) пока́з, демонстра́ция, проявле́ние; **make a** ~ **of** демонстри́ровать, проявля́ть; (*appearance*) вид, ви́димость *f*; **for** ~ для ви́димости, для ви́ду; **it's all** ~ это одна́ ви́димость; (*pretence*) **make a** ~ **of** де́лать вид, что (+ *ind*); (*exhibition*) вы́ставка; **be on** ~ быть вы́ставленным; (*performance*) спекта́кль *m*; (*at cinema*) сеа́нс; (*spectacle*) зре́лище; (*sign, trace*) при́знак; *coll* (*affair*) де́ло; **good** ~! здо́рово **2.** *v* (*demonstrate, indicate, let see*) пока́зывать(ся) (+ *dat*; **that,** что + *ind*; **how,** как + *ind*); (*exhibit*) выставля́ть; (*feelings, intentions etc*) проявля́ть; (*prove*) дока́зывать; (*be visible, evident*) быть заме́тным; (*appear*) кача́ться (+ *instr*); *coll* (*turn up*) появля́ться; (*present ticket etc*) предъявля́ть; (*accompany*) проводи́ть (**to,** до + *gen*); ~ **oneself to be** ока́зываться (+ *instr*)
~ **in** вводи́ть
~ **off** (*to advantage*) оттеня́ть; (*display*) выставля́ть напока́з; (*show, wear boastfully*) щеголя́ть (+ *instr*); (*try to attract attention*) красова́ться
~ **out** провожа́ть
~ **over, round** пока́зывать
~ **up** (*unmask*) разоблача́ть; (*contrast*) пока́зывать в невы́годном све́те; (*be visible*) быть ви́димым; (*be outlined*) выделя́ться, вырисо́вываться (**against,** на фо́не + *gen*); *coll* (*arrive*) появля́ться
show business театра́льное де́ло
showcase витри́на
showdown (*crisis*) кри́зис; (*reckoning*) коне́чный ито́г; (*unmasking*) разоблаче́ние; **have a** ~ вы́вести *pf* де́ло на чи́стую во́ду
shower 1. *n* ~ **of rain** дождь *m*; **heavy** ~ ли́вень *m*; (*of missiles*) град; (*bath*) душ; **take a** ~ принима́ть душ; *phys, astr* ли́вень *m* **2.** *v* (*sprinkle*) осыпа́ть (**with,** + *instr*); *fig* (*deluge*) засыпа́ть (**with,** + *instr*); (*fall as sprinkle*) сы́паться; (*spray*) бры́згать (**with,** + *instr*); (*pour*) ли́ться; (*take* ~) принима́ть душ
shower-bath душ
shower-room душева́я
showery дождли́вый
showgirl хори́стка
showing (*evidence*) да́нные *pl*; (*performance*) показа́тели *m pl*; (*impression*) впечатле́ние; (*of film*) сеа́нс; ~**-off** рисо́вка, позёрство
show-jumping соревнова́ния *neut pl* по преодоле́нию препя́тствий
showman хозя́ин ци́рка, аттракцио́на; (*at fair*) балага́нщик
showmanship (*sense of theatre*) театра́льная снoро́вка; *pej* **a piece of** ~ показу́ха; (*ability to get noticed*) уме́ние привле́чь внима́ние
show-off позёр
show-place достопримеча́тельность *f*
showroom вы́ставочный зал
showy (*bright*) эффе́ктный, бро́ский; (*ostentatious*) показно́й; (*gaudy*) крича́щий
shrapnel шрапне́ль *f*
shred 1. *n* (*torn piece*) обре́зок, клочо́к; **tear to** ~**s** изрыва́ть в кло́чья, рвать на куски́; *fig* разби́ть *pf* в пух и прах; **not a** ~ **of** ни ка́пли (+ *gen*) **2.** *v* (*cut up*) разреза́ть; *cul* шинкова́ть
shredder шре́дер, измельчи́тель *m*
shrew *zool* землеро́йка; (*person*) сварли́вая же́нщина
shrewd (*penetrating*) проница́тельный; (*clever*) уме́лый; (*wise*) у́мный, му́дрый; (*accurate*) ме́ткий; (*businesslike*) делово́й
shrewdness проница́тельность *f*
shrewish (*of person*) сварли́вый; (*remark etc*) зло́бный
shriek 1. *n* пронзи́тельный крик, визг, вопль *m*; (*of metal*) скрип, визг **2.** *v* (*cry out*) пронзи́тельно крича́ть, визжа́ть, вопи́ть; ~ **with laughter** смея́ться истери́чески; *fig* дави́ться от сме́ха; (*utter in scream*) выкри́кивать
shrift: give short ~ **to** бы́стро распра́виться *pf* с (+ *instr*)
shrike сорокопу́т
shrill пронзи́тельный, ре́зкий
shrimp шримс, креве́тка; *fig* ка́рлик; (*of girl*) худы́шка
shrine (*holy place*) святы́ня; (*church etc*) храм; (*altar*) алта́рь *m*; (*casket*) ковче́г; (*saint's tomb*) ра́ка
shrink (*of cloth*) сади́ться; (*cause to* ~) вызыва́ть уса́дку; (*contract; shrivel*) сжима́ть(ся); (*get less*) уменьша́ть(ся); ~ **back** отпря́дывать (**from,** от + *gen*); ~ **from** уклоня́ться от (+ *gen*); ~ **on** *tech* надева́ть в горя́чем состоя́нии
shrinkage, shrinking уса́дка
shrinkproof безуса́дочный
shrivel (*dry up*) высыха́ть; (*curl up; also fig*) съёживаться; (*wrinkle*) смо́рщиваться
shroud 1. *n* сава́н; *fig* покро́в; *tech* кожу́х, колпа́к; *naut* ва́нты *f pl* **2.** *v* завёртывать в сава́н; ~**ed in darkness** *etc* оку́танный тьмой *etc*
Shrovetide ма́сленица
shrub куста́рник
shrubbery куста́рниковое насажде́ние
shrug 1. *n* пожима́ние плеча́ми; **with a** ~ пожима́я плеча́ми **2.** пожима́ть плеча́ми; ~ **off** (*reject*) отбра́сывать; (*belittle*) умаля́ть; (*laugh off*) высме́ивать
shrunken (*wrinkled*) морщи́нистый
shuck лущи́ть
shudder 1. *n* содрога́ние; **with a** ~ содрога́ясь; **give a** ~ содрогну́ться *pf* **2.** *v* (*with fear etc*) содрога́ться; (*shiver*) дрожа́ть
shuffle 1. *n* (*noise, act*) ша́рканье; (*cards*) тасова́ние, тасо́вка **2.** *v* (*with feet*) ша́ркать нога́ми; (*cards*) тасова́ть; ~ **off** убира́ть; ~ **out of** выбира́ться из (+ *gen*)
shun избега́ть (+ *gen*)
shunt 1. *n* (*railway*) перево́д; *elect* шунт **2.** *v* переводи́ть на запасно́й путь; шунти́ровать
shush! ш-ш
shut (*all senses*) закрыва́ть(ся)
~ **away** (*imprison*) заключа́ть (в + *acc*); (*in cupboard etc*) запира́ть
~ **down** (*close*) закрыва́ть(ся); (*stop*) остана́вливать
~ **in** (*lock in*) запира́ть; (*fence off*) отгора́живать
~ **off** (*switch off*) выключа́ть, отключа́ть
~ **out** (*exclude*) исключа́ть, не впуска́ть; (*block off*) загора́живать
~ **up** (*close*) закрыва́ть; (*imprison*) заключа́ть, сажа́ть в тюрьму́; (*lock in*) запира́ть; (*go quiet*)

замолча́ть; ~ **up!** заткни́сь
shut-down (*closure*) закры́тие; (*stoppage*) остано́вка
shutter (*for window*) ста́вень *m*; *tech*, *phot* затво́р
shuttle 1. *n* челно́к; ~ **service** челно́чный маршру́т **2.** *v* дви́гать(ся) взад и вперёд
shuttlecock вола́н
shy 1. *adj* (*timid*) засте́нчивый, ро́бкий; **be** ~ стесня́ться (**of,** + *gen*); (*reserved*) сде́ржанный; (*of animals*) пугли́вый; **fight** ~ **of** уклоня́ться от (+ *gen*) **2.** *v* (*swerve*) броса́ться в сто́рону; (*take fright*) пуга́ться; ~ **at, away from** избега́ть (+ *gen*)
shyness засте́нчивость *f*, ро́бость *f*
Siam Сиа́м (*now* Таила́нд)
Siamese 1. *n* сиа́мец, *f* сиа́мка **2.** *adj* сиа́мский (*also of cats, twins*)
Siberia Сиби́рь *f*
Siberian 1. *n* сибиря́к, *f* сибиря́чка **2.** *adj* сиби́рский
sibilant *n and adj* свистя́щий; **hush** ~ шипя́щий
sibling брат и́ли сестра́; *pl biol* си́бсы *m pl*
Sibyl *myth* Сиви́лла; (*prophetess*) проро́чица; (*hag*) ста́рая ве́дьма
sibylline (*prophetic*) проро́ческий; (*cryptic*) таи́нственный
sic так!
siccative 1. *n* сиккати́в **2.** *adj* суши́льный
Sicilian 1. *n* жи́тель *m* Сици́лии **2.** *adj* сицили́йский
Sicily Сици́лия
sick 1. *n collect* больны́е *pl* **2.** *adj* (*ill*) больно́й, нездоро́вый; **feel** ~ пло́хо себя́ чу́вствовать; (*nauseated*) **he feels** ~ его́ тошни́т; **be** ~ (*unwell*) боле́ть, быть больны́м; (*vomit*) **she was** ~ её стошни́ло, вы́рвало; **fall** ~ заболе́ть *pf*; (*morbid*) боле́зненный; *coll* (*fed up*) **I was** ~ **of waiting** мне надое́ло ждать; **we are** ~ **of his jokes** его́ шу́тки нам надое́ли **3.** *v* ~ **up** изрыга́ть
sick bay лазаре́т
sick-bed посте́ль *f* больно́го
sicken (*fall ill*) заболева́ть (**with,** + *instr*); (*nauseate*) тошни́ть *impers* (**at,** от + *gen*); (*revolt*) вызыва́ть отвраще́ние; ~ **of** (*get fed up*) **I have ~ed of reading** мне надое́ло чита́ть
sickening *coll* (*disgusting*) отврати́тельный, проти́вный; (*infuriating*) доса́дный; **how ~!** как доса́дно! кака́я доса́да!
sickle серп
sick leave о́тпуск по боле́зни
sick list больни́чный лист, бюллете́нь *m*
sickly (*often ill*; *unhealthy*) боле́зненный; (*nauseous*) тошнотво́рный; (*over-sweet*; *mawkish*) при́торный
sickness (*illness*) боле́знь *f*; (*nausea*) тошнота́
sick pay посо́бие по боле́зни
side 1. *n* (*surface*, *part*, *direction*) сторона́; **on, to one** ~ с одно́й стороны́, на одно́й стороне́; **on the other** ~ на той стороне́; **on all ~s** во все сто́роны; **from all ~s** со всех сторо́н; **from ~ to ~** из стороны́ в сто́рону; (*wall*) стена́; (*of box etc*) сте́нка; (*edge*) край; (*of road*) обо́чина; (*of ship*) борт; (*of body etc*) бок; **on one's** ~ на боку́; ~ **by** ~ ря́дом, бок о́ бок; **by the** ~ **of** ря́дом с (+ *instr*); (*of river, sea etc*) бе́рег; (*of hill*) склон; (*of meat*) груди́нка; (*aspects*; *party*; *part*) сторона́; **on his** ~ (*part*) с его́ стороны́; **I took her** ~ я при́нял её сто́рону; (*team*) кома́нда; **on one's mother's** ~ со стороны́ ма́тери; **on the** (*adj*) **side** дово́льно (+ *adj*) **2.** *adj* (*of, on* ~) боково́й; (*effect, issue etc*) побо́чный **2.** *v* ~ **with** станови́ться на сто́рону (+ *gen*)
side-arm ли́чное ору́жие
sideband *rad* бокова́я полоса́
sideboard буфе́т, серва́нт; *pl coll* (*whiskers*) бакенба́рды *f pl*
sidecar коля́ска
side door бокова́я дверь *f*; (*servant's*) чёрный ход
side effect побо́чный эффе́кт, побо́чное де́йствие
side glance взгляд и́скоса; (*disapproving*) косо́й взгляд
sidelight (*light from side*) боково́е освеще́ние; *fig* побо́чные све́дения *neut pl* (**on,** о + *prep*)
sideline *sp* бокова́я ли́ния; (*work*) побо́чная рабо́та; (*business*) побо́чная о́трасль торго́вли
sidelong 1. *adj* косо́й; ~ **glance** косо́й взляд, взгляд и́скоса **2.** *adv* (*onside*) на боку́; (*sideways*) бо́ком
side-play люфт
sidereal звёздный
side-saddle да́мское седло́
sideshow аттракцио́н
sideslip 1. *n aer* скольже́ние (на крыло) **2.** *v* скользи́ть на крыло
side-splitting (*joke etc*) умори́тельный
sidestep уклоня́ться от (+ *gen*)
sidetrack 1. *n* запа́сный путь *m* **2.** *v fig* уводи́ть в сто́рону, отвлека́ть
side-view (*view*) вид сбо́ку; (*profile*) про́филь *m*
sidewalk *Am* тротуа́р
sideways 1. *adj* косо́й **2.** *adv* (*on side*) на боку́; (*side first, edge on*) бо́ком; (*from side*) сбо́ку; (*to one side*) в сто́рону; (*crookedly*) ко́со; (*transversely*) попере́к
side-wind боково́й ве́тер
siding (*railway*) запа́сный путь *m*, ве́тка
sidle (*move sideways*) дви́гаться бо́ком; ~ **up to** подходи́ть бочко́м, подка́тываться бочко́м
siege оса́да; **lay** ~ **to** осади́ть *pf*; **raise a** ~ снять *pf* оса́ду; **~-gun** оса́дное ору́дие
siesta сие́ста
sieve 1. *n* решето́, си́то **2.** *v* просе́ивать (*also fig*)
sift *see* **sieve 2**
sigh 1. *n* вздох; **heave a** ~ вздохну́ть *pf* **2.** *v* вздыха́ть (**with,** от + *gen*); ~ **for** тоскова́ть по (+ *dat*) or без (+ *gen*), вздыха́ть по (+ *dat*)
sight 1. *n* (*vision*) зре́ние; (*range of vision*) по́ле зре́ния; **out of** ~ вне по́ля зре́ния; **put, go out of** ~ пря́тать, исчеза́ть из ви́ду; **out of** ~, **out of mind** с глаз доло́й, из се́рдца вон; (*variously*) **at first** ~ с пе́рвого взгля́да; **at the** ~ **of** при ви́де (+ *gen*); **catch** ~ **of** уви́деть *pf*; **come into** ~ появля́ться; **know by** ~ знать в лицо́; **lose** ~ **of** теря́ть из ви́ду; (*view*) вид; (*spectacle*) зре́лище; *pl* (*of a town etc*) достопримеча́тельности *f pl*; (*on gun*) прице́л; (*on instrument*) визи́р **2.** *v* (*detect*) обнару́живать; (*catch* ~ *of*) уви́деть *pf*; (*gun*) наводи́ть; (*instrument*) визи́ровать
sighted (*not blind*) зря́чий
sighting наблюде́ние
sightless слепо́й
sightly прия́тный на вид
sight-read *mus* петь/игра́ть с листа́
sightseeing осмо́тр достопримеча́тельностей; **go** ~ смотре́ть, осма́тривать (го́род *etc*)
sightseer тури́ст, *f* тури́стка
sigil си́мвол, знак
sign 1. *n* (*mark*, *symbol*, *gesture*) знак; **give, make a** ~ подава́ть, де́лать знак; **as a** ~ **of** в знак (+

gen); **road** ~ доро́жный знак; (*evidence*; *proof*; *presage*) при́знак; (*trace*) след; (*notice*; *on shop*) вы́веска; *relig* **make the ~ of the cross** крести́ться **2.** *v* (*write name*) подпи́сывать(ся); (*give* ~) подава́ть знак; (*mark*) помеча́ть (**with,** + *instr*)
~ **away** (*transfer*) передава́ть; (*resign*) отка́зываться от (+ *gen*)
~ **off** *coll rad* конча́ть переда́чу
~ **on, up** (*work*) нанима́ть(ся); (*enlist*) поступа́ть на вое́нную слу́жбу

signal 1. *n* (*most senses*) сигна́л; **give, make a** ~ дава́ть сигна́л; (*sign*) знак, при́знак **2.** *adj* (*of, for* ~) сигна́льный; (*noteworthy*) знамена́тельный; (*complete*) полне́йший **3.** *v* (*send message*) сигнализи́ровать; (*make ~s*) дава́ть сигна́лы
signal box блокпо́ст, пост централиза́ции
signalize ознаменова́ть
signaller сигна́льщик; *mil* связи́ст
signally я́вно, заме́тно
signalman сигна́льщик; *mil* связи́ст; (*railway*) стре́лочник
signatory *n*, *adj* подписа́вшийся; ~ **to** подписа́вший (+ *acc*)
signature по́дпись *f*; **put one's** ~ **to** ста́вить свою́ по́дпись под (+ *instr*); *print* сигнату́ра; *mus* ключ; ~ **tune** музыка́льная ша́пка
signboard вы́веска
signet печа́тка; **~-ring** кольцо́ с печа́ткой
significance значе́ние
significant значи́тельный; (*important*) ва́жный; (*of glance etc*) многозначи́тельный
signification значе́ние
signify (*communicate*) сообща́ть; (*express*) выража́ть; (*show*) пока́зывать; (*denote*) означа́ть; (*mean*) зна́чить; (*be important*) име́ть значе́ние
sign-manual собственнору́чная по́дпись *f*
signor синьо́р
signora синьо́ра
signorina синьори́на
signpost указа́тельный столб
Sikh сикх
silage 1. *n* си́лос **2.** *adj* си́лосный **3.** *v* силосова́ть
silence 1. *n* (*quiet*) тишина́; (*absence of speech*) молча́ние; **keep** ~ молча́ть, храни́ть молча́ние; **in** ~ мо́лча **2.** *v* (*person*) заста́вить *pf* замолча́ть; (*noise*, *engine*) заглуша́ть
silencer *tech* глуши́тель *n*
silent (*not speaking*) молчали́вый; **be, remain** ~ молча́ть; (*of book etc*) ума́лчивать (**about,** о + *prep*); ~ **film** немо́й фильм; (*quiet*) ти́хий; (*not noisy*) бесшу́мный
silhouette силуэ́т; **be ~d on, against** вырисо́вываться на фо́не (+ *gen*)
silica кремнезём; ~ **gel** силикаге́ль *m*; ~ **glass** ква́рцевое стекло́
silicate силика́т
siliceous кремни́стый
silicic кремнёвый
silicon кре́мний
silicone силико́н
silicosis силико́з
silk 1. *n* шёлк; **raw** ~ шёлк-сыре́ц; *pl* (~ *clothes*) шелка́ *m pl* **2.** *adj* шёлковый
silken (*of silk*) шёлковый; (*like silk*) шелкови́стый; (*ingratiating*) вкра́дчивый
silkiness шелкови́стость *f*
silk-screen (*process*, *printing*) шелкогра́фия
silkworm шелкопря́д
silky *see* **silken**
sill (*of window*) подоко́нник; (*of door*) поро́г
silliness глу́пость *f*
silly (*foolish*) глу́пый; **what a ~ thing to do!** кака́я глу́пость *f*! (*ridiculous*) дура́цкий
silo *agr* си́лос; *mil* ста́ртовая ша́хта
silt 1. *n* (*mud*) ил; (*deposit*) оса́док **2.** *v* ~ **up** засоря́ть(ся) и́лом, заи́ливать(ся)
Silurian силури́йский
silver 1. *n* (*metal*, *coins*, *ware*) серебро́; (*colour*) сере́бряный цвет **2.** *adj* сере́бряный **3.** *v* серебри́ть(ся)
silver birch бе́лая берёза
silver-fish тарпо́н
silver-grey серебри́сто-се́рый
silver-haired седо́й
silver-plating серебре́ние
silversmith сере́бряных дел ма́стер
silver-tongued красноречи́вый
silverware столо́вое серебро́
silvery серебри́стый
silviculture лесово́дство
simian (*of monkey*) обезья́ний; (*monkey-like*) обезьяноподо́бный
similar (*like*) подо́бный (**to,** + *dat*), похо́жий (**to,** на + *acc*); (*like each other*) схо́дный; (*almost same*) одина́ковый
similarity схо́дство
similarly (*in same way*) подо́бным о́бразом; (*also*) так же
simile сравне́ние
similitude (*simile*) сравне́ние; (*similarity*) схо́дство
simmer 1. *n* ме́дленное кипе́ние **2.** *vt cul* кипяти́ть на ме́дленном огне́; *vi cul* кипе́ть на ме́дленном огне́; *fig* кипе́ть (**with,** от + *gen*); ~ **down** успока́иваться
simony симони́я
simoom саму́м
simper 1. *n* жема́нная улы́бка **2.** *v* жема́нно улыба́ться
simple (*most senses*) просто́й; (*ingenuous*) простоду́шный; (*stupid*) глу́пый; (*feeble-minded*) слабоу́мный; **~-hearted** простоду́шный; **~-minded** (*naïve*) бесхи́тростный; (*direct*) прямо́й; (*credulous*) дове́рчивый
simpleness простота́
simpleton проста́к
simplicity простота́; простоду́шие
simplification упроще́ние
simplify упроща́ть
simplistic упроще́нческий
simply про́сто
simulacrum (*image*) изображе́ние; (*likeness*) подо́бие; (*appearance*) ви́димость *f*
simulate (*mimic*) подража́ть (+ *dat*), копи́ровать; (*fake*) подде́лывать; (*feign*) притворя́ться (+ *instr*), симули́ровать; *tech* моделе́ровать
simulation притво́рство; симуля́ция; моделе́рование
simulator (*person*) симуля́нт, *f* симуля́нтка; (*device*) модели́рующее устро́йство; (*training mock-up*) тренажёр
simultaneity одновре́менность *f*
simultaneous одновре́менный; ~ **translation** синхро́нный перево́д
sin 1. *n* грех; **it's a ~ to** грех (+ *infin*); **live in** ~ жить в грехе́; **original** ~ первоpо́дный грех **2.** *v* греши́ть (**against,** про́тив + *gen*)
since 1. *adv* (~ *that time*) с тех пор; (*later*) пото́м; (*ago*) тому́ наза́д; **long** ~ давно́; **not long** ~

недáвно **2.** *prep* с (+ *gen*); ~ **then, that time** с тех пор; ~ **yesterday** со вчерáшнего дня **3.** *conj* (*from time when*) с тех пор, как; (*as*) так как, поскóльку; ~ **you insist** раз вы настáиваете; (*because*) потомý что

sincere (*frank*) и́скренний; (*genuine*) и́стинный, пóдлинный

sincerely и́скренне; **Yours** ~ (*formal*) с уважéнием; (*less formal*) и́скренне Ваш

sincerity и́скренность *f*

sine *math* си́нус; ~ **curve** синусóида; ~ **wave** синусоидáльная волнá

sinecure синекýра

sinew сухожи́лие; *pl* мýскулы *m pl*

sinewy жи́листый; мýскулистый; *fig* си́льный

sinful грéшный

sing петь; ~ **out** выкри́кивать; ~ **out of tune** фальши́вить; ~ **past** просви́стывать; ~ **the praises of** воспевáть; ~ **small** сбáвить *pf* тон; *coll, fig* **you'll ~ a different tune!** ты у меня́ ещё не так запоёшь!; (*ring*) звенéть

singe 1. *n* повéрхностный ожóг **2.** *v* подпáливать; ~ **off** опáливать

singer певéц, *f* певи́ца

singing пéние

single 1. *n* (*ticket*) билéт в оди́н конéц; (*room*) нóмер на одногó; *sp* одинóчная игрá **2.** *adj* (*even, only one*) оди́н; **not a ~ sound was heard** не бы́ло слы́шно ни одногó звýка; (*only*) еди́нственный; (*individual*; *one-man*; *for one man*) одинóчный; **walk in ~ file** идти́ гуськóм; ~ **combat** единобóрство; (*solitary*) одинóкий; (*separate*) отдéльный; (*whole*) цéлый; (*sole, common*) еди́ный; (*unmarried, of man*) холостóй; (*of woman*) незамýжняя **3.** *v* ~ **out** (*separate*) выделя́ть (**from,** из + *gen*); (*choose*) выбирáть

single-breasted однобóртный

single-engined одномотóрный

singlehanded 1. *adj* (*having one hand*) однорýкий; (*working alone*) рабóтающий оди́н, без пóмощи **2.** *adv* (*alone*) в одинóчку; (*with one hand*) однóй рукóй; (*without help*) без посторóнней пóмощи

single-hearted (*honest*) прямодýшный; (*devoted*) прéданный

single-minded целеустремлённый

singleness: ~ **of mind, purpose** целеустремлённость *f*

single-phase однофáзный

single-seater одномéстный (самолёт *etc*)

singlet мáйка

single-track одноколéйный; ~ **railway** одноколéйный путь *m*, одноколéйка

singly (*one by one*) поодинóчке; (*in turn*) по óчереди; (*separately*) отдéльно

singsong монотóнный

singular 1. *n gramm* еди́нственное числó **2.** *adj* (*unusual*) необыкновéнный; (*remarkable*) замечáтельный; (*rare*) исключи́тельный; (*strange*) стрáнный

singularity (*originality*) оригинáльность *f*; (*oddity*) своеобрáзие, стрáнность *f*; (*special circumstance*) случáйность *f*; (*peculiarity*) осóбенность *f*

singularly необыкновéнно, исключи́тельно, осóбенно

Sinhalese, Singhalese 1. *n* сингáлец, *f* сингáлка **2.** *adj* сингáльский

sinister (*frightening, boding ill*) зловéщий; (*gloomy*) мрáчный; (*evil*) дурнóй; ~ **figure, character** тёмная ли́чность *f*; *ar* (*left*) лéвый

sink 1. *n* (*basin*) рáковина; (*drain*) слив, сток; *fig* ~ **of iniquity** клоáка, притóн **2.** *v* (*fall*) пáдать (*also fig*); (*lower*) опускáть(ся); (*destroy ship*) топи́ть; (*go down in water etc*) тонýть (**in,** в + *prep*); (*slowly*) погружáть(ся) (**in,** в + *prep*); *fig* (*ruin*) губи́ть; (*reduce*) понижáть(ся); (*weaken*) ослабевáть; (*differences etc*) забывáть о (+ *prep*); (*settle*) оседáть; (*a well etc*) рыть; (*capital*) вклáдывать; ~ **in, into** (*soak into*) впи́тываться (**in,** в + *acc*); (*of words etc*) доходи́ть; (*teeth, dagger etc*) вонзáть (в + *acc*); (*fall into state of*) прийти́ *pf* в (+ *acc*), впадáть в (+ *acc*); (*set into ground*) врывáть в (+ *acc*)

sinker грузи́ло

sinking (*of ship*) потоплéние; ~ **feeling** (*foreboding*) дурнóе предчýвствие

sinless безгрéшный

sinner грéшник, *f* грéшница

sinologist синóлог, китаевéд, китаи́ст

sinology синолóгия, китаевéдение, китаи́стика

sinter 1. *n* шлак, окáлина, агломерáт; *geol* туф **2.** *v* спекáть(ся)

sintering спекáние

sinuous (*winding*) изви́листый; (*wavy*) волни́стый; (*supple*) ги́бкий

sinus си́нус, пáзуха

sinusitis синуси́т

sinusoid синусóида

sinusoidal синусоидáльный

Sioux си́у

sip 1. *n* мáленький глотóк; **take a ~ of** пригýбить *pf*; **2.** *v* пить мáленькими глоткáми, попивáть, потя́гивать; (*taste*) пригýбить *pf*

siphon 1. *n* сифóн **2.** *vt* сливáть сифóном; *vi* течь чéрез сифóн

sir сэр

sire 1. *n* (*to King*) вáше вели́чество; (*father*) отéц; *agr* производи́тель *m* **2.** *v* порождáть

siren *myth* сирéна; (*hooter*) гудóк, сирéна

Sirius Си́риус

sirloin филéй

sirocco сирóкко

sisal 1. *n* сизáль *m* **2.** *adj* сизáльский

siskin чиж

sissy, cissy *coll* нéженка *m and f*, мáменькин сынóк

sister (*all senses*) сестрá; **~hood** сéстринская общи́на; **~-in-law** (*brother's wife*) невéстка; (*husband's ~*) золóвка; (*wife's ~*) своя́ченица

sisterly сéстринский

sit (*be seated*; *fit*) сидéть; (*put sitting*) сажáть; (*seat*) помещáть; (*take seat*) сади́ться; ~ **for a while** посидéть *pf*; ~ **for an exam** сдавáть экзáмен; (*pose*) пози́ровать; (*press down*) дави́ть; (*be in session*) заседáть; (*be member*) быть члéном

~ **back** отки́дываться (на спи́нку стýла); *fig* (*relax*) отдыхáть; (*do no more*) бóльше ничегó не дéлать

~ **down** сади́ться; ~ **down to** принимáться за (+ *acc*); ~ **down under** терпéть

~ **in for** врéменно заменя́ть

~ **out, through** выси́живать

~ **up** (*if lying*) приподнимáться; (*straighten*) выпрямля́ться; (~ *late*) заси́живаться допоздна́

~ **up all night** просидéть *pf* всю ночь; (*pay attention*) обращáть внимáние

sit-down: ~ **strike** сидя́чая забастóвка

site (*place*) мéсто; (*position*) местоположéние; (*allocated area*) учáсток для застрóйки; **building** ~ строи́тельная площáдка **2.** *v* располагáть

sit-in сидя́чая забастóвка

sitter (*seated person*) сидя́щий; (*for picture*) пози́рующий; (*hen*) насéдка

sitting 1. *n* (*action*) сидéние; (*session*) заседáние; (*for picture*) сеáнс **2.** *adj* (*seated*) сидя́щий; (*for* ~) сидя́чий

sitting-room гости́ная

situate располагáть, помещáть

situated располóженный; **awkwardly** *etc* ~ в затрудни́тельном *etc* положéнии

situation (*position*) местоположéние; (*locality*) мéсто, мéстность *f*; (*circumstances*) положéние, ситуáция; (*job*) мéсто

six *num* шесть *f* (+ *gen pl*); ~ **hundred** шестьсóт (+ *gen pl*); *collect num* шéстеро (+ *gen pl*); (*figure 6, group, number of bus etc, card*) шестёрка; (*age*) **he was** ~ емý бы́ло шесть лет; (*time*) шесть часóв (*see also* **eight**)

sixfold 1. *adj* шестикрáтный **2.** *adv* вшéстеро

six-shooter револьвéр

sixteen шестнáдцать *f*; (*age*) **she was** ~ ей бы́ло шестнáдцать

sixteenth 1. *n* (*fraction*) шестнáдцатая (часть); (*date*) шестнáдцатое; **on the** ~ **of May** шестнáдцатого мáя **2.** *adj* шестнáдцатый

sixth 1. *n* (*fraction*) шестáя (часть); (*date*) шестóе; **on the** ~ **of May** шестóго мáя **2.** *adj* шестóй; ~ **sense** шестóе чýвство

sixtieth шестидеся́тый

sixty шестьдеся́т *f*; (*age*) **he is** ~ емý шестьдеся́т лет; *pl* **the 60s** шестидеся́тые гóды *m pl*; **he is in his sixties** емý за шестьдеся́т

[1]**size 1.** *n* (*magnitude*) величинá; (*bulk*) объём; (*of clothes etc*) размéр (**in,** + *gen*); **take one's** ~ снимáть мéрку; (*dimensions*) размéры *m pl* **2.** *v* (*measure*) измеря́ть; (*sort into* ~*s*) сортировáть по величинé; (*arrange in* ~*s*) располагáть по величинé

[2]**size 1.** *n* (*glue*) клей **2.** *v* грунтовáть

sizeable (*amount*) значи́тельный, поря́дочный; (*capacious*) объёмистый

sizzle 1. *n* шипéние **2.** *v* шипéть

[1]**skate** (*fish*) скат

[2]**skate 1.** *n* конёк; **roller** ~**s** рóликовые коньки́ *m pl* **2.** *v* бéгать, катáться на конькáх; (*slide*) скользи́ть (**over, across,** по + *dat*); *fig* ~ **over** обходи́ть тéму; ~ **on thin ice** касáться щекотли́вой тéмы

skater конькобéжец, *f* конькобéжка

skating катáние на конькáх; **figure/free/pairs** ~ фигýрное/произвóльное/пáрное катáние; ~**-rink** катóк

skedaddle *coll* удирáть, кати́ться

skein (*of yarn*) мотóк

skeletal скелéтный

skeleton скелéт; (*frame*) каркáс, óстов; ~ **key** отмы́чка; ~ **plan** набрóсок

sketch 1. *n* (*drawing*) зарисóвка; (*first, draft*) набрóсок, эски́з; *theat* скетч; (*description*) óчерк **2.** *v* (*draw*) рисовáть; (*make quick* ~) дéлать набрóсок (+ *gen*); (*plan*) набрáсывать; (*describe*) опи́сывать

sketch-book альбóм для зарисóвок

sketching рисовáние

sketch-map крокú *neut indecl*

sketchy (*in outline*) схемати́чный; (*incomplete*) непóлный; (*scanty*) скýдный

skew 1. *n* **on the** ~ кóсо **2.** *adj* косóй **3.** *v* коси́ть(ся)

skewbald пеги́й

skewer 1. *n* вéртел **2.** *v* насáживать на вéртел; *fig* пронзáть

ski 1. *n* лы́жа; **water** ~**s** гидролы́жи *f pl*; ~ **track** лыжня́ **3.** *v* катáться, ходи́ть на лы́жах

skid 1. *n* скольжéние; (*of car*) занóс **2.** *v* (*slip*) скользи́ть; **the car** ~**ded** маши́ну занеслó

skidding скольжéние; занóс

skidoo мотосáни *pl*

skier лы́жник

skiff я́лик

skiing 1. *n* (*sport*) лы́жный спорт; (*action*) катáние на лы́жах; **go** ~ катáться на лы́жах **2.** *adj* лы́жный

ski-joring лы́жная буксирóвка

ski-jump трампли́н

ski-jumping прыжки́ *m pl* на лы́жах

skilful искýсный, умéлый

ski-lift подъёмник

skill мастерствó, искýсность *f*; (*experience*) óпыт; (*knack*) сноро́вка; (*talent*) талáнт; (*dexterity*) лóвкость *f*

skilled искýсный, умéлый; (*trained*) квалифици́рованный

skillet (*pot*) горшóк; (*frying-pan*) сковородá

skim (*take off*) снимáть; ~ **over** (*be covered*) покрывáться плёнкой; (*slide*) скользи́ть (**over,** по + *dat*); (*fly*) летáть, проноси́ться (над + *instr*) не задевáя; (*read quickly*) бéгло просмáтривать

skim-milk сня́тое молокó

skimp скупи́ться (**on,** на + *acc*)

skimpy (*meagre*) скýдный; (*too small*) сли́шком мáленький

skin 1. *n anat* кóжа; (*of animal; also fig*) шкýра, кóжа; **have a thick** ~ быть толстокóжим; **by the** ~ **of one's teeth** éле-éле; **save one's** ~ спасáть свою́ шкýру; (*of fruit*) кожурá, кóжица; (*on liquid*) плёнка; (*outer casing*) оболóчка **2.** *adj* кóжный **3.** *v* снимáть кóжу, шкýру с (+ *gen*); (*fruit*) чи́стить; (*graze*) ссади́ть; *coll* (*rob*) обдирáть; *coll* **keep one's eyes** ~**ned** смотрéть в óба (**for,** за + *instr*)

skin-deep повéрхностный

skin-diver аквеланги́ст

skin-diving плáвание с аквалáнгом

skinflint скря́га *m and f*

skin-graft пересáдка кóжи

skinny тóщий, худóй

skint *coll*: **be** ~ не имéть ни грошá

skin-tight в обтя́жку

skip 1. *n* (*jump*) прыжóк; **give a** ~ подпры́гнуть *pf*; *tech* (*container*) скип **2.** *v* (*jump*) пры́гать, скакáть; (*with rope*) пры́гать чéрез скакáлку; (*jump over*) перепры́гивать, перескáкивать (**across, over,** + *acc, or* чéрез + *acc*); (*up and down*) подпры́гивать; (*leave out*) пропускáть

skipper *nav* команди́р; *sp* капитáн; (*of merchant ship, barge*) шки́пер

skipping-rope скакáлка

skirmish схвáтка, сты́чка; *fig* столкновéние

skirt 1. *n* (*woman's*) ю́бка; (*of coat*) полá; (*edge*) край, окрáина; (*of woods*) опýшка; *sl* (*woman*) бáба, ю́бка **2.** *v* (*enclose*) окаймля́ть; (*run beside*) идти́ вдоль (+ *gen*); (*go round*) обходи́ть

skirting-board пли́нтус

skit (*sketch*) скетч; (*parody*) парóдия (**on,** на

+ *acc*)
skittish (*playful*) игри́вый; (*frivolous*) капри́зный; (*of horse*) норови́стый
skittle 1. *n* ке́гля; **play ~s** игра́ть в ке́гли; **~ alley** кегельба́н **2.** *v* игра́ть в ке́гли; **~ away** (*squander*) прома́тывать
skivvy *coll*, *pej*, служа́нка
skua помо́рник
skulduggery моше́нничество
skulk (*lurk*) пря́таться, скрыва́ться; (*move furtively*) кра́сться
skull че́реп; *coll* (*head*) башка́; **~-cap** ермо́лка
skunk скунс, воню́чка; *coll* (*of person*) мерза́вец
sky не́бо; **in the ~** на не́бе; **under the open ~** под откры́тым не́бом, на откры́том во́здухе; **praise to the skies** превозноси́ть до небе́с; **~-blue** лазу́рный; **~-high** о́чень высо́кий; *as adv* высоко́-высоко́; **blow ~-high** подрыва́ть
skylark 1. *n* (*bird*) жа́воронок **2.** *v coll fig* (*romp*) резви́ться; (*play tricks*) прока́зничать
skylight фона́рь *m*
skyline горизо́нт
skyrocket 1. *n* раке́та **2.** *v fig* (*of prices etc*) стреми́тельно поднима́ться
skyscraper небоскрёб (*usu in America*); высо́тный дом (*usu in USSR*)
skyward(s) в не́бо
slab (*of stone etc*) плита́; (*of chocolate*) пли́тка; (*chunk*) кусо́к
slack 1. *n* (*in rope*) слабина́; **take up the ~** выбира́ть слабину́; (*of clothes etc*) прови́сшая часть *f*; (*tide*) стоя́ние отли́ва; (*coal*) у́гольная ме́лочь *f*; *tech* (*play*) зазо́р, люфт **2.** *adj* (*tired, not energetic*) вя́лый; (*weak*) сла́бый; (*slow*) ме́дленный; (*lazy*) лени́вый; (*negligent*) хала́тный, неради́вый; (*not tight*) сла́бо натя́нутый; (*hanging loose*) прови́сший **3.** *v coll* ло́дырничать, сачкова́ть
slacken (*of speed etc*) замедля́ть(ся); (*reduce*) уменьша́ть(ся); (*relax*) *vt* ослабля́ть; *vi* слабе́ть; **~ off** отпуска́ть
slacker ло́дырь *m*
slackness сла́бость *f*; вя́лость *f*; лень *f*; хала́тность *f*; (*play*) люфт
slacks брю́ки *f pl*
slag шлак
slake (*thirst*) утоля́ть; (*lime*) гаси́ть; (*satisfy*) удовлетворя́ть
slam 1. *n* хло́панье; **close with a ~** с шу́мом захло́пывать(ся); (*cards*) шлем **2.** *v* (*make noise*) хло́пать; (*shut*) с шу́мом захло́пывать(ся); (*throw down*) швыря́ть с шу́мом; (*strike*) ударя́ть (с шу́мом); *coll* (*berate*) разноси́ть; **~ into** (*collide with*) вреза́ться в (+ *acc*)
slander 1. *n* клевета́; *leg* у́стная клевета́ **2.** *v* клевета́ть
slanderer клеветни́к, *f* клеветни́ца
slanderous клеветни́ческий
slang 1. *n* сленг **2.** *adj* жарго́нный, сле́нговый **3.** *v* руга́ть
slangy жарго́нный, сле́нговый
slant 1. *n* (*slope; bias*) укло́н (**towards,** в сто́рону + *gen*); **on the ~** ко́со; (*viewpoint*) то́чка зре́ния **2.** *v* наклоня́ть(ся); (*news etc*) искажа́ть
slanting накло́нный, косо́й
slantwise ко́со, накло́нно
slap 1. *n* шлепо́к; **~ in the face** пощёчина (*also fig*) **2.** *adv coll* пря́мо, как ра́з **3.** *v* шлёпать, хло́пать; **~ in the face** дать *pf* (+ *dat*) пощёчину; **~ on the back** хло́пать по спине́; (*spank*) отшлёпать *pf*
slapdash небре́жный
slap-happy (*careless*) небре́жный; (*punch-drunk*) одуре́вший, обалде́лый; (*jovial*) шу́мно весёлый
slapstick фарс; *fig* балага́н
slap-up *coll* шика́рный
slash 1. *n* (*in skin, dress*) разре́з; (*blow*) ре́зкий уда́р **2.** *v* (*cut*) поре́зать *pf*; (*cut to pieces*) изре́зать *pf*; (*lash*) хлеста́ть; (*with sword*) руби́ть; (*expenditure etc*) уре́зывать
slashing (*criticism*) беспоща́дный
slat пла́нка
slate 1. *n geol* сла́нец; *bui* сла́нец, ши́фер; (*for writing*) аспи́дная, гри́фельная доска́; *coll* **on the ~** в креди́т **2.** *adj* сланцева́тый; ши́ферный; **~ roof** ши́ферная кры́ша; (*colour*) синева́то-се́рый **3.** *v bui* крыть ши́фером; *coll* (*criticize*) критикова́ть; (*tell off*) де́лать вы́говор (+ *dat*); (*abuse*) руга́ть
slate-pencil гри́фель *m*
slater кро́вельщик
slating (*reprimand*) вы́говор; (*criticism*) суро́вая кри́тика, разно́с
slatted пла́нчатый
slattern неря́ха
slatternly неря́шливый
slaty сланцева́тый
slaughter 1. *n* (*of cattle*) убо́й; (*killing*) уби́йство; (*carnage*) бо́йня, резня́ **2.** *v* (*cattle*) забива́ть, ре́зать; (*kill*) убива́ть; (*kill large numbers*) устра́ивать резню́; *coll fig* разбива́ть в пух и прах
slaughterer забо́йщик
slaughter-house (ското)бо́йня
Slav 1. *n* славяни́н, *f* славя́нка; **the ~s** славя́не **2.** *adj* славя́нский (*see also* **Slavonic)**
slave 1. *n* раб, *f* рабы́ня, раба́; *fig* же́ртва, раб (**to,** + *gen*) **2.** *adj* ра́бский; *tech* **~ cylinder** рабо́чий цили́ндр; **~ mechanism** сервомехани́зм **3.** *v* рабо́тать как раб
slave-driver надсмо́трщик над раба́ми; *fig* эксплуата́тор
slave-labour нево́льничий труд; *fig* ра́бский труд
[1]**slaver** *v* (*slobber*) распуска́ть слю́ни
[2]**slaver** (*trader*) работорго́вец; (*ship*) нево́льничье су́дно
slavery ра́бство; *fig* ра́бский труд
slave-trade работорго́вля
slave-trader работорго́вец
slavey *coll* прислу́га за всё
Slavic *see* **Slavonic**
slavish (*of, like slave; also fig*) ра́бский; (*servile*) раболе́пный
Slavonic 1. *n* **Old (Church) ~** старо(церко́вно)-славя́нский язы́к **2.** *adj* славя́нский; **~ studies** слави́стика
Slavonicism славяни́зм
Slavophil(e) славянофи́л
slay убива́ть
slayer уби́йца *m and f*
sleazy *coll* скве́рный
sled(ge) 1. *n* (*small*) са́нки *f pl*; (*large*) са́ни *f pl* **2.** *v* ката́ться, е́хать на са́нках, саня́х
sledge-hammer кува́лда, мо́лот
sleek 1. *adj* (*smooth*) гла́дкий; (*glossy*) глянцеви́тый; (*of hair etc*) лосня́щийся; (*well-groomed*) ухо́женный, хо́леный; (*well-fed*) отко́рмленный; (*unctuous*) еле́йный **2.** *v* (*smooth*) разгла́живать
sleep 1. *n* сон; **go to ~** засыпа́ть; **in one's ~** во сне;

have a ~ поспа́ть *pf*; **send to** ~ усыпля́ть; **put to** ~ (*anaesthetize*; *kill animal*) усыпля́ть **2.** *v* (*be asleep*) спать; ~ **with s.o.** спать с (+ *instr*); (*spend night*) ночева́ть; *coll* ~ **around** спать с кем попа́ло; ~ **like a log** спать, как уби́тый; ~ **on s'th** откла́дывать реше́ние до утра́

sleeper (*person*) спя́щий; (*sleeping-car*) спа́льный ваго́н; (*in railway track*) шпа́ла; *naut* сли́перс

sleepiness сонли́вость *f*

sleeping 1. *n* сон, спаньё **2.** *adj* (*asleep*) спя́щий; (*for* ~) спа́льный; **~-bag** спа́льный мешо́к, спа́льник; **~-car** спа́льный ваго́н; **~-draught** снотво́рное; ~ **pill** снотво́рная табле́тка; ~ **sickness** со́нная боле́знь *f*

sleepless (*not asleep*) бессо́нный; (*alert*) бо́дрствующий

sleeplessness бессо́нница

sleepwalker луна́тик

sleepwalking сомнамбули́зм, лунати́зм

sleepy со́нный (*also fig*), сонли́вый; **feel** ~ хоте́ть спать; **I don't feel** ~ мне не спи́тся

sleepyhead *coll* со́ня *m and f*

sleet дождь *m* со сне́гом; *Am* град, крупа́

sleeve рука́в; **have up one's** ~ (*in reserve*) име́ть про запа́с; (*in mind*) име́ть на уме́; **record** ~ конве́рт для грампласти́нки; *tech* (*tube*) му́фта; (*insert*) вту́лка; **cylinder** ~ ги́льза цили́ндра

sleeveless безрука́вный, без рукаво́в

sleigh *see* **sled(ge)**

sleight-of-hand ло́вкость *f* рук; (*trick*) фо́кус, трюк

slender (*slim*) то́нкий; (*scanty*) ску́дный; (*faint*) сла́бый

sleuth сы́щик; **~-hound** ище́йка

slew повора́чивать(ся)

slice 1. *n* ло́мтик, ломо́ть *f*; (*layer*) слой; *coll* (*part*) часть *f*; ~ **of luck** везе́ние; *cul* лопа́тка; *sp* сре́зка **2.** *v* ре́зать ло́мтиками, ломтя́ми; *sp* среза́ть
 ~ **away, off** отреза́ть, среза́ть
 ~ **through** рассека́ть
 ~ **up** нареза́ть

slicer ломтере́зка

slick 1. *n* (*oil*) пятно́ не́фти, слик **2.** *adj* (*smooth*) гла́дкий; (*ingratiating*) льсти́вый; (*smart*) ло́вкий, хи́трый; (*superficial*) пове́рхностный; (*slippery*; *also fig*) ско́льзкий **3.** *v* пригла́живать; ~ **down** (*hair*) прилиза́ть *pf*

slicker *Am* (*waterproof*) макинто́ш; (*rogue*) обма́нщик; **city** ~ городско́й хлыщ

slide 1. *n* (*movement*) скольже́ние; (*slope*) спуск; (*chute*) жёлоб; *phot* слайд, диапозити́в; ~ **projector** диапрое́ктор; **microscope** ~ предме́тное стекло́; *tech* (*carriage*) сала́зки *f pl* **2.** *v* (*slip*) скользи́ть; (*play on ice*) кати́ться по льду́; (*move smoothly*) дви́гать(ся) пла́вно; **let things** ~ относи́ться к дела́м спустя́ рукава́
 ~ **away** ускольза́ть
 ~ **by, past** проскольза́ть; (*of time*) незаме́тно проходи́ть
 ~ **down, off** соскольза́ть, слеза́ть (с + *gen*)
 ~ **in** *vt* вставля́ть (в + *acc*), всо́вывать (в + *acc*); *vi* проска́льзывать (в + *acc*)
 ~ **out** *vt* выдвига́ть (**from,** из + *gen*), вынима́ть (**from,** из + *gen*); *vi* выска́льзывать (**from,** из + *gen*)

slide-fastener (застёжка-)мо́лния

slide-rule логарифми́ческая лине́йка

slide-valve золотни́к

sliding скользя́щий; ~ **scale** скользя́щая шкала́

slight 1. *n* (*disregard*) пренебреже́ние; (*insult*) оскорбле́ние **2.** *adj* (*of small degree*) незначи́тельный; (*light, mild*) лёгкий; (*not strong*) сла́бый; (*not great*) небольшо́й; (*superficial*) пове́рхностный; (*slim*) то́нкий **3.** *v* (*disregard*) пренебрега́ть (+ *instr*); (*insult*) оскорбля́ть; (*belittle*) умаля́ть

slightest мале́йший; **I haven't the** ~ **idea** я не име́ю ни мале́йшего представле́ния; **without the** ~ **difficulty** без мале́йшего труда́; **not in the** ~**!** ниско́лько! ничу́ть!

slighting пренебрежи́тельный

slightly немно́го, слегка́; **only** ~ едва́

slim 1. *adj* (*of figure etc*) стро́йный; (*thin*) то́нкий; (*not great*) небольшо́й, незначи́тельный **2.** *v* худе́ть; (*make seem slim*) худи́ть

slime (*liquid mud*) ил, грязь *f*; (*secretion*) слизь *f*

slimming похуде́ние

slimy и́листый, гря́зный; сли́зистый; (*viscous*) вя́зкий; *fig* отврати́тельный, гну́сный

sling 1. *n* (*weapon*) праща́; (*loop*) пе́тля, строп; *med* пе́ревязь *f*; **in a** ~ на пе́ревязи **2.** *v* (*throw*) кида́ть, швыря́ть; (*with* ~) мета́ть; (*suspend*) ве́шать (**from,** за + *acc*); *coll* ~ **one's hook** улизну́ть *pf*; ~ **out** вышвы́ривать, выбра́сывать

slink кра́сться; ~ **away, off** ускольза́ть; ~ **in** вкра́дываться

slinky (*of movement*) пла́вный; (*of clothes*) в обтя́жку

slip 1. *n* (*movement*) скольже́ние; *tech* (*displacement*) сдвиг; **clutch** ~ пробуксо́вка сцепле́ния; (*mistake*) оши́бка, про́мах; ~ **of the tongue** огово́рка; ~ **of the pen** опи́ска; (*garment*) ни́жняя ю́бка; (*strip*) поло́ска; (*sheet of paper*) листо́к; (*form*) бланк; *naut* э́ллинг; *bot* побе́г; *coll* **give the** ~ ускольза́ть от (+ *gen*) **2.** *v* (*slide*; *move smoothly*) скользи́ть; (*miss footing*) поскользну́ться *pf*; (*move from place*) сдвига́ть(ся); (*not grip*) скользи́ть, *tech* буксова́ть; (*mistake*) ошиба́ться; (*fall*) па́дать; (*fall from hand etc*) соска́льзывать (**from,** с + *gen*); (*put*) засо́вывать, всо́вывать (**into,** в + *acc*); (*move stealthily*) кра́сться; (*fit*) входи́ть (**into,** в + *acc*); (*let go*) спуска́ть; (*change over to*) переходи́ть (**into,** к + *dat*, в + *acc*); (*give*) дава́ть (потихо́ньку); (*pass*) передава́ть (потихо́ньку); **let** ~ (*let go*; *chance*; *neglect*) упуска́ть; (*reveal*) нечая́нно открыва́ть
 ~ **along** (*e.g. to shop*) сходи́ть *pf* (**to,** в + *acc*)
 ~ **away** (*escape*) ускольза́ть; (*leave quietly*) уходить незаме́тно; (*of time etc*) уходи́ть
 ~ **by** проходи́ть (незаме́тно)
 ~ **down** (*slide down*) соска́льзывать; (*fall*) па́дать; *coll* (*pop down*) сходи́ть, съе́здить *pf* (**to,** в + *acc*)
 ~ **in** (*enter*) незаме́тно входи́ть; (*put in*) засо́вывать, всо́вывать; (*a word etc*) вставля́ть
 ~ **on** (*coat etc*) наки́дывать
 ~ **out** (*slide out*) выска́льзывать (**of,** из + *gen*); (*go out*) (незаме́тно) выходи́ть; **he has just ~ped out** он вы́шел на мину́тку; (*of words*) срыва́ться с языка́
 ~ **up** *coll* прома́хиваться

slip-knot скользя́щий у́зел

slipped disc смеще́ние позвонка́

slipper ко́мнатная ту́фля, *coll* та́почка, та́пка; **bedroom ~s** шлёпанцы *m pl*

slippery ско́льзкий

slipshod неря́шливый, небре́жный

slipstream спу́тная струя́
slip-up оши́бка, про́мах
slipway слип, э́ллинг
slit 1. *n* щель *f*; (*cut*) проре́з; *tech* шлиц **2.** *v* разреза́ть; ~ **open** вскрыва́ть
slither (*slide down*) соска́льзывать, ска́тываться (**down from,** с + *gen*); ~ **along** ползти́
sliver (*splinter*) щепа́; (*long*) лучи́на; (*of metal*) оско́лок
slob (*mud*) грязь *f*; *coll* (*fool*) тупи́ца *m and f*; (*lout*) хам
slobber 1. *n* слю́ни *f pl* **2.** *v* (*salivate*) пуска́ть слю́ни; *fig*, *coll* сюсю́кать (**over,** над + *instr*)
sloe тёрн
slog 1. *n* (*blow*) уда́р; (*work*) труд; (*journey*) тяжёлый путь *m* **2.** *v* (*hit*) сту́кнуть *pf*; (*work*) упо́рно рабо́тать; (*make one's way*) с трудо́м пробира́ться
slogan ло́зунг
sloop шлюп
slop 1. *n* (*dirty water*; *pej of food*) помо́и *m pl*; (*pool*) лу́жа; (*slush*) сля́коть *f*; (*liquid food*) жи́дкая пи́ща **2.** *v* пролива́ть(ся), выплёскивать(ся)
slope 1. *n* (*angle*) укло́н, накло́н; **on the** ~ под укло́н; (*down*) спуск; (*up*) подъём; (*side of hill*) склон **2.** *v* (*be at angle*) име́ть накло́н; (*put at angle*) наклоня́ть; (*taper*) ска́шивать; (*rise*) поднима́ться; (*fall away*) опуска́ться; *mil* ~ **arms** взять *pf* винто́вку на плечо́; *coll* ~ **off** удира́ть
sloping накло́нный, пока́тый
slop-pail помо́йное ведро́
sloppy (*wet*) мо́крый; (*slipshod*) неря́шливый, небре́жный
slosh *coll* (*hit*) дать *pf* (+ *dat*); (*splash about*) хлю́пать; (*slap on*) шмя́кать
slot 1. *n* (*slit*) проре́з, про́резь *f*; (*groove*) шлиц, паз; (*opening*) отве́рстие, щель *f* **2.** *v* прореза́ть
sloth ле́ность *f*; *zool* лени́вец
slothful лени́вый
slot machine автома́т
slouch 1. *n* (*stoop*) суту́лость *f*; (*gait*) неуклю́жая похо́дка **2.** *v* (*stoop*) суту́литься; (*stand*, *walk*) неуклю́же держа́ться, ходи́ть; ~ **about** болта́ться, слоня́ться
[1]**slough** *n* (*marsh*) боло́то, тряси́на
[2]**slough** *v* меня́ть (ко́жу); ~ **off** сбра́сывать; *fig* избавля́ться от (+ *gen*)
Slovak 1. *n* (*person*) слова́к, *f* слова́чка; (*language*) слова́цкий язы́к **2.** *adj* слова́цкий
sloven неря́ха
Slovene 1. *n* (*person*) sloveнец — словéнец, *f* слове́нка; (*language*) слове́нский язы́к **2.** *adj* слове́нский
slovenliness неря́шливость *f*, неря́шество
slovenly неря́шливый
slow 1. *adj* (*not fast*) ме́дленный; ~ **speed** ти́хий ход; (*taking long time*) медли́тельный; (*in mind*) несообрази́тельный; (*boring*) ску́чный; **the clock is (three minutes)** ~ часы́ отстаю́т (на три мину́ты) **2.** *v adv* ме́дленно **3.** *v* ~ **down** замедля́ть(ся)
slowcoach *coll* копу́ша *m and f*
slowdown замедле́ние; (*reduction*) сниже́ние
slowly ме́дленно
slow-motion 1. *n* заме́дленное движе́ние; *cin* заме́дленная съёмка **2.** *adj* заме́дленный
slowness ме́дленность *f*, медли́тельность *f*
slow-worm слепозме́йка
sludge (*mud*) грязь *f*; (*sewage*) ил; (*deposit*) отсто́й
slug 1. *n zool* слизня́к; (*bullet*) пу́ля; (*of metal*) брусо́к; *phys* (*fuel*) блок; *print* (*line*) строка́; (*spacer*) шпон; *coll* (*blow*) уда́р; (*drink*) глото́к **2.** *v coll* лупи́ть, колоти́ть
sluggard лентя́й, лежебо́ка *m and f*
sluggish (*lazy*) лени́вый; (*lethargic*) вя́лый; (*slow*) ме́дленный; (*inactive*) засто́йный; (*slowly responding*) медли́тельный
sluice 1. *n* (*on canal etc*) шлюз; (*channel*) водово́д; (*trough*) промыва́льный жёлоб **2.** *v* (*wash down*, *out*, *through*) промыва́ть; (*let flow*) выпуска́ть; (*rush*) хлы́нуть, ли́ться
slum трущо́ба
slumber 1. *n* сон **2.** *v* спать, дрема́ть
slumberous со́нный
slummy трущо́бный
slump 1. *n* (*in prices*) ре́зкое паде́ние; (*economic crisis*) экономи́ческий кри́зис **2.** *v* (*sit*, *fall heavily*) тяжело́ опуска́ться; (*drop sharply*) ре́зко па́дать
slur 1. *n* (*disgrace*) пятно́ (на репута́ции); (*insinuation*) инсинуа́ция; **cast a** ~ **on** поро́чить; (*calumny*) клевета́; *mus* ли́га **2.** *v* (*words*) произноси́ть нея́сно; (*pass over*) зама́лчивать; *mus* исполня́ть лега́то
slurp *coll* (*eat*) ча́вкать; (*drink*) хлеба́ть
slurry (*clay*) жи́дкая гли́на; (*cement*) жи́дкий строи́тельный раство́р
slush (*mud and snow*) сля́коть *f*; *pej* (*sentiment*) сентимента́льщина
slushy сля́котный; сентимента́льный
slut (*slattern*) неря́ха; (*trollop*) потаску́ха; (*as abuse*) су́ка
sluttish неря́шливый
sly (*cunning*) хи́трый, лука́вый; (*of joke etc*) лука́вый; (*underhand*) кова́рный; **on the** ~ тайко́м
[1]**smack 1.** *n* (*taste*) при́вкус; (*hint*) намёк (**of,** на + *acc*); **he, it has the** ~ **of** в нём чу́вствуется (+ *nom*), в нём что-то от (+ *gen*) **2.** *v* (*taste of*) име́ть при́вкус (*of* + *gen*); (*smell of*, *also fig*) па́хнуть (**of,** + *instr*), отдава́ть (**of,** + *instr*)
[2]**smack 1.** *n* (*spank*) шлепо́к; **give a** ~ дать *pf* шлепо́к (+ *dat*), шлёпнуть *pf*; (*blow with palm*; *sound*) хлопо́к; **give a** ~ хло́пнуть *pf* (**on,** по + *dat*) **2.** *v* шлёпать; хло́пать; ~ **one's lips** (*with pleasure*) причмо́кивать; (*in anticipation*, *at memory*) обли́зываться
[3]**smack** *naut* смак
smacker *coll* (*blow*) шлепо́к; (*kiss*) зво́нкий поцелу́й
small 1. *n* ~ **of the back** поясни́ца **2.** *adj* (*little*, *young*) ма́ленький; (*not large*; *in number*) небольшо́й; (*in stature*) ма́ленького ро́ста; (*in scale*; *fine*; *trivial*) ме́лкий; (*of clothes etc*) мал; **the shoes are (too)** ~ **for him** ту́фли ему́ малы́; ~ **beer** *fig*, *coll* мелкота́; ~ **change** ме́лочь *f*; **feel** ~ стесня́ться, стыди́ться; **make feel** ~ унижа́ть; ~ **fry** *fig coll* (*lesser people*) мелкота́; (*children*) детвора́; ~ **hours** глубо́кая ночь *f*, предрассве́тные часы́ *m pl*; **look** ~ име́ть глу́пый вид; **make look** ~ ста́вить в глу́пое положе́ние; **rather, a bit** ~ малова́тый; **sing** ~ сба́вить *pf* тон
small-arms стрелко́вое ору́жие
small-bore малокали́берный
small-holding небольшо́й земе́льный уча́сток
smallness (*of size*) ма́ленький разме́р; (*of stature*) ма́ленький рост; (*insignificance*) незначи́тель-

ность *f*
smallpox óспа
smalls *coll* ни́жнее бельё
small-talk (*chatter*) болтовня́; (*social talk*) светская бесе́да
small-time *coll* ме́лкий
smarmy еле́йный
smart 1. *n* ре́зкая боль *f* **2.** *adj* (*stinging*; *sharp*) ре́зкий; (*fast*) бы́стрый; (*energetic*) энерги́чный; (*witty*) остроу́мный; (*cunning*) хи́трый; (*shrewd*) толко́вый, сообрази́тельный; (*clever*) у́мный; (*impertinent*) де́рзкий; (*spruce*) наря́дный; (*fashionable*) мо́дный; (*neat*) опря́тный **3.** *v* (*itch*) са́днить; (*burn*) щипа́ть, жечь; (*hurt*) боле́ть; *fig* (*suffer*) страда́ть (**with, from, under,** от + *gen*)
smart-alec(k) *coll* всезна́йка
smarten (up) (*make smart*) прихора́шивать(ся); (*tidy*) приводи́ть в поря́док, прибира́ть
smartly (*dressed*) наря́дно; (*nimbly*) прово́рно; (*quickly*) бы́стро
smartness быстрота́; энерги́чность *f*; де́рзость *f*; наря́дность *f*
smash 1. *n* (*noise*) гро́хот; (*collision*) столкнове́ние; *sp* смэш **2.** *v* (*break to pieces*; *also fig*) разбива́ть(ся); *coll* (*a record*) поби́ть *pf*; (*crash*) ~ **into** вреза́ться в (+ *acc*); (*strike*) ударя́ть; *sp* гаси́ть; ~ **down** *vt* (*flatten*) сноси́ть; (*a door*) взла́мывать; *vi* (*fall heavily*) гро́хнуться *pf*
smasher *coll* (*blow*) тяжёлый уда́р; (*remarkable thing, person*) что-нибудь сногшиба́тельное; **what a ~!** блеск!
smashing (*blow etc*) сокруши́тельный; *coll* (*first-rate*) чу́дный, сногсшиба́тельный, мирово́й
smattering пове́рхностное зна́ние
smear 1. *n* (*mark*) пятно́; (*daub*; *sci, med*) мазо́к; (*slander*) клевета́ **2.** *v* (*with grease etc*) ма́зать, сма́зывать (**with** + *instr*); (*make dirty*) па́чкать; (*smudge*) разма́зывать; (*slander*) пятна́ть
smell 1. *n* (*odour*) за́пах; (*sweet*) арома́т; (*foul*) дурно́й за́пах, вонь *f*; (*sense*) обоня́ние **2.** *v* (*sense odour of*) чу́вствовать, чу́ять, слы́шать за́пах; *fig* (*sense*) чу́ять, чу́вствовать; (*sniff at*) ню́хать; (*have odour*; *also fig*) отдава́ть, па́хнуть (**of,** + *instr*), име́ть за́пах (**of,** + *gen*); (*have bad ~*) ду́рно па́хнуть; *fig* ~ **a rat** чу́ять нела́дное; ~ **out** разню́хивать, выню́хивать
smelling-salts ню́хательная соль *f*
smelly *coll* воню́чий
[1]**smelt** (*melt metal*) пла́вить
[2]**smelt** (*fish*) ко́рюшка
smelter (*furnace*) плави́льная печь *f*; (*works*) плави́льный заво́д; (*worker*) плави́льщик
smelting 1. *n* пла́вка **2.** *adj* плави́льный
smidgen *coll* чу́точка
smile 1. *n* улы́бка; **give a ~** улыбну́ться **2.** *v* улыба́ться (**at,** + *dat*)
smiling улыба́ющийся
smirch (*soil*) па́чкать; (*reputation*) пятна́ть, поро́чить
smirk 1. *n* ухмы́лка **2.** *v* ухмыля́ться
smite (*strike*) ударя́ть; *fig* поража́ть
smith кузне́ц
smithereens куски́ *m pl*; **smash to ~** разби́ть *pf* вдре́безги
smithy ку́зница
smock (*working*) блу́за; (*chemise*) руба́шка
smog смог
smoke 1. *n* дым; **have a ~** покури́ть *pf*; **go up in ~** (*burn*) горе́ть; *fig* ко́нчиться *pf* ниче́м **2.** *adj* дымово́й **3.** *vt* (*tobacco*) кури́ть; (*cure*) копти́ть; *vi* (*give off ~*) дыми́ть; (*smoulder*) дыми́ться; ~ **out** выку́ривать
smoked *cul* копчёный
smokeless безды́мный
smoker (*person*) кури́льщик; *coll* (*railway*) ваго́н, купе́ для куря́щих
smokescreen дымова́я заве́са
smokestack дымова́я труба́
smoking 1. *n* куре́ние; **no ~** кури́ть воспреща́ется **2.** *adj* кури́тельный; ~ **room** кури́тельная
smoky (*emitting smoke*) дымя́щий; (*full of smoke*) ды́мный; (*full of tobacco smoke*) проку́ренный; (*colour*) ды́мчатый
smooth 1. *adj* (*even*) ро́вный; (*not rough*) гла́дкий; (*calm*) споко́йный; (*of movement*) пла́вный; (*polite*) ве́жливый; (*of taste*) нете́рпкий; (*suave*) льсти́вый **2.** *v* выра́внивать; пригла́живать; ~ **away, over** сгла́живать; ~ **down** (*calm*) успока́ивать(ся)
smooth-bore гладкоство́льный
smooth-faced (*shaven*) чи́сто вы́бритый; (*suave*) льсти́вый
smoothing-iron утю́г
smoothness ро́вность *f*; гла́дкость *f*; пла́вность *f*
smooth-skinned гладкоко́жий
smooth-spoken, -tongued сладкоречи́вый, льсти́вый
smother (*choke*) души́ть(ся); (*feel stifled*) задыха́ться; (*suppress*) подавля́ть; (*extinguish*) туши́ть; (*shower*) осыпа́ть (**with,** + *instr*); (*cover*) покрыва́ть (**with,** + *instr*)
smoulder тлеть (*also fig*)
smudge 1. *n* пятно́; (*of ink*) кля́кса **2.** *v* (*dirty*) па́чкать; (*blur*) разма́зывать(ся)
smudgy (*dirty*) запа́чканный; (*blurred*) расплы́вчатый
smug самодово́льный
smuggle (*through customs*) провози́ть контраба́ндой; (*convey secretly*) тайно́ проноси́ть, провози́ть
smuggler контрабанди́ст
smuggling контраба́нда
smugness самодово́льство
smut (*of soot*) части́ца са́жи; (*spot*) гря́зное пятно́; (*indecency*) непристо́йность *f*
smutty (*dirty*) гря́зный; (*indecent*) непристо́йный
snack заку́ска; **~-bar** заку́сочная, забега́ловка
snag 1. *n* (*difficulty*) затрудне́ние; **that's the ~** в том-то загво́здка; (*obstacle*) препя́тствие; (*drawback*) недоста́ток; (*jagged stump*) коря́га; (*projection*) вы́ступ **2.** *v* (*catch on*) зацепля́ться (**on,** за + *acc*); (*of boat*) налете́ть *pf* на коря́гу
snail ули́тка; **at a ~'s pace** черепа́шьим ша́гом
snake 1. *n* змея́ (*also fig*); ~ **in the grass** змея́ подколо́дная **2.** *v* (*crawl*) ползти́; (*coil*) извива́ть(ся); (*of path etc*) змеи́ться
snake-charmer заклина́тель *m* змей
snaky (*of snake*; *also fig*) змеи́ный; (*snakelike*) змееви́дный; (*winding*) изви́листый; (*full of snakes*) киша́щий змея́ми
snap 1. *n* (*bite*) уку́с; (*sound*) треск, щёлканье; **cold ~** внеза́пное похолода́ние; (*photo*) сни́мок; (*biscuit*) хрустя́щее пече́нье; (*catch*) защёлка **2.** *adj* (*sudden*) внеза́пный; (*immediate*) неме́дленный; (*hasty*) скоропали́тельный; (*vote etc*) внеочередно́й **3.** *v* (*bite*) куса́ть(ся); (*seize*) хвата́ться за (+ *acc*); (*crack*) треща́ть; (*click*) щёлкать; ~ **one's fingers** щёлкать па́льцами; ~

shut моментально закрывать(ся); (*with click*) защёлкивать(ся); (*break*) ломать(ся); (*of thread etc*) рвать(ся); (*speak sharply*) резко говорить, *coll* отрезать *pf*; *photo* снимать
~ **at** (*in speech*) огрызаться на (+ *acc*); (*of dog etc*) цапать
~ **in, on** защёлкивать(ся)
~ **off** отламывать(ся); (*of thread etc*) отрывать(ся)
~ **up** разбирать, расхватывать

snapdragon *bot* львиный зев
snap-fastener кнопка
snappish раздражительный
snappy (*irritable*) раздражительный; (*brisk*) быстрый; *coll* **make it** ~! быстро!; *coll* (*smart*) модный
snapshot *photo* снимок; (*with gun*) выстрел навскидку
snare 1. *n* (*wire loop*) силок; (*any trap*) западня, ловушка; *fig* (*temptation*) соблазн; (*trick*) обман **2.** *v* ловить (в ловушку)
[1]**snarl 1.** *n* (*growl*) рычание, ворчание **2.** *v* рычать, ворчать (**at,** на + *acc*)
[2]**snarl 1.** *n* (*knot*) узел; *coll* ~ **up** путаница **2.** *v* запутывать(ся)
snatch 1. *n* (*grab*) попытка схватить; (*lunge*; *also sp*) рывок; **make a** ~ **at** (пытаться) схватить *pf*; **in** ~**s** урывками; (*of song etc*) отрывок, обрывок **2.** *v* (*grab*) хватать, схватывать; ~ **at** хвататься за (+ *acc*); ~ **away, out** вырывать, выхватывать (**from,** из, от + *gen*); ~ **off** срывать
snatchy отрывистый
sneak 1. *n* подлец; (*school sl*) ябеда *m and f* **2.** *v* (*creep*) красться; (*do furtively*) делать *etc* украдкой; (*steal*) красть; (*inform*) ябедничать; ~ **about** красться; ~ **away, off** ускользать; ~ **up on, to** подкрадываться к (+ *dat*)
sneakers спортивные тапочки *f pl*, кеды *f pl*
sneaking (*low*) подлый; (*secret*) тайный
sneak-thief воришка *m*
sneaky *coll* (*low*) подлый; (*fawning*) раболепный; (*dishonest*) нечестный
sneer 1. *n* (*jibe*) насмешка; (*scornful smile*) усмешка **2.** *v* насмехаться (**at,** над + *instr*); усмехаться
sneering насмешливый, ехидный
sneeze 1. *n* чиханье; **give a** ~ чихнуть *pf* **2.** *v* чихать
snicker 1. *n* (*neigh*) тихое ржание; (*snigger*) хихиканье **2.** *v* тихо ржать; хихикать
snide *sl* (*bogus*) липовый; (*sneering*) ехидный
sniff 1. *n* сопение; фырканье; вдох; **have, take a** ~ **at** понюхать **2.** *v* (*breathe in noisily*) шмыгать носом; (*snuffle*) сопеть, фыркать; (*in disdain*) фыркать; (*smell, inhale*) нюхать (**at,** + *acc*), вдыхать
snigger 1. *n* хихиканье; **give a** ~ хихикнуть *pf* **2.** *v* хихикать
snip 1. *n* (*cut*) разрез, надрез; (*piece*) обрезок; *coll* (*certainly*) верное дело; (*bargain*) выгодная покупка **2.** *v* резать; ~ **off** отрезать, срезать
[1]**snipe** (*bird*) бекас
[2]**snipe** *mil* стрелять из укрытия; *fig, coll* делать язвительные замечания, язвить
sniper снайпер
snippet (*piece*) кусочек; (*of news*) обрывок
snips, snippers *tech* ножницы *f pl*
snitch *sl* (*inform*) доносить; (*steal*) стащить
snivel (*with running nose*) пускать сопли; (*sniff*) шмыгать носом; (*whimper*) хныкать
snob сноб
snobbery снобизм
snobbish (*of snob*) снобистский; (*superior*) чванливый
snobbishness снобизм
snook: cock a ~ **at** показывать (+ *dat*) длинный нос
snooker снукер
snoop *coll* (*pry*) совать нос в чужие дела; (*spy*) шпионить
snooty *coll* чванный; **be** ~ важничать, зазнаваться
snooze 1. *n* короткий сон; **have a** ~ вздремнуть *pf* **2.** *v* дремать; ~ **off** задремать *pf*
snore 1. *n* храп; **give a** ~ храпнуть *pf* **2.** *v* храпеть
snorkel шноркель *m*
snort 1. *n* (*of animal*) храп; (*of person*) фырканье; **give a** ~ всхрапнуть *pf*; фыркнуть *pf* **2.** *v* храпеть; фыркать
snot *vulg* сопли *f pl*
snotty 1. *n nav sl* гардемарин **2.** *adj* сопливый; *pej* противный
snout (*animal's*) морда, рыло; (*pig's*) пятачок; *vulg* (*nose*) сопатка; (*nozzle*) сопло
snow 1. *n* снег **2.** *adj* снежный **3.** *v* **it** ~**s** снег идёт; **it began to** ~ пошёл снег; (*fall like* ~) сыпаться как снег; ~ **in, under** заваливать, заносить снегом; *fig* заваливать, засыпать (**with,** + *instr*)
snowball 1. *n* снежок **2.** *v* (*play*) играть в снежки; *fig* (*increase*) нарастать
snowbank сугроб
snowblindness снежная слепота
snowbound (*snow-covered*) занесённый снегом; (*stuck in snow*) застрявший в снегу
snowdrift сугроб, снежный занос
snowdrop подснежник
snowfall (*fall of snow*) снегопад; (*amount*) количество осадков в виде снега
snow-field снежный простор
snowflake снежинка
snowline снеговая линия
snowman снежная баба; **the Abominable Snowman** снежный человек, йети *m indecl*
snowmobile снегоход, мотосани *f pl*
snow-plough снегоочиститель *m*
snow-shoes снегоступы *m pl*
snowstorm снежная буря, метель *f*, буран
snow-white белоснежный
snowy снежный; (*white*) белоснежный
[1]**snub 1.** *n* (*insult*) оскорбление; (*rebuff*) отпор **2.** *v* оскорблять; давать отпор (+ *dat*); **be** ~**bed** встречать отпор; (*put in place*) осаживать
[2]**snub** (*of nose*) вздёрнутый; ~**-nosed** курносый
snuff 1. *n* нюхательный табак; **take** ~ нюхать табак **2.** *v* (*sniff*) нюхать; (*candle*) снимать нагар с (+ *gen*); ~ **out** (*put out*) тушить; *fig* разрушать; *coll* (*kill*) приканчивать; (*die*) ~ **it** помирать
snuffbox табакерка
snuffle 1. *n* сопение **2.** *v* сопеть
snug (*cosy*) уютный; (*convenient*) удобный; (*close-fitting*) прилегающий
snuggle (*cuddle*) обнимать, прижимать к себе; ~ **down** уютно устраиваться; ~ **up to** прижиматься к (+ *dat*)
so 1. *adv and conj* (*in this way*) так, таким образом; **she said** ~ она так сказала; **I did** ~ я так и сделал; **I hope** ~ надеюсь (, что да); **that is** ~ это так; **why so?** почему так?; **if** ~ в таком случае; ~ **that …** так, чтобы (+ *past or infin*); (*to such a degree*) так, столь; (*with adverbs and*

short-form adjectives) так; **I am ~ glad** я так рад; **~ ... that** так ..., что; **not ~ ... as** не так ..., как; **~ little, few** так мáло (+ *gen*); **~ many** стóлько (+ *gen*); (*with long-form adjectives*) такóй; **he is ~ small** он такóй мáленький; **not ~ ... as** не такóй ..., как; **~ much** (+ *comp adj*) настóлько, до тогó, *coll* кудá (+ *comp adj*); **~ much the better/worse** тем лýчше/хýже; **not ~ much ... as ...** не стóлько ..., скóлько ...; **~ much ~ that** настóлько, что; **~ far as** наскóлько; (*also*) тóже, тáкже; **~ am I** я тóже; (*thus*) итáк, таким óбразом; **and ~ on, forth** и так дáлее (*abbr* и т.д.); **~ to speak** так сказáть; **~ long as** (*while*) покá; (*inasmuch as*) поскóльку; (*since*) раз; (*provided that*) éсли тóлько; **or ~** (*with number*) приблизи́тельно, каки́е-нибудь; (*therefore*) поэ́тому; **it was late ~ I went home** бы́ло пóздно, поэ́тому я пошёл домóй; **~-~** так себé; **you don't say ~!** неужéли!; **~ what?** ну и что? **2.** *interj* (*question*; *doubt*) ну?; (*realization*) вóт как!; **~ it's you!** так э́то вы́!

soak 1. *n* (*downpour*) ли́вень *m*; **give a ~** намочи́ть *pf*; **put in ~** замочи́ть *pf*; **lie in ~** лежáть в водé *etc* **2.** *vt* (*steep, make wet*) мочи́ть; (*drench*) пропи́тывать, промáчивать; *fig* **~ oneself in** погружáться в (+ *acc*); **be ~ed** (*in rain*) промокáть насквóзь; *vi* (*seep*) просáчиваться (**through,** сквозь + *acc*); (*lie in ~*) намáчиваться, мóкнуть; **~ in, up** впи́тывать, вбирáть (в себя́)

soakaway поглощáющий колóдец

soaker *coll* (*downpour*) ли́вень *m*

so-and-so (*in place of name*) такóй-то; *euph* такóй-сякóй, тип; *as adj* парши́вый, проти́вный

soap 1. *n* мы́ло; **bar of ~** кусóк мы́ла; **soft ~** жи́дкое мы́ло **2.** *adj* мы́льный; **~ powder** мы́льный, стирáльный порошóк **3.** намы́ливать(ся), мыли́ть(ся)

soap-box (*orator's*) импровизи́рованная трибýна; **~ orator** ýличный орáтор

soap-bubble мы́льный пузы́рь *m*

soap-dish мы́льница

soap-flakes мы́льная стрýжка

soapiness мы́лкость *f*

soapstone мы́льный кáмень *m*, тáльковый кáмень *m*

soapsuds мы́льная пéна

soapy мы́льный

soar (*fly high*) пари́ть; (*climb steeply*) взмывáть; (*glide*) плани́ровать; (*tower*) возвышáться; (*of prices etc*) стреми́тельно повышáться

sob 1. *n* всхлип; **give a ~** всхли́пнуть *pf* **2.** *v* рыдáть, всхли́пывать

sobbing рыдáние, всхли́пывание

sober 1. *adj* (*not drunk*; *not rash*) трéзвый; (*serious*) серьёзный; (*calm*) спокóйный **2.** *v* отрезвля́ть(ся)

sober-minded серьёзный, уравновéшанный

sobriety трéзвость *f*; серьёзность *f*

sobriquet (*nickname*) прóзвище; (*pseudonym*) псевдони́м

so-called так назывáемый

soccer футбóл

sociability общи́тельность *f*

sociable общи́тельный

social 1. *n coll* вечери́нка **2.** *adj* (*of society*) общéственный, социáльный; (*friendly*) дрýжеский; (*sociable*) общи́тельный; **~ democracy** социал-демокрáтия; **~ science, studies** обществовéдение; **~ scientist** обществовéд; **~ security** социáльное обеспéчение; **~ service** социáльное обеспéчение; **~ worker** рабóтник (*f* рабóтница) общéственной пóмощи

socialism социали́зм

socialist 1. *n* социали́ст, *f* социали́стка **2.** *adj* социалисти́ческий

socialistic социалисти́ческий

socialite свéтский человéк, *f* свéтская жéнщина

socialize *pol* обобществля́ть; (*nationalize*) национализи́ровать; *coll* (*be sociable*) общáться

society 1. *n* (*community*; *organization*; *company*) óбщество; (*upper class*) свет, свéтское óбщество **2.** *adj* свéтский

sociological социологи́ческий

sociologist социóлог

sociology социолóгия

[1]sock (*stocking*) носóк; **long ~s** гóльфы *m pl*; (*inner sole*) стéлька; *aer* (*wind indicator*) ветроуказáтель *m*

[2]sock *coll* **1.** *n* удáр **2.** *v* (*hit*) влепи́ть *pf* (+ *dat*; **with,** + *acc*)

socket (*hollow*; *of eye, joint*) впáдина; (*hole for sth*) гнездó; *tech* (*mounting*) цóколь *m*; (*joint*) мýфта; **ball ~** шаровáя мýфта; **lamp ~** лáмповый патрóн; **plug ~** штéпсельная розéтка; **~ wrench** торцóвый ключ

socle цóколь *m*

Socratic сокрáтовский; **~ irony** сократи́ческая ирóния

sod (*turf*) дёрн; (*piece of turf*) кусóк дёрна; *vulg* (*sodomite*) педерáст; (*as abuse*) сýка; **~'s law** ≈ закóн пóдлости

soda 1. *n* сóда; **baking ~, bicarbonate of ~** питьевáя сóда; **caustic ~** каусти́ческая сóда **2.** *adj* сóдовый; **~-siphon** сифóн; **~-water** сóдовая (водá)

sodden промóкший

sodium 1. *n* нáтрий **2.** *adj* нáтриевый

sodomite педерáст

sodomy педерáстия

sofa софá; **~-bed** дивáн-кровáть *f*

soft 1. *n* (*~ part*) мя́коть *f* **2.** *adj* (*not hard, harsh or bright*) мя́гкий; (*smooth, gentle, tender*) нéжный; (*quiet*) ти́хий; (*easy, light*) лёгкий; (*weak*) слáбый; (*effeminate*) изнéженный; (*tolerant*) снисходи́тельный; *coll* (*stupid*) простовáтый; **have a ~ spot for** имéть слáбость к (+ *dat*)

soft-boiled: ~ egg (*with soft white*) яйцó всмя́тку; (*with hard white*) яйцó в мешóчек

soften смягчáть(ся)

softener мягчи́тель *m*

softening смягчéние; *med* размягчéние

soft-headed простовáтый

soft-hearted мягкосердéчный

softness мя́гкость *f*

soft-pedal (*underemphasize*) преуменьшáть; (*tone down*) сбавля́ть тон

soft-soap 1. *n* жи́дкое мы́ло **2.** *v coll* (*flatter*) льстить, *coll* умáсливать

softspoken ти́хий

software *tech* прогрáммное обеспéчение

softwood хвóйное дéрево

softy *coll* тря́пка

soggy (*wet*) мóкрый, промóкший; (*doughy*) сырóй; (*marshy*) болоти́стый

soil 1. *n* (*earth*) пóчва; (*land*) земля́; (*dirt*) грязь *f*; (*refuse*) отбрóсы *m pl* **2.** *v* (*dirty*) пáчкать(ся); (*defile*) оскверня́ть

soirée звáный вéчер

sojourn 1. *n* пребыва́ние **2.** *v* вре́менно жить
sol *mus* соль *neut indecl*; *chem* золь *m*
solace 1. *n* утеше́ние **gain ~ from** утеша́ться (+ *instr*) **2.** *v* утеша́ть
solar со́лнечный; **~ plexus** со́лнечное сплете́ние; **~ system** со́лнечная систе́ма
solder 1. *n* припо́й **2.** *v* пая́ть; **~ on, to** припа́ивать к (+ *dat*); **~ together** спа́ивать
soldering пая́ние; **~-iron** пая́льник
soldier 1. *n* солда́т, вое́нный; (*not officer*) рядово́й; (*military leader*) полково́дец **2.** *v* служи́ть в а́рмии
soldiering слу́жба в а́рмии
soldierly, soldierlike солда́тский
soldiery солда́ты *m pl*; *pej* солдатня́
[1]**sole 1.** *n* (*of foot*) ступня́, подо́шва; (*of shoe*) подо́шва, подмётка **2.** *v* ста́вить подмётку
[2]**sole** (*fish*) морско́й язы́к
[3]**sole** (*only*) еди́нственный; (*exclusive*) исключи́тельный
solecism солеци́зм
solely то́лько, исключи́тельно
solemn (*serious*) серьёзный; (*of oath, occasion etc*) торже́ственный; (*awe-inspiring*) внуши́тельный; (*formal*) форма́льный; (*pompous*) напы́щенный, ва́жный
solemnity серьёзность *f*; торже́ственность *f*
solemnize торже́ственно отмеча́ть; **~ marriage** сочета́ть бра́ком
solenoid солено́ид
sol-fa сольфе́джио *neut indecl*
solicit (*ask*) проси́ть (+ *gen*); (*invite*) приглаша́ть; (*petition*) хода́тайствовать о (+ *prep*); (*seek*) домога́ться, иска́ть (+ *gen*); (*pester for*) выпра́шивать; (*of prostitute*) пристава́ть к (+ *dat*)
solicitation про́сьба; приглаше́ние; хода́тайство
solicitor *leg* соли́ситор; *Am* юриско́нсульт
solicitous (*attentive*) внима́тельный; (*anxious*) забо́тливый; **~ for, about** озабо́ченный (+ *instr*); **~ to** стремя́щийся (+ *infin*, *or* к + *dat*)
solicitude забо́тливость *f*
solid 1. *n phys* твёрдое те́ло; *math* те́ло; (*food*) твёрдая пи́ща **2.** *adj* (*hard, not liquid*) твёрдый; (*not hollow*; *unbroken*; *homogeneous*) сплошно́й; (*unalloyed*) чи́стый; (*firm*) про́чный; (*massive*) масси́вный; (*dense*) пло́тный; (*reasons etc*) ве́ский; (*reliable*) соли́дный; (*constant*) непреры́вный; (*whole*) це́лый; *math* трёхме́рный **3.** *adv* (*unanimously*) единоду́шно
solidarity (*of people*) солида́рность *f*; (*of interests*) о́бщность *f*, еди́нство
solid-drawn цельнотя́нутый
solidify (*make hard*) де́лать твёрдым *etc*; (*become solid*) тверде́ть, затвердева́ть; (*freeze*) замерза́ть; (*set*) остыва́ть
solidity твёрдость *f*; про́чность *f*; масси́вность *f*; соли́дность *f*
solidly (*immovably*) неподви́жно; (*completely*) целико́м; (*unanimously*) единоду́шно; (*firmly*) твёрдо
solid-state твёрдый; **~ physics** фи́зика твёрдого те́ла; (*of device*) на твердоте́льных элеме́нтах, полупроводнико́вый
solidus *hist*, *tech* со́лидус
soliloquize (*talk to self*) говори́ть с сами́м собо́й; *theat* произноси́ть моноло́г
soliloquy моноло́г
solipsism солипси́зм
solipsist 1. *n* солипси́ст **2.** *adj* солипси́ческий
solitaire (*stone*; *game*) солите́р
solitary 1. *n* (*recluse*) отше́льник, *f* отше́льница; *sl* (*in prison*) одино́чное заключе́ние **2.** *adj* (*lonely*; *standing alone*) одино́кий; (*unaided*; *for one only*; *isolated*; *individual*) одино́чный; (*remote*) забро́шенный, уединённый; (*uninhabited*) безлю́дный; (*the only*, *single*) еди́нственный
solitude уедине́ние, одино́чество
solo 1. *n mus* со́ло *neut indecl* **2.** *adj mus* со́льный; (*alone*) одино́чный, самостоя́тельный **3.** *adv* со́ло, в одино́чку
soloist соли́ст, *f* соли́стка
so long! *coll* пока́!
solstice солнцестоя́ние
solubility раствори́мость *f*
soluble *chem* раствори́мый; (*of problem*) разреши́мый
solution *chem* раство́р; (*of problem*) реше́ние, разреше́ние
solvable разреши́мый
solve реша́ть
solvency платёжеспосо́бность *f*
solvent 1. *n chem* раствори́тель *m* **2.** *adj fin* платёжеспосо́бный; *chem* растворя́ющий
Somali 1. *n* (*person*) сомали́ец, *f* сомали́йка; (*language*) язы́к сомали́ **2.** *adj* сомали́йский
Somalia Сомали́ *indecl*
somatic сомати́ческий
sombre мра́чный
sombrero сомбре́ро *neut indecl*
some 1. *adj* (*any unspecified*) како́й-нибудь; **give me ~ work** дайте каку́ю-нибудь рабо́ту; (*certain unspecified*) како́й-то; **he gave me ~ book** он дал мне каку́ю-то кни́гу; (*a certain*) не́кий, како́й-то; **he was talking to ~ Captain Martini** он говори́л с каки́м-то капита́ном Марти́ни; (*several unspecified*) не́сколько (+ *gen pl*); **he sat there for ~ hours** он там сиде́л не́сколько часо́в; **~ men stood at the door** не́сколько челове́к стоя́ли у две́ри; (*a certain number of*) не́который; **~ students don't work** не́которые студе́нты не рабо́тают; (*a little*) немно́го (+ *gen*); *often omitted if object is uncountable, or rendered by partitive gen eg* **give me ~ water** дай мне воды́; **~ more** ещё; (*approximately*) о́коло (+ *gen*), каки́е-нибудь; (*not a little*) нема́ло (+ *gen*); *coll* (*in admiration*) вот э́то ..., ну и ...; *in expressions* **~ day, time** когда́-нибудь; **~ other time** ка́к-нибудь в друго́й раз; **~ ... or other** како́й-то; **~ of these days** на-дня́х **2.** *pron* не́которые, одни́; **~ of** не́которые из (+ *gen*); **~ ..., others ...** одни́ ..., други́е ...
somebody, someone (*specific*) кто́-то; **there is ~ in the room** в ко́мнате кто-то есть; (*not specific, anyone*) кто́-нибудь; **~ else** кто́-нибудь ещё; **I want ~ to help me** я хочу́, что́бы кто́-нибудь мне помо́г; **~ or other** кто́-нибудь
somehow (*in some as yet unknown way*) ка́к-нибу́дь; **we'll get home ~** как-нибу́дь доберёмся домо́й; (*in some unexplained way*) ка́к-то, каки́м-то о́бразом; (*rather*) ка́к-то
somersault 1. *n* кувырка́ние; **do a ~** перекувырну́ться *pf*; *fig* по́лный переворо́т **2.** *v* кувырка́ться
something 1. *pron* (*specific*) что́-то; **~ must be done** что́-то на́до сде́лать; **I saw ~** я что́-то уви́дел; (*not specific, anything*) что́-нибудь; **give him ~ to eat** да́йте ему́ что́-нибудь пое́сть; **~ like** не́что вро́де (+ *gen*); **or ~** и́ли что́-то в э́том ро́де; (*in*

coll rhetorical question) что ли; **have you gone mad or ~?** ты с ума́ сошёл, что ли?; (*somewhat*) немно́го; **he's ~ of an artist** он немно́го худо́жник **2.** *adv* (*about*) о́коло (+ *gen*); (*somewhat*) немно́го; *coll* (*rather*, *pretty well*) дово́льно; (*very*) ужа́сно; **that's ~ like!** вот э́то да!
sometime (*in future*) когда́-нибудь; (*in past*) когда́-то, не́когда, ка́к-то; *as adj* (*former*) бы́вший
sometimes иногда́, вре́мя от вре́мени
somewhat (*to some extent*) до не́которой сте́пени; (*a little*) немно́го, не́сколько; (*rather*) дово́льно; **~ of a** немно́го (+ *noun*)
somewhere (*specific place*) где́-то; (*not specific*) где́-нибудь; **~ else** где́-нибудь ещё; (*specific direction*) куда́-то; (*not specific*) куда́-нибудь; **from ~** отку́да-то
somnambulism сомнамбули́зм, лунати́зм
somnambulist сомна́мбул, луна́тик
somnifacient 1. *n* снотво́рное (сре́дство) **2.** *adj* снотво́рное
somnolence сонли́вость *f*
somnolent (*sleepy*) со́нный, сонли́вый; (*making sleepy*) усыпля́ющий
son сын; (*form of address*) сыно́к; **~-in-law** зять *m*
sonant 1. *n* сона́нт **2.** *adj* зво́нкий
sonar 1. *n* гидролока́тор **2.** *adj* гидролокацио́нный
sonata сона́та; **~ form** сона́тная фо́рма
sonatina сонати́на
song пе́сня; (*of birds*) пе́ние; **break into ~** запе́ть *pf*; *fig* **for a ~** за бесце́нок; **make a ~ about** поднима́ть шум из-за (+ *gen*); **~-bird** пе́вчая пти́ца
songbook пе́сенник
songster певе́ц, *f* певи́ца; (*bird*) пе́вчая пти́ца
songstress певи́ца
songwriter пе́сенник
sonic звуково́й; **~ bang, boom, barrier** звуково́й уда́р, барье́р
sonnet соне́т
sonority зво́нкость *f*
sonorous (*resonant*) зву́чный, зво́нкий; (*melodious*) мелоди́чный
soon (*in short time*; *before long*) ско́ро, вско́ре; **he will be back ~** он ско́ро вернётся; **~ after** вско́ре по́сле э́того; (*early*) ра́но; **too ~** сли́шком ра́но; **the ~er the better** чем ра́ньше, тем лу́чше; **~er or later** ра́но или по́здно; **as ~ as** как то́лько; **I would as ~/~er** (*prefer*) я бы предпочита́л; (*rather*, *in rhetorical comparison*) я бы скоре́е (+ *past*); **I would just as ~** (*indifferent choice*) я бы так же охо́тно (+ *past*); **you might just as ~** мо́жете с таки́м же успе́хом (+ *infin*)
soot са́жа, ко́поть *f*
soothe (*calm*) успока́ивать; (*comfort*) утеша́ть; (*alleviate*) облегча́ть, смягча́ть
soothing успокои́тельный; утеши́тельный, облегча́ющий
soothsayer (*seer*) предсказа́тель *m*; (*prophet*) проро́к
sooty (*soot-covered*) покры́тый са́жей; (*blackened*) закопчённый; (*dirty with soot*) запа́чканный са́жей, закопте́лый
sop 1. *n* (*concession*) усту́пка; (*trivial gift*) пода́чка; (*of person*) тря́пка **2.** *v* промока́ть (**with,** + *instr*); **~ up** вбира́ть
sophism софи́зм
sophistic софи́стский; **~s** софи́стика
sophisticated (*refined*) утончённый, изощрённый; (*experienced*) искушённый; (*complex*) сло́жный; **~ weapons** совреме́нные ви́ды *m pl* ору́жия
sophistication утончённость *f*, изощрённость *f*; искушённость *f*; сло́жность *f*
sophistry софи́стика
soporific 1. *n* снотво́рное **2.** *adj* снотво́рный
sopping насквозь промо́кший, мо́крый
soppy (*wet*) мо́крый; *coll* (*silly*) глу́пый; (*sentimental*) сентимента́лный, слюня́вый
soprano 1. *n* сопра́но (*voice*) *neut indecl*, (*singer*) *f indecl* **2.** *adj* сопра́новый
sorbet шербе́т
sorcerer колду́н, чаро́де́й, волше́бник
sorceress колду́нья, чаро́де́йка, волше́бница
sorcery колдовство́, волшебство́; (*spells*) ча́ры *f pl*
sordid (*revolting*) омерзи́тельный; (*mean*) ни́зкий, по́длый; (*dirty*) гря́зный; (*squalid*) убо́гий; (*ignoble*, *self-seeking*) коры́стный, ни́зменный
sore 1. *n* (*sore place*) боля́чка; (*ulcer*) нары́в, я́зва **2.** *adj* (*painful*) больно́й; **be ~** боле́ть; (*inflamed*) воспалённый; **I have a ~ throat** у меня́ го́рло боли́т; (*sensitive*) чувстви́тельный; *fig* **~ point** больно́й вопро́с; *coll* (*angry*) серди́тый; (*indignant*) оби́женный
sorely (*very*) о́чень, весьма́
soreness боле́зненность *f*; чувстви́тельность *f*; воспале́ние
sorghum со́рго *neut indecl* (обыкнове́нное)
sorority же́нское о́бщество
sorrel 1. *n bot* щаве́ль *m*; (*horse*) гнеда́я ло́шадь *f* **2.** *adj* гнедо́й
sorrow 1. *n* (*grief*) го́ре; (*sadness*) печа́ль *f*; (*misfortune*) го́ре, несча́стье; (*regret*) сожале́ние (**at,** о + *prep*) **2.** *v* горева́ть, печа́литься
sorrowful гру́стный, печа́льный
sorry: be, feel ~ (*sympathize*) жале́ть (**for** + *acc*; **about,** о + *pr*); (*regret*) сожале́ть (**for, about,** о + *prep*; **that,** что + *ind*); **(I'm) ~** прости́те, извини́те; (*wretched*) жа́лкий
sort 1. *n* (*kind*) род, вид; **a, some ~ of** (*a kind of*) како́й-то; (*like*) не́что вро́де (+ *gen*); (*a degree of*) своего́ ро́да; **something of that ~** что́-то в э́том ро́де; **nothing of the ~** ничего́ подо́бного; **every ~ of, all ~s of, of all ~s** всевозмо́жный, вся́кого ро́да; **what ~ of** како́й; **that ~ of, of that ~** тако́й; **what ~ of plane is that?** что э́то за самолёт?; **of some ~,** како́й-то, како́го-то ро́да; *coll* **~ of** как-то, вро́де, ка́к бы; **a good ~** сла́вный ма́лый; **be, feel out of ~s** чу́вствовать себя́ нева́жно **2.** *v* (*into groups*) разбира́ть, сортирова́ть; (*select*) отбира́ть; (*put in order*) приводи́ть в поря́док; **~ out** (*problem*) ула́живать; (*misunderstanding etc*) разбира́ться в (+ *prep*)
sorter сортиро́вщик
sortie *mil* вы́лазка; *aer* вы́лет
SOS сигна́л бе́дствия, *as interj* СОС
so-so так себе́
sot го́рький пья́ница
sotto voce вполго́лоса
soubrette субре́тка
soubriquet *see* **sobriquet**
soufflé суфле́ *neut indecl*
sought-after популя́рный
soul (*all senses*) душа́; **with all one's ~** от всей души́; **upon my ~!** че́стное сло́во!, ей-бо́гу!
soulful (*lofty*) возвы́шенный; (*sentimental*) чувстви́тельный, сентимента́льный; (*emotional*) эмоциона́льный; **~ looks** то́мные взгля́ды *m pl*
soulless безду́шный

soul-searching самокри́тика

[1]**sound 1.** *n* (*noise*) звук; **not a ~ was heard** не́ было слы́шно ни зву́ка **2.** *adj* звуково́й **3.** *v* (*emit ~*) звуча́ть, раздава́ться; (*make, emit ~*) **~ a bell** звони́ть в ко́локол; (*at the door*) звони́ть в звоно́к; **~ the alarm** бить трево́гу; (*seem*) звуча́ть (+ *adv*; **like,** как), каза́ться (+ *instr*); **~ praises of** возвеща́ть, петь хвалу́

[2]**sound** (*strait*) проли́в

[3]**sound** (*healthy*) здоро́вый; (*in good condition*) в хоро́шем состоя́нии; (*not bad, spoiled*) неиспо́рченный; (*good*) хоро́ший; (*in running order*) испра́вный; (*reliable*) надёжный; (*wise*) разу́мный; (*of education, knowledge etc*) соли́дный; (*strong; of sleep etc*) кре́пкий; (*complete*) по́лный; (*correct*) пра́вильный

sound 1. *n med, sci* зонд **2.** *v* (*measure depth*) измеря́ть глубину́; (*probe*) зонди́ровать; *fig* **~ out** (*opinions etc*) разузнава́ть; зонди́ровать; **we must ~ him out** на́до разузна́ть что он ду́мает; (*examine*) иссле́довать

sound-barrier звуково́й барье́р

sound-broadcasting радиовеща́ние

sound-effects звуковы́е эффе́кты *m pl*

sounding 1. *n* измере́ние глубины́; зонди́рование; *fig* **take ~s** зонди́ровать по́чву **2.** *adj* (*making sound*) звуча́щий; (*ringing*) зво́нкий

soundless беззву́чный

soundly (*completely*) соверше́нно; **sleep ~** кре́пко спать; **beat ~** здо́рово бить

soundness хоро́шее состоя́ние; испра́вность *f*; надёжность *f*; разу́мность *f*; соли́дность *f*; кре́пость *f*; пра́вильность *f* (*see* **sound**)

sound-proof 1. *adj* звуконепроница́емый **2.** *v* де́лать звуконепроница́емым

sound-track звукова́я доро́жка, фоногра́мма

sound-wave звукова́я волна́

soup суп; *fig* **in the ~** в тру́дном положе́нии; **~-plate** глубо́кая таре́лка; **~-tureen** су́пница

soupçon (*little bit*) чу́точка; (*trace*) намёк

sour 1. *adj* (*all senses*) ки́слый; **go, turn ~** ки́снуть, прокиса́ть **2.** *vi* ки́снуть, по́ртиться; *vt* кваси́ть; *fig* озлобля́ть(ся)

source (*most senses*) исто́чник; (*of river*) исто́к

sourness кислота́

sourpuss *coll* брюзга́ *m and f*

souse (*immerse*) окуна́ть; (*soak with spray etc*) облива́ть; (*pickle*) маринова́ть

soutane сута́на

south 1. *n* юг; *naut* зюйд **2.** *adj* ю́жный; *naut* зю́йдовый **3.** *v astr* пересека́ть мередиа́н (*see also* **east**)

southbound иду́щий на юг

south-east 1. *n* юго-восто́к; *naut* зюйд-о́ст **2.** *adj* юговосто́чный; *naut* зюйд-о́стовый **3.** *adv* (*place*) на юго-восто́ке (**of,** от + *gen*); (*direction*) к юго-восто́ку, на юго-восто́к

south-easterly, south-eastern 1. *adj* юго-восто́чный **2.** *adv* (*to SE*) к юго-восто́ку; (*from SE*) с юго-восто́ка

south-eastward(s) к юго-восто́ку, на юго-восто́к

southerly ю́жный

southern ю́жный

southerner южа́нин, *f* южа́нка

southernmost са́мый ю́жный

southing *naut* (*drift*) дрейф на зюйд; (*of latitude*) зю́йдовая ра́зность *f* широ́т; *astron* прохожде́ние че́рез меридиа́н

southpaw *sp* левша́ *m*

southward(s) 1. *adj* ю́жный **2.** *adv* к ю́гу (**of,** от + *gen*)

south-west 1. *n* юго-за́пад; *naut* зюйд-ве́ст **2.** *adj* югоза́падный; *naut* зюйд-ве́стовый **3.** *adv* (*place*) на юго-за́паде, к юго-за́паду (**of,** от + *gen*); (*direction*) к юго-за́паду, на юго-за́пад

southwester (*wind*) югозапа́дный ве́тер; (*hat*) зюйдве́стка

south-westerly юго-за́падный

south-western юго-за́падный

south-westward(s) к юго-за́паду, на юго-за́пад

souvenir 1. *n* сувени́р **2.** *adj* сувени́рный

sou'wester *see* **southwester**

sovereign 1. *n* (*ruler*) сувере́н, мона́рх; (*coin*) совере́н, золото́й фунт **2.** *adj* (*supreme*) верхо́вный; **~ power** верхо́вная власть *f*; (*of state*) сувере́нный; (*excellent*) превосхо́дный

sovereignty суверените́т

Soviet 1. *n* сове́т **2.** *adj* сове́тский; **~ Union** Сове́тский Сою́з

sovkhoz совхо́з

[1]**sow** (*pig*) свинья́

[2]**sow** (*seed; also fig*) се́ять; (*land*) засе́ивать

sower (*man*) се́ятель *m*; (*machine*) се́ялка

sowing сев, посе́в; **spring ~** ярово́й посе́в; **autumn ~** ози́мый посе́в

soy (*sauce*) со́евый со́ус

soya 1. *n* со́я **2.** *adj* со́евый; **~ bean** со́евый боб

sozzled пья́ный, *coll* нализа́вшийся

spa куро́рт с минера́льными во́дами

space 1. *n* (*area; expanse; gap; sci, philos*) простра́нство; **outer ~** косми́ческое простра́нство, ко́смос; (*room*) ме́сто; **there's no ~ for it** нет ме́ста для него́; (*distance*) расстоя́ние; (*interval*) промежу́ток (вре́мени); **in the ~ of** в тече́ние (+ *gen*), за (+ *acc*); *print* шпа́ция **2.** *adj* (*of, in ~; for ~-flight*) косми́ческий **3.** *v* (*arrange*) распределя́ть; (*with gaps*) расставля́ть (с промежу́тками)

space-bar кла́виша для интерва́лов

spacecraft косми́ческий кора́бль *m*, косми́ческий лета́тельный аппара́т (*abbr* КЛА)

space-heater воздухонагрева́тель *m*

spaceman космона́вт

space-flight косми́ческий полёт

spacer *tech* прокла́дка

spaceship косми́ческий кора́бль *m*

space-shuttle косми́ческий челно́чный лета́тельный аппара́т, челно́чный КЛА

space-suit косми́ческий костю́м, скафа́ндр (космона́вта)

space-time вре́мя-простра́нство

space-travel косми́ческий полёт

spacing (*arrangement*) расстано́вка; (*distance*) расстоя́ние; (*distribution*) распределе́ние; *typ* (*between letters*) разря́дка; (*between lines*) интерва́л

spacious (*vast*) обши́рный, просто́рный; (*capacious*) помести́тельный, вмести́тельный

spade (*tool*) лопа́та; (*cards*) пи́ки *f pl*; **seven of ~s** семёрка пик; **queen of ~s** пи́ковая да́ма; **call a ~ a ~** называ́ть ве́щи свои́ми имена́ми; **~-work** подготови́тельная рабо́та

spaghetti спаге́тти *pl indecl*

spahi спаги́ *m indecl*

Spain Испа́ния

spam мясно́й хлеб

span 1. *n* (*of hands, wings*) разма́х; (*width*) ширина́; (*girth*) обхва́т; (*extent*) расстоя́ние; (*of* *bridge*) пролёт; (*interval*) интервáл; (*gamut*) диапазóн; (*of oxen*) упря́жка; (*measure*) пядь *f* **2.** *v* (*cover*) перекрывáть; ~ **a river** соединя́ть берегá; (*cross*) переправля́ться чéрез (+ *acc*); (*extend round*) обхвáтывать; (*measure*) измеря́ть

spandrel *archi* антрвóльт, пáзуха свóда

spangle 1. *n* блёстка **2.** *v* покрывáть/украшáть блёстками

Spaniard испáнец, *f* испáнка

spaniel спаниéль *m*

Spanish 1. *n* (*people*) испáнцы *m pl*; (*language*) испáнский язы́к **2.** *adj* испáнский; ~ **chestnut** каштáн (съедóбный); ~ **fly** шпáнская мýшка, шпáнка

spank 1. *n* шлепóк; **give a** ~ шлёпнуть *pf* **2.** *v* шлёпать; ~ **along** нести́сь

spanking 1. *n* шлёпание; **he needs a good** ~ егó нáдо хорошéнко нашлёпать **2.** *adj coll* (*fast*) бы́стрый; (*fine*) отли́чный; (*big*) здорóвый

spanner (гáечный) ключ; **adjustable** ~ разводнóй, раздвижнóй ключ; **box, socket** ~ торцевóй (гáечный) ключ

[1]**spar** (*pole*) шест; (*beam*) бревнó, бáлка; *naut* рангóутное дéрево; *aer* лонжерóн; *min* шпат; ~**-buoy** вéха

[2]**spar** (*fight*) дрáться; (*box*) боксировáть; (*train*) занимáться спáррингом

spare 1. *n* (*part*) запаснáя часть *f*, запчáсть *f*; (*tyre*) запаснáя ши́на **2.** *adj* (*in reserve*; *as replacement*) запаснóй, запáсный; (*extra*, *left over*) ли́шний; ~ **time** свобóдное врéмя; (*not in use*) свобóдный; (*scanty*) скýдный; (*thin*) худóй **3.** *v* (*be merciful*) щади́ть; (*save*; *use carefully*) берéчь; ~ **no pains** *etc* дéлать всё возмóжное, не жалéть трудóв *etc*; (*give*) уделя́ть (+ *acc* + *dat of person*); **I can** ~ **you a few minutes** могý удели́ть вам нéсколько минýт; **he has never a moment to** ~ у негó нет (ни однóй) свобóдной минýты

spare-ribs свины́е рёбрышки *neut pl*

sparing (*scanty*) скýдный; (*frugal*) эконóмный; (*careful*) умéренный; ~ **of words** скупóй на словá

spark 1. *n* и́скра; *fig* (*trace*) при́знак, след; **not a** ~ **of** ни кáпли (+ *gen*) **2.** *v* и́скри́ться; *tech* (*eg of bad contact*) искри́ть; *fig* ~ **off** вызывáть

spark-arrester искрогаси́тель *m*

spark-coil (*of car*) катýшка зажигáния

sparking-plug запáльная свечá, свечá зажигáния

sparkle 1. *n* (*small spark*) искóрка; (*gleam*) блеск (*also fig*), сверкáние; (*liveliness*) живость *f* **2.** *v* (*spark*) и́скри́ться; (*gleam*) блестéть, сверкáть; *fig* блестéть, блистáть (**with,** + *instr*)

sparkler (*firework*) бенгáльский огóнь *m*; *sl* (*diamond*) бриллиáнт

sparkling блестя́щий; (*wine*) игри́стый

sparring *sp* спáрринг, вóльный бой; ~ **partner** спáрринг-партнёр

sparrow воробéй

sparrow-hawk я́стреб-перепеля́тник

sparse (*scattered*) рéдкий; (*scanty*) скýдный

Sparta Спáрта

Spartan 1. *n hist*; *fig* спартáнец, *f* спартáнка **2.** *adj* спартáнский

spasm *med* сýдорога, спазм; (*sudden burst*) поры́в

spasmodic *med* сýдорожный, спазмоди́ческий; (*in bursts*) поры́вистый; (*occasional*) и́зредка случáющийся

spastic спасти́ческий

spate (*flood*) наводнéние; (*of river*) разли́в; **be in** ~ разливáться; (*of rain*) ли́вень *m*; (*torrent*; *also fig*) потóк

spatial пространственный

spatter 1. *n* (*splashes*) бры́зги *f pl*; (*of rain*) дóждик **2.** *v* (*splash*) *vi and vt* бры́згать (на + *acc*; **with,** + *instr*); (*sprinkle*) усéивать

spatula лопáточка, шпáтель *m*

spatulate лопатови́дный

spavin шпат

spawn 1. *n* (*of fish*) икрá; (*of fungus*) грибни́ца; *fig pej* (*offspring*) отрóдье **2.** *v* (*fish*) метáть икрý; (*give birth*; *also fig*) плоди́ть, порождáть

spay удаля́ть я́ичники, овариектоми́ровать

speak (*talk*; *be witness of*) говори́ть; ~ **Russian** говори́ть по-рýсски; **so to** ~ так сказáть; **generally** ~**ing** вообщé говоря́; **properly** ~**ing** сóбственно говоря́; **strictly** ~**ing** стрóго говоря́; **it is nothing to** ~ **of** об э́том не стóит и говори́ть; **it** ~**s for itself** э́то говори́т самó за себя́; ~ **up!** грóмче; (*pronounce*) произноси́ть; (*make speech*) выступáть; ~ **out** выскáзываться откровéнно

speaker (*talker*) говоря́щий; (*at meeting*) выступáющий, орáтор; **he is a good** ~ он хорóший орáтор; (*reader*) ди́ктор; (*lecturer*) лéктор; (*spokesman*) представи́тель *m*; (*loudspeaker*) громкоговори́тель *m*

speaking-trumpet рýпор

speaking-tube переговóрная трýбка

spear 1. *n* копьё **2.** *v* пронзáть (копьём)

spearhead 1. *n* наконéчник копья́; *fig* авангáрд **2.** *v* быть авангáрдом; ~**ed by** во главé с (+ *instr*)

spearmint мя́та колоси́стая

spec: on ~ наудáчу

special (*particular*) осóбый; **on** ~ **occasions** в осóбых слýчаях; (*not usual*) осóбенный; **nothing** ~ ничегó осóбенного; (*specific*; *designated*) специáльный

specialist 1. *n* специали́ст, *f* специали́стка **2.** *adj* (*specialized*) специáльный; (*for specialists*) для специали́стов

speciality специáльность *f*

specialization специализáция

specialize специализи́роваться (**in,** в, на + *prep*, *or* по + *dat*)

specialty (*special subject*) специáльность *f*; (*characteristic*) характéрная чертá

specie звóнкая монéта

species (*kind*) вид, род; *biol* вид

specific 1. *n* срéдство **2.** *adj* (*definite*) определённый, конкрéтный; (*precise*) тóчный; (*particular*) осóбый, специфи́ческий; *med* специфи́ческий; *biol* видовóй; *phys* удéльный; ~ **gravity** удéльный вес

specification спецификáция

specify (*indicate*) укáзывать; (*determine*) определя́ть; (*list*) перечисля́ть; (*give as condition*) обуслóвливать; *tech* специфици́ровать

specimen 1. *n* (*typical item*; *for analysis etc*) образéц, обрáзчик; (*sample*) прóба; (*example*) примéр; (*one of identical series*) экземпля́р **2.** *adj* прóбный

specious (*deceptive*) благови́дный; (*done for effect*) показнóй

speck 1. *n* (*spot*) пя́тнышко, крáпинка; (*particle*) части́ца; (*in eye*) сори́нка; ~ **of dust** пыли́нка; *fig* **not a** ~ **of** ни крупи́нки, ни кáпли (+ *gen*) **2.** *v* оставля́ть пя́тнышко, пя́тнышки

speckle 1. *n* крáпинка, пя́тнышко **2.** покрывáть,

усе́ивать кра́пинками
speckled кра́пчатый; (*of material, dress*) в кра́пинку; (*variegated*) рябо́й, пёстрый
specs очки́ *pl*
spectacle зре́лище; *theat* спекта́кль *m*; *pl* (*glasses*) очки́ *pl*; **pair of ~s** па́ра очко́в
spectacled в очка́х
spectacular (*impressive*) эффе́ктный; (*exciting*) захва́тывающий; *coll* (*tremendous*) невероя́тный, внуши́тельный
spectator (*onlooker*) зри́тель *m*, *f* зри́тельница; (*witness*) наблюда́тель *m*, *f* наблюда́тельница
spectral (*ghostly*) при́зрачный; *phys* спектра́льный
spectre при́зрак
spectograph спектро́граф
spectrometer спектро́метр
spectroscope спектроско́п
spectroscopic спектроскопи́ческий
spectrum спектр; *fig* (*range*) диапазо́н
specular зерка́льный
speculate (*ponder*) размышля́ть (**on, about,** над + *instr*); (*conjecture*) стро́ить дога́дки (**on, about,** относи́тельно + *gen*); (*wonder*) спра́шивать себя́; *fin* спекули́ровать (*also fig*)
speculation (*pondering*) размышле́ние; (*conjecture*) предположе́ние, дога́дка; *fin, philos* спекуля́ция
speculative *fin, philos* спекуляти́вный; (*risky*) риско́ванный; (*theoretical*) теорети́ческий, умозри́тельный; (*conjectural*) предположи́тельный
speculator спекуля́нт
speculum зе́ркало; (*dilator*) расшири́тель *m*
speech (*faculty; oration*) речь *f*; **figure of ~** фигу́ра, оборо́т ре́чи; **part of ~** часть *f* ре́чи; **make a ~** произноси́ть речь, выступа́ть; (*diction*) вы́говор, ди́кция; (*language*) язы́к; (*dialect*) го́вор
speechify ора́торствовать, разглаго́льствовать
speechless (*dumb*) немо́й; (*silent*) молчали́вый; (*with rage etc*) онеме́вший (**with,** от + *gen*)
speech-therapy логопе́дия
speed 1. *n* (*velocity, rate; gear*) ско́рость *f*; **at a great ~** на большо́й ско́рости; **at full ~** по́лным хо́дом, на по́лной ско́рости; **gather ~** набира́ть ско́рость; **go at a ~ of 50 kilometres per hour** е́хать со ско́ростью пяти́десяти (*or* пятьдеся́т) киломе́тров в час; (*rapidity*) быстрота́; (*of film*) чувстви́тельность *f* **2.** *v* (*go fast*) бы́стро идти́/е́хать; (*hasten*) торопи́ть(ся); (*rush*) мча́ться; (*go too fast*) е́хать с недозво́ленной ско́ростью
 ~ away, off умча́ться
 ~ ву проноси́ться
 ~ up *vi* прибавля́ть ход, набира́ть ско́рость; *vt* ускоря́ть
speedboat быстрохо́дный ка́тер
speed-cop *coll* автоинспе́ктор, гаи́шник (*in USSR*)
speeding езда́ с недозво́ленной ско́ростью
speed limit (*on road*) дозво́ленная ско́рость *f*; *tech* преде́л ско́рости
speedometer спидо́метр
speed-reducer реду́ктор
speed-up (*acceleration*) ускоре́ние; (*in production*) повыше́ние производи́тельности труда́
speedway спидве́й
speedwell верони́ка
speedy (*quick*) бы́стрый; (*fast*) ско́рый; (*nimble*) прово́рный; (*prompt*) неме́дленный, незамедли́тельный
speleologist спелео́лог
speleology спелеоло́гия
[1]spell (*magic formula*) за́говор, заклина́ние; **cast, put a ~ on** загова́ривать, заклина́ть, околдо́вывать; **under a ~** зачаро́ванный; *fig* (*charm*) обая́ние, очарова́ние; **cast a ~ on** очаро́вывать; **fall under the ~ of** попа́сть *pf* под ча́ры (+ *gen*)
[2]spell (*length of time*) срок; **for a ~** на не́которое вре́мя; (*period*) пери́од
[3]spell (*a word*) называ́ть по бу́квам; **how do you ~ this word?** как пи́шется э́то сло́во?; **can he ~?** он уме́ет гра́мотно писа́ть?; (*of letters, form*) составля́ть; *fig* (*mean*) означа́ть; **~ out** чита́ть по бу́квам; *fig* (*explain*) объясня́ть то́чно; (*be blunt*) говори́ть пря́мо
spellbind зачаро́вывать
spellbinding чару́ющий
spellbound зачаро́ванный
spelling орфогра́фия, правописа́ние
spelter техни́ческий цинк
spend (*pay, use*) тра́тить (**on,** на + *acc*); (*time etc*) тра́тить, проводи́ть; (*exhaust*) истоща́ть(ся)
spender тот, кто тра́тит свои́ де́ньги; **be a careful** *etc* **~** эконо́мно *etc* тра́тить де́ньги; (*waster*) расточи́тель *m*, мот
spending расхо́дование
spendthrift расточи́тель *m*, транжи́р, мот, *f* расточи́тельница, транжи́рка, мото́вка
sperm спе́рма, се́мя *neut*
spermaceti спермаце́т
spermary семенни́к
spermatic семенно́й
spermatozoon сперматозо́ид
sperm-whale кашало́т
spew 1. *n* рво́та **2.** *v* блева́ть; *fig* изверга́ть
sphagnum сфа́гнум
sphenoid сфено́ид
sphere (*globe*) сфе́ра; *ar, astron* (*heaven*) не́бо; (*scope, field*) сфе́ра, о́бласть *f*; **~ of influence** сфе́ра влия́ния
spherical *geom* (*of sphere*) сфери́ческий; (*globular*) шарообра́зный
spheroid 1. *n* сферо́ид **2.** *adj* сфероида́льный
spherometer сферо́метр
sphincter сфи́нктер, сжима́тель *m*
sphinx сфинкс
sphragistics сфраги́стика
sphygmograph сфигмо́граф
spice 1. *n* пря́ность *f*, спе́ция; (*piquancy*) пика́нтность *f*; (*trace*) при́вкус **2.** *v* приправля́ть спе́циями; *fig* придава́ть пика́нтность (+ *dat*)
spick-and-span (*neat and clean*) опря́тный; (*neatly dressed*) наря́дный
spicy (*spiced*) припра́вленный спе́циями; (*piquant*) пря́ный, пика́нтный (*also fig*)
spider пау́к; **~'s web** паути́на
spiderman верхола́з
spidery паукообра́зный; **~ writing** цара́панье
spiel *sl* **1.** *n* (*story*) расска́з; (*chatter*) трепотня́, трёп **2.** *v* трепа́ться
spiffing *sl* чу́дный
spigot (*plug*) заты́чка; (*tap*) кран
spike 1. *n* (*point*) остриё; (*nail*) гвоздь *m*, шип; **track, rail ~** ре́льсовый косты́ль *m*; (*for paper*) нако́лка; (*on shoes*) шип **2.** *v* (*pierce*) прока́лывать гвоздём *etc*; (*fasten*) закрепля́ть гвоздя́ми *etc*; **~ s.o.'s guns** расстра́ивать чьи-н. за́мыслы
spikenard нард

spiky (*having spikes*) колю́чий; (*pointed*) заострённый; *fig* раздражи́тельный
[1]spill (*for lighting fire etc*) лучи́на
[2]spill 1. *n* (*fall*) паде́ние **2.** *v* (*liquid*) пролива́ть(ся), разлива́ть(ся); (*sugar etc*) просыпа́ть(ся), рассыпа́ть(ся); (*people*) выва́ливать(ся); ~ **the beans** проболта́ться *pf*; ~ **blood** пролива́ть кровь; ~ **over** перелива́ться че́рез край
spillway водосбро́с
spin 1. *n* (*turning*) враще́ние; (*turn*) поворо́т; *aer* што́пор; **go into a** ~ входи́ть в што́пор; *phys* спин; *coll* (*trip*) прогу́лка; **go for a** ~ прокати́ться *pf* **2.** *v* (*turn, whirl*) крути́ть(ся), верте́ть(ся), кружи́ть(ся), враща́ть(ся); **my head is ~ning** у меня́ голова́ кру́жится; ~ **round** бы́стро поверну́ться *pf*; (*fish*) лови́ть на блесну́ (**for,** + *acc*); (*thread*) скру́чивать; (*web*) прясть, плести́; *coll, fig* ~ **a yarn** плести́ небыли́цы; ~ **out** (*prolong*) тяну́ть, затя́гивать; (*economize*) эконо́мить; (*make last*) растя́гивать
spinach шпина́т
spinal спинно́й; ~ **column** позвоно́чник
spindle (*for thread; biol*) веретено́; *tech* шпи́ндель *m*, вал
spindleshanks долговя́зый челове́к
spindly дли́нный и то́нкий
spin-drier центрифу́га
spindrift бры́зги *f pl* от волн
spine *anat* позвоно́чник, спинно́й хребе́т; (*of book*) корешо́к; *bot, zool* колю́чка, игла́
spine-chilling ужаса́ющий
spineless *anat* беспозвоно́чный; *fig* бесхара́ктерный, бесхребе́тный, мягкоте́лый
spinet спине́т
spinnaker спи́накер
spinner (*person*) пряди́льщик, *f* пряди́льщица; (*machine*) пряди́льная маши́на; *aer* обтека́тель *m*, кок; (*bait*) блесна́
spinney ро́ща
spinning 1. *n* (*turning*) враще́ние; (*of thread*) пряде́ние **2.** *adj* пряди́льный; **~-machine** пряди́льная маши́на; **~-top** волчо́к; **~-wheel** пря́лка
spin-off (*by-product*) побо́чный результа́т, побо́чный проду́кт; (*profit*) дополни́тельная вы́года
spinous колю́чий
spinster незаму́жная же́нщина, *coll* ста́рая де́ва
spiny колю́чий
spiracle отду́шина
spiral 1. *n* спира́ль *f*; **price** ~ спира́ль цен **2.** *adj* спира́льный; ~ **staircase** винтова́я ле́стница **3.** *v* (*coil*) закру́чивать(ся) в спира́ль; (*rise/fall in* ~) поднима́ться/снижа́ться по спира́ли; (*of prices*) кру́то повыша́ться/па́дать
spirant 1. *n* спира́нт **2.** *adj* спира́нтный
spire (*roof etc*) шпиль *m*; (*twist*) вито́к; *bot* стре́лка
spirit 1. *n* (*psyche; moral, spiritual character; true sense; ghost*) дух; ~ **of the age** дух вре́мени; (*soul*) душа́; **the Holy Spirit** Свято́й Дух; (*vitality*) жи́вость *f*; (*fire, vigour*) жар, задо́р; (*courage*) хра́брость; *pl* (*mood*) настрое́ние; **out of ~s** не в ду́хе; **his ~s rose** его́ настрое́ние улу́чшилось; **their ~s fell** они́ упа́ли ду́хом; **be in low ~s** быть не в ду́хе, в плохо́м настрое́нии; *also pl* (*alcohol*) спирт **2.** *v* (*embolden*) подба́дривать; ~ **away, off** та́йно уноси́ть, *coll* умыка́ть
spirited (*bold*) сме́лый; (*energetic*) энерги́чный; (*lively*) живо́й; (*fiery*) пы́лкий, задо́рный; (*of horse*) ре́звый
spirit-gum театра́льный клей
spiritism спирити́зм
spirit-lamp спирто́вка
spiritless (*spineless*) бесхара́ктерный; (*jaded*) вя́лый, безжи́зненный; (*depressed*) пода́вленный; (*timid*) ро́бкий
spirit level ватерпа́с
spiritual 1. *n mus* спири́чуал **2.** *adj* (*religious; not material*) духо́вный; (*of soul*) душе́вный; (*of high moral tone*) одухотворённый
spiritualism спирити́зм
spiritualist спирити́ст, *f* спирити́стка
spiritualistic спирити́ческий
spirituality духо́вность *f*; одухотворённость *f*
spirituous спиртно́й, спиртово́й
spirometer спиро́метр
spit 1. *n* (*cooking*) ве́ртел, шо́мпол; (*of land*) коса́; (*of earth*) штык **2.** *v* (*pierce*) пронза́ть, прока́лывать; (*for cooking*) надева́ть на шо́мпол
spit 1. *n* (*act*) плева́ние; **give a** ~ плю́нуть *pf*; (*saliva*) слюна́; (*drop of* ~) плево́к; ~ **and image,** **~ting image** то́чная ко́пия; **he's the ~ and image of his father** он вы́литый оте́ц **2.** *v* плева́ть; ~ **with rain** мороси́ть; (*of animal*) шипе́ть; ~ **out** выплёвывать; (*answer etc*) отреза́ть
spite 1. *n* зло́ба, злость *f*; **out of** ~ назло́ (**for,** + *dat*); **in** ~ **of** (*notwithstanding*) несмотря́ на (+ *acc*); **in ~ of the fact that** несмотря́ на то, что; (*in defiance of*) вопреки́ (+ *dat*) **2.** *v* (*do out of* ~) де́лать назло́ (+ *dat*); (*annoy*) досажда́ть; (*hurt*) обижа́ть
spiteful зло́бный, злора́дный; ~ **tongue** злой язы́к
spitfire злю́ка *m and f*
spittle слюна́
spittoon плева́тельница
spiv *sl* ме́лкий спекуля́нт
splash 1. *n* (*sound*) плеск, всплеск; (*drops*) бры́зги *f pl*; (*spot of colour etc*) пятно́; *coll* **make a** ~ произвести́ *pf* сенса́цию **2.** *v* (*scatter drops*) *vt and vi* бры́згать (на + *acc*; **with,** + *instr*); *vt* (*spatter*) забры́згивать (на + *acc*; **with,** + *instr*); (*sound*) плеска́ть; (*fall with* ~) плю́хнуться *pf*; (*wallow*) ~ **about** плеска́ться, бры́згаться; ~ **down** (*of rocket*) приводня́ться
splash-down приводне́ние
splatter *vt and vi* брызга́ть (на + *acc*; **with,** + *instr*)
splay 1. *n* скос **2.** *adj* (*slanting*) косо́й; (*turned out*) вы́вернутый **3.** *v* (*slant*) ска́шивать; (*widen*) расширя́ть(ся); (*dislocate*) вы́вихнуть *pf*; **~-footed** косола́пый
spleen *anat* селезёнка; (*spite*) зло́ба; **vent one's** ~ **on** срыва́ть зло́бу на (+ *acc*); *ar* (*melancholy*) сплин
splendid (*magnificent*) великоле́пный; (*gorgeous*) роско́шный, пы́шный; (*brilliant*) блестя́щий; *coll* (*very good*) чу́дный, прекра́сный; ~! прекра́сно! отли́чно!
splendour великоле́пие; пы́шность *f*; блеск; (*glory*) сла́ва
splenetic жёлчный
splice 1. *n* (*join*) соедине́ние; *naut* (*in rope*) сплёсень *m*, сраще́ние; *elect* сро́сток, спа́йка; *cin* скле́йка **2.** *v* соединя́ть; сплёснивать, сра́щивать; спа́ивать; скле́ивать
spline шлиц
splint *med* лубо́к, ши́на; **put on a** ~ накла́дывать лубо́к; (*spill*) лучи́на

splinter **1.** *n* (*fragment*) оско́лок; (*chip*) ще́пка; (*stuck in skin*) зано́за; (*spill*) лучи́на; ~ **group** отколо́вшаяся гру́ппа **2.** *v* (*smash*) разбива́ть(ся); (*split*) раска́лывать(ся), расщепля́ть(ся)

splinterless безоско́лочный

splinter-proof противооско́лочный

split **1.** *n* (*act*) раска́лывание; (*crack*) тре́щина; (*chink*) щель *f*; (*schism*) раско́л; (*dissension*) раздо́р; (*division*) деле́ние; *sp* шпага́т; **do the ~s** де́лать шпага́т **2.** *v* (*break*) раска́лывать(ся); (*crack*) тре́скать(ся); (*rip*) разрыва́ть(ся); (*smash*) разбива́ть(ся); (*divide up*) дели́ть (на ча́сти); (*share with*) подели́ться *pf* (с + *instr*); (*separate into*) разбива́ть(ся), разделя́ть(ся) (**into,** на + *acc*); (*part, quarrel*) расходи́ться; *sl* (*tell*) разболта́ть *pf*; ~ **on** (*give away*) выдава́ть; ~ **one's sides laughing** надрыва́ться от хо́хота; **my head is ~ting** у меня́ трещи́т голова́

split peas лущённый горо́х

split-pin шплинт

split-ring разрезно́е кольцо́

splitter *tech* расщепи́тель *m*

splodge пятно́

splosh: fall ~ плю́хнуться *pf* (**into,** в + *acc*)

splotch пятно́

splutter **1.** *n* (*spatter*) бры́зги *f pl*; (*spitting*) шипе́ние **2.** *v* (*spatter*) бры́згать; (*spit, hiss*) шипе́ть; (*mutter*) лопота́ть; (*snort*) фы́ркать

spoil **1.** *n* (*booty*) добы́ча; (*earth*) вы́нутый грунт **2.** *v* (*most senses*) по́ртить(ся); (*indulge*) балова́ть; (*plunder*) гра́бить; **be ~ing for a fight** лезть в дра́ку

spoiled, spoilt испо́рченный, избало́ванный

spoiler *tech* спо́йлер

spoilsport: be a ~ по́ртить удово́льствие други́м

spoke (*wheel*) спи́ца; (*ladder*) ступе́нька; **put a ~ in s.o.'s wheel** ста́вить кому́-либо па́лки в колёса

spoken у́стный; **the ~ language** разгово́рный язы́к

spokeshave струг, ско́бель *m*

spokesman (*representative*) представи́тель *m*

spokeswoman представи́тельница

spoliation (*plunder*) грабёж; *leg* уничтоже́ние/искаже́ние докуме́нта

spondaic спондеи́ческий

spondee сponде́й

sponge **1.** *n* (*for cleaning; also zool*) гу́бка; *fig* **throw in the** ~ сдава́ться; (*cake*) бискви́т **2.** *adj* гу́бчатый; бискви́тный **2.** *v* (*wash with* ~) мыть гу́бкой; (*wipe*) вытира́ть губко́й; *coll* (*cadge*) попроша́йничать; (*be parasite*) ~ **on** жить за счёт (+ *gen*); ~ **down, off** вытира́ть (гу́бкой); ~ **up** впи́тывать

sponge bag су́мочка для туале́тных принадле́жностей

sponge cake бискви́тный торт

sponger (*parasite*) парази́т, прижива́льщик; (*cadger*) попроша́йка *m and f*

sponge rubber гу́бчатая рези́на

spongy (*like sponge*) гу́бчатый; (*soft*) мя́гкий; (*elastic*) эласти́чный; (*soaked through*) пропи́танный

sponsor **1.** *n* (*guarantor*) поручи́тель *m*; (*of a loan*) гара́нт; (*organizer*) организа́тор; (*backer*) финанси́рующее лицо́; (*backing organization*) финанси́рующая организа́ция; (*godfather*) крёстный оте́ц; *pol* (*of proposal*) спо́нсор **2.** *v* руча́ться (за + *acc*); организо́вывать; финанси́ровать; (*support*) подде́рживать; (*propose*) выдвига́ть

sponsorship поручи́тельство

spontaneity самопроизво́льность *f*, спонта́нность *f*; стихи́йность *f*; непосре́дственность *f*

spontaneous (*without external cause*) самопроизво́льный, спонта́нный; (*not organized*) стихи́йный; (*uninhibited*) непосре́дственный

spoof *coll* **1.** *n* (*hoax*) мистифика́ция; (*parody*) паро́дия (**of,** на + *acc*) **2.** *adj* подде́льный, пароди́йный **3.** *v* обма́нывать

spook *coll* привиде́ние

spooky (*eerie*) жу́ткий, стра́шный

spool **1.** *n* (*of thread, film, wire etc*) кату́шка; (*in sewing-machine*) шпу́лька; *cin* боби́на **2.** *v* нама́тывать

spoon **1.** *n* ло́жка **2.** *v* черпа́ть ло́жкой; *coll* (*of lovers*) любе́зничать, не́жничать

spoon-bait блесна́

spoonbill колпи́ца

spoon-feed корми́ть с ло́жки; *fig* (*indulge*) балова́ть; (*pupils*) разжёвывать материа́л (+ *dat*)

spoonful ло́жка

spoor след

sporadic споради́ческий, случа́йный

spore спо́ра

sport **1.** *n* (*game etc*) спорт; (*hunting*) охо́та; (*amusement*) заба́ва, развлече́ние; (*joke*) шу́тка; **in** ~ шу́тки ра́ди; **make ~ of** подшу́чивать над (+ *instr*); (*person*) **a good** ~ сла́вный ма́лый; **be a ~!** будь челове́ком!; *bot* спорт **2.** *adj* спорти́вный **3.** *v* (*flaunt*) щеголя́ть (+ *instr*); (*frisk*) резви́ться

sporting (*of sport*) спорти́вный; (*of hunting*) охо́тничий; **a ~ chance** не́который шанс (**of,** на + *acc*); (*generous*) ще́дрый

sportive (*playful*) игри́вый; (*merry*) весёлый; (*joking*) шутли́вый

sports car спорти́вная маши́на

sports ground спорти́вная площа́дка

sports jacket пиджа́к

sportsman спортсме́н

sportsmanship (*skill*) спорти́вное мастерство́; *fig* (*decency*) поря́дочность *f*; (*generosity*) ще́дрость *f*

sportswoman спортсме́нка

spot **1.** *n* (*of colour, dirt etc*) пятно́; (*pimple*) пры́щик; (*of rain*) ка́пля; (*place*) ме́сто; **on the** ~ на ме́сте, ту́т же; **in a (tight)** ~ в затрудни́тельном положе́нии; *sl* **put on the** ~ (*kill*) укоко́шить *pf*; (*put in difficult* ~) ста́вить в тупи́к; (*small amount*) ка́пелька **2.** *v* (*cover with* ~*s*) покрыва́ть(ся) пя́тнами, пятна́ть; (*dirty*) па́чкать(ся); (*notice*) замеча́ть; (*recognize*) узнава́ть

spot check **1.** *n* вы́борочная прове́рка **2.** *v* проверя́ть на вы́борку

spotless соверше́нно чи́стый; *fig* безупре́чный

spotlight **1.** *n* проже́ктор **2.** *v* освеща́ть проже́ктором; *fig* ста́вить в центр внима́ния

spot-on как ра́з

spotted пятни́стый; (*of material*) в кра́пинку

spotter наблюда́тель *m*; *mil* ~ **plane** самолёт-корректиро́вщик

spotty (*patchy*) пятни́стый; (*of skin*) прыщева́тый

spouse супру́г, *f* супру́га

spout **1.** *n* (*of vessel*) но́сик; (*pipe*) труба́; *tech* жёлоб; (*jet of water etc*) струя́, фонта́н; *coll* **go down, up the** ~ вы́лететь *pf* в трубу́; **up the** ~ (*ruined*) разорённый; (*pawned*) в закла́де **2.** *v* (*gush*) бить струёй, хлы́нуть; (*belch out*) пуска́ть струёй, изливать; *coll* (*talk*) разглагольствовать; (*declaim*) декламировать

sprain 1. *n* растяжение **2.** *v* растягивать

sprat шпрот, килька

sprawl 1. *n* (*pose*) неуклюжая поза; **in a ~** развалясь; (*disorder*) беспорядок; (*jumble*) куча **2.** *v* (*lie*; *also of town etc*) раскидываться; (*sit*, *slump*) разваливаться

spray 1. *n* (*of liquid*) брызги *f pl*; (*atomizer*) пульверизатор, распылитель *m*; (*aerosol*) аэрозоль *m*; (*small branch*) ветка **2.** *vt* (*sprinkle*) разбрызгивать; (*atomize*) распылять, пульверизировать; (*hair etc*) опрыскивать; (*paint with ~*) красить распылителем; *vi* брызгать

sprayer, spray-gun распылитель *m*, пульверизатор

spread 1. *n* (*increase*, *dissemination*) распространение; (*growth*) рост; (*extent*) протяжение; (*span*) размах; (*width*) широта; *cul* паста; *coll* (*feast*) пиршество **2.** *v* (*distribute*, *disseminate*) распространять(ся); (*cloth etc*) расстилать (**on,** на + *prep*); (*lay out*) раскладывать; (*scatter*) разбрасывать; (*butter etc*) мазать, намазывать(ся) (**on,** на + *acc*); (*hands*) протягивать; (*extend*, *lie*) простираться, растилаться; (*distribute*) распределять(ся); (*stretch*) растягивать

spread-eagle распластывать; **lie ~d** лежать распластавшись

spree (*drinking*) кутёж, попойка; **spending ~** порыв расточительности

sprig (*spray*) веточка; (*shoot*) побег; (*nail*) шпилька; *fig* отпрыск

sprightly (*gay*) весёлый; (*lively*) живой; (*spry*) бойкий

[1]**spring 1.** *n* (*season*) весна; **in ~** весной **2.** *adj* весенний

[2]**spring 1.** *n* (*jump*) прыжок, скачок; (*elasticity*) упругость *f*; (*of mechanism*) пружина; (*of vehicle*) рессора; (*of water etc*) источник (*also fig*), ключ **2.** *adj tech* пружинный; (*water etc*) ключевой **3.** *v* (*jump*) прыгать, скакать; **~ to one's feet** вскакивать (на ноги); **~ to fame** вдруг прославиться *pf*; (*disclose*) внезапно раскрывать (**on,** + *dat*); (*game*) поднимать; (*flow*) вытекать (**from,** из + *gen*); (*gush*) бить ключом; (*rush*) бросаться (**to,** в + *acc*); (*originate*) брать начало (**from,** в + *prep*), происходить (**from,** из + *gen*); (*arise*) появляться; (*be springy*) пружинить; (*leak*) давать течь; (*make loose*) расшатывать

~ **at** набрасываться на (+ *acc*)

~ **away** отскакивать (**from,** от + *gen*)

~ **back** (*bounce*) отскакивать (**from,** от + *gen*); (*to former state*) моментально восстанавливаться; (*shy away*) отпрянуть *pf*

~ **forth, out** выскакивать (**from,** из + *gen*)

~ **forward** бросаться вперёд

~ **in** вскакивать (в + *acc*)

~ **off** отскакивать (от, с + *gen*)

~ **open** внезапно открываться

~ **over** перескакивать (через + *acc*)

~ **through** проскакивать (через + *acc*)

~ **up** (*jump up*) вскакивать; (*arise*) возникать; (*appear*) появляться

spring-balance пружинные весы *m pl*

springboard *sp* трамплин; *fig* трамплин (**for,** для + *gen*); *mil* плацдарм

springbok газель *f* антидорка, прыгун

spring-clean 1. *n* генеральная уборка **2.** *v* производить генеральную уборку

springiness упругость *f*, пружинность *f*

spring-loaded пружинный

spring tide сизигийный прилив

springtime 1. *n* весна, весенняя пора **2.** *adj* весенний

springy упругий, пружинистый, эластичный

sprinkle (*liquid*) брызгать (**with,** + *instr*); (*powder etc*) рассыпать; (*cover with powder etc*) посыпать (**with,** + *instr*)

sprinkler (*spray*) разбрызгиватель *m*; *agr* дождевальный аппарат; (*fire extinguisher*) спринклер

sprinkling (*a few*) немного (+ *gen*), чуточка (+ *gen*)

sprint 1. *n* рывок; *sp* спринт **2.** *v* (*rush*) бросаться; *sp* спринтовать

sprinter спринтер

sprit шпринтов

sprite (*elf*) эльф; (*ghost*) призрак

sprocket (цепная) звёздочка

sprout 1. *n* (*shoot*) побег, росток; **Brussels ~** брюссельская капуста **2.** *v* (*of plant*) давать побеги, пускать ростки; (*hair*) отращивать; *fig* **~ (up)** появляться

[1]**spruce** (*tree*) ель *f*

[2]**spruce 1.** *adj* (*smart*) нарядный; (*neat*, *clean*) опрятный **2.** *v* **~ up** (*tidy*) приводить в порядок; (*smarten*) прихорашивать(ся)

sprung подрессоренный

spry (*lively*) живой, оживлённый; (*energetic*) энергичный, бойкий

spud *coll* картошка

spume пена

spumy пенистый

spunk (*tinder*) трут; *coll* (*courage*) мужество

spunky смелый

spur 1. *n* (*on boot*, *cock*) шпора; (*incentive*) стимул (**to,** к + *dat*); (*projection*) выступ; (*mountain*) отрог; (*railway*) тупик; **on the ~ of the moment** (*unpremeditatedly*) экспромтом; (*suddenly*) тут же **2.** *v* (*horse*) пришпоривать; (*encourage*) побуждать; (*fit ~s*) снабжать шпорами; **~ on** подгонять

spurge молочай

spurious поддельный, подложный

spurn (*repel*) отталкивать; (*reject*) отвергать с презрением, с презрением отказываться от (+ *gen*); (*disdain*) пренебрегать (+ *instr*)

spurt 1. *n* (*rush*) рывок, бросок; *sp* спурт; (*gush*) струя; (*outburst*) порыв, вспышка **2.** *v* делать рывок; *sp* спуртовать; бить струёй, хлынуть

sputnik спутник

sputter *see* **splutter**

sputtering *tech* распыление

sputum слюна

spy 1. *n* шпион, *f* шпионка **2.** *adj* шпионский **3.** *v* (*be spy*) шпионить (**on,** за + *instr*); (*see*) замечать, видеть; (*keep watch on*) следить (за + *instr*); **~ out** (*explore*) исследовать; (*discover*) обнаруживать

spy-glass подзорная труба

spy-hole глазок

spying шпионаж

squab (*person*) толстушка; (*cushion*) тахта; (*sofa*) оттоманка; (*of seat*) спинка

squabble вздорить, ссориться

squad (*group*) группа; (*team*) команда; *mil* взвод, отряд

squadron (*air*) эскадрилья; (*cavalry*) эскадрон; *nav* эскадра; **~-leader** майор авиации; ~

-**commander** командир эскадрильи
squalid (*dirty*) грязный; (*disgusting*) отвратительный; (*low*) подлый; (*sordid*) гнусный; (*wretched*) жалкий, убогий
squall 1. *n* (*howl*) вопль *m*, визг; (*storm*) шквал; *fig* (*trouble*) скандал **2.** *v* вопить, визжать, реветь
squally шквалистый
squalor (*dirt*) грязь *f*; (*wretchedness*) убожество; (*poverty*) нищета
squander (*waste*) растрачивать; (*a fortune etc*) проматывать
square 1. *n geom, arith* квадрат; (~ *piece*) квадратный кусок; (*open place*) площадь *f*; **in the** ~ на площади; (*of buildings*) квартал; (*instrument*) угольник; **T-**~ рейсшина; **try-**~ плотницкий угольник; **on the** ~ под прямым углом; *fig* (*honest*) честный; **out of** ~ косой, кривой **2.** *adj* (*shape*; *math*) квадратный; ~ **root** квадратный корень *m*; (*right-angled*) прямоугольный; (*at right angle to*) по прямым углом (к + *dat*); (*straight*; *direct*) прямой; (*honest*) честный; (*equal*) равный; **get** ~ **with** рассчитаться *pf* с (+ *instr*); **now we are** ~ теперь мы квиты; (*of meal*) **have a** ~ **meal** сытно поесть *pf*; *coll* (*old-fashioned*) старомодный; (*conservative*) консервативный; (*tidy*, *in order*) в порядке **3.** *adv* (*directly*) прямо; (*at right angle*) под прямым углом; (*fairly*) честно **4.** *v* (*make* ~) придавать квадратную форму (+ *dat*), делать квадратным; (*put at right angle*) ставить под прямым углом; (*timber*) обтёсывать; (*level*) выравнивать; ~ **one's shoulders** расправлять плечи; *math* возводить в квадрат; *coll* (*arrange*, *settle*) улаживать; (*convince*) уговаривать; (*pay*) платить; (*bribe*) подкупать; (*agree*) соответствовать (**with,** + *dat*); ~ **up** *sp* изготовляться к бою; ~ **up to** (*face*) смело встречать
square-bashing *mil sl* муштра
square-built коренастый
squarely (*at right angle*) под прямым углом; (*directly*; *plainly*) прямо; (*opposite*, *face to face*) лицом к лицу; (*fairly*) честно; (*exactly*, *just*) как раз
square-rigged с прямым парусным вооружением
square-shouldered с прямыми плечами
square-toed тупоносый
squash 1. *n* (*drink*) сок, сквош; (*crowd*) давка; (*lack of space*) теснота; *coll* **it was a bit of a** ~ тесновато было; (*pulp*) кашица; *bot* тыква; *sp* сквош, ракетбол **2.** *v* (*flatten*) расплющивать(ся); (*crush*) раздавливать(ся); (*squeeze*) ~ **into** втискивать(ся) в (+ *acc*); (*repress*) подавлять; (*snub*) обрезать *pf*, отбрить *pf*
squashy мягкий
squat 1. *adj* (*stocky*) коренастый; (*low*) низкий **2.** *v* (*sit down on heels*) садиться на корточки; (*be so sitting*) сидеть на корточках; (*occupy*) незаконно вселяться в дом
squatter скваттер
squaw индианка
squawk 1. *n* крик, визг **2.** пронзительно кричать
squeak 1. *n* (*shrill cry*) писк; (*of wheel etc*) скрип **2.** *v* пищать; скрипеть; *sl* (*inform*) стучать
squeaky пискливый; скрипучий
squeal 1. *n* визг **2.** *v* визжать; *sl* (*inform*) стучать
squealer *sl* (*informer*) доносчик, стукач
squeamish брезгливый, привередливый
squeegee резиновая швабра
squeeze 1. *n* (*pressure*) сжатие; (*push*; *also fig*) нажим; (*of hand*) пожатие; (*hug*) объятие; **give a** ~ сжимать; (*hand*) пожимать; (*hug*) обнимать; (*crowd*) давка; (*tightness*) теснота; **it will be a tight** ~ будет очень тесно; *coll* **credit** ~ стеснение кредита **2.** *v* сжимать; пожимать; обнимать; (*expel*, *extract moisture from*) выжимать; ~ **in** втискивать(ся) (+ *acc*); ~ **through, past** протискивать(ся)
squelch хлюпать
squib (*firework*) петарда; (*lampoon*) сатирический выпад; *tech* запал
squid *zool* каракатица; *nav* противолодочный бомбомёт
squiggle закорючка, *pl* каракули *pl*
squint 1. *n* (*of vision*) косоглазие; **have a** ~ косить; *coll* **have a** ~ **at** взглянуть *pf* на + *acc*; (*spyhole*) глазок **2.** *v* (*have* ~) косить (глазами); (*look obliquely*) смотреть искоса; (*screw up eyes*) щуриться; *coll* (*look at*) взглядывать (**at,** на + *acc*)
squint-eyed косоглазый, косой
squire сквайр; (*knight's attendant*) оруженосец
squirearchy помещики *m pl*
squirm 1. *n* (*movement*) извивание; **give a** ~ передёргиваться **2.** *v* (*move sinuously*) извиваться; (*with shame etc*) ёрзать, поёживаться, корчиться
squirrel белка
squirt 1. *n* (*stream*) струйка; *tech* шприц **2.** *vi* бить струёй; *vt* (*eject*) выдавливать; (*spray*) брызгать; (*syringe*) спринцевать
Sri Lanka Шри-Ланка
stab 1. *n* (*with knife etc*) удар (ножом); (*of pain*) укол; (*wound*) (колотая) рана; **have a** ~ **at** попробовать, попытаться *pf* (+ *infin*) **2.** *v* (*strike with knife*) ударять, наносить удар ножом; (*wound*) ранить; (*thrust*) вонзать; (*with needle etc*) прокалывать; *fig* ~ **in the back** нанести *pf* удар в спину
stability устойчивость *f*; *chem* стойкость *f*; *naut* остойчивость *f*
stabilization стабилизация
stabilize стабилизировать, делать устойчивым
stabilizer стабилизатор
[1]**stable 1.** *n* конюшня; *fig* коллектив **2.** *v* (*put in* ~) ставить в конюшню; **keep in** ~ держать в конюшне
[2]**stable** устойчивый, стабильный; (*of character*) уравновешанный
stableman конюх
stableyard конный двор
staccato стаккато
stack 1. *n* (*pile*) куча, кипа; (*of bricks*, *timber etc*) штабель *m*; (*of hay*) стог, скирда; (*chimney*, *funnel*) (дымовая) труба; *coll* (*lots*) масса **2.** *v* складывать (в кучу *etc*); укладывать (в штабель)
stadium стадион
staff 1. *n* (*of servants etc*) штат; (*of institution*) личный состав, сотрудники *m pl*; **managerial** ~ руководящий персонал; **member of the** ~ сотрудник, *f* сотрудница; *mil* штаб; (*stick*) палка; (*long stick*) посох; (*rod of office*) жезл; *fig* (*prop*) опора; ~ **of life** хлеб насущный; *mus* нотный стан **2.** *adj* штатный; *mil* штабной **3.** *v* обеспечивать персоналом
staff officer офицер штаба, штабной офицер
staff work административная работа

stag *zool* оле́нь-саме́ц; **~-beetle** жук-рога́ч; **~-party** холостя́цкая вечери́нка, мальчи́шник

stage 1. *n* (*platform*) подмо́стки *m pl*, платфо́рма; (*in theatre*) сце́на; (*the theatre*) теа́тр; **go on the ~** де́латься актёром; **leave the ~** бро́сить *pf* сце́ну; (*sphere of activity*) аре́на; (*place of event*) ме́сто де́йствия; (*phase*) ста́дия, эта́п, фа́за, пери́од; **at this ~** на да́нном эта́пе; (*now*) сейча́с; (*stop*) остано́вка; *tech* (*of rocket*) ступе́нь *f*; (*of microscope*) предме́тный сто́лик **2.** *adj theat* театра́льный **3.** *v* (*play etc*) ста́вить; (*arrange for theatre; fake*) инсцени́ровать; (*arrange*) устра́ивать

stagecoach дилижа́нс

staged (*in stages*) поэта́пный; *mil* планоме́рный

stage direction (сцени́ческая) рема́рка

stage door служе́бный вход (в теа́тр)

stage fright страх пе́ред пу́бликой

stagehand рабо́чий сце́ны

stage-manage *theat* режисси́ровать; *fig* (*organize*) организова́ть; *pej* (*arrange*) подстра́ивать

stage manager помо́щник режиссёра

stage-struck уши́бленный теа́тром

stage whisper театра́льный шёпот

stagflation стагфля́ция

stagger 1. *n* **give a ~** шатну́ться *pf*; **with a ~** шата́ясь; *tech* (*zigzag arrangement*) ша́хматный поря́док; (*intervals*) интерва́л **2.** *v* (*totter*) шата́ться; **~ along** идти́ шата́ясь; (*astound*) ошеломля́ть, потряса́ть; (*arrange at intervals*) располага́ть в ша́хматном поря́дке/с интерва́лами

staggering (*astounding*) ошеломи́тельный, порази́тельный; (*tremendous*) колосса́льный

staging (*of play*) постано́вка; (*platform*) по́дмости *pl*; (*scaffolding*) леса́ *m pl*

stagnant (*water*) стоя́чий; *fig* засто́йный, ко́сный

stagnate заста́иваться; *fig* косне́ть

stagnation засто́й

stagy театра́льный

staid (*sedate*) степе́нный; (*serious*) серьёзный

stain 1. *n* (*spot*) пятно́; (*colorant*) краси́тель *m*; (*paint*) кра́ска **2.** *v* (*spot; also fig*) пятна́ть; (*soil*) па́чкать; (*colour*) кра́сить(ся)

stained (*dirty*) испа́чканный, запя́тнанный (*wood*) морёный, протра́вленный; **~-glass window** витра́ж

stainless незапя́тнанный; (*fig*) безупре́чный **~ steel** нержаве́ющая сталь *f*

stain-remover пятно́ выводи́тель

stair (*step*) ступе́нь *f*; *pl* ле́стница; **up the ~s** вверх по ле́стнице; **~-carpet** ковёр на ле́стнице; **~case** ле́стница; **~-rail** пери́ла *neut pl*; **~way** ле́стница; **~-well** ле́стничная кле́тка

stake 1. *n* (*post*) кол; (*support*) подпо́рка; (*marker*) ве́ха; (*death by fire*) сожже́ние; (*in bet*) закла́д; (*in game*) ста́вка; *fig* **be at ~** быть поста́вленным на ка́рту, под угро́зу; (*prize*) приз; (*part*) до́ля; (*interest*) заинтересо́ванность *f*; **have a ~ in** быть заинтересо́ванным в (+ *prep*) **2.** *v* (*wager*) ста́вить (**on,** на + *acc*); (*risk*) рискова́ть (+ *instr*); (*support with ~*) подпира́ть (ко́лом); (*mark out*) отмеча́ть ве́хами; (*fence*) огора́живать; **~ one's claim to** заявля́ть прете́нзию на (+ *acc*); **~ down** прикрепля́ть ко́льями; **~ out** (*mark*) отмеча́ть ве́хами; (*tie to ~*) привя́зывать к колу́, столбу́

stake-holder посре́дник

stalactite сталакти́т

stalagmite сталагми́т

stale 1. *adj* (*not fresh*) несве́жий; (*of bread*) чёрствый; (*musty*) за́тхлый; (*of air*) спёртый; *fig* (*hackneyed*) изби́тый **2.** *vi* утра́чивать све́жесть; черстве́ть

stalemate (*chess*) пат; *fig* тупи́к

¹stalk (*of plant*) сте́бель *m*; **cabbage ~** кочеры́жка; (*zool; of glass etc*) но́жка

²stalk (*hunt*) высле́живать, пресле́довать; (*stride*) шага́ть; (*advance*) неумоли́мо продвига́ться

stalker охо́тник

stalking-horse маскиро́вка

¹stall (*booth*) ларёк; (*counter*) прила́вок; *theat pl* парте́р; (*stable*) сто́йло; *med* (*for finger*) напа́льчник

²stall 1. *n* (*of engine*) заглуше́ние, остано́вка; *av* (*in airflow*) срыв пото́ка; (*of aircraft*) поте́ря ско́рости; **~ speed** крити́ческая ско́рость *f*, ско́рость сва́ливания; *sl* предло́г **2.** *v* (*stop*) остана́вливать(ся), засто́порить(ся) *pf* (*also fig*); (*of engine*) *vi* гло́хнуть, *vt* заглуша́ть; (*of aircraft*) сва́ливать(ся) на крыло, теря́ть ско́рость; (*get stuck*) застрева́ть; *coll* (*delay*) заде́рживать; (*evade*) увиливать

stall-holder ларёчник, *f* ларёчница

stallion жеребе́ц

stalwart 1. *n* (*strong man*) крепы́ш; (*loyal supporter*) ве́рный/сто́йкий приве́рженец/член па́ртии *etc* **2.** *adj* (*sturdy*) дю́жий; (*loyal*) ве́рный, сто́йкий; (*undaunted*) непоколеби́мый

stamen тычи́нка

stamina (*endurance*) выно́сливость *f*; (*vigour*) запа́с жи́зненных си́л

stammer 1. *n* заика́ние **2.** *v* заика́ться

stammerer за́йка *m and f*

stamp 1. *n* (*marker; printed mark*) ште́мпель *m*, штамп, печа́ть *f*; (*impressed seal, brand*) клеймо́; *tech* штамп; (*postage*) (почто́вая) ма́рка; *fig* (*characteristic; seal*) печа́ть *f*; (*trace, mark left*) отпеча́ток; (*type*) род; (*with foot*) **give a ~** то́пнуть *pf* ного́й **2.** *v* (*print mark*) ста́вить штамп, клеймо́ *etc*; (*for postage*) накле́ивать ма́рку; (*characterize*) характеризова́ть (**as,** как); (*impress in memory etc*) запечатлева́ть (**in, on,** в + *prep*); *tech* штампова́ть; (*with feet*) то́пать нога́ми; (*trample*) топта́ть; **~ down** трамбова́ть; **~ out** (*eradicate*) искореня́ть

stamp album альбо́м для ма́рок

stamp collector коллекционе́р почто́вых ма́рок

stampede 1. *n* (пани́ческое) бе́гство, па́ника **2.** *vi* (*panic*) бежа́ть в па́нике; (*rush*) броса́ться; *vt* обраща́ть в пани́ческое бе́гство; (*rush*) заставля́ть де́лать *etc* на́спех

stamping (*act*) то́панье; (*sound*) то́пот; *tech* штампо́вка; **~-ground** излю́бленное ме́сто; (*haunt*) приста́нище

stance по́за; *sp* сто́йка; *fig* пози́ция

stanch, staunch остана́вливать (кровотече́ние)

stanchion (*prop*) опо́ра; (*in machine*) сто́йка; *naut* пи́ллерс

stand 1. *n* (*position*) пози́ция; **take a ~** занима́ть пози́цию; (*insistence*) отста́ивание; **make a ~ for** отста́ивать (+ *acc*); (*resistance*) сопротивле́ние; **make a ~ against** сопротивля́ться (+ *dat*); (*base, support*) подста́вка; (*of machine etc*) штати́в; (*for hats etc*) ве́шалка; (*kiosk*) кио́ск, ларёк; (*display*) стенд; (*in exhibition*) павильо́н; (*in stadium etc*) трибу́на; (*for taxis etc*) стоя́нка; *Am leg* ме́сто для да́чи свиде́тельских показа́ний; **take the ~**

дава́ть показа́ния **2.** *vi* (*be standing*, *of people*, *houses etc*) стоя́ть; (*rise to one's feet*) встава́ть; ~ **on end** (*of hair etc*) стать *pf* ды́бом; (*in election*) быть кандида́том; *vt* ста́вить; (*endure*, *survive*) выде́рживать; (*put up with*) выноси́ть, терпе́ть; (*pay for*, *treat*) угоща́ть (+ *acc of person*, *instr of thing*); *in expressions* ~ **alone** (*unrivalled*) не име́ть сопе́рника; (*be alone*) быть одино́ким; ~ **fast** сто́йко держа́ться; ~ **in good stead** быть поле́зным (+ *dat*); ~ **in need of** нужда́ться в (+ *prep*); ~ **in the way of** меша́ть (+ *dat*); **it ~s to reason** само́ собо́й разуме́ется
~ **about** стоя́ть вокру́г
~ **apart** стоя́ть в стороне́; (*of building etc*) находи́ться по́одаль
~ **aside** отойти́ *pf* в сто́рону
~ **back** (*step*) отступа́ть
~ **by** (*be ready*) быть гото́вым (**to,** + *infin*); (*be present*) прису́тствовать; (*support*) подде́рживать; (*stay loyal to*) (кре́пко) держа́ться (+ *gen*)
~ **down** (*withdraw*) отступа́ть
~ **for** (*signify*) означа́ть; (*symbolize*) символизи́ровать; (*put up with*) терпе́ть; (*represent*) представля́ть
~ **in for** *theat* быть дублёром (+ *gen*); (*take place of*) замеща́ть
~ **off** держа́ть(ся) в стороне́
~ **out** (*differ*) отлича́ться (**from,** от + *gen*); (*be conspicuous*) выступа́ть, выделя́ться (**against,** на фо́не + *gen*); (*insist*) наста́ивать (**for,** на + *prep*); *naut* выходи́ть в мо́ре
~ **to!** *nav* по места́м!
~ **up** (*rise*) встава́ть, поднима́ться; (*endure*) выде́рживать (**to,** + *acc*); ~ **up to** (*resist*) не поддава́ться (+ *dat*), противостоя́ть (+ *dat*); ~ **up for** защища́ть, отста́ивать

standard 1. *n* (*norm*) станда́рт, но́рма; (*unit*, *measure*) станда́рт; (*level*) у́ровень *m*; ~ **of living** жи́зненный у́ровень; (*criterion*) крите́рий; (*banner*) зна́мя *neut* **2.** *adj* (*of recognized* ~) станда́ртный; (*usual*) норма́льный; (*accepted*) (обще)при́нятый; (*model*) образцо́вый

standard-bearer знамено́сец

standardization стандартиза́ция, нормализа́ция

standardize стандартизи́ровать

standard lamp торше́р

stand-by 1. *n* (*support*) надёжная опо́ра; (*reserve*) запасно́й предме́т **2.** *adj* (*reserve*) запасно́й

stand-in замести́тель *m*; *theat* дублёр

standing 1. *n* (*rank*) ранг; (*position*) положе́ние; (*reputation*) репута́ция; (*duration*) продолжи́тельность *f*; **of long** ~ давни́шний **2.** *adj* (*erect*) стоя́щий; (*fixed erect*) стоя́чий; (*permanent*) постоя́нный; ~ **joke** дежу́рная шу́тка; ~ **orders** пра́вила *neut pl* процеду́ры; ~ **water** стоя́чая вода́

stand-offish *coll* неприве́тливый, сде́ржанный

standpoint то́чка зре́ния

standstill остано́вка; **be, at a** ~ стоя́ть на мёртвой то́чке; **come to a** ~ остана́вливаться

stannary оловя́нный рудни́к

stannate станна́т

stannic оловя́нный, содержа́щий четырёхвале́нтное о́лово

stanniferous оловоно́сный, содержа́щий о́лово

stannous оловя́нный, содержа́щий двувале́нтное о́лово

stanza строфа́

stanzaic строфи́ческий

stapes *anat* стре́мя *neut*

staphylococcus стафилоко́кк

staple 1. *n* (*for paper etc*) скоба́; (*fibre*) волокно́; (*raw material*) сырьё; (*product*) основно́й проду́кт; (*basic*) гла́вный элеме́нт **2.** *adj* (*basic*) основно́й, гла́вный; (*textile*) шта́пельный **3.** *v* (*paper etc*) скрепля́ть ско́бкой, ско́бками

stapler (*for paper etc*) сшива́тель *m*, ста́плер

star 1. *n astron*, *theat* звезда́; **evening** ~ вече́рняя звезда́; **lucky** ~ счастли́вая звезда́; **North, Pole Star** поля́рная звезда́; (*mark*; *insignia*; *design*) звёздочка **2.** *adj astron* звёздный; (~*-shaped*) звёздообра́зный; *fig* (*outstanding*) блестя́щий; (*chief*) гла́вный **3.** *v* (*mark with* ~) помеча́ть звёздочкой; *theat* (*have lead*) игра́ть гла́вную роль; (*have in chief role*) име́ть в гла́вной ро́ли

starboard 1. *n* пра́вый борт **2.** *adj* пра́вый

starch 1. *n* крахма́л **2.** *adj* крахма́льный **3.** *v* крахма́лить

starched накрахма́ленный, крахма́льный

starchy крахма́листый, крахма́льный

star-crossed злосча́стный

stare 1. *n* при́стальный взгля́д **2.** *v* (*gaze*) смотре́ть (**at,** на + *acc*); (*look fixedly*) при́стально смотре́ть (**at,** на + *acc*), *coll* уставля́ться (**at,** + *acc*); (*in surprise*) смотре́ть в изумле́нии; *fig* ~ **in the face** (*be obvious*) броса́ться в глаза́; (*impend*) грози́ть (+ *dat*)

starfish морска́я звезда́

star-gazer (*astrologer*) звездочёт; (*astronomer*) астроно́м; *fig* (*dreamer*) мечта́тель *m*

stark 1. *adj* (*stiff*) окочене́вший; (*bleak*, *grim*) мра́чный, суро́вый; (*bare*) го́лый; (*naked*) соверше́нно го́лый **2.** *adv* соверше́нно; **~-naked** соверше́нно го́лый

starless беззвёздный

starlet звёздочка; *cin* молода́я киноактри́са

starlight 1. *n* свет звёзд **2.** *adj* звёздный

starling (*bird*) скворе́ц

starlit освещённый звёздами

starry звёздный; **~-eyed** (*with love etc*) сия́ющий; (*naïve*) наи́вный; (*full of lofty ideas*) восто́рженный

start 1. *n* (*beginning*) нача́ло; **at the** ~ в нача́ле, снача́ла; **from the** ~ с са́мого нача́ла; **from** ~ **to finish** с нача́ла до конца́; **make a** ~ нача́ть *pf*; *tech* пуск; *sp* старт; **false** ~ фальста́рт; (*setting out*) отправле́ние; **make a** ~ отпра́виться *pf*; (*jerk*) рыво́к; (*of surprise etc*) вздра́гивание; **give a** ~ вздро́гнуть *pf*; **give s.o. a** ~ испуга́ть *pf* **2.** *v* (*begin*) начина́ть(ся) (**with, from,** с + *gen*); *when followed by infin or ger often* = стать *pf* (+ *infin*) *or verb with prefix* за-, *eg* ~ **talking** заговори́ть *pf*; ~ **laughing** засмея́ться *pf*; (~ *moving*) тро́гаться; (*set out*) отправля́ться; (*set in motion*) заводи́ть(ся); (*engine*) запуска́ть(ся); *sp* стартова́ть; (*jerk*, *wince*) вздра́гивать; (*jump up*) вска́кивать; (*found*) осно́вывать; *tech* (*of wood*) коро́бdevoteться; (*of seam*) расходи́ться; *sp* (*quarry*) поднима́ть; (*cause*) заставля́ть
~ **back** отскочи́ть *pf* наза́д
~ **forward** бро́ситься *pf* вперёд
~ **in** *coll* начина́ть, стать *pf* (+ *infin*)
~ **off** начина́ть(ся) (**with,** с + *gen*)
~ **out** отправля́ться
~ **up** (*leap up*) вскочи́ть *pf*; (*machine*) заводи́ть, запуска́ть

starter (*of race*; *of engine*) ста́ртер; (*contestant*) уча́стник (соревнова́ния); *cul* заку́ска

starting blocks *sp* ста́ртовые коло́дки
starting-point отправно́й пункт, нача́ло
startle (*frighten*) испуга́ть; (*alarm*) встрево́жить; (*shock*, *amaze*) поража́ть, потряса́ть
startling порази́тельный, потряса́ющий
starvation го́лод; **die of** ~ умира́ть голо́дной сме́ртью
starve (*suffer hunger*) голода́ть; (*die of hunger*) умира́ть от го́лода, с го́лоду, голо́дной сме́ртью; (*deprive of food*) мори́ть го́лодом; ~ **into submission** взять *pf* измо́ром
starving голо́дный, голода́ющий
stash (*away*) *sl* припря́тывать
stasis стаз, засто́й
state 1. *n* (*condition*) состоя́ние; ~ **of health** состоя́ние здоро́вья; (*position*) положе́ние; ~ **of affairs** положе́ние дел; (*rank*) обще́ственное положе́ние; (*splendour*) великоле́пие; *pol* (*nation*, *govt*) госуда́рство; (*in USA*) штат; **the United States** (*of America*) Соединённые Шта́ты (Аме́рики) (*abbr* США) **2.** *adj pol* госуда́рственный; (*ceremonial*) торже́ственный; *Am* (*of state*) шта́та; **State Department** Госуда́рственный департа́мент, (*in journalese*) Госдепарта́мент **3.** *v* (*declare*) заявля́ть; (*lay down*, *expound*) излага́ть; (*affirm*) констати́ровать, утвержда́ть; (*establish*) устана́вливать; (*specify*) определя́ть; (*read*, *run*) гласи́ть
statecraft полити́ческое иску́сство
stated (*fixed*) определённый; (*appointed*) назна́ченный; (*stipulated*) устано́вленный
stateless не име́ющий гра́жданства; ~ **person** апатри́д
statelessness безгра́жданство
stately (*imposing*) внуши́тельный; (*grand*; *dignified*) вели́чественный, велича́вый; ~ **home** дворе́ц
statement (*declaration*) заявле́ние; (*exposition*) изложе́ние; (*assertion*) утвержде́ние; *leg* показа́ние; *comm* отчёт
stateroom (*in palace*) пара́дный зал; *naut* каю́та; *Am* (*train*) купе́ *neut indecl*
statesman госуда́рственный де́ятель *m*
statesmanship госуда́рственная му́дрость *f*
static 1. *n rad* атмосфе́рные поме́хи *f pl* **2.** *adj* (*stationary*) стациона́рный; (*motionless*) стати́чный, неподви́жный; *tech*, *phys* стати́ческий
statics *phys* ста́тика; *rad* атмосфе́рные поме́хи *f pl*
station 1. *n* (*place*) ме́сто; *mil* (*post*) пост; (*base*) ба́за; (*position*) пози́ция; **air** ~ авиаба́за; **bus** ~ авто́бусный вокза́л; **police** ~ полице́йский уча́сток; **power** ~ электроста́нция; **radio** ~ радиоста́нция; **railway** ~ (*large*, *with buildings*) вокза́л; (*stop*) ста́нция **2.** *v* (*place*) помеща́ть(ся); (*place several*) размеща́ть, расставля́ть (по места́м); ~ **oneself** занима́ть пози́цию
stationary (*still*) неподви́жный; **remain** ~ остава́ться неподви́жным; (*not mobile*) стациона́рный
stationer торго́вец канцеля́рскими принадле́жностями
stationery канцеля́рские принадле́жности *f pl*; (*writing paper*) почто́вая бума́га
stationmaster нача́льник вокза́ла, ста́нции
station-wagon универса́л
statistics стати́стика
statistical статисти́ческий
statistician стати́стик
statistics (*science*) стати́стика; (*data*) статисти́ческие да́нные *pl*
stator ста́тор
statuary 1. *n* скульпту́ра **2.** *adj* скульпту́рный
statue ста́туя
statuesque похо́жий на ста́тую, статуа́рный; (*of person*) ста́тный, стро́йный
statuette статуэ́тка
stature (*height*) рост; (*greatness*) вели́чие; (*qualities*) ка́чества *neut pl*
status (*social*) (обще́ственное) положе́ние; (*prestige*) прести́ж; *leg* ста́тус; **legal** ~ правово́й ста́тус; ~ **quo** ста́тус-кво́ *neut indecl*
statute стату́т, зако́н; ~**-book** свод зако́нов; ~ **law** стату́тное пра́во
statutory устано́вленный зако́ном
[1]**staunch** *adj* ве́рный, надёжный
[2]**staunch** *v* (*stop blood*) остана́вливать (кровотече́ние)
stave 1. *n* (*stick*) па́лка; (*of barrel*) клёпка; (*stanza*) строфа́; *mus* но́тный стан **2.** *v* ~ **in** разбива́ть, пробива́ть; ~ **off** предотвраща́ть
[1]**stay 1.** *n* (*time spent*) пребыва́ние; (*delay*) заде́ржка; (*stop*) остано́вка; (*hindrance*) поме́ха; *leg* приостано́вка, отсро́чка **2.** *v* (*remain*) остава́ться; (*as guest*, *visitor*) остана́вливаться (**at,** в + *prep*); гости́ть (**with,** у + *gen*); (*last out*) выде́рживать; (*halt*) остана́вливать; (*postpone*; *check*) приостана́вливать; (*linger*) заде́рживаться
~ **away** отсу́тствовать, не приходи́ть; ~ **away from** держа́ться в стороне́ от (+ *gen*)
~ **in** остава́ться до́ма
~ **on** остава́ться
~ **up** не ложи́ться спать
[2]**stay 1.** *n* (*support*) опо́ра; *naut* штаг; *pl* (*corset*) корсе́т **2.** *v* (*prop*) подпира́ть; (*fasten down*) укрепля́ть; (*satisfy*) удовлетворя́ть
stay-at-home домосе́д, *f* домосе́дка
staysail ста́ксель *m*
stead: in s.o.'s ~ вме́сто кого́-либо; **stand s.o. in good** ~ ока́зываться (+ *dat*) поле́зным
steadfast непоколеби́мый
steady 1. *adj* (*firm*) про́чный, твёрдый; (*stable*) усто́йчивый; (*of person*) уравнове́шанный; (*constant*, *regular*) постоя́нный; (*even*) ро́вный, равноме́рный; (*gradual*) постепе́нный; (*of progress etc*) непреры́вный **2.** *vt* де́лать про́чным *etc*; *vi* станови́ться про́чным *etc*; (*support*) укрепля́ть; (*stabilize*) стабилизи́ровать(ся)
steak (*meat*, *fish*) кусо́к мя́са/ры́бы; (*beef*) бифште́кс
steal *vt* красть; ~ **a glance** взгляну́ть *pf* укра́дкой (**at,** на + *acc*); ~ **a march on** опережа́ть; *vi* ворова́ть
~ **away, off** незаме́тно ускольза́ть, исчеза́ть
~ **in** входи́ть кра́дучись
~ **out** выходи́ть кра́дучись
~ **up** подкра́дываться (**to, on,** к + *dat*)
stealing воровство́, кра́жа
stealth хи́трость *f*; **by** ~ укра́дкой, тайко́м
stealthily укра́дкой, тайко́м
stealthy (*secret*) скры́тый; (*cautious*) осторо́жный; (*furtive*) сде́ланный укра́дкой; (*quiet*) бесшу́мный
steam 1. *n* (водяно́й) пар; **at full** ~ на по́лных пара́х; **full** ~ **ahead!** по́лный ход вперёд; **get up** ~ поднима́ть пары́; **let, blow off** ~ *fig* дава́ть вы́ход свои́м чу́вствам **2.** *adj* парово́й **3.** *v* (*give off* ~) испуска́ть пар, дыми́ться, па́рить; (*of engine*,

vessel) идти́; (*cook*; *clean*) па́рить; ~ **up** (*of window*) запотева́ть
steamboat парохо́д
steam-boiler паровой котёл
steam-driven паровой
steam-engine паровая маши́на; (*locomotive*) паровоз
steamer (*ship*) парохо́д; **paddle** ~ колёсный парохо́д; *tech*, *cul* пропа́риватель *m*
steam gauge мано́метр
steam-generating парогенера́торный
steamhammer паровой мо́лот
steaming 1. *n tech* пропа́рка **2.** *adj* дымя́щийся
steam jacket паровая руба́шка
steam plant паросилова́я устано́вка
steamroller 1. *n* паровой като́к **2.** *v fig* (*crush*) сокруша́ть; (*force through*) прота́скивать
steamship парохо́д
steam-shovel паровой экскава́тор
steamy (*giving off steam*) дымя́щийся; (*humid*) вла́жный; (*window etc*) запоте́лый, по́тный
stearic стеари́новый; ~ **acid** стеари́новая кислота́
stearin стеари́н
steatite мы́льный ка́мень *m*, жирови́к, стеати́т
steed *poet* конь *m*
steel 1. *n* (*metal*) сталь *f*; (*for flint*) огни́во; **cold** ~ холо́дное ору́жие **2.** *adj* стально́й **3.** *v* (*brace*) приготовля́ть (**for,** к + *dat*); (*toughen*) закаля́ть; ~ **oneself** (*brace*) собира́ться с ду́хом; ~ **one's heart** ожесточа́ться
steel-grey и́ссера-голубо́й, стально́й, стально́го цве́та
steel-plated оби́тый ста́лью
steelworks сталелите́йный заво́д
steely (*of steel*) стально́й; (*like steel*) как сталь; (*grim*) суро́вый; (*unyielding*) желе́зный
steelyard безме́н
steep 1. *adj* (*slope etc*) круто́й; (*dear*) дорого́й; (*high*) высо́кий; (*severe*, *strong*) си́льный; (*excessive*) чрезме́рный **2.** *v* (*put in liquid*) погружа́ть (**in,** в + *acc*); (*soak*) мочи́ть отма́чивать; (*infuse with*) пропи́тывать (**in,** + *instr*); *fig* ~ **oneself in** погружа́ться в (+ *acc*); *pej* погрязну́ть *pf* в (+ *prep*)
steeper кру́че, бо́лее круто́й
steeple шпиль *m*, шпиц; ~**jack** верхола́з
steeplechase (*horse-race*) ска́чки *f pl* с препя́тствиями, стипль-че́з; (*running*) бег с препя́тствиями, стипль-че́з
steeplechaser стипльчези́ст
[1]**steer** (*vehicle*) управля́ть (+ *instr*), вести́; (*guide*) управля́ть (+ *instr*), пра́вить (+ *instr*); (*be ~ed*) управля́ться; (*move*, *of ship*) идти́; (*make way to*) направля́ться (**for,** к + *dat*; на, в + *acc*); ~ **clear of** избега́ть (+ *gen*)
[2]**steer** (*bull*) бык; (*bullock*) бычо́к-кастра́т
steerable управля́емый
steerage (*steering*) управле́ние; (*rudder effect*) де́йствие руля́; (*class on ship*) са́мый дешёвый класс; ~**-way** ход
steering 1. *n* управле́ние (+ *instr*) **2.** *adj* рулево́й; ~ **column** рулева́я коло́нка; ~ **committee** руководя́щий комите́т; ~ **compass** путево́й ко́мпас; ~**-wheel** руль *m*, *coll* бара́нка; *naut* штурва́л
steersman рулево́й
stele сте́ла
stellar звёздный
[1]**stem 1.** *n* (*of plant*) сте́бель *m*; (*of tree*, *bush*) ствол; (*of leaf*, *fruit*) черешо́к; (*of goblet etc*) но́жка; (*of pipe*) черено́к; *tech* (*rod*) сте́ржень *m*; *naut* форште́вень *m*; *ling* осно́ва **2.** *v* (*originate*) происходи́ть (**from,** от + *gen*); брать (своё) нача́ло (**from,** в + *prep*)
[2]**stem** (*stop*) остана́вливать; (*slow*) заде́рживать; (*river etc*) запру́живать
stemma сте́мма
stench злово́ние, вонь *f*
stencil 1. *n* трафаре́т; (*for duplicator*) воско́вка **2.** *v* писа́ть, кра́сить по трафаре́ту; (*type on* ~) печа́тать на воско́вке; (*produce multiple copies*) роти́ровать
stenographer стено́граф, *f* стенографи́стка
stenographic стенографи́ческий
stenography стеногра́фия
stentorian громогла́сный, зы́чный
step 1. *n* (*pace*) шаг; **take a** ~ сде́лать *pf* шаг; **at every** ~ на ка́ждом шагу́; ~ **by** ~ шаг за ша́гом; **walk in** ~ идти́ в но́гу (**with,** с + *instr*); (*gait*) похо́дка; **with a light** ~ лёгкой похо́дкой; (*in dance*) па *neut indecl*; (*action*) ме́ра, шаг; **take** ~**s** принима́ть ме́ры; **make a false** ~ сде́лать *pf* ло́жный шаг; (*stair*) ступе́нька; **pair of** ~**s** (*ladder*) стремя́нка; (*stage*) ступе́нь *f* **2.** *v* (*tread*) ступа́ть; (*go*) шага́ть, идти́; *coll* ~ **on it** спеши́ть, (*in car*) дать *pf* га́зу
~ **across** переша́гать
~ **aside** отступа́ть в сто́рону
~ **back** де́лать шаг наза́д
~ **down** (*alight*) сходи́ть (**from,** с + *gen*); *fig* уходи́ть
~ **forward** де́лать шаг вперёд
~ **in** (*go in*) входи́ть, заходи́ть (в + *acc*); (*into vehicle*) сади́ться (в + *acc*); *fig* (*interfere*) вме́шиваться
~ **off** сходи́ть (**from,** с + *gen*)
~ **on** наступа́ть на (+ *acc*)
~ **out** бо́йко шага́ть
~ **over** переша́гивать
~ **up** (*approach*) подступа́ть, подходи́ть (**to,** к + *dat*); (*raise*) повыша́ть; (*intensify*) уси́ливать; (*speed up*) ускоря́ть
stepbrother сво́дный брат
step-by-step поэта́пный
stepchild па́сынок, *f* па́дчерица
stepdaughter па́дчерица
stepfather о́тчим
stepladder стремя́нка
stepmother ма́чеха
steppe 1. *n* степь *f* **2.** *adj* степно́й
stepped ступе́нчатый
stepping-stone ка́мень *m* для перехо́да; *fig* ступе́нька на пути́ (**to,** к + *dat*)
stepsister сво́дная сестра́
stepson па́сынок
stere кубоме́тр
stereo *see* **stereoscopic, stereophonic**
stereochemistry стереохи́мия
stereographic стереографи́ческий
stereometer стерео́метр
stereometry стереоме́трия
stereophonic стереофони́ческий
stereophony стереофони́я
stereoscope стереоско́п
stereoscopic стереоскопи́ческий
stereotype 1. *n* стереоти́п; *pej* шабло́н **2.** *adj* стереоти́пный; *pej* шабло́нный, трафаре́тный
sterile (*barren*) беспло́дный (*also fig*); (*sterilized*) стери́льный

sterility бесплóдие; стерúльность *f*
sterilization стерилизáция
sterilize стерилизовáть
sterilizer стерилизáтор
sterlet стéрлядь *f*
sterling 1. *n* стéрлинги *m pl*, фýнты́ *m pl* стéрлингов **2.** *adj* стéрлинговый; ~ **area** стéрлинговая зóна; ~ **silver** прóбное серебрó; *fig* (*of standard value*) полноцéнный; (*worthy*) безупрéчный; (*reliable*) надёжный; (*considerable*) солúдный
[1]**stern** сурóвый, стрóгий
[2]**stern 1.** *n naut* кормá; *av* хвост; (*rump*) зад **2.** *adj* кормовóй; хвостовóй
sternal грудúнный
sternfast кормовóй швáртов
sternness сурóвость *f*, стрóгость *f*
sternpost ахтерштéвень *m*
sternsheets кормовóе сидéнье
sternum грудúна
sternwheeler заднеколёсный парохóд
steroid 1. *n* стерóид **2.** *adj* стерóидный
sterol стерúн
stertorous (*of breathing*) тяжёлый; *med* стерторóзный
stet остáвить как бы́ло
stethoscope стетоскóп
stetson широкопóлая шля́па
stevedore портóвый грýзчик, стивидóр
stew 1. *n cul* тушёное мя́со с овощáми, рагý *neut indecl*; (*agitation*) волнéние; **get into a** ~ взволновáться *pf*; *ar* ~**s** (*brothel*) бардáк **2.** *v* тушúть(ся)
steward (*ship's*) официáнт, стю́ард; (*manager*) экономʹ, управля́ющий (+ *instr*); (*official*) распорядúтель *m*
stewardess (*ship's*) гóрничная; (*on plane*) стюардéсса, бортпроводнúца
stewed тушёный; ~ **fruit** компóт
[1]**stick** (*of wood*) пáлка; (*branch*) вéтка; **walking** ~ трость *f*, пáлка; (*piece*) пáлочка, плúтка; (*of bombs*) сéрия; *in expressions* **get the wrong end of the** ~ не так/непрáвильно понимáть; **in a cleft** ~ в тупикé; **use the big** ~ прибегáть к полúтике сúлы
[2]**stick** (*shove in, through*) вты́кать(ся) (**in, into,** в + *acc*); (*into hole, pocket etc*) совáть, засóвывать; (*stab*) вонзáть(ся); (*kill by stabbing*) заколóть *pf*; (*put*) класть, стáвить, совáть; (*insert*) вставля́ть; ~ **out** (*project*) торчáть; (*push out*) высóвывать; ~ **one's head out of the window** высóвывать гóлову из окнá; (*be obvious*) бросáться в глазá; ~ **up** (*project*) торчáть; *coll* (*rob*) грáбить; ~ **'em up!** рýки вверх!; ~ **up for** защищáть
[3]**stick** (*fix with glue etc*) наклéивать(ся) (**to,** на + *acc*), приклéивать(ся) (**to,** к + *dat*); (*cling*) прилипáть (**to,** к + *dat*); (*get caught*) застревáть; *coll* (*put up with*) выносúть, терпéть; ~ **to** (*not be deflected*) не отвлекáться от (+ *gen*); (*not change*) не меня́ть; (*not abandon*) придéрживаться (+ gen); ~ **by** оставáться вéрным; ~ **out for** настáивать на (+ *prep*); (*remain*) оставáться; ~ **at home** сидéть дóма
~ **around** не уходúть
~ **out** терпéть
~ **together** склéивать(ся); *fig* держáться вмéсте
sticker (*label etc*) наклéйка; (*poster*) афúша
stickiness клéйкость *f*; лúпкость *f*; вя́зкость *f*
sticking plaster лúпкий плáстырь *m*
stick-in-the-mud 1. *n* рутинёр **2.** *adj* кóсный
stickleback кóлюшка
stickler я́рый защúтник, сторóнник, привéрженец (**for,** + *gen*)
stick-up налёт, вооружённый грабёж
sticky (*adhesive*) лúпкий, клéйкий; (*glutinous*) вя́зкий; *coll* (*difficult*) трýдный; **come to a** ~ **end** плóхо кóнчить *pf*
stiff 1. *n sl* (*corpse*) труп **2.** *adj* (*rigid*; *not soft*) жёсткий; (*tough*) крéпкий; (*tight*) тугóй; (*strong*) сúльный; (*difficult*) трýдный; (*severe*) сурóвый; (*not graceful*) свя́занный; (*with cold*) окоченéвший; **be** ~ **with cold** окоченéть *pf* (от холóда); (*of joints*) онемéвший; (*thick*) густóй; (*formal*) натя́нутый, церемóнный **3.** *adv coll* (*bored, scared etc*) смертéльно; **be scared** ~ перепугáться *pf* нáсмерть
stiffen дéлать(ся) жёстким; коченéть; немéть; усúливать(ся); (*become motionless*) замирáть
stiffening придáние жёсткости
stiffly жёстко; сурóво; **answer** ~ отвечáть чóпорно, хóлодно
stiff-necked упря́мый
stiffness жёсткость *f*; крéпость *f etc*; (*of joints etc*) оцепенéлость *f*; *med* ригúдность *f*
stifle (*suppress*) подавля́ть; (*choke*) *vt* душúть, *vi* задыхáться; (*fire*) тушúть; (*sound*) заглушáть
stifling (*airless*) дýшный
stigma (*shame*) позóр; (*mark of shame*) клеймó позóра; *hist*, *rel*, *med*, *zool* стúгма
stigmatize клеймúть (позóром)
stile перелáз; (*turnstile*) турникéт
stiletto стилéт; ~ **heel** гвóздик, шпúлька
[1]**still 1.** *n* (*quiet*) тишинá; *cin* кадр **2.** *adj* (*motionless*) неподвúжный, спокóйный; (*calm*) спокóйный; (*quiet*) тúхий **3.** *v* успокáивать
[2]**still** (*till now*) (всё) ещё; **they are** ~ **busy** онú всё ещё зáняты; (*even, yet*) ещё; ~ **more** ещё бóльше; (*even so*) всё же, тем не мéнее; ~**, you ought to phone** всё же вам слéдует позвонúть
[3]**still** (*for distilling*) перегóнный куб
still-born мертворождённый
still life натюрмóрт
stillness неподвúжность *f*; спокóйствие; тишинá
stilted ходýльный, неестéственный, чóпорный
stilts ходýли *f pl*; **walk on** ~ ходúть на ходýлях
stimulant стимуля́тор; (*alcohol*) спиртнóе; (*spur*) стúмул
stimulate (*excite*) стимулúровать, возбуждáть; (*incite*) побуждáть (**to,** к + *dat*; + *infin*); (*intensify*) усúливать
stimulation стимуля́ция, возбуждéние; побуждéние
stimulator стимуля́тор
stimulus стúмул, побуждéние (**to,** к + *dat*)
sting 1. *n* (*organ*) жáло; (*of plant*) жгýчий волосóк; (*wound of* ~) укýс; (*from nettle etc*) ожóг; *fig* (*pain*) мýки *f pl*; (*of remark etc*) кóлкость *f* **2.** *vt* (*of insect etc*) жáлить; (*of plant, corrosive etc*) жечь; *vi* (*hurt*) горéть; *vt fig* (*hurt*) мýчить; (*hurt pride etc*) язвúть, уязвля́ть; (*arouse*) побуждáть (**to,** к + *dat*; + *infin*)
stinging (*of remark etc*) язвúтельный; ~ **nettle** (жгýчая) крапúва
stingray скат дазиáтис
stingy скáредный, скупóй
stink 1. *n* вонь *f*; *fig* **raise a** ~ поднимáть скандáл **2.** *v* воня́ть (**of,** + *instr*); *fig* быть отвратúтельным; ~ **out** наполня́ть зловóнием

stinker *coll* (*smelly person*) вонючка *m and f*; (*detestable person*) гадина; (*problem*) трудная штука

stinking вонючий

stint 1. *n* (*allotted amount*) норма; (*portion*) доля; (*limit*) **without** ~ не жалея сил, денег *etc* **2.** *v* (*grudge*) жалеть (+ *acc or gen*; *usu neg*); (*go short*) урезывать

stipend (*salary*) жалованье; (*bursary*) стипендия

stipendiary оплачиваемый

stipple *art* изображать пунктиром

stippling пунктирная работа

stipulate обусловливать, ставить условием

stipulation условие, оговорка

stir 1. *n* (*movement*) движение; (*animation*) оживление; (*mix*) помешивание; **give a** ~ помешать *pf*; (*agitation*) волнение; **cause a** ~ наделать *pf* шуму; *sl* (*prison*) **be in** ~ сидеть **2.** *v* (*move*) шевелить(ся); (*mix*) мешать; (*tea etc*) помешивать; (*agitate*) волновать(ся); (*arouse*) возбуждать(ся); ~ **in** вмешивать; ~ **up** размешивать; *fig* возбуждать

stirring волнующий

stirrup стремя *neut*; *tech* хомут

stitch 1. *n* (*sewing*) стежок; **without a** ~ **on** голышом, в чём мать родила; **be in** ~**es** (*of laughter*) покатываться со смеху; **I have the** ~/**a** ~ **in my side** у меня колет в боку; *med* шов; (*knitting*) петля **2.** *v* (*sew*) шить; (*embroider*) вышивать; ~ **on** пришивать (к + *dat*); ~ **up** зашивать, сшивать

stoat (*weasel*) хорёк; (*ermine*) горностай

stochastic стохастический

stock 1. *n* (*store, supply*) запас; **be out of** ~ не иметь в наличии; **lay in a** ~ **of** запасаться (+ *instr*); **take** ~ **of** инвентаризовать; *fig* оценивать; (*goods for sale*) ассортимент; (*assets*) инвентарь *m*; (*stump*) пень *m*; (*piece of wood*) деревяшка; (*of gun*) ложа; (*handle*) черенок; (*root*) корень *m*; (*family*) род; (*breed*) порода (*farm animals*) скот; *fin* (*capital*) акционерный капитал; (*shares*) акции *f pl*; (*bonds etc*) ценные бумаги *f pl*; *pl* (*punishment*) колодки *f pl*; (*of lathe*) бабка; *naut* (*of anchor*) шток; (*of clock*) стапель *m*; *cul* крепкий бульон; *hort* левкой **2.** *adj* (**in** ~) имеющийся в наличии; (*standard*) стандартный; (*trite*) избитый, шаблонный **3.** *v* (*supply*) снабжать (**with,** + *instr*); (*have for sale*) иметь в продаже; (*store*) хранить на складе

stockade (*fence*) частокол, штакетник; (*fort*) форт

stockbreeder животновод

stockbroker (биржевой) маклер

stock exchange (фондовая) биржа

stockfish вяленая рыба, стокфиш

stockholder владелец акций, акционер

stockinet трикотажное полотно

stocking чулок; **pair of** ~s пара чулок; *fig* **blue** ~ синий чулок

stockinged в чулках; **in one's** ~ **feet** в одних чулках, без туфель

stock in trade (*stock*) инвентарь *m*; (*equipment*) оборудование; (*characteristic*) принадлежность *f*

stockist магазин, где продаётся …

stockjobber (биржевой) маклер

stock market (фондовая) биржа

stockpile 1. *n* запас, резерв **2.** *v* накапливать

stockroom склад, кладовая

stock-still неподвижно; **stand** ~ стоять как вкопанный

stocktaking переучёт (товаров), инвентаризация

stocky коренастый

stockyard скотопригонный двор

stodgy (*heavy*) тяжёлый; (*boring*) скучный

stoic 1. *n* стоик **2.** *adj* стоический

stoical стоический

stoichiometry стехиометрия

stoicism стоицизм

stoke (*add fuel*) забрасывать топливо (в + *acc*); (*stove*) топить; (*keep up fire*) поддерживать (огонь); ~**hold,** ~**hole** кочегарка

stoker (*person*) кочегар; (*machine*) стокер

stole палантин, накидка; *eccles* епитрахиль *f*

stolid флегматичный, равнодушный

stoma устьице

stomach 1. *n* (*organ*) желудок; (*belly*) живот; **it turns my** ~ меня тошнит от этого; (*appetite*) вкус (**for,** к + *dat*) **2.** *adj* желудочный **3.** *v* (*digest*; *also fig*) переваривать; (*eat*) проглатывать; (*tolerate*) выносить, сносить

stomach-ache боль *f* в желудке

stomach pump желудочный зонд

stomatitis стоматит

stomatology стоматология

stone 1. *n* (*material*; *rock, pebble*; *med*) камень *m*; (*gem*) драгоценный камень *m*; (*in fruit*) косточка; (*weight*) стоун, стон **2.** *adj* каменный; **Stone Age** каменный век **3.** *adv* (*completely*) совершенно **4.** *v* (*throw* ~*s at*) побивать камнями; (*fruit*) вынимать косточки

stonecrop *bot* очиток

stoned (*fruit*) очищенный от косточек, без косточек; *sl* (*drunk*) вдребезги пьян

stone-dresser каменотёс

stonemason каменщик

stone's throw (*short distance*) небольшое расстояние; (*very close*) очень близко (**from,** от + *gen*); **within a** ~ рядом; **within a** ~ **of, only a** ~ **from** в двух шагах от (+ *gen*)

stonewall вести оборонительную тактику

stoneware гончарная посуда

stonework каменная кладка

stony (*ground etc*) каменистый; (*of, like stone*; *also fig*) каменный; **be** ~**-broke** не иметь ни гроша; ~**-hearted** жестокосердный

stooge *theat* партнёр комика; (*helper*) помощник; *pej* приспешник; (*dupe*) жертва обмана

stook 1. *n* копна **2.** *v* ставить копны

stool (*seat*) табурет(ка); (*commode*) стульчак; (*bowel action*; *faeces*) стул; ~**-pigeon** *sp* приманная птица; *fig, sl* (*agent provocateur*) провокатор; (*informer*) стукач; (*bogus prisoner*) наседка

stoop (*bend down*) наклонять(ся), нагибать(ся); (*be round-shouldered*) сутулиться, сутулить плечи; *fig* унижаться (**to,** до + *gen*)

stooped сутулый

stop 1. *n* (*act of* ~*ping*; *cessation*; *halt*; *stay*) остановка; **bus** ~ автобусная остановка; **at the next** ~ на следующей остановке; **come to a** ~, **make a** ~ останавливаться; **put a** ~ **to** положить конец (+ *dat*); (*in notices*) стоп; (*punctuation*) точка; *mus* (*organ*) регистр; (*key*) клапан; *tech* (*in mechanism*) упор; *phot* диафрагма; деление шкалы диафрагм; *phon* смычка **2.** *v* (*bring to halt*) останавливать; (*cease*) прекращать(ся); ~ **shouting** перестань(те) кричать; (*end*) кончаться; (*come to halt*; *pause*; *stay*) останавливаться; **I am** ~**ping with friends** я остановился у

друзе́й; (*prevent*; *deduct*) уде́рживать (**from,** от + *gen*); **he is ~ing me from working** он меша́ет мне рабо́тать; **~ at nothing** ни пе́ред че́м не остана́вливаться; (*remain*) остава́ться; (*cancel*) отменя́ть; (*suspend*) приостана́вливать; (*block*) прегражда́ть; (*fill*) заполня́ть; **~ a hole** заде́лывать отве́рстие; (*teeth*) пломбирова́ть
 ~ away не приходи́ть, отсу́тствовать
 ~ by (*call in*) заходи́ть (**at,** к + *dat*)
 ~ off остана́вливаться в пути́
 ~ on остава́ться
 ~ out (*exclude*) исключа́ть; (*not go home*) не возвраща́ться домо́й
 ~ over *see* **~ off**
 ~ up затыка́ть, заде́лывать
stopcock запо́рный кран
stopgap 1. *n* (*measure*) вре́менная ме́ра; (*person*) вре́менный замести́тель *m*, *coll* заты́чка **2.** *adj* вре́менный
stop–go: **~ policy** поли́тика «стой–иди́»
stop-light (*traffic light*) кра́сный сигна́л; (*on car*) стоп-сигна́л
stopover остано́вка в пути́
stoppage (*halt*) остано́вка; (*delay*) заде́ржка; (*in production*) просто́й; (*strike*) забасто́вка; (*of payment*) приостано́вка; (*deduction*) вы́чет
stopper (*in bottle etc*) про́бка, заты́чка; *fig* **put the ~ on** положи́ть *pf* коне́ц (+ *dat*)
stopping (*in teeth*) пло́мба
stop press э́кстренное сообще́ние
stopwatch секундоме́р, хроно́метр
storage (*act of storing*) хране́ние; **put into ~** сдава́ть на хране́ние; (*warehouse etc*) склад, храни́лище; **~ space** пло́щадь *f* скла́да; **~ heater** теплово́й аккумуля́тор; **cold ~** хране́ние на холоду́; (*place*) холоди́льник; **~ room** кладова́я
store 1. *n* (*stock*, *supply*) запа́с; **have in ~** име́ть про запа́с; *fig* **what is in ~ for us?** что ждёт нас в бу́дущем/что нам сули́т бу́дущее?; (*warehouse*) склад; (*shop*) магази́н; *pl mil* боеприпа́сы *m pl*; *fig* **set great ~ by** высоко́ цени́ть, придава́ть значе́ние (+ *dat*) **2.** *v* (*lay in supply of*) запаса́ть; (*hoard*) копи́ть; (*preserve*) храни́ть; (*put in ~*) дава́ть на хране́ние
storehouse склад; *fig* сокро́вищница
storekeeper (*in storehouse*) кладовщи́к; (*shopkeeper*) ла́вочник
storeroom кладова́я
storey эта́ж; **three-~** трёхэта́жный
storied легенда́рный
stork а́ист
storm 1. *n* бу́ря (*also fig*); (*with thunder*) гроза́; (*at sea*) шторм; (*sand ~*) саму́м; (*snow ~*) вью́га; *fig* (*outburst*) взрыв; *mil* штурм; **take by ~** взять *pf* шту́рмом, штурмова́ть **2.** *v* (*rage*) свире́пствовать, бушева́ть; *mil* штурмова́ть; **~ at** руга́ться на (+ *acc*); **~ in** врыва́ться (в + *acc*)
storm belt по́яс бурь
storm cellar укры́тие от торна́до
storm centre центр цикло́на
storm cloud грозова́я ту́ча
storminess бу́рность *f*
storming party штурмово́й отря́д
storm lantern лету́чая мышь *f*
storm sail штормово́й па́рус
storm-signal штормово́й сигна́л
storm-trooper штурмови́к
stormy (*of*, *like storm*) бу́рный; *naut* штормово́й; (*portending storm*) предвеща́ющий бу́рю; **~ petrel** буреве́стник
story (*account*) исто́рия; (*tale*) расска́з; **tell a ~** расска́зывать; *lit* по́весть *f*, расска́з; **fairy ~** ска́зка; (*legend*) леге́нда; (*plot of novel etc*) фа́була; *coll* (*lie*) вы́думка; **~-book** сбо́рник расска́зов (для дете́й); **~teller** расска́зчик
stout 1. *n* кре́пкий по́ртер **2.** *adj* (*fat*) по́лный, ту́чный; **grow ~** полне́ть; (*tough*) кре́пкий, про́чный; (*sturdy*) здоро́вый; (*brave*) отва́жный; (*resolute*) упо́рный, сто́йкий; **~-hearted** сто́йкий
stoutness полнота́, ту́чность *f*
stove печь *f*, пе́чка; (*electric*, *gas cooker*) плита́; (*oven*) духо́вка; **~-pipe** дымохо́д; *coll* (*hat*) цили́ндр
stow (*put away*) укла́дывать, скла́дывать; *naut* убира́ть; (*cargo*) штива́ть
stowage (*act*) шти́вка; (*place*) грузово́е помеще́ние
stowaway безбиле́тный пассажи́р, *coll* за́яц
strabismus страби́зм, косогла́зие
straddle 1. *n mil* накры́тие **2.** *v* (*sit on*) сиде́ть верхо́м на (+ *prep*), оседла́ть; (*stand*, *sit with legs apart*) стоя́ть, сиде́ть с растáвленными нога́ми; (*part legs*) расставля́ть но́ги; (*bridge*) перекрыва́ть; *mil* накрыва́ть
strafe (*shoot up*) обстре́ливать; (*bomb*) бомби́ть
strafing обстре́л
straggle (*lag*) отстава́ть; (*go*, *not as group*) идти́ вразбро́д; (*be scattered*) быть разбро́санным; (*stand*, *grow etc untidily*) стоя́ть, расти́ *etc* беспоря́дочно
straggler отста́вший
straggling (*lagging*) отста́вший; (*untidy*) беспоря́дочный
straight 1. *n* (*~ness*) прямизна́, прямота́; (*~ piece*) пряма́я часть *f*; (*in race*) пряма́я **2.** *adj* (*most senses*) прямо́й; (*honest*) че́стный; (*unmixed*) чи́стый; (*normal*) норма́льный; (*level*) ро́вный; (*tidy*) у́бранный; **put, get ~** (*adjust*) поправля́ть; (*tidy*, *settle*) приводи́ть в поря́док; **make ~** выпрямля́ть **3.** *adv* пря́мо; че́стно; **~ away, off** сра́зу; **~ out** пря́мо
straight-edge лине́йка, прави́ло
straighten *vt* (*make ~*) выпрямля́ть; (*make level*) выра́внивать; (*adjust*) поправля́ть; (*tidy*, *arrange*) приводи́ть в поря́док; *vi* выпрямля́ться; выра́вниваться; поправля́ться; **~ out, up = ~**
straight-faced с серьёзной ми́ной, не улыба́ясь
straightforward (*direct*) прямо́й; (*honest*) че́стный; (*frank*) открове́нный; (*simple*) просто́й
straight-line прямолине́йный
straightness прямизна́, прямота́
straight-through *tech* прямото́чный; (*direct*) прямо́й
strain 1. *n* (*pull*) натяже́ние; (*physical*, *nervous effort*, *demand*, *stress*, *difficulty*) напряже́ние (**on,** на + *prep*); (*load*) нагру́зка; *tech* деформа́ция; *med* растяже́ние; *mus* мело́дия; *pl* (*sounds*) зву́ки *m pl*; (*tone*, *style*) тон, дух; (*descent*) поро́да, ли́ния; *biol* штамм **2.** *v* (*stretch*) натя́гивать(ся); (*exert*) напряга́ть(ся); **~ one's ears** напряга́ть слух; (*weaken by exertion*) по́ртить; (tire) переутомля́ть; (*sprain*) растя́гивать(ся); (*try hard to*) стара́ться изо всех сил, что́бы (+ *infin*); **~ after** тяну́ться к (+ *dat*); (*distort*) искажа́ть; (*misuse*) злоупотребля́ть; (*sieve*) проце́живать(ся); **~ off** отце́живать
strained (*nerves*, *relations*) натя́нутый; (*nervous*, *forced*) напряжённый; (*sprained*) растя́нутый;

tech деформи́рованный
strainer (*filter*) фильтр; (*sieve*) си́то; (*tea*) ча́йное си́течко; (*colander*) ду́ршлаг
strait *geog* (*also pl*) проли́в; *pl* (*difficulty*) затрудни́тельное положе́ние; **in desperate ~s** в отча́янном положе́нии
straitened: in ~ circumstances в стеснённых обстоя́тельствах
strait-jacket смири́тельная руба́шка
strait-laced стро́гий, чо́порный
strake *naut* по́яс обши́вки
[1]**strand 1.** *n* (*shore*) бе́рег; (*beach*) пляж **2.** *vt* сажа́ть на бе́рег, мель *etc*; *vi* сади́ться на бе́рег, мель *etc*; *fig* (*leave*) оставля́ть (без средств, тра́нспорта *etc*)
[2]**strand 1.** *n* (*of hair, rope*) прядь *f*; (*thread*; *also fig*) нить *f* **2.** *v* (*twist thread*) сучи́ть
strange (*unusual, odd*) стра́нный; **that's ~!** стра́нно!; **~ to say** как э́то ни стра́нно; (*unfamiliar, unknown*) неизве́стный, незнако́мый; (*foreign; not one's own*) чужо́й; *phys* стра́нный
strangeness стра́нность *f*
stranger (*unknown person*) незнако́мец, *f* незнако́мка; **he is a ~ to me** я с ним не знако́м; (*outsider*) посторо́нний челове́к; (*foreigner*) чужестра́нец
strangle души́ть; *fig* подавля́ть
stranglehold захва́т го́рла; *fig* тиски́ *m pl*; **get a ~ on** взять *pf* в тиски́
strangulate *med* ущемля́ть, сжима́ть
strangulation удуше́ние; *med* ущемле́ние, зажима́ние
strap 1. *n* (*belt etc*) реме́нь *m*, ремешо́к; (*strip, band*) поло́ска, ле́нта; *tech* (*plate*) пла́нка; (*mounting*) скоба́, хому́т; *coll* (*beating*) по́рка **2.** *v* (*tie up*) свя́зывать ремнём; (*fasten*) скрепля́ть ремнём; (*beat*) поро́ть ремнём; **~ down** прикрепля́ть ремнём (**to**, к + *dat*); **~ up** перетя́гивать ремнём; (*bandage*) перевя́зывать
strapless (*dress etc*) без брете́лек
strappado ды́ба
strapping ро́слый, здоро́вый
stratagem хи́трость *f*, уло́вка
strategic стратеги́ческий
strategist страте́г
strategy *mil* страте́гия; (*plan*) план
stratification стратифика́ция
stratified *geol* слои́стый
stratiform слоеобра́зный
stratify рассла́ивать(ся)
stratigraphy стратигра́фия
strato- *meteor* слои́сто-
stratosphere стратосфе́ра
stratospheric стратосфе́рный
stratum слой, пласт
stratus слои́стое о́блако
straw 1. *n* (*dry stalks*) соло́ма; *fig* **last ~** после́дняя ка́пля; **~ in the wind** намёк; **clutch at a ~** хвата́ться за соло́минку; (*drinking*) соло́минка **2.** *adj* соло́менный
strawberry (*usu wild*) земляни́ка; (*usu garden*) клубни́ка
strawboard соло́менный карто́н
straw-coloured бле́дно-жёлтый, соло́менного цве́та
stray 1. *n* (*cat etc*) бездо́мная ко́шка *etc*; (*from herd*) заблуди́вшееся живо́тное; (*lost child*) заблуди́вшийся ребёнок; (*waif*) беспризо́рник **2.** *adj* (*homeless*) бездо́мный; (*lost*) заблуди́вшийся; (*chance*) случа́йный **3.** *v* (*lose way*) заблуди́ться *pf*; (*wander away from*) сбива́ться с (+ *gen*); *fig* **~ from the straight and narrow** сби́ться *pf* с пути́ и́стинного; (*wander*; *fig of thoughts*) блужда́ть
streak 1. *n* (*band, line; of light*) поло́ска; **~ of lightning** вспы́шка мо́лнии; (*in stone, wood etc*) прожи́лка; (*in character*) черта́; (*smear, trace*) след; **lucky ~** полоса́ везе́ния **2.** *v* (*leave ~s*) оставля́ть следы́, поло́ски на (+ *prep*); (*make ~s*) проводи́ть поло́ски по (+ *dat*); (*rush*) мча́ться; **~ along, by, past** проноси́ться (**by, past**, ми́мо + *gen*); **~ away** умча́ться *pf*
streaked с поло́сками, прожи́лками *etc*
streaky полоса́тый; (*of bacon*) с просло́йками жи́ра
stream 1. *n* (*flow*) пото́к; (*small river*) ре́чка; (*brook*) пото́к, руче́й, ручеёк; (*current; trend*) тече́ние; (*jet*) струя́ **2.** *v* (*flow*) ли́ться, течь; (*pour out*) вытека́ть (**from**, из + *gen*); (*gush; also of light*) струи́ться (**from**, из + *gen*); (*move in mass*) дви́гаться пото́ком; (*with tears etc*) облива́ться (+ *instr*); (*of flags etc*) развева́ться; (*trail in water*) сбра́сывать в во́ду
stream-anchor стоп-а́нкер
streamer (*paper*) серпанти́н; (*pennant*) вы́мпел
streaming (*of eyes*) слезя́щийся; (*of hair, flags*) развева́ющийся
streamlet ручеёк
streamline 1. *n* обтека́емая фо́рма **2.** *adj* обтека́емый **3.** *v* придава́ть обтека́емую фо́рму (+ *dat*); *fig* рационализи́ровать
streamlined обтека́емый
street 1. *n* у́лица; **in the ~** на у́лице; **across, on the other side of the ~** на той стороне́ у́лицы, с той стороны́ у́лицы; *in expressions* **~s ahead** куда́ лу́чше; **man in the ~** сре́дний челове́к; **it's right up his ~** э́то как ра́з по его́ ча́сти **2.** *adj* у́личный
streetcar *Am* трамва́й
street door пара́дная дверь *f*, пара́дное
street-walker проститу́тка
strength (*most senses*) си́ла; **on the ~ of** на основа́нии (+ *gen*); (*of drinks etc*) кре́пость *f*; (*toughness*) про́чность *f*; *mil* (*numerical*) чи́сленность *f*; **in, at full ~** в по́лном соста́ве
strengthen уси́ливать(ся), укрепля́ть(ся)
strenuous (*energetic*) энерги́чный; (*zealous*) усе́рдный; (*needing effort*) тру́дный, тяжёлый
streptococcus стрептоко́кк
streptomycin стрептомици́н
stress 1. *n* (*tension; most tech senses*) напряже́ние; (*pressure*) давле́ние; *psych* стресс; (*influence*) возде́йствие; *gramm* ударе́ние; (*importance*) значе́ние; (*load*) нагру́зка; **lay ~ on** подчёркивать **2.** *v* (*emphasize*) подчёркивать; (*put under strain*) подверга́ть напряже́нию; *gramm* ста́вить ударе́ние на (+ *acc*)
stressful напряжённый
stretch 1. *n* (*stretching*) вытя́гивание; (*lengthening*) удлине́ние; (*elasticity*) эласти́чность *f*; (*strain*) натяже́ние; (*effort*) напряже́ние; **at full ~** изо всех сил; (*expanse*) простра́нство; (*sector*) уча́сток; (*stage*) эта́п; (*of time*) срок; **at a/one ~** без переры́ва; **at a ~** (*if need be*) при необходи́мости; **for a ~** на не́которое вре́мя **2.** *adj* (*of garment*) безразме́рный; (*elastic*) эласти́чный **3.** *v* (*make, become longer*) вытя́гивать(ся); (*make wider, be elastic*) растя́гивать(ся); (*lose shape*) растя́гиваться; **~ oneself** размина́ться,

потя́гиваться; ~ **one's neck** вытя́гивать ше́ю; ~ **one's wings** расправля́ть кры́лья; ~ **one's legs** размина́ть но́ги; *fig* прогу́ливаться; (*strain*) напряга́ть; (*make tight*) натя́гивать; (*lay rope etc*) протя́гивать; (*extend, of terrain etc*) тяну́ться; ~ **out** (*extend*) протя́гивать(ся); (*delay*) растя́гивать; (*recline*) растя́гиваться, протя́гиваться

stretcher *med*носи́лки *f pl*; *bui* ложо́к; *art* подра́мник; ~-**bearer** санита́р-носи́льщик

stretchy эласти́чный

strew разбра́сывать; ~ **with** усыпа́ть (+ *instr*)

striated (*grooved*) боро́здчатый; (*striped*) полоса́тый; *archi* с каннелю́рами

stricken (*afflicted*) поражённый (**by,** + *instr*); (*grieving*) сокрушённый; (*perishing*) погиба́ющий; (*wounded*) ра́неный

strict (*most senses*) стро́гий; **be** ~ быть стро́гим (**with,** с + *instr*; **about,** по отноше́нию к + *dat*); (*precise*) то́чный

strictness стро́гость *f*

stricture *med* структу́ра; *pl* (*criticism*) суро́вая кри́тика

stride 1. *n* (большо́й) шаг; *fig* **get into one's** ~ войти́ *pf* в свой ритм; **take in one's** ~ споко́йно относи́ться к (+ *dat*); **make great ~s** де́лать больши́е шаги́, успе́хи **2.** *v* шага́ть; ~ **over, across** переша́гивать че́рез (+ *acc*)

stridency ре́зкость *f*; скрипу́честь *f*; шумли́вость *f*

strident (*shrill*) ре́зкий, визгли́вый; (*grating*) скрипу́чий; (*noisy*) шу́мный, шумли́вый

stridulation скрип, стре́кот

strife (*conflict*) борьба́; (*discord*) раздо́р

strike 1. *n* (*blow, also mil*) уда́р; (*discovery*) откры́тие; *fig coll* **lucky** ~ везе́ние; (*of workers*) забасто́вка, ста́чка; **be on** ~ бастова́ть; **go on** ~ забастова́ть *pf*; **sit-down** ~ италья́нская забасто́вка **2.** *v* (*hit*) ударя́ть(ся) (**in, on,** в, на + *acc*; **against,** о, об + *acc*); ~ **a blow** нанести́ *pf* уда́р; (*of clock*) бить; (*find*) открыва́ть, напада́ть на (+ *acc*); (*collide*) ста́лкиваться с (+ *instr*); (*attack*) напада́ть на (+ *acc*); (*reach*) достига́ть (+ *gen*); (*bargain etc*) заключа́ть; (*delete*) вычёркивать; (*coin, medal*) чека́нить; (*afflict; impress, astonish*) поража́ть; (*come into mind*) приходи́ть в го́лову; **it struck me that...** мне показало́сь, что...; (*refuse to work*) бастова́ть; *in expressions* ~ **blind** ослепи́ть *pf*; ~ **dumb** лиши́ть *pf* да́ра ре́чи; *fig* ошеломи́ть *pf*; ~ **camp** снима́ться с ла́геря; ~ **dead** порази́ть *pf* на́смерть; ~ **fear into** вселя́ть у́жас в (+ *acc*); ~ **a flag** спуска́ть флаг; ~ **a match** зажига́ть спи́чку; ~ **a pose** принима́ть по́зу; ~ **a spark** высека́ть и́скру

~ **away** отбива́ть

~ **back** наноси́ть отве́тный уда́р (**at,** + *dat*)

~ **down** (*knock down*) вали́ть; (*by illness*) поража́ть (**by,** + *instr*)

~ **in** (*interject*) вме́шиваться

~ **off** (*cut off*) отруба́ть

~ **out** (*with fists*) разма́хивать кулака́ми; (*make for*) направля́ться (**for,** в + *acc*); (*delete*) вычёркивать

~ **up** (*begin*) начина́ть; ~ **up an acquaintance** завяза́ть *pf* знако́мство; (*of band*) заигра́ть *pf*

strike-breaker штрейкбре́хер

strike force *mil, nav* уда́рная гру́ппа

striker (*worker*) забасто́вщик, басту́ющий; *tech* уда́рник

striking (*impressive*) порази́тельный; (*remarkable*) замеча́тельный; *mil, nav* уда́рный

string 1. *n* верёвка; *mus* струна́; (*of bow*) тетива́; (*of beads etc*) ни́тка; (*queue*) верени́ца; (*row, series*) ряд; *coll* (*condition*) усло́вие **2.** *adj* ~ **bag** аво́ська, се́тка; ~ **quartet** стру́нный кварте́т **3.** *v* (*beads*) нани́зывать; (*bow etc*) снабжа́ть тетиво́й, струно́й *etc*; (*suspend*) ве́шать; (*run cable etc*) проводи́ть

~ **along** (*deceive*) води́ть за́ нос; (*go with*) идти́ с (+ *instr*)

~ **out** расставля́ть

~ **together** свя́зывать

~ **up** (*tighten; key up*) напряга́ть; *coll* (*hang*) ве́шать

string band стру́нный орке́стр

stringed стру́нный

stringency стро́гость *f*

stringent стро́гий

stringer (*beam*) продо́льная ба́лка; *naut, av* стри́нгер

stringy волокни́стый

strip 1. *n* (*narrow piece*) поло́ска; (*band, stripe*) полоса́, поло́ска; (*of land*) уча́сток; (*zone*) зо́на; *av* взлётно-поса́дочная полоса́ **2.** *v* (*take off*) снима́ть; (*tear off*) срыва́ть; (*undress*) раздева́ть(ся); (*remove outer layer; flay*) сдира́ть, обдира́ть; (*deprive of*) лиша́ть (+ *gen*); (*dismantle*) разбира́ть на ча́сти

strip artist стрипти́зка

strip cartoon ко́микс

stripe 1. *n* полоса́, поло́ска; *mil* наши́вка **2.** *v* де́лать полоса́тым

striped полоса́тый; (*usu of garment*) в поло́ску

stripling ю́ноша *m*

stripper *theat* стрипти́зка

striptease 1. *n* стрипти́з **2.** *adj* стрипти́зный

stripy полоса́тый

strive (*try*) стара́ться; ~ **for, after** стреми́ться (к + *dat*; *or* + *infin*); (*struggle*) боро́ться (**against,** с + *instr*)

stroboscope стробоско́п

stroke 1. *n* (*blow; attack; calamity; apoplexy*) уда́р; **at a** ~ одни́м уда́ром; **he had a** ~ у него́ был уда́р; ~ **of luck** везе́ние, сча́стье; (*movement*) взмах; (*action*) ход; (*of clock*) бой; **at the** ~ **of two** ро́вно в два (часа́); (*line*) черта́; (*oblique*) дробь *f*; **2~3** 2 дробь 3; (*of brush*) мазо́к; (*of pencil*) штрих; (*of pen*) ро́счерк; (*swimming*) стиль *m*; (*rower*) загребно́й; *tech* ход; **power** ~ рабо́чий ход; **compression** ~ ход сжа́тия **2.** *v* гла́дить, погла́живать

stroll 1. *n* прогу́лка; **go for a** ~ прогу́ливаться **2.** *v* прогу́ливаться, гуля́ть

stroller гуля́ющий; (*pushchair*) складна́я коля́ска

strolling (*itinerant*) стра́нствующий

strong (*full of strength; powerful; intense; of smell, taste*) си́льный; ~ **as an ox** здоро́в, как бык; (*hard to break, tear; robust; of nerves, drink, tobacco*) кре́пкий; (*energetic*) энерги́чный; (*of things, tough; well-built*) про́чный; (*healthy; big and* ~) здоро́вый; (*good at*) си́льный (**in,** в + *pr*); *fig* ~ **point** си́льное ме́сто; **a thousand** ~ (чи́сленностью) в ты́сячу челове́к; ~ **language** руга́тельства *neut pl*

strong-arm 1. *adj* наси́льственный **2.** *v* избива́ть

strongbox сейф

stronghold (*fortress*) кре́пость *f*; *fig* (*bastion*) опло́т; (*centre*) оча́г

strongly си́льно; кре́пко *etc*; (*very much*) о́чень
strong-minded реши́тельный
strong point опо́рный пункт
strongroom сейф
strong-willed волево́й
strontium стро́нций
strop 1. *n* (*for razor*) реме́нь *m* для пра́вки бритв; *naut* строп **2.** *v* (*a razor*) пра́вить
strophe строфа́
strophic строфи́ческий
stroppy *coll* тру́дный, строптй́вый
structural (*having structure*) структу́рный; (*of building*) строи́тельный; ~ **engineering** строи́тельная те́хника; (*used in building*) конструкцио́нный
structuralism структурали́зм
structuralist структурали́ст
structure структу́ра, строе́ние; (*building etc*) строе́ние, сооруже́ние (*manufactured object*) констру́кция
structureless бесструкту́рный
struggle 1. *n* (*fight*) борьба́ (**for,** за + *acc*; **against,** про́тив + *gen*); (*resistance*) сопротивле́ние; **it was a** ~ тру́дно бы́ло (**to,** + *infin*) **2.** *v* (*fight*) боро́ться (**for,** за + *acc*; **against,** про́тив + *gen*; **with,** с + *instr*); (*thrash about*) би́ться; (*try*) вся́чески стара́ться; (*do with difficulty*) с трудо́м (+ *verb*); ~ **through** с трудо́м пробира́ться че́рез (+ *acc*)
strum бренча́ть (на + *pr*)
strumpet проститу́тка, развра́тница
[1]**strut** *n* (*prop*) сто́йка; (*beam, brace*) раско́с, распо́рка
[2]**strut** ходи́ть с ва́жным ви́дом
strychnine стрихни́н
stub 1. *n* (*of cigarette*) оку́рок; (*piece*) обло́мок; ~ **of a pencil** огры́зок карандаша́; (*of ticket etc*) корешо́к **2.** *v* ~ **one's foot against** ударя́ться ного́й о (+ *acc*); ~ **out** гаси́ть
stubble (*in field*) жнивьё; (*of hair*) щети́на
stubborn (*obstinate*) упря́мый; ~ **as a mule** упря́мый как осёл; (*resisting*) упо́рный
stubbornness упря́мство; упо́рство
stubby коро́ткий
stucco 1. *n* штукату́рка **2.** *adj* штукату́рный
stuck: be ~ (*jammed; held up*) застря́ть *pf*; (*perplexed*) быть озада́ченным; (*stumped*) быть в тупике́; *coll* **be** ~ **with** быть оста́вленным с (+ *instr*); **get** ~ застрева́ть; *coll* **get** ~ **into** взя́ться *pf* за (+ *acc*)
stuck-up *coll* высокоме́рный; **be** ~ ва́жничать, задира́ть нос
[1]**stud 1.** *n* (*for collar etc*) за́понка; *tech* штифт **2.** *v* (*ornament*) усыпа́ть, усе́ивать (**with,** + *instr*)
[2]**stud** (*horse farm*) ко́нный заво́д; (*horse etc*) саме́ц-производи́тель *m*; ~**-book** родосло́вная кни́га; ~**-farm** ко́нный заво́д; ~**-horse** жеребе́ц-производи́тель *m*; ~**-mare** племенна́я кобы́ла
studding-sail ли́сель *m*
student 1. *n* (*in college etc*) студе́нт, *f* студе́нтка; (*in school*) уча́щийся; **law** ~ студе́нт юриди́ческого факульте́та; **medical** ~ (студе́нт-)ме́дик; ~ **of** изуча́ющий (+ *acc*) **2.** *adj* студе́нческий
studentship (*grant*) стипе́ндия
studied (*thought out*) обду́манный; (*deliberate*) нарочи́тый; (*intentional*) умы́шленный; (*elaborate*) изы́сканный; (*forced*) де́ланный
studio сту́дия; *cin* киносту́дия; *rad* радиосту́дия; *TV* телесту́дия; ~**-couch** дива́н-крова́ть *f*
studious (*doing study*) за́нятый нау́кой; (*serious*) серьёзный; (*learned*) учёный; (*assiduous*) приле́жный; *see also* **studied**
study 1. *n* (*investigation*) изуче́ние; (*learning*) *usu pl* (нау́чные) заня́тия *neut pl*; (*research*) иссле́дование; (*subject*) предме́т; (*essay*) о́черк; *mus, art* этю́д; (*room*) кабине́т **2.** *v* (*be student*) учи́ться (+ *dat*); ~ **for an exam** гото́виться к экза́мену; (*work at* ~) занима́ться (+ *inst*); (*investigate*) изуча́ть, иссле́довать; (*examine, consider*) рассма́тривать; (*learn by heart*) зау́чивать наизу́сть; (*have care for*) забо́титься (о + *prep*)
stuff 1. *n* (*material*) материа́л; (*cloth*) мате́рия; (*thing*) вещь *f*; (*things*) ве́щи *f pl*; (*rubbish*) дрянь *f*; (*nonsense*) чепуха́; **do one's** ~ де́лать своё де́ло **2.** *v* (*cram; mount skin*) набива́ть; *cul* фарширова́ть; (*eat*) жа́дно есть; (*over-eat*) объеда́ться; (*push into*) засо́вывать, запи́хивать (в + *acc*); (*close up*) затыка́ть; ~ **up** (*block*) засоря́ть
stuffiness (*closeness*) духота́
stuffing (*of mattress etc; also tech*) наби́вка; *cul* начи́нка, фарш; *coll* **knock the** ~ **out of** (*unnerve*) сбить *pf* спесь с (+ *gen*); (*beat thoroughly*) громи́ть
stuffy (*close*) ду́шный; (*of person*) чо́порный; (*boring*) ску́чный; **I have a** ~ **nose** у меня́ нос заложи́ло
stultify (*stupefy*) отупля́ть; (*negate*) своди́ть на нет
stumble 1. *n* (*tripping*) спотыка́ние; (*in speech*) запи́нка; (*mistake*) оши́бка **2.** *v* (*trip*) спотыка́ться (**on, over,** о + *acc*); ~ **along** идти́ спотыка́ясь; (*in speech*) запина́ться; ~ **on** (*find*) случа́йно натáлкиваться на (+ *acc*)
stumbling block ка́мень *m* преткнове́ния
stump 1. *n* (*of tree*) пень *m*; (*of limb*) культя́; (*see also* **stub**) **2.** *v* (*walk heavily*) ковыля́ть; *pol* де́лать агитацио́нные пое́здки (по + *dat*); *coll* ста́вить в тупи́к, озада́чивать
stumpy (*thickset*) корена́стый; (*short and thick*) коро́ткий и то́лстый
stun оглуша́ть; *fig* потряса́ть, ошеломля́ть
stunner что-то потряса́ющее; (*girl*) краса́вица
stunning оглуша́ющий; ошеломля́ющий; (*marvellous*) сногсшиба́тельный, потряса́ющий
[1]**stunt** заде́рживать рост
[2]**stunt** (*acrobatic etc trick*) трюк; (*trick, deception*) фо́кус; *av* фигу́ра вы́сшего пилота́жа; ~**-man** каскадёр
stunted (*plant etc*) низкоро́слый; (*retarded*) недора́звитый; (*dwarfish*) ка́рликовый
stupefaction изумле́ние
stupefy (*senses*) притупля́ть; (*with drugs etc*) одурма́нивать; (*astound*) ошеломля́ть, потряса́ть
stupendous (*astounding*) изуми́тельный; (*vast*) грома́дный
stupid (*foolish*) глу́пый; (*with dulled senses*) оцепене́вший
stupidity глу́пость *f*
stupor оцепене́ние
sturdy (*robust*) здоро́вый; (*strong*) кре́пкий; (*firm; staunch*) сто́йкий
sturgeon осётр; (*meat of*) осетри́на
stutter 1. *n* заика́ние **2.** *vi* заика́ться; *vt* произноси́ть заика́ясь
stutterer заи́ка *m and f*
stuttering заика́ние

sty (*pig's*) свина́рник; (*in eye*) ячме́нь *m*
style 1. *n* (*literature, art etc*) стиль *m*; (*elegance*) шик; (*manner*) мане́ра; (*taste*) вкус; (*fashion*) мо́да; (*kind*) вид, тип; (*cut of dress*) покро́й; (*title*) ти́тул **2.** *v* (*call*) называ́ть
stylish (*fashionable*) мо́дный; (*smart*) шика́рный
stylist стили́ст
stylistic стилисти́ческий
stylistics стили́стика
stylite сто́лпник
stylization стилиза́ция
stylize стилизова́ть
stylograph стилогра́ф
stylus (*gramophone*) иго́лка; (*engraving etc*) резе́ц; (*of instrument*) перо́, штифт
stymie озада́чивать
styptic 1. *n* кровоостана́вливающее сре́дство **2.** *adj* кровоостана́вливающий
Styx *myth* Стикс
suasion угова́ривание
suave (*civil*) учти́вый; (*gracious*) обходи́тельный; (*smooth-tongued*) льсти́вый; (*ingratiating*) вкра́дчивый
suavity учти́вость *f*; обходи́тельность *f*; вкра́дчивость *f*
subacid слабокисло́тный
subagent субаге́нт
subalpine субальпи́йский
subaltern мла́дший офице́р; *fig* подчинённый
subaquatic подво́дный
subarctic субаркти́ческий
sub-assembly сбо́рка
subatomic суба́томный
subchaser *Am* противоло́дочный кора́бль *m*
subclass подкла́сс
subcommittee подкомите́т
subconscious 1. *n* подсозна́ние **2.** *adj* подсозна́тельный
subcontinent субконтине́нт
subcontract 1. *n* субдогово́р **2.** *v* заключа́ть субдогово́р
subcontractor субподря́дчик
subculture субкульту́ра
subcutaneous подко́жный
subdeacon иподья́кон
subdean замести́тель *m* дека́на
subdivide подразделя́ть(ся)
subdivision подразделе́ние
subdominant субдомина́нта
subdual покоре́ние
subdue (*conquer; suppress*) подавля́ть, покоря́ть; (*soften*) смягча́ть; (*lessen*) уменьша́ть; (*subordinate*) подчиня́ть (+ *dat*)
subdued (*quiet*) ти́хий; (*soft, gentle*) мя́гкий; (*of voice etc*) приглушённый; (*chastened*) пода́вленный
sub-edit гото́вить к набо́ру
sub-editing вы́читка
sub-editor (*assistant editor*) мла́дший реда́ктор, помо́щник реда́ктора; (*corrector*) пра́вщик
subereous пробкови́дный
subfamily подсеме́йство
subframe подра́мок, подра́мник
subfrequency субгармони́ческая частота́
subgenus подро́д
subglacial подлёдный
subgroup подгру́ппа
subheading подзаголо́вок
subhuman нечелове́ческий
subject 1. *n* (*of ruler, state*) по́дданный; (*of book, picture etc*) сюже́т; (*topic*) те́ма; **change the ~** перемени́ть *pf* те́му; (*question*) вопро́с; **on the ~ of** по по́воду (+ *gen*); (*of discussion, argument; in school; object of analysis*) предме́т; (*reason*) по́вод; *gramm* подлежа́щее; *philos* субъе́кт **2.** *adj* (*subordinate*) подчинённый (**to,** к + *dat*); (*ruled by*) зави́симый; (*prone to*) скло́нный (**to,** к + *dat*), подве́рженный (+ *dat*); (*conditional on*) подлежа́щий (+ *dat*) **3.** *adv* **~ to** при усло́вии, что (+ *ind*); допуска́я (+ *acc*) **4.** *v* (*subdue*) покоря́ть; (*make submit to*) подчиня́ть (**to,** + *dat*); (*make undergo*) подверга́ть (**to,** + *dat*)
subjection покоре́ние; подчине́ние; **hold in ~** держа́ть в зави́симости, подчине́нии
subjective субъекти́вный
subjectivism субъективи́зм
subjectivity субъекти́вность *f*
subject matter (*topic*) те́ма; (*content*) содержа́ние
subjoin добавля́ть
subjugate покоря́ть, подчиня́ть (**to,** + *dat*)
subjugation *see* **subjection**
subjunctive 1. *n* сослага́тельное наклоне́ние **2.** *adj* сослага́тельный
sublease 1. *n* суба́ренда **2.** *v* заключа́ть догово́р субаре́нды
sublessee субаренда́тор
sublessor отдаю́щий в субаре́нду
sublet сдава́ть в субаре́нду
sub-librarian сотру́дник библиоте́ки
sub-lieutenant мла́дший лейтена́нт
sublimate 1. *n chem* сублима́т **2.** *v* возвыша́ть; *chem, psych* сублими́ровать
sublimation сублима́ция
sublime (*exalted*) возвы́шенный; (*majestic*) вели́чественный; (*supreme*) высоча́йший; (*haughty*) высоком́ерный; (*extreme*) кра́йний
subliminal подсозна́тельный, подпоро́говый
sublunary (*beneath moon*) подлу́нный; (*of world*) земно́й; (*worldly*) све́тский
sub-machine-gun автома́т
submarine 1. *n* подво́дная ло́дка, *abbr* подло́дка **2.** *adj* (*underwater*) подво́дный; *nav* (*anti ~*) противоло́дочный
submaxillary подчелюстно́й
submerge (*sink*) погружа́ть(ся) в во́ду; (*flood*) покрыва́ть водо́й, затопля́ть
submerged подво́дный; (*of submarine*) в подво́дном положе́нии
submersible 1. *n* подво́дная ло́дка **2.** *adj* погружа́емый в во́ду
submersion погруже́ние
submission (*subjection*) подчине́ние; (*obedience*) повинове́ние; (*presentation*) представле́ние; (*suggestion*) предложе́ние; (*assertion*) утвержде́ние; (*statement*) заявле́ние
submissive поко́рный, смире́нный
submit *vt* (*subject to*) подверга́ть (**to,** + *dat*); (*present for approval etc*) представля́ть (**to,** + *dat*); (*transfer*) передава́ть; (*suggest*) предлага́ть; (*assert*) утвержда́ть; *vi* (*become subject*) подчиня́ться (**to,** + *dat*)
subnormal 1. *n math* поднорма́ль *f* **2.** *adj* ни́же норма́льного; *math* поднорма́льный, субнорма́льный
sub-order *zool* подотря́д; *bot* подпоря́док
subordinate 1. *n* подчинённый **2.** *adj* (*dependent*) подчинённый (**to,** + *dat*), зави́симый (**to,** от + *gen*); (*secondary, minor*) второстепе́нный;

gramm ~ **clause** прида́точное предложе́ние **3.** *v* подчиня́ть (**to,** + *dat*)
subordination подчине́ние, субордина́ция
suborn (*bribe*) подкупа́ть; (*incite*) подстрека́ть
subornation по́дкуп; подстрека́тельство
subpoena 1. *n* пове́стка в суд **2.** *v* вызыва́ть в суд
subpolar субполя́рный
subscribe (*give money*) же́ртвовать; (*buy regularly*) подпи́сываться (на газе́ту *etc*); (*sign*) подпи́сывать; (*agree*) соглаша́ться (**to,** с + *instr*); (*support*) подде́рживать
subscriber (*to journal*) подпи́счик; (*telephone; concert etc*) абоне́нт; (*to fund*) же́ртвователь *m*
subscription (*gift*) поже́ртвование; (*for membership*) взнос; (*signature*) по́дпись *f*
subsection подразде́л; (*in document*) пункт
subsequent (*later*) после́дующий; (*resulting*) ~ **on, upon** явля́ющийся результа́том (+ *gen*); ~ **to** по́сле (+ *gen*)
subsequently впосле́дствии, пото́м
subservience (*slavishness*) раболе́пство; (*subordination*) подчине́ние
subservient (*obsequious*) раболе́пный; (*auxiliary*) вспомога́тельный; (*subordinate*) подчинённый
subside (*fall*) па́дать; (*abate*) стиха́ть, успока́иваться; (*sink*) опуска́ться; (*cave in*) прова́ливаться
subsidence паде́ние; успокое́ние; (*of land*) оседа́ние
subsidiary 1. *n comm* доче́рняя компа́ния **2.** *adj* (*auxiliary*) вспомога́тельный; (*extra*) дополни́тельный; (*secondary*) второстепе́нный
subsidize субсиди́ровать
subsidy субси́дия
subsist (*exist*) существова́ть; (*live*) жить
subsistence (*existence*) существова́ние; **means of** ~ сре́дства *neut pl* к жи́зни; ~ **level** минима́льный у́ровень *m* жи́зни, прожи́точный ми́нимум; ~ **allowance** командиро́вочные *pl*
subsoil подпо́чва
subsonic дозвуково́й
subspecies подви́д
substance (*matter*) вещество́; (*essence*) су́щность *f*, суть *f*, существо́; (*solidity*) соли́дность *f*; (*wealth*) состоя́ние; *philos* мате́рия, субста́нция
substandard субстанда́ртный, нестанда́ртный
substantial (*solid*) соли́дный, про́чный; (*food*) пло́тный; (*considerable*) значи́тельный, суще́ственный; (*wealthy*) состоя́тельный; (*real*) реа́льный
substantially (*mainly*) в основно́м; (*considerably*) суще́ственно
substantiate (*prove*) подкрепля́ть (фа́ктами), дока́зывать, подтвержда́ть; (*make real*) де́лать реа́льным
substantiation (*proving*) дока́зывание; (*proof*) доказа́тельство; (*support*) подтвержде́ние
substantival субстанти́вный
substantive 1. *n gramm* и́мя *neut* существи́тельное **2.** *adj* (*real*) реа́льный; (*relevant to issue*) суще́ственный; *mil* (*rank*) действи́тельный; *gramm* субстанти́вный
substation подста́нция
substitute 1. *n* (*surrogate*) замени́тель *m*; (*deputy*) замести́тель *m*; *sp* запасно́й **2.** *vt* (*replace*) заменя́ть (**for, by,** + *instr*); *vi* (*be deputy*) замеща́ть (**for,** + *acc*)
substitution заме́на; замеще́ние; *math* подстано́вка
substratum субстра́т
substructure основа́ние, фунда́мент; *log* подструкту́ра
subsume включа́ть (**in,** в + *acc*)
subtangent подкаса́тельная
subtenant субаренда́тор
subtend *geom* (*an arc*) стя́гивать; (*an angle*) противолежа́ть (+ *dat*)
subterfuge (*deception*) обма́н; (*trick*) увёртка, уло́вка
subterranean подзе́мный
subtitle подзаголо́вок; *cin* (суб)ти́тр
subtle (*most senses*) то́нкий; (*elusive*) неулови́мый; (*cunning*) хи́трый; (*skilful*) иску́сный
subtlety то́нкость *f*; хи́трость *f*; иску́сность *f*
subtract вычита́ть (**from,** из + *gen*)
subtraction вычита́ние
subtropical субтропи́ческий
suburb при́город; *pl* окре́стности *f pl*; предме́стья *neut pl*
suburban при́городный
suburbanite жи́тель *m* при́города
subvention субси́дия, субве́нция
subversion подрывна́я де́ятельность *f*
subversive подрывно́й
subvert (*undermine*) подрыва́ть; (*person*) развраща́ть
subway (*passage*) подзе́мный перехо́д; (*railway*) метро́ *neut indecl*
succeed (*follow*) сле́довать за (+ *instr*); (*be heir to*) насле́довать; (*be successor*) быть прее́мником (+ *gen*); (*be able to*) удава́ться *impers* (+ *dat* + *infin*); **he ~ed in ...** ему удало́сь (+ *infin*); (*turn out well*) увенча́ться успе́хом; (*do well*) име́ть успе́х; (*prosper*) преуспева́ть
succeeding (*next*) сле́дующий; (*thereafter*) после́дующий
success успе́х, уда́ча; **he was a great** ~ он име́л большо́й успе́х; **achieve** ~ доби́ться *pf* успе́ха; **without** ~ безуспе́шно
successful успе́шный, уда́чный; **be ~ in** удава́ться *impers* (+ *dat*), суме́ть *pf*; (*prosperous*) преуспева́ющий
succession (*series*) ряд; (*sequence*) после́довательность *f*; **in** ~ подря́д; (*inheritance*) насле́дство; ~ **to the throne** престолонасле́дие
successive (*one after another*) оди́н за други́м; (*following*) после́дующий; (*consecutive*) после́довательный
successor прее́мник; (*heir*) насле́дник
succinct (*brief*) кра́ткий; (*precise*) чёткий
succinctness кра́ткость *f*; чёткость *f*
succour 1. *n* (*aid*) по́мощь *f*; (*salvation*) спасе́ние **2.** *v* ока́зывать по́мощь (+ *dat*); спаса́ть
succubus суккýб
succulence со́чность *f*
succulent со́чный
succumb (*be beaten*) быть побеждённым; (*yield*) поддава́ться (**to,** + *dat*); (*not withstand*) не устоя́ть *pf* (**to,** пе́ред + *instr*); (*die*) умира́ть
such 1. *adj* (*most senses*) тако́й; ~ **people are dangerous** таки́е лю́ди опа́сные; ~ **people as these** таки́е лю́ди, как э́ти/лю́ди, подо́бные э́тим; **in ~ cases** в таки́х слу́чаях; **in ~ a way that** так/таки́м о́бразом, что(бы); **he was ~ a kind man** он был тако́й до́брый челове́к; ~ **that** тако́й, что; ~ **as to** тако́й, что́бы; **until ~ time as** до тех пор, пока́; **it's ~ a pity that** как жаль, что; ~ **as** как наприме́р **2.** *pron* (*such people, things*) те, таки́е;

(*of* ~ *a kind*) таково́й; ~ **is life** такова́ жизнь; **as** ~ как таково́й
such-and-such тако́й-то
suchlike 1. *adj* тако́й **2.** *pron* тому́ подо́бное
suck 1. *n* соса́ние; **have a** ~ пососа́ть *pf* **2.** *v* соса́ть; ~ **dry** вы́сосать *pf*
~ **down** заса́сывать (*also fig*)
~ **in** вса́сывать (в + *acc*); *fig* впи́тывать; *coll* (*cheat*) надува́ть
~ **out** выса́сывать
~ **up** вса́сывать, поглоща́ть; ~ **up to** подли́зываться к (+ *dat*)
sucker (*device*) присо́с; *zool*, *bot* присо́сок, присо́ска; *bot* (*shoot*) волчо́к, боково́й побе́г; (*piston*) по́ршень *m*; *coll* (*dupe*) простофи́ля *m and f*
sucking-pig моло́чный поросёнок
suckle корми́ть гру́дью
suckling (*child*) грудно́й ребёнок, сосу́н; (*animal*) сосу́н
sucrose сахаро́за
suction вса́сывание, тя́га; ~ **pump** вса́сывающий насо́с
Sudan Суда́н
Sudanese 1. *n* суда́нец, *f* суда́нка **2.** *adj* суда́нский
sudatory (*of sweat*) потово́й; (*causing sweat*) потого́нный
sudden (*quick*, *abrupt*) внеза́пный; (*unexpected*) неожи́данный; (*hasty*) поспе́шный; ~ **death** скоропости́жная смерть *f*; **(all) of a** ~ вдруг, внеза́пно
suddenly вдруг, внеза́пно
suddenness внеза́пность *f*; неожи́данность *f*
sudoriferous потово́й
sudorific 1. *n* потого́нное сре́дство **2.** *adj* потого́нный
suds (*froth*) мы́льная пе́на; (*water*) мы́льная вода́
sue предъявля́ть (+ *dat*) иск (**for,** о + *prep*), возбужда́ть про́тив (+ *gen*) де́ло (**for,** о + *prep*); (*petition*) проси́ть (**for,** о + *prep*)
suède 1. *n* за́мша **2.** *adj* за́мшевый
suet околопо́чечный жир
suffer (*feel*, *experience*) страда́ть (**from,** от + *gen*); (*be ill with*; *be subject to*) страда́ть (**from, with,** + *instr*); (*feel pain*, *grief*) страда́ть; (*tolerate*; *incur*) терпе́ть; (*allow*) позволя́ть (**s.o. to,** + *dat* + *infin*); (*be harmed*) страда́ть; (*be punished*) быть нака́занным
sufferable терпи́мый, сно́сный
sufferance (*toleration*) терпе́ние; (*silent consent*) молчали́вое согла́сие; **on** ~ с молчали́вого согла́сия, из ми́лости
sufferer страда́ющий (**from,** + *instr*), страда́лец
suffering 1. *n* страда́ние **2.** *adj* страда́ющий
suffice (*be adequate*) хвата́ть (**for,** на + *acc*); быть доста́точным (**for,** для + *gen*); ~ **it to say** доста́точно сказа́ть; (*satisfy*) удовлетворя́ть
sufficiency доста́ток, доста́точность *f*
sufficient доста́точный (**for,** для + *gen*)
suffix 1. *n* су́ффикс **2.** *v* прибавля́ть (су́ффикс)
suffixal суффикса́льный
suffocate *vt* души́ть, удуша́ть; *vi* задыха́ться
suffocating (*atmosphere*) ду́шный, уду́шливый (*also fig*)
suffocation (*act*) удуше́ние; (*lack of air*) уду́шье, (*asphyxiation*) асфи́ксия
suffrage (*vote*) го́лос; (*right to vote*) пра́во го́лоса; **universal** ~ всео́бщее избира́тельное пра́во
suffragette суфражи́стка
suffuse (*with tears*, *light*) залива́ть (**with,** + *instr*); (*with colour etc*) покрыва́ть (**with,** + *instr*); (*fill*) наполня́ть (**with,** + *instr*)
sugar 1. *n* са́хар; **granulated** ~ са́харный песо́к, са́хар-песо́к; (*white lump* ~) рафина́д; **castor** ~ са́харная пу́дра; **icing** ~ конди́терский са́хар **2.** *adj* са́харный **3.** *v* (*add* ~) обса́харивать; (*sweeten*) подсла́щивать
sugar basin, sugar bowl са́харница
sugar beet са́харная свёкла
sugar cane са́харный тростни́к
sugar-coated обса́харенный; *fig* приукра́шенный
sugariness са́харистость *f*; *fig* слаща́вость *f*
sugarfree, sugarless не содержа́щий са́хара, обеса́харенный
sugarloaf голова́ са́хару
sugarplum ледене́ц
sugary са́харный; *fig* слаща́вый; (*flattering*) льсти́вый
suggest (*propose*) предлага́ть (+ *infin*; **to,** + *dat*); (*advise*) сове́товать (+ *infin*; **to,** + *dat*); (*prompt*) подска́зывать (**to,** + *dat*); (*recall*) напомина́ть (**to,** + *dat*)
suggestibility внуша́емость *f*
suggestible легко́ внуша́емый
suggestion (*proposal*) предложе́ние; **at the** ~ **of** по предложе́нию (+ *gen*); (*touch*, *hint*) ~ **of** не́который (+ *noun*), намёк на (+ *acc*); *psych* внуше́ние
suggestive (*thought-provoking*) заставля́ющий ду́мать; (*hinting at much*) многозначи́тельный; (*indecent*) непристо́йный; *med* суггести́вный
suicidal самоуби́йственный; *fig* губи́тельный
suicide (*self-killing*) самоуби́йство; **commit** ~ соверши́ть *pf* самоуби́йство; *fig* самоуби́йца *m and f*
sui generis своеобра́зный
suit 1. *n leg* иск, де́ло; **bring a** ~ **against** предъявля́ть (+ *dat*) иск; (*request*) про́сьба; (*proposal*) предложе́ние; (*of clothes*) костю́м; (*set*) компле́кт, набо́р; (*cards*) масть *f*; **follow** ~ ходи́ть в масть; *fig* сле́довать приме́ру; *fig* **strong** ~ си́льная сторона́ **2.** *v* (*satisfy*) удовлетворя́ть; (*be convenient*) устра́ивать (+ *acc*), быть удо́бным (+ *dat*); (*be satisfactory*) годи́ться (+ *dat*); (*be appropriate*) соотве́тствовать (+ *dat*), подходи́ть (+ *dat*); (*match*, *adapt*) приспоса́бливать (**to,** + *dat*); (*be becoming*) идти́ (+ *dat*), быть (+ *dat*) к лицу́; **red ~s you** вам идёт, вам к лицу́ кра́сный цвет
suitability (при)го́дность *f* (**for,** для + *gen*)
suitable подходя́щий; го́дный; соотве́тствующий
suitcase чемода́н
suite (*set*) компле́кт, набо́р; (*of rooms*) апарта́менты *m pl*; (*in hotel*) но́мер-люкс; (*retinue*) сви́та; *mus* сю́ита
suitor (*wooer*) покло́нник; *leg* исте́ц
sulk ду́ться
sulky надýтый; **be** ~ ду́ться (**with, at,** на + *acc*)
sullen (*morose*) угрю́мый; (*of sky etc*) мра́чный
sully па́чкать, мара́ть, пятна́ть
sulphate сульфа́т; **copper** ~ ме́дный купоро́с; **ferric** *etc* ~ серноки́слое желе́зо *etc*
sulphide сульфи́д; **ferrous** *etc* ~ серни́стое желе́зо *etc*
sulphite сульфи́т; **sodium** *etc* ~ сернистоки́слый на́трий *etc*
sulphonamide сульфами́д, сульфанилами́д
sulphur 1. *n* се́ра; **flowers of** ~ серни́стый цвет **2.**

adj серни́стый
sulphureous се́рный
sulphuretted сульфи́рованный
sulphuric се́рный; ~ **acid** се́рная кислота́
sulphurous серни́стый; *fig* (*hellish*) а́дский; (*furious*) зло́бный
sultan султа́н
sultana (*rank*) султа́нша; (*raisin*) кишми́ш
sultry (*hot*) зно́йный; (*airless*) ду́шный; (*passionate*) стра́стный
sum 1. *n* (*total*) ито́г; (*result*) результа́т; **in ~** в о́бщем; (*amount*) су́мма; (*arithmetic problem*) арифмети́ческая зада́ча; **do ~s** реша́ть зада́чи **2.** *v* ~ **up** (*add*) скла́дывать, (*total*) подыто́живать; (*summarize*) резюми́ровать, сумми́ровать; (*evaluate*) оце́нивать
summarize сумми́ровать, резюми́ровать
summary 1. *n* кра́ткое изложе́ние, резюме́ *neut indecl* **2.** *adj* (*brief*) кра́ткий; (*summarized*) сумма́рный; (*quick*) неме́дленный; (*unceremonious*) бесцеремо́нный; *leg* ~ **proceedings** сумма́рное произво́дство
summation (*summing-up*) сумми́рование, резюме́ *neut indecl*; (*totality*) совоку́пность *f*
summer 1. *n* ле́то; **in ~** ле́том; **Indian ~** ба́бье ле́то **2.** *adj* ле́тний; ~ **lightning** зарни́ца **3.** *v* проводи́ть ле́то
summerhouse бесе́дка
summertime (*summer*) ле́то; (*time standard*) ле́тнее вре́мя *neut*
summing up (*summary*) резюме́ *neut indecl*; (*assessment*) оце́нка; *leg* заключи́тельная речь *f*
summit (*of mountain*) верши́на; *fig* верх, зени́т, верши́на; ~ **conference** совеща́ние в верха́х, конфере́нция на вы́сшем у́ровне
summit-level на вы́сшем у́ровне
summon (*coll*) призыва́ть, вызыва́ть; (*gather*) созыва́ть; (*strength etc*) собира́ть; (*order*) тре́бовать (**to,** что́бы); *leg* (*witness*) вызыва́ть
summons 1. *n* вы́зов (в суд) **2.** *v* вызыва́ть в суд
sump (*of engine*) поддо́н карте́ра; *tech* (*tank*) отсто́йник; *geol* зумпф, водосто́к
sumptuous пы́шный, роско́шный
sumptuousness пы́шность *f*, ро́скошь *f*
sun 1. *n* со́лнце; *astron* Со́лнце; (*light*) со́лнечный свет; (*warmth*) со́лнечное тепло́; **in the ~** на со́лнце **2.** *v* гре́ть(ся) на со́лнце
sunbathe загора́ть (на со́лнце)
sunbeam (*ray*) со́лнечный луч; (*patch of light*) за́йчик
sun blind (*roller*) што́ра; (*Venetian*) жалюзи́ *neut indecl*; (*awning*) марки́за
sunburn (*tan*) зага́р; (*from overexposure*) со́лнечный ожо́г
sunburnt загоре́лый; обожжённый со́лнцем
sundae санде́ *neut indecl*, пломби́р с сиро́пом, оре́хами и фру́ктами
Sunday 1. *n* воскресе́нье; **on ~** в воскресе́нье; **~s** по воскресе́ньям **2.** *adj* воскре́сный; ~ **clothes** пра́здничное пла́тье, воскре́сный наря́д
sunder (*divide*) разделя́ть; (*separate*) разлуча́ть; (*split*) разбива́ть, раска́лывать
sundew *bot* póся́нка
sundial со́лнечные часы́ *m pl*
sundown зака́т, захо́д со́лнца
sundries (*odds and ends*) вся́кая вся́чина; (*various items*) ра́зное; (*expenses*) ра́зные расхо́ды *m pl*
sun-dry суши́ть на со́лнце
sundry ра́зный; **all and ~** все без исключе́ния
sunflower подсо́лнечник, подсо́лнух; ~ **seeds** се́мечки *neut pl*
sunglasses тёмные очки́ *m pl*
sun-god бог со́лнца
sun-hat шля́па от со́лнца
sunken (*submerged*) подво́дный; (*wreck*) зато́пленный, затону́вший; (*cheeks etc*) впа́лый
sunlamp ла́мпа со́лнечного све́та
sunless тёмный, без со́лнца
sunlight со́лнечный свет
sunlit со́лнечный, освещённый со́лнцем
sunlounge застеклённая терра́са
sunny со́лнечный; *fig* ра́достный; **he has a ~ nature** у него́ жизнера́достный хара́ктер
sunrise восхо́д со́лнца; **at ~** на восхо́де
sun-roof сдвига́ющаяся кры́ша
sunset захо́д со́лнца, зака́т (*also fig*); **at ~** на зака́те
sunshade (*parasol*) зо́нтик от со́лнца; (*awning*) наве́с, тент
sunshine со́лнечный свет; **in the ~** на со́лнце
sunspot *astron* со́лнечное пятно́
sunstroke со́лнечный уда́р
sun-tan зага́р
sun-up восхо́д со́лнца
sunwise по часово́й стре́лке
sup 1. *n* глото́к **2.** *vi* (*dine*) у́жинать; *vt* (*sip*) отхлёбывать
super *coll* чу́дный; *as interj* чу́дно!
superable преодоли́мый
superabundance (*great abundance*) изоби́лие; (*excess*) изли́шек, избы́ток
superabundant изоби́льный, изли́шний
superannuate переводи́ть на пе́нсию; **~d** (*on pension*) на пе́нсии; (*outmoded*) устаре́лый
superannuation (*retirement*) увольне́ние по ста́рости; (*pension*) пе́нсия; ~ **scheme** пенсио́нная систе́ма
superb (*magnificent*) великоле́пный; (*majestic*) вели́чественный; (*excellent*) превосхо́дный, чу́дный
supercargo суперка́рго *m indecl*
supercharger нагнета́тель *m*
supercilious (*haughty*) высокоме́рный; (*contemptuous*) презри́тельный
superconductivity сверхпроводи́мость *f*
superconducting сверхпроводя́щий
superconductor сверхпроводни́к
supercool переохлажда́ть(ся)
supercooling переохлажде́ние
supercritical (*reactor*) сверхкрити́ческий; *aer* надкрити́ческий
superdominant *mus* ни́жняя медиа́нта
super-ego сверх-я *neut indecl*
superefficiency сверхэффекти́вность *f*
supererogation превыше́ние тре́бований до́лга
supererogatory изли́шний, чрезме́рный
superficial пове́рхностный
superficiality пове́рхностность *f*
superficies (*surface*) пове́рхность *f*; (*exterior*) вне́шность *f*
superfine (*excellent*) превосхо́дный; (*over-refined*) чрезме́рно утончённый; *tech* сверхто́нкий
superfluid сверхтеку́чий
superfluidity сверхтеку́честь *f*
superfluity избы́ток, изли́шек
superfluous (*excess*) (из)ли́шний; (*unnecessary*) нену́жный
supergalaxy сверхгала́ктика

superheat перегревáть
superheater перегревáтель *m*
superheterodyne супергетероди́н; (*radio set*) супергетероди́нный приёмник
superhuman сверхчеловéческий
superimpose наклáдывать (**on,** на + *acc*)
superintend (*manage*) управля́ть (+ *instr*); (*be in charge*) руководи́ть (+ *instr*); (*oversee*) надзирáть за (+ *instr*)
superintendent (*director*) завéдующий (**of,** + *instr*); (*overseer*) надзирáтель *m*; (*police*) стáрший полицéйский офицéр
superior 1. *n* (*in rank*) начáльник; **he has no ~ in** емý нет рáвных в (+ *prep*); *rel* настоя́тель *m*, *f* настоя́тельница **2.** *adj* (*better*) лýчший (**to,** + *gen or* чем + *nom*); (*excellent*) превосхóдный; (*excelling*) превосходя́щий (**to,** + *acc*); (*greater*) бóльший; (*higher*) вы́сший; **~ officer** начáльник; (*upper*) вéрхний; (*proud*) надмéнный, высокомéрный; **be ~** заноси́ться
superiority превосхóдство (**over,** над + *instr*)
superlative 1. *n gramm* превосхóдная стéпень *f*; (*hyperbole*) преувеличéние **2.** *adj gramm* превосхóдный; (*very great*) величáйший
superlatively в вы́сшей стéпени
superman сверхчеловéк, супермéн
supermarket универсáм
supernatural сверхъестéственный
supernova сверхнóвая (звездá)
supernumerary 1. *n* сверхштáтный рабóтник; *theat* стати́ст, *f* стати́стка **2.** *adj* сверхштáтный; (*extra, excess*) ли́шний
superphosphate суперфосфáт
superpower сверхдержáва
supersaturate пересыщáть
supersaturation пересыщéние
superscribe надпи́сывать
superscription нáдпись *f*
supersede (*replace*) заменя́ть (**with,** + *instr*); (*supplant*) вытесня́ть
supersensitive сверхчувстви́тельный
supersensual, supersensible сверхчýвственный
supersonic сверхзвуковóй
superstition суевéрие
superstitious суевéрный
superstructure надстрóйка
supertanker супертáнкер
supertax добáвочный подохóдный налóг
superterrestrial (*above earth*) надзéмный; (*celestial*) небéсный
supertonic *mus* вéрхний ввóдный тон
supervene происходи́ть
supervise смотрéть, наблюдáть, надзирáть (за + *instr*)
supervision наблюдéние, надзóр
supervisor (*overseer*) надзирáтель *m*, надсмóтрщик; (*inspector*) контролёр; (*in university*) наýчный руководи́тель *m*
supervisory контрóльный, контроли́рующий
supine 1. *n gramm* супи́н **2.** *adj* (*face up*) на спинé, нáвзничь; (*passive*) пасси́вный
supper ýжин; **at ~** за ýжином; **for ~** на ýжин; **have ~** ýжинать
supplant (*replace s'th outmoded*) вытесня́ть; (*in job*) выживáть
supple ги́бкий
supplement 1. *n* дополнéние, добавлéние (**to,** к + *dat*); (*to journal*; *appendix*) приложéние (**to,** к + *dat*); *math* дополни́тельный ýгол **2.** *v* дополня́ть, добавля́ть
supplementary дополни́тельный; *math* дополни́тельный
suppleness ги́бкость *f*
suppliant 1. *n* проси́тель *m* **2.** *adj* проси́тельный
supplicant *see* **suppliant**
supplicate умоля́ть, проси́ть
supplication прóсьба, мольбá
supplier постáвщик
supply 1. *n* (*stock*) запáс; (*making available*; *delivery*) постáвка, снабжéние; *tech* подáча; **air ~** подáча вóздуха; *elect* питáние; *econ* **~ and demand** предложéние и спрос **2.** *v* (*provide*) снабжáть (**with,** + *instr*); (*deliver*) поставля́ть, доставля́ть; (*satisfy*) удовлетворя́ть; **~ the place of** замещáть
support 1. *n* (*backing*) поддéржка; **give ~** окáзывать поддéржку (+ *dat*); **in ~ of** в защи́ту (+ *gen*); (*aid*) пóмощь *f*; (*prop*; *also fig*) опóра **2.** *v* (*help*, *promote*, *hold up*) поддéрживать; (*family etc*) содержáть; (*help*) помогáть (+ *dat*); (*confirm*) подтверждáть; (*endure*) выноси́ть
supportable терпи́мый, выноси́мый
supporter сторóнник, привéрженец
supporting поддéрживающий; *tech* (*propping*) опóрный; (*load-bearing*) несýщий
suppose (*assume*) предполагáть; **let us ~ that** предполóжим, что; (*think*, *expect*) дýмать, полагáть; **I don't ~ she will come** я не дýмаю, что онá придёт, вряд ли онá придёт; **I ~ so** навéрно(е)/дýмаю, да; **I ~ you come often** вы навéрное чáсто прихóдите; **I don't ~ you know his name?** вы, случáйно, не знáете его фами́лию?; (*what if*) **~ he already knows?** что éсли он ужé знáет?; (*let*, *why not*) давáй(те); **~ I help you?** давáй, я помогý тебé?; **~ we change the subject?** давáйте, переменим тéму?; (*imagine*) представля́ть себé
supposed (*assumed*) прéдполагáемый; (*thought to be but not real*) мни́мый; (*alleged*) я́кобы; **~ to: he is ~ to** он дóлжен, он обя́зан (+ *infin*); **where is this ~ to go?** кудá э́то нáдо положи́ть?; **~ to be** я́кобы, по идéе
supposedly предположи́тельно, я́кобы
supposing (*if*) éсли, éсли бы (*see* **if**); **always ~ that** при услóвии, что
supposition (*assumption*) предположéние; (*hypothesis*) гипóтеза; (*guess*) догáдка
supposititious (*supposed*) мни́мый; (*false*) фальши́вый; (*fake*) поддéльный; (*substituted*) подстáвной
suppository свéчка
suppress (*crush*, *check*) подавля́ть; (*restrain*) сдéрживать; (*conceal*) скрывáть; (*ban*) запрещáть
suppression подавлéние; сокры́тие; запрещéние
suppressor подави́тель *m*
suppurate гнои́ться
suppuration нагноéние
supra вы́ше
supranational наднационáльный
supremacy (*sovereignty*) господство; (*superiority*) превосхóдство
supreme (*highest*) вы́сший; (*last*, *extreme*) послéдний; (*greatest*) величáйший; (*in official titles*) верхóвный; **Supreme Soviet** Верхóвный Совéт
surcharge 1. *n* (*extra charge*) доплáта, приплáта; (*on stamp*) надпечáтка **2.** *v* (*overload*) перегружáть; (*overfill*) переполня́ть; (*overcharge*)

ста́вить сли́шком высо́кую це́ну, запра́шивать ли́шнее; (*increase cost*) ста́вить допла́ту
surcingle подпру́га
surd 1. *n* иррациона́льное число́ **2.** *adj* иррациона́льный
sure 1. *adj* (*reliable*, *safe*) надёжный; (*trusty*, *true*) ве́рный; (*confident*) уве́ренный; ~ **of oneself** уве́ренный в себе́; **be** ~ быть уве́ренным, убеждённым (**that**, что + *ind*; **of**, в + *prep*); **be** ~ **to** не забу́дь(те); (*certain*, *undoubted*) несомне́нный; **for** ~ наверняка́; **he is** ~ **to come** он безусло́вно/непреме́нно/обяза́тельно/придёт; **make** ~ (*check*) проверя́ть; (*be convinced*) убежда́ться; (*guarantee*, *ensure*) обеспе́чивать **2.** *adv coll* (*indeed*) ~ **enough** действи́тельно; (*of course*) коне́чно; (*in agreement*) ла́дно
sure-footed (*nimble*; *also fig*) прово́рный; (*unfaltering*) не спотыка́ющийся
surely (*certainly*) коне́чно; (*for certain*) наверняка́; (*safely*) надёжно; (*truly*, *accurately*) ве́рно; **slowly but** ~ ме́дленно но ве́рно; (*in questions*) ~ **you knew?** ра́зве/неуже́ли ты не знал?; ~ **they are not here already?** ра́зве/неуже́ли они́ уже́ пришли́?; **that isn't you,** ~? неуже́ли э́то ты?
sureness уве́ренность *f*; надёжность *f*
surety (*guarantor*) поручи́тель *m*; (*guarantee*) пору́ка; **stand** ~ брать на пору́ки (**for,** + *acc*)
surf прибо́й; ~**-board** доска́ для се́рфинга
surface 1. *n* пове́рхность *f* **2.** *adj* пове́рхностный; (*on land*) назе́мный; (*on water*) надво́дный; ~ **mail** обы́чная по́чта **3.** *v* (*polish etc*) обраба́тывать пове́рхность; (*of submarine*) всплыва́ть на пове́рхность
surfboat прибо́йная шлю́пка
surfeit 1. *n* (*of food*) изли́шество; (*excess*) изли́шек, избы́ток **2.** *v* пресыща́ть
surfing се́рфинг
surge 1. *n* (*wave*) волна́; (*of emotion*) прили́в; *tech* волна́ (перенапряже́ния *etc*); **power** ~ вы́брос мо́щности; (*peak*) пик **2.** *v* (*rise*) вздыма́ться; (*swirl*) волнова́ться; (*of anger*, *sound etc*) нараста́ть; (*rush*, *pour*) хлы́нуть
surgeon хиру́рг; *mil* вое́нный врач
surgery (*treatment*) хирурги́я; (*consulting-room*) кабине́т врача́
surgical хирурги́ческий
surliness гру́бость *f*; угрю́мость *f*
surly (*rude*) гру́бый; (*sullen*) угрю́мый
surmise 1. *n* (*assumption*) предположе́ние; (*guess*) дога́дка; (*suspicion*) подозре́ние **2.** *v* (*assume*) предполага́ть; (*suspect*) подозрева́ть
surmount (*overcome*) преодолева́ть; (*cap*) увенчивать
surmountable преодоли́мый
surname фами́лия
surpass превосходи́ть, превыша́ть
surpassing превосхо́дный, непревзойдённый
surplice стиха́рь *m*
surplus 1. *n* (*excess*) изли́шек, избы́ток; (*remainder*) оста́ток; *econ* акти́вное са́льдо *neut indecl*; **be in** ~ име́ть акти́вный бала́нс **2.** *adj* (*excess*) изли́шный, избы́точный; (*extra*) доба́вочный; *pol/ec* ~ **value** приба́вочная сто́имость *f*
surprise 1. *n* (*astonishment*) удивле́ние; **to my** ~ к моему́ удивле́нию; **in** ~ удивлённо; **show** ~ удивля́ться; (*unexpected action*) неожи́данность *f*; **take by** ~ захвати́ть *pf* врасплох; (*unexpected gift etc*) сюрпри́з **2.** *v* (*astonish*) удивля́ть; **be** ~**d** удивля́ться (**at,** + *dat*); **I was** ~**d to hear that ...** я с удивле́нием услы́шал, что ...; (*take by* ~) застава́ть *pf* врасплох
surprising (*astonishing*) удиви́тельный; (*unexpected*) неожи́данный
surrealism сюрреали́зм
surrealist 1. *n* сюрреали́ст **2.** *adj* сюрреалисти́ческий
surrender 1. *n* сда́ча; (*capitulation*) капитуля́ция **2.** *v* (*give up*) сдава́ть(ся); (*renounce*) отка́зываться; ~ **oneself to** предава́ться (+ *dat*)
surreptitious (*secret*) та́йный; (*stealthy*) соверше́нный укра́дкой/тайко́м/и́сподволь
surreptitiously укра́дкой, тайко́м
surrogate суррога́т, замени́тель *m*
surround 1. *n* (*border*) кро́мка **2.** *v* окружа́ть
surrounding 1. *n pl* окружа́ющее, окруже́ние; (*country*) окре́стности *f pl*; (*milieu*) среда́ **2.** *adj* окружа́ющий
surtax доба́вочный подохо́дный нало́г
surveillance надзо́р, наблюде́ние
survey 1. *n* (*general view*) обзо́р; (*inspection*) осмо́тр; (*for map*) съёмка **2.** *v* (*look over*) осма́тривать; (*give overview*) де́лать обзо́р; (*for map etc*) производи́ть съёмку
surveying 1. *n* съёмка **2.** *adj* геодези́ческий
surveyor (*of land*) землеме́р, геодези́ст; (*inspector*) инспе́ктор; **mine** ~ маркше́йдер
survival выжива́ние; (*rescue*, *safety*) спасе́ние; ~ **of the fittest** есте́ственный отбо́р; (*relic*) пережи́ток
survive (*live longer than*; *live through*) пережива́ть; (*bear*) переноси́ть; (*after illness etc*) выжива́ть; (*after disaster*) остава́ться в живы́х, спаса́ться, уцеле́ть *pf*; (*be extant*) сохраня́ться, ещё существова́ть
survivor уцеле́вший, спа́сшийся, вы́живший
susceptibility восприи́мчивость *f*; чувстви́тельность *f*; впечатли́тельность *f*; *pl* (*feelings*) чу́вства *neut pl*
susceptible (*easily affected*; *prone to*) восприи́мчивый (**to,** к + *dat*); (*prey to*) па́дкий (**to,** на + *acc*); (*impressionable*) впечатли́тельный; (*sensitive*) чувстви́тельный (**to,** к + *dat*); ~ **of** допуска́ющий
suspect 1. *n* подозрева́емое лицо́ **2.** *adj* подозри́тельный **3.** *v* (*be suspicious*) подозрева́ть (**of,** в + *prep*); (*doubt*) сомнева́ться в (+ *prep*); (*not believe*) не ве́рить (+ *dat*); (*suppose*) полага́ть
suspend (*hang*) ве́шать (**on,** на + *acc*); (*from above*) подве́шивать (**on, from,** на + *acc*, к + *dat*); (*postpone*) откла́дывать; (*stop for while*) приостана́вливать; (*debar*) вре́менно отстраня́ть (**from,** от + *gen*)
suspender (*for stockings*) подвя́зка; *pl* (*braces*) подтя́жки *f pl*; ~**-belt** по́яс
suspense беспоко́йство, напряжённое ожида́ние
suspension 1. *n* (*hanging*) подве́шивание; (*cessation*) приостано́вка; (*from duty etc*) вре́менное отстране́ние (**from,** от + *gen*); *tech* (*of car*) подве́ска; *chem* суспе́нзия, взвесь *f* **2.** *adj* вися́чий; ~ **bridge** вися́чий мост
suspicion подозре́ние; **above** ~ вы́ше подозре́ний; **on** ~ **of** по подозре́нию в (+ *prep*); **under** ~ под подозре́нием; **with** ~ подозри́тельно; (*slight trace*) отте́нок; (*tiny amount*) ка́пелька
suspicious (*suspecting*; *arousing suspicion*) подозри́тельный
suspiciousness подозри́тельность *f*

sustain (*support*, *maintain*) поддéрживать; (*endure*) выносить; (*withstand*) выдéрживать; (*receive*, *suffer*) получáть, терпéть
sustained (*lengthy*) длительный; (*continuous*) непрерывный
sustaining (*nourishing*) питáтельный
sustenance (*feeding*) питáние; (*food*) пища; (*support*) поддéржка
sutler маркитáнт
suture 1. *n* (*stitch*; *join*) шов; (*thread*) нить *f* для сшивáния **2.** *v* сшивáть, зашивáть
suzerain сюзерéн
suzerainty сюзеренитéт
svelte стрóйный
swab 1. *n* (*mop*) швáбра; *med* тампóн; (*specimen*) мазóк **2.** *v* (*mop*) мыть швáброй; ~ **up** вытирáть (швáброй)
swaddle (*child*) пеленáть; (*wrap up*) окýтывать
swaddling-bands, -clothes свивáльники *m pl*
swag *sl* (*booty*) добыча; *archi* фестóн
swage 1. *n* штамп **2.** *v* штамповáть в горячем виде
swagger 1. *n* (*gait*) чванливая похóдка; (*manner*) чванливая манéра; (*conceit*) спесь *f*, самомнéние; (*bluster*) фанфарóнство; (*dash*) щегольствó **2.** *adj coll* шикáрный **3.** *v* (*walk*) ходить, расхáживать с нахáльным видом; (*give oneself airs*) вáжничать; (*bluster*) фанфарóнить; (*boast*) хвáстаться
swaggering 1. *n see* **swagger 2.** *adj* (*self-assured*) самоувéренный; (*haughty*) чванливый; (*insolent*) нахáльный; (*boastful*) хвастливый; (*dashing*) щегольскóй
Swahili (*race*, *person*) суахили *indecl m and pl*; (*language*) язык суахили
swain *ar*, *poet*, *joc* (*lad*) деревéнский пáрень *m*; (*lover*) кавалéр
[1]**swallow** (*bird*) лáсточка
[2]**swallow 1.** *n* глотóк; **at one** ~ одним глоткóм **2.** *v* глотáть; ~ **down** проглáтывать (*also fig*); ~ **up** (*engulf*; *absorb*) поглощáть
swallow dive лáсточка
swallow-tail 1. *n* (*butterfly*) бáбочка-пáрусник; *coll* (*dress-coat*) фрак **2.** *adj* с раздвóенным хвостóм
swamp 1. *n* болóто **2.** *v* (*sink*; *flood*) затоплять; *fig* (*overwhelm*) завáливать (**with,** + *instr*); (*market etc*) наводнять (**with,** + *instr*)
swampy болотистый, тóпкий
swan лéбедь *m*
swan about/around *coll* шатáться
swank *coll* **1.** *n* (*boastfulness*) бахвáльство; (*chic*) шик; (*person*) хвастýн, бахвáл **2.** *v* (*boast*) бахвáлиться; (*give oneself airs*) зазнавáться
swanky (*boastful*, *conceited*) чванливый; (*smart*) шикáрный, щегольскóй
swan-neck 1. *n* лебединая шéя; *tech* S-обрáзное колéно **2.** *adj tech* S-обрáзный
swanskin мягкая фланéль *f*
swan song *fig* лебединая песнь *f*
swap *coll* **1.** *n* обмéн **2.** *v* меняться (+ *instr*), *sl* махнýть *pf*; ~ **sth for** менять чтó-нибудь на (+ *acc*); ~ **places** меняться местáми
sward (*grass*) газóн; (*turf*) дёрн
swarf (мéлкая металлическая) стрýжка, опилки *f pl*
[1]**swarm 1.** *n* (*of bees etc*) рой; (*crowd*) толпá, мáсса **2.** *v* (*of bees*) роиться; (*crowd*) толпиться; (*move in mass*) валить; (*rush in mass*) хлынуть *pf*; ~ **with, be ~ing with** кишéть (+ *instr*)
[2]**swarm** (*climb*) взбирáться (**up,** по + *dat*)
swarthy смýглый
swashbuckler (*bandit*) головорéз; (*loud bully*) фанфарóн; (*dashing fellow*) рубáка *m*
swastika свáстика
swat хлóпать
swath(e) (*cut*) прокóс
swathe 1. *n* (*bandage*) бинт; (*wrapping*) обмóтка **2.** *v* (*bind*) обмáтывать (**in,** + *instr*); (*wrap*) закýтывать (**in,** в + *acc*)
sway 1. *n* (*movement*) качáние; (*power*) власть *f*; **hold** ~ господствовать (**over,** над + *instr*); **under the** ~ **of** во влáсти (+ *gen*); (*influence*) влияние (**over,** на + *acc*) **2.** *v* (*rock*) качáть(ся); (*influence*) имéть влияние на (+ *acc*); (*persuade*) уговáривать
swear (*vow*) клясться (**to,** + *infin or* в + *prep*; **by,** + *instr*; **on,** на + *prep*); ~ **by** молиться на (+ *acc*); (*in court*) давáть присягу; (*curse*) ругáться (**at,** на + *acc*); ~ **in** приводить к присяге
swearing ругáтельство
swear-word ругáтельство, брáнное слóво
sweat 1. *n* пот; **in a** ~ в потý, вспотéвший; *coll* **in a cold** ~ в холóдном потý, в ýжасе; *coll* (*work*) рабóта; **what a** ~! ну и рабóта! **2.** *v* (*perspire*) потéть (**with,** от + *gen*); *fig* (*work*) трудиться, потéть (**over,** над + *instr*); (*exploit*) жестóко эксплуатировать; *fig* ~ **out** (*endure*) выдéрживать
sweater (*garment*) свитер
sweating потéние; ~ **system** потогóнная систéма
sweatshirt трикотáжный свитер
sweatshop предприятие, в котóром существýет потогóнная систéма
sweaty пóтный
swede брюква
Swede швед, *f* швéдка
Sweden Швéция
Swedish 1. *n* (*language*) швéдский язык **2.** *adj* швéдский
sweep 1. *n* (*clean*) подметáние; **give a** ~ подмести *pf*; (*chimney-~*) трубочист; (*of arm etc*; *extent*, *scale*) размáх; ~ **of the hand** взмах руки; (*space*) прострáнство; (*search*) пóиск; (*trawl*) трал; (*advance*) наступлéние; (*oar*) веслó **2.** *v* (*with brush*) мести; ~ **floor** подметáть пол; ~ **room** подметáть в кóмнате; ~ **chimney** чистить дымохóд; (*rush*) нести(сь); (*spread quickly*) проноситься (**across,** по + *dat*, через + *acc*); (*seize*) охвáтывать; (*make graceful move*) двигаться величáво; (*remove with ~ing gesture*) сметáть (**from,** с + *gen*); (*from office etc*) сметáть, прогонять; (*seek*) искáть; (*with gunfire*) обстрéливать; (*stretch*) простирáться; (*from curve*) образовáть дýгу
~ **across** проноситься по (+ *dat*)
~ **along** нестись
~ **away** *vi* умчáться *pf*; (*remove*; *also fig*) сметáть; (*carry off*) уносить; (*abolish*) уничтóжить
~ **by, past** проноситься мимо (+ *gen*)
~ **down** (*attack*) устремляться (**on,** на + *acc*); (*rush*, *surge*) хлынуть *pf*
~ **in** входить торжéственно
~ **off** (*carry off*) уносить
~ **on** проноситься дáльше
~ **over** (*seize*) охвáтывать; (*flood*) заливáть; (*see also* ~ **across**)
~ **together** сметáть
~ **up** (*clean*) подметáть; (*soar*) парить, устре-

мля́ться вверх

sweeper метéльщик, *f* метéльщица; *sp* чи́стильщик

[1]**sweeping** (*broad*) широ́кий; (*radical*) радика́льный; (*indiscriminate*) огу́льный

[2]**sweeping** (*action*) подмета́ние; (*rubbish*; *usu pl*) му́сор

sweet 1. *n* (*confection*) конфéта; (*~course*) сла́дкое **2.** *adj* (*to taste*; *also fig*) сла́дкий; ~ **smell** благоуха́ние; (*pleasant*) прия́тный; (*song etc*) мелоди́чный; (*fresh*) свéжий; (*charming*) ми́лый; (*kind, gentle*) нéжный; **be ~ on** быть влюблённым в (+ *acc*); **have a ~ tooth** быть сластёной

sweet-and-sour ки́сло-сла́дкий

sweetbreads сла́дкое мя́со

sweet-brier ро́за эглантéрия

sweetcorn кукуру́за

sweeten подсла́щивать, дéлать сла́дким; *fig* дéлать бо́лее прия́тным; *sl* (*bribe*) подма́зывать

sweetener синтети́ческое сла́дкое веществó; *sl* (*bribe*) взя́тка

sweetheart возлю́бленный, *f* возлю́бленная

sweetish сладкова́тый

sweetmeats конфéты *f pl*, сла́сти *pl*

sweetness сла́дость *f*

sweet pea души́стый горо́шек

sweet potato бата́т

sweet-scented души́стый

sweetshop конди́терская

sweet-smelling души́стый, арома́тный

sweet william турéцкая гвозди́ка

swell 1. *n* (*bulge*) вы́пуклость *f*; (*waves*) зыбь *f*, волнéние; **ground** ~ мёртвая зыбь; (*increase*) усилéние; *sl* (*bigwig*) ши́шка; (*dandy*) щёголь *m* **2.** *adj coll* (*fine*) отли́чный, чу́дный, прекра́сный; (*smart*) шика́рный **3.** *v* (*increase in size*) увели́чивать(ся); (*in strength*) уси́ливать(ся); (*bulge*) надува́ть(ся); (*puff up*) разбуха́ть, распуха́ть; (*raise, rise*) поднима́ть(ся)

swelling (*action*) разбуха́ние; опуха́ние; (*bulge*) вы́пуклость *f*; (*boil*) о́пухоль *f*

swelter (*suffer from heat*) томи́ться зно́ем, изныва́ть от жары́

sweltering зно́йный, ду́шный

swept-back *aer* стрелови́дный

swerve 1. *n* (*turn in road*) изги́б; (*deviation*) отклонéние; **give a** ~ вильну́ть **2.** *v* (*to and fro*) виля́ть; (*to one side*) вильну́ть *pf*, свора́чивать в сто́рону; (*deviate*) отклоня́ться (**from,** от + *gen*)

[1]**swift** (*bird*) стриж

[2]**swift** (*quick*) бы́стрый; **be ~ to** бы́стро, немéдленно (+ *indic*); (*prompt*) немéдленный; **~-footed** быстроно́гий; **~-winged** быстрокры́лый

swiftness быстрота́

swig *coll* **1.** *n* большо́й глото́к; **take a** ~ дéлать большо́й глото́к **2.** *v* (*drink*) потя́гивать

swill 1. *n* (*rinsing*) полоска́ние; **give a** ~ сполосну́ть *pf*; (*pig-food*) помо́и *m pl* **2.** *v* (*rinse*) полоска́ть; *coll* (*drink*) пить

swim 1. *n* пла́вание; **take a** ~ попла́вать *pf*, купа́ться; *coll* **be in the** ~ быть в ку́рсе (дел) **2.** *v* пла́вать (*also fig*); (*in one direction*) плыть; (*cross by ~ming*) переплыва́ть; (*move smoothly*) пла́вно дви́гаться; **his head was ~ming** у негó головá кружи́лась

swimmer пловéц, *f* пловчи́ха

swimming 1. *n* пла́вание **2.** *adj* (*for* ~) пла́вательный; **~-pool, ~-bath** пла́вательный бассéйн; ~ **suit** купа́льный костю́м; **~-trunks** пла́вки *f pl*

swimmingly *coll* прекра́сно, отли́чно, как по ма́слу

swindle 1. *n* надува́тельство, обма́н **2.** *v* надува́ть, обма́нывать (**out of,** на + *acc*); ~ **s.o. out of sth** выма́нивать что́-нибудь у кого́-нибудь

swindler мошéнник, жу́лик

swine сви́ньи *f pl*; (*as abuse*) сво́лочь *f*; **~-fever** чумá свинéй; **~herd** свинопа́с

swing 1. *n* (*swaying*) кача́ние; (*single movement*) мах, взмах; (*extent of ~, esp tech, sp*) разма́х; (*turn*) поворо́т; (*deviation*) отклонéние; (*change*) изменéние; (*suspended seat*) качéли *pf*; (*rhythm*) ритм; **get into the ~ of** включа́ться в ритм (+ *gen*); **in full** ~ в по́лном разга́ре; **go with a** ~ успéшно проходи́ть; *mus* свинг, суи́нг **2.** *v* (*rock*) кача́ть(ся); ~ **arms** разма́хивать рука́ми; ~ **legs** болта́ть нога́ми; (*push ~*) раска́чивать качéли; (*brandish*) разма́хивать (+ *instr*); (*turn*) повора́чивать(ся); **he swung round** он поверну́лся; **he swung the car round** он разверну́л маши́ну; ~ **round a corner** заверну́ть *pf* за у́гол; ~ **open** распа́хиваться; ~ **shut** захло́пываться; (*hang*) висéть (**from,** с + *gen*); *coll* (*be executed*) быть пове́шенным; (*move by ~ing*) перепры́гивать; (*throw*) броса́ть; (*fluctuate*) колеба́ться; *coll* (*fix*) подстра́ивать; (*arrange success*) обеспéчивать успéх; *coll* ~ **the lead** симули́ровать

swing-bridge разводно́й мост

swingeing грома́дный, огро́мный

swinish (*like, of, swine*) сви́нский; (*coarse*) гру́бый

swipe 1. *n* уда́р с разма́ху **2.** *v* ударя́ть с разма́ху; *coll* (*steal*) стащи́ть *pf*, ти́брить

swirl 1. *n* (*of dust, thoughts etc*) вихрь *m*; (*of water*) водоворо́т; (*eddy*) завихрéние **2.** *v* кружи́ть(ся); (*rush whirling*) нести́сь ви́хрем

swish 1. *n* (*sound*) свист **2.** *adj coll* шика́рный **2.** *v* (*whistle*) свистéть; (*rustle*) шурша́ть; ~ **through, past** проходи́ть со сви́стом/с шурша́нием

Swiss 1. *n* швейца́рец, *f* швейца́рка **2.** *adj* швейца́рский

switch 1. *n elect* (*on-off*) выключа́тель *m*; (*change-over*) переключа́тель *m*; (*railway*) стрéлка; (*change*) изменéние; (*transfer to*) перехо́д (**to,** в, на, + *acc*); (*exchange*) обмéн (**of,** + *instr*); (*rod*) прут, хлыст **2.** *vt* (*transfer*) переводи́ть (**to,** в, на, + *acc*); (*change*; *exchange*) меня́ть; ~ **places** поменя́ться *pf* места́ми; (*twitch*) дёрнуть *pf*; *vi* (*go over to*) переходи́ть (**to,** к + *dat*; в, на, + *acc*)

~ **in** включа́ть(ся)

~ **off, out** выключа́ть(ся)

~ **on** включа́ть(ся)

~ **over** переключа́ть(ся) (**to,** на + *acc*)

switchback америка́нские го́ры *f pl*

switchboard *elect* щит (управлéния); (*telephone*) коммута́тор; ~ **operator** телефони́ст, *f* телефони́стка

switchgear распредели́тельное устро́йство

switchman стрéлочник

switch-over (*change*) перемéна; (*exchange*) обмéн (**of,** + *instr*)

Switzerland Швейца́рия

swivel 1. *n* вертлю́г, шарни́р **2.** *adj* шарни́рный, поворо́тный; **~-chair** враща́ющийся стул **3.** *v* (*revolve*) враща́ть; ~ **round** (*head etc*) повора́чивать(ся)

swivel-eyed косогла́зый

swizzle *coll* **1.** *n* обма́н **2.** *v* обма́нывать

swollen (*bulging*; *also fig*) взду́тый, разду́тый; (*puffy*) опу́хший, распу́хший

swollen-headed чванли́вый
swoon 1. *n* о́бморок **2.** *v* па́дать в о́бморок
swoop 1. *n* налёт (*also fig*); **at one** ~ одни́м уда́ром **2.** *v* (*dive*) устремля́ться вниз; (*pounce on, attack*) налета́ть (**on,** на + *acc*); (*raid*) соверша́ть налёт
sword (*in general*) меч; **cross** ~**s** скрести́ть *pf* шпа́ги; **put to the** ~ предава́ть мечу́; (*ceremonial*) шпа́га; (*broadsword*) пала́ш; (*cavalry* ~) ша́шка, са́бля; (*duelling*) рапи́ра; ~**-belt** портупе́я; ~**-blade** клино́к; ~**fish** меч-ры́ба; ~**-play** фехтова́ние; ~**-swallower** шпаглота́тель *m*
swordsman (*fencer*) фехтова́льщик; (*warrior*) мечено́сец
swordsmanship иску́сство фехтова́ния
sworn прися́жный; ~ **enemy** закля́тый враг
swot 1. *n* (*study*) зубрёжка; (*person*) зубри́ла *m and f* **2.** *v* зубри́ть (**at,** + *acc*; **for,** к + *dat*)
sybarite сибари́т, *f* сибари́тка
sybaritic сибари́тский
sycamore (*maple*) я́вор; (*plane*) плата́н
sycophancy низкопокло́нство, подхали́мство
sycophant льстец, подхали́м, низкопокло́нник
sycophantic льсти́вый
syllabary слогова́я а́збука
syllabic слогово́й, силлаби́ческий
syllable слог
syllabus програ́мма (ку́рса *etc*)
syllogism силлоги́зм
syllogistic силлогисти́ческий
sylph *myth and fig* сильфи́да; ~**-like** грацио́зный
sylvan (*of woods*) лесно́й; (*rustic*) дереве́нский
symbiosis симбио́з
symbiotic симбиоти́ческий
symbol си́мвол
symbolic(al) символи́ческий
symbolism (*symbolic meaning*) симво́лика; (*literary movement*) символи́зм
symbolize символизи́ровать
symmetric(al) симметри́чный
symmetry симметри́я
sympathetic (*having sympathy*) сочу́вственный; (*well-disposed*) благожела́тельный; (*not indifferent*) неравноду́шный (**to,** к + *dat*); (*friendly*) дру́жеский; (*congenial*) благоприя́тный; (*pleasant*) симпати́чный; *tech*, *physiol* симпати́ческий
sympathize (*feel sympathy*) сочу́вствовать (**with,** + *dat*); (*pity*) жале́ть (**with,** + *acc*); (*express sympathy*) выража́ть сочу́вствие; (*share opinion etc*) разделя́ть (**with,** + *acc*); (*support*) благожела́тельно относи́ться (**with,** к + *dat*); (*have fellow-feeling for*) симпатизи́ровать (**with,** + *dat*)
sympathizer (*supporter*) сторо́нник; (*fellow-traveller*) попу́тчик
sympathy (*pity, condolence etc*) сочу́вствие; (*support*) симпа́тия; **be in** ~ **with** симпатизи́ровать (+ *dat*); **strike in** ~ бастова́ть в знак солида́рности (**with,** с + *instr*); (*agreement*) **in** ~ **with** в согла́сии с (+ *instr*); (*in accordance with*) в соотве́тствии с (+ *instr*); *tech*, *physiol* взаимоде́йствие
symphonic симфони́ческий
symphony симфо́ния; ~ **orchestra** симфони́ческий орке́стр
symposium (*meeting*) симпо́зиум; (*book*) сбо́рник
symptom симпто́м, при́знак
symptomatic *med* симптомати́ческий; *fig* симптомати́чный; (*characteristic*) характе́рный (**of,** для + *gen*)
symptomatology симптоматоло́гия
synaeresis синере́зис
synaesthesia синестези́я
synagogue синаго́га
synapse сина́пс
synchromesh синхроniза́тор
synchronism синхро́нность *f*
synchronization синхрониза́ция
synchronize синхронизи́ровать; ~ **watches** сверя́ть часы́
synchronizer синхрониза́тор
synchronous синхро́нный, одновре́ме́нный
synchrotron синхротро́н
syncopate синкопи́ровать
syncopation синко́па
syncope глубо́кий о́бморок
syncretic синкрети́ческий
syncretism синкрети́зм
syndetic сою́зный
syndicalism синдикали́зм
syndicalist синдикали́ст
syndicate синдика́т
syndrome синдро́м
synecdoche сине́кдоха
synergism синерги́зм
synod сино́д
synodal синода́льный
synodical *astr* синоди́ческий
synonym сино́ним
synonymous синоними́ческий; **be** ~ **with** быть синоними́чным (+ *dat*)
synonymy синоними́я
synopsis (*survey*) обзо́р; (*summary*) резюме́ *neut indecl*, конспе́кт
synoptic синопти́ческий
syntactic синтакти́ческий
syntagma синта́гма
syntax си́нтаксис
synthesis си́нтез
synthesize синтезиро́вать
synthetic 1. *n* синте́тика **2.** *adj* синтети́ческий
syphilis си́филис
syphilitic сифилити́ческий
syphon сифо́н
Syria Си́рия
Syrian 1. *n* сири́ец, *f* сири́йка **2.** *adj* сири́йский
syringa (*lilac*) сире́нь *f*; (*mock orange*) чубу́шник, садо́вый жасми́н
syringe 1. *n* шприц **2.** *v* (*spray*) спринцева́ть; (*inject*) впры́скивать
syrinx (*Pan-pipe*) свире́ль *f*; *anat* евста́хиева труба́; (*fistula*) свищ, фи́стула
syrup сиро́п
syrupy (*like, with syrup*) сиро́пный; *fig* слаща́вый
system (*most senses*) систе́ма; (*method*) ме́тод; **railway** ~ железнодоро́жная сеть *f*
systematic (*having system*) системати́ческий; (*methodical*) методи́чный, системати́чный
systematization систематиза́ция
systematize систематизи́ровать
systemic систе́мный
systole си́стола
syzygy сизи́гия

T

T: ~**-junction** Т-обра́зное пересече́ние; ~**-shaped** Т-обра́зный; ~**-shirt** футбо́лка; ~**-square** тавро́вый уго́льник, рейсши́на; **to a** ~ точь-в-точь, в соверше́нстве; **TB** туберкулёз; **TNT** толуо́л; **TV** телеви́дение; (*as adj*) телевизио́нный; **TV set** телеви́зор

ta *coll* спаси́бочки

tab (*label*) ярлы́к; (*sewn on*) наши́вка; (*on uniform*) петли́ца; (*hanger*) ве́шалка; *aer* три́ммер; *tech* (*projection*) ла́пка; *coll* (*bill*) счёт; *coll* **keep** ~**s on** следи́ть за (+ *instr*)

tabby: ~ **cat** полоса́тая ко́шка

tabernacle (*on altar*) дарохрани́тельница; (*shrine*) ра́ка; (*chapel*) моле́льня

tabes та́бес

table 1. *n* (*furniture*; *hospitality*) стол; **at (the)** ~ за столо́м; **sit down at the** ~ сади́ться за стол; **get up from the** ~ встава́ть из-за стола́; **lay the** ~ накрыва́ть на стол; **clear the** ~ убира́ть со стола́; (*slab*) плита́; (*list*) спи́сок; ~ **of contents** оглавле́ние; (*index*) указа́тель *m*; *math* табли́ца; *pl coll* (*multiplication*) табли́ца умноже́ния; (*plateau*) плато́ *neut indecl*; (*schedule*) гра́фик; *geod* **plane** ~ планше́т; *geol* во́дное зе́ркало; *coll* **turn the** ~**s on** (*retaliate*) отплати́ть *pf* той же моне́той; (*reverse roles*) поменя́ться роля́ми **2.** *v* (*propose*) ста́вить на обсужде́ние; (*enter in list*) заноси́ть (в спи́сок *etc*)

tableau жива́я карти́на

tablecloth ска́терть *f*

table-d'hôte табльдо́т, ко́мплексный обе́д

tableland плато́ *neut indecl*, плоского́рье

table linen столо́вое бельё

table manners: have good ~ уме́ть держа́ться за столо́м

table mat подста́вка

table napkin салфе́тка

tablespoon, tablespoonful столо́вая ло́жка

tablet (*panel*) доще́чка; (*notepad*) блокно́т; (*pill*) табле́тка; (*of soap*) кусо́к

table talk засто́льный разгово́р

table tennis насто́льный те́ннис

tableware столо́вая посу́да

tabloid 1. (*paper*) малоформа́тная иллюстри́рованная газе́та; (*cheap paper*) бульва́рная газе́та; (*pill*) табле́тка **2.** *adj* малоформа́тный; бульва́рный; в ви́де табле́тки

taboo 1. *n* табу́ *neut indecl* **2.** *adj* запрещённый **3.** *v* накла́дывать табу́ на (+ *acc*); *fig* запреща́ть

tabouret (*stool*) табуре́т; (*for embroidery*) пя́льцы *m or f pl*

tabular табли́чный

tabulate табули́ровать

tabulation (*process*) табули́рование; (*classification*) классифика́ция

tachisme таши́зм

tachometer тахо́метр

tachycardia тахикарди́я

tacit молчали́вый; ~ **consent** молчали́вое согла́сие

taciturn (*reserved*) неразгово́рчивый; (*silent*) молчали́вый

taciturnity неразгово́рчивость *f*; молчали́вость *f*

tack 1. *n* (*nail*) гво́здик; **thumb** ~ кно́пка; (*sewing*) намётка; (*way*) путь *m*; *naut* галс; **on the port** ~ ле́вым га́лсом **2.** *v* (*nail*) прибива́ть **(to,** к + *dat*); (*with thumb* ~) прикрепля́ть кно́пкой/кно́пками; (*sew*) мета́ть; *naut* (*go about*) де́лать поворо́т о́верштаг; (*zigzag into wind*) лави́ровать, идти́ га́лсами; ~ **on** (*nail*) прибива́ть; (*add*) добавля́ть **(to,** к + *dat*); ~ **together** (*by sewing*) смётывать; (*fasten*) скрепля́ть

tackle 1. *n* (*equipment*) обору́дование, инвента́рь *m*; (*ropes*) сна́сти *pl*; (*pulley system*) та́ли *pl*; (*requisites*) принадле́жности *f pl*, инвента́рь *m*; *coll* (*things*) ве́щи *f pl*; *sp* перехва́т **2.** *v* (*task etc*) бра́ться за (+ *acc*); (*deal with*) справля́ться с (+ *instr*); (*strive with*) боро́ться с (+ *instr*); (*have a word with*) поговори́ть *pf* с (+ *instr*); (*grip, grapple*) схва́тывать; *sp* перехва́тывать

tacky ли́пкий, кле́йкий

tact такт, такти́чность *f*; **have, use** ~ быть такти́чным

tactful такти́чный

tactfully такти́чно, с та́ктом

tactical такти́ческий

tactician та́ктик

tactic(s) та́ктика

tactile (*of touch*) осяза́тельный; (*tangible*) ощути́мый, осяза́емый

tactless беста́ктный

tactlessness беста́ктность *f*

tadpole голова́стик

taffeta 1. *n* тафта́ **2.** *adj* тафтяно́й

taffrail гакабо́рт

tag 1. *n* (*end*) ко́нчик; (*loop*) петля́; (*label*) би́рка, ярлы́к; (*marker*) ме́тка; (*bon mot*) уда́чное словцо́; (*cliché*) изби́тая фра́за; (*quotation*) цита́та; (*game*) (игра́ в) пятна́шки *f pl* **2.** *v* прикрепля́ть би́рку, ярлы́к к (+ *dat*); (*mark*) ме́тить; ~ **along** (то́же) идти́ **(with,** с + *instr*); ~ **on** добавля́ть **(to,** к + *dat*)

tail (*of animal*; *also fig*; *av*) хвост; (*end*) коне́ц; *mil* тыл; (*of shirt*) ни́жний коне́ц; *pl* (*dress coat*) фрак; (*of coat*) фа́лда; *coll* **heads or** ~**s** орёл и́ли ре́шка; **turn** ~ бро́ситься/пусти́ться наутёк, дать *pf* стрекача́ **2.** *v* (*follow*) идти́ сле́дом за (+ *instr*); ~ **after** тащи́ться за (+ *instr*); ~ **away, off** замира́ть

tailboard (*of lorry*) откидно́й борт; (*of cart*) откидно́й задо́к

tail coat фрак

tailed хвоста́тый

tail end коне́ц

tailgate за́дняя дверь *f*

tail-light (*car*) за́дний фона́рь *m*; *av* хвостово́й ого́нь

tailor 1. *n* портно́й **2.** *v* (*make*) шить; (*be* ~) портня́жничать, быть портны́м; *fig* (*adapt*) приспоса́бливать **(to,** к + *dat*, для + *gen*)

tailor-bird пти́ца-портно́й

tailoring (*art of* ~) портня́жное де́ло; (*quality, cut*) покро́й

tailor-made (*clothes*) заказно́й, индивидуа́льного

поши́ва; (*made to order*) заказно́й, сде́ланный по зака́зу; (*specially adapted*) приспосо́бленный (**for,** для + *gen*); **the job is ~ for you** ме́сто как бу́дто со́здано для тебя́

tailpiece (*decoration*) концо́вка; (*postface*) послесло́вие

tailpipe (*of car*) выхлопна́я труба́; (*of pump*) вса́сывающая труба́

tailplane стабилиза́тор

tailrace отводя́щий жёлоб

tailspin што́пор; *fig* па́ника

tailstock за́дняя ба́бка

tailwheel хвостово́е колесо́

taint 1. *n* (*pollution*) загрязне́ние; (*disgrace*) позо́р; (*stain, spot*) пятно́; (*admixture*) при́месь *f*; (*taste*) дурно́й при́вкус **2.** *v* (*pollute*) загрязня́ть; (*spoil*) по́ртить; (*shame*) поро́чить

take 1. *n* (*proceeds*) вы́ручка; *theat* сбор; (*of fish*) уло́в; (*of game*) добы́ча; *cin* (*sequence*) съёмка; (*frame*) кадр **2.** *vt* (*in general*; *remove*; *choose*; *capture*; *in chess, cards*; *grasp, pick up*) брать, *pf* взять; **~ by the hand** взять *pf* за́ руку; **~ prisoner** взять *pf* в плен; (*catch*) лови́ть, *pf* пойма́ть; **~ by surprise** засти́гнуть *pf* враспло́х; (*steal*) красть; (*choose*) выбира́ть; (*acquire*) **~ a wife** жени́ться; **~ an apartment** снять *pf* кварти́ру; (*receive*) получа́ть; **~ lessons** брать уро́ки; (*note*) **~ measurements** ме́рить; **~ note of** (*observe*) принима́ть во внима́ние; (*heed*) принима́ть к све́дению; **~ notes** де́лать заме́тки; **~ notes of** запи́сывать; (*evince*) **~ a liking for** полюби́ть *pf*; **I took a liking to him** он мне понра́вился; **~ an interest in** проявля́ть интере́с к (+ *dat*); **~ no notice of** не обраща́ть внима́ния на (+ *acc*); (*as example*) **~ him, for example** возьми́те его́ наприме́р; (*accept*; *assume*) принима́ть; **~ advice** слу́шать (**from,** + *acc*); **~ the blame** брать на себя́ вину́; **~ control** брать на себя́ руково́дство; (*get upper hand*) брать верх над (+ *instr*); **~ for granted** счита́ть норма́льным; **~ the initiative** брать инициати́ву; **~ the responsibility for** брать на себя́ отве́тственность за (+ *acc*); (*understand*) понима́ть; **~ it from me!** пове́рьте мне!; **do you ~ my meaning?** вы меня́ понима́ете?; (*assume to be*) **I took him for her father** я при́нял его́ за её отца́; **what do you ~ me for?** за кого́ вы меня́ принима́ете?; (*require*) тре́бовать (+ *gen*); **it will ~ a long time** э́то займёт мно́го вре́мени; **it took them an hour to finish the task** им потре́бовался час, что́бы ко́нчить зада́чу; (*accommodate*) брать, помеща́ть; (*put up with*) выде́рживать, терпе́ть; **I can't ~ him!** я терпе́ть его́ не могу́!; **I can't ~ it any more** я бо́льше не могу́; (*undergo*) **~ an exam** сдава́ть экза́мен; (*consume*) **~ medicine, drugs** принима́ть лека́рство, нарко́тику; **~ snuff** ню́хать таба́к; **~ tea** пить чай; (*avail oneself of*) по́льзоваться (+ *instr*); **~ a bus** е́хать на авто́бусе; **~ a taxi** брать такси́; (*occupy*) занима́ть; **~ a seat!** сади́тесь; **they have ~n all the seats** они́ за́няли все места́; **~ the place of** замеща́ть; (*lead*) води́ть; **they took me to a restaurant** они повели́ меня́ в рестора́н; (*carry*) носи́ть; **she took the letter to the post** она́ отнесла́ письмо́ на по́чту; **~ an umbrella!** возьми́ зо́нтик!; (*convey*) вози́ть; **he took the boy to school** он отвёз ма́льчика в шко́лу; **I'll ~ you as far as the station** я вас довезу́ до вокза́ла; (*travel with*) брать с собо́й; (*with various nouns*: *see noun entry*) **~ a bath** принима́ть ва́нну; **~ care** быть осторо́жным; **~ care!** бу́дьте осторо́жны!, смотри́те!; **~ care that, to (not to)** смотре́ть, что́бы (не); **~ a chance, risk** рискова́ть (**of,** + *instr*), пойти́ *pf* на риск; **~ the risk of** ри́скнуть *pf* (+ *instr*); **~ a look** посмотре́ть *pf*; **~ a newspaper** выпи́сывать газе́ту; **~ place** име́ть ме́сто; **~ a photograph of** снима́ть; **~ a walk** пойти́ *pf* прогуля́ться; *vi* (*be successful*; *med*) привива́ться; (*become*) **~ ill** заболе́ть *pf*; **~ to** (*resort to*) прибега́ть к (+ *dat*); **she took to her bed** она́ слегла́; **~ to drink** запи́ть *pf*; (*begin*) станови́ться (+ *infin*); **he has ~n to wearing a hat** он стал носи́ть шля́пу; (*form liking for*) **I took to her immediately** она́ мне сра́зу понра́вилась

~ aback (*catch off guard*) захвати́ть *pf* враспло́х; (*embarrass*) смуща́ть; (*astonish*) поража́ть

~ about (*carry*) брать с собо́й; (*convey*) вози́ть; (*accompany*) сопровожда́ть

~ across *see* **~ over**

~ after походи́ть на (+ *acc*); **he ~s after his father** он похо́ж на своего́ отца́, он пошёл в отца́

~ against невзлюби́ть *pf*

~ along (*bring*) приводи́ть; (*in vehicle*) привози́ть; **= ~ about**

~ apart (*dismantle*) разбира́ть (на ча́сти); *coll*; (*severely criticize*) разноси́ть

~ around (*carry to*) относи́ть (**to,** в, на + *acc*; к + *dat*); (*in vehicle*) отвози́ть (**to,** в, на + *acc*; к + *dat*); (*lead, convey person*) отводи́ть (**to,** в, на + *acc*; к + *dat*); (*show*) пока́зывать

~ aside отводи́ть в сто́рону

~ away (*clear away*) убира́ть; (*remove*) удаля́ть; (*from s.o.*) отбира́ть (**from,** у + *gen*); (*deprive of*) лиша́ть (+ *gen*); (*carry off*) уноси́ть; (*in vehicle*) увози́ть; (*lead off*; *to hospital etc*) уводи́ть, отводи́ть; (*arrest*) забира́ть; *math* (*subtract*) вычита́ть (**from,** из + *gen*)

~ back (*return*) возвраща́ть; (*retrieve*; *retract*) брать наза́д, обра́тно

~ down (*remove*) снима́ть (**from,** с + *gen*); (*building etc*) сноси́ть; (*lower*) спуска́ть; (*note*) запи́сывать; (*lengthen garment*) отпуска́ть; (*carry downstairs*) относи́ть вниз

~ in (*carry in*) вноси́ть; (*in vehicle*) ввози́ть; (*accompany*) проводи́ть; (*receive*) принима́ть; **~ lodgers** брать жильцо́в; **~ in washing** брать на́ дом сти́рку; (*give refuge*) приюти́ть *pf*; (*garment*) ушива́ть; (*sails*) убира́ть; (*include*) включа́ть; (*stock up with*) запаса́ться (+ *instr*); (*comprehend*) понима́ть; (*deceive*) обма́нывать

~ off (*remove*) снима́ть (**from,** с + *gen*); **~ off one's clothes** раздева́ться; (*lead away*) уводи́ть; (*reduce*) снижа́ть; **take £10 off** сни́зить *pf* це́ну на де́сять фу́нтов; *aer* взлета́ть, поднима́ться в во́здух; *coll* (*mimic*) копи́ровать; **~ oneself off** удаля́ться

~ on (*work etc*) брать, бра́ться за (+ *instr*); **~ on responsibilities** брать на себя́ отве́тственность (*hire*) нанима́ть; (*abet, challenge etc*) принима́ть; (*acquire meaning, hue etc*) приобрета́ть; (*load*) загружа́ться (+ *instr*); **~ on fuel** заправля́ться горю́чим; (*compete with*) сража́ться с (+ *instr*); (*cope with*) справля́ться с (+ *instr*); (*challenge*) ме́риться си́лами с (+ *instr*); (*become popular*) привива́ться; *coll* (*become agitated*) волнова́ться

~ **out** (*pull, lift out*) вынима́ть (**from, of,** из + *gen*); *med* (*extract*) удаля́ть; (*deduct*) вычита́ть (**from, of,** из + *gen*); (*licence etc*) брать, получа́ть; ~ **out a subscription to** подпи́сываться на (+ *acc*); (*from library*) брать в библиоте́ке; ~ **out for a walk** пойти́ *pf* погуля́ть с (+ *instr*) ~ **out to a restaurant** повести́ *pf* в рестора́н; *sl* (*destroy*) уничтожа́ть; ~ **it out of** (*exhaust*) изму́чивать; ~ **it out on** срыва́ть раздраже́ние на (+ *acc*)
~ **over** (*convey across*) перевози́ть (че́рез + *acc*; **to,** в, на + *acc*); (*lead across*) переводи́ть (че́рез + *acc*; **to,** в, на + *acc*); (*deliver*) отвози́ть (**to,** в, на + *acc*); (*assume control*) принима́ть руково́дство; (*come to power*) приходи́ть к вла́сти; (*replace*) замеща́ть (**from,** + *acc*); (*begin work*) начина́ть рабо́ту; (*on shift etc*) сменя́ть
~ **up** (*lift*) поднима́ть; (*carry upstairs*) относи́ть наве́рх; (*occupy*) занима́ть; **it will ~ up too much space/time** э́то займёт сли́шком мно́го ме́ста/вре́мени; (*accept*) принима́ть; (*shorten garment*) подшива́ть, укора́чивать; (*interest oneself in*) заня́ться *pf* (+ *instr*); (*support*) поддержа́ть *pf*; (*a suggestion, idea etc*) подхвати́ть *pf*; ~ **up arms** взя́ться *pf* за ору́жие; (*continue*) продолжа́ть; ~ **up with** связа́ться *pf* с (+ *instr*)
take-away *cul* ~ **meal** обе́д на дом
take-home: ~ **pay** реа́льная зарпла́та
take-in обма́н
take-off *aer, econ* взлёт; *coll* (*skit*) паро́дия (**of,** на + *acc*)
take-over (*change*) сме́на; (*seizure*) взя́тие, захва́т; (*of government*) захва́т вла́сти; (*of control*) взя́тие контро́ля
taker тот, кто берёт/тот, кто принима́ет; **there were no ~s** жела́ющих не́ было
taking 1. *n* (*seizing*) взя́тие, захва́т; *pl* (*money*) поступле́ния *neut pl*; **be in a ~** волнова́ться **2.** *adj* (*attractive*) привлека́тельный; (*captivating*) плени́тельный
talc (*talcum*) тальк; (*mica*) слюда́
talcum, talcum powder тальк
tale (*account*) расска́з (**of,** о + *prep*), исто́рия; (*story*) расска́з, по́весть *f*; **fairy ~** ска́зка (*also fig*); (*rumour*) спле́тни *f pl*, слу́хи *m pl*; (*fiction*) вы́думка; **tell ~s** я́бедничать; **~-bearer** я́бедник
talent (*giftedness*) тала́нт; (*ability*) спосо́бность *f* (**for,** к + *dat*)
talented тала́нтливый
talentless безда́рный
tale-teller (*of stories*) расска́зчик; (*sneak*) я́бедник
talisman талисма́н
talk 1. *n* (*conversation*) разгово́р; (*discussion*) обсужде́ние; (*lecture*) бесе́да; (*rumour*) слу́хи *m pl*; *pl* (*negotiations*) перегово́ры *m pl* **2.** *v* (*speak*) говори́ть; (*converse*) разгова́ривать; (*gossip*) спле́тничать; ~ **into** угова́ривать (+ *infin*); ~ **out of** отгова́ривать (+ *infin*; от + *gen*); *in expressions* **~ing of** кста́ти, о (+ *prep*), говоря́ о (+ *prep*); ~ **of the devil** ≈ лёгок на поми́не; ~ **big** хва́статься; **now you are ~ing!** вот э́то я понима́ю!
~ **away** болта́ть
~ **back** дерзи́ть (**to,** + *dat*)
~ **down** (*out-talk*) перекрича́ть; *aer* направля́ть на поса́дку по ра́дио; ~ **down to** говори́ть свысока́ с (+ *instr*)
~ **over** (*discuss*) обсужда́ть; (*persuade*) угова́ривать
~ **round** (*persuade*) угова́ривать; (*discuss inconclusively*) ходи́ть вокру́г да о́коло
~ **to** (*reprove*) отчи́тывать
talkative болтли́вый, разгово́рчивый
talkativeness болтли́вость, разгово́рчивость *f*
talker (*one who likes talk*) разгово́рчивый челове́к; (*chatterer*) болту́н; (*lecturer*) ле́ктор
talking 1. *n* (*act of ~*) говоре́ние; (*conversation*) разгово́р **2.** *adj* говоря́щий; ~ **point** предме́т разгово́ра; *cin* ~ **picture** звуково́й фильм
talking-to *coll* вы́говор; **give s.o a ~** отчи́тывать
tall высо́кий; (*of person*) высо́кий, высо́кого ро́ста; **how ~ is she?** како́го она ро́ста? **she is five feet ~** её рост пять фу́тов; **a man six feet ~** челове́к ро́стом в шесть фу́тов; **a tree 20 metres ~** де́рево высото́й в два́дцать ме́тров; *fig* **a ~ order** не шу́тка; **a ~ story** невероя́тная исто́рия
tallboy высо́кий комо́д
tallish дово́льно высо́кий
tallness (*height*) высота́; (*of person*) рост; (*above average height*) высо́кий рост
tallow 1. *n* жир, са́ло **2.** *adj* ~ **candle** са́льная свеча́
tally 1. *n* (*notched stick; tag*) би́рка; (*account; score*) счёт; **keep ~** вести́ счёт; (*copy*) ко́пия; (*receipt*) квита́нция **2.** *v* (*correspond*) соотве́тствовать (**with,** + *dat*); (*coincide*) совпада́ть; (*agree*) соглаша́ться
tally-ho! ату́!
tally-sheet учётный листо́к
Talmud талму́д
Talmudist талмуди́ст
talon ко́готь *m*; *archi* каблучо́к
tamarisk тамари́ск
tambour (*drum*) бараба́н; *tech* та́мбур; (*sewing*) пя́льцы *f pl*
tambourine тамбури́н, бу́бен
tame 1. *adj* (*not wild; also fig*) ручно́й; (*meek*) кро́ткий; (*dull*) ску́чный; (*banal*) бана́льный **2.** *v* (*animal*) прируча́ть, укроща́ть; (*for circus etc*) дрессирова́ть; *fig* (*subdue*) покоря́ть, укроща́ть
tameable укроти́мый
tameness приручённость *f*; поко́рность *f*; кро́тость *f*
tamer укроти́тель *m*, дрессиро́вщик
Tamil 1. *n* (*person*) тами́л, *f* тами́лка; (*language*) тами́льский язы́к **2.** *adj* тами́льский
tamp (*block*) закла́дывать; (*fill*) набива́ть; ~ **down** трамбова́ть
[1]**tamper** *n tech* трамбо́вка
[2]**tamper** *v* (*touch; have to do with*) тро́гать (**with,** + *acc*); (*interfere*) вме́шиваться (**with,** в + *acc*); (*alter*) та́йно изменя́ть (**with,** + *acc*)
tampon тампо́н
tan 1. *n* (*on skin*) зага́р **2.** *adj* (*brown*) кори́чневый; (*bronze*) бро́нзового цве́та **3.** *vt* (*leather*) дуби́ть; (*by sunbathing*) обжига́ть ко́жу; *vi* загора́ть; *coll* (*beat*) лупи́ть, дуба́сить
tandem 1. *n* та́ндем; **in ~** оди́н за други́м **2.** *adj* после́довательно располо́женный; *elect* каска́дно соединённый **3.** *adv* оди́н за други́м
tang (*taste; also fig*) при́вкус; (*smell*) о́стрый за́пах; (*spike*) зубе́ц
tangent 1. *n geom* каса́тельная; *trig* та́нгенс; *fig* **go off at a ~** отвлека́ться от те́мы **2.** *adj* каса́тельный
tangential *math, tech* каса́тельный, тангенциа́льный; (*peripheral*) побо́чный

tangerine 1. *n* мандари́н **2.** *adj* мандари́новый
tangible (*palpable*, *real*) осяза́емый; (*noticeable*, *sensible*) осяза́тельный; ~ **results** осяза́тельные результа́ты *m pl*; (*material*) материа́льный
tangle 1. *n* (*confused mass*) спу́танный клубо́к; **get into a** ~ запу́тываться; (*of branches etc*) сплете́ние; *fig* пу́таница **2.** *v* спу́тывать(ся), запу́тывать(ся)
tangly спу́танный
tango 1. *n* та́нго *neut indecl* **2.** *v* танцева́ть та́нго
tangy о́стрый
tank 1. *n* (*container*) бак, резервуа́р; **developing** ~ бачо́к (для проявле́ния); **fuel** ~ бак для горю́чего; (*in vehicle*) бензоба́к; **oil** ~ нефтехрани́лище; (*in engine*) маслосбо́рник; **storage** ~ резервуа́р для хране́ния; **water** ~ цисте́рна; (*pool*) бассе́йн; *mil* танк **2.** *adj mil* та́нковый; **3.** *v* ~ **up** наполня́ть бак, заправля́ться
tankard кру́жка
tank-engine танк-парово́з
tanker *naut* та́нкер; (*vehicle*) автоцисте́рна
tannate танна́т
tanner коже́вник, луби́льщик
tannery коже́венный заво́д
tannic луби́льный; ~ **acid** дуби́льная кислота́
tannin тани́н
tanning дубле́ние; *coll* (*beating*) по́рка
Tannoy трансля́ция
tantalic танта́ловый
tantalize (*torment*) мучи́ть; (*tease*) дразни́ть, издева́ться над (+ *instr*)
tantalizing (*tormenting*) мучи́тельный; (*mocking*) издева́тельский; (*tempting*) зама́нчивый
tantalum 1. *n* танта́л **2.** *adj* танта́ловый
tantamount равноси́льный (**to**, + *dat*)
tantrum (*anger*) вспы́шка раздраже́ния; **fly, get into a** ~ вспыли́ть *pf*; (*noisy demand, esp of child*) капри́з; **be in a** ~ капри́зничать
Taoism даоси́зм
Taoist 1. *n* даоси́ст **2.** *adj* даосисти́ческий
[1]**tap 1.** *n* (*light blow*) лёгкий уда́р; (*rap*) стук; ~ **on the door** стук в дверь **2.** *v* (*strike*) легко́ ударя́ть; (*rap*) стуча́ть (**on**, по + *dat*); ~ **out** высту́кивать
[2]**tap 1.** *n* (*for liquid*) кран; **turn** ~ **on/off** открыва́ть/закрыва́ть кран; **on** ~ нагото́ве, под руко́й; (*bung*) про́бка; *tech* (*screw-cutting*) ме́тчик **2.** *v* (*open*) открыва́ть; (*fit* ~) вставля́ть кран в (+ *acc*); (*draw on*) по́льзоваться (+ *instr*); *elect* отводи́ть; (*telephone*) подключа́ться (к ли́нии); *tech* (*thread*) нареза́ть резьбу́ ме́тчиком
tap dance чечётка
tape 1. *n* (*most senses*) ле́нта; **adhesive** ~ ли́пкая ле́нта; **insulating** ~ изоляцио́нная ле́нта; **magnetic** ~ магни́тная ле́нта; **measuring** ~ ме́рная ле́нта, руле́тка, сантиме́тр; **perforated, punched** ~ перфоле́нта; (*linen*, *cotton*) тесьма́; *sp* фи́нишная ле́нточка; *coll* **red** ~ канцеля́рщина **2.** *v* (*fasten with* ~) свя́зывать ле́нтой, тесьмо́й; (*record*) запи́сывать (на магнитофо́н)
tape deck де́ка
tape-measure ме́рная ле́нта, сантиме́тр; (*in case*) руле́тка
taper 1. *n* (*cone*) ко́нус; (*degree of* ~) ко́нусность *f*; (*candle*) вощёный фити́ль *m* **2.** *adj* конусообра́зный, клинови́дный **3.** *v* су́живать(ся), заостря́ть(ся); ~ **off** постепе́нно уменьша́ть(ся)
tape recorder магнитофо́н; **video** ~ видеомагнитофо́н
tape-recording за́пись *f* на магни́тную ле́нту
tapering, tapered конусообра́зный, кони́ческий, клинови́дный
tapestry гобеле́н
tapeworm ле́нточный червь *m*
tapioca тапио́ка
tapir тапи́р
tappet толка́тель *m* (кла́пана)
tapping (*sound*) стук; *elect* отво́д
tap-root гла́вный/стержнево́й ко́рень *m*
tar 1. *n* дёготь *m*, смола́ **2.** *v* (*smear with*) ма́зать дёгтем; (*road etc*) покрыва́ть дёгтем; *fig* ~**red with same brush** ≈ одного́ по́ля я́года; *coll* (*sailor*) матро́с
tarantella таранте́лла
tarantula тара́нтул
tarboosh фе́ска
tardiness медли́тельность *f*; запозда́лость *f*
tardy (*late*) с опозда́нием; (*too late*) запозда́лый; (*slow*) медли́тельный
tare *bot* ви́ка; *pl bibl* пле́велы *m pl*; *comm* вес та́ры
target 1. *n* (*for shooting*) мише́нь *f*; (*thing aimed at*; *goal*; *objective*) цель *f*; *mil* объе́кт; (*butt*) предме́т; ~ **for criticism** объе́кт кри́тики; *econ* пла́новое зада́ние **2.** *adj* ~ **area** райо́н це́ли; ~ **practice** уче́бная стрельба́
tariff *econ* тари́ф; (*price-list*) прейскура́нт
tarmac 1. *n* термакада́м, дёгтебето́н; *aer* взлётная доро́жка **2.** *adj* (*of road*) гудрони́рованный
tarn го́рное о́зеро
tarnish 1. *n* (*lack of lustre*) ту́склость *f*; (*on metal*) потускне́ние **2.** *vt* де́лать ту́склым; *fig* запятна́ть; *vi* тускне́ть
tarpaulin 1. *n* брезе́нт **2.** *adj* брезе́нтовый
tarpon тарпо́н
tarragon эстраго́н
[1]**tarry** (*loiter*) ме́длить; (*stay*) остана́вливаться; (*delay*) заде́рживаться
[2]**tarry** (*like tar*) дёгтеобра́зный; (*of tar*) смоли́стый; (*covered with tar*) покры́тый дёгтем
tarsus плюсна́
tart 1. *n cul* торт, сла́дкий пиро́г; *sl* (*prostitute*) проститу́тка **2.** *adj* (*to taste*) ки́слый; (*of words*) е́дкий, ре́зкий, ко́лкий
tartan 1. *n* (*material*) шотла́ндка; (*plaid*) шотла́ндский плед; (*design*) клётчатый рису́нок **2.** *adj* клётчатый
Tartar, Tatar 1. *n* (*person*) тата́рин, *f* тата́рка; (*language*) тата́рский язы́к **2.** *adj* тата́рский
tartar (*on teeth*) зубно́й ка́мень *m*
tartaric виннока́менный; ~ **acid** ви́нная кислота́
tartness кислота́; е́дкость *f*, ко́лкость *f*
task зада́ча, зада́ние; **set s.o. a** ~ поста́вить *pf* зада́чу пе́ред (+ *instr*); **take to** ~ отчи́тывать (**for**, за + *acc*); ~**-force** *mil* операти́вное соедине́ние
Tasmania Тасма́ния
Tasmanian 1. *n* тасма́нец, *f* тасма́нка **2.** *adj* тасма́нский
tassel ки́сточка
taste 1. *n* (*sense*; *flavour*; *aesthetic sense*) вкус; **to the** ~ на вкус; **in good** ~ со вку́сом; **a man of** ~ челове́к со вку́сом; **in bad** ~ безвку́сно; **not to his** ~ не в его́ вку́се, ему́ не по вку́су; (*tact*) такт; **in bad** ~ беста́ктный, неуме́стный; (*liking*) скло́нность *f* (**for**, к + *dat*); (*small amount*) чу́точка; (*tinge*) при́вкус; (*impression*) представле́ние (**of**, о + *prep*) **2.** *v* (*try*, *eat*) про́бовать; (*judge tea*,

wine etc) дегусти́ровать; (*experience*) вкуша́ть, испы́тывать; (*have flavour*) име́ть вкус (**of,** + *gen*); ~ **sweet** быть сла́дким на вкус; (*smack of*) име́ть при́вкус (+ *gen*), отдава́ть (+ *instr*); (*discern*) чу́вствовать
taste-bud вкусова́я по́чка
tasteful сде́ланный со вку́сом, изя́щный
tastefully со вку́сом
tasteless (*lacking good taste*) безвку́сный; (*behaviour*) беста́ктный; (*flavourless*) пре́сный
tastelessness безвку́сица
taster дегуста́тор
tasty вку́сный
ta-ta *coll, child* бай-ба́й; *coll* пока́
Tatar *see* **Tartar**
tatter 1. *n* (*rags*) *usu pl* лохмо́тья *m pl*; (*scrap*) лоску́т **2.** *v* рва́ть(ся) в клочки́
tatterdemalion оборва́нец
tattered (*ragged*) изо́рванный; (*of clothes*; *person*) обо́рванный
tatting плетёное кру́жево
tattle 1. *n* (*prattle*) болтовня́; (*gossip*) сплéтни *f pl* **2.** *v* (*prattle*) болта́ть; (*gossip*) спле́тничать; (*divulge*) *vi* проба́лтываться; *vt* разба́лтывать
tattler болту́н, спле́тник
tattoo 1. *n* (*on skin*) татуиро́вка; *mil* (*signal*) сигна́л вече́рней зари́, заря́; (*parade*) вое́нный пара́д; (*sound*) стук; **beat a** ~ бараба́нить **2.** *v* татуи́ровать; бараба́нить
tatty потрёпанный
taunt 1. *n* насме́шка, издева́тельство **2.** *v* насмеха́ться, издева́ться (над, + *instr*), дразни́ть (**with,** + *instr*)
taunting насме́шливый, издева́тельский
Taurus *astrol* Теле́ц
taut (*of rope etc*) ту́го натя́нутый; (*of muscle etc*) упру́гий; *fig* (*strained*) напряжённый
tauten ту́го натя́гивать(ся); напряга́ть(ся)
tautness натя́нутость *f*, сте́пень *f* натяже́ния
tautological тавтологи́ческий
tautology тавтоло́гия
tavern таве́рна, тракти́р, кабачо́к
tawdry (*gaudy*) крича́щий; (*tasteless*) безвку́сный
tawny рыжева́то-кори́чневый, кра́сно-бу́рый; (*of skin*) сму́глый
tax 1. *n* нало́г (**on,** на + *acc*); ~ **in kind** натура́льный нало́г; **income** ~ подохо́дный нало́г; **turnover, sales** ~ нало́г с оборо́та **2.** *v* (*put ~ on*) облага́ть нало́гом; (*demand much*) мно́го тре́бовать от (+ *gen*); (*test*) испы́тывать; (*tire*) утомля́ть; ~ **with** (*accuse*) обвиня́ть в (+ *prep*)
taxability облага́емость *f*
taxable облага́емый нало́гом
taxation (*imposition of*) обложе́ние нало́гом; (*exaction of*) взима́ние нало́гов; (*taxes*) нало́ги *m pl*
tax-collector сбо́рщик нало́гов
taxi 1. *n* такси́ *neut indecl*; **~-driver** шофёр такси́, *coll* такси́ст, таксёр; **~-rank** стоя́нка такси́; *aer* руле́ние **2.** *vi* (*go by ~*) е́хать на такси́; *vi, vt aer* рули́ть
taxidermist наби́вщик чу́чел, таксидерми́ст
taxidermy наби́вка чу́чел, таксиде́рмия
taxiing руле́ние, рулёжка
taximan шофёр такси́, *coll* такси́ст, таксёр
taximeter таксо́метр, счётчик
taxis *sci* та́ксис
taxology, taxonomy таксоно́мия
taxpayer налогоплате́льщик

TB туберкулёз
tea 1. *n* (*drink*; *meal*) чай; **cup of** ~ ча́шка ча́ю; *coll* **it's not his cup of** ~ э́то ему́ не то/не по нра́ву; **it's just her cup of** ~ э́то ей как раз; **invite to** ~ приглаша́ть на чай; **beef** ~ мясно́й бульо́н **2.** *adj* ча́йный
tea break переры́в на чай
tea caddy ча́йница
teach (*instruct, infin or ger*) учи́ть, обуча́ть (s.o. + *acc*; s'th + *dat*; **to,** + *infin*); (*be teacher*) преподава́ть, быть учи́телем; ~ **history** *etc* преподава́ть исто́рию *etc* (**to,** + *dat*); (*show*) пока́зывать; **I'll ~ you (a lesson)!** я тебя́ проучу́!
teacher учи́тель *m*, *f* учи́тельница, преподава́тель *m*, *f* преподава́тельница
tea chest ча́йный я́щик
teaching (*act*) обуче́ние, преподава́ние; (*profession*) педаго́гика; (*doctrine*) уче́ние
teacloth полоте́нце для посу́ды, ча́йное полоте́нце
tea cosy чехо́льчик (для ча́йника)
teacup (ча́йная) ча́шка
tea garden (*restaurant*) ча́йная на откры́том во́здухе; (*plantation*) ча́йная планта́ция
tea house ча́йная
teak 1. *n* тик **2.** *adj* ти́ковый
tea kettle ча́йник
teal чиро́к
tea-leaf (*leaf of tea*) ча́йный лист; (*in teapot*) ча́инка
team 1. *n sp, mil* кома́нда; (*group*) гру́ппа, брига́да; (*of horses etc*) упря́жка **2.** *adj* кома́ндный **3.** *v* ~ **up** (*join*) объединя́ть(ся) (**with,** с + *instr*)
team-mate това́рищ по кома́нде, игро́к той же кома́нды
teamster возни́ца *m*
teamwork *sp* сы́гранность *f*; (*coordination*) сла́женность *f*; (*joint effort*) совме́стная рабо́та
tea party зва́ный чай
teapot ча́йник (для зава́рки)
[1]**tear** слеза́; **in ~s** в слеза́х; **burst into ~s** распла́каться *pf*; **shed ~s** пролива́ть слёзы; **~-drop** слеза́, слези́нка; **~-duct** слёзный прото́к; **~-gas** слезоточи́вый газ; **~-stained** со следа́ми слёз; (*of face*) запла́канный
[2]**tear 1.** *n* (*rip*) проре́ха **2.** *vt* (*rent, pull apart*) рва́ть(ся), разрыва́ть(ся); ~ **one's hair** рвать на себе́ во́лосы; ~ **to pieces** рвать на клочки́; *fig* разноси́ть
~ **about** бе́шенно носи́ться (по + *dat*)
~ **along** нести́сь, мча́ться
~ **away** отрыва́ть (**from,** от + *gen*); (*rush off*) умча́ться *pf*; ~ **oneself away** отрыва́ться (**from,** от + *gen*)
~ **down** срыва́ть; (*demolish*) сноси́ть
~ **in** врыва́ться (в + *acc*)
~ **off** отрыва́ть, срыва́ть (с + *gen*)
~ **out** вырыва́ть (**from,** из + *gen*)
~ **past** промча́ться *pf* (ми́мо + *gen*)
~ **up** (*paper etc*) разрыва́ть; (*plants etc*) вырыва́ть
tearaway сорвиголова́ *m and f*
tearful (*crying*) пла́чущий; (*lachrymose*) слезли́вый
tearoom ча́йная
tea rose ча́йная ро́за
tea towel ча́йное полоте́нце
tease 1. *n* (*person*) шутни́к, *f* шутни́ца; (*flirt*) коке́тка; (*problem*) головоло́мка **2.** *v* (*pester*;

tantalize) дразни́ть; (*make fun*) шути́ть (над + *instr*); (*comb*) чеса́ть; (*sort out*) разбира́ть
teasel ворся́нка
teaser *see* **tease**
tea service, teaset ча́йный серви́з
teashop ча́йная, кафе́ *neut indecl*
teaspoon ча́йная ло́жка
tea strainer ча́йное си́течко
teat (*nipple*) сосо́к; (*on bottle*) со́ска
tea table ча́йный сто́лик, стол
tea tray ча́йный подно́с
tea urn кипяти́льник
technical техни́ческий; (*specialized*) специа́льный; (*formal*) форма́льный
technicality *often pl* (*technical term*) специа́льный те́рмин; (*detail*) техни́ческая дета́ль *f*; (*formality*) форма́льность *f*; (*technical aspect*) техни́ческая сторона́ де́ла, те́хника
technician те́хник; **laboratory** ~ лабора́нт, *f* лабора́нтка
technics те́хника
technique те́хника, ме́тод
technocracy технокра́тия
technocrat технокра́т
technological технологи́ческий
technology техноло́гия, те́хника
tectonic *archi* архитекту́рный; *geol* тектони́ческий
tectonics текто́ника
teddy bear медвежо́нок, ми́шка
tedious (*dull*, *boring*) ску́чный; (*wearying*) утоми́тельный; (*lengthy*) дли́тельный
tedium ску́ка; утоми́тельность *f*
tee *see* **T-**
teehee хи-хи́; *as verb* хихи́кать
teem кише́ть, изоби́ловать (**with,** + *instr*)
teenage ю́ношеский, подростко́вый
teenager подро́сток
teens во́зраст от трина́дцати до девятна́дцати, ю́ные го́ды *m pl*
teeter шата́ться, кача́ться
teething проре́зывание зубо́в; ~ **ring** де́тское кольцо́
teetotal непью́щий
teetotaller тре́звенник
teetotum волчо́к, верту́шка
teflon 1. *n* тефло́н **2.** *adj* тефло́новый
tegument оболо́чка
telecamera телека́мера
telecast телевизио́нная переда́ча
telecommunications связь *f*, телесвя́зь *f*
telefilm телефи́льм
telegram телегра́мма
telegraph 1. *n* телегра́ф **2.** *adj* телегра́фный; ~ **office** телегра́ф; ~ **pole** телегра́фный столб **3.** *v* телеграфи́ровать
telegrapher телеграфи́ст; *naut* ради́ст
telegraphic телегра́фный
telegraphist телеграфи́ст
telegraphy телеграфи́я
telekinesis телекине́з
telemeter телеме́тр
telemetry телеметри́я
teleological телеологи́ческий
teleology телеоло́гия
telepathic телепати́ческий
telepathist телепа́т
telepathy телепа́тия
telephone 1. *n* телефо́н; **on the** ~ по телефо́ну; **call on the** ~ вызыва́ть по телефо́ну **2.** *adj* телефо́нный; ~ **booth, box, kiosk** телефо́нная бу́дка, (телефо́н-)автома́т; ~ **call** вы́зов, звоно́к; ~ **operator** телефони́ст, *f* телефони́стка; ~ **receiver** (слухова́я) тру́бка; ~ **set** телефо́нный аппара́т **3.** *v* телефони́ровать; (*call by* ~) звони́ть (+ *dat*), вызыва́ть (по телефо́ну)
telephonic телефо́нный
telephonist телефони́ст, *f* телефони́стка
telephony телефони́я
telephoto lens телеобъекти́в
telephotography телесъёмка
teleprinter телета́йп, телепри́нтер
telescope 1. *n* телеско́п **2.** *v* (*fold*) скла́дывать(ся); (*shorten*; *compress*) сокраща́ть
telescopic телескопи́ческий
telescopy телескопи́я
teletype 1. *n* телетайп **2.** *adj* телета́йпный **3.** *v* передава́ть по телета́йпу
televiewer телезри́тель *m*
televise передава́ть по телеви́дению, *coll* пока́зывать (по телеви́зору)
television 1. *n* телеви́дение; (*set*) телеви́зор; **on** ~ по телеви́зору; **watch** ~ смотре́ть телеви́зор **2.** *adj* телевизио́нный; ~ **camera** телека́мера; ~ **film** телефи́льм *etc*
telex 1. *n* те́лекс **2.** *adj* те́лексный **3.** *v* передава́ть по те́лексу
tell (*say*, *inform*) сказа́ть *pf*, говори́ть; ~ **me why** скажи́те мне почему́; **don't** ~ **anyone** никому́ не говори́те; ~ **the truth** говори́ть пра́вду; (*instruct*) ~ **him to come tomorrow** скажи́те ему́, что́бы он пришёл за́втра; (*order*) веле́ть (+ *dat*); (*relate*) расска́зывать (+ *dat*; **about,** о + *prep*); ~ **a story** рассказа́ть *pf* исто́рию; (*divulge*) выдава́ть; *coll* (*sneak*) я́бедничать (**on,** на + *acc*); (*recognize*) узнава́ть; (*distinguish*) различа́ть, отлича́ть (**from,** от + *gen*); (*have effect*) ска́зываться (**on,** на + *prep*); ~ **off** (*count*) отсчи́тывать; (*rebuke*) отчи́тывать (**for,** за + *acc*)
teller (*of story*) расска́зчик; (*counter*) счётчик; (*bank*) касси́р
telling (*strong*) си́льный; (*significant*) значи́тельный; (*effective*) эффе́ктный
telling-off вы́говор
tell-tale 1. *n* (*gossip*) сплё́тник; (*informer*) доно́счик; (*sneak*) я́бедник; *tech* сигнализа́тор **2.** *adj* преда́тельский; *tech* сигна́льный
telluric теллури́ческий; *chem* теллу́ровый
tellurium теллу́р
telly *coll* (*television*) те́лик
telpher, telfer те́льфер, подвесна́я доро́га
temerarious (*rash*) опроме́тчивый; (*audacious*) де́рзкий
temerity (*rashness*) опроме́тчивость *f*; (*audacity*) де́рзость *f*
temper 1. *n* (*disposition*) нрав, хара́ктер; **man of mild** ~ челове́к ти́хого нра́ва; (*mood*) настрое́ние; **in a bad** ~ в дурно́м настрое́нии; **have a quick** ~ быть круто́го нра́ва; **be in a** ~ зли́ться; **get into a** ~ вспыли́ть *pf*; **keep one's** ~ владе́ть собо́й; **lose one's** ~ выходи́ть из себя́; **fit of** ~ припа́док я́рости; (*of metal*) зака́лка **2.** *v* (*harden*) зака́ливать(ся); (*moderate*) умеря́ть; (*lessen*) смягча́ть; *mus* темпери́ровать
tempera те́мпера
temperament (*character*) нрав, хара́ктер, темпера́мент; **the four ~s** четы́ре темпера́мента; *mus* темпера́ция

temperamental (*excitable*) темпера́ментный; (*innate*) органи́ческий, врождённый

temperance (*moderation*) уме́ренность *f*; (*restraint*) сде́ржанность *f*; (*from drink*) тре́звенность *f*

temperate (*moderate*; *of climate*) уме́ренный; (*restrained*) сде́ржанный

temperature температу́ра; **have a ~** име́ть повы́шенную температу́ру; **take s.o.'s ~** ме́рить (+ *dat*) температу́ру

tempest бу́ря

tempestuous бу́рный, бу́йный

Templar тамплие́р

template шабло́н

temple (*shrine*) храм; *anat* висо́к

tempo темп

temporal (*of time*; *gramm*) временно́й; (*temporary*) вре́менный; (*worldly*; *secular*) мирско́й, све́тский

temporarily вре́менно, на вре́мя

temporary вре́менный

temporize (*delay*) ме́длить; (*bide time*) выжида́ть; (*sit on fence*) лави́ровать; (*be evasive*) уклóнчиво отвеча́ть; (*time-serve*) приспоса́бливаться

tempt (*be temptation*; *lead astray*) соблазня́ть, искуша́ть; (*attract*) прельща́ть; (*lure*) зама́нивать (**into,** в + *acc*); (*encourage*) угова́ривать; **~ fate** искуша́ть судьбу́

temptation собла́зн, искуше́ние

tempter искуси́тель *m*, соблазни́тель *m*

tempting соблазни́тельный, зама́нчивый

temptress соблазни́тельница, искуси́тельница

ten *num*, де́сять *f* (+ *gen pl*); *collect num* де́сятеро (+ *gen pl*); (*number of bus, card etc, group of ~*) деся́тка; *pl* (*in arithmetic*) **the ~s** деся́тки *pl*; (*half-score of*) деся́ток; (*age*) де́сять лет; (*time*) де́сять часо́в (*see also* **eight**)

tenable (*defendable*) защища́емый; *mil* обороноспосо́бный; (*reasonable*) разу́мный; (*of post*) занима́емый

tenacious (*holding fast*; *retentive*) це́пкий; (*firm*) сто́йкий, упо́рный

tenacity це́пкость *f*; упо́рство

tenancy (*possession as tenant*) владе́ние; (*house*) арендо́ванный дом; (*land*) арендо́ванная земля́; (*renting*) аре́нда; (*period of*) срок аре́нды

tenant (*renter*) арендáтор, нанима́тель *m*; (*occupant*) жиле́ц

tench линь *m*

tend (*look after*) уха́живать (за + *instr*); смотре́ть (за + *instr*); следи́ть (за + *instr*); (*machine*) обслу́живать; (*have tendency*) име́ть тенде́нцию, скло́нность *f* (**to,** к + *dat*; + *infin*); (*give, have inclination*) склоня́ть(ся) (**to,** к + *dat*); (*be inclined to*) быть скло́нным; **I ~ to think that** я скло́нен ду́мать, что

tendency тенде́нция, скло́нность *f* (**to,** к + *dat*; or + *infin*)

tendentious тенденцио́зный

tendentiousness тенденцио́зность *f*

tender 1. *n rlwy* те́ндер; *naut* посы́льное су́дно; *Am naut* плаву́чая ба́за; (*offer*) предложе́ния; **put out to ~** объявля́ть торги́ на (+ *acc*); **legal ~** зако́нное платёжное сре́дство; (*one who ~s*) тот, кто уха́живает (**of,** за + *instr*); (*of machine*) опера́тор **2.** *adj* (*most senses*) не́жный; (*sensitive*) чувстви́тельный; **~ age** не́жный во́зраст; **~ subject** щекотли́вый вопро́с; **~ spot** *fig* уязви́мое ме́сто; (*loving*) лю́бящий; (*solicitous*) забо́тливый **3.** *v* (*offer*) предлага́ть; **~ apologies, thanks** приноси́ть извине́ния, благода́рность *f*; *comm* **~ for** подава́ть зая́вку на поста́вку (+ *gen*)

tenderfoot новичо́к

tender-hearted мягкосерде́чный

tenderize размягча́ть

tenderloin вы́резка

tenderness не́жность *f*

tendon сухожи́лие

tendril у́сик

tenement (*flat*) кварти́ра; **~ house** многокварти́рный дом; *leg* арендо́ванное иму́щество/помеще́ние

tenet до́гмат, при́нцип

tenfold 1. *adj* десятикра́тный **2.** *adj* в де́сять раз, вде́сятеро

tennis 1. *n* те́ннис; **play ~** игра́ть в те́ннис **2.** *adj* те́ннисный; **~-ball** те́ннисный мяч; **~-court** те́ннисный корт; **~ elbow** те́ннисный ло́коть *m*; **~-racket** те́ннисная раке́тка

tenon шип; **~ saw** шипоре́зная пи́ла

tenor (*direction*) направле́ние; (*meaning*) смысл; (*of life*) укла́д (жи́зни); *mus* те́нор

tense 1. *n gramm* вре́мя *neut*; **in the past ~** в проше́дшем вре́мени **2.** *adj* напряжённый **3.** *v* напряга́ть(ся)

tensile (*stretchable*) растяжи́мый; (*resistant to tension*) про́чный на разры́в

tension 1. *n* напряже́ние (*also elect*); (*state of ~*; *also fig*) напряжённость *f*; *phys* растяже́ние; (*pressure*) давле́ние; (*tautness*) натяже́ние **2.** *v* натя́гивать

tensor те́нзор

tent пала́тка; **pitch a ~** ста́вить пала́тку; **strike a ~** снима́ть пала́тку; *med* тампо́н; **~-peg** ко́лышек (для пала́тки); **~-pole** пала́точная сто́йка

tentacle *zool* щу́пальце; *bot* у́сик

tentative (*experimental*) про́бный; (*provisional*) вре́менный; (*hesitant*) неуве́ренный

tenterhook: be on ~s сиде́ть как на иго́лках; **keep on ~** му́чить неизве́стностью

tenth 1. *n* (*fraction*) деся́тая (часть); (*date*) деся́тое; **on the ~ of May** деся́того ма́я **2.** *adj* деся́тый

tenuous (*thin*) то́нкий; (*weak*) сла́бый; (*flimsy*) несостоя́тельный; (*rarefied*) разре́женный

tenure (*possession*) владе́ние (**of,** + *instr*); (*period*) срок владе́ния; (*of office*) пребыва́ние в до́лжности

ten-year десятиле́тний

tepee вигва́м

tepid теплова́тый; *fig* прохла́дный

teratological тератологи́ческий

teratology тератоло́гия

tercentenary трёхсотле́тие

tercet (*verse*) трёхсти́шие; *mus* терце́т

terebinth терпенти́нное де́рево

tergiversate (*betray*) быть отсту́пником; (*equivocate*) увёртываться

tergiversation увёртка

term 1. *n* (*period*) пери́од, срок; **~ of office** срок пребыва́ния в до́лжности; (*school etc*) семе́стр; (*limit*) преде́л, срок; *math*, *log* член; (*word*) те́рмин; (*expression*) выраже́ние; (*condition*) усло́вие; **come to ~s** договори́ться *pf*; *fig* примири́ться *pf* (**with,** с + *instr*); **on these ~** на э́тих усло́виях; *pl* (*relations*) отноше́ния *neut pl*; **on good ~s** в хоро́ших отноше́ниях (**with,** с + *instr*); **on equal ~s** на ра́вной ноге́ **2.** *v*

называть
termagant строптивая женщина
terminal 1. *n* (*end*) конец; *rlwy* конечная станция; **air** ~ аэровокзал; **bus** ~ автовокзал; *elect* зажим, клемма; (*computer*) терминал **2.** *adj* (*final*) конечный; (*fatal*) смертельный, терминальный; ~ **case** умирающий больной; (*periodic*) срочный
terminate *vt* кончать, класть конец (+ *dat*); *vi* кончаться
termination (*cessation*) прекращение; (*end*) конец; (*outcome*) исход
terminator *astr* терминатор
terminological терминологический
terminology терминология
terminus *rlwy* конечная станция; (*bus etc*) конечная остановка; (*goal*) цель *f*; ~ **ad quem** конечная точка; ~ **a quo** исходная точка
termite термит
tern (*bird*) крачка
ternary тройной; *math* троичный
Terpsichore Терпсихора
terrace 1. *n* (*raised area*) терраса; (*of houses*) ряд домов **2.** *v* террасировать
terra cotta 1. *n* терракота **2.** *adj* терракотовый
terrain местность *f*; *fig* область *f*
terramycin террамицин
terrapin водяная черепаха
terrestrial (*of earth*) земной; (*on earth*) наземный
terrible страшный, ужасный *also coll fig*
terrier терьер
terrific ужасающий (*esp of sound*); *coll fig* (*tremendous*) колоссальный; (*magnificent*) великолепный; (*wonderful*) чудный; *as excl* здорово
terrify ужасать
territorial территориальный
territory территория; (*terrain*) местность *f*
terror (*fear*) ужас, страх; *pol* террор; **reign of** ~ царство террора; *coll* (*person*) ужас, бич; ~ **-stricken** объятый ужасом
terrorism терроризм
terrorist 1. *n* террорист **2.** *adj* террористический
terrorize терроризировать, запугивать
terse (*of style*) сжатый; (*of person, speech*) немногословный; (*abrupt*) резкий; (*brief*) краткий, лаконичный
tertiary третичный
terylene 1. *n* терилен **2.** *adj* териленовый
tessellated мозаичный
tessellation мозаика
test 1. *n* (*trial*) испытание; **put to the** ~ подвергать испытанию; (*check*) проверка; (*exam*) экзамен; *psych* тест; *chem etc* анализ (**for,** на + *acc*); (*criterion*) критерий, мерило **2.** *adj* (*experimental*) испытательный, пробный; (*monitoring*) контрольный **3.** *v* (*put to* ~) подвергать испытанию; (*check, try out*) проверять, испытывать; (*analyse*) анализировать
testament завещание; *relig* **New, Old Testament** Новый, Ветхий завет; *as adj* ветхозаветный; новозаветный
testamentary завещательный
testator завещатель *m*
testatrix завещательница
test ban запрещение ядерных испытаний
tester испытатель *m*; (*device*) испытательный прибор
testicle яичко
testifier свидетель *m*
testify (*give evidence*) давать показания (**against,** против + *gen*), свидетельствовать (**to,** о + *prep*); (*be evidence of*) свидетельствовать о (+ *prep*)
testily раздражённо
testimonial (*document*) характеристика; (*gift*) коллективный дар; (*witness*) свидетельство (**to,** о + *prep*)
testimony показание *usu pl*, свидетельсто (**of, to,** о + *prep*); **bear** ~ **to** свидетельствовать о (+ *prep*)
testiness раздражительность *f*
testing 1. *n* испытание **2.** *adj* (*arduous*) трудный; (*detailed*) подробный; (*equipment etc*) испытательный; (*for checking*) проверочный
test pilot лётчик-испытатель *m*
test tube пробирка
testudo черепаха
testy раздражительный, вспыльчивый
tetanus столбняк, тетанус
tetchy раздражительный
tête-à-tête 1. *n* разговор наедине, тет-а-тет **2.** *adj* конфиденциальный **3.** *adv* наедине
tether 1. *n* привязь *f*; *fig* **be at the end of one's** ~ дойти *pf* до предела **2.** *v* привязывать
tetrachord тетрахорд
tetracycline тетрациклин
tetrad четвёрка; *chem* четырёхвалентный элемент; *biol* тетрада
tetrahedron тетраэдр, четырёхгранник
tetrameter тетраметр
tetrapod 1. *n* четырёхногое животное **2.** *adj* четырёхногий
tetrarch тетрарх
Teuton тевтон
Teutonic 1. *n ling* прагерманский язык **2.** *adj* тевтонский
Texan 1. *n* техасец, *f* техаска **2.** *adj* техасский
Texas Техас
text текст
textbook 1. *n* учебник (**of,** + *gen*), пособие (**of,** по + *dat*) **2.** *adj* (*correct*) правильный; (*obvious*) хрестоматийный
textile 1. *n* текстиль *m*, ткань *f*; ~**s** текстиль *m* **2.** *adj* текстильный
textual (*of text*) текстовой; (*word for word*) текстуальный
textural структурный
texture (*structure*) текстура, структура; (*quality*) качество; (*consistency*) консистенция; **in** ~ (*to the touch*) на ощупь
Thai 1. *n* таиландец, *f* таиландка; (*people*) таи *pl indecl* **2.** *adj* тайский
Thailand Таиланд
thalamus *anat* зрительный бугор; *bot* цветоложе
thaler талер
thallium таллий
than (*after adv*) чем (+ *ind*); **he does it better** ~ **I** он это делает лучше, чем я; (*after comp adj*) чем (*esp after adj with* более *or* менее) *or* + *gen* (*esp after comp in* -е, -ее) **the second question was harder** ~ **the first** второй вопрос был более трудный, чем первый; **he is older** ~ **I** он старше меня; (*with infin*) чем + *infin*; **it's better to sit** ~ **stand** лучше сидеть, чем стоять; **other** ~ кроме (+ *gen*); **none other** ~ не кто иной, как
thank благодарить; ~ **you** спасибо, благодарю (**for,** за + *acc*); **no** ~**you** нет, спасибо; ~ **God!** слава Богу!
thankful (*grateful*) благодарный; (*glad*) счастлив, рад

thankfulness благода́рность *f*
thankfully (*with relief*) с облегче́нием
thankless (*person*, *task*) неблагода́рный
thank-offering благода́рственная же́ртва
thanks благода́рность *f*; **express** ~ выража́ть благода́рность; **give** ~ благодари́ть; (*as interj*) спаси́бо (**for**, за + *acc*); ~ **very much** большо́е спаси́бо; ~ **to** благодаря́ (+ *dat*)
thanksgiving благодаре́ние; (*prayer*) благода́рственный моле́бен
that 1. *adv* так, до тако́й сте́пени; **it's not** ~ **far** э́то не так далеко́ **2.** *dem pr* тот (*f* та, *neut* то), э́тот (*f* э́та, *neut* э́то); (*when not followed by noun*) э́то; ~ **is his house** э́то его́ дом; (*used to avoid repetition of noun – in Russian repeat noun*) **the climate here is like** ~ **of France** зде́шний кли́мат похо́ж на кли́мат Фра́нции; *rel pr* кото́рый, кто; **the man** ~ **I spoke of** челове́к, о кото́ром я говори́л; **the paper** ~ **I was reading** газе́та, кото́рую я чита́л **3.** *conj* что (+ *ind*), что́бы (+ *infin or past*); **he said** ~ **he would come** он сказа́л, что придёт; **not** ~ не то, что(бы); **now** ~ тепе́рь когда́; **so** ~ (с тем,) что́бы
thatch 1. *n* (*straw*) соло́ма; (*reeds*) тростни́к **2.** *v* крыть соло́мой; ~**ed roof** соло́менная тростнико́вая кры́ша
thaumaturge чудотво́рец
thaw 1. *n* о́ттепель *f* **2.** *vi* та́ять, отта́ивать; *vt* раста́пливать
the *as article – no equivalent in Russian*; (*emphatic*, ~ *actual*) тот, тот са́мый; (*most important etc*) са́мый ва́жный *etc*; (*with comp*) тем; **all** ~ **more** тем бо́лее; ~ **more** ~ **better** чем бо́льше, тем лу́чше
theatre теа́тр; **go to the** ~ ходи́ть в теа́тр; ~**-goer** театра́л; **lecture** ~ аудито́рия; **operating** ~ операцио́нная
theatrical театра́льный
theatricality театра́ьность *f*
theatricals (*performance*) спекта́кль *m*; (*theatre*) теа́тр; **amateur** ~ теа́тр худо́жественной самоде́ятельности, люби́тельский теа́тр
their (*qualifying subject*) их *indecl*; ~ **house is big** их дом большо́й; (*in predicate*, *not referring to subject*) их *indecl*; **I saw** ~ **father** я ви́дел их отца́; (*in predicate*, *referring to subject*; ~ own) свой (*often omitted if unambiguous*); **they took off** ~ **shoes** они́ сня́ли (свои) ту́фли
theirs их; **that is** ~ э́то их; **it's no fault of** ~ не их вина́; **a friend of** ~ оди́н из их друзе́й
theism теи́зм
theist теи́ст
theistic теисти́ческий
them (*object*) их; **he saw** ~ он ви́дел их; (*indirect object*) **I gave** ~ **a book** я дал им кни́гу; *with preps* **between** ~ ме́жду ни́ми; **by** ~ и́ми; **except** ~ кро́ме них; **for** ~ для них; **towards** ~ к ним; (*towards ~selves*) к себе́; **with** ~ с ни́ми; (*with ~selves*) **they took him with** ~ они́ взя́ли его́ с собо́й; *emph* **let** ~ **decide** пусть са́ми реша́т; **it's** ~! э́то они́!
thematic темати́ческий
theme те́ма
themselves *emph pr* са́ми; **they** ~ **say so** они́ са́ми говоря́т; (*unaided*) **let them do it** ~ пусть са́ми э́то сде́лают; *refl pr* себя́; **they forgot** ~ они́ забы́ли себя́; (*often rendered by reflexive verbs*, *eg* **they washed** ~ они вы́мылись); (*for* ~) себе́; **they bought** ~ **new hats** они купи́ли себе́ но́вые шля́пы; *with preps* (**all**) **by** ~ (*alone*) одни́; (*unaided*) са́ми; **about** ~ о себе́; **among** ~ ме́жду собо́й; **for** ~ для себя́, себе́; **of** ~ самого́ себя́
then (*at that time*) тогда́; **I was younger** ~ я тогда́ был моло́же; **before** ~ до того́ вре́мени; **by** ~ к тому́ вре́мени; **just** ~ как ра́з в то вре́мя; **since** ~ с тех пор; **till** ~ до тех пор, до того́ вре́мени; *as adj* тогда́шний; (*in that case*) тогда́, в тако́м слу́чае; (*therefore*) сле́довательно; (*so*, *that means*) зна́чит; (*moreover*) к тому́ же; (*next*) зате́м, пото́м; **now** ~! ну́-ка!
thence отту́да
thenceforth с тех пор, с того́ вре́мени
theocracy теокра́тия
theocratic теократи́ческий
theodicy теодице́я
theodolite теодоли́т
theologian тео́лог, богосло́в
theological теологи́ческий, богосло́вский
theologize богосло́вствовать
theology теоло́гия, богосло́вие
theophany богоявле́ние
theorem теоре́ма
theoretic(al) (*of*, *by*, *in theory*) теорети́ческий; (*hypothetical*) гипотети́ческий; (*speculative*) спекуляти́вный; *pej* (*not practical*) теорети́чный
theoretician, theorist теоре́тик
theorize теоретизи́ровать
theory тео́рия; **in** ~ тео́рии; *coll* иде́я
theosophy теосо́фия
therapeutic лече́бный, терапевти́ческий
therapeutics терапе́втика; (*therapy*) терапи́я
therapy терапи́я, лече́ние
there (*in that place*) там; **here and** ~ там и сам; **it isn't** ~ его́ там нет; **over** ~ вон там; **up to** ~ до того́ ме́ста, до тех пор; *exclam* вот, вон; ~ **it is!** вот оно́; ~ **he comes** вот и он; **that one** ~ вон э́то; (*at that point*) тут; (*in that direction*) туда́; **I am going** ~ я иду́ туда́; **look over** ~! посмотри́ туда́; (*from*) ~ отту́да; **he has left** ~ он уе́хал отту́да; ~ **is, are** *omit or use* есть *in present*, быть *in past and fut*, *or replace by other appropriate verb eg* существова́ть, стоя́ть *etc*; ~ **is no carpet in my room** в мое́й ко́мнате нет ковра́; ~ **is a chance that** есть возмо́жность *f*, что; ~ **are such people** есть таки́е лю́ди; ~ **were/will be many questions** бы́ло/бу́дет мно́го вопро́сов; *in various expressions* ~! вот!; ~**'s a ...!** ну (и) ...!; ~, ~ ну, ну; ~ **now!** (*you see*) ну вот!, (*in encouragement*) ну!; ~ **you are** (*on finding*) вот вы где!; (*on giving*) вот вам; **all** ~ (*shrewd*) не дура́к; (*alert*) быть начеку́; **it is/they are not all** ~ (*some missing*) чего́-то/кого́-то не хвата́ет; **he is not all** ~ (*mad*) у него́ чего́-то не хвата́ет
thereabouts (*nearby*) (где-то) побли́зости, недалеко́; (*approximately*) приблизи́тельно; **or** ~ и́ли о́коло э́того
thereafter (*after that*) зате́м; (*thenceforth*) с тех пор; (*subsequently*) впосле́дствии; (*hereinafter*) в дальне́йшем
thereat (*there*) там; (*then*) тогда́; (*whereupon*) при э́том; (*for that reason*) по э́тому по́воду
thereby таки́м о́бразом, тем са́мым
therefore по́этому; (*consequently*) сле́довательно
therein (*in it*) в нём/*f* ней; (*in this*) в э́том; (*there*) там; (*thither*) туда́
thereinafter ни́же, впосле́дствии
thereof (*of it*) его́/*f* её
thereon (*on it*) на нём/*f* ней; (*on this*) на э́том/*f*

э́той; (*on to it*) на него́/*f* неё
thereto (*to it*) к нему́/*f* ней; (*to this*) к э́тому/*f* э́той
theretofore до того́ вре́мени
thereupon (*then*) зате́м; (*immediately*) неме́дленно; (*as a result of which*) вследствие чего́
therewith (*with it*) с ним/*f* ней; *see also* **thereupon**
therm терм
thermal 1. *n* восходя́щий пото́к во́здуха **2.** *adj* теплово́й, терми́ческий
thermic теплово́й, терми́ческий
thermion термоэлектро́н
thermionic термоэлектро́нный
thermistor терми́стор, терморези́стор
thermochemistry термохи́мия
thermocouple термопа́ра, термоэлеме́нт
thermodynamic термодинами́ческий
thermodynamics термодина́мика
thermoelectric термоэлектри́ческий
thermogenesis термогене́з
thermograph термогра́ф
thermometer термо́метр; (*esp clinical, domestic*) гра́дусник
thermonuclear термоя́дерный
thermopile термоэлеме́нт, термосто́лбик
thermoplastic термопласти́ческий
Thermos (*flask*) те́рмос
thermosetting термореакти́вный
thermostat термоста́т
thermostatic термостати́ческий
thermoswitch термовыключа́тель *m*
thesaurus слова́рь *m*, теза́урус
thesis (*dissertation*) диссерта́ция; (*proposition*) те́зис
thews му́скулы *m pl*
they они́; ~ **who...** те, кто...; *if indef, omit*: ~ **say that...** говоря́т, что...
thiamin(e) тиами́н
thick 1. *n* **in the ~ of** в гу́ще (+ *gen*); **through ~ and thin** упо́рно **2.** *adj* (*not slender; deep*) то́лстый; **two inches ~** толщино́й в два дю́йма; (*dense*) густо́й; *coll* (*stupid*) тупо́й; ~ **with** (*full*) по́лный (+ *gen*); (*covered*) покры́тый густы́м сло́ем (+ *gen*); (*abounding*) изоби́лующий (+ *instr*); *in expressions* **give s.o. a ~ ear** дать *pf* (+ *dat*) в у́хо; **that's a bit ~** э́то уж сли́шком; **lay it on ~** преувели́чивать
thicken (*make, become fatter, deeper*) утолща́ть(ся); (*make, become denser*) сгуща́ть(ся); (*become more complex*) усложня́ться; (*increase*) расти́
thicket ча́ща, за́росль *f*
thick-headed тупо́й
thickish толстова́тый; густова́тый
thick-lipped губа́стый, толстогу́бый
thickness толщина́; (*layer*) слой
thickset корена́стый
thick-skinned толстоко́жий
thief вор
thieve ворова́ть, красть
thievery воровство́
thievish (*like thief*) ворова́тый; (*of thieves*) воровско́й
thigh бедро́; **~-bone** бе́дренная кость *f*
thimble напёрсток; *tech* (*ferrule*) ги́льза; (*end*) наконе́чник; *naut* ко́уш
thin 1. *adj* (*not thick*) то́нкий; (*not fat*) худо́й, то́нкий; ~ **as a rake** худо́й как ще́пка; (*liquid*) жи́дкий; (*weak*) сла́бый; (*of voice*) то́нкий; (*of air; sparse*) ре́дкий **2.** *v* де́лать(ся) то́нким; де́лать(ся) худы́м; (*slim*) худе́ть; (*grow less dense*) реде́ть; (*dilute*) разбавля́ть; (*plants*) проре́живать; (*reduce*) сокраща́ть(ся); ~ **down** де́лать(ся) то́ньше; ~ **out** *vt* (*plants*) проре́живать, продёргивать; (*reduce*) сокраща́ть; *vi* реде́ть; сокраща́ться
thine твой
thing (*in general; object, detail*) вещь *f*; **all ~s** всё; **in all ~s** во всём; **see ~s** (*hallucinate*) бреди́ть; **a ~ or two** ко́е-что́; **in the nature of ~s** в поря́дке веще́й; **have a ~ about** быть поме́шанным на (+ *prep*); **it's not the done ~** э́то не при́нято; **just the ~** как раз то, что на́до; **no such ~** ничего́ подо́бного; **not a ~** ничто́, ничего́; **I can't see a ~** я ничего́ не ви́жу; *often not transl esp with adj* **the only ~** еди́нственное; **the main ~** гла́вное; **there are many interesting ~s here** тут мно́го интере́сного; **the same ~** то же са́мое; **it's a good ~ that** хорошо́, что; **among other ~s** ме́жду про́чим; *pl* (*clothes etc*) ве́щи *f pl*; (*crockery*) посу́да; (*accessories*) принадле́жности *f pl*; **toilet ~s** туале́тные принадле́жности *f pl*; (*matter, affair*) де́ло; **a strange ~** стра́нное де́ло; **I have many ~s to do** у меня́ мно́го дел; **the ~ is that** де́ло в том, что; **he always does the wrong ~** он всегда́ де́лает не то (что ну́жно); **first ~ in the morning** у́тром пе́рвым де́лом; **~s get worse and worse** дела́ стано́вятся всё ху́же и ху́же; (*of people*) существо́; **poor ~** бедня́га *m and f*; **lucky ~** счастли́вчик
thingummy *coll* (*thing*) штý́чка; (*person*) как бишь его́?
think (*in general; reflect, believe, assume*) ду́мать; **I'll ~ about it** я поду́маю (об э́том); (*consider*) счита́ть; **I thought him clever** я счита́л его́ у́мным; **who do you ~ did it?** как вы ду́маете, кто э́то сде́лал?; ~ **badly of** быть дурно́го мне́ния о (+ *prep*); ~ **highly of** высоко́ цени́ть; (*imagine*) представля́ть себе́; ~ **of** (*intend*) собира́ться (+ *infin*); (~ *up*) приду́мывать; **what are you ~ing of?** о чём вы ду́маете?; **he wouldn't ~ of** он бы ни за что́ не (+ *past*); ~ **nothing of** счита́ть пустяко́м (+ *infin*); (*expect*) ожида́ть (+ *infin*); (*remember*) вспомина́ть; (*ratiocinate*) мы́слить
~ **out** проду́мывать
~ **over** проду́мывать, обду́мывать
~ **through** доду́мывать до конца́
~ **up** (*devise*) приду́мывать; (*fabricate*) выду́мывать
thinkable мы́слимый
thinker мысли́тель *m*; **be a quick ~** бы́стро соображать
thinking 1. *n* (*thought*) размышле́ние; (*opinion*) мне́ние; **to my ~** на мой взгляд **2.** *adj* мы́слящий
thinner 1. *n* разбави́тель *m* **2.** *adj* бо́лее то́нкий; бо́лее жи́дкий; бо́лее ре́дкий; *as pred adj* то́ньше; жи́же; ре́же (*see* **thin**)
thinness то́нкость *f*; худоща́вость *f*; жи́дкость *f*; ре́дкость *f* (*see* **thin**)
thin-skinned тонкоко́жий; *fig* оби́дчивый
third 1. *n* (*fraction*) треть *f*; (*date*) тре́тье (число́); *mus* те́рция **2.** *adj* тре́тий; ~ **party** тре́тья сторона́; ~ **person** тре́тье лицо́; **Third World** тре́тий мир
third degree допро́с с приstráстием
thirdly в-тре́тьих
third-rate третьесо́ртный
thirst 1. *n* жа́жда (**for**, + *gen*) **2.** *v* хоте́ть пить; *fig* жа́ждать (+ *gen*)

thirsty испы́тывающий жа́жду; **be** ~ хоте́ть пить; *fig* (*parched*) вы́сохший; (*arid*) а́лчный; (*craving*) жа́ждущий
thirteen трина́дцать *f* (+ *gen pl*); (*age*) **she is** ~ ей трина́дцать лет
thirteenth 1. *n* (*fraction*) трина́дцатая (часть *f*); (*date*) трина́дцатое; **on the** ~ трина́дцатого (числа́) **2.** *adj* трина́дцатый
thirtieth 1. *n* (*fraction*) тридца́тая (часть *f*); (*date*) тридца́тое **2.** *adj* тридца́тый (*see* **eighth**)
thirty три́дцать *f* (*see* **eight**)
this э́тот; ~ **house** э́тот дом; ~ **girl** э́та де́вушка; ~ **pen** э́то перо́; **who is** ~**?** кто э́то; **what is** ~**?** что э́то? ~ **is, these are...** э́то...; *in time expressions* ~ Tuesday (во) вто́рник э́той неде́ле; ~ **morning** сего́дня у́тром; ~ **week** на э́той неде́ли; ~ **summer** э́тим ле́том; ~ **month, year** в э́том ме́сяце, году́; *in other expressions* **talking of** ~ **and that** говоря́ о том о сём; **like** ~ так; ~ **way** сюда́; **before** ~ ра́ньше
thistle чертополо́х; ~**down** пушо́к, хохоло́к
thither туда́; **hither and** ~ туда́ и сюда́
thixotropic тиксотро́пный
thong ремено́к
thorax то́ракс, грудна́я кле́тка
thorium то́рий
thorn шип, колю́чка
thorny колю́чий; *fig* ~ **subject** щекотли́вый вопро́с; ~ **path** терни́стый путь; ~ **problem** тру́дный вопро́с
thorough (*complete*) по́лный; (*detailed*) дета́льный; (*careful*) тща́тельный; (*sound*) основа́тельный; (*real*, *out-and-out*) настоя́щий; *pej* отъя́вленный; ~ **scoundrel** отъя́вленный негодя́й
thoroughbred 1. *n* поро́дистое живо́тное **2.** *adj* поро́дистый
thoroughfare (*street*) у́лица; (*way*, *route*) путь *m*; **no** ~ прое́зд закры́т
thoroughgoing (*radical*) радика́льный (*see* **thorough**)
thoroughly (*completely*) вполне́, соверше́нно; (*carefully*) тща́тельно
thoroughness тща́тельность *f*; полнота́
those *see* **that**
thou ты
though (*although*) хотя́; (*even if*) да́же е́сли (бы); **strange** ~ **it seem** как э́то ни стра́нно; (*however*) одна́ко; (*nevertheless*) тем не ме́нее; (*still*, *all the same*) всё же, всё-таки; **as** ~ (как) бу́дто (бы); сло́вно, как бы
thought (*meditation*) размышле́ние; **he was lost in** ~ он был погружён в размышле́ния; (*mental process*) мышле́ние; (*idea*; *collective opinion*) мысль *f*; **on second** ~**s** по зре́лом размышле́нии; **at the mere** ~ **of** при одно́й мы́сли о (+ *prep*); **modern** ~ совреме́нная мысль; (*care*) забо́та (**for,** о + *prep*); **take** ~ **for** забо́титься; *coll* (*a little*) чу́точка
thoughtful (*pensive*) заду́мчивый; (*kind*) забо́тливый, внима́тельный; (*serious*) вду́мчивый; (*of book etc*) глубо́кий
thoughtless (*careless*) неосмотри́тельный; (*carefree*) беспе́чный; (*unconsidered*) необду́манный; (*inconsiderate*) невнима́тельный; (*disregarding*) пренебрега́ющий (**of,** + *instr*)
thought-reading телепа́тия
thousand ты́сяча
thousandfold 1. *adj* тысячекра́тный **2.** *adv* в ты́сячу раз
thousandth 1. *n* ты́сячная (часть) **2.** *adj* ты́сячный
thraldom ра́бство
thrall раб; *fig* **hold in** ~ плени́ть; **be in** ~ **to** быть зачаро́ванным (+ *instr*)
thrash (*lash*) поро́ть, стега́ть, хлеста́ть; (*beat*) бить; *coll* (*defeat*) разби́ть *pf*; ~ **about** мета́ться; ~ **out** разбира́ть
thrashing взбу́чка; **give s.o. a** ~ (*punish*) бить; (*flog*) поро́ть; (*beat up*) избива́ть
thread 1. *n* ни́тка, нить *f*; *fig* нить *f*; **lose the** ~ потеря́ть *pf* нить; ~ **of one's thoughts** ход мы́слей; **hang by a** ~ висе́ть на волоске́; *tech* резьба́ **2.** *v* ~ **a needle** продева́ть ни́тку в иго́лку; (*beads*) нани́зывать; *fig* ~ **one's way through** прокла́дывать путь че́рез (+ *acc*); *tech* нареза́ть
threadbare потёртый; (*clothes*) поно́шенный; *fig* изби́тый
threadworm остри́ца
threat угро́за; **under** ~ **of** под угро́зой (+ *gen*)
threaten (*warn*; *utter threat*) грози́ть, угрожа́ть (+ *dat*; **with,** + *instr*; **to,** + *instr*); (*be threat*; *impend*) грози́ть (+ *infin or instr*)
threatening угрожа́ющий; (*of letter*, *glance*) гро́зный; (*impending*) нави́сший
three *num* три (+ *gen sing of nouns*, *gen pl of adjs*); ~ **hundred** три́ста (+ *gen pl*); ~ **big houses** три больши́х до́ма; *collect num* тро́е (+ *gen pl*); (*number 3*; *number of bus*, *card*; *trio*) тро́йка; (*age*) три го́да; (*time*) ~ **o'clock** три (часа́) (*see also* **eight**)
three-cornered треуго́льный; ~ **hat** треуго́лка
three-dimensional трёхме́рный; ~ **film** стереокинофи́льм
threefold 1. *adj* тройно́й **2.** *adv* втро́е (бо́льше), в три ра́за (бо́льше)
three-halfpence полтора́ пе́нса
three-legged треноги́й
three-phase трёхфазный
three-ply 1. *n* трёхсло́йная фане́ра **2.** *adj* (*wood*) трёхсло́йный; (*wool etc*) трёхни́точный
three-quarter трёхчетвертно́й
three-sided трехсторо́нний
threesome тро́йка, тро́е; *sp* игра́ втроём
three-stage трёхступе́нчатый
three-way трёхходово́й
three-wheeled трёхколёсный
three-year-old 1. *n* трёхле́тний ребёнок **2.** *adj* трёхгодово́й; (*of child*) трёхле́тний
threnody плач
thresh молоти́ть; ~ **about** мета́ться
thresher (*person*) молоти́льщик; (*machine*) молоти́лка
threshing молотьба́; ~**-floor** гумно́; ~**-machine** молоти́лка
threshold поро́г, преддве́рие (*also fig*); **on the** ~ **of** на поро́ге (+ *gen*), в преддве́рии (+ *gen*); *tech*, *psych* поро́г
thrice три́жды
thrift бережли́вость *f*, эконо́мность *f*; *bot* арме́рия
thrifty бережли́вый, эконо́мный
thrill 1. *n* волне́ние, тре́пет, возбужде́ние **2.** *vt* вызыва́ть тре́пет, волнова́ть, возбужда́ть; *vi* (*with excitement etc*) трепета́ть (**with,** от + *gen*)
thrilled (*delighted*) в восто́рге (**with,** от + *gen*)
thriller детекти́в, сенсацио́нный фильм/рома́н
thrilling волну́ющий, захва́тывающий
thrips трипс

thrive (*prosper*) процвета́ть, преуспева́ть; (*grow well, increase*) разраста́ться
throat *anat* го́рло; *tech* горлови́на
throaty (*of voice*) горта́нный
throb 1. *n* (*beat*) стук; (*pulsation*) бие́ние, пульса́ция; (*vibration*) вибра́ция; (*of feeling*) тре́пет **2.** *v* (*of heart etc*) трепета́ть, би́ться; (*pulsate*) пульси́ровать; **my head is ~bing** в голове́ стучи́т; (*quiver*) дрожа́ть
throe (*spasm*) спа́зма, при́ступ; **last, death ~s** аго́ния; *fig* после́дняя ста́дия; **in the ~s of** в му́ках (+ *gen*)
thrombosis тромбо́з
throne престо́л, трон; **ascend, come to the ~** вступи́ть *pf* на престо́л
throng 1. *n* толпа́ **2.** *vt* заполня́ть; *vi* (*gather*) собира́ться то́лпами, толпи́ться; (*come in ~s*) приходи́ть то́лпами
throttle 1. *n tech* дро́ссель *m*; (*control*) регуля́тор; **open the ~** прибавля́ть ско́рость; **at full ~** на по́лной ско́рости **2.** *v* (*strangle*) души́ть; *tech* дроссели́ровать; **~ back, down** сбавля́ть газ
through 1. *adj* (*passing right ~*) сквозно́й; (*of train etc*) прямо́й, *coll* сквозно́й; *coll* (*finished*) ко́нченый **2.** *adv* (*with verbs* come, go, fall *etc see verb*) (*passing right ~*) наскво́зь; **wet ~** промо́кший наскво́зь; (*to the end*) до конца́; **~ and ~** (*completely*) соверше́нно; (*over and over*) вновь и вновь; **be ~ (with)** (*finish*) конча́ть; (*reject*) броса́ть; (*person*) порва́ть *pf* с (+ *instr*); **I'm ~!** я бо́льше не могу́! **3.** *prep* (*via*; *passing ~, among, across*; *by agency of*) че́рез (+ *acc*); (*indicating close contact, narrowness, denseness*) сквозь (+ *acc*); **~ the door, forest** че́рез дверь, лес; **~ an interpreter** че́рез перево́дчика; **~ a hole, one's teeth, the mist, the noise** сквозь ды́рку, зу́бы, тума́н, шум; **fly ~ the air** лете́ть по во́здуху; (*all over*; *along*) по (+ *dat*); **~ the streets** по у́лицам; (*because of, esp if not wanted*) из-за (+ *gen*); (*thanks to*) благодаря́ (+ *dat*); (*by reason of*) по причи́не (+ *gen*); (*by means of*) посре́дством (+ *gen*); (*up to and including*) по (+ *acc*); (*during*) во вре́мя (+ *gen*); (*throughout*) в тече́ние (+ *gen*)
throughout 1. *adv* (*everywhere*) везде́, повсю́ду; (*completely*) соверше́нно; (*in all respects*) во всех отноше́ниях **2.** *prep* (*all over*) по (+ *dat*); **~ the world** по всему́ ми́ру; (*all through*) в тече́ние (+ *gen*); **~ the night** в тече́ние всей но́чи
through-put производи́тельность *f*
throw 1. *n* (*most senses*) бросо́к **2.** *v* (*most senses*) броса́ть, кида́ть; **~ a bridge over** навести́ мост че́рез (+ *acc*); **~ a party** устро́ить *pf* вечери́нку; **~ oneself** броса́ться (**at,** на + *acc*; **into,** в + *acc*); (*rider*) сбра́сывать; *coll* (*confuse*) смуща́ть
 ~ about, around разбра́сывать
 ~ aside отбра́сывать
 ~ away броса́ть, выбра́сывать, отбра́сывать; (*let slip*) упусти́ть *pf*
 ~ back отбра́сывать наза́д
 ~ down сбра́сывать
 ~ in (*add*) добавля́ть; **~ in one's hand** сдава́ться; (*troops*) броса́ть
 ~ off сбра́сывать; (*shake off*) стряса́ть; (*get rid of*) отде́латься *pf* от (+ *gen*)
 ~ on (*garment*) наки́дывать
 ~ out выбра́сывать (из + *gen*); (*expel*) выгоня́ть (из + *gen*); (*bill, plan*) отверга́ть; (*confuse*) сбива́ть
 ~ over броса́ть, отка́зываться от (+ *gen*)
 ~ together (*compile hastily*) на́спех составля́ть; (*gather quickly*) бы́стро собира́ть; (*people*) своди́ть вме́сте
 ~ up подбра́сывать; **~ up one's eyes, hands** вски́дывать глаза́, ру́ки; (*build quickly*) бы́стро стро́ить; (*be sick*) **he threw up** его́ вы́рвало
throwaway (*casual*) небре́жный; (*disposable*) одноразо́вый, ра́зового по́льзования
throwback (*atavism*) атави́зм; (*regress*) регре́сс; (*thing, person*) явле́ние атави́зма
thrower мета́тель *m*
throw-out брак
thrush *orni* дрозд; *med* моло́чница
thrust 1. *n sp*; *fig* (*lunge*; *attack*) вы́пад; *mil*; *fig* (*attack, blow*) уда́р; (*push*) толчо́к; **give a ~** толкну́ть *pf*; (*pressure*) на́тиск, напо́р; *tech* давле́ние; *aer* тя́га **2.** (*push*) толка́ть(ся); **~ one's way through** прота́лкиваться сквозь (+ *acc*); **~ oneself on** навя́зываться (+ *dat*); **~ oneself forward** обраща́ть на себя́ внима́ние; (*push into, on to*) сова́ть; **~ into one's pocket** засо́вывать в карма́н; (*plunge into*) вонза́ть
 ~ aside, away отта́лкивать
 ~ in всо́вывать(ся) (в + *acc*)
 ~ out (*stick out*) *vt* высо́вывать; *vi* торча́ть; (*push out*) выбра́сывать (**from,** из + *gen*)
thruster *coll* пробивно́й челове́к
thud 1. *n* глухо́й стук **2.** *v* (*strike*) ударя́ться с глухи́м сту́ком (**into,** в + *acc*), шлёпаться; (*fall*) па́дать с глухи́м сту́ком
thug (*ruffian*) хулига́н; (*gangster*) банди́т
thuggery хулига́нство
thumb 1. *n* большо́й па́лец (руки́); **rule of ~** практи́ческое пра́вило; **by rule of ~** чи́сто эмпири́чески; **under the ~ of** под каблуко́м у (+ *gen*); **Tom Thumb** ма́льчик с па́льчик **2.** *v* (*make dirty*) захва́тывать; *coll* **~ a lift** голосова́ть (**from,** + *dat*); **~ one's nose** пока́зывать нос (**at,** + *dat*); **~ through** перели́стывать
thumbnail но́готь *m* большо́го па́льца; **~ sketch** кра́ткое описа́ние
thumbnut бара́шковая га́йка
thumbscrew (*torture*) тиски́ *m pl* (для бо́льших па́льцев)
thumbtack *Am* (чертёжная) кно́пка
thump 1. *n* (*blow*) уда́р; (*sound*) глухо́й стук **2.** *v* (*beat*) бить; (*knock*) стуча́ть (**on,** в + *acc*) (*strike*) ударя́ть(ся) (**against,** о(б) + *acc*) (с глухи́м сту́ком)
thumping 1. *n* (*noise*) стук; (*beating*) по́рка **2.** *adj coll* (*large*) здоро́вый; **a ~ lie** на́глая ложь *f*
thunder 1. *n* гром; **crash, crack of ~** раска́ты *m pl* гро́ма; *fig* (*noise*) гро́хот **2.** *v* греме́ть; **it is ~ing** гром греми́т; *fig* (*roar*) грохота́ть; (*rumble*) громыха́ть; (*shout*) выкри́кивать; **~ against** облича́ть
thunderbolt уда́р мо́лнии; *fig* гром среди́ я́сного не́ба
thunderclap уда́р гро́ма
thundercloud грозова́я ту́ча
thunderflash взрыв-паке́т
thundering 1. *n* (*thunder*) гром; (*of wheels, hooves etc*) гро́хот **2.** *adj* (*like thunder*) громово́й, грохо́чущий; *coll* **a ~ idiot** кру́глый дура́к
thunderous (*loud*) громово́й; (*menacing*) гро́зный; (*destructive*) разруши́тельный
thunderstorm гроза́

thunderstruck ошеломлённый, как гро́мом поражённый
thundery грозово́й
thurible кади́ло
thurifer кади́льщик
Thursday четве́рг; **on** ~ в четве́рг; ~**s** по четверга́м
thus (*in this way*) таки́м о́бразом, так; (*as follows*) сле́дующим о́бразом; (*therefore*) ита́к, поэ́тому; ~ **far** до сих пор
thwack 1. *n* шлепо́к **2.** *v* (*beat*) колоти́ть; (*spank*) шлёпать
[1]**thwart** меша́ть (+ *dat*), предотвраща́ть; ~ **plans** расстро́ить *pf* пла́ны
[2]**thwart** (*in boat*) ба́нка
thy твой
thyme тимья́н
thymol тимо́л
thyratron тиратро́н
thyristor тири́стор
thyroid 1. *n* щитови́дная железа́ **2.** *adj* щитови́дный
thyself себя́
tiara (*crown*) тиа́ра; (*woman's*) диаде́ма
tibia большеберцо́вая кость *f*
tic тик
tich, titch *coll* коротышка́
[1]**tick** *ent* клещ; (*material*) тик; (*credit*) **on** ~ в креди́т
[2]**tick 1.** *n* (*sound*) ти́канье, тик-та́к; (*moment*) **in a** ~ (*quickly*) момента́льно; (*very soon*) сейча́с; **just a** ~ мину́точку; (*mark of approval*) га́лочка **2.** *v* (*of clock etc*) ти́кать; *coll* **what makes him** ~? чем он живёт?; (*mark*) отмеча́ть га́лочкой; ~ **off** (*count off*) отсчи́тывать; *coll* (*tell off*) отде́лывать; ~ **over** рабо́тать на холосто́м ходу́
ticket 1. *n* (*train, theatre etc*) биле́т; **single** ~ биле́т в оди́н коне́ц; **return** ~ обра́тный биле́т; ~ **to Moscow** биле́т до Москвы́; ~ **for the theatre/concert/ballet/opera** биле́т в теа́тр/на конце́рт/на бале́т/в о́перу; (*pass*) ка́рточка; (*label*) ярлы́к, этике́тка; (*receipt*) квита́нция; **cloakroom** ~ номеро́к; *coll pol* програ́мма; *Am pol* спи́сок кандида́тов; *sl* **just the** ~ как раз то **2.** *v* прикрепля́ть этике́тку к (+ *dat*)
ticking (*sound*) ти́канье; (*material*) тик
tickle 1. *n* щекота́ние; **give a** ~ пощекота́ть *pf*; **I have a** ~ **in my throat** у меня́ сверби́т в го́рле **2.** *vt* (*itch*) щекота́ть (*impers only*), чеса́ться; (*amuse*) забавля́ть; **the idea** ~**d him** э́та мысль о́чень ему́ понра́вилась
ticklish (*problem*) щекотли́вый; (*person*) **be** ~ боя́ться щеко́тки
tidal (*of river, current*) прили́во-отли́вный; (*of harbour, wave*) прили́вный
tiddler (*fish*) ко́люшка
tiddly (*tipsy*) под му́хой
tiddly-winks (игра́ в) бло́шки *f pl*
tide 1. *n* (*rise and fall of sea*) прили́в и отли́в; (*incoming, flood*) прили́в; (*outgoing, ebb*) отли́в; **high** ~ по́лная вода́; **low** ~ ма́лая вода́; **the** ~ **is in/out** сейча́с по́лная/ма́лая вода́; **the** ~ **is rising/falling** вода́ прибыва́ет/спада́ет; **neap** ~ квадрату́рный прили́в; **spring** ~ сизиги́йный прили́в; *fig* (*surge*) волна́, прили́в; (*trend*) тече́ние **2.** *v* ~ **over** (*cope with*) справля́ться с (+ *instr*); (*help cope*) *vt* помога́ть (+ *dat*), (спра́виться с + *instr*); *vi* помога́ть (+ *dat*) (переби́ться)
tidemark отме́тка у́ровня по́лной воды́
tide-water прили́вная вода́
tidiness опря́тность *f*, аккура́тность *f*
tidings ве́сти *f pl*
tidy 1. *adj* (*of personal appearance*) опря́тный; (*neat; of person, work*) аккура́тный; (*of room etc*) у́бранный, в поря́дке; **make** ~ убира́ть; **keep** ~ держа́ть в поря́дке; *coll* (*considerable*) поря́дочный **2.** *v* (*also* ~ *up*) убира́ть, прибира́ть, приводи́ть в поря́док; ~ **oneself up** приводи́ть себя́ в поря́док
tie 1. *n* (*necktie*) га́лстук; (*bond*) связь *f*, у́зы *f pl*; (*obligation*) обяза́тельство; *tech* связь *f*; *mus* ли́га; (*equal result*) ра́вный счёт; *sp* (*match*) матч; (*score*) ничья́; **end in a** ~ ко́нчиться *pf* вничью́ **2.** *v* (*knot*) завя́зывать; (*fasten together; also fig*) свя́зывать; *fig* ~ **s.o.'s hands** свя́зывать ру́ки; (*fasten to*) привя́зывать (**to,** к + *dat*); *sp* сыгра́ть *pf* вничью́ ~ **down** привя́зывать (**to,** к + *dat*); *fig* (*encumber*) свя́зывать; (*force to be precise*) заставля́ть то́чно отве́тить/соблюда́ть/установи́ть *etc*; ~ **up** свя́зывать; ~ **up a parcel** перевя́зывать паке́т; *naut* швартова́ть(ся); (*shoes*) шнурова́ть; *coll* **be** ~**d up** (*busy*) быть за́нятым; ~ **up with** *vt* свя́зывать с (+ *instr*); *vi* быть свя́занным с (+ *instr*)
tie-beam а́нкерная ба́лка
tier (*row*) ряд, я́рус; *theat* я́рус; (*layer*) слой
tierce (*fencing*) те́рция; (*cards*) терц
tie-up связь *f*
tiff размо́лвка; **have a** ~ побрани́ться *pf* (**with,** с + *instr*)
tiger 1. *n* тигр **2.** *adj* тигро́вый
tigerish тигри́ный; *fig* свире́пый
tiger-lily ли́лия тигро́вая
tiger-moth ба́бочка-медве́дица
tight 1. *adj* (*closely fastened; taut*) туго́й; (*too small; close*) те́сный; (*narrow*) у́зкий; (*firm, compact; without gap*) пло́тный; (*severe*) стро́гий; (*of voice, smile*) напряжённый; (*difficult*) тру́дный; ~ **corner** опа́сное положе́ние; *coll* (*mean*) прижи́мистый; (*drunk*) навеселе́, пья́ный **2.** *adv* ту́го; те́сно; пло́тно; ~ **against** вплотну́ю к (+ *dat*); **hold** ~ кре́пко держа́ть(ся); **sit** ~ (*not leave*) не тро́гаться с ме́ста; (*not give way*) не уступа́ть
tighten (*tauten*) натя́гивать(ся); (*belt, knot etc*) затя́гивать(ся); (*screw, nut*) подви́нчивать(ся); (*lips, fist*) сжима́ть; ~ **one's grip** сжима́ть кре́пче; (*discipline etc*) улучша́ть(ся), де́лать(ся) стро́же
tight-lipped (*with lips closed*) со сжа́тыми губа́ми; (*grim*) суро́вый; (*secretive*) скры́тный
tightness ту́гость *f*; теснота́; пло́тность *f*; напряжённость *f*
tightrope (ту́го натя́нутый) кана́т; ~**-walker** канатохо́дец
tights трико́ *neut indecl*, колго́тки *f pl*, та́йтсы *m pl*
tightwad скупе́ц
tigress тигри́ца
tilde ти́льда
tile 1. *n* (*for roof*) черепи́ца; (*for wall*) изразе́ц, ка́фель *m*; (*for floor*) пли́тка **2.** *v* крыть черепи́цей/ка́фелем; выкла́дывать пли́тками
tiler кро́вельщик
[1]**till** (*cultivate*) возде́лывать, обраба́тывать
[2]**till** (*for cash*) ка́сса
[3]**till 1.** *prep* (*up to*) до (+ *gen*); ~ **now/then** до сих/тех пор; **not** ~ то́лько; **he didn't come** ~ **next day** он прие́хал то́лько на сле́дующий день **2.**

conj пока́ (*usu* + не + *perf verb*); **wait ~ I finish** подожди́, пока́ я (не) ко́нчу
tillage (*agriculture*) обрабо́тка; (*land*) возде́ланная земля́
tiller (*farmer*) земледе́лец; (*machine*) (мото)-культива́тор; *naut* ру́мпель *m*; *tech* рукоя́тка
tilt 1. *n* (*angle*) накло́н; **at a ~** в накло́нном положе́нии; (*tourney*) турни́р; **(at) full ~** по́лным хо́дом **2.** *v* наклоня́ть(ся); (*lean sideways*) крени́ться; **~ over** опроки́дывать(ся); **~ up** поднима́ться; (*joust*) сража́ться в турни́ре; **~ at** атакова́ть
tilth обрабо́танная земля́
timber 1. *n* (*trees*) лес; (*wood*) лесоматериа́л, де́рево; (*beam*) ба́лка; (*mining*) крепь *f*; *naut* ти́мберс **2.** *adj* (*industry etc*) лесно́й; (*wooden*) деревя́нный
timbered (*of wood*) деревя́нный; (*wooded*) леси́-стый
timberline грани́ца распростране́ния ле́са
timberyard лесно́й склад
timbre тембр
time 1. *n* (*most senses*) вре́мя *neut*; (*in expressions*) **all in good ~** всё в своё вре́мя; **all the ~** всё вре́мя; **another ~** в друго́й раз; **at any ~** в любо́е вре́мя; **at no ~** никогда́; **at that ~** в э́то вре́мя; **at the same ~** в то же са́мое вре́мя; (*nevertheless*) тем не ме́нее; **at ~s** иногда́; **for a ~** на не́которое вре́мя; **for a long ~** (*since long past*) давно́; **I haven't seen him for a long ~** я давно́ не ви́дел его́; (*over long period*) до́лго; **they sat for a long ~** они́ до́лго сиде́ли; **for the first ~** (в) пе́рвый раз; **for the ~ being** пока́; **from ~ to ~** вре́мя от вре́мени, то и де́ло; **have a good ~** хорошо́ проводи́ть вре́мя; **in a short ~** (*soon*) вско́ре; **in due ~** в своё вре́мя; **in no ~** мгнове́нно, момента́льно; **in ~** (*eventually*) со вре́менем; (*not late*) во́время; **it is ~ to** пора́ (+ *infin*); **last ~** (в) после́дний раз; **many a ~** ча́сто; **on ~** то́чно, во́время; **once upon a ~** когда́-то; **once upon a ~ there lived...** жил-бы́л когда́-то; **this ~** на э́тот раз; **~ after ~** ещё раз; **we have plenty of ~** у нас ма́сса вре́мени; **what is the ~?** кото́рый час?; (*epoch*) эпо́ха, пери́од, вре́мя; **in the ~ of** во вре́мя (+ *gen*); (*number*) раз; **five ~s three** пять раз три; **many ~s more** мно́го раз бо́льше; **three ~s a week** три ра́за в неде́лю; *mus* такт; **beat ~** отбива́ть такт; **in ~** в такт; *sl* (*imprisonment*) **do ~** сиде́ть **2.** *adj* временно́й; **~ zone** часово́й по́яс **3.** *v* (*work, race etc*) хронометри́ровать; (*fix ~*) назнача́ть вре́мя; **~ to coincide with** приуро́-чивать к (+ *dat*); (*choose ~*) выбира́ть вре́мя
time bomb бо́мба заме́дленного де́йствия
time-consuming тре́бующий мно́го вре́мени
time-honoured освящённый обы́чаем
timekeeper (*clock*) часы́ *m pl*; (*at work*) та́бель-щик; *sp* хронометри́ст
time-keeping *sp* хронометра́ж
time-lag заде́ржка
timeless (*eternal*) ве́чный
time-limit преде́льный срок
timely своевре́менный
timepiece часы́ *m pl*
timer *tech* та́ймер, реле́ *neut indecl* вре́мени; (*person*) хронометри́ст
timesaving 1. *n* эконо́мия вре́мени **2.** *adj* эконо́-мящий вре́мя
time-server приспосо́бле́нец
time-serving 1. *n* приспособле́нчество **2.** *adj* при-способля́ющийся
time-sheet та́бель *m*
time signal сигна́л вре́мени
time signature та́ктовый разме́р
time switch временно́й выключа́тель *m*
timetable расписа́ние
timework повре́менная рабо́та
timeworn (*old*) ста́рый; (*long-standing*) да́вний; (*decrepit*) ве́тхий
timid (*not bold*) ро́бкий; (*shy*) засте́нчивый
timidity засте́нчивость *f*; ро́бость *f*
timing (*choice of time*) вы́бор вре́мени; (*coordination*) координа́ция; (*synchronization*) синхро-низа́ция; (*time-measuring*) хронометра́ж
timorous боязли́вый, ро́бкий
tin 1. *n* (*metal*) о́лово; (*tinplate*) жесть *f*; (*container*) жестя́нка, консе́рвная ба́нка; *sl* де́нежки *f pl* **2.** *adj* оловя́нный; жестяно́й **3.** *v* (*coat with ~*) луди́ть; (*put in ~*) консерви́ровать
tin can жестя́нка, консе́рвная ба́нка
tincture 1. *n* (*of colour*) отте́нок; (*of taste*) при́вкус; *med* тинкту́ра **2.** *v* окра́шивать
tinder трут; **~-box** тру́тница
tine (*of fork*) зубе́ц; (*of antler*) отро́сток
tinfoil 1. *n* стании́оль *m*, оловя́нная фо́льга **2.** *adj* стании́олевый
tinge 1. *n* (*tint, touch*) отте́нок; (*of flavour*) при́вкус **2.** *v* (*colour*) слегка́ окра́шивать; (*add touch of*) придава́ть отте́нок (+ *dat*); **be ~d with** име́ть отте́нок, при́вкус (+ *gen*)
tingle 1. *n* (*sensation*) ощуще́ние; (*prickling*) пока́лывание; (*itch*) зуд; (*of excitement*) тре́пет **2.** *v* (*feel pricking*) испы́тывать пока́лывание; (*smart*) горе́ть; (*with excitement etc*) трепета́ть (**with,** от + *gen*)
tinker 1. *n* (*pan-mender*) луди́льщик; (*wandering workman*) бродя́чий реме́сленник; (*gipsy*) цыга́н **2.** *v* (*work badly*) халту́рить; (*patch up*) кое-ка́к чини́ть; (*potter about*) вози́ться (**with,** с + *instr*); (*with machine etc*) ковыря́ться (**with,** в + *prep*); (*play with*) игра́ть (с + *instr*); (*try to mend etc*) про́бовать почини́ть *etc*
tinkle 1. *n* звон, звя́канье **2.** *v* звене́ть, позвя́-кивать
tinned (*coated with tin*) лужёный; (*canned*) кон-серви́рованный
tinny (*of tin*) оловя́нный; (*tinned*) лужёный; (*metallic; of sound etc*) металли́ческий
tin-opener консе́рвный нож; (*key type*) консе́рв-ный ключ; (*mechanical*) консервооткрыва́тель *m*; *coll* (*all types*) открыва́лка
tinplate 1. *n* (бе́лая) жесть *f* **2.** *adj* жестяно́й
tinpot *coll pej* дешёвый
tinsel мишура́ (*also fig*)
tint 1. *n* (*colour*) цвет, окра́ска; (*shade*) отте́нок, тон **2.** *v* (слегка́) окра́шивать
tintometer колори́метр
tiny кро́шечный, малю́сенький; **~ tot** малы́ш; **~ bit** ка́пелька, чу́точка
tip 1. *n* (*in general; end*) коне́ц; (*top*) верх; (*of fingers, nose etc*) ко́нчик; **on the ~s of one's toes** на цы́почках; **be on the ~ of one's tongue** верте́ться на языке́; (*end-piece, head*) наконе́ч-ник; (*hint*) намёк; (*advice*) сове́т; (*gratuity*) чаевы́е *pl*; (*dump*) сва́лка **2.** *v* (*put ~ on*) наде-ва́ть наконе́чник; (*finish off*) отде́лывать (**with,** + *instr*); (*cover ~*) покрыва́ть; (*tilt*) накло-ня́ть(ся); (*overturn*) опроки́дывать(ся); (*heap*) вали́ть, сва́ливать; (*gratuity*) дава́ть (+ *dat*) на

чай; (*inform*) сообщáть (+ *dat*)
~ **away** выбрáсывать
~ **in** вали́ть (в + *acc*); (*pour*) наливáть (в + *acc*); (*glue*) вклéивать (в + *acc*)
~ **off** (*knock off*) вали́ть (с + *gen*); *coll* (*warn*) предупреждáть; (*inform*) стучáть
~ **out** вывáливать; (*liquid*) выливáть
~ **over, up** опроки́дывать(ся)

tip-off *sl* (*hint*) намёк; (*warning*) предупреждéние; (*information*) информáция

tipped с наконéчником; (*cigarette*) с фи́льтром

tipper (*truck*) самосвáл

tippet паланти́н

tipple 1. *n* питьё **2.** *v* пить, напивáться

tipsy подвы́пивший, навеселé

tiptoe 1. *n* **on** ~ на цы́почках **2.** *v* ходи́ть на цы́почках

tiptop (*very good*) превосхóдный, первоклáссный

tip-up (truck, lorry) самосвáл

tirade тирáда

[1]**tire, tyre** (*on wheel*) ши́на; **the** ~ **is flat** ши́на спусти́ла

[2]**tire** *vt* (*weary*) утомля́ть; (*bore*) надоедáть (+ *dat*); *vi* (*grow weary*) утомля́ться, уставáть; ~ **of** надоедáть *impers* (+ *dat*); **I never** ~ **of reading** мне никогдá не надоедáет читáть

tired устáлый; **I am** ~ я устáл; ~ **of : he is** ~ **of her** онá емý надоéла; **she is** ~ **of waiting** ей надоéло ждать

tiredness устáлость *f*

tireless неутоми́мый

tiresome (*irritating*) надоéдливый; **how** ~! какáя досáда!; (*importunate*) нýдный; (*boring*) скýчный

tiring утоми́тельный

tiro, tyro новичóк

tissue (*paper*) папирóсная бумáга; (*handkerchief*) бумáжный носовóй платóк; (*napkin*) салфéтка; *biol* ткань *f*; *fig* (*web*) паути́на, сеть *f*

tit (*bird*) сини́ца; *vulg* (*breast*) си́ска, ти́тька; (*person*) шля́па; ~ **for tat** зýб зá зуб

Titan *myth* Титáн; *fig* титáн

titanic титани́ческий; *chem* титáновый

titanium 1. *n* титáн **2.** *adj* титáновый

titbit лáкомый кусóчек; (*of news*) пикáнтная нóвость *f*

tithe (однá) деся́тая (часть *f*); (*tax*) десяти́на

titillate (*arouse*) возбуждáть; (*tickle*) щекотáть

titillation возбуждéние

titivate прихорáшивать(ся)

title 1. *n* (*of book etc*) назвáние, заглáвие; (*name*) и́мя *neut*; (*noble*) ти́тул; (*of distinction*) звáние; *leg* (*right*) прáво; (*legal claim*) правовóй ти́тул; (*of ownership*) прáво сóбственности **2.** *v* (*name*) назывáть; (*entitle*) озаглáвливать; (*ennoble*) титуловáть

title-deed докумéнт о передáче правовóго ти́тула

titleholder *sp* чемпиóн, *f* чемпиóнка

title page ти́тульный лист

title role заглáвная роль *f*

titmouse сини́ца

titrate титровáть

titration титровáние

titter 1. *n* хихи́канье; **with a** ~ хихи́кая **2.** *v* хихи́кать

tittle кáпелька; **not a** ~ нискóлько; **there's not a** ~ **of** нет ни кáпельки (+ *gen*); ~**-tattle** сплéтни *f pl*, болтовня́

titular (*nominal*) номинáльный

tizzy: be in a ~ психовáть; **get into a** ~ распсиховáться

tmesis тмéзис

TNT тринитротолуóл

to 1. *prep* (*direction*) к (+ *dat*); **face** ~ лицóм к; ~ **and fro** взад и вперёд, тудá и сюдá; ~ **the north of** к сéверу от (+ *gen*); **he turned** ~ **me** он повернýлся ко мне; (*destination*) в (+ *acc*); **the road** ~ **London** дорóга в Лóндон; ~ **go** ~ **the town** поéхать *pf* в гóрод; (*with some nouns*) на (+ *acc*); **go** ~ **a concert, the station, factory, post office** идти́ на концéрт, вокзáл, завóд, пóчту; (*as far as, indicating limit*) до (+ *gen*); **up** ~ **then** до э́того врéмени; **from here** ~ **the town is 2 km** отсю́да до гóрода два киломéтра; **from 2** ~ **3** от двух до трёх; ~ **the very end** до сáмого концá; (*with regard* ~) по отношéнию к (+ *dat*); (*as concerns*) для (+ *gen*), что касáется (+ *gen*); **as** ~**...** что касáется (+ *gen*); (*compared* ~) по сравнéнию с (+ *instr*); (*time*) **(at) ten** ~ **two** без десяти́ два; (*variously*) ~ **all appearances** по всей ви́димости; **here's** ~**...!** (*in toast*) за (+ *acc*)!; ~ **his surprise, credit** *etc* к егó удивлéнию, чéсти *etc*; ~ **the contrary** наоборóт; ~ **this end** с э́той цéлью; *with indirect object* : *use dative* **I said** ~ **him** я сказáл емý; *with infinitive*: *not translated* ~ **talk** говори́ть; **(in order, so as** ~**)** чтóбы (+ *infin*)

toad жáба

toadstool (*if edible*) гриб; (*if inedible*) погáнка

toady 1. *n* подхали́м **2.** *v* подхали́мничать **(to,** пéред + *instr*)

toast 1. *n* (*bread*; *drink*) тост; **propose a** ~ предлагáть тост в честь (+ *gen*) **2.** *v* (*bread etc*) поджáривать; (*drink health of*) пить за (+ *acc*)

toaster тóстер

toastmaster тамадá *m*

toast-rack подстáвка для тóстов

tobacco 1. *n* табáк **2.** *adj* табáчный

tobacconist торгóвец табáчными издéлиями; ~**'s** табáчная лáвка, табáчный магази́н

tobacco-pouch кисéт

toboggan 1. *n* сáнки *f pl* **2.** *v* катáться на сáнках

toccata токкáта

tocsin (*alarm*) набáт; (*bell*) набáтный кóлокол

today (*this day*) сегóдня; **what is the date** ~**?** какóе сегóдня числó?; **what day is it** ~**?** какóй сегóдня день?; (*the present*) (в) настоя́щее врéмя, (в) нáши дни; ~**'s, of** ~ совремéнный, ны́нешний, нáшего врéмени

toddle ковыля́ть; *coll* (*stroll*) прогýливаться; (*go*) идти́; ~ **along to** сходи́ть, заходи́ть в (+ *acc*)

toddler ребёнок, начинáющий ходи́ть; малы́ш

to-do суматóха, суетá

toe 1. *n* (*on foot*) пáлец (ноги́); **big** ~ большóй пáлец (ноги́); (*of sock, shoe*) носóк; *fig* **on their** ~**s** *etc* начекý; **tread on the** ~**s of** обижáть **2.** *v* касáться носкóм; *fig* ~ **the line** (*obey*) подчиня́ться; (*conform*) придéрживаться прáвил; *sp* станови́ться на старт

toecap носóк

toenail нóготь *m* (на пáльце ноги́)

toff *coll* (*gentleman*) джентльмéн; (*dandy*) щёголь *m*, франт

toffee ири́с, тóффи *neut indecl*

tog (*usu* ~ **up, out**) наряжáть(ся) **(in,** в + *acc*; **as,** + *instr*)

toga тóга

together (*in same place*; *with each other*) вмéсте **(with,** с + *instr*); (*jointly*) совмéстно, вмéсте; (*at same time*) одноврéмéнно; (*one against another*)

друг с дру́гом; **get ~** собира́ть(ся)
togetherness чу́вство едине́ния
togs *coll* шмо́тки *f pl*
toil 1. *n* (тяжёлый) труд **2.** *v* (*work*) труди́ться (**at,** над + *instr*); (*move laboriously*) идти́ с трудо́м, тащи́ться
toiler тру́женик
toilet 1. *n* (*dressing etc*; *dress*) туале́т; (*lavatory*) убо́рная, туале́т **2.** *adj* туале́тный; **~-bowl** унита́з; **~-paper** туале́тная бума́га; **~-table** туале́тный сто́лик; **~ water** туале́тная вода́
toils сеть *f*; **in the ~ of** во вла́сти (+ *gen*)
Tokay тока́й
token 1. *n* (*sign*) знак; **as a ~ of** в знак (+ *gen*); (*symbol*) си́мвол; (*souvenir*) сувени́р; (*voucher*) тало́н; (*like coin*) жето́н **2.** *adj* символи́ческий
tolerable (*bearable*) терпи́мый, выноси́мый; (*passable*) сно́сный; (*quite good*) прили́чный
tolerance терпи́мость *f*; *med* выно́сливость *f* (**to,** к + *dat*); *tech* до́пуск
tolerant (*not intolerant*) терпи́мый; **be ~ of** терпе́ть; (*forbearing*; *of smile etc*) снисходи́тельный
tolerate (*be patient*) терпе́ть, выноси́ть; (*allow*) допуска́ть; (*bear physically*) выде́рживать
toleration терпи́мость *f*
toll 1. *n* (*on road etc*) по́шлина, сбор; *fig* **take its ~** де́лать своё де́ло; (*number*) коли́чество; (*losses*) поте́ри *f pl*; (*of bell*) звон **2.** *adj* пла́тный; **~ call** междугоро́дный телефо́нный разгово́р; **~ road** пла́тная доро́га **3.** *vt*, *vi* звони́ть; **~ a bell** звони́ть в ко́локол
toluene толуо́л
tom (*male*) саме́ц; (*cat*) кот
tomahawk томага́вк
tomato 1. *n* помидо́р, тома́т **2.** *adj* тома́тный
tomb (*grave*) моги́ла; (*sepulchre*) гробни́ца
tomboy девчо́нка-сорване́ц
tombstone (*stone*) надгро́бный ка́мень *m*; (*memorial*) надгро́бный па́мятник
tom-cat кот
tome (*large book*) больша́я кни́га, фолиа́нт; (*single volume*) том
tomfool *coll* дура́цкий
tomfoolery дура́чество
tommy-bar ворото́к (га́ечного ключа́)
tommy-gun автома́т
tommy-rot чепуха́, ерунда́, вздор, чушь *f*
tomorrow 1. *n* за́втрашний день *m*; **by ~** к за́втрашнему дню; **for ~** на за́втра; **until ~** до за́втра; **the day after ~** послеза́втра **2.** *adv* за́втра; **come ~** приходи́те за́втра; **~ morning** за́втра у́тром
tom-tit сини́ца
tom-tom тамта́м
ton то́нна; *coll* **~s of** ма́сса, у́йма, ку́ча (+ *gen*)
tonal тона́льный
tonality тона́льность *f*
tone 1. *n* (*most senses*) тон; **in a sharp ~** ре́зким то́ном; **set the ~** задава́ть тон; (*mood*) настрое́ние **2.** *vt* (*give ~ to*) придава́ть тон (+ *dat*); (*colour*) слегка́ подкра́шивать; *vi* (*harmonize*) гармони́ровать (**with,** с + *instr*); **~ down** смягча́ть(ся); **~ up** (*health etc*) тонизи́ровать; (*intensify*) уси́ливать
tone-deaf без музыка́льного слу́ха
toneless моното́нный
toner *phot* вира́ж
tongs щипцы́ *m pl*; **sugar ~** щипцы́ для са́хара; (*large*) клещи́ *pl*
tongue (*most senses*) язы́к; **give ~ to** (*express*) выска́зывать; (*of dogs*) подава́ть го́лос; **hold one's ~** держа́ть язы́к за зуба́ми; **on the tip of one's ~** на ко́нчике языка́; **with ~ in cheek** ирони́чески; (*of land*) коса́; *tech* шпунт, шип
tongue-and-groove 1. *adj* **~ joint** шпунтово́е соедине́ние **2.** *v* соединя́ть вшпунт
tongue-tied (*from shyness etc*) лиши́вшийся да́ра ре́чи; (*inarticulate*) косноязы́чный
tongue-twister скорогово́рка; **what a ~!** ≈ язы́к слома́ешь!
tonic 1. *n med* тонизи́рующее сре́дство; *mus* то́ника; *phon* уда́рный слог; *fig* сти́мул **2.** *adj* тонизи́рующий; *mus*, *phon* тони́ческий; **~ sol-fa** сольфе́джио *neut indecl*
tonight 1. *n* (*evening*) сего́дняшний ве́чер; **until ~** до ве́чера; (*night*) наступа́ющая ночь *f* **2.** *adv* (*this evening*) сего́дня ве́чером; (*this night*) сего́дня но́чью
tonnage (*all senses*) тонна́ж
tonne метри́ческая то́нна
tonometer камерто́н
tonsil миндалеви́дная железа́, минда́лина
tonsillitis тонзилли́т, анги́на
tonsorial парикма́херский
tonsure 1. *n* тонзу́ра; **take the ~** принима́ть по́стриг **2.** *v* (*person*) де́лать (+ *dat*) тонзу́ру; *fig* (*admit to orders*) пострига́ть в мона́хи, свяще́нники
tontine тонти́на
tonus *med* то́нус
too (*overmuch*) сли́шком; **~ much, many** сли́шком мно́го (+ *gen*); **that's ~ much!** э́то сли́шком!; (*also*) то́же (*usu with noun*, *pronoun*), та́кже (*usu with verb*); (*moreover*) к тому́ же
tool 1. *n* (*implement*) инструме́нт; **~s of the trade** ору́дия *neut pl* труда́; (*cutter*) резе́ц; (*machine*) стано́к; (*on leather*) тисне́ние **2.** *v* (*work*) обраба́тывать
toolbox я́щик для инструме́нтов
tooled (*leather*) тиснёный
tooling (*work*) рабо́та; (*leather*) тисне́ние
toolmaker инструмента́льщик
toot 1. *n* гудо́к **2.** *v* (*hoot*) гуде́ть; (*trumpet*) труби́ть
tooth *anat*; *tech* зуб; **armed to the teeth** вооружённый до зубо́в; **fed up to the back teeth** сыт по го́рло; **throw s'th in s.o.'s teeth** попрека́ть (+ *acc of person*, + *instr*); **in the teeth of** (*despite*) напереко́р (+ *dat*); **have a sweet ~** быть сластёной; **~ and nail** изо всех сил; **long in the ~** не пе́рвой мо́лодости; **by the skin of one's teeth** е́ле-е́ле, с грехо́м попола́м
toothache зубна́я боль *f*; **I have ~** у меня́ зу́бы болят́
toothed *tech* зубча́тый
toothless беззу́бый
toothpaste зубна́я па́ста
toothpick зубочи́стка
toothsome вку́сный, ла́комый
toothy зуба́стый
tootle дуде́ть (**on,** в + *acc*)
[1]**top 1.** *n* (*upper part*) верх, ве́рхняя часть *f*; **the ~ of the stairs** верх ле́стницы; **at the ~ of one's voice** во весь го́лос; (*of hill etc*) верши́на; (*of the head*) маку́шка; (*of tree etc*) верху́шка; (*lid*) кры́шка; **on ~ of** (*on*) на (+ *prep or acc*); (*above*) над (+ *instr*); **from ~ to bottom** све́рху до́низу **2.** *adj*

(*upper*) ве́рхний; (*best*) лу́чший; (*highest*) вы́сший; (*maximum*) максима́льный **3.** *v* (*remove top*) среза́ть верх(у́шку); (*cover*) покрыва́ть (**with,** + *instr*); (*reach top*) достига́ть верши́ны; (*be on top*) быть на верши́не; (*be higher*) быть вы́ше чем; (*be best etc*) быть пе́рвым *etc*; (*exceed*) превосходи́ть; ~ **off** заверша́ть; ~ **up** долива́ть; *tech* дозаправля́ть

²top (*toy*) волчо́к

topaz 1. *n* топа́з **2.** *adj* топа́зовый

top-boot (высо́кий) сапо́г (с отворо́том)

topcoat пальто́ *neut indecl*

top dog хозя́ин положе́ния

top-dressing *agr* подко́рмка

tope пить

topee, topi тропи́ческий шлем

toper пья́ница *m and f*

topflight первокла́ссный

top-hat цили́ндр

top-heavy неусто́йчивый

top-hole *sl* первокла́ссный

topiary фигу́рная стри́жка кусто́в

topic те́ма, предме́т

topical актуа́льный, злободне́вный

topicality актуа́льность *f*

topknot (*of hair*) хохоло́к; *coll* (*head*) голова́

topless (*without top*) без ве́рха; (*dress*) без ли́фа; (*bare-breasted*) с обнажённой гру́дью

top-level (*person*) высокопоста́вленный; (*meeting etc*) на вы́сшем у́ровне

topmast сте́ньга

topmost (*highest*) са́мый ве́рхний; (*extreme*) чрезвыча́йный; (*most important*) са́мый ва́жный

top-notch *coll* (*best*) первокла́ссный; (*highly placed*) высокопоста́вленный

topographic(al) топографи́ческий

topography топогра́фия

topological топологи́ческий

topology тополо́гия

toponymy топони́мия

topping *coll* великоле́пный, чуде́сный

topple *v* опроки́дываться, па́дать; *vt* опроки́дывать; *fig* (*from power*) сверга́ть

topsail то́псель *m*; **square** ~ ма́рсель *m*

top-secret соверше́нно секре́тный

topsoil па́хотный слой

topsy-turvy 1. *adj* (*upside down*) перевёрнутый вверх дном; (*disordered*) беспоря́дочный **2.** *adv* (*upside down*) вверх дном; (*in wrong order*) ши́ворот-навы́ворот; (*in reverse*) наоборо́т; (*in chaos*) в беспоря́дке

toque ток

Torah то́ра

torch фа́кел; (*flashlight*) карма́нный фона́рь *m*; **welding** ~ сва́рочная горе́лка; ~**-bearer** фа́кельщик; ~**-light** свет фа́кела, свет фонаря́

toreador тореадо́р

torment 1. *n* му́ка, муче́ние; (*torture*) пы́тка **2.** *v* (*cause pain*) му́чить; (*torture*) пыта́ть; (*pester*) досажда́ть

tormenting мучи́тельный

tormentor мучи́тель *m*

torn *past part of* **²tear** *qv*

tornado торна́до *m indecl*

toroidal тороида́льный

torpedo 1. *n* торпе́да **2.** *adj* торпе́дный **3.** *v* торпеди́ровать; *fig* прова́ливать, торпеди́ровать

torpedo-boat торпе́дный ка́тер

torpedo-net противоторпе́дная сеть *f*

torpedo-tube торпе́дный аппара́т

torpid (*lethargic*) вя́лый; (*inactive*) безде́ятельный; (*numb*) онеме́лый

torpidity, torpor вя́лость *f*; безде́ятельность *f*; онеме́лость *f*

torque *arch* кручёное ожере́лье; *tech* враща́ющий моме́нт; ~ **converter** гидротрансформа́тор

torrent пото́к (*also fig*); (*of rain*) ли́вень *m*; **fall in** ~**s** ливмя́ лить

torrential (*stream*) стреми́тельный; (*rain*) проливно́й

torrid зно́йный (*also fig*); ~ **zone** тропи́ческий по́яс

torsion 1. *n* (*twisting*; *tech*, *math*) круче́ние; (*twisting together*) скру́чивание; *biol* то́рсия **2.** *adj* ~ **balance** торсио́нные, крути́льные весы́ *m pl*

torso ту́ловище, торс (*esp in art*)

tort дели́кт, гражда́нское правонаруше́ние; **law of** ~**s** дели́ктное пра́во

tortious дели́ктный

tortoise черепа́ха

tortoiseshell 1. *n* па́нцирь *m* черепа́хи; (*material*) черепа́ха; (*butterfly*) ване́сса **2.** *adj* черепа́ховый

tortuosity изви́листость *f*; кривизна́; укло́нчивость *f*; сло́жность *f*

tortuous (*winding*) изви́листый; (*crooked*) криво́й; (*devious*) укло́нчивый; (*complex*) сло́жный

torture 1. *n* пы́тка; **put to the** ~ подверга́ть пы́тке; *fig* муче́ние, пы́тка **2.** *v* пыта́ть; *fig* му́чить; (*distort*) искажа́ть

torturer (*in general*) мучи́тель *m*; (*professional*) пала́ч

torus *archi* то́рус; *math* тор; *bot* цветоло́же

Tory 1. *n* то́ри *m indecl*, консерва́тор **2.** *adj* консервати́вный

toss 1. *n* броса́ние, бросо́к; (*of the head*) **with a** ~ **of the head** вски́нув го́лову; ~ **of a coin** жеребьёвка; **take a** ~ упа́сть *pf* **2.** *v* (*throw*) броса́ть, кида́ть; (*head*) вски́дывать; (*rider*) сбра́сывать; (*up and down*) подбра́сывать; (*of bull*) поднима́ть на рога́; (*of ship*) кача́ться; (*in bed*) мета́ться

~ **aside, away** отбра́сывать

~ **down** сбра́сывать (**from,** с + *gen*)

~ **in** вбра́сывать, броса́ть в (+ *acc*)

~ **off** (*drink*) вы́пить за́лпом; (*do casually*) де́лать ме́жду про́чим

~ **out** выбра́сывать (**from,** из + *gen*)

~ **up** подбра́сывать; (*with coin*) броса́ть жре́бий

toss-up (*of coin*) жеребьёвка, подбра́сывание моне́ты; (*equal chance*) ра́вные ша́нсы *m pl*

tot (*of drink*) рю́мочка; (*child*) малы́ш

tot up скла́дывать, сумми́ровать

total 1. *n* (*sum*) ито́г, су́мма; (*whole*) це́лое **2.** *adj* (*overall*) о́бщий; (*complete*) по́лный; ~ **war** тота́льная война́ **3.** *vt* (*add up*) подсчи́тывать, подводи́ть ито́г (+ *dat*); *vi* (*amount to*) составля́ть, равня́ться (+ *dat*); (*reach*) достига́ть (+ *gen*); (*number*, *contain*) насчи́тывать

totalitarian тоталита́рный

totality (*sum*) су́мма, ито́г; (*completeness*) полнота́

totalizator, totalizer тотализа́тор

totally (*in all respects*) по́лностью; (*completely*) соверше́нно

tote *Am coll* нести́

totem тоте́м; ~**-pole** тоте́мный столб
totemic тотеми́ческий
totemism тотеми́зм
totemistic тотемисти́ческий
totter (*stagger*) ковыля́ть; (*rock*) шата́ться, кача́ться
toucan тука́н
touch 1. *n* (*act of ~ing*) прикоснове́ние; (*contact*) конта́кт, соприкоснове́ние; **get in ~ with** связа́ться *pf* с (+ *instr*), установи́ть *pf*; конта́кт с (+ *instr*); **lose ~ with** потеря́ть *pf* связь, конта́кт с (+ *instr*); (*feeling*) осяза́ние; **sense of ~** чу́вство осяза́ния; **to the ~** на о́щупь; (*approach*) подхо́д; (*characteristic*) штрих, характе́рная черта́; (*detail*) дета́ль *f*; **make the finishing ~es** де́лать после́дние штрихи́ *m pl*; (*a little*) чу́точка; (*a shade*) отте́нок; *as adv* **a ~** немно́го, чуть-чуть **2.** *v* (*most senses*) тро́гать; (*be in contact*; *concern*) каса́ться; **that doesn't ~ us** э́то нас не каса́ется; (*with hand*) дотра́гиваться до (+ *gen*), тро́гать; **don't ~!** не тро́гай!; (*move emotions*) растро́гать *pf*, тро́гать; (*compare*) сра́вниваться; **in maths no one can ~ him** в матема́тике никто́ не мо́жет с ним сравни́ться; (*reach*, *attain*) достига́ть (+ *gen*)
~ **down** приземля́ться
~ **off** (*cause*) вызыва́ть
~ **on, upon** (*concern*) каса́ться (+ *gen*); (*refer to in passing*) затра́гивать; (*border on*) грани́чить с (+ *instr*)
~ **up** (*finish*) отде́лывать; (*repair decoration*, *make-up etc*) подкра́шивать
touch-and-go (*risky*) риско́ванный; (*only just*) е́леле́ле
touchdown поса́дка
touched (*slightly mad*) тро́нутый
touchiness раздражи́тельность *f*; оби́дчивость *f*
touching 1. *adj* тро́гательный **2.** *prep* относи́тельно (+ *gen*), что каса́ется (+ *gen*)
touching-up ре́тушь *f*
touch-line бокова́я ли́ния
touchstone осело́к
touch-type печа́тать по слепо́му ме́тоду
touchwood трут
touchy (*irritable*) раздражи́тельный; (*easily offended*) обидчи́вый; **be ~ about** боле́зненно воспринима́ть; (*ticklish*) щекотли́вый
tough 1. *n* (*hooligan*) хулига́н; (*criminal*) банди́т **2.** *adj* (*hard to cut, break*) жёсткий; (*hard*) твёрдый; (*strong*) про́чный; (*resilient*) упру́гий; (*of persons*; *stubborn*) упря́мый; (*strong*) си́льный, кре́пкий; (*enduring*) выно́сливый; (*rough*) *coll* (*difficult*) тру́дный; ~ **luck!** вот невезе́ние!
toughen де́лать(ся) жёстким *etc*
toughness жёсткость *f*; твёрдость *f*; про́чность *f*; выно́сливость *f*
toupee небольшо́й пари́к
tour 1. *n* (*journey*) пое́здка, путеше́ствие (**of,** по + *dat*); **walking ~** похо́д; (*excursion*) экску́рсия; (*of inspection etc*) обхо́д, объе́зд; *theat* гастро́ль *f*; **go on ~** гастроли́ровать; ~ **of duty** срок слу́жбы **2.** *v* соверша́ть пое́здку, путеше́ствие (по + *dat*); обходи́ть, объезжа́ть; гастроли́ровать
tour de force по́двиг
tourism тури́зм
tourist 1. *n* тури́ст, *f* тури́стка **2.** *adj* тури́стский, туристи́ческий
tourmaline турмали́н
tournament турни́р
tourniquet турнике́т, жгут
tousle взъеро́шивать
tout 1. *n* (*agent*) навя́зчивый коммивояжёр; (*drummer-up*) зазыва́ла *m and f* **2.** *v* (*goods*) навя́зывать това́р (+ *dat*); (*advertise*) реклами́ровать; (*cadge*) выкля́нчивать (**from,** у + *gen*)
[1]**tow** (*material*) па́кля
[2]**tow 1.** *n* (*rope*) букси́р; (*act*) буксиро́вка; **in ~** на букси́ре; **take in ~** брать на букси́р **2.** *v naut* буксирова́ть; (*car etc*) тащи́ть
toward(s) (*direction*) к (+ *dat*), по направле́нию к (+ *dat*); (*with respect to*) к (+ *dat*), по отноше́нию к (+ *dat*); (*time*) к (+ *dat*); ~ **evening** к ве́черу; (*about*) о́коло (+ *gen*)
towel 1. *n* полоте́нце **2.** *v* вытира́ть(ся) полоте́нцем
towelling махро́вая ткань *f*
towel rail ве́шалка для полоте́нец
tower 1. *n* (*most senses*) ба́шня; *nav* **conning-~** боева́я ру́бка; *aer* **control ~** кома́ндно-диспе́тчерский пункт; **cooling ~** гради́рня; **observation, watch ~** наблюда́тельная вы́шка; **water ~** водонапо́рная ба́шня **2.** *v* вы́ситься, возвыша́ться (**above,** над + *instr*); *fig* возвыша́ться (**over,** над + *instr*)
towering (*high*) возвыша́ющийся; (*violent*) неи́стовый
towheaded светловоло́сый
towline букси́рный трос, букси́р
town 1. *n* го́род **2.** *adj* городско́й; ~ **clerk** секрета́рь *m* городско́й корпора́ции; ~ **council** городско́й сове́т; ~ **councillor** член городско́го сове́та; ~ **crier** глаша́тай; ~**-dweller** горожа́нин; ~ **hall** ра́туша; ~ **planning** градострои́тельство
townsfolk (*town-dwellers*) горожа́не *pl*; (*of one town*) жи́тели *pl* го́рода
township (*municipality*) муниципалите́т; (*small town*) посёлок, городо́к; (*area*) райо́н
townspeople *see* **townsfolk**
tow-path бечёвни́к
tow-rope букси́рный трос, букси́р
toxaemia отравле́ние кро́ви, токсеми́я
toxic ядови́тый, токси́ческий
toxicant ядови́тое вещество́
toxicity ядови́тость, токси́чность *f*
toxicological токсикологи́ческий
toxicologist токсико́лог
toxicology токсиколо́гия
toxin токси́н, яд
toxophily стрельба́ из лу́ка
toy 1. *n* игру́шка **2.** *adj* (*for play*) игру́шечный; (*miniature*) миниатю́рный **3.** *v* ~ **with** (*play, trifle with, finger*) игра́ть (+ *instr*); (*fondle*) ласка́ть
toyshop магази́н игру́шек, игру́шечный магази́н
[1]**trace 1.** *n* (*sign, mark*) след; **there was not a ~ of** не́ было ни следа́ (+ *gen*); **without ~** бессле́дно; (*small amount*) чу́точка; ~ **element** рассе́янный элеме́нт; *tech* (*on instrument*) за́пись *f*; (*copy*) ка́лька **2.** *v* (*follow track of*) идти́ по следа́м (+ *gen*); (*track down*) высле́живать; (*study, follow idea etc*) просле́живать; (*establish*) устана́вливать; (*find whereabouts of*) разы́скивать; (*copy*) кальки́ровать; (*sketch*) черти́ть, набра́сывать; (*write, outline*) выводи́ть
tracer (*isotope*) изото́пный индика́тор, ме́ченый а́том; (*bullet*) трасси́рующая пу́ля; (*copier*) копи́рное устро́йство
tracery (*pattern*) узо́р; *archi* ажу́рная (ка́менная)

работа
trachea трахея
tracheotomy трахеотомия
trachoma трахома
tracing (*variously*: *see* **trace**) прослеживание; калькирование *etc*; (*copy*) калька; (*recording*) запись *f*; ~ **paper** восковка, бумажная калька
track 1. *n* (*trail*) след (*often pl*); **be on the ~ of** идти по следу (+ *gen*); **get on the ~ of** напасть *pf* на след (+ *gen*); **be on s.o.'s ~** преследовать; **lose ~ of** потерять *pf* след (+ *gen*); (*path*) тропа, тропинка; (*road*) дорожка; (*course followed*) путь *m*, курс; **on the right/wrong ~** на верном/ложном пути; **follow in the ~s of** следовать по стопам (+ *gen*); **make ~s** (*leave trail*) следить; *coll* (*flee*) удирать, навострить *pf* лыжи; **make ~s for** направляться в (+ *acc*), к (+ *dat*); **the beaten ~** проторённый путь; **off the beaten ~** (*remote*) в глуши; (*unusual*) необыкновенный; **keep ~ of** следить за (+ *instr*); (*railway*) колея, рельсовый путь; **single ~** одноколейный путь; **leave the ~** сойти *pf* с рельсов; (*on record*) дорожка; *sp* дорожка, трек; ~ **events** лёгкая атлетика; *tech* (*of car*) колея; (*of tractor*) гусеница **2.** *v* (*follow*) следить за (+ *instr*), идти по следу (+ *gen*); (*trace*) прослеживать; ~ **down** (*hunt*) выслеживать; (*search out*) разыскивать
tracked (*vehicle*) гусеничный
tracker следопыт; ~ **dog** ищейка
tracking прослеживание; выслеживание; **satellite ~** слежение за искусственным спутником; *mil* **radar ~** радиолокационное сопровождение
tracklayer (*worker*) рабочий по укладке пути; (*machine*) путеукладчик
trackless бездорожный
track-shoes кроссовки *f pl*
tracksuit тренировочный костюм
tract (*large area*) пространство; (*plot of land*) участок; *anat* тракт; (*pamphlet*) брошюра, памфлет; (*treatise*) трактат
tractable (*docile*) послушный; (*easily persuaded*) сговорчивый; (*workable*) поддающийся обработке
traction тяга; ~**-engine** трактор-тягач
tractor 1. *n* трактор **2.** *adj* тракторный
trade 1. *n* (*commerce*) торговля (**in,** + *instr*); (*branch of commerce*) отрасль *f* торговли; (*industry*) промышленность *f*; (*profession*) профессия; (*craft*) ремесло **2.** *adj* торговый **3.** (*engage in ~*) торговать (**in,** + *instr*); (*barter*) обменивать (**for,** на + *acc*); (*exchange*) обмениваться (+ *instr*); (*of ship*) совершать рейсы; ~ **off** обменивать; ~ **on** использовать в своих целях, спекулировать (+ *instr*)
trademark торговый знак, фабричная марка
trader (*dealer*) торговец (**in,** + *instr*); (*merchant*) купец
tradesman (*shopkeeper*) лавочник; (*dealer*) торговец; (*craftsman*) ремесленник
trade(s) union профсоюз; (*in England and USA*) тред-юнион
trade(s) unionist член профсоюза; тред-юнионист
trade-wind пассат
trading 1. *n* торговля (**in,** + *instr*) **2.** *adj* торговый
tradition (*custom etc*) традиция, обычай; **by ~** по традиции; (*story*) предание
traditional традиционный
traditionalist приверженец традиции
traduce (*slander*) клеветать (на + *acc*); (*denigrate*) порочить; (*misrepresent*) искажать слова (+ *gen*)
traffic 1. *n* (*on road etc*) движение; (*transport*) транспорт; (*trade*) торговля (**in,** + *instr*) **2.** *adj* ~ **jam** затор, пробка; ~ **light(s)** светофор; ~ **signs** дорожные знаки *m pl* **3.** *v* (*trade*) торговать (**in,** + *instr*); (*have to do with*) иметь дело с (+ *instr*); ~ **on** пользоваться (+ *instr*)
trafficator указатель *m* поворота
tragacanth трагант, трагакант
tragedian (*writer*) автор трагедий; (*actor*) трагик
tragedienne трагическая актриса
tragedy трагедия; (*tragical nature*) трагичность *f*
tragic трагический
tragi-comedy трагикомедия
tragi-comic трагикомический
trail 1. *n* (*track*) след; **follow the ~ of** идти по следу (+ *gen*); **leave a ~** оставлять след; (*path*) тропа, тропинка; **blaze a ~** прокладывать путь **2.** *v* (*hunt*) идти по следу, выслеживать; (*follow behind*) следовать (за + *instr*); (*drag*) тащить (-ся), волочить(ся); (*lag*) отставать; (*go wearily*) плестись; (*hang*) свисать; (*of plants*) стелиться
trailer (*transport*) прицеп, трейлер; (*mobile home*) жилой автоприцеп; *cine* (кино)реклама
[1]**train** (*transport*) поезд; **by ~** поездом, на поезде; **get on a ~** сесть *pf* в поезд; **catch a ~** поспеть, попасть *pf* на поезд; **get off a ~** сойти *pf* с поезда; **change ~s** сделать *pf* пересадку; **electric ~** электричка; **goods ~** товарный поезд; (*of dress*) шлейф; (*series*) ряд, цепь *f*, серия; (*procession*) процессия; (*retinue*) свита; **be in ~** готовиться; **in the ~ of** в результате; **bring in its ~** приносить с собой
[2]**train** (*educate*) воспитывать; (*accustom*) приучать (**to,** + *infin*, or к + *dat*); (*instruct*) обучать (**in,** + *dat*); (*for profession etc*) готовить (**in, for,** к + *dat*); *sp* тренировать(ся); (*circus animals*) дрессировать; (*plants*) направлять; (*gun*) наводить
trained (*personnel etc*) обученный
trainee стажёр, практикант
trainer *sp* тренер; (*of animals*) дрессировщик; *pl* (*shoes*) кеды *m or f*
training воспитание; обучение; тренировка; дрессировка; *mil* наводка; (*professional*) подготовка
training college педагогический институт
train oil ворвань *f*
traipse плестись, тащиться
trait (характерная) черта, особенность *f*
traitor предатель *m*, изменник
traitorous предательский
traitress предательница, изменница
trajectory траектория
tram 1. *n* трамвай; **by ~** в, на трамвае, трамваем **2.** *adj* трамвайный; ~**-car** трамвайный вагон; ~**-driver** (вагоно)вожатый; ~**-line** (*rail*) трамвайный рельс; (*route*) трамвайная линия; *pl* (*tennis*) коридор
trammel 1. *n* путы *f pl* **2.** *v* (*hamper*) мешать (+ *dat*); (*restrict*) сдерживать
tramp 1. *v* (*sound of feet*) топот; (*walk*) поход; (*vagabond*) бродяга *m and f*; *Am* (*whore*) шлюха; *naut* трамп **2.** *v* (*walk heavily*) топать; (*go on foot*) идти пешком, топать
trample топтать; *fig* подавлять, попирать; ~ **to death** затаптывать; ~ **down** вытаптывать, растаптывать

trampoline бату́т, бату́д
trampolining прыжки́ *m pl* на бату́те
tramway трамва́й
trance транс; **go into a** ~ впасть *pf* в транс
tranquil споко́йный
tranquillity споко́йствие
tranquillize успока́ивать
tranquillizer транквилиза́тор, успока́ивающее сре́дство
trans- за-, транс-, пере-
transact (*conduct*) вести́; (*conclude*) заключа́ть
transaction (*conduct*) веде́ние; (*affair, business*) де́ло; (*deal*) сде́лка; *pl* (*of learned society*) труды́ *m pl*
transalpine трансальпи́йский
transatlantic трансатланти́ческий
transceiver приёмопереда́тчик
transcend (*surpass*) превосходи́ть; (*go beyond*) переступа́ть
transcendent превосхо́дный; *philos* трансценденте́льный
transcendental трансцендента́льный
transcontinental трансконтинента́льный
transcribe (*copy*) перепи́сывать; (*transliterate*) транслитери́ровать; (*decode*) расшифро́вывать; *phon* транскриби́ровать; *mus* аранжи́ровать
transcript ко́пия
transcription (*copying*) перепи́сывание; (*copy*) ко́пия; *phon* транскри́пция; *mus* аранжиро́вка
transducer преобразова́тель *m*, да́тчик
transept трансе́пт
transfer 1. *n* (*change, carrying over*) перено́с, перенесе́ние; (*of money, personnel; of designs*) перево́д; (*design, picture*) переводна́я карти́нка; (*handing over*) переда́ча; (*conveyance*) перево́з **2.** *adj* (*designs etc*) переводно́й; (*used for* ~) переда́точный; ~ **point** переда́точный пункт **3.** *vt* (*move, change*) переноси́ть (**to,** в, на + *acc*); (*put in new position*) переставля́ть, перекла́дывать (**to,** в, на + *acc*); (*money; to new post, destination etc; picture, design*) переводи́ть (**to,** в, на + *acc*); (*convey goods etc*) перевози́ть (**to,** в, на, + *acc*); (*hand over*) передава́ть (**to,** к + *dat*); *vi* (*change job, place etc*) переходи́ть (**to,** в, на, + *acc*); (*change trains, planes*) переса́живаться, де́лать переса́дку
transferable переводи́мый; ~ **account** перево́дный счёт
transference перено́с; перево́д; переда́ча
transfiguration преобразова́ние; *relig* **Transfiguration** преображе́ние
transfigure преобразо́вывать (**into,** в + *acc*)
transfix (*with weapon*) прока́лывать, пронза́ть; *fig* прико́вывать к ме́сту; (*stun*) ошеломля́ть
transform (*change appearance; make better; also tech*) преобразо́вывать; (*alter*) изменя́ть; (*convert into*) превраща́ть(ся) (**into,** в + *acc*)
transformation преобразова́ние; измене́ние; превраще́ние
transformer *tech* трансформа́тор
transfuse (*convey*) передава́ть (**into,** к + *dat*); *med* де́лать перелива́ние (кро́ви)
transfusion *med* перелива́ние кро́ви
transgress (*exceed*) переступа́ть, переходи́ть (грани́цы); ~ **the law** наруша́ть зако́н; (*sin*) греши́ть
transgression (*of law*) наруше́ние; (*sin*) грех; (*breach of manners, rules*) просту́пок
transgressor (*law-breaker*) правонаруши́тель *m*; (*sinner*) гре́шник
tranship (*goods*) перегружа́ть; (*passengers*) переса́живать(ся)
transience быстроте́чность *f*, мимолётность *f*
transient 1. *n tech* перехо́дный проце́сс **2.** *adj* (*transitory*) преходя́щий, мимолётный, скороте́чный; (*temporary*) вре́менный; (*brief*) кратковре́менный; *tech* перехо́дный
transistor 1. *n* транзи́стор **2.** *adj* транзи́сторный
transit 1. *n* (*crossing*) прохожде́ние; (*in vehicle*) прое́зд, перее́зд; (*conveying*) транзи́т, перево́зка; *astron* (*of planet*) прохожде́ние; (*telescope*) пасса́жный инструме́нт; *geod* теодоли́т **2.** *adj* транзи́тный **3.** *v* переходи́ть; (*in vehicle*) переезжа́ть; *astron* проходи́ть че́рез меридиа́н
transition перехо́д
transitional (*of, in transition*) перехо́дный; (*intermediate*) промежу́точный
transitive *gramm* перехо́дный, транзити́вный
transitory *see* **transient**
translatable переводи́мый
translate (*text; to new post*) переводи́ть(ся); ~ **from English into Russian** переводи́ть с англи́йского на ру́сский; (*relics*) переноси́ть; (*put into action*) осуществля́ть
translation перево́д; перенесе́ние
translator перево́дчик
transliterate транслитери́ровать
transliteration транслитера́ция
translucent (*passing light*) просве́чивающий; (*semi-transparent*) полупрозра́чный
transmigrate переселя́ться
transmigration переселе́ние (*also relig*)
transmission (*most senses*) переда́ча; (*sending*) пересы́лка
transmit передава́ть; пересыла́ть
transmitter переда́тчик
transmogrify превраща́ть (**into,** в + *acc*)
transmutation превраще́ние (**into,** в + *acc*)
transmute превраща́ть (**into,** в + *acc*)
transom (*of door, window*) фраму́га; (*lintel*) перемы́чка; *naut* тра́нец
transonic околозвуково́й
transparency (*quality*) прозра́чность *f*; *phot* диапози́тив; (*picture, slogan etc*) транспара́нт
transparent (*passing light*) прозра́чный; (*obvious*) я́вный; (*clear*) я́сный
transpiration транспира́ция
transpire (*become known*) станови́ться изве́стным; *coll* (*happen*) случа́ться, происходи́ть; (*turn out*) ока́зываться
transplant 1. *n med* переса́дка, транспланта́ция **2.** *v agr* переса́живать; *med* де́лать переса́дку (+ *gen*); (*move people*) переселя́ть
transplantation *agr, med* переса́дка, транспланта́ция; (*of people*) переселе́ние
transport 1. *n* (*conveying*) перево́зка, тра́нспорт; (*vehicles; means of conveying; ship*) тра́нспорт; (*rush of emotion*) поры́в **2.** *adj* тра́нспортный **3.** *v* (*convey*) перевози́ть; *fig* приводи́ть в (+ *acc*)
transportation (*conveyance*) перево́зка, тра́нспорт; (*deportation*) вы́сылка
transporter (*vehicle; conveyer*) транспортёр
transpose переставля́ть, перемеща́ть; *mus* транспони́ровать
transposition перестано́вка, перемеще́ние; *mus, math* транспози́ция
transubstantiation *rel* пресуществле́ние
transuranic трансура́новый; ~ **elements** трансу-

ра́ны *m pl*
transversal *math* пересека́ющая ли́ния; (*beam etc*) попере́чина
transverse попере́чный
transvestism трансвести́зм
transvestite трансвести́т
trap 1. *n* (*for animals*) капка́н, лову́шка, западня́; *fig* лову́шка, западня́; **fall into a** ~ попа́сться *pf* в лову́шку; *tech* лову́шка; *sl* (*mouth*) рот; (*carriage*) двуко́лка; **~-door** люк **2.** *v* (*catch*) лови́ть капка́ном; *fig* зама́нивать (в лову́шку); (*deceive*) обма́нывать; (*set ~s*) ста́вить лову́шки; *tech* улавливать
trapeze трапе́ция
trapezium трапе́ция
trapezoid 1. *n* трапецо́ид **2.** *adj* трапецоида́льный
trapper охо́тник (ста́вящий капка́ны)
trappings (*decorations*) украше́ния *neut pl*; (*finery*) наря́д; (*harness*) пара́дная сбру́я; (*accessories*) принадле́жности *f pl*
trash (*garbage*) му́сор; (*worthless thing, person*) дрянь *f*
trashy дрянно́й
trauma тра́вма
traumatic *med* травмати́ческий; *coll* сокруши́тельный
traumatize травми́ровать
travail 1. *n* родовы́е му́ки **2.** *v* му́читься в ро́дах; *fig* труди́ться
travel 1. *n* (*journeys*) путеше́ствие; (*movement*) движе́ние; *tech* ход **2.** *v* (*journey*) путеше́ствовать; (*go*) е́здить; (*on one occasion*; *in one direction*) е́хать; (*move*) дви́гаться
travel agency тури́стское аге́нтство
travel bureau бюро́ *neut indecl* путеше́ствий
traveller путеше́ственник; (*passenger*) пассажи́р; **commercial** ~ коммивояжёр; *tech* бегуно́к
traveller's cheque тури́стский чек
traverse 1. *n* (*cross-piece*) попере́чина, тра́верса; *naut*, *av* тра́верз; *geod* полиго́н; (*route survey*) маршру́тная съёмка; *tech* пода́ча **2.** *v* (*cross*) пересека́ть; (*lie across*) лежа́ть поперёк (+ *gen*); (*frustrate*) препя́тствовать (+ *dat*); *leg* возража́ть по существу́; *naut* лави́ровать; (*gun*) повора́чивать
travesty 1. *n* паро́дия (**of**, на + *acc*) **2.** *v* (*parody*) пароди́ровать; (*distort*) искажа́ть
trawl 1. *n* трал **2.** *v* тра́лить; (*catch with* ~) лови́ть тра́лом
trawler тра́улер
tray подно́с; *tech* лото́к
treacherous (*traitorous*) преда́тельский (*also fig*); (*perfidious*) вероло́мный; *fig* (*unsafe*) ненадёжный
treachery преда́тельство; вероло́мство
treacle па́тока
treacly па́точный; *fig* при́торный
tread 1. *n* (*gait*) похо́дка; (*step*) по́ступь *f*; (*of stair*) ступе́нь *f*; (*of tyre*) протéктор **2.** *v* (*walk*) ступа́ть; ~ **water** плыть сто́я; ~ **on s'th** наступа́ть на (+ *acc*); (*trample*) топта́ть; (*grapes*) дави́ть; ~ **down** топта́ть; ~ **in** вта́птывать
treadle ножно́й приво́д; (*of sewing-machine*) подно́жка; (*pedal*) педа́ль *f*
treadmill топча́к
treason изме́на; **high** ~ госуда́рственная изме́на
treasonable изме́ннический
treasure 1. *n* (*hoard*) сокро́вища *neut pl*, клад; (*valuable object*; *person*) сокро́вище **2.** *v* (*value*) (высоко́) цени́ть; (*cherish*) дорожи́ть (+ *instr*)
treasure-house сокро́вищница
treasurer казначе́й
treasure-trove клад
treasury (*treasure-house*) сокро́вищница; (*ministry*) госуда́рственное казначе́йство, министе́рство фина́нсов
treat 1. *n* (*pleasure*) удово́льствие; **stand** ~ угоща́ть **2.** *v* (*act towards*) обраща́ться с (+ *instr*); (*consider*; *have attitude to*) относи́ться к (+ *dat*), счита́ть (**as**, + *instr*); (*discuss*) обсужда́ть; (*expound*) трактова́ть; (*process*) обраба́тывать; (*try to cure*) лечи́ть; (*negotiate*) вести́ перегово́ры (**with**, с + *instr*); (*to meal etc*) угоща́ть (**to**, + *instr*)
treatise моногра́фия, тракта́т
treatment обраще́ние; обрабо́тка; лече́ние; тракто́вка
treaty догово́р (**of**, о + *prep*); **peace** ~ ми́рный догово́р
treble 1. *n mus* диска́нт **2.** *adj* (*triple*) тройно́й; (*three times as much*) втрое́; *mus* дисканто́вый **3.** *v* утра́ивать(ся)
tree де́рево; **in, on, up a** ~ на де́реве; **family** ~ родосло́вное де́рево; **~-like** древови́дный; **~-top** верху́шка де́рева
treeless безле́сный
trefoil 1. *n* трили́стник **2.** *adj* в ви́де трили́стника
trek 1. *n* (*journey*) путь *m*; (*march*) похо́д **2.** *v* путеше́ствовать
trellis решётка
tremble 1. *n* дрожь *f*, тре́пет **2.** *v* (*most senses*) дрожа́ть, трясти́сь; (*of leaves etc*; *fear*) трепета́ть (**for**, за + *acc*); ~ **at the mere thought of** трепета́ть при одно́й мы́сли о (+ *prep*)
trembler *elect* прерыва́тель *m*
trembly дрожа́щий
tremendous (*amazing*) потряса́ющий; (*huge*; *very great*) огро́мный, колосса́льный; (*awful*) ужа́сный, стра́шный
tremendously *coll* стра́шно; **he was ~ pleased** он был стра́шно дово́лен
tremolo тре́моло *neut indecl*
tremor (*trembling*) дрожь *f*, тре́пет; (*of earthquake etc*) сотрясе́ние, толчки́ *m pl*; *med* тре́мор
tremulous (*shaking*) дрожа́щий; (*fearful*) тре́петный; (*timid*) ро́бкий; *med* тре́морный
trench 1. *n* (*ditch*) кана́ва, ров; *mil* око́п, транше́я **2.** *v* копа́ть кана́ву *etc*; ~ **on** (*encroach*) посяга́ть на (+ *acc*)
trenchant (*sharp*; *also fig*) ре́зкий, о́стрый; (*forceful*) си́льный; (*to the point*) недвусмы́сленный
trencher *tech* кана́вокопатель *m*
trencherman: good, poor ~ хоро́ший, плохо́й едо́к
trend 1. *n* направле́ние, тенде́нция; (*fashion*) мо́да **2.** *v* име́ть тенде́нцию (**towards**, к + *dat*)
trendy ультрамо́дный, сверхсовреме́нный
trepan трепани́ровать
trepanning трепана́ция
trepidation (*alarm*) трево́га; (*apprehension*) опасе́ние; (*trembling*) тре́пет
trespass 1. *n* (*on land*) наруше́ние грани́ц, вторже́ние в чужи́е владе́ния; (*offence*) правонаруше́ние; *ar* (*sin*) грех **2.** *v* наруша́ть грани́цы (**on**, + *gen*); (*encroach*) посяга́ть (**on**, на + *acc*); (*abuse*) злоупотребля́ть
trespasser наруши́тель *m* (грани́ц), вторга́ющийся в чужи́е владе́ния
tress (*lock of hair*) ло́кон; (*plait*) коса́; *pl* во́лосы

m pl

trestle (*scaffolding*; *planking*) подмо́стки *m pl*; (*support*) ко́злы *m pl*; **~-table** стол на ко́злах

trey (*cards*) тро́йка

triad (*group of three*) тро́йка; *mus* трезву́чие; *pros* трёхсти́шие; *math* триа́да; *chem* трёхвале́нтный элеме́нт

trial 1. *n* (*test*) про́ба, испыта́ние; **give s'th a ~** испы́тывать; (*adversity*) испыта́ние, пережива́ние; *leg* суд (**for,** по де́лу + *gen*; **of,** над + *instr*), проце́сс; **be on ~** находи́ться под судо́м; **bring to ~** привлека́ть к суду́; *sp* прики́дка **2.** *adj* про́бный, испыта́тельный; **~ period** испыта́тельный срок; **~ run** испыта́ние

triangle треуго́льник

triangular треуго́льный

triangulate производи́ть триангуля́цию

triangulation триангуля́ция

Triassic 1. *n* триа́с, триа́совый пери́од **2.** *adj* триа́совый

tribal племенно́й, родово́й

tribalism трибали́зм, трайбали́зм

tribasic трёхосно́вный

tribe пле́мя *neut*, род; *hist*, *biol* три́ба

tribesman член пле́мени

triboelectric трибоэлектри́ческий

tribology трибоʻло́гия

tribrach трибра́хий

tribulation (*distress*) го́ре; (*suffering*) страда́ние; (*misfortune*) несча́стье

tribunal трибуна́л, суд

tribune (*person*) трибу́н; (*platform*) трибу́на

tributary 1. *n* (*person*) да́нник; (*river*) прито́к **2.** *adj* (*paying tribute*) платя́щий дань; (*subordinate*) подчинённый

tribute дань *f*; *fig* дань, до́лжное; **pay ~ to** отдава́ть дань, до́лжное (+ *dat*); **as a ~ to** (*mark of respect*) в знак уваже́ния (+ *dat*); (*in memory*) в па́мять (+ *gen*)

trice: in a ~ момента́льно, мгнове́нно

tricentenary трёхсотле́тие

triceps три́цепс, трёхгла́вая мы́шца

trichotomy трихотоми́я

trick 1. *n* (*prank*) проде́лка; **play a ~ on** игра́ть шу́тку с (+ *instr*); (*deceive*) обма́нывать; **dirty ~** по́длость *f*; (*deception*) обма́н, хи́трость *f*; (*method of deception*; *conjuring*) фо́кус, трюк; **perform a ~** пока́зывать фо́кус; (*clever device*) ло́вкий приём; **the ~ is to ...** вся хи́трость в том, что́бы ...; **get the ~ of** наловчи́ться (+ *infin or* в + *pr*); (*habit*) привы́чка; (*characteristic*) сво́йство; (*cards*) взя́тка; *naut* сме́на **2.** *adj* (*fake*) фальши́вый; (*joke*) шу́точный; (*deceptive*) обма́нчивый; (*intricate*) хи́трый; (*concealed*) скры́тый **3.** *v* (*deceive*) обма́нывать; **~ into** хи́тростью заста́вить *pf*, уговори́ть *pf* (+ *infin*); (*entice*) замани́ть в (+ *acc*); **~ out, up** (*dress*) наряжа́ть (**in,** в + *acc*); (*adorn*) украша́ть (**in,** + *instr*)

trickery (*cunning*) хи́трость *f*; (*deception*) обма́н

trickle 1. *n* стру́йка **2.** *vt* лить то́нкой стру́йкой; *vi* (*flow in thin stream*) течь то́нкой стру́йкой; (*scarcely flow*) едва́ течь; (*flow slowly*) ме́дленно течь; (*drip*) ка́пать; **~ away** утека́ть; (*leave*) постепе́нно уходи́ть; **~ in** (*arrive*) постепе́нно приходи́ть

trickster обма́нщик

tricky (*cunning*) хи́трый, ло́вкий; (*complex*) сло́жный; (*ticklish*) щекотли́вый; (*unreliable*) ненадёжный; (*difficult*) тру́дный

tricolour 1. *n* трёхцве́тный флаг **2.** *adj* трёхцве́тный

tricorn(e) (*hat*) треуго́лка

tricycle трёхколёсный велосипе́д

trident трезу́бец

tried (*reliable*) надёжный; (*tested*) испы́танный

triennial трехле́тний

trier: be a ~ быть стара́тельным

trifle 1. *n* (*triviality*) пустя́к, ме́лочь *f*; (*small amount*) ка́пелька, чу́точка **2.** *adv* немно́го **3.** *v* (*be frivolous*) вести́ себя́ несерьёзно; (*joke*) шути́ть; (*play the fool*) валя́ть дурака́; **~ with** (*not take seriously*) несерьёзно относи́ться с (+ *instr*); (*toy with*) игра́ть, вози́ться с (+ *instr*)

trifling пустяко́вый, незначи́тельный, тривиа́льный

trigger 1. *n* спусково́й крючо́к, соба́чка; **pull the ~** нажима́ть на спусково́й крючо́к; *rad* три́ггер **2.** *v* **~ off** (*cause*) вызыва́ть; (*set in motion*) пусти́ть в ход

trigonometric(al) тригонометри́ческий

trigonometry тригономе́трия

trilateral трёхсторо́нний

trill 1. *n* трель *f* **2.** *v* (*of bird*) залива́ться тре́лью; (*of person*) петь дрожа́щим го́лосом

trillion квинтилльо́н; *Am*, *Fr* триллио́н

trilobate трёхло́пастный

trilobite трилоби́т

trilogy трило́гия

trim 1. *n* (*state*) состоя́ние; (*order*) поря́док; (*cut*) подре́зка; *av*, *naut* диффере́нт; (*finish*) отде́лка **2.** *adj* (*neat*) аккура́тный; (*tidy*) опря́тный; (*in good order*) в хоро́шем состоя́нии **3.** *v* (*put in order*) приводи́ть в поря́док; (*decorate*) отде́лывать (**with,** + *instr*); (*clip*) подреза́ть; (*hedge*, *hair*) подра́внивать; **have one's hair ~med** постри́чься *pf*; (*wood*, *stone*) обтёсывать; (*adjust*) приспоса́бливаться (**to,** к + *dat*); *naut* удифференто́вывать

trimaran тримара́н

trimmer *tech* обрезно́й стано́к; *av*, *rad* три́ммер; (*opportunist*) приспособле́нец

trimming (*finish*) отде́лка; (*ornament*) украше́ния *neut pl*; *pl coll cul* гарни́р

trinitrotoluene тринитротолуо́л

trinity тро́ица

trinket безделу́шка

trinomial *math* **1.** *n* трёхчле́н **2.** *adj* трёхчле́нный

trio (*three things*) три (+ *gen sing*); (*people*) тро́йка; *mus* три́о *neut indecl*

triode трио́д

triolet триоле́т

trip 1. *n* (*journey*) пое́здка; (*of public transport*) рейс; (*excursion*) экску́рсия; (*stumble*) споты-ка́ние; (*causing to stumble*) подно́жка; (*error*) оши́бка; (*slip of tongue*) обмо́лвка; *sl* (*on drugs*) кайф **2.** *vt* (*make stumble*) заста́вить *pf* споткну́ться; (*with foot*) дать *pf* подно́жку; (*upturn*; *also tech*) опроки́дывать; (*catch out*) пойма́ть *pf*; *tech* (*operate*) сраба́тываться; *vi* (*stumble*) спотыка́ться (**over, against,** о, об + *acc*); (*make error*) ошиба́ться, де́лать оши́бку; (*in speech*) обмо́лвиться *pf*; (*skip*) бежа́ть вприпры́жку

tripartite трёхсторо́нний

tripe (*intestines*) требуха́, *cul* рубе́ц; (*coll*) вздор, чепуха́

trip-hammer рыча́жный мо́лот

triphthong трифто́нг
triple 1. *adj* тройно́й **2.** *v* утра́ивать
triple jump тройно́й прыжо́к
triplet (*child*) тройня́шка (*coll*); *pl* **(set of) ~s** тро́йня; *pros*, *opt*, *phys* трипле́т
triplex 1. *n tech* три́плекс **2.** *adj* тройно́й
triplicate 1. *adj* тройно́й; **in ~** в трёх экземпля́рах **2.** *v* (*treble*) утра́ивать; (*make in ~*) де́лать в трёх экземпля́рах
tripod 1. *n tech*, *phot* трено́га, трено́жник **2.** *adj* трено́гий
tripper тури́ст
tripping 1. *adj* (*of gait*) лёгкий **2.** *adv* вприпры́жку
triptych три́птих
tripwire *mil* спотыка́ч; (*on mine etc*) натяжна́я про́волока; **~ operated** натяжно́го де́йствия; (*snare*) сило́к
trireme трире́ма
trisect дели́ть на три ча́сти
trisyllabic трёхсло́жный
trite бана́льный
triteness бана́льность *f*
tritium три́тий
Triton трито́н
triturate растира́ть (в порошо́к)
triumph 1. *n* (*victory*) побе́да, торжество́ (**over,** над + *instr*); (*success*; *celebration*; *feeling of ~*) триу́мф, торжество́; *hist* триу́мф **2.** *v* (*conquer*) побежда́ть (**over,** + *acc*); (*prevail*; *exult*) торжествова́ть (**over,** над + *instr*)
triumphal триумфа́льный
triumphant (*victorious*) победоно́сный; (*exulting*) лику́ющий, торжеству́ющий; **be ~** оде́рживать побе́ду (**over,** над + *instr*)
triumvir триумви́р
triumvirate *hist* триумвира́т; *fig* тро́йка
triune триеди́ный
trivalent трёхвале́нтный
trivet подста́вка
trivia ме́лочи *f pl*, пустяки́ *m pl*
trivial (*insignificant*) незначи́тельный; (*worthless*) пустяко́вый; (*superficial*) тривиа́льный
triviality незначи́тельность *f*; тривиа́льность *f*; (*trivial matter*) ме́лочь *f*, пустя́к
trivialize превраща́ть в бана́льность, опошля́ть
trivium три́виум
trochaic трохеи́ческий, хореи́ческий
trochee трохе́й, хоре́й
troglodyte троглоди́т
troika тро́йка
Trojan 1. *n* троя́нец, *f* троя́нка **2.** *adj* троя́нский
troll *myth* тролль *m*
trolley теле́жка; (*domestic*) сто́лик на колёсиках; (*on tram etc*) тролле́й; **~-bus** тролле́йбус; **~-car** трамва́й
trollop (*whore*) шлю́ха; (*slattern*) неря́ха
trombone тромбо́н
trombonist тромбони́ст
troop 1. *n* (*group*) гру́ппа; (*crowd*) толпа́; *mil* взвод; (*cavalry*) эскадро́н; *pl* войска́ *neut pl* **2.** *v* идти́ *etc* толпо́й
troop-carrier транспортёр; (*plane*) тра́нспортно-деса́нтный самолёт
troop-carrying тра́нспортно-деса́нтный
trooper солда́т; (*in cavalry*) кавалери́ст; (*in tanks*) танки́ст; **swear like a ~** руга́ться как изво́зчик
troopship тра́нспорт для перево́зки войск, войсково́й тра́нспорт
trope троп
trophy трофе́й; (*prize*) приз
tropic 1. *n* тро́пик; *pl* **the ~s** тро́пики *m pl* **2.** *adj* тропи́ческий
tropical тропи́ческий
troposphere тропосфе́ра
trot 1. *n* (*of horse*) рысь *f*; **at a ~** ры́сью; (*run*) бег; *coll* **on the ~** (*in succession*) подря́д; (*busy*) за́нятый **2.** *vt* (*a horse*) пуска́ть ры́сью; *vi* (*of horse*) идти́ ры́сью; (*run*) бежа́ть; (*hurry*) торопи́ться
 ~ about суети́ться
 ~ along бежа́ть
 ~ out (*show*) пока́зывать; (*bring out*, *adduce*) выставля́ть
troth (*fidelity*) ве́рность *f*; (*word*) че́стное сло́во; **plight one's ~** покля́сться *pf* в ве́рности
Trotskyism троцки́зм
Trotskyist 1. *n* троцки́ст **2.** *adj* троцки́стский
trotter *cul* но́жки *f pl*
troubadour трубаду́р
trouble 1. *n* (*difficulty*) затрудне́ние; **I have no ~ in** мне не тру́дно (+ *infin*); **it's no ~** не́ за что; **the ~ is** де́ло в том, что; **what's the ~?** в чём де́ло?; **without ~** без труда́; (*unpleasantness*) неприя́тность *f*; **be in ~** быть в го́ре; **get into ~** попа́сть *pf* в беду́; **he'll get into ~ for that!** он полу́чит за э́то; **look for ~** напра́шиваться на неприя́тности; **make ~ for** причиня́ть (+ *dat*) неприя́тности; (*care*) **take the ~ to** затрудни́ться *pf* (+ *infin*); (*fuss*) хло́поты *f pl*; (*misfortune*) несча́стье; (*illness*) боле́знь *f*; *pl* (*disorder*) волне́ния *neut pl* **2.** *v* (*make difficult*) затрудня́ть; (*worry*, *pain*, *disturb*) беспоко́ить(ся); **may I ~ you to ...** не могу́ ли я попроси́ть вас (+ *infin*) *or* пожа́луйста (+ *impers*); **he didn't ~ to reply** он не потруди́лся отве́тить
troubled беспоко́йный
trouble-free (*reliable*) надёжный; (*of machine*) безотка́зный
troublemaker скло́чник, смутья́н
troubleshooter специали́ст по устране́нию непола́док
troublesome (*difficult*) тру́дный; (*annoying*) раздража́ющий; (*painful*) мучи́тельный
troublous беспоко́йный
trough (*feeding*) коры́то; (*channel*) жёлоб; (*hollow*) впа́дина; (*of waves*) подо́шва; *meteorol* бари́ческая ложби́на
trounce (*beat*; *defeat*) бить; (*scold*) отчи́тывать; (*argument etc*) разбива́ть
troupe тру́ппа
trouper член тру́ппы; (*old actor*) о́пытный актёр
trouser-leg штани́на
trouser-suit брю́чный костю́м
trousers брю́ки *f pl*, штаны́ *m pl*
trousseau прида́ное
trout форе́ль *f*; *coll* **old ~** (*woman*) стару́ха
trowel (*gardening*) лопа́тка, сово́к; (*plastering etc*) ке́льма
troy (*measures*) тро́йский
truancy прогу́л
truant 1. *n* прогу́льщик; **play ~** прогу́ливать **2.** *adj* прогу́ливающий
truce переми́рие
¹truck 1. *n* (*railway*) това́рный ваго́н; (*barrow*) теле́жка; (*lorry*) грузова́я маши́на, грузови́к; **dump ~** самосва́л **2.** *v* перевози́ть на грузовика́х
²truck 1. *n* (*barter*) ме́на; (*payment in kind*) опла́та труда́ нату́рой; **have no ~ with** не связа́ться с

(+ *instr*) **2.** *v* обменивать
truckle раболе́пствовать (**to,** пе́ред + *instr*)
truckle bed раскладу́шка
truculence свире́пость *f*; агресси́вность *f*; драчли́вость *f*
truculent (*fierce*) свире́пый; (*aggressive*) агресси́вный; (*pugnacious*) драчли́вый
trudge плести́сь, тащи́ться
true 1. *adj* (*most senses*) ве́рный; **that's** ~ э́то ве́рно, пра́вда; **is it** ~ **that?** (э́то) пра́вда, что?; (*correct*) пра́вильный; (*accurate*) то́чный; (*loyal*) ве́рный, пре́данный (**to,** + *dat*); (*genuine*) настоя́щий, по́длинный, и́стинный **2.** *v tech* выверя́ть, пра́вить
true-blue *coll* настоя́щий
true-bred чистокро́вный
true-hearted (*loyal*) ве́рный; (*sincere*) и́скренний
truffle трю́фель *m*
truism трюи́зм
truly (*faithfully*) ве́рно; (*sincerely*) и́скренне; (*really*) и́стинно, действи́тельно; (*in letter*) **yours** ~ и́скренне Ваш
trump 1. *n* ко́зырь *m*; ~ **card** козырна́я ка́рта; *fig* гла́вный ко́зырь; **play a** ~ козырну́ть *pf*; *fig* ходи́ть с ко́зыря; *fig* (*person*) молоде́ц **2.** *v* (*play* ~; *also fig*) козыря́ть; (~ *another card*) покры́ть *pf* ко́зырем; ~ **up** фабрикова́ть
trumpery 1. *n* (*worthless show*) мишура́; (*rubbish*) дрянь *f* **2.** *adj* мишу́рный; дрянно́й
trumpet 1. *n* труба́; *fig, coll* **blow one's own** ~ хва́статься, хвали́ться **2.** *v* труби́ть; *fig* (*proclaim*) возвеща́ть
trumpeter труба́ч
truncate (*cut off top*) отсека́ть верху́шку; (*shorten*) усека́ть; (*abridge*) сокраща́ть
truncheon (*police*) дуби́нка; (*of office*) жезл
trundle кати́ть(ся)
trunk (*of tree*) ствол; (*body*) ту́ловище; (*of elephant*) хо́бот; (*box*) сунду́к; (*case*) чемода́н; ~**-call** вы́зов по междугоро́дному телефо́ну; ~**-road,** ~**-line** магистра́ль *f*
trunks (*shorts*) трусы́ *m pl*; (*swimming*) пла́вки *f pl*
trunnion ца́пфа
truss 1. *n bui* фе́рма; *med* грыжево́й банда́ж; (*sheaf*) пук, свя́зка **2.** *v bui* укрепля́ть; (*tie*) свя́зывать
trust 1. *n* (*faith*) дове́рие (**in,** к + *dat*), ве́ра; **have, put** ~ **in** доверя́ть (+ *dat*); **take on** ~ принима́ть на ве́ру; **breach of** ~ злоупотребле́ние дове́рием; (*duty*) долг, обя́занность *f*; (*responsibility*) отве́тственность *f*; *leg* довери́тельная со́бственность *f*; **hold in** ~ владе́ть (+ *instr*) на нача́лах довери́тельной со́бственности; **2.** *v* (*believe*) ве́рить (+ *dat*), доверя́ть (+ *dat*); ~ **in** доверя́ться (+ *dat*); (*entrust*) доверя́ть (**to,** + *dat*); (*rely*) полага́ться (**in,** на + *acc*), наде́яться (**in,** на + *acc*); (*hope*) наде́яться
trustee довери́тельный со́бственник; *pl* (*governing body*) правле́ние
trustful, trusting дове́рчивый
trustiness ве́рность *f*; надёжность *f*
trustworthiness надёжность *f*; че́стность *f*; то́чность *f*
trustworthy (*reliable*) надёжный; (*honest*) че́стный; (*accurate*) то́чный
trusty 1. *n* надёжный челове́к; *sl* (*prisoner*) образцо́вый заключённый, *sl* су́ка **2.** *adj* (*faithful*) ве́рный; (*reliable*) надёжный
truth пра́вда, и́стина; **tell the** ~ говори́ть пра́вду; **to tell you the** ~ открове́нно говоря́, по пра́вде говоря́, **in** ~ в са́мом де́ле; (*principle, doctrine*) и́стина
truthful (*telling truth*) правди́вый; (*accurate*) ве́рный, то́чный
truthfulness правди́вость *f*
try 1. *n* (*attempt*) попы́тка; **have, make a** ~ сде́лать *pf* попы́тку, попыта́ться *pf*; (*test*) про́ба; **give s'th a** ~ попро́бовать *pf* **2.** *v* (*make attempt*) пыта́ться; (*test*) про́бовать, испы́тывать; (*endeavour*) стара́ться; (*in court*) суди́ть; (*weary*) утомля́ть; (*irritate*) раздража́ть
trying 1. *n* (*effort*) стара́ние *usu pl*; **for all his** ~ несмотря́ на все его́ стара́ния; **without** ~ не стара́ясь **2.** *adj* (*irritating*) раздража́ющий; (*of child, situation etc*) тру́дный; (*tiring*) утоми́тельный
try-on *coll* (*attempt to deceive*) попы́тка обману́ть; (*first trial*) про́бный шар
try-out (*test*) испыта́ние; **give a** ~ испыта́ть *pf*
trysail три́сель *m*
tryst (*meeting*) свида́ние, встре́ча; (*place*) ме́сто свида́ния
tsar царь *m*
tsarina цари́ца
tsetse fly му́ха цеце́
T-shirt ма́йка
T-square рейсши́на
tub 1. *n* (*for butter, plants etc*) ка́дка; (*wash-*~) моха́нь *f*; *coll* (*bath*) ва́нна; (*wagon*) вагоне́тка; (*rowing*) шлю́пка; *naut, coll* ста́рый парохо́д/кора́бль *m* **2.** *v* (*bath*) мы́ть(ся) в ва́нне; (*plant*) сажа́ть в ка́дку
tuba ту́ба
tubby то́лстый, то́лстенький
tube (*pipe*) труба́; (*railway*) метро́ *neut indecl*; (*of glue etc*) тю́бик; (*of tyre*) **inner** ~ ка́мера; *elect* ла́мпа; **television** ~ телевизио́нная тру́бка
tubeless: ~ **tyre** беска́мерная ши́на
tuber клу́бень *m*
tubercle бугоро́к
tubercular *med* туберкулёзный; *bot* бугро́рчатый
tuberculosis туберкулёз
tuberculous туберкулёзный
tuberose тубеpо́за
tuberous (*of tuber*) клубнево́й; (*like tuber*) клубневи́дный
tubing (*pipe*) труба́; (*pipes*) трубы́ *f pl*; (*pipe system*) трубопрово́д
tub-thumper у́личный ора́тор
tub-thumping разглаго́льствование
tubular тру́бчатый
tuck 1. *n* (*fold*) скла́дка; *coll* (*food*) жратва́, шамо́вка **2.** *v* (*hide, cover*) пря́тать(ся); (*push, insert*) засо́вывать (**into,** в + *acc*; **under,** под + *acc*); (*fold*) скла́дывать(ся)
~ **away** пря́тать
~ **in(to)** *coll* (*eat*) жа́дно есть
~ **up** (*sleeves*) засу́чивать; (*skirts etc*) подбира́ть; (*blanket*) подтыка́ть; (*put to bed*) уложи́ть *pf* в посте́ль; (*hem*) подвёртывать
tuck shop конди́терская
Tudor тюдо́ровский, эпо́хи Тюдо́ров
Tuesday вто́рник; **on** ~ во вто́рник; ~**s** по вто́рникам
tuft пучо́к
tug 1. *n* (*pull*) рыво́к; **give a** ~ дёрнуть *pf*; (*ship*) букси́р **2.** *v* (*pull*) тащи́ть; (*jerk*) дёргать (**at,** за + *acc*); *naut* букси́ровать

tug-of-war перетя́гивание на кана́те; *fig* борьба́
tuition обуче́ние
tulip тюльпа́н; ~**-tree** тюльпа́нное де́рево
tulle тюль *m*
tumble 1. *n* (*fall*) паде́ние; (*somersault*) кувырка́нье; **2.** *vi* (*fall*) па́дать; (*stumble*) спотыка́ться (**over,** о + *acc*); (*collapse*) обру́шиваться; (*rush*) броса́ться; (*roll about*) ката́ться, мета́ться; (*turn somersaults*) кувырка́ться; *vt* (*throw down*; *overthrow*) сва́ливать; (*throw*) броса́ть; (*crumple*) мять
tumble-down полуразру́шенный, обветша́лый
tumble-drier бараба́нная суши́лка
tumbler (*acrobat*) акроба́т; (*glass*) стака́н; *tech* опроки́дыватель *m*; *elect* ту́мблер; (*in lock*) кулачо́к
tumbrel, tumbril (*cart*) теле́га; (*two-wheeled*) двуко́лка
tumefaction опуха́ние
tumefy опуха́ть
tumescent опуха́ющий
tumid пу́хлый, распу́хший
tummy *coll* брю́хо, пу́зо; (*to child*) живо́тик; **I have a** ~**-ache** у меня́ боли́т живо́т
tumour о́пухоль *f*
tumult (*noise*) шум; (*excitement*) волне́ние; (*disorder*) сумато́ха
tumultuous (*noisy*) шу́мный; (*rowdy*) бу́йный; (*disorderly*) беспоря́дочный; (*stormy*) бу́рный
tumulus курга́н
tun больша́я бо́чка
tuna туне́ц
tundra 1. *n* ту́ндра **2.** *adj* ту́ндровый
tune 1. *n* (*melody*) мело́дия, моти́в; (*song*) пе́сня; **in** ~ (*of voice*) в тон; (*of instrument*) настро́енный; **out of** ~ (*of voice*) не в тон, фальши́вый; (*of instrument*) расстро́енный; *fig* **be in** ~ **with** гармони́ровать с (+ *instr*); (*with person*) ла́дить с (+ *instr*); **sing, be out of** ~ фальши́вить; **be out of** ~ **with** идти́ в разре́з с (+ *instr*); **to the** ~ **of** в разме́ре (+ *gen*); **change one's** ~ запе́ть на друго́й лад **2.** *v* настра́ивать; ~ **in** (*radio*) настра́иваться (**to,** на + *acc*); ~ **up** (*engine*) регули́ровать
tuneful мелоди́чный, гармони́чный
tuneless немелоди́чный
tuner настро́йщик; *elect* настро́ечное устро́йство
tungsten 1. *n* вольфра́м **2.** *adj* вольфра́мовый
tunic *hist* туни́ка; *mil* ки́тель *m*; (*gymslip*) гимнастёрка; (*woman's*) блу́зка; *biol* оболо́чка
tuning 1. *n rad, mus* настро́йка; (*engine*) регулиро́вка **2.** *adj* настро́ечный, подстро́ечный; ~**-fork** камерто́н
Tunisia Тунис
Tunisian 1. *n* туни́сец, *f* туни́ска **2.** *adj* туни́сский
tunnel 1. *n* тунне́ль *m*; (*in mine*) што́льня; **wind** ~ аэродинами́ческая труба́ **2.** *adj* тунне́льный **3.** *v* прокла́дывать тунне́ль
tunny туне́ц
turban тюрба́н, чалма́
turbid му́тный; *fig* нея́сный
turbidity му́тность *f*
turbine турби́на
turbo- ту́рбо-; ~**-compressor** турбокомпре́ссор; ~**-drill** турбобу́р; ~**-fan** турбовентиля́торный дви́гатель *m*; ~**-generator** турбогенера́тор; ~**-jet** турбореакти́вный дви́гатель *m*; ~**-prop** турбовинтово́й дви́гатель *m*
turbot белоко́рый па́лтус
turbulence бу́йность *f*; бу́рность *f*; турбуле́нтность *f*; (*social disorder*) волне́ния *neut pl*
turbulent (*wild, violent*) бу́йный; (*of elements*) бу́рный; (*agitated*) взволно́ванный; *tech* турбуле́нтный
turd *vulg* (*also as abuse*) говно́
tureen су́пница
turf 1. *n* (*grassy ground, sod*) дёрн; (*peat*) торф; (*racing*) ска́чки *f pl* **2.** *v* дернова́ть; *coll* ~ **out** вышвы́ривать
turfy дерни́стый; торфяно́й
turgid (*swollen*) опу́хший; *fig* напы́щенный
turgidity опу́хлость *f*; напы́щенность *f*
Turk ту́рок, *f* турча́нка
Turkey Ту́рция
turkey индю́к, *f* инде́йка; *cul* инде́йка
Turkic тю́ркский
Turkish 1. *n* туре́цкий язы́к **2.** *adj* туре́цкий; ~ **bath** туре́цкая ба́ня; ~ **delight**раха́т-луку́м
Turkman, Turkmen, Turkoman 1. *n* (*person*) туркме́н, *f* туркме́нка; (*language*) туркме́нский язы́к **2.** *adj* туркме́нский
turmeric курку́ма
turmoil (*confusion*) сумато́ха; (*commotion, disarray*) смяте́ние; (*agitation*) волне́ние
turn 1. *n* (*change in direction*; *corner*) поворо́т; *av* разворо́т; **at every** ~ на ка́ждом шагу́; **things took an unexpected** ~ дела́ при́няли неожи́данный оборо́т; **a** ~ **for the better** измене́ние к лу́чшему; (*bend in road etc*) изги́б; (*in river*) излу́чина; (*loop, in coil*) вито́к; (*revolution*) оборо́т; (*walk*) прогу́лка; **take a** ~ прогуля́ться *pf*; (*service*) **do s.o. a good** ~ оказа́ть *pf* (+ *dat*) хоро́шую услу́гу; *theat* но́мер; (*line, shape*) ли́ния, о́браз; ~ **of phrase** оборо́т ре́чи; (*opportunity*) о́чередь *f*; **by, in** ~ по о́череди; **now it's my** ~ тепе́рь моя́ о́чередь; **out of** ~ вне о́череди; **take** ~**s** де́лать поочерёдно; **wait for your** ~ подожди́(те) свое́й о́череди; **your** ~ о́чередь за ва́ми; *coll* **give s.o. a** ~ испуга́ть *pf* **2.** *v* (*twist*; *change direction*) повора́чивать(ся); ~ **inside out** вывора́чивать (наизна́нку); ~ **one's back on** поверну́ться *pf* спино́й к (+ *dat*); *fig* отка́зываться от (+ *gen*); ~ **one's head** оберну́ться *pf* лицо́м; ~ **upside down** перевора́чивать(ся) вверх дном; (*rotate*) враща́ть(ся); (*on lathe*) точи́ть; (*direct*) направля́ть; ~ **one's attention to** обраща́ть внима́ние на (+ *acc*); ~ **one's hand to** принима́ться за (+ *acc*); (*change*) превраща́ть(ся) (**into,** в + *acc*); (*alter*) изменя́ться; (*go bad*) по́ртиться; (*of milk*) сверну́ться *pf*; (*become*) станови́ться (+ *instr*) (*with some adjs, translate by verb formed from adj, qv*) *eg* ~ **pale** побледне́ть *pf*; ~ **red** покрасне́ть *pf*
~ **about, around** обора́чивать(ся), повора́чивать(ся); (*vehicle, ship*) развора́чивать(ся)
~ **against** *vt* восстана́вливать про́тив (+ *gen*); *vi* восстава́ть про́тив (+ *gen*)
~ **aside** (*deflect*) отклоня́ть; (*away from*) отвора́чивать(ся) (**from,** от + *gen*); (*move to one side*) отходи́ть в сто́рону
~ **away** (*aside*) отвора́чивать(ся) (**from,** от + *gen*); (*drive away*) прогоня́ть
~ **back** (*drive away*) прогоня́ть; (*make return*) возвраща́ть; (*set out on return*) отправля́ться наза́д, возвраща́ться
~ **down** (*reject*) отверга́ть; (*refuse*) отка́зываться от (+ *gen*); **he** ~**ed down their request** он отказа́л им в про́сьбе; (*bend over*) заги-

бáть; (*reduce*) убавля́ть; ~ **down a narrow road** сворáчивать на ýзкую дорóжку
~ **in** (*return*) сдавáть, возвращáть; *coll* (*go to bed*) ложи́ться спать; (*bend inwards*) загибáть внутрь; (*twist inwards*) поворáчивать внутрь; (*round corner*) заходи́ть; (*in vehicle*) заезжáть (в + *acc*)
~ **off** (*tap etc*) закрывáть; (*switch, light etc*) выключáть; ~ **off the road** сворáчивать с дорóги; (*repel*) отби́ть *pf* охóту к (+ *dat*); (*sack*) увольня́ть
~ **on** (*tap etc*) открывáть; (*switch, light etc*) включáть; (*depend on*) зависéть от (+ *gen*); (*attack*) поверну́ться *pf* и напáсть *pf* на (+ *acc*)
~ **out** (*see* ~ **off**); (*pockets*) вывoрáчивать; (*drive out*) выгоня́ть; (*come*) приходи́ть; (*summon*) вызывáть; (*produce*) выпускáть; (*prove to be*) окáзываться (+ *instr*); **as it ~ed out** как оказáлось; **it ~s out that** окáзывается...
~ **over** переворáчивать(ся); (*hand over*) передавáть; (*ponder*) обду́мывать; (*bend over*) загибáть
~ **round** (*see* ~ **about**)
~ **to** (*become*) превращáться в (+ *acc*); (*address*) обращáться к (+ *dat*); (*recourse to*) прибегáть к (+ *dat*)
~ **up** (*twist upwards*) загибáть(ся) вверх; (*shorten garment*) подшивáть; (*road*) сворáчивать на, в (+ *acc*); (*find*) находи́ть; (*be found*) окáзываться, находи́ться; (*appear*) появля́ться; (*happen*) происходи́ть; **something will ~ up** чтó-нибудь да подвернётся; (*increase volume*) дéлать грóмче; (*light*) прибавля́ть; *coll* (*make sick*) **it ~s me up** меня́ тошни́т (от + *gen*); *coll* (*stop*) прекрати́ть *pf*; ~ **it up!** брось!, хвáтит!

turnabout (рéзкий) поворóт; *fig* изменéние пози́ции
turncoat ренегáт
turncock стóпорный кран
turner (*lathe-worker*) тóкарь *m*
turnery токáрная рабóта
turning 1. *n* (*bend in road*) изви́лина; (*branch of road*) поворóт; (*rotation*) вращéние; (*on lathe*) токáрное ремеслó **2.** *adj* (*of lathe*) токáрный; **~-point** поворóтный пункт, перелóмный момéнт
turnip рéпа, турнéпс; **~-tops** ботвá рéпы
turnkey тюрéмщик
turn-out (*summoning*) созы́в; (*number present*) коли́чество присýтствующих; (*public*) пýблика; (*clothes etc*) наря́д; *econ* вы́пуск; *ar* (*equipage*) вы́езд
turnover *econ* оборóт; (*of staff*) текýчесть *f*; *cul* полукрýглый пирóг
turnpike (дорóжная) застáва; ~ **road** плáтная автострáда
turn-round оборóт; ~ **time** врéмя *neut* оборóта
turnstile турникéт
turntable (*record-player*) диск проигрывателя, вертýшка; *tech* поворóтный круг
turn-up (*on trousers*) манжéта; *sl* (*row*) скандáл; (*luck*) везéние
turpentine скипидáр
turpitude (*baseness*) ни́зость *f*; (*depravity*) порóчность *f*
turquoise 1. *n* (*stone*) бирюзá; (*colour*) бирюзóвый цвет **2.** *adj* бирюзóвый
turret (*tower*) бáшенка; (*for gun*) бáшня; (*of lathe*) револьвéрная голóвка; **~-lathe** револьвéрный станóк
turtle морскáя черепáха; **turn** ~ опроки́дываться, перевёртываться; **~-dove** ди́кий гóлубь *m*; **~-neck sweater** сви́тер с воротникóм «хóмут»
tusk клык, би́вень *m*
tussle 1. *n* схвáтка, борьбá **2.** *v* (*fight*) дрáться; (*struggle*) борóться (**with,** с + *instr*)
tussock кóчка
tussore туссóр
tut ну; *as verb* áхать
tutelage опéка
tutelar(y) (*of guardian*) опекýнский; (*protecting*) покрови́тельствующий
tutor 1. *n* (*teacher*) учи́тель *m*; (*mentor*) настáвник; (*university*) наýчный руководи́тель *m*, тью́тор **2.** *v* обучáть
tutorial 1. *n* консультáция **2.** *adj* настáвнический; ~ **system** систéма обучéния под руковóдством тью́тора
tutti-frutti (*fruit salad*) фруктóвый салáт; (*compote*) компóт; (*ice-cream*) морóженое с фрýктами
tutu пáчка
tu-whit, tu-whit tu-whoo крик совы́
tuxedo *Am* смóкинг
TV телеви́дение
twaddle 1. *n* чепухá, ерундá, вздор, чушь *f* **2.** *v* молóть чушь, вздор
twang 1. *n* (*of bowstring etc*) звук натя́нутой тетивы́ *etc*; (*of accent*) гнусáвый вы́говор **2.** *vi* звучáть; гнусáвить; *vt* (*pluck*) щипáть; (*strum*) бренчáть
tweak 1. *n* щипóк **2.** *v* (*pinch*) щипáть; (*tug*) потя́гивать; (*jerk*) дёргать
twee *coll* (*pretty*; *also iron*) (сли́шком) хорóшенький; (*chic*) (сли́шком) шикáрный
tweed 1. *n* твид **2.** *adj* из тви́да, тви́довый
tweet 1. *n* щéбет **2.** *v* щебетáть, чири́кать
tweeter *rad* громкоговори́тель *m* для вéрхних частóт
tweezers пинцéт, щи́пчики *m pl*
twelfth 1. *n* (*fraction*) двенáдцатая (часть *f*); (*date*) двенáдцатое (числó) **2.** *adj* двенáдцатый; **Twelth Night** канýн Крещéния
twelve двенáдцать *f* (+ *gen pl*) (*see also* **eight**)
twelvemonth год
twentieth 1. *n* (*fraction*) двадцáтая (часть); (*date*) двадцáтое; **on the** ~ двадцáтого (числá) **2.** *adj* двадцáтый
twenty двáдцать *f* (+ *gen pl*); (*age*) **he is** ~ емý двáдцать лет; *pl* **the twenties** двадцáтые гóды *m pl*; **he is in his twenties** он на трéтьем деся́тке
twerp, twirp (*fool*) дурáк; (*feeble person*) шля́па
twice два рáза, двáжды; ~ **as** вдвóе (+ *comp adj*); ~ **as much** вдвóе бóльше; **once or** ~ нéсколько раз
twiddle крути́ть, вертéть; ~ **one's thumbs** (*do nothing*) ничегó не дéлать, бить баклуши́; (*idle*) бездéльничать
twig 1. *n* вéточка, прýтик **2.** *v coll* (*understand*) понимáть, *coll* усéчь *pf*; (*guess meaning of*) разгáдывать; (*notice*) подмечáть
twilight 1. *n* (*morning, evening*) сýмерки *f pl*; **at, in the** ~ в сýмерки; (*half-light*) сýмрак **2.** *adj* сýмеречный (*also fig*); сýмрачный
twill твил
twin 1. *n* близнéц, *coll* двойня́шка; *pl* близнецы́; **a pair of ~s** двóйня; (*double*) двойни́к **2.** *adj* (*double*) двойнóй; (*identical*) одинáковый; *tech*

удвóенный, спáренный; ~**-engined** двухмотóрный
twine 1. *n* (*string*) бечёвка, шпагáт **2.** *v* (*twist*) вить(ся); (*interweave*) скрýчивать(ся), сплетáть(ся); (*encircle*) ~ **round** обвивáть(ся); (*meander*) извивáться
twinge: ~ **of pain** прúступ бóли; ~ **of conscience** угрызéния *neut pl* сóвести
twinkle 1. *n* (*light*; *of stars etc*) мерцáние; (*in eyes*) огонёк; (*moment*) мгновéние **2.** *v* (*of lights*) мерцáть, сверкáть; (*of eyes*) блестéть (**with,** + *instr*); (*move quickly*) мелькáть
twinkling мерцáние; **in a** ~ в мгновéние óка
twirl 1. *n* (*turning*) вращéние; **give s'th a** ~ закрутúть *pf*; (*swirl*) вихрь *m*; (*pen flourish*) рóсчерк **2.** *v* вертéть(ся), крутúть(ся)
twist 1. *n* (*turn of screw etc*; *change of direction*) поворóт; (*bend*; *in road etc*) изгúб; (*distortion*) искажéние; **give a** ~ (*turn*) повернýть(ся) *pf*; (*wriggle*) извúться *pf*; (*distort*) исказúть *pf*; (*screw of paper*) фýнтик; (*trick*) обмáн **2.** *v* (*turn*, *screw*) крутúть(ся), поворáчиваться; (*twine*) вить(ся); (*coil*, *wriggle*; *meander*) извивáться; (*sprain*) вы́вихнуть *pf*; ~ **s.o.'s arm** выворáчивать рýку; (*screw up*) скрýчивать; (*distort*) искажáть; *coll* (*dupe*) надувáть; ~ **off** открýчивать
twist drill спирáльное сверлó
twister (*crook*) жýлик; (*wind*) смерч
twisty (*winding*) извúлистый; (*devious*) хúтрый; (*dishonest*) нечéстный
[1]**twit** дурáк
[2]**twit** (шутя́) попрекáть (**with,** + *instr*)
twitch 1. *n* (*of muscle*) подёргивание; (*jerk*) дёрганье **2.** *v* (*jerk*) дёргать(ся), подёргивать(ся) (**at,** за + *acc*; *part of body*, + *instr*); (*jerk off*, *away*) сдёргивать; (*jerk out*) выдёргивать (**from, out of,** из + *gen*)
twitter 1. *n* щéбет **2.** *v* щебетáть, чирúкать
two *num* два, *f* две (+ *gen sing of nouns*, *gen pl of adjs*); ~ **hundred** двéсти (+ *gen pl*); **one or** ~ одúн-два, пáра; **a minute or** ~ однá-две минýты; *collect num* двóе (+ *gen pl*); **there were** ~ **of them** их бы́ло двóе; ~ **by** ~, **in** ~**s** пó двое; (*number 2*; *number of bus*, *card etc*) двóйка; (*age*) **she is** ~ ей два гóда (*see also* **eight**)
two-dimensional двухмéрный
two-edged обоюдоóстрый
two-engined двухмотóрный
two-faced двулúкий, двулúчный
twofold 1. *adj* двойнóй, двукрáтный **2.** *adv* в два рáза, вдвóе
two-footed, two-legged двунóгий
two-handed (*person*) двурýкий; (*two-handled*) двурýчный
two-headed двуглáвый
two-part состоя́щий из двух частéй
twopence два пéнса
twopenny двухпéнсовый
two-piece: ~ **costume** бикúни *neut indecl*; ~ **suit** костю́м
two-ply (*with two layers*) двухслóйный; (*double*) двойнóй
two-seater двухмéстный автомобúль *m*
two-sided двусторóнний
twosome пáра
two-stage двухступéнчатый
two-storey, two-storied двухэтáжный
two-stroke двухтáктный
two-time *sl* (*deceive*) обмáнывать; (*double-cross*) проводúть; (*of spouse*) изменя́ть (+ *dat*)
two-way двусторóнний; ~ **radio** приёмно-передающая радиоустанóвка
two-year-old 1. *n* двухлéтний ребёнок **2.** *adj* двухлéтний
tycoon магнáт, крýпный делéц
tympanist удáрник
tympanum *anat* барабáнная пóлость *f*; *archi* тимпáн
type 1. *n* (*most senses*) тип; (*variety*) сорт; (*representative*) представúтель *m*; (*model*) образéц; (*symbol*) сúмвол; *print* лúтера; (~*face*) шрифт **2.** *v* (*on* ~*writer*) писáть/печáтать на машúнке; (*classify*) классифицúровать
typed машинопúсный
type-founder словолúтчик
type-foundry словолúтня
type-metal гарт
typescript машинопúсный текст
typeset набирáть
type-setter набóрщик
typesetting набóр
typewriter пúшущая машúнка
typewritten машинопúсный
typhoid 1. *n* брюшнóй тиф **2.** *adj* тифóзный
typhoon тайфýн
typhus сыпнóй тиф
typical типúчный (**of,** для + *gen*), характéрный (**of,** для + *gen*)
typify (*symbolize*) олицетворя́ть; (*be typical of*) быть типúчным/характéрным для (+ *gen*); (*represent*) быть типúчным представúтелем (+ *gen*); (*characterize*) характеризовáть
typing (*activity*) печáтание на машúнке, машúнопись *f*; (*activity*, *typed text*) машúнопись *f*; ~ **agency** машинопúсное бюрó; ~ **course** курс машúнописи; ~ **paper** бумáга для (пúшущей) машúнки
typist машинúстка
typographer печáтник
typographic(al) типогрáфский
typography (*art of printing*) книгопечáтание; (*layout*) оформлéние
tyrannic(al), tyrannous тиранúческий, деспотúчный
tyrannicide (*act*) тираноубúйство; (*person*) тираноубúйца *m and f*
tyrannize тирáнствовать (**over,** над + *instr*)
tyranny тиранúя, деспотúзм
tyrant тирáн, дéспот
tyre (*of car*) шúна; (*metal*) обод, бандáж
tyro новичóк

U

U-bend (*in pipe*) U-обра́зное коле́но
ubiquitous (*omnipresent*) вездесу́щий; (*general*; *universal*) повсеме́стный
ubiquity вездесу́щность *f*; повсеме́стность *f*
U-boat (неме́цкая) подво́дная ло́дка, подло́дка
U-bolt U-обра́зный болт
udder вы́мя *neut*
UFO неопо́знанный лета́ющий объе́кт (*abbr* НЛО)
Uganda Уга́нда
Ugandan 1. *n* уга́ндец, *f* уга́ндка **2.** *adj* уга́ндский
ugh фу, тьфу, брр
ugliness некраси́вость *f*; безобра́зие, уро́дство
ugly (*not beautiful*) некраси́вый; ~ **duckling** га́дкий утёнок; (*hideous*) безобра́зный, уро́дливый; (*unpleasant*) неприя́тный; (*repulsive*) проти́вный; (*dangerous*) опа́сный; (*threatening*) угрожа́ющий
UHF ультравысо́кая частота́, *abbr* УВЧ
uh-huh ага́
uhlan ула́н
Uighur 1. *n* (*person*) уйгу́р, *f* уйгу́рка; (*language*) уйгу́рский язы́к **2.** *adj* уйгу́рский
ukase ука́з
Ukraine Украи́на; **in the** ~ на Украи́не
Ukrainian 1. *n* (*person*) украи́нец, *f* украи́нка; (*language*) украи́нский язы́к **2.** *adj* украи́нский
ukulele укуле́ле *neut indecl*
ulcer я́зва
ulcerate изъявля́ть(ся)
ulceration изъявле́ние
ulcerous я́звенный; (*ulcerated*) изъявлённый
ullage незапо́лненный объём
ulna локтева́я кость *f*
ulterior (*further*) дальне́йший; (*hidden*) скры́тый; ~ **motive** скры́тый моти́в
ultimate 1. *n* (*limit*) преде́л; (*highest degree*) верх (**in,** + *gen*) **2.** *adj* (*furthest*) са́мый отдалённый; (*last*) после́дний; (*final*) оконча́тельный; (*primary*) основно́й; (*maximum*) преде́льный, максима́льный
ultimatum ультима́тум; **deliver an** ~ предъяви́ть *pf* ультима́тум
ultra- ультра-, сверх-
ultra *pol* у́льтра *m and f indecl*, экстреми́ст
ultramarine 1. *n* ультрамари́н **2.** *adj* ультрамари́новый
ultramicroscope ультрамикроско́п
ultra-modern ультрасовреме́нный, сверхсовреме́нный, сверхмоде́рный
ultramontane 1. *n hist* ультрамонта́н **2.** *adj* заальпи́йский; *hist* подде́рживающий ультрамонта́нство
ultrasonic сверхзвуково́й
ultrasonics *ac* ультразву́к; (*science*) ультразвукова́я те́хника
ultraviolet ультрафиоле́товый
umbelliferous зо́нтичный
umber 1. *n* у́мбра; **burnt** ~ жжёная у́мбра **2.** *adj* тёмно-кори́чневый
umbilical пупо́чный; ~ **cord** пупови́на
umbilicus пупо́к
umbra *astron* по́лная тень *f*
umbrage: take ~ обижа́ться (**at,** на + *acc*)
umbrageous тени́стый
umbrella 1. *n* зо́нтик, *coll* зонт; **open an** ~ раскрыва́ть зо́нтик; *fig*; *mil* прикры́тие **2.** *adj* (*all-embracing*) всеобъе́млющий; ~**-stand** подста́вка для зо́нтиков
umlaut умля́ут
umpire 1. *n* (*arbitrator*) трете́йский судья́ *m*; *sp* судья́ *m* **2.** *v* суди́ть
umpteen ско́лько уго́дно, ма́сса; **I've told you** ~ **times** я тебе́ ты́сячу раз говорю́
umpteenth: for the ~ **time** в со́тый раз
un- не-
UN, UNO ООН; *as adj* оо́новский; ~ **personnel, troops** *etc* оо́новцы *m pl*
unabashed 1. *adj* (*not disconcerted*) несмути́вшийся, без вся́кого смуще́ния; **be** ~ не смуща́ться; (*unconcealed*) я́вный, откры́тый **2.** *adv* ничто́же сумня́ся
unabated неуме́ньшенный, неосла́бленный
unabating неосла́бный
unabbreviated несокращённый, по́лный
unable неспосо́бный; **be** ~ не мочь, не быть в состоя́нии (**to,** + *infin*)
unabridged несокращённый, по́лный
unacceptable неприе́млемый
unaccommodating неусту́пчивый, неподатливый
unaccompanied (*alone*) оди́н, несопровожда́емый (**by,** + *instr*); *mus* без аккомпанеме́нта
unaccountable (*inexplicable*) необъясни́мый; (*strange*) стра́нный
unaccustomed (*not used to*) непривы́кший (**to,** к + *dat*); (*unusual*) непривы́чный, необы́чный
unacknowledged (*not confessed*) непри́знанный; (*letter*) оста́вшийся без отве́та
unacquainted незнако́мый (**with,** с + *instr*)
unadapted неприспосо́бленный (**to,** к + *dat*)
unadmitted непри́знанный
unadulterated (*pure*) чи́стый; (*undiluted*) неразба́вленный; (*without additive*) без при́меси; (*genuine*) неподде́льный
unadventurous (*timid*) несме́лый; (*uneventful*) без приключе́ний
unadvised (*without advice*) без сове́та; (*act*) опроме́тчивый; (*person*) неосторо́жный
unaffected (*simple*) просто́й; (*natural*) есте́ственный; (*unforced*) непринуждённый; (*sincere*) и́скренний; ~ **by** (*indifferent*) равноду́шный к (+ *dat*); (*not touched*) нетро́нутый (+ *instr*); (*proof against*) не испы́тывающий влия́ния, де́йствия (+ *gen*)
unafraid незапу́ганный; *as adv* не боя́сь, без боя́зни; **be** ~ не боя́ться (**of,** + *gen*)
unaided оди́н, без по́мощи; **with the** ~ **eye** невооружённым гла́зом
unalloyed (*pure*) чи́стый; (*not spoiled*) неомрачённый; (*metal*) нелеги́рованный
unalterable неизме́нный, непрело́жный
unambiguous недвусмы́сленный
unambitious нечестолюби́вый
unamiable (*unfriendly*) нелюбе́зный; (*unpleasant*)

неприя́тный
unanimity единоду́шие
unanimous единоду́шный, единогла́сный
unannounced без предвари́тельного сообще́ния; **enter** ~ войти́ *pf* без докла́да, неожи́данно
unanswerable (*irrefutable*) неопровержи́мый; ~ **question** вопро́с, на кото́рый невозмо́жно отве́тить
unappeasable (*fury etc*) непримири́мый; (*thirst etc*) неутоли́мый
unappetizing неаппети́тный
unappreciated (*undervalued*) недооценённый; (*unrecognized*) непри́знанный; (*not understood*) непо́нятый
unapproachable (*inaccessible*; *aloof*) непристу́пный; (*peerless*) несравни́мый
unapt (*unsuitable*) неподходя́щий; (*unskilful*) неспосо́бный
unarguable (*irrefutable*) неоспори́мый
unarm разоружа́ть(ся)
unarmed (*not armed*) невооружённый; (*without a weapon*) безору́жный
unashamed (*open*) я́вный, откры́тый; (*brazen*) на́глый, бессты́дный; **be** ~ не стесня́ться, не стыди́ться (**of,** + *gen*; **to,** + *infin*)
unasked (*not asked for*) непро́шенный; (*not invited*) неприглашённый; (*of question*) невы́сказанный; (*volunteer*) доброво́льный; *as adv* без приглаше́ния; доброво́льно *etc*
unassailable (*impregnable*) непристу́пный; (*incontrovertible*) неопровержи́мый; (*irreproachable*) безупре́чный
unassisted без по́мощи
unassuming скро́мный
unattached не прикреплённый (**to,** к + *dat*); (*free*) свобо́дный; (*unmarried*) нежена́тый, *f* незаму́жняя; (*unaccompanied*) несопровожда́емый
unattainable недостижи́мый, недосяга́емый
unattended (*not escorted*) несопровожда́емый; (*not looked after*) без присмо́тра, без ухо́да; (*machine etc*) необслу́живаемый
unattractive непривлека́тельный; (*ugly*) некраси́вый
unauthorized (*not permitted*) неразрешённый; (*not approved*) неодо́бренный
unavailable не име́ющийся в нали́чии; **be** ~ не быть в нали́чии; (*not be on sale*) не продава́ться; **the director is** ~ дире́ктор не принима́ет; (*unobtainable*) недосту́пный
unavailing бесполе́зный, тще́тный, напра́сный
unavoidable неизбе́жный
unaware незна́ющий (**of,** о + *prep*); **be** ~ не знать (**of,** о + *prep*; **that,** что + *ind*), не подозрева́ть (**of,** о + *prep*); ~**s** (*unintentionally*) нечаянно; (*unexpectedly*) неожи́данно; (*unnoticed*) незаме́тно; **catch, take** ~**s** заста́ть *pf* врасплóх
unbalance выводи́ть из равнове́сия; (*send mad*) своди́ть с ума́; ~**d** неуравнове́шанный
unbar (*door*) отодвига́ть засо́вы (две́ри); *fig* открыва́ть (доро́гу к + *dat*)
unbearable невыноси́мый
unbeaten (*unconquered*) непобеждённый; (*unsurpassed*) непревзойдённый
unbecoming (*unsuitable*) неподходя́щий, неподоба́ющий; **it is** ~ **in a gentleman to ...** не подоба́ет джентльме́ну (+ *infin*); (*indecent*) неприли́чный; (*of clothes*) не (иду́щий) к лицу́
unbefitting неподоба́ющий (+ *dat*)
unbeknown to без ве́дома (+ *gen*); ~ **me** без моего́ ве́дома
unbelief неве́рие
unbelievable невероя́тный
unbeliever *rel* неве́рующий; (*sceptic*) скéптик
unbelieving (*incredulous*) недове́рчивый; (*sceptical*) скепти́ческий; *rel* неве́рующий
unbend (*straighten*) выпрямля́ть(ся); (*relax*) смягча́ться
unbending (*stern*) непрекло́нный
unbiased беспристра́стный
unbidden *see* **unasked**
unblemished незапя́тнанный, безупре́чный
unblushing бессты́дный, на́глый
unbolt (*door*) отпира́ть; (*dismantle*) разви́нчивать; ~**ed** не за́пертый
unborn (ещё) не рождённый
unbosom: ~ **oneself** открыва́ть ду́шу (**to,** + *dat*)
unbounded (*boundless*) безме́рный; (*limitless*) безграни́чный, беспреде́льный
unbowed непокорённый
unbridled *fig* необу́зданный
unbroken (*uninterrupted*) беспреры́вный, непреры́вный, сплошно́й; (*whole*) це́лый; (*not subdued*) непокорённый; (*horse*) необъе́зженный; **in** ~ **succession** в непреры́вной после́довательности
unbuckle расстёгивать
unburden (*remove burden*) снима́ть бре́мя; (*lighten burden*) облегча́ть бре́мя (+ *gen*); ~ **oneself** отводи́ть ду́шу (**to,** + *dat*)
unbusinesslike неделово́й
unbutton расстёгивать
uncalled-for (*unnecessary*) нену́жный; (*inappropriate*) неуме́стный; (*undeserved*) незаслу́женный
uncanny (*weird*) жу́ткий; (*incredible*) невероя́тный; (*mysterious*) таи́нственный
uncap открыва́ть, снима́ть кры́шку
uncared-for (*abandoned*) забро́шенный; (*not looked after*) неухо́женный
uncase вынима́ть из чехла́/футля́ра
unceasing (*continuous*) беспреста́нный, беспреры́вный; (*unflagging*) неуста́нный
unceremonious (*informal*) просто́й, не форма́льный; (*abrupt, rude*) бесцеремо́нный
uncertain (*unknown*) неизве́стный; (*doubtful*) сомни́тельный; (*not clear*) нея́сный; (*irresolute*) неуве́ренный (**of,** в + *prep*); (*indeterminate*) неопределённый; (*changeable*) изме́нчивый; (*unreliable*) ненадёжный
uncertainty неизве́стность *f*; сомне́ние; нея́сность *f*; неуве́ренность *f*; изме́нчивость *f*; ненадёжность *f*
unchallengeable неоспори́мый
unchangeable неизменя́емый
unchanging постоя́нный, неизме́нный
uncharitable (*unkind*) недо́брый; (*harsh*) суро́вый; (*selfish*) эгоисти́чный; (*lacking charity*) немилосе́рдный; (*miserly*) скупо́й
uncharted (*unmapped*) не отме́ченный на ка́рте; (*unexplored*) неиссле́дованный
unchecked (*unstopped*) незаде́ржанный; (*unbridled*) необу́зданный
uncial 1. *n* уста́в, унциа́льное письмо́ **2.** *adj* уста́вный, унциа́льный
uncivilized (*crude*) нецивилизо́ванный, некульту́рный; (*barbarous*) ва́рварский; (*wild*) ди́кий
unclaimed невостре́бованный
unclasp расстёгивать

uncle дя́дя *m*
unclean нечи́стый
unclear нея́сный; **be ~ about** не совсе́м понима́ть
uncloak *fig* разоблача́ть
unclouded (*of sky; also fig*) безо́блачный; (*of liquid*) прозра́чный; *fig* ~ **by** неомрачённый (+ *instr*)
uncoil (*unroll*) разма́тывать(ся); (*of snake*) развора́чиваться
uncomfortable (*of seat etc*) неудо́бный; (*not cosy*) неую́тный; (*not well-appointed*) некомфорта́бельный; **I am very ~ here** мне о́чень неудо́бно тут; (*embarrassing*) неудо́бный, нело́вкий; (*embarrassed*) смущённый; **feel ~** чу́вствовать себя́ нело́вко, неудо́бно; (*alarming*) трево́жный
uncommitted (*not committed*) не обяза́вшийся; **~ nations** нейтрали́стские стра́ны *f pl*, неприсоедини́вшиеся стра́ны *f pl*; (*free*) свобо́дный
uncommon (*rare*) ре́дкий; (*unusual*) необы́чный, необыкнове́нный; (*exceptional*) незауря́дный
uncomplaining безро́потный
uncompleted незавершённый
uncomplimentary нелéстный
uncompromising непреклóнный, бескомпроми́ссный
unconcern равноду́шие (**for,** к + *dat*)
unconcerned (*carefree*) беззабо́тный; **be ~** не беспоко́иться (**about,** о + *prep*); (*indifferent*) равноду́шный (**about,** к + *dat*)
unconditional безоговóрочный, безуслóвный; **~ surrender** безоговóрочная капитуля́ция
unconfirmed неподтверждённый
uncongenial (*alien*) чу́ждый (**to,** + *dat*); (*unsuitable*) неподходя́щий; (*unpleasant*) неприя́тный
unconquerable несокруши́мый, непобеди́мый, непреодоли́мый
unconscionable (*excessive*) чрезме́рный; (*outrageous*) бессо́вестный
unconscious 1. *n* **the ~** подсозна́тельное **2.** *adj* (*unaware*) не сознаю́щий; **be ~ of** (*not realize*) не сознава́ть; (*not notice*) не замеча́ть; (*in a faint*) бесчу́вственный; **be ~** быть без созна́ния, в о́бмороке; (*involuntary*) непроизво́льный, нево́льный; (*done without realizing*) бессозна́тельный; (*unrealized*) неосо́знанный; *psych* подсозна́тельный
unconsciousness бессозна́тельное состоя́ние
unconsidered необду́манный; (*trivial*) незначи́тельный
unconstitutional неконституцио́нный
unconstrained (*voluntary*) невы́нужденный; (*unselfconscious*) непринуждённый
uncontrollable неудержи́мый; (*machine*) неуправля́емый
unconventional (*unusual*) необы́чный; (*original*) своеобра́зный; (*not traditional*) нетрадицио́нный; (*free-and-easy*) без предрассу́дков
unconvincing неубеди́тельный
uncooked сыро́й
uncooperative неусту́пчивый, несгово́рчивый; **be ~** не хоте́ть помога́ть, не идти́ навстре́чу
uncork отку́поривать
uncouple расцепля́ть, отцепля́ть
uncouth (*crude*) гру́бый; (*boorish*) невоспи́танный, некульту́рный; (*outlandish*) ди́кий; (*ungainly*) нескла́дный
uncover (*take off*) снима́ть покры́тие *etc* с (+ *gen*); (*lay bare; discover*) раскрыва́ть, обнару́живать
uncritical некрити́чный
uncrowned некороно́ванный; *fig* **~ king** некороно́ванный коро́ль *m*
unction (*anointing*) пома́зание; *rel* **Extreme Unction** собо́рование; (*unctuousness*) еле́йность *f*
unctuous еле́йный
uncultivated (*crude; bot*) некульту́рный; (*land*) необрабо́танный
uncultured некульту́рный
uncurtained незанаве́шенный
uncut (*pages*) неразре́занный; (*gems*) негранёный; (*hay etc*) неско́шенный; (*lawn*) неподре́занный
undamaged неповреждённый
undaunted неустраши́мый; **be ~** не па́дать ду́хом
undeceive откры́ть *pf* глаза́ (+ *gen*)
undecided (*not decided*) нерешённый; (*indecisive*) нереши́тельный; (*hesitant*) колéблющийся; **be ~** не реши́ть
undeclared необъя́вленный
undefended незащищённый
undemanding нетре́бовательный, скро́мный
undemonstrative сде́ржанный
undeniable неоспори́мый, несомне́нный
under 1. *adj* (*lower*) ни́жний; (*subordinate*) подчинённый **2.** *adv* (*in lower position*) внизу́; (*to lower position*) вниз **3.** *prep* (*in lower position*) под (+ *instr*); **~ the table** под столо́м; (*to lower position*) под (+ *acc*); **fall ~ the table** упа́сть *pf* под стол; (*lower than*) ни́же (+ *gen*); (*less than*) ме́ньше (+ *gen*); (*in various expressions*) под (+ *instr*); **~ arrest, fire, threat** *etc* под аре́стом, огнём, угро́зой; **~ one's breath** шёпотом; **~ repair** в ремо́нте; (*according to*) по (+ *dat*); **~ the law** по зако́ну; **from ~** из-под (+ *gen*)
under-age несовершенноле́тний
underarm 1. *n* подмы́шка **2.** *adj* подмы́шечный
underbid сде́лать *pf* предложе́ние по бо́лее ни́зкой цене́
underbrush подле́сок
undercarriage шасси́ *neut indecl*
undercharge брать сли́шком ма́ло (с + *gen*)
underclothes (ни́жнее) бельё
undercoat грунто́вка
undercover та́йный, секре́тный
undercurrent подво́дное тече́ние; *fig* скры́тое чу́вство, скры́тая тенде́нция
undercut подреза́ть; *comm* продава́ть по бо́лее ни́зким це́нам чем . . .
underdeveloped недора́звитый; **~ countries** слабора́звитые стра́ны, развива́ющиеся стра́ны *f pl*; *phot* недопроя́вленный
underdog (*loser*) побеждённая сторона́; (*unfortunate person*) горемы́ка *m and f*, неуда́чник; (*inferior*) подчинённый
underdone *cul* недожа́ренный, недова́ренный
underestimate 1. *n* недооце́нка **2.** *v* недооце́нивать
under-expose недоде́рживать
underfed недоко́рмленный
underfeed недока́рмливать
underfelt грунт ковра́
underfoot под нога́ми
undergarment предме́т ни́жнего белья́; *pl* ни́жнее бельё
undergo (*endure*) испы́тывать, переноси́ть; (*submit to*) подверга́ться (+ *dat*)
undergraduate (университе́тский) студе́нт
underground 1. *n* (*railway*) метро́ *neut indecl*; (*resistance*) подпо́лье **2.** *adj* (*below ground*) под-

зе́мный; (*secret*) подпо́льный **3.** *adv* под землёй
undergrowth подле́сок, подро́ст
underhand (*secret*) закули́сный; (*dishonest*) нече́стный; (*insidious*) кова́рный
underlay (*for carpet*) подсти́лка
underlie (*lie beneath*) лежа́ть под (+ *instr*); (*be basis*) лежа́ть в осно́ве (+ *gen*)
underline подчёркивать
underling подчинённый
undermanned неукомплекто́ванный
undermentioned нижеупомя́нутый
undermine подрыва́ть (*also fig*); (*of sea*) подмыва́ть
undermost са́мый ни́жний
undernamed нижепоимено́ванный
underneath 1. *n* ни́жняя часть *f*, ни́жняя сторона́ **2.** *adj* ни́жний **3.** *adv* (*below*) внизу́; (*with verb of motion*) вниз **4.** *prep* (*under*) под (+ *instr*); (*with verb of motion*) под (+ *acc*)
undernourished страда́ющий от недоста́точного пита́ния; **have an ~ look** име́ть голо́дный вид
undernutrition пони́женное пита́ние
underpants ни́жние тру́сики *m pl*
underpass прое́зд (под доро́гой *etc*)
underpay опла́чивать сли́шком ни́зко, недопла́чивать
underpin *bui* подводи́ть фунда́мент; (*prop up*) подпира́ть; *fig* подде́рживать
underplay умаля́ть
underprivileged (*poor*) неиму́щий; (*having fewer rights*) по́льзующийся ме́ньшими права́ми
underproduction недопроизво́дство
underrate недооце́нивать
under-ripe недозре́лый, недоспе́лый
underscore подчёркивать
undersea подво́дный
under-secretary помо́щник мини́стра
undersell продава́ть дешёвле чем . . .
undershot (*water-wheel*) подливно́й
undersign подпи́сывать(ся); **the ~ed** нижеподписа́вшийся
undersized неполноме́рный; (*stunted*) низкоро́слый
understaffed неукомплекто́ванный
understand (*comprehend*) понима́ть; **give to ~** дать *pf* поня́ть; (*learn*) узна́ть *pf*; **I ~ that ...** я слы́шал, что
understandable поня́тный
understanding 1. *n* (*intelligence*) ра́зум; (*comprehension*) понима́ние; **have no ~ of** не понима́ть; (*relationship*) согла́сие; (*agreement*) соглаше́ние; **have an ~ with** име́ть договорённость/соглаше́ние с (+ *instr*); **on the ~ that** при усло́вии, что **2.** *adj* понима́ющий; (*sympathetic*) сочу́вствующий
understate преуменьша́ть
understatement преуменьше́ние
understood (*comprehended*) по́нятый; **make oneself ~** уме́ть объясня́ться; (*accepted*) при́нятый; (*agreed*) договорённый; **to be ~** (*inferred*) подразумева́ться
understudy 1. *n* дублёр **2.** *v* дубли́ровать
undertake (*embark on*) предпринима́ть; (*take on*) брать на себя́; (*promise*) обеща́ть, руча́ться
undertaker (*of funeral*) владе́лец похоро́нного бюро́; **the ~'s** похоро́нное бюро́ *neut indecl*
undertaking (*enterprise*) предприя́тие; (*affair*) де́ло; (*promise*) обеща́ние; **give an ~** обеща́ть, руча́ться; (*obligation*) обяза́тельство
undertone полуто́н; **talk in ~s** говори́ть вполго́лоса; (*hint*) отте́нок; (*hidden sense*) подте́кст
undertow (*of surf*) отли́в прибо́я; (*current*) подво́дное тече́ние
undervalue недооце́нивать
underwater подво́дный
underwear ни́жнее бельё
underweight (*not of full weight*) име́ющий недове́с; (*of person*) худо́й
underworld (*of crime*) престу́пный мир; *myth* преиспо́дняя
underwrite (*insure*) страхова́ть; (*guarantee*) гаранти́ровать
underwriter страхо́вщик
undeserved незаслу́женный
undeserving незаслу́живающий, недосто́йный
undesigned (*not intended*) неумы́шленный
undesirable 1. *n* нежела́тельное лицо́ **2.** *adj* нежела́тельный
undesired нежела́нный
undetermined (*not decided*) нерешённый; (*undefined*) неопределённый; (*irresolute*) нереши́тельный
undeveloped неразвито́й; (*of land*) незастро́енный
undeviating (*not turning*) неотклоня́ющийся; (*steadfast*) неукло́нный
undigested неусво́енный (*also fig*), непереваренный
undignified недосто́йный
undisciplined недисциплини́рованный
undisclosed (*secret*) та́йный; (*unpublished*) неопублико́ванный
undiscovered (*not found*) необнару́женный; (*unknown*) неизве́стный; (*unexplored*) неоткры́тый
undisguised (*not disguised*) незамаскиро́ванный; (*obvious*) я́вный; (*unfeigned*) непритво́рный; (*unconcealed*) неприкры́тый
undismayed необескура́женный; **be ~** не па́дать ду́хом
undisputed бесспо́рный, несомне́нный
undistinguished (*mediocre*) посре́дственный, зауря́дный; **~ by** не отме́ченный (+ *instr*)
undivided (*whole*) це́лый; (*united*) объединённый
undo (*unfasten*) растёгивать(ся); (*untie*) развя́зывать(ся); (*open*) открыва́ть(ся); (*nullify*) аннули́ровать; (*destroy*) уничтожа́ть; (*ruin*) губи́ть
undoing (*ruin*) ги́бель *f*
undone развя́занный; расстёгнутый; **come ~** развя́зываться; расстёгиваться; (*ruined*) **we are ~!** мы поги́бли, пропа́ли!; (*not done*) несде́ланный
undoubted несомне́нный
undramatic недрамати́ческий
undreamed, undreamt of (*unimaginable*) и во сне́ не сни́вшийся; (*unexpected*) неожи́данный; (*unprecedented, incredible*) неслы́ханный
undress раздева́ть(ся)
undressed (*not clothed*) разде́тый; (*unprocessed*) невы́деланный; (*food*) неприпра́вленный
undue (*excessive*) чрезме́рный; (*unseemly*) неуме́стный, неподоба́ющий
undulate (*wave*) колеба́ться волнообра́зно; (*of terrain*) быть холми́стым
undulating волнообра́зный; холми́стый
undulation (*surface*) волни́стость *f*; (*movement*) волнообра́зное движе́ние; (*wave*) волна́
undulatory волнообра́зный
unduly (*excessively*) чрезме́рно; (*too*) сли́шком
undying бессме́ртный, ве́чный
unearned (*money etc*) незарабо́танный; (*un-*

deserved) незаслу́женный
unearth (*dig up*) выка́пывать, раска́пывать; (*discover*) открыва́ть
unearthly (*supernatural*) неземно́й, сверхъесте́ственный; (*eerie*, *awful*; *coll extraordinary*) жу́ткий; (*uncanny*) таи́нственный
uneasiness неудо́бство; беспоко́йство, трево́га
uneasy (*uncomfortable*, *ill at ease*) неудо́бный, нело́вкий; **feel ~** чу́вствовать себя́ нело́вко; (*worried*) беспоко́йный, трево́жный; **feel ~** беспоко́иться
uneatable несъедо́бный
uneconomic(al) (*unprofitable*) неэкономи́чный, нерента́бельный; (*wasteful*) неэконо́мный, расточи́тельный
unedifying (*unpraiseworthy*) непоучи́тельный, непохва́льный; (*disgraceful*) сканда́льный, безобра́зный
uneducated необразо́ванный
unemployed 1. *n pl* безрабо́тные *pl* **2.** *adj* (*not used*) неиспо́льзованный; (*without work*) безрабо́тный
unemployment безрабо́тица; ~ **benefit** посо́бие по безрабо́тице
unending бесконе́чный, ве́чный
unendurable невыноси́мый
unenlightened (*uninformed*) неосведомлённый; (*uneducated*) непросвещённый
unenterprising непредприи́мчивый
unenthusiastic флегмати́чный, невосто́рженный; **be ~ about** не быть в восто́рге от (+ *gen*)
unenviable незави́дный
unequal (*not equal*) нера́вный; (*uneven*) неро́вный; **he was ~ to the task** зада́ча была́ ему́ не по си́лам
unequalled (*incomparable*) несравне́нный; (*unsurpassed*) непревзойдённый
unequivocal недвусмы́сленный
unerring (*without error*) безоши́бочный; (*faultless*) безупре́чный; (*unfailing*) постоя́нный; (*accurate*) то́чный; (*shot etc*) ме́ткий
unethical неэти́чный
uneven (*not level*, *regular*) неро́вный; (*not equal*) нера́вный; (*number*) нечётный
uneventful (*quiet*) споко́йный, ти́хий; (*without incident*) не отме́ченный собы́тиями
unexacting нетре́бовательный
unexampled бесприме́рный
unexceptionable безупре́чный
unexceptional (*usual*) обы́чный; (*commonplace*) зауря́дный, обы́денный; (*mediocre*) посре́дственный
unexpected неожи́данный
unexpurgated в по́лном ви́де, несокращённый
unfading неувяда́емый
unfailing (*invariable*) неизме́нный; (*continuous*) постоя́нный; (*inexhaustible*) неисчерпа́емый; (*loyal*) ве́рный; (*reliable*) надёжный
unfair (*unjust*) несправедли́вый; (*dishonest*) нече́стный
unfaithful неве́рный
unfaithfulness неве́рность *f*
unfaltering (*unweakening*) неосла́бный; (*untiring*) неуста́нный; (*resolute*) непоколеби́мый; ~ **gaze** твёрдый взгляд
unfamiliar незнако́мый (**with**, с + *instr*), стра́нный
unfasten (*dress etc*) расстёгивать; (*untie*) развя́зывать; (*open*) открыва́ть
unfathomable (*immeasurable*) неизмери́мый; (*obscure*) непроница́емый; (*inexplicable*) необъясни́мый; (*inscrutable*) непостижи́мый
unfavourable неблагоприя́тный
unfeeling бесчу́вственный
unfeigned и́стинный, неподде́льный, непритво́рный
unfettered (*set free*) освобождённый; *fig* (*unlimited*) неограни́ченный (**by**, + *instr*); (*free*) свобо́дный; (*independent*) самостоя́тельный
unfinished неоко́нченный, незако́нченный, недоде́ланный
unfit (*not worthy*) недосто́йный (**for**, + *gen*; **to**, + *infin*); (*not suitable*) неприго́дный, него́дный (**for**, для + *gen*); (*not in condition to*) не в состоя́нии (+ *infin*); (*unwell*) (сли́шком) нездоро́вый (**to**, что́бы + *infin*); *sp* не в фо́рме
unfitness недосто́йность *f*; неприго́дность *f*; нездоро́вье; *sp* детрениро́ванность *f*
unfitting неподходя́щий, неуме́стный
unfix открепля́ть(ся)
unflagging неосла́бный
unflappable невозмути́мый
unflattering неле́стный
unflinching (*fearless*) бесстра́шный; (*resolute*) непоколеби́мый; (*firm*) твёрдый
unfold (*unwrap*) развёртывать(ся); *fig* (*reveal*) раскрыва́ть(ся); (*of buds*) распуска́ться
unforced непринуждённый
unforeseen непредви́денный, непредусмо́тренный
unforgettable (*not forgettable*) незабыва́емый; (*never to be forgotten*) незабве́нный
unforgivable непрости́тельный
unfortunate (*unhappy*, *unlucky*) несча́стный, несчастли́вый; (*inappropriate*; *unsuccessful*) неуда́чный; (*ill-fated*) злополу́чный; (*deplorable*) приско́рбный
unfortunately к сожале́нию, к несча́стью (**for**, для + *gen*)
unfounded необосно́ванный
unfreeze размора́живать(ся); (*melt*) раста́ивать; *fig* освобожда́ть от контро́ля
unfrequented ре́дко, ма́ло посеща́емый
unfriendly (*not friendly*) недру́жеский, недружелю́бный; (*hostile*) вражде́бный
unfrock лиша́ть духо́вного са́на, расстрига́ть
unfruitful (*trees*) неплодоно́сный; (*land*) неплодоро́дный; (*vain*) беспло́дный, напра́сный
unfurl (*sail*) распуска́ть(ся); (*flag*) развёртывать(ся)
unfurnished (*room etc*) немеблиро́ванный; (*not supplied*) не снабжённый (**with**, + *instr*)
ungainly нескла́дный, неуклю́жий
ungallant негала́нтный
ungarbled неискажённый
ungenerous (*not magnanimous*) невеликоду́шный; (*mean*) скупова́тый
ungentlemanly неджентльме́нский
unget-at-able недосту́пный
ungifted безда́рный, неодарённый, нета́лантливый
ungodly безбо́жный; *fig coll* ужа́сный
ungovernable (*not manageable*) непослу́шный; (*country etc*) неуправля́емый; (*rage etc*) необу́зданный; (*wild*) ди́кий
ungracious нелюбе́зный
ungrateful неблагода́рный
ungrudging (*generous*) ще́дрый; (*copious*) оби́льный

unguarded (*not guarded*) неохраня́емый; (*careless*) неосторо́жный
unguent мазь *f*
unhallowed (*unconsecrated*) неосвящённый; (*profane*) нечести́вый
unhappily (*not happily*) несча́стливо; (*unfortunately*) к несча́стью
unhappiness несча́стье
unhappy (*not happy*) несчастли́вый, несча́стный; (*infelicitous*) неуда́чный; (*ill-fated*) злополу́чный; (*sad, dejected*) гру́стный
unharmed (*unhurt*) невреди́мый; (*undamaged*) неповреждённый
unharness распряга́ть
unhealthy нездоро́вый, боле́зненный
unheard (*not heard*) неуслы́шанный; (*silent*) неслы́шный; ~**-of** неслы́ханный
unheeded незаме́ченный, оста́вленный без внима́ния
unheedful, unheeding невнима́тельный; ~ **of** не обраща́ющий внима́ния на (+ *acc*)
unhelpful (*useless*) бесполе́зный; **be** ~ не помога́ть (**to,** + *dat*)
unhesitating реши́тельный
unhesitatingly (*decisively*) реши́тельно; (*unabashedly*) не стесня́ясь; (*immediately*) сра́зу же
unhinge (*door*) снима́ть с пе́тель; (*send mad*) своди́ть с ума́
unhistorical неистори́ческий
unhitch отцепля́ть (**from,** от + *gen*)
unholy нечести́вый; *fig*, *coll* ужа́сный, жу́ткий
unhook (*take from hook*) снима́ть с крючка́; (*uncouple*) отцепля́ть; (*undo*) расстёгивать
unhoped-for неожи́данный
unhorse сбра́сывать с ло́шади
unhurt невреди́мый
unhygienic негигиени́чный
Uniat(e) **1.** *n* униа́т **2.** *adj* униа́тский
uniaxial одноо́сный
unicameral однопала́тный
unicellular одноклё́точный
unicorn единоро́г
unidentified неопо́знанный
unification объедине́ние, унифика́ция
uniform **1.** *n* фо́рма **2.** *adj* (*identical*) одина́ковый; (*standardized*) единообра́зный; (*unvarying*) однообра́зный; (*constant*) постоя́нный; (*clothes*) фо́рменный
uniformed в фо́рме, оде́тый в фо́рму
uniformity единообра́зие; однообра́зие
unify объединя́ть, унифици́ровать
unilateral односторо́нний
unimaginable невообрази́мый
unimaginative прозаи́чный
unimpaired (*not damaged*) неповреждённый, непострада́вший; (*not weakened*) неосла́бленный
unimpeachable (*blameless*) безупре́чный; (*incontrovertible*) неоспори́мый
unimportance незначи́тельность *f*
unimportant нева́жный, незначи́тельный
unimposing невнуши́тельный
unimpressive невпечатля́ющий
uninformed неосведомлённый
uninhabitable неприго́дный для жилья́
uninhabited необита́емый
uninhibited (*free*) свобо́дный; (*unrestrained*) несде́ржанный; (*unembarrassed*) нестеснённый
uninitiated *adj and n* непосвящённый
uninspired невдохновлённый; (*humdrum*) бана́льный
uninsured незастрахо́ванный
unintelligent (*not clever*) неу́мный; (*ignorant*) неве́жественный
unintelligible (*not comprehensible*) непоня́тный; (*undecipherable*) неразбо́рчивый; (*of speech*) невня́тный
unintentional (*not deliberate*) ненаме́ренный, неумы́шленный; (*not envisaged*) непредусмо́тренный
uninterested равноду́шный (**in,** к + *dat*)
uninteresting неинтере́сный
uninterrupted (*continuous*) непреры́вный
uninvited неприглашённый; (*guest*) незва́ный
uninviting непривлека́тельный
union **1.** *n* (*joining, joint*) соедине́ние; (*alliance; marriage*) сою́з; **trade** ~ профсою́з; (*in Britain*) тред-юнио́н **2.** *adj* (*trade-*~) профсою́зный
unionism (*trade-unionism*) тред-юниони́зм; *hist*, *pol* униони́зм
unique (*sole*) еди́нственный (в своём ро́де), уника́льный; (*unrivalled*) непревзойдённый; *coll* (*remarkable*) замеча́тельный; (*unrepeatable*) неповтори́мый
uniqueness уника́льность *f*
unisexual однопо́лый
unison (*agreement*) согла́сие; *mus* унисо́н; **in** ~ в унисо́н
unit (*item; whole thing; measure; math*) едини́ца; (*group*) гру́ппа; **military** ~ во́инская часть *f*; *tech* (*of machinery*) устано́вка, агрега́т; **power** ~ силово́й агрега́т; (*constructional*) элеме́нт; *elect*, *rad* блок
Unitarian унита́рий
unitary еди́ный, унита́рный
unite (*join*) соединя́ть(ся); (*form alliance*) объединя́ть(ся)
united соединённый; объединённый; **United Kingdom** Соединённое Короле́вство; **United States** Соединённые Шта́ты *m pl* (Аме́рики), *abbr* США; **United Nations** Организа́ция Объединённых На́ций, *abbr* ООН; ~ **front** еди́ный фронт; (*joint*) совме́стный; (*close-knit*) дру́жный, сплочённый; (*in agreement*) в по́лном согла́сии
unity (*most senses*) еди́нство; *math* едини́ца
univalent одновале́нтный
universal (*affecting all*) всео́бщий; (*worldwide*) всеми́рный; (*for all purposes*) универса́льный
universality универса́льность *f*; всеми́рность *f*
universally везде́, всю́ду
universe вселе́нная
university **1.** *n* университе́т **2.** *adj* университе́тский
unjust несправедли́вый
unjustified неопра́вданный
unkempt (*uncombed*) нечёсаный; (*with untrimmed hair*) неподстри́женный; (*slovenly*) неопря́тный
unkind (*not kind*) недо́брый; (*discourteous*) нелюбе́зный; (*spiteful*) злой; (*cruel*) жесто́кий; (*inclement*) суро́вый
unkindness жесто́кость *f*
unknit распуска́ть
unknowable непознава́емый, непостижи́мый
unknowingly ненаме́ренно
unknown **1.** *n* неизве́стное **2.** *adj* неизве́стный; ~ **to me** без моего́ ве́дома
unlace расшнуро́вывать
unladylike неже́нственный

unlash отвя́зывать
unlawful незако́нный
unlearn отуча́ться от (+ *gen*)
unleash (*dog*) спуска́ть со сво́ры; *fig* развя́зывать
unleavened незаква́шенный, пре́сный; ~ **bread** опре́сноки *m pl*
unless е́сли не; **don't do it ~ you want to** не де́лайте э́того, е́сли не хоти́те; ~ **I am mistaken** е́сли я не ошиба́юсь
unlettered (*illiterate*) негра́мотный; (*uneducated*) необразо́ванный
unlike 1. *adj* (*dissimilar*) непохо́жий (на + *acc*), ра́зный; **be** ~ отлича́ться от (+ *gen*); (*uncharacteristic*) **it's ~ him** э́то не характе́рно для него́, э́то на него́ не похо́же **2.** *prep* в отли́чие от (+ *gen*)
unlikelihood маловероя́тность *f*
unlikely (*improbable*) маловероя́тный; (*story*) неправдоподо́бный; *as adv* **it is ~ that** маловероя́тно, что; **it is not ~ that** весьма́ возмо́жно
unload (*vehicle*) разгружа́ть; (*goods*) выгружа́ть
unlock отпира́ть, открыва́ть
unlooked-for неожи́данный, неожида́емый
unloose (*free*) освобожда́ть; (*let go*) пуска́ть; (*loosen*) ослабля́ть
unlovable непривлека́тельный
unluckily (*unfortunately*) к несча́стью; (*badly*) пло́хо
unlucky (*unfortunate*) несчастли́вый; (*unsuccessful*) неуда́чный; (*ill-omened*) злове́щий
unman (*unnerve*) лиша́ть му́жества; (*castrate*) кастри́ровать
unmanageable (*difficult*) тру́дный; (*disobedient*; *of hair*) непослу́шный; (*too large*) сли́шком большо́й; (*uncontrollable*) не поддаю́щийся контро́лю; (*of ship etc*) **become ~** выходи́ть из повинове́ния
unmanned (*automatic*) автомати́ческий
unmannerly неве́жливлый, невоспи́танный
unmarked (*unnoticed*) незаме́ченный; (*bearing no special mark*) неотме́ченный; (*undamaged*) нетро́нутый; (*clean*) чи́стый
unmarred (*undamaged*) неповреждённый; (*untouched*) нетро́нутый; (*unspoilt*) неиспо́рченный; (*unblemished*) незапя́тнанный
unmarried (*man*) холосто́й, нежена́тый; (*woman*) незаму́жняя; **~-mother** мать-одино́чка
unmask снима́ть ма́ску; *fig* разоблача́ть
unmentionable (*subject*) о кото́ром/кото́рой нельзя́ говори́ть; (*disgusting*) отврати́тельный, гну́сный; (*indecent*) неприли́чный
unmerciful безжа́лостный, беспоща́дный
unmerited незаслу́женный
unmindful (*forgetful*) забыва́ющий (**of,** + *acc*); (*careless*) невнима́тельный (**of,** к + *dat*); (*heedless*) не обраща́ющий внима́ния (**of,** на + *acc*)
unmistakable несомне́нный, очеви́дный
unmitigated (*not mitigated*) несмягчённый; *coll* (*out-and-out*) я́вный, отъя́вленный
unmoved (*untouched*) нетро́нутый; (*by emotion*) нерастро́ганный; (*indifferent*) равноду́шный (**by,** к + *dat*)
unmusical немузыка́льный
unnamable не могу́щий быть на́званным; (*indescribable*) неопису́емый
unnamed нена́званный; (*unknown*) неизве́стный
unnatural (*not natural*) неесте́ственный; (*unusual*) необы́чный; (*against nature*) противоесте́ственный; (*monstrous*) чудо́вищный; (*heartless*) бессерде́чный
unnecessarily (*without cause*) без на́добности, без причи́ны; (*too much*) сли́шком
unnecessary (*not needed*) нену́жный; (*superfluous*) изли́шний
unneighbourly недобрососе́дский
unnerve (*intimidate*) запу́гивать; (*take away courage*, *decisiveness*, *resourcefulness*) лиша́ть му́жества/реши́мости/прису́тствия ду́ха; **be ~d** потеря́ться *pf*
unnoticed незаме́ченный
unnumbered ненумеро́ванный; (*countless*) бесчи́сленный
unobjectionable (*innocent*, *harmless*) безоби́дный; (*acceptable*) прие́млемый
unobliging неуслу́жливый, нелюбе́зный
unobservant невнима́тельный, ненаблюда́тельный
unobserved незаме́ченный
unobtainable (*out of reach*) недосту́пный; (*not obtainable*) кото́рый нельзя́ доста́ть, получи́ть; (*very scarce*) дефици́тный; (*telephone*) **number** ~ но́мер не рабо́тает
unobtrusive (*not obtrusive*) ненавя́зчивый; (*modest*) скро́мный; (*unnoticed*) незаме́тный
unoccupied (*not busy*, *not in use*) неза́нятый, свобо́дный; (*empty*) пусто́й; (*not invaded*) неоккупи́рованный
unoffending безоби́дный, неви́нный
unofficial неофициа́льный
unorganized неорганизо́ванный
unoriginal (*not original*) неоригина́льный; (*trite*) бана́льный
unorthodox неортодокса́льный, необы́чный
unostentatious (*not ostentatious*) ненавя́зчивый; (*modest*) скро́мный
unpack распако́вывать(ся)
unpaid (*not yet paid for*) неопла́ченный, неупла́ченный; (*voluntary*) неопла́чиваемый
unpalatable (*not tasty*) невку́сный; (*nauseous*) проти́вный; *fig* (*unpleasant*) неприя́тный
unparalleled (*incomparable*) бесприме́рный, несравне́нный; (*unsurpassed*) непревзойдённый; (*unprecedented*) беспреце́дентный
unpardonable непрости́тельный
unpatriotic непатриоти́ческий
unpaved немощёный
unpeopled ненаселённый
unperturbed невозмути́мый
unpick распа́рывать
unpin отка́лывать
unplanned (*not planned*) незаплани́рованный; (*chance*) случа́йный; (*unexpected*) неожи́данный; (*not intended*) ненаме́ренный; *pol*, *econ* стихи́йный
unpleasant неприя́тный
unpleasantness (*unpleasant quality*) непривлека́тельность *f*; (*unpleasant incident*) неприя́тность *f* (*often pl*); (*hostility*) вражде́бность *f*
unplug (*pull out plug*) вы́дернуть *pf* ви́лку; (*disconnect*) разъединя́ть; (*open*) отку́поривать
unplumbed неизме́ренный
unpopular непопуля́рный
unpopularity непопуля́рность *f*
unpractical непракти́чный
unprecedented беспреце́дентный, бесприме́рный
unpredictable (*not predictable*) не поддаю́щийся предсказа́нию; (*random*) стихи́йный, случай-

ный; (*arbitrary*) произво́льный; (*unreliable*) ненадёжный
unprejudiced (*impartial*) беспристра́стный; (*open-minded*) непредубеждённый
unprepared неподгото́вленный; **catch ~** заста́ть *pf* враспло́х
unprepossessing непривлека́тельный
unpretentious непретенцио́зный, скро́мный
unprincipled беспринци́пный
unprintable нецензу́рный
unproductive непродукти́вный; (*pointless*) бесполе́зный
unprofessional непрофессиона́льный; (*unethical*) неэти́чный
unprofitable (*not advantageous*) невы́годный; (*bringing no profit*) неприбыльный
unpromising (*inauspicious*) неблагоприя́тный; (*without prospects*) бесперспекти́вный; (*poor*) плохо́й; (*offering little hope*) не суля́щий ничего́ хоро́шего; (*of person*) не подаю́щий наде́жды
unpronounceable непроизноси́мый
unprotected (*unguarded*) незащищённый; (*vulnerable*) беззащи́тный
unprovable недоказу́емый
unprovided (*not provided with*) не обеспе́ченный (+ *instr*); (*not envisaged*) непредусмо́тренный
unprovoked неспровоци́рованный, ниче́м не вы́званный
unpublished неопублико́ванный
unqualified (*not qualified*) неквалифици́рованный; (*direct, unequivocal*) безогово́рочный; *coll* (*downright*) я́вный
unquestionable, unquestioned несомне́нный
unquestioning безусло́вный
unquiet беспоко́йный
unquotable нецензу́рный
unravel распу́тывать(ся)
unreachable недостижи́мый
unreadable (*illegible*) неразбо́рчивый; (*boring*) нечита́бельный
unready (*not ready*) негото́вый; (*irresolute*) нереши́тельный
unreal (*not real*) ненастоя́щий; (*illusory*) нереа́льный
unreality нереа́льность *f*
unreason безу́мие
unreasonable (*not reasonable*) безрассу́дный; (*unjustifiable*) неопра́вданный; (*exorbitant*) чрезме́рный
unreasoning (*animals*) немы́слящий; (*irrational*) безрассу́дный
unrecognizable неузнава́емый
unrecognized неу́знанный; (*unappreciated*) непризнанный
unregarded (*ignored*) игнори́руемый; (*unnoticed*) незаме́ченный
unrehearsed неподгото́вленный; (*impromptu*) экспро́мтом
unrelenting (*implacable*) неумоли́мый; (*unremitting*) неосла́бный
unreliability ненадёжность *f*
unreliable ненадёжный
unrelieved (*persistent*) неотсту́пный; (*unvaried*) однообра́зный
unremarkable ниче́м не выдаю́щийся, зауря́дный, обыкнове́нный
unremarked незаме́ченный
unremitting (*continuous*) беспреста́нный; (*unslackening*) неосла́бный
unrepeatable неповтори́мый; (*obscene*) нецензу́рный
unrepentant нека́ющийся
unrequited (*not paid*) неопла́ченный; (*unavenged*) неотомщённый; **~ love** любо́вь *f* без взаи́мности
unreserved (*not restricted*) неограни́ченный; (*frank*) открове́нный; (*not booked*) незабронированный
unresolved (*unsolved*) нерешённый; (*irresolute*) нереши́тельный; *mus* неразрешённый
unresponsive неотзы́вчивый; **~ to** не реаги́рующий на (+ *acc*)
unrest (*restlessness; anxiety*) беспоко́йство, волне́ние; *pol* волне́ния *neut pl*
unrestrained несде́ржанный, необу́зданный
unriddle разгада́ть *pf*
unrig (*dismount*) разоружа́ть; (*boat*) рассна́щивать
unrighteous (*wicked*) нечести́вый, непра́ведный; (*unjust*) несправедли́вый
unripe (*immature*) незре́лый; (*fruit*) неспе́лый
unrivalled (*incomparable*) несравне́нный; (*unsurpassed*) непревзойдённый; (*without rival*) не име́ющий сопе́рников, не име́ющий себе́ ра́вных
unrobe раздева́ть(ся)
unroll развёртывать(ся)
unromantic нероманти́чный, прозаи́чный
unruffled (*smooth*) гла́дкий; (*calm*) споко́йный, невзволно́ванный
unruly (*disobedient*) непоко́рный; (*disorderly*) бу́йный
unsaddle (*horse*) рассёдлывать; (*unhorse*) сбра́сывать
unsafe (*dangerous*) опа́сный; (*risky*) риско́ванный; (*unreliable*) ненадёжный
unsaid невы́сказанный; **leave ~** молча́ть о (+ *prep*)
unsalaried неопла́чиваемый, не получа́ющий жа́лованья
unsaleable нехо́дкий
unsanitary негигиени́чный
unsatisfactory неудовлетвори́тельный
unsatisfied неудовлетворённый
unsaturated ненасы́щенный
unsavoury неприя́тный, проти́вный; **~ reputation** сомни́тельная репута́ция
unscathed невреди́мый
unscholarly ненау́чный
unscientific ненау́чный
unscramble (*sort out*) распу́тывать; (*decode*) расшифро́вывать
unscratched (*unhurt*) невреди́мый, нетро́нутый
unscrew (*screw off*) отви́нчивать(ся); (*screw out*) выви́нчивать(ся); (*take apart*) разви́нчивать(ся)
unscrupulous (*dishonest*) бессо́вестный; (*not scrupulous*) нещепети́льный; (*unprincipled*) беспринци́пный
unseal распеча́тывать
unseasonable не по сезо́ну; (*ill-timed*) неуме́стный
unseasoned (*food*) без припра́вы, неприпра́вленный; (*timber*) непросу́шенный; (*soldiers*) необстре́лянный
unseat (*from saddle*) сбра́сывать с седла́; (*from chair*) сса́живать со сту́ла; *pol* лиша́ть ме́ста (в парла́менте *etc*)
unseaworthy неморехо́дный
unseeing неви́дящий
unseemly (*indecent*) неприли́чный; (*unsuitable*) неподходя́щий; (*not fitting*) неподоба́ющий; (*ill-*

timed) неуме́стный
unseen (*invisible*) неви́димый; (*hidden*) скры́тый; (*unnoticed*) незаме́ченный
unselfish (*not egoistic*) бескоры́стный, неэгоисти́чный; (*self-sacrificing*) самоотве́рженный; (*generous*) ще́дрый
unserviceable (*unfit, useless*) него́дный (для испо́льзования); (*out-of-action*) вы́шедший из стро́я
unsettle (*upset*) расстра́ивать; (*put off*) выбива́ть из колеи́; (*disturb peace*) наруша́ть споко́йствие
unsettled (*restless*) беспоко́йный; (*weather etc*) неустанови́вшийся; (*stomach*) расстро́енный; (*undecided*) нерешённый; (*unpaid*) неопла́ченный; (*land*) незаселённый
unsettling беспоко́ящий, расстра́ивающий
unshackled *fig* свобо́дный (**by,** от + *gen*)
unshakable непоколеби́мый
unshaven небри́тый
unsheathe вынима́ть из но́жен, обнажа́ть
unship (*unload*) выгружа́ть, сгружа́ть с корабля́; (*dismantle*) снима́ть, убира́ть
unshod необу́тый; (*horse*) неподко́ванный
unshrinkable безуса́дочный
unsightly непригля́дный, некраси́вый; (*hideous*) уро́дливый
unskilled (*worker*) неквалифици́рованный; (*untrained*) необу́ченный; (*unskilful*) неуме́лый
unsleeping (*vigilant*) недре́млющий
unsling снима́ть
unsocial (*person*) необщи́тельный; (*anti-social*) антиобще́ственный
unsociable необщи́тельный, нелюди́мый
unsolder распа́ивать
unsoldierly несолда́тский
unsolicited непро́шенный
unsolved нерешённый
unsophisticated (*simple*) просто́й; (*ingenuous*) простоду́шный; (*inexperienced*) нео́пытный
unsought непро́шенный
unsound (*unhealthy*) нездоро́вый; (*rotten*) испо́рченный; (*damaged*) повреждённый; (*defective*) дефе́ктный; (*unreliable*) ненадёжный; (*risky*) риско́ванный; (*of argument*) оши́бочный, необосно́ванный; (*erroneous*) ло́жный
unsparing (*merciless*) беспоща́дный; (*generous*) ще́дрый (**in,** на + *acc*); (*unstinting*) не жале́ющий (**in, with,** + *gen*)
unspeakable (*inexpressible*) невырази́мый; (*awful*) ужа́сный
unspecified (*not named*) нена́званный; (*not mentioned*) неупомя́нутый; (*imprecise, not defined*) неопределённый
unspent (*money*) неистра́ченный; (*unused*) неиспо́льзованный
unspoilt неиспо́рченный; (*child*) неизбало́ванный
unspoken невы́раженный, невы́сказанный, подразумева́ющийся
unsporting, unsportsmanlike неспорти́вный, недосто́йный спортсме́на, не по спортсме́нски; (*cheating*) нече́стный
unspotted (*not spotted*) незапа́чканный; *fig* незапя́тнанный; (*undiscovered*) необнару́женный
unstable (*not firm*) неусто́йчивый; (*unbalanced*) неуравнове́шанный; *chem* несто́йкий, нестаби́льный
unsteady (*unstable*) неусто́йчивый; (*wobbly*) ша́ткий, нетвёрдый; (*shaking*) дрожа́щий; ~ **light** неро́вный цвет
unstick откле́ивать(ся) (**from,** от + *gen*)
unstinted (*unrestricted*) неограни́ченный; (*generous*) ще́дрый
unstinting (*generous*) ще́дрый; (*not sparing*) не жале́ющий (+ *gen*); (*unqualified*) безогово́рочный; (*unlimited*) неограни́ченный
unstitch распа́рывать
unstop (*remove stopper*) отку́поривать; (*remove block*) удаля́ть препя́тсвие из (+ *gen*); (*sink, pipe etc*) прочища́ть; *tech* деблоки́ровать
unstrained (*unforced*) непринуждённый
unstrap (*unfasten*) растёгивать; (*untie*) развя́зывать
unstuck: come ~ (*come off*) откле́иваться (**from,** от + *gen*); (*come apart*) раскле́иваться; *coll, fig* провали́ться *pf*
unstudied неизу́ченный
unsubstantial (*immaterial*) несуще́ственный; (*incorporeal*) невеще́ственный; (*unreal*) нереа́льный; (*meal*) непита́тельный
unsubstantiated неподтверждённый
unsuccessful безуспе́шный, неуда́чный; (*in career etc*) неуспева́ющий
unsuitable неподходя́щий (**for,** для + *gen*)
unsuited (*unsuitable*) неподходя́щий (**to,** для + *gen*); (*incompatible*) несовмести́мый; (*not satisfied*) неудовлетворённый
unsullied (*pure*) чи́стый; (*blameless*) незапя́тнанный
unsung *fig* невоспе́тый
unsure (*uncertain*) неуве́ренный (**of,** в + *prep*); ~ **of oneself** неуве́ренный в себе́; (*unreliable*) ненадёжный
unsuspected (*not suspected*) неподозрева́емый; (*unexpected*) неожи́данный
unsuspecting неподозрева́ющий; ничего́ не подозрева́ющий
unswerving (*loyal*) постоя́нный; (*unshakable*) непоколеби́мый, твёрдый
unsympathetic (*lacking sympathy*) несочу́вствующий; (*not likable*) несимпати́чный
unsystematic несистемати́чный
untamed неприру́ченный, ди́кий
untangle распу́тывать
untapped (*sources etc*) неиспо́льзованный
untenable (*argument etc*) несостоя́тельный; *mil* незащити́мый, необороня́емый
untended (*not cared for*) забро́шенный, оста́вленный без ухо́да
unthinkable немы́слимый
unthinking (*thoughtless*) легкомы́сленный
unthought-of (*unimaginable*) невообрази́мый; (*unexpected*) соверше́нно неожи́данный
untidiness (*disorder*) беспоря́док; (*of person*) неопря́тность *f*
untidy беспоря́дочный, в беспоря́дке; неопря́тный
untie (*undo*) развя́зывать; (*set loose*) отвя́зывать (**from,** от + *gen*)
until 1. *prep* до (+ *gen*); ~ **then** до тех пор; ~ **now** до сих пор **2.** *conj* (*up to the time that*) пока́ … не …; **he waited ~ they had gone** он ждал, пока́ они́ не ушли́; ~ **after** то́лько по́сле того́, как; **he didn't arrive ~ after they had gone** он пришёл то́лько по́сле того́, как они́ ушли́
untimely (*premature*) преждевре́менный, безвре́менный; ~ **death** безвре́менная ко́нчина; (*ill-timed*) неуме́стный
untiring (*person*) неутоми́мый; (*unflagging*) нео-

сла́бный
unto *ar* (*to*) к (+ *dat*); (*as far as*) до (+ *gen*)
untold (*countless*) несчётный, несме́тный; (*inexpressible*) невырази́мый; (*unheard-of*) неслы́ханный
untouchable 1. *n* неприкаса́емый **2.** *adj* (*unreachable*) недосту́пный; (*not to be touched*) неприкоснове́нный
untouched (*intact*) нетро́нутый; (*unmoved*) незатро́нутый; (*unrivalled*) непревзойдённый
untoward (*unfortunate*) неблагоприя́тный, несча́стный; (*ill-timed*) неуме́стный
untrained необу́ченный, неподгото́вленный
untrammelled неограни́ченный
untravelled (*person*) не путеше́ствовавший; (*unvisited*) неизве́данный
untried (*not tried*) неиспы́танный; (*inexperienced*) нео́пытный
untrodden (*unexplored*) неизве́данный
untroubled споко́йный; ~ **by** не обеспоко́енный (+ *instr*)
untrue (*incorrect*) неве́рный, непра́вильный; (*false*) ло́жный; (*disloyal*) неве́рный (**to,** + *dat*)
untrustworthy (*not to be trusted*) не заслу́живающий дове́рия; (*unreliable*) ненадёжный
untruth ложь *f*, непра́вда
untruthful (*false*) ло́жный; (*mendacious*) лжи́вый
untutored (*untrained*) необу́ченный; (*simple*) простоду́шный; (*natural*) приро́дный
untwine расплета́ть(ся)
untwist раскру́чивать(ся)
unusable неприго́дный (**for,** для + *gen*)
unused (*not used*) неиспо́льзованный; ~ **to** непривы́кший (к + *dat*); **they are ~ to ...** они́ не привы́кли (к + *dat*; *or* + *infin*)
unusual (*uncommon*, *out-of-ordinary*) необыкнове́нный; (*not usual*) необы́чный; (*unwonted*) непривы́чный (**for,** для + *gen*); (*exceptional*) исключи́тельный; (*strange*) стра́нный
unutterable невырази́мый; (*utter*) я́вный, отъя́вленный
unvaried (*constant*) постоя́нный; (*monotonous*) однообра́зный
unvarnished нелакиро́ванный; *fig* неприкра́шенный
unvarying (*unchanging*) неизменя́ющийся; (*invariable*) неизме́нный
unveil (*take off veil*) снима́ть вуа́ль; (*reveal*) раскрыва́ть; (*unmask*) разоблача́ть; (*monument etc*) торже́ственно открыва́ть
unversed несве́дущий (**in,** в + *prep*); (*inexperienced*) нео́пытный
unvoiced (*unspoken*) невы́сказанный; (*tacit*) молчали́вый; *phon* глухо́й
unwanted (*not wanted*; *undesirable*) нежела́тельный; (*superfluous*) ли́шний, нену́жный; (*not asked for*) непро́шенный
unwarlike (*unmilitary*) невои́нственный; (*peaceable*) ми́рный
unwarrantable (*indefensible*) недопусти́мый; (*unforgivable*) непрости́тельный
unwarranted (*unjustified*) необосно́ванный, неопра́вданный; (*indefensible*) недопусти́мый; (*unauthorized*) неразрешённый
unwary неостро́жный
unwashed (*face etc*) немы́тый; (*unlaundered*) нести́ранный
unwavering (*steadfast*) непоколеби́мый; (*constant*) неукло́нный; (*firm*) твёрдый; (*undeviating*) неуклоня́ющийся; ~ **gaze** при́стальный взгляд; ~ **light** ро́вный свет
unwearied (*not tired*) неутомлённый; (*indefatigable*) неутоми́мый
unwearying (*indefatigable*) неутоми́мый
unwelcome (*unpleasant*) неприя́тный; (*not welcome*; *undesired*) нежела́нный; (*undesirable*) нежела́тельный
unwell нездоро́вый
unwholesome (*harmful*) вре́дный; (*of food*) неполе́зный; (*unhealthy*) боле́зненный; (*revolting*) отврати́тельный
unwieldy (*clumsy*) неуклю́жий; (*cumbersome*) громо́здкий
unwilling (*grudging*) неохо́тный; (*not wishing*) не жела́ющий (**to,** + *infin*); **be ~ to** не хоте́ть (+ *infin*)
unwillingly неохо́тно, с неохо́той
unwinking немига́ющий; *fig* (*vigilant*) бди́тельный
unwind разма́тывать(ся)
unwise неблагоразу́мный
unwitting нево́льный
unwonted непривы́чный, необы́чный
unworkable (*not usable*) непримени́мый; (*unfeasible*) неисполни́мый; (*impossible*) невозмо́жный
unworldly (*not worldly*) не от ми́ра сего́; (*unpractical*) непракти́чный
unworn (*new*) нено́шенный; (*without wear*) непоно́шенный
unworthy недосто́йный (**of,** + *gen*)
unwrap развора́чивать(ся), развёртывать(ся)
unwritten непи́саный; ~ **law** непи́саный зако́н
unyielding (*stubborn*, *intractable*; *also tech*) неподa̋тливый; (*steadfast*) непоколеби́мый; (*adamant*, *inexorable*) непрекло́нный
unzip расстёгивать (мо́лнию, пла́тье *etc*)
up 1. *n* (*lift*) подъём; *fig* **be on the ~** идти́ к лу́чшему; *coll* **on the ~ and ~** че́стный; **~s and downs** превра́тности *f pl* судьбы́ **2.** *adj* поднима́ющийся; ~ **train** по́езд в го́род **3.** *v coll* поднима́ть **4.** *adv* (*position*) ~ **in the air** высоко́ в во́здухе; ~ **on the roof** наверху́ на кры́ше; (*upwards*) вверх; ~ **and down** вверх и вниз; **hands ~!** ру́ки вверх!; (~ *on to*) наве́рх; (*in expressions*) **it's all ~** всё ко́нчено; **we are ~ against ...** нам предсто́ит ..., мы име́ем де́ло с (+ *instr*); **he is ~ already** (*from bed*) он уже́ встал; (*after illness etc*) он уже́ на нога́х; **well ~ in** све́дущий, си́льный в (+ *prep*); **what is he ~ to?** что он де́лает?; **it's all ~ to you** всё от вас зави́сит; **it's ~ to you** вы должны́ (+ *infin*); ~ **with ...!** да здра́вствует (+ *nom*)!; **what's ~?** что случи́лось?; **what's ~ with you?** что с тобо́й? (*for use after verbs see corresponding verb entry*) **5.** *prep* (*towards*) к (+ *dat*); **he came ~ to me** он подошёл ко мне (*in general for use after verbs see corresponding verb entry*); (*along*) вдоль (+ *gen*); **he went ~ the street** он шёл по у́лице; (~*wards*, ~*stream*) вверх по (+ *dat*); **go ~ the stairs, river** идти́ вверх по ле́стнице, реке́; (*under garment*) под (+ *acc*); ~ **from** из (+ *gen*); ~ **to, until** до (+ *gen*)
up-and-coming (*future*) бу́дущий; (*promising*) многообеща́ющий; (*pushing*) напо́ристый, насты́рный
upas анча́р
upbraid (*reproach*) упрека́ть; (*berate*) брани́ть
upbringing воспита́ние
up-country 1. *adj* (*inland*) вну́тренний; (*remote*) захолу́стный **2.** *adv* (*place*) внутри́ страны́;

(*direction*) вглубь страны́
update подновля́ть, модернизи́ровать, осовреме́нить *pf*
up-end опроки́дывать(ся)
upgrade 1. *n* подъём; **on the ~** *fig* улучша́ться **2.** *v* повыша́ть (по ка́честву, по слу́жбе *etc*)
upheaval (*violent change*) переворо́т; (*commotion*) сумато́ха; *geol* подня́тие
uphill 1. *adj* иду́щий в го́ру; *fig* (*difficult*) тяжёлый **2.** *adv* в го́ру
uphold (*support*) подде́рживать; (*confirm*) утвержда́ть; (*countenance*) одобря́ть
upholster обива́ть
upholsterer обо́йщик
upholstery оби́вка
upkeep содержа́ние
upland 1. *n* гори́стый райо́н, наго́рье **2.** *adj* гори́стый, наго́рный
uplift 1. *n* подъём; *eng* противодавле́ние **2.** *v* поднима́ть
upon *see* **on**
upper 1. *n* (*of shoe*) передо́к **2.** *adj* ве́рхний; (*senior, superior*) вы́сший; *print* **~ case** прописны́е ли́теры *f pl*; **get the ~ hand** брать, одержа́ть *pf* верх (**of,** над + *instr*)
upper-class *adj* вы́сшего о́бщества
uppercut уда́р сни́зу, апперко́т; **left ~** уда́р сни́зу ле́вой
uppermost 1. *adj* (*topmost*) са́мый ве́рхний; (*dominating*) преоблада́ющий, гла́вный **2.** *adv* наверху́
uppish (*conceited*) спеси́вый; (*snobbish*) снobи́стский; (*impudent*) де́рзкий
upright 1. *n tech* сто́йка **2.** *adj* (*vertical*) вертика́льный; (*erect*) прямо́й; **~ piano** пиани́но *neut indecl*; (*honest*) че́стный **3.** *adv* вертика́льно; пря́мо; (*in standing position*) стоймя́
uprising восста́ние
uproar (*noise*) шум, гам; (*commotion*) волне́ние
uproarious (*noisy*) шу́мный; (*boisterous*) бу́рный; (*jovial*) весёлый; (*funny*) о́чень смешно́й
uproot вырыва́ть с ко́рнем; *fig* искореня́ть
uprush поры́в
upset 1. *n* (*overturning*) опроки́дывание; (*disorder*) беспоря́док; **stomach ~** расстро́йство желу́дка; (*unpleasantness*) неприя́тность *f*; (*setback*) неуда́ча; *coll* (*quarrel*) ссо́ра **2.** *v* (*overturn*) опроки́дывать(ся); (*plans, feelings etc*) расстра́ивать; (*annoy*) раздража́ть; (*offend*) обижа́ть
upshot результа́т, заключе́ние; **in the ~** в конце́ концо́в; **the ~ of the matter was …** де́ло ко́нчилось тем, что …
upside down 1. *adj* (*inverted*) перевёрнутый вверх дном; (*in chaos*) в беспоря́дке **2.** *adv* вверх дном, вверх нога́ми; в беспоря́дке; **turn ~** (*invert*) перевора́чивать вверх дном; (*disarrange*) приводи́ть в беспоря́док
upstage 1. *adj coll* высокоме́рный **2.** *adv* в глубине́ сце́ны **3.** *v theat* переи́грывать; (*outdo*) перещеголя́ть
upstairs 1. *n* ве́рхний эта́ж **2.** *adj* (находя́щийся) наверху́ **3.** *adv* (*place*) наверху́; (*direct*) наве́рх, вверх по ле́стнице
upstanding прямо́й (*also fig*)
upstart вы́скочка *m and f*
upstream 1. *adj* располо́женный вы́ше по тече́нию **2.** *adv* (*up river*) вверх по тече́нию; (*against current*) про́тив тече́ния
upsurge подъём, повыше́ние; (*of emotion etc*) волна́
upswing подъём
uptake (*intake*) поглоще́ние; *tech* вертика́льный кана́л; **be quick on the ~** бы́стро сообража́ть
uptight *sl* взви́нченный
up-to-date (*modern*) совреме́нный; **bring ~** осовреме́нить *pf*; (*latest*) нове́йший; (*aware of situation*) в ку́рсе (дел); **keep ~** держа́ть в ку́рсе
upturn (*rise*) подъём, повыше́ние; (*improvement*) улучше́ние
upturned (*inverted*) перевёрнутый; (*lifted*) по́днятый; **~ nose** вздёрнутый нос; **with an ~ nose** курно́сый
upward 1. *adj* (*rising*) восходя́щий; (*facing up*) обращённый кве́рху **2.** *adv* вверх, кве́рху
upwards 1. *adj see* **upward 2.** *adv* (*up*) вверх; (*more*) **and, or ~** и, и́ли вы́ше/бо́льше; **~ of** свы́ше (+ *gen*)
upwind *see* **windward**
Uralo-Altaic ура́ло-алта́йский
uranism гомосексуали́зм
uranium 1. *n* ура́н **2.** *adj* ура́новый
uranous ура́новый
Uranus (плане́та) Ура́н
urban городско́й
urbane (*courteous*) учти́вый, обходи́тельный; (*smooth, bland*) льсти́вый
urbanity учти́вость *f*, обходи́тельность *f*; льсти́вость *f*
urbanization урбаниза́ция
urchin мальчи́шка; **sea-~** морско́й ёж
Urdu 1. (язы́к) урду́ *neut indecl* **2.** *adj* на языке́ урду́
urea мочеви́на
ureter мочето́чник
urethane урета́н
urethra мочеиспуска́тельный кана́л, уре́тра
urethritis урetри́т
urge 1. *n* (*impulse*) побужде́ние; (*desire*) жела́ние; (*esp sexual*) вожделе́ние; (*compulsion*) принужде́ние; (*aspiration*) стремле́ние; (**to,** к + *dat*) **2.** *v* (*drive forward*) гнать, подгоня́ть; (*impel; induce*) побужда́ть; (*incite*) подстрека́ть; (*exhort*) умоля́ть; (*try to persuade*) угова́ривать; (*put forward*) выдвига́ть
urgency сро́чность *f*; безотлага́тельность *f*; насто́йчивость *f*
urgent (*immediate*) сро́чный; (*not to be put off*) неотло́жный; (*pressing*) настоя́тельный
urging побужде́ние; **without ~** охо́тно
uric мочево́й; **~ acid** мочева́я кислота́
urinal писсуа́р
urinary мочево́й
urinate мочи́ться
urination мочеиспуска́ние
urine моча́
urn у́рна; **tea-~** электри́ческий самова́р
urogenital мочеполово́й
uroscopy иссле́дование мо́чи
Ursa: ~ Major Больша́я Медве́дица; **~ Minor** Ма́лая Медве́дица
urticaria крапи́вница
Uruguay Уругва́й
Uruguayan 1. *n* уругва́ец, *f* уругва́йка **2.** *adj* уругва́йский
usable употребля́емый, испо́льзуемый; **be ~** годи́ться (**for,** для + *gen*)
usage (*use*) употребле́ние; (*treatment*) обраще́-

ние; (*custom*) обы́чай

use 1. *n* (*usage*, *employment*) употребле́ние, по́льзование; **in ~** в употребле́нии; **go out of ~** выходи́ть из употребле́ния; **make ~ of** употребля́ть, по́льзоваться (+ *instr*), применя́ть; (*application*) примене́ние; (*benefit*) по́льза; **it was of no ~ to him** э́то не принесло́ ему́ никако́й по́льзы; **it's no ~ ...** бесполе́зно (+ *infin*); **is there any ~ in ...?** сто́ит ли (+ *infin*)?; **what's the ~?** како́й смысл? (**of,** + *infin*) **2.** *v* употребля́ть, по́льзоваться (+ *instr*), применя́ть; (*require*) тре́бовать (+ *gen*); (*utilize*, *make good ~ of*) испо́льзовать; (*expend*) израсхо́довать; **~ up** истра́тить *pf*, ко́нчить *pf*; (*treat*) обраща́ться с (+ *instr*); *as aux v: translated by impf past usu with adv* обы́чно, ра́ньше, ча́сто *etc*; **he ~d to dine early** он обы́чно обе́дал ра́но; **there ~d to be more of them** ра́ньше их бы́ло бо́льше; (*on occasion*) быва́ло (+ *impf past or pf fut*); **he ~d to tell us of his adventures** он, быва́ло, расска́жет нам о свои́х приключе́ниях

used испо́льзованный; (*current*, *in use*) употреби́тельный; (*old*) ста́рый; (*second-hand*) поде́ржанный; (*clothes*) поно́шенный; (*worn-out*) изно́шенный; **be ~** употребля́ться, применя́ться (**for,** для + *gen*); (*accustomed*) привы́кший (**to,** к + *dat*); **be ~ to** привы́кнуть *pf* к (+ *dat*); **become ~ to** привыка́ть к (+ *dat*)

useful поле́зный (**to,** + *dat*); *coll* (*capable*) спосо́бный

usefulness поле́зность *f*, по́льза

useless (*vain*) бесполе́зный, напра́сный, тще́тный; **it is ~ to** нет смы́сла (+ *infin*); (*of no use*, *unserviceable*) неприго́дный; **be ~** (никуда́) не годи́ться (**for,** для + *gen*)

user употребля́ющий, по́льзующийся (+ *instr*); (*consumer*) потреби́тель *m*; **~-friendly** ориенти́рованный на по́льзователя

usher 1. *n* (*commissionaire*) швейца́р; *theat* билетёр; *ar* (*teacher*) учи́тель *m* **2.** *v* **~ in** вводи́ть; *fig* (*introduce*) вводи́ть; (*begin*) начина́ть; (*mark*) ознаменова́ть; (*herald*) возвеща́ть

usherette билетёрша

usual обы́чный, обыкнове́нный; **as ~** как обы́чно; (*habitual*) привы́чный; (*normal*) норма́льный

usufruct узуфру́кт

usurer ростовщи́к

usurious ростовщи́ческий

usurp (*seize*) узурпи́ровать; (*encroach on*) посяга́ть (на + *acc*)

usurpation узурпа́ция; посяга́тельство

usurper узурпа́тор

usury ростовщи́чество

utensil (*vessel*) сосу́д; *pl* (*domestic*) посу́да *sing collect*; (*implements*) инструме́нты *m pl*

uterine (*of uterus*) ма́точный; (*of one mother*) единоутро́бный

uterus ма́тка

utilitarian утилита́рный

utilitarianism утилитари́зм

utility 1. *n* (*usefulness*) поле́зность *f*; *pl* **public utilities** (*companies*) предприя́тия *neut pl* обще́ственного по́льзования; (*services*) коммуна́льные услу́ги *f pl* **2.** *adj* утилита́рный

utilize (*employ*, *use*) применя́ть; (*put to good use*) утилизи́ровать

utmost 1. *n* (*most*) са́мое большо́е; **do one's ~** де́лать всё возмо́жное; (*limit*) преде́л; **to the ~** до преде́ла **2.** *adj* (*farthest*) са́мый отдалённый; (*extreme*) кра́йний

Utopia уто́пия

Utopian 1. *n* утопи́ст **2.** *adj* утопи́ческий

[1]utter (*complete*) по́лный, соверше́нный, абсолю́тный; (*extreme*) кра́йний

[2]utter (*emit*; *publish*) издава́ть; (*words*) произноси́ть; (*express*) выража́ть

utterance (*pronunciation*) произноше́ние; (*act of uttering*) произнесе́ние; (*expression*) выраже́ние; **give ~ to** выража́ть; (*speech*) выска́зывание

utterly соверше́нно

uttermost *see* **utmost**

uvula язычо́к

uvular *anat* язычко́вый; *phon* увуля́рный

Uzbek 1. *n* (*person*) узбе́к, *f* узбе́чка; (*language*) узбе́кский язы́к **2.** *adj* узбе́кский

V

V: v-shaped V-обра́зный, клинови́дный
vacancy (*post*) вака́нсия; (*gap*) свобо́дное ме́сто; (*emptiness*; *inanity*) пустота́
vacant (*not in use*; *unoccupied*) свобо́дный; (*empty*; *inane*) пусто́й; (*post*) вака́нтный; (*look*, *stare etc*) отсу́тствующий
vacate (*leave free*) освобожда́ть; (*leave*) выходи́ть из (+ *gen*); (*evacuate*) эваку́ировать
vacation (*leaving vacant*) освобожде́ние; (*university holiday*) кани́кулы *f pl*; (*holiday*) о́тпуск; **be on** ~ отдыха́ть, быть в отпуску́
vacationer, vacationist *Am* отдыха́ющий
vaccinate де́лать приви́вку (+ *dat*; **against,** от + *gen*), привива́ть
vaccination приви́вка
vaccine вакци́на
vacillate колеба́ться (**between,** ме́жду + *instr*)
vacillating коле́блющийся, нереши́тельный
vacillation (*indecision*), нереши́тельность *f*; (*wavering*) колеба́ние (**between,** ме́жду + *instr*)
vacuity пустота́
vacuous (*empty*) пусто́й; (*stupid*) глу́пый; (*blank*) отсу́тствующий
vacuum 1. *n phys* ва́куум; *fig* пустота́, пробе́л **2.** *adj* ва́куумный; ~ **brake** ва́куумный то́рмоз; ~ **cleaner** пылесо́с; ~ **flask** те́рмос; ~**-packed** упако́ванный под ва́куумом; ~ **pump** ва́куумный насо́с; ~ **tube** электро́нная ла́мпа **3.** *v coll* (*clean with ~ cleaner*) пылесо́сить
vade-mecum (*guide*) ваде́мекум, путеводи́тель *m*; (*handbook*) спра́вочник
vagabond 1. *n* бродя́га *m* **2.** *adj* бродя́чий
vagary капри́з, причу́да
vagina влага́лище
vaginal влага́лищный
vagrancy бродя́жничество
vagrant 1. *n* бродя́га *m* **2.** *adj* бродя́чий
vague (*imprecise*) неопределённый, тума́нный; ~ **hope** сму́тная наде́жда; ~ **idea** нея́сная мысль *f*, тума́нное представле́ние; **I have a ~ idea that** мне ка́к-то ка́жется, что; (*absent-minded*) рассе́янный; (*evasive*) укло́нчивый; (*blank*, *of look etc*) отсу́тствующий
vain (*useless*) бесполе́зный, напра́сный, тще́тный; (*empty*) пусто́й; (*haughty*) го́рдый, наду́тый, тщесла́вный; (*conceited*) самодово́льный; **be ~ about** кичи́ться (+ *instr*); **in** ~ напра́сно, тще́тно, зря
vainglorious тщесла́вный
valance (*curtain*) занаве́ска; (*on bed*) подзо́р; (*on chair etc*) обо́рка
vale доли́на; *fig* ~ **of tears** юдо́ль *f* печа́ли/пла́ча
valediction проща́ние
valedictory 1. *n* проща́льное сло́во, проща́льная речь *f* **2.** *adj* проща́льный
valency вале́нтность *f*
valentine (*sweetheart*) возлю́бленный, *f* возлю́бленная; (*card*) откры́тка, посыла́емая в день свято́го Валенти́на
valerian *bot* валериа́на; *med* валериа́новые ка́пли *f pl*
valet камерди́нер, слуга́ *m*
valetudinarian 1. *n* (*sick person*) больно́й, инвали́д; (*hypochondriac*) ипохо́ндрик **2.** *adj* (*infirm*) боле́зненный; (*hypochondriac*) мни́тельный
Valhalla Валга́лла
valiant (*person*) до́блестный, отва́жный; (*act*) герои́ческий
valid (*sound*) обосно́ванный; (*convincing*) убеди́тельный; (*real*, *in force*; *of tickets*, *marriage etc*) действи́тельный
validate (*make valid*) де́лать действи́тельным; (*legalize*) легализи́ровать; (*prove*) дока́зывать, обосно́вывать; (*ratify*) ратифици́ровать; (*confirm*) подтвержда́ть
validity действи́тельность *f*; обосно́ванность *f*; (*correctness*) пра́вильность *f*
valise саквоя́ж
Valkyrie вальки́рия
valley 1. *n* доли́на **2.** *adj* доли́нный
valium вал
valorous до́блестный, отва́жный
valour до́блесть *f*, отва́га
valuable 1. *m pl* драгоце́нности *f pl* **2.** *adj* (*of great value*) це́нный; (*useful*) поле́зный; (*costly*) дорого́й
valuation оце́нка
value 1. *n* (*worth*) це́нность *f*; **put a high ~ on** высоко́ цени́ть; (*importance*) ва́жность *f*; (*significance*) значе́ние; (*benefit*) по́льза; **be of** ~ быть поле́зным; (*usefulness*) поле́зность *f*; (*cost*, ~ *in money*) сто́имость *f*; **to the ~ of** сто́имостью в (+ *acc*); **market** ~ ры́ночная сто́имость; *econ* **surplus** ~ приба́вочная сто́имость; *math*, *tech* (*amount*, *measure*) величина́, значе́ние; *pl* (*standards*) це́нности *f pl*; **moral ~s** духо́вные це́нности **2.** *v* (*price*; *assess*) оце́нивать; (*prize*) цени́ть, дорожи́ть (+ *instr*)
value-added tax нало́г на доба́вленную сто́имость
valued драгоце́нный
valueless ничего́ не сто́ящий
valuer оце́нщик
valuta валю́та
valve *tech*, *mus*, *anat* кла́пан; **safety** ~ предохрани́тельный кла́пан; *rad* электро́нная ла́мпа
valvular кла́панный
vamoose *sl* удира́ть, смыва́ться
vamp 1. *n* (*of shoe*) передо́к; (*patch*) ла́тка; (*hasty work*) халту́ра; *coll* (*woman*) вамп, рокова́я же́нщина **2.** *v* (*patch*) лата́ть; (*renovate*) подновля́ть; (*improvise*) импровизи́ровать; *coll* (*seduce*) соблазня́ть
vampire вампи́р, упы́рь *m*; *zool* вампи́р
van (*motor*) фурго́н; (*railway*) ваго́н; (*vanguard*) аванга́рд; **in the ~** в аванга́рде
vanadium 1. *n* вана́дий **2.** *adj* вана́диевый
vandal *hist*; *fig* ванда́л; (*barbarian*) ва́рвар; (*hooligan*) хулига́н
vandalism вандали́зм, ва́рварство; хулига́нство
vandalize бессмы́сленно по́ртить, разруша́ть *etc*
vane (*weathercock*) флю́гер, верту́шка; (*of windmill*, *fan*) крыло́; (*of propeller*) ло́пасть *f*; (*of turbine*) лопа́тка; (*of bomb*) стабилиза́тор; (*sight*) дио́птр

vanguard авангáрд
vanilla 1. *n* вани́ль *f* **2.** *adj* вани́льный
vanish (*disappear in general*) исчезáть (*into*, в + *prep*); (*get lost*) пропадáть; (*be hidden*) скрывáться (**from sight,** из ви́ду)
vanishing: ~ **cream** крем для лица; ~ **point** тóчка исчезновéния; *arts* тóчка схóда
vanity (*conceit*) тщеслáвие; (*pointlessness*) тщетá, тщéтность *f*; *bibl* ~ **of vanities** суетá сует; ~ **bag** сýмочка
vanquish (*defeat*) побеждáть; (*conquer*) покоря́ть; (*overcome*) преодолевáть; (*feelings etc*) подавля́ть
vantage преимýщество; ~ **point** вы́годная пози́ция
vapid скýчный, банáльный, вя́лый
vaporization испарéние
vaporize испаря́ть(ся)
vaporizer атомизáтор
vaporous (*like vapour*) парообрáзный; (*misty*; *also fig*) тумáнный
vapour пар; (*mist*) тумáн; (*fantasy*) фантáзия; *pl* (*hysteria*) истéрика
vapourings пустáя болтовня́
Varangian 1. *n* варя́г **2.** *adj* варя́жский
variable 1. *n* перемéнная **2.** *adj* (*changeable*) измéнчивый, непостоя́нный; *mainly math*, *sci* перемéнный
variance (*change*) изменéние; (*fluctuation*) колебáние; (*difference*) расхождéние; **be at** ~ расходи́ться (**with,** с + *instr*), несоотвéтствовать (**with,** с + *instr*); (*conflict*) разноглáсие
variant 1. *n* вариáнт; (*in text*) разночтéние **2.** *adj* (*differing*, *various*) разли́чный, рáзный
variation (*change*) изменéние; (*fluctuation*) колебáние; (*divergence*) отклонéние (**from,** от + *gen*); (*variant*) вариáнт, разнови́дность *f*; **magnetic** ~ магни́тное склонéние; *mus*, *sci* вариáция
varicoloured разноцвéтный, многоцвéтный
varicose варикóзный; ~ **veins** расширéние вен
varied (*of various kinds*) разнообрáзный, рáзный; (*changing*) меня́ющийся
variegate разнообрáзить
variegated (*in colour*) разноцвéтный, пёстрый; (*in kind*) разнообрáзный
variety (*diversity*) разнообрáзие; (*many*) цéлый ряд, мнóжество; (*assortment*, *esp comm*) ассортимéнт; (*kind*) вид; *biol* разнови́дность *f*; *agr* сорт; *theat* варьетé *neut indecl*
variform многообрáзный
variola óспа
variometer вариóметр
various (*differing*) рáзный, разли́чный; (*varied*) разнообрáзный; (*many*, *all kinds of*) рáзный, всевозмóжный, вся́кий; (*separate*) отдéльный
variously (*in diverse ways*) по-рáзному, повся́кому; (*correspondingly*) соотвéственно
varnish 1. *n* лак; **nail** ~ лак для ногтéй **2.** *v* лакировáть (*also fig*)
varnisher лакирóвщик
vary (*change*) меня́ть(ся), изменя́ть(ся), видоизменя́ть(ся); (*diversify*) разнообрáзить; (*fluctuate*) колебáться; (*differ*) расходи́ться; ~ **from** отличáться от (+ *gen*)
varying перемéнный
vas *anat* сосýд
vascular сосýдистый
vase вáза
vasectomy удалéние семявынося́щего протóка
vaseline вазели́н
vasomotor вазомотóрный, сосудодви́гательный
vassal 1. *n* вассáл **2.** *adj* вассáльный
vast (*huge*) громáдный, огрóмный; (*in extent*) обши́рный; *coll* (*enormous*) огрóмный; ~ **sums** огрóмные дéньги *f pl*
vastly (*very*) крáйне; (*completely*) совершéнно; (*with comp adj or adv*; *much*) горáздо, кудá (+ *comp adj or adv*)
vat (*barrel*) бóчка; (*tub*) кáдка; (*tank*) чан, бак; (*VAT* – *see* **value-added tax**)
Vatican Ватикáн
vaudeville водеви́ль *m*
[1]vault (*burial chamber*) склеп; (*strongroom*) храни́лище; (*cellar*) подвáл; (*arch*) свод; *poet* (*sky*) небосвóд
[2]vault 1. *n* (*jump*) прыжóк **2.** *v* (*jump*) пры́гать; (*jump over*) перепры́гивать
vaulted свóдчатый
vaulter прыгýн
vaulting свóды *m pl*
vaunt (*praise*) превозноси́ть; (*brag*) похваля́ться (**of,** + *instr*)
vaunted: *usu* **much** ~ хвалёный
VD – *see* **venereal**
VDU дисплéй
veal теля́тина
vector *math* вéктор; ~ **analysis** вéкторный анáлиз; (*course*) курс, направлéние
vectorial вéкторный
Veda Вéда
Vedanta ведáнта
vedette (*sentry*) кóнный часовóй; *nav* торпéдный кáтер; (*film star*) кинозвездá
Vedic веди́йский
veer (*change direction*) меня́ть направлéние, повернýть *pf*; (*alter*) изменя́ть(ся); (*ship*) меня́ть курс, лави́ровать; (*rope*) трави́ть
vegetable 1. *n* (*plant*) растéние; *agr*, *cul* (*as food*) óвощ (*usu pl* óвощи) **2.** *adj* расти́тельный; ~ **oil** расти́тельное мáсло; овощнóй; ~ **garden** огорóд; ~ **marrow** кабачóк
vegetal расти́тельный
vegetarian 1. *n* вегетариáнец **2.** *adj* вегетариáнский
vegetarianism вегетариáнство
vegetate (*grow*) расти́; *fig* (*merely exist*) прозябáть, вести́ расти́тельный óбраз жи́зни
vegetation (*plants*) расти́тельность *f*; (*growth*) рост
vegetative расти́тельный; *biol* вегетати́вный
vehemence (*force*) си́ла; (*passion*) стрáстность *f*
vehement (*forceful*) си́льный; (*passionate*) стрáстный, горя́чий; (*violent*) неистовый, бéшеный
vehicle (*transport*) трáнспортное срéдство; (*on road*) автомоби́ль *m*; (*air*, *space*) аппарáт; (*means*) срéдство; *phys* проводни́к; *chem* раствори́тель *m*; *med* (*carrier*) носи́тель *m*
vehicular перевóзочный; (*of motor transport*) автомоби́льный
veil 1. *n* вуáль *f*; **bridal** ~ фатá; *fig* **take the** ~ постри́чься *pf* в монáхини; (*of Muslim women*) чадрá, паранджá; (*curtain*; *also fig*) завéса; ~ **of silence** завéса молчáния; ~ **of darkness** покрóв темноты́; ~ **of mist** пеленá тумáна; **draw a** ~ **over** опускáть завéсу над (+ *instr*); (*pretext*) предлóг **2.** *v* (*cover with* ~) закрывáть вуáлью; (*hide*) скрывáть; (*disguise*) маскировáть
veiled (*covered by veil*) закры́тый вуáлью, чадрóй

etc; (*wearing veil*) нося́щий вуа́ль *etc*; в чедре́ *etc*; *fig* ~ **hint** завуали́рованный намёк; ~ **hostility** затаённая вражде́бность *f*; ~ **threat** замаскиро́ванная угро́за
vein *anat* ве́на; (*streak*; *bot*, *min*) жи́лка; (*mood*) настрое́ние; (*style*) стиль *m*; (*tone*) тон; **in the same** ~ в том же ду́хе
velar 1. *n* веля́рный звук **2.** *adj* веля́рный, задненёбный
veld(t) вельд
vellum 1. *n* перга́мент **2.** *adj* перга́ментный; ~ **paper** веле́невая бума́га
velocipede велосипе́д
velocity ско́рость *f*
velvet 1. *n* ба́рхат **2.** *adj* ба́рхатный (*also fig*)
velveteen 1. *n* вельве́т **2.** *adj* вельве́товый
velvety ба́рхатный, бархати́стый
venal (*bribable*) прода́жный, подку́пный; (*mercenary*, *corrupt*) коры́стный
venality прода́жность *f*; корру́пция
vend продава́ть
vendetta вendéтта
vending прода́жа; ~ **machine** (торго́вый) автома́т
vendor продаве́ц; **street** ~ у́личный торго́вец
veneer 1. *n* (*sheet*) шпон; (*wooden facing*) фане́ра; *bui* облицо́вка; *fig* ви́димость *f*, вне́шний лоск **2.** *v* фанерова́ть
veneering фане́рная рабо́та
venerable (*to be respected*) почте́нный; (*ancient*) дре́вний; *relig* преподо́бный
venerate (*respect*) чтить; (*revere*) благогове́ть; (*worship*; *bow before*; *also fig*) преклоня́ться (пе́ред + *instr*)
veneration преклоне́ние; благогове́ние
venereal венери́ческий; ~ **disease**, *abbr* **VD** венери́ческая боле́знь *f*
Venetian 1. *n* венециа́нец, *f* венециа́нка **2.** *adj* венециа́нский; ~ **blind** жалюзи́ *pl indecl*
Venezuela Венесуэ́ла
Venezuelan 1. *n* венесуэ́лец, *f* венесуэ́лка **2.** *adj* венесуэ́льский
vengeance (*revenge*) месть *f*, мще́ние; **take** ~ **on** мстить (+ *dat*; **for**, за + *acc*); (*retribution*) возме́здие; **with a** ~ (*real*, *thorough*) са́мый настоя́щий; (*as adv*) си́льно, здо́рово
vengeful мсти́тельный
venial (*pardonable*) прости́тельный; (*trivial*) ме́лкий
Venice Вене́ция
venison оле́нина
venom яд; *fig* зло́ба
venomous ядови́тый; *fig* зло́бный
venous вено́зный
vent 1. *n* (*opening*) отве́рстие; (*air outlet*) отду́шина; (*duct*) кана́л; **give** ~ **to** (*free rein*) дать *pf* вы́ход, во́лю (+ *dat*); (*utter*) испуска́ть **2.** *v* (*smoke etc*) выпуска́ть; (*feelings etc*) дать *pf* вы́ход (+ *dat*), излива́ть
vent-hole отду́шина
ventilate (*air*) прове́тривать; *tech* вентили́ровать; *fig* (*discuss*) обсужда́ть; (*publicize*) предава́ть гла́сности
ventilating вентиляцио́нный
ventilation прове́тривание; вентиля́ция; обсужде́ние
ventilator вентиля́тор
ventral брюшно́й, вентра́льный
ventricle желу́дочек
ventricular желу́дочковый
ventriloquism чревовеща́ние
ventriloquist чревовеща́тель *m*
venture 1. *n* (*enterprise*) предприя́тие; (*risky affair*) риско́ванное предприя́тие, авантю́ра; (*speculation*) спекуля́ция; **at a** ~ наугад, наудачу **2.** *v* (*risk*) рискова́ть (+ *instr*); (*dare*, *take liberty*) отва́живать (+ *infin*), осме́ливаться (+ *infin*)
venturesome (*bold*) сме́лый; (*enterprising*) предприи́мчивый
venue ме́сто встре́чи
Venus *myth*, *astron* Вене́ра; ~ **flytrap** вене́рина мухоло́вка
veracious правди́вый
veracity правди́вость *f*; (*of story*, *document*) достове́рность *f*
veranda(h) вера́нда
verb глаго́л
verbal (*of*, *in words*) слове́сный; (*spoken*) у́стный; (*literal*) буква́льный; (*of verb*) глаго́льный; (*derived from verb*) отглаго́льный
verbalize (*express*) выража́ть слова́ми; *ling* вербализова́ть
verbatim 1. *adj* досло́вный **2.** *adj* досло́вно, сло́во в сло́во
verbena вербе́на
verbiage словоблу́дие, пустосло́вие, многосло́вие
verbose многосло́вный
verbosity многосло́вие
verdant (*green*) зелёный (*also fig*); (*covered with greenery*) зелене́ющий
verdict *leg* верди́кт; **give** ~ вынести́ *pf* верди́кт; (*decision*) реше́ние; (*judgement*) сужде́ние; (*opinion*) мне́ние; (*conclusion*) заключе́ние
verdigris медя́нка, ярь-медя́нка
verdure зе́лень *f*
verge 1. *n* (*edge*) край; (*of road*) обо́чина; (*of forest*) опу́шка; (*border*) бордю́р; *fig* **on the** ~ **of** (*on brink of*) на гра́ни (+ *gen*); (*on point of*) **I was on the** ~ **of telling him** я чуть бы́ло не рассказа́л ему́ **2.** *v* (*incline*) склоня́ться; (*descend*) спуска́ться; (*border*; *also fig*) грани́чить (с + *instr*)
verifiable досту́пный прове́рке, доказу́емый
verification (*check*) прове́рка; (*confirmation*) подтвержде́ние; *tech* калибро́вка
verify (*check*) проверя́ть; (*confirm*) подтвержда́ть; (*authenticate*) удостоверя́ть
verisimilitude правдоподо́бие
veritable (*real*) настоя́щий; (*genuine*) и́стинный, по́длинный
verity (*truth*) и́стина; (*genuineness*) и́стинность *f*, по́длинность *f*
vermicelli вермише́ль *f*, лапша́
vermicide глистоубива́ющее сре́дство
vermicular червеобра́зный
vermiculite вермикули́т
vermiform червеобра́зный
vermifuge глистого́нное (сре́дство)
vermilion 1. *n* (*colour*) а́лый цвет, пунцо́вый цвет; (*pigment*) вермильо́н **2.** *adj* а́лый, пунцо́вый
vermin (*parasite*) парази́ты *m pl*; (*pests*) вреди́тели *m pl*; *pej* (*of people*) подо́нки *m pl*
verminous (*parasitic*) паразити́ческий; (*abounding in vermin*) кишáщий парази́тами, вреди́телями; (*infected with vermin*) заражённый парази́тами
vermouth ве́рмут
vernacular 1. *n* (*native speech*) родно́й язы́к; (*local dialect*) го́вор, наре́чие, диале́кт; (*popular speech*) просторе́чие; (*jargon*) жарго́н **2.** *adj* (*native*) родно́й; (*local*) ме́стный; (*popular*)

наро́дный; (*colloquial*) разгово́рный; (*in current language*) на родно́м языке́
vernal весе́нний
vernalization яровиза́ция
vernalize яровизи́ровать
vernicle *arts* Спас нерукотво́рный
vernier но́нниус, вернье́р
veronal верона́л
veronica верони́ка
verruca борода́вка
versatile (*person*) разносторо́нний, многосторо́нний; (*equipment etc*) многоцелево́й, универса́льный; (*changeable*) изме́нчивый; *bot*, *zool* подвижно́й
versatility разносторо́нность *f*, многосторо́нность *f*; универса́льность *f*; (*adaptability*) приспособля́емость *f*
verse 1. *n* (*poetry*) стихи́ *m pl*; **in** ~ в стиха́х; (*metrical system and bibl*) стих; **blank** ~ бе́лый стих; (*line*) строка́, стих; (*stanza*) строфа́ **2.** *adj* (*in* ~) в стиха́х, стихотво́рный
versed сведу́щий (**in**, в + *prep*)
versification версифика́ция, стихосложе́ние
versificator, versifier версифика́тор
versify (*write verse*) писа́ть стихи́; (*convert into verse*) перелага́ть в стихи́
version (*account*) расска́з, ве́рсия; (*variant*) вариа́нт; (*translation*) перево́д; (*interpretation*) интерпрета́ция
vers libre верли́бр, свобо́дный стих
verso 1. *n* (*of folio*) оборо́т листа́; (*of coin*) оборо́тная сторона́ **2.** *adj* оборо́тный
verst верста́
versus про́тив (+ *gen*)
vertebra позвоно́к; *pl* позвоно́чник
vertebrate 1. *n* позвоно́чное (живо́тное) **2.** *adj* позвоно́чный
vertex (*summit*; *math*) верши́на; *astron* зени́т
vertical 1. *n* (~ *line*) вертика́ль *f*; (*verticality*) вертика́льность *f*; *astron* вертика́л **2.** *adj* вертика́льный, перпендикуля́рный; (*very steep*) отве́сный
verticality вертика́льность *f*
vertiginous головокружи́тельный
vertigo головокруже́ние
verve (*vivacity*) жи́вость *f*; (*vigour*) эне́ргия; (*enthusiasm*) энтузиа́зм; (*zest*) огонёк
very 1. *adj* (*real*) настоя́щий; (*exact*) как раз; **the** ~ тот са́мый; **at that** ~ **moment** в тот са́мый моме́нт; **the** ~ **thing** как раз то, что ну́жно; (*even*) да́же; (*actual*, *utmost*) са́мый; **to the** ~ **end** до са́мого конца́; (*mere*) оди́н; **at the** ~ **thought** при одно́й (то́лько) мы́сли (**of**, о + *prep*) **2.** *adv* о́чень, весьма́; ~ **much** о́чень; **I don't like him** ~ **much** я не о́чень люблю́ его́; (*with comp adj*) гора́здо; **that's** ~ **much better** э́то гора́здо лу́чше; ~ **same** тот же са́мый; (*with superl adj*) са́мый; **the** ~ **best** са́мый лу́чший
Very: ~ **light** сигна́льная раке́та (Ве́ри); ~ **pistol** раке́тный пистоле́т (Ве́ри), раке́тница
vesicle пузырёк
vesicular пузы́рчатый; *med* везикуля́рный
vespers вече́рня
vespertine вече́рний; *zool* ночно́й
vespiary оси́ное гнездо́
vessel (*utensil*, *anat*, *bot*) сосу́д; (*ship*) су́дно; **naval** ~ вое́нный кора́бль *m*
vest 1. *n* (*undergarment*) ма́йка; *Am* (*waistcoat*) жиле́т **2.** *v* ~ **power in** облека́ть (+ *acc*) вла́стью; ~ **with right** наделя́ть (+ *acc*) пра́вом
vesta спи́чка; **wax** ~ восковая спи́чка
vestal 1. *n* веста́лка **2.** *adj* (*of Vesta*) посвящённый Ве́сте; ~ **virgin** веста́лка; (*virgin*) де́вственный; (*chaste*) непоро́чный
vested (*established*) зако́нный, закреплённый; ~ **interests** (*traditional rights*) традицио́нные права́ *neut pl*; (*financial interest*) заинтересо́ванность *f*; (*persons*) заинтересо́ванные ли́ца *neut pl*
vestibule пере́дняя; (*in hotel etc*) вестибю́ль *m*; *anat* преддве́рие
vestige (*trace*) след; (*remains*) оста́ток; (*sign*) при́знак; **without a** ~ **of** соверше́нно без (+ *gen*), без мале́йшего/мале́йшей (+ *gen noun*); **without a** ~ **of doubt** без вся́кого сомне́ния
vestigial оста́точный; *biol* рудимента́рный
vestments одея́ние; *relig* облаче́ние
vest-pocket *adj* карма́нный
vestry ри́зница
vet *coll* **1.** *n* ветерина́р **2.** *adj* (*treat*) лечи́ть; (*check*) проверя́ть
vetch ви́ка
veteran 1. *n* ветера́н **2.** *adj* (*old*) ста́рый; (*experienced*) о́пытный, быва́лый; (*senior*) старе́йший
veterinary ветерина́рный; ~ **surgeon** ветарина́р
veto 1. *n* ве́то *neut indecl* **2.** *v pol* налага́ть ве́то на (+ *acc*); (*ban*) запреща́ть; (*reject*) отверга́ть
vex (*annoy*) досажда́ть (+ *dat*), раздража́ть; (*anger*) серди́ть; (*worry*) беспоко́ить
vexation (*annoyance*) доса́да; (*trouble*) неприя́тность *f*; (*harassment*) притесне́ние
vexatious доса́дный, раздража́ющий; (*onerous*) обремени́тельный; (*litigious*) сутя́жный
vexed (*annoyed*) раздражённый; (*disputed*) спо́рный
vexing доса́дный; **how** ~ как доса́дно
VHF (very high frequency) о́чень высо́кая частота́
via (*by way of*) че́рез (+ *acc*); (*by means of*) путём, с по́мощью (+ *gen*)
viability жизнеспосо́бность *f*; осуществи́мость *f*; рента́бельность *f*
viable (*able to exist*) жизнеспосо́бный; (*practicable*) осуществи́мый, ре́альный; (*economically rational*) рента́бельный
viaduct виаду́к
vial пузырёк
viands я́ства *neut pl*, пи́ща
vibrant (*of voice*, *quivering*) дрожа́щий; (*sonorous*) зву́чный; (*of sound*) вибри́рующий, резони́рующий; (*full of life*) живо́й
vibraphone вибрафо́н
vibrate *vi* (*quiver*) вибри́ровать; ~ **with** дрожа́ть, трепета́ть от (+ *gen*); (*oscillate*) колеба́ться; (*resonate*) резони́ровать; *vt* вызыва́ть вибра́цию
vibration 1. *n* вибра́ция; колеба́ние **2.** *adj* вибрацио́нный; ~**-proof** вибросто́йкий
vibrato вибра́то
vibrator вибра́тор
vicar прихо́дский свяще́нник
vicarage дом свяще́нника
vicarious (*deputed*) уполномо́ченный, дове́ренный; (*substitute*) замеща́ющий; (*s.o. else's*) чужо́й; (*indirect*) ко́свенный; *med* вика́рный
[1]vice (*evil*) зло; (*moral fault*) поро́к; (*depravity*) развра́т; (*defect*) недоста́ток
[2]vice *tech* тиски́ *m pl*; **bench** ~ верста́чные тиски́
[3]vice замести́тель *m*, *coll*, зам; ~**-admiral** вице-адмира́л; ~**-chairman** замести́тель председа́теля; ~**-chancellor** вице-ка́нцлер; ~**-consul**

вице-ко́нсул; ~-**dean** замести́тель дека́на, замдека́на *m indecl*; ~-**director** замести́тель дире́ктора, замдире́ктора *m indecl*; ~-**president** вице-президе́нт; (*of company*) замести́тель председа́теля

viceregal вице-короле́вский

viceroy вице-коро́ль *m*

vice versa наоборо́т

vicinity (*closeness*) бли́зость *f* (**to,** к + *dat*); (*area*) райо́н; (*neighbourhood*) окре́стности *f pl*; **in the** ~ побли́зости; **in the** ~ **of** (*close to*) близ (+ *gen*), о́коло (+ *gen*), в райо́не (+ *gen*); (*about*) о́коло (+ *gen*), приблизи́тельно

vicious (*of, having vice*) поро́чный; (*depraved*) развра́тный; (*harmful*) вре́дный; (*wicked, spiteful*) злой, зло́бный; (*cruel, savage*) жесто́кий; *coll* (*awful*) ужа́сный; *fig* ~ **circle** поро́чный круг; (*faulty*) дефе́ктный

viciousness поро́чность *f*; развра́т; вред; зло́ба; жесто́кость *f*

vicissitude превра́тность *f*

victim же́ртва; **fall** ~ **to** стать *pf* же́ртвой (+ *gen*)

victimization пресле́дование

victimize пресле́довать

victor победи́тель *m*

Victorian 1. *n* викториа́нец **2.** *adj* викториа́нский, эпо́хи короле́вы Викто́рии

victorious победоно́сный; **be** ~ победи́ть *pf* (**over,** + *acc*)

victory побе́да (**over,** над + *instr*); **gain a** ~ победи́ть *pf*, одержа́ть *pf* побе́ду

victual 1. *n pl* (*food*) я́ства *neut pl*; (*provisions*) продово́льствие; *mil* провиа́нт **2.** *vt* снабжа́ть продово́льствием, провиа́нтом; *vi* запаса́ться продово́льствием, провиа́нтом

victualler поставщи́к продово́льствия, провиа́нта; **licensed** ~ (*innkeeper*) тракти́рщик; (*seller of spirits*) торго́вец спиртны́ми напи́тками

vicuña (*animal, wool*) вику́нья

vide смотри́, *abbr* см.

videlicet а и́менно

video 1. *n* (*television*) телеви́дение; (*recorder*) видеомагнитофо́н **2.** *adj* телевизио́нный; ~ **recording** видеоза́пись *f*; ~ **signal** видеосигна́л; ~ **tape** видеомагнитофо́нная ле́нта

vie (*rival*) сопе́рничать (**with,** с + *instr*); (*compete*) состяза́ться (**with,** с + *instr*; **in,** в + *prep*); (*fight*) боро́ться (**for,** за + *acc*)

view 1. *n* (*visibility*) ви́димость *f*; **be in** ~ быть ви́димым; **come into** ~ появля́ться в по́ле зре́ния, пока́зываться; **field of** ~ по́ле зре́ния; **lose from** ~ теря́ть из ви́ду; (*outlook*) вид (**of, over,** на + *acc*); **bird's eye** ~ вид с пти́чьего полёта; (*picture*) вид (**of,** + *gen*); (*opinion*) взгляд (**of, on,** на + *acc*); **point of** ~ то́чка зре́ния; **in my** ~ по-мо́ему, на мой взгляд; (*plan*) цель *f*, наме́рение; **with a** ~ **to** с це́лью (+ *infin*); (*inspection*) осмо́тр; **be on** ~ пока́зываться; (*survey*) обзо́р; *in expressions* **in** ~ **of** ввиду́ (+ *gen*), учи́тывая (+ *acc*); **have in** ~ име́ть в виду́ **2.** *v* (*inspect*) осма́тривать; (*consider*) смотре́ть на (+ *acc*), рассма́тривать; (*watch*) смотре́ть; (*estimate*) оце́нивать

viewer (*watcher*) зри́тель *m*; **slide** ~ диаско́п; television ~ телезри́тель *m*

view-finder видоиска́тель *m*

viewpoint то́чка зре́ния

vigil бо́дрствование; **keep** ~ бо́дрствовать, дежу́рить; *relig* (*night service*) все́нощная; (*eve*) кану́н

vigilance бди́тельность *f*

vigilant бди́тельный (**for, against,** в отноше́нии + *gen*)

vigilante виджила́нте *m*

vignette винье́тка

vigorous (*strong*) си́льный; (*sturdy*) здоро́вый; (*energetic*) энерги́чный; (*sprightly, brisk*) бо́дрый; (*determined*) реши́тельный

vigour си́ла; эне́ргия; бо́дрость *f*; реши́тельность *f*

Viking ви́кинг

vile (*base*) по́длый, ни́зкий; (*of slander etc*) гну́сный, ме́рзкий; (*disgusting*) отврати́тельный, га́дкий; *coll* (*of weather etc*) скве́рный, ме́рзкий

vileness по́длость *f*; гну́сность *f*; га́дость *f*

vilification поноше́ние; клевета́

vilify (*abuse*) поноси́ть; (*slander*) клевета́ть

villa (*house*) дом; (*Mediterranean*) ви́лла

village 1. *n* (*small*) дере́вня; (*large*) село́ **2.** *adj*ereве́нский; се́льский

villager дереве́нский жи́тель *m*; се́льский жи́тель *m*

villain (*scoundrel*; *also joc, theat*) злоде́й; ~ **of the piece** *theat* гла́вный злоде́й; *fig* гла́вный вино́вник; (*criminal*) престу́пник

villainous злоде́йский; *fig* (*awful*) стра́шный

villainy (*wrongdoing*) злоде́йство; (*criminality*) престу́пность *f*

villein крепостно́й

vim *coll* эне́ргия; **full of** ~ энерги́чный

vinaigrette (*sauce*) запра́вка для сала́та; (*bottle*) флако́н

vinculum *math* (объедини́тельная) черта́

vindicate (*justify*) опра́вдывать; (*defend*) защища́ть, отста́ивать; (*prove truth of*) дока́зывать справедли́вость (+ *gen*)

vindication оправда́ние; защи́та; доказа́тельство

vindicatory опра́вдывающий; (*retributive*) кара́тельный

vindictive мсти́тельный

vindictiveness мсти́тельность *f*

vine 1. *n* (*grapevine*) виногра́д, виногра́дная лоза́; (*creeper*) вью́щееся расте́ние **2.** *adj* виногра́дный; ~-**dresser** виногра́дарь *m*

vinegar 1. *n* у́ксус **2.** *adj* у́ксусный

vinegary (*of, like vinegar*) у́ксусный; (*sour*) ки́слый

vinery виногра́дная тепли́ца

vineyard виногра́дник

vinic ви́нный

viniculture виногра́дарство

vinous (*of, like wine*) ви́нный; (*drunken*) пья́ный

vintage 1. *n* (*grape harvest*) сбор виногра́да; (*age of wine*) год урожа́я; (*wine*) вы́держанное вино́; (*date of production*) да́та произво́дства; (*year, period etc*) год, пери́од *etc* **2.** *adj* (*of wine*) вы́держанное, ма́рочное; (*old*) ста́рый; ~ **car** автоветера́н

vintner виноторго́вец

vinyl 1. *n* вини́л **2.** *adj* вини́ловый

viol вио́ла

viola *mus* альт; *bot* фиа́лка

violate (*rape*) наси́ловать; (*border, calm, oath etc*) наруша́ть; (*profane*) оскверня́ть; (*offend*) оскорбля́ть

violation изнаси́лование; наруше́ние; оскверне́ние; оскорбле́ние

violator наруши́тель *m*

violence (*strength*) си́ла; (*brute force*; *compulsion*)

наси́лие; **resort to** ~ прибега́ть к наси́лию; *fig* **do** ~ **to** (*distort*) извраща́ть; (*contradict*) противоре́чить (+ *dat*); (*offend*) оскорбля́ть
violent (*strong*) си́льный; (*furious*) свире́пый, неи́стовый, я́ростный; (*passionate*) горя́чий, бу́рный, стра́стный; (*extreme*) кра́йний; (*done by force*) наси́льственный; **a** ~ **end** наси́льственная смерть *f*; (*person, language*) несде́ржанный; **be** ~ бу́йствовать
violet 1. *n bot* фиа́лка; (*colour*) фиоле́товый цвет **2.** *adj* фиоле́товый, фиоле́тового цве́та
violin 1. *n* скри́пка; **play the** ~ игра́ть на скри́пке **2.** *adj* скрипи́чный; ~ **concerto** конце́рт для скри́пки
violinist скрипа́ч
violoncellist виолончели́ст, *f* виолончели́стка
violoncello 1. *n* виолонче́ль *f* **2.** *adj* виолонче́льный
viper гадю́ка, випе́ра; *fig* гадю́ка, змея́
viperish ехи́дный, зло́бный
virago сварли́вая же́нщина, *coll* бой-ба́ба
virgin 1. *n* де́вственница; *astron, relig* Де́ва; (*male*) де́вственник **2.** *adj* (*chaste; also fig*) де́вственный; (*land*) цели́нный; ~ **land, soil** целина́ (*material*) чи́стый; (*untouched*) нетро́нутый
virginal де́вственный
virginity де́вственность *f*
Virgo *myth, astron* Де́ва
viridescent зеленова́тый
virile (*male*) мужско́й; (*manly*) му́жественный; (*energetic*) энерги́чный
virility (*manliness*) му́жественность *f*; (*sexual potency*) полова́я поте́нция
virology вирусоло́гия
virtual факти́ческий; *opt* мни́мый; *phys* виртуа́льный
virtue (*goodness; moral quality*) доброде́тель *f*; (*chastity*) целому́дрие; (*good quality, merit*) досто́инство; (*advantage*) преиму́щество; **by** ~ **of** (*because of*) благодаря́ (+ *dat*); (*by power of*) в си́лу (+ *gen*); **make a** ~ **of** ста́вить себе́ в заслу́гу
virtuosity виртуо́зность *f*
virtuoso 1. *n* виртуо́з **2.** *adj* виртуо́зный
virtuous (*good*) доброде́тельный; (*chaste*) целому́дренный; (*pious*) на́божный; (*complacent*) самодово́льный
virulence (*strength*) си́ла; *med* вируле́нтность *f*; (*bitterness*) зло́ба
virulent (*dangerous*) опа́сный; *med* вируле́нтный; ~ **poison** сильноде́йствующий яд; (*bitter*) зло́бный; (*savage*) я́ростный
virus ви́рус; ~ **disease** ви́русное заболева́ние
visa ви́за; **entry** ~ ви́за на въезд, въездна́я ви́за; ~ **office** отде́л виз
visage лицо́
vis-à-vis 1. *n* визави́ *m and f indecl* **2.** *adv* лицо́м к лицу́ **3.** *prep* (*opposite*) напро́тив (+ *gen*), лицо́м к лицу́ с (+ *instr*); (*compared with*) по сравне́нию с (+ *instr*); (*with respect to*) по отноше́нию к (+ *dat*)
viscera вну́тренности *f pl*; (*of animal*) потроха́; *med* вну́тренние о́рганы *m pl*
visceral вну́тренний, висцера́льный
viscometer вискозиме́тр
viscose 1. *n* виско́за **2.** *adj* виско́зный
viscosity вя́зкость *f*
viscount вико́нт
viscountess виконте́сса
viscous (*sticky*) ли́пкий, кле́йкий; (*in consistency; phys*) вя́зкий
visibility ви́димость *f*
visible (*seeable; noticeable*) ви́димый, ви́дный; (*obvious*) очеви́дный, я́вный
vision (*sight*) зре́ние; **field of** ~ по́ле зре́ния; (*mystical*) виде́ние; (*phantom*) привиде́ние; (*image*) о́браз, карти́на; (*foresight*) проница́тельность *f*, предви́дение; **man of** ~ дальнови́дный челове́к; (*dream*) мечта́ (**of,** о + *prep*); (*spectacle*) зре́лище
visionary 1. *n* (*dreamer*) мечта́тель *m*; (*mystic*) визионе́р; (*prophet*) проро́к **2.** *adj* (*of, as in, vision*) при́зрачный; (*imaginary*) вообража́емый; (*fantastic*) фантасти́ческий; (*unpractical*) непракти́чный; (*idealistic*) мечта́тельный
visit 1. *n* (*social call*) визи́т; (*stay*) пребыва́ние; **pay a** ~ посети́ть *pf*, навести́ть *pf*; (*to place*) посеще́ние; (*trip*) пое́здка **2.** *v* (*person*) навеща́ть; (*be guest*) быть в гостя́х у (+ *gen*); (*call in on*) заходи́ть к (+ *dat*); (*place*) посеща́ть; (*travel to*) е́здить в (+ *acc*)
visitant (*bird*) перелётная пти́ца; (*ghost*) при́зрак
visitation (*visit*) визи́т, посеще́ние; (*inspection*) инспе́кция, осмо́тр; *relig* (*punishment*) наказа́ние бо́жье; (*ghost*) при́зрак
visiting 1. *n* посеще́ние; **go** ~ идти́ в го́сти **2.** *adj* посеща́ющий; ~**-card** визи́тная ка́рточка
visitor посети́тель *m*; (*guest*) гость *m*, *f* го́стья; (*tourist etc*) прие́зжий; ~**s' book** (*in museum etc*) кни́га посети́телей; (*in hotel*) регистрацио́нная кни́га
visor, vizor (*peak; eye-shield*) козырёк; *ar* (*on helmet*) забра́ло
vista (*view*) вид, перспекти́ва; (*of events, memories*) верени́ца
visual (*of, for vision*) зри́тельный; (*done by sight*) визуа́льный; (*visible*) ви́димый; ~ **aid** нагля́дное посо́бие
visualize (*imagine*) вообража́ть, представля́ть себе́; (*envisage*) предусма́тривать
vital (*of, for, life; also fig*) жи́зненный, жи́зненно ва́жный; ~ **statistics** демографи́ческая стати́стика; (*urgent*) насу́щный; (*essential*) суще́ственный; **play a** ~ **part** игра́ть суще́ственную роль; ~ **interests** насу́щные интере́сы *m pl*; (*very important*) кра́йне ва́жный; ~ **to** (совершенно) необходи́мый для (+ *gen*); (*lively*) живо́й
vitalism витали́зм
vitality хи́зненность *f*; жи́вость *f*; (*tenacity of life*) живу́честь *f*
vitalize оживля́ть
vitally (*extremely*) кра́йне
vitals жи́зненно ва́жные о́рганы *m pl*
vitamin 1. *n* витами́н **2.** *adj* витами́нный; ~ **deficiency** авитамино́з
vitiate (*spoil*) по́ртить; (*debase*) извраща́ть; (*negate*) лиша́ть си́лы; (*reduce*) уменьша́ть
vitiation по́рча; извраще́ние; лише́ние си́лы; уменьше́ние
viticulture виногра́дарство, витикульту́ра
vitreous (*glassy*) стекля́нный; (*glass-like*) стеклови́дный; ~ **enamel** стеклови́дная эма́ль *f*
vitrescent спосо́бный остекло́вываться
vitrification стеклова́ние, остеклова́ние
vitrify остекло́вывать(ся)
vitriol (*acid*) се́рная кислота́; (*sulphate*) купоро́с; **blue** ~ ме́дный купоро́с; *fig* (*sarcasm*) яд
vitriolic сернокисло́тный; купоро́сный; *fig* ядови́-

тый, зло́бный
vituperate брани́ться; ~ **against** брани́ть, поноси́ть
vituperation брань *f*, поноше́ние
vituperative (*words*) бра́нный; (*person*) зло́бный, злоязы́чный
vivace *mus* вива́че
vivacious (*lively*) живо́й; (*animated*) оживлённый; (*cheerful*) жизнера́достный
vivacity жи́вость *f*; оживлённость *f*; жизнера́достность *f*
vivarium вива́рий
viva voce 1. *n* (*exam*) у́стный экза́мен **2.** *adj* у́стный **3.** *adv* у́стно
vivid (*vigorous*; *lively*) живо́й; (*bright*) я́ркий; (*clear*, *sharp*) чёткий
vividness жи́вость *f*; я́ркость *f*; чёткость *f*
vivification оживле́ние
vivify оживля́ть
viviparous живородя́щий
vivisect *vt* подверга́ть вивисе́кции; *vi* занима́ться вивисе́кцией
vivisection вивисе́кция, живосече́ние, о́стрый о́пыт
vivisectionist вивисекциони́ст
vixen лиса́, лиси́ца; *fig* злю́ка
viz а и́менно, то есть
vizier визи́рь *m*
vocabulary (*of person*) запа́с слов; (*of group*) язы́к; (*of writer*, *book*) слова́рь *m*, ле́ксика; (*total words in language*) слова́рный соста́в; (*terminology*) терминоло́гия; (*word-list*) слова́рь *m*, спи́сок слов
vocal (*of voice*) голосово́й; ~ **cord** голосова́я свя́зка; (*of speech*) речево́й; (*spoken*) у́стный; (*sung*) вока́льный; (*noisy*) шу́мный; (*loud*) гро́мкий; (*openly expressed*) вы́сказанный откры́то, вслух
vocalic (*of sound*) гла́сный; *ling* вокали́ческий, вока́льный
vocalism вокали́зм
vocalist певе́ц, *f* певи́ца
vocalization вокализа́ция
vocalize *phon* вокализи́ровать, произноси́ть зво́нко; *mus* исполня́ть вокали́зы
vocation (*calling*) призва́ние (**to, for,** к + *dat*); (*profession*) профе́ссия; (*employment*) заня́тие
vocational профессиона́льный
vocative 1. *n* зва́тельный паде́ж; **2.** *adj* зва́тельный
vociferate (*shout*) крича́ть, выкри́кивать; (*bawl*) ора́ть; (*talk noisily*) говори́ть шу́мно
vociferation кри́ки *m pl*, вы́крики *m pl*
vociferous (*noisy*) шу́мный, крикли́вый; (*loud*) гро́мкий
vodka во́дка
vogue (*fashion*) мо́да (**for,** на + *acc*; *or* + *infin*); **be the ~, in ~** быть в мо́де, быть мо́дным; (*popularity*) популя́рность *f*; **be the ~, in ~, have a ~** быть популя́рным
voice 1. *n* го́лос; **give ~ to** выража́ть; **have a ~ in** име́ть го́лос в (+ *prep*); **in ~** в го́лосе; **in a loud ~** гро́мким го́лосом; **lose one's ~** потеря́ть *pf* го́лос; **raise one's ~** повыша́ть го́лос; **raise one's ~ against** вы́сказаться *pf* про́тив (+ *gen*); **with one ~** в оди́н го́лос; (*opinion*) мне́ние; *gramm* зало́г **2.** *v* выража́ть; *phon* озвонча́ть
voice-box горта́нь *f*
voiced *phon* зво́нкий
voiceless (*dumb*) немо́й; *fig* (*silent*) безмо́лвный; (*unspoken*) невы́сказанный; *phon* глухо́й
void 1. *n* (*emptiness*) пустота́; (*vacuum*) ва́куум; (*space*) простра́нство; (*empty place*) пусто́е ме́сто; (*gap*) пробе́л **2.** *adj* (*empty*) пусто́й; ~ **of** лишённый (+ *gen*), (совсе́м) без (+ *gen*); *leg* недействи́тельный **3.** *v* (*discharge*) опорожня́ть; *leg* аннули́ровать
voile вуа́ль *f*
volatile (*changeable*) изме́нчивый; (*fickle*) непостоя́нный; *chem* лету́чий
volatility изме́нчивость *f*; непостоя́нство; лету́честь *f*
volatilize улету́чивать(ся)
vol-au-vent волова́н
volcanic вулкани́ческий; ~ **eruption** изверже́ние вулка́на
volcano вулка́н; **extinct ~** поту́хший/неде́йствующий вулка́н
vole *zool* полёвка
volition во́ля; **of one's own ~** по свое́й во́ле, по до́брой во́ле
volitional волево́й
volley 1. *n* (*of bullets*) залп; **fire a ~** вы́стрелить *pf* за́лпом; (*of stones*, *insults etc*) град; *sp* уда́р с лёта **2.** *v* ударя́ть с лёта
volleyball волейбо́л
volt вольт; **electron-~** электро́н-во́льт; **a nine-~ battery** девятиво́льтная батаре́я
voltage напряже́ние; **high-~** высо́кого напряже́ния
voltaic гальвани́ческий
volte-face круто́й поворо́т
voltmeter вольтме́тр
voluble говорли́вый, разгово́рчивый
volume (*book*) кни́га; (*one of series in larger work*) том; **a three-~ novel** трёхто́мный рома́н; (*amount*) коли́чество, объём; (*size in cubic units*) объём; (*capacity*) ёмкость *f*; (*of sound*) гро́мкость *f*; (*intensity*) интенси́вность *f*; **~-control** регуля́тор гро́мкости
volumetric объёмный
voluminous (*bulky*) объёмистый; (*extensive*) обши́рный; (*capacious*) вмести́тельный; (*ample*) оби́льный; (*in many volumes*) многото́мный
voluntary 1. *n mus* со́ло *neut indecl* **2.** *adj* (*not forced*, *done willingly*) доброво́льный; (*of social work etc*) на обще́ственных нача́лах; (*deliberate*) умы́шленный; *med*, *sp* произво́льный; (*of institutions*) ча́стный, благотвори́тельный
volunteer 1. *n* жела́ющий; **call for ~s** вызыва́ть жела́ющих; (*soldier etc*) доброво́лец, волонтёр **2.** *adj* (*voluntary*) доброво́льный; (*composed of volunteers*) доброво́льческий **3.** *vt* (*offer*) предлага́ть; (*give*) дава́ть; *vi* вызыва́ться (**to,** + *infin*; **for,** в + *acc*); (*for army*) доброво́льно поступа́ть на вое́нную слу́жбу
voluptuary 1. *n* сластолю́бец, сладостра́стник **2.** *adj* сластолюби́вый, сладостра́стный
voluptuous (*pleasure-loving*) сластолюби́вый, сладостра́стный; (*luxurious*) роско́шный; (*buxom*) пы́шный; (*sensual*) чу́вственный
volute *archi* волю́та
vomit 1. *n* рво́та, рво́тная ма́сса **2.** *vt* изверга́ть (*also fig*); *vi* **I, he, ~ed** меня́, его́ вы́рвало
vomitive 1. *n* рво́тное сре́дство **2.** *adj* рво́тный
voodoo вoдуи́зм, во́ду *neut indecl*
voracious жа́дный, прожо́рливый, ненасы́тный; *fig* ненасы́тный
vortex вихрь *m*; (*whirlpool*) водоворо́т

vortical вихревóй
votary привéрженец
vote 1. *n* (*ballot*) голосовáние; **put to the ~** стáвить на голосовáние; **take a ~** провестú *pf* голосовáние; (*right to elect*) прáво гóлоса, избирáтельное прáво; (*single ~*) гóлос (**for,** за + *acc*; **against,** прóтив, + *gen*); (*number of ~s*) колúчество голосóв; (*decision*) решéние; **~ of confidence** вóтум довéрия **2.** *v* (*ballot*) голосовáть, баллотúровать; (*elect*) выбирáть (**into,** в + *acc*); (*decide*) решáть голосовáнием; (*allocate*) ассигнóвывать; (*agree by common consent*) признавáть; (*propose*) предлагáть
 ~ down отвергáть, провáливать
 ~ in (*elect*) избирáть; (*accept*) принимáть
 ~ out отвергáть
voter избирáтель *m*
voting 1. *n* голосовáние **2.** *adj* избирáтельный; **~-paper** избирáтельный бюллетéнь *m*
votive испóлненный по обéту
vouch (*confirm*) подтверждáть; (*assert*) утверждáть; **~ for** ручáться за (+ *acc*)
voucher (*person*) поручúтель *m*; (*receipt*) распúска; (*coupon*) талóн; (*document*) оправдáтельный докумéнт
vouchsafe (*favour with*) удостáивать (+ *acc*, + *instr*); (*deign*) соизволять (+ *infin*)
vow 1. *n* обéт, клятва; **make a ~** *pf* дать *pf* обéт, клятву; *relig* обет; **take ~s** постригчься *pf* в монáхи **2.** *vi* (*promise*) давáть обéт, клясться (+ *infin*); *vt* (*dedicate*) посвящáть (**to,** + *dat*)
vowel *n*, *adj* глáсный
voyage 1. *n* плáвание, рейс; **set out on a ~** отпрáвиться *pf* в плáвание **2.** *v* плáвать, путешéствовать по мóрю
voyager (*traveller*) путешéственник; (*sailor*) мореплáватель *m*; (*passenger*) пассажúр
voyeurism вуайерúзм
vulcanite вулканúт
vulcanize вулканизúровать
vulgar (*rude*) вульгáрный, пóшлый, грýбый; (*plebeian*) простонарóдный; (*popular*, *vernacular*) нарóдный; (*widely held*) распространённый; *math* **~ fraction** простáя дробь *f*
vulgarian 1. *n* вы́скочка *m and f*, парвенó *m indecl* **2.** *adj* вульгáрный
vulgarism вульгарúзм
vulgarity вульгáрность *f*, пóшлость *f*
vulgarization вульгаризáция
vulgarize вульгаризúровать, опошлять
vulgarly (*generally*) обы́чно
vulgate (*text*) общепрúнятый текст; (*Bible*) вульгáта
vulnerability уязвúмость *f*
vulnerable уязвúмый; **~ to** (*open to*) поддающийся (+ *dat*); (*sensitive to*) чувствúтельный к (+ *dat*)
vulpine (*like fox*) лúсий; (*crafty*) ковáрный
vulture гриф
vulva вýльва

W

wad (*pad*) подушечка; (*handful*, *ball*) комóк; (*piece*) кусóк; (*of money etc*) пáчка; *ar* (*for gun*) пыж

wadding (*stuffing*) набивка; (*cotton-wool*) вáта

waddle ходи́ть вразвáлку

wade (*cross through water*) переходи́ть вброд (+ *acc*); ~ **in** входи́ть в вóду; *fig* (*join in*) вступáть в (+ *acc*); (*set about person*, *job*) набрáсываться на (+ *acc*); ~ **through** (*mud etc*) пробирáться по (+ *dat*), чéрез, сквозь (+ *acc*); (*work*) одолевáть

wader (*bird*) болóтная пти́ца; (*boots*) болóтные сапоги́ *m pl*

wadi вáди, уáди *neut indecl*

wafer *cul* вáфля; (*seal*; *also pharm*, *relig*) облáтка; *tech* пласти́на

waffle 1. *n cul* вáфля; *coll* (*idle chat*) болтовня́; (*nonsense*) ерундá, чушь *f* **2.** *v* (*chatter*) болтáть, трепáться; (*talk nonsense*) молóть чушь

waffle-iron вáфельница

waft 1. *n* (*of wing*) взмах; (*whiff*) струя́; (*of wind*) вéяние **2.** *v* (*carry*) нести́(сь); (*reach*) доноси́ть(ся)

[1]**wag** (*wit*) остря́к, юмори́ст, шутни́к

[2]**wag 1.** *n* (*wave*) взмах; (*of head*) кивóк **2.** *vt* (*wave*) махáть (+ *instr*); (*head*) качáть (+ *instr*); (*tail*) виля́ть (+ *instr*); *vi* качáться

[1]**wage** (*pay*) зáработная плáта, *usu abbr* зарплáта; **living** ~ прожи́точный ми́нимум

[2]**wage** (*conduct*) вести́

wage-earner (*worker*) рабóчий; (*recipient of wage*) получáющий зáработную плáту; (*breadwinner*) корми́лец

wage-freeze заморáживание зáработной плáты

wager 1. *n* (*bet*) пари́ *neut indecl*; **win/lose** ~ вы́играть *pf*/проигрáть *pf* пари́; (*amount bet*) стáвка **2.** *v* (*bet*) держáть пари́; **I'll ~ that ...** бьюсь об заклáд, что; (*put money on horse*, *card*) стáвить (дéньги на + *acc*)

waggery подшу́чивание

waggish (*mischievous*) шаловли́вый; (*witty*) остроу́мный; (*funny*) забáвный; (*done as joke*) шу́точный

waggle помáхивать(ся)

wagon, waggon (*cart*) телéга, повóзка; **covered** ~ кры́тая повóзка; *fig* **be on the** ~ брóсить *pf* пить; (*railway*) (товáрный) вагóн; ~**-load** вагóн; ~**-train** верени́ца повóзок; *mil* обóз

wagoner вóзчик

wagon-lit спáльный вагóн

wagtail трясогу́зка

waif (*stray person*) бродя́га *m*; (*child*) беспризóрник, *f* беспризóрница

wail 1. *n* (*of grief, despair*) вопль *m*; (*of child*) плач; (*cry*) крик; (*of wind*) завывáние, вой **2.** *v* (*howl*) вопи́ть, выть; (*of wind*) завывáть; (*cry*) ревéть; (*lament*) сетовáть (**over**, на + *acc*)

wainscoting деревя́нные стенны́е панéли *f pl*

wainwright телéжник

waist тáлия; (*of dress*) лиф; (*narrow part*) у́зкая часть *f*; *naut* шкафу́т

waistband пóяс

waistcoat жилéт

waist-deep, waist-high 1. *adj* доходя́щий до пóяса **2.** *adv* по пóяс

waisted в тáлию; ~ **dress** плáтье в тáлию

waistline тáлия

wait 1. *n* ожидáние; **have a long** ~ дóлго ждать; **lie in** ~ **for** устрáивать засáду (+ *dat*) **2.** *v* (*most senses*) ждать (**for**, + *gen*, *sometimes acc*); (*await*) ожидáть (+ *gen*); **don't ~ for me** не ждúте меня́; ~ **a minute** погоди́те одну́ мину́ту; **have you been ~ing long?** вы давнó ждёте?; (*postpone*) отклáдывать; ~ **at table** прислу́живать за столóм; (*be waiter*) рабóтать официáнтом; ~ **behind** оставáться; ~ **on** (*attend*) прислу́живать (+ *dat*); ~ **up** не ложи́ться спать (**for**, до прихóда + *gen*)

waiter официáнт; (*tray*) поднóс

waiting 1. *n* ожидáние; **in** ~ придвóрный **2.** *adj* ожидáющий, жду́щий; ~ **game** выжидáтельная тáктика; ~ **list** спи́сок ожидáющих óчереди; ~**-room** (*doctor's etc*) приёмная; (*at station*) зал ожидáния

waitress официáнтка

waive (*relinquish claim etc*) откáзываться от (+ *gen*); (*dispense with*) обходи́ться без (+ *gen*); (*not insist on*) не настáивать на (+ *prep*); (*postpone*) отклáдывать

waiver (*act*) откáз; (*document*) докумéнт об откáзе

[1]**wake** (*of ship*) кильвáтер; *fig* **in the ~ of** вслед за (+ *instr*); **bring in its** ~ влечь за собóй; (*funeral*) поми́нки *f pl*

[2]**wake** *vi* (*from sleep*) просыпáться; (*come to one's senses*) прийти́ *pf* в себя́; (*liven up*) оживля́ться; ~ **up to** (*realize*) осознáть *pf*; *vt* (*from sleep*) буди́ть; (*arouse passions etc*) возбуждáть; (*memories*) пробуждáть

wakeful (*unable to sleep*) бессóнный; (*not sleeping*) бóдрствующий; (*vigilant*) бди́тельный

waken пробуждáть(ся)

waking (*keeping awake*) бóдрствующий; (*experienced while awake*) наяву́; ~ **dream** сон наяву́

walk 1. *n* (*act of ~ing*) ходьбá; (*gait*) походкá; (*stroll*) прогу́лка (пешкóм); **go for, take a** ~ прогуля́ться; (*path*) тропá; ~ **of life** (*social level*) слой óбщества; (*profession*) профéссия **2.** *v* (*be able to ~*; *go on foot in general*, *habitually*; *without indication of direction or occasion*; *there and back*) ходи́ть (пешкóм); **the child can already** ~ ребёнок ужé хóдит; **I like to** ~ я люблю́ ходи́ть; **she ~s to school** она хóдит в шкóлу; (*go on foot in specific direction on specific occasion*) идти́ (пешкóм); **he is ~ing down the street** он идёт по у́лице; **I shall** ~ я пойду́ пешкóм; (*stroll*) гуля́ть; (*cover distance on foot*) проходи́ть; **he ~ed a mile** он прошёл ми́лю; ~ **a dog** вы́водить гуля́ть собáку

~ **about** прогу́ливаться

~ **away, off** уходи́ть;

~ **away with** (*carry off*) унести́ *pf*

~ **back** возвращáться пешкóм

~ **in(to)** входи́ть (в + *acc*); (*find oneself*)

попа́сть *pf*
~ **on** идти́ да́льше
~ **out** выходи́ть; (*strike*) бастова́ть
~ **over** переходи́ть (+ *acc or* че́рез + *acc*; **to**, к + *dat*)
~ **up** подходи́ть (**to**, к + *dat*)

walker ходо́к; *sp* скорохо́д

walkie-talkie портати́вная ра́ция

walking 1. *n* ходьба́; **two hours'** ~ два часа́ ходьбы́; **I like** ~ я люблю́ ходи́ть **2.** *adj* (*on foot*) иду́щий пешко́м; (*able to walk*; *coll*, *embodiment of*) ходя́чий; **~-stick** трость *f*, па́лка; **~-tour** тури́стский похо́д

walk-out (*strike*) забасто́вка; (*from meeting etc*) демонстрати́вный ухо́д

walk-over лёгкая побе́да

wall 1. *n* (*most senses*) стена́; **blank** ~ глуха́я стена́; **go to the** ~ прова́ливаться; *coll* **climb up the** ~ лезть на́ стену; *tech*, *med* сте́нка **2.** *adj* (*of*, *in* ~) стенно́й; (*on* ~) стенно́й, насте́нный; *bui* стеново́й **3.** *v* (*enclose with* ~) обноси́ть стено́й
~ **about, in** огора́живать
~ **off** отгора́живать стено́й
~ **up** (*door etc*) заде́лывать; (*immure*) замуро́вывать

wallaby валлаби́ *m indecl*

wallet бума́жник

wall-eyed с бельмо́м на глазу́; (*squinting*) косогла́зый

wallflower *bot* желтофио́ль *f*; *coll* **be a** ~ остава́ться без кавале́ра

Walloon 1. *n* валло́н, *f* валло́нка **2.** *adj* валло́нский

wallop *coll* **1.** *n* (*blow*) си́льный уда́р; *sl* (*beer*) пи́во **2.** *v* (*strike*) си́льно уда́рить *pf*; (*thrash*) колоти́ть, лупи́ть

walloping *coll* **1.** *n* (*beating*) побо́и *m pl* **2.** *adj* (*huge*) огро́мный, *coll* большу́щий, здоро́вый

wallow *coll* валя́ться; (*of ship*) кача́ться; *fig* ~ **in money** *etc* купа́ться в зо́лоте *etc*

wallpaper 1. *n* обо́и *m pl* **2.** окле́ивать обо́ями

walnut 1. *n* (*tree*; *nut*) (гре́цкий) оре́х **2.** *adj* оре́ховый

walrus морж

waltz 1. *n* вальс **2.** *v* танцева́ть вальс, вальси́ровать

wan (*pale*) бле́дный; (*faint*) ту́склый

wand па́лочка; **magic** ~ волше́бная па́лочка

wander (*roam*) броди́ть (по + *dat*), (*esp if lost*) блужда́ть; (*travel*) стра́нствовать; ~ **from the road** сби́ться *pf* с доро́ги; ~ **from the point** отклоня́ться от те́мы; (*of thoughts etc*) блужда́ть; (*rave*) бреди́ть; (*meander*) извива́ться
~ **about, around** блужда́ть
~ **in** случа́йно заходи́ть (в + *acc*)
~ **off, away** (*leave*) уходи́ть; (*get lost*) заблуди́ться *pf*

wanderer стра́нник

wandering (*roaming*) бродя́чий; (*thoughts etc*) блужда́ющий; (*nomad*) кочево́й; (*meandering*) изви́листый

wane *astron* убыва́ть, быть на уще́рбе; (*decrease*) уменьша́ться; (*slacken*) слабе́ть; (*end*) конча́ться

wangle *coll* **1.** *n* хи́трость *f* **2.** *v* устра́ивать

want 1. *n* (*insufficiency*) недоста́ток; (*absence*) отсу́тствие; **for the** ~ **of** из-за недоста́тка (+ *gen*); (*wish*) жела́ние; *usu pl* (*requirements*) потре́бности *f pl*; (*poverty*) нужда́, бе́дность *f*; **be in** ~ **of** нужда́ться в (+ *prep*) **2.** *v* (*wish*) хоте́ть, жела́ть; **I** ~ **to go** я хочу́ пое́хать; **I** ~ **him to go** я хочу́, что́бы он пое́хал; (*need*) *impers* ну́жно; **what do you** ~**?** что вам ну́жно? **I** ~ **a screwdriver** мне нужна́ отвёртка; (*lack*; *require*) тре́бовать (+ *gen*), нужда́ться (в + *prep*); ~ **for nothing** ни в чём не нужда́ться; **the house ~s painting** дом тре́бует покра́ски, дом нужда́ется в покра́ске; (*not have*, *be missing*) не хвата́ть (+ *gen*)

wanted (*required*) ну́жный, необходи́мый; (*by police*) разы́скиваемый поли́цией; (*in advertisement*) тре́буется ...; **you are ~ed on the phone** вас про́сят к телефо́ну, вас зову́т к телефо́ну

wanting: **be** ~ (*lacking*) недостава́ть (+ *gen*); (*without*) без (+ *gen*); *coll* **he's a bit** ~ у него́ ви́нтика не хвата́ет

wanton 1. *n* распу́тница **2.** *adj* (*senseless*) бессмы́сленный; (*causeless*) беспричи́нный; (*arbitrary*) произво́льный; (*capricious*) каприз́ный; (*frolicsome*) игри́вый; (*depraved*) распу́тный

war 1. *n* война́ (**against, with,** про́тив + *gen*, с + *instr*); **at** ~ в состоя́нии войны́; **be at** ~ **with** воева́ть с (+ *instr*); **in, during the** ~ во вре́мя войны́; **he was killed in the** ~ он был уби́т на войне́; **declare** ~ объявля́ть войну́ (**on**, + *dat*); **lose/win/wage/**~ проигра́ть *pf*/вы́играть *pf*/вести́ войну́; *fig* борьба́ (**against**, про́тив + *gen*) **2.** *adj* вое́нный; ~ **crime** вое́нное преступле́ние; ~ **horse** боево́й конь *m*; ~ **memorial** па́мятник же́ртвам войны́; **War Office** вое́нное министе́рство **3.** *v* воева́ть, сража́ться

warble (*sing*) петь; (*chirp*) щебета́ть

warbler (*bird*) сла́вка; **marsh** ~ боло́тная камышо́вка; **willow** ~ пе́ночка-весни́чка

warbling (*trill*) трель *f*; (*chirping*) ще́бет; (*singing*) пе́ние

war cry боево́й клич; *fig* ло́зунг

ward 1. *n* (*care*) опе́ка; **in** ~ под опе́кой; (*person*) подопе́чный; (*hospital*) пала́та; (*prison*) ка́мера; (*of town*) райо́н; (*electoral*) избира́тельный о́круг; (*of key*) боро́дка **2.** *v* ~ **off** (*blow*, *attack*) отража́ть; (*danger*) отвраща́ть

warden (*guardian*) храни́тель *m*; (*governor*) смотри́тель *m*; **air-raid** ~ уполномо́ченный гражда́нской оборо́ны; **game** ~ е́герь *m*; (*of college*) ре́ктор

warder (тюре́мный) надзира́тель *m*, тюре́мщик

wardress надзира́тельница

wardrobe гардеро́б

wardroom (офице́рская) кают-компа́ния

ware *usu pl* (*goods*) това́ры *m pl*; (*manufactured items*, *esp pottery*) изде́лия *neut pl*

warehouse (*for storing*) склад; (*wholesale shop*) опто́вый магази́н

warehouseman кладовщи́к

warfare война́, вое́нные де́йствия *neut pl*

warhead боева́я голо́вка, боеголо́вка

wariness осторо́жность *f*

warlike (*of war*) вое́нный; (*bellicose*) вои́нственный

warlock колду́н

warlord полково́дец, военача́льник

warm 1. *n* (*warmth*) тепло́; **have a** ~ погре́ться *pf* **2.** *adj* (*slightly hot*; *affectionate*; *of clothes*) тёплый; (*too hot*; *of climate*) жа́ркий; (*enthusiastic*, *excited*) горя́чий **3.** *v* гре́ть(ся), согрева́ть(ся), нагрева́ть(ся); ~ **oneself** гре́ться; ~ **up, over** (*reheat*) подогрева́ть, разогрева́ть; ~ **up** *sp* де́лать размин́ку

warm-blooded теплокро́вный; *fig* горя́чий, пы́лкий

warm-hearted сердéчный, дóбрый
warming-pan грéлка
warmonger поджигáтель *m* войны́
warmth теплó; сердéчность *f*; горя́чность *f*
warn (*let know in advance*; *admonish*) предупреждáть (**of**, о + *prep*); (*caution against*) предостерегáть (**against**, от + *gen*)
warning 1. *n* предупреждéние; предостережéние; **take** ~ предостерегáться **2.** *adj* предупреждáющий, предостерегáющий; ~ **look** предостерегáющий взгляд; (*cautionary*; *of sign*, *signal etc*) предупреди́тельный
warp 1. *n* (*twist*) искривлéние, корóбление; (*textile*) оснóва; *naut* (*rope*) верповáльный трос; *geol* аллювиáльная пóчва **2.** *v* (*twist*) искривля́ть(ся), корóбить(ся); (*pervert*) извращáть; *naut* верповáться; ~ **off** оття́гивать(ся)
warpath тропá войны́; *fig* **be on the** ~ быть в вои́нственном настроéнии
warrant 1. *n* (*justification*) оправдáние; (*foundation*) основáние; (*guarantee*) гарáнтия; (*document*) óрдер; ~ **of arrest** óрдер на арéст; **search** ~ óрдер на óбыск; (*writ*) прикáз (**of**, о + *prep*); ~ **officer** убрент-офицéр **2.** *v* (*justify*) оправдывать; (*authorize*) разрешáть; (*guarantee*) гаранти́ровать; (*vouch for*) ручáться за (+ *acc*); *coll* (*assert*) **I'll** ~ бýдьте увéрены
warranty (*authorization*) разрешéние; (*justification*) оправдáние; (*guarantee*) гарáнтия
warren крóличья норá; *fig* лабири́нт
warrior вóин, боéц
warship воéнный корáбль *m*
wart бородáвка; ~**-hog** бородáвочник
wartime 1. *n* воéнное врéмя *neut*; **in** ~ во врéмя войны́ **2.** *adj* (*during war*) во врéмя войны́, воéнный
warty бородáвчатый
wary (*careful*) осторóжный; (*circumspect*) осмотри́тельный; (*alert*) насторóженный; **be** ~ **of** (*beware*) остерегáться (+ *gen*); (*fear*) боя́ться (+ *gen or infin*)
wash 1. *n* (*cleaning*) мытьё; **give a** ~ вы́мыть *pf*; **have a** ~ умы́ться *pf*; (*laundering*) сти́рка; **in the** ~ в сти́рке; (*washed articles*) бельё; (*articles for washing*) гря́зное бельё; (*wake*) попýтная струя́, кильвáтер; (*wave*) волнá; (*of paint*) тóнкий слой; (*solution for spray etc*) раствóр **2.** *v* (*in general*) мыть; ~ **oneself** мы́ться; (*esp hands and face*) умывáться; *fig* ~ **one's hands of** умывáть рýки, что касáется (+ *gen*); (*launder*) стирáть; (*be washable*) стирáться; (*of sea, waves*) омывáть; (*paint*) покрывáть
~ **away** (*clean off*) смывáть(ся) (**from**, с + *gen*); (*carry away*) сноси́ть
~ **down** мыть
~ **off** смывáть(ся), отмывáть(ся)
~ **out** (*launder*) стирáть; (*clean out*) промывáть; (*rinse*) прополáскивать; (*remove stain etc*) отсти́рывать(ся); (*carry away*) сноси́ть; *coll* (*cancel*) отменя́ть
~ **over** (*pour over*) окáтывать; (*carry away*) сноси́ть
~ **through** промывáть
~ **up** (*wash*) умывáться; (*crockery*) мыть посýду; (*on shore*) выбрáсывать на бéрег
washable мóющийся; стирáющийся; **is this** ~? э́то стирáется?
wash-basin (*plain bowl*) таз; (*with taps etc*) умывáльник
wash-basket корзи́на для белья́
washboard стирáльная доскá; *naut* фальшбóрт; *bui* пли́нтус
washday день *m* сти́рки
washed мы́тый; ~**-out** (*faded*) линя́лый; (*tired*) утомлённый; ~**-up** *sl* (*done for*) кóнченый; **he's** ~ с ним всё кóнчено
washer (*person*) мóйщик; (*machine*) мóечная маши́на; (*for crockery*) посудомóечная маши́на; (*for clothes*) стирáльная маши́на; *tech* промывнóй аппарáт; (*metal etc ring*) шáйба
washerwoman прáчка
wash-house прáчечная
washing 1. *n see* **wash 1.** *adj see* **washable**; ~ **powder** стирáльный порошóк; ~**-machine** стирáльная маши́на
washing-up мытьё посýды; **do the** ~ мыть посýду; (*crockery*) посýда
wash-leather 1. *n* зáмша **2.** *adj* зáмшевый
wash-out (*rinse*) сполáскивание; (*of soil etc*) смыв; *coll* (*failure*) неудáча, провáл; (*person*) неудáчник
washroom убóрная, туалéт
washstand умывáльник
washtub лохáнь *f*
wasp осá; ~**'s nest** оси́ное гнездó; ~**-waisted** с оси́ной тáлией
waspish (*bad-tempered*) раздражи́тельный; (*remark etc*) язви́тельный
wastage потéри *f pl*
waste 1. *n* (*unnecessary expenditure*) растрáчивание; **a** ~ **of** бесполéзная/напрáсная трáта (+ *gen*); **a** ~ **of time** пустáя трáта врéмени; **go to** ~ (*money, time etc*) трáтиться пóпусту; (*be unused*) оставáться неиспóльзованным; (*loss*) потéри *f pl*; (*scrap*) отхóды *m pl*; (*rubbish*) отбрóсы *m pl*, мýсор; **cotton** ~ пáкля; (*of land, water*) пусты́ня **2.** *adj* (*desolate*) пусты́нный; (*uncultivated*) необрабóтанный; ~ **land** пусты́рь *m*; **lay** ~ опустошáть; (*superfluous*) ли́шний; (*useless*) негóдный; ~ **products** отхóды *m pl* **3.** *vt* (*squander*) расточáть; (*lose*) теря́ть; (*devastate*) опустошáть; (*spoil*) пóртить; (*misuse*) злоупотребля́ть; ~ **a chance** упусти́ть *pf* слýчай; *vi* ~ **away** истощáться; (*of sick person*) чáхнуть; (*lose weight*) теря́ть в вéсе
waste-bin мýсорный я́щик
wasteful (*extravagant*) расточи́тельный; (*uneconomic*) неэконóмный
waste-paper макулатýра; ~ **basket** корзи́на для бумáг
waster расточи́тель *m*
waste-pipe отвóдная трубá
wasting *med* изнури́тельный
wastrel мот
watch 1. *n* (*observation*) наблюдéние; **be on** ~ дежýрить; **keep** ~ сторожи́ть; **keep** ~ **over** наблюдáть за (+ *instr*); **be on the** ~ **for** (*wait for*) поджидáть; (*seek*) искáть; (*timepiece*) часы́ *m pl*; *naut* вáхта; **be on** ~ нести́ вáхту; (*spell of duty*) дежýрство; (*vigil*) бдéние; *ar* (*part of night*) стрáжа; *ar* (*police*) караýл **2.** *v* (*observe*) наблюдáть; (*follow*) следи́ть за (+ *instr*); (*look at*) смотрéть; (*look after*) смотрéть за (+ *instr*); (*guard*) охраня́ть; (*be on duty*) дежýрить; ~ **for** (*wait*) ждать, поджидáть; (*seek*) искáть; ~ **out** быть начекý; ~ **out for** (*beware*) остерегáться (+ *gen*); ~ **out that he doesn't …** смотри́те, чтóбы он не (+ *past*); ~ **it!** осторóжно!

watch-chain цепо́чка для часо́в
watchdog сторожево́й пёс; *fig* ~ **committee** контро́льная коми́ссия
watcher наблюда́тель *m*
watchful (*vigilant*) бди́тельный; (*careful*) осторо́жный; (*observant*) наблюда́тельный; **be ~ of** следи́ть за (+ *instr*)
watch-glass часово́е стекло́
watchmaker часовщи́к
watchman (ночно́й) сто́рож
watchtower наблюда́тельная вы́шка
watchword (*slogan*) ло́зунг; (*motto*) деви́з; (*password*) паро́ль *m*
water 1. *n* вода́; *fig* **in deep/hot** ~ в беде́; (*urine*) моча́; **make** ~ мочи́ться; (*of diamond*) **of the first** ~ чи́стой воды́; *fig* чисте́йшей воды́; *naut* **high/low** ~ по́лная/ма́лая вода́; *pl* (*at spa*) (лече́бные) во́ды *f pl*; (*sea area*) во́ды *f pl*; *chem* **heavy** ~ тяжёлая вода́ **2.** *adj* (*of, on* ~) во́дный; ~ **polo** во́дное по́ло; (*living in* ~; ~*-driven*) водяно́й **3.** *v* (*pour ~ on*) полива́ть; (*irrigate*) ороша́ть; (*dilute*) разбавля́ть (водо́й); *fig* смягча́ть; (*give drink to*) пои́ть; (*drink*) пить; (*get store of* ~) запаса́ться водо́й; (*secrete*) выделя́ть во́ду; (*of eyes*) слези́ться; **it makes your mouth** ~ от э́того слю́нки теку́т
water-bearing водоно́сный
water biscuit гале́та
waterborne (*transport*) во́дный; (*goods*) перевози́мый по воде́
water bottle (*flask*) фля́га
water-bound *tech* водосвя́зный
water buffalo бу́йвол
water-butt ка́дка, бо́чка (для дождево́й воды́)
water-carrier (*person*) водоно́с; *naut* водоле́й, водоналивно́е су́дно; (*cistern, vehicle*) цисте́рна (для воды́)
water-cart цисте́рна для поли́вки у́лиц, полива́льная маши́на
water closet убо́рная
water-colour 1. *n* (*paint; picture*) акваре́ль *f*; **paint in** ~ писа́ть акваре́лью **2.** *adj* акваре́льный
water-colourist акварели́ст
water-cooled с водяны́м охлажде́нием
watercourse (*river*) река́; (*stream*) руче́й; (*river bed*) ру́сло
watercress водяно́й кресс, жеру́ха
water diviner лозохо́дец, лозоиска́тель *m*
watered (*diluted*) разба́вленный; ~ **silk** муа́ровый шёлк
waterfall водопа́д
waterfowl водопла́вающая пти́ца
water-gas водяно́й газ
waterglass раствори́мое стекло́
water-hammer гидравли́ческий уда́р
waterhole (*pool*) пруд; (*drinking place*) водопо́й; (*spring*) исто́чник
water ice шербе́т
wateriness водяни́стость *f*
watering can ле́йка
watering place (*for animals*) водопо́й; (*spa*) куро́рт
waterless безво́дный
water-level у́ровень *m* воды́
water lily водяна́я ли́лия, кувши́нка
water-line (*of ship*) ватерли́ния; (*level of water*) у́ровень *m* воды́; (*shoreline*) берегова́я ли́ния
waterlogged (*boat*) полузато́пленный; (*soaked*) насы́щенный водо́й; (*land*) заболо́ченный; (*half-submerged*) полупогру́женный в во́ду
water main водопрово́дная магистра́ль *f*
watermark водяно́й знак, филигра́нь *f*
watermeadow заливно́й луг
water melon арбу́з
water mill водяна́я ме́льница
waterpipe водопрово́дная труба́
waterproof 1. *n* непромока́емый плащ **2.** *adj* водонепроница́емый; (*esp of clothing*) непромока́емый **3.** *v* де́лать водонепроница́емым
water pump водяно́й насо́с
water ram водоподъёмный тара́н
water rat водяна́я кры́са
water rate пла́та за во́ду
water-repellent водоотта́лкивающий
water-retaining водоуде́рживающий
watershed водоразде́л; *fig* перело́м, поворо́тный пункт
waterside 1. *n* бе́рег **2.** *adj* берегово́й
water-skier водолы́жник
water-skiing водолы́жный спорт
waterskin бурдю́к
water skis во́дные лы́жи *f pl*
water snake водяна́я змея́
water-softener водоумягчи́тель *m*
water-soluble раствори́мый в воде́
waterspout водяно́й смерч
water sprite водяно́й
water supply (*system*) водоснабже́ние; (*store of water*) запа́с воды́
watertight водонепроница́емый; *fig* неопровержи́мый
water tower водонапо́рная ба́шня
water wagon водово́з, водоцисте́рна
waterway (*route*) во́дный путь *m*; (*channel*) фарва́тер
waterweed во́доросль *f*
water wheel водяно́е колесо́
water wings (пла́вательные) пузыри́ *m pl*
waterworks водопрово́дная ста́нция
watery (*of, like water*) во́дный, водяно́й; (*containing too much water; of colour; also fig*) водяни́стый; (*thin*) жи́дкий
watt ватт; **100 ~s** сто ватт; **a 100-~ lamp** ла́мпа в сто ватт
wattage мо́щность *f* в ва́ттах
wattle (*fence*) плете́нь *m*; (*of turkey*) боро́дка; (*of fish*) ус
wave 1. *n* (*of water; phys; fig, upsurge*) волна́; **heat** ~ жара́; **radio** ~ радиоволна́; (*in hair*) волни́стость *f*; **permanent** ~ пермане́нт; *mil* волна́, эшело́н; (*gesture*) взмах **2.** *adj* волново́й; ~ **mechanics** волнова́я меха́ника **3.** *vt* (*hand etc*) маха́ть (+ *instr*; **to**, + *dat*); (*brandish*) разма́хивать (+ *instr*); (*make sway*) кача́ть; (*hair*) завива́ть; *vi* (*flutter*) развева́ться; (*sway*) кача́ться; (*ripple*) волнова́ться; (*of hair*) ви́ться; ~ **aside, away** (*signal to move away*) дать *pf* знак отступи́ть; (*flies, questions etc*) отма́хиваться от (+ *gen*); ~ **back** маха́ть в отве́т
waveband полоса́ часто́т
waved (*hair*) завито́й
waveguide волново́д
wavelength длина́ волны́; *fig* **on the same** ~ на одно́й волне́
waver (*hesitate*) колеба́ться (**between**, ме́жду + *instr*); (*be unsteady*) дрожа́ть; (*start to give way*) дро́гнуть *pf*; (*flicker*) колыха́ться
wavy волни́стый
[1]**wax 1.** *n* (*beeswax*) воск; **paraffin** ~ параф́ин; (*in*

ear) (ушна́я) се́ра **2.** *adj* (*of* ~) восково́й; (~*ed*) вощёный **3.** *v* вощи́ть

[2]wax (*become*) станови́ться (+ *instr*); (*increase*) увели́чиваться; (*of moon*) прибыва́ть

waxed вощёный; ~ **paper,** ~ **thread** воща́нка

waxen восково́й

waxwork восковая фигу́ра; *pl* галере́я восковы́х фигу́р

waxy похо́жий на воск, восково́й

way 1. *n* (*road*) доро́га (**from**, из + *gen*; **to**, в + *acc*); (*distance*) **it's a long** ~ **from here to the town** отсю́да до го́рода далеко́; **we walked all the** ~ мы всю доро́гу шли пешко́м; (*route, path*) путь *m*; **ask the** ~ **to** спроси́ть, как пройти́ в (+ *acc*); **be in the** ~ меша́ть (+ *dat*); **by the** ~ по пути́, по доро́ге; (*incidentally*) ме́жду про́чим, кста́ти; **by** ~ **of** че́рез (+ *acc*); (*as*) в ка́честве (+ *gen*); **give** ~ уступа́ть; **lose one's** ~ заблуди́ться *pf*, потеря́ться *pf*; **make** ~ **for** дать *pf* доро́гу (+ *dat*); **on the** ~ по доро́ге, по пути́ (**to**, в, на + *acc*); **he's on his** ~ он в пути́; **it's on your** ~ э́то вам по пути́; **it's out of my** ~ э́то мне не по пути́; **out of the** ~ (*distant*) далёкий; (*unusual*) необыкнове́нный; **get out of the** ~ *vt* устраня́ть; **keep out of the** ~ *vi* не меша́ть; **the** ~ **in** вход; **the** ~ **out** (*also fig*) вы́ход; (*direction*) направле́ние; **this** ~ в э́том направле́нии; **this** ~! сюда́!; **the other** ~ **round** наоборо́т; (*progress*) **make one's** ~ продвига́ться, пробира́ться; *naut* **under** ~ на ходу́; *fig* (*be in progress*) вести́сь; (*begin*) **get under** ~ нача́ться; (*manner, method*) спо́соб; **by** ~ **of** путём (+ *gen*); **find a** ~ **to** найти́ *pf* спо́соб (+ *infin*); **get one's own** ~ наста́ивать на своём; **have it your own** ~! как хоти́те!; **he has a** ~ **of** он как-то уме́ет (+ *infin*); **he has a** ~ **with** он уме́ет обраща́ться с (+ *instr*); **in another** ~ и́наче; **in this, that** ~ таки́м о́бразом; **in your, one's own** ~ по-сво́ему; **in what** ~? каки́м о́бразом?; *coll* **no** ~! ни в ко́ем слу́чае!; **one** ~ **or another** так и́ли и́наче; **ways and means** пути́ *m pl* и спо́собы *m pl*; (*condition*) состоя́ние; **in a bad** ~ в плохо́м состоя́нии; *coll* **in the family** ~ в интере́сном положе́нии; (*respect, sense*) **in a** ~ в изве́стном смы́сле; **in every** ~ во всех отноше́ниях; **in many** ~**s** во мно́гих отноше́ниях **2.** *adv coll* (*far*) далеко́; ~ **ahead** далеко́ впереди́; ~ **beyond** далеко́ за (+ *instr*); (*by much*) намно́го; ~ **over, under** намно́го вы́ше, ни́же

waybill (*of passengers*) спи́сок пассажи́ров; (*for goods*) накладна́я

waylay (*lie in wait for*) подстерега́ть; (*stop*) остана́вливать; (*intercept*) перехва́тывать

way-leave пра́во прохо́да, прое́зда

wayside 1. *n* обо́чина (доро́ги) **2.** *adj* придоро́жный

wayward (*wilful*) своенра́вный; (*capricious*) капри́зный

waywardness своенра́вие

we мы

weak (*most senses*) сла́бый; ~ **with** ослабе́вший от (+ *gen*); ~ **spot** сла́бое ме́сто; **have a** ~ **spot for** пита́ть к (+ *dat*) сла́бость; **grow** ~ слабе́ть; **in a** ~ **moment** в мину́ту сла́бости

weaken *vt* ослабля́ть; *vi* (*grow weak*) слабе́ть, ослабева́ть; (*give in*) сдава́ться; (*be less resolute*) колеба́ться

weak-headed придуркова́тый

weak-kneed бесхара́ктерный, безво́льный

weakling сла́бый челове́к

weakly 1. *adj* хи́лый, боле́зненный **2.** *adv* сла́бо

weak-minded (*mentally deficient*) слабоу́мный; (*irresolute*) малоду́шный

weakness сла́бость *f*; **have a** ~ **for** име́ть сла́бость к (+ *dat*)

weak-spirited малоду́шный

weal (*well-being*) бла́го; **the public** ~ о́бщее бла́го; (*mark*) рубе́ц

wealth (*riches*) бога́тство; (*abundance*) оби́лие, мно́жество

wealthy бога́тый, состоя́тельный

wean (*child*) отнима́ть от груди́; *fig* ~ **from** отуча́ть от (+ *gen*)

weapon ору́жие (*also collect*); *mil* боево́е сре́дство; *fig* (*means*) ору́дие

weaponry вооруже́ние, боева́я те́хника

[1]wear 1. *n* (*act of wearing*) ноше́ние; (*clothes*) оде́жда; (*damage from use*) изно́с, изна́шивание; **the worse for** ~ истрёпанный, поно́шенный **2.** *v* (*clothes*) носи́ть, быть оде́тым в (+ *acc*); (*hair, glasses etc*) носи́ть; (*have look etc*) име́ть; (*be worn; last*) носи́ться; (*spoil, reduce by use*) изна́шивать(ся); ~ **smooth** сгла́живать(ся); ~ **thin** истонча́ть(ся); *fig* истоща́ться; *coll* (*accept*) принима́ть

~ **away** стира́ть(ся)

~ **down** стира́ть(ся), изна́шивать(ся); (*resistance etc*) преодолева́ть

~ **off** (*disappear*) исчеза́ть, проходи́ть

~ **on** (*of time*) проходи́ть

~ **out** (*of clothes etc*) изна́шивать(ся); (*exhaust*) истоща́ть(ся)

~ **through** протира́ть(ся)

[2]wear *naut* де́лать поворо́т че́рез фо́рдевинд

wearable кото́рый мо́жно носи́ть

wear and tear изно́с

weariness (*tiredness*) уста́лость *f*; (*tedium*) ску́ка

wearing (*tiring*) утоми́тельный; (*tedious*) надое́дливый

wearisome (*tiring*) утоми́тельный; (*boring*) ску́чный

weary 1. *adj* (*tired*) уста́лый, утомлённый; (*tiring*) утоми́тельный; (*boring*) ску́чный; (*tiresome*) надое́дливый; (*bored*) **I am** ~ **of this dictionary** мне надое́л э́тот слова́рь; **make** ~ надоеда́ть (+ *dat*) **2.** *v* (*tire*) утомля́ть(ся); (*bore*) надоеда́ть (+ *dat*); ~ **for** тоскова́ть по (+ *dat*)

weasel ла́ска

weather 1. *n* пого́да; **in all sorts of** ~ в любу́ю пого́ду; **bad** ~ непого́да, нена́стье; *fig* **make heavy** ~ **of** (*find hard*) находи́ть тру́дным; (*exaggerate*) раздува́ть тру́дности; **keep a** ~ **eye open** быть начеку́; **be under the** ~ пло́хо себя́ чу́вствовать; *naut* (*storm*) шторм, непого́да **2.** *adj* (*meteorological*) метеорологи́ческий; ~ **forecast** прогно́з пого́ды; ~ **report** метеосво́дка; *naut* (*windward*) наве́тренный **3.** *v* (*storm, crisis*) выде́рживать; (*expose*) подверга́ть(ся) атмосфе́рным влия́ниям; *geol* выве́тривать(ся)

weather-beaten (*skin, face*) обве́тренный; (*person*) закалённый; (*weather-damaged*) пострада́вший от непого́ды

weather-boarding общи́вка доска́ми внакро́й

weather-bound заде́ржанный непого́дой

weathercock флю́гер

weathered вы́ветренный

weather-glass баро́метр

weathering выве́тривание

weatherman метеоро́лог

weatherproof (*building*) защищённый от непогоды; (*clothing*) непромокаемый
weather-side навéтренная сторонá
weather station метеорологи́ческая стáнция
weather vane флю́гер
weave 1. *n* переплетéние **2.** *v* (*cloth*) ткать; (*plait*) плести́, сплетáть; (*devise*) плести́, сочиня́ть; (*follow twisting route*) идти́ изви́листым путём, виля́ть; (*make way*) пробирáться (**through**, чéрез + *acc*); (*dodge*) лави́ровать (**between, through,** мéжду + *instr*)
weaver ткач, *f* ткачи́ха
weaving тканьё; плетéние
web (*s'th woven*) ткань *f*; (*spider's*; *also fig*) паути́на; ~ **of lies** паути́на лжи; (*network*) сеть *f*; (*of paper*) рулóн; *zool* перепóнка
webbed перепóнчатый
webbing тесьмá
web-footed перепончатонóгий
wed *vt* (*man*) жени́ть (**to**, на + *prep*); (*woman*) выдавáть зáмуж (**to**, за + *acc*); (*couple*) сочетáть брáком; *fig* сочетáть; *vi* (*of man, couple*) жени́ться (на + *prep*); (*of woman*) выходи́ть зáмуж (за + *acc*)
wedded супру́жеский; ~ **to** (*devoted to*) прéданный (+ *dat*)
wedding 1. *n* свáдьба; **golden** ~ **(anniversary)** золотáя свáдьба; *fig* (*combination*) сочетáние **2.** *adj* свáдебный; ~ **day** день свáдьбы; **~-dress** свáдебный наря́д; **~-ring** обручáльное кольцó
wedge 1. *n* клин; (*of cake etc*) треугóльный кусóк; **thin end of the** ~ тóлько начáло **2.** *v* (*fix with* ~) закрепля́ть кли́ном; (*push into*) вкли́нивать, вти́скивать (в + *acc*); (*get stuck*) застревáть; ~ **oneself in** вти́скиваться
wedge-shaped клинообрáзный
wedlock брак; **born out of** ~ внебрáчный
Wednesday средá; **on** ~ в срéду; **~s** по средáм
[1]**wee** (*small*) мáленький; (*tiny*) крóшечный; **a** ~ **bit** немнóжко
[2]**wee** *coll* (*urinate*) пи́сать
weed 1. *n* сорня́к, сóрная травá **2.** *v* полóть; ~ **out** (~*s*) выпáлывать; (*thin out*) прорéживать; *fig* удаля́ть; (*expel*) вычищáть
weed grown зарóсший сорнякáми
weeding прополка
weedkiller гербици́д
weedy (*full of weeds*) зарóсший сорнякáми; *coll* (*of person*) хи́лый
week недéля; **Holy Week** страстнáя недéля; **next/last** ~ на слéдующей/прóшлой недéле; **once a** ~ раз в недéлю; **in a ~'s time** чéрез недéлю; **during the** ~ в течéние недéли; **a six-~ period** шестинедéльный пери́од; **~end** суббóта и воскресéнье, уикéнд; **~-long** недéльный; **~-old** (*begun, made, born etc a week ago*) нáчатый, сдéланный, роди́вшийся недéлю томý назáд
weekday 1. *n* бу́дний день *m* **2.** *adj* в бу́дние дни, бу́дничный
weekly 1. *n* еженедéльник **2.** *adj* еженедéльный **3.** *adv* (*every week*) еженедéльно; (*per week*) в недéлю
weeny *coll* (*tiny*) малю́сенький
weep (*cry*) плáкать; ~ **for joy** плáкать от рáдости; ~ **tears** проливáть слёзы; (*mourn*) ~ **for, over** оплáкивать; *tech* (*leak*) течь, протекáть; (*exude*) запотевáть
weeper (*person*) плáчущий; (*crape*) креп
weeping 1. *n* (*crying*; *lament*) плач; (*tears*) слёзы *f pl* **2.** *adj* плáчущий; (*of tree*) плаку́чий
weepy *coll* плакси́вый, слезли́вый
weevil долгонóсик
weft утóк
weigh *vt* (*ascertain weight*) взвéшивать; ~ **oneself** взвéшиваться; *fig* ~ **one's words** взвéшивать свои́ словá; *naut* ~ **anchor** поднимáть я́корь, снимáться с я́коря; *vi* (*have weight*) вéсить; **what does he** ~? скóлько он вéсит; **the box ~s two kilos** я́щик вéсит два килогрáмма; (*be important*) имéть значéние/вес
~ **down** (*press down*) дави́ть; (*burden*) отягощáть; **be ~ed down by** гну́ться под тя́жестью (+ *gen*)
~ **in** *sp* взвéшивать(ся); (*join in*) вмéшиваться
~ **out** (*amount*) отвéшивать; (*distribute*) развéшивать
~ **up** оцéнивать
~ **upon, on** тяготи́ть
weighbridge платфóрменные весы́ *m pl*, мостовы́е весы́ *m pl*, автовесы́ *m pl*
weigh-in взвéшивание
weight 1. *n* (*heaviness*) вес; **what is the ~ of?** какóв вес? (+ *gen*), скóлько вéсит?; **put on** ~ прибавля́ть в вéсе, поправля́ться; **lose** ~ теря́ть в вéсе, худéть; **short** ~ недовéс; **give short** ~ недовéсить; (*s'th heavy*) тя́жесть *f*; (*pressure*) давлéние; (*load*) нагру́зка; *fig* (*burden*) брéмя *neut*; (*for scales, clock*) ги́ря; (*importance*) значéние, вáжность *f*; **give** ~ **to** придавáть значéние (+ *dat*) **2.** *v* (*make heavy*) утяжеля́ть; (*fix* ~ *to*) подвéшивать ги́рю к (+ *dat*); (*hold down*) прижимáть чём-нибудь тяжёлым; (*burden*) отягощáть; (*in statistics*) взвéшивать
weighting (*loading*) нагру́зка; (*allowance*) надбáвка
weightless невесóмый
weightlessness невесóмость *f*
weight-lifter штанги́ст
weight-lifting подня́тие тя́жестей
weighty (*heavy*; *serious*) вéский; (*important*) вáжный; (*ponderous*) громóздкий
weir запру́да, водосли́в
weird (*strange*) стрáнный; (*mysterious*) таи́нственный; (*eerie*) жу́ткий; (*fantastic*) фантасти́ческий; *coll* (*eccentric*) чуднóй
welcome 1. *n* (*reception*) приём; **get a cold** ~ быть хóлодно при́нятым; (*warm reception*) раду́шный приём; (*greeting*) привéт **2.** *adj* (*pleasant*) прия́тный; (*long-awaited*) долгождáнный; (*acceptable*) приéмлемый; **make** ~ раду́шно принимáть; **you are** ~ я рад вас ви́деть; (*in reply to thanks*) пожáлуйста/на здорóвье; **their arrival was** ~ мы бы́ли рáды их приéзду; **you are** ~ **to** (*use, take etc*) пожáлуйста возьми́те *etc*; *coll* **he's** ~ (*I don't envy him*) не зави́дую емý (**to**, + *acc*) **3.** *v* (*greet*; *receive*; *approve*) привéтствовать; (*invite home*) принимáть; (*meet*) встречáть; ~! добрó пожáловать (**to**, в + *acc*); ~ **home** добрó пожáловать домóй
weld 1. *n* сварнóй шов **2.** *adj* свáривать(ся); ~ **on** привáривать к (+ *dat*); *fig* ~ **together** сплáчивать
welded (*joint etc*) сварнóй
welder (*person*) свáрщик; (*machine*) свáрочная маши́на
welding 1. *n* свáрка; **arc** ~ дуговáя свáрка; **spot** ~ тóчечная свáрка **2.** *adj* свáрочный
welfare благосостоя́ние, благополу́чие; **social** ~ социáльное обеспéчение; ~ **state** госудáрство

социа́льного благосостоя́ния
welkin *poet* небосво́д
[1]well 1. *n* (*spring*; *also fig*) исто́чник; (*shaft*, *hole with water*) коло́дец; **oil ~** (нефтяна́я) сква́жина; **lift ~** ша́хта ли́фта; **stair ~** ле́стничная кле́тка; *tech* (*sump*) отсто́йник **2.** *v* **~ up** поднима́ться; **tears ~ed up in her eyes** её глаза́ напо́лнились слеза́ми; (*flow forth*) бить ключо́м; **~ over** ли́ться че́рез край
[2]well 1. *adj* (*healthy*) здоро́вый; **get ~** поправля́ться, выздора́вливать; **feel ~** хорошо́ себя́ чу́вствовать; **look ~** хорошо́ вы́глядеть **2.** *adv* (*most senses*) хорошо́; **very ~** о́чень хорошо́; (*I agree*) хорошо́; **quite ~** дово́льно хорошо́; **think ~ of** быть о (+ *prep*) хоро́шего мне́ния; **do ~** де́лать успе́хи; **you would do ~ to** вам сто́ило бы (+ *infin*); (*thoroughly*) хороше́нько; (*attentively*) внима́тельно; (*much*, *very*) о́чень; **he was ~ pleased** он был о́чень дово́лен; **it may ~ be** вполне́ возмо́жно, что; (*completely*) совсе́м; (*easily*) без вся́кого труда́; (*justly*) не без основа́ния; (*considerably*) значи́тельно; (*some way*, *far*) далеко́ (**past, beyond, over,** за + *acc*); **as ~** (*also*) то́же, та́кже; (*in addition*) к тому́ же; **I might (just) as ~** я мог бы с таки́м же успе́хом (+ *infin*); **it's just as ~ that** хорошо́, что ...; **as ~ as** *see* **as**
well-advised благоразу́мный; **you would be ~ to** вам бы́ло бы хорошо́/лу́чше (+ *infin*)
well-aimed ме́ткий
well-appointed (*equipped*) хорошо́ обору́дованный; (*furnished*) хорошо́ обста́вленный
well-armed хорошо́ вооружённый
well-balanced (*person*) уравнове́шенный; (*judicious*) разу́мный; (*well-proportioned*) пропорциона́льный; (*diet*, *wheel etc*) сбаланси́рованный
well-behaved (хорошо́) воспи́танный
well-being благосостоя́ние, благополу́чие
well-born из хоро́шей семьи́
well-bred (*well-brought-up*) воспи́танный; (*cultured*) культу́рный; (*aristocratic*) аристократи́ческий; (*of animal*) поро́дистый
well-built (*of physique*) хорошо́ сложённый; (*well-made*) хорошо́ постро́енный
well-connected (*of family*) из хоро́шей семьи́; (*having influence*) с больши́ми свя́зями
well-cut (*clothes*) хоро́шего покро́я
welldeck коло́дезная па́луба
well-defined (*clear*, *firmly outlined*) чёткий, отчётливый; (*definite*) определённый
well-deserved (вполне́) заслу́женный
well-directed (*blow*, *remark*) ме́ткий
well-disposed благожела́тельный, благоскло́нный; **be ~ to** благоскло́нно относи́ться к (+ *dat*)
well-done хорошо́ сде́ланный; *cul* хорошо́ прожа́ренный
well-dressed хорошо́ оде́тый
well-earned заслу́женный
well-educated (хорошо́) образо́ванный
well-favoured краси́вый
well-fed отко́рмленный; (*of appearance*) сы́тый
well-founded (хорошо́) обосно́ванный
well-groomed (*person*) хо́леный; (*horse*) (хорошо́) ухо́женный
well-grounded обосно́ванный
well-head исто́чник; (*of oil well*) у́стье сква́жины
well-heeled зажи́точный, бога́тый
well-informed (*knowledgeable*) све́дущий (**about,** в + *prep*); (*in the know*) хорошо́ осведомлённый (**about,** в + *prep*)
wellingtons, wellington boots рези́новые сапоги́ *m pl*
well-intentioned (*person*) де́йствующий из са́мых лу́чших побужде́ний; (*well-meant*) сде́ланный/ска́занный из са́мых лу́чших побужде́ний
well-judged (*thought-out*) проду́манный; (*appropriate*) уме́стный; (*blow etc*) ме́ткий; (*well-timed*) своевре́менный
well-knit (*physique*) хорошо́ сло́женный; (*united*) сплочённый
well-known (всем, широко́) изве́стный
well-mannered воспи́танный
well-meant (*act*, *remark*) сде́ланный, ска́занный с лу́чшими наме́рениями
well-nigh почти́
well-off состоя́тельный, зажи́точный
well-oiled хорошо́ сма́занный; *fig* (*flattering*) льсти́вый; *coll* (*drunk*) подвы́пивший
well-ordered хорошо́ организо́ванный
well-paid хорошо́ опла́чиваемый
well-proportioned пропорциона́льный; (*body*) стро́йный
well-read начи́танный
well-spent (*money*, *time*) хорошо́, не да́ром потра́ченный
well-spoken (*pertinent*) уме́стный; (*courteous*) учти́вый; (*with cultured accent*) с культу́рным вы́говором
wellspring исто́чник
well-thought-out проду́манный
well-timed своевре́менный, уме́стный
well-to-do состоя́тельный, зажи́точный
well-tried прове́ренный, испы́танный
well-turned отто́ченный
well-wisher доброжела́тель *m*
well-worn (*worn*) изно́шенный; (*trite*) изби́тый
Welsh 1. *n* (*people*) валли́йцы, уэ́льсцы *m pl*; (*language*) валли́йский, уэ́льсский язы́к **2.** *adj* валли́йский, уэ́льсский; **~man** валли́ец, уэ́льсец; **~woman** валли́йка
welsh *pej* не плати́ть
welt 1. *n* (*of shoe*) рант; (*weal*) рубе́ц; (*blow*) уда́р **2.** *v coll* (*beat*) полосова́ть
weltanschauung мировоззре́ние
welter 1. *n* сумато́ха, неразбери́ха; **in a ~ of blood** в лу́же кро́ви **2.** *v* валя́ться (**in,** в + *pr*)
welterweight *sp* второ́й полусре́дний вес; (*boxer*) боксёр второ́го полусре́днего ве́са
wen жирова́я ши́шка, жирови́к
wench 1. *n* де́вка **2.** *v* распу́тничать
Wend венд
wend: ~one's way (ме́дленно) идти́, направля́ться (**to,** к + *dat*, в + *acc*)
werewolf оборотень *m*, челове́к-волк
west 1. *n* за́пад; *naut* вест **2.** *adj* за́падный **3.** *adv* к за́паду, на за́пад (*see* **east**)
westerly 1. *n* (*wind*) за́падный ве́тер **2.** *adj* за́падный **3.** *adv* к за́паду, на за́пад
western 1. *n* ковбо́йский рома́н/фильм, ве́стерн **2.** *adj* за́падный
westerner жи́тель *m* за́пада
westernization европеиза́ция
westernize (*Europeanize*) европеизи́ровать(ся)
westernizer за́падник
westernmost са́мый за́падный
West Indian 1. *n* вести́ндец **2.** *adj* вести́ндский
West Indies Вест-И́ндия

westward 1. *adj* за́падный; ~ **of** к за́паду от (+ *gen*) **2.** *adv* к за́паду, на за́пад, в за́падном направле́нии

westwards к за́паду, на за́пад

wet 1. *n* (*moisture*) вла́жность *f*; (*rain*) дождь *m*; **in the** ~ под дождём; *sl* (*of person*) тря́пка **2.** *adj* (*soaked*) мо́крый (**with, from,** от + *gen*); **get** ~ мо́кнуть; **she was** ~ **through** она промо́кла до ни́тки, насквозь; ~ **fish** све́жая ры́ба; *fig* ~ **behind the ears** зелёный; **be a** ~ **blanket** по́ртить настрое́ние, отравля́ть удово́льствие; (*paint, ink etc*) непросо́хший; (*moist*) вла́жный; (*of climate, weather*) сыро́й, дождли́вый; (*liquid*) жи́дкий; *sl* (*stupid*) дура́цкий; (*useless*) ничто́жный; **talk** ~ нести́ чушь **3.** *v* (*make wet*) мочи́ть; ~ **the bed** мочи́ться в посте́ли

wetness вла́жность *f*, сы́рость *f*

wet-nurse 1. *n* корми́лица **2.** *v* (*be* ~) быть корми́лицей; (*suckle*) корми́ть гру́дью; *fig* ня́нчиться с (+ *instr*)

wet suit (*diving*) гидрокостю́м

wetting 1. *n* сма́чивание; **give a** ~ промочи́ть *pf*; **get a** ~ промо́кнуть *pf* **2.** *adj* ~ **agent** сма́чиватель *m*, сма́чивающее вещество́

whack 1. *n* (*blow*) (зво́нкий) уда́р; (*sound*) хлоп, шлёп; *coll* (*share*) до́ля; **have a** ~ **at** попро́бовать **2.** *v* (*strike*) ударя́ть; (*beat*) бить; (*spank*) шлёпать

whacked *coll* (*tired*) **I'm** ~ я у́жас как уста́л, я бо́льше не могу́

whacker *coll* (*lie*) на́глая ложь *f*

whacking *coll* **1.** *n* (*beating*) по́рка **2.** *adj* здоро́вый, здорове́нный, большу́щий

whale 1. *n* кит; (*female*) са́мка кита́; *fig coll* **he's a** ~ **at** он съел соба́ку на (+ *prep*); **have a** ~ **of a time** чуде́сно проводи́ть вре́мя **2.** *adj* кито́вый

whalebone 1. *n* кито́вый ус **2.** *adj* из кито́вого у́са

whaler (*person*) китоло́в, китобо́й; (*ship*) китобо́йное су́дно; *nav* (*boat*) ве́льбот

whaling 1. *n* (*whale-catching*) охо́та на кито́в; (*industry*) китобо́йный про́мысел **2.** *adj* китобо́йный

wham ба́хнуть(ся) *pf*; (*coll, as interj and sometimes instead of verb*) бац, бах

wharf 1. *n* при́стань *f* **2.** *v* (*berth*) швартова́ть(ся) к при́стани

wharfage при́станские сбо́ры *m pl*

wharfinger (*manager of wharf*) заве́дующий това́рной при́станью; (*owner*) владе́лец това́рной при́стани

what 1. *adj* како́й; ~ **day is it?** како́й сего́дня день?; ~ **time is it?** кото́рый (сейча́с) час?; ~ **kind of bird is that?** что э́то за пти́ца?; **I don't know** ~ **book to buy** я не зна́ю каку́ю кни́гу купи́ть; (*in exclamations*) ~ **luck!** како́е сча́стье!; ~ **nonsense!** что за чепуха́!; ~ **a pity!** как жаль, кака́я жа́лость *f* !; ~ **a fool!** ну и дура́к, что за дура́к!; ~ **nice people they are!** каки́е они́ хоро́шие лю́ди! **2.** *pr*; *interj* что; ~ **is it?** что э́то тако́е?; ~ **do you want?** что вы хоти́те?; **do** ~ **you want** де́лайте, что хоти́те; ~ **shall we start with?** с чего́ (мы) начнём?; (*that which*) тот, кото́рый; **the dinner was better than** ~ **we had yesterday** обе́д был лу́чше чем тот, кото́рый был вчера́; (*in expressions*) ~ **about** как насчёт (+ *gen*), ка́к же (+ *nom*); ~ **for?** почему́?; ~ **if?** что, е́сли?; ~ **is the matter?** в чём де́ло?; ~ **is the matter with ...?** что с ...? (+ *instr*); ~ **of it? so** ~? ну и что?; ~ **then?** тогда́ что?; ~ **with** (*because of*) из-за (+ *gen*), так как; (*bearing in mind*) име́я в виду́

whatever, whatsoever 1. *adj* како́й бы ни; **she loved him** ~ **his faults** она́ его́ люби́ла, каки́е бы ни бы́ли его́ недоста́тки; (*any*) любо́й; (*in questions, at all*) како́й бы то ни́ было, хоть како́й-нибу́дь; (*in negations*) **nothing** ~ абсолю́тно ничего́; **none** ~ нисколько, ничу́ть; **there is no doubt** ~ нет никако́го сомне́ния **2.** *pr* что бы ни (+ *past*); ~ **happens, keep quiet** что бы ни произошло́ – молчи́те; (*everything, anything*) **take** ~ **you want** возьми́те всё, что хоти́те; (*what*) ~ **will he think?** что же он поду́мает? **3.** *adv* (*why*) ~ **for?** почему́, с како́й ста́ти?

whatnot (*trivial item*) безделу́шка; (*furniture*) этаже́рка

what's-his-name как (бишь) его́

wheat 1. *n* пшени́ца **2.** *adj* пшени́чный

wheedle (*cajole*) обха́живать; (*flatter*) льстить; (*persuade*) угова́ривать; ~ **out of** выпра́шивать у (+ *gen*)

wheedling льсти́вый, вымога́ющий

wheel 1. *n* (*in general*) колесо́; **on** ~**s** на колёсах; **steering** ~ руль *m*, *coll* бара́нка; **be at the** ~ сиде́ть за рулём; *naut* штурва́л; **potter's** ~ гонча́рный круг; (*gear* ~) шестерня́ **2.** *v* (*move on* ~*s*) кати́ть; (*move in circle*) кружи́ть; (*turn round*) повора́чивать(ся)

wheelbarrow та́чка

wheelbase колёсная ба́за

wheelchair больни́чная коля́ска

wheeled на колёсах

wheelhouse рулева́я ру́бка

wheelwright колёсный ма́стер

wheeze 1. *n* (*in chest, throat*) хрип; (*with nose; of steam engine*) сопе́ние; *fig, coll* (*joke*) хо́хма; (*plan, idea*) иде́я **2.** *v* хрипе́ть; сопе́ть; (*say with* ~) прохрипе́ть *pf*; (*pant*) пыхте́ть

wheezy хри́плый

whelk (*shellfish*) труба́ч; (*pimple*) прыщ

whelp 1. *n* (*puppy; also pej of person*) щено́к; (*lion cub etc*) детёныш **2.** *v* щени́ться

when *adv, conj* когда́; ~ **did he come?** когда́ он пришёл?; **I don't know** ~ **he came** я не зна́ю, когда́ он пришёл; **hardly ...** ~ **...** едва́ ... как ...; **he had hardly gone out** ~ **the rain started** он едва́ вы́шел и́з дому, как пошёл дождь; (*although*) хотя́; (*if*) е́сли; **by** ~ *inter* к како́му вре́мени; *rel* и к э́тому вре́мени; **since** ~ *inter* с како́го вре́мени; *rel* и с того́ вре́мени; **until** ~ *inter* до како́го вре́мени; *rel* и до того́ вре́мени

whence (*from where*) отку́да; ~ **does he come?** отку́да он (прие́хал, пришёл)?; ~ **comes it that** как э́то получа́ется, что; (*to the place from which*) туда́, отку́да; **he returned** ~ **he came** он верну́лся туда́, отку́да при́был

whenever (*each time when*) когда́ бы ни/вся́кий раз, когда́; (*when*) когда́; (*as soon as*) как то́лько

where (*at what place*) где; ~ **is he?** где он?; **I don't know** ~ **he is** я не зна́ю, где он; **far from** ~**...** далеко́ от того́ ме́ста, где; **up to** ~ до того́ ме́ста, где; **from** ~ отку́да; (*whither*) куда́; ~ **are you going?** куда́ ты идёшь?; **who knows** ~ **he went?** кто зна́ет, куда́ он пошёл?

whereabouts 1. *n* местонахожде́ние **2.** *adv, conj* (*where*) где; (*whither*) куда́

whereas (*while*) тогда́ как; (*although*) хотя́; *leg* поско́льку

whereat по́сле чего́

whereby *inter* как, каки́м о́бразом; *rel* (*by which means*) с по́мощью кото́рого/кото́рой
wherefore 1. *n* причи́на; **the whys and ~s** что, как и почему́ **2.** *adv* почему́
wherein *inter* (*in what*) в чём; *rel* (*in which*) в кото́ром/кото́рой
whereof (*of which*) которо́го, кото́рой; (*out of which*) из кото́рого, кото́рой; (*about which*) о кото́ром, кото́рой; о чём/ком
whereon (*on which*) на чём/кото́ром, кото́рой; (*after which*) по́сле чего́
wheresoever *see* **wherever**
whereto к кото́рому/кото́рой
whereunder под кото́рым/кото́рой
whereupon по́сле чего́, и тогда́
wherever *inter emph* (*where*) где́ же; (*whither*) куда́ же; *rel* (*in whatever place*) где бы (то) ни (+ *past*); (*whithersoever*) куда́ бы (то) ни (+ *past*)
wherewith чем, с по́мощью чего́, кото́рого/кото́рой
wherewithal (*money*) сре́дства *neut pl*; (*what is needed*) то, что ну́жно
whet 1. *n* (*stimulus*) сти́мул; (*dram*) глото́к спиртно́го **2.** *v* (*sharpen*) пра́вить, точи́ть; (*appetite etc*) возбужда́ть
whether (*in indirect question*; *if*) ли; **I don't know ~ it's true or not** я не зна́ю, пра́вда ли э́то и́ли нет; **doubt ~** сомнева́ться, что; **I wonder ~ he's right** интере́сно, прав ли он; **we were wondering ~ to go too** мы спра́шивали себя́, не пое́хать ли и нам
whetstone осело́к
whew уф
whey сы́воротка; **~-faced** бле́дный
which 1. *adj* ка́кой, кото́рый; **~ book is yours?** кака́я кни́га ва́ша?; **~ Ivan do you mean?** кото́рого Ива́на вы име́ете в виду́?; *rel* кото́рый; **the book ~ is on the table** кни́га, кото́рая лежи́т на столе́; **the place of ~ I was speaking** ме́сто, о кото́ром я говори́л; (*and this*) что; **he said he did not know, ~ was untrue** он сказа́л, что не знал, что бы́ло непра́вдой; **she arrived yesterday, ~ I had not expected** она́ прие́хала вчера́, чего́ я не ожида́л **2.** *pr* (*what*) что; **~ of** кото́рый из (+ *gen*); (*who*) кто; **~ of** кто, кото́рый из (+ *gen*); **~ of them is your brother?** кто из них твой брат?
whichever како́й бы ни (+ *past*); **~ hat she chooses, I shall have to buy** каку́ю бы шля́пу она́ ни вы́брала, мне придётся (её) купи́ть; (*whoever*) кто бы ни (+ *past*); (*any*) любо́й; **take ~ book you want** возьми́те любу́ю кни́гу
whiff (*puff of air*) дунове́ние; (*smell*) за́пах
Whig *hist* виг
while 1. *n* (не́которое) вре́мя *neut*; **for a ~** на (не́которое) вре́мя; **in a ~** (*soon*) ско́ро; **after a ~** вско́ре; **(all) the ~** всё вре́мя; **it's (not) worth ~** (не) сто́ит (+ *infin*) **2.** *v* **~ away** проводи́ть **3.** *conj* (*as long as*) пока́; **~ I was away, they did nothing** пока́ меня́ не бы́ло, они́ ничего́ не де́лали; (*when*) когда́; (*en route*) по доро́ге; (*although*) хотя́; (*whereas*) тогда́ как
whilom 1. *adj* бы́вший **2.** *adv* когда́-то, не́когда
whilst *see* **while**
whim капри́з, при́хоть *f*
whimper 1. *n* хны́канье **2.** *v* хны́кать
whimsical (*capricious*) капри́зный; (*fanciful*) причу́дливый, зате́йливый
whimsy, whimsey (*whim*) капри́з, при́хоть *f*, причу́да
whine 1. *n* (*of dog*; *also fig*) скулёж; (*of child*) хны́канье; (*of machine*) вой **2.** *v* скули́ть; хны́кать; выть; (*of bullets*) жужжа́ть, визжа́ть
whinny 1. *n* ти́хое ржа́ние; **give a ~** заржа́ть *pf* **2.** *v* ти́хо ржать
whip 1. *n* (*lash*) плеть *f*; (*with handle*) кнут; (*horse~*) хлыст; *cul* крем; *naut* подъёмный го́рдень *m* **2.** *v* (*lash*) хлеста́ть, сечь; *cul* взбива́ть; (*bind*) обмётывать; (*rope*) заде́лывать ма́ркой; *fig coll* (*vanquish*) разбива́ть; (*rush*) броса́ться
~ away *coll* (*rush off*) удира́ть; (*grab*) схва́тывать; (*pull off*) срыва́ть (**from,** с + *gen*)
~ in (*drive together*) сгоня́ть; (*pop in*) забежа́ть (в + *acc*), заскочи́ть *pf* (в + *acc*)
~ off *see* **~ away**
~ out (*take out*) выта́скивать; (*rush out*) выска́кивать (**of,** из + *gen*); (*say sharply*) отре́зать *pf*, отруби́ть *pf*
~ round бы́стро поверну́ться *pf*
~ up (*stimulate*) возбужда́ть; (*incite*) подстрека́ть; (*seize*) схва́тывать; (*foam etc*; *also fig*) подхлёстывать; (*make quickly*) состря́пать *pf*; (*gather*) собира́ть
whipcord (*cord*) бечёвка; (*material*) тяжёлый габарди́н
whiphand *fig* контро́ль *m*; **get the ~ of** брать верх над (+ *instr*)
whippersnapper (*lad*) мальчи́шка *f*; (*smart aleck*) наха́л; (*trivial person*) ничто́жество
whippet го́нчая
whipping (*beating*) по́рка; (*defeat*) пораже́ние; (*binding*) обмётка; **~-boy** *fig* козёл отпуще́ния; **~-post** позо́рный столб; **~-top** волчо́к
whippoorwill (восточноамерика́нский) козодо́й
whippy упру́гий
whip-round сбор де́нег; **have a ~** собра́ть *pf* де́ньги
whirl 1. *n* (*spin*) враще́ние, круже́ние; (*eddy, swirl*) вихрь *m*; (*confusion*) смяте́ние; (*of events etc*) водоворо́т **2.** *v* (*spin*) верте́ть(ся), враща́ть(ся); (*head*; *leaves etc*) кружи́ться, (*turn quickly*) бы́стро поверну́ться *pf*; **~ away** уноси́ть(ся)
whirligig (*top*) волчо́к; (*windmill*) верту́шка; (*roundabout*) карусе́ль *f*
whirlpool водоворо́т
whirlwind вихрь *m*, смерч; *fig* урага́н
whirr 1. *n* (*of insects*) жужжа́ние; (*of machinery*) шум **2.** *v* жужжа́ть; шуме́ть
whisk 1. *n* (*of tail etc*) мах, взмах; (*brush*) ве́ничек; *cul* (*beater*) сбива́лка **2.** *v* (*brush*) **~ away** сма́хивать; (*tail*) маха́ть (+ *instr*); (*carry off*) **~ away, off** уноси́ть; (*dart*) ю́ркнуть *pf* (**into,** в + *acc*); (*beat cream etc*) сбива́ть, взбива́ть
whisker ус; *fig* **within a ~ of** на волосо́к от (+ *gen*); *pl* (*moustache*) усы́ *m pl*; (*beard*) борода́; **side ~s** бакенба́рды *f pl*
whiskery, whiskered уса́тый; борода́тый; с бакенба́рдами
whisky, whiskey ви́ски *neut indecl*
whisper 1. *n* (*low speech*) шёпот; **in a ~** шёпотом; *fig* (*gossip*) спле́тни *f pl*; **not a ~ of** ни мале́йшего при́знака (+ *gen*); (*rumour*) слух; (*rustle*) шо́рох, ше́лест **2.** *vt* шепта́ть; *vi* шепта́ться; (*of leaves etc*) шелесте́ть, шурша́ть
whisperer шепту́н
whispering шёпот

whist вист
whistle 1. *n* (*sound*) свист; **give a ~** сви́стнуть *pf*; (*pipe*) свисто́к; **tin ~** свисту́лька; *coll* **wet one's ~** промочи́ть гло́тку; **clean as a ~** на́чисто **2.** *v* свисте́ть; (*a tune*) насви́стывать; **~ past** проноси́ться со сви́стом, просвисте́ть *pf*; **~ up** (*taxi etc*) подзыва́ть сви́стом; (*call on*) вызыва́ть
whistler свисту́н *coll*
whistle-stop полуста́нок
whistling 1. *n* свист **2.** *adj* свистя́щий
Whit: **~ Sunday** тро́ицын день *m*; **~ Monday** ду́хов день *m*; **~ week** неде́ля по́сле тро́ицы
whit: **not a ~** ничу́ть (не), ниско́лько (не); **not a ~ better** ничу́ть не лу́чше; **not a ~ of truth** ни ка́пли и́стины
white 1. *n* (*colour*) белый цвет; **dressed in ~** в бе́лом; (*whiteness*) белизна́; (*paint*) бе́лая кра́ска; (*of egg, eyes*) бело́к; (*person*) бе́лый **2.** *adj* (*most senses*) бе́лый; **snow ~** белосне́жный; **grow, show up ~** беле́ть; **paint ~** кра́сить в бе́лый цвет; **~ ant** терми́т; **~ bread** бе́лый хлеб; **~ coffee** ко́фе *m indecl* с молоко́м; **~ damp** о́кись *f* углеро́да; *astron* **~ dwarf** бе́лый ка́рлик; **~ ensign** англи́йский вое́нно-морско́й флаг; **~ frost** ине́й; *naut* **~ horses** бара́шки *m pl*; **~ lead** свинцо́вые бели́ла *neut pl*; **~ lie;** неви́нная ложь *f*; **~ meat** бе́лое мя́со; **~ metal** бабби́т; **White Russian** *pol* бе́лый; (*Byelorussian*) белору́с; (*language*) белору́сский язы́к; **~ spirit** уайт-спи́рит; (*pale*) бле́дный; **go, turn ~** бледне́ть, беле́ть; **~ with rage** бе́лый от я́рости; **~ as a sheet** бе́лый как полотно́; (*grey-haired*) седо́й; (*clear*) прозра́чный
whitebait (жа́реный) малёк
whitebeamряби́на а́рия
white-collar: **~ worker** слу́жащий
Whitehall Уайтхолл; fig (*government*) англи́йское прави́тельство; (*bureaucracy*) бюрокра́ты *m pl*
white-hot раскалённый добела́
White House Бе́лый дом; (*government*) прави́тельство США
whiten *vt* бели́ть; *tech* отбе́ливать; *vi* беле́ть
whiteness белизна́
whitening побе́лка
whitewash 1. *n* побе́лка; *fig* обеле́ние **2.** *v* бели́ть; *fig* обеля́ть
whither куда́
whithersoever куда́ бы ни (+ *past*)
whiting (*fish*) мерла́н; (*whitewash*) побе́лка; (*chalk*) мел
whitish белёсый, белесова́тый; **~-grey** бле́дно-се́рый
whitlow ногтое́да
Whitsun неде́ля по́сле тро́ицы
whittle (*cut, shave*) строга́ть, обстру́гивать; (*carve*) выреза́ть; **~ away** (*shave off*) состру́гивать; (*wear off*) ста́чивать; *fig* (*reduce*) постепе́нно уменьша́ть; (*reduce to nothing*) своди́ть на нет; (*squander*) разма́тывать; **~ down** уменьша́ть
whizz, whiz 1. *n* свист; *coll* **be a ~ at** съесть *pf* соба́ку на (+ *prep*); **~-kid** вундерки́нд **2.** *v* (*make sound*) свисте́ть
  ~ along лете́ть, нести́сь
  ~ by, past (*of bullet etc*) проноси́ться со сви́стом, просвисте́ть *pf*; (*of vehicles etc*) проноси́ться, пролета́ть, промча́ться *pf* (ми́мо + *gen*)
  ~ off умча́ться *pf*
  ~ through пролета́ть (че́рез + *acc*)
who *inter* кто; **~ is that?** кто э́то?; **~ else wants to go?** кто ещё хо́чет идти́?; **do you know ~ I am?** вы зна́ете, кто я?; *rel* кото́рый; **there are people ~ think that** есть лю́ди, кото́рые так ду́мают; *after pronoun* кто; **he ~** тот, кто; **all ~** все, кто (+ *sing verb*)
whoa! тпру!; *fig* (*wait a minute*) стой!
whodunit *coll* детекти́в
whoever (*anyone who; also concessive*) кто бы ни (+ *past*); **~ said that was mistaken** кто бы э́то ни сказа́л, он оши́бся; **~ he may be** кто бы он ни был; (*he, they who*) (тот, те), кто; **~ wants to may go** кто хо́чет, мо́жет уйти́; *emph inter* кто (же); **~ can that be?** кто э́то мо́жет быть?
whole 1. *n* це́лое; **as a ~** в це́лом; **on the ~** в о́бщем **2.** *adj* (*entire, undamaged*) це́лый; *math* **~ number** це́лое число; (*not less than*) це́лый; **to wait a ~ week** ждать це́лую неде́лю; (*all of*) весь; **the ~ world** весь мир; **he lay awake the ~ night** всю ночь он не спал; (*of milk, grain etc*) це́льный
wholehearted (*sincere*) и́скренний; (*complete*) по́лный
wholeheartedly от всего́ се́рдца
wholemeal из це́льного зерна́
wholesale 1. *adj comm* опто́вый; *fig* (*large-scale*) ма́ссовый; (*sweeping*) огу́льный **2.** *v* продава́ть(ся) о́птом **3.** *adv comm* о́птом; **buy ~** покупа́ть о́птом; *fig* (*on large scale*) в ма́ссовом масшта́бе; (*indiscriminately*) без разбо́ра, огу́лом
wholesaler опто́вый торго́вец, оптови́к
wholesome (*healthy; of food etc*) здоро́вый; (*beneficial*) поле́зный; (*sound*) здра́вый
wholly (*in entirety*) целико́м, по́лностью; (*altogether, completely*) совсе́м, вполне́, соверше́нно
whom кого́; кото́рого (*see* **who**)
whoop 1. *n* вы́крик, крик **2.** *v* выкри́кивать; *coll* **~ it up** шу́мно весели́ться; **~ing cough** коклю́ш
whoopee *interj* ура́; **make ~** шу́мно весели́ться
whoosh 1. *n* свист **2.** *v* проноси́ться со сви́стом
whop *sl* (*thrash*) вздуть *pf*; (*spank*) шлёпнуть *pf*; (*defeat*) разби́ть *pf* в пух и прах
whopper *coll* (*large object*) грома́дина; (*lie*) бессо́вестная ложь *f*
whopping *coll* большу́щий, здорове́нный
whore 1. *n* шлю́ха, блядь *f* (*esp as abuse*) **2.** *v* развра́тничать, блядова́ть
whorehouse барда́к
whorl (*of spiral*) вито́к; (*of shell*) завито́к; *bot* муто́вка
whortleberry черни́ка
whose *inter* чей; **~ books are these?** чьи э́ти кни́ги?; *rel* кото́рого, *f* кото́рой, *pl* кото́рых; **a writer ~ name is known to all** писа́тель, и́мя кото́рого всем изве́стно
whosoever *see* **whoever**
why 1. *adv* (*for what reason*) почему́; **~ don't you want to?** почему́ ты не хо́чешь?; **I don't know ~** не зна́ю почему́; **~ not?** почему́ бы нет?; **~ not go with him?** почему́ бы не пое́хать с ним?; **that's ~ ...** поэ́тому, почему́ (и); *emph* вот почему́; (*for what purpose*) заче́м?; **~ talk about it?** заче́м об э́том говори́ть?; **so that's ~ he came!** вот заче́м он пришёл! **2.** *interj* (*expressing surprise, exasperation*) да ведь; **~, it's Ivan!** да ведь э́то Ива́н!; **~, it's simple!** да ведь э́то про́сто!; **~, of course!** ну коне́чно!

wick фити́ль *m*
wicked 1. *n rel* **the** ~ нечести́вые *pl* **2.** *adj* (*sinful*) гре́шный, нечести́вый; (*evil, vicious*) злой; (*immoral*) безнра́вственный; (*bad*) плохо́й, дурно́й; *coll* (*mischievous*) шаловли́вый
wickedness (*sinfulness*) грехо́вность *f*; (*sins*) грехи́ *m pl*; (*evil, malice*) зло, зло́ба; (*crime*) преступле́ние
wicker 1. *n* прут, *usu pl* пру́тья; (~*work*) плете́ние **2.** *adj* плетёный
wickerwork 1. *n* плете́ние, плетёнка **2.** *adj* плетёный
wicket (*gate*) кали́тка
wide 1. *adj* (*most senses*) широ́кий; (*in measurements*) **2 metres** ~ ширино́й в два ме́тра; (*extensive*) обши́рный; (*great*) большо́й; ~ **experience** большо́й о́пыт; *sl* (*cunning*) хи́трый **2.** *adv* широко́; **open** ~ (*door*) открыва́ть на́стежь, распахну́ть *pf*; ~ **of** (*far from*) далеко́ от (+ *gen*); (*to side of*) в сто́рону (от + *gen*); ~ **of the mark** невпопа́д; **far and** ~ повсю́ду
wide-angle широкоуго́льный
wide-awake бо́дрствующий; *fig* (*alert*) бди́тельный; (*sharp-witted*) ло́вкий
wide-brimmed широкопо́лый
widely широко́; ~ **known** широко́ изве́стный; (*very*) о́чень; ~ **different** соверше́нно ра́зный
widen расширя́ть(ся)
wide-open (*door etc*) откры́тый на́стежь, распа́хнутый; (*eyes*) широко́ откры́тый; *fig coll* (*unprotected*) незащищённый
widespread (широко́, о́чень) распространённый
widgeon ди́кая у́тка
widow 1. *n* вдова́; **be a** ~ вдове́ть; **become a** ~ овдове́ть *pf*; ~**'s weeds** вдо́вий тра́ур; **grass** ~ соло́менная вдова́ **2.** *v* де́лать вдово́й
widowed вдо́вый
widower вдове́ц
widowhood вдовство́
width ширина́; **in** ~ в ширину́; **3 inches in** ~ ширино́й в три дю́йма, три дю́йма в ширину́; *fig* широта́
wield (*hold*) держа́ть; ~ **power** облада́ть вла́стью; ~ **influence** по́льзоваться влия́нием; (*use ably*) владе́ть (+ *instr*); (*brandish*) маха́ть (+ *instr*)
wife жена́; **take a** ~ жени́ться; **take to** ~ взять *pf* в жёны
wifely (*befitting wife*) подоба́ющий жене́; (*of wife*) жены́, жёнин
wig пари́к; (*toupee*) тупе́й
wigging *sl* взбу́чка; **get a** ~ получи́ть *pf* взбу́чку; **give a** ~ взбу́чить *pf*
wiggle (*wag*) виля́ть (+ instr); (*toes etc*) шевели́ть(ся)
wiggly волни́стый
wigmaker парикма́хер
wigwam вигва́м
wild 1. *n* (*nature*) приро́да; *pl* (~ areas) де́бри *pl* **2.** *adj* (*not tame, uncultivated*; *of speech, weather*) ди́кий; **the** ~ **West** ди́кий За́пад; (*unrestrained*) бу́рный, бу́йный; ~ **with** (*angry*) вне себя́ от (+ gen); ~ **about** без ума́ от (+ gen), в восто́рге от (+ gen); (*frenzied*) неи́стовый; ~ **cries** исту́плённые, ди́кие кри́ки *m pl*; (*furious*) бе́шеный; **be** ~ **with** разозли́ться *pf* на (+ acc); **drive** ~ своди́ть с ума́; **go** ~ вы́йти *pf* из себя́; (*dissolute*) разгу́льный; **lead a** ~ **life** вести́ разгу́льную жизнь; (*of words, eyes, look etc*) безу́мный; ~**-goose chase** бессмы́сленная затея, бессмы́сленное предприя́тие; (*rash, extravagant*) ~ **fantasy** ди́кая фанта́зия; ~ **guess** дога́дка наобу́м; ~ **rumours** неле́пые слу́хи *m pl*; ~ **scheme** сумасбро́дный план; ~ **statement** необду́манное заявле́ние **3.** *adv* **run, go** ~ (*become* ~) одича́ть; (*of plant*) бу́рно разраста́ться; (*of garden etc*) зараста́ть; (*of thoughts etc*) разы́грываться
wildcat 1. *n* ди́кая ко́шка **2.** *adj* (*risky*) риско́ванный; (*crazy*) сумасбро́дный; ~ **strike** неофициа́льная забасто́вка
wildebeest гну *m indecl*
wilderness (*wild region*) ди́кая ме́стность *f*, де́бри *pl*; (*desert*) пусты́ня; (*waste ground*) пу́стошь *f*; (*confused mass*) неразбери́ха
wild-eyed с безу́мными глаза́ми
wildfire (*summer lightning*) зарни́ца; (*conflagration*) пожа́р; *fig* **like** ~ момента́льно, молниено́сно
wildfowl (перна́тая) дичь *f*
wildlife жива́я приро́да
wildly ди́ко; бе́шено; (*at random*) науга́д
wile *usu pl* (*trick*) хи́трости *f pl*, уло́вка; (*lure*) собла́зны *m pl*
wilful (*self-willed*) своево́льный; (*stubborn*) упря́мый; (*deliberate*) нарочи́тый; (*premeditated*) умы́шленный; ~ **murder** предумы́шленное уби́йство
wiliness хи́трость *f*
will 1. *n* (*volition*) во́ля; **free** ~ свобо́да во́ли; (*wish*) жела́ние, во́ля; **against one's** ~ про́тив во́ли; **at** ~ по жела́нию, по усмотре́нию; **the** ~ **to** во́ля к (+ dat); (*enthusiasm*) **with a** ~ охо́тно; *leg* (*testament*) завеща́ние **2.** *v* (*future auxiliary*) бу́ду *etc* (+ *impf infin*); **when** ~ **he be ready?** когда́ он бу́дет гото́в?; **what** ~ **you be doing tomorrow?** что ты бу́дешь де́лать за́втра?; (*not translated for perf verbs*) **what** ~ **you tell him?** что вы ска́жете ему́?; *emph* всё-таки (+ verb) **I *will* go** я всё-таки пойду́; (*in polite invitations*) ~**/won't you sit** сади́тесь, пожа́луйста; (*wish*) хоте́ть; **as you** ~ как хо́чешь; (*be able*) мочь; (*expressing probability*) **as you** ~ **remember** как вы, наве́рно, по́мните; (*decree*) предпи́сывать; (*influence*) заставля́ть си́лой во́ли; (*bequeath*) завеща́ть (**to,** + dat)
willing (*ready*) гото́вые; **I am** ~ **to** я гото́в (+ infin), я охо́тно (+ fut or pres); **be** ~ (*wish*) хоте́ть; **no one was** ~ **to** никто́ не хоте́л (+ infin); (*voluntary*) доброво́льный
willingly охо́тно; доброво́льно
willingness гото́вность *f* (**to,** + infin)
will-o'-the-wisp блужда́ющий огонёк; *fig* химе́ра
willow 1. *n* и́ва; **weeping** ~ плаку́чая и́ва **2.** *adj* и́вовый; ~**-warbler,** ~**-wren** пе́ночка-весни́чка; ~**-pattern** с кита́йским узо́ром
willowy (*covered with willows*) заро́сший ивняко́м; (*of person*) то́нкий
will-power си́ла во́ли
willy-nilly во́лей-нево́лей, хо́чешь не хо́чешь
wilt (*droop*) ни́кнуть (*also fig*); (*fade*) вя́нуть
wily хи́трый, лука́вый, кова́рный
wimp *coll* шля́па, тря́пка
wimple покрыва́ло
win 1. *n* (*victory*) побе́да (**over,** над + instr); (*thing won*) вы́игрыш **2.** *vi* (*be victor*) побежда́ть, вы́игрывать; (*battle, bet etc*) вы́игрывать; ~ **contest** победи́ть *pf* в состяза́нии; ~ **prize** получи́ть *pf* приз; (*acquire, gain*) завоева́ть *pf*,

добиться *pf* (+ gen); (*reach*) достичь *pf* (+ gen); (*earn*) заслужить

~ **back** вернуть *pf* себе, отбить *pf*; (*money*) отыграть *pf*

~ **over** (*persuade*) уговаривать; (*to one's side*) склонить *pf* на свою сторону

~ **through** (*get through*) пробиваться (через + acc); (*win*) одержать *pf* победу

wince 1. *n* вздрагивание **2.** *v* (*start, jerk*) вздрагивать (**with**, от + gen); (*screw up face*) морщиться (**with**, от + gen); **without wincing** не поморщившись

winch 1. *n* лебёдка **2.** *v* поднимать лебёдкой

winchester (*bottle*) бутыль *f*; (*rifle*) винчестер

[1]**wind 1.** *n* (*breeze*) ветер; **the ~ is blowing** ветер дует; **against, into the ~** против ветра; **down, with the ~** по ветру; (*blast of air*) воздушная струя; (*breath*) дыхание, дух; **be out of ~** запыхаться; **get one's ~ back** отдышаться *pf*; (*flatulence*) ветры *m pl*, газы *m pl*; **break ~** испортить *pf* воздух; *in expressions* **close to the ~** (*risqué*) рискованный; (*dubious*) сомнительный; **get the ~ up** струсить *pf*, *coll* сдрейфить *pf*; **put the ~ up** напугать *pf*; **get ~ of** пронюхать *pf*; **like the ~** как ветер; **raise the ~** раздобыть *pf* денег; **know how the ~ blows** знать, откуда ветер дует; **there's s'th in the ~** что-то в воздухе носится **2.** *adj* ветровой; *mus* духовой **3.** *v* (*make short of breath*) заставить *pf* запыхаться; (*let regain breath*) дать *pf* перевести дух

[2]**wind 1.** *n* (*loop*) виток; (*bend*) изгиб; (*in road etc*) извилина; (*warp*) коробление **2.** *vi* (*of road*) виться, извиваться; (*of plant*) виться (**round,** вокруг + gen); (*thread etc*) мотать, наматывать(ся) (on, на + acc); (*clock etc*) заводить(ся); (*handle*) крутить

~ **in** сматывать

~ **on** наматывать

~ **off, out** разматывать

~ **up** (*reel in*) наматывать, сматывать; (*lift*) поднимать; (*end*) кончать(ся); (*close*) ликвидировать(ся)

windbag болтун

windbreak лесозащитная полоса

windcheater анорак, штормовка

wind-driven ветросиловой

winder (*on watch*) заводная головка

windfall (*fruit*) паданец; *fig* (*luck*) неожиданное счастье, *coll* везение; (*legacy*) неожиданное наследство

wind gauge анемометр

winding 1. *n* наматывание; *elect* обмотка **2.** *adj* (*road etc*) извилистый; (*twisted*) витой; **~ stairs** винтовая лестница; **~ engine** подъёмная машина; **~-sheet** саван

windjammer парусное судно

windlass лебёдка; *naut* брашпиль *m*

windless безветренный

windmill ветряная мельница

window 1. *n* окно; **look out of the ~** смотреть в окно, из окна; (*of shop*) витрина **2.** *adj* оконный

window box ящик для цветов

window-dressing оформление витрин; *fig coll* показуха

window ledge наружный подоконник

window pane оконное стекло

window shopping разглядывание витрин

window sill подоконник

windpipe дыхательное горло, трахея

windproof ветронепроницаемый

windscreen переднее стекло; **~-wiper** стеклоочиститель *m*, *coll* дворник

wind-sock ветроуказатель *m*

wind-surfing виндсёрфинг

windswept незащищённый от ветра

wind tunnel аэродинамическая труба

wind vane флюгер

windward 1. *n* наветренная сторона **2.** *adj* наветренный **3.** *adv* (*position*) на ветре; (*direction*) к ветру

windy (*weather*) ветреный; (*exposed*) открытый ветрам; *coll* (*person*) болтливый; (*style*) надутый; (*nervy*) нервный; (*scared*) испуганный

wine 1. *n* вино **2.** *v* угощать вином

wine bottle бутылка из-под вина

wine-cellar винный погреб

wineglass рюмка; (*large*) бокал, фужер

wine-list карта вин

wine-merchant виноторговец

winepress давильный пресс (для винограда)

wineskin (винный) бурдюк

wing 1. *n* (*of bird, plane, car, building, party*) крыло; **on the ~** на лету; **take ~** взлететь *pf*; **under the ~ of** под крылышком (+ gen); *mil, sp* фланг; (*air force*) авиакрыло; *pl theat* кулисы *f pl*; **in the ~s** за кулисами **2.** *adj* крылевой **3.** *v* (*fly*) лететь; *fig* (*lend ~s*) окрылять; *coll* (*wound*) подстреливать, ранить

wing-commander подполковник авиации

winged крылатый

wingless бескрылый

wing-nut крыльчатая гайка

wing-span размах крыла

wink 1. *n* (*blink*) мигание, моргание; **have, take forty ~s** вздремнуть *pf*; **I couldn't sleep a ~** мне не удалось заснуть ни на минуту, я глаз не сомкнул; (*as signal*) подмигивание; **give s.o. a ~** моргать, подмигивать (+ dat); *sl* **tip the ~** (*hint, let know*) намекнуть *pf*; (*warn*) предупреждать; (*moment*) миг; **in a ~** в мгновение ока, моментально **2.** *v* (*blink*) моргать, мигать; (*of light*) мигать, мерцать; (*at s.o.*) подмигивать, моргать (+ dat); (*connive*) **~ at** сквозь пальцы смотреть на (+ acc)

winkers (*on car*) мигалки *f pl*

winking моргание; мигание; подмигивание; **easy as ~** проще пареной репы; **like, quick as ~** моментально

winkle 1. *n* береговая улитка, литорина **2.** *v* **~ out** (*extract*) выковыривать, (*drive out*) выгонять; (*secret etc*) выуживать; (*fugitive, spy etc*) выслеживать

winner (*of fight, match*) победитель *m*; (*prize-~*) призёр; (*of competition*) лауреат; *coll* (*s'th excellent*) золото

winning 1. *n* (*victory*) победа; *pl* (*gains*) выигрыш **2.** *adj* (*victorious*) побеждающий; выигрывающий; **~ team** команда-победительница; (*attractive*) обаятельный, привлекательный

winning-post финишный столб

winnow (*grain*) веять; *fig* просеивать

winnowing веяние; **~ machine** веялка

winsome обаятельный, привлекательный

winter 1. *n* зима; **in ~** зимой; **(during) last ~** прошлой зимой **2.** *adj* зимний; **~ garden** зимний сад; **~ sports** зимний спорт **3.** *vi* зимовать; *vt* содержать зимой

wintergreen грушанка; (*aromatic*) зимолюбка; **oil**

of ~ винтергре́новое/гуальте́риевое ма́сло
wintry (*of winter*) зи́мний; (*cold; also fig*) холо́дный
wipe 1. *n* вытира́ние; **give a** ~ вы́тереть *pf* **2.** *v* вытира́ть; (*nose, eyes*) утира́ть
~ **away** вытира́ть; (*remove, erase*) стира́ть; ~ **away tears** утира́ть слёзы; (*cancel*) ликвиди́ровать; (*obliterate*) стере́ть *pf* с лица́ земли́
~ **down** вытира́ть, обтира́ть
~ **off** вытира́ть, стира́ть
~ **out** (~ *clean*) вытира́ть; (*cancel*) отменя́ть; (*insult etc*) смыва́ть; (*destroy*) уничтожа́ть, ликвиди́ровать; (*a town, people etc*) стере́ть *pf* с лица́ земли́
~ **up** вытира́ть
wire 1. *n* (*thin metal*) про́волока; **barbed** ~ колю́чая про́волока; (*electric, telephone etc*) про́вод; (*telegram*) телегра́мма **2.** *adj* про́волочный; ~ **entanglement** про́волочное загражде́ние; ~ **fence** про́волочная решётка; ~ **netting** про́волочная се́тка **3.** *v* (*put ~s in*) прокла́дывать, монти́ровать провода́; (*tie with* ~) свя́зывать про́волокой; (*fix with* ~) скрепля́ть про́волокой; (*telegram*) посыла́ть телегра́мму; ~ **up** (*install*) вмонти́ровать; (*connect up*) подсоединя́ть
wirecutter куса́чки *f pl*
wire-haired жесткошёрстный
wireless 1. *n* (*radio*) ра́дио *neut indecl*; **on the, by** ~ по ра́дио; ~ **set** радиоприёмник **2.** *adj* (*without wire*) беспро́волочный; (*radio*) радио-; ~ **broadcast** радиопереда́ча
wire-wool металли́ческая шерсть *f*
wireworm про́волочник
wiring электропрово́дка; ~ **diagram** схе́ма соедине́ний
wiry (*lean and tough*) жи́листый; (*enduring*) выно́сливый; (*stiff*) жёсткий
wisdom (*wiseness*) му́дрость *f*; (*knowledge*) зна́ния *neut pl*; (*common sense*) здра́вый смысл; (*sound judgement*) благоразу́мие; ~**-tooth** зуб му́дрости
wise (*sagacious*) му́дрый; ~ **man** мудре́ц; (*clever*) у́мный; (*prudent*) благоразу́мный; **it would be** ~ **to** бы́ло бы (благо)разу́мнее; ~ **after the event** за́дним умо́м кре́пок; *sl* **be** ~ **to** всё знать о (+ *prep*); **get** ~ **to** узна́ть *pf* о (+ *prep*); ~ **guy** у́мник
wiseacre у́мник, всезна́йка *m and f*
wisecrack 1. *n* остро́та **2.** *v* остри́ть
wish 1. *n* (*desire*) жела́ние; **I have no** ~ **to** я совсе́м не наме́рен (+ *infin*); *pl* **with best** ~**es** с наилу́чшими пожела́ниями; (*instruction*) приказа́ние; (*request*) про́сьба **2.** *v* (*desire*) жела́ть (+ *acc*); **all one could** ~ **for** всё, что то́лько мо́жно пожела́ть; (*want*) хо́теть; **I** ~ **to speak to you** я хочу́ с ва́ми поговори́ть; **what do you** ~ **me to do?** что вы хоти́те, что́бы я сде́лал?; (*with* **that** *clauses*) **I** ~ **(that) I had been there/could be there** хоте́л бы я там быть; (*luck, happiness etc*) жела́ть (+ *gen*); **I** ~ **you a pleasant trip** жела́ю вам счастли́вого пути́; *coll* ~ **on** навя́зывать (+ *dat*); **what else have you** ~**ed on me?** уто ещё вы мне навяза́ли?
wishbone ду́жка; *tech* ~ **suspension** подве́ска рыча́жного ти́па
wishful жела́ющий; ~ **thinking** мечты́ *f pl*
wishy-washy (*paltry*) ничто́жный; (*colourless*) бле́дный
wisp (*of hay etc*) клочо́к, пучо́к; (*of hair*) прядь *f*; ~ **of smoke** дымо́к
wistaria, wisteria глици́ния, висте́рия
wistful (*yearning*) тоску́ющий; (*pensive*) заду́мчивый
wistfully (*pensively*) заду́мчиво; (*slightly enviously*) с лёгкой за́вистью
[1]**wit** (*intelligence*) ум; (*perceptiveness*) сообрази́тельность *f*; **have the** ~ **to** сообрази́ть *pf* (+ *infin*); **be at one's** ~**s' end** быть в по́лном недоуме́нии, что де́лать; **keep one's** ~**s about one** не растеря́ться; **drive out of one's** ~**s** своди́ть с ума́; **be out of one's** ~**s** с ума́ сойти́ *pf*; (*clever humour*) остро́умие
[2]**wit: to** ~ то есть/а и́менно
witch ве́дьма, колду́нья; (*as abuse*) **old** ~ ста́рая ве́дьма, ста́рая карга́; (*fascinating woman*) чаро́де́йка; ~**-doctor** зна́харь *m*, шама́н; ~**es' Sabbath** шаба́ш ведьм; ~**-hunt(ing)** *fig* охо́та за ве́дьмами
witchcraft колдовство́; (*magic*) чёрная ма́гия
witchery колдовство́; *fig* чаро́де́йство
witching колдовско́й; ~ **hour** колдовско́й час
with (*together with; characterized by; indicating manner, circumstance*) с (+ *instr*); **he lives** ~ **his friend** он живёт с прия́телем; **take your coat** ~ **you** возьми́те с собо́й пальто́; **a man** ~ **grey hair** мужчи́на с седы́ми волоса́ми; ~ **difficulty** с трудо́м; ~ **a smile** с улы́бкой; (*by means of; also in passive constructions*) *transl by instr* **cut** ~ **a knife** ре́зать ножо́м; **covered** ~ **snow** покры́тый сне́гом; (*as result of*) от (+ *gen*), *sometimes* с (+ *gen*); **shiver** ~ **cold** дрожа́ть от хо́лода; (*in spite of*) несмотря́ на (+ *acc*); ~**-it** (*in the know*) в ку́рсе; (*fashionable*) мо́дный; **be in** ~ быть свя́занным с (+ *instr*); **along, together** ~ вме́сте с (+ *instr*); ~ **the exception of** за исключе́нием (+ *gen*); ~ **that** с э́тим, при э́том
withal (*besides*) к тому́ же; (*in spite of all*) несмотря́ на всё; (*nevertheless*) всё же
withdraw *vi* (*take, move away*) отнима́ть; (*take out*) вынима́ть (**from**, из + *gen*); (*recall*) отзыва́ть; (*from bank*) забира́ть (**from**, из + *gen*); (*take back*) брать обра́тно; (*one's words*) брать свои́ слова́ наза́д; (*proposal etc; remove*) снима́ть; (*cancel*) отменя́ть; *mil* (*troops*) выводи́ть; *vi* (*retire, draw aside*) удаля́ться; (*go out; leave association, treaty etc*) выходи́ть (**from**, из + *gen*); ~ **into oneself** уходи́ть в себя́; *mil* отходи́ть
withdrawal отня́тие; вынима́ние; отзы́в; изъя́тие; сня́тие; отме́на; ухо́д, отхо́д
withdrawn (*person*) за́мкнутый, погру́женный в себя́
wither *vi* (*of plants etc*) вя́нуть, со́хнуть, *fig* увяда́ть; ~ **away** (*of interest etc*) отпада́ть; *vt* иссуша́ть (*also fig*); ~ **with a glance** испепели́ть *pf* взгля́дом
withered (*dried up*) иссо́хший; (*faded*) увя́дший; (*wrinkled*) смо́рщенный; (*limb*) сухо́й
withering (*glance etc*) испепеля́ющий; (*destructive*) губи́тельный
withers (*of horse*) хо́лка
withhold (*not give*) не дава́ть (**from**, + *dat*); (*hold back*) уде́рживать (**from**, от + *gen*); (*conceal*) утáивать, скрыва́ть
within 1. *adv* (*into*) внутрь; (*inside*) внутри́ **2.** *prep* (*into*) в (+ *acc*), внутрь (+ *gen*); (*inside*) в (+ *prep*), внутри́ (+ *gen*); (*of distance, extent*) в преде́лах; ~ **reach** в преде́лах досяга́емости; ~

hearing в предéлах слы́шимости; ~ **a few miles of the town** в нéскольких ми́лях от гóрода; **live ~ one's means** жить по срéдствам; (*of time*; *during*) в течéние (+ *gen*); (*not later than*) не пóзже, чем чéрез (+ *acc*); (*in space of*) за (+ *acc*); (*of accuracy*) **to** ~ с тóчностью до (+ *gen*); ~ **an inch of death** на волосóк от смéрти; **I was ~ an inch of telling him** я чуть (бы́ло) не сказáл емý

without 1. *adv* (*externally*) снарýжи; (*out of doors*) на ýлице; **from** ~ извнé **2.** *prep* без (+ *gen*); ~ **a hat** без шля́пы; **go, do** ~ обходи́ться без (+ *gen*); *in various expressions* ~ **delay** немéдленно, срáзу же; **not ~ difficulty** не без трудá; ~ **doubt** несомнéнно; ~ **fail** непремéнно, обязáтельно; **it goes ~ saying that** самó собóй разумéется, что; ~ **success** безуспéшно, напрáсно; (*with gerund*) **he sat ~ saying a word** он сидéл не говоря́ ни слóва; **he left ~ saying a word** он ушёл не сказáв ни слóва; **I can't leave the room ~ the telephone ringing** не могý вы́йти из кóмнаты, без тогó, чтóбы телефóн не звони́л; (*if not*) **how can I tell you ~ telling him?** как я могý вам сказáть а емý не сказáть?

withstand (*physical conditions, attack etc*) вы́дéрживать; (*stand firm, resist*) противостоя́ть (+ *dat*); устоя́ть *pf* пéред (+ *instr*)

witless (*person*) глýпый; (*act, remark etc*) дурáцкий

witness 1. *n esp leg* свидéтель *m*; (*eye~*) очеви́дец; (*evidence*) свидéтельство (**of,** о + *prep*); **give** ~ давáть (свидéтельские) показáния, свидéтельствовать; *fig* **bear ~ to, of** свидéтельствовать о (+ *prep*) **2.** *v* (*see*) быть свидéтелем, очеви́дцем (+ *gen*); (*of place, time*) ви́деть; (*be evidence of, show*) свидéтельствовать о (+ *prep*); (*in court*) давáть показáния; (*a document*) заверя́ть

witness box мéсто для дáчи показáний

witticism острóта

wittingly (*consciously*) сознáтельно; (*deliberately*) умы́шленно

witty остроýмный

wizard волшéбник, колдýн; *fig* (*ingenious person*) маг и волшéбник

wizardry волшебствó, колдовствó

wizen(ed) (*dried up*) иссóхший; (*wrinkled*) морщи́нистый

woad вáйда

wobble 1. *n* качáние; (*of wheel*) вихля́ние **2.** *v* (*shake, be unsteady*) качáться, шатáться; (*quiver*) дрожáть; (*move unsteadily*) вихля́ться *coll*; *fig* колебáться

wobbly шáткий

wodge *coll* кусóк

woe (*sorrow*) гóре; (*misfortune*) несчáстье; *pl* бéды *f pl*; ~ **betide you if** вам плóхо придётся, éсли; ~ **betide him who** гóре томý, кто; *as interj* увы́!; ~ **is me!** гóре мне!

woebegone удручённый, скóрбный

woeful (*sad*) гóрестный, скóрбный; (*pitiful*) жáлкий; (*deplorable*) прискóрбный

wolf 1. *n* волк; *fig coll* бáбник; *fig* ~ **in sheep's clothing** волк в овéчьей шкýре; **cry** ~ поднимáть лóжную тревóгу; **~'s** вóлчий **2.** *v coll* (*gobble*) жрать, лóпать; (*eat all of*) уничтóжить *pf*

wolf-hound волкодáв

wolfish вóлчий, звéрский

wolfram 1. *n* вольфрáм **2.** *adj* вольфрáмовый

wolverine росомáха

woman жéнщина; **old** ~ старýха; (*of man*) стáрая бáба; (*servant*) служáнка; **cleaning** ~ убóрщица; **kept** ~ содержáнка; **~'s** жéнский; *in compounds* **~-doctor** жéнщина-врач *m*; **~-judge** жéнщина-судья́ *m*

womanhood (*women*) жéнский пол; (*maturity*) жéнская зрéлость *f*; (*womanliness*) жéнственность *f*

womanish (*of woman*) жéнский; *pej* бáбий; (*effeminate*) женоподóбный

womanize бáбничать

womankind жéнщины *f pl*, жéнский пол

womanliness жéнственность *f*

womanly жéнственный

womb мáтка; *fig* (*interior*) чрéво; (*source*) колыбéль *f*

wombat вóмбат

womenfolk жéнщины *f pl*

wonder 1. *n* (*marvel*) чýдо; *pl* чудесá; **seven ~s of the world** семь чудéс свéта; **it's a ~ that** удиви́тельно, что; **(it's) no wonder** неудиви́тельно (that, что); (*amazement*) удивлéние, изумлéние; **in, with** ~ с удивлéнием; *in compounds* чудо- **2.** *v* (*be amazed*) удивля́ться (**at,** + *dat*); (*be curious*) **I ~ who he is** хотéл бы я знать кто он такóй/интерéсно, кто он такóй; **we ~ed what he would do** мы гадáли, что он бýдет дéлать; **I was just ~ing** мне прóсто бы́ло интерéсно; **I ~!** (*have doubts*) не знáю!; ~ **about** дýмать о (+ *prep*), гадáть о (+ *prep*)

wonderful (*amazing*) удиви́тельный; (*striking*) порази́тельный; *coll* (*very good*) замечáтельный, чудéсный, чýдный

wonderingly (*in amazement*) удивлённо; (*uncertainly*) недоумевáюще

wonderland чудéсный мир, странá чудéс

wonderment удивлéние, изумлéние; **to the ~ of** к удивлéнию (+ *gen*)

wonder-worker чудотвóрец

wondrous чýдный, ди́вный

wonky *coll* (*unsteady*) шáткий; (*unreliable*) ненадёжный; (*not in order*) неисправный

wont 1. *n* (*habit*) привы́чка, обыкновéние, **2.** *adj* **be ~ to** (*be in habit*) имéть обыкновéние, имéть привы́чку (+ *infin*); (*be liable to*) имéть склóнность к (+ *dat*)

wonted (*habitual*) привы́чный; (*usual*) обы́чный; (*favourite*) излю́бленный

woo (*woman*) ухáживать (за + *instr*); (*seek*) искáть (+ *gen*)

wood 1. *n* (*forest*) лес; **in the** ~ в лесý; (*material*) дéрево; (*firewood*) дровá *neut pl*; *bui etc* (*sawn timber*) лесоматериáл; *tech* (*any ~ substance*) древеси́на **2.** *adj* (*made of ~*) деревя́нный, из дéрева; (*of woodland*) леснóй; *tech* древéсный

wood alcohol мети́ловый спирт, древéсный спирт

wood anemone вéтреница леснáя/дубрáвная

wood ash древéсная золá

woodbine жи́молость *f*

wood block (*for road*) торéц; *print* ксилографи́ческое клишé *neut indecl*

woodchuck леснóй североамерикáнский сурóк

woodcock вáльдшнеп

woodcraft знáние лéса

woodcut гравю́ра на дéреве

woodcutter (*forester*) лесорýб, дровосéк; (*engraver*) гравёр по дéреву

wooded леси́стый

wooden (*of wood; not expressive*) деревя́нный;

(*stupid*) тупо́й; (*awkward*) неуклю́жий; (*dull*) глухо́й; **~-faced** с деревя́нным выраже́нием лица́
wood-engraver гравёр по де́реву
wood-engraving гравю́ра на де́реве, ксилогра́фия
wooden-headed (*stupid*) тупо́й
woodenly без вся́кого выраже́ния
woodland 1. *n* леси́стая ме́стность *f* **2.** *adj* лесно́й
woodlouse мокри́ца
woodman лесни́к
wood-nymph дриа́да, лесна́я ни́мфа
woodpecker дя́тел
wood-pigeon ди́кий/лесно́й го́лубь *m*
woodpile поле́нница (дров)
wood-pulp пу́льпа, древе́сная ма́сса
wood-screw шуру́п
woodshed дровяно́й сара́й
woodsman лесно́й жи́тель *m*
wood-turning точе́ние по де́реву; **~ lathe** тока́рный стано́к по де́реву
woodwind *collect* деревя́нные духовы́е инструме́нты *m pl*
woodwork (*wooden structure*) деревя́нное строе́ние; (*wooden parts*) деревя́нные ча́сти; *f pl* (*carpentry*) столя́рная рабо́та
woodworking 1. *n* столя́рная рабо́та **2.** *adj* столя́рный
woodwormточи́льщик ме́бельный
woody (*covered with woods*) леси́стый; (*of woods*) лесно́й; (*wooden*) деревя́нный; *bot* древе́сный; (*like wood*) похо́жий на де́рево
wooer покло́нник, жени́х
woof 1. *n* (*of cloth*) уто́к; (*bark*) га́вканье **2.** *v* (*bark*) га́вкать
woofer *rad* репроду́ктор для ни́зких часто́т
wooing уха́живание (**of,** за + *instr*)
wool 1. *n* шерсть *f*; **cotton~** ва́та; **dyed-in-the-~** заядлый; **pull the ~ over s.o.'s eyes** обма́нывать **2.** *adj* шерстяно́й
wool-gathering погружённый в размышле́ния; **be ~** отвлека́ться
woollen 1. *n* (*cloth*) шерстяна́я ткань *f*; (*goods*) шерстяны́е изде́лия *neut pl* **2.** *adj* шерстяно́й
woolliness мохна́тость *f*; нея́сность *f*; пу́таница
woolly 1. *n coll* вя́занка **2.** *adj* (*of wool*) шерстяно́й; (*fleecy*) шерсти́стый; (*fluffy*) мохна́тый; (*covered with wool*) покры́тый ше́рстью; *fig* (*unclear*) нея́сный, сму́тный; (*muddled*) пу́таный
wool pack ки́па ше́рсти
woozy *coll* одуре́вший, обалде́вший
word 1. *n* сло́во; **beyond ~s** неопису́емый; **by ~ of mouth** у́стно; **have a ~ with** поговори́ть *pf* с (+ *instr*); **in a ~** одни́м сло́вом; **in other ~s** други́ми слова́ми, ина́че говоря́; **the last ~ in** после́днее сло́во в (+ *prep*); **person of few ~s** немногосло́вный челове́к; **not a ~** ни сло́ва (**to,** + *dat*); **~ for ~** сло́во в сло́во; **a ~-for-~ translation** буква́льный, досло́вный перево́д; *relig* **the ~ of God** сло́во госпо́дне; *as exclam* **my ~!** го́споди!; (*promise*) обеща́ние; **~ of honour** че́стное сло́во; **give one's ~** обеща́ть, дать *pf* сло́во; **break one's ~** наруша́ть сло́во; **man of his ~** челове́к сло́ва; **take at his ~** ве́рить (+ *dat*) на сло́во; (*order*) **give the ~** отда́ть *pf* приказа́ние; **his ~ is law** его́ сло́во – зако́н; **~ of command** кома́нда; (*message*) изве́стие; **get, receive ~** получи́ть *pf* изве́стие (**of,** о + *prep*); **send word** сообща́ть (**to,** + *dat*; **of,** о + *prep*), извеща́ть (**to,** + *acc*; **of,** о + *prep*); (*password*) паро́ль *m*; (*rumour*) слух; **the ~ is going round that** слух идёт, что; *pl* (*of play*) текст; (*of song*) слова́ *neut pl* **2.** (*express*) выража́ть
word-blindness слове́сная слепота́, дислекси́я
word-building, word-formation словообразова́ние
wordiness многосло́вие
wording вы́бор слов, формулиро́вка
wordless молчали́вый
word-perfect зна́ющий наизу́сть
word-play (*pun*) игра́ слов; (*repartee*) обме́н остро́тами
word processing обрабо́тка те́кстов
word processor проце́ссор (для) обрабо́тки те́кстов
wordy многосло́вный
work 1. *n* (*in general*) рабо́та; (*labour*) труд; **at ~** (*~ing*) за рабо́той; **make short ~ of** бы́стро разде́латься *pf* с (+ *instr*); **out of ~** безрабо́тный; **put to ~** засади́ть *pf* за рабо́ту; **set to ~** приня́ться *pf* за де́ло; (*begin*) нача́ть *pf*; (*place of ~*) ме́сто рабо́ты; **he goes to ~ by train** он е́здит на рабо́ту по́ездом; (*deed, act*) де́ло; **good ~s** до́брые дела́ *neut pl*; (*product*) изде́лие; (*of art*) произведе́ние; (*of literature*) сочине́ние, труд **2.** *adj* рабо́чий **3.** *v* (*labour, toil*) рабо́тать, труди́ться (**at,** над + *instr*); (*make to ~*) заставля́ть рабо́тать; (*control*) управля́ть (+ *instr*); (*function*) рабо́тать; (*use as fuel*) **~ on** рабо́тать на (+ *prep*); (*make move*) приводи́ть в движе́ние; (*have effect*) де́йствовать; (*handle, use material*) обраба́тывать, разраба́тывать; (*cause*) причиня́ть; (*move gradually*) пробира́ться, продвига́ться; **~ free** освобожда́ть(ся); **~ loose** (*of rope etc*) развя́зывать(ся); (*of screw etc*) отви́нчивать(ся)
~ against де́йствовать про́тив (+ *gen*)
~ around обходи́ть
~ down постепе́нно спуска́ться
~ in (*insert*) втира́ть; (*include*) добавля́ть
~ off (*debt*) отраба́тывать; (*get rid of*) отде́лываться от (+ *gen*); (*ill-temper*) срыва́ть (**on,** на + *prep*)
~ on (*affect*) де́йствовать на (+ *acc*)
~ out (*come out*) вылеза́ть (**of,** из + *gen*); (*plan*) разраба́тывать; (*problem*) реша́ть; (*calculate*) вычисля́ть; (*determine*) определя́ть; (*be successful*) вы́йти *pf*; (*transpire*) **it ~ed out that** оказа́лось, что; (*exhaust*) истоща́ть; (*cost*) составля́ть
~ over (*redo*) перераба́тывать, переде́лывать; *sl* (*beat*) избива́ть
~ through (*wear through*) протира́ться; (*seep through*) проса́чиваться; (*make one's way through*) прибира́ться че́рез (+ *acc*)
~ up (*develop*) развёртывать, разраба́тывать; (*excite*) возбужда́ть
workable (*feasible*) осуществи́мый; (*practical*) практи́чный; *tech* (*of mine etc*) рента́бельный; (*machinable*) го́дный для обрабо́тки
workaday бу́дничный
work-basket рабо́чая корзи́нка
workbench верста́к
workday (*not weekend*) бу́дний день *m*; (*working day*) рабо́чий день *m*
worker (*employee*) рабо́тник; (*mainly manual; member of working class*) рабо́чий; (*hard-working person*) работя́га *m and f*; **~ ant** рабо́чий мураве́й; **~ bee** рабо́чая пчела́; **~s'** рабо́чий
workforce рабо́чая си́ла; (*workers*) рабо́чие *pl*
workhouse рабо́тный дом

working 1. *n* (*action*) рабо́та, де́йствие; (*effect*) возде́йствие; (*exploitation*) разрабо́тка; *pl* **mine ~s** вы́работки *f pl*; (*processing*) обрабо́тка; (*movement*) движе́ние **2.** *adj* (*most senses*) рабо́чий; ~ **class** рабо́чий класс; ~ **knowledge** практи́ческое зна́ние; **in ~ order** в испра́вном состоя́нии; ~ **capital** оборо́тный капита́л; ~ **day** рабо́чий день
working-out (*calculation*) вычисле́ние; (*of plan*) дета́льная разрабо́тка
workman *see* **worker**
workmanlike иску́сный; **in a ~ fashion** иску́сно
workmanship (*art*) мастерство́; (*quality*) рабо́та; **of exquisite ~** тонча́йшей рабо́ты
workmate това́рищ по рабо́те, колле́га *m and f*
work-out *sp* разми́нка
workpeople рабо́чие *pl*
workplace ме́сто рабо́ты
work-room мастерска́я
works (*factory*) заво́д; (*constructions*) сооруже́ния *neut pl; coll* (*mechanism*) механи́зм
workshop (*small*) мастерска́я; (*in factory*) цех; (*study group*) семина́р
work-shy лени́вый; ~ **person** тунея́дец
workstation рабо́чее ме́сто; (*desk*) пульт
work-to-rule италья́нская забасто́вка
world 1. *n* мир, свет; **the whole ~ knows** весь мир зна́ет; **all over the ~** по всему́ ми́ру, во всём ми́ре; **go round the ~** путеше́ствовать вокру́г све́та; **in the whole ~** на всём све́те; **not for the ~** ни за что на све́те; **the scientific ~** нау́чный мир; **the ancient ~** дре́вний мир; **the fashionable ~** о́бщество, свет; *relig* **this/the next ~** э́тот/тот свет; *geog* **the New World** Но́вый свет; *coll* (*lots*) ма́сса; *in expressions* **for all the ~ as if** то́чно, как е́сли бы; **man of the ~** о́пытный челове́к; *coll* **out of this ~** чуде́сный **2.** *adj* мирово́й
world-beating пе́рвый в ми́ре
worldly (*of this world*) земно́й; (*vain, mundane*) мирско́й, су́етный; (*social; material*) жите́йский; ~ **wisdom** жите́йская му́дрость *f*; **~-wise** облада́ющий жите́йской му́дростью
world-weary разочаро́ванный
world-wide 1. *adj* мирово́й, всеми́рный **2.** *adv* по всему́ ми́ру/све́ту
worm 1. *n* червь *m*, червя́к; (*intestinal*) глист; *tech* червя́к **2.** *v* (*crawl*) ползти́; *fig* **~ one's way into** вкра́дываться в (+ *acc*), проника́ть в (+ *acc*); **~ out** (*secret*) выве́дывать; **~ out of** *vi* увильну́ть *pf* от (+ *gen*)
worm-eaten (*fruit etc*) черви́вый; (*wood*) с червото́чиной
worm-gear червя́чная переда́ча
worm-hole червото́чина
worm powder глистого́нное сре́дство
wormwood полы́нь *f*
wormy (*like worm*) червеобра́зный; (*full of worms*) черви́вый
worn (*most senses*) изно́шенный (*see* **wear**); **~-out** изно́шенный; (*tired*) уста́лый, измо́танный; *fig* (*hackneyed*) изби́тый
worried озабо́ченный, обеспоко́енный; **be ~** беспоко́иться (**about**, о + *prep*)
worrisome беспоко́йный
worry 1. *n* (*care*) забо́та; (*anxiety*) беспоко́йство **2.** *v* (*make anxious*) беспоко́ить, волнова́ть; (*be anxious*) беспоко́иться, волнова́ться (**about**, о + *prep*); **don't ~!** не беспоко́йтесь!; (*pester*) пристава́ть к (+ *dat*); **don't ~ your father** не меша́й па́пе; (*irritate*) раздража́ть; (*of dog*) терза́ть, трепа́ть
worrying беспоко́ящий, трево́жный
worse 1. *n* ху́дшее; **a change for the ~** переме́на к ху́дшему **2.** *attrib adj* ху́дший; *pred adj* ху́же; **be none the ~ for** ничу́ть не пострада́ть от (+ *gen*); **grow ~** ухудша́ться; **make ~** ухудша́ть; **to make it, matters ~** в доверше́ние всего́; **nothing ~ than** (*only*) то́лько; **so much the ~** тем ху́же (**for**, для + *gen*); **what is ~** что ещё ху́же; **~ luck!** к сожале́нию! **3.** *adv* ху́же; **none the ~** ничу́ть не ху́же; (*more strongly*) сильне́е; **~ off** (*poorer*) бедне́е, бо́лее бе́дный; (*in ~ situation*) в бо́лее затрудни́тельном положе́нии
worsen ухудша́ть(ся)
worsening ухудше́ние
worship 1. *n* поклоне́ние (**of**, + *dat*); **act of ~** богослуже́ние; **place of ~** храм **2.** *v* (*God*) поклоня́ться (+ *dat*); (*riches, rank etc*) преклоня́ться (пе́ред + *instr*); (*pray*) моли́ться; (*idolize*) боготвори́ть; *coll* (*be very fond of*) обожа́ть
worshipper покло́нник; (*in church*) моля́щийся
worst 1. *n* само́е плохо́е, (наи)ху́дшее; **at the ~, if the ~ comes to the ~** в ху́дшем слу́чае; **expect the ~** ожида́ть (наи)ху́дшего; **get the ~ of** (*lose*) прои́грывать; (*be beaten*) терпе́ть пораже́ние; (*bear brunt of*) вы́нести *pf* всю тя́жесть (+ *gen*); **the ~ of it is that** ху́же всего́ то, что; **think the ~ of** ду́мать са́мое плохо́е о (+ *prep*) **2.** *adj* (наи)ху́дший, са́мый плохо́й **3.** *adv* ху́же всего́; (*most*) бо́льше всего́; (*least*) наиме́нее **4.** *v* победи́ть *pf*, взять *pf* верх над (+ *instr*)
worsted 1. *n* камво́льная ткань *f*; *coll* шерстяна́я ткань *f* **2.** *adj* камво́льный; шерстяно́й
worth 1. *n* (*value*) це́нность *f*; (*merit*) досто́инство; (*cost, price*) сто́имость *f*; **give me two roubles' ~ of sugar** да́йте на два рубля́ са́хара **2.** *adj* (*deserving*) **this book is not ~ reading** э́ту кни́гу не сто́ит чита́ть; **it's not ~ it** не сто́ит; **~ attention** заслу́живающий внима́ния; (*having value*) сто́ящий; **be ~** сто́ить; **how much is this ~?** ско́лько это сто́ит; **it's ~ ten roubles** оно́ сто́ит де́сять рубле́й; **it's ~while** сто́ит; **it's not ~while** (+ *ger*) не сто́ит (труда́) (+ *infin*), нет смы́сла (+ *infin*); **for all one is ~** изо всех сил
worthless (*of no value*) ничего́ не сто́ящий; (*useless*) бесполе́зный; (*good-for-nothing*) никчёмный
worthwhile сто́ящий, поле́зный
worthy 1. *n* (*notable*) знамени́тость *f*; *joc* (*person*) осо́ба **2.** *adj* (*praiseworthy*) досто́йный; (*deserving*) досто́йный (**of**, + *gen*), заслу́живающий; **be ~ of** сто́ить (+ *gen*); заслу́живать; (*befitting*) подоба́ющий (**of**, + *dat*); *iron* почте́нный
would (*future in rel clause*) **I said I ~ come** я сказа́л, что приду́; **she said she ~n't do it any more** она́ сказа́ла, что она́ не бу́дет бо́льше э́того де́лать; (*conditional*) **that ~ be better** э́то бы́ло бы лу́чше; **they ~ help you if they could** они́ бы вам помогли́, е́сли бы могли́; (*prefer*) **I ~ rather** я предпочёл бы (+ *infin*); **I ~ like to** я хоте́л бы (+ *infin*); (*reported refusal*) **he ~n't answer** он не хоте́л отвеча́ть; **the window ~n't close** окно́ ника́к не закрыва́лось, не хоте́ло закрыва́ться; (*habitual past action; use past impf or* быва́ло + *past impf or fut pf*) **the lesson ~ usually finish at three** уро́к обы́чно конча́лся в три часа́; **they ~ sit for hours, motionless** они́, быва́ло, часа́ми сиде́ли не дви́гаясь; (*in*

requests) ~ **you (be kind enough to)** бу́дьте добры́ (+ *impers*); ~ **you like** не хоти́те ли вы (+ *acc or gen*; **to,** + *infin*); ~ **you mind if** вы не бу́дете возража́ть, е́сли (+ *fut*), *more coll* ничего́, е́сли (+ *fut*)

would-be вообража́ющий себя́ (+ *instr*), мня́щий себя́ (+ *instr*)

wound 1. *n* ра́на, ране́ние (**in,** в + *acc*); (*affront*) оби́да; ~ **to** уда́р по (+ *dat*) **2.** *v* ра́нить (**in,** в + *acc*); *fig* обижа́ть, оскорбля́ть

wounded *n and adj* ра́неный; *fig adj* уязвлённый

wove: ~**paper** веле́невая бума́га

woven тка́ный

wow *exclam* ого́

wrack во́доросли *f pl* (вы́брошенные на бе́рег); **go to ~ and ruin** разруша́ться

wraith при́зрак, привиде́ние

wrangle 1. *n* пререка́ние **2.** *v* пререка́ться (**with,** с + *instr*)

wrap 1. *n* (*covering*) покры́тие; (*shawl*) шаль *f*; (*rug*) плед **2.** *v* (*in blanket etc*) оку́тывать (**in,** + *instr*), заку́тывать (**in,** в + *acc*); (*in paper etc*) обвёртывать (**in,** + *instr*), завёртывать (**in,** в + *acc*); ~ **oneself in** заку́тываться в (+ *acc*); ~ **up** завёртывать(ся); *fig* (*conceal*) скрыва́ть; *coll* (*complete*) заверша́ть, заключа́ть; **be ~ped up in** *fig* быть погружённым в (+ *acc*)

wrapper (*wrapping*) обёртка; (*of book*) суперобло́жка; (*garment*) хала́т

wrapping обёртка; ~**-paper** обёрточная бума́га

wrath гнев

wrathful гне́вный, рассе́рженный

wreak: ~ **havoc** (*ruin*) разоря́ть; (*disorder, upset*) расстра́ивать; ~ **vengeance on** отомсти́ть *pf* (+ *dat*)

wreath вено́к; (*of smoke etc*) кольцо́

wreathe (*entwine*) обвива́ть(ся); (*of smoke*) клуби́ться; ~**d in mist** оку́танный тума́ном; **be ~d in smiles** сия́ть улы́бкой

wreck 1. *n* (*ruined object, machine*) разва́лина; (*ship, plane*) кора́бль *m*, самолёт, потерпе́вший ава́рию; (*submerged*) зато́нувшее су́дно; (*~age*) обло́мки су́дна, самолёта *etc*; (*destruction of ship*) круше́ние, ги́бель *f*; (*of train*) катастро́фа; (*of plane etc*) ава́рия; *fig* крах, ги́бель *f*, круше́ние **2.** *v* (*cause ~*) вызыва́ть круше́ние *etc*; (*destroy; also fig*) разруша́ть; **be ~ed** терпе́ть круше́ние; *fig* ру́хнуть *pf*

wreckage обло́мки *m pl*

wrecker (*destroyer*) разруши́тель *m*; *pol etc* вреди́тель *m*; *Am* (*vehicle*) авари́йная маши́на

wren крапи́вник

wrench 1. *n* (*jerk*) дёрганье; **give a** ~ дёрнуть *pf*; (*sprain*) вы́вих; *fig* **it was a ~ to** жа́лко, бо́льно бы́ло (+ *infin*); *tech* (*spanner*) (га́ечный) ключ; **chain** ~ цепно́й ключ; **monkey** ~ разводно́й ключ; **socket** ~ торцево́й ключ **2.** *v* (*jerk*) дёргать; (*pull out, away*) вырыва́ть; *fig* ~ **oneself away** оторва́ться *pf* (**from,** от + *gen*); ~ **free** вы́рваться *pf*; ~ **out** вырыва́ть (**of,** из + *gen*); ~ **off** отрыва́ть (от + *gen*); (*sprain*) выви́хивать

wrest (*seize from; get by force*) (си́лой) вырыва́ть (**from,** у + *gen*); (*extort*) исторга́ть (**from,** у, из + *gen*)

wrestle (*fight; also fig*) боро́ться (**with,** с + *instr*; **against,** про́тив + *gen*); (*with problem etc*) би́ться (**with,** над + *instr*)

wrestler боре́ц; **all-in** ~ ре́слер

wrestling борьба́; **all-in** ~ ре́слинг

wretch (*poor person*) несча́стный (челове́к); *pej, also joc* негóдник

wretched (*unfortunate, miserable*) несча́стный, жа́лкий; (*poor; dismal*) жа́лкий; (*low-quality; contemptible*) никуды́шный; *emph* проти́вный

wrick, rick 1. *n* вы́вих **2.** *v* выви́хивать

wriggle (*of worm etc*) извива́ться; (*of child etc*) юли́ть, ёрзать; (*crawl*) пробира́ться ползко́м; *fig* (*prevaricate*) виля́ть, верте́ться; ~ **out of** увíливать от (+ *gen*)

wring (*twist*) скру́чивать; ~ **s.o.'s neck** сверну́ть *pf* кому́-нибудь ше́ю; ~ **one's hands** лома́ть (себе́) ру́ки; (*squeeze*) пожима́ть; (*in mangle*) зака́тывать; ~ **out** выжима́ть; (*extort*) исторга́ть (**from,** у + *gen*)

wringer маши́на для выжима́ния белья́, като́к

wringing: ~ **wet** наскво́зь промо́кший

wrinkle 1. *n* (*in skin*) морщи́на; (*in cloth*) скла́дка; *coll* (*tip*) поле́зный сове́т **2.** *v* мо́рщить(ся); (*crease*) мять(ся)

wrist запя́стье; (*of sleeve*) манже́та, обшла́г; (*of glove*) кра́га

wristband манже́та, обшла́г

wrist joint лучезапя́стный суста́в

wristlet брасле́т

wrist-watch нару́чные часы́ *m pl*

writ *leg* суде́бный прика́з (**of,** о + *prep*); *rel* **Holy Writ** свяще́нное писа́ние

write (*most senses*) писа́ть (**on, about, of,** о + *prep*; **to,** + *dat*); **how do you ~ that?** как э́то пи́шется?; (*send letters*) писа́ть (**to,** + *dat*), посыла́ть письмо́ (**to,** + *dat*); ~ **to each other** перепи́сываться

~ **back** отвеча́ть (на письмо́)

~ **down** запи́сывать; *fig* (*consider*) счита́ть

~ **for,** ~ **away, in, off for** выпи́сывать

~ **in** (*insert*) впи́сывать (в + *acc*)

~ **off** (*debt, loss etc*) спи́сывать; (*cease to consider*) сбра́сывать со счето́в

~ **out** выпи́сывать

~ **up** (*describe*) опи́сывать; (*rewrite*) перепи́сывать

write-off *fin pl* спи́санные со счёта су́ммы *f pl*; *coll* (*wreck*) разва́лина; (*failure*) прова́л

writer писа́тель *m*; (*author of specific work*) а́втор

write-up рекла́ма

writhe (*of snake etc*) извива́ться; (*twist*) ко́рчиться; ~ **in agony** ко́рчиться в му́ках; *fig* му́читься (**in, with,** от + *gen*)

writing (*act*) писа́ние; **in** ~ в пи́сьменной фо́рме; (*hand~*) по́черк; (*system, art, style of ~; script*) письмо́; (*characters*) письмена́ *neut pl*; (*words*) слова́ *neut pl*; (*profession*) литерату́рная рабо́та; (*work*) произведе́ние; ~**-case** несессе́р для пи́сьменных принадле́жностей; ~**-desk** пи́сьменный стол; ~**-pad** блокно́т; ~**-paper** почто́вая бума́га

written (*in ~ form*) пи́сьменный

wrong 1. *n* (*that which is ~*) зло; **right and ~** добро́ и зло; **do ~** греши́ть; **right a ~** испра́вить *pf* зло; (*injustice*) несправедли́вость *f*, оби́да; **do ~ to** причиня́ть зло (+ *dat*), обижа́ть; **be in the ~** быть непра́вым **2.** *adj* (*incorrect*) непра́вильный; ~ **answer** непра́вильный отве́т; **be ~** ошиба́ться (**about,** в + *prep*), быть непра́вым; **you are quite ~** вы соверше́нно не правы́; (*inaccurate*) неве́рный; (*erroneous*) ло́жный, оши́бочный; (*unsuitable*) неподходя́щий; (*not the one intended*) не то́т; **take the ~ road** пойти́ *pf* не по то́й доро́ге; **you have gone the ~ way** вы не туда́ пошли́; **he put it in the ~ place** он не туда́ положи́л его́; **get the ~ number** не туда́ попа́сть; **the ~ side** (*of fabric*) ле́вая сторона́, изна́нка; **say the ~ thing** сказа́ть не то; **in the ~ way** не так; **at the ~ moment, in the ~ place** (*inappropriately*) некста́ти, невпопа́д; (*bad, immoral*) дурно́й, гре́шный; **there's nothing ~ with that** в э́том ничего́ плохо́го нет; (*unjust*) несправедли́вый; (*out of order*) **what's ~?** что случи́лось?; **what's ~ with you?** что с тобо́й?; **there is something ~ with** что-то случи́лось с (+ *instr*); **there's something ~ here** тут что́-то не та́к **3.** *adv* непра́вильно; неве́рно; оши́бочно; не та́к; ду́рно; **go ~** (*out of order*) вы́йти *pf* из стро́я; (*not work out*) не получа́ться; (*spoil*) по́ртиться **4.** *v* (*be unjust to*) быть несправедли́вым к (+ *dat*); (*injure*) обижа́ть; (*dishonour*) бесче́стить, позо́рить

wrongdoer (*sinner*) гре́шник; (*law-breaker*) престу́пник, правонаруши́тель *m*

wrongdoing (*evil deed*(*s*)) грех; (*breaking law*) правонаруше́ние

wrongful (*unjust*) несправедли́вый; (*unlawful*) незако́нный

wrong-headed (*ideas etc*) пу́таный; (*person*) заблужда́ющийся

wrongly непра́вильно; неве́рно; не так (*etc, see* **wrong**); (*by mistake*) по оши́бке

wrought (*made*) сде́ланный; **finely ~** то́нкий, то́нкой рабо́ты; (*hammered*) ко́ваный; **~ iron** (*quality*) пу́длинговое желе́зо; **~-iron** из ко́ваного желе́за

wrought-up возбуждённый

wry (*twisted*) криво́й; **~ smile** крива́я улы́бка; **pull a ~ face** перекоси́ться *pf*; (*rueful*) ско́рбный; (*disappointed*) разочаро́ванный; (*ironical*) ирони́ческий

wryneck (*bird*) вертише́йка; *med* кривоше́я

wych-elm ильм го́рный, вяз шерша́вый

wyvern крыла́тый драко́н

X

X (*unknown quantity*) икс, х; (*person*) N
xanthate ксантогена́т
xanthic жёлтый
xanthous (*yellow*) жёлтый; (*yellow-skinned*) жёлтоко́жий
X-chromosome Х-хромосо́ма
xebec шебе́ка
xenol фенилфено́л
xenon ксено́н
xenophobe ксенофо́б
xenophobia ксенофо́бия, не́нависть *f* к иностра́нцам
xerography ксерогра́фия
xerophyte ксерофи́т
Xerox 1. *n* ксе́рокс; ~ **copy** ксероко́пия **2.** *v* ксерографи́ровать
xiphoid мечеви́дный
X-ray 1. *n pl* рентге́новы лучи́ *m pl*; (*photograph*) рентгеногра́мма **2.** *adj* рентге́новский **3.** *v* просве́чивать, де́лать рентгеногра́мму (+ *gen*)
xylograph гравю́ра на де́реве
xylographic ксилографи́ческий
xylography ксилогра́фия
xylophone ксилофо́н
xystor распа́тор

Y

Y *math* и́грек, **Y**
yacht 1. *n* я́хта; ~ **club** яхт-клу́б **2.** *v* пла́вать на я́хте
yachting 1. *n* я́хтенный/па́русный спорт **2.** *adj* я́хтенный
yachtsman яхтсме́н, спортсме́н-па́русник
yak як
Yakut 1. *n* (*person*) яку́т, *f* яку́тка; (*language*) яку́тский язы́к **2.** *adj* яку́тский
Yale lock америка́нский замо́к
yam ям, ямс; (*sweet potato*) бата́т
yank дёргать
Yank *coll* (*American*) я́нки *m indecl*, америка́нец
Yankee 1. *n* (*American*) я́нки *m indecl*, америка́нец; (*New Englander*) жи́тель *m* Но́вой А́нглии **2.** *adj* америка́нский; Но́вой А́нглии; (*of Northern States in US*) се́верный, се́верных шта́тов
yap 1. *n* тя́вканье; **give a** ~ тя́вкнуть *pf* **2.** *v* тя́вкать, ла́ять
[1]**yard** (*measure*) ярд (0·914м); *naut* рей, ре́я
[2]**yard** (*enclosure*) двор; *Am* (*garden*) сад; **goods** ~ грузово́й парк; **marshalling** ~ сортиро́вочная ста́нция; (*shipyard*) верфь *f*; **scrap** ~ скра́пный двор; **timber** ~ лесно́й склад
yard-arm нок-ре́я
yardstick (*measure*) лине́йка (длино́й в ярд); *fig* (*criterion*) мери́ло, крите́рий
yarn 1. *n* (*thread*) пря́жа; (*story*) расска́з, анекдо́т **2.** *v* болта́ть
yarrow тысячели́стник (обыкнове́нный)
yashmak чадра́
yaw 1. *n* ры́скание **2.** *v* ры́скать
yawl ял
yawn зево́та; **give a** ~ зевну́ть *pf* **2.** *v* зева́ть; *fig* зия́ть
yaws фрамбе́зия
Y-chromosome Y-хромосо́ма
ye *ar* Вы
yea *ar* Да
year год; **this/last/next** ~ в э́том/про́шлом/бу́дущем году́; **the** ~ **after next** че́рез год; **two/three/four** ~**s ago** два/три/четы́ре го́да тому́ наза́д; **five/a hundred** ~**s ago** пять/сто лет тому́ наза́д; **in recent** ~s за после́дние го́ды; **in the next ten** ~s в ближа́йшие де́сять лет; **for many** ~s в тече́ние мно́гих лет; ~ **in,** ~ **out** из го́да в год; **every** ~ ка́ждый год, ежего́дно; **all the** ~ **round** кру́глый год; **half a** ~ полго́да; **a** ~ **and a half** полтора́ го́да; **he is two/five** ~**s old** ему́ два го́да/пять лет; **leap** ~ високо́сный год; **Happy New Year!** с Но́вым го́дом!
year-book ежего́дник
yearling 1. *n* годови́к **2.** *adj* годова́лый
yearly 1. *adj* (*every year*) ежего́дный; (*of, for one year*) годово́й **2.** *adv* (*once a year*) раз в год; (*every year*) ка́ждый год, ежего́дно
yearn (*feel longing, miss*) тоскова́ть (**for,** по + *prep or dat, or* о + *prep*); (*want very much*) жа́ждать (+ *gen*)
yearning 1. *n* (*longing, grief*) тоска́ (**for,** по + *prep or dat*); (*desire*) жа́жда (**for,** + *gen*) **2.** *adj* тоску́ющий; жа́ждущий
yeast дро́жжи *pl*; **brewer's** ~ пивны́е дро́жжи
yeasty (*of yeast*) дрожжево́й; (*containing yeast*) содержа́щий дро́жжи; (*fermenting*) бродя́щий; (*frothy*) пе́нистый
yell 1. *n* (*shout*) крик; (*howl*) вопль *m*; **give a** ~ кри́кнуть *pf*, заора́ть *pf* **2.** *vi* (*shout*) крича́ть; *coll* ора́ть; (*howl*) вопи́ть; *vt* выкри́кивать, *coll* ора́ть
yellow 1. *n* (*colour*) жёлтый цвет; (~*ness*) желтизна́; (*egg yolk*) желто́к **2.** *adj* жёлтый, жёлтого цве́та; (~*-skinned*) жёлтоко́жий; *coll* (*cowardly*) трусли́вый; **be** ~ труси́ть; ~ **fever** жёлтая лихора́дка; ~ **peril** жёлтая опа́сность *f* **3.** *vi* желте́ть; *vt* желти́ть
yellowhammer овся́нка (обыкнове́нная)
yellowish, yellowy желтова́тый; ~**-green** и́зжелта-зелёный; ~**-brown** и́зжелта-бу́рый, жёлто-бу́рый
yellowness желтизна́
yelp 1. *n* (*of dog*) взви́згивание; (*shout*) вы́крик **2.** *v* взви́згивать, тя́вкать; выкри́кивать
Yemen Йе́мен
Yemeni(te) 1. *n* йе́менец, *f* йе́менка **2.** *adj* йе́менский
yen (*Jap currency*) ие́на
yes (*affirmative*) Да; **will you be at home tomorrow?** ~**, I shall** вы бу́дете до́ма за́втра? (Да,) бу́ду; **you don't love me!** ~ **I do** ты меня́ не лю́бишь! Нет, люблю́
yes-man подпева́ла *m and f*
yesterday 1. *n* вчера́шний день *m*; ~**'s** вчера́шний **2.** *adv* вчера́; ~ **evening** вчера́ ве́чером; **until** ~ до вчера́шнего дня; **the day before** ~ позавчера́, тре́тьего дня
yet 1. *adv* (*even, still; so far*) ещё; **nor** ~ ни да́же; ~ **more** ещё бо́льше; **she has not** ~ **come** она́ ещё не прие́хала; **not** ~ нет ещё; (*up to this time*) до сих по́р; (*up to that time*) до тех пор; **as** ~ пока́ **2.** *conj* (*but still*) а всё же; (*nevertheless*) тем не ме́нее; (*however*) одна́ко
yeti йе́ти *m indecl*
yew 1. *n* тис **2.** *adj* ти́совый
yid *pej* жид
Yiddish 1. *n* (*language*) евре́йский язы́к, и́диш **2.** *adj* евре́йский; *pej* жидо́вский
yield 1. *n agr* (*produce, crop*) урожа́й; (*per unit of area*) урожа́йность *f*; *tech* (*amount produced*) вы́ход; (*amount extracted*) добы́ча; **milk** ~ удо́й (молока́); (*profit*) дохо́д; (*rate of profit*) дохо́дность *f* **2.** *v* (*produce*) приноси́ть, дава́ть; (*concede*) уступа́ть (**to,** + *dat*); (*surrender*) сдава́ться; (*give in to, give way; move slightly*) поддава́ться (**to,** + *dat*); ~ **up** передава́ть (**to,** + *dat*)
yielding (*compliant*) усту́пчивый; (*flexible*) пода́тливый; (*soft*) мя́гкий; (*springy*) упру́гий
yob *coll* хулига́н
yodel 1. *n* йодль *m* **2.** *v* петь йо́длем
yoga йо́га
yoghurt йогу́рт
yogi йог
yoke 1. *n* (*harness*) ярмо́; ~ **of oxen** па́ра запря-

жённых волóв; (*for carrying pails*) коромы́сло; (*of dress*) кокéтка; *fig* (*rule*) и́го; *tech* (*cross-beam*) крестови́на; ~ **of magnet** ярмó; (*fork*) ви́лка **2.** *v* (*harness*) запрягáть; *fig* (*link*) соединя́ть

yokel деревéнщина *m and f*

yolk желтóк

yon(der) 1. *adj* (вон) тот **2.** *adv* вон там

yore: of ~ в бы́лые временá

you (*2nd sing; familiarly to friends, relatives, children, pets; rudely or to social inferiors, subordinates*) ты; (*2nd sing, polite or formal*) Вы; (*2nd pl*) вы; *indef* (*usu 2nd sing or pl without pronoun*) ~ **see** понимáете, ви́дите; ~ **never know what he is thinking** никогдá не знáешь, что он ду́мает

young 1. *n collect* **the** ~ молодёжь *f*, молоды́е *pl*; (*of animals*) молодня́к, детёныши *m pl* **2.** *adj* молодóй; ~ **child** мáленький ребёнок; (*of members of youth groups*) ю́ный; ~ **naturalists' club** кружóк ю́ных натурали́стов; (*under-age*) малолéтний

younger *attrib adj* млáдший; ~ **brother** млáдший брат; *pred adj* молóже; **he is** ~ **than me** он молóже меня́

youngest (сáмый) млáдший

youngish, young-looking моложáвый

youngster (*child*) ребёнок; (*boy*) мáльчик; (*lad*) ю́ноша *m*

your (*2nd sing*; *familiar*) твой; (*2nd sing*; *formal*) ваш (Ваш *in letters*); (*2nd pl*) ваш; (*where person of pronoun and subject of clause are same*) свой (*often omitted if unambiguous*); **where have you left** ~ **car?** где ты остáвил (свою́) маши́ну?; ~**s sincerely** и́скренне Ваш; *coll impers* (*average*) срéдний; (*typical*) типи́чный; (*already referred to*) твой, ваш

yourself *emph pr* сам, *pl* сáми; **you said so** ~ вы сáми сказáли; (*alone*) **do it** ~ сдéлай(те) сáм(и); **do you live by** ~**?** вы живёте одни́?; *refl pron* себя́ (*or use refl v*); **did you hurt** ~**?** ты (не) уши́бся?; **look at** ~ посмотри́те на себя́; **you only think about** ~ вы ду́маете тóлько о себе

youth (*youngness*; *early part of life*) мóлодость *f*; **in one's** ~ в мóлодости; (*young man*) ю́ноша *m*; *collect* (*young people*) молодёжь *f*; ~ **hostel** молодёжная турбáза

youthful (*young*) молодóй, ю́ный; (*of young person*) ю́ношеский; (*young-looking*) моложá-вый

yowl 1. *n* вой **2.** *v* выть

yo-yo йо-йó *neut indecl*

ytterbium иттéрбий

yttrium и́ттрий

yucca ю́кка

Yugoslav 1. *n* югослáв, *f* югослáвка **2.** *adj* югослáвский

Yugoslavia Югослáвия

yum-yum *coll* ням-ням

Z

Zaire Заи́р
Zambia За́мбия
Zambian 1. *n* замби́ец **2.** *adj* замби́йский
zany 1. *n* (*buffoon*) шут; (*fool*) дура́к; *hist* (*in Italian theatre*) дза́нни *m* **2.** *adj* (*crazy*) сумасше́дший
zeal рве́ние, усе́рдие
zealot (*fanatic*) фана́тик; (*enthusiast*) ревни́тель *m*; *hist* зило́т
zealous рья́ный, усе́рдный
zebra зе́бра
zebu зе́бу *m indecl*
Zeitgeist дух вре́мени
Zen дзэн
zenana же́нская полови́на до́ма
Zend язы́к Аве́сты; ~**-Avesta** Зенд-Аве́ста
zenith зени́т; **at the** ~ в зени́те (*also fig*: **of,** + *gen*)
zenithal зени́тный
zephyr (*light breeze*) зефи́р, ветеро́к; (*west wind*) за́падный ве́тер
Zeppelin цеппели́н
zero 1. *n* нуль *m*; **below** ~ ни́же нуля́ **2.** *adj* нулево́й; ~ **visibility** нулева́я ви́димость *f*; ~ **hour** реши́тельный моме́нт **3.** *v* (*an instrument*) установи́ть *pf* на нуль; *mil* ~ **in** наце́ливаться (**on,** на + *acc*)
zest (*piquancy*) пика́нтность *f*; **give** ~ **to** (*food*) придава́ть вкус (+ *dat*); ~ **of lemon** лимо́нная це́дра; (*enthusiasm*) жар, энтузиа́зм
zestful живо́й
zeugma зе́вгма
Zeus Зевс
zigzag 1. *n* зигза́г **2.** *adj* зигзагообра́зный **3.** *v* (*make* ~*s*) де́лать зигза́ги; (*move in* ~*s*) идти́, е́хать *etc* зигза́гами
zinc 1. *n* цинк **2.** *adj* ци́нковый **3.** *v* оцинко́вывать
zincography цинкогра́фия
zinnia ци́нния
Zionism сиони́зм
Zionist 1. *n* сиони́ст **2.** *adj* сиони́стский
zip 1. *n* (*fastener*) (застёжка-)мо́лния; (*sound*) свист; *coll* (*energy*) эне́ргия **2.** *v* (*fasten with* ~) застёгивать(ся) на мо́лнию; *coll* (*move fast*) мча́ться; ~ **up** застёгивать
Zip code *Am* почто́вый и́ндскс
zippy *coll* живо́й, энерги́чный
zircon цирко́н
zirconium цирко́ний
zit *coll* прыщ
zither ци́тра
zodiac зодиа́к; **sign of the** ~ знак зодиа́ка
zodiacal зодиака́льный
zombie зо́мби *m indecl*, ожи́вший мертве́ц; *fig* автома́т; **like a** ~ машина́льно
zonal (*of zone*) зо́нный; (*regional*) зона́льный
zone 1. *n* (*area*) райо́н; *tech*, *phys* зо́на; *geog* по́яс; **time** ~ часово́й по́яс **2.** *v* (*divide into* ~*s*) разделя́ть на райо́ны, зо́ны *etc*
zoning райони́рование, зони́рование
zonked *coll* обалде́вший
zoo зоопа́рк, зооса́д
zoogeography зоогеогра́фия
zoological зоологи́ческий
zoologist зоо́лог
zoology зооло́гия
zoom 1. *n aer* го́рка; *phot*, *cin* ~ **lens** вариообъекти́в, зум-объекти́в **2.** *v* (*move with buzzing*) е́хать, лете́ть *etc* с жужжа́нием; (*move fast*) (шу́мно) мча́ться; (*rise sharply*) ре́зко поднима́ться; *aer* де́лать го́рку
zoomorphic зооморфи́ческий
zoophagous плотоя́дный
Zoroastrianism зороастри́зм
Zouave зуа́в
Zulu 1. *n* (*person*) зулу́с, *f* зулу́ска; (*language*) зулу́сский язы́к **2.** *adj* зулу́сский
zygote зиго́та
zymase зима́за
zymolysis фермента́ция
zymotic *med* зара́зный; (*ferment*) броди́льный

RUSSIAN–ENGLISH DICTIONARY

A

А *conj* and; while; вот ко́фе, а вот чай here is the coffee and here is the tea; я люблю́ мо́ре, а она́ лю́бит го́ры I like the sea, while she likes the mountains; but, yet; мы жда́ли госте́й, а они́ не пришли́ we were expecting guests but they didn't come; *sometimes not translated*; в э́том году́ я е́ду в Ита́лию, а не во Фра́нцию this year I'm going to Italy, not to France; а и́менно namely, to be exact; а то or (else), otherwise; дай мне э́то, а то тебя́ побью́ give me that or I shall hit you; *interj expressing pain, annoyance, etc* oh!, ah!, а ну тебя́, надое́л! oh, bother you, I'm sick of you!; *inter partic* eh?, what?; *partic* hi, hi there!; ма́льчик, а ма́льчик hi there, boy

абажу́р lampshade

аба́к(а) abacus

абба́т abbot; (Roman Catholic) priest; **~и́са** abbess; **~́ство** abbey

аббревиату́ра abbreviation

аберра́ция aberration

абза́ц indention; с (но́вого) ~а indent, (new) paragraph; paragraph (*part of text*)

абисси́н|ец (~ца) Abyssinian, Ethiopian; **А~́ия** Abyssinia; **~́ка** Abyssinian, Ethiopian (woman); **~́ский** Abyssinian, Ethiopian

абитурие́нт *obs* pupil who has completed secondary school; student entering college

абон|еме́нт subscription (for, на, в + *acc*); (*season*) ticket (*for library, etc*); **~е́нт** subscriber; ~ телефо́нной се́ти telephone subscriber; library borrower, cardholder; **~и́ровать** (~и́рую) *impf and pf obs* subscribe to, take out a booking for, reserve a seat (for); **~и́роваться** (~и́руюсь) *impf and pf obs* subscribe (to), take out a booking (for, на + *acc*); *pass of* ~и́ровать

аборда́ж *naut* boarding; взять на ~ board; **~́ный** boarding; ~ крюк grapnel

абориге́н aboriginal

або́рт abortion, miscarriage; сде́лать себе́ ~ have an abortion; **~и́вный** abortive

абраз|и́в abrasive; **~́ия** *med* abrasion

абракада́бра abracadabra

абрико́с apricot(-tree); **~́овый** apricot

а́брис contour(s); outline

абсе́нт absinthe

абсенте|и́зм absenteeism; **~и́ст** absentee

абсолю́т the absolute; **~и́зм** absolutism; **~и́ст** absolutist; **~́ный** (~ен) absolute; ~ слух perfect ear

абстра|ги́ровать (~ги́рую) *impf and pf* abstract; **~́ктный** (~ктен) abstract; **~кциони́зм** abstract art; **~кциони́ст** abstract artist, painter; **~кциони́стский** abstract; **~́кция** abstraction

абсу́рд absurdity, nonsense; доводи́ть до ~а carry to the point of absurdity; **~́ность** *f* absurdity; **~́ный** (~ен) absurd

абсце́сс abscess

абсци́сса *math* abscissa

абха́з|ец (~ца) Abkhazian; **А~́ия** Abkhazia; **~́ка** Abkhazian (woman); **~́ский** Abkhazian

абы́ *conj pop* so long as, if only; ~ как *pop* anyhow

аванга́рд van(guard); *mil* advance guard; идти́, быть в ~ be in the forefront, van; **~́ный** vanguard; *fig* leading

аван|за́л ante-room; **~по́рт** outer harbour; **~по́ст** *mil* outpost; forward position *also fig*

ава́нс advance (*of money*), payment on account; *pl fig* overtures, advances; **~и́ровать** (~и́рую) *impf and pf* advance money (to); ~ строи́тельство advance money for building; **~́ом** *adv* in advance, on account

авансце́на proscenium

аванта́ж|ный (~ен) *obs* showing to good advantage, looking one's best

авантю́р|а *usu pej* adventure; gamble, venture, hazardous affair, escapade; **~и́зм** shady, risky activity; **~и́ст** *pej* adventurer; **~и́стка** *pej* adventuress; **~и́стский** adventurous, venturesome; **~́ный** risky, hazardous; shady, dubious; *lit* adventure; ~ рома́н novel of adventure, picaresque novel

ава́р *hist* Avar; **~́ец** (~ца) Avar

авар|и́йность *f* accidents, breakdowns; **~и́йный** emergency; ~ запа́с emergency stock; repair, breakdown; ~и́йная маши́на breakdown van; ~и́йная поса́дка crash, emergency landing; **~и́йщик** *coll* emergency worker; **~́ия** breakdown; damage; accident, crash, wreck; *fig iron* misfortune, mishap; потерпе́ть ~ию crash, have an accident, be damaged; *leg* damages, average

ава́р|ка Avar (woman); **~́ский** Avar

авгу́р augur, oracle, soothsayer

а́вгуст August

августе́йший most august (*title*)

августи́н|ец (~ца) Augustinian, Austin friar

а́вгустовский August

авиа(-) air-, aero-; **~ба́за** airbase; **~деса́нтный** ~деса́нтные войска́ airborne troops; **~компа́ния** airline; **~констру́ктор** aircraft designer; **~ли́ния** (air-) route; **~модели́зм** model aircraft construction; **~модели́ст** model aircraft enthusiast; **~моде́ль** *f* model aircraft; **~но́сец** (~но́сца) aircraft-carrier; **~по́чта** air mail; **~́тор** aviator; **~тра́нспорт** air transport; **~тра́сса** air-route; **~цио́нный** aircraft, aviation; flying; **~́ция** aviation; *collect* aircraft; бомбардиро́вочная ~ bomber force; **~ча́сть** *f* air force unit

ави́зо *neut indecl* letter of advice; *naut* aviso, advice-boat

авитамино́з avitaminosis

аво́сь *partic coll* perhaps, let's hope; на ~ *coll* on the off-chance; **~́ка** *coll* string bag

авра́л *naut* emergency job (*on board or fig*); *interj* all hands on deck!; *fig* all hands to the pump; **~́ьный** emergency, rush

авро́ра *poet* dawn, aurora

австрал|и́ец (~и́йца) Australian; **~и́йка** Australian (woman); **~и́йский** Australian; **А~́ия** Australia

австр|и́ец (~и́йца) Austrian; **~и́йка** Austrian (woman); **~и́йский** Austrian; **А́~ия** Austria

автарки́я self-sufficiency, autarky

авто(-) self-; auto-, automatic; motor-; **~ба́за** motor(-transport) depot, garage

автобиограф|и́ческий autobiographical; **~и́чность** *f* autobiographical character; **~и́чный** (~и́чен) autobiographical; **~́ия** autobiography
автоблокиро́вка automatic block system (*rlwy*)
авто́бус (motor) bus; (тури́стский) ~ coach
автоотве́тчик answerphone
автоге́нный *tech* autogenous
автого́нщик *sp* racing motorist, racing driver
авто́граф autograph
авто|доро́жный motor-road; **~заво́д** motor-car factory, automobile plant *US*; self-winding movement; **~инспе́кция** motor licensing and inspection office; **~ка́р** motor trolley, power truck; **~кла́в** autoclave; **~кра́т** autocrat; **~крати́ческий** autocratic; **~кра́тия** autocracy; **~́л** motor oil; **~люби́тель** *m* motorist, motoring fan; **~магистра́ль** *f* motorway, trunk road
автома́т automatic machine, slot-machine; телефо́н-~ automatic telephone, call-box, pay phone; *fig* automaton, robot (*of person*); sub-machine-gun, tommy-gun; **~иза́ция** automation; **~изи́ровать** (~изи́рую) *impf and pf* introduce automation (into); make automatic; **~и́зм** automatism; **~́ика** automation; automatic machinery, apparatus; **~и́ческий** automatic, self-acting; ~и́ческая винто́вка automatic (rifle); *fig* involuntary, automatic; **~и́чный** (~и́чен) involuntary, automatic; **~́ный** automatic; sub-machine-gun; **~́чик** automatic-machine operator; sub-machine-gunner
авто|маши́на motor vehicle, motor-car; (грузова́я) ~ lorry, truck *US*; **~мобили́зм** motoring; **~мобили́ст** motorist; **~моби́ль** *m* (motor-)car, automobile *US*; (грузово́й) ~ lorry, truck *US*; санита́рный ~ ambulance; ~ техни́ческой по́мощи breakdown van, service truck; **~моби́льный** motor(-car), automobile *US*; ~ тра́нспорт motor transport; **~мотопробе́г** *sp* motor-race, motor-rally; **~мотри́са** railcar; **~но́мия** autonomy; **~но́мный** (~но́мен) autonomous; **~пило́т** automatic pilot, autopilot; **~погру́зчик** automatic loader; ви́лочный ~ fork-lift truck; **~по́езд** articulated lorry; **~портре́т** self-portrait; **~прице́п** (motor-vehicle) trailer
а́вт|ор author; writer; composer; ~ предложе́ния mover of resolution; **~орефера́т** abstract (*of dissertation, etc*); **~ориза́ция** authorization; **~оризо́ванный** authorized; **~оризова́ть** (~оризу́ю) *impf and pf* authorize (*usu by author*); **~орита́рный** (~орита́рен) authoritarian; **~орите́т** authority; prestige; быть ~орите́том be an authority (on, в + *prep*); по́льзоваться ~орите́том enjoy authority, have prestige (with, among, у, среди́ + *gen*); **~орите́тность** *f* authoritativeness; trustworthiness; **~орите́тный** (~орите́тен) authoritative; trustworthy; competent, expert; **~́орский** author's; ~ лист *typ* unit of width (*used to calculate royalties*); ~орское пра́во copyright; *n pl* royalties; **~́орство** authorship; **~ору́чка** fountain-pen; **~осто́п** automatic braking gear (*on trains*); hitch-hiking; **~остра́да** motorway; trunk-road; superhighway *US*; **~осце́пка** automatic coupler (*railways*); **~отра́нспорт** motor transport; **~охто́н** autochthon, aboriginal; **~охто́нный** autochthonous; **~оцисте́рна** tanker; **~ошко́ла** school of motoring
ага́ *interj* ah!, aha!
ага́ва agave
ага́т agate; **~́овый** agate
агглютинати́вный agglutinative
аге́нт agent, representative; ~ по снабже́нию supply worker; ~ уголо́вного ро́зыска police inspector, detective; spy; **~́ство** agency; **~у́ра** secret service; *collect* agents; **~у́рный** ~урная разве́дка secret service; ~у́рные све́дения secret-service information
агиогра́фия hagiography
агит- *abbr of* ~ацио́нный; **~а́тор** propagandist, agitator; canvasser; **~ацио́нный** propaganda; **~а́ция** propaganda (drive); вести́ ~а́цию campaign; **~и́ровать** (~и́рую) *impf* campaign (for, за + *acc*; *against*, про́тив + *gen*), carry on propaganda (for, against); *pf* с~ *coll* (try to) persuade **~́ка** propaganda piece (*play, poster, etc*); **~коллекти́в** team of propagandists; **~ма́ссовый** mass-propaganda; **~про́п** *abbr of* отде́л агита́ции и пропага́нды agitation and propaganda section (*of party committees, etc*); **~пу́нкт** propaganda centre; election campaign headquarters
а́гн|ец (~ца) *eccles* lamb (Agnus Dei); кро́ток, как ~ *iron* as meek as a lamb; прики́нуться ~цем *fig iron* play the innocent, feign meekness
агно́сти|к agnostic; **~ци́зм** agnosticism; **~́ческий** agnostic
агон|изи́ровать (~изи́рую) *impf and pf* be on one's death-bed, be in one's death agony; **~́ия** death-agony, death-throes, death-pangs
агра́р|ий landowner; **~́ник** *coll* agricultural expert; **~́ный** agrarian
агрега́т unit, assembly; aggregate
агресс|и́вный (~и́вен) aggressive; **~́ия** aggression; **~́ор** aggressor
агро- agro-, agricultural, farm; **~биоло́гия** agricultural biology; **~культу́ра** *and* **агрикульту́ра** *obs* agriculture; **~культу́рный** agricultural; **~но́м** agronomist, agricultur(al)ist; **~номи́ческий** agronomic(al); **~но́мия** agricultural science; **~те́хник** crop specialist; **~те́хника** scientific farming
ад (в ~у́, об ~́е) hell; *fig* torment, hell; ~ кроме́шный unendurable suffering, anguish
ада́мов ~о я́блоко Adam's apple
ада́жио *neut indecl also adv* adagio
адапт|а́ция adaptation (*of body, etc*); simplification, adaptation (*of text, etc*); **~́ер** *tech* adapter; *mus* pick-up; **~и́ровать** (~и́рую) *impf and pf* adapt (*text, etc*)
адвока́т lawyer; barrister, advocate *also fig*, attorney(-at-law) *US*; solicitor; **~у́ра** *collect* lawyers, the Bar; practice (as a barrister); занима́ться ~у́рой practise at the bar
адеква́т|ный (~ен) adequate; identical, coincident
адено́ид adenoid
аде́пт adherent, disciple, follower
аджа́р|ец (~ца) Adzharian
администр|ати́вный administrative; ~ати́вное взыска́ние official penalty; в ~ати́вном поря́дке administratively, as an administrative measure; **~а́тор** administrator, manager; **~а́ция** administration, management; вое́нная, гражда́нская, ме́стная ~ military, civil, local authorities; **~и́рование** high-handed action; го́лое ~ sheer bureaucracy; **~и́ровать** (~и́рую) *impf* administer; *pej* administer bureaucratically
адмира́л admiral; **~те́йский** Admiralty; **~те́йство** *obs* naval dockyard; the Admiralty; **~́ьский**

admiral's; ~ корабль flagship; ~ чин, ~ьское звáние flag rank; ~ час *obs* lunch-time; **~ьша** admiral's wife

адреналин adrenalin

áдр|ес (*pl* ~есá, ~есóв) address; это по егó ~есу that's meant for him, that's a dig at him; не по ~есу *fig* to the wrong address, place, person, to the wrong quarter; обратиться не по ~есу *fig* bark up the wrong tree, come to the wrong shop; пройтись по чьемý ~есу *coll* have a dig at someone; **~есáнт** sender (*of mail*); **~есáт** addressee; в слýчае ненахождéния ~есáта if undelivered; **~есный** address; ~есная книга directory; ~ стол address bureau, inquiry office; **~есовáть** (~есýю) *impf and pf* address, direct (*question*, *etc*); **~есовáться** (~есýюсь) *impf and pf* apply (to), address oneself (to, к + *dat*)

áдск|и *adv coll* awfully, infernally; **~ий** *coll* infernal, hellish; ~ие мýки torments of hell; ~ая скýка infernal bore

адъюнкт *obs* junior scientific assistant; advanced student of military academy

адъютáнт adjutant, aide *US*; aide-de-camp (*of general*, *etc*)

адюльтéр adultery; *coll* adulterer

аж *partic pop* even; ~ до (+ *gen*) right up to; ~ на (+ *acc*) right on to; *conj pop* so that, until; светлó, ~ глазáм бóльно it was so bright that it was painful to the eyes

áжио *neut indecl* agio (*commerce*); **~тáж** stock-jobbing; *fig* stir, hullabaloo

ажитáц|ия *obs* agitation, excitement; быть в ~ии be excited, worked up, agitated

ажýр open-work; up to date; всё в ~е *coll* everything's fine, OK; **~ный** open-work (*of stitching*, *etc*); ~ная стрóчка hem-stitch; *fig* fine, delicate

аз 1 аз (*Slavonic name of letter A*); *fig pl coll* elements, rudiments; начинáть с ~óв begin at the beginning, start from scratch; ни ~á (в глазá) не знать *coll joc* not to know the first thing (about, о + *prep*)

азáлия azalea

азáрт excitement; ardour, passion; войти в ~ get worked up, get into the swing, get excited; в пылý ~а in the heat of the moment; **~но** *adv* recklessly, intensely; ~ игрáть be a keen player, play recklessly; **~ный** reckless, eager, keen; ~ная игрá game of chance; ~ игрóк keen player, reckless gambler

áзб|ука alphabet; the ABC *also fig*; ~ Морзе Morse code; **~учный** alphabetical; ~учная истина truism

азербайджáн|ец (~ца) Azerbaijani(an); **~ка** Azerbaijani(an) (woman); **~ский** Azerbaijani

азиáт Asiatic; *obs pop abus* barbarian; **~ский** Asiatic; *obs pop cont* barbarous; **~чина** *obs pop* barbarousness

áзимут azimuth

азóт nitrogen; óкись ~а nitric oxide; **~истый** nitrous; **~нокислый** nitrate; **~ный** nitric; ~ная кислотá nitric acid

áист stork

ай *interj coll expressing fear, pain, surprise, pleasure, etc* oh!, ow!, *etc*; ~, бóльно! ow!, it's painful; ай-ай-ай *coll expresses disapproval, reproach, etc*; ай да *coll expresses approval, praise, etc* ай да молодéц! well done!

айв|á quince(-tree); **~óвый** quince

айдá *interj pop* come on!, let's go!; *pred* go off, went off, *etc*

áйсберг iceberg

академ|изм academicism; academism; **~ик** academician, member of an academy; **~ический** academic(al); theoretical; **~ичный** (~ичен) academic, theoretical; ~ спор academic dispute; **~ия** academy; college; А~ наук Academy of Sciences

áк|анье akanie (*pronunciation of unstressed 'o' as 'a'*); **~ать** I *impf* pronounce unstressed 'o' as 'a'

акáфист *eccles* acathistus

акáция acacia

аквалáнг aqualung; **~ист** skin-diver

аквамарин aquamarine

акванáвт skin-diver

акварел|ист water-colour painter; **~ь** *f* water-colour; писáть ~ью paint in water-colours; **~ьный** water-colour

аквáриум aquarium

акватóрия area of water

акведýк aqueduct

акклиматиз|áция acclimatization; **~ировать** (~ирую) *impf and pf* acclimatize; **~ироваться** **(~ируюсь)** *impf and pf* become acclimatized

аккомодáция accommodation, adjustment

аккомпан|емéнт *mus* accompaniment *also fig*; под ~ to the accompaniment (of, + *gen*); **~иáтор** *mus* accompanist; **~ировать** (~ирую) *impf* accompany (+ *dat*; on, на + *prep*)

аккóрд chord; заключительный ~ *fig* finale; взять ~ strike a chord; **~еóн** accordion; **~еонист** accordion player, accordionist

аккóрдн|ый ~ая плáта piece payment; ~ая рабóта piece-work

аккредит|ив letter of credit; **~овáть** (~ýю) *impf and pf* accredit

аккумулятор accumulator, battery

аккурáт *adv pop* exactly, precisely; в ~ = ~; **~ист** *coll* conscientious person; в ~е properly, as it should be; **~ность** *f* neatness, tidiness; carefulness; accuracy; punctuality; **~ный** (~ен) neat, tidy; careful; exact, accurate; punctual; conscientious, reliable

акмеи|зм *lit* acmeism; **~ст** *lit* acmeist

аконит aconite

акр acre

акрид|ы питáться ~ами и дикии мёдом *lit* live frugally

акробáт acrobat; **~ика** acrobatics; **~ический** acrobatic

акрóполь *m* acropolis

акростих acrostic

акселерáтор accelerator (pedal)

аксельбáнт aiguillette, aglet

аксессуáр *theat* properties; *fig* accessory

аксиóма axiom

акт act; *theat* act; *leg* deed, document, statement; обвинительный ~ indictment; состáвить ~ draw up a report, statement (on, о + *prep*); speech-day (*in schools*, *etc*); ~ы граждáнского состояния registry records

актёр actor, player; **~ский** actor's, theatrical; ~ское искýсство art of acting; **~ство** acting; *fig coll* posing, affectation

актив activists, most active members (*of organization*); *fin* assets; *fig* asset, advantage; **~изировать** (~изирую) *impf and pf* make more active, stimulate, stir up, activate; **~изироваться**

(~изи́руюсь) *impf and pf* become more active, be stimulated; **~и́ст** activist, active member; **~́ный** (~ен) active, energetic; *fin* ~ бала́нс favourable balance

а́ктовый ~ зал assembly hall

актри́са actress

актуа́л|ьность *f* actuality; urgency; topicality; **~́ьный** (~ен) actual; urgent; topical, current; ~ вопро́с matter of topical interest

аку́л|а shark; **~́ий** shark('s)

аку́ст|ик acoustics specialist; **~́ика** acoustics; **~и́ческий** acoustic

акуш|ёр obstetrician; **~е́рка** midwife; **~е́рский** obstetric(al); **~е́рство** obstetrics; midwifery

акце́нт accent; stress, emphasis; де́лать ~ stress (на + *prep*); **~и́ровать** (~и́рую) *impf and pf fig* emphasize, stress; ~ внима́ние concentrate attention (on, на + *prep*); accentuate

акци́з (excise-) duty; обложи́ть ~ом excise

акц|ионе́р shareholder, stockholder; **~ионе́рный** ~ капита́л joint stock; ~ионе́рное о́бщество joint-stock company; **~ионе́рский** shareholder('s); **~́ия** *fin* share; ~ на предъяви́теля ordinary share; имення́я ~ nominal share; привилегиро́ванная ~ preference share; *fig usu pl* stock; его́ ~ии повыша́ются his stock is rising; action, démarche (*in diplomacy*)

алба́н|ец Albanian; **А~́ия** Albania; **~́ка** Albanian (woman); **~́ский** Albanian

а́лгебра algebra; **~и́ческий** algebraic(al)

алгори́тм algorithm, algorism

алеба́рда *hist* halberd

алеба́стр alabaster; **~́овый** alabaster

александри́йский *geog* Alexandrian; ~ лист senna; ~ стих Alexandrine verse

александри́т alexandrite

але́|ть I (~ет) *impf* turn red, scarlet, redden, flush (*of face, etc*), glow (*of sunset, etc*); show, appear red; **~́ться** I (~ется) *impf* show, appear red

алеу́т Aleutian; **~́ка** Aleutian (woman); **~́ский** А~ские острова́ Aleutian islands

алжи́р|ец (~ца) Algerian; **А~́ия** Algeria; **~́ка** Algerian (woman); **~́ский** Algerian

а́ли *conj pop poet* = и́ли

а́либи *neut indecl leg* alibi; установи́ть ~ establish an alibi

алиме́нт|щик *coll* person paying alimony; **~́ы** (*gen pl* ~ов) *leg* alimony, maintenance; **~щица** woman receiving alimony

алкало́ид alkaloid

ал|ка́ть (~́чу, ~́чешь *and* ~ка́ю) *impf poet* hunger (for), crave (for, + *gen*); **~ка́ш** *sl* boozer, soak, dipso, lush

алкогол|и́зм alcoholism, dipsomania; **~́ик** alcoholic, dipsomaniac; **~и́ческий** alcoholic; **~́ь** *m* alcohol; **~́ьный** alcoholic

Алла́х Allah; А~ его́ ве́дает, одному́ А~у изве́стно God (alone) knows

аллегор|и́ческий allegorical, figurative; **~и́чный** (~и́чен) allegorical, figurative; **~́ия** allegory

алле́гро *adv and n neut indecl* allegro

аллерг|е́н allergen; **~и́ческий** allergic; **~и́я** allergy

алле́я avenue; path, walk

аллига́тор alligator

аллилу́й|я *n indecl and interj* alleluia, hallelujah; ~ю петь кому́ laud, extol someone

аллитера́ция alliteration

алло́ *interj* hullo!, hello! (*used on telephone, etc*)

аллопа́т allopath(ist); **~́ия** allopathy; **~и́ческий** allopathic

аллюви|а́льный alluvial; **~́й** alluvium

аллю́р pace, gait (*of horses*); бе́шеным ~ом at breakneck speed

алма́з (uncut) diamond; glass-cutter, glazier's diamond; **~́ный** diamond

ало́э *neut indecl bot* aloe; *med* aloes

алта́рь 1 *m* altar; возложи́ть, принести́ на ~ sacrifice (to, + *gen*); chancel, sanctuary

алты́н *hist* (*gen pl* ~́) three kopecks; (*gen pl* ~ов) three-kopeck piece; ни ~а not a penny to bless oneself with; не́ было ни гроша́, да вдруг ~ *prov* it never rains but it pours; **~́ник** *coll pej* skinflint

алфави́т alphabet; **~́ный** alphabetical; ~ указа́тель index

алхи́м|ик alchemist; **~́ия** alchemy

а́лч|ность *f* greed, avidity; ~ к деньга́м cupidity; **~́ный** (~ен) greedy, grasping (for, к + *dat*); **~́ущий** ~ущие и жа́ждущие those that hunger and thirst (after, + *gen*)

а́л|ый (~) red, scarlet; ~ая заря́ crimson sky; ~ стяг red, scarlet banner; ~ые щёки rosy cheeks

алыча́ cherry plum (*Prunus divaricata*)

аль *conj pop* = и́ли

альбатро́с albatross

альбин|и́зм albinism; **~о́с** albino

альбо́м album

альбуми́н albumin

альвео́л|а *anat* alveolus; **~я́рный** alveolar

алько́в alcove; **~́ный** erotic

альмана́х literary miscellany; *obs* almanac

альпака́ *neut indecl* alpaca; *min* German silver

альпи́|йский alpine; **~ни́зм** mountaineering, mountain-climbing; **~ни́ст** mountaineer, mountain-climber

альт 1 alto (*voice, singer*); viola; **~ера́ция** *mus* change in pitch of notes; зна́ки ~ера́ции accidentals

альтернати́в|а alternative; **~́ный** (~ен) alternative

альтиме́тр altimeter

альт|и́ст viola-player; **~о́вый** alto, viola

альтруи́|зм altruism, unselfishness; **~́ст** altruist; **~сти́ческий** altruistic, unselfish

а́льф|а alph; от ~ы до оме́ги from A to Z; ~-лучи́ alpha rays; ~-части́ца alpha particle

альфо́нс *pej* gigolo, souteneur

алюми́н|иевый aluminium, aluminum *US*; **~́ий** aluminium, aluminum *US*

аляпова́т|ый (~) crude, tasteless; ~ая бро́шка cheap-looking brooch; coarse, ill-shaped

амазо́нка *myth* Amazon; horsewoman; riding-habit

амальга́м|а *chem also fig* amalgam; **~и́ровать** (~и́рую) *impf and pf chem also fig* amalgamate

амара́нт amaranth

амари́ллис *bot* amaryllis

а́мба *f indecl and pred pop* curtains, it's the end; мне ~ my number's up, I'm done for, I'm a goner

амба́р barn, granary; storehouse, warehouse

амби́ци|я pride, self-respect, self-love; vanity; arrogance; вломи́ться, войти́, уда́риться в ~ю *coll* take offence, umbrage

а́мбра amber; се́рая ~ ambergris

амбразу́ра *archi* embrasure; *mil* gun-port

амбре́ *neut indecl* scent, fragrance, smell; *now usu iron* bad smell, odour

амбро́зия ambrosia

амбулато́р|ия out-patients' department, clinic; doctor's surgery; **~́ный** ~ больно́й out-patient; ~ное лече́ние out-patient treatment

амбушю́р(а) *mus* mouthpiece
амво́н pulpit
амёба amoeba
Аме́рика America; **~нец** (~нца) American; **~ни́зм** Americanism; American methods; **~нка** American (woman); snack bar, vodka stall; two-wheeled cart; **~нский** American; ~ замо́к Yale lock
амети́ст amethyst; **~овый** amethyst(ine)
амикошо́нство *coll* overfamiliarity, offensive familiarity
аминокислота́ 7 amino acid
ами́нь *partic* amen; ~ пришёл ему́ *coll* that's the end of him
аммиа́|к ammonia; ~чный ammoniac
аммон|а́л ammonal; **~ий** ammonium
амнист|и́ровать (~и́рую) *impf and pf* amnesty, grant an amnesty (to); **~ия** amnesty
аморал|и́зм amoralism; **~ка** *coll* anti-social behaviour; **~ьность** *f* amorality; immorality; **~ьный** (~ен) amoral; immoral
амортиз|а́тор *tech* shock-absorber; **~а́ция** *econ* amortization; depreciation (*of property, etc*); *tech* damping, shock-absorption; **~и́ровать** (~и́рую) *impf and pf* amortize
амо́рф|ный (~ен) amorphous
ампе́р (*gen pl* ~) *phys* ampere; **~ме́тр** ammeter
ампи́р Empire style (*of furniture, etc*) **~ный** Empire
амплиту́да amplitude
амплифика́ция *lit* amplification
амплуа́ *neut indecl theat* theatrical type, character; *fig* role; э́то не его́ ~ it's not his line
а́мпула ampoule
ампут|а́ция amputation; **~и́ровать** (~и́рую) *impf and pf* amputate
амуле́т amulet, charm
амуни́ция *obs* munitions; accoutrements
Аму́р Cupid; аму́ры *coll* intrigues, love affairs; **~иться** II *impf* flirt (with), have an affair (with, с + *instr*); **~ный** *coll* amorous, love; ~ные дела́ love affairs
амфи́|бия amphibian; flying boat **~бра́хий** *lit* amphibrach; **~теа́тр** amphitheatre; *theat* (dress-) circle
ан *conj pop* but in fact; *partic* but, and
анабапти́|зм Anabaptism; **~ст** Anabaptist
анабио́з anabiosis
анагра́мма anagram
анаколу́ф anacoluthon
анакреонти́ческий anacreontic
ана́ли|з analysis; ~ кро́ви blood test; **~зи́ровать** (~зи́рую) *impf and pf*; *pf also* про~ analyse; **~тик** analyst; **~тика** analytic geometry; **~ти́ческий** analytic(al)
ана́лог analogue; **~и́ческий** analogical; **~и́чный** (~и́чен) analogous, similar (to, + *dat*); **~ия** analogy; по ~ии by analogy (with), on the analogy (of, с + *instr*); проводи́ть ~ию draw a parallel, analogy (with, с + *instr*)
анало́й lectern
ана́льный anal
анана́с pineapple; **~ный** *and* **~овый** pineapple
ана́пест *lit* anapaest
анарх|и́зм anarchism; **~и́ст** anarchist; **~и́стский** anarchist; **~и́ческий** anarchic(al); **~и́чный** (~и́чен) anarchic; **~ия** anarchy; **~о-синдикали́зм** anarcho-syndicalism; **~о-синдикали́ст** anarcho-syndicalist
ана́том anatomist; **~и́ровать** (~и́рую) *impf and pf* dissect; **~и́ческий** anatomic(al); ~ теа́тр dissecting room; **~и́чка** *coll* dissecting room; **~ия** anatomy
ана́ф|ема anathema; excommunication; преда́ть ~еме anathematize; **~ема́тствовать** (~ема́тствую) *impf eccles* excommunicate
анахоре́т hermit, anchorite; *fig* recluse
анахрони́|зм anachronism; **~ческий** anachronistic; **~чный** (~чен) anachronistic, out of date
ангаж|еме́нт *theat* engagement; **~и́ровать** (~и́рую) *impf and pf theat* engage; invite to dance
анга́р *aer* hangar
а́нг|ел angel; ~-храни́тель guardian angel; ~ во плоти́ *coll* absolute angel, kindness personified; день ~ела name-day; поздра́вить кого́ с днём ~ела wish someone a happy name-day, saint's day, feast day; **~ельский** angelic *also fig*; ~ о́браз *obs* monk's habit
ангидри́|д anhydride; **~т** anhydrite
анги́на tonsilitis, quinsy
англ|изи́ровать (~изи́рую) *impf and pf* anglicize; **~и́йский** English; British; ~и́йская боле́знь rickets; ~и́йская була́вка safety-pin; ~ рожо́к cor anglais, alto oboe; ~и́йская соль Epsom salts; *n* Baskerville (type); **~ика́нский** Anglican; **~и́ст** specialist in English (studies); **~и́стика** English philology, studies; **~ици́зм** anglicism; English loan-word; **~ича́нин** (*pl* ~ича́не, ~ича́н) Englishman; **~ича́нка** Englishwoman; **А́~ия** England; **~ома́н** anglomane; **~оса́кс** Anglo-Saxon; **~оса́ксо́нский** Anglo-Saxon; **~офи́л** anglophile; **~офи́льство** anglophilia; **~офо́б** anglophobe; **~офо́бство** anglophobia
анго́рск|ий Angora; ~ая ко́шка Persian cat; ~ая шерсть Angora wool
анда́нте *mus* andante
андре́евский ~ крест St Andrew's cross
анекдо́т story, joke, anecdote; *fig coll* funny thing, incident; **~и́ческий** anecdotal, extraordinary; э́то но́сит ~ хара́ктер it seems hardly serious; **~и́чный** (~и́чен) incredible, extraordinary; э́то ~и́чно it sounds unbelievable
анеми́|ческий anaemic; **~чный** (~чен) anaemic-looking, pale, anaemic; **~я** anaemia
анемо́метр anemometer
анемо́н anemone
анестези|о́лог anaesthetist; **~ровать** (~рую) *impf and pf* anaesthetize; ~рующее сре́дство anaesthetic; **~я** anaesthesia
анили́н aniline; **~овый** aniline
анимали́ст painter, sculptor of animals
аними́|зм animism; **~ст** animist
ани́с *bot* anise; anise apple(s); **~овка** anise apple; liqueur flavoured with anise, anisette; **~овый** ~овое се́мя aniseed
а́нкер *tech* anchor, holdfast; anchor escapement
анке́т|а (application) form; questionnaire; **~ный** ~ные да́нные personal particulars
анна́л|ы (*gen pl* ~ов) annals, records
аннекс|и́ровать (~и́рую) *impf and pf* annex; **~ия** annexation
аннот|а́ция annotation; **~и́ровать** (~и́рую) *impf and pf* annotate
аннули́р|ование annulment, cancellation; abrogation; **~овать** (~ую) *impf and pf* annul, cancel; abrogate
ано́д anode; **~и́ровать** (~и́рую) *impf and pf* anodize

аномáл|ия anomaly; **⁓ьный** (~ен) anomalous, irregular

анони́м anonymous author, correspondent; anonymous work; **⁓ка** *coll pej* anonymous letter; **⁓ный** (~ен) anonymous

анóнс announcement, notice (*of forthcoming performance, etc*); bill, poster; **~и́ровать** (~и́рую) *impf and pf* make an announcement

анормáл|ьность *f* abnormality; **⁓ьный** (~ен) abnormal

ансáмбль *m* ensemble; harmony; *mus, theat* ensemble, company, group

антаблемéнт *archi* entablature

антагони́|зм antagonism; **⁓ст** antagonist; **~сти́ческий** antagonistic

Антáркти|ка the Antarctic, Antarctica; **⁓ческий** Antarctic

антéнна *zool* antenna; *tech* aerial; рáмочная ~ loop aerial

анти- anti-

антибиóтнк antibiotic

анти́к antique (*work of art, etc*); **~вáр** antique dealer; antiquary; **~вариáт** antique-shop; **~вáрный** antiquarian; ~вáрная вещь antique; ~ магази́н antique-shop

антилóпа antelope

антими́нс *eccles* communion cloth

антимóн|ия antimony; разводи́ть ~ии *coll joc* twaddle, jabber, chatter, talk a lot of rot

антинóмия antinomy

антипат|и́чный (~и́чен) antipathetic; **⁓ия** antipathy (for, to), aversion (for, to, к + *dat*); испы́тывать óструю ~ию take a violent dislike (to, к + *dat*)

антипóд antipode

антисанитáр|ный (~ен) insanitary

антисеми́т anti-Semite; **~и́зм** anti-Semitism; **⁓ский** anti-Semitic

антисéпт|ик antiseptic; **⁓ика** antisepsis; *collect* antiseptics; **~и́ческий** antiseptic

антисовéтский anti-Soviet

антитéз|а antithesis; **⁓ис** *philos* antithesis

антитéло 2 antibody

антитети́ческий antithetical

антитокси́н antitoxin

антифри́з antifreeze (*for car, etc*)

анти́христ Antichrist

антициклóн anticyclone

античасти́ца anti-particle

анти́чн|ость *f* antiquity; classical antiquity; **⁓ый** ancient; classical; ~ мир ancient world; ~ прóфиль classical profile

антолог|и́ческий anthological; **⁓ия** anthology

антóним antonym

антóнов ~ огóнь *pop* gangrene

антóн|овка antonovka apple; **⁓овский** ~овские я́блоки antonovka apples

антрáкт *theat* interval, intermission *US*; *mus* entr'acte, interlude

антраци́т anthracite

антрашá *neut indecl* entrechat; вы́дéлывать, выки́дывать ~ *fig coll* cut capers

антрекóт entrecôte steak, rib of beef

антрепр|енёр impresario, theatrical manager; **~и́за** theatrical enterprise

антресóль *f usu pl* mezzanine; attic; gallery

антропó|лог anthropologist; **~логи́ческий** anthropological; **~лóгия** anthropology; **~мéтрия** anthropometry; **~морфи́зм** anthropomorphism; **~морфи́ческий** anthropomorphic; **~мóрфный** anthropoid; **~фáг** cannibal; **~фáгия** cannibalism

антурáж environment; milieu, entourage

анфáс *adv* full face

анфилáда suite (of rooms); *mil* enfilade

анчáр upas-tree

анчó|ус anchovy; **⁓усный** anchovy

аншлáг notice; *theat* full house; спектáкль идёт с ~ом the show is sold out; large headline

аню́тины ~ глáзки pansy

аóрта aorta

апартáмент|ы (*gen pl* ~ов) apartment

апати́т apatite

апат|и́ческий apathetic; **~и́чный** (~и́чен) apathetic; lethargic; **⁓ия** indifference; apathy

апáш apache

апелл|и́ровать (~и́рую) *impf and pf* appeal (to, в + *acc or* к + *dat*) *also leg*; ~ в Верхóвный Суд appeal to the Supreme Court; ~я́нт *leg* appellant; ~яциóнный appeal; **~я́ция** *leg* appeal

апельси́н orange(-tree); **⁓ный** *and* **⁓овый** orange; ~овое варéнье orange marmalade

аплоди́|ровать (~рую) *impf* applaud, cheer (+ *dat*); **~сméнты** (*gen pl* ~смéнтов) applause, cheers, clapping; бýрные ~ tumultuous applause

аплóмб assurance, self-confidence, aplomb; говори́ть с ~ом talk glibly; держáться с ~ом be self-assured

апогé|й *astron* apogee; *fig* climax, culmination, acme, zenith, height, summit; дости́гнуть своегó ~я reach its climax; ~ слáвы summit of glory

Апокáлип|сис Revelation, Apocalypse; **~ти́ческий** apocalyptic

апóкриф apocrypha; apocryphal work; **~и́ческий** apocryphal; **~и́чный** (~и́чен) *coll* apocryphal

аполити́ч|ность *f* political indifference; **⁓ный** (~ен) politically indifferent; apolitical

аполог|éт apologist, advocate; **~éтика** apologetics; **⁓ия** apologia

апоплекс|и́ческий apoplectic; **⁓ия** apoplexy

апостериóр|и *adv* a posteriori; **⁓ный** (~ен) a posteriori

апóст|ол apostle *also fig*; *eccles* (book containing) Epistles and Acts of the Apostles; **⁓ольский** apostolic

апострóф apostrophe

апофеóз apotheosis, glorification

аппарáт apparatus; instrument; organ(s); госудáрственный ~ State machinery; дыхáтельный ~ respiratory system; (фотографи́ческий) ~ camera; personnel; **⁓ный** *adj of* ~; ⁓ные срéдства *tech* hardware; **~ýра** apparatus, equipment, gear, instruments; **⁓чик** (machine) operative; *coll* administrator, functionary, apparatchik

аппéнди|кс *anat* appendix; **~ци́т** *med* appendicitis

апперцéпция perception

аппети́т appetite; дразни́ть чей-л. ~ whet someone's appetite, make someone's mouth water; прия́тного ~а! bon appétit!; есть с ~ом eat with relish; *usu pl* appetite (for), desires; умéрить свои́ ~ы curb one's desires; **⁓ный** (~ен) appetizing

аппликатýра *mus* fingering

апплика́ция appliqué work

апрéл|ь *m* April; Пéрвое ~я All Fools' Day; **⁓ьский** April

априóр|и a priori; **⁓ный** (~ен) a priori

апроб|áция (official) approbation; **~и́ровать** (~и́рую) *impf and pf* approve

апси́да apse

апте́|ка chemist's (shop), drugstore *US*; как в ~ке *joc* to a nicety, (right) to a T; **~́карский** chemist's, pharmaceutical; **~карша** wife of chemist, druggist; female chemist, druggist; **~́карь** *m* chemist, pharmacist, druggist *US*; **~́чка** medicine chest, first-aid kit; **~́чный** ~ за́пах smell of drugs
ар are (*unit of measurement*)
ара́б Arab(ian); **~е́ск** *and* **~е́ска** arabesque; **~и́ст** Arabic scholar, Arabist; **~и́стика** Arabic studies; **~́ка** Arab(ian) (woman); **~́ский** Arab(ian), Arabic; ~ская ло́шадь Arab (horse); ~ские ци́фры arabic numerals; ~ язы́к Arabic
арав|и́йский Arabian, of Arabia; **А~́ия** Arabia
ара́к arrack
аракче́|евский despotic, 'Arakcheyevan'; **~́евщина** *hist* Arakcheyev regime; *fig* despotism
араме́йский Aramaic
аранжи́р|овать (~ую) *impf and pf mus* arrange; **~о́вка** *mus* arrangement
ара́п *obs* black, negro; *obs pop* cheat, swindler; на ~а *coll* by bluffing; **~́ник** whip
араука́рия araucaria, monkey-puzzle tree
ара́хис ground-nut, peanut
арба́ 6 bullock-cart
арбале́т arbalest, crossbow
арби́тр arbiter, arbitrator; umpire, referee; **~а́ж** arbitration; **~а́жный** ~ суд court of arbitration
арбу́з water-melon
Аргенти́н|а Argentina, the Argentine; **а~́ец** (~ца) Argentinian, **а~́ка** Argentinian (woman); **а~́ский** Argentinian, Argentine
арго́ *neut indecl* slang, argot; воровско́е ~ thieves' cant
арго́н argon
арготи́|зм slang expression; **~́ческий** slang, argot
аргуме́нт argument; **~а́ция** arguments, line of argument, reasoning, argumentation; **~и́ровать** (~и́рую) *impf and pf* advance arguments (for), argue, give reasons (for), base one's contentions (on, + *instr*)
А́ргус *myth* Argus; бди́тельный как ~ Argus-eyed
ареа́л *bot zool* natural habitat
аре́на arena; цирковá́я ~ circus ring; ~ де́ятельности field, sphere of action; междунаро́дная ~ international scene
аре́нд|а lease; брать в ~у rent, lease, take on lease; сдава́ть в ~у let, lease, grant on lease; rent (*payment*); **~а́тор** tenant, lessee, leaseholder; **~́ный** ~ догово́р lease; ~ная пла́та rent; **~ова́ть** (~у́ю) *impf and pf* rent, lease, have a lease on, hold on lease
арео́метр hydrometer, areometer
ареопа́г *iron* tribunal, areopagus
аре́ст arrest; посади́ть под ~ put under arrest; сиде́ть, находи́ться под ~ом be under arrest, be in custody; наложи́ть ~ на иму́щество *leg* sequester, put a distraint on, seize property; **~а́нт** *obs* prisoner; **~а́нтский** prisoner's; penal, convict; **~о́ванный** *n* prisoner; **~ова́ть** (*pres and fut* ~у́ю) *pf of* ~о́вывать; **~о́вывать** *pf* ~ова́ть arrest; sequestrate
ари́|ец (~йца) Aryan; **~́йский** Aryan
арио́зо *neut indecl* arioso
аристокра́т aristocrat; **~и́ческий** aristocratic; **~́ия** aristocracy
аритми́|ческий, ~́чный (~чен) unrhythmical; **~́я** arrhythmia
арифм|е́тика arithmetic; **~ети́ческий** arithmetical; **~о́метр** arithmometer

а́рия *mus* aria, air
а́р|ка (*gen pl* ~ок) arch; **~ка́да** arcade
арка́н lasso, lariat; **~́ить** II *pf* за~ lasso
Аркти|ка the Arctic, Arctic regions; **а~́ческий** Arctic
арлеки́н harlequin; **~а́да** harlequinade
арма́да armada
армату́р|а *collect* fittings; *tech* armature; steel *or* ferro-concrete reinforcement, steel framework; reinforcing bars; **~́щик** erector, spiderman
арм|е́ец (~е́йца) soldier; *obs* member of line regiment; **~е́йский** army; **~́ия** army; де́йствующая ~ front-line forces, army on active service
арми́рованный reinforced (*of concrete, etc*)
армя́к 1 armiak, peasant's cloth coat
армян|и́н (*pl* ~́е, ~́) Armenian; **~́ка** Armenian (woman); **~́ский** Armenian
а́рника *bot med* arnica
арома́т fragrance, perfume, scent, odour, aroma *also fig*; **~и́ческий, ~и́чный** (~и́чен) aromatic, fragrant; **~́ный** (~ен) fragrant (*of apples, tea, wine, etc*), balmy (*of air, evening, etc*)
а́рочный arched, vaulted
арпе́дж|ио *mus adv and n* arpeggio (*neut indecl in sing*; *pl* ~ии, ~ий)
арсена́л arsenal *also fig*
арт- artillery
арта́читься II *impf coll fig* be obstinate, be pig-headed, jib at; jib, balk (*of horse*)
артезиа́нский ~ коло́дец artesian well
арте́ль *f* cooperative, artel; ~ промысло́вой коопера́ции small producer's cooperative; **~́ный** artel; collective, common; ~ челове́к *pop* sociable person; **~́щик** member of artel; manager of artel; collector of money
артер|иа́льный *anat* arterial; **~иосклеро́з** arteriosclerosis; **~́ия** *anat* artery; arterial road; во́дная ~ waterway
арти́к|ль *m gramm* article; **~́ул** article (*manufactured, etc*); во́инский ~ *hist* Articles of War
артикул|и́ровать (~и́рую) *impf ling* articulate; **~я́ция** *ling* articulation
артиллер|и́йский *mil* artillery; ~ склад ordnance depot; **~и́ст** artilleryman, gunner; **~́ия** artillery; ordnance; тяжёлая ~ *fig iron* person hard to move; *fig* heavy artillery
арти́ст artist(e); actor; performer; заслу́женный ~ Honoured Artist; о́перный ~ opera singer; ~ бале́та ballet dancer; ~ кино́ film actor; ~ эстра́ды variety actor; *fig* artist, expert; *fig coll iron* rogue; **~и́зм** virtuosity; **~и́ческий** artistic; skilful; ~и́ческая green-room, dressing-room; **~́ка** artiste, actress; *fig* expert, artist (woman)
артишо́к artichoke
артри́т arthritis
а́рф|а harp; Эо́лова ~ Aeolian harp; **~и́ст** harp-player, harpist
архаи|зи́ровать (~зи́рую) *impf and pf* archaize, make archaic; **~́зм** archaism; **~́ческий** *and* **~́чный** (~чен) archaic
архалу́к *hist* short caftan
арха́нг|ел archangel; **~́ельский** archangelic
арха́р (Pamir) argali, wild sheep
арха́ров|ец (~ца) *pop* ruffian, cutthroat
архе|о́граф archeograph; **~огра́фия** archeography, study and publication of early texts; **~о́лог** archaeologist; **~ологи́ческий** archaeological; **~оло́гия** archaeology
архи- arch-

архи́в archives, Record Office; papers; ры́ться в ~ах delve into the records; сдава́ть в ~ file, shelve; *fig* give up as a bad job; **~а́риус** keeper of archives; **~и́ст** archivist; **~́ный** archive

архи|дья́кон archdeacon; **~епи́скоп** archbishop; **~ере́й** member of higher orders of clergy (bishop, archbishop *and* metropolitan); **~мандри́т** archimandrite

архи|пела́г archipelago; **~текто́ника** architectonics; **~те́ктор** architect; **~текту́ра** architecture; **~тексту́рный** architectural; **~тра́в** architrave

арши́н (*gen pl* ~) arshin (= 27·95 inches); (*gen pl* ~ов) ruler, rule (*of this length*); ме́рить на свой ~ *coll* measure by one's own yardstick, measure by one's own bushel; то́чно, сло́вно, как бу́дто ~ проглоти́л *coll* as stiff as a poker, as straight as a ramrod, bolt upright; ви́деть два ~а под землёй *coll* be very observant

ары́к irrigation canal, ditch

арьерга́рд *mil* rearguard; **~́ный** *mil* rearguard

ас (air) ace; *fig* master, expert

асбе́ст asbestos; **~́овый** asbestos

асе́пти|ка asepsis; **~́ческий** aseptic, sterile

асе́ссор *obs* assessor; колле́жский ~ collegiate assessor (*8th grade in Tsarist civil service*)

асимметри́|ческий asymmetrical; **~́чный** (~чен) asymmetrical; **~́я** asymmetry

аске́т ascetic; **~и́зм** asceticism; **~и́ческий** ascetic

аскорби́нов|ый ~ая кислота́ ascorbic acid

аспе́кт aspect, perspective; в э́том ~е regarded in that light; под други́м ~ом from another angle, viewpoint

а́сп|ид *zool* asp; *fig pop cont* viper; *min* slate; **~́идный** ~идная доска́ slate (*for writing*)

аспира́нт postgraduate (student); **~у́ра** postgraduate studies, course; *collect* postgraduate students

аспири́н aspirin

ассамбле́я assembly; *hist* ball

ассениза́|тор latrine cleaner, sewerman, sanitation man *Am*; **~цио́нный** sewage, sewage-disposal; **~́ция** sewage disposal

ассигн|а́ция *hist* banknote; **~ова́ние** *fin* assignation, allocation, appropriation; **~ова́ть** (~у́ю) *impf and pf fin* assign, allocate, appropriate

ассимил|и́ровать (~и́рую) *impf and pf* assimilate; **~и́роваться** (~и́руюсь) *impf and pf* become assimilated (to, с + *instr*); **~я́ция** assimilation

ассист|е́нт assistant; (assistant) lecturer (*in university, etc*); **~и́ровать** (~и́рую) *impf* assist (+ *dat*), act as assistant (to)

ассона́нс assonance

ассорти́ *neut indecl* assortment (*of chocolates, etc*); **~ме́нт** assortment, range, selection (*of goods, etc*); set

ассоци|а́ция association; **~и́ровать** (~и́рую) *impf and pf* associate (with, с + *instr*); **~и́роваться** (~и́руюсь) *impf and pf* (be) associate(d) (with, с + *instr*); с чем э́то у вас ~и́руется? what do you associate it with?

астени́я *med* asthenia

астеро́ид asteroid

астигмати́зм astigmatism

а́стм|а asthma; **~а́тик** asthmatic; **~ати́ческий** asthmatic

а́стра aster

астр|а́льный astral; **~обота́ника** astrobotany; **~о́лог** astrologer; **~ологи́ческий** astrological; **~оло́гия** astrology; **~оля́бия** astrolabe; **~она́вт** astronaut, spaceman; **~она́втика** astronautics; **~оно́м** astronomer; **~ономи́ческий** astronomic(al) *also fig*; **~оно́мия** astronomy; **~офи́зик** astrophysicist; **~офи́зика** astrophysics

асфа́льт asphalt; **~и́ровать** (~и́рую) *impf and pf*; *pf also* за~ asphalt; **~́овый** asphalt(ed)

асфи́ксия asphyxia

ась *interj pop* what?, eh?

атави́|зм atavism; **~сти́ческий** atavistic

ата́к|а attack; charge (infantry); перейти́ в ~у switch to the attack; **~ова́ть** (~у́ю) *impf and pf* attack, charge, assault

атама́н *hist* ataman, Cossack chieftain; *fig* (gang-) leader, (robber) chief

ата́|нда, ата́|нде *sl* attention!, watch out!; **~́с** *sl* alarm; стоя́ть на ~се, ~нде *sl* keep watch

атеи́|зм atheism; **~́ст** atheist; **~сти́ческий** atheistic

ателье́ *neut indecl* studio (*artist's, etc*); ~ мод fashion house; dressmaker's; tailor's

а́тлас atlas; album (*of drawings, etc*)

атла́с satin; **~́ный** satin; satiny

атле́т athlete; **~и́зм** athletic build; body-building; **~́ика** athletics; лёгкая ~ track and field sports; **~и́ческий** athletic

атмосфе́р|а atmosphere *also fig*; **~и́ческий** atmospheric (*in science*); **~́ный** atmospheric; ~ное давле́ние atmospheric pressure

ато́лл atoll

а́т|ом atom; **~омисти́ческий** atomistic; **~́омник** atomic scientist; **~́омность** *f* atomicity; **~́омный** atomic, nuclear; ~омная бо́мба atom(ic) bomb, A-bomb; ~ вес atomic weight; ~омная эне́ргия atomic, nuclear energy; **~омохо́д** nuclear-powered ice-breaker

атрибу́т attribute

атропи́н atropine

атрофи́|рованный (~рован) atrophied; **~́роваться** (~руется) *impf and pf* atrophy; **~́я** atrophy

атташе́ *m indecl* attaché

аттест|а́т certificate; ~ зре́лости school-leaving certificate; *hist* certificate of service; де́нежный ~ *mil* pay certificate; *obs* testimonial; продово́льственный ~ *mil* ration certificate; pedigree (*of animal*); дать дурно́й ~ give a bad character; **~ацио́нный** ~ацио́нная коми́ссия examination board; **~а́ция** certification, attestation; certification (as), promotion (to); recommendation, reference; **~ова́ть** (~у́ю) *impf and pf* give a reference, recommend; certify (as), promote (to); make a report, give a mark (*to students, etc*)

аттракцио́н attraction(s) (*amusements*); side-show

ату́ *interj* tally-ho!, halloo! ~ его! at him!, sick him! (*in hunting*)

ау́ *interj* hi!, halloo!, yoo-hoo! (*cry to attract attention, keep contact, etc*)

ауди|е́нция audience; дать ~е́нцию кому́ grant an audience to someone; **~то́рия** auditorium; lecture-hall; *collect* audience

ау́к|ать I *pf* ~нуть *coll* halloo, shout 'hi'; **~́аться** I *pf* ~нуться shout, halloo to one another; как ~нется, так и откли́кнется *prov* do as you would be done by, be paid back in kind; serves you, *etc*, right; **~́нуть(ся)** I *pf of* ~ать(ся)

аукцио́н auction; продава́ть с ~а sell by auction; **~е́р** participant in auction; **~и́ст** auctioneer; **~́ный** auction

ау́л aul, Caucasian village

аутенти́ч|еский authentic; **~́ность** *f* authenticity; **~́ный** (~ен) = ~еский

аутодафе́ *neut indecl* auto-da-fé
афа́зия aphasia
афга́н|ец (~ца) Afghan; **А~иста́н** Afghanistan; **~ка** Afghan (woman); **~ский** Afghan
афе́р|а fraud, swindle, speculation; сомни́тельная ~ shady transaction; **~и́ст** swindler, speculator
афи́н|ский Athenian; **~янин** (*pl* ~яне, ~ян) Athenian; **~янка** Athenian (woman)
афи́ш|а bill, poster, placard; notice; театра́льная ~ playbill; **~и́ровать** (~и́рую) *impf and pf* parade, advertise
афори́|зм aphorism; **~сти́ческий, ~сти́чный** (~сти́чен) aphoristic
А́фрика Africa; **~нец** (~нца) African; **~нка** African (woman); **~нский** African; ~нские стра́сти unbridled passions
а́фро-азиа́тский Afro-Asian
афро́нт *obs* affront, insult
аффе́кт *psych* affect; **~а́ция** affectation; **~и́рованный** affected
ах *interj* oh!, ah!; **~анье** groan(ing); sigh(ing); **~и** *n* (*gen pl* ~ов) *coll* cries of 'oh!', 'ah!', sighing; о́хи да ~и moans and groans; ~ да! *interj coll* by the way; **~ать** I *sem pf* ~нуть sigh, keep sighing
ахилле́сов ~а пята́ Achilles' heel; ~о сухожи́лие Achilles' tendon
ахине́|я *coll* nonsense; нести́ ~ю *coll* talk through the top of one's hat, talk nonsense, rot
а́х|нуть I *sem pf of* ~ать; *pop* hit, thump, bang, clobber; gasp; он и ~ не успе́л before he knew where he was, before one could say Jack Robinson; **~овый** *pop* rotten; ~овая рабо́та appalling work; он па́рень ~ he is a terrific chap
ахромати́|зм achromatism; **~ческий** achromatic
ахтерште́в|ень *m* (~ня) *naut* stern-post
ахти́ *interj dial* oh!, alas!; ~ мне! woe is me!; не ~ как *coll* nothing special, not up to much, from fair to middling; не ~ како́й! *coll* no great shakes; не ~ како́й врач not much of a doctor
ацет|иле́н acetylene; **~о́н** acetone
аццте́к Aztec
ашу́г folk poet (*in Caucasus*)
аэра́|рий *med* aerarium; **~ция** aeration
аэро- aero-; **~вокза́л** air terminal; **~дина́мика** aerodynamics; **~динами́ческий** aerodynamic; ~динами́ческая труба́ wind-tunnel; **~дром** aerodrome, airfield, airdrome *US*; **~ли́т** aerolite; **~лог** aerologist; **~ло́гия** aerology; **~навига́ция** air navigation; **~на́вт** aeronaut; **~на́втика** aeronautics; **~пла́н** *obs* aeroplane; **~по́рт** (в ~порту́) airport; **~са́ни** (*gen pl* ~са́ней) propeller-sleigh, aero-sleigh; **~се́в** aerial sowing; **~ста́т** balloon; ~ загражде́ния barrage balloon; **~ста́тика** aerostatics; **~фотосъёмка** air, aerial photography; **~хо́д** hovercraft

Б

б *partic* = бы (*usu after word ending in vowel*)
ба *interj coll* hullo!, oh! (*expressing surprise*)
ба́ба married peasant woman; *coll pop* wife, the old woman; *coll pej* woman, wench; *pl coll* women; *coll* old woman (*said of man*); бой-~ *coll* virago; ка́менная ~ *arch* stone image; сне́жная ~ snowman; ро́мовая ~ rum-baba; *tech* ram (*of pile-driver*); cylindrical cake; *tech* hammer(head)
баба́х *interj* (*noise of heavy fall*) bang!; **~́нуть** bang; ~нуло there was a bang
ба́ба-яга́ (ба́бы-яги́, *etc*) Baba-Yaga (*witch in Russian folk tales*), ogress
бабби́т *tech* babbit
бабёнка *coll pej* filly (*of woman*), wench
ба́б|ий *coll* women's, womanish; ~ье ле́то Indian summer; ~ьи ска́зки old wives' tales
ба́б|ка *coll* grandmother; *dial* midwife; *obs* повива́льная ~а midwife; *anat* pastern; knuckle-bone; игра́ть в ~и play at knuckle-bones; *tech* mandrel; *tech* block; *tech* head (*of hammer*); *tech* chuck (*of lathe*)
ба́бни|к *coll disappr* philanderer; **~чать** I *impf coll* run after women
ба́бочка butterfly; ночна́я ~ moth; *coll* bow tie
бабуи́н baboon
ба́бушк|а grandmother; *coll* grandma, grannie; *pop* grandma (*form of address to old woman*); э́то ещё ~ на́двое сказа́ла we shall see!; **~ин** grandmother's
бабьё *collect pej* womenfolk
бава́р|ец (~ца) Bavarian; **Б~ия** Bavaria; **~́ка** Bavarian (woman); **~́ский** Bavarian
бага́ж 1 luggage; сдать ве́щи в ~ register luggage; *fig* fund, store (*of impressions, etc*); **~ник** luggage carrier, rack; boot (*of car*); **~ный** luggage
баге́т *archi* baguette
баг|о́р (~ра́) boat-hook
ба́гр|енье gaffing (fish); **~́ить** II gaff; *pf* с~ *sl* pilfer
багр|и́ть II *pf* о~ *poet* incarnadine; tint purple; **~ове́ть** I *pf* по~ turn crimson *or* purple; **~о́вый** (~о́в) crimson, purple; **~я́н|ец** (~ца) crimson, purple; **~я́нник** *bot* Judas-tree; **~я́ный** (~я́н) *poet* crimson, purple
багу́льник *bot* Labrador tea, wild rosemary
бадминто́н badminton
бад|ья́ 1 (*gen pl* ~е́й) tub, bucket
ба́з|а base; depot, warehouse (*for stores*); reserve (*of materials*); basis; на ~е on the basis (of, + *gen*); ground, proof; подводи́ть ~у give grounds (for, под + *acc*); тури́стская ~ tourist camp; ~ да́нных database
база́льт basalt; **~́овый** basaltic
база́р market; благотвори́тельный ~ bazaar, sale; *fig coll* bear-garden, row, uproar; **~ный** *adj of* ~; *coll* of the market-place, rough, crude; ~ная ба́ба *coll* fishwife; ~ная ру́гань *coll* billingsgate, invective
базе́дов *med* ~а боле́знь Basedow's disease
базили́к *bot* basil; **~́а** *archi* basilica
бази́р|овать (~ую) *impf* base (on, на + *prep*); **~ся** (~уюсь) *impf fig* be based, rest (on, на + *prep*); *mil* base oneself (on), be based (on, на + *acc*)

ба́з|ис *econ*, *philos* basis, foundation; *archi* base; **~́исный** basis; **~́овый** foundation
ба́ньки *see* **бай-бай**
ба́й-ба́й *interj* bye-byes; пора́ ~! time to go bye-byes!
байба́к 1 *zool* steppe marmot; *fig coll* lazybones
байда́рка canoe, kayak
ба́йк|а flannelette; *coll* tale, story, invention; **~́овый** flannelette
байрони́|зм Byronism; **~́ческий** Byronic
байт *tech* byte
бак tank, cistern; boiler; *naut* forecastle
бакала́вр bachelor (*holder of degree*)
бакале́|йный grocery; ~йная ла́вка grocer's shop; **~йщик** grocer; **~́я** *collect* groceries
ба́кан *naut* buoy
бака́ут *bot* lignum vitae, guaiacum
ба́кен = ба́кан; *obs* sidewhisker; **~ба́рда** *usu pl* sidewhisker(s)
ба́кенщик buoy-keeper
ба́к|и (*gen pl* ~) *coll* sidewhiskers
баккара́ *neut indecl* baccarat (*card-game*); Baccarat cut glass
бакла́га (*metal*) flask
баклажа́н *bot* eggplant, aubergine
бакла́н *zool* cormorant; *sl* ruffian
баклу́ш|и бить ~и *coll* idle away one's time; **~́ничать** I *impf* idle
бактер|иа́льный, бактери́йный bacterial; **~ио́лог** bacteriologist; **~иологи́ческий** bacteriological; ~иологи́ческая война́ bacteriological, germ warfare; **~иоло́гия** bacteriology; **~́ия** bacterium
бакши́ш baksheesh; tip, bribe
бал 2 (на ~у́) ball, dance; кончен ~ *coll* that's the end of that, the game is up
балабо́лка *m and f pop pej* windbag, chatterbox; *f* rattle
балага́н booth (*at fairs*); popular theatrical show; *fig pej* farce, tomfoolery; **~́ить** II *impf coll* play the fool; **~́ный** *adj of* ~; farcical; **~́щик** showman; *coll* buffoon
балагу́р *coll* wag, joker; **~́ить** II *impf coll* jest, quip; **~́ство** *coll* quipping, jesting
балала́|ечник balalaika-player; *sl* anti-Soviet agitator; **~́йка** balalaika
баламу́|т *coll* trouble-maker; **~́тить** II (~чу) *pf* вз~ *pop* stir up (*water*), muddy; *fig coll* stir up (*trouble*), disturb
бала́нд|а *sl* (prison) gruel, skilly; ~у заправля́ть *sl* lie; ~у трави́ть *sl* talk nonsense; **~ёр** *sl* gruel ladler
бала́нс *econ* balance; balance-sheet; платёжный, торго́вый ~ balance of payments, trade; pulp-wood
балансёр tightrope-walker
баланси́р *tech* bob, beam; rocking shaft; balance-wheel (in timepiece); **~овать** (~ую) *impf* keep one's balance; *pf* с~ *econ* balance (*of accounts*)
балахо́н loose overall; *coll* shapeless garment
балбе́с *coll cont* booby, prize idiot; **~́ничать** I *impf* idle away one's time
балда́ 1 *tech* heavy hammer; *dial* knob; *m and f fig*

pop blockhead
балдахи́н canopy
балери́на ballerina
бале́т ballet; **~ме́йстер** ballet-master; **~́ный** ballet; **~ома́н** balletomane; **~ома́ния** balletomania
ба́лк|а beam, girder; а́нкерная ~а tie-beam; попере́чная ~а cross-beam; решётчатая ~а lattice girder; клёпаные, прока́тные ~и riveted, rolled girders; gully, gorge, ravine
балка́нский Balkan
балко́н balcony; *theat* upper circle, balcony
балл number; ве́тер в шесть ~о́в wind force 6; mark (*in school*); *sp* point
балла́да ballad; *mus* ballade
балла́ст ballast; *fig* useless burden, lumber; dead weight (*of person*)
балли́сти|ка ballistics; **~́ческий** ballistic
балло́н balloon (*vessel*); (*gas*) cylinder; carboy; container; *med* rubber bulb; (*balloon*) tyre (*of motor car, etc*)
баллоти́р|овать (~ую) *impf* ballot (for), vote (for); **~́оваться** (уюсь) *impf pass of* ~овать be put to the vote; stand (for), be a candidate (for, в + *acc*; на + *acc*); **~о́вка** vote, poll, ballot; voting, polling, balloting
бал|о́ванный *part and adj* spoiled; **~ова́ть** (у́ю) *pf* из~ spoil, indulge; pamper, pet; *coll* play, amuse oneself, toy (with, + *instr*); *dial* engage in banditry; **~ова́ться** (~у́юсь) play about, be naughty; *coll* indulge (in, + *instr*); **~́ов|ень** *m* (~овня) *coll* spoilt, naughty child; pet, favourite; ~овень судьбы́ favourite of fortune; **~овни́к** 1 *coll* mischievous child, scamp; pet; **~овство́** over-indulgence, spoiling; naughtiness, mischievousness
балти́|ец (~йца) sailor of Baltic Fleet; **~́йский** Baltic
балы́к 1 balyk (*cured fillet of sturgeon, etc*)
бальза́м balsam; *fig* balm; **~и́н** *bot* balsam; **~и́рование** embalming; **~и́ровать** (~и́рую) *pf* на~ embalm; **~иро́вщик** embalmer; **~и́ческий** *bot* balsam, balsamic; *fig* balmy
бальнео́лог balneologist; **~и́ческий** balneological; **~́ия** balneology
ба́л|ьный ball
балюстра́да balustrade; banisters
баля́с|ина baluster; banister; **~́ы** (*gen pl* ~) banisters; точи́ть ~ы *pop* chatter idly, jest, talk through the top of one's hat
бамбу́к bamboo; **~́овый** bamboo; ~овое положе́ние *coll joc* awkward situation
бан *sl* railway station
бана́л|ьность triviality, banality; platitude; **~́ьный** (~ен) banal, trite
бана́н banana; ~́овый banana
ба́нда band, gang
банда́ж 1 bandage; гры́жевый (*or* грыжево́й) ~ truss; *tech* tyre, band of metal, hoop
бандеро́ль *f* wrapper (*for posting newspapers, etc*); printed matter; отправля́ть ~ to send by book post; label (*showing payment of customs, etc*)
банди́т bandit; gangster; thug; **~и́зм** banditry; gangsterism; thuggery; **~́ский** *adj of* ~
банду́р|а *mus* bandore; **~и́ст** bandore-player
банк bank; faro (*card game*)
ба́нка jar, pot; консе́рвная ~ tin; *med* cupping glass; апте́чная ~ gallipot; *naut* (sand-)bank, shoal; thwart (in boat)
банке́т banquet
банк|и́р banker; **~и́рский** banking; **~но́т** bank-note; **~но́та** = ~но́т; **~́овский** bank(ing); ~ слу́жащий bank employee; ~овская кни́жка passbook; **~́овый** ~овое де́ло banking; **~омёт** banker (*at cards*); croupier; **~ро́т** bankrupt; объявля́ть ~ро́том declare bankrupt; **~ро́титься** II (~ро́чусь) *pf* о~ become bankrupt *also fig*; **~ро́тство** bankruptcy
ба́нник *mil* rammer, cleaning rod
ба́н|ный *adj of* ~я; ~ный ве́ник besom; приста́л как ~ный лист *coll* won't leave (me) alone
бант bow; завя́зывать ~ом tie in a bow; **~́ик** little bow; гу́бки ~иком pouting lips
ба́нту *indecl* Bantu
ба́н|щик bathhouse attendant; **~́я** (Russian) baths; bathhouse; *fig* hot-house; крова́вая ~я blood-bath; зада́ть ~ю (+ *dat*) give it (someone) hot, give (someone) what for
баоба́б *bot* baobab
бапти́|зм doctrine of Baptists; **~́ст** Baptist; **~́стский** Baptist
бар (snack-)bar; *naut* (sand-)bar; *phys* bar (*atmospheric pressure*)
бараба́н drum; ~́ить II *impf* drum tattoo, play the drum(s); *fig coll* bang, thump (on piano); *fig coll* gabble, babble; **~́ный** *adj of* ~; ~ная перепо́нка eardrum, tympanum; **~́щик** drummer
бара́к hut, wooden barrack; *obs* isolation hut (*for infectious diseases*)
бара́н ram; sheep; не смотри́ на меня́ как ~ на но́вые ворота́ *coll* don't look at me like an idiot; **~́ий** sheep's; sheepskin (*of fur*); mutton; **~́ина** mutton; молода́я ~ lamb
бара́нка baranka, roll (*in shape of ring*); *coll* steering-wheel
барах|ли́ть II *impf pop* be faulty, miss (*of engine, heart, etc*); talk nonsense; **~ло́** *collect pop* goods and chattels, odds and ends; old clothes; trash, junk, rubbish; **~о́лка** *pop* second-hand market, flea market
бара́хтаться I *impf coll* flounder; wallow
бара́ш|ек (~ка) lamb, young ram; lambskin; *tech* thumbscrew; *bot* catkin; *pl* 'white horses' (*on sea*); *pl* fleecy clouds; **~́ковый** lambskin, astrakhan
барбари́с barberry
барбо́с mongrel; *fig* oaf
барви́н|ок (~ка) *bot* periwinkle
бард *poet* bard
барда́ distillery waste
барда́к 1 *sl* brothel; mess
барелье́ф bas-relief
ба́рж|а́ (*gen pl* ~ or ~е́й) barge
ба́рий barium
ба́р|ин (*pl* ~ы or ~е) barin; landowner; gentleman; master; sir (*mode of address*); жить ~ином live like a lord; *cont* gent, lounger
бари́т *min* barytes
барито́н baritone
ба́рич barin's son; *coll* sissy
ба́рка wooden barge, freight-boat
баркаро́ла *mus* barcarole
барка́с launch; long boat; rowing-boat; tug
ба́рмен barman
баро́граф barograph
баро́кко *neut indecl* baroque
баро́метр barometer; **~и́ческий** barometric
баро́н baron; **~е́сса** baroness; **~е́т** baronet; **~́ский** baronial; **~́ство** barony
ба́р|очник bargee; barge owner; **~́очный** barge
баро́чный baroque

баррaжи́рование standing patrol (air)
баррика́д|а barricade; **~и́ровать** (~и́рую) *pf* за~ barricade; **~́ный** barricade
барс (snow) leopard, panther
ба́р|ский lordly, grand; ~ский дом manor-house; жить на ~скую но́гу live like a lord; **~́ственный** lordly, important; **~́ство** *collect* gentry; lordliness (*of habits, manners, etc*); **~́ствовать** (~ствую) *impf* live in idleness and ease
барсу́к 1 badger
барха́н (sand-)dune
ба́рх|ат velvet; **~ати́стый** (~ати́ст) velvety; **~а́тка** velvet ribbon; **~́атный** velvet; ~ сезо́н autumn months; *fig* velvety (*of voice, eyes, etc*); **~́атцы** *m pl* marigold
барч|о́нок (~о́нка, *pl* ~а́та, ~а́т) barin's son; **~у́к** 1 *coll* barin's son
ба́рщина *hist* corvée
бары́|га *m and f sl* receiver of stolen goods, fence; **~́жничать** I *impf sl* deal in stolen goods, be a fence
ба́рыня barin's wife; lady; mistress; madam (*form of address*); *cont* (fine) lady
бары́ш 1 *coll* profit; **~́ник** profiteer; ticket tout; horse-dealer; **~́ничать** I *impf* profiteer, speculate (in + *instr*); **~́ничество** profiteering; speculation
ба́рыш|ня (*gen pl* ~ень) girl of gentle birth; miss (*form of address*); *coll* girl, young lady; *obs coll* assistant (*in shop, etc*)
барье́р barrier, rail *also fig*; *sp* hurdle; взять ~ clear a hurdle
бас 2 bass; **~и́стый** (~и́ст) bass; **~и́ть** II (башу́, ~и́шь) *impf coll* speak, sing in a deep voice
баск Basque; **~́о́нка** Basque (woman)
баскетбо́л *sp* basket-ball; **~и́ст** basket-ball player
ба́скский Basque
басма́ч 1 *sl* devil, villain; *hist* basmach (*counter-revolutionary in Central Asia*); **~́ество** counter-revolutionary movement in Central Asia
бас|нопи́сец (~нопи́сца) fabulist; **~носло́вие** *obs* mythology; *fig collect* fabrications, tall stories; **~носло́вный** (~носло́вен) mythical, legendary; *fig coll* fabulous; **~́ня** (*gen pl* ~ен) fable; *fig coll* tall story
бас|о́вый bass; ~о́вый ключ bass clef; **~о́к** (~ка́) bass-string; *coll* weak bass
басо́н braid
бассе́йн (ornamental) pool; reservoir; ~ для пла́вания swimming-pool; *geog* basin (*river, coal, etc*)
ба́ста *interj coll* that's enough! that'll do!
бастио́н *mil and fig* bastion
баст|ова́ть (~у́ю) *pf* за~ strike, go on strike; **~у́ющий** *part and adj* striking; *n* striker
басурма́н *obs* infidel, pagan
батал|и́ст painter of battle scenes; **~́ия** *obs* battle; *coll iron* row, shemozzle, fight; scuffle; **~́ьный** battle
батальо́н *mil* battalion; стрелко́вый ~ rifle battalion; **~́ный** battalion
батаре́|ец (~йца) *mil coll* gunner
батаре́йка (electric) battery
батаре́|йный *adj of* ~я; **~́я** *mil tech* battery; ~я отопле́ния central-heating radiator; ~я сухи́х элеме́нтов dry battery
ба́тенька *m* (*form of address*) *coll* my lad!, old man!
бати́ст batiste; cambric, lawn; **~́овый** batiste; cambric, lawn
батисфе́ра bathysphere
бато́г 1 *obs* walking-stick; rod, stick (*for administering punishment*)
бато́н French loaf; шокола́дный ~ stick of chocolate; ice-cream
батра́|к 1 farm labourer; **~́цкий** *adj of* ~к; **~́чество** farm work; *collect* farm-labourers; **~́чить** II *impf* work as farm labourer; **~́чка** woman farm labourer
баттерфля́й *sp* butterfly stroke
бату́т trampoline
ба́т|ька *m coll* = ~юшка; **~́юшка** *coll* father; как вас по ~юшке? what is your patronymic?; (*form of address to priests*) father; *coll* old man!, my dear fellow!; **~юшки** *interj pop* ~юшки (мои)! good gracious!, dear me!; **~́я** *pop* father *also form of address to priests*
бау́л trunk
бах *interj* bang!; **~́ать** I *pf* ~́нуть *coll* bang; crack, bark (*of gunfire*); bang, slap; ~́нуть кого́ по спине́ slap someone on the back; *sl* get rid of, sell, unload; **~аться** I *pf* ~нуться *coll* bang oneself (against, о + *acc*)
бахва́л *coll* boaster, big mouth; **~́иться** II *impf coll* blow one's own trumpet; brag (about, + *instr*); **~́ьство** boasting, bragging
ба́х|нуть(ся) *pf of* ~ать(ся)
бахром|а́ fringe; **~́чатый** fringed
бахч|а́ (water-)melon field; **~ево́дство** melon cultivation; **~ево́й** *adj of* ~а́; ~евы́е культу́ры melon crops
бац *interj* = бах; *pred* он его́ ~ по голове́ *coll* he gave him a conk on the head
баци́лл|а bacillus; *sl* goodies; **~оноси́тель** *m* (bacillus-)carrier
баш ~ на баш *pop* on equal terms
ба́ш|енка turret; **~́енный** tower; ~енные часы́ turret clock
башибузу́к Turkish irregular (soldier); *fig* desperado
башка́ (*no gen pl*) *pop joc* pate, noddle; head
башки́р Bashkir; **~́ка** Bashkir (woman); **~́ский** Bashkir
башкови́тый *pop* sharp, quick on the uptake
ба́шл|и (*gen pl* ~ей) spondulicks, money
башлы́к 1 hood, balaclava
башма́|к 1 shoe *also tech*; *tech* chock; быть под ~ко́м у кого́ be under someone's thumb; **~́чник** cobbler, shoemaker; **~́чный** *adj of* ~к
ба́ш|ня (*gen pl* ~ен) tower; turret
бахта́н melon field
ба́ю|-ба́юшки-баю́ *interj* hushaby, lullaby; **~́кать** I *pf* у~ lull, sing, rock to sleep
баяде́р(к)а bayadère
бая́н *mus* accordion, bayan; **~и́ст** *mus* bayan-player
бд|е́ние vigil; всено́щное ~е́ние all-night vigil; evening service; **~е́ть** (~ишь) *impf obs* keep watch, vigil; watch (over, о + *prep*); **~и́тельность** *f* vigilance, watchfulness; **~и́тельный** (~и́телен) vigilant, watchful
бе ни ~ ни ме (ни кукареку́) *pop* not to understand (hear) a thing
бебе́шка *m and f* baby
бег 2 (на ~у́, *nom pl* ~а́) run, running; на ~у́ running; ~о́м at the double; на по́лном ~у́ at full speed; ~ на ме́сте running on the spot; marking time *also fig*; *sp* race; ~ на коро́ткие диста́нции sprint; *pl* the races; быть в ~а́х *coll* be on the run; **~́ать** I *indet* run (about); *coll* run, chase (after, за + *instr*); roam, rove (*of eyes*); *coll* avoid (от + *gen*)

бегемо́т hippopotamus
бег|ле́ц 1 fugitive, runaway; **~́лость** *f* fluency; dexterity; **~́лый** *n obs* fugitive; *adj* fluent; facile (*of piano playing*); superficial, cursory, brief (*of reading, survey etc*); fleeting (*of glance, etc*); ~ ого́нь rapid fire; ~ гла́сный mobile vowel; **~ля́нка** fugitive, runaway; **~ово́й** racing, race; ~ова́я доро́жка running track; **~о́м** *adv* at a run, running, at the double; ~ марш! *mil* (at the) double!; бежа́ть ~ run for dear life
бего́ния begonia
бег|отня́ *f coll* running (around), rushing (around); bustle; **~́ство** flight; escape; обраща́ть в ~ put to flight; спаса́ться ~ством take to flight, escape; **~у́, бежи́шь** *see* **бежа́ть**; **~у́н** 1 runner *also tech*; **~уно́к** (~унка́) *tech* runner; *pl* bogies (*of locomotive*)
бед|а́ 6 misfortune; trouble; на ~у́ unfortunately; как на ~у́ as ill luck would have it; наклика́ть ~у́ court disaster, ask for trouble; быть ~е́! there's trouble looming; пришла ~а́ – отворя́й воро́та *prov* it never rains but it pours; семь ~ – оди́н отве́т *prov* in for a penny, in for a pound; пря́мо ~а́! it's simply terrible!; (the) trouble; ~а́ в том, что the trouble is that …; в том-то и ~а́ that's just the trouble; ~а́ (мне) с ней *coll* she's a problem; не ~а́! it doesn't matter!; что за ~а́! what of it!; не велика́ ~а́! it's not a disaster!; ~а́ (как) *adv coll* awfully
бе́декер guidebook, Baedeker
бедла́м bedlam
бед|не́ть I *pf* о~ grow poor (in, + *instr*); **~́ность** *f* poverty *also fig*; penury; **~нота́** *coll* poverty; *collect* the poor; **~́ный** (~ен, ~на́, ~но) poor; meagre; *fig* barren, jejune; **~ня́га** *m and f coll* poor fellow, poor devil, poor woman; **~ня́жка** *m and f coll* poor little thing; poor girl, woman; **~ня́к** 1 poor man; poor peasant; **~ня́цкий** poor peasant's
бедо́|вый *coll* daredevil; mischievous; sharp, lively (*usu of children*); **~ку́р** *coll* (practical) joker, mischief-maker; **~ку́рить** II *pf* на ~ get up to mischief, play pranks
бе́д|ренный *anat* femoral; **~ро́** 6 (*gen pl* ~́ер) thigh, hip; leg (*joint of meat*)
бе́дств|енный (~ен, ~енна) calamitous, disastrous; **~ие** calamity, disaster; сигна́л ~ия distress signal; **~́овать** (~ую) live in poverty
бедуи́н bedouin; **~́ский** *adj of* ~
беж *adj indecl* beige
бе|жа́ть (~гу́, ~жи́шь, ~гу́т) *impf det of* бе́гать *pf* по~ run; *fig* run, flee, fly (from, от + *gen*); boil over; вре́мя ~жи́т time flies; *impf and pf* escape; be fast (*of watch, etc*)
бе́ж|евый *coll* beige
бе́ж|енец (~енца) refugee; **~́енка** (female) refugee; **~́енство** flight, exodus; *collect* refugees
без *prep + gen* without; minus; in the absence of; не ~ not without; ~ вас in your absence; ~ двух, трёх, пяти́ два two, three, five minutes to two; ~ че́тверти час a quarter to one; ~ ма́лого *coll* all but; и ~ того́ пло́хо it's bad enough as it is
без- *prefix* in-, -less, un-
безавари́йный accident-free
безала́б|ерность *f coll* lack of order, system; disorder; **~́ерный** (~ерен) *coll* slovenly; disorderly; shiftless; happy-go-lucky; **~́ерщина** *coll* muddle; shiftlessness
безалкого́льный non-alcoholic, soft (*of drinks*)
безапелляцио́н|ный (~ен) irrevocable, without appeal (*of sentences, etc*); categorical, peremptory
беза́томный nuclear-free
безбе́д|ный (~ен) comfortable (*materially*)
безбиле́тный ticketless; ~ пассажи́р traveller without a ticket, stowaway (*on ship*)
безбо́ж|ие atheism; **~ник** atheist; **~ный** godless, irreligious, anti-religious; *coll* shameless, outrageous
безболе́знен|ный (~, ~на) painless
безборо́дый beardless *also fig*
безбоя́знен|ный (~, ~на) fearless
безбра́ч|ие celibacy; **~́ный** celibate
безбре́ж|ный (~ен) boundless
безбро́вый eyebrow-less
безбу́р|ный (~ен) *poet* calm, tranquil
безве́рие unbelief
безве́ст|ность *f* obscurity; **~́ный** (~ен) obscure; unknown
безве́тр|енный calm, still, windless; **~́ие** calm
безви́н|ный (~ен, ~на) guiltless
безвку́с|ие bad taste, lack of taste; **~́ица** lack of taste; **~́ный** (~ен) tasteless *also fig*
безвла́стие anarchy; power vacuum
безво́д|ный (~ен) waterless; arid; *chem* anhydrous; **~ье** aridity
безвозвра́т|ный (~ен) irrevocable; ~ная ссу́да permanent loan; irretrievable
безвозду́шный airless; air-free
безвозме́здный gratuitous, free of charge, unpaid (*of work*)
безво́лие weak will; lack of will
безволо́сый hairless, bald
безвол|ьный (~ен) weak-willed
безвре́д|ный (~ен) harmless
безвре́м|енный untimely, premature; **~́енье** dark days, hard times, troubled times
безвы́|ездно *adv* without leaving, without a break; **~́ездный** uninterrupted, continuous
безвы́х|одно *adv* without going out, without a break; **~́одный** (~оден) hopeless, desperate
безгла́зый eyeless, without eyes; one-eyed
безгла́с|ный (~ен) *fig* silent, dumb
безголо́в|ый (~) headless; *iron* brainless; *fig coll* scatter-brained
безгра́м|отность *f* illiteracy; ignorance; **~́отный** (~отен) illiterate; ignorant; full of mistakes, grossly inaccurate, botched-up
безграни́ч|ный (~ен) vast, limitless, boundless, infinite; *fig* extreme, extraordinary
безгре́ш|ность *f* innocence; **~́ный** (~ен) innocent, sinless
безда́р|ность *f* lack of talent; person or thing lacking all talent, mediocrity; **~́ный** (~ен) untalented, mediocre
бе́здарь *f* person lacking talent, mediocrity
безде́йств|енный (~ен, ~енна) inactive, idle; **~́ие** inactivity, inaction; inertia; slackness (*of authorities, etc*); **~́овать** (~ую) *impf* be inactive, lie idle (*of machines, etc*); do nothing
безде́л|ица *coll* trifle, bagatelle; **~́ка** *coll* trifle, bagatelle; knick-knack; **~у́шка** knick-knack; trinket; *pl* bric-à-brac
безде́л|ье idleness; **~́ьник** *coll* loafer, idler; ne'er-do-well; **~́ьничать** I *coll* loaf, idle; **~́ьный** (~ен) *coll* idle
безде́н|ежный *coll* impecunious, penniless; ~ежные расчёты clearing operations
безде́т|ный (~ен) childless
безде́|ятельность *f* inactivity, inertia; **~́ятельный**

(~ятелен) inactive; passive, lethargic, sluggish

бéздна abyss, chasm; *coll* huge number; ~ хлопóт sea of troubles; ~ премýдрости *iron* wealth of knowledge

station бездóждье drought, dry weather, lack of rain

бездоказáтел|ьный (~ен) unsubstantiated, baseless, groundless

бездóм|ный (~ен) homeless; stray (*of animals*)

бездóнн|ый bottomless; *fig poet* unplumbed; он не ~ая бóчка *coll* he's not made of money; он как ~ая бóчка you can't give him enough (*usu of drink*)

бездорóж|ный (~ен) without roads; **∸ье** absence of roads; (seasonally) impassable roads (*spring or autumn*)

бездохóд|ный (~ен) *econ* unprofitable

бездýм|ный (~ен) thoughtless, unthinking; feckless

бездýш|ие callousness, heartlessness; **∸ный** (~ен) uninspired, lifeless, soulless; callous, heartless

бездымный smokeless

бездыхáн|ный (~ен, ~на) lifeless

безé *neut indecl* meringue

безжáлост|ный (~ен) pitiless; ruthless

безжизнен|ный (~, ~на) lifeless; wooden, spiritless, dull

беззабóт|ный (~ен) carefree, light-hearted; careless

беззавéт|ный (~ен) utter, selfless, wholehearted; boundless

беззакóн|ие illegality, lawlessness; lawless action; **∸ничать** I *impf coll* transgress, break the law; **∸ный** (~ен) illegal, unlawful, iniquitous; *poet* wayward

беззапрéтный permitted; unrestrained

беззастéнчив|ый (~) shameless; brazen; barefaced

беззащит|ный (~ен) defenceless, unprotected

беззвёзд|ный (~ен) starless

беззвýч|ный (~ен) soundless, noiseless, silent

безземéль|е lack of land, landlessness; **~ный** landless

беззлóб|ие good nature, mildness; **~ный** (~ен) good-natured, mild

беззýбый toothless; *fig* impotent, weak; *zool* edentate

безлéс|ный unwooded, treeless; **∸ье** unwooded, treeless area

безли́|кий featureless; **∸чие, ∸чность** *f* lack of individuality, personality; **∸чный** (~чен) characterless; without individuality, lacking distinctive personality; *gramm* impersonal

безлю́д|ный (~ен, ~на) sparsely populated, uninhabited; deserted, unfrequented; **∸ье** absence of people, population; какóе здесь ~ье! how deserted this place is!; absence, shortage of the right people

безмéн steelyard; spring balance

безмéр|ный (~ен) immense, infinite

безмóзглый *coll* brainless

безмóлв|ие silence; **∸ный** (~ен) silent; ~ное соглáсие tacit consent; **∸ствовать** (~ствую) *impf* keep silence

безмотóрный engineless, unpowered; ~ полёт gliding

безмятéж|ность *f* serenity, tranquillity; **~ный** (~ен) serene, tranquil, undisturbed, unruffled, placid

безнадёж|ный (~ен) hopeless, desperate

безнадзóрн|ость *f* neglect; **∸ый** neglected

безнакáзан|ность *f* impunity, freedom from punishment; **∸ный** (~) unpunished; ворóвать ~но steal with impunity

безнали́чный non-cash; ~ расчёт *fin* clearing; payment by cheque

безначáл|ие *lit* anarchy; lack of, disorganized government; **∸ьный** *eccles* having no beginning

безнóгий legless; one-legged; without the use of one's legs; *zool* apod

безнóсый noseless; spoutless

безнрáвств|енность *f* immorality; **∸енный** (~ен) immoral

безо *prep* (*before gen of* весь *and* всякий) = без

безоби́д|ный (~ен) inoffensive, harmless

безóбл|ачность *f* cloudlessness; *fig* serenity; **∸ачный** (~ачен) cloudless; *fig* serene, unclouded

безобрá|зие ugliness, hideousness, deformity; outrage; *pl* disgraceful things, scandalous goings on; *interj coll* (it is) disgraceful!; **∸зить** II (~жу) *pf* о~ disfigure, mutilate; *coll* behave like a hooligan; **∸зник** *coll* hooligan, mischief(-maker); **∸зничать** I *coll* carry on disgracefully; get up to mischief (*of children*)

безóбраз|ный (~ен) *lit* lacking imagery; shadowy, vague (*of thoughts, etc*)

безобрáз|ный (~ен) hideous, ugly; disgraceful, outrageous, shocking

безоговóр|очный (~очен) unconditional, unreserved

безопáс|ность *f* safety, security; Совéт Безопáсности Security Council; **∸ный** (~ен) safe, secure; ~ная бри́тва safety razor

безорýж|ный (~ен) unarmed; *fig* defenceless

безосновáт|ельный (~елен) groundless

безостанóвочный unceasing; non-stop, uninterrupted

безотвéт|ный (~ен) unreturned (*of feelings, etc*); submissive, meek

безответствен|ность *f* irresponsibility; **∸енный** (~ен) irresponsible

безотговóрочн|ый (~а) unquestioning, implicit

безоткáз|ный (~ен) smooth, without hitches, reliable (*of motors, etc*)

безотлагáтел|ьный (~ен) urgent

безотлóжный = безотлагáтельный

безотлýч|ный (~ен) constantly present; ~о сидéть дóма be tied to the house

безотноси́тел|ьный (~ен) absolute, true under all circumstances; ~ьно к величинé irrespective of the size

безотрáд|ный (~ен) dreary, cheerless (*of life, feelings, etc*)

безотчёт|ность *f* absence of control; unaccountableness; instinctiveness; **~ный** (~ен) not subject to control; not accountable, inexplicable; unreasoning, instinctive

безоши́боч|ный (~ен) faultless; unerring; correct; accurate, precise

безрабóт|ица unemployment; **∸ный** unemployed; **∸ные** *n pl* the unemployed

безрáдост|ный (~ен) joyless; gloomy, cheerless

безраздéл|ьный (~ен) undivided, complete; ~ьное имýщество joint property

безразли́ч|ие indifference; **∸ный** (~ен) indifferent; мне ~но it's all the same to me; относи́ться ~но be indifferent (to, к + *dat*); ~но ктó, где no matter who, where

безразмéр|ный (~ен) stretch (nylon, *etc*); one-size

безрассвéт|ный (~ен) continuous (*of night in polar regions*); *fig* hopeless

безрассу́д|ный (~ен) imprudent, foolhardy; reckless; **~́ство** imprudence, foolhardiness; recklessness
безрасчёт|ный (~ен) uneconomical; improvident
безрезульта́т|ность *f* futility; failure; **~́ный** (~ен) futile; unsuccessful
безре́льсовый railless; ~ тра́нспорт motor transport
безрессо́рный unsprung
безро́г|ий hornless; ~ое живо́тное pollard
безро́д|ный (~ен) without kith or kin; *obs* of humble origin; *fig* homeless, stateless
безро́пот|ный (~ен) uncomplaining; resigned, submissive
безрука́вка sleeveless jacket, blouse, cardigan
безру́к|ий one-armed; armless; *fig coll* clumsy, awkward; она́ така́я ~ая her fingers are all thumbs
безры́бье absence of fish; на ~ и рак ры́ба *prov* in the land of the blind the one-eyed is king
безубы́точ|ный (~ен) *comm* without loss
безуда́р|ный (~ен, ~на) *ling* unaccented, unstressed
безу́держ|ный (~ен) unrestrained; impetuous
безукори́знен|ный (~, ~на) irreproachable; impeccable
безу́м|ец (~ца) madman; **~́ие** madness, insanity; *fig* folly, madness; довести́ до ~ия drive crazy; люби́ть до ~ия love to distraction; **~́но** *adv* madly, terribly, dreadfully; **~́ный** (~ен) mad, insane; *fig* crazy, mad, senseless; *coll* dreadful
безумо́лч|ный (~ен) *poet* unceasing, undying (*of sound*)
безу́мств|о madness; **~́овать** (~ую) *impf* behave like a madman; rave
безупре́ч|ный (~ен) irreproachable, blameless, faultless, unblemished
безуря́дица *coll* confusion (*of situation, etc*)
безусло́в|но *adv* unconditionally, absolutely; undoubtedly; *coll* of course, it goes without saying; **~́ный** (~ен) absolute, unconditional; indisputable, undoubted; ~ный рефле́кс unconditioned reflex
безуспе́ш|ный (~ен) unsuccessful, ineffective, abortive
безуста́н|ный (~ен, ~енна) tireless; unremitting
безу́сый having no moustache; *fig coll* green, callow
безуте́ш|ный (~ен) inconsolable
безу́хий earless; one-eared
безуча́ст|ие, ~́ность *f* apathy, indifference; unconcern; **~́ный** (~ен) apathetic, indifferent
безъязы́|кий dumb, without tongue; **~́чный** (~чен) dumb, speechless
безыде́|йность *f* absence of principle(s); absence of ideals; absence of ideological content; **~́йный** (~ен, ~йна) unprincipled; lacking ideals; lacking ideological content
безызве́ст|ность *f* obscurity; absence of news, uncertainty; **~ный** (~ен) obscure, unknown
безым|ённый, ~я́нный nameless; anonymous; ~я́нный па́лец ring-finger, fourth finger
безынициати́в|ный (~ен) lacking initiative, unenterprising
безыску́сный simple
безыску́ccтвен|ный (~, ~на) natural, artless, ingenuous, unsophisticated, unaffected
безысхо́д|ный (~ен) irreparable; interminable; everlasting; hopeless
бейдеви́нд *naut* close-hauled
бейсбо́л baseball; **~и́ст** baseball player
бека́р *mus* natural *also indecl adj*

бека́с snipe; **~и́нник** small shot; **~и́ный** snipe
беке́ша winter overcoat
бeко́н bacon; **~́ный** bacon
Белару́сь *f* Byelarus
бел|ёк (~ька́) newborn harp seal
белемни́т *geol* belemnite
белен|а́ 1 henbane; что ты, ~ы́ объе́лся? *pop* are you out of your mind?
бел|е́ние bleaching; **~ёный** bleached; **~есова́т|ый** (~) whitish; **~е́сый** whitish; **~е́ть** I *pf* по~ grow white; *no pf* show up white; **~е́ться** I *impf* show up white
бе́л|и (*gen pl* ~ей) *med* leucorrhoea
белиберда́ *coll* nonsense, rubbish
белизна́ whiteness
бел|и́ла *pl only* (*gen pl* ~и́л) whitewash; свинцо́вые ~и́ла white lead; ци́нковые ~и́ла zinc white; ceruse; **~и́льный** bleaching; ~и́льня (*gen pl* ~и́лен) bleaching works; **~и́ть** II (~ю́, ~́ишь) *pf* по ~ whitewash; *pf* на ~ whiten; *pf* вы́~ bleach; **~и́ться** II (~ю́сь, ~́ишься) *pf* на ~ whiten one's face
бе́л|ичий squirrel; **~́ка** squirrel
белков|и́на *chem* albumen; **~́ый** albuminous
беллладо́нна *bot* belladonna
беллетри́ст fiction-writer; **~́ика** fiction; **~и́ческий** fictional
бело- white-; **~биле́тник** *coll* person excused military service; **~бры́сый** (~бры́с) *coll* having white eyelashes and eyebrows, tow-haired; **~ва́тый** (~ва́т) whitish; **~ви́к** 1 fair copy; **~во́й** clean, fair; ~ экземпля́р fair copy; **~гварде́ец** (~гварде́йца) White Guard; **~гварде́йский** White Guard; **~голо́вый** white-haired; fair(-haired)
бел|о́к 1 (~ка́) *biol chem* albumen; protein; white (of egg), glair; white (of eye)
бело|кали́льный incandescent; **~кро́вие** leukaemia; **~ку́рый** (~ку́р) blond(e), fair(-haired); **~ли́цый** pale, white-faced; **~ру́с** Byelorussian; **~ру́ска** Byelorussian (woman); **~ру́сский** Byelorussian; **~ру́чка** *m and f coll* shirker, person shunning physical labour or dirty work; **~ры́бица** white salmon; **~сне́жный** (~сне́жен) snow-white; **~шве́йка** seamstress; **~шве́йный** linen; **~эмигра́нт** White Russian emigré
белу́г|а beluga, white sturgeon; реве́ть ~ой bawl
белу́ха white whale
бе́л|ый (~, ~á, ~o) white (*in various senses*); ~ая берёза silver birch; ~ый биле́т *obs* certificate of exemption from military service; ~ая горя́чка *med* delirium tremens; ~ый гриб (edible) boletus (*mushroom*); ~ое зо́лото 'white gold'; ~ое кале́ние white heat, incandescence; ~ая кость *iron* blue blood; ~ые кровяны́е ша́рики white blood corpuscles; ~ый медве́дь polar bear; ~ое мя́со white meat; ~ые но́чи white nights; ~ые стихи́ blank verse; ~ая страни́ца blank page; ~ый у́голь 'white coal'; ~ый хлеб white bread, wheatmeal bread; на ~ом све́те in all the world; средь ~а дня in broad daylight; э́то ши́то ~ыми ни́тками it is all too apparent, obvious; чёрным по ~ому in black and white; **~ые** *n* white men, whites
бельг|и́ец (~и́йца) Belgian; **~и́йка** Belgian (woman); **~и́йский** Belgian; **Бе́льгия** Belgium
бель|ё *collect* linen; ни́жнее ~ underclothes; посте́льное ~ bed-linen; столо́вое ~ table-linen; ры́ться, копа́ться в чьём гря́зном ~é wash someone's dirty linen in public; **~ева́я** *n* linen store; **~ево́й** ~ шкаф linen cupboard

бельме́с ни ~а *pop* absolutely nothing; он ни ~а не смы́слит в литерату́ре he doesn't know the first thing about literature
бельмо́ 6 *med* cataract; wall-eye; как ~ на (в) глазу́ *fig coll* a thorn in the flesh; eyesore
бельэта́ж first floor; *theat* dress circle
беля́к 1 white hare; *coll cont* White Guard
беля́на barge (*used in forestry*)
беля́нка *aff* blonde woman; cabbage butterfly; white mushroom
бемо́ль *m* (*also indecl adj*) *mus* flat
Бенга́л|ия Bengal; **б~́ьский** Bengal; б~́ьский язы́к Bengali
бенедикти́н benedictine; **~́ец** (~ца) member of Benedictine order; **~́ский** *eccles* Benedictine
бенефи́|с *theat* benefit performance; я ему́ устро́ю ~ *fig sl* I'll give him what for; **~́сный** *adj of* ~; **~циа́нт** *theat* artist for whom benefit is given; **~́ция** *eccles* benefice
бенз|и́н petrol; gasoline *US*; benzine; **~и́новый** *adj of* ~и́н; **~иноме́р** petrol gauge; **~оба́к** petrol tank; **~около́нка** petrol pump; *US* gas station; **~о́л** benzol, benzene; **~охрани́лище** petrol tank
бенуа́р *theat* boxes (on level of the stalls); ло́жа ~а ground-floor box
бергамо́т bergamot
берда́нка Berdan rifle
бёрдо reed (*of loom*)
берды́ш 1 *hist* pole-axe
бе́рег 2 (на ~у́; *pl* ~а́) bank; shore; на ~у́ мо́ря at the seaside; наскочи́ть на ~ run aground; сойти́ на ~ go ashore; **~ово́й** coast(al); waterside; ~ово́й ве́тер offshore wind; ~ова́я ла́сточка sand-martin; lakeside; ~ова́я ли́ния shore line
бере|ди́ть II (~жу́) *pf* раз~ *coll* aggravate (*a wound, etc*); ~ди́ть ста́рые ра́ны *fig* open up old wounds
бережён|ый *coll* preserved, guarded; ~ая копе́йка рубль бережёт *prov* take care of the pennies and the pounds will take care of themselves
бережли́в|ость *f* thrift, economy, husbandry; **~́ый** (~) thrifty, economical
бе́р|ежность *f* care; caution; **~́ежный** (~ежен) careful; cautious
бер|ёза birch; **~ёзник** birch grove; **~езня́к** 1 birch grove; birch-wood; **~ёзовик** brown mushroom; **~ёзовый** birch; ~ёзовая ка́ша *coll* the birch
бере́йтор riding-master
бере́м|енеть I *pf* за~ *coll* become pregnant; **~́енная** (~енна) pregnant (with, + *instr*); **~́енность** *f* pregnancy; gestation
берёст|а birch-bark; **~́овый** *or* **~яно́й** birch-bark
бере́т beret
бер|е́чь (~егу́, ~ежёшь, ~егу́т; ~ёг, ~егла́) *impf* take care of, look after (*of health, etc*); keep, preserve, cherish; ~ ка́ждую копе́йку count every penny; ~своё вре́мя not to waste one's time; spare (*of feelings, etc*); **~е́чься** (~егу́сь, ~ежёшься, ~егу́тся; ~ёгся, ~егла́сь) *impf* be careful, take care; beware (of, + *gen*), ~еги́тесь соба́ки! beware of the dog!; *pass of* ~е́чь
бери́лл beryl; **~́ий** beryllium, glucinium
бе́рков|ец (~ца) *obs* weight (*10 poods or 360 lb avoirdupois*)
бе́ркут golden eagle
берли́нск|ий Berlin; ~ая лазу́рь Prussian blue
берло́га den, lair
бертоле́тов ~а соль potassium chlorate
берцо́в|ый больша́я ~ая кость shin-bone, tibia; ма́лая ~ая кость fibula
бес demon, devil; рассыпа́ться ме́лким ~́ом *coll* fawn (on), ingratiate oneself (with, пе́ред + *instr*)
бесе́д|а talk, conversation; discussion; провести́ ~у lead a discussion
бесе́дка summer-house
бесе́д|овать (~ую) talk, converse (with, с + *instr*); **~́чик** *pop* speaker
бес|ёнок (~ёнка; *pl* ~я́та, ~я́т) imp, little devil *also fig coll*; **~и́ть** II (бешу́, ~́ишь) *pf* вз~ enrage, infuriate, madden, irritate; **~и́ться** II (бешу́сь, ~́ишься) *pf* вз~ go mad, get rabies (*of animals*); *fig* rage, fly into rage; с жи́ру ~ *coll* have it too good
бескла́ссовый classless
бескозы́рка peakless cap; матро́сская ~ sailor's cap
бескозы́рный (*cards*) without trumps
бесконе́ч|но *adv* infinitely; *coll* extremely; *math* ~но ма́лый infinitesimal; **~́ность** *f* infinity; endlessness; eternity; до ~ности *coll* endlessly; **~́ный** (~ен) infinite; endless; interminable; ~ный винт *tech* endless screw; ~ная дробь *math* recurring decimal; ~ный ряд *math* infinite series
бесконтро́л|ьный (~ен) unchecked; without control, uncontrolled; unsupervised
беско́рмица fodder shortage
бескоро́вный having no cow
бескоры́ст|ие disinterestedness; **~́ный** (~ен) disinterested
беско́стный boneless
бескра́йний boundless
бескро́в|ный (~ен) anaemic, pale; bloodless; (*rare*) roofless, homeless
бескры́лый wingless; *fig* uninspired
бескульту́рье lack of culture
бесн|ова́ние frenzy; raging; **~ова́тый** possessed; raging, raving; **~ова́ться** (~у́юсь) *impf* be possessed, act as though possessed; rage, storm; rampage
бесо́вский devilish, diabolical
беспа́лубный without decks, open
беспа́лый lacking finger(s) or toe(s)
беспа́м|ятный (~ятен) *coll* having a poor memory, forgetful; **~́ятство** unconsciousness; впасть в ~ lose consciousness; frenzy; быть в ~ятстве be beside oneself (from, от + *gen*)
беспардо́нный *coll* shameless, brazen
беспарти́йный *adj and n* non-party (man, woman)
беспа́спортный having no passport
беспате́нтный unlicensed
беспере́бо́|йный (~ен) uninterrupted; regular
беспереса́дочный direct, through (*of trains, etc*)
бесперспекти́в|ный (~ен) having no prospects, unpromising; hopeless
беспе́ч|ность *f* carelessness, irresponsibility; light-heartedness, unconcern, heedlessness; **~́ный** (~ен) careless, irresponsible; light-hearted, unconcerned; happy-go-lucky, carefree
беспи́сьменный having no written language
беспла́н|овость *f* absence of plan; **~́овый** planless
беспла́т|ный (~ен) free, gratuitous
бесплацка́ртный without reserved seat(s)
беспло́д|ие sterility; infertility, barrenness (*of soil, etc*); **~́ность** *f* barrenness, sterility; futility, fruitlessness; **~́ный** (~ен) sterile, barren *also of soil*; futile, fruitless, abortive
беспло́т|ный (~ен) incorporeal
бесповоро́т|ность *f* irrevocability, finality; **~ный**

(~ен) irrevocable, final
бесподóб|ный (~ен) *coll* incomparable; matchless, peerless; superlative; ~но! *interj* splendid!
беспозвонóч|ный invertebrate; **~ое** *n* invertebrate
беспокó|ить II *pf* о~ disturb, worry; *pf* по~ disturb, bother; **~иться** II *pf* о~ be worried, anxious (about, о + *prep*); *pf* по~ *coll* put oneself out, worry; не ~йтесь! don't worry!
беспокó|йный (~ен, ~йна) restless, anxious, worried; troubled (*sleep*, *times*, *etc*); troublesome, tiresome, difficult (*journey*, *work*, *etc*); **~йство** anxiety, uneasiness; worry, trouble; причинять ~ комý trouble someone, put someone to trouble; простите за ~ I am sorry to trouble you
бесполéз|ный (~ен, ~на) useless, futile, vain
беспóл|ый sexless; asexual; ~ое размножéние parthenogenesis
беспомéстный *hist* having no estate
беспóмощ|ный (~ен) helpless; *fig* feeble, hopeless, ineffectual
беспорóч|ный (~ен) blameless; unblemished; immaculate; ~ное зачáтие Immaculate Conception
беспоря́д|ок (~ка) disorder, confusion; *pl only* disturbance, breach of the peace, riot; **~очный** (~очен) disorderly; untidy
беспосáдочный ~ перелёт direct flight, non-stop flight
беспóчвен|ный (~, ~на) unfounded, unsound, flimsy; groundless
беспóшлинн|ый duty-free; ~ая торгóвля free trade
беспощáд|ный (~ен) merciless, relentless, ruthless, pitiless
бесправ|ие lawlessness; arbitrariness; absence of (civil) rights; **~ный** (~ен) without rights, deprived of (civil) rights
беспредéльник *sl* lone-wolf criminal
беспредéл|ьный (~ен, ~ьна) boundless; infinite
беспредмéтн|ик supporter of abstract art; **~ый** aimless, vague; pointless, ill-defined; ~ая жи́вопись abstract painting
беспрекослóв|ный (~ен) unquestioning, absolute, implicit
беспрепя́тствен|ный (~, ~на) unimpeded, without hindrance, free, unhampered
беспреры́в|ный (~ен) *coll* continuous; uninterrupted
беспрестан|ный (~ен, ~на) *coll* incessant; continual
беспрецедéнт|ный (~ен) unprecedented
бесприбыл|ьный (~ен) profitless, unprofitable
беспривéтный (~ен, ~на) unwelcoming
бесприданница girl without dowry
беспризóрн|ик 'bezprizornik'; waif, homeless child; **~ый** *adj* homeless, stray; neglected; *n* waif, homeless child
беспримéр|ный (~ен) unparalleled, unexampled; unheard-of
беспримесный unalloyed; neat (of spirits)
беспринципн|ный (~ен) unprincipled, unscrupulous
беспристрáст|ие *and* **~ность** *f* impartiality; **~ный** (~ен) impartial, unbiased
беспричи́нный causeless; groundless, inexplicable
бесприю́т|ный (~ен) homeless, shelterless
беспробýд|ный (~ен) deep, heavy (*of sleep*); *fig* unbroken (*of silence*, *etc*); unrestrained (*of drunkenness*)
беспрóволочный wireless; ~ телегрáф wireless
беспрóигрышный safe, without risk of loss, sure
беспросвéт|ный (~ен) pitch-dark; ~ная тьма utter darkness; *fig* hopeless, cheerless, unrelieved
беспроцéнтный bearing no interest
беспýтица *obs* = бездорóжье; *obs* disorder
беспýт|ник *coll* debauchee; **~ничать** I *impf* lead a debauched life; **~ный** (~ен) dissipated, dissolute; wayward; **~ство** debauchery, dissipation
бессвя́з|ность *f* incoherence; **~ный** (~ен) incoherent, disconnected, rambling
бессемéйный having no family
бессéм|енный *obs* = **~я́нный;** ~енное зачáтие the Immaculate Conception; **~енодóльный** acotyledonous
бессемер|овáние Bessemer process; **~овский** Bessemer
бессемя́нный seedless
бессердéч|ие *or* **~ность** *f* heartlessness; callousness; **~ный** (~ен) heartless; callous
бесси́л|ие impotence; debility; *fig* feebleness; **~ьный** (~ен) impotent, powerless; feeble, debilitated
бессистéм|ность *f* lack of system, method; **~ный** (~ен) unsystematic
бесслáв|ие infamy; **~ить** II (~лю) *pf* о~ disgrace; **~ный** (~ен) infamous; inglorious, ignominious
бесслéдный leaving no trace, without a trace
бессловéс|ный (~ен) dumb, speechless; silent; non-speaking; tongue-tied, meek
бессмéн|ный (~ен, ~на) permanent, without a change
бессмéрт|ие immortality; **~ник** *bot* immortelle; **~ный** (~ен) immortal; undying, deathless
бессмы́сл|енный (~ен, ~енна) senseless; meaningless, absurd; inane, stupid (*of smile*, *etc*); **~ица** *coll* nonsense, absurdity
бесснéж|ный snowless; **~ье** lack of snow
бессóвест|ный (~ен) dishonest, shameless, unscrupulous; outrageous
бессодержáтел|ьный (~ен) empty; dull, trivial; shallow (*of person*)
бессознáтел|ьный (~ен) unconscious; instinctive
бессóнн|ица insomnia, sleeplessness; **~ый** sleepless
бесспóр|ный (~ен) indisputable, incontrovertible, unquestionable
бесерéбреник unmercenary, disinterested person
бессрóч|ный without time-limit; ~ый óтпуск indefinite leave; ~ое тюрéмное заключéние life imprisonment
бесстрáст|ие imperturbability; impassivity; **~ный** (~ен) impassive; dispassionate, calm
бесстрáш|ие intrepidity, fearlessness; **~ный** (~ен) intrepid, fearless
бессты́д|ник *coll* impudent, shameless person; **~ница** *coll* shameless woman; hussy; **~ный** (~ен) indecent; shameless; **~ство** shamelessness, effrontery; immodesty
бессты́жий *pop* shameless; brazen
бессчётный innumerable
бестáкт|ность *f* tactlessness, indelicacy; tactless action, indiscretion; **~ный** (~ен) tactless; indelicate
бесталáн|ный (~ен, ~на) *obs* ill-starred, luckless; untalented
бестелéс|ный (~ен) incorporeal
бéстия *pop* rogue; тóнкая ~ sly rogue
бестолкóв|щина *coll* confusion, disorder; **~ый** (~) slow-witted; muddle-headed; incoherent
бéстолочь *f coll* confusion; muddle-headed person(s)

бестре́пет|ный (~ен) *poet* intrepid, fearless
бесфо́рмен|ный (~ен, ~на) shapeless, formless
бесхара́ктер|ный (~ен) lacking in character, characterless; weak-willed
бесхво́ст|ый tailless; **~́ое** *n* ecaudate
бесхи́трост|ный (~ен) artless; unsophisticated; simple, ingenuous
бесхле́бица *coll* corn shortage; bread shortage
бесхо́з|ный ownerless; **~я́йный** *obs* = ~ный
бесхозя́йств|енность *f* bad management, mismanagement; thriftlessness; **~́енный** (~ен, ~енна) wasteful, improvident; inefficient, unpractical; thriftless
бесхребе́т|ный (~ен) spineless; *fig* weak
бесцве́т|ный (~ен) colourless; *fig* colourless, insipid, dull
бесце́л|ьный (~ен) aimless; pointless; idle (*of talk*, *etc*)
бесце́н|ный (~ен, ~на) priceless, invaluable; *obs* valueless; **~́ок** *coll* за ~ок very cheaply, for a song, dirt cheap
бесцеремо́н|ный (~ен, ~на) off-hand(ed); unceremonious; э́то ~но that's taking liberties; familiar, impudent; high-handed
бесчелове́ч|ность *f* inhumanity; **~ный** (~ен) inhuman
бесче́|стить II (~щу) *pf* о~ defame, dishonour, disgrace; **~́стный** (~стен) dishonourable; disgraceful; **~́стье** dishonour; disgrace
бесчи́н|ный (~ен, ~на) *obs* scandalous, outrageous; **~́ство** outrage; excess; **~́ствовать** (~ствую) *impf* commit excesses, create havoc
бесчи́сл|енность *f* vast quantity; **~́енный** (~ен, ~енна) innumerable, countless
бесчу́вств|енность *f* insensibility; insensitivity; **~́енный** (~ен, ~енна) insensible; insensitive; **~́ие** loss of consciousness; пья́ный до ~ия dead drunk; indifference, insensitivity
бесшаба́ш|ный (~ен) *coll* reckless, foolhardy
бесшу́м|ный (~ен) noiseless, silent
бе́тель *m* betel
бето́н concrete; **~и́ровать** (~и́рую) *pf* за~ concrete; **~́ный** concrete; **~омеша́лка** concrete mixer; **~́щик** concrete worker
беф-стро́ганов *indecl* bœuf Stroganoff
бече|ва́ *no pl* tow-rope; **~́вка** string, twine; **~вни́к** 1 tow-path; **~во́й** *adj of* ~ва́; **~ва́я** *n* tow-path
бешаме́ль *f* béchamel sauce
бе́ш|енство *med* hydrophobia; rabies; rage, fury; довести́ до ~енства enrage; ~ ма́тки *med* nymphomania; **~́еный** rabid, mad; furious violent (*of passions*, *character*, *winds*, *etc*); ~́еные де́ньги money to burn; ~еная цена́ exorbitant price
бешме́т beshmet (quilted coat)
бз|деть II (~жу, ~дит) *pf* на~ *sl vulg* fart (*usu silently*); *sl* bullshit, talk nonsense; foul the air (*car exhaust*, *etc*); *pf* за~ *sl* be cowardly, afraid; **~ду́н** *sl* fart, contemptible person
бзик *pop* oddity, quirk
биатло́н biathlon
библе́йский biblical
библио́граф bibliographer; **~и́ческий** bibliographical; **~́ия** bibliography
библиоте́|ка library; ~ка с вы́дачи книг на́ дом lending-library; ~ка-чита́льня reading-room; bookcase; **~́карша** *f of* **~карь** *m* librarian; **~кове́дение** librarianship; **~́чный** library
библиофи́л bibliophil(e); **~́ьство** bibliophilism
би́блия bible; the Bible

бива́|к *mil* bivouac, camp; стоя́ть ~ком, на ~ках bivouac, camp; **~́чный** bivouacking, camping
би́в|ень *m* (~ня) tusk
бивуа́к = бива́к
бигуд|и́ (*no sing*; *gen pl* ~е́й *or indecl*) (hair) curlers
бидо́н can, churn
бие́ние beating; throb; ~ се́рдца heartbeat; ~ пу́льса pulse
биза́нь *f naut* mizzen; ~-ма́чта mizzen-mast
би́знес business; де́лать ~ на чём make a profit from something; **~ме́н** businessman
бизо́н bison; buffalo *US*
бикарбона́т bicarbonate
биквадра́т biquadrate; **~́ный** biquadratic
бикфо́рдов ~шнур Bickford fuse
би́кса *sl* whore, slut, tramp
билабиа́льный bilabial
биле́т ticket; card; получи́ть во́лчий ~ be blacklisted; входно́й ~ entrance ticket; жёлтый ~ prostitute's passport; креди́тный ~ banknote; обра́тный ~ return ticket; парти́йный ~ Party card; почётный ~ complimentary ticket; пригласи́тельный ~ invitation card; экзаменацио́нный ~ examination question (*at oral examination*); **~ёр** ticket-collector; **~ёрша** *f of* ~ёр; usherette (*in cinema*, *etc*)
биллиа́рд = билья́рд
биллио́н billion
билло́н billon
билль *m pol* bill
би́ло *tech* beater; gong
билья́рд billiard-table; billiards; игра́ть в ~ play billiards; **~́ный** *adj of* ~; ~ный шар billiard ball; **~́ная** *n* billiards room
бимс *naut* beam, transom
бино́кль *m* binoculars; полево́й ~ field glasses; (театра́льный) ~ opera glasses
бино́м binomial; ~ Нью́тона binomial theory
бинт 1 bandage; **~ова́ть** (~у́ю) *pf* за~ bandage; **~о́вка** bandaging
био́граф biographer; **~и́ческий** biographical; **~́ия** biography
био́лог biologist; **~и́ческий** biological; **~́ия** biology
био́ника bionics
биоток biocurrent
биоста́нция biological research station
биохи́м|ик biochemist; **~и́ческий** biochemical; **~́ия** biochemistry
бипла́н biplane
би́рж|а exchange; фо́ндовая ~а stock-exchange; чёрная ~а (currency) black market; ~а труда́ labour exchange; изво́зчичья ~а *obs* cab-rank; **~еви́к** 1 stockbroker; *obs* cabby; **~ево́й** *adj of* ~а; ~ево́й ма́клер stockbroker; ~eва́я сде́лка stock-exchange deal
би́рка tally; name-plate; (label-)tag
Би́рм|а Burma; **б~а́нец** (~а́нца) Burmese, Burman; **бирма́нка** Burmese (woman); **б~а́нский** Burmese
бирюз|а́ *no pl* turquoise; **~о́вый** turquoise
бирю́к 1 *dial* lone wolf; *fig coll* lone wolf, unsociable person; смотре́ть ~о́м *coll* look gloomy, morose
бирю́льк|а spillikin; игра́ть в ~и play at spillikins; *fig* occupy oneself with trifles, fritter one's time away
бирю́ч *hist* crier, herald

бирю́чина *bot* privet
бис *interj* encore; сыгра́ть, спеть на ~ play, sing an encore
би́с|ер *no pl* beads; мета́ть ~ пе́ред сви́ньями *fig* cast pearls before swine; **∸ерина** bead; **∸ерный** bead; *fig* minute; ~ный по́черк minute handwriting
биси́р|овать (~ую) *impf and pf* give an encore, repeat
бискви́т sponge-cake; *tech* biscuit; **∸ный** *adj of* ~; ~ный руле́т Swiss roll
биссектри́са bisector
бисульфа́т bisulphate
бит *tech* bit
бита́ *sp* bat, club
би́тва battle (of, под + *instr of towns*; на + *prep of rivers*; при + *prep at sea and other cases, sometimes towns*)
би́тенг *no pl naut* bitts
битко́м *adv* ~ наби́ть pack, crowd; по́езд был ~ наби́т the train was packed
бит|о́к 1 (~ка́) rissole; meat-ball *Am*
би́ты|й cracked (*of china*, *eggs*, *etc*); ~й час *coll* a good hour; ~е сли́вки whipped cream
бить (бью, бьёшь) *pf* по~ beat (*person*, *animal*, *etc*); beat, defeat (*in war*, *sports*, *etc*); *impf only* ~ ка́рту cover a card; *pf usu* уда́рить strike, hit; ~ кнуто́м whip, flog; ~ себя́ в грудь beat one's breast; ~ в ладо́ши clap one's hands; ~ по столу́ bang on the table; ~ за́дом kick (*of a horse*); *pf* у~ kill, slaughter (*animals*); *pf* с~ churn (*butter*); *impf only* smash (*crockery*, *etc*); *impf only fig* combat, fight (against, по + *dat*); ~ по карма́ну hit one's pocket; *pf* про~ strike, sound; ~ (в) наба́т sound the alarm; ~ отбо́й beat a retreat *also fig*; часы́ бьют четы́ре the clock is striking four; *impf only* spurt, gush; ~ ключо́м gush forth, well up; *fig* be in full swing; *impf only* shoot, fire; hit (*with firearm*) *also fig*; have a range of; ~ в цель hit the target *also fig*; *impf only* strive (for, after, на + *acc*); ~ на эффе́кт strive after effect; ~ чело́м *ar* present petition; humbly ask for something
битьё *coll* beating, flogging; smashing
би́ться (бьюсь, бьёшься) *impf* fight (with, against, с + *instr*); ~ на поеди́нке fight a duel; beat (*of heart*); knock, strike (against, о + *acc*); ~ голово́й о́б стену *fig* knock one's head against a brick wall; ~ как ры́ба об лёд struggle desperately; struggle (with), exercise oneself (over, над + *instr*); ~ над зада́чей rack one's brains over a problem; break (of china, etc); э́то стекло́ легко́ бьётся the glass is fragile; ~ об закла́д bet, wager
битю́г 1 bityug (*Russian breed of cart-horse*); *fig coll* strong man
бифурка́ция bifurcation
бифште́кс beefsteak
би́цепс biceps
бич 1 whip, lash *fig* scourge
бичева́ *see* **бечева́**
бич|ева́ние flogging; flagellation; **~ева́ть** (~у́ю) *impf* flog; *fig* lash, castigate, chastise, scourge
бичёвка *see* **бечёвка**
бишь *partic pop obs* now (*or not translated*); как ~ его́ зову́т? (now) what is his name?; то ~ that is to say
бла́г|о *n* blessing, benefit; good, the good; о́бщее ~ the common good, weal; *pl* benefits; материа́льные и духо́вные ~а material and spiritual benefits; ~а жи́зни the good things of life; ни за каки́е ~а! not for worlds!; всех ~! good luck!; жела́ю вам вся́ких ~ I wish you every happiness; *conj coll* (particularly) since; seeing that
благове́рн|ый *n joc* husband, lord and master; **∸ая** *n joc* wife, better half, good lady
бла́г|овест ringing of church bell(s); **∸овестить** II (~овещу) *pf* от~ ring for church; *pf* раз~ *coll iron* spread, publish news
Благове́щение the Annunciation
благови́д|ный (~ен) *obs* comely; specious, plausible
благовол|е́ние goodwill, kindness; favour; по́льзоваться чьи́м-н ~ем be in favour with someone; **~и́ть** II be favourably disposed (toward), favour (к + *dat*); **~и́те** have the kindness (to, + *infin*)
благово́н|ие fragrance, aroma; **∸ный** fragrant
благовоспи́т|анность *f* good breeding; courteous manners; **∸анный** (~ан) well-bred, well-brought-up, well-mannered
благовре́м|ение во ~ении *coll joc* opportunely; **∸енный** timely
благогове́|йный (~ен, ~йна) reverential; **∸ние** reverence; veneration (for, пе́ред + *instr*); **∸ть** I *impf* revere, have a reverential attitude (towards), have a profound respect (for, пе́ред + *instr*)
благодар|и́ть II *pf* по~ thank (for, за + *acc*); **∸ность** *f* gratitude; thanks, acknowledgement of thanks; в ~ (за + *acc*) in gratitude (for); не сто́ит ~ности don't mention it; *coll euph* bribe; **∸ный** (~ен) grateful; gratifying, worthwhile; rewarding, appreciative
благода́рств|енный *obs* expressing thanks; ~енный моле́бен thanksgiving service; ~енное письмо́ letter of thanks; **∸овать** *impf obs usu in forms* ~ую, ~уем, ~уй(те) thank you
благодаря́ *prep* + *dat* thanks to, owing to, because of; ~ тому, что owing to the fact that
благода́т|ный (~ен) beneficial; abundant; ~ный край land of plenty; **∸ь** *f* plenty, abundance; *eccles* grace
благоде́нств|енный *obs* prosperous; **∸ие** *obs* prosperity; **∸овать** (~ую) *impf iron* prosper, flourish
благоде́т|ель *m* benefactor; **∸ельница** benefactress; **~ельный** (~елен) salutary, beneficial; **∸ельствовать** (~ельствую) *impf* be a benefactor (to, + *dat*)
благодея́ние *lit* good deed; blessing, boon
благоду́ш|ествовать (~ествую) *impf* take life easily, enjoy an unruffled existence; **∸ие** good humour; euphoria; placidity, equability; **∸ный** (~ен) good-humoured; euphoric; equable, placid; gentle
благожела́т|ель *m* well-wisher; **∸ельность** *f* goodwill; benevolence; **∸ельный** (~елен) well-disposed, good-natured; favourable (*attitude*, *etc*); benevolent, friendly
благозву́ч|ие euphony; **∸ность** *f* euphony; **∸ный** (~ен) euphonious; melodious
благ|о́й good; ~а́я мысль happy thought; ~о́е наме́рение good intention; ~и́м ма́том *pop* at the top of one's voice
благоле́пие *obs* splendour
благонадёж|ность *f* reliability, trustworthiness; **∸ный** (~ен) reliable, trustworthy
благонаме́р|енность *f* good intentions; **∸енный** (~ен, ~енна) well-meaning
благонра́в|ие good behaviour; **∸ный** (~ен) well-behaved

благообра́з|ие good looks; noble appearance; **~ный** (~ен) good-looking; fine-looking
благополу́ч|ие welfare, well-being; happiness; **~но** *adv* all right, well; happily; safely; **~ный** (~ен) happy; safe; successful
благоприобре́тенный acquired
благопристо́|йность *f* decorum, decency; **~йный** (~ен, ~йна) with decorum, decency
благоприя́т|ный (~ен) favourable; propitious; ~ные ве́сти good news; **~ствовать** (~ствую) *impf* favour (+ *dat*); наибо́лее ~ствуемая держа́ва most favoured nation; кли́мат ~ствовал его́ выздоровле́нию the climate was conducive to his recovery
благоразу́м|ие discretion, prudence, sense; **~ный** (~ен) prudent, sensible, reasonable, wise
благорасполож|е́ние favour; **~енный** (~ен, ~енна) favourably disposed (towards, к + *dat*)
благоро́д|ие *obs* Ва́ше Б~ (*term of address*) your Honour; **~ный** (~ен) generous; noble, fine; ~ный мета́лл precious metal; на ~ном расстоя́нии *coll* at a decent distance; **~ство** nobility; nobleness; generosity
благоскло́н|ность *f* kindness; favour; по́льзоваться чьей-н ~ностью be in someone's good graces; **~ный** (~ен, ~на) favourable; gracious; kindly
благослов|е́ние *eccles and fig* blessing; benediction; с ~е́ния with the blessing (of, + *gen*); **~е́нный** (~ен, ~е́нна) blessed, blest; **~и́ть(ся)** II (~лю́) *pf of* ~ля́ть(ся); **~ля́ть** I *pf* ~и́ть bless; give one's blessing (to); be grateful to; ~ля́ть свою́ судьбу́ thank one's stars; **~ля́ться** I *pf* ~и́ться *coll* receive blessing (of, у + *gen*); cross oneself
благосостоя́ние well-being, welfare, prosperity
бла́гост|ный (~ен) serene and good (*usu of people*)
благотвори́т|ель *m* philanthropist; **~ельность** *f* philanthropy, charity; **~ельный** philanthropic, charitable, charity
благотво́р|ный (~ен) beneficial; wholesome, salutary
благоустр|а́ивать I *pf* ~о́ить equip with services and utilities; improve; **~о́енный** *part and adj* well-equipped, improved; comfortable; **~о́йство** equipping with services and utilities; improvement
благоуха́|ние fragrance; **~нный** fragrant, sweet-smelling; **~ть** I *impf* be fragrant, smell sweet
благочест|и́вый (~и́в) pious, devout; **~ие** piety
благочи́н|ие *sing only* decorum, decency; *eccles* deanery; **~ный** *adj obs* decorous, decent; *n* rural dean
блаже́н|ный (~, ~на) blessed, blissful; ~ной па́мяти of blessed memory; *eccles* the Blessed; он како́й-то ~ he is not quite of this world; **~ство** bliss, felicity; на верху́ ~ства in perfect bliss; **~ствовать** (~ствую) *impf* be blissfully happy, be in a state of bliss
блаж|и́ть II (~у́) *impf pop* indulge whims, be capricious; be eccentric; **~но́й** *pop* fatuous, capricious; **~ь** *f coll* whim, caprice
бланк form; анке́тный ~ questionnaire; запо́лнить ~ fill in a form; **~овый** *adj of* ~; ~ая на́дпись endorsement
блат *sl* crime; influence, graft, pull, protection, connections; получи́ть по ~у come by illegally, on the side; thieves' cant; **~а́рь** 1 *m sl* criminal, hood; **~ме́йстер** *sl* racketeer; **~но́й** *sl n* criminal, hood; *adj* criminal's, hood's; ~на́я му́зыка thieves' cant; **~ня́га** *m sl* racketeer, hoodlum; **~ня́к** 1 = ~а́рь
бл|ева́ть (блюю́, блюёшь) *impf vulg* spew; **~ево́тина** *vulg* vomit; *fig* filth
блед|не́ть I *pf* по~ grow pale; pale; **~ноли́цый** *adj* pale; *n* paleface; **~ность** *f* paleness, pallor; **~ный** (~ен, на́, ~но) pale, pallid; ~ный как полотно́ white as a sheet; *fig* insipid, colourless
блези́р для ~у *pop* for appearances' sake
блёк|лый faded; wan (*of colours, flowers, etc*); **~нуть** I (past ~, ~ла) *pf* по~ fade; wither
блеск glitter; shine, brilliance, brightness; splendour, magnificence; ~ остроу́мия brilliance of wit; во всём ~е in all (one's) glory; прида́ть ~ add lustre (to, + *dat*); говори́ть с ~ом speak brilliantly; *min* желе́зный ~ haematite; свинцо́вый ~ galena
блесна́ spoon-bait
блес|ну́ть I (~ну́) *sem pf of* ~те́ть flash; shine; у меня́ ~ну́ла мысль a thought flashed through my mind; **~те́ть** (блещу́, ~ти́шь *and lit* бле́щешь) *sem pf* ~ну́ть shine *also fig*; glitter, sparkle; её глаза ~тя́т гне́вом her eyes are sparkling with anger; он не бле́щет умо́м intelligence is not his strong point; **~тка** sparkle, flash *also fig*; spangle, sequin; усе́янный ~тками spangled; **~тя́щий** *part and adj* shining, bright; *fig* brilliant (*ability, success, talent, etc*)
блеф bluff; **~ова́ть** (~у́ю) *impf coll* bluff
бле|щу́ *see* **~сте́ть**
бле́|яние bleat(ing); **~ять** I (~ю) *impf* bleat
ближа́йш|ий *superl of* бли́зкий nearest; next; immediate; в ~ем бу́дущем in the near future; ~ий друг closest friend; ~ий ро́дственник next of kin; при ~ем рассмотре́нии on closer examination
бли́|же *comp of* ~зкий, ~зко nearer; *fig* closer
бли́жн|ий *adj* near, neighbouring; *mil* short range, close range; close, near (*of kinship*); *n fig* one's neighbour; люби́ть ~его love one's neighbour
бли|з *prep* + *gen* near, close to, by; **~зиться** II (~зится) *impf* approach, draw near (*usu of time*)
бли́з|кий *adj* (~ок, ~ка́, ~ко) near, close; на ~ком расстоя́нии a short way off; at close range; near, imminent (*of time*); ~кое бу́дущее near future; intimate, close, near (*of friends, relations, etc*); быть ~ким be dear (to, + *dat*); *n* ~кие one's kith and kin, one's own; similar, like; ~кий по ду́ху челове́к kindred spirit; **~ко** *adv* near, close (to), close (by, от + *gen*); *fig coll* closely; ~ каса́ться (+ *gen*) closely concern; ~ познако́миться become closely acquainted (with, с + *instr*); *pred* + *dat and infin* it is not far; ему́ ~ ходи́ть he has not far to go; **~лежа́щий** neighbouring, nearby (*of towns, countries, etc*)
близне́ц 1 twin; Близнецы́ *astron* Gemini
близору́к|ий (~) short-sighted; *fig* purblind; **~ость** *f* shortsightedness; *med* myopia *also fig*; *fig* purblindness
бли́зость *f* nearness, closeness, proximity; intimacy
блик patch, speck of light; highlight (*of painting*); со́лнечный ~ patch of sunlight
блин 1 blin (*kind of pancake*); пе́рвый ~ ко́мом never mind! It's only a first attempt; пло́ский как ~ flat as a pancake
блинд|а́ж 1 *mil* dug-out; **~ирова́ть** (~иру́ю) *impf and pf mil* blind
бли́н|чатый *adj of* ~; ~чатый пиро́г pancake pie (*made in layers with pancakes, eggs, meat or kasha*); **~чик** pancake; fritter

блистáт|ельность *f* brilliance, splendour; **∼ельный** (∼елен) brilliant, splendid; **∼ь** I *impf* glow, scintillate; sparkle (with), shine (with, + *instr*); ∼ь отсýтствием *iron* be conspicuous by one's absence
блок *tech* block, pulley, sheave; *pol* bloc; шлакобетóнные ∼и *tech* breeze blocks
блокáд|а blockade; снять ∼у raise the blockade; прорвáть ∼у run the blockade
блокгáуз *mil* blockhouse
блокúр|овать (∼ую) *impf and pf* blockade; (*railways*) block; **∼оваться** *pass of* ∼овать; *pol* form a block (with, с + *instr*); **∼óвка** (railways) block system; blocking
блокнóт notebook; writing-pad
блóнда (*usu pl*) white silk lace
блондúн fair-haired man; **∼истый** (∼ист) *coll* fair, blonde; **∼ка** fair woman, blonde
бло|хá 3 flea; искáть ∼х *fig coll* pick nits; **∼шúный** flea; ∼ укýс flea-bite
блу|д lechery, fornication; **∼дúть** II (∼жý) lecher, fornicate; *pop* wander, roam; **∼длúвый** (∼длúв) lascivious, lecherous; mischievous, roguish; thievish; ∼длúв как кот, труслúв как зáяц lascivious as a cat, timid as a hare; **∼дни** (*gen pl* ∼дней) *coll* debauchery, lechery; **∼дни́к** 1 *obs* lecher, fornicator; **∼дни́ца** *obs* fornicatress, loose woman; *lit* whore; **∼дный** *adj of* ∼д; ∼дный сын *eccles and fig* prodigal son
блуждá|ние wandering, roving, roaming; **∼ть** I *impf* rove, wander, roam; **∼ющий** *part and adj* wandering, roving; ∼ взгляд roving glance; ∼ огонёк will-o'-the-wisp; ∼ющая пóчка floating kidney
блýз|а smock; blouse; **∼ка** (woman's) blouse
блюд|ечко (*pl* ∼ечки, ∼ечек) *coll* saucer; small dish; **∼о** dish; обéд из трёх ∼ three-course dinner; **∼олúз** *obs* sponger; **∼це** (*gen pl* ∼ец) saucer
блю́минг blooming (mill)
блю|стú (∼дý, ∼дёшь; ∼л, ∼лá; ∼дший) *pf* со∼ guard, watch over; observe (*laws, order, etc*); **∼стúтель** *m* keeper, guardian; ∼стúтель порядка *coll iron* custodian of the law
бля́д|овать (∼ую) *impf vulg* whore, live a dissolute life; **∼ский** *vulg* bloody, lousy, bitchy; **∼ство** *vulg* immoral, dishonest act; stupidity
бля́мба *pop* bump, lump
бля́ха nameplate; number plate; мéдная ∼ horse brass; badge
боá *m indecl* boa(-constrictor); *neut* boa
боб 1 bean; турéцкий ∼ kidney bean, haricot; остáться, сидéть на ∼áх *coll* get nothing for one's pains; гадáть на ∼áх *coll* make a wild guess; ∼ы́ разводúть *coll* talk to no purpose, babble
боб|ёр (∼рá) *sing only* beaver (fur); *pl only* beaver collar
бобúна bobbin
бобк|ú (*gen pl* ∼óв) bayberries; **∼óвый** bay; ∼óвое мáсло bay-oil
боб|óвый *adj of* ∼; ∼óвый стручóк bean-pod; *n* ∼óвые leguminous plants
бобр 1 beaver; *sl* rich prisoner; **∼ик** beaver, castor; вóлосы ∼ом *coll* French crop; crew cut; **∼óвый** beaver; beaver-fur; ∼óвая струя́ *med* castoreum
бобы́л|ь 1 *m obs* poor, landless peasant; solitary man (*living alone*); жить ∼ём lead a solitary life
Бог 5 (*voc sing* Бóже) God; god; Бóже мой! good heavens! my God!; ∼ знáет!, ∼ весть! heaven knows!; ∼ егó знáет! who knows!; не дай ∼! heaven forbid!; рáди ∼а! for heaven's sake! for goodness' sake!; с ∼ом! good luck!; слáва ∼у! Thank God!; как ∼ нá душу полóжит anyhow; ∼ с ним *iron* good luck to him; обéдать чем ∼ послáл take pot luck; а он давáй ∼ нóги he took to his heels; ∼ мúлостив by the grace of God, with God's help
богадéл|ка alms-woman; **∼ьня** (*gen pl* ∼ен) almshouse, workhouse
богат|éй *coll* rich man; **∼éть** I *pf* раз∼ grow rich; **∼ство** riches, wealth; естéственные ∼ства natural resources; *fig* richness, wealth; **∼ый** *adj* (∼) rich (in, + *instr*), wealthy; ∼ый óпыт wide experience; чем ∼ы, тем и рáды you are welcome to all we have; *n* rich man
богаты́р|ский *adj of* ∼ь; heroic; *fig* mighty, giant, powerful, Herculean; ∼ское здорóвье iron constitution; ∼ский сон profound sleep; **∼ство** heroic qualities; *collect* bogatyrs; **∼ь** 1 *m* bogatyr (*hero in Russian folklore*); *fig* hero; Hercules
богáч 1 rich man; ∼ú *collect* the rich
богéм|а *fig* Bohemia; Bohemianism
Богéмия *geog* Bohemia
богéм|ный *adj of* ∼а; **∼ский** *geog* Bohemian
богúня goddess *also fig*
богобóр|ец (∼ца) theomachist; **∼ческий** *adj of* ∼ец
богобоя́знен|ный (∼, ∼на) god-fearing
богоискáтель 'God-seeker'
богомáз *coll* icon-dauber
богомáтерь *f* Mother of God
богомóл praying mantis
богомóл|ец (∼ьца) devout person; pilgrim; one who prays for someone else; **∼ка** *f of* ∼ец; **∼ье** pilgrimage; **∼ьный** (∼ен) religious, devout
богонóс|ец (∼ца) bearer of religious mission; нарóд-∼ец Chosen People
богоотстýпн|ик apostate; **∼ичество** apostasy
богоподóб|ный (∼ен) god-like
богопротúв|ный (∼ен) *obs* impious; *coll* repulsive
богорóдица the Virgin, Our Lady
богослóв theologian; **∼ие** theology; **∼ский** theological
богослужé|бный *adj of* ∼ние; liturgical; ∼бная кнúга prayer-book; **∼ние** divine service, worship; liturgy
боготворúть II *impf* worship, idolize; deify
богоугóд|ный (∼ен) pleasing to God
богохýль|ник blasphemer; **∼ный** blasphemous; **∼ство** blasphemy; **∼ствовать** (∼ствую) *impf* blaspheme
богочеловéк 'God-Man', God incarnate
богоявлéние Epiphany
бод|áть I *impf* butt; **∼áться** I *vi* butt; **∼лúвый** (∼лúв) given to butting; **∼нýть** I *sem pf* of ∼áть give a butt, butt
бодр|úть II *impf* stimulate, invigorate; вóздух ∼úт the air is bracing; **∼úться** II *impf* try to keep one's spirits up, try to keep cheerful; **∼ость** *f* cheerfulness; good spirits; courage
бóдрств|овать (∼ую) *impf* be awake, stay awake; keep vigil, keep awake
бóдр|ый (∼, ∼á, ∼о) cheerful, bright; hale and hearty; **∼я́щий** *part and adj* bracing, invigorating
бодя́г|а *pop* empty chatter; fuss; разводúть ∼у fuss about
боевúк 1 *obs* active member of revolutionary group; *coll* hit (*film*); ∼ сезóна hit of the season
боевúт|ый (∼) sprightly, lively, brisk
боев|óй fighting, battle; ∼ы́е дéйствия operations;

~о́й дух fighting spirit; в ~о́й гото́вности in fighting trim, cleared for action; ~о́е креще́ние baptism of fire; ~о́й патро́н live cartridge; ~о́й поря́док battle formation; ~ы́е припа́сы (live) ammunition; ~а́я пружи́на mainspring (*of gun*); urgent; ~а́я зада́ча urgent task; *coll* pushing; militant; ~а́я ба́ба virago; ~о́й механи́зм striking mechanism (of clock)

боеголо́вка warhead

бо|ёк 1 (~йка́) firing-pin

бое|припа́сы *no sing* (*gen pl* ~припа́сов) ammunition; **~спосо́бность** *f* fighting efficiency, fighting capacity; **~спосо́бный** (~спосо́бен) efficient; capable of fighting

бо|е́ц 1 (~йца́) fighter, warrior; private soldier; пету́х-~е́ц fighting-cock; butcher, slaughterman

божба́ swearing

Бо́же *see* **Бог**

бо́жеск|ий *obs* divine; *coll* fair, just; ~ая цена́ a fair price

боже́ств|енность *f* divinity; divine nature; **~́енный** (~ен, ~енна) divine *also fig*; **~о́** deity, divine being

бо́ж|ий God's; ~ий челове́к otherworldly person; ка́ждый ~ий день every day without exception; я́сно, как ~ий день it is as clear as daylight; ~ья коро́вка ladybird

бож|и́ться II (~у́сь, ~и́шься) *pf* по~ swear; **~ни́ца** shelf or case for icons; **~о́к** (~ка́) idol *also fig*

бо|й 2 battle, fight, combat, action; **~й** fighting; в ~ю́ in action; без ~́я without striking a blow; взять с ~́я take by force; ~й быко́в bullfight, кула́чный ~ fisticuffs; петуши́ный ~ cock-fight; beating; бить сме́ртным ~́ем thrash within an inch of one's life; striking (*of a clock*); часы́ с ~́ем striking clock; бараба́нный ~ drum-beat; killing; ~ кито́в whaling; (*pl* ~́и, ~́ев) boy, office-boy; ~й-ба́ба virago (~й *is indecl*); *no pl* breakage (*of china*)

бо́|йкий (~ек, ~йка́, ~йко) smart, quickwitted, spry; ~ язы́к glib tongue; animated, lively; ~йкая у́лица busy street; **~йкость** *f coll* smartness; glibness; animation, liveliness

бойко́т boycott; объяви́ть ~ declare a boycott (of, + *dat*); **~и́ровать** (~и́рую) *impf and pf* boycott

бо́йлерная *n* boiler-house

бойни́ца embrasure, loop-hole, slit

бо́|йня (*gen pl* ~ен) abattoir, slaughter-house; *fig* carnage, slaughter, butchery, massacre

бойска́ут Boy Scout; **~и́зм** scouting; Boy Scout movement

бойцо́вый fighting; ~ пету́х fighting-cock

бок 2 (на ~у́, о ~́е; *pl* ~а́) side; flank; в ~ sideways; взять за ~а́ put the screw on; схвати́ться за ~а́ (от сме́ха) split one's sides (with laughter); на́ ~ sideways, (on)to the side; на ~у́ on one side; ~ о́ ~ side by side; по́ ~у *coll* away with; по́д ~ом *coll* close at hand; с ~́у from the side, from the flank; с ~́у на́ ~ from side to side; *pl sl* watch

бока́л glass, goblet; подня́ть ~ drink the health (of), raise one's glass (to, за + *acc*)

боков|о́й side, flank, lateral, sidelong; ~а́я ка́чка *naut* rolling; ~а́я ли́ния collateral line; ~а́я у́лица side-street; отпра́виться на ~у́ю *coll* turn in, go to bed

бо́ком *adv* sideways; ходи́ть ~ sidle; вы́йти ~ *pop* turn out badly

бокс boxing; boxcalf; boxer cut (*hairstyle*); cubicle (*in hospital*); tiny isolation cell (*in prison*, *etc*); **~ёр** *sp* boxer *also dog*; **~и́ровать** (~и́рую) *impf* box

бокси́т bauxite

болва́н *coll* dolt, blockhead; block (*for headgear*); dummy (*at cards*)

болва́нка pig (*iron*, *etc*); block (*for headgear*)

болга́р|ин (*pl* ~ы, ~) Bulgarian

Болга́р|ия Bulgaria; **б~́ка** Bulgarian (woman); **б~́ский** Bulgarian

бол|ево́й painful

бо́лее *adv* more; ~ поле́зный more useful; ~ и ~ more and more; она всё ~ и ~ худе́ла she was getting thinner and thinner; ~ и́ли ме́нее more or less; не ~ и не ме́нее, как neither more nor less than; ~ всего́ most of all; тем ~, что especially as

боле́зн|енность *f* sickliness; painfulness; abnormality; morbidity (*of mood*, *thought*, *etc*); **~́енный** (~ен, ~енна) unhealthy, sickly; sore; ~енный румя́нец unhealthy flush; *fig* morbid, abnormal; ~енное любопы́тство morbid curiosity; **~етво́рный** (~етворен) morbific; **~ь** *f* illness, disease; *fig* abnormality

боле́льщик *coll* fan, supporter

болеро́ *neut indecl* bolero

бол|е́ть I *impf* be ill (with), be down (with, + *instr*); suffer (from, + *instr*); ail; он ~е́ет с де́тства he has been suffering since he was a child; ~е́ть душо́й show compassion (for), worry (about, о + *prep*); support, be a fan (of, за + *acc*); II *impf* (*used in third person*) ~и́т, ~я́т ache, hurt; у меня́ зу́бы ~я́т I have toothache; у него́ го́рло ~и́т he has a sore throat; у меня́ душа́ ~и́т my heart bleeds (for, о + *prep*)

болеутоля́ющ|ий soothing, analgesic; ~ее сре́дство anodyne, analgesic

боливи́|ец (~йца) Bolivian; **~́йка** Bolivian (woman); **~́йский** Bolivian

Боли́вия Bolivia

болиголо́в hemlock

боли́д fireball

боло́нка lap-dog

боло́т|истый (~ист) swampy, marshy, boggy; **~́ный** marsh; ~ная вода́ stagnant water; ~ газ marsh gas; **~́о** swamp, marsh, bog; торфяно́е ~ peatbog; *fig* mire, slough

болт 1 bolt; нарезно́й ~ screw-bolt; скрепля́ть ~а́ми bolt

болта́нка *aer coll* rough air, bumps

болт|а́ть I *sem pf* ~ну́ть stir; shake; dangle (*arms or legs* + *instr*); *coll* chatter, jabber, natter; ~а́ть глу́пости drivel; ~а́ть языко́м wag one's tongue; **~а́ться** I *coll* dangle, swing; hang loosely (*of clothes*, *etc*); *pop* hang about, loaf

болтли́в|ость *f* garrulity, talkativeness; **~́ый** (~) garrulous, talkative; indiscreet

болт|ну́ть I *sem pf* of ~а́ть give a stir, give a shake; blurt out; **~́ся** I *pf* work loose; come off

болтовня́ *coll* talk; chatter; gossip; пуста́я ~ idle chatter

болторе́зный bolt-screwing

болту́|н 1 *coll* chatterbox; chatterer; gossip; addled egg, wind-egg; **~́нья** (*gen pl* ~ний) chatterbox; gossip; **~́шка** *coll* = ~нья; scrambled eggs; swill, mash; whisk

боль *f* pain; ache; ~ в боку́ stitch; зубна́я ~ toothache; душе́вная ~ mental anguish

больни́|ца hospital; ложи́ться в ~цу go to hospital;

лежáть в ~це be in hospital; выпи́сываться из ~цы be discharged from hospital; ~чный adj of ~ца; ~чный листóк medical certificate
бóл|ьно *adv* painfully, badly; ~ ушиби́ться be badly bruised; *pred* + *dat* it is painful *also fig*; глазáм ~ the eyes hurt; мне ~ дышáть it hurts me to breathe; *adv* exceedingly, badly, very; **~ьнóй** *adj* (~ен, ~ьнá) ill; sick; diseased; ~ глаз sore eye; ~ зуб sore tooth; *fig* ~ вопрóс difficult subject; ~ьнóе мéсто sore spot; **~ьнóй, ~ьнáя** *n* patient, invalid; амбулатóрный ~ out-patient; стационáрный ~ in-patient
большáк 1 high road; *dial* head of family
бóльш|е (*comp of* ~óй *and* вели́кий) bigger; larger; greater; (*comp of* мнóго) more; как мóжно ~е as much as possible, as many as possible; чем ~е ... тем ~е the more ... the more; ~е тогó and what is more; ~е не no more, no longer; ~е не бýду I won't do it again
большеви|зáция bolshevization; **~зи́ровать** (~зи́рую) *impf and pf* bolshevize; **~зм** Bolshevism; **~к** 1 Bolshevik; **~стский** Bolshevik, Bolshevist
большеголóвый with a large head; macrocephalous
бóльш|ий (*comp adj of* ~óй *and* вели́кий) greater; larger; ~ей чáстью, по ~ей чáсти for the most part; сáмое ~ее at most
большинствó majority; most; подавля́ющее ~ overwhelming majority; в ~е слýчаев in most cases
больш|óй big, large; great; large-scale; *coll* grown-up; ~áя бýква capital (letter); ~áя дорóга high road; ~óй пáлец thumb; ~óй пáлец ноги́ big toe; ~óй свет society; **~ýщий** *coll* huge
боля́чка sore; scab; *fig* weak point, defect
бóмба bomb
бомбарди́р *hist* bombardier; *aer* bomb-aimer; *zool* bombardier (*beetle*); **~овáть** (~ýю) *impf* bombard *also fig*; **~óвка** bombardment; **~óвочный** bombing; **~óвщик** bomber; пики́рующий ~ dive-bomber; bomber pilot
бомб|ёжка *coll* bombing; **~и́ст** bomb-thrower (*terrorist*); **~и́ть** II (~лю́) *impf* bomb
бомб|овóз bomber; **~овый** *adj of* ~а; ~овый люк bomb-bay door; ~овая нагрýзка bomb-load; **~одержáтель** *m* bomb-rack; **~омёт** *naut* depth-charge gun; *obs* bomb-thrower; **~ометáние** bomb-release, bomb-dropping; **~осбрáсыватель** *m* bomb-release gear; **~оубéжище** air-raid shelter
бом-|брáмсель *m* royal (sail); **~брам-стéньга** royal malt
бон *naut* boom; сетевóй ~ floating mine net
бóна cheque, order; voucher; (*pl*) paper money
бонaпарти́|зм Bonapartism; **~ст** Bonapartist
бонвивáн bon vivant
бонд|áрить II *impf pop* cooper; **~áрный** ~áрное ремеслó cooper's craft; **~áрня** (*gen pl* ~áрен) cooperage; **~арство** coopering, cooperage; **~арь** *and* **~áрь** 1 *m* cooper
бóнза *m* bonze
бонмó *neut indecl* bon mot, witticism; **~ти́ст** wit
бóнна nursery-governess
бонтóн *obs coll* bon ton
бор 2 (на ~ý, о ~е) coniferous forest; с ~у да с сóсенки, с ~у по сóсенке (chosen) at random; (я ви́жу) откýда сыр-~ загорéлся (гори́т) (I see) how it all started; *chem* boron
бóргес *typ* bourgeois
бордéль *m coll* brothel
бордó *neut indecl* claret; *adj* claret-coloured; **~вый** claret-coloured
бордю́р border (*of material, flowers*)
бор|éц (~цá) fighter (for, за + *acc*); *sp* wrestler
боржóм *m coll*, **~и** *neut and m indecl* Borzhomi (mineral water)
борз|áя *n* borzoi; **~опи́сец** *iron* hack writer, pen pusher; **~ый** *poet* swift, fleet
бормаши́на (dentist's) drill
бормо|тáние muttering; **~тáть** I (~чý, ~чешь) *impf* mutter; **~тýн** 1 *coll* mutterer; drummer (*pigeon*)
бóрн|ый boric, boracic; ~ая кислотá boracic acid
бóров hog; *fig iron* fat man; *pl* ~á horizontal flue
борови́к 1 (edible) boletus
бор|одá 4 beard; отпусти́ть ~оду grow a beard; wattles (*of bird*); с ~одóй *fig* hoary (*of story, etc*)
бородáв|ка wart; **~чатый** warty
бород|áстый *coll* with a big beard, heavily bearded; **~áтый** (~áт) bearded; **~áч** 1 *coll* bearded man; *bot* beard grass; **~ка** small beard, tuft; *tech* key-bit
бороз|дá 4 (*also acc* ~дý) furrow; *anat* (brain) fissure; **~ди́ть** II (~жý) *pf* вз~ furrow *also fig*; *pf* из~ cover with furrows *also fig*; ~ди́ть океáны *poet* plough the seas; **~дка** furrow; groove; **~дчатый** furrowed, grooved
борон|á 4 *agr* harrow; **~и́ть** II *pf* вз~, за~ harrow; **~овáть** (~ýю) *pf* вз~ = ~и́ть; **~ьбá** harrowing
бор|óться (~ю́сь, ~ешься) wrestle; *fig* struggle, fight (with, с + *instr*; for, за + *acc*; against, прóтив + *gen*)
борт 2 (на ~ý, о ~е; *pl* ~á) side (*of ship*); прáвый, лéвый ~ starboard, port side; на ~ý on board (*ship, aircraft*); ~-ó-~ broadside to broadside; вы́бросить зá ~ throw overboard *also fig*; человéк за ~ом man overboard; brim, edge (*of hat, dress, etc*); cushion (*billiards*); **~мехáник** *aer* flight engineer
бóртн|ик wild-honey farmer; **~ичество** wild-honey farming
борт|овóй *adj of* ~; ~овóй журнáл (*ship's*) log-book; ~овáя кáчка rolling; **~проводни́к** 1 air-steward; **~проводни́ца** air-stewardess; **~ради́ст** radio operator (*aircraft*)
борть *f* hive of wild bees
борщ 1 borshch (*beetroot soup*); **~óк** (~кá) (clear) beetroot soup
борьбá *sp* wrestling; *fig* drive, struggle, fight (with, с + *instr*; for, за + *acc*; against, прóтив + *gen*); conflict
бос|икóм *adv* barefoot; ходи́ть ~ go barefoot; **~óй** (~, ~á, ~ó) barefooted; на ~ý нóгу with bare feet, barefoot; **~онóгий** barefooted; **~онóжка** *coll* barefoot girl, woman; barefoot dancer; *pl* sandals; mules; **~я́к** 1 tramp; down-and-out
бот boat; *pl* high overshoes
ботан|изи́ровать (~изи́рую) *impf coll* collect plants, botanize; **~ик** botanist; **~ика** botany; **~и́ческий** botanical
бóтать I *pf* по~ *sl* talk
ботвá leaves of root vegetables; beet leaves
ботви́нья botvinnia (*cold vegetable and fish soup with kvas*)
бóтик *obs* small boat; *pl* high (*usu* women's) overshoes
боти́н|ок (~ка) boot (*ankle-high*); high shoes *US*
ботфóрт jackboot
бóцман boatswain
бочáр 1 cooper; **~ный** coopering

бо́чк|а barrel, cask; *fig* плати́ть де́ньги на ~у pay on the nail; *aer* roll

боч|ко́м *adv* sideways; пробира́ться ~ко́м sidle; **~о́к** (~ка́) *coll* flank

бочо́н|ок (~ка) small barrel, keg

боязли́в|ость *f* timidity, timorousness; **~ый** (~) timid, timorous

бо́язно *pred + dat and inf*, *coll* (be) afraid, frightened

боя́зн|ь *f* fear (of), dread (of, + *gen or* пе́ред + *instr*); ~ь простра́нства agoraphobia; из ~и for fear of, lest; из ~и, что он просту́дится lest he should catch cold

боя́р|ин (*pl* ~е, ~) *hist* boyar; **́~ский** *adj* of ~; **́~ство** *collect* the boyars, nobility; **́~ыня** boyar's wife

боя́рышник hawthorn, may(-bush)

боя́рыш|ня (*gen pl* ~ень) unmarried daughter of boyar

бо|я́ться II (~ю́сь, ~и́шься) *impf* fear, be afraid of (+ *gen, or infin*); де́ти ~я́тся темноты́ children are afraid of the dark; я ~ю́сь лета́ть I am afraid of flying; ~ю́сь, что она (не) придёт I am afraid that she will (not) come; ~ю́сь, как бы (чтобы) она не пришла́ I am afraid that she may come; ~ю́сь сказа́ть I am not sure; suffer from, be spoiled by (+ *gen*)

бра *neut indecl* lamp-bracket; sconce

брав|а́да bravado; **~и́ровать** (~и́рую) *impf* brave, defy (+ *instr*); ~и́ровать опа́сностью defy danger; **́~о** *interj* bravo!; **~у́рный** (~у́рен) *mus* stirring, bravura; **́~ый** gallant; manly; jaunty

бра́|га home-brewed beer; **́~жник** *obs* reveller; **́~жничать** I *impf* revel, carouse

бразд|а́ *lit poet* furrow; (*in expression*) ~ы́ правле́ния the reins of government

брази́л|ец (~ьца) Brazilian

Брази́лия Brazil

брази́ль|ский Brazilian; **~я́нка** Brazilian (woman)

брак marriage; matrimony; гражда́нский ~ civil marriage; свиде́тельство о ́~е marriage certificate; ~ по расчёту marriage of convenience; нера́вный ~ mésalliance

брак waste; defective products, rejects, spoilage, throw-out; flaw, defect; **~ёр** inspector; **~ера́ж** inspection (*usu for export*); **~о́ванный** (~о́ван) rejected; defective; **~ова́ть** (~у́ю) *pf* за~ reject *also fig*; **~о́вка** rejection; **~о́вщик** sorter, examiner; **~оде́л** *coll* bad workman

браконье́р poacher; **́~ство** poaching

брако|разво́дный divorce; ~ проце́сс divorce suit; **~сочета́ние** wedding, nuptials

брами́н Brahmin

брам|-ре́й topgallant yard; **́~сель** *m* topsail; **~-сте́ньга** topgallant (mast)

брандахлы́ст *pop* slops; swill *fig* empty, worthless person

бранд|ва́хта guard-ship; **́~ер** *hist* fire-ship; block-ship; **~майо́р** chief of fire brigade; **~ма́уэр** fire-proof wall; **~ме́йстер** chief fireman; **~спо́йт** fire-pump; nozzle

брани́ть II *pf* вы́~ reprove; scold; abuse; **́~ся** II *pf* по~ quarrel (with, с + *instr*); *vi pf* вы́~ swear, curse

бра́н|ный abusive; ~ное сло́во swear-word; *lit poet* martial; quarrelsome; **~ь** *f* swearing, bad language; abuse; *lit* поле ́~и on the field of battle

брас *naut* brace

брасле́т bracelet; *sl* bracelet, handcuff; **́~ка** *coll* = ~

брас|ова́ть (~у́ю) *impf* brace

брасс *sp* breast-stroke

брат (*pl* ́~ья, ́~ьев) brother; двою́родный ~ cousin; единокро́вный ~ half-brother (*by father*); единоутро́бный ~ half-brother (*by mother*); моло́чный ~ foster-brother; son of wet nurse сво́дный ~ stepbrother; *fig* brother; comrade; наш ~ *coll* we, the likes of us; ваш ~ *coll* you, you and your sort; (*patronizing form of address*) old man, old chap, my boy; *pl* friends, lads; *eccles* lay brother; ~ милосе́рдия male nurse; на ́~а *coll* per person, a head; **~а́ние** fraternization; **~а́ться** I *pf* по~ fraternize (with, с + *instr*); **~ва́** *collect pop* chaps, lads, comrades, boys; **́~ец** (~ца) *dim of* ~; (*form of address*) old man, old chap, boy, lad, old fellow; **́~ина** *hist* wine bowl; **~и́шка** *m coll* little brother; *pop* mate, chum; **́~ия** *collect* brotherhood, fraternity *also fig*; **́~нин** *coll* brother's; **~оуби́йственный** fratricidal *also fig*; **~оуби́йство** fratricide; **~оуби́йца** *m and f* fratricide; **́~ский** brotherly, fraternal; ~ская моги́ла common grave; **́~ство** brotherhood, fraternity

бра|ть (беру́, берёшь; ~л, ~ла́, ́~ло) *pf* взять (*in var senses*) take; get; obtain; book, hire, *etc*; ~ть барье́р clear a hurdle; ~ биле́ты take tickets; ~ взаймы́ borrow; ~ верх get the upper hand; ~ власть seize power; ~ вре́мя take time; ~ курс make, head (for, на + *acc*); ~ наза́д, обра́тно take back; ~ нача́ло originate (in, в + *prep*); ~ но́ту sing, play a note; ~ поруче́ние undertake a commission; ~ приме́р follow the example (of, с + *gen*); ~ своё get one's way; ста́рость берёт своё age tells; ~ сло́во take the floor; ~ сло́во с кого́ make someone promise; ~ штраф exact a fine; его́ берёт отча́яние he is overcome by despair; ~ в аре́нду rent; ~ в жёны take to wife; ~ в плен take prisoner; ~ в свиде́тели call as witness; ~ в ско́бки place in brackets; ~ за се́рдце move deeply; ~ на букси́р take in tow; ~ кого на попече́ние take charge of someone; ~ на пору́ки go bail for; ~ напрока́т hire; ~ на себя́ take upon oneself; ~ под аре́ст put under arrest; ~ кого́ по́д руку take someone's arm; ~ нале́во, направо turn left, right; э́тот нож не берёт this knife does not cut; succeed (by), win over (by, + *instr*); он берёт *coll* he takes bribes

бра́|ться (беру́сь, берёшься; ́~лся, ~ла́сь, ́~лось *pf* взяться *pass of* ~ть; touch, lay hands (upon, за + *acc*); ~ за́ руки link arms; take (up), get down (to, за + *acc*); ~ за де́ло get down to brass tacks, business; ~ за перо́ take up the pen; take upon oneself; undertake; begin (за + *acc or infin*); *coll* appear, arise; отку́да беру́тся таки́е слу́хи? where do such rumours spring from?; ~ за ум *coll* come to one's senses

бра́унинг Browning

брахицефа́л brachycephalous person; **́~ия** brachycephaly

бра́чн|ый marriage; conjugal; ~ое свиде́тельство marriage certificate; ~ наря́д *zool* breeding-dress; ~ое опере́ние *zool* breeding plumage

бра́шпиль *m* windlass, capstan

брев|е́нчатый timbered, made of logs; **~но́** 6 log, beam; *fig* dull, insensitive person

бред *no pl* (в ~у́, о ́~е) delirium; ravings; *fig* gibberish; быть в ~у́ be delirious

бре́д|ень *m* (~ня) drag-net

бре́|дить II (~жу) *impf* be delirious, rave; *fig coll* be mad (about), rave (about + *instr*); он ~дит

теа́тром he's mad about the theatre; **˜диться** II *impf impers + dat coll* ему́ всё ~дятся кани́кулы he keeps dreaming about holidays; **˜дни** *gen pl* (~день) ravings; fantasies; **~дово́й** *also coll* **~до́вый** delirious; *fig* nonsensical, fantastic
бре́зг|ать I *pf* по~ be fastidious, squeamish, fussy (about, + *instr or infin*); **~ли́вец** (~ли́вца) squeamish, fussy person; **~ли́вый** (~ли́в) squeamish, fussy; ~ли́вое чу́вство feeling of disgust
брезе́нт tarpaulin; **˜овый** tarpaulin, canvas
бре́зж|ить(ся) II (~ит(ся)) dawn; glimmer
брейд-вы́мпел broad pennant
брело́к pendant; charm
бре́м|я *neut* (~ени, ~енем) burden, load *usu fig*; разреши́ться от ~ени be delivered (of a child)
бре́нн|ый (~а) transitory; perishable; ~ые оста́нки mortal remains
бренч|а́ть II (~у́) *pf* про~ jingle (+ *instr*); *coll* strum (*on musical instrument*)
бр|ести́ (~еду́, ~едёшь; ~ёл, ~ела́) *det of* броди́ть *pf* по~ shuffle, trudge (along); drag oneself (along); stroll pensively along
брете́лька shoulder strap
бретёр *obs* lover of duels, duellist
бре|ха́ть I (~шу́, ˜шешь) *sem pf* ~хну́ть *pop* bark; *fig* tell lies; **~хня́** *no pl, pop* lies; nonsense; **~ху́н** 1 *pop* liar
брешь *f* breach; пробива́ть ~ make a breach (in, в + *prep*); *fig* deficit, loss
бре́|ю *see* **брить;** ~ющий полёт hedge-hopping flight
бриг brig
брига́д|а *mil* brigade; *naut* subdivision; brigade, team, crew; **~и́р** *mil obs* brigadier; foreman; brigade-leader; team-leader; **~и́рша** brigadier's wife; **˜ник** member of brigade, team; **˜ный** *adj of* ~а
бриганти́на brigantine
бридж bridge (*card-game*); *pl* (riding) breeches
бриз *naut* breeze
бризантный *mil* high-explosive
брике́т briquette; **~и́ровать** (~и́рую) *impf and pf* make into briquettes
брил|лиа́нт (cut) diamond; **~лиа́нтовый** *adj of* ~лиа́нт; **~ья́нт, ~ья́нтовый** *see* **~лиа́нт, ~лиа́нтовый**
брита́н|ец (~ца) Briton; **~ка** Briton (woman); **~ский** British; ~ский мета́лл Britannia metal
бри́тв|а razor; безопа́сная ~а safety razor; **˜енный** shaving; ~енные принадле́жности shaving things; ~енный реме́нь (razor-)strop
бритт (ancient) Briton
бр|и́тый (~и́т) clean-shaven; **~ить** (~е́ю, ~е́ешь) *pf* по~ shave; **~итьё** shave; shaving; **~и́ться** (~е́юсь, ~е́ешься) *pf* по~ shave, have a shave
бри́финг briefing
бри́чка *obs* britzka (*light carriage*)
бров|ь 5 *f* eyebrow; brow; ˜и дуго́й arched eyebrows; нави́сшие ˜и beetling brows; хму́рить ˜и knit one's brows; он и ~ью не повёл he did not turn a hair; попа́сть не в ~, а (пря́мо) в глаз *prov* hit the (right) nail on the head
брод ford; не зна́я ˜у, не су́йся в во́ду *prov* look before you leap
броди́льный fermenting, fermentative; ~ чан fermenting vat; ~ фериме́нт fermenting-agent
бро|ди́ть II (~жу́, ˜дишь) *indet* wander, roam; amble, stroll; ~ди́ть по у́лицам roam the streets; *fig* улы́бка ~ди́ла по его лицу́ a smile hovered over his face
бродя́|га *m* vagrant, tramp; hobo *US*; down-and-out; **˜жничать** I *impf coll* be a tramp, be on the road; rove; **˜жничество** vagrancy, **˜чий** wandering, roving; vagrant; *fig* restless; ~ о́браз жи́зни nomadic way of life; ~чая соба́ка stray dog
броже́ние fermentation; *fig* ~ умо́в intellectual ferment
бром *chem* bromine; *med* bromide; **˜истый** bromide; ~ на́трий sodium bromide; **˜овый** *adj of* ~
броне- *mil* armoured(-); **~автомоби́ль** *m* armoured car; **~бо́йка** anti-tank rifle; **~бо́йный** armour-piercing; **~бо́йщик** anti-tank rifleman; **~ви́к** 1 armoured car; **~во́й** armoured; ~ва́я плита́ armoured plate; **~но́сец** (~носца) *naut* battleship; ironclad; *zool* armadillo; **~но́сный** armoured; **~по́езд** armoured train; **~си́лы** *no sing* armoured forces; **~та́нковый** armoured; ~та́нковые ча́сти armoured units; **~транспортёр** armoured troop-carrier
бро́нз|а bronze; *collect* bronzes; **~ирова́ть** (~иру́ю) *impf and pf* bronze; **~иро́вка** bronzing; **~иро́вщик** bronzer; **˜овый** bronze; bronzed; tanned; ~овая боле́знь Addison's disease; ~ век Bronze Age; ~ зага́р sun-tan
брони́р|ованный reserved; **~о́ванный** armoured; **˜овать** (~ую) *pf* за~ reserve, book; **~ова́ть** (~у́ю) *impf and pf also* за~ armour
бронх bronchial tube; **~на́льный** bronchial; **~и́т** bronchitis
бро́н|я reservation; commandeering; **~я́** armour; armour-plating
брос|а́ть I *pf* ˜ить throw, cast, fling; ~а́ть взгляд cast a glance; ~а́ть войска́ в бой throw troops into the battle; ~а́ть обвине́ния hurl accusations; ~а́ть свет (тень) cast light (a shadow); ~а́ть я́корь drop anchor; *impers* меня́ ~а́ло то в жар, то в хо́лод I went hot and cold; leave, abandon, desert; ~а́ть му́жа abandon one's husband; ~а́ть ору́жие lay down one's arms; ~а́ть рабо́ту give up, throw up one's work; give up, leave off (+ *infin*); он ~а́ет кури́ть he is giving up smoking; throw away; ~а́ть на ве́тер throw away, waste
брос|а́ться I throw at one another, pelt one another (with, + *instr*); squander, throw away (+ *instr*); *pf* ˜иться throw oneself (on, upon), rush (upon, to на, в + *acc*); ~иться на коле́ни fall on one's knees; ~иться в объя́тия fall into the arms (of, + *dat*); ~иться на по́мощь rush to the assistance (of, + *dat*); ~иться на ше́ю fall on the neck (of, + *dat*); кровь ~а́ется ей в лицо́ blood rushes to her face; ~а́ться в глаза́ strike, catch the eye; begin, start (+ *impf infin*)
бро́|сить(ся) II (˜шу) *pf of* ~ать(ся); ~ь(те)! chuck it!, stop it!
бро́с|кий (~ок, ~ка) *coll* striking, garish, loud, bright; **~ко́м** *adv coll* with a (one) throw; with a spurt; **˜овый** worthless; low-grade; ~ э́кспорт dumping; **~о́к** (~ка́) *coll* throw; bound; spurt, rush
бро́ш|ка *coll* brooch; **~ь** *f* brooch
брошю́р|а pamphlet, brochure; **~ова́ть** (~у́ю) *pf* с~ stitch; **~о́вка** stitching; **~о́вочный** stitching; **~о́вочная** *n* book-stitching shop; **~о́вщик** stitcher
брудерша́фт вы́пить (на) ~ toast (to) comradeship
брус (*pl* ˜ья, ˜ьев) squared beam; паралле́льные ˜ья *sp* parallel bars; **~ко́вый** bar, bar-shaped;

~ко́вое желе́зо bar-iron

брусни́|ка *also collect* red whortleberry, red bilberry; **~́чный** *adj of* ~ка

брус|о́к (~ка́) bar; ingot; точи́льный ~о́к whetstone

бру́ствер *mil* breastwork, parapet

брусча́т|ка *collect* paving stones; *coll* paved road; **~́ый** paved

бру́тто *adj indecl* gross; вес ~ gross weight

брыже́йка mesentery

бры́ж|и (*gen pl* ~ей) ruff, frill

бры́з|гать I (~жу) *pf* ~нуть splash, spatter, splutter (+ *instr*); gush, spurt (*of tears, etc*); squirt (*of liquids*); ~гать водо́й splash water (on, на + *acc*); (*usu* ~гаю, ~гаешь) sprinkle; **~́гаться** I *impf coll* splash; splash one another; **~́ги** *no sing* (*gen pl* ~г) spray, splashes (*of liquids*); fragments (*of glass, stone, etc*); **~́нуть** I *sem pf of* ~гать; ~нул дождь it began to spit with rain; кровь ~нула из ра́ны blood spurted from the wound

брык|а́ть I *sem pf* ~ну́ть kick; **~а́ться** I *sem pf* ~ну́ться *coll* kick *also fig*; **~ли́вый** (~ли́в) *coll* given to kicking; **~ну́ть(ся)** *sem pf of* ~а́ться

бры́нза brynza (*sheep's milk cheese*)

брысь *interj* shoo! (*to a cat*)

брюз|га́ *m and f coll* grumbler, grouser; **~гли́вый** (~гли́в) grumbling, peevish; **~жа́ние** grumbling; **~жа́ть** II (~жу́) *pf* про~ grumble, grouse

брю́ква swede

брю́к|и (*gen pl* ~) trousers

брюне́т dark-haired man; **~́ка** brunette, dark-haired woman (girl)

брю́ссельск|ий Brussels; ~ая капу́ста Brussels sprouts

брюха́ст|ый (~) *coll* big-bellied

брюх|а́тая *pop* pregnant; **~а́тить** II (~а́чу) *pf* о~ *pop* make pregnant; **~́о** (*pl* ~и) *pop* belly; paunch; **~оно́гие** *n* gasteropods

брюши́н|а peritoneum; воспале́ние ~ы peritonitis

брюш|ко́ (*pl* ~и́, ~о́в) abdomen; paunch; **~но́й** abdominal; ~но́й тиф typhoid (fever); **~ня́к** 1 *coll* typhoid

бря́к|ать I *sem pf* ~нуть *coll* make a clatter (with, + *instr*); let fall with a bang; *fig coll* drop a clanger; **~́аться** I *coll* fall, crash heavily; **~́нуть(ся)** I *sem pf of* ~ать(ся)

бряца́|ние clank; clang; clanking (*of chains, etc*); rattle; ~ние ору́жием sabre-rattling; **~́ть** I *pf* про~ clank; clang; rattle, jingle (+ *instr or* на + *prep*); thrum, twang (*on a musical instrument*); ~ору́жием rattle the sabre

бу́б|ен (~на; *gen pl* ~ен) tambourine; **~ене́ц** (~енца́) little bell; колпа́к с ~енца́ми cap and bells; **~е́нчик** little bell; *bot* harebell, campanula

бу́блик boublik (*ring-shaped bread roll*)

бу́б|на (*gen pl* ~ён) *pl* diamonds; тройка ~ён three of diamonds; a diamond

бубни́ть II *pf* про~ *coll* grumble; mutter

бубно́в|ка *coll* diamond; **~́ый** diamond (*cards*); ~ туз ace of diamonds; *hist fig* diamond-shaped patch on convict's coat

бубо́н *med* bubo; **~́ный** *adj of* ~; ~ная чума́ bubonic plague

бу́гель *m naut* hoop; *elect* bow-collector

буг|о́р (~ра́) mound, knoll, lump; **~оро́к** (~орка́) knob, protuberance; *med* tubercle; **~о́рчатый** covered with lumps; *med* tuberculous; *bot* tuberous; **~ри́стый** (~ри́ст) hilly; bumpy, uneven

бу̑гшпри́т *see* **бу̑шпри́т**

будди́|зм Buddhism; **~́йский** Buddhist; **~́ст** Buddhist

бу́дет *3rd sing fut of* быть; ~ ему́ за э́то! he'll catch it; *pred coll* that'll do, that's enough; ~ с тебя́ э́того? will that do?; ~ тебе́ пла́кать stop crying

буди́льник alarm clock

буди́р|овать (~ую) *impf obs* sulk; *incorr* incite (against, про́тив + *gen*)

бу|ди́ть II (~жу́, ~́дишь) *pf* раз~ wake, awaken, call; *pf* про~ *fig* rouse, arouse; stir up

бу́дка box, booth; stall; карау́льная ~ sentry-box; соба́чья ~ dog kennel; суфлёрская ~ prompt-box; телефо́нная ~ telephone booth

бу́д|ни (*gen pl* ~ней, *sing rare*) weekdays; workdays, working days; в ~ни on weekdays; humdrum life, existence; **~́ний** ~ день weekday; **~́ничный** ~ день weekday; dull, humdrum; everyday

будора́жить II *pf* вз~ *coll* excite; disturb

бу́дочник *hist* policeman on duty; crossing-keeper

будто *conj* as if, as though; э́та ба́бушка рабо́тает, ~ ей два́дцать лет that grandmother works as though she's twenty years old; that (*implying doubt about a statement*); он говори́т, ~ был на войне́ he says he was in the war; как ~, ~ бы, ~ *partic coll* apparently; ostensibly; *inter partic coll* really?; я винова́т ~? am I really guilty then?

бу́ду *see* **быть**

будуа́р boudoir

бу́дучи *pres ger of* быть being

бу́д|ущий *adj* future; next; ~ее вре́мя *gramm* future tense; в ~ раз next time; *n* ~ее the future; в ближа́йшем ~ем in the near future; **~́ущность** *f* future; career

бу́дь(те) *imp of* быть; бу́дьте добры́, любе́зны (+ *infin or imp*) be so kind (as to), kind enough (to); please; будь, что бу́дет come what may; не будь вас, я бы поги́б had it not been for you I would have perished; будь = е́сли + *main verb in conditional sentence*; будь он умён, будь он глуп, мне всё равно́ I don't care whether he is clever or stupid; будь то … whether it be …

бу|ёк (~йка́) anchor-buoy, life-buoy

бу́ер (*pl* ~а́) ice-yacht, land-yacht; small sailing-boat

буера́к gully; coombe

буж 1 *med* bougie

буженя́на salted pork (*usu boiled*), cold boiled pork

буз|а́ bouza (*alcoholic drink made from millet or buckwheat*); *pop* row; подня́ть ~у́ kick up a row

бузин|а́ elder; **~́ник** elder grove, elder-bushes; **~́ный** *or* **~́овый** elder

буз|и́ть II (*no 1st person*) *impf pop* kick up a row, shindy; **~отёр** *pop* rowdy, trouble-maker; **~отёрство** *pop* rowdyism, trouble-making; **~у́н** 1 *pop* rowdy, trouble-maker; lumps of salt precipitated in lakes

буй 2 buoy

бу́йв|ол buffalo; **~́оловый** buffalo; ~оловая ко́жа buff

бу́|йный (~ен, ~йна́, ~́йно) wild, violent, unruly; turbulent; ungovernable; rumbustious, rollicking; boisterous, impetuous; ~ хара́ктер harum-scarum; luxuriant, riotous (*of vegetation, etc*); ~ рост rapid growth; **~́йство** violence, unruliness, brawling; **~́йствовать** (~йствую) *impf* brawl, riot, get rough; run amuck (of madman)

бук beech

бу́к|а *m and f coll* bogy(man); *fig* misanthrope, unsociable person; sullen; смотре́ть ~ой look sullen
бука́шка small insect
буквое́д pedant; ~**ство** pedantry
бу́кв|а letter (*of alphabet*); ~а в ~у literally; *fig* ~ зако́на letter of the law; ~**а́льно** *adv* literally, word for word; ~**а́льный** *adj* literal; ~ перево́д word-for-word translation; ~**а́рь** 1 *m* ABC; primer; ~**енный** in letters
бу́квица betony
буке́т bouquet; bunch of flowers, posy; aroma
букини́ст second-hand bookseller; ~**и́ческий** ~ магази́н second-hand bookshop
бу́кля curl; ringlet
бу́ковый beechen; ~ жо́лудь beech nut
буко́ли|ка bucolic literature; ~**ческий** bucolic, pastoral
букс *bot* box
бу́кса axle-box
букси́р tug, tugboat; tow-rope; взять на ~ take in tow; *fig* give a helping hand (to); тяну́ть на ~е have in tow; ~**ный** *adj of* ~; ~**овать** (~ую) *impf* tow, have in tow; ~**о́вка** towing
букс|ова́ние skidding, wheel-spin; ~**ова́ть** (~у́ет) *impf* spin on spot, skid (*of wheels*)
булав|а́ mace; ~**ка** pin; англи́йская ~ safety-pin; де́ньги на ~ки pin-money; ~**очник** pincushion, pin-box; pin-maker; ~**очный** pin
була́ный dun, Isabella (*colour of horse*)
була́т *hist* damask steel; *fig* sword; ~**ный** *adj of* ~
бу́линь *m* bowline
бу́лка small loaf; white bread; roll; сдо́бная ~ bun
бу́лла (Papal) bull
бу́л|очка bun; ~**очная** *n* bakery; baker's shop; ~**очник** baker
бултых *interj coll* plop!; *pred* он ~ в во́ду he fell with a plop into the water; ~**а́ться** I *sem pf* ~ну́ться *coll* plop, flop; *impf* flop about; slop about; ~**ну́ться** I *sem pf of* ~а́ться
булы́жн|ик cobble-stone(s); ~**ый** cobbled
бульва́р avenue; boulevard; ~**ный** *adj of* ~; ~ная пре́сса gutter press; ~ рома́н cheap novel; ~**щина** trash (*of literature*)
бульдо́г bulldog
бульдо́зер bulldozer; ~**и́ст** bulldozer operator
бу́льк|анье gurgling; ~**ать** I *sem pf* ~нуть gurgle; ~**нуть** I *sem pf of* ~ать
бульо́н broth
бум *coll* (economic) boom; newspaper sensation; *sp* beam; boom (*noise of bell, etc*)
бума́г|а paper; газе́тная ~ newsprint; document; *pl* (official) papers; це́нные ~и *fin* securities; (хлопча́тая) ~ cotton
бумаго|держа́тель *m* paper-clip; *fin* holder of securities, bondholder; ~**мара́ние** *coll* scrawl, scribbling; ~**мара́тель** *m coll* scribbler; ~**пряде́ние** cotton-spinning; ~**пряди́льный** cotton-spinning; ~**пряди́льня** (*gen pl* ~пряди́лен) cotton mill
бума́ж|ка bit, piece of paper; *coll* paper (document); *coll* (bank)note, bill, (paper) money; ~**ник** wallet, note-case, pocket-book; paper-worker; ~**ный** paper *also fig*; ~ная волоки́та red tape, paper work; ~ змей (paper) kite; ~ная пря́жа cotton yarn; ~ная ткань cotton fabric; ~ная фа́брика paper-mill; ~**о́нка** *coll pej* scrap of paper *also fig*
бумазе́|йный fustian; ~**я** fustian
бумера́нг boomerang
бу́нкер (*pl* ~а́) bunker; ~**ова́ть** (~у́ю) *impf* to bunker; ~**ова́ться** (~у́юсь) *impf* coal; ~**о́вка** coaling
бунт 1 bale; bundle; packet
бунт 2 revolt; riot; mutiny; ~**а́рский** seditious; *fig* rebellious; ~**а́рство** rebelliousness; ~**а́рь** 1 *m* rebel *also fig*; insurgent, mutineer, rioter; inciter to mutiny, rebellion; ~**ова́ть** (~у́ю) *impf* revolt, rebel; mutiny; riot; *fig* rage; *pf* вз~ incite to revolt, mutiny; ~**овско́й** mutinous, rebellious; ~**овщи́к** 1 rebel, insurgent; mutineer; rioter
бунчу́к 1 pikestaff of Cossack hetman
бур auger; Boer
бура́ borax
бура́в (*pl* ~а́) auger; gimlet; ~**ить** II (~лю) *pf* про~ bore, drill; ~**чик** gimlet
бура́к *dial* beetroot; cylindrical birch-bark box; type of firework
бура́н blizzard, snowstorm (*in steppe*)
бурбо́н *coll* coarse-mannered person
бургоми́стр burgomaster
бурда́ *coll* slops, swill; кака́я ~! hog-wash!
бурдю́к 1 wineskin; water-skin
буреве́стник (stormy) petrel
бурело́м wind-fallen trees
буре́ние boring, drilling; о́пытное ~ test boring; уда́рное ~ percussion drilling
буре́ть I *impf* grow brown
буржу|а́ *m indecl* bourgeois; ~**ази́я** bourgeoisie; ме́лкая ~ petty bourgeoisie; ~**а́зный** (~а́зен) bourgeois; ~**й** *coll* bourgeois; ~**йка** *f of* ~й; *hist coll* small store; ~**йский** *coll* bourgeois
бур|и́льный boring; ~**и́льщик** borer; driller; ~**и́ть** II *pf* про~ drill; bore
бу́рка felt (Caucasian) cloak; *dial poet* chestnut horse; *pl* felt boots with leather sole
бу́ркал|ы (*gen pl* ~) *pop* eyes
бу́рк|ать I *sem pf* ~нуть *pop* mutter, growl out; ~**нуть** I *sem pf of* ~ать
бурла́|к 1 barge hauler; ~**цкий** *adj of* ~к; ~**чество** trade of barge hauler; ~**чить** II *impf dial* be a barge hauler
бурли́|вый (~в) turbulent; seething; ~**ть** II *impf* seethe, boil; *fig* seethe, rage; *fig* buzz with excitement
бурми́стр *hist* bailiff
буру́с burnous
бу́р|ный (~ен, ~на́, ~но) rough, stormy; impetuous; ~ные аплодисме́нты stormy applause, loud cheers; rapid; energetic; ~ рост rapid growth
буров|и́к 1 boring, drilling technician; ~**о́й** boring; ~а́я вы́шка derrick; ~а́я сква́жина bore-hole, well
бу́рс|а *hist* seminary; ~**а́к** *hist* seminarist; ~**а́цкий** *adj of* ~а́к
бу́рский Boer
бу́ртик *naut* fender
буру́н 1 *poet* breaker; bow-wave; *pl* surf
бурунду́к 1 chipmunk
бурч|а́ние *coll* grumbling; (stomach-)rumbling; ~**а́ть** II (~у́) *pf* про~ mumble, mutter; grumble; *impf only usu impers* в котле́ ~и́т the cauldron is bubbling; ~и́т у меня́ в животе́ my stomach is rumbling
бу́р|ый (~, ~а́, ~о) brown; ~ая лиси́ца red fox; ~ медве́дь brown bear; ~ у́голь brown coal, lignite
бурья́н tall weeds
бу́ря storm *also fig*; ~ в стака́не воды́ storm in a teacup; ~ и на́тиск *lit* 'Sturm und Drang'; ~

негодова́ния storm of indignation
буря́т (*gen pl* ~) Buryat; **~ка** Buryat (woman); **~ский** Buryat
бу́сина bead
буссо́ль *f* surveying compass
бу́с|ы (*gen pl* ~) beads, bead-necklace
бут rubble, quarry-stone
бутафо́р *theat* property-man; **~ия** properties; dummies (*in shop window); fig* window-dressing, sham; **~ский** *adj of* ~ия; *fig* sham, faked, mock-; illusory
бутербро́д sandwich; slice of bread and butter
бути́л butyl; **~е́н** butylene
бу|ти́ть II (~чу́) *pf* за~ fill with rubble; **~товый** rubble
буто́н bud; *coll* pimple; **~ье́рка** buttonhole, posy
бу́тса *usu pl* football boot(s)
буту́|з *coll* chubby little fellow (*of child, baby*); **~зить** II (~жу) *impf coll* punch
буты́л|ка bottle; **~очка** phial, vial; little bottle; **~очник** bottle-maker; **~очный** bottle; ~очного цве́та bottle-green; **~ь** *f* large bottle; carboy
бу́ф|ер (*pl* ~а́) buffer; *sl* tit; **~ерный** buffer; ~ерное госуда́рство buffer state
буфе́т sideboard; buffet, refreshment room; (refreshment) bar, counter; **~ная** *n* refreshment room; pantry; **~ный** *adj of* ~; **~чик** barman, bartender; **~чица** barmaid; waitress
буфф *adj indecl* comic, buffo; о́пера-~ comic opera; теа́тр-~ comedy; **~о́н** buffoon; *fig* clown, buffoon; **~она́да** buffoonery, slapstick; *fig* buffoonery
бух *interj or pred, coll* bang!; plonk!; plop!; он ~ на́ пол *pop* he fell to the floor with a thud
буха́нка loaf (*usu black bread*)
буха́рский ~ ковёр Bokhara carpet
бу́х|ать I *sem pf* ~нуть *coll* thump, bang; drop with a thud, bang (down); thud, thunder (*of gun, etc*); *fig coll* blurt out; **~аться** I *pf* ~нуться *coll* fall heavily; flop, plonk oneself down, throw oneself (into, в + *acc*)
бухга́л|тер accountant, bookkeeper; **~те́рия** bookkeeping; двойна́я ~те́рия double-entry bookkeeping; counting-house; **~терский** bookkeeping, account
бу́х|нуть(ся) I *sem pf of* ~ать(ся)
бу́х|нуть I (past ~, ~ла) *pf* раз~ swell, expand (*esp of wood*)
бу́хт|а bay, bight; coil (*of rope*); **~очка** cove, creek, inlet
бу́хты-бара́хты *in phrase* с ~ suddenly, without rhyme or reason; without due consideration, offhand
бу́ч|а *pop* row; подня́ть ~у raise a stink, make a row, raise hell
бу́ч|ить II (~у) *pf* вы́~ wash in lye
буш|ева́ть (~у́ю) *impf* rage, bluster, storm (*of natural phenomena*) *also fig coll*
бу́шель *m* bushel
бушла́т *naut* pea-jacket
бушме́н Bushman
бу́шприт bowsprit
буя́н *coll* rowdy, brawler; *obs* wharf; **~ить** *pf* на~ *coll* brawl, go berserk; **~ство** *coll* brawling, rowdyism
бы *abbr* **б** *partic used to form hypothetical sentence* (*see also* е́сли); я мог бы на ней жени́ться I might have married her; (+ ни) *used to form indefinite pronouns*; где бы ни wherever; как бы ни however; когда́ бы ни whenever; кто бы ни whoever; что бы ни whatever; где бы вы ни́ были wherever you may be; как бы то ни́ было be that as it may; *used to express wish*: я бы погуля́л немно́го I would like to take a little walk; *used as polite suggestion*: ты бы не кури́ла так мно́го try smoking a little less; (+ *infin* + *dat*) *used to express wish or desire* мне бы отдохну́ть if only I could have a rest
быва́ло *partic emphasizing that an action used to take place in the past*; он ~ писа́л мне there was a time when he used to write to me; он ~ часто е́здил заграни́цу he would often go abroad; как ни в чём не ~ *coll* as if nothing had happened, as though nothing were the matter; как не ~ (+ *gen*) to have completely disappeared, gone; и вдруг их как не ~ and in a moment they were gone
быва́л|ый experienced; worldly-wise; *coll* familiar, habitual; э́то де́ло ~ое it's the same old story
быва́|ть I *impf* happen; take place; таки́е ве́щи ~ют such things happen; э́тому не ~ть this will never be!, this must not occur!; be; be present; frequent; он у них ре́дко ~ет he seldom goes to see them; be inclined to be, tend to be; она́ ~ет очень груба́ sometimes she is very rude
бы́вш|ий *past part of* быть *and adj* former, late, ex-; ~ президе́нт ex-president; ~ие лю́ди declassés; have-beens
бык 1 bull; ox; рабо́чий ~ draught ox; бой ~о́в bullfight; *fig* здоро́в, как ~ as strong as a horse; взять ~а́ за рога́ take the bull by the horns; male (*of certain horned animals*); pier (*of bridge*)
были́на *lit* bylina (Russian epic)
были́нка blade of grass; как ~ as light as air; то́нкая, как ~ willowy, very thin
бы́ло *partic expresses cessation of action just commenced*; он ~ стал поправля́ться, как вдруг взял да у́мер he was on the point of recovering when he suddenly died; *expresses cancellation of action about to be commenced*: я ~ пошла́ гуля́ть, но разду́мала I was on the point of going for a walk but changed my mind; чуть ~ не very nearly, practically; меня́ чуть ~ не уби́ли they all but killed me, I was practically killed
был|о́й *adj* former, past, bygone; в ~ы́е времена́ in days of old; ~о́е *n poet* the past, olden times
быль *f* fact; true tale
бы́льё ~м пороcло́ long forgotten, thing of the past
быстрина́ 7 rapid(s)
быстро|гла́зый (~гла́з) quick-eyed, sharp-eyed, lively-eyed; **~кры́лый** *poet* swift-winged; **~но́гий** *poet* fleet of foot, nimble; **~расту́щий** quick-growing, rapidly growing
быстрот|а́ quickness, rapidity; speed; с ~о́й мо́лнии as quick as lightning
быстрохо́д|ный (~ен) fast, high-speed
быстр|ый (~, ~а́, ~о) quick, rapid, fast; prompt; ~ ум agile mind; ~ отве́т prompt reply
быт (в ~у́, о ~е) *no pl* way of life; life; дома́шний ~ family life; **~ие́** *philos* being, existence, reality; кни́га ~ия́ Genesis
бы́тность *f* в ~ during; в ~ его там during his stay there; в ~ мою студе́нтом when I was a student, in my student days
быт|ова́ть (~у́ю) *impf* be current, occur; **~ови́к** 1 *coll* writer or artist describing everyday life; *sl* non-professional lawbreaker; **~ово́й** *adj of* ~; social; ~ова́я жи́вопись genre painting; ~ово́е обслу́живание consumer services; ~ово́й укла́д

morals and manners; ~ово́е явле́ние everyday occurrence; **~описа́ние** *obs* annals, chronicles; **~описа́тель** *m obs* historian; social writer

быть (*3rd sing* есть; *fut* бу́ду, бу́дешь; *past* был, была́, бы́ло; не́ был, не была́, не́ было; бу́дь(те); бу́дучи) be, exist; ~ (у + *gen*) be in the possession (of); у неё была́ дочь she had a daughter (*see also* **есть**); happen, occur; бу́дет гроза́ there will be a storm; visit; я бу́ду у вас I shall visit you; я бу́ду в Ло́ндоне I shall be in London; она была́ в кори́чневом пальто́ she was wearing a brown coat; на ней была́ краси́вая шля́па she had on a beautiful hat; *used as copula* (*pres tense usu omitted*): он был моряко́м he was a sailor; она́ была больна́ she was ill; он тут был не при чём he had nothing to do with it; ~ беде́! there will be trouble; что с ней бы́ло? what happened to her?; как ~? what is to be done?; так и ~ so be it; была́ не была́! *coll* let's risk it!, here goes!

бытьё *obs* mode of life

быч|а́чий bull's; bovine; ~а́чья ко́жа oxhide; ~а́чья ше́я bull neck; **~́ий** = ~а́чий; **~о́к** (~ка́) steer, young bull; goby (fish); *pop* cigarette butt

бьеф reach; ве́рхний ~ head water; ни́жний ~ tail water

бэ он ни ~, ни мэ не зна́ет в матема́тике *coll* he doesn't know the first thing about mathematics

бюва́р blotting-pad

бюве́т pump-room

бюдже́т budget; **~́ный** budgetary; ~ год fiscal year

бюллете́н|ить(ся) II *coll* be off sick; **~ь** *m* bulletin; (избира́тельный) ~ь voting-paper; (больни́чный) ~ь *obs* medical certificate; быть на ~е *coll* be off sick, be on sick-leave

бюре́тка burette

бюро́ *neut indecl* bureau, office; ~ нахо́док lost-property office; похоро́нное ~ undertaker's (office); спра́вочное ~ inquiry office; writing-desk, bureau

бюрокра́т bureaucrat; **~и́зм** bureaucracy; red tape; **~и́ческий** bureaucratic; **~́ия** bureaucracy (*also collect*)

бюст bust; *coll* bosom; **~га́льтер** brassière

бя́з|евый *adj of* ~ь; **~ь** *f* coarse calico

бя́ка (*children's speech*) nasty thing; nasty man

В

в (во) *prep + acc* into, to (*indicating motion*) в Москвý to Moscow; в шкóлу to school; войти в дом go into the house, go indoors; сесть в вагóн get into the carriage; + *prep* in, at (*indicating where*) в СССР in the USSR; в институ́те, кинó, клýбе, теáтре, шкóле, *etc* at the institute, cinema, club, theatre, school, etc; в здáнии in the building; *of time* in (*of month, year*); в февралé in February; в 1984 годý in the year 1984; + *acc* on, at; во втóрник on Tuesday; в послéдний день ию́ля on the last day of July; в 8 часóв at eight o'clock; три рáза в год, день, мéсяц, час, *etc* three times a year, a day, a month, an hour, etc; 50 оборóтов в минýту fifty revolutions a (per) minute; длинóй в два мéтра two metres long; в пяти́ киломéтрах от Лóндона (at a distance of) five kilometres from London; *within* (*of time*) in; он э́то сдéлает в два дня he will do it in two days; в однó мгновéние in an instant, in a trice; завернýть в бумáгу wrap in paper; в чёрном (dressed) in black; *stained, etc* + *prep*; в черни́лах ink-stained; лицó в прыщáх spotty face

в-, во-, въ- *verbal prefixes indicating*: action or motion into; *reflexive* completion of action directed inwards

ва-банк *adv cards* игрáть, идти ~ stake everything; *fig* stake one's all

вáб|ить II (~лю) *impf* lure, decoy (*hunting*)

вавилóн|ский Babylonian; ~ская бáшня tower of Babel; ~ское столпотворéние babel; **~ы** (*gen pl* ~ов) *coll archi* scrolls; flourishes, scrawl (*of handwriting*); выводи́ть, писáть ~ *fig* lurch, stagger (*of drunk*)

вáга weighing-machine; swingle-tree; lever

вагóн (railway) carriage, coach; car *US*; truck; (goods) van; (freight) car *US*; багáжный ~ luggage van, baggage car *US*; жёсткий ~ carriage with uncushioned seats; мя́гкий ~ upholstered carriage, first-class carriage; почтóвый ~ mail-van, mail-car *US*; спáльный ~ sleeper; товáрный ~ goods wagon, goods truck; трамвáйный ~ tram-car, street-car *US*; ~-ресторáн dining, restaurant car, diner; wagon-load, carload, truckload; *fig coll* loads, lots; врéмени у нас ~ *coll* we have masses of time; **~éтка** truck, trolley; **~éтчик** truck-, trolley-operator; **~ка** *sl* wooden plank bunk (*usu for four*); **~ник** coach-builder; **~ный** wagon; car; ~ парк rolling stock; **~овожáтый** *n* tram-driver; **~остроéние** carriage-building; **~острои́тельный** carriage-building; ~ завóд carriage (-building) works; **~чик** caravan, trailer

вагрáнка *tech* cupola furnace

важ|нéцкий *pop* (very) good, good quality; **~ничание** airs and graces; **~ничать** I *impf coll* put on airs, give oneself airs; **~ность** *f* importance, significance; дéло большóй ~ности a matter of great importance; (не) великá ~! *coll* it's of no consequence, it doesn't matter; э́ка ~! what does it matter?, who cares?; pomposity, pretentiousness; **~ный** (~ен, ~нá, ~но) important, significant; ~ное лицó, ~ная персóна (very) important person, VIP; ~ ~ная ши́шка *coll* big wig, big knob; pompous, pretentious

вáза vase; bowl; ~ для фрýктов fruit-bowl; ночнáя ~ chamber-pot

вазели́н vaseline; **~овый** vaseline; ~овое мáсло liquid paraffin

вазóн (flower-)pot

вáйда woad

вá|ия, вáйя (*gen pl* ~ий) frond, fern-branch; palm (-branch); недéля ~ий *eccles* Palm Sunday

вакáн|сия vacancy; **~тный** (~тен) vacant; ~тное мéсто vacancy

вáк|са (shoe) polish; blacking; **~сить** II (~шу) *pf* на~ *pop* polish, wax, black

вáк|уум vacuum; ~-насóс vacuum-pump; **~уумный** vacuum

вакхан|áлия *usu pl* Bacchanalia; *fig* orgy, revelry; **~ка** Bacchanal, Bacchante, maenad; *fig* bawd, hussy

вакци́на vaccine; **~ция** vaccination

вал 2 bank, earthen wall; *mil* rampart; billow, roller; девя́тый ~ the highest wave, the tenth wave (*by tradition fatal to sailors*); *tech* shaft; *econ* gross output

валáндаться I *impf pop* potter about; mess about (with, с + *instr*)

валéжник *collect* windfallen branches, trees, wood

вал|ёк (~ькá) *tech* battledore; swingle-tree; *typ* roller; (threshing-) flail; loom (of an oar)

вáлен|ок (~ка; *pl* ~ки, ~ок) *usu pl* valenki, felt boots

валéнтность *f* valency

валериáна *and* **валерья́н|а** valerian; **~ка** *coll* tincture of valerian; **~овый** ~овые кáпли tincture of valerian, valerian drops

валéт *cards* knave, jack

вáлик *tech* roller, cylinder; shaft, spindle; platen (*of typewriter*); bolster

вал|и́ть II (~ю́, ~ишь) *pf* по~ *and* с~ throw down, knock down, bring down; throw (*in wrestling, etc*); fell (*trees*); ~ когó с ног knock someone down; *pf* с~ *coll* heap, pile up; *pf* с~ *coll* ~ винý на когó put the blame on someone; ~ всё в однý кýчу muddle things (up); **~и́ть** II (~и́т) *impf impers* flock, throng, pour; валóм ~ throng, flock, come in flocks; нарóд валóм ~и́т people are pouring (into, в + *acc*; out of, из + *gen*); belch (*of smoke*); fall thickly (*of snow*); ~и́(те)! go on!, have a go!; ~и́ беги́! be off with you!; **~и́ться** II (~ю́сь, ~ишься) *pf* по~, с~ fall, drop; ~ с ног от устáлости be dropping with fatigue; у меня́ сегóдня всё ~ится из рук *coll* I can't get anywhere today, I'm fit for nothing today; I'm all fingers and thumbs today; на бéдного Макáра все ши́шки ~ятся *prov* an unlucky man would be drowned in a tea-cup; (~и́тся) *impf pop* = ~и́т flock, throng, etc; **~ка** felling; *text* fulling; **~кий** (~ок, ~кá, ~ко) unsteady, shaky; crank (*of ship*); ни шáтко, ни ~ко (fair to) middling, so-so; **~кость** *f naut* crankness

валли́|ец (~йца) Welshman; **~йка** Welshwoman; **~йский** Welsh

валло́н Walloon; **~ка** Walloon (woman); **~ский** Walloon

валов|о́й gross; ~ дохо́д gross revenue (income); ~а́я при́быль gross profit; ~а́я проду́кция gross output

вал|о́к (~ка́) *tech* roll(er); row of mown grass, corn

вал|о́м *adv see* **~и́ть**

валто́рна French horn

валу́й a fungus (*Russula foetens*)

валу́н boulder

ва́льдшнеп woodcock

вальс waltz; **~и́ровать** (~и́рую) *impf* waltz

вальц|ева́ть (~у́ю) *impf tech* roll; **~о́вка** *tech* rolling; rolling press; **~о́вщик** *tech* roller; **~о́вый, ~ево́й** *tech* ~о́вая ме́льница rolling mill; **~ы́** *tech* rollers

ва́льщик woodcutter

вальяжный *iron* impressive; handsome

валю́т|а currency; *collect* foreign currency; *sl* money **~ный** currency; ~ курс rate of exchange; **~чик** *coll* speculator in foreign currency

вал|я́льный fulling; **~я́льня** (*gen pl* ~я́лен) fulling-mill; **~я́льщик** fuller; **~я́ние** fulling, milling; **~я́ный** felt; **~я́ть** I *pf* вы́~ roll (in, в + *prep*); ~ котле́ты в сухаря́х roll cutlets in bread-crumbs; *impf coll* (in, on), drag about (on, по + *dat*); ~ по́ снегу roll in the snow; ~ по́ полу roll, drag about on the floor; *pf* с~ roll into a shape; *pf* с~ felt; ~ ва́ленки make felt boots; *pf* на~, с~ *pop* bodge, fudge, bungle; ~ дурака́ play the fool; **~я́й(те)!** *pop* get cracking!; **~я́ться** I *impf* wallow, roll about; ~ в грязи́ wallow in the mud (mire); *coll* sprawl, lie (about), loll about; *coll* lie about (*of things*)

вам, ва́ми *dat, instr of* вы

вампи́р vampire *also fig*; *zool* vampire-bat

вана́дий vanadium

ванда́л Vandal; vandal; **~и́зм** vandalism

ванил|и́н vanillin; **~ь** *f* vanilla; **~ьный** vanilla

ва́нн|а bath; сидя́чая ~ hip-bath; со́лнечная ~ sun-bath; взять, приня́ть ~у take a bath; **~ая** *n* bathroom; **~очка** *dim of* ~а; developing tray (*photographic*); глазна́я ~ eye-bath; **~ый** bath-(room)

ва́нта *naut* shroud

ва́нька-вста́нька tilting doll; *fig* someone who always falls on his feet

вар pitch; cobbler's wax; *pop* boiling water

вара́кушка *orni* bluethroat

вара́н giant lizard

ва́рв|ар barbarian; **~ари́зм** barbarism; **~арский** barbarian; *fig* barbaric; **~арство** barbarity; vandalism

варга́нить II *pf* с~ *pop* do, hatch up, make, concoct *coll* botch, bungle

ва́рево *pop* pottage, broth; slop

ва́режка mitt(en)

варен|е́ц (~ца́) varenets, fermented baked milk

варе́ник varenik (*small boiled pasties with curd or fruit centres*)

вар|ёный boiled; **~е́нье** preserves, jam

вариа́|нт version; variant, reading; ~ прое́кта alternative design; **~цио́нный** variant; ~цио́нное исчисле́ние *math* calculus of variations; **~ция** variation; *biol* modification; те́ма с ~циями *mus* theme and variations

варико́зный varicose

вар|и́ть II (~ю́, ~ишь) *pf* с~ boil; make, cook; ~ карто́фель boil potatoes; ~ обе́д cook the dinner; ~ варе́нье make jam; ~ глинтве́йн mull wine; ~ пи́во brew beer; ~ мы́ло make soap; digest (*food*); found (*steel*); голова́ ~ит *pop* one's brain is working; *tech* weld; **~и́ться** II (~ю́сь, ~ишься) *pf* с~ *vi* boil, be boiling, be boiled; суп уже́ ~ится the soup is on now; *pf* be ready; ~ в со́бственном соку́ stew in one's own juice; **~ка** cooking; founding (*metal*)

ва́ркий (~ок, ~ка́, ~ко) heat-giving; tender (*of meat*)

ва́рница salt-works; salt-pan

варьете́ *neut indecl* variety (show); теа́тр-~ music-hall

варьи́р|овать (~ую) *impf* vary, modify; **~оваться** (~уется) vary, be modified

варя́|г *hist* Varangian; **~жский** Varangian

вас *gen*; *acc, pr of* вы

васил|ёк (~ька́) cornflower, bachelor's-button, blue-bottle

васили́ск basilisk

василько́вый cornflower blue

васса́л vassal, liege(-man); *fig* satellite; **~ьный** vassal; ~ьная зави́симость vassalage

ва́т|а wadding; cotton wool; пальто́ на ~е wadded coat

вата́га *coll* band, gang

ватер|клозе́т water-closet; **~ли́ния** *naut* water-line; грузова́я ~ load water-line; **~па́с** water-level, spirit-level; **~поли́ст** water-polo player; **по́ло** *neut indecl* water-polo

вати́н sheet wadding, fleecy stockinet

ва́тман Whatman paper

ва́тн|ик quilted jacket; **~ый** cotton-wool; wadded; quilted; ~ое одея́ло quilt; *fig* weak, wobbly

ватру́шка cheese-cake; curd tart

ватт (*gen pl* ~) watt; **~ме́тр** wattmeter

ва́учер voucher

ва́ф|ельница waffle-iron; **~ельный** waffle; corrugated; **~ля** (*gen pl* ~ель) waffle; wafer(-cake)

вахла́к I *coll pej* lout

ва́хмистр *hist* cavalry sergeant-major

ва́хт|а *naut* watch; стоя́ть на ~е keep watch, be on watch; *fig* special effort, special stunt, work-drive; стать на ~у в честь кого́ make a special effort in honour of someone; **~енный** *naut* watch; ~ команди́р officer of the watch, officer of the deck *US*; *n* watch, messenger (of the watch); **~ёр** (hall-)porter, door-keeper, janitor *US*; **~ер** (*pl* ~ера́) *obs* senior watchman; **~пара́д** *hist* changing of the guard

ваш, ва́ша, ва́ше; ва́ши *poss pron* your(s); здесь ва́шего нет *coll* there is nothing of yours here; зна́ю не ху́же ва́шего *coll* I know just as well as you; не ва́ше де́ло it is none of your business; **~и** *n* your people, your folk

ва́я|ние *obs* sculpture; **~тель** *m obs* sculptor; **~ть** I *pf obs* sculpt(ure); chisel, carve; model

вбе|гать I *pf* ~жа́ть come running in(to), rush (into, в + *acc*)

вби|ва́ть I *pf* ~ть drive in, hammer in, knock (in, в + *acc*); drive into, hammer (into, в + *acc*); ~ть мяч *sp* score a goal; ~ кому́ в го́лову *fig coll* knock into someone's head; ~ть себе́ в го́лову get (it) into one's head; **~вка** knocking-in

вбира́ть I *pf* вобра́ть absorb, soak up, suck in; inhale, draw in

вбить (вобью́, вобьёшь; вбей; вби́тый) *pf of* вбива́ть

вблизи́ *adv* not far off, away (from), close by; он

живёт где́-то ~ he lives somewhere near by; ~ от + *gen* by, near; ~ от библиоте́ки not far from the library

вбок *adv* to one side, to the side, sideways

вбр|а́сывать I *pf* ~о́сить throw in(to) ~о́сить мяч throw in a ball

вброд *adv* переходи́ть ~ wade across ford

вбр|о́сить II (~о́шу) *pf of* ~а́сывать

вбу́х|ать I *sem pf* ~нуть *pop* plump; **~нуть** I *pf of* ~ать

вва́л|иваться I *pf* ~и́ться *coll* drop into, tumble into, sink (into, в + *acc*); *fig coll* burst (into, в + *acc*) become hollow, sunken (*of eyes, cheeks*); с ~и́вшимися щека́ми hollow-cheeked; **~и́ться** II (~ю́сь, ~ишься) *pf of* ~иваться

введе́ние leading in(to); ~ в заблужде́ние leading into temptation; В~ (во храм) *eccles* Feast of the Presentation of the Blessed Virgin; introduction; preamble; ~ в языкозна́ние, к кни́ге introduction to philology, to a book

ввез|ти́ (~у́, ~ёшь; ~, ~ла́; ~ённый) *pf of* ввози́ть

ввек *adv coll* never; ~ не забу́ду as long as I live I shall never forget

вверг|а́ть I *pf* ~нуть plunge (into), throw (into, в + *acc*); ~ кого́ в отча́яние plunge someone into despair; ~нуть в тюрьму́ cast into gaol; **~нуть** (~ну; ~(нул), ~ла) *pf of* ~а́ть

вве́р|ить(ся) II *pf of* ~я́ть(ся)

ввер|ну́ть I *pf of* ~тывать

вверст|а́ть I *pf of* ~ывать; ~ывать I *pf* ~а́ть *typ* inset

ввер|те́ть II (~чу́, ~тишь) *pf of* ~тывать; **~тывать** I *pf* ~те́ть, ~ну́ть screw in, insert; *fig coll* slip in, put in, insert (*comment, word, etc*)

вверх *adv* up, upwards(s); ~ по ле́стнице upstairs; ~ по реке́, по тече́нию upstream; висе́ть ~ нога́ми hang upside down; стоя́ть ~ нога́ми stand on one's head; ~ дном upside down; *fig coll* topsy-turvy, at sixes and sevens; всё пошло́ ~ дном everything went wrong; **~у́** *adv* above, overhead; *prep + gen* ~ страни́цы at the top of the page

вверя́ть I *pf* entrust (to, + *dat*); ~ та́йну кому́ confide a secret to someone; **~я́ться** I *pf* ~иться put one's faith (in), trust (in), put oneself in the hands (of, + *dat*)

вве|сти́ (~ду́, ~дёшь; ~л, ~ла́; ~дённый) *pf of* вводи́ть

ввечеру́ *adv obs* in the evening

вви|ва́ть I *pf* ~ть weave (into, в + *acc*)

ввиду́ *prep + gen* in view of, owing to; ~ того, что … in view of the fact that …, as …

ввин|ти́ть II (~чу́) *pf of* ~чивать; **~чивать** I *pf* ~ти́ть screw (into, в + *acc*)

ввить (вовью́, вовьёшь; ввил, ввила́, вви́ло; вви́тый) *pf of* ввива́ть

вво|д bringing in, putting in(to) ~ в де́йствие putting into operation, starting; ~ в эксплуата́цию launching, commissioning; ~ в бой *mil* throwing into battle; *tech* lead-in; *comput* ~ да́нных data entry; **~ди́ть** II (~жу́, ~дишь) lead in, lead (into, в + *acc*); ~ войска́ bring in troops; introduce; ~ мо́ду introduce a fashion; ~ су́дно в га́вань bring a ship into harbour; ~ во владе́ние *leg* put in possession; ~ в заблужде́ние mislead; ~ в искуше́ние lead into temptation; ~ кого́ в курс (де́ла) show someone the ropes, put someone in the picture; ~ кого́ в расхо́ды put someone to expense; ~ в де́йствие put into operation; ~ в строй open (*plant, etc*); ~ в употребле́ние start using; **~дный** introductory; *gramm* parenthetic(al); ~дное предложе́ние parenthetical clause, parenthesis; ~дное сло́во parenthesis; ~ тон *mus* leading note

вво|жу́, ~дишь *or* **~зишь** *see* **~ди́ть** *or* **~зи́ть; ~з** import(ation); imports, imported goods; **~зи́ть** II (~жу́, ~зишь) *pf* ввезти́ bring in, import; **~зный** import(ed); ~зная по́шлина import duty

ввол|а́кивать I *pf* ~о́чь *pop* drag in; **~о́чь** (~оку́, ~очёшь, оку́т; ~о́к, ~окла́) *pf of* ~а́кивать

вво́лю *adv coll* to one's heart's content; есть, *etc* ~ eat, *etc* one's fill

вво́сьмеро *adv* eight times; ~ бо́льше eight times as much; **~м** *adv* eight together; пришли́ ~ eight of them came

ввысь *adv* up(wards), high into the air

ввя|за́ть(ся) I (~жу́(сь), ~жешь(ся) *pf of* ~зывать(ся)); **~зывать** I *pf* ~за́ть *fig*, involve, drag (in, в + *acc*); knit in; **~зываться** I *pf* ~за́ться *coll* get involved (in), get mixed up (in, в + *acc*); ~ в бой *mil* become engaged

вгиб bend inwards; **~а́ть** I *pf* вогну́ть bend, curve inwards, incurve

вглубь *adv and prep + gen* deep down; into the depths, deep into; ~ страны́ far inland

вгля|де́ться II (~жу́сь) *pf of* ~дываться; **~дываться** I *pf* ~де́ться look, peer (at, into), take a good look (at, в + *acc*); при́стально ~ gaze steadily (at, в + *acc*)

вгоня́ть I *pf* вогна́ть drive (into), knock (into, в + *acc*); вогна́ть кого́ в кра́ску, в пот make someone blush, sweat

вгрыз|а́ться I *pf* ~ться *coll* get one's teeth (into, в + *acc*) (*of animal*); **~ться** (~у́сь, ~ёшься) *pf of* ~а́ться

вда/ва́ться (~ю́сь, ~ёшься) *pf* ~ться jut out (into), project (into, в + *acc*); мо́ре ~ётся в бе́рег the sea forms an inlet; ~ в кра́йности go to extremes; ~ в подро́бности go into details; ~ в то́нкости split hairs

вдав|и́ть II (~лю́, ~ишь) *pf of* ~ливать; **~ливать** I *pf* ~и́ть press (into), squeeze (into), force (into, в + *acc*)

вда́лбливать I *pf* вдолби́ть *pop* ram in, hammer in; ~ кому́ в го́лову *pop* drum, din into someone's head

вдал|еке́, ~и́ *adv* in the distance; исче́знуть ~ disappear from sight, into the distance; ~ от + *gen* a long way from, far from, remote from; ~ от го́рода a long way from the city; держа́ться ~и́ keep one's distance, remain aloof; **~ь** *adv* into the distance, afar; смотре́ть ~ look into the distance

вд|а́ться (~а́мся, ~а́шься, ~а́стся, ~ади́мся, ~ади́тесь, ~аду́тся; ~а́лся, ~ала́сь; ~а́йся) *pf of* ~ава́ться

вдви|га́ть I *pf* ~нуть push (in, into, в + *acc*); **~нуть** I *pf of* ~га́ть

вдво́|е *adv* twice, double; ~ вы́ше twice as high (tall), twice the height, much higher (taller); я ~ моло́же вас I am half your age; сложи́ть ~ fold in two (half); уме́ньшить ~ halve; **~ём** *adv* the two together; остава́ться ~ be alone together; **~йне́** *adv* twice, double; doubly *also fig*; плати́ть ~ pay double

вде|ва́ть I *pf* ~ть thread; put (in); ~ ни́тку (в иго́лку) thread a needle; ~ но́гу в стре́мя put one's foot in the stirrup

вде́вятеро *adv* nine times; **~м** *adv* nine together

вде́л|ать I *pf of* ~ывать; **~ывать** I *pf* ~ать fit (into), set (into, в + *acc*)

вдёр|гивать I *pf* ~нуть thread; pull through; ~ ни́тку в иглу́ thread a needle; ~**жка** bodkin; threading; ~**нуть** I *pf of* ~гивать

вдéсятеро *adv* ten times; ~ бо́льше ten times as much; ~**м** *adv* ten together

вде|ть (~ну, ~нешь) *pf of* ~ва́ть

вдоба́вок *adv coll* besides, moreover, into the bargain; in addition (to, к + *dat*)

вдов|á 6 widow; соло́менная ~ *coll* grass widow; ~**éть** I *pf* о~ be widowed, be a widow(er); ~**éц** (~ца́) widower; соло́менный ~ grass widower; ~**ий** widow's; ~ья часть насле́дства *leg* dower, jointure; ~**и́ца** *obs* = ~á

вдо́воль *adv* to one's heart's content; ~ есть, пить eat, drink one's fill; мы ~ пое́ли фру́ктов we had as much fruit as we could eat; нае́сться ~ eat one's fill; in plenty; у нас всего́ ~ we have plenty of everything

вдов|ство́ widowhood, widowerhood; ~**ствовать** (~ствую) *impf obs* = ~éть; ~ствующая импера́трица the Empress-Dowager; ~**ый** widowed

вдого́н *adv pop*, **вдого́нку** *adv* after, in pursuit of; пусти́ться ~ за кем run after; крича́ть ~ кому́ call after; посла́ть кого́ ~ за кем send someone after someone

вдолб|и́ть II (~лю́) *pf of* вда́лбливать

вдоль *prep*, *gen or* по + *dat* along; ~ бе́рега along the bank; ~ по реке́ down the river; *adv* lengthwise, longways; разре́зать мате́рию ~ cut material lengthwise; ~ и попере́к far and wide, in all directions; изъе́здить страну́ ~ и попере́к travel the length and breadth of a country, *fig* in detail, thoroughly; он зна́ет исто́рию А́нглии ~ и попере́к he knows the history of England inside out

вдо́сталь *adv pop* = вдо́воль

вдох inhalation, breath (in); сде́лать глубо́кий ~ take a deep breath; ~**нове́ние** inspiration; ~**нове́нный** inspired; ~ труд enthusiastic work, labour; ~**нови́тель** *m* inspirer, inspiration, moving spirit; ~**нови́ть(ся)** II (~лю́(сь)) *pf of* ~новля́ть(ся); ~**новля́ть** I *pf* ~нови́ть inspire; успе́х ~нови́л его́ he was encouraged by success, success lent him wings; inspire (to, на + *acc*); ~нови́ть кого́ на по́двиг inspire someone to heroism; ~**новля́ться** I *pf* ~нови́ться be inspired, encouraged by; be filled with inspiration (by, + *instr*); ~**ну́ть** I *pf of* вдыха́ть; *pf* breathe (into), instil (into, в + *acc*); ~ жизнь в кого́ breathe new life into someone; ~ му́жество в кого́ inspire someone with courage

вдре́безги *adv* into pieces, to smithereens; разби́ть ~ smash to smithereens; *fig coll* totally, completely; ~ пьян *coll* dead drunk

вдруг *adv* suddenly, all of a sudden, all at once; unexpectedly; together; не все ~! one at a time; не говори́те все ~ don't all speak at once; *inter partic coll* what if, suppose; а ~ у него́ нет де́нег? suppose he hasn't any money?

вдрызг *adv pop* completely; ~ пьян blind drunk

вду|ва́ние blowing in, insufflation; ~**ва́ть** I *pf* ~ть *and* ~нуть blow in, insufflate

вду́м|аться I *pf of* ~ываться; ~**чивый** (~чив) thoughtful, serious; pensive (*glance, etc*); ~**ываться** I *pf* ~аться consider, think over, go (into, в + *acc*)

вду́|нуть I = ~ть; ~**ть** (~ю, ~ешь) *pf of* ~ва́ть

вдыха́|ние inhalation; ~**тельный** respiratory; ~**ть** I *pf* вдохну́ть breathe in, inhale

вегета|риа́нец (~риа́нца) vegetarian; ~**риа́нский** vegetarian; ~**риа́нство** vegetarianism; ~**ти́вный** *biol* vegetative; ~**цио́нный** *bot* vegetation(al); ~ пери́од growing, vegetation period; ~**ция** vegetation

ве́дать I *impf obs* know; manage, be in charge (of, + *instr*)

ве́ден|ие authority, control; быть, находи́ться в ~ии be under the authority (of), *leg* be under the jurisdiction (of, + *gen*); не в моём ~ии not within my competence

веде́ние conducting, conduct (of, + *gen*); ~ хозя́йства housekeeping; ~ протоко́ла keeping the minutes

ведёрный of a bucket, pail; holding a bucketful, pailful; holding one vedro (*about 21 pints*)

ве́д|ом *obs* known, familiar; ему́ не ~ страх he knows no fear; ~**омо** без моего́ ~ома without my knowledge, un(be)known to me; с моего́ ~ома with my knowledge, with my consent; ~**омость** *f* 5 list, register; платёжная ~ payroll; ~ расхо́дов expense-sheet; *pl* gazette (*name of newspaper*); Моско́вские ~омости Moscow Gazette; ~**омственный** departmental; ~ подхо́д к де́лу bureaucratic approach; ~**омство** (*government*) department

ведо́мый *obs* led, driven; ~ самолёт supporting aircraft

ве́др|енный *pop* fine (*of weather*); ~**о** *pop* fine weather

ведр|о́ (*pl* ~, вёдер) bucket, pail; по́лное ~ bucketful (of, + *gen*); vedro (*about 21 pints*)

вед|у́, ~ёшь *see* **вести́; ~у́щий** leading; ~у́щее колесо́ *tech* driving-wheel; игра́ть ~у́щую роль play a leading role; *n aer* leader (*of flight*)

ведь *conj* after all; он ~ ребёнок after all, he's only a child; but; ~ я вам сказа́л! but I told you!; да ~... why...; да ~ э́то Ива́н! why, it's Ivan; он ~ боле́л he's been ill, you know; is it not?, is it?; ~ э́то пра́вда? it's true, isn't it? ~ он не придёт? he isn't coming, is he?

ве́дьма witch; *fig pop* harridan, shrew, termagant; ста́рая ~ old hag

ве́ер (*pl* ~á) fan; обма́хиваться ~ом fan oneself; рассы́паться ~ом fan out; ~**ообра́зный** fan-shaped; ~ свод *archi* fan tracery

ве́жда *usu pl obs poet* eyelid

ве́жл|ивость *f* politeness, courtesy, civility; элемента́рная ~ ordinary courtesy; ~**ивый** (~ив) polite, courteous, civil

везде́ *adv* everywhere; ~ и всю́ду here, there and everywhere; ~**су́щий** (~су́щ) ubiquitous, omnipresent; ~**хо́д** general-duty cross-country vehicle; ~**хо́дный** cross-country, rough country

вез|е́ние *coll* luck; ~**ти́** (~у́, ~ёшь; ~, ~ла́; ~ший *det impf* (*indet* вози́ть) *pf* по~ cart, convey, carry; (~ёт) *impers, dat coll*; ему́ ~ёт во всём he is lucky in everything; ~у́чий *pop* lucky (*of person*)

век (на ~у́, о ~е; *pl* ~á; ~и *obs*) century; двадца́тый ~ twentieth century; освящённый ~а́ми time-honoured; age; ка́менный ~ Stone Age; сре́дние ~а́ Middle Ages; испоко́н ~о́в from time immemorial; до сконча́ния ~а till the end of time; во ~и ~о́в for ever and ever; (раз) в ко́и-то ~и once in a blue moon; на ~и ве́чные for ever; ~ живи́ – ~ учи́сь! *prov* live and learn!; (span of) life; дожива́ть свой ~ live out one's remaining days; на моём ~у́ in my lifetime; отжи́ть свой ~ have had one's day; *adv coll* це́лый ~ не вида́лись haven't seen one another for ages

ве́к|о (*pl* ~и, ~) eyelid; ве́рхнее ~ upper lid
век|ова́ть (~у́ю) *impf* век ~ pass a lifetime; **~ове́чный** eternal, everlasting, permanent; **~ово́й** ancient, age-old, age-long; long-cherished (*aspirations, etc*); secular (*of trees*)
ве́кс|ель *m* (*pl* ~еля́, ~еле́й) promissory note; bill of exchange; уплати́ть по ~елю meet a bill; учи́тывать ~ discount a bill; **~ельный** ~ курс rate of exchange
ве́ктор vector
ве́кша *dial* red squirrel
вёл, ~а́ *see* **вести́**
веле́невый vellum
вел|е́ние command, behest, dictates; **~еречи́вый** (~еречи́в) *iron* bombastic, grandiloquent; **~е́ть** II (~ю́) *impf and pf, past pf only* order (+ *dat and infin or* чтóбы); ему́ ~е́ли прийти́ че́рез час he was ordered to come in an hour's time; де́лайте как вам ~ено! do as you are told!; до́ктор не ~е́л мне выходи́ть the doctor won't let me go out; не ~ено кури́ть smoking is not allowed
велика́н giant; **~ша** *coll* giant(ess)
вели́к|ий (~, ~а, ~о) great; ~ие держа́вы the Great Powers; Пётр В~ Peter the Great; ~ князь grand prince, grand duke; ~ая седми́ца Passion Week; В~ четве́рг Maundy Thursday; (~а́, ~о́; (~)и́) big, large; но́ги у неё о́чень ~и́ she has very big feet; у стра́ха глаза́ ~и́ *prov* fear sees danger everywhere; (~а́, ~о́; (~)и́) *short form only* (too) big; э́ти башмаки́ мне ~и́ these shoes are (too) big for me; от ма́ла до ~а young and old; ~ое мно́жество multitude; не вели́к ба́рин *coll* small fry; **~ова́тый** (~ова́т) rather big, large; **~ово́зр(а́)стный** (~ово́зрастен) overgrown; **~одержа́вный** great-power; **~оду́шие** generosity, magnanimity; **~оду́шничать** I *pf* с~ affect generosity, magnanimity, act the generous; **~оду́шный** (~оду́шен) generous, magnanimous, big-hearted; **~окняже́ский** grand-ducal; **~оле́пие** splendour, magnificence; **~оле́пный** (~оле́пен) splendid, magnificent; *coll* fine, splendid, excellent; ~ обе́д excellent dinner; ~оле́пно чу́вствовать себя́ feel fine; **~ому́ченик** great martyr; **~опо́стный** *eccles* Lenten; **~оро́дный** *obs* of noble birth; **~оро́сс = ~ору́с** Great Russian; **~ору́сский** Great Russian; **~осве́тский** society, fashionable, belonging to the beau monde
Великобрита́ния Great Britain
велича́в|ость *f* stateliness, majesty; **~ый** (~) stately, majestic
велича́йш|ий *superl of* вели́кий greatest, extreme, supreme; с ~им удово́льствием with the greatest pleasure
велича́|ние glorification, extolling; songs of praise *also eccles*; **~ть** I *impf* call by patronymic; как вас ~ют? what is your patronymic?; *obs iron* call, dignify by the name of (+ *acc and instr*); *folk poet* celebrate, honour in song
вели́ч|ественность *f* majesty, grandeur, sublimity; **~ественный** (~ествен, ~ественна) majestic, grand, sublime, stately; ~ественное зда́ние stately building; ~ественная оса́нка majestic bearing; **~ество** majesty; ва́ше ~ Your Majesty; **~ие** greatness; grandeur, sublimity; ма́ния ~ия megalomania; с высоты́ своего́ ~ия *iron* looking down (on someone), from the height of one's eminence; **~ина́** 7 size; звезда́ пе́рвой ~ины́ star of the first magnitude; *math* quantity, value; постоя́нная ~ constant; *fig* great figure (*of outstanding person in some field*); литерату́рная ~ eminent literary figure
вело- bicycle-, cycle-; **~го́нка** (bi)cycle race; **~го́нщик** racing cyclist; **~дро́м** cycle-track; **~пробе́г** cycle-race; **~сипе́д** (bi)cycle; **~сипеди́ст** cyclist; **~сипе́дный** ~ спорт cycle-racing; ~сипе́дная езда́ cycling; **~тре́к** cycle-track
вельбо́т whaler, whale-boat
вельве́т velveteen; **~овый** velveteen
вельми́ *adv obs or iron* very
вельмо́ж|а *m obs* great noble, grandee; *iron* big shot, great man, big pot; **~ный** *obs* noble; *iron* lordly
веля́рный *ling* velar
велю́р velour
ве́н|а vein; воспале́ние ~ phlebitis; расшире́ние ~ varicose veins
венг|е́рец (~е́рца) = **~р; ~е́рка** Hungarian (woman); Hungarian dance; dolman (*jacket*); **~е́рский** Hungarian; **~е́рское** *n* Hungarian wine; **~р** Hungarian; **~рия** Hungary
вене́р|а *coll* venereal disease; В~ *myth* Venus; **~ик** *coll* venereal patient; **~ин** *adj* of Venus; ~ воло́со́к *bot* maidenhair; ~ холм mount of Venus (*palmistry*); **~и́ческий** venereal; **~о́лог** venereologist; **~оло́гия** venereology
ве́нец (~ца) Viennese
вен|е́ц (~ца́) crown; *fig* completion, consummation; *fig* wedding; вести́ под ~ marry, lead to the altar; под ~цо́м during the wedding; *poet* wreath, garland; *astron* corona; *eccles* halo; row of beams (*in house*); коне́ц-де́лу ~ the end crowns all
венециа́н|ец (~ца) Venetian; **~ка** Venetian (woman); **~ский** Venetian; ~ская ярь verdigris
ве́нзел|ь (*pl* ~я́, ~е́й) monogram
ве́ник besom
ве́нка Viennese woman
ве́но *hist* bride-price
вено́зный venous, venose
вен|о́к (~ка́) wreath, garland
ве́нский Viennese; ~ стул bentwood chair
вент|или́ровать (~или́рую) *pf* про~ ventilate, air *also fig pop*; **~иль** *m* valve; *mus* mute; **~иля́тор** fan, ventilator; **~иля́ция** ventilation
венцено́с|ец (~ца) crowned head, wearer of crown
венча́|льный wedding, marriage, nuptial; **~ние** wedding ceremony; ~ на ца́рство coronation; **~ть** I *pf* у~ crown *also fig*; коне́ц ~ет де́ло all's well that ends well; *pf* об~, по~ marry (*in church*); **~ться** I *pf* об~, по~ be married, marry (*in church*); *pass of* ~ть
ве́нчик halo, nimbus; *bot* corolla; edge, rim (*of vessel*); crown (*of tooth*); *tech* ring, bolt; *eccles* band placed on forehead of dead person
вепрь *m* wild boar
ве́р|а faith, belief (in, в + *acc*); confidence, trust; приня́ть на ~у take on trust; дать ~у give credence (to, + *dat*); си́мвол ~ы *eccles* the Creed; служи́ть ~ой и пра́вдой кому́ faithfully serve someone
вера́нда veranda
ве́рба (violet) willow, pussy willow
вербе́на *bot* verbena
верба́льн|ый verbal; ~ая но́та note verbale (*in diplomacy*)
верблю́|д camel; одного́рбый ~ Arabian camel, dromedary; двуго́рбый ~ Bactrian camel; **~дица** female camel; **~жа́тник** camel driver; **~жий** camel's; ~жья шерсть camel's hair; ~жье сукно́

camel-hair cloth; ∼́**жина** camel-meat; ∼**жо́нок** (∼жо́нка; ∼жа́та, ∼жа́т) young of camel
ве́рбн|ый ∼ое воскресе́нье *eccles* Palm Sunday
верб|ова́ть (∼у́ю) *pf* за∼ recruit, enlist; ∼**о́вка** recruiting; ∼**о́вщик** recruiter; labour contractor, hirer of labour
ве́рбов|ый willow; osier; ∼ая корзи́на wicker basket
верёв|ка rope; cord, string; *fig* noose; ∼ для белья́ clothes-line; свя́зывать ∼кой tie up, rope, cord; ∼ пла́чет по нём, о нём *coll* he's only fit for hanging; ∼́**очка** (bit of) string; ∼́**очный** ∼очная ле́стница rope-ladder; ∼очная су́мка string bag
ве́ре|д *dial* boil, abscess; ∼**ди́ть** II (∼жу́) *pf pop* chafe, irritate (*sore place*) *also fig*
верени́ц|а file, string, row, line; ∼ автомоби́лей string of cars; ∼ иде́й series of ideas; дви́гаться ∼ей file; проноси́ться нескonча́емой ∼ей pass in never-ending succession
ве́р|еск *bot* heather; ∼́**есковый** *adj* heather; ∼есковые *n pl bot* Ericaceae
верете́ница slow-worm
верет|ённый spindle; ∼ённое ма́сло axle grease; ∼**ено́** (*pl* ∼ёна, ∼ён) spindle; shank (*of anchor*); *tech* axle
верещ|а́ть II (∼у́) *pf* про∼ squeal, whimper; chirp (*of cricket*)
верея́ *dial* gatepost; *naut* wherry
верзи́ла *m and f coll* gangling, lanky fellow
вери́г|и (*gen pl* ∼) chains, fetters (*worn by ascetics*) *also fig*
вери́тельн|ый ∼ая гра́мота letters of credence, credentials
ве́р|ить II *pf* по∼ believe (in), have faith (in, в + *acc*); ∼ в правоту́ своего́ де́ла believe in the justice of one's cause; ∼ в прогре́сс believe in progress; ∼ (в Бо́га) believe (in God); (+ *dat*) никто́ ему́ не ∼ит no one believes him; trust (+ *dat*); он не ∼ит свое́й жене́ he does not trust his wife; е́сли мо́жно ∼ слу́хам if what is said is true; хоти́те ве́рьте, хоти́те нет believe it or not; я вам и так ∼ю I'll take your word for it; ∼́**иться** II (∼ится) *impf impers* + *dat* мне ∼ится с трудо́м I find it hard to believe; мне не ∼ится I can't believe
вермише́ль *f* vermicelli
ве́рмут vermouth
верне́е *adv* (or) rather, at least; э́то портре́т и́ли, ∼, карикату́ра that's a portrait or, rather, a caricature; мы рабо́тали, ∼, я рабо́тал, а он смотре́л we worked – at least, I worked, and he looked on
вернисса́ж private viewing, preview; opening-day (*of exhibition*)
ве́рн|о *adv* faithfully, loyally; *adv* correctly; ∼ петь sing in tune; *pred* э́то ∼ that's true; ∼! quite right!; *partic* probably, I suppose; он, ∼, не придёт it looks as if he's not coming; ∼**опо́дданический** *iron* loyal, faithful; ∼**опо́дданство** *iron* loyalty, allegiance; ∼**опо́дданный** *adj iron* loyal, faithful; *n* loyal subject; ∼́**ость** *f* loyalty, faithfulness, fidelity; ∼ до́лгу devotion to duty; correctness, accuracy; faithfulness (*of translation*)
верну́ть(ся) I *pf of* возвраща́ть(ся)
ве́р|ный sure, certain, inevitable (*ruin, death, etc*); идти́ на ∼ную смерть go to one's death; (∼ен, ∼на́, ∼но; ∼́ны) faithful, loyal, true; ∼ свои́м убежде́ниям true to one's principles; reliable, safe, sure; ∼ исто́чник reliable source; ∼ спо́соб the best way; correct, right accurate; ∼ное вре́мя the right time; ∼ные часы́ accurate watch (clock); ∼ное изображе́ние, описа́ние faithful description; у него́ ∼ взгляд на ве́щи he sees things in their proper light
ве́р|ование (religious) belief(s), creed; ∼́**овать** (∼ую) *impf* believe (in, в + *acc*); ∼**оисповеда́ние** faith, religion, creed; denomination; свобо́да ∼оисповеда́ния freedom of religion; ∼**оло́мный** (∼оло́мен) treacherous, perfidious; ∼**оло́мство** treachery, perfidy
верона́л barbital, veronal
верони́ка *bot* speedwell, veronica
веро|отсту́пник apostate; ∼**отсту́пничество** apostasy; ∼**подо́бие** *obs* likelihood; ∼**терпи́мость** (religious) toleration; ∼**терпи́мый** (∼терпи́м) tolerant (*of religious belief*); ∼**уче́ние** *eccles* dogma; ∼**учи́тель** *m* religious teacher, apologist
вероя́т|ие probability, likelihood; по всему́ ∼ию, по всем ∼иям in all probability; сверх вся́кого ∼ия beyond all expectation; ∼́**но** *adv* probably; я, ∼, бу́ду до́ма в пять часо́в I expect to be home at five o'clock; ∼́**ность** *f* probability, likelihood; по всей ∼ности in all probability, very likely; тео́рия ∼ностей *math* theory of probability; ∼́**ный** (∼ен) probable, likely; ∼ насле́дник heir presumptive
версифика́|тор versifier; ∼́**ция** versification
ве́рсия version
верст|а́ (*pl* ∼́ы, ∼́) verst (*about 1·07 km*) исчисле́ние в ∼́ах calculation in versts; он живёт в двух ∼а́х отсю́да he lives two versts away; его́ за́ ∼у ви́дно you can't miss him; его́ за́ ∼у слы́шно you can hear him a mile off; коло́менская ∼ *coll* lanky person
верста́к I joiner's, carpenter's, locksmith's bench
верст|а́тка *typ* composing-stick; ∼**а́ть** I *pf* с∼ *typ* impose, make up into pages; *pf* по∼ *hist* arrange in line; *fig* rank (with, с + *instr*); assign (to, + *acc and infin*); recruit (for), conscript (for, в + *nom-acc*); ∼́**ка** *typ* imposing, imposition; forme; made-up matter, page-proofs
верстово́й ∼ столб milestone
ве́ртел (*pl* ∼а́, ∼о́в) spit; skewer
верте́п den, dive, lair (*of thieves, etc*); *theat* puppet-show of Nativity; Nativity Play
вер|те́ть II (∼чу́, ∼́тишь; ∼тя́щий) *impf* turn (round and round), rotate (+ *acc*); twirl, spin (+ *acc or instr*); ∼ тро́стью twirl a cane; ∼ в рука́х fidget with something, play with something; *fig coll* twist round one's little finger, lord it over (+ *instr*); ∼ всем до́мом rule the roost; ∼ сигаре́ту roll a cigarette; как ни ∼ти́ *coll* whatever one does, there is nothing for it; ∼**те́ться** II (∼чу́сь, ∼́тишься) *impf* turn, rotate, go round, revolve; spin; ∼ волчко́м spin like a top; ∼ пе́ред зе́ркалом keep admiring oneself in the mirror; его́ фами́лия ∼тится у меня́ на ко́нчике языка́ his name is on the tip of my tongue; ∼ под нога́ми, пе́ред глаза́ми *coll* be in the way, be under one's feet; ∼ вокру́г да о́коло *coll* beat about the bush; разгово́р ∼тится вокру́г одного́ предме́та the conversation turns upon the same subject; *coll* mix (with), be always (with, среди́, о́коло + *gen*); он всё вре́мя ∼тится среди́ взро́слых he is always with grown-ups; *coll* hedge, beat about the bush; *coll* fidget; *coll* prevaricate; как ни ∼ти́сь, а придётся согласи́ться there's nothing for it but to consent
вертика́ль *f* vertical line; file (*chess*); down (*in*

crossword); **~́ный** *math* vertical
верти|хвóстка *pop* flirt, coquette; **~шéйка** *orni* wryneck
вёрт|кий (~ок, ~кá, ~ко) *coll* nimble, agile
вертлю́г I head of femur; *tech* swivel
вертля́в|ый (~) fidgety, restless; wobbly, infirm (*of gait, etc*)
вертолёт helicopter
вертопрáх *coll* flighty, frivolous person
вертýн I *coll* fidget, restless person; tumbler-pigeon
вертýх I *sl* guard, screw; **~áй** *sl* = ~; **~áться** I *impf sl* spread panic
вертýшка *coll* revolving bookcase, door; dial (*telephone*); whirligig (*toy*); flighty creature; *coll* helicopter
вéрующий *n* believer
верфь *f* shipyard, dockyard
верх (~а (у), на ~ý, о ~́е; ~и́, ~óв) top, summit *also fig*; top floor, top storey; bonnet, hood (*of vehicle*); upper part, upper side; *pl* ~á outside, coat (*of clothing*); the height, acme (of, + *gen*); ~ совершéнства the height, acme of perfection; ~ неприли́чия the height of bad manners; ~ блажéнства the height of bliss; быть на ~ý блажéнства be in the seventh heaven; взять, одержáть ~ gain the upper hand (over, над + *instr*); *pl fig coll* the upper crust, strata (*of society*); leaders; совещáние в ~áх summit conference, top-level conference; *mus* high notes; нахватáться ~óв have a mere smattering of the subject; скользи́ть по ~áм skim lightly over the surface; ~áми *adv coll* on horseback (*of several riders*); **~óм** *adv* on horseback
вéрхн|ий top; upper; ~яя одéжда overcoat; ~яя палáта *pol* upper chamber; ~яя пóлка top shelf; ~ее плáтье (over)coats; ~ реги́стр *mus* upper register; ~ее течéние (реки́) upper reaches (of river); ~ этáж top floor, storey; ~ я́щик top drawer
верх|овéнство *obs* leadership; **~óвный** supreme; ~óвное комáндование high command; В~ Совéт Supreme Soviet; **~овóд** *coll* boss, (ring)leader; **~овóдить** II (~овóжу) *impf coll* boss (over), be the leading spirit (among, + *instr*); **~овóй** *adj*, ~овáя ездá horse-riding; ~овáя лóшадь saddle-horse; искýсство ~овóй езды́ horsemanship; *n* rider; *adj* up-river; *n coll* worker working high up, steeplejack; **~óвье** upper waters, upper reaches; **~огля́д** *coll* superficial person, trifler; **~огля́дничать** I *impf coll* be superficial; **~огля́дство** *coll* superficiality; **~олáз** steeplejack; spiderman; **~́ом** *adv* along the top; пойти́ ~ take the upper path; to the brim, brim-full; нали́ть стакáн ~ pour out a full glass; éздить ~ ride (on horseback); astride; сесть ~ на стул sit astride a chair; **~отýра** *coll* top; *sl* upper bed boards (*in a camp*); заня́ть ~отýру *fig sl* get the upper hand; **~ýшка** top (*of tree, etc*); ~ лёгкого apex of lung; *fig coll* bosses; правя́щая ~ ruling clique
вéрша fish-trap
верш|и́на top, summit (*of mountain, tree, etc*); peak; *fig* acme, peak, height; на ~и́не слáвы at the height of (his) fame; ~ углá vertex; **~и́тель** *m* decider, ruler; **~и́ть** II *impf* decide, direct (+ *acc*); ~ чью судьбý decide someone's fate; run, rule (+ *instr*); ~ всéми делáми be at the head of affairs, boss the show, rule the roost
вершк|и́ (*gen pl* ~óв) *coll* tip, top (*of plant, etc*)
верш|кóвый one vershok long; **~óк** (~кá) vershok (*4·4 centimetres in length*); на ~ от ги́бели within a hair's breadth of death; *fig* smattering; хватáть ~ки́ get a smattering (of, + *gen*)
вес (~а(у), в ~́е, на ~ý; *pl* ~á) weight; *fig* influence, authority, weight; ~́ом в сто килогрáммов weighing one hundred kilograms; на ~ by weight; имéть ~ *fig* carry weight; на ~ý balanced, hanging, suspended; держáть что на ~ý hold something in mid-air (suspended); держáть винтóвку на ~ý carry a rifle at the trail; цени́ться на ~ зóлота be worth its weight in gold; прибáвить, убáвить в ~́е put on, lose weight; system of weights; удéльный ~ specific gravity
вес|елéть I *pf* по~ become gay, merry; **~ели́ть** II *pf* раз~ cheer up, amuse, gladden; **~ели́ться** II *impf* have a good time, enjoy oneself, amuse oneself; **~́ело** *adv* gaily, merrily; ~ проводи́ть врéмя have a good time; как ~! what fun!; ~елéе! cheer up!, look alive!; *pred* мне ~ I'm enjoying myself; мне ~ бы́ло смотрéть на вас I enjoyed seeing you; **~ёлость** *f* gaiety, merriment, hilarity; mirth; **~ёлый** (вéсел, ~елá, ~́ело) gay, merry, jolly; cheerful; ~ёлое настроéние high spirits, gay mood; amusing, entertaining; ~ёлая шýтка good joke; **~éлье** gaiety, merriment, merry-making; high spirits
вёсельный *coll*, **весéльный** rowing
весельчáк I *coll* gay spark
весéнн|ий spring(time); ~ее равнодéнствие vernal equinox
вé|сить II (~шу) *impf vi* weigh; скóлько он ~сит? what is his weight?; **~́ский** (~сок) weighty; ~ дóвод weighty argument; ~ско возражáть raise serious objections
вес|лó (*pl* ~́ла, ~́ел) oar; scull; paddle; завязи́ть ~ catch a crab; подня́ть ~́ла rest on one's oars
весн|á 6 spring(time); ~óй in the spring
веснýш|ка freckle; **~́чатый** (~чат) freckled
весня́нка mayfly; spring-song
весо|вóй weight; ~ хлеб bread sold by weight; ~вáя ги́ря weight; **~вщи́к** I weigher; check-weigher; **~́мость** *f phys* ponderability; weight; **~́мый** (~) *phys* ponderable; weighable; *fig* weighty; heavy
вест *naut* west; west wind
вестáлка vestal (virgin)
ве|сти́ (~дý, ~дёшь; ~́л, ~лá; ~́дший; ~дóмый) *def impf* (*indet* води́ть) *pf* по~ lead, take, conduct; ~ детéй на прогýлку take the children out for a walk; ~ слепóго lead, guide a blind man; ~ арестóванного escort a prisoner; drive (*car*), steer (*ship, etc*), fly, pilot (*aircraft*); *pf* про~ run (over), pass (over, across, + *instr and* по + *dat*); ~ смычкóм по стрýнам draw the bow over the strings; *impf* conduct, run (*affairs, class, seminar, housekeeping, etc*); ~ больнóго be in charge of a patient; ~ войнý wage war; ~ общéственную рабóту do social work; ~ огóнь fire (on, по + *dat*); ~ переговóры carry on negotiations; ~ перепи́ску correspond (with, с + *instr*); ~ прáвильный óбраз жи́зни lead a regular life; ~ процéсс carry on a lawsuit; *impf* ~ дневни́к keep a diary; ~ кни́ги keep accounts, books; ~ протокóл keep minutes; lead to (*of path, etc*); тропи́нка ~дёт к лéсу the path leads to the forest; *fig* lead; не пойму, к чемý он ~дёт I can't think what he's driving at; ~ своё начáло have its origin (in, от + *gen*); ~ свой род от когó trace one's ancestry (lineage) back to, be descended from someone; и

ýхом не ~ *coll* pay no heed; ~ себя́ behave; ~ди́ себя́ прили́чно! behave yourself!

вестибю́ль *m* vestibule, lobby, foyer (*in hotel, theatre, etc*); (entrance-) hall (*in house, etc*)

ве|сти́сь (~дётся; ~лся, ~ла́сь) *impf impers* be observed (*of customs, etc*); так уж ~дётся such is the custom; так ~дётся и́сстари thus it has been from time immemorial; multiply (*usu of domestic animals*); *pass of* ~сти́

ве́ст|ник messenger, herald; harbinger; bulletin (*title of paper, etc*); **~ово́й** *adj obs* signal; *n* ~ orderly; runner; **~очка** *coll* news; да́йте о себе́ ~очку let us hear from you; **~ь** *f* 5 news, piece of news, tidings; пропа́сть бе́з ~и *mil* go, be missing, disappear; *coll* Бог ~ God knows; э́то не Бог ~ что тако́е it's nothing special

вес|ы́ (*gen pl* ~о́в) scales, balance; weighing-machine; мостовы́е ~ weighbridge; бро́сить на ~ *fig* throw into the balance; **В~** Libra, the Scales

весь, вся, всё, *pl* **все** *pron* all, the entire, the whole (of); весь день all day (long); вся страна́ the whole country; всё населе́ние the entire population; вся шко́ла the whole (of the) school; он весь в отца́ he takes after his father, he is the image of his father; во весь го́лос at the top of one's voice; во всю мочь with all one's might; от всего́ се́рдца from the bottom of one's heart, with all one's heart; по всему́ го́роду all over the town; во-всю́ *coll* like anything; пре́жде всего́ first and foremost, first of all; при всём том for all that, moreover; вот и всё that's all; всего́ (хоро́шего)! goodbye!, all the best!; всё и вся *coll* all and everything; во всём ми́ре throughout the world

весь *f obs* village

весьма́ *adv* extremely, very, highly

ветв|и́стый (~и́ст) branchy, spreading, bushy; **~ь** *f* 5 branch, bough, limb; *fig* branch

ве́т|ер (~ра (~ру), на ~ру́, о ~ре; *pl* ~ры *and* ~а́, ~о́в *coll*) о́чень кре́пкий ~ *naut* fresh gale; ти́хий ~ light air; по ~ру before the wind, down wind; держа́ть нос по ~ру *fig* trim one's sails to the wind; ~ свисти́т в карма́нах *joc* not a penny to bless oneself with; пуска́ть на ~ де́ньги waste money, throw money to the winds; ищи́ ~ра в по́ле *coll* go on a wild-goose chase; болта́ть на ~ *coll* waste one's breath; ждать, куда́ ~ поду́ет see which way the cat jumps; знать, куда́ ~ ду́ет see which way the wind blows; идти́, куда́ ~ ду́ет sit on the fence, be a weathercock; попу́тный ~ fair wind, tail wind; с попу́тным ~ром! bon voyage!; проти́вный ~ adverse wind, headwind; про́тив ~ра close to the wind, in the teeth of the wind; у него́ ~ в голове́ he is a thoughtless character; подби́тый ~ром *coll* empty-headed, light, flimsy (*of clothing*); *pl* ~ры *med* flatulence, wind

ветера́н veteran

ветерина́р veterinary surgeon; **~ия** veterinary science; **~ный** veterinary

ветер|о́к (~ка́) breeze

ве́тка branch, twig; spray; branch-line (*on railways*)

вет|ла́ (*pl*~лы, ~ел) white willow

ве́то *neut indecl* veto; наложи́ть ~ veto, place a veto (on, на + *acc*)

ве́точка twig, sprig, shoot

вет|о́шка *coll* (old) rag; **~о́шник** old-clothes dealer, rag-and-bone man; **~ошь** *f collect* rags, old clothes

ве́тр|еник *coll* frivolous person; **~еница** *bot* anemone, windflower; **~еность** *f* empty-headedness, frivolousness; **~еный** (~ен) windy; frivolous; ~еное поведе́ние fickle conduct; **~и́ло** *poet* sail; **~обо́й** *dial* wind-fallen wood; windfalls (*fruit*); **~ово́й** wind(y); **~ого́н** *tech* fan; *coll* = ~еник; **~ого́нный** carminative; **~оме́р** anemometer; **~осилово́й** wind-powered; **~оуказа́тель** *m aer* drogue, windsock, wind direction indicator; **~я́к** I *tech* wind turbine; windmill; **~я́нка** *pop* windmill; *coll* chicken-pox; **~яно́й** wind(-powered); ~яна́я ме́льница windmill; **~я́ный** ~яная о́спа chicken-pox

ве́тх|ий (~, ~а́, ~о) dilapidated, rickety; ramshackle (*of building*); decrepit, infirm (*of person*); threadbare (*of clothes*); В~ заве́т Old Testament; **~озаве́тный** Old Testament; *fig* antiquated; **~ость** *f* dilapidation; decrepitude; прийти́ в ~ fall into disrepair

ветчин|а́ (*pl* ~ы) ham; **~ный** ham

ветша́ть I *pf* об~ fall into decay; become dilapidated; become decrepit

ве́х|а *usu pl* landmark, milestone *also fig*; stake; *naut* spar-buoy; сме́на ~ volte-face

ве́че *hist* veche (*medieval Russian assembly*); **~во́й** of the veche

ве́ч|ер (~ера́) evening; под ~, к ~еру towards evening; по ~ера́м in the evenings, of an evening; party, social, gathering, soirée, evening; музыка́льный ~ musical evening; **~ере́ть** I (~ере́ет) *usu impers pf* за~ *dial* grow dark; ~ере́ет dusk is falling, night is coming on, **~ери́нка** (evening-)party; **~erко́м** *adv coll* in the evening; **~е́рний** evening; ~е́рняя заря́ sunset glow, dusk, twilight; ~е́рний звон vesper chimes; ~е́рние ку́рсы evening classes; ~е́рнее пла́тье evening dress; **~е́рник** *coll* night-school student; **~е́рня** (*gen pl* ~е́рен) *eccles* vespers; **~ером** *adv* in the evening; **~еря** *obs* supper; Та́йная ~ *eccles* the Last Supper

ве́ч|но *adv* for ever, eternally; *coll* incessantly, always, perpetually; они ~ ссо́рятся they're for ever quarrelling; **~нозелёный** *bot* evergreen; **~ность** *f* eternity; ка́нуть в ~ sink into oblivion, disappear for ever; мы не ви́делись (це́лую) ~ *coll* we haven't met for ages; **~ный** (~ен) eternal, everlasting; endless, perpetual; ~ное владе́ние possession in perpetuity; ~ное перо́ fountain-pen

вечо́р *adv pop* yesterday evening; **~ка** *coll* evening paper

ве́ш|алка peg, rack, stand; tab (*on clothes*); hanger; *coll* cloak-room; **~ать** I *pf* пове́сить hang (up); ~ бельё put out, hang out the washing; ~ карти́ну hang, put up a picture; ~ тру́бку put down the receiver (telephone); hang (*a person*); ~ всех соба́к на кого́ *coll* blame someone for everything; ~ го́лову hang one's head; не надо ~ го́лову! chin up!, keep smiling!; *pf* с~ weigh (out); **~аться** I *pf* пове́ситься hang oneself; be hanged; ~ на ше́ю кому́ throw oneself at someone's head, run after; *pf* с~ *coll* weigh oneself

веш|и́ть II *pf* про *geol* mark out; **~ка** landmark; surveying rod

ве́шний *poet* vernal, spring

веща́|ние prophesying; broadcasting (*radio*); **~ть** I (~ет) *impf* broadcast, be on the air; *pf* про~ prophesy; play the oracle, pontificate, lay down the law

вещ|ево́й ~ево́е дово́льствие payment in kind; *mil* clothing, kit; ~ мешо́к kit-bag, pack, knapsack, rucksack; hold-all; ~ склад store(s); **~е́ственность** *f* materiality, substantiality; ~е́ственный

material, substantial; ~е́ственные доказа́тельства *leg* material evidence; **~ество́** matter; substance; взры́вчатое ~ explosive; се́рое ~ grey matter
ве́щий *lit* prophetic
вещ|и́ца knick-knack, trifle, bagatelle; bijou; **~́ный** ~ное пра́во *leg* law of estate
вещу́н I, **~́ья** *obs* soothsayer
вещ|ь *f* 5 thing; э́то ~! *coll* that's quite something!; *pl* things, belongings, clothes; со все́ми ~а́ми bag and baggage; work, piece, thing (*of book, play, etc*); чья э́то ~? who is it by?; э́то его́ лу́чшая ~ it's the best thing he ever did (*wrote, etc*); thing, matter, affair; хочу́ сказа́ть вам одну́ ~ I have something to tell you
ве́|ялка fan, winnowing-machine; **~́яние** winnowing; breathing, blowing; *fig* trend, tendency; ~ вре́мени spirit of the times; **~́ять** (~ю, ~ешь) *pf* про~ winnow; *impf vi* blow (*of wind*); ве́тер ~ет a wind is blowing; *fig impers* ~ет весно́й spring is in the air; (~ет) flutter (*of flags, etc*)
вжа́рить II *pf sl* ~ срок sentence
вжи|ва́ться I *pf* **~́ться** get used (to, в + *acc*); ~ в о́браз, в свою́ роль *theat* get the feel of one's part; **~́ве** *adv lit* alive; **~ви́ть** (~влю́) II *pf of* ~вля́ть; **~вля́ть** I *pf* ~ви́ть *med* implant; **~́ться** (~ву́сь, ~вёшься; ~́лся, ~ла́сь) *pf of* ~ва́ться
взад *adv coll* back(wards); ~ и вперёд backwards and forwards, to and fro, up and down; ни ~ ни вперёд at a deadlock, neither backwards nor forwards
взаи́м|ность *f* reciprocity; любо́вь без ~ности unrequited love; return (*of affection*); отвеча́ть кому́ ~ностью return someone's love; **~́ный** (~ен) mutual, reciprocal; ~ глаго́л *gramm* reciprocal verb; ~ные обвине́ния recriminations; ~ная по́мощь mutual aid; **~овы́годный** mutually beneficial, advantageous; **~оде́йствие** interaction; cooperation, coordination; **~оде́йствовать** (~одействую) *impf* interact; cooperate; **~оотноше́ние** interrelation; **~опо́мощь** *f* mutual aid, mutual assistance; догово́р о ~опо́мощи mutual assistance pact; **~онима́ние** mutual understanding; **~освя́занный** interconnected, correlated; **~освя́зь** *f* interconnection, interrelation
взаймы́ *adv* взять ~ borrow; дать ~ lend, loan
взалка́ть I *pf obs or iron fig* hunger (for, + *gen or* + *infin*)
взаме́н *prep* + *gen* instead (of), in exchange (for), in return (for); *adv* instead, in exchange
взаперти́ *adv* under lock and key; сиде́ть ~ be locked up; in seclusion; жить ~ keep oneself to oneself, live in seclusion
взапра́вду *adv pop* in truth, indeed
вза́пуски *adv coll* бе́гать ~ run races, chase one another
взасо́с целова́ться ~ *coll* exchange long-drawn-out kisses
взатя́жку *adv* кури́ть ~ inhale (*in smoking*)
взахлёб *adv pop* greedily, in gulps; frenziedly, excitedly
вза́шей *adv pop* вы́гнать ~ chuck out, throw out (on one's neck)
взб|а́дривать I *pf* ~одри́ть *coll* cheer up; encourage; **~а́дриваться** I *pf* ~одри́ться buck up, cheer up
взбаламу́|тить II (~чу) *pf of* баламу́тить
взба́лмош|ный (~ен) *coll* unpredictable, unbalanced, crazy, cranky
взб|а́лтывать I *pf* ~олта́ть shake (up)
взбе|га́ть I *pf* ~жа́ть run up; ~ по ле́стнице run upstairs; ~ на́ гору run up a hill; **~жа́ть** (~гу́, ~жи́шь, ~гу́т) *pf of* ~га́ть
взбелен|и́ть II *pf pop* enrage; **~и́ться** II *pf pop* fly off the handle, fly into a rage
взбе|си́ть(ся) II (~шу́(сь), ~́сишь(ся)) *pf of* беси́ть(ся)
взби|ва́ть I *pf* ~́ть puff up, shake up (*pillows, etc*); beat up, churn up (*whites of eggs*); whip (*cream*)
вз|бира́ться I *pf* ~обра́ться go up, get up (into, on to, to), climb up (into, on to, to, на + *acc*); ~ по ле́стнице go up, ascend the stairs; ~обра́ться на́ гору climb up, ascend the mountain;
вз|би́тый ~би́тые сли́вки whipped cream; **~би́ть** (~обью́, ~обьёшь; ~бей; ~би́тый) *pf of* ~бива́ть
взб|одри́ть(ся) II *pf of* ~а́дривать(ся)
взб|олта́ть I *pf of* ~а́лтывать
взбороз|ди́ть II (~жу́) *pf of* борозди́ть
взборон|и́ть II *pf of* борони́ть; **~ова́ть** (~у́ю) *pf of* боронова́ть = ~и́ть
взбре|да́ть I *pf* ~сти́; **~сти́** (~ду́, ~дёшь; ~́л, ~ла́; ~́дший) *coll* climb, mount with difficulty; ~ в го́лову, на ум *coll* come into one's head; что э́то вам ~ло́ на ум? what possessed you?
взбудора́ж|ивать I *pf* ~ить = будора́жить; **~́ить** II *pf of* ~ивать *and* будора́жить
взбунт|ова́ться (у́юсь) *pf of* бунтова́ться
взбух|а́ть I (~а́ет) *pf* ~́нуть swell out; **~́нуть** (~нет; ~, ~ла) *pf of* ~а́ть
взбу́чка *pop* rocket, wigging; thrashing, trouncing
взва́л|ивать I *pf* ~и́ть load, lift, hoist, heave (on to, на + *acc*); ~ мешо́к себе́ на́ спину shoulder a sack, hoist a sack on to one's back; *fig* load, saddle; ~ всю рабо́ту на кого́ saddle someone with all the work; ~ вину́ на кого́ throw the blame on someone; **~и́ть** II (~ю́, ~́ишь) *pf of* ~́ивать
взвар *cul* stewed fruit and berries
взве́|сить II (~шу) *pf of* ~шивать *and* ве́шать
взве|сти́ (~ду́, ~дёшь; ~́л, ~ла́) *pf of* взводи́ть
взвесь *f chem* suspension
взве́ш|енный *ppp of* взве́сить; *chem* suspended; **~́ивание** weighing; **~́ивать** I *pf* взве́сить *also fig* weigh (up)
взви|ва́ть I *pf* ~ть raise; **~ва́ться** *pf* ~́ться rise; fly up, soar (*of birds etc*); be raised, go up (*of flags*); rear (*of horses*)
взви́де|ть он све́та не ~л *coll* everything went black before his eyes
взвизг *coll* scream; yelp (*of dog*); **~́ивать** I *pf* ~нуть cry out, scream; yelp (*of dog*); **~́нуть** *pf of* ~ивать; give a shriek
взвин|ти́ть II (~чу́) *pf of* ~́чивать; **~́ченный** (~чен, ~чена) worked up, het up; nervy, on edge; ~ченные це́ны inflated prices; **~́чивать** I *pf* ~ти́ть *coll* excite, work up
взв|и́ть(ся) (~овью́(сь), ~овьёшь(ся)) *pf of* ~ива́ть(ся)
взвод *mil* platoon; (*cocking*) notch (*of gun*); боево́й ~, второ́й ~ full bent; на боево́м ~е cocked; предохрани́тельный ~ safety notch; быть на ~е *fig coll* be in one's cups, be tipsy, be in a state of nervous excitement
взво|ди́ть II (~жу́, ~́дишь) *pf* взвести́ lead up, take up; ~ди́ть куро́к cock (*a gun*); impute (to, на + *acc*); на него́ взвели́ обвине́ние the charge was laid at his door; **~дно́й** ~дна́я ру́чка cocking handle; **~́дный** *adj* platoon; *n* platoon commander
взволн|о́ванный (~о́ван, ~о́ванна) agitated, dis-

turbed; anxious, worried, perturbed; **~ова́ть(ся)** *pf of* волнова́ть(ся)

взв|ыва́ть I *pf* ~ыть howl; ~ыть (~о́ю) *pf of* ~ыва́ть set up a howl, howl

взгляд look, glance; gaze, stare; бро́сить ~ glance (at, на + *acc*); на ~ judging from appearances; на пе́рвый ~, с пе́рвого ~́а at first sight; view, opinion; на мой ~ in my view; **~́ывать** I *pf* взгляну́ть look, glance, cast a glance (at, на + *acc*); **взгляну́ть** I (взгляну́, взгля́нешь) *pf of* ~́ывать

взго́рье hillock

взгреть I *pf pop* thrash; *fig* give it hot to

взгромо|жда́ть I *pf* ~зди́ть *coll* pile up; **~жда́ться** I *pf* зди́ться *coll* clamber up; **~зди́ть(ся)** II (~зжу́(сь)) *pf* of ~жда́ть(ся)

взгрустн|у́ть I *pf coll* feel sad; **~у́ться** I (~ётся) *pf impers* + *dat* feel a sudden sadness; мне ~у́лось I feel suddenly sad

вздв|а́ивать I *pf* ~о́ить; ~ ряды́ form fours; **~о́ить** II *pf of* ~а́ивать

вздёр|гивать I *pf* ~нуть hitch up, jerk up; *coll* string up, hang; **~́нутый** ~ нос snub nose; **~́нуть** I *pf of* ~гивать

вздор *no pl coll* nonsense городи́ть, моло́ть ~ talk nonsense; **~́ить** II *pf* по~ *coll* squabble, quarrel (with, с + *instr*; over, из-за + *gen*); **~́ный** (~ен, ~на) *coll* absurd, stupid, foolish; quarrelsome; **~́щик** *coll* squabbler

вздорожа́|ние rise in prices(s); **~́ть** I *pf of* дорожа́ть

вздох sigh, deep breath; испусти́ть после́дний ~ breathe one's last; **~ну́ть** I *pf of* вздыха́ть; *coll* take breath, have a breathing-space

вздр|а́гивать I *pf* ~о́гнуть; *impf* quiver, shudder, shake, tremble

вздремн|у́ть I *pf coll* take a nap; **~у́ться** I (~ётся) *impers* + *dat coll* doze off

вздро́г|нуть I *pf of* вздра́гивать start, give a start; flinch, wince

взду|ва́ть I *pf* ~ть flow up, inflate *also fig*

взду́м|ать *pf coll* take into one's head (to, + *infin*); не ~ай(те) *coll* don't take it into your head (to, + *infin*); **~́аться** I *pf impers coll* take into one's head (to, + *infin*); как ~ается at one's own sweet will

взду́т|ие *med* swelling; ~ие цен price inflation; **~́ый** swollen; **~ь** I *pf of* вздува́ть blow up, inflate; *pop* light (*fire, etc*); *pf only pop* thrash, give a hiding to, **~́ься** *vi pf* swell

вздыма́ться I *impf* rise (*of waves*, etc), heave (*of chest*, *breast*, *etc*)

вздыха́|ние *obs* sighing; *pl* lovesickness; **~́ть** I sigh; breathe; pine, long, sigh (for, о *or* по + *prep*)

взима́|ние levy, collection; **~́ть** I *impf* levy, collect, raise (*esp taxes*)

взира́|ть I *obs* look, gaze (at, на + *acc*); не ~я in spite of, notwithstanding, disregarding (на + *acc*)

взл|а́мывать I *pf* ~ома́ть break (open), force (lock, *etc*), smash

взлез|а́ть I *pf* ~ть climb up; **~ть** (~́у, ~́ешь; ~, ~́ла; ~ь) *pf of* ~а́ть

взлеле́ять I *pf of* леле́ять

взлёт (upward) flight; take-off; ~ фанта́зии flight of fancy

взле|та́ть I *pf* ~те́ть fly up, take off; take wing (*of birds*); ~ на во́здух blow up, explode; *fig* come to naught (*of plans, dreams, etc*); **~те́ть** II (~чу́) *pf of* ~та́ть; **~̈тный** *adj of* ~̈т; ~̈тнопоса́дочная площа́дка landing strip

взли́з|а *coll* bald patch (over temples); **~́ина = ~а**

взлом breaking in, breaking open; кра́жа со ~́ом housebreaking, burglary; **~а́ть** *pf of* взла́мывать; **~́щик** burglar, housebreaker

взлохма́|тить II (~чу) *pf of* ~чивать *and* лохма́тить; **~́ченный** (~чен, ~чена) tousled, dishevelled; **~чивать** I tousle, dishevel, ruffle

взлюб|и́ть II (~лю́, ~́ишь) *pf only with neg* не ~и́ть с пе́рвого взгля́да take an instant dislike (to)

взмах flap, flapping (*of wings*); wave, sweep, movement (*of hand*); stroke (*of oars*, *etc*); одни́м ~́ом at a stroke; **~́ивать** I *pf* ~ну́ть wave, flap (+ *instr*); **~ну́ть** I *pf of* ~́ивать

взмет|ну́ть I *sem pf of* ~̈ывать *coll*; ~ну́ться I *sem pf of* ~̈ываться; **~̈ывать** I *pf* ~ну́ть *coll* throw up, fling up; flap (*of wings*) (+ *instr*); **~̈ываться** I *pf* ~ну́ться *coll* leap, fly up (*of fire*, *sparks*, *etc*); *obs* fly (at), leap (upon, на + *acc*)

взмол|и́ться II (~ю́сь, ~́ишься) *pf* beg, beseech (*someone for*, + *dat or* к + *dat*, о + *prep*); **~и́ться** о поща́де beg for mercy

взмо́рье seashore; seaside; inshore waters; да́ча на ~ seaside cottage

взмо|сти́ться II (~щу́сь) *pf coll* perch (on, на + *acc*)

взмы|ва́ть I *pf* ~ть soar, shoot upwards (of birds)

взмы́л|ивать I *pf* ~ить cause to lather, foam; **~́иваться** I *coll* get into a lather; foam, froth; **~́ить(ся)** II *pf of* ~ивать(ся)

взм|ыть (~о́ю, ~о́ешь) *pf of* ~ыва́ть

взнос payment; dues, fee, subscription; вступи́тельный ~ entrance fee; очередно́й ~ instalment; профсою́зный ~ trade-union dues; чле́нский ~ membership fee

взнузд|а́ть I *pf of* ~́ывать; **~́ывать** I *pf* ~а́ть bridle

взобра́|ться (взберу́сь, взберёшься; ~лся, ~ла́сь) *pf of* взбира́ться

взо|йти́ (~йду́, ~йдёшь; ~шёл, ~шла́; ~ше́дший) *pf of* восходи́ть *and* всходи́ть; *obs pop* enter

взопре́|ть I (~ю) *pf of* преть

взор glance; look; gaze, eyes; *fig usu pl* attention; впери́ть ~ fix one's gaze (on в + *acc*)

взорв|а́ть (~у́, ~ёшь) *pf of* взрыва́ть; **~а́ться** (~у́сь, ~ёшься) *pf of* взрыва́ться

взра|сти́ть II (~щу́) *pf of* ~́щивать; **~́щивать** *pf* ~сти́ть cultivate, grow, bring up, nurture

взрев|е́ть (~у́, ~ёшь) *pf* let out a howl, roar

взре́|зать I (~жу) *pf*; **~за́ть** I *pf* ~́зать cut open; **~́зывать** I *impf* = ~за́ть

взро́слый *adj and n* grown-up, adult

взрыв explosion; *fig* burst (*of applause*, *etc*), outburst; **~а́ть** I *pf* взорва́ть blow up, detonate; *pf only* э́то его́ взорва́ло this made his blood boil; *pf* взрыть plough, turn up; **~а́ться** I *pf* blow up, burst, explode (*also fig*); **~ни́к** explosives expert; **~но́й** explosive; ~на́я волна́ blast; *ling* plosive; **~ча́тка** *coll* explosive; **~́чатый** explosive; ~чатое вещество́ explosive

взр|ыть (~о́ю, ~о́ешь) *pf of* ~ыва́ть plough, turn up

взрыхл|и́ть II *pf of* ~я́ть; **~я́ть** *pf* ~и́ть break up, loosen, hoe

взъеда́ться I *pf* взъе́сться *fig pop* go for, pitch into (на + *acc*)

взъезжа́ть I *pf* взъе́хать ascend, mount, ride up

взъерепе́ниться II *pf of* ерепе́ниться

взъеро́ш|енный dishevelled, tousled; **~́ивать** I pf

~ить *coll* rumple, tousle; ˜**иваться** I *pf* ~иться *coll* rumple one's hair; become dishevelled; ˜**ить(ся)** II *pf of* ~ивать(ся)

взъ|е́сться (~е́мся, ~е́шься, ~е́стся, ~еди́мся, ~еди́тесь, ~едя́тся; ~е́лся) *pf of* ~еда́ться

взъе́|хать (~ду, ~дешь) *pf of* ~зжа́ть

взыва́ть I *pf* воззва́ть appeal (to someone, к + *dat*; for, о + *prep*)

взыгра́ть I *pf* exalt, leap (for joy); become stormy, rough (*of sea*)

взыска́ни|е penalty, punishment; наложи́ть ~ inflict a penalty (on, на + *acc*); exaction, prosecution; пода́ть на кого́ ко ~ю proceed against someone (for recovery of debt, etc)

взыска́тел|ьный (~ен, ~ьна) demanding, exacting; severe

взы|ска́ть I (~щу́, ˜щешь) *pf of* ˜скивать; ˜**скивать** I *pf* ~ска́ть exact; recover; ˜скивать долг recover a debt (from, с + *gen*); call to account (for, за + *acc*); не ~щи́(те)! *pop* do forgive me (us)!; *obs* reward (with, + *instr*)

взыску́ющий *n lit* 'seeker' (after, + *gen*)

взя́тие taking; capture

взя́тк|а bribe; с него́ ~и гла́дки you won't get anything out of him

взя́т|о́к (˜ка́) honey-gathering (*of bees*)

взя́т|очник bribe-taker; ˜**очничество** bribe-taking, bribery, corruption

взя|ть (возьму́, возьмёшь; ~л, ~ла́, ˜ло; возьми́(те)) *pf of* бра́ть; с чего́ вы э́то ˜ли? what put that into your head?; ~ть да, ~ть и, ~ть да и *coll* do something suddenly; я ~л да и сказа́л I up and said; а ты возьми́ да скажи́ ему́? you really told him?; ни дать, ни ~ть *coll* exactly, neither more nor less; чёрт возьми́! *coll* devil take it! plague on it!

взя́|ться (возьму́сь, возьмёшься; ˜лся, ~ла́сь, ˜лось) *pl of* бра́ться; отку́да ни возьми́сь out of the blue, from nowhere

виаду́к viaduct

вибра́|тор *electr* vibrator; *radio* oscillator; ~**ция** vibration

вибрио́н *med* vibrio

вибри́р|овать (~ует) *impf* vibrate; oscillate

виве́рра civet

вивисе́кция vivisection

виг *hist* Whig

вигва́м wigwam

виго́нь *f* vicuña; vicuña wool

вид look, air; appearance; aspect; у неё хоро́ший ~ she looks well; де́лать ~, что (бу́дто) pretend that, make it appear that; для ˜у for the sake of appearances; принима́ть серьёзный ~ assume a grave aspect; на ~, с ˜у *coll* in appearance; по ˜у from, by appearance, looks; в ˜е by way (of, + *gen*); под ˜ом under the guise (of, + *gen*); ни под каки́м ˜ом on no account, in no wise; form, shape; condition; в тре́звом ˜е in a sober state; в хоро́шем ˜е in good shape, condition; view; ~ сбо́ку, спе́реди side, front view; ~ на мо́ре view of the sea; откры́тка с ˜ом picture postcard; *pl* prospects; ˜ы на урожа́й prospects for the harvest; sight; теря́ть и́з ~у lose sight of; упуска́ть и́з ~у *fig* not to take into account, lose sight of; быть на ~у́ be in the public eye; при ˜е at the sight (of, + *gen*); в ~у́ in sight (of), in view (of, + *gen*); в ~у́ того́, что as, seeing that, since; име́ть в ~у́ plan, intend; mean; bear in mind; име́й(те) в ~у́ don't forget; име́ться в ˜у́ be intended; be meant; име́ть ˜ы aim (at, на + *acc*); *biol* species; kind, sort; *gramm* несоверше́нный, соверше́нный ~ imperfective, perfective aspect; ~ на жи́тельство residence permit; identity card

ви́д|анный *ppp of* ~а́ть ~анное ли э́то де́ло?, где э́то ~ано? who ever heard of such a thing?; ~**а́ть** I *coll* see; его́ не ~а́ть he is not to be seen; я не ~а́л его́ I haven't seen him; ~**а́ться** I *pf* повида́ться *coll* meet, see one another (с + *instr*)

ви́д|ение sight, vision (ability to see); ~**е́ние** apparition, vision

ви́|деть II (~жу) *pf* у~ see; ме́льком catch a glimpse of; ~ кого́ насквозь see through someone; ~ во сне dream (of); то́лько её и ~дели she was gone in a flash; ~дишь (ли)? ~дите (ли)? *coll* you see?; ˜**деться** II (~жусь) *pf* у ~ see one another; see (с + *instr*); *pf* при~ appear (*of dreams*, *etc*)

ви́д|имо *adv* evidently, apparently; она́, ~о, больна́ she seems to be ill; ˜**имо-неви́димо** *adv coll* in immense numbers, quantity; ˜**имость** *f* visibility, vision; *coll* outward appearance; для ~имости for appearances' sake; по ~имости *pop* evidently; ˜**имый** (~им, ~има) visible; apparent, evident; без ~имой причи́ны for no apparent cause; seeming, apparent

видне́|ться I be visible; вдали́ ~лись го́ры mountains could be seen in the distance

ви́дно *adv* evidently, obviously; он, (как) ~, лю́бит вы́пить he obviously likes a drink; *pred* всем ~, что it is obvious to everyone that; как ~ as is clear (from, из + *gen*); *pred* + *acc*, *in negative* + *gen* visible; отсю́да всю ре́ку ~ one can see the whole river from here; конца́ ещё не ~ the end is not yet in sight

ви́д|ный (~ен, ~на́, ~но) conspicuous, visible; distinguished, prominent, eminent (*of people*), important (*of position*); *coll* fine-looking, portly (*of people*); ~ный мужчи́на fine figure of a man

видово́й landscape; ~ объекти́в landscape lense; ~ фильм travel film; *biol* specific; *gramm* aspectual

видоизмен|е́ние alteration; modification; variety; ~**и́ть(ся)** II (~ю́(сь), ˜ишь(ся)) *pf of* ~я́ть(ся); ~**я́ть** I modify, alter; ~**я́ться** I be altered, modified; *vi* alter

видоиска́тель *m* viewfinder

видообразова́ние formation of species

ви́д|ывать I *freq of* ~еть *coll* see

ви́за *visa*; official stamp

визави́ *adv* opposite; сиде́ть ~ sit opposite (one another); *n indecl m and f* person opposite, facing

византи́|ец (~йца) Byzantine; ˜**йский** Byzantine; **В˜я** Byzantium

виз|г scream; squeal; yelp; ~**гли́вый** (~гли́в, ~гли́ва) shrill; given to screaming, squealing; yelping; ~**готня́** *coll* screaming; squealing, yelping; ~**гу́н** 1 *coll* person with shrill voice; person (*usu child*) given to screaming; ~жа́ть II *coll* scream; squeal; yelp

визи́га gristle of fish (*sturgeon*, *etc*) used as food; viziga

визионе́р mystic, visionary

визи́р *mil* sight; навигацио́нный ~ drift sight; *phot* viewfinder

визи́р|овать (~ую) *impf and pf*, *pf also* за~ visa (*passport*); sight, take a sight on

визи́рь *m* vizier

визи́т (official) visit, call; нанести́ ~ make an (official) visit; отда́ть ~ return a visit; прийти́ с ~ом pay a (formal) call (on, к + *dat*); ~**а́ция** call;

round (*of doctor*); search of cargo ship by warship; **~ёр** *obs* visitor, caller; **~ировать** (~ирую) *obs* go visiting; examine, make a round (*of doctor*); **~ка** morning coat; **~ный** *adj of* ~; ~ная карточка visiting card

визуальный *tech* visual

вика vetch, tares

викар|ий vicar; suffragan; **~ный** suffragan

викинг Viking

виконт viscount

викторина quiz

вилка fork; *elect* штепсельная ~ two-pin plug; *mil* bracket

вилла villa

виллис *mil* jeep

вилок *coll* head of cabbage

вилообраз|ный (~ен) forked, bifurcate

вилочка bird's breast-bone

вил|ы *no sing* pitchfork; это ещё ~ами по (на) воде писано *prov* it's still in the air, it may or may not come off

вил|нуть I *sem pf of* ~ять; **~яние** wagging; *fig* prevarication, equivocation; subterfuge(s); **~ять** I *pf* ~ьнуть wag (+ *instr*); *fig coll* dodge the issue, prevaricate, hedge, equivocate

вин|а 6 fault, guilt, blame; моя ~ it is my fault; это случилось не по его ~е it happened through no fault of his; поставить кому в ~у blame, reproach someone for; свалить ~у lay the blame (on, на + *acc*)

винегрет Russian salad; *fig coll* medley, hotchpotch, jumble

винительный *gramm* ~ падеж accusative case

винить II *impf* accuse (of, в + *pr*); *coll* reproach, blame (for, за + *acc*); **~ся** *pf* по~ *coll* confess (to, в + *prep*)

винище *pop* wine; vodka

винкел|ь *m* (pl ~я) *tech* set-square

виннокаменный ~ая кислота tartaric acid

винн|ый wine; vinous; winy; ~ камень tartar; ~ая кислота tartaric acid; ~ спирт ethyl alcohol; ~ая ягода (dried) fig

вино 6 wine; *sing only, coll* vodka

виноват|ый (~) guilty; она кругом виновата it is entirely her fault; ~ взгляд apologetic glance; виноват! sorry!, I beg your pardon!

винов|ник culprit; author; perpetrator; **~ность** *f* guilt; **~ный** (~ен) guilty (of, в + *pr*); объявлять ~ным bring in verdict of guilty; признать себя ~ным plead guilty

виноград (*gen sing* ~а) vine; (*gen sing* ~а *and* ~у) *collect* grapes; **~арство** wine-growing; viticulture; **~арь** *m* wine-grower; **~ина** *coll* grape; **~ник** vineyard; **~ный** *adj of* ~; ~ная лоза vine; ~ сезон vintage; ~ное сусло must

винодел wine-grower; **~ие** wine-making

винокур distiller; **~ение** distillation; **~енный** ~ завод distillery; **~ня** *obs* distillery

виноторгов|ец (~ца) wine-merchant; **~ля** wine-trade; wine-shop

виночерпий *hist* cupbearer

винт I screw; подъёмный ~ jack-screw; упорный ~ stop screw; установочный ~ adjusting set screw; propeller, screw; гребной ~ screw propeller; дать ~а *sl* scarper; spiral; лестница ~ом spiral staircase; vint (*card-game*); *sl* rifle; **~ик** *dim of* ~; *fig* cog, small part of whole; у неё ~а нехватает *coll* she's got a screw loose

вин|тить II (~чу) *impf coll* screw; *coll* play vint

винтовальн|ый ~ая доска screw plate

винтовка rifle

винто|вой screw; spiral; ~вая лестница spiral staircase; ~вая нарезка (screw) thread; ~вой пароход screw steamer; ~вая передача helical gear; ~вая пружина hairspring (*of watch*); **~образный** (~образен, ~образна) (*shaped like a helix*) spiral; **~резный** *tech* screw-cutting

виньетка vignette

виол|а viol; viola; **~ончелист** (violon)cellist; **~ончель** *f* (violon)cello

вира *interj* lift (*dockers' sl*)

вир|аж 1 turn; крутой ~аж sharp turn; *aer* veering; (banked) curve, bend (*of racing-track, road, etc*); *phot* intensifier; ~аж-фиксаж tone-fixing bath; **~ировать** (~ирую) *impf and pf phot* intensify

виртуал|ьный (~ен, ~ьна) *tech* virtual

виртуоз virtuoso; expert (at, in), past master (in); **~ность** *f* virtuosity; **~ный** (~ен, ~на) masterly, brilliant

вир|ус virus; **~усный** viral; **~усология** virology

вирш|и *pl* (*gen pl* ~ей) *lit* (*syllabic*) verses; *coll* doggerel

висел|ица gallows, gibbet; **~ельник** hanged man; *coll* gallows-bird

ви|сеть II (~шу) *impf* hang, be hanging, suspended; ~ на волоске hang by a thread; ~ в воздухе be hanging in the air; be without foundation

виски *neut indecl* whisky

вискоза viscose; rayon

вислоух|ий (~) lop-eared

висмут bismuth

вис|нуть I (*past* ~ *also* ~нул, ~ла) *pf* по~ hang down (over, над + *instr*); hang (on, на + *prep*); ~ у кого на шее *fig coll* hang on someone's neck

вис|ок (~ка) *anat* temple

високосный ~ год leap-year

височный *anat* temporal

вист whist

висюлька *coll* pendant

висяч|ий hanging, pendent; ~ замок padlock; ~ мост suspension bridge; в ~ем положении hanging, suspended

витали|зм vitalism; **~ст** vitalist

витамин vitamin; **~изированный** vitaminized; **~ированный** vitamin-enriched; **~ный** vitamin; **~озный** vitamin-rich, rich in vitamins

вита|ть I *impf lit* roam, wander (*of thoughts*); мысли его ~ли далеко his thoughts were far away; она ~ет в мире грёз she lives in a dream world; ~ в облаках go wool-gathering; be, hover; смерть ~ет над ним death is hovering over him

вити|еватый (~еват) flowery, ornate, rhetorical; **~йство** *obs* oratory, rhetoric; **~йствовать** (~йствую) *impf obs* orate; **~я** *m coll iron* orator

вит|ой twisted; *archi* convoluted; ~ая лестница spiral staircase; **~ок** (~ка) *tech* spire, coil; circuit of Earth (*by space vehicle*)

витраж 1 stained-glass window

витрина (shop-)window; showcase

вить (вью, вьёшь; ~л, ~ла, ~ло) *pf* с~ twist, wind; ~ венки weave garlands; ~ гнездо build a nest; ~ верёвки из кого twist someone round one's little finger; **~ться** (вьюсь, вьёшься; ~лся, ~лась, ~лось) pf с~ twine, wind; curl, wave (*of hair*); circle, hover (*of birds*); twist, writhe (*of reptiles*); eddy (*of dust, smoke, etc*); flutter

витют|ень (~ня) *m* woodpigeon

ви́тязь *m poet* knight; hero
вихля́ть I *impf coll* reel (*of gait*); **~ся** I *impf coll* wobble
вих|о́р (~ра́) *coll* forelock; *pl only pop* hair; **~ра́стый** (~раст) *coll* shaggy; shock-headed
вихр|ево́й vortical; **~ь** *m* whirlwind; снежный ~ь blizzard; *fig* vortex
вице- vice-; **~-адмира́л** vice-admiral; **~-ко́нсул** vice-consul; **~-коро́ль** 1 *m* viceroy; **~-президе́нт** vice-president
вицмунди́р uniform (of pre-revolution civil servants)
виш|нёвка cherry brandy; **~нёвый** cherry; ~ сад cherry orchard; cherry-coloured; **~ня** (*gen pl* ~ен) cherry-tree; cherry; *collect* cherries
вишь (*abbr of* ви́дишь) *pop* look!, you see?, just look! ~, ты како́й! so that's what you're like!
вка́лывать I *pf* вколо́ть stick (in, into, в + *acc*); *impf only sl* slog (away)
вка́п|ать I *pf* of ~ывать *coll*; **~ывать** I *pf* ~ать *coll* drip in (*of medicine, etc*); **~ывать** *pf* вкопа́ть dig in, into
вка|ти́ть(ся) II (~чу́(сь), ~тишь(ся)) *pf of* ~тывать(ся); **~тывать** I *pf* ~ти́ть roll into, on to; wheel in, into; *fig coll* administer (*of medicine, blows, etc*); она́ ~ти́ла ему́ пощёчину she slapped his face; *vi pop* enter; **~тываться** I *pf* ~ти́ться *vi* roll in; *coll* run in
вклад *econ* deposit; investment; *obs* endowment, financial contribution (to, в + *acc*); *fig* contribution; ценный ~ в нау́ку a valuable contribution to learning; **~ка** supplementary sheet; *typ* inset; **~но́й** *adj of* ~; inserted, supplementary; ~но́й лист inset (*in book, etc*); **~чик** depositor; **~ывать** I *pf* вложи́ть insert, put (in, в + *acc*); enclose (*in letter etc*) *also fig*; вложи́ть в уста́ кому́ put into someone's mouth; *fig* invest; **~ыш** supplementary sheet; *tech* bush, bearing brass
вкле́|ивать I *pf* ~ить stick in, paste in; ~ сло́во в разгово́р *fig coll* put in a word; **~йка** sticking in; inset (*in book*); **~ить** II pf of ~ивать
вклеп|а́ть(ся) I *pf of* ~ывать(ся); **~ывать** *pf* ~а́ть rivet in; *fig coll* mix up (in), involve (in, в + *acc*); **~ываться** be riveted in; *fig coll* be mixed up in
вкли́н|ивать I *pf of* ~и́ть wedge in; *fig coll* put in (*word, etc*); **~иваться** I *pf* ~и́ться *pass of* ~ивать; wedge one's way (into, в + *acc*); *mil* drive a wedge (into); **~и́ть(ся)** (~ю́(сь), ~и́шь(ся)) *pf of* ~ивать(ся)
включ|а́ть I pf ~и́ть include (in), insert (in, в + *acc*); ~ в себя́ comprise, include, take in; ~ в пове́стку дня enter on the agenda; *tech* plug in, switch on, turn on (*radio, etc*); ~ ско́рость engage a gear; ~ сцепле́ние let in the clutch; **~а́ться** I *pf* ~и́ться enter (into), join (in, в + *acc*); **~а́я** *prep* + *acc* including, inclusive; **~е́ние** inclusion, insertion; со ~е́нием with the inclusion (of + *gen*); *tech* switching on, turning on; **~и́тельно** *adv* inclusive; **~и́ть(ся)** II *pf of* ~а́ть(ся)
вкол|а́чивать I *pf* ~оти́ть hammer in, knock in *also fig*; ~ в го́лову кому́ *coll* knock into someone's head; **~оти́ть** II (~очу́, ~о́тишь) *pf of* ~а́чивать
вкол|о́ть (~ю́, ~ешь) *pf of* вка́лывать
вконе́ц *adv coll* finally, completely, utterly
вко́па|нный как ~ rooted to the ground, transfixed; **~ть** I *pf of* вка́пывать
вкорен|и́ть(ся) *pf of* ~я́ть(ся); **~я́ть** I *pf* ~и́ть cause to take root; inculcate; **~я́ться** I *pf* ~и́ться take root; be inculcated
вкось *adv* obliquely; slantwise; вкривь и ~ *see* вкривь
вкра́д|чивый (~чив) ingratiating, insinuating; **~ываться** I *pf* вкра́сться steal in(to), creep in(to) *also fig* ; ~ в дове́рие к кому́ worm one's way into someone's confidence
вкра́п|ить II (~лю) *pf of* ~ливать; **~ливать** I *pf* ~ить sprinkle; *fig* interlard, intersperse (with); **~ля́ть** I = ~ливать
вкра́тце *adv* briefly, succinctly
вкривь *adv coll* crooked(ly); *fig* wrongly, perversely; он всё понима́ет ~ he misunderstands everything; ~ и вкось in all directions; not as it should be, wrong(ly)
вкруг *see* **вокру́г**; **~ову́ю** *adv coll* round
вкру|ти́ть II (~чу́, ~тишь); *pf of* ~чивать; **~ту́ю** *adv coll* яйцо́ ~ту́ю hard-boiled egg; свари́ть яйцо́ ~ту́ю hard-boil an egg; **~чивать** I *pf* ~ти́ть twist (in, into, в + *acc*)
вку́пе *adv obs* together (with, с + *instr*); ~ и влю́бе *iron* together, in unison, harmony (*with*, с + *instr*)
вку|с taste *also fig*; про́бовать на ~ taste; войти во ~ begin to enjoy, develop a taste (for, + *gen*); на ~ и цвет това́рищей нет *prov* there's no accounting for taste; э́то де́ло ~са it is a matter of taste; manner, style; э́то в моём ~се it is in my style; **~си́ть** II (~шу́, ~сишь) *pf of* ~ша́ть; **~сный** (~сен, ~сна́ ~сно) good, nice; tasty; **~сово́й** gustatory; ~совы́е вещества́ flavouring substances; ~совы́е о́рганы organs of taste; **~ша́ть** I *pf* ~си́ть *obs* taste, partake (of, + *gen*); *fig* experience, taste, savour (+ *acc or* + *gen*)
вла́га moisture
влага́л|ище *anat bot* vagina; **~ищный** vaginal
влага́ть I *see* **вкла́дывать**
влаго|ме́р hygrometer; **~сто́йкий** impermeable to moisture; ~сто́йкие обо́и washable wallpaper
владе́|лец (~льца) owner; proprietor; **~ние** ownership; possession; вступа́ть во ~ние иму́ществом take possession of property; property, domain, estate, possession(s); **~тель** *m lit* possessor; sovereign; **~тельный** sovereign
владе́|ть I (~ю) *impf* own, possess (+ *instr*); control, be in possession of (+ *instr*); ~ собо́й control oneself; *fig* have the use (of), have a command (of, + *instr*); она́ хорошо́ ~ет ру́сским языко́м she has a good command of Russian; ~ перо́м be a master of the pen; ~ ору́жием handle a weapon with skill; ~ умáми sway the minds
Влади́мирка *coll* the Vladimir road; the road to exile (*ie to Siberia*)
влады́|ка *m* lord, master, sovereign; title of or mode of addressing bishop, archbishop or metropolitan; **~чество** dominion, sway; **~чествовать** (~чествую) *impf* rule (over), hold sway, exercise dominion (over, над + *instr*); **~чица** sovereign; ~чица море́й mistress of the seas; *eccles* Our Lady
влаж|не́ть I *pf* по~ become damp, humid; **~ность** *f* dampness, humidity; **~ный** (~ен, ~на́, ~но) damp, humid, moist; ~ные глаза́ liquid eyes, tear-filled eyes
вла́мываться I *pf* вломи́ться break in, into; ~ в дверь force open a door; ~ в амби́цию *coll* take offense, umbrage
власт|вова́ть (~вую) *lit* dominate, rule, hold sway (over, + *instr or* над + *instr*); **~ели́н** *lit usu fig* lord, master; ruler ~ели́н полуми́ра lord of half

the universe; ~**и́тель** *m lit* sovereign, potentate; ~и́тель дум ruler of men's minds; ~́**ный** (~ен) domineering, dictatorial, commanding; *leg* authoritative, competent; я в э́том не ~ен I have no authority to do this

властолюб|и́вый (~и́в) power-loving; power-seeking; domineering; ~́**ие** love of power, lust for power

власт|ь 5 *f* power; во ~́и in the power (of), at the mercy (of, + *gen*); держа́ться у ~́и remain in power; прийти́ к ~́и come to power; authority, power; Сове́тская ~ Soviet regime; ме́стная ~, ~ на места́х local authority; *pl* authorities; ~́и предержа́щие the powers that be; ва́ша ~ *coll* please yourself, as you like; не в моей ~́и beyond my control

власяни́ца hair shirt

влачи́ть II *impf obs poet* drag; ~ жа́лкое существова́ние *lit* drag out a miserable existence; ~́**ся** II *impf obs poet* drag oneself along; roam

вле́во *adv* to the left (of, от + *gen*)

влез|а́ть I *pf* ~ть climb in, into, up; get in, into; ~ в окно́ climb in through a window; ~ на де́рево climb up a tree; ~ в долги́ *fig coll* get into debt; ~ в дове́рие к кому́ worm one's way into someone's confidence; *coll* get on (*bus, etc*); fit in, go in, on; всё э́то не ~́ет в чемода́н all this will not go into the case; ~**ть** (~́у, ~́ешь; ~, ~́ла; ~́ший) *pf of* ~а́ть

влеп|и́ть II (~лю́, ~́ишь) *pf of* ~ля́ть; ~**ля́ть** I *pf* ~и́ть stick in, fasten in; ~и́ть пощёчину кому́ *coll* slap someone's face; ~и́ть пу́лю в лоб кому́ *coll* blow someone's brains out

влет|а́ть I *pf* ~е́ть fly in, into; *fig coll* rush in, into; *coll* ~ в исто́рию land in a mess; *impers coll* ему́ ~е́ло he caught it hot; ~**е́ть** II (влечу́, влети́шь) *pf of* ~а́ть

вле|че́ние attraction (to, к + *dat*); иметь ~ к чему́, кому́ feel drawn towards something, someone; сле́довать своему́ ~че́нию follow one's inclination; ~**чь** (~ку́, ~чёшь; ~̈к, ~кла́) *impf* draw, drag, attract; ~чь за собо́й entail, involve; ~́**чься** (~ку́сь, ~чёшься; ~ёкся, ~кла́сь) *impf* be drawn (to), attracted (by, к + *dat*); *pass of* ~чь

влива́|ние infusion; injection; ~́**ть** I *pf* влить pour in, (into, в + *acc*); ~ по ка́пле administer drop by drop; infuse; fig instil; ~ наде́жду в кого instil hope in someone; *mil* add (*reinforcements, etc*) to; ~́**ться** I *pf* вли́ться flow in(to), stream in (into, в + *acc*)

влип|а́ть I *pf* ~́нуть *coll* get caught, get into a mess; ~а́ть в исто́рию get into a spot of bother; ~́**нуть** I (*past* ~, ~ла) *pf of* ~а́ть

вли|ть (волью́, вольёшь; ~л, ~ла́, ~́ло) *pf of* ~ва́ть; ~́**ться** (волью́сь, вольёшься; ~́лся, ~ла́сь, ~ло́сь) *pf of* ~ва́ться

влия́|ние influence; по́льзоваться ~нием have influence; ~́**тельный** (~телен) influential; ~́**ть** I *pf* по~ influence, have influence on, affect (на + *acc*)

влож|е́ние enclosure (*in letter etc*); *fin* investment ~**и́ть** II (~у́, ~́ишь) *pf of* вкла́дывать *and* влага́ть; влага́ть ду́шу во что put one's heart into something

влом|и́ться II (~лю́сь, ~́ишься) *pf of* вла́мываться

вло́паться I *pf coll* put one's foot in it; fall in love (with, в + *acc*)

влюб|и́ть II (~лю́, ~́ишь) *pf of* ~ля́ть; ~**и́ться** II (~лю́сь, ~́ишься) *pf of* ~ля́ться; ~**лённость** *f* (state of) being in love; *f* ~**лённый** (~лён, ~лена́) *ppp* in love; ~лённый по́ уши head over heels in love; *adj* loving, tender; ~**ля́ть** I *pf* ~и́ть cause to fall in love (with, в + *acc*); ~**ля́ться** I *pf* ~ и́ться fall in love (with, в + *acc*); ~́**чивый** (~чив) *coll* susceptible

вля́паться I *pf pop* plunge (into), get stuck (in, в + *acc*)

вма́|зать I (~жу, ~жешь) *pf of* ~зывать; ~́**зывать** I *pf* ~зать cement, putty in; ~зать срок *sl* sentence

вмен|и́ть II *pf of* ~я́ть; ~**я́емость** *f leg* responsibility; ~**я́емый** (~я́ем) *leg* responsible; of sound mind; ~**я́ть** I *pf* ~и́ть regard; ~ что в заслу́гу кому́ regard something as the merit of someone; impose; ~ в обя́занность кому impose as a duty upon someone; ~ в вину́ кому́ impute to, lay to the charge of someone

вме|си́ть II (~шу́, ~́сишь) *pf of* ~́шивать

вме́сте *adv* together (with, с + *instr*); ~ с тем at the same time, also

вмести́|лище receptacle; ~́**мость** *f* capacity; ~́**телный** (~те́лен) capacious; roomy, spacious; ~́**ть** II (вмещу́) *pf of* вмеща́ть

вме́сто *prep* + *gen* instead of; in place of

вмеш|а́тельство interference; intervention; ~**а́ть(ся)** I *pf of* ~́ивать(ся); ~́**ивать** I *pf* вмеси́ть knead in; *pf* ~а́ть mix (in, в + *acc*); *fig coll* implicate (in), mix up (in, в + *acc*); ~́**иваться** I *pf* ~а́ться interfere (in), intervene (in), meddle (with, в + *acc*); ~́иваться в чужи́е дела́ meddle in other people's business

вмеща́|ть I *pf* вмести́ть contain; hold; accommodate; зал ~ет ты́сячу челове́к the hall can seat a thousand; place, put (in, into, в + *acc*); ~́**ться** I *pf* вмести́ться go in; э́тот чемода́н не ~ется в бага́жник there is no room for this case in the boot; be placed, put

вмиг *adv coll* in an instant, in a flash, at the drop of a hat

вмина́ть I *pf* вмять press in

вмонти́р|овать (~ую) *pf* build in

вмя́т|ина dent; ~**ь** (вомну́, вомнёшь) *pf of* вмина́ть

внаём, внаймы́ *adv* отда́ть ~ hire out, let; взять ~ hire, rent; сдаётся ~ 'to let'

внаки́дку *adv* носи́ть ~ wear (thrown) over the shoulders

внакла́д|е *adv pop* оста́ться ~ be the loser; не оста́ться ~ be none the worse off (for, от + *gen*); ~́**ку** *adv coll* with sugar (added)

внача́ле *adv* at first, in the beginning

вне *prep* + *gen* outside; out of; ~ зако́на outside the law; ~ ко́нкурса hors concours; ~ опа́сности out of danger; ~ подозре́ния above suspicion; ~ пла́на over and above the plan; ~ себя́ (от гне́ва) beside oneself (with rage); ~ вся́ких сомне́ний beyond any doubt; ~- extra-

внебра́чный ~ ребёнок illegitimate child

вневойсков|и́к 1 civilian undergoing military training; ~**о́й** ~а́я подгото́вка civilian military training

вневре́мен|ный (~, ~на) outside time; timeless

внегалакти́ческий extragalactic

внедр|е́ние introduction; inculcation; indoctrination; adoption ~**и́ть(ся)** II *pf of* ~я́ть(ся); ~**я́ть** I *pf* ~и́ть inculcate, instil (into, в + *acc*); introduce; adopt; ~ но́вую те́хнику introduce new techniques; **~я́ться** I *pf* ~и́ться take root

внеза́пн|о *adv* all of a sudden, suddenly; **~́ость** *f* suddenness; *coll* unexpected event; **~́ый** (внеза́пен) sudden

внеземно́й extraterrestrial

внекла́сс|ный out of school (hours); extra-curricular; **~́овый** non-class

внема́точный extra-uterine

вне́млю *see* **внима́ть**

внеочередно́й extraordinary, extra; out of order, out of turn (*of questions, etc*)

внепарти́йный non-party

внепла́новый beyond the provisions of the plan

внесе́ние bringing in, carrying in; paying (in), deposit (in, в + *acc*); entry, insertion (*into agreement, etc*); introducing, moving, submission (*of law, resolution, etc*)

внеслужéбный leisure, leisure-time, non-working

внес|ти́ (~у́, ~ёшь; ~̈, ~ла́; ~̈ший) *pf of* вноси́ть; **~ти́сь** (~у́сь, ~ёшься; ~̈ся; ~̈шийся) *pf coll* burst in

внестуди́йный outside (*broadcast, etc*)

внешко́льн|ик *coll* adult education specialist; **~́ый** ~ое образова́ние adult education

вне́шн|е *adv* outwardly; **~ий** exterior, outer; external, outward; outside; ~ вид outward appearance; ~ лоск surface polish; ~яя среда́ *biol* environment; ~ у́гол *math* external angle; foreign; ~яя поли́тика, торго́вля foreign policy, trade; **~ость** *f* exterior; surface; appearance; суди́ть по ~ости judge by appearances

внешта́тный not established; not on permanent staff; temporary; non-salaried

вниз *adv* down, downwards; ~ голово́й head first; ~ по ле́стнице downstairs; ~ по тече́нию downstream; ~у́ *adv* below; downstairs; *prep* + *gen* at the foot (of), at the bottom (of)

вник|а́ть I *pf* ~́нуть investigate (thoroughly), go into (в + *acc*); **~́нуть** I (*past* ~, ~ла) *pf of* ~а́ть

внима́ни|е attention; notice, note; heed; обраща́ть ~ pay attention, heed (to), take note (of, на + *acc*); она́ вся ~ she is all ears; привлека́ть ~ attract attention; принима́я во ~ taking into consideration (+ *acc*); kindness, consideration; оказа́ть ~ кому́ do someone a kindness; по́льзоваться ~ем be the subject of attentions; *interj* ~! attention!; look out!; ~ на старт! *sp* get set!

внима́т|ельность *f* attentiveness; thoughtfulness, consideration (for, к + *dat*); **~́ельный** (~ен) attentive; thoughtful, considerate (towards, к + *dat*)

внима́|ть (~ю *and* вне́млю) *pf* внять *fig obs poet* listen (to), harken (to, *usu* + *dat*); hear, heed; ~ го́лосу со́вести heed the voice of conscience

вничью́ *adv* drawn, in a draw; око́нчиться ~ be drawn; сыгра́ть ~ draw

вновь *adv* afresh, anew; (once) again; newly; ~ прибы́вший *n* newcomer

вно|си́ть II (~шу́, ~́сишь) *pf* внести́ bring, carry in; *fig* bring in, introduce (*of bills, resolutions, etc*); pay in (*of money*); ~ свой вклад make one's contribution (to, в + *acc*); enter, insert; ~ в протоко́л enter in the minutes; cause (*disorder, etc*)

внук grandson; grandchild *also fig*

вну́тренн|ий inner, interior, internal; intrinsic; ~ мир inner life, private world; ~ смысл inner meaning; home, inland; ~яя поли́тика home policy; ~ие во́ды inland waters; Министе́рство ~их дел (*abbr* МВД) Ministry of Internal Affairs, Home Office

вну́тренность *f* interior, the inside; *pl* internal organs; intestines, guts, entrails; viscera

внутри́ *adv and prep* + *gen* inside, within

внутри- intra-

внутри|ве́нный intravenous; **~ко́жный** intra-cutaneous; **~парти́йный** inner-Party, within the Party

внутрь *adv and prep* + *gen* in, inside, within, inwards

внуч|а́т(н)ый ~ брат second cousin; ~ племя́нник great-nephew; **~́ка** granddaughter; **~а́та** (*gen pl* ~а́т) *pl only* grandchildren

внуш|а́емость *f* suggestibility; **~а́ть** I *pf* ~и́ть inspire (in); instil (in); suggest (to, + *dat*); он ~а́ет мне отвраще́ние he inspires in me revulsion; она́ ~а́ет мне опасе́ния she fills me with misgivings; **~е́ние** *psych* suggestion; reprimand, reproof; **~и́тельный** (~и́телен) impressive; *coll* imposing (*in size*); **~и́ть** II *pf of* ~а́ть

вню́х|аться I *pf of* ~иваться; **~́иваться** I *pf* ~аться *coll* sniff (at, в + *acc*) *fig* sniff out

вня́т|ный (~ен) distinct (*of sound*); *obs* intelligible; **~ь** (*no future; past* ~л, ~ла́, ~́ло; *imp* внонми́(те)) *pf of* внима́ть

во *prep see* **в**; *partic coll see* **вот**; ~, куда́ на́до идти́ that's where one must go to

во́бла Caspian roach, vobla

вобр|а́ть вберу́, вберёшь; ~а́л, ~ала́, ~а́ло) *pf of* вбира́ть

вове́к(и) *adv lit* for ever; ~ веко́в for ever and ever

вовл|ека́ть I *pf* ~е́чь tempt (into), inveigle (into, в + *acc*); draw (into), attract (into, в + *acc*); **~е́чь** ~еку́, ~ечёшь, (~еку́т; ~ёк, ~екла́) *pf of* ~ека́ть

вовне́ *adv* outside

вовну́трь *coll see* **внутрь**

во́-время *adv* in (good) time; at the right time; говори́ть не ~ speak out of turn

во́все *adv coll* + *neg* at all; ~ я э́того не хочу I don't want that at all; ~ нет not at all

вовсю́ *adv coll* to one's (its) utmost, with all one's (its) might; бежа́ть ~ run as fast as one's legs will carry one

во-вторы́х *adv* secondly, in the second place

вогна́|ть (вгоню́, вго́нишь; ~л, ~ла́, ~ло) *pf of* вгоня́ть

во́гн|утый (~ут) concave; **~гну́ть** (~гну́, ~гнёшь) *pf of* вгиба́ть

вод|а́ 4 (*also* ~́ам, *etc*) water; (е́хать) ~о́й (go) by water; жёлтая ~а́ *coll* glaucoma; как с гу́ся ~ like water off a duck's back; ~о́й не разолье́шь as thick as thieves; (и) концы́ в ~́у no one was (will be, would be) any the wiser; выводи́ть на чи́стую ~́у expose to the light of day, unmask; как в ~́у опу́щенный downcast, dejected; как две ка́пли ~ы́ похо́жи as like as two peas; он ~ы́ не замути́т he wouldn't say boo to a goose, he is like a mouse мно́го ~ы́ утекло́ much water has flowed under the bridge(s); чи́стой (чисте́йшей) ~ы́ *tech* of the first water *also fig*; *pl* watering-place, spa; *pl* the waters

водвор|е́ние settlement; establishment; **~и́ть** II *pf of* ~я́ть; **~я́ть** I *pf* ~и́ть settle, install (*of people*); put back in place (*of things*); (re)establish, (re)introduce (*former position, order, quiet, etc*)

водеви́ль *m* musical comedy, vaudeville; comic

sketch
води́тель *m* driver; *obs* leader; **~ельство** *rhet* leadership
во|ди́ть II (~жу́, ~дишь) *impf indet* of вести́ lead, conduct; drive (*taxi*, *train*, *etc*); navigate (*ship*); pilot (*plane*); ~ дру́жбу, знако́мство be friends (with), cultivate the acquaintance (of, с + *instr*); pass (over, + *instr*, по + *dat*); ~ глаза́ми let one's eyes wander (over, по + *dat*); *coll* keep, rear (*animals*, *birds*, *etc*); **~ди́ться** II *impf coll* consort (with), play (with, с + *instr*); be found, be; в реке́ ~дится ры́ба there is fish in the river; be the custom, happen; как ~дится as (is) usual; за ней ~дится э́тот грех she has this besetting sin
во́дк|а vodka; кре́пкая ~ *chem* aqua fortis; ца́рская ~ *chem* aqua regis; дать на ~у tip
во́дн|ик water-transport worker; **~олы́жник** waterskier; **~ый** water; watery; ~ое по́ло waterpolo; ~ое простра́нство stretch, expanse of water; ~ путь waterway; ~ спорт aquatic sports; *sp* ~ые лы́жи waterskiing; *chem* aqueous; *chem* ~ая о́кись hydroxide
водобоя́знь *f* hydrophobia; rabies (*in animals*)
водовмести́лище reservoir
водово́з water-carrier
водоворо́т whirlpool; eddy; maelstrom, vortex, (*also fig*)
водогре́йка water-heater
водоём reservoir
водоизмеще́ние *naut* displacement; су́дно ~м в пять тысяч тонн a vessel of five thousand ton(ne)s displacement
водока́чка water-tower; pump-house
водола́з diver; Newfoundland (dog); **~ный** diving; ~ костюм diving-suit
водоле́й (water-)bailer; *fig coll* windbag; **В~** *astron* Aquarius
водолече́|бница hydropathic (establishment); **~бный** hydropathic; **~ние** hydropathic treatment; water-cure
водоли́в (water-)bailer; chief bargee (*on Volga*)
водоме́р water-gauge; **~ный** ~ кран gauge-cock; ~ное стекло́ gauge-glass; ~ная тру́бка gauge-tube
водомёт *obs poet* fountain; *tech* jet
водонапо́рн|ый ~ая ба́шня water-tower
водонепроница́ем|ый (~) watertight; waterproof; ~ ая перебо́рка *naut* watertight bulkhead
водоно́с *coll* water-carrier; *dial* yoke (*for carrrying water*); **~ный** (~ен) *geol* water-bearing
водоотво́д drainage (system); **~ный** drainage; ~ная тру́бка waste-pipe
водоотли́вный discharge; *naut* bilge
водоотта́лкивающий water-repellent
водоочисти́тельный water-purifying
водопа́д waterfall; cascade; cataract
водопла́вающ|ий ~ие пти́цы waterfowl; ~ая маши́на amphibian vehicle
водопо́й watering-place, water-trough; watering (*of animals*); pond (*for horses*, *etc*)
водопрово́д water-pipe; water-supply; plumbing; **~ный** *adj of* ~; ~ная магистра́ль water-main; ~ная сеть water-supply; ~ная ста́нция water-works; **~чик** plumber
водопроница́ем|ый (~) permeable to water
водоразбо́рный: ~ кран hydrant
водоразде́л *geog*, *fig* watershed, divide *US*
водораспредели́тель *m* water-distributor
водоре́з *naut* cutwater
водоро́д hydrogen; **~истый** hydrogen; hydride (of); **~ный** hydrogen; ~ная бо́мба hydrogen bomb
во́доросль *f bot* alga; морска́я ~ seaweed
водосбо́р reservoir; *tech* (water-collecting) header; **~ный** ~ная пло́щадь *geog* basin; *tech* water-collecting
водосбро́с, водосли́в waste-gate; sluice
водоснабже́ние water-supply
водоспу́ск floodgate
водосто́|йкий (~ек, ~йка) water-resistant
водосто́|к drain; gutter; **~чный** *adj of* ~к; ~чная труба́ drainpipe
водотру́бный ~ котёл water-tube boiler
водоупо́р|ный (ен) waterproof
водохо́дн|ый amphibious; ~ая автомаши́на *mil* amphibious vehicle
водохрани́лище reservoir; cistern
водочерпа́|лка water-engine; **~тельный** water-lifting
во́д|очка *coll dim of* во́дка; **~очный** *adj of* во́дка
водру|жа́ть I *pf* ~зи́ть; ~ hoist, erect; **~зи́ть** II (~жу́) *pf of* ~жа́ть
водян|е́ть I *impf* grow watery; **~и́к** *dial* water-sprite; **~и́стый** (~и́ст) watery; *fig coll* wishy-washy, insipid (*of writing*); **~ка** *med* dropsy; **~о́й** *adj of* вода́; aquatic, water (*of plants*, *animals*, *etc*); water-powered; ~а́я ме́льница water-mill; ~а́я турби́на water-turbine; ~ знак watermark; *n* water-sprite
во|ева́ть I (~ю́ю, ~ю́ешь) *impf* wage war (with), make war (upon, с + *instr*); be at war; *coll* quarrel (with, с + *instr*)
воево́д|а *m hist* commander of army; governor of province or town; voivoda; **~ство** *hist* government of a province; rank and office of voivoda
воеди́но *adv lit* together; собра́ть ~ bring together
воен(-) military; **~ача́льник** military leader, commander; **~иза́ция** militarization; **~изи́ровать** ~изи́рую) *impf and pf* place on war footing, militarize; **~ка** *pop* military service; **~ко́м** *abbr of* ~ный комисса́р military commissar; **~кома́т** *abbr of* ~ный комиссариа́т military registration and enlistment office; **~ко́р** *abbr of* ~ный корреспонде́нт war correspondent
вое́нно(-) military, war; **~-возду́шный** ~-возду́шные си́лы Air Force(s) **~-морско́й** naval; ~-морско́й флот Navy; **~обя́занный** person liable for call-up; **~пле́нный** *n* prisoner of war; **~-полево́й** *field*; ~-полево́й суд court-martial; **~слу́жащий** serviceman; **~уче́бный** *adj* military training
вое́нн|ый *adj* military, army; ~ врач medical officer (*in services*); ~ое вре́мя war-time; ~ заво́д munitions . factory; ~ коммуни́зм *hist* War Communism; ~ мини́стр Minister of War; ~ое министе́рство War Ministry; на ~ую но́гу on a war footing; ~ о́круг military district, Command; ~ое положе́ние martial law; ~ая слу́жба military service; ~ое учи́лище Military College; *n* serviceman, soldier; *pl collect* the military
воен|ру́к *abbr of* ~ный руководи́тель military instructor; **~щина** *collect obs* soldiery; *collect pej* militarism, military outlook; militarists, military clique
вожа́|к 1 guide; ~ медве́дя bear-keeper; ~ слепо́го blind man's guide; leader (*in herd*, *etc*); *coll* leader (*of gang of workmen*, *etc*) **~тый** *n* guide; (youth) leader; *coll* tram-driver

вожделе́|ние desire, lust, craving (for, к + *dat*) *also fig*; **~́нный** desired, longed-for; ~нное здра́вие *rhet* perfect health; **~́ть** I long (for, к + *dat*); *obs* lust (after, к + *dat*)

вожде́ние driving; leading; navigation (*of ships*); piloting (*of aircraft*)

вождь 1 *m* leader; chief (*of tribe*, *etc*)

вожжа́ться I *impf pop* show too much interest (in), take too much trouble (with, с + *instr*)

во́жжи (*sing* ~а́; *gen pl* ~е́й) reins; отпусти́ть ~и give a horse the rein(s); *fig* let go the reins; ему́ ~а́ под хвост попа́ла *pop* he has got the devil in him

во|жу́ *see* ~ди́ть *and* ~зи́ть

воз 2 (на ~у́, о ~́е) cart, wagon; что с ~́а упа́ло, то пропа́ло *prov* it is no use crying over spilt milk; cartload; *fig coll* load(s), pile(s), wagon-load (of, + *gen*); а ~ и ны́не там things haven't budged an inch

возбран|и́ть II *pf of* ~я́ть; **~я́ть** I *pf* ~и́ть *offic* forbid, prohibit; ~я́ть въезд в страну́ кому́ forbid someone entry into the country; ходи́ть по траве́ ~я́ется it is forbidden to walk on the grass

возбу|ди́мость *f* excitability; **~ди́мый** (~ди́м) excitable; **~ди́тель** *m* agent; stimulus; stimulant; *fig* instigator; *med* ~ боле́зни pathogenic organism; *tech* exciter

возбу|ди́ть II (~жу́) *pf of* ~жда́ть; **~жда́емость** *f* excitability; **~жда́ть** I *pf* ~ди́ть arouse, excite, rouse; ~ аппети́т sharpen the appetite; ~ любопы́тство excite curiosity; ~ наде́жды raise hopes (of, на + *acc*); incite, instigate, stir up (against, про́тив + *gen*); *leg* institute; ~ де́ло, иск bring an action, a suit (against, про́тив + *gen*); ~ хода́тайство submit a petition (for, о + *prep*); **~жда́ющий** ~жда́ющее сре́дство stimulant; **~жде́ние** excitement; **~ждённый** excited

возведе́ние erection (*of building*, *etc*); raising; ~ во втору́ю, в тре́тью сте́пень *math* raising to the second, third power; ~ обвине́ния bringing of accusation (against, на + *acc*); elevation (*of rank*, *etc*)

возвели́ч|ивать I *pf* ~ить extol; **~́ить** II *pf of* ~ивать

возве|сти́ (~ду́, ~дёшь; ~ёл, ~ела́) *pf of* возводи́ть

возве|сти́ть II (~щу́) *pf of* ~ща́ть; **~ща́ть** I *pf* ~сти́ть announce, proclaim

возво|ди́ть II (~жу́, ~́дишь) *pf* возвести́ erect, raise, put up (*buildings*, *etc*); elevate; ~ в сан elevate to (the rank of, + *gen*); *math* raise; в тре́тью сте́пень raise to the third power; ~ в квадра́т, куб square, cube; bring, level (*accusation*, *charge*, *etc*, against, на + *acc*); ~ клевету́ cast aspersions (on, на + *acc*); derive (from), trace (to, к + *dat*); *obs* raise, lift up (*eyes*, *gaze*, *etc*)

возвра́|т return; repayment, reimbursement, restitution; ~ боле́зни relapse; **~ти́ть(ся)** II (~щу́(сь)) *pf of* ~ща́ть(ся); **~́тный** *adj of* ~; на ~тном пути́ on the way back; *med* recurring; *gramm* reflexive; ~тная по́шлина drawback (duty)

возвра|ща́ть I *pf* ~ти́ть return, give back; pay back, refund; restore (*property*, *etc*); get back, recover (*money*, *health*, *etc*); **~ща́ться** I *pf* ~ти́ться return; *fig* revert (to, к + *dat*); **~ще́ние** return

возвы́|сить(ся) II (~шу(сь)) *pf of* ~ша́ть(ся); **~ша́ть** I *pf* ~сить raise, elevate; ~ша́ть го́лос raise one's voice; *impf only* ennoble; **~ша́ться** I *pf* ~ситься rise, go up; *impf only* tower (above, над + *instr*) *also fig*; **~ше́ние** eminence (*rising ground*); dais (*in hall*); raising; rise *usu hist* **~́шенность** *f geog* height; eminence; *sing only* loftiness, sublimity; **~́шенный (~шен)** high, elevated, lofty, sublime (*of ideals*, *style*, *etc*)

возгла́в|ить II (~лю) *pf of* ~ля́ть; **~ля́ть** I *pf* ~ить head, be at the head of

во́згла|с cry, exclamation; ~сы с мест cries from the audience; *eccles* exclamation; **~си́ть** II (~шу́) *pf of* ~ша́ть; **~ша́ть** I proclaim; **~ше́ние** proclamation; exclamation

возг|на́ть (~оню́, ~о́нишь; ~на́л, ~нала́, ~на́ло) *pf of* ~оня́ть; **~о́нка** *chem* sublimation; **~оня́ть** I *pf* ~нать *chem* sublimate

возгор|а́емость *f* inflammability; **~а́емый** inflammable; **~а́ние** *tech* ignition, inflammation; то́чка ~а́ния flash-point; **~а́ться** I *pf* ~е́ться kindle, flare up *also fig* (*of war*, *quarrel*, *etc*); be (suddenly) smitten (by), seized (with, + *instr*); она́ ~е́лась стра́стью she conceived a passion (for, к + *dat*)

возгорди́ться (~жу́сь, ~ди́шься) become proud; begin to pride oneself on (+ *instr*)

возда|ва́ть (~ю́, ёшь) *pf* ~́ть; render; ~ кому́ до́лжное give someone his due; ~ добро́м за зло render good for evil; ~ кому́ по заслу́гам reward someone according to his merits; **~́ть** (~м, ~шь, ~ст, ~ди́м, ~ди́те, ~ду́т; ~л, ~ла́, ~ло) *pf of* ~ва́ть; **~я́ние** recompense; retribution

воздвиг|а́ть I *pf* ~́нуть erect; raise; **~́нуть** I (~, ~ла) *pf of* ~а́ть

воздви́жение *eccles* ~ (Честна́го Креста́) Elevation (Exaltation) of the Holy Cross

возде|ва́ть I *pf* ~́ть *rhet* raise, lift up (*usu in expression* ~ть ру́ки); *obs* don, put on

возде́йств|ие influence (on; over, на + *acc*); оказа́ть мора́льное ~ bring moral pressure to bear (on, на + *acc*); под физи́ческим ~ием under (physical) coercion; **~́овать** (~ую) *impf and pf* affect, influence, exert influence, bring pressure to bear (upon, на + *acc*)

возде́л|ать I *pf of* ~ывать; **~́ывать** I cultivate, till

воздерж|а́вшийся *n* abstainer; при пяти́ ~а́вшихся with five abstentions; **~а́ние** abstinence; abstention; **~́анность** *f* abstemiousness; temperance; **~́анный** (~ан, ~анна) abstemious, temperate; **~а́ться** II (~у́сь, ~́ишься) *pf of* ~́иваться; **~́иваться** I *pf* ~а́ться abstain (from), refrain (from); restrain oneself, keep oneself (from, от + *gen*); turn down, decline; **~́ность** *f* = ~анность; **~́ный** (~ен) = ~анный

возде́|ть (~ну, ~нешь) *pf of* ~ва́ть

во́здух *no pl* air; на (откры́том) ~е out of doors; вы́йти на ~ go outside, out of doors; в ~е *fig* in the air; *eccles* paten

воздухо|ду́вка *tech* blast-engine; blower; **~ду́вный** *tech* blast; **~ме́р** aerometer; **~пла́вание** aeronautics; **~пла́ватель** *m* aeronaut; balloonist; **~пла́вательный** aeronautic; balloon

воздушнодеса́нтн|ый ~ые войска́ airborne troops

возду́ш|ный air, aerial; ~ная желе́зная доро́га overhead railway; ~ные за́мки castles in the air; ~ змей kite; ~ная ли́ния airline; посыла́ть ~ные поцелу́и blow kisses; ~ная прово́дка overhead cable; ~ное простра́нство airspace; ~ное сообще́ние air communication; ~ная трево́га air-raid warning; ~ шар balloon; ~ная я́ма air-

pocket; air-driven, air-operated; ~ насо́с air-pump; (~ен) airy, light; flimsy; ~ пиро́г soufflé
воздыха́|ние *obs* sighing, lamentation; plaint; **~ть** I *obs* = вздыха́ть
воз|же́чь (~жгу́, ~жжёшь, ~жгу́т; ~жёг, ~жгла́) *pf of* ~жига́ть *obs*; **~жига́ть** I *pf* ~же́чь *obs* light, kindle *also fig*
возз|ва́ние appeal (to, к + *dat*); **~ва́ть** (~ову́, ~овёшь; ~ва́л, ~вала́) *pf of* взыва́ть
воззр|е́ние view, opinion, outlook (on, на + *acc*); tenet; **~е́ть** II *pf of* взира́ть *obs*; **~и́ться** II *pf coll* stare (at, на + *acc*)
во|зи́ть II (~жу́, ~́зишь) *indet of* везти́ carry; cart, convey; draw (*of beasts of burden or mechanical transport*); *coll* run, pass (over); не ~зи́ руко́й по столу́ do not run your hand over the table; *pop* drag; **~зи́ться** II (~жу́сь, ~́зишься) romp (*of children*); busy oneself (with), take trouble (over, с *or* над + *instr*); *coll* potter (about); **~́зка** *coll* carting, carriage, cartload
возл|ага́ть I *pf* ~ожи́ть lay (on), place (on; in, на + *acc*) *also fig*; ~ наде́жды на кого́ pin one's hopes on someone; ~ вину́ на кого́ lay the blame on someone
во́зле *adv and prep* + *gen* by, near; past; near by
возл|ежа́ть II *pf* ~е́чь *obs, now iron* recline; **~е́чь** (~я́гу, ~я́жешь, ~я́гут; ~ёг, ~егла́) *pf of* ~ежа́ть
возлик|ова́ть (~у́ю) *pf lit* rejoice
возлия́ние libation; *coll joc* drinking-bout, soak
возложи́ть II (~у́, ~́ишь) *pf of* возлага́ть
возлюб|и́ть II (~лю́, ~́ишь) *pf obs* love; **~́ленная** girlfriend, sweetheart; mistress; **~́ленный** *adj* beloved; *n* boyfriend, lover
возме́здие retribution; requital; punishment; получи́ть ~ get one's deserts
возме|сти́ть II (~щу́) *pf of* ~ща́ть
возмечта́ть I *pf* start dreaming, dream; ~ о себе́ *pop* become conceited, conceive high opinion of oneself
возме|ща́ть I *pf* ~сти́ть compensate, make up (for); ~ кому́ расхо́ды refund, reimburse someone his expenses; replace (with, by, + *instr*); **~ще́ние** compensation, indemnity; *leg* damages; получи́ть ~ убы́тков по суду́ be awarded damages; refund, reimbursement; replacement
возмо́жно *adv* possibly; + *comp* as ... as possible; ~ быстре́е as fast as possible; *pred* it is possible; о́чень ~, что ... it may well be that ...
возмо́ж|ность *f* possibility; по ~ности as far as possible; opportunity; предоставля́ть ~ кому́ give someone the opportunity; при пе́рвой ~ности at the first opportunity; *pl* means, resources; **~́ный** (~ен) possible; до ~ного to the limit, to the greatest extent possible; он сде́лал всё возмо́жное he did everything possible
возмужа́|лость *f* manhood, virility; maturity; **~́лый** mature; grown up; **~́ть** I *pf* grow up; gain in strength, grow stronger, develop
возмути́тел|ный (~ен) disgraceful, scandalous; *obs* seditious; ~ьная несправедли́вость shocking injustice
возму|ти́ть(ся) II (~щу́(сь)) *pf of* ~ща́ть(ся); **~ща́ть** I *pf* ~ ти́ть rouse indignation (of), anger; *fig obs* disturb, trouble; *fig obs* stir up, incite (to rebellion); **~ща́ться** I *pf* ~ти́ться be indignant (at); be exasperated (by, + *instr*); *obs* rebel (against, про́тив + *gen*); **~ще́ние** indignation; *obs* rebellion, uprising; *astron* perturbation; магни́тное ~ magnetic disturbance; **~щённый** (~щён, ~щена́) indignant (at, + *instr*)
вознагра|ди́ть II (~жу́) *pf of* ~жда́ть; **~жда́ть** I *pf* ~ди́ть reward (for, за + *acc*); recompense; make up (for, за + *acc*) compensate; **~жде́ние** reward, recompense; compensation; remuneration, fee
вознаме́р|иваться I *pf* ~иться conceive an idea, design (to, + *infin*); **~́иться** II *pf of* ~иваться
вознегод|ова́ть (~у́ю) *pf* become indignant (with, на + *acc*)
возненави́|деть II (~жу) *pf* conceive hatred (for), come to hate
вознесе́ние ascent; В~ *eccles* Ascension (Day)
вознес|ти́(сь) (~у́(сь), ~ёшь(ся); ~́(ся), ~ла́(сь)) *pf of* возноси́ть(ся)
возник|а́ть I *pf* ~́нуть arise, spring up; **~нове́ние** beginning, origin, rise; **~́нуть** I (*past* ~, ~ла) *pf of* ~а́ть; у меня́ ~ла мысль the thought occurred to me
возни́|ца *m* coachman, driver **~́чий** *n obs* coachman, driver; **В~** *astron* Auriga
возно|си́ть II (~шу́, ~́сишь) *pf* вознести́ *poet* raise, lift up; **~си́ться** II (~шу́сь, ~́сишься) *poet* ascend, rise; *coll* become conceited; **~ше́ние** *obs* raising, elevation; ~ше́ние даро́в *eccles* elevation of the Host
возн|я́ *no pl coll* rumpus, row; bother, trouble (with, с + *instr*); fuss, a great to-do; де́тская ~ children's romping; подня́ть мыши́ную ~ю́ *fig* make a great fuss (about, вокру́г + *gen*)
возоблада́ть I *pf lit* prevail (over, над + *instr*)
возобнов|и́ть II (~лю́) *pf of* ~ля́ть; **~ле́ние** renewal, resumption, revival (of play); **~ля́ть** I *pf* ~и́ть renew, resume; restore (*of pictures, etc*)
воз|о́к (~ка́) closed sleigh
возомни́ть II *pf* ~ о себе́ *iron* have an inflated opinion of one's own importance; ~ себя́ Наполео́ном think one is Napoleon
возоп|и́ть II (~лю́) *see* **вопи́ть; ~и|я́ть** (~ю́, ~е́шь) *pf see* **вопия́ть**
возра́д|оваться (~уюсь) *pf* be delighted (at, + *dat*)
возра|жа́ть I *pf* ~зи́ть object (to), raise an objection (to); take exception (to, про́тив + *gen or* на + *acc*); ты всегда́ мне ~жа́ешь you never agree with me; вы не ~жа́ете? you have no objection(s)?, do you mind?; retort, reply; **~же́ние** objection; retort; без ~же́ний! don't argue!; **~зи́ть** II (~жу́) *pf of* ~жа́ть
во́зраст age; одного́ ~а of the same age; о́троческий ~ boyhood; преде́льный ~ age-limit; преклóнный ~ declining years; вы́йти из ~а pass the age limit (for, для + *gen*); войти в ~ *coll* become of age; **~а́ние** growth, increase; increment; **~а́ть** I *pf* ~и́ grow, increase; ~а́ющая ско́рость accelerated velocity; **~и́** (~у́, ~ёшь; возро́с, возросла́) *pf of* ~а́ть; **~но́й** *adj of* ~; ~на́я гру́ппа age group
возро|ди́ть(ся) II (~жу́(сь)) *pf of* ~жда́ть(ся); **~жда́ть** I *pf* ~ди́ть revive; ~ к жи́зни restore to life; regenerate; **~жда́ться** I *pf* ~ди́ться *vi* revive; **~жде́ние** rebirth, revival; **В~** Renaissance
возроп|та́ть I (~щу́, ~́щешь) *pf obs poet* cry out (in protest)
во́зчик carter, carrier
возыме́ть I *pf lit* conceive, form (*wish, intention, etc*); ~ де́йствие take effect; ~ си́лу come into force
возьм|у́(сь), ~ёшь(ся) *see* **взя́ть(ся)**

во́|ин warrior; fighter; **~и́нский** military, martial; ~инская пови́нность (liability for) military service, conscription; ~ дух martial spirit; **~и́нственный** (~и́нствен, -и́нственна) warlike; bellicose; **~инство** *collect* army, host; **~и́нствующий** militant

вои́стину *lit* verily; indeed; (Христо́с) ~ Воскре́с(е)! He (Christ) is risen indeed! (*response at Orthodox Easter service*)

вои́т|ель *m poet* warrior; *coll* rowdy; **~ельница** *poet* female warrior, Amazon; *coll* shrew, virago

вой *no pl* howl, howling; wail, wailing, keening

во́йл|ок felt; strip of felt; **~очный** felt

войн|а́ 6 war; warfare; вести́ ~у́ wage war; объяви́ть ~у́ declare war (on, + *dat*)

во́йск|о 2 *sing hist* army, host; наёмное ~ mercenary army; *fig sing* multitude, host; *pl* troops, forces; **~ово́й** military

во|йти́ (~йду́, ~йдёшь; ~шёл, ~шла́) *pf of* входи́ть

вока́була *ling* vocable; *pl obs* foreign words

вокал|и́з *usu pl mus* exercise in vocalization; **~иза́ция** *ling, mus* vocalization; **~и́зм** *ling* vowel-system; **~и́ст** *mus* teacher of singing; **~ьный** vocal; ~ ве́чер singsong

вокза́л (railway) station; station building; железнодоро́жный ~ *usu* main railway station; морско́й ~ jetty; речно́й ~ river-boat station; **~ьный** station

вокру́г *adv and prep* + *gen* round, around; осма́триваться ~ look around; путеше́ствие ~ све́та voyage round the world; говори́ пря́мо, а не ~ да о́коло don't beat about the bush; обвести́ ~ па́льца twist round one's little finger

ВОКС *abbr of* Всесою́зное о́бщество культу́рной свя́зи с заграни́цей All-Union Society for Cultural Relations with Foreign Countries

вол I ox, bullock; рабо́тать как ~ work like a horse

вола́н flounce (of skirt); shuttlecock; игра́ в ~ badminton

волапю́к Volapük (*international language*)

волга́рь 1 *m* native of Volga region

во́лглый *dial* damp

волды́рь 1 *m* blister; bump, swelling

воле|во́й volitional; strong-willed; determined; **~изъявле́ние** *lit* will, pleasure; command

волейбо́л volleyball; **~и́ст** volleyball player

во́лей-нево́лей *adv coll* willy-nilly, whether one likes it or not

волж|а́нин (*pl* ~а́не, ~а́н) native of Volga region; **~а́нка** *f of* ~а́нин; **~а́нский** Volga, of the Volga

волк 5 wolf; морско́й ~ *coll* old salt; смотре́ть ~ом *fig* scowl; ~ в ове́чьей шку́ре wolf in sheep's clothing; ~ом (вз)выть *coll* complain bitterly; с ~а́ми жить, по во́лчьи выть *prov* when in Rome do as the Romans do; *sl* stoolie, informer

волк-маши́на *text* willow

волкода́в wolf-hound

волна́ 3 *in var senses* wave; breaker; *dial* wool

волне́ние rough water, choppiness (*of water*); *fig* agitation, emotion, nervousness; *usu pl pol* unrest; disturbance(s)

волни́ст|ый (~) billowy, wavy; undulating (of terrain); ~ое желе́зо corrugated iron

волн|ова́ть (~у́ю) *pf* вз~ agitate, disturb *also fig*; excite, worry; **~ова́ться** (~у́юсь) *pf* вз~ be agitated; ripple, wave (*of water, etc*); be agitated, disturbed; worry, be nervous (about, из-за + *gen*); *obs pol* be in state of ferment; **~ово́й** wave, undulatory; ~ова́я теóрия wave theory

волно|ло́м breakwater; **~ме́р** wave-meter; **~обра́зный** (~обра́зен) *lit* wavy, undulating, undulatory; **~ре́з** breakwater; **~указа́тель** *m rad* wave detector

волну́шка coral milky cap (*mushroom*)

волну́ющий disturbing, worrying; exciting, thrilling, stirring

вол|о́вий *adj of* ~; ~о́вья шку́ра oxhide; *fig* very tough

во́лок portage; переправля́ть ~ом portage; *dial* forest road, track

волоки́т|а *m coll* philanderer; ladies' man; *f coll* red tape; **~ство** *coll* philandering; **~чик** *coll* stickler for red tape, bureaucrat

волокни́|стый (~и́ст) fibrous; stringy; **~о́** 7 fibre, filament

волонтёр volunteer

волоо́кий *poet* ox-eyed

во́лос 5 (*gen pl* воло́с) hair; *pl* hair (*of head*); ко́нский ~ horsehair; рвать на себе́ ~ы tear one's hair; ~ы стано́вятся ды́бом one's hair stands on end; э́то притя́нуто за́ ~ы it is far-fetched; ни на́ ~ not a bit, none-at-all; **~а́тик** *zool* hair-worm; **~а́тый** (~а́т) hairy; hirsute; shaggy; pilose; **~и́стый** *min* fibrous; **~но́й** *phys* capillary; ~ны́е сосу́ды *anat* capillaries; **~ность** *f phys* capillarity

волос|о́к (~ка́) *dim of* во́лос; быть на ~ке́ be within a hairbreadth (of, от + *gen*); висе́ть, держа́ться на ~ке́ hang by a thread; не тро́нуть ~ка́ у кого́ not touch a hair of someone's head; hair spring; *elect* filament

вол|остно́й volost; **~ость** *f hist* volost (*smallest administrative area of Tsarist Russia*)

волосяно́й (made of) hair; ~ матра́с horsehair mattress; ~ покро́в *anat* scalp

волоч|е́ние dragging; *tech* ~е́ние про́волоки wire-drawing; **~и́льный** *tech* wire-drawing; **~и́льщик** wire-drawer; **~и́ть** II (~у́, ~ишь) *impf* drag; ~и́ть но́ги shuffle one's feet; е́ле но́ги ~и́ть be hardly able to drag one's feet along; *tech* draw; **~и́ться** II (~у́сь ~ишься) *impf* drag, trail; *coll* run after (*court*) (за + *instr*)

вол|о́чь (~оку́, ~очёшь, ~оку́т; ~о́к, ~окла́) *impf coll* drag; **~о́чься** (~оку́сь, ~очёшься, ~оку́тся; ~о́кся, ~окла́сь) *impf coll* drag, trail; shuffle, drag (oneself) along

волхв 1 magician, sorcerer; три ~а́ the Magi; **~ова́ть** (~у́ю) *impf* practise magic, sorcery

волч|а́нка *med* lupus; **~е́ц** 1 *bot* thistle; **~ий** wolf, lupine; ~ аппети́т *coll* voracious appetite; ~ па́спорт *hist* passport (*with endorsement of political unreliability*); у него́ ~ па́спорт *coll* he is a marked man; ~ья пасть cleft palate; ~ья я́года *bot* spurge-flax; ~ья я́ма *mil* traphole; **~и́ха** *coll or* **~и́ца** she-wolf; **~о́к** (~ка́) top (*toy*); верте́ться ~ко́м spin like a top; *tech* gyroscope; *bot* sucker; judas, peephole; **~о́нок** (~о́нка; ~а́та, ~а́т) wolf-cub

волше́б|ник magician; wizard; **~ница** enchantress; **~ный** (~ен) magical; ~ жезл, ~ная па́лочка magic wand; ~ное ца́рство fairyland; ~ фона́рь magic lantern; *fig* bewitching, enchanting; **~ство́** magic; по ~ству́ by magic; *fig* magic, enchantment

воль́ын|ить II *impf pop* dawdle (with work); **~ка** bagpipes; *pop* dawdling, slacking, idling, delay, hold-up; тяну́ть ~ку dawdle, drag out (work); **~щик** piper; *pop* slacker, dawdler, idler

вольго́тный *coll* free, carefree

вольер(а) enclosure (*for animals*)
вольн|ая *n m and f hist* letter of enfranchisement (*from slavery*); давать кому ~ую manumit, give someone his freedom; **~ица** *collect hist* freemen; outlaws; *m and f coll* self-willed person, child; **~ичать** I *impf pej* take liberties (with, с + *instr*)
вольно *adv mil* ~! stand at ease!; rest! *US*
вольно *pred* + *dat and infin* ~ тебе it's of your own choosing; ~ ж тебе было за него замуж выходить you've only yourself to blame for marrying him
вольнодум|ец (~ца) freethinker; **~ный** (~ен) freethinking; **~ство** freethinking
вольнолюбив|ый (~) freedom-loving
вольнонаёмный civilian (*in military establishment*); *obs* freelance; hired
вольноопределяющийся *n hist* volunteer (in Tsarist Russian army)
вольноотпущ|енник *hist* freedman; emancipated serf; **~енный** *adj* freed, emancipated, *n* = ~енник
вольно|практикующий practising privately (*of doctors, etc*); **~слушатель** *m* outsider attending university lectures
вольност|ь *f* freedom, liberty; поэтическая ~ poetic licence; позволять себе ~и take liberties; *usu pl hist* liberties, rights
вольн|ый free; ~ая гавань free port; ~ город free city; ~ая птица one's own master; unrestricted; ~ая продажа unrestricted sale; loose, free (*of clothing*); ~ перевод free translation; ~ые стихи vers libre; *sp* free, free-style; ~ая борьба free-style wrestling; ~ каменщик Freemason; (волен, вольна, вольно) *usu short form* free, at liberty (+ *infin*); **~яга** *m sl* free (*not a prisoner*) employee
вольт (*gen pl* ~) *elect* volt; (на ~у, о ~е) *sp* vault; volte (*fencing*); *sl* cheating (*at cards*); **~аж** *elect* voltage; **~аметр** *elect* voltameter
вольтерьян|ец (~ца) *hist* Voltairian, freethinker; **~ство** *hist* Voltairianism, freethinking
вольтиж|ёр *sp* trick-rider, equestrian acrobat; **~ировать** (~ирую) *impf sp* do trick-riding; **~ировка** *sp* trick-riding, acrobatics on horseback
вольт|метр *elec* voltmetre; **~ов** *adj* voltaic
вольфрам *chem* tungsten; **~ит** *min* wolframite; **~овый** tungsten; wolfram
волюнтари|зм voluntarism; **~ст** voluntarist
волюта *archi* volute, scroll
вол|я *no pl* will; volition; wish(es); свободная ~ free will; люди доброй ~и people of good will; иметь силу ~и have the will-power (to, + *infin*); ~ к жизни will to live; ~ею судеб as fate has decreed; ~ ваша *coll* as you please, have it your own way; это в вашей ~е it is in your power; по своей ~е of one's own free will; не по своей ~е against one's will; freedom, liberty; выпускать, отпускать на ~ю set at liberty; на ~е at liberty; давать ~ю give (free) rein to, give vent (to, + *dat*); давать ~ю рукам let fly with one's fists
вон *adv* out; off, away; я хочу выйти ~ отсюда I want to get out; вон (отсюда)! out!, get out!; из рук ~ плохо wretchedly; из ряда ~ выходящий outstanding; это у меня из ума ~ *coll* it quite went out of my mind; *partic* there, over there; ~ она идёт there she goes; ~ он какой! that's the sort of person he is, is it?; ~ оно что! *coll* so that's it!; **вона** *partic pop* = вон *as partic*; *interj* so that's it!
вон|зать I *pf* ~зить plunge, thrust (into, в + *acc*); *pop* drink; **~заться** penetrate, pierce; *pass of* ~зать; **~зить(ся)** II (~жу(сь)) *pf of* ~зать(ся)
вон|ища *coll* stench; **~ь** *f no pl coll* stink, stench; **~ючий** (~юч) *coll* stinking, fetid; **~ючка** *zool* skunk; *coll* stinker; *bot* bean trefoil; **~ять** I *impf* stink (of), reek (*of*, + *instr*); *pf* на~ *vulg* fart
воображ|аемый imaginary; fictitious; **~ать** I *pf* вообразить imagine, fancy; ~аю! I can just imagine!; ~ать о себе *coll* think too much of oneself; **~аться** I *pf* вообразиться *obs* imagine oneself (+ *instr*); *impers* мне ~алось, будто ... I imagined that; *pass of* ~ать; **~ение** imagination, fancy; иметь силу ~ения have imaginative powers; живое ~ lively imagination
вообра|зимый (~зим) imaginable; **~зить(ся)** II (~жу(сь)) *pf of* ~жать(ся); ~зи(те)! fancy! (just) imagine!
вообще *adv* in general; on the whole; ~ говоря generally speaking; always; altogether; она ~ такая she is always like that; at all *with* не, если; они ~ не придут they won't come at all
воодушев|ить II (~лю) *pf of* ~лять; **~ление** inspiration; enthusiasm, fervour, animation; **~лённый** (~лён, ~лена) enthusiastic, fervent, animated; **~лять** I *pf* ~ить inspire, rouse; hearten, put new heart into
вооруж|ать I *pf* ~ить arm, equip (with, + *instr*) *also fig*; set, instigate (against, против + *gen*); **~аться** arm oneself, take up arms; *fig* arm, equip, provide oneself (with, + *instr*); *pass of* ~ать; **~ение** arming; arms, armament; equipment; парусное ~ение *naut* rig; принимать на ~ение *fig* add to one's arsenal; **~ённый** (~ён, ~ена) armed, equipped; ~ённые силы armed forces; **~ить(ся)** II *pf of* ~ать(ся)
воочию *adv* with one's own eyes, for oneself; ~ убедиться в чём see something for oneself, with one's own eyes; показать ~ demonstrate clearly
во-первых *adv* first(ly), first of all, in the first place
воп|ить II (~лю) *impf coll* yell, howl; wail; **~иющий** scandalous, crying; ~иющее противоречие glaring contradiction; глас ~иющего в пустыне *see* **глас; ~иять** (~ию, ~иешь) *impf lit* cry out, clamour (for, о + *prep*); камни ~иют the (very) stones cry out
вопло|тить II (~щу) *pf of* ~щать; **~щать** I *pf* ~тить embody, incarnate; ~ в себе be the embodiment, incarnation; (*of*); **~щение** embodiment, incarnation; она ~ скромности she is modesty personified; **~щённый** (~щён, ~щена) incarnate, personified; он ~щённая честность he is the very soul of honesty
вопль *m* cry, wail; howling, wailing
вопреки *prep* + *dat* despite, in spite of; against, contrary to, in defiance of, in the teeth of; ~ всем правилам regardless of all the rules; ~ совету contrary to advice
вопрос question; задавать ~ pose, put a question; косвенный ~ *gramm* indirect question; problem, matter, question; поднимать, ставить ~ raise the question (of, о + *prep*); ставить под ~ call into question; спорный ~ moot point; что за ~! what a question! по ~у + *gen* about; **~ительный** interrogative; interrogatory; ~ знак question-mark; ~ взгляд inquiring look
вопро|сить II (~шу) *pf of* ~шать; **~сник** questionnaire; **~сный** containing questions; ~ лист question-paper; form; **~шать** I *pf* ~сить *obs* question, inquire; ~шающий взгляд inquiring glance

вор 2 thief; карма́нный ~ pickpocket; магази́нный ~ shoplifter; *hist* criminal; ~ в зако́не *sl* recognized criminal, thief; **~о́вка** female thief

во́рвань *f* blubber; train-oil

ворв|а́ться (~у́сь, ~ёшься; ~а́лся, ~ала́сь) *pf of* врыва́ться

вори́шка *m* petty thief, pilferer

ворк|ова́ть (~у́ю) *impf* coo (*of pigeons*); *fig* bill and coo; **~отня́** *coll* grumbling

вороб|е́й (~ья́) sparrow; старый (стре́ляный) ~ *fig* old hand; ста́рого ~ья́ на мяки́не не проведёшь *prov* an old bird is not caught with chaff; **~ьи́ный** sparrow's; ~ьи́ная ночь stormy night; short summer night

вор|о́ванный stolen; **~ова́тый** (~ова́т) furtive; thievish; **~ова́ть** (~у́ю) *pf* с~ steal (from, у + *gen*); *impf only* be a thief; **~о́вка** *f of* ~; **~овски́** *adv coll* furtively; **~овско́й** of thieves; ~ язы́к, ~овско́е арго́ thieves' cant, thieves' Latin; *hist* illegal; counterfeit (*of money*, *etc*); **~овство́** theft; stealing

ворож|ба́ sorcery; fortune-telling; **~е́я** sorceress; fortune-teller; **~и́ть** II *pf* по~ practise sorcery; tell fortunes; ему́ ба́бушка ~и́т *coll* he has it easy, is very successful; he has a friend at court

во́рон raven; (чёрный) ~ *sl* Black Maria

воро́н|а crow; бе́лая ~ a person standing out, different from others; ~ в павли́ньих пе́рьях daw in peacock's feathers; ни па́ва, ни ~ neither one thing nor another; пу́ганая ~ куста́ бои́тся *prov* once bitten twice shy; *fig* gaper, loafer; воро́н счита́ть *coll* gape, loaf, be a loafer

воронёный *tech* blue(d), burnished

воро́н|ий crow's

ворони́ть II *impf tech* blue, burnish

воро́нка funnel (*for liquids*); *mil* crater, shell-hole

во́рон|ов цьета ~ова крыла́ raven (*of hair*, *etc*); **~о́й** *adj* black (*of horses*); *n* black horse; прокати́ть на ~ы́х *coll* blackball; **~ьё** *collect* carrion-crows *also fig*

во́рот collar (*of garment*); neckband; схвати́ть за́ ~ы seize by the collar, collar; *tech* winch; windlass

воро́т|а *neut pl* (*coll* ~а́) gate, gates; gateway; шлю́зные ~ lock-gate; стоя́ть в ~ах stand in the gateway; пришла́ беда́, отворя́й ~а́ *prov* it never rains but it pours; *sp* goal, goal-posts

воро|ти́ла *m coll* boss, magnate, big-business man, big noise; big shot *US*; **~ти́ть** II (~чу́, ~́тишь) *impf pop* be in charge (of, + *instr*), run (+ *instr*); нос, мо́рду, ры́ло ~ *pop* turn up ones's nose (at, от + *gen*); *impers* (с души́) меня́ ~́тит от э́того де́ла this business makes me sick; *pf pop* bring back, get back, call back; сде́ланного не ~́тишь what's done can't be undone; turn aside, back; **~ти́ться** II (~чу́сь, ~́тишься) *pf pop* = верну́ться

воротни́|к I collar; отложно́й ~ turn-down collar; стоя́чий ~ stand-up collar; **~чо́к** (~чка́) collar

воро́т|ный *adj of* ~а; *med* ~ная ве́на portal vein

во́рох (*nom pl* ~а́) pile, heap; *fig coll* heap, pile, lots, load(s); ~ бума́г pile of papers

воро́чать I *impf coll* move, shift, turn over; *coll* control, run (+ *instr*); всем ~ *coll* run, boss the show; ~ ты́сячами, миллио́нами deal in thousands, millions; ~ глаза́ми roll one's eyes; **~ся** I *impf vi* move, turn, toss; ~ с бо́ку на́ бок toss and turn; воро́чайтесь! *pop* get a move on!

воро|ча́ться I *pf* ~ти́ться *pop* return

вороши́ть II *pf* раз~ *coll* move, stir, stir up *also fig* ~ се́но rake, ted hay; **~́ся** II *impf coll* move about, stir

ворс *no pl* nap, pile; по ~́у with the nap, pile; **~и́льный** *text* ~и́льная маши́на teaser; ~и́льная ши́шка teasel; **~и́нка** *text* hair; *physiol bot* fibre; *med* villus; **~и́стый** (~и́ст) *text* fleecy, with thick pile; *bot* lanate; **~ова́льный** ~ова́льная маши́на *text* teaser; **~ова́ть** (~у́ю) *pf* на~ *text* tease; **~я́нка** *bot* teasel

ворч|а́нье grumbling, grousing; growling; **~а́ть** II *impf* grumble (at), grouse; growl (at, на + *acc*); ~ себе́ по́д нос mutter (under one's breath); **~ли́вый** (~ли́в) querulous; **~у́н** 1 *coll* grumbler, grouser

ворю́га *m and f pop* thief

восвоя́си *adv coll* home; отпра́виться ~ set out for home

восемна́д|цатый eighteenth; **~́цать** eighteen

во́с|емь (~ьми́, ~ьмю́ *and* ~емью́) eight; **~́емьдесят** (~ьми́десяти) eighty; **~емьсо́т** (~ьмисо́т, ~емьюста́ми, ~ьмиста́х) eight hundred; **~емью** *adv* eight times (*in multiplication*)

воск wax, beeswax; го́рный ~ *min* mineral wax, ozocerite

воскли|кнуть I (~кну) *pf of* ~ца́ть; **~ца́ние** exclamation; **~ца́тельный** exclamatory; ~ знак exclamation mark; **~ца́ть** I *pf* ~́кнуть exclaim

воско́в|ка stencil (*for duplicating*, *etc*); wax-paper; **~о́й** wax, waxen; ~а́я свеча́ wax candle; ~о́е лицо́ waxen complexion

воскре|са́ть I *pf* ~́снуть rise again, rise from the dead; *fig* revive; **~се́ние** resurrection; **~се́нье** Sunday; **~си́ть** II (~шу́) *pf of* ~ша́ть; **~́сник** voluntary Sunday work; **~́снуть** I (~сну; ~с, ~сла) *pf of* ~са́ть; **~́сный** Sunday; **~ша́ть** I *pf* ~си́ть raise from the dead, resurrect; *fig* resurrect, revive; **~ше́ние** raising from the dead, resurrection; *fig* revival

воскур|и́ть II (~ю́, ~́ишь) *pf of* ~я́ть; **~я́ть** I *pf* ~и́ть *usu in expression* ~ фимиа́м кому́ sing someone's praises

воспал|е́ние inflammation; ~ брюши́ны peritonitis; ~ кишо́к enteritis; ~ лёгких pneumonia; ~ по́чек nephritis; ро́жистое ~ erysipelas; **~ённый** (~ён, ~ена́) inflamed, sore *also fig*; **~и́тельный** inflammatory; **~и́ть(ся)** II *pf of* ~я́ть(ся); **~я́ть** I *pf* ~и́ть inflame; **~я́ться** *pf* ~и́ться become inflamed; *fig* become inflamed (with, + *instr*)

воспар|и́ть II *pf of* ~я́ть; **~я́ть** I *pf* ~и́ть *poet* soar

восп|ева́ть I *pf* ~е́ть *poet* sing (of), hymn; **~е́ть** (~пою́, ~поёшь) *pf of* ~ева́ть

воспит|а́ние education; upbringing, training; (good) breeding; **~́анник** pupil; ~ сре́дней шко́лы secondary schoolboy; student; alumnus *US*; ward (*minor*); **~́анность** *f* (good) breeding; **~́анный** well brought up; **~а́тель** *m* tutor, educator; **~а́тельница** governess; **~а́тельный** educational; ~ дом foundling hospital; **~а́ть** I *pf of* ~́ывать; **~́ывать** I *pf* ~а́ть educate, bring up; cultivate, foster; make (of, из + *gen*)

воспламен|е́ние ignition; **~и́ть(ся)** II *pl of* ~я́ть(ся); **~я́емость** *f* inflammability; **~я́емый** inflammable; **~я́ть** I *pf* ~и́ть ignite, kindle; *fig* fire, inflame, kindle; **~я́ться** I *pf* ~и́ться ignite, catch fire; *fig* be kindled

воспо́лн|ить II *pf of* ~я́ть; **~я́ть** I *pf* ~́ить fill in (*gaps*, *etc*)

воспо́льз|оваться (~уюсь) *pf of* по́льзоваться

воспомина́ние memory, recollection; оста́лось одно́ ~ nothing but the memory is left (of, от + *gen*); *pl lit* memoirs; reminiscences

воспрепя́тств|овать (~ую) *pf of* препя́тствовать

воспре|ти́ть II (~щу́) *pf of* ~ща́ть; **~ща́ть** I *pf* ~ти́ть forbid, prohibit (+ *acc or infin*); ~ кому́ кури́ть forbid someone to smoke; **~ща́ться** II *impf* be prohibited; кури́ть ~ща́ется no smoking; **~ще́ние** prohibition

восприе́мн|ик godfather; **~́ица** godmother

воспри|и́мчивый (~и́мчив) receptive; impressionable; susceptible (to, к + *dat*); **~нима́емый** (~нима́ем) perceptible; **~нима́ть** I *pf* ~ня́ть perceive, apprehend, grasp, take in; interpret (as), take (for); я э́то ~нима́ю как знак дру́жбы I take this as a sign of friendship; **~я́тие** *philos psych* perception

воспроизв|еде́ние reproduction (*of pictures, species, etc*); **~ести́** (~еду́, ~едёшь; ~ёл, ~ела́) *pf of* ~оди́ть; **~оди́тельный** reproductive; **~оди́ть** II (~ожу́, ~о́дишь) *pf* ~ести́ reproduce; ~оди́ть в па́мяти recall, call to mind; repeat; **~о́дство** *econ* reproduction

воспроти́в|иться II (~люсь) *pf of* проти́виться

воспря́н|уть I (~у) *pf obs* leap up; *coll* cheer up; ~ ду́хом take heart

воспыла́ть I *pf* be inflamed (with), blaze (with, + *instr*); ~ любо́вью be inspired, burn with love (for, к + *dat*)

восс|еда́ть I *pf* ~е́сть sit (in state, formally); ~еда́ть на престо́л mount the throne; **~е́сть** (~я́ду, ~я́дешь; ~е́л) *pf of* ~еда́ть

вососла́в|ить II (~лю) *pf of* ~ля́ть; **~ля́ть** I pf ~ить glorify, praise

воссоедин|е́ние reunification, reunion; **~и́ть** II *pf of* ~я́ть; **~я́ть** I *pf* ~и́ть reunite

воссозда|ва́ть (~ю́, ~ёшь) *pf* ~́ть re-create, reconstitute, reconstruct; **~́ние** re-creation, reconstruction; **~́ть** (~́м, ~́шь, ~́ст, ~ди́м, ~ди́те, ~ду́т; ~́л, ~ла́, ~́ло) *pf of* ~ва́ть

восста|ва́ть (~ю́, ~ёшь) *pf* ~́ть *obs* rise (up); rise (against, на+ *acc*, про́тив + *gen*); *fig* be up in arms (against), fly in the face (of)

восстан|а́вливать I *pf* ~ови́ть renew, restore, rehabilitate; ~ мир restore peace; ~ в па́мяти recall; ~ кого в права́х restore someone to their rights; ~ кого́ в до́лжности reinstate someone in office; set someone (against, про́тив + *gen*); *chem* reduce

восста́ние insurrection, (up)rising, rebellion, revolt

восстанов|и́тель *m* renovator, restorer; restorative (*for hair*); **~и́тельный** (of) reconstruction, (of) restoration; **~и́ть** II (~лю́, ~́ишь) *pf of* восстана́вливать *and* ~ля́ть; **~ле́ние** renewal, restoration; rehabilitation; ~ в до́лжности reinstatement; *chem* reduction; **~ля́ть** I = восстана́вливать

восста́|ть (~ну, ~нешь; *imp* ~нь) *pf of* ~ва́ть

восто́к east; на ~, с ~а, на ~е to, from, in the east; В~ the East; Бли́жний ~ Near East; Сре́дний ~ Middle East; Да́льний ~ Far East; **~ове́д** orientalist, **~ове́дение** oriental studies; **~ове́дный** *or* **~ве́дческий** of oriental studies

восто́рг delight, rapture; быть в ~е be delighted (with, от + *gen*); приходить в ~ go into raptures (over, от + *gen*); **~а́ть** I *impf* delight, enrapture; **~а́ться** I *impf* be delighted (with), go into, be in raptures (over, + *instr*)

восто́рж|енность *f* (exaggerated) enthusiasm; proneness to (over)enthusiasm; effusiveness; **~енный** (~ен, ~енна) (over)enthusiastic; **~ествова́ть** (~еству́ю) *pf of* торжествова́ть

восто́чн|ик *coll* orientalist; **~ый** east, eastern; oriental; ~ая це́рковь Eastern Church

востре́б|ование claiming; до ~ования, to be called for, poste restante; general delivery, *US*; **~́овать** (~ую) *pf* claim, call for (*at post office, etc*)

востро́ *adv coll* держа́ть у́хо ~ keep a sharp lookout; be wary (of someone, с + *instr*); **~гла́зый** *coll* sharp-eyed; **~но́сый** *coll* sharp-nosed

востру́шка *coll* vivacious (young) girl

восхвал|е́ние eulogy; **~и́ть** II (~ю́, ~́ишь) *pf of* ~я́ть; **~я́ть** I eulogize, extol, laud

восхи|ти́тельный (~ти́телен) delightful, delicious, entrancing, ravishing; **~ти́ть(ся)** II (~щу́(сь)) *pf of* ~щать(ся); **~ща́ть** I *fig* delight, entrance, carry away; **~ща́ться** I admire (+ instr), be carried away (by, + *instr*); **~ще́ние** delight, rapture; admiration; **~щённый** (~щён, ~щена́) admiring, rapt

восхо́|д rising; ~ со́лнца sunrise; *obs* the east; **~ди́ть** II (~жу́, ~́дишь) *pf* взойти́ mount, ascend (на, + *acc*); *obs coll* enter; *impf only* date (from), go back (to, к + *dat*); **~дя́щий** ascending, rising; ~дя́щая звезда́ rising star; ~дя́щая интона́ция *ling* rising intonation; **~жде́ние** ascent; ~ на Эверест the ascent of Everest

восше́ствие: ~ (на престо́л) accession (to the throne)

восьм|а́я *n* eighth; *mus* octave; **~ери́чный** *obs* eightfold; и ~ери́чное name of letter 'И' before Revolution; **~ёрка** *coll* eight, number eight (*of buses, etc*); *boat* eight; *sp* figure of eight; *cards* eight; **~́еро** (~еры́х) eight (*of something*), eight pairs (*of something*); нас бы́ло ~ there were eight of us

восьми́(-) eight-, octo(-); **~весе́льный** eight-oared; **~гра́нник** octahedron; **~десятиле́тний** of eighty years; ~ юбиле́й eightieth anniversary; eighty-year-old; **~деся́тник** 'man of the eighties'; **~деся́тый** eightieth; ~ **кла́ссник** pupil of eighth form; **~кра́тный** eightfold, octuple; **~ле́тний** eight-year; eight-year-old; **~но́г** *zool* octopus; **~со́тый** eight hundredth; **~сти́шие** *lit* octave, octet; **~сто́пный** *lit* eight-foot, octonarian; **~стру́нный** eight-stringed; **~уго́льник** octagon; **~уго́льный** octagonal; **~часово́й** eight-hour; ~часово́й рабо́чий день eight-hour (working-) day

восьм|о́й eighth; **~у́шка** *coll* eighth of a pound (*in weight*); octavo

вот *partic* here (is), there (is); this is; ~ наш дом here is, this is our house; ~ идёт такси́ here's the taxi coming; ~ и я here I am; ~ (вам) приме́р here's an example (for you); *in exclamations with nouns, pronouns, adverbs, expressing surprise, irony, etc* ~ неве́жда! there's an ignoramus (for you)! ~ как!, ~ что! you don't mean to say so!; ~ так та́к!, ~ тебе́ на́! how do you like that! well I never!; ~ ещё! what(ever) next!; *expressing approval, encouragement* ~ та́к! ~-~! that's it!, that's just right!; *accompanying blows* ~ тебе! take that!; *expressing disappointment and surprise* ~ тебе́ и … so much for …; *expressing emphasis of pronouns, adverbs, etc* я хочу́ ~ э́ту кни́гу this is the book I want

вот-во́т *adv* just, on the point of; ~ начнётся гроза́

any moment now the storm will break

воти́р|овать (~ую) *impf and pf* vote for; **~о́вка** voting

вотк|а́ть (~у́, ~ёшь; ~а́л, ~ала́, ~а́ло) *pf* interweave, weave in

воткн|у́ть I (~у́) *pf of* втыка́ть

во́тум *no pl* vote; ~ (не)дове́рия vote of (no) confidence (in, + *dat*)

во́тч|ина *hist* inherited estate, lands; allodium, patrimony; **~инник** *hist* great landowner; **~инный** allodial, patrimonial

вотще́ *adv obs* in vain, to no purpose

вотя́|к 1 Votyak; **~чка** Votyak (woman)

во́хра *abbr of* военизи́рованная охра́на camp guard, garrison

воцар|е́ние accession (to the throne) **~и́ться** II *pf of* ~я́ться; **~я́ться** I *pf* ~и́ться come to the throne; *fig* set in; ~и́лась тишина́ silence fell

вочелове́ч|ение *theol* incarnation; **~иться** II *pf theol* become man, be incarnate

вошёл, вошла́ *see* **войти́**

во́ш|ка *coll* louse; **~ь** *f* (вши, ~ью; вши, вшей) louse

вощ|а́нка wax-paper; waxed cloth; cobbler's wax; **~ано́й** *and* **~а́ный** wax; **~ёный** waxed; **~и́на** *collect* empty honeycomb; unrefined beeswax; **~и́ть** II (~у́) *pf* на~ wax; polish with wax

во́|ю, ~ешь *see* **выть**; **~ю́ю, ~ю́ешь** *see* **воева́ть**

воя́ж *iron* journey, travels; **~ёр** *iron* traveller; commercial traveller; **~и́ровать** (~и́рую) *impf iron* journey, travel

воя́ка *m coll iron* fire-eater, warrior

впад|а́ть I *pf* впасть fall (into), lapse (into), sink (into, в + *acc*); ~ в де́тство sink into dotage; ~ в неми́лость fall into disgrace; ~ в отча́яние lapse into despair; fall in, sink (*of eyes, cheeks*); *impf only* fall, flow (into, в + *acc*) (*of rivers, etc*); *impf only*) verge (on), approximate (to, в + *acc*); **~е́ние** confluence; mouth (*of rivers*); **~ина** cavity, hollow; глазна́я ~ина eye-socket

впа́|ивать I *pf* ~я́ть solder in; **~йка** soldering-in; soldered-in piece; **~я́ть** I *pf of* ~ивать; ~ срок *sl* sentence

впа́|лый hollow, sunken; со ~лыми щека́ми hollow-cheeked; **~сть** (~ду́, ~дёшь) *pf of* ~да́ть

вперв|и́нку *adv pop* for the first time; **~о́й** *adv pop* = ~ы́е; **~ы́е** *adv* for the first time, first; когда́ он уви́дел э́то ~ when he saw it for the first time

вперебо́й *adv coll* = наперебо́й

впере|ва́лку *adv coll* ходи́ть ~ва́лку waddle; **~го́нки** *coll* бе́гать ~ race one another

вперёд forward(s), ahead; продвига́ться ~ advance; взад и ~ back and forth, to and fro; ва́ши часы́ иду́т ~ your watch is fast; большо́й шаг ~ *fig* a big step forward; ~! forward; *coll* henceforward, henceforth, in future; in advance; плати́ть ~ pay in advance; *sp* дать очки́ ~ give points (*to an opponent*); **~и́** *adv* in front, ahead; in (the) future; ahead; *prep + gen* before, in front of

вперёдсмотря́щий *n neut and fig* lookout

впереме́|жку *adv coll* alternately; идти́ ~ alternate (with, с + *instr*); **~шку** *adv coll* pell-mell, higgledy-piggledy; in confusion; mixed up

вперёть(ся) (вопру́(сь), вопрёшь(ся); впёр(ся), впёрла(сь)) *pf of* впира́ть(ся)

впер|и́ть(ся) II *pf of* ~я́ть(ся); **~я́ть** I *pf* ~и́ть direct, fix (on, в + *acc*); ~ взгляд fasten, fix one's gaze (upon, в + *acc*); **~я́ться** I *pf* ~и́ться *coll joc* fix one's eyes (on), stare (at, в + *acc*)

впечатл|е́ние impression; произвести́ ~ make an impression (upon, на + *acc*); у меня́ создало́сь ~, что он о́чень спосо́бный студе́нт I formed the impression that he was a very able student; **~и́тельность** *f* impressionability; **~и́тельный** (~и́телен) impressionable; **~я́ющий** impressive

впива́ть I *pf* впить imbibe, absorb; *impf only* drink in, enjoy (*of scent, etc*); **~ся** I *pf* впи́ться stick into, pierce (в + *acc*); bite into, sting, dig teeth (зуба́ми) into; dig, sink claws (когтя́ми) into (в + *acc*); ~ взо́ром, глаза́ми feast one's eyes (upon, в + *acc*); *pop* get hardened to drink

впира́ть I *pf* вперёть *coll vulg* barge in (в + *acc*); shove in, thrust in; **~ся** I pf вперёться *pop vulg* barge in

впи́|санный *math* inscribed; **~а́ть(ся)** I (~шу́(сь), ~шешь(ся)) *pf of* ~сывать(ся); **~ска** *coll* entry; insertion; **~сыва́ть** I *pf* ~са́ть enter; insert; ~ в спи́сок enter on a list; *math* inscribe; **~сываться** I *pf* ~са́ться *coll* be enrolled, join (в + *acc*)

впит|а́ть(ся) I *pf of* ~ывать(ся); **~ывать** I *pf* ~а́ть imbibe, absorb, soak up *also fig;* **~ываться** I *pf* ~а́ться soak (into, в + *acc*)

впи́|ть(ся) (вопью́(сь), вопьёшь(ся); ~л(ся), ~ла́(сь)) *pf of* ~ва́ть(ся)

впих|а́ть I *pf* = ~ну́ть; **~ивать** I *pf* ~а́ть *and* ~ну́ть *coll* shove, stuff, cram (in, в + *acc*); **~ну́ть** I *pf of* ~ивать

вплавь *adv* swimming; перепра́виться че́рез ре́ку ~ cross the river by swimming

вплe|сти́ (~ту́, ~тёшь; ~л, ~ла́) *pf of* ~та́ть; **~та́ть** I *pf* ~сти́ intertwine, plait (into, в + *acc*); *fig pop* involve (in, в + *acc*); ты меня́ вплёл в гря́зную исто́рию you've got me mixed up in a dirty business

вплот|ну́ю *adv* close; *fig* in real earnest; ~ оди́н к друго́му close to one another; приня́ться за де́ло ~ get to grips with the matter; **~ь** *adv* ~ до (right) up to; ~ до са́мого ве́чера right up to the evening; снять всё, ~ до руба́шки take everything off, strip off; ~ (к + *dat*) right against, right up to

вплы|ва́ть I *pf* ~ть swim in, sail, steam in; ~ть (~ву́, ~вёшь; ~л, ~ла́, ~ло) *pf of* ~ва́ть

впова́лку *adv coll* side by side (*usu with* спать, лежа́ть)

впол|гла́за *adv coll* with half an eye, with one eye open (*usu with verbs* ви́деть, смотре́ть, спать); **~го́лоса** *adv* in an undertone, under one's breath; петь ~ hum

вполз|а́ть I *pf* ~ти́ crawl, creep in; crawl, creep up; **~ти́** (~у́, ~ёшь; ~, ~ла́) *pf of* ~а́ть

вполне́ *adv* entirely, fully, quite; ~ заслужи́ть fully deserve (*of praise*), richly deserve (*of punishment*); э́то ~ доста́точно that is quite sufficient, ample

вполоборо́та *adv* half-turned; half-face

вполови́ну *adv* (by) half; ~ ме́ньше less by half

впопа́д *adv coll* to the point

впопыха́х *adv coll* in haste, in a hurry; in one's haste; ~ я забы́л взять с собо́й де́ньги in my haste I forgot to take some money

впо́ру *adv coll* at the right time; opportunely; его́ прие́зд не ~ his arrival is inopportune; быть, прийти́сь ~ fit (*of clothes, etc*); э́та ю́бка е́й ~ this skirt fits her; *pred + dat* it is possible, fit for, така́я игра́ ~ то́лько мальчи́шкам such a game is suitable only for boys; *pred + infin* the only thing (left) to do is

впорхну́ть I *pf* flit in(to), flutter in(to) *fig* fly (into, в + *acc*)

впосле́дствии *adv* subsequently; afterwards

впотьма́х *adv coll* in the dark; броди́ть ~ *fig* be in the dark

впра́вду *adv pop* really

впра́ве быть ~ be entitled (to), have a right (to, + *infin*)

впра́в|ить II *pf of* ~ля́ть; ~́**ка** *med* setting, reduction; ~**ля́ть** I *pf* ~́ить *med* set, reduce (*of bones, etc*); tuck in (*shirt, trousers*); ~ мозги́ кому́ *fig pop* knock sense into someone, make someone see sense

впра́во *adv* to the right (of, от + *gen*)

впрах *see* **впух**

впредь *adv* henceforward, in (the) future; ~ до pending, until; ~ до распоряже́ния until further notice

впри|гля́дку *adv joc* пить чай ~ have tea without sugar; ~**ку́ску** *adv* пить чай ~ drink tea with piece of sugar in one's mouth; ~**пры́жку** *adv* hopping, skipping; ~**ско́чку** *adv coll* jumping up and down; ~**ся́дку** *adv* squatting; ~**ти́рку** *adv pop* very close; ~**ты́к** *adv pop* flush, very close; ~**щу́р** *adv pop* screwing up one's eyes

впро́голодь *adv* half-starving; держа́ть кого́ ~ keep someone on low rations

впрок *adv* for future use; заготовля́ть ~ lay in, store; preserve, put by; идти́ ~ be of advantage (to, + *dat*), profit; э́то не пойдёт ему́ ~ it will do him no good; ху́до на́житое ~ не идёт *prov* ill-gotten wealth never thrives

впроса́к *adv coll* попа́сть ~ put one's foot in it; make a fool of oneself

впросо́нках *adv coll* half asleep

впро́чем *conj* however, but, nevertheless; у меня́ о́чень ма́ло де́нег, ~ э́то нева́жно I have very little money, but it doesn't matter; *expresses indecision, hesitation or change of mind* (or) perhaps, (or) rather, but; пое́дем за́ город, ~ нет, сли́шком плоха́я пого́да let's go into the country, well perhaps not, the weather's too bad

впры́г|ивать I *pf* ~нуть jump (into, on, в, на + *acc*); ~́**нуть** I *pf of* ~ивать

впры́с|кивание injection; ~́**кивать** I *pf* ~нуть inject; ~́**нуть** I *pf of* ~кивать

впря|га́ть I *pf* ~чь harness (to), put (to, в + *acc*); ~**га́ться** I *pf* ~чься *pass of* ~га́ть; harness oneself (to, в + *acc*)

впрямь *adv pop* really, indeed

впря́|чь(ся) (~гу́(сь), ~жёшь(ся), ~гу́т(ся); ~́г(ся), ~гла́(сь) *pf of* ~га́ть(ся)

впуск admission, admittance; *tech* intake, inlet; ~**а́ть** I *pf* впусти́ть admit, let in; ~**но́й** admittance; inlet, entrance (*of valves, pipes, etc*)

впу|сти́ть II (~щу́, ~́стишь) *pf of* ~ска́ть

впусту́ю *adv coll* to no purpose, for nothing, in vain

впу́т|ать(ся) I *pf of* ~ывать(ся); ~́**ывать** I *pf* ~ать twist in; *fig* entangle, implicate, involve; ~́**ываться** I *pf* ~аться *pass of* ~ывать; *fig* get mixed up (in, в + *acc*); meddle (in, в + *acc*)

впух *adv coll* completely, utterly; меня́ обокра́ли ~ I was cleaned out; richly; ~ разряди́ться dress up to the nines; ~ и впрах = ~; разби́ть ~ и впрах rout, utterly defeat

впя́теро *adv* five times; ~ бо́льше five times as much (many); ~ ме́ньшая су́мма a fifth of the sum; ~́**м** *adv* five together; мы ~ (the) five of us

вра|г 1 enemy; *collect* the enemy; the Fiend, the Devil; ~**жда́** enmity, hostility; ~**жде́бный** (~жде́бен) hostile; ~**ждова́ть** (~жду́ю) *impf* be at enmity (with), loggerheads (with), at odds (with, с + *instr*; with one another, ме́жду собо́й) ~́**жеский** *mil* enemy; ~**жи́й** *folk poet* enemy; hostile

враз *adv coll* all together, simultaneously; ~**би́вку** *adv coll* at random; ~**бро́д** *adv coll* separately; in disunity; not in concert; ~**бро́с** *adv coll* separately; се́ять ~ sow broadcast; ~**ва́лку** *adv coll* ходи́ть ~ waddle; ~**но́с** *adv coll* торгова́ть ~ peddle; ~**ре́з** *adv* идти́ ~ go against, conflict (with, с + *instr*); ~**ря́дку** *adv typ* набра́ть ~ space

вразум|и́тельный (~и́телен) intelligible, perspicuous; instructive; ~**и́ть** II (~лю́) *pf of* ~ля́ть; ~**ля́ть** I *pf* ~и́ть teach, make (someone) listen to reason; ниче́м их не ~и́шь they will never learn, they will not listen to reason

вра́к|и (*gen pl* ~) *coll* nonsense, bosh; (a pack of) lies

вра|ль 1 *m coll* liar, fibber; ~**ньё** *coll* lies; rot

врасплóх *adv* unaware(s), unexpectedly; заста́ть, засти́гнуть ~ take unawares, take by surprise

врассыпну́ю *adv* in all directions; helter-skelter; пусти́ться ~ make off in different directions

враст|а́ние growing in; ~**а́ть** I *pf* ~и́ grow in(to); ~а́ющий но́готь ingrowing nail; ~**и́** (~у́, ~ёшь; врос, вросла́) *pf of* ~а́ть

врастя́жку *adv coll* at full length, flat; лежа́ть ~ lie stretched out; говори́ть ~ drawl

врат|а́ *no sing obs poet* = воро́та; ~**а́рь** 1 *m sp* goalkeeper; *obs* gatekeeper

вр|ать (~у, ~ёшь; ~ал, ~ала́, ~а́ло) *pf* на~, со~ *coll* lie, tell lies; ври, да не завира́йся *coll joc* you don't expect me to believe that, do you?; be wrong (*of watch, etc*); sing out of tune, make a mistake (*in singing, etc*); *impf obs* talk nonsense

врач 1 doctor, physician; зубно́й ~ dentist; ~**е́бный** medical; ~**ева́ть** (~у́ю) *pf* у~ *obs* treat, doctor; *no pf fig* heal

вращ|а́тельный rotary; ~**а́ть** I *impf* rotate, revolve; ~ глаза́ми roll one's eyes; ~**а́ться** I *impf vi* revolve, rotate; ~ в кругу́ кого́ move in someone's circle; ~**е́ние** rotation, revolution

вред 1 *no pl* harm, hurt, injury; damage; во ~ harmful (to), injurious (to, + *dat*); без ~а́ without detriment (to, для + *gen*); ~**и́тель** *m agr* pest; vermin; *pol* wrecker, saboteur; ~**и́тельский** wrecking; ~**и́тельство** wrecking, sabotage; act of sabotage; ~**и́ть** II (врежу́) *pf* по~ harm, hurt, injure, be injurious (to, + *dat*); ~́**но** *pred* it is harmful, injurious; bad (for, для + *gen*); ~́**ный** (~ен, ~на́, ~но) harmful, injurious; unhealthy

вре́|зать(ся) I (~жу(сь)) *pf of* ~за́ть(ся); ~**за́ть** I *pf* ~́зать cut in; fit (in, into, в + *acc*); *sl* hit (+ *dat*) ~**за́ться** I *pf* ~́заться cut (into); force one's way (into), dig (into, в + *acc*); ~ в толпу́ run into the crowd; ~ в па́мять, се́рдце be engraved on the memory, heart; *pf only coll* fall in love (with, в + *acc*); ~́**зывать(ся)** *impf* = вреза́ть(ся)

врем|ена́ми *adv* at times, now and again, now and then; ~**енни́к** 1 chronicle; journal, annals; ~**енно́й** *philos* in time, temporal; *gramm* tense; *tech* time; ~́**енный** temporary; provisional; ~**енщи́к** 1 *hist* favourite

вре́м|я *neut* (~ени, ~енем, ~ени; ~ена́, ~ён, ~а́м) time(s); во ~ during (+ *gen*); во ~ о́но *ar or joc* in olden days, in the old days; во все ~ена́ at all times; во вся́кое ~ at any time; в да́нное ~я at the present moment; в ми́рное ~ in peacetime; в настоя́щее ~ at present; в на́ше ~ nowadays; (в) пе́рвое ~ at first; (в) после́днее ~ lately; в свобо́дное ~ in one's spare time; в своё ~ in one's day, at one time (*past*); in one's own time, in due course (*future*); в ско́ром ~ени in the near future, shortly; в то же (са́мое) ~ at the same time, on the other hand; до поры́ до ~ени for the time being; за после́днее ~ lately, for a while; на пе́рвое ~ for the initial period, to begin with; от ~ени до ~ени, по ~ена́м, ~ от ~ени from time to time, (every) now and then; с незапа́мятных ~ён from time immemorial; с тече́нием ~ени in (the course of) time, eventually; всё ~ all the time, continually; всему́ своё ~ there is a time for everything; ра́ньше ~ени prematurely; са́мое ~ *coll* (just) the time (for *or* to + *dat or infin*); ско́лько ~ени? *coll* what is the time? тем ~енем meanwhile; тепе́рь (не) ~ now is (not) the time (to, + *infin*); ~ го́да season; *gramm* tense; в то ~ как while, whereas

время|исчисле́ние calendar; **~́нка** small ladder; small store; temporary equipment; **~препровожде́ние** pastime

вро́вень *adv* level, flush (with, с + *instr*); ~ с края́ми (up) to the brim

вро́де *prep* + *gen* like, in the nature of; не́что ~ *coll* a sort of, a kind of; *partic* such as, like; он ~ постаре́л he seems to have aged

врождён|ный (~, ~á) innate, congenital; inherent, natural; ~ тала́нт natural talent

вро́зницу *see* **ро́зница**

врозь *adv* separately, apart

вруб *mining* cut; **~а́ть** I *pf* ~и́ть cut in(to); **~а́ться** I *pf* ~и́ться cut one's way (into), hack one's way (through, в + *acc*); *mining* make a cut; **~и́ть(ся)** II (~лю́(сь), ~́ишь(ся)) *pf of* ~а́ть(ся); **~́овый** ~овая маши́на coal-cutter

врукопа́шную *adv* hand to hand (*fight*, etc)

врун 1 *coll* liar; **~́ья** *f of* ~

вруч|а́ть I *pf* ~и́ть hand, deliver (to, + *dat*); entrust (to, + *dat*); ~ суде́бную пове́стку subpoena, serve a subpoena; **~е́ние** delivery, handing (over); investiture; *leg* service (*of summons etc*); **~и́ть** II *pf of* ~а́ть; **~и́тель** *m* bearer; **~ну́ю** *adv* by hand

вр|ыва́ть I *pf* ~ыть dig in(to), bury (in); **~ыва́ться** I *pf* ~ыться dig oneself (into), bury (in); *pf* ворва́ться burst (into); **~ы́ть(ся)** (~о́ю(сь), ~о́ешь(ся)) *pf of* ~ыва́ть(ся)

вряд *obs and* **вряд ли** *adj coll* it's unlikely, hardly, scarcely (*expressing doubt*); ~ он уже́ придёт I doubt whether he will come now

вса|ди́ть II (~жу́, ~́дишь) *pf of* ~́живать

вса́дн|ик rider, horseman; **~́ица** horsewoman

вса́|живать I *pf* ~ди́ть plunge, thrust (into); ~ди́ть нож в спи́ну кому stab someone in the back *also fig*; ~ди́ть пу́лю в лоб кому́ put a bullet in someone's brains; *coll* sink (into, в + *acc*), put (*capital, money, etc*; into в + *acc*)

вса́с|ывание absorption; suction; **~́ывать** I *pf* всоса́ть suck in, soak up; *fig* absorb, imbibe; всоса́ть с молоко́м ма́тери imbibe with one's mother's milk; **~ываться** I *pf* всоса́ться fasten (upon, в + *acc*); be absorbed, soak through (into)

все *pron* all, everyone *see* **весь;** все- all-, omni-, pan-

всё *pron see* **весь;** *adv* all the time; always; она́ ~ ворчи́т she is always grumbling; ~ (ещё) still; жара́ ~ (ещё) стои́т the hot weather is still continuing; *coll* only, all; ~ из-за вас all because of you; *conj* however, nevertheless; *partic* ~ да́льше и да́льше further and further; ~ бо́лее и бо́лее more and more; коли́чество ~ уменьша́ется the quantity gets smaller and smaller (*used with verbs of growing or diminishing*); ~ же however, nevertheless, still

всев|е́дение omniscience; **~е́дущий** omniscient; **~и́дящий** all-seeing; **~ла́стие** absolute power; **~ла́стный** all-powerful; **~обуч** *abbr of* всео́бщее вое́нное обуче́ние universal military training; **~озмо́жный** various; all kinds of; every possible; **~о́лновый** *rad* all-wave; **~ы́шний** *relig* the Most High

всегда́ *adv* always; как ~ as ever; **~́шний** *coll* customary, usual, wonted

всего́ *adv* in all, all told, all together; only; ~-навсего́ only, all in all; ~-то no more that, merely; ~ ничего́ *pop* practically nothing; то́лько и ~ *coll* that's all

все|держи́тель *m* relig the Almighty; **~дне́вный** *obs* daily, everyday; **~зна́йка** *m and f coll iron* know-all **~зна́йство** *coll iron* characteristic, manner of know-all

всел|е́ние quartering, installation, lodging; moving in; **~е́нная** *n no pl* universe; **~е́нский** universal; *eccles* ecumenical; ~ собо́р ecumenical council; **~и́ть(ся)** II *pf of* ~я́ть(ся); **~я́ть** I *pf* ~и́ть install, quarter (in, в + *acc*); *fig obs* inspire (in, в + *acc*); ~ страх strike fear (into, в + *acc*); **~я́ться** I *pf* ~и́ться move (into, в + *acc*); *fig* be implanted (in), seize, take root

всеме́рный utmost

все́меро *adv* sevenfold, seven times; **~́м** *adv* seven (together)

всеми́лостивейший *hist* most gracious

всеми́рный world, worldwide

всемогу́щ|ество *lit* omnipotence; **~ий** (~, ~а) omnipotent, all-powerful; Almighty (*of God*)

все|наро́дный national, nationwide; general; **~наро́дно** *adv* throughout the nation; publicly; **~нижа́йший** most humble

все́нощная *eccles* night service

всео́б|уч *abbr of* всео́бщее обуче́ние universal education; **~́щий** general; universal; ~щая во́инская пови́нность universal military service; ~щая забасто́вка general strike; **~ъе́млющий** (~ъе́млющ, ~ъе́млюща) comprehensive, all-embracing

всеору́жи|е *lit* во ~ии fully armed; *fig* in full possession of (*knowledge, facts etc*)

все|поглоща́ющий all-consuming *also fig*; **~по́дданейший** *obs* loyal, humble; **~пожира́ющий** all-consuming; **~росси́йский** All-Russian

всерьёз *adv* seriously. in earnest

всес|и́льный (~и́лен) all-powerful; **~лавя́нский** pan-Slav(ic); **~ожже́ние** holocaust; **~ою́зный** All-Union; **~торо́нний** ~(~торо́нен) all-round; detailed, thorough

всё-таки *conj and partic* all the same, still, for all that

всеуслы́шани|е во ~и for all to hear, publicly

все|це́ло *adv* completely, exclusively; **~ча́сный** *obs* hourly; **~я́дный** (~я́ден) omnivorous

вска́кивать I *pf* вскочи́ть jump, leap up (into, в + *acc*; on to, на + *acc*; from, с + *gen*); ~ на́ ноги jump to one's feet; *coll* swell, come up (*of bumps, boils etc*)

вска́пывать I *pf* вскопа́ть dig up

вскара́бк|аться I *pf of* ~иваться *and* кара́бкаться;

⁓иваться I *pf* ~аться *coll* scramble, clamber (up, on to, на + *acc*)
вска́рмливать I *pf* вскорми́ть rear
вскачь *adv* at a gallop
вски́|дывать I *pf* ~нуть throw up; ~ на плёчи shoulder; ~ го́лову toss up one's head; ~ глаза́ми look up suddenly; **⁓дываться** I *pf* ~нуться *fig pop* go (for), turn (on, на + *acc*); **⁓нуть(ся)** I *pf of* ~дывать(ся)
вскип|а́ть I *pf* ~е́ть boil up; **~е́ть** II (~лю́) *pf of* ~а́ть; *fig pf only* flare up, fly into a rage; ~ гне́вом boil with anger
вскипя|ти́ть II (~чу́) *pf of* ~кипяти́ть; **~ти́ться** II (~чу́сь) *pass of* ~ти́ть; *fig coll pf only* flare up, boil with rage
всклоко́ч|енный (~ен) *coll* dishevelled, tousled, matted; **~ивать** I *pf* ~ить *coll* dishevel, tousle; **~ить** II *pf of* ~ивать
всколыхну́ть I *pf* stir; rock; *fig* stir up, rouse; **⁓ся** I *pf vi* rock, stir; *fig* become agitated, be roused
вскользь *adv* casually, in passing; упомяну́ть ~ make a passing reference (to)
вскопа́ть I *pf of* вска́пывать
вско́ре *adv* soon (after), shortly (after); ~ по́сле э́того not long after
вскорм|и́ть II (~лю́, ⁓ишь) *pf of* вска́рмливать
вско́рости *adv pop* = вско́ре
вскоч|и́ть II (~чу́, ⁓ишь) *pf of* вска́кивать
вскри́к|ивать I *pf* ~нуть scream, shriek; cry out; **⁓нуть** I *pf of* ~ивать
вскрич|а́ть II (~у́) exclaim (loudly)
вскружи́ть II *pf* ~ кому́ го́лову turn someone's head
вскр|ыва́ть I *pf* ~ыть open, unseal; *fig* reveal, disclose; *med* dissect; *med* lance, open (*boil*, *etc*); ~ ко́зыря *cards* turn up a trump; **~ыва́ться** I *pf* ~ы́ться come to light, be revealed; *med* burst, break; *geog* become clear of ice (*of rivers*); **~ы́тие** opening; unsealing; *fig* revelation, disclosure; *med* lancing; *med* dissection; post-mortem (examination); *geog* ~ реки́ breakup of ice in a river; **~ы́ть(ся)** (~о́ю(сь), ~о́ешь(ся)) *pf of* ~ывать(ся)
всласть *adv coll* to one's heart's content
вслед *adv* after (за, + *instr*); идти́ ~ за кем follow someone; посла́ть ~ send on, forward; *prep + dat* after; смотре́ть ~ follow with one's eyes; **⁓ствие** *prep + gen* in consequence of, owing to, on account of
вслепу́ю *adv* blindly; печа́тать на маши́нке ~ touch-type
вслух *adv* aloud
вслу́ш|аться I *pf of* ~иваться; **⁓иваться** I *pf* ~аться listen attentively (to, в + *acc*); ~ в ка́ждое сло́во drink in the words
всма́триваться I *pf* всмотре́ться scrutinize; peer (at, into, в + *acc*); **всмотр|е́ться** II (~ю́сь, ⁓имься) *pf of* всма́триваться
всмя́тку *adv* яйцо ~ soft-boiled egg; свари́ть яйцо́ ~ boil an egg lightly; сапоги́ ~ *coll* nonsense
вс|ова́ть (~ую) *pf of* ~о́вывать *pop*; **~о́вывать** I *pf* ~ова́ть *and* ~у́нуть *coll* stick in, put (in, в + *acc*)
всос|а́ть(ся) (~у́(сь), ~ёшь(ся)) *pf of* вса́сывать(ся)
вспа́ивать I *pf* вспои́ть nurse; rear, bring up; raise; вспои́ть и вскорми́ть *coll* bring up by hand
вспа́рхивать I *pf* вспорхну́ть flit away, take wing
вспа́рывать I *pf* вспоро́ть *coll* rip open
вспа|ха́ть I (~шу́, ⁓шешь) *pf of* ⁓хивать; **⁓хивать** I *pf* ~ха́ть plough up; **⁓шка** ploughing
вспе́н|ивать I *pf* ~ить cause to foam, froth, lather; ~ коня́ get one's horse into a lather; **⁓иваться** I *pf* ~иться froth; lather; **⁓ить(ся)** II *pf of* ~ивать(ся)
вспетуши́ться II *pf of* петуши́ться
всплакну́ть I *pf* shed a few tears (over), have a little cry (over, о + *prep*)
всплес|к splash; **⁓кивать** I *pf* ~ну́ть splash; **~ну́ть** I *pf of* ~кивать; ~ рука́ми clasp one's hands (*in amazement*, *terror*, *etc*)
всплы|ва́ть I *pf* ~ть rise to the surface, surface; *fig* be revealed, come to light; arise (*of questions*); **~ть** (~ву́, ~вёшь; ~л, ~ла́, ⁓ло) *pf of* ~ва́ть
вспои́ть II *pf of* вспа́ивать
вспол|а́скивать I *pf* ~осну́ть rinse; **~осну́ть** I *pf of* ~а́скивать
вспо́ло|х *pop* alarm; **⁓хи** (~хов) *no sing* summer lightning; flashes, glow (*from fire*, *etc*); **~ши́ть(ся)** I *pf of* полоши́ть(ся)
вспом|ина́ть I *pf* ⁓нить recall, recollect, remember (+ *acc and* о + *prep*); **~ина́ться** *usu impers* мне, *etc*, ~ина́ется I, etc, remember; **⁓нить(ся)** II *pf of* ~ина́ть(ся)
вспомога́тельный auxiliary; subsidiary; ~ глаго́л *gramm* auxiliary verb
вспомоществова́ние *obs* relief, aid, assistance
вспомян|у́ть I (~у́, ⁓ешь) *pf coll* = вспо́мнить; ~и́ моё сло́во remember my words, you'll see I was right
вспор|о́ть (~ю́, ⁓ешь) *pf of* вспа́рывать
вспорхну́ть I *pf of* вспа́рхивать
вспоте́ть I *pf of* поте́ть come out in a sweat
вспры́г|ивать I *pf* ~нуть jump up (on to, на + *acc*); **⁓нуть** I *pf of* ~ивать
впры́с|кивание *med* injection; **⁓кивать** I *pf* ~нуть *med* inject; sprinkle (with, + *instr*); *fig coll* celebrate (with drink); ~ сде́лку wet a bargain; **⁓нуть** I *pf of* ~кивать
вспу́г|ивать I *pf* ~ну́ть scare away; put up (*birds*); **~ну́ть** I *pf of* ⁓ивать
вспу́х|а́ть I *pf* ⁓нуть swell up; **⁓нуть** I *pf of* ⁓а́ть
вспу́ч|ивать I *pf* ~ить *usu impers* distend; **⁓ить** II *pf of* ~ивать; живо́т ~ило the abdomen is distended
вспыл|и́ть II *pf* flare up, fly into a rage (with, на + *acc*); **⁓ьчивый** (⁓ьчив) hot-tempered; irascible
вспы́|хивать I *pf* ~хнуть blaze up, burst into flame; flash out; *fig* flare up, break out (*war*, *passions*, *etc*); flush, blush (*from emotion*); **⁓хнуть** *pf of* ~хивать; **⁓шка** flash; *fig* outburst, fit (*passion*, *temper*, *etc*); outbreak (*of epidemic*, *etc*)
вспять *adv lit* back(wards)
вста|ва́ние rising; почти́ть ~ва́нием stand in honour (of); **~ва́ть** (~ю́, ~ёшь) *pf* ~ть get up, rise; stand up; она́ по́здно ~ёт she gets up late; ~ из-за стола́ rise from the table; ~ с ле́вой ноги́ get out of bed on the wrong side; stand (somewhere), fit (into), go (into, в + *acc or prep*; на + *acc or prep*); шкаф ~ёт в э́тот у́гол the cupboard goes into this corner; *fig* ~ на́ ноги become independent; ~ гру́дью stand up (for за + *acc*); *fig* arise, come up (*of questions*); *coll* get off, get out (*of vehicle*, *etc*)
вста́в|ить II (~лю) *pf of* ~ля́ть; **~ка** fixing, insertion; framing, mounting; inset (*dress etc*) interpolation; **~ля́ть** I *pf* ⁓ить insert, put in; ~ в ра́му frame; ~ себе́ зу́бы have a set of false teeth

made; ~ ка́мень в опра́ву mount a stone, gem; ~ шпо́ны *typ* interline; ~ слове́чко get a word in (edgeways); **~но́й** inserted; ~ны́е зу́бы false teeth; ~ны́е ра́мы double window-frame

встарь *adv lit* in olden time(s), of old

вста|ть (~ну, ~нешь) *pf of* ~ва́ть

встопо́рщить(ся) II *pf of* топо́рщить(ся)

встр|ева́ть I *pf* ~я́нуть *and* ~ять *pop* get mixed up (in, в + *acc*)

встрево́ж|енный anxious; **~ить** II *pf of* трево́жить

встрёп|анный *coll* dishevelled; встать, вскочи́ть как ~ *coll* get up, jump up as brisk as ever, like a shot; **~а́ть** I (~лю́, ~лешь) *pf of* ~ывать

встрепену́ться I *pf* rouse oneself; shake its wings (bird); start (up); begin to beat faster (*of heart*), begin to throb

встрёп|ка *coll* telling off, dressing down; shock; **~ывать** I *pf* ~а́ть *coll* dishevel

встре́|тить(ся) II (~чу(сь)) II *pf of* ~ча́ть(ся); **~ча** meeting, encounter; reception, party; *sp* match, meeting; **~ча́ть** I *pf* ~тить meet (with), encounter; greet, receive; ~ в штыки́ give a hostile reception (to); ~ насме́шками greet with jeers; ~ Но́вый год see the New Year in; **~ча́ться** I *pf* ~титься encounter, come across, meet (with, с + *instr*); be found, occur; **~чный** coming from opposite direction; ~ ве́тер head wind; *n* пе́рвый ~ the first person you meet, anyone; (ка́ждый) ~ и попере́чный *coll* every Tom, Dick, and Harry; counter; ~ иск *leg* counter-claim; ~ план counter-plan; ~ бой *mil* encounter battle

встря́|ска *coll* shaking (up), shock; dressing down; **~хивать** I *pf* ~ну́ть shake; *fig* shake up; **~хиваться** shake oneself; *fig* rouse oneself; cheer up; *coll* have a fling; **~хну́ть** I *pf of* ~хивать; **~хну́ться** I *pf of* ~хиваться; ~хни́сь! pull yourself together!

вступ|а́ть I *pf* ~и́ть enter (into), join (in, в + *acc*); ~ в бой join battle; ~ в брак marry; ~ в де́йствие come into force; ~ в свои́ права́ come into one's own; ~ в чле́ны become a member (of, + *gen*); ~ на престо́л ascend the throne; ~ на путь embark on the path (of, + *gen*); **~а́ться** take (someone's) part, stand up (for, за + *acc*); *coll* intervene; **~и́тельный** introductory, inaugural; ~ взнос entrance fee; **~и́ть(ся)** II (~лю́(сь), ~ишь(ся)) *pf of* ~а́ть(ся); **~ле́ние** entry, joining; introduction, opening, preamble, prelude

всу́е *adv obs* in vain; призва́ть ~ и́мя Бо́жье take the name of God in vain

всу́нуть I *pf of* всо́вывать

всухомя́тку *adv coll* пита́ться, есть ~ live on, eat cold food (without liquids)

всуч|а́ть I *and* всу́ч|ивать I *pf* ~и́ть entwine; *fig pop* foist off (on), fob off, palm off (on, + *dat*); **~и́ть** II (~у́, ~ишь) *pf of* ~а́ть *and* ~ивать

всхли́п|нуть I *pf of* ~ывать; **~ыванье** sobbing; sobs; **~ывать** I *pf* ~нуть sob

всхо|ди́ть II (~жу́, ~дишь) *pf* взойти́ mount, ascend (на, + *acc*); ~ на́ гору climb a mountain; rise (*of sun, etc*); sprout (*of seeds*); rise (*of dough*); **~ды** (*gen pl* ~ов) (corn-)shoots; **~жесть** *f agr* germinating capacity; **~жий** *agr* capable of germinating

всхрап|ну́ть *pf of* ~ывать; *coll joc* have a nap; **~ывать** snore, snort

всып|ать I (~лю, ~лешь) *pf of* ~а́ть; **~а́ть** I *pf* ~ать pour (into, в + *acc*); *coll* beat; swear (at, + *dat*); **~ка** beating, drubbing; rating

всю́ду *adv* everywhere

вся *see* **весь**

всяк *obs* short form of ~ий; *pr obs* everyone; **~ий** any; без ~ого сомне́ния beyond any doubt; во ~ом слу́чае at any rate, in any case; *pr* anyone; ~ мо́жет э́то сде́лать anyone can do it; ~ое быва́ет anything is possible; all sorts of; на ~ слу́чай just in case

вся́ческ|и *adv coll* in every way possible; **~ий** *coll* all kinds of; ~ими спо́собами by every means at one's disposal, by all manner of means

вта́йне secretly, in secret

вся́чин|а *coll* вся́кая ~ all sorts of things, all sorts of odds and ends

вта́лкивать I *pf* втолкну́ть push (in, into, в + *acc*), shove (in, into, в + *acc*)

вта́птывать *pf* втопта́ть trample in; ~ в грязь *fig* throw mud at

вта́|скивать I *pf* ~щи́ть drag (into, on to, в + *acc*, на + *acc*); **~скиваться** I *pf* ~щи́ться *coll* drag oneself

втач|а́ть I *pf of* ~ивать; **~ивать** I *pf* ~а́ть stitch (in, into, в + *acc*); **~ка** stitching in, patch

втащ|и́ть(ся) II (~у́(сь), ~ишь(ся)) *pf of* вта́скиваться

втёмную *adv* without looking at one's cards; *fig* blindly, in the dark

втека́ть I *pf* втечь flow (into, в + *acc*)

втемя́ши|ть II *pf coll* din into someone (+ *dat*); **~ться** II *pf coll* ему́ ~лось в го́лову, что он бо́лен he has got it into his head that he is ill

втер|е́ть(ся) (вотру́(сь), вотрёшь(ся); ~(ся), ~ла(сь)) *pf of* втира́ть(ся)

вте|са́ться I (~шу́сь, ~шешься) *pf of* ~сываться; **~сываться** I *pf* ~са́ться *coll pej* insinuate oneself (into); brazen one's way (into, в + *acc*)

вте|чь (~ку́, ~чёшь, ~ку́т; ~к, ~кла́) *pf of* ~ка́ть

втира́|ние rubbing in; embrocation, liniment; **~ть** I *pf* втере́ть rub (in, into, в + *acc*); ~ очки́ кому́ *fig coll* pull the wool over someone's eyes; **~ться** I *pf* втере́ться worm one's way (into, в + *acc*) *also fig*; soak (in), get absorbed

вти́с|кивать I *pf* ~нуть squeeze in, into (в + *acc*), cram in (в + *acc*); **~киваться** I *pf* ~нуться *coll* squeeze (oneself) in, into (в + *acc*); **~нуть(ся)** I *pf of* ~кивать(ся)

втих|омо́лку *adv coll* surreptitiously; on the quiet, on the sly; **~у́ю, ~аря́** *adv pop* = ~омо́лку

втолкну́ть I *pf of* вта́лкивать

втолк|ова́ть (~у́ю) *pf of* ~о́вывать; **~о́вывать** I *pf* ~ова́ть *coll* din into, ram (into, + *dat*)

втоп|та́ть I (~чу́, ~чешь) *pf of* вта́птывать

вто́ра *mus* second violin; second voice

втор|га́ться I *pf* ~гнуться invade (в + *acc*); encroach (upon), trespass (upon), intrude (in, в + *acc*); *also fig*; **~гнуться** I *pf of* ~га́ться; **~же́ние** invasion; intrusion

вто́рить II *impf* echo, repeat (+ *dat*) *also fig*; *mus* play, sing second part (to, + *dat*)

втори́чный second; secondary

вто́рник Tuesday

второго́дник pupil remaining for second year in same form

второзако́ние Deuteronomy

втор|о́й second; ~а́я скри́пка second violin; *fig* second fiddle; ~ го́лос second part; ~ час (it is) past one; из ~ы́х рук (at) second hand; *n* ~о́е second course (of meal); *partic coll* secondly, in the second place

второкла́ссн|ик second-form boy **~ица** second-form girl; **~ый** second-class; *pej* second-rate
второку́рсник second-year student
второочереднóй secondary
второпя́х *adv* hastily, in haste, hurriedly; in one's hurry
второ|разря́дный second-rate; **~сóртный** second-grade; inferior; **~степéнный** secondary; minor
втрав|и́ть II (~лю́, ~ишь) *pf of* ~ливать *or* ~ля́ть; **~ливать** I *pf* ~и́ть *pop* inveigle (into, в + *acc*); **~ля́ть** I = ~ливать
втрéскаться I *pf sl* fall (for, в + *acc*)
в-трéтьих *adv* thirdly, in the third place
втри́д|ешева *adv coll* three times as cheap; excessively cheaply; **~орога** *adv coll* triple the price; extremely dear(ly); плати́ть ~ pay through the nose
втрó|е *adv* three times; treble; ~ мéньше a third (of, + *gen*); **~ём** *adv* three (together); **~йнé** *adv* three times as much, treble
втуз *abbr of* вы́сшее техни́ческое учéбное заведéние technical college
втýлка bush; plug; bung
втýне *adv obs* in vain
вты|кáть I *pf* воткнýть drive (into), stick (into, в + *acc*); *sl work*; **~чка** *coll* sticking in; plug, bung
втю́риться II *pf sl* fall in love (with, в + *acc*)
втя́|гивать I *pf* ~нýть draw (in, into, up), pull (in, into, up); absorb, take in (*of liquids, etc*); ~ живóт pull in one's stomach; *fig* draw (into), involve (in, в + *acc*); **~гиваться** I *pf* ~нýться enter, draw (into, в + *acc*); sag, fall in (*of cheeks*); get accustomed (to), used (to, в + *acc*); become keen (on, в + *acc*); **~жнóй** *tech* suction; **~нýть(ся)** I (~нý(сь), ~нешь(ся)) *pf of* ~гивать(ся)
втя́паться I *pf pop* get into a mess; get mixed up (in, в + *acc*)
вуал|éтка veil; **~и́ровать** (~и́рую) *pf* за~ veil (over), draw a veil (over); **~ь** *f* veil; *phot* haze, fog
вуз *abbr of* вы́сшее учéбное заведéние institution of higher education; **~óвец** (~овца) student (*at institution of higher education*); **~óвка** *f of* ~овец; **~óвский** *adj of* ~
вулкáн volcano; дéйствующий, потýхший ~ active, extinct volcano; **~иза́ция** vulcanization; **~изи́ровать** (~изи́рую) *impf and pf* vulcanize; **~и́зм** vulcanism; **~и́ческий** volcanic *also fig*
вульгар|иза́тор vulgarizer; **~иза́ция** vulgarization; **~изи́ровать** (~изи́рую) *impf and pf* to vulgarize; **~и́зм** *lit* vulgarism; **~ность** *f* vulgarity; **~ный** (~ен) vulgar; debased
вундерки́нд child prodigy
вурдала́к werewolf; vampire
вхо|д entry; entrance; **~ди́ть** II (~жý, ~дишь) *pf* войти́ enter, come (in, into), go (in, into, в + *acc*); э́то éле ~дит it is a tight fit; ~ в довéрие к комý be taken into someone's confidence; ~ в долги́ run into debt; войти́ в истóрию go down in history; ~ в летá get on (in years); ~ в мóду become fashionable; ~ в поговóрку become proverbial; ~ в чьё положéние put oneself in someone else's shoes; ~ в роль (begin to) feel one's feet; **~днóй** *adj of* ~д; ~днáя плáта entrance fee; **~дя́щий** incoming; ~ ýгол *math* re-entrant angle; *n* ~дя́щая incoming paper; **~ждéние** entry; **~жий** *coll* он не ~ж к нам в дом he is not received at our house
вхолостýю *adv tech* рабóтать ~ run idle (*of machine, etc*)
вцеп|и́ться II (~лю́сь, ~ишься) *pf of* ~ля́ться; **~ля́ться** I *pf* ~и́ться *coll* seize hold of (by, в + *acc*)
вчерá *adv* yesterday; **~шний** yesterday's; весь ~ день the whole of yesterday; искáть ~шнего дня set off on a wild-goose chase
вчернé *adv coll* in rough; лéкция готóва ~ a rough draft of the lecture is ready
вчéтверо *adv* four times (as much); **~м** *adv* four (together)
в-четвёртых *adv* fourthly, in the fourth place
вчин|и́ть II *pf of* ~я́ть; **~я́ть** I *pf* ~и́ть *leg obs* ~ иск bring an action
вчистýю *adv pop obs* finally
вчит|áться I *pf of* ~ываться; **~ываться** I *pf* ~áться (try to) grasp the meaning (of, в + *acc*), read carefully; become familiar (with, в + *acc*) by reading
вчýвств|оваться (~уюсь) *pf fig* feel one's way (into, в + *acc*)
вчýже *adv coll* as a disinterested party, vicariously, disinterestedly; мне ~ стрáшно at the mere thought (of it) I am frightened
вшéстеро *adv* six times (as much); **~м** *adv* six (together)
вшивáть I *pf* вшить sew in, into (в + *acc*)
вши́веть I *pf* обо~ become lice-ridden
вши́в|ка sewing in; patch; **~нóй** sewn in
вши́в|ый (~) *coll* lousy, lice-ridden
вширь *adv* in breadth
вши|ть (вошью́, вошьёшь) *pf of* ~вáть
въед|áться I *pf* въéсться bite, eat (into, в + *acc*); **~ливый** (~лив) *coll* corrosive; *fig* acid, acidulous, caustic; **~чивый** = въéдливый
въез|д entry; entrance; **~днóй** *adj of*; ~днáя ви́за entry visa; **~жáть** I *pf* въéхать enter, drive (in, into), ride (in, into, в + *acc or* на + *acc*); ride, drive (up, на + *acc*); ~ в лýжу step into a puddle; move in (*to new house, etc*)
въé|сться (~мся, ~шься, ~стся, ~ди́мся, ~ди́тесь, ~дя́тся; ~лся) *pf of* ~дáться
въé|хать (~ду, ~дешь) *pf of* ~зжáть; ~ в мóрду, в ры́ло комý *pop vulg* give someone a sock in the kisser
въявь *adv obs* in reality, really; и ~ э́то бы́ло так it really was like that; ви́деть ~ see with one's own eyes
вы, вас, вам, вáми, вас, *pron* you *pl and usual form of address to one person*; быть на ~ be on formal terms (with, с + *instr*)
выбáлт|ывать I *pf* вы́болтать *coll* blurt out, let out; **~ываться** I *pf* вы́болтаться *coll* talk oneself to a standstill; talk oneself stupid; let the cat out of the bag
выб|егáть I *pf* вы́бежать run out; **~егаться** I *pf coll* wear oneself out with running; lose capacity to run (*of horses*), become sterile (*of animals*); **~ежать** (~егу, ~ежишь, ~егут) *pf of* ~егáть
вы́|белить II *pf of* бели́ть; **~белка** bleaching; whitening
выбивáть I *pf* вы́бить knock out; ~ дурь из когó knock the nonsense out of someone; ~ из седлá unhorse, unseat; ~ из колеи́ *fig* unsettle, upset; ~ неприя́теля dislodge the enemy; beat (clean); ~ ковёр beat a carpet; stamp; beat; print (*fabrics*); ~ медáль strike a medal; ~ гопакá dance the gopak (*stamping the feet in time*); **~ся** I *pf* вы́биться get out, come out, break loose (from); ~ из сил wear

oneself out, exhaust oneself; вы́биться в лю́ди *coll* make one's way in the world; вы́биться из коле́й go off the rails
выбира́ть I *pf* вы́брать choose, pick out, select; elect; take out (*patent, etc*); *coll* take (everything) out; **∸ся** I *pf* вы́братся get out (из + *gen*); ~ из затрудне́ний get out of a difficulty; move (house); *coll* manage to get out (to, в + *acc*; к + *dat*)
вы́бит(ся) (~ью(сь), ~ьешь(ся)) *pf of* ~ива́ть (-ся)
вы́боина pot-hole, rut; dent; groove
вы́б|ойка beating out (*of metals*); *text* print; **∸ойчатый** *text* printed
вы́б|олтать I *pf of* выба́лтывать; **~олтаться** I *pf of* ~а́лтываться
вы́б|ор choice, option; alternative; selection; assortment; на ~ at choice; *pl only* election(s); дополни́тельные ~ы by-election; **∸орка** selection; *coll* excerpt; **∸орность** *f* electivity, appointment by election; **∸орный** election; elective; electoral; ~ бюллете́нь ballot-paper; elected; *n* delegate; **∸орочный** selective; **∸орщик** selector; elector
вы́бранить(ся) II *pf of* брани́ть(ся)
выбра́с|ыватель *m* ejector; **∸ывать** I *pf* вы́бросить throw out; ~ за́ борт throw overboard *also fig*; reject, discard, throw away; ~ зря waste; ~ из головы́ put out of one's head, dismiss; *coll* dismiss (*from work*); ~ на у́лицу кого *coll* throw someone on to the street; **∸ываться** I *pf* вы́броситься throw oneself out, leap out; ~ на мель, на бе́рег run aground
вы́б|рать(ся) (~еру(сь), ~ерешь(ся)) *pf of* ~ира́ть(ся)
выбр|ива́ть I *pf* ∸ить shave (thoroughly); **~ива́ться** I *pf* ∸иться shave (thoroughly), have a (thorough) shave; **∸ить(ся)** (~ею(сь), ~еешь(ся)) *pf of* ~ива́ть(ся)
вы́бр|осить(ся) II (~ошу(сь)) *pf of* ~а́сывать (-ся)
выб|ыва́ть I *pf* ∸ыть leave, quit (из + *gen*); ~ из стро́я *mil* leave the ranks; become a casualty; ~ из игры́ be out; **~ы́тие** departure; за ~ы́тием из го́рода in view of (your) departure from town; **∸ыть** (~уду, ~удешь) *pf of* ~ыва́ть
выва́л|ивать I *pf* вы́валить throw out, dump; *vi coll* pour out (of crowd); **∸иватся** I *pf* вы́валиться fall out, tumble out; **вы́валить(ся)** *pf of* выва́ливать(ся)
вы́валять(ся) I *pf of* валя́ть(ся)
выв|а́ривать I *pf* ∸арить boil (down); remove (*stains, etc*) by boiling; extract by boiling; **∸арить** II *pf of* ~а́ривать; **∸арка** decoction, extraction; **∸арки** *pl* residium
вы́ведать I *pf of* выве́дывать
выведе́н|ец (~ца) *hist* peasant forced to move to different area; **∸ие** bringing out, leading out; removal (*of spots, stains, etc*); deduction, conclusion; hatching (out), breeding, raising, growing (*of plants*); extermination (*of pests*)
выве́дывать I *pf* вы́ведать *coll* (try to) find out; ~ секре́т у кого́ worm a secret out of someone
вы́вез|ти (~у, ~ешь; ~, ~ла) *pf of* вывози́ть
вы́в|ерить II *pf of* ~я́ть; **∸ерка** adjustment; regulation (*of clocks and watches*)
вы́в|ернуть I *pf of* ~ёртывать *also* ~ора́чивать *in sense* turn (inside) out; **∸ернуться** I *pf of* ~ёртываться *also* ~ора́чиваться *in sense* be turned inside out
вы́верт *coll* odd movement, caper; vagary, whim; mannered speech; челове́к с ~ом *coll* eccentric
вы́вер|теть II (~чу) *pf of* ∸чивать
вывёрт|ывать I *pf* вы́вернуть unscrew; pull out; *coll* twist, wrench, dislocate (*limb*); turn (inside) out; **∸ываться** *pf* вы́вернуться come unscrewed; fall out; *coll* be dislocated; be turned inside out; get out of, extricate oneself (from, из + *gen*); *coll* appear, emerge (*from behind something*)
выве́рчивать I *pf* вы́вертеть *coll* unscrew
выверя́ть I *pf* вы́верить adjust; regulate (*clocks and watches*)
вы́в|есить II (~ешу, ~есишь) *pf of* ~е́шивать; **∸еска** sign, signboard; *fig* screen, pretext; под ~еской under the mask (of, + *gen*)
вы́ве|сти(сь) (~ду(сь), ~дешь(ся); ~л(ся), ~ла(сь)) *pf of* выводи́ть(ся)
выве́тр|ивание airing; *geol* weathering; **∸ивать** I *pf* вы́ветрить remove; ~ дурно́й за́пах remove a bad smell; air, ventilate; *fig* efface, remove; **∸иваться** I *pf* вы́ветриться *geol* weather; disappear; ~ из па́мяти be effaced from the memory; **вы́ветрить(ся)** II *pf of* ∸ивать(ся)
выве́шивать I *pf* вы́весить hang out (*flags, etc*); put up, post up (*notice, etc*); weigh
вы́вин|тить(ся) (~чу(сь), ~тишь(ся)) *pf of* ∸чивать(ся); **∸чивать** I *pf* вы́винтить unscrew; **∸чиваться** I *pf* вы́винтиться *coll* come unscrewed
вы́вих dislocation; dislocated part; *fig coll* kink; quirk; **∸ивать** I *pf* вы́вихнуть dislocate, put out (of joint); **вы́вих|нуть** I *pf of* ∸ивать; он ~нул себе́ плечо́ he has dislocated his shoulder
вы́вод conclusion, deduction; leading out, bringing out; hatching (out); growing (*of plants*); breeding, raising; *elect* outlet; leading-out wire
выво|ди́ть II (~жу́, ∸дишь) *pf* вы́вести lead out, bring out; ~ кого́ в лю́ди help someone on in life; ~ из заблужде́ния undeceive; ~ из затрудне́ния help out of a difficulty; ~ кого́ из себя́ drive someone mad, out of his wits; ~ из стро́я disable, put out of action *also fig*; ~ из терпе́ния exasperate; ~ кого́ на доро́гу put someone on the right road *also fig* ~ на чи́стую во́ду expose, show up; turn out, force out; withdraw (troops); remove (*stains*); exterminate (*pests*); conclude, deduce; grow (*plants*); breed, raise; hatch out; erect (*building, etc*); depict, portray (*in literature*); trace, draw painstakingly (*letters, patterns, etc*); **~ди́ться** II (~жу́сь, ∸дишься) *pf* вы́вестись lapse, fall into disuse; become extinct, disappear (*of animals, etc*); come out (*of stains*); *vi* hatch out
вы́водка removal (*of stains*); exercising (*of horses*)
выводно́й *tech* discharge; *anat* excretory
вы́вод|ок (~ка) brood *also fig*; hatch; litter
вы́в|оз export; removal; **~ози́ть** II (∸ожу, ∸озишь) *pf only pop* cover, bespatter (*in mud, snow, etc*) (в + *pr*); **~зи́ть** II (~ожу́, ~о́зишь) *pf* вы́везти take out, remove, bring out; *econ* export; ~ в свет bring out (into society); *pop* save, rescue; **∸возка** *coll* carting out; **~озно́й** export
выв|ола́кивать I *pf* ∸олочь *coll* drag out; *tech* extract (*salt*); **∸олочка** *coll* dragging out (by hair) and beating; *tech* extraction (*of salt*); **∸олочь** (~олоку, ~олочешь, ~олокут; ~олок, ~олокла) *pf of* ~ола́кивать
вывора́чивать I *pf* вы́воротить (*also* вы́вернуть *in sense* turn (inside) out) pull out, shake loose; *coll* twist, wrench; *pop* turn (inside) out; overturn
вы́воро|тить II (~чу, ~тишь) *pf of* вывора́чивать

вы́гад|ать I *pf of* ∸ывать; **∸ывать** I *pf* вы́гадать gain; economize, save; ско́лько вы вы́гадали на э́том? how much did you make on it?

вы́гар|ки (*gen pl* ~ок) slag

вы́гиб curve; curvature; **~а́ть** I *pf* вы́гнуть bend; ~ спи́ну arch the back; **~а́ться** I *pf* вы́гнуться *vi* bend

вы́гла|дить II (~жу) *pf of* гла́дить iron; *pf of* ∸живать; **∸живать** I *pf* ~дить iron (out), smooth out (by ironing)

вы́гля|деть II (~жу, ~дишь) *pf coll* spy out; discover; *impf* look like (+ *instr*); э́то ~дит но́вым this looks new; она́ пло́хо ~дит she does not look well

выгл|я́дывать I *pf* ∸януть look out; ~ из окна́ look out of the window; peep out; emerge, become visible (from behind, из-за + *gen*); **∸януть** I *pf of* ~я́дывать

вы́г|нать (~оню, ~онишь) *pf of* ~оня́ть

выгн|ива́ть I *pf* ∸ить rot away; rot at the core; **∸ить** I (~ию, ~иешь) *pf of* ~ива́ть

вы́гн|утый (~ут) curved, bent; convex; **∸уть(ся)** I *pf of* выгиба́ть(ся)

выг|ова́ривать I *pf* ∸оворить articulate, pronounce, utter; reserve (for, + *dat*); ~ себе́ пра́во reserve for oneself the right (to, на + *acc*); *impf only coll* tell off, reprimand (+ *dat*); **~ова́риваться** I *pf* ∸овориться *coll* speak out, have one's say; **∸овор** pronunciation; accent; dressing-down, reprimand; ticking off; rebuke; **∸оворить(ся)** II *pf of* выгова́ривать(ся)

вы́г|ода advantage, benefit; gain, profit; interest; **∸одно** *adv* advantageously; *pred* it is profitable, it pays; **∸одный** (~оден) advantageous, beneficial, profitable

вы́гон (common) pasture

вы́гон|ка distillation; **~я́ть** I *pf* вы́гнать drive out, expel; ~ со слу́жбы *coll* sack; distil; *pop* make by economizing

выгора́живать I *pf* вы́городить fence off; *fig coll* screen, shield

выг|ора́ть I *pf* ∸ореть burn down, burn away; fade (*from the sun*); *impers or 3rd person coll* succeed, come off; **∸ореть** II *pf of* ~ора́ть

вы́горо|дить II (~жу) *pf of* выгора́живать

вы́гравир|овать (~ую) *pf of* грави́ровать

выгр|а́нивать I *pf* ∸анить *tech* cut (*crystal, glass*); **∸анить** II *pf of* ~а́нивать

вы́гр|еб clearing away, raking out (sewage); cesspool; **~еба́ть** I *pf* ∸ести rake out, clear away; row (out), pull (out); **~ебно́й** refuse; ~ебна́я я́ма cesspool; **∸ести** (~ебу, ~ебешь; ~еб, ~ебла) *pf of* ~еба́ть

выгр|ужа́ть I *pf* ∸узить unload, unlade; disembark; **~ужа́ться** I *pf* ∸узиться disembark; *mil* detrain, debus; **∸узить(ся)** II (~ужу(сь), ~узишь(ся)) *pf of* ~ужа́ть(ся); **∸узка** unloading; disembarkation; **∸узчик** unloader, stevedore

выгр|ыза́ть I *pf* ∸ызть gnaw (out); **∸ызть** (~ызу, ~ызешь; ~ыз, ~ызла) *pf of* ~ыза́ть

выдава́ть (~аю́, ~аёшь) *pf* ∸ать give (out), distribute, issue; ~ ве́ксель draw a bill; ~ зарпла́ту pay (out) wages; ~ про́пуск, распи́ску issue a pass, receipt; ~ кого́ за́муж give someone in marriage (to, за + *acc*); ~ на-гора́ *tech* hoist, wind (to the surface); deliver up, hand over; extradite; betray; ~ секре́т betray a secret; ~ голово́й betray (utterly); pass off (as), pose (as, за + *acc*); он ~ава́л себя́ за до́ктора he pretended to be a doctor; **~ава́ться** (~аю́сь, ~аёшься) *pf* ∸аться jut out, project, protrude; *fig* be conspicuous (for), be distinguished (by), stand out (on account of, + *instr*); *coll* happen, arrive (*of something special, noteworthy, etc*); ∸алась хоро́шая пого́да it turned out to be nice weather

выд|авить II (~авлю) *pf of* ~а́вливать; **~а́вливать** I *pf* ∸авить press out, squeeze out *also fig*; ∸авить улы́бку force a smile; break, knock out

выда́ивать I *pf* вы́доить milk (dry); obtain (by milking)

выда́лбливать I *pf* вы́долбить hollow, gouge out; *coll* learn by heart

вы́данье на ~ *coll obs* marriageable

вы́да|ть(ся) (~м(ся), ~шь(ся), ~ст(ся), ~дим(-ся), ~дите(сь), ~дут(ся)) *pf of* ~ва́ть(ся)

вы́дача issuing, issue; payment, extradition

выдаю́щийся prominent, salient; *fig* outstanding, eminent, distinguished, prominent

выдв|ига́ть I *pf* ∸инуть pull out, move out; *fig* advance, bring (forward), put (forward); ~ доказа́тельство adduce a proof; ~ обвине́ние bring an accusation (against, про́тив); nominate, propose; ~ чью кандидату́ру, кого́ в кандида́ты propose someone as candidate; promote (to the post of, на до́лжность + *gen*); **~ига́ться** I *pf* ∸инуться slide in and out, move (in and) out; rise, get on (in the world); *pass of* ~ига́ть; **~иже́нец** (~иже́нца) worker promoted to administrative post; student put forward to do postgraduate work; **~иже́нка** *f of* ~иже́нец; **~иже́нчество** system of promotion of workers to important administrative posts; **~ижно́й** sliding; *tech* telescopic; **∸инуть(ся)** I *pf of* ~ига́ть(ся)

вы́двор|ить II *pf of* ~я́ть; **~я́ть** I *pf* вы́дворить *leg obs* evict; *iron* throw out

вы́дел *leg* apportionment

вы́дел|ать I *pf of* ∸ывать

выд|еле́ние *physiol* secretion; excretion; гно́йное ~ pus; *chem* isolation; apportionment; *mil* detachment; **~ели́тельный** *physiol* secretory, excretory; **∸елить(ся)** II *pf of* ~еля́ть(ся)

вы́дел|ка manufacture; dressing, currying; workmanship; **∸ывать** I *pf* вы́делать manufacture; process; dress, curry (*leather*); *impf only coll* be up to; что он тепе́рь ∸ывает? what is he up to now?

выделя́ть I *pf* вы́делить pick out, single out; *mil* detach, detail; *typ* ~ курси́вом italicize; earmark, assign, allot; *physiol* secrete, excrete; *chem* isolate; **∸ся** I *pf* вы́делиться take one's share (*of family property, legacy, etc*); stand out (because of), be noted (for), be distinguished (by, + *instr*); exude, ooze out; *pass of* ~

выдёргивать I *pf* вы́дернуть pull out; *fig sl* root out, arrest

вы́держанность *f* consistency; self-possession; firmness

вы́держ|анный (~ан, ~ана) consistent; self-possessed; firm; mature, seasoned (*of wine, cheese, wood, etc*)

вы́держ|ать II (~у) *pf of* ∸ивать; **∸ивать** I *pf* вы́держать bear, hold, stand (up to), endure *also fig*; contain oneself; он не вы́держал и рассмея́лся he could not contain himself (any longer) and burst out laughing; не ~ break down, give in; вы́держать экза́мен, испыта́ние pass an examination, (with)stand a test; вы́держать не́сколько изда́ний run to several editions; вы́держать под аре́стом keep in custody; mature, season, keep, lay up; maintain, sustain; вы́держать роль keep up a part, sustain an act; вы́держать хара́ктер stand firm, be true to oneself

вы́держк|а endurance; self-possession; *phot* exposure; excerpt, quotation; привести́ на ~у cite at random (*from test*, *document*, *etc*)

вы́дер|нуть I *pf of* ~гивать

выд|ира́ть I *pf* ~рать tear out; **~ира́ться** I *pf* ~раться *coll* extricate oneself

вы́д|оить II *pf of* ~а́ивать

вы́д|олбить II (~олблю) *pf of* ~а́лбливать

вы́д|ох exhalation, expiration; **~охнуть** I *pf of* ~ыха́ть; **~охнуться** I (*past*, ~охся, ~охлась) *pf of* ~ыха́ться

вы́дра otter; *fig coll* scrawny, scraggy woman

вы́д|рать (~еру, ~ерешь) *pf of* ~ира́ть *and* драть; **~раться** (~ерусь, ~ерешься) *pf of* ~ира́ться

вы́дрессир|овать (~ую) *pf of* дрессирова́ть

вы́дуб|ить II (~лю) *pf of* дуби́ть

выдува́|льщик glass-blower; **~ть** I *pf* вы́дуть blow out; *tech* blow; ~ ого́нь *coll* blow up a fire; *sl* toss off, down (a drink)

вы́дув|ка *tech* (glass-)blowing; **~но́й** blown (*of glass*)

вы́д|уманный (~уман, ~умана) made-up, fabricated, concocted; ~уманная исто́рия fabrication; **~умать** I *pf of* ~у́мывать; не ~умай нашали́ть! mind you don't get up to mischief!; он по́роха не ~умает he will not set the Thames on fire; **~умка** invention; idea (*device*, *discovery*); голь на ~умки хитра́ *prov* necessity is the mother of invention; *coll* inventiveness; *coll* invention, fabrication (*lie*); **~умщик** *coll* inventor; fabricator (*liar*); **~у́мывать** I *pf* ~умать invent; make up, fabricate; не ~у́мывай *coll* don't argue

вы́ду|ть I *pf of* ~ва́ть

выдыха́|ние exhalation, expiration; ~ть I *pf* вы́дохнуть breathe out; **~ться** I *pf* вы́дохнуться lose (its) fragrance, smell; be flat (*of wines*); *fig* be played out, be past one's best, lose one's inspiration

выеда́ть I *pf* вы́есть corrode; eat away

вы́еденн|ый не сто́ит ~ого яйца́ of little importance, hardly worth bothering about

вы́|езд departure; exit; *obs* equipage, turnout; **~ездить** II (~езжу, ~ездишь) *pf of* ~езжа́ть; **~ездка** breaking-in; training (*of horses*); **~ездно́й** *adj of* ~езд; ~ездна́я се́ссия суда́ assizes; ~ездно́й матч *sp* away match; ~ездно́й лаке́й footman; ~ездно́е пла́тье party dress; **~езжа́ть** I *pf* вы́ездить break(-in); train (*horses*); *pf* вы́ехать go out, depart (*by vehicle or on an animal*); drive, ride out; *coll* leave, move (*premises*); *fig pej* make use (of), exploit, take advantage (of, на + *prep*)

вы́емка taking out; withdrawal (*money*); collection (*letters*); seizure (*of documents*); hollow, groove; *archi* fluting; excavation; cutting (*railways*); cutting, cut (*tailoring*)

вы́е|сть (~м, ~шь, ~ст, ~дим, ~дите, ~дят) *pf of* ~да́ть

вы́е|хать (~ду, ~дешь) *pf of* ~зжа́ть

выж|а́ривать I *pf* вы́жарить *coll* roast to a turn; fry, roast thoroughly; *pop* heat up (*utensils*, *etc*); **~арить** II *pf of* ~а́ривать

вы́ж|атый (как) ~ лимо́н a person sucked dry (*mentally*); withered, played out (*physically*); has-been; **~ать** (~му, ~мешь) *pf of* ~има́ть; (~ну, ~нешь) *pf of* ~ина́ть

вы́жд|ать (~у, ~ешь) *pf of* выжида́ть

вы́ж|ечь (~гу, ~жешь; ~ег, ~гла) *pf of* ~ига́ть; **~женный** burnt; ~женная земля́ scorched earth

выжива́|ние survival; ~ наибо́лее приспосо́бленных survival of the fittest; **~ть** I *pf* вы́жить survive, live, pull through; *coll* manage to live for certain time, stick it out; *coll* drive out, hound out, get rid of; вы́жить из ума́ *coll* become, grow senile, feeble-minded

вы́жига *m and f pop* rogue; curmudgeonly fellow; **~ние** scorching; *med* cauterization; **~ть** I *pf* вы́жечь burn down; burn out; scorch; *med* cauterize; ~ по де́реву do poker-work; make a mark by burning; ~ клеймо́ brand (на + *prep*)

выжида́|ние waiting, temporizing; **~тельный** waiting, temporizing; занима́ть ~тельную пози́цию temporize; play a waiting game; **~ть** *pf* вы́ждать wait (for, + *gen*), bide one's time

вы́жим *sp* press-up; **~а́ла** *m sl* exploiter; **~а́ние** squeezing; wringing; *sp* (weight-)lifting; **~а́ть** I *pf* вы́жать press out, wring (out); squeeze out; ~ со́ки, пот из кого́ drive someone hard

вы́жим|ки (*gen pl* ~ок) husks, marc; oil-cake; льняны́е ~ linseed-cake

выжина́ть I *pf* вы́жать reap clean

вы́жи|ть (~ву, ~вешь) *pf of* ~ва́ть

вы́жл|ец hound; **~овка** hound bitch; **~я́тник** whipper-in

вызва́нивать I *pf* вы́звонить ring (out) (*of bells*); *fig* jingle, ring; *coll* (try to) get on the phone

вы́з|вать(ся) (~ову(сь), ~овешь(ся)) *pf of* ~ыва́ть(ся)

вы́звездит|ь *impers* ~ the stars are (all) out, it is a (clear) starlit night

вы́звол|ить II *pf of* ~я́ть; **~я́ть** I *pf* вы́зволить *coll* help out; ~ из беды́ help out of trouble

вы́звонить II *pf of* вызва́нивать

вызд|ора́вливать I *pf* ~ороветь recover, get better; **~ороветь** I *pf of* ~ора́вливать; **~оровле́ние** recovery; convalescence

вы́зов summons; call; ~ по телефо́ну telephone call; challenge; бро́сить ~ throw down a challenge

вы́з|олотить II (~олочу) *pf of* золоти́ть; **~олоченный** (~олочен) gilt

вызр|ева́ть I *pf* ~еть ripen; ~еть I *pf of* ~ева́ть

выз|у́бривать I *pf* ~убрить nick (cutting edge of instrument); **~убрить** II *pf of* ~у́бривать; *pf of* зубри́ть *coll* swot up, mug up; learn by heart

вызыва́|ть I *pf* вы́звать call (out); send for; ~ врача́ call, send for a doctor; ~ по телефо́ну ring up; ~ в суд *leg* summon(s), subpoena; challenge; ~ на дуэ́ль challenge to a duel, call out; ~ на открове́нность, draw out; call forth, cause, excite, provoke, rouse, stimulate (*emotions*, *feelings*, *physical symptoms*, *etc*); ~ воспомина́ния у кого́ remind someone (of, о + *prep*); ~ слёзы у кого́ move someone to tears; **~ться** I *pf* вы́зваться volunteer, offer (+ *infin or* в, на + *acc*); он вы́звался помо́чь he offered to help; он вы́звался на фронт he volunteered for the front; **~ющий** defiant; provocative

вы́|играть I *pf of* ~и́грывать; **~и́грывать** I *pf* ~играть win; gain; **~игрыш** win; winning; winnings, prize, gain; быть в ~игрыше be (the) winner; *fig* be the gainer, stand to gain; **~игрышный** winning; ~ биле́т lottery ticket; ~ заём premium bonds (issue); ~ ход winning move; advantageous, effective

вы́|искать I (~ищу, ~ищешь) *pf of* ~и́скивать track down, discover; **~искаться** I *pf of* ~и́скиваться *coll iron* volunteer, turn up (for, для + *gen*); **~и́скивать** I *pf* ~искать try to trace, discover, seek out; **~и́скиваться** I *pf* ~искаться

вы́йти (~йду, ~йдешь; ~шел, ~шла) *pf of* ~ходи́ть

вы́к|азать I (~ажу) *pf of* ~а́зывать; **~а́зывать** I *pf* ~азать *coll* demonstrate, display, manifest (*abstract qualities*)

вык|а́ливать I *pf* ~алить *tech* fire; **~алить** II *pf of* ~а́ливать

выка́лывать I *pf* вы́колоть prick out (*pattern with pins*, *etc*); ~ глаза́ кому́ put out someone's eyes; cut out (*pieces of ice*, *stone*, *etc*)

вык|а́пчивать I *pf* вы́коптить smoke (*gammon*, *etc*)

вы|ка́пывать I *pf* ~копать dig (out), dig up; ~ я́му dig a hole; exhume; *fig* dig up, unearth; **~ка́пываться** I *pf* ~копаться *coll* dig oneself out

вы́карабк|аться I *pf of* ~иваться scramble out; fig *coll* get (oneself) out; ~ из боле́зни get over an illness; **~иваться** *pf* ~аться

вык|а́рмливать I *pf* ~ормить rear, bring up

вы́к|атать I *pf of* ~а́тывать mangle; smooth, roll out (*linen*, *etc*); *coll* roll (in, в + *prep*), **~ататься** I *pf of* ~а́тываться *coll pass of* ~атать; *vi* roll (in, в + *prep*); **~атить(ся)** II (~ачу(сь), ~атишь(ся)) *pf of* ~а́тывать; **~атка** mangling; rolling out; **~а́тывать** I *pf* ~атить roll out; wheel out; *coll* come bowling out, come rolling out; ~ глаза́ *coll* open one's eyes wide, stare; **~а́тываться** I *pf* ~атиться roll out; *coll* ~а́тывайся! buzz off! get out!

вы́кать I *impf coll* address formally, address as 'вы'

вы́к|ачать I *pf of* ~а́чивать; **~а́чивать** I *pf* ~ачать pump out; *fig coll* extort; **~ачка** pumping out; *fig* extortion

вык|а́шивать I *pf* ~осить mow (*the whole of a meadow*, *etc*)

вык|а́шливать I *pf* ~ашлять *coll* cough up, hawk up; **~а́шливаться** I *pf* ~ашляться *coll* clear one's throat; **~кашлять(ся)** *pf of* ~а́шливать(ся)

вык|и́дывать I *pf* ~инуть throw out, reject; chuck out, dismiss (*from work*); put out; ~ флаг hoist a flag; *med* have a miscarriage; have an abortion; вы́кинуть что из головы́ *coll* put something out of one's head; вы́кинуть номер, шту́ку, фо́кус *coll* play a trick; **~идыш** *med* miscarriage, abortion; foetus; **~инуть** I *pf of* ~и́дывать

вык|ипа́ть I *pf* ~ипеть boil away; **~ипеть** II *pf of* ~ипа́ть; **~ипятить** II (~ипячу) *pf coll* boil out, boil through

вы́кл|адка laying-out, spreading-out, *obs* laying, facing, bricking; *mil* pack, kit; в по́лной ~адке in full marching order; *math* computation; **~а́дывать** I *pf* вы́ложить lay out, spread out; *fig coll* unburden oneself (of); cover, lay (with, + *instr*), revet; ~ дёрном turf; ~ ка́мнем face with masonry; ~ кирпичо́м brick; ~ моза́икой inlay with mosaic; embellish (*robes*, *vestments*, *etc*)

вы́кл|евать(ся) (~юю(сь), ~юешь(ся)) *pf of* ~ёвывать(ся); **~ёвывать** I *pf* ~евать peck out, peck up; **~ёвываться** I *pf* ~еваться hatch out (*of birds*); ничего́ не ~ёвывается *coll* there are no signs of anything moving

выкл|е́ивать I *pf* ~еить *coll* ~ обо́ями paper; **~еить** II *pf of* ~е́ивать

выкл|ика́ть I *pf* ~икнуть call out; ~ по спи́ску call over the roll; **~икнуть** I *pf of* ~ика́ть

выкл|юча́тель *m* switch; **~юча́ть** I *pf* ~ючить turn off, cut off; switch off; exclude, remove (from, из + *gen*); ~ строку́ *typ* justify; **~ючить** II *pf of* ~юча́ть

выкл|я́нчивать I *pf* ~янчить; *impf only* ~ что у кого́ try to get something out of someone; cadge (from; off, у + *gen*), get (out of, у + *gen*); **~янчить** II *pf of* ~я́нчивать

вы́к|овать (~ую) *pf of* ~о́вывать; **~о́вывать** I *pf* ~овать forge *also fig*

вык|овы́ривать I *pf* ~овырять (try to) pluck out, pick out; *fig coll* hunt out; **~овырять** *pf of* ~овы́ривать

вык|ола́чивать I ~олотить knock out, beat out; beat (*carpet*, *etc*); *coll* extort; *sl* make (*money*); **~олотить** II (~олочу) *pf of* ~ола́чивать; ~ дурь из кого́ *coll* knock the nonsense out of someone

вы́кол|оть (~ю, ~ешь) *pf of* выка́лывать; хоть глаз ~и dark as pitch

выколуп|ать I *pf of* ~ывать; **~ывать** I *pf* вы́колупать *pop* pick out

вы́к|опать(ся) I *pf of* ~а́пывать(ся)

вы́к|оптить II (~опчу) *pf of* ~а́пчивать

вы́к|ормить II (~ормлю) *pf of* ~а́рмливать; **~ормок** (~ормка), **~ормыш** *coll* fosterling; nursling; *fig pej* creature

вы́корч|евать (~ую) *pf of* ~ёвывать; **~ёвывать** I *pf* вы́корчевать uproot; *fig* extirpate, root out

вы́ко|сить II (~шу) *pf of* выка́шивать

выкра́д|ывать I *pf* вы́красть steal; *fig* plagiarize; **~ываться** I *pf* вы́красться *coll* steal away, steal out

выкр|а́ивать I *pf* ~оить cut out (*tailoring*); *fig* make do with; на́до вы́кроить из э́тих де́нег на о́бувь one must make this money do for shoes

вы́кра|сить II (~шу) *pf of* ~шивать; **~шивать** *pf* вы́красить paint; dye

вы́кра|сть(ся) (~л(ся)) *pf of* ~дывать(ся)

вы́кр|ест *coll* convert (*to Christianity*) **~естить** II (~ещу, ~естишь) *pf coll* convert (to Christianity)

вы́кр|ик cry, shout; yell; **~и́кивать** I *pf* ~икнуть cry out; yell; **~икнуть** I *pf of* ~и́кивать

вы́кристаллиз|оваться (~ую) *pf of* ~о́вываться; **~о́вывать(ся)** *pf* вы́кристаллизоваться crystallize *also fig*

вы́кр|оить II *pf of* выкра́ивать; **~ойка** pattern; снять ~ойку cut out a pattern

выкрута́с|ы (*gen pl* ~ов) *coll* figures, intricate movements (*of dance*); *fig* overelaboration (*of speech*); flourishes (*of handwriting*); idiosyncrasies (*of behaviour*); говори́ть с ~ами speak affectedly; челове́к с ~ами person with eccentricities, an affected person

вы́кр|утить(ся) II (~учу(сь)) *pf of* ~у́чивать(ся); **~у́чивать** I *pf* ~утить unscrew; *tech* twist (*ropes*, *etc*); ~ кому́ ру́ку twist someone's arm; **~у́чиваться** I *pf* ~утиться come unscrewed; *fig* extricate oneself, get oneself out (of, из + *gen*)

вык|увы́ркивать I *pf* ~увырнуть (overturn and) tip out; **~увырнуть** I *pf of* ~увы́ркивать

вы́к|уп *leg* redemption; ransom, redemption-fee; **~упать** I *pf of* купа́ть; **~упа́ть** I *pf* ~упить ransom, redeem; buy back; ~ из-под зало́га get out of pawn; **~упить** II (~уплю) *pf of* ~упа́ть; **~упно́й** redemption

вык|у́ривать I *pf* ~урить smoke (*cigarette*, *etc*); smoke out; *fig coll* get rid of; distil; **~урить** II *pf of* ~у́ривать

вы́ку|сить II (~шу) *pf of* ~́сывать; **~́сывать** I *pf* вы́кусить bite out
вы́кушать I *pf obs* drink
выла́вливать I *pf* вы́ловить fish out; catch, fish dry, draw out
вы́лазка *mil* sally, sortie *also fig*; ramble, excursion, outing
вы́лакать I *pf* lap up
выл|а́мывать I *pf* ~́омать *and coll* ~́омить break open; knock out, break off; wrench out
выла́щивать I *pf* вы́лощить polish; *fig coll* make sophisticated, polished
вы́леж|ать(ся) II (~у(сь), ~ишь(ся)) *pf of* ~́ываться; **~́ывать** I *pf* вы́лежать *coll* remain lying down; stay in bed, keep to one's bed; **~́ываться** I *pf* вы́лежаться *coll* rest thoroughly; be retextured (*of material*); ripen (*of fruit*, *etc*); mature (*of tobacco*, *etc*)
выл|еза́ть I *pf* ~́езть (*and* ~́езти) crawl out, climb out; *coll* get out, alight; fall out, come out (*of hair*, *etc*); *coll pej* come out with (*remark*, *etc*) (с + *instr*); **~́езть** (~езу, ~езешь; ~ез, ~езла) *pf of* ~еза́ть
вы́леп|ить II (~лю) *pf of* лепи́ть
вы́л|ет flight (*of birds*); *aer* take-off, commencement of flight; **~ета́ть** I *pf* ~́ететь fly out (*bird*, *etc*); *aer* take off; *fig coll* rush out, dash out (*of person*); ~́ететь в трубу́ *coll* go broke, bankrupt; ~ из головы́ go out of one's head; всё ~́етело у меня́ из головы́ my mind's gone a complete blank; ~ со слу́жбы *fig coll* get the push, be given the sack; **~́етать** *vt pf aer* release surplus fuel in flight; **~́ететь** II (~ечу, ~етишь) *pf of* ~ета́ть
выл|е́чивать I *pf* ~́ечить cure (of, от + *gen*) *also fig*; **~е́чиваться** I *pf* ~́ечиться be cured (of), recover (from, от + *gen*); get over *also fig*; **~́ечить(ся)** II *pf of* ~е́чивать(ся)
выл|ива́ть I *pf* ~́ить pour out; empty (out); *tech* cast, found; mould; **~ива́ться** I *pf* ~́иться run out, flow out, pour out; *fig* flow (from), spring (from, из + *gen*); take the form (of), express itself (in, в + *acc*, в фо́рму + *gen*); никто́ не зна́ет, во что вы́льется всё э́то no one knows what form all this will take
вы́ли|зать I (~жу, ~жешь) *pf of* ~́зывать; **~́зывать** I *pf* вы́лизать *coll* lick clean, lick up
вы́линять I *pf* of линя́ть
вы́л|итый (~ит) *fig* он ~итый оте́ц he is the very image of his father; **~́ить(ся)** (~ью(сь), ~ьешь(ся)) *pf of* ~ива́ть(ся)
вы́лов|ить II (~лю) *pf of* вы́ла́вливать
вы́лож|ить II (~у) *pf of* выкла́дывать
вы́л|ом breaking open, breaking off; breach; **~́омать** I *pf* of выла́мывать; **~́омка** breaking off, up
вы́лощ|енный (~ен) glossy, *fig coll* polished, smooth; **~ить** II (~щу) *pf of* выла́щивать
вы́лудить II (~жу) *pf of* ~́живать; **~́живать** I *pf* вы́лудить tin(-plate)
выл|упить(ся) II (~уплю(сь)) *pf of* ~упля́ть(ся); **~упля́ть** I *pf* ~́упить *coll* peel, shell; ~ глаза́ *coll* goggle; **~упля́ться** I *pf* ~́упиться *coll* hatch (out); не счита́й утя́т пока не ~́упились *prov* don't count your chickens before they are hatched
выл|у́щивать I *pf* ~́ущить shell (*peas*); *med* remove (*by operation*); **~́ущить** II *pf of* ~у́щивать
вы́ма|зать(ся) I (~жу(сь), ~жешь(ся)) *pf of* ~́зывать(ся); **~́зывать** I *pf* вы́мазать smear (with), daub (with, + *instr*); *coll* dirty; ~ па́льцы в черни́лах make one's fingers inky; **~́зываться** I *pf* вы́мазаться *coll* get dirty, make oneself dirty
выма́ливать *pf* вы́молить *coll* beg for; *pf* obtain by asking, by entreaties, by prayers; *pf* ask (for) and obtain
выма́лывать I *pf* вы́молоть grind (*a particular quantity of grain*)
вым|а́нивать I *pf* ~́анить swindle, cheat (out of); wheedle (out of, у + *gen*); у него́ ~́анили обеща́ние a promise was wheedled out of him; entice (from), lure (out of; from, из + *gen*); **~́анить** II *pf of* ~а́нивать
вы́мар|ать I *pf of* ~́ывать
выма́ривать I *pf* вы́морить exterminate; ~ го́лодом starve out
вы́мар|ка crossing out, striking out, deletion; **~́ывать** I *pf* вы́марать *coll* dirty, soil; cross out, strike out
выма́т|ывать I *pf* вы́мотать *coll tech* wind (*wool*); wind off, use up (*wool*); *fig* drain, exhaust; ~ ду́шу torment; exasperate; **~́ываться** I *pf* вы́мотаться *pass of* ~́ывать; *coll* be done up, worn out
вым|а́чивать I *pf* ~́очить soak, drench; ret (*flax*, *hemp*); steep, macerate
вым|а́щивать I *pf* ~́остить pave
вы́меж|евать (~ую) *pf of* ~ёвывать; **~ёвывать** I *pf* вы́межевать *agr* measure off strips of land
вым|е́нивать I *pf* ~́енять barter (for, на + *acc*), receive in exchange; **~́енять** I *pf of* ~е́нивать
вы́м|ереть (~ру, ~решь; ~ер, ~ерла) *pf of* ~ира́ть
вым|ерза́ть I *pf* ~́ерзнуть be destroyed, killed by frost; freeze (right through); **~́ерзнуть** I (*past* ~ерз, ~ерзла; ~ерзший) *pf of* ~ерза́ть
вым|е́ривать I *coll* = ~еря́ть; **~́ерить** II *pf of* ~еря́ть
вы́мерший extinct
вы́м|ерять I = ~́ерить; **~еря́ть** I *pf* ~́ерить measure
вы́ме|сти (~ту, ~тешь; ~л) *pf of* ~та́ть
вы́ме|стить II (~щу) *pf of* ~ща́ть
вы́мет|ать I *pf of* ~́ывать; **~а́ть** I *pf* вы́мести sweep (out); sweep clean; *sl* chuck out; **~а́ться** I *pf* вы́местись *pop* clear out, off; **~́ывать** I *pf* вы́метать; ~ пе́тли make buttonholes; ~ икру́ spawn; cast out (*net*, *etc*)
вым|еща́ть I *pf* ~́естить; ~ доса́ду, злобу на ком vent one's irritation, anger on someone; *obs* take revenge (on, + *dat*)
вымина́ть I *pf* вы́мять knead, work, soften up (*clay*, *etc*)
вым|ира́ть I *pf* ~́ереть die out, become extinct; become desolate, deserted, depopulated
вымога́т|ель *m* extortion; **~́ельский** extortionate; **~́ельство** extortion; **~́ь** *impf* extort, wring (out of, у + *gen*)
вы́моина *dial* gully
вым|ока́ть I *pf* ~́окнуть be drenched, soaked; become soggy, ret (*of crops*, *foodstuffs*, *etc*); **~́окнуть** I (*past* ~ок, ~окла) *pf of* ~ока́ть
вым|ола́чивать I *pf* ~́олотить thresh (*the whole of a crop*)
вы́молв|ить II (~лю) *pf* say, utter
вы́молить II *pf of* выма́ливать
вы́м|олот threshing; grain (*from threshing*); **~́олотить** II (~олочу) *pf of* ~ола́чивать; **~́олоть** (~елю, ~елешь) *pf of* ~а́лывать

вымора́живать I *pf* вы́морозить air, cool (*by* exposing to frosty air); extract moisture by exposing to frost; freeze out, freeze to death
вы́морить II *pf* exterminate (*with poison*); ~ го́лодом starve out
вы́мор|озить II (~ожу) *pf of* ~а́живать
вы́морочн|ый *leg* escheated; ~ое иму́щество escheat
вы́мо|стить II (~щу) *pf of* выма́щивать
вы́мотать(ся) I *pf of* выма́тывать(ся)
вы́мочить II *pf of* выма́чивать
вы́м|ою ~оешь *see* **~ыть**
вы́мпел streamer; pendant, pennant; *aer* message bag; *naut* unit
вы́м|ученный (~учен) forced; laboured (*of style*); **~у́чивать** I *pf* ~́учить extort (from), force (out of, из + *gen*); **~́учить** II *pf of* ~у́чивать
вы́муштр|овать (~ую) *pf of* муштрова́ть
вым|ыва́ть I *pf* ~́ыть wash, wash out, wash off; wash away; **~ыва́ться** I *pf* ~́ыться wash (oneself)
вы́м|ысел fabrication, invention; figment, (flight of) fantasy, flight of imagination; **~́ыслить** II (~ышлю) *pf of* ~ышля́ть
вы́м|ыть(ся) (~ою(сь), ~оешь(ся)) *pf of* ~ыва́ть(ся)
вы́мышл|енный (~ен) fictitious, imaginary; **~я́ть** I *pf* вы́мыслить *obs* invent, think up (*in the imagination*); imagine
вы́м|я *neut* (~ени, ~енем, ~ени; *pl rare* ~ена́, ~ён, ~ена́м) udder
вы́м|ять (~ну, ~нешь) *pf of* ~ина́ть
вына́шивать I *pf* вы́носить bear, bring forth (*children at full term*); ~ мысль nurse, nurture an idea
вынес|е́ние ~ пригово́ра *leg* pronouncement of sentence
вы́нес|ти(сь) (~у(сь), ~ешь(ся)) *pf of* выноси́ть(ся)
вынима́ть I *pf* вы́нуть take out; pull out, extract; draw out (*money from bank, etc*); вынь да поло́жь *coll* (do it) here and now, immediately; **~́ся** I *pf* вы́нуться *coll* come out
вы́нос carrying-out (*of bier*), bearing-out (*of body*); ло́шадь под ~ом trace-horse; на ~ *obs* for consumption off the premises
вы́н|осить II (~ошу) *pf of* ~а́шивать; **~оси́ть** II (~ошу́, ~о́сишь) *pf* ~́ести carry out, take out; take away; ~ в мо́ре carry out to sea; ~ ле́вую но́гу step off with the left foot; ~ на бе́рег wash ashore; ~ на поля́ enter in the margin (*of a book*); ~ под строку́ make a footnote; ~ поко́йника carry out a body (for burial); ~ сор из избы́ wash one's dirty linen in public; *fig* carry away, derive, take away; ~ прия́тное впечатле́ние be favourably impressed; ~ пригово́р pass sentence (on, + *dat*); ~ резолю́цию pass a resolution; ~ реше́ние decide, *leg* pronounce judgement; ~ на свои́х плеча́х shoulder, bear the brunt (of); bear, endure, stand; не ~ not to be able to bear, stand; я её не ~ошу́ I can't bear her; хоть святы́х ~си́ *coll* (it is) intolerable, too much; **~́оска** taking out, carrying out; ~ (под строко́й) footnote; ~ (на поля́х) marginal note
выно́с|ливость *f* staying power; (powers of) endurance; **~́ливый** (~лив) (capable) of great endurance, hardy *also agr*; **~но́й** inserted in footnote; ~на́я ло́шадь trace-horse
вы́ношен|ный (~) ~ ребёнок child born at full term; *fig* mature (*of ideas, projects, etc*)

вы́н|удить II (~ужу) *pf of* ~ужда́ть; **~ужда́ть** I *pf* ~́удить force, compel (+ *infin*); force (from, out of), extort (у + *gen*); **~́ужденный** (~ужден) compulsory, forced; ~ужденная поса́дка *aer* forced landing
вы́нуть(ся) I *pf of* ~има́ть(ся)
вын|ы́ривать I *pf* ~́ырнуть; **~́ырнуть** I *pf of* ~ы́ривать come to the surface, come up (*of divers*); *fig coll iron* turn up
вы́нюх|ать I *pf of* ~́ивать; **~́ивать** I *pf* вы́нюхать *coll* sniff (up); *fig* nose out, sniff out
вын|я́нчивать I *pf* ~́янчить *coll* bring up, nurse; **~́янчить** II *pf of* ~я́нчивать
вы́пад *fig* attack; *sp* lunge, thrust; **~а́ть** I *pf* вы́пасть fall out; fall (*of rain, snow, etc*); мно́го сне́гу вы́пало there has been a heavy fall of snow; befall, fall; ему́ вы́пал жре́бий it fell to his lot (to, + *infin*); мне вы́пало на до́лю it fell to my lot (to, + *infin*); occur, turn out; *sp* lunge, thrust; **~е́ние** falling out (*hair, teeth, etc*); *med* prolapsus
вып|а́ивать I *pf* ~́оить feed (livestock)
вып|а́ливать I *pf* ~́алить *coll* shoot, fire (at, в + *acc*); *fig* blurt out; *vt dial* burn up; **~́алить** II *pf of* ~а́ливать
вып|а́лывать I *pf* ~́олоть weed out
вып|а́ривать I *pf* ~́арить *coll* steam; clean, disinfect (*by steaming*); *chem* evaporate; clean (*in steam-bath*); **~́арить** II *pf of* ~а́ривать; **~́арка** steaming; evaporation; **~арно́й** *tech* evaporation
выпа́рхивать I *pf* вы́порхнуть flutter, flit out (*of birds*); *fig coll* (gracefully) dart out (*usu of young women*)
выпа́рывать I *pf* вы́пороть *coll* rip out, rip up
вы́па|сть (~ду, ~дешь; ~л) *pf of* ~да́ть
вы́па|хать I (~шу, ~шешь) *pf of* ~́хивать; **~́хивать** plough up (*a particular amount*); exhaust (soil)
вы́п|ачкать I *pf* dirty, soil; stain; **~́ачкаться** I *pf* make oneself dirty; ты весь ~́ачкался черни́лами you're all covered in ink
вып|ека́ть I *pf* ~́ечь bake
вы́п|ереть (~ру, ~решь; ~ер, ~ерла) *pf of* ~ира́ть
вы́пест|овать (~ую) *pf of* пе́стовать
вы́п|ечка baking; batch (of loaves); **~́ечь** (~еку, ~ечешь, ~кут; ~к, ~кла) *pf of* ~ека́ть
вып|ива́ла *coll* tippler; **~ива́ть** I *pf* ~́ить drink; drink up, off, down; *impf only coll* be fond of the bottle; **~́ивка** *coll* drinking-bout, booze-up; *collect* drinks; **~иво́н** *sl* booze-up; **~иво́ха** *m and f sl* boozer; **~́ивши** *pred adj* drunk
вып|и́ливать I *pf* ~́илить saw, cut out by sawing; ~ украше́ние ло́бзиком make a fretwork ornament; **~́илить** II *pf of* ~и́ливать; **~́илка** sawing, cutting out by sawing; fretwork; cut-out object (*by saw*)
вып|ира́ть I *pf* ~́ереть stick out, bulge out, protrude; push out, shove out; *sl* throw out, sling out, kick out
вы́п|исать(ся) I (~ишу(сь), ~ишешь(ся)) *pf of* ~и́сывать(ся); **~́иска** copying, excerpting; writing-out; extract, excerpt; cutting (*from newspaper*); ordering, subscription; discharge; **~и́сывать** I *pf* ~́исать copy out; excerpt; trace out, delineate carefully; make out, write out (*cheque, receipt, etc*); order, subscribe (to), send for, write for; strike off the list; ~ из больни́цы discharge from hospital; **~и́сываться** I *pf* ~́исаться be discharged; leave; *obs* write oneself out, have no more to say; **~́ись** *f* extract, copy;

метри́ческая ~ись birth certificate
вы́п|ить (~ью, ~ьешь) *pf of* выпива́ть *and* пить
вып|я́хивать I *pf* ~̶ихнуть *coll* shove, bundle out; **~̶ихнуть** I *pf of* ~и́хивать
вы́пл|авить II (~авлю) *pf of* ~авля́ть; **~̶авка** smelting; smelted metal; **~авля́ть** I *pf* ~̶авить smelt
вы́пл|акать I (~ачу, ~ачешь) *pf coll poet* sob out (*grief, heart, etc*); *coll* obtain by weeping, by tearful entreaties; *coll poet* ~ (все) глаза́ cry one's eyes out; **~̶акаться** I (~ачусь, ~ачешься) have a good cry, have one's cry
вы́пл|ата payment; ~ (в рассро́чку) payment by instalments; купи́ть на ~ату buy and pay off in instalments; **~̶атить** II (~ачу) *pf of* ~а́чивать; **~а́чивать** I *pf* ~̶атить pay (out); pay off (debts)
выпл|ёвывать I *pf* ~̶юнуть spit out
вы́пл|ескать I (~ещу, ~ещешь) *pf of* ~ёскивать; **~ёскивать** I *pf* ~̶ескать *and* ~̶еснуть splash out; **~̶еснуть** I *sem pf of* ~ёскивать
вы́пле|сти (~ту, ~тешь) *pf of* ~та́ть; **~та́ть** *pf* вы́плести weave; undo, untie
выпл|ыва́ть I *pf* ~̶ыть swim out; *fig* sail out (*of person*); come to the surface, come up; emerge, appear; луна́ ~̶ыла из-за туч the moon emerged from behind clouds; crop up (*of questions, etc*); **~̶ыть** (~ыву, ~ывешь) *pf of* ~ыва́ть
вы́пл|юнуть I *pf of* ~ёвывать
вы́п|оить II *pf of* ~а́ивать
выпола́скивать I *pf* вы́полоскать rinse (out)
вып|олза́ть I *pf* ~̶олзти crawl out, creep out (from, из + *gen*); **~̶олзень** (~олзня) *m* worm; **~̶олзок** (~олзка) slough; **~̶олзти** (~олзу, ~олзешь; ~олз, ~олзла) *pf of* ~олза́ть
вы́полир|овать (~ую) *pf coll* polish (up)
вып|олне́ние execution, carrying-out, fulfilment; **~олни́мый** (~олни́м) practicable, feasible; **~̶олнить** II *pf of* ~олня́ть; **~олня́ть** I *pf* ~̶олнить execute, carry out; fulfil, discharge (*duty, obligation, etc*)
вы́пол|оскать I (~ощу, ~ощешь) *pf of* ~а́скивать
вы́п|олоть (~олю, ~олешь) *pf of* ~а́лывать weed out
вы́п|ороток (~оротка) unborn animal (removed from female for fur); **~̶ороть** (~орю, ~орешь) *pf of* ~а́рывать *and* пороть
вы́п|орхнуть I *pf of* ~а́рхивать
вы́п|отрошить II *pf of* потроши́ть
вы́пр|авить(ся) II (~авлю, ~авит(ся)) *pf of* ~авля́ть(ся); **~̶авка** bearing; *typ* correction; **~авля́ть** I *pf* ~̶авить straighten out; correct, rectify; **~авля́ться** I *pf* ~̶авиться straighten out; *coll* improve
выпр|а́стывать I *pf* ~̶остать *pop* free, work loose; empty; **~а́стываться** I *pf* ~̶остаться *coll* free oneself, work (oneself) free; defecate
выпр|а́шивать I *pf* ~̶осить (try to) solicit, obtain, elicit (from), get (out of, у + *gen*)
выпр|ова́живать I *pf* ~̶оводить *coll* send packing, send about one's business; **~̶оводить** II (~овожу) *pf of* ~ова́живать
вы́пр|осить II (~ошу) *pf of* ~а́шивать
вы́пр|остать(ся) I *pf of* ~а́стывать(ся)
выпр|ы́гивать I *pf* ~̶ыгнуть jump out, spring out; **~̶ыгнуть** I *pf of* ~ы́гивать
выпр|яга́ть I *pf* ~̶ячь unharness
выпр|ями́тель *m elect* rectifier; **~̶ямить(ся)** II (~ямлю(сь)) *pf of* ~ямля́ть(ся); **~ямля́ть** I *pf* ~̶ямить straighten (out); *elect* rectify; **~ямля́ться** I *pf of* ~̶ямиться become straight; draw oneself up (*of person*)
вы́пря|чь (~гу, ~жешь, ~гут; ~г, ~гла) *pf of* ~га́ть
вып|у́гивать I *pf* ~̶угнуть frighten out; start (*game*); **~̶угнуть** I *pf of* ~у́гивать
вы́п|укло-во́гнутый *phys* convexo-concave; **~̶уклость** *f* prominence, bulge, protuberance; *phys* convexity; relief, embossment (*sculpture, etc*); *fig* clarity, distinctness; **~̶уклый** prominent, bulging, protuberant; *phys* convex; in relief, embossed; *fig* clear, distinct
вы́пуск output (*of foods, etc*); issue (*money, etc*); discharge (*of gases, etc*); ~ из печа́ти publication; instalment, number, part (*of serial publication*); *collect* graduates, (school-)leavers; cut, omission; **~а́ть** I *pf* вы́пустить let out, release; ~ (пулемётную) о́чередь *mil* fire a burst (from a machine-gun); issue, produce, put out, turn out; ~ в прода́жу put on the market; ~ заём float a loan; ~ инжене́ров, *etc* turn out engineers, *etc*; ~ кинокарти́ну release a film; cut (out), omit; *tailoring* let out, let down; ~ ко́гти show one's claws; *typ* see through the press; **~а́ющий** *n* person responsible for seeing newspaper, *etc*, through press; **~ни́к** 1 final-year student; school-leaver; **~но́й** *adj of* ~; ~но́й кла́пан exhaust valve; ~но́й кран discharge cock; ~на́я труба́ exhaust pipe; ~на́я цена́ market price; ~но́й экза́мен final examination, finals; *n* ~но́й, ~на́я final-year student
вы́п|устить II (~ущу) *pf of* ~уска́ть
вы́пут|ать(ся) I *pf of* ~̶ывать(ся); **~̶ывать** I *pf* вы́путать disentangle; **~̶ываться** I *pf* вы́путаться disentangle oneself, extricate oneself (from, из + *gen*) *also fig*
вы́п|ученный *coll* с ~ученными глаза́ми goggle-eyed, wide-eyed; **~у́чивать** I *pf* ~̶учить; ~ глаза́ *coll* open one's eyes wide; **~̶учить** II *pf of* ~у́чивать
вы́пушка braid, edging, piping
вы́пыт|ать I *pf of* ~̶ывать; **~̶ывать** I *pf* вы́пытать *coll* (try) to get (something out of somebody), (try to) elicit (from, у + *gen*), (try to) extort (*information, secrets, etc*)
выпь *f* bittern
вып|я́ливать I *pf* ~̶ялить *coll pej* stick out; ~ глаза́ stare, open one's eyes wide; **~̶ялить** II *pf of* ~я́ливать
вы́п|ятить(ся) II (~ячу(сь)) *pf of* ~я́чивать(ся); **~я́чивать** I *pf* ~̶ятить *coll* stick out; ~ грудь stick out one's chest; *fig* overemphasize; **~я́чиваться** I *pf* ~̶ятиться *coll vi* stick out, protrude
выр|аба́тывать I *pf* ~̶аботать manufacture, produce, make; generate (*electricity*); work out, draw up (*plan*, programme, *etc*); ~ в себе́ си́лу во́ли cultivate a strong will; *coll* make, earn; *tech* work out (*mine*); **~̶аботать** I *pf of* ~аба́тывать; **~̶аботка** manufacture, making; output, yield; drawing-up, working-out; хоро́шей ~̶аботки *coll* well-made; *tech* (mine-)working
вырáвн|ивание levelling, smoothing-out, equalization, alignment; ~̶ивать I *pf* вы́ровнять level, smooth (out); ~ шаг regulate one's pace; align, put in line; ~ ряды́ *mil* dress (the) ranks; ~ самолёт straighten out (an aeroplane); equalize; **~̶иваться** I *pf* вы́ровняться become level, become even; *mil* dress, take up dressing, cover off; *sp* draw level, catch up; *fig* catch up (with, с + *instr*); *fig* get

better, improve; *coll* become more equable

выр|ажа́ть I *pf* ∼азить express, convey, voice; **∼ажа́ться** I *pf* ∼азиться express oneself; manifest itself (in, в + *prep*); amount (to), come (to, в + *prep*); мя́гко ∼ажа́ясь *coll* putting it mildly; *impf pop* use swear-words; **∼аже́ние** expression; **∼аженный** (∼ажен) marked, pronounced; ре́зко ∼аженный very pronounced; **∼ази́тель** *m* exponent, spokesman, one who expresses; **∼ази́тельный** (∼ази́телен) expressive, significant; ∼ази́тельное чте́ние elocution; **∼азить(ся)** *pf of* ∼ажа́ть(ся)

выр|аста́ть I *pf* ∼асти grow (up); develop (into), grow (into, в + *acc*); grow (out of, из + *gen*) (*of clothing*); increase (*numerically*); appear, rise up, spring up; ∼ в чьих глаза́х rise in someone's estimation; **∼асти** (∼асту, ∼астешь; ∼ос, ∼осла) *pf of* ∼аста́ть; **∼астить** II (∼ащу) *pf of* ∼а́щивать; **∼а́щивать** bring up (*children*); breed, rear (*livestock*); cultivate, grow (*plants*)

вы́рв|ать(ся) (∼у(сь), ∼ешь(ся)) *pf of* вырыва́ть(ся); *pf of* рвать

вы́р|ез cut; notch; с больши́м ∼езом low-necked (*of dress, etc*); **∼езать** I (∼ежу) *pf of* ∼еза́ть; **∼еза́ть** I *pf* ∼езать cut out; excise; engrave, carve, cut (out); *fig* slaughter, butcher; **∼езка** cutting-out, excision, carving, engraving; (газе́тная) ∼ (press-)cutting; fillet (steak), tenderloin *US*; **∼езно́й** cut, carved; low-necked, décolleté; **∼е́зывание** cutting-out; *med* excision; carving; engraving; **∼е́зывать** I *impf* = ∼еза́ть

вы́решить II *pf pop* decide finally

вы́рис|овать(ся) (∼ую(сь)) *pf of* ∼о́вывать(ся); **∼о́вывать** I *pf* вы́рисовать draw carefully in detail; **∼о́вываться** I *pf* вы́рисоваться appear in outline (against), stand out (against, на + *prep*)

вы́р|овнять(ся) I *pf of* ∼авнивать(ся)

вы́р|одиться II *pf of* ∼ожда́ться; **∼одок** (∼одка) *coll* degenerate; black sheep; **∼ожда́ться** I *pf* ∼одиться degenerate (into, в + *acc*); **∼ожде́нец** (∼жде́нца) degenerate; **∼ожде́ние** degeneration

вы́ронить II *pf* drop; ∼ из рук drop out of one's hands

вы́р|ост excrescence, growth; offshoot; сшить на ∼ост *pop* allow room for growth (*when making clothes*); **∼остковый** calf(-leather); **∼осток** (∼остка) calf-leather (*from calf under one year old*); calf-skin; *pop* youth

выр|уба́ть I *pf* ∼убить cut down, fell; hew out; cut out (*part of something*); ∼ дыру́ make a hole; carve (out); **∼уба́ться** I *pf* ∼убиться cut one's way out; *pf sl* lose consciousness, die; **∼убить(ся)** II (∼ублю(сь)) *pf of* ∼уба́ть(ся); **∼убка** cutting down, felling; *min* hewing out, cutting out; *pop* clearing (*in forest*)

вы́ругать(ся) I *pf of* руга́ть(ся)

выр|у́ливать I *pf* ∼улить *aer* taxi (out); **∼улить** II *pf of* ∼у́ливать

выр|уча́ть I *pf* ∼учить rescue, come to someone's help, aid; ∼ кого из беды́ give a helping hand to someone; get someone out of a jam; make (*money in trading*); ∼ затра́ченное recover one's expenses; **∼учить** *pf of* ∼уча́ть; **∼учка** rescue; assistance; прийти на ∼учку come to the rescue (of, + *dat*); gain (*from trade*); receipts, proceeds, takings; earnings

выр|ыва́ние pulling out; extraction (*of teeth*); uprooting; digging (up); **∼ыва́ть** I *pf* ∼вать pull out, tear out; ∼ себе́ зуб have a tooth out; ∼ что у кого́ из рук snatch something from someone's hands; *fig coll* extort, wring (from, у + *gen*); *pf* **∼ыть** dig up, dig out, unearth *also fig coll*; exhume (*corpse*); **∼ыва́ться** I *pf* ∼ваться tear oneself away (from), break loose (from), break out (from), break free (from, из + *gen*); get away (from, из + *gen*); break (from), burst (from), escape (из + *gen*) (*of sounds, remarks, etc*); come loose, come out, be torn out; shoot up, shoot out; ∼ вперёд shoot ahead; **∼ыть** (∼ою, ∼оешь) *pf of* ∼ыва́ть

вы́ря|дить(ся) II (∼жу(сь)) *pf of* ∼жа́ть(ся); **∼жа́ть** I *pf* вы́рядить *coll* dress up; **∼жа́ться** I *pf* вы́рядиться *vi coll* dress up

вы́с|адить(ся) II (∼ажу(сь)) *pf of* ∼а́живать(ся); **∼адка** debarkation, disembarkation, landing; ejection (*of ticketless passenger*); *hort* transplanting, planting out; **∼адок** (∼адка) *hort* transplant; **∼а́живать** I *pf* ∼адить set down; help down; make (someone) get off (*bus, etc*); ∼ на бе́рег put ashore; ∼ деса́нт *mil* make a landing; *hort* transplant; *pop* smash; break in; **∼а́живаться** I *pf* ∼адиться alight (from), get off (из + *gen*; с + *gen*); (с су́дна) land, disembark; (с самолёта) land

выс|а́сывать I *pf* ∼осать suck out, suck dry; *fig coll* extort (from), get out (of, из + *gen*); ∼ все со́ки из exhaust, wear out, drain dry; ∼ из па́льца concoct (out of nothing), fabricate, invent

вы́сват|ать I *pf of* ∼ывать; **∼ывать** I *pf* вы́сватать *obs coll* (try to) make a match, arrange a marriage (with)

высв|е́рливать I *pf* ∼ерлить drill, bore; **∼ерлить** II *pf of* ∼е́рливать

вы́св|истать I (∼ищу, ∼ищешь) *pf of* ∼и́стывать; **∼истеть** II (∼ищу, ∼истишь) = ∼истать; **∼и́стывать** I *pf* ∼истать *and* ∼истеть whistle; ∼ мело́дию whistle a tune; whistle for, up

высвобо|дить II (∼жу) *pf of* ∼жда́ть; **∼жда́ть** I *pf* вы́свободить free, liberate, disengage, disentangle; release (*material resources, etc*); *coll* help (to) escape

вы́с|евки (*gen pl* ∼евок *or* ∼евков) bran, siftings; **∼е́ивать** I *pf* ∼еять *agr* sow

выс|ека́ть I *pf* ∼ечь cut (out); carve, sculpture; hew; ∼ ого́нь strike fire (from flint)

выс|еле́нец (∼еле́нца) deported person (*kulak, etc*); **∼еле́ние** eviction; **∼елить(ся)** II *pf of* ∼еля́ть(ся); **∼еля́ть** I *pf* ∼елить evict; evacuate (forcibly); **∼еля́ться** I *pf* ∼елиться move out (*from a dwelling-place*)

вы́семениться II *pf agr* run to seed

вы́с|ечка carving, hewing; **∼ечь** (∼еку, ∼ечешь, ∼екут; ∼ек, ∼екла) *pf of* ∼ека́ть *and* сечь

вы́се|ять I (∼ю) *pf of* ∼ивать

вы́с|идеть II (∼ижу) *pf of* ∼и́живать; **∼идка** *coll* incubation; imprisonment; **∼и́живать** I *pf* ∼идеть hatch (out); *impf only* brood; stay; *vt* sit out (lecture, performance, etc)

вы́ситься II *impf* rise (above, над + *instr*), tower (up)

выск|а́бливание ∼ матки *med* curettage of the uterus; **∼а́бливать** I *pf* ∼облить scour, scrape (out); scrape (smooth); erase, scratch out (something written); *med* curette

вы́ск|азать(ся) I (∼ажу(сь)) *pf of* ∼а́зывать(ся); **∼а́зывание** utterance; pronouncement; opinion; **∼а́зывать** I *pf* ∼азать utter, express, state (*opinion, etc*); ∼ предположе́ние suggest; ∼ что в лицо́ кому́ give someone a piece of one's mind;

~а́зываться I *pf* ∸азаться speak out, speak one's mind, have one's say; speak (for, за + *acc*; against, про́тив + *gen*)
выск|а́кивать I *pf* ∸очить jump out, leap out, spring out; *fig coll* come out (with, + *instr*), butt in with (*remarks, etc*); come up (*of a boil, etc*); *coll* drop out, fall out; у него́ э́то ∸очило из головы́ it went clean out of his head; ∸очить за́муж get married in a hurry
выск|а́льзывать I *pf* ∸ользнуть slip out *also fig*
вы́ск|облить II *pf of* ~а́бливать
вы́ск|ользнуть I *pf of* ~а́льзывать
вы́ск|очить II *pf of* ~а́кивать; **∸очка** *m and f coll* parvenu, upstart
выскр|еба́ть I *pf* ∸ести *coll* scrape out, scrape off; rake out; **∸ести** (~ебу, ~ебешь; ~еб, ~ебла) *pf of* ~еба́ть
вы́|сланный *n* exile, deportee; **∸слать** (~шлю, ~шлешь) *pf of* ~сыла́ть
вы́сле|дить II (~жу) *pf of* ∸живать; **∸живать** I *pf* вы́следить trace, track down; *impf only* shadow, be on the track of
вы́сл|уга за ~угу лет for long (meritorious) service; за ~угой тридцати́ лет on the expiry of thirty years' service; **~у́живать** I *pf* ∸ужить qualify for, obtain (*as result of service*); *pf only coll* ∸ужить два́дцать лет to have completed twenty years' service; **~у́живаться** I *pf* ∸ужиться gain favour (with); get well in (with, пе́ред + *instr*); get on, gain promotion (*in one's work*); **∸ужить(ся)** *pf of* ~у́живать(ся)
вы́слуш|ать I *pf of* ∸ивать; **∸ивание** *med* auscultation; **∸ивать** I *pf* вы́слушать hear out, listen to (attentively); *med* sound; listen to
высм|а́тривать I *pf* ∸отреть spy out; scrutinize; look out for; ~ все глаза́ *pop* look till one's eyes ache
высм|е́ивать I *pf* ∸еять deride, ridicule; **∸еять** I (~ею, ~еешь) *pf of* ~е́ивать
вы́смолить II *pf of* смоли́ть
вы́сморкать(ся) *pf of* сморка́ть(ся)
вы́см|отреть II *pf of* ~а́тривать
выс|о́вывать I *pf* ∸унуть put out, shove out, thrust out; ~ язы́к put one's tongue out; бежа́ть ∸уня язы́к *pop* run without drawing breath; тако́й моро́з, нельзя́ но́су ~унуть *coll* there's such a frost one can't shove one's nose outside; **~о́вываться** I *pf* ∸унуться show oneself; ~ в окно́ lean out of the window
высо́к|ий (~, ~а́, ∸о́) high; lofty; tall; elevated; sublime; ~ая та́лия short waist; ~ая вода́ high tide, high water; *mus* high, high-pitched; ~ стиль elevated style; быть ~ого мне́ния о ком have a high opinion of someone; В~ой сте́пени highly; В~кие догова́ривающиеся сто́роны High Contracting Parties; **∸о́** *adv* high (up); лежа́ть ∸о́ lie, be high (above, над + *instr*); *pred* it is high (up); ∸о́ от земли́ high up off the ground
высоко- high-, highly-
высокоблагоро́дие (ва́ше) ~ (your) Honour, (your) Worship (*title of certain classes of civil servants and of officers from rank of captain to colonel in Tsarist Russia*)
высоко|во́льтный (of) high voltage; **~го́рный** Alpine, mountain; **~ка́чественный** high-quality; **~квалифици́рованный** highly qualified, (highly) skilled
высокоме́р|ие arrogance, haughtiness; **∸ничать** I *impf coll pej* behave in an arrogant manner; **∸ный** (~ен) arrogant, haughty
высоко|молекуля́рный high-molecular; **~нра́вственный** of high moral standards; **~па́рный** (~па́рен) *lit* high-flown, stilted; bombastic, turgid; **~поста́вленный** high-ranking, of high rank
высокопре|восходи́тельство (ва́ше) ~ (your) Excellency (*title of civil servants of high rank in Tsarist Russia*); **~освяще́нство** (ва́ше) ~ (your) Eminence, (your) Grace (*title of archbishops and metropolitans in Orthodox Church*); **~подо́бие** (ва́ше) ~ (your) Reverence (*title of archimandrites, abbots, archpriests of Orthodox Church*)
высокопро́б|ный (~ен) standard, sterling; *fig* of high quality, sterling
высоко|ро́дие (ва́ше) ~ (your) Honour, (your) Worship (*title of civil servants in Tsarist Russia*); **~со́ртный** high-grade; **~торже́ственный** solemn; **~уважа́емый** *obs* honoured (Sir), respected (Sir) (*form of address in letters*); ~у́мный (~умен, ~умна) *iron* clever, brainy; **~часто́тный** *elect* high-frequency; ~ная (электро)-печь microwave oven; **~чти́мый** *obs* highly esteemed
вы́сос|ать (~у, ешь) *pf of* выса́сывать
высот|а́ 7 height, altitude; ~ над у́ровнем мо́ря height above sea level; набра́ть ~у́ *aer* gain altitude; height, eminence, ridge; кома́ндные ∸ы commanding heights *also fig*; *mus* pitch; high level, high quality; *fig* на до́лжной ~е́ up to the mark; быть, оказа́ться на ~е́ положе́ния rise to the occasion; быть на ~е́ зада́чи be equal to the task; *math* ~ треуго́льника altitude of triangle; **∸ник** workman employed on building skyscrapers; high-altitude pilot; **∸ный** high-altitude; ~ное зда́ние tall building, skyscraper; **~ме́р** *aer* altimeter; *mil* height-finder
вы́с|охнуть I (~ох, ~охла) *pf of* ~ыха́ть; **∸охший** dried-up; shrivelled; wizened
высоч|а́йший *superl of* высо́кий; imperial, royal; **~е́нный** *coll* very high, very tall; **∸ество** (ва́ше) ~ (your) Highness
вы́сп|аться (~люсь, ~ишься) *pf of* высыпа́ться
выспр|а́шивать I *pf* ∸осить *coll* question, pump, interrogate, inquire (of someone, у кого́; about, о + *prep*)
вы́спренний *lit* bombastic; high-flown
вы́спр|осить II (~ошу) *pf of* ~а́шивать
вы́ст|авить(ся) II (~авлю(сь)) *pf of* ~авля́ть(ся); **∸авка** exhibition, show, display; ~ цвето́в flower-show; (shop-)window, (show-)window; **~авля́ть** I *pf* ∸авить put, push forward; ~ но́гу stick out one's foot; put out; bring out, forward; display, exhibit; ~ на во́здух, свет expose to the air, light; ~ напока́з show off, parade; ~ свою́ кандидату́ру come forward as a candidate; ~ до́воды adduce arguments; represent (as), make out to be (+ *instr*); его́ вы́ставили дурако́м he was made out to be a fool; ~ в плохо́м све́те represent in an unfavourable light; ~ в смешно́м ви́де make a laughing-stock (of); put down, set down (*in writing*); remove, take out (*window frames, etc*); *mil* post (*guard, etc*); *coll* chuck out, throw out, send out; ~ со слу́жбы sack; **~авля́ться** I *pf* ∸авиться *coll* lean out; push oneself forward; show off; exhibit (*of an artist*); **∸авочный** *adj of* ~авка
выст|а́ивать I *pf* ∸оять stand (*for a certain time*); *coll* earn by standing; remain standing; stand up (to), stand one's ground; **~а́иваться** I *pf* ∸ояться

become flat, stale; mature (*of wine, etc*), ripen (*of grain, etc*); rest (*of horses*)

вы́стегать I *pf of* стегáть

выст|ёгивать I *pf* ∸егнуть *coll* flick out, flip out; **∸егнуть** I *pf of* ~ёгивать

вы́ст|елить = ∸лать; **~илáть** I *pf* ∸елить *and* ∸лать cover (all over); pave; ~ внýтренность я́щика бумáгой line the (inside of the) drawer with paper

вы́стирать *pf of* стирáть

вы́ст|лать (~елю, ~елешь) *pf of* ~илáть

вы́сто|ять(ся) II (~ю(сь), ~ишь(ся)) *pf of* выстáивать(ся)

выстр|áгивать I *pf* ∸огать *tech* plane (smooth), plane (to a particular size), shave

вы́страдать I *pf* go through (*suffering*), suffer; achieve, gain, obtain, create through suffering

выстр|áивать I *pf* ∸оить build; arrange, draw up, order; *mil* form up; **~áиваться** I *pf* ∸оиться *mil* form up, line up; *pass of* ~áивать

выстр|áчивать I *pf* ∸очить *coll* hemstitch

вы́стр|ел shot; report; произвести́ ~ fire a shot; раздáлся ~ a shot rang out; на ~ *coll* within gunshot (of, от + *gen*); **~éливать** I *pf* ∸елять *coll* use up (*in shooting*), fire off; kill off (*by shooting*); **∸елить** II *pf* shoot, fire a shot (at, в + *acc*); **∸елять** I *pf of* ~éливать

выстр|игáть I *pf* ∸ичь cut off, clip off; shear; **∸ичь** (~игу, ~ижешь, ~игут; ~иг, ~игла) *pf of* ~игáть

вы́стр|огать I *pf of* ~áгивать

вы́стр|оить(ся) II *pf of* ~áивать(ся)

вы́стр|очить II *pf of* ~áчивать

вы́стругать I = вы́строгать

вы́сту|дить II (~жу) *pf of* ∸живать; **∸живать** I *pf* вы́студить *coll* cool, chill; кóмнату вы́студило the room has got chilled

вы́стук|ать I *pf of* ∸ивать; **∸ивание** percussion; tapping; **∸ивать** I *pf* вы́стукать *med* percuss, tap; tap out (*tune, etc*); *coll* type out

вы́ст|уп protuberance, ledge, projection; ~ фрóнта *mil* salient; *tech* lug; **~упáть** I *pf* ∸упить come forward, advance, come out; из толпы ∸упила жéнщина a woman stepped out of the crowd; *mil* set out; break out, come out, appear (*of rashes, etc*); project, jut out, stick out; ~ из берегóв overflow; *fig* go beyond, exceed (*limits, etc*); make a public appearance; ~ на сцéне appear on the stage; ~ в печáти write (*for the press, journals, etc*); ~ с рéчью make a speech; ~ за, прóтив come out in favour of, against; ~ по телеви́дению appear on television; ~ по рáдио broadcast; ~ защи́тником *leg* appear for the defence; ~ с протéстом lodge a protest; *impf only* strut (along), pace; **∸упть** II (~уплю) *pf of* ~упáть; **~уплéние** appearance (in public); performance; speech; statement; setting out

выст|ывáть I *pf* ∸ыть *coll* become cold, chilly; **∸ыть** (~ыну, ~ынешь) *pf of* ~ывáть

вы́с|унуть(ся) I *pf of* ~óвывать(ся)

выс|ýшивать I *pf* ∸ушить dry (out); *coll* emaciate; *fig coll* make callous, make hard; **∸ушить** II *pf of* ~ýшивать

вы́счит|ать I *pf of* ∸ывать; **∸ывать** I *pf* вы́считать calculate, reckon (out), figure out

вы́с|ший *comp and superl of* высóкий, *usu fig* higher, superior, high; highest, supreme; ~шего кáчества of the highest quality; ~шая (мéра наказáния) capital punishment, supreme penalty; суд ~шей инстáнции High Court; ~шая матемáтика higher mathematics; ~шее образовáние higher education; ~шее óбщество (high) society; ~шая шкóла university; в ~шей стéпени in the highest degree

выс|ылáть I *pf* ∸лать send (out), dispatch; *pol* deport; exile, banish; **∸ылка** sending, dispatch (-ing); exile, expulsion

вы́с|ыпать (~ыплю, ~ыплешь; *coll* ~ыпешь) *pf of* ~ыпáть; **~ыпáть** I *pf* ∸ыпать pour out, empty (out); spill; *fig coll* pour out, spill the beans; *coll vi* pour out (*of crowd*); break out (*of rash, etc*); **∸ыпаться** (~ыплюсь, ~ыплешься; *coll* ~ыпешься) *pf of* ~ыпáться; **~ыпáться** I *pf* ∸ыпаться *pass of* ~ыпáть; pour out; *vi* spill; *pf* ∸паться *coll* have a good sleep, have enough sleep; **∸ыпка** *coll* pouring out, spilling; arrival, descent (*of large numbers of birds, etc*)

выс|ыхáть I *pf* ∸охнуть dry (out), dry up (*of rivers, etc*); wither, fade; *fig* waste away, fade away

выс|ь *f* height, empyrean; *usu pl* summit (*of mountains*); *fig* realm of fancy; в заóблачной ∸и in the clouds

выт|áлкивать I *pf* ∸олкать *and* ∸олкнуть throw out, chuck out; егó ∸олкали в шéю *sl* he was thrown out on his neck; *pf* ∸олкнуть *coll* force out, bang out (*cork, etc*), push out

вы́танц|евать(ся) (~ует(ся)) *pf of* ~óвывать(ся); **~óвывать** I *pf* вы́танцевать *coll* execute (*steps of a dance*); **~óвываться** I *pf* вы́танцеваться *impers coll* succeed, come off; *usu with neg* не ~óвывается it is not working out

выт|áпливать I *pf* ∸опить *coll* heat; melt (off, down)

выт|áптывать I *pf* ∸оптать trample down

выт|арáщивать I *pf* ∸аращить *coll* ~ глазá open one's eyes wide (*from surprise, etc*); **∸аращить** II *pf of* ~арáщивать

вы́таск|ать I *pf of* ∸ивать *pop* drag out, fish out (*on a number of occasions*); **∸ивать** I *pf* вы́тащить *and* вы́таскать drag out; pull out, extract (*thorn, bullet, etc*); fish out (*of water*); ~ что у когó *coll* pinch something from someone; ~ когó прогуля́ться drag someone out for a walk; ~ из беды́ help out of trouble

вы́тачать I *pf of* тачáть

выт|áчивать I *pf* ∸очить *tech* turn; *pop* sharpen; *pop* gnaw through

вы́тачка tuck

вы́та|щить II *pf of* ∸скивать

вы́твер|дить II (~жу) *pf of* ∸живать *and* тверди́ть ∸**живать** I *pf* вы́твердить *coll* get by heart

вытвор|я́ть I *impf coll* be up to, get up to; что он ~я́ет? what is he up to?

вытекá|ть I *pf* вы́течь flow out, run out, drip out (кáпля за кáплей); *impf only* have its source, flow out of, from (*of river*); *impf only fig* result from, из + *gen*), follow (from), ensue; отсю́да ~ет, что… from this it follows that…

вы́т|ереть (~ру, ~решь; ~ер, ~ерла; ~ертый) *pf of* ~ирáть

вы́терп|еть II (~лю, ~ишь) *pf* bear, endure; suffer

вы́терт|ый (~) *coll* threadbare

вы́те|сать I (~шу, ~шешь) *pf of* ∸сывать

выт|еснéние ousting, supplanting, squeezing out; *phys* displacement; **∸еснить** II *pf of* ~еснять; **~еснять** I *pf* ∸еснить force out; crowd out; *fig* oust, supplant, squeeze out; *phys* displace

выт|ёсывать I *pf* ∸есать trim, square off

вы́те|чь (~ку, ~чешь; ~к, ~кла) *pf of* ~ка́ть; у неё глаз ~к she has lost an eye

выт|ира́ть I *pf* ∸ереть wipe (dry), dry, rub dry; ~ посу́ду dry the crockery; ~ лоб mop one's brow; ~ пыль dust; *coll* wear out, wear threadbare

вы́т|иснить II *pf of* ~исня́ть; **∸иснуть** I = ∸иснить; **~исня́ть** I *pf* ∸иснить stamp, impress, imprint

вы́тк|ать (~у, ~ешь) *pf* weave (*a certain quantity*), finish weaving; ~ рису́нок на ковре́ weave a design on a carpet; earn by weaving

вы́т|олкать I *pf of* ~а́лкивать *coll*; **∸олкнуть** *pf of* ~а́лкивать

вы́т|опить II (~оплю) *pf of* ~а́пливать

вы́т|оптать I (~опчу) *pf of* ~а́птывать

выт|ора́чивать I *pf* ∸орочить (*hunting*) unstrap from saddle

вы́торг|овать (~ую) *pf of* ~о́вывать; **~о́вывать** I *pf* вы́торговать (try) to get, obtain by bargaining, haggle over; (try) to get a reduction (*in price*); *coll* make (a profit of), clear; *fig coll pf* manage to get (*as a concession*); ~ ли́шнюю неде́лю для оконча́ния рабо́ты manage to get an extra week to finish the work

вы́тор|очить II *pf of* ~а́чивать

вы́т|оченный (~очен) сло́вно ~ chiselled (*of facial features*); perfectly formed (*of body*); **∸очить** II *pf of* ~а́чивать

вы́тр|авить II (~авлю) *pf of* ~авля́ть, ~а́вливать, трави́ть; **~а́вливать** I, **~авля́ть** I *pf* ∸авить exterminate, destroy; remove, take out (*stains, etc*); etch (*on metal*); trample down, damage (*crops by cattle*); **~авно́й** corrosive, erosive

вы́требовать (~ую) *pf* obtain on demand; summon(s)

вы́трезв|ить(ся) (~лю(сь)) *pf* sober up

вы́тру|сить II (~шу) *pf pop* drop, let fall; spill

вытр|яса́ть I *pf* ∸ясти shake out; ~ ковёр shake out a carpet; **∸ясти** (~ясу; ~яс, ~ясла) *pf of* ~яса́ть

вытр|я́хивать I *pf* ∸яхнуть *coll* shake out; drop, let fall; **∸яхнуть** I *pf of* ~я́хивать

выт|у́ривать I *pf* ∸урить *pop* chuck out, throw out; **∸урить** II *pf of* ~у́ривать *and* тури́ть

выть (во́ю, во́ешь) howl (*of animals, wind, etc*); *fig coll* howl, wail; *fig* ~ на луну́ pine; **~ё** *no pl coll* howling, wailing

вы́тягать I *pf obs* win, gain (*by litigation*)

выт|я́гивать I *pf* ∸януть stretch (out), extend; extract, draw out *also fig*; дым ∸януло the smoke has escaped; hold out, endure, stand (it), stick (it); ~ (всю) ду́шу (+ *dat or* у + *gen*) *coll* wear (someone) out, down; ~ (все) жи́лы (у + *gen or* из + *gen*) *coll* exhaust, knock up; *coll* weigh; *coll* flog; **~я́гиваться** I *pf* ∸януться *vi* stretch; stretch oneself (out); *coll* grow, shoot up; stand erect, stand up straight; ~ встру́нку, во фронт *mil* stand at attention; лицо́ у него́ ∸янулось *coll* his face fell; **~яже́ние** stretching; **∸яжка** drawing out, extraction; *chem, med* extract, stretching, extension; стоя́ть на ~яжку *mil* stand at attention; **~яжно́й** for drawing out, extracting; ~ пла́стырь drawing plaster; ~яжна́я труба́ ventilating pipe; ~ шкаф hood; **∸янутый** (~янут) stretched; ~ янутое лицо́ *fig* long face; **∸януть(ся)** I *pf of* ~я́гивать(ся)

вы́у|дить II (~жу) *pf of* ∸живать; **∸живать** I *pf* вы́удить catch (*fish, etc*); *fig pej* extract, ferret out

вы́утюжить II *pf of* утю́жить

вы́|ученик pupil (of craftsman); disciple, follower; **~у́чивать** I *pf* ∸учить learn; ~ (наизу́сть) learn by heart; teach (+ *acc and dat or* + *infin*); его́ ∸учили ремеслу́ he was taught a trade; мы ~у́чиваем ребёнка чита́ть we are teaching the child to read; **~у́чиваться** I *pf* ∸учиться learn (+ *dat or infin*); **∸учка** *coll* teaching, training, schooling; боева́я ~ *mil* battle training

вых|а́живать I *pf* ∸одить *coll* nurse (back to health); rear, grow (plants), bring up (*child, etc*); *coll* go all over, cover (*on foot*)

вы́х|аркать I *pf of* ~а́ркивать; **~а́ркивать** I *pf* ∸аркать *and* ∸аркнуть hawk (up); **∸аркнуть** I *sem pf coll of* ~а́ркивать

выхв|а́ливать I *pf* ∸алить praise; **∸алить** II *pf of* ~а́ливать; **~аля́ть** I = ~а́ливать; **~аля́ться** I *impf coll* blow one's own trumpet, sing one's own praises; *pass of* ~аля́ть

вы́хв|атить II (~ачу) *pf of* ~а́тывать; **~а́тывать** I snatch away from, snatch out; ~ из-под но́са snatch from under the nose (of, + *gen*); pull (out), draw (*of knives, etc*); pick up, take out (*at random*); ~ цита́ту *fig* quote at random; *coll* take in too much (*of clothes, dresses, etc*); **∸аченный** (~ачен) ~ из жи́зни taken from life, true to life

вы́хл|ебать I *pf of* ~ёбывать *coll*; **∸ебнуть** I *sem pf of* ~ёбывать *coll*; **~ёбывать** I *pf* ∸ебать *coll* eat up, gulp down

вы́хл|естать I *pf of* ~ёстывать *pop* flog, lash; flick out; put back, drain (*of drink*); **∸естнуть** I *sem pf of* ~ёстывать *pop* flick out, pour out (*with a splash*); **~ёстывать** I *pf* ∸естать *and* ∸естнуть

вы́хлоп exhaust

выхл|опа́тывать I *pf* ∸опотать (try) to obtain with much effort

выхлопно́й exhaust

вы́хлоп|отать I (~очу, ~очешь) *pf of* ~а́тывать

вы́х|од going out, leaving, departure; при ~е on leaving (из + *gen*); ~ в отста́вку retirement; ~ на орби́ту going into orbit; exit, way out; outlet; ~ из положе́ния way out of a situation; *econ* output, yield; appearance (*of publication*); *theat* entrance; *geol* ~ (пласта́) outcrop; *eccles* вели́кий, ма́лый ~ great, little entrance; дать ~ give vent (to, + *dat*); знать все ходы́ и ~ы *coll* know all the ins and outs; быть на ~ах *theat* be a supernumerary, play minor parts; **∸одец** (~одца) emigrant, immigrant; он ~ из герма́нии he is German by birth, he is of German extraction; person from different social group; он ~ из крестья́н he is of peasant origin; ~ с того́ све́та apparition, ghost

вы́хо|дить II (~жу) *pf of* выха́живать

выхо|ди́ть II (~жу́, ∸дишь) *pf* вы́йти go out, come out; ~ в лю́ди get on in the world; ~ в мо́ре put out to sea; ~ в отста́вку retire; ~ в офице́ры be commissioned, get a commission; ~ в тира́ж *fin* be drawn (*of a bond, etc*); *fig* be put on the shelf (*of employee, etc*); ~ из берего́в overflow its banks; ~ из бо́я *mil* disengage; ~ из во́зраста pass the age limit; ~ из головы́, из па́мяти, из ума́ *coll* slip (out of) one's mind; ~ из грани́ц (+ *gen*); из преде́лов (+ *gen*) *fig* exceed the bounds (of); не ~ из долго́в (*usu with neg*) remain in debt; ~ из мо́ды go out of fashion; ~ из обихо́да, из употребле́ния fall into disuse, be no longer in use; ~ из положе́ния get out of a (tight) spot; ~ из себя́ lose one's temper; ~ из терпе́ния lose (one's) patience; ~ на вы́зовы *theat* take a call; ~ на прогу́лку go out for a walk; ~ на сце́ну come on to the stage; ~ (в свет) appear, come out (*of publications*); come out (*of photographs, etc*); ~ за́муж marry (*of woman*) (за + *acc*); come about, seem, turn out, ensue; выхо́дит, (что) она́ была́ неправа́ it appears she was wrong; из него́ ничего́ не вы́йдет nothing will come of him; всё вы́шло хорошо́ everything worked out well; он вы́шел из де́ла бога́тым he emerged from the affair wealthy; ~ нару́жу come to light; ро́стом не вы́шел *coll* he is (too) short; умо́м не вы́шел *coll* he is none too bright; be by origin; он вы́шел из крестья́н he is of peasant stock; drop out of, leave (*organization, etc*); be used up (*of material, substance, etc*); expire (*of period of time*); *impf only* look out (on), give (on to), face (на + *acc*); не ~ из головы́, из ума́ be unforgettable, stick in one's mind

вы́ход|ка *pej* escapade, prank; глу́пая ~ stupid trick; *coll* initial step of dance; **~ни́к** I *coll* person working on day off; **~но́й** exit; ~на́я дверь street door; ~ день day off, rest-day, free day; ~на́я оде́жда walking-out clothes, 'best' clothes; *n* = ~ день; person having day off; она сего́дня ~на́я it is her day off today; ~но́е посо́бие payment on discharge from work; ~ны́е *as n* = ~но́е посо́бие; *theat* ~а́я роль walking-on part, minor part; *typ* ~ лист title-page; ~ны́е све́дения imprint; **~я́щий** из ря́да вон ~ outstanding; *n* extra player, bye (*chess, cards*); быть ~я́щим draw, have a bye

вых|ола́щивать I *pf* ∸олостить castrate, geld; *fig* emasculate; **∸олостить** II *pf of* ~ола́щивать; **∸олощенный** castrated, gelded; *fig* emasculated; ~олощенная ло́шадь gelding

вы́х|ухолевый musquash; **∸ухоль** *m* desman, musk-rat, musquash (*fur*)

вы́цапать I *pf coll* seize, grasp, snatch (from, у + *gen*)

вы́царап|ать I *pf of* ∸ывать; **∸ывать** I *pf* вы́царапать scratch out (+ *acc and dat*); ~ друг дру́гу глаза́ scratch each other's eyes out; scratch (*design, etc on metal*); *fig coll* extract, get (out of, у + *gen*)

вы́цв|ести *coll* ~есть (~ету, ~етешь; ~ел, ~ела) *pf of* ~ета́ть; **~ета́ть** I *pf* ∸ести fade; **∸етший** faded

вы́це|дить II (~жу, ~дишь) *pf of* ∸живать; **∸живать** I *pf* вы́цедить filter, rack (off), decant; *coll iron* drink off, drain (down)

выч|а́ливать I *pf* ∸алить haul up, beach (*a boat*); **∸алить** II *pf of* ~а́ливать

выч|ека́нивать I *pf* ∸еканить mint, strike (*coins, medals, etc*); **∸еканить** II *pf of* ~ека́нивать *and* чека́нить

выч|ёркивать I *pf* ∸еркнуть cross out, strike out; erase, expunge; ~ из спи́ска живы́х give up as dead; ~ из па́мяти raze from one's memory; **∸еркнуть** I *pf of* ~ёркивать

вы́черп|ать I *pf of* ∸ывать; **∸ывать** I *pf* ∸ать scoop out (*substances*); take out (*fluids*); bail (out); ~ во́ду из ло́дки bail out a boat

вы́ч|ертить II (~ерчу) *pf of* ~е́рчивать; **∸ерченный** (~ерчен) finely drawn, traced; **~е́рчивать** I *pf* ∸ертить draw, trace

вы́ч|есать I (~ешу, ~ешешь) *pf of* **~ёсывать** I; **∸еска** combing out; **∸ески** (*gen pl* ~есок *or* ~есков) *pl only coll* combings

вы́ч|есть (~ту, ~тешь; ~ел, ~ла; *ger* ~тя) *pf of* ~ита́ть

выч|ёсывать I *pf* ∸есать *coll* comb out

вы́чет deduction; за ~ом less, minus, allowing for, deducting

выч|исле́ние calculation; **~исли́тель** *m* calculator; calculating-machine; *mil* plotter; **~исли́тельный** calculating, computing; ~исли́тельная маши́на computer; **∸ислить** II *pf of* ~исля́ть; **~исля́ть** I *pf* ∸ислить calculate, compute

вы́чи|стить II (~щу) *pf of* ~ща́ть

выч|ита́емое *math* subtrahend; **~ита́ние** *math* subtraction; **∸итать** I *pf of* ~и́тывать; **~ита́ть** I *pf* ∸есть *math* subtract, deduct, keep back; **∸итка** *typ* reading; **~и́тывать** I *pf* ∸итать *coll* discover, learn (*by reading*); *typ* read (*manuscripts, proofs*); ~ = ~ита́ть; *impf only* reprimand, tell off

выч|ища́ть I *pf* ∸истить clean (out, up); ~ щёткой brush; *fig* purge, expel (from, из + *gen*)

вы́чу|ра *usu pl* mannerism; fancy; *lit* conceit; **∸урный** (~урен) mannered, fanciful, precious, pretentious

вы́шаг|ать I *pf of* ∸ивать; **∸ивать** I *pf* вы́шагать *coll* pace (out)

выш|а́к I *sl* death penalty = ∸ка

вышв|ы́ривать I *pf* ∸ырнуть *and* ∸ырять throw out, hurl out; *pf* ∸ырнуть *fig coll* chuck out; **∸ырнуть** I *and* **∸ырять** I *pf of* ~ы́ривать

вы́ше *comp of* высо́кий *and* высо́ко́ higher, taller; *adv and prep* + *gen* above, over, beyond; э́то ~ моего́ понима́ния it is beyond me; ~ мои́х сил beyond my strength, powers; терпе́ть э́то ~ мои́х сил it is more than I can stand; быть ~ rise above, rise superior to (+ *gen*); *adv* above; смотри́ ~ *vide supra*, see above; **~-** above-, afore-; **~изло́женный** foregoing

вы́|шел, ~шла *see* **вы́йти, выходи́ть**

выш|елу́шивать I *pf* ∸елушить shell; husk; **∸елушить** II *pf of* ~елу́шивать

выше|на́званный above-named; **~озна́ченный** above-mentioned, aforesaid; **~приведённый** cited above, above-cited; **~ска́занный** aforesaid; **~стоя́щий** higher (*of administrative organs, etc*); **~ука́занный** foregoing; **~упомя́нутый** above-mentioned, aforementioned

выш|иба́ла *m sl* chucker-out, bouncer; **~иба́ть** I *pf* ∸ибить *coll* knock out; break in (*door, etc*); *sl* chuck out; ~ со слу́жбы *sl* fire; ~ ду́шу, дух из кого́ *pop* do someone in; **∸ибить** (~ибу, ~ибешь; ~иб, ~ибла *pf of* ~иба́ть)

выш|ива́льный embroidery; **~ива́льщица** needle-woman; **~ива́ние** embroidery, needlework; **~ива́ть** I *pf* ∸ить embroider; ~ цветы́ на поду́шке embroider flowers on a cushion; ~ шёлком embroider in silk; **∸ивка** embroidery, needlework; **~ивно́й** embroidered

вышин|а́ 1 *no pl* height; ~о́й в 200 ме́тров two hundred metres high; в ~е́ high up, aloft

вы́ш|ить (~ью, ~ьешь; *imp* ~ей) *pf of* ~ива́ть

вы́шка turret; (watch-)tower; бурова́я ~ derrick; диспе́тчерская ~ *aer* control tower; сторожева́я ~ watch-tower; *sl abbr of* вы́сшая ме́ра наказа́ния death sentence

вы́школить II *pf* school, instil discipline, discipline

вы́шл|ифовать (~ифую) *pf of* ~ифо́вывать; **~ифо́вывать** I *pf* ∸ифовать *tech* polish; *fig coll* polish (up), give a polish to, smarten (up)

вышм|ы́гивать I *pf* ∸ыгнуть dart, slip out; **∸ыгнуть** I *pf of* ~ы́гивать

вы́шн|ий divine, heavenly; higher

вышн|ы́ривать I *pf* ∸ырять *pop* smell out, dig out (*information*); *pf* ∸ырнуть *coll* pop out, nip out;

~ы́рнуть I *pf of* ~ыривать; **~ырять** I *pf of* ~ыривать
вышп|а́ривать I *pf* ~арить *coll* smoke out; steam out, destroy with boiling water (*insects, etc*); **~арить** II *pf of* ~аривать
вышт|укату́ривать I *pf* ~укатурить plaster, stucco; **~укатурить** II *pf of* ~укату́ривать
вы́шу|тить II (~чу) *pf of* ~чивать; **~чивать** I *pf* вы́шутить *coll* laugh at, make fun of, ridicule; poke fun at
выщ|ела́чивать I *pf* ~елочить *chem* leach, lixiviate; steep, soak (*linen*) in lye
выщёлкивать I *impf coll* sing, warble (*of birds*); clatter (*of horses' hooves*); rattle (*of machine-guns, etc*)
вы́щел|очить II *pf of* ~а́чивать
вы́щ|ипать (~иплю, ~иплешь; *coll* ~ешь) *pf of* ~и́пывать; **~ипнуть** I *pf of* ~и́пывать *coll*; **~и́пывать** I *pf* ~ипать *and* ~ипнуть pull out, pluck (out); ~ипать пе́рья у пти́цы pluck a fowl
вы́я *obs lit* neck
вы́яв|ить(ся) II (~люсь) *pf of* ~ля́ть(ся); **~ле́ние** exposure, showing up; revelation; **~ля́ть** I *pf* вы́явить expose, show up; reveal, bring to light; bring out, make known; **~ля́ться** I *pf* вы́явиться be revealed; appear, come to light
вы|ясне́ние elucidation; explanation; **~яснить(ся)** II *pf of* ~ясня́ть(ся); **~ясня́ть** I *pf* ~яснить elucidate, clear up; *pf only impers dial* clear up (*of weather*); **~ясня́ться** I *pf* ~яснится *vi pass of* ~яснять; turn out, prove; как ~яснилось as it turned out
вью, вьёшь *see* **вить**
вью|га (snow-)blizzard, snowstorm; **~жный** *adj of* ~га; **~жить** II *impf impers* drive (*of snow*); ~жит there's a blizzard
вьюк pack; load
вьюн 1 loach (*fish*); larva of lamprey; *fig coll* fidget, restless person, eel; верте́ться ~о́м, ви́ться ~о́м о́коло кого́ *coll* be all over someone, try to get round someone; **~о́к** (~ка́) *bot* bindweed, convolvulus; morning glory *US*
вьюр|о́к (~ка́) mountain finch
вьюч|ить II *pf* навью́чить load up (on, на + *acc*); **~ный** pack; ~ное живо́тное beast of burden; ~ое седло́ pack-saddle
вью́шка damper (*of flue*)
вьющ|ийся curly, frizzy (*of hair, etc*); ~ееся расте́ние *bot* creeper, climber
вя́жущий astringent; *tech* binding, cementing
вяз elm(-tree)
вяз|а́льный knitting; ~ крючо́к crochet hook; ~а́льная спи́ца knitting-needle; **~а́льщик** binder; knitter; **~а́ние** knitting; binding, tying; **~анка** *coll* knitted garment (*jumper, etc*); **~а́нка** *coll* bundle, truss; ~ хво́роста faggot; **~аный** knitted; **~а́нье** knitting (*what is being knitted*)
вя|за́ть I (~жу́, ~жешь) *pf* с~ find, tie; *tech* clamp, tie; ~ ру́ки кому́ tie someone's hands; *pf* с~ knit; *impf only* be astringent; у меня́ ~жет во рту my mouth feels constricted; **~за́ться** I (~жу́сь, ~жешься) tally (with), square (with), accord, agree (with), fit in (with, с + *instr*); де́ло не вя́жется the business is making no progress
вязи́га = визи́га
вя́з|ка binding, tying; knitting; bunch, string (*of keys, etc*); **~кий** (~ок, ~ка́, ~ко) viscous, sticky; oozy (*of river bed, etc*); boggy (of soil); *tech* ductile, malleable; tough, tenacious; *coll* astringent; **~кость** *f*, viscosity, stickiness; bogginess, sogginess; *tech* ductility, malleability; toughness, tenacity; **~нуть** I *pf* за~ *and* у~ stick (in), get stuck (in); sink (into, в + *prep*); ~ в зуба́х get stuck in one's teeth; **~че** *comp of* ~кий *and* ~ко
вязь *f phil* ligatured script; ligature
вя́к|анье *pop* chatter; **~ать** I *impf pop* talk nonsense, tripe; *dial* bark
вя́л|ение drying; dry-curing, jerking (*of fish, meat, etc*); **~еный** dried; **~ить** II *pf* про~ dry (*in sun*); dry-cure, jerk (*fish, meat, etc*)
вя́л|ость *f* flabbiness (*of muscles, skin, etc*); limpness; *fig* sluggishness, listlessness; inertia; slackness; **~ый** (~, ~а́, ~о) flabby, flaccid; limp; *fig* sluggish, listless; inert; slack; у него́ ~ое настрое́ние he feels listless; ~ая торго́вля slack trade
вя́н|уть I (вял *and* ~ул, вя́ла) *pf* за~ and у~ fade, wilt, droop, wither; turn (*of trees*); *fig* decline, fade, flag, lose heart (*of person*); у́ши ~ут I am sick and tired of hearing it
вя́хирь *m* wood-pigeon
вя́щ|ий *obs or joc* greater; для ~ей предосторо́жности to make assurance doubly sure

Г

га *neut indecl, abbr of* гектáр
габарди́н gabardine
габари́т *tech* clearance (*railways*); dimension, size (*of machine, etc*); **~ный** (*adj of* ~); ~ые ворóта (*railways*) clearance gauge; ~ная высотá overall height; overhead clearance
гав *interj* ~, ~! wuff! wuff!
гавáн|на *coll* Havana (*cigar or tobacco*) **´~ский** Havana
гáв|анский *adj of* ~ань; **´~ань** *f* harbour; haven
гáвкать I *pop* bark
гавóт *mus* gavotte
гáврик *pop pej* shady character, wily fox
гáга eider duck
гагáр|а *orni* loon, diver; **´~ка** *orni* razorbill
гагáт *min* jet; **´~овый** *adj of* ~
гагáчий *adj of* гáга; ~ пух eiderdown
гад reptile, amphibian; *fig coll* snake, skunk (*of person*) (*US*) crud, louse; *sl* stool-pigeon, stoolie
гадá|лка fortune-teller; **´~ние** fortune-telling; ~ на кáртах card-reading, cartomancy; ~ по рукé palmistry; guessing, guesswork; **´~тельный** (~телен) conjectural, hypothetical, problematic; э́то ~тельно it is mere guesswork; ~тельная кни́га fortune-telling book; **´~ть** I *pf* по~ tell fortunes (by, на + *prep and* по + *dat*); ~ на кофéйной гýще make wild guesses; *impf only* guess (at), surmise (о + *prep*)
гáдина *fig* reptile; repulsive creature, swine (*of person or animal*); *pl* vermin
гá|дить II (~жу) *pf* на~ *coll* excrete (*of animals*); *pop* make a mess (*in performing natural functions*); foul (up), defile (на + *acc or prep,* в + *prep*); *coll* play dirty tricks (on, + *dat*); *pf* из~ *vulg* spoil, ruin
гáд|кий (~ок, ~кá, ~ко) nasty, horrid, repulsive, vile; ~ утёнок ugly duckling; **´~ко** *adv* of ~кий; *pred* + *dat* мне, *etc* ~ I feel awful (unwell); I feel disgust; **~ли́вость** *f* aversion, disgust; **~ли́вый** (~ли́в) ~ли́вое чýвство (feeling of) disgust; **´~остный** (~остен) disgusting; *coll* extremely poor (*of work quality, etc*); **´~ость** *f coll* filth, muck; low trick, filthy trick; **~ю́ка** adder, viper; *coll* repulsive person, viper
гá|ер *obs* buffoon, clown; **´~ерство** *pej* buffoonery; **´~ерствовать** (~ерствую) *pej* play the buffoon; clown
гáечный *adj of* гáйка; ~ ключ spanner, wrench
гáже *comp of* гáдкий
газ gas; éхать, мчáться на пóлном ~ý *pop* travel flat out; дать ~ step on it, step on the gas; сбáвить ~ reduce speed; *pl med* wind; скоплéние **´~ов** flatulence, wind; *no pl* gauze; **~анýть** I *pf sl* accelerate (in a vehicle); scram; **~áция** aeration; **~гóльдер** gasholder
газéль *f zool* gazelle
газéт|а newspaper; **´~ный** *adj of* ~а; ~ная бумáга newsprint; ~ стиль journalese; **´~чик** news-vendor; newspaper-boy; *coll* journalist
гази|рóванный aerated; **´~ровать** (~рую) *impf* aerate; *impf and pf* gas (*kill*); **~рóвка** *coll* aerated water; aeration; **~рóвщица** *coll* seller of aerated water; **~фикáция** gasification; supplying with gas; **~фици́ровать** (~фици́рую) *impf and pf* supply with gas; install gas (in); *tech* extract gas from
газ|обаллóн gas cylinder; **~овáть** (~ýю) *impf pop* step on the gas; **~овщи́к** gasman, gas-fitter; **´~овый** *adj of* ~; ~овая кáмера gas chamber; ~овая колóнка geyser; ~овая плитá gas cooker, gas-stove; ~ рожóк gas-burner; gas bracket; ~овая свáрка oxyacetylene welding; ~ счётчик gas meter; **~огенерáтор** *tech* gas generator, gas producer; **~окали́льный** *tech* ~ колпачóк gas mantle; ~окали́льная лáмпа incandescent gas-lamp; **~оли́н** gasolene; **~омéр** gas meter; **~омёт** *mil* gas projector; **~омотóр** *tech* gas engine
газóн grass-plot, lawn; по ~ам не ходи́ть keep off the grass
газонепроницáемый gas-proof, gas-tight
газонокоси́лка lawnmower
газо|обрáзный *phys* gaseous, gasiform; **~провóд** gas pipeline; gas-main; **~провóдный** ~провóдная трубá gas-pipe; ~ **убéжище** gas-proof shelter; **~храни́лище** gasholder, gasometer
гаи́ст *coll* traffic policeman
гайдамáк *hist* haydamak (*Ukrainian Cossack; Ukrainian member of White cavalry*)
гайдрóп *aer* tow-rope, guide-rope
гайдýк 1 *hist* footman; rebel against Turks
гáйк|а nut, female screw; у негó в головé не хватáет ~и *coll* he's got a screw loose; ~ заслáбила у когó *pop* get into a blue funk; ~ слабá у когó *pop* not to have the guts (to do something); ~и закрути́ть *pop* put the screws on
гайм|ори́т *med* antritis; **´~орова** пóлость *anat* antrum of Highmore
гак *naut* hook; *coll* superfluity; с ~ом and more, and a bit more; мéтров двáдцать с ~ом some twenty metres or more
галá *indecl adj* ~-представлéние gala performance
галáктика *astron* galaxy
галактóза galactose
галантерé|йность *f coll iron* civilities, gallantry; **´~йный** *adj of* ~я; ~ магази́н haberdashery, fancy-goods shop; *coll iron* gallant, urbane, civil; **´~я** haberdashery, fancy goods
галáнт|ность *f* gallantry (*towards women*); **´~ный** (~ен) gallant (*towards women*)
галанти́р galantine
галд|ёж 1 *no pl coll* din, racket; **~éть** II (*no 1st pers,* ~и́шь) *impf pop* make a din, racket
галéр|а galley; ссылáть на ~ы condemn to the galleys; **~éя** (*in var senses*) gallery; **´~ка** *theat coll* gallery, 'the Gods'; 'the gods' (*those in the gallery*); **´~ный** *adj of* ~
галéта (ship's) biscuit
гáл|ечник pebbles, shingle; **´~ечный** pebble, shingle; pebbly, shingly
галиматья́ *no pl coll* rubbish, nonsense
галифé *neut indecl* riding-breeches
гáл|ка daw, jackdaw; считáть ~ок gawk, gape, stand gaping; loaf (about), do nothing
галл Gaul
гáллий *chem* gallium

галл|ици́зм Gallicism; **~ома́ния** Gallomania
галло́н gallon
галл|офо́бия Gallophobia; **~ьский** Gallic
галлюцин|а́ция hallucination; **~и́ровать** (~и́рую) *impf* suffer from hallucinations
гало|ге́н *chem* halogen; **~и́д** *chem* haloid
гало́п gallop; ~ом at a gallop; лёгкий ~ canter; скака́ть ~ом gallop; подня́ть в ~ put into a gallop; galop (*dance*); **~и́ровать** (~и́рую) *impf* gallop
га́л|очий *adj of* ~ка
га́лочк|а *coll* tick; ста́вить ~и на чём tick off something
гало́ш|а galosh; сесть в ~у *coll* get into a fix, into a spot; **~ный** *adj of* ~
галс *neut* tack; ле́вым (пра́вым) ~ом on the port (starboard) tack
га́лстук (neck)tie, cravat; закла́дывать (залива́ть), заложи́ть за ~ *pop* booze, knock back
галу́н 1 lace, galloon
галу́шка *cul* dumpling
гальван|иза́ция galvanization; **~изи́ровать** (~изи́рую) *impf and pf* galvanize; **~и́ческий** galvanic; **~о** *neut indecl typ* electrotype; **~о́метр** galvanometer; **~опла́стика** electroplating, galvanoplastics
га́л|ька *gen pl* ~ек) pebble; *collect* pebble, shingle
гальюн *naut* (the) heads
гам *coll* din, uproar
гамадри́л hamadryad (baboon)
гама́к 1 hammock
гама́ша gaiter, legging
гамби́т gambit (*chess*)
га́мма *photo, phys* gamma; *mus* scale; gamut *also fig;* range (*of machines, etc*); gamma (*letter of Greek alphabet*); ~-глобули́н gamma globulin; ~-излуче́ние gamma radiation; ~-лучи́ *phys* gamma rays; ~-устано́вка gamma-ray source
Га́на Ghana
га́нглий ganglion
гангре́н|а gangrene; **~о́зный** gangrenous
га́нгстер gangster; **~и́зм** gangsterism
гандбо́л *sp* handball; **~и́ст** handball player; **~ьный** *adj of* ~
гандика́п *sp* handicap
га́н|ец (~ца) Ghanaian; **~ка** Ghanaian (woman); **~ский** Ghanaian
ганте́ль *f sp* dumb-bell
гара́ж 1 garage
гара́нт *leg* guarantor; **~и́йка** *sl* guaranteed ration (*usu in prison camp*); **~и́йный** guarantee; **~и́ровать** (~и́рую) *impf and pf* guarantee, vouch for; guarantee (against, от + *gen*); **~ия** guarantee
гардемари́н *hist* naval cadet; (корабе́льный) ~ midshipman
гардеро́б wardrobe (furniture); cloakroom; wardrobe (*clothes*); **~ная** *n* cloakroom; **~щик, ~щица** cloakroom attendant
гарди́на curtain
гарев|о́й *adj of* гарь; ~ая доро́жка *sp* cinder-track
гаре́м harem
га́рк|ать I *pf* ~нуть *pop* bark (out), bawl (out); ~ на кого́ bark at someone; **~нуть** I *pf of* ~ать
гармон|иза́ция *mus* harmonization; **~изи́ровать** (~изи́рую) *impf and pf mus* harmonize *vt*; **~ика** accordion, concertina; губна́я ~ mouth organ; ~икой, в ~ику *adv* pleated; concertina'd; **~и́ровать** (~и́рую) harmonize (with), go (with), tone (with, с + *instr*) *vi*; **~и́ст** accordion, concertina player; *mus* specialist in harmony; **~и́ческий** *mus* harmonic; harmonious; *tech* rhythmic; **~и́чный** (~и́чен) harmonious; **~ия** *mus* harmony; *fig* concord, harmony; *coll* accordion, concertina; **~ь** *f coll,* **гармо́шка** = ~ика
га́рн|ец (~ца) *obs* garnets (*Russian measure = 3·28 litres*)
гарнизо́н garrison; **~ный** *adj of* ~
гарни́р *cul* trimmings, garnish; с ~ом garnished
гарниту́р set; suite (*of furniture*); **~а** (*rare*) = ~; *typ* set
га́рн|ый ~ое ма́сло lamp oil
га́рпия harpy; *orni* harpy eagle
гарпу́н 1 harpoon; **~ный** *adj of* ~; ~ная пу́шка harpoon-gun; **~щик** harpoonist
гарт type-metal; printer's pie
га́рус worsted (yarn)
гарц|ева́ть (~у́ю) *impf* prance, caracole
гарь *f* burning, fumes; па́хнет ~ю there's a smell of burning; cinders, ashes, dross; burned patch of forest
га|си́льник *obs* extinguisher; **~си́тель** *m* extinguisher; *fig* suppressor; **~си́ть** II (~шу́, ~сишь) *pf* по~ *and* за~ put out, extinguish (*light, fire, candle, etc*); switch off, turn off (*gas, electricity, etc*); ~ и́звесть slake lime, *pf* по~ *fig* suppress, stifle; cancel (*debts, etc*), frank (stamps, etc); **~снуть** I (*past* ~с, ~сла) *pf* по~, за~ *and* у~ go out, be extinguished; *fig* grow feeble, fade away, sink
гастри́|т gastritis; **~ческий** gastric
гастрол|ёр artiste on tour; *coll* casual worker; bird of passage; **~ёр** *sl* travelling pickpocket; **~и́ровать** (~и́рую) *impf* tour, be on tour (*of artistes*); *sl* steal (*while travelling from place to place*); **~ь** *f* tour; temporary engagement (*of artistes*); **~ьный** touring (*of artistes*)
гастроно́м epicure, gastronome, gourmet; = ~и́ческий магази́н; **~и́ческий** gastronomical; ~ магази́н grocer's (shop), provision shop, delicatessen *Am*; **~ия** connoisseur's knowledge of culinary art and taste in food; delicatessen *US*, provisions
га|ти́ть II (~чу́) *pf* за~ lay a (log *or* brushwood) road over marshy ground; **~ть** *f* log *or* brushwood road; бреве́нчатая ~ corduroy road
га́|убица howitzer; **~убичный** *adj of* ~убица
гауптва́хта *mil* guardhouse, guardroom
га́усс *elect* gauss
гаш|е́ние extinguishing; slaking; **~ёный** ~ёная и́звесть slaked lime
гаши́ш hashish
гвалт *coll* row, uproar, rumpus
гвард|е́ец (~е́йца) guardsman; **~е́йский** Guards'; ~ миномёт multi-rail rocket launcher; **~ия** Guards; ста́рая ~ 'old guard' (*Communists who took part in 1917 Revolution*)
гво́з|дик tack (*small nail*); *dim of* ~дь; *usu pl coll* stiletto heels
гвозди́ка *bot* pink(s); (пе́ристая) ~ carnation(s); туре́цкая, борода́тая ~ sweet-william; *collect* cloves
гвоз|ди́льный nail, nail-making; **~ди́ть** II (~жу́) *impf coll* bang (away), bash (away); *fig* rail at, berate; keep on (at, + *dat*)
гвозди́|чный *adj of* ~ка; ~чное ма́сло oil of cloves
гвозд|ь 3 *m* nail, tack; peg; *fig* pièce de résistance (of), highlight (of), crux (of, + *gen*); ~ вопро́са crux of the matter; ~ сезо́на hit of the season;

сиде́ть, засе́сть ~ём в голове́ у кого́ have an *idée fixe*; (и) никаки́х ~е́й! *coll* and no arguing!, and that's that!, and no two ways about it!
где *inter and rel adv* where; ~ бы ни wherever; ~ бы то ни́ было no matter where; ~ ..., ~... *coll* in one place ..., in another ...; ~ (уж) how should one, how is one to (+ *dat and infin*); ~ (уж) ему́ поня́ть! how is he to understand? *coll* anywhere, somewhere; **~-либо** *adv* anywhere; **~-нибудь** *adv* somewhere, anywhere; **~-то** *adv* somewhere
Геба *myth* Hebe
гебраи́ст Hebraist
гегелья́н|ец (~ца) Hegelian; **~ство** Hegelianism
гегемо́н leader, predominant force; **~ия** hegemony, supremacy
гедони́|зм hedonism; **~ст** hedonist; **~сти́ческий** hedonistic
гей *interj coll* hi!
ге́йзер geyser, hot spring
ге́йша geisha
гекато́мба hecatomb
гекза́метр hexameter
гекса́эдр *math* hexahedron
гекта́р hectare
ге́кт|о- hecto-; **~о́граф** hectograph
ге́лий helium
гелио́|граф heliograph; **~тро́п** *bot and min* heliotrope; **~центри́ческий** heliocentric
гельминтоло́гия helminthology
ге́мма stone with engraved design
гемоглоби́н haemoglobin
геморро|ида́льный haemorrhoidal; ~ида́льная ши́шка pile; **~й** haemorrhoids, piles
гемофи́лия haemophilia
ген- (*abbr of* генера́льный) general
ген *physiol* gene; **~еалоги́ческий** genealogical; **~еало́гия** genealogy
ге́незис origin, source, genesis
генера́л general; ~-губерна́тор governor-general; ~-лейтена́нт lieutenant-general; ~майо́р major-general; ~-полко́вник colonel-general; **~-ба́с** *mus* figured bass; **~и́ссимус** generalissimo; **~ите́т** *collect* the generals; top brass; **~ьный** *in var senses* general; ~ констру́ктор chief designer; ~ ко́нсул consul-general; ~ьная ли́ния па́ртии Party (general) line; ~ьная репети́ция dress rehearsal; ~ьное сраже́ние decisive battle; ~ штаб General Staff; ~ьные шта́ты *hist* States-General; **~ьский** general's; ~ чин rank of general; **~ьша** *coll* general's wife
генера́т|ор *tech* generator; ~ колеба́ний oscillator; ~ то́ка current generator; **~орный** *adj of* ~ор; ~ газ producer gas
генера́ция generation
гене́т|ик geneticist; **~ика** genetics; **~и́ческий** genetic
ген|иа́льность *f* genius; greatness; **~иа́льный** (~иа́лен) of genius, great; *coll* brilliant; ~иа́льная иде́я stroke of genius; **~ий** (a) genius; злой ~ evil genius
ге́нныи genetic
геноци́д genocide
геншта́б *abbr of* генера́льный штаб
гео- geo-
гео|бота́ника geobotany; **~граф** geographer; **~графи́ческий** geographical; **~гра́фия** geography; *coll* geographical spread; **~дези́ст** land-surveyor; **~дези́ческий** geodesic, geodetic; **~де́зия** geodesy, (land-)surveying; **~лог** geologist; **~логи́ня** *coll* woman geologist; **~логи́ческий** geological; **~ло́гия** geology; **~метр** geometrician; **~метри́ческий** geometric(al); **~ме́трия** geometry
георги́н(а) *bot* dahlia
гео|те́рмика geothermy; **~фи́зика** geophysics; **~физи́ческий** geophysical; **~хи́мия** geochemistry; **~хроноло́гия** geochronology
гепа́рд cheetah
гера́льди|ка heraldry; **~ческий** heraldic
гера́нь *f* geranium
герб arms, coat of arms, armorial bearings; emblem
герба́рий herbarium
гербици́д weed-killer
герб|о́вник armorial; **~овый** heraldic; bearing coat of arms; ~овая бума́га stamped paper; ~овая ма́рка stamp; ~овая печа́ть official stamp, seal; ~ сбор stamp-duty
гериа́тр geriatrician **~и́ческий** geriatric; **~ия** geriatrics
геркуле́с Hercules (strong man); *sing only* rolled oats, porridge oats; **~овский** Herculean; **~ов** ~овы столбы́ (столпы́) Pillars of Hercules
герма́н|ец (~ца) Teuton; ancient German; ~цы Germanic, Nordic peoples; *coll* German; **~иза́ция** Germanization; **~изи́ровать** (~изи́рую) *impf and pf* Germanize; **~и́зм** Germanism
герма́ний *chem* germanium
герман|и́ст specialist in German studies; **~и́стика** Germanic studies; **Г~ия** Germany; **~офи́л** Germanophile; **~офо́б** Germanophobe; **~ский** Germanic, Teutonic; *coll* German
гермафроди́т hermaphrodite
гермети́ч|ески *adv* ~ закры́тый hermetically sealed; **~еский** hermetic, sealed; ~ая каби́на *aer* pressurized cabin; secret, hermetic
геро|и́зм heroism; **~ика** the heroic, heroic spirit; heroic style; **~и́н** heroin; **~и́ня** heroine; **~и́ческий** heroic; **~й** hero; **~йский** heroic (*very brave*); **~йство** heroism
геро́льд *hist* herald
геронто́лог gerontologist; **~ия** gerontology
герунд|и́в gerundive; **~ий** gerund
герц *phys* hertz
ге́рц|ог duke; **~оги́ня** duchess; **~огский** ducal; **~огство** duchy
геста́по *neut indecl* Gestapo
гете́ра hetaera, courtesan
гетеро|ге́нный heterogeneous; **~но́мия** *philos* heteronomy
ге́тман *hist* hetman
ге́тра gaiter
ге́тто *neut indecl* ghetto
геше́фт *coll iron* deal, speculation
гиаци́нт *bot* hyacinth; *min* jacinth
ги́бел|ь *f* death; destruction; loss; wreck (*of ship, etc*); downfall (*of country, etc*); ruin; *coll* oceans (of), swarms (of), masses (of), hosts (of, + *gen*); **~ельный** (~лен) disastrous, fatal
ги́б|кий (~ок, ~ка́, ~ко) lithe (*of body*), lissom; flexible, pliant *also fig*; ~ стан slender build; adaptable, versatile; tractable; **~кость** *f* flexibility, pliancy; versatility, resourcefulness
ги́б|лый *pop* bad, wretched, rotten, good-for-nothing; ~лое де́ло a bad job; ~лое место god-forsaken spot; **~нуть** I (*past* ~, ~ла) *pf* по~ perish
гибри́д hybrid, mongrel; **~иза́ция** hybridization, cross-fertilization
гига́нт giant; **~ский** gigantic

гигие́н|а hygiene, hygienics; ~**и́ческий** hygienic, sanitary; ~и́ческая поду́шечка sanitary towel
гигро́|метр hygrometer; ~**ско́п** hygroscope
гид guide (*person*); *obs* guidebook
гида́льго *neut indecl* hidalgo
ги́дра *myth, zool fig* hydra
гидра́вли|ка hydraulics; ~́**ческий** hydraulic
гидра́т *chem* hydrate
гидро- hydro-
гидро|авиа́ция hydroaviation; ~**агрега́т** hydroturbine and generator; ~́**граф** hydrograph; hydrographer; ~**графи́ческий** hydrographic; ~**гра́фия** hydrography; ~**дина́мика** hydrodynamics; ~́**лиз** *chem* hydrolysis; ~**ло́гия** hydrology; ~**ме́трия** hydrometry; ~**о́кись** *f* hydroxide; ~**па́тия** hydropathy; ~**пу́льт** stirrup pump; ~**самолёт** seaplane; ~**ста́нция** hydroelectric (power-)station; ~**ста́тика** hydrostatics; ~**сульфи́т** *chem* hydrosulphite; ~**терапи́я** hydrotherapy; ~**те́хник** hydraulic engineer; ~**те́хника** hydraulic engineering; ~**устано́вка** hydroelectric power-plant; ~**фо́н** *naut* hydrophone; ~**электри́ческий** hydroelectric; ~**электроста́нция** hydroelectric power-station
гие́на hyena
гик *coll* whoop; ~́**ать** I *pf* ~нуть *coll* whoop; ~́**нуть** I *pf of* ~ать
гиль *f coll* nonsense
гильд|е́йский *adj of* ~́ия; ~́**ия** *hist* guild; class, order (*of merchants*)
ги́льза (патро́нная) ~ (cartridge-)case; (папиро́сная) ~ (cigarette-)wrapper; ~ цили́ндра *tech* cylinder sleeve
гильоти́н|а guillotine; ~**и́ровать** (~и́рую) *impf and pf* guillotine
гимн hymn; госуда́рственный ~ national anthem
гимназ|и́ст grammar-school boy; ~**и́стка** grammar-school girl; ~́**ия** grammar school, high school
гимна́ст gymnast; ~**ёрка** tunic (with high collar); soldier's blouse; ~́**ика** gymnastics; ~**и́ческий** gymnastic; ~ зал gymnasium
гинеко́лог gynaecologist; ~**и́ческий** gynaecological; ~́**ия** gynaecology
гине́я guinea
гипе́рбол|а hyperbole; *math* hyperbola; ~**и́ческий** hyperbolical; *math* hyperbolic; ~**и́чный** (~и́чен) exaggerated
гиперзву́к hypersound; ~**ово́й** hypersonic
гиперто́ни|к *coll* person with high blood-pressure; ~́**я** hypertonia, hypertension, high blood-pressure
гипертрофи́|рованный *biol* hypertrophied; ~́**я** *biol* hypertrophy
гипно́|з hypnosis; ~**тизёр** hypnotist; ~**тизи́ровать** (~тизи́рую) *impf* hypnotize; ~**ти́зм** hypnotism; ~**ти́ческий** hypnotic
гипо|сульфи́т *chem* hyposulphite; hypo; ~́**теза** hypothesis; ~**тену́за** *math* hypotenuse; ~**тети́ческий** hypothetical; ~**тони́я** hypotension, low blood-pressure
гиппопота́м hippopotamus
гипс *min* gypsum, plaster of Paris; plaster cast; *med* plaster; наложи́ть ~ на ру́ку put an arm in plaster; ~**ова́ть** (~у́ю) *pf* за~ plaster; gypsum; ~́**овый** gypseous; plaster; ~ сле́пок plaster-cast
гипю́р guipure (*lace*)
гирев|и́к 1 *sp* weightlifter; ~**о́й** *adj of* ги́ря
гирля́нда garland, wreath
гиро|ко́мпас gyrocompass; ~**ско́п** gyroscope; ~**скопи́ческий** gyroscopic
ги́ря weight; ~ для гимна́стики dumb-bells
гисто́лог histologist; ~**и́ческий** histological; ~́**ия** histology
гита́р|а guitar; гава́йская ~ ukulele; ~**и́ст** guitarist
гитл|ери́зм Naz(i)ism; ~́**еровец** (~еровца) Nazi; German soldier (*Second World War*); ~́**еровский;** Nazi
ги́чка *naut* gig
глав- *abbr of* гла́вный chief, main
глав|а́ 6 *lit, poet* head; *m and f* head, chief; быть во ~е́ be at the head (of, + *gen*), lead; во ~е́ under the leadership (of), led (by, с + *instr*); ста́вить во ~у́ угла́ consider as of paramount importance; *archi* cupola (*of church*); chapter (*of book*); ~**а́рь** 1 *m* leader; ringleader; ~**е́нство** supremacy; ~**е́нствовать** (~е́нствую) *impf* dominate, hold sway (over), have command (over, в + *prep and* над + *instr*); ~**к** *abbr* of гла́вный комите́т central administration; directorate; head office
главнокома́ндующий commander-in-chief; верхо́вный ~ supreme commander
гла́в|ный chief, main, principal; head, senior; ~ врач head physician; ~ инжене́р chief engineer; ~ная кварти́ра *mil obs* headquarters; ~ная кни́га ledger (*bookkeeping*); ~ное предложе́ние main clause; ~ное управле́ние central directorate; ~ным о́бразом chiefly, mainly, for the most part; ~ное *n* the chief thing, main thing; и са́мое ~ное and above all
глаго́л verb; *obs* word; ~́**ица** Glagolitic alphabet; ~**и́ческий** Glagolitic; ~́**ьный** verbal
гладиа́т|ор gladiator; ~́**орский** gladiatorial
гла|ди́льный ironing; ~ди́льная доска́ ironing-board; ~́**дить** II (~жу) *pf* по~ stroke (+ *acc and* по + *dat*); ~ соба́ку stroke a dog; ~ по голо́вке *coll* pat on the back; ~ про́тив ше́рсти rub the wrong way; *pf* вы~ iron, press
гла́д|кий (~ок, ~ка́, ~ко) smooth, sleek; plain, unfigured (*of fabrics*); fluent, smooth, smooth-flowing (*of speech, style, etc*); *pop* sleek, plump, well-nourished; с него́ взя́тки ~ки *coll* you'll get nothing out of him; ~́**ко** *adv* smoothly; не всё шло ~ it was not all plain sailing; ~ вы́бритый clean-shaven; ~**коство́льный** smooth-bore (*of fire-arms*); ~**ь** *f* smooth surface (*of water*); тишь да ~ (да бо́жья благода́ть) peace and harmony, unruffled peace, peace and quiet; satin-stitch; выshiва́ть ~́ью to satin-stitch
гла́ж|е *comp of* гла́дкий, гла́дко; ~́**енье** ironing
глаз 2 (в ~у́, о ~́е, *pl* ~а́, ~) eye; eyesight; дурно́й ~ evil eye; невооружённый ~ naked eye; попада́ть не в бровь, а в ~ hit the mark; в ~а́ to one's face; броса́ться в ~а́ catch one's attention; смотре́ть кому́, опа́сности, *etc* в ~а́ look someone, danger, *etc* in the face; смотре́ть во все ~а́ be all eyes; в ~а́х in the eyes (of), in the opinion (of, + *gen*); для отво́да ~ *coll* as a blind; за ~а́ *coll* behind someone's back; more than enough, ample; за ~а́ хва́тит there is more than enough; на ~ in the estimation (of); approximately; by eye; на ~а́х (у) кого́ before someone's eyes; он вы́рос у неё на ~а́х she watched him grow up; с ~ доло́й – из се́рдца вон *prov* out of sight, out of mind; убира́йся с ~ доло́й get out of my sight; с ~́у на́ ~ tête-à-tête; тут ну́жен ~ one must keep an eye on this; не смыка́я ~ without a wink of sleep; не спуска́ть с ~ not to let out of one's sight; открыва́ть кому́ ~а́ open someone's eyes (to, на + *acc*); закрыва́ть ~а́ close one's eyes (to, на + *acc*); ра́ди прекра́сных ~ *coll* for love; идти́ куда́ ~а́ глядя́т

follow one's nose; с пья́ных (безу́мных) ~ *pop* in a drunken state; хоть ~ вы́коли it's pitch dark; ~á на лоб ле́зут у кого́ one's eyes pop out of one's head; **~а́стый** (~а́ст) *coll* big-eyed, wide-eyed; sharp-eyed; *pop* striking; **~ена́п|ы** (*gen pl* ~ов) *coll joc* peepers, eyes; запуска́ть ~ *coll* eye, ogle (на + *acc*)

глазе́т brocade

глазе́ть I *pf* по~ *coll* stare (at), gawk (at, на + *acc*)

глазир|о́ванный glazed (*china, etc*); glossy (*paper, etc*); *cul* glacé, iced; **~ова́ть** (~у́ю) *impf and pf* glaze; *cul* ice; **~о́вка** glazing; icing

глаз|ни́к 1 *coll* oculist; **~ни́ца** eye-socket; **~но́й** *adj of* ~; ~ врач oculist; ~ нерв optic nerve; ~но́е я́блоко eyeball; **~о́к** (~ка́; *pl* ~́ки, ~́ок *and* ~ки́, ~ко́в) *pl* ~́ки *dim of* ~; одни́м ~ко́м with half an eye; на ~о́к *coll* by eye; стро́ить ~́ки кому́ make eyes at someone; аню́тины ~́ки *bot* pansy; *pl* ~ки́ pigmented spot (*on birds, etc*); *coll* peephole; glory hole (*of furnace*); inspection hole; judas hole (*prison*); head (*of periscope*); bud (*for grafting*); eye (*of potato*); *tech* eye, eyelet; **~оме́р** measurement by eye; ability to measure by eye; хоро́ший ~ good eye, straight eye; **~оме́рный** *adj of* ~оме́р; ~оме́рное определе́ние estimation by eye

глазу́н|ья (*gen pl* ~ий) fried eggs

глазу́рь *f* glaze (*on pottery*); *cul* icing

гла́нда *anat* tonsil

глас *ar* voice; ~ вопию́щего в пусты́не the voice of one crying in the wilderness; *eccles* tune; **~и́ть** II (~шу́) say, run (*of document, etc*); *ar* announce; **~́но** *adv* openly, publicly; **~́ность** *f* publicity; преда́ть ~ности make public, known, give publicity (to); **~́ный** open, public; ~ суд public trial; vocalic, vowel; *n* vowel *also* ~́ная; *n hist* member of municipal council, councillor

гла́уберов ~а соль Glauber's salts; *chem* sodium sulphate

глауко́ма *med* glaucoma

глаша́тай *hist* town crier; *fig rhet* proclaimer, herald

гле́тчер glacier

гли́н|а clay; валя́льная ~ fuller's earth; жи́рная ~ loam; огнеупо́рная ~ fire-clay; фарфо́ровая ~ china clay, porcelain clay; ма́зать ~ой clay; **~́истый** clayey, argillaceous; ~истая по́чва loam; ~ сла́нец shale; **~́ище** clay-pit; **~оби́тный** pisé (*of clay, straw, gravel, etc*); **~озём** *chem* alumina

глинтве́йн mulled wine; де́лать ~ mull wine

гли́нян|ый clay, earthenware; ~ая посу́да earthenware crockery; clayey

глипт engraved stone, cameo; **~́ика** art of engraving on (precious) stones, glyptics

глисса́да *aer* glide in, run in

глисса́ндо *neut indecl mus* glissando

гли́сс|ер *naut* speedboat; **~и́рование** taxiing (*over water*); **~и́ровать** (~и́рую) *impf* taxi (*over water*)

глист 1 intestinal worm, helminth; ле́нточный ~ tapeworm; **~а́ = ~;** *coll* excessively thin, lanky person; **~ого́нный** *med* vermifuge

глицери́н glycerine

глици́ния *bot* wistaria

глоба́льн|ость *f* totality, global nature; **~́ый** global, total

гло́бус globe; ~ земно́го ша́ра terrestrial globe

гло|да́ть I (~жу́, ~́жешь) gnaw *also fig*

гло́сса *lang* gloss; **~́рий** glossary

глот|а́тельный swallowing; **~а́ть** I *impf* swallow; bolt (*food*); gulp down (*liquid*); *fig* devour (*reading matter*); ~ слёзы choke back one's tears; ~ слова́ mumble; **~́ка** *anat* gullet; *pop* throat; во всю ~ку at the top of one's voice; заткни́ ~ку! *pop* shut your trap!; ~ лужёная 'tin-plated throat' (*of one who blares at others*); **~ну́ть** I *sem pf of* ~а́ть take a sip of, swallow; **~о́к** (~ка́) gulp, mouthful; drink; sip

гло́х|нуть I (~, ~ла) *pf* о~ become deaf; *pf* за~ die away, subside (*of sound*); *pf* за~ run, go to seed, grow wild (*of gardens, etc*); *pf* за~ stall (*of motor*)

глу́б|же *comp of* ~о́кий *and* ~око́; **~ина́** 7 depth; *pl* (the) depths, deep places; heart, interior *also fig*; пять ме́тров в ~ину́ five metres deep; в ~ине́ страны́, ле́са in the heart of the country, forest; в ~е́ веко́в in ancient times; в ~ине́ души́ in one's heart (of hearts), at heart; до ~ины́ души́ to the bottom of one's heart; из (от) ~ины́ души́ from the bottom of one's heart; *fig* depth, profundity, intensity; **~и́нный** deep; deep-water, deep-sea; ~и́нная бо́мба depth charge; remote, out-of-the-way

глубо́к|ий (~, ~а́, ~́о) *in var senses* deep; ~ая оборо́на defence in depth; ~ая таре́лка soup-plate; в ~ом тылу́ *mil* deep in the rear; ~ вира́ж *aer* steep turn; profound; thorough, thorough-going; considerable, serious; ~ое зна́ние profound knowledge; ~ое неве́жество crass ignorance; late, advanced, extreme (*of age, seasons, time, etc*); была́ ~ая зима́ it was midwinter; до ~ой но́чи (until) far into the night; ~ой о́сенью in the late autumn; ~ая ста́рость extreme old age; ~ая стару́шка a very old woman; *fig* deep, intense, profound (*of emotions, etc*); **~о́** *adv* deep; *fig* deeply, profoundly; ~ вкорени́вшийся inveterate; ~ сиде́ть в воде́ (*of ship*) draw much water; *pred* it is deep; **~ово́дный** (~ово́ден) deep-water; deep-sea; **~омы́сленный** thoughtful; serious; **~омы́слие** profundity; perspicacity; **~оуважа́емый** much-esteemed; dear (*mode of address in letters*)

глубоча́йший *superl of* глубо́кий

глубь *f* depth(s); морска́я ~ *poet* the deep

глум|и́ться II (~лю́сь) *pf* по~ jeer (at), mock (at), gibe (at, над + *instr*); **~ле́ние** outrage (upon), mockery, gibing (at, над + *instr*); **~ли́вый** *coll* mocking, gibing, jeering; derisive; ~ челове́к mocker, scoffer

глуп|е́ть I *pf* по~ grow stupid; **~е́ц** (~ца́) fool, blockhead, dolt; **~и́ть** II (~лю́) *pf* с~ *coll* make a fool of oneself; do something stupid; **~ова́тый** (~ова́т) silly, rather stupid; **~́ость** *f* foolishness, stupidity; foolish, stupid action; foolish, stupid thing; *usu pl* nonsense; ~ости! (stuff and) nonsense!; **~́ый** (~, ~а́, ~о) foolish, silly, stupid; inane (*of expression, etc*); она́ ~а́ как про́бка she's just plain stupid; **~ы́ш** 1 *coll* silly; silly little thing *usu to child*; *orni* fulmar

глух|а́рь 1 *m* capercailzie, woodgrouse; *coll joc* deaf person; **~́о** *adv of* ~о́й; *coll* = на́глухо; *pred* it is lonely, deserted; **~ова́тый** (~ова́т) hard of hearing, somewhat deaf; (rather) muffled (*of voice*); **~о́й** (~́, ~а́, ~о) deaf *also fig*; она́ глуха́ к его́ про́сьбам she is deaf to his entreaties; muffled, indistinct, hollow (*of sound*); vague, obscure; ~о́е недово́льство undercurrent of dissatisfaction; *lang* voiceless; out-of-the-way, god-forsaken, remote; в ~о́й прови́нции in the depths of the country; ~ переу́лок back-street; thick, dense (*of forest*);

overgrown, wild; dead, late (*of seasons, times*); ~ая ночь dead of night; blank, blind (*of walls, etc*); buttoned-up, done up, not open (*of clothing*); ~ ряд *mil* blank file; **~ой, ~ая** *n* deaf man, woman; **~ома́нь** *f coll* backwoods; remote, out-of-the-way place; **~онемо́й** *adj* deaf and dumb; *n* deaf mute; **~ота́** deafness

глу́|ше *comp of* ~хо́й *and* ~хо; **~ши́тель** *m tech* silencer, muffler; *radio* jammer; *fig* suppressor; **~ши́ть** II *pf* о~ stun, stupefy; ~ ры́бу stun fish (*by explosives*); *pf* за~ muffle (*sounds*); ~ боль dull pain; ~ мото́р stop an engine; ~ радиопереда́чи jam broadcasts; choke, stifle (*growth, etc*); ~ кри́тику suppress criticism; *coll* put out, douse (*fire, etc*); *impf only pop* soak, drink a lot

глуш|ь 1 *f* backwater *fig*; backwoods; remote place, the wilds; жить в ~и́ live miles from anywhere

глы́ба block, lump; clod (*of earth*)

глюко́за glucose, dextrose, grape sugar

гля|де́ть II (~жу́) *pf* по~ look (at), gaze (upon, на + *acc*); ~ ко́со take a poor view (of, на + *acc*); ~ в о́ба keep one's eyes peeled, be on one's guard; ~ сквозь па́льцы turn a blind eye (to), wink (at, на + *acc*); ~ в гроб have one foot in the grave; идти́ куда́ глаза́ ~дя́т follow one's nose; heed, mark; не́чего на него́ ~ don't take any notice of him; *coll* look for, seek out (*with one's eyes*); *coll* look after, see to (за, + *instr*); *coll* look to, take as an example (на + *acc*); *impf only coll* look like, look, appear (+ *instr or adv*); *impf only* face, give (on to), look (on to, на + *acc*); ~ди́(те) mind (out); ~ди́ не ... mind you don't ... (+ *imp*); того́ и ~ди́ I'm afraid, it looks as if; того́ и ~ди́ пойдёт дождь I'm afraid it's going to rain; ни на что не ~́дя heedless of everything; ~́дя *coll* depending (on, по + *dat*); **~де́ться** II (~жу́сь) *pf* по~ look at oneself (in, в + *acc*); **~дь** *interj coll* lo and behold!, hey presto!

гля́н|ец (~ца) gloss; lustre (*on material, etc*); polish (*of leather, wood*)

гля́н|уть I *sem pf of* гляде́ть *coll* glance (at, на + *acc*)

глянц|еви́тый (~еви́т) glossy, polished; **~́евый** glossy, lustrous, polished; ~евая бума́га glossy paper

гм *interj coll* hm!

гна|ть (гоню́, го́нишь; ~л, ~ла́, ~́ло) *det of* гоня́ть drive; urge (on), whip up (*an animal*); *coll* drive hard (*a vehicle*); *coll* dash, tear; hunt, chase; *fig* persecute; turf out, turn out; ~ спирт distil spirits; *usu imp pop* give; гони́ моне́ту; give money!; **~́ться** (гоню́сь, го́нишься; ~лся, ~ла́сь, ~́ло́сь *det of* гоня́ться pursue (за + *instr*)); strive (for, after, за + *instr*); *fig* keep up with

гнев anger, rage, wrath; не по́мнить себя́ в ~е be beside oneself with anger; не во ~ будь ска́зано (сказа́ть) if you don't mind my saying so; **~́аться** I *pf* раз~ be angry (with, на ~ acc); **~и́ть** II (~лю́) *pf* про~ *obs* anger, enrage; **~ли́вый** (~ли́в) *obs* irascible; **~́ный** (~ен) angry, irate

гнедо́й bay (*colour of horse*)

гнез|ди́ться II (~жу́сь) *impf* nest, build one's nest; roost; *fig* have its seat, be lodged, nestle; teem (*of thoughts, emotions, etc*); **~до́** 6 nest; eyrie; den, lair *also fig;* ~ сопротивле́ния *mil* pocket of resistance; brood *also fig*; *bot, med* nidus; cluster; *tech* socket, seat, housing; *ling* 'nest' (*group of words from same root*); **~дова́ние** nesting; пора́ ~дова́ния nesting season; **~дово́й** *adj of* ~до́

гне́йс *geol* gneiss

гне|сти́ (~ту́, ~тёшь; ~́л, ~ла́) *impf* oppress, weigh down; press; **~́т** oppression, burden, yoke; *obs* press, weight; **~ту́щий** oppressive; ~ту́щие забо́ты carking cares

гни́да nit

гни|е́ние decay, putrefaction, rot; **~ло́й** (~л, ~ла́, ~́ло) rotten *also fig;* corrupt, decayed, putrid; damp, muggy (*of weather*); foul (*of water*); **~локро́вие** *med* septicaemia; **~́лостный** putrefactive; putrid; **~́лость** rottenness *also fig*; putridity; dampness, mugginess; **~лу́шка** piece of rotten wood; rotten stump (*also of tooth*); **~́ль** *f* rot; mould; rotten stuff; **~льё** *collect* rotten stuff; **~льца́** *coll* с ~льцо́й slightly rotten, tainted *fig*; **~ть** (~ю́, ~ёшь) *pf* с~ decay, rot; decompose; become foul (*of water*)

гно|екро́вие *med* pyaemia; **~е́ние** suppuration; **~етече́ние** suppuration; **~и́ть** II *pf* с~ allow to rot, decay; ~ наво́з ferment manure; ~ в тюрьме́ allow to rot in prison; **~и́ться** II *impf* suppurate, discharge matter, fester; **~́ище** *obs* garbage dump; **~й** (в ~́е *or* в ~ю́) pus, matter; **~йник** 1 ulcer; abscess; *fig* hotbed; **~́йный** purulent, festering; suppurative (*wound, etc*)

гном gnome, goblin, elf

гно́м|а aphorism, maxim; **~и́ческий** gnomic

гно́мон gnomon, sundial

гносеоло́гия gnosiology; theory of knowledge

гно́сти|к gnostic; **~ци́зм** gnosticism

гну *indecl m and f* gnu

гнус *collect* blood-sucking flies

гнуса́в|ить II (~лю) *impf coll* speak through one's nose; **~́ость** *f* (nasal) twang, nasal intonation; **~́ый** (~) nasal

гну|си́ть II (~шу́) *impf coll* sing or speak through nose, with nasal twang

гну́с|ность *f* baseness, foulness, vileness; foul, vile act(ion); **~́ный** (~ен, ~на́, ~но) base, foul, vile; villainous (*of person*); hideous (*spectacle, etc*); heinous (*crime, etc*); scurrilous (*libel, etc*)

гнут|ый bent; ~ая ме́бель bentwood furniture; **~ь** (гну, гнёшь) *pf* со~ bend, bow *vt*; ~ свою́ ли́нию *pop* insist on having it one's own way; ~ спи́ну, ше́ю *coll* cringe (before), kowtow (to, пе́ред + *instr*); я не ви́жу, куда́ она́ гнёт I don't see what she is driving at; **~ьё** bending; **~́ься** (гну́сь, гнёшься) *pf* со~ bend *vi*, be bowed, stoop; *impf only* be flexible; *fig* give way, waver

гнуша́ться I *pf* по~ abhor, have an aversion (to, + *gen or instr*); disdain (to, + *infin*); не ~ ниче́м stop at nothing

гобеле́н gobelin, tapestry

гобо|и́ст oboist; **~́й** oboe

гова́рива|ть *impf freq of* говори́ть *coll* он ~л he often used to say, he would often say (*not used in pres tense*)

гове́|нье fasting; **~ть** I *impf eccles* prepare for Communion (*by fasting*); *coll* fast, go without food

говн|о́ *vulg* shit (excrement); vile person, shit; bullshit, nonsense; **~оме́с** *sl* active homosexual; **~ю́к** 1 *vulg* shit, vile person

го́вор sound of voices, talking *also fig*; ~ волн *poet* murmur of the waves; *coll* rumour, talk; dialect; mode of speech, accent; **~и́льня** (*gen pl* ~и́лен) *coll pej* talking-shop

говор|и́ть II *impf only* (be able to) speak, talk; ~ по-неме́цки speak German; *pf* сказа́ть say, tell, speak, talk; ~ де́ло talk sense; **~я́т** it is said, they say; ~я́т тебе́! do you hear! (*command*); что вы ~и́те! you don't (mean to) say so! (*incredulity*); не́чего (и) ~ needless to say; что и ~ there's no doubt (about it); что ни ~и́(те) say what you like; (просто) не ~и́те you've no need to tell me; ина́че ~я́ in other words; со́бственно ~я́ strictly speaking; не ~я́ худо́го сло́ва *coll joc* without so much as a by your leave, without a word of warning; не ~я́ уж(е́) not to mention (о + *prep*); *pf* по~ (have a) talk (about, о + *prep*), discuss; *impf only* mean, convey, signify; э́то мне ничего́ не ~и́т this doesn't mean anything to me; *impf only* suggest, point to, indicate, testify (to, о + *prep*); *impf only* ~ в по́льзу tell in favour (of, + *gen*), support; **~и́ться** II *pass of* ~и́ть; как ~и́тся as they say, as the saying goes; **~ли́вость** *f* talkativeness, garrulity; **~ли́вый** (~ли́в) talkative, garrulous; *poet* murmuring (*of water*); **~о́к** (~ка́) *coll* sound of voices; hum of conversation; way of talking, speech, accent; **~у́н,** *f* **~у́нья** *coll* chatterer, talker

говя́|дина beef; **~́жий** beef

го́гол|ь *m orni* golden-eye; ходи́ть ~ем *coll* strut

го́голь-мо́гол|ь *m* (*gen* ~я) egg-flip

го́го|т cackle (*of geese*); *coll* roars of laughter; **~та́нье** cackling; **~та́ть** I *impf* (~чу́, ~́чешь) cackle (*of geese*); *coll* cackle, roar with laughter

год 5 (о ~́е, в ~у́; *pl* ~́ы *and* ~а́; *gen pl* ~о́в *and* лет) year; високо́сный ~ leap-year; кру́глый ~ the whole year round; в бу́дущем, про́шлом ~у́ next, last year; в теку́щем ~у́ during the current year; в год per annum, a year; из ~́а в ~ year in, year out; ~ о́т ~у every year; за два ~́а до ... two years before (+ *gen*); спустя́ четы́ре ~а four years later; че́рез три ~́а по́сле ... three years after (+ *gen*); че́рез ~ in a year's time; бе́з ~у неде́ля *coll* only a few days; мы ~́ы не встреча́лись we haven't met for years; встреча́ть Но́вый ~ see the New Year in; ему́ пошёл шесто́й ~ he is in his sixth year; *nom pl* ~́ы, *gen pl* ~о́в двадца́тые, *etc*, ~́ы the Twenties, *etc*; *nom pl* ~а́ and ~́ы *pl only* шко́льные ~́ы school-days; де́тские ~а́ childhood; в ~́ы in the days (of), during (+ *gen*); в те ~́ы in those days; в мои́ ~́ы at my age; в ~а́х advanced in years; не по ~а́м beyond one's years, precocious(ly); **~а́ми** *adv* for years (on end); **~и́на** *obs poet* = год; *rhet* time; ~ войны́ time of war; тяжёлая ~ difficult times; **~и́ть** II (гожу́) *pf* по~ *coll* wait, loiter

го|ди́ться II (~жу́сь) *impf* be fit (for), be suited (for), do (for), serve (for, на + *acc*; для + *gen or* + *dat*); э́то ни на что, никуда́ не ~ди́тся this is no good for anything; не ~ди́тся it won't do, it's no good; be suited to be, serve (as, в + *nom/acc*); он не ~ди́тся в учителя́ he is not suited to be a teacher; be old enough to be (в + *nom/acc*); она́ ~ди́тся тебе́ в ма́тери she's old enough to be your mother; не ~ди́тся it isn't right, one should not (+ *infin*)

годи́чн|ый year's, lasting a year; annual, yearly; ~ые ко́льца *bot* annual rings

го́д|ность *f* fitness, suitability; validity; **~́ный** (~ен, ~на́, ~но) fit (for, к + *dat*), suitable, valid (for, на + *acc*); ~ к пла́ванию seaworthy; ~ для питья́ fit to drink; ни к чему́ не ~ a good-for-nothing

годов|а́лый one year old (*of children, animals, etc*), yearling; **~я́к** 1 *coll* yearling (*animal*); **~о́й** annual, yearly; ~ дохо́д annual income, annual revenue; **~щи́на** anniversary

гой *interj poet* hail!; *n pej* goy, gentile

гол *sp* goal; заби́ть ~ score a goal

гола́вль 1 *m* chub (*fish*)

голго́фа Calvary

голена́стый *coll* long-legged; *n pl zool* waders, Grallatores

голени́ще top (*of boot*)

го́лень *f* shin

гол|е́ц (~ьца́) loach (*fish*)

голизна́ nakedness

голи́к 1 *coll* besom; *naut* sea-mark

голки́пер *sp obs* goalkeeper

голла́нд|ец (~ца) Dutchman; **Г~́ия** Holland; **~́ка** Dutchwoman; tiled stove; animal (*of Dutch breed*); *naut* jumper; **~́ский** Dutch; ~ская печь tiled stove; ~ское полотно́ holland (*cloth*)

голов|а́ 4 head *also fig;* го́лову пове́сить hang one's head; вы́мыть, намы́лить кому́ го́лову give somebody a dressing-down; у меня́ ~ идёт кру́гом *coll* my head is going round and round; у неё кру́жится ~ she feels giddy; быть ~о́й, на́ голову вы́ше кого́ *fig* be head and shoulders above someone; ~ в го́лову *mil* shoulder to shoulder; вы́дать ~о́й кого́ betray, give away; ударя́ть в го́лову go to the head (*of wine, etc*); он схвати́лся за́ голову he clutched at his head; на све́жую го́лову while one is fresh; с ~ы́ до ног from head to foot; вооружённый с ~ы́ до ног armed to the teeth; с ~о́й окуну́ться, погрузи́ться, уйти́ *fig* throw oneself (into something, в + *acc*), plunge into, become immersed (in something); (с)вали́ть с больно́й ~ы́ на здоро́вую lay the blame on someone else; через чью го́лову *fig* over someone's head; head (*of cattle*); *fig* head (unit); с ~ы́ per head; *fig* head, brain, mind, wits; вот э́то ~! he's got a head on his shoulders!; име́ть свою́ го́лову на плеча́х be able to think for oneself; лома́ть (себе́) го́лову rack one's brains (over, над + *instr*); мне пришла́ в го́лову мысль the thought occurred to me, it crossed my mind; не теря́ть ~ы́ keep one's head; у него́ э́того да́же и в ~е́ не́ было it hadn't even entered his head; у неё э́то из ~ы́ вон she clean forgot it; он челове́к с ~о́й he's got brains; *fig* (*of person*) горя́чая ~ hothead; све́тлая ~ lucid mind; сме́лая ~ bold spirit; *fig* life, head; заплати́ть, поплати́ться ~о́й pay with one's life (for, за + *acc*); отвеча́ть, руча́ться ~о́й answer with one's life (for, за + *acc*); на свою́ го́лову to one's (own) cost; *m and f fig* head, person in charge; городско́й ~ *obs* mayor; сам себе́ ~ one's own master; *fig* head, van; в ~а́х at the head of the bed; ~ са́хару sugar-loaf; ~ сы́ру a cheese; ~ капу́сты head of cabbage; в пе́рвую го́лову first of all, in the first place, first and foremost

голова́стик tadpole

голове́шка brand, smouldering piece of wood

голови́зна jowl (*of sturgeon*)

голо́в|ка *dim of* ~а́; cap, head, nose, tip; ~ лу́ка onion, onion bulb; спи́чечная ~ match-head; *collect, coll* heads, bosses (*of organization*); *pl* vamp (*of boot*); **~но́й** *adj of* ~а́; ~на́я боль headache; ~ плато́к head-scarf; ~ убо́р headgear, hat; *anat* encephalic, *obs* cerebral, brain; ~ мозг brain, cerebrum; **~на́я рабо́та** brain work; ~ го́лос *mus* falsetto, head-voice; *fig* leading, head; ~ образе́ц first sample (*in production*); ~ отря́д *mil* leading detachment, vanguard; ~на́я похо́дная заста́ва *mil* advance party

головн|я́ (*gen pl* ~е́й) charred log; blight, smut, brand (*cereal and plant disease*)
голово|круже́ние dizziness, giddiness *also fig;* vertigo; ~**круж́ительный** dizzy, giddy *also fig;* ~**ло́мка** puzzle, conundrum; ~**ло́мный** puzzling; ~**мо́йка** *coll* dressing-down, telling-off; ~**но́гое** *n* cephalopod; ~**ре́з** *coll* cutthroat, ruffian, blackguard, rascal; bandit; ~**тя́п** *coll* bungler, muddler; ~**тя́пство** *coll* bungling
голо́вушка *aff dim of* голова́; бу́йная ~ *coll* madcap; бе́дная моя́ ~ poor me; пропа́ла моя́ ~ I'm done for, that's the end of me
гологра́|мма hologram; ~**фи́ческий** holographic; ~́**фия** holography
го́лод hunger, starvation; во́лчий ~ ravenous appetite; умира́ть с ~у die of starvation; мори́ть ~ом starve *vt*; famine; dearth, (acute) shortage; ~**а́ние** starvation; fasting; ~**а́ть** I *impf* hunger, starve; fast, go without food; ~**а́ющий** starving, famished, hungry; *n* starving person; ~́**ный** (го́лоден, ~на́, ~но) hungry; ~ как соба́ка, волк famished, hungry as a hunter; ~ные бо́ли hunger-pangs; ~ная смерть starvation; poor, scanty, meagre (*of food, supplies, etc*); ~ год lean year; ~ край barren land; ~ паёк starvation rations; ~**о́вка** starvation, hunger-strike; объяви́ть ~о́вку go on hunger-strike; ~**ра́нец** (~ра́нца) *pop pej* beggar; ~**у́ха** *pop* с ~у́хи from hunger
гololе́дица, гололёд *coll* icy condition of ground, roads, *etc*; на тротуа́ре ~ *coll* the pavement is like glass
голоно́г|ий ~ *coll* bare-legged, barefoot
го́лос 2 (*nom pl* ~а́) voice; во весь ~ at the top of one's voice; быть в ~е be in (good) voice; надорва́ть ~ strain one's voice; с ~а by ear; говори́ть, петь с чужо́го ~а repeat what others say; *mus* voice, part; четы́ре ~а four-part; *fig* opinion, voice, word; в оди́н ~ with one voice, unanimously, with one accord; име́ть свой ~ have one's say; vote; пра́во ~а the vote, franchise, suffrage; пода́ть ~ vote (for), cast one's vote (for, за + *acc*); ~а́ за и про́тив the ayes and the noes; победи́ть число́м ~о́в outvote; ~**и́стый** (~и́ст) loud-voiced, vociferous, loud, full-throated; ~**и́ть** II (голошу́) *impf* wail (over), lament, keen (по + *dat*); *pop* sob, shout loudly, sing loudly, crow loudly
голосло́в|но *adv* without adducing proof; ~**ный** (~ен) unsubstantiated, unsupported by evidence
голос|ну́ть I *sem pf of* ~ова́ть *coll* hail a lift; ~**ова́ние** voting; poll; всео́бщее ~ universal suffrage; поста́вить на ~ put to the vote; *coll* hailing a lift; ~**ова́ть** (~у́ю) *pf* про~ vote (for, за + *acc*; against, про́тив + *gen*); put to the vote, vote on; *coll* hail a lift; ~**оведе́ние** *mus* harmonization of themes; ~**ово́й** vocal; ~овы́е свя́зки vocal chords
голошта́нн|ик *coll* beggar; ~**ый** *n coll* destitute person
голубе|во́дство pigeon breeding; ~**гра́мма** message by pigeon; ~**ста́нция** pigeon loft; ~́**ть** I *pf* по~ show, turn blue
голуб|е́ц (~ца́) *min* azurite, mountain-blue; *usu pl* golubets (meat rolled in cabbage-leaves)
голубизна́ blueness
голуби́ка great bilberry, bog whortleberry; *collect* great bilberries, bog whortleberries
голуби́н|ый *adj of* го́лубь; ~ая по́чта, связь pigeon-post; *fig* meek, dove-like
голу́б|ить II (~лю) *pf* при~ look after tenderly, be warm, tender towards; ~**и́ца** female pigeon, dove; *fig folk* innocent maid, girl; ~́**ка** female pigeon, dove; (my) dear, (my) darling
голуб|огла́зый (~огла́з) blue-eyed; ~**о́й** pale blue, light blue, sky-blue; ~а́я кровь *fig* blue blood; ~ песе́ц blue fox; *fig* unblemished, idealized *also iron*; ~а́я характери́стика *iron* clean bill of health; ~о́е то́пливо natural gas; ~ экра́н television screen; ~ы́е ка́нты, ребя́та *sl* 'bluecaps', secret police
голуб|о́к (~ка́) *dim of* го́лубь; *bot* columbine; *pop* = ~́чик; ~́**ушка** *coll* (my) dear *also iron*; *poet* dove; ~́**чик** *coll* my dear; dear friend; dear (so and so) *also iron*; my dear chap
го́луб|ь 5 *m* pigeon, dove; почто́вый ~ homing pigeon; ~ свя́зи *mil* carrier-pigeon; = ~́чик; ~**я́тник** pigeon-fancier; *zool* pigeon-hawk; ~**я́тня** (*gen pl* ~я́тен) dovecot(e), pigeon loft
го́л|ый (~, ~а́, ~о) naked, bare *also fig;* ~ая голова́ bare head; bald head; с ~ыми нога́ми bare-legged, barefooted; ~ про́вод naked wire; брать, взять ~ыми рука́ми seize without lifting a finger, with the minimum of effort; *coll* neat, pure, unadulterated (*of drink, food, etc*); ~ая и́стина naked truth; ~ые фа́кты bare facts; ~ как соко́л poor as a church mouse; ~**ытьба́** *collect coll* the poor; the ragged; ~**ы́ш** 1 naked child; naked person; naked baby doll; pebble; ~**ышо́м** *adv coll* stark naked; ~**ь** *of collect obs* the poor; ~перека́тная the down-and-outs; ~ на вы́думки хитра́ *prov* necessity is the mother of invention; barren place; ~**ьё** *cul* tripe; raw hide; ~**ьём** *adv coll* unadulterated, neat (*of food and drink*); *pop* bare, naked
гольф *sp* golf; ~́**ы** plus-fours
голя́к 1 *pop* beggar, tramp
гомеопа́т homoeopath; ~**и́ческий** homoeopathic *fig* minute; ~́**ия** homoeopathy
гомер|и́ческий Homeric; ~ смех Homeric laughter; ~**о́вский** ~ вопро́с the Homeric question
гоминда́н Kuomintang; ~́**овец** (~овца) member of Kuomintang; ~́**овский** Kuomintang
гомогенный homogeneous
го́мон *coll* hubbub, racket, din; ~**и́ть** II *impf pop* raise a din, shout
гомосексуал|и́зм homosexuality; ~**и́ст** homosexual; ~́**ьный** homosexual
гон chase, pursuit; dash; area (*for hunting*); heat (*of animals*); *agr* row, strip
гонг gong
гондо́л|а gondola; car (*of balloon*); *tech* nacelle; ~**ье́р** gondolier
гон|е́ние persecution (of, на + *acc*); ~**е́ц** (~ца́) messenger, courier; *fig* herald, harbinger; ~**и́мый** persecuted, under persecution
гонио́метр goniometer
гони́тель *m* persecutor, oppressor
го́н|ка *coll* haste, hurry; dashing, rushing; ~ вооруже́ний arms race; *sp* race; гребны́е ~ки boat race; автомоби́льные, велосипе́дные ~ motor, cycle race; зада́ть ~ку кому́ *coll* give someone a dressing-down, a good talking-to; *dial* floatage, raftage; ~́**кий** (~ок, ~ка́, ~ко) fast, tireless (*in pursuit of prey*); *dial* swift (*of boat*); *dial* fast-growing (*of trees*)
гонoко́кк *med* gonococcus
го́нор *coll* arrogance, conceit
гонора́р fee, honorarium; а́вторский ~ royalties

гонорéя gonorrhoea
гóн|очный *adj of* ~ка; racing
гонт *collect archi* shingles; **~овóй** ~áя крыша shingle roof
гончáр 1 potter; **~́ный** potter's; ~ные издéлия pottery; ~ное искýсство ceramics; ~ круг potter's wheel
гóнчая *n* hound
гóн|щик racer; велосипеди́ст ~ racing cyclist; *dial* rafter; drover (*cattle*); **~я́ть** I *indet of* гнать drive; ~ лóшадь на кóрде lunge a horse; *coll* send on errands (for, за + *instr*); *coll* question searchingly, grill (about, on, по + *dat*); ~ лóдыря, собáк *pop* loaf (around), kick one's heels; **~я́ться** I *indet of* гнáться chase, hunt, pursue (за + *instr*) *also fig*
гоп *interj* jump!, hup!; **~́а** = ~компáния; **~компáния** *coll* set, crowd, company
гопáк 1 gopak (*Ukrainian dance*)
гоп|ля́ *interj* = гоп
гор- *abbr of* городскóй; **горисполкóм** = городскóй исполни́тельный комитéт town executive committee
гор|á 4 mountain; hill; ~ с плеч a load off one's mind; катáться с ~ы́ toboggan; в ~́у uphill; идти́ в ~́у go uphill; он пошёл в ~́у *fig* he has gone up in the world; не за ~áми *fig* not far off; пóд ~у downhill *also fig*; пир ~óй sumptuous feast, royal feast; стоя́ть за когó ~óй be solidly behind someone; надéяться на когó, как на кáменную ~́у put implicit faith in someone; сули́ть золоты́е ~́ы promise the earth (*moneywise*)
горáзд (~а) *pred adj coll* good (at), clever (at, + *infin or* на + *acc*); он на всё ~ he's a Jack of all trades; кто во что ~ each in his own way; он ~ вы́пить he is no mean drinker
горáздо *adv* much, far, by far (+ *comp adj and adv*); ~ хýже far worse
горб 1 (на ~ý, о ~é) hump; свои́м ~óм *coll* by the sweat of one's brow, by dint of one's own efforts; испытáть на своём ~ý learn by bitter experience; bulge, protuberance; ~óм *adv* sticking out; **~áтый** (~) humpbacked, hunchbacked, gibbous; ~ мост humpback bridge; ~ нос hooked nose; ~áтого моги́ла испрáвит? can the leopard change his spots?; **~и́нка** small protuberance; нос с ~и́нкой aquiline nose; **~́ить** II (~лю) *pf* с~ arch, hunch; ~ спи́ну arch one's back; *sl* work, slog away; **~́иться** II (~люсь) *pf* с~ stoop, become bent; **~онóсый** (~онóс) hook-nosed; **~ýн** 1 hunchback; **~ýша** hunchback salmon; scythe; **~ýшка** crust (*of loaf*)
горбы́ль 1 *m tech* slab
гордели́в|ость *f* haughtiness, pride; **~́ый** (~) haughty, proud
гордéц 1 arrogant man, proud man
гóрдиев ~ ýзел Gordian knot
гор|ди́ться II (~жýсь) be proud (of), take pride (in), pride oneself (on, + *instr*); закóнно ~ take a legitimate pride (in, + *instr*); put on airs; **~́дость** *f* pride; **~́дый** (~д, ~дá, ~́до, ~ды́) proud (*in var senses*); **~ды́ня** (overweening) pride, hubris; **~дя́чка** *coll pej* arrogant woman
гóр|е grief, sorrow; misfortune, trouble, woe; на своё ~ to one's sorrow; ~ в том, что ... the trouble is that ...; ей ~я мáло nothing touches her; он с ~я зáпил he drowned his sorrows in drink; уби́тый ~ем broken-hearted; *pred + dat coll* woe (unto), woe betide; ~ мне! woe is me!; ~ мне с тобóй! *coll* you are more trouble than enough!; **~́е-** (*in compounds*) an apology for ..., sorry, woeful; ~-поэ́т poetaster; ~-руководи́тель an apology for a leader; **~é** *adv obs* on high; to(wards) heaven; **~евáть** (~ю́ю, ~ю́ешь) *impf* grieve (for, о + *prep*); *pop* live in penury
горéлк|а burner; ~ бýнзена Bunsen burner; при́мусная ~ Primus stove; **~́а** (*usu* гори́лка) *dial* vodka; **~́и** (*gen pl* горéлок) *no sing* (game of) catch
горéл|ый burnt, scorched; пáхнет ~ым there's a smell of burning; decomposed, rotten (*of skins*)
горелье́ф *art* high relief
горемы́|ка *m and f poet coll* luckless, hapless, ill-starred individual; victim of misfortune; **~́чный** *poet coll* (~чен) hapless, ill-starred, wretched
горéние burning, combustion; *fig* (passionate) enthusiasm
гóр|естный (~естен) sorrowful, sad; pitiful (*lot*, *etc*); mournful, sorrowing (*of glance*, *etc*); **~́есть** *f* sorrow, grief; *pl* afflictions, misfortunes, tribulations, troubles
гор|éть II (~ю́) *impf* burn, be on fire; be on, be alight; burn (*of stove*, *light*, *etc*); дéло ~и́т things are going like a house on fire; земля́ ~и́т у когó под ногáми the place is getting too hot for him; *fig* burn (with, + *instr*); ~ желáнием burn with the desire (to, + *infin*), burn with impatience (to, + *infin*); glitter, shine, blaze (*of eyes*, *etc*); rot, ferment (*from lying*); на ней всё ~и́т she wears everything out in next to no time; *pf* по~ *sl* be in a hopeless position, be sunk
гóр|ец (~ца) mountaineer, mountain-dweller, highlander
гóречь *f* bitter taste; bitter stuff; *fig* bitterness
гóржа *mil* gorge
горжéт(ка) *coll* boa, throat-wrap
горизóнт horizon *also fig*, skyline; ~ воды́ *tech* water-level; **~áль** *f* horizontal, horizontal line; contour line; по ~áли across (*crossword*); **~áльный** (~áлен) horizontal
гори́лла gorilla
гори́ст|ый (~) mountainous; hilly
горихвóстка *orni* redstart
горицвéт *bot* lychnis; ragged robin
гóрка hillock; cabinet; *aer* steep climb, vertical climb; крáсная ~ week following Easter week
гóркнуть I *pf* про~ turn rancid
горкóм *abbr of* городскóй комитéт town, city committee
горлá|н *coll* bawler; **~́нить** II bawl; **~́стый** (~ст) *coll pej* noisy, loud-mouthed
горлéц 1 snakeweed
гóрл|инка = ~ица; **~́ица** turtle-dove
гóрл|о throat; дыхáтельное ~ windpipe; драть ~ bawl, yell; кричáть во всё ~ *coll* yell at the top of one's voice; в ~е пересóхло (one's) throat is dry, parched; по ~о up to the neck *also fig*. more than enough; сыт по ~о full up; взять на ~о *sl* get by shouting; пристáть с ножóм к ~у *coll* press, importune, pester (+ *dat*); пристáвить нож к чьемý ~у hold a knife to someone's throat; промочи́ть ~ wet one's whistle; стать поперёк ~а комý make someone sick; словá застря́ли в егó ~е the words stuck in his throat; neck (*of a vessel*); narrow entrance to a bay, gulf; **~ови́к** 1 *coll* throat specialist; **~ови́на** mouth, orifice; gorge (*narrow path*); manhole hatch; ~ вулкáна crater, neck of volcano; **~овóй** *adj of* ~о; ~ гóлос throaty, guttural voice; **~одёр** *coll* bawler; табáк-~ rough

shag; **⌣ышко** *dim of* ~о; neck (*of bottle*); **~я́нка** *bot* bottle gourd
гормо́н hormone; **~а́льный** hormonic, hormone (-containing), hormonal
горн *tech* furnace, forge; кри́чный ~ bloomery, refinery fire; *mus* bugle
го́рний *ar poet* heavenly, celestial, empyrean; lofty, elevated
горни́ло *obs poet* hearth, furnace; *fig* crucible
горни́ст bugler
го́рн|ица *obs* chamber; **⌣ичная** *n* (chamber)maid, (house)maid; stewardess (*on boat*)
горно|во́й furnace, forge; *n* furnace-worker; **~заво́дский** mining and metallurgical; **~заво́дчик** owner of mine or foundry; **~лы́жник** (mountain-) skier; **~промы́шленный** mining; **~рабо́чий** *n* miner; **~ста́евый** ermine; **~ста́й** ermine; stoat; ermine (fur)
го́рн|ый *adj of* гора́; mountain(ous); ~ая боле́знь mountain sickness; ~ое уще́лье mountain gorge, defile; ~ая цепь mountain range; ~ая артилле́рия *mil* mountain artillery; mineral, rock; ~ лён asbestos; ~ая поро́да rock; ~ хруста́ль rock crystal; mining; ~ое де́ло mining; ~ое со́лнце artificial sunlight; **~я́к** 1 *coll* miner; mining engineer, mining student; **~я́цкий** mining, miners'
го́род 2 (*nom pl* ~а́) town, city; вы́ехать за́ ~ go out of town; за́ ~ом out of town, in the suburbs; *sp* home; base; **~ить** II (горожу́, горо́ди́шь) *impf* fence, enclose, hedge; *coll* talk rubbish; ~ чепуху́, чушь *coll* talk nonsense; огоро́д ~ make unnecessary fuss (*about something which will not materialize*); **~ишко́** *coll* small provincial town; **~и́ще** *m* very large town; *neut arch* site of ancient settlement, town; **~ки́** (*sing* ~о́к) gorodki (*game similar to skittles*); **~ни́чий** *hist* governor of town; **~ово́й** *adj obs* municipal; *n hist* policeman; **~о́к** (~ка́) small town; вое́нный ~ *mil* cantonment; университе́тский ~ campus; *sp* chock, block of wood; **~ско́й** urban, city, municipal; *n coll* town-dweller; ~ голова́ *hist* mayor; ~ска́я ду́ма *hist* town council; town hall
горожа́н|ин (*pl* ~е, ~) city-dweller; town-dweller; townsman; **⌣ка** *f of* ~ин; townswoman
гороско́п horoscope
горо́х *no pl* (~а (у)) pea; *collect* peas; как об сте́н(к)у, в сте́н(к)у ~ (like being) up against a brick wall; времена́ царя́ Горо́ха *joc* the year dot; **⌣овый** pea; greenish-khaki; ~овое-пальто́ *hist coll* agent of secret police; чу́чело ~овое *coll* scarecrow; шут ~ buffoon, laughing stock
горо́ш|ек (~ка) *dim of* горо́х; души́стый ~ sweet pea(s); *collect* spots; в ~ spotted (*of design on material*); **⌣ина** a pea
го́рский highland, mountain
горсове́т *abbr of* городско́й сове́т town soviet
го́рст|очка handful; **⌣ь** 5 *f* cupped hand, hollow of hand; держа́ть ру́ку ⌣ью cup one's hand; handful *also fig*
горта́н|ный *ling* guttural; *anat* laryngeal; **⌣ь** *f* larynx; у него́ язы́к прили́п к ~и he was struck dumb
горте́нзия hydrangea
го́рч|е *comp of* го́рький; **~и́ть** *impers* have a bitter taste; have a rancid taste; **~и́ца** mustard; **~и́чник** mustard plaster, poultice; **⌣ичница** mustard-pot; **~и́чный** *adj of* ~и́ца; ~ газ mustard gas; ~и́чное се́мя mustard seed
го́рше *comp of* го́рький *obs*
горш|е́чник potter; **~е́чный** pottery; ~ това́р earthenware, pottery; **~о́к** (~ка́) pot; jug; vase; ночно́й ~ chamber-pot; от ~ка́ два вершка́ pint-sized, tiny (*of person*)
го́р|ькая *n* vodka; **⌣ький** *adj* (~ек, ~ька́, ~ько) *comp* ⌣че bitter (*of taste, etc*); ~ькое ма́сло rancid butter; *comp* ~ше, ~ший *fig* bitter, miserable, hard; ~ькая до́ля cruel lot; ~ькая и́стина unpalatable truth; *coll* hapless, wretched; ~ пья́ница inveterate drunkard; **⌣ько** *adv* bitterly; *pred* мне ~ слы́шать таки́е слова́ it distresses me to hear such words; мне ~ во рту I have a bitter taste in my mouth
горю́ч|ее *n* fuel; **⌣есть** *f* combustibility; inflammability; **⌣ий** *adj* combustible, inflammable; ~ие слёзы *coll* scalding tears
го́рюшк|о *coll* grief; а ему́ и ~а ма́ло he does not care a jot; he does not give a rap
горя́ч|ечный *adj of* ~ка; feverous; ~ бред delirium; ~ечная руба́шка strait waistcoat, jacket; **⌣ий** (~, ~а́, ~о́) hot *also fig*; ardent, fervent, passionate, warm (*of emotions, wishes, etc*); hot-tempered; mettlesome; heated, impassioned (*of arguments, speech, etc*); ~ая голова́ hot-head; busy; ~ее вре́мя busy season; *tech* high-temperature; ~ая обрабо́тка heat treatment (*of metal, etc*); по ~им следа́м hot on the heels (of, + *gen*); *fig* forthwith; под ~ую ру́ку in the heat of the moment; **~и́тельный** *obs* warming, hot; ~и́тельные напи́тки strong drink(s); **~и́ть** II *pf* раз~ excite, irritate; **~и́ться** II *pf* раз~ be irritated, get excited, become impassioned; **⌣ка** fever *also fig*; feverish activity, haste; бе́лая ~ delirium tremens; роди́льная ~ puerperal fever; поро́ть ~ку *coll* be in a rush, do something in a rush; *m and f coll* hothead, firebrand; **⌣ность** *f* ardour, fervour, enthusiasm; impulsiveness; **~о́** *pred* it is hot
гос- *abbr of* госуда́рственный state; Госизда́т State Publishing House; Госпла́н State Planning Commission; Госстра́х National Insurance
госпитализа́ция hospitalization
го́спитал|ь *m* hospital (*usu military*); **⌣ьный** *adj of* ~ь
госпо́д|ень, ~ня, ~не *adj eccles* the Lord's; моли́тва ~ня the Lord's Prayer
го́споди *interj* good heavens!, good Lord!, good gracious!; не дай ~! God forbid!
господ|и́н (*pl* ~а́, ~, ~, а́м) master; сам себе́ ~ one's own master; ~ положе́ния master of the situation; ~ своего́ сло́ва a man of one's word; gentleman; Mr; ~ президе́нт Mr President; ~а́ ladies and gentlemen, gentlemen (*form of address*); Messrs (*style*)
госпо́д|ский seigniorial, manorial, manor; **⌣ство** dominion, mastery, supremacy, sway (over, над + *instr*); predominance, prevalence; **⌣ствовать** (~ствую) *impf* hold sway, exercise dominion (over, над + *instr*); predominate, prevail; command, dominate, tower (above, over, над + *instr*); **⌣ствующий** ruling; ~ класс ruling class; predominant, prevailing; commanding (*of physical features*)
госпо́дь (*voc* го́споди, *gen* го́спода) God, the Lord; ~ его́ зна́ет! Lord knows!, goodness knows!; ~ с тобо́й! God bless you!; bless you, no!, nothing of the sort! (*expressing surprise, indignation, etc*); ~ с ним! let's forget him!
госпожа́ lady; mistress; Mrs, Miss (*style*)

госте|во́й guest, guest's ~**прии́мный** (~прии́мен) hospitable; ~**прии́мство** hospitality

гост|и́ная *n* drawing-room, sitting-room; drawing-room suite; ~**и́нец** (~и́нца) *coll* present; ~**и́ница** hotel, inn; ~**и́ничный** *adj of* ~и́ница; ~**инодво́рец** (~инодво́рца) *obs* shopkeeper (*in bazaar*); ~**и́ный** ~ двор (shopping) arcade, bazaar; ~**и́ть** II (гощу́, гости́шь) *impf* stay (with), be on a visit (to, у + *gen*); ~**ь** 5 *m* guest, visitor; идти́ в ~́и visit (к + *dat*); быть в ~я́х be a guest (at, of, у + *gen*); be visiting; в ~я́х хорошо́, а до́ма лу́чше there's no place like home; ~́**ья** (*gen pl* ~ий) *f of* ~ь

госуда́р|ственность *f* State system; ~́**ственный** State, public; ~ственная изме́на high treason; ~ переворо́т coup d'état; ~ственное пра́во public law; ~ слу́жащий civil servant; ~ственная слу́жба public service; ~ственные экза́мены final examinations (*in higher education*); ~́**ство** State; ~́**ыня** sovereign; Г~ Your Majesty (*when addressing*); *obs* mistress; ми́лостивая ~ Madam (*form of address*); ~́**ь** *m* sovereign; Г~ Your Majesty, Sire (*when addressing*); *obs* master; ми́лостивый ~ Sir (*form of address*)

гот *hist* Goth; ~́**ика** *archi* Gothic style; ~**и́ческий** *art* Gothic; ~ шрифт Gothic script, black-letter

готова́л|ьня (*gen pl* ~ен) case of drawing instruments

гото́в|ить II (~лю) *pf* при~ make ready, prepare; train; cook; lay in, store; *fig* have in store (for, + *dat*); ~́**иться** II (~люсь) *pf* при~ get ready (for, to, к + *dat or infin*); prepare oneself (for), make preparations (for, к + *dat*); *impf only* be at hand, be in the offing, be imminent, be impending; ~́**ность** *f* readiness, preparedness; в боево́й ~ности in fighting trim, cleared for action; willingness, readiness; ~́**о** *pred* и ~ *coll* and that's that; ~́**ый** (~) ready (for), prepared (for, к + *dat*); ~ к услу́гам yours faithfully (*in letters*); ready (for, to), prepared (for, to), willing (to, на + *acc or* + *infin*); она́ ~а на всё she is prepared for anything; on the point (of), on the verge (of), ready (to, + *infin*); она́ была́ ~а распла́каться she was on the verge of tears; ready-made, finished (*of clothes, etc*); на всём ~ом with all found; на ~ых харча́х with full board and lodging; *short form coll* done for, finished (*ie dead*); plastered (*drunk*)

го́тский *hist* Gothic

готтенто́т Hottentot

гоф|ма́ршал *hist* Marshal of (Imperial) Court: ~**ме́йстер** *hist* steward of the household

гофрир|о́ванный ~о́ванные во́лосы waved hair; ~ воротни́к goffered collar; ~о́ванное желе́зо corrugated iron; ~о́ванная ю́бка pleated skirt; ~ова́ть (~у́ю) *impf and pf* corrugate; goffer; wave, crimp; ~**о́вка** corrugation; waving; (waving); goffering

граб *bot* hornbeam

граб|ёж 1 robbery; ~ среди́ бе́ла дня *fig* daylight robbery; ~**и́тель** *m* robber; ~**и́тельский** extortionate, exorbitant (*of prices, etc*); predatory; ~**и́тельство** *obs* robbery; ~́**ить** II (~лю) *pf* о~ rob, plunder, pillage; *fig* rob; ~́**ка** *sl* hand, paw

гра́б|ли (*gen pl* ~лей *or* ~ель) rake

грабшти́хель *m* engraving tool

гравёр engraver; ~ по ка́мню lapidary; ~́**ный** engraving

гра́вий gravel; ~́**ный** *adj of* ~; ~ные карье́ры gravel pits

гравир|ова́льный engraving; ~ова́льная доска́ steel, copperplate; ~ова́льная игла́ etching needle; ~**ова́ть** (~у́ю) *pf* вы́~, на~ engrave; ~**о́вка** engraving; ~**о́вщик** engraver

гравитац|ио́нный gravitational; ~́**ия** gravitation

гравю́ра engraving, print; etching; ~ на де́реве woodcut; ~ на драгоце́нном ка́мне intaglio; ~ на ме́ди copperplate engraving; ~на ста́ли steel engraving; пункти́рная ~ stipple engraving

град hail; *fig* hail, rain, shower, volley (*of questions, etc*); ~ом *adv* thick and fast; засы́пать ~ом вопро́сов shower with questions; *ar or poet* town, city

града́ция gradation, scale

градие́нт gradient

гра́дина *coll* hailstone

гради́р|ня (*gen pl* ~ен) salt-pan; graduating tower; (water-)cooling tower; ~́**овать** (~ую) *impf and pf* evaporate, graduate salt

градоби́тие damage done by hail

град|ово́й hail; ~́**ом** *adv* thick and fast; с него́ пот ка́тится ~ *coll* sweat is pouring down his face

градо|нача́льник *hist* town governor; ~**нача́льство** *hist* town, borough; town governor's office; ~**строи́тель** town-planner; ~**строи́тельный** town-planning; ~**строи́тельство** town-planning

градуи́р|овать (~ую) *impf and pf* graduate (*a scale*); grade

гра́д|ус degree; у́гол в 25 ~усов angle of 25 degrees; 10 ~усов моро́за, тепла́ 10 degrees below, above zero; в после́днем ~усе in the last stage (*of an illness*); под ~усом *pop* tight, pissed; ~́**усник** thermometer; ~́**усный** *adj of* ~ус; ~усная се́тка *geog* grid

граждан|и́н (*pl* гра́ждане, гра́ждан) citizen; person; ~́**ка** citizeness; = ~́ская а́збука; the Civil War (1917–21); *sl* civvy street; ~́**ский** civil; ~ иск civil suit; ~ ко́декс civil code; ~ское пра́во civil law; ~ брак civil marriage; civilian; ~ское пла́тье civilian clothes, civvies, mufti; civic; ~ское му́жество civic courage; having social content, civil (*of poetry, etc*); ~ская война́ civil war; ~ская а́збука, печа́ть Russian type (*introduced by Peter the Great*); ~́**ственность** *f* civil state, society; civilization; ~́**ство** citizenship, nationality; получи́ть права́ ~ства be granted civic rights; *fig* achieve general recognition; *collect obs* citizenry

грамза́пись *f* gramophone recording

грамм (*gen pl* ~) gram, gramme

грамма́т|ик grammarian; ~́**ика** grammar; grammar(-book); ~**и́ческий** grammatical

граммофо́н gramophone; ~́**ный** *adj of* ~

гра́м|ота reading and writing; official document, deed; ~**оте́й** *coll* one who can read and write; *obs or iron* scholar; ~́**отность** *f* literacy *also fig*; grammatical correctness; competence; ~́**отный** (~отен) able to read and write, literate; grammatically correct; competent; полити́чески ~ politically aware

гра́мстка (*coll*) letter, note

гран grain (*unit of weight*); ни ~́а *fig* not a jot, not a grain

грампласти́нка gramophone record

грана́т pomegranate, pomegranate tree; *min* garnet

грана́та *mil* shell, grenade; ручна́я ~ hand-grenade

грана́т|ник pomegranate (tree); ~́**овый** pomegranate; garnet, rich red

гранатомёт *mil* grenade discharger cup; ~́**чик**

grenade-thrower, grenadier

гранд grandee

грандиóз|ность *f* grandeur; immensity; **~ный** (~ен) grandiose; mighty; immense, vast

гран|éние cutting (of glass, etc); **~ёный** cut, faceted; cut-glass; ~ёное стеклó cut glass; **~ильный** lapidary; **~ильня** (*gen pl* ~илен) lapidary workshop; **~ильщик** lapidary; ~ алмáзов diamond-cutter

гранúт granite; **~ный** granite

гранúть II *impf* cut, facet; ~ мостовýю *obs* cover a considerable distance on foot; hang about, loaf (about)

границ|а frontier, border; за ~цей, за ~цу abroad; *fig* boundary, limit; перейтú все ~цы, вы́йти из ~ц pass all bounds, overstep the mark, the limits; не знать ~ц know no bounds; в ~цах within the bounds (of, + *gen*); **~чить** II *impf* border (upon), be contiguous (with, с + *instr*); *fig* verge (on), border (on, с + *instr)*

грáнка galley-proof, slip

гранул|úровать (~úрую) *impf and pf* granulate; **~яция** granulation

гран|ь *f* border, verge; на ~и сумасшéствия on the verge of insanity; «балансúрование на ~и войны́» brinkmanship; side, facet, edge

грассúр|овать (~ую) *impf* pronounce *r* in the French manner

грат *tech* burr

граф count

граф|á 1 column (*bookkeeping, etc*); **~ик** graph, chart; schedule; тóчно по ~ику according to schedule; draughtsman; **~ика** drawing; script

графúн decanter, carafe

графúня countess

графúт|а *min* graphite, blacklead; pencil-lead; **~овый** graphite

граф|úть II (~лю) *pf* раз~ rule (*paper*); **~úческий** graphic; **~лёный** (vertically) ruled; **~óлог** graphologist; **~олóгия** graphology; **~омáн** graphomaniac; *fig* hack(-writer); **~омáния** graphomania

грáф|ский *adj of* ~; **~ство** count (title); county

грац|иóзный (~иóзен) graceful; **~ия** grace, gracefulness; *myth* Grace; *fig* beauty

грач 1 rook; **~úный** *adj of* ~; **~óнок** (*pl* ~áта, ~áт) young rook

греб|ёнка comb; стричь под ~ёнку crop (hair); стричь (всех) под однý ~ёнку put (everyone) on the same level, reduce (all) to the same level; *tech* rack; *text* hackle; **~éнчатый** pectinate; cristate; comb-shaped; **~енщúк** 1 *bot* tamarisk; **~ень** *m* (~ня) comb *also tech*; *text* hackle; comb, crest (*of bird*); петуши́ный ~ cock's comb; crest (*of wave, hill*); чáстый ~ a fine-tooth comb; *archi* ridge-piece, roof-tree; *sl* passive homosexual

греб|éц (~цá) oarsman, rower

гребеш|óк (~кá) *dim of* грéбень; small comb; kind of mollusc

грéб|ля rowing; **~нóй** rowing; ~ спорт rowing; ~ вал propeller shaft; ~ винт propeller screw; ~нóе колесó paddle wheel; **~óк** (~кá) stroke (*in rowing*); blade (*of mill-wheel, etc*), paddle

грегориáнский *see* **григориáнский**

грёз|а day-dream, reverie; мир ~ realm of fancy

грé|зить II (~жу) dream (of, о + *prep*); ~ наявý day-dream; **~зиться** II (~жусь) *pf* при~ *impers* + *dat* dream

грейдер *tech* grader; *coll* (unmetalled) earth road

грéйпфрут grapefruit

грéйфер *tech* grab (*of crane*)

грек Greek

грéлка hot-water bottle

грем|éть II (~лю́) *pf* про~ *vi* thunder, roar, rumble (*of guns, thunder, etc*); peal (*of bells, etc*); rattle, clatter, clank (*of metal, chains, china, etc*); *fig* resound, ring out (far and wide); *vt* clank, jingle, rattle (+ *instr*); **~учий** roaring, rattling; ~ газ detonating-gas; ~ýчая змея́ rattlesnake; ~ýчая ртуть fulminate of mercury; ~ стýдень nitrogelatine, blasting gelatine; **~ýшка** rattle (*toy*); sleigh-bell

грéна *collect* silkworm eggs

гренадéр grenadier; **~ский** *adj of* ~

грен|óк (~кá), *also* **~ка** *coll* croûton; sippet

гре|стú (~бý, ~бёшь; ~б, ~блá) *impf* row; rake; ~ лопáтой дéньги (серебрó, зóлото) rake in the cash; scull; paddle

гре|ть I (~ю) *impf vi* give out warmth; *vt* warm, heat; ~ себé рýки warm one's hands; (на)греть рýки *fig* feather one's own nest; **~ться** I (~юсь) *impf pass of* ~ть; warm oneself; ~ на сóлнце bask in the sun

грех 1 sin; совершúть ~ sin (against, пéред + *instr*); приня́ть на себя́ ~ take the blame upon oneself; нéчего ~á таúть one may as well admit it, it must be admitted; есть такóй ~ I own to it; подáльше от ~á (get) out of harm's way; как на ~ as ill-luck would have it; с ~óм пополáм (only) just, with the greatest difficulty; *pred + infin coll* it is a sin, it is sinful; не ~ + *infin* there is no harm (in), it would not hurt (to); **~óвный** (~óвен) sinful; **~овóдник** *iron or obs* sinner; стáрый ~ *iron* old sinner; young sinner *iron* (*of young person*); **~овóдничать** *obs coll* be a sinner; **~опадéние** *bibl* the Fall; *fig* fall

Грéция Greece

грéцкий ~ орéх walnut

грéча *coll* buckwheat

греч|áнка Greek woman; **~еский** Greek

греч|úха buckwheat; **~невый** buckwheat; ~невая кáша buckwheat porridge

греш|úть II *pf* со~ sin (against, прóтив + *gen*) *also fig*; **~ник** sinner; **~ный** (~ен, ~нá, ~но) sinful, culpable; ~ным дéлом *coll* much as I regret it, I am ashamed to say; ~ человéк *coll* sinner that I am, I am ashamed to say; **~óк** (~кá) peccadillo; за ним вóдится э́тот ~ *coll* he has this besetting sin

гриб 1 fungus, mushroom; съедóбный ~ mushroom, edible fungus; несъедóбный ~ toadstool; растú как ~ы́ grow, spring up like mushrooms; **~кóвый** fungoid; **~нúца** mushroom spawn, mycelium; *coll* mushroom soup; **~нóй** fungoid, mushroom; ~ дождь rain when sun is shining; **~óк** (~кá) *dim of ~; biol* fungus, micro-organism; mushroom (*for darning stockings*); umbrella, shelter (*against rain, sun*)

грúв|а mane; long hair (*of person*); wooded ridge; shoal; **~áстый** (~áст) with long mane

грúв|енник *coll* ten-copeck piece; **~на** *hist* old unit of weight (approx 410 grams); old unit of currency; *obs* = ~енник

григориáнск|ий Gregorian; ~ календáрь, ~ое летосчислéние Gregorian Calendar

грим make-up (*theat*); greasepaint

гримáс|а grimace; дéлать ~ы make, pull faces; **~ник** grimacer; **~ничать** I *impf* grimace, make, pull faces

грим|ёр make-up man; **~ировáть** (~ирýю) *pf* на ~

make up; *pf* за~ make up (as, + *instr*); *fig* make out (as), make to appear, paint (as, + *instr or* под + *acc*); ~**ирова́ться** (~иру́юсь) *pf* за~ make up; *fig* make oneself out, seek to appear (+ *instr or* под + *acc*); ~**иро́вка** making-up

грипп influenza, grippe; ~**ова́ть** (~у́ю) *impf coll* be down with flu, have flu; ~**о́зный** influenza(l)

гриф *myth* gryphon; *zool* vulture; *mus* finger-board (*of stringed instruments*); seal, stamp; *sp* grip (*in wrestling, etc*)

гри́ф|ель *m* slate-pencil; ~́**ельный** slate; ~ельная доска́ slate; ~ сла́нец grapholite

грифо́н *myth*, *archi* gryphon; griffon (*dog*)

гроб (в ~у́, о ~́е; *pl* ~ы́ and ~а́) coffin; *obs* grave, burial-place; *fig* the grave, the end; вогна́ть в ~ drive to the grave; до ~́а until death, to the grave; по ~ жи́зни (дней) until death, to the end of one's days; стоя́ть одно́й ного́й в ~у́ have one foot in the grave; ~**ану́ть** I *pf pop* break, ruin; kill; ~**ану́ться** I *pf pop* crash; die (*as result of crash*); ~́**ить** II (~лю) *pf* за~, у~ *coll* destroy; ruin; ~́**иться** II (~люсь) *impf pop* lose one's health, strength; perish; break (down) (*of machines, etc*); ~**ни́ца** sepulchre, tomb; ~**ово́й** *adj of* ~; ~ го́лос sepulchral voice; ~ово́е молча́ние, ~ова́я тишина́ deathly silence; до ~ово́й доски́ till death; ~**овщи́к** 1 coffin-maker; undertaker; ~**окопа́тель** *m obs* gravedigger; *iron* narrow, dry-as-dust scholar

грог grog

гроза́ 6 (thunder)storm; *poet* calamity; disaster, storm; terror (*of person or beast*); *coll* threats

грозд *obs in sing* (*pl* ~́ья, ~́ьев) = ~ь; ~́**ь** 5 *f* bunch, cluster (*of flowers, fruit*)

гро|зи́ть II (~жу́) *pf* при~ threaten (+ *dat and instr or* + *infin*); он ~зи́л ему́ револьве́ром he threatened him with a revolver; она́ ~зи́т уби́ть его she threatens to kill him; *pf* по~ make threatening gestures (+ *dat and instr*); ~ кулако́м кому́ shake one's fist at someone; *no pf* ему́ ~зи́т опа́сность he is threatened by danger; дом ~зи́т паде́нием the house threatens to collapse; ~**зи́ться** II (~жу́сь) *pf* по~ *coll* threaten (+ *infin*); make threatening gestures; ~́**зный** (~зен, ~зна́, ~зно) threatening, menacing; dread, formidable, terrible; stern, severe; Ива́н Г~ Ivan the Terrible; ~**зово́й** *adj of* ~за́; ~зова́я ту́ча storm-cloud, thundercloud

гром 5 thunder *also fig*; уда́р ~́а thunderclap; как ~́ом поражённый thunderstruck; (как) ~ среди́ я́сного не́ба (like) a bolt from the blue; мета́ть ~́ы и мо́лнии *fig* fulminate

грома́д|а bulk, mass, pile, block; ~́**ина** *coll* enormous thing; ~́**ный** (~ен) colossal, enormous, huge, vast

гром|и́ла *m coll* burglar; thug; ~**и́ть** II (~лю́) *pf* раз~ destroy; *mil* rout, smash; *fig* thunder, fulminate against

гро́м|кий (~ок, ~ка́, ~ко) loud; famous, celebrated; notorious, *coll iron* infamous (*of conduct, etc*); fine-sounding, high-flown (*of words, etc*); ~**коговори́тель** *m* loudspeaker; ~**коголо́сый** loud-voiced

громо|ве́ржец (~ве́ржца) the thunderer (of Zeus) *also fig*; ~**во́й** *adj of* гром; ~вы́е раска́ты peals of thunder; ~ы́е рукоплеска́ния thunderous applause; *fig* crushing (*of reply, words, etc*); ~**гла́сный** (~гла́сен) loud, loud-voiced; public, open; ~**зву́чный** (~зву́чен) *obs* loud; *fig* high-sounding, triumphal

громоз|ди́ть II (~жу́, ~ди́шь) *pf* на~ heap up, pile up; ~**ди́ться** II (~жу́сь, ~ди́шься) *coll* clamber up (on, на + *acc*); pile up, tower (*of hills, etc*); ~́**дкий** (~док, ~дка) cumbersome, unwieldy

гром|отво́д lightning-conductor *also fig*; ~**оподо́бный** (~оподо́бен) thunderous; ~́**че** *comp of* ~кий *and* ~ко; ~**ыха́ть** I *pf* про~ *coll* rumble (*of thunder, iron, trains, carts, etc*)

гросс gross; ~**бу́к** ledger (*accounting*)

гроссме́йстер grand master (*at chess*); *hist* Grand Master (*of Masons or order of knighthood*); master (*usu of sp*)

грот grotto; *naut* mainsail; *naut* ~- main-

гроте́ск grotesque; ~́**ный** grotesque

гро́х|ать I *pf* ~нуть *coll* crash, bang; *vt* drop with a crash, bang down; ~́**аться** I *pf* ~нуться *coll* fall with a crash; ~́**нуть(ся)** I *pf of* ~ать(ся); ~́**от** crash, din; thunder, roar (*of guns, etc*); *tech* riddle, screen, sifter; ~**ота́нье** crashing; rumbling, rumble, roll (*of thunder*); *pop* roaring (*with laughter*); ~**ота́ть** I (~очу́, ~́очешь) *pf* про~ crash; roll, rumble; roar; *pop* roar (*with laughter*); ~**оти́ть** II (~очу́, ~ти́шь) *pf* про~ *tech* riddle, sift, screen

грош 1 half-copeck piece; (Polish) grosz; (*pl* ~и́, ~е́й) *fig coll* farthing, penny; быть без ~а́ be penniless, not to have a penny to one's name; э́тому ~ (ме́дный, ло́маный) цена́; это ~а́ ме́дного (ло́маного) не сто́ит it's not worth a brass-farthing; ни в ~ не ста́вить not to give a brass farthing (for); купи́ть за ~и́ buy for a song; (*pl* ~́и, ~́ей) *sl* money, brass; ~**о́вый** *coll* dirt-cheap; twopenny-halfpenny; *fig* cheap, shoddy; insignificant, trifling

груб|е́ть I (~е́ю) *pf* о~ grow coarse, rude; ~**и́ть** II (~лю́) *pf* на~ be rude (to, + *dat*) ~**ия́н** *coll* boor, rude person; ~**ия́нить** II *pf* на~ *coll* be rude (to, + *dat*); behave like a boor; ~́**о** *adv* roughly, coarsely; rudely; crudely; roughly (*approximately*); ~ говоря́ roughly speaking; ~**ова́тый** (~ова́т) rather coarse, rude; ~́**ость** *f* coarseness; rudeness; grossness; rude remark; coarse action; говори́ть ~ости be rude; ~**ошёрстный** coarse (*of cloth, etc*); ~́**ый** (~, ~а́, ~о) coarse, rough; gruff, harsh (*of voice*); crude, rude, rough (*of workmanship, etc*); gross, flagrant (*of mistakes, etc*); coarse, crude; rude (*of words, language, etc*); rough (*approximate*)

гру́да heap, pile; лежа́ть ~ми be heaped up

груд|а́стый (~а́ст) *coll* big-bosomed, big-breasted; ~**и́на** breastbone; ~**и́нка** brisket; теля́чья ~ breast of veal; ~**ни́ца** *med* mastitis; ~**но́й** breast; chest; ~ го́лос chest-voice, deep voice; ~на́я жа́ба angina pectoris; ~на́я железа́ mammary gland; ~на́я клетка thorax; ~ные мы́шцы pectoral muscles; ~ ребёнок infant in arms; ~ мох *bot* Iceland moss; ~**обрю́шный** ~обрю́шная прегра́да diaphragm; ~**ь** 5 *f* (в ~и́, о ~́и) breast, chest, bosom, bust; прижима́ть кого́ к свое́й ~и́ press someone to one's breast; стоя́ть ~́ью champion, stand up (for, за + *acc*); ~ с ~́ью, ~ на́ ~ би́ться fight hand to hand; корми́ть ~́ью breast-feed; отнима́ть от ~и́ wean; *coll* (shirt-) front

гружёный loaded, laden

груз load; goods (*by rail*); freight, cargo (*by sea*); *fig* burden, weight; bob (*pendulum*)

груздь 3 *m* milk-agaric (*mushroom*)

грузи́ло sinker
грузи́н Georgian; **∸ка** Georgian (woman); **∸ский** Georgian
гру|зи́ть II (~жу́, ∸зишь) *pf* на~ load; freight, lade; ~ су́дно lade a ship; *pf* по~ load (в, на + *acc*); **~зи́ться** II (~жу́сь, ∸зишься) *pf* по~ *vi* load, take on cargo
Гру́зия Georgia
груз|не́ть I (~не́ю) *pf* по~ grow heavy, corpulent; **∸ность** *f* weightiness; unwieldiness, bulkiness; corpulence; **∸нуть** I *impf* sink, go down; **∸ный** (~ен, ~на́, ~но) weighty, unwieldy, bulky; corpulent; ponderous (of gait); **~ови́к** 1 lorry; **~овладе́лец** (~овладе́льца) owner of freight, goods; **~ово́й** goods, cargo, freight; ~ово́е движе́ние goods traffic; ~ово́е су́дно freighter, cargo boat; **~оборо́т** turnover of goods; **~оотправи́тель** *m* consignor of goods, shipper; **~оподъёмность** *f* (freight-)carrying capacity; **~оподъёмный** ~ кран (loading) crane; **~ополуча́тель** *m* consignee; **~опото́к** goods traffic; **∸чик** docker, stevedore
грум groom
грунт soil, earth; ground, bottom; выса́живать в ~ bed out; priming, prime coating (*of picture*); **~ова́ть** (~у́ю) *impf* prime (*picture*); **~о́вка** first coat (*of paint*), priming; **~ово́й** *adj of* ~; ~овы́е во́ды subsoil waters; ~ова́я доро́га dirt road, earth road
гру́пп|а group; clump (*of trees, etc*); ~ кро́ви blood group; **~ирова́ть** (~иру́ю) *pf* с~ group, classify; **~ирова́ться** (~иру́юсь) *pf* с~ group, form groups; **~иро́вка** grouping; classification; *mil* alignment, grouping; **~ово́д** group leader; **~ово́й** group; ~овы́е заня́тия group study, work; ~овы́е и́гры team games; ~ полёт formation flying; ~ сни́мок group photograph; **~овщи́на** *pej* sectarianism, cliquishness
гру|сти́ть II (~щу́) *impf* grieve, mourn, be sad; miss, pine (for, по + *dat*); **∸стно** *adv* sorrowfully, sadly; *pred* + *dat* мне ~ I am sad; **∸стный** (~ен, ~на́, ~но) sad, melancholy, sorrowful; mournful; име́ть ~ вид look sorry for oneself
гру́ш|а pear; pear-tree; земляна́я ~ Jerusalem artichoke; pear-shaped object; **~еви́дный** (~еви́ден) pear-shaped; **∸евый** pear; ~ компо́т stewed pears; **~о́вка** pear liqueur; kind of apple
грыж|а hernia, rupture; **~ево́й** *and* **∸евый** hernial; ~ банда́ж truss
гры́зло *sl* throat
грыз|ня́ *coll* fighting (*of animals*); squabble, bickering; **~ть** (~у́, ~ёшь; ~, ∸ла) *impf* gnaw, nibble; ~ но́гти bite one's nails; *pop* nag (at); *fig* consume, devour, gnaw (*of thoughts, feelings, etc*); **∸ться** (~у́сь, ~ёшься, ~ся, ~лась) *impf* fight (*of animals*); *coll* squabble, bicker; **~у́н** 1 rodent
гры́мза *m and f pop* (old) grumbler
грю́ндер company promoter
гряда́ 3 ridge; bed (*in garden*); row, series (*of similar objects*); bank (*of clouds*); range (*of hills, etc*)
гря́диль *m* plough-beam
гря́д|ка *dim of* ~а́; pole, stake; **∸ковый** *adj of* ~ка; ~ковая культу́ра growing in beds; **~ово́й** growing, grown in beds
грядущ|ий *rhet* coming, future; на сон ~ *coll* at bedtime, before going to bed; **∸ее** *n* the future
гряз|ево́й mud; ~ева́я ва́нна mud-bath; **~елече́бница** mud-cure hospital, institution; **~елече́ние** mud-cure; **~не́ть** I *impf* get covered in mud, become dirty; **~ни́ть** II *pf* за ~ soil, make dirty; *pf* на~ litter, make a mess; *fig* sully, besmirch; **~ни́ться** II *pf* за~ become dirty; **∸но** *adv of* ~ный; *pred* it is dirty; **~ну́ля, ~ну́ха** *m and f coll* grubby boy, girl (*usu of children*); dirty creature, person of dirty habits; slut (of woman); **∸нуть** I (~ну; ~, ~ла) *impf* sink in the mire *also fig*; **∸ный** (~ен, ~на́, ~но) muddy, mud-stained; dirty *also fig*; grimy; untidy, slovenly (*of work, etc*); *fig* dirty, foul, filthy; refuse, garbage; ~ное ведро́ slop-pail, refuse-pail, garbage-pail; **~ь** *f* (в ~и́, о ∸и) mud *also fig*; жи́дкая ~ slush; меси́ть ~ *coll* wade through mud; втопта́ть, затопта́ть в ~; заброса́ть ∸ью, смеша́ть с ∸ью *fig* sling mud (at); *pl* mud-baths, mud-cure; dirt, filth *also fig*
гря́н|уть I *pf* burst out, crash out, ring out (*of thunder, shots, music, etc*); *fig* break out; **∸уться** I *sem pf coll* crash (down), crash (to, on to, об + *acc and* на + *acc*)
гря|сти́ (~ду́, ~дёшь) *impf obs or rhet* approach
гуа́но *neut indecl* guano
гуа́шь *f* gouache (painting)
губ|а́ 3 lip; за́ячья ~а́ hare lip; ∸ы ба́нтиком mouth like a Cupid's bow; наду́ть ∸ы pout; по ~а́м кого́ (по)ма́зать *coll* raise false hopes in someone, у него́ гу́ба не ду́ра *coll* he knows which side his bread is buttered; *pl* pincers; bay, firth, inlet (*in N Russia*); tree-fungus; *hist* rural administrative district; **~а́стый** (~а́ст) thick-lipped
губерна́т|ор governor; **∸орский** of a governor; положе́ние ху́же ~орского *coll joc* (it is) a tight spot; **∸орство** governorship; **∸орша** *coll* governor's wife
губе́рн|ия *hist* province; пошла́ писа́ть ~ *joc* there is (was) a general commotion; **∸ский** *adj of* ~ия; ~ го́род principal town of province
губ|и́тель destroyer, undoer; **~и́тельный** (~и́телен) destructive, ruinous; baneful, pernicious; fatal; **~и́ть** II (~лю́, ∸ишь) *pf* по~ destroy; ruin, be the undoing of, spoil
гу́б|ка *dim of* ~а́ lip; sponge; **~но́й** lip; ~на́я пома́да lipstick; *ling* labial; *hist* administrative district; **~оцве́тные** *bot* Labiatae; **~ошлёп** *pop* blunderer; blubber-lipped mumbler; slow, clumsy person; **∸чатый** porous, spongy; ~ каучу́к foam rubber
гуверн|а́нтка governess; **~ёр** tutor
гугено́т Huguenot
гугни́в|ый (~) *coll* speaking through the nose
гу-гу́ ни ~! mum's the word!, not a word (about it)!
гуд *pop* = ~е́ние; **~е́ние** buzzing, drone, hum(ming); hooting (*of hooter*); honk (*of horn, etc*); **~е́ть** II (гужу́, гуди́шь) *impf* buzz; drone, hum; hoot, honk (*of factory whistle, horn, etc*); *pop* ache; **~о́к** (~ка́) hooter, horn, siren, whistle; honk(ing), toot, hoot(ing); по ~ку́ when the whistle blows
гудро́н tar; **~и́ровать** (~и́рую) *impf and pf* tar; **∸ный** *adj of* ~; ~ное шоссе́ tarred highroad
гуж 1 tug (*part of harness*); взя́лся за ~, не говори́, что не дюж *prov* once you have set your mind to something, carry it through; cartage; **~ево́й** *adj of* ~; cart; ~ева́я доро́га cart-track; ~ тра́нспорт animal-drawn transport, cartage; **~о́м** *adv* by cartage; вози́ть ~ cart; *dial* in file
гу́з|ка rump (*of bird*); **∸но** *vulg* arse, buttocks
гул rumble; boom; hum, buzz; roaring (*of wind*);

∼кий (∼ок, ∼ка́, ∼ко) resonant; hollow (*of sound*); booming, rumbling

гульб|а́ *coll* idling; revelry; **∼ище** *obs* promenade; *pop* carousal, revels

гу́льден gulden; guilder

гу́лькин с ∼ нос *coll joc* pint-sized (*of person*); chicken-feed

гу́ля *coll* dove, pigeon

гуля́|ка *m and f coll* idler; reveller; **∼нка** *coll* outdoor party; party, binge; **∼нье** (*gen pl* ∼ий) walking, (going for a) walk; outdoor party, celebration, fête; **∼ть** I *pf* по∼ walk, stroll; take a walk, go for a stroll; be out of doors; *impf only coll* not to be working; be untilled (*of land*); она́ сего́дня ∼ет she has the day off today; *coll* have a good time; go on the spree; *coll* go (with, с + *instr*); *coll* lie awake, play (*of baby*)

гуля́ш 1 goulash; stew

гуля́щ|ий *coll* idle; **∼ая** *n* streetwalker

гуман|и́зм humanism; *hist* revival of learning; **∼и́ст** humanist; **∼исти́ческий** humanist; **∼ита́рный** pertaining to the humanities; ∼ита́рные нау́ки the Arts, humanities; humane, humanitarian; **∼ность** *f* humanity, humaneness; **∼ный** (∼ен, ∼на) humane

гу́мкать I *impf coll* keep repeating 'hm!'

гу́мма *med* gumma

гу́мми *neut indecl* gum; **∼ара́бик** gum arabic; **∼гу́т** gamboge; **∼ла́стик** indiarubber; **∼ровать** (∼рую) *impf and pf* gum

гум|но́ (*gen pl* ∼ен or ∼ён) threshing-floor; barn

гу́мус humus

гундо́|сить II (∼шу) *impf pop* speak through one's nose; **∼сый** (∼с) *pop* = гнуса́вый

гунн Hun

гу́рия houri

гурма́н gourmand, epicure; **∼ство** epicurism

гурт 1 drove, herd; flock (*of sheep*); milling (*of coin*); *archi* frieze; **∼овщи́к** 1 herdsman, drover; cattle dealer; **∼о́м** *adv* wholesale, in bulk; in a body, together, en masse

гурьба́ crowd, gang, throng

гуса́к 1 gander

гуса́р (*gen pl* ∼ *as collect*) hussar; **∼ский** hussar

гус|ёк (∼ька́) goose, gosling

гу́с|еница *zool* caterpillar; *tech* (caterpillar) track; **∼еничный** *zool, tech* caterpillar; ∼еничная ле́нта caterpillar track; ∼ тра́ктор caterpillar tractor; ∼ ход caterpillar drive

гус|ёнок (∼ёнка; ∼я́та) gosling; **∼и́ный** goose; ∼и́ная ко́жа goose-flesh; ∼и́ные ла́пки crow's feet; ∼и́ное перо́ goose-quill

гуси́т *hist* Hussite

гу́сл|и (*gen pl* ∼ей) gusli, psaltery; **∼я́р** 1 psaltery player

густ|е́ть I *impf* thicken, get thicker, denser; *pf* за∼ and сгусти́ться thicken (of liquids, *etc*); **∼и́ть** II (гущу́) *pf* с∼ *coll vt* thicken; **∼о** *adv* thickly, densely; *pred coll* there is a lot; у меня́ де́нег не ∼ I'm a bit hard up; **∼оволо́сый** thick-haired; shaggy; **∼о́й** (∼, ∼а́, ∼о) thick, dense; ∼ы́е бро́ви thick, bushy eyebrows; ∼о́е населе́ние dense population; ∼а́я трава́ thick grass; ∼ тума́н dense fog; deep, rich (*of sounds, colours*); **∼оли́ственный** with thick foliage, leafy; **∼онаселённый** densely populated; **∼опсо́вый** rough-coated borzoi; *fig* dyed-in-the-wool; **∼ота́** thickness, density; deepness, richness (*of sounds, colours*)

гус|ы́ня goose; **∼ь** 5 *m* goose; ∼ ла́пчатый sly rogue; как с ∼я вода́ like water off a duck's back; ну и ∼! хоро́ш ∼! *iron* a fine specimen! a fine fellow indeed!; **∼ько́м** *adv* in (single) file, in crocodile; **∼я́тина** goose-(meat); **∼я́тник** goose-pen, goose-run; goshawk

гутали́н shoe polish

гуто́рить II *impf dial* chatter, natter

гуттапе́рч|а guttapercha; **∼евый** *adj of* ∼а

гуцу́л Huzul, Guzul (Ukrainian from Carpathia); **∼ка** Huzul, Guzul (woman); **∼ский** Huzul, Guzul

гу́щ|а dregs, lees (*of beer, etc*), grounds (*of coffee, etc*), sediment; thicket; в ∼е ле́са in the depths of the forest; в са́мой ∼е собы́тий in the thick of things; **∼е** *comp of* густо́й, гу́сто; **∼ина́** *pop* = густота́, гу́ща

гэ́льский Gaelic

гюйс *naut* jack

гяу́р giaour

Д

да *partic* yes; ведь вы нé были там? Да, нé был But you were not there? No, I was not (*expecting a negative reply*); *inter* yes?, is that so?, indeed?, fancy (that); он недáвно женúлся. Да? а я и не знал he recently got married. Really? I didn't know; *emph* why; well; да не мóжет быть! you don't say so!; да ну! just fancy that!; да в чём дéло? well, what's it all about?; да ну егó! oh, bother him!; э́то чтó-нибудь да знáчит there's something behind that; (вот) э́то да! *coll* that is (was) really something!; *partic* may, let (+ *3rd person pres or fut of verb*); да здрáвствует ...! long live ...!; *conj* and; он да я he and I; кóжа да кóсти skin and bone; да и, да ещё and (besides), and what is more; он бóлен, да ещё сидúт без дéнег he is ill and in addition he has no money; да и тóлько and that's all, and nothing else; он молчúт, да и тóлько all he does is (to) keep silent; but; я охóтно сдéлал бы это, да у меня́ нет врéмени I would gladly do it, but I have no time

дабы́ *conj obs* in order (to, that)

давáй(те) *partic* let's (+ *infin or 1st pl of fut tense*); ~ погуля́ем let's take a walk; come on *coll*; давáй, я тебé помогý come on, I'll give you a hand; мы давáй кричáть *coll* we started to shout (+ *infin, denotes inception of action*)

давáлка *vulg* promiscuous woman, an easy lay

да|вáть (~ю́, ~ёшь) *pf* ~ть give; ~ амнúстию grant an amnesty; ~ взаймы́ lend (*money*); ~ возмóжность enable; ~ вóлю give vent (to), give rein (to, + *dat*); ~ газ *coll* open the throttle, step on the gas; ~ дорóгу make way (for, + *dat*); ~ залп fire a volley; ~ звонóк ring (the bell); ~ ключ furnish the clue (to, к + *dat*); ~ кля́тву swear an oath; ~ обéт take a vow (of, + *gen*); ~ лекáрство give, administer medicine; ~ мéсто make room (for, + *dat*); ~ начáло give rise (to, + *dat*); ~ нóгу *aer* give (it) rudder; ~ обéд give a dinner; ~ осáдок leave (a) sediment; ~ основáние give grounds (to, + *dat or infin*); ~ отбóй ring off (*telephone*); ~ отпóр repulse, rebuff (+ *dat*); ~ перевéс turn the balance (in favour of, + *dat*); ~ пóвод give occasion (to, + *dat or infin*); ~ подзаты́льник комý box someone's ears; ~ пó уху комý-л., clip someone on the ear-hole; ~ показáния give evidence; ~ прáво give the right (+ *dat or infin*); ~ приплóд breed; ~ сúлы give strength (to, + *dat*); ~ слóво комý give someone the floor; ~ слóво pledge one's word; ~ соглáсие assent (to, на + *acc*); ~ себé труд put oneself to the trouble (of, + *infin*); ~ урóки give lessons; ~ ход set in motion, get going (+ *dat*); ~ ход комý *coll* help someone to get on, give someone a leg-up; ~ на вóдку, на чай tip; я те дам! *coll* I'll teach you!, I'll give you what for!; ~ течь spring a leak; ~ трéщину crack, split; ~ поня́ть give to understand; ~ себя́ знать, ~ себя́ почýвствовать make oneself (itself) felt; let (+ *infin*); дáйте емý говорúть let him speak; ни дать ни взять exactly the same, neither more nor less; ни дать ни взять егó отéц he is the living image of his father; емý нельзя́ дать бóльше 15 лет he can't be more than fifteen years old; не ~ вóли чемý repress something; не ~ хóда дéлу shelve an affair; емý не даю́т хóда they won't give him a chance; не ~ в обúду stand up for; не ~ себя́ в обúду be able to stand, stick up for oneself; **~вáться** (~ю́сь, ~ёшься) *pf* ~ться *pass of* ~вáть; легкó ~ come easily, naturally; немецкий язы́к даётся емý легкó German comes easily to him; ~ в рýки комý let oneself be caught by someone; не ~ dodge, evade (+ *dat*)

дáв|еча *adv coll* lately, recently; **~́ешний** *coll* late; recent

дав|úло press; **~úльный** ~ пресс press; winepress; **~úльня** (*gen pl* ~úлен) winepress; **~úльщик** presser, treader; **~úть** II (~лю́, ~́ишь) press (upon), weigh (upon), lie heavy (on, + acc and на + *acc*); *also fig*; сéрдце ~́ит *impers* (my) heart is heavy; crush, trample; squeeze (*juice out of fruit, etc*); **~úться** II (~лю́сь, ~́ишься) *pf* по~ choke (with, + *instr or* от + *gen*); ~ от смéха choke with laughter; он ~́ится от кáшля his cough is choking him; *pf* у~ *coll* hang oneself; *pass of* ~úть; **~́ка** *coll* throng, crush, jam; crushing, squeezing; **~лéние** pressure *also fig*; под ~лéнием under pressure (of, + *gen*)

давн|éнько *adv coll* for quite a long while; **~́ий** ancient, bygone; of long standing; с ~их пор, времён for a long time; of old; **~úшний** *coll* = ~ий; **~ó** *adv* long ago; ~ бы так not before (it's, it was) time; ~ порá it's high time (to, + *infin*); for a long time (*up to and including the present moment*); long service; я давнó рабóтаю здесь I have been working here for a long time; **~прошéдший** remote (*in time*); ~прошéдшее врéмя *gramm* pluperfect tense; **~́ость** *f* remoteness (*in time*), antiquity; long standing; *leg* prescription; **~ы́м-давнó** *adv coll* ages (and ages) ago, long long ago, very long ago

дагерротúп daguerrotype

дагестáн|ец (~ца) Dagestani; **~́ка** Dagestani (woman); **~́ский** Dagestani

дáже *partic* even; éсли ~ even if; óчень ~ прия́тно extremely pleasant

дáкать I *impf coll* keep saying 'yes'

дакт|илúческий *lit* dactylic; **~илолóгия** finger-speech; **~илоскóпия** identification by fingerprint; taking of fingerprints; **~́иль** *m lit* dactyl

далáй-лáма Dalai Lama

дáле|е *adv* further; не ~ как, не ~ чем no further (farther) than; no later than (of time); further, then; и так ~ (*abbr* и т.д.) and so on, etcetera; **~́кий** (~к, ~кá, ~кó *and* ~ко) distant, remote; far(away); ~кое бýдущее, прóшлое remote, distant future, past; ~ путь long journey; ~к от чегó, как нéбо от землú as far removed as heaven from earth; ~ от úстины wide of the truth; я ~к от тогó, чтóбы желáть I am far from wishing; он не óчень ~ человéк he is not very clever; **~кó** *and* **~́ко** *adv* far (off); far (from, от + *gen*); ~ за far more than; long after (*of time*); ~ зá полночь far into the night; (слúшком) ~ заходúть go too far; он ~ пойдёт he will go far; ~ не *coll* far from (being); он ~ не дура́к he is no fool; ~ иду́щий far-reaching; *pred* it is far, it is a long way; ему́, ей, *etc* ~ до соверше́нства he, she, *etc* is far from being perfect

дал|ь *f* (в ~и́, о ~и) distance; distant prospect; *coll* distant spot; така́я ~! *coll* it's such a long way!; **~ьневосто́чный** Far Eastern; **~ьне́йший** further, furthest; subsequent; в ~ьне́йшем in future, henceforth; below, hereinafter; **~ьний** distant, remote; Д~ Восток the Far East; ~ьнее пла́вание long voyage; ~ьнего де́йствия long-range; ~ьнего сле́дования long-distance (*of trains*); distant (*of kinship*); без ~ьних слов without more ado

дально|бо́йность *mil* long range; **~бо́йный** *mil* long-range; **~ви́дность** *f* foresight; **~ви́дный** (~ви́ден, ~ви́дна) far-sighted; **~зо́ркий** (~зо́рок, ~зо́рка) long-sighted; **~зо́ркость** *f* long sight; **~ме́р** range-finder; **~ме́рщик** range-finder operator

да́льность *f* distance; range; ~ полёта самолёта (снаря́да) range of aircraft (missile)

дальтон|и́зм colour-blindness, Daltonism; **~ик** colour-blind person

да́льше *comp of* далёкий; *adv* farther; ти́ше е́дешь, ~ бу́дешь more haste, less speed; ~ не́куда *coll* that's the limit; further, then; что же ~? what then? what next?; что бу́дет ~? what (will happen) next?; ~! go on! (*writing*, *talking*, *etc*); что де́лать ~? what should we do next?; (any) longer; нельзя́ э́то ~ так оста́вить you can't leave it like that any longer

да́ма lady; partner (*dancing*); *cards* queen

дама́сск|ий: ~ая сталь Damascus steel

да́мба dike, dam

да́мк|а king (*at draughts*); проводи́ть в ~и crown; проходи́ть в ~и be crowned

да́м|ский *adj of* ~а; ladies'; ~ кавале́р, уго́дник ladies' man

да́нник *hist* tributary, taxpayer

да́нн|ые data; facts, information; (essential) qualities, gifts, potentialities, makings; grounds; нет никаки́х ~ых предполага́ть there are no grounds to suppose; **~ый** given, present, in question; в ~ом слу́чае in the case in question; в ~ моме́нт at the (present) moment; ~ая (величина́) *math* datum

данти́ст dentist

дан|ь *f hist* tribute; облага́ть ~ью lay under tribute; *fig* debt; tribute; отдава́ть ~ pay tribute (to, + *dat*), appreciate, recognize, acknowledge

дар 2 gift, donation, grant; принести́ что-л. в дар make a gift of something; gift (of, + *gen*); ~ сло́ва gift of the gab, eloquence; ~ ре́чи gift of speech; *pl eccles* the sacraments

дарвини́|зм Darwinism; **~ст** Darwinist

дар|е́ние donation; **~ёный** received as a present; ~ёному коню́ в зу́бы не смо́трят *prov* one should not look a gift horse in the mouth; **~и́тель** *m* donor; **~и́ть** II *pf* по~ give, make a present (*to person*, + *dat*); favour (with; + *acc of person and instr*); ~ кого́ улы́бкой bestow a smile on someone

дармое́д *coll* parasite, sponger, scrounger; **~ничать** I *impf coll* sponge, scrounge; **~ство** *coll* sponging, scrounging, parasitism

дар|ова́ние gift, talent; *obs* giving, donation; **~ова́ть** (~у́ю) *impf and pf* grant, confer; **~ови́тость** *f* giftedness; **~ови́тый** (~ови́т, ~ови́та) gifted, talented; **~ово́й** gratuitous; **~овщи́нка** на ~овщи́нку *coll* for nothing; **~ом** *adv* free (of charge), gratis, for nothing; in vain, to no purpose; ~ тра́тить что-л. waste something; пропа́сть ~ be wasted; э́то ему́ ~ не пройдёт he'll pay for it; я э́того и ~ не возьму́ I would not take it as a gift; *conj* ~ что *coll* though, although

даро|но́сица *eccles* pyx; **~храни́тельница** *eccles* tabernacle

да́рственн|ый confirming a gift; ~ая за́пись *leg* settlement, deed; ~ая на́дпись dedication; *obs* received as present

да́т|а date; поста́вить ~у на чём date something

да́тельный *gramm* dative

дати́р|овать (~ую) *impf and pf* date

да́т|ский Danish; **~ча́нин** (*pl* ~ча́не) Dane; **~ча́нка** Danish woman

дать (дам, дашь, даст, дади́м, дади́те, даду́т; дал, дала́, да́ло, да́ли) *pf of* дава́ть; **~ся** (да́мся, да́шься, *etc*; да́лся, дала́сь) *pf of* дава́ться; to (have) become an obsession with (+ *dat*)

да́ч|а giving; ~ показа́ний giving evidence; portion, helping, allowance; dacha (*cottage in country near town for holidays*, *etc*); быть на ~е be in the country; пое́хать на ~у go to the country; (piece of) woodland, wood lot; **~евладе́лец** (~владе́льца) owner of a dacha; **~ник** (holiday) visitor in the country; **~ный** *adj of* ~а; ~ по́езд local, suburban train

дая́ние *rhet or iron* donation, contribution

два (две) (двух, двум, двумя́, о двух) two; в два ра́за бо́льше twice as much; ка́ждые ~ дня every other day, on alternate days; в двух слова́х briefly, in short; ни ~ ни полтора́ *coll* neither one thing nor the other; в ~ счёта in two ticks, in no time; в двух шага́х a few steps away

двадц|ати- twenty-; **~атигра́нник** icosahedron; **~атиле́тие** twentieth anniversary, birthday; (period of) twenty years; **~атиле́тний** of twenty years, twenty-year; twenty-year-old; **~атипятиле́тие** twenty-fifth anniversary, birthday; (period of) twenty-five years; **~а́тый** twentieth; одна́ ~а́тая a twentieth; ~а́тое февраля́ twentieth of February; ~а́тые го́ды the twenties; **~ать** (~ати́, ~атью́) twenty; ~ оди́н, *etc* twenty-one, *etc*; ~ одно́ vingt-et-un (*card-game*); **~атью** twenty times

два́жды *adv* twice; ~ два – четы́ре twice two is four; я́сно как ~ два четы́ре (it's) as clear as daylight, as plain as a pikestaff

двунадеся́тый *or* **двунадеся́тый** ~ пра́здник *eccles* major festival (*of Orthodox Church*)

две *f of* два

двенадц|атипе́рстный ~атипе́рстная кишка́ duodenum; **~атисло́жный** dodecasyllabic; **~атичасово́й** of twelve hours; twelve-hour; ~ по́езд the twelve o'clock train; **~атый** twelfth; **~ать** twelve

двер|но́й *adj of* ~ь; ~ проём doorway; ~на́я ру́чка door-handle; **~ца** (*gen pl* ~ец) door (*of car*, *etc*); **~ь** 5 *f* (в ~и́, о ~и; *instr pl* ~я́ми *and* ~ьми́) door; входна́я ~ front door, entrance; в ~я́х in the doorway; у ~е́й *fig* close (at hand); при закры́тых ~я́х behind closed doors, in camera; показа́ть кому́ на дверь show someone the door

две́сти (двухсо́т, двумста́м, двумяста́ми, о двухста́х) two hundred

дви́г|атель motor, engine; *fig* motive power, force; mover; **~ательный** motive; ~ательная си́ла moving force, impetus; *anat* motor; **~ать** I (*also* дви́жу, *etc*) *pf* дви́нуть move; move (*part of body*) (+ *instr*); set in motion, set going, get going *also fig*; *fig* advance, further, promote (*science*, *things*, *etc*); **~аться** I (*also* дви́жусь, *etc*) *pf* дви́нуться *vi* move; start, get going; ~ вперёд advance *also fig*; *pass of* ~ать

движ|éние movement, motion; ~ вперёд forward movement, advance; приводи́ть в ~ set in motion; (physical) exercise; без ~éния motionless; traffic; ~ в одно́м направлéнии one-way traffic; поддéрживать регуля́рное ~ maintain regular service (between, мéжду + *instr*); ~ по слу́жбе promotion, advancement, impulse; **~имость** *f* movables, chattels, personal property; **~имый** moved, prompted, activated (by, + *instr*; *of feelings*); ~имое иму́щество movable, personal property; **~итель** *m tech* mover; **~ущий** ~ущие си́лы driving force

дви́|нуть I *pf of* ~гать; *coll* cosh, hit; *sl* pinch; **~нуться** I *pf of* ~гаться

двóе (двои́х, двои́м, *etc*) two (+ *m nouns denoting persons, nouns used only in pl and pronouns in pl*); ~ брáтьев two brothers; нас ~ there are two of us; ~ су́ток forty-eight hours; two pairs (+ *nouns denoting objects usu found in pairs*) ~ глаз two pairs of eyes; ~ чулóк two pairs of stockings; на свои́х (на) двои́х on shanks's pony

двое|брáчие bigamy; **~влáстие** diarchy; **~ду́шие** duplicity; **~ду́шный** (~ду́шен) two-faced; **~жéнец** (~жéнца) bigamist (man); **~жёнство** bigamy (*of man*); **~му́жие** bigamy (*of woman*); **~му́жница** bigamist (*woman*); **~тóчие** *gramm* colon

дво|и́ть II *pf* раз~ = раздвáивать double; *pf* вз~ plough a second time; *tech* divide into two; **~и́ться** II *vi* divide in two; appear double; у неё ~и́тся в глазáх she sees double; **~и́чный** *math* binary; ~и́чная автомати́ческая вычисли́тельная маши́на binary computer; ~и́чная ци́фра binary digit, bit

двó|йка two (*figure*); *coll* No. 2 (*bus*, *etc*); 'two' (*mark out of five*); two (*at cards*); ~ червéй two of hearts; pair(-oar) (boat); **~йни́к** 1 double, doppelgänger; *coll* twin; **~йнóй** double, twofold, binary; ~нáя бухгалтéрия double-entry bookkeeping; ~ подборóдок double chin; вести́ ~ну́ю игру́ play a double game; **~йня** (*gen pl* двóен) twins; **~йняшка** *coll* twin; double, twin; **~йственность** *f* duality, duplicity; **~йственный** (~ствен, ~ственна) dual; ~ственное числó *gramm* dual number; two-faced; ~ственное соглашéние bipartite agreement; **~йчáтка** twin (*of plants*, *fruits*, *etc*), twin kernel, philippina

двор 1 yard, courtyard, court; (peasant) homestead; монéтный ~ mint; постоя́лый ~ inn; пти́чий ~ poultry-yard; скóтный ~ farmyard; на ~é outside, out of doors; пойти́ на ~ *pop* go to the lavatory; по ~áм, ко ~áм *obs* home(wards); со ~á *obs* from home; (royal) court; при ~é at court; быть ко ~у́ be (found) suitable; быть не ко ~у́ not to be wanted, be ill suited

двор|éц (~цá) palace; Д~ культу́ры Palace of Culture; **~éцкий** *n* butler, major-domo

двóр|ник dvornik, porter; yardman; *coll* windscreen-wiper; **~ницкий** *adj of* ~ник; ~ницкая *n* dvornik's lodge, room; **~ничиха** *coll* wife of dvornik; yardwoman; **~ня** *collect* menials, servants (*before 1861*); **~я́га** *and* **~я́жка** *coll* mongrel (dog); **~óвый** *adj* yard, homestead; ~óвые пострóйки outbuildings, farm buildings; ~óвая собáка watchdog; ~óвые лю́ди house-serfs; **~óвый, ~óвая** *n* house-serf

двор|цóвый *adj of* ~éц; ~ переворóт palace revolution

дворян|и́н (*pl* ~е, ~) member of gentry; **~ка** *f of* ~и́н; **~ский** of the gentry, of the nobility; ~ское звáние rank of gentleman; **~ство** *collect* gentry

двоюроди|ый ~ брат, ~ая сестрá (first) cousin; ~ дя́дя, ~ая тётка (first) cousin once removed

двоя́к|ий double, twofold; ~ого рóда of two kinds; **~о** *adv* in two ways; **~овóгнутый** concavo-concave; **~овы́пуклый** convexo-convex

дву-, двух- bi-, di-, double-, two-

дву|бóртный double-breasted; **~глáвый** two-headed; ~глáвая мы́шца biceps; ~ орёл double-headed eagle; **~глáсный** *n* diphthong; **~гóрбый** having two humps; ~ верблю́д Bactrian camel; **~грáнный** two-sided, dihedral; **~гри́венный** *n coll* twenty-copeck piece

дву|дóльный two-part; *bot* dicotyledonous; **~дóмный** *bot* diclinous; **~жи́льный** *coll* strong, tough; я не ~ *coll* I'm not a cart-horse; *tech* twin-core; **~знáчный** two-digit; **~зу́бый** two-prong, two-tine; **~кóлка** two-wheeled cart; **~кóнный** two-horse; **~копы́тный** cloven-footed; **~крáтный** twofold, double; reiterated; **~кры́лый** dipterous; **~кры́лые** *n* diptera

дву|ли́кий (~ли́к) two-faced *also fig*; **~ли́чие** double-dealing, duplicity; **~ли́чность** *f* duplicity; **~ли́чный** (~ли́чен) *fig* two-faced, hypocritical; **~надеся́тый** *see* **дванадеся́тый;** **~нóгий** two-legged, biped; **~óкись** *f* dioxide; **~пéрстие** *eccles* making sign of cross with two fingers (Old Believers); **~пéрст(н)ый** *eccles* with two fingers (*when making sign of cross*); **~пóлый** bisexual; **~пóлье** two-field rotation of crops

дву|рóгий two-horned; ~рóгая лунá crescent moon; **~ру́чный** two-handed; two-handled; **~ру́шник** double-dealer; **~ру́шничать** I *impf* play a double game; **~ру́шничество** double dealing

дву|свéтный with two tiers of windows; **~скáтный** with two sloping surfaces; ~скáтная кры́ша gable roof; **~слóжный** disyllabic; **~смéнный** in two shifts, two-shift; **~смы́сленность** *f* ambiguity; double entendre, ambiguous expression; **~смы́сленный** (~смы́слен, ~смы́сленна) ambiguous; **~спáльный** double (*of beds*); **~ствóлка** double-barrelled gun; *sl* loose woman, 'broad'; **~створчатый** bivalve; ~створчатые двéри folding doors; **~сти́шие** couplet, distich; **~стóпный** of two feet (*verse*); **~сторóнний** double-sided (*of materials*, *etc*); ~сторóннее воспалéние лёгких double pneumonia; two-way; bilateral (*of agreements*, *etc*); **~таврóвый** ~таврóвая бáлка T-beam; **~углеки́слый** bicarbonate; ~ натр, ~углеки́слая сóда sodium bicarbonate; **~утрóбка** marsupial

двух|áтомный diatomic; **~вёрстка** *coll* map on scale of two versts to the inch; **~вёсельный** pair-oar; **~годи́чный** of two years' duration; **~годовáлый** two-year-old; **~днéвный** two-day; **~дорóжечный** twin-track (*of tape*, *etc*); **~дюймóвый** two-inch; **~кварти́рный** containing two flats; **~колéйный** double-track (*railway*); **~колёсный** two-wheeled; **~кóмнатный** two-room(ed); **~крáсочный** two-tone(d)

двух|лемéшный ~ плуг two-share plough; **~лéтний** of two years' duration; two-year-old; *bot* biennial; **~ле́тник** *bot* biennial; **~ма́чтовый** two-masted; **~ме́стный** two-seater; two-berth; double (*of carriage*); **~ме́сячный** of two months' duration; two-months-old; appearing every two months (*of journals*, *etc*); **~мото́рный** twin-engined; **~неде́лник** *coll* fortnightly (*of journal*, *etc*); **~неде́льный** of two weeks' duration; two-weeks-old; fortnightly (*of journals*, *etc*)

двух|о́сный biaxial; **~пала́тный** bicameral, two-chamber; **~па́лубный** double-decked (*of ship*); **~парти́йный** two-party; **~ря́дный** double-row; **~со́тенный** *coll* costing two hundred roubles; **~сотле́тие** bicentenary; **~сотле́тний** of two hundred years' duration; bicentenary; **~со́тый** two-hundredth; **~степе́нный**; ~степе́нные вы́боры indirect elections; **~та́ктный** *tech* two-stroke; **~то́мник** *coll* two-volume edition; **~ты́сячный** two-thousandth; costing two thousand roubles; **~фа́зный** *elect* two-phase; **~цве́тный** two-coloured; **~часово́й** two-hour; *coll* two o'clock; **~ъя́русный** two-tier(ed); **~эта́жный** two-storeyed; double-deck(er)

дву|чле́н binomial; **~чле́нный** binomial; **~язы́чие** bilingualism; **~язы́чный** (~язы́чен) bilingual

-де *partic pop* (*indicates words of another speaker*) он-де не мо́жет э́то сде́лать (he says) he can't do it

дебарка́дер landing(-stage); *obs* (railway) platform

дебат|и́ровать (~и́рую) *impf* debate; **⁓ы** (*no sing*; *gen pl* ~ов) debate

дебе́л|ый (~) *coll* plump, corpulent

де́бет debit; **~ова́ть** (~у́ю) *impf and pf* debit

деби́л *coll* weak-minded person, person weak in the head

деби́т *tech* yield, output (*of oil-well*, *etc*); **~о́р** debtor

деблоки́р|овать (~ую) *impf and pf mil* relieve, raise blockade (of)

дебо́ш *coll* row, shindy, uproar; brawl; **~и́р** *coll* rowdy, brawler; **⁓ирить** II *pf* на~ *coll* kick up a row, shindy, brawl; **~и́рство** *coll* rowdyism, brawling

де́бр|и (*gen pl* ~ей) thickets; (dense) jungle; the wilds; *fig* maze, labyrinth; запу́таться в ~ях get bogged down (in, + *gen*)

дебю́т début; opening (*chess*); **~а́нт(ка)** débutant(e) (*theatre*); **~и́ровать** (~и́рую) *impf and pf* make one's début; **⁓ный** *adj of* ~; ~ спекта́кль début, first performance; ~ ход opening move (*chess*)

де́ва *poet* maid, maiden, girl; unmarried girl; ста́рая ~ *coll* old maid, spinster; Де́ва *eccles* the Virgin; Д~ *astron* Virgo

девальва́ция *econ* devaluation

дева́|ть I *pf* деть (*past tense* = деть) *coll* put, do (with); куда́ ты ~л мою́ кни́гу? what have you done with my book? **⁓ться** I *pf* де́ться *coll* ей не́куда ~ she has nowhere to go; (past tense = де́ться) get to, disappear; куда́ ~лись мои́ башмаки́? where have my shoes got to?

де́вер|ь *m* (*pl* ~ья́, ~е́й and ~ьёв *coll*) brother-in-law (husband's brother)

девиа́ция *tech* deviation

деви́з motto, device

деви́за bill of exchange

де́в|ица girl; unmarried woman; spinster; в ~и́цах unmarried; **~и́ческий** = де́ви́чий; **~и́чество** girlhood; spinsterhood; **⁓и́чий** girlish, maidenly; ⁓ичья па́мять *joc* memory like a sieve; ⁓ичья фами́лия maiden name; **~и́чник** bride's party for girlfriends on eve of wedding; **⁓ичья** *n obs* maids' room; **⁓ка** *coarse* girl, wench; tart; засиде́ться в ~ках remain unmarried a long time

дево́н *geol* Devonian period; **⁓ский** Devonian

де́в|очка (little) girl; **⁓ственник** virgin; **⁓ственница** virgin; **⁓ственность** *f* virginity; chastity; **⁓ственный** (~ствен, ~ственна) virgin; ~ственная плева́ *anat* hymen; virginal, innocent; *fig* virgin; **⁓ство** spinsterhood; **⁓ушка** (unmarried) girl; *coll* miss (*form of address to waitress*, *etc*); **~ча́та** *no sing coll* girls; **~чо́нка** *pej* slut; *coll* girl, kid; **~чу́рка** *coll aff* little girl; **~чу́шка** *coll aff* little girl

девяно́ст|о ninety; **~оле́тний** ninety-year; of ninety (years); ninety-year-old; **⁓ый** ninetieth; ~ые го́ды the nineties

дев|ятерно́й *coll* ninefold; **⁓ятеро** (~ятеры́х) nine (*of something*); nine pairs (*of something*)

девяти|кра́тный ninefold; **~ле́тний** nine-year; of nine years' duration; nine-year-old; **~со́тый** nine-hundredth

девя́тка *coll* nine; number nine (*of buses*, *etc*); *cards* nine

девятна́дц|атый nineteenth; **⁓ать** nineteen

дев|я́тый ninth; **⁓ять** (~яти́, ~ятью́) nine; **~ятьсо́т** (~ятисо́т, ~ятиста́ми) nine hundred; **⁓ятью** *adv* nine times

дегаз|а́тор decontaminator; **~ацио́нный** decontamination; **~а́ция** decontamination; **~и́ровать** (~и́рую) *impf and pf* decontaminate

дегенер|а́т degenerate; **~ати́вный** (~ати́вен) degenerate; **~а́ция** degeneration; **~и́ровать** (~и́рую) *impf and pf* degenerate

дегероиза́ция *lit* removal of 'heroic element'

дёг|оть *m* (~тя) tar; ло́жка ~тя в бо́чке мёда fly in the ointment; древе́сный ~ wood-tar; каменноу́гольный ~ coal-tar

деград|а́ция degradation; deterioration; **~и́ровать** (~и́рую) *impf and pf* deteriorate

дегтя́рн|ый tar; ~ая вода́ tar water; ~ое мы́ло coal-tar soap

дегуманиза́ция dehumanization

дегуст|а́тор taster; **~а́ция** tasting; ~ вин wine-tasting; **~и́ровать** (~и́рую) *impf and pf* taste (*wines*, *etc*)

дед grandfather; *coll* grandad, grandpa (*form of address to old man*); *pl fig* forefathers, ancestors; ~-моро́з Father Christmas, Santa Claus; **⁓овский** grandfather's; old-fashioned, antiquated

дедраматиза́ция *lit* elimination of dramatic element

дедук|ти́вный deductive; **⁓ция** deduction

дедуци́р|овать (~ую) *impf and pf* deduce

де́душка *m* grandfather, grandad

дееприча́стие gerund

дееспосо́б|ный (~ен) active; capable *also fig*; **~ность** *f* energy, activity; *leg* capability

дежу́р|ить II *impf* be on duty; be in constant attendance, watch (*by bedside*, *etc*); **⁓ка** duty room; pilot flame; **⁓ный** *adj* on duty, duty (*doctor*, *officer*, *etc*); ~ пункт guardroom; ~ное блю́до plat du jour; **⁓ный** *and* **⁓ная** *n* man, woman on duty; ~ по шко́ле teacher on duty; **⁓ная** *n* duty room; **⁓ство** (being on) duty; расписа́ние ~ств rota, roster; смени́ться с ~ства come off duty, be relieved; в его́ ~ while he was on duty

дезабилье́ *neut indecl* déshabillé

дезавуи́р|овать (~ую) *impf and pf* disavow, repudiate

дезерти́р deserter; *fig* shirker, quitter; **~́овать** (~ую) *impf and pf* desert; *fig* shirk, quit; **~́ство** desertion; *fig* shirking, quitting

дезинсекц|ио́нный insecticide, **~́ия** insecticide

дезинф|екцио́нный *adj of* ~е́кция; **~е́кция** disinfection; *coll* disinfectant; **~ици́ровать** (~ици́рую) *impf and pf* disinfect; **~ици́рующий** disinfectant; antiseptic (*for wounds*)

дезинформ|а́ция misinformation; **~и́ровать** (~и́рую) *impf and pf* misinform

дезодора́|тор deodorant; **~́ция** deodorization

дезоксирибонуклеи́нов|ый ~ая кислота́ desoxyribonucleic acid (*abbr* ДНК = DNA)

дезорганиз|а́ция disorganization; **~ова́ть** (~у́ю) *impf and pf* disorganize

дезориент|а́ция disorientation; **~и́ровать** (~и́рую) *impf and pf* disorient, cause to lose one's bearings; confuse; **~и́роваться** (~и́руюсь) *impf and pf* lose one's bearings

деи́|зм deism; **~́ст** deist

де́йств|енность *f* effectiveness; efficacy (*of medicine, etc*); **~́енный** (~ен, ~енна) effective; efficacious

де́йстви|е action, operation; ввести́ в ~ bring into operation, implement; activity; effect, action; под ~ем under the influence (of, + *gen*); ока́зывать ~ have an effect (on, на + *acc*); functioning (*of machine*); action (*of story, etc*); act (*of play*); *math* operation; свобо́да ~й freedom of action

действи́т|ельно *adv* indeed, really; **~́ельность** *f* reality; realities, conditions, life; в ~ельности in reality, in fact; validity (*of document*); efficacy (*of medicine, etc*); **~́ельный** (~елен) actual, real; true, authentic; ~ельная слу́жба *mil* active service; ~ельное число́ *math* real number; ~ член Акаде́мии Нау́к (full) member of Academy of Sciences; valid (for, на + *acc*); efficacious (*of medicine, etc*); *tech* effective; ~ зало́г *gramm* active voice

де́йств|овать (~ую) *impf* act, work, function; operate; run (*of machine*); у неё желу́док не ~ует she is constipated; ~ не спеша́ take one's time; *pf* по~ have an effect (on, на + *acc*), affect (на + *acc*); ~ на не́рвы кому́ get on someone's nerves; *impf only coll* operate, work (with), use (+ *instr*); ~ локтя́ми use one's elbows; **~́ующий** ~ зако́н law in force; ~ующая а́рмия army in the field; ~ вулка́н active volcano; ~ующее лицо́ character (*theatre*); active participant; ~ующие ли́ца dramatis personae

де́к|а deca~; **~́** *mus* sounding-board

декабр|и́ст *hist* Decembrist; **~и́стский** *adj of* ~и́ст; **~́ь** *m* 1 December; **~́ьский** *adj of* ~ь

дека́да ten-day period, festival

декад|а́нс decadence; **~е́нт** decadent; **~е́нтский** decadent; **~е́нтство** decadence

дека́д|ник *pol* ten-day campaign; **~ный** *adj of* ~а

декали́тр decalitre

декальк|и́ровать (~и́рую) *impf and pf* transfer (*art*); **~ома́ния** transfer (*art*)

декаме́тр decametre

дека́н dean (*of university*); **~а́т** dean's office; **~́ство** office, duties of dean

декат|и́рова́ть (~и́ру́ю) *impf and pf text* sponge (*woollen cloth*)

декаэ́др *math* decahedron

деквалифи|ка́ция loss of professional skill; **~ци́роваться** (~ци́руюсь) lose one's professional qualifications

де́кель *m* tympan

деклам|а́тор reciter, declaimer; **~а́ция** recitation, declamation; **~и́ровать** (~и́рую) *pf* про~ recite, declaim; *pej* rant

деклара́тив|ность *f pej* pretentiousness (*in making pronouncements*); **~́ный** (~ен) *pej* made for effect, pretentious; solemn, declaratory

деклар|а́ция declaration; ~ прав bill of rights; **~и́ровать** (~и́рую) *impf and pf* declare, proclaim, lay down

деклассúр|ованный déclassé; **~́оваться** (~уюсь) *impf and pf* become degraded

декоди́рование decoding (*of information, etc*)

декольт|е́ *neut indecl* décolleté *also adj*; décolletage; **~иро́ванный** décolleté; bare(d); low-necked (*of dress*)

декорати́в|но-прикладно́й industrial design; **~́ный** (~ен) decorative, ornamental

декор|а́тор interior decorator; scene-painter; **~а́ция** décor, scenery, set; *fig* show window-dressing; **~и́ровать** (~и́рую) *impf and pf* decorate

деко́рум decorum

декре́т decree; **~и́ровать** (~и́рую) *impf and pf* decree; **~́ный** *adj of* ~; ~ о́тпуск maternity leave

декстри́н dextrine

де́л|анность *f* artificiality; affectation; **~́анный** artificial, affected, forced; ~анная улы́бка forced smile

де́ла|ть I *pf* с~ make (*construct, etc*); make (*cause to become*); ~ кого́ счастли́вым make someone happy; do; ~ не́чего, что ~ it can't (couldn't) be helped; от не́чего ~ for want of anything better to do; ~ под себя́ foul *or* wet one's bed; ~ по-сво́ему have one's own way, do as one pleases; ~ вид pretend, feign; ~ вы́воды draw conclusions; ~ вы́говор reprimand (+ *dat*); ~ гла́зки *coll* make eyes (at, + *dat*); ~ докла́д give a report; ~ комплиме́нт pay a compliment (to, + *dat*); ~ одолже́ние кому́ do someone a favour; ~ попы́тку make an attempt; ~ предложе́ние propose *marriage* (to, + *dat*); ~ уси́лия make an effort; ~ честь кому́ honour someone, do credit to someone; он хорошо́ сде́лал, что ... he did well to ...; make, do (*of distance*); по́езд ~ет 100 киломе́тров в час the train does 100 kilometres an hour; **~ться** I *pf* с~ become, get, grow; happen, go on; что там ~ется? what is going on? что, с ней сде́лалось? what is the matter with her?

делег|а́т delegate; **~а́тский** *adj of* ~; **~а́ция** delegation, group; **~и́ровать** (~и́рую) *impf and pf* delegate, send as a delegate

делёж I sharing, division; partition (*of property, etc*); **~́ка** *coll* = ~

деле́ни|е division; ~ кле́ток cell-fission; знак ~я *math* division sign; point, degree, unit (*on scale*)

дел|е́ц (~ьца́) (smart) dealer; *pej* smart operator; businessman

деликат|е́с dainty; delicacy; **~́ничать** I *impf coll* treat with kid gloves, be too soft (with, с + *instr*); be too nice; **~́ность** *f* delicacy, consideration; **~́ный** (~ен) delicate, considerate, tactful; ticklish (*matter, etc*)

дел|и́мое *math* dividend; **~и́мость** *f* divisibility; **~и́тель** *m* divisor; **~и́ть** II (~ю́, ~́ишь) *pf* раз~ divide; ~ по́ровну divide into equal parts; ~ попола́м halve; ~ на число́ divide by a number; *pf* по~ share (with, + *instr and* с + *instr*); он ~и́л с на́ми го́ре he shared his grief with us; divide (among, between, ме́жду + *instr*); **~и́ться** II

(~ю́сь, ~́ишься) *pf* раз~ divide (into, на + *acc*); *impf only* be divisible (by, на + *acc*); *pf* по~ share (with), communicate (to), impart (to, + *instr and* с + *instr*); ~ о́пытом share one's experiences (with, с + *instr*); ~ впечатле́ниями share (one's) impressions (with, с + *instr*); **~и́шки** (*gen pl* ~и́шек) affairs; тёмные ~ shady business; как ~? how goes it?, how's tricks?

де́л|о 2 affair(s), business; э́то не его́ ~ that is no business of his; не его́ ~ it is none of his business (to, + *infin*); не вме́шивайтесь не в своё ~ mind your own business; име́ть ~ have to deal, do (with, с + *instr*); без ~а не входи́ть no entry except on business; между ~ом *coll* at odd moments; по ~у, по ~а́м on business; знать своё ~ know one's job; пе́рвым ~м in the first instance, firstly; ~ в шля́пе *coll* it's in the bag; таки́е-то ~а́! *coll* so that's how it is!; вот э́то ~ *coll* how you're talking; како́е тебе́ до э́того ~? what has this to do with you? за чем ~ ста́ло? *coll* what's the hitch, what's holding things up?; говори́ть ~ talk sense; что тебе́ за ~? what does it matter to you?; как (ва́ши) ~а́? how are things (with you)?; приводи́ть свои́ ~а́ в поря́док put one's affairs in order; cause; для ~а ми́ра for the cause of peace; work; э́то ~ его́ жи́зни it's his life's work; deed, act; до́брое ~ good deed; matter, point, question; ~ вку́са matter of taste; ~ привы́чки question of habit; ~ че́сти point of honour; ~ в том, что ... the point is that ...; в том-то и ~ that's (just) the point; не в э́том ~ that's not the point; э́то совсе́м друго́е ~ that's quite another matter; вое́нное ~ military science, soldiering; го́рное ~ mining; fact, deed; на са́мом ~е in actual fact, as a matter of fact; и на слова́х и на ~е in word and deed; на ~е actually; в са́мом ~е really, indeed; *leg* case, cause; вести́ ~ plead a cause; возбуди́ть ~ bring an action (against, про́тив + *gen*); file, dossier; ли́чное ~ personal file; *mil* battle, fighting; то и ~ time and again, constantly; то ли ~ *coll* how much more so, how much better

делови́т|ость *f* businesslike attitude, efficiency; **~ый** (~) businesslike, efficient

делов|о́й business; work; ~ы́е круги́ business circles; ~о́е письмо́ business letter; ~о́е вре́мя working time; businesslike

делопроизвод|и́тель *m* clerk; secretary; **~́ство** clerical work, office work; record-keeping

де́льн|о *adv* говори́ть ~ talk sense, sensibly; **~ый** businesslike, efficient; sensible, practical

де́льт|а delta; **~апла́н** hang-glider; **~ови́дный** delta-shaped; delta-wing (*of aircraft*); *anat* deltoid

дельфи́н dolphin; *sp* dolphin kick

деля́га *m pop* person pursuing his own interests; *obs* good worker

деля́нка plot (of land); piece (of woodland)

деля́ч|еский narrow-mindedly pragmatic; **~́ество** narrow-minded pragmatism, utilitarian approach

демаго́г demagogue; **~́ия** demagogy

демаркац|ио́нный: ~ио́нная ли́ния line of demarcation; **~́ия** demarcation

дема́рш démarche

демаски́р|овать (~ую) *impf and pf mil* unmask

демилитариз|а́ция demilitarization; **~и́ровать** (~и́рую) *impf and pf* demilitarize

демисезо́н|ка *coll* = ~ное пальто́; **~́ный** ~ное пальто́ light overcoat

демиу́рг demiurge, creator

демобилиз|ацио́нный demobilization; **~а́ция** demobilization; **~ова́ть** (~у́ю) *impf and pf* demobilize, demob

демо́граф demographer; **~́ия** demography

демокра́т democrat; plebeian; **~иза́ция** democratization; **~изи́ровать** (~изи́рую) *impf and pf* democratize; **~и́зм** democratism; **~и́ческий** democratic; plebeian; **~́ия** democracy; стра́ны наро́дной ~ии People's Democracies; the common people, lower classes

де́мон demon; **~и́ческий** demonic, demoniacal; **~оло́гия** demonology

демонстр|а́нт *polit* demonstrator; **~ати́вный** (~ати́вен) demonstrative, done for effect; demonstration (*lecture, etc*); *mil* decoy, feint; **~а́тор** demonstrator; **~а́ция** demonstration; showing (*of film, etc*); *mil*, feint, manoeuvre; **~и́ровать** (~и́рую) *impf and pf* demonstrate, make a demonstration; *pf also* про~ show (*films, etc*) display, give a demonstration of

демонт|а́ж dismantling; **~и́ровать** (~и́рую) *impf and pf* dismantle

деморализ|а́ция demoralization; **~ова́ть** (~у́ю) *impf and pf* demoralize

де́мос *hist* plebs, the people

де́мпинг *econ* dumping

де́мпфер damper, shock absorber

денатурализ|а́ция *leg* denaturalization; **~ова́ть** (~у́ю) *impf and pf leg* denaturalize

денатура́т methylated spirits

денационализ|а́ция denationalization; loss *or* suppression of national characteristics; **~ова́ть** (~у́ю) *impf and pf* denationalize (*of property, etc*)

денацифи|ка́ция denazification; **~ци́ровать** (~ци́рую) *impf and pf* denazify

де́нди *m indecl* dandy

дендри́т dendrite

дендроло́гия dendrology

де́н|ежки (*gen pl* ~ежек) *coll* money; **~́ежный** money, monetary, pecuniary; ~ знак banknote; ~ежное обраще́ние money circulation; ~ перево́д money order; ~ ры́нок money-market; ~ежные сре́дства means; ~ штраф fine; ~ я́щик strongbox; ~ челове́к *coll* man of means

ден|ёк (~ька́) *dim of* день; **~ни́ца** *poet* dawn; morning star; **~́но** *adv* ~ и но́щно *coll* day and night; **~но́й** *obs* = дневно́й

деномина́ция *econ* denomination

денонс|а́ция denouncement; **~и́ровать** (~и́рую) *impf and pf* denounce

денти́н dentine

денщи́к I *mil* batman

день *m* (дня) day; afternoon; в 3 ч. дня at 3 p.m.; днём during the day; in the afternoon; ~-деньско́й all day long, the livelong day; ~ откры́тых двере́й open day; ~ в ~ to the day; ~ ото дня with every passing day, day by day; в бы́лые дни in days of old; в о́ны дни in those (far-off) days; в оди́н прекра́сный ~ one fine day; и́зо дня в ~ day after day; на друго́й, сле́дующий ~ next day; на друго́й же ~ the very next day (after, по́сле + *gen*); на дню *obs* in the course of the day; на днях the other day; one of these days, in the near future; дня́ми *coll* = на днях; не по дням, а по часа́м hourly, fast, rapidly; со дня на́ ~ from one day to the next; any day (now); че́рез ~ every other day, on alternate days; *pl* days (*period of time, life*); его́ дни сочтены́ his days are numbered; днём с огнём in a month of Sundays, however hard you try; with the greatest difficulty;

иска́ть днём с огнём seek in vain
де́н|ьги (~ег, ~ьга́м *or* ~́ьгам, *sing* ~ьга́ *coll*) money; ме́лкие ~ small change; нали́чные ~ cash, ready money; при ~ьга́х in funds, flush; не при ~ьга́х hard up, broke; **~ьжа́та** (~ьжа́т) *no sing coll* money, cash; **~ьжо́нки** (~ьжо́нок) *no sing coll* money, cash
деонтоло́гия deontology, medical ethics
департа́мент department
депе́ша dispatch; *obs* telegram
депо́ *neut indecl* (*railways*) depot; shed, round-house; пожа́рное ~ fire-station; **~́вец** (~вца) engine-shed worker; **~́вский** *adj of* ~ *pop*
депози́т *econ* deposit; **~́ный** ~ счёт deposit account; **~́ор** depositor
деполяриза́ция depolarization
депон|е́нт *econ* depositor; **~и́ровать** (~и́рую) *impf and pf* deposit
депресс|и́вный slump, depression *also psych*; **~́ия** slump, depression *also psych*
депута́|т deputy; delegate; пала́та ~тов Chamber of Deputies; **~́ция** deputation
дёр (за)да́ть ~у *pop* take to one's heels, skedaddle, scarper, make oneself scarce
дератиза́ция rodent control
дербану́ть I *pf sl* guzzle down, knock back
де́рби *neut indecl sp* Derby
де́рвиш dervish
дёрг|ать I *pf* дёрнуть pull, tug; *sl* run away; ~ кого за рука́в tug at someone's sleeve, pluck by the sleeve; *impf only* pull out; ~ зуб have a tooth out; ~ лён pull flax; *impf only* harass, pester; *impf only impers coll* его́ всего́ ~ает his whole body is twitching; у меня́ ~ает па́лец my finger throbs; **~́аться** I *pf* дёрнуться twitch; *pass of* ~ать
дерга́ч I corncrake, landrail; *tech* nail extractor
дерев|ене́ть *pf* о~ grow stiff, numb; **~е́нский** village; rural, country; **~е́нщина** *m and f coll* (country) bumpkin, yokel; **~́ня** (*gen pl* ~е́нь) village; country(side)
де́рев|о (*pl* ~́ья, ~́ьев) tree; за **~ьями** (из-за ~ьев) ле́са не ви́деть not to see the wood for the trees; *sing only* wood (*material*); **~ообде́лочник** woodworker; **~ообде́лочный** woodworking; **~ообраба́тывающий** woodworking; **~обра-бо́тка** woodworking
дереву́шка hamlet
де́рев|це *and* **~цо́** sapling; **~яни́стый** (~яни́ст) ligneous; woody, hard (*of fruit*, *etc*); **~я́нный** wood, wooden; expressionless, dead, dull (*of voice*, *expression*, *etc*); ~я́нное ма́сло lamp-oil; **~я́шка** piece of wood; *coll* wooden leg, stump
держа́в|а *pol* power; вели́кие ~ы Great Powers; *hist* orb; **~́ный** sovereign, holding supreme power; powerful, mighty
держа́лка *coll* handle
де́ржаный *coll* second-hand, used, worn
держа́тель *m* holder; bracket, socket; holder (*of securities*)
держ|а́ть II (~у́, ~́ишь) *impf* hold; hold on to; ~и́те во́ра! stop thief!; hold up, support; keep; ~ банк be banker (*in card-games*); ~ корректу́ру read proofs; ~ курс hold course (for), head (for, на + *acc*); *fig* be working for; ~ ла́вку, пчёл, *etc* keep a shop, bees, *etc*; ~ пари́ bet; ~ путь head (for), make (for, на + *acc*, к + *dat*); речь make a speech; ~ себя́ behave; ~ сло́во keep one's word; ~ сове́т take counsel (with, с + *instr*); ~ чью сто́рону take someone's side; ~ экза́мен take an examination; ~ язы́к за зуба́ми hold one's tongue; ~ в ку́рсе keep posted; ~ в неве́дении keep in the dark; ~ в па́мяти keep in one's memory; ~ в плену́ hold prisoner; ~ в подчине́нии keep down, hold in subjection; ~ кого́ в рука́х have someone under one's thumb; ~ в та́йне keep secret; ~ напра́во, нале́во keep to the right, to the left; так ~! *naut* steady!; ~ и́ хвост трубо́й (пистоле́том)! *pop* don't get downhearted!, don't let it get you down!; **~а́ться** II (~у́сь, ~́ишься) *impf* hold (on to, за + *acc*; be supported (by), held up (by, на + *prep*); ~ на ни́точке hang by a thread *also fig*; be, keep, stay; ~ вме́сте stick together; ~ в стороне́ hold aloof; last, hold together; е́ле ~ на нога́х be on one's last legs, be all in; hold one's ground, stand firm, hold out; ~и́сь! hold tight!; stand firm!; keep (to, + *gen*); ~ пра́вой стороны́ keep to the right; ~ бе́рега hug the shore; adhere, hold, stick (to, + *gen*) ~ те́мы stick to the subject; ~ убежде́ний have the courage of one's convictions; то́лько ~и́сь! just (you) watch (see)!; you've never seen (heard)/you'll never see (hear) anything like it!, get a load of this!
дерз|а́ние daring; **~а́ть** I *pf* ~ну́ть dare; **~и́ть** II *pf* на~ *coll* be impertinent to, cheek (+ *dat*); **~́кий** (~ок, ~ка́, ~ко) impertinent, cheeky; daring, audacious; **~нове́ние** audacity, daring; **~нове́н-ный** audacious, daring; impertinent, insolent; **~ну́ть** I *pf of* ~а́ть; **~́ость** impudence, impertinence, cheek, rudeness; говори́ть ~ости be impertinent, cheeky, rude; audacity, daring
дерива́|т *tech* derivative; **~́ция** *mil* drift; *math and ling* derivation; canalization
дермати́н leatherette
дермат|и́т dermatitis; **~о́лог** dermatologist; **~оло́гия** dermatology
дёрн turf; **~и́на** turf, sod; **~и́стый** (~и́ст) turfy; **~ова́ть** (~у́ю) *impf* turf, edge with turf; **~о́вый** *adj of* ~
дёрн|уть I *pf of* дёргать; и ~уло меня́ пойти́! *coll* I don't know what possessed me to go; чёрт (нелёгкая) ~ет (~ул) *coll* be possessed (to + *infin*); get cracking, get going; *coll* go off; *coll* knock back, take a swig; *coll* set about doing something energetically; **~́уться** II *pf of* дёргаться; start up with a jerk; dart
дер|у́, ~ёшь *see* **драть**
дерьмо́ *vulg* dung, muck, shit, crap *also fig*; **~́вый** *vulg* shitty, crappy
дерю́|га sackcloth, sacking; **~́жный** *adj of* ~
деря́бнуть I *pf vulg pop* swipe, steal; knock (it) back, swill down (*of drink*)
деса́нт *mil* landing; ~ с бо́ем opposed landing; landing force; **~и́ровать(ся)** (~и́рую(сь)) *impf and pf mil* land *vt* (*vi*)
десегрег|а́ция desegregate; **~и́ровать** (~и́рую) *impf and pf* desegregate
дёсенный gingival
десе́рт dessert; **~́ный** *adj of* ~; ~ное вино́ sweet wine; ~ная ло́жка dessert spoon
де́скать *partic* indicating reported speech; он, ~, не знал he says he didn't know
дес|на́ 6 (*pl* ~́ны, ~́ен) gum
десни́ца *poet* (right) hand
де́спот despot; **~и́зм** despotism; **~и́ческий** despotic; **~и́чный** (~и́чен) despotic; **~и́я** despotism
десть 5 *f* quire (*of paper*)
десятер|и́к 1 measure *or* object containing ten units; **~и́чный** *obs* tenfold; и ~и́чное letter 'i' in

old orthography; **~но́й** tenfold
де́сятер|о (~ы́х) ten (*of something*); ten pairs (*of something*)
десятибо́рье decathlon
десяти|гра́нник decahedron; **~дне́вка** ten-day period; **~зу́бый** ~зубые ко́шки crampons; **~километро́вка** *coll* map on scale of ten kilometres to one centimetre; **~кра́тный** tenfold; **~ле́тие** decade; tenth anniversary; **~ле́тка** ten-year (secondary) school; **~ле́тний** ten-year, decennial; ten-year-old; **~́на** desyatina (= *2·7 acres*); tithe; **~рублёвка** *coll* ten-rouble note, tenner, **~сло́жный** *lit* decasyllabic; **~уго́льник** decagon; **~́чный** decimal; ~чная дробь decimal fraction; ~чная систе́ма (счисле́ния) decimal system
деся́т|ка *coll* ten; *coll* number ten (*of buses, etc*); *cards* ten; *coll* ten-rouble note, tenner; ten-oared boat; **~́ник** foreman; **~́ок** (~ка) ten; ten years, decade (*of life*); *pl* tens; *pl* dozens, scores; неро́бкого ~ка *coll* no coward; **~́очка** *sl* ten-year stretch (*in prison or camp*); **~́ый** tenth; из пя́того в ~ое, с пя́того на ~ое inconsequentially (*relate, tell, report, etc*); anyhow, carelessly; э́то де́ло ~ое *pop* it is of no consequence
де́с|ять (~яти́, ~ятью́) ten; **~́ятью** *adv* ten times
дет- *abbr of* де́тский
детал|иза́ция detailing, working out in detail; **~изи́ровать** (~изи́рую) *and* **~изова́ть** (~изу́ю) *impf and pf* work out in detail; **~́ь** *f* detail; part, component (*of machine*); **~́ьный** (~ен, ~ьна) detailed; minute
детвора́ *collect coll* children
детдо́м *abbr of* де́тский дом children's home
детекти́в detective; *coll* detective story; **~́ный** ~ рома́н detective story, thriller
дете́ктор detector, spark indicator
детёныш young (*of animals*); ~ медве́дя bear-cub; ~ слона́ elephant-calf
детермини́|зм determinism; ~́ст determinist
де́т|и (~е́й, ~ям ~ьми́, о ~ях) children; **~и́на** big, hefty lad; **~́ище** child, offspring; *fig* child, creation, work; **~́ка** dear, darling, lovey (*in addressing child*); **~́ный** *coll* having children
детон|а́тор detonator; **~а́ция** detonation; **~и́ровать** (~и́рую) *impf* detonate; be out of tune, be off pitch (*in singing, playing*)
дето|ро́дный genital; ~рожде́ние procreation; **~уби́йство** infanticide; **~уби́йца** *m and f* infanticide
детри́т detritus, vaccine
дет|са́д *abbr of* де́тский сад kindergarten, nursery school; **~́ская** *n* nursery; **~́ский** *adj* child's, children's; ~ дом children's home; ~ская коло́ния reformatory (school); ~ская ко́мната room for mothers and children (*at railway stations, etc*); ~ сад kindergarten, nursery school; ~ская сме́ртность infant mortality; childish; ~ское ме́сто placenta; **~́скость** *f* childishness; **~́ство** childhood; впада́ть в ~ lapse into dotage, go gaga
де́ть(ся) (де́ну(сь), де́нешь(ся)) *pf of* дева́ть(ся)
де-фа́кто *adv* de facto
дефе́кт defect, flaw, fault; **~и́вный** (~и́вен) defective; handicapped; ~ ребёнок (mentally) defective *or* (physically) handicapped child; **~́ный** imperfect, faulty; **~о́лог** specialist on mental deficiency and physical handicaps (*in children*); **~ологи́ческий** *adj of* ~оло́гия; **~оло́гия** study of mental deficiency and physical handicaps; **~оско́п** fault detector; **~оскопи́я** fault detection
дефил|е́ *neut indecl mil* defile; **~и́ровать** (~и́рую) *pf* про~ march past
дефини́ция definition
дефи́с hyphen
дефици́т deficit; shortage, scarcity, deficiency; **~́ный** showing a loss; in short supply, scarce; not available; critical *US*
дефля́ция deflation
дефолиа́|нт defoliant; **~́ция** defoliation
деформ|а́ция deformation; **~и́ровать** (~и́рую) *impf and pf* deform; **~и́роваться** (~и́руюсь) *impf and pf* change one's shape; become deformed
децентрализ|а́ция decentralization; **~ова́ть** (~у́ю) *impf and pf* decentralize
деци(-) deci(-); **~гра́мм** decigram; **~ли́тр** decilitre; **~ма́льный** decimal; **~ме́тр** decimetre
дешев|е́ть I *pf* по~ become cheaper, fall in price; **~и́зна** cheapness; low price(s); **~и́ть** II (~лю́) *pop* underprice; **~́ка** low price; купи́ть по ~ке buy (on the) cheap; sale at reduced prices; cheap goods, shoddy goods; *sl* prostitute; **~́ле** *comp of* дешёвый *and* дёшево; ~ па́реной ре́мы dirt-cheap
дёшев|о *adv* cheap, cheaply; *fig* lightly, cheaply; ~ отде́латься get off lightly; ~ да гни́ло cheap and nasty; ~ и серди́то cheap but good; ~ остри́ть make cheap jokes; ~ сто́ить be of little account; **~́ый** (дёшев, ~а́, дёшево) cheap; *fig* cheap, empty, worthless
дешифр|а́тор decoder; **~и́ровать** (~и́рую) *impf and pf* decode, decipher; **~о́вка** decoding, deciphering
деэскала́ция de-escalation
де-ю́ре *adv* de jure
дея́ни|е *rhet* act; action; д~я апо́столов Acts of the Apostles
де́ятел|ь figure; госуда́рственный ~ statesman; заслу́женный ~ иску́сства, нау́ки Honoured Artist, Scientist; обще́ственный ~ public figure
де́|ятельность *f* activity, activities, work; обще́ственная ~ public work; ~ се́рдца operation, activity of heart; **~́ятельный** (~ятелен, ~ятельна) active, energetic
де́|яться (~ется) *pf* по~ *pop* happen, go on
джаз jazz (music); jazz band; **~-ба́нд** jazz band; **~́овый** jazz
джем jam
дже́мпер jumper
джентльме́н gentleman; **~́ский** gentlemanly; ~ское соглаше́ние gentlemen's agreement; **~́ство** gentlemanliness
джерс|е́ and **дже́рс|и** *neut indecl* jersey (material); **~о́вый** and **~ёвый** jersey
джиги́т Dzhigit (horseman); **~ова́ть** (~у́ю) *impf* engage in trick riding; **~о́вка** trick riding
джин gin (*liquor*); *tech* (cotton-)gin
джинго́изм jingoism
джи́нсы jeans (*clothing*)
джип jeep, runabout
джи́у-джи́тсу *neut indecl* ju-jutsu
джо́нка junk (*Chinese sailing-boat*)
джо́уль *m* joule
джу́нгл|и (*gen pl* ~ей) jungle
джут jute
дзот *abbr of* де́рево-земляна́я огнева́я то́чка *mil* earth-and-timber pillbox
дзюдо́ judo; **~и́ст** judo expert
диаба́з diabase

диабе́т diabetes; **~ик** diabetic
диагно́|з diagnosis; **~ст** diagnostician; **~стика** diagnostics; **~сти́ровать** (~сти́рую) *impf and pf* diagnose
диагона́л|ь *f* diagonal; по ~и diagonally; **~ьный** (~ен, ~ьна) diagonal
диагра́мма diagram
диаде́ма diadem
диакрити́ческий ~ знак diacritical mark
диале́кт dialect; **~а́льный** dialectal; **~и́зм** dialect word, expression; **~ик** *philos* dialectician; **~ика** *philos* dialectics; **~и́ческий** dialectal; *philos* dialectical; **~о́лог** dialectologist; **~ологи́ческий** dialectological; **~оло́гия** dialectology
диало́г dialogue; **~и́ческий** having dialogue form
диама́т *abbr of* диалекти́ческий материали́зм dialectical materialism
диа́метр diameter; **~а́льно** *adv* ~ противопо́ло́жный diametrically opposite; **~а́льный** diametrical; diametral
диапазо́н *mus* range, diapason; *fig* range, compass; ~ волн wave band; ~ скоросте́й *aer* air speed bracket
диа|позити́в slide, transparency; **~прое́ктор** slide-projector
диатерми́я diathermy
диатони́ческ|ий ~ая га́мма diatonic scale
диатри́ба diatribe
диафра́гма diaphragm; *phys* stop; *phot* aperture
ди́ва *theat* star
дива́н divan, couch, sofa; settee; *hist* divan; ~-**крова́ть** (~а-крова́ти) divan-bed
диверс|а́нт saboteur; **~ия** sabotage; *mil* diversion
дивертисме́нт variety show, music-hall entertainment; divertissement (*ballet*)
дивиде́нд dividend
дивиз|ио́н *mil* battalion; *naut* division; **~ио́нный** *adj of* диви́зия; ~ кома́ндный пункт divisional command post; *adj of* ~; **~ия** *mil* division
див|и́ть II (~лю́) *impf coll* amaze; **~и́ться** II (~лю́сь) *pf* по~ be amazed at, wonder, marvel (at, + *dat*); look upon with wonder (на + *acc*); **~ный** (~ен) amazing, marvellous, lovely, wonderful; **~о** *coll* wonder, marvel; э́то не ~ it is not surprising; что за ~! *coll* how odd!; fancy that!; ~у дава́ться wonder, marvel; на ~ marvellously; **~чи́на** *pop* (young) girl
дигита́лис digitalis
дида́кти|ка didactics; **~ческий** didactic
дие́з *mus* sharp *also indecl adj*
дие́т|а diet; посади́ть на ~у put on a diet; соблюда́ть ~у keep to, follow a diet; **~е́тика** dietetics; **~ети́ческий** dietetic; ~ магази́н health food shop; **~ик** *coll* person on a diet; **~о́лог** dietician
диза́йн (*industrial*) design; **~ер** (*industrial*) designer
ди́з|ель *m* diesel engine; **~ельный** diesel; **~ель-электри́ческий** diesel-electric
дизентери́я dysentery
дика́р|ский *adj of* ~ь; **~ство** unsociability; **~ь** 1 *m* savage; *fig* barbarian; *fig coll* shy, unsociable person; *fig coll* individual (*as opp to being member of collective*); е́хать отдыха́ть *etc* ~ём (~я́ми) go on holiday privately, as (an) individual(s)
ди́к|ий (~, ~а́, ~о) wild (*of animals, plants, etc*); savage (*primitive*); wild (*unrestrained*); fantastic, ridiculous; queer, absurd; shy, unsociable; *obs* dark-grey; ~ое мя́со *med* proud flesh; *coll* private, not officially organized; **~ий** *n* savage; **~о** *adv of* ~ий; startled, in fright; *pred* it is ridiculous, absurd
дикобра́з porcupine
дико́в|ина (дико́винка) *coll* marvel, wonder; э́то мне не в ~ин(к)у I find nothing strange in that; **~инный** odd, unusual, strange, remarkable
дикорасту́щий wild
ди́кость *f* wildness, savagery; shyness, unsociableness; absurdity; э́то соверше́нная ~ it is quite ridiculous
дикта́нт dictation
дикта́т diktat; **~ор** dictator; **~орский** dictatorial; **~орство** dictatorship; *coll* dictatorial attitude; **~у́ра** dictatorship
дикт|ова́ть (~у́ю) *pf* про~ dictate; **~о́вка** dictation; под чью ~о́вку to someone's dictation; *fig* at someone's bidding; **~ор** (radio-)announcer; **~офо́н** dictaphone; **~офо́нный** *adj of* ~офо́н; equipped with dictaphone(s)
ди́кция diction; enunciation
диле́мма dilemma
дилета́нт dilettante, dabbler; amateur; **~ство** dilettantism
дилижа́нс stagecoach
дилюв|иа́льный diluvial; **~ий** diluvium
ди́на *phys* dyne; **~ми́зм** dynamism; **~мик** loudspeaker; **~мика** dynamics *also fig*; movement, action; **~ми́т** dynamite; **~ми́тчик** dynamiter; *coll* terrorist; **~ми́ческий** *tech and fig* dynamic; **~ми́чный** (~ми́чен) *fig* dynamic, full of action; **~мо** *neut indecl and* **~-маши́на** dynamo
династ|и́ческий dynastic; **~ия** dynasty
ди́нго *neut indecl* dingo
диноза́вр dinosaur
дио́д diode
дио́птр diopter; **~ика** dioptrics
диора́ма diorama
дипкурье́р *abbr of* дипломати́ческий курье́р diplomatic courier
дипло́м diploma; degree (*certificate*); *coll* degree work, research; pedigree
диплома́т diplomat(ist); **~ика** diplomatic(s); **~и́ческий** diplomatic; ~ ко́рпус Corps Diplomatique; ~ курье́р diplomatic courier; Queen's Messenger; **~и́чный** (~и́чен) *fig* diplomatic; **~ия** diplomacy
диплом|и́рованный graduate; professionally qualified, having professional certificate; **~ник** student engaged on degree thesis; **~ный** *adj of* ~; ~ прое́кт course project; ~ная рабо́та degree thesis, work
дирек|ти́ва directive(s); instruction(s); **~тор** (*pl* ~тора́) director, manager; ~ шко́лы head (master, mistress), principal; **~торство** *coll* directorship; **~три́са** *obs* headmistress; *math* directrix; *mil* ~ стрельбы́ baseline; **~ция** management, board (of directors)
дирижа́бль *m* airship, dirigible
дириж|ёр conductor (*of orchestra*); **~ёрский** *adj of* ~ёр; **~и́ровать** (~и́рую) *impf mus* conduct (+ *instr*)
дисгармон|и́ровать (~и́рую) *impf mus* be out of tune; *fig* clash, jar, be out of keeping (with, с + *instr*); **~и́чный** (~и́чен) disharmonious; **~ия** *mus and fig* disharmony, discord
диск disk, disc; *sp* (мета́тельный) ~ discus; (cartridge-)drum; dial; ги́бкий ~, флóппи-~ floppy disk; твёрдый ~ hard disk
диска́нт treble; **~о́вый** ~ го́лос treble voice

дисквалифи|ка́ция disqualification; **~ци́ровать** (~ци́рую) *impf and pf* disqualify
дискобо́л discus-thrower
диск|ова́ть (~у́ю) disc-harrow; **~овый** disc-shaped; ~овая борона́ disc-harrow
дискомфо́рт discomfort, difficult conditions for normal activity; **~ный** provoking discomfort
диско́нт *econ* discount; **~и́ровать** (~и́рую) *impf and pf* discount
ди́скос *eccles* paten
дискоте́ка discothèque
дискредити́р|овать (~ую) *impf and pf* discredit
дискре́тность *f phys* discreteness
дискримин|а́ция discrimination; **~и́ровать** (~и́рую) *impf and pf* discriminate against; deprive of equality of rights
диску|ссио́нный *adj of* ~ссия; debatable, open to question; **~ссия** discussion; **~ти́ровать** (~ти́рую) *impf and pf* discuss (+ *acc or* о + *prep*)
дисло|ка́ция *mil* stationing, distribution of troops; *geol* displacement; *med* dislocation; **~ци́ровать** (~ци́рую) *impf and pf mil* station (*troops*)
диспансе́р clinic, (health) centre; **~иза́ция** clinic system, health centre system
диспепси́я dyspepsia
диспе́тч|ер (traffic) controller; *aer* flying control officer; **~ерский** *adj of* ~ер; ~ерская вы́шка control tower; ~ерская слу́жба flying control (organization); **~ерская** *n* control room; *aer* control tower
диспле́й display
диспози́ция *mil* disposition
ди́спут (public) disputation, debate; public defence of dissertation; **~и́ровать** (~и́рую) *impf* take part in disputation
диссерта́|бельный (~белен, ~бельна) *coll* suitable for dissertation; **~нт** candidate; author of dissertation; **~ция** dissertation, thesis
диссиде́нт *eccles* nonconformist; *pol* dissident
диссимиля́ция dissimilation
диссон|а́нс *mus and fig* dissonance, discord; **~и́ровать** (~и́рую) *impf* strike a discordant note, be discordant
диссоци|а́ция dissociation; **~и́ровать** (~и́рую) *impf and pf* dissociate
дистанц|ио́нно *adv tech* at, from a distance; **~ио́нный** ~ взрыва́тель time fuse; ~ио́нное управле́ние remote control; **~ия** distance; на большо́й, ма́лой ~ии at a great, small distance; *sp* distance; *sp* сойти́ с ~ии scratch; *mil* range; *railways* division, region
дистилл|и́ровать (~и́рую) *impf and pf* distil; **~я́ция** distillation
дистрофи́я dystrophia
дисципли́н|а discipline; **~а́рный** disciplinary; ~ батальо́н penal battalion; **~иро́ванный** disciplined; **~и́ровать** (~и́рую) *impf and pf* discipline
дитя́ (~ти, ~тею, о ~ти; *pl* де́ти) *lit or poet* child; baby
дифира́мб dithyramb; *fig* paean, eulogy; петь ~ы sing praises (of), eulogize, extol (+ *dat*)
дифтери́|йный diphtheria, diphtheritic; **~т** = ~я; **~тный** = ~йный; **~я** diphtheria
дифто́нг diphthong
диффама́ция defamation, libel
диффере́нт *naut* trim; ~ на корму́, на нос trim by the stern, bow
дифференци|а́л differential (gear); **~а́льный** differential; ~а́льное исчисле́ние differential calculus; **~ровать** (~рую) *impf and pf* differentiate
диффу́зия diffusion
дич|а́ть I *pf* о~ run wild, become wild; *fig* become unsociable; **~и́на** *coll* game; **~и́ться** II *impf coll* be shy (of); *pf* по~ avoid (+ *gen*); **~о́к** (~ка́) *bot* wilding; *fig coll* shy person, child; **~ь** *f collect* game; wildfowl; *coll* nonsense; нести́, поро́ть ~ talk nonsense; *coll* (в ~и́) wilderness, wilds
диэле́ктрик dielectric, non-conductor
длань *f obs poet* palm (*of hand*)
длин|а́ *no pl* length; в ~у́ lengthwise, longwise; во всю ~у́ at full length; the full length (of + *gen*); растяну́ться во всю ~у́ measure one's length; ме́ры ~ы́ linear measures; ~о́й в два ме́тра two metres long; **~но(-)** long(-); **~нoво́лновый** long-wave; **~новоло́сый** long-haired; **~нота́** 7 *obs pop* length; *pl* prolixities, longueurs; **~ну́щий** *coll* terribly long; **~ный** (~ен, ~на́, ~но) long; lengthy; ~ рубль easy money; у него́ ~ язы́к he has a long tongue
дли́т|ельность *f* duration; **~ельный** (~елен, ~ельна) long, protracted, long-drawn-out; lingering (*of illness*); **~ься** II *pf* про~ last
для *prep* for, for the sake of (+ *gen*); я э́то сде́лаю ~ тебя I shall do it for you; *expresses purpose* for; инструме́нт для ре́зки instrument for cutting; ~ того́, что́бы... in order to...; *as regards, in respect of* for, to; ~ нас э́то до́рого for us this is expensive; непроница́емый ~ воды́ waterproof; э́то типи́чно ~ них that is typical of them; *with the object of* to; я пое́хал в Москву́ для рабо́ты над мое́й диссерта́цией I went to Moscow to work on my thesis
днев|а́лить II *impf coll* be on duty; **~а́льный** *n mil* orderly, fatigue man; **~а́ть** (дню́ю) *impf* spend the day; ~ и ночева́ть *coll* spend all one's time; **~ка** day's rest; **~ни́к** 1 diary, journal; вести́ ~ keep a diary; **~но́й** day; в ~но́е вре́мя during daylight hours; при ~но́м све́те in daylight; ~на́я сме́на day shift; ~ спекта́кль matineé; day's, daily; ~на́я зарпла́та day's pay
днём, дни *see* **день**
дни́ще bottom (*of vessel, barrel*)
ДНК *abbr of* дезоксирибонуклеи́новая кислота́ DNA
дно *no pl* bottom (*of sea, river, etc*); доста́ть до дна touch bottom; идти́ ко дну go to the bottom, sink; *fig* золото́е ~ gold-mine; (*pl* до́нья, до́ньев) bottom (*of vessel*); вверх дном upside down; пить до дна drink to the dregs; ни дна ему́ ни покры́шки! *coll* to hell with him!; **~углуби́тель** *m* dredger
до *prep* + *gen* (*of place, distance, time, etc*) to, up to, as far as; till, until; доходи́ть до угла́ go as far as the corner; ю́бка до коле́н knee-length skirt; до конца́ to the end; до пяти́ часо́в till five o'clock; до сих пор up to now, till now, hitherto; до тех пор till then, before; до тех пор, пока until; до свида́ния! good-bye! au revoir!; before; до войны́ before the war; до на́шей э́ры (до н.э) before Christ (BC); до того́, как before; to, up to, to the point of, to such an extent (that); до бо́ли until it hurt(s); до того́..., что; она крича́ла до того́, что охри́пла she shouted herself hoarse; я до того́ утомлён, что бо́льше не могу́ рабо́тать I am so tired that I can't work any more; до чего́ жа́рко! how hot it is!; under, up to, not more than; тра́тить до десяти́ рубле́й spend up to ten roubles; about, approximately, some; нас бы́ло до

двадцатú человéк we were some twenty in all; with regard to, concerning; что до вас as far as you are concerned; у меня́ до вас дéло *coll* I want (to see) you, I want a word with you; мне, *etc*, не до *coll* I, *etc*, don't feel like, am not in the mood for; *verbal prefix in var senses*: completion of action; action carried to a certain point; supplementary action; *refl* eventual attainment of object; *refl* continuation of action with deleterious consequences; *adjectival prefix* pre-; довоéнный prewar, *etc*

добáв|ить II (~лю) *pf of* ~ля́ть; **⌢ка** *coll* addition, second helping; *sl* additional sentence (*in prison*, *etc*); **~лéние** addition; appendix, addendum, rider (to, к + *dat*); в ~ in addition (to, к + *dat*); **~ля́ть** I *pf* ~ить add (+ *acc or gen*; to, к + *dat*); **⌢очный** additional, supplementary, extra; accessory; ~очное врéмя *sp* extra time; ~ налóг surtax

добáлтываться I *pf* доболтáться *coll* talk oneself (into trouble)

добе|гáть I *pf* ~жáть run (to, as far as, до + *gen*); **⌢гаться** I *pf* run oneself (to the point of); **~жáть** (~гý, ~жи́шь, ~гýт) *pf of* ~гáть

дóбела́ *adv* to white heat; раскалённый ~ white-hot; (spotlessly) clean, white; чёрного кобеля́ не отмóешь ~ *prov* the leopard can't change his spots

доби|вáть I *pf* ⌢ть finish off, do in, deal the final blow; finish breaking; **~вáться** I *pf* ⌢ться (try) to get, strive (for), aim (at, + *gen*); ~ соглашéния seek agreement

доб|ирáть I *pf* ~рáть finish gathering; *typ* finish setting up; **~ирáться** I *pf* ~рáться (try) to get to, (try) to reach (до + *gen*)

до|би́ть (~бью́, ~бьёшь) *pf of* ~бивáть; **~би́ться** (~бью́сь, ~бьёшься) *pf of* ~бивáться; ~ своегó get one's own way; не ~ тóлку от когó be unable to get any sense out of someone

дóбл|естный (~естен) valiant, valorous; **⌢есть** *f* valour; prowess

доболтáться I *pf of* добáлтываться

доб|рáть (~ерý, ~ерёшь; ~рáл, ~ралá, ~рáло) *pf of* ~ирать; **~рáться** (~ерýсь, ~ерёшься; ~рáлся, ~ралáсь, ~рáлось) *pf of* ~ирáться *coll* deal (with), get (до + *gen*); ~ до и́стины get to the truth

добрáчный premarital

добре|сти́ (~дý, ~дёшь; ⌢л, ~лá) *pf* get (to), reach with difficulty (до + *gen*)

добрé|ть I *pf* по~ become kinder; *pf* раз~ *coll* become corpulent, put on weight

добр|ó *n* good; желáю вам ~á I wish you well; из э́того ~á не вы́йдет no good will come of it; э́то не к ~ý *coll* it bodes ill; от ~á ~á не и́щут let well alone; нет хýда без ~á every cloud has a silver lining; поминáть когó ~óм think kindly of someone, speak well of someone; *coll* property, goods; *iron* rubbish, worthless goods; такóго ~á мне и дáром не нýжно I wouldn't take such rubbish if you gave it to me; *partic coll* good; all right; ~ пожáловать! welcome! *conj* + бы there would be some excuse if, one could understand if; **~óм** *adv coll* of one's own free will, voluntarily

добро|вóлец (~вóльца) volunteer; **~вóльно** *adv* of one's own free will, voluntarily; **~вóльный** (~вóлен, ~вóльна) voluntary; **~вóльческий** volunteer; **~дéтель** *f* virtue; **~дéтельный** (~дéтелен, ~дéтельна) virtuous; **~дýшие** good-nature; **~дýшный** (~дýшен) good-natured, genial; **~желáтель** well-wisher; **~желáтельный** (~желáтелен, ~желáтельна) benevolent; **~кáчественный** (~кáчествен, ~кáчественна) of high quality; *med* benign; **~нрáвный** (~нрáвен) *obs* well-behaved; **~поря́дочный** (~поря́дочен) *obs* respectable; **~сердéчный** (~сердéчен) kind-hearted; **~сóвестный** (~сóвестен) conscientious; **~сосéдский** neighbourly; **~тá** goodness, kindness; **⌢тность** *f* (good) quality; **⌢тный** (~тен) of good, high quality; durable; **~хóт** *obs* well-wisher; **~хóтный** (~хóтен) benevolent, voluntary

дóбр|ый (~, ~á, ~о, ⌢ы) good; ~ая вóля good will; по ~ой вóле of one's own accord; ~ день! good morning!, good afternoon!; ~ знакóмый good friend; ~ое и́мя good name; ~ мáлый decent chap; ~ая полови́на (a) good half; ~ое ýтро! good morning!; всегó ~ого! all the best!; в ~ое стáрое врéмя in the good old days; в ~ час! good luck!; по ~ý по здорóву while the going is (was) good; good, kind; бýдьте ~ы́ would you be so kind as to, please (+ *imp*); чегó ~ого God knows, for all I know; бюрó, пóезд, *etc* ~ых услýг service and repair centre, service train, *etc*; **~я́к** 1 *coll* good-natured person

добу|ди́ться (~жýсь, ⌢дишься) *pf coll* succeed in waking (+ *gen*)

доб|ывáть I *pf* ~ы́ть get, obtain, procure; extract, mine, quarry; **~ы́тчик** *coll* getter (*of minerals*); breadwinner; **~ы́ть** (~ýду, ~ýдешь; ⌢ыл, ~ылá, ⌢ыло) *pf of* ~ывáть; **~ы́ча** extraction, mining, quarrying; booty, loot, spoils; *hunting* bag; catch (*of fish*); mineral products; output

довáр|ивать I *pf* ~и́ть finish cooking, do to a turn; cook a little longer; мя́со ещё не ~и́лось the meat is not quite done; **~и́ть** II (~ю́, ⌢ишь) *pf of* ⌢ивать

довез|ти́ (~ý, ~ёшь; ⌢, ~лá) *pf of* довози́ть

довéр|енность *f* warrant, power of attorney; по ~енности by warrant, by proxy; **⌢енный** *adj* trusted; confidential; *n* agent, proxy; **⌢ие** trust, confidence; пóльзоваться чьим ~ием enjoy someone's confidence; питáть ~ have confidence (in, к + *dat*); постáвить вопрóс о ~ии call for a vote of confidence; **~и́тель** *m* principal (*person employing agent, etc*); **~и́тельный** confiding; *obs* confidential (*secret*); **⌢ить(ся)** II *pf of* ~я́ть(ся)

дóверху *adv* to the brim, to the top

довéрч|ивость *f* trustfulness; credulity; **⌢ивый** (~ив) trustful; credulous

доверш|áть I *pf* ~и́ть complete; **~éние** completion, consummation; в ~ всегó to crown all, on top of it all; **~и́ть** II *pf of* ~áть

довер|я́ть I *impf only* trust, confide (in, + *dat*); *pf* ⌢ить entrust (to, + *dat*); ~я́ться I *pf* ⌢иться put one's trust (in), confide (in, + *dat*)

довé|сить II (⌢шу) *pf of* ⌢шивать; **⌢сок** (~ска) makeweight; *sl* additional sentence; *sl* an addition

дове|сти́ (~дý, ~дёшь; ⌢л, ~лá) *pf of* доводи́ть; **~сти́сь** (~дётся; ~лóсь) *pf of* доводи́ться

довé|шивать I *pf* ⌢сить make up the weight (of)

довин|ти́ть II (~чý) *pf of* ⌢чивать; **⌢чивать** I *pf* ~ти́ть screw up

довлé|ть I *impf obs* suffice; ~ себé be self-sufficient; ~ет днéви злóба егó sufficient unto the day is the evil thereof; *coll* dominate, prevail (over, над + *instr*)

дóвод argument; ~ы за и прóтив the pros and cons

дово|ди́ть II (~жý, ⌢дишь) *pf* довести́ accompany (to), lead (to), take (to, до + *gen*); *fig* bring (to), drive (to), reduce (to, до + *gen*); ~ до изнеможе́ния tire out; ~ до све́дения bring to the notice (of), inform, let know (+ *gen*); ~ до слёз reduce to tears; ~ до соверше́нства perfect; ~ до сумасше́ствия drive mad; **~ди́ться** II (≃дится) *impers + dat and infin* have occasion (to), manage (to), happen (to); be related (to as); он мне ≃дится дя́дей he is my uncle

довое́нный pre-war

дово|зи́ть II (~жу́) *pf* довезти́ take (to, до + *gen*); *pf coll* finish carrying

дово́л|ьно *adv* enough; *pred* it is enough; с него́ э́того ~ he's had enough of it; ~ шали́ть! stop being naughty!; rather, fairly, pretty, quite; э́то ~ хорошо́ it is rather good; contentedly; **~ьный** satisfied, contented; ~ вид contented expression; content (with), pleased (with), satisfied (with, + *instr*); ~ собо́й pleased with oneself, self-satisfied

дово́льствие *mil* allowance(s); вещево́е ~ clothing allowance

дово́льств|о content(ment); *coll* ease, prosperity; **≃овать** (~ую) *impf mil* supply, maintain; **≃оваться** (~уюсь) *pf* у~ be content (with), be satisfied (with), content oneself (with, + *instr*); *impf only mil* draw allowances

довы́бор|ы (*gen pl* ~ов) by-election

дог Great Dane

догад|а́ться I *pf of* ≃ываться; **≃ка** conjecture, surmise; э́то то́лько ~ки it is mere guesswork; теря́ться в ~ках be lost in conjecture; *coll* imagination, nous (for, на + *acc*); **≃ливый** (~лив) quick-witted, quick (on the uptake); shrewd; **≃ываться** I *pf* ~а́ться guess; have the sense to; *impf only* suspect, surmise

догля|де́ть II (~жу́) *pf coll* watch to the end, see through; keep an eye out (on, за + *instr*)

до́гм|а dogma, dogmatic assertion; *pl* bases (*of theory, etc*); **≃ат** *eccles* doctrine, dogma; foundation, tenet; **~ати́зм** dogmatism; **~а́тик** dogmatic person; *pol* dogmatist; **~ати́ческий** *and* **~ати́чный** (~ати́чен) dogmatic

до|гна́ть (~гоню́, ~го́нишь; ~гна́л, ~гнала́, ~гна́ло) *pf of* ~гоня́ть

догов|а́ривать I *pf* ~ори́ть finish saying; finish telling; **~а́риваться** I *pf* ~ори́ться come to an agreement, understanding (about, о + *prep*); arrange; come (to), talk to the point (of, до + *gen*); *impf only* negotiate (about), treat (for, о + *prep*); высо́кие ~а́ривающиеся сто́роны the High Contracting Parties; **~о́р** (*coll* до́говор, *pl* ~ора́) agreement; treaty, pact; заключи́ть ми́рный ~ conclude a peace treaty; **~орённость** *f* agreement, understanding; **~ори́ть(ся)** II *pf of* ~а́ривать(ся); **~о́рник** *coll* worker under contract for a particular job; **~о́рный** contractual, agreed

догола́ *adv* stark naked; разде́ться ~ strip to the skin

догоня́л|ки (*gen pl* ~ок) 'he', catch (*children's game*)

догоня́ть I *pf* догна́ть catch up (with) *also fig*; drive (to, до + *gen*); *fig coll* raise (to, до + *gen*)

догор|а́ть I *pf* ~е́ть burn down; *poet* burn out; **~е́ть** II *pf of* ~а́ть

догру|жа́ть I *pf* ~зи́ть finish loading; load in addition; **~зи́ть** II (~жу́, ≃зи́шь) *pf of* ~жа́ть

догу́л|ивать I *pf* ~я́ть *coll* spend pleasurably (last part of holiday, *etc*); **~я́ть** I *pf of* ~ивать

дода|ва́ть (~ю́, ~ёшь) *pf* ≃ть make up (the rest of); **≃ть** (~м, ~шь, ~ст, ~ди́м, ~ди́те, ~ду́т; до́дал, ~ла́, до́дало) *pf of* ~ва́ть

додекафон|и́ческий dodecaphonic; **≃ия** dodecaphony

доде́л|ать I *pf of* ≃ывать; **≃ывать** I *pf* ≃ать finish (off)

доду́м|аться I *pf of* ≃ываться; **≃ываться** I *pf* ~аться hit upon the idea of (до + *gen*); think as far as (до + *gen*)

дое|да́ть I *pf* ≃есть eat up, finish (eating)

доезжа́|ть I *pf* дое́хать reach, arrive (at, до + *gen*); **≃чий** *n* whipper-in (*in hunting*)

дое́ние milking

до|е́сть (~е́м, ~е́шь, ~е́ст, ~еди́м, ~еди́те, ~едя́т) *pf of* ~еда́ть

до|е́хать (~е́ду, ~е́дешь) *pf of* ~езжа́ть; как вы ~е́хали? did you have a good journey?; *fig coll* wear out

дож *hist* doge

дожа́р|ивать I *pf* ≃ить finish roasting, frying; roast, fry to a turn; **≃ить** II *pf of* ≃ивать

дожд|а́ться (~у́сь, ~ёшься; ~а́лся, ~ала́сь, ~а́ло́сь) wait (for, + *gen*); она́ ~ала́сь, наконе́ц, письма́ at long last she got a letter; ~ того, что... *coll* end up by...; ~ наступле́ния темноты́ wait till nightfall; он не ~а́лся нас he left before we came; он вас ждёт не ~ётся he's dying to see you

дожд|ева́льный ~ аппара́т water-sprinkler; **~ева́ние** irrigation by sprinkling; **~еви́к** 1 *coll* raincoat; puff-ball; **~ево́й** rain; ~ева́я ка́пля raindrop; ~ево́е о́блако rain-cloud, nimbus; ~ево́е пла́тье oilskins; **~еме́р** rain-gauge; **≃ик** shower; **~и́нка** *coll* rain-drop; **~и́ть** *impers coll* rain, be raining; **~ли́вый** (~ли́в) rainy; **~ь** 1 m rain *also fig*; на ~е́, под ~ём in the rain; ме́лкий ~ drizzle; проливно́й ~ downpour; ~ идёт it is raining; ~ льёт как из ведра́ it is coming down in buckets; *fig* cascade, hail, rain (*of sparks, etc*); shower, torrent (*of questions, reproaches, etc*); сы́паться ~ём rain down, cascade

дожи|ва́ть I *pf* ≃ть live (till, до + *gen*); ~ свой век live out one's days; be reduced (to), come (to, до + *gen*); до чего́ он до́жил! what he has come to!; *coll* stay, spend (the rest of)

дож|ида́ться I *pf* ~да́ться *coll* wait (for), await (+ *gen*)

до|жи́ть (~живу́, ~живёшь; ≃жил, ~жила́, ≃жило) *pf of* ~жива́ть

до́за dose; *fig* share

дозаре́зу *adv coll* extremely, urgently

до|зва́ться (~зову́сь, ~зовёшься; ~зва́лся, ~звала́сь) *pf coll* call until one gets an answer (+ *gen*)

дозвол|е́ние *obs* permission; **≃енный** permitted; **≃ить** II *pf of* ~я́ть; **~я́ть** I *pf* ≃ить *obs* authorize, permit

дозвони́ться II *pf coll* ring (*at doorbell, on telephone*) until one gets an answer (до + *gen*, к + *dat*); get through (*on telephone*)

дозвуково́й subsonic

дози́р|овать (~ую) *impf and pf* measure out (doses); **~о́вка** dosage

дозна|ва́ться (~ю́сь, ~ёшься) *pf* ≃ться find out, ascertain (о + *prep*); *impf only* inquire (about, о + *prep*); **≃ние** *leg* inquiry; inquest; **≃ться** (≃юсь, ≃ешься) *pf of* ~ва́ться

дозиме́тр dosimeter; **≃ия** dosimetry

дозо́р patrol; **≃ный** *adj of* ~ ~ное су́дно patrol vessel; **~ный** *n mil* scout

дозре|ва́ть I *pf* ~́ть ripen; **~́лый** fully ripe; **~́ть** I *pf of* ~ва́ть

доигр|а́ть(ся) I *pf of* ~́ывать(ся); **~́ывать** I *pf* ~а́ть finish (playing); play off; **~́ываться** I *pf* ~а́ться play (until, до + *gen*); вот и ~а́лся! now you've (he's, *etc*) done it!

доил|ка *coll* = ~ьная маши́на; **~́ьный** ~ьная маши́на milking machine; **~́ьщица** = доя́рка

доис|ка́ться I (~щу́сь, ~́щешься) *pf of* ~́скиваться; **~́скиваться** I find out, discover (+ *gen*); *impf only* try to find out, ascertain, inquire into

доистори́ческий prehistoric

до|и́ть II *pf* по~ milk *also fig of money*; **~и́ться** II *impf* give milk; *pass of* ~и́ть; **~́йка** milking; **~́йный** ~йная коро́ва milch cow *also fig*

до|йти́ (~йду́, ~йдёшь; ~шёл, ~шла́) *pf of* ~ходи́ть

док dock

до́ка *m and f pop* expert, authority

доказ|а́тельный (~а́телен) demonstrative, conclusive; **~а́тельство** proof, evidence, demonstration (of), testimony (to, + *gen*); *math* demonstration; **~а́ть** I (докажу́, дока́жешь) *pf of* ~́ывать; **~у́емый** demonstrable; **~́ывать** I *pf* ~а́ть prove, demonstrate; счита́ть ~́анным take for granted; что и тре́бовалось ~за́ть *math* QED, quod erat demonstrandum; *coll* ~ на кого́ inform on someone; *impf only* try to prove, argue

дока́нчивать I *pf* доко́нчить complete, finish

дока́пывать I *pf* докопа́ть finish digging; **~ся** I *pf* докопа́ться dig down (to); *fig* get to the bottom (of, до + *gen*); (try) to find out, (try) to discover (до + *gen*)

дока|ти́ться II (~чу́сь, ~́тишься) *pf of* ~́тываться; **~́тываться** I *pf* ~ти́ться roll (to, до, + *gen*); thunder, boom, roll (*of sounds*); *fig pop* sink (to, до + *gen*)

до́кер docker

докла́д lecture (on), paper (on), report, talk (on), address (on, o + *prep*); чита́ть ~ give a talk, report; read a paper; announcement (*of arrival of visitor*, *etc*); **~но́й** ~на́я запи́ска report, memorandum; **~на́я** *n* = ~на́я запи́ска; **~́чик** speaker, lecturer; reader of report; **~́ывать** I *pf* доложи́ть report (on), make a report (on, + *acc*; o + *prep*); announce (*a guest*, *etc*) (o + *prep*); add (+ *acc or gen*; to, к + *dat*); **~ываться** I *pf* доложи́ться announce oneself

докли́|каться I (~чусь) *pf pop* call until one is heard

доко́ле (доко́ль) *adv obs* how long; until; as long as

докона́ть I *pf coll* finish (off), be the end (of), do for

доко́нчить II *pf of* дока́нчивать

докопа́ться I *pf of* дока́пываться; ~ до су́ти де́ла get to the root of the matter

до́красна́ *adv* to red heat, to redness; раскалённый ~ red-hot

докрич|а́ться II (~у́сь) *pf* shout until one is heard; он е́ле ~а́лся их he thought they would never hear his shouting; ~ до хрипоты́ shout oneself hoarse

до́ктор|ор (*pl* ~а́) doctor; **~ора́льный** didactic, doctoral; **~ора́нт** person working for doctor's degree; **~ора́т** doctorate; **~́орский** *adj of* ~ ~орская диссерта́ция thesis for degree of doctor; **~́орша** *coll* doctor's wife; woman doctor

доктри́н|а doctrine; **~ёр** doctrinaire; **~ёрский** doctrinaire; **~ёрство** doctrinaire attitude

доку́да *adv coll inter* how far; *rel* as far as

доку́ка *obs* tiresome request; tiresome business

докуме́нт document, paper; предъявля́ть ~ы show one's papers; *leg* deed, instrument; **~а́льный** documentary; **~а́ция** documentation, documents; **~и́ровать** (~и́рую) *impf and pf* document

докуп|а́ть I *pf vt* finish bathing; *pf* ~и́ть buy in addition; **~и́ть** II (~лю́, ~́ишь) *pf of* ~а́ть

доку́р|ивать I *pf* ~и́ть finish (smoking) (*of cigarettes*, *etc*); **~и́ть** II (~ю́, ~́ишь)

докуч|а́ть *impf coll* bother (with), pester (with), plague (+ *dat*; with, + *instr*); **~́ливый** (~лив) *coll* tiresome; importunate; **~́ный** (~ен) *coll* tiresome, boring

дол *poet* dale, vale; за гора́ми, за ~а́ми over the hills and far away; по гора́м, по ~а́м up hill and down dale

долбану́ть I *pf pop* thrash, beat; *sl* steal, swipe; *sl* knock back (*of drink*)

долб|ёжка *sl* swotting, mugging up; учи́ться в ~ёжку mug up; **~и́ть** II (~лю́) *impf* hollow; thump; chisel, gauge; *coll* say over and over again (+ *dat*); *sl* mug up, swot (up)

долг 2 (в ~у́, о ~́е) duty; debt; в ~ on credit; брать, дава́ть в ~ borrow, lend; войти, влезть в ~и́ get into debt; быть у кого́ в ~у́ be in someone's debt, be indebted to someone; по́ уши в ~а́х up to one's neck in debt; отда́ть после́дний ~ pay the last honours; ~ платежо́м кра́сен one good turn deserves another

до́л|гий (~ог, ~га́, ~го) long, of long duration; ~ гла́сный *ling* long vowel; ~гая пе́сня *fig* a long story; отложи́ть в ~ я́щик shelve, put off; **~́го** *adv* long, a long time; ~ ли one may easily, it can easily happen that (+ *infin or* до + *gen*); ~ ли до беды́ accidents will happen

долго|ве́чный (~ве́чен) long-lived; lasting; **~во́й** debt; ~во́е обяза́тельство promissory note; **~вре́менный** of long duration; *mil* permanent; **~вя́зый** (~вя́з) *coll* lanky; **~де́нствие** *obs* long life; **~жда́нный** long-awaited; **~игра́ющий** long-playing (*of record*); **~ле́тие** longevity; **~ле́тний** of many years; long-standing, of many years' standing; **~но́сик** weevil; **~сро́чный** long-term; of long duration; **~та́** 7 length; duration; longitude; **~терпели́вый** (~терпели́в) long-suffering; **~терпе́ние** long-suffering

до́л|ее *comp of* ~го

доле|та́ть I *pf* ~те́ть fly (to, as far as, до + *gen*); reach *also fig*; be wafted (to); не ~ fall short (of, до + *gen*); **~те́ть** II (~чу́, ~ти́шь) *pf of* ~та́ть

доле́ч|ивать I *pf* ~и́ть complete the cure of, heal (*of wound*, *etc*); **~и́ть** II (~у́, ~́ишь) *pf of* ~ивать

должа́ть I *pf* за~ *coll* borrow (from, у + *gen*)

до́лж|ен (~на́, ~но́) *pred* owe, owing; она ~на́ мне два рубля́ she owes me two roubles; must, have (+ *infin*); он ~ быть здесь в два часа́ he has to be here at two o'clock; should (be), ought; он ~ ско́ро прийти́ he should be here soon; ~но́ быть probably; она, ~но́ быть, уе́хала she must have gone; **~́енствовать** (~енствую) *impf obs* be obliged (to); be intended (to, + *infin*); **~ни́к** 1 debtor; **~́но** *pred* one should, one ought (to, + *infin*); **~ностно́й** official; ~ностно́е лицо́ official, functionary; ~ностно́е преступле́ние malfeasance; **~́ность** 5 *f* post, office, appointment, duties; **~́ный** due, fitting, proper; ~ным о́бразом properly; **~́ное** *n* due; воздава́ть ~ do justice (to, + *dat*)

доли|ва́ть I *pf* ~́ть add, pour some more; fill (up);

~вка refuelling (*of car, etc*); refilling
доли́на valley
дол|и́ть (~ью́, ~ьёшь; ~и́л, ~ила́, ~и́ло) *pf of* ~ива́ть
до́лл|ар dollar; **~аровый** dollar
долож|и́ть II (~у́, ~ишь) *pf of* докла́дывать
доло́й *adv* down (with), away (with, + *acc*); ша́пки ~! hats off!
доломи́т dolomite
долото́ 7 chisel; gouge
до́лу *poet* down(wards)
до́лька segment; clove; section (*of orange*)
дольме́н dolmen
до́льний *poet* valley; earthly
до́льше *adv* longer
до́л|я 5 part, portion; share; allotment, quota; в э́том есть ~ и́стины there is a grain of truth in it; войти в ~ю go shares (with, с + *instr*); кни́га в четвёртую, восьму́ю ~ю листа́ quarto, octavo; льви́ная ~ the lion's share; в каку́ю-то ~ю секу́нды in a fraction of a second; *anat*, *bot* lobe; fate, lot; вы́пасть кому́ на ~ю fall to someone's lot
дом (*gen sing* ~а *and* ~у; *pl* ~а́) house, building; ~ для престаре́лых *coll* old people's home; ~ культу́ры Palace of Culture; ~ о́тдыха holiday home, rest home; ~ терпи́мости brothel; house(hold), home; вести́ ~ keep house, run the house; вы́гнать и́з ~у turn out of house and home; хлопота́ть по ~у busy oneself with housework, with domestic chores; на ~у́ at home; доста́вка на́ ~ home delivery; тоскова́ть по ~у be homesick; house (*dynasty*), lineage; *coll* family; ~ Рома́новых House of Romanov; **~а** *adv* at home, in; быть как ~ make yourself at home; бу́дьте как ~ make yourself at home; у него́ не всё ~ *coll* he is not all there
дома́шн|ий house, home, domestic; ~ а́дрес home address; ~ее живо́тное domestic animal; ~ие забо́ты household chores; ~ее пла́тье house dress; ~яя пти́ца poultry; ~яя рабо́тница domestic servant; ~яя хозя́йка housewife; под ~им аре́стом under house arrest; **~ие** *n* one's family, one's own; **~ик** *and* **~як** 1 *sl* burglar, housebreaker
до́м|енный ~енная печь blast furnace; **~енщик** blast-furnace worker
до́м|ик *dim of* дом
домина́нта *mus* dominant; *fig* leitmotiv
домини|о́н dominion; **~ровать** (~рую) *fig* dominate, prevail; *geog* command, dominate (над + *instr*)
домино́ *neut indecl* dominoes (*game*); domino (*costume*)
домкра́т *tech* jack
до́мна blast furnace
домо|ви́тый (~ви́т) thrifty; ~ви́тая хозя́йка good housewife; **~владе́лец** (~владе́льца) house-owner; landlord; **~вни́ца** *coll* housekeeper; **~вни́чать** I *impf coll* keep house; **~во́дство** (art of) housekeeping; domestic science; **~во́й** *folk* house-spirit; **~вый** house, household; ~вая кни́га house register; ~вая конто́ра house-manager's office; housing; ~ трест housing trust
домога́т|ельство importunity, solicitation; seeking, bid (for); **~ься** I *impf* seek to get, solicit (+ *gen*)
домо|де́льный home-made; **~й** *adv* home(wards); тебе́ пора́ ~ it's time for you to go home; **~пра-ви́тель** *obs* steward; **~правле́ние** *obs* household management; **~ро́щенный** home-bred; *fig* primitive, crude, home-spun; **~се́д** stay-at-home; **~строе́ние** house-building; **~строи́тельный** house-building; **~тка́ный** homespun; **~управле́ние** house management (committee); **~хозя́ин** (~хозя́ева) householder; *hist* head of peasant household; **~хозя́йка** housewife; **~ча́дец** (~ча́дца) *obs* member of household
до́мра domra (*Russian stringed instrument*)
домрабо́тница domestic servant, help; maid
дому́шник *sl* housebreaker, burglar
домч|а́ть II (~у́) *pf coll* bring, take quickly, in no time; **~а́ться** II (~у́сь) *pf coll* reach quickly, in no time
до́мыс|ел (~ла) conjecture, invention
донага́ *adv* stark naked
дона́шивать I *pf* донос́ить finish carrying; wear out completely (*clothes, etc*); доноси́ть ребёнка bear at full term
доне́льзя *adv coll* in the extreme, utterly; он уста́л ~ he is completely worn out; as can be; он носи́л ~ гря́зный пиджа́к he was wearing a jacket that was as dirty as could be
донес|е́ние report, message, dispatch; **~ти́(сь)** (~у́(сь), ~ёшь(ся), ~(ся), ~ла́(сь)) *pf of* доноси́ть(ся)
дон|е́ц (~ца́) *coll* Don Cossack
донжуа́н philanderer, Don Juan; **~ство** philandering
до́низу *adv* to the bottom; све́рху ~ from top to bottom
донима́ть I *pf* доня́ть harass, tire out, weary (to death), exasperate
донкихо́т|ский quixotic; **~ство** quixotry
до́нник *bot* melilot, sweet clover
до́нный ground; *mil* ~ вышибно́й заряд base charge
до́нор donor (*of blood*)
доно́|с denunciation (of), information (against, на + *acc*); **~си́ть** II (~шу́, ~сишь) *pf of* дона́шивать; *pf* донести́ carry (to, as far as, до + *gen*); waft (*smell*); carry, bear (*sounds*); report, announce; inform (+ *dat*); denounce, inform (on, against, на + *acc*); **~си́ться** II (~сится) *pf* wear out, be worn out; *pf* донести́сь reach (*sounds, smells, news, etc*); **~счик** informer
донско́й Don
доны́не *adv obs* hitherto
до|ня́ть (~йму́, ~йме́шь; ~нял, ~няла́, ~няло) *pf of* ~нима́ть
дообе́денн|ый ~ая прогу́лка a walk before lunch
доокт́ябрьский pre-October
допе|ка́ть I *pf* ~чь bake until done; *coll* finish baking; *fig coll* plague, pester, wear out
допетро́вский pre-Petrine, before Peter the Great
допе́|чь (~ку́, ~чёшь, ~ку́т, ~к, ~кла́) *pf of* ~ка́ть
допи|ва́ть I *pf* ~ть drink (up)
до́п|инг drug, stimulant (*esp in sp*); **~инговый** *adj of* ~инг
дописа́ть I (~шу́, ~шешь) *pf of* ~сывать; **~сывать** I *pf* ~са́ть finish (writing)
доп|и́ть (~ью́, ~ьёшь; ~и́л, ~ила́) *pf of* ~ива́ть
допла́|та additional payment; excess fare; **~ти́ть** II (~чу́, ~тишь) *pf of* ~чивать; **~чивать** I *pf* ~ти́ть pay in addition, in excess
доплы|ва́ть I *pf* ~ть swim, sail (to, as far as, до + *gen*); *fig* reach; *sl* die of hunger; **~ть** (~ву́, ~вёшь; ~л, ~ла́, ~ло) *pf of* ~ва́ть

допо́дл|инно *adv* for certain; **∸инный** *coll* authentic, genuine
допоздна́ *adv coll* to a late hour
доползна́ *adv coll* to the brim
дополн|е́ние addition, supplement; addendum; в ~ in addition (to, к + *dat*); *gramm* object; ко́свенное, прямо́е ~ indirect, direct object; **~и́тельно** *adv* in addition; **~и́тельный** additional, supplementary, extra; ~ у́гол *geom* supplement; ~и́тельные цвета́ complementary colours; **∸ить** II *pf of* ~я́ть; **~я́ть** I *pf* ∸ить supplement, add to; *fig* embellish (*a story, etc*); ~ друг дру́га complement one another
дополуч|а́ть I *pf* ~и́ть receive in addition; **~и́ть** II *pf of* ~а́ть
допото́пный antediluvian
допр *abbr of* дом принуди́тельных рабо́т prison (*in early Soviet period*)
допра́шивать I *pf* допроси́ть interrogate, examine, question
допризы́вник youth undergoing preparatory military training
допро́|с interrogation, examination; перекрёстный ~ cross-examination; **~си́ть** II (~шу́, ∸сишь) *pf of* допра́шивать; **~си́ться** II (~шу́сь, ∸сишься) *pf coll* obtain, find out by asking (from, у + *gen*); у него́ ничего́ не ∸сишься one cannot get anything out of him; его́ не ∸сишься дверь закры́ть you can't make him shut the door
до́пу|ск access (to), right of entry (to, к + *dat*); *tech* tolerance; **~ска́ть** I *pf* ~сти́ть admit (to, до + *gen*; к + *dat*); ~ к ко́нкурсу allow to compete; allow, permit, tolerate; assume, grant; ∸стим let us suppose; ~ оши́бку commit an error; **~сти́мый** (~сти́м) permissible, admissible; **~сти́ть** II (~щу́, ∸стишь) *pf of* ~ска́ть; **~ще́ние** assumption
допыт|а́ться I *pf of* ∸ываться; **∸ываться** I *pf* ~а́ться (try) to find out, (try) to elicit (+ *gen*)
допьяна́ *adv coll* dead drunk; напи́ться ~ get dead drunk
дораст|а́ть I *pf* ~и́ grow (to, до + *gen*); *fig* attain, be up to (до + *gen*); не дорасти́ be too young (to, что́бы + *infin*); он ещё не доро́с, что́бы ходи́ть в теа́тр he is still too young to go to the theatre; **~и́** (~у́, ~ёшь; доро́с, доросла́) *pf of* ~а́ть
дорв|а́ться (~у́сь, ~ёшься; ~а́лся, ~ала́сь) *pf coll* fall upon, seize (upon, до + *gen*)
дореволюцио́нный pre-revolutionary
дорефо́рменный before the reform(s)
дори́ческий Doric, Dorian
доро́г|а road, way *also fig*; journey; больша́я ~ highway; желе́зная ~ railway(s); просёлочная ~ country road, track; шоссе́йная ~ main road; ~ госуда́рственного значе́ния national highway; в, на ~у for the journey; в ~е on the journey; по ~е домо́й on the way home; мне с ва́ми по ~е we are going the same way; мне с ва́ми не по ~е our paths diverge; выводи́ть кого́ на широ́кую ~у set someone on his feet; вы́йти на ~у get on, succeed; дава́ть, уступа́ть кому́ ~у let someone pass, make way for someone; идти́ прямо́й ~ой tread the straight and narrow; идти́ свое́й ~ой go one's own way; не сто́йте на ~е get out of the way; одна́ ~ остаётся мне there is only one way out for me; отправля́ться в ~у set out; перебежа́ть, переби́ть кому́ ~у steal a march on someone; показа́ть ~у show the way; пробива́ть себе́ ~у force one's way through; *fig* make one's way in life; сбива́ться с ~и lose one's way; ска́тертью ~! good riddance (to, + *dat*)!; он стои́т на хоро́шей ~е his future is assured; туда́ ему́ и ~! *coll* it serves him right!
до́рого *adv* dear, dearly; ~ обойти́сь кому́ cost one dear; ~ бы я дал, что́бы... *coll* what I wouldn't give to...; **~ви́зна** expensiveness, dearness, high cost (of living)
доро́гой *adv* en route, on the way
дорог|о́й (до́рог, ~а́, до́рого) dear, expensive; costly; по ~ цене́ at a high price; precious; **~о́й** *n m*, **~а́я** *f* (my) dear, darling
доро́д|ный (~ен) burly, beefy (*of man*); strong, healthy, well-built (*of woman*); **~ность** *f*, *n of* ~
дорож|а́ть I *pf* вз~ *and* по~ rise (in price), go up; **∸е** *comp of* дорого́й *and* до́рого; **~и́ть** II *impf* value; prize, set store (by, + *instr*); **~и́ться** II *impf coll* ask too high a price, overcharge
доро́ж|ка path, walk; strip (*of carpet, etc*), runner (*on table*); *aer* runway; *sp* track; lane; **∸ник** roadworker; **∸ный** road; ~ знак road sign; ~ отде́л highways department; ~ное строи́тельство road-building; travel(ling); ~ные расхо́ды travel expenses
дорса́льный dorsal
дортуа́р dormitory
дос *comput* DOS
доса́афовский *adj of* ДОСААФ (*abbr of* Доброво́льное о́бщество соде́йствия а́рмии, авиа́ции и фло́ту Voluntary Society for Supporting the Army, Air Force and Navy)
доса́|да annoyance, vexation; disappointment; кака́я ~! how annoying!, what a nuisance!; **~ди́ть** II (~жу́, ~ди́шь) *pf of* ~жда́ть; (~жу́, ∸дишь) *pf* finish planting; **∸дливый** (~длив) of annoyance, of vexation, of irritation; **∸дно** *adv pred* it is annoying, vexing, a nuisance; **∸дный** (~ден) annoying, vexing; disappointing; **∸довать** (~дую) *impf* be annoyed, vexed (with, на + *acc*); **~жда́ть** I *pf* ~ди́ть annoy, vex (+ *dat*)
досе́ле *adv obs* up to now
доси|де́ть II (~жу́) *pf of* ∸живать; **∸живать** *pf* ~де́ть sit, stay (until, до + *gen*)
дос|ка́ 4 (*gen pl* ~о́к) board, plank; ~ для объявле́ний notice-board; ~ почёта board of honour; как ~ (худо́й) thin as a rake; до гробово́й ~ки́ to one's dying day; от ~ки́ до ~ки́ from cover to cover; ста́вить на одну́ ∸ку put on the same level (as, с + *instr*); пьян в ∸ку *sl* blind drunk; plaque, plate, slab
доскона́л|ьный (~ен) thorough
до|сла́ть (~шлю́, ~шлёшь) *pf of* ~сыла́ть
дослéд|ование *leg* further inquiry, examination; напра́вить де́ло на ~ remit a case for further inquiry; **∸овать** (~ую) *impf and pf leg* submit to further examination, inquiry
досло́в|но *adv* word for word, verbatim; **∸ный** verbatim, literal; ~ перево́д literal translation
дослу́ж|ивать I *pf* ~и́ть finish a period of service; serve (until, до + *gen*); **∸иваться** I *pf* ~и́ться obtain as a result of service; ~ до ме́ста заве́дующего reach the position of manager; ~и́ться до пе́нсии qualify for a pension; **~и́ть(ся)** II (~у́(сь), ∸ишь(ся)) *pf of* ∸ивать(ся)
досм|а́тривать I *pf* ~отре́ть watch, look at (to, as far as, до + *gen*); watch, look after (за + *instr*); **~о́тр** examination (*at Customs, etc*); **~отре́ть** II (~отрю́, ~о́тришь) *pf* of ~а́тривать; **~о́трщик** inspector, examiner
досове́тский pre-Soviet

доспе|ва́ть I *pf* ~́ть ripen, mature fully; **~́ть** I *pf of* ~ва́ть

доспе́х|и (*gen pl* ~ов) armour

досро́ч|ка *sl* early release (*of prisoner*); **~́ный** ahead of schedule, early

доста|ва́ла *m and f coll pej* procurer (*of goods in short supply*); **~ва́ть** (~ю́, ~ёшь) *pf* ~́ть get, obtain; take, get (out); ~ из карма́на take out of one's pocket; touch, reach (+ *gen or* до + *gen*); ~ руко́й до чего́ touch something with one's hand; *impers coll* suffice (+ *gen*); **~ва́ться** (~ётся) *pf* ~́ться fall to one's lot; pass (to by inheritance); дом ~лся ей по насле́дству she inherited a house; *impers coll* ему, *etc* ~нется he, *etc*, will catch it

доста́в|ить II (~лю) *pf of* ~ля́ть; **~́ка** delivery, conveyance; **~ля́ть** I *pf* ~́ить deliver, convey; furnish, supply; cause, give (*anxiety*, *etc*); ~ возмо́жность afford an opportunity (to, + *infin*); ~ удово́льствие give pleasure (to, + *dat*); **~́щик** roundsman, delivery-man

доста́т|ок (~ка) sufficiency; prosperity; жить в ~ке be comfortably off; *pl* income; **~́очно** *adv* enough, sufficiently; *pred* it is enough; ~ сказа́ть suffice it to say; **~́очный** (~очен) sufficient; *coll* well-to-do

доста́|ть(ся) (~́ну(сь), ~́нешь(ся) *pf of* **~ва́ть(ся)**

дости|га́ть I *pf* ~́гнуть *and* ~́чь reach (+ *gen or* до + *gen*); attain, achieve (+ *gen*); **~́гнуть** (~гну, ~гнешь; ~г, ~гла) *pf of* ~га́ть; **~же́ние** achievement, attainment; **~жи́мый** (~жи́м) attainable; accessible; **~́чь** *see* ~гнуть

достове́р|ность *f* authenticity; trustworthiness; **~ный** (~ен) authentic, trustworthy

достое́вщина *coll* psychological imbalance (*typical of characters in novels of Dostoevsky*)

досто́|инство merit, quality, virtue; ~инства и недоста́тки merits and demerits; dignity; э́то ни́же его ~инства it is beneath his dignity; чу́вство со́бственного ~инства self-respect; *econ* value; *econ* ма́лого ~инства of small denomination; *obs* title, rank; **~́йно** *adv* suitably, properly, fittingly, adequately; **~́йный** (~ин, ~йна) deserving, worthy (of, + *gen*); ~ внима́ния worthy of note; ~ похвалы́ praiseworthy; merited, deserved; fitting, adequate; *obs* worthy

досто|па́мятный (~па́мятен) memorable; **~почте́нный** *obs* venerable; *iron* worthy; **~примеча́тельность** *f* sight; place, object of note; *pl* sights (*of town*); **~примеча́тельный** (~примеча́телен) remarkable, notable

достоя́ние property

достре́ливать I *impf sl* scrounge

досту́каться I *pf pop* get what one deserves

до́ступ access (to, к + *dat*); admission, admittance; entrance; **~́ность** *f* accessibility; availability; approachability; **~́ный** (~ен) accessible, easy of access; open (to), available (to, для, + *gen*); easily understood, simple, intelligible (*of books*, *etc*); moderate, reasonable (*of prices*); approachable, affable (*of people*); ~ная же́нщина woman of easy virtue

достуч|а́ться II (~у́сь) *pf coll* knock until one is heard

досу́|г leisure, leisure-time; на ~ге at leisure, in one's spare time; *pred* + *dat and infin coll* have time (to, for); **~́жий** idle; leisure; ~жее вре́мя leisure time, spare time

до́суха *adv* (until) dry; вытира́ть ~ wipe dry

досчит|а́ть I *pf of* ~́ывать; **~́ывать** I *pf* ~а́ть finish counting; count (up to, до + *gen*)

дос|ыла́ть I *pf* ~ла́ть send on, send the remainder; *mil* seat, chamber (*a cartridge*, *etc*)

досы́п|ать I (~лю, ~лешь) *pf of* ~а́ть; **~а́ть** I *pf* ~́ать pour, add some more; fill (up)

до́сыта *adv coll* to satiety; нае́сться ~ eat one's fill

досье́ *neut indecl* dossier, file

досю́да *adv coll* up to here, as far as here

досяга́|емость *f* reach, attainability, *mil* range; вне преде́лов ~емости out of reach, range; **~́емый** (~ем) accessible; attainable

дот *abbr of* долговре́менная огнева́я то́чка *mil* pill-box

дота́ск|ивать I *pf* дотащи́ть *coll* carry, drag (to, до + *gen*); **~́иваться** I *pf* дотащи́ться *coll* drag oneself (to, до + *gen*)

дота́ция (State) grant, subsidy

дотащ|и́ть(ся) II (~у́(сь), ~́ишь(ся)) *pf of* дота́скивать(ся)

дотемна́ *adv* until (it gets, got) dark

дотла́ *adv* utterly, completely; разоря́ть ~ raze to the ground; сгора́ть ~ burn to the ground, reduce to ashes

дото́ле *adv obs* hitherto, until then

дото́шный *coll* meticulous; он ~ челове́к he goes into every detail, he is a stickler for detail

дотр|а́гиваться I *pf* ~о́нуться touch (до + *gen*); **~о́нуться** I *pf of* ~а́гиваться

дотя́|гивать I *pf* ~ну́ть drag, draw, haul (to, as far as, до + *gen*); *coll* live (till); он не ~́нет до утра́ he won't last till morning; *coll* hold out (till, до + *gen*); *coll* put off (till, до + *gen*); **~́гиваться** I *pf* ~ну́ться reach, touch, stretch (as far as, до + *gen*); *coll* drag by until (*of time*); **~ну́ть(ся)** I (~ну́(сь), ~́нешь(ся)) *pf of* ~́гивать(ся)

доу́ч|ивать I *pf* ~и́ть finish teaching; finish learning; teach, learn (up to, до + *gen*); **~́иваться** I *pf* ~и́ться complete one's studies, finish one's education; study (up to, till, до + *gen*); **~и́ть(ся)** II (~у́(сь), ~́ишь(ся)) *pf of* ~́ивать(ся)

доха́ 6 fur-coat (*with fur-lining*)

до́х|лый dead (*of animals*); *coll* weak(ly), sickly (*of human beings*); **~ля́тина** *pop* carcase; *collect* carrion; *m and f* feeble, sickly person; **~́нуть** I *pf* по~ die (*of animals*); *pf only sl* die (of human beings), croak; **~ну́ть** I *sem pf of* дыша́ть breathe; *coll* не сметь ~ be afraid to breathe

дохо́д income; receipts; revenue

дохо|ди́ть II (~жу́, ~́дишь) *pf* дойти́ reach (до + *gen*); не ~дя́ (до) just before one reaches; письмо́ до меня́ не дошло́ the letter didn't reach me; слух дошёл до нас a rumour has reached us; дошло́ до меня́, что … it has come to my ears that …; ~ до све́дения come to the notice (of, + *gen*); ~ до того́, что … reach a point where …; ру́ки не ~́дят I, he, *etc* has no time (for, до + *gen*); *coll* get through (to), impress, touch, penetrate (to, до + *gen*); ~ свои́м умо́м think out for oneself; (де́ло) дошло́ it came (to, до + *gen*); *coll* be done, cooked; be ripe; *sl* be on one's last legs; ~ до ру́чки *sl* reach the end of one's tether

дохо́д|ность profitableness; income; **~́ный** (~ен) profitable, lucrative, paying; *adj of* ~; **~́чивый** (~чив) easy to understand, intelligible

доходя́га *m and f sl* person on his last legs; 'goner'; dying animal

дохристиа́нский pre-Christian

доце́нт senior lecturer, (university) reader; **~у́ра** post of senior lecturer, (university) reader; *collect* senior lecturers, readers

до́чер|и, до́черью *see* **дочь; ~́ний** daughter('s); *econ* branch (*company, etc*)
до́чиста *adv* (spotlessly) clean; обокра́сть ~ *coll* clean out; съе́ли всё ~ they ate up everything
дочит|а́ть(ся) I *pf of* ~́ывать(ся); **~́ывать** I *pf* ~а́ть finish reading; read (to, as far as, до + *gen*); **~́ываться** I *pf* ~а́ться ~ до головно́й бо́ли read till one's head begins to ache
до́ч|ка *coll* = дочь; **~у́рка** *dim of* дочь little girl; **~ь** *f* (~́ери, е́рью; *pl* ~́ери, ~ере́й, ~ерьми́) daughter
дошко́льн|ик child under school age; specialist in education of children under school age; **~́ый** pre-school
до́шлый *pop* cunning, experienced, shrewd
дощ|а́ник flat-bottomed boat; **~а́тый** made of boards, planks; **~е́чка** *dim of* доска́; door-plate, name-plate
доя́рка milkmaid
дра́г|а *tech* drag; *naut* dredge; **~и́ровать** (~и́рую) *impf and pf* drag, dredge
драго́й *obs, poet* dear, precious
драгома́н dragoman
драгоце́н|ность *f* jewel, gem, precious stone; object of great value; *pl* jewellery; valuables; **~́ный** (~ен, ~на) precious *also fig*; ~ные ка́мни precious stones
драгу́н (*gen pl* ~) dragoon
дража́йш|ий *obs or iron* dearest; ~ая полови́на 'better half'
драже́ *neut indecl* dragée; шокола́дное ~ chocolate drop
дразн|и́ть II (~ю́, ~́ишь) tease; excite, tantalize; whet (*appetite*)
дра́ить II *pf* на~ *naut* swab, scrub; polish (*metal, etc*)
драйв drive (*in tennis*)
дра́йвер *tech* driver
дра́к|а brawl, fight; доходи́ть до ~и come to blows
драко́н dragon; wyvern (*heraldry*); **~́овский** Draconian
дра́ла *pred pop* (he) ran off, made off; (за)дать ~ *pop* take to one's heels, bolt
дра́м|а drama; *fig* calamity, tragedy; **~атиза́ция** dramatization; **~атизи́ровать** (~атизи́рую) *impf and pf* dramatize; **~ати́зм** *theat* dramatic effect; *fig* tension; dramatic character, quality; **~ати́ческий** dramatic; drama, theatre; ~ теа́тр legitimate theatre; theatrical; *fig* tense, dramatic; *mus* strong (*of voice*); **~ати́чный** (~ати́чен) *fig* dramatic; **~ату́рг** playwright, dramatist; **~атурги́я** dramatic art; *collect* drama, plays; **~кружо́к** (~кружка́) dramatic circle
драндуле́т *coll joc* old, dilapidated conveyance
дра́н|ка lath; shingle, lathing; **~́очный** *adj of* ~ка
дра́н|ый *coll* torn, ragged, tattered; с ~ыми локтя́ми out-at-elbows
драп thick (woollen) cloth
драп|ану́ть *sem pf of* ~́ать *sl*; **~́ать** I *pf* ~ану́ть *sl* clear out, scarper, scram
драпир|ова́ть (~у́ю) *pf* за~ drape; **~ова́ться** (~у́юсь) *pf* за~ drape oneself (in, в + *acc or instr*); *fig* make a parade (of), dress up (in); *pass of* ~ова́ть; **~о́вка** drapery, draping; hangings, curtain(s); **~о́вщик** upholsterer
дра́п|овый *adj of* ~
драпри́ *neut indecl* drapery; curtains, hangings
дра́тва waxed thread
дра|ть (деру́, дерёшь; ~л, ~ла́, ~ло) *impf only* tear (to pieces, up); ~ го́рло *coll* bawl; ~ нос *coll* turn up one's nose; ~ на себе́ во́лосы *fig* tear one's hair; *pf* вы́~ *coll* tear out; beat, flog, thrash; ~ зу́бы pull out teeth; *pf* за~ kill (*of wild animals*); *pf* по~ чёрт его́ (по)дери́! damn him!; *pf* со~ tear off; ~ лы́ко (с лип) bark (lime trees); ~ шку́ру flay; *pf* со~ *fig coll* sting, fleece (с + *gen*); ~ с живо́го и мёртвого fleece unmercifully; *impf only coll* irritate, sting (*of pain*); ~ у́ши jar (on, + *dat*); э́то вино́ дерёт го́рло this wine is very harsh to the palate; *impf only coll* run away, make off; ~ во все лопа́тки, со всех ног run as fast as one's legs can carry one; **~́ться** (деру́сь, дерёшься; ~лся, ~ла́сь, ~ло́сь) *pf* по~ fight (with, с + *instr*); ~ на кула́чках box, spar; *fig* fight, struggle (for, за + *acc*); ~ на дуэ́ли fight a duel; он всегда́ дерётся he is always fighting
дра́хма drachma; dram (*weight*)
драч|ли́вость *f coll* pugnacity; **~ли́вый** (~ли́в) *coll* pugnacious; **~у́н** 1 *coll* pugnacious, quarrelsome person; **~у́нья** (*gen pl* ~у́ний) *f of* ~у́н
дребеде́нь *f coll* rubbish, nonsense
дре́без|г с ~гом with a tinkle; with a crash (*of breaking glass, etc*); разбива́ть в ме́лкие ~ги smash to smithereens; **~жа́ние** rattle; jingle, tinkle; **~жа́ть** II *impf* rattle; jingle, tinkle
древес|и́на wood(-pulp); timber; **~́ница** tree-frog; leopard moth; **~́ный** *adj of* де́рево; ~ная ма́сса wood-pulp; ~ные насажде́ния plantations of trees; пито́мник arboretum; ~ са́хар wood sugar, xylose; ~ спирт wood alcohol; ~ у́голь charcoal; ~ у́ксус wood vinegar, pyroligneous acid
дре́вк|о (*pl* ~и, ~ов) pole, staff; shaft (*of spear, etc*); ~ зна́мени flagstaff
древне|гре́ческий ancient Greek; **~евре́йский** Hebrew, Hebraic; **~ру́сский** Old Russian
дре́вн|ий (~ен, ~ня) ancient; ~няя исто́рия ancient history; ~ние языки́ classical languages; *coll* very old, aged (*of person*); **~́ние** *n* the ancients; **~́ность** *f* antiquity; *pl* antiquities
дре́в|о (*pl* ~еса́, ~е́с) *poet* tree; ~ позна́ния добра́ и зла tree of the knowledge of good and evil; **~ови́дный** (~ови́ден) tree-like; ~ па́поротник tree-fern; **~онасажде́ние** planting of trees; tree-plantation; **~ото́чец** (~ото́чца) *zool* borer, wood-fretter
дредно́ут dreadnought
дрези́на *railways* handcar *Am*, trolley
дрейф *naut* drift, leeway; ложи́ться в ~ heave to; лежа́ть в ~е lie to; **~́ить** II (~лю) *pf* с~ *coll* funk, be a coward, be afraid; **~ова́ть** (~у́ю) *impf naut* drift; ~у́ющий лёд drift ice
дрек *naut* grapnel
дреко́лье *collect* staves
дрель *f tech* (hand-)drill
дрем|а́ (дрёма) *poet* sleepiness, drowsiness; **~а́ть** I (~лю́, ~́лешь) *impf* doze; *usu poet* slumber; *fig* not to stir; *fig* (dilly-)dally; не ~ be watchful, be wide awake *also fig*; **~а́ться** I (~́лется) *impf impers* + *dat* feel drowsy; **~о́та** sleepiness, drowsiness, somnolence; **~о́тный** sleepy, drowsy, somnolent
дрему́ч|ий (~) *poet* thick, dense (*of forest*)
дрен|а́ж *tech and med* drainage; **~а́жный** ~а́жная тру́бка drainage tube; **~и́ровать** (~и́рую) *impf and pf* drain
дресва́ gravel
дрессир|о́ванный ~о́ванные живо́тные performing animals; **~ова́ть** (~у́ю) *pf* вы́~ train

(animals); *fig* school; ~**о́вка** training; ~**о́вщик** trainer

дре́ф|ить II (~лю) *pf* с~ *see* **дре́йфить**

дриа́да dryad

дри́блинг *sp* dribble, dribbling

дроб|и́лка *tech* crusher; ~**и́льный** crushing; ~**и́н(к)а** pellet; ~**и́ть** II (~лю́) *pf* раз~ crush, break up, pulverize; *fig* (sub)divide, split up; ~**и́ться** II (~лю́сь) *pf* раз~ break to pieces, be smashed to pieces, be pulverized; break (*of waves*) (against, о + *acc*); split up, divide; ~**ле́ние** crushing, breaking up; *fig* splitting up, (sub)division; *biol* cell-division; ~**лёный** ground, crushed, splintered; ~**ни́ца** ammunition-pouch; ~́**ный** (~ен) split up, (sub)divided, separate; minute; ~ стук дождя́ pattering of rain; ~ цо́кот копы́т clattering of hooves; *math* fractional; ~**ови́к** 1 *coll* shotgun; ~**ь** *f collect* small shot; drumming; tapping; trilling; *math* fraction; проста́я ~ vulgar fraction; (не)пра́вильная ~ (im)proper fraction

дров|а́ (*gen pl* ~) *pl only* firewood; кто в лес, кто по ~ each his own way; at sixes and sevens; inharmoniously; ~́**ни** (*gen pl* ~́не́й) *no sing* wood-sledge; ~**око́л** wood-chopper; ~**осе́к** woodcutter; ~**яни́к** 1 dealer in firewood; *coll* woodshed; ~**яно́й** *adj of* ~а́; ~ сара́й woodshed; ~ склад wood store, wood pile

дрог|а́ 6 (*acc sing* ~́у) centre pole (*of cart*); ~́**и** hearse; dray cart

дро́г|нуть I (*past* ~, ~ла) *pf* про~ freeze, shiver (*from cold*); ~́**нуть** (*past* ~нул, ~нула) *pf* quaver (*of sound, voice, etc*); move, shake (*of muscle, etc*); flicker (*of light, etc*); waver, falter, flinch (*of armies, etc*); у меня́ рука́ не ~нет I shall not hesitate (to, + *infin*)

дрож|а́ние vibration, quivering, trembling; ~**а́тельный** trembling, shaking; ~ парали́ч Parkinson's disease, trembling paralysis; ~**а́ть** II tremble; shiver, shake; ~ от стра́ха, от хо́лода shake with fear, cold; quaver (*of voice, etc*); flicker (*of light, etc*); quiver, vibrate; tremble (before, пе́ред + *instr*; for, за + *acc*); grudge (*money, etc*, над + *instr*)

дрожж|ево́й *adj of* ~́и; ~евы́е грибки́ *bot* Ascomycetes; ~́**и** (~е́й) *no sing* yeast, leaven; ста́вить на ~а́х leaven; пивны́е ~ brewer's yeast

дро́ж|ки (~ек) *no sing* droshky

дрожь *f* trembling, shivering; tremor, quaver (*of voice*); shaking; tint(s), play (*of colours*)

дрозд 1 thrush; пе́вчий ~ song-thrush; чёрный ~ blackbird

дрок *bot* broom

дромаде́р dromedary

дро́ссель *m* throttle, choke

дро́тик javelin, dart

дрочёна *cul* batter

дроч|и́ла *m and f vulg* masturbator; ~́**ить** II *pf* на~ *vulg* masturbate; tease (*sexually*)

друг (*pl* друзья́, друзе́й) friend

друг (*short form of* ~о́й) ~ ~́а each other, one another; ~ за ~́ом one after another, in single file; ~ с ~́ом with each other; ~**о́й** other; another; different; и тот и ~ both; ни тот ни ~ neither; никто́ ~ none other, nobody else; кто-то ~ somebody else; оди́н за ~и́м one after the other; в ~ день another day; (в) ~ раз *coll* sometimes; на ~ день the next day; ~и́ми слова́ми in other words; с ~ стороны́ on the other hand; э́то ~о́е де́ло that is another matter; ~**и́е** *n* others, other people

дру́ж|ба friendship; не в слу́жбу, а в ~бу out of friendship; ~**елю́бие** friendliness; ~**елю́бный** (~елю́бен) friendly, amicable; ~́**еский** friendly; быть на ~еской ноге́ be on friendly terms (with, с + *instr*); ~**е́ственный** friendly, amicable (*usu of countries, etc*); ~́**ество** *obs* friendship

дружи́н|а *hist* bodyguard (*of prince*); *hist* militia unit; боева́я ~ *hist* armed workers' detachment; squad; пожа́рная ~ fire brigade, fire squad; (доброво́льная) наро́дная ~ (voluntary) people's patrol (*voluntary civilian organization helping militia in maintaining public order*); ~́**ник** *hist* bodyguard; *hist* member of militia unit; member of voluntary people's patrol, vigilante

дружи́ть II *impf* be friends (with), be on friendly terms (with, с + *instr*); *pf* по~ *vt* unite (in friendship), make friends; ~́**ся** II *pf* по~ make friends (with, с + *instr*)

друж|и́ще *coll* old chap, old man (*form of address*); ~́**ка** *hist* best man (*at wedding*); друг ~ку, *etc coll* = друг дру́га, *etc*; ~́**но** *adv* harmoniously, in concord; amicably; simultaneously, in concert, together; раз, два, ~! heave-ho!; all together!; rapidly, smoothly (*of approach of spring, etc*); ~́**ный** (~ен, ~на́, ~но) harmonious, amicable; simultaneous, concerted, united; ~ная семья́ united family; ~ные уси́лия concerted efforts; ~ная весна́ rapid onset of spring; ~**о́к** (~ка́) *coll aff dim of* друг; pal, chum

друзья́ *see* **друг**

друи́д Druid

дры́г|ать I *pf* ~́нуть *coll* jerk, twitch *usu of foot* (+ *instr*); ~́**нуть** I *pf of* ~́ать

друммо́ндов ~ свет *theat* limelight

дрын *sl* heavy stick, club, cudgel

дры́х|ать I *pf* ~́нуть *coll* sleep, doze; ~́**нуть** I (*past* ~ and ~́нул) *pf of* ~́ать

дря́б|лый (~л, ~ла́, ~о) flabby *also fig*; flaccid; ~́**нуть** II *impf coll* become flabby

дря́гиль *m obs* porter, carrier

дря́зг|и (*gen pl* ~) *no sing* squabbles; unpleasantness(es), annoyances

дрян|но́й *coll* rotten, wretched, trashy, worthless; lousy; ~́**ь** *f coll* rubbish, trash; rotter, bad lot (*of person*); *pred* it is no good, it is rotten

дряхл|е́ть I *pf* о~ grow decrepit; ~́**ость** *f* decrepitude, senile infirmity; ~́**ый** (~, ~а́, ~) decrepit, senile

дуали́|зм dualism; ~**сти́ческий** dualistic

дуб 2 oak; *coll* numskull, blockhead; да(ва)ть ~́а *pop* die; ~**а́сить** II (~а́шу) *pf* от~ belabour, cudgel; *impf only* bang (on, в + *acc*; по + *dat*); ~**и́льный** tanning, tannic, ~и́льное веществó tannin; ~и́льная кислота́ tannic acid; ~**и́льня** (*gen pl* ~и́лен) tannery; ~**и́льщик** tanner; ~**и́на** club, cudgel; *coll* numskull, blockhead; ~**и́нка** truncheon, baton; ~**и́ть** II (~лю́) *pf* вы́~ tan; ~**лёный** tanned; *fig* weather-beaten

дубл|ёр *theat* understudy; *cinema* actor dubbing part; ~**е́т** duplicate (*of book, stamp, etc*); ~**ика́т** duplicate, copy (*of document, etc*); ~**и́ровать** (~и́рую) *impf* duplicate; ~ роль understudy a part; *cinema* dub; ~**ь** *m sp* reserve team, reserves

дуб|ня́к 1 oak-wood, oak-forest; ~**ова́тый** (~ова́т) *coll* coarse; stupid, thick; ~**о́вый** oak; ~ лист oak-leaf; ~о́вая ро́ща oak-grove; *fig coll* wooden, coarse, clumsy (*of language, style, etc*); *coll* insensitive (*of person*); *fig coll* inedible, hard, woody (*of fruit*, *etc*); ~óвая головá *fig coll* blockhead, numskull; **~óк** (~кá) oakling; **~рáва** leafy grove; **~ьё** *collect coll* cudgels; blockhead(s), fools

дуг|á 6 arc, arch; брóви ~óй arched brows; (со)гнýть в ~ý, в три ~и́ *coll* compel to submit, bring to heel; **~овóй** *adj of* ~á; ~овáя лáмпа arc-lamp; ~овáя свáрка arc welding; **~образный** (~образен) arched, bow-shaped

дуд|éть II (~и́шь) *impf coll* play the pipe, fife; ~ в однý дудý (дýдку) *pop* do one and same thing; keep harping; **~ка** pipe, fife; плясáть под чью ~ку *fig* dance to someone's tune; **~ки** *interj coll* not on your life!, not if I know it!

дýжка *dim of* дугá; hoop (*croquet*); handle

дукáт ducat

дýл|о muzzle, barrel; ~ без нарéзки smooth bore; **~ьный** *adj of* ~о; ~ьная скóрость muzzle velocity; **~ьце** (*gen pl* ~ец) *dim of* ~о; *mus* mouthpiece

дýм|а thought, meditation; дýмать ~у *poet* meditate, brood; duma (*Ukrainian ballad*); *hist* duma, council, assembly; Государственная Д~ the State Duma; **~ать** I *pf* по~ think (about, on, о + *prep or* над + *instr*); be concerned (about); мнóго о себé ~ have a high opinion of oneself; недóлго ~ая without a moment's thought; я ~аю! I imagine!, I should think so!; think of, intend (+ *infin*); он ~ает уезжáть he is planning to go away; и не ~аю I do not dream of (+ *infin*); и ~ не смей don't dare (to, + *infin*); wonder (+ *indirect question*); **~аться** I *impers + dat* seem; мне ~ается I fancy, think; **~ец** (~ца) *hist* member of duma, adviser; **~ка** *dim of* дýма; *coll* small pillow; dumka (*Ukrainian lyric*); **~ный** *hist* of Boyars' Council; **~ский** *hist* duma, council; ~ские дéньги credit notes issued by Provisional Government of 1917

дун|овéние puff, breath (*of wind*); **~уть** I *sem pf of* дуть blow

дýпел|ь *m* (*pl* ~я́) great snipe

дуплéт doublet (*billiards*)

дупл|и́стый (~и́ст) hollow; **~ó** 6 (*gen pl* дýпел) hollow (*in tree-trunk*); cavity (*in tooth*)

-дур *adj indecl mus* major

дýр|а *f of* ~áк; **~áк** 1 *hist* jester, fool; ass, fool; ~ ~óм utter fool; не ~ (be) expert (at, + *infin*); оставля́ть в ~áх make a fool of; оставáться в ~áх be made a fool of, be fooled; валя́ть, ломáть ~á *coll* play, act the fool, be stupid; ~áм закóн не пи́сан *prov* fools rush in where angels fear to tread; нашёл ~á! you must think I'm a fool!, not on your life!; без ~óв *pop* seriously; **~алéй** *coll* fool, nitwit; **~áцкий** *coll* foolish, idiotic, stupid; ~ колпáк dunce's cap; **~áчество** folly, absurdity; fooling (around), foolish trick; **~áчить** II *pf* о~ fool, dupe; **~áчиться** II *impf* act, play the fool; **~ачóк** (~ачкá) *aff dim of* ~áк; *coll* halfwit, idiot; **~áшливый** (~áшлив) *coll* stupid; **~ень** (~ня) *coll* simpleton, fool; **~éть** I *pf* о~ become stupid; **~иком** *adv pop* in vain; **~и́ть** II *impf coll* be naughty (*of children*); do silly things; be difficult, obstinate (*esp of horses*); *pf* за~ ~ гóлову комý confuse

дурмáн *bot* thorn-apple; *coll* narcotic, drug, intoxicant; **~ить** II *pf* о~ stupefy, intoxicate

дур|нéть I *pf* по~ grow ugly, lose one's looks; **~но** *adv of* ~нóй; *pred + dat* мне, *etc* ~ I, *etc* feel bad, faint, queer; **~нóй** (~ен, ~нá, ~но) bad, evil, nasty; ~ вкус nasty taste; ~ глаз the evil eye; ~нóе предзнаменовáние evil omen; ~ сон bad dream; ~ человéк wicked man; ugly; онá ~нá собóю she is plain; **~нотá** *coll* faintness, nausea; чýвствовать ~нотý feel sick, faint; **~нýшка** *coll* plain girl, woman, plain Jane

дýрость *f pop* stupidity, folly

дуршлáг colander

дурь *f coll* foolishness, stupidity; вы́кинь ~ из головы́ put that nonsense out of your head; на неё ~ нашлá she's just plain silly; вы́бить, вы́колотить ~ knock the nonsense (out of, из + *gen*)

дýт|ый hollow; inflated, exaggerated; ~ые цéны inflated prices

дуть (дýю, дýешь) *pf* по~ blow; вéтер дýет the wind blows; (здесь) дýет there is a draught (here); (и) в ус (себé) не ~ *pop* not give a rap, not give a damn; *pf* вы́~ blow (*glass*); *pf* от~ *coll* thrash; *pf* вы́~ *sl* swill (down); *pop* rush; *pop* do something passionately, with, enthusiasm; **~ё** *tech* (glass-)blowing; **~ся** (дýюсь, дýешься) *pf* на~ sulk; be offended (with, на + *acc*); play (at something) with passion (в + *acc*)

дух spirit; ~ вéка, врéмени spirit of the age, time(s), Zeitgeist; ~ закóна spirit of the law; в том же ~е along the same lines; Святóй Дух Holy Spirit, Holy Ghost; spirit(s); heart; mind; courage; быть (не) в ~е be in (low) good spirits; настроéние, расположéние ~а mood, humour, temper; пáдать ~ом lose heart; присýтствие ~а presence of mind; собрáться с ~ом pluck up courage, take heart; у негó ~у не хватáет he has not the heart (to, + *infin*); хвáтит ~у have the strength (for, на + *acc*); чтó-то в э́том ~е something of the sort; (это) не в моём ~е (it is) not to my taste; breath, air *coll*; во весь ~, что есть ~у *coll* at top speed, flat out; испусти́ть ~ *fig* give up the ghost; ни слýху ни ~у not a word; о ней ни слýху ни ~у not a word has been heard of her; одни́м ~ом in one breath; перевести́ ~ take breath; у негó ~ захвáтывает it takes his breath away; чтóбы ~у твоегó нé было! *coll* never set foot here again!; spectre, ghost; *pop* aroma

духáн dukhan (*Caucasian inn*)

дух|и́ (*gen pl* ~óв) *no sing* perfume, scent

духобóр Dukhobor; **~ство** Dukhobor religious movement

дýхов Д~ день *eccles* Whit Monday

духовéнство *collect* clergy, priesthood; бéлое (чёрное) ~ secular (regular) clergy

духови́д|ец (~ца) clairvoyant, medium

духови́к *sl* wind-instrument player

духóвка oven

духовн|и́к 1 *eccles* confessor; **~ость** *f* spirituality; **~ый** spiritual; inner, inward; ~ая жизнь spiritual life ~ые запрóсы spiritual demands; ~ мир inner world; ~ óблик spiritual make-up; church, ecclesiastical, religious; ~ое лицó ecclesiastic; ~ая мýзыка sacred music; ~ отéц spiritual father, director; confessor; ~ сан holy orders; ~ое завещáние (last) will, testament; ~ое óко (the) mind's eye

духо|вóй *mus* wind; ~ инструмéнт wind instrument; ~ оркéстр brass band; *tech* (hot-)air; ~вóе отоплéние hot-air heating; ~вáя печь oven; ~ое ружьё air-gun; ~ утю́г steam iron; *cul* steamed; **~тá** closeness, stiffness; oppressive heat

душ shower(-bath); приня́ть ~ take a shower(-bath)

душ|á soul; heart; без ~и́ *obs* beside oneself (with, от + *gen*); ~ в ~́у in harmony, at one; в ~é at heart, inwardly, in one's heart; в глубинé ~и́ in one's heart of hearts; для ~и́ for one's private satisfaction; за ~óй to one's name; не имéть грошá за ~óй not to have a penny to one's name; у него ~ не лежи́т he has a distaste (for, к + *dat*); у негó ~ не на мéсте he is uneasy; от всей ~и́ with all one's heart; от ~и́ from the heart; по ~é to one's liking (+ *dat*); по ~áм говори́ть have a heart-to-heart talk (with, с + *instr*); вклáдывать ~́у put one's heart (into, в + *acc*); залéзть в ~́у комý *coll* worm oneself into someone's confidence; изли́ть, отвести́ ~́у pour out one's heart, unburden oneself; криви́ть ~óй be dishonest, act against one's conscience; стоя́ть над ~óй stand over (someone, у когó), plague, press; ~и́ не чáять adore, dote (on, в + *prep*); скóлько ~é угóдно to one's heart's content; в чём тóлько ~ дéржится weakly, decrepit (*of person*); ~óй и тéлом heart and soul; ни ~óй ни тéлом in no wise; говори́ть с ~óй speak with feeling; moving spirit, inspiration, (the) soul; ~ óбщества life and soul of the party; person; смéлая ~ a bold spirit; на ~́у per head; в семьé шесть душ there are six in the family; ни (живóй) ~и́ not a (living) soul; ~ моя́! my dear!

душевáя *n* shower-baths

душевн|обольнóй *adj* insane; suffering from mental illness; **~обольнóй, ~обольнáя** *n* insane person; mental patient; **~́ый** mental, psychical; ~ая болéзнь mental disease; ~ое потрясéние nervous shock; ~ое расстрóйство mental derangement; *adj of* душá; ~ое спокóйствие peace of mind; sincere, cordial, heartfelt; ~ая бесéда cordial chat; ~ человéк warm(-hearted) person

душев|óй per head; ~óе потреблéние consumption per head; shower

душегрéйка (woman's) sleeveless wadded jacket

душегýб *coll* murderer; **~́ка** *f of* ~; canoe, dugout; *sl* mobile gas-chamber, 'murder-bus' (*of concentration camp*); **~́ство** *coll* murder; villainy, evil deed

дýшенька *m and f coll* darling (*form of address*)

душе|полéзный (~полéзен) *obs* edifying; **~прикáзчик** *leg* executor; **~раздирáющий** heart-rending; **~спаси́тельный** (~спаси́телен) *iron* edifying, improving (*of books, etc*)

дýш|ечка *m and f see* **~́енька**

души́ст|ый (~) fragrant, sweet-scented

душ|и́тель strangler, suffocator; *fig* suppressor; **~и́ть** II (~ý, ~́ишь) *pf* за~ strangle; smother, stifle, suffocate, throttle; *fig* stifle, suppress; ~ поцелýями smother with kisses; *impf only* choke; его ~́ит кáшель his cough is choking him; егó ~́ит he cannot breathe; *pf* на~ scent, perfume; **~и́ться** II (~ýсь, ~́ишься) *pf* на~ perfume oneself (with, + *instr*)

дýшка *m and f coll* dear (person), sweet (person); он такóй ~ he is such a dear

души́к 1 vent (*in store*)

дýш|но *pred* it is stuffy, stifling, suffocating; **~́ный** (~ен, ~нá, ~но) stuffy, close, sultry; stifling

душ|óк (~кá) *coll* smell (of decaying matter), taint; с ~кóм tainted, high, (bit) off; *fig* taint, smack, tinge; не без ~кá *iron* not without a taint (of, + *gen*)

дуэл|и́ст duellist; **~́ь** *f* duel; вы́звать на ~ challenge to a duel; дрáться на ~и fight a duel

дуэ́н|ья (*gen pl* ~ий) duenna

дуэ́т duet; *sp* pair (*at skating, etc*)

ды́б|а *hist* rack (*instrument of torture*); **~́иться** II (~ится) rear, prance (*of horse*); stand on end; **~́ом** *adv* on end; вóлосы станóвятся ~ (one's) hair stands on end; **~ы́** на ~ on to the hind legs; станови́ться на ~ rear, prance; *fig* jib, resist, kick

ды́лда *m and f coll* lanky fellow, girl, spindle-shanks

дым 2 (~а(у), в ~ý, о ~́е; *pl* ~ы́) smoke; в ~ *pop* blind (*drunk*); ~ коромы́слом *pop* bedlam (let loose); *hist* household, hearth (*for taxation purposes*); **~и́ть** II (~лю́) *pf* на~ emit smoke, smoke; **~и́ться** II (~и́тся) *vi* smoke; swirl (*of fog*); **~́ка** haze *also fig*; подёрнутый ~кой hazy; **~́ный** smoky (*full of smoke*); ~ пóрох gunpowder; **~овóй** *adj of* ~; ~овáя завéса *mil* smokescreen; ~ снаря́д *mil* smoke-shell; ~овáя трубá flue, chimney; funnel, smokestack; **~огáрный** ~ котёл fire-tube boiler; ~огáрная трубá flue, fire tube; **~óк** (~кá) puff of smoke; **~омёт** *mil* smoke projector; **~охóд** flue; **~́чатый** (~чат) smoke-coloured, smoky

ды́ня melon

дыр|á 6 hole; заткнýть ~ý stop a gap *also fig*; *fig coll* hole (*god-forsaken place*); *pl* gaps, shortcomings; **~окóл** punch(er); **~я́вить** II (~я́влю) *impf coll* make a hole (in); **~я́вый** holey, full of holes; ~я́вая пáмять memory like a sieve

дыхá|ние breath(ing); вторóе ~ second wind *also fig*; искýсственное ~ artificial respiration; **~́тельный** respiratory; ~тельное гóрло windpipe; ~тельные пути́ respiratory tract

дыш|áть II (~ý, ~́ишь) *impf* breathe (+ *instr*); ~ мéстью breathe vengeance; ~ на лáдан *fig* have one foot in the grave; éле ~ drag out a miserable existence; be on it's (one's) last legs

ды́шло pole, beam, shaft

дья́в|ол devil; *interj pop* hell!; какóго ~ола?, за каки́м ~олóм?, на кой ~? *pop* why the devil?; **~олёнок** (~олёнка; *pl* ~оля́та, ~оля́т) *coll* imp; **~́ольский** devilish, diabolical; *coll* frightful, shocking, damnable; **~́ольщина** *coll* devilry; что за ~! what the devil's going on?, what a mess!

дьяк 1 *hist* (prince's) scribe; clerk, secretary; **~́он** *eccles* deacon

дьяч|óк (~кá) *eccles* sexton, sacristan; reader

дю́ж|е *adv pop* awfully, terribly; **~́ий** (~, ~á, ~е) *pop* hefty, robust, sturdy

дю́ж|ина dozen; чёртова ~ baker's dozen; **~́инный** common(place), ordinary

дюйм inch; **~óвка** one-inch plank (*in thickness*); **~óвый** one-inch

дю́на dune

дюрáл|ь *m* = ~юми́ний; **~юми́ний** duralumin

дюшéс duchess pear

дя́гиль *m* (garden) angelica

дя́д|енька *aff form of* ~я; **~́ин** uncle's; **~́ька** *pej* uncle; *obs* tutor; usher (*in private school*); **~́юшка** *affect coll* uncle; **~́я** (*pl* ~и, ~ей; *also pop* ~ья́, ~ьёв) *m* uncle; *coll* uncle (*form of address by children to older man*); grown-up man

дя́т|ел (~ла) woodpecker

Е

ебáть *also* **етú, еть** (ебý, ебёшь; *imp* ебú; *past* ёб, еблá, еблú *also* ебáла, ебáли) *pf* вы́ебать also вы́еть *vulg* fuck
евáнг|елие gospel; the Gospels; **~éлик** evangelical; **~елúст** Evangelist; evangelical; **~елúческий** evangelical; **~́ельский** gospel
евгéника eugenics
евкалúпт(овый) = эвкалúпт(овый)
éвнух eunuch
евразúйс|кий Eurasian; **~́тво** Eurasianism
еврéй Jew; Hebrew; **~́ка** Jewess; **~́ский** Jewish; ~ язы́к Yiddish; **~́ство** *collect* Jewry, (the) Jews; Jewishness
евровúдение Eurovision
Еврóпа Europe
европé|ец (~йца) European; **~изáция** Europeanization; **~изúровать** (~изúрую) *impf and pf* Europeanize; **~́йский** European; Western
евстáхиев ~а трубá Eustachian tube
евфемúзм *see* **эвфемúзм**
евхарúстия Eucharist
ег|ермéйстер *obs* master of the hunt; **~́ерский** ~ полк regiment of chasseurs; **~́ерь** *m* (*pl* ~ери *and* ~ерé) huntsman; *mil* chasseur
Егúпет Egypt
егúп|етский Egyptian; тьма ~етская *fig coll* Egyptian darkness, pitch darkness; ~етская рабóта *fig coll* slavery, tough task; ~ая синь Egyptian blue; **~тóлог** Egyptologist; **~толóгия** Egyptology; **~тя́нин** (*pl* ~тя́не, ~тя́н) Egyptian; **~тя́нка** Egyptian (woman)
егó *gen/acc sing of* он, *gen of* онó; *poss adj* his, its
его|зá *m and f coll* fidget; **~зúть** II (~жý) *impf coll* fidget; fawn (upon, пéред + *instr*); **~злúвый** (~злúв) *coll* fidgety
ед|á food; meal; во врéмя ~ы́ during a meal, while eating, at meal times
едá|ть (*freq of* есть; *no pres*; *past* ~л, ~ла) *coll* eat
едвá *adv* hardly, only just, barely (*with difficulty*); онú ~ спаслúсь they only just escaped (от + *gen*); онá ~ удержáлась от слёз she could barely restrain her tears; он ~ успéл на урóк he was nearly late for the lesson; *adv* only just, barely, hardly, scarcely (*only slightly*); она ~ взглянýла на негó she scarcely gave him a look, barely glanced at him; ~-~ *adv* hardly (*emphasized*); он ~-~ двúгался he could only just move; ~ ли *adv* hardly, scarcely (= *it is improbable*); ~ ли он там it's unlikely that he's there; ~ (ли) не *adv* all but, nearly, almost; онá считáется ~ ли не лýчшей певúцей she is considered almost the best singer; он ~ не упáл he almost fell; *conj* hardly, scarcely, barely; ~ …, как scarcely … when, no sooner … than; ~ он вы́шел на ýлицу, как нáчался дождь hardly had he got out into the street than it began to rain
едúм, едúте, едя́т *see* **есть**
единéние unity
единú|ца one; figure 1; *math* unity; unit; ~ длины́ unit of length; ~ мóщности unit of power; 'one' (*lowest mark in marking system*); individual; (тóлько) ~цы only a few, only a handful; **~́чность** *f* singleness, single occurrence; **~́чный** single; isolated, solitary; ~чные слýчаи isolated cases; individual, on an individual basis
единобóжие monotheism
единобóрство single combat
единобрáч|ие monogamy; **~ный** monogamous
единовéр|ец (~ца) co-religionist; member of Old Believer sect; **~́ие** community of religion; Old Believer sect; **~́ный** (~ен) of the same faith (as, + *dat or* с + *instr*); **~́ческий** Old Believers'
единовлáст|ие autocracy, absolute rule; **~́ный** (~ен) autocratic; dictatorial; ~ правúтель absolute ruler
единоврéм|енно *adv* once only, but once; simultaneously; **~́енный** granted, paid once only; ~енное пособие extraordinary grant; simultaneously (with, + *dat or* с + *instr*)
единоглáс|ие unanimity; **~́но** *adv* unanimously; прúнято ~ carried unanimously; **~́ный** unanimous (*in voting*)
единодýш|ие unanimity (*in thought, feeling, action*); **~́ный** (~ен) unanimous
едúножды *adv obs* once; on one occasion
единокрóв|ный (~ен) consanguineous; ~ брат half-brother; of the same stock, race
единолúчн|ик individual peasant-farmer; **~ый** individual; personal; ~ое хозя́йство individual peasant holding
единомы́|слие like-mindedness; identity of opinion, ideas; **~́шленник** like-minded person; он наш ~ he shares our views; confederate, accomplice
единонаслéдие *leg* primogeniture
единоначáл|ие one-man management; unified management; *mil* combined (military and political) command; **~́ьник** *mil* combined (military and political) commander; sole director
единообрáз|ие uniformity; **~́ный** (~ен) uniform
единоплемéнн|ик *lit* member of the same tribe; fellow-countryman; **~́ый** *lit* of the same tribe; of the same nationality
единорóг *myth* unicorn; *zool* narwhal; *hist* 'unicorn' (*type of cannon*); *astron* Monoceros
единорóдный only(-begotten)
единосýщн|ость *f* consubstantiality; **~́ый** consubstantial (with, + *dat*)
единоутрóб|ный (~ен) uterine; ~ брат half-brother, uterine brother
едúнств|енно only, solely; merely; ~ возмóжный спóсоб the only possible way; ~, что не лю́бит the only thing he dislikes; **~́енный** only, sole, one and only; ~ сын only son; с ~енной цéлью with the sole purpose; ~ в своём рóде unique, the only one of its kind; ~енное числó *gramm* singular (number); **~́о** unity; ~ интерéсов community of interests
едúн|ый (~) one, single; там нé было ни ~ой душú not a soul was there; всё ~о *coll* it's all one; все до ~ого to a man; united, common, unified; ~ое цéлое a single whole, an entity; ~ и неделúмый one and indivisible; ~ фронт united front; ~ вóля single will, purpose
éд|кий (~ок, ~кá, ~ко) caustic; acrid, pungent (*of*

smell, smoke, etc); ~ зáпах pungent smell; ~кое кáли potassium hydrate; ~ натр caustic soda; *fig* biting, caustic, sarcastic; **~́кость** *f* causticity, pungency; *fig* sarcasm; sarcastic remark
ед|óк 1 mouth; head; у негó в семьé шесть ~окóв he has six mouths to feed; на ~á per head; *coll* (big) eater; плохóй ~ poor eater
éду, éдешь *see* **éхать**
её *gen/acc of* онá; *poss adj* her, hers, its
ёж 1 (ежá) hedgehog *also mil*; морскóй ~ sea-urchin
ежеви́|ка *collect* blackberries; blackberry bush, bramble; **~́чный** *adj of* ~ка; ~чное варéнье bramble preserves, jam
еже|гóдник annual, yearbook; **~гóдный** annual, yearly; **~днéвный** daily; everyday; ~днéвная лихорáдка quotidian fever
éжели *conj coll* if
еже|мéсячник monthly (magazine); **~минýтный** occurring at intervals of a minute; continual, incessant; **~недéльник** weekly (magazine, paper); **~недéльный** weekly; **~нóщный** nightly; **~секýндный** occurring every second; *coll* constant, incessant, continual; **~сýточный** daily, every twenty-four hours; **~чáсный** hourly
ёж|ик *dim of* ~; crew cut (*of hair*), close cut (*of grass, etc*); стри́чься ~иком have a crew cut; **~́иться** II *pf* съ~ shiver, huddle oneself up (*from cold, etc*); *fig coll* shrink (back), hesitate; **~и́ха** female hedgehog; **~óвый** *adj of* ~; держáть в ~óвых рукави́цах *coll* rule with a rod of iron
ез|дá ride, riding; drive, driving (*in car, carriage, etc*); ~ на велосипéде bicycling; journey; в двух часáх ~ды́ two hours' journey (from, от + *gen*); **~́дить** II (~жу, ~дишь) *indet of* éхать *impf* go (*by vehicle or animal*); ride, drive; ~ верхóм ride (*on horseback*); (be able to) ride, drive; visit (habitually) (к + *dat*); в прóшлом годý я ~дил в Амéрику last year I went to America (*ie and returned*); *coll* slip, slide (over, по + *dat*); **~довóй** *adj of* ~дá; ~довáя собáка draught-dog; ~ *n mil* driver; **~дóк** 1 rider; horseman; он тудá бóльше не ~ he is not going there again; **~жáть** I (*no pres*) *freq of* ~дить *coll*; ~жáй(те) *imp of* éхать *pop* go! get going!; **~́женый** used, frequented (*of road*); broken-in (*of horse*)
ей *dat, instr of* онá; **~-бóгу** *interj coll* (really and) truly!; **~-~́** *interj coll* = ~-бóгу
ёк|ать I *pf* ~нуть *coll* miss a beat; go pit-a-pat; **~́нуть** I *pf of* ~ать
ектен|ья́ (*gen pl* ~и́й) *eccles* ektenia (*part of Orthodox liturgy*)
ел, éла *see* **есть**
éле *adv* hardly, only just, barely (*with difficulty*); он ~ спáсся he only just escaped; он ~ нóги унёс he had a close shave; hardly, scarcely, only just, barely (*only slightly*); онá ~ дви́галась she could scarcely move; ~-~ = ~ (*emphasized*); ~ живóй more dead than alive
éлевый fir, spruce
елé|й *eccles* anointing oil; unction; *fig* balm; unction; **~́йный** *eccles adj of* ~й; unctuous; **~освящéние** *eccles* extreme unction
ел|éц (~ьцá) dace
ели́ко *adv obs* as much as, as far as; ~ возмóжно as far as possible
ёлк|а fir(-tree), spruce; рождéственская ~ Christmas-tree; быть на ~е be at a Christmas, New Year's party
ел|óвый *adj of* ~ь; ~óвые ши́шки fir cones; головá ~óвая *pop* numskull, blockhead
елó|зить II (~жу) *impf pop* crawl
ёл|очка *dim of* ~ка; herring-bone (*pattern*); **~́очный** *adj of* ~ка; ~очные украшéния Christmas-tree decorations
ель *f* fir(-tree); spruce; deal, white wood; обыкновéнная ~ Norway spruce, common spruce; **~́ник** fir-grove, fir-plantation; *collect* fir-wood, fir-twigs
ем, ешь, ест *see* **есть** (eat)
ём|кий (~ок) capacious; **~́кость** *f* capacity, cubic content; ~ ры́нка *econ* market capacity
емý *dat of* он, онó
ендовá *hist* flagon (*usu of copper for wine, etc*)
енóт racoon (*also fur*); **~́овый** *adj of* ~
епанчá *hist* (long, wide) cloak, mantle
епарх|иáльный *eccles* diocesan; **~́ия** *eccles* diocese, see, bishopric; eparchy (Eastern Church)
епи́ск|оп bishop; **~опáльный** episcopalian; **~́опский** episcopal; **~́опство** episcopate
епитим|ья́ (*gen pl* ~и́й) *eccles* penance
епитрахи́ль *f eccles* stole
ер (*hard*) yer (*Russian letter* 'ъ')
ералáш *coll* jumble, confusion, muddle; yeralash (*card-game like whist*); *obs* mixture of preserved fruits
ерепéниться II *pf* взъ~ *fig pop* bristle (up)
éре|сь *f* heresy; городи́ть ~ *coll* talk nonsense; **~ти́к** 1 heretic; **~ти́ческий** heretical
ёрзать I *impf coll* fidget
ермóлка skullcap
ерóш|ить II *pf* взъ~ *coll* rumple, ruffle; dishevel; **~́иться** II *pf* взъ~ *coll* bristle, stick up
ерунд|á *coll* nonsense, rubbish; говори́ть ~ý talk nonsense; child's play; trifling matter, trifle; **~и́стика** *pop* nonsense; **~и́ть** II (~и́шь) *impf coll* talk nonsense; play, act the fool; брось ~! stop talking rot!; **~óвский** *pop* = ~óвый; **~óвый** *pop* nonsensical, fooling; trifling, empty
ёрш 1 ruff (*fish*); lamp-chimney brush; wire brush; notched nail *or* spike; hair standing up; ~óм *adv* standing up, on end; *coll* mixture of beer and vodka; **~и́стый** *pop* bristling; sticking; standing up; *fig* obstinate; unyielding; **~и́ться** II *impf pop* stick, stand up; flare up, get hot under the collar; **~óвый** ruff
еры́ *neut indecl* yery (*Russian letter* 'ы')
ерь *m* (*soft*) yer (*Russian letter* 'ь')
есаýл *hist* esaul, Cossack captain
éсли *conj* if; ~ не unless; ~ тóлько provided; ~ бы не if it were not for, but for; он ýмер бы, ~ бы не онá but for her he would have died; ~ бы *interj* if only; ~ бы он был жив if only he were alive; ~ (и) не ..., то ... although ..., at least ...; э́та мéбель, ~ и не изя́щна, то удóбна although this furniture is not elegant, at least it's comfortable; что ~ ...? what if ...?; (а) что, ~ бы what about, how about (*suggesting course of action*)
ессентук|и́ (*gen pl* ~óв) *no sing* Essentuki (mineral water)
ест *see* **есть** (eat)
естéств|енник science student; *obs* scientist; **~́енно** *adv* naturally; *pred* it is natural; *partic* naturally, of course; **~́енный** (~ен, ~нна) natural; ~енные богáтства natural resources; ~енное закры́тие *mil* natural cover; ~енная нáдобность, ~енная потрéбность *coll euph* needs of nature; ~енные наýки natural sciences; ~ отбóр *biol* natural

selection

естество́ nature; essence; *obs* Nature; **~ве́д** natural scientist; natural science teacher; **~ве́дение** natural history, natural science; **~зна́ние** (natural) science; **~испыта́тель** *m* (natural) scientist

есть (ем, ешь, ест, еди́м, еди́те, едя́т; *imp* ешь; *past* ел, е́ла) *pf* съ~ eat; ~ глаза́ми devour with one's eyes; *impf* eat away, corrode; *impf* sting, cause to smart (*of smoke, etc*); *impf coll* torment, nag; *pres tense of* быть *usu 3rd sing*; и ~ *pop* yes, indeed; как ~ *coll* absolutely, entirely; there is, there are; у меня, *etc* ~ I have, I've got, *etc*; ~ тако́е де́ло *pop* all right, agreed, OK; *interj* yes, sir (*to superior officer*); *naut* ay, ay, very good

ефре́йтор *mil* lance-corporal

е́хать (е́ду, е́дешь) *det, pf* по~ go (*by vehicle or by animal*); ride; drive; ~ верхо́м ride (*on horseback*); ~ по́ездом, на по́езде go by train; ~ на парохо́де go by boat; ~ в Ри́гу *vulg pop* puke, spew (*usu from drunkenness*); да́льше (~) не́куда *pop* that's the last straw, the end

ехи́д|на echidna; Australian viper; *fig coll* viper, snake; **~ничать** I *pf* съ~ *coll* be malicious, make malicious remarks; **~ный** (~ен) *coll* malicious, spiteful; venomous; **~ство** *coll* malice, spite; **~ствовать** (~ствую) *impf coll* = ~ничать

ещё *adv* still; он ~ о́чень мо́лод he is still very young; yet (*with negative*); она́ ~ не уста́ла she is not tired yet; нет ~ not yet; он ~ успе́ет на по́езд he still has time to catch the train; всё ~ still; всё ~ идёт дождь it is still raining; пока́ ~ for the present, for the time being; он пока́ ~ оста́нется здесь he'll stay here for the time being; some more; any more, yet, further; again; да́йте мне ~ хле́ба give me some more bread; есть ~? is there any more?; ~ один one more, yet another; ~ раз once more, again; *interj* encore!; вы меня́ ~ уви́дите you'll see me again; as far back as, as long ago as; only; ~ в 1921 году́ as early as, as far back as 1921; ~ (то́лько) вчера́ only yesterday; + *comp* still, yet, even; он стал ~ добре́е he became even (still) kinder; ~ и ~ more and more; again and again; *emph partic* кому́ ~ я не (на)писал? who else haven't I written to?; ~ бы! and how!, I'll say!, yes, rather; it would be surprising if ...; ~ бы ты был недово́лен it would be surprising if you were not pleased; э́то ~ ничего́! that's nothing!; вот ~! what next!, I like that!; да ~ *coll* in addition, as well, to boot; что ~? what now? what else?; чего́ хны́чешь? а ~ большо́й ма́льчик! what are you snivelling for? and a big boy at that!

е́|ю *instr of* она́; **~я́** *gen of* она́ (*in old orthography*)

Ж

ж *see* **же**
жа́ба *zool* toad; *med* quinsy; грудна́я ~ angina pectoris
жа́берный *zool* branchiate
жабо́ *neut indecl* jabot
жа́б|ры *f pl* (*gen pl* ~ер) *zool* gills; branchia; брать кого́ за ~ *fig pop* take someone by the small hairs, bring pressure to bear upon someone
жаве́л|ев ~ева вода́ liquid bleach; **~ь** 1 *m* liquid bleach
жа́ворон|ок (~ка) lark; лесно́й ~ wood lark; хохла́тый ~ crested lark
жа́д|ина *m and f coll* greedy person; **~не́ть** I *impf coll* become greedy; **~ничать** *impf coll* be greedy, mean; **~ность** *f* greed(iness), avidity; meanness, avarice; **~ный** (~ен, ~на́, ~но) greedy, avid (for, к + *dat*); mean, avaricious
жа́жд|а *no pl* thirst; *fig* thirst, craving (for, + *gen*); ~ зна́ний thirst for knowledge; ~ зо́лота lust for gold; **~ать** (~у, ~ешь; *pop* ~аю) *impf obs* be thirsty; *fig* thirst (for, after, + *gen or infin*); **~ущий** thirsty (for, + *gen*)
жаке́т *obs* morning coat; (lady's) jacket; **~ка** *coll* jacket (*for ladies*)
жакт *abbr of* жили́щно-аре́ндное кооперати́вное това́рищество Tenants' Cooperative Association (*until 1937*)
жале́|ть I *pf* по~ feel sorry (for), pity; regret, be sorry (for, about, о + *prep or* + *gen or* + что); ~ о пре́жнем regret the past; ~ о потеря́нном вре́мени be sorry about the time lost; я ~ю, что не поéхал в Ло́ндон I am sorry I did not go to London; grudge, spare (+ *acc and* + *gen*); ~ де́нег grudge the money
жа́л|ить II *pf* у~ sting; bite; **~иться** II *impf coll* sting; bite
жа́л|кий (~ок, ~ка́, ~ко) pitiful, pitiable, pathetic, wretched; име́ть ~ вид cut a wretched figure, be a sorry sight; **~ко** *adv of* ~кий; *pred* pity, feel sorry (for, + *dat and gen or acc*); мне ~ тебя́ I feel sorry for you; мне ~ сестру́ I feel sorry for my sister; (it is) a pity, a shame; ~, что ты не пришёл it's a pity that you didn't come; regret, feel sorry; grudge (+ *gen or* + *infin*); ей ~ де́нег she grudges the money
жа́ло sting *also fig*; point (*of pin*, *needle*, *etc*)
жа́л|оба complaint; подава́ть ~обу make, lodge a complaint (about, на + *acc*); **~обный** (~обен) plaintive, doleful, mournful; *adj of* ~оба; ~обная кни́га complaints book; **~общик** person lodging complaint; *leg* plaintiff
жа́л|ованный *hist* received as grant (from State), granted; ~ованная гра́мота letters patent, charter; **~ованье** salary; *obs* grant, reward; donation; **~овать** (~ую) *pf* по~ grant (to), bestow, confer (on), reward (with, + *acc and instr or* + *dat and acc*); ~ ти́тул confer title (on); *coll impf* favour, regard with favour; *obs pf* по~ visit, come to see (к + *dat*); **~оваться** (~уюсь) *pf* по~ complain (of, about, на + *acc*); ~ в суд go to law, sue (на + *acc*)
жалоно́сный possessing a sting, stinging
жа́л|остливый (~остлив) *coll* compassionate, sympathetic (*of person*); pitiful; **~остный** (~остен) piteous, pitiful, doleful, mournful; *obs pop* compassionate, sympathetic; **~ость** compassion, pity; из ~ости out of pity (for, к + *dat*); кака́я ~! what a pity; **~ь** *pred* pity, feel sorry (for, + *dat and gen or acc*); мне ~ его́ I feel sorry for him; (it is) a pity, shame; ~, что вас не́ было там it's a pity you were not there; it grieves (me, *etc* + *dat*), regret, feel sorry; мне ~ смотре́ть на него́ it grieves me to look at him; grudge (+ *gen or* + *infin*); о́чень ~! it's a great pity; *adv* unfortunately
жалюзи́ *neut indecl* venetian blind, jalousie
жанда́рм gendarme; **~е́рия** *collect* gendarmerie; **~ский** *adj of* ~
жанр genre; genre-painting; **~и́ст** genre-painter; **~овый** *adj of* ~
жанти́л|ьничать I *impf coll* behave in an affected way; **~ьный** (~ен, ~ьна) *coll* affected
жар (в, на ~у́, о ~е) heat; *coll* heat of the day; *coll* hot place, spot; ~ы́ *pl only obs coll* hot period, hot weather; в ~у́ *fig* in the heat (of, + *gen*); embers; как ~ горе́ть glitter (like gold); чужи́ми рука́ми ~ загреба́ть use efforts of others to pull one's chestnuts out of the fire; (high) temperature, fever; *fig* ardour, heat; зада́ть кому ~у give it hot to someone; **~а́** heat; hot weather
жарго́н jargon, slang, cant; *coll obs* Yiddish (language); **~ный** *adj of* ~
жардинье́рка flower-stand, jardinière
жа́р|еное *n coll* roast meat; **~еный** roast, broiled; fried; grilled; **~ить** II *pf* из~ roast, broil (на огне́); fry (на сковороде́); grill (на ра́шпере); burn, scorch (*of sun*); *pop* do something (run, beat, hit, read, write, *etc*) with speed and vigour; ~ь в апте́ку! run to the chemist's!; **~иться** II *pf* из~ roast, fry; ~ на со́лнце bask, roast in the sun; *pass of* ~ить; **~кий** (~ок, ~ка́, ~ко) hot; torrid; tropical; sultry; ~ по́яс *geog* torrid zone; *fig* hot, heated (*argument*, *etc*); ardent, passionate (*kiss*, *etc*); **~ко** *adv of* ~кий; *pred* it is hot; мне ~ I am hot; **~ко́е** *n* roast (meat)
жар|о́вня (*gen pl* ~о́вен) brazier; **~ово́й** *adj of* ~; caused by heat; **~о́к** (~ка́) *coll* slight temperature; **~опонижа́ющий** *med* febrifugal; **~опонижа́ющее** *n* febrifuge; **~осто́йкий** *tech* heat-resisting; **~-пти́ца** the Fire-bird; **~че** *comp of* ~кий *and* ~ко
жасми́н jasmin(e), jessamin(e)
жа́тв|а reaping, harvesting; harvest *also fig;* **~енный** *adj of* ~а; ~енная маши́на binder, harvester, reaping-machine
жа́тка binder, harvester, reaping-machine
жать (жму, жмёшь) press, squeeze; ~ ру́ку shake (someone) by the hand; pinch, be tight (*of shoes or clothing*); башмаки́ жмут the shoes are tight; press out, squeeze out; *fig coll* oppress; жми! *coll* get cracking! get on with it!; *pf* с~ reap, cut, mow; **~ься** (жмусь, жмёшься) huddle up; press close (to), draw closer (to, к + *dat*); ~ друг к дру́гу stand, sit close to one another; ~ в у́гол skulk in a corner; ~ (в нереши́тельности) *coll* hesitate,

vacillate; *coll* stint oneself, be stingy
жбан (wooden) jug
жва́ч|ка chewing, rumination; cud; жева́ть ~ку chew the cud, ruminate; *fig* repeat monotonously; *coll* chewing-gum; **~ный** ruminant; **~ное** *n* ruminant
жгу, жжёшь *see* **жечь**
жгут 1 plait; braid; wisp; *med* tourniquet; **~ик** *zool* flagellum
жгу́ч|ий (~) burning (hot) *also fig*; ~ая боль smart, smarting pain; ~ брюне́т person with jet-black hair and eyes; ~ взгляд fiery glance; ~ вопро́с burning, vital question
ждать (жду, ждёшь; ждал, ждала́, жда́ло) *impf* wait for, await (+ *acc or gen*); она́ ждёт от них по́мощи she looks to them for help; ~ не дожда́ться be on tenterhooks, wait impatiently; что нас ждёт? what is in store for us?; expect (+ *gen or* + что); ~ письма́ be expecting a letter; я ждал, что он бу́дет там I expected him to be there; того́ и жди *coll* any time, minute now
же *conj* but; and; as for; он остаётся, она́ же уезжа́ет he's staying, but she's going; и́ли же or else; after all; почему́ вы ему́ не ве́рите? он же до́ктор why don't you trust him? he is a doctor, after all; *emph partic*: что же ты молчи́шь? why on earth are you silent?; кто же знал, что пого́да изме́нится? who could (possibly) know that the weather would change?; exactly, (the) very, just, *etc*; тот же, тако́й же the same, idem; у меня есть така́я же кни́га, как у тебя́ I've got exactly the same book as you; в ту же мину́ту разда́лся звоно́к at that very moment the bell rang; Попо́в, он же Ката́ев Popov, alias Katayev
жев|а́ние mastication; rumination; **~аный** *coll* chewed (up); crumpled; **~а́тельный** masticatory, manducatory; ~а́тельная рези́нка chewing gum; **~а́ть** (жую́, жуёшь) *impf* masticate, chew; ruminate; *fig* ~ жва́чку *see* **жва́чка;** ~ вопро́с chew over a question
жёг, жгла *see* **жечь**
жезл 1 rod; baton (*of field marshal, etc*); staff (of office); *eccles* crozier; staff (*railways*); *hist* warder; Jacob's staff (*in surveying*)
жела́|ние wish (for), desire (for, + *gen*); по ва́шему ~нию as you wish; горе́ть ~нием burn with the desire (to, + *infin*); про́тив ~ния against one's will; при всём ~нии with the best will in the world; lust, desire; **~нный** longed for, wished for, desired, beloved; kind, dear (*usu in addressing someone*); **~тельно** *adv* preferably; *pred* it is desirable, preferable, advisable; **~тельный** (~телен) desirable, preferable, advisable; ~тельное наклоне́ние *gramm* optative mood
желати́н *and* **желати́н|а** gelatine; **~овый** gelatinous
жела́|ть I *pf* по~ wish (for), desire (+ *gen*); ~ (+ что́бы *or* + *infin*) wish, want; я ~ю, что́бы вы пришли́ I want you to come; я не ~ю ничего́ слу́шать I don't want to hear anything; wish (someone something, + *dat and gen or infin*); ~ю вам всего́ наилу́чшего I wish you all the best; ~ю вам вся́ких благ I wish you every happiness; ~ю вам успе́ха good luck!; э́то оставля́ет ~ лу́чшего it leaves much to be desired; **~ющий** ~ющие those interested, those so desirous
желва́к 1 *med* tumour; knot of muscle
желе́ *neut indecl* jelly
желез|а́ (*pl* же́лезы, ~, ~а́м) gland; *pl coll* tonsils; же́лезы вну́тренней секре́ции endocrine glands; поджелу́дочная ~ pancreas; **~истый** *anat* glandular; (~ист) ferriferous; *chem* ferrocyanide (of); ferruginous; chalybeate (*of water*); ~ препара́т iron preparation; **~ка** *coll* piece of iron; *obs coll* railway; chemin de fer (*card-game*); на всю ~ку *pop* flat out; жать на всю ~ку *pop* go flat out, let it rip; **~ка** *anat* glandule
железнодоро́жн|ик railwayman; **~ый** rail(way); ~ая ве́тка branch line; ~ая перево́зка rail transport; ~ое полотно́ permanent way; ~ путь (railway) track; ~ у́зел (railway) junction
желе́зн|ый iron *also fig*; ferrous, ferric; ~ блеск *min* haematite; ~ век Iron Age; ~ое де́рево lignum vitae; ~ за́навес 'Iron Curtain'; ~ая кислота́ ferric acid; ~ колчеда́н *min* iron pyrites; ~ая ко́мната strongroom; ~ купоро́с *min* green vitriol; ~ лом scrap iron; ~ые опи́лки iron filings; ~ руда́ ironstone, iron-ore; ~ые това́ры ironmongery, hardware; ~ая трава́ *bot* vervain; за ~ой решёткой *fig coll* behind bars; ~ая доро́га railway(s), railroad *Am*; по ~ой доро́ге by rail; ~ая доро́га ме́стного значе́ния local line; *sl* reliable, dependable; excellent; **~я́к** 1 ironstone, iron clay
желе́з|о iron; ~ в болва́нках pig-iron; о́кись ~а ferric oxide; *collect* iron, hardware; *pl* ~ы *obs* fetters, irons; **~о-** iron-, ferro-; **~обето́н** reinforced concrete, ferroconcrete; **~обето́нный** *adj of* ~обето́н; *fig coll* cast iron; iron-nerved; **~оплави́льный** ~ заво́д iron foundry; **~опрока́тный** ~ заво́д rolling mill
жёлоб (*pl* ~а́) gutter; trough; chute; **~о́к** (~ка́) groove, channel, flute; **~чатый** channelled, fluted
желт|е́ть I *pf* по~ turn yellow; *impf only* be yellow, show up yellow; **~е́ться** I *impf* be yellow, show up yellow; **~изна́** yellowness; yellow patch; sallow complexion; **~и́нка** *coll* yellow spots; yellow hue; **~и́ть** II (желчу́) *pf* вы~ colour yellow; **~ова́тый** (~ова́т) yellowish; sallow; **~о́к** (~ка́) yolk; **~око́жий** yellow-skinned; **~оли́цый** (~оли́ц) sallow; **~оро́тый** (~оро́т) yellow-beaked; *fig* green, inexperienced; **~офио́ль** *f* wallflower; **~оцве́т** goldenrod; **~у́ха** jaundice; **~у́шный** *adj of* ~у́ха; jaundiced; **~ый** (~, ~а́, ~о́) yellow; ~ биле́т *hist* 'yellow ticket' (*prostitute's passport*); ~ая вода́ *med* glaucoma; ~ дом *coll obs* lunatic asylum; ~ая лихора́дка yellow fever; ~ая пре́сса yellow press
желудёвый *adj of* жёлудь; ~ ко́фе acorn coffee
желу́д|ок (~ка) stomach; несваре́ние ~ка indigestion; расстро́йство ~ка diarrhoea; **~очек** (~очка) ventricle; **~очный** stomach; gastric, stomachic; ~ зонд stomach pump; ~ сок gastric juice
жёлудь 5 *m* acorn
жёлч|ный bilious; ~ ка́мень gallstone; ~ пузы́рь gall-bladder; (~ен, ~на) *fig* (ultra)bilious, choleric, irritable; **~ь** *f* bile, gall *also fig*; разли́тие ~и jaundice
жема́н|иться II *impf coll* attitudinize, put on a pose; **~ница** *coll* affected creature; **~ничать** *impf coll* behave in an affected way; **~ный** (~ен, ~на) affected; **~ство** affectedness
же́мчу|г (*pl* ~га́) pearl(s); ме́лкий ~ seed-pearls; иска́тель ~га pearl-diver; **~жина** pearl (*also fig*); **~жница** pearl-oyster; pearl disease; **~жный** *adj of* же́мчуг; *fig* pearly (-white); ~жная боле́знь pearl disease; ~жное ожере́лье pearl necklace

жен- *abbr of* же́нский
жен|а́ 6 (*pl* жёны) wife; быть у ~ы́ под башмако́м be under one's wife's thumb, be tied to one's wife's apron strings; *poet obs* woman; **~а́тый** (~а́т) married (to, на + *prep*, *of man*); **~́ин** wife's; **~и́ть** II *impf and pf* (*pf also* по~) marry (off); без меня́ меня́ ~и́ли *fig coll* they fixed my life without asking me; **~и́тьба** *no pl* marriage; **~и́ться** II *impf and pf* (*pf also* по~) marry, get married (to, на + *prep*, *of man*)
жени́х 1 fiancé; bridegroom; suitor; eligible bachelor; смотре́ть ~о́м *coll* look happy; **~а́ться** I *impf pop* be engaged; be courting; **~о́вский** *coll adj of* ~; **~о́вство** *coll* engagement
жёнка *aff form of* жена́
жено|лю́б ladies' man; **~люби́вый** (~люби́в) ~ челове́к ladies' man; **~лю́бие** fondness for women; **~ненави́стник** misogynist; **~ненави́стнический** misogynous; **~ненави́стничество** misogyny; **~подо́бный** (~подо́бен) effeminate
женотде́л Women's Section (*of Communist Party committees*)
жен-премье́р jeune premier, juvenile lead
же́н|ский woman's; female; feminine; ~ вопро́с (question of) women's rights; ~ское зва́ние, ~ская на́ция, ~ое сосло́вие *obs* female sex; ~ское ца́рство petticoat government; **~ское** *n coll* menstruation; **~́ственность** *f* femininity; *pej* effeminacy; **~́ственный** (~ствен, ~ственна) feminine, womanly; *pej* effeminate, womanish
жёнушка *affect form of* жена́
же́нщина woman
женьше́нь *bot* ginseng
жёрдочка perch (*in birdcage*); pole
жердь 5 *f* pole; stake, худо́й как ~ (as) thin as a lath
жерёб|ая ~ кобы́ла mare in foal; **~ёнок** (*pl* ~я́та, ~я́т) foal, colt; **~е́ц** (~ца́) stallion; **~и́ться** II *pf* о~ foal; **~́чик** *dim of* ~е́ц *coll*; мыши́ный ~ *obs* old rake
жеребьёвка sortition, casting of lots
жереб|я́чий *adj of* ~ёнок
же́рех chub
жерл|и́ца fishing tackle (*for catching pike*, *etc*); **~о́** 6 (*pl* ~́а) mouth, orifice; muzzle (*of gun*); ~ вулка́на crater
жёрнов (*pl* ~а́) millstone
же́ртв|а sacrifice *also fig*; приноси́ть ~у make a sacrifice (to, + *dat*); приноси́ть в ~у sacrifice; victim; пасть ~ой fall victim (to, + *gen*); **~́енник** *hist* (sacrificial) altar; *eccles* credence table; **~́енный** sacrificial; **~́ователь** *m* donor; **~́овать** (~ую) *pf* по~ make a donation (of), present; sacrifice, give up (+ *instr*); **~оприноше́ние** sacrifice; oblation
жест gesture *also fig*; **~икули́ровать** (~икули́рую) *impf* gesticulate; **~икуля́ция** gesticulation
жёст|кий (~ок, ~ка́, ~ко) hard, rigid, stiff; *fig* rigid, strict; ~ ваго́н hard-seated carriage, 'hard' carriage; ~кая вода́ hard water; ~кие во́лосы wiry hair; ~кое мя́со tough meat; ~кие черты́ лица́ harsh features; **~́ко** *adv of* ~кий; *pred* it is hard; **~кокры́лый** coleopterous; **~кокры́лые** *n* coleoptera
жесто́|кий (~к, ~ка́, ~ко) cruel, brutal; *fig* severe (*of frost*, *etc*), cruel, savage (*of persecution*, *etc*); ~кие бои́ hard fighting; **~косе́рдие** hard-heartedness; **~косе́рдный** (~косе́рден) hard-hearted, cruel; **~косе́рдый** *see* **~косе́рдный**; **~́кость** *f* cruelty, brutality; **~ча́йший** *superl of* ~кий
жёст|че *comp of* ~кий and ~ко
жест|ь *f* tin-plate; **~я́ник** tinsmith, tinman; **~я́нка** tin, can; ~ из-под сарди́нок sardine tin; *coll* piece of tin; **~яно́й** *adj of* ~ь; ~яна́я посу́да tinware; **~я́нщик** tinsmith, tinman
жето́н medal; counter
жечь (жгу, жжёшь, жгут; жёг, жгла) *pf* с~ burn (up, down); *coll* cauterize; *impf only* burn, sting (*of anything hot*, *nettles*, *etc*); *impers* от пе́рца жжёт го́рло my throat burns from the pepper; *fig* stir, kindle; **~́ся** (жгусь, жжёшься, жгу́тся; жёгся, жглась) *vi* burn, sting; *coll* burn oneself
жже́ние burning (pain); heartburn
жжён|ка hot punch; **~́ый** burnt, scorched; ~ ко́фе roasted coffee
живе́те *neut indecl* (*old name of letter* 'ж')
жив|е́ц (~ца́) live bait, sprat; member of Living Church; **~и́нка** *coll* creative spark
жив|и́тельный (~и́телен) life-giving; bracing; ~и́тельная вла́га *coll* intoxicating liquor; **~и́ть** II (~лю́) *pf* о~ animate, give life to; enliven; **~и́ться** II *pf* по~ *fig obs* live (on, + *instr*)
живи́ца soft resin, galipot
жи́вность *f collect coll* poultry, fowl
жи́в|о *adv* vividly, strikingly; keenly; with animation; exceedingly, extremely; *coll* quickly, promptly; ~!, ~е́й! *coll* hurry up!, look lively!
живодёр *coll* knacker; *fig* fleecer, extortioner, flay-flint; **~́ня** (*gen pl* ~ен) *coll* knacker's yard; **~́ство** *coll* cruelty; *fig* extortion
жив|о́й (~́, ~а́, ~́о) living, live, alive (*pred*); пока́ жив бу́ду as long as I live; жив (и) здоро́в *coll* safe and sound; ни жив ни мёртв *coll* petrified (*with fright*, *astonishment*); в ~ы́х alive; оста́ться в ~ы́х survive, escape with one's life; всё ~о́е every living thing; ~ вес live weight; ~а́я вода́ *folk* water of life; ~а́я и́згородь (quickset) hedge; ~ инвента́рь livestock; ~ы́е карти́ны tableaux (vivants); ~ы́е кра́ски vivid colours; шить на ~у́ю ни́тку tack; на ~у́ю ни́тку *coll* loosely (*in sewing*); *fig* anyhow, hastily; стоя́ть в ~о́й о́череди queue in person; ~ портре́т living image (of, + *gen*); ~а́я ра́на open wound; ~а́я си́ла *mil* men and beasts; ~ы́м сло́вом рассказа́ть (услыха́ть) *coll* tell (hear) by word of mouth; ~ уголо́к nature corner (*in schools*); ~ы́е цветы́ natural flowers; ни (одно́й) ~о́й души́ not a living soul; не оста́вить ~о́го ме́ста на ком beat someone black and blue; забра́ть, заде́ть за ~о́е touch, sting to the quick; lively; brisk; keen; animated; ~о́е воображе́ние lively imagination; ~ ум lively mind; проявля́ть ~ интере́с take a keen interest (in, к + *dat*); принима́ть ~о́е уча́стие take an active part (in, в + *prep*), feel keen sympathy with; bright, lively, vivacious; ~ы́е глаза́; sharp, keen, poignant (*of feeling*, *etc*); чем лю́ди ~ы what people live by
жи́вокость *f* larkspur, delphinium
жив|описа́ть (~опишу́) *impf and pf obs* describe vividly, paint a vivid picture (of); **~опи́сец** (~опи́сца) painter; ~ вы́весок sign-painter; **~опи́сный** (~опи́сен) pictorial; picturesque; **~́опись** *f* painting; ~ ма́сляными кра́сками painting in oil; *collect* paintings; стенна́я ~ murals
живоро|дя́щий viviparous; **~жде́ние** viviparity
живоры́бный ~ садо́к fishpond
жи́вость liveliness, vivacity; animation

живо́т 1 stomach; abdomen, belly; у меня́ ~ подво́дит *coll* I feel hungry; I am starving; *ar* life; не на ~, а на смерть to the death; не щадя́ ~а́ своего́ risking one's life; *obs and pop* animals, beasts (*usu domestic*); *pl* goods and chattels
животвор|и́ть II *pf* о~ *obs* revive; **~́ный** (~ен) life-giving; **~я́щий** *obs poet* life-giving; *poet* quickening, life-giving, revivifying
живо́тик *coll* paunch; tummy; ~и надорва́ть от сме́ха split one's sides with laughter
животн|ово́д cattle-breeder; **~ово́дство** animal husbandry, stock-raising; **~ово́дческий** cattle-breeding, stock-raising; **~́ое** *n* animal; *fig pej* brute, beast, animal; **~́ый** animal; ~ жир animal fat; bestial, brute
животрепе́щущий stirring; topical; exciting; of vital importance; lively, full of life; *joc* unstable, unsound (*of building, etc*)
жи|ву́, ~вёшь see **~ть**
жив|у́честь *f* vitality, tenacity of life; *fig* stability, lastingness; **~у́чий** (~у́ч) tenacious of life; *bot* hardy; он ~у́ч, как ко́шка he has the nine lives of a cat; *fig* stable, lasting; **~́чик** *coll* lively person; *biol* spermatozoon; *coll* pulsing artery on temple; twitching of eyelid; **~ьё** *pop* live things, living creatures; **~ьём** *adv coll* alive; *dial* in a rough and ready fashion
жига́н *sl* ringleader; *sl* crook; **~у́ть** I *pf pop* lash
жид 1 *obs* Jew; *pej vulg* Yid
жи́д|кий (~ок, ~ка́, ~ко) liquid; fluid; ~ во́здух liquid air; ~кое то́пливо fuel oil; watery, weak, thin (*of liquids, etc*); sparse, scanty; ~кие во́лосы thin hair; *coll* weak, thin (*of laughter, voice, etc*); *fig coll* weak, thin, feeble (*of arguments, knowledge, etc*); **~́костный** *tech* fluid; liquid; **~́кость** *f* liquid; fluid; wateriness, weakness, thinness, feebleness *also fig*
жидо́в|ка *obs or pej* Jewess; **~́ский** *obs or pej* Jewish; ~ская смола́ Jew's pitch; **~́ствующий** *n hist* Judaizer
жи́ж|а liquid; wash, swill; slush; **~́е** *comp of* жи́дкий; **~́ица** *dim of* ~а *coll*
жизнеде́|ятельность *f biol* vital activity *also fig*; **~́ятельный** (~ятелен) *biol* active; *fig* lively, energetic, active, vigorous
жи́зн|енность *f* vitality; closeness to life; life likeness (*of picture, etc*); **~́енный** (~ен, ~енна) vital; ~енные отправле́ния vital functions; ~ путь life; ~енные си́лы vitality, sap; ~ у́ровень standard of living; life; lifelike, close to life; *fig* vital, vitally important; ~ вопро́с vital question
жизне|описа́ние biography; **~ра́достность** *f joie de vivre*; ebullience; cheerfulness; **~ра́достный** (~ра́достен) full of *joie de vivre*; ebullient; cheerful; **~спосо́бность** *f biol* viability; *fig* vitality; **~спосо́бный** (~спосо́бен) viable, capable of living; *fig* vigorous, flourishing; **~сто́йкий** (~сто́ек, ~сто́йка) tough, durable, tenacious of life
жизн|ь *f* life, existence; **~́и** не рад *coll* upset, depressed, distressed; вести́ широ́кий о́браз ~́и live in style; в нём ~ бьёт ключо́м he is brimming over with life; зараба́тывать на ~ earn one's living; как ~? *coll* how are things?; лиши́ть себя́ ~́и take one's life; не на ~, а на смерть to the death; ни в ~ *coll* never, not for anything; о́браз ~́и way of life; при ~́и during one's life(-time); проводи́ть что в ~ put something into practice; прожига́ть ~ fritter away one's life; сидя́чая ~ sedentary life; сре́дства к ~́и means of subsistence, livelihood; ~́и дава́ть кому́ *pop* beat someone
жиклёр *tech* (fuel-)jet, (spray) nozzle
жил- *abbr of* ~и́щный, ~о́й
жи́л|а vein; sinew, tendon; тяну́ть ~ы rack, torment; *min* vein, lode; filament, strand (*of cable*); *m and f pop pej* skinflint
жиле́т waistcoat; спаса́тельный life-jacket; **~́ка** *coll* waistcoat; пла́кать в ~ку кому́ weep on someone's shoulder; **~́ный** *adj of* ~; ~ карма́н waistcoat pocket, vest pocket
жил|е́ц (~ьца́) lodger; tenant; *obs* inhabitant; он не ~ (на бе́лом све́те) he is not long for this world
жи́лист|ый (~) having prominent veins; sinewy; stringy (*of meat, etc*); *fig* wiry
жи́л|ить II *impf pop* swindle; **~́иться** II *impf pop* heave, strain; *pop pej* stint; be miserly
жил|и́ца *f of* ~е́ц; **~и́ще** abode, dwelling; habitation; (living) quarters, lodging; **~и́щный** *adj of* ~и́ще; ~и́щно-бытовы́е усло́вия living conditions; ~и́щные усло́вия housing conditions
жи́л|ка *anat geol* vein; *bot zool* fibre, rib (*of wing, leaf, etc*); *fig* bent, streak, vein; юмористи́ческая ~ vein of humour; **~кова́ние** *bot zool* nervation; **~ова́тый** (~ова́т) *pop* with prominent veins
жил|о́й dwelling; residential; inhabited; ~ дом block of flats, dwelling-house; ~ кварта́л residential area; ~ы́е ко́мнаты rooms lived in; ~а́я пло́щадь floor space; (available) accommodation, housing; fit to live in, habitable; **~отде́л** *abbr of* жили́щный отде́л housing department (*of local Soviet*); **~пло́щадь** *f see* **жило́й; ~строи́тельство** *abbr of* жили́щное строи́тельство house-building; **~фо́нд** *abbr of* жили́щный фонд accommodation, housing; **~ьё** dwelling; habitation; lodging, (living) accommodation; *obs* floor, storey
жи́льн|ый venous, vein(y); ~ая поро́да *geol* veinstone, matrix
жим *sp* press (*weightlifting*)
жи́молость *f* honeysuckle
жир 2 (*gen sing* ~́а(у), в ~у́, о ~́е) fat; grease
жирандо́ль *f* girandole
жира́ф(а) giraffe
жир|е́ть I *pf* о~ *and* раз~ grow fat, plump, stout; **~́ный** (~ен, ~на́, ~но) fatty; greasy; rich (*of food*); *chem* aliphatic; ~ная кислота́ fatty, aliphatic acid; ~ное пятно́ grease stain; fat, plump; rich (*of soil*); lush (*of vegetation*); ~ная земля́ loam; *typ* bold(-face), heavy; ~ кусо́к *coll* tasty morsel; tidy sum (*of money*); ~но бу́дет! that's too much!
жи́ро *neut indecl fin* endorsement
жир|ова́ть (~у́ю) *impf* grease, lubricate, oil; *vi* fatten; **~ови́к** 1 *med* fatty tumour; *min* soapstone, steatite; **~ово́й** fatty, aliphatic; adipose; ~ово́е перерожде́ние fatty degeneration; ~ова́я промы́шленность fat products industry; ~ова́я ткань adipose tissue; ~о́е яйцо́ wind-egg, **~ово́ск** adipocere; **~оприка́з** (banking) order
жироско́п gyroscope
жите́йск|ий worldly; of life, of the world; everyday; де́ло ~ое *coll* there is nothing out of the ordinary in that
жи́т|ель *m* inhabitant, dweller; **~́ельство** residence; вид на ~ *see* вид; ме́сто ~ельства domicile, residence; ме́сто постоя́нного ~ельства permanent address; **~́ельствовать** (~ельствую)

impf obs reside, dwell

жити|е́ life, biography; ~я́ святы́х Lives of the Saints; *obs* life; **~́йный** ~йная литерату́ра hagiography, hagiology

жи́т|ница granary *also fig*; **~́ный** cereal; ~ двор *obs* granary; **~́о** (unground) corn (*rye in West, barley in North, spring cereals in East Russia*)

жит|ь (живу́, живёшь; жил, жила́, жи́ло; не́ жил, не жила́, не́ жило) *impf* live; ~ ве́село have good time; ~ на широ́кую но́гу live in style; ~ со дня на́ день live from hand to mouth; ~ припева́ючи live in clover; здоро́во живёшь *pop* without rhyme or reason; жил-был once upon a time there lived; live (on, + *instr or* на + *acc*); ~ на свои́ сре́дства live on one's own means; *fig* live (for, in, + *instr*); ~ наде́ждами live in hopes; ~ иску́сством live for art; **~у́ха** *pop* good life; **~ьё** *coll* life, existence; residence, habitation; **~ьё-бытьё** *coll* life, existence; **~́ься** (живётся; жило́сь) *impers + dat coll* live, get on; как тебе́ живётся? how are you getting on?

жлоб *sl* high-handed, insolent person

жмот *pop* miser

жму, жмёшь *see* **жать**

жму́р|а *sl* whore; **~́ик** *sl* corpse, stiff

жму́р|ить II *impf* ~ глаза́ screw up, narrow one's eyes; **~́иться** II *impf* screw up, narrow one's eyes; **~́ки** (*gen pl* ~ок) blind man's buff

жмых 1 (*also pl*) oil-cake

жне́|йка binder, harvester, reaping machine; **~́ц** 1 reaper; **~я́** reaping-machine

жни́|во *pop* = ~вьё; **~вьё** 6 stubble field; *sing only* stubble; *sing only pop* harvest(-time); **~тво́** *pop* stubble; harvest(-time); **~́ца** *f of* жнец

жну, жнёшь *see* **жать**

жоке́й jockey; **~́ка** jockey cap; **~́ский** *adj of* ~

жо́лоб *see* **жёлоб**

жо́лудь *see* **жёлудь**

жом *tech* press; *collect* husks

жонгл|ёр juggler; **~ёрство** juggling, sleight-of-hand *also fig;* **~и́ровать** (~и́рую) *impf* juggle (with, + *instr*) *also fig*

жо́п|а *vulg* arse; **~́очник** *vulg* (male) queer, homosexual

жо́рнов *see* **жёрнов**

жох *pop* rogue

жр|анье *vulg* guzzling, hogging, **~атва́** *vulg* grub; guzzling, hogging; **~а́ть** (~у, ~ёшь; ~а́л, ~ала́, ~́ло) *pf* со~́ eat (*of animals*); *vulg* gorge, stuff, guzzle

жре́бий lot; броса́ть, мета́ть ~ cast lots; (вы́)тяну́ть ~ draw lots; *fig* lot, fate, destiny; ~ бро́шен the die is cast

жр|ец 1 priest (*of cult*); *fig* devotee; **~е́ческий** priestly; **~е́чество** priesthood; **~и́ца** priestess

жу́желица carabus, ground beetle

жужж|а́ние hum; buzz, drone; humming; buzzing, droning; **~а́ть** II (~у́) *impf* hum, buzz, drone; whistle, whizz (*of bullets, etc*)

жуи́р playboy; **~́овать** (~ую) *impf* lead life of playboy

жук 1 beetle; ма́йский ~ May-bug, cockchafer; *coll* rogue; *tech* kink (*in wire, etc*)

жу́л|ик (petty) thief; cheat, swindler, (card-) sharper; **~икова́тый** (~икова́т) *coll* roguish; **~ьё** *collect coll* rogues, crooks; **~́ьничать** I *impf coll* cheat, swindle; **~́ьнический** *coll* roguish; dishonest, underhand; **~́ьничество** *coll* cheating (*at games*); dishonesty, underhand action, sharp practice

жупа́н *hist* zhupan (*Ukrainian and Polish jerkin*)

жу́пел brimstone (*of hell*); bogy, bugbear

журавл|и́ный *adj of* ~ь; ~и́ные но́ги spindle shanks; **~́ь** 1 *m* crane; не сули́ ~я́ в не́бе, а дай сини́цу в ру́ки *prov* a bird in the hand is worth two in the bush; shadoof

жури́ть II *impf coll* take to task, reprove

журна́л journal; magazine; periodical; register; diary, journal; ~ заседа́ний minute-book, minutes; **~и́ст** journalist; **~и́стика** journalism; *collect* periodical press; **~и́стский** journalistic; **~́ьный** *adj of* ~

журфи́кс *obs* at-home

журч|а́ние babble, babbling, murmur; **~а́ть** II (~у́) babble, murmur (*of water*) *also fig*

жу́т|кий (~ок, ~ка́, ~ко) terrifying, terrible; eerie, awe-inspiring; **~́ко** *adv* terrifyingly; *coll* terribly, awfully; *pred + dat* мне ~ I feel awestruck, am terrified; **~́ь** *f* terror, horror; awe; *pred* = ~́ко

жу́х|лый (~л, ~ла) withered, dried-up (*of grass, etc*); faded, tarnished (*of colours, etc*); **~́нуть** I (*past* ~, ~ла) *pf* за~ and по- wither, dry up; fade, become tarnished

жу́чить II *impf pop* scold

жу́чка *coll* house-dog

жуч|о́к (~ка́) *dim of* жук; wood-engraver; *sl* (theatrical) agent; *sl* middleman

жую́ *see* **жева́ть**

жэк *abbr of* жили́щно-эксплуатацио́нная конто́ра housing department

жюри́ *neut indecl* judges (*of competitions, etc*); *m obs* referee, umpire

З

за *prep + acc and instr* (*motion or action + acc*; *rest or state + instr*) behind; за шкаф, за шка́фом behind the cupboard; beyond; across, the other side of, out of; за́ борт, за бо́ртом overboard; пое́здка за́ город trip to the country; за́ городом out of town; за́ угол, за угло́м round the corner; at; сесть за стол sit down at the table; сиде́ть за столо́м sit at the table; at, to (*denoting occupation*); взя́ться за рабо́ту set to work; проводи́ть ве́чер за рабо́той spend the evening working; заста́ть кого́ за рабо́той find someone at work; выходи́ть за́муж marry (of a woman, за + *acc*); (быть) за́мужем (be) married (to, за + *instr*); *prep + acc* after (*of time*), over (*of age*); за по́лночь past midnight; ей за со́рок лет she is over forty; (*distance in space or time*) за шесть миль от Ло́ндона six miles from London; за неде́лю до пра́здника a week before the holiday; за час an hour before, an hour early; during, in the space of; за после́днее вре́мя lately, of late, recently; за после́дние де́сять лет for the last ten years; э́то мо́жно сде́лать за час it can be done in an hour, within an hour; (*with verbs in sense of*: take hold of, *etc*); брать, вести́ за́ руку take, lead by the hand; тяну́ть кого́ за́ волосы pull someone's hair; + *acc* (*expresses emotion about someone*); беспоко́иться за кого́ be anxious about someone; ра́доваться за кого́ be glad for someone's sake; + *acc* for (*expresses payment*, *reward*, *etc*, *for something*) благодари́ть за thank for; плати́ть за pay for; enough for; рабо́тать за трои́х work enough for three; in place of, as; рабо́тать за гла́вного инжене́ра work as chief engineer; per pro(curationem); подписа́ть за дире́ктора sign for the director; + *instr* after; я за ва́ми I am after you; друг за дру́гом one after another; сле́довать за кем follow someone; *fig* смотре́ть за ребёнком look after a child; уха́живать за больны́м look after a sick person; + *instr* for (*obtain*, *send for*, *fetch*, *buy*, *etc*) идти́ за хле́бом go for, to buy some bread; заходи́ть за кем call for someone; е́здить за биле́тами go to get tickets; посла́ть за врачо́м send for the doctor; at, during; за обе́дом at, during dinner; because of; за недоста́тком, неиме́нием for want (*of*, + *gen*); за отсу́тствием in the absence (of, + *gen*); за ста́ростью on account of old age; за темното́й on account of the darkness; за чем де́ло ста́ло? what is holding things up?; за + *pronoun* (*ascribes debts*, *responsibilities*, *etc*); за ним де́сять рубле́й he owes ten roubles; о́чередь за ва́ми it is your turn; *verbal prefix in var senses*: commencement of action; direction of action behind, beyond given point; continuation of action to excess; *pf of some verbs*; *adjectival and noun prefix* trans-; заокеа́нский transoceanic, *etc*

заадрес|ова́ть (~у́ю) *pf coll* address, write the address (on)

заале́ть I *pl of* але́ть; **~́ся** I = ~

заальпи́йский transalpine

зааплоди́р|овать (~ую) *pf* break out into applause, start clapping

зааренд|ова́ть (~у́ю) *pf of* ~о́вывать; **~о́вывать** I *pf* ~ова́ть rent, lease

заарка́нить II *pf of* арка́нить

заарта́читься II *pf coll* become stubborn, obstinate

заасфальти́р|овать (~ую) *pf of* асфальти́ровать

заатланти́ческий transatlantic

заба́в|а amusement, fun, entertainment, game, pastime; это для него́ де́тская ~ it is child's play to him; **~ля́ть** I *impf* amuse, entertain, divert; **~ля́ться** I *impf* amuse oneself; **~́ник** *coll* entertaining person, amusing person; **~́но** *adv of* ~ный; *pred* it is funny, amusing; мне ~ I find it amusing, funny; ~! how funny, curious!; **~́ный** (~ен) amusing, funny, entertaining

забаллоти́р|овать (~ую) *pf* blackball, fail to elect, reject

заба́лтывать I *pf* заболта́ть mix (in); *coll* weary by chattering

забараба́нить II *pf* begin to drum

забаррикади́р|овать (~ую) *pl of* баррикади́ровать

забаст|ова́ть (~у́ю) *pf* come, go out on strike; **~о́вка** strike; всео́бщая ~ general strike; италья́нская ~ sit-down strike; самочи́нная ~ wildcat, unofficial strike; **~о́вочный** *adj of* ~о́вка; **~о́вщик** striker

забве́н|ие oblivion; преда́ть ~ию consign to oblivion; unconsciousness; forgetting, forgetfulness; **~́ный** *obs* forgotten

забе́г *sp* heat, race; **~а́ловка** *coll* (snack-)bar, vodka bar; **~́ать** I *pf* start bustling, running around; его́ глаза́ ~али his eyes shifted from side to side; **~а́ть** I *pf* забежа́ть drop in (on, к + *dat*); они забежа́ли сли́шком далеко́ they ran on too far; ~ вперёд run ahead; *fig coll* anticipate; **~́аться** I *pf coll* run oneself to a standstill, be run off one's feet

забе|жа́ть (~гу́, ~жи́шь, ~гу́т) *pf of* ~га́ть

забеле́ть I begin to turn white; *pf of* беле́ть; **~́ся** *pf* = ~

забел|и́ть II (~ю́, ~́ишь) *pf* whiten, paint white; *coll* add milk, cream to; ~ чай молоко́м put milk into tea

забере́менеть I *pf* become pregnant

забеспоко́иться II *pf* begin to worry, grow anxious

забив|а́ние *coll* jamming (*of radio transmissions*); **~а́ть** I *pf* заби́ть drive in, hammer in, ram in; ~ себе́ в го́лову get (it) firmly fixed in one's head; seal, stop up, block up, fill in (cracks, etc); ~ в у́гол corner, drive into a corner; *sp* score; ~ гол score a goal; ~ мяч kick the ball into the net; beat up, knock senseless; slaughter (*cattle*); *coll* cram, stuff (with, + *instr*); kill (*by beating*); choke (*of plants*, *etc*); *coll* beat, outdo, surpass (*at sport*, *etc*); *coll* jam (*radio transmissions*); **~а́ться** I *pf* заби́ться *coll* hide, take refuge (in, в + *acc*); get (into), lodge, penetrate (в + *acc*); become clogged, blocked (with, + *instr*); **~́ка** *coll* driving in; blocking up, stopping up; ~ свай pile driving

забинт|ова́ть (~у́ю) *pf of* ~о́вывать; **~о́вывать** I *pf* ~ова́ть bandage

забира́ть I *pf* забра́ть take (in one's hands; take

(with one); ~ во́жжи take the reins; ~ с собо́й ве́щи take one's things with one; ~ всё в свои́ ру́ки take everything into one's own hands; ~ себе́ в го́лову take (it) into one's head; confiscate, seize, expropriate (*of property*); seize, arrest (*person*); *fig coll* seize, overcome (*of thoughts, feelings, etc*); take in (*of clothes*); take in, tuck in (*of dress, etc*); turn off, aside; *tech* catch, bite; stop up, block up; ∸**ся** I *pf* забра́ться get (into, в + *acc*); climb (into, on to, в, на + *acc*); hide away, go into hiding; go off (a long way), get to

заб|и́тый (~и́т) cowed, downtrodden; **~и́ть** (~ью́, ~ьёшь) *pf of* ~ива́ть; *pf* begin to beat; gush forth (*of fountain*); ~ трево́гу sound the alarm; **~и́ться** (~ью́сь, ~ьёшься) *pf vi* begin to beat; у меня́ ~и́лось се́рдце my heart began to beat, pound

забия́ка *m and f coll* fighter, gamecock; troublemaker, bully, tease

заблаговре́м|енно *adv* in good time; in advance; ∸**енный** timely, done in good time

заблагорассу́д|иться II *pf impers* think fit; неизве́стно, когда́ ему́ ~ится э́то сде́лать there is no knowing when he will feel disposed to do it; ско́лько ему́ ~ится as much as he likes (*of quantity*), as long as he likes (*of time*)

заблатни́ться II *sl* be reduced to common-criminal level, pretend to be a common criminal

забле|сте́ть (~щу́, ∸щешь *and* ~сти́шь) *pf* begin to shine, sparkle, glitter, glow; show up brightly, gleam

заблу|ди́ться II (~жу́сь, ∸дишься) *pf* lose one's way, get lost; ~ в трёх со́снах exaggerate difficulties of a simple situation, problem; ∸**дший** *obs* lost, stray; ~дшая овца́ lost sheep; **~жда́ться** I *impf* be mistaken; **~жде́ние** delusion, error, fallacy, misconception; вводи́ть в ~ lead astray, mislead, delude; впада́ть в ~ be deluded

забода́ть I *pf of* бода́ть

забо́й (pit-)face, (coal-)face; slaughtering; ∸**ник** *tech* beetle, rammer; ∸**щик** face-worker, (coal-) hewer, getter

забола́ч|ивать I *pf* заболо́тить swamp, turn into a swamp; ∸**иваться** I *pf* заболо́титься *vi* turn into a swamp

заболе|ва́емость *f* sick(ness) rate; number of cases; **~ва́ние** illness, sickness; falling ill, falling sick; **~ва́ть** I *pf* ∸ть I fall ill, fall sick; be taken ill (with), go down (with, + *instr*); *pf* ∸ть (заболи́т) begin to ache, hurt; у меня́ ~ла грудь I have a pain in the chest; ∸**ть** (заболе́ю *and* заболи́т) *pfs of* ~ва́ть

за́болонь *f* alburnum, sapwood

заболо́|тить(ся) (∸чу(сь)) *pf of* забола́чивать(ся); ∸**ченный** marshy, boggy; waterlogged

заболта́ть I *pf* begin to swing (+ *instr*); *coll* start chattering; *pf of* заба́лтывать; ∸**ся** I *pf coll* begin to swing; *pf coll* become utterly engrossed in conversation; я заболта́лся *coll* I have been talking too much

забо́р fence, garden wall; goods taken on credit

забо́рист|ый (~) *pop* strong, heady (*of wine, tobacco, etc*); ~ моти́в racy tune; risqué

забо́р|ный adj of ~; coarse, indecent, risqué; scatological; ~ная кни́жка ration book; account book (*for purchases on credit*)

забо́ртный outboard; ~ дви́гатель outboard motor; ~ кла́пан seacock; ~ трап companion ladder

забо́|та care(s), worry, trouble(s), bother; без ~т carefree; не моя́ ~ not my concern; ма́ло мне ~ты as if I haven't enough trouble; ему́ ма́ло ~ты what does he care?; care, attention(s), solicitude, concern (for, о + *prep*); ∸**тить** II (~чу) *pf* о~ cause anxiety, trouble, worry; ∸**титься** II (~чусь) *pf* по~ worry, be troubled (about, о + *prep*); take care (of), care (about), take trouble (about, о + *prep*); никто́ не ~тится, сде́лано ли э́то и́ли нет nobody cares whether it is done or not; ∸**тливость** *f* care, solicitude, thoughtfulness; ∸**тливый** (~тлив) solicitous, thoughtful

забрак|о́ванный ~ това́р rejects; **~ова́ть** (~у́ю) *pf of* бракова́ть

забра́ло visor; с откры́тым ~м openly, frankly

забра́сывать I *pf* заброса́ть fill up (with), cover (with, + *instr*); shower (with), bestrew (+ *instr*); ~ кого́ камня́ми cast stones at, stone; pillory someone; *pf* забро́сить throw (a certain distance *or* with force); он забро́сил у́дочку he cast the line *also fig*; *pf only* throw somewhere and mislay; abandon, neglect, give up, throw up (*studies, work, children, etc*); throw (*part of body, etc*); ~ го́лову наза́д toss one's head back; take, bring (*to a place*); leave behind (somewhere)

забра́|ть (заберу́, заберёшь; ~л, ~ла́, ~ло) *pf of* забира́ть; ∸**ться** (заберу́сь, заберёшься; ~лся, ~ла́сь, ∸ло́сь) *pf of* забира́ться

забре́|дить II (~жу) *pf* become delirious

забре́зж|ить (~ит) *pf* begin to dawn; begin to appear (*of light, fire, morning, etc*); *impers* ~ило it was just beginning to get light

забре|сти́ (~ду́, ~дёшь; ∸л, ~ла́) *pf coll* drop in (on, к + *dat*); stray, wander off (somewhere)

забр|и́ть (~е́ю, ~е́ешь) *pf hist* call up (*into army*); ~ лоб кому́, ~ в лоб = ~

заброни́р|овать (~ую) *pf of* брони́ровать reserve, book (*seats, etc*); **~ова́ть** (~у́ю) *pf of* бронирова́ть armour

забро́|с в ~се *coll* in a state of neglect; **~са́ть** I *pf of* забра́сывать; ∸**сить** II (~шу) *pf of* забра́сывать; ∸**шенность** *f* neglect; desertion; ∸**шенный** neglected; deserted, desolate; derelict

забры́з|гать I *pf of* ~гивать; ∸**гать** (~жет) *pf* begin to play (*of fountain*); ∸**гивать** I *pf* ~гать splash, bespatter (with, + *instr*)

забубённ|ый *coll* reckless, wild; ~ая голо́вушка dissolute, irresponsible madcap

заб|у́ду, ~у́дешь *see* **~ы́ть**

забукси́р|овать (~ую) *pf* take in tow

забулды́га *m pop* dissipated drunkard, debauchee, good-for-nothing

забу|ти́ть II (~чу́) *pf of* бути́ть

забух|а́ть I *pf* ∸нуть swell; become stuck; ∸**нуть** I (past ~, ~ла) *pf of* ~а́ть

заб|ыва́ть I *pf* ~ы́ть forget (+ *acc*, о + *prep or infin*); и ду́мать ~у́дь! *coll* put it out of your head; себя́ не ~ы́ть take care of number one; leave behind, forget; ~ зо́нтик в метро́ leave one's umbrella in the underground; что я там ~ы́л? *coll* what are they to me?; **~ыва́ться** I *pf* ~ы́ться doze off, drop off; lose consciousness, become unconscious; forget oneself; sink into a reverie, fall into a brown study; *pass of* ~ы́ть **~ы́вчивый** (~ы́вчив) forgetful; absent-minded; **~ытьё** (в ~ытьи́) drowsy state; half-conscious state, oblivion; distraction; **~ы́ть(ся)** (~у́ду(сь), ~у́дешь(ся)) *pf of* ~ыва́ть(ся)

зав *abbr of* заве́дующий *coll* manager, head, chief

зава́л obstruction, blockage; снежный ~ snowdrift;

~́ивать I *pf* ~и́ть block up, obstruct, fill up, pile up (with), cram full (with, + *instr*); *fig* overload (with, + *instr*); я зава́лен рабо́той I am snowed under with work; *coll* throw back (*head, etc*); bury; tip up, cant; *coll* knock down, demolish; *fig coll* make a mess (of), muck up; *sl* plough (*in examination*); *impers pop* block up, stuff up; у меня́ у́хо ~и́ло my ears feel blocked up; *sl* denounce (for, на + *prep*); **~́иваться** I *pf* ~и́ться fall (down); кни́га ~и́лась за дива́н the book has fallen (down) behind the sofa; collapse; *coll* ~ спать fall into bed; *coll* lie down; *coll* tip up, overturn; *fig pop* miscarry, fail (*of project, etc*), slip up (*of person*); **~́инка** savalinka (*mound of earth round Russian peasant's hut*); **~и́ть(ся))** II (~ю́(сь), ~́ишь(ся)) *pf of* ~́ивать(ся); **~́ка** filling (up); *tech* (furnace) charge

за́вал|ь *f collect coll* shop-soiled goods; old rubbish, trash; **~я́ться** I *pf coll* be unsold, be still on hand; lie unattended to, be shelved (*of document, etc*); **~я́щий** *coll* useless, worthless; lying about (for a long time), shop-soiled; old, unwanted; discarded (*of clothes*)

зава́р|ивать I *pf* ~и́ть make (*drinks, etc, by adding boiling water*); ~ чай brew tea; ~ ка́шу *fig* start something; ну и ~и́л ка́шу! he's well and truly started something!; scald (*linen, etc*); *tech* weld; *coll* initiate, start; **~́иваться** I *pf* ~и́ться; чай ~и́лся tea is ready; *coll* start; **~и́ть(ся)** II (~ю́(сь), ~́ишь(ся)) *pf of* ~́ивать(ся); **~́ка** brewing (*of tea, etc*); scalding; *tech* welding; ча́ю оста́лось на одну́ ~ку there's just enough tea left for one pot; **~но́й** *cul* boiled; **~у́ха** *pop* mix-up, commotion

заведе́ние establishment, institution; пите́йное ~ *obs* inn; *obs pop* custom, habit

заве́д|овать (~ую) *impf* manage, superintend, be in charge (of, + *instr*)

заве́дом|о *adv* wittingly; + *adj* known to be; ~ зна́я being fully aware; дава́ть ~ ло́жные показа́ния deliberately give false evidence; **~́ый** notorious, well-known; undoubted; obvious

заве́д|ующий *n* manager, person in charge (of), head, director (of, + *instr*); ~ уче́бной ча́стью director of studies; **~́ывать, ~́ывающий** *obs* = заве́довать, заве́дующий

завез|ти́ (~у́, ~ёшь; ~́, ~ла́) *pf of* завози́ть

заверб|о́ванный ~о́ванная литерату́ра 'littérature engagée'; **~ова́ть** (~у́ю) *pf of* вербова́ть; *sl* implicate (*in crime, etc*)

завер|е́ние assurance; protestation; **~и́тель** *m* witness (*to signature, etc*); **~́ить** II *pf of* ~я́ть

завер|ну́ть(ся) I *pf of* ~́тывать(ся); **~те́ть** II (~чу́, ~́тишь) *pf* begin to twirl; ~ кого́ *fig coll* turn someone's head; **~те́ться** (~чу́сь, ~́тишься) *pf* begin to spin, begin to turn; *coll* be in a whirl (*of activity*); **~́тка** wrapping up; *coll* package; **~́тывать** I *pf* ~ну́ть wrap (in, в + *acc*); ~ни́те ма́сло в бума́гу wrap the butter in paper; tuck up, roll up (*sleeve, etc*); *vi* turn; ~ нале́во turn to the left; *coll* drop in, call in, turn in; turn off (*tap, etc*) screw tight; ~ во́ду turn the water off; *pop* set in, come on (*of weather*); **~́тываться** I *pf* ~ну́ться wrap oneself up (in), muffle oneself (in, в+ *acc*); *pass of* ~́тывать

заверш|а́ть I *pf* ~и́ть complete, conclude, crown; **~е́ние** completion, end; в ~ in conclusion; **~и́ть** II *pf of* ~а́ть

завер|я́ть I *pf* ~́ить assure (of, в + *prep*); certify, authenticate; ~ по́дпись witness a signature

заве́|са *obs* curtain; *fig* veil, screen; дымова́я ~ smoke screen; приподня́ть ~су lift the veil; **~́сить** II (~шу) *pf of* ~́шивать

завести́(сь) (~ду́(сь), ~дёшь(ся); ~́л(ся), ~ла́(сь)) *pf of* заводи́ть(ся)

заве́т *rhet* testament, behest, bidding, ordinance, precept; time-honoured custom; Ве́тхий, Но́вый ~ Old, New Testament; **~́ный** cherished (*of dream, etc*); sacred; secret, hidden; intimate

заве́тренный leeward

заве́ш|ать I *pf of* ~ивать; **~́ивать** I *pf* ~ать hang (all over); *pf* заве́сить curtain (off)

завеща́|ние will, testament; **~́тель** *m* testator; **~́тельница** testatrix; **~́ть** I *impf and pf* leave to, bequeath to (+ *acc and dat*); *leg* adjure, devise (to)

заве́|ять I (~ю, ~ешь) *pf* cover (*of blizzard, etc*); begin to blow (*of wind*); blow far away (*of wind*)

завзя́тый *coll* inveterate, incorrigible, out-and-out, downright

завив|а́ть I *pf* зави́ть wave, curl; twist, wind; ~ го́ре верёвочкой *pop* forget one's troubles; **~а́ться** I *pf* зави́ться curl, wave one's hair; have one's hair curled, waved; *vi* curl, wave, twine; **~́ка** waving, curling, hairdo; сде́лать себе́ ~ку have one's hair waved; щипцы́ для ~ки curling irons; (hair-)wave

зави́|деть II (~жу) *pf coll* catch sight of (from a distance)

зави́д|ки тебя ~ беру́т? do you feel envious?; **~́но** *pred* + *dat* feel envious; **~́ный** (~ен, ~на) enviable; **~́овать** (~ую) *pf* по~ envy (+ *dat*); **~у́щий** *coll* envious, covetous, grudging

завизж|а́ть II (~у́) *pf* begin to scream, squeal

завизи́р|овать (~ую) *pf of* визи́ровать

завин|ти́ть(ся) II (~чу́(сь)) *pf of* ~́чивать(ся); **~́чивать** I *pf* ~ти́ть tighten, screw up; **~́чиваться** I *pf* ~ти́ться *vi* screw up

завира́|льный *coll* false, nonsensical; **~́ться** *pf* завра́ться *coll* get carried away with one's lies; *pf only* become an inveterate liar

завиру́ха *dial* snowstorm; *fig pop* mix-up; bother, fuss

зависа́ть I *impf aer* hover

зави́|сеть II (~шу) depend (on, от + *gen*); lie in the power of; от вас ~ит реши́ть it is for you to decide; **~́симость** *f* dependence; в ~симости depending (on), subject (to, от + *gen*); **~́симый** (~сим) dependent (on, от + *gen*)

зав|и́стливый (~и́стлив) envious; **~и́стник** envious person; **~́исть** *f* envy

зав|ито́й (~́ит, ~ита́, ~́ито) curled, waved; **~ито́к** (~итка́) curl, lock; flourish (*in handwriting*) *anat* helix; *archi* volute, scroll; *bot* tendril; **~иту́шка** *coll dim of* ~ито́к; flowery turn of speech; **~и́ть(ся)** (~ью́(сь), ~ьёшь(ся); ~и́л(ся), ~ила́(сь)) *pf of* ~ива́ться

завихре́ние *tech* vortex; turbulence

завко́м *abbr of* заводско́й комите́т factory committee

завладе|ва́ть I *pf* ~́ть take possession (of); seize, capture (+ *instr*) *also fig*; **~́ть** I *pf of* ~ва́ть

завле|ка́тельный (~ка́телен) fascinating, captivating, alluring; **~ка́ть** I *pf* ~́чь fascinate, captivate; lure, entice; **~́чь** (~ку́, ~чёшь; ~ёк, ~екла́) *pf of* ~ка́ть

заво́д factory, works, mill; (ко́нский) ~ stud

(-farm); winding up; winding mechanism; period of running (*of clock*, *etc*); у нас э́того и в ~е нет *coll* we have never had it here, it has never been the custom here; **~и́ла** *m and f pop* leading-light, instigator

заво|ди́ть II (~жу́, ~́ишь) *pf* завести́ take, bring (*to a place*); drop off, leave (*at a place*); establish, set up, start (*business*, *conversation*, *correspondence*, *friendship*, *quarrel*, *etc*); acquire; institute, introduce (*customs*, *order*, *etc*); у нас так заведено́ this is our custom; start, wind (up), crank (*motor*, *watch*, *etc*); завести́ глаза́ show the whites of one's eyes; как заведённый like a machine; *coll* work up, excite; *pf coll* walk off one's feet; **~ди́ться** II (~жу́сь, ~́дишься) *pf* завести́сь appear; у него́ завели́сь де́ньги he has got hold of some money; у нас завели́сь мы́ши we've got mice; be established, be set up; be wound up (*of clocks*, *etc*); *vi* start (of a mechanism); мото́р завёлся the engine has started up; **~́дка** winding up; starting; **~дно́й** clockwork; *tech* winding, starting; *fig coll* excitable

завод|оуправле́ние works management; **~́ский** *adj of* ~; *n* factory worker; **~ско́й** = ~́ский; **~́чик** factory-owner, mill-owner; *obs coll* organizer, instigator

за́водь *f* creek, backwater

заво|ева́ние winning; conquest; *fig* achievement, gain; **~ева́тель** *m* conqueror; **~ева́тельный** aggressive; ~ева́тельная война́ war of conquest; **~ева́ть** (~ю́ю, ~ю́ешь) *pf of* ~ёвывать; **~ёвывать** I *pf* ~ева́ть conquer; *fig* gain, win

заво́|з delivery; carriage (*of goods*); **~зи́ть** II (~жу́, ~́зишь) *pf* завезти́ convey, deliver; leave in passing; drive; take (a long way); *pf coll* begin to fidget (+ *instr*); *pf pop* soil; **~зи́ться** II (~жу́сь, ~́зишься) *pass of* ~зи́ть; *pf coll* start to get busy; **~́зный** brought in, imported

закола́к|ивать I *pf* заволо́чь cloud (over, up); obscure; mist (*of clouds*, *fog*, *tears*, *etc*); **~́иваться** I *pf* заволо́чься cloud over, become clouded

Заво́лжье land on left bank of the Volga

заволн|ова́ться (~у́юсь) *pf* become agitated

заволоки́|тить II (~чу) *pf coll* block, hold up, sit on (*by bureaucracy*)

заволо́|чь(ся) (~ку́(сь), ~чёшь(ся), ~ку́т(ся); ~к(ся), ~кла́(сь)) *pf of* завола́кивать(ся)

завор|а́живать I *pf* ~ожи́ть cast a spell (over), bewitch; *fig* fascinate

завора́чивать I *impf* = завёртывать; *pf* заворoти́ть turn; turn in, drop in; roll up, tuck up; *impf only coll* be boss (of, + *instr*)

завор|ожи́ть II *pf of* ~а́живать

за́вор|от ~ кишо́к *med* volvulus; **~о́т** turn, turning; bend (*in road*, *river*, *etc*); **~оти́ть** II (~очу́, ~о́тишь) *pf of* ~а́чивать

заворо́шка *coll* complications

завр|а́ться (~у́сь, ~ёшься; ~а́лся, ~ала́сь) *pf of* завира́ться

завсегда́ *adv pop* always; **~́тай** habitué, regular

за́втра *adv* tomorrow; до ~! see you tomorrow!; не ны́нче-~ *coll* any day now

за́втр|ак breakfast; lunch(eon); корми́ть ~аками *coll* feed on empty promises; **~́акать** I *pf* по~ (have) breakfast; (have) lunch; **~́ашний** tomorrow's; ~ день tomorrow; забо́титься о ~ашнем дне take thought for the morrow

завуали́р|ованный veiled, camouflaged; *phot* fogged; **~́овать** (~ую) *pf of* вуали́ровать

за́в|уч *abbr of* заве́дующий уче́бной ча́стью director of studies; **~хо́з** *abbr of* заве́дующий хозя́йством steward, bursar

завши́в|еть I *pf of* вши́веть; **~́ленный** *coll* lousy, lice-ridden

завыва́ть I *impf* howl; sough (*of wind*)

завы́|сить II (~шу) *pf of* ~ша́ть

зав|ы́ть (~о́ю, ~о́ешь) *pf* begin to howl

завы|ша́ть I *pf* ~́сить raise too high (*of norms*, *marks*, *value*, *etc*)

завя|за́ть I (~жу́, ~́жешь) *pf of* ~́зывать; *pf sl* go straight (*after criminal activity*); (~за́ю, ~за́ешь) *pf* ~́знуть get stuck, stick; ~ в долга́х get tied up with debts; **~за́ться** I (~жу́сь, ~́жешься) *pf of* ~́зываться; **~зи́ть** II (~зи́шь) *pf coll vt* get stuck; **~́зка** string, lace, band; beginning (*of plot*), start, opening; **~́знуть** I (*past* ~з, ~зла) *pf of* ~за́ть; **~́зывать** I *pf* ~за́ть tie (up), knot; bind (up); ~ шнурки́ боти́нок fasten one's shoelaces; *fig* start (*quarrel*, *battle*, *correspondence*, *etc*); **~́зываться** I *pf* ~за́ться *pass of* ~зывать; start (up), arise; *bot* set

за́вязь *f bot* ovary

завя́|лый *obs* withered, faded; **~́нуть** I (*past* ~л) *pf of* вя́нуть

загад|а́ть I *pf of* ~ывать

зага́|дить II (~жу) *pf of* ~живать

зага́д|ка riddle, enigma, mystery; **~́очность** *f* mysteriousness; **~́очный** (~очен) mysterious, enigmatic; **~́ывать** I *pf* ~а́ть; ~ зага́дки ask, pose riddles; guess one's fortune; think of; ~а́йте како́е-нибудь число́ think of a number; plan ahead; *pf only coll* start guessing

зага́живать I *pf* зага́дить dirty, soil, foul

зага́р sunburn, (sun-)tan

зага|са́ть I *pf* ~́снуть *coll* go out; **~си́ть** II (~шу́, ~́сишь) *pf of* гаси́ть; **~́снуть** I (*past* ~с, ~сла) *pf of* ~са́ть

загвоз|ди́ть II (~жу́) *pf obs* spike (a gun); *coll* pose (*problem*, *etc*); **~́дка** *coll* obstacle, snag; вот в чём ~! there's the rub!

загерметизи́р|овать (~ую) *pf* seal hermetically

заги́б fold, bend, dog-ear (*in book*); *coll* exaggeration, excess; *pol* deviation; **~а́ть** I *pf* загну́ть turn up, turn down; bend, fold; crease; ~ страни́цу dog-ear a page; *vi* turn; ~ за́ угол turn a corner; *coll* utter, come out with (*swear-words*, *etc*); *coll* ask (exorbitant price); **~а́ться** I *pf* загну́ться turn up, stick up; turn down; *pf sl* be on one's last legs; turn up one's toes, die; **~́щик** *pol coll* deviationist

загипнотизи́р|овать (~ую) *pf of* гипнотизи́ровать

загипс|ова́ть (~у́ю) *pf of* гипсова́ть

загла́в|ие title, heading; под ~ием entitled, headed; **~́ный** ~ лист title-page; ~ная бу́ква capital letter; ~ные бу́квы initials; ~ная роль title-role, name-part

загла́|дить(ся) II *pf of* ~живать(ся); **~́живать** I *pf* ~дить iron (out), press; *fig* smooth out, make up (for), make amends (for), atone for; ~ грехи́ expiate one's sins; **~́живаться** I *pf* ~диться *vi* iron out; become smooth *fig* fade

загла́з|но *adv coll* in someone's absence, behind someone's back; **~́ный** *coll* done, said in someone's absence, behind someone's back; ~ное реше́ние *leg* judgement by default

загл|а́тывать I *pf* заглота́ть swallow (*usu of fish*); **~ота́ть** I *pf of* ~а́тывать

загло́х|нуть I (*past* ~, ~ла) *pf of* гло́хнуть

заглуш|а́ть I *pf* ~и́ть drown, deaden, muffle (*of sound*); jam (*radio transmissions*); choke (of plants); *fig* stifle, suppress (*yearnings for freedom, etc*); eliminate (*smell, etc*); deaden (*pain, etc*); *coll* put out (*fire, etc*); **~и́ть** II *pf of* ~а́ть and глуши́ть, **~ка** *tech* choke, plug, stopper

загля|де́нье *coll* lovely sight, sight for sore eyes; **~де́ться** II (~жу́сь, ~ди́шься) *pf of* ~дываться; **~дывать** I *pf* ~ну́ть peep, glance; ~ в окно́ peep in at the window; ~ в газе́ты glance at the papers; *coll* drop in (on), look in (on, к + *dat*); **~дываться** I *pf* ~де́ться stare (at, на + *acc*); be unable to take one's eyes off, feast one's eyes (on, на + *acc*); **~ну́ть** I *pf of* ~дывать

загн|а́ивать I *pf* ~ои́ть *coll* allow to fester; allow to rot, decay; **~а́иваться** I *pf* ~ои́ться fester, suppurate

за́г|нанный exhausted, winded (*of horses*); frightened, cowed; hunted (*of animals*); **~на́ть** (~оню́, ~о́нишь; ~на́л, ~нала́) *pf of* ~оня́ть

загни|ва́ние rotting, putrescence; *med* suppuration; *fig* decay; **~ва́ть** I *pf* ~ть begin to rot; rot, putrefy, decay *also fig*; *med* fester, suppurate; **~ть** (~ю́, ~ёшь; ~л, ~ла́, ~ло) *pf of* ~ва́ть

загн|ои́ть(ся) II *pf of* ~а́ивать(ся)

загну́ть(ся) I *pf of* загиба́ть(ся)

загова́р|ивать I *pf* заговори́ть *coll* talk someone's head off; wear out with talk; cast a spell over); put on a spell (against, от + *gen*; exorcize; ~ зу́бы кому́ *coll* get round someone, blarney; begin to speak; *pf only* (be able to) speak, learn to speak (*usu of children*); **~иваться** I *pf* заговори́ться *coll* be carried away by conversation; say too much; *impf only* ramble, lose thread in speech (*often as result of illness*)

за́гове|нье *eccles* last day before fast; **~ться** *pf eccles* eat meat for last time before fast

за́говор plot, conspiracy; spell, charm; **~и́ть(ся)** II *pf of* загова́ривать(ся); **~щик** conspirator, plotter; **~щицкий** *coll* conspiratorial

загого|та́ть I (~чу́, ~чешь) *pf* begin to cackle; *coll* begin to guffaw

за́годя *pop* in good time, beforehand

заголи́ть *pf of* **заголя́ть** bare

заголо́в|ок (~ка) title, heading; headline

заго́н driving in, rounding up; (cattle) enclosure; pen; sheepfold; strip (*of ploughed land*); быть в ~е *fig* be oppressed, be kept in the background; neglected; *sl* saved up, to one's credit; **~щик** beater (*hunting*); **~я́ть** I *pf* загна́ть drive in (*animals, etc*); ~ мяч в воро́та *sp* shoot a goal; drive (off); tire out, exhaust; override (*horse*); plunge in (*knife, etc*), drive in, home (*stakes, etc*); *pop sl* flog, sell; ~ копейку *pop* make (some) money; *pf coll* tire out, work to death; *sl* grill (*in questioning*)

загора́ж|ивать I *pf* загороди́ть enclose, fence in; barricade, obstruct, block; ~ кому́ свет stand in someone's light; **~иваться** I *pf* загороди́ться barricade oneself; fence oneself off; ~ ши́рмой screen oneself off; *pass of* ~ивать

загор|а́ть I *pf* ~е́ть become brown, sunburnt, acquire a tan; *impf coll* lie idle; be obliged to be idle, be laid off; **~а́ться** I *pf* ~е́ться catch fire, begin to burn; в лесу́ ~е́лось *impers* a fire broke out in the forest; *fig* blaze, burn (with, + *instr or* от + *gen*); её глаза́ ~е́лись не́навистью her eyes blazed with hatred; *impers + dat coll* have a burning desire, have a violent urge; ему́ загоре́лось э́то сде́лать he had a violent urge to do it; break out, start; ~е́лся спор an argument started up

загоро|ди́ть(ся) II (~жу́(сь), ~ди́шь(ся)) *pf of* загора́живать(ся); **~дка** fence; enclosure

за́городный country; out-of-town

заго|сти́ться II (~щу́сь) *pf coll* outstay one's welcome

заготов|и́тель *m* official in charge of (State) procurements; **~и́тельный** *adj of* ~ка; ~ аппара́т organization for (State) procurements; ~ пункт purveying centre; ~и́тельная цена́ fixed (State) purchase price; **~ить** II (~лю) *pf of* ~ля́ть; **~ка** (State) procurement (*of agricultural products, etc*); stockpiling, stocking up; laying in; semi-finished product, *tech* blank, billet; **~ля́ть** I *pf* ~ить stockpile, store, make a stock (of); lay in; prepare; **~щик** = ~и́тель

загра|ди́тель *naut* (ми́нный) ~ minelayer; **~ди́тельный** *mil* barrage; *naut* mine-laying; ~ аэроста́т barrage balloon; ~ ого́нь defensive fire, barrage; **~ди́ть** II (~жу́) *pf of* ~жда́ть; **~жда́ть** I *pf* ~ди́ть block, obstruct; ~ путь bar the way; **~жде́ние** blocking, obstruction; barrier, obstacle, obstruction

заграни́|ца *coll* foreign countries; **~чный** foreign

загре|ба́ть I *pf* загрести́ *coll* rake up, gather; *fig* rake in (*money, etc*); ~ жар bank up the fire, rake the coals; **~бистый** *pop* greedy; **~бно́й** ~бно́е весло́ stroke oar; *n* stroke (rower); **~бу́щий** *pop* greedy

загрем|е́ть II (~лю́, ~и́шь) *pf* begin to thunder; *pf pop* crash down, fall with a crash; *sl* be exiled, be arrested

загре|сти́ (~бу́, ~бёшь; ~б, ~бла́) *pf of* ~ба́ть; *pf* begin to row; *sl* detain, arrest

загри́в|ок (~ка) withers (*of horse*); *coll* nape (of neck)

загримир|ова́ть(ся) (~у́ю(сь)) *pf of* гримирова́ть(ся)

загрипп|ова́ть (~у́ю) *pf coll* catch influenza, flu

загро́бн|ый beyond the grave; ~ая жизнь the next life, future life; sepulchral (*of voice*)

загромо|жда́ть I *pf* ~зди́ть clutter, encumber, block up; *fig* overload, cram; **~зди́ть** II (~зжу́, ~зди́шь) *pf of* ~жда́ть

загрохо|та́ть I (~чу́, ~чешь) begin to rattle, begin to rumble

загрубе́|лый callous, coarsened, horny; **~ть** I *pf* become callous *also fig*; become coarsened

загру|жа́ть I *pf* ~зи́ть *tech* charge, load, fill, feed, prime; *coll* keep (fully) occupied; fill up (time) with work; **~жа́ться** I *pf* ~зи́ться load up (with), take on (+ *instr*); *coll* take on a job, commitment; **~женность** *f* goods, passenger capacity (*of transport, etc*); *coll* workload; **~зи́ть** II (~жу́, ~зи́шь) *pf of* ~жа́ть *and* грузи́ть; **~зка** loading; *tech* charging, ~ реа́ктора charge of the reactor, feeding, priming; capacity (of work), load; при по́лной ~зке at full capacity; **~зочный** *adj of* ~зка; ~ ковш, я́щик hopper; ~ лото́к loading chute, feed chute; **~зчик** loader, loading machine

загрунт|ова́ть (~у́ю) *pf of* грунтова́ть

загру|сти́ть II (~щу́) *pf* grow sad

загрыз|а́ть I *pf* ~ть bite to death; tear to pieces; *pf fig coll* worry the life out of; make (someone's) life a hell; **~ть** (~у́, ~ёшь; ~, ~ла) *pf of* ~а́ть

загрязн|е́ние pollution; contamination; soiling; **~и́ть(ся)** II *pf of* ~я́ть(ся); **~я́ть** I *pf* ~и́ть

pollute; soil, make dirty; **~я́ться** *pf* ~и́ться become dirty, make oneself dirty
загс *abbr of* отдéл зáписи áктов граждáнского состоя́ния register office; **~и́роваться** (~и́руюсь) *impf and pf coll joc* be married (in a register office)
загуб|и́ть II (~лю, ~́ишь) *pf* ruin; *pop* squander
загу́л *pop* drinking-bout; **~я́ть** I *pf pop* take to drink, start drinking, hit the bottle
загустéть I *pf vi* thicken
зад 2 (на ~у́, о ~́е) back; ~́ом наперёд back to front; идти́ ~ом go backwards; bottom; hind quarters, backside, buttocks; croup, rump; бить ~ом kick (*of horse*); *pl* back(s) (*of houses*, *streets*, *etc*), backyard; повторя́ть ~ы́ *coll* repeat what one has learned before
задáбривать I *pf* задóбрить cajole; coax, win over, get round (*by attention*, *services*, *etc*)
зада|вáть (~ю́, ~ёшь) *pf* ~́ть set (*lesson*, *etc*); put (*question*); give (*dance*) ~ корм, овёс give fodder, oats (to, + *dat*); ~ тон set the tone; я емý ~́м! *coll* I'll give him what for!; **~вáться** (~ю́сь, ~ёшься) *pf* ~́ться; ~ цéлью, мы́слью set oneself (to), make up one's mind (to, + *infin*); *coll* work out, succeed; turn out; *impf only* put on airs, give oneself airs
задав|и́ть II (~лю́, ~́ишь) *pf* crush; knock down, run over
задáние task, job; mission, assignment; домáшнее ~ homework
задáр|ивать I *pf* ~и́ть lavish gifts on, load with presents; bribe (with presents); **~и́ть** II (~ю́, ~́и́шь) *pf of* ~ивать
задáром *adv coll* = дáром
задáт|ок (~ка) deposit, advance, down payment; *pl fig* (innate) potential
за|дáть (~дáм, ~дáшь; ~́дал, ~далá, ~́дало) *pf of* ~давáть; **~дáться** (~дáмся, ~дáшься; ~дáлся, ~далáсь); *pf of* ~давáться
задáч|а problem (*math*, *etc*); task, mission; **~́ник** book of (mathematical) problems
задви́га|ть I *pf* begin to move; **~́ть** I *pf* задви́нуть push (into, в + *acc*); ~ задви́жку shoot a bolt; bar, bolt, close; ~ зáнавес draw a curtain (across); **~́ться** I *pf* задви́нуться shut; slide; *impf only* be slidable, be drawable
задви́ж|ка bolt, catch, fastening; *tech* damper, gate valve; *mil* locking bar; **~нóй** sliding
задви́|нуть(ся) I *pf of* ~гáть(ся)
задвóр|ки (*gen pl* ~ок) backyard, back(s) (*of huts*, *houses*, *etc*); *fig* backwoods, back of beyond, out-of-the-way place; на ~ках in the background
задевá|ть I *pf* задéть touch (with, + *instr*), brush against, graze; be caught (on), knock (against, за + *acc*); *fig* wound, offend, upset, hurt; ~ за живóе sting to the quick; *pf pop* mislay; кудá я ~л очки́? where did I put my spectacles?; **~́ться** *pf pop* disappear
задéл *tech* stock, surplus; reserve, margin (*of goods*, *products*); **~́ать** I *pf of* ~ывать; **~́аться** I *pf of* ~ываться; *pf coll* become; **~́ка** doing up; blocking up, stopping up; **~́ывать** I *pf* ~ать do up; block up, close up, stop up; *sl* do in, kill; **~́ываться** I *pf* ~аться *pass of* ~ывать
задёрг|ать I *pf* begin to tug (+ *acc or instr*); *pf of* ~ивать; **~́ивать** I *pf* ~ать *coll* wear out (by tugging on reins, *etc*); *fig coll* turn into a nervous wreck, reduce to a state of nerves; *pf* задёрнуть pull, draw; ~ занавéски draw the curtains; cover, curtain off
задеревенé|лый numb(ed), stiff; **~́ть** *pf coll* become numb, stiff
задерж|áние arrest, detention; *med* ~ мочи́ retention of urine; *mus* suspension; **~́ать(ся)** II (~жý(сь), ~́жишь(ся)) *pf of* ~́ивать(ся); **~́ивать** I *pf* ~áть detain; delay, hold up; keep back, withhold; ~ зарплáту stop wages; ~ дыхáние hold one's breath; retard; arrest, detain; **~́иваться** I *pf* ~áться be delayed; stay too long, linger; *pass of* ~ивать; **~́ка** delay; hold-up
задёр|нуть I *pf of* ~гивать
задé|тый (~т, ~та) ~ насмéшками stung by taunts; *med coll* affected (*usu of lung*(*s*)); **~́ть** (~ну, ~нешь) *pf of* ~вáть
зáдешево *coll* very cheaply
зади́ра *m and f coll* troublemaker; bully **~́ть** I *pf* задрáть lift up; ~ гóлову crane one's neck; ~ нос *pop* turn up one's nose; break (fingernail, etc); ~ кóжицу на пáльце split (skin of) finger; *coll* tuck up, roll up (*sleeves*); *pop* lift up (*dress*, *etc*); provoke, insult; *pf* kill, tear to pieces (*of wolves*, *etc*); **~́ться** I *pf* задрáться break, split; pick a quarrel; *coll* ride up (*of clothing*); *pass of* ~ть
задне|нёбный *ling* velar; **~прохóдный** *anat* anal; **~язы́чный** *ling* velar, back
зáдн|ий back, rear; ~яя мысль ulterior motive; ~ие нóги hind legs; ~ план background; ~ прохóд *anat* anus; ~им умóм крéпок *coll* wise after the event; ~ ход *tech* backward movement, backing; *naut* stern-board; дать ~ ход back; помéтить ~им числóм antedate; быть без ~их ног *coll* be dead-beat, be falling off one's feet; ходи́ть на ~их лáпках *coll* dance attendance (on, пéред + *instr*); **~́ик** back, counter (*of shoe*); *theat* backdrop; **~́ица** *vulg* arse, buttocks; ass, butt *Am*
задóбрить II *pf of* задáбривать
зад|óк (~кá) back (*of furniture*, *vehicle*, *etc*)
задолб|и́ть II (~лю́) *pf* begin to peck; peck to death; *coll* learn (off) by rote; ~ себé get it into one's head
задóлго *adv* long before; ~ до отхóда пóезда long before the departure of the train
задолж|áть I *pf of* должáть; **~́енность** *f* indebtedness, debts; arrears, backlog; погашáть ~ pay off one's debts
задóр fervour, ardour; passion; passionateness; provocativeness
задóринк|а roughness, unevenness; без (ни) сучкá, без (ни) ~и *fig coll* without a hitch
задóрный fervent, ardent; impassioned; provocative; mettlesome; cheeky and jolly; jaunty
задох|нýться I (*past* ~́ся, ~́лась *and* ~нýлся, ~нýлась) *pf of* задыхáться
задрáзн|ивать I *pf* ~и́ть *coll* tease unmercifully; **~и́ть** II *pf of* ~ивать
задрá|ивать I *pf* ~ить *naut* batten down; **~́ить** II *pf of* ~ивать
задрапир|овáть(ся) (~ýю(сь)) *pf of* ~óвывать (ся); **~óвывать** I *pf* ~овáть drape with (+ *acc and instr*); **~óвываться** I *pf* ~овáться drape oneself (with), wrap oneself (with, + *instr*; in, в + *acc*)
зад|рáть(ся) (~ерý(сь), ~ерёшь(ся); ~рáл(ся), ~ралá(сь)) *pf of* ~ирáть(ся)
задрем|áть I (~лю́, ~́лешь) *pf* doze off, begin to nod
задри́пан|ный (~) *coll* bedraggled
задрож|áть II (~жý) *pf* begin to tremble, begin to shiver
задрóченный *n sl* masturbator

задры́гать I *pf coll* begin to jerk, begin to twitch
заду|ва́ть I *pf* ∸ть put out, blow out (*candle, etc*); ~ до́мну blow in a blast-furnace; *pf only* begin to blow
заду́м|ать I *pf of* ~ывать; ∸**аться** I *pf* become thoughtful, pensive; fall to thinking; о чём он ~ался? what is he thinking about?; ∸**чивость** *f* thoughtfulness, pensiveness; reverie; ∸**чивый** (~чив, ~чива) thoughtful, pensive; ∸**ывать** I *pf* ~ать plan; contemplate, intend, conceive the idea (of, + *acc or infin*); ~ число́ think of a number; ∸**ываться** I *impf* be thoughtful, pensive; meditate, ponder; *pass of* ~ывать; не ~ываясь (ни на мину́ту) without a moment's hesitation
задури́ть II *pf pop* start playing the fool; ~ кому́ го́лову *pop* confuse someone, muddle someone up
заду́|ть I *pf of* ~ва́ть
задушев|ный (~ен) sincere; cordial; intimate; ~ разгово́р heart-to-heart talk
задуш|и́ть II (~у́, ∸ишь) *pf of* души́ть
задым|и́ть II (~лю́) *pf* begin to (emit) smoke; *coll* blacken with smoke, fill with smoke; *mil* lay a smokescreen (*impf* ~ля́ть); ~**и́ться** II (~и́тся) *pf coll* begin to (emit) smoke; be blackened by smoke
задыха́ться I *pf* задохну́ться suffocate, choke *also fig*; gasp for breath, pant
зaеда́|ние *tech* jamming, binding; ∸**ть** I *pf* зае́сть bite to death; devour, eat up (*of insects, etc*); *fig* torment, plague; меня́ тоска́ зае́ла depression came over me; *impers tech* jam; *naut* foul (*of cables, etc*); take with (+ *acc and instr*); ~ лека́рство са́харом take medicine with sugar, drown the taste of medicine with sugar; ~**ться** become fastidious, fussy
зае́з|д calling in, visit, stop (*en route*); *sp* heat, lap, round; ∸**дить** II (~жу) *pf* override (*horse*); *fig* wear out, work too hard; ~**жа́ть** I *pf* зае́хать call in (at, к + *dat*); enter, ride (into), drive (into, в + *acc*); go beyond, past (за + *acc*); fetch, call for (за + *instr*); go too far *also fig*; куда́ ты зае́хал с твои́ми фанта́зиями! look where your imagination has landed you!; *pop* strike; зае́хать кому́ в ро́жу *vulg* sock someone on the kisser; ∸**женный** *coll* worn out; *fig* hackneyed, trite; ∸**жий** *coll* visiting; ~жая тру́ппа touring company; ~ челове́к stranger
за|ём (∸йма) loan; ~**ёмный** loan; ~ёмное письмо́ acknowledgement of debt; ~**ёмщик** borrower, debtor
зае́|сть(ся) (~м(ся), ~шь(ся), ~ст(ся), ~ди́м(ся), ~ди́те(сь), ~дя́т(ся); ~л(ся)) *pf of* ~да́ть(ся)
зае́|хать (~ду, ~дешь) *pf of* ~зжа́ть
зажа́рить(ся) II *pf of* жа́рить(ся)
заж|а́ть (~му́, ~мёшь) *pf of* ~има́ть
зажд|а́ться (~у́сь, ~ёшься; ~а́лся, ~ала́сь, ~а́ло́сь) *coll* wait an awful long time (for), be tired of waiting (for, + *gen*)
зажелт|е́ть (~е́ю) turn yellow
зажел|ти́ть (~чу́, ~ти́шь) *pf* stain, paint yellow
заж|е́чь(ся) (~гу(сь), ~жёшь(ся), ~гу́т(ся); ~ёг(ся), ~гла́(сь)) *pf of* ~ига́ть(ся)
зажи|ва́ть I *pf* ∸ть *vi* heal; close up (*of wound*); *pf only* begin to live; ∸ть ново́й жи́знью begin a new life; ∸ть семе́йной жи́знью settle down; ~**ва́ться** I *pf* ∸ться *coll* live beyond one's allotted span
зажив|и́ть II (~лю́) *pf of* ~ля́ть; ~**ля́ть** I *pf* ~и́ть heal
за́живо *adv* похорони́ть ~ bury alive
зажига́|лка (cigarette) lighter; *coll* incendiary (bomb); ∸**тельный** (~телен) inflammatory *also fig*; incendiary; ~тельная бо́мба incendiary (bomb); ∸**ть** I *pf* заже́чь set fire to; light, kindle; ~ спи́чку strike a match; *fig* inflame, kindle; ∸**ться** *pf* заже́чься catch fire; light up; *fig* flame up, flare
зажи́л|ить II *pf of* ∸ивать; ∸**ивать** I *pf* ~ить *pop* keep for one's own use
зажи́м *tech* terminal; clamp; clip; clutch; *fig* clamping down, suppression; ~**а́ть** I *pf* зажа́ть squeeze; press; clutch; grip; ~ кри́тику suppress criticism; ~ рот кому́ *fig* shut someone's mouth, silence someone; *sl* hide ∸**истый** (~ист) *coll* powerful, strong; tight-fisted; ∸**ный** *tech* clamping; ∸**щик** *coll* suppressor (*of criticism, etc*)
зажит|о́й earned; ~**о́е** *n* earned income
зажи́т|очность *f* prosperity, easy circumstances; ∸**очный** (~очен) prosperous; well-to-do, well-heeled
за́житый = зажито́й
зажи́|ть (~ву́, ~вёшь; за́жил, ~ла́, за́жило) *pf of* ~ва́ть; ∸**ться** (~ву́сь, ~вёшься; ~лся, ~ла́сь, ∸ло́сь) *pf of* ~ва́ться
зажму́рить(ся) II *pf of* жму́рить(ся)
зажужж|а́ть II (~у́) *pf* begin to buzz; begin to drone
зажу́л|ивать I *pf* ~ить *pop* obtain by fraud; ∸**ить** II *pf of* ~ивать
заз|ва́ть (~ову́, ~овёшь; ~ва́л, ~вала́, ~ва́ло) *pf of* ~ыва́ть
зазвене́ть II *pf* begin to ring, tinkle
зазвони́ть II *pf* begin to ring; go off (*of alarm clock*)
зазвуч|а́ть II (~у́) *pf* begin to sound; begin to resound
заздра́вный in honour (of), to the health (of)
зазева́ться I *pf coll* stand gaping (at), gape (at, на + *acc*)
зазелен|е́ть I *pf* turn green; show green; ~**и́ть** II *pf coll* paint, colour green
заземл|е́ние *elect* earthing, earth; ~**и́ть** II *pf of* ~я́ть; ~**я́ть** *I pf* ~и́ть earth
зазим|ова́ть (~у́ю) *pf* winter, pass the winter; ∸**ок** (~ка) *dial* first snow; first frost(s); first (fresh) sledge track
зазна|ва́ться (~ю́сь, ~ёшься) *pf* ∸ться *coll* give oneself airs, put on airs, become conceited; ∸**йка** *m and f coll* person with swelled head, person full of himself; ~**йство** *coll* conceit; ∸**ться** I *pf of* ~ва́ться
зазно́ба *poet* passion (*for woman*); *coll* sweetheart
зазноб|и́ть II (~лю́) *pf coll* be frozen, get shivery; *impers* больно́го ~и́ло the sick person felt shivery
зазно́бушка *poet* sweetheart, darling
зазо́р *pop* disgrace, shame; *tech* clearance, gap; *mil* windage; ∸**ный** (~ен) *pop* disgraceful, shameful
зазр|е́ние без ~е́ния со́вести without a twinge of conscience, without compunction, without any scruples; ∸**ить** *pf* со́весть ~ит, ~ила *coll* conscience will forbid, forbade (it)
зазу́бр|енный jagged, notched, serrated; ∸**ивать** I *pf* ~и́ть notch, serrate; ∸**ина** notch, jag; ~**и́ть** II *pf of* зубри́ть *and* ∸ивать; ~**и́ть** II (~ю́, ∸ишь) *pf of* зубри́ть *and* ∸ивать *sl* learn by rote; start cramming
зазы́в *coll* pressing invitation; ~**а́ть** I *pf* зазва́ть *coll* press (to come); press an invitation on
зазя́бнуть (*past* ~, ~ла) *pf coll* become frozen, freeze to death
заигр|а́ть I *pf* begin to play, strike up; begin to sparkle; *pf of* ∸ывать; ∸**ывать** *pf* ~а́ть wear out

(*cards, etc*); stage, play something so often that it becomes hackneyed; *impf only, coll* flirt (with, с + *instr*); make up (to), make advances (to, с + *instr*); ≁**ываться** *pf* ~а́ться *coll* lose sense of time playing (at, в + *acc*)

за́ик|а *m and f* stammerer, stutterer; ~**а́ние** stammer(ing), stutter(ing); ~**а́ться** I *impf* stammer, stutter; *pf* ~ну́ться *coll* hesitate (*in speech*); *pf* ~ну́ться coll hint (at), mention in passing (о + *prep*); ~**ну́ться** I *pf of* ~а́ться; он и не ~ну́лся об э́том he never even mentioned it

займе́ть I *pf sl* acquire

за́имка *hist* squatting (on land); squatter's holding; isolated arable field

заимо|да́вец (~да́вца) creditor, lender; ~**обра́зно** *adv* on credit, on loan; ~**обра́зный** taken on credit, borrowed; lent, loaned

заи́мств|ование borrowing; ≁**ованный** borrowed; ~ованное сло́во loan-word; ≁**овать** (~ую) *impf and pf also pf* по~ borrow

заи́нд|евелый covered with hoar-frost; ≁**еветь** I *pf coll* be covered in hoar-frost

заинтерес|о́ванный interested (in, в + *prep*); ~о́ванная сторона́ interested party; ~**ова́ть** (~у́ю) *pf* interest; excite the curiosity (of); ~**ова́ться** (~у́юсь) *pf* become interested (in), take an interest (in, + *instr*)

заинтриг|ова́ть (~у́ю) *pf of* интригова́ть

заи|ска́ть I (~щу́, ≁щешь) *pf of* ≁скивать; ≁**скивать** I *pf* ~ска́ть (try to) ingratiate oneself (with, у + *gen or* пе́ред + *instr*); ≁**скивающий** ingratiating

заи́скриться II *pf* begin to sparkle; *pf of* и́скриться

за́ймище *dial* water-meadow

займодержа́тель *m* loan-holder, bond-holder

займ|у́, ~ёшь *see* **заня́ть**

за|йти́ (~йду́, ~йдёшь; ~шёл, ~шла́) *pf of* ~ходи́ть

за́йч|ик *dim of* за́яц; *coll* reflection of sun-ray; ~**и́ха** doe-hare; ~**о́нок** (~о́нка; ~а́та, ~а́т) leveret, young hare

закабал|и́ть(ся) II *pf of* ~я́ть(ся); ~**я́ть** I *pf* ~и́ть enslave; ~**я́ться** I *pf* ~и́ться tie oneself down (in bondage) to (+ *dat*); *pass of* ~я́ть

закавка́зский transcaucasian

зака́дровый: ~ го́лос voice-over

закады́чный ~ друг *coll* bosom friend

зака́|з order; на ~ to order, to measure (*of clothes, etc*); *obs* prohibition; ~**за́ть** I (~жу́, ≁жешь) *pf of* ≁зывать; *pf only obs coll* forbid (+ *infin or acc*); ≁**зник** (game) reserve; ~**зно́й** made to order, to measure; ~зно́е письмо́ registered letter; посла́ть письмо́ ~зны́м send a letter registered; ~**зно́е** *n* registered postal packet; ≁**зчик** customer, client; ≁**зывать** I *pf* ~за́ть order, book; reserve

зака́|иваться I *pf* ~яться *coll* swear to give up, forswear (+ *infin*)

зака́л *tech* temper; *fig* cast, stamp, mould; *fig coll* strength of character, grit, backbone; ~**ённый** hardened, hard; ≁**ивать** I = ~я́ть; ~**и́ть** II *pf of* ≁ивать and ~я́ть; ≁**ка** *coll* tempering; hardening; получа́ть ~ку get fit; acquired toughness

зака́л|ывать I *pf* заколо́ть stab (to death), spear, stick; pin (up); ≁**ываться** I *pf* заколо́ться stab oneself

закал|я́ть I *pf* ~и́ть *tech* temper; case-harden; *fig* harden, temper; make tough, make hardy; ~ во́лю steel one's will; ~ённый в бою́ battle-seasoned; train; ~**я́ться** I *pf* ~и́ться be hardened, tempered (*of steel*); make oneself fit, toughen oneself; get fit

закамене́|лый *coll* hardened like stone; *fig* fixed; ≁**ть** *pf coll* turn to stone, become petrified

зака́нчивать I *pf* зако́нчить conclude, finish, end, wind up; ~**ся** I *pf* зако́нчиться *vi* conclude, finish, end

зака́п|ать I (*obs* ~лю, ~лешь) *pf coll* begin to drip; дождь ~ал it began to spot with rain; spot, soil; splash

зака́п|ывать I *pf* закопа́ть bury; cover over; fill up (*hole, etc*); ≁**ываться** I *pf* закопа́ться bury oneself (in, в + *acc*); *mil* dig in; *pass of* ~ывать

зака́рмливать I *pf* закорми́ть overfeed; stuff

закаспи́йский transcaspian

зака́|т setting; ~ (со́лнца) sunset; на ~те at sunset; на ~те дней in one's old age, in the sere of life; ~**та́ть** I *pf coll* begin to roll; roll out (*road, etc*); *sl* ~ в тюрьму́ fling into prison; *pf of* ≁ывать; ≁**тистый** (~тист) *coll* rolling; ~ смех peals of laughter; ~**ти́ть** II (~чу́, ≁тишь) *pf of* ≁тывать; ~**ти́ться** II (~чу́сь, ≁тишься) *pf of* ≁тываться; set (*of heavenly bodies*); *fig* wane; disappear, vanish; его́ сла́ва ~ти́лась his fame has waned; *coll* go off (*on a trip*); ~ сме́хом, ка́шлем go off into a fit of laughter, coughing; ≁**тный** sunset; ≁**тывать** I *pf* ~та́ть roll up (in, в + *acc*); *pf* ~ти́ть roll (under, под + *acc*; behind, за + *acc*); ~ глаза́ roll one's eyes, show the whites of one's eyes; ~ти́ть кому́ пощёчину slap someone's face; ~ти́ть исте́рику go off into hysterics; ~ти́ть сце́ну make a scene; ≁**тываться** I *pf* ~ти́ться *vi* roll (under, под + *acc*; behind, за + *acc*)

закача́|ть I *pf* begin to swing, shake, rock; он ~л голово́й he shook his head; rock to sleep; *impers* меня́ ~ло I feel, felt (sea)sick; ≁**ться** I *pf vi* begin to rock, sway; ≁ешься, ≁етесь *sl* feel fabulous

зака́шляться I *pf* have a fit of coughing

зака́|яться I *pf of* ~иваться

заква́|сить II (~шу) *pf of* ~шивать; ≁**ска** ferment, leaven; у него́ хоро́шая ~ *fig* he is made of sound stuff, he has good stuff in him; ≁**шивать** I *pf* ~сить ferment; leaven

закема́рить II *pf of* кема́рить *sl* nod off, fall asleep

заки|да́ть I *pf of* ≁дывать *coll* ~гря́зью *fig* sling mud (at); ≁**дывать** I *pf* ~да́ть *coll* bespatter (with), shower (with); ~ камня́ми stone; ~ кого́ вопро́сами bombard, ply someone with questions; fill up (with), cover (with); *pf* ≁нуть throw (out, away); toss, cast; ~ но́гу на́ ногу cross one's legs; ~нуть у́дочку *coll* put out a feeler; ~нуть сло-ве́чко throw out a hint (about, о + *prep*); ~нуть слове́чко за кого́ put in a word for someone; ≁**дываться** I *pf* ≁нуться fall back; jib, shy (*of horse*)

закип|а́ть I *pf* ~е́ть begin to boil, be on the boil, simmer; *fig* be in full swing; ~**е́ть** II (~лю́) *pf of* ~а́ть

закис|а́ть I *pf* ≁нуть turn sour; *fig coll* become indifferent, apathetic; ≁**нуть** I (*past* ~, ~ла) *pf of* ~а́ть

за́кись *f* protoxide; ~ азо́та nitrous oxide; ~ желе́за ferrous oxide

закла́д *coll* pawning; mortgaging; bet, wager; би́ться об ~ bet, wager; ≁**ка** laying (*of bricks, foundations, keel, etc*); bookmark; ~**на́я** *n* mortgage (-deed); ~**но́й** *adj of* ≁ка; ~на́я ра́ма fixed frame; *adj of* ≁; ~на́я квита́нция pawn-ticket; ≁**чик** pawner; mortgagor; ≁**ывать** I *pf* заложи́ть lay (foundation of); *coll* mislay; put

(behind); заложи́ть ру́ки за́ спину put one's hand behind one's back; stuff (with), pile up (with), heap up (with, + *instr*); *impers* + *dat* мне нос заложи́ло my nose is blocked, stuffed up; mark, put a marker in (*a book*); pawn; mortgage; hypothecate; harness (*horses*); *sl* betray, denounce, inform against
закла́ние immolation, sacrifice; идти́ (как) на ~ go to the slaughter
закл|ева́ть (~юю́, ~юёшь) *pf* begin to peck; begin to bite (*of fish*); *pf of* ~ёвывать; **~ёвывать** I *pf* ~ева́ть peck to death; *fig coll* go for, bully the life out of, persecute
закле́|ивать I *pf* ~ить *coll* glue up, stick up; ~ конве́рт seal an envelope; **~́иваться** *I pf* ~иться *vi coll* stick; **~́ить(ся)** II *pf of* ~ивать(ся)
заклейм|и́ть II (~лю́) *pf of* клейми́ть
заклеп|а́ть I *pf of* ~̈ывать; **~̈ка** *tech* riveting; rivet; **~̈ник** *tech* riveting hammer; **~̈ывать** I *pf* ~а́ть *tech* rivet
заклина́|ние incantation; charm, spell; exorcism; conjuration, entreaty; **~́тель** *m* exorcist, ~ змей snake-charmer; **~́ть** I *pf* закля́сть invoke, conjure; exorcise; bewitch; entreat, adjure, conjure (by, + *instr*)
закли́н|ивать I *pf* ~и́ть wedge, fasten with wedge; jam; **~и́ть** II *pf of* ~ивать
заклю́кать I *pf sl* catch (in the act of, в + *prep*)
заключ|а́ть I *pf* ~и́ть end, conclude, wind up (with, + *instr*); infer, deduce, conclude; из чего́ вы ~а́ете? what makes you think?; enter into, conclude; ~ брак contract marriage; ~ догово́р conclude a treaty; ~ сде́лку strike a bargain; ~ сою́з enter into, form an alliance; ~ мир make peace; ~ пари́ make a wager; ~ в себе́ contain, enclose, comprise; ~ в ско́бки enclose in brackets; ~ в объя́тия embrace; confine; ~ в тюрьму́ imprison; ~ под стра́жу take into custody; **~а́ться** I *pf* ~и́ться consist (in, of), lie (in, в + *prep*); тру́дность ~а́ется the difficulty lies (in, в + *prep*); be contained (in, в + *prep*); *pass of* ~а́ть; **~е́ние** conclusion, end; в ~ in conclusion; inference, conclusion; ~ ми́ра conclusion of peace; *leg* resolution, decision; переда́ть на ~ *leg* submit for a decision; confinement, detention; imprisonment; **~ённый, ~ённая** *n* prisoner, convict; **~и́тельный** final, concluding; ~ акко́рд *mus* finale; ~и́тельное сло́во concluding remarks; **~и́ть(ся)** II *pf of* ~а́ть(ся)
закля́|сть (~ну́, ~нёшь; ~л, ~ла́, ~ло) *pf of* заклина́ть; **~́тие** *obs* oath, pledge; incantation; **~́тый** (~т, ~та́, ~то) passionate; inveterate; ~ враг sworn enemy; bewitched, enchanted; haunted
зак|ова́ть (~ую́) *pf of* ~о́вывать; *pf* begin to forge; **~о́вывать** I *pf* ~ова́ть chain; ~ в кандалы́ put in irons, shackle; *fig obs* chain, bind, hold down, hold fast; моро́з ~ова́л ре́ку *poet* the river lay in the grip of frost; injure in shoeing (*a horse*)
заковыля́ть I begin to hobble; *pf of* ковыля́ть
заковы́рист|ый (~) *pop* complicated, intricate (*problem, etc*); odd (*person, etc*)
заковы́чка *pop* hitch, snag, impediment; innuendo
зако́л weir, fish-trap; slaughtering
закола́ч|ивать I *pf* заколоти́ть *coll* board up, nail up, nail down; knock in, drive in (*nails, etc*); *pop* knock insensible, beat the life out of; **~́иваться** I *pf* заколоти́ться *pass of* ~ивать
заколдо́в|анный (~ан, ~ана) bewitched, enchanted; haunted (*house*); он стоя́л как ~ he stood spellbound; ~ круг *fig* vicious circle; **~а́ть** (заколду́ю) *pf of* ~ывать; **~́ывать** I *pf* ~а́ть bewitch, enchant; lay, cast a spell (on), hex *US*
заколеб|а́ться (~́люсь, ~́лешься) *pf* begin to shake; *fig* begin to waver, vacillate
зако́лка *coll* hairpin, kirby-grip, slide
заколо́д|ить (~ит) *pf impers* + *dat pop* stand in the way (of), impede
заколо|ти́ть II (~чу́, ~́тишь) *pf of* закола́чивать; *pf* begin to knock; **~ти́ться** II (~чу́сь, ~́тишься) *pf of* закола́чиваться; *pf* begin to beat; се́рдце у неё ~ти́лось her heart began to thump, pound
закол|о́ть (~ю́, ~́ешь) *pf of* зака́лывать; *pf coll* begin to chop; *impers* у меня́ ~о́ло в боку́ I have a stitch in my side; **~о́ться** (~ю́сь, ~́ешься) *pf of* зака́лываться
зако́н law; свод ~ов code, statute book; объяви́ть вне ~а outlaw; ~ы об охо́те game laws; ~ бо́жий scripture, divinity; **~́ник** *coll* lawyer, one versed in law; stickler for the law; *sl* gaol-house lawyer; **~норождённый** legitimate (*child*); **~́ность** *f* legality, lawfulness; **~́ный** (~ен, ~на) legal, lawful; legitimate, rightful; ~ брак lawful wedlock; **~ове́д** jurist; tutor in law; **~ове́дение** jurisprudence, law; **~ода́тель** *m* legislator; lawgiver; **~ода́тельный** legislative; **~ода́тельство** legislation; **~оме́рность** *f* regularity; normality; conformity with the law; **~оме́рный** (~оме́рен, ~оме́рна) regular, natural, in the order of things
законопа́|тить(ся) II (~чу(сь)) *pf of* ~́чивать(ся); **~́чивать** I *pf* ~тить caulk (up); ~ у́ши *fig coll joc* block up one's ears; *fig coll* box up, coop up; banish, pack off; **~́чиваться** I *pf* ~титься *coll* box oneself up, shut oneself up
законо|положе́ние *leg* statute; **~послу́шный** law-abiding; **~прое́кт** *pol* bill, draft law; **~совеща́тельный** *leg* consultative, preparatory; **~уче́ние** religious instruction; **~учи́тель** *m* teacher of religion
законсерви́р|овать (~ую) *pf of* консерви́ровать
законтракт|ова́ть(ся) (~у́ю(сь)) *pf of* ~́овывать(ся); **~о́вывать** I *pf* ~ова́ть contract (for), enter into a contract (for); **~о́вываться** I *pf* ~ова́ться contract to work (for); hire oneself out (to)
зако́нч|енность *f* completeness; finish; **~́енный** (~ен, ~ена) complete(d); finished; *coll* consummate; ~ лгун consummate liar; **~́ить(ся)** II *pf of* зака́нчивать(ся)
закопа́ть I *pf of* зака́пывать; *pf* begin to dig; **~́ся** I *pf of* зака́пываться
закопёрщик foreman pile-driver; *fig coll* ringleader
закоп|те́лый sooty, smoke-blackened; smutty; **~те́ть** *pf* become covered with soot; **~ти́ть** II (~чу́) smoke; blacken with smoke; **~ти́ться** II (~чу́сь) *pf* be smoked (*fish, meat, etc*); become covered with soot
закорене́|лый inveterate; ingrained; deep-seated; **~́ть** I *pf fig* take root; become steeped (in, в + *prep*); он ~л в предрассу́дках he has become hidebound by prejudice, he is steeped in prejudice
зако́р|ки (*gen pl* ~ок) *pop* back, shoulders
закорм|и́ть II (~лю́, ~́ишь) *pf of* зака́рмливать
закорю́чка *coll* hook, flourish (*in handwriting*); *fig pop* hitch, snag, difficulty
зако|си́ть II (~шу́, ~́сишь) *pf* begin to mow, scythe; mow, scythe up; *pf of* коси́ть; *sl* finagle; *sl* steal, pinch
закосне́|лый inveterate, incorrigible; **~́ть** I *pf of*

коснéть

закостенé|лый stiff; hardened, ossified; **˜ть** I *pf* ossify, harden; become stiff (with fright, cold, *etc*, от стрáха, хóлода, *etc*)

закоýл|ок (~ка) *coll* back street, alley(way); (secluded) corner, nook, cranny; обыскáть все углы́ и ~ки search in every nook and cranny; знать все ~ки know all the ins and outs

закоченé|лый *coll* numb with cold; **˜ть** I *pf of* коченéть

закрá|дываться I *pf* ~сться steal in, creep in; у меня́ ~лось подозрéние a suspicion crept into my mind

закрá|ивать I *pf* закрои́ть cut out; *tech* groove; **˜ина** *tech* flange; *coll* fringe, edge; ice (*frozen to bank*, *etc*); stretch of water (*between bank and ice*)

закрáп|ать I *pf* begin to spot (*of rain*); *pf of* ~ывать; **˜ывать** I *pf* ~ать spot

закрá|сить II (~шу) *pf of* ~шивать; *pf* begin to paint; cover with paint, paint over

закраснéть|(ся) I *pf* begin to show red, show red; **˜ся** *pf* blush

закрá|сться (~ду́сь, ~дёшься) *pf of* ~дываться

закрáшивать I *pf* закрáсить paint over, paint out

закрéп|а fastener; **~и́тель** *m phot* fixing agent, fixer; **~и́тельный** ~ талóн voucher; **~и́ть(ся)** II (~лю(сь)); **~ля́ть** I *pf* ~и́ть fasten, secure; *naut* make fast; *phot* fix; *fig* consolidate (*success*, *achievements*, *etc*); allot, assign (to, за + *instr*); appoint (to); ~ за собóй secure; ~ за собóй мéсто secure a place; *impers* егó ~и́ло he is constipated; **~ля́ться** I *pf* ~и́ться *pass of* ~ля́ть; consolidate (one's hold on, на + *acc*), take root; hold firm; *mil* dig in, mount defences

закрепо|сти́ть II (~щу́) *pf of* ~щáть; **~щáть** I *pf* ~сти́ть enslave, make a serf (of); **~щéние** enslaving; slavery, serfdom

закрив|и́ть(ся) (~лю́(сь)) *pf of* ~ля́ть(ся); **~ля́ть** I *pf* ~и́ть bend, fold; *pf only* begin to bend; **~ля́ться** I *pf* ~и́ться become crooked; *pf only* begin to bend

закристаллиз|овáться (~у́юсь) *pf of* кристаллизовáться

закрич|áть II (~у́) *pf* cry out, give a shout; begin to shout

закро|и́ть II *pf of* закрáивать; **˜й** cutting out; style, cut (of dress); *tech* groove; **˜йный** ~йные нóжницы cutting-out scissors; **˜йщик** cutter

зáкром (*pl* ~á) corn-bin; granary

закругл|éние rounding, curving; curve, curvature; *lit* well-rounded (*sentence*, *period*); **~ённый** rounded; *lit* well-rounded; **~и́ть(ся)** II *pf of* ~я́ть(ся); **~я́ть** I *pf* ~и́ть make round; ~ фрáзу round off a sentence; **~я́ться** I *pf* ~и́ться become round; *sl* finish what one is saying

закруж|и́ть II (~у́, ˜и́шь) *pf vt and vi* begin to whirl, turn; ~ комý гóлову *fig coll* turn someone's head; make dizzy, make giddy; **~и́ться** II (~у́сь, ˜и́шься) begin to whirl, begin to go round; у меня́ головá ~и́лась my head began to swim, my mind was in a whirl; *pf of* кружи́ться

закрутáс|ы (*gen pl* ~ов) *coll obs* flourishes

закру|ти́ть II (~чу́, ˜тишь) *pf* begin to turn; *pf fig sl* take up with, begin a love affair (with, с + *instr*); *pf coll* turn someone's head; *pf of* ˜чивать; **~ти́ться** II (~чу́сь, ˜тишься) *pf* begin to whirl; *pf of* ˜чиваться; **˜тка** *sl* hand-rolled cigarette, roll-up; **˜чивать** I *pf* ~ти́ть twirl; twist; wind round; ~ комý ру́ки зá спину twist someone's arms behind his (her) back; turn; screw in (tight); turn right off (*of tap*, *etc*); **˜чиваться** I *pf* ~ти́ться *vi* twirl; twist; wind round

закры|вáть I *pf* ˜ть close, shut; ~ глазá shut one's eyes (to, на + *acc*), *fig* pass away; ~ скóбки close brackets; ~ счёт close an account; shut down, close down; shut off, turn off (*water*, *gas*, *etc*); cover; ~ лицó рукáми bury one's face in one's hands; **~вáться** I *pf* ˜ться close; shut; end; close down; cover oneself, take cover; *pass of* ~вáть; **˜тие** closing; shutting; *mil* cover, **˜тый** (~т) closed; shut; private, secret; с ~тыми глазáми blindly; при ~тых дверя́х in private, behind closed doors, in camera; ~тое голосовáние secret ballot; ~тое заседáние private meeting, closed session; ~ кóнкурс closed competition; ~тое мóре inland sea; ~тое плáтье high-necked dress; в ~том помещéнии indoors; ~ просмóтр private view (-ing); ~ распредели́тель store with limited right of access; ~ спектáкль private performance; ~тое учéбное заведéние (private) boarding-school; **˜ть(ся)** (закрóю(сь), закрóешь(ся)) *pf of* ~вáть(ся)

закули́сный (occurring) behind the scenes, back-stage; *fig* underhand, undercover; secret, clandestine

закуп|áть I *pf* ~и́ть buy up (wholesale); stock up with, lay in; *obs* buy off, bribe; **~áться** *pass of* ~áть; *pf coll* bathe too much; **~и́ть** II (~лю́, ˜ишь) *pf of* ~áть; **˜ка** (bulk) purchase; **~нóй** purchased, bought

закýп|оривать I *pf* ~орить cork; stop up; *fig coll* shut up, coop up; **˜орить** II *pf of* ~оривать; **˜орка** corking; *med* embolism, thrombosis

закýп|очный *adj of* ~ка; **˜щик** purchaser, buyer

закýр|ивать I *pf* ~и́ть light up (*cigarette*, *pipe*; *etc*); **˜иваться** I *pf* ~и́ться *vi* light up; *pf only* begin to emit smoke; **~и́ть** II (~ю́, ˜ишь) *pf of* ˜ивать; *pf* become a smoker; ~ когó *coll* make someone ill with tobacco smoke; *dial* begin to distil; **~и́ться** II (~ю́сь, ˜шься) *pf of* ˜иваться begin to smoke, light up; *coll* smoke too much, make oneself ill from smoking; draw (*of cigarette*, *etc*); light

заку|си́ть II (~шу́, ˜сишь) *pf of* ˜сывать; **˜ска** (*usu pl*) hors-d'œuvre; snack; на ~ску *coll* for a titbit; to finish up (with); as a special treat; **˜сочный** *adj of* ~ска; **˜сочная** *n* snack bar; **˜сывать** I *pf* ~си́ть *coll* bite (between the teeth); ~ удилá *fig* take the bit between the teeth; ~ язы́к hold one's tongue, bite one's tongue; *pf* ~си́ть have a snack, have a bite (to eat); ~ нáскоро snatch a hasty bite, grab a snack; take (with, + *instr*); ~ вóдку ры́бкой drink vodka with fish hors-d'œuvre, with a bit of fish

закýт *and* **закýта** *dial* small barn, sty, kennel; storeroom; *fig* poky room

закýт|ать(ся) I *pf of* ~ывать(ся)

заку|ти́ть II (~чу́, ˜тишь) *pf coll* begin to drink; go (off) drinking; **~ти́ться** II (~чу́сь, ˜тишься) *pf coll* go on the booze, go on a bender *US*

закýт|ка *dial* dim of ~; chimney-corner (*in peasant's hut*)

закýт|ывать I *pf* ~ать wrap up (in, в + *acc*), muffle (with, + *instr*); **˜ываться** I *pf* ~аться wrap oneself up (in, в + *acc*), muffle oneself

зал *and* **зáла** *obs coll* hall; ~ ожидáния waiting-room

залáв|ок (~ка) *dial* chest, locker; table with shelves

зала́|дить II (~жу) *pf coll* take to (+ *infin*); он ~дил ходи́ть в кино́ he's taken to going to the cinema; ~ одно́ и то́ же harp on the same string
залакир|ова́ть (~у́ю) *pf* varnish over; make shiny
зала́мывать I *pf* заломи́ть break off; *coll* ~ це́ну ask an exorbitant price, jack up the price; ~ ша́пку cock one's hat
залата́ть I *pf of* лата́ть
зала́|ять I (~ю) *pf* begin to bark
зал|га́ться (~гу́сь, ~жёшься, ~гу́тся) *pf coll* become a habitual liar
залега́|ние *geol* bedding; bed, seam; **~́ть** I *pf* зале́чь lie down; lie low; lie in wait; *geol* lie, be deposited; *fig* take root, become ingrained; be situated; на его́ лбу залегла́ глубо́кая морщи́на a deep wrinkle furrowed his brow; *poet* become impassable (*of a road*); *med* become blocked (*of nose, sinus, etc*)
заледене́|лый *coll* covered with ice; ice-bound; icy, ice-cold; **~́ть** I *pf coll* be covered with ice; freeze up, ice up; become cold as ice; become numb
залеж|а́лый *coll* long unused; ~ това́р old stock; stale; **~а́ться** II *pf of* ~́иваться; **~́иваться** I *pf* ~а́ться lie (unused) a long time; *fin* find no market; become stale; пи́сьма ~а́лись на по́чте the letters were delayed in the post
за́л|ежный long-fallow; deposit; **~́ежь** *f geol* deposit, bed, seam; *agr* fallow land; *collect coll* stale goods, old stock
залез|а́ть I *pf* ~́ть climb (on to, на + *acc*), ~ на де́рево climb a tree; creep (into, в + *acc*); get (into, в + *acc*); во́ры ~́ли в дом thieves got into the house; put one's hand (into, в + *acc*); ~ в долги́ get into debt; ~́ть кому́ в ду́шу intrude on someone's feelings
зален|и́ться II (~ю́сь, ~́ишься) *pf coll* grow lazy
залепе|та́ть I (~чу́, ~́чешь) *pf coll* begin to babble; *pf of* лепета́ть
залеп|и́ть II (~лю́, ~́ишь) *pf of* ~ля́ть; **~ля́ть** I *pf* ~и́ть glue up, plug; paste up, over (with, + *instr*); снег ~и́л мне глаза́ the snow has bunged up my eyes; ~ кому́ пощёчину *pop* slap someone's face; plaster (with, + *instr*); ~ сте́ну объявле́ниями stick notices all over the wall
зале|та́ть I *pf* ~те́ть fly (into, в + *acc*; over, beyond, за + *acc*); call in at, land (on the way); ~ в Ло́ндон за горю́чим land at London for fuel; *fig* ~ высоко́ (далеко́) *coll* fly high, go far, go up in the world; *pf coll* begin to fly; **~те́ть** II (~чу́) *pf of* ~та́ть; **~́тный** *coll* ~тная пти́ца bird of passage *also fig*; ~ гость unexpected visitor
зале́ч|ивать I *pf* ~и́ть heal; remedy *also fig*; ~ до́ смерти doctor to death; **~́иваться** I *pf* ~и́ть *coll* heal (up); **~и́ть(ся)** II (~у́(сь), ~́ишь(ся)) *pf of* ~ивать(ся)
зал|е́чь (~я́гу, ~я́жешь, ~я́гут; ~ёг, ~егла́) *pf of* ~ега́ть
зали́в bay; gulf; creek, cove
залив|а́ть I *pf* зали́ть overflow, swamp, flood, inundate; волно́й за́лило па́лубу a wave flooded the deck; pour (over), spill (on) (+ *acc and instr*); ~ вино́м ска́терть spill wine on the table-cloth; ~ кра́ской give a wash of paint; ~ ту́шью ink in; quench, extinguish; ~ пожа́р put out a fire; ~ го́ре вино́м drown one's sorrows in wine; stop up, mend (*with liquid solution*); *pf* дожди́ сно́ва зали́ли it has begun to pour with rain again; ~ гало́ши mend galoshes; *impf sl* lie; **~а́ться** I *pf* зали́ться be flooded, inundated; *vi* pour, spill; вода́ залила́сь за воротни́к water has gone down the neck; spill on oneself; ты весь зали́лся су́пом you've spilled soup all over yourself; break into, burst into (+ *instr*); ~ ла́ем begin to bark (furiously); ~ пе́сней break, burst into song; ~ слеза́ми dissolve in tears; ры́ба хорошо́ залила́сь the fish has set nicely in its jelly (aspic); **~́ка** mending; stopping up, filling in; **~но́й** ~ луг water-meadow; for pouring; ~на́я труба́ funnel; *poet* trilling (*of voice, etc*); jellied, in aspic
зали|за́ть I (~жу́, ~́жешь) *pf of* ~́зывать; **~́зывать** I *pf* ~за́ть lick clean (*of wounds, etc*); sleek, plaster down (*hair*)
зал|и́ть (~ью́, ~ьёшь; ~́ил, ~ила́, ~́ило) *pf of* ~ива́ть; *pf* begin to pour; **~и́ться** (~ью́сь, ~ьёшься; ~ился́, ~ила́сь) *pf of* ~ива́ться
залихва́тск|ий *coll* devil-may-care; ~ая пе́сня rollicking song
зало́г pledge; guarantee, deposit; security; в ~ in security (for, + *gen*); под ~ on the security (of, + *gen*); отдава́ть в ~ pawn, mortgage (*property*); оставля́ть в ~ leave as a deposit; выкупа́ть из ~а redeem; pay off mortgage (on); *fig* pledge, guarantee, token; ~ успе́ха pledge of success; *gramm* voice; **~́овый** *adj of* ~; ~овое свиде́тельство mortgage deed; **~ода́тель** *m* depositor, mortgagor; **~держа́тель** *m* pawnee
залож|и́ть II (~у́, ~́ишь) *pf of* закла́дывать
зало́жник hostage
залом|и́ть (~лю́, ~́ишь) *pf of* зала́мывать
залосни́ться II *pf coll* become shiny
залп volley; salvo; **~́ом** *fig coll* without pausing for breath; выпива́ть ~ом drain at one draught, down in one; произноси́ть ~ом rattle off
залуп|и́ть(ся) II (~лю́(сь), ~́ишь(ся)) *pf of* ~ля́ть(ся); **~ля́ть** I *pf* ~и́ть *coll* peel off, tear off; *pf pop* ask an exorbitant price for; *pf pop* begin to beat; *pop* bash up; **~ля́ться** I *pf* ~и́ться *coll* peel off, flake off
залуч|а́ть I *pf* ~и́ть *coll* entice, lure (into, в + *acc*); **~и́ть** II *pf of* ~а́ть
залюб|ова́ться (~у́юсь) *pf* be lost in admiration (of), gaze in admiration (at, + *instr*)
зам *abbr of* замести́тель; ~- = ~ести́тель
зама́|зать(ся) I (~жу(сь), ~жешь(ся)) *pf of* ~зывать(ся); **~́зка** putty; luting, making good with putty; **~́зывать** I *pf* ~зать paint over, out; efface; *fig* cover up, gloss over (*shortcomings, etc*); putty; seal, fill up (*windows, crevices, etc*); lute; *coll* daub, soil, smear; **~́зываться** I *pf* ~заться *coll* get dirty; daub oneself
зама́й не ~ *dial* leave alone
замал|ева́ть (~ю́ю) *pf of* ~ёвывать; **~ёвывать** I *pf* ~ева́ть paint over, daub
зама́ливать I *pf* замоли́ть грехи́ ~ atone for one's sins by prayer
зама́лчивать I *pf* замолча́ть *coll* hush up; keep silent about
зама́н|ивать I *pf* ~и́ть entice, lure; decoy; **~и́ть** II (~ю́, ~́ишь) *pf of* ~́ивать
зама́нч|ивость *f* attraction, allurement(s); **~́ивый** (~ив) alluring, tempting
замара́|ть I *pf of* мара́ть; *sl* kill; **~́шка** *coll* slut, sloven; grubby child
зама́ривать I *pf* замори́ть *coll* starve, do in (*by starving, cruelty, etc*); overwork; founder (*horse*); замори́ть червячка́ have a bite to eat, have a snack
замарин|ова́ть (~у́ю) *pf of* маринова́ть

замаскир|ова́ть(ся) (~у́ю(сь)) *pf of* ~о́вывать(ся); **~о́вывать** I *pf* ~ова́ть mask, disguise; camouflage; conceal (*feelings, etc*); **~о́вываться** I *pf* ~ова́ться disguise oneself

зама́сл|ивать I *pf* ~ить oil, grease; make oily, greasy; *fig pop* butter up; **~иваться** I *pf* ~иться become oily, greasy

замасты́р|ить II *pf of* масты́рить *sl* injure oneself on purpose; **~ка** self-inflicted injury

заматере́|лый inveterate, hardened; **~ть** I *pf* become hardened; *obs* mature

зама́т|ывать I *pf* замота́ть roll up, fold up; wind, twist; *coll* tire out; *sl* pinch, whip; **~ываться** I *pf* замота́ться wind round; *coll* be tired, worn out (*through rushing around*)

зама́|х threatening gesture; **~ха́ть** I (~шу́, ~шешь) *pf* begin to wave; **~хиваться** I *pf* ~хну́ться threaten, make as if to strike, raise threateningly (+ *instr*); ~хну́ться па́лкой на кого́ flourish, brandish one's stick at someone

зама́чивать I *pf* замочи́ть steep; wet; soak; ~ лён ret flax; ~ со́лод liquor malt

зама́шка (*usu pl*) *coll pej* way(s), manner

зама́щивать I *pf* замости́ть pave

зама́|ять I *pf pop* tire out, exhaust; **~яться** I *pf pop* be tired out, exhausted

замая́чить II *pf* loom

замедл|е́ние slowing down, deceleration; *mus* ritardando; delay; без ~е́ния without delay, at once; **~енный** retarded, delayed; бо́мба ~енного де́йствия delayed-action bomb; **~ить(ся)** II *pf of* ~я́ть(ся); **~я́ть** I *pf* ~ить slow down, retard; ~ шаг(и́) slacken one's pace; ~ ход reduce speed; delay (in); be long (in, + *infin or* + *instr or* с + *instr*); прошу́ не ~ить отве́том please reply without delay; **~я́ться** I *pf* ~иться slow down, slacken, become slower; *pass of* ~я́ть

замели́ть II *pf* chalk (over)

заме́н|а substitution, replacement; ~ сме́ртной ка́зни тюре́мным заключе́нием commutation of death sentence to imprisonment; substitute; служи́ть ~ой be a substitute (for, + *gen*); **~и́мый** replaceable; **~и́тель** *m* substitute (for, + *gen*); **~и́ть** II (~ю́, ~ишь) *pf of* ~я́ть; **~я́ть** I *pf* ~и́ть replace (by, with), substitute (for, + *instr*); ~и́ть мета́лл де́ревом replace metal with wood; take the place of; она́ ~и́ла ребёнку мать she was (like) a mother to the child; не́кому ему́ ~и́ть there is no one to replace him

зам|ере́ть (~ру́, ~рёшь; ~ер, ~ерла́, ~ерло) *pf of* ~ира́ть

замерз|а́ние freezing; то́чка ~а́ния freezing point; на то́чке ~а́ния *fig* at a standstill; **~а́ть** I *pf* ~нуть freeze (over, up); frost up (*of windows, etc*); freeze to death; be killed, nipped by frost; **~нуть** I (*past* ~, ~л) *pf of* ~а́ть

за́мертво *adv* like one dead; in a dead faint, unconscious; *coll* insensible (*from drinking*)

заме|си́ть II (~шу́, ~сишь) *pf of* ~шивать

заме|сти́ (~ту́, ~тёшь; ~л, ~ла́) *pf of* ~та́ть; *pf sl* arrest

заме|сти́тель *m* substitute; deputy; ~ дире́ктора deputy director; ~ председа́теля vice-chairman; быть ~сти́телем stand proxy (for, + *gen*); **~сти́тельство** position of deputy; temporary tenure of office; по ~сти́тельству by proxy; **~сти́ть** II (~щу́) *pf of* ~ща́ть

заме|та́ть I *pf* замести́ sweep up; cover (up); *impers* доро́гу ~ло́ сне́гом, the road is covered with snow; ~сти́ следы́ cover one's tracks; *pf of* ~тывать; *coll* ~тано! all right!, agreed!; **~та́ться** I (~чу́сь, ~чешься) *pf* begin to rush about; begin to toss about; get into a flurry; ~ в отча́янии be frantic with despair

заме́|тить II (~чу) *pf of* ~ча́ть; **~тка** notice, paragraph (*in press*); note; путевы́е ~тки travel notes; ~тки на поля́х marginal notes; брать на ~тку make a note (of); **~тный** (~тен, ~тна) visible, noticeable; outstanding; appreciable, perceptible; notable, noted, conspicuous; **~тно** *pred* it is noticeable

замётывать I *pf* замета́ть tack, baste

замеч|а́ние remark, observation; reproof, reprimand; сде́лать ~а́ния кому́ reprimand, tick off someone; **~а́тельный** (~а́телен, ~а́тельна) remarkable; splendid, wonderful; outstanding; **~а́ть** I *pf* заме́тить notice, remark, observe; remark upon (in, за + *instr*); make a note (of), take notice (of); remark, observe (*in conversing*); **~енный** noticed, discovered, detected (in, в + *prep*)

замечта́ться I *pf* be lost in a reverie, give oneself up to day-dreaming

замеша́тельство confusion; consternation, dismay; embarrassment; приводи́ть в ~ throw into confusion, disconcert; приходи́ть в ~ be disconcerted, be confused, be put off, be embarrassed

замеш|а́ть(ся) I *pf of* ~ивать(ся); **~ивать** I *pf* ~а́ть mix up, entangle, embroil (in, в + *acc*); *pf* замеси́ть mix; ~те́сто knead dough; **~иваться** I *pf* ~аться become embroiled, mixed up (in), entangled (in, в + *acc*); ~ в толпу́ mingle with the crowd

заме́шк|а *coll* delay; **~аться** I *pf coll* linger, dawdle

замещ|а́ть I *pf* замести́ть replace (by), substitute (with, + *instr*); fill (*vacancy, etc*); deputize for, act for; она́ ~а́ла мне мать she took my mother's place, she was a mother to me; **~е́ние** substitution; ~ вака́нсии filling a vacancy

замин|а́ть I *pf* замя́ть *coll* put a stop to; ~ разгово́р change the subject; **~ка** hitch, temporary difficulty, delay; hesitation (*in speech*)

замира́|ние dying out, dying down; с ~нием се́рдца with one's heart in one's mouth; **~ть** I *pf* замере́ть be rooted to the spot, freeze; stand (stock-)still; моё се́рдце за́мерло *fig* my heart stopped beating (*from shock, excitement, etc*); die down, die away, stop, fade (*of sounds, activity, etc*); слова́ за́мерли на его́ губа́х the words froze on his lips; *impf* falter; ~ющим го́лосом in a faltering voice

замире́ние peacemaking

за́мкн|утый (~ут) reserved; вести́ ~ о́браз жи́зни lead a secluded life; **~у́ть(ся)** I *pf of* замыка́ть(ся)

замле́|ть (~ю) *pf coll* become numb

замоги́льный sepulchral (*of voice*)

за́м|ок (~ка) castle; возду́шные ~ки castles in the air

зам|о́к (~ка́) lock, америка́нский ~ Yale lock; вися́чий ~ padlock; под ~ко́м under lock and key; запере́ть на ~ lock (up); за семью́ ~ка́ми well and truly locked away; *archi* keystone; bolt (*of firearm*); clasp, clip

замок|а́ть I *pf* ~нуть *pop* become soaked, drenched; **~нуть** I (*past* ~, ~ла) *pf of* ~а́ть

замо́лв|ить II (~лю) *pf coll* ~ слове́чко put in a word (for, за + *acc*)

замол|и́ть II (~ю́, ~ишь) *pf of* зама́ливать

замолк|а́ть I *pf* ~нуть fall silent; die away, stop, cease, be hushed (*of sounds*); разгово́р не ~а́л ни

на мину́ту the conversation never flagged for a moment; ~́нуть I *pf of* ~а́ть
замолч|а́ть II (~у́) *pf of* зама́лчивать; *pf* fall silent; *fig coll* stop writing
замора́ж|ивание freezing; ~цен freezing of prices; ~́ивать I *pf* заморо́зить freeze; ice; chill (*wine, etc*); make numb with cold; *fig* keep idle; заморо́зить сре́дства keep funds idle
заморд|ова́ть (~у́ю) *pf coll of* мордова́ть oppress
замори́ть II *pf of* зама́ривать
заморо́|женный frozen; iced; chilled; ~женное мя́со frozen meat; ~́зить II (~жу) *pf of* замора́живать
за́морозк|и (*gen pl* ~ов) (light) frosts; осе́нние ~ first autumn frosts, early frosts; весе́нние ~ late frosts; ~ на по́чве ground frost(s)
замо́рский oversea(s)
замо́рыш *coll* runt; weakling; starveling
замо|сти́ть II (~щу́) *pf of* мости́ть *and* зама́щивать
замота́ть I *pf of* зама́тывать; *pf* shake, begin to shake (+ *instr*); ~ голово́й begin to shake one's head; ~ хвосто́м begin to wag its tail; ~́ся I *pf of* зама́тываться; *pf* begin to shake, swing
замоч|и́ть II (~у́, ~́ишь) *pf of* зама́чивать; *pf sl* kill, cut someone's throat
замо́чн|ик locksmith; ~́ый *adj of* замо́к; ~ая сква́жина keyhole
за́м|уж *adv* вы́йти ~ за кого́ marry someone (*of woman*); вы́дать кого́ ~ give someone in marriage (to, за + *acc*); ~́ужем *adv* быть ~ за кем be married to someone (*of woman*); ~у́жество marriage (*of woman*); ~у́жняя married (*of woman*)
замундшту́ч|ивать I *pf* ~ить bit (*a horse*); ~́ить II *pf of* ~ивать
заму́рзан|ный (~) *pop* grubby
замур|ова́ть (~у́ю) *pf of* ~о́вывать; ~о́вывать I *pf* ~ова́ть immure, wall up; brick up
заму́с|лить II = ~олить; ~о́лить II *pf of* ~оливать; ~о́ливать I *pf* ~о́лить *coll* beslobber; make greasy; soil, besmear
заму|ти́ть II (~чу́) *pf of* мути́ть; он воды́ не ~ти́т he looks as if butter wouldn't melt in his mouth
замухры́шка *m and f coll* poor, shabby thing; plain, shabby creature
заму́ч|ивать I *pf* ~ить torment, torture; wear out; *coll* pester to death, plague the life out of (*with talk, complaints, etc*); ~́ить II *pf of* ~ивать; ~́иться II *pf of* му́читься; be worn out; have a terrible time
за́мш|а chamois (leather); wash-leather; suede; ~́евый *adj of* ~а
замше́|лый moss-covered, mossy; ~́ть I *pf* be overgrown with moss
замы|ва́ть I *pf* ~́ть wash off, wash out
замы́згать I *pf pop* wear out; dirty
замык|а́ние locking; коро́ткое ~ short circuit; ~а́ть I *pf* замкну́ть lock; close; ~ цепь close the circuit; ~ коло́нну, ше́ствие bring up the rear; ~а́ться I *pf* замкну́ться *pass of* ~а́ть; shut oneself up; become reserved; ~ в себе́ retire, withdraw into oneself; ~ в свою́ скорлупу́ retire into one's shell; ~́аться I *pf pop* be worn out, fagged out
за́мыс|ел (~ла) project, plan; scheme, design; idea, conception; злы́е ~лы evil intentions; ~́лить II *pf of* замышля́ть; ~лова́тый (~лова́т) intricate, complicated, elaborate
зам|ы́ть (~о́ю, ~о́ешь) *pf of* ~ыва́ть
замышля́|ть I *pf* замы́слить plan, intend, contemplate, meditate (+ *acc or infin*); что вы ~ете? what are you up to?
зам|я́ть (~ну́, ~нёшь) *pf of* ~ина́ть; ~я́ться (~ну́сь, ~нёшься) *pf coll* stumble; stop short (*in speech*)
за́н|авес curtain (*usu large for screening off (part of) something; theat* (drop-)curtain; желе́зный ~ *pol* iron curtain; ~аве́сить II (~аве́шу) *pf of* ~аве́шивать; ~аве́ска curtain, drape *US* (*usu of lighter material*); ~́авесь *f* curtain, drape *US* (*usu large for window, door, etc*); ~аве́шивать I *pf* ~аве́сить curtain; cover
зана́ч|ивать I *pf* ~ить *sl* stow, stash, hide away; ~́ить II *pf of* ~ивать; ~́ка *sl* hideout, hiding place, hideaway, hid(e)y-hole
зана́шивать I *pf* заноси́ть wear out; dirty by wearing
занеду́ж|иться II (~ится) *pf impers + dat pop* feel bad
занеме́|ть (~ю) *pf coll* become numb
занемо|га́ть I *pf* ~чь *pop* fall ill, be taken ill; ~́чь (~гу́, ~́жешь, ~́гут; ~г, ~ гла́) *pf of* ~га́ть
занес|ти́ (~у́, ~ёшь; ~́, ~ла́) *pf of* заноси́ть; *pf coll* begin to talk (nonsense, etc); ~ти́сь (~у́сь, ~ёшься; ~́ся, ~ла́сь) *pf of* заноси́ться
занима́|тельный (~телен, ~тельна) entertaining, diverting, absorbing; ~́ть I *pf* заня́ть occupy (*space, post, flat, etc*); preoccupy, occupy, interest; ~ дете́й keep children occupied; take up (*of time*); keep, secure (*place, etc*); займи́те для меня́ ме́сто keep a place for me; borrow; ~́ться II *pf* заня́ться be occupied (with), engaged (in), work (at, on, + *instr*); study (+ *instr*); ~ вопро́сом examine a question; ~ медици́ной study medicine; ~ собо́й devote (too much) attention to one's appearance, person; attend (to), assist (с + *instr*); catch fire; занима́ется заря́ day is breaking; у меня́ дух, дыха́ние занима́ется it takes my breath away
за́ново *adv* anew
зано́|за splinter; *m and f fig coll* pest, aggravating person; thorn in the flesh; ~́зистый (~зист) *coll* splintery; *fig* aggravating; prickly; ~зи́ть II (~жу́) *pf* get a splinter (in); он ~зи́л себе́ ру́ку he's got a splinter in his hand
зано́|с snowdrift; raising, lifting; ~си́ть II (~шу́, ~́сишь) *pf* занести́ leave (*in passing*); raise, lift (*foot, hand*); note down; ~ в протоко́л enter in the minutes; *impers* всю доро́гу занесло́ сне́гом the road is snowed up; bring, carry (*usu a long way*) *coll*; куда́ вас занесло́? how on earth did you get here?; *pf of* зана́шивать; ~си́ться II (~шу́сь, ~́сишься) *pf* занести́сь *coll* be carried away; become too self-important; *pf* be worn out; wear out *vi* ; ~́сный alien, imported; ~́счивый (~счив) arrogant, haughty
заноч|ева́ть (~у́ю) *pf coll* stay (for) the night
зану́д|а *m and f sl* crushing bore, pain in the neck; ~́ливый (~лив) *and* ~́ный (~ен) *pop* boring, tiresome
занумер|ова́ть (~у́ю) *pf of* нумерова́ть *and* ~о́вывать; ~о́вывать I *pf* ~ова́ть number
заны́кать I *pf sl* stow away, hide
зан|я́тие profession, occupation, trade, pursuit; employment, work; *pl* studies, lessons, classes; часы́ ~я́тий working hours; ~я́тный (~я́тен, ~я́тна) *coll* entertaining, amusing; ~я́то́й busy; ~́ятость *f* employment; pressure of work; у нас больша́я ~ we are very busy; по́лная ~ full

employment; ∸я́тый (~ят, ~ята́, ~я́то) occupied; ме́сто ~ято the place is taken; employed; быть ~ятым собо́й be concentrated on oneself; busy; я о́чень ~ят I am very busy; **~я́ть** (займу́, займёшь; ∸ял, ~яла́, ∸яло) *pf of* ~има́ть; **~я́ться** (займу́сь, займёшься; ~я́лся́, ~яла́сь) *pf of* ~има́ться

зао́блачный *poet* beyond the clouds

заодно́ *adv* in concert, at one, together; де́йствовать ~ act in concert; быть ~ be at one, in agreement (with, с + *instr*); *coll* at the same time

заозёрный situated on the other side of, beyond the lake(s)

заокеа́нский transoceanic, overseas; transatlantic

заор|а́ть (~у́, ~ёшь) *pf of* ора́ть; *pf* begin to bawl, yell

заостр|ённость *f* pointedness, sharpness; **~ённый** pointed, sharp; tapering; **~и́ть(ся)** II *pf of* ~я́ть(ся); **~я́ть** I *pf* ~и́ть sharpen; *fig* stress, emphasize, underline, accentuate; ~ внима́ние draw special attention to (in, на + *prep*); **~я́ться** I *pf* ~и́ться become sharp, pointed; taper; *fig* become acute

зао́чн|ик student taking correspondence course; external, extramural student; **∸о** *adv* in one's absence; by correspondence course, externally; **∸ый** *leg* ~ пригово́р judgement by default; ~ курс correspondence course; ~ое обуче́ние postal tuition

за́пад west; the West; the Occident

запа́д|ать I *pf coll* begin to fall; **~а́ть** I *pf* запа́сть fall (behind); become sunken; sink deeply; кла́виш ~а́ет the key is sticking; его́ слова́ запа́ли мне в ду́шу *fig* his words are deeply imprinted in my mind

за́п|адничество Westernism; **∸адник** Westernizer, Westernist; **∸адный** west(ern); westerly

западн|я́ (*gen pl* ~е́й) trap, snare; попа́сть в ~ю́ fall into a trap *also fig*; замани́ть в ~ю́ (en)snare

запа́зд|ывание being late, lateness; delay (*of train, etc*); **∸ывать** I *pf* запозда́ть be late (with, с + *instr*); я запозда́л с рабо́той I am late with the work; be delayed; *impf only*, *tech* lag

запа́|ивать I *pf* ~я́ть solder; **∸йка** soldering

запак|ова́ть (~у́ю) *pf of* ~о́вывать; **~о́вывать** I *pf* ~ова́ть pack (up), wrap up, do up

запа́ко|стить II (~щу) *pf of* па́костить

запа́л heaves; broken wind (*of horses*); *tech* fuse, primer; touchhole; *coll* heat of the moment; **∸ивать** I *pf* ~и́ть *pop* set fire to, kindle; light; override a horse; *dial* water (a horse) when overheated; hurl (+ *instr*) at (в + *acc*); **~и́ть** II *pf of* ∸ивать; *pf coll* open fire; **∸ьный** ~ьная свеча́ sparking plug; **∸ьчивость** *f* (quick) temper, irascibility; **∸ьчивый** (~ьчив) quick-tempered, irascible

запа́мят|овать (~ую) *pf obs* forget

запанибра́т|а *adv coll* быть ~ с кем be hail-fellow-well-met, free-and-easy with someone; **∸ский** *coll* hail-fellow-well-met, free and easy

запа́р|ивать I *pf* ~ить steam, stew; **∸иваться** I *pf* ~иться *coll* stew *vi*; be fagged out (*from walking, etc*); **∸ить(ся)** II *pf of* ~ивать(ся)

запарши́веть I *pf of* парши́веть

запа́рывать I *pf* запоро́ть *coll* flog to death

запа́с supply, stock; reserve; ~ това́ров stock-in-trade; в ~е in store; ~ зна́ний fund of knowledge; ~ слов vocabulary; проверя́ть ~ take stock; про ~ for emergency; отложи́ть про ~ put by; истощи́ть ~ терпе́ния *fig* exhaust one's (reserves of) patience; *mil* reserve; вы́йти в ~ be transferred to the reserve; hem; вы́пустить ~ let out; **~а́ть** I *pf* ~ти́ stock, store, lay in (a stock) (of, + *acc or gen*); **~а́ться** I *pf* ~ти́сь provide oneself (with), stock up (with, + *instr*); ~ терпе́нием *fig* arm oneself with patience; **∸ливый** (~лив) thrifty; provident; **∸ник** *coll* reservist; compartment for spares; **~но́й** spare; reserve; ~ вы́ход emergency exit; ~ путь siding; ~ батальо́н *mil* depot battalion; ~ я́корь *naut* sheet anchor, spare bower-anchor; **~но́й** *n* reservist; **∸ный** = ~но́й; **~ти́(сь)** (~у́(сь), ~ёшь(ся); ∸(ся), ~ла́(сь) *pf of* ~а́ть(ся)

запа́|сть (~ду́, ~дёшь; ~л) *pf of* ~да́ть

за́пах smell, odour

запа|ха́ть I (~шу́, ∸шешь) *pf of* ∸хивать; *pf* begin to plough; **∸хивать** I *pf* ~ха́ть plough in; *pf* ~хну́ть wrap over (*of garment*); *coll* close briskly (*door, curtain, window, etc*); **∸хиваться** I *pf* ~хну́ться wrap oneself tighter (in, в + *acc*)

запа́х|нуть I (~, ~ла) begin to (emit a) smell

запах|ну́ть(ся) I *pf of* ∸ивать(ся)

запа́чк|ать I *pf of* па́чкать; **∸аться** *pf of* па́чкаться; *pf* get oneself dirty

запа́ш|ка ploughing (up); plough-land, ploughed area, tillage; **∸ник** share

запаш|о́к (~ка́) *coll* whiff

запа|я́ть I *pf of* ∸ивать; ~ кому в у́хо *pop vulg* give someone a clout on the ear, a clip round the ear

запе́в introduction (*to song*); **~а́ла** *m* leader (of choir); precentor; *fig* leader, instigator; **~а́ть** I *pf* запе́ть lead the singing, set the tune, strike up the first notes

запека́|нка savoury baked dish; spiced brandy; **∸ть** I запе́чь bake; **∸ться** *pf* запе́чься bake *vi*; clot, coagulate; become parched

запелена́ть I *pf of* пелена́ть

запе́н|ить II *pf coll* froth up; **∸иться** *pf* begin to froth up, begin to foam

зап|ере́ть(ся) (~ру́(сь), ~рёшь(ся); ∸ер(ся́), ~ерла́(сь), ∸ерло(сь)) *pf of* ~ира́ть(ся)

зап|е́ть (~ою́, ~оёшь) *pf of* ~ева́ть; begin to sing; ~ пе́сню break into (a) song; ~ друго́е *fig* change one's tune

запеча́т|ать I *pf of* ~ывать

запечатле|ва́ть I *pf* ∸ть imprint, engrave, impress; ~ что в па́мяти *fig* fix something in one's memory; **~ва́ться** I *pf* ∸ться *fig* imprint, stamp, impress itself; ~ у кого́ в па́мяти be engraved on one's memory; **∸ть(ся)** I *pf of* ~ва́ть(ся)

запеча́т|ывать I *pf* ~ать seal (up)

зап|е́чь (~еку́, ~ечёшь, ~еку́т; ~ёк, ~екла́) *pf of* ~ека́ть; **~е́чься** (~ечётся, ~еку́тся; ~ёкся, ~екла́сь) *pf of* ~ека́ться

запи|ва́ть I *pf* ∸ть

запин|а́ться I *pf* запну́ться hesitate; stumble, falter (*in speech*); stammer; ~ ного́й trip up; strike (against, о + *acc*); **∸ка** *coll* hesitation (*in speech*)

запира́|тельство denial, disavowal; **∸ть** I *pf* запере́ть lock; ~ на засо́в bolt; lock in, up; shut up; bar, block up; **∸ться** I *pf* запере́ться lock oneself in, up; *coll* refuse to admit, deny, refuse to speak (about, в + *prep*); *pass of* ~ть

запи|са́ть I (~шу́, ∸шешь) *pf of* ∸сывать; *pf coll* begin to write; **~са́ться** I (~шу́сь, ∸шешься) *pf of* ∸сываться; **∸ска** note; дипломати́ческая ~, делова́я ~ memorandum, minute; *pl* notes; memoirs; transactions, proceedings (*of learned society, etc*); **~сно́й** ~сна́я кни́жка notebook; *coll* inveterate, out-and-out; regular; **~́сывать** I *pf* ~са́ть note (down), make a note (of), take down (in writing); record (*with tape-recorder, etc*); ~ ле́кцию take notes of a lecture; enter, enrol, register; ~ сы́на в шко́лу enrol (one's) son at school; *leg obs* make over (to, на + *acc*); ~ име́ние на жену́ make over the estate to (one's) wife; **~́сываться** I *pf* ~са́ться enter one's name, enrol, register; он ~са́лся в библиоте́ку he joined a library; ~ к врачу́ на приём make an appointment with a doctor; ~ доброво́льцем enlist as a volunteer; forget the time (in) writing; *pass of* ~сывать

за́пись *f* writing down; recording (*by tape, etc*); entry, record; *leg* deed; метри́ческая ~ registration of vital statistics

зап|и́ть (~ью́, ~ьёшь; ~́ил, ~ила́, ~́ило) *pf of* ~ива́ть; *coll* (*past* ~́ил) hit the bottle, take to drink; go on a blind; (*past* ~и́л) wash down (with), take (with, after); ~ лека́рство водо́й take medicine with (in) water

запих|а́ть I *pf of* ~́ивать; **~́ивать** I *pf* ~а́ть *and* ~ну́ть *coll* cram (into, in, в + *acc*); **~ну́ть** I *pf of* ~́ивать

запи́чкать I *pf coll* stuff, cram (*of food*)

запла́|канный (~кан, ~кана) tear-stained, in tears; ~канные глаза́ eyes red with weeping; **~́кать** I (~чу, ~чешь) *pf of* пла́кать; *pf* begin to cry

запланир|овать (~ую) *pf of* плани́ровать

запла́т|а patch (*in garments*); наложи́ть ~у patch (на + *acc*); **~а́ть** I *pf of* плата́ть *pop*

запла|ти́ть II (~чу́, ~́тишь) *pf of* плати́ть

заплёв|анный (~ан, ~ана) *coll* bespattered with spit(tle); dirty; **~а́ть** (заплюю́, заплюёшь) *pf of* ~́ывать; **~́ывать** I *pf* ~а́ть *coll* spit at; *fig* rain curses on

запле|ска́ть I (~ска́ю *and* ~щу́, ~́щешь) *pf of* ~́скивать; *pf* begin to splash; **~́скивать** I *pf* ~ска́ть *and* заплесну́ть *coll* splash into; swamp

заплéсн|евелый *coll* mouldy, mildewed; **~́еветь** I *pf of* пле́сневеть

заплес|ну́ть I *pf of* ~́кивать

запле|сти́ (~ту́, ~тёшь; ~́л, ~ла́) *pf of* ~та́ть braid, plait; *pf coll* begin to weave; ~ вздор begin to talk nonsense; **~сти́сь** (~ту́сь, ~тёшься; ~́лся, ~ла́сь) *pf of* ~та́ться; **~та́ть** I *pf* ~сти́; **~та́ться** I *pf* ~сти́сь *coll* stumble, be unsteady on one's legs; falter, mumble (*in speech*); *dial* wind *vi*; *pass of* ~та́ть

заплéч|ный over the shoulders, shoulder; ~ мешо́к rucksack; ~ ма́стер *obs* executioner; **~́ье** (*gen pl* ~ий) shoulder-blade

запломбир|ова́ть (~у́ю) *pf of* ~о́вывать; **~о́вывать** I *pf* ~ова́ть; ~ зуб fill a tooth; seal (up)

заплута́ться *pf pop* stray, lose one's way

заплы́|в round, heat, race (*water sports*); **~ва́ть** I *pf* ~́ть swim far out; sail away; call in (*port, etc*); become blurred (*of landscape*); be bloated, swollen (*of features*); ~вшие жи́ром глаза́ bloated eyes; **~́ть** (~ву́, ~вёшь; ~л, ~ла́, ~ло) *pf of* ~ва́ть

запну́ться I *pf of* запина́ться

зап|ове́дать I *pf of* ~ове́дывать; **~ове́дник** reserve; preserve, sanctuary; госуда́рственный ~ national park; **~ове́дный** prohibited; ~ лес forest reserve; ~ове́дное име́ние entailed estate; *poet* precious; cherished; **~ове́дывать** I *pf* ~ове́дать *rhet* command; *obs* interdict; **~́оведь** *f* precept; де́сять ~оведей Ten Commandments

запод|а́зривать I *pf* ~о́зрить; **~о́зрить** *pf of* ~а́зривать suspect, (of, в + *prep*); его́ ~о́зрили во лжи he was suspected of lying; *obs* suspect, be suspicious of (*motives, intentions, etc*)

запо́ем *adv* пить ~ drink like a fish, to excess; *fig coll* immoderately; чита́ть ~ read voraciously; кури́ть ~ smoke like a chimney

запозда́|лый belated; **~́ть** I *pf of* запа́здывать

запо́й (addiction to) excessive drinking; (drinking) bout, binge, bender *US*; **~ный** *adj of* ~; ~ пери́од drunken bout; ~ пья́ница chronic drunkard

запо́лз|ать I *pf* begin to crawl; **~а́ть** I *pf* **~ти́** creep, crawl (into, under, в, под + *acc*); **~ти́** (~у́, ~ёшь; ~, ~ла́) *pf of* ~а́ть

запо́лн|ить II *pf of* ~я́ть

за́полночь *adv coll* after midnight; далеко́ ~ long past midnight

заполн|я́ть I *pf* ~́ить fill in, fill (up); ~ анке́ту fill in (out) a form; ~ пробе́л fill a gap; ~ вре́мя fill in time

заполон|и́ть II *pf of* ~я́ть; **~я́ть** I *pf* ~и́ть *pop obs* take prisoner; *fig* captivate, enthrall; *coll* throng, fill

заполо|ска́ть I (~щу́, ~́щешь) *pf coll* begin to rinse; rinse partially, give a rinse (to); **~ска́ться** (~щу́сь, ~́щешься) *pf coll* begin to paddle; *pf of* запола́скиваться be engrossed in paddling; **~сну́ть** I *pf coll* give a rinse (to)

заполуч|а́ть I *pf* ~и́ть *pop* procure, get hold of; pick up (*cold, fever, etc*); **~и́ть** II *pf of* ~а́ть

заполя́р|ный polar; transpolar; **~́ье** polar regions

запом|ина́ть I *pf* ~́нить memorize, commit to memory, remember; **~ина́ться** I *pf* ~́ниться be retained in one's memory, stick in one's memory; **~́нить** II *pf of* ~ина́ть; *impf coll* remember (*with neg*); никто́ не ~нит nobody can remember; **~́ниться** II *pf of* ~ина́ться

за́понка cuff-link; (collar-)stud

запо́р bolt; lock; на ~(е) under lock and key, locked (and barred); *pop* locking, closing, bolting (up); constipation

запоро́ж|ец (~ца) *hist* Zaporozhian Cossack; **~́ский** *hist* Zaporozhian

запор|о́ть I (~ю́, ~́ешь) *pf coll* flog to death; begin to talk (nonsense)

запорош|и́ть II powder, dust (with, + *instr*); *impers* доро́гу ~и́ло сне́гом the road was powdered with snow; begin to powder, dust

запорхну́ть I *pf coll* flutter (off somewhere, in)

запо|сти́ться (~щу́сь, ~сти́шься) *pf coll* begin to fast; overdo the fasting

запоте|ва́ть I *pf* ~́ть *coll* mist over; **~́лый** misted over; dim; **~́ть** I *pf of* ~ва́ть; *pop* become covered in sweat

заправи́ла *m coll* boss, ringleader

запра́в|ить(ся) II *pf of* ~ля́ть(ся); **~́ка** seasoning; refuelling; **~ля́ть** I *pf* ~́ить insert; tuck in; ~ брю́ки в сапоги́ tuck one's trousers into one's boots; prepare (*for use*); ~ ла́мпу trim a lamp; ~ автомоби́ль бензи́ном fill up with petrol; season (with, + *instr*), mix in; ~ со́ус муко́й thicken gravy with flour; **~ля́ться** I *pf* ~́иться *coll* stoke up (*with food and drink*); refuel *vi*; **~́очный** ~очная коло́нка, ста́нция petrol pump, station

запра́вский *coll* real, true, thorough(-going); confirmed (*gambler, etc*)

запра́шивать I *pf* запроси́ть inquire (officially) about (о + *prep*); inquire (officially) of, question (+ *acc*); ~ сли́шком высо́кую це́ну ask an

exorbitant price
запреде́льный *lit* beyond the confines (of, + *dat*)
запресто́льный *eccles* (situated) behind the altar
запре́|т *coll* ban, prohibition, embargo; наложи́ть ~ veto, place a ban (on, на + *acc*); быть под ~том be banned; **~ти́тельный** prohibitive; prohibitory; **~ти́ть** II *pf of* ~ща́ть; **∸тка** *abbr of* запре́тная зо́на; **∸тный** forbidden; ~тная зо́на no-go, prohibited, restricted area; **~ща́ть** I *pf* ~ти́ть ban, prohibit, forbid; врач ~ти́л ему́ кури́ть (ему́ куре́ние) the doctor has forbidden him to smoke; ~ пье́су ban a play; **~ща́ться** I *impf* be forbidden, prohibited; вход ~ща́ется no entry; кури́ть ~ща́ется no smoking (*official notices*); **~ще́ние** prohibition, banning; *leg* ~ на иму́щество distraint; суде́бное ~ injunction
заприме́|тить II (~чу) *pf pop* notice, perceive; recognize, spot
заприхо́д|овать (~ую) *pf of* прихо́довать
запрограмми́р|овать (~ую) *pf of* программи́ровать program (*computer*, *etc*)
запрод|ава́ть (~аю́, ~аёшь) *pf* ~а́ть sell on part-payment; conclude a forward contract (on); agree to sell; **~а́жа** forward contract, provisional sale; **~а́жный** *adj of* ~а́жа; ~а́жная за́пись document concerning sale; **~а́ть** (~а́м, ~а́шь, ~а́ст, ~ади́м, ~ади́те, ~аду́т; ∸ал, ~ала́, ∸ало) *pf of* ~ава́ть
запроекти́р|овать (~ую) *pf of* проекти́ровать
запроки́|дывать I *pf* ∸нуть *coll* throw back (*usu head*); **∸дываться** *pf coll* ∸нуться sink, fall back; **∸нуть(ся)** I *pf of* ∸дывать(ся)
запропа|да́ть I *pf* ∸сть *coll* disappear, get lost; **~сти́ться** II (~щу́сь) *pf coll* disappear, get lost; **∸сть** (~ду́, ~дёшь; ~л) *pf of* ~да́ть
запро́|с (official) inquiry, *pol* question (*in parliament*); *coll* overcharging; це́ны без ~са reasonable prices; *usu pl* demands, requirements; *usu pl* interests, aspirations; **~си́ть** II (~шу́, ∸сишь) *pf of* запра́шивать
за́просто *adv coll* without ceremony, without formality, quite informally, without fuss
запротоколи́р|овать (~ую) *pf* enter in the minutes
зап|ру́, ~рёшь *see* **запере́ть**
запру́|да dam, weir; millpond; **~ди́ть** II (~жу́, ∸ди́шь) *pf of* ∸живать *and* ~жа́ть dam; *fig coll* block (up), jam; fill to overflowing, throng; **~жа́ть** I *and* **∸живать** I *pf* ~ди́ть
запры́г|ать I *pf* begin to jump; begin to thump (*of heart*); **∸ивать** I *pf* ∸нуть *coll* leap (on to, на + *acc*; over, за + *acc*); **∸нуть** I *pf of* ~ивать
запры́ск|ать I *pf of* ~ивать; *pf coll* begin to sprinkle; **∸ивать** I *pf* ~ать *coll* besprinkle, splash
запря|га́ть I *pf* ∸чь harness *also fig*; ~ воло́в yoke oxen; **~га́ться** I *pf* ∸чься *fig coll* buckle down (to), get down (to, в + *acc*); **∸жка** harnessing; equipage; team, turnout; harness
запря́т|ать(ся) I *pf of* ~ывать(ся); **∸ывать** I *pf* ~ать *coll* hide; **∸ываться** I *pf* ~аться *coll* hide oneself
запря́|чь(ся) (~гу́(сь), ~жёшь(ся), ~гу́т(ся); ~г(ся), ~гла́(сь)) *pf of* ~га́ть(ся)
запу́г|анный (~ан, ~ана) terrified, frightened; (*no short form*) cowed, scared; **~а́ть** I *pf of* ∸ивать; **∸ивать** I *pf* ~а́ть scare, intimidate, cow, browbeat
запу́др|ивать I *pf* ~ить powder; **∸ить** II *pf of* ~ивать
запузы́ривать I *impf coll joc* do something vigorously; ~ на фортепья́но thump, bang away on a piano

за́пуск start(ing) (*of motor*, *etc*); launch(ing) (*of rocket*, *etc*); ~ иску́сственного спу́тника на орби́ту launching of an artificial satellite; **~а́ть** I *pf* запусти́ть *coll* fling (at), shy (at), throw (at, в + *acc*); ~ ка́мнем в окно́ shy a stone at a window; thrust (hands, claws, etc) into (в + *acc*); ~ ко́гти, ла́пы, ру́ки *fig* get one's hand (on, в + *acc*); ~ глаза́, глазена́пы *pop* let one's eyes roam; cast covetous eyes (on, на + *acc*); start up (*motor*, *etc*); ~ раке́ту launch a rocket; neglect, allow to fall into neglect; ~ боле́знь neglect an illness
запусте́|лый neglected; desolate; **∸ние** (state of) neglect; desolation; **∸ть** I *pf obs* fall into neglect; become desolate
запу|сти́ть II (~щу́, ∸стишь) *pf of* ~ска́ть
запу́т|анный (~ан, ~ана) tangled; involved, intricate; ~ вопро́с knotty question; ~анная ситуа́ция imbroglio; **∸ать(ся)** I *pf of* ~ывать(ся); **∸ывать** I *pf* ~ать tangle (up); *fig* muddle, confuse, complicate; ~ де́ло complicate matters; *fig coll* embroil, involve (in, в + *acc*); **∸ываться** I *pf* ~аться become entangled; foul; entangle oneself (in), be caught (in, в + *prep*); *coll* get mixed up (*in thoughts*, *speech*, *etc*); свиде́тель ~ался в показа́ниях the witness got tied up in giving evidence; ~ в долга́х *coll* get bogged down in debts, be up to one's neck in debt; *fig* become entangled (in), become involved (in, в + *prep*); become complicated
запух|а́ть I *pf* ∸нуть *coll* be swollen, puffed up; **∸нуть** I (*past* ~, ~ла) *pf of* ~а́ть
запуши́ть II *pf* cover lightly (*of frost*, *snow*)
запущ|е́ние neglect; **∸енный** (~ен, ~ена) neglected
запыла́ть I *pf* blaze up, flare up
запыли́ть(ся) II *pf of* пыли́ть(ся)
запых|а́ться I *impf coll* puff, pant; **∸а́ться** I *pf coll* be out of breath, be puffed (out)
запья́нств|овать (~ую) *pf* to take to drink
запя́стье wrist, *med* carpus; *poet* bracelet
запята́я *n* comma; *coll joc* rub, snag, difficulty, hitch
запя́т|ки (*gen pl* ~ок) footboard (*of carriage*)
запятна́ть I *pf of* пятна́ть
зар|аба́тывать I *pf* ~або́тать earn; **~аба́тываться** I *pf* ~або́таться overwork, tire oneself out with work, overdo it; work long hours, late; **~або́тать(ся)** I *pf of* ~аба́тывать(ся); **∸аботный** ~аботная пла́та wages, pay; salary; **∸аботок** (~аботка) earnings; лёгкий ~ easy money; *pl only* (seasonal) labour, work
зара́внивать I *pf* заровня́ть level, even up; ~ я́му fill up a hole
зараж|а́емость *f* susceptibility to infection; **~а́ть** I *pf* зарази́ть contaminate, infect (with, + *instr*) *also fig*; ~ свои́м приме́ром infect with one's example; **~а́ться** I *pf* зарази́ться be infected (with), catch (+ *instr*) *also fig*; **~е́ние** infection; ~ кро́ви blood poisoning
зара́з *adv coll* at once; at one fell swoop; at a sitting
зара́|за infection, contagion; *fig coll* plague, pest (*of person*); **~зи́тельный** (~зи́телен) infectious, catching; *fig* ~ смех infectious laughter; **~зи́ть(ся)** II (~жу́(сь)) *pf of* ~жа́ть(ся); **∸зный** (~зен) infectious, contagious (*of diseases*); of *or* for infectious diseases; ~ больно́й infectious case; **∸зный, ∸зная** *n* infectious case
зара́нее *adv* beforehand; in good time; заплати́ть ~ pay in advance; ~ обду́манный premeditated;

ра́доваться ~ look forward (to, + *dat*)
зарапорт|ова́ться (~у́юсь) *pf coll* let one's tongue run away with one
зараст|а́ть I *pf* ~и́ be overgrown (with, + *instr*); heal, skin over (*of wound*); **~и́** (~у́, ~ёшь; заро́с, заросла́) *pf of* ~а́ть
зарв|а́ться (~у́сь, ~ёшься; ~а́лся, ~ала́сь, ~а́ло́сь) *pf of* зарыва́ться
зарде́ть I *pf poet* redden, grow red (*of sky*, *etc*); **~ся** I *pf poet see* ~; blush
за́рев|о glow (*of fire*, *sunset*); **~о́й** *adj of* заря́
зарегистри́р|овать(ся) (~ую(сь)) *pf of* регистри́ровать(ся)
заре́|з *coll* disaster; до ~зу *coll* urgently, badly, desperately; мне нужны́ де́ньги до ~зу I desperately need money; *tech* slaughter(ing) (*of cattle*); **~зать** I (~жу, ~жешь) *pf of* ~за́ть; **~за́ть** I *pf* ~зать *coll* murder, knife; ~ свинью́ stick a pig; kill, devour (*of wolf*); хоть ~жь urgently, desperately; *pop* honestly; *fig* be the undoing of, do for; без ножа́ ~ *pop* do in, do for; **~за́ться** I *pass of* ~за́ть; **~заться** I (~жусь, ~жешься) *pf coll* cut one's throat; **~зывать(ся)** I *pf* ~зать(ся)
зарека́ться I *pf* заре́чься *coll* promise not to, promise to give up, vow to give up, swear off (+ *infin*)
зарекоменд|ова́ть (~у́ю) *pf* ~ себя́ prove oneself, show oneself (to be) (+ *instr*); хорошо́ ~ себя́ show to advantage
заре́ч|ный situated on other, far side of the river; **~ье** part of town, *etc.*, on the other, far side of river
заре́|чься (~ку́сь, ~чёшься, ~ку́тся; ~кся, ~кла́сь) *pf of* ~ка́ться
заржа́в|еть I *pf of* ржа́веть; **~ленный** (~лен, ~лена) rusty
зарис|ова́ть(ся) (~у́ю(сь)) *pf of* ~о́вывать(ся); **~о́вка** sketching; sketch; **~о́вывать** I *pf* ~овать sketch; **~о́вываться** I *pf* ~ова́ться *coll* spend too much time in drawing
за́риться II *pf* по~ *pop* hanker (after, на + *acc*)
зарни́ца summer lightning
заровня́ть I *pf of* зара́внивать
заро|ди́ть(ся) II (~жу́(сь) *pf of* ~жда́ть(ся); **~дыш** *biol* foetus; *bot* bud; *fig* embryo, germ; подави́ть в ~дыше nip in the bud; **~дышевый** embryonic; **~жда́ть** I *pf* ~ди́ть generate, engender *also fig*; **~жда́ться** I *pf* ~ди́ться *pass of* ~жда́ть *fig* arise; у неё ~ди́лось сомне́ние a doubt arose in her mind; **~жде́ние** conception, origin
заро́к vow, pledge, (solemn) promise, undertaking; дать ~ pledge oneself, give a (solemn) undertaking
зарон|и́ть II (~ю́, ~ишь) *pf of* ~я́ть; **~и́ться** II (~ю́, ~ишься) *pf obs* make an impression (on), sink in; **~я́ть** I *pf* ~и́ть *coll* let fall; drop (behind, за + *acc*); *fig* arouse, excite; ~ сомнения в ком sow seeds of doubt in someone
за́росль *f* thicket; brake, undergrowth
зарпла́та *abbr of* за́работная пла́та pay, wages; salary
заруб|а́ть I *pf* ~и́ть kill (*with axe*, *sabre*, *etc*); notch, make an incision (on); ~и́ э́то (себе́) на носу́, на лбу, на сте́нке remember (that) once and for all, get this into one's head, get this straight; *tech* hew
зарубе́жный foreign
заруб|и́ть II (~лю́, ~ишь) *pf of* ~а́ть; **~ка** notch, incision; *tech* hewing
зарубц|ева́ться (~у́ется) *pf of* ~о́вываться; **~о́вываться** I *pf* ~ева́ться cicatrize, form a scar
зарумя́н|ивать I *pf* ~ить redden **~иваться** I *pf* ~иться redden *vi*; blush, colour; *coll* brown, bake brown; **~ить(ся)** II *pf of* ~ивать(ся)
заруч|а́ться I *pf* ~и́ться secure (+ *instr*); ~ подде́ржкой enlist support; ~ согла́сием obtain consent; *sl* secure oneself (*at cards*); **~и́ться** II *pf of* ~а́ться; **~ка** *coll* pull, protection, influence
зарыва́ть I *pf* зары́ть bury; ~ тала́нт в зе́млю bury one's talent, hide one's light under a bushel; **~ся** I *pf* зары́ться bury oneself; ~ лицо́м в поду́шку bury one's head in the pillow; ~ в дере́вне bury oneself in the country; ~ в кни́ги bury oneself in one's books; *mil* dig in; *pop* become too choosy; *pf* зарва́ться *coll* go too far, overstep the mark
зарыда́ть I *pf* begin to sob
зар|ы́ть(ся) (~о́ю(сь), ~о́ешь(ся)) *pf of* ~ыва́ть(ся)
зар|я́ (*pl* зо́ри, зорь, зо́рям *and* ~я́м) dawn, daybreak; встать с ~ёй rise at crack of dawn; на ~е́ at dawn, daybreak; что ты встал ни свет ни ~я́? why did you get up at this unearthly hour?; (вече́рняя) ~ sunset, evening glow; от ~и́ до ~и́ all the livelong day, from morn till night; all night long, from dawn to dusk; *fig* outset, start; dawn, threshold; (*acc* зо́рю) *mil* reveille; retreat; бить зо́рю beat retreat
заря́|д charge (*in var senses*); cartridge; холосто́й ~ blank charge; *fig coll* round, tot (*of drinks*); *fig* fund, supply; **~ди́ть** II (~жу́) *pf of* ~жа́ть; *pf coll* not let up, persist in (doing something); с утра́ ~ди́л дождь it has been raining non-stop since the morning; он ~ди́л одно́ (и то же) he goes on and on (about the same thing); **~ди́ться** II (~жу́сь, ~ди́шься) *pf of* ~жа́ться; **~дка** *coll* loading (*of firearms*); *elect* charging; exercises; у́тренняя ~ daily dozen; **~дный** *adj of* ~д; ~ я́щик ammunition wagon; **~жа́ть** I *pf* ~ди́ть load (*firearm*); *elect* charge; **~жа́ться** I *pf* ~ди́ться be loaded; be charged; *fig coll* cheer oneself up; **~жа́ющий** *n mil* loader
заса́|да ambush; **~ди́ть** II (~жу́, ~дишь) *pf of* ~живать; **~дка** planting; **~живать** I *pf* ~ди́ть plant (with, + *instr*); *coll* drive (into), plant (into), sink, plunge (into, в + *acc*); *coll* shut up, confine; lock up, put in prison; ~ кого́ за что make someone get down to do something; **~живаться** I *pass of* ~живать; *pf* засе́сть *coll* sit, settle down (to, + *infin or* за + *acc*); ensconce oneself, sit tight; ~ в тюрьму́ go to prison; lodge (in), stick (in, в + *prep*); пу́ля засе́ла у него́ в боку́ a bullet lodged in his side; lie low (в + *acc*); засе́ла у него́ в голове́ мысль the thought stuck in his mind
заса́л|ивать I *pf* ~ить soil, make greasy; *pf* засоли́ть salt; pickle; corn (*meat*); **~ить** II *pf of* ~ивать
заса́ривать I *pf* засори́ть clog, block up, stop; litter, get dirt, foreign matter into; *fig* ~ (себе́) го́лову вся́кой чепухо́й clutter up one's mind with all sorts of nonsense
заса́сывать I *pf* засоса́ть suck in, engulf, swallow up *also fig*
заса́х|аренный candied; ~аренные фру́кты crystallized fruit(s); **~аривать** I *pf* ~арить candy; **~арить** II *pf of* ~аривать
засверка́ть I *pf of* сверка́ть; *pf* begin to sparkle, twinkle

засве|ти́ть II (~чу́, ^~ти́шь) *pf* light; *vulg* strike, sock, belt, thump; ~ кому́ в физионо́мию кулако́м smash one's fist in someone's face; **~ти́ться** II (~чу́сь, ^~ти́шься) *pf* light up *also fig*
засв|етле́ть I *pf* show up (bright); **^~етло** *adv coll* before nightfall, before dark
засвиде́тельств|овать (~ую) *pf of* свиде́тельствовать
засви|ста́ть I (~щу́, ^~щешь) *pf pop* = ~сте́ть; **~сте́ть** II (~щу́, ~сти́шь) *pf of* свисте́ть; *pf* begin to whistle
засе́в sowing; seed, seed-corn; sown area; **~а́ть** I *pf* засе́ять sow
заседа́|ние meeting; session, sitting; conference; **^~тель** *m* assessor; прися́жный ~ juryman; **^~ть** I *impf* sit; meet
засе́|ивать I = ~ва́ть
за́сека abat(t)is; **^~ть** I *pf* засе́чь flog to death; notch, nick; determine by intersection, plot, map; ~ направле́ние take a bearing
засекре́|тить II (~чу) *pf of* ~чивать; **^~ченный** (~чен, ~чена) secret, hush-hush; engaged on secret work; **^~чивать** I *pf* ~тить place on secret list; restrict, classify as secret; give access to secret documents (to); admit to secret work
засел|е́ние settlement; colonization; ~ до́ма putting tenants in a house; **~ённый** populated, inhabited; гу́сто, ре́дко ~ densely, sparsely populated; **~и́ть** II *pf of* ~я́ть; **~я́ть** I *pf* ~и́ть settle; colonize; populate; put tenants into
засемени́ть I *pf of* семени́ть; *pf* begin to mince
зас|е́сть (~я́ду, ~я́дешь; ~е́л) *pf of* ~а́живаться; *pf* settle down
засе́чка notch, mark; *geog* intersection; *med* canker
засе́|чь (~ку́, ~чёшь, ~ку́т; ~к, ~кла) *pf of* ~ка́ть; *pf sl* catch in the act; **^~чься** (~ку́сь, ~чёшься, ~ку́тся; ~кся, ~кла́сь) *pf* overreach itself, cut, hitch (*of horse*)
засе́|ять I *pf of* ~ва́ть *and* ~ивать
заси|де́ть(ся) II (~жу́(сь)) *pf of* ^~живать(ся); **^~женный** (~жен, ~жена) *coll* fly-blown, fouled; **^~живать** I *pf* ~де́ть *coll* fly-spout; foul (*by birds, etc*); **^~живаться** I *pf* ~де́ться *coll* stay too long, sit too long; sit up, stay late
заси́лье *pej* domination, sway
заси́м *adv obs* hereafter, after this
засин|е́ть(ся) I *pf* become blue; appear blue (in the distance); **^~ивать** I *pf* ~и́ть over-blue (*in laundering*); cover with blue paint; **~и́ть** II *pf* ^~ивать *and* ~я́ть; **~я́ть** I *pf* ~и́ть
засия́|ть I *pf* begin to shine, beam; appear, come out; ме́сяц ~л на не́бе the moon appeared in the sky
заскак|а́ть I *pf of* ^~ивать; *pf* begin to jump; break into a gallop; **~а́ться** I *pf coll* gallop until exhausted; **^~ивать** I *pf* ~а́ть gallop (away to, up to, в + *acc*); *pf* заскочи́ть jump, spring (behind, за + *acc*; on to, на + *acc*); *fig* drop in (on, к + *dat*; to, at, в + *acc*)
заскво|зи́ть II (~жу́) *pf of* сквози́ть
заскирд|ова́ть (~у́ю) *pf of* скирдова́ть
заско́к *coll* leap, jump; bee in one's bonnet, crazy idea, obsession; fancy, whim
заскору́з|лый hardened, calloused; *fig* coarsened, callous; *fig* backward, retarded; inert; **^~нуть** I (~, ~ла) *pf* harden, coarsen, become callous *also fig*; *fig* stagnate, become retarded
заскоч|и́ть II (~чу́) *pf of* заска́кивать
заскули́ть II *pf of* скули́ть
засла|сти́ть II (~щу́) *pf of* ^~щивать
за|сла́ть (~шлю́, ~шлёшь) *pf of* ~сыла́ть
засла́щивать I *pf* засласти́ть *coll* take an unpleasant taste away with something sweet; sweeten, put sugar into
засле|ди́ть II (~жу́) *pf of* ^~живать; **^~живать** I *pf* ~ди́ть *coll* leave dirty foot-marks on
засле|зи́ться II (~жу́сь) *pf of* слези́ться; *pf* begin to water
заслеп|и́ть II (~лю́) *pf of* ~ля́ть; **~ля́ть** I *pf* ~и́ть *coll* blind
засло́н screen, barrier; сне́жный ~ snow wall; *mil* covering detachment; **~и́ть(ся)** II (~ю́(сь), ~и́шь(ся) *and coll* ^~ишь(ся)) *pf of* ~я́ть(ся); **^~ка** oven door; stove door; **~я́ть** I *pf* ~и́ть shield, screen; hide, cover; shade; ~ свет кому́ stand in someone's light; *fig* overshadow, push into the background; **~я́ться** I *pf* ~и́ться shield oneself, screen oneself (from, от + *gen*); *pass of* ~я́ть; *pf coll* begin to pace up and down
заслу́|га merit, desert; кому́ по ~гам according to someone's deserts; service; ста́вить себе́ что в ~гу think highly of one's action; **^~женно** *adv* deservedly; according to (one's) deserts; **^~женный** (~жен, ~жена) *and* **~жённый** (~жён, ~жена́) deserved, merited; meritorious, of merit; ~ арти́ст Honoured Artist (*title in USSR*); ~ профе́ссор professor emeritus; *fig coll* good old; time-honoured; **^~живать** I *impf only* merit, deserve (+ *gen*); э́та кни́га ~живает похвалы́ this book deserves to be praised; *pf* ~жи́ть win, earn (*reward, reprimand, trust, fame, etc*) (+ *acc*); **^~живаться** I *pf* ~жи́ться *coll* serve for too long; *pass of* ~живать; **~жи́ть(ся)** II (~жу́(сь), ^~жишь(ся)) *pf of* ^~живать(ся)
заслу́ш|ать(ся) I *pf of* ~ивать(ся); **^~ивать** I *pf* ~ать hear, listen to (*public or official pronouncement*); **^~иваться** I *pf* ~аться listen spellbound (to, + *gen*)
заслы́ш|ать II (~у) *pf* hear, catch (the sound of); *coll* smell; **^~аться** II (~усь) *pf coll* begin to be audible; be able to be heard
заслю́н|ивать I *pf* ~и́ть *coll* slobber over; **~и́ть** II *pf of* ^~ивать and слюни́ть; **~я́вить** II (~я́влю) *pf of* слюня́вить
засма́ливать I *pf* засмоли́ть pitch, caulk; tar
засма́тр|ивать I *impf coll* look (into); peep (into, в + *acc*); ~ в глаза́ кому́ look into someone's eyes; **^~иваться** I *pf* засмотре́ться be lost in contemplation (of), be carried away by the sight of (на + *acc*)
засме́|ивать I *pf* ~я́ть *coll* laugh at, (hold up to) ridicule; **~я́ться** *pf* begin to laugh
засмоли́ть II *pf of* засма́ливать
засмо́рк|анный (~ан, ~ана) *coll* snotty; **~ать** *pf pop* make snotty
засмотр|е́ться II (~ю́сь, ^~ишься) *pf of* засма́триваться
заснежён|ный (~, ~а́) *poet* snow-covered
заснима́ть I *pf* засня́ть *pop* photograph, snap; *sl* shoot (*cinema*)
засну́ть I *pf of* засыпа́ть
засн|я́ть (~иму́, ~и́мешь; ~я́л, ~яла́, ~я́ло) *coll* take a photograph of, shoot (*cinema*)
засо́в bolt, bar
засо́ве|ститься II (~щусь) *pf coll* (begin to) feel ashamed (to, + *infin*)
засо́вывать I *pf* засу́нуть shove, thrust in; tuck in; ~ ру́ки в карма́н thrust one's hand into one's

pockets
засо́л salting; pickling; **~и́ть** II (~ю́, ~и́шь) *pf of* заса́ливать; **~ьщик** salter; pickler
засор|е́ние choking up, clogging up, obstruction, littering; **~и́ть(ся)** II *pf of* заса́ривать(ся) *and* засоря́ть(ся); **~я́ть(ся)** litter; obstruct
засо́с sucking in; **~а́ть** (~у́, ~ёшь) *pf of* заса́сывать
засо́х|нуть I (*past* ~, ~ла) *pf of* засыха́ть
за́сп|анный *coll* sleepy, puffy-eyed (*from sleep*); **~а́ть(ся)** (~лю́(сь), ~и́шь(ся); ~а́л(ся), ~ала́(сь), ~а́ло(сь)) *pf of* засыпа́ть(ся)
заспирт|ова́ть (~у́ю) *pf of* **~о́вывать; ~о́вывать** I *pf* ~ова́ть preserve in alcohol
заспо́р|ить II *pf* begin to argue; **~иться** II *pf coll* get carried away by argument; **~и́ться** II *pf coll* go well, be successful (*of work, etc*)
заста́ва gate, post (*at entrance to town*); *obs* barrier, turnpike; *mil* picket; outpost; пограни́чная ~ frontier post
заста|ва́ть (~ю, ~ёшь) *pf* ~ть find; ~ кого́ до́ма find someone at home; я ~л его́ лежа́щим в посте́ли I found him lying in bed; ~ врасплох catch napping, take unawares; ~ на ме́сте преступле́ния catch red-handed
заста́в|ить II *pf of* ~ля́ть; **~ка** illumination; headpiece, vignette (*in book or MS*); **~ля́ть** I *pf* ~ить fill, cram; block (up), obstruct, clutter; *sl* put a book in the wrong place; make, compel, force (+ *acc and infin*); не ~ля́йте меня́ ждать don't keep me waiting; ~ замолча́ть reduce to silence, silence; **~очный** *adj of* ~ка
заста́иваться I *pf* застоя́ться stand too long; become stagnant (*of water, etc*); become stale, fetid (*of air, etc*); *coll* linger (longer than one should); become restive (*of horse*)
заста́н|у, ~ешь *see* **заста́ть**
застаре|ва́ть I *pf* ~ть *coll* become inveterate; become chronic; **~лый** inveterate; chronic; **~ть** I *pf of* ~ва́ть
заста́|ть (~ну, ~нешь) *pf of* ~ва́ть; **~ю́, ~ёшь** *see* **~ва́ть**
засте|га́ть I *pf coll* begin to flog; ~ до́ смерти flog to death; **~гивать** I *pf* ~гну́ть fasten, do up, button up; hook up; clasp, buckle; **~гиваться** I *pf* ~гну́ться *pass of* ~гивать; fasten, do up, button up *vi*; button oneself up; ~ на все пу́говицы do up all one's buttons; **~гну́ть(ся)** I *pf of* ~гивать(ся); **~жка** fastening; clasp, buckle, hasp; fastener; ~-мо́лния zip fastener, zipper
застекл|и́ть II *pf of* ~я́ть; **~я́ть** I *pf* ~и́ть glaze, fit with glass; ~ портре́т frame a portrait (with glass)
застел|и́ть (~ю́, ~ешь) *pf pop* = застла́ть
засте́н|ок (~ка) torture-chamber
засте́нчив|ый (~) shy, bashful
засти|га́ть I *pf* ~чь *and* ~гнуть catch (unawares); нас ~гла гроза́ we were caught by a storm; **~гнуть** I (*past* ~г, ~гла) *pf of* ~га́ть
застил|а́ть I *pf* застла́ть cover (with, + *instr*); ~ ковро́м carpet, lay a carpet (over); screen, hide from view, cloud (*of clouds, mist, etc*); слёзы застла́ли её глаза́ tears dimmed her eyes; **~ка** (floor-)covering
застир|а́ть I *pf of* ~ывать; **~ывать** I *pf* ~а́ть wash off, out; ruin by washing
за́|стить II (~щу) *impf pop* ~ свет stand in the light
засти́|чь (~гну, ~гнешь; ~г, ~гла) *pf of* ~га́ть
заст|ла́ть (~елю́, ~е́лешь) *pf of* ~ила́ть
засто́|й stagnation; в ~е at a standstill; *econ* depression; ~ кро́ви *med* haemostasia; **~йный** stagnant; *econ* ~ това́р unwanted goods; idle (*of workers*)
засто́льн|ый table-; ~ая бесе́да table-talk; ~ая пе́сня drinking-song; ~ая речь after-dinner speech
засто́п|оривать I *pf* ~орить *tech* stop; *fig coll* bring to a standstill; **~ориваться** I *pf* ~ориться *tech* stop; *fig coll* come to a standstill; **~орить(ся)** *pf of* ~оривать(ся)
засто|я́ться (~ю́сь, ~и́шься) *pf of* заста́иваться
застра́гивать I *pf* застрога́ть plane smooth, down; plane to a point
застра́ивать I *pf* застро́ить build (over, on, up), develop
застрах|о́ванный (~о́ван, ~о́вана) insured; **~ова́ть(ся)** (~у́ю(сь)) *pf of* ~о́вывать(ся) *and* страхова́ть(ся); **~овывать** I *pf* ~ова́ть insure (against, от + *gen*); **~о́вываться** *pf* ~ова́ться insure oneself
застра́чивать I *pf* застрочи́ть stitch, sew up
застращ|а́ть I *pf of* ~ивать; **~ивать** I *pf* ~а́ть *coll* intimidate, frighten, browbeat
застр|ева́ть I *pf* ~я́ть stick; get stuck; ~ в грязи́ get stuck in the mud; слова́ ~я́ли у него́ в го́рле the words stuck in his throat; *fig coll* be held up; где ты ~я́л? where on earth have you been?, what kept you?
застре́л|ивать I *pf* ~и́ть shoot (dead); **~иваться** I *pf* ~и́ться shoot oneself; blow one's brains out; **~и́ть(ся)** II (~ю́(сь), ~ишь(ся)) *pf of* ~ивать (-ся); **~ьщик** *mil* skirmisher, tirailleur; *fig* pioneer, leader, initiator; **~я́ть** I *pf coll* begin to shoot, begin to fire
застре́ха eaves
застри|га́ть I *pf* ~чь cut (nails) too short; **~чь** (~гу́, ~жёшь, ~гу́т; ~г, ~гла) *pf of* ~га́ть; *pf coll* begin to cut
застрога́ть I *pf of* застра́гивать; *pf* begin to plane
застро́|енный built-up, developed; **~ить** II *pf of* застра́ивать; *pf coll* begin to build; **~йка** building; пра́во ~йки building permit; **~йщик** builder of private house
застроч|и́ть II (~у́, ~и́шь) *pf of* застра́чивать; *pf coll* (begin to) dash off, rattle off (*letter, etc*); *coll* rattle away (*of or with automatic weapons*)
застря́|ть (~ну, ~нешь) *pf of* застрева́ть
засту|ди́ть(ся) II (~жу́(сь), ~дишь(ся)) *pf of* ~живать(ся); **~живать** I *pf* ~ди́ть *coll* chill, expose to cold; aggravate by exposure to cold; ~ди́ть лёгкие catch a chill on one's chest; **~живаться** I *pf* ~ди́ться *coll* catch a chill, cold
за́ступ spade
заступ|а́ть I *pf* ~и́ть *obs* replace, take the place of; ~ доро́гу кому́ *pop* stand in someone's way; **~а́ться** I *pf* ~и́ться intercede (for), stand up for, take someone's part (за + *acc*); plead (for, за + *acc*); **~и́ть(ся)** II (~лю́(сь), ~ишь(ся)) *pf of* ~а́ть(ся); **~ник** defender, intercessor, protector; **~ничество** intercession (on behalf of), protection (for, за + *acc*)
засты|ва́ть I *pf* ~ть *and* ~нуть thicken, set (*from cooling*); harden (*of glue, etc*); congeal, coagulate; *coll* become stiff; *pop* become frozen, stiff; *fig* freeze, become paralysed (*with fright, etc*); у него́ кровь ~ла от у́жаса his blood curdled with horror
засты|ди́ть II (~жу́) *pf coll* cause to feel shame, shame; **~ди́ться** II (~жу́сь) *pf coll* feel shame, feel ashamed; become embarrassed
засты́|лый *pop* frozen; stiff; congealed; **~нуть** I *see*

~ть; ~ть (~ну, ~нешь; ~л, ~ла) *pf of* ~ва́ть
засу|ди́ть II (~жу́, ~дишь) *pf of* ~живать
засуе|ти́ться II (~чу́сь) *pf coll* begin to bustle (around), begin to fuss; wear oneself out with fussing
засу́|живать I *pf* ~ди́ть *coll* condemn
засу́нуть I *pf of* засо́вывать
засу́слить II *pf of* су́слить
за́сух|а drought; **~усто́йчивый** (~усто́йчив) drought-resisting
засу́ч|ивать I *pf* ~и́ть *coll* roll up (*sleeves, etc*); **~и́ть** II *pf of* ~ивать
засу́ш|ивать I *pf* ~и́ть dry (up); press (*flowers, etc*) *also fig*; **~иваться** I *pf* ~и́ться *coll* dry (up) *vi*; shrivel; **~и́ть(ся)** II (~у́(сь) ~ишь(ся)) *pf of* ~ивать(ся)
засчит|а́ть I *pf of* ~ывать; **~ывать** I *pf* ~а́ть count, take into consideration; ~ в счёт до́лга reckon, count towards payment of debt
засыла́ть I *pf* засла́ть *coll* send, dispatch; ~ не по тому́ а́дресу send to the wrong address
засы́п|ать I (~лю, ~лешь) *pf of* ~а́ть fill up (with, + *instr*); cover (with), strew (with), bury (under, + *instr*); ~ вопро́сами bombard with questions; ~ поздравле́ниями shower congratulations (on); *coll* put (into), add (to, в + *acc*); ~ са́хара в те́сто add sugar to pastry; *sl* give away, shop, betray; **~а́ть** I *impf of* ~а́ть; *pf* засну́ть go to sleep, fall asleep; *fig* die down; *pf* заспа́ть (accidentally) smother (baby) in sleep; ~ лицо́ make one's face puffy from sleep; **~аться** I (~люсь, ~лешься) *pf of* ~а́ться get into; песо́к ~ался ему́ в башмаки́ sand has got into his shoes; *coll* be caught; *sl* be pinched, nabbed; come to grief, slip up; fail, plough, flunk (*exam*); **~а́ться** I *impf of* ~аться; *impf of* заспа́ться *coll* oversleep; **~ка** filling up; covering, strewing; putting, pouring in
засыха́ть I *pf* засо́хнуть dry (up), wither; cake (*of mud*)
затаври́ть II *pf of* таври́ть
зата|ённый secret; suppressed; с ~ённым дыха́нием with bated breath; **~ивать** I *pf* ~и́ть conceal; suppress (*anger, etc*); ~и́ть дыха́ние hold one's breath; harbour, cherish; ~и́ть оби́ду nurse a grievance (against, на + *acc*); **~иваться** I *pf* ~и́ться *coll* hide; ~ в себе́ retire into oneself, become reserved; **~и́ть(ся)** II *pf of* ~ивать(ся)
зата́лкивать I *pf* затолка́ть shove, jostle (about); *pf* затолкну́ть shove, push in
зата́пливать I *pf* затопи́ть light (*stove*); turn on heating
зата́птывать I *pf* затопта́ть trample (down, in); trample underfoot
зата́ск|анный (~ан, ~ана) worn (out); threadbare, shabby; *fig* hackneyed, trite; ~анная же́нщина *vulg* old bag; **~а́ть** I *pf of* ~ивать *and* затащи́ть; *pf* begin to drag; **~а́ться** I *pf of* ~иваться; **~ивать** I *pf* ~а́ть wear out; soil (with wear); *fig* make hackneyed, make trite; drag around; ~ по суда́м drag through the courts; *pf* затащи́ть *coll* drag off, away *also fig*; **~иваться** I *pf* ~а́ться *coll* wear out, become worn out; become soiled, dirty (from wear)
зата́чивать I *pf* заточи́ть sharpen
затащ|и́ть II (~у́, ~ишь) *pf of* зата́скивать
затверде|ва́ть I *pf* ~ть harden, become hard; set, solidify; **~лый** *coll* hard, hardened, solid; **~ние** hardening, (hard) lump; *med* callosity, induration; callus; **~ть** *pf of* ~ва́ть
затвер|ди́ть II (~жу́) *pf coll* learn by rote; ~ одно́ и то же harp on one string
затво́р shutting, bolting; bolt, bar; breech-block (*of firearm*); floodgate, watergate; shutter (*of camera*); *eccles* cell; seclusion, solitude; **~и́ть(ся)** II (~ю́(сь), ~ишь(ся)) *pf of* ~я́ть(ся); **~ник** hermit, recluse, anchorite; жить ~ником live the life of a recluse; **~нический** *adj of* ~ник; solitary; **~ничество** *eccles* solitary life, seclusion; **~я́ть** I *pf* ~и́ть shut, close; **~я́ться** I *pf* ~и́ться shut, close (*of door, etc*) *vi*; shut, lock oneself in; *eccles* become a recluse; ~ в монасты́рь, в монастыре́ go into a monastery
зате|ва́ть I *pf* ~ять *coll* undertake, venture; organize; ~ять дра́ку start a fight; **~йливый** (~йлив) intricate, involved; ingenious, inventive, original; **~йник** entertainer; organizing spirit (*of person*); amusing person; **~йный** (~ен, ~йна) *coll see* ~йливый; **~йщик** *coll* person full of bright ideas for entertaining
затек|а́ть I *pf* зате́чь pour, flow, trickle, leak (into, в + *acc*; behind, за + *acc*); swell (up); become numb; у меня́ нога́ ~ла́ my leg has become numb, gone dead; my leg is swollen
зате́м *adv* then, thereupon, after that, next; for that reason; ~ что because, since, as; ~, что́бы in order that; он позвони́л ~, чтобы узна́ть как я себя́ чу́вствую he phoned up (in order) to find out how I feel
зат|емне́ние darkening; obscuring *also fig*; *med* dark patch; *mil* blackout *also psych coll*; **~емни́ть(ся)** II *pf of* ~емня́ть(ся); **~емно** *adv coll* before daybreak; after dark; **~емня́ть** I *pf* ~емни́ть darken; obscure *also fig*; *mil* blackout; **~емня́ться** I *pf* ~емни́ться become dark; become obscure; *fig* become clouded, obscured
затен|и́ть II *pf of* ~я́ть; **~я́ть** I *pf* ~и́ть shade
зате́пл|ивать I *pf* ~ить *obs poet* light (*candle, etc*); **~иваться** I *pf* ~иться *obs poet* ~ился свет a light began to gleam; **~ить(ся)** II *pf of* ~ивать(ся)
зат|ере́ть (~ру́, ~рёшь; ~ёр, ~ёрла; ~ёртый) *pf of* затира́ть; *pf* begin to rub; **~ере́ться** (~ру́сь, ~рёшься; ~ёрся, ~ёрлась) *pf of* затира́ться; *pf* begin to rub oneself
зате́р|ивать I *pf* ~ять *coll* lose, mislay; **~иваться** I *pf* ~яться *coll* go missing, be lost, mislaid; *fig* become forgotten; моя́ ру́копись ~ялась my manuscript has gone missing, vanished; ~ в толпе́ be lost in a crowd; **~янный** (~ян, ~яна) lost; *no short form* forgotten, forsaken; **~я́ть(ся)** I *pf of* ~ивать(ся)
зате|са́ть(ся) (~шу́(сь), ~шешь(ся)) *pf of* ~сывать(ся)
затесн|и́ть(ся) II *pf of* ~я́ть(ся); **~я́ть** I *pf* ~и́ть *coll* jostle, press; *fig pop* persecute, oppress; **~я́ться** I *pass of* ~я́ть
затёс|ывать I *pf* затеса́ть rough-hew; sharpen (*stake, etc*); **~ываться** I *pf* затеса́ться *coll* worm one's way in, intrude
зате́|чь (~ку́, ~чёшь, ~ку́т; ~к, ~кла́) *pf of* ~ка́ть
зате́|я undertaking, venture, enterprise (*usu doomed to failure*); *usu pl* whim(s), crazy idea(s), mischievous idea(s); piece of fun; *pl obs* embellishment, ornament; *lit* conceit; **~ять** I *pf of* ~ва́ть
затира́ть I *pf* затере́ть rub out, rub over; block, jam, trap, hold fast, prevent from moving; су́дно затёрло льда́ми the ship was ice-bound; *fig coll* ~

кого́ keep someone down, impede someone's career; *coll* wear out (*by constant use*); **~ся** I *pf* затере́ться get (into), worm one's way (into, в + *acc*)

зати́с|кать I *pf of* ~кивать; **~кивать** I *pf* ~кать *coll* smother with caresses; *pf* ~нуть *coll* squeeze in; **~киваться** I *pf* ~нуться *coll* squeeze (oneself) in; **~нуть(ся)** I *pf of* ~кивать(ся)

зати|ха́ть I *pf* ~хнуть die down, abate (*storm, rain, passions, etc*); grow quiet; die away, fade (away) (*of noise*); **~хнуть** I (*past* ~х, ~хла) *pf of* ~ха́ть; **~шье** calm; lull

затк|а́ть (~у́, ~ёшь; ~а́л, ~ала́, ~а́ло) *pf* weave into, weave (a pattern) all over (+ *acc and instr*); ~ пла́тье зо́лотом weave gold into the dress

заткну́ть I *pf of* затыка́ть; ~ гло́тку, рот кому́ *pop* shut someone's mouth; заткни́ фонта́н *pop* put a sock in it, shut your mouth; **~ся** I *pf coll* shut up; заткни́сь *pop* shut up

затм|ева́ть I *pf* ~и́ть darken, cover; *fig* eclipse, overshadow; **~е́ние** *astron* eclipse; *fig coll* black-out, temporary mental derangement; на него́ нашло́ ~ his mind went blank; **~и́ть** II (~лю́) *pf of* ~ева́ть

зато́ *conj coll* but (then), but on the other hand; (but) to make up for it; э́то невку́сно, ~ поле́зно it's not tasty, but it's good for you

затова́р|енность *f econ* glut; **~енный** (~ен, ~ена) *econ* surplus; **~ивание** overstocking; glutting; **~ивать** I *pf* ~ить overstock, accumulate (excess stock of); **~иваться** I *pf* ~иться be overstocked; *coll* have a surplus; **~ить(ся)** I *pf of* ~ивать(ся)

затолк|а́ть I *pf of* зата́лкивать; **~ну́ть** I *pf of* зата́лкивать

зато́н backwater; dam, weir; (river-)boat yard

затон|у́ть I (~у́, ~ешь) sink *vi*, founder (*of ship*)

затоп|и́ть II (~лю́, ~ишь) *pf of* зата́пливать; *pf coll* begin to light, have fires; *pf of* ~ля́ть; **~ля́ть** I *pf* ~и́ть flood, inundate; submerge; sink, scuttle (*ship*)

затоп|та́ть I (~чу́, ~чешь) *pf of* зата́птывать

зато́р blocking, blockage, obstruction; (traffic-) jam, congestion; mash (*in brewing, distilling, etc*)

затормо|зи́ть II (~жу́) *pf of* тормози́ть

затормоши́ть II *pf coll* pester, harass

заточ|а́ть I *pf* ~и́ть shut up, confine, incarcerate; ~ в тюрьму́ imprison; **~е́ние** confinement, incarceration, imprisonment; **~и́ть** II (~у́, ~ишь) *pf of* зата́чивать *and* ~а́ть

затрав|и́ть II (~лю́, ~ишь) *pf of* ~ливать

затра́вка *tech* touchhole; priming device

затра́в|ливать I *pf* ~и́ть bring to bay, hunt down; *fig coll* persecute, hound

затра́вник *tech* priming-tube

затра́гивать I *pf* затро́нуть affect; у неё затро́нуты лёгкие her lungs are affected; touch, graze; *fig* touch (on); ~ вопро́с broach a question; ~ чьё самолю́бие wound someone's self-esteem

затрапе́зный (at) table; *coll* working-, everyday- (*of dress*)

затра́|та expense, outlay; **~тить** II (~чу) *pf of* ~чивать; **~чивать** I *pf* ~тить expend, spend (*money, effort in hope of return*)

затре́б|овать (~ую) *pf* request, require, ask for (*officially of documents, witnesses, etc*)

затреп|а́ть(ся) I (~лю́(сь), ~лешь(ся)) *pf of* ~ывать(ся); **~ывать** I *pf* ~а́ть wear out; ~ кни́гу make a book tattered; *fig* wear out, exhaust; *pf* begin to scutch; **~ываться** I *pf* ~а́ться wear out *vi*, be worn out; become tattered; *fig* я совсе́м ~а́лся I have stayed gossiping too long; I am quite worn out; *pf* begin to flutter

затре́щина *pop* box on the ears

затро́нуть I *pf of* затра́гивать

затрудн|е́ние difficulty; **~ённый** (~ён, ~ена́) laboured; **~и́тельность** *f* difficulty; straits; **~и́тельный** (~и́телен, ~и́тельна) difficult; embarrassing; **~и́ть(ся)** II *pf of* ~я́ть(ся); **~я́ть** I *pf* ~и́ть trouble; э́то вас не ~и́т? if it is not too much trouble (for you); cause trouble (to), put out; embarrass; hamper, make difficult; **~я́ться** I *pf* ~и́ться find difficulty (in), find it difficult (to, + *infin or instr*); я ~я́юсь сказа́ть I find it difficult to say, I hardly know what to say

затру́ханный *sl* done in, broken, knackered

затума́н|ивать I *pf* ~ить (be)fog, dim, cloud; obscure, hide; слёзы ~или её глаза́ tears dimmed her eyes; *fig* obscure (*meaning, etc*); **~иваться** I *pf* ~иться grow foggy, become clouded (with); grow misty (*of eyes*); *fig coll* grow sad; *fig* become obscure; **~ить(ся)** II *pf of* ~ивать(ся)

затуп|и́ться II (~лю́(сь), ~ишь(ся)) *pf of* ~ля́ть(ся); **~ля́ть** I *pf* ~и́ть blunt; dull; **~ля́ться** I *pf* ~и́ться become blunt(ed)

затух|а́ние extinction; *tech* damping; fading; attenuation; **~а́ть** I *pf* ~нуть *coll* go out, be extinguished; *fig* die away; *tech* damp; fade, subside; **~нуть** I (*past* ~, ~ла) *pf of* ~а́ть

затуш|ева́ть (~у́ю) *pf of* ~ёвывать; **~ёвывать** I *pf* ~ева́ть shade; *fig coll* conceal, cover-up

затуш|и́ть II (~у́, ~ишь) *pf coll* put out, extinguish; *fig* suppress

за́тхлый musty, mouldy, fusty; stuffy, close; *fig* stagnant, stale, fusty

затыка́ть *pf* заткну́ть stop up, plug (with, + *instr*); ~ буты́лку про́бкой cork a bottle; *coll* stick, thrust; заткну́ть кого́ за по́яс outdo someone; ~ кому́ рот gag someone

заты́л|ок (~ка) back of the head; occiput; scrag (*cut of meat*); *tech* bit shank; (станови́ться) в ~ (form up) in file; **~очный** occipital; **~ьник** *mil* back-plate

заты́рить II *pf sl* hide

заты́чка *pop* stopping up; plugging; stopper; plug; spigot, bung; *fig* stopgap

затю́кать I *pf coll* cow, intimidate

затя́|гивать I *pf* ~ну́ть tighten; *naut* haul taut; cover, close; ра́ну ~ну́ло the wound has closed, healed over; не́бо ~ну́ло ту́чами the sky has clouded over; drag in, suck in, drag down; *fig* inveigle (into, в + *acc*); *coll* drag out, spin out; ~ пе́сню strike up a song; **~гиваться** I *pf* ~ну́ться be tightened (of knot); lace oneself up; ~ по́ясом tighten one's belt; be covered; close *vi*, skin over (*of wound*); *coll* be delayed, be dragged out; linger; drag on *vi*; inhale (*in smoking*); **~жка** inhaling, inhalation, draw (*in smoking*); prolongation; *coll* dragging out; delaying, putting off; *tech* tie-beam; **~жно́й** long drawn-out, protracted, lingering (*illness, etc*); **~нутый** (~нут, ~нута) tightly corseted, buttoned; **~ну́ть** I (~ну́, ~нешь) *pf of* ~гивать; *pf coll* have a drag, puff; **~ну́ться** I (~ну́сь, ~нешься) *pf of* ~гиваться

зау́л|ок (~ка) *pop* back street

за|у́мный (~у́мен) unintelligible, abstruse; ~у́мная литерату́ра *lit* futuristic genre of literature (*partly based on arbitrarily invented words*); **~у́мь** *f* = ~у́мная литерату́ра; nonsense

зауны́в|ный (~ен) mournful, doleful, plaintive

заупоко́йн|ый for the repose of the soul; ~ая слу́жба requiem

заря́д *obs* acting rank, brevet rank; *fig coll* mediocrity; ~- *obs* acting-, brevet-; **~ный** (~ен) commonplace, ordinary; mediocre; ~ челове́к mediocrity

заусе́н|ец (~ца) agnail, hangnail; *tech* barb, burr; **~ица** = ~ец; *tech* wire-edge

зау́тр|а *adv poet obs* on the morrow; **~еня** *eccles* matins; Easter midnight service (*Orthodox*)

заутю́ж|ивать I *pf* ~ить iron (out); **~ить** II *pf of* ~ивать

зау́ч|енный ~ наизу́сть learned by heart; studied; **~ивать** I *pf* ~и́ть learn by heart; *coll* plague with learning; **~иваться** I *pf* ~и́ться *coll* study too hard; **~и́ть(ся)** II (~у́(сь), ~ишь(ся)) *pf of* ~ивать(ся)

зауш|а́тельский abusive, offensive, insulting, disparaging; **~а́тельство** abuse, disparagement; **~а́ть** *pf* ~и́ть *obs* box on the ears; *fig* insult; **~е́ние** *obs* box on the ears; *fig* slap in the face, insult; **~и́ть** II *pf of* ~а́ть; **~ница** mumps; **~ный** behind the ears; parotid

зафикси́р|овать (~ую) *pf of* фикси́ровать

зафонтани́р|овать (~ую) *pf* gush (*of oil-well*)

зафрахт|ова́ть (~ую) *pf of* ~о́вывать; **~о́вывать** I *pf* ~ова́ть freight, charter

заха́живать I *freq of* заходи́ть drop in (to see, к + *dat*)

захалты́р|ивать I *pf* ~ить *sl* grab, cheat out of, take away; **~ить** II *pf of* ~ивать

заха́п|ать I *pf of* ~ывать; **~ывать** I *pf* ~ать *pop* grab, lay one's hands on

захва́л|ивать I *pf* ~и́ть *coll* overpraise, lavish too much praise on; **~и́ть** II (~ю́, ~ишь) *pf of* ~ивать

захва́т seizure, capture; usurpation; *tech* clamp, claw, grab; **~анный** (~ан, ~ана) fingered, soiled by handling; *fig coll* hackneyed, trite; **~а́ть** I *pf of* ~ывать; **~и́ть** II (захвачу́, ~ишь) *pf of* ~ывать; **~нический** *pej* predatory, rapacious, aggressive; **~чик** invader; aggressor; **~ывать** I *pf* ~а́ть *coll* finger, thumb, make dirty by handling; *pf* ~ить take; ~ с собо́й take with one; seize, capture; ~ в плен take prisoner; ~ власть seize power; ~ чужу́ю террито́рию seize foreign territory; *fig* thrill, excite, carry away; кни́га меня́ ~и́ла I was thrilled by the book; *coll* catch (*train*, *someone at home*, *etc*); по доро́ге его ~и́л дождь he was caught in the rain on the way; catch, stop (*an illness*, *etc*) in time; у меня́ ~и́ло дух, дыха́ние it took my breath away; **~ыва́ющий** *fig* gripping, exciting (*of book*, *etc*)

захвора́ть I *pf coll* be taken ill

захире́ть I *pf of* хире́ть

захлеб|ну́ть(ся) I *pf of* ~ывать(ся); **~ывать** I *pf* ~ну́ть *coll* swallow, take a mouthful of (+ *gen*); *pop* wash down, take (with, + *instr*); **~ываться** I *pf* ~ну́ться choke *vi*; swallow the wrong way; *fig* ~ от сме́ха choke with laughter; ~ от сча́стья be transported with joy, bubble over with happiness; ата́ка ~ну́лась the attack petered out; ~ывающимся го́лосом voice choked with emotion; stall (*of engine*)

захлест|а́ть I *pf of* ~ывать *coll* flog to death; *pf only* begin to flog; **~ну́ть** I *pf of* ~ывать; **~ывать** I *pf* ~а́ть; *pf* ~ну́ть fasten, secure (*of a rope*, *etc*); flow, sweep over, swamp; *fig* его ~ну́ла волна́ сча́стья a wave of happiness swept over him

захло́п|нуть(ся) I *pf of* ~ывать(ся)

захлопо|та́ться I (~чу́сь, ~чешься) *pf coll* be worn out (from bustling around), be run off one's feet

захло́п|ывать I *pf* ~нуть slam (shut), bang shut; shut in, trap; **~ываться** slam to; close with a bang, snap shut

захлороформи́р|овать (~ую) *pf of* хлороформи́ровать

захмеле́ть I *pf of* хмеле́ть

захо́|д (со́лнца) sunset; stopping (at), calling (at), putting in (at); без ~да without stopping (at), without calling (of ship) (at, в + *acc*); **~ди́ть** II (~жу́, ~дишь) *pf* зайти́ call (on), look in (at, к + *dat*; в + *acc*); call for, fetch (за + *instr*); come (*to a place*), find oneself (*in a place*); она́ зашла́ в незнако́мую часть го́рода she found herself in a strange part of the town; go behind (за + *acc*); turn a corner ~ за́ угол; ~ плечо́м *mil* wheel; ~ на цель *aer* be over the target; ~ в тыл врага́ *mil* take the enemy in the rear; set (*of sun*); go too far; зайти́ сли́шком далеко́ go too far *also fig*; reach (some distant place); last too long; бесе́да ~ди́ла за по́лночь the conversation went on after midnight; arise, turn to (*of a theme in conversation*); разгово́р зашёл о пого́де the weather became the subject of the conversation; **~ди́ть** II (~жу́, ~дишь) *pf* begin to walk; он ~ди́л по ко́мнате he began to pace up and down the room; **~ди́ться** II (~жу́сь, ~дишься) *coll* tire oneself out walking; walk for too long; **~дя́щий** ~дя́щее со́лнце the setting sun; **~жий** *pop* newly arrived; ~ челове́к stranger (*from another place*)

захолу́ст|ный remote, provincial; ~ быт provincial (way of) life; **~ье** (*gen pl* ~ий; *pop* ~ьев) godforsaken place, out-of-the-way place, backwater

захорон|е́ние burial; **~и́ть** II (~ю́, ~ишь) *pf of* хорони́ть

захо|те́ть(ся) (~чу́(сь), ~чешь(ся), ~чет(ся), ~ти́м(ся), ~ти́те(сь), ~тя́т(ся)) *pf of* хоте́ть(ся)

захребе́тник *pop* parasite (*of person*)

захуда́лый impoverished; decayed, run-down, sleazy, seedy

заца́п|ать I *pf of* ~ывать; **~ывать** I *pf* ~ать *coll* lay hold of; grab, seize

зацве|сти́ (~ту́, ~тёшь; ~л, ~ла́) *pf of* ~та́ть; **~та́ть** I *pf* ~сти́ burst, break into blossom

зацел|ова́ть (~у́ю) *pf coll* smother with kisses

зацеп|и́ть(ся) II (~лю́(сь), ~ишь(ся)) *pf of* ~ля́ть(ся); **~ка** hooking; *coll* peg, hook; *fig coll* pretext (*for quarrel*, *etc*); *fig pop* pull, protection, influence, connections; *fig pop* hitch, catch; **~ля́ть** I hook; catch (on, за + *acc*); *tech* engage (gear); *fig coll* hurt (*feelings*, *etc*); ~ за живо́е sting to the quick; **~ля́ться** I *pf* ~и́ться catch (on, за + *acc*); рука́в её ~и́лся за гвоздь her sleeve caught on a nail; *coll* catch hold (of, за + *acc*); *pf only mil* gain a toehold (on)

зачар|о́ванный (~о́ван, ~о́вана) spell-bound, enchanted; **~ова́ть** (~у́ю) *pf of* ~о́вывать bewitch, captivate, enchant; **~о́вывать** I *pf* ~ова́ть

зача|сти́ть II (~щу́) *pf coll* take to (+ *infin*); он ~сти́л игра́ть в ка́рты he has taken to playing cards; она́ ~сти́ла к нам в го́сти she has become a regular visitor at our house; дождь ~сти́л it began to rain harder; **~сту́ю** *adv coll* often, frequently

зач|а́тие conception; **~а́ток** (~а́тка) embryo; *biol* rudiment; *usu pl fig* beginning(s), germ; **~а́точный** rudimentary; в ~а́точном состоя́нии in embryo; **~а́ть** (~ну, ~нёшь; ~́ал, ~ала́, ~́ало) *pf of* ~ина́ть conceive *vt and vi*; *pop* begin (+ *acc or infin*)

зача́х|нуть I (*past* ~ *and* ~нул) *pf of* ча́хнуть

заче́м *adv* why; what for; **~́-то** *adv* for some reason or other

зачёрк|ивать I *pf* ~ну́ть delete, cross out, strike out; **~ну́ть** I *pf of* ~́ивать

зачерн|е́ть I *pf coll* show black; **~е́ться** I *pf* turn black; **~и́ть** II *pf of* ~я́ть; **~я́ть** I *pf* ~и́ть blacken, paint black

зачерп|ну́ть I *pf of* ~́ывать; **~́ывать** I *pf* ~ну́ть draw up, scoop (up); ladle

зачерстве́|лый *coll* stale; *fig* crabbed, hard-hearted, hardened; **~́ть** I *pf of* черстве́ть

зачер|ти́ть II (~чу́, ~́тишь) *pf of* ~́чивать; **~́чивать** I *pf* ~ти́ть cover with pencil-strokes, ink strokes; sketch; *pop* pencil, ink out

заче|са́ть I (~шу́, ~́шешь) *pf of* ~́сывать; *pf coll* begin to scratch; **~са́ться** I (~шу́сь, ~́шешься) *pf coll* begin to scratch oneself; begin to itch

зач|е́сть (~ту́, ~тёшь; ~́л, ~ла́) *pf of* ~и́тывать

зачёс|ывать I *pf* ~а́ть comb (back); **~́ываться** I *pf* ~а́ться be combed (back)

зачёт reckoning; в ~ пла́ты in payment; test (*in school, etc*); получи́ть ~, сдать ~ pass a test (in, по + *dat*); поста́вить кому́ ~ pass (in, по + *dat*); **~́ный** *adj of* ~; ~ная квита́нция receipt; ~ная кни́жка record book (*of student*); ~ная се́ссия test period; ~ная стрельба́ recorded practice shoot

зачи́н *lit* beginning; introduction (*of folk-tale, etc*); **~а́тель** *m rhet* initiator, founder, author; **~а́ть** I *pf* зача́ть

зачи́н|ивать I *pf* ~и́ть *coll* mend, patch; sharpen (*pencil, etc*); **~и́ть** II *pf of* ~́ивать

зачи́нщик *pej* instigator, ringleader

зачисл|и́ть(ся) II *pf of* ~я́ть(ся); **~я́ть** I *pf* ~́ить include; ~ в счёт enter in an account; enrol, enlist; ~ в штат take on the staff, on the strength; **~я́ться** I *pf* ~́иться enter, join (в + *acc*); *pass of* ~я́ть

зачи́|стить II (~щу) *pf of* ~ща́ть

зачит|а́ть I *pf of* ~́ывать; *pf only* begin to read; **~а́ться** I *pf of* ~́ываться; **~́ывать** I *pf* заче́сть take into account, reckon as, credit; pass *vt* (an examination); **~́ывать** I *pf* ~а́ть *coll* read out; borrow and fail to return (*a book*); exhaust by reading aloud; *sl* exceed allotted period (*for a lecture*); **~́ываться** I ~а́ться become engrossed in reading, go on reading; *pop* read too much (*making oneself ill*)

зачи|ща́ть I *pf* ~́стить smooth (out); clean (up, out); ~ конта́кты clean contacts

зачумлённый infected with plague

зачу́ханный *sl* slovenly, mussed up

зачу́|ять I *pf coll* scent, smell

заша́ркать I *pf coll* scratch (*with one's feet*); begin to scrape (one's feet)

зашварт|ова́ть(ся) (~у́ю(сь)) *pf of* ~о́вывать(ся); **~о́вывать** I *pf* ~ова́ть moor, tie up *vt*; **~о́вываться** I *pf* ~ова́ться moor, tie up *vi*

зашвы́р|ивать *pf* ~ну́ть *coll* throw, fling (away); *pf* ~я́ть *coll* shower (with, + *instr*); ~ кого́ камня́ми stone someone; **~ну́ть** I, **~я́ть** I *pf of* ~́ивать

зашиб|а́ть I *pf* ~и́ть *pop* bruise, hurt, knock; ~ деньгу́ earn big money; *pop* drink *vi*; **~а́ться** I *pf* ~и́ться *pop* bruise oneself, knock oneself; **~и́ться** II (~у́(сь), ~ёшь(ся); ~́(ся), ~́ла(сь)) *pf of* ~а́ться

заш|ива́ть I *pf* ~и́ть mend; sew up; *med* put stitches in; **~и́ть** (~ью, ~ьёшь) *pf of* ~ива́ть; *pf sl* kill; **~и́ться** (~ью́сь, ~ьёшься) *pf pop* be caught; ~ с рабо́той *pop* not to be able to cope with work

зашифр|ова́ть (~у́ю) *pf of* ~о́вывать; **~о́вывать** I *pf* ~ова́ть cipher, encode

зашнур|ова́ть (~у́ю) *pf of* ~о́вывать; **~о́вывать** I *pf* ~ова́ть lace up

зашпакл|ева́ть (~ю́ю) *pf of* ~ёвывать; **~ёвывать** I *pf* ~ева́ть putty, apply filler (*to woodwork, etc*)

зашпи́л|ивать I *pf* ~ить pin (up), fasten with (safety-)pin; **~́ить** II *pf of* ~ивать

заштա́тный *obs* supernumerary; ~ го́род town of secondary importance

заштемпел|ева́ть (~ю́ю) *pf of* штемпелева́ть

զашто́пать I *pf of* што́пать

заштукату́р|ивать I *pf* ~ить plaster; **~́ить** II *pf of* ~ивать

зашу́х|ерить II *pf sl* inform on, grass on, denounce; **~́ериться** II *pf sl* be caught red-handed

защеко|та́ть I (~чу́, ~́чешь) *pf* torment by tickling; begin to tickle

защёлк|а click, latch (*of lock*); catch; pawl; **~́ивать** I *pf* ~нуть *coll* latch, close with snap; **~́нуть** I *pf of* ~ивать

защем|и́ть II (~лю́) *pf of* ~ля́ть; **~ля́ть** I *pf* ~и́ть jam, pinch, nip; ~ па́лец pinch one's finger; *impers coll* у неё ~и́ло се́рдце her heart ached, she felt almost a physical pain (*from compassion, etc*), she felt a pang, twinge

защип|а́ть I (~лю́, ~́лешь) *pf* torment by pinching; *pop* pinch together (*pastry*); *coll* begin to pinch; **~ну́ть** I *pf of* ~́ывать; **~́ывать** I *pf* ~ну́ть *coll* take, seize (*with pincers, etc*); curl (*hair*); punch (*tickets*)

защи́|та defence, protection; *collect* the defence *leg, sp*; в ~ту in defence (of, + *gen*); под ~той under the protection (of, + *gen*); свиде́тели ~ты witnesses for the defence; **~ти́ть(ся)** II (~щу́(сь)) *pf of* ~ща́ть(ся); ~ти́ться *coll* defend a thesis; **~́тник** defender, protector; *leg* counsel for the defence; колле́гия ~тников the Bar; *sp* (full-) back; ле́вый, пра́вый ~ left, right back; **~́тный** protective; ~тная окра́ска protective coloration; ~тные очки́ goggles; ~ цвет khaki; **~ща́ть** I *pf* ~ти́ть defend, protect; *no pf leg* defend; stand up for; ~ диссерта́цию defend a thesis; **~ща́ться** I *pf* ~ти́ться defend oneself, protect oneself; *pass of* ~ща́ть

заяв|и́тель *m leg* declarant, deponent; **~и́ть(ся)** II (~лю́(сь), ~́ишь(ся)) *pf of* ~ля́ть(ся); **~́ка** claim (for, на + *acc*); application, demand (for); **~ле́ние** declaration, statement; пода́ть ~ submit, put in an application (for, о + *prep*); **~ля́ть** I *pf* ~и́ть announce, declare (+ *acc and* о + *prep*); ~ свои́ права́ claim, declare one's rights (to, на + *acc*); inform (*officially*); ~ в мили́цию о кра́же inform the militia of a theft; *obs* attest; **~ля́ться** I *pf* ~и́ться *pop* appear, turn up

зая́длый *coll* inveterate, confirmed

за́|яц (~йца) hare; одни́м уда́ром уби́ть двух ~йцев *prov* kill two birds with one stone; *coll* stowaway; gatecrasher; passenger having no ticket; е́хать ~йцем travel without paying one's fare; **~́ячий** *adj of* ~яц; ~ячья губа́ harelip; *bot* ~ячья ла́пка hare's foot; ~ щаве́ль wood sorrel

зва́|ние rank; title; calling, profession; **~́ный** invited; ~ные го́сти invited guests; with specially invited guests (*reception*, *etc*); ~ ве́чер guest-night; ~ обе́д banquet, (formal) dinner; **~́тельный** *gramm* vocative; **~́ть** (зову́, зовёшь; ~л, ~ла́, ~́ло) *pf* позва́ть call; ~ на по́мощь call for help; ask, invite, call; как вас зову́т? what is your name? меня́ зову́т Бори́с(ом) my name is Boris, I am called Boris; **~́ться** (зову́сь, зовёшься; ~лся́, ~ла́сь, ~́ло́сь) *impf coll* be called; она ~ла́сь Ната́шей she was called Natasha

звезд|а́ 6 (*pl* ~́ы) star; *fig* кино~, ~ экра́на film star; ве́рить в свою́ ~у́ believe in one's lucky star; он ~́ с не́ба не хвата́ет *coll iron* he's no genius, he won't set the Thames on fire; морска́я ~ starfish; **~ану́ть** I *pf pop* hit (hard), bash; **~́ный** starry; astral; ~ год sidereal year; ~ная ка́рта star map; ~ная ночь starry, starlit night; **~ообра́зный** (~обра́зен) star-shaped; radial (*of engine*); **~очёт** *obs* astrologer; **~́очка** *dim of* ~а́; asterisk; *tech* sprocket

звен|е́ть I *impf* ring (*usu a metallic sound*); у него́ ~и́т в уша́х there is a ringing in his ears; (+ *instr*) ~ моне́тами jingle coins; ~ стака́нами clink glasses

звен|о́ (*pl* ~́ья, ~́ьев) link (*of a chain*) *also fig*; *fig* team, section; *aer* flight; *tech* unit, component; **~ьево́й** *adj of* ~о́ *n* team leader, section leader

звер|ёнок (~ёнка; *pl* ~я́та, ~я́т) *coll* young of wild animal; **~ёныш** *coll* young of wild animal; **~е́ть** I *pf* о~ become like an animal; brutalized; *fig* fly into a rage; **~и́нец** (~и́нца) menagerie; **~и́ный** *adj of* ~ь; of wild animals

зверо|бо́й hunter, trapper; *bot* St John's wort; **~во́дство** breeding of animals for furs; fur-farming; **~во́дческий** fur-breeding; **~ло́в** = ~бо́й; **~ло́вный** *adj of* ~ло́в; ~ про́мысел hunting, trapping; **~подо́бный** (~подо́бен) beast-like; bestial; brutish

зве́р|ски *adv* brutally, bestially; *coll* awfully, terribly; он ~ го́лоден he is terribly hungry; **~́ский** brutal, bestial; *coll* tremendous, terrific; **~́ство** brutality; atrocity; *pl* atrocities; **~́ствовать** (~ствую) behave with brutality; commit atrocities; **~ь** 5 *m* wild animal, wild beast; пушно́й ~ fur-bearing animal; *fig* brute, beast; смотре́ть ~́ем look (very) savage, fierce, have a ferocious look in one's eye; **~ьё** *collect* wild animals, wild beasts; *fig* brutes, beasts

звон (ringing) sound, peal; ~ в ко́локол ringing of bells; ~ моне́т chinking of coins; ~ стака́нов clinking of glasses; ~ шпор clanging of spurs; слы́шал ~, да не знает, где он *prov iron* he thinks he knows what he is talking about; *fig coll* rumour; gossip; **~а́рь** 1 *m* bell-ringer; *fig pop pej* rumour-monger; gossip; **~и́ть** II *pf* по~ ring; ~ кому́ (по телефо́ну) ring someone up; ~я́т someone is ringing; вы не туда́ ~и́те you've got the wrong number; ~ во все колокола́ *fig* set all the bells a-ringing; spread gossip, news abroad; *pf* раз~ gossip (about, о + *pr*); **~и́ться** II *impf* ring (*a doorbell*); **~́кий** (~ок, ~ка́, ~ко) ringing, clear (*of bell*, *laughter*, *voice*, *etc*); ~кая моне́та coin, hard cash; *ling* voiced; **~ко́вый** *adj of* ~о́к; **~́ница** bell-tower, belfry; **~о́к** (~ка́) bell; дать ~ ring; ~ по телефо́ну phone call; **~че** *and* **~че́е** *coll comp of* ~кий *and* ~ко

звук sound; пусто́й ~ *fig* (mere) name, empty phrase; не издава́ть ни ~а not utter a sound; *ling* гла́сный ~ vowel; согла́сный ~ consonant; **~ови́к** 1 *mil* member of sound-locating (sound-ranging) unit, sound-ranger; **~ово́й** sound, sonic; ~ова́я волна́ sound wave; ~ово́е измене́ние *ling* sound change; ~ово́е кино́, ~ фильм sound-film(s), talkie(s); **~оза́пись** *f* (sound-)recording; **~онепроница́емый** sound-proof; **~оопера́тор** sound producer; sound monitor, sound technician, mixer; **~оподража́ние** onomatopoeia; **~оподража́тельный** onomatopoeic; **~опрово́дный** sound-conducting; **~оря́д** *mus* scale; **~оснима́тель** *m radio* pick-up; **~оула́вливатель** *m mil* sound ranger, sound-locator; **~оулови́тель** *m* = ~оула́вливатель

звуч|а́ние *ling* phonation, sound(ing); **~а́ть** II (~чу́, ~чи́шь) *pf* про~ sound, be heard; его́ слова́ ~а́т и́скренно his words ring true; sound, convey, express; ~ трево́гой sound a note of alarm; **~́ный** (~ен, ~на́, ~но) sonorous; clear, ringing; resonant; fine-toned (*of instrument*)

звя́к|анье tinkling; jingling; **~́ать** I *pf* ~нуть *coll* tinkle, jingle, clink; clank (*of chains*) (+ *instr*); ~ кому́ по телефо́ну *coll* give someone a tinkle; **~́нуть** I *pf of* ~ать

зга ни зги не ви́дно it is pitch dark, black

зда́ние building, edifice

зде|сь *adv* here; local (*on letter*); *coll* at this point (*of time*), here; in this, at this; **~́шний** local, of this place; он не ~ he is a stranger here

здоро́в|аться I *pf* по~ greet, say how do you do (to, с + *instr*); **~е́нный** *coll* robust, muscular; big, strong; ~е́нная ба́ба *coll* big, strong, strapping, hefty woman; она ~е́нная ба́ба she's as strong as a horse; ~ го́лос powerful voice; **~е́ть** I *pf* по~ *coll* become strong(er)

здо́ров|о *adv coll* magnificently, splendidly; я ~ порабо́тал сего́дня I've worked jolly hard today; a great deal, a lot, very (much); *interj* well done!, jolly good!, good show!; **~́о** *interj coll* hullo; *adv* healthily, soundly; (за) ~ живёшь *pop* for no reason at all, without rhyme or reason; **~́ый** (~) healthy; бу́дь(те) ~(ы) good luck!, goodbye!; (God) bless you! (*to someone sneezing*); wholesome, health-giving; *fig* sound, healthy (*of climate*, *ideas*, *etc*); (~, ~а́, ~о́) *pop* robust, healthy, tough, strapping, strong, husky (*of people*); large, strong, sharp, powerful (*of frost*, *voice*, *etc*); *short form* + *infin* clever, expert (at); **~́ье** health; пить за чьё ~ drink someone's health; за ва́ше ~! your health!; как (ва́ше) ~? how are you keeping?; на ~ *coll expression of goodwill;* ку́шайте на ~!, please do eat!, do have some more!; dig in! **~я́к** 1 *coll* person in the pink of health, strapping fellow

здрав(-) *abbr of* здравоохране́ние health(-); **~́ие** *obs* health; ~ия жела́ю! *soldiers' greeting to senior officers;* **~́ица** toast; провозгласи́ть ~ propose a toast (to, за + *acc*); **~́ница** sanatorium; **~омы́слящий** sensible, sane, judicious, reasonable; **~оохране́ние** (care of) public health; о́рганы ~оохране́ния (public) health services; **~оохрани́тельный** public health; **~оотде́л** Health Department; **~́ствовать** (~ствую) *impf* be healthy, prosper, thrive; ~ствуй(те)! how do you do? how are you?; да ~ствует! long live!; **~ый (~)** sensible; ~ смысл common sense; ~ и невреди́м safe and sound; быть в ~ом уме́ be in one's right mind, be of sound mind

зе́бра zebra

зе́бу *m indecl* zebu

зев *anat* pharynx; воспале́ние ~а pharyngitis; *obs* jaws, maw; **~а́ка** *m and f* idler, gaper, gaping onlooker; **~а́ть** I *pf* ~ну́ть yawn; *impf only coll* gawk, gape, stand gaping; *pf* про~ *coll* let slip, miss (opportunities); *pf* ~ну́ть lose (*pieces at chess, etc*); **~а́ться** I *impf impers + dat* have an urge to yawn; ему́ ~а́ется he can't stop yawning; **~ну́ть** I *pf of* ~а́ть; **~о́к** (~ка́) yawn; **~о́та** (fit of) yawning

зел|ене́ть I *pf* по~ turn green; *impf only* show green; **~ене́ться** I *impf* show green; **~ени́ть** II *pf* по~ and вы́~ *coll* make green, paint green; **~енно́й** ~енна́я ла́вка greengrocer's (shop); **~енова́тый** (~енова́т) greenish; **~еногла́зый** (~еногла́з) green-eyed; **~енщи́к** 1 *coll* greengrocer; **~ёный** (~ён, ~ена́, ~ено) green; unripe; ~ горо́шек green peas; ~ёные насажде́ния (plantations of) trees and shrubs; ~ёная у́лица clear line, green light (*usu of railway*); прогна́ть по ~ёной у́лице *hist* make to run the gauntlet (*in the army*); **~ень** *f* green colour; *collect coll* greens, green vegetables; *collect* verdure, greenery

зело́ *adv arch* very

зе́л|ье (*gen pl* ~ий) potion; приворо́тное ~ (love-) philtre; *fig* poison; *coll* weed, tobacco; *fig coll* witch (*of woman*); venomous person

земе́льн|ый land; ~ банк *hist* Land Bank; ~ наде́л allotment; ~ая ре́нта ground-rent

зе́м|ец (~ца) member of zemstvo

земле|ве́дение physical geography; **~владе́лец** (~владе́льца) landowner; **~владе́льческий** landowning, landowners'; **~де́лец** (~де́льца) (peasant) farmer; **~де́лие** agriculture, farming; **~де́льческий** agricultural, farming; **~ко́п** navvy; **~ме́р** land-surveyor; **~ме́рие** land-surveying, geodesy; **~ме́рный** geodetic; ~ шест Jacob's staff; **~па́шество** *obs* tillage; **~па́шец** (~па́шца) *obs* tiller, ploughman; **~по́льзование** land-tenure; **~ро́йка** *zool* shrew; **~трясе́ние** earthquake; оча́г ~трясе́ния seismic centre; **~устро́йство** land-tenure system; **~черпа́лка** dredger, excavator; **~черпа́ние** dredging

земли́ст|ый (~) earthy; sallow (*of complexion*)

зем|ля́ (*acc* ~лю; *gen* ~ли́; *pl* ~ли, ~е́ль, ~лям) earth; (dry) land; ме́жду не́бом и ~лёй between heaven and earth; сравня́ть с ~лёй raze to the ground; уви́деть ~лю sight land; упа́сть на ~лю fall to the ground; *fig* land; soil; поме́щичья ~ landed estates; на ру́сской ~ле́ on Russian soil; soil, earth; **~ля́к** 1 *coll* fellow-countryman, person from same place; **~ляни́ка** *collect* (wild) strawberries; **~ляни́чный** *adj of* ~ляни́ка; **~ля́нин** (*pl* ~ля́не, ~ля́н) earth-dweller; earthling (*science fiction*); ~ля́нка dugout, mud hut (*primitive dwelling dug into the ground*); **~ляно́й** earthen, of earth; ~ляны́е рабо́ты excavation(s); earth-; ~ляна́я гру́ша Jerusalem artichoke; ~ оре́х peanut; ~ляна́я червь earthworm; **~ля́чество** association of persons from same place, area, country

зе́мн|о *adv* ~ кла́няться bow to the ground; **~ово́дный** amphibious; **~ово́дные** *n* amphibia; **~о́й** earthly, terrestrial; ~а́я кора́ (earth-)crust; ~ шар the globe; ~ы́е вое́нные си́лы land forces; ~ой покло́н bow to the ground; *fig* mundane; **~оро́дный** *obs poet* earth-born, mortal

зе́м|ский land; *hist* ~ское ополче́ние militia; ~ собо́р Assembly of the Land; *adj of* ~ство; **~ство** zemstvo (*district council in Russia, 1864–1917*); zemstvo system of local administration; **~щина** *hist* populace; zemshchina (*boyar domains*)

зени́т zenith *also fig*

зени́т|ка *mil coll* anti-aircraft gun; **~ный** zenithal; *mil* anti-aircraft; **~чик** *mil* anti-aircraft gunner

зени́ц|а *obs* pupil (of the eye); бере́чь как ~у о́ка keep, cherish like the apple of one's eye

зе́ркал|о 2 looking-glass; mirror *also fig;* криво́е ~ distorting mirror; **~ьный** *adj of* ~о; *fig* smooth; ~ьное изображе́ние looking-glass reflection; ~ьное окно́ plate-glass window; ~ьная пове́рхность smooth surface; ~ьное стекло́ plate glass; ~ карп mirror carp

зер|ни́стый (~ни́ст) granular; ~ни́стая икра́ unpressed caviar(e); **~но́** 6 (*pl* ~на, ~ен) grain; seed; *fig* grain, kernel, core; горчи́чное ~ mustard seed; жемчу́жное ~ pearl; ко́фе в ~нах coffee beans; ~ и́стины grain of truth; *collect* corn, grain; **~нови́дный** (~нови́ден, ~нови́дна) granular; **~ново́й** corn, grain; ~новы́е зла́ки cereals; ~нова́я торго́вля grain trade; **~новщи́к** 1 *obs* corn-factor; **~нодроби́лка** corn-crusher; **~носовхо́з** State grain farm; **~носуши́лка** grain dryer; **~нохрани́лище** granary; **~нышко** (*pl* ~нышки, ~нышек) *dim of* ~но́

зерца́ло *ar* looking-glass, mirror; *pl* breastplate

зефи́р *poet* Zephyr; zephyr (*material*); marshmallow

зигза́г zigzag *also fig*

зижд|и́тель *m rhet* founder, author; the Creator; **~и́тельный** *rhet* creative; **~иться** II *impf rhet* be based (on), founded (on, на + *prep*)

зим|а́ 6 (*acc* ~у) winter; на́ ~у for the winter; всю ~у all winter; ско́лько лет, ско́лько ~ *see* **ле́то;** **~ний** winter; wintry; **~ова́ть** (~у́ю) *pf* про~ winter, pass the winter; hibernate; знать, где ра́ки ~у́ют *see* **рак;** **~о́вка** wintering, hibernation; polar station; **~о́вщик** winterer; **~о́вье** winter quarters, hut; **~о́й** *adv* in winter; **~оро́док** (~оро́дка) kingfisher; **~осто́йкий** winter-hardy

зипу́н homespun coat

зия́|ние gaping, yawning; *ling* hiatus; **~ть** I *impf* gape, yawn; ~ющая бе́здна yawning abyss

злак *bot* grass; хле́бные ~и cereals

зла́то *ar poet* gold; **~ве́рхий** *obs poet* with roof(s) of gold; **~гла́вый** gold(en)-domed; with golden cupolas; **~й** *obs poet* golden; **~ку́дрый** *poet* golden-haired

зла́чн|ый *obs* lush; *coll* ~ое ме́сто *joc* den of iniquity

зл|е́йший *superl of* злой; ~ враг bitterest enemy; **~ить** II *pf* обо~ *also* о~ irritate, vex; anger; **~и́ться** II *pf* обо~ *also* о~ be irritated, be in a bad temper; be angry (with, на + *acc*); *no pf poet* rage (*of storm, etc*); **~о** (*gen pl* зол) evil, harm, wrong; отплати́ть ~ом за добро́ repay good with evil; misfortune, disaster, evil; из двух зол выбира́ть ме́ньшее choose the lesser of two evils; malice, spite; жела́ть кому́ ~а bear someone malice; на ~ to spite; со ~а out of spite; меня́ ~ берёт it makes me furious, I feel annoyed; *adv of* ~ой; ~ подшути́ть над кем play a spiteful, mean trick on someone

зло́б|а malice; spite; anger; по ~е out of malice; со ~ой maliciously; ~ дня the latest news, news of the day; довле́ет дне́ви ~ его́ *ar* sufficient unto the day is the evil thereof; **~иться** II (~люсь) *impf pop* be ill-disposed towards, feel malice (towards);

have it in (for), be in a bad temper (with, на + *acc*); **∸ный** (~ен) malicious, spiteful; bad-tempered; **~одне́вный** topical; ~ вопро́с burning question; **∸ствовать** (~ствую) *impf* bear malice; show one's malice, anger; rage

злове́щ|ий (~) ominous, ill-omened; sinister

злово́н|ие stink, stench; **∸ный** (~ен, ~на) fetid, stinking, noisome, foul-smelling

зловре́д|ный (~ен) pernicious, noxious, harmful; malicious, vicious, spiteful

злоде́|й villain, scoundrel, rascal *also joc*; **∸йский** villainous; **∸йство** villainy; crime, evil deed; **∸йствовать** (~йствую) *impf* act villainously; **~я́ние** villainy, crime, evil deed

зложела́тельный *obs* malevolent

злой (зол, зла, зло) evil, bad; malevolent, wicked, vicious; ~ язы́к venomous tongue; зла́я улы́бка ill-natured, malevolent smile; со злым у́мыслом with malicious intent; *leg* of malice prepense; ~ ге́ний evil genius; быть злым be angry (with, на + *acc*); ты зла сего́дня you're in a nasty mood today (*short form*); savage, fierce (*of animals*); severe, dangerous (*frost, storm, etc*); *coll* nasty, bad

злока́чественн|ый *med* malignant; ~ая о́пухоль malignant tumour; ~ое малокро́вие pernicious anaemia

злоключе́ние mishap, misadventure; *pl* tribulations

злоко́зненный *obs now joc* crafty, wily; perfidious

злонаме́рен|ный (~, ~на) ill-intentioned, malicious

злонра́в|ие *obs* bad character; depravity; **∸ный** (~ен) *obs* having a bad character; depraved

злопа́м|ятный (~ятен) unforgiving (*not forgiving the evil, etc done*); **∸ятство** unforgivingness

злополу́ч|ный (~ен) ill-starred, ill-fated, unlucky, hapless

злопыха́т|ель m malevolent person; fault-finder; **∸ельский** malevolent; carping; **∸ельство** malevolence; spite, fault-finding

злора́д|ный gloating (over others' misfortunes; **∸ство** malicious delight in others' misfortunes; **∸ствовать** (~ствую) *impf* gloat over others' misfortunes

злосло́в|ие scandal, backbiting; **∸ить** II (~лю) *impf* say spiteful things; talk scandal

зло́ст|ный (~ен) malicious, evil; ~ная клевета́ scurrilous libel; fraudulent, dishonest; hardened, inveterate (*of criminal, etc*); **~ь** *f* malice, spite; его́ ~ берёт he feels furious (with, на + *acc*)

злосча́ст|ный (~ен) *obs* luckless, unfortunate; ill-starred, ill-fated

зло́тый *n* zloty (*Polish currency*)

злоумы́шл|енник *obs* plotter (*of crime*), criminal, malefactor; **∸енный** with criminal intent; **~я́ть** I *impf* plot

злоупотреб|и́ть II (~лю́) *pf of* ~ля́ть; **~ле́ние** abuse (of, + *instr*); ~ вла́стью abuse of power; ~ дове́рием breach of confidence; **~ля́ть** I *pf* ~и́ть abuse (+ *instr*); overindulge, overdo (+ *instr*); ~ чьим внима́нием take up too much of someone's time; ~ чьей доброто́й impose upon someone's kindness

злоязы́ч|ие *obs* slander, backbiting; **∸ный** (~ен) *obs* slanderous

злыд|ень (~ня) *obs pop* scoundrel; *pop* wicked person, wicked creature

злю|(ч)ка *m and f coll* bad-tempered person, crosspatch, spitfire; shrew (*of woman*); **∸щий** *coll* furious

зме|еви́дный (~еви́ден) serpentine; sinuous, snaky; **~еви́к** 1 *tech* coil(-pipe); *min* serpentine, ophite; **~ёныш** young snake; **~и́ный** *adj of* ~я́; ~и́ная ко́жа snake-skin; *fig* cunning, crafty; wicked; **~и́стый** (~и́ст) serpentine, sinuous; **~и́ться** II *impf* wind, coil; *fig poet* glide, steal, wander (*usu of smile*); **~й** *obs or coll* = змея́; dragon; (бума́жный) ~ kite; запуска́ть зме́я fly a kite; **∸йка** *dim of* ~я́; бежа́ть ~йкой glide; *mil* broken file; **∸йковый** ~ аэроста́т kite balloon; **~я́** 6 (*gen pl* ~й) snake *also fig*; отогре́ть, пригре́ть ~ю на свое́й груди́ cherish a snake in one's bosom

зми|й *ar* serpent, dragon; the Serpent (*Devil*); напи́ться до зелёного ~я *coll* see snakes from drinking

знава́|ть *no pres* она ~ла его́ ребёнком she used to know him as a child

знак sign, token, symbol; mark; **∸и** отли́чия decorations (and medals); ∸(и) препина́ния punctuation mark(s), stop(s); ∸и разли́чия *mil* badges of rank, insignia; в ~ as a mark, token (of), to show (+ *gen*); под ∸ом marked (by + *gen*); omen; signal; пода́ть ~ give a signal

знако́м|ить II (~лю) *pf* по~ acquaint (with), introduce (to, с + *instr*); **∸иться** II (~люсь) *pf* по~ meet, make the acquaintance (of, с + *instr*); introduce oneself; познако́мьтесь! I would like to introduce you; get to know, familiarize oneself (with), become acquainted (with, с + *instr*); study, investigate, go into; **∸ство** acquaintance (with), knowledge (of, с + *instr*); acquaintance(s); большо́е ~ wide circle of acquaintances; по ~ству through (personal) connections; **∸ый** (~) familiar; её лицо́ мне ~о her face is familiar; familiar (with, с + *instr*); быть ~ым be acquainted (with, с + *instr*), know; **~ый, ~ая** *n* acquaintance, friend

знамена́т|ель *m math* denominator; о́бщий ~ common denominator; привести́ к одному́ ~елю *fig* reduce to a common denominator; **∸ельный** (~елен, ~ельна) significant, important; *gramm* principal

зна́мени|е sign; portent; ~я вре́мени signs of the times

знамени́т|ость *f* celebrity, personality; **∸ый** (~) famous, celebrated, renowned; *coll* superlative, outstanding

знамен|ова́ть (~у́ю) *impf* mark, signify; **~о́сец** (~о́сца) standard-bearer *also fig*; **∸щик** *mil* colour bearer

зна́м|я (~ени, ~енем; ~ *pl* ~ёна, ~ён) banner, standard; под ~енем *fig rhet* in the name (of, + *gen*), under the banner (of)

зна́ни|е knowledge; со ~ем де́ла competently, capably, ably; *pl* learning, accomplishments; овладе́ть ~ями gain knowledge

зна́т|ный (~ен, ~на́, ~но) *hist* privileged, noble, aristocratic, high-born; oustanding, distinguished; *coll* excellent, splendid

знато́к 1 expert; connoisseur

[1]**зна|ть** I *impf* know, have a knowledge of, be aware of; ~ в лицо́ know by sight; ~ своё де́ло know one's job; ~ ме́ру know when to stop; ~ своё ме́сто know one's place; не ~ поко́я know no peace; ~ толк be good (at), have a good grasp (of), have quite a knowledge (about, в + *prep*); ~ себе́ це́ну know one's own value; не ~ be unaware (of, о + *prep*); дава́ть кому́ ~ let someone

know; да́йте мне ~ о вас keep in touch, let me hear from you; дава́ть себя́ ~ make itself felt; она́ ~ не хо́чет she won't listen; ~й (себе́) unconcerned; он ~й себе́ продолжа́л чита́ть he went on reading unconcerned; то и ~й *coll* continually; как ~ почём ~? how should I know? who can tell?; Бог (Господь, кто, чёрт) его́ ~ет *coll* goodness knows!, God knows, the devil (only) knows; ~ за собо́й be aware of (*weakness, sins, etc*); то́лько и ~ю, что мо́ю посу́ду весь день *coll* all I do is wash up all day; ~ешь (ли), ~ете (ли) *coll* you know, do you know (what)

²**знать** *n f collect* the aristocracy, nobility; *pred coll* evidently, it seems

зна́ться I *impf* associate (with, с + *instr*)

зна́харь m sorcerer, witch-doctor; quack(-doctor)

зна́ч|ащий meaningful, significant; **~е́ние** meaning, significance, importance; прида́ть большо́е ~ attach great importance (to, + *dat*); э́то не име́ет ~е́ния it is of no importance; *math* value; **~имость** *f* significance; **~имый** significant; **~ит** *coll* so, then; well then; **~и́тельный** (~и́телен, ~и́тельна) considerable, sizeable; в ~и́тельной сте́пени to a considerable extent; important; outstanding; significant, meaningful; **~ить** II *impf* mean, signify; be of importance, have significance; э́то о́чень мно́го ~ит для него́ this means a great deal to him; **~иться** II *impf* be, be mentioned, appear (*on a list*)

знач|о́к (~ка́) badge; mark (*in margin of book, etc*)

зна́ющий expert, knowledgeable, well-informed; learned, erudite; able, competent

зноб|и́ть II (~и́т) *impf coll* chill; *impers* меня́ ~и́т I feel shivery, feverish

зно|й sultriness; intense heat; **~йный** (~ен, ~йна) sultry, hot; burning, flaming

зоб 2 crop, craw; goitre; **~а́стый** (~а́ст) *coll* with a large crop; goitrous

зов call, summons; invitation; appeal; **~у́, ~ёшь** *see* **звать**

зодиа́к zodiac; зна́ки ~а signs of the zodiac; **~а́льный** zodiacal, of the zodiac

зо́дч|еский architecture, architectural; **~ество** architecture; **~ий** *n* architect

зол *see* **злой** *also gen pl of* зло

зол|а́ *no pl* ash(es), cinders; *fig coll* trifle, nonsense

золо́вка sister-in-law (husband's sister)

золота́рник *bot* golden rod

золо|ти́льщик gilder; **~ти́стый** (~ти́ст) golden (*of colour*); **~ти́ть** II (~чу́) *pf* по~ gild; **~ти́ться** II (~ти́тся) become golden; shine (*of something golden*)

золотни́к 1 zolotnik (*old measure of weight = 1/96 of Russian pound*); мал ~, да до́рог *prov* it is not size, but quality that counts; *tech* slide valve; цилиндри́ческий ~ piston valve; **~о́вый** *adj of* ~; ~ дви́гатель pusher-type engine; ~ при́вод eccentric drive

зо́лот|о *no pl* gold *also collect (coins, etc)*; она настоя́щее ~ she is a (real) treasure; на вес ~а worth its weight in gold; э́та кни́га на вес ~а this book is like gold-dust; не всё то ~, что блести́т *prov* all is not gold that glitters; *sp coll* gold medal, a gold

золото|воло́сый (~воло́с) golden-haired; **~добы́тчик** gold-miner; **~добы́ча** gold-mining; **~иска́тель** *m* gold-prospector, gold-digger

золот|о́й gold, golden *also fig*; ~ы́х дел ма́стер goldsmith; ~ век Golden Age; ~о́е де́ло, дно *fig* gold-mine; ~ запа́с *econ* gold reserves; ~а́я молодёжь jeunesse dorée, gilded youth; ~ песо́к gold-dust; ~ы́е ру́ки skilful fingers; ~о́е руно́ golden fleece; ~а́я ры́бка goldfish; ~а́я середи́на golden mean; ~о́е сече́ния golden section; *coll* precious, invaluable; мой ~! my darling!, my precious (one)!; *n* gold coin; ten-rouble piece

золото|но́сный gold-bearing; ~но́сная жи́ла auriferous vein; ~ райо́н gold-field; **~промы́шленник** gold-mine owner; **~промы́шленность** *f* gold-mining; **~ро́тец** (~ро́тца) *obs coll* down-and-out; **~ты́сячник** *bot* centaury; **~шве́йный** of gold embroidery

золоту́|ха scrofula; **~шный** scrofulous

золоче́|ние gilding; **~ный** gilded, gilt

Зо́лушка Cinderella

зо́льник *tech* ashpit

зо́на zone; area; compound; belt; *mil* ~ (вое́нных) де́йствий zone of (military) operations; *mil* ~ досяга́емости fire area, field of fire, *mil* ~ пораже́ния killing zone, area under fire; *geol* stratum, layer; **~льный** zone; regional

зонд sound, probe; косми́ческий space probe; *geol* bore; weather-balloon, sonde; **~и́ровать** (~и́рую) *impf* sound, probe; ~ по́чву *fig* explore the ground, find out the lie of the land

зонт umbrella; awning; **~ик** umbrella; sunshade; *bot* umbel; **~ичный** *adj of* ~ик; *bot* umbellate, umbelliferous

зоо́лог zoologist; **~и́ческий** zoological; ~ парк, сад zoological garden(s); *fig* brutish, bestial; **~ия** zoology

зоо|магази́н pet-shop; **~па́рк** zoological garden(s), zoo; **~те́хник** livestock specialist

зо́р|кий (~ок, ~ка́, ~ко) lynx-eyed, sharp-sighted; *fig* penetrating (*glance*), perspicacious (*mind*); vigilant; far-seeing, clear-sighted

зра́зы *f pl cul* zrazy (*meat cutlets with rice, etc*)

зрач|о́к (~ка́) pupil (*of eye*)

зре́л|ище sight; spectacle, show, pageant; **~ищный** *adj of* ~ище; ~ищные предприя́тия places of entertainment

зре́л|ость *f* ripeness; maturity *also fig*; полова́я ~ puberty; аттеста́т ~ости school-leaving certificate; **~ый** (~, ~а́, ~о) ripe; mature *also fig*; по ~ом размышле́нии on reflection; ~ ум mature mind

зре́ни|е (eye)sight; vision; обма́н ~я optical illusion; по́ле ~я field of vision; то́чка ~я point of view; под э́тим угло́м ~я from this standpoint

зреть I *pf* со~ ripen; mature *also fig*

зр|еть II (~ю, ~ишь) *pf* у~ *obs* behold; gaze (upon, на + *acc*); **~и́мый** (~им) visible; **~и́тель** *m* spectator, observer; быть ~и́телем look on; **~и́тельный** visual, optic; ~ нерв optic nerve; ~и́тельная па́мять visual memory; ~и́тельная труба́ telescope; ~ зал auditorium, hall

зря *adv coll* to no purpose, in vain, for nothing; болта́ть ~ chatter idly; рабо́тать ~ plough the sand; почём ~ *pop* for all one's worth (*beat, lie, etc*)

зря́чий sighted, able to see

зуа́в zouave

зуб 5 tooth; вооружённый до ~о́в armed to the teeth; ~ му́дрости wisdom tooth; име́ть ~ на кого́, про́тив кого́ bear a grudge against someone; точи́ть ~(ы) на кого́ have it in for someone, have one's knife into someone; класть (положи́ть) ~ы на по́лку go hungry, tighten one's belt; держа́ть язы́к за ~а́ми hold one's tongue; я ни в ~ (ного́й) в э́том (не понима́ю) *pop* I haven't got a clue; не по ~а́м кому́ *pop* beyond someone's capacity; э́то у меня́ в ~а́х навя́зло *pop* I'm fed up to the back teeth with it; у меня́ ~ на́ ~ не попада́ет my teeth are chattering; хоть ви́дит о́ко, да ~ неймёт *prov* one can see something, but one cannot have it; so near and yet so far; *pl* ≃ья, ≃ьев cog, tooth; **~а́стый** (~а́ст) *coll* large-toothed; *fig* sharp-tongued; **~е́ц** (~ца́) cog, tooth; ~ ви́лки prong; merlon, battlement (*of wall*); blip (*in radar*) **~и́ло** *tech* chisel, point-tool

зу́бн|о-губно́й *ling* labio-dental; **~о́й** dental; ~а́я боль toothache; ~ врач dentist; ~а́я па́ста toothpaste; ~ порошо́к tooth-powder; ~а́я щётка toothbrush; *ling* dental

зуб|о́вный ~ скре́жет gnashing of teeth; со скре́жетом ~о́вным extremely unwillingly; **~оврачéбный** dental; ~ кабине́т dental surgery; **~оврачева́ние** dentistry; **~о́к** (~ка́; *pl* ≃ки, ≃ок) *dim of* ~; на ~ подари́ть bring a present for a newborn baby; на ~ вы́учить *coll* learn by rote; попада́ть на ~ кому́ *fig coll* fall foul of someone's tongue; *gen pl* ~ ко́в bit (*of coal-cutting machine*); **~олечéбница** dental surgery; **~олечéбный** = ~оврачéбный; **~оска́л** *coll* mocker, scoffer; **~оска́лить** II *impf coll* mock, scoff, banter; **~оска́льство** *coll* mocking, scoffing, bantering; **~оты́чина** *vulg* sock on the jaw; **~очи́стка** toothpick

зубр bison; *fig* die-hard

зубр|ёжка *coll* cramming; **~и́ла** *m and f coll* crammer; **~и́ть** II (~ю́, ≃и́шь) *pf* за~ notch, serrate; *pf* вы́~ *and* за~ *coll* cram, learn mechanically

зубро́вка zubrovka (*variety of vodka*)

зубча́т|ка *tech* pinion, rack-wheel; **≃ый** *tech* tooth(ed), cogged; ~ая желе́зная доро́га rack-railway; ~ое колесо́ cogwheel, pinion, rack-wheel; ~ насо́с gear pump; ~ая ре́йка rack; indented, jagged; notched

зуд itch; *fig coll* urge, itch, yen; **~а́** *m and f pop* bore, tiresome person; **~е́ть** II (~и́т) *impf coll* itch *vi*; *fig* itch, feel an itch, urge (*to do something*, + *infin*); *coll* buzz (*of mosquitos, etc*); *fig coll* nag; **~и́ть** II (зужу́, ~и́шь) *pop* = ~е́ть; cram

зу|ёк (~йка́) plover

зулу́с Zulu; **≃ский** Zulu

зу́ммер *tech* buzzer; ~ за́нятости engaged tone; ~ отве́та ста́нции dial(ling) tone (*on telephone*)

зумпф *tech* sump, dibhole

зурна́ zurna (*kind of clarinet*)

зы́б|иться (~лется) *obs poet* be ruffled, stir (*of sea, etc*); **≃ка** *dial* cradle; **≃кий** (~ок, ~ка́, ~ко) shaky, unsteady; *fig* unreliable; vacillating; **~у́н** 1 marshy ground, bog; **~у́чий** unstable, shifting, shaky; ~у́чие пески́ quicksands; **~ь** 5 *f* ripple, rippling (*on lake, sea, etc*); мёртвая ~ swell; *poet* wave(s); подёрнуться ≃ью ripple

зы́рить II *impf sl* see, look (at, на + *acc*)

зы́ч|ный (~ен) *coll* loud, stentorian

зэ|к *abbr of* заключённый prisoner (*in labour camp*); **≃ковский** *adj of* ~; **≃чка** female prisoner

зюйд *naut* south; southerly wind; **~ве́стка** sou'wester (*hat*)

зя́б|кий (~ок, ~ка́, ~ко) sensitive to cold, chilly

зя́б|левый *adj of* ~ь; ~левая вспа́шка autumn ploughing

зя́блик chaffinch

зя́б|лый = ~кий; *dial* killed by frost (*of plants*); **≃нуть** I (*past* ~, ~ла) *impf* suffer from cold, feel the cold

зябь *f* land ploughed in autumn for spring sowing

зят|ь (*pl* ~ья́, ~ьёв) son-in-law; brother-in-law (*sister's husband or husband's sister's husband)*

И

и *conj in var senses* and; and then; и он уéхал and then he left; и так дáлее, и прóчее et cetera, and so on, and so forth; и … и both … and; и тот и другóй both; too; и в э́том случае in this case too; *with negation* either; э́то и для негó нелегкó it is not easy for him either, it is not easy even for him; even, too; и он соглáсен even he agrees, he agrees too; also; и я придý I shall also come; *emph* в том-то и дéло that is just the point; и … да *concessive* она и пошлá бы, да не мóжет she would like to go, but she cannot; *interj pop* oh!, you don't say (so)! (*iron disagreement*)

ибери́йский Iberian

и́бис ibis

и́бо *conj* for

и́ва willow; корзи́ночная ~ osier; плакýчая ~ weeping willow

Ивáн John; ~ Купáл|а (*also* ~о) St John the Baptist's Day; ночь на Ивáна Купáла Midsummer Night

ивáн-да-мáрья cow-wheat; heart's ease

Ивáнов ~ день St John's Day, Midsummer Day

Ивáновск|ий во всю ~ую *coll* with all one's might; кричáть во всю ~ую shout loud enough to waken the dead; скакáть во всю ~ую go hell for leather; ~ червя́к *dial* glow-worm

ивáн-чá|й (~́я) rosebay willow-herb

ив|ня́к 1 osier-bed; *collect* osier(s); **~́овый** *adj of* ~а

и́волга oriole

иври́т (modern) Hebrew

игл|á 6 needle; quill, spine (*of animals*); *bot* thorn, needle, prickle; елóвая ~ fir-needle; **~и́стый** (~и́ст) covered with quills, echinate; ~ скат thornback (*fish*); **~овáтый** (~овáт) prickly, thorny; **~ови́дный** (~ови́ден) needle-shaped; **~одержáтель** needle-holder; **~окóжие** *n* echinodermata; **~ообрáзный** (~ообрáзен) needle-shaped

и́глу *neut indecl* igloo

игнори́р|овать (~ую) *impf and pf* ignore; disregard

и́го *fig* yoke; татáрское ~ Tatar yoke

игóл|ка needle; сидéть как на ~ках be on tenterhooks, be on thorns; **~́очка** *dim of* ~ка; одéтый с ~очки *coll* spick and span; костю́м с ~очки brand-new suit; **~́ьник** needle-case; **~́ьный** *adj of* иглá; ~ьное ýшко eye of a needle; **~́ьчатый** needle-shaped; ~ьчатые каблуки́ stiletto heels; *min* acicular; ~́ьчатая рудá needle ore; *tech* ~ клáпан needle valve

игóрный gaming, playing; ~ дом gaming-house; ~ притóн gambling-den; ~ стол gaming-table, card-table

игр|á 6 play(ing), performance (*on musical instrument, etc*); ~ свéта play of light; ~ слов play upon words, pun; ~ прирóды freak of nature; биржевáя ~ stock exchange speculation; game; азáртная ~ game of chance; кóмнатные ~́ы indoor, party games; Олимпи́йские ~́ы Olympic games; ~ не стóит свеч the game is not worth the candle; игрáть, вести́ крýпную ~ý play for high stakes; *sp, cards* game (*part of match, etc*); взять ~ý при своéй подáче win one's service; hand (*at cards*); сдать хорóшую ~ý deal a good hand; turn (to play); **~áльный** playing; ~áльные кóсти dice

игрá|ть I *pf* сыгрáть play; ~ пьéсу put on a play; ~ роль play a part; ~ Гáмлета play, take the part of Hamlet; ~ комéдию act *fig*; э́то не ~ет рóли it is of no importance; ~ симфóнию play a symphony; ~ пéрвую, вторýю скри́пку *fig* play first, second fiddle; ~ для райкá play to the gallery; ~ комý в рýку *fig* play into someone's hand; ~ глазáми flash one's eyes; ~ словáми play upon words; ~ ферзём move the queen (*at chess*); ~ в кáрты, футбóл, шáхматы play cards, football, chess; ~ в загáдки talk in riddles; ~ в пря́тки play hide-and-seek; *fig* be secretive; feign (в + *acc*); ~ в великодýшие play the magnanimous; ~ на бильярде play billiards; ~ на би́рже speculate on the Stock Exchange; ~ на повышéние, понижéние be a bull, a bear (*on Stock Exchange*); *fig* play (on, на + *prep*); ~ на чýвствах play on the emotions; *impf only* play with, toy with, trifle (with, + *instr* and с + *instr*); ~ чьи́ми чýвствами trifle with someone; ~ с огнём *fig* play with fire; *impf only* sparkle, play (*of wine, jewellery, a smile, etc*); **~́ющий** *n* player

и́грек (letter) y; *math* y

игрéневый *and* **игрéний** skewbald

игр|éц 1 *obs* strolling player, musician; *pop* player; швец и жнец, и в дýду ~ *coll* jack-of-all-trades; **~и́вый** (~и́в) playful; skittish (*of woman*); waggish; *coll* ribald, bawdy; **~и́стый** (~и́ст) sparkling (*of wine, etc*); **~овóй** ~ фильм feature film; **~óк** 1 player (*of game*, в + *acc*; *of instrument*, на + *prep*); gambler; **~отéка** store of children's games; **~ýшечный** toy; ~ магази́н toyshop; ~ паровóз toy engine; *coll* tiny; **~ýшка** toy; *fig* plaything; **~́ывать** *past only*; *freq of* ~áть

игуáна iguana

игýм|ен Father Superior (*of monastery*); **~́енья** (*gen pl* ~ений) Mother Superior (*of convent*)

идеáл ideal; **~изи́ровать** (~изи́рую) *impf and pf* idealize; **~и́зм** idealism; **~и́ст** idealist; **~исти́ческий** *philos* idealist(ic); **~исти́чный** (~исти́чен) idealistic; **~́ьный** (~ен) *philos* ideal; *coll* ideal, perfect

идé|йка *pej dim of* ~я; paltry idea; **~́йность** *f* ideological content; 'progressive' character (*of work of art, etc from Marxist point of view*); integrity, principle (*from Marxist point of view*); **~́йный** (~ен, ~йна) ideological; propagating a particular point of view, committed (*of literature, etc*); 'progressive' (*Marxist*); acting on principle, high-principled (*Marxist*)

иденти|фикáция identification; **~фици́ровать** (~фици́рую) *impf and pf* identify; **~́чный** (~чен) identical

идеогрá|мма *ling* ideogram; **~́фия** *ling* ideography

идеóлог ideologist; theoretician; **~и́ческий** ideological; **~́ия** ideology

идёт *interj coll* it's on!, (all) right!

идé|я idea; notion, concept; *philos* Idea; подавáть ~ю make a suggestion; навя́зчивая ~ obsession, *idée fixe*; счастли́вая ~ happy thought; purport, point (*of book, etc*)

идилл|и́ческий idyllic; **~и́я** idyll

идио́м *and* **идио́м|а** idiom; **~ати́зм** (an) idiom; **~а́тика** study of idiom(s); *collect* idiomatic expressions, idiom; **~ати́ческий** idiomatic

идиосинкрази́я idiosyncrasy; *med* allergy

идио́т idiot, imbecile *also coll*; **~и́зм** idiocy, imbecility *also coll*; *ling* idiom; **~и́ческий** idiotic, imbecile; **~́ский** idiotic, imbecile; stupid

и́диш *m indecl* Yiddish (language)

и́дол idol *also fig*; сиде́ть, стоя́ть ~ом sit, stand like a graven image; *coll pej* blockhead; **~опокло́нник** idolator; **~опокло́ннический** idolatrous; **~опокло́нство** idolatry

ид|ти́ *also* **итти́** (~у́, ~ёшь; шёл, шла) *det of* ходи́ть *pf* пойти go; *impf only* come; ~ пешко́м walk; ~ в го́ру go uphill; ~ гуля́ть go for a walk; по́езд ~ёт бы́стро the train is going fast; доро́га ~ёт ле́сом the road goes through the forest; кто ~ёт? who goes there?, who's there?; ~ в прода́жу be up for sale; ~ в но́гу keep in step *also fig*; ~ на сме́ну take the place (of), succeed (+ *dat*); enter, join (в, на + *acc*); ~ в па́ртию join the Party; ~ в лётчики become an airman; be used (for, в + *acc*); ~ в лом go for scrap; go to make (на + *acc*); ~ на пла́тье go to make a dress; come (from), proceed (from); дым ~ёт из пе́чи smoke is coming from the stove; go round, circulate (*of news, etc*); шёл слух, что … rumour had it that … ; *coll* sell, be sold; ~ за бесце́нок go for a song; run, work, go (*of machines, etc*); часы́ ~у́т хорошо́ the watch keeps good time; fall (*of rain, etc*); дождь, снег ~ёт it is raining, snowing; pass (*of time*); be in progress (*negotiations, etc*), be on, showing (*entertainments, etc*); suit, become (+ *dat or* к + *dat*); пла́тье тебе́ ~ёт the dress suits you; (*chess, cards, etc*) play, lead, move (+ *instr and* с + *gen*); ~ ферзём move one's queen; ~ с бубён lead with diamonds; (*of discussion, etc*) be (about, о + *prep*); речь ~ёт о том, что it's about, it concerns; ~ в счёт be taken into account; ~ на всё go to any length; э́то не ~ёт из ума́ (I) can't get it out of (my) head

и́д|ы *no sing* (*gen pl* ~) *hist* Ides

иегови́ст|ский *adj of* ~; **~́(ы)** Jehovah's Witness(es)

иезуи́т Jesuit; **~́ский** Jesuit; *fig* Jesuitical

ие́на yen

иера́рх hierarch; **~́ия** hierarchy

иерати́ческ|ий hieratic; ~ое письмо́ hieratic script

иере́|й priest; **~́йский** priestly; **~́йство** priesthood

иеремиа́да jeremiad

иерихо́нск|ий го́лос как ~ая труба́ *coll joc* voice like a fog-horn

иеро́глиф hieroglyph; **~и́ческий** hieroglyphic

иеромона́х (*Orthodox*) priest in monastic order

иждиве́н|ец (~ца) dependant; **~́ие** maintenance; на чьём ~ии at someone's expense; жить на ~ии роди́телей live at one's parents' expense; *obs* funds, means; **~́чество** *pej* dependence

и́же *rel pr ar* who, which; и ~ с ни́м(и) (and others) of that ilk, and company

и́жиц|а letter 'v' (*up to 1918*); но́ги ~ей *coll joc* knock-knees; прописа́ть ~у *coll obs* give a talking (to + *dat*); от аза́ до ~ы from A to Z

из (изо) *prep* + *gen* from, out of; из А́фрики from Africa; вы́йти из ко́мнаты go (come) out of the room; из газе́т from the (news)papers; из достове́рных исто́чников from reliable sources; из крестья́н of peasant origin; *partitive* of; оди́н из его́ друзе́й one of his friends; лу́чший из всех the best of all; *with negative* in; ни оди́н из ста not one in a hundred; *of material* (out) of; из чего́ он э́то сде́лал? what did he make it of?; (made) of; варе́нье из ви́шен cherry jam; из зо́лота (made) of gold; *agency* изо всех сил with all one's might; *motive, cause* из благода́рности in gratitude; из за́висти from envy; из любви́ к иску́сству from love of art; **из-** (*also* изо-, изъ- *and* ис-) *verbal prefixes in var senses*: motion outwards; action over surface of object, in all directions; expenditure of instrument or object during action; continuation or repetition of action to culmination; exhaustiveness of action

изб|а́ 6 (*acc* ~́у) izba (*peasant's hut*); ~-чита́льная village reading-room; *hist* government office

избав|и́тель *m* deliverer; **~́ить(ся)** II (~́лю(сь)) *pf of* ~ля́ть(ся); **~ле́ние** deliverance; **~ля́ть** I *pf* ~́ить deliver (from), save (from, от + *gen*); ~́ьте меня́ от ва́ших замеча́ний spare me your remarks; ~́и Бог! God forbid!; **~ля́ться** I *pf* ~́иться escape (from), be saved (from); get out (of), get rid (of, от + *gen*)

избал|о́ванный spoilt; **~ова́ть(ся)** (~у́ю(сь)) *pf of* ~о́вывать(ся); **~о́вывать** I *pf* ~ова́ть spoil (*child, etc*); **~о́вываться** I *pf* ~ова́ться become spoilt

избა́ч I village librarian

избе́|гать I *pf coll* run all over, run around; **~га́ть** I *pf* ~́гнуть *and* ~жа́ть avoid (+ *gen or inf*); shun; escape, evade; ~жа́ть наказа́ния escape punishment; ~ встреча́ться с кем avoid meeting someone; **~́гаться** I *pf coll* exhaust oneself by running (about); *pop* get out of hand (*of children*); **~́гнуть** I (*past* ~гнул *and* ~г, ~гла) *pf of* ~га́ть; **~жа́ние** во ~ in order to avoid (+ *gen*); **~жа́ть** (~гу́, ~жи́шь, ~гу́т) *pf of* ~га́ть

изби|ва́ть *pf* ~́ть beat up, assault, beat unmercifully; slaughter, massacre; *coll* ruin, batter; *pop* wear out (*shoes*); **~ва́ться** I *pf* ~́ться be worn out, ruined; *coll* bruise oneself all over; **~е́ние** slaughter, massacre; ~ младе́нцев Massacre of the Innocents

избира́т|ель *m* elector, voter; **~́ельность** *f* selectivity; **~́ельный** electoral; ~ бюллете́нь voting-paper; ~ельная кампа́ния election campaign; ~ о́круг electoral district; ~ельное пра́во suffrage, franchise; ~ спи́сок electoral roll, register of voters; ~ельная у́рна ballot-box; ~ уча́сток polling station; ~ ценз voting qualification(s); *tech* selective; **~́ь** I *pf* избра́ть elect (as, for, + *instr*); choose; его́ избра́ли председа́телем he was elected chairman

из|би́тый *fig* trite, hackneyed; ~би́тая фра́за tag; ~би́тая и́стина truism; **~би́ть(ся)** (~обью́(сь), ~обьёшь(ся)) *pf of* ~бива́ть(ся)

избл|ева́ть (~юю́) *pf of* ~ёвывать; **~ёвывать** I *pf* ~ева́ть *obs* throw up, bring up; *fig* spew out (*of coarse language*); *pop vulg* vomit over

изб|но́й *adj of* ~а́

избо́рник *hist* anthology

избороз|ди́ть II (~жу́) *pf of* борозди́ть *also fig* furrow

избоче́н|иваться I *pf* ~иться put one hand on hip in challenging pose; **~́иться** II *pf of* ~иваться

избр|а́ние election; **~а́нник** *rhet* elect, chosen one; favourite, darling, favoured one; **~́анный** selected (*works, etc*); select; мно́го зва́нных, а ма́ло ~анных many are called, but few are chosen;

∸анные *n* élite; **~а́ть** (изберу́, изберёшь; ~а́л, ~ала́, ~а́ло) *pf of* избира́ть
и́збура- brownish-; ~-кра́сный brownish-red
изб|у́шка *dim of* ~а́
избы|ва́ть I *pf* ∸ть *obs poet* rid oneself of; **∸ток** (~тка) excess, surplus; abundance, plenty; в ~тке in plenty; от ~тка чувств out of the fullness of the heart; **∸точный** (~точен) surplus; abundant, plentiful; redundant; **∸ть** (избу́ду, избу́дешь; ∸л, ~ла́, ∸ло) *pf of* ~ва́ть
избяно́й *adj of* изба
извал́яться I *pf pop* ~ в грязи́ dirty oneself by rolling around in the mud
извая́|ние statue, sculpture, (graven) image; **∸ть** I *pf of* вая́ть
изве́д|ать I *pf of* ∸ывать; **∸ывать** I *pf* ~ать experience, (come to) know, learn the meaning of; taste (*grief, happiness, etc*)
и́звер|г monster; ~ рода челове́ческого unspeakable monster; **~га́ть** I *pf* ∸гнуть disgorge, throw out; *physiol* excrete; *fig* eject, expel; **~га́ться** I *pf* ∸гнуться erupt (*of volcanoes*); *pass of* ~га́ть; **∸гнуть(ся)** I *pf of* ~га́ть(ся); **~же́ние** eruption (*volcano*); expulsion, ejection; *physiol* excretion; *pl only obs* excreta, vomit; **∸женный** *geol* igneous, volcanic
изве́р|иваться I *pf* ~иться lose faith, confidence (in, в + *acc and* в + *prep*); **∸иться** II *pf of* ~иваться
извер|ну́ться I *pf of* извора́чиваться *and rare* ∸тываться; **~те́ться** II (~чу́сь, ∸тишься) *pf of* ∸тываться; **∸тываться** *pf* ~те́ться *coll* wear out through turning (*of screw, etc*); *pf only fig* become flighty, go to the bad; *pf* ~ну́ться *see* **извора́чиваться**
изве|сти́ (~ду́, ~дёшь; ∸л, ~ла́) *pf of* изводи́ть
изве́сти|е news (of, о + *prep*); information; после́дние ~я latest news; *pl only* proceedings, transactions (*of learned society*)
изве|сти́сь (~ду́сь, ~дёшься; ∸лся, ~ла́сь) *pf of* изводи́ться
изве|сти́ть II (~щу́) *pf of* ~ща́ть
извёстк|а (slaked) lime; **~ова́ть** (~у́ю) *impf and pf* lime; **~о́вый** *adj of* и́звесть
изве́ст|но *pred* it is (well) known; как ~ as is well known; наско́лько мне ~ as far as I know; *partic pop* of course; **∸ность** *f* reputation, fame, repute; сканда́льная ~ notoriety; приноси́ть ~ bring fame (to, + *dat*); по́льзоваться мирово́й ~ностью be world famed; publicity; поста́вить кого́ в ~ inform, notify someone; *coll* notability, celebrity; **∸ный** (~ен, ~на) (well-)known (to, + *dat*; for, + *instr*; as, за + *acc or* как); celebrated; он ~ен под и́менем he goes under the name (of, + *gen*); notorious; certain; ∸ным о́бразом in a certain way; в ∸ных слу́чаях in certain cases; до ∸ной сте́пени, в ∸ной ме́ре to a certain extent; **∸ное** *n math* the known
известня́к 1 limestone; **~о́вый** limestone, calcareous
и́звесть *f* lime; гашёная ~ slaked lime; негашёная ~ quick lime; хло́рная ~ chlorinated lime
изветша́|лый *obs* dilapidated; **∸ть** I *pf obs* fall into complete disrepair
извещ|а́ть I *pf* извести́ть inform, notify; **~е́ние** notification, notice; advice
изви́в winding, bend; **~а́ть** I *pf* изви́ть coil, twist, wind; **~а́ться** I *pf* изви́ться coil *vi*; wriggle; *no pf* wind, twist (*of roads, etc*); meander (*of rivers, etc*)
изви́л|ина bend, twist; ~ины мо́зга convolutions of the brain; **∸истый** (~ист) winding, tortuous (*of river, streets, etc*), meandering
извин|е́ние excuse, apology; проси́ть у кого́ ~е́ния beg someone's pardon; **~и́тельный** (~и́телен) excusable, pardonable; apologetic; **~и́ть(ся)** II *pf of* ~я́ть(ся); **~я́ть** I *pf* ~и́ть excuse (*pardon*); ~и́те (меня́) I beg your pardon!, excuse me!, (I'm) sorry!; ~и́те за выраже́ние *coll* if you will excuse the expression; уж ~и́(те)! *coll* I'm sorry!, excuse me! (*when not agreeing*); excuse (*justify*); **~я́ться** I *pf* ~и́ться apologize (to, пе́ред + *instr*); ~и́тесь за меня́ present my apologies, make my excuses; *obs* excuse oneself (on account of, + *instr*); **~я́ющийся** apologetic
из|ви́ть(ся) (~овью́(сь), ~овьёшь(ся); ~ви́л(ся), ~вила́(сь)) *pf of* ~вива́ть(ся)
извле|ка́ть I *pf* ∸чь extract (*tooth, bullet, etc*); *fig* extricate; ~ из беды́ get out of a fix; derive, elicit; ~ уро́к learn a lesson (from, из + *gen*); ~ вы́году, по́льзу, удово́льствие derive profit, benefit, pleasure (from из + *gen*); ~ ко́рень *math* find the root; **~че́ние** extraction; ~ ко́рня *math* extraction of root, evolution; excerpt, extract (*from book, etc*); **∸чь** (~ку́, ~чёшь, ~ку́т; ∸к, ~кла́) *pf of* ~ка́ть
извне́ *adv* from without
изво́д *coll* waste (*of money, time, etc*); vexation; *lit* recension; text
изво|ди́ть II (~жу́, ∸дишь) *pf* извести́ spend (*money*), use up (*material*), waste; *coll* rile, exasperate, torment; exterminate (*insects, etc*); destroy; weaken (*of illness, etc*); **~ди́ться** II (~жу́сь, ∸дишься) *pf* извести́сь wear oneself out, exhaust oneself; ~ от за́висти be consumed with envy; *pass of* ~ди́ть
изво́з carrier's trade; промышля́ть ∸ом be a carrier (by trade); **∸ный** *adj of* ~; ~ про́мысел carrier's trade; **∸чик** carrier; (легково́й) ~ izvozchik, cabman; cabby; (ломово́й) ~ carter, drayman; *coll* cab; е́хать на ~чике go in a cab; **∸чичий** *adj of* ~чик; ~чичья би́ржа cab-stand, cab-rank
извол|е́ние *obs* will, wish, pleasure; с ~е́ния нача́льства *obs* with the permission of the authorities; по ~е́нию бо́жию *Deo volente;* **∸ить** II *impf iron* wish, desire (+ *infin or gen*); чего́ ~ите? *iron* what can I do for you?; ~ь(те) *coll* all right, if you wish, as you wish; ~ьте, я переночу́ю у вас all right, I will stay the night with you; with pleasure; пожа́луйста, сде́лайте э́то – ~ьте! please do this – with pleasure!; deign, be pleased; а как вы ~ите пожива́ть? and, pray, how are you?; ~ь(те) please be good enough, kindly; ~ьте вы́йти kindly leave
извор|а́чиваться I *pf* изверну́ться *coll* wriggle away, dodge, evade *also fig*; **~о́т** twist, bend; *pl* tricks, wiles; **~о́тливый** (~о́тлив) resourceful; slippery, wriggly (*of animal*)
извра|ти́ть II (~щу́) *pf of* ~ща́ть; **~ща́ть** I *pf* ~ти́ть pervert; misinterpret, distort; ~ и́стину distort the truth; **~ще́ние** perversion; distortion, misinterpretation; **~щённый** perverted, unnatural
изга́|дить(ся) II (~жу(сь)) *pf of* ∸живать(ся); **∸живать** I *pf* ~дить *coll* soil, make foul, (be)foul; *fig vulg* mess up; **∸живаться** I *pf* ~диться *pop* turn nasty (*of weather*); go to the bad
изги́б bend, curve; *usu pl* inflexion(s) (*of voice*); nuance; **~а́ть** I *pf* изогну́ть bend, curve; **~а́ться** I *pf* изогну́ться bend, curve *vi*; он весь изогну́лся в

покло́не he bowed obsequiously
изгла́|дить II (~жу) *pf of* ~живать; **~живать** I *pf* ~дить efface, wipe out *also fig*; ~из па́мяти blot out of one's memory
из|гна́ние banishment; expulsion (*from society*); exile; **~гна́нник** exile (*person*); **~гна́ть** (~гоню́, ~го́нишь; ~гна́л, ~гнала́, ~гна́ло) *pf of* ~гоня́ть
изго́й *hist* déclassé person; *fig* social outcast
изголо́вь|е head of the bed; у ~я at the bedside; служи́ть ~ем serve as a pillow
изголода́ться I *pf* be famished, starve; yearn (for, по + *dat*)
изг|оня́ть I *pf* ~на́ть banish, expel; exile; ~ из употребле́ния prohibit the use of, ban; ~ плод procure an abortion
изго́рб|иться II (~люсь) *pf coll* arch the back (*of cat, etc*); warp *vi*
и́згородь *f* fence; жива́я ~ hedge
изгот|а́вливать I = ~овля́ть; **~о́вить(ся)** II (~о́влю(сь)) *pf of* ~овля́ть(ся); **~о́вка** взять ружьё на ~о́вку *mil* come to the ready; **~овле́ние** manufacture; *mil* preparation; 'ready' position; **~овля́ть** I *pf* ~о́вить manufacture; *mil* ~ ружьё come to the ready; *pop* cook (up); **~овля́ться** I *pf* ~о́виться get ready, place oneself in readiness *obs*; *pass of* ~овля́ть
изгрыз|а́ть I *pf* ~́ть gnaw to shreds; **~́ть** (~у́, ~ёшь; ~, ~ла) *pf of* ~а́ть
изда|ва́ть (~ю́, ~ёшь) *pf* ~́ть publish; promulgate (*law, etc*); issue (*order, edict, etc*); ~ крик let out a cry; give out, emit (*smell, etc*); **~ва́ться** (~ю́сь, ~ёшься) *pf* ~́ться be published
и́здавна *adv* from time immemorial; for a long time
изд|алека́ (*more rarely* ~алёка) *adv* from afar, from a distance, from far away; говори́ть ~ *coll* speak in a roundabout way; **~́али** = ~алека́
изда́|ние publication; promulgation (*of law*); edition (*of book*); **~́тель** *m* publisher; **~́тельский** *adj of* ~тель *and* ~тельство; ~тельское де́ло publishing; **~́тельство** publishing house; **~́ть** (~м, ~шь, ~ст, ~ди́м, ~ди́те, ~даду́т; ~л, ~ла́, ~ло) *pf of* ~ва́ть; **~́ться** (*past* ~лся́, ~ла́сь, ~ло́сь) *pf of* ~ва́ться
издев|а́тельский mocking; **~а́тельство** mocking, scoffing; mockery; taunt, insult; **~а́ться** mock (at), scoff (at, над + *instr*); **~́ка** *coll* taunt, insult
изде́ли|е *sing* make; куста́рного ~я hand-made; (manufactured) article; *pl* wares; гли́няные ~я pottery, earthenware; желе́зные ~я hardware, ironmongery, ironware
издёрг|анный harassed, harried; он о́чень ~ he is in an extremely nervous state; ~анные не́рвы racked, overtaxed nerves; **~́ать(ся)** I *pf of* ~иваться; **~́ивать** I *pf* ~ать *coll* spoil by pulling, ruin; harass, overstrain; **~́иваться** I *pf* ~аться *coll pass of* ~ивать; become extremely nervous, get into a bad state of nerves
издерж|а́ть(ся) II (~у́(сь), ~́ишь(ся)) *pf of* ~́ивать(ся); **~́ивать** I *pf* ~а́ть spend, expend; **~́иваться** I *pf* ~а́ться spend all one has; *pass of* ~ивать; **~́ки** (*gen pl* ~ек) expenses; суде́бные ~ legal costs; ~ произво́дства production costs
издо́х|нуть I (~, ~ла) *pf of* издыха́ть
издре́вле *adv obs* from the earliest times, from time immemorial
издыха́|ние (one's) last breath; до после́днего ~́ния to one's last breath; при после́днем ~́нии at one's last gasp, dying; **~́ть** I *pf* издо́хнуть die (*of animals*); *sl* kick the bucket, croak
изжа́рить(ся) *pf of* жа́рить(ся)
изжёв|анный *coll* crumpled; *fig coll* hackneyed; **~а́ть** (~ую́) *pf of* ~́ывать; **~́ывать** I *pf* ~а́ть *coll* chew up
и́зжелта- yellowish-
изжи|ва́ть I *pf* ~́ть eliminate, get rid of; *obs* get over (*grief, disappointment, etc*); ~ себя́ outgrow one's (its) usefulness, become obsolete
изжи́|тие elimination; **~́ть** (~ву́, ~вёшь; ~л, ~ла́, ~ло) *pf of* ~ва́ть
изжо́га heartburn
из-за *prep* + *gen* from behind; из-за ле́са from behind the forest; встать из-за стола́ get up from the table; из-за мо́ря from oversea(s); из-за грани́цы from abroad; because of, through; из-за дождя́ мы не пое́хали because of the rain we didn't go; из-за тебя́ мы опозда́ли because of you we were late; они поссо́рились ~ де́нег they quarrelled over money
и́ззелена- greenish-
иззя́б|нуть I (*past* ~, ~ла) *pf coll* be, feel frozen; be, feel chilled to the bone
излага́ть I *pf* изложи́ть expound, state; set forth; draft; ~ на бума́ге commit to paper
изла́м|ывать I *pf* излома́ть break, smash; *pop* maim, cripple; *coll* wear down, out (*illness, etc*); *fig coll* ruin, corrupt; **~́ываться** I *pf* излома́ться be broken, smashed; *fig coll* become extremely affected; become corrupted
изле́н|иваться I *pf* ~и́ться *coll* grow incorrigibly lazy; **~и́ться** II (~ю́сь, ~́ишься) *pf of* ~иваться
излёт end of trajectory; пу́ля на ~е spent bullet
излеч|е́ние medical treatment; recovery; **~́ивать** I *pf* ~и́ть cure; **~́иваться** I *pf* ~и́ться make a complete recovery (from, от + *gen*); *fig* rid oneself (of), shake off (от + *gen*); **~и́мый** (~и́м) curable; **~и́ть(ся)** II (~у́(сь), ~́ишь(ся)) *pf of* ~́ивать(ся)
из|лива́ть I *pf* ~ли́ть *obs* pour out, forth (*tears, etc*); emit (*light, etc*); *fig* pour out, give vent to; ~ гнев, жёлчь vent one's anger, temper (on, на + *acc*); ~ ду́шу unburden oneself; **~лива́ться** I *pf* ~ли́ться *obs* pour, stream forth (*of tears, etc*); *obs* find expression (in, в + *prep*); give vent to one's feelings (in, в + *prep*); vent itself (on, на + *acc*)
изли́ш|ек (~ка) surplus, remainder; excess; с ~ком enough and to spare; **~́ество** excess, over-indulgence; **~́ествовать** (~ествую) *impf* over-indulge oneself; **~́не** *adv* excessively; superfluously, unnecessarily; **~́ний** (~ен, ~ня, ~не) excessive; superfluous, unnecessary
излия́ние *fig* effusion, outpouring (*usu pl*)
излов|и́ть II (~лю́, ~́ишь) *pf* catch, trap (*thief, fly, etc*)
изловч|а́ться I *pf* ~и́ться *coll* manage, contrive (+ *infin*)
излож|е́ние exposition, account; **~и́ть** II (~у́, ~́ишь) *pf of* излага́ть
изло́жница *tech* (casting) mould
изло́м fracture, break; sharp bend (*of river, etc*); curve, shape, line (*of eyebrows*); душе́вный ~ mental disturbance; **~́анный** broken; winding, tortuous; *fig* unhinged, unbalanced; *fig* ruined; *fig* affected; **~а́ть(ся)** I *pf of* изла́мывать(ся)
излуч|а́ть I *pf* ~и́ть radiate *also fig*; emit; **~а́ться** I *pf* ~и́ться emanate (from, из + *gen*); **~е́ние** radiation, emission; emanation
излу́ч|ина bend, wind (*usu of river*); **~́истый** (~ист) winding, meandering (*of river*)

излуч|и́ть(ся) II *pf of* ~а́ть(ся)
излю́бленный favourite; pet
изма́|зать(ся) I (~́жу(сь)) *pf of* ~́зывать(ся); ~́**зывать** I *pf* ~зать *coll* smear, soil; ~ пальто́ кра́ской get paint on one's coat; use up (*paint, grease, etc*); ~́**зываться** I *pf* ~заться get dirty
измар|а́ть(ся) I *pf of* ~́ывать(ся); ~́**ывать** I *pf* ~а́ть *coll* dirty, soil; ~́**ываться** I *pf* ~а́ться *coll* get covered with dirt, soil oneself
изма́т|ывать I *pf* измота́ть *coll* exhaust, knock up; ~́**ываться** I *pf* измота́ться *coll* be exhausted, done up, knocked up, all in
изма́ч|ивать I *pf* измочи́ть *coll* soak (through); ~**иваться** I *pf* измочи́ться *coll* be soaked (through)
изма́|ять I *pf pop* exhaust, tire out; ~́**яться** I *pf pop* be (completely) exhausted, tired out, all in
измельч|а́ние becoming, growing small, shallow; *fig* become shallow, superficial; *fig* lowering of moral standards, degeneration; ~**а́ть** I *pf of* мельча́ть; ~**е́ние** *tech* size reduction; pulverization, grinding; ~**и́ть** II *pf of* мельчи́ть
изме́н|а treachery; betrayal; госуда́рственная ~ high treason; (супру́жеская) ~ unfaithfulness, (conjugal) infidelity; ~**е́ние** alteration, change; *gramm* inflexion; ~**и́ть(ся)** II (~ю́(сь), ~́ишь(ся)) *pf of* ~я́ть(ся); ~́**ник** traitor; ~́**нический** traitorous, treacherous; ~́**чивость** *f* changeableness; inconstancy, fickleness; mutability; *biol* variability; ~́**чивый** (~чив) changeable (*of mood, weather, etc*); inconstant, fickle (*of character, etc*); ~**я́емый** variable; ~я́емые величи́ны *math* variables; ~**я́ть** I *pf* ~и́ть alter, change; amend (*bill, etc*); betray, be unfaithful (to, + *dat*); па́мять мне ~я́ет my memory fails me; сча́стье ему́ ~и́ло his luck is out; ~**я́ться** I *pf* ~и́ться alter, change *vi*; vary; ~ к лу́чшему, к ху́дшему change for the better, for the worse; ~ в лице́ change countenance
измер|е́ние measurement, measuring; sounding, fathoming (*of sea bottom*); taking (*temperature*); *math* dimension; четвёртое ~ *fig* fourth dimension; ~**и́мый** (~и́м) measurable; ~**и́тель** *m* measuring instrument, gauge; *econ* index; ~**и́тельный** (for) measuring; ~́**ить** II *pf of* ~я́ть; ~**я́ть** I *pf* ~́ить measure, take (*temperature*)
изможд|ён|ный (~, ~а́) emaciated
измок|а́ть I *pf* ~́нуть *coll* get soaked, drenched; ~́**нуть** I (*past* ~, ~ла) *pf of* ~а́ть
измо́р взять ~ом starve out, reduce by starvation; *fig* get what one wants by pestering (someone); ~**и́ть** II *pf pop* wear out, exhaust
и́зморозь *f* hoar-frost; rime
и́зморось *f* drizzle
измота́ть(ся) I *pf of* изма́тывать(ся)
измоча́л|ивать I *pf* ~ить *coll* shred, reduce to shreds; *fig pop* wear to a frazzle, ~́**иваться** I *pf* ~́иться *coll* become frayed, be in shreds; *fig pop* be worn to a frazzle; ~́**ить(ся)** II *pf of* ~ивать(ся)
измоч|и́ть II (~у́, ~́ишь) *pf of* изма́чивать
изму́ч|ать(ся) = ~ить(ся); ~́**енный** worn out, tired out; у него́ ~ вид he looks run down, worn out; ~́**ивать** I *pf* ~ить exhaust, tire out; torment; ~́**иваться** I *pf* ~́иться be exhausted, tired out; ~́**ить(ся)** II *pf of* ~́ивать(ся) *and* му́чить(ся)
измыва́т|ельство *coll* mocking, jibing; ~́**ься** I *impf coll* mock (at), jibe (at, над + *instr*); make a laughing stock (of, над + *instr*)
измы́зг|ать(ся) I *pf of* ~ивать(ся); ~́**ивать** I *pf* ~ать *pop* bedraggle, cover with dirt; wear to shreds; ~́**иваться** I *pf* ~аться *pop* be covered with dirt
измы́л|ивать I *pf* ~ить use up (*soap*); ~́**ить** II *pf of* ~ивать
измы́|слить II *pf of* ~шля́ть
измыта́р|ить II *pf coll* wear out; try, put a severe strain on; ~́**иться** II *pf coll* be worn out; be sorely tried
измышл|е́ние invention, fabrication; ~**я́ть** I *pf* измы́слить fabricate, invent (slander), concoct
из|мя́тый crumpled, creased; *fig* haggard, jaded; ~**мя́ть(ся)** (~омну́(сь), ~омнёшь(ся)) *pf of* мя́ть(ся)
изна́нк|а wrong side (*of material, clothing*); с ~и on the inner side; вы́вернуть на ~у turn inside out; ~ жи́зни seamy side of life
изнаси́л|ование rape, violation, assault; ~́**овать** (~ую) *pf of* наси́ловать
изнача́льный primordial
изна́ш|ивание wear (and tear); ~́**ивать** I *pf* износи́ть wear out; ~́**иваться** I *pf* износи́ться wear out *vi*; *fig coll* be worn out, played out
изне́ж|енность *f* delicacy (*of health*); susceptibility; effeminacy; ~́**енный** delicate, pampered; soft, effete; effeminate; ~́**ивать** I *pf* ~ить coddle, pamper; make effeminate; ~́**иваться** I *pf* ~́иться become effete, effeminate; get soft; ~́**ить(ся)** II *pf of* ~́ивать(ся)
изнемо|га́ть I *pf* ~́чь be exhausted (from), go faint (from, от + *gen*); ~**же́ние** exhaustion, prostration; быть в ~же́нии be all in; до ~же́ния to (the point of) exhaustion; ~**жённый** (~жён, ~жена́) exhausted; ~́**чь** (~гу́, ~́жешь, ~́гут; ~́г, ~гла́) *pf of* ~га́ть
изне́рвничаться I *pf coll* get into a state of nerves, get into a tizzy
изно́|с (*gen* ~са *and* ~су) *coll* wear (and tear), deterioration; не знать ~су(са) wear well; до ~су(са) until quite worn out; нет ~су(са) чему́ something will stand any amount of hard wear; ~**си́ть(ся)** II (~шу́(сь), ~́сишь(ся)) *pf of* изна́шивать(ся); ~́**сный** проходи́ть ~сное испыта́ние undergo an endurance test (*of car, etc*); ~́**шенный** worn out, threadbare (*of clothes*); *fig coll* prematurely aged, worn (out)
изнур|е́ние exhaustion; ~**ённый** (~ён, ~ена́) exhausted, worn out; faint (*with hunger*); wasted (with fever); ~**и́тельный** (~и́телен) exhausting; wasting (*of disease*); ~**и́ть** II *pf of* ~я́ть; ~**я́ть** I *pf* ~и́ть exhaust, wear out, wear down
изнутри́ *adv* from within
изн|ыва́ть I *pf* ~ы́ть *poet* pine (away) for (по + *dat*); languish, be exhausted (*from heat, thirst, etc*); ~**ы́ть** (~о́ю, ~о́ешь) *pf of* ~ыва́ть
изо *prep* = из; ~́ *neut indecl abbr of* изобрази́тельное иску́сство fine arts; ~- *prefix* = из; ~ iso-
изоба́|ра isobar; ~́**та** isobath
изоби́л|ие abundance, plenty, profusion; рог ~ия cornucopia; ~́**овать** (~ую) *impf* abound (in), be rich (in), teem (with, + *instr*); ~́**ьный** (~ен) abundant, plentiful
изоблич|а́ть I *pf* ~и́ть expose (as); ~ кого́ во лжи expose someone as a liar: convict (of, в + *prep*); unmask; *no pf* show (to be), point to (as being); все её движе́ния ~а́ли в ней танцо́вщицу you could see from all her movements that she was a dancer; ~**е́ние** exposure; conviction; ~**и́тельный** damning; ~**и́ть** II *pf of* ~а́ть

изобра|жа́ть I *pf* ~зи́ть depict, portray, represent (as, + *instr*); ~ из себя́ make oneself out (to be), represent oneself (as); она́ не так глупа́ как её ~жа́ют she is not the fool they make her out; initiate, take off; **~жа́ться** I *pf* ~зи́ться appear, show itself; *pass of* ~жа́ть; **~же́ние** (*artistic*) representation; portrayal; image; imprint; ~ в зе́ркале reflection; **~зи́тельный** graphic; decorative; ~зи́тельные иску́сства fine arts; **~зи́ть(ся)** II (~жу́(сь)) *pf of* ~жа́ть(ся)

изобре|сти́ (~ту́, ~тёшь; ~̈л, ~ла́) *pf of* ~та́ть; **~та́тель** *m* inventor; **~та́тельный** (~та́телен) inventive; resourceful; **~та́тельский** *adj of* ~та́тель; **~та́тельство** inventiveness; *collect* inventions; **~та́ть** I *pf* ~сти́ invent; contrive, devise; **~те́ние** invention

изовр|а́ться (~у́сь, ~ёшься; ~а́лся, ~ала́сь, ~ало́сь) *pf coll* = изолга́ться

изо́гнут|ый bent, curved, winding; **~́ь(ся)** I *pf of* изгиба́ть(ся)

изогра́ф *obs* icon-painter; **~́ия** *obs* icon-painting

из|о́дранный tattered; **~одра́ть** (~деру́, ~дерёшь; ~одра́л, ~одрала́, ~одра́ло) *pf of* ~дира́ть

изо|йти́ (~йду́, ~йдёшь; ~шёл, ~шла́) *pf of* исходи́ть

изол|га́ться (~гу́сь, ~жёшься, ~гу́тся; ~га́лся, гала́сь, ~га́лось) *pf* become a hardened, inveterate liar

изол|и́рованный isolated, separate; *tech* insulated; **~и́ровать** (~и́рую) *impf and pf* isolate, quarantine; *tech* insulate; **~иро́вка** *coll* insulating tape; *tech* insulation; **~иро́вочный** *tech* insulating; **~я́тор** *med* isolation ward; solitary confinement cell; *pol* 'isolator' (*building with investigatory or punishment cells*); **~яциони́зм** *pol* isolationism; **~яциони́ст** *pol* isolationist; **~яцио́нный** *adj of* ~я́ция; ~яцио́нная ле́нта insulating tape; **~я́ция** isolation; *med* quarantine; *tech* insulation; *pol* вре́менная ~ 'temporary isolation' (*used in camps to describe the sentence of political prisoners*)

изо|ме́р isomer; **~ме́рный** isomeric; **~мо́рфный** isomorphous

изорв|а́ть (~у́, ~ёшь; ~а́л, ~ала́, ~а́ло) *pf of* изрыва́ть; **~а́ться** (~у́сь, ~ёшься; ~а́лся, ~ала́сь, ~ало́сь) *pf coll* be in tatters

изоте́рм|а isotherm; **~и́ческий** isothermal, isothermic

изото́п isotope

изохро́нный isochronous

изошу́тка *coll* cartoon, humorous drawing

изощр|е́ние *fig* sharpening, refinement; **~ённый** refined, keen; **~и́ть(ся)** II *pf of* ~я́ть(ся); **~я́ть** I *pf* ~и́ть *fig* cultivate, refine, sharpen; ~ слух train one's ear; ~ ум train, cultivate one's mind **~я́ться** I *pf* ~и́ться become keener, sharper, more refined; become a past master (at, в + *prep*)

из-под *prep + gen* from under; из-по́д но́су from under one's nose; ~ па́лки *fig* under the lash; ~ полы́ under the counter; on the sly; from near; ~ Москвы́ from near Moscow; for (*purpose of object, usu container*); буты́лка ~ вина́ wine-bottle

изразц|е́ц (~ца́) tile; **~цо́вый** *adj of* ~е́ц

изра́|илец (~илца) Israeli; **И~́иль** *m* Israel; **~́ильский** Israeli; *hist* Israelitish; **~ильтя́нин** (*pl* ~ильтя́не, ~ильтя́н) *hist* Israelite; **~ильтя́нка** Israelite (woman)

изра́нить II *pf* cover with wounds

израсхо́д|овать(ся) (~ую(сь)) *pf of* расхо́довать(ся)

и́зредка *adv* from time to time; now and then

изре́|занный ~ бе́рег indented coastline; **~́зать** I (~жу, ~жешь) *pf of* ~зывать *and* ~за́ть; **~за́ть** I *coll pf* ~́зать; **~́зывать** *pf* ~зать cut up, cut to pieces; indent

изре|ка́ть I *pf* ~́чь *obs* pronounce, utter, speak solemnly *also iron*; **~че́ние** apophthegm, saying, dictum; **~́чь** (~ку́, ~чёшь, ~ку́т; ~̈к, ~кла́) *pf of* ~ка́ть

изреше|ти́ть II (~чу́) *pf of* ~́чивать; **~́чивать** I *pf* ~ти́ть pierce, riddle with holes

изрис|ова́ть (~у́ю) *pf of* ~о́вывать; **~о́вывать** I *pf* ~ова́ть cover with drawings; *coll* use up (*pencil, paper, etc*)

изруб|а́ть I *pf* ~и́ть chop (up), hack (to pieces); mince (meat); **~и́ть** II (~лю́, ~́ишь) *pf of* ~а́ть

изрыва́ть I *pf* изорва́ть tear to pieces; *pf* изры́ть dig up, through

изрыг|а́ть I *pf* ~ну́ть *obs* vomit, throw up; *fig* belch forth (*flame, etc*); *fig* let forth, utter (*oaths, etc*); **~ну́ть** I *pf of* ~а́ть

изры́|скать I (~щу, ~щешь *and coll* ~скаю) *pf* scour (everywhere); ~ весь свет scour the whole world

изр|ы́тый pitted; ~ о́спой pock-marked; **~ы́ть** (~о́ю, ~о́ешь) *pf of* ~ыва́ть

изря́д|но *adv* fairly, pretty (well); tolerably; я ~ уста́л I am pretty tired; **~́ный** (~ен) not so bad, not mean, fairly good; ~ное коли́чество a handsome amount; ~ дура́к egregious ass

изуве́р cruel fanatical person, fanatic, bigot; **~́ский** (savagely) fanatical; **~́ство** (fanatical) cruelty; (savage) fanaticism; bigotry

изуве́ч|ивать I *pf* ~ить maim, mutilate; **~́иваться** *pf* ~иться maim, mutilate oneself; *pass of* ~ивать; **~́ить(ся)** II *pf of* ~ивать(ся)

изукра́|сить II (~шу) *pf of* ~шивать; **~́шивать** I *pf* ~́сить adorn, decorate, bedeck (lavishly); *coll iron* ~ синяка́ми 'adorn' with bruises

изум|и́тельный (~и́телен) amazing, astounding; **~и́ть(ся)** II (~лю́(сь)) *pf of* ~ля́ть(ся); **~ле́ние** amazement; **~лённый** amazed, astounded; dumbfounded; **~ля́ть** I *pf* ~и́ть amaze, astound; **~ля́ться** I *pf* ~и́ться be amazed, astounded

изумру́д emerald; **~́ный** emerald; emerald(-green)

изуро́д|ованный disfigured; maimed, mutilated; **~́овать** (~ую) *pf of* уро́довать

изу́стн|о *adv obs* orally, by word of mouth; **~́ый** *obs* oral

изуч|а́ть I *pf* ~и́ть learn; *impf only* study; **~и́ть** II *pf of* ~а́ть learn (*master*); come to know (very well); я хорошо́ ~и́л э́того челове́ка I've come to know this person very well

изъед|а́ть I *pf* изъе́сть eat away; corrode; **~́енный** eaten (away); corroded; ~ мо́лью moth-eaten

изъе́з|дить II (~жу) *pf of* ~живать travel all over, traverse; мы ~дили весь свет we have travelled all over the world; *coll* wear out (*vehicle, road surface*); **~́женный** well-worn, rutted (*of road*); **~́живать** I *pf* ~дить

изъе́|сть (~ст, ~дя́т; ~л, ~ла) *pf of* ~да́ть

изъяв|и́тельный ~и́тельное наклоне́ние indicative mood; **~и́ть** II (~лю́, ~́ишь) *pf of* ~ля́ть; **~ле́ние** expression; **~ля́ть** I *pf* ~и́ть indicate, express, give (*consent, pleasure, wish, etc*)

изъя́н defect, flaw; с ~ом defective; *obs* loss, damage

изъясн|е́ние *obs* explanation; **~и́тельный** *obs*

explanatory; **~йть(ся)** II *pf of* ~ять(ся); **~ять** I *pf* ~йть *obs* explain, expound; **~яться** I *pf* ~йться *obs* express oneself; ~ в любвй declare one's love

из|ъя́тие withdrawal; removal; ~ из обраще́ния *fin* immobilization; confiscation (*of property*); exception; без вся́кого ~ъя́тия without exception; в ~ из пра́вил as an exception to the rule; **~ъя́ть** (~ыму́, ~ы́мешь) *pf of* ~ыма́ть; **~ыма́ть** I *pf* ~ъя́ть withdraw; remove; ~ из обраще́ния withdraw from circulation; immobilize (*currency*); ~ (в пользу госуда́рства) confiscate

изы|ска́ние (*usu pl*) investigation(s), research; survey, prospecting; **~́сканность** *f* refinement; **~́сканный** (~скан, ~скана) refined; recherché; **~ска́тель** *m* prospector; **~ска́тельский** prospecting; **~ска́ть** (~щу́, ~́щешь) *pf of* ~́скивать; **~́скивать** I *pf* ~ска́ть search out, (try to) find

изю́бр Manchurian deer

изю́м (*gen sing* ~а *and* ~у) raisins; sultanas; э́то не фунт ~у! it is no light matter, it is no joke; **~́ина** raisin; **~́инка** *dim of* ~ина; *fig* spirit, spark; с ~инкой spirited; в ней нет ~инки she has no spark

изя́щ|ество elegance, grace, refinement; **~́ный** (~ен, ~на) elegant, graceful, refined (*figure, manners, etc*); ~ные иску́сства *obs* fine arts; ~ная литерату́ра belles-lettres

ик|а́ние hiccuping; **~а́ть** I *pf* ~ну́ть hiccup; **~ну́ть** *pf of* ~а́ть

ик|о́на icon; **~о́нный** *adj of* ~о́на; **~оноб́ор|ец** (~оноб́орца) *hist* iconoclast; **~оноб́орческий** *hist* iconoclastic; **~оноб́орчество** *hist* iconoclasm; **~оногра́фия** iconography; *collect* portraits; **~онопи́сец** (~онопи́сца) icon-painter; **~онопи́сный** *adj of* ~́онопись; *fig* icon-like **~́онопись** *f* icon-painting; **~оноста́с** *eccles* iconostasis

ико́та hiccups

икр|а́ (hard) roe; spawn; мета́ть ~у́ spawn, *fig vulg* spew, *sl vulg* be shit scared; caviar(e); pâté; баклажа́нная ~ aubergine pâté; зерни́стая ~ soft caviar(e); па́юсная ~ pressed caviar(e); *anat* calf; **~и́нка** *coll* grain of roe; **~и́стый** (~и́ст) containing much roe; **~и́ться** II *impf* spawn; **~омета́ние** spawning; **~яно́й** hard-roed; (made from) roe

икс (*letter*) x; *math* x (*unknown quantity*); **~-лучи́** (*gen pl* ~-лучей) *obs* X-rays

ил silt

и́ли *conj* or; ~ ... ~ either ... or

и́лист|ый (~) covered with silt; containing silt

иллю́з|ия illusion; **~о́рный** (~о́рен), illusory

иллюмин|а́тор *naut* porthole; **~а́ция** illumination; **~ирова́ть** (~у́ю) *impf and pf* illuminate

иллюстр|ати́вный (~ати́вен) illustrative; ~ материа́л illustration(s); **~а́тор** illustrator; **~а́ция** illustration; **~и́ровать** (~и́рую) *impf and pf* illustrate *also fig*

ило́т *hist fig* helot

иль = и́ли

и́лька mink

ильм elm; **~́овый** *adj of* ~

им *instr of* он, оно́; *dat of* они́

имажини́|зм imagism; **~́ст** imagist

има́м imam

има́ть (е́млю, е́млешь) *impf ar now iron* take

имби́р|ный *adj of* ~ь; **~ь** 1 *m* ginger

и́м|ени, ~енем *see* ~я

име́ние estate, landed property; *sing only obs* possessions, property

имени́н|ник one whose name-day it is; сиде́ть, смотре́ть ~ ником *coll joc* look bright and breezy; что ты сиди́шь как ~? *coll* why don't you do something?; **~́ный** name-day; **~́ы** (*gen pl* ~) name-day; спра́вить ~ celebrate one's name-day; name-day party, celebration

имени́т|ельный *gramm* nominative; **~́ый** (~) *obs also iron* distinguished, eminent

и́мен|но *adv* (a) ~ namely; to wit, videlicet (viz); just, exactly; to be exact; ~ вы мне нужны́ you are just the person I need; вот ~ exactly! precisely!; **~но́й** nominal; ~ны́е а́кции inscribed stock; ~но́е кольцо́ ring engraved with owner's name; ~ спи́сок nominal list; ~ ука́з edict signed by Tsar; ~ чек cheque payable to person named; ~ зкземпля́р autographed copy; *gramm* noun, nominal; **~о́ванный** ~́ванное число́ concrete number; **~ова́ть** (~у́ю) *pf* на~ name; **~ова́ться** (~у́юсь) *impf* be called, be termed (+ *instr*); *pass of* ~ова́ть; **~осло́в** *ar* list of names, roll; *eccles* litany (*of saints*); **~у́емый** called

име́|ть I *impf* have (*usu in abstract expressions*); ~ в виду́ bear in mind, mean, think of; ~ вкус have (a) taste; ~ возмо́жность have an opportunity (to), be in a position (to, + *infin*); ~ де́ло have dealings (with), have to do (with, с + *instr*); ~ за́пах smell; ~ значе́ние matter (to), be important (to, для + *gen*); ~ ме́сто take place; ~ на́глость, несча́стье, *etc* have the effrontery, the misfortune, *etc* (to, + *infin*); ~ пра́во have the right; ~ си́лу be valid (from, с + *gen*); ~ стыд be ashamed; ничего́ не ~ про́тив have no objection(s) (to, про́тив + *gen*); ~ метр ширины́, сто ме́тров в высоту́ be a metre wide, 100 metres high; **~́ться** I *impf* be; be present, be available; ~ются ли у вас но́вые све́дения? have you fresh information?; ~ налицо́ be available, be on hand; **~́ющийся** available; present

и́ми *instr of* они́

имит|а́тор mimic; **~а́ция** mimicry, mimicking; imitation; *mus* imitation; **~и́ровать** (~и́рую) *impf* mimic; make imitation goods

имманéнт|ный (~ен) immanent

иммигр|а́нт immigrant; **~ацио́нный** immigration; **~а́ция** immigration; *collect* immigrants; **~и́ровать** (~и́рую) *impf and pf* immigrate

иммора́л|ьный (~ен, ~ьна) immoral

иммортéль *f bot* immortelle

иммун|иза́ция immunization; **~изи́ровать** (~изи́рую) *impf and pf* immunize; **~ите́т** *med, leg* immunity; **~́ный** (~ен, ~на) immune (to, к + *dat*); **~о́лог** immunologist; **~оло́гия** immunology

императи́в *gramm, philos* imperative; **~́ный** (~ен) imperative

импера́т|ор emperor; **~́орский** imperial; **~ри́ца** empress

империа́л *obs* imperial (*gold coin*); *obs* imperial, outside (*of train, etc*)

империали́|зм imperialism; **~́ст** imperialist; **~сти́ческий** imperialist(ic)

импе́р|ия empire; **~́ский** imperial

импи́чмент impeachment

импо|за́нтный (~за́нтен) imposing, striking; **~ни́ровать** (~ни́рую) *impf* impress, strike (+ *dat*); **~ни́рующий** impressive

и́мп|орт import; **~ортёр** importer; **~орти́ровать** (~орти́рую) *impf and pf* import; **~́ортный** *adj of* ~орт; ~ортные по́шлины import duties

импотéн|т impotent man; он ~т he is impotent; **~́тный** (~тен) impotent; **~́ция** impotence

импресáрио *m indecl* impresario

импрессиони́|зм impressionism; **~́ст** impressionist; **~сти́ческий, ~́стский** impressionistic

импровиз|áтор improvisator; **~áторский** improvisatory; **~áция** improvisation; **~и́рованный** improvised; extempore, impromptu; **~и́ровать** (~и́рую) *pf* сымпровизи́ровать improvise; extemporize

и́мпульс impulse, impetus; **~и́вный** (~и́вен) impulsive

иму́щ|ественный *adj of* ~ество; ~́ественный ценз property qualifications; ~ иск *leg* real action; **~́ество** property, belongings; stock (*goods*); дви́жимое ~ personalty, personal estate; недви́жимое ~ realty, real estate; **~́ий** propertied; well off; власть ~ие the powers that be

и́м|я (~ени, ~енем; ~енá, ~ён, ~енáм) first, Christian name; name; по ~ени by name; ~ени named in honour of (+ *gen*; *usu not translated*); Библиотéка ~ени Лéнина Lenin Library; ~енем закóна in the name of the law; называ́ть вéщи свои́ми ~енáми call a spade a spade; во ~ in the name (of, + *gen*); письмó на ~ letter addressed (to, + *gen*); запиши́те счёт на моё ~ put it down to my account; от ~ени on behalf (of, + *gen*); тóлько по ~ени only in name, nominally; он извéстен под ~енем Петрóва he goes under the name of Petrov; *fig* name, reputation; у негó большóе ~ he has a great reputation; приобрести́ ~ make a name; замара́ть, запятна́ть своё ~ ruin one's good name; кру́пные ~енá great names; *gramm* noun; ~ прилага́тельное (noun) adjective; ~ существи́тельное noun (substantive); ~ числи́тельное numeral

имярéк *joc* so-and-so

ин~ *abbr of* инострáнный foreign

инакомы́сл|ие dissent; **~́ящий** *n* dissident, dissentient; *adj* heterodox, dissident, dissentient; differently minded

ина́че *adv* otherwise, differently; так и́ли ~ in either event; in one way or another; не ~ (как) precisely, none other (than); *conj* otherwise, or (else); беги́те, ~ вы опозда́ете run, or you will be late

инвали́д invalid, disabled person; ~ войны́ disabled soldier; ~ трудá industrial invalid, disabled worker; **~́ность** *f* disablement; перейти́ на ~ be registered as a disabled person; по ~ности перейти́ на пéнсию *mil* be invalided out on pension; уво́литься по ~ности *mil* be invalided out; посóбие по ~ности disablement relief; **~́ный** *adj of* ~

инвалю́|та *abbr of* инострáнная валю́та foreign currency; **~́тный** *adj of* ~та

инвариáнтность *f tech* invariability

инвекти́ва invective

инвентар|изáция inventorying, stocktaking; **~изовáть** (~изу́ю) *impf and pf* inventory; **~́ный** *adj of* ~ь; ~ная óпись inventory; **~́ь** *m* stock; inventory (*list*); equipment, appliances; живóй ~ livestock; сельскохозя́йственный ~ agricultural implements; торгóвый ~ stock-in-trade

инвéрсия *lit* inversion

инвести́|ровать (~рую) *impf and pf* invest (*capital*); **~́тор** investor

инвеститу́ра *hist* investiture

инвести́ция investment

инволю́ция involution

ингаля́|тор inhaler; **~цио́нный** *adj of* ~ция; **~́ция;** inhalation

ингредиéнт *tech* ingredient

ингу́ш 1 Ingush (*Caucasian people*)

и́ндеветь I *pf* за~ become covered with hoar-frost

индé|ец (~йца) (American) Indian

индéйка turkey(-hen)

индéйский (American) Indian; ~ пету́х turkey-cock

и́ндекс index; ~ цен price index

индетермини́зм *philos* indeterminism

индиáнка *f of* индéец *and* инди́ец

индиви́д individual; **~уализáция** individualization; **~уализи́ровать** (~уализи́рую) *impf and pf* individualize; **~уали́зм** individualism; **~уали́ст** individualist; **~уалисти́ческий** *philos* individualistic; **~уалисти́чный** (~уалисти́чен, ~уалисти́чна) individualistic; **~уáльность** *f* individuality; **~уáльный** (~уáлен, ~уáльна) individual; ~уáльное хозя́йство individual holding, farm; в ~уáльном поря́дке individually; ~ слу́чай individual case; **~́уум** individual

инди́го *neut indecl* indigo (*colour*); *bot* indigo plant

инди́|ец (~йца) Indian

и́ндий indium

инди́йский Indian

индикá|тор *tech* indicator; *chem* reagent; display; **~́торный** indicator, indicated; **~́ция** display, presentation

инди́кт *hist* indiction (*period of 15 years*)

индифферéнт|ность *f* indifference; **~́ный** (~ен) indifferent (to, к + *dat*)

И́ндия India

индоевропéйский Indo-European

Индокитáй Indo-China; **и~́ский** Indo-Chinese

индонез|и́ец (~и́йца) Indonesian; **~и́йка** *f of* ~и́ец; **~и́йский** Indonesian; **И~́ия** Indonesia

индосс|амéнт endorsement, indorsation; **~áнт** endorser; **~áт** endorsee; **~и́ровать** (~и́рую) *impf and pf* endorse

инду́и|зм Hinduism; **~́стский** Hindu

индук|ти́вный *philos, phys* inductive; **~́тор** inductor, field magnet; **~́торный** *adj of* ~тор; ~ вы́зов induction call; **~цио́нный** *adj of* ~́ция; ~цио́нная кату́шка induction coil; **~́ция** *philos, phys* induction

индульгéнция *eccles* indulgence

инду́с Hindu; Indian; **~́ка** *f of* ~; **~́ский** Hindu; Indian

индустр|иализáция industrialization; **~иализи́ровать** (~иализи́рую) *impf and pf* industrialize; **~иáльный** industrial; **~́ия** industry

индю́|к 1 turkey(-cock); наду́лся как ~ he got on his high horse; **~́шечий** *adj of* ~шка; **~́шка** turkey(-hen); **~шóнок** (~шóнка; ~шáта, ~шáт) turkey-poult

и́ней hoar-frost, rime

инéр|тность *f* inertness, sluggishness, inaction; **~́тный** (~тен) inert *phys and fig*; sluggish, inactive; **~́ция** *phys and fig* inertia; momentum; по ~ции under one's (its) own momentum; *fig* по ~ции from force of habit, inertia

инжéктор injector

инженéр person with higher technical education; engineer; граждáнский ~, ~-строи́тель civil engineer; ~ путéй сообщéния railway engineer; **~́ный** engineering; ~ные войскá *mil* Engineers; ~ное дéло engineering

инженю́ *f indecl* ingénue (*theatre*)
инжи́р fig; **~ный** fig
и́нист|ый (~) covered with hoar-frost, rimy
инициа́л|ы (*gen pl* ~ов) initials
инициат|и́ва initiative; по со́бственной ~и́ве on one's own initiative; захвати́ть ~и́ву в свои́ ру́ки seize the initiative; **~и́вный** initiating, originating; (~и́вен) enterprising, full of initiative; **~ор** initiator, organizer
инкасс|а́тор *fin* collector, receiver (*of cheque, etc*); **~а́ция** collection, encashment, receipt (*of money, etc*); **~и́ровать** (~и́рую) *impf and pf* collect, encash, receive (*money, etc*); **~о** *neut indecl* encashment
ин-ква́рто *adv, indecl n and adj typ* quarto
инквизи́|тор inquisitor; **~торский** inquisitorial; **~ция** inquisition
инко́гнито *adv, m and neut indecl n* incognito
инкорпор|а́ция incorporation; **~и́ровать** (~и́рую) *impf and pf* incorporate
инкримини́р|овать (~ую) *impf and pf* ~ кому́ что charge someone with something
инкруст|а́ция inlaid work, inlay; **~и́ровать** (~и́рую) *impf and pf* inlay
инкуба́|тор incubator; **~цио́нный** incubative, incubatory; ~ пери́од incubation; **~ция** incubation
инкуна́булы *f pl* incunabula
инове́р|ец (~ца) adherent of different faith, creed; **~ие** adherence to different faith, creed; **~ный** belonging to different faith, creed
иногда́ *adv* sometimes
иногоро́дн|ий of, from another town; ~ее письмо́ letter to *or* from another town; *n hist* non-Cossack living in Cossack community
инозе́м|ец (~ца) *obs* foreigner; **~ный** *obs* foreign
ин|о́й different; other; ~ы́ми слова́ми in other words; по-~о́му differently; не кто ~, как; не что ~о́е, как none other than; тот и́ли ~ one or other, this or that; some; ~ раз sometimes; в ~о́м слу́чае in some cases
и́н|ок monk; **~окиня** nun
ин-окта́во *adv, indecl adj and n typ* octavo
инокул|и́ровать (~и́рую) *impf and pf* inoculate; **~я́ция** inoculation
иноплеме́нн|ик *obs* member of different tribe, nationality; **~ый** *obs* of another tribe, nationality; foreign
иноро́д|ец (~ца) *hist* non-Russian (*member of national minority in Russia before 1917*)
иноро́дн|ый heterogeneous; ~ое те́ло foreign body
иносказа́|ние allegory; **~тельный** (~телен) allegorical
иностра́н|ец (~ца) foreigner; **~ный** foreign
ин|охо́дец (~охо́дца) ambler, pacer (*of horse*); **~оходь** *f* amble
и́н|оческий monastic; **~очество** monasticism; monastic life
иноязы́чн|ый speaking another language; belonging to another language; ~ое сло́во loan-word
инсинуа́|ция insinuation; **~и́ровать** (~и́рую) *impf and pf* insinuate
инсоля́ция insolation
инспек|ти́ровать (~ти́рую) *impf* inspect; **~тор** (*pl* ~торá) inspector; *mil* inspecting officer; **~торский** *adj of* ~тор; **~ция** inspection; inspectorate
инспир|а́тор inciter; **~и́ровать** (~и́рую) *impf and pf* incite; (officially) inspire; ~ слу́хи start rumours
инста́нци|я *leg* instance; суд пе́рвой ~и court of first instance; после́дняя, вы́сшая ~ highest instance; по ~ям from instance to instance, through all stages; кома́ндная ~ *mil* chain of command
инсти́нкт instinct; **~и́вный** (~и́вен) instinctive
институ́т institution; ~ бра́ка institution of marriage; institute, institution (*educational, etc*); педагоги́ческий ~ teacher-training college; private boarding school for girls (*in Russia before 1917*); **~ка** boarding schoolgirl (*before 1917*); *fig coll* naïve, unsophisticated girl
инструк|та́ж instructing; *aer, mil* briefing; **~ти́вный** (~ти́вен) instructional; **~ти́ровать** (~ти́рую) *impf and pf* instruct, advise; **~тор** instructor; **~торский** *adj of* ~тор; **~ция** instructions, directions
инструме́нт instrument; tool, implement; *collect* tools; **~али́ст** *mus* instrumentalist; **~а́льная** *n* tool-shop; **~а́льный** *mus* instrumental; *tech* tool-making; tool; **~а́льщик** toolmaker, instrument-maker; **~а́рий** *collect* instruments; **~ова́ть** (~у́ю) *impf and pf mus* arrange for instruments; **~о́вка** *mus* instrumentation
инсули́н insulin
инсу́льт cerebral thrombosis; (apoplectic) stroke
инсур|ге́нт *obs* insurgent; **~ре́кция** *obs* insurrection
инсцени́р|овать (~ую) *impf and pf* dramatize, adapt for stage *or* screen; *fig* feign (*fainting-fit, etc*), stage (*trial, etc*); **~о́вка** dramatization, adaptation for stage *or* screen; *fig* pretence, act: put-up job
интегр|а́л *math* integral; **~а́льный** ~а́льное исчисле́ние integral calculus; **~а́ция** *math* integration; **~и́ровать** (~и́рую) *impf and pf math* integrate
интелле́кт intellect; **~уа́л** intellectual; **~уа́льный** (~уа́лен)
интеллиге́н|т member of the intelligentsia; cultured, educated person; **~тный** (~тен, ~тна) cultured, educated; **~тский** *adj of* ~т *pej*; **~ция** intelligentsia
интенда́нт *mil* quartermaster; **~ство** *mil* commissariat
интенси́|вный (~вен) intensive; **~фици́ровать** (~фици́рую) *impf and pf* intensify
интерва́л interval (*of time, music, rows of troops*)
интерве́н|т *pol* interventionist; **~ция** *pol* intervention
интервью́ *neut indecl* (press) interview; **~е́р** (press) interviewer; **~и́ровать** (~и́рую) *impf and pf* interview
интере́с interest; возбужда́ть ~ arouse interest (for, к + *dat*); представля́ть ~ be of interest; проявля́ть ~ show interest (in, к + *dat*); interest(s) (*advantage*); како́й ему́ ~? what does he stand to gain?; в ва́ших ~ах it is in your interest (to, + *infin*); **~ничать** I *impf coll* show off; **~но** *pred* it is, would be interesting; ~, прие́дет ли он I wonder if he will come; **~ный** (~ен) interesting; в ~ном положе́нии in the family way; attractive, striking; **~ова́ть** (~у́ю) *impf* interest; **~ова́ться** (~у́юсь) *impf* be interested (in, + *instr*)
интер|лю́дия *mus* interlude; **~ме́дия** *theat* interlude; **~ме́ццо** *neut indecl mus* intermezzo
инте́рн intern (*in hospital*); *obs* boarder, pupil at boarding school; **~а́т** boarding school
интернациона́л International (*organization*); the 'Internationale'; **~иза́ция** internationalization; **~изи́ровать** (~изи́рую) *impf and pf* internationalize; **~и́зм** internationalism **~и́ст** internationalist; **~ьный** international

интерни́р|ованный *n* internee; **∼овать** (∼ую) *impf and pf* intern
интерпелл|и́ровать (∼и́рую) *impf and pf* interpellate; **∼я́ция** interpellation
интерпол|и́ровать (∼и́рую) *impf and pf* interpolate; **∼я́ция** interpolation
интерпрет|а́тор interpreter (*of law, text, etc*); **∼а́ция** interpretation (*of law, text, theatrical part, etc*); **∼и́ровать** (∼и́рую) *impf and pf* interpret
интерфере́нция *phys* interference
интерье́р interior (*arts*)
инти́м|ность *f* intimacy; **∼ный** (∼ен) intimate
интоксика́ция *med* intoxication
интон|а́ция intonation; **∼и́ровать** (∼и́рую) *impf* intone
интри́г|а intrigue; plot of story *or* play; *obs* (love-) affair; **∼а́н** intriguer, schemer; **∼ова́ть** (∼у́ю) *no pf* intrigue, carry on an intrigue (against, про́тив + *gen*); *pf* за∼ intrigue (*excite curiosity of*)
интроду́кция *mus* introduction
интроспе́кция introspection
интуи|тиви́зм intuitionism; **∼ти́вный** (∼ти́вен) intuitive; **∼ция** intuition; по ∼ции by intuition, intuitively
интури́ст *abbr of* иностра́нный тури́ст foreign tourist; Soviet travel agency
инфанте́рия *obs* infantry
инфантил|и́зм infantilism; **∼ьный** infantile
инфа́ркт *med* infarct(ion); heart attack; coronary (thrombosis)
инфекц|ио́нный infectious; **∼ия** infection
инферна́льн|ый *obs* infernal, of hell; ∼ая же́нщина *iron* femme fatale
инфильтра́ция *biol* infiltration
инфинити́в *gramm* infinitive; **∼ный** infinitive
инфлюэ́нца influenza
инфля́ция inflation
ин-фо́лио *adv, indecl adj and noun typ* folio
информ|а́тор informant; **∼ацио́нный** *adj of* ∼а́ция; **∼а́ция** information; **∼и́ровать** (∼и́рую) *impf and pf* inform *pf also* про∼
инфракра́сный infrared
инфузо́рия infusoria
инциде́нт clash, incident; **∼ность** *f math* incidence
инъе́кция injection
ио́д *see* **йод**
ио́н ion; **∼иза́ция** ionization; **∼изи́ровать** (∼изи́рую) *impf and pf* ionize
ионі́|йский, ∼ческий Ionian, Ionic; ∼ческая коло́нна Ionic column
ио́нный *phys* ion(ic)
ионосфе́ра ionosphere
ио́та *see* **йота**
ипподиа́кон *eccles* subdeacon
ипоста́с|ь *f* hypostasis; в ∼и кого́ *joc* dressed up as someone, in the guise of someone
ипоте́|ка mortgage; **∼чный** *adj of* ∼ка
ипохо́ндр|ик hypochondriac; **∼ия** hypochondria; **∼и́ческий** hypochondriac(al)
ипподро́м hippodrome; racecourse
ипри́т mustard gas, yperite
Ира́к Iraq; **и∼ский** Iraqi
Ира́н Iran; **и∼ец** (∼ца) Iranian; **и∼ка** Iranian (woman); **и∼ский** Iranian
и́рбис *zool* ounce
ири́дий iridium
и́рис *anat, bot* iris
ирла́нд|ец (∼ца) Irishman; **И∼ия** Ireland; **∼ка** Irishwoman; **∼ский** Irish
и́|род *pop* monster, tyrant; И́∼ Herod
ирон|изи́ровать (∼изи́рую) *impf* be sarcastic (about), speak ironically (about, над + *instr*); **∼и́ческий** ironic(al); **∼ия** irony
иррадиа́ция irradiation
иррационал|и́зм irrationalism; **∼ьный** (∼ен, ∼ьна) irrational; ∼ьное число́ irrational number, surd
иррегуля́рный irregular
иррига́|тор *agr* irrigation expert; *med* irrigator; **∼ция** *agr, med* irrigation
иск *leg* suit, action; встре́чный ∼ counter-claim; предъявля́ть ∼ prosecute, sue, bring an action (against, к + *dat*); отказа́ть в ∼е reject a suit; ∼ за клевету́ libel action; ∼ за оскорбле́ние де́йствием action for assault and battery
иска|жа́ть I *pf* ∼зи́ть distort; contort; pervert, twist; misrepresent (*facts, words, etc*); боль ∼зи́ла его́ лицо́ his face was distorted with pain; **∼же́ние** distortion, perversion; corruption (*of text*); **∼жённый** distorted, perverted; **∼зи́ть** II (∼жу́) *pf of* ∼жа́ть
искалеч|енный crippled, maimed; **∼ивать** I *pf* ∼ить cripple, maim; *coll* break, spoil; **∼ить** II *pf of* ∼ивать *and* кале́чить
иска́лывать I *pf* исколо́ть prick all over, cover with pricks
иска́ние search(ing) for, quest (for + *gen*); *pl* strivings, seeking (*for something new in science, etc*); *tech* selection
иска́п|ать I *pf of* ∼ывать; **∼ывать** I *pf* ∼ать *coll* soil, spill all over; *pf* ископа́ть dig up (all over)
иска́т|ель *m* seeker; searcher; ∼ же́мчуга pearl-diver; *tech* (view-)finder; *tech* selector; **∼е́льница** *f of* ∼ель; ∼ приключе́ний adventuress; **∼ельный** (∼елен) *obs* ingratiating; **∼ельство** ingratiating oneself; **∼ь** I (ищу́, и́щешь) look for, search for, seek (*a particular thing,* + *acc*); ∼ кварти́ру, рабо́ту look for a flat, work; seek, look for (*something indefinite, abstract,* + *gen*); ∼ како́й-нибудь рабо́ты, ме́ста, сла́вы, слу́чая, сове́та look for some work or other, for a job, seek fame, an opportunity, advice; *leg* claim (from, с + *gen or* на + *prep*); *obs* seek (to, + *infin*)
исключ|а́ть I *pf* ∼и́ть exclude; eliminate; ∼ из спи́ска strike off a list; ∼ из адвока́тского сосло́вия *leg* disbar; expel, dismiss; ∼ зара́нее preclude; rule out; **∼а́я** *prep* + *gen* (+ *acc obs*) excepting, with the exception of; ∼ прису́тствующих present company excepted; **∼е́ние** exception; за ∼е́нием with the exception (of, + *gen*); в ви́де ∼е́ния by way of exception; expulsion, exclusion; по ме́тоду ∼е́ния by process of elimination; **∼и́тельно** *adv* exceptionally; exclusively, solely; exclusive; **∼и́тельный** (∼и́телен) exceptional; де́ло ∼и́тельной ва́жности a case of exceptional importance; exclusive; ∼и́тельное пра́во sole, exclusive right; *coll* excellent; **∼и́ть** II *pf of* ∼а́ть
искове́рк|анный corrupt(ed); ∼анное сло́во corrupted word, corruption; **∼ать** I *pf of* кове́ркать
иск|ово́й *adj of* ∼; ∼ово́е заявле́ние *leg* statement of claim
искола́чивать I *pf* исколоти́ть *coll* beat (black and blue); ∼ кого́ до полусме́рти beat someone to within an inch of his life; smash; ∼ сте́ну гвозд́ями cover the wall with nails
исколе|си́ть II (∼шу́) *coll* travel all over

исколо|ти́ть II (~чу́, ~́тишь) *pf of* искола́чивать
искол|о́ть (~ю́, ~́ешь) *pf of* иска́лывать
иско́мкать I *pf of* ко́мкать
иско́м|ый sought for; **~́ое** *n math* unknown quantity
искон|и́ *adv rhet* from time immemorial; **~́ный** primordial; immemorial; ~ обита́тель indigenous inhabitant
ископа́|емое *n* mineral(s); fossil *also fig iron*; **~́емый** fossilized; **~́ть** I *pf of* иска́пывать
искорёжить(ся) II *pf of* корёжить(ся)
искорен|е́ние eradication; **~и́ть** II *pf of* ~я́ть; **~я́ть** I *pf* ~и́ть eradicate
и́скорка *dim of* и́скра
и́скоса *adv coll* askance, sideways, sidelong (*of glance, etc*)
и́скр|а spark; flash (*of wit, etc*); ~ наде́жды glimmer of hope; промелькну́ть, как ~ flash by; у него́ ~ы из глаз посы́пались *coll* he saw stars; **~е́ние** *tech* sparking
и́скр|енне = ~енно; **~́енний** (*coll* ~енный; ~енен, ~енна) sincere, candid; **~́енно** *adv* sincerely, candidly; ~ ваш, ~ пре́данный вам Yours sincerely, Yours faithfully; **~́енность** *f* sincerity, candour
искрив|и́ть(ся) II (~лю́(сь)) *pf of* ~ля́ть(ся); **~ле́ние** bend; *fig* distortion (*political, etc*); ~ позвоно́чника curvature of the spine; **~я́ть** I *pf* ~и́ть bend; *fig* distort; **~я́ться** I *pf* ~и́ться be distorted (of *features, face, etc*)
искр|и́стый (~и́ст) sparkling (of wine; laughter, wit); **~и́ть** II *impf tech* spark; **~и́ться** II sparkle; scintillate
искровени́ть II *pf* draw blood, make bloody by beating *or* wounding; stain with blood
искр|ово́й *adj of* ~́а; ~ зазо́р, ~ промежу́ток spark-gap; ~ разря́дник spark discharger; **~ога-си́тель** *m* spark-extinguisher; **~омётный** sparkling; flashing (*of glance, etc*)
искромса́ть I *pf of* кромса́ть
искро|удержа́тель *m* spark-arrester; **~улови́тель** *m* spark-catcher
искрош|и́ть II (~у́, ~́ишь) *pf* crumble (*bread, etc*); *fig* cut to pieces (*with sabres, etc*); **~и́ться** II (~́ится) crumble *vi*
искуп|а́ть I *pf pop* bath; *pf* ~и́ть redeem, expiate, atone for (*of sins, guilt, etc;* by, + *instr*); make up for, compensate for (*shortcomings, etc; by,* + *instr*); **~а́ться** I *pf pop* bathe, take a bath; *pf* ~и́ться *pass of* ~а́ть; **~и́тель** *m theol* redeemer; **~и́тельный** (~и́телен) expiatory, redemptive; ~и́тельная же́ртва sin-offering; **~и́ть** II (~лю́, ~́ишь) *pf of* ~а́ть; **~ле́ние** redemption, expiation, atonement
иску́с test, ordeal; *eccles* novitiate, probation
искуса́ть I *pf* bite, sting badly, all over
иску|си́тель *m* tempter; **~си́ть** II (~шу́) *pf of* ~ша́ть; **~си́ться** II (~шу́сь) *pf* become expert (at), become a past master (in, в + *prep*); **~́сник** *coll* expert, past master; **~́сный** (~сен) skilful, expert
иску́сств|енность *f* artificiality: **~́енный** artificial, synthetic; ~енное пита́ние bottle feeding (*of baby*); ~ каучу́к synthetic rubber; ~енная цепь *tech* phantom circuit; ~енная улы́бка forced smile; **~́о** art; изобрази́тельные, изя́щные ~а fine arts; skill, craftmanship; из любви́ к ~у for the love of the thing, for its own sake; **~ове́д** art critic, historian; **~ове́дение** art criticism, study of history of art
искуш|а́ть I *pf* искуси́ть tempt, seduce; ~ судьбу́ tempt fate, Providence; **~е́ние** temptation, seduction; вести́ в ~ lead into temptation; поддава́ться ~е́нию, впада́ть в ~ yield to temptation; **~ённый** experienced (in, в + *prep*); tested
исла́м Islam
исла́нд|ец (~ца) Icelander; И **~́ия** Iceland; **~́ка** *f of* ~ец; **~́ский** Icelandic
испа́ко|стить II (~щу) *pf of* па́костить
испа́н|ец (~ца) Spaniard; **И~́ия** Spain; **~́ка** Spanish woman; *coll* Spanish flu; **~́ский** Spanish
испар|е́ние evaporation; exhalation; fumes; **~́ина** perspiration; **~и́тель** *m tech* vaporizer; **~и́ть(ся)** II *pf of* ~я́ть(ся); **~я́ть** I *pf* ~и́ть evaporate; exhale *vt*; **~я́ться** I *pf* ~и́ться evaporate; *fig coll* vanish into thin air
испа|ха́ть I (~шу́, ~́шешь) *pf of* ~́хивать; **~́хивать** I *pf* ~ха́ть *coll* plough all over
испа́чкать I *pf of* па́чкать
испепел|и́ть II *pf of* ~я́ть; **~я́ть** I *pf* ~и́ть incinerate, reduce to ashes *also fig*; ~ взгля́дом wither with a glance
испестр|ённый speckled, mottled; variegated; **~и́ть** II *pf of* ~я́ть; **~я́ть** I *pf* ~и́ть speckle, mottle; make variegated
испе|чённый вновь ~ *coll* new-fledged; **~́чь** (~ку́, ~чёшь, ~ку́т; ~́к, ~кла́) *pf of* печь
испещр|и́ть II *pf of* ~я́ть; **~я́ть** I *pf* ~и́ть spot (with), mark all over (with, + *instr*), speckle, mottle
испи|са́ть(ся) I (~шу́(сь), ~́шешь(ся)) *pf of* ~́сывать(ся); **~́сывать** I *pf* ~са́ть fill up, cover with writing; use up by writing (*paper, etc*); **~́сываться** I *pf* ~са́ться be used up (*of pencil, etc*); be used up, write oneself out (*of writer*)
испи|то́й *coll* haggard, drained (*from alcohol, etc*); hollow-cheeked; **~́ть** (изопью́, изопьёшь; ~л, ~ла́, ~ло) *pf fig rhet* drain
исповед|а́льня (*gen pl* ~а́лен) *eccles* confessional; **~́ание** creed, confession (*of faith*); **~́ать(ся)** I *pf coll* = ~овать(ся); **~́ник** confessor; penitent; **~́овать** (~ую) *impf and pf* confess *vt*, hear confession (of); *coll* draw out; confess (*intimacies, secrets, etc*); *impf* profess (*a faith*); **~́оваться** (~уюсь) *impf and pf eccles* confess, make one's confession (to, + *dat or* (у) + *gen*); *fig coll* unburden oneself of, confess, acknowledge; он ему́ ~овался в свое́й стра́сти к … he confessed to him his passion for … ; *impf* he professed (*of a faith*); **~́ывать(ся)** I *impf* = ~овать(ся)
и́споведь *f* confession
испога́н|ивать I *pf* ~ить *pop* make dirty, foul, defile; *fig* spoil (*wood, etc*); **~́ить** II *pf of* ~́ивать
и́спод|воль *adv coll* in leisurely fashion; by degrees; **~ло́бья** *adv* from under the brows; смотре́ть ~ look askance, distrustfully, sullenly (at, на + *acc*); **~́низу** *adv coll* from underneath; **~тишка́** *adv coll* stealthily, in an underhand way; on the quiet, on the sly; смея́ться ~ laugh in one's sleeve
испоко́н *adv* ~ ве́ку, ~ веко́в from time immemorial
испола́ть *interj rhet* hail! (to, + *dat*)
испол́ин giant; **~́ский** gigantic
исполко́м *abbr of* исполни́тельный комите́т executive committee
исполн|е́ние fulfilment (*of wish, etc*); execution (*of order, work, etc*); discharge (*of duties, etc*); приводи́ть в ~ carry out, execute; приступа́ть к ~е́нию свои́х обя́занностей enter upon one's

duties; performance (*of play, etc*); execution (*of music*); в ~éнии (as) played, sung (by, + *gen*); **~енный** *fig* full (of, + *gen*); **~и́мый** (~и́м) feasible, practicable, realizable; **~и́тель** *m* executor; судéбный ~ bailiff; *mus, etc* performer; ~и́тели, состáв ~и́телей cast; **~и́тельность** *f* assiduity; efficiency; **~и́тельный** executive; ~ лист *leg* court order, writ; (~и́телен) efficient; dependable; attentive and thoughtful; **~ить(ся)** II *pf of* ~я́ть(ся); **~я́ть** I *pf* ~ить carry out, execute (*orders, etc*); fulfil (*promise, wish, etc*); grant (*request, etc*); perform (*mus, etc*); ~ роль take, play the part (of, + *gen*); *obs* fill (with, + *gen or instr*); **~я́ться** I *pf* ~иться be fulfilled; *obs* become filled (with, + *gen or instr*) (of feelings, etc); *impers + dat* емý ~илось шесть лет he was six last birthday, he is six; **~я́ющий** ~ обя́занности acting (+ *gen*)

исполос|овáть (~ую) *pf coll* cut (up) into strip(e)s; cover with weals

и́сполу *adv* half and half; дéлать что ~ go halves; арендовáть зéмлю ~ rent land on métayage system

испóльз|ование utilization; **~овать** (~ую) *impf and pf* utilize; take advantage of, profit by, make (good) use of

испóльщина métayage

испóр|тить(ся) II (~чу(сь)) *pf of* пóртить(ся); **~ченность** *f* depravity; **~ченный** depraved, corrupted; spoiled, rotten, (gone) bad (*of goods, etc*); tainted (*of meat*); spoiled, perverted (*of children*)

исправ|и́лка *coll* reformatory; **~и́мый** corrigible; **~и́тельно-трудовóй** corrective labour; ~ лáгерь corrective labour camp (*concentration camp*); **~и́тельный** correctional; corrective; ~ дом reformatory; **~ить(ся)** II (~лю(сь)) *pf of* ~ля́ть(ся); **~лéние** correcting; repairing; correction, improvement; emendation (*of text*); **~ленный** improved, corrected; revised (*edition, etc*); reformed (character); **~ля́ть** I *pf* ~ить correct, rectify, emendate; mend, repair (*mechanism, etc*); reform, improve, amend (*character, etc*); *impf* ~ обя́занности carry out duties (of), act as (+ *gen*); **~ля́ться** I *pf* ~иться improve *vi*; reform, turn over a new leaf; *pass of* ~ля́ть; **~ник** superintendent of police (pre-1917); **~ность** *f* good (working) order, condition; в ~ности in good repair, in good working order; punctuality; preciseness; meticulousness; **~ный** (~ен) in good (working) order; punctual; precise; meticulous

испражн|éние defecation; faeces; **~и́ться** II *pf of* ~я́ться; **~я́ться** I *pf* ~и́ться defecate

испрáшивать I *pf* испроси́ть beg, solicit; ~ что у когó solicit someone for something; ~ ми́лость ask a favour; ~ разрешéние, дозволéние ask permission (to, + *infin*); *pf* obtain by request

испрóб|овать (~ую) *pf coll* test (*quality, suitability, etc*); try out, experience

испро|си́ть II (~шý, ~сишь) *pf of* испрáшивать

испрям|и́ть II (~лю́) *pf of* ~ля́ть; **~ля́ть** I *pf* ~и́ть *coll* straighten (out)

испýг fright, alarm; с ~у from fright; **~анный** frightened, scared, startled; **~áть(ся)** I *pf of* пугáть(ся)

испу|скáть I *pf* ~сти́ть emit, let out; utter (*cry, etc*); heave (*sigh*); ~сти́ть дух breathe one's last; **~сти́ть** II (~щý, ~стишь)

испыт|áние test, trial; *fig* ordeal; быть на ~áнии be on probation, trial; examination; вы́держать ~áние stand (the) test; вступи́тельные, приёмные ~áния entrance examination; **~анный** (well-)tried; **~áтель** *m* tester; лётчик-~ test pilot; **~áтельный** test, trial; probationary; ~áтельная коми́ссия examining board; ~ полёт test flight; ~ полигóн *mil* testing ground; ~ пробéг trial run (*car*); ~ стаж, срок probationary period; ~áтельная стáнция experimental station; **~áть** I *pf of* ~ывать; **~ýющий** ~ взгляд searching glance; **~ывать** I *pf* ~áть test, put to the test; ~ свои́ си́лы try one's strength; ~ чьё терпéние tax someone's patience; feel, experience (*pleasure, pangs of conscience, hunger, etc*)

иссе|кáть I *pf* ~чь cut up, cleave; *obs* lash (*with whip, etc*); *obs* carve (out) (*in stone, etc*); *med* remove, excise (*by operation*); **~чéние** carving (out); *med* removal, excision; **~чь** (~кý, ~чёшь, ~кýт; ~к, ~клá) *pf of* ~кáть

и́ссиня- *adv* bluish-

иссле|ди́ть II (~жý) *pf of* ~живать

исслéд|ование investigation; research; exploration (*of country*;); examination (*of patient*); analysis (*of blood, etc*); наýчное ~ research; ~ования по рýсскому языкý research on Russian language; paper; study; **~ователь** *m* researcher, investigator; explorer; **~овательский** research; **~овать** (~ую) *impf and pf* investigate, research (into); examine; explore; analyse

исслé|живать I *pf* ~ди́ть *coll* cover with dirty footprints

иссóх|нуть I (*past* ~, ~ла) *pf of* иссыхáть

и́сстари *adv* of yore, from of old; так ~ ведётся it is an old custom

исстрадáться I *pf* become worn out, wretched from suffering

исстрéл|ивать I *pf* ~я́ть use up, exhaust (*ammunition*); *coll* riddle with shot

исступл|éние frenzy; гнéвное ~ rage; ~ востóрга transport, ecstasy; **~ённость** *f* state of frenzy; **~ённый** frenzied; ecstatic

иссуш|áть I *pf* ~и́ть dry up; *fig* consume, waste; **~и́ть** II (~ý, ~ишь) *pf of* ~áть

иссыхáть I *pf* иссóхнуть dry up (*of watercourse, etc*); wither (*of grass, trees, hand, etc*); *fig* shrivel (up), wither

иссяк|áть I *pf* ~нуть dry up, run dry; *fig* dry up, die out, run out; **~нуть** I (*past* ~, ~ла) *pf of* ~áть

истáпливать I *pf* истопи́ть heat (up); use up, spend (*fuel*); melt (down)

истáптывать I *pf* истоптáть trample (down, over); *coll* wear out (*footwear*); *pop* dirty (with one's feet)

истáск|анный worn out, threadbare; *fig pej* dissipated (*of face, etc*); **~áть(ся)** I *pf of* ~ивать(ся); **~ивать** I *pf* ~áть wear out; **~иваться** I *pf* ~áться wear out *vi*; *fig* be worn out; be dissipated

истáчивать I *pf* источи́ть grind down; drill (holes through), drill full of holes; riddle

истáять I *pf* melt completely (*of wax, etc*); *fig* ~ от тоски́ pine away, languish

исте|кáть I *pf* ~чь *obs* flow out; expire, elapse (*of time, etc*); ~ крóвью bleed profusely; **~кший** past, last; в течéние ~кшего гóда during the past year; 5-го числá ~кшего мéсяца on the 15th ult(imo)

истерéть(ся) (изотрý(сь), изотрёшь(ся); ~(ся), ~ла(сь)) *pf of* истирáть(ся)

истéрза|нный torn to pieces; lacerated; *fig*

tormented (*by grief, etc*); **∠ть** I *pf* torment (*with suffering, etc*); *obs* tear in pieces; **∠ться** I *pf lit* be tormented (*by suffering*)

истер|ик hysterical person; **∠ика** hysterics; **~ический** hysterical; ~ припадок fit of hysterics; **~ичка** hysterical woman; **~ичный** = ~ический; (~ичен) hysterical (*of character, person, etc*); **~ия** *med* hysteria; *fig* военная ~ war hysteria

истёртый worn, old

ист|éц (~цá) *leg* plaintiff; petitioner (*divorce*)

исте|чéние outflow; ~ крóви haemorrhage; expiry, expiration; по ~чéнии (срóка) on the expiry (of, + *gen*); **∠чь** (~кý, ~чёшь, ~кýт; ∠к, ~клá) *pf of* ~кáть

ист|ина truth; гóлая ~ naked truth; избитая ~ truism; святáя ~ God's truth, gospel truth; во ~ину in truth, verily, indeed; **∠инный** (~инен, ~инна) true, veritable; ~инная высотá true altitude; ~инное сóлнечное врéмя apparent solar time

истирá|ние abrasion, wear; **∠ть** I *pf* истерéть grate; use up, wear out (*by rubbing*); **∠ться** I *pf* истерéться wear out *vi*; be worn out (*by rubbing*)

истле|вáть I *pf* ∠ть rot, decay, decompose; smoulder away to ashes

истмáт *abbr of* истори́ческий материали́зм historical materialism

и́стов|ый (~) *obs* proper; punctilious; devout

истóк source (*of river*) *also fig*

истолк|овáние interpretation, commentary; **~овá-тель** *m* interpreter, commentator, expounder; **~овáть** (~ýю) *pf of* ~óвывать; **~óвывать** I *pf* ~овать interpret, comment upon, expound; ~ в дурнýю стóрону put a bad construction on

истол|óчь (~кý, ~чёшь, ~кýт; ~óк, ~клá) *pf* pound, crush, grind

истóм|а lassitude; languor (*from pleasure*); **~и́ть(ся)** II (~лю́(сь)) *pf of* ~ля́ть(ся); **~ля́ть** I *pf* ~и́ть exhaust, weary; **~ля́ться** I *pf* ~и́ться be exhausted, be worn out (from, with, от + *gen*); be weary of; ~ от жáжды be faint with thirst

истоп|и́ть II (~лю́, ∠ишь) *pf of* истáпливать; **~ни́к** 1 stoker, boiler-man

истоп|тáть I (~чý, ∠чешь) *pf of* истáптывать

исторг|áть I *pf* ∠нуть *rhet* throw out, expel; ~ из óбщества ostracize; wrench, wrest (from); tear (from, out), force (from, из + *gen or* у + *gen*); extort; **∠нуть** I (*past* ~г, ~гла) *pf of* ~áть

истор|и́зм historical method; **∠йика** *coll* (funny, silly) little story, anecdote; incident; **∠ик** historian; **~иóграф** historiographer; **~иогрáфия** historiography; **~и́ческий** historic(al); **~и́чность** *f* historicity; **~и́чный** (~и́чен) historical; **∠ия** history; войти́ в ~ию go down in history; *coll* story; *coll* incident, event; вчерá с ним случи́лась забáвная ~ a funny thing happened to him yesterday; вот так ~ ! here's a pretty kettle of fish!; вéчная (обы́чная) ~ ! the (same) old story!

истоск|овáться (~ýюсь) be wearied, worn out with longing (for, по + *dat*), yearn for

источ|áть I *pf* ~и́ть *obs* shed; give off, impart (*odour, etc*); *fig* shower (on, на + *acc*); **~и́ть** *pf of* ~áть; *pf of* истáчивать

истóчник spring; *fig* source; вéрный ~ reliable source; ~ болéзни *med* nidus; служи́ть ~ом be a source (of, + *gen*); **~овéдение** source study

истóш|ный (~ен) *coll* heart-rending (*of voice, shout, etc*)

истощ|áть I *pf* ~и́ть emaciate; exhaust; drain, wear out, sap; ~ пóчву impoverish soil; **~áться** I *pf* ~и́ться be emaciated; become exhausted *also fig*; **~éние** emaciation; exhaustion; нéрвное ~ nervous exhaustion, breakdown; войнá на ~ war of attrition; **~ённый** emaciated; exhausted; **~и́ть(ся)** II *pf of* ~áть(ся)

истрá|тить II (~чу) *pf of* трáтить; **∠титься** II (~чусь) *pf coll* overspend

истреб|и́тель *m* destroyer; fighter (*aircraft*); **~и́тельный** destructive; ~и́тельная авиáция *collect* fighters, Fighter Command; **~и́ть** II (~лю́) *pf of* ~ля́ть; **~лéние** destruction; extermination, extirpation; **~ля́ть** I *pf* ~и́ть destroy; exterminate, extirpate

истребóв|ание demand, order; **∠овать** (~ую) *pf* obtain on demand

истрёп|анный torn, frayed; worn; dog-eared; **~áть** (~лю́, ∠лешь) *pf of* ∠ывать; **∠ывать** I *pf* ~áть tear, fray; wear to rags; ~ нéрвы *coll* fray one's nerves

истрéскаться I *pf coll* become cracked, crack (all over)

истукáн idol, statue; стоя́ть ~ом, как ~ stand like a stone idol; stony-hearted person

и́стый true, real, genuine; ~ охóтник a real hunter

исты́к|ать I *pf of* ~ивать; **∠ивать** I *pf* ~ать *coll* riddle, pierce all over

истяз|áние torture; **~áтель** *m* torturer; **~áть** I *impf* torture

исхле|стáть I (~щý, ∠щешь) *pf of* ∠стывать; **∠стывать** I *pf* ~стáть flog, lash; wear out (*whip*)

исхлоп|áтывать I *pf* ~отáть *coll* (try to) obtain (by dint of much effort); **~отáть** I (~очý, ~óчешь) *pf of* ~áтывать

исхóд outcome, issue, end; на ∠е nearing the end; на ~е дня towards evening; день на ~е the day is drawing to a close; *eccles* (Book of) Exodus

исходáтайств|овать (~ую) *pf* obtain (*by petition*)

исхо|ди́ть II (~жý, ∠дишь) *pf coll* go, walk all over; *impf* issue (from), come (from), emanate (from, из + *gen*); *impf* proceed (from), base oneself (on, из + *gen*) (*assumption, conjecture, etc*); *pf* изойти́ grow weak (from); ~ крóвью become weak from loss of blood; ~ слезáми grow weak from crying; **∠дный** initial; ~дное положéние, ~дная тóчка point of departure; ~ пункт маршрýта *aer* flight departure point; **~дящая** *n* outgoing paper (*in office, etc*)

исхудá|лый emaciated, wasted; **∠ние** emaciation; **∠ть** I *pf* become emaciated, wasted

исцарáп|ать I *pf of* ~ывать; **∠ывать** I *pf* ~ать scratch badly, scratch all over

исцел|éние healing, cure; recovery; **~и́мый** curable; **~и́тель** *m* healer; **~и́ть** II *pf of* ~я́ть; **~я́ть** I *pf* ~и́ть heal, cure

исчáдие *rhet pej* progeny, offspring; ~ áда fiend, devil incarnate

исчáх|нуть I (*past* ~, ~ла) *pf* waste away

исчез|áть I *pf* ∠нуть disappear, varnish; **~новéние** disappearance; **∠нуть** I (*past* ~, ~ла) *pf of* ~áть

исчёркáть I *pf* cover with crossings-out; scribble all over

и́счерна- *adv* blackish-

исчéрп|ать I *pf of* ∠ывать; **∠ывать** I *pf* ∠ать exhaust, drain (*resources, stock, patience, etc*); settle, conclude (*question, incident, etc*); **∠ывающий** exhaustive

исчер|ти́ть II (~чý, ∠тишь) *pf of* ∠чивать; **∠чивать** I *pf* ~ти́ть cover with lines, drawings; use up (*pencil, etc*)

исчи́ркать I *pf coll* use up (*matches*)

исчисл|е́ние calculation; *math* calculus; **~́ить** II *pf of* ~я́ть; **~я́ть** I *pf* ~́ить calculate, compute; estimate; **~я́ться** I *impf* come to, amount to, be estimated at (+ *instr or* в + *acc*)

исша́рк|ать I *pf of* ~ивать; **~́ивать** *pf* ~ать *coll* dirty, ruin by scraping

ита́к *conj* thus; (and) so, so then

Ита́л|ия Italy; **~ья́нец** (~ья́нца) Italian; **~ья́нка** Italian woman; **~ья́нский** Italian; ~ья́нская забасто́вка work(ing) to rule, sit-down strike

и т.д. *abbr of* и так да́лее et cetera, and so on, and so forth

итерати́вный *ling* iterative

ито́г sum, total; о́бщий ~ grand total; ча́стный ~ subtotal; подводи́ть ~ sum up, review; в ~е as a result; в коне́чном ~е in the end; **~о́** *adv* in all, altogether; **~́овый** total, final; ~овая су́мма sum total

ито́жить II *impf* sum up, add up

и т.п. *abbr of* и тому́ подо́бное et cetera, and the like

итте́рбий ytterbium

итти́ = идти́

и́ттрий yttrium

иуд|аи́зм Judaism; **~е́й** Jew, Israelite; **~е́йка** *f of* ~е́й; **~е́йский** *hist, relig* Judaic; **~́ушка** *m* hypocrite

их *acc and gen of* они́; *poss pron* their(s); *obs* his, her (*used by subordinates*)

ихневмо́н ichneumon

и́хний *poss pr coll* their(s)

ихтио|за́вр ichthyosaurus; **~́л** ichthyol; **~́лог** ichthyologist; **~логи́ческий** ichthyological; **~ло́гия** ichthyology

иша́|к 1 donkey, ass (*also fig*); hinny; **~́чий** *adj of* ~к; **~́чить** II *impf sl* work like a dog (for, на + *acc*)

и́шиас sciatica

ишь *interj pop* see!, look! (*surprise, displeasure, indignation, admiration*); ~-ты! = ~! (*also objection or disagreement*)

ище́йка bloodhound, sleuth-hound; *pej* sleuth

и́щущий searching, wistful (*glance*)

ию́ль *m* July; **~́ский** *adj of* ~

ию́нь *m* June; **~ский** *adj of* ~

йог yogi; **~а** yoga
йогу́рт yog(h)urt
йод iodine; **~и́д** iodide; **~и́рованный** iodized; **~истый** containing iodine; ~ ка́лий potassium iodide; ~истая соль iodized salt; **~ный** ~ раство́р tincture of iodine; **~офо́рм** iodoform

йот *ling* letter J; yod (*name of sound*)
йо́т|а iota; ни на ~у not an iota, not a jot
йот|а́ция *ling* yod before a vowel; vowel softening; **~и́ровать** (~и́рую) *impf and pf ling* pronounce (vowels) with yod; give soft pronunciation

K

к, ко *prep* + *dat* to, towards (*space*, *fig*); лицо́м к лицу́ face to face; к лу́чшему, к ху́дшему for the better, for the worse; к (не)сча́стью (un)fortunately; к о́бщему удивле́нию to everyone's surprise; к Ва́шим услу́гам at your service; к чёрту его́! to hell with him!; к тому́ же moreover, besides; *with var verbs eg* заходи́ть к кому́ call on someone; обраща́ться к кому́ address someone; приба́вить три к пяти́ add three to five; приближа́ться к кому́, к чему́ approach someone, something, *etc*; *with var nouns eg* скло́нность к чему́ tendency towards something; любо́вь к де́тям love for children; дове́рие к кому́ confidence, trust in someone; обраще́ние к кому́ appeal to someone, *etc*; *with var adjs eg* он добр к ней he is good to her; она́ спосо́бна к языка́м she is good at languages, *etc*; э́то ей к лицу́ this suits her; to, towards, by (*time*); де́ло бы́ло к ве́черу it was towards evening; к утру́ by, towards morning; к тре́тьему ию́ня by the third of June; к семи́ (часа́м) by seven o'clock; к сро́ку on time; к тому́ вре́мени by then, by that time; on the occasion of, on; к вопро́су about, on the question (of, о + *prep*); к столе́тию со дня рожде́ния (on the occasion of) the centenary of the birth (of, + *gen*); for; к чему́? what for?; э́то ни к чему́ it serves no purpose; к за́втраку, к обе́ду, *etc* for breakfast, for dinner, *etc*

-ка *partic coll*; *modifies imp* да́й-ка мне посмотре́ть come on, let me see; ну́-ка well, come on; *expresses determination or intention with 1st sing of future tense* зае́ду-ка к нему́ I think I might call on him

каба́к 1 tavern, (low) dive; *fig* pigsty

кабал|а́ *hist* kabala; *hist* debt-slavery; *fig* bondage, servitude; **~́ьный** (~ен, ~ьна) ~ холо́п kabala serf; *fig* in bondage; *fig* crushing, enslaving

каба́н 1 wild boar; boar (*male pig*); *tech* block; **~́ий** (wild) boar

кабар|га́ (*gen pl* ~о́г) musk deer

кабаре́ *neut indecl* cabaret; **~ти́ст** cabaret artist

каба́|тчик *obs* tavern-keeper; **~́цкий** *adj of* ~к; *fig coll* coarse, vulgar; ~цкие нра́вы boorish manners; голь ~цкая *folk-poet* drunken riff-raff, down and outs; **~чо́к** (~чка́) *dim of* ~к; *coll* small restaurant; (small) vegetable marrow, courgette

каббал|а́ *hist* cab(b)ala; **~и́стика** cab(b)alism; **~исти́ческий** cab(b)alistic

ка́б|ель *m* cable, ~ абоне́нта service cable; **~́ельный** *adj of* ~ель; **~́ельтов** *naut* cable('s length); cable, hawser; **~́ельтовый** *naut* of one cable's length

кабеста́н capstan

каби́на cabin, cab (*of lorry*, *etc*); ~ (лётчика) cockpit; ~ (для купа́льщиков) bathing-hut; ~ экипа́жа flight deck; телефо́нная ~ telephone booth

кабине́т study; consulting-room; (dental) surgery; отде́льный ~ private room (*in restaurant*); ~ заду́мчивости *euph joc* lavatory; *pol* cabinet; suite (*of furniture*); **~́ный** *adj of* ~; ~ портре́т cabinet photograph; *fig* unpractical, theoretical; ~ страте́г, учёный armchair strategist, scientist; **~́ский** *pol* cabinet

каби́н|ка *dim of* ~а

каблогра́мма cable(gram)

каблу́|к 1 heel (*footwear*); *fig coll* быть под ~ко́м у кого́ be under someone's thumb; **~чо́к** (~чка́) *dim of* ~к; *archi* ogee

кабота́ж cabotage; coasting-trade; coastal shipping; **~́ник** coaster, coasting vessel; **~́ничать** I *impf* coast, sail in coastal waters; **~́ный** *adj of* ~; ~ное пла́вание coastwise navigation

кабриоле́т cabriolet

кабы́ *conj coll folk-poet* if

кавале́р partner (*dancing*); (gentle-)man (*at parties, etc*); *coll* admirer, cavalier; ~ (о́рдена) knight, holder (*of an order*); **~га́рд** horse-guardsman; **~га́рдский** *adj of* ~га́рд; **~и́йский** *adj of* ~́ия; of a horseman, of a cavalryman; **~и́ст** cavalryman; *coll* horseman; **~́ия** cavalry; лёгкая ~ия light horse; **~́ственный** ~ственная да́ма Dame of the Order of St Catherine

кавалька́да cavalcade

кавarда́к 1 *coll* mess, muddle

savати́на *mus* cavatina

ка́в|ерза *coll* chicanery; mean trick, dirty trick; **~́ерзить** II (~ержу) *pf* на~ *coll pej* play mean, dirty tricks; **~́ерзник** *coll* one who plays mean, dirty tricks; intriguer; **~́ерзный** *coll* tricky, ticklish (*case, question*, *etc*); given to playing mean, dirty tricks

каве́рна *med*, *geol* cavity

Кавка́з Caucasus; на ~е in the Caucasus; **к~́ец** (~ца) Caucasian; **к ~́ский** Caucasian

кавы́ч|ки (*gen pl* ~ек) inverted commas, quotation marks; откры́ть, закры́ть ~ quote, unquote; в ~ках in inverted commas, in quotes; *fig* so-called; would-be, self-styled (*of person*)

кага́л *hist* kahal (*assembly of Jewish elders*); *fig pop* unruly mob, bedlam

каго́р Cahors (wine)

када́стр *leg* land-survey; **~́овый** *leg* cadastral

каде́нция *mus*, *lit* cadence; *mus* cadenza

каде́т cadet; *abbr of* конституцио́нный демокра́т *hist* Constitutional Democrat, Cadet; **~́ский** *adj of* ~; ~ ко́рпус military school

ка|ди́ло thurible, censer; **~ди́льный** *adj of* ~ди́ло; ~ за́пах smell of incense; **~ди́ть** II (~жу́) *impf* swing a censer; *fig coll* flatter, curry favour (with, + *dat*)

ка́дка tub, vat

ка́дмий cadmium

ка́д|очник cooper; **~́очный** *adj of* ~ка

кадр *mil* cadre; *pl* (regular) establishment; служи́ть в ~́ах be a regular (soldier); *pl* personnel; отде́л ~́ов personnel department, establishment; *pl* specialists, skilled workers; руководя́щие ~́ы leadership (*of political party*, *etc*); *cin* frame, still, close-up

кадри́ль *f* quadrille

кадр|ови́к 1 *mil* regular (soldier); member of permanent staff; experienced, skilled man; **~́овый** *mil* regular; experienced, skilled, trained

кады́к 1 *coll* Adam's apple

каём|ка *dim of* кайма́ *coll*; **~́чатый** edged, with edge(s), with border(s)

кажде́ние *eccles* censing

кажд|одо́ный *obs* annual; **~дне́вный** daily,

diurnal; ∼́**ый** each, every; ∼ день every day; ∼ые два дня every two days, every other day; на ∼ом шагу́ at every step; ∼ из них each of them; *n* everyone; всех и ∼ого, всем и ∼ому *coll* all and sundry

кажи́сь *pop* it seems

каза́к 1 Cossack; ∼**и́н** kazakin (*knee-length coat, pleated at back*)

каза́рм|а barracks *also fig*; ∼́**енный** *adj of* ∼а; *fig pej barrack-like (of building, etc)*; *obs coll pej* crude

ка|за́ть I (∼жу́, ∼́жешь) *impf pop* show; не ∼ глаз, но́су not to show oneself, not to appear; ∼**за́ться** I (∼жу́сь, ∼́жешься) *pf* показа́ться seem, appear; она ∼́жется у́мной she appears clever; он ∼́жется ребёнком he looks like a child; *impers* мне, *etc* ∼́жется, ∼за́лось, *etc* it seems, seemed to me, *etc*; apparently; ∼́жется, я не опозда́л I believe I am in time; она, ∼́жется, дово́льна she seems (to be) satisfied; ∼за́лось бы one would think

каза́х Kazakh; ∼́**ский** Kazakh

каза́|цкий Cossack; ∼́**чество** *collect* Cossacks; ∼́**чий** Cossack; ∼́**чка** Cossack woman; ∼**чо́к** (∼чка́) *coll dim of* ∼к; *hist* page, boy-servant; Ukrainian dance, kazachok

казеи́н casein

казема́т casemate; *pop* prison

казён|ка *obs pop* state wine-shop; vodka (*retailed by State*); ∼́**ник** breech ring (*of firearm*); ∼**ноко́штный** *obs* ∼ студе́нт State-aided student; ∼́**ный** fiscal; Treasury, State; ∼ное иму́щество State property; на ∼ счёт at public expense, *joc* free of charge; ∼ное вино́ *coll* vodka (*sold by State monopoly*); ∼ная пала́та *hist* provincial revenue department; *fig* bureaucratic, formal (*approach, etc*); *fig* banal, conventional, undistinguished, dull; ∼ная часть *mil* breech (end); ∼́**щина** *coll* conventionalism; red tape

казино́ *neut indecl* casino

казна́ Exchequer, Treasury; public purse, coffers; the State (*as legal person*); *obs poet* money, property; breech (end); ∼**че́й** treasurer; bursar; *mil* paymaster; *naut* purser; ∼**че́йский** *adj of* ∼че́й; *adj of* ∼че́йство; ∼ биле́т treasury note; ∼**че́йство** Exchequer, Treasury; ∼**че́йша** *obs coll* treasurer's wife; ∼**че́я** *eccles* treasurer (*usu in nunnery*)

казни́|ть II *impf and pf* execute, put to death; *impf fig* punish; *obs* castigate (*vice, ignorance, etc*); ∼́**ться** II *impf* blame, torment oneself; *pass of* ∼ть

казнокра́д *obs* embezzler of public funds; ∼́**ство** *obs* embezzlement of public funds

казнь *f* execution, capital punishment; сме́ртная ∼ death penalty; *fig* torment, punishment

казо́вый *sl* for show

казуа́льный *tech* random, accidental

казуа́р cassowary

казуи́ст casuist *also fig*; ∼́**ика** casuistry *also fig*; ∼**и́ческий** casuistic(al)

ка́з|ус *leg* special case; *med* isolated case; *coll* extraordinary event, rum start; ∼ бе́лли casus belli; ∼́**усный** *leg* involved

Ка́|ин *coll* Cain; **к**∼́**инов** *adj of* К∼; ∼инова печа́ть mark of Cain

кайла́ *and* **кайло́** (miner's) hack

ка|йма́ (*gen pl* ∼ём) hem, selvedge; edging, border

каима́к 1 kaymak (*cream from baked milk*); kind of sweet sauce

кайма́н cayman, alligator

кайнозо́йский Cainozoic

ка́йра guillemot

кайф *sl* kicks, a 'high'; лови́ть кайф get a kick

как *adv and partic* how; ∼ вам э́то нра́вится? how do you like it?; ∼ краси́во! how beautiful!; ∼ же так? how is that?; вы не зна́ете, ∼ я уста́л you don't know how tired I am; ∼ вы пожива́ете? how are you?; ∼ (ва́ши) дела́? how are you getting on? ∼ тебе́ не сты́дно you should be ashamed; ∼ пройти́ на вокза́л? how do I get to the station?; what; ∼ вы отно́ситесь к э́тому? what do you think of this?; ∼ вы ду́маете? what do you think?; ∼ ва́ше и́мя? what is your (Christian) name?; ∼ его́ зову́т? what is his name?; ∼ э́то называ́ется? what is this called?; ∼ вы сказа́ли? what did you say?; *expressing indignation, surprise, etc* what; ∼, она́ уже́ ушла́? what, she has gone already?; *coll* ∼ знать? who knows?; *coll* (ещё) ∼ сказа́ть it (all) depends; *coll* ∼ когда́ it depends (when), sometimes; *coll* ∼ кто it depends (who); *coll* ∼ есть complete(ly); он ∼ есть дура́к he is a complete fool; *coll* он рассказа́л нам ∼ и что he told us all about it; ∼-ника́к nevertheless, for all that; ∼-ника́к, а экза́мен она вы́держала despite that, she passed the examination; ∼ же *coll or iron* naturally, of course; *with future pf expresses suddenness of action* ∼ он вско́чит all of a sudden he jumped up; ∼ ни, ∼ ... ни however; ∼ она́ ни умна́ clever as she is, however clever she may be; ∼ ни ра́но however early it is; ∼ ни стара́йтесь however hard you may try, try as you may; *following* беда́, страх, ужа́сно, *etc coll* terribly, awfully, wonderfully, *etc*; ужа́сно ∼ мне хо́чется есть I have a terrific appetite; она́ пре́лесть ∼ поёт she sings like an angel; *conj* as, like; они́ подня́лись ∼ оди́н челове́к they rose as one man; ∼ друг as a friend; бу́дьте ∼ до́ма make yourself at home; ∼ ви́дно apparently; ∼ наприме́р as, for instance; ∼ наро́чно as luck would have it; ∼ попа́ло anyhow; ∼ мо́жно, ∼ нельзя́ + *comp* as ... as possible; ∼ мо́жно скоре́е as quickly as possible; ∼ нельзя́ лу́чше as well as possible; *coll* when; as soon as; since; ∼ пойдёшь, зайди́ за мной when you go, call for me; ∼ придёшь, сними́ пальто́ as soon as you arrive, take your coat off; прошло́ два го́да, ∼ мы познако́мились it is two years since we met; ∼ ско́ро *obs*, ∼ то́лько as soon as, when; ∼ не but, except, then; что ей остава́лось де́лать, ∼ не созна́ться? what could she do but confess?; ∼ ..., так и ... both ... and ...; он зна́ет ∼ неме́цкий, так и францу́зский he knows both French and German; по́сле того́, ∼ after; с тех пор, ∼ since; в то вре́мя, ∼ while (*during*); до того́, ∼ till, until; тогда́ ∼, ме́жду тем ∼, в то вре́мя ∼ whereas, while (*antithesis*); *with verbs of seeing, etc* он ви́дел, ∼ она́ ушла́ he saw her go; ∼ тако́во́й as such; ∼ **бу́дто** as if, as though; ∼ вы не зна́ете! as if you didn't know!; it looks as if, it would seem, apparently; он ∼ наме́рен согласи́ться it looks as though he intends to agree; ∼ **бы** + *infin* how; ∼ э́то сде́лать? how is it to be done?; ∼ ... ни however; ∼ она́ ни краси́ва however beautiful she may be; ∼ то ни́ бы́ло be that as it may, however that may be; as if, as though; ∼ в шу́тку as if in jest; ∼ ... не lest; supposing, what if; ∼ он не заболе́л! what if he were to fall ill!; бою́сь, ∼ он не заболе́л I am afraid (that) he may fall ill; ∼ не так! *pop* you've got a hope!, it's highly unlikely!, certainly not!; ∼ **раз** just right (*of time*); вы пришли́ ∼ you've come just at the right time, moment; just right (*of clothes fitting, etc*); э́та руба́шка мне ∼ this shirt is just

right (for me); exactly, just; ~ то, что мне ну́жно just what I need
как|а́ *neut indecl also unchanging verb* business; do one's business (*of children*); **~́ать** I *pf* по~ do one's business, go to the toilet (*of children*)
какаду́ *neut indecl* cockatoo
кака́|о *neut indecl* cocoa; cacao(-tree); **~́овый** *adj of* ~о; ~овые бобы́ cocoa-beans
ка́к-|либо *adv* somehow; **~́нибудь** *adv* somehow (or other); *coll* anyhow (*carelessly*); *coll* some time (*in the future*)
како́в (~а́, ~о́, ~ы́) *pron* what, of what sort; ~ результа́т? what is the result?; ~ он? what is he like?; ~ он собо́й? what does he look like?; вот он ~! what a chap!; *in enumeration pl only* such as, for example; **~о́** *adv coll* how; ~ мне э́то слы́шать! do you think it is easy for me to hear it? **~о́й** *rel pr obs* which
как|о́й *pron* what, how, which; ~а́я сего́дня пого́да? what is the weather like today?; ~у́ю му́зыку вы лю́бите? what sort of music do you like?; ~о́е сегодня число́? what is the date today?; ~ хоро́ший день! what a beautiful day!; ~у́ю кни́гу вы хоти́те? which (what) book do you want?; ~ он у́мный! how clever he is!; (тако́й) ... ~ such as; (таки́х) книг, ~ие́ вам нужны́, у него́ нет he has not got the (kind of) books you require; страх, ~о́го он никогда́ не испы́тывал fear such as he had never felt; ~ ... ни whatever, whichever; ~у́ю кни́гу он ни брал whatever book he took; ~ есть, ~ ни на есть *coll* whatever, whichever you please, any you like; *rhet questions* ~ он учёный? what kind of a scholar is that; ~о́е (там) not a hope, you've got a hope; ты успе́ешь ко́нчить рабо́ту? ~о́е там will you be able to finish the work? not a hope; ~ тако́й? which (exactly)?; *coll* any *see* **~-нибудь**
как|о́й-либо *pron lit* some, any; **~о́й-нибудь** *pron* some, any; он и́щет ~ рабо́ты he is looking for some (kind of) work; some, only (*with numerals*); ~и́е-нибудь два́дцать киломе́тров some, not more than twenty kilometres; **~о́й-то** *pron* some, a; some kind of, something like
какофон|и́ческий cacophonous; **~́ия** cacophony
ка́к-то *adv* somehow; в э́той ко́мнате ~ темно́ somehow it is dark in this room; how; посмотрю́, ~ он вы́йдет из э́того положе́ния I wonder how he will get out of it; *coll* ~ (раз) once; namely, as for example
ка́ктус cactus
кал stool, faeces, excrement
каламбу́р pun; **~и́ст** punster; **~́ить** II *pf* с~ pun; **~́ный** punning
каламя́нка calamanco
кала́ндр *tech* calender
каланч|а́ (*gen pl* ~е́й) watch-tower; пожа́рная ~ fire-tower; ~ пожа́рная *fig coll joc* beanpole, bean-stick
кала́ч 1 kalach, white loaf; его́ ~о́м туда́ не зама́нишь *coll* nothing will induce him to go there; тёртый ~ *fig coll* old hand (at the game); достава́ться (кому́) на ~и́ *pop* get it hot; **~́иком** *adv coll* лежа́ть ~ lie curled up; **~́ный** *adj of* ~
калейдоско́п kaleidoscope; **~и́ческий** kaleidoscopic
кале́ка *m and f* cripple
календа́р|ный calendar; ~ное и́мя name derived from that of a saint; **~́ь** 1 *m* calendar
кале́нд|ы (*gen pl* ~) calends
кале́ни|е incandescence; бе́лое ~ white heat; доводи́ть до бе́лого ~я *fig coll* rouse to fury
калёны|й red-hot; ~е оре́хи roasted nuts
кале́ч|ить II *pf* ис~ cripple, maim; mutilate; *fig* ruin, pervert; **~́иться** II *pf* ис~ become a cripple; *pass of* ~ить
ка́ли *neut indecl obs* potash; е́дкое ~ caustic potash, potassium hydrate
кали́бр calibre; gauge; **~ова́ть** (~у́ю) *impf* calibrate
ка́л|иевый potassium, potassic; **~́ий** potassium; **~и́йный** potassium; potash
кали́ка *hist* (перехо́жий) ~ pilgrim; *folk-poet* wandering minstrel
кали́льн|ый *tech* ~ жар temperature of incandescence; ~ая печь temper furnace; ~ая се́тка (incandescent) mantle
кали́н|а guelder rose, snowball-tree; **~́овый** *adj of* ~а
кали́тка (wicket-)gate
кали́ть II heat; roast (*nuts, etc*)
кали́ф caliph; ~ на час king for a day
каллиграф|и́ческий calligraphic; **~́ия** calligraphy
кали́псо *neut indecl* calypso
калмы́|к Kalmyk, Kalmuck; **~́цкий** *adj of* ~к
ка́л|овый *adj of* ~
ка́ломель *f* calomel
калор|и́йность *f* calorie content; **~и́метр** calorimeter; **~име́трия** calorimetry; **~и́фер** air heater; **~и́ческий** calorific, caloric; **~́ия** calorie; больша́я ~ kilogram (large) calorie; ма́лая ~ gram (small) calorie; станда́ртная ~ standard calorie
кало́ш|а = гало́ша; посади́ть в ~у *coll* put someone in a ridiculous (awkward, false, silly) position; сесть в ~у *coll* make a fool of oneself, get into a ridiculous (false, awkward, silly) position, get into a spot
калу́жница marsh marigold, kingcup
калы́м bride-money; *sl* bribe; **~́ить** II (~лю) *pop* earn on the side
кальвин|и́зм Calvinism; **~и́ст** Calvinist; **~исти́ческий** Calvinistic(al)
ка́л|ька (*gen pl* ~ек) tracing-paper (cloth); tracing; *ling fig* loan-translation, calque; **~ьки́ровать** (~ьки́рую) *pf* с~ trace, calk *ling fig* make a loan-translation of
калькул|и́ровать (~и́рую) *pf* с~ *comm* calculate; **~я́тор** *comm* calculator; **~яцио́нный** calculating; cost; **~я́ция** *comm* calculation
кальма́р calamares
кальсо́н|ы (*gen pl* ~) pants, drawers
ка́льц|иевый calcium, calcic; **~́ий** calcium; **~ина́ция** calcination; **~и́т** calcite; **~ифика́ция** calcification
калья́н hookah
каля́кать I *pf* по~ *pop* chat
каля́ный *coll* stiff, rigid (*of clothing affected by cold*)
камари́лья *lit* clique, camarilla
кама́ринская Kamarinskaya (*folk-song and dance*)
ка́мбала flat-fish; plaice, flounder
ка́мбий *bot* cambium
ка́мбуз *naut* galley, caboose
камво́льный worsted
каме́д|истый gummy; **~ь** *f* gum resin
камел|ёк (~ька́) fireplace, hearth
каме́лия camellia
кам|ене́ть I *pf* о~ petrify, turn to stone; *fig* become stony, hard; **~ени́стый** (~ени́ст, ~ени́ста) stony,

rocky; **∼енка** stove (*in bathhouse*); *orni* wheatear; **∼енноуго́льный** coal; ∼ бассе́йн coalfield; **∼енный** stone-, stony; ∼енная боле́знь gravel; ∼ век Stone Age; ∼енная кла́дка masonry, stonework; ∼енная соль rock-salt; ∼ у́голь coal; *fig* hard, immovable, stony (*of heart, etc*); **∼енобо́ец** (∼енобо́йца) stone-crusher; **∼еноло́мня** (*gen pl* ∼еноло́мен) quarry; **∼енотёс** (stone)mason; **∼енщик** (stone)mason, bricklayer; *hist* во́льные ∼енщики Freemasons; **∼ень** 5 *m* (∼ня; *also pop* ∼е́нья, ∼е́ньев) stone; лежа́ть ∼нем на се́рдце у кого́ weigh upon someone's heart; держа́ть ∼ за па́зухой harbour thoughts of revenge (against, на + *acc or* про́тив + *gen*); у меня́ сло́вно ∼ с души́ (с се́рдца) свали́лся it is like a load off my mind; ∼ня на ∼не не оста́вить raze to the ground; броса́ть ∼нем *fig* cast stones (at, в + *acc*); надева́ть кому́ ∼ на ше́ю hang, tie a millstone round someone's neck; под лежа́чий ∼ вода́ не течёт *prov* nothing venture, nothing gained

ка́мера chamber; тюре́мная ∼ prison cell; ∼ хране́ния cloakroom (*for luggage*); camera; inner tube (*of tire*), bladder (*of football*)

камер|ге́р chamberlain; **∼ди́нер** valet; **∼и́стка** (lady's) maid

ка́мер|ный *adj of* ∼а; *mus* chamber; **∼то́н** tuning-fork; **∼-ю́нкер** gentleman of the bedchamber

ка́меш|ек (∼ка) *dim of* ка́мень stone, pebble; броса́ть ∼ в чей огоро́д have a dig at someone

каме́я cameo

камзо́л camisole

камила́вка *eccles* headgear of Orthodox priest, kamelaukion

ками́н fireplace; (open) fire; по́лочка над ∼ом mantelpiece; **∼ный** *adj of* ∼

камка́ damask

камло́т camlet

камне|дроби́лка stone-breaker, stone-crusher; **∼ло́мка** *bot* saxifrage

камо́рка *coll* closet, very small room; box room

кампан|е́йский *coll pej* ∼е́йская рабо́та work done in spurts; **∼е́йщина** *pej* system of working in spurts; **∼ия** *mil and fig* campaign

кампе́шев|ый ∼ое де́рево Campeachy wood, logwood

камса́ = хамса́

камуфле́т *mil* camouflet; *fig coll joc* подстро́ить ∼ play a dirty trick

камуфл|и́ровать (∼и́рую) *pf* за∼ camouflage; **∼я́ж** camouflage

камфара́ *and* **камфора́** camphor

камфо́рка ring (*on stove*); top ring (*on samovar*)

камча́т|ка damask linen; **∼ый** *and* **∼ный** damask(ed), figured

камы́ш 1 reed(s), rush(es); **∼евка** *orni* reed-warbler; **∼и́т** *tech* pressboard; **∼о́вый** ∼о́вое кре́сло cane chair

кана́в|а ditch; сто́чная ∼ gutter; **∼окопа́тель** *m* trench-digger

Кана́д|а Canada; **∼ец** (∼ца) Canadian; **∼ка** Canadian (woman); **∼ский** Canadian; ∼ская пи́хта balsam fir

кана́л canal; channel *also fig*; *anat* duct, canal; мочеиспуска́тельный ∼ urethra; bore (*of gun barrel*); **∼изацио́нный** *adj of* ∼изация; ∼изацио́нная труба́ sewer(-pipe); **∼иза́ция** sewerage, sewer (system), drains; **∼изи́ровать** (∼изи́рую) *impf and pf* put in sewerage system

кана́л|ья *m and f* (*gen pl* ∼ий) *coll pej* scoundrel, scum

канаре́|ечный *adj of* ∼йка; canary(-coloured); **∼йка** (*gen pl* ∼ек) canary

кана́т rope; cable, hawser; **∼ка** *coll* cable-railway; **∼ный** *adj of* ∼; ∼ заво́д rope-yard; ∼ная желе́зная доро́га cable-railway, funicular; ∼ плясу́н rope-dancer; **∼охо́дец** (∼охо́дца) rope-walker

кана́ус heavy silken fabric

канв|а́ canvas *also fig*; outline (*of novel*), groundwork, background; **∼о́вый** *adj of* ∼а́

кандал|ы́ (*gen pl* ∼о́в) shackles, fetters; закова́ть в ∼ clap in irons; ручны́е ∼ manacles, handcuffs; **∼ьный** *adj of* ∼ы́

канделя́бр candelabrum

кандида́т candidate; ∼ в чле́ны candidate member (of, + *gen*); kandidat (*holder of first higher degree in former Soviet Union*); **∼ский** *adj of* ∼; ∼ стаж probation period; **∼у́ра** candidature; выставля́ть ∼у́ру nominate for election

кани́кул|ы (*gen pl* ∼) holidays (*school*), vacation (*university, etc*); **∼я́рный** *adj of* ∼ы

кани́стра jerrican

каните́л|ить II *impf pf* про∼ *coll* drag out, delay, dawdle; **∼иться** II *impf coll* waste time doing something; mess about; **∼ь** *f* gold, silver thread; wire-ribbon; *fig coll* messing about, long-drawn-out proceedings, fuss and bother; разводи́ть, тяну́ть ∼ *coll* keep on about the same thing; spin things out; **∼ьный** (∼ен, ∼ьна) *coll* long-drawn-out, tedious; ∼ человек person who likes messing about, procrastinating; of gold or silver thread; **∼ьщик** wire-ribbon spinner; *fig coll* time-waster, potterer

канифа́с *obs* sailcloth; dimity

канифо́л|ить II *pf* на∼ rosin; **∼ь** *f* rosin, colophony

канка́н cancan; **∼и́ровать** (∼и́рую) *impf coll* dance the cancan

каннелю́ра *archi* flute

канниба́л cannibal *also fig*; **∼и́зм** cannibalism; **∼ьский** cannibalistic

кано́ист canoeist

кано́н canon

канон|а́да cannonade; **∼е́рка** gunboat; **∼е́рский** ∼е́рская лодка gunboat

канониз|а́ция *eccles* canonization; **∼и́ровать** (∼и́рую) *impf and pf eccles* canonize; **∼ова́ть** (∼у́ю) *impf and pf* = ∼и́ровать

кано́ник *eccles* canon

канони́р gunner (*in Tsarist army*)

канони́ч|еский *and* **∼ный** *eccles* canonical; *lit* definitive; ∼еское пра́во canon law

кано́э *neut indecl* canoe

кант edging, piping; passe-partout (*for pictures, etc*); *sl* = ∼о́вка

канталу́па cantaloup

канта́та cantata

кантиа́н|ец (∼ца) Kantian; **∼ский** Kantian; **∼ство** Kantianism

кантиле́на cantilena

кант|ова́ть (∼у́ю) *pf* о∼ border; mount (picture, etc) *impf tech* cant, tip; **∼ова́ться** (∼у́юсь) *pf* про∼ *sl* shirk; **∼о́вка** *tech* canting; *sl* shirking

канто́н canton (*administrative*); **∼а́льный** cantonal

кану́н eve (*of holiday*); ∼ Но́вого го́да New-Year's eve; *eccles* vigil

ка́нуть I *pf obs* drop (*tears, etc*); *fig lit* ∼ в ве́чность, ∼ в Ле́ту fall, sink into oblivion; как в во́ду ∼ vanish into thin air, disappear without trace

канцеляр|и́ст clerk; **~и́я** office; **~ский** office; ~ские принадле́жности stationery; ~ская рабо́та clerical work; *pej* bureaucratic; ~ская кры́са *pej* office drudge; ~ слог officialese; **~щина** *coll pej* red tape
ка́нцлер chancellor
канцо́на canzonet
каньо́н canyon
каню́|к 1 buzzard; *pop* moaner, grumbler, pest; **~чить** II *pop* pester, be a pest; moan
каоли́н kaolin, china clay
ка́п|ать (~лю, ~лешь *or* ~аю, *etc esp of tears, medicine, etc imp* ~ай) *pf* ~нуть drip, drop; dribble; trickle; fall (in drops); дождь ~лет it is spotting with rain; *fig coll* не ~лет над на́ми we can take our time, there is no hurry; *pf* на~ pour out in drops (*of medicine, etc*); *pf* на~ spill (+ *instr*); *pop* squeal (on, на + *acc*)
капе́лла choir; chapel; ~ богома́тери Lady chapel; **~н** chaplain
капе́ль *f* drip (*of thawing snow*); thaw
капельди́нер *theat* usher, box-keeper
ка́пельк|а small drop, droplet; ~ росы́ dewdrop; вы́пить всё до ~и drain to the last drop; minute quantity, grain; ни ~и не стра́шно not a bit frightening; ~у *adv coll* a little; подожди́ ~у! wait a bit!
капельме́йст|ер conductor, bandmaster **~ерский** ~ерская па́лочка conductor's baton
ка́пельница medicine dropper
ка́пельный *coll* tiny
ка́пер *naut* privateer
ка́перс *bot* caper; *pl only cul* capers
капилля́р capillary; **~ный** capillary
капита́л capital; основно́й ~ fixed capital; ~ и проце́нты, ~ с проце́нтами principal and interest; *pl coll* money, cash; **~иза́ция** capitalization; **~изи́ровать** (~изи́рую) *impf and pf* capitalize; **~и́зм** capitalism; **~и́ст** capitalist; **~исти́ческий** capitalist(ic); **~овложе́ние** capital investment
капита́льн|ый main, fundamental, most important, basic; ~ые вложе́ния capital investments; ~ ремо́нт major overhaul, repairs; ~ая стена́ main, supporting wall
капита́н captain; **~ский** *adj of* ~; ~ мо́стик captain's bridge
капите́ль *f archi* capital; *typ* small capitals
капи́тул *eccles/hist* chapter
капитул|и́ровать (~и́рую) *impf and pf* capitulate, give in (to, пе́ред + *instr*); **~я́нт** *pej* faint-heart, defeatist; **~я́нтство** *pej* defeatism; **~я́ция** capitulation
ка́пище (heathen) temple
капка́н trap *also fig*; **~ный** ~ про́мысел trapping
каплу́н 1 capon
ка́п|ля (*gen pl* ~ель) drop; по ~ле, ~ за ~лей drop by drop *also fig*; до ~ли to the last drop; ~ли в рот не берёт *coll* he doesn't touch a drop; как две ~ли воды́ похо́жи as like as two peas; ~ в мо́ре drop in the ocean; после́дняя ~ the last straw; до после́дней ~ли кро́ви би́ться fight to the last; *pl* drops (*of medicine*); *fig coll* drop, bit; ни ~ли *adv* not a bit; **~нуть** I *pf of* ~ать (let fall a) drop, drip
кап|о́к (~ка́) capok
ка́пор bonnet
капо́т lady's housecoat; *tech* bonnet, hood, cowl(ing); *aer* nose-over; **~а́ж** *aer* nose-over; **~и́ровать** (~и́рую) *impf and pf aer* nose over

капра́л *mil* corporal; **~ьский** *adj of* ~
капри́з whim, caprice; vagary; **~ник** *coll* capricious person, naughty child; **~ничать** I *impf* behave capriciously; be naughty, play up (*of child*); **~ный** (~ен, ~на) capricious; naughty, wilful (*of child*); **~у́ля** *m and f coll aff* naughty child, little horror
каприфо́лий *and* **каприфоль** *f* honeysuckle
капри́ччио *mus* capriccio
капро́н artificial fibre (*Soviet*); **~овый** *adj of* ~
ка́псула capsule
ка́п|сюль *m mil* percussion cap; **~сюльный** percussion
капте|на́рмус *mil* quartermaster-sergeant; **~р** *sl* supply clerk (*in concentration camp*); **~рка** supply depot (*in concentration camp*)
капу́ст|а cabbage; ки́слая ~ sauerkraut; изруби́ть в ~у *fig* make mincemeat of; **~ник** *pop* cabbage field; cabbage worm; actors' *or* young students' party; **~ница** cabbage butterfly, cabbage white; **~ный** *adj of* ~а
капу́т *m indecl coll joc* end, destruction; done for, kaput; ~ ему́ пришёл *coll* that's the end of him
капуци́н Capuchin (friar); Capuchin-monkey
капюшо́н hood, cowl
кар car, automobile
ка́ра *rhet* retribution, punishment
караби́н carbine; *tech* spring hook; **~е́р** car(a)-bineer
кара́бкаться I *pf* вс~ clamber (*up*, на + *acc*)
карава́й cottage loaf
карава́н caravan; convoy (*of ships, etc*); **~-сара́й** caravanserai
караға́ч 1 elm
кара́емый *leg* punishable
караи́м Karaite (*member of Jewish sect*)
карака́тица cuttlefish; *coll joc* short-legged, clumsy person
кара́ковый dark-bay
кара́к|улевый *adj of* ~ь; **~ь** *m* astrakhan (*fur*); **~ульча́** astrakhan (*fur*)
кара́куля scrawl, scribble
карамбо́ль *m* cannon (*in billiards*)
караме́ль *f collect* caramels (with centre); caramel; **~ка** *coll* (a) caramel; **~ный** *adj of* ~
каранда́ш 1 pencil; **~ный** *adj of* ~
каранти́н quarantine; подверга́ть ~у place in quarantine; сня́тие ~а *naut* pratique; quarantine station; **~ный** *adj of* ~; ~ное свиде́тельство *naut* bill of health
карапу́з *coll joc* chubby child (*usu of toddler*)
кара́с|ь 1 *m* crucian; серебря́ный ~ Prussian carp
кара́т carat
кара́т|ель *m* member of punitive expedition; *obs* punisher **~ельный** punitive; **~ь** *pf* по~ punish, chastise
карау́л guard; watch; вступа́ть в ~ mount guard; стоя́ть в ~е, нести́ ~ be on guard; на ~! present arms!; взять на ~ present arms; *interj coll* help!; взять под ~ take into custody; хоть ~ кричи́ I could (have) scream(ed) (*of desperate situation*); крича́ть ~ shout for help; **~ить** II (mount) guard; *coll* lie in wait for; **~ка** *coll* guardroom; **~ьный** *adj of* ~; ~ьная бу́дка sentry-box; *n* sentry, sentinel, guard; **~ьня** (*gen pl* ~ен) guardroom; **~льщик** *coll* sentry, guard
кара́ч|ки (*gen pl* ~ек) на ~, на ~ках *pop* on all fours; стать на ~ *pop* get on all fours
карачу́н ~ пришёл кому́ *pop* someone has died
карби́д carbide

карбо́ванец rouble (*Ukrainian*); *pl* money (*sl*)
карбо́л|ка *coll* carbolic acid; **~овый** carbolic
карбона́т carbonate; ~ **ка́лия** potassium carbonate
карбору́нд carborundum
карбу́нкул carbuncle
карбюра́|тор carburettor; **~ция** carburation
карга́ 1 *coll* (ста́рая) ~ hag, harridan, witch
кардамо́н cardamom
кардина́л cardinal; **~ьный** *fig* cardinal, essential; **~ьский** *adj of* ~
кардио|гра́мма cardiogram; **~хиру́рг** heart surgeon; ~ **хирурги́я** heart surgery
каре́ *neut indecl mil* square
каре́л Karelian; **К~ия** Karelia; **~ьский** Karelian
каре́т|а carriage, coach; ~ запряжённая па́рой, четвёркой carriage and pair, coach and four; почто́вая ~ stagecoach; ~ ско́рой по́мощи ambulance; **~ка** *tech* carriage, holder, frame; **~ник** coach-house; coach-builder
кариати́да *archi* caryatid
ка́рий brown, dark brown, hazel (*of eyes*); (dark) chestnut (*of horses*)
карикату́р|а cartoon; caricature; **~и́ст** cartoonist, caricaturist; **~ить** II *impf obs coll* caricature; **~ный** grotesque, ludicrous; представля́ть в ~ном ви́де caricature
карио́з caries, decay; **~ный** carious
карка́с *tech* frame(work) *also fig*; **~ный** *adj of* ~; **~но-пане́льный** *bui* high-rise
ка́рк|ать I *pf* ~нуть caw, croak; *pf* на~ *pop* prophesy doom, croak; **~нуть** I *pf of* ~ать
ка́рл|ик dwarf; pygmy; **~иковый** dwarf; pygmaean; **~ица** *f of* ~ик
кармази́н *hist* crimson, cramoisy
карма́н pocket; наби́ть ~ line one's pocket; лезть в ~ pick pockets; не лезть в ~ за сло́вом not to be at a loss for words; э́то ему́ не по ~у *coll* he can't afford it; бить по ~у *coll* cost a pretty penny; держи́ ~ ши́ре! *coll joc* not a hope!, you've got a hope!, a fine chance!; у него́ то́лстый ~ he has well-lined pockets; то́щий ~ empty pocket(s); **~ник** *pop* pickpocket; **~ничать** I *impf* pick pockets; **~ный** *adj of* ~; ~ вор pickpocket; ~ные де́ньги pocket money; **~щик** *pop* pickpocket
карми́н carmine; **~ный** carmine
карнава́л carnival
карни́з cornice; ledge
кароте́ль *f* carrot (*having short roots*)
карп carp
ка́рт|а *geog* map; (playing-)card; игра́ть в ~ы play cards; его ~ би́та his game is up; раскрыва́ть свои ~ы show, reveal one's hand; ему́ и ~ы в ру́ки *coll* he's an expert; ходи́ть с крупной ~ы play for high stakes; поста́вить на ~у stake, risk; спу́тать, смеша́ть чьи ~ы spoil someone's game *also fig*
карта́в|ить II (~лю) *impf* burr; **~ость** *f* burr; **~ый** having a burr; pronounced gutturally
карт-бла́нш carte blanche
картёж I *pop* card-playing for money; **~ник** *coll* gambler (*at cards*), card-player; **~ный** *coll* card-playing, gambling
картезиа́нский Cartesian
карте́ль *m* cartel
ка́ртер crankcase
картеч|ный *adj of* ~ь; **~ь** *f mil* case-shot; grape-shot; buckshot
карти́н|а picture; *theat* scene; **~ка** picture; *coll* illustration (*in book*); лубо́чная ~ coloured wood-cut; *pej* crude picture; как ~ picturesque; мо́дная ~ fashion-plate; переводны́е ~ки transfers; **~ный** *adj of* ~а; ~ная галере́я picture-gallery; picturesque
карто́граф cartographer; **~и́ровать** (~и́рую) *impf* map, draw a map of; **~и́ческий** cartographic; **~ия** cartography
карто́н (card)board, pasteboard; cardboard box; *sl* sketch, cartoon; **~а́ж** cardboard article; cardboard box; **~а́жный** *adj of* ~а́ж; **~ка** cardboard box; ~ для шля́пы hatbox, bandbox; **~ный** *adj of* ~; ~ до́мик *fig* house of cards
картоте́|ка card-index; **~тчик** card-index, filing clerk
картоф|елекопа́тель *m and* **картофелекопа́лка** potato-digger; **~елесажа́лка** potato-planter; **~елеубо́рочный** potato-harvesting; **~елина** *coll* (a) potato; **~ель** *m collect* potatoes; ~ в мунди́ре potatoes boiled in their jackets; молодо́й ~ new potatoes; potato plant; **~ельный** *adj of* ~ель; ~ельное пюре́ mashed potatoes
ка́рт|очка card; визи́тная ~ visiting card; ~ вин wine-list; катало́жная ~ index card; ~ ку́шаний bill of fare; продово́льственная ~ ration card, food-card; season ticket; *coll* photo; **~очный** *adj of* ~а; ~ долг card gambling-debt; ~ стол card-table; ~ до́мик *coll* house of cards *also fig*; ~ фо́кус card trick; *adj of* ~очка; ~ катало́г card index; ~очная систе́ма rationing system
карто́ш|ка *coll collect* potatoes; potato; нос ~кой bulbous nose
карту́з 1 (peaked) cap; *obs* paper bag; *mil* powder bag; *mil* cartridge
карусе́ль *f* roundabout, merry-go-round; **~ный** *adj of* ~; ~ стано́к *tech* vertical lathe
ка́рцер prison cell, lock-up, 'cooler'
канцероге́н carcinogen
карье́р full gallop, career; во весь ~ at full speed, in full career; пуска́ть ло́шадь в ~, ~ом put a horse into full gallop; с ме́ста в ~ *fig* without more ado, straight away; quarry, sandpit
карье́р|а career; сде́лать себе́ ~у make good, get on; **~и́зм** careerism; **~и́ст** careerist; **~ный** *adj of* ~а *and* карье́р
каса́|ние contact; то́чка ~ния *math* point of contact; **~тельная** *math* tangent; **~тельно** *prep* + *gen* concerning, touching; **~тельство** connection (with, к + *dat*)
каса́т|ик *poet folk* darling (*of man*); **~ка** *f of* ~ик; *orni* swallow; killer whale
каса́|ться I *pf* косну́ться touch (+ *gen*); *fig* touch (on, upon + *gen*); ~ больно́го вопро́са touch on a sore point; *fig* concern, relate (to, + *gen*; до + *gen obs*); э́то вас не ~ется it is no concern of yours; что ~ется as to, as regards, with regard to
ка́ска helmet
каска́д cascade; ~ слов *fig* torrent of words; leaping from horseback (circus); fast dance and song (*in musical comedy*); **~ный** *adj of* ~; *obs* musical comedy, music-hall
каспи́йск|ий Caspian; К~ое мо́ре Caspian Sea
ка́сса till; cash-box; несгора́емая ~ safe; сберега́тельная ~, сбер~ savings bank; ~ взаимопо́мощи mutual assistance fund, friendly society; cash; (театра́льная) ~ box-office; booking-office; *typ* case
кассац|ио́нный *adj of* ~ия; ~ио́нная жа́лоба appeal; ~ суд Court of Appeal, Court of Cassation; **~ия** *leg* cassation; *coll* пода́ть ~ию

appeal
кассе́т|а *phot* plate-holder; cassette; **~ный** *adj of* ~
касси́р cashier; **~ова́ть** (~ую) *impf and pf leg* quash, annul; **~ша** *f of* ~ *coll*
ка́сс|овый *adj of* ~а; ~овая кни́га cash-book; ~ счёт cash-account
ка́ста caste
кастанье́ты *f pl* castanets
кастеля́нша keeper of linen (*in hospital, etc*)
касте́т knuckleduster
ка́стовость *f pol pej* cliquishness; exclusiveness
касто́р *tech* castor
касто́р|ка *coll* castor oil; **~овый** ~овое ма́сло castor oil; ~овая шля́па beaver (hat)
кастр|а́т eunuch; **~а́ция** castration; **~и́ровать** (~и́рую) *impf and pf* castrate; geld
кастрю́ля saucepan
кат *obs dial* executioner; *naut* cat; ~-ба́лка cathead, cat davit
катава́сия *coll joc* fuss, to-do, confusion; така́я ~ no end of a fuss
катакли́зм cataclysm
катако́мба catacomb
катала́жка *obs pop* gaol
катале́псия catalepsy
ката́лиз catalysis; **~а́тор** catalyst
катало́|г catalogue; **~гиза́тор** cataloguer; **~гизи́ровать** (~гизи́рую) *impf and pf* catalogue; **~жная** catalogue room; **~жный** *adj of* ~г
ка́таль *m* porter, barrow man
ката́ние rolling; mangling (*linen, etc*); ~ верхо́м riding; ~ на ло́дке boating; ~ на конька́х skating; фигу́рное ~ figure skating; ~ с гор tobogganing
ка́танье не мытьём, так ~м *coll* by hook or by crook
катапу́льт|а catapult; **~и́ровать** (~и́рую) *impf and pf* catapult (out); **~и́роваться** (~и́руюсь) *pass of* ~и́ровать
ката́р catarrh
катара́кт *geog* cataract
катара́кта *med* cataract
катара́льный catarrhal
катастро́ф|а catastrophe, disaster; accident; **~и́ческий** and **~и́чный** (~и́чен, ~ична) catastrophic
кат|а́ть I *indet of* ~и́ть roll; wheel, trundle; (take for a) drive; push, take out (*children in pram*); *pf* с~ roll (*from clay, dough, etc*); *pf* вы́~ mangle (*linen*); *pf* с~ *coll* travel freely, a lot; как ~а́ет на балала́йке! *pop* how she strums away on the balalaika! **~а́ться** I *indet of* ~и́ться *vi* roll; go for a drive; ~ верхо́м ride, go riding; ~ на велосипе́де cycle, go cycling; ~ на конька́х skate, go skating; ~ на ло́дке go boating; ~ от бо́ли *coll* roll in pain; ~ со́ смеху split one's sides with laughter
катафа́лк catafalque; hearse
категор|и́чески *adv* categorically; ~ отказа́ться give a flat refusal; **~и́ческий** categorical, clear; **~и́чный** (~и́чен, ~и́чна) categorical, definite; **~ия** category
ка́т|ер (*pl* ~ера́) *naut* cutter; сторожево́й ~ patrol boat; торпе́дный ~ motor torpedo-boat; **~ерный** *adj of* ~ер
ка́тет cathetus
кате́тер catheter
катехи́зис catechism
ка|ти́ть II (~чу́, ~тишь) *det of* ~та́ть *pf* по~; *coll* drive fast, bowl, tear along; **~ти́ться** II (~чу́сь, ~тишься) *det of* ~та́ться *pf* по~ roll (*of vehicles, etc*); slide, roll down; *pop* rush, tear; glide; flow, roll (*of tears*); ~ти́сь, ~ти́тесь отсю́да! *pop cont* clear out of here!; **~тну́ть** I *sem pf* of ~та́ть *pop*; make a trip
като́д cathode; **~ный** cathodic; ~ные лучи́ cathode rays; ~ная тру́бка cathode-ray tube
кат|о́к (~ка́) skating-rink; roller; mangle
като́ли|к (Roman) Catholic; **~ко́с** Catholicos; **~ци́зм** (Roman) Catholicism; **~ческий** (Roman) Catholic; **~чество** (Roman) Catholicism
ка́т|орга penal servitude; hard labour (*in exile*) *also fig*; **~ржа́нин** (*pl* ~ржа́не, ~ржа́н) convict; **~оржный** *adj of* ~орга; ~оржные рабо́ты hard labour; *fig* drudgery
кату́шк|а reel, bobbin; *text* spool; (electric) coil; *sl* 25-year sentence, stretch; на всю ~у *pop* at full stretch
ка́т|ыш *pop* pellet; **~ышек** (~ышка) *dim of* ~ыш *pop*
катю́ша *coll* lorry-mounted multiple-rocket launcher
кауза́льный causal
кау́рый light chestnut (*of horses*)
ка́усти|к *chem* caustic; **~ческий** caustic
каучу́к (india-) rubber, caoutchouc; **~овый** *adj of* ~; rubber, elastic; **~оно́с** rubber-bearing plant
кафе́ *neut indecl* café
ка́федр|а pulpit; rostrum, platform; *fig* chair (*at university*); получи́ть ~у obtain a chair; department, faculty (*at university*); заседа́ние ~ы department meeting; **~а́льный** ~ собо́р cathedral
ка́ф|ель *m* (Dutch) tile; **~ельный** ~ельная печь tiled stove
кафе|те́рий cafeteria; **~шанта́н** café chantant
кафоли́ческий universal (*of Orthodox Church*)
кафта́н caftan; Три́шкин ~ robbing Peter to pay Paul
кацаве́|йка (*gen pl* ~ек) lady's jacket (*usu lined with fur*)
кач|а́лка rocking-chair; конь-~ rocking-horse; **~а́ние** rocking, swinging; ~ ма́ятника swing of pendulum; pumping; **~а́ть** I *pf* ~ну́ть (+ *acc*) rock, swing; ~ колыбе́ль rock a cradle; (+ *instr*) ~ голово́й shake one's head (*sign of dissent*); *impers* его́ ~а́ло от уста́лости he was reeling from fatigue; ло́дку ~а́ет the boat is rolling; *no pf coll* carry aloft, chair (*as mark of approval*); *no pf* pump; **~а́ться** I *pf* ~ну́ться *vi* rock, swing; roll, pitch (*of vessel*); reel, stagger; **~е́ли** (*gen pl* ~е́лей) swing
ка́ч|ественный qualitative; high-quality (*usu of steel*); **~ество** quality; высо́кого ~ества of high quality; virtue; в ~естве in the capacity (of), in the character (of), as (+ *gen*); *chess* вы́играть, потеря́ть ~ gain, lose by an exchange
ка́ч|ка tossing, rocking; *naut* бортова́я ~ rolling; килева́я ~ pitching; **~кий** *pop* shaky, wobbly; **~ну́ть(ся)** I *pf of* ~а́ть(ся)
качу́рка *orni* petrel
ка́ш|а kasha (*dish of boiled grain*); гре́чневая ~ cooked buckwheat; ма́нная ~ semolina; пшённая ~ cooked millet; ри́совая ~ boiled rice; берёзовая ~ *coll joc* the birch; с ним ~и не сва́ришь *coll* you will get nowhere with him; ма́ло ~и ел *coll* he is inexperienced, too young, not tough enough; сапоги́ ~и про́сят *coll joc* the boots are worn out; у него́ ~ в рту *coll* he mumbles; у него́ ~ в голове́ *coll* he is muddle-headed; завари́ть ~у *coll* start something, stir up trouble; расхлеба́ть ~у *coll* clear up the mess, put things right; сам завари́л

~у, сам и расхлёбывай you've made your bed, you must lie on it; ~у ма́слом не испо́ртишь *prov* never too much of a good thing; гре́чневая ~ сама́ себя́ хва́лит blow one's own trumpet
кашало́т cachalot, sperm-whale
кашева́р cook (*mil or in workmen's canteen*); **~ить** II *impf coll* be a cook
ка́ш|ель *m* (~ля) cough
кашеми́р cashmere; **~овый** *adj of* ~
ка́ш|ица *coll* thin gruel; бума́жная ~ paper pulp; **~ка** *dim of* ~а; pap; *bot coll* clover
ка́шл|януть I *sem pf of* ~ять (give a) cough; **~ять** I *pf* ~януть cough; have a cough
кашне́ *neut indecl* scarf, muffler
кашпо́ *neut indecl* decorated vase for flowerpot
кашта́н chestnut; таска́ть ~ы из огня́ *fig* pull the chestnuts out of the fire; chestnut tree; ко́нский ~ horse-chestnut; **~овый** *adj of* ~; chestnut(-coloured)
каю́к ~ (пришёл) кому́ *pop* it's the end of someone
каю́р dog team (reindeer team) driver
каю́т|а cabin, stateroom; **~-компа́ния** wardroom (*navy*) passenger's lounge
ка́|ющийся repentant, penitent, contrite; **~яться** I (~юсь, ~ешься) *pf* рас~ repent (of), be sorry (for, в + *prep*); *pf* по~ confess (в + *prep*); ~юсь *coll* I am sorry to say, I (must) confess
квадра́нт quadrant; gunner's clinometer
квадра́т square; возводи́ть в ~ square; в ~е squared; **~ный** square; ~ная мы́шца quadrate muscle; ~ ко́рень square root; ~ое уравне́ние quadratic equation; **~у́ра** quadrature; ~ кру́га squaring the circle
кваза́р quasar
ква́зи- quasi-
ква́к|анье croaking; **~ать** I *pf* ~нуть croak; **~нуть** *sem pf of* ~ать
квалифи|каці́онный *adj of* ~ка́ция; ~каці́онная коми́ссия board of experts; **~ка́ция** qualification; повыше́ние ~ка́ции improving one's skill(s); **~ци́рованный** (~ци́рован, ~ци́рована) qualified, skilled; ~ труд skilled, specialized work; **~ци́ровать** (~ци́рую) *impf and pf* check (the competence); appraise, qualify, grade
квант quantum; **~овый** ~овая тео́рия quantum theory
кварк quark
ква́рта quart (*liquid measure*); *mus* fourth; quart (*fencing and cards*)
кварта́л quarter (*of year*); block (*of buildings*); *obs coll* area, ward (*of town*); **~ьный** quarterly; of area of city; *n hist coll* non-commissioned police officer (*in charge of area of city*)
кварте́т *mus* quartet(te)
кварти́р|а flat; apartment(s); lodging; room; ~ и стол board and lodging; гла́вная ~ *mil* general headquarters; *pl mil* quarters, billets; зи́мние ~ы winter quarters; **~а́нт** lodger, tenant; **~а́нтка** *f of* ~а́нт; **~ме́йстер** quartermaster; **~ный** *adj of* ~а; ~ная пла́та rent; ~ное расположе́ние *mil* billeting; **~ова́ть** (~у́ю) *impf obs coll* lodge; *mil* be billeted, quartered; **~онанима́тель** *m* tenant; **~охозя́ин** landlord; **~охозя́йка** landlady; **~ье́р** *mil* billeting officer
квартпла́та *abbr of* кварти́рная пла́та
кварц quartz; **~евый** quartz; **~и́т** quartzite
ква|с 2 kvass (non-alcoholic drink); **~сить** II (~шу) *pf* за~ pickle; make sour; **~сно́й** *fig* ~ патриоти́зм jingoism; **~со́к** (~ска́) *dim of* ~; *coll* sour tang
квасц|о́вый aluminous; **~ы́** *no sing* alum
кваш|ени́на fermented vegetable (*esp beet*) leaves; **~еный** fermented, sour; ~еная капу́ста sauerkraut; **~ня́** (*gen pl* ~не́й) kneading trough
квёл|ый (~, ~а́) *pop* weak(ly), poorly
кве́рху *adv* up(wards)
квиети́|зм quietism; **~ст** quietist
кви́нт|а *mus* fifth; повеси́ть нос на ~у *coll* look dejected; **~е́т** *mus* quintet(te)
квинтэссе́нция quintessence
квит, ~ы *pred coll* quits; мы с ва́ми ~ы we are quits
квитанц|ио́нный *adj of* ~ия; **~ия** receipt; бага́жная ~ luggage ticket
квит|о́к (~ка́) *pop* ticket, cheque
кво́рум quorum
кво́та quota
кеб cab
ке́г|ель *m*, **кег|ль** *m* (*gen sing* ~ля) *typ* point, size of type; ~ 8 8-point; **~ельба́н** skittle-alley; **~ля** (*gen pl* ~ей) skittle; *pl* skittles; **~ль** *m see* ~ель
кедр cedar; гимала́йский ~ deodar; европе́йский ~ Cembran pine; лива́нский ~ cedar of Lebanon; сиби́рский ~ Siberian pine; **~а́ч** 1 *dial* cedar forest; **~о́вка** *orni* nutcracker; **~о́вник** cedar forest; **~о́вый** *adj of* ~; ~ стла́ник dwarf Siberian pine
ке́д|ы (*gen pl* ~ов) plimsolls
кейф *coll joc* laze, rest; **~ова́ть** (~у́ю) *impf* laze
кекс (fruit-)cake
ке́л|арь *m eccles* cellarer; **~е́йник** *eccles* lay brother; **~е́йный** *adj of* ~ья; *fig* secret, private
ке́льнер waiter
кельт Celt; **~ский** Celtic
ке́л|ья (*gen pl* ~ий) *eccles* cell
кем *instr of* кто
ке́мп|инг camping-site; **~инговый** *adj of* ~инг
кенгуру́ *m indecl* kangaroo
кен|и́ец (~ийца) Kenyan; **~и́йский** Kenyan; **К~ия** Kenya
кента́вр centaur
ке́п|и *neut indecl* kepi; **~ка** cloth cap
керамзитобето́н lightweight aggregate concrete
кера́ми|ка ceramics; **~ческий** ceramic
ке́рвель *m bot* chervil; ди́кий ~ cow-parsley
керо|га́з kerosene stove; **~си́н** paraffin (oil), kerosene; **~си́нка** oil-stove
ке́с|арев ~арево сече́ние Caesarean section; **~арь** *m* Caesar, monarch, lord
кессо́н caisson, coffer-dam; lacunar; **~ный** *adj of* ~; ~ная боле́знь caisson disease
ке́т|а (*also* ~а́) Siberian salmon; **~овый** *adj of* ~а; ~овая икра́ red caviare
кетгу́т catgut
кефа́ль *f* grey mullet
кефи́р (*gen sing* ~а *and* ~у) kefir (*liquid yoghurt*)
киберне́т|ик cyberneticist; **~ика** cybernetics; **~и́ческий** cybernetic
киби́тка kibitka, covered cart, wagon; nomad dwelling
кив|а́ть I *pf* ~ну́ть nod; ~ голово́й nod one's head; nod assent; motion (to, на + *acc*); *coll* allude (to), refer (to), put the blame (on, на + *acc*); **~ер** (*pl* ~ера́) shako; **~ну́ть** I *sem pf of* ~а́ть; **~о́к** (~ка́) nod
ки|да́ть I *pf* ~нуть cast, fling, throw (= бросать); **~да́ться** I *pf* ~нуться throw oneself, fling oneself; rush; throw, fly, shy (+ *instr*); *pass of* ~да́ть

кизи́л *bot* cornel
кизя́к 1 compressed dung (*used for fuel*)
ки|й (*gen sing* ∸я *also* ~я́; *pl* ~и́, ~ёв) (billiard) cue
кики́мора *folk* kikimora (*evil spirit in female guise); pop joc* fright (*of person*); *pop cont* evil, nasty person
кикс miscue (*at billiards*)
кила́ *pop* swelling from hernia
кил|ева́ние *naut* careening, careenage; **~ева́ть** (~ю́ю) *impf naut* careen; **~евóй** *adj of* ~ь; ~евáя кáчка pitching
килó *neut indecl* kilogram(me); **~вáтт** (*gen pl* ~) kilowatt; **~грáмм** (*gen pl* ~ *coll*; ~ов *lit*) kilogram(me); **~калóрия** large calorie, kilocalorie; **~мéтр** kilometre; **~метрáж** length in kilometres; **~метрóвый** *adj of* мéтр; **~тóнна** *phys* kiloton
киль *m naut* keel; *aer* fin; **~вáтер** *naut* wake; идти́ в ~ follow in the wake (of, + *dat*); **~вáтерный** ~вáтерная колóнна line ahead
ки́лька sprat
кимáрить II *impf sl* kip, take a nap
кимвáл cymbal
кимонó *neut indecl* kimono
кингстóн *naut* Kingston valve; откры́ть ∸ы scuttle ship
кинематóграф *obs* cinematograph; **~и́ческий** cinematographic; **∸ия** cinematography
кинескóп television tube
кинéти|ка kinetics; **∸ческий** kinetic
кинжáл dagger; **∸ьный** *adj of* ~; *mil* hand-to-hand, close-range
кинó *neut indecl* cinema
кино- film-; **~аппарáт** cine-camera; **~аппаратýра** cinematographic equipment; **~арти́ст** film actor; **~арти́стка** film actress; **~ателье́** *neut indecl* film studio; **~боеви́к** 1 film hit; **~вариáнт** film version, screen adaptation
ки́новарь *f* cinnabar, vermilion
кино|вéдение study of the film; **~детекти́в** mystery film, thriller; **~докумéнт** documentary; **~кáмера** film-camera; **~карти́на** film (*non-documentary*); **~кри́тик** film critic; **~лéнта** reel (of film); **~механик** cinema operator; **~оперáтор** cameraman; **~передви́жка** portable projector; **~плёнка** (cine) film; **~прóба** film test; **~продю́сер** film-producer; **~режиссёр** film director; **~сеáнс** showing, performance; **~стýдия** film studio; **~съёмка** filming, shooting; **~теáтр** cinema; **~установка** projector; **~фикáция** inclusion in cinema circuit; adaptation for the cinema; **~фици́ровать** (~фици́рую) *impf and pf* include in cinema circuit, bring cinema to; adapt for the cinema; **~хрóника** newsreel; **∸шник** *pop* film worker; film fan
ки́|нуть(ся) I *sem pf of* ~дáть(ся)
киóск stall, kiosk; газéтный ~ news-stand; **~ёр** stallholder
киóт icon-case
ки́па pile, stack, heap; pack, bale
кипари́с cypress
кип|éние boiling; тóчка ~éния boiling point; **∸ень** *f* froth; бéлый как ~ *poet* white as snow; **~éть** II (~лю́, ~и́шь) *pf* вс~ boil, seethe; *no pf* be in full swing (*of work, etc*); *fig* ~ негодовáнием seethe with indignation; как в котлé ~ be driven
Кипр Cyprus
кипрéй willow-herb
киприóт Cypriot; **~ский** Cypriot
кипýч|есть *f fig* feverishness; **∸ий** (~, ~а) boiling, seething; *fig* furious, feverish (*of activity, etc*)
кипя|ти́льник (electric) water heater; kettle, boiler, boiling-tank; **~ти́льный** for boiling; **~ти́ть** II (~чý) *pf* вс~ boil; **~ти́ться** II (~чýсь) *pf* вс~ (bring to) boil; *no pf* allow to boil; *pf* вс~ or рас~ *fig coll* get worked up, excited (about, из-за + *gen*); **~тóк** (~ткá) boiling water; *fig coll joc* irascible, testy person; **~чёный** boiled
кирáс|а *hist mil* cuirass; **~и́р** *hist mil* cuirassier
кирги́з Kirghiz; **∸ский** Kirghiz
ки́рз|а *text* kersey, coarse ribbed cloth impregnated against damp; **∸овый** *adj of* ~а
кири́ллица Cyrillic alphabet
ки́рка (Protestant) church
кирк|á pick(axe); **~óвый** *adj of* ~á; **~омоты́га** pickaxe
кирпи́ч 1 brick(s); необожжённый, самáнный ~ air brick, adobe; **∸ик** *dim of* ~; *pl* child's bricks; **∸ный** *adj of* ~; ~ завóд brickworks; ~ чай brick-tea
киря́ть *sl* to booze
ки́са = ки́ска
кисé|йный *adj of* ~я́; *fig* cissy (*of man*); ~йная бáрышня prim, 'refined' young lady
кисéл|ь 1 *m* kissel (*kind of jelly*); десятая (*or* седьмáя) водá на ~é *coll joc* remote relative; за семь вёрст ~я́ хлебáть *coll* go on a fool's errand; **∸ьный** *adj of* ~; молóчные рéки, ~ьные берегá land flowing with milk and honey
кисéт tobacco pouch
кисея́ muslin
ки́с|ка puss, pussy-cat; sweetheart, darling (*endearing form of address to woman or child*); ~-~ *interj* puss-puss!
ки́с|ленький slightly sour; **~лéть** I *coll* become sour; **~ли́нка** с ~ли́нкой *coll* slightly sour; **~лорóд** oxygen; **~лорóдно-ацетилéновый** oxyacetylene; **~лорóдный** oxygen; **~ло-слáдкий** sour-sweet; **~лотá** 7 sourness; acidity; *chem* acid; **~лóтность** *f chem* acidity; **~лóтный** *chem* acid; **~лотоупóрный** *tech* acid-proof; **~лый** (~ел, ~лá, ~ло) sour *also fig;* (*no short form*) fermented; ~лая капýста sauerkraut; *chem* acid; **~ля́тина** sour(-tasting) stuff; *fig pej* sourpuss, misery; **∸нуть** I (past ~, ~ла) *pf* про~ turn sour; *no pf fig coll* mope; wear a long face
кистá cyst
кистéнь 1 *m* bludgeon, flail
ки́ст|очка brush; ~ для бритья́ shaving-brush; tassel; **~ь** 5 *f bot* cluster, bunch; brush; маля́рная ~ paintbrush; tassel; *anat* hand
кит 1 whale; *usu pl fig* giant
кита|вéд sinologist; **~вéдение** sinology; **∸ец** (~йца) Chinese, *ar cont* Chinaman; **~изи́ровать** (~изи́рую) *impf* sinify, adapt to Chinese conditions; **~и́ст** sinologist; **~и́стика** sinology; **К~й** China; **~йка** *text* nankeen; **~йский** Chinese; ~ и́дол joss; ~йская тушь India(n) ink; **~йчóнок** (~йчóнка, ~йчáта, ~йчáт) Chinese child; **~я́нка** Chinese woman
ки́тель *m* (*pl* ~еля́ *and* ∸ели) high-collared, military and naval, single-breasted jacket
кито|бóй whaler, whaling ship; **~бóйный** whaling; ~ прóмысел whaling; ~бойное сýдно whaler; **∸вый** *adj of* кит; ~ жир blubber; ~ ус baleen, whalebone; **~лóв** whaleman; **~лóвный** = ~бóйный; **~обрáзный** cetacean

кичи́ться II *impf* plume oneself (on, + *instr*)
ки́чка *hist* kichka (*married woman's head-dress*)
кичли́в|ость *f* conceit; arrogance; **~ый** (~, ~а) conceited, arrogant
кише́ть II *impf* swarm (with), teem (with, + *instr*)
киш|е́чник bowels, intestines; очи́стить ~ open the bowels; **~е́чный** *adj of* ~е́чник *and* ~ка́; intestinal; **~ка́** (*gen pl* ~о́к) gut, intestine; двенадцатипе́рстная ~ duodenum; пряма́я ~ rectum; слепа́я ~ caecum; то́нкая, то́лстая ~ small, large intestine; у него́ ~ тонка́, слаба́! *pop* he is not strong enough!; вы́мотать все ~ки́ кому́ *pop* worry the life out of someone; вы́пустить ~ки́ кому́ *pop* do someone in; лезть из ~о́к *pop* try one's hardest; надорва́ть ~ки́ (со́ смеху) *pop* burst one's sides with laughter; тяну́ться ~ко́й *pop* go in (single) file; hose; полива́ть ~ко́й water, hose
кишла́|к 1 kishlak (village in Central Asia); **~чный** *adj of* ~к
кишми́ш 1 raisin(s); grape(s)
кишмя́ ~ кише́ть *coll* swarm
клав|еси́н harpsichord; **~нату́ра** keyboard; **~ико́рды** (*gen pl* ~ико́рдов) clavichord; **~иш** key (*of piano, typewriter, etc*); **~иша** = ~иш; **~ишный** *adj of* ~иш; ~ишные инструме́нты keyboard instruments
клад treasure; *fig coll* treasure(-house)
кла́дбищ|е (~е *obs*) cemetery, graveyard; churchyard; **~енский** *adj of* ~е; ~ сто́рож sexton
кла́дезь *m* ~ прему́дрости *joc* fount of wisdom
кла́д|ка laying; ка́менная ~ masonry; кирпи́чная ~ brickwork; **~ова́я** *n* pantry, larder, storeroom; **~о́вка** *coll* pantry, larder; **~овщи́к** storeman; **~у́, ~ёшь** *see* **класть;** **~чик** bricklayer; **~ь** *f* load, luggage; *dial* haycock
кла́к|а *collect theat* claque; **~ёр** *theat* claqueur
клан clan
кла́ня|ться I *pf* поклони́ться greet, bow (to, + *dat or* с + *instr);* не ~ с кем not to be on speaking terms with someone; честь име́ю ~ *obs greeting when taking leave*; ~ в по́яс bow from the waist; convey respects, send greetings (to, + *dat*); ~йся жене́ от меня́ give my regards to your wife; *coll* make up (to, + *dat or* пе́ред + *instr*); *obs* offer (as gift) (+ *dat and instr*)
кла́пан *tech* valve; flap (*on clothing*); предохрани́тельный ~ safety valve; *mus* vent; *anat* серде́чный ~ mitral valve
кларне́т clarinet; **~и́ст** clarinettist
класс class; госпо́дствующий, пра́вящий ~ ruling class; *biol* class; form (*in school*); classroom; **~ик** classic; classic(al) author; classical scholar; **~ика** the classics; **~ифика́тор** classifier; **~ифика́ция** classification; **~ифици́ровать** (~ифици́рую) *impf and pf* classify; **~ици́зм** *lit, art* classicism; classical education; **~и́ческий** classic(al) **~ный** *adj of* ~; ~ная доска́ blackboard; ~ная ко́мната classroom; ~ ваго́н passenger coach; *sp* top-flight, first-class; *sl* classy; **~овость** *f* class character; **~овый** *pol* class; ~овая борьба́ class struggle; ~овое созна́ние class-consciousness; **~ы** (*gen pl* ~ов) hopscotch (*children's game*)
кла|сть (~ду́, ~дёшь; ~л, ~ла) *pf* положи́ть lay; place; put (*into prone position*) *also fig*; ~ больно́го в больни́цу send a patient to hospital; ~ де́ньги в сберка́ссу put money into savings bank; ~ повя́зку на ру́ку bandage a hand; ~ плато́к в карма́н put a handkerchief into a pocket; ~ на ме́сто put away, replace; ~ не на ме́сто mislay; ~ на му́зыку set to music; ~ в лу́зу, ~ шара́ pocket a ball (*billiards*); ~ я́йца lay eggs; ~ руль *naut* put the wheel over; ~ коне́ц, нача́ло put an end to something, start something; ~ под сукно́ *fig* shelve; *pf* сложи́ть build; set aside (*time, money*) for (на + *acc*)
кла́узула *leg* clause, proviso, stipulation
кл|ёв bite, biting (*of fish*); **~ева́ть** (~юю́, ~юёшь) *pf* ~ю́нуть peck; bite (*of fish*); ~ но́сом *coll* nod (*when drowsy*); *coll* take digs at, henpeck; *impers fig coll* it looks promising; **~ева́ться** (~юётся) *impf coll* peck (one another) (*of birds*)
кле́в|ер (*pl* ~ера́) clover; **~ерный** *adj of* ~ер
клеве|та́ slander, calumny, aspersion; libel; возводи́ть на кого́ ~ту́ slander, cast aspersions on someone; **~та́ть** I (~щу́, ~щешь) *pf* на~ slander, calumniate; libel (на + *acc*); **~тни́к** 1 slanderer; **~тни́ческий** slanderous; libellous, defamatory
клев|о́к (~ка́) peck; *mil* burst (of shrapnel) on impact, graze burst
клевре́т *lit* minion, creature
клёвый *sl* nice
кле|ева́р(ка) glue-boiler; **~ево́й** *adj of* ~й; ~ева́я кра́ска size paint; **~ёнка** oil-cloth; **~ёнчатый** oilskin; **~ёный** gummed, glued; **~ить** II *pf* с~ glue, gum, paste; **~иться** II *vi* stick; *fig* go well (*usu with neg*); де́ло не ~ится no progress is being made; *pass of* ~ить; **~й** (на ~ю́, о ~е) glue; мучно́й ~ paste; пти́чий ~ birdlime; ры́бий ~ isinglass, fish-glue; **~йка** gluing; **~йкий** sticky; ~йкая бума́га (для мух) fly-paper; **~йкови́на** gluten; **~йкость** *f* stickiness
клейм|ёный branded (*cattle, etc*); **~и́ть** II (~лю́) *pf* за~ brand, stamp; *fig* brand, stigmatize; ~ позо́ром hold up to shame; **~о́** 6 brand, stamp; проби́рное ~ hallmark, mark of assay; фабри́чное ~ trade mark; ~ позо́ра *fig* stigma
кле́йстер paste
клёко|т scream, screech (*of birds*); **~та́ть** I (~чу́, ~чешь) scream, screech (*of birds*)
кле́мма *elect* terminal
клён maple; **~о́вый** *adj of* ~
клеп|а́ло *obs tech* riveting hammer; **~а́льный** riveting; **~а́льщик** riveter; **~аный** riveted; **~а́ть** I *impf tech* rivet; (~лю́, ~лешь) *pf* на~ *pop* slander, cast aspersions (on, на + *acc*); **~ка** riveting; stave, lag; у него́ нехвата́ет (одно́й) ~ки в голове́ *coll* he has got a screw loose
клептома́н kleptomaniac; **~ия** kleptomania
клерикали́зм clericalism
клерк clerk
клер|ова́ть (~у́ю) *impf tech* refine, clarify
клёст *orni* crossbill
клётк|а cage; coop; hutch; check(work) (on material); square (on paper); в ~у check; *anat* грудна́я ~ thorax; *biol* cell
клетн|ева́ть (~ю́ю) *impf naut* serve (a rope)
клету́шка *dial* storeroom; *coll* tiny room, closet
клет|ча́тка cellulose; squared paper; cellular tissue; **~чатый** checked; ~ плато́к checked headscarf; cellular; **~ь** *f tech stand*; cage (in mines); *dial* storeroom, shed
клёцка dumpling
клёш *m* (*also indecl adj*) flare; брю́ки-~ bell-bottomed trousers; ю́бка-~ flared skirt
клешн|я́ (*gen pl* ~е́й) claw (*of crustaceans*)
клещ I *zool* tick
клещеви́на castor-oil plant, Palma Christi

клещ|и́ *no sing* (*gen pl* ~**е́й**) pincers, tongs; из него́ сло́ва ~а́ми не вы́тянешь *coll* wild horses won't drag a word out of him; *mil* pincer movement
кли́вер *naut* jib
клие́нт client; ~**у́ра** clientele
кли́зм|а enema, clyster; ста́вить ~у give an enema (to, + *dat*)
клик *rhet* call, cry
кли́ка clique
кли́|кать I (~чу, ~чешь) *pf* ~кнуть *coll* hail, call; *obs pop* call (+ *acc and instr*); его́ ~чут Петро́м he is called Peter; honk (*of geese and swans*)
клику́ш|а hysterical woman; ~́**еский** hysterical; ~́**ество** hysterical behaviour, hysterics
климакте́р|ий climacteric; ~**и́ческий** climacteric
кли́мат climate; ~**и́ческий** climatic
клин (*pl* ~́ья, ~́ьев) wedge; загна́ть ~ drive a wedge (into, в + *acc*); *fig* вбива́ть ~ drive a wedge (between, ме́жду + *instr*); борода́ ~ом wedge-shaped beard; ~ ~ом вышиба́ется like cures like; свет не ~ом сошёлся на нём he is not the only pebble on the beach; свет не ~ом сошёлся the world does not end here; *archi* quoin; gore (*in skirt*), gusset; ози́мый ~ winter field; посевно́й ~ sown area
кли́ни|ка clinic; ~**ци́ст** clinical doctor; ~́**ческий** clinical
кли́нкер *tech* clinker
клин|ови́дный wedge-shaped; ~**ово́й** *adj of* ~; ~ затво́р *mil* breech mechanism; ~**о́к** (~ка́) blade; ~**ообра́зный** (~ообра́зен, ~ообра́зна) wedge-shaped; cuneiform; ~**опи́сный** cuneiform; ~́**опись** *f* cuneiform
кли́пер (*pl also* ~а́) *naut* clipper
кли́пса, *usu pl* (*clip-on*) earring
клир the clergy
кли́ренс *tech* (*ground*) clearance
кли́р|инг *fin* clearing; ~́**инговый** *adj of* ~инг
кли́рос choir (*part of church*), chancel
клисти́р enema, clyster
клистро́н klystron
кли́тор clitoris
клич *rhet* call; боево́й ~ war-cry; *rhet* кли́кнуть ~ issue appeal; ~́**ка** name (*of pet*); nickname
клише́ *neut indecl* cliché
клоа́ка cesspool, sewer, sink *also fig*; *zool* cloaca
клобу́к 1 *eccles* klobuk (*monk's head-dress*)
клозе́т *obs* water-closet, WC; ~́**ный** *adj of* ~; ~ная бума́га toilet paper
кло|к 1 (*pl* ~́чья, ~́чьев *and less usu* ~ки́) rag, shred; piece (*of paper*); разорва́ть в ~́чьи tear to shreds; tuft (*of hair*); flock (*of wool*); wisp (*of hay*); patch (*of mist, etc*)
кло́ко|т *no pl* bubbling, gurgling; ~**та́ть** I (~чу́, ~́чешь) bubble, gurgle; seethe *also fig*; в нём ~́чет гнев he is seething with anger
клон|и́ть II (~ю́, ~́ишь) *impf* bend, incline; *impers* ло́дку ~и́ло на́ бок the boat was listing; incline (to), predispose (to), direct (to, к + *dat*); меня́ ~́ит ко сну I feel sleepy; ~ разгово́р lead the conversation (to, к + *dat*); куда́ вы ~́ите? what are you driving at?; ~**и́ться** II (~ю́сь, ~́ишься) *impf* bow (down towards, к + *dat*), bend; be heading (for), leading up (to, к + *dat*); день ~и́лся к ве́черу the day was drawing towards evening; де́ло ~́ится к развя́зке the affair is coming to a head
клоп 1 bug; bedbug; *coll joc* kid, mite (addressing child); ~**о́вник** *pop* bug-infested place; ~**о́вый** *adj of* ~; ~**омо́р** bug-killer, insecticide
кло́|ун clown; ~**уна́да** clowning, clownery; ~́**унский** *adj of* ~ун; ~ колпа́к fool's cap
клох|та́ть I (~чу́, ~́чешь) cluck
клоч|кова́тый (~кова́т, ~кова́та) tufted, shaggy; *fig* patchy, scrappy (*of style, etc*); ~**о́к** (~ка́) *dim of* клок; ~ земли́ plot of land
клуб club, club-house; офице́рский ~ officers' mess; *pl* ~ы́ puff, cloud (*of dust, smoke, etc*)
клу́б|ень *m* (~ня) *bot* tuber
клуб|и́ть II (~и́т) *impf* swirl, raise in clouds; *obs* = ~и́ться; ~**и́ться** II (~и́тся) *impf vi* swirl (up), curl (up), wreathe
клубн|ево́й *bot* tuberose; ~**епло́д** *bot* root crops, tuber crops; ~**и́ка** (cultivated) strawberry, strawberries; ~**и́чный** *adj of* ~и́ка; ~и́чное варе́нье strawberry jam
клу́бный club
клуб|о́к (~ка́) ball; сверну́ться ~ко́м, в ~ roll oneself up into a ball; *fig* tangle, mass, whirl (*of contradictions, intrigues, thoughts, etc*); lump (in the throat); слёзы у неё подступи́ли ~ко́м tears choked her
клу́мба *f* (flower-)bed
клупп *tech* die-stock, screw-stock
клу́ша *dial* broody-hen *also fig pop*
клык 1 canine (tooth); fang, tusk
клюв beak; bill
клюз *naut* hawse-hole
клюка́ walking-stick
клю́к|ать I *pf* ~нуть *pop* have a drop too much, get drunk
клю́кв|а cranberry; вот так ~! *pop* there's a fine state of affairs!; развéсистая ~ *joc* cock-and-bull story; ~́**енный** *adj of* ~а; ~ кисе́ль cranberry jelly; ~ морс cranberry water
клю́к|нуть I *pf* ~ать
клю́нуть I *sem pf of* клева́ть
ключ 1 key; clue; запира́ть на ~ lock; га́ечный ~ spanner, wrench; францу́зский ~ monkey-wrench; ~ ме́стности key point; *mus* key, clef; ба́совый ~ bass clef; скрипи́чный ~ treble clef; *fig* в оптимисти́ческом ~е on an optimistic note; *archi* keystone; spring, source; бить ~о́м gush, spout, jet; жизнь бьёт ~ом life is in full swing; ~**ево́й** key; *mus* ~ знак clef; ~ева́я вода́ spring water
ключи́ца clavicle, collar-bone
клю́чн|ик steward (*of large house*); ~́**ица** housekeeper
клю́шка *sp* (golf-)club, (hockey-)stick; walking-stick
кля́кс|а blot, smudge; посади́ть ~у make a blot
кля|ну́, ~нёшь *see* ~**сть**
кля́нчить II *pf* вы~ *coll* beg
кляп gag; засу́нуть ~ в рот gag (+ *dat*)
кля́ссер folder (*for stamps, etc*)
кля|сть (~ну́, ~нёшь; ~, ~ла́, ~́ло) *impf* curse; ~́**сться** (~ну́сь, ~нёшься; ~лся, ~ла́сь) *pf* по~ swear, vow (в + *prep*, + что *or infin*); ~ в ве́рности vow fidelity; ~ испо́лнить обеща́ние swear to fulfil a promise; ~ че́стью swear on one's honour; ~́**тва** oath, vow; ло́жная ~ perjury; дава́ть ~тву take an oath; ~́**твенный** *adj of* ~тва; дава́ть ~твенное обеща́ние promise on oath; ~**твопреступле́ние** perjury; ~**твопресту́пник** perjurer
кля́|уза *coll* tiff, scandal, petty intrigue(s); *obs leg* barratry; ~́**узник** *coll* petty intriguer, scandal-

monger; **∻узничать** I *pf* на~ *coll* engage in intrigue, scandalmongering; **∻узный** *coll* barratrous, litigious; captious; tiresome
кля́ча *pej* jade (*horse*)
кнехт *naut* bollard, bitts
книг|а book; вам и ~и в ру́ки *coll* you know best, you are the expert; **~ове́дение** bibliography; **~ое́д** *zool and fig* bookworm; **~оизда́тель** *m* publisher; **~оизда́тельский** publishing; **~оизда́тельство** publishing house; publishing; **~олю́б** bibliophile; **~оно́ша** *m and f* book-pedlar; **~опеча́тание** (book-)printing; **~опеча́тный** (book-)printing; **~оторго́вец** (~оторго́вца) bookseller; **~оторго́вля** book trade; bookshop; **~оче́й** (enthusiastic) reader; **~охрани́лище** library; book-stack
кни́ж|ечка booklet; **∻ка** *dim of* кни́га; записна́я ~ notebook; book, card (*document*); расчётная ~ pay-book; че́ковая ~ cheque-book; сберега́тельная ~ savings deposit book; положи́ть де́ньги на ~у deposit money in a savings bank; *zool* third stomach (*of ruminants*); **∻кин** *adj coll* appertaining to book; ~кина неде́ля book week; **∻ник** *bibl* scribe; bibliophile; bookseller; **∻ный** *adj of* кни́га; ~ знак book-plate; ~ шкаф bookcase; bookish, abstract; ~ стиль pedantic style; ~ная учёность book-learning; ~ червь bookworm
кни́зу *adv* down(wards)
кни́ксен curts(e)y
кни́ца *naut* knee, gusset
кно́п|ка drawing-pin; прикрепи́ть ~кой pin; press-button; *tech* button, knob; нажа́ть (на все) ~ки *fig coll* pull out all the stops, move heaven and earth; **∻очный** *adj of* ~ка
кнут 1 whip, knout; щёлкать ~о́м crack a whip; **~ови́ще** whip-handle
княги́ня princess (*wife of prince*)
княж|е́ние rule, reign; **∻ество** principality; **∻ить** II *impf hist* rule, reign; **∻нч** prince (*prince's unmarried son*); **~на́** (*gen pl* ~о́н) princess (*prince's unmarried daughter*)
князь|ёк (~ька́) *coll* princeling; **~ь** *m* (*pl* ~ья́, ~е́й) prince; вели́кий ~ grand prince (*in medieval Russia*); grand duke (*in Imperial Russia*)
ко *see* **к**
коагуля́ция coagulation
коаксиа́льный coaxial
коалиц|ио́нный *adj of* ∻ия; **∻ия** coalition
ко́б|альт cobalt; **∻альтовый** *adj of* ~альт; ~альтовая кра́ска cobalt; ~альтовое стекло́ smalt
кобе́ль 1 *m* (male) dog
кобе́ниться II *impf pop* be obstinate; *dial* pull faces, behave unnaturally
ко́бза́ kobza (*Ukrainian musical instrument*); **∻рь** 1 *m* kobza player and singer
ко́бра cobra
кобура́ holster
ко́бчик *orni* merlin
кобы́л|а mare; *fig pop pej* horse (*of woman*); *hist* punishment bench; vaulting-horse; **∻ий** mare's; **∻ка** filly; *fig pop* conscientious worker; bridge (*of stringed instrument*); locust(s)
ко́ваный forged; hammered, wrought; shod (*of horse, etc*); *fig* terse
кова́р|ный (~ен, ~на) crafty, insidious, perfidious; **∻ство** craftiness, insidiousness, perfidy
кова́ть (кую́, куёшь) *impf* forge *also fig*; hammer (*iron*); куй желе́зо, пока́ горячо́ *prov* strike while the iron is hot; ~ побе́ду forge victory; *pf* под~ shoe (*horses*); *fig* ~ де́ньги coin money
ковбо́й cowboy; **∻ка** cowboy hat; cowboy shirt
ков|ёр (~ра́) carpet; rug; **~-самолёт** magic carpet; у ~ра́ выступа́ть perform at a circus
кове́ркать I *pf* ис~ spoil, ruin *also fig*; distort, mangle, mispronounce, murder (*language, thought, etc*)
коверко́т covert coat
ко́в|ка forging; shoeing; **∻кий** (~ок, ~ка́, ~ко) malleable, ductile; **∻кость** *f* malleability, ductility
коври́|га loaf; **∻жка** gingerbread; ни за каки́е ~жки *coll* not for the world, not for love nor money
ко́врик (small) rug
ковче́г ark; Но́ев ~ Noah's ark; *eccles* shrine
ковш 1 scoop, ladle, dipper; *tech* bucket
ко́в|ы (*gen pl* ~) *obs* trap, snare; стро́ить ~ кому́ lay a trap for someone
ковы́ль 1 *m* feather-grass
ковыля́ть I *impf coll* hobble (along); stump; toddle (*of child*)
ковыр|ну́ть I *pf of* ~я́ть; **~я́ть** I *pf* ~ну́ть pick (at), poke about (in, в + *prep*); ~ в зуба́х, в носу́ pick one's teeth, one's nose; **~я́ться** I *impf coll* poke about (in, в + *prep*); *coll* potter, tinker about, fiddle about
когда́ *adv inter and rel* when; ~ ..., ~ *pop* sometimes ..., sometimes; ~ е́зжу, ~ пешко́м хожу́ sometimes I drive, sometimes I walk; *pop* = ~-нибудь; ~ как *coll* it depends; ~ (бы) ни whenever; ~ бы вы ни пришли́, ~ вы ни придёте whenever you come; if; ~ так, согла́сен с тобо́й if that is the case, I agree; есть ~! *pop* there is no time (for it)!; *conj* when, while, as; ~ она чита́ла, она́ засну́ла while she was reading she fell asleep; **∻-ли́бо, ∻-нибудь** *adv* some time, some day (*in future*); ever; вы ви́дели его́ ~? have you ever seen him?; **∻-то** *adv* once; some time; formerly (*in past*); some day (*in distant indefinite future*); ~ он ещё прие́дет God knows when he will come again
кого́ *acc, gen of* кто
кого́рта cohort
ко́г|оть 5 *m* (~тя) claw; talon; показа́ть свои́ ~ти show one's teeth; попа́сть в ~ти к кому́ fall into someone's clutches; в ~тя́х сме́рти in the jaws of death; держа́ть в ~тя́х кого́ keep someone in one's power; **~ти́стый** (~ти́ст, ~ти́ста) sharp-clawed; **~ти́ть** II *impf* tear with claws
код code; телегра́фный ~ cable code; по ∻у in code
ко́да *mus* coda
кодеи́н codeine
ко́декс *leg, fin* code; мора́льный ~ moral code; уголо́вный ~ criminal code; *lit* codex
кодир|ова́льный coding; **∻овать** (~ую) *pf* за~ (put into) code, encipher; **~о́вщик** cipher-clerk
кодифи|ка́ция codification; **~ци́ровать** (~ци́рую) *impf and pf* codify
ко́е-где́ (*coll* **ко́й-где́**) *adv* here and there, in places; **ко́е-ка́к** (*coll* **ко́й-ка́к**) *adv* anyhow (*carelessly*); somehow (or other), just (*with great difficulty*); **ко́е-како́й** (*coll* ко́й-како́й) *pron* some; **ко́е-кто́** (*coll* ко́й-кто́) *pron* some people, somebody
ко́|ечник *coll* lodger hiring bed in room or house; **∻ечный** *adj of* ко́йка; ~ больно́й in-patient
ко́е-что́ (*coll* ко́й-что́) *pron* something, a thing or two, a little
ко́ж|а skin; hide; *anat* cutis; ~ да ко́сти all skin and

bones, bag of bones; из ~и (вон) лезть *coll* do one's level best, do one's utmost; гуси́ная ~ gooseflesh; leather; свиня́я ~ pigskin; теля́чья ~ calf; peel, rind; epidermis; **~а́н** 1 *coll* leather (oilskin) coat; large bat; **~́анка** *coll* leather jacket, jerkin; **~́аный** leather(n); **~е́венный** leather; tanning, leather-dressing; ~ заво́д tannery; ~ това́р leather goods; **~е́вник** currier, leather-dresser, tanner; **~ими́т** imitation leather, leatherette; **~́ица** pellicle, film, thin skin; ~ колбасы́ sausage-skin; skin, peel (*of fruit*); **~́ник** *coll* dermatologist; **~ный** skin; cutaneous; **~ура́** peel, rind, skin (*of fruit*); **~у́х** 1 leather jacket, sheepskin jacket; *tech* casing, housing, jacket, cowl(ing)

коз|а́ 6 goat; she-goat; *fig coll* tomboy; бить, драть как си́дорову ~́у *pop* give a good hiding; **~ёл** (~ла́) he-goat; ~ отпуще́ния *coll* scapegoat; от него́ как от ~ла́ молока́ *coll* he is useless, good for nothing; забива́ть ~ла́ *pop* play dominoes; **~еро́г** К~ *astron* Capricorn; wild (mountain) goat; **~е́тка** settee (*for two*); **~́ий** *adj of* ~а́; ~ пасту́х goatherd; ~ья но́жка *med* molar forceps; *coll* home-made cigarette; **~лёнок** (~лёнка; ~ля́та) kid; **~ли́ный** *adj of* ~ёл; ~ли́ная боро́дка goatee; ~ го́лос reedy voice; **~ло́вый** goatskin; **~́лы** (*gen pl* ~ел) (coach-)box; trestle(s); sawhorse; составля́ть винто́вки в ~ stack arms; **~ля́тина** goatmeat; **~ля́тки** *dim aff of* ~ля́та = ~лёнок

ко́зн|и (*gen pl* ~ей) *lit* intrigues, machinations

козо|во́д goat-breeder; **~во́дство** goat-breeding; **~до́й** *orni* nightjar, goatsucker

козу́ля roe(buck)

коз|ырёк (~ырька́) (cap) peak; small awning; louvre; сде́лать (взять) под ~ salute (+ *dat*); *mil* head cover; **~ырно́й** *adj of* ~́ырь; **~ырну́ть** I *sem pf of* ~ыря́ть; **~́ырь** 5 *m cards and fig* trump; объяви́ть ~ыря call one's hand; откры́ть свои́ ~ыри *fig* lay one's cards on the table; покры́ть ~ырем trump; ходи́ть с ~ыря lead trumps; *fig* play a trump card; гла́вный ~ (one's) trump card; ходи́ть ~ырем *coll* swagger; **~ыря́ть** I *pf* ~ырну́ть *cards coll* lead trumps, play a trump; *fig* play one's trump card; show off (+ *instr*); *coll* salute (+ *dat*)

козя́вка *coll* small insect

кой *pron obs* which; ни в ко́ем слу́чае on no account; на ~ чёрт? *pop* why the devil?

ко́йка berth, bunk (*on ship*, *in train*); bed (*in hospital*)

кок quiff; (ship's) cook

ко́ка *bot* coca; **~и́н** cocaine; **~ини́зм** cocainism; **~ини́ст** cocaine addict, snow-bird

ко́ка-ко́л|а (*gen* ~ы) Coca-Cola

кока́рда cockade

ко́к|ать I *pf* ~нуть *pop* crack, break; *fig* do in

коке́т|ка coquette; **~́ливый** (~лив, ~лива) coquettish; **~́ничать** I *impf* flirt (with, с + *instr*); show off, flaunt (+ *instr*); **~́ство** coquetry, flirting

кокк *med* coccus

коклю́ш whooping-cough

коклю́шка bobbin

ко́к|нуть I *sem pf of* ~ать

ко́кон cocoon

коко́с coco(-tree); coconut; **~́овый** *adj of* ~ ~овое волокно́ coir; ~овое ма́сло coconut oil; ~ оре́х coconut; ~овая па́льма coco-tree, coconut tree

коко́тка courtesan, cocotte

коко́шник *hist* kokoshnik (*Russian woman's head-dress*)

кокс coke; вы́жиг ~́а coke firing; **~ова́льный** coking; ~ова́льная печь coke oven; **~ова́ть** (~у́ю) *impf* coke; **~ова́ться** (~у́юсь) *impf vi* coke; **~́овый** ~овая печь coke oven; **~у́ющийся** ~ у́голь coking coal

кокте́йль *m* cocktail

кол 1 (~а́, на ~у́, о ~е́; *pl* ~́ья, ~́ьев) stake, picket; сажа́ть на ~ impale; стоя́ть ~о́м в го́рле *coll* stick in the throat (*of unpalatable food*); ему́ хоть ~ на голове́ теши́ *pop* he is so pig-headed; he is slow on the uptake; у него́ нет ни ~а́ ни двора́ *coll* he has neither house nor home; *pl* ~ы́, ~о́в one (*lowest mark at school*)

ко́лба retort

колбас|а́ 7 sausage; **~́ник** sausage-maker; pork butcher; **~́ный** *adj of* ~а́; ~ яд ptomaine poison

колго́т|ки (*gen pl* ~ок) tights

колдо́бина *pop* rut (*in road*); deep part (*of river, lake, etc*)

колд|ова́ть (~у́ю) *impf* practise witchcraft; *coll* work magic (on, над + *instr*); **~овско́й** magical, bewitching; **~овство́** witchcraft, magic, sorcery; **~у́н** 1 sorcerer, magician, wizard; **~у́нья** (*gen pl* ~у́ний) witch, sorceress

колеб|а́ние *phys* oscillation, vibration; swing (*of pendulum*); fluctuation, variation (*of price, temperature, etc*); *fig* hesitation, wavering, vacillation; **~а́тельный** oscillatory, vibratory; **~а́ть** I (~́лю, ~́лешь) *pf* по~ shake, sway *also fig*; **~а́ться** I (~́люсь, ~́лешься) *pf* по~ sway, shake to and fro; *phys* oscillate; fluctuate, vary; *fig* hesitate, waver, vacillate (about, в + *prep*)

коле́нка *coll* knee

коленко́р calico; э́то друго́й (ино́й) ~ that's quite another matter; **~́овый** *adj of* ~

коле́н|ный *adj of* ~о; ~ суста́в knee-joint; ~ная ча́шка patella, kneecap; **~́о** (*pl* ~и, ~ей *and also* ~ *with* до, с, у, *dat* ~ям) knee; стать на ~и kneel (to, пе́ред + *instr*); стоя́ть на ~ях be kneeling, be on one's knees; по ~, ~и knee-deep, up to one's knees; ему́ мо́ре по ~ *coll* he doesn't give a damn for anything; поста́вить кого́ на ~и bring someone to his knees; преклоня́ть ~и pay homage (to, пе́ред); (*pl* ~и, ~ей) lap; сиде́ть у кого́ на ~ях sit on someone's lap; (*pl* ~ья, ~ьев) *tech* joint, node, knee; ~ трубы́ pipe bend; (*pl* ~а, ~) bend (*of river, etc*); (*pl* ~а, ~) *mus* passage, figure (*of dance*); выде́лывать ~ execute a figure; *pop pej* unexpected caper; (*pl* ~а, ~) *obs* generation, tribe (*of Israel*); **~опреклоне́ние** *lit* genuflection; **~́це** (*gen pl* ~ец) выде́лывать ~ца perform tricks; **~́чатый** *tech* elbow-shaped, crank(ed); ~ вал crankshaft; ~чатая труба́ kneepipe

ко́лер *art* colour, shade; staggers (*horse disease*)

колё|сико *dim of* ~со́; castor; **~си́ть** II (~шу́, ~си́шь) *impf coll* go by a roundabout way; travel all over; **~́сник** wheelwright; **~сни́ца** chariot; погреба́льная ~ hearse; **~́сный** *adj of* ~со́; wheeled, on wheels; **~со́** wheel; гребно́е ~ paddle-wheel; запасно́е ~ spare wheel; зубча́тое ~ cog-wheel; махово́е ~ flywheel; рулево́е ~ driving wheel; цепно́е ~ sprocket; грудь ~со́м *coll* well-developed chest; вставля́ть кому́ па́лки в ~́са put a spoke in someone's wheel; кружи́ться, как бе́лка в ~се́ run round in small circles; но́ги ~со́м *coll* bandy legs; пя́тое ~ в теле́ге *coll* superfluous (person), one too many (*in business matter, etc*); ходи́ть ~со́м turn somersaults;

~совáние *hist* breaking on the wheel; **~совáть** (~сýю) *impf and pf* break on wheel
колéч|ко (*pl* ~ки, ~ек) *coll* ring(let)
коле|я́ rut; *fig* войти́ в ~ю́ settle into one's routine; выбивáть из ~и́ unsettle, upset the routine; *railways* track, gauge
кóли (коль) *pop* if; коль скóро if; as soon as
коли́бри *m indecl* humming-bird
кóлик|и (*gen pl* ~) colic; смея́ться до ~ laugh till it hurts
колир|овáть (~ýю) *impf hort* graft; **~óвка** grafting
коли́т colitis
коли́ч|ественный quantitative; ~ественное числó cardinal number; **~́ество** quantity, amount; number
кóл|ка chopping; **~́кий** (~ок, ~кá, ~ко) easily split; prickly; *fig* biting, caustic, sharp; **~́кость** *f* sharpness; caustic, biting remark; говори́ть ~кости make biting remarks
коллаборациони́ст *pej* collaborator
коллéг|а *m and f* colleague; **~иáльный** (~иáлен, ~иáльна) collective, joint, corporate; **~́ия** board, collegium; college; ~ адвокáтов, ~ правозастýпников the Bar
кóллéдж college
коллéжский collegiate; ~ совéтник collegiate councillor
коллекти́в group, body; наýчный ~ (the) scientists; парти́йный ~ Party members; **~изáция** collectivization; **~изи́ровать** (~изи́рую) *impf and pf* collectivize; **~и́зм** collectivism; **~и́ст** collectivist; **~́ный** collective; joint; ~ное руковóдство *pol* collective leadership; ~ное хозя́йство collective farm
коллéктор *elect* commutator; sewage conduit; библиотéчный ~ central library (*distributing books*)
коллекц|ионéр collector; **~иони́ровать** (~иони́рую) *impf* collect; **~́ия** collection
колли́зия clash, conflict (*of interests, etc*)
коллóдий collodion
коллó|ид colloid; **~́идный** colloidal
коллóквиум oral examination
колоб|óк (~кá) small round loaf
колобрó|дить II (~жý) *impf pop* loaf, roam (about); *pf* на~ behave like a ruffian; lead a dissipated life; kick up a shindy
коловорóт *tech* brace
коловрáтный *tech* rota(to)ry; *fig* fickle
колóд|а block, log; trough; pack (*of cards*); снимáть ~у cut cards
колóд|езный *adj of* ~ец; **~́езь** *m obs* = ~ец; **~́ец** (~ца) well; shaft, manhole
колóд|ка last; boot-tree; *tech* block, shoe; все на однý ~ку скрóены, сдéланы, сши́ты *fig* they're all a chip off the old block, there's nothing to choose between them; *pl hist* stocks; **~́ник** *hist* convict in stocks
кол|óк (~кá) *mus* peg
кóлокол (*pl* ~á, ~óв) bell; звони́ть во все ~á *fig* spread the news far and wide; **~́ьный** ~ звон chime, peal; **~́ьня** (*gen pl* ~ен) bell-tower, church-tower; смотрéть со своéй ~ьни на что take a narrow, parochial view of something; **~́ьчик** small bell, handbell; *bot* bluebell
колон|иáльный colonial; **~изáтор** colonizer; **~изáция** colonization; **~изовáть** (~изýю) *impf and pf* colonize; **~и́ст** colonist; **~́ия** colony; settlement
колóн|ка geyser; water tap (*in street*); бензи́новая ~ petrol pump; *typ* column; **~́на** column; *mil* похóдная ~ column of route; сóмкнута ~ close column; ~ по три column of threes; **~нáда** colonnade; **~́ный** columned, pillared
колон|ти́тул running title; **~ци́фра** page number
колорáдский ~ жук Colorado beetle
колоратýр|а coloratura; **~ный** *adj of* ~а
колори́метр colorimeter
колори́|ст colourist; **~́т** colour(ing); мéстный ~ local colour; flavour, outstanding features; **~́тный** (~тен, ~тна) picturesque, colourful, graphic *also fig*
кóло|с (*pl* ~́сья, ~́сьев) ear (*of wheat, etc*), spike; **~си́стый** (~си́ст, ~си́ста) full of ears; **~си́ться** II (~шýсь) *pf* вы~ form ears
колосни́к 1 fire-bar, furnace-bar, grate-bar; *pl theat* flies; gridiron
колóсс colossus; **~áльный** colossal
коло|ти́ть II (~чý, ~́тишь) *pf* по~ beat (on), strike (on), batter (on), pound (on, в + *acc*, по + *dat*); ~ в дверь pummel on the door; *coll* beat, thrash; *pop* smash, break (*china, etc*); ~ лён scutch flax; *coll* егó ~́тит лихорáдка he is shaking with fever; **~ти́ться** II (~чýсь, ~́тишься) *pf* по~ beat (against), strike (against, о + *acc*); ~ головóй об стéну beat one's head against a wall; *coll* pound; сéрдце у неё ~́тится her heart is pounding; *pass of* ~ти́ть; **~тýшка** rattle; *pop* blow with fist; *tech* beetle; *pl sl* playing cards
кóл|отый ~ сáхар chipped sugar; ~отая рáна stab(-wound); ~óть (~ю́, ~́ешь) *pf* рас~ chop (*wood, etc*), split, break; crack (*nuts*); prick; у меня́ в бокý ~ет I have a stitch; *pf* за~ stab, slaughter (*cattle*); *fig* sting, taunt; ~ глазá комý throw in someone's teeth (+ *instr*); прáвда глазá ~ет home truths are unpalatable; **~́отье** *and* **~отьё** *pop* sharp pain, stitch; **~óться** (~́ется) *impf vi* break; *vi* prick; *pl* рас~ *fig* break (down)
колóша *tech* batch, charge
колошмá|тить II (~чу) *pf* от~ *pop* beat, thrash
колошни́к *tech* furnace throat; **~óвый** ~ газ blast furnace gas
колпá|к 1 cap; ночнóй ~ nightcap; шутовскóй ~ fool's cap; lampshade; cowl; броневóй ~ armoured hood; *pop joc* simpleton; стекля́нный ~ bell-glass; держáть под стекля́нным ~кóм mollycoddle; жить под стекля́нным ~кóм have no privacy; **~чóк** (~чкá) *dim of* ~к; (gas-)mantle
колтýн 1 *med* plica (polonica)
колумбáрий columbarium
колхóз *abbr of* коллекти́вное хозя́йство collective farm; **~́ник** kolkhoznik, member of collective farm; **~́ный** *adj of* ~; ~ строй collective farm system
колчáн quiver
колчедáн pyrites
колченóгий *pop* lame; rickety (*of furniture*)
колыбéл|ь cradle *also fig*; с ~и from the cradle; от ~и до моги́лы from the cradle to the grave; **~́ный** *adj of* ~ь; ~ьная пéсня lullaby
колымáга *iron* bus, wagon
колы|хáть I (~́шу, ~́шешь) *pf* ~хнýть sway, rock, stir; **~хáться** I (~́шусь, ~́шешься) *pf* ~хнýться sway, heave, flutter, rock; shake; **~хнýть(ся)** I *pf of* ~хáть(ся)
кóлыш|ек (~ка) peg
коль *see* **кóли**
кольé *neut indecl* necklace

кол|ьнýть I *sem pf of* ~óть
кольрáби *f indecl* kohlrabi
кольт colt (*pistol*)
коль|цевáть (~ýю) *pf* за~ ring-bark, girdle (*tree*); *pf* о~ ring (*bird*, *etc*); **~цевóй** annular; circular; **~цеобрáзный** (~цеобрáзен, ~цеобрáзна) ring-shaped; **~цó** 6 (*gen pl* колéц) ring; годи́чное ~ *bot* ring; обручáльное ~ wedding ring; трамвáйное ~ tram terminus; *tech* ring, hoop, collar; **~́чатый** annulate(d); ~чатые чéрви Annelida; **~чýга** chain mail, shirt of mail, hauberk
колю́ч|ий (~, ~а) prickly; thorny; *fig* sharp, biting; ~ая и́згородь prickly hedge; ~ая прóволока barbed wire; ~ язы́к barbed tongue; **~́ка** prickle; thorn; quill (*of porcupine*); burr; *coll* barbed wire (fence)
кóл|юшка stickleback; **~́ющий** shooting, stabbing (*of pain*)
коляд|á carol(-singing); **~овáть** (~ýю) *impf* sing carols, go carol-singing
коля́ска carriage, barouche; perambulator; (motor-cycle) side-car
ком (*pl* ~́ья, ~́ьев) lump; clod; снéжный ~ snow-ball; *fig* ~ в гóрле lump in the throat; пéрвый блин ~ом *prov* practice makes perfect; ~ *prep of* кто; ~- *abbr of* коммунисти́ческий; *of* команди́р; *of* комáндный; -~ *abbr of* комитéт; *of* комиссáр; *of* комиссариáт
кóма coma
комáнд|а (word of) command, order; по ~е at the command (of, + *gen*); подáть ~у give a command; приня́ть ~у take command (of, над + *instr*); *mil* crew, detachment, party; *naut* ship's company, crew; пожáрная ~ fire brigade; *sp* team; **~и́р** *mil* commander, commanding officer; *naut* captain; **~ировáть** (~ирýю) *impf and pf* send on a mission; post; **~iróвка** sending, posting (*on official business*); mission; official trip; éхать в ~ирóвку go on a mission, business; он в ~ирóвке he is away on (official) business; *coll* authority, warrant (*for travelling on official business*); **~ирóвочный** *adj of* ~ирóвка; ~ирóвочные (дéньги) travelling allowance
командúтн|ый ~ое товáрищество sleeping partnership
комáнд|ный *adj of* ~а; ~ пункт command post; ~ состáв the officers (*of unit*); *fig* ~ные высóты commanding heights) **~́ование** command(ing); приня́ть ~ take command (of, над + *instr*); the command(ing officers); **~́овать** (~ую) *pf* с~ give orders; *pf* с~ *fig coll* order, boss about (+ *instr or* над + *instr*); *no pf* command, be in command (of, + *instr*); *no pf fig* command (terrain) (над + *instr*); **~óр** *hist* knight commander; *sp* steward, official; commodore (*of yacht club*); **~́ующий** *n* commander (of, + *instr*); *adj* commanding
комáр 1 gnat, mosquito; ~ нóса (нóсу) не подтóчит *prov* it's impossible to find fault with it; **~и́ный** *adj of* ~; ~ укýс mosquito bite
коматóзный comatose
комбáйн combine; зерновóй ~ combine harvester; **~́ер** combine operator
комбáт *abbr of* команди́р батальóна battalion commander
комбикóрм (*pl* ~á) mixed fodder
комбинá|т combine, industrial complex; (учéбный) ~ comprehensive school; **~́тор** *coll* schemer; **~тóрный** *math* combinative; **~циóнный** *adj of* ~́ция; **~́ция** combination; *econ* merger; *fig sl* scheme; *pop sp* manoeuvre; slip (underwear); combinations; ~ из трёх пáльцев *joc* fig (*gesture of contempt*)
комбинезóн overalls
комбини́р|ованный combined; **~́овать** (~ую) *pf* с~ combine, arrange; *coll* scheme, contrive, devise a scheme
комди́в *abbr of* команди́р диви́зии divisional commander
комед|иáнт *obs* comic actor; *fig* hypocrite, play-actor; **~и́йный** *theat* comic, comedy; ~ актёр comedy actor; **~́ия** comedy; *fig* play-acting; farce; разы́грывать, ломáть ~ию *fig* put on an act
кóм|ель *m* (~ля) butt (*of tree*)
комендá|нт *mil* commandant; ~ гóрода town major; ~ общежи́тия warden of hostel; ~ теáтра theatre manager; **~́нтский** *adj of* ~нт; ~ час curfew; **~тýра** commandant's office
комендóр seaman gunner
комéта comet
ком|и́зм comedy, comic element; ~ положéния the funny side of a situation; comicality; **~́ик** comic actor; *fig coll* comedian, comic character; **~́икс** comic(s); comic-strip
Коминтéрн *abbr of* коммунисти́ческий интернационал Comintern
комиссáр commissar; верхóвный ~ high commissioner; **~иáт** commissariat; **~́ский** *adj of* ~
комисс|ионéр (commission-)agent, factor, broker; **~иóнка** *coll* second-hand shop; **~иóнный** *adj of* ~́ия commission; ~ магази́н second-hand shop; **~иóнные** *n* commission, получи́ть ~ receive a commission; **~́ия** commission, committee; слéдственная ~ committee of inquiry; *comm* commission; брать на ~ию take on commission; **~овáть** (~ýю) *impf and pf pop* examine medically and pronounce on fitness (*for military service*, *work*, *etc*); free from military service, work, *etc* on medical grounds; **~овáться** (~ýюсь) *pass of* ~овáть
комитéт committee
коми́ч|еский *theat* appertaining to comedy, comic; ~еская óпера comic opera; comical, funny; **~́ный** (~ен, ~на) comical, funny
кóмк|ать I *pf* с~ *and* ис~ crumple; *pf* с~ *fig coll* muff, make a hash of; **~овáтый** (~овáт) lumpy
коммент|áрий commentary; *pl* comment; ~áрии изли́шни comment is superfluous, it speaks for itself; **~áтор** commentator; **~и́ровать** (~и́рую) *impf and pf* comment (upon)
коммер|сáнт merchant; businessman; **~́ция** commerce, trade; **~́ческий** commercial; ~ флот mercantile fleet; ~ческие цéны free market prices
коммивояжёр (commercial) traveller
коммýна commune; **~́льник** municipal employee; **~́льный** communal; municipal; ~льная кварти́ра 'communal' flat; ~льные услýги public utilities
коммуни́зм communism; воéнный ~ War Communism (1918–20)
коммуникáбельный easy to get on with
коммуникац|иóнный ~иóнная ли́ния line of communication; **~́ия** communication; *mil* line of communication
коммуни́ст communist; **~и́ческий** communist
коммутáтор commutator; switchboard
коммюникé *neut indecl* communiqué
кóмн|ата room; **~́атный** of a room; indoor; ~атная температýра room temperature
комóд chest of drawers

ком|óк (~кá) *dim of* ~; свернýться в ~ roll oneself up into a ball; *fig* ~ нéрвов bundle of nerves; ~ в гóрле lump in the throat
комóлый polled (dehorned)
компáкт|ный (~ен, ~на) compact, solid; *fig* concise
компан|éйский *coll* sociable, companionable; equally shared; на ~ейских начáлах on a basis of share and share alike; **~́ия** company; водúть ~ию с кем associate with someone; водúть плохýю ~ию keep bad company; расстрóить ~ию spoil a party; поддержáть ~ию join in; составлять комý ~ию keep someone company; весёлая ~ gay crowd; он тебé не ~ he is no company for you; онú тёплая ~ they are as thick as thieves; цéлой ~ией all together; в ~ии in the company (of, с + *instr*); за ~ию с тобóй *coll* to keep you company; **~ьóн** *comm* partner; companion; **~ьóнка** *f of* ~ьóн; (lady's) companion
компáртия *abbr of* Коммунистúческая пáртия Communist Party
кóмп|ас compass; глáвный ~ standard compass; морскóй ~ mariner's compass; **~́асный** *adj of* ~ас; ~асная стрéлка compass needle; ~ ящик binnacle
компатриóт compatriot
компáунд compound
компéндиум compendium, digest
компенс|áтор *tech* compensator; **~ациóнный** compensatory, compensating; **~áция** compensation; **~úровать** (~úрую) *impf and pf* compensate, indemnify (for)
компетéн|тный (~тен, ~тна) competent (at, in, в + *prep*); **~́ция** competence; э́то вне моéй ~ции it is not my line, it is outside my competence
компил|úровать (~úрую) *pf* с~ compile; **~ятúвный** (~ятúвен, ~ятúвна) compilatory; **~я́тор** compiler; **~я́ция** compilation
кóмпл|екс complex; range (*of ideas, etc*); ~ неполноцéнности inferiority complex; **~́ексный** *math* complex; all-embracing; **~éкт** complete set; complement; сверх ~éкта supernumerary, in addition to specified number; **~éктный** complete; **~ектовáть** (~ектýю) *pf* у~ *and* с~ complete, replenish; acquire complete set (*of journal, etc*); *mil* bring up to strength
комплéкция build (*appearance of person*)
комплимéнт compliment; сказáть ~ комý pay someone a compliment
комплóт *obs* conspiracy, plot
компози́|тор composer; **~́ция** composition
компон|éнт *lit* component; **~овáть** (~ýю) *pf* с~ *lit* put together, arrange, group; **~óвка** putting together, arranging, grouping
компóст compost
компóст|ер punch; **~úровать** (~úрую) *pf* про~ *and* за~ punch (*tickets, etc*)
компóт stewed fruit, compote
компрéсс *med* compress; согревáющий ~ hot compress; наложúть ~ apply a compress; **~́ор** *tech med* compressor
компром|етúровать (~етúрую) *pf* с~ compromise; **~úсс** compromise; идтú на ~ (make a) compromise; **~úссный** *adj of* ~úсс; ~úссное решéние compromise solution
компью́тер computer; портатúвный ~ portable computer, lap-top computer
комсомóл *abbr of* Коммунистúческий союз молодёжи Komsomol (Young Communist League); **~́ец** (~ьца) member of Komsomol; **~́ка** *f of* ~ец; **~́ьский** Komsomol
комсóрг *abbr of* комсомóльский организáтор Komsomol organizer
комý *dat of* кто
комфóрт comfort; **~áбельный** comfortable
кон 2 (на ~ý, о ~́е) kitty (*in games*); дéньги нá ~ money in(to) the kitty; game, round
конвéй|ер *tech* conveyor(-belt); сбóрочный ~ер, ~ер сбóрки assembly line; **~́ерный** *adj of* ~ер; ~ерная систéма conveyor(-belt) system
конвéкция convection
конвéн|т *pol* convention; **~ционáльный** conventional; **~циóнный** *adj of* ~́ция; ~ тарúф agreed tariff; **~́ция** *pol* convention, agreement
конвергéнция *tech* convergence
конвéрсия *econ* conversion
конвéрт envelope; (gramophone record) sleeve; sleeping bag (for infants); **~úровать** (~úрую) *impf and pf econ* convert; **~́ор** *tech* converter
конво|úр escort; **~úровать** (~úрую) *impf* escort, convoy (*prisoners, etc*); **~́й** escort, convoy; вестú под ~ем convoy, conduct under escort; **~́йный** *adj of* ~й; *n* escort
конвульс|úвный (~úвен, ~úвна) *med* convulsive; **~́ия** *med* convulsion
конгениáл|ьный (~ен, ~ьна) congenial; suited (to), in harmony (with, + *dat*); перевóд ~ен оригинáлу the translation reflects the spirit of the original
конгломерáт *fig lit* conglomeration, amalgam; *geol* conglomerate
Кóнгó Congo; **к~лéзский** Congolese; **к~лéзец** (~лéзца) Congolese
конгрéсс congress
кондач|óк с ~кá *coll* perfunctorily, offhand
конденс|áтор *elect* condenser; **~ациóнный** condensing, obtained by condensation; ~ горшóк condensing vessel; **~áция** condensation; **~úровать** (~úрую) *impf and pf* condense *also pf* с~
кондúт|ер confectioner, pastry-cook; **~́ерская** *n* confectioner's, sweetshop; pastry shop; **~́ерский** *adj* ~ерские издéлия confectionery
кондицион|éр (air)conditioning apparatus; **~úрование** conditioning; ~ вóздуха air conditioning; **~úровать** (~úрую) *impf and pf* condition
кондúция *comm* standard; *obs* term (*of agreement*); *pl hist* post of resident tutor
кондóвый having solid, close-grained timber; *fig obs* ancient
кóндор *orni* condor
кондотьéр *hist* condottiere; soldier of fortune
кондуúт *obs* conduct-book
кондýкт|ор (*pl* ~орá, ~орóв) conductor (*bus, etc*), guard (*railway*); (*pl* ~́оры) *tech* conductor; **~́орша** *coll* conductress
коневóд horse-breeder; **~́ство** horse-breeding; **~́ческий** *adj of* ~ство
кон|ёк (~ькá) *dim of* ~ь; морскóй ~ sea-horse, hippocampus; carved ornament on roof of izba; *fig coll* hobby(-horse); сесть на своегó ~ькá mount one's hobby-horse; *orni* pipit; *sp* skate; ~ на рóликах roller skate; катáться на ~ькáх skate
кон|éц (~цá) end; óстрый ~ point; тóлстый ~ butt(-end); тóнкий ~ tip; в ~цé *coll* completely; в ~цé ~óв in the end, after all; во все ~цы́ in all directions; и дéло с ~цóм and there's an end to it; из ~цá в ~ from end to end; ~цá-крáю э́тому нет there's no end to it; и ~цы́ в вóду and none will be

the wiser; ~цо́в не найти́ be at a loss; ~цы́ с ~ца́ми своди́ть make ends meet; начина́ть не с того́ ~ца́ begin at the wrong end; на э́тот (тот) ~ to this (that) end; на худо́й ~ *coll* if the worst comes to the worst, at the worst; несть ~ца́ *obs* there's no end (to, + *dat*); оди́н ~ *coll* it comes to the same thing in the end; со всех ~цо́в from all quarters; хорони́ть ~цы́ *coll* remove traces; *coll* way, distance; в о́ба ~ца́ there and back; в оди́н ~ one way; сде́лать большо́й ~ *coll* travel a long way; *coll* end, death; пришёл ему́ ~ that's the end of him; *naut* mooring rope

коне́чно *adv* of course, certainly, naturally; no doubt; ~ да! rather!; ~ нет! certainly not

коне́ч|ность *f* finiteness; *anat* extremity; ~**ный** (~ен, ~на) final, last, ultimate; ~ная ста́нция terminus; ~ная цель ultimate aim; в ~ном ито́ге, счёте in the final count, in the end; finite

кони́на horseflesh

кони́ческий conic(al)

ко́нка horse-tram(way)

конкла́в conclave

конкорда́т concordat

конкрет|изи́ровать (~изи́рую) *impf and pf* render more exact, specific, give concrete expression to; ~**ный** (~ен, ~на) concrete, specific

конкубина́т concubinage

ко́нк|урс competition; объяви́ть ~ announce a vacancy (for, на + *acc*); вне ~урса hors concours; *fig* in a class apart; ~**урсный** *adj of* ~урс; ~ экза́мен competitive examination

конкур|е́нт competitor; rival; ~**е́нция** competition; вне ~е́нции hors concours; ~**и́ровать** (~и́рую) *impf* compete (with, с + *instr*; at, в + *prep*)

ко́н|ник cavalryman; ~**ница** cavalry; *collect* horse; ~**ногварде́ец** (~ногварде́йца) horse-guardsman; life-guardsman (*in Tsarist army*); ~**нозаво́дство** horse-breeding; stud(-farm); ~**нозаво́дчик** owner of stud(-farm); ~**ный** *adj of* ~ь; horse; mounted; equestrian; cavalry; ~ двор stables; ~ приво́д horse-drive; на ~ной тя́ге horse-drawn; ~ная я́рмарка horse-market; ~**ова́л** farrier, horse-doctor; *coll* quack(-doctor); ~**ово́д** horse-holder; *pop* ringleader; ~**ово́дить** II (~ово́жу) *impf pop* be ringleader (of, + *instr*); ~**овязь** *f* tether(ing post); ~**окра́д** horse-thief; ~**окра́дство** horse-stealing

конопа́|тить II (~чу) *pf* за~ caulk; ~**тка** caulking(-iron); ~**тчик** caulker; ~**тый** *pop* freckled; pock-marked

конопля́ hemp; ~**ник** hemp-field; ~**нка** *orni* linnet; ~**ный** hemp; ~ное ма́сло hempseed oil

коносаме́нт bill of lading

консерват|и́вный (~и́вен, ~и́вна) conservative; ~**и́зм** conservatism; ~**ор** conservative

консерват|о́рия conservatoire, academy of music; ~**орский** conservative; ~**о́рский** *adj of* ~о́рия

консерва́ция temporary closing-down; ~**и́рование** preservation; ~**и́рованный** bottled, tinned (*of fruit, etc*); ~**и́ровать** (~и́рую) *pf* за~ preserve (*tin, bottle, etc*); close down temporarily (*mine, plant, etc*)

консе́рв|ный *adj of* ~ы; ~ная ба́нка tin; ~ная фа́брика cannery; ~**ы** (*gen pl* ~ов) tinned goods; goggles

конси́лиум *med* consultation

консисте́нция *phys med* consistence

консисто́рия *eccles* consistory

ко́н|ский *adj of* ~ь; ~ во́лос horse-hair; ~ заво́д stud(-farm); ~ские состяза́ния horse-races; ~ хвост *coll* pony-tail

консолид|а́ция *lit* consolidation; ~**и́ровать** (~и́рую) *impf and pf* consolidate; *fin* fund

консо́ль *f archi* console, cantilever; pedestal

консоме́ *neut indecl* consommé

консона́нс *mus* consonance

консонанти́зм *ling* system of consonants

консо́рциум consortium

конспе́кт abstract, summary, synopsis; ~**и́вный** (~и́вен, ~и́вна) concise, summary; ~**и́ровать** (~и́рую) *pf* за~ *and* про~ make an abstract, summary of

конспир|ати́вный (~ати́вен, ~ати́вна) clandestine, secret; ~**а́тор** conspirator; ~**а́ция** secrecy, security (*of illegal organization*); ~**и́ровать** (~и́рую) *pf* за~ maintain, observe security

конста́нт|а constant; ~**ный** constant

констат|а́ция establishment, verification; ascertaining; ~**и́ровать** (~и́рую) *impf and pf* establish, verify, ascertain; ~ смерть certify death

констелля́ция constellation

конститу|и́ровать (~и́рую) *impf and pf* constitute; ~**ционали́зм** constitutionalism; ~**циона́льный** *med* constitutional; ~**цио́нный** *pol* constitutional; ~**ция** *pol, med* constitution

конструи́р|овать (~ую) *pf* с~ construct, design; form (*government, etc*)

конструк|тиви́зм *art* constructivism; ~**ти́вный** structural; constructional; constructive; ~**тор** designer, constructor; ~**торский** *adj of* ~тор; ~торское бюро́ design office; ~**ция** construction, structure; design; *gramm* construction

ко́нс|ул consul; ~**ульский** consular; ~**ульство** consulate

консульт|а́нт consultant, adviser; ~**ати́вный** consultative, advisory; ~**ацио́нный** advice, consultation; ~ацио́нная пла́та consultation fee; ~**а́ция** consultation, advisory meeting (*of experts*); advice; advice bureau; де́тская ~ paediatric clinic; же́нская ~ antenatal clinic; tuition, tutorial; ~**и́ровать** *impf* (~и́рую) consult (с + *instr*); give advice, tuition (*to students*); *pf* про~ advise; ~**и́роваться** (~и́руюсь) *pf* про~ consult (с + *instr*); have a consultation, obtain advice

конта́кт contact; вступи́ть в ~ get in touch (with, с + *instr*); быть в ~е be in touch, contact (with, с + *instr*); ~**ный** *tech* contact; ~ные ли́нзы contact lenses

контамина́ция *ling* contamination

конте́йнер container

конте́кст context

континге́нт *econ* quota; contingent, squad, batch (*of people*)

контине́нт continent; ~**а́льный** continental

контокорре́нт account current (a/c)

конто́р|а office, bureau; почто́вая ~ post office; ~-штаб *coll* headquarters; ~**ка** (writing-)desk, bureau; ~**ский** *adj of* ~а; ~ская кни́га ledger; ~**щик** clerk

ко́нтра *no pl sl* counter-revolutionary *also collect*; *pl pop* disagreement; быть в ~х be at loggerheads (with, с + *instr*)

контраба́нд|а smuggling, contraband; занима́ться ~ой smuggle; contraband (*goods*); ~**и́ст** smuggler, contrabandist; ~**ный** contraband

контраба́с double-bass

контраге́нт contractor

ко́нтр-адмира́л rear-admiral

контра́кт contract; **~а́ция** contracting; **~ова́ть** (~у́ю) *pf* за~ contract for; engage (*workmen, etc*); **~ова́ться** (~у́юсь) *pf* за~ contract, undertake (*to supply goods, etc*); *pass of* ~ова́ть; **~́овый** *adj of*; ~овая я́рмарка trade fair
контра́льт|о *neut indecl* contralto; **~́овый** *adj of* ~о
контрама́рка complimentary ticket
контрапу́нкт counterpoint; **~и́ческий** *and* **~́ный** contrapuntal
контра(с)сигн|и́ровать countersign; **~а́ция** *and* **~́овка** countersign(ature)
контра́ст contrast; по ~у by contrast (with, с + *instr*); **~и́ровать** (~и́рую) contrast (with, с + *instr*); **~́ный** contrasting
контрата́к|а counter-attack; **~ова́ть** (~у́ю) *impf and pf* counter-attack
контрга́йка *tech* lock-nut, check-nut
контрибу́ци|я (war) indemnity, reparation(s), contribution; наложи́ть ~у impose an indemnity (on, на + *acc*)
ко́нтрик *sl* = контра
контр|-мане́вр counter-manoeuvre; **~ма́рш** countermarch; **~наступле́ние** counter-offensive
контрол|ёр inspector; ticket-collector; **~и́ровать** (~и́рую) *pf* про~ check; ~ биле́ты inspect tickets; **~́лер** *elect* controller; **~́ь** *m* control; check(ing), inspection; *collect* inspectors; **~́ьный** *adj of* ~ь; ~ьная вы́шка conning tower; ~́ьная систе́ма *radio* monitoring system; ~ьные ци́фры *econ* scheduled figures
контр|па́р *tech* counter-steam, back-steam; **~пре-те́нзия** counter-claim; **~прика́з** countermand; **~разве́дка** counter-espionage, secret service; **~разве́дчик** member of counter-espionage; **~революционе́р** counter-revolutionary; **~рево-люцио́нный** counter-revolutionary; **~револю́-ция** counter-revolution; **~угро́за** *chess* counter-threat; **~уда́р** *mil* counter-blow; **~фо́рс** *archi* buttress, counterfort; **~эска́рп** *mil* counterscarp
конту́|зить II (~жу) *pf* contuse; shell-shock; **~́зия** contusion; shell-shock
ко́нт|ур contour, outline; *elect* circuit; **~́урный** *adj of* ~ур
конура́ kennel; *fig coll* small, wretched room
ко́нус cone; **~обра́зный** (~обра́зен, ~обра́-зна) conical
конфедера́|т *hist* confederate; **~ти́вный** con-federative; **~́ция** confederation
конфекцио́н ready-made women's clothes depart-ment, shop
конфера́нс *theat* compèring; **~ье́** *neut indecl* compère, master of ceremonies
конфере́нц|-зал conference chamber; **~́ия** con-ference
конфе́т|а sweet; **~́ный** *adj of* ~а; ~ная бума́жка sweet wrapper; *fig coll* sugary, treacly
конфетти́ *neut indecl* confetti
конфигура́ция configuration, conformation
конфиденциа́л|ьный (~ен, ~ьна) *lit* confidential
конфирм|а́нт *eccles* confirmand; **~а́ция** *eccles* confirmation; *obs* ratification; **~ова́ть** (~у́ю) *impf and pf eccles* confirm; *obs* ratify
конфиск|а́т *collect coll* confiscated goods; *pl* confiscated things; **~а́ция** confiscation, seizure; **~ова́ть** (~у́ю) *impf and pf* confiscate
конфли́кт clash, conflict; *pol* dispute; **~́ный** *adj of* ~; ~ная коми́ссия arbitration tribunal; **~ова́ть** (~у́ю) *coll* clash (with), come up against (с, + *instr*)
конфо́рка *see* **камфо́рка**
конформи́зм conformism
конфронта́ци|я *pol* confrontation; поли́тика ~и policy of confrontation
конфу́|з *coll* discomfiture, embarrassment; ~ получи́лся! it was very awkward!; **~́зить** II (~жу) *pf* с~ embarrass, place in embarrassing position; **~́зиться** II (~жусь) *pf* с~ be, get embarrassed; be shy (of, + *gen*); **~́зливый** (~злив, ~злива) *coll* shy; bashful; **~́зный** *coll* awkward, embarrassing (*incident, etc*)
конфуциа́нство Confucianism
концев|о́й final; ~а́я строка́ end-line
концентр|а́т food concentrate; *geol* concentrate; **~ацио́нный** ~ ла́герь concentration camp; **~а́ция** concentration; **~а́шка** *sl* concentration camp; **~и́рованный** concentrated; **~и́ровать** (~и́рую) *pf* с~ concentrate (*troops, attention, etc*); *tech* thicken, enrich (*ore, etc*); **~и́роваться** (~и́руюсь) *pf* с~ *vi* collect, mass; *fig* concentrate (on, на + *prep*)
концентр|и́ческий concentric; **~и́чность** *f* concen-tricity; **~́ы** (*gen pl* ~ов) concentric circles
конце́п|т concept; **~туали́зм** conceptualism; **~́ция** idea, conception
конце́рн *econ* concern
конце́рт concert, recital; быть на ~е go to a concert; коша́чий ~ *coll* caterwauling; *fig* cacophony (*of poor musical performance*); *mus* concerto; **~а́нт** performer (*in concert*); **~и́ровать** (~и́рую) give concerts; **~ме́йстер** leader; soloist (*in orchestra*); accompanying pianist; **~́ный** *adj of* ~; ~ роя́ль concert grand (piano)
концесс|ионе́р concessionaire; **~́ия** *econ* con-cession
концла́герь *abbr of* концентрацио́нный ла́герь concentration camp
конца́вка *typ* tailpiece; colophon; *fig* ending (*of literary work*)
конч|а́ть I *pf* ~́ить finish, end; ~ шко́лу finish, leave school; ~ университе́т graduate, go down (*from university*); на э́том он ~́ил here he stopped; ~́ить самоуби́йством commit suicide; ~́ить жизнь инвали́дом end life as an invalid; ~́ить пло́хо, скве́рно come to a bad end; ~ finish (with), give up (с, + *instr*); stop (+ *infin*); ~́ить *pop* kill; **~а́ться** I *pf* ~́иться end (in), finish (by, + *instr*); come to an end; на э́том всё и ~́илось and that was the end of it; ~́иться ниче́м come to nothing; *obs* die, expire; **~́енный** finished; ~ено! *coll* enough!; всё ~ено! it's all over!; **~́еный** *coll* settled, decided; де́ло ~еное the matter is settled; он ~ челове́к he's (a) finished (man); **~́ик** tip, end; верте́ться на ~е языка́ *coll* be on the tip of one's tongue; **~и́на** *lit* death, demise, decease; **~́ить(ся)** II *pf of* ~а́ть(ся)
конъекту́р|а conjecture; **~́ный** conjectural
конъюнктиви́т conjunctivitis
конъюнкту́р|а conjuncture (of events), state of affairs, situation; *econ* state of the market; **~́ный** ~ные це́ны (free) market prices; **~́щик** *coll* opportunist
кон|ь 3 *m* horse; боево́й ~ charger, warhorse; на́ ~, по ~я́м! mount!; дарёному ~ю в зу́бы не смо́трят *prov* don't look a gift horse in the mouth; не в ~я́ корм *pop* pearls before swine; с чужо́го ~я́ среди́ гря́зи доло́й *prov* beware your sins will find you out; (vaulting-)horse; *chess* knight

(*from a correspondent*); **~и́ровать** (~и́рую) *impf obs* send a report; correspond (to, с + *instr*)
корро́зия corrosion
корру́пция *pol* corruption
корса́ж corsage, bodice
корса́р corsair
корсе́т corset; **~́ница** corsetière
корт (tennis-)court
кортизо́н cortisone
ко́ртик dagger, short sword
ко́рточ|ки (*gen pl* ~ек) сиде́ть на ~ках, сесть на ~ squat
кору́нд corundum
корча́га earthenware pot
корч|ева́ть (~у́ю) *impf* root out, grub up, stub; **~ёвка** rooting out, grubbing up, stubbing
ко́рч|и (*sing* ~а) *coll* convulsions, spasm(s); му́читься в ~ах writhe with pain; **~́ить** II *pf* с~ *impers* его́ ~ит от бо́ли he is contorted with pain; *impers fig coll* её ~ит от его́ го́лоса his voice jars on her; ~ грима́сы, ро́жи *coll* pull faces; *impf pop* ~ из себя́ pose as (+ *acc*); ~ дурака́ play the fool; **~́иться** II *pf* с~ writhe, squirm; ~ от бо́ли be contorted with pain
корч|ма́ (*gen pl* ~е́м) *obs* inn (*in Ukraine and Byelorussia*); **~ма́рь** 1 *m obs* innkeeper
ко́ршун *orni* kite; ~ом налете́ть swoop, pounce (on, на + *acc*)
коры́ст|ный (~ен, ~на) mercenary, mercenary-minded; **~олю́бец** (~олю́бца) mercenary-minded person; **~олюби́вый** (~олюби́в, ~олюби́ва) mercenary-minded, self-interested; **~олю́бие** self-interest, greed, cupidity; **~́ь** *f* material advantage; кака́я ему́ в э́том ~? what is he getting out of it?; cupidity, greed
коры́т|о trough; washtub; оста́ться у разби́того ~а *prov* be worse off than before, be back where one started
корь *f* measles
корьё bark (*stripped from tree*)
ко́рюшка smelt (*fish*)
коря́вый *coll* gnarled, calloused, rough, uneven; *fig coll* rough, unpolished, uneven; *pop* pock-marked
коря́га submerged tree trunk, snag; bough(s) on ground
кос|а́ 6 (*acc* ~́у, *coll* ~у́) plait, tress, braid; (*acc* ~́у́) scythe; нашла́ ~ на ка́мень *prov* he, *etc* has met his match; (*acc* ~́у́) spit (*of land*); narrow belt (*of trees*); **~а́рь** 1 *m* mower; chopper
ко́свенн|ый indirect, oblique; ~ое дополне́ние indirect object; ~ паде́ж oblique case; ~ая речь indirect speech; ~ые ули́ки circumstantial evidence
косе́канс cosecant
коси́лка mowing-machine, mower
ко́синус cosine
ко|си́ть II (~шу́) *pf* с~ *and* по~ twist, make crooked, slant (*of mouth, eyes, etc*); *pf* с~ be crooked; *no pf* be cross-eyed, squint; ~ на о́ба глаза have a squint in both eyes; **~си́ть** II *pf* с~ mow, cut; *fig* mow down; ~си́ ~са́ пока́ роса́ *prov* make hay whilst the sun shines; **~си́ться** II (~шу́сь) *pf* по~ slant; *coll* cast sidelong looks (at, на + *acc*); *no pf fig coll* look askance (at); **~си́ца** *coll* lock of hair; small pigtail
косма́|тить II (~чу) *pf* рас~ *coll* tousle; **~́тый** (~т, ~та) shaggy
косме́ти|ка cosmetics; **~́ческий** cosmetic; ~ кабине́т beauty parlour

косм|и́ческий cosmic; outer space; ~ кора́бль space vehicle, ship; **~ови́дение** television broadcasts from outer space; **~ого́ния;** cosmogony; **~огра́фия** cosmography; **~одро́м** space-vehicle launching site; **~она́вт** astronaut, cosmonaut, space man; **~она́втика** astronautics, (outer) space exploration; **~опла́вание** space flights
космополи́т cosmopolite; **~и́зм** cosmopolitanism; **~и́ческий** cosmopolitan
ко́смос cosmos; outer space
ко́см|ы (*gen pl* ~) *pop* locks, mane (*fig*)
косн|е́ть I *pf* за~ stagnate (in, в + *prep*); ~ в неве́жестве remain in ignorance; **~оязы́чие** inarticulateness; slurred pronunciation, speech; **~оязы́чный** (~оязы́чен, ~оязы́чна) inarticulate, with slurred pronunciation, tongue-tied
косну́ться I *pf of* каса́ться
ко́с|ный (~ен, ~на) inert, sluggish; passive; stagnant
ко́со *adv* aslant, askew, slantwise; obliquely; смотре́ть ~ look askance; scowl; **~бо́кий** (~бо́к, ~бо́ка) lopsided, crooked; **~бо́читься** II *pf* с~ *coll* lean, be lopsided
косови́ца haymaking
косо|воро́тка (Russian) shirt, blouse; **~гла́зие** cast in the eye, squint; **~го́р** slope, hillside
кос|о́й (~, ~а́, ~́о) slanting, oblique; sloping; ~ у́гол oblique angle; ~а́я са́жень в плеча́х *coll* broad shoulders; crooked; squinting, cross-eyed; ~ взгляд sidelong glance; **~ола́пый** pigeon-toed; *fig* clumsy; **~уго́льный** oblique-angled
костёл Roman Catholic church
костене́ть I *pf* о~ *and* за~ grow stiff, numb; stiffen (*of corpse*); be petrified
кост|ёр (~ра́) bonfire; camp-fire
кости́ст|ый (~и́ст, ~и́ста) bony (*large boned*; *full of bones*)
кости́ть II (~щу́) *impf pop* abuse
кост|ля́вый (~ля́в, ~ля́ва) bony (*with bones protruding*; *full of bones*); **~́ный** osseous; ~ мозг marrow; **~ое́да** caries; **~опра́в** bone-setter; **~́очка** *dim of* ~ь; перемыва́ть ~очки кому́ pick someone to pieces, gossip about someone; по ~очкам разбира́ть go through (a thing, matter) with a fine comb; stone (*of fruit*); ball (*of abacus*); bone (*of corset, etc*)
костра́ *also* **костри́ка** *text* boon
костре́ц 1 leg of meat
косты́л|ь 1 *m* crutch; ходи́ть на ~я́х walk on crutches; *tech* spike, drive; *aer* (хвостово́й) ~ tail skid; **~я́ть** I *pop* beat; hobble (along)
кост|ь 5 *f* bone; бе́лая ~ blue blood; до ~е́й to the marrow, to the skin (*drenched, etc*); ~е́й не соберёшь! *coll* you'll never come out alive!; ~ от ~́и *lit* one's own flesh and blood; лечь ~ьми́ *rhet* fall in battle; одни́ ~́и bag of bones; пересчита́ть кому́ ~́и give someone a good thrashing; сложи́ть ~́и *lit* die; стоя́ть ~́ью в го́рле *coll* be a pain in the neck; широ́к в ~и́ *coll* stocky (*of man*); язы́к без ~е́й loose tongue; die; игра́ть в ~́и dice
костю́м dress, clothes; в ~е Ада́ма, Е́вы in one's birthday suit; маскара́дный ~ fancy dress; suit, costume; вече́рний ~ dress suit; пара́дный ~ full dress; **~е́р** costumier; **~е́рный** costumier; ~е́рная *n* wardrobe; **~иро́ванный** in costume, fancy dress; ~ бал, ве́чер fancy-dress ball; **~ирова́ть** (~иру́ю) *impf and pf theat* dress; **~ирова́ться** (~иру́юсь) *impf and pf* put on costume; put on fancy dress; **~́ный** ~ная пье́са period play

костя́|к 1 skeleton; *fig* backbone; **~но́й** (made of) bone; ~на́я мука́ bone-meal; ~ но́жик ivory knife; **~шка** *dim of* кость; knuckle; ball (*of abacus*)
косу́ля wild goat
косы́нка kerchief, scarf
косьба́ mowing
턱ося́к 1 cheek; jamb, (door-)post; land, lot on slope; herd (*of mares with one stallion*); shoal, school (*of fish*), flock (*of birds*)
кот 1 (tom-)cat; морско́й ~ sea-bear; ~ напла́кал *coll joc* next to nothing, a tiny amount; купи́ть ~а́ в мешке́ buy a pig in a poke; не всё ~у́ ма́сленица, придёт и вели́кий пост *prov* good things do not last for ever; *sl* pimp
кота́нгенс cotangent
кот|ёл 1 (~ла́) cauldron; copper; (как) в ~ле́ кипе́ть *coll* be hard pressed, in hot water; о́бщий ~ *fig* common stock; *tech* boiler; *pl* hopscotch; **~ело́к** (~елка́) pot; mess-tin; bowler (hat); ~ ва́рит *pop* the grey matter is ticking over; **~е́льная** *n* boiler-house; **~е́льный** boiler; **~е́льщик** boiler-maker
кот|ёнок (~ёнка, ~я́та, ~я́т) kitten
ко́т|ик fur-seal; sealskin; *dim of* ~; darling; **~иковый** sealskin, fur-seal; sealing
котильо́н cotillion
коти́р|овать (~ую) *impf and pf fin* quote; **~оваться** (~уюсь) *impf fin* be quoted (at, в + *acc*); *fig* be rated; **~о́вка** *fin* quotation
ко|ти́ться II (~ти́тся) *pf* о~ have kittens, kitten; have young
котле́та cutlet; отбивна́я ~ chop; rissole, meatball; hamburger *Am*
котлов|а́н *tech* foundation ditch, trench; **~и́на** hollow, basin
кото́мка knapsack, bag
кото́р|ый *inter and rel pron* which, what; ~ час? what time is it?; в ~ом часу́? (at) what time?; ~ раз? how many times?; ~ тебе́ год? how old are you?; *rel* who; ~ые ... ~ые *pop* some ... some (others); **~ый-либо, ~ый-нибу́дь** *pr* some; one or other
котте́дж small house, cottage
коту́рн *hist* buskin
ко́уш *naut* thimble
ко́ф|е *m indecl* (*neut coll*) coffee; ~ в зёрнах coffee beans; **~ева́рка** coffee percolator; **~еи́н** caffeine; **~ей** *coll obs* coffee; **~е́йник** coffee-pot; **~е́йница** coffee-grinder; coffee tin; **~е́йный** *adj of* ~е; **~е́йня** (*gen pl* ~еен) *obs* coffee-house
ко́фт|а (*woman's*) jacket; *pop* (*woman's*) short, warm overcoat; **~очка** blouse
коча́н 1 (кочна́ *coll*) ~ капу́сты head of cabbage
коч|ева́ть (~у́ю) *impf* wander, roam from place to place; lead a nomadic life; migrate (*of birds and animals*); **~ёвка** nomadic life; wandering; **~е́вник** nomad; **~ево́й** nomadic; migratory
кочевря́житься II *impf pop* pose, put on airs; be obstinate
кочёв|ье (*gen pl* ~ий) nomad encampment; nomad territory
кочега́р stoker, fireman; **~ка** stokehole, stokehold
кочене́ть *pf* за~ *and* о~ become numb; stiffen
кочер|га́ (*gen pl* ~ёг) poker
кочеры́жка cabbage-stalk, cabbage-stump
ко́чк|а hummock; tussock; *usu pl* bump (*in road, etc*); **~ова́тый** (~ова́т, ~ова́та) hummocky; tussocky; full of mounds, hummocks
кош *hist* (Zaporozhian Cossack) camp
кош|а́тина *coll* cat meat; **~а́тник** *coll* cat dealer (*in stolen cats*); cat-fancier; **~а́чий** *adj of* ~ка feline, cat-like, cat's; ~ конце́рт caterwauling; *fig* hooting; ~а́чьи ухва́тки cat-like ways; **~а́чьи** *n* Felidae
кош|ево́й *adj of* ~; ~ атама́н commander of Cossack camp
кошел|ёк (~ька́) purse; туго́й ~ tightly stuffed purse; **~ка** *coll* basket, bag; **~ь** 1 *m obs* purse; *pop* large bag
кошени́л|евый *adj of* ~ь; **~ь** *f* cochineal
ко́шк|а cat; жить как ~ с соба́кой lead a cat-and-dog life; зна́ет ~, чьё мя́со съе́ла *prov* admit (your) guilt, own up; игра́ть в ~и-и-мы́шки *fig coll* play cat-and-mouse; но́чью все ~и се́ры all cats are grey in the dark; у него́ ~и скребу́т на се́рдце (душе́) he is in the doldrums, sick at heart; чёрная ~ пробежа́ла ме́жду ни́ми *coll* they have fallen out; *tech naut* grapnel, drag; mountaineering boot; *pl* cat-o'-nine-tails
кошма́ 3 large piece of felt
кошма́р nightmare *also fig*; **~ный** (~ен, ~на) nightmarish; horrible, awful
кошт *obs* expense(s); на казённом ~е at government expense
коще́й Koshchei (thin, evil old man in Russian folklore); *fig coll* gangling (old) man; *fig coll* miser
кощу́нств|енный (~ен, ~енна) blasphemous; **~о** blasphemy; **~овать** (~ую) *impf* blaspheme
коэффицие́нт coefficient, factor; ~ мо́щности power factor; ~ поле́зного де́йствия coefficient (of efficiency)
кпд *m indecl abbr of* коэфицие́нт поле́зного де́йствия (coefficient of) efficiency
краб crab
кра́вчий *n* royal carver (in Muscovite Russia)
кра́г|и (*sing* ~а) leggings; cuffs of gloves
кра́д|еный stolen; ~еное stolen goods; **~у́, ~ёшь** *see* **красть; ~учись** *adv* stealthily; идти́ ~ slink, creep
крае|ве́д student of local lore, history, *etc*; **~ве́дение** study of local lore, history, *etc*; **~ве́дческий** *adj of* ~ве́дение; **~во́й** krai (*administration*); **~уго́льный** *lit* basic; ~ ка́мень cornerstone
кра́жа theft; larceny; ~ со взло́мом burglary; квалифици́рованная ~ *leg* aggravated theft
кра|й 2 (в ~ю́, о ~е; ~я́, ~ёв) edge; brim (*of cup, etc*); brink *also fig*; из ~я в ~ from end to end; на ~ю́ ги́бели, моги́лы on the verge of disaster, of death; на ~ю́ све́та at the world's end; че́рез ~ overmuch, beyond measure; ~ ра́ны lip of wound; пере́дний ~ *mil* forward positions, first line; слу́шать ~ем у́ха listen with half an ear; слы́шать ~ем у́ха overhear, chance to hear; хлебну́ть че́рез ~ *coll* have a drop too much; side (*of meat*); то́лстый ~ rib-steak; то́нкий ~ chine (*of beef*), upper cut; land, country; в чужи́х ~я́х in foreign parts; krai (*administrative area*); ~- *abbr of* ~ево́й
кра́йн|е *adv* extremely; **~ий** extreme; last; uttermost; в ~ем слу́чае in the last resort; по ~ей ме́ре at least; ~яя плоть *anat* foreskin, prepuce; ~яя цена́ lowest price; *sp* outside, wing; ~ напада́ющий outside, wing forward; **~ость** *f* extreme; до ~ости in the extreme, extremely; до ~ости доводи́ть *coll* exasperate; extremity; быть в ~ости be reduced to extremity
краковя́к Cracovienne (*dance*)

краля *pop* beauty; queen (*cards*)
крамол|а *obs* sedition; **~ьник** *obs* plotter; participant in sedition; **~ьный** *obs* seditious
кран tap, cock; crane
кран|ец (~ца) *naut* fender
краниология craniology
крановщик 1 crane operator
крап specks; mottled pattern on edge of book, playing cards, *etc*; **~ать** I (~лет *and* ~ает) spatter; дождь ~лет it is spitting with rain
крапив|а (stinging-)nettle; глухая ~ dead nettle; **~ник** wren; **~ница** nettle-rash; **~ный** *adj of* ~а; ~ная лихорадка nettle-rash; ~ное семя *obs joc coll* quill-drivers
крап|ина speck; spot; **~инка** = ~ина; **~лёный** marked (*of cards*)
крас|а *obs* beauty; во всей своей ~е in all one's glory *also iron*; ~ и гордость *rhet* pride and glory (of, + *gen*); **~авец** (~авца) handsome man; Adonis; **~авица** beauty (*beautiful woman*); **~авчик** *coll* handsome man; *iron* dandy, beau; **~ивость** *f* prettiness; **~ивый** (~ив, ~ива) beautiful; handsome; fine
крася|льный appertaining to dyes; **~льня** (*gen pl* ~лен) dye-works, dye-house; **~льщик** dyer; **~тель** *m* dye(-stuff)
кра|сить II (~шу) *pf* вы~, о~ *and* по~ paint; colour; ~ить забор в чёрное (чёрной краской) paint the fence black; dye, stain; tint; *impf only* adorn; **~ситься** II (~шусь) *no pf* stain, be wet (*of paint*); *pf* вы~ *and* по~ take (*of paint, dye, etc*); материя хорошо ~сится the material takes the dye well; *pf* вы~ *and* по~ *coll* dye (hair); *pf* на~ make up (*of face, lips*); *pass of* ~сить; **~ска** painting; colouring; dyeing; paint, dye; акварельная ~ water-colour; масляная ~ oil-colour, oil-paint; типографская ~ printer's ink; писать ~сками paint; *pl* colours; сгущать ~ски lay it on thick; blush; вгонять кого в ~ску make someone blush
красне|ть I *pf* по~ become red, redden; blush, colour; *impf fig* blush (for, за + *acc*); *impf* show red; **~ться** I *impf* show red
красно *adv coll* eloquently; **~армеец** (~армейца) Red Army man; **~армейский** *adj of* ~армеец *and* Красная Армия; **~бай** superficially eloquent person, rhetorician; **~байство** superficial eloquence; **~бурый** reddish-brown; **~ватый** (~ват, ~вата) reddish; **~гвардеец** (~гвардейца) Red Guard; **~гвардейский** *adj of* ~гвардеец; **~деревец** (~деревца), **~деревщик** cabinet-maker; **~звёздный** having the Red Star; **~знамённый** holding the order of the Red Banner; **~кожий** *adj* red-skinned; *n* redskin; **~лесье** pine forest; **~лицый** red-faced, rubicund; **~речивый** (~речив, ~речива) eloquent; expressive; *fig* telltale, significant; **~речие** eloquence; oratory; **~та** redness; red spot; **~флотец** (~флотца) Red Navy man; **~флотский** *adj of* ~флотец *and* Красный Флот; **~щёкий** red-cheeked
краснуха German measles
крас|ный (~ен, ~на, ~но) red *also fig pol*; ~ное дерево mahogany; ~ная строка *fig* (first line of) new paragraph; ~ уголок 'Red Corner' (*room in institution, factory, etc for recreation and education*); ~ная цена *coll* outside figure, price; ~ное словцо *coll* witticism; ~ная шапочка Little Red Riding Hood; попасть под ~ную шапку *obs coll* become a soldier; проходить ~ной нитью stand out, run through (*of theme, idea, etc*); пустить ~ного петуха *coll* set fire, commit arson; *folk poet* beautiful; ~ денёк lovely day; ~ная девица fair maid; ~ угол place of honour (*in peasant hut*); *indicates high quality*; ~ная рыба cartilaginous fish (*sturgeon, etc*); ~ зверь best game (*elk, bear, etc*); ~ товар *obs* textiles; ~ лес conifer forest
крас|оваться (~уюсь) *impf* stand out in (its) beauty, *iron* stand out; *pf* по~ flaunt, show off; **~ота** beauty; *pop* ~! splendid!; **~отка** *coll* good-looking girl; *obs* sweetheart
крас|очный *adj of* ~ка; colourful, highly coloured; vivid (*style, etc*)
кра|сть (~ду, ~дёшь; ~л, ~ла) *pf* у~ steal; **~сться** (~дусь, ~дёшься; ~лся, ~лась; ~дясь) *impf* creep, steal, sneak
крат во сто ~ a hundredfold
кратер crater
крат|кий (~ок, ~ка, ~ко) short; brief; concise; в ~ких словах to put it in a nutshell, in brief; **~кая** *n* и с ~кой *Russian letter* й *now usu* и ~кое; **~ко** *adv* briefly; **~ковременный** brief, of short duration; transitory; **~косрочный** (~косрочен, ~косрочна) short-term
крат|ное *n math* multiple; общее наименьшее ~ least common multiple; **~ный** divisible (without remainder) by, multiple (of, + *instr*)
крат|чайший *superl of* ~кий; ~чайшим путём by the shortest route
крах *fin* crash; failure *also fig*
крахмал starch; **~истый** (~ист, ~иста) containing starch; **~ить** II *pf* на~ starch; **~ьный** *adj of* ~; ~ воротничок stiff, starched collar
краше *comp of* красив|ый *and* ~о; ~ в гроб кладут *coll* pale as death, like death warmed up
краш|ение dyeing; **~енина** dyed homespun cloth, linen; **~еный** painted, stained; coloured; dyed; *coll* made-up (*dyed hair and painted lips*)
краюха *coll* thick slice of bread
креатура *lit* creature, minion
креветка shrimp
кредит credit (*bookkeeping*); ~овая страница the credit side
кредит credit; открывать, предоставлять ~ give credit; отпускать в ~ supply on credit; пользоваться ~ом *fig* have, enjoy credit (with, у + *gen*); **~ка** *obs* banknote; **~ный** *adj of* ~; ~ билет *obs* banknote; **~овать** (~ую) *impf and pf* credit, provide credit (for, to, + *acc*); **~оваться** (~уюсь) *impf and pf* obtain funds on credit; *pass of* ~овать; **~ор** creditor; ~ по закладной mortgagee; **~оспособность** *f* solvency; **~оспособный** (~оспособен, ~оспособна) solvent
кредо *neut indecl* credo
крез Croesus
крейс|ер (*pl* ~еры *and* ~ера) *naut* cruiser; линейный ~ battle-cruiser; **~ерский** *adj of* ~ер; ~ерская скорость cruising speed (*of ship, aircraft*); **~ерство** *naut* cruising; **~ировать** (~ирую) *impf naut* cruise
крекер cracker; crisps; картофельный ~ potato crisps
крек|инг *tech* cracking; oil refinery; **~инг-процесс** *tech* cracking; **~ировать** (~ирую) *impf and pf tech* crack
крем cream; shoe polish
крема|торий crematorium; **~ционный** *adj of* ~ция; ~ционная печь incinerator; **~ция** cremation

крем|éнь *m* (~ня́) flint; *fig coll* tough nut; miser; **~ешóк** (~ешкá) piece of flint

креми́р|овать (~ую) *impf and pf* cremate

кремл|ёвский Kremlin; **~ь** 1 *m* citadel; the Kremlin

кремнёв|ый made of flint; ~ое ружьё flintlock

кремн|езём silica; **~екислотá** silicic acid; **~еки́слый** silicic; ~ нáтрий sodium silicate; **~́невый** silicic; **~ий** silicon; **~и́стый** *min* siliceous; *obs* stony

крéм|овый *adj of* ~; cream(-coloured); **~-сóда** cream soda

крен *naut* list, heel; *aer* bank; дать ~ list, heel (over); bank

крéндел|ь *m* (*pl* ~я́ *coll*) pretzel; выпи́сывать ~я́ *pop* stagger, lurch; свернýться ~ем *coll* curl up

крени́ть II *pf* на~ cause to heel, list; **~́ся** II *pf* на~ list, heel (over); bank

креозóт creosote

креóл creole; **~́ьский** *adj of* ~

креп crêpe; **~деши́н** crêpe de Chine

креп|ёж pit-props; strengthening bolts, rivets, *etc*; **~ёжный** ~ лес pit-props; **~и́льщик** timberer (*in mines*)

креп|и́тельный *tech* strengthening; *med* astringent; **~и́ть** II (~лю́) *impf tech* strengthen *also fig*; *naut* make fast, hitch, lash; ~ парусá furl sails; *med* constipate, render costive; **~и́ться** II (~лю́сь) *impf* hold out; stand firm; take courage; *pass of* ~и́ть; **~́кий** (~ок, ~кá, ~ко) strong, sound; sturdy, robust; *fig* firm; ~кое здорóвье robust health; ~ морóз hard frost; ~кие напи́тки spirits; ~кое словцó *coll* strong language; ~ сон sound sleep; ~ чай strong tea; **~́ко** *adv* strongly, soundly; firmly; ~-нáкрепко *coll* very tight; very firmly (*ordering, etc*); **~коголóвый** (~коголóв, ~коголóва) *and* **~колóбый** (~колóб, ~колóба) *coll iron* obtuse, dumb, thick; **~лéние** strengthening; fastening; timbering (*in mine*); *naut* lashing; furling; **~́нуть** I (*past* ~, ~ла) *pf* о~ get stronger

крепостни|́к 1 supporter of serfdom; **~и́ческий** *adj of* ~и́к *and* ~и́чество; **~и́чество** serfdom; **~óй** *adj* serf; ~ крестья́нин serf; ~óе прáво serfdom; *n* serf; *adj of* крéпость fortress

крéпость *f* strength; fortress; *hist leg* кýпчая ~ deed of purchase

креп|чáть I *pf* по~ *coll* get up, grow stronger (*of wind*); get harder (*of frost*); **~́че** *comp of* ~кий *and* ~ко; **~ы́ш** 1 *coll* brawny fellow; sturdy baby; **~́ь** *f* timbering (*in mine*)

крéс|ло (*gen pl* ~ел) armchair, easy chair; *theat* stall

кресс-салáт cress, watercress

крест 1 cross; вот те ~! *pop* I swear!; ~á на нём нет he is a heartless man; стáвить ~ give up for lost, give up as a bad job (на, + *prep*); целовáть ~ kiss the cross; take an oath (to, + *dat*); sign of the cross; осени́ть себя́ ~óм cross oneself, make the sign of the cross

крест|éц (~цá) sacrum

кре|сти́льный baptismal; **~сти́ны** (*gen pl* ~сти́н) christening; christening party; **~сти́ть** II (~щý, ~́стишь) *pf* ~ *and* о~ baptize, christen; *no pf* be godfather, godmother (+ *acc*); мне с ним не детéй ~ *coll* I shall have nothing to do with him; *pf* пере~ make the sign of the cross over; **~сти́ться** II (~щýсь, ~́стишься) *pf* ~ *and* о~ be baptized, christened; *pf* пере~ cross oneself; **~ст-нáкрест** *adv* crosswise; **~́стник** godson, godchild; **~́стница** god-daughter, godchild; **~́стный** *adj of* ~ст; ~стное знáмение sign of the cross; ~ ход religious procession; ~стное целовáние oath-taking; с нáми ~стная си́ла! *pop* God preserve us!; **~́стный** *adj* ~отéц godfather; ~стная мать godmother; ~стные дéти godchildren; ~ *n* godfather; ~стная *n* godmother

крестови́к 1 garden spider

крестови́на crosspiece; frog (*railway*)

крестóвник ragwort, groundsel

крест|óвый *adj of* ~; ~ похóд crusade; **~онóсец** (~онóсца) crusader; **~ообрáзный** (~ообрáзен, ~ообрáзна) cruciform; *bot zool* cruciate; **~оцвéтные** *bot* cruciferae

крестцóвый sacral

крестья́н|ин (*pl* ~е, ~) peasant; **~́ка** peasant woman; **~́ский** peasant; **~́ство** *collect* peasantry, the peasants; *obs* farm-labouring, toil of a peasant; **~́ствовать** (~ствую) *impf obs* till the soil

крети́н cretin; *fig coll* idiot; **~и́зм** cretinism; *fig coll* idiocy

кретóн cretonne

крéчет gerfalcon

крещéндо *mus* crescendo

крещéн|ие baptism, christening; боевóе ~ baptism of fire; Epiphany; **~́ский** *adj of* ~ие; ~ские морóзы (холодá) severe frost(s) in second half of January; ~ морóз *fig coll* coldness, severity; **~́ый** *adj* baptized; *n* Christian

крив|áя *math, etc* curve; ~ вы́везет *coll* something will turn up; егó на ~óй не объéдешь *coll* you won't catch him napping

кри́вд|а *obs* falsehood; ~ой жить live a lie

кривéть I *pf* о~ lose one eye

крив|изнá crookedness; curvature; **~и́ть** II (~лю́) *pf* с~ bend, distort; ~ гýбы, рот twist one's mouth, curl one's lip; *pf* по~ ~ душóй *fig coll* act against one's conscience, dissemble; **~и́ться** II (~лю́сь) *pf* по~ become crooked, bent; *pf* с~ *coll* make a wry, disdainful face; **~ля́ка** *m and f coll* affected person; онá ~ she is (very) affected; poseur; **~ля́нье** affectation, showing off (*of child, etc trying to attract attention*); **~ля́ться** I *impf coll* behave in an affected manner, show off (*esp of children*)

криво|бóкий (~бок, ~бóка) lopsided; **~гла́зый** (~глаз, ~глáза) *coll* blind in one eye; **~дýшие** *obs* duplicity, hypocrisy; **~дýшный** (~дýшен, ~дýшна) *obs* dishonest, false

крив|óй (~, ~á, ~́о) crooked; ~óе зéркало distorting mirror; ~ы́е пути́ *fig* crooked ways; ~áя улы́бка wry smile; *coll* one-eyed

криво|линéйный curvilinear; **~нóгий** (~нóг, ~нóга) bandy-legged, bow-legged; **~тóлк|и** (~́ов) false interpretations; **~ши́п** *tech* crank; crankshaft

кри́зис crisis

крик cry, shout; *pl* outcry, clamour; послéдний ~ мóды the last word in fashion; **~ли́вый** (~ли́в, ~ли́ва) bawling, clamouring; loud, penetrating (*of voice, etc*); *fig coll* loud, blatant; **~́нуть** I *sem pf of* кричáть; **~ýн** 1 *coll* person who bawls, shouts; garrulous person

кримин|áл crime, foul play; **~али́ст** criminal law specialist; **~али́стика** criminal law; **~áльный** criminal; **~óлог** criminologist; **~олóгия** criminology

кри́нка *and* **кры́нка** earthenware pot (*for milk*)

криноли́н crinoline

крио|гéника cryogenics; **~лóгия** cryology

криптогрá|мма cryptogram; **~́фия** cryptography

криста́л|л crystal; **~лиза́ция** crystallization; **~лизова́ть** (~лизу́ю) *impf and pf also* за~ crystallize *vt*; **~лизова́ться** (~лизу́юсь) *impf and pf also* вы́~ *and* за~ crystallize *vi*; *pf also* вы́~ *fig*; **~лографи́ческий** crystallographic; **~логра́фия** crystallography; **~ло́ид** crystalloid; **~́ьный** crystalline; *fig* crystal-clear

крите́рий criterion

кри́т|ик critic; **~́ика** criticism; critique; не выде́рживать никако́й ~ики not to hold water; **~ика́н** *coll pej* fault-finder, caviller; **~ика́нствовать** (~ика́нствую) *impf coll pej* cavil, carp; **~икова́ть** (~ику́ю) *impf* criticize; **~ици́зм** critical attitude; criticism; **~и́ческий** critical; ~ моме́нт *fig* crucial moment

кри́ца *tech* bloom

кри|ча́ть II (~чу́) *pf* ~́кнуть cry, shout; scream, yell; shout (at, на + *acc*); *no pf fig* shout (about), make a fuss (about, о + *prep*); **~ча́щий** *fig* loud; blatant

кри́|чный *adj of* ~ца; ~ горн finery, bloomery

кров roof; shelter; оста́ться без ~́а be left without a roof over one's head

крова́в|ый bloody, covered with blood; ~ая ба́ня *fig* blood bath; bloodstained

крова́ть bed(stead)

кро́в|ельный *adj of* ~ля; **~́ельщик** roof-maker

кровено́сн|ый circulatory (*of blood*); ~ая систе́ма circulatory system; ~ сосу́д blood-vessel

крови́нк|а *coll* drop of blood; ни ~и в лице́ deathly pale

кро́в|ля (~ель) roof

кро́вн|ый blood; ~ое родство́ blood relationship, consanguinity; ~ая месть blood feud; *fig* deadly; ~ враг deadly enemy; thoroughbred (*of animals*); *fig* intimate, vital, deep; ~ая связь close link; ~ые де́ньги money earned in the sweat of one's brow

крово|жа́дный (~жа́ден, ~жа́дна) bloodthirsty; **~излия́ние** haemorrhage; **~обраще́ние** circulation of the blood; **~остана́вливающий** styptic; **~пи́йца** *m and f rhet* bloodsucker; **~подтёк** bruise; **~проли́тие** bloodshed; **~проли́тный** bloody, sanguinary; **~пуска́ние** blood-letting, phlebotomy; **~смеше́ние** incest; **~со́с** vampire bat; *fig pop* bloodsucker; *dial* vampire; **~со́сный** ~со́сная ба́нка cupping-glass; **~тече́ние** bleeding; haemorrhage; **~точи́вость** *f* haemophilia; **~точи́вый** (~точи́в, ~точи́ва) bleeding; **~точи́ть** II *impf* bleed; **~ха́рканье** blood-spitting

кров|ь 5 *f* (в ~и́, о ~́и) blood *also fig*; в ~, до ~́и till it bleeds; э́то у него́ в ~и́ it runs in his blood; по ~́и *fig* by birth; войти́ в ~ и плоть become ingrained; ~ бро́силась ему́ в го́лову he lost his temper; ~ за ~ an eye for an eye; ~ игра́ет full of vitality, beans; ~ от ~и *obs* one's flesh and blood; купа́ться, утопа́ть в ~и́ wallow in blood; ~ с молоко́м very picture of health; по́ртить ~ кому́ upset someone; по́ртить ~ себе́ upset oneself; пить ~ *rhet* suck the blood (of), batten on; пуска́ть ~ кому́ bleed someone; се́рдце облива́ется ~́ью the heart bleeds; у него́ ~ бро́дит, гори́т, кипи́т his blood is up; холоди́ть ~ кому́ make someone's blood run cold; хоро́ших ~е́й thoroughbred (*of animals*); **~яни́ст** (~яни́ст, ~яни́ста) having (some) blood; **~яно́й** *adj of* ~ь; ~яное давле́ние blood pressure

кро|и́ть II *pf* вы́~ *and* с~ cut (out); **~́йка** cutting (out)

кроке́т croquet; **~́ный** *adj of* ~

кроки́ *neut indecl* sketch-map, rough sketch; **~́ровать** (~рую) *impf* sketch; **~рова́ть** (~ру́ю) *impf and pf sp* roquet (*at croquet*)

крокоди́л crocodile; **~́ов** *and* **~́овый** *adj of* ~; ~овы слёзы crocodile tears

кро́л|ик rabbit; **~иково́д** rabbit-breeder; **~иково́дство** rabbit-breeding; **~́иковый** *and* **~́ичий** *adj of* ~ик; ~ мех rabbit-skin; ~ичья нора́ rabbit-warren

кроль *m sp* crawl (stroke)

крольч|а́тник rabbit-hutch; **~и́ха** she-rabbit

кро́ме *prep* + *gen* except; besides, in addition to; ~ того́ besides, furthermore, moreover; ~ шу́ток *coll* joking apart

кроме́шн|ый *coll* ад ~ hell; *coll* тьма ~ая pitch darkness; *bibl* outer darkness

кро́мк|а edge; selvage (*of material*); за́дняя, пере́дняя ~ *aer* trailing, leading edge; ~ на ~у with edges overlapping; *naut* clinker-built

кромса́ть I *pf* ис~ *coll* cut (up) roughly, carelessly; *pf* ruin by cutting

крон chrome yellow

кро́на crown (*of tree*); crown (*coin*)

кронци́ркуль *m* cal(l)ipers

кро́träшнеп *orni* curlew

кронште́йн *tech* bracket; corbel

кропа́ть I *pf* на~ *and* с~ *coll* scribble (*verses, etc*); *obs* mend, patch

кроп|и́ло aspergillum; **~и́ть** II (~лю́) *pf* о~ asperse; besprinkle; *vi* trickle, spot (*of rain*)

кропот|ли́вый (~ли́в, ~ли́ва) laborious; meticulous, painstaking; **~у́н** 1 *coll* painstaking person

кросс *sp* cross-country (race)

кроссво́рд crossword

кроссо́в|ки (*gen pl* ~ок) track shoes

крот 1 mole(skin)

кро́т|кий (~ок, ~ка́, ~ко) gentle; meek, mild

крот|о́вый *adj of*; ~о́вая нора́ molehill

кро́тость *f* gentleness; meekness, mildness

кроха́ 4 crumb *pl also fig*

крохобо́р niggard; narrow pedant; **~́ство** niggardliness; narrow pedantry; **~́ствовать** (~ствую) *impf* be niggardly; be a narrow pedant

кро́хотный *coll* tiny, minute

кро́ш|ево *pop* minced food; *fig* mishmash; **~́ечный** *coll* tiny, minute; **~и́ть** II (~у́, ~́ишь) *pf* ис~, на~, рас~ crumble, crumb; chop, hack; *fig* hack to pieces; *pf* на~ spill, drop crumbs (of, + *instr*); ~ хле́бом на́ пол spill crumbs on the floor; **~и́ться** (~́ится) *pf* ис~ *and* рас~ crumble, break into small pieces; **~́ка** crumb; *fig* a tiny bit; ни ~ки not a scrap; *m and f coll* little one (*aff of person*)

круг 2 (в, на ~у́ *and* в, на ~е) circle; на ~ *coll* on average, taking it all round; по ~у ходи́ть *coll* go the rounds; голова́ ~ом идёт one's head is in a whirl; (в, на ~у́) round platform; (в ~е) round object; спаса́тельный ~ ring-buoy; (в ~е *and* в ~у́) sphere, range (*of activity, etc*); ~ сы́ра a cheese; ~́и (на воде́) ripples (on water); (на ~у́) *sp* бегово́й ~ racecourse, ring; (в ~у́) *fig* circle (of persons); враща́ться в ~у кого́ frequent the society of someone; в семе́йном ~у́ in the family circle; *pl* professional group, circle; официа́льные ~и́ official quarters; с ~у спи́ться *pop* go to the dogs from drink; сде́лать ~ go a roundabout way

кру́гл|енький *dim of* ~ый *coll* round; **~е́ть** I *pf* о~ *and* по~ become round; **~ова́тый** (~ова́т) roundish; **~огодово́й** *and* **~огоди́чный** all-the-year-round; **~оло́вый** (~оло́в) with a round head; **~оли́цый** (~оли́ц) round-faced, chubby; **~ро́тые** *zool* cyclostomata; **~осу́точный** round-the-clock, twenty-four-hour; **´~ый** (~, ~á, ~o) round; ~ год all the year round; ~ по́черк round hand; ~ые су́тки day and night; ~ая су́мма round sum; в ~ых ци́фрах, для ~ого счёта in round figures; (*long form*) complete, perfect, utter; ~ идио́т utter fool; ~ неве́жда complete ignoramus; он ~ сирота́ he has neither father nor mother; **~ы́ш** 1 *and* **~я́к** 1 *pop* pebble, round stone

круго|во́й circular; ~ва́я доро́га roundabout route; ~ва́я оборо́на all-round defence; ~ва́я пору́ка mutual guarantee, responsibility; ~ва́я ча́ша loving-cup; **~воро́т** circulation, cycle, rotation; *fig* ebb and flow (*of life*, *etc*); **~зо́р** prospect; *fig* horizon, range of interests; **´~м** *adv* round, around; поверну́ться ~ turn round; *mil* ~! about turn!; (all) around; ~ всё ти́хо all is quiet around; *coll* completely, entirely; вы ~ винова́ты you are entirely to blame; он ~ до́лжен he owes money all round; *prep* + *gen* round, around; **~оборо́т** circuit, circulation; **~обра́зный** (~обра́зен) circular; **~све́тный** round-the-world

кружа́ло *archi* bow member, curve piece; *hist* tavern, pothouse

круж|ева́ (*gen pl* ~е́в) = ´~ево; **~евни́ца** lace-maker; **´~ево** lace

круж|и́ть II (~у́, ´~ишь) whirl, spin round; *fig* ~ кому́ го́лову turn someone's head; wheel, circle; *coll* wander; **~и́ться** II (~у́сь, ´~ишься) *pf* за~ whirl, spin round; circle, wheel; у меня́ ´~ится голова́ I feel giddy, my head is going round

кру́жка mug, tankard; ~ пи́ва glass of beer; collecting-box; *med* douche

кружко́в|ец (~ца) member of (study) group, circle; **~о́й** circle, (study) group; **~щи́на** *pej* clannishness, cliquishness

кру́жный roundabout, circuitous (*of route*, *etc*)

круж|о́к (~ка́) *dim of* круг; стри́чься в ~ have one's hair bobbed; *lit*, *pol*, *etc* circle, (study) group

круп *med* croup; croup, crupper (*of horse*)

круп|а́ 6 *collect* groats; гре́чневая ~ buckwheat; ма́нная ~ semolina; овся́ная ~ oatmeal; перло́вая ~ pearl barley; *fig* sleet; **~ени́к** 1 buckwheat pudding with curd; **~и́нка** grain; ни ~и́нки нет *fig* not a grain (of, + *gen*); **~и́ца** grain, fragment, atom; tiny quantity; **~и́тчатый** *coll* fine-ground

круп|не́ть I *pf* по~ grow larger; **´~но** *adv of* ~ный; ~ наре́зать cut into large pieces, slices; ~ писа́ть write large; ~ повезло́! jolly lucky!; **~нозерни́стый** coarse-grained, large-grained; **~нокали́берный** large-calibre; **´~ный** (~ен, ~нá, ~но) large, big, large-scale; ~ные де́ньги money in large denominations; ~ песо́к coarse sand (*large-grained*); ~ная промы́шленность large-scale industry; ~ рога́тый скот (horned) cattle; ~ные черты́ лица́ large features; ~ным ша́гом at a round pace; important, serious; ~ разгово́р serious talk; significant, important; ~ писа́тель a significant writer

крупо́зн|ый *med* croup; ~ое воспале́ние лёгких lobar pneumonia

круп|ору́шка hulling mill, peeling mill; **~ча́тка** finest wheaten flour; **~ча́тый** granular

крупье́ *m indecl* croupier

крутизна́ steepness; steep slope

кру|ти́ть II (~чу́, ´~тишь) *pf* за~ turn, wind (*tap*, *handle*, *etc*), twirl (*moustache*); make (*film*); *pop* show (*film*, *etc*); *pf* с~ twist; ~ верёвку twist a rope; ~ папиро́су roll a cigarette; ~ шёлк twist, throw silk; *pf* за~ *and* с~ twist behind back (*arms*, *etc*); она́ ´~тит им, как хо́чет *coll* she twists him round her little finger; *pop* have an affair (with, с + *instr*); *pop* avoid the issue, not to give a straight answer; **~ти́ться** II (~чу́сь, ´~тишься) turn, spin, revolve; twist, whirl; не ~ти́сь под нога́ми *coll* don't keep getting in the way; *pf* за~ *coll* be in a whirl

кру́т|о *adv* steeply; suddenly; abruptly, sharply; ~ поверну́ть turn round sharply; *coll* sternly, severely; ~ распра́виться с кем give someone short shrift; ~ замеси́ть knead until thick; ~ отжа́ть wring out thoroughly; ~ посоли́ть put too much salt (into); **~о́й** (~, ~á, ´~o) steep; ~ вира́ж *aer* steep turn; sudden, abrupt, sharp; сде́лать ~ поворо́т spin round; stern, severe, drastic; ~ нрав stern temper; ~ы́е ме́ры drastic measures; ~ кипято́к fiercely boiling water; ~óе яйцо́ hard-boiled egg

кру́|ча steep slope, cliff; **´~че** *comp of* ~то́й *and* ~то; **~че́ние** *text* twisting, spinning; *tech* torsion; **~чёный** twisted; ~чёные ни́тки lisle thread; *sp* spinning, turning, with spin on

кручи́н|а *folk poet* sorrow, woe; **´~иться** II *pf* за~ *folk poet* grieve, sorrow

круше́ние wreck; ruin; ~ по́езда railway accident; ~ су́дна shipwreck; потерпе́ть ~ be wrecked, have an accident; *fig* downfall; ruin; collapse

круши́на buckthorn

круши́ть II *lit* shatter, destroy *also fig*; **´~ся** II *obs* sorrow, grieve, be afflicted

крыжо́в|енный gooseberry; **´~ник** gooseberry bush(es); *collect* gooseberries

крыл|а́тка cloak with cape; *tech* wing-nut; vane; **~а́тый** winged *also fig*; ~а́тые слова́ pithy saying(s), apophthegm; *tech* ~ болт butterfly bolt; ~а́тая га́йка wing-nut; **~е́чко** *dim of* ~ьцо́; **~о́** (*pl* ´~ья, ´~ьев) wing; sail, vane (*of windmill*); mudguard, splash-board (*of car*, *carriage*); **~ono´гие** *zool* pteropoda; **´~ышко** (*pl* ~ышки, ~ышек) *dim of* ~о́; под ~ышком *fig* under the wing (of); **~ьцо́** (*pl* ´~ьца, ~е́ц, ~ьца́м) porch, perron; front (or back) steps

Крым Crimea; **к´~ский** Crimean; **к~ча́к** inhabitant of the Crimea

кры́нка *see* **кри́нка**

кры́с|а rat; су́мчатая ~ opossum; канцеля́рская ~ *fig* quill-driver; **~ёнок** (~ёнка; ~я́та, ~я́т) young rat; **~и́ный** *adj of* ~а; ~ яд rat poison; **~оло́в** rat-catcher; **~оло́вка** rat-trap; rat-catcher (dog)

кры́|тый covered; having an awning; ~ ры́нок covered market; **´~ть** (кро́ю, кро́ешь) *impf* cover; roof; ~ соло́мой thatch; coat (*with paint*); cover, trump (*at cards*); *pop* swear (at); ему́ не́чем ~ *pop* he has not a leg to stand on; крой скоре́е домо́й *pop* hurry off home; **´~ться** (кро́ется) *impf* be, lie (in, в + *prep*); *obs* hide from; **´~ша** roof; **´~шка** lid, cover; тут ему́ и ~! *pop* he has had it!, his number is up!

крю|к 1 hook; (*pl* ´~чья, ´~чьев) hook (*for supporting load*); detour; сде́лать ~, дать ~у *coll* make a detour

крю́ч|ить II (~ит) *pf* с~ *pop* его́ ~ит от бо́ли he is writhing in pain; **~иться** II *pf* с~ *pop* ~ от бо́ли writhe in pain

крючкова́т|ый (~) hooked

крючкотво́р *obs* pettifogger; **´~ство** *obs* chicanery

крю́ч|ник carrier, stevedore; **~о́к** (~ка́) hook; *obs*

fig hitch, catch; приказнóй ~ *obs fig* pen-pusher
крюшóн (fruit) cup
кря́ду *adv pop* running; пять дней ~ шёл дождь it was raining five days running
кряж (mountain-)ridge; block, log; **~истый** (~ист) thick; *fig* thick-set
кря́к|ать I *pf* quack (of duck); cough (*from pleasure, etc*); **~ва** mallard, wild duck; **~нуть** I *sem pf of* ~ать
крях|тéть II (~чý, ~ти́шь) groan (*from pain*), grunt (*from physical effort, etc*), wheeze
ксёндз 1 Roman Catholic (Polish) priest
ксенóн xenon; **~овый** *adj of* ~
ксерофóрм xeroform
кси́ва *sl* forged document
ксилогра́фия wood-engraving; woodcut
ксилофóн xylophone
кста́ти *adv* to the point, apropos; opportunely; дéньги пришли́сь ~ the money has come just at the right time; at the same time, incidentally; by the way; ~, как егó здорóвье? how is he, by the way?; ~ и не~ in season and out of season
кти́тор churchwarden
кто, когó, комý, кем, ком *pr inter* who; ~ э́то (такóй, такáя)? who is that?; ~ из вас? which of you?; ~ идёт? *mil* who goes there?; ~ когó? who will win?; *rel* who; тот, ~ he who; те, ~ those who; нé было никогó, ~ there was no one (to); блажéн, ~ ... blessed is he who ...; спасáйся ~ мóжет! every man for himself!; *indef* some ... others; ~ что лю́бит, комý что нрáвится tastes differ; ~ где some here, some there; ~ как in various ways; ~ кудá in all directions; *indef* ~ (бы) ни who(so)ever; ~ ни придёт whoever comes; когó бы он ни спроси́л whom(so)ever he asked; ~ бы то ни́ был whoever it may be; *indef coll* anyone; éсли ~ позвони́т ... if anyone rings ...; ~-~, а я придý I don't know about the others, but I shall come; мáло ~ few (people); ~ в лес, ~ по дровá *saying* be at sixes and sevens; **~-либо** *pron* = ктó-нибудь; **~-нибудь** *pron* anyone, anybody; someone, somebody; **~-то** *pron* someone, somebody
куаф|ёр *obs* coiffeur; **~ю́ра** *obs* coiffure
куб 2 *math* cube; три в ~е three cubed; *coll* cubic metre; boiler, water-heater; (tea-)urn; still
Кýба Cuba
кубáн|ец (~ца) Kuban Cossack; **~ка** flat, round fur hat
кýбар|ем *adv coll* head over heels; скати́ться ~ roll down head over heels; **~ь** 1 *m* top
куб|атýра cubic content; **~и́зм** cubism (*art*); **~ик** *dim of* ~; *pl* blocks, bricks (*toy*); *coll* cubic centimetre
куби́н|ец (~ца) Cuban; **~ка** Cuban (woman); **~ский** Cuban
куб|и́ческий cubic; ~ кóрень cube root; **~ови́дный** (~ови́ден) cuboid, cube-shaped; **~овáя** boiler-house; **~овый** indigo
кýб|ок (~ка) goblet, bowl, beaker; *sp* cup; встрéча на ~ cup-tie
кубомéтр cubic metre
кýбрик *naut* crew's quarters; orlop(-deck)
кубы́шка earthenware vessel; money-box; *pop joc* dumpy, tubby woman; yellow water lily
кувáлда sledgehammer; *pop* clumsy, stout woman
кувéрт *obs* place (*at table*)
кувши́н jug; pitcher; **~ка** water lily
кувырк|áться I *pf* ~нýться go head over heels, turn somersaults; **~нýться** I *sem pf of* ~áться; **~óм** *adv coll* head over heels; полетéть ~ go head over heels; жизнь пошлá ~ life turned upside down
кугуáр puma, cougar
кудá *adv inter and rel* where, whither (*with motion*); ~ он идёт? where is he going?; ~ (бы) ни wherever; ~ бы то ни́ было, ~ угóдно anywhere; *coll* what for; ~ вам стóлько дéнег? what do you want all that money for?; much, far + *comp*; ~ лýчше *coll* far better; хоть ~! *coll* fine, excellent; *expresses doubt, etc coll* ~ тебé равня́ться с ним! how could you hope to measure up to him!; ~ тебé! *coll* you'll never manage it!; ~ как *pop iron* very; ~ ни кинь *coll* wherever one looks; ~ ни шло *pop* come what may, whatever happens; **~-либо** *adv* = ~-нибудь; **~-нибудь** *adv* anywhere; somewhere; **~-то** *adv* somewhere
кудáх|танье cackling, clucking; **~тать** I (~чу, ~чешь) *impf* cackle, cluck
кудéль *f text* tow
кудéсник sorcerer, magician
кудлáт|ый (~) *pop* shaggy
кудр|евáтый (~евáт) *coll* rather curly; *fig coll* florid, ornate; **~и** (*gen pl* ~éй) curls; **~я́виться** II *impf* curl; **~я́вый** (~я́в) curly, curly-headed; leafy, bushy; ~я́вая капýста curly kale; *fig* florid, ornate (*of style, writing, etc*); **~я́шки** (*gen pl* ~я́шек) ringlets (*of hair*)
куз|éн cousin; **~и́на** cousin
кузнéц 1 (black)smith; farrier; ~ своегó счáстья architect of one's own fortune
кузнéчик grasshopper
кузн|éчный blacksmith's; ~ цех forge; **~ица** forge, smithy *also fig*
кýзов (*pl* ~á) basket (*of bast or birch-bark*); body (*of carriage, etc*)
кýзькин ~у мать показáть комý *pop* learn, give a lesson to someone, teach (*as a threat*)
кукарéк|ать I *impf* crow; **~ý** cock-a-doodle-doo
кýкиш *coll* fig (*gesture of contempt with thumb between two fingers*); показáть комý ~ cock a snook at someone; получи́ть ~ (с мáслом) get nothing for one's pains; показáть кому ~ в кармáне threaten someone behind his back
кýк|ла (*gen pl* ~ол) doll; теáтр ~ол puppet-theatre
кук|овáть (~ýю) *pf* про~ (cry) cuckoo
кýколка dolly; *zool* chrysalis, pupa
кýколь *m bot* cockle; *eccles* cowl
кýк|ольник puppeteer; **~ольный** doll's; ~ теáтр puppet-theatre; ~ольная комéдия *fig* farce; doll-like
кýк|ситься II (~шусь) *impf coll* be depressed, be in the dumps; be unwell, under the weather
кукурýз|а maize, Indian corn; **~ный** *adj of* ~а
кукýшк|а cuckoo; часы́ с ~ой cuckoo clock; small steam locomotive
кулá|к 1 kulak; *tech* cam; fist; *mil* striking force; бронирóванный ~ mailed fist; зажáть когó в ~ get someone under one's thumb; смея́ться в ~ laugh up one's sleeve; **~цкий** kulak; **~чество** *collect* the kulaks; **~чки** идти́ на ~ come to blows; би́ться на ~чках engage in fisticuffs; **~чкóвый** ~ вал camshaft; **~чный** fist; ~ бой fisticuffs; ~чное прáво fist-law; **~чóк** (~чкá) fist; *tech* cam
кулебя́ка pie (*with meat, cabbage, etc*)
кул|ёк (~ькá) bag (*made from paper or bast*); из ~ькá в рогóжку *coll* out of the frying-pan into the fire
кулéш 1 *pop* thin millet gruel

ку́ли *m indecl* coolie
кули́к 1 *orni* snipe; боло́тный се́рый ~ sandpiper; красноно́гий ~ redshank; морско́й ~ stilt-bird
кулина́р cookery specialist; **~́ия** cookery; **~́ный** culinary
кули́с|а *tech* link; *usu pl theat* wing(s), side-scene(s), slip(s); за ~ами behind the scenes *also fig*; **~́ный** *adj of* ~а; ~ ка́мень sliding block, link block, guiding shoe; ~ное распределе́ние link motion
кули́ч 1 Easter cake
кули́чк|и у чёрта на ~ах, к чёрту на ~ at, to the back of beyond
куло́н pendant; *elect* coulomb
кулуа́р|ный *adj of* ~ы; **~́ы** (*gen pl* ~ов) lobby (*in Parliament*) *also fig*
куль 1 *m* sack; dry measure (*about 300 lb*)
кульмин|ацио́нный ~ пункт culminating point; culmination; **~а́ция** culmination; **~и́ровать** (~и́рую) *impf and pf* culminate
культ cult; служи́тели ~́а ministers of religion; ~ ли́чности *pol* cult of personality; **~-** *abbr of* ~у́рный cultural, educational, recreational
культив|а́тор cultivator (*machine*); **~а́ция** cultivation, growing; **~и́рование** cultivation *also fig*; **~и́ровать** (~и́рую) cultivate *also fig*
культ|ма́ссовый mass educational; **~́овый** *adj of* ~; religious; **~похо́д** cultural outing (*visit to museum, etc*); cultural-propaganda campaign; **~рабо́тник** culture officer (*person in charge of cultural-educational activities in organization*)
культу́р|а *in var senses* culture; standard, level; ~а ре́чи standard of speech; cultivation, growing (*of plants, etc*); зерновы́е ~ы cereals; кормовы́е ~ы forage crops; **~́но** *adv* in a cultured, civilized manner; **~но-бытово́й** ~но-бытово́е обслу́живание culture and welfare service; **~но-просвети́тельный** cultural and educational; **~́ность** *f* (level of) culture; cultivation *fig*; **~́ный** (~ен) cultured, cultivated; civilized; cultural; *agr* cultured, cultivated; **~тре́гер** *iron* Kulturträger
культя́ stump (*of maimed limb*); **~́пка** *coll* = ~
кум (*pl* ~овья́, ~овьёв) godfather of one's child; fellow-sponsor; father of one's godchild; *pop* gossip *in ar sense*; *pop obs form of address to elderly male acquaintance*; ~ королю́ *fig* like a king; *pej* security officer (*in concentration camp*); **~а́** godmother of one's child; fellow-sponsor; mother of one's godchild; *pop* gossip *in ar sense*; *pop obs form of address to elderly female acquaintance*; *epithet of fox in folklore*; **~анёк** (~анька́) *pop affect of* ~
кума́ч 1 red calico
куми́р idol *also fig*; **~́ня** (*gen pl* ~ен) heathen temple
кум|и́ться II (~лю́сь) *pf* по~ *coll* become godparent to someone's child (с + *instr*); *fig* become acquainted (with); **~овство́** relationship of godparent to parent *or* of godparents; *fig* nepotism, favouritism
ку́мпол *sl* head
кумуляти́вный cumulative; *mil* ~ заря́д hollow charge
ку́мушка *aff of* кума́; my good woman (*form of address*); *coll* scandalmonger, gossip
кумы́с koumiss (*fermented mare's milk*); **~оле-че́бница** koumiss-cure institution; **~олече́ние** koumiss cure, treatment
куна́к 1 friend (*in Caucasus*)
кунжу́т *bot* sesame; **~́ный** *adj of* ~
ку́ни|й *adj of* ~́ца; **~́ца** marten
кунстка́мера museum of curiosities
кунту́ш 1 *hist* kuntush (*kind of Polish and Ukrainian caftan*)
кунштю́к *sl* trick, dodge
ку́па *usu pl* group, clump (*of trees*)
купа́|льник *coll* swimming costume; **~́льный** swimming, bathing; ~ костю́м swimming costume; **~́льня** (*gen pl* ~лен) bathing-place; dressing-shed; **~́льщик** bather; **~́ть** I *pf* вы́~ bath(e); **~́ться** I *pf* вы́~ bathe; have, take a bath; ~ в зо́лоте be rolling in money
купе́ *neut indecl* (railway) compartment
купе́ль *f eccles* font
куп|е́ц (~ца́) merchant; **~е́ческий** merchant, mercantile; ~е́ческое сосло́вие merchant class; **~е́чество** *collect* the merchants
купина́ *ar* bush; неопали́мая ~ *bibl* burning bush
куп|и́ть II (~лю́, ~́ишь) *pf of* покупа́ть
купле́т couplet, verse; *pl* satirical ballad(s), song(s); **~и́ст** singer of satirical songs
ку́пля buying, purchase
ку́п|ол (*pl* ~ола́) cupola, dome; **~олообра́зный** (~олообра́зен) dome-shaped; **~́ольный** *adj of* ~ол
купо́н coupon; *obs theat* ticket; suit-length
купоро́с vitriol
ку́пчая *n also* ~ кре́пость *hist leg* deed of purchase
куп|чи́ха *f of* ~е́ц; merchant's wife
купю́ра cut (*in lit, mus, etc work*); *fin* denomination (*of bonds, paper money, etc*)
кур как ~ во́ щи попа́л *coll* (he) has got into a mess
курага́ *collect* dried apricots
кура́ж 1 *obs* boldness; вы́пить для ~а́ summon up Dutch courage; быть в ~е́ *pop* be lit up; **~́иться** II *impf pop* swagger, boast; mock (над + *instr*); behave affectedly
кура́нт|ы (*gen pl* ~ов) chiming clock; chimes
кура́ре *neut indecl* curare
кура́тор *lit* curator
курбе́т *sp* curvet
ку́рва *vulg* whore, tart
курга́н barrow, burial mound; tumulus
кургу́з|ый (~) *coll* too short, tight (*of clothes*); dock-tailed; short (*of person*)
курд Kurd; **~́ский** Kurd
курдю́к 1 fat(ty) tail (*of sheep*)
ку́ре|во *pop* material to smoke; tobacco; **~́ние** smoking; incense
кур|ёнок (~ёнка, *pl* ~я́та, ~я́т) *pop* chicken
куре́нь 1 *m* hut, shanty; izba (*on the Don*); *hist* unit of Cossack troops
курза́л hall for entertainment
куриа́льный *leg eccles* curial
кури́лка *coll* smoking-room; жив ~! there's life in the old dog yet!
кури́л|ьница censer; incense-burner; **~́ьня** (*gen pl* ~ен) ~ о́пиума opium den; **~́ьщик** smoker
кури́н|ые (of) poultry, fowl; **~́ый** hen's, chicken's; ~ая грудь pigeon-chest; ~ая слепота́ night-blindness; *bot* buttercup
кур|и́тельный smoking; **~и́ть** II (~ю́, ~́ишь) *pf* по~ smoke, have a smoke; ~ тру́бку smoke a pipe; burn, fumigate (with, + *acc and instr*); ~ ла́даном burn incense; ~ фимиа́м кому́ *fig* burn incense to someone; distil; **~и́ться** II (~́ится); (~́ится) *vi* smoulder, smoke; (~и́тся) emit smoke, steam; (~́ится) *pass of* ~и́ть

ку́р|ица (*pl* ~ы, ~) hen; мо́края ~ *fig coll pej* a wet, a chicken-hearted person; как мо́края ~ like a dying duck in a thunderstorm; слепа́я ~ a person as blind as a bat; ~ам на́ смех it's enough to make a cat laugh, precious little; де́нег ~ы не клюю́т rolling in money
ку́рия *leg eccles* curia
курн|о́й ~а́я изба́ hut having stove but no chimney
курно́с|ый (~) snub-nosed
курово́дство poultry-breeding
кур|о́к (~ка́) cock(ing-piece); взвести́ ~ cock; спусти́ть ~ pull the trigger
куроле́|сить II (~шу) *pf* на~ *pop* play the fool, play tricks
куропа́тка (се́рая) ~ partridge; бе́лая ~ willow grouse; тундряна́я ~ ptarmigan
куро́рт health resort; **~́ник** health resort visitor; **~́ный** *adj of* ~; ~ное лече́ние spa treatment
курослéп buttercup
куро́чить II *pf* рас~ *sl* clean out (*stealing*)
ку́рочка pullet; moorhen
курс *in var senses* course; policy; быть на второ́м ~́е be in second year (*of course of studies*); быть в ~е де́ла be au courant, in the know; держа́ть кого́ в ~ де́ла keep someone informed; держа́ть курс head (for, на + *acc*); *fin* rate (of exchange); **~а́нт** member of a course; student (*of mil academy*)
курси́в italic type, italics; ~ом in italics; **~́ный** *typ* italic
курси́р|овать (~ую) *impf* ply, run, fly (between, ме́жду + *instr*)
курси́стка *obs* girl student
курсо́вка authorization for treatment and board at health resort
курта́ж *comm* brokerage
куртиза́нка courtesan
курти́на *obs* flower-bed; *obs mil* curtain
ку́ртка (man's) jacket
курча́в|иться II (~ится) *impf* curl; **~́ый** (~́) curly, curly-headed
курч|о́нок (~о́нка; *pl* ~а́та, ~а́т) *pop* chicken
ку́ры стро́ить ~ *joc* pay court (to, + *dat*), flirt (with); *pl of* ку́рица
курьёз strange, amusing incident; для, ра́ди ~а for fun; **~́ный** (~ен) curious, amusing
курье́р messenger; courier; **~́ский** *adj of* ~; fast; ~ по́езд express; как на ~ских post-haste
куря́т|ина *coll* chicken, fowl (*as meat*); **~́ник** hen-house, hen-coop
кус 2 *pop* piece, morsel; **~а́ть** I bite; sting; **~а́ться** I bite (*be given to biting*); bite one another; *coll* irritate (*skin*); *coll joc* be exorbitant; **~а́чки** (*gen pl* ~а́чек) pliers; wire-cutters; **~ково́й** lump, broken in lumps; **~о́к** (~ка́) lump, piece, bit, slice, hunk, cake (*of soap*); зараба́тывать (на) ~ хле́ба earn one's bread and butter; у меня́ ~ в го́рло не идёт *fig* I can't swallow, I have a lump in my throat; собира́ть ~ки́ beg; его́ рвут на ~ки́ *coll* he is in great demand
куст 1 bush, shrub; спря́таться (уйти́) в ~ы́ *fig* rat, back out; *econ* group; **~а́рник** *collect* bush(es), shrub(s); shrubbery; **~а́рниковый** ~а́рниковое расте́ние shrub
куста́р|ничать I *coll* be a handicraftsman; exercise a craft at home; *pej* use primitive methods; **~́ничество** *pej* work done by primitive methods; amateurish work; **~́ный** handicraft; ~ные изде́лия handmade goods; ~ная промы́шленность cottage industry; *fig pej* primitive, amateurish; **~́щина** = ~́ничество; **~́ь** 1 *m* handicraftsman
куст|и́стый (~и́ст) bushy *also fig*; **~и́ться** II (~и́тся) *impf* put out side-shoots
кустов|о́й group; ~о́е собра́ние group meeting
ку́т|ать I *pf* за~ muffle up (in, в + *acc*); dress too warmly; **~́аться** *pf* за~ wrap, muffle oneself up (in, в + *acc*)
кутёж 1 drinking-bout; binge, spree
кутерьма́ *coll* commotion, stir, uproar
ку|ти́ла *m coll* fast liver; hard drinker, soak; **~ти́ть** II (~чу́, ~́ишь) go on the booze; go on the razzle; **~тну́ть** I *sem pf of* ~ти́ть go on the binge
кут|о́к (~ка́) *pop* corner (*partitioned off from building*)
куту́зка *pop* gaol, lock-up
кутья́ food (*of sweetened rice, wheat, etc*) eaten at wakes
кух|а́рка cook; **~мистерская** *n obs* small eating-house; **~́ня** (*gen pl* ~онь) kitchen, cookhouse; cuisine, cooking; *sing only fig coll* intrigues, machinations; **~́онный** kitchen; ~онная плита́ kitchen range; ~ шкаф dresser; ~онная латы́нь Low Latin, dog-Latin
ку́цый (~) dock-tailed, bob-tailed; tailless; short (*of clothing*); *fig* limited
ку́ч|а heap(s), pile(s) *also fig*; ~ де́нег *coll* pots of money; вали́ть всё в одну ~у *coll* lump everything together; **~ево́й** cumulus (*of clouds*)
ку́чер (*pl* ~а́) coachman, driver; **~ско́й** coachman's
кучеря́в|ый (~́) *dial* curly(-headed)
ку́ч|ка *dim of* ~а; small group; **~́ный** closely grouped (*of shots*)
куш *coll* windfall, large sum of money; ~ *interj coll* lie down! (*to a dog*)
куша́к 1 sash, girdle
ку́ш|анье food; dish; **~́ать** I *pf* по~, с~ take, have, eat (*in polite invitation or with children*); ~айте, пожалуйста please do start, eat
куше́тка couch
ку́щ|а (*gen pl* ~ *and* ~ей) *obs poet* tent, hut; пра́здник ~ей Jewish Feast of Tabernacles; foliage; cress (*of tree*)
кюве́т *mil* cuvette, cunette; ditch (at side of road); **~́ка** cuvette, bath
кюрасо́ *neut indecl* curaçao
кюре́ *m indecl eccles* curé, curate

Л

лаба́з *obs* corn-chandler's shop; grain, meal shop; **~́ник** *obs* corn-chandler, flour merchant
ла́бать I *usu impf sl* play dance music
лабиал|иза́ция labialization; **~изова́ть** (~изу́ю) *impf and pf* labialize; **~́ьный** labial
лаби́л|ьный (~ен) labile, unstable
лабири́нт labyrinth, maze *also fig*
лаборя́|нт(ка) (female) laboratory assistant; **~то́рия** laboratory; **~то́рный** laboratory
лабрадо́р *min* labradorite
ла́бух *sl* band member, musician
ла́ва lava; *fig* flood, avalanche; *min* drift
лава́нд|а lavender; **~́овый** lavender
лави́на avalanche *also fig*
лави́р|овать (~ую) *impf naut* tack; ~ про́тив ве́тра beat up against the wind; *pf* с~ *fig* manoeuvre, tack
ла́в|ка bench, seat; shop, store; **~́очка** *dim of* ~ка; *coll* racket; закры́ть ~очку *fig coll* close down an activity, shut up shop; **~́очник** shopkeeper, retailer, storekeeper *Am*
лавр laurel, bay(-tree); *pl fig* laurels; пожина́ть ~́ы win laurels; почива́ть на ~́ах rest on one's laurels
ла́вра monastery (*of highest rank*)
лавр|ови́шня cherry-laurel; **~о́вый** laurel, bay; ~ вено́к laurel wreath, *fig* laurels; ~ лист bay leaf; ~о́вая ро́ща laurel grove; ~о́вые *n* Lauraceae
ла́врский monastery
лавса́н lavsan (*synthetic fibre*); **~́овый** lavsan
лаг *naut* log; broadside; пали́ть всем ~́ом fire a broadside; *abbr of* ла́герный camp
ла́г|ерник *coll* camp inmate; **~ерный** camp; **~́ерь** *m* (*pl* ~еря́, ~ере́й) camp; жить в ~еря́х camp out; раски́нуть ~ pitch a camp; снять ~ break (up), strike camp; стать ~ерем camp; стоя́ть ~ерем be encamped; (*pl* ~ери, ~ерей) *fig* camp; де́йствовать на два ~еря have a foot in both camps, sit on the fence
лагли́нь *m naut* log-line
лагу́на lagoon
лад 2 (в ~у́, о ~е́) *coll* harmony, concord; петь в ~ sing in tune; петь не в ~ sing out of tune; повторя́ть одно́ и то́ же на все лады́ be always harping on the same string; запе́ть на друго́й ~ *fig* sing another tune; жить в ~у́ get on well (with, с + *instr*); быть не в ~у́, ~а́х be at odds (with), be at loggerheads (with), not get on (with, с + *instr*); идти́, пойти́ на ~ go well, be successful, take a turn for better; де́ло идёт на ~ things are going well; way, manner; на свой ~ in one's own way; на ста́рый ~ in the old style; *mus* mode, key; мажо́рный ~ major key; *usu pl mus* stop, fret
ла́да *m and f folk poet* beloved
ла́д|ан incense, frankincense; кури́ть ~аном burn incense; дыша́ть на ~ *fig coll* have one foot in the grave; ~ ро́сный benzoin; **~́анка** amulet (*with talisman, etc*)
ла́|дить II (~жу) *impf coll* get on (with), be on good terms (with, с + *instr*); ~ одно́ и то же harp on the same thing; *pop* prepare, make ready; tune (*instrument*); **~́диться** II (~диться) *impf coll* go well, succeed; де́ло не ~дится nothing goes right; **~́дно** *partic coll* all right!; OK!; *adv coll* harmoniously; всё ко́нчилось ~ everything ended happily; **~́дный** (~ден, ~дна́, ~дно) *pop* well-proportioned, well-built, well-knit (*of body, figure, etc*); well-made, well-built, neat; smart, sharp (*of person*); agile, light-footed; melodious
ладо́|нный *anat* palmar; **~́нь** *f* palm (*of hand*); ви́дно как на ~ни plainly, clearly visible, plain to see; **~́ши** *pl* бить (ударя́ть, хло́пать) в ~ *coll* clap one's hands
лад|ья́ (*gen pl* ~е́й) *obs and poet* boat; *chess* castle, rook
лаж *comm* agio
ла́жа *sl* crap, rubbish; **~о́вый** *sl* bad, useless, crappy
лаз manhole; track (*hunting*); стать на ~ get on the track (of)
лазаре́т *mil* field hospital, infirmary, sick quarters; *naut* sick-bay
ла́з|ать I = ~ить
лазе́йка hole, gap; *fig coll* loophole
ла́з|ер laser; **~́ерный** laser
ла́|зить II (~жу) *impf indet* climb, clamber (on to, up, на + *acc*, по + *dat*); ~ на сте́ну climb a wall; ~ по гора́м climb mountains; ~ по кана́ту swarm up a rope; climb, get (into, в + *acc*); ~ в окно́ climb in through the window
лаз|о́ревка blue tit; **~о́ревый** *poet* sky-blue, azure; ~ ка́мень lapis lazuli; **~у́ревый** = ~о́ревый; **~у́рный** (~у́рен) sky-blue, azure; **~у́рь** *f* azure; берли́нская ~ Prussian blue
лазу́тчик *mil* spy, scout
лай bark(ing)
ла́йк|а Eskimo dog, husky; kid(-skin); **~́овый** kid
ла́йнер *naut, aer* liner
лак varnish, lacquer; покрыва́ть ~́ом varnish, lacquer; япо́нский ~ black japan
лака́ть I *pf* вы́~ lap (up)
лаке́й manservant, footman; *fig* lackey, flunkey; **~́ский** manservant's, footman's; *fig* servile; **~́ство** servility, obsequiousness; grovelling; **~́ствовать** (~ствую) cringe, kowtow (to, before, пе́ред + *instr*)
лакир|о́ванный varnished, lacquered; *fig* dazzling, lustrous; ~о́ванная ко́жа patent leather; ~о́ванные ту́фли patent-leather shoes; **~ова́ть** (~у́ю) *pf* от~ varnish, lacquer; *impf fig* embellish, touch up, varnish; ~ действи́тельность put a glossy appearance on things; **~о́вка** varnish(ing), lacquering; *fig* embellishment, touching-up, gloss; *pl pop* ladies' patent-leather shoes; **~о́вщик** varnisher; *fig* embellisher, whitewasher
ла́км|ус litmus; **~́усовый** litmus
ла́ков|ый varnish; varnished, lacquered; patent leather; ~ое де́рево varnish-tree
ла́к|омить II (~омлю) *pf* по~ *obs* regale, treat; **~́омиться** II (~омлюсь) *pf* по~ regale oneself (with), enjoy, treat oneself (to, + *instr*); **~́омка** *m and f coll* gourmand; быть ~омкой have a sweet tooth; **~́омство** sweetmeats, sweets; dainty, delicacy; **~́омый** (~ом) tasty, dainty *also fig*; ~ кусо́чек titbit; *coll* fond (of), partial (to, до + *gen*)

лакони́|зм terseness, conciseness; laconic brevity; **~́ческий** terse, concise; laconic; **~́чность** *f* terseness; laconicism; **~́чный** (~чен) = ~ческий
лакри́|ца, ~́чник *bot* liquorice
лакт|а́ция lactation; **~о́за** lactose
лаку́на *lit* lacuna, hiatus
ла́ма *zool* llama; *rel* lama; **~и́зм** lamaism; **~и́ст** lamaist
Ламанш English Channel
ла́мп|а lamp; *rad* valve, tube; электри́ческая ~ electric bulb; ~ дневно́го све́та fluorescent lamp; ~ нака́ливания incandescent bulb; рудни́чная ~ Davy lamp; **~а́д(к)а** icon-lamp
лампа́с stripe (*on uniform trousers*)
ла́мп|овый lamp; valve tube; ~ выпрями́тель tube rectifier; ~ приёмник valve receiver; ~ усили́тель valve amplifier; **~́очка** (electric light) bulb; small lamp; ма́товая ~ pearl bulb; до ~очки что кому́ *pop* something is not someone's business, something cuts no ice with someone, someone couldn't care less for something
лангéт sirloin cutlet
лангу́ст(а) spiny lobster; rock lobster
ландскне́хт *hist* lansquenet, landsknecht; lansquenet (*card game*)
ландша́фт view, landscape, scenery; *geog* landscape (*also picture*)
ла́ндыш lily of the valley
лани́та *poet* cheek
ланоли́н lanolin; **~́овый** lanolin
ланце́т *med* lancet; вскрыть ~ом lance; **~́ный** lancet; *bot* lanceolate; **~ови́дный** (~ови́ден) *bot* lanceolate
лань *f* fallow deer; doe
ла́п|а paw, foot; pad; *see* ~очка; *pop* hand, paw (*of human being*); попа́сть в ~ы к кому́ *fig coll* fall into someone's clutches; забра́ть кого́ в ~ы *fig coll* get someone in one's clutches; стоять (ходи́ть) на за́дних ~ах (~ках) пе́ред кем dance attendance on someone; положи́ть на ~у кому́, дать в ~у кому́ *fig coll* bribe someone, grease someone's palm; *tech* dovetail, tenon; *naut* fluke; *fig poet* bough (*of conifer*); **~́ать** I *impf pop* paw
лапида́р|ный (~ен) lapidary, terse (*style, etc*)
ла́п|ка *dim of* ~а; гуси́ные ~ки *fig* crow's feet
лапла́нд|ец, ~ский Lapp
ла́пник *coll* spruce forest
ла́п|отник bast-shoe maker; *obs* peasant (wearing bast shoes); **~́отный** ~отная дере́вня backward, tumbledown village; **~́оть** 5 *m* (~тя) bast shoe; ходи́ть в ~тя́х wear bast shoes
ла́почка *dim of* ла́па *sl* dear, sweetie(-pie), darling, honey (*of girl*)
ла́пошник *sl* bribe-taker
лапсерда́к lapserdak (*Jewish coat*)
лапта́ lapta (*game similar to rounders*); (lapta) bat
ла́пушка darling
ла́пчатка *bot* potentilla
ла́пчатый *bot* palmate; web-footed; гусь ~ *pop* old fox, sly rogue; artful dodger
лапша́ noodles; noodle soup
лар|ёк (~ька́) stall
лар|е́ц (~ца́) casket, small chest
ларёчник *coll* stallholder, pedlar
ларинг|и́т laryngitis; **~о́лог** laryngologist, throat specialist; **~оло́гия** laryngology; **~оско́п** laryngoscope; **~отоми́я** laryngotomy
ла́рчик casket; а ~ про́сто открыва́лся the explanation (solution) was quite simple
ла́р|ы (*gen pl* ~ов) ~ы и пена́ты lares and penates
ларь 1 *m* chest, coffer; bin (*flour, etc*)
ла́с|а *coll*, **~́ина** *coll* shiny patch (*on clothes, etc*)
ла́с|ка caress, endearment; kindness; (*gen pl* ~ок) *zool* weasel; **~ка́тельный** (~ка́телен) affectionate, ~ка́тельное и́мя endearing, affectionate, pet name; ~ка́тельные су́ффиксы hypocoristic suffixes; *obs* wheedling, cajoling; **~ка́ть** I *impf* caress, fondle, pet; soothe, please; ~ слух soothe the ear; *obs* comfort, console; **~ка́ться** I *pf* при~ make up (to), snuggle up (to, к + *dat*); fawn upon (*of dog*); *coll* exchange caresses; **~ка́ющий** soothing; **~́ковый** (~ков) affectionate (*of person, etc*); tender (*of voice, glance, etc*); ~ приём cordial reception; ~ ве́тер *fig* soft, caressing wind
лассо́ *neut indecl* lasso
ласт flipper
ла́стик lasting (*material*); *coll* indiarubber
ла́|ститься II (~щусь) *impf* make up (to), fawn (upon, к + *dat and* о́коло + *gen*)
ла́стовица gusset (*in shirt*)
ластоно́гое *zool* pinniped
ла́сточк|а swallow; берегова́я ~ sand-martin; городска́я ~ (house) martin; морска́я ~ tern; прыжо́к в во́ду ~ой swallow dive; пе́рвая ~ *fig* first signs, portent; одна́ ~ весны́ не де́лает *prov* one swallow does not make a summer
лататы́ ~ зада́ть *pop* take to one's heels
лата́ть I *pf* за~ patch (up)
латв|и́ец (~и́йца) Latvian; **~и́йка** Latvian (woman); **~и́йский** Latvian; **Л~́ия** Latvia
латин|иза́ция latinization; **~изи́ровать** (~изи́рую) *impf and pf* latinize; **~и́зм** Latin construction; Latin loan-word; **~и́ст** Latin scholar; Latin teacher; **~́ица** Roman alphabet, Roman letters; **~оамерика́нский** Latin American; **~́ский** Latin; *obs* Roman Catholic; **~́ство** *obs* Roman Catholic faith; *collect* Roman Catholics; **~́щина** Latin culture; Latinity; **~́янин** (*pl* ~яне, ~ян) *hist* inhabitant of Latium; *obs* Roman Catholic
латифу́нди|и (*gen pl* ~й) latifundia, large estates
ла́тка *pop* patch
ла́тник armour-clad warrior
лату́к *bot* lettuce
лату́н|ный brass; **~́ь** *f* brass
ла́т|ы (*gen pl* ~) *hist* armour
латы́нь *f coll* Latin (language)
латы́ш 1 Lett; **~ка** Lett, Latvian (woman); **~́ский** Lettish, Latvian
лауреа́т prizewinner
лафа́ *pred* ему́, ей, *etc* ~ *pop* he, she, *etc* is having an easy time, a grand time, is in luck
лафе́т gun-carriage
лафи́т Lafite (wine); **~́ник** *coll* wineglass
ла́цкан lapel
лачу́га hovel, shack, hut, shanty
ла́|ять I (~ю) *pf* за~ bark, bay; *fig pop* curse, scold, swear at; **~́яться** I (~юсь) *pop* rail (at), curse, swear (at, на + *acc*)
лг|анье́ lying, lies; **~ать** (~у, лжёшь, ~ут; ~ала́, ~а́ло) *pf* со~ lie, tell lies; *pf* на~ slander (на + *acc*); **~ун** 1 liar; **~уни́шка** *m coll pej* little liar; **~у́нья** (*gen pl* ~у́ний) *f of* ~ун liar, fibber
лебеда́ *bot* goosefoot, orach(e)
леб|едёнок (~едёнка; *pl* ~едя́та, ~едя́т) cygnet; **~еди́ный** swan, swan's, swanlike; ~еди́ная пе́сня *fig* swansong; ~еди́ная по́ступь graceful gait; идти́ ~еди́ной по́ступью glide like a swan; ~еди́ная ше́я swanlike neck, *tech* S-bend pipe; **~ёдка** *coll*

(female) swan, pen(-swan); *tech* winch, windlass; **~едь** 5 *m* swan, cob(-swan)
лебе|зи́ть II (~жу́) *impf coll* fawn (upon), grovel (to), dance attendance (on), kowtow (to, пе́ред + *instr*)
лебя́жий swan, swan's; swanlike; ~ пух swan's down
лев (льва) lion; морско́й ~ sea-lion; муравьи́ный ~ ant-lion; све́тский ~ (social) lion; (ле́ва) lev (*Bulgarian monetary unit*)
лева́да riparian woodlands (*flooded in South Russia during thaw*); plot of land (*near house, settlement, etc, in South Russia*)
лев|а́к 1 *pop pej* one who works for himself on the side; **~а́цкий** *pol* leftist; **~а́чество** *pol* leftism; **~ачи́ть** II *pf* с~ *pop* work on the side; **~е́ть** I *pf* по~ *pol* move to the left
левиафа́н leviathan
левизна́ left-wing tendency, radicalism
левко́й stock, gillyflower
ле́во *adv naut* to port; ~ руля́! port helm!; ~ на борт! hard-a-port!; **~бере́жный** left-bank
левре́тка Italian greyhound
лев|ша́ *m and f* (*gen pl* ~ше́й) left-handed person; *sp* left-hander; **~ый** left; left-hand; *naut* port; ~ая сторона́ left-hand side, near side (*horse, car, etc*); wrong side (*of material*); ~ укло́н left deviation; встать с ~ой ноги́ get out of bed on the wrong side; *pol* leftist, left-wing; *n pl pol* the Left, left-wingers
лега́в|ый ~ая соба́ка (длинношёрстная) setter; (короткошёрстная) pointer; *n pop* dick, sleuth; informer
легал|иза́ция legalization; **~изи́ровать(ся)** (~изи́рую(сь)) = ~изова́ть(ся); **~изова́ть** (~изу́ю) *impf and pf* legalize; **~изова́ться** (~изу́юсь) *impf and pf* become legal; **~ьный** (~ен) legal
лега́т legate
лега́то *adv mus* legato; *neut indecl* legato, slur
леге́нд|а legend; **~а́рный** (~а́рен) legendary *also fig*; *fig* fabulous; renowned, celebrated
легио́н legion; иностра́нный ~ Foreign Legion; о́рден почётного ~а Legion of Honour; и́мя им ~ their name is legion; **~е́р** legionary
леги́р|ованный *tech* alloy(ed); **~овать** (~ую) *impf* alloy
легислату́ра *leg* term (of office); legislature
легитими́|зм legitimism; **~ст** legitimist
лёг|кий (~ок, ~ка́, ~ко́, ~ки́; ле́гче; легча́йший) light (*in weight*); light(-footed), graceful; fleet-footed; easy; ~ слог simple style; ~ уро́к easy lesson; ~кая му́зыка light music; ~ успе́х easy success; ~кая жизнь life of ease, easy life; light, slight, mild (*frost, punishment, pain, cold, illness, etc*); ~ таба́к mild tobacco; lax, easy, loose (*of morals*); easygoing, nice (*disposition, etc*); ~кая промы́шленность light industry; ~ки́ на поми́не! talk of the devil!; у неё ~кая рука́ she brings luck; с ~ким се́рдцем, с ~кой душо́й with a light heart; с ва́шей ~кой руки́ *coll* thanks to your initiative; ле́гче на поворо́тах! *pop* watch your step!, mind how you go!; **~ко́** *adv* easily, slightly, lightly; *pred* it is easy; ~ сказа́ть it's easier said than done; **~коатле́т** field and track athlete; **~кове́рие** credulity, gullibility; **~кове́рный** (~кове́рен) credulous, gullible; **~кове́с** *sp* light(-weight); *fig* trivial, flimsy, superficial (*argument, article, etc*); **~ково́й** passenger; ~ автомоби́ль, ~кова́я маши́на (passenger-)car; ~ изво́зчик cabby, cabman; **~ковушка** *pop* (passenger-)car
лёгк|ое *n* lung; воспале́ние одного́ ~ого, обо́их ~их single, double pneumonia; *sing only* lights
легк|омы́сленный (~омы́слен, ~омы́сленна) frivolous, flippant; light-minded, thoughtless (*attitude, action, person, etc*); **~омы́слие** frivolousness, flippancy; light-mindedness, thoughtlessness; levity; **~опла́вкий** (~опла́вок) fusible, easily melted; **~ость** *f* lightness; ease, easiness, facility; nimbleness
лег|о́нько *adv pop* slightly, gently; carefully; **~очник** *coll* lung specialist; lung-patient; **~очный** pulmonary; **~ча́ть** I (~ча́ет) *impf pop* abate, lessen; *pf* по~ *impers + dat* ease, go off (*of pain*); мне полегча́ло I began to feel better
лёд (льда, на льду́) ice; затёртый льда́ми icebound, caught in the ice; ~ тро́нулся *fig* things are moving
лед|а́щий (~а́щ) *pop* feeble, puny, weakly
ледене́|ть I *vi pf* за~ *and* о~ turn to ice; be chilled to the bone, become stiff with cold; кровь ~ет the blood runs cold
леден|е́ц (~ца́) fruit-drop, sugar candy
леден|я́стый (~ист) frozen; icy; **~и́ть** II (~и́т) *vt pf* о~ freeze, turn to ice; *fig* chill; **~я́щий** chilling, icy, freezing; его́ охвати́л ~ у́жас he was horror-stricken
ле́ди *f indecl* lady
ле́д|ник ice-house; icebox *Am*; **~ни́к** glacier; **~нико́вый** glacial; ~ пери́од ice age; **Се́верный Л~ови́тый океа́н** Arctic Ocean; **~о́вый** ice; ~о́вые пла́вания Arctic voyages; **~око́л** ice-breaker; **~оре́з** ice-cutter, ice-breaker; *tech* starling; **~ору́б** ice-axe; **~оста́в** freeze-up, freezing-over (*of rivers, etc*); **~охо́д** drifting of ice (*during thaw or freeze-up*); **~ы́шка** *coll* lump of ice; у меня́ ру́ки как ~ы́шки my hands are like blocks of ice; **~яно́й** ice; icy *also fig*; ice-cold; ~яно́е стекло́ frosted glass; ~яны́м то́ном in an icy tone
леж|а́к 1 plank bed (*for beach, etc*); **~а́лый** stale; **~а́нка** stove-bench; **~а́ть** II *impf* lie; be (situated); ~ в посте́ли keep to one's bed; ~ больны́м be laid up; ~ с воспале́нием лёгких be down with pneumonia; ~ в больни́це be in hospital; ~ в дре́йфе *naut* lie to; го́род ~и́т на холме́ the town is situated, lies on a hill; э́то ~и́т на его́ обя́занности it is his duty; э́то ~и́т у меня́ на со́вести it lies heavy on my conscience; все забо́ты ~а́ли на мне I had all the worry; э́то ~и́т у меня́ на душе́ this is on my mind; у меня́ душа́ не ~и́т к э́тому my heart isn't in it; ~ под сукно́м be shelved, lie on the shelf; ~ в осно́ве underlie; ~ на боку́, на печи́ *coll* idle away one's time; **~а́ться** II (~и́тся) *impf* мне что-то не ~и́тся I don't feel like lying; **~а́чий** recumbent, lying; ~ больно́й bed-patient; в ~а́чем положе́нии in a lying position; ~а́чего не бьют *prov* never hit a man when he is down; не бей ~а́чего *pop* dead easy (*of work, task, etc*); **~бище** breeding-ground (*of aquatic mammals*); ~ тюле́ней seal-rookery; **~ебо́ка** *m and f coll* lazybones, sluggard, idler; **~ень** *m* (~ня) *tech* ledger, foundation beam; (railway) sleeper; **~ка** lying; лежа́ть в ~ку *coll* be on one's back (*of sick person*); напи́ться в ~ку *pop* get blind drunk; lair (of wild animal); **~мя́** ~ лежа́ть *coll* lie flat on one's back
ле́звие edge (*of cutting instrument*) (safety-)razor blade

лезгинка lezghinka (*dance*)

лез|ть (~у, ~ешь, ~ут; ~, ~ла) *det of* лазить *pf* по~ climb (on to, up, на + *acc*, по + *dat*); clamber, crawl (through, into, в + *acc*; under, под + *acc*); penetrate by stealth, break in (someone's house, etc., в + *acc*); bother, make advances (to, к + *dat*); fit (into, в + *acc*); эти перчатки мне не ~ут these gloves are too small for me; thrust, put one's hand (into, в + *acc*); slip out of position; fall out, come out (*of hair, fur, etc*); come to pieces (*of fabrics, leather, etc*); ~ на стену *fig coll* climb up the wall; ~ в бутылку *pop* fly off the handle about nothing; не ~ в карман за словом not to be at a loss for a word; ~ кому в душу worm one's way into someone's confidence; ~ не в своё дело poke one's nose into other people's business; ~ в петлю *coll* put one's head in a noose; ~ на глаза put oneself forward; ~ в драку be looking for a fight

лейб|-гвардия *hist* Life Guards; **~-медик** *hist* physician in ordinary

лейборист *pol* Labourite; **~ский** Labour

лейденск|ий ~ая банка Leyden jar

ле|йка (*gen pl* ~ек) watering-can; *naut* bail(er), scoop; *coll* funnel; Leica (*camera*)

лейк|емия *med* leukaemia; **~ома** *med* leucoma; **~оцит** *med* leucocyte, white blood corpuscle

лейтенант lieutenant; младший ~ second lieutenant; старший ~ lieutenant

лейтмотив *mus* leitmotiv *also fig*; *fig* burden; theme

лекал|о *tech* mould, template, gauge; (French) curve; **~ьщик** pattern, gauge maker

лек|арственный medicinal; officinal; **~арство** medicine (for, от + *gen*); drug; **~арь** 5 *m obs or coll pej* physician, doctor

лекс|ика vocabulary; **~икограф** lexicographer; **~икографический** lexicographical; **~икография** lexicography; **~иколог** lexicologist; **~икология** lexicology; **~икон** lexicon, dictionary; vocabulary; **~ический** lexical

лек|тор lecturer; **~торий** lecturing centre, bureau; lecture-hall; **~тория** *obs* reading-room (*in library*); **~торский** lecturing, lecturers'; **~торская** *n* lecturers' common room; **~торство** lecturing; lectureship; **~триса** lectrice, lecturer; **~ционно-демонстрационный** ~ зал lecture-hall (with apparatus); **~ционный** lecture; ~ зал lecture-room; **~ция** lecture; читать ~цию lecture, deliver a lecture (on, по + *dat*), *fig coll* read a lecture (to, + *dat*)

леле|ять I (~ю) *pf* вз~ cherish (*person*); *fig* foster, cherish; ~ мечту cherish a hope, dream (about, of, о + *prep*)

лемех (*pl* ~а, ~ов) ploughshare

лемма *math* lemma

лемминг *zool* lemming

лен *hist* fief, fee; отдавать в ~ give in fee

лемур *zool* lemur

лён (льна) flax; волосы как ~ flaxen hair; дикий ~ toad flax; ~-моченец water-retted flax; горный ~ *min* asbestos

ленив|ец (~ца) = лентяй *zool* sloth; *tech* idler, idling sprocket; **~ый** (~, ~а) lazy, idle, indolent; sluggish; ~ые щи cabbage soup; ~ые вареники curd cheese dumplings

лен|инец (~инца) Leninist; **~инизм** Leninism; **~инский** Leninist, of Lenin

лен|иться II (~юсь, ~ишься) *pf* по~ be lazy, idle; be too lazy (to, + *infin*)

ленн|ик *hist* vassal, feudatory; **~ый** *hist* feudal, feudatory

леность *f* laziness, sloth(fulness), indolence

лент|а ribbon, band; ~ на шляпе hat-band; ~ для волос fillet; *tech* tape, belt, band; гусеничная ~ caterpillar track; измерительная ~ tape-measure; изоляционная ~ insulating tape; конвейерная ~ conveyor belt; магнитная ~ magnetic (recording) tape; патронная ~ cartridge belt; перфорированная ~ perforated (computer) tape; виться ~ой wind its way, meander; **~очка** ribbon; **~очный** ribbon; ~ глист, червь tape-worm; ~очная пила band-saw; ~очная подача belt feed; ~ тормоз handbrake; ~ транспортёр conveyor belt

лен|тяй lazybones, slacker; **~тяйничать** I *impf coll* loaf, idle, slack; **~ца** *coll* predisposition to laziness; с ~цой *coll* rather lazy; работать с ~цой *coll* slack

ленчик saddle-tree

лень *f* laziness, idleness, indolence; sloth; *pred* + *dat and infin coll* be too lazy, not to feel like; (все), кому не ~ everybody who feels like it; не ~ тебе это делать? *coll* why on earth are you doing it?; (мне) ~ идти *coll* (I) don't feel like going

леопард leopard

леп|ень *m* (~ня) *sl* suit

лепест|ковый petalled; **~ок** (~ка) petal

лепе|т babble (*of talk, stream, etc*); prattle; детский ~ baby-talk, prattle, drivel; murmur(ing); **~тать** I (~чу, ~чешь) *pf* про~ babble, prattle (*of child*); murmur

лепёха *sl* suit of clothes

лепёшк|а flat cake, scone; *med* tablet, lozenge; мятная ~ mint lozenge; clot; ~ грязи clot of mud; разбиться, расшибиться в ~у *coll* strain every nerve, move heaven and earth; ~у сделать из кого *pop* make mincemeat of someone

лепила *sl* doctor, medic

леп|ить II (~лю, ~ишь) *pf* вы~ sculpture, fashion, mould, model (*statue, bust, etc*); *pf* с~ build, make, form (*out of soft material*); ~ из глины model in clay; *pf* на~ *coll* stick (on, на+ *acc*); **~иться** II (~ится) *impf* cling (to), hug (к + *dat*, по + *dat*); *pop* crawl (along); **~ка** modelling; **~ной** moulded, modelled; ~ное украшение stucco moulding

лепрозорий lazaret, hospital for lepers

лепт|а mite, contribution; внести свою ~у make one's contribution

лепщик modeller, sculptor

лес (~а (~у); в ~у, о ~е; *pl* ~а, ~ов) forest, wood; красный (хвойный), чёрный (лиственный) ~ coniferous, deciduous forest; быть как в ~у *coll* be all at sea, be baffled; (где) ~ рубят, (там) щепки летят *prov* you can't make an omelette without breaking eggs; кто в ~, кто по дрова *prov* all at sixes and sevens, haphazardly, one pulls one way and the other pulls the other way, ragged (*usu of singing or playing an instrument*); (в ~е) *sing only collect* timber, lumber *Am*; ~ на корню standing timber; ~а *pl only* scaffolding, staging; pit props; **~а** (*also* ~а; *pl of both* лёсы) fishing-line

лесби|йский of Lesbos; ~йская любовь lesbianism; **~янка** Lesbian

лесенк|а short flight of stairs; short ladder, steps; ~ой идти go in single file

лес|ина *pop* felled tree; **~истый** (~ист) wooded, woody; ~истая местность woodland; **~ка** fishing-line; **~ник** 1 woodman, forester; **~ничество**

forestry (area); ~**ничий** forester, forestry officer, warden; ~**ной** forest; woodland; ~ные богатства timber resources; ~ житель forest-dweller; ~ пейзаж woodland scenery; ~ питомник forest nursery; ~**овод** forestry expert; ~**оводство** forestry; ~**оводческий** forestry; ~**озавод** timber mill; ~**озаготовка** timber cutting; logging, wooding, lumbering *Am*; ~**озащитный** forest-protection; ~**ок** (~ка) wood, copse, grove; ~**оматериал(ы)** timber, lumber *Am*; склад ~оматериалов timber-yard; ~**онасаждение** afforestation; *usu pl* plantation; ~**оохранение** forest preservation; ~**опарк** forest park; ~**опилка** saw-mill; ~**опильный** wood-sawing; ~ завод saw-mill; ~**опильня** small saw-mill; ~**опосадки** (*gen pl* ~опосадок) forest plantations; ~**опромышленность** *f* timber industry; ~**оразработки** (*gen pl* ~оразработок) timber exploitation, forest workings; ~**оруб** lumberjack, woodcutter, logger; ~**осека** felling area; ~**осплав** timber rafting; ~**остепь** *f* forest-steppe; ~**отаска** timber grab, log hauler, skidder; ~**отундра** wooded tundra, forest-tundra

лёсс loess

лестн|ица stairs, staircase; ladder, steps; верёвочная ~ rope-ladder; парадная ~ main staircase; пожарная ~ fire-escape; складная ~ step-ladder; чёрная ~ backstairs; ~**ичный** stair; ~ичная клетка well (*of stairs*)

лест|ный (~ен) flattering, gratifying; complimentary; approving, praising; ей было ~но she felt flattered; ~**ь** *f* flattery; adulation

лёт (о ~е, на ~у) flight; стрелять в птицу в ~ shoot at a bird in flight; на ~у in the air, on the wing, *fig coll* hurriedly, in passing; хватать (что) на ~у take (something) in one's stride, be quick on the uptake

Лет|а Lethe; кануть в ~у sink into oblivion

лет|а *neut pl* age; years; сколько ей ~? how old is she?; мне больше, меньше пятидесяти ~ I am over, under fifty; с детских ~ from childhood; средних ~ middle-aged; одних ~ of the same age; в ~ах getting on in years; на старости ~ in one's old age; сколько ~, сколько зим! fancy meeting you after all these years!; он развит не по ~ам he is precocious; многая лета! may (you) live for many years!, may (you) have a long life!; *gen pl of* год years; прошло много, несколько, столько ~ many, several, so many years have passed

летальный lethal, fatal

летарги|ческий lethargic; ~**я** lethargy

лет|ательный flying; ~ аппарат aircraft; ~ательная перепонка *zool* web, membrane; ~**ать** I *indet impf of* ~еть fly; *coll* go flying, fall; ~**ающий** flying; ~ающая лягушка *zool* tree-frog; ~**еть** II (лечу) *det of* ~ать, *pf* по~ fly; *fig* fly, rush, tear; ~ на всех парах run, rush at full tilt; flutter (*of butterfly*); *fig coll* fall (*of prices, shares, etc*)

лётка *tech* tap hole; slag notch

летн|ий summer; ~**ик** *bot* annual

лётн|ый flying, suitable for flying; ~ое поле airfield; ~ая школа flying school

лет|о summer; бабье ~ Indian summer; ~ом *adv* in the summer

лет|ок (~ка) entrance (*to beehive*)

лет|описание writing of chronicles; ~**описец** (~описца) chronicler, annalist; ~**опись** *f* chronicle(s), annals; ~**осчисление** chronology

лету|н 1 *coll* flyer; *fig coll* rolling-stone, drifter; ~**чий** (~ч) flying *also fig*; ~чая мышь bat; ~чая рыба flying-fish; ~ митинг emergency, ad hoc meeting; *chem* volatile; *fig* ephemeral, passing; ~ ревматизм shifting rheumatism; ~**чка** *coll* leaflet; emergency, ad hoc meeting; mobile detachment; хирургическая ~ mobile surgical unit; *bot* pappus, egret

лётчик pilot; flyer, aviator, airman; ~-испытатель *m* test pilot; ~-истребитель *m* fighter pilot; ~-наблюдатель *m* observer

леч|ебница clinic, hospital; ~**ебный** medical; medicinal; therapeutic, curative; ~**ение** treatment; амбулаторное ~ение out-patient treatment; ~**ить** II (~у, ~ишь) *impf* treat (for, от + *gen*); *pf* вы~, из~ cure; ~**иться** II (~усь, ~ишься) undergo treatment (for), be treated (for, от + *gen*); у кого вы ~итесь? who's your doctor?

лечь (лягу, ляжешь, лягут; лёг, легла; лёгший; ляг) *pf of* ложиться

леш|ий (*gen* ~его) wood-goblin; (иди) к ~ему! *pop* go to blazes!, go to hell!; какого ~его! *pop* damnation!

лещ 1 bream

лещина *bot* hazel

лже- pseudo-, false-, mock-; ~**наука** pseudo-science; ~**присяга** *leg* perjury; ~**пророк** false prophet; ~**свидетель** *m* false witness, perjurer; ~**свидетельство** false witness, perjury; ~**свидетельствовать** (~свидетельствую) *impf* give false evidence); ~**учение** false doctrine; ~**учёный** pseudo-scientist; ~**ц** 1 liar

лжив|ость mendacity, falsity; ~**ый** (~) mendacious, lying, untruthful; ~ые речи false words

ли (ль) *conj* whether, if; не знаю, придёт ли она I don't know whether she will come; ли ... ли whether ... or; больна ли она, не больна ли она whether she is ill or not ill; *inter partic* дома ли он? is he in?; то ли правда, то ли нет it may be true, it may not be; это английская папироса, что ли? I suppose that's an English cigarette

лиана *bot* liana

либерал liberal; ~**изм** liberalism; excessive tolerance; ~**ьничать** I *pf* с~ play the liberal; *coll pej* show excessive tolerance (towards, с + *instr*); ~**ьность** *f* liberal views; ~**ьный** (~ен) liberal; over-tolerant

либо *conj* or; ~ ... ~ either ... or

либретт|ист librettist; ~**о** *neut indecl* libretto

лив|ень *m* (~ня) downpour, heavy shower; cloudburst; *fig* hail; ~ свинца hail of lead

лив|ер *cul* pluck; *tech* pipette, siphon; ~**ный** liver; ~ная колбаса liver sausage

лив|мя *adv coll* дождь ~ льёт it's coming down in torrents (*of rain*); ~**невый** shower, rain; cumulonimbus

ливре|йный livery; ~**я** livery

лига league; Л~ наций League of Nations

лигатура alloy, alloying element; *ling, med* ligature

лигнит lignite

лид|ер *pol, sp* leader; *sp* pacer; *naut* flotilla leader; ~**ерство** *pol* leadership; *sp* lead, first place; ~**ировать** I (~ирую) *impf sp* lead, be in the lead, act as pacer

ли|зать I (~жу, ~жешь) *sem pf* ~знуть lick *also fig*; ~ пятки кому *fig coll* lick someone's boots; ~**заться** *impf* lick oneself; lick one another; ~**знуть** I *sem pf of* ~зать; ~**зоблюд** *coll* lickspittle

лизол lysol

лик *obs lit* countenance; image, face (*on icon*); *fig*

face; *obs* throng, communion; причи́слить к ~у святы́х *eccles* canonize
ликбе́з *abbr of* ликвида́ция безгра́мотности eradication of illiteracy; rudiments, ABC
ликвид|а́тор liquidator; **~а́ция** *comm* liquidation; settlement (*of debts, etc*); *pol* liquidation, elimination, wiping out; **~и́ровать** (~и́рую) *impf and pf* liquidate, settle, wind up; eliminate, wipe out, kill; abolish, do away with; **~и́роваться** (~и́руется) *impf and pf* be wound up
ликёр liqueur
лик|ова́ние jubilation, rejoicing, exultation; **~ова́ть** (~у́ю) *impf* be jubilant, rejoice, exult, triumph; **~у́ющий** jubilant, exultant
лиле́йный *poet* lily-white; *bot* liliaceous
лилипу́т Lilliputian
ли́лия lily; водяна́я ~ water lily
лилов|е́ть I *pf* по~ turn violet; **~ый** lilac, violet
лима́н estuary; **~ный** estuarine
лимб *astron, tech* limb
лими́т limit, quota; **~и́ровать** (~и́рую) *impf and pf* limit, fix a quota
лимитро́ф limitrophe; border state
лимо́н lemon; вы́жатый ~ *fig* squeezed orange, worn-out person; **~а́д** lemonade, lemon squash; **~noки́слый** *chem* citric-acid; **~ный** lemon; ~ная кислота́ citric-acid
лимузи́н limousine
ли́мфа *physiol* lymph; **~ти́ческий** lymphatic
лингви́ст linguist; **~ика** linguistics; **~и́ческий** linguistic
лине́|йка (*gen pl* ~ек) line (*on paper, etc*); тетра́дь в ~йку lined notebook; line, parade; выстра́иваться в ~йку form up in line, go on parade; торже́ственная ~ ceremonial parade; но́тные ~йки *mus* staves; ruler; логарифми́ческая ~ slide rule; набо́рная ~ *typ* type scale; ла́герная ~ camp boundary; *obs* brake, wagonette; **~йный** *math* linear; line; ~йные ме́ры linear measures; ~ кора́бль battleship; ~йные войска́ troops of the line; *n mil* marker; **~к** (линька́) *naut see* **линь**
ли́нза lens
ли́н|ия line (*in var senses*); ~ желе́зной доро́ги railway-line, railroad track *Am*; ~ поведе́ния policy, line of conduct; ~ прице́ливания line of sight; вести́, проводи́ть ~ию pursue a policy; идти́ по ~ии наиме́ньшего сопротивле́ния take the line of least resistance; *fig* area, sphere (of activity); же́нская, отцо́вская ~ mother's, father's side; по ~ии *prep + gen* in the area, sphere of; **~ко́р** *abbr of* лине́йный кора́бль battleship
линко́р (лине́йный кора́бль) (*pl* ~а́) battleship
линобати́ст lawn, cambric
лин|ова́ть (~у́ю) *pf* на~ rule, line
лино́леум linoleum
linoти́п Linotype
линч зако́н, суд **~а** lynch law; **~ева́ть** (~у́ю) *impf and pf* lynch
линь 1 *m zool* tench; *naut* line
ли́нька moulting, shedding
лин|ю́чий (~ю́ч) *coll* liable to fade; ~ю́чая мате́рия material that runs (in the wash); **~я́лый** *coll* faded, discoloured; moulted; **~я́ть** I (~я́ет) *pf* по~, с~ fade, lose colour; run (*in the wash*); *pf* вы́~ shed hair, cast the coat (*of animals*); moult, shed feathers (*of birds*); slough (*of snakes*)
ли́п|а lime(-tree), linden; *pop* forgery; *sl* false papers; *sl* phoney; **~а́ч** 1 *sl* counterfeiter; **~ка** *dim of* ~a lime(-tree); его́ как ~ку ободра́ли *pop* he was fleeced, stripped of everything
ли́п|кий (~ок, ~ка́, ~ко) sticky; adhesive; ~ пла́стырь sticking (adhesive) plaster; **~нуть** (~ *and* ~нул, ~ла) *impf* stick (to), cling (to, к + *dat*); *fig coll* fasten (on to), cling (to, к + *dat*)
лип|ня́к 1 lime-grove; **~овый** lime; ~ цвет lime-blossom; ~ чай lime-leaf tea; *pop* sham, fake, forged, counterfeit, phoney
липу́ч|ий (~) *coll* sticky; adhesive; **~ка** *coll* sticking, adhesive plaster, sticky paper; ~ для мух fly-paper
ли́ра lyre; lira (*Italian monetary unit*)
лир|и́зм lyricism; **~ик** lyric poet; **~ика** lyric poetry, lyrics; *fig pej* lyricism; *coll* sentiment; пуска́ться в ~ику indulge in sentiment; **~и́ческий** lyric (*of lyric poetry*); lyrical (*of mood, etc*); ~ беспоря́док *coll* poetic disorder; **~и́чный** (~и́чен) lyrical, full of lyricism; **~ник** *hist* lyrist (*in Ukraine*); **~охво́ст** *zool* lyre-bird
лис *obs* (dog-)fox; **~а́** 2 fox *also fig*; чернобу́рая ~а́ silver fox; Л~ Патрике́евна *folk* Reynard; прики́дываться ~о́й *fig coll* fawn, toady; **~ёнок** (~ёнка; *pl* ~я́та, ~я́т) fox-cub; **~ий** fox; ~ мех fox fur; ~ьи но́ры foxholes; ~ хвост (fox-)brush; **~иный** *fig* crafty; ~ взгляд crafty look; **~и́ть** II (~и́шь) *impf coll* fawn, flatter; **~и́ца** fox; vixen; **~и́чка** fox; chanterelle (*mushroom*); paper-chase
лист 1 (*pl* ~ья, ~ьев) leaf (*of plant*), blade (*of cereal*); (*pl* ~ы́, ~о́в); leaf, sheet (*of paper, etc*); похва́льный ~ testimonial; certificate of progress (*in school*); plate (*metal*); в ~ in folio; корректу́ра в ~а́х page-proofs; печа́тный ~ printer's sheet, quire; свёрстанные ~ы́ page-proofs; игра́ть с ~а́ *mus* play at sight; исполни́тельный ~ writ of execution; опро́сный ~ questionnaire; охра́нный ~ safe-conduct; **~а́ж** 1 number of sheets (*in book*); **~ать** I *impf coll* go through the pages (of), turn the pages (of); **~ва́** *collect* leaves, foliage; **~венница** larch; **~венный** *bot* deciduous; **~о́вка** leaflet; **~ово́й** leaf; sheet; ~ова́я сталь sheet steel, steel plate; **~о́к** (~ка́) leaflet; leaf; sheet (of paper); боево́й ~ wall news-sheet; ~ нетрудоспосо́бности doctor's certificate; **~опа́д** fall of leaves (*in autumn*), turn of the year; **~опа́дный** deciduous
лит- *abbr of* литерату́рный
лита́вр|щик (kettle-)drummer; **~ы** *f pl* kettledrum
лите́й|ная *n* foundry, smelting-house; **~ный** founding, casting; **~щик** founder, caster
ли́т|ер travel warrant; **~ера** *typ* type; *obs* letter (*of alphabet*); **~ера́тор** writer, man of letters, literary man; **~ерату́ра** literature; техни́ческая ~ technical publications; худо́жественная ~ belles-lettres, literature; **~ерату́рный** (~ерату́рен) literary; **~ературове́д** literary scholar, specialist in literature; **~ературове́дение** study of literature, literary studies; literary criticism; **~ературове́дческий** literary; **~ерату́рщина** *coll pej* striving after literary effect, literary pretentiousness; **~ерный** lettered; designated by letter only (*for security reasons*); *coll* free; ~ биле́т free pass; **~ерова́ть** (~еру́ю) *impf and pf* rate, evaluate by letter
ли́тий lithium
лито́в|ец (~ца) Lithuanian; **~ка** Lithuanian (woman); **~ский** Lithuanian
лито́граф lithographer; **~и́ровать** (~и́рую) *impf and pf* lithograph; **~ия** lithograph; lithography; **~ский** lithographic
лит|о́й cast; ~а́я сталь cast, ingot steel

литр litre; ~**áж** 1 litre capacity; ~**óвка** *pop* litre bottle of vodka; ~**óвый** litre

литург|и́ческий liturgical; ~**и́я** liturgy

лить (лью, льёшь; лил, лилá, ли́ло; лей; ли́тый) *vi and vt impf* pour; shed, spill; дождь льёт как из ведрá it is pouring with rain; ~ слёзы shed tears; ~ мáсло в огóнь add fuel to the fire; ~ вóду на чью мéльницу play into someone's hands; *pf* с~ *tech* cast, found, mould; ~**ё** *tech* casting, founding, moulding; *collect* castings, mouldings; ~́**ся** (льётся; ли́лся, лилáсь, ли́лóсь) flow, stream, pour

лиф bodice

лифт lift, elevator *Am*; ~**ёр** lift-man, lift operator, elevator-boy *Am*; ~**ёрша** lift-girl, elevator-girl *Am*

ли́фчик brassière; (child's) bodice

лихáч 1 *obs* driver of smart cab; daredevil; *pej* reckless driver, road-hog; ~́**ество** recklessness, foolhardiness

лихв|á *obs* interest; usury; отплати́ть с ~óй *coll* repay with interest

ли́х|о *n coll* evil, ill; не поминáй(те) меня́ ~ом *coll* remember me kindly, let bygones be bygones; хвати́ть, хлебнýть ~а taste misfortune; узнáть, почём фунт ~а *coll* plumb the depths of misfortune; ~**одéй** *obs* evil-doer; ~**одéйство** *obs* evil-doing; ~**óимец** (~óимца) *obs* usurer, extortioner; ~**óимство** *obs* bribery, corruption, extortion; ~**óй** (~, ~á, ~о; ~́и́; ли́ше) *obs pop* evil; ~á бедá начáло *coll* the first step is the hardest; dashing; jaunty; ~**олéтье** *obs* time of troubles; ~**орáдить** II (~орáжу) *impf* be feverish; *impers* меня́ ~орáдит I am feverish, I feel feverish; стрóйку ~орáдит *coll* the building-site is a hive of feverish activity; ~**орáдка** fever *also fig*; перемежáющаяся (болóтная) ~ malaria; крапи́вная ~ nettle-rash; ~**орáдочность** *f* feverishness; *fig* feverish excitement; ~**орáдочный** (~орáдочен) feverish; ~́**ость** *f* daring, dash; speed; jauntiness; deftness

ли́хтер *naut* lighter

лиц|евáть (~ýю) *pf* пере~ turn (*of clothing*); ~**евóй** *anat* facial; ~евáя сторонá façade, face, front (*of building*); right side (*of material*); obverse (*of coin*); ~евáя рýкопись illuminated manuscript; ~**едéй** *obs* actor; *fig* dissembler; ~**едéйство** *obs* performance; *fig* dissembling, pretence; ~**езрéть** II *pf* у~ *obs iron* contemplate, witness with one's own eyes

лице|и́ст pupil of Lyceum, lycée; ~́**й** Lyceum; lycée (in France); ~́**йский** Lyceum, lycée

лицемéр hypocrite; ~́**не** hypocrisy; ~́**ить** II *impf* be hypocritical, be a hypocrite; dissemble; ~́**ный** (~ен) hypocritical

лицéнзия *econ* licence

лицеприя́т|ие *obs* partiality; ~́**ный** (~ен) *obs* partial; ~́**ствовать** (~ствую) *impf obs* be partial

лиц|ó 6 face; черты́ ~á features; измени́ться, перемени́ться в ~é, ~óм change countenance; character; не имéть своегó ~á have no character; знать когó в ~ know someone by sight; сказáть комý в ~ say to someone's face; э́то емý к ~ý it suits him; на ней ~á нет she is as white as a sheet, she looks awful; ~óм в грязь не удáрить not to disgrace oneself; ~óм к ~ý face to face; постáвить ~óм к ~ý confront; пéред (пред) ~óм in the face (of, + *gen*); на ~é напи́сано you can read in someone's face; показáть своё (настоя́щее) ~ show one's true worth; (исчезáть) с ~á земли́ (vanish) from the face of the earth; пóстное ~ pious expression; они́ на однó ~ not a pin to choose between them, as like as two peas; person; дéйствующее ~ *theat* character; дéйствующие ~́а dramatis personae; должностнóе ~ official, functionary; перемещённое ~ displaced person; подставнóе ~ stooge, man of straw; физи́ческое ~ *leg* natural person; юриди́ческое ~ *leg* juridical person; в ~é in the person (of, + *gen*); от ~á in the name, on behalf (of, + *gen*); невзирáя на ~́а without respect of persons

личи́н|а mask; *fig* guise; под ~ой in the guise, under cover (of, + *gen*); сорвáть ~у с когó unmask someone; *tech* key-plate, scutcheon

личи́нка larva; grub; maggot; боевáя ~ *mil* bolt head (*of rifle*); elevator (*of machine-gun*); *tech* key-plate

ли́чн|о *adv* personally, in person; ~**óй** face, facial; ~ое полотéнце face-towel; ~́**ость** *f* personality; person, character; загáдочная, тёмная ~ mysterious, shady character; individual; удостоверéние ~ости identity card; переходи́ть на ~ости become personal; ~́**ый** personal; private; individual; ~ое дéло personal records, dossier; ~ое местоимéние *gramm* personal pronoun; ~ая охрáна personal bodyguard; ~ секретáрь private secretary; ~ая сóбственность private property; ~ состáв personnel, staff

лишáй *bot* lichen; *med* herpes; опоя́сывающий ~ shingles; стригýщий ~ ringworm; чешýйчатый ~ psoriasis; ~́**ник** *bot* lichen

лиш|áть I *pf* ~и́ть deprive (of, + *gen*); ~ себя́ жи́зни take one's own life; ~ себя́ удовóльствия forgo the pleasure; он ~ён воображéния, юмора he has no imagination, no sense of humour; ~ённый (вся́кого) смы́сла void of sense; ~**áться** I *pf* ~и́ться lose, be deprived (of, + *gen*); ~ зрéния lose one's sight; ~ сознáния lose consciousness, faint; ~и́ться рассýдка lose one's reason, go out of one's mind; ~́**ек** (~ка) *coll* surplus; с ~ком and more, odd, just over; дéсять миль с ~ком ten miles or more; хвати́ть ~ку *coll* take a drop too much, say too much, go too far; ~**éнец** (~éнца) disfranchised, deprived citizen (*of rights in former USSR*); ~**éние** deprivation; ~ избирáтельных прав disfranchisement; ~ свобóды imprisonment; *usu pl* privation(s), hardships; ~**и́ть(ся)** II *pf of* ~ать(ся); ~́**ний** superfluous; unnecessary; ~ раз once more; он здесь ~ he is not wanted here; э́то совершéнно ~нее that's quite unnecessary; extra; вы́пить ~нее have had a drop too much; не ~нее it would not come amiss; позвóлить себé ~нее go too far; не говори́те ~него! be careful what you say!; сказáть ~нее let one's tongue run away with one; с ~ним more than, odd, and more; емý сóрок с ~ним лет he is over forty; ~ние лю́ди superfluous people

лишь *partic* only; всегó ~ раз only once; я ~ коснýлся э́того I only (just) touched it; ~ бы if only, provided that; ~ бы отдéлаться just to get rid of; *conj* as soon as; ~ тóлько as soon as

лоб (лба; во, на лбу́, о лбе) forehead, brow; покáтый ~ receding forehead; атáка в ~ *mil* frontal attack; спроси́ть в ~ *coll* ask point-blank; э́то у негó на лбу напи́сано *coll* it is written all over his face; что в ~, то по лбу it all comes to the same thing; мéдный ~ *coll* blockhead; заруби́ э́то на лбу *coll* put that into your pipe and smoke it;

будь он семи́ пя́дей во лбу be he a Solomon; *sl* hulk(ing person); **~а́стый** (~а́ст) *pop* having a large forehead; *n sl* egghead

лобза́|ние *obs* kiss; **~́ть** I *impf obs also iron* kiss

ло́бзик fretsaw

лобко́в|ый ~ая кость *anat* pubis

ло́б|ный *anat* frontal; ~ное ме́сто *hist* place of execution; **~ово́й** front(al); ~ова́я ата́ка *mil* frontal attack; ~ово́е сопротивле́ние *aer* drag

лобогре́йка reaper, reaping machine

лоб|о́к (~ка́) *anat* pubis; **~отря́с** *pop* lazybones, idler; **~ыза́ть** I *impf obs* kiss

лов catching, hunting

ловела́с *lit* lady-killer; **~́ничать** I *impf coll* be a lady-killer

лов|е́ц (~ца́) hunter; fisherman; на ~ца́ и зверь бежи́т *prov* skill and luck go together; **~и́ть** II (~лю́, ~́ишь) *pf* пойма́ть (try to) catch; ~ ры́бу fish; ~ чей взгляд *fig* try to catch someone's eye; ~ ка́ждое сло́во hang on (someone's) lips; ~ кого́ на сло́ве take someone at his, her word; ~ удо́бный слу́чай, моме́нт seize an opportunity; в му́тной воде́ ры́бу ~ fish in troubled waters

лов|ка́ч 1 *coll* sharp fellow; **~́кий** (~ок, ~ка́, ~́ко) deft, dext(e)rous, adroit; ~ ход master stroke; sharp(-witted), smart; cunning, crafty, slippery; *coll* comfortable; **~́ко** *adv* deftly, neatly, adroitly; *coll* comfortably; вот э́то ~! well done!, very neat!; **~́кость** *f* deftness, dexterity, adroitness; ~ рук sleight of hand; *coll* cunning, smartness

ло́в|ля (*gen pl* ~ель) catching; hunting; ры́бная ~ fishing; ~ сillка́ми snaring; *obs* fishing-ground; **~у́шка** snare, trap *also fig*; *fig* pitfall; попа́сть(ся) в ~у́шку fall into a trap; **~́чий** *adj* hunting; ~чие соба́ки hunting dogs; *n hist* master of hounds, huntsman; **~чи́ла** *m and f pop pej* (artful) dodger; **~чи́ть** II *pf* с~ *pop* finagle

лог (в ~́е *and* в ~у́; *pl* ~а́, ~о́в) ravine, broad gully

логари́фм logarithm; **~и́ровать** (~и́рую) *impf and pf* find the logarithm of; **~и́ческий** logarithmic

ло́г|ика logic; **~и́ческий** logical; ~ вы́вод logical conclusion; **~и́чность** *f* logic; **~и́чный** (~и́чен) logical

ло́говище, ло́гово den, lair

логоп|а́тия logopathy, speech defect; **~е́д** speech therapist; **~еди́ческий** logopaedic; **~е́дия** logopaedics, speech therapy

ло́д|ка boat; восьмивесе́льная ~ eight-oared boat, an eight; го́ночная ~ gig, yawl; подво́дная ~ submarine; спаса́тельная ~ lifeboat; ката́ться на ~ке go boating; **~́очник** boatman; **~́очный** boat; ~очные го́нки boat-races; ~очная ста́нция boat-house

лоды́жка ankle(-bone); *mil* tumbler

ло́д|ырничать I *impf coll* loaf, idle away one's time; **~́ырь** *m coll* loafer, idler, shirker, slacker; гоня́ть ~ыря *fig pop* loaf, idle (away one's time)

ло́жа *theat* box; (Masonic) lodge; gunstock

ложби́на hollow, *coll* cleavage

ло́же *obs* bed; бра́чное ~ nuptial bed; bed (of river); прокру́стово ~ Procrustean bed

ло́жечк|а small spoon; под ~ой in the pit of the stomach; у меня́ сосёт под ~ой I have a sinking feeling

ложи́ться II *pf* лечь lie (down); ~ в больни́цу go (in)to hospital; ~ в посте́ль, спать go to bed; ~ в осно́ву *fig* underlie (+ *gen*); ~ в дрейф *naut* lie, heave to; fall (on) (*of suspicion, etc*); form (*of folds, wrinkles, sunburn, etc*); set (*of hair, etc*); ~ на со́весть weigh on one's conscience; ~ на но́вый курс set a new course

ло́жк|а spoon; десе́ртная ~ dessert spoon; разлива́тельная ~ ladle; столо́вая ~ tablespoon; ча́йная ~ teaspoon; че́рез час по ча́йной ~е *fig coll* in minute doses; суха́я ~ рот дерёт *prov* nothing is done without recompense; spoonful; ~ дёгтя в бо́чке мёда a fly in the ointment

лож|но- pseudo-; **~́ность** *f* falsity, error; **~́ный** (~ен, ~на) false, erroneous; ~ные обвине́ния spurious charges; ~ное со́лнце mock-sun, parhelion; ~ное положе́ние ambiguous position; идти́ по ~ному пути́ follow a mistaken path; **~ь** *f* (лжи) lie, falsehood, deception; свята́я ~ white lie; сплошна́я ~ pack of lies

лоз|а́ 6 willow(s); switch; ве́рбная ~ willow switch; виногра́дная ~ vine; **~и́на** *coll* willow; osier; **~ня́к** 1 willows, osiers, willow-bush

ло́зунг slogan, catchword, watchword; motto; *mil* password

локал|изова́ть (~изу́ю) *impf and pf* localize; **~изова́ться** (~изу́ется) *impf and pf* become localized; **~́ьный** local

лока́тор *tech* locator, radar

лока́ут lockout; **~и́ровать** (~и́рую) *impf and pf* lockout

локомоби́ль *m* (mobile) traction-engine

локомоти́в locomotive

ло́кон lock, curl, ringlet

лок|отни́к 1 arm (*of chair*); elbow-rest; **~́оть** 5 *m* (~тя) elbow; чу́вство ~тя *mil* touch, contact, *fig* esprit de corps, comradeship; подта́лкивать ~тем nudge; раста́лкивать ~тя́ми elbow; с про́дранными ~тя́ми out at elbow(s); бли́зок ~, да не уку́сишь *prov* so near and yet so far; cubit, ell; **~тево́й** cubital; ~тева́я кость ulna, funny-bone

локш *sl* nothing; *sl* rubbish, trash; *sl* buck, dollar; **~ово́й** *sl* difficult, bad; rubbishy

лом 5 crow-bar; *collect* scrap, waste; желе́зный ~ scrap-iron

лома́ка *m and f coll* poseur, poseuse, affected, simpering person

ло́м|аный broken; ~ англи́йский язы́к broken English; crooked; ~аная ли́ния *math* broken line; ~аного гроша́ не сто́ит *coll* it is not worth a brass farthing; **~а́нье** affectation, fussing; affected airs; **~а́ть** I *pf* по~, с~ break(up), pull down (*of house, etc*), demolish; *pf* с~ break (into pieces, parts), fracture (*of bones, etc*); ~ себе́ го́лову *fig* rack one's brains (over, над + *instr*); ~ себе́ ру́ки wring one's hands; sweep away, do away (with), destroy (*customs, traditions, etc*); transform, alter (*way of life, character, etc*); ~ дурака́ play the fool; ~ свою́ жизнь wreck one's life; *no pf* ~ ка́мни break up, quarry stones; *no pf* cause to ache; **~а́ться** I *pf* с~ break, get broken; *impf* be breakable, break; be swept away, crumble, totter, disappear (*of customs, etc*); be transformed, undergo a (sudden) change; be ruined; *impf* crack, break (*of voice*); *pf* по~ *coll* make faces, clown, mince, put on airs; *pf* по~ *coll* make a fuss, pretend not to want to

ломба́рд pawnshop; заложи́ть в ~ pawn; **~́ный** pawn

ло́мберный ~ стол card-table

лом|и́ть II (~лю́, ~́ит) *impf* break, bend to breaking point; *pop* break through, rush; *impers* cause to ache; у меня ~́ит спи́ну my back aches; **~и́ться** II (~лю́сь, ~́ишься) *impf* be (near to) breaking, be weighed down (with), crammed (with), be bursting (with, от + *gen*); *coll* try to force (one's way); ~ в открытую дверь *fig* force an open door; **´~ка** breaking; *fig* breakup, destruction; **´~кий** (~ок, ~ка́, ~ко) brittle, fragile; **~ови́к** 1 = ~ово́й изво́зчик; drayman, carter; **~ово́й** *n* drayman, carter; *adj* dray; ~ова́я ло́шадь cart-horse, draught-horse; ~ова́я подво́да dray

ломоно́с clematis

ломо́т|а aches and pains, ache, rheumatic pain; **´~ный** aching

лом|о́ть 1 *m* (~тя́) (c)hunk, slice, round; отре́занный ~ *fig* person standing on his (her) own feet; **´~тик** slice; ре́зать ~тиками slice

ло́н|о *fig* lap, bosom; ~ семьи́ bosom of the family; на ~е приро́ды in the open air, alone with nature

Лопа́р|ка *f of* ~ь; **л´~ский** Lapp(ish); **Л´~ь** 1 *m* Lapp; **л´~ь** 1 *m naut* fall

ло́п|астный *bot* laciniate; **´~асть** 5 *f* blade (*of oar, etc*); fan, vane (*of propeller, etc*); paddle (*of paddle-boat*); ~ о́си axle tree; *bot* lamina

лопа́т|а spade, shovel; грести́ де́ньги ~ой *fig coll* rake in the money; **´~ить** II (лопа́чу) *impf coll* shovel; **´~ка** shovel; trowel; scoop; *anat* shoulder-blade; shoulder (*of joint of meat*); положи́ть на о́бе ~ки throw (*in wrestling*), pin to the floor, beat in combat; бежа́ть во все ~ки *coll* run as fast as one's legs can carry one; **´~ник** *sl* wallet, purse

ло́п|ать I *pf* с~ *pop* devour, stuff, stodge; **´~аться** I *pf* ~нуть burst, break; split, crack; *fig coll* go bankrupt, bust, collapse; be exhausted (*of patience, etc*); fail, be a failure; ~нуть со́ смеху́ *fig coll* split one's sides with laughter; с жи́ру ~ *pop* be gross; **´~нуть** I *pf of* ~аться; у меня́ терпе́ние ~нуло *coll* my patience is exhausted

лопо|та́ть I (~чу́, ´~чешь) *pf* про~ *pop* burble, jabber, gabble

лопоу́х|ий (~) lop-eared; *pop* simple, goofy

лопу́х 1 burdock, dock; *fig pop* clod, nit, twit

лорд lord; пала́та ~ов House of Lords; **~-ка́нцлер** Lord Chancellor; **~-мэ́р** Lord Mayor; **~-храни́тель** *m* ~ печа́ти Lord Privy Seal

лорн|е́т lorgnette; **~и́ровать** (~и́рую) *imp and pf* quiz(z) (*through a lorgnette, etc*)

лос|ёвый chamois; **~и́на** elk-skin, chamois leather; *pf* buckskin breeches; elk (*meat*); **~и́ный** elk; buckskin

лоск gloss, lustre, shine *also fig*

лоску́т 1 (*also pl* ´~ья, ´~ьев) rag, scrap, shred; **´~ник** rag merchant, dealer; **´~ный** made from scraps; ~ное одея́ло patchwork quilt

лосн|и́ться II *impf* shine, glisten, be glossy; от жи́ра be shiny with grease; **~я́щийся** shiny, glistening

лос|осёвый salmon; **~оси́на** salmon (meat); **˘~о́сь** *m usu sing* salmon

лось 5 *m* elk

лот *naut* plummet, (sounding-)lead; броса́ть ~ cast the lead; lot (unit of measurement equal to 12·8 gr.

лотере́|йный lottery; ~ биле́т lottery ticket; **´~я** lottery; raffle; разы́грывать в ~ю raffle

ло́тлинь *m naut* leadline

лото́ *neut indecl* lotto

лот|о́к (~ка́) hawker's, street vendor's tray; (street-) stall; chute, shoot; gutter; ме́льничный ~ mill-race

ло́т|ос lotus; **´~осовый** lotus

лото́чник hawker, pedlar, street vendor

лото́шник *coll* lotto player

лох *bot* oleaster; *sl* idiot

loха́н|ка (wash-)tub; *anat* calix (*of kidney*); **´~ь** *f* (wash-)tub

лохма́|тить II (~чу) *pf* вз~, раз~ *coll* tousle; **´~титься** II (~чусь) *pf* вз~, раз~ *coll* become tousled, dishevelled; **´~тый** hairy, shaggy(-haired); dishevelled

лохмо́ть|я (~ев) *no sing* rags, tatters; в ~ях in rags

ло́хм|ы (*gen pl* ~) *pop* shaggy hair

ло́ц|ия *naut* sailing directions; **´~ман** *naut* pilot; pilot-fish; **´~манство** pilotage

лош|ади́ный horse; hors(e)y, equine; ~ади́ное лицо́ equine features; ~ади́ная си́ла horsepower; huge (*of portions, doses, etc*); **~а́дка** small horse; gee-gee (*of child*); hobby-horse; rocking-horse; тёмная ~ *fig* dark horse; рабо́чая ~ *fig* work-horse; **~а́дник** *coll* horse-lover; horse-trader; **´~адь** 5 *f* (*instr pl* ~адьми́ *and* ~адя́ми) horse; бегова́я, скакова́я ~ racehorse; вью́чная ~ packhorse; заво́дская ~ stud-horse; коренна́я ~ shaft-horse; ломова́я ~ dray-horse; *fig* willing horse; пристяжна́я ~ outrunner; упряжна́я ~ draught-horse; чистокро́вная ~ thoroughbred; **~а́к** 1 hinny

лощёный glossy (*paper, etc*); *fig coll* polished

лощи́на hollow, depression

лощи́ть II *pf* на~ *coll* polish; gloss, glaze

лоя́л|ьность *f* loyalty; honesty, fairness; **´~ьный** (~ен) loyal; honest, fair

луб (*pl* ~ья, ~ьев) (lime) bast; **~о́к** (~ка́) *med* splint(s); накла́дывать ~ на что put something in splints; strip of bast; woodblock; (primitive) popular print; *fig* cheap literature; **~о́чный** (of) bast; ~о́чная карти́нка popular print; ~о́чная литерату́ра cheap literature; **~яно́й** bast

луг (на ~у́, о ´~е; *pl* ~а́, ~о́в) meadow, grassland; заливно́й ~ water-meadow; **~ови́на** *coll* (small) meadow; **~ово́дство** meadow cultivation, grass farming; **~ово́й** grassland, meadow; ~ бе́рег lower bank (*of rivers*); ~ова́я соба́чка prairie-dog

лу|ди́льщик tinner; **~ди́ть** II (~жу́, ´~ди́шь) *pf* по~, вы́~ tin

лу́ж|а puddle, pool; сесть в ~у *pop* put one's foot in it, get into a mess

лужа́йка meadow; grass(-plot), lawn; (forest)glade; sward

луж|е́ние *tech* tinning; **~ёный** tinned, tin-plate; *fig pop* cast-iron (*of stomach, etc*)

лу́за (billiard-)pocket

лузг|а́ *collect* husks; **´~ать** I *impf pop* chew (sunflower) seeds

лук onion(s); зелёный ~ spring onions; ~-поре́й leek(s); голо́вка ´~а onion; bow (*weapon*); натяну́ть ~ bend, draw a bow

лука́ 6 bend (*of river, road*); за́дняя ~ cantle; пере́дняя ~ pommel

лука́в|ец (~ца) sly, crafty person; **´~инка** *coll* slyness; **´~ить** II (~лю) *pf* с~ be sly, crafty, cunning; dissemble; **´~ство** slyness, craftiness; archness, roguishness; **´~ый** (~) sly, crafty, cunning; arch, roguish; *n* Evil One

лу́к|овица (an) onion; *bot, anat* bulb; *archi* cupola; *sl* watch; **´~овичный** onion; bulbous; **´~овый** onion

лукомо́рье *obs or poet* cove, creek, bay

луко́ш|ко (*pl* ~ки, ~ек) bast-basket

луку́ллов ~ пир Lucullan feast

лун|а́ 6 moon; ничто́ не но́во под ~о́й there's nothing new under the sun; **~ати́зм** sleepwalking,

somnambulism; ~**áтик** sleepwalker, somnambulist; ~**ати́ческий** somnambulistic
лу́нк|а hole; hollow; *anat* alveolus, socket; ~**окопа́тель** *m* dibber, dibbing machine
лу́нник *bot* honesty; *coll* moon-rocket
лу́нн|ый moon; lunar; ~ое затме́ние lunar eclipse; ~ая ночь moonlit night; при ~ом све́те in the moonlight; ~ ка́мень *min* moonstone
лунь 1 *m* hen-harrier; (female) ringtail; седо́й (бе́лый) как ~ white-haired, hoary with age
лу́па magnifying glass
лупи́н *bot* lupin(e)
луп|и́ть II (~лю́, ~́ишь) *pf* об~ peel, shell, bark; *pf* от~ *pop* thrash, flog; *pf* с~ tear (off, from, с + *gen*), *coll* rook, fleece (с + *gen*); ~**и́ться** II (~лю́сь, ~́ишься) *pf* об~ peel off, scale; *pf also* от~ *coll* come off, chip off (*of paint, etc*)
лупогла́з|ый (~́) *pop* pop-eyed, goggle-eyed
лупц|ева́ть (~у́ю) *pf* от~ *pop* flog, beat
луч 1 ray; beam; ~ све́та shaft of light; ~ наде́жды ray of hope; рентге́новские ~и́ X-rays; ~**ево́й** radial, ray; ~ева́я кость *anat* radius; ~ева́я боле́знь radiation sickness; ~**еза́рный** (~еза́рен) *poet* radiant, effulgent; ~**еиспуска́ние** *phys* radiation; ~**епреломле́ние** *phys* refraction
лучи́на *collect* chips of kindling wood; splinter, chip; torch (*of wooden chips*)
луч|и́стый (~и́ст) radiant, lambent; ~ грибо́к *med* Actinomyces; ~и́стая эне́ргия radiant energy; ~**и́ть** II *impf* ~ ры́бу spear fish by torchlight; ~**и́ться** II (~и́тся) *impf lit* sparkle, beam, glow (*of eyes, etc*)
луч|ко́вый bow-shaped; ~ко́вая пила́ frame-saw; ~́**ник** *hist* archer; ~**о́к** (~ка́) bow (*of violin*)
лу́чш|е *adj and adv* better; тем ~ so much the better; ~ всего́, всех best of all; как мо́жно ~ as well as one can, to the best of one's ability; *pred* it is better; вам ~ уйти́ you had better go away; ~ не спра́шивай better not ask; ему́ ~ сего́дня he is better today; ~́**ий** *comp and superl of* хоро́ший better; best; к ~ему for the better (best); в ~ем слу́чае at best; за неиме́нием ~его for want of something better; всего́ ~его! all the (very) best!
лущ|ёный hulled, shelled;~**и́ть** II *pf* об~ shell, husk; *pf* вз~ remove the stubble
лы́б|иться II (~люсь) *impf sl* smile
лы́ж|а ski; snow-shoe; бе́гать на ~ах ski; ~́**ник** skier; ~́**ный** ~ спорт skiing; ~**ня́** (*gen pl* ~не́й) ski-track
лы́к|о (*pl* ~и) bast; драть ~ bark lime-trees; не вся́кое ~ в стро́ку one must make allowances, one shouldn't expect too much, one mustn't be too fussy; одни́м ~ом ши́ты *coll* tarred with the same brush; он не ~ом шит he's no fool, he wasn't born yesterday; он ~а не вя́жет *pop* he's dead drunk
лыс|е́ть I *pf* об~, по~ grow, go bald, bald; ~́**ина** bald spot, patch; star (*on forehead of animals*); ~**у́ха** coot; ~́**ый** (~, ~á, ~о) bald, bald-headed
лы́чко *coll* stripe (*mil insignia*)
ль = ли
льв|ёнок (~ёнка; *pl* ~я́та, ~я́т) lion cub; ~**и́ный** lion's, leonine; ~и́ная голова́ leonine head; ~и́ная до́ля *fig* the lion's share; ~ зев, ~и́ная пасть *bot* snapdragon, antirrhinum; ~**и́ца** lioness
льго́т|а privilege; advantage; ~́**ный** privileged; special, favourable; на ~ных усло́виях on preferential terms, at reduced rates
льди́|на ice-floe, block of ice; ~́**нка** piece of ice; ~́**стый** icy, ice-covered

льно|во́д flax grower; ~**во́дство** flax growing; ~**во́дческий** flax-growing; ~**пряде́ние** flax spinning; ~**пряди́льный** flax-spinning; ~**пряди́льня** (*gen pl* ~пряди́лен) flax-mill; ~**тереби́лка** flax puller; ~**трепа́лка** swingling machine; ~**убо́рочный** flax-pulling
льнуть I *pf* при~ cling (to), snuggle up (to, к + *dat*); *impf fig coll* feel drawn (to), have a crush (on), be attracted (to, к + *dat*); make up (to, к + *dat*)
льнян|о́й (of) flax; ~о́е ма́сло linseed oil; ~о́е се́мя linseed, flax-seed; flaxen (*of hair*); linen
ль|сте́ц 1 flatterer; ~**сти́вый** (~сти́в) adulatory, flattering; smooth-tongued; ~**сти́ть** II (~щу, ~стишь) *pf* по~ flatter (+ *dat*); ~ самолю́бию flatter one's vanity; delude (+ *acc*); ~ себя́ наде́ждой flatter oneself with the hope; ~**сти́ться** II (~щусь, ~сти́шься) *pf* по~ *coll* be tempted (by, на + *acc*)
люб (~á, ~́о) *pred adj coll* pleasant, dear; ~́**о** *adv* it is pleasant (to, + *infin*); ~́о-до́рого it is a real pleasure
любвеоби́л|ьный (~ен) loving, full of love
любе́з|ничать I *impf coll* pay compliments (to), make up (to, с + *instr*); ~́**ность** *f* courtesy, amiability, civility; politeness; kindness, favour; оказа́ть, сде́лать кому́ ~ do someone a kindness; окажи́те ~, не откажи́те в ~ности be so kind (as to); *usu pl* compliment(s); говори́ть кому́ ~ности pay someone compliments; ~́**ный** *obs* dear; *obs* my (good) man (*addressing inferior*); (~ен) courteous, obliging, polite; kind, amiable; ~ чита́тель gentle reader; бу́дьте ~ны ... please ..., be so kind as to ...; *n folk poet* beloved
люби́м|ец (~ца) favourite; ~́**чик** *coll* pet; ~́**ый** (~) beloved, loved, dearly loved; favourite; ~ое заня́тие hobby; *n* sweetheart, darling, dearest
люб|и́тель *m* lover (of, + *gen or infin*); ~ му́зыки music-lover; ~ соба́к dog-fancier; быть больши́м ~и́телем чего́ be very fond of something; amateur; ~**и́тельский** amateur; amateurish; ~ таба́к choice tobacco; ~**и́тельство** amateurishness; ~**и́ть** II (~лю́, ~́ишь; ~́ящий; ~и́мый) *impf* love; be fond (of), like (+ *acc or infin*); require, need, like (*of plants, etc*); цветы́ ~́ят со́лнце flowers need sun
люб|ова́ться (~у́юсь) *pf* по~ admire, feast one's eyes (upon, + *instr or* на + *acc*); по~у́йтесь на него́! *iron* just look at him!
любо́вн|ик lover; *theat* juvenile lead; ~́**ица** mistress; ~́**ый** amorous; love; ~ое письмо́ love letter; ~ взгляд amorous glance; loving; ~ое отноше́ние loving care
люб|о́вь *f* (*gen* ~ви́, *instr* ~о́вью) love (for, of, к + *dat*); жени́ться по ~ви́ marry for love; из ~ви́ к иску́сству art for art's sake, for the love of the thing; ста́рая ~ не ржа́веет *prov* old love will not be forgotten; крути́ть ~ *pop* flirt (with, с + *instr*)
любозна́т|ельность *f* intellectual curiosity, love of knowledge; ~́**ельный** (~елен) (intellectually) curious, inquisitive; with a taste for knowledge; быть ~ельным have an inquiring turn of mind
любо́й *adj* any; either (*of two*); ~ цено́й at any price; *n* anyone
любопы́т|ный (~ен) inquisitive; curious; interesting; он ~ челове́к he's an interesting (unusual) person; *n* curious person; ~**но** *pred* it is interesting, curious; ~́**ство** curiosity; ~́**ствовать** (~ствую) *pf* по~ be curious, evince curiosity

любостяжáние *obs* cupidity
лю́бящий loving, affectionate; ~ вас yours affectionately (*in letters*)
лю́гер *naut* lugger
люд *collect coll* people; **~́и** (~éй, ~́ям, ~ьми́, ~́ях) *pl of* человéк people; проби́ться, вы́биться, вы́йти в ~ make one's way in the world, get on in life; вы́вести когó в ~ put someone on his feet, set someone up in the world; бы́вшие ~ has-beens; на ~ях in the presence of others, in company; ни ~ям, ни собáкам dog in the manger; поспеши́шь – ~éй насмеши́шь *prov* slowly does it; more haste, less speed; на ~я́х и смерть краснá *prov* two in distress make sorrow less, grief is lessened when imparted to others; *no sing mil* men; *obs* servants; **~́ный** (~ен) populous; crowded; **~оéд** cannibal; *fig* barbarian; **~оéдство** cannibalism; **~скáя** *n* servants' hall; **~скóй** human; ~ род the human race; ~ сostáв *mil* personnel, effectives; *obs* servants'
люизи́т lewisite
люк hatch(way); manhole (*in street*); *theat* trap; световóй ~ skylight; gun-port
люкс *phys* lux; *adj indecl* de luxe, luxury; **~́овый** *coll* luxury
лю́лька cradle *also tech*; pipe (in Ukraine)
люмбáго *neut indecl med* lumbago
люминáл *med* luminal, phenobarbitone
люминесцéнция *phys* luminescence
люнéт *mil* lunette
люпи́н lupin
лю́ра *sl* gruel
лю́стра chandelier
люстри́н lustrine, lutestring; **~́овый** lustrine
лютерáн|ин (*pl* ~е, ~) Lutheran; **~́ский** Lutheran; **~́ство** Lutheranism
лю́тик buttercup; **~овые** ranunculi
лю́т|ня (*gen pl* ~ен) lute
лют|овáть (~у́ю) *impf pop* behave with ferocity; be severe (*of frosts, etc*); **~́ость** *f* ferocity; **~́ый** (~, ~á, ~́о) ruthless, vicious, ferocious; excruciating, intense, fierce (*of grief, etc*); severe, fierce (*of frost, etc*)
люфá loofah
люцéрна lucerne
люэ|с lues, syphilis; **~ти́ческий** luetic, syphilitic
ля *neut indecl mus* A; ~ диéз A sharp; ~ бемóль A flat
лягáв|ка *sl* militia station; **~́ый** = легáвый
ляг|áть I *sem pf* ~нýть kick (*of animals*); **~áться** I *vi impf* kick; kick one another; **~нýть** I *sem pf of* ~áть; *sl* sell out, crack
ля́|гу, ~́жешь, ~́гут *see* **лечь**
лягуш|áтник *coll* swimming-pool for children; **~áчий, ~́ечий** frog, frog's; ~ечья икрá frog-spawn; **~́ка** frog; **~óнок** (~óнка; *pl* ~áта, ~áт) young frog
ляд на кой ~ *pop abus* = на кой чёрт? what, why the devil?; ну егó к ~́у! to hell with him!
ляду́нка cartridge-pouch
ля́жка thigh, haunch
лязг clank(ing), clang(ing); chatter(ing), clack(ing) (*of teeth*); **~́ать** *sem pf* ~нуть clank, clang; chatter, clack (of teeth); **~́нуть** I *sem pf of* ~ать
ля́мзить II *pf* с~ *sl* pinch, pilfer
ля́мк|а strap; тянýть ~у *coll* drudge, toil, sweat, bear the burden
ля́п|ать I *sem pf* ~нуть *pop* blurt out; *pf* на~, с~ *pop* botch, bungle
ля́пис *chem* lunar caustic, silver nitrate
ля́пис-лазýрь *f* lapis lazuli
ля́п|нуть I *sem pf of* ~ать; **~́нуться** I *pf pop* bang into, thump, bump
ля́псус blunder, lapsus; slip (of tongue, pen); сдéлать ~ commit a blunder, drop a brick
ля́рва *sl* whore
лярд lard
ля́сы точи́ть ~ *pop* talk nonsense, talk a lot of hot air, chatter idly
лях *hist* Pole

M

мавзоле́й mausoleum

мавр Moor; ~**ита́нский** Moorish; Moresque; Mauritanian; ≁**ский** *obs* Moorish

маг *hist* magus; Magian; magician, wizard *also fig*

магази́н shop; универса́льный ~ department store; store, depot; *mil* magazine *also of gun*; ≁**ный** *adj of* ~; ~ная коро́бка magazine (*of gun*); ≁**щик** *obs coll* shopkeeper; *sl* shoplifter, shop thief

магара́джа Maharaja(h)

магары́ч 1 *pop* wetting a bargain; поста́вить ~ stand a round (*of drinks*); распи́ть ~ wet a bargain; с тебя́ полага́ется ~ you owe (me) a drink; *sl* bribe

маги́ст|ерский pertaining to head of monastic or knightly order; ~**е́рский** pertaining to (holder of) master's degree; ≁**р** holder of a master's degree; master's degree; head of monastic or knightly order, master

магистра́ль *f* thoroughfare (*in town*), main road; main (line); га́зовая ~ gas main; железнодоро́жная ~ main line; ≁**ный** *adj of* ~; main, trunk *also fig*

магистра́т city, town council; ~**у́ра** magistracy

маг|и́ческий magic(al); ≁**ия** magic

ма́гма magma

магна́т magnate

магнези́т *min* magnesite

магне́зия magnesia

магнети|зёр *obs* mesmerist; ~**зи́ровать** (~зи́рую) *impf obs* mesmerize; ≁**зм** magnetism; magnetics; ≁**т** *min* magnetite; ≁**ческий** magnetic *also fig*

магне́т|о *neut indecl* magneto; ~**ро́н** magnetron

ма́гн|иевый *adj* magnesium; ≁**ий** *n* magnesium

магни́т magnet; ≁**ный** magnetic; ~ железня́к magnetite, loadstone

магнито́|ла combined tape-recorder and radio; ~**фо́н** tape-recorder; ~**фо́нный** *adj of* ~фо́н; ~фо́нная за́пись tape-recording

магно́лия magnolia

магомета́н|ин (*pl* ~е, ~) Mohammedan, Muslim; ≁**ство** Mohammedanism

мада́м *f indecl* madam(e), *obs* governess

мадемуазе́ль *f* mademoiselle; *obs* governess

маде́ра Madeira (wine)

мадо́нна madonna

мадрига́л madrigal

мадья́р Magyar; ≁**ский** Magyar

маёвка May Day workers' meeting (*illegal before Revolution*); picnic, springtime outing

маета́ *pop* (exhausting) trouble, bother

мажо́р *mus* major key; *fig coll* cheerful mood; быть в ~е be in high spirits; ~**до́м** major-domo; ≁**ный** *mus* major; *fig* cheerful

ма́з|а *sl* friend, buddy; держа́ть ~у за кого́ *sl* intercede for someone

ма́|занка daubed brick or wood cottage; ≁**заный** *coll* soiled, dirty; adobe; ≁**зать** I (~жу) *pf* на~, по~ smear, spread, anoint; ~ хлеб ма́слом butter bread; ~ ма́зью rub with ointment; paint (*walls*, *etc*); *coll* put on make-up; ~ по губа́м *fig coll* raise false expectations; *pf* за~, из~ *coll* dirty, soil, mess up; *pf* на~ *coll* daub; *pf* про~ *pop* miss, fluff (*in shooting, games, etc*); ≁**заться** I (~жусь) *pf* вы́~, за~, из~ dirty oneself, soil oneself, cover oneself (*with paint, etc*); *vi coll* soil, stain (*on contact*); *pf* на~ по~ *coll* make up, put on (*cream, etc*); ~**зи́ла** *m and f pop pej* dauber, messy person; *sp* muff ~**зи́лка** *m and f aff dim of* ~зи́ла; *f coll* paintbrush; ≁**зкий** (~зок, ~зка́, ~зко) *pop* liable to stain (*of newly painted wall, etc*); ~**зну́ть** I *sem pf of* ≁зать give one stroke (with paintbrush); *pop* hit; ~**зня́** *coll* daub(ing), mess; fluffing (*in games*); ~**зо́к** (~зка́) stroke (*of paintbrush*); *med* smear (*for microscopic examination*); *pop* miss, duff, muff, fluff (*in games*)

мазохи́зм masochism

мазу́рик *pop* rogue, thief, swindler

мазу́рка mazurka

маз|у́т fuel oil; ~**ь** *f* ointment; grease; де́ло на ~**й** *fig pop* things are going swimmingly

маи́с maize, Indian corn; ≁**овый** *adj of* ~; ~овая ка́ша polenta

май May

майда́н public square (in Ukraine); *sl* gambling-den (*in prison*); *sl* train; ≁**ник** *sl* railway tramp, thief

ма́йка T-shirt; vest

ма́йна *interj naut* heave ho!

майо́лика majolica

майоне́з mayonnaise

майо́р major

майора́н marjoram

майора́т *leg* (right of) primogeniture; entailed estate

майо́р|ский *adj of* ~

ма́й|ский *adj of* ~; ~ жук May-bug, cockchafer

мак poppy; poppy-seed

мака́ка macaque

мака́о *m indecl* macaw; *neut* (gambling) card-game

макарони́|зм macaronism; ≁**ческий** macaronic

макаро́н|ина *coll* single piece of macaroni; ≁**ник** *coll* baked macaroni pudding; ≁**ы** (*gen pl* ~) macaroni

мак|а́ть I *pf* ~ну́ть dip (into, в + *acc*)

македо́н|ец (~ца) Macedonian; **М**≁**ия** Macedonia; ≁**ский** Macedonian; Александр ~ Alexander the Great

маке́т model, mock-up; *mil* dummy

макиавелли́|зм Machiavellianism; ~**сти́ческий** Machiavellian

макинто́ш mackintosh

макла́|к 1 jobber, middleman; *obs* second-hand dealer; ≁**чество** jobbing; second-hand dealing

ма́кл|ер *comm* broker; ≁**ерство** brokerage

мак|ну́ть I *sem pf of* ~а́ть

ма́к|овка poppy-head; *coll* sweet with poppy-seed; *coll* cupola; *coll* crown (*of head*); *pop* top, crown (*of trees, etc*); ≁**овый** *adj of* ~; ≁**овые** *bot* Papaveraceae; как ~ов цвет *fig* blooming, ruddy (*of complexion*)

макре́ль *f* mackerel

макро|ко́см macrocosm; ~**скопи́ческий** macroscopic; ~**цефа́лия** macrocephalism

ма́ксима maxim

максимал|и́зм maximalism; ~**и́ст** maximalist;

~́ьный maximum
ма́кс|имум maximum; *adv* at most; ~́**и-ю́бка** *coll* maxi(-skirt)
макулату́ра *typ* spoiled sheet(s), spoilage; *fig* pulp literature, rubbish, trash
маку́шк|а top, summit; crown (of *head*); у тебя́ у́шки на ~е *fig* you have ears at the back of your head; у́шки на ~е on the alert, wary
мала́га Malaga (*wine*)
мала́|ец (~йца) Malay; ~́**йский** Malayan; **М**~́**йя** Malaya
малаха́й malakhai (*fur cap*); beltless caftan
малахи́т malachite
мал|ева́ть (~ю́ю) *pf* на~ *coll* paint; не так стра́шен чёрт, как его́ ~ю́ют *prov* the devil is not so black as he is painted
мале́йший *superl of* ма́лый least, slightest
мал|ёк (~ька́) young fish; fry
ма́л|енький *adj* little, small; humble, ordinary (*of people*); slight, diminutive; игра́ть по ~енькой play for small stakes; ~, ~́**енькая** the baby, child; ~енькие the young; ~**е́нько** *adv pop* a little, a bit; ~**е́ц** (~ьца́) *and* ~́**ец** (~́ьца) *pop* lad, boy
мали́н|а *collect* raspberries; raspberry-bush, raspberry-cane; raspberry juice; *coll* something very pleasant; *coll* the good life; *sl* criminals' haunt, meeting place; *sl* hiding-place (for stolen goods); ~́**ник** raspberry-canes; ~́**ный** *adj of* ~а; ~́**овка** *orni* robin (redbreast); *coll* raspberry-flavoured vodka; ~́**овый** raspberry; crimson; *coll* pleasant, delightful; mellow (*of bell chimes, etc*)
ма́лка *tech* bevel
ма́ло *adv* little, few; not enough; у нас ~ де́нег we haven't enough money; ~ кто зна́ет (only a) few people know; я ~ где быва́л I have visited few places; ~ ли что! *coll* so what!, what does it matter!; ~ ли что мо́жет случи́ться anything may happen; ~ того́ moreover, besides; ~ того́, что … not only …, and what's more …
малоазиа́тский of Asia Minor
малоблагоприя́т|ный (~ен) unfavourable (to), not conducive (to, для + *gen*)
малова́ж|ный (~ен) of little importance, significance
малова́т (~а) *coll* on the small side; ~ ро́стом undersized; ~́**о** *adv coll* not quite enough; not very much
малове́р sceptic, person of little faith; ~́**ие** scepticism, lack of faith; ~́**ный** (~ен) lacking faith, conviction, sceptical
маловероя́т|ный (~ен) improbable, unlikely
малове́сный lightweight
малово́д|ный containing little water; shallow; dry (*of land*); ~́**ье** shortage of water; low water-level, shallowness
малову́год|ный (~ен) unprofitable, unrewarding
малоговоря́щий unenlightening, not (very) illuminating
малогра́мот|ный (~ен) semi-literate; ignorant, crude
малодоказа́тел|ьный (~ен) unconvincing
малодостове́рный improbable
малодохо́д|ный (~ен) unprofitable
малоду́ш|ествовать (~ествую) *impf* lose heart, be faint-hearted, pusillanimous; ~́**ие** faint-heartedness, pusillanimity; ~́**ничать** I *pf* с~ = ~ествовать; ~́**ный** (~ен) faint-hearted, pusillanimous
малое́зж|ен(н)ый little ridden (*of horse, etc*); little used (*of carriage*); unfrequented, little used (*of road*); ~́**ий** little used, unfrequented (*of road*)
малозаме́т|ный (~ен) barely visible, barely noticeable, unobtrusive; ordinary, undistinguished
малоземе́ль|е shortage of (arable) land; ~́**ный** having insufficient (arable) land
малознако́м|ый (~ен) unfamiliar, little known
малозначи́тел|ьный (~ен) of little importance, significance
малоиму́щ|ий (~) needy, indigent
малокали́берный small-calibre, small-bore (*of gun*)
малокро́в|ие anaemia; ~́**ный** (~ен) anaemic
малоле́т|ка *m and f also* ~́**ок** (~ка) *coll* child; *sl* teenager; *sl* short-timer (*prisoner with short sentence*); ~́**ний** *adj* young, juvenile; *n* infant; minor, juvenile; ~́**ство** infancy; nonage, minority; adolescence
малолитра́ж|ка *coll* small car (*with small cylinder capacity*); ~́**ный** of small (cylinder) capacity
малолю́д|ность *f* scarcity, fewness of people; poor attendance (*at meeting, etc*); underpopulation; ~́**ный** (~ен) not crowded, unfrequented; poorly attended (*meeting, etc*); thinly populated; ~́**ье** = ~ность
мало|-ма́льски *adv coll* at least slightly, the least bit; ~**ма́льский** *coll* slightest, most insignificant
маломо́ч|ный (~ен) poor, having too few resources, undercapitalized
маломо́щ|ный (~ен) lacking power
malонадёжный (rather) unreliable, undependable
малонаселённый sparsely populated
малообщи́тел|ьный (~ен) uncommunicative, unsociable
малоснова́тел|ьный (~ен) lacking substance (*of argument*); undependable (*of person*)
малоподви́ж|ный (~ен) sedentary; showing little inclination to move
малопodéржанный little used (*nearly new*)
мало-пома́лу *adv coll* little by little, bit by bit
малопоня́т|ный (~ен) hard to understand; obscure
малоприго́д|ный (~ен) of little use
малора́звит|ый (~) underdeveloped; undeveloped; uneducated
малоразгово́рчив|ый (~) taciturn
малоросл|ый (~) undersized, stunted; dwarf
малоро́сс *obs* Little Russian
малоросси́|йский *obs* Little Russian; ~**я́нин** (*pl* ~я́не, ~я́н) *obs* Little Russian
малосве́дущ|ий (~) ill-informed
малосеме́йный having a small family
малоси́л|ьный (~ен) feeble, weak; *tech* low-powered
малосодержа́тел|ьный (~ен) superficial, shallow
малосо́л|ьный (~ен) slightly, insufficiently salted
малосостоя́тел|ьный (~ен) unconvincing (*of argument*); *obs* poor
ма́лость *f coll* trifle; insignificant amount; smallness; *adv* a little, a bit; ~ поспа́ть *pop* have a nap
малосуще́ственный immaterial, slight
малотира́жный of small circulation, published in a small number of copies
малоупотреби́тел|ьный (~ен) rarely used
малоце́н|ный (~ен) of little value
малочи́сл|енность *f* small number; paucity; ~́**енный** (~ен, ~енна) small (*in numbers*); scanty
ма́л|ый (~, ~а́, ~о́) little, (too) small; ~ ро́стом short, of small stature; ~ ход! *naut* slow speed (ahead)!; от ~а до вели́ка young and old; ~, ~а́,

ме́ньше *coll* each one smaller than the next (*of children of one family*); с ~ых лет from childhood; *short form only* (too) small, tight, *etc*; э́тот пиджа́к мне мал this jacket is too small for me; ~́**ое** *n* little; без ~ого almost, all but; за ~ым де́ло ста́ло one small thing is lacking; са́мое ~ at the least; **~ый** *n pop* fellow, youth, chap; lad, boy; сла́вный ~ *coll* nice chap; **~ы́ш** 1 *coll* child, kid; little boy; *coll joc* short, small person; **~ышня́** *collect coll* kids
ма́льва mallow, hollyhock
мальва́зия malmsey (*wine*)
Ма́льт|а Malta; **М~и́ец** (~и́йца) Maltese; **м~и́йский** Maltese
мальто́за maltose
мальтузиа́нс|кий Malthusian; **~́тво** Malthusianism
ма́льч|ик boy, lad; (male) child; *obs* (boy) apprentice, servant; ~ с па́льчик Tom Thumb, hop-o'-my-thumb; **~ико́вый** boy's, boys'; **~и́шеский** boyish; *pej* childish, puerile; **~и́шество** boyishness; *pej* childishness; **~и́шечий** = и́шеский; **~и́шка** *m coll* boy; у́личный ~ urchin; *pej* youngster, child; **~и́шник** stag-party; **~уга́н** *coll aff* little boy
малю́|сенький *coll* tiny, wee; **~́тка** *m and f* baby, little one; фотоаппара́т-~ miniature camera
маля́р 1 (house-)painter, decorator
маляри́|йный malarial; **~́я** malaria
маля́р|ный (house-)painter's
ма́ма mummy, mamma
мамалы́га polenta
мама́ша *coll* mummy, mamma, mum
мамелю́к Mameluke
ма́м|енька *obs coll* = мама́ша; **~́енькин** mother's; ~ сыно́к *coll iron* mother's darling; **~́ин** mother's; **~́ка** *obs* (wet-)nurse
мамо́н and **мамо́на** mammon
ма́м|онт mammoth; **~́онтовый** *adj of* ~онт; ~онтовое де́рево sequoia, Wellingtonia
ма́мочка *coll* mummy
мана́т|ки (*gen pl* ~ок) *pop* belongings, possessions, goods and chattels
манат|ья́ (*gen pl* ~е́й) monk's habit
мангани́т manganite
ма́нг|о *neut indecl* mango; **~́овый** *adj of* ~о
ма́нгровый mangrove
мангу́ста mongoose
манда́ *vulg* cunt
мандари́н mandarin (*Chinese official*); mandarin(e), tangerine; **~́ный** mandarine; **~́овый** = ~ный
манда́т mandate, warrant; credentials; **~́ный** mandate; ~ная коми́ссия credentials committee; ~ная террито́рия mandated territories
манди́була mandible
мандоли́н|а mandolin(e); **~и́ст** mandolin(e)-player
мандраго́ра mandragora
мандри́л mandrill
манёвр manoeuvre; *pl mil* manoeuvres; *pl* shunting; **~̈енность** *f* manoeuvrability; **~̈енный** *adj of* ~; ~енная война́ war of movement; manoeuvrable (*aircraft*, *etc*); shunting (*engine*); **~и́ровать** (~и́рую) *pf* с~ manoeuvre *also fig; fig* make good use (of), use to advantage (+ *instr*); shunt (*railways*); **~о́вый** shunting (*railways*)
мане́ж riding-school, manège; circus ring; play-pen; **~́ик** play-pen; **~́ить** II *impf* break in, train (*horse*); *fig pop* tire out (*by making someone wait for something*)
манеке́н dummy, lay figure; **~́щик** male model; **~́щица** mannequin
мане́р *coll* manner; таки́м ~ом in this manner; на францу́зский ~ in the French manner; живы́м ~ом *coll* in no time, in a jiffy; **~́а** manner, style; ~ вести́ себя́ way of behaving; у него́ стра́нная ~ разгова́ривать he has a strange way of talking; но́вая ~ пе́ния new style of singing; *pl* manners
мане́рка *mil* metal flask
мане́р|ничать I *impf coll* behave affectedly; **~́ность** *f* affectation; preciosity; **~́ный** (~ен) affected, precious
манже́та cuff
маниака́льный maniacal
ма́ни|е ~ем, по ~ю (руки́, брове́й, *etc*) with a movement, motion (of the hand, eyebrows, *etc*); *fig* по ~ю (бого́в, *etc*) by the will (of the Gods, *etc*)
маникю́р manicure; *sl* fingernail torture; **~́ша** manicurist
мани́ловщина complacent, futile day-dreaming, inactivity
манипул|и́ровать (~и́рую) *impf* manipulate (+ *instr*); **~я́ция** manipulation; *fig* machination, intrigue
ман|и́ть II (~ю́, ~́ишь *and obs* ~и́шь) *pf* по~ beckon, call; *pf* вз~ *fig* attract; lure, allure
манифе́ст manifesto; **~а́нт** *pol* demonstrator; **~а́ция** (street) demonstration; **~и́ровать** (~и́рую) *impf* take part in a demonstration
мани́шка (false) shirt-front, dicky
ма́ния mania; ~ вели́чия megalomania; ~ пресле́дования persecution mania; *fig* passion, craze, mania (for, + *infin*)
ма́нка *coll* semolina
манкир|а́нт *sl* shirker; **~́овать** (~ую) *impf and pf* neglect (+ *instr*); be absent; *obs* be impolite (to, + *dat*); *sl* shirk
ма́нн|а manna; ждать как ~ы небе́сной look forward to; пита́ться ~ой небе́сной *joc* be half-starved; **~́ый** ~ая крупа́ semolina; ~ая ка́ша boiled semolina
манове́ни|е *obs* beck, nod; ~ем руки́ with a wave of one's hand; бу́дто (как) по ~ю волше́бного жезла́ (волше́бной па́лочки) as if by magic
мано́метр *tech* pressure-gauge, manometer
манса́рда attic, garret
манти́лья mantilla
манти́сса mantissa
ма́нтия cloak, mantle; gown, robe
манто́ *neut indecl* (lady's) coat, mantle
манту́лить II *impf sl* slave away
манускри́пт manuscript *usu ancient*
мануфакту́р|а manufactory; *obs* textile mill; *collect obs* cotton textiles; **~́ный** *adj of* ~а
манче́стер velveteen
маньчжу́р Manchurian; **М~́ия** Manchuria
манья́к maniac
марабу́ *neut indecl* marabou
мара́зм *med* marasmus; ста́рческий ~ senility, dotage; *fig* decay, disintegration
марак|ова́ть (~у́ю) *impf pop joc* have some idea (about, в + *prep*)
мара́л Siberian deer
мараски́н maraschino
мара́|тель *m coll* dauber; scribbler; **~́ть** I *pf* за~, из~ dirty, soil; *fig* sully, blot; ~ ру́ки *fig* soil one's hands (on, о + *acc*); *pf* за~ *sl* kill; *pf* вы́~ cross, strike out; *pf* на~ daub; scribble; **~́ться** I *pf* за~,

из~ *coll* get dirty, soil oneself; *fig* soil one's hands; *no pf vi* stain, mark, be dirty; *coll* soil oneself, make a mess (*of babies*); *pass of* ~ть
марафéт *sl* narcotics, dope
марафóнский ~ бег *sp* marathon race
марáшка *typ* turn
мáрг|анец (~анца) manganese; **~анцевый** *and* **~анцóвый** *adj of* ~анец; **~анцóвистый** manganous, manganic
маргарúн margarine; **~овый** *adj of* ~; *fig coll joc* bogus, ersatz
маргарúтка daisy
маргинáли|и (*gen pl* ~ев and ~й) marginalia
мáрево mirage; heat haze
марéна *bot* madder
марéнго *indecl adj* black flecked with grey
марúна seascape (*art*)
маринáд marinade; pickles
маринúст painter of seascapes
марин|óванный pickled; **~овáть** (~ýю) *pf* за~ pickle; *fig coll* shelve, put into cold storage
марионéт|ка marionette; puppet *also fig*; теáтр ~ок puppet-theatre; **~очный** *adj of* ~ка; ~очное госудáрство puppet state
марихуáна marijuana
мáрк|а (postage-)stamp; mark (*monetary unit*); mark, brand; фабрúчная ~ trade mark; какóй ~и? what make?; counter; grade, brand, sort; вы́сшей ~и of the best quality; *fig* name, reputation; держáть ~у preserve one's reputation; под ~ой under the guise (of, + *gen*); *hist* mark (*German territorial unit*); **~грáф** *hist* margrave
маркёр marker
маркетрú *n, adj indecl* marquetry
маркúз marquis, marquess; **~а** marchioness; sun-blind, awning; marquee
маркизéт *text* voile; **~овый** *adj of* ~
мáр|кий (~ок) easily soiled, marked; **~кировáть** (~кирýю) *impf and pf* mark; brand
маркитáнт *hist* sutler (*with army*)
маркси|зм Marxism; **~-ленинúзм** Marxism-Leninism; **~ст** Marxist; **~стский** Marxist, Marxian; **~стско-лéнинский** Marxist-Leninist
маркшéйд|ер mine-surveyor; **~ерский** *adj of* ~
мáрл|евый *adj of* ~я; **~я** gauze; cheesecloth
мармелáд fruit jelly (jellies)
мармориp|овать (~ую) *impf and pf* marble
мародёр marauder, looter, pillager; usurer; **~ский** marauding; *fig coll* exorbitant (*of prices*); **~ство** looting, pillage; **~ствовать** (~ствую) *impf* maraud, loot, pillage
марокéн morocco(-leather); marocain; **~овый** *adj of* ~
мáрочка *sl* handkerchief
мáр|очный *adj of* ~ка; ~очные вúна fine wines
марс *naut* top; **М~** Mars
марсалá Marsala (*wine*)
мáрсель *m naut* topsail
марсельéза Marseillaise
марсиáн|ин (*pl* ~е, ~) Martian
март March
мартéн *tech* open-hearth furnace; open-hearth steel; **~овский** *tech* open-hearth
мартингáл martingale
мартиролóг martyrology
мáрт|овский *adj of* ~
марты́шк|а marmoset; *fig coll joc* monkey (*of person*); ~ин труд *coll* useless, aimless labour
марýха *sl* mistress, woman, wife; *sl* prostitute
марципáн marzipan
марш march; *interj* forward!; шáгом ~! quick march! ~ отсю́да! *coll* off with you!; flight of stairs
мáрш|ал marshal; **~альский** *adj of* ~ал; **~альство** rank of marshal
мáрш|евый march(ing); ~ поря́док marching order; ~евые чáсти drafts; **~ировáть** (~ирýю) *impf* march; ~ на мéсте mark time; **~ирóвка** marching; **~рýт** route; itinerary; through goods-train; **~рутизáция** conveyance by through goods-train; **~рýтка** *coll* fixed-route taxi; **~рýтный** *adj of* ~рýт; ~ пóезд through goods-train; ~рýтное таксú fixed-route taxi
марь *f* goosefoot
маседуáн macédoine
мáск|а mask; противогáзовая ~ gas mask; сбрó-сить с себя́ ~у *fig* throw off the mask; сорвáть ~у *fig* expose, unmask (с + *gen*); **~арáд** masked ball, masquerade; **~арáдный** *adj of* ~арáд; ~ костю́м fancy dress; **~ировáть** (~ирýю) *pf* за~ mask, disguise; dress up (as, + *instr*); *mil* camouflage; ~ свои намéрения *fig* disguise one's intentions; **~ирóвка** masking, disguise; *mil* camouflage; **~ирóвщик** *mil* camouflage expert
мáсл|еница Shrovetide; carnival; не житьё (жизнь), а ~ *coll* this is the life!, life is a bed of roses; **~еничный** *adj of* ~еница; **~ёнка** butter-dish; oilcan
масл|ёнок (~ёнка; ~я́та, ~я́т and ~ёнки, ~ёнок) *Boletus lutens* (*yellow edible mushroom*)
мáслен|ый buttered; oiled, oily; ~ая недéля = ~ица; ~ые крáски oil (paints); *fig coll* oily, unctuous; *fig coll* voluptuous, sensual
маслúна olive-tree; olive; *sl* bullet
мáсл|ить II *pf* на~, по~ butter; oil, grease; **~иться** II (~ится) *impf* leave greasy marks; *coll* shine, glisten (*of eyes, face etc*); *pass off* ~ить; **~ичный** oil-yielding (*of plants*)
маслú|чный *adj of* ~на; ~чная горá Mount of Olives
мáс|ло (*pl* ~лá, ~ел, ~лáм) (слúвочное) butter; oil; как по ~лу *fig* swimmingly; как ~лом по сéрдцу giving great pleasure; подливáть ~ла в огóнь pour oil on the flames; oil (paints); писáть ~лом paint in oils
масло|бóйка churn; oil press; **~бóйный** ~ завóд = ~бóйня; **~бóйня** (*gen pl* ~бóен) creamery; oil-mill; **~дéл** butter manufacturer; oil manufacturer; **~дéлие** butter manufacturing; oil manufacturing; **~завóд** creamery, butter-dairy; oil-mill; **~мéр** oil gauge; dipstick; **~провóд** oil pipe, oil pipeline; **~рóдный** ~ газ ethylene; ~ **систéма** lubrication system
масл|янúстый oily; buttery; **~яный** *adj of* ~о; ~яная кислотá butyric acid
масóн (Free)mason; **~ский** Masonic; **~ство** Freemasonry
мáсс|а mass; ~ы *pol* the masses; в ~е on the whole, in the mass; paste; древéсная ~ wood-pulp; *coll* a lot, lots
массáж massage; **~úст** masseur; **~úстка** masseuse
массúв *geog* massif, mountain-mass; *fig* expanse; жилúщный ~ housing area; residential area; леснóй ~ forest tract; **~ный** (~ен) massive
массúр|овать (~ую) *impf and pf mil* mass, concentrate; *impf* (*past tense also pf*) massage
масс|овúк cultural and recreational organizer; **~óвка** *coll* mass meeting; group excursion; crowd scene (*in play, film*); **~óвый** mass; popular;

~овые аре́сты mass arrests
мастáк 1 *coll* expert, past master
мáстер (*pl* ~á) foreman; master craftsman, skilled workman; дéло ~а бои́тся *prov* he works best who knows his trade, (he) knows his job inside out; золоты́х дел ~ goldsmith; expert (at, in), master (at, of, на + *acc or infin*); ~ на все ру́ки all-round expert, Jack-of-all-trades; быть ~ом своегó дéла be an expert at one's job; он ~ расскáзывать he is an excellent raconteur; **~ить** II *pf* с~ *coll* make, build; **~овóй** *n obs* workman, (factory-)hand; **~скáя** *n* workshop, studio; shop (*in factory*); **~ски́** *adv* in masterly fashion; skilfully; **~скóй** masterly; **~ствó** trade, craft; craftmanship, skill
мастик|а mastic; putty; (floor-)polish; **∸овый** *adj of* ~а; ~овое дéрево mastic (tree)
масти́ст|ый (~) of good colour (*of horse*)
масти́т mastitis
масти́т|ый (~) venerable
мастодóнт mastodon
мастурб|áция masturbation; **~и́ровать** (~и́рую) *impf* masturbate
масты́р|ка *sl* feigned sickness; self-inflicted infection, wound; **~щик** *sl* person who infects or wounds himself
маст|ь 5 *f* colour (*of coat, hair of animal*); всех ~éй *fig pej* of every hue; suit (*cards*); ходи́ть в ~ follow suit (*at cards*)
масштáб scale; ~ – двáдцать пять киломéтров в однóм сантимéтре the scale is twenty-five kilometres to one centimetre; в мировóм ~е on a world scale; **∸ность** *f fig* (large) scale, range, dimensions
мат checkmate, mate (*chess*); объяви́ть ~ mate (+ *dat*); floor-mat, doormat; mat (*of opaque, frosted surface*); нанести́ ~ mat, frost (на + *acc*); кричáть, орáть, *etc* благи́м ∸ом *pop* shout at the top of one's voice; крыть благи́м ∸ом *pop* scream bloody murder; foul language, swearing (*often using word 'mother' in foul way*); крыть ~ом *pop* swear foully
матадóр matador
математ|ик mathematician; **∸ика** mathematics; **~и́ческий** mathematical
матерé|ть (~ю) *coll* grow to maturity
матереуби́й|ство matricide (*act*); **∸ца** *m and f* matricide (*agent*)
материáл material, stuff; **~и́зм** materialism; **~изовáть(ся)** (~изу́ю(сь)) *impf and pf vt and vi* materialize; **~и́ст** materialist; **~исти́ческий** *philos* materialist; **~исти́чный** (~исти́чен) materialistic; **∸ьность** *f* materiality; **∸ьный** (~ен) material, financial, economic; ~ьная часть *tech mil* equipment, matériel
матери́к 1 continent, mainland; subsoil; **~óвый** continental
матери́н|ский maternal, motherly; **∸ство** maternity, motherhood
матер|и́ть II *impf pop* curse (*usu using word 'mother'*); **~и́ться** II *impf pop* use foul language, swear (*usu using word 'mother'*)
матéрия *philos* matter; *med* matter, pus; *text* cloth; *fig coll* subject, topic (*of conversation*)
мáтерный *pop* obscene, abusive; ~ язы́к foul language
матерóй full grown (*of animal*); ~ волк *fig* an old hand
матéрчатый made of cloth
матерщи́н|а *pop* foul language (*usu containing word 'mother'*); **∸ник** *pop* person using foul language, foul-mouth
матёрый *coll* experienced, practised; inveterate, out-and-out (*enemy, bureaucrat, etc*)
мáтица *tech* tie-beam, joist
мáтка *anat* uterus, womb; female (*of animals*); queen (bee); *dial* mother; *naut* су́дно-~ supply-ship
мáт|овый mat(t), dull; suffused (*of light*); ~овое стеклó frosted glass
мáт|очник queen bee's cell; *bot* style, ovary; **∸очный** uterine
матрáс *and* **матрáц** mattress
матрёшка *dim of Christian name* матрёна; wooden doll painted to represent a Russian peasant woman (*containing similar dolls placed inside one another*); *pej* peasant woman (*in appearance*)
матриархá|льный matriarchal; **~т** matriarchy
матри́кул student's record card
матримониáльный matrimonial
мáтриц|а *typ* matrix; *tech* tie, mould; **~и́ровать** (~и́рую) *impf and pf typ* make matrices
матрóна matron
матрóс sailor, seaman; **∸ка** sailor's jacket; children's sailor-suit; *coll* sailor's wife
мáтушк|а mother; ~и (мои́)! good gracious! (*expressing surprise or fright*); по ~е ругáть *pop* curse (*usu using word 'mother' obscenely*); priest's wife; *pop* familiar form of address to elderly woman
матч *sp* match; выезднóй ~ away match
мат|ь *f* (*gen, dat, prep* ∸ери, *instr* ∸ерью; *pl* ∸ери, ~ерéй) mother; *pop* form of address to elderly woman; **~ь-и-мáчеха** *bot* coltsfoot; **~югну́ться** I *pf vulg* utter an oath (*usu using word 'mother' obscenely*)
мáузер Mauser
мах (*gen sing* ∸ а, ∸у) swing, stroke; *coll* flap, sweep (*of wing*), revolution (*of wheel, etc*); одни́м ∸ом, с одногó ∸у *coll* at a stroke, at a blow, in a trice; с ∸у *coll* rashly, without thinking; давáть ∸у (make a) blunder, make a mistake; **~áльный** *sp, etc* signaller; **~áть** I (машу́, мáшешь) *pf* ~ну́ть wave; brandish; wag; flap (+ *instr*)
махи́на *coll* bulky, cumbersome object
махинá|тор intriguer; **∸ция** intrigue, machination
мах|ну́ть I *pf of* ~áть; ~ рукóй (на, + *acc*) *fig coll* give up as a bad job; *pop* rush, dash, leap; *pop* escape; *pop* go, travel; ~ на лéто в дерéвню *pop* go to the country for the summer; *pop* swap (for, на + *acc*); **~ну́ться** I *pl pop* trade, exchange, barter (+ *instr*); **~ови́к** 1 flywheel; **~овóй** *tech* ~овóе колесó flywheel; *orni* ~овы́е пéрья wing feathers
мáхонький *pop* little, small
мах|óрка makhorka, shag; **~рá** *pop* tobacco, makhorka, shag
махрóвый *bot* double; *fig* double-dyed, arrant; *text* terry
махр|ы́ (*gen pl* ~óв) *coll* frayed edges
мацá matzo(th)
мáчеха stepmother
мáчт|а mast; **∸овый** *adj of* ~а; ~ лес mast timber
машбюрó *neut indecl abbr of* машинопи́сное бюрó *coll* typing pool
маши́н|а machine, mechanism *also fig*; car; учреждéнческая ~ official car; *obs* train; **~áльный** (~áлен) *fig* mechanical; ~ отвéт automatic response; **~éрия** machinery; **~изáция**

mechanization; **~изи́ровать** (~изи́рую) *impf and pf* mechanize; **~и́ст** engineer, machinist; engine-driver; *theat* scene-shifter; **~и́стка** (girl-)typist; **~ка** *dim of* ~а; (пи́шущая) ~ typewriter; **~но-тра́кторный** ~но-тра́кторная ста́нция machine and tractor station; **~ник** computer engineer; **~ный** *adj of* ~а; ~ перево́д computer translation; **~опи́сный** typewritten; ~ текст typescript; **~опись** *f* typewriting; typescript; **~опрока́тный** car-hire; **~остро́ение** mechanical engineering
маши́ст|ый (~) striding
ма́шка *sl* passive homosexual
маэ́стро *m indecl* maestro; master
мая́к 1 lighthouse; beacon *also fig*
ма́ятник pendulum
ма́|яться I (~юсь) *impf pop* sweat, toil away; rough it; live in deprivation; suffer (from, + *instr*)
мая́чить II *impf coll* loom (up), appear indistinctly; *pop* drag out an existence
мая́чник lighthouse-keeper
мгл|а haze; mist; darkness, gloom; **~и́стый** (~и́ст) hazy
мгнове́н|ие instant, moment; в ~ о́ка in the twinkling of an eye; **~ный** (~ен) instantaneous
ме́б|ель *f* furniture; для ~ели *fig joc* superfluous, (as) decoration (*said of useless person*); **~ельщик** upholsterer; furniture dealer; **~лирова́ть** (~лиру́ю) *impf and pf* furnish; **~лиро́вка** furnishing; furniture, furnishings
ме́габайт *tech* megabyte
мегаге́рц megacycle, megahertz
мегалома́ния megalomania
мегато́нн|а (a) megaton; **~ый** megaton
мегафо́н megaphone
меге́ра *coll* shrew, termagant
мёд 2 (в ~у́, о ~е) honey; mead; *pred* (э́то) не ~ *coll* (it's) no joke
мед- *abbr of* медици́нский
медал|ено́сец (~ено́сца) person who has been decorated; **~и́ст** medallist, medal winner; **~ь** *f* medal; оборо́тная сторона́ ~и *fig* the other side of the medal; **~ьо́н** medallion, locket
медве́|дица she-bear; *astron* Больша́я М~, Малая М~ Great Bear, Little Bear; **~дка** *zool* mole-cricket; handcart; *tech* punch, press; **~дь** *m* bear; бе́лый ~ polar bear; смотре́ть ~ем look surly; ему́ ~ на́ ухо наступи́л *joc* he has no ear (for music); *fig coll* clumsy person, elephant; *obs coll* bearskin; **~жа́тина** bear meat; **~жа́тник** bear-hunter; bear-leader; bear-pit, bear-garden; *sl* safecracker; *sl* safe; **~жий** *adj of* ~дь; ~ у́гол God-forsaken place; ~жья услу́га doubtful service (*although well meant*); ~жья боле́знь *joc* diarrhoea, squitters (*from fear*); **~жо́нок** (~жо́нка; ~жа́та, ~жа́т) bear-cub
медвытрезви́тель sobering-up centre
медвя́н|ый honeyed, smelling of honey; ~ая роса́ honeydew
меделя́нск|ий ~ая соба́ка mastiff
медеплави́льный copper-smelting
медиа́на median
ме́ди|к doctor, physician; medical student; **~каме́нт** medicine; **~каменто́зный** medicinal; **~ци́на** medicine; **~ци́нский** medical; **~чка** *coll* (woman) medical student
ме́дл|енно *adv* slowly; **~енный** slow (*happening slowly*); **~и́тельный** (~и́телен) slow (*acting, being carried out slowly*), tardy, sluggish (*of mind, movements, etc*); **~ить** II *impf* linger, tarry; be slow (in), dilly-dally (with, с + *instr*)
ме́дн|ик coppersmith; tinker; **~о-кра́сный** copper-coloured; **~олите́йный** copper-smelting; **~ый** copper; brazen *also fig*; ~ лоб *fig coll* blockhead; учи́ться на ~ые гроши́, на ~ые де́ньги have poor boy's schooling; cupric, cuprous; ~ колчеда́н copper pyrites; ~ купоро́с copper sulphate, bluestone
мед|о́вый *adj of* мёд; ~ ме́сяц honeymoon; **~о́к** (~ка́) *dim of* мёд
медо́к Médoc (*wine*)
медоно́сный melliferous, nectariferous
медосмо́тр *abbr of* медици́нский осмотр medical examination
медоточи́в|ый (~) honeyed, mellifluous
мед|пу́нкт *abbr of* медици́нский пункт first-aid post; **~сестра́** (hospital) nurse
меду́за *zool* jellyfish, medusa; *myth* Medusa
медуни́ца lungwort
мед|ь *f* copper; жёлтая ~ brass; **~я́к** 1 *coll* copper (coin)
медяни́ца slow-worm, blindworm
медя́нка grass-snake; *chem* verdigris
медя́шка *pop* copper (coin); copper (brass) plate
меж = ме́жду; **~-** inter-; **~а́** 3 boundary; boundary-strip
междо|ме́тие *gramm* interjection; **~усо́бие** *and* **~усо́бица** civil, intestine, internecine strife; **~усо́бный** intestine, internecine
ме́жду *prep + instr and gen* (*obs*) between; ~ де́лом at odd moments; ~ на́ми between you and me, between ourselves; ~ про́чим incidentally; ~ тем meanwhile; ~ тем, как while, whereas; among, amongst; **~ве́домственный** interdepartmental; **~горо́дный** interurban; **~наро́дник** specialist on international affairs *or* law; **~наро́дный** international; **~пу́тье** track spacing (*railways*); **~ря́дье** space between rows; **~ца́рствие** interregnum
меж|ева́ние land survey(ing); **~ева́ть** (~у́ю) *impf* survey; establish boundaries (between); **~еви́к** 1 surveyor; **~ево́й** *adj of* ~а́; ~ знак boundary-mark, landmark; **~е́нь** *f* low water level (*in river or lake*); period of low water (*summertime*); **~еу́мок** (~еу́мка) *pop* person of limited intelligence, mediocrity; *coll* person or thing of indeterminate qualities; **~еу́мочный** *coll* mediocre; ill-defined; intermediate, interim; **~кле́точный** intercellular; **~континента́льный** intercontinental; ~ баллисти́ческий снаря́д intercontinental ballistic missile; **~плане́тный** interplanetary; **~рёберный** intercostal
мездра́ inner side (*of hide*)
мезо|зо́йский mesozoic; **~лити́ческий** mesolithic
мезо́н meson; **~ный** *adj of* ~
мезони́н mezzanine (floor); attic storey
Ме́кс|ика Mexico; **М~ика́нец** (~ика́нца) Mexican; **м~ика́нский** Mexican
мел (в ~у́, о ~е) chalk; whiting; whitewash
мела́нжевый blended (*of yarn*)
меланхо́л|ик melancholic (person); **~и́ческий** melancholy; **~и́чный** (~и́чен) = ~и́ческий; **~ия** melancholy; *med* melancholia
мела́сса molasses
меле́ть I *pf* об~ grow shallow
мелиор|ати́вный *adj of* ~а́ция; **~а́тор** specialist in melioration; **~а́ция** melioration; **~и́ровать** (~и́рую) *impf and pf* meliorate
мели́ть II *pf* на~ chalk, whiten

ме́л|кий (~ок, ~ка́, ~ко) *adj* fine (*of rain, sand, etc*); small (*in size, value, etc*); small-scale (*of business, etc*); minor, unimportant (*details, etc*); *fig* petty, small-minded; ~кая душо́нка petty person; ~кая со́шка small fry; shallow, shallow-draught; **-́ко** *adv* fine, into small particles; not deep; ~ пла́вать *fig coll* not to have it in one; be too small a fish

мелко|буржуа́зный (~буржуа́зен) petty-bourgeois; **~во́дный** (~во́ден) shallow; **~во́дье** shallow water; **~зерни́стый** (~зерни́ст) fine-, small-grained; **~кали́берный** small-bore; **~ле́сье** young forest; **~поме́стный** small (*of landowners*); **~собственнический** relating to small property owners; **~та́** *coll* smallness; *fig coll* pettiness, meanness; *collect coll* small fry; **~това́рный** *econ* small-scale; **~тра́вчатый** *coll pej* petty, small-minded

мелово́й chalk(y); white as chalk; cretaceous

мелодеклама́|тор reciter of poetry or prose to musical accompaniment; **-́ция** recitation of poetry or prose to musical accompaniment

мело́д|ика melodics; **~и́ческий** melodious, tuneful; **~и́чный** (~и́чен) = ~и́ческий; **-́ия** melody, tune

мелодра́ма melodrama; **~ти́ческий** melodramatic; **~ти́чный** (~ти́чен) melodramatic (*of subject, etc*)

мел|о́к (~ка́) piece of chalk; игра́ть на ~ *coll* play on tick (*cards*)

мелома́н music-lover

мел|очи́ть(ся) II *impf pop* behave in petty way; **-́очность** *f* pettiness, small-mindedness, meanness; **-́очный** (~очен; also ~очно́й) petty, trifling; *pej* petty, paltry, small-minded; **-́очь** 5 *f collect* small ones, small items; *collect* (small) change, small coin; *pl* trifles, trivialities; разме́ниваться на ~очи, по ~оча́м fritter away one's energy

мель *f* (на ~и́, о -́и) shoal, bank; песча́ная ~ sandbank; на~и́ aground; *fig* on the rocks, in low water; сесть на ~ run aground; *fig* get into difficulties; сиде́ть (как рак) на ~и́ *fig coll* be on the rocks, in low water

мельк|а́ть I *pf* ~ну́ть be glimpsed fleetingly; twinkle (*of stars*) **~ну́ть** I *sem pf of* ~а́ть, у меня́ ~ну́ла мысль an idea flashed through my mind; **-́ом** *adv* cursorily, in passing

ме́льн|ик miller, **-́ица** mill; лить во́ду на ~ицу *fig* be grist to the mill; **~ичиха** *coll* miller's wife; **-́ичный** *adj of* ~ица

мельтеши́ть II *impf pop* flicker (in front of one's eyes, в глаза́х); fidget about

мельхио́р cupro-nickel, German silver; **-́овый** *adj of* ~

мельч|а́йший *superl of* ме́лкий; **~а́ть** I *pf* из~ grow shallow, become small, grow smaller; *fig* become petty, petty-minded; **-́е** *comp of* ме́лкий *and* ме́лко; **~и́ть** II *pf* из~, раз~ crush, crumble, pulverize; *fig* lessen significance of

мелюзга́ *collect coll* small fry

мембра́на membrane; *tech* diaphragm

мемора́ндум (diplomatic) memorandum

мемориа́л memorial; *sp* memorial sporting contest; *comm* day-book; **-́ьный** memorial

мемуар|и́ст author of memoirs; **-́ы** (*gen pl* ~ов) memoirs

ме́на exchange, barter (of, + *gen*, for, на + *acc*)

менаж|ёр *sp* manager; **~и́ровать** (~и́рую) *sp* manage

ме́неджер manager

ме́нее *comp adv of* ма́ло less; тем не ~ none the less; ~ всего́ least (of all)

менестре́ль *m hist* minstrel

ме́нзула *tech* plane-table

мензу́рка measuring-glass

менинги́т meningitis

мени́ск meniscus

менов|о́й exchange; ~а́я торго́вля barter

менстру|а́льный menstrual; **~а́ция** menstruation; **~и́ровать** (~и́рую) *impf* menstruate

мент *sl* cop, militiaman

ме́нтик hussar's pelisse

менто́л menthol

ме́нтор mentor

менуэ́т minuet

ме́ньш|е *comp of* ма́ленький *and* ма́ло smaller, less; не ~ чем nothing short of; **~еви́зм** Menshevism; **~еви́к** 1 Menshevik; **~еви́стский** Menshevist; **-́ий** *comp adj of* ма́ленький *and* ма́лый lesser, smaller; younger; по ~ей ме́ре at least; са́мое ~ее at the least; **~инство́** 7 minority; **~о́й** *coll* youngest

меню́ *neut indecl* menu, bill of fare

меня́ *acc, gen of* я

меня́|ла *m* money-changer; **-́льный** money-changing; **-́ть** I *pf* по~ exchange (for, на + *acc*); change (*work, linen, money, etc*); alter, change, (*taste, opinion, etc*); **-́ться** I *pf* по~ exchange (+ *instr*); *vi* change; ~ в лице́ change countenance

ме́р|а measure; вы́сшая ~ наказа́ния capital punishment; limit, moderation; знать ~у know where to stop; без ~ы very; в ~у in moderation, fairly; сверх ~ы, чрез ~у, не в ~у excessively, immoderately; по ~е возмо́жности, по ~е сил as far as possible; по ~е необходи́мости if the need arises; по кра́йней ~е, по ме́ньшей ~е at least; в значи́тельной ~е to a large extent; в изве́стной ~е to a certain extent; всему́ есть ~ everything has a limit; по ~е того́ как *conj* as, (in proportion) as; *pl* steps, measures

ме́ргель *m geol* marl

мере́жка hemstitch, openwork

мере́нга meringue

мере́ть (мрёт; мёр, мёрла) *impf coll* die (*in large numbers*); мрут, как му́хи they die like flies; *pop* stop beating (*of heart*)

мере́щиться II *pf* по~ seem (to), appear (to, + *dat*); она мне помере́щилась I fancied I saw her; *obs* appear dimly

мерз|а́вец (~а́вца) *coll* blackguard; scoundrel; **~а́вчик** *pop* small bottle of vodka (one-eighth of litre); **-́кий** (~ок, ~ка́, ~ко) vile, disgusting, loathsome; abominable, foul, nasty

мерз|лота́ frozen ground; ве́чная ~ permafrost; **~лотове́дение** study of frozen soil conditions; **-́лый** frozen, congealed; **-̈нуть** I (*past* ~, ~ла) *pf* за~ freeze

мéрзо|сть *f* loathsomeness, vileness; nasty, loathsome thing; abomination; ~ запусте́ния *obs iron* abomination of desolation; **-́тина** *m and f sl* filthy beast, loathsome person

меридиа́н meridian

мери́л|о standard, criterion; **-́ьный** measuring

ме́рин gelding; врёт, как си́вый ~ *pop* (he) lies like a trooper; глуп(а́), как си́вый ~ *pop* he (she) is an egregious ass, is very stupid

мерино́с merino (sheep, wool); **-́овый** *adj of* ~

ме́р|ить II (*coll* -́яю) *pf* с~ measure; ~ кому́ температу́ру measure someone's temperature; ~

взгля́дом look up and down; *pf* по~ try on (*clothing, etc*); **~́иться** II (*coll* ~́яюсь) measure (against, + *instr*); ~ ро́стом с кем compare heights with someone; **~́ка** measure; снима́ть ~ку с кого́ take someone's measurements; ме́рить кого́ свое́й ~кой *fig* judge someone by one's own standard; yardstick

меркантил|и́зм *econ* mercantilism; *fig* mercenary spirit; **~́ьный** mercantile; (~ен) mercenary

ме́рк|нуть (~нет; ~нул *and* ~, ~ла) *pf* по~ grow dark, dim; *fig* fade (*glory, etc*)

Мерку́рий Mercury

мерла́н whiting

мерлу́шка lambskin

ме́р|ный (~ен) measured, rhythmical; *tech* measuring; **~оприя́тие** measure

мерсериз|а́ция *tech* mercerization; **~ова́ть** (~у́ю) *impf and pf tech* mercerize

ме́ртв|енный deathly, ghastly; ~енно бле́дный deathly pale; **~е́ть** I *pf* о~ grow numb; *pf* по~ become stiff, be numbed, cold (*with fright, grief, etc*); **~е́ц** 1 corpse, dead man; **~е́цкая** *n coll* morgue, mortuary; **~е́цки** *adv* ~ пьян *coll* dead drunk; спать ~ sleep like the dead; **~ечи́на** *collect* carrion; *fig coll* deadly bore (*of play, etc*); (spiritual) stagnation; **~и́ть** II (~лю́) deaden; **~орождённый** stillborn; **~́ый** (~, ~а́, ~́о; ~́ы) dead; lifeless; ни жив ни ~ more dead than alive; ~ груз dead weight; ~ая зыбь *naut* swell; ~ инвента́рь dead stock; ~ капита́л *fin* unemployed capital; ~ая пе́тля *aer* loop; ~ое простра́нство *mil* dead ground; ~ сезо́н off-season, close season; ~ая то́чка standstill; ~ая хва́тка mortal, unclenching grip; ~ час quiet time (*in sanatoria, etc*); пить ~ую *coll* drink hard; спать ~ым сном *coll* sleep the sleep of the dead; **~я́к** 1 *sl* corpse, dead man, stiff

мерца́|ние twinkling, flickering, shimmering, glimmering, scintillation; **~ть** 1 *impf* twinkle, flicker, shimmer, glimmer

ме́|сиво mash; quagmire (of roads); **~си́ть** II (~шу́, ~́симь) *impf* knead; ~ грязь *coll* wade through mud

месмери́зм mesmerism

ме́сса mass

месси|а́нский Messianic; **~а́нство** Messianism; **~́я** Messiah

мест|а́ми *adv* here and there, in places; **~е́чко** (*pl* ~е́чки, ~е́чек) small town (*in Ukraine and Byelorussia*); *dim of* ~́о; тёпл(еньк)ое ~ *coll* cushy job

ме|сти́ (~ту́, ~тёшь; мёл, ~ла́) *pf* под~ sweep; whirl, swirl; *impers* ~тёт there is a snowstorm

местко́м *abbr of* ме́стный комите́т local (trade union) committee

ме́стн|ический *adj of* ~ичество; **~́ичество** *hist* order of precedence; *pej* regionalism; **~́ость** *f* locality, district; area; *mil* ground, country, terrain; **~́ый** *adj* local; *n* a local (person); *gramm* ~ паде́ж locative

ме́ст|о 2 place; site; spot; бе́лые ~а́ *fig* unsolved problems; unexplored regions; больно́е ~ *fig* sore point, tender spot; де́тское ~ *anat* afterbirth, placenta; о́бщее ~ platitude; отхо́жее ~ latrine; пусто́е ~ blank (space) *also fig*; *fig* a nobody, nonentity; сла́бое ~ *fig* weak spot; тёплое ~ *fig* cushy job; у́зкое ~ bottleneck; ~ де́йствия, ~ происше́ствия scene (of action); я на ва́шем ~е if I were you; на ~е преступле́ния in the act, red-handed; душа́, се́рдце не на ~е *fig* (be) worried, uneasy; ~ заключе́ния prison; нет ~а, не должно́ быть ~а it should not happen; заде́ть чьё больно́е ~ touch someone on the raw; име́ть ~ take place, come to pass; нагре́ть ~ be too long in one spot (*working, living*); не находи́ть себе́ ~а fret, be agitated; нача́ть на го́лом ~е start from scratch; не оста́вить живо́го ~а на ком beat someone black and blue; мо́крого ~а не оста́нется от тебя́ *coll* you'll get it hot; поста́вить кого́ на своё ~, указа́ть кому́ его́ ~ *fig* take someone down a peg or two, put someone in his place; не к ~у *fig* out of place; по ~а́м! to your places; ни с ~а! stay put!, don't move!; здесь не ~ разгово́рам о дела́х this is not the place for discussing business; seat (*theatre, etc*); berth, seat (*ship, train*); room, space; job, post, situation; быть без ~а be out of work; passage (*in book, etc*); piece (*of luggage*); *pl* local organizations; provinces

место|блюсти́тель *eccles* locum tenens; **~жи́тельство** (place of) residence; **~имé́ние** *gramm* pronoun; **~имё́нный** *gramm* pronominal; **~нахожде́ние** whereabouts, location; ~положе́ние site, situation, position; ~пребыва́ние abode, residence; **~рожде́ние** birthplace; *geol* deposit, layer

месть *f* vengeance, revenge

ме́с|яц month; медо́вый ~ honeymoon; moon; молодо́й new moon; **~́ячник** month (*campaign, etc lasting month*); **~́ячный** monthly; ~ячные (monthly) periods

мета́лл metal; презре́нный ~ filthy lucre; **~иза́ция** *tech* metallization; **~изи́ровать** (~изи́рую) *impf and pf* metallize; **~и́ст** metal-worker; **~и́ческий** metal(lic) *also fig*; **~и́ческая** болва́нка pig-metal; ~и́ческая отли́вка cast metal; **~о́ид** metalloid; **~оно́сный** (~оно́сен) metalliferous; **~ообраба́тывающий** metal-working; **~оплави́льный** smelting; **~опрока́тный** rolling; **~опромы́шленность** *f* metal industry; **~оре́жущий** metal-cutting; **~у́рг** metallurgist; **~урги́ческий** metallurgical; **~у́ргия** metallurgy

метаморфо́з *biol and* **~́а** metamorphosis

мета́н methane

мета́ни|е casting, flinging, throwing; ~ икры́ spawning; ~ ядра́ putting the shot; ~я из стороны́ в сто́рону rushing to and fro

метано́л methyl alcohol, methanol

метаста́з metastasis

метате́за *ling* metathesis

ме|та́тель *sp* thrower; ~ ди́ска discus thrower; ~та́тельный missile; ~ снаря́д projectile; **~та́ть** I (~чу́, ~́чешь) *pf* ~тну́ть cast, fling, throw; ~ гро́мы и мо́лнии *fig* fulminate; ~ жре́бий cast lots; ~ се́но stack hay; *pf* вы́~ spawn; *pf* вы́~, на~, про~, с~ baste, tack; ~ икру́ *sl* have kittens, be afraid; ~ пе́тли edge, make buttonholes; **~та́ться** I (~чу́сь, ~́чешься) *impf* toss (about) (*in bed*); rush about

метафи́з|ик metaphysician; **~́ика** metaphysics; **~и́ческий** metaphysical

мета́фор|а metaphor; **~и́ческий** metaphorical; **~и́чный** (~и́чен) = ~и́ческий

мете́л|истый (~ист) *coll* = snowy, accompanied by blizzards; **~́ица** *coll* ~́ь

метёлк|а *dim of* метла́; whisk; *bot* panicle; под ~у *fig coll* completely

мете́ль *f* snowstorm; blizzard

мете́льчатый *bot* panicular, paniculate
мете́льщик sweeper
метемпсихо́з metempsychosis
метео́р meteor
метеори́зм flatulence
метео|ри́т meteorite; ~**ри́ческий** meteoric; ´~**рный** *adj of* ´~р; ~**ро́лог** meteorologist; ~**рологи́ческий** meteorological; ~**роло́гия** meteorology; ~**сво́дка** *abbr of* метеорологи́ческая сво́дка weather report
метиза́ция cross-breeding
мети́з|ный *adj of* ~ы; ´~**ы** *abbr of* металли́ческие изде́лия metalware, hardware
мети́л methyl
мети́с mongrel, half-breed; metis, mestizo
ме́|тить II (~чу, ~тишь) *pf* по~ mark (*laundry*, *etc*); *pf* на~ aim (at, в + *acc*); *fig* aspire (to), aim (at, в + *acc*); он ~тит на твоё ме́сто he has his eyes on your job; *fig* drive (at), mean (в, на + *acc*); на что вы ~тите? what are you driving at?; ´~**тка** mark(ing); ´~**ткий** (~ток, ~тка́, ~тко) well-aimed, accurate; ~ стрело́к good shot; *fig* apt, to the point (*of remark*, *etc*); ´~**ткость** *f* marksmanship, accuracy; *fig* aptness, pointedness
мет|ла́ 6 (*pl* ´~лы, ´~ел) broom; но́вая ~ чи́сто метёт *prov* a new broom sweeps clean
мет|ну́ть I *sem pf of* ~а́ть; ~ взгляд dart a glance
ме́тод method; ´~**а** *obs* method; ~**и́зм** *eccles* Methodism; ´~**ика** system, method(s); principles; ~ ру́сского языка́ methods of teaching Russian; methodology; ~**и́ст** methodologist; specialist (*on principles of*, *methods of teaching*, *etc*); *eccles* Methodist; ~**и́стский** *adj of* ~и́ст *eccles*; ~**и́ческий** *adj of* ´~ика; methodical, systematic; ~**и́чный** (~и́чен) methodical, systematic; ~**о́лог** methodologist; ~**ологи́ческий** methodological; ~**оло́гия** methodology
метони́мия metonymy
метр metre; ямби́ческий ~ iambic metre; metric rule; *obs* master; ~**а́ж** metric area; length in metres
метранпа́ж *typ* maker-up
метрдоте́ль *m* head waiter
ме́три|ка metrics; birth certificate; ´~**ческий** metric; metrical; ~ческая кни́га register of births; ~ческое свиде́тельство birth certificate
метро́ *neut indecl abbr of* ~полите́н underground, metro, subway
метр|о́вый *adj of* ~ metre, metre-long, metre-high
метролог|и́ческий metrological; ´~**ия** metrology
метроно́м metronome
метрополите́н underground (railway), subway
метропо́лия mother country
ме|ту́, ~тёшь *see* ~**сти́**
ме́т|че *comp of* ~кий *and* ~ко; ´~**чик** marker; punch, stamp; ~**чи́к** 1 *tech* tap-borer, screw-tap
мех 2 (в ~у́, ´~е, на ~у́, о ´~е; *pl* ~ а́, ~о́в) fur; на ~у́ fur-lined; пальто́ на ры́бьем ~у́ *joc* thin coat; (*pl* ~и́, ~о́в) bellows; wineskin, water-skin
механиз|а́тор specialist on mechanization; *agr* machine operator, machine servicer; ~**а́ция** mechanization; ~**и́ровать** (~и́рую) *impf and pf* mechanize; ´~**м** mechanism, gear(ing); *pl* machinery *also fig*
меха́н|ик mechanic; specialist in mechanics; ´~**ика** mechanics; *fig coll* trick; knack; подвести́, подстро́ить кому́ ~ику play a trick on someone; ~**и́ст** mechanist; ~**исти́ческий** mechanistic; ~**и́ческий** mechanical; power-driven, power; ~ цех machine shop; of mechanics; mechanistic; ~**и́чный** (~и́чен) *fig* mechanical, automatic
мехов|о́й fur; ~**у́шка** *coll* fur clothing, furs; ~**щи́к** furrier
мецена́т patron, Maecenas; ´~**ство** patronage of arts, literature
ме́ццо-сопра́но *f and neut indecl* mezzo-soprano
ме́ццо-ти́нто *neut indecl* mezzotint
меч 1 sword; Дамо́клов ~ sword of Damocles; подня́ть ~ *lit* take up arms (against, на + *acc*); преда́ть (огню́ и) ~у́ put to the sword; пройти́ огнём и ~о́м *lit* ravage with fire and sword; скрести́ть ~и́ *fig* cross swords; ~**ено́сец** (~ено́сца) sword-bearer; Knight of the Sword (*member of German order of knights*)
ме́чен|ый marked; labelled, tagged; ~ые а́томы tagged atoms
мече́ть *f* mosque
меч-ры́ба (меч-ры́бы) swordfish
мечт|а́ *no pl* dream, day-dream; леле́ять ~у́ cherish a hope, vision; ~**а́ние** day-dreaming, reverie; *pl used as pl of* ~а́; ~**а́тель** *m* dreamer; day-dreamer; ~**а́тельный** (~а́телен) dreamy; pensive; ~**а́ть** I *impf* dream (of, about, о + *prep*; + *infin*); ~ о себе́ (мно́го, высо́ко) *pop* think too much of oneself
меша́|лка mixer, stirrer; ~**ни́на** *coll* mixture, jumble; ´~**ть** I *pf* по~ prevent (from); hinder, impede, hamper (+ *dat*; in, + *infin*); disturb (+ *dat*); я вам не ~ю? I am not disturbing you? I hope I'm not intruding?; не ~ет, не ~ло бы it would not be a bad idea (to, + *infin*); *pf* по~ stir, agitate; ~ чай ло́жкой stir the tea with a spoon; *pf* с~ mix (with), blend (with, с + *instr*); *pf* с~ *coll* confuse, mix up; ´~**ться** I *impf coll* be in the way; *impf* interfere (in), meddle (with, в + *acc*); ~ не в своё де́ло poke one's nose into someone else's business; *pf* с~ get mixed up (*of thoughts*, *etc*); *pf* по~; ~ в уме́ *coll* lose one's reason; *pf* с~ be stirred, mixed; be confused (*of thoughts*)
ме́шкать I *pf* за~ *coll* delay, dawdle (over, с + *instr*); linger, loiter
мешков|а́тый baggy (*of clothing*); awkward, clumsy; ~**и́на** sacking, hessian
ме́шкот|ный (~ен) *coll* sluggish, slow; long, laborious (*of a job*)
меш|о́к (~ка́) bag; sack; вещево́й ~ haversack, knapsack; kit bag; золото́й ~ *fig* a man rolling in money, moneybags; ка́менный ~ *hist* prison (cell); огнево́й ~ *mil* fire-pocket; bag (*of oats*, *etc*) = *3 poods*; сиди́т ~ко́м looks like a sack (*of ill-fitting clothes*); ~ки́ под глаза́ми *coll* bags under the eyes; pouch (*animal*); *fig coll* clumsy fellow; ~**о́чек** (~о́чка) *dim of* ~о́к; sac, follicle, utricle; ~**о́чник** *hist* person bartering food for (manufactured) goods
мещан|и́н (*pl* ´~е, ´~) *hist* petty bourgeois (*urban lower middle class*); *fig* Philistine; ´~**ский** *adj of* ~и́н; *fig* Philistine; bourgeois, vulgar, uncultured, narrow-minded; ´~**ство** *collect* petty bourgeoisie, lower middle class; *fig* Philistinism, vulgarity, narrow-mindedness
мзд|а *obs iron* payment, recompense; bribe; ~**оимец** (~оимца) *obs* bribe-taker; ~**оимство** *obs* bribery
ми *neut indecl mus* mi; E
миа́зм|ы (*gen pl* ~) miasma
миг moment, instant; в оди́н ~ in a flash; Mig (*Soviet fighter aircraft*); ~**а́ние** winking; twinkling;

blinking; **~а́тельный** ~а́тельная перепо́нка nict(it)ating membrane; **~а́ть** I *pf* ~ну́ть blink; wink (at, + *dat*); *fig coll* wink, twinkle (*of light, etc*); **~ну́ть** I *sem pf of* ~а́ть; **~́ом** *adv coll* in a flash, jiffy, trice

миграц|ио́нный *adj of* ~́ия; **~́ия** migration

мигре́нь *f* migraine

мигри́р|овать (~ую) *impf* migrate

МИД *abbr of* Министе́рство иностра́нных дел Ministry of Foreign Affairs, Foreign Office

ми́дель *m naut* midship section

мизансце́на *theat* mise en scène

мизантро́п misanthrope; **~и́ческий** misanthropic; **~́ия** misanthropy

мизе́р|ный (~ен) wretched, miserable (*payment, period, also of person*)

мизи́н|ец (~ца) little finger; little toe; он не сто́ит твоего́ ~ца *fig* he is not fit to hold a candle to you, he is not a patch on you; с, на ~ tiny, next to nothing; **~́цевый** *adj of* ~ец

мика́до *m indecl* mikado

миколо́гия mycology

микро|авто́бус minibus; **~ампе́р** microampere; **~́б** microbe; **~био́лог** microbiologist; **~биоло́гия** microbiology; **~ко́кк** micrococcus; **~ко́см** microcosm; **~литра́жный** of small cubic capacity; **~́метр** micrometer; **~ме́трия** micrometry; **~́н** micron; **~органи́зм** micro-organism; **~по́ристый** microporous, microcellular; **~по́рка** *coll* microporous rubber; *pl* (microporous) rubber-soled shoes, slippers; **~райо́н** mikrorayon (*administrative division*); neighbourhood unit (*town planning*); ~ шко́лы school catchment area; **~ско́п** microscope; **~скопи́ческий** microscopic; **~скопи́чный** (~скопи́чен) microscopic(al) *also fig*; **~скопи́я** microscopy; **~спо́ра** microspore; **~структу́ра** microstructure; **~фи́льм** microfilm; **~фильми́ровать** (~фильми́рую) *impf and pf* microfilm; **~фо́н** microphone; **~цефа́л** microcephalic; **~цефа́лия** microcephaly

ми́ксер mixer

микстýра (medicinal) mixture (*usu cough*)

мил|а́шка *m and f coll* pleasant person, sweet person; он тако́й ~ he's such a duck; sweetheart, darling; **~́енький** *coll* (quite) pretty; darling, dear (*form of address*); как ~ *pop* like a lamb; ~енькое де́ло! *pop* nice kettle of fish!

милитари|за́ция militarization; **~́зм** militarism; **~зова́ть** (~зу́ю) *impf and pf* militarize; **~́ст** militarist; **~сти́ческий** militaristic

милиц|ионе́р militiaman; policeman (*in USSR*); **~́ия** militia (*police force in USSR*)

миллиа́рд milliard; billion *Am*; **~е́р** multi-millionaire; **~́ный** milliardth; billionth *Am*

милли|ба́р millibar; **~во́льт** millivolt; **~гра́мм** milligramme; **~ме́тр** millimetre; **~о́н** million; **~оне́р** millionaire *also fig*; **~о́нный** millionth; worth millions; million strong

ми́л|овать (~ую) *impf obs* pardon; **~ова́ть** (~у́ю) *impf folk poet* caress, fondle; **~ова́ться** (~у́юсь) *impf folk poet* caress one another; **~ови́дный** (~ови́ден) nice-looking, pretty

мило́рд (mi)lord

милосе́рд|ие mercy, charity, clemency; сестра́ ~ия *obs* nurse; **~́ный** (~ен) merciful, charitable

ми́лостив|ый (~) *obs* gracious, kind; ~ госуда́рь *obs* sir (*form of address*), (Dear) Sir (*in letters*); ~ая госуда́рыня *obs* madam; Dear Madam (*in letters*)

ми́лостын|я *no pl* alms; проси́ть ~ю beg

ми́л|ость *f* grace, favour; *pl* favours; ~ости про́сим! welcome!, you are (always) welcome!; по ва́шей ~ости thanks to you *also iron*; сде́лай(те) ~ *obs* be so kind, do (me) the favour *also iron*; скажи́(те) на ~! *coll iron* well I never!, you don't say so!; mercy, charity; из ~ости out of charity; сда́ться на ~ победи́теля surrender at discretion; ва́ша ~ your worship (*form of address to superior*); **~́очка** *coll* dear, darling; **~ый** *adj* (~, ~а́, ~о) nice, sweet; lovable; как ~о! how sweet, kind of you!; dear; **~ый, ~ая** *n* dear, darling; sweetheart, lover

мильдью́ *neut indecl* mildew

мильто́н *sl* cop, militiaman

ми́ля mile

миля́га *m and f pop* nice person

мим *theat* mime; **~́ика** expression of face; бога́тая ~ mobile features; **~икри́я** mimicry, mimesis; **~и́ст** mimic; **~и́ческий** mimic

мимео́граф duplicating-machine

ми́мо *adv and prep + gen* by, past; пройти ~ pass by, go past; ~! miss(ed)!; **~е́здом** *adv coll* in passing

мимо́за mimosa, sensitive plant *also fig*

мимо|лётный (~лётен) fleeting, transient; **~хо́дом** *adv* in passing; ~ сказа́ть *fig coll* to mention in passing, by the way

ми́н|а *mil* bomb, mortar shell; mine *also naut*; expression, mien; сде́лать весёлую (хоро́шую) ~у при плохо́й игре́ put (on) a brave face (on a sorry business)

минаре́т minaret

миндал|еви́дный almond-shaped; ~еви́дная железа́ tonsil; **~́ина** almond; tonsil; **~́ь** 1 *m* almond-tree; *collect* almonds; **~́ьничать** I *impf coll* sentimentalize (over, с + *instr*); be too soft (with, с + *instr*); **~́ьный** *adj of* ~ь

минёр *mil naut* minelayer, mine expert

минера́л mineral; **~иза́ция** mineralization; **~оги́ческий** mineralogical; **~о́гия** mineralogy; **~́ьный** mineral

минздра́в *abbr of* Министе́рство здравоохране́ния Ministry of Health

миниатю́р|а *art* miniature; **~иза́ция** *tech* miniaturization; **~и́ст** miniature-painter; miniaturist; **~́ный** (~ен) *adj of* ~а; dainty, diminutive, tiny

минима́л|ьный (~ен) minimal

ми́нимум minimum; прожи́точный ~ living wage; техни́ческий ~ specialist qualifications; specialist qualifying examination (in, по + *dat*); *adv* at the minimum, at the least

мини́р|овать (~ую) *impf and pf also pf* за~ mine

минист|е́рский ministerial; **~е́рство** ministry; **~́р** minister; ~-президе́нт, премье́р-~ Prime Minister, premier

ми́ни-ю́бка *and* **минию́бка** miniskirt

миннези́нгер *hist lit* minnesinger

ми́нн|ый mine; ~ое загражде́ние minefield

мин|ова́ть (~у́ю) *impf and pf* pass (by); ~у́я подро́бности omitting details; *pf* be over, past; avoid, escape (*with* не + *gen*); двум смертя́м не быва́ть, одно́й не ~ *prov* you only die once

мино́га lamprey

мино|иска́тель *m mil* sapper; **~мёт** *mil* mortar; **~мётный** *adj of* ~мёт; **~мётчик** *mil* mortar man; **~но́сец** (~но́сца) *naut* torpedo-boat; эска́дренный ~ destroyer

минóр minor key; *fig* blues; быть в ~е have a bit of the blues; **~ный** minor; *fig* sad

минýвш|ий *adj* past; ~им лéтом last summer; **~ее** *n* the past

мин|ус *math* minus; сегóдня ~ двáдцать it is twenty below today; *fig* defect, shortcoming, drawback; **~усовый** *adj of* ~ус; negative

минýт|а minute; **~ный** *adj of* ~а; ~ная стрéлка minute-hand; momentary, ephemeral, transient

мин|ýть *pf* (~ешь; ~ýл) = ~овáть; (~ул) pass (*in expressions of age, + dat*); емý ~уло двáдцать лет he has turned twenty

мио|кардúт myocarditis; **~лог** myologist; **~лóгия** myology; **~пия** myopia

миоцéн miocene

мир peace; заключúть ~ make peace; почётный ~ peace with honour; ~ тебé! peace be with you!; ~ прáху твоемý! may you rest in peace!

мир 2 world *also fig*; universe; стáро как ~ as old as the hills; в цéлом ~е on the face of the earth; не от ~а сегó other-worldly, not of this world; велúкие ~а сегó the high and mighty; ~ тéсен the world is a small place; в ~ý in the world (*as opposed to monastic life*); уйтú в лýчший ~ pass over, die; ходúть пó ~у live by begging; пустúть пó ~у ruin utterly; с ~у по нúтке, гóлому рубáха *prov* many a little, makes a mickle; на ~ý и смерть краснá *prov* company in distress makes trouble less; всем ~ом all together; mir (*Russian village community*)

мирабéль *f* mirabelle plum

мирáж mirage *also fig*; optical illusion

мирáкль *m theat* miracle-play

мирвóлить II *impf* connive (at); be overindulgent (towards, + *dat*)

мир|úть II *pf* по~ reconcile; *pf* при~ reconcile (to, с + *instr*); **~úться** II *pf* по~ make it up (with), be reconciled (with, с + *instr*); *pf* при~ reconcile oneself (to, с + *instr*); ~ со своúм положéнием accept the situation; **~ный** (~ен) peace; peaceful, peaceable; ~ное сосуществовáние peaceful co-existence

мúро *eccles* chrism; одним ~м мáзаны *joc* tarred with the same brush

миро|вáя *n coll* peaceful settlement; amicable agreement; пойти на ~вýю come to an amicable agreement; **~воззрéние** (world-) outlook, Weltanschauung; (one's) philosophy; **~вой** *adj* world, universal, worldwide; *fig pop* smashing, first-rate, first-class, wonderful; *obs* conciliatory; *obs* ~ посрéдник arbitrator; ~ судьá *obs* Justice of the Peace

мироéд *coll* extortioner (*in village*)

миро|здáние *lit* the universe; **~любúвость** *f* love of peace, peaceable disposition; **~любúвый** (~любúв) peaceable, pacific; **~лю́бие** peaceableness; **~ощущéние** *lit* attitude, disposition; **~помáзание** *eccles* anointing; **~понимáние**, **~созерцáние** *lit* = ~воззрéние; ~твóрец (~твóрца) peacemaker

мúрра myrrh

мирск|óй secular, lay; mundane, worldly; ~áя схóдка *hist* peasant's meeting

мирт myrtle; **~овый** *adj of* ~

мирян|ин (*pl* ~е, ~) *obs* layman (*as opposed to clergy*)

мúска basin, bowl

мисс *f indecl* Miss

миссионéр missionary; **~ский** *adj of* ~; **~ство** missionary work; missionary zeal

мúссис *f indecl* missis, Mrs

мúссия mission; legation

мúстер mister, Mr

мистéри|я mystery; элевсúнские ~и the Eleusinian mysteries; miracle-play, mystery

мúст|ик mystic; **~ика** mysticism; mystery

мистифи|кáтор deceiver; **~кáция** mystification; **~цúровать** (~цúрую) *impf and pf* mystify

мисти|цúзм mysticism; **~ческий** mystic(al)

мистрáль *m* mistral

митéнка mitten

мúтинг (political) mass meeting; **~овáть** (~ýю) *impf coll* hold a mass meeting; *fig pej* discuss endlessly; **~óвый** *adj of* ~

митк(á)л|ёвый *adj of* ~ь; **~ь** 1 *m text* calico

мúтра mitre

митральéза *mil* mitrailleuse

митропол|úт *eccles* metropolitan; **~úчий** *adj of* ~úт; **~ия** metropolitan see

миф myth *also fig*; **~úческий** mythic(al); **~ологúческий** mythological; **~олóгия** mythology

мицéлий mycelium

мúч|ман (*pl* ~манá) warrant officer (*in Soviet navy*); midshipman (pre-Revolution); **~манский** *adj of* ~ман

мишéнь *f* target *also fig*

мúшка *dim of* Михаúл; bear (*pet-name*); Teddy bear; *usu pl* type of chocolate sweets

мишур|á tinsel; trumpery; **~ный** tinsel; tawdry, trumpery *also fig* (~ен)

миэлúт myelitis

млад|éнец (~éнца) baby, infant; груднóй ~ babe in arms; **~éнческий** infantile *also fig coll*; **~éнчество** infancy, babyhood; **~óй** (~, ~á, ~о) *obs* young; стар и ~ young and old, one and all; **~ость** *obs* youth; **~ший** *comp and superl of* молодóй younger; the youngest; junior; ~ комáндный состáв non-commissioned officers; ~ лейтенáнт second lieutenant; lower (*form, US grade, in school*)

млекопитáющее *n* mammal

млеть I *impf* be overcome (with love, delight, fear, *etc*, от + *gen*); *obs* grow numb (*of limbs*)

млéчный milk(y); lactic; ~ сок latex; chyle; М~ путь the Milky Way, the Galaxy

мне *dat*, *prep of* я

мнемóни|ка mnemonics; **~ческий** mnemonic

мнéние opinion

мни|моумéрший apparently dead; **~мый** imaginary; ~мая величинá imaginary quantity; pretended, sham; ~ больнóй hypochondriac; **~тельность** *f* hypochondria; mistrustfulness, suspiciousness; **~тельный** (~телен) hypochondriac, valetudinarian; mistrustful, suspicious; **~ть** (мню, мнишь) *impf obs* think, imagine; ~ мнóго о себé think too much of oneself; **~ться** (мнúтся) *impf obs* it seems, methinks

мнóг|ие *adj and n* many; ~ лю́ди, ~ many people; **~о** *adv* + *gen* (too) much; many, a lot (of); ~ знать know a lot; ~ лет прошлó many years passed; ~ лýчше much better; not more than, at the most; пройдёт год, ~ два a year will pass, at the most two; ~-~ *coll* not more than; ни ~, нимáло *coll* neither more nor less; ~- many-, multi-, poly-

много|бóжие polytheism; **~брáчие** polygamy; **~брáчный** (~брáчен) polygamous

много|вáто *adv coll* a bit too much, rather much (many); **~вековóй** centuries-old; **~влáстие** =

~нача́лие; **~во́дный** (~во́ден) full, having high water-level; **~во́дье** fullness, high water-level; period of high water-levels

много|глаго́лание *obs iron* verbosity; **~говоря́щий** revelatory, revealing, suggestive; **~гра́нник** polyhedron; **~гра́нный** polyhedral; *fig* many-sided

многоде́т|ность *f* possession of many children; **~ный** (~ен) having many children

мно́г|ое much, a great deal; во ~ом in many respects

много|же́нец (~же́нца) polygamist; **~же́нство** polygamy; **~жи́льный** *tech* multiple

много|земе́льный (~земе́лен) possessing much land; **~значи́тельность** *f* significance; **~значи́тельный** (~значи́телен) full of meaning, significant; **~зна́чный** (~зна́чен) *math* expressed by several figures, multi-digit; *ling* polysemantic; ~зна́чное сло́во polyseme

много|кана́льный *rad* multichannel; **~каска́дный** *rad* multistage; **~кле́точный** multicellular; **~кра́сочный** polychromatic; **~кра́тный** repeated, multiple, reiterated; *gramm* frequentative, iterative

много|ла́мповый multitube, multivalve; **~ле́тие** *eccles* chanting or singing of 'mnogaya lyeta' (*wishes for long life*); **~ле́тний** of many years' standing; *bot* perennial; **~ле́тник** *bot* perennial; **~ли́кий** of many faces, facets; **~лю́дность** populousness; size (*of meeting*, *etc*); **~лю́дный** (~лю́ден) populous, crowded; **~лю́дство** throng

много|миллио́нный multimillion; **~му́жие** polyandry

много|национа́льный (~национа́лен) multinational; **~нача́лие** multiple authority; **~но́жка** myriapod

много|обеща́ющий promising, hopeful; significant; **~обра́зие** variety, diversity; **~обра́зный** (~обра́зен) varied, diverse

многопо́л|ье crop-rotation system of five fields and more; **~ьный** *adj of* ~ье; **~юсный** multipolar

многоречи́в|ый (~) loquacious, verbose, prolix

много|семе́йный (~семе́ен, ~семе́йна) having a large family; **~сло́вие** verbosity, prolixity; **~сло́вный** (~сло́вен) verbose, prolix; **~сло́жный** complex, complicated; polysyllabic; **~стано́чник** operator of a number of machines simultaneously; **~степе́нный** many-stage; **~сторо́нний** (~сторо́нен) *math* polygonal; multilateral *also fig*; *fig* versatile, many-sided; **~страда́льный** (~страда́лен) (long-)suffering, filled with suffering; **~ступе́нчатый** *tech* multi-stage

много|тира́жка заводска́я ~ factory newspaper; **~тира́жный** having large circulation; printed in a large edition; **~то́мный** in many volumes; **~то́чие** dots (…); *typ* marks of omission, omission points; **~тру́дный** (~тру́ден) *rhet* onerous

много|уважа́емый respected; dear (*in letters*); **~уго́льник** polygon; **~уго́льный** polygonal

многоцве́тный multicoloured; many-coloured; *typ* polychromatic; *bot* multiflorous, floriferous

много|чи́сленный (~чи́слен, ~чи́сленна) numerous; **~чле́н** multinomial

мно́ж|ественность *f* plurality; **~ественный** plural; ~ественное число́ *gramm* plural (number); **~ество** a great number, a quantity; multitude; **~имое** *n* multiplicand; **~итель** *m* multiplier, factor; **~ить** II *pf* по~, у~ *math* multiply; *pf* у~ *rhet* augment, increase; **~иться** II *pf* у~ *vi* multiply, increase; *pass of* ~ить

мной, мно́ю *instr of* я

мобилиз|ацио́нный *adj of* ~а́ция; **~а́ция** mobilization; **~о́ванность** *f* preparedness, readiness for action; ~о́ванный *n* mobilized soldier; **~ова́ть** (~у́ю) *impf and pf also pf* от~ mobilize; inspire, mobilize (for, на + *acc*)

моби́л|ьный (~ен) mobile

могика́н|е *pl only* the Mohicans; после́дний из ~ the last of the Mohicans

моги́л|а grave; на краю́ ~ы at death's door; найти́ себе́ ~у *rhet* perish; нем, как ~ (as) silent as the grave; *sl* keep silent, mum's the word; *sl* curtains, the end; свести́ в ~у be the death of; смотре́ть в ~ *coll* be about to die, have one foot in the grave; сойти́ в ~у *rhet* pass over, die; **~ьник** (ancient) burial ground; **~ьный** *adj of* ~а; sepulchral; **~ьщик** gravedigger

мог|у́, ~ут *see* **мочь**; **~у́чий** (~у́ч) mighty, powerful (*of person*, *animal*, *voice*, *passion*, *talent*, *tree*, *etc*); **~у́щественный** (~у́ществен, ~у́щественна) powerful (*influential*); potent; **~у́щество** power, might

мо́д|а fashion, vogue (for, + *infin*; на + *acc*); выходи́ть из ~ы go out of fashion; по после́дней ~е in the latest fashion; *pop* habit (of, + *infin*)

мода́льн|ость modality; **~ый** modal

модел|и́зм modelling; **~и́ровать** (~и́рую) *impf and pf* model, fashion; **~и́ст** model-maker; **~и́стка** dressmaker, couturière; **~ь** *f* model, pattern; mock-up; **~ье́р** modeller; **~ьный** *adj of* ~ь; fashionable; **~ьщик** pattern-maker

модера́тор *tech* governor

моде́рн *n* modern(ist), art nouveau, contemporary style (*in art*, *furnishing*, *etc*); *adj indecl* modern; ме́бель ~ contemporary furniture; **~иза́ция** modernization; **~изи́ровать** (~изи́рую) *impf and pf* modernize; **~и́зм** modernism (*in art*, *etc*); **~изова́ть** (~изу́ю) *impf and pf* = ~изи́ровать; **~и́ст** modernist; **~овый** *and* **~ый** *pop* contemporary, modern

моди́стка milliner, modiste

модифи|ка́ция modification; **~ци́ровать** (~ци́рую) *impf and pf* modify

мо́д|ник *coll* dandy; **~ничать** I *impf coll* dress in the latest fashion; *pop* behave affectedly; **~ный** (~ен, ~на́, ~но) fashionable, stylish; *adj of* ~а; ~ журна́л fashion magazine; **~ная** пе́сенка hit song

мод|ули́ровать (~ули́рую) *impf mus tech* modulate; **~уль** *m math* modulus; **~уля́ция** *mus tech* modulation

мо́дус modus

мо́жет *see* **мочь**

можжев|ёловый juniper; **~е́льник** juniper

мо́жно *impers* + *infin* it is possible; ~ сде́лать в два дня it can be done in two days; как ~ + *comp* as … as possible; как ~ скоре́е as soon as possible; it is permissible, one may; здесь ~ кури́ть? may one smoke here?; ~ сказа́ть *parenthesis coll* so to speak

моза́и|ка mosaic; inlay; **~чный** mosaic, inlaid, tesselated

мозг 2 (в ~у́) brain *also fig*, nerve tissue; головно́й ~ brain, cerebrum; спинно́й ~ spinal cord; он с ~а́ми *pop* he has his head screwed on; впра́вить кому́ ~и́ *pop* tell someone what's what, straighten out someone's ideas; раски́дывать (шевели́ть) ~а́ми *pop* use one's brains; ~и́ набекре́нь у кого́ *pop* be a crank; ~и́ не ва́рят у кого́ *pop* be not

very bright; *pl cul* brains; *anat* marrow; кóстный ~ bone marrow; до ~а костéй *coll* to the core
мóзгл|ый *coll* dank; **~я́вый** *pop* puny, weakly; **~я́к** 1 intellectual; member of intelligentsia
мозг|ова́ть (~у́ю) *impf pop* think; **~ови́тый** (~ови́т) *pop* brainy; **~ово́й** cerebral; *fig* brain
мозж|ечóк (~ечкá) cerebellum; **~и́ть** II *impf coll* ache; ~и́т ногá, ~и́т нóгу, ~и́т в ногé my leg is aching
мозóл|истый (~ист) callous(ed), horny; *fig* toil-hardened; **~ить** II *pf* на~ make callous; ~ глазá комý *fig coll* be an eyesore to someone, be a pain in the neck to someone; **~ь** *f* corn; callous, callosity; рýки в ~ях callous(ed) hands; наступи́ть комý на люби́мую ~ *fig coll* tread on someone's pet corn; **~ьный** *adj of* ~ь; ~ плáстырь corn-plaster
мой *poss adj* my; mine; он знáет лучше моегó *coll* he knows better than I; *n* мои́ my people; по-мóему in my opinion, to my mind
мóй|ка washing; *tech* washer; *sl* razor blade; **~щик** washer(man); *sl* thief (armed with razor blade)
мокаси́н|ы (*gen pl* ~) moccasins
мóкко *m indecl* mocha (*coffee*)
мóк|нуть 1 (*past* ~, ~ла) become wet, soaked; *coll* be ruined by wet (*crops etc*); *vi* soak; **~ри́ца** woodlouse; **~рова́тый** (~ровáт) damp, moist; **~рóта** phlegm; **~ротá** *coll* drizzle, sleet; moistness, humidity; **~рый** (~р, ~рá, ~ро) wet, damp; soggy; ~ро *pred* it is wet; у негó глазá на ~ром мéсте he is a cry-baby; ~рое дéло *pop* murder; **~ру́шник** *pop* murderer, bandit; **~рядь** *f coll* damp, rainy weather
мол mole, pier
мол *contraction of* мóлвил he says (said), they say (said); он, ~, не виновáт he says he is not responsible; **~вá** rumour(s), gossip; дурнáя ~ bad reputation; **~вить** II (~лю) *pf obs* say
молдав|áнин (*pl* ~áне) Moldavian; **~áнский** = ~ский; **М~ия** Moldavia; **~ский** Moldavian
молéб|ен (~на) *eccles* service (*for someone's well-being*); **~ствие** *obs* = ~ен
молéкул|а molecule; **~я́рный** molecular
молé|льня (*gen pl* ~лен) chapel, meeting-house (*of sects*); **~ние** praying; entreaty, supplication
молески́н *text* moleskin
молибдéн molybdenum; **~овый** *adj of* ~
мол|и́тва prayer; **~и́твенник** prayer-book; **~и́твенный** *adj of* ~и́тва; **~и́ть** II (~ю́, ~ишь) *impf lit* pray (for), entreat (for), supplicate (for, о + *prep*); ~ о пощáде implore mercy; **~и́ться** II (~ю́сь, ~ишься) *pf* по~ pray (for), offer prayers (for, о + *prep*); *fig* worship, idolize (на + *acc*)
мóлк|нуть I (past ~ *and* ~нул, ~ла) *impf lit* fall silent
моллю́ск mollusc; shellfish; **~овый** *adj of* ~
молн|иенóсный (~иенóсен) (quick as) lightning; ~иенóсная войнá blitzkrieg; **~иеотвóд** lightning conductor; **~и́ровать** (~и́рую) *impf and pf* inform by express telegram; **~ия** lightning; (телегрáмма-) ~ express telegram; (застёжка-) ~ zip-fastener; кýртка на ~ии jacket with a zip; *pop* kerosene lamp
молодёж|ный *adj of* ~ь; teenage; **~ь** *collect* youth; young people, the young ones; consisting of young people
молод|éть I *pf* по~ grow younger; **~éц** (~цá) fine fellow, strong young man; вести́ себя́ ~цóм *coll* put up a good show; *interj* ~! *coll* well done!, good lad! **~éцкий** *coll* dashing; **~éчество** spirit, dash, mettle, daring; foolhardiness, recklessness, bravado
моло|ди́ть II (~жу́) *impf* make look younger; **~ди́ться** II (~жу́сь) *impf* try to look younger than one's age; **~ди́ца** *folk-poet* young married (peasant) woman; **~дка** = ~ди́ца; **~дня́к** 1 young animals; saplings; *pop* young people, the younger generation; **~дожён** newly married man; *pl* newly married couple, newly-weds
молод|óй (мóлод, ~á, мóлодо) *adj* young; youthful; ~ картóфель new potatoes; ~ мéсяц new moon; мóлодо-зéлено! (he) is still very green!; **~óй** *n obs* bridegroom; **~áя** *n obs* bride; **~ы́е** *obs* newly married couple, newly-weds
мóло|дость *f* youth; youthfulness; не пéрвой ~дости past one's prime; **~ду́ха** = ~ди́ца; **~дцевáтый** (~дцевáт) dashing, sprightly; **~дчик** *fig coll* (young) bastard, thug, tough, rogue; lackey; **~дчи́на** *m and f coll* brick; wonderful, fine person; *interj* ~! well done!; **~жáвость** *f* youthful appearance (*for one's years*); **~жáвый** (~жáв) young-looking; имéть ~ вид look young for one's age; **~же** *comp pf* ~дóй
молóзиво colostrum; beestings (*of cow*)
молóк|и (*gen pl* ~) soft roe, milt
молокó milk; **~сóс** *coll pej iron* greenhorn, stripling; *abus* young puppy
мóл|от hammer; мéжду ~ом и наковáльней between the devil and the deep (blue) sea; **~оти́лка** threshing-machine; **~оти́ло** swingle; **~оти́льщик** thresher; **~оти́ть** II (~очу́, ~óтишь) *impf* thresh; *coll* hammer (on, в + *acc*, по + *dat*); *pf* ~отну́ть *sl* rob, do; **~отобóец** (~отобóйца) hammerer; blacksmith's striker; **~отови́ще** shaft (*of hammer*); **~отóк** (~откá) hammer; продáть с ~откá sell by auction; **~отóчек** (~отóчка) *dim of* ~отóк; *anat* malleus; **~от-ры́ба** hammerhead shark
мóлот|ый ground; **~ь** (мелю́, мéлешь) *pf* с~ grind, mill; *pop* talk (nonsense); ~ чепуху́ talk rubbish; мели́, Емéля, твоя́ недéля *coll* it's all drivel, poppycock; you're drivelling; **~ьбá** threshing
молочáй spurge, euphorbia
молóч|ная *n* dairy; creamery; **~ник** milk-jug; milk-can; milkman; **~ница** milk-seller; dairymaid; *med* thrush; **~ность** *f* yield (*of cow*); **~ный** *adj of* молокó; ~ брат, ~ная сестрá *said of someone suckled at same breast as oneself*; ~ное стеклó frosted glass; ~ное хозя́йство dairy-farm(ing); milky; lactic; ~ная кислотá lactic acid
мóлч|а *adv* in silence, silently; **~али́вый** (~али́в) taciturn, silent; *long form* tacit, unspoken; **~áльник** *eccles* one who has taken a vow of silence; *coll* taciturn person; *coll* one who prefers to keep silence (*from caution*), one who keeps his own counsel; **~áние** silence; **~áнка** *coll* child's game; игрáть в ~áнку *fig coll* play mum; **~áть** II (~у́, ~и́шь) *impf* be silent, keep silence; **~кóм** *adv coll* = ~а; **~óк** *m indecl coll* silence; об э́том – ~! not a word of this!, mum's the word!
моль *f* (clothes-)moth; *chem* mole
мольб|á entreaty, supplication, prayer; внять ~é hear one's prayer
мольбéрт easel
момéнт moment; instant; в дáнный ~ at the (given) moment; сейчáс не ~ *coll* now is not the time; factor, element, circumstance, feature (*of*

situation, *etc*); теку́щий ~ the present day; *phys* moment; **~а́льно** *adv* at once, this instant; **~а́льный** instantaneous; ~ сни́мок snapshot

мона́да monad

мона́р|х monarch; **~хи́зм** monarchism; **~хи́ст** monarchist; **~хи́ческий** monarchic(al); **~́хия** monarchy; **~́ший** *adj of* ~х

монасты́р|ский monastic, conventual, cloistral; **~́ь** 1 *m* monastery; (же́нский) convent; в чужо́й ~ со свои́м уста́вом не хо́дят *prov* when in Rome do as the Romans do

мона́|х monk, friar; постри́чься в ~хи take monastic vows; жить ~хом *fig iron* lead a monkish existence; **~́хиня** nun; постри́чься в ~хини take the veil; **~́шенка** *coll* nun; *zool* praying mantis; **~́шеский** monastic; *fig joc* monkish; **~́шество** monasticism; *collect* monks, clergy

монго́л Mongol; **М~́ия** Mongolia; **~́ьский** Mongolian

моне́т|а coin; зво́нкая ~ hard cash, specie; разме́нная ~ change; ходя́чая ~ currency; *sl* money; гони́ ~у! *pop* pay up!; плати́ть кому́ той же ~ой *fig* pay someone in his own coin; приня́ть за чи́стую ~у *fig coll* take at face value, take in good faith; **~́ник** slot-machine; **~́ный** monetary; ~ двор mint; **~оразме́нник** machine giving small change; **~́чик** coiner

мони́|зм monism; **~сти́ческий** monistic

мони́сто necklace

монито́р *tech*, *naut* monitor

моно|га́мия monogamy; **~гра́мма** monogram; **~гра́фия** monograph; **~́кль** *m* (single) eyeglass, monocle; **~ко́к** *aer* monocoque; **~культу́ра** monoculture, one-crop system; **~ли́т** monolith; **~ли́тный** (~ли́тен) monolithic *also fig*; *fig* solid; **~ло́г** monologue, soliloquy; **~́м** monomial; **~ма́н** monomaniac; **~ма́ния** monomania; **~пла́н** monoplane; **~полиза́ция** monopolization; **~полизи́ровать** (~полизи́рую) *impf and pf* monopolize; **~поли́ст** monopolist; **~полисти́ческий** monopolistic; ~по́лия monopoly (of, на + *acc*); **~по́льный** *adj of* ~по́лия; exclusive (*rights*, *etc*); **~ре́льс** monorail; **~теи́зм** monotheism; **~теисти́ческий** monotheistic; **~ти́п** *typ* monotype; **~то́нный** monotonous; **~фто́нг** monophthong; **~хо́рд** monochord

монпансье́ *neut indecl* fruit drops

монстр monster

монта́ж 1 *tech* installation, assembling, assembly, mounting; *cin* montage; *art*, *lit* arrangement; **~ёр** montage specialist; **~́ник** erector, rigger, fitter; **~́ный** *adj of* ~; **~́ная** *n tech* assembly shop; *cin* clipping room

монт|ёр fitter; electrician; **~и́ровать** (~и́рую) *pf* с~ assemble, fit, mount, install; *art*, *etc* mount; *film* edit; arrange; **~иро́вщик** erector, rigger, fitter

монуме́нт monument; **~а́льный** monumental *also fig*; on the grand scale

мопе́д moped; **~́ный** moped

мопс pug(-dog)

мор *obs* wholesale death(s), high mortality

морал|изи́ровать (~изи́рую) *impf* moralize; **~и́ст** moralist; **~́ь** *f* (code of) morals, ethics, moral standards; moral (*of story*, *etc*); *coll* moralizing; чита́ть ~ moralize, preach (to + *dat*); **~́ьный** moral; ethical; spiritual; ~ьное состоя́ние the morale; ~ изно́с *econ* obsolescence

морато́рий moratorium

морг morgue, mortuary

морганати́ческий morganatic

морг|а́ть 1 *pf* ~ну́ть blink; wink (at, + *dat*); **~ну́ть** I *sem pf of* ~а́ть; гла́зом не ~ *coll* not to bat an eyelid; гла́зом не ~ну́в *coll* without batting an eyelid

мо́рда snout, muzzle; face (*of cat*); *coll* mug (*of human face*); **~́стый** (~́ст) *pop* with a large muzzle; with a fat mug (*of people*)

морд|ва́ *collect* Mordvinians; **~ви́н** Mordvinian

морд|обо́й *pop* fight, brawl; **~ова́ть** (~у́ю) *pf* за~ beat the living daylights out of; *fig* torment; **~оворо́т** *pop* repulsive person, ugly mug

мордо́вский Mordvinian

мо́р|е 2 (*gen pl* ~е́й) sea; за́ ~ем oversea(s); из-за ~я from overseas; на́ ~ at sea; у ~я by the sea; откры́тое ~ high seas; ему́ ~ по коле́но *coll* he doesn't give a damn; сиде́ть у́ ~я и ждать пого́ды let the grass grow under one's feet

море́н|а moraine; **~́ный** *adj of* ~а

морёный seasoned (*by submersion in water*)

море|пла́вание navigation, seafaring; **~пла́ватель** navigator, seafarer; **~пла́вательный** nautical, navigational; **~хо́д** seafarer **~хо́дность** seaworthiness; **~хо́дный** nautical; **~хо́дство** *obs* navigation

морж 1 walrus; **~и́ха** *f of* ~; **~о́вый** *adj of* ~

Мо́рз|е *indecl* morse; а́збука ~ Morse code; **м~и́ст** Morse code signaller; **м~я́нка** *coll* Morse code

мор|и́лка *tech* mordant; **~и́ть** II *pf* вы~, по~ exterminate (*pests*, *etc*); *pf* за~, по~, у~ wear out; ~ го́лодом reduce to starvation, starve; *pf* за~, у~ *coll* reduce to state of collapse; ~ со́ смеху make die of laughing; *pf* за~ stain (wood); ~ дуб fume oak; сон меня ~и́т *coll* I can't keep my eyes open

морко́в|ка *coll* carrot; держи́ хвост ~кой *coll joc* keep your spirits up; **~́ный** *adj of* ~ь; **~́ь** *f* carrots

мормо́н Mormon

мормы́шка artificial bait

моров|о́й ~о́е пове́трие, ~а́я я́зва plague, pestilence

моро́ж|еница ice-cream freezer; **~́еное** *n* ice (-cream); **~́енщик** ice-cream vendor; **~́еный** frozen, chilled; ~еное мя́со chilled meat

моро́|з frost; от э́того ~ по ко́же пробега́ет (подира́ет) it makes one's flesh creep; *usu pl* intensely cold weather; **~зи́льник** deep-freezer; **~зи́льный** refrigerator; **~зи́льщик** refrigerator ship; **~́зить** II (~жу) *pf* по~ freeze, congeal; *impers* ~зит it is freezing **~́зный** frosty; ~зно *pred* it is freezing; **~зосто́йкий** (~зосто́ек, ~зосто́йка), **~зоусто́йчивый** (~зоусто́йчив) frost-resisting

моро́ка *pop* э́то одна́ ~ it's a bother

морос|и́ть II (~и́т) *impf* drizzle

моро́ч|ить II *pl* за~, об~ *coll* fool; ~ го́лову кому́ muddle (up), fool; не ~ь мне го́лову stop talking nonsense

моро́шка cloudberry

морс fruit drink

морск|о́й sea; maritime; marine; nautical; ~а́я боле́знь seasickness; ~ волк *coll* old salt, sea dog; ~а́я звезда́ starfish; ~ ёж sea-urchin, echinus; ~а́я игла́ needlefish, pipefish; ~а́я капу́ста sea-kale; ~ конёк sea horse, hippocampus; ~а́я пе́нка meerschaum; ~ разбо́йник pirate; ~а́я сви́нка guinea-pig; ~а́я свинья́ porpoise; naval; ~а́я пехо́та marines; ~ флот navy, fleet

морти́р|а mortar; **~́ный** *adj of* ~а

морфе́ма morpheme
мо́рфи|й morphia, morphine; **~ни́зм** addiction to morphine; **~ни́ст** morphine addict
морфолог|и́ческий morphological **~ия** morphology
морщ|и́на wrinkle; crease; **~и́нистый** (~и́нист) wrinkled, lined; creased; **~и́ниться** II (~и́нится) *coll* crease, wrinkle; **~ить** II *pf* на~ ~ лоб knit one's brow; *pf* с~ wrinkle, pucker; ~ гу́бы purse one's lips; **~и́ть** II *impf vi* crease, muck up; **~иться** II *pf* на~ knit one's brow; *pf* по~, с~ make a wry face, wince; *pf* с~ *coll* crease, wrinkle
моря́к 1 sailor
москате́ль *f collect* dry-salter's wares (paints, oil, gum); **~ный** *adj of* ~; ~ная торго́вля dry-saltery; **~щик** dry-salter
москви|тя́нин (*pl* ~тя́не) *obs* Muscovite; **~ч** 1 Muscovite; Moskvich (*make of car*)
моски́т mosquito; **~ный** *adj of* ~; ~ная се́тка mosquito net
моско́вка *orni* coal-tit
моско́вский (of) Moscow
мост 1 (*also* ~а, ~ом; на ~у́, о ~е; *with prep* у ~а́, под ~о́м, *etc*) bridge; **~ик** *dim of* ~; bridge (*on boat*); **~и́ть** II (мощу́) *pf* вы~, за~ pave; *pf* на~ lay (*floor, etc*); **~ки́** (*gen pl* ~ко́в) planked footway; wooden platform; **~ова́я** *n* road(way), carriageway; **~ови́к** 1 bridge-building specialist; **~ово́й** *adj of* ~
мосты́рка *see* **масты́рка**
мо́ська *coll* pug-dog
мот spendthrift, prodigal
мота́|лка *coll* windlass; **~льный** winding; **~ть** I *pf* на~ wind, reel; ~ себе́ на ус *fig coll* make a mental note; *pf* мотну́ть *coll* shake (head, *etc*, + *instr*); *pf* у~ *pop* clear off; *pf* про~ *coll* squander; **~ться** I *impf coll* dangle; *impf pop* rush about
моте́ль *m* motel
моти́в motive; reason; по ли́чным ~ам for personal reasons; *mus* tune; *mus and fig* motif; **~и́ровать** (~и́рую) *impf and pf* justify, give reasons (for); **~иро́вка** justification, reason(s)
мот|ну́ть I *sem pf of* ~а́ть shake
мото- *abbr of* мото́рный motor-; *abbr of* моторизо́ванный motorized
мотобо́т motor-boat
мотови́ло *tech* reel
мото́вка *coll of* мот
мотово́з petrol engine (*on railways*)
мотовс|ко́й wasteful, extravagant; ~тво́ wastefulness, extravagance, prodigality
мотого́н|ки (*gen pl* ~ок) motor(-cycle) races; **~щик** racing driver, motorist
мотодро́м motor-cycle racetrack
мот|о́к (~ка́) skein, hank
мото|коло́нна motorcade; **~кро́сс** motocross, scramble; **~пе́д** moped; **~пехо́та** motorized infantry; **~р** motor, engine; подвесно́й ~ outboard engine; **~риза́ция** motorization; **~ризова́ть** (~ризу́ю) *impf and pf* motorize; **~ри́ст** motor-mechanic; **~рка** *coll* motor-boat; **~рный** *adj of* ~р; ~рная устано́вка power plant, power unit; *physiol, psych* motor; **~ро́ллер** motor-scooter; **~ци́кл, ~цикле́т** *obs* motor-cycle; **~цикли́ст** motor-cyclist
моты́|га hoe, mattock; **~жить** II *impf* hoe
мотыл|ёк (~ка́) butterfly, moth; **~ь** 1 *m* mosquito grub; *tech* crank; **~ько́вые** *n* Papilionaceae
мох (мха *and* мо́ха, в (на) мхе *and* мо́хе *also* во (на) мху, о мхе *and* мо́хе; *pl* мхи) moss; обрасти́ ~ом *fig coll* go to seed
мохе́р mohair; **~овый** mohair
мохна́т|ый (~) hairy; shaggy, bushy; ~ое полоте́нце Turkish towel; rough, fluffy; thick-pile (of carpet)
моцио́н exercise; де́лать, соверша́ть ~ take exercise, take a constitutional
моча́ urine, water
моча́л|истый (~ист) fibrous; bast-like; **~ить** II *impf* strip into fibres; **~ка** loofah; **~о** bast; жева́ть ~ (~ку) *pop* talk boringly; **~ьный** *adj of* ~о
моч|еви́на urea; **~ево́й** urinary, uric; ~ пузы́рь bladder; **~его́нный** diuretic; **~еиспуска́ние** urination; **~еиспуска́тельный** ~ кана́л urethra; **~ёный** soaked; **~еотделе́ние** urination; **~еполово́й** urino-genital; **~ето́чник** ureter; **~и́ть** II (~у́, ~ишь) *pf* за~, на~ wet, moisten; soak, steep; macerate; ret (*flax*); ~ селёдку souse herring; **~и́ться** II (~у́сь, ~ишься) *pf* по~ *coll* urinate, make water; **~ка** soaking, macerating; retting; *anat* lobe (*of ear*); *bot* fibril
мочь (могу́, мо́жешь, мо́гут; мог, могла́) *pf* с~ be able; мо́жет быть, быть мо́жет, мо́жет (*coll*) perhaps, maybe; не могу́ знать *coll* I don't know; не мо́жет быть! impossible!; как живёте-мо́жете? *coll* how is life treating you?, how are things?
моч|ь *f coll* power, might; во всю ~ изо всей ~и, что есть ~и with all one's might, with might and main; ~и нет (как) *coll* it is unbearable
моше́нн|ик scoundrel, rogue; swindler; **~ичать** I *pf* с~ cheat, swindle; **~ический** swindling, rascally; **~ичество** swindling, swindle, shady dealing(s); jiggery-pokery; cheating
мо́шка midge; **~ра́** *collect* (swarm of) midges
мош|на́ (*gen pl* ~о́н) *obs* pouch, purse; *fig* purse; больша́я, то́лстая, туга́я ~ *fig coll* fat, well-filled purse; наби́ть ~ну́ *fig coll* line one's pocket; тряхну́ть ~но́й *fig coll* loosen one's purse-strings; **~о́нка** *anat* scrotum; **~о́ночный** scrotal
мощ|е́ние paving; **~ёный** paved
мо́щи (*gen pl* ~е́й) relics; живы́е ~ *fig coll joc* walking corpse
мо́щ|ность *f* power; *tech* rating, capacity; output; номина́льная ~ rated capacity, power; ~ностью в сто лошади́ных сил (of) a hundred horsepower; *fig pl* industrial plants; **~ный** (~ен, ~на́, ~но) powerful, mighty; *geol* thick
мощь *f lit* might, power
мо́|ю, ~ешь *see* **мыть; ~ющий** detergent; ~ющие сре́дства detergents
мразь *f coll pej* scum, dregs (*of person, people*)
мрак dark(ness), gloom *also fig*; ~ на душе́ in a black mood; ~ неве́жества abysmal ignorance; покры́то ~ом неизве́стности shrouded in mystery; **~обе́с** obscurantist; **~обе́сие** obscurantism
мра́м|ор marble; **~орный** marble; *fig* (white and smooth as) marble; marmoreal; **~орщик** marble-cutter
мрач|не́ть I *pf* по~ grow dark; grow gloomy; **~ный** (~ен, ~на́, ~но) dark, sombre; *fig* gloomy, dismal; morose (*of person*); име́ть ~ вид look glum
мреть I *impf pop* be dimly visible; become misty, opaque
мсти́т|ель *m* avenger; **~ельный** (~елен) vindictive; **~ь** (мщу, мстишь) *pf* ото~ take vengeance (on, + *dat*; for, за + *acc*); revenge oneself

(upon, for); avenge (за + *acc*)
муáр moire, watered silk; **∠овый** *adj of* ~
мудр|енó *pred* не ~, что… it is no wonder that …; ~енó *adv* in a complicated way; **~ёный** (~ён, ~енá) *coll* queer, odd, strange; difficult, abstruse, complicated; ýтро вéчера ~енée *coll* sleep on it; **~éц** 1 *rhet* sage, wise man; на всякого ~á довóльно простоты́ *prov* Homer sometimes nods; **~и́ть** II *pf* на~, с~ complicate matters unnecessarily; **∠ость** *f* wisdom; **∠ствовать** (~ствую) *impf coll* indulge in unwarranted philosophizing; не ~ствуя лукáво simply, taking things as they come; **~ый** (~, ~á, ~о) wise
муж (*pl* ~ья́, ~éй, ~ья́м) husband; (*pl* ~и́, ~éй, ~áм) *obs also rhet* man; ~и́ науки men of science; **~áть** I *impf obs* grow up, reach manhood; *rhet* become more manly; **~áться** I *impf rhet* take courage; ~áйтесь! (take) courage!; **~елóжец** (~елóжца) bugger, sodomite; **~елóжство** buggery, sodomy; **~енёк** (~енькá) *coll* hubby; **~еподóбный** (~еподóбен) mannish; masculine; **∠еский** *obs* = ~скóй; ~ род masculine gender; **∠ественный** (~ествен, ~ественна) manly, courageous, steadfast; **∠ество** courage, fortitude; **~и́к** 1 muzhik (*Russian peasant*); *pop* man, fellow; *fig* boor; *pop* husband; *sl* prisoner; **~икoвáтый** (~иковáт) *coll* boorish; **~и́цкий** *adj of* ~и́к; **∠ний** *obs and* **∠нин** *coll* husband's **~скóй** masculine, male; ~ род masculine gender; ~скáя шкóла boys' school; **~чи́на** *m* man
мýза muse
музе|евéдение museum management studies; **∠й** museum; **∠йный** *adj of* ~й; ~йная рéдкость priceless, rare object
мýзык|а music; instrumental music; *coll* band; *fig coll* affair, business; испóртить всю ~у spoil everything; ~ не та it is quite a different matter; надоéла мне вся э́та ~ I have had more than enough of it; **~áльность** *f* musical talent, gifts; melodiousness; **~áльный** (~áлен) musical; **~áнт** musician; **~овéд** musicologist; **~овéдение** musicology
мýк|а torture, torment; *pl* pangs (*of hunger, etc*), throes (*of creation, etc*); родовы́е ~и birth-pangs; хождéние по ~ам *fig* purgatory; ~ мне с тобóй! *coll* the trouble you give me!
мук|á meal, flour; перемéлется - ~ бýдет it will work out all right in the end; **~омóл** miller; **~омóльный** flour-grinding
мул mule
мулáт mulatto
муллá *m* mullah
мультимиллионéр multimillionaire
мульт|ипликáтор *tech* multiplier; **~ипликáция** making of (animated) cartoon; **~фи́льм** cartoon film
муля́ж 1 *art* plaster cast
мум|ификáция mummification; **~ифици́роваться** (~ифици́руется) *impf and pf* be(come) mummified; **∠ия** mummy (*embalmed corpse and pigment*)
мунди́р (full-dress) uniform; картóфель в ~е potatoes cooked in their jackets
мундштýк 1 mouthpiece (*of musical instrument, pipe, Russian cigarette*); curb(-bit)
муниципал|изи́ровать (~изи́рую) *impf and pf* municipalize; **~итéт** municipality; **∠ьный** municipal
мурá *pop* nonsense, rubbish; mess
муравá *poet* sward, (young) grass; *tech* glaze
мурав|éй (~ья́) ant; **~éйник** anthill; ant-bear
мурáв|ить II (~лю) *tech* glaze (*pottery, tiles*); **∠леный** *tech* glazed
мурав|ьéд anteater; **~ьи́ный** *adj of* ~éй; *chem* formic
мурáш 1, **∠ка** *pop* small ant; small insect; **∠ки** (*gen pl* ~ек) goose-pimples; у негó ~ по тéлу бéгают it gives him the creeps
мурлó *pop* (ugly) mug, puss, muzzle
мурлы́|кать I (~чу, ~чешь; *also* ~каю *coll*) *impf* purr; *fig* hum (*tune, etc*)
мур|овáть (~ýю) *pf* об~ *tech* brick, line with bricks
мускáт nutmeg; muscadine, muscat (*grape*); muscat(el) (*wine*); **∠ный** *adj of* ~; ~ орéх nutmeg; ~ цвет mace
мýск|ул muscle; у негó ни оди́н ~ не дрóгнул *fig* he didn't bat an eyelid; **~улатýра** *collect* muscles; **∠ули́стый** (∠ули́ст) muscular, sinewy, brawny; **∠ульный** muscular
мýск|ус musk; **∠усный** musk(y); ~ бык musk-ox; ~усная кры́са musk-rat, musquash; ~усная ýтка Muscovy duck, musk-duck
мусли́н muslin; **∠овый** *adj of* ~
мýс|лить II, **мус|óлить** II pf за~, на~ *coll* moisten, wet (with saliva); make sticky, soil, beslobber; ~ карандáш suck a pencil; ~ кни́гу dirty, dog-ear a book; **∠литься** II, **~óлиться** II *pf* за~ slobber over oneself, dirty oneself
мýс|ор refuse, garbage, rubbish; sweepings, dust; débris; *sl* cop, stoolie *US*; **∠орить** II *pf* на~ leave litter about, litter; **∠орный** *adj of* ~ор; ~орная повóзка dust cart; ~ я́щик dustbin; **~оропровóд** refuse chute; **~оросжигáтель** *m* (refuse) incinerator; **∠орщик** dustman; scavenger
мусс mousse; **~и́ровать** (~и́рую) *impf* make to foam, froth up; *fig* inflate, whip up (*rumours, etc*)
муссóн monsoon
муст must (*new wine*)
мустáнг mustang
мусульмáн|ин (*pl* ~е, ~) Muslim; **∠ский** Muslim; **∠ство** Mohammedanism, Islam
мутáция mutation
му|ти́ть II (~чý, ∠ти́шь) *pf* вз~, за~ cloud, make muddy, trouble (*liquids*); *pf* по~ *fig* dull, make dull, cloud; *fig* stir up, agitate (*people*); *impers* меня́ ~ти́т I feel queasy, sick; **~ти́ться** II (∠ти́тся) *pf* за~ grow turbid (*of liquids*); (~ти́тся) *pf* по~ *fig* grow dull, cloud; *impers* (~ти́тся) *pf* по~ *coll* у меня́ ~ти́тся в головé my head is going round; **~тéть** I *pf* по~ grow turbid, muddy; *fig* grow dull; **∠тность** *f* turbidity; dullness; **∠тный** (~тен, ~тнá, ~тно) turbid; в ~тной водé ры́бу лови́ть *fig* fish in troubled waters; *fig* dull(ed); confused; ~тные глазá lack-lustre eyes
мутóвка whisk; *bot* whorl
мýтор|ный (~ен) *pop* dreary, tedious
муть *f* lees, sediment; ~ на душé *fig coll* sick at heart; ~ в головé *fig coll* muzzy, unclear head; *pop* nonsense
мýфель *m tech* muffle
мýфта muff; *tech* clutch; coupling, sleeve (joint)
мýфтий mufti
мýх|а fly; быть под, с ~ой *pop* be sozzled; дéлать из ~и слонá *fig* make a mountain out of a mole-hill; бéлые ~и *fig* (first) snowflakes; ~у зашиби́ть *pop* hit the bottle; какáя ~а егó укуси́ла? *coll* what's bitten him?; как сóнная ~а listless(ly); он

и ~и не оби́дит he wouldn't hurt a fly; слышно, как ~а пролетит you could hear a pin drop; счита́ть ~а twiddle one's thumbs; (точно) ~у проглоти́л disgruntled

мухл|ева́ть (~ю́ю, ~ю́ешь) *pf* с~ *pop* trick, fake, cheat, swindle

мух|оло́вка fly-paper; *bot* Venus fly-trap, sundew; *orni* flycatcher; **~омо́р** fly-agaric

мухо́ртый bay with yellowish markings (*colour of horse*)

муч|е́ние torment, torture; с ним одно́ ~ I have nothing but trouble with him; **~́еник** martyr; **~́еница** *f of* ~еник; **~́енический** *adj of* ~еник; му́ка ~еническая *coll* excruciating torment; **~́еничество** martyrdom; **~́енский** му́ка ~енская *pop* excruciating torment; **~и́тель** *m* torturer; tormentor; **~и́тельный** (~ителен) excruciating, agonizing; painful; **~́ить** II (*also* ~аю) *pf* за~, из~ torment; worry, harass; **~́иться** II (*also* ~аюсь) *pf* за~, из~ *coll* suffer torment, suffer (from, от + *gen*); be tormented (by + *instr*; *doubts, etc*); torment oneself, worry (over, about, над + *instr*; *problems, tasks, etc*)

мучн|и́к 1 dealer in flour and meal; **~и́стый** (~и́ст) farinaceous; mealy; **~о́е** *n* farinaceous foods; **~о́й** *adj of* мука́

му́шк|а *dim of* му́ха; шпа́нская ~ Spanish fly, cantharides; beauty-spot (*on face*); foresight (*of gun*); взять кого́ на ~у *coll* take aim at someone, draw a bead on someone, *fig* set one's sights on someone

мушке́т musket; **~ёр** musketeer

муштабель *m* maulstick

муштр|а́ drill; regimentation; **~ова́ть** (~у́ю) *pf* вы́~ drill, discipline

муэдзи́н muezzin

мчать (мчу, мчишь) *impf vt* rush, whirl, sweep along; *vi coll* = ~́ся; **~́ся** (мчусь, мчи́шься) *impf* rush, race, tear along; вре́мя мчи́тся time flies

мши́ст|ый (~) mossy

мще́ние vengeance, revenge

мы *pron* (*acc, gen, prep* нас; *dat* нам; *instr* на́ми) we; мы с ва́ми you and I

мы́за country house, farmstead (*in former Baltic states*)

мы́згать I *pf* за~, из~ *pop* crumple, dirty, soil

мы́|кать I (~каю *and pop* ~чу, ~чешь) *impf* ripple, hackle (*flax*); rope ~ *fig coll* lead a wretched life; **~́каться** I (~каюсь *and pop* ~чусь, ~чешься) *coll* roam; ~ по све́ту *coll* knock about the world

мы́л|ить II *pf* на~ soap; lather; ~ кому́ го́лову *pop* give someone a dressing down; **~́иться** II *pf* на~ soap oneself; lather; **~́кий** (~ок, ~ка́, ~ко) (freely) lathering; **~́о** 2 soap; lather, foam (*of horse*); **~ова́р** soap-boiler; **~оваре́ние** soap-boiling; **~ова́ренный** *adj of* ~оваре́ние; ~ заво́д soap works, factory; **~́ьница** soap-dish; soapbox; **~́ьный** *adj of* ~о; ~ ка́мень soapstone, steatite; ~ьные хло́пья soap-flakes; **~ьня́нка** *bot* soapwort

мыс cape, promontory, headland

мы́сик widow's peak

мы́сл|енный mental; ~ о́браз mental image; ~енное пожела́ние unspoken wish; **~́имый** (~им) thinkable, conceivable; **~и́тель** *m* thinker; **~и́тельный** (of) thought, thinking; **~́ить** II think, reason; conceive of; *coll* count on, think (of, + *infin*); **~ь** *f* thought (of, about, о + *pr*), idea; блага́я ~ happy thought; за́дняя ~ ulterior motive; о́браз ~́ей way of thinking; быть с кем одни́х ~́ей be of the same opinion as someone; собира́ться с ~́ями collect one's thoughts; у него́ э́того и в ~́ях не́ было it never even crossed his mind

мыта́р|ить II *pf* за~ *coll* harass, torment; **~́иться** II *pf* за~ *coll* go through the mill, be harassed, suffer affliction; **~́ство** *coll* affliction, hardship, ordeal, trial

мы́тарь *m bibl* publican

мыть (мо́ю, мо́ешь) *pf* вы́~, по~́ wash; **~ё** wash(ing); не ~ём, так ка́таньем by hook or by crook; **~́ся** (мо́юсь, мо́ешься) *pf* вы́~, по~ wash (oneself); *pass of* мыть

мыч|а́ть II (~у́, ~и́шь) *impf* low, moo; bellow; *fig coll* mumble

мыш|а́стый (~а́ст) mouse-coloured, mousy; **~ело́вка** mousetrap

мы́шечный muscular

мыш|и́ный *adj of* ~ь; mouselike; grey; ~и́ная возня́ fussing over trifles; **~́ка** *dim of* ~ь

мы́шк|а oxter; под ~у, под ~и, под ~ой, под ~ами under one's arm; in one's armpit(s); взять под ~у put under one's arm; нести́ под ~ой carry under one's arm

мышле́ние thinking, thought

мыш|о́нок (~о́нка; ~а́та, ~а́т) young mouse

мы́шца muscle

мышь 5 *f* mouse *also comput*; лету́чая ~ bat

мышья́|к 1 arsenic; **~ко́вистый** arsenious; **~ко́вый** *and* **~́чный** arsenic

мэр mayor

мю́зик|л *theat* (a) musical; **~-хо́лл** music-hall

мя́г|кий (~ок, ~ка́, ~ко) soft; *fig* mild, gentle; ~ ваго́н soft(-seated) carriage, sleeping car; ~ знак *ling* soft sign (*Russian letter 'ь'*); ~кое кре́сло easy chair; ~ хлеб new bread; ~ пригово́р light sentence; **~́ко** *adv* softly; *fig* mildly, gently; ~ выража́ясь putting it mildly; **~косерде́чие** soft-heartedness; **~косерде́чный** (~косерде́чен) soft-hearted; **~коте́лый** fleshy, plump; *fig* spineless; **~кошёрстный** soft-haired; **~́че** *comp of* ~кий *and* ~ко; **~чи́тельный** *med* emollient; **~чи́ть** II (~чи́т) *impf* soften

мяки́н|а chaff; (ста́рого) воробья́ на ~е не проведёшь *prov* you won't catch an old bird with chaff

мя́к|иш inside, soft part (*of loaf*); **~́нуть** I (*past* ~, ~ла) *pf* на~, раз~ soften; become soft *also fig*; **~́оть** *f* flesh(y part) of body; pulp (*of fruit*)

мя́лка *tech* brake (*for flax etc*)

мя́мл|ить II *pf* про~ *coll* mumble; *no pf fig* be dilatory, drag out (*an action*); **~́я** *m and f* (*gen pl* ~ей) *coll* mumbler; spineless person, irresolute person, ditherer

мяс|и́стый (~и́ст) fleshy, meaty; pulpy; **~на́я** *n* butcher's (shop); **~ни́к**, butcher; **~но́й** *adj of* ~́о; **~́о** meat; пу́шечное ~ *fig* cannon fodder; flesh; сла́дкое ~ sweetbread; с ~ом вы́рвать *coll* rip out with a piece of cloth (*button, etc*); **~ое́д** *eccles* season during which it is permitted to eat meat; **~озаготó́вки** (*gen pl* ~ озаготó́вок) planned meat production; **~окомбина́т** meat processing and packing plant; **~опу́ст** *eccles* meatless season; Shrovetide; **~ору́бка** mincing-machine

мя|сти́сь (~ту́сь, ~тёшься) *obs* be troubled (*of mind, soul*)

мя́та mint; пе́речная ~ peppermint

мяте́ж 1 mutiny, revolt; **\~ник** mutineer, rebel; **\~ный** mutinous, rebellious; *fig* restless (*soul*, *etc*), stormy

мя́тный mint

мять (мну, мнёшь) *pf* раз\~ knead, work up; \~ гли́ну pug clay; \~ лён brake flax; *pf* из\~, с\~ crumple, rumple, crease; \~ траву́ trample grass; *pf* с\~ *coll* squeeze (*fingers*, *etc*); **\~ся** (мнётся) *pf* из\~, по\~, с\~ become crumpled; crease, rumple (easily); *impf coll* hum and haw, hesitate

мяу́к|ать I *sem pf* \~нуть mew, miaow; **\~нуть** I *sem pf of* \~ать

мяч 1 ball; **\~ик** *dim of* \~

Н

на *prep + acc and + prep* on(to); писа́ть на бума́ге write on paper; перевести́ на бума́гу transfer on to paper; на Во́лге on the Volga; in, at (*country, place, street*); на Кавка́зе in the Caucasus; на Ю́ге in the South; на по́люсе at the Pole; на у́лице in the street, out-of-doors, outside; at (*work, institutions, study, etc*); на рабо́те at work; на заво́де at a factory; на конце́рте, уро́ке at a concert, lesson; *indicating direction* to, for + *acc*; на Кавка́з to the Caucasus; на Ю́г to the South; на рабо́ту, на заво́д, на конце́рт, на уро́к to work, to the factory, to a concert, to a lesson; доро́га на Москву́ road to Moscow; по́езд на Ленингра́д train for (to) Leningrad; by (*means of transport*); е́хать на маши́не, парохо́де, по́езде go by car, steamer, train; in, during (*of time*); на кани́кулах in (during) the holidays; on (*a particular day*); на Новый год on New Year's Day; на другой день (the) next day; for (*a period*); запа́с на́ зиму a store for winter; план на́ год plan for the year; он уезжа́ет на неде́лю he is going away for a week; про́пуск на два лица́ a pass for two; на рождество́ at (for) Christmas; на Па́сху at, (for) Easter; until; отложи́ть на сле́дующую неде́лю put off until the following week; на чёрный день *fig* for a rainy day; собра́ние назна́чено на вто́рник the meeting is fixed for Tuesday; уро́к на за́втра lesson for tomorrow; на беду́ unfortunately; by; продава́ть на вес, на ме́тры sell by weight, by the metre; опозда́ть на де́сять мину́т be late by ten minutes; три ме́тра на два three metres by two; by, in, into (*multiplying and dividing*); помно́жить, раздели́ть шесть на три multiply, divide six by three; on, with (*of making, working, etc*) гото́вить на ма́сле cook with butter, oil; on (*of earnings, etc*); жить на (свой) за́работок live on one's earnings; worth (*of something*); на рубль почто́вых ма́рок a rouble's worth of stamps; *in comparisons* на го́лову вы́ше a head taller (than); моло́же на три го́да three years younger (than); на чи́стом во́здухе in the open air; на излече́нии undergoing medical treatment; на вёслах under oars; на мо́ре at sea; на нога́х on one's feet; оши́бка на оши́бке one mistake after another, blunder on blunder; запла́та на запла́те a mass of patches; идти́ на паруса́х go sailing; на свои́х глаза́х before one's eyes; на его́ па́мяти within his recollection; на ва́те padded; **на-** *verbal prefix in var senses usu pf*: satisfaction or exhaustion of action; direction of action on to; modification of action; *refl* repletion of action; *partic pred coll* here; на, возьми́! here, take it!; на́ тебе! *coll* here you are!, all of a sudden!; вот тебе́ на́! well, how d'you like that?, well, I never!

набáв|ить II (~лю) *pf of* ~ля́ть; **~́ка** increase, addition; extra charge; ~ к зарпла́те rise (in wages); **~ля́ть** I *pf* ~ить add (to, на + *acc*); increase (*usu of cost*); **~очный** *coll* additional

набаламу́|тить II (~чу) *pf coll* make trouble, upset, cause concern

набалда́шник knob, walking-stick handle

набал|ова́ть (~у́ю) *pf pop* spoil thoroughly; make mischief

наб|а́лтывать I *pf* ~олта́ть *coll* beat, mix (into, в + *acc*); *coll* talk (a lot of, + *gen*); ~ глу́постей talk a load of rubbish; tell a pack of lies (about, на + *acc*)

набальзами́р|овать (~ую) *pf of* бальзами́ровать

наба́т alarm bell, tocsin; бить (ударя́ть в) ~ sound the alarm *also fig*

набе́г raid; foray, inroad, incursion; **~́ать** I *pf coll* ~ себе́ боле́знь се́рдца cause oneself heart trouble through running; **~а́ть** I *pf* набежа́ть run against, run into (на+ *acc*); surge (towards, на + *acc*) of waves; gather (*of clouds*); flood (*of tears*); spring up, blow up (*of wind*); *coll* come running up, congregate; *coll* fill up (*of liquids*); *coll* run up, accumulate (*of money, etc*); *impf impers coll* ruck up (*of clothes*); **~́аться** I *pf* get tired of running, be run off one's feet

набедоку́рить II *pf of* бедоку́рить

набе|жа́ть (~гу́, ~жи́шь, ~гу́т) *pf of* ~га́ть

набекре́нь *adv coll* on one side, aslant, tilted; с шля́пой ~ with one's hat on one side

набел|и́ть(ся) II *pf of* бели́ть(ся)

на́бело *adv* clean, without corrections; переписа́ть ~ make a fair copy (of)

на́бережная *n* embankment; sea-front

набз|де́ть II (~жу́) *pf of* бздеть

наб|ива́ть I *pf* ~и́ть stuff (with), pack (with), fill (with, + *instr*); ~ тру́бку fill one's pipe; fix (to, на + *acc*); ~ о́бручи на бо́чку bind a barrel with hoops; *text* print; ~и́ть оско́мину кому́ set s.o.'s teeth on edge, bore someone to death; ~и́ть себе́ оско́мину make one's mouth sore, become sick and tired of s'th; ~и́ть ру́ку на чём get one's hand in at s'th; ~и́ть це́ну на что jack up the price of s'th; **~ива́ться** I *pf* ~и́ться *coll* crowd together; clog (*of dirt, etc*); be packed (with), be crammed (with, + *instr*); ~ на знако́мство force oneself on; ~ в го́сти fish for an invitation; **~и́вка** stuffing; filling (*pipe, etc*); padding, stuffing (*substance*); *text* printing; **~ивно́й** *text* printed; ~ си́тец printed calico

наб|ира́ть I *pf* ~ра́ть gather (+ *gen or acc*); collect; pick, take (a lot of); ~ра́ть корзи́ну грибо́в gather a basket of mushrooms; ~ра́ть зака́зов take a lot of orders; ~ высоту́ climb, gain height (altitude); ~ ско́рость gather speed, pick up speed; ~ но́мер (телефо́на) dial a (telephone) number; ~ра́ть воды́ в рот *fig* keep mum; take on, recruit, enlist, enrol, engage; ~ уча́щихся на ку́рсы enrol students (for college); ~ра́ть тру́ппу make up a company; *typ* compose, set up; **~ира́ться** I *pf* ~ра́ться assemble, collect, accumulate; ~рало́сь мно́го наро́ду a large crowd collected; muster, gather; ~ра́ться хра́брости screw up, pluck up one's courage; ~ра́ться сил muster one's strength; *coll* acquire, pick up (+ *gen*); ~ блох pick up fleas; с кем поведёшься, от того́ и наберёшься *prov* tell me your company and I'll tell you who you are; *pop* get (blind) drunk

наб|и́тый packed, crowded; ~ дура́к *pop* damned fool; **~и́ть(ся)** (~ью́(сь), ~ьёшь(ся); ~е́й(ся);

~и́тый) *pf of* ~ива́ть(ся)

наблюд|а́тель *m* observer, spectator; **~а́тельность** *f* power(s) of observation; **~а́тельный** (~а́телен) observant (*of person*); observation; ~ пункт *mil* observation post; **~а́ть** I *impf* watch (за + *instr*); observe, study (+ *acc*); врач ~а́ет больно́го the doctor is keeping the patient under observation; keep an eye (on, за + *instr*); ~ за поря́дком keep order; ~ за ребёнком keep an eye on the child; **~а́ться** I (~а́ется) *impf* may be observed; **~е́ние** observation; вести́ ~ keep a look-out; supervision, superintendence

наблю|сти́ (~ду́, ~дёшь; ~́л, ~ла́; ~́дший; ~дённый) *obs* make an observation

набо́б nabob

на́б|ожность *f* piety; **~́ожный** (~ожен) pious, devout

набо́й|ка *text* printed cloth; printed pattern on cloth; heel (*of footwear*); **~́щик** *text* (linen-) printer; filler, stuffer

на́бок *adv* on one side, awry

набол|е́вший sore, painful; ~ вопро́с urgent problem; **~е́ть** I (~е́ет) *pf* на душе́, се́рдце ~е́ло it has been a nagging worry for so long; become painful

наб|олта́ть I *pf of* ~а́лтывать

набо́р enrolment, recruitment, levy; *typ* composition, typesetting; *typ* composed type (matter); сдать в ~ send to the printer's; set, collection; ~ слов string of words, verbiage; decorative plate (*on harness*, *etc*); **~ная** *n* typesetting office; **~́ный** typesetting, composing; **~́щик** compositor, typesetter

набр|а́сывать I *pf* ~оса́ть throw (a quantity of, + *acc or gen*), throw (in instalments); ~оса́ть оку́рков throw cigarette-ends all over the place; sketch, outline; jot down; *pf* ~о́сить throw on, over; **~а́сываться** I *pf* ~о́ситься attack, pounce (on), go for (на + *acc*) *also fig*; *fig coll* jump on, get at (на + *acc*)

наб|ра́ть(ся) (~еру́(сь), ~ерёшь(ся); ~ра́л(ся), ~рала́(сь), ~ра́ло(сь) *also* ~рало́сь; ~́ранный) *pf of* ~ира́ть(ся)

набр|ести́ (~еду́, ~едёшь; ~ёл, ~ела́; ~е́дший) *pf coll* come across, bump into, happen (upon, на + *acc*);~ на мысль hit on an idea; *impers* gather (together), collect; ~ело́ мно́го наро́ду a large crowd gathered

наброн́з|ирова́ть (~иру́ю) *pf of* бронзирова́ть

набро|са́ть I *pf of* набра́сывать; **~́сить(ся)** II (~шу(сь)) *pf of* набра́сывать(ся); **~́сок** (~ска) sketch; (rough) draft, rough copy, outline

набры́згать I *pf* splash (+ *acc or gen or instr*) ~ кра́ской (кра́ску) на́ пол splash paint on the floor; ~ воды́ на стол splash water on the table

набрю́шн|ик (abdominal) binder, band; **~́ый** abdominal

набря́к|нуть I (~нет; ~, ~ла) *pf* swell (up)

набух|а́ть I *pf* ~́нуть swell (up); **~́нуть** I (*past* ~, ~ла) *pf of* ~а́ть

набузя́нить II *pf coll* perpetrate, do violence, do something with violence

нава́га *zool* navaga (*small fish of cod family*)

наважде́ние evil suggestion, obsession, temptation, bedevilment

нава́к|сить II (~шу) *pf of* ва́ксить

нава́л|ивать I *pf* ~ли́ть heap, pile up on (+ *acc or* + *gen*, на + *acc*), heave (on to); ~и́ть ку́чу камне́й make a pile of stones; *fig* impose (on), pile (on, на + *acc*); *impers* ~и́ло мно́го сне́гу there was a heavy fall of snow; **~́иваться** I *pf* ~и́ться lean, thrust one's weight (upon, на + *acc*); он ~и́лся всей свое́й тя́жестью на дверь he brought his whole weight to bear on the door; *fig pop* fall (upon, на + *acc*) (*enemy*, *food*, *etc*); на меня́ ~и́лось мно́го забо́т *fig* a lot of responsibilities were piled on me; **~и́ть(ся)** II (~ю́(сь), ~́ишь(ся)) *pf of* ~́ивать(ся); **~́ка** loading, lading; **~́ом** piled up; in bulk

навал́я́ть I *pf of* валя́ть; *pf* make (a quantity of) (+ *acc or gen*)

нава́р brew; fat, grease (*on soup*, *etc*); *sl* profit; **~́ивать** I *pf* ~и́ть weld on; cook, boil, make (a lot of); **~́истый** (~ист) fatty (*of soup*, *etc*); **~и́ть** II (~ю́, ~́ишь) *pf of* ~́ивать; **~но́й** welded; **~́ный** (~ен) = ~истый

наве|ва́ть I *pf* ~́ять bring, waft; *fig* bring, evoke, induce; ~ тоску́ make the heart sick; ~ сон make one sleepy; ~ сны evoke dreams

наве́д|аться I *pf of* ~ываться

наведе́ние aiming, pointing; building; covering (with)

наве́д|ываться I *pf* ~аться *coll* call (on, к + *dat*)

навез|ти́ (~у́, ~ёшь; ~́, ~ла́; ~́ший; ~ённый; ~я́) *pf of* навози́ть

наве́|ивать I *pf* ~ять winnow (a quantity of)

наве́к, наве́ки *adv* for ever, eternally

наверб|ова́ть (~у́ю) *pf* recruit (a number of)

наве́рн|о *adv* = ~ое; for certain, sure; exactly; **~́ое** *adv* probably, very likely, most likely

наверну́ть I *pf of* навора́чивать *and* навёртывать; **~́ся** *pf of* навёртываться

наверняка́ *adv coll* for certain, for sure; мо́жно ~ сказа́ть you may be quite sure; without taking risks; де́йствовать, игра́ть ~ take no chances, risks

наверст|а́ть I *pf of* ~́ывать; **~́ывать** I make up (for), catch up (with); ~а́ть поте́рянное вре́мя make up for lost time; ~а́ть упу́щенное catch up on what one has missed

навер|те́ть II (~чу́, ~́тишь) *pf of* ~́тывать *and* ~́чивать; **~́тывать** I *pf* ~ну́ть wind round; *coll* screw on; *pf* ~те́ть twist, wind (round); **~́тываться** I *pf* ~ну́ться wind round; *coll* screw on; well up (*of tears*); слёзы ~ну́лись на её глаза́ tears welled up in her eyes

наве́рх *adv* up(ward); upstairs; to the top; **~у́** *adv* above; upstairs; up top

наве́р|чивать I *pf* ~те́ть make, drill (a number of)

наве́с penthouse, lean-to; awning; brow (*of cliff*, *etc*); *sp* lob

навеселе́ *adv coll* lit up, tipsy, tight

наве́|систый (~сист) overhanging, jutting; **~́сить** II (~шу) *pf of* ~шивать; **~́ска** hinge-plate; *chem* dose by weight; **~сно́й** ~сна́я дверь door on hinges; ~сна́я пе́тля hinge; **~́сный** *mil* ~ ого́нь plunging fire

наве|сти́ (~ду́, ~дёшь; ~́л, ~ла́; ~́дший; ~дённый; ~дя́) *pf of* наводи́ть

наве|сти́ть II (~щу́) *pf of* ~ща́ть

наве́т *obs* calumny, slander

наве́тренный windward

наве́тчик *obs* slanderer

наве́чно *adv* for ever, for good; in perpetuity

наве́ш|ать I *pf of* ~ивать; **~́ивать** I *pf* ~ать hang (up), suspend (+ *acc or gen*); weigh out; *sl* beat *pf* наве́сить hang (up), suspend; ~ карти́н hang (a quantity of) pictures

наве|ща́ть I *pf* ~сти́ть visit, call on, go and see (*friends, a patient, home town, etc*)
наве́|ять I (~ю, ~ешь) *pf of* ~ва́ть *and* ~́ивать
на́взничь *adv* on one's back, backwards
навзры́д *adv* пла́кать ~ sob as if one's heart would break, sob one's heart out
нави|ва́ть I *pf* ~́ть wind on (+ *acc or gen*)
навига́|тор navigator; **~цио́нный** navigational; **~́ция** navigation
навин|ти́ть II (~чу́) *pf of* ~́чивать; **~́чивать** I *pf* ~ти́ть screw (on, на + *acc*)
навис|а́ть I *pf* ~́нуть overhang, hang (over, на + *acc*); lour, hang low (over, над + *instr*) (*of clouds, etc*); beetle (*of cliffs, etc*), tower (over, над + *instr*); *fig* threaten (над + *instr*) (*of danger, etc*); над ним ~а́ла угро́за he came under threat; **~́лый** *coll* beetling, overhanging; **~́нуть** I (~нет; ~, ~ла) *pf of* ~а́ть; **~́ший** overhanging, beetling; ~шие бро́ви beetling brows; ~шие ту́чи lowering clouds
нав|и́ть (~ью́, ~ьёшь, ~и́л, ~ила́, ~и́ло; ~е́й; ~и́тый) *pf of* ~ива́ть
навле|ка́ть I *pf* ~́чь bring (upon, на + *acc*); ~́чь на себя́ гнев, подозре́ние incur anger, suspicion; **~́чь** (~ку́, ~чёшь, ~ку́т; ~̈к, ~кла́; ~̈кший; ~чённый) *pf of* ~ка́ть
наво|ди́ть II (~жу́, ~́дишь) *pf* навести́ guide, direct (to, на + *acc*); ~ на след put on the track, scent; навести́ кого́ на мысль suggest an idea to someone; evoke, arouse; ~ страх на кого́ put terror into someone, intimidate; ~ тоску́ evoke despair, give the willies (to, на + *acc*); point, aim (*gun, etc*); ~ мост че́рез ре́ку throw a bridge across a river; ~ гля́нец, лоск polish, glaze (на + *acc*); ~ спра́вки make inquiries; ~ поря́док put things in order, straighten things out; bring (*a certain quantity of*); **~́дка** building (*bridge*); *mil* laying, training; прямо́й ~дкой *mil* over open sights; *sl* sucker bait
наводи|е́ние flood, inundation; **~и́ть** II *pf of* ~я́ть; **~я́ть** I *pf* ~и́ть flood, inundate (with, + *instr*); ~и́ть ры́нок това́рами flood the market with goods
наво́дчик gunlayer; *sl* caser, criminal's assistant; *sl* pimp
наводя́щий ~ вопро́с leading question
наво́|з manure, dung; **~́зить** II (~жу) *pf* у~ manure
наво|зи́ть II (~жу́, ~́зишь) *pf* навезти́ drive (against, on, на + *acc*); bring (*a certain quantity of*), get in (*a supply of*)
наво́зн|ик dung-beetle; **~́ый** manure, dung; ~ жук dung-beetle; ~ая ку́ча dung-heap, manure-heap
наво́й *text* weaver's beam
на́воло(ч)ка pillowcase, pillowslip
навор|а́живать I *pf* ~ожи́ть *coll* foretell, prophesy (+ *acc or gen*); earn by fortune-telling; endow with magical properties
навор|а́чивать I *pf* ~оти́ть *coll* pile, heap up (+ *acc or gen*); *pf* наверну́ть *pop* eat a lot
навор|ова́ть (~у́ю) *pf coll* steal (a lot of, + *acc or gen*)
навор|ожи́ть II *pf of* ~а́живать
наворо|ти́ть II (~чу́, ~́тишь) *pf of* навора́чивать
наворс|ова́ть (~у́ю) *pf of* ворсова́ть
наворч|а́ть II (~у́) *pf pop* grumble (at, на + *acc*)
навостри́ть II *pf* ~ у́ши *coll* prick up one's ears; ~ лы́жи *coll* pack up one's traps; take to one's heels; skedaddle; **~́ся** II *pf pop* become proficient, good (at), get the knack (of, + *infin*)
навощи́ть II *pf of* вощи́ть
навр|а́ть (~у́, ~ёшь; ~а́л, ~ала́, ~а́ло) *pf of* врать; *pf* make a mistake (in), get (something) wrong (в + *prep*); *pf* slander (на + *acc*), tell lies (about)
навре|ди́ть II (~жу́) *pf coll* cause a lot of harm (to, + *dat*)
навряд (ли) *adv coll* hardly, scarcely
навсегда́ *adv* for ever, for good; раз (и) ~ once (and) for all
навстре́чу *adv* to meet; towards; идти́ ~ кому́ come towards someone, *fig* meet someone half-way, be cooperative
навы́ворот *adv coll* inside out, wrong side out; *fig* the wrong way, the other way round
на́вык skill; practical knowledge; трудовы́е ~и skills
навы́кат(е) *adv* глаза́ ~ bulging, protuberant eyes
навык|а́ть I *pf* ~́нуть *pop* acquire skill (in), habit (of, к + *dat or* + *infin*); **~́нуть** I (*past* ~, ~ла) *pf of* ~а́ть
навы́лет *adv* (right) through; ра́нен в грудь ~ shot right through the chest
навы́нос *adv coll* for consumption off the premises (*of drink*)
навы́пуск (worn) outside (*one's boots, skirt, etc*)
навы́рез *adv* купи́ть арбу́з ~ buy water-melon having sampled a section
навы́тяжку *adv* стоя́ть ~ stand at attention
навью́ч|ивать I *pf* навью́чить load (with, + *instr*); **~́ить** II *pf of* вью́чить and ~ивать
навя|за́ть I (~́жет) *pf* ~́знуть clog, stick; гли́на ~зла на колёсах the wheels are clogged with clay; э́то у всех ~зло в зуба́х everyone is sick and tired of it; **~за́ть(ся)** I (~жу́(сь), ~́жешь(ся)) *pf of* ~́зывать(ся); **~́знуть** I (~знет; ~́з, ~́зла) *pf of* ~за́ть; **~́зчивый** (~зчив) importunate, tiresome; ~ челове́к tiresome person, nuisance; obsessive, haunting; ~ моти́в haunting melody; ~зчивая иде́я obsession; **~́зывать** I *pf* ~за́ть fasten (on), tie (on, на + *acc*); knit (a lot of) (+ *acc or gen*); *fig* impose (upon, + *dat*); ~ свои́ взгля́ды кому́ force one's ideas on someone; **~́зываться** I *pf* ~за́ться *coll* impose oneself; ~ в го́сти fish for an invitation, get oneself invited
нагада́ть I *pf coll* foretell, predict, prophesy (+ *acc or* + *gen*)
нага́|дить II (~жу) *pf of* га́дить
нага́йка whip, lash
нага́н revolver
нага́р scale, (carbon) deposit; snuff (*of candle*)
наг|иба́ть I *pf* ~ну́ть bend; **~иба́ться** I *pf* ~ну́ться stoop, bend (down)
нагишо́м *adv coll* stark naked
нагла́|дить(ся) II (~жу(сь)) *pf of* ~живать(ся); **~́живать** I *pf* ~дить iron (a quantity of) (+ *acc or* + *gen*), smooth (out), press; **~́живаться** I *pf* ~диться *pop* carefully iron one's clothes
нагла́зник eye-shade; blinker
нагл|е́ть I *pf* об~ become (more and more) insolent, impudent, brazen; **~е́ц** 1 impudent, insolent fellow; **~́ость** *f* insolence, impudence, effrontery, impertinence; име́ть ~ сказа́ть … have the effrontery, cheek to say …
наглота́ться I *pf* swallow (a large amount of) (+ *gen*); ~ пы́ли get a mouthful of dust
на́глухо *adv* firmly; ~ заби́ть дверь nail up a door; tightly (*buttoned*); ~ застегну́ться button oneself

up tightly

на́гл|ый (~, ~á, ~o) insolent, impudent, impertinent

нагля|де́ться II (~жу́сь) *pf* see enough (of, на + *acc*); я не могу́ ~ на неё I can't take my eyes off her; (+ *gen*) ну и ~де́лся я у́жасов I have had my fill of horrors; **~́дно** *adv* clearly; graphically; **~́дный** visual; ~дное обуче́ние visual teaching methods; ~дные посо́бия visual aids; ~ уро́к object-lesson; (~ден) obvious, clear, graphic; ~дное доказа́тельство clear proof; ~ приме́р graphic example

нагн|а́иваться I *pf* ~ои́ться fester, suppurate

наг|на́ть (~оню́, ~о́нишь; ~на́л, ~нала́, ~на́ло; ~́нанный) *pf of* ~оня́ть

нагне|сти́ (~ту́, ~тёшь) *pf of* ~та́ть; **~та́тель** *m tech* supercharger; **~та́тельный** *tech* ~ кла́пан pressure valve; ~та́тельная труба́ force pipe; **~та́ть** I *pf* ~сти́ compress, force; supercharge

нагн|ое́ние fester(ing); suppuration; **~ои́ться** II (~ои́тся) *pf of* ~а́иваться

наг|ну́ть(ся) I *pf of* ~иба́ть(ся)

нагов|а́ривать I *pf* ~ори́ть *coll* slander (на, + *acc*); ~ пласти́нку record one's voice; **~о́р** *coll* slander, tittle-tattle, muck-raking; incantation; **~ори́ть** II *pf of* ~а́ривать; *pf* talk (a lot of, + *acc* or + *gen*); ~ де́рзостей say a lot of rude things; **~ори́ться** II *pf* have a good talk; они́ ника́к не ~оря́тся they can't stop talking

наг|о́й (~, ~á, ~́о) naked, nude, bare

наголе́нный worn on shin(s); ~ щито́к shin-pad

наг|оло́ *adv* bared; с ша́шками ~ with bared swords; **~́оло** *adv* bare; остри́чь ~ crop close; остри́чься ~ have one's head shaved

на́голову *adv* разби́ть ~ wipe out, rout, smash

наголода́ться I *pf* be half-starved

нагóльный ~ тулу́п uncovered sheepskin coat

нагоня́й *coll* rating, scolding, ticking-off; получи́ть ~ get a good ticking-off

наг|оня́ть I *pf* ~на́ть overtake, catch up (with) *also fig*; make up (for); ~на́ть упу́щенное вре́мя make up for lost time; bring up (*clouds, etc*); *fig coll* inspire, arouse, instil; ~на́ть сон на кого́ make someone sleepy; ~на́ть на кого́ стра́ху put the fear of God into someone; ~ тоску́ bore to death

на-гора́ *adv mining* to the surface; вы́дать у́голь ~ hoist coal

нагор|а́живать I *pf* ~оди́ть *coll* build, erect (a lot of); pile up, heap up; *fig* talk, write (*a lot of nonsense*); ~ вздо́ра, чепухи́ talk a lot of nonsense

нагор|а́ть I *pf* ~е́ть begin to splutter (*of candle, etc*); be used up, consumed, burned (*of fuel, electricity, etc*); *impers coll* ~и́т тебе́ за э́то you'll get into hot water for this, you'll catch it for this; **~е́ть** II *pf of* ~а́ть

нагóрн|ый mountainous, hilly; ~ бе́рег mountainous coast; high (*of river bank*); highland, upland; ~ая про́поведь Sermon on the Mount

нагор|оди́ть II (~ожу́, ~о́дишь) *pf of* ~а́живать

нагóрье plateau, upland, tableland

нагот|а́ nakedness, nudity; во всей (свое́й) ~е́ naked and unadorned

наготóв|е *adv* in readiness; ready to hand; быть ~ hold oneself in readiness, be on call; **~́ить** II (~лю) *pf* lay in (*a supply of*); (+ *acc or* + *gen*); cook (*a lot of*); **~́иться** II (~люсь) *pf coll* have enough (for), provide enough (+ *gen*; for, на + *acc*); на вас не ~ишься еды́ one can't provide enough for you to eat

награ́б|ить II (~лю) *pf* steal (a lot of, + *acc or* + *gen*)

награвир|ова́ть (~у́ю) *pf of* гравирова́ть

награ́|да reward, recompense; prize (*at school*); decoration; award; в ~ду as a reward; де́нежная ~ gratuity; плоха́я ~ ill return; **~ди́ть** II (~жу́) *pf of* ~жда́ть; **~дно́й** *adj of* ~да; **~дны́е** *n* bonus, gratuity; **~жда́ть** I *pf* ~ди́ть reward (with, + *instr*); award, confer; ~ кого́ о́рденом confer an order on someone; decorate (with); *fig* endow (with, + *instr*), bestow upon; **~жде́ние** reward; rewarding

нагре́|в *tech* heat(ing); **~ва́ние** heating, warming; **~ва́тель** *m tech* heater; **~ва́тельный** heating; **~ва́ть** I *pf* ~́ть heat, warm; ~ть ру́ки *fig* line one's pocket, feather one's nest; *pop* swindle, do out of; ~ли его́ на сто рубле́й he was swindled out of a hundred roubles; **~ва́ться** I *pf* ~́ться get warm, warm up; get hot, heat up; *pop* be swindled; **~́ть(ся)** I *pf of* ~ва́ть(ся)

нагреши́ть II *pf coll* commit (a lot of) sins, offences

нагримир|ова́ть (~у́ю) *pf of* гримирова́ть

нагромо|жда́ть I *pf* ~зди́ть = громозди́ть; **~зди́ть** II (~зжу́) *pf of* ~жда́ть *and* громозди́ть pile up, heap up

нагруб|и́ть II (~лю́) *pf of* груби́ть; **~ия́нить** II *pf of* грубия́нить

нагру́дн|ик bib; breastplate (*of armour etc*); спаса́тельный ~ lifebelt; **~́ый** breast

нагру|жа́ть I *pf* ~зи́ть load (with, + *instr*); *fig coll* keep busy (with), burden (with, + *instr*); **~жа́ться** I *pf* ~зи́ться load oneself (with), burden oneself (with); **~зи́ть(ся)** II (~жу́(сь), ~́зи́шь(ся)) *pf of* ~жа́ть(ся); **~́зка** loading; load; *tech* paying load, paying load; *fig* commitments, obligation(s), amount of work to be done; у меня́ больша́я ~ I have a lot of work to do; преподава́тельская ~ teaching load

нагрязни́ть II *pf of* грязни́ть

нагря́н|уть I *pf* appear unexpectedly; к нам ~ули го́сти guests have descended on us

нагу́л fattening (*cattle*); **~́ивать** put on (*weight, fat, etc from feeding, exercise*) ~ жи́ру fatten, put on weight (*of cattle*); *also of people, coll*; ~ брюшко́ *fig joc* develop a paunch; ~ аппети́т work up an appetite; **~я́ть** I *pf of* ~́ивать; **~я́ться** I *pf coll* have (had) a long walk

над *prep + instr* over, above; at, on; сиде́ть ~ кни́гой sit over a book; рабо́тать ~ work at; смея́ться ~ laugh at

над- super-, over-

нада|ва́ть (~ю́, ~ёшь) *pf coll* give (a large quantity of, + *acc or gen*)

надав|и́ть II (~лю́, ~́ишь) *pf of* ~́ливать; *pf coll* squash (a number of); **~́ливать** I *pf* ~и́ть press (on, + *acc or* на + *acc*); press, squeeze (a quantity of, + *acc or gen*)

над|а́ивать I *pf* ~ои́ть obtain (a quantity of) milk (+ *acc or gen*)

нада́р|ивать I *pf* ~и́ть *coll* give, present (a large quantity of, + *acc or gen*)

надба́в|ить II (~лю) *pf of* ~ля́ть = наба́вить; **~́ка** = наба́вка; **~ля́ть** I *pf* ~ить = набавля́ть

над|бива́ть I *pf* ~би́ть chip, crack; **~би́тый** chipped, cracked; **~би́ть** (~обью́, ~обьёшь) *pf of* ~бива́ть

надбро́вный superciliary

надви|га́ть I *pf* ~́нуть move, pull (up, over, на + *acc*); **~га́ться** I *pf* ~́нуться slip, move (on to, на

+ *acc*); approach, draw near; **~нуть(ся)** I *pf of* ~гáть(ся)

надвóдный above-water; ~ борт free-board; surface (*ship*, *etc*)

нáдвое *adv* in two; ambiguously; бáбушка ~ сказáла *coll* that remains to be seen, we shall see what we shall see

надвóрн|ый situated (with)in a (court)yard; ~ые пострóйки outbuildings; ~ совéтник *obs* court counsellor (*civil servant of seventh class*)

надвя|зáть I (~жý, ~жешь) *pf of* ~зывать; **~зывать** I *pf* ~зáть add (*in knitting*); add a length (*of string*, *etc*)

надгортáнник epiglottis

надгрóб|ие *obs* gravestone; epitaph; **~ный** (placed over, on a) grave; funeral, graveside; ~ пáмятник monument; ~ная плитá tombstone, gravestone; ~ное слóво graveside oration

надгрыз|áть *pf* ~ть nibble (at); **~ть** (~ý, ~ёшь; ~, ~ла) *pf of* ~áть

надда|вáть (~ю́, ~ёшь) *pf* ~ть *coll* add, increase, enhance (+ *acc or gen*); ~ жáру increase the heat; **~ть** (~м, ~шь, ~ст, ~ди́м, ~ди́те, ~дýт; ~л, ~лá, ~ло) *pf of* ~вáть; ~й! get a move on!

наддýв *tech* supercharging

надебоши́рить II *pf of* дебоши́рить

надёв|анный *coll* worn, used (*of clothing*); **~áть** I *pf* надéть put on (*of clothes*, *etc*); ~ кольцó на пáлец put a ring on a finger

надé|жда hope, prospect; в ~жде in the hope (of, на + *acc*); подавáть ~жду hold out hope; подавáть ~жды show promise; **~жный** (~жен) reliable, trustworthy; safe

надéл allotment (*of land*)

надéл|ать I *pf* make (a quantity of, + *acc or gen*); *coll* cause (a lot of), make (a lot of, + *gen*); ~ ошибок make a lot of mistakes; cause (*something unpleasant*) (+ *gen*); ~ хлопóт cause trouble; что вы ~али? what (on earth) have you done?

надел|и́ть II *pf of* ~я́ть; **~я́ть** I *pf* ~и́ть provide (with), invest (with, + *instr*); *fig* endow (with); он наделён способностями he is gifted

надé|ну, ~нешь *see* **~ть**

надёр|гать I *pf of* ~гивать; ~ цитáт *fig coll pej* lift quotations (from various sources); **~гивать** I *pf* ~гать pull, pluck (a quantity of, + *acc or gen*); *pf* **~нуть** *coll* pull (on, over, на + *acc*); **~нуть** I *pf of* ~гивать

надé|ть (~ну, ~нешь) *pf of* ~вáть

надé|яться I *pf* по~ hope (for, на + *acc*; to, + *infin*); rely (on, на + *acc*)

надзéмный above-ground; overground

надз|ирáтель *m* overseer, supervisor; **~ирáть** oversee, supervise (за + *instr*); **~óр** supervision, surveillance; *collect* inspectorate; прокурóрский ~ Directorate of Public Prosecutions

надиви́ться II (~лю́сь) *coll* admire to the full (на + *acc or* + *dat*); он не мог ~ his admiration knew no bounds

нади́р *astron* nadir

надирáть I *pf* надрáть tear off, strip (a quantity of, + *acc or gen*); надрáть ýши комý *coll* twist, pull someone's ears; **~ся** I *pf of* надрáться *coll* get sozzled

надкáлывать I *pf* надколóть crack, split (a little); score

надклáссовый transcending class

надкóжица cuticle

надколéнн|ый ~ая чáшка kneecap; patella

надк|олóть (~олю́, ~óлешь) *pf of* ~áлывать

надкóстниц|а periosteum; воспалéние ~ы periostitis

надкры́лье *zool* shard, elytron; wing-case

надку|си́ть II (~шý, ~сишь) *pf of* ~сывать; **~сывать** I *pf* ~си́ть take a bite (of)

надлáм|ывать I *pf* надломи́ть split, crack; break partly; *fig* overtax, break; **~ываться** I *pf* надломи́ться split; crack *also fig*; егó здорóвье надломи́лось his health has cracked up; *pass of* ~ывать

надлеж|áщий fitting, proper; appropriate; **~и́т** *impers* it is necessary, it is required (+ *dat and infin*)

надлóм split, crack; *fig* crack-up, breakdown; fracture (*of bone*); **~и́ть(ся)** (~лю́(сь), ~ишь(ся)) *pf of* надлáмывать(ся); **~ленный** broken *also fig*; enfeebled

надмéн|ность haughtiness, arrogance; **~ный** (~ен) haughty, arrogant, supercilious

на-днях in a few days' time, shortly; one of these days; the other day

надо = над

нáд|о + *dat and infin* it is necessary; one must, one ought; there is need of (+ *acc or gen*); так емý и ~ *coll* serve him right!; óчень мне ~ *iron* what do I care?, why should I?; ~ быть *pop* probably; ведь ~ же бы́ло емý сдéлать такýю глýпость! *coll* he had to go and do such a stupid thing!; пáрень что ~! *pop* a decent fellow; **~óбно** *obs* = ~; **~обность** *f* necessity, need; по мéре ~обности as need arises; **~обный** (~обен) *obs* necessary, needful

надое|дáть I *pf* ~сть get on the nerves (of, + *dat*); bore (with), pester (with), plague (with, + *instr*); *impers* + *dat and infin* мне, *etc* ~ло рабóтать I, *etc* am fed up with working; **~дливый** (~длив) boring, tiresome; **~сть** (~м, ~шь, ~ст, ~ди́м, ~ди́те, ~дя́т) *pf of* ~дáть

надо|и́ть II *pf of* надáивать; **~й** yield (of milk)

нáдолб|а stake; противотáнковые ~ы anti-tank obstacles

надóлго *adv* for a long time

надóмник craftsman working at home

надорв|áть(ся) (~ý(сь), ~ёшь(ся); ~áл(ся), ~алá(сь); ~áло(сь)) *pf of* надрывáть(ся)

надоýм|ить II (~лю) *pf of* ~ливать; **~ливать** I *pf* ~ить *coll* advise, give the (*right*) idea, suggest (to, + *acc*)

надпáрывать I *pf* надпорóть *coll* unstitch, unpick (*a few stitches*)

надпи́л|ивать I *pf* ~и́ть make an incision (*by sawing*); **~и́ть** II (~ю́, ~ишь) *pf of* ~ивать

над|писáть I (~пишý, ~пи́шешь) *pf of* ~пи́сывать; **~пи́сывать** I *pf* ~писáть inscribe (*book*, *etc*), write in, on; write above, superscribe; *obs* address (*envelope*, *etc*); **~пись** *f* inscription, superscription; legend (*on medal*, *etc*); передáточная ~ *comm* endorsement

надпор|óть (~ю́, ~ешь; ~отый) *pf of* надпáрывать

надпóчечный adrenal

над|рáть(ся) (~ерý(сь), ~ерёшь(ся); ~рáл(ся), ~ралá(сь), ~рáло(сь) *pf of* ~ирáть(ся)

надрé|з incision, cut; notch; **~зать** I (~жу, ~жешь) *pf of* ~зáть *and* ~зывать make an incision (in); **~зáть** I, **~зывать** I *impf of* ~зать

надругáт|ельство outrage (upon, над + *instr*); **~ься** I *pf lit* outrage, do violence (to, над + *instr*)

надры́в (slight) tear, rent; strain; *fig* exaggerated emotion; deep depression; **~а́ть** I *pf* надорва́ть tear slightly; *fig* (over)strain, overtax; ~ си́лы overtax one's strength; ~ живо́тики (со́ смеху) split one's sides (with laughter); **~а́ться** I *pf*
надрыв|а́ться *vi* tear slightly; (over)strain oneself; *impf* ~ на рабо́те overwork; *impf coll* bawl, scream; **~́истый** (~ист) sobbing; choking (of baby's crying); **~́ный** (~ен) hysterical; heart-rending
надса́|да *pop* (over)strain; effort; **~ди́ть(ся)** II (~жу́(сь), ~́дишь(ся)) *pf of* ~́живать(ся); **~́дный** (~ен) *coll* heavy; hacking (*of cough*); exhausting; **~́живать** I *pf* ~ди́ть *pop* (over)strain; **~́живаться** I *pf* ~ди́ться *pop* (over)strain oneself
надсм|а́тривать I *impf* oversee, supervise; inspect (за *or* над + *instr*); **~о́тр** supervision; surveillance; **~о́трщик** overseer, supervisor; gaoler
надста́в|ить II (~лю) *pf of* ~ля́ть; **~́ка** added piece, extension; **~ля́ть** I *pf* ~́ить lengthen (*clothes*); **~но́й** put on
надстр|а́ивать I *pf* ~о́ить build on; raise the height (of); **~о́ить** II *pf of* ~а́ивать; **~о́йка** building on; raising; superstructure *also fig*
надстро́чн|ый superlinear; ~ые зна́ки diacritical marks
надтре́снут|ый (~) cracked *also fig* (*of voice*, *etc*)
надува́|ла *m and f pop* swindler; **~́тельский** *coll* swindling, underhand; **~́тельство** *coll* swindling, cheating; **~́ть** I *pf* наду́ть inflate, blow up (*tires*, *etc*); billow out (*sails*, *etc*); *pf impers* ве́тром наду́ло пы́ли the wind blew the dust up; в ко́мнату наду́ло there was a cold draught in the room; ~ гу́бы *fig coll* pout one's lips (in annoyance, *etc*); *coll* cheat, dupe; let down; **~́ться** I *pf* наду́ться fill out, swell out, billow out; *fig* be puffed up; *fig coll* have the sulks, sulk, pout; *pf pop* swill down, swig (a quantity of, + *gen*)
надувн|о́й pneumatic; ~а́я ло́дка inflatable dinghy
наду́м|анный far-fetched, forced; **~́ать** I *pf coll* decide (to, + *infin*); *pf of* ~ывать think up (a quantity of, + *acc or gen*); **~́ывать** I *pf* ~ать
наду́|тый (~т) *coll* swollen; *no short form* haughty; puffed up; sulky; *lit* turgid; inflated; **~́ть(ся)** (~ю(сь)) *pf of* ~ва́ть(ся)
наду́ш|енный scented, perfumed; **~и́ть(ся)** II (у́(сь), ~́ишь(ся)) *pf of* души́ть(ся)
над|шива́ть I *pf* ~ши́ть lengthen (*garment*); stitch on (to); **~ши́ть** (~ошью́, ~ошьёшь) *pf of* ~шива́ть
нады́бать I *pf sl* scratch out, spot
надым|и́ть II (~лю́) *pf of* дыми́ть
надыш|а́ть II (~у́, ~́ишь) *pf* make the air warm, stuffy with one's breathing (*in a room*, *carriage*, *etc*); *coll* breathe a lot (on, на + *acc*); **~а́ться** II (~у́сь, ~́ишься) *pf* inhale, breathe in (+ *instr*); не ~ dote (on, upon, на + *acc*)
наеда́ть I *pf* нае́сть eat (*for so much money*, на + *acc*); *fig coll* acquire (*paunch*, *etc*, *from good living*); **~́ся** I *pf* нае́сться stuff oneself (with), eat (a large quantity of, + *gen*); eat one's fill (of, + *instr*)
наедине́ *adv* privately, in private; tête-à-tête; alone (with, с + *instr*)
нае́з|д flying visit; быва́ть ~дом pay short, infrequent visits; *obs* (cavalry) raid; **~́дить** II (~жу, ~дишь) *pf of* ~живать *and* ~жа́ть cover (*riding or driving*); *coll* earn, make (*by driving*); flatten (surface of road), make (*a road by driving*); break in (a horse); **~́дник** horseman, rider; jockey; *obs mil* raider; *zool* ichneumon-fly; **~́дничество** horsemanship; *obs* (cavalry) raids, raiding; **~жа́ть** I *impf coll* pay occasional visits; *pf* нае́хать *and* ~́дить; **~́женный** well-trodden, beaten; **~́живать** I *coll pf* ~дить; **~́жий** *pop* newly arrived; ~жие лю́ди newcomers
на|ём (~́йма) hire; renting; взять в ~ rent; сдать в ~ let; **~ёмник** *hist* mercenary; *obs* hired workman; hireling *also fig*; **~ёмный** hired, rented; **~ёмщик** tenant, lessee
нае́|сть(ся) (~м(ся), ~шь(ся), ~ст(ся), ~ди́м(ся), ~ди́те(сь), ~дя́т(ся); ~л(ся), ~ла(сь)) *pf of* ~да́ть(ся)
нае́|хать (~ду, ~дешь) *pf of* ~зжа́ть run (into), collide (with, на + *acc*); *coll* arrive (*unexpectedly or in large numbers*)
нажа́л|оваться (~уюсь) *pf coll* complain (of, на + *acc*)
нажа́р|ивать I *pf* ~ить roast, fry (a quantity of, + *acc or gen*); *pop* overheat (*stove*, *etc*); *pop* strum away, bang away (*on musical instrument*, на + *prep*); **~́иваться** I *pf* ~иться *pop* bask, warm oneself (for a long time); **~́ить(ся)** II *pf of* ~ивать(ся)
наж|а́ть (~му́, ~мёшь) *pf of* ~има́ть; (~ну́, ~нёшь) *pf of* ~ина́ть
нажда́|к 1 emery; **~́чный** *adj of* ~к; ~чная бума́га emery paper
наж|е́чь (~гу́, ~жёшь, ~гу́т; ~ёг, ~гла́) *pf of* ~ига́ть
нажи́в|а gain, profit; лёгкая ~ easy money; = ~ка; **~а́ть** I *pf* нажи́ть acquire, gain (*property*, *profit*, *etc*); *fig coll* acquire (*something unpleasant*); contract (*disease*), incur; **~а́ться** I *pf* нажи́ться become rich, make a fortune (from, на + *prep*)
нажив|и́ть II (~лю́) *pf of* ~ля́ть; **~́ка** bait; **~ля́ть** I *pf* ~и́ть bait; **~но́й** usable as bait, for bait; acquirable
наж|ига́ть I *pf* ~е́чь burn (a quantity of, + *acc or gen*); burn (*of sun*, *etc*); *pop* swindle
наж|и́м pressure *also fig*; *tech* clamp; **~а́ть** I *pf* ~а́ть press (on, + *acc*; на + *acc*); *fig coll* put pressure (upon, на + *acc*); squeeze out (a quantity of, + *acc or gen*; *fig coll* press ahead, get a move on (*with work*, *etc*); **~́истый** (~ист) *pop* demanding (*person*), insistent; *coll* thick (*of handwriting*); **~но́й** *tech* pressure; ~ винт thrust-screw
наж|ина́ть I *pf* ~а́ть reap, harvest (a quantity of, + *acc or gen*)
наж|ира́ться I *pf* ~ра́ться *pop vulg* gorge oneself (on, + *gen or instr*)
наж|и́ть (~иву́, ~ивёшь; ~́ил, ~ила́, ~́ило) *pf of* ~ива́ть; **~и́ться** (~иву́сь, ~ивёшься; ~́ился́, ~ила́сь) *pf of* ~ива́ться *coll* live long enough (*somewhere*)
наж|ра́ться (~ру́сь, ~рёшься) *pf of* ~ира́ться
наза́втра *adv coll* on *or* for the next day
наза́д back(wards); ~! back!, stand back!; (тому́) ~ ago; **~и́** *adv pop* behind
наза́л|иза́ция *ling* nasalization; **~изи́ровать** (~изи́рую) *impf and pf ling* nasalize; **~́ьный** *ling* nasal
назва́нивать I *impf coll* keep ringing (*on telephone*, *etc*)
наз|ва́ние name, appellation; title (of book); **~ва́ный** adopted; sworn; *fig* моя́ ~ва́ная сестра́ my sworn sister; **~ва́ть** (~ову́, ~овёшь; ~ва́л,

~вала́, ~ва́ло) *pf of* ~ывать; **~ва́ться** (~ову́сь, ~овёшься; ~ва́лся, ~вала́сь) *pf pop* ~ в го́сти invite oneself; volunteer (+ *infin*)
наздра́вств|оваться на вся́кое чиха́нье не ~уешься *prov* you can't please everyone
назём *dial* dung, manure
на|зе́мный ground, surface; terrestrial; ~зе́мные войска́ ground troops; **∸земь** *adv* (down) to the ground
назида́|ние *lit* edification; в ~ *iron* for the edification (of, + *dat*); **∸тельный** (~телен) edifying
назло́ (*coll* на́зло) *adv* out of spite; to spite (+ *dat*)
назнач|а́ть I *pf* ∸ить fix, appoint, set; nominate, appoint (+ *instr*); ~ кого́ чле́ном коми́ссии appoint someone a member of the commission; prescribe (*medicines*, *etc*); foreordain (*of fate*, *etc*); **~е́ние** fixing, setting; appointment, nomination; prescription (*of medicine*); purpose; ме́сто ~е́ния destination; **∸ить** II *pf of* ~а́ть
назо́йл|ивость *f* importunity; **∸ивый** (~ив) importunate; persistent; ~ челове́к troublesome, importunate, tiresome, pushing person
назре|ва́ть I *pf* ∸ть ripen, mature; gather head (*of boil*, *etc*); *fig* become imminent, be about to happen, come to a head (*of events*, *crises*, *etc*); **∸ть** I *pf of* ~ва́ть
назубо́к *adv coll* вы́учить ~ learn by heart
называ́|емый так ~ so-called; **∸ть** I *pf* назва́ть call; name, designate; ребёнка назва́ли Петро́м the child was named Peter; **∸ться** I *pf* назва́ться call oneself, assume the name (+ *instr*); be called; как ~ется э́та кни́га? what is the title of this book?; что ~ется *coll* as they say; give one's name
наибо́л|ее *adv* (the) most; **∸ьший** the greatest; the largest; о́бщий ~ дели́тель highest common factor
наи́в|ничать I *impf coll* affect naïveté; **∸ность** *f* naïveté, credulousness; **∸ный** (~ен) naïve, credulous; unsophisticated, ingenuous
наивы́сш|ий the highest; в ~ей сте́пени to the utmost
наигр|анный *fig* assumed, put on; forced; ~анная весёлость assumed gaiety; **~а́ть** I *pf of* ∸ывать acquire, make (*by playing a lot*) (+ *acc or gen*); *coll* strum; ~ пласти́нку make a recording; **~а́ться** *pf coll* play for a long time, for long enough; **∸ывать** I *pf* ~а́ть
на́игрыш folk-tune; *theat coll* artificiality
на́изволок *adv dial* up a gentle slope
наизна́нку *adv* inside out
наизу́сть *adv* by heart; from memory
наилу́чший (the) best
наиме́нее *adv* (the) least
наимен|ова́ние name, appellation, designation; **~ова́ть** (~у́ю) *pf of* именова́ть
наиме́ньш|ий (the) least; о́бщее ~ее кра́тное lowest common multiple
наипа́че *adv obs* most; in particular
на|искосо́к *adv coll* = ∸искось; **∸искось** *adv* diagonally; obliquely, slantwise, at an angle
наи́тиl|е inspiration; по ~ю instinctively, intuitively
наиху́дший (the) worst
найдёныш foundling
наймит hired worker; hireling
на|йти́ (~йду́, ~йдёшь; ~шёл, ~шла́; ~ше́дший; ∸йденный; ~йдя́) *pf of* ~ходи́ть; **~йти́сь** (~йду́сь, ~йдёшься; ~шёлся, ~шла́сь) *pf of* ~ходи́ться
найто́в *naut* lashing, seizing; **∸ить** II (~лю) *pf* об~ *naut* lash, seize

нака́вер|зить II (~жу) *pf of* ка́верзить
нака́|з *obs* injunction, order; instruction(s); mandate (*of electors to deputy*); **~за́ние** punishment; *fig coll* nuisance, bane; су́щее ~! what a nuisance; ~ мне с ним! *coll* he is driving me mad!; **~за́ть** I (~жу́, ∸жешь) *pf of* ∸зывать; **~зу́емый** *leg* punishable; **∸зывать** I *pf* ~за́ть punish; *obs pop* instruct, bid (+ *dat*)
нака́кать I *pf sl* shit
нака́л incandescence; *radio* heating; **~ённый** incandescent, white-hot; *fig* strained, tense; **∸ивать** I *pf* ~и́ть heat, incandesce; **∸иваться** I *pf* ~и́ться glow, incandesce; **~и́ть(ся)** II *pf of* ∸ивать(ся) *and* ~я́ть(ся)
нака́л|ывать I *pf* наколо́ть split, chop (a quantity of, + *acc or gen*); pin (a quantity of, + *acc or gen*); slaughter, stick (a number of); prick (*pattern*, *etc*); pin on, down (*badge etc*); ∸ываться I *pf* наколо́ться prick oneself, be tattooed
накал|я́ть(ся) I = ∸ивать(ся)
наканифо́лить II *pf of* канифо́лить
накану́не *adv* the day before; *prep* + *gen* on the eve (of); ~ Но́вого го́да on New Year's Eve
нака́п|ать I *pf of* ка́пать *and* ~ывать; *pf sl* squeal (on, на + *acc*)
нака́пливать(ся) = накопля́ть(ся)
нака́п|ывать *pf* ~ать pour out drops (*of medicine*, *etc*); spill (+ *gen or instr*); *pf* накопа́ть dig up (a number of, + *acc or gen*)
нака́ркать I *pf of* ка́ркать
нака́т layer of beams or planks; *tech* dead floor; false ceiling; *mil* counter-recoil; **~а́ть** I *pf of* ∸ывать; *pf pop* dash off (*letter*, *etc*); **~а́ться** I *pf* have had enough (*riding*, *driving*, *etc*); **~и́ть** II (накачу́, ∸ишь) *pf of* ∸ывать; **∸ывать** I *pf* ~а́ть roll (a quantity of, + *acc or gen*); smooth; roll out, mangle (+ *acc or gen*); roll on (*paint*, *design*, *etc*); *coll* roll smooth (*road*, *etc*); *pf* ~и́ть roll (a quantity of, + *acc or gen*) to a particular place; roll (on to, на + *acc*); вдруг на него́ ~и́ло *pop* suddenly something possessed him
накач|а́ть(ся) I *pf of* ∸ивать(ся); **∸ивать** I *pf* ~а́ть pump up, pump full; pump (a quantity of); *pop* make drunk; *pop* reprimand; **∸иваться** I *pf* ~а́ться *pop* become plastered, drunk
наки|да́ть I *pf of* ∸дывать = наброса́ть; **∸дка** cloak, mantle; wrap; pillow-cover; *coll* increase; extra charge; **∸дывать** *pf* ~да́ть *coll*; *pf* ∸нуть throw on, over; add (to the price of, на + *acc*); **∸дываться** I *pf* ∸нуться fall (on, upon, на + *acc*); *fig* get (at, на + *acc*); **∸нуть(ся)** *pf* ∸дывать(ся)
нак|ипа́ть I *pf* ~ипе́ть form a scum, scale; *impers fig* seethe, boil (*with anger*, *spite*, *etc*); **~ипе́ть** II (~ипи́т) *pf of* ~ипа́ть; **∸ипь** *f* scum, scale, fur, coating, deposit
накла́д быть в ~е *pop* be down, come off loser; **∸ка** false hair; *tech* bracket; *pop* mistake; **~на́я** *n* invoice, waybill; **∸но** *adv coll* to one's disadvantage, to one's cost; **~но́й** laid on, superimposed; ~но́е серебро́ plated silver; ~ расхо́д *econ* overhead; ~на́я борода́ false beard; **∸ывать** *pf* наложи́ть lay in, on; put in, on; superimpose; ~ повя́зку apply a bandage; ~ на себя́ ру́ки *obs* lay hands on oneself; ~ отпеча́ток leave an imprint *also fig*; put, load, pack (a quantity of, + *acc or gen*); ~ бельё в чемода́н pack a case full with linen
наклеве|та́ть I (~щу́, ∸щешь) *pf of* клевета́ть
накл|ёвываться I *pf* ~ю́нуться peck its way out

of the shell; *pop* turn up

накле́|ивать I *pf* ~ить stick on, paste on; **~́ить** II *pf of* ~ивать; *pf* stick (a quantity of, + *acc or gen*); **~́йка** sticking on, pasting on; label

наклеп|а́ть I *pf of* ~́ывать; **~а́ть** (~лю́, ~́лешь) *pf of* клепа́ть

накли|ка́ть I *pf* ~́кать; ~ на себя́ bring upon oneself (*by talk*); ~ беду́ bring disaster (upon, на + *acc*); **~́кать** I (~чу, ~чешь) *pf of* ~ка́ть

накло́н incline, slope; declivity; **~е́ние** inclination; *gramm* mood; **~и́ть(ся)** II (~ю́(сь), ~́ишь(ся)) *pf of* ~я́ть(ся); **~́ность** *f* leaning (towards, к + *dat*), penchant (for); propensity, proclivity, inclination; дурны́е ~ности evil propensities; **~́ный** inclined, sloping; ~ная пло́скость inclined plane; кати́ться по ~ной пло́скости *fig* go (rapidly) downhill; **~я́ть** I *pf* ~и́ть incline, bend; bow; **~я́ться** I *pf* ~и́ться stoop, bend (over, над + *instr*)

наклю́каться I *pf pop* get blind drunk

накл|ю́нуться *pf of* ~ёвываться

накля́узничать I *pf of* кля́узничать

накова́л|ьня (*gen pl* ~ен) anvil; *anat* incus

нако́жный cutaneous

накол|а́чивать I *pf* ~оти́ть knock on; knock up (*money*); drive in (a number of, + *acc or gen*); smash (a quantity of, + *gen*)

наколе́нн|ик knee-guard; **~́ый** worn on the knee

нако́лка head-dress (*of lace, etc*); *pop* tattoo(ing)

наколо|ти́ть(ся) II (~чу́(сь), ~́тишь(ся)) *pf of* накола́чивать(ся)

накол|о́ть(ся) (~ю́(сь), ~́ешь(ся)) *pf of* нака́лываться

накома́рник mosquito-net

наконе́|ц *adv* at (long) last; finally, in the end; **~́чник** tip, point; ferrule; **~́чный** final; ~чное ударе́ние *gramm* end-stress

нак|опа́ть I *pf of* ~а́пывать

накоп|и́тель *comput* store **~и́ть(ся)** II (~лю́(сь), ~́ишь(ся)) *pf of* копи́ть(ся), ~ля́ть(ся) *and* нака́пливать(ся); **~ле́ние** accumulation; savings; **~ля́ть** I *pf* ~и́ть accumulate, amass, save up; **~ля́ться** I *pf* ~ и́ться accumulate

накоп|ти́ть II (~чу́) *pf of* копти́ть; *pf* smoke (a quantity of, + *acc or gen*)

накорм|и́ть II (~лю́, ~́ишь) *pf of* корми́ть

накоротке́ *adv pop* rapidly and at close range; быть ~ с кем be on close terms with someone

накоси́ть II mow down (a quantity, a lot of)

нако́стн|ый (situated on) bone; ~ая о́пухоль bone tumour

накра́|дывать I *pf* ~сть steal (a number of, + *acc or gen*)

накра́|пывать I *impf impers or* + дождь begin to spit, drizzle

накра́|сить II (~шу) *pf of* ~шивать; **~́ситься** II (~шусь) *pf of* кра́ситься

накра́|сть (~ду́, ~дёшь; ~л) *pf of* ~дывать

накрахма́лить II *pf of* крахма́лить

накра́|шивать I *pf* ~сить paint, make up; paint (a quantity of, + *acc or gen*)

накрени́ть(ся) II *pf of* крени́ть(ся)

на́крепко *adv* fast, tight; *coll* categorically, strictly

на́крест *adv* crosswise; сложи́ть ру́ки крест-~ cross one's arms; крест-~ criss-cross

накрич|а́ть II (~чу́) *pf* shout (at, на + *acc*); **~а́ться** II (~чу́сь) *pf coll* shout to one's heart's content

накропа́ть I *pf of* кропа́ть

накрош|и́ть II (~у́, ~́ишь) *pf of* кроши́ть

накру|ти́ть II (~чу́, ~́тишь) *pf of* ~́чивать; **~́чивать** I *pf* ~ти́ть wind (on), twist (on to, на + *acc*); twist (a quantity of, + *acc or gen*); *pop* do, say (*something complicated or unusual*)

накр|ыва́ть I *pf* ~ы́ть cover (with, + *instr*); ~ (на) стол lay the table; *fig coll* catch (*thief, etc*); **~ыва́ться** I *pf* ~ы́ться cover oneself (with, + *instr*); **~ы́ть(ся)** (~о́ю(сь), ~о́ешь(ся)) *pf of* ~ыва́ть(ся)

накто́уз *naut* binnacle

накуп|а́ть I *pf* ~и́ть buy (a large quantity of, + *acc or gen*); **~и́ть** II (~лю́, ~́ишь) *pf of* ~а́ть

наку́р|енный smoky, smoke-filled; в ко́мнате ~ено the room is full of (tobacco) smoke; **~и́ть** II (~ю́, ~́ишь) *pf* fill with smoke, with fumes (+ *instr*); distil (a quantity of, + *acc or gen*); **~и́ться** II (~ю́сь, ~́ишься) smoke enough, to one's heart's content

наку́т|ать I *pf of* ~ывать; **~́ывать** I *pf* ~ать *coll* put on (a quantity of, + *acc or gen*); мно́го ~али на ребёнка the child was well wrapped up

нала́вливать I *pf* налови́ть catch (a quantity of, + *acc or gen*)

налага́ть I *pf* наложи́ть lay (on), impose, inflict (на + *acc*; *tax, fine, burden, punishment, etc*)

нала́|дить(ся) II (~жу(сь)) *pf of* ~живать(ся); **~́дчик** adjuster; **~́живать** I *pf* ~дить put right, adjust, regulate, put in order; arrange, organize, set going; *coll* tune (*musical instrument*); **~́живаться** I *pf* ~диться work out, go right; всё ~дится things will adjust themselves

налака́ться I *pf* lap up one's fill; *pop* get drunk

налакир|ова́ть (~у́ю) *pf* varnish

нала́ком|иться (~люсь) *pf coll* eat one's fill of tasty things (+ *instr*)

нала́мывать I *pf* налома́ть break (a quantity of, + *acc or gen*); налома́ть бока́ кому́ *pop* beat someone up

нал|га́ть (~гу́, ~жёшь, ~гу́т; ~га́л, ~гала́, ~га́ло) *pf of* лгать

нале́во *adv* to the left (of, от + *gen*); ~! *mil* left turn!; *coll* on the side, illicitly

нале|га́ть I *pf* ~́чь lean (on), weigh, bear down (on, на + *acc*); *coll* throw oneself (into, на + *acc*; *of work, etc*); ~ на вёсла ply the oars; *pop* put the screw on (*to get something done*)

налегке́ *adv* without luggage; lightly clad

належ|а́ть II (~жу́) *coll* acquire as result of lying a long time; ~ про́лежни develop bed-sores

налез|а́ть I *pf* ~́ть *coll* get in, on (in large numbers); go on (*of clothes, etc*); **~́ть** (~у, ~ешь; ~, ~ла) *pf of* ~а́ть

налеп|и́ть II (~лю́, ~́ишь) *pf of* лепи́ть; *pf* model (a number of, + *acc or gen*); **~ля́ть** I *pf* ~и́ть *coll* stick on

налёт raid; возду́шный ~ air-raid; огнево́й ~ artillery barrage; с ~а(у) *fig* in a swoop, suddenly, without warning, off-hand; deposit; thin coating; ~ пы́ли layer of dust; patina (*on bronze*); ~ в го́рле patch, spot in throat; *fig* touch, soupçon; с ~ом ю́мора with a touch of humour

нале|та́ть I *pf* ~те́ть spring up, arise (*of wind, storm, etc*); fly in, drift in (in large numbers); run into (*of vehicles; coll of people*, на + *acc*); swoop down (on), fall (upon), fly (upon, against, на + *acc*); *pf* clock up, fly (so many hours *or* miles); **~те́ть** II (~чу́) *pf of* ~та́ть; **~̈чик** raider; burglar

на|ле́чь (~ля́гу, ~ля́жешь, ~ля́гут; ~лёг, ~легла́; ~ля́г) *pf of* ~лега́ть

нали́в pouring in; swelling, ripening; **~а́ть** I *pf* нали́ть pour out (+ *acc or gen*); fill (with, + *instr*); **~а́ться** I *pf* нали́ться fill (with, + *instr*); ~ кро́вью become bloodshot; ripen, become juicy; **~ка** fruit liqueur; вишнёвая ~ cherry brandy; **~но́й** for conveying liquids; *tech* worked by water; ripe, juicy

нали|за́ться I (~жу́сь, ~жешься) *coll* lick one's fill (of, + *gen*); *pop* become drunk

нали́м *fish* burbot, eel-pout

налин|ова́ть (~у́ю) *pf of* линова́ть

налип|а́ть I *pf* ~нуть stick (to, на + *acc*); **~нуть** I (*past* ~, ~ла) *pf of* ~а́ть

нал|ито́й juicy, ripe; fleshy, well-fleshed; **~и́ть** (~ью́, ~ьёшь; ~и́л, ~ила́, ~и́ло; ~е́й; ~и́тый; ~и́т, ~ита́, ~и́то) *pf of* ~ива́ть; **~и́ться** (~ью́сь, ~ьёшься; ~и́лся, ~ила́сь, ~и́ло́сь) *pf of* ~ива́ться

нали|цо́ *adv* present, available, on hand; **~чествовать** (~чествую) *impf lit* be present, on hand; **~чие** presence; быть в ~чии be present, be available; при ~чии given, in the presence (of, + *gen*)

нали́чник casing, jambs and lintel of door *or* window; lock-plate; shoe

нали́ч|ность *f offic* = ~ие; amount on hand; ~ това́ров в магази́не stock-in-trade; cash-in-hand; **~ный** *offic* on hand, available; ~ные (де́ньги) ready money, cash; плати́ть ~ными pay in cash, pay down; за ~ расчёт for cash; ~ соста́в *mil* available personnel

налов|и́ть II (~лю́, ~ишь) *pf of* нала́вливать

наловч|и́ться II (~у́сь) *pf coll* get the knack (of), become good (at, + *infin*)

нало́г tax (on, на + *acc*); **~овый** *adj of* ~; **~оплате́льщик** taxpayer

налож|е́ние imposition; ~ аре́ста *leg* seizure (*of property*); ~ швов suture, stitching (*of wound*); *math* superposition; **~енный** ~енным платежо́м cash on delivery; **~и́ть** II (~у́, ~ишь) *pf of* накла́дывать *and* налага́ть

нало́жница *obs* concubine; lover

налома́ть I *pf of* нала́мывать

нало́паться I *pf coll* gorge oneself

налощи́ть II *pf of* лощи́ть

налюб|ова́ться (~у́юсь) *pf usu with neg* gaze to one's heart's content (at, на + *acc or instr*); не могу́ ~ на карти́ну I can't stop admiring the picture

наля́пать I *pf of* ля́пать

нам *dat of* мы

намагни́|тить II (~чу) *pf of* ~чивать; **~чивать** *pf* ~тить magnetize

нама́з prayer (*from Koran*)

нама́|зать(ся) I (~жу(сь), ~жешь(ся)) *pf of* ~зывать(ся) *and* ма́зать(ся); **~зывать** I *pf* ~зать; **~зываться** I *pf* ~заться rub oneself (with, + *instr*)

намал|ева́ть (~ю́ю) *pf of* малева́ть

нама́лывать I *pf* намоло́ть grind, mill (a quantity of, + *acc or gen*)

намара́ть I *pf of* мара́ть

намарин|ова́ть (~у́ю) *pf of* ~о́вывать pickle (a quantity of, + *acc or gen*)

нама́слить II *pf of* ма́слить

нама́тывать I *pf* намота́ть wind (a quantity of, + *acc or gen*); ~ срок кому́ *pop* pin a sentence on someone

нама́чивать I *pf* намочи́ть soak, steep (+ *acc or gen*)

нама́|яться I (~юсь) *pf pop* be played out, worn out (by, с + *instr*)

наме́дни *pop* (only) the other day, quite recently

намёк hint, allusion; то́нкий ~ gentle hint (at, на + *acc*); сде́лать ~ drop a hint; *fig* faint resemblance; **~а́ть** I *pf* ~ну́ть hint (at), allude (to, на + *acc*, о + *prep*); **~ну́ть** I *pf of* ~а́ть

намели́ть II *pf of* мели́ть

наменя́ть I *pf* obtain by exchange (a quantity of, + *acc or gen*)

намер|ева́ться I intend (to), mean (to, + *infin*); **~ен** *pred* + *infin* intend; я ~ пойти́ I intend to go; **~ение** intention; purpose; благо́е ~ good intention; **~енный** (~ен, ~енна) intentional, deliberate

намерз|а́ть I *pf* ~нуть freeze (on); на окне́ ~ лёд ice (has) formed on the window; **~нуть** I (*past* ~, ~ла) *pf of* ~а́ть; *pop* freeze (*of parts of body*); **~нуться** I (*past* ~ся, ~лась) *pf coll* get thoroughly chilled

наме́рить II *pf* measure out (a quantity of, + *acc or gen*); measure (a certain quantity)

на́мертво *adv coll* tightly, fast

наме|си́ть II (~шу́, ~сишь) *pf* knead (a quantity of, + *acc or gen*)

наме|сти́ (~ту́, ~тёшь; ~л, ~ла́) *pf of* ~та́ть sweep together (a quantity of, + *acc or gen*); ве́тром ~ло́ ли́стьев the wind has brought a lot of leaves

наме́стн|ик deputy; *hist* governor-general; **~ический** *adj of* ~ик; **~ичество** *hist* region ruled by governor-general

намёт casting-net; gallop (*of Cossack horse*)

наме|та́ть I *pf* ~сти́; *pf of* мета́ть; **~та́ть** I (~чу́, ~чешь) *pf of* ~тывать

наме́|тить II (~чу) *pf of* ме́тить *and* ~ча́ть; **~титься** II (~чусь) *pf of* ~ча́ться

намёт|ка basting, tacking; basting, tacking thread; rough draft, preliminary outline; **~ывать** I *pf* ~а́ть *coll* train; ~ глаз acquire a keen eye; ~ ру́ку become proficient (in, на + *acc*); throw together (a quantity of, + *acc or gen*)

наме|ча́ть I *pf* ~тить plan, project; have in view; nominate, select; ~ кого́ председа́телем nominate someone for chairman; designate; (draw in) outline; **~ча́ться** I *pf* ~титься take shape; be outlined

намеш|а́ть I *pf of* ~ивать; **~ивать** I *pf* ~а́ть add (to), mix in (to) (+ *acc or gen*; в + *acc*)

на́ми *instr of* мы

Нами́би|я Namibia; **~йский** Namibian

нам|ина́ть I *pf* ~я́ть hurt (by pressure *or* friction); ~я́ть кому́ бока́, ше́ю *pop* beat up

намно́го *adv* much, far; by a lot

намоги́льный ~ па́мятник tombstone

намозо́лить II *pf of* мозо́лить

намок|а́ть I *pf* ~нуть become, get wet; **~нуть** I (*past* ~, ~ла)

намоло|ти́ть II (~чу́, ~тишь) *pf* thresh (a quantity of, + *acc or gen*)

нам|оло́ть (~елю́, ~е́лешь) *pf of* нама́лывать; ~ вздо́ру, чепухи́ *coll* talk a lot of nonsense; grind (a quantity of)

намо́рдник muzzle; *sl* louvre (*cover of prison windows*); *sl* loss of rights, disfranchisement

намори́ть II *pf* destroy (a quantity of, + *acc or gen*) (*usu pests*)

намо́рщить(ся) II *pf of* мо́рщиться

намо|сти́ть II (~щу́) *pf of* мости́ть

намот|а́ть I *pf of* мота́ть *and* нама́тывать; **∸ка** *coll* skein, hank

намоч|и́ть II (~у́, ∸ишь) *pf of* мочи́ть *and* нама́чивать; *coll* spill water (*on floor, etc*)

намудри́ть II *pf of* мудри́ть

наму́слить II, **намусо́лить** II *pf of* му́слить, мусо́лить

наму́сорить II *pf of* му́сорить

наму|ти́ть II (~чу́, ∸ти́шь) *pf* (∸тишь) stir up mud, muddy; (~ти́шь) *fig coll* stir up, make trouble; create confusion

наму́ч|иться II (*coll* ~аюсь) *pf* be quite worn out, have a hard time

намы́в alluvium; **~но́й** alluvial

намы́каться I *pf pop* have led a very hard life

намы́л|ивать(ся) I = мы́лить(ся); **∸ить(ся)** II *pf of* мы́лить(ся) *and* ~ивать(ся)

нам|ы́ть (~о́ю, ~о́ешь) *pf* wash (a quantity of, + *acc or gen*); deposit (*of river*); pan (*for gold, etc*)

намя́к|нуть I (*past* ~, ~ла) *pf of* мя́кнуть

нам|я́ть (~ну́, ~нёшь) *pf of* ~ина́ть; knead, mash (a quantity of, + *acc or gen*); trample down (a quantity of)

нана́шивать I *pf* наноси́ть keep bringing, bring (a quantity of, + *acc or gen*)

нанес|е́ние drawing, plotting (on map на ка́рту); infliction (*defeat, blow*), paying (*visit*); ~ уда́ров assault and battery; **~ти́** (~у́, ~ёшь; ∸, ~ла́) *pf of* наноси́ть; bring, pile up (a quantity of, + *acc or gen*); водо́й ~ло́ песку́ the water piled up the sand; ~ я́иц lay a number of eggs

нани|за́ть I (~жу́, ∸жешь) *pf of* низа́ть *and* нани́зывать; **∸зывать** I *pf* ~за́ть = низа́ть

нанима́т|ель *m* tenant; *obs* employer; **∸ь** I *pf* наня́ть hire; rent; ~ домрабо́тницу engage a maid; **∸ься** I *pf* наня́ться ~ в домрабо́тницы be engaged as a maid; become employed, get a job

на́нк|а *text* nankeen; **∸овый** *adj of* ~а

на́ново *adv coll* afresh, anew

нано́с alluvium; drift

нано|си́ть II (~шу́, ∸сишь) *pf* нанести́ draw, plot (on a map, на ка́рту); cause, inflict; ~ визи́т pay a visit; ~ оскорбле́ние insult; ~ уда́р deal a blow; dash (against, на + *acc*); нанесло́ ло́дку на мель the boat struck a shoal; *pf of* нана́шивать; **∸сный** *geol* alluvial; *fig coll* not inherent, borrowed, extraneous; *obs pop* slanderous

на́нсук *text* nainsook

нанюх|аться I *pf of* ~иваться; **∸иваться** I *pf* ~аться *coll* smell to one's heart's content; breathe in too much (*gas, etc*), be intoxicated; take one's fill of snuff

на|ня́ть (~йму́, ~ймёшь; ∸нял, ~няла́, ∸няло; ∸нятый) *pf of* ~нима́ть; **~ня́ться** (~йму́сь, ~ймёшься; ~ня́лся́, ~няла́сь) *pf of* ~нима́ться

наобеща́ть I *pf coll* promise (too) much (+ *acc or gen*); ~ с три ко́роба promise the earth

наоборо́т *adv* backwards; back to front; the wrong (other) way (round); поня́ть ~ take the wrong way; on the contrary; как раз ~ quite the contrary; и ~ and vice versa

наобу́м *adv coll* at random; without thinking

наодеколо́нить(ся) II *pf of* одеколо́нить(ся)

наор|а́ть (~у́, ~ёшь) *pf coll* shout (at, на + *acc*)

нао́т|машь *adv* with a swing; уда́рить ~ strike a swinging blow; **~ре́з** *adv* point-blank, flatly

напа́д|ать I *pf of* ~а́ть; I *pf* ∸ать fall (in a certain quantity); ~ало мно́го сне́га there's a heavy snowfall; **~а́ть** I *pf* напа́сть attack, descend (on, на + *acc*); *fig coll* attack; *fig* come upon, across; ~ на интере́сную мысль come across an interesting thought; grip, seize; на всех напа́л страх fear seized everyone; напа́л не на того́ *coll* I'm not the fool you think; **~а́ющий** *sp* forward; **~е́ние** attack, assault; *sp* forwards, forward-line; **∸ки** (*gen pl* ~ок) attack(s) (*criticisms, accusations, etc*); **~у́, ~ёшь** *see* **напа́сть**

напа́ивать I *pf* напои́ть give to drink; water (*an animal*); make drunk; *poet* impregnate, permeate, fill; *pf* напая́ть solder (on to)

напа́ко|стить II (~щу, ~стишь) *pf of* па́костить

напа́лм napalm; **∸овый** *adj of* ~

напа́р|ить II *pf* steam (a quantity of, + *acc or gen*); *coll* steam thoroughly; **∸ник** fellow worker, mate

напа́р|ывать I *pf* напоро́ть *pop* tear, cut (on, на + *acc*); **∸ываться** I *pf* напоро́ться cut oneself (on, на + *acc*); *fig* run into, up against (на + *acc*)

напас|ти́сь (~у́сь, ~ёшься; ∸ся, ~сла́сь) *coll* lay in, save up enough

напа́|сть (~ду́, ~дёшь; ~л) *pf of* ~да́ть; **∸сть** *f coll* misfortune, disaster

напа́чкать(ся) I *pf of* па́чкать(ся)

напа|я́ть I *pf of* ∸ивать

напе́в tune, melody; **~а́ть** I *pf* напе́ть sing (air, melody); ~ пласти́нку, плёнку make a recording of one's voice on record, tape; *pf* sing (a large number of, + *acc or gen*); hum; croon; **∸ный** (~ен) melodious

напе|ка́ть I *pf* ~чь bake (a quantity of, + *acc or gen*); *fig* concoct (a number of); *coll* burn, scorch (*of sun*); ~кло́ го́лову (my) head got burned

напере|бо́й *adv* vying with one another, shouting each other down; **~ве́с** *adv* in a horizontal position; **~го́нки́** *adv* racing one another; **∸д** *adv pop* in advance; **~ко́р** *adv and prep* + *dat* in defiance (of), counter (to); **~ре́з** *adv and prep* + *dat* (so as) to cross one's path; бежа́ть кому́ ~ run to head off someone; **~ры́в** = ~бо́й

нап|ере́ть (~ру́, ~рёшь; ~ёр, ~ёрла) *pf of* ~ира́ть

напере|хва́т *adv pop* = ~ре́з, ~бо́й; **~чёт** *adv* thoroughly, through and through; every single one; *pred* a handful, very few

напе́рсн|ик *obs* confidant; *obs* favourite; **∸ица** *obs* confidante *also theat*; **∸ый** *eccles* pectoral

напёрст|ок (~ка) thimble; **~я́нка** *bot* foxglove

напе́рчить II *pf of* пе́рчить

нап|е́ть (~ою́, ~оёшь) *pf of* ~ева́ть

напеча́тать(ся) I *pf of* печа́таться

напе́|чь (~ку́, ~чёшь, ~ку́т; ∸к, ~кла́) *pf of* ~ка́ть

напи|ва́ться I *pf* ~ться slake one's thirst (with, on, + *gen*); have a drink (of, + *gen*); *coll* get drunk

напи́л|ивать I *pf* ~и́ть saw (a quantity of, + *acc or gen*); **~и́ть** II (~ю́, ∸ишь) *pf of* ∸ивать; **∸ок** (~ка) *coll* = ~ьник; **∸ьник** *tech* file

напира́ть I *pf* напере́ть *coll* press, put pressure (upon, на + *acc*); *impf fig* stress, emphasize, insist (on, на + *acc*)

напи|са́ние way of writing (*a letter*); spelling; **~са́ть** I (~шу́, ∸шешь) *pf of* писа́ть

напит|а́ть I *pf of* пита́ть sate, satiate; *pf of* ∸ывать; **~а́ться** I *pf coll joc* eat one's fill, sate oneself; *pf of* ∸ываться; **∸ок** (~ка) drink, beverage; прохлади́тельный ~ soft drink; **∸ывать** I *pf* ~а́ть impregnate (with, + *instr*); ∸ываться *pf* ~аться become impregnated (with,

+ *instr*); ~áться be impregnated (with, + *instr*)
нап|и́ться (~ью́сь, ~ьёшься ~и́лся, ~ила́сь, ~́ило́сь; ~е́йся) *pf of* ~ива́ться
напих|а́ть I *pf of* ~́ивать; **~́ивать** I *pf* ~а́ть cram, stuff (into, в+ *acc*)
напи́чкать I *pf of* пи́чкать
напла́|канный tear-stained, red (with crying); **~́кать** I (~чу, ~чешь) *pf* ~ себе́ глаза́ make one's eyes (red and) swollen from crying; **~́каться** I (~чусь, ~чешься) *pf* have a good cry, have one's cry out; ~чется она с ним she will have a lot of trouble with him
напласта́ть I *pf coll* slice, cut into (thin) slices (+ *gen*)
напласт|ова́ние *geol* bedding, stratification; **~ова́ть** (~у́ю) *pf* deposit in layers
напл|ева́тельский *coll* ~ева́тельское отноше́ние couldn't-care-less attitude; **~ева́ть** (~юю́, ~юёшь) *pf of* плева́ть spit (out a lot); *fig coll* not to care, a damn (about), not to give a rap (for, на + *acc*); ~! to hell with it!; мне ~! I don't give a damn!
напле|сти́ (~ту́, ~тёшь, ~́л, ~ла́) *pf of* ~та́ть weave (a number of, + *acc or gen*); ~ вздо́ру *fig pop* talk a lot of nonsense, poppycock; *pf coll* slander (на + *acc*)
наплечни|к shoulder-strap; **~́ый** (worn on) shoulder
напло|ди́ть (~жу́, ~ди́шь) *pf coll* produce, breed (in large numbers); **~ди́ться** (~ди́тся) *pf coll* breed (in large numbers), multiply
наплут|ова́ть (~у́ю) *pf of* плутова́ть
наплы́|в influx (*of people*, *etc*); canker, excrescence; **~ва́ть** I *pf* ~́ть run, dash (against, on to, на + *acc*); encroach (upon, на + *acc*); form (*of incrustations*, *etc*); **~́ть** (~ву́, ~вёшь; ~л, ~ла́, ~ло) *pf of* ~ва́ть
напова́л *adv* outright, instantly
наподда|ва́ть (~ю́, ~ёшь) *pf* ~́ть *coll* hit, wham (person, + *dat*); throw, wham (*ball*, *etc*); **~́ть** (~м, ~шь, ~ст, ~ди́м, ~ди́те, ~даду́т) *pf of* ~ва́ть
наподо́бие *prep* + *gen* like, resembling, in the likeness of
напо|и́ть II (~ю́, ~́ишь) *pf of* пои́ть *and* напа́ивать; **~́енный** made drunk; watered; **~ённый** filled, impregnated (*eg with aroma*)
напока́з *adv* for viewing; for show *also fig*
наполз|а́ть I *pf* ~ти́ crawl (towards, against, на + *acc*; arrive crawling, crawl in (*of a large number*); **~ти́** (~у́, ~ёшь; ~, ~ла́) *pf of* ~а́ть
наполир|ова́ть (~у́ю) *pf of* полирова́ть
наполн|е́ние filling; пульс хоро́шего ~е́ния normal pulse; **~и́тель** *m tech* filler; **~́ить(ся)** II *pf of* ~я́ть(ся); **~я́ть** I *pf* ~́ить fill; **~я́ться** I *pf* ~́иться *vi* fill (with)
наполови́ну *adv* half; де́лать де́ло ~ do a thing by halves
напо́льн|ый (standing on) floor; ~ые часы́ *m pl* grandfather clock
напома́|дить II (~жу) *pf of* ома́дить
напом|ина́ние reminding; reminder; **~ина́ть** I *pf* ~́нить кому́ remind someone (of, + *acc or* о + *prep*); ~́ните мне об э́том remind me about that; remind (of), recall; шля́па ~ина́ет горшо́к the hat reminds one of a pot; **~́нить** II *pf of* ~ина́ть
напо́р pressure *also fig*; head (*of water*, *etc*); де́йствовать с ~ом act energetically; **~́истость** *f coll* energy; go, push; **~́истый** (~ист) *coll* pushing, energetic; **~́ный** *adj of* ~; pressure, force
напор|о́ть (~ю́, ~́ешь) *pf of* напа́рывать; *pf* rip (a quantity of); *pf of* поро́ть; ~ вздо́ру, чепухи́ talk a lot of nonsense; **~о́ться** (~ю́сь, ~́ешься) *pf of* напа́рываться
напорта́чить II *pf of* порта́чить
напо́р|тить II (~чу) *pf* spoil, ruin (a quantity of, + *acc or gen*); *pf* hurt, harm, injure (+ *dat*)
напосле́док *adv coll* in the end, finally
напра́в|ить(ся) II (~лю(сь)) *pf of* ~ля́ть(ся); **~́ка** setting (*of razor*, *etc*); **~ле́ние** direction; по ~ле́нию (к) in the direction (of), towards; взять ~ на восто́к make, head for the east; *mil* sector; *fig* tendency, trend; *offic* authorization, warrant, directive, order; дать ~ на рабо́ту assign to a job; *offic* action; **~́ленность** *f* direction, trend, tendency; purposefulness; directivity; **~́ленный** *rad* directional; purposeful, unswerving; **~ля́ть** I *pf* ~́ить direct (at, to, на + *acc*); ~ внима́ние direct one's attention (to); ~ свой путь bend one's steps (towards); ~ уда́р aim a blow (at); send; ~ на рабо́ту assign to a job; ~ заявле́ние send in an application; sharpen; ~ бри́тву set a razor; *pop* ~ рабо́ту organize work; **~ля́ться** I *pf* ~́иться make (for, к + *dat*, в, на + *acc*); *pop* become organized (*of work*, *etc*); *pass of* ~ять; **~ля́ющая** *n f tech* guide (path); **~ля́ющий** *tech* guide, guiding; leading
напра́во *adv* to the right; on the right
напрактик|ова́ться (~у́юсь) *pf of* практикова́ться
напра́слин|а *coll* wrongful accusation, slander; возводи́ть на кого́ ~у *coll* make up a lot of stories about someone
напра́с|но *adv* in vain, vainly, to no purpose; mistakenly, wrong, unjust; ~ ты истра́тил все де́ньги you were wrong to spend all the money; **~́ный** (~ен) vain, idle; ~ные слёзы useless tears; unfounded; ~ страх unfounded, groundless fear
напра́шива|ться I *pf* напроси́ться *coll* ~ в го́сти invite oneself; ~ в друзья́ thrust oneself upon; ~ на комплиме́нты fish for compliments; *no pf* suggest itself, arise; ~ется вопро́с the question naturally arises
наприме́р for example, for instance
напрока́|зить II (~жу) *pf of* прока́зить; **~́зничать** I *pf of* прока́зничать
напро|ка́т *adv* for hire, on hire; взять ~ hire; дать ~ hire out, let; **~лёт** *adv coll* through, without a break; рабо́тать всю ночь ~ work the whole night through; **~ло́м** *adv* straight, regardless of obstacles *also fig*; **~палу́ю** *adv coll* regardless of the consequences, recklessly
напроро́чить II *pf of* проро́чить
напро|си́ться II (~шу́сь, ~́сишься) *pf of* напра́шиваться
напро́тив *adv and prep* + *gen* opposite; они́ живу́т ~ (на́шего до́ма) they live opposite (our house); contrariwise, to contradict; + *dat* он всё де́лает мне ~ he does everything to spite me; on the contrary
на́пр|очно *adv coll* firmly; **~́очь** *adv pop* completely
напру́ж|ивать I *pf* ~ить *coll* tense, tauten (*muscles*, *etc*), strain; **~́иваться** I *pf* ~иться *coll* become tense, strain oneself
напружи́нить II *pf of* пружи́нить
напру́ж|ить(ся) II *pf of* ~ивать(ся)
напры́скать I *pf of* пры́скать
напря|га́ть I *pf* ~́чь strain, tense *also fig*; ~ все

не́рвы strain every nerve; **~га́ться** I *pf* ~́чься strain oneself, exert oneself; become tense; **~же́ние** tension; effort; слу́шать с ~же́нием listen with strained attention; exertion; *tech* stress, strain; *elect* tension, voltage; ~ смеще́ния grid bias; **~жённость** *f* intensity; tenseness; tension; **~жённый** (~жён, ~жённа) intense, intensive; strained, tense; ~жённое ожида́ние tense expectation; ~жённая рабо́та intensive work; ~жённые отноше́ния strained relations

напрями́к *adv* straight; *fig* straight out, bluntly

напря́|чь(ся) (~гу́(сь), ~жёшь(ся), ~гу́т(ся); ~г(ся), ~гла́(сь)) *pf of* ~га́ть(ся)

напуга́ть(ся) I *pf of* пуга́ть(ся)

напу́дрить(ся) II *pf of* пу́дрить(ся)

напу́льсник wristband

на́пу|ск letting in; full front (*of dress, blouse, etc*); *hunting* release, slipping (*from leash*); *tech* lap joint; **~ска́ть** I *pf* ~сти́ть let in (+ *gen*); ~ воды́ в ва́нну fill a bath; set on, slip, let loose (*hunting*); ~ на себя́ affect, put on; ~ на себя́ ва́жность assume an air of importance; ~ стра́ху на кого́ *coll* strike fear into someone; **~ска́ться** I *pf* ~сти́ться *pop* fly (at), go (for, на + *acc*); **~скно́й** put on, assumed; **~сти́ть(ся)** II (~щу́(сь), ~́стишь(ся)) *pf of* ~ска́ть(ся)

напу́та|ть I *pf* tangle (a quantity of, + *acc or gen*); make a muddle (of), make a hash (of), mix up, get wrong (в + *prep*); ты ~л в а́дресе you got the address wrong

напу́тств|енный parting, farewell; ~енное сло́во parting words; **~́ие** valediction, farewell speech, parting words; **~́овать** (~ую) *impf and pf* pronounce speech of farewell; ~ до́брыми пожела́ниями wish bon voyage

напух|а́ть I (~а́ет) *pf* ~́нуть swell; **~́нуть** I (*past* ~, ~ла) *pf of* ~а́ть

напы́житься II *pf coll* tense oneself (*to do something*); *pf of* пы́житься

напыли́ть II *pf of* пыли́ть

напы́щ|енность *f* pomposity; bombast; **~́енный** (~ен, ~енна) pompous; bombastic, high-flown

напя́л|ивать I *pf* ~ить stretch on; *pop* pull on, struggle into (*tight clothes, etc*); что ты на себя́ ~ил? *pop* what on earth have you put on?

нар- *abbr of* наро́дный people's; national

нараб|а́тывать I *pf* ~о́тать; **~о́тать** I *pf coll* make, turn out (a quantity of, + *acc or gen*); *pf of* ~а́тывать earn, make; **~о́таться** I *pf coll* have worked enough; have worn oneself out with work

наравне́ *adv* on a level (with, с + *instr*); equally (with); on an equal footing (with)

нара́д|оваться (~уюсь) *pf usu* + *neg* мать не ~уется на сы́на the mother dotes on her son

нарас|па́шку *adv coll* unbuttoned; у него́ душа́ ~ *fig* he wears his heart upon his sleeve; **~пе́в** *adv* with a lilt, in a singsong voice; with a drawl

нара|ста́ние growth, accumulation; **~ста́ть** I *pf* ~сти́ grow (on), form (on, на + *prep*); grow (*of a certain quantity*); increase, accumulate; swell (*of sound*); **~сти́** (~сту́, ~стёшь; наро́с, наросла́) *pf of* ~ста́ть; **~сти́ть** II (~щу́) *pf of* ~́щивать

нарасхва́т *adv* продава́ться ~ sell like hot cakes; э́ту кни́гу покупа́ют ~ there is a run on this book

нара́|щивать I *pf* ~сти́ть develop (*muscles, etc*); lengthen; *coll* grow (a quantity of, + *acc or gen*); *fig* increase, augment; ~ но́вую ко́жу graft (on) new skin

нарва́л narwhal

нарв|а́ть (~у́, ~ёшь; ~а́л, ~ала́, ~а́ло) *pf* tear, pick (a quantity of, + *acc or gen*); *pf of* нарыва́ть; **~а́ться** (~у́сь, ~ёшься; ~а́лся, ~ала́сь, ~а́ло́сь) *pf of* нарыва́ться

нард (spike)nard

наре́|з *tech* thread; groove (*in rifling*); *hist* lot, plot (*of land*); **~́зать** I (~жу, ~жешь) *pf of* ~за́ть cut into pieces, slices, slice; carve; *tech* thread; rifle; *hist* allot, parcel out (*land*); *pf* cut, slice (a quantity of, + *acc or gen*); **~за́ть** I *pf* ~́зать; **~́заться** I (~жусь, ~жешься) *pf of* ~за́ться *pop* get drunk; *pass of* ~́зать; **~за́ться** I *pf* ~́заться; **~́зка** cutting up, slicing up; *tech* thread; rifling; **~зно́й** threaded; rifled

наре|ка́ние *offic* censure, reprimand, rebuke; **~ка́ть** I *pf* ~́чь name (+ *acc and instr or dat and acc*); **~чённый** *adj obs* betrothed; **~чённый** *n obs* fiancé; **~чённая** *n f* fiancée; **~́чие** dialect; adverb; **~́чный** adverbial; **~́чь** (~ку́, ~чёшь, ~ку́т; ~́к, ~кла́) *pf of* ~ка́ть

нарза́н Narzan (*a mineral water*); **~́ный** *adj of* ~

нарис|ова́ть (~у́ю) *pf of* нарисова́ть

нарица́тельн|ый nominal (*cost, price, etc*); *gramm* и́мя ~ое common noun

нарко́з narcosis, anaesthesia; drug, anaesthetic; ме́стный ~ local anaesthetic

нарко́м *abbr of* наро́дный комисса́р *hist* people's commissar; *sl* drug addict

наркома́н drug addict; **~́ия** drug addiction, narcotism

наркома́т *abbr of* наро́дный комиссариа́т *hist* people's commissariat

наркот|изи́ровать (~изи́рую) *impf and pf med* narcotize; **~́ик** narcotic, drug; **~и́ческий** narcotic; ~и́ческие сре́дства narcotics, drugs

наро́д people; nation; англи́йский ~ the English people, the people of England; челове́к из ~а a man of the people; (*gen sing* ~у) ма́ло ~у few people; **~́ец** (~ца) *dim aff or pej of* ~

наро|ди́ть II (~жу́) *pf* give birth to (a number of, + *acc or gen*); **~ди́ться** II (~жу́сь) *pf of* ~жда́ться *pop* be born; *fig* arise, come into being

наро́дн|ик *hist* narodnik, populist; **~́ический** *adj of* ~ичество; **~́ичество** *hist* narodnik movement, populism

наро́дн|о-демократи́ческий people's democratic; **~́ость** *f* nationality; *sing only* national character; national traits; **~охозя́йственный** pertaining to national economy

наро́дн|ый national; ~ поэ́т national poet; ~ное хозя́йство national economy; ~ арти́ст СССР national artist of the USSR; characteristic of the country, people; folk; ~ое иску́сство folk art; *pol* of the people, popular; ~ая во́ля *hist* Narodnaya Volya ('The People's Will'); Н~ фронт Popular Front; *part of offic designation of various Soviet organizations, etc*; стра́ны ~ой демокра́тии 'the People's Democracies'; ~ заседа́тель assessor (*in courts*); ~ сле́дователь examining magistrate; ~ суд 'People's Court'

народо|ве́дение ethnology; **~вла́стие** *rhet* democracy; **~во́лец** (~во́льца) *hist* member of 'Narodnaya Volya'; **~во́льческий** *adj of* ~во́лец; **~населе́ние** population

наро|жда́ться I *pf* ~ди́ться; **~жде́ние** birth, springing up; ~ ме́сяца new moon

наро́ст tumour, burr (*in plants, animals*); excrescence, outgrowth; *tech* scale, incrustation

нароч|и́то *adv* intentionally, deliberately; **~и́тый**

(~и́т) intentional, deliberate; ~и́тая грýбость deliberate rudeness; ~́чно *adv* on purpose, purposely; как ~ *coll* сегóдня как ~ пошёл дождь! it would have to rain today!; *coll* for fun, as a joke

нáрочный *n* courier, special messenger, express messenger

нáрты *pl* sledge (*drawn by dogs or reindeer*)

наруб|и́ть II (~лю́, ~́ишь) *pf* chop, cut (a quantity of, + *acc or gen*); **~́ка** notch

нарýж|но *adv* outwardly; **~́ное** *n neut* = ~ лекáрство; **~́ность** *f* (outward) appearance; looks; exterior; **~́ный** external, exterior, outward; ~ное (лекáрство) medicine for external application, 'not to be taken'; ostensible; ~ое спокóйствие outward calm; **~́у** *adv* (on the) outside; вы́йти, вы́вести ~ *fig* come, bring to light

нарукáв|ник armlet; oversleeve; **~́ный** (worn on the) sleeve; ~ная повя́зка armband, brassard

нарумя́нить(ся) II *pf of* румя́нить(ся)

нарýчн|ик handcuff, manacle; **~́ый** worn on the arm; ~ые часы́ wrist-watch

наруш|áть I *pf* ~́ить break, disturb (*quiet, sleep, etc*); break, infringe (upon), transgress, violate (*law, rule, word, oath, etc*); **~éние** violation, infringement; breach; offence (*against law*); **~и́тель** *m* transgressor, infringer; *pf of* ~áть

нарци́сс daffodil, narcissus

нáр|ы (*gen pl* ~) bed boards, plank-bed

нары́в abscess; boil; **~áть** I *pf* нарвáть gather, come to a head (*of boil, etc*); у меня́ пáлец ~áет I have a boil coming on my finger; **~áться** I *pf* нарвáться run into, run up (against, на + *acc*); **~нóй** vesicatory; ~ плáстырь poultice

нар|ы́ть (~óю, ~óешь) dig (a quantity of, + *acc or gen*)

нaря́|д attire, apparel, costume; order, warrant; work sheet (*quotas of work*); assignment (*to work*); *mil* detail (*group of soldiers*); *mil* duty; расписáние ~дов duty roster, detail; orders; **~ди́ть(ся)** II (~жýсь, ~́ди́шь(ся)) *pf of* ~жáть(ся); **~́дность** *f* smartness, elegance; **~́дный** (~ден) smart, elegant; well-dressed

нарядý *adv* alongside, side by side (with, с + *instr*), equally (with); ~ с э́тим at the same time

наря|жáть I *pf* ~ди́ть dress, array (in, в + *acc*); dress up (as, + *instr*); detail, appoint; ~ на рабóту assign to work; ~ в караýл put on guard; *obs* set up, order (*inquiry, commission, etc*); **~жáться** I *pf* ~ди́ться dress up (for, в + *acc*); *pass of* ~жáть

нас *acc, gen, prep, of* мы

наса|ди́ть II (~жý, ~́дишь) *pf of* ~́живать *and* ~ждáть; **~́дка** setting, putting on, fixing; *tech* nozzle; bait; **~жáть** I *pf of* ~́живать; **~ждáть** I *pf* ~ди́ть implant, inculcate, propagate (*ideas, views, etc*); **~ждéние** (*usu pl*) plantation (*of trees, etc*); *fig* dissemination, spreading, propagation; *forest* stand; wood; **~́живать** I *pf* ~ди́ть plant (a quantity of); *coll* sit (a number of people, + *acc or gen*); pin, stick; haft; ~ на вéртел spit; ~ червякá на крючóк fix a worm on a hook; **~́живаться** I *pf* насéсть (~́живается) sit down (*in numbers*)

насáливать I *pf* насоли́ть (pickle in) salt; *pop* put too much salt into

насáх|аривать I *pf* ~арить sugar, sweeten sufficiently; **~́арить** II *pf of* ~аривать

насвиня́чить II *pf of* свиня́чить

насви́стывать I *impf coll* whistle (*tune*); pipe (*of birds*)

насе|дáть I *pf* ~́сть settle, collect (*of dust, etc*); get on top (of, на + *acc*); press (*of crowds, etc*); *fig* assail (*with requests, etc*); **~́дка** brood-hen, sitting hen; *sl* plant, stool-pigeon

насе|кáть I *pf* ~́чь make incisions (on), notch; emboss; damascene; chop finely (+ *acc or gen*)

насекóм|ое *n neut* insect; **~ня́дный** insectivorous

насел|éние population, inhabitants; settling, peopling; **~ённость** *f* density of population; **~ённый** populated; ~ пункт *offic* place, locality; built-up area; populous, densely populated; **~и́ть** II *pf of* ~я́ть people, settle; **~́ьник** inhabitant; **~я́ть** I *impf* make up the population of, inhabit; *pf* ~и́ть

нас|éст roost, perch; **~éсть** (~я́дет; ~éл) *pf of* ~áживаться; *pf of* ~едáть

насé|чка notch(ing); making incisions, embossing; inlay; cut, incision; **~́чь** (~кý, ~чёшь, ~кýт; ~к, ~клá) *pf of* ~кáть

насéять I *pf* sow (a quantity of, + *acc or gen*)

наси|дéть II (~жý) *pf of* ~́живать; **~дéться** II (~жýсь) *pf coll* sit long enough; **~́женный** ~женное яйцó fertilized egg; ~женное мéсто *coll* familiar place (*of work, etc*); **~́живать** I *pf* ~дéть hatch; warm (by sitting); *coll* acquire (something unpleasant from sitting)

наси́л|ие violence, force; **~́овать** (~ую) *impf* coerce, constrain; *pf* из~ rape, violate; **~́у** *adv coll* with (great) difficulty; hardly, scarcely; **~́ьник** *pej* violator; aggressor, user of force; **~́ьничать** I *impf pop* commit acts of violence; violate; **~́ьнический** forcible, violent; **~́ьно** *adv* by force, forcibly; ~ мил не бýдешь *prov* you cannot compel love; ~́ьственный violent; forcible

наска|зáть I (~жý, ~́жешь) *coll* talk a lot (of, + *acc or gen*)

наска|кáть I (~чý, ~́чешь) *pf* ride up, gallop up (*of a certain number*); *pf of* ~́кивать; **~́кивать** I *pf* ~кáть *coll* ride (into), run (against), collide (with, на + *acc*); *pf* наскочи́ть bump, run (against), collide (with, на + *acc*); *fig* run into (*trouble, etc*); *fig coll* fly (at)

наскандáлить II *pf of* скандáлить

насквóзь through (and through); промóкнуть ~ get wet through; ви́деть когó ~ *fig* see through someone; throughout; *coll* completely

наскóк sudden raid, attack; swoop; ~ом, с ~а *coll* suddenly, without warning; *fig* hurriedly, on impulse; *fig coll* crude attack

наскóлько *adv inter* (by) how much?, how far?; ~ онá стáрше? how much older is she?; *rel* as (so) far as; ~ мне извéстно as far as I know, to the best of my knowledge

нáскоро *adv coll* hastily, hurriedly

наскоч|и́ть II (~ý, ~́ишь) *pf of* наскáкивать

наскре|бáть I *pf* ~сти́ scrape up, together (+ *acc or gen*); **~сти́** (~бý, ~бёшь, ~́б, ~блá) *pf of* ~бáть

наскýч|ить II *pf coll* bore, annoy; мне э́то ~ило I am fed up with it; *obs* become bored (with), grow tired (of, + *instr*)

насла|ди́ть(ся) II (~жý(сь)) *pf of* ~ждáть(ся); **~ждáть** I *pf* ~ди́ть delight, please; **~ждáться** I *pf* ~ди́ться enjoy, have enjoyment; take pleasure (in), delight (in, + *instr*); **~ждéние** delight, enjoyment

насл|áиваться I *pf* ~ои́ться form (in layers on), be deposited (on, на + *acc*)

насла|сти́ть II (~щý) *pf coll* make very (too) sweet

на|слáть (~шлю́, ~шлёшь) *pf of* ~сылáть; *pf* send (a quantity of, + *acc or gen*)

насле́дие heritage; legacy
насле|ди́ть II (~жу́) *pf of* следи́ть
насле́д|ник heir; legatee; *fig* successor; зако́нный ~ heir apparent; вероя́тный ~ heir presumptive; **˜ница** heiress; **˜ный** first in line of succession; ~ принц Crown prince; **˜ование** inheritance; **˜овать** (~ую) *impf and pf* succeed (to, + *dat*); *pf also* у~ inherit (*property*, *etc*; *also fig*); **˜ственность** *f* heredity; **˜ственный** hereditary, inherited; **˜ство** legacy, inheritance; получи́ть в ~, по ~ству inherit; лиша́ть ~ства disinherit; *fig* heritage
насло|е́ние *geol* stratification; deposit, layer; deposition; *fig* later development, later feature (*of culture or individual personality*); **~и́ться** II *pf of* насла́иваться
наслуж|и́ться II (~у́сь, ˜ишься) *pf coll* have served for long enough
наслу́шаться I *pf* hear (a lot of, + *gen*); hear enough, listen to long enough (+ *gen*)
наслы́ш|ан *pred obs* familiar (with, о + *prep*) by hearsay; мы о вас мно́го ~аны we have heard a lot about you; **˜аться** II (~усь, ~ишься) *pf* have heard a lot (about, о + *prep*); **˜ка** по ~ке by hearsay
насма́рку *adv* идти́ (пойти́) ~ *coll* come to nothing
на́смерть *adv* to (the) death, mortally; стоя́ть ~ fight to the death; испуга́ть ~ *pop* frighten to death
насмеха́т|ельство *coll* mockery; **˜ься** I *impf* mock, jeer (at), gibe (at, над + *instr*)
насме|ши́ть II *pf of* смеши́ть; **˜шка** mockery, ridicule; jibe; **˜шливый** (~шлив) derisive, mocking; sarcastic; **˜шник** *coll* sarcastic person, scoffer; **~я́ться** I (~ю́сь, ~ёшься) *pf coll* have a good laugh; mock, scoff (at), laugh (at, над + *instr*)
на́сморк cold (in the head); получи́ть, схвати́ть ~ catch a cold
насмотр|е́ться II (~ю́сь, ˜ишься) *pf* see a lot (of, + *gen*); have looked enough (at), see enough (of, на + *acc*); не ~ not to tire of looking (at, на + *acc*)
насоба́читься II *pf pop* become adept (at, + *infin*)
нас|ова́ть (~ую́) *pf of* ~о́вывать; **~о́вывать** I *pf* ~ова́ть *coll* stuff in, shove in (a quantity of, + *acc or gen*)
насол|и́ть II *pf of* наса́ливать; *pf fig coll* be nasty to, spite (+ *dat*)
насоло|ди́ть II (~жу́) *pf of* солоди́ть
насори́ть II *pf of* сори́ть
насо́с pump; lampas (*horse disease*); **~а́ть** (~у́, ~ёшь) *pf* pump (+ *acc or gen*); suck (a quantity of, + *acc or gen*); *coll* injure by sucking; **~а́ться** (~у́сь, ~ёшься) *pf* have sucked one's fill (of + *gen*); *pop* get drunk; **˜ный** pump(ing)
насочини́ть II *and* насочиня́ть I *pf coll* talk, write, make up (a lot of *usu nonsense, falsehoods, etc*; + *acc or gen*)
на́спех *adv* hastily, carelessly
насплетни́чать I *coll* gossip (about, на + *acc*), slander
наст thin crust of ice or snow
наста|ва́ть (~ёт) *pf* ˜ть come, begin (*of seasons*, *times*); ˜л час the hour has struck; ˜ла тишина́ quiet prevailed
настави́тел|ьный (~ен) edifying, instructive, didactic
наста́в|ить II (~лю) *pf of* ~ля́ть; *pf coll* set up, place (a quantity of, + *acc or gen*); **˜ка** addition; **~ле́ние** admonition, exhortation; instructions, directions; *mil* manual; **˜ник** instructor (*in navy*, *etc*); *obs* mentor, preceptor; кла́ссный ~ form-master; **˜нический** *adj of* ~ник; ~ тон edifying tone; **˜ничество** *obs* tutorship; **~но́й** lengthened, added
наста́|ивать I *pf* настоя́ть insist (on, на + *prep*); ~ на своём insist on having one's own way; draw, infuse; ~ чай let tea draw; ~ во́дку на ви́шне mature a liqueur with cherries; **˜иваться** I *pf* настоя́ться draw, infuse (*of tea, etc*); mature (*of liqueur*, *etc*); *pass of* ~ивать be drawn, infused; matured
наста́|ть (~ну, ~нешь) *pf of* ~ва́ть
на́стежь *adv* wide open; откры́ть ~ open wide
настел|и́ть (~ю́, ˜ешь) = настла́ть
насте́нный wall
настиг|а́ть I *pf* ˜нуть *and* насти́чь reach, overtake *also fig*; **˜нуть** I (*past* ˜ (˜нул), ˜ла) *pf of* ~а́ть
насти́л flooring, planking; **~а́ть** I *pf* настла́ть lay (a number of, + *acc or gen*); **˜ка** laying, spreading; = ~
насти́льный *mil* grazing; ~ ого́нь grazing fire
настира́ть I launder, wash (a quantity of, + *acc or gen*)
насти́|чь (~гну, ~гнешь; ~г, ~гла) *pf of* ~га́ть
наст|ла́ть (~елю́, е́лешь) *pf of* ~ила́ть *and* стлать
насто́й infusion; **˜ка** liqueur; vodka (*made with addition of herbs, berries, etc*); tincture
насто́йчив|ый (~) persistent; insistent; urgent
насто́лько *adv* so (much); ~ (же) ... наско́лько as ... as; ~ наско́лько as much as
насто́льный table; desk; ~ те́ннис table tennis; *fig* for constant reference, in constant use (*of books*, *etc*)
настор|а́живать I *pf* ~ожи́ть make careful, alert; set (*a trap for animals*); ~ у́ши, слух, внима́ние prick up one's ears *also fig*; **~а́живаться** I *pf* ~ожи́ться prick up one's ears *also fig*; **~оже́** *adv* быть ~ be on one's guard; be on the qui-vive; **~ожённый** wary, guarded, suspicious; **~ожи́ть (-ся)** II *pf of* ~а́живать(ся)
настоя́ни|е insistence; по ~ю on the insistence (of, + *gen*)
настоя́т|ель *m eccles* prior, superior; senior priest, dean; **˜ельница** *eccles* prioress, mother superior
насто|я́тельный (~я́телен) persistent; insistent; urgent, pressing; **~я́ть** II (~ю́, ~и́шь) *pf of* наста́ивать; **~я́ться** II (~ю́сь, ~и́шься) *pf of* наста́иваться; *pf coll* stand a long time
настоя́щ|ий present; в ~ее вре́мя at present, now; жить ~им live in the present; ~ее вре́мя *gramm* the present tense; this; в ~ей статье́ in this article; **˜ее** *n neut* the present (time); real, genuine; *coll* proper, complete, utter, absolute; он ~ не́уч he is a real ignoramus
настрада́ться I *pf* suffer much
настр|а́ивать I *pf* ~о́ить build (a quantity of, + *acc or gen*) *mus* tune (up), attune; ~ приёмник на дли́нную волну́ tune in to long wave; *tech* adjust, tool; ~ кого́ на весёлый лад cheer someone up; ~ кого́ set someone (against, про́тив + *gen*); **~а́иваться** I *pf* ~о́иться dispose oneself (to, на + *acc*); set one's heart (on, на + *acc*); make up one's mind (to, + *infin*); *pass of* ~а́ивать
настр|а́чивать I *pf* ~очи́ть; ~ кого́ *coll* put someone up to (it); stitch (a number of)
настреля́ть I *pf* shoot (a quantity of, + *acc or gen*)

на́стри|г clip; **~г** clipping, shearing; **~га́ть** I *pf* **~чь** shear, clip (a number of, + *acc or gen*); **~чь** (~гу́, ~жёшь, ~гу́т; ~г, ~гла) *pf of* ~га́ть
настр|ога́ть (*also* ~уга́ть) *pf of* строга́ть
на́строго *adv coll* strictly
настро|е́ние ~ (ду́ха) mood, humour, temper; челове́к ~е́ния man of moods; быть в плохо́м, *etc* ~е́нии be in a bad, *etc* mood; ~ умо́в state of (public) opinion; + *infin* mood (for); нет ~е́ния игра́ть (I'm) not in the mood for playing; **~е́нность** *f* mood, humour; **~ить(ся)** II *pf of* настра́ивать(ся); **~й** *coll* mood, spirit; **~йка** tuning; adjustment; *tech* tooling; **~йщик** tuner
настропали́ть II *pf pop* incite, work up
настрочи́ть II *pf of* строчи́ть *and* настра́чивать
настря́пать I *pf coll* cook (a number of dishes, + *acc or gen*); *fig coll* cook up
насту|ди́ть II (~жу́, ~дишь) *pf of* ~живать, ~жа́ть *coll* let cold in, make cold; **~жа́ть, ~живать** *pf* ~ди́ть
насту́к|ать I *pf of* ~ивать *coll* discover by tapping; *pop* knock out, bash out (*on typewriter*) **~ивать** I *pf* ~ать
наступ|а́тельный offensive; **~а́ть** I *pf* ~и́ть tread (on, на + *acc*); ~ кому́ на́ ногу *fig* tread on someone's corns; медве́дь (слон) ~и́л ему́ на́ ухо *joc* he has no ear for music; *impf mil* advance, be on the offensive; come, begin; ensue, set in (*of times, seasons, etc*; *also fig*); **~а́ющий** coming; *n m* attacker; **~и́ть** II (~лю́, ~ишь) *pf of* ~а́ть; **~ле́ние** coming, approach, onset; *mil* offensive; attack; перейти́ в ~ assume the offensive
насту́рция nasturtium
настуч|а́ть II (~у́, ~и́шь) *sl* inform (on), squeal (on, на + *acc*)
насты|ва́ть I *pf* ~ть *and* ~нуть *coll* become cold; freeze (on, to, на + *prep*); **~ть, ~нуть** I (*past* ~л, ~ла) *pf of* ~ва́ть
насули́ть II *pf pop* promise (a lot of, + *acc or gen*)
насу́п|ить(ся) II (~лю(сь)) *pf of* су́пить(ся) *and* ~ливать(ся); **~ливать(ся)** I = су́пить(ся)
насурьм|и́ть(ся) II (~лю́(сь)) *pf of* сурьми́ть(ся)
на́сухо *adv* dry; вы́тереть ~ wipe dry
насуш|и́ть II (~у́, ~ишь) *pf* dry (a quantity of, + *acc or gen*)
насущ|ность *f* urgency; importance; **~ный** (~ен) vital, urgent; хлеб ~ daily bread *also fig*
насчёт *prep* + *gen* about; concerning, as regards
насчит|а́ть I *pf of* ~ывать; **~ывать** I *pf* ~а́ть count, number; *no pf* contain, number; э́тот го́род ~ывает о́коло миллио́на жи́телей this town numbers (has) about a million inhabitants; **~ываться** I (~ывается) *impf* be (contained), number
нас|ыла́ть I *pf* ~ла́ть send (down) (*of calamities, etc*)
насы́п|ать I (~лю, ~лешь) *pf of* ~а́ть; **~а́ть** I *pf* ~ать pour in, into; fill with; ~ муки́ в мешо́к pour flour into a bag; ~ мешо́к муко́й fill a bag with flour; spread (on) (+ *acc or gen*; на + *acc*); raise (*a heap, pile of sand, etc*); **~ка** filling, pouring (in); **~но́й** poured; piled (up); ~ холм artificial mound
на́сыпь *f* embankment
насы́|тить(ся) II (~щу(сь), ~тишь(ся)) *pf of* ~ща́ть(ся); **~ща́ть** I *pf* ~тить satiate, sate; *chem* saturate, impregnate; **~ща́ться** I *pf* ~титься be full, be sated; *chem* become saturated; **~ще́ние** repletion; satiety, satiation; *chem* saturation; **~щенность** *f* saturation; *fig* richness; **~щенный** saturated; *fig* rich
нат|а́лкивать I *pf* ~олкну́ть push (against), shove (against); *fig* lead, direct (on to, into); он ~олкну́л меня́ на мысль he put the idea into my head; **~а́лкиваться** I *pf* ~олкну́ться *coll* run (against), bump (against, на + *acc*); *fig* come, run across
ната́пливать I *pf* натопи́ть heat up, heat well; melt (a quantity of); heat, bake (a quantity of, + *acc or gen*)
нат|а́птывать I *pf* ~опта́ть
ната|ска́ть I *pf of* ~ивать; *pf* bring, drag (a quantity of, + *acc or gen*; one lot after another); **~скивать** I *pf* ~ска́ть *coll* fish up, out (*examples, quotations, etc*); train (*dogs*); *fig coll* cram (for, к + *dat*); *pf* ~щи́ть pull (on, over); **~счик** trainer (*of dogs*); **~щи́ть** *pf of* ~скивать; *pf* bring, pile up (a quantity of, + *acc or gen*)
ната́|ять I (~ю) *pf* melt (a quantity of, + *acc or gen*)
натвори́ть II *pf coll pej* get up to (+ *acc or gen*)
на́те *interj coll* here (you are)!, there (you are)!; *see* **на**
натёк *geol* deposit; incrustation; **~а́ть** I *pf* натéчь accumulate (*of liquids*)
нате́льный (worn) next to the skin
нат|ере́ть(ся) (~ру́(сь), ~рёшь(ся); ~ёр(ся); ~ёрла(сь)) *pf of* ~ира́ть(ся)
натерп|е́ться II (~лю́сь, ~ишься) *pf* have put up with, endured (a lot, + *gen*); have gone through much
нате́|чь (~чёт, ~ку́т; ~к, ~кла́) *pf of* ~ка́ть
нате́шиться I *pf coll* thoroughly enjoy oneself, have a good time; derive a lot of pleasure (by) mocking (над + *instr*)
нат|ира́ние polishing; rubbing in; *coll* ointment; **~ира́ть** I *pf* ~ере́ть rub (in, on); ~ ру́ки кре́мом rub cream into one's hands; polish (*of floors*); rub sore, chafe; ~ себе́ мозо́ль get a corn; grate, rasp (+ *acc* or *gen*); **~ся** I *pf* натере́ться rub oneself; *pass of* ~ира́ть
на́тиск onslaught, charge, onset; pressure; *typ* impress; **~ать** I *pf coll* cram, stuff in (a quantity of, + *acc or gen*)
натк|а́ть (~у́, ~ёшь; ~а́л, ~ала́, ~а́ло) *pf* weave (a quantity of, + *acc or gen*)
нат|кну́ть(ся) I *pf of* ~ыка́ть(ся)
нат|олкну́ть(ся) I *pf of* ~а́лкивать(ся)
натол|о́чь (~ку́, ~чёшь, ~ку́т; ~о́к, ~кла́) *pf* pound, crush (a quantity of, + *acc or gen*)
нат|опи́ть II (~оплю́, ~о́пишь) *pf of* ~а́пливать
натоп|та́ть I (~чу́, ~чешь) *pf of* ната́птывать *coll* make dirty footmarks (in, on; в, на + *prep*)
наторг|ова́ть (~у́ю) *pf coll* make, gain (*by commerce*) (+ *acc or gen*); sell (for, на + *acc*)
натор́е|лый *pop* experienced, skilled; **~ть** I *pf pop* acquire experience, skill (in, в + *prep*)
наточ|и́ть (~у́, ~ишь) *pf of* точи́ть
натоща́к *adv* on an empty stomach
натр natron; е́дкий ~ caustic soda, sodium hydrate
натрав|и́ть II (~лю́, ~ишь) *pf of* ~ливать *and* ~ля́ть; *pf* exterminate (a quantity of, + *acc or gen*); **~ливать** *pf* ~и́ть set (dog on, на + *acc*); *fig* stir up (against); etch; **~ля́ть** I *pf* ~и́ть etch
натренир|о́ванный trained; **~ова́ть(ся)** (~у́ю(сь)) *pf of* тренирова́ться
на́тр|иевый *adj of* ~ий; **~ий** sodium
на́трое *adv* in three
натро́нн|ый sodium; ~ая и́звесть soda lime

натруб|ить II (~лю, ~́ишь) *pf coll* trumpet a lot; ~ кому в уши *coll* din into someone's ears

натру|дить II (~жу, ~́дишь) *pf* overwork, wear out by work; **~диться** II (~жусь, ~́дишься) have worked long enough, have overworked; (~́дится) *coll* become worn out from work, be worked to the bone

натряс|ать I *pf* ~ти shake (out), scatter (a quantity of, + *acc or gen*); **~аться** I *pf* ~тись be shaken (out), scattered; **~ти** (~у, ~ёшь; ~́, ~ла) *pf of* ~ать; **~тись** (~усь, ~ёшься; ~́ся, ~лась) *pf of* ~аться; *pf coll* be thoroughly shaken up

натуга *coll* effort, strain

натуго *adv coll* (very) tightly; туго-~ very tightly

натуж|ивать I *pf* ~ить *coll* tense, tauten, tighten; **~́иваться** I *pf* ~иться *coll* strain one's utmost; **~́ить(ся)** II *pf of* ~ивать(ся); **~́ный** (~ен) *coll* strained, forced

натур|а nature (*in var senses*); nature, character (of person); *obs* external physical world; по ~е он добр he is kind by nature; у него широкая ~ he is a generous-hearted person; цельная ~ well-adjusted person; в ~е naked, in one's birthday suit; (artist's) model, sitter; рисовать с ~ы paint from life; стоять на ~е sit for a picture, portrait; *econ* kind; платить ~ой pay in kind; на ~е *cin* on location

натурализ|ация naturalization; **~́м** naturalism; **~овать** (~ую) *impf and pf* naturalize; **~оваться** (~уюсь) *impf and pf* become naturalized

натурал|ист naturalist; **~истический** naturalistic; **~́ьно** *adv obs* naturally, of course; **~́ьность** *f* genuineness; naturalness; **~́ьный** (~ен) real, genuine (*silk, coffee, etc*); unfeigned, unforced, genuine (*laughter, gestures, etc*); (*no short form*) pertaining to natural sciences *obs*; natural; в ~ьную величину life-size; *econ* in kind; ~ обмен barter

натур|ный *art* from life; ~ класс life class; ~ная съёмка *cin* shooting on location; **~оплата** payment in kind; **~́щик** (artist's) model, sitter; **~́щица** *f of* ~щик

натыкать I (*also* ~чу, ~чешь) *pf* stick in (a quantity of, + *acc or gen*); **~кать** I *pf* наткнуть stick, pin; **~каться** I *pf* наткнуться run (against), strike; stumble (upon, на + *acc*); ~ на препятствие meet (with) an obstacle; *fig* stumble (upon, across), come (upon, across, на + *acc*)

натюрморт *art* still life; **~́ный** *adj of* ~

натя|гивать I *pf* ~нуть stretch, draw (tight); ~ лук draw a bow; ~ вожжи draw the reins; ~ верёвку *naut* haul a rope; pull on; ~ шапку на уши pull a cap over one's ears; с трудом ~нуть на себя struggle into something; **~́гиваться** I *pf* ~нуться stretch *vi*; *pass of* ~гивать; **~жение** pull, tension; **~́жка** = ~жение; strained interpretation; допустить ~жку stretch a point; с ~жкой *fig* at a stretch; **~жной** *tech* stretch; tension; ~ ролик tension pulley; **~́нутость** *f* tension *also fig*; **~́нутый** (~нут) tight; *fig* strained, forced; ~нутые отношения strained relations; ~нутое сравнение far-fetched simile; **~нуть(ся)** I (~ну(сь), ~́нешь(ся)) *pf of* ~́гивать(ся)

наугад at random, by guesswork

наугольник *tech* (try-)square, back square; bevel (square)

науда|лую *adv coll* casting caution to the winds; **~́чу** *adv* = наугад

нау|дить (~жу, ~́дишь) *pf* hook (a number of, + *acc or gen*)

наук|а science, study; learning; scholarship; гуманитарные ~и humanities; общественные ~и social sciences, studies; прикладные ~и applied science; точные ~и exact science; *coll* lesson; это тебе ~! let this be a lesson to you!; по ~е *coll* scientifically; **~ообразный** (~ообразен) pseudo-scientific

нау|стить II (~щу, ~стишь) *pf of* ~щать

науськ|ать I *pf of* ~́ивать; **~́ивать** I *pf* ~ать set (on, на + *acc*; *of dogs, etc*)

наутёк *adv coll* пуститься ~ take to one's heels

наутро *adv coll* next morning

науч|ать I *pop* = учить (teach); **~ить(ся)** II (~у(сь), ~́ишь(ся)) *pf of* учить(ся)

науч|но-исследовательский *adj* scientific research; **~́но-фантастический** *adj* science fiction; **~́ный** (~ен) scientific; ~ работник member of staff of learned institute; ~ная фантастика science fiction

наушн|ик ear-flap; earmuff; earphone, head-phone; *fig pej* informer, slanderer; **~́ичать** I *impf coll pej* tell tales (to, + *dat*) about, inform (on, на + *acc*); **~́ичество** tale-bearing, informing

нау|щать I *pf* ~стить egg on

нафабрить II *pf of* фабрить

нафта naphtha; **~лин** naphthalene ~лином пропах *joc* smells of mothballs; **~линный, ~линовый** *adj of* ~лин; ~ шарик camphor ball, mothball

нахал impudent, insolent, cheeky fellow; **~́ка** *f of* ~; **~́ьничать** I *pf* с ~ *pop* be impudent, insolent, cheeky; **~́ьный** (~ен) *coll* impudent, impertinent, cheeky, brazen; **~́ьство** impudence, impertinence, effrontery; иметь ~ have the face, cheek (to, + *infin*)

нахам|ить II (~лю) *pf of* хамить

нахвал|ивать I *pf* ~ить *coll* praise to the skies, too highly; **~ить** II (~ю, ~́ишь) *pf of* ~́ивать; **~иться** II (~юсь, ~́ишься) *pf coll* brag, boast a lot; она на него не ~́ится she cannot speak too highly of him

нахват|ать I *pf of* ~́ывать *coll* pick up, get hold (of), come (by, + *acc or gen*); **~аться** I *pf of* ~́ываться *fig coll* pick up (a smattering of, + *gen*), come by; **~́ываться** I *pf* ~аться

нахлеб|ай *sl* parasite, hanger-on; **~́ник** sponger, parasite; *obs* boarder, paying-guest

нахле|стать I (~щу, ~́щешь) *pf of* ~́стывать *coll* whip; **~статься** I (~щусь, ~́щешься) *pf pop* get sloshed, drunk

нахлобуч|ивать I *pf* ~ить *coll* pull down (over head *or* eyes); ~ кому *fig* give someone a dressing down; **~́ка** *coll* dressing down; *obs* blow on head; **~́ить** II *pf of* ~ивать

нахлын|уть I (~ет) *pf* pour (over, into), sweep (upon), gush, engulf; ~ула толпа the crowd surged; на меня ~ули воспоминания memories crowded into my mind; ~ули слёзы tears welled (in my, *etc* eyes)

нахмур|енный scowling, frowning; **~́ить(ся)** II *pf of* хмурить(ся)

нахо|дить II (~жу, ~́дишь) *pf* найти find, discover; ~ себе могилу, смерть *rhet* meet one's death; consider; ~ виновным find guilty; come (across, over, upon, на + *acc*); cover; come (up against); что это на него нашло? what has come over him?; *impers coll* gather, collect; нашли посетители visitors have gathered; нашла коса на камень *prov* diamond cut diamond; **~диться** II (~жусь, ~́дишься) *pf* найтись be found, turn up;

pf only not to be at a loss; он всегда́ найдётся he is never at a loss; он нашёлся, что отве́тить he was quick to answer; *impf* be (situated); где ~́дится ста́нция? where is the station?; *pf coll* have walked long enough; tire oneself by walking; ~́дка find; бюро́ ~док lost property office; *fig* godsend; **~́дчивость** *f* resource(fulness); readiness, quick-wittedness; **~́дчивый** (~дчив) resourceful; ready, quick-witted; **~жде́ние** finding; ме́сто ~жде́ния the whereabouts

нахоло|ди́ть II (~жу́) *pf of* холоди́ть

нахо́хлить(ся) *pf of* хо́хлить(ся)

нахохо|та́ться I (~чу́сь, ~́чешься) *pf* have (had) a good laugh

нахра́п|истый (~ист) *pop* high-handed; **~́ом** *adv pop* high-handedly, insolently

нахулига́нить II *pf of* хулига́нить

нацара́пать I *pf of* цара́пать scratch (*letters, etc*); *fig* scrawl, scribble

наце|ди́ть II (~жу́, ~́дишь) *pf* fill, pour through a strainer (+ *acc or gen*)

наце́л|ивать I *pf* ~ить *fig* direct; **~́ить** II *pf of* ~ивать *and* це́лить; **~́иться** II *pf of* це́литься

на́цело *adv coll* without remainder, entirely

наце́н|ивать I *pf* ~и́ть raise the price of; **~и́ть** II (~ю́, ~́ишь) *pf of* ~́ивать; **~́ка** addition (to price)

нацеп|и́ть II :(~лю́, ~́ишь) *pf of* ~ля́ть; **~ля́ть** I *pf* ~и́ть fasten, hook (on, на + *acc*); *coll joc* attach (*by pin or hook*)

нацИ́зм Nazism

национализ|а́ция nationalization; **~и́ровать** (~и́рую) *impf and pf* nationalize

национал|и́зм nationalism; **~и́ст** nationalist; **~исти́ческий** nationalist(ic); **~́ьность** *f* nationality; ethnic group; national character; **~́ьный** national

наци́ст Nazi; **~́ский** Nazi

на́ция nation

нача|ди́ть II (~жу́) *pf of* чади́ть

нача́л|о beginning; commencement; в ~е тре́тьего soon after two (o'clock); для ~а to start with, for a start, по ~у at first; положи́ть ~ start, begin (+ *dat*); с са́мого ~а from the (very) beginning; source, origin; брать ~ (в + *prep*), вести́ ~ (от + *gen*) derive, originate (from, in); *pl* principle(s), basis, basic tenets; на обще́ственных ~ах on a voluntary basis; на ра́вных ~ах on a par (with, с + *instr*); *obs* authority, command; под ~ом у кого́ *obs* under someone

нача́ль|ник head, chief; superior; commandant ~ ста́нции stationmaster; ~ шта́ба chief of staff; **~́нический** overbearing, imperious; **~́ный** initial, first, opening; ~ная ско́рость initial speed; muzzle velocity; elementary, primary (*of school, etc*); **~́ственный** overbearing, domineering; **~́ство** *collect* (the) authorities; direction, command; *coll* boss, head; **~́ствование** command; **~́ствовать** (~ствую) *impf* command, be in command (of, над + *instr*)

нач|а́тки (*gen pl* ~а́тков) rudiments, elements; **~а́ть** (~ну́, ~нёшь; ~́ал, ~ала́, ~́ало; ~́атый) *pf of* ~ина́ть; **~а́ться** (~ну́сь, ~нёшься; ~а́лся́, ~ала́сь) *pf of* ~ина́ться

начека́нить II *pf* mint (a quantity of, + *acc or gen*)

начеку́ *adv* at the ready, on the alert, on the qui-vive

начерни́ть II *pf of* черни́ть

на́черно *adv* roughly; написа́ть ~ make a rough copy

наче́рпать I *pf* scoop up (a quantity of, + *acc or gen*)

начер|та́ние tracing, outline; **~та́тельный** ~та́тельная геоме́трия descriptive geometry; **~та́ть** I *pf obs* draw, trace; *fig* define, delineate; **~ти́ть** II (~чу́, ~́тишь) *pf of* черти́ть

начё|с hair-do with back-combing; nap (*of material*); **~са́ть** I (~шу́, ~́шешь) *pf* comb, card (a quantity of, + *acc or gen*); *pf of* ~́сывать

нач|е́сть (~ту́, ~тёшь) *pf of* ~и́тывать

начёс|ывать I *pf* ~а́ть *coll* injure by scratching, cause to bleed by scratching

начёт (recovery of) deficit in account; **~́нстый** (~ист) *pop* unprofitable; **~́ничество** dogmatism (*based on uncritical reading*); **~́чик** dogmatist (*person of wide but uncritical, superficial reading*); person well versed in Scriptures

начина́|ние undertaking, initiative; **~́тель** *m* initiator, originator; **~́тельный** ~ глаго́л *gramm* inceptive verb; **~́ть** I *pf* нача́ть begin, start, commence; ~ всё снача́ла begin all over again; ~ речь приве́тсвием *or* с приве́тствия begin a speech with a welcome; **~́ться** I *pf* нача́ться begin, start; break out; **~́ющий** *n* beginner; **~́я** *prep* as (from), starting (with, с + *gen*)

начин|и́ть II (~ю́, ~́ишь) *pf* mend, sharpen (a quantity of, a number of, + *acc or gen*); (~ю́, ~и́шь) *pf of* ~я́ть; **~́ка** *cul* stuffing, filling; **~я́ть** I *pf* ~и́ть stuff, fill (with, + *instr*); он ~ён зна́ниями *fig coll* he is bursting with knowledge

начи́ркать I *pf coll* strike unsuccessfully (a quantity of, *usu* matches) (+ *acc or gen*)

начисл|е́ние *official* extra sum; **~́ить** II *pf of* ~я́ть; **~я́ть** I *pf* ~́ить *official* add; charge extra

начи́|стить II (~щу) *pf of* ~ща́ть

на́чист|о *adv* clean, fair; переписа́ть ~ make a fair copy (of); *pop* = ~оту́; *pop* absolutely, completely; ~ отказа́ться flatly refuse; **~оту́** *adv coll* openly, absolutely sincerely; **~у́ю** *adv pop* = ~оту́

начи́т|анность *f* (wide) reading; erudition; **~́анный** (~ан) well-read, widely read; **~а́ть** I *pf coll* read (a number of, + *acc or gen*); **~а́ться** I *pf* have read (much of, + *gen*); have read one's fill; **~́ывать** I *pf* наче́сть *bookkeeping* recover

начи|ща́ть I *pf* ~́стить peel, clean (a quantity of *vegetables, fruit, etc,* + *acc or gen*); polish, shine

нач|ну́, ~нёшь *see* **~а́ть**

начиха́ть I *pf coll* sneeze (on, на + *acc*); *fig pop* ~ мне на него́! I don't give a damn!

начу|ди́ть II (~жу́) *pf coll* behave oddly

наш, на́ша, на́ше; на́ши *poss pron* our(s); ~́а взяла́! *coll* we've won; знай ~́их! *coll* that's what we're like!, that's the stuff we're made of!; ~́е вам (с ки́сточкой)! *pop joc* hello!; (служи́ть) и ~́им и ва́шим *coll* run with the hare and hunt with the hounds; **~́и** *n* our people, people on our side

нашали́ть II *pf* be (very) naughty

наша́рить II *pf coll* find (by feeling, touch)

наша́ркать I *pf coll* leave dirty marks (by shuffling)

нашаты́р|ный *adj of* ~ь; ~ спирт liquid ammonia; **~́ь** 1 *m* sal ammoniac, ammonium chloride

нашеп|та́ть I (~чу́, ~́чешь) *pf of* ~́тывать; **~́тывать** I *pf* ~та́ть whisper (a number of, + *acc or gen*); ~ кому́ whisper in someone's ear; put a spell (upon, на + *acc*)

наше́ствие invasion, incursion; мама́ево ~ *fig* invasion (of unpleasant, unwanted guests)

на́шивать *freq of* носи́ть

наш|ива́ть I *pf* ~и́ть sew on; **~и́вка** stripe, chevron; tab; **~ивно́й** sewed (sewn) on; **~и́ть** (~ью́, ~ьёшь) *pf of* ~ива́ть; sew (a quantity of, + *acc or gen*)

нашко́д|ить II (~ишь) *pf of* шко́дить

нашлёп|ать I *pf coll* slap; **~ка** tasteless pinned-on decoration; *fig* bruise, lump

нашпиг|ова́ть (~у́ю) *pf of* шпигова́ть

нашпи́л|ивать I *pf* ~ить *coll* pin on; **~ить** II *pf of* ~ивать

нашум|е́ть II (~лю́) *pf* make a lot of noise; *fig* cause a sensation, furore

нащёлкать I *pf* crack (*a quantity of nuts, etc*; + *acc or gen*)

нащип|а́ть I (~лю́, ~лешь) *pf* pluck, pick (a quantity of, + *acc or gen*)

нащу́п|ать I *pf of* ~ывать find, discover (by feel, touch) *also fig*; **~ывать** I *pf* ~ать grope (for, after); fumble (for, after); feel about (for) *also fig*; ~ по́чву *fig* feel one's way

наэконо́м|ить II (~лю) *pf coll* save (a quantity of, + *acc or gen*)

наэлектриз|ова́ть (~у́ю) *pf of* ~о́вывать; **~о́вывать** I *pf* ~ова́ть electrify

ная́бедничать I *pf sl* я́бедничать

наяву́ *adv* when (one is) awake; waking; in reality; (как) сон ~ (like) a day-dream; гре́зить ~ day-dream

ная́да naiad

ная́ривать I *impf pop* bash out (*tune, etc*)

не not; не ... и не neither ... nor; ты уста́л? – Не без того́ *coll* you're tired? Yes, somewhat; ему́ не до меня́ *coll* he can't be bothered with me; уходи́, не то прого́нят *coll* you'd better go, otherwise they'll throw you out; не то ..., не то either ... or; *separable component of pronouns* не́кого *and* не́чего; не́ с кем разгова́ривать there is no one to talk to; **не-** un-, in-, non-, mis-, dis-; not

неаккура́т|ность carelessness; inaccuracy; unpunctuality; untidiness; **~ный** (~ен) careless; inaccurate; unpunctual; untidy

неандерта́л|ец (~ьца) Neanderthal man; **~ьский** *adj of* ~ец

неаполита́н|ец (~ца) Neapolitan; **~ский** Neapolitan

неаппети́т|ный (~ен) unappetizing *also fig*

небез|опа́сный (~опа́сен) unsafe, insecure; **~основа́тельный** (~основа́телен) not unfounded; **~разли́чный** (~разли́чен) not indifferent (to, к + *dat*); **~результа́тный** (~результа́тен) not unfruitful, not futile; **~упре́чный** (~упре́чен) not irreproachable, not flawless; **~успе́шный** (~успе́шен) not unsuccessful; **~ызве́стно** *adv* нам э́то ~ we are not unaware of it; **~ызве́стный** *iron* (~ызве́стен) not unknown; **~ынтере́сный** (~ынтере́сен) not without interest

небелёный unbleached

небережли́в|ый (~) improvident, thriftless

небес|а́ *pl of* не́бо; **~ный** heavenly, celestial; ~ свод firmament; Ца́рство ~ное Kingdom of Heaven; ~ного цве́та sky-blue

небесполе́з|ный (~ен) of some use

неблагови́д|ный (~ен) unseemly; reprehensible; *obs* unsightly

неблагода́р|ность *f* ingratitude; **~ный** (~ен) ungrateful; thankless; inappropriate

неблагожела́тел|ьный (~ен) ill-disposed, malevolent

неблагозву́ч|ие disharmony, dissonance; **~ный** (~ен) inharmonious, disharmonious

неблагонадёж|ный (~ен) unreliable (*esp politically*)

неблагополу́ч|ие trouble; **~но** *adv* not successfully, favourably; **~ный** (~ен) unfavourable, bad

неблаго|присто́йность *f* indecency, obscenity, impropriety; **~присто́йный** (~присто́ен, ~присто́йна) indecent, obscene, improper; **~прия́тный** (~прия́тен) unfavourable, inauspicious; **~разу́мный** (~разу́мен) ill-advised, imprudent, unwise; **~ро́дный** (~ро́ден) ignoble, base; **~ро́дство** baseness; **~скло́нный** (~скло́нен) unfavourable; ill-disposed (towards, к + *dat*); **~устро́енный** (~устро́ен) uncomfortable; badly planned

нёбн|ый *anat* palatine; ~ая занаве́ска uvula; *ling* palatal

не́б|о (*pl* ~еса́, ~е́с) sky; heaven; э́ти лю́ди – ~ и земля these people have nothing in common; попада́ть па́льцем в ~ *coll* miss the point, be wide of the mark; жить ме́жду ~ом и землёй not have a roof over one's head; под откры́тым ~ом in the open air с ~а свали́ться, упа́сть *fig coll* come from the moon; низвести́, упасть с ~а на зе́млю *fig* bring, come down to earth; быть на седьмо́м ~е be in the seventh heaven; ~у жа́рко ста́ло *fig coll* things got hot; до ~е́с (пре)вознести́ laud to the skies; мне ~ с овчи́нку показа́лось *coll* I was frightened out of my wits

нёбо palate

небога́т|ый (~) of modest means; *fig* modest

небожи́тель *m* celestial being

небольш|о́й small; not great; short (*of distance*); за ~и́м де́ло ста́ло there was (is) a slight hitch; сто рубле́й с ~и́м a hundred-odd roubles

небо|сво́д firmament; vault of heaven; **~скло́н** horizon (*part of sky above horizon*); **~скрёб** skyscraper

небо́сь *adv coll* I suppose, I dare say, probably, most likely; уста́л, ~? you must be tired?; *obs* don't be afraid

небре́ж|ничать I *coll* be careless; **~ность** *f* carelessness, negligence; **~ный** (~ен) careless, negligent; slipshod; offhand

небри́т|ый (~) unshaven

небыва́л|ый unprecedented; imaginary, fantastic; *coll* inexperienced; **~ьщина** *obs* fable; tall story, fantastic story

небыли́ца fable, cock-and-bull story

небытие́ non-existence; перейти́ в ~ *obs* die

небью́щийся unbreakable

неваж|не́цкий *pop* poor, so-so; **~но** *adv* not too well, indifferently; **~ный** (~ен, ~на́, ~но) unimportant, insignificant; poor, indifferent (*of health, etc*)

невдалеке́ *adv* not far off, not far away

невдомёк *adv* + *dat coll* ему́ ~ it never occurred to him, he never thought of it

неве́д|ение ignorance; пребыва́ть в блаже́нном ~ении *iron* be in a state of blissful ignorance; **~омо** *adv* + что, как, заче́м, *etc* no one knows; яви́лся, ~ отку́да (he) turned up, God knows where from; **~омый** (~ом) unknown; *fig* mysterious

неве́ж|а *m and f* boor, lout; **~да** *m and f* ignoramus; **~ественный** (~ествен, ~ественна) ignorant (of, в + *prep*); **~ество** ignorance (of, в + *prep*); *coll* rudeness, bad manners; **~ливость** *f* rudeness, bad manners, impoliteness; **~ливый** (~лив) rude, impolite

невез|éние *coll* bad luck; **~ýчий** (~ýч) *coll* unlucky (*of person*)

невели́|кий (~к, ~кá, ~кó) ~к (рóстом) small, short (in stature); insignificant, slight; **~чка** *m and f* рóстом ~ *coll* diminutive, tiny (in stature)

невéр|ие lack of faith, unbelief; **~ность** *f* incorrectness, falseness; disloyalty; infidelity, unfaithfulness; **~ный** (~ен, ~нá, ~но) false, incorrect; unsteady, uncertain (*gait*, *etc*); faithless, disloyal, unfaithful; Фомá ~ *coll* doubting Thomas; **~ный** *n* infidel

невероя́т|ие до ~ия *coll* incredibly; **~но** *adv* incredibly; unbelievably; **~ность** *f* incredibility; до ~ности to an unbelievable extent, incredibly; improbability; **~ный** (~ен) improbable; incredible; **~но** *pred* it is incredible, unbelievable; it is beyond belief

невéр|ующий *adj* unbelieving; **~ующий, ~ующая** *n* unbeliever

невес|ёлый (~ел, ~елá, ~ело) joyless, mirthless; sad, melancholy, sombre

невесóм|ость *f* weightlessness; **~ый** *phys* imponderable; weightless; *fig* unconvincing

невéст|а fiancée; bride; *coll* girl of marriageable age; Христóва ~ *obs iron* old maid; *obs* nun; **~ка** daughter-in-law (*son's wife*); sister-in-law (*brother's wife*); сдéлать что ~ке в отмéстку *fig* pay back in kind

невéсть *adv pop* + кто, что, какóй, *etc* God knows, goodness knows, heaven knows

невещéственный immaterial

невзачёт *adv coll* э́то ~ it does not count

невзви́|деть II (~жу) ~ свéта *coll* be blinded (by, от; *of strong emotion*, *pain*, *etc*)

невзгóда adversity, trouble, misfortune

невзирáя *prep* regardless (of), in spite (of, на + *acc*); ~ на ли́ца without respect of persons

невзлюб|и́ть II (~лю́, ~ишь) *pf* take a dislike to; ~ с пéрвого взгля́да take an instant dislike to

невзначáй *adv coll* by chance; unexpectedly

невзнóс non-payment

невзрáч|ный (~ен) unprepossessing, unattractive, insignificant (*of appearance*)

невзыскáтел|ьный (~ен) undemanding, modest

нéвидаль *f coll iron* wonder; вот ~!, что за ~! *iron* that's no miracle

неви́д|анный (~ан) unprecedented; **~и́мка** *m and f* invisible being; сдéлаться ~и́мкой become invisible; человéк-~ invisible man; шáпка-~ cap of darkness; invisible hairpin; **~имость** *f* invisibility; **~имый** (~им) invisible; **~ящий** unseeing; ~ взор faraway look

неви́н|ность *f* innocence; **~ный** (~ен, ~на) innocent; **~óвный** (~óвен) innocent (of, в + *prep*); *leg* not guilty; признáть ~óвным acquit

невкýс|ный (~ен) unpalatable

невменя́|емость *f leg* irresponsibility; **~емый** (~ем) *leg* irresponsible; beside oneself

невмешáтельство *pol* non-intervention, non-interference

невмо|готý *adv pred* + *dat* unbearable (to), unendurable (to, for); э́то емý ~ it is more than he can bear; **~чь** *pop* = ~готý

невнимá|ние inattention, carelessness; lack of consideration (for, к + *dat*); **~тельность** *f* inattention, thoughtlessness; **~тельный** (~телен) inattentive; discourteous; thoughtless; inconsiderate

невня́т|ный (~ен) indistinct, incomprehensible

нéвод (*pl* ~á) seine, sweep-net

невозбрáн|ный (~ен, ~на) *obs* unrestricted

невозвра|ти́мый (~ти́м) *lit* irretrievable; **~ти́мая** порá time that will never return; **~тный** (~тен) unrepeatable, irretrievably lost; **~щéнец** (~щéнца) *pol* defector; **~щéние** failure to return

невоздéрж|анность *f* intemperance, incontinence; *fig* lack of self-control, self-restraint; **~анный** (~ан, ~анна) intemperate, incontinent; *fig* uncontrolled, unrestrained; **~ность** *f* = ~анность; **~ный** (~ен) = ~анный

невозмóж|ность *f* impossibility; до ~ности *coll* unutterably, to the uttermost; за ~ностью owing to the impossibility (of, + *gen or infin*); **~ный** (~ен) insufferable; impossible; **~но** *pred* it is impossible; **~ное** *n* the impossible

невозмути́м|ый (~) imperturbable; calm, unruffled

невознагради́м|ый (~) *lit* irreparable; that can never be repaid

невóл|ей *adv obs* against one's will, forcibly; **~ить** II *pf* при~ *coll* force, compel; **~ьник** *lit* slave; **~ьница** *f of* ~ьник; **~ьничество** *lit* slavery; **~ьничий** *adj of* ~ьник; ~ ры́нок slave market; **~ьный** involuntary, unintentional, unwitting; forced; **~я** bondage, captivity; necessity; охóта пýще ~и *prov* desire is stronger than necessity

невообрази́м|ый (~) unimaginable, inconceivable *also fig*

невооружённ|ый unarmed; ~ым глáзом with the naked eye

невоспи́т|анность *f* ill breeding; bad manners; **~анный** ill-bred, ill-mannered

невоспламеня́ем|ый (~) non-inflammable

невосполни́м|ый (~) irreplaceable

невосприи́мч|ивость *f* lack of receptivity; *med* immunity; **~ивый** (~ив) unreceptive; *med* immune (to, к + *dat*)

невостребованный unclaimed, not called for

невпопáд *adv coll* out of place, inopportunely; irrelevantly

невпроворóт *adv pop* a great deal (of)

неврaзуми́тел|ьный (~ен) unintelligible, obscure

невра|лги́ческий neuralgic; **~лги́я** neuralgia; **~стéник** neurasthenic; **~стени́ческий** *adj of* ~стени́я; **~стени́чный** (~стени́чен) neurasthenic (*of person*); **~стени́я** neurasthenia

невреди́м|ый (~) unharmed, intact; цел и ~ safe and sound

невр|и́т neuritis; **~óз** neurosis; **~ологи́ческий** neurological; **~олóгия** neurology; **~опатóлог** neuropathologist; **~опатолóгия** neuropathology; **~оти́ческий** neurotic

невручéние non-delivery

невтерпёж *adv* + *dat pop* стáло ~ комý someone cannot bear it any longer

невы́г|ода loss (*commercial*); disadvantage; **~одный** (~оден) unprofitable, unremunerative; показáть себя́ с ~ой стороны́ show oneself at a disadvantage, place oneself in an unfavourable light **~одно** *pred* it does not pay; disadvantageous, unfavourable

невы́д|ержанность *f* lack of self-control; inconsistency; **~ержанный** lacking self-control; inconsistent; ~ стиль uneven style; unmatured (*of wine*, *cheese*, *etc*)

невы́езд constant residence in one place; дать подпи́ску о ~е give written undertaking not to leave (a place)

невыла́з|ный (~ен) *coll* impassable; ~ная грязь sea of mud; ineluctable
невыноси́м|ый (~) unbearable, intolerable, insufferable
невыполн|е́ние non-fulfilment; failure to carry out (+ *gen*); **~и́мый** (~и́м) impracticable, unrealizable
невырази́|мый (~м) inexpressible, beyond expression; **~́мые** *n coll joc* unmentionables (= pants); **~́тельный** (~телен) inexpressive, expressionless
невысо́к|ий (~, ~а́, ~о) not tall; rather low; ~ого ка́чества of poor quality
невы́ход failure to appear; ~ на рабо́ту absence from work
невя́зка *coll* discrepancy
не́га languor, voluptuousness; comfort, ease; bliss
негаси́м|ый (~) undying; unquenchable
негати́в *phot* negative; **~́ный** negative
негашён|ый ~ая и́звесть quicklime
не́где *adv* + *infin* there is nowhere; я́блоку ~ упа́сть there is no room to swing a cat
неги́бкий inflexible
негла́сный secret
неглиже́ *neut indecl* néglіgé
неглижи́р|овать (~ую) *impf coll obs* neglect (+ *instr*)
неглу́п|ый (~, ~а́, ~о) rather clever, quite intelligent
него́д|ник *coll* reprobate; varmint (*of children*); **~́ность** *f* worthlessness; прийти́ в ~ wear out; become worthless; **~́ный** (~ен) unfit, unsuitable (for, к + *dat*); *no short form* worthless, good-for-nothing
негод|ова́ние indignation; **~ова́ть** (~у́ю) be indignant (with, на + *acc*, про́тив + *gen*); **~у́ющий** *lit* indignant; **~я́й** scoundrel, rascal
негостеприи́мный inhospitable
негоциа́нт merchant, wholesaler
негр Negro
негра́м|отность *f* illiteracy; **~́отный** (~отен) illiterate *also fig*; *fig* inexpert, unskilled; **~́отный** illiterate person
негрит|ёнок (~ёнка; ~я́та, ~я́т) Negro child, piccaninny; **~о́с** Negrito; **~я́нка** Negress; **~я́нский** Negro
негро́идный negroid
негро́мкий low (of sound)
не́гр|ский = ~итя́нский
неда́вн|ий recent; **~́о** *adv* recently
недалёк|ий (~, ~а́, ~́о́) near, not far off; short; *fig* not bright, dull-witted; **~́о́** *adv* not far, near; мне ~ идти́ I haven't far to go
недальнови́д|ность *f* improvidence, short-sightedness; **~́ный** (~ен) improvident, short-sighted
неда́ром *adv* not for nothing, not without reason; not without purpose
недви́ж|имость *f leg* immovable property, real estate; **~́имый** immovable (*of property*); (~и́мый) motionless, immobile
недвусмы́сленный unequivocal, unambiguous
недееспосо́б|ный (~ен) *leg* incapable; unable to function
недействи́т|ельность *f* ineffectiveness, inefficacity; *leg* nullity, invalidity; **~́ельный** (~елен) *obs* ineffective, ineffectual; *leg* null (and void), invalid
неделика́т|ный (~ен) indelicate, indiscreet; rude, coarse
недели́м|ость *f* indivisibility; **~́ый** (~) indivisible; ~ое число́ prime number

неде́л|ька *dim of* ~я; зайди́те на ~ьке *coll* call in this week; **~́ьный** of a week's duration, week's; **~́я** week; че́рез две ~и in a fortnight; на э́той ~е this week
недержа́ние ~ мочи́ incontinence, irretention of urine
недёшево *adv coll* at a considerable price; rather expensive *also fig*
недисциплини́р|ованность *f* indiscipline; **~́ованный** indisciplined
недобо́р arrears; shortage
недобро|жела́тель *m* ill-wisher; **~жела́тельность** *f* ill-will, malevolence; **~жела́тельный** (~жела́телен) ill-disposed, malevolent; **~жела́тельство** = ~жела́тельность; **~ка́чественность** *f* poor, bad quality; ~ка́чественный (~ка́чествен, ~ка́чественна) of poor quality, low-grade, bad; **~со́вестность** *f* bad faith, lack of scruple; carelessness; **~со́вестный** (~со́вестен) unscrupulous; lacking in conscientiousness, careless
недо́бр|ый (~, ~а́, ~о, ~́ы́) unkind, unfriendly; *no short form* unpleasant, bad, evil (*of news, etc*); почу́ять ~ое sense evil; ~ые лю́ди *obs* brigands
недове́р|ие distrust, mistrust (of, к + *dat*); во́тум ~ия vote of no confidence; **~́чивый** (~чив) distrustful, mistrustful
недове́|с short weight; **~́сить** II (~шу) *pf of* ~шивать; **~́сок** (~ска) *coll* article under weight; **~́шивать** I *pf* ~сить give short weight (of, + *gen*); prove to be short weight
недово́л|ьный (~ен) dissatisfied, displeased, discontented (with, + *instr*); **~́ьный** *n* malcontent; **~́ьство** dissatisfaction, displeasure, discontent
недовып|олне́ние underfulfilment; **~́олнить** II *pf of* ~олня́ть; **~олня́ть** I *pf* ~́олнить underfulfil (*plans, etc*)
недовы́работка underproduction
недога́длив|ый (~) slow(-witted)
недогля|де́ть II (~жу́) overlook, miss (+ *acc or gen*); not to take sufficient care (of, за + *instr*)
недоговорённость *f* reticence; lack of agreement
недогру́зка underloading; *fig* short time (*in factory, etc*)
недод|ава́ть (~аю́) *pf* ~а́ть give, deliver short; **~а́ть** (~а́м, ~а́шь, ~а́ст, ~ади́м, ~ади́те, ~аду́т; ~́ал, ~ала́, ~́ало) *pf of* ~ава́ть; **~а́ча** deficiency in payment *or* supply
недоде́л|анный unfinished; **~́ка** incompleteness; unfinished job
недодерж|а́ть II (~у́, ~́ишь) *pf phot* underexpose, underdevelop; under-processing; **~́ка** *phot* underexposure, underdevelopment; under-processing
недоеда́|ние malnutrition, undernourishment; **~́ть** I *impf* be undernourished, underfed
недозво́лен|ный (~) *lit* unlawful, illicit
недозре́лый unripe, immature *also fig*
недои́м|ка arrears (*in payment of tax, etc*); **~́очный** *adj of* ~ка; **~́щик** person in arrears (*in paying taxes, etc*)
недока́з|анный (~ан) not proved, not proven; **~а́тельный** unconvincing, inadequate (*of proofs, etc*); **~у́емый** unprovable
недоко́нченн|ость *f* incompleteness; **~ый** incomplete
недол|га́ (вот) и вся ~ *coll* that is all there is to it; **~́гий** (~ог, ~га́, ~го) short, brief; **~́го** *adv* not long; ~ ду́мая without giving it a second thought; *coll* ~ и + *infin* one can easily; ~ и простуди́ться one can easily catch cold; **~гове́чный (~гове́чен)**

ephemeral, short-lived
недолёт *mil* fall (*of shell, etc*) short (of target)
недолю́бливать I *impf* have no particular liking for (+ *acc or gen*)
недоме́р|ивать I *pf* ~ить give short measure; **~́ить** II *pf of* ~ивать; **~́ок** (~ка) undersized object, animal
недомога́|ние indisposition; **~́ть** I *impf* be indisposed, feel unwell
недомо́лвка (deliberate) omission (in speech of something essential), reservation
недомы́слие thoughtlessness, stupidity
недон|есе́ние failure to give information (about crime committed or meditated); ~ о преступле́нии *leg* misprision of felony; **~оси́тель** *m* person guilty of not giving information (*about crime*)
недоно́|сок (~ска) prematurely born child; *fig pej* (mentally) retarded person, cretin, immature person; **~́шенный** prematurely born
недооце́н|ивать I *pf* ~и́ть underestimate, underrate; **~и́ть** II (~ю́, ~́ишь) *pf of* ~́ивать; **~́ка** underestimate, underestimation
недопечённый half-baked
недопла|ти́ть II (~чу́, ~́тишь) *pf of* ~́чивать; **~́чивать** I *pf* ~ти́ть not pay enough, the full price (of, + *acc or gen*)
недополуч|а́ть I *pf* ~и́ть receive less (than one's due); **~и́ть** II (~у́, ~́ишь) *pf of* ~а́ть
недопроизво́дство underproduction
недопусти́м|ый (~) inadmissible, intolerable
недорабо́тка unfinished job; *coll* slip, defect in work
недора́зв|итость *f* underdevelopment, backwardness; **~́итый** underdeveloped, backward
недоразуме́ние misunderstanding; *usu pl* argument, quarrel
недо́р|ого *adv* not expensive; **~ого́й** (~́ог, ~ога́, ~́ого) inexpensive, reasonable (*in price*)
недоро́д harvest failure
не́доросль *m hist* minor; *fig coll iron* young ignoramus
недослы́ш|ать II (~у) *pf* fail to catch, hear (all of, + acc or gen); *vi coll* be hard of hearing
недосмо́тр oversight; **~е́ть** II (~ю́, ~́ишь) overlook, miss (+ *gen*); not to take sufficient care (of, за + *instr*)
недосо́л insufficient salting
недос|па́ть (~плю́, ~пи́шь) *pf of* ~ыпа́ть
недоста|ва́ть (~ёт) *pf* ~́ть *impers* + *gen* lack, be wanting, be missing; ему́ ~ёт де́нег he is short of money; нам о́чень ~ва́ло вас we missed you very much; э́того ещё ~ва́ло! that would be (is) the limit, the last straw; **~́ток** (~тка) lack (of), shortage (of), deficiency (in, + *gen or* в + *prep*); за ~тком for want (of, + *gen*); име́ть, испы́тывать ~ be short (of, в + *prep*); shortcoming, defect, imperfection; *usu pl coll* shortages; **~́точно** *adv* insufficiently, not enough; **~́точность** *f* insufficiency; inadequacy; **~́точный** (~точен) insufficient; inadequate; ~ глаго́л *gramm* defective verb; **~́ть** (~нет) *pf of* ~ва́ть; **~́ча** *pop* shortage; deficit, shortfall; **~ю́щий** missing
недостижи́м|ый (~) unattainable
недостове́р|ный (~ен) not authentic, apocryphal
недосто́|йный (~ин, ~йна) unworthy (of, + *gen*)
недосту́п|ность *f* inaccessibility; **~́ный** (~ен) inaccessible *also fig*
недосу́г *coll* lack of (leisure) time; ему́ ~ he is busy; за ~ом for lack of time
недосчит|а́ться I *pf of* ~́ываться; **~́ываться** I *pf* ~а́ться find missing, miss, be out (in one's accounts), be short (of, + *gen*); он ~а́лся трёх рубле́й he found he was three roubles short
недос|ыпа́ть I *pf* ~па́ть not to get enough sleep
недосяга́ем|ый unattainable
недотёп|а *m and f coll* duffer; **~́истый** *coll* gawky, clumsy
недото́лвка unspoken innuendo
недотро́га *m and f coll* touchy person
недоу́зд|ок (~ка) halter
недоуме|ва́ть be perplexed, be at a loss, be puzzled; **~́ние** perplexity, bewilderment, **~́нный** perplexed, puzzled
недоу́чка *m and f coll* half-educated person
недохва́тка *pop* shortage
недочёт deficit, shortage; *usu pl* defect, shortcoming
не́др|а (*gen pl* ~) *no sing* depths, bowels (*of earth, etc*); бога́тства ~ mineral wealth; *fig* depths (*of soul, etc*); в ~ах души́ in one's heart of hearts
недрем|а́нный *obs iron* unslumbering; *fig* ~а́нное о́ко unwinking eye; **~́лющий** unslumbering, unwinking; (ever-)watchful, vigilant
не́дру|г *lit* foe, enemy; **~желю́бный** (~желю́бен) unfriendly (towards, к + *dat*), hostile
неду́|г ailment, illness; **~́житься** II (~жится) *impf coll* = нездоро́виться
нед|у́рно *adv* not bad(ly); **~урно́й** (~у́рён, ~урна́, ~у́рно, ~у́рны́) not bad; (собо́й) not bad-looking, quite attractive; **~у́рственный** (~у́рствен, ~у́рственна) *coll joc* = ~урно́й
недю́жинный outstanding, remarkable, exceptional
неесте́ствен|ный (~, ~на) unnatural
нежда́нн|ый unexpected, прие́хать ~о-нега́данно arrive quite unexpectedly, out of the blue
нежела́|ние disinclination, unwillingness (to, + *infin*); **~́тельный** (~телен) undesirable, to be deprecated; unwanted, harmful, objectionable
не́жели *conj obs* than
не́женка *m and f coll* mollycoddle
нежив|о́й lifeless; роди́ться ~ы́м be stillborn; inanimate, inorganic; *fig* lifeless, dull (*of glance, etc*)
нежи́знен|ный (~, ~на) impracticable; unpractical (*of a person*)
нежило́й uninhabited, unoccupied (*of rooms, etc*); not fit for habitation, uninhabitable
не́жить *f collect* spirits (*of Russian folklore*)
не́ж|ить II *impf* coddle, pamper; caress (*of breeze, etc*); **~́иться** II *impf* luxuriate; ~ на со́лнышке bask in the sun; **~́ничать** I *impf coll* display tenderness, bill and coo; *fig* be soft with; **~́ность** *f* tenderness; delicacy; *usu pl* endearments, display of affection; compliments, flattering words; **~́ный** (~ен, ~на́, ~но) tender, affectionate; delicate (*of taste, colour, etc*); *long form* tender (*age, etc*), delicate (*constitution, etc*); ~ пол the weaker sex
незаб|ве́нный (~ве́н, ~ве́нна) *lit* unforgettable; **~у́дка** forget-me-not; **~ыва́емый** (~ыва́ем) unforgettable
незави́д|ный (~ен) unenviable, poor
незави́с|имо *adv* independently; irrespective (of, от + *gen*); **~́имость** *f* independence; **~́имый** (~им) independent; **~́ящий** по не ~ящим от кого́ обстоя́тельствам owing to circumstances beyond someone's control
незада́ч|а *coll* ill-luck; **~́ливый** (~лив) *coll* unlucky, luckless

незадо́лго *adv* not long (before), shortly (before, до + *gen*; пе́ред + *instr*)
незаконнорождённ|ость *f* illegitimacy; **~ый** illegitimate
незако́н|ность *f* illegality, unlawfulness; **~ный** illegal, unlawful, illicit; illegitimate; **~оме́рность** *f* irregularity; **~оме́рный** (~оме́рен) irregular
незако́нч|енность *f* incompleteness, unfinished state; **~енный** (~ен) incomplete, unfinished
незамедли́тел|ьный (~ен) immediate
незамени́м|ый (~) irreplaceable, indispensable
незамерза́ющий ice-free (*port*, *etc*), non-freezing
незаме́т|но *adv* imperceptibly, insensibly; **~ный** (~ен) imperceptible; inconspicuous, insignificant
незаму́жняя unmarried, single, maiden
незамыслова́т|ый (~) *coll* simple, straightforward
незапа́мятн|ый immemorial; с ~ых времён from time immemorial
незапя́тнанный *lit* unsullied
незара́зный non-contagious
незастро́енный not built over, undeveloped
незате́йлив|ый (~) *coll* simple, plain, modest
незатуха́ющий undamped
незауря́д|ный (~ен) outstanding, exceptional
не́зачем *adv* + *infin* there is no need (to), there is no point (in), it is no use
незва́ный uninvited
незде́шний *coll* not local; он ~ he is a stranger here; unearthly, supernatural, mysterious
нездоро́в|иться II (~ится) *impers* + *dat* feel unwell; **~ый** unhealthy, morbid *also fig*; (~) unwell, poorly; **~ье** ill-health; indisposition
неземно́й *obs* unearthly, supernatural; not belonging or pertaining to the earth
незло́бивый mild, forgiving
незлопа́мят|ный (~ен) bearing no grudge
незнако́м|ец (~ца) stranger; **~ый** unfamiliar, unknown; unacquainted (with, с + *instr*)
незна́|ние ignorance; **~чащий** insignificant, of no significance; **~чи́тельный** (~чи́телен) insignificant, negligible; unimportant; **~ющий** ignorant (of, + *gen*)
незре́л|ость *f* unripeness; *fig*, immaturity; **~ый** (~) unripe, immature *also fig*
незри́м|ый (~) invisible
незы́блем|ый (~) unshakeable, firm
неизбе́ж|ность *f* inevitability; **~ный** (~ен) inevitable, unavoidable, inescapable
неизбы́в|ный (~ен) *lit* unending (*of sorrow*, *etc*)
неизве́дан|ный (~, ~на) unexplored, unknown, not experienced before
неизве́ст|ность *f* uncertainty; быть, находи́ться в ~ности be uncertain (about), in the dark (about, о + *prep*); obscurity; жить в ~ности live in obscurity; **~ный** (~ен) unknown, uncertain; ~но где, как, *etc* no one knows where, how, *etc*; **~ный** *n* unknown person; **~ное** *n math* unknown (quantity)
неизглади́м|ый (~) indelible, ineffaceable
неизлечи́м|ый (~) incurable
неизме́н|ный (~ен, ~на) invariable, immutable; *lit* devoted, faithful; **~я́емый** (~я́ем) unalterable
неизмери́м|о *adv* immeasurably; **~ость** *f* immeasurability, immensity; **~ый** (~) immeasurable, immense
неизречён|ный (~, ~на) *obs* ineffable
неизъясни́м|ый (~) inexplicable; indescribable
неиме́ние absence, lack, want; за ~м лу́чшего for want of something better
неимове́р|ный (~ен) incredible, unbelievable
неиму́щ|ий indigent, poor; **~ие** *n* the poor
неискорени́м|ый (~) ineradicable
неи́скр|енний (~енен, ~енна) insincere; **~енность** *f* insincerity
неиску́|сный (~сен) inexpert, unskilful; **~шённость** *f* inexperience, innocence; **~шённый** (~шён, ~шена́) inexperienced (in, в + *prep*)
неисповеди́м|ый (~) inscrutable
неисполн|е́ние non-execution, non-performance; non-observance (*of rules*, *etc*); **~и́мый** (~и́м) impracticable; unrealizable; **~и́тельный** (~и́телен) careless, unconscientious
неиспо́рч|енность *f fig* innocence; **~енный** (~ен) *fig* unspoiled, innocent
неисправи́м|ый (~) incorrigible
неиспра́в|ность carelessness; disrepair; **~ный** (~ен) careless; defective, faulty, out of order
неиссяка́ем|ый (~) inexhaustible
неи́ст|овство fury, frenzy; savagery, brutality; **~овствовать** (~овствую) *impf* show fury, rage; commit brutalities; **~овый** (~ов) frenzied (*applause*, *etc*), raging (*storm*, *etc*), furious
неистощи́м|ый (~) inexhaustible
неистреби́м|ый (~) indestructible, undying
неисчерпа́ем|ый (~) inexhaustible
неисчисли́м|ый (~) innumerable, incalculable
нейзи́льбер German silver
нейло́н nylon; **~овый** nylon
неймёт (хоть) ви́дит о́ко, да зуб ~ *prov* there's many a slip 'twixt cup and lip; **~ся** *impf impers* + *dat* ему́ ~ поскоре́е всё узна́ть he can't wait to find out everything; ребёнку ~ – всё бе́гает the child won't stay still, it keeps running around
нейро́|н neuron; **~патоло́гия** neuropathology; **~хиру́рг** neurosurgeon; **~хирурги́я** neurosurgery
нейтрал|иза́ция neutralization; **~и́зм** neutralism; **~изова́ть** (~изу́ю) *impf and pf* neutralize; **~ите́т** *pol* neutrality; **~ьность** neutrality; **~ьный** (~ен) neutral
нейтри́н|ный *adj of* ~о; **~о** neutrino
нейтро́н neutron
неказ́ист|ый (~) *coll* unprepossessing, not much to look at
неквалифици́рованный unqualified; ~ рабо́чий unskilled worker
не́кий *pron lit* a certain
не́когда *adv* at one time, once, formerly; in the old days; there is no time; мне сего́дня ~ гуля́ть I have no time today to go for a walk
не́кого, не́кому, *etc pr* + *infin* there is nobody (to); не́ с кем разгова́ривать there is nobody to talk to; не́кому игра́ть с ним there is nobody to play with him
неколеби́м|ый (~) *lit* = непоколеби́мый
некомпете́нт|ный (~ен) not competent, unqualified
некомпле́кт|ный (~ен) not up to strength; incomplete
некорре́кт|ность *f* impoliteness, discourtesy; **~ный** (~ен) impolite, discourteous
не́котор|ый *pron* some; ~ое вре́мя for a time, for some time; с ~ых пор for some time (*since*); ~ым о́бразом somehow, in some way; в, до ~ой сте́пени to some (a certain) extent; ~ые *n* some (people)
некраси́в|ый (~) ugly, unsightly; *coll* dirty, ugly (*of conduct*, *etc*)
некредитоспосо́б|ность *f* insolvency; **~ный** (~ен)

insolvent
некро́з necrosis
некроло́г obituary (notice)
некрома́нтия necromancy
некро́поль *m* necropolis
некста́ти *adv* inopportunely; malapropos, not to the point
некта́р nectar
не́кто *pr* someone (*only used in noun*)
не́куда *adv* + *infin* there is nowhere (to)
некульту́р|ность *f* uncivilized ways; low level of civilization; bad manners; **~ный** (~ен) uncivilized, backward; boorish, ill-mannered; *bot* uncultivated
некуря́щ|ий *adj* non-smoking; **~ий** *n* non-smoker; ваго́н для ~их non-smoking carriage
нела́д|ный (~ен) *coll* wrong, bad; тут что́-то ~ное something has gone wrong; у неё ~но с лёгкими she has something the matter with her lungs; будь он ~ен! blast him!; **~ы́** (*gen pl* ~о́в) *coll* disagreement(s), quarrels; у них ~ they don't get on with one another; trouble(s)
нела́сков|ый (~) unfriendly, lacking warmth
нелега́л|ьность *f* illegality; **~ьный** (~ен) illegal; **~ьщина** *coll* illegal literature, activities
нелёг|кая *coll* куда́ его́ ~ несёт? where the deuce is he going?; заче́м ~ тебя́ сюда́ принесла́? what on earth made you come here?; **~кий** (~ок, ~ка́) not easy, difficult; not light, heavy *also fig*
неле́п|ица *coll* absurdity (*action*, *word*, *etc*); **~ость** *f* absurdity, nonsense; **~ый** (~) absurd, ridiculous
нele̕ст|ный (~ен) unflattering, uncomplimentary
нелету́чий non-volatile
неликви́д non-liquid property, assets
нелицеприя́т|ный (~ен) *obs* impartial
нели́шн|ий not superfluous; not out of place; ~е заме́тить it would not be out of place to observe
нело́в|кий (~ок, ~ка́, ~ко) awkward, clumsy, gauche; uncomfortable; *fig* embarrassing, awkward; **~ко** *adv* awkwardly, uncomfortably; чу́вствовать себя́ ~ feel awkward; *pred* it is awkward; мне ~ I feel awkward (about, + *infin*); **~кость** *f* awkwardness, clumsiness, gaucherie *also fig*; чу́вствовать ~ feel awkward; gaffe, blunder
нелоги́ч|ность *f* illogicality; **~ный** (~ен) illogical
нельзя́ *adv* + *infin* it is impossible; без пи́щи жить ~ it is impossible to live without food; ~ не согласи́ться one cannot but agree; it is not allowed; кури́ть ~ no smoking; one ought, should not; как ~ лу́чше in the best possible way; (it) couldn't be better; ~ ли поти́ше? would you mind making less noise?
не́льма white salmon
нелюбе́з|ный (~ен) ungracious, discourteous, unobliging
нелюб|и́мый (~и́м) unloved; **~о́вь** *f* dislike (for, к + *dat*)
нелюбопы́т|ный (~ен) incurious; uninteresting
нелюди́м unsociable person; **~ый** (~) unsociable; deserted, like a desert
нема́л|о *adv* not a little; not a few, quite a number (of), many; a great deal; **~ова́жный** (~ова́жен) of no small importance, significance; **~ый** not inconsiderable, not small; considerable
неме́дл|енно *adv* immediately, at once, forthwith; **~енный** immediate; **~я** *adv* = ~енно
Немези́да Nemesis
неме́ркнущий *fig rhet* unfading, undying
неме́тчина *obs* Germany; foreign parts; *pej* things German (foreign); German (foreign) way of life
неме́ть I *pf* о~, за~ become, grow numb; *pf* о~ become, grow dumb
не́м|ец (~ца) German; *obs* foreigner; **~е́цкий** German; ~е́цкая овча́рка Alsatian (dog); *obs* foreign
немига́ющий unblinking; unwinking
немил|осе́рдный (~осе́рден) unmerciful, merciless *also fig*; **~остивый** (~остив) harsh; ungracious; **~ость** *f* disgrace, disfavour; впасть в ~ fall into disgrace; **~ый** (~, ~а́, ~о) *folk poet* unloved, hated
немину́ем|ый (~) inevitable, unavoidable
не́мка German (woman)
немно́|гие *adj and n* few, a few; **~го** *adv* + *gen* a little, some, not much; a few, not many; ~ вре́мени little time; somewhat, a little, slightly; ~ спустя́ not long after; **~гое** few things, little; забы́л то ~, что знал (I) have forgotten what little I knew; **~госло́вный** (~госло́вен) laconic, brief; of few words (*of person*); **~гочи́сленный** (~гочи́слен, ~гочи́сленна) small (in numbers), few; *pl* the few; **~жко** *adv* a little; a trifle, a bit
немну́щийся non-creasing, crease-resistant; 'non-iron'
немо́жется *impers* + *dat pop* feel unwell, poorly
нем|о́й (~, ~а́, ~о) dumb; ~а́я а́збука deaf-and-dumb alphabet; *fig* (dead) silent; ~а́я тишина́ deathly hush; *fig* silent, mute; ~ согла́сный *ling* mute consonant; ~ фильм silent film; **~о́й** *n* dumb man, mute; **~ы́е** *collect* the dumb
немо́лч|ный (~ен) *rhet* incessant, unceasing
немота́ dumbness, muteness
не́м|очь *f pop* sickness, illness; бле́дная ~ chlorosis, green sickness; чёрная ~ *obs* falling sickness, epilepsy; **~ощный** (~ощен) sick; feeble, sickly; **~ощь** *f* sickness, infirmity; feebleness
немудр|ёный (~ён, ~ена́) *coll* simple, easy; ~ено́ *pred* (it is) no wonder; **~я́щий** *pop* simple, easy
немы́слим|ый (~) *coll* inconceivable, unthinkable
нен|ави́деть II (~ави́жу) *impf* hate, detest, loathe; **~ави́стник** hater; **~ави́стничество** *lit* attitude of hatred; **~ави́стный** (~ави́стен) hated, hateful; **~ависть** *f* hatred, detestation
ненагля́дный beloved; *folk poet* wondrously beautiful
ненадёванный *coll* new, not yet worn
ненадёж|ный (~ен) unreliable, untrustworthy; insecure
нена́добност|ь *f* uselessness; за ~ью as not wanted
ненадо́лго *adv* for a short while, not for long
ненаме́р|енно *adv* unintentionally, accidentally, unwittingly; **~нный** unintentional, accidental
ненападе́ни|е non-aggression; пакт о ~и non-aggression pact
ненаро́ком *adv coll* accidentally, inadvertently, unintentionally
ненаруши́м|ый (~) inviolable
нена́ст|ный (~ен) rainy, bad, overcast (*of weather*, *etc*); **~ье** rainy weather, bad weather
ненасы́т|ный (~ен) insatiable *also fig*
ненатура́л|ьный (~ен) unnatural; artificial; affected
ненорма́л|ьность *f* abnormality; **~ьный** (~ен) abnormal; *coll* unbalanced, mad
нену́ж|ный (~ен) unnecessary; superfluous
необду́ман|ный (~, ~на) thoughtless, rash, precipitate
необеспе́чен|ный (~, ~на) unprovided for,

without means; precarious; (~, ~a) not provided (with, + *instr*)
необита́ем|ый (~) uninhabited
необозри́м|ый (~) boundless, immense (*of ocean, space, etc*)
необосно́ван|ный (~, ~на) groundless, unfounded
необрабо́тан|ный (~, ~a) uncultivated, untilled (*of land*); raw, crude (*of materials*); *fig* unpolished, rough (*article, etc*)
необразо́в|анность *f* lack of education; **~́анный** (~ан, ~анна) uneducated
необрати́м|ый (~) irreversible
необстре́лянный raw, inexperienced (*of soldiers who have not been under fire, etc*)
необу́здан|ный (~, ~на) unbridled; ungovernable (*of passions, etc*)
необходи́м|ость *f* necessity; в слу́чае ~ости in case of need; по ~ости of necessity, perforce; **~́ый** (~) necessary, essential; **~о** *pred* it is necessary, essential, imperative
необъясни́м|ый (~) inexplicable, unaccountable
необъя́т|ный (~ен) immense, unbounded
необы|кнове́нный (~кнове́нен, ~кнове́нна) unusual, uncommon; **~ча́йный** (~ча́ен, чайна) extraordinary, exceptional; **~́чный** (~чен) unusual
неогля́д|ный (~ен) *lit* = необозри́мый
неограни́чен|ный (~, ~на) unlimited, unfounded; absolute (*monarchy*); plenary (*powers*)
неоднокра́тный frequent, repeated
неоднoро́д|ность *f* heterogeneity, non-uniformity; **~́ный** (~ен) heterogeneous, non-uniform
неодобр|е́ние disapproval, disapprobation; **~и́тельный** (~и́телен) disapproving
неодоли́м|ый (~) insuperable, invincible
неодушевлённый inanimate
неожи́д|анность *f* unexpectedness; surprise; suddenness; **~́анный** (~ан, ~анна) unexpected; sudden
неозо́йский neozoic
неоклассици́зм neoclassicism
неоконча́тельный inconclusive
неоко́нченный unfinished
неоли́т New Stone Age; **~и́ческий** neolithic
неологи́зм neologism
нео́н neon; **~́ка** *coll* neon lamp; **~́овый** neon
неопа́с|ный (~ен) harmless, not dangerous
неопери́вшийся unfledged; *fig* callow
неопису́ем|ый (~) indescribable
неопера́бельный inoperable
неоперати́вность *f* inefficiency, sluggishness
неопла́тн|ый that cannot be repaid; я ваш ~ должни́к I can never pay you back *also fig*; я у вас в ~ом долгу́ I owe you so much, I am eternally indebted to you
неопо́знанный unidentified
неопра́вданный unjustified, unwarranted
неопредел|ённость *f* vagueness, uncertainty; **~ённый** (~ёнен, ~ённа) indefinite; ~ённое наклоне́ние, ~ённая фо́рма глаго́ла *gramm* infinitive; ~ член *gramm* indefinite article; vague, uncertain, indeterminate; ~ённое уравне́ние *math* indeterminate equation; **~и́мый** (~и́м) indefinable
неопровержи́м|ый (~) irrefutable
неопря́т|ность *f* slovenliness; untidiness; **~́ный** (~ен) slovenly; untidy; dirty
нео́п|ытность *f* inexperience; **~́ытный** (~ытен) inexperienced
неорганизо́в|анность *f* lack of organization; lack of coordination; disorganization; **~́анный** (~ан, ~анна) unorganized; uncoordinated; disorganized
неоргани́ческий inorganic
неосведомлённый uninformed, ill-informed (about, в + *prep*)
неосла́б|ный (~ен) unremitting, constant
неосмотри́т|ельность *f* imprudence; indiscretion; **~́ельный** (~елен) imprudent, incautious; indiscreet
неоснова́тел|ьный (~ен) unfounded; *coll* frivolous
неоспори́м|ость *f* incontestability, indisputability; **~́ый** incontestable, indisputable, irrefragable
неосторо́ж|ность *f* carelessness; imprudence; **~́ный** (~ен) careless; imprudent, incautious, indiscreet
неосуществи́м|ый (~) impracticable, unrealizable
неосяза́ем|ый (~) impalpable, intangible
неотврати́м|ость *f rhet* inevitability; **~́ый** (~) *rhet* inevitable
неотвя́з|ный (~ен) importunate, obsessive; **~́чивый** (~чив) *coll* = ~ный
неотдели́м|ый (~) inseparable
неотёсан|ный (~, ~на) unhewn, unpolished; *fig pop* uncouth
не́откуда *adv* there is nowhere; ему́ ~ э́то получи́ть there is nowhere he can get it from
неотло́ж|ка *coll* mobile emergency medical service; **~́ность** *f* urgency; **~́ная** *n* = ~ка; **~́ный** (~ен) urgent, pressing; ~ная по́мощь first aid
неотлу́ч|но *adv* constantly, permanently; **~́ный** (~ен) ever-present; permanent
неотрази́м|ый (~) irresistible *also fig*; incontrovertible
неотсту́п|ность *f* persistence; importunity; **~́ный** (~ен) persistent; importunate; relentless (*pursuit, etc*)
неотчужда́|емость *f leg* inalienability; **~́емый** (~ем) *leg* inalienable
неотъе́млем|ый (~) inalienable, imprescriptible (*right, etc*); ~ая часть integral part
неофи́т neophyte
неофициа́л|ьный (~ен) unofficial
неохо́т|а reluctance; *pred* + *dat coll* мне ~ с ним говори́ть I don't feel like talking to him; **~́но** *adv* reluctantly, unwillingly
неоцени́м|ый (~) inestimable, priceless, invaluable
неощути́|мый (~м) imperceptible; **~́тельный** (~телен) imperceptible, insensible
непа́рный odd (*not forming a pair*)
неparти́|йный (~ен, ~йна) non-Party; unbefitting a member of the Communist Party
непереводи́м|ый (~) untranslatable
непередава́ем|ый (~) inexpressible, indescribable
неперехо́дный *gramm* intransitive
непеча́тный *coll* unprintable
непи́саный unwritten (*law, etc*)
неплат|ёж 1 non-payment; **~ёжеспосо́бность** *f* insolvency; **~ёжеспосо́бный** (~ёжеспосо́бен) insolvent; **~е́льщик** defaulter (*in payment*)
неплодо|ро́дный (~ро́ден) barren, sterile, infertile; **~тво́рный** (~тво́рен) unproductive
непло́х|о *adv* quite well, not badly; **~о́й** (~́, ~а́, ~́о) quite good, not bad
непобеди́м|ый (~) invincible
непова́дно *pred* + *dat and infin coll* что́бы ~ бы́ло teach (someone) not (to do something again)
непови́н|ный (~ен, ~на) innocent
неповинове́ние insubordination, disobedience

неповоро́тлив|ый (~) clumsy, awkward; slow, sluggish
неповтори́м|ый (~) unique
непого́да bad weather
непогреши́м|ость *f* infallibility; **~ый** (~) infallible
неподалёку *adv coll* not far off
неподáтливый tenacious, unyielding; stubborn, intractable
неподатно́й exempt from capitation
неподве́домствен|ный (~, ~на) not subject to the authority (of), beyond the jurisdiction (of, + *dat*)
неподви́ж|но *adv* motionless(ly); **~ность** *f* immobility; **~ный** (~ен) motionless, immobile, immovable; fixed (*look*, *etc*); slow (*person*); stationary
неподде́л|ьный (~ен) genuine, sincere, unfeigned
неподку́п|ный (~ен) incorruptible
неподоба́ющий unseemly, improper
неподража́ем|ый (~) inimitable
неподсу́д|ный (~ен) not under the jurisdiction (of, + *dat*)
неподходя́щий unsuitable, inappropriate
неподчине́ние insubordination; ~ судéбному постановлéнию contempt of court
непозволи́тел|ьный (~ен) inadmissible, impermissible
непознава́ем|ый (~) unknowable
непоко́|йный (~ен, ~йна) *coll* troubled; restless; uneasy
непоколеби́м|ый (~) steadfast, unshakeable, inflexible, unflinching
непоко́р|ность *f* recalcitrance; unruliness; **~ный** (~ен) recalcitrant, refractory; unruly
непокры́т|ый (~) uncovered, bare
непола́дка *usu pl* fault(s), defect(s); *pl pop* disagreements, quarrels
непол|ноправный not enjoying full rights; **~нота́** incompleteness; **~ноце́нность** *f* кóмплекс ~ноцéнности inferiority complex; **~ный** (~ен, ~нá, ~но) incomplete; not fully; defective
непомер|ный (~ен) exorbitant, inordinate, excessive
непон|има́ние incomprehension; misunderstanding, lack of understanding; **~я́тливость** *f* slowness, dullness; **~я́тливый** (~я́тлив) slow-witted, dull, stupid; **~я́тный** (~я́тен) incomprehensible, unintelligible; mysterious
непопада́ние miss (*at shooting*)
непоправи́м|ый (~) irreparable, irremediable, irretrievable
непоро́ч|ный (~ен) chaste, pure; ~ное зачáтие Immaculate Conception
непоря́д|ок (~ка) infringement, violation (of order); disorder; **~очный** (~очен) dishonourable
непосвящённый uninitiated *also n*
непосе́д|а *m and f coll* fidget (*usu of child*); person who cannot remain still or in one place, restless person; **~ливость** *f* restlessness; **~ливый** (~лив) restless, fidgety
непосеще́ние non-attendance (at, + *gen*)
непоси́л|ьный (~ен) beyond one's strength
непосле́д|овательность *f* inconsistency, inconsequence; **~овательный** (~ователен) inconsistent, inconsequent
непослуш|а́ние disobedience; **~ный** (~ен) disobedient, naughty
непосре́дств|енность *f* spontaneity; ingenuousness; **~енный** (~ен, ~енна) immediate, direct; *fig* spontaneous, ingenuous; direct

непостижи́м|ый (~) incomprehensible, unfathomable; умý ~о *coll* it is beyond one
непостоя́н|ный (~ен, ~на) changeable, inconstant; **~ство** inconstancy
непоти́зм nepotism
непотре́б|ный (~ен) *obs* indecent, obscene; **~ство** *obs* depravity, base conduct
непоча́тый *coll* untouched, not begun, entire; ~ край plenty, abundance, host, wealth (of, + *gen*)
непочт|е́ние disrespect (for, к + *dat*); **~и́тельный** (~и́телен) disrespectful
непра́вд|а falsehood, lie, untruth; **~оподо́бие** unlikelihood, improbability; **~оподо́бный** (~оподóбен) unlikely, improbable; implausible
непра́вед|ный (~ен) *obs* unjust; unrighteous
непра́в|ильно *adv* irregularly; erroneously; *with certain verbs* mis-; ~ суди́ть misjudge (о + *prep*), *etc*; **~ильность** *f* irregularity; incorrectness; anomaly; **~ильный** (~илен) irregular; ~ глагóл irregular verb; ~ильная дробь improper fraction; anomalous; incorrect, mistaken, erroneous, wrong
неправо|ме́рность *f* illegality; **~ме́рный** (~мéрен) illegal; **~мо́чность** *f leg* incompetence; **~мо́чный** (~мóчен) *leg* not competent; not entitled; **~спосо́бность** *f leg* disability, disqualification, incapacity; **~спосо́бный** (~спосóбен) *leg* disqualified
неправ|ота́ injustice, wrongness; error; **~ый** (~, ~á, ~о) unjust, mistaken; wrong
непревзойдён|ный (~, ~на) unsurpassed, matchless
непредви́денный unforeseen
преднаме́рен|ный (~, ~на) unpremeditated
непредубеждённый unprejudiced, unbiased
непредумы́шленный unpremeditated
непредусмотри́т|ельность *f* improvidence, shortsightedness; **~ельный** (~елен) improvident, short-sighted
непрекло́н|ный (~ен, ~на) inflexible; adamant, inexorable, unbending
непрело́ж|ный (~ен) *rhet* immutable, unalterable; indisputable
непреме́н|но *adv* without fail; certainly; он ~ опоздáет he is bound to be late; **~ный** (~ен, ~на) indispensable, necessary; *long form obs* ~ секретáрь permanent secretary
непреобори́м|ый (~) *rhet* insuperable; irresistible (*feeling*, *etc*)
непреодоли́м|ый (~) insuperable, insurmountable; irresistible (*feeling*, *obstacle*, *etc*); ~ая си́ла *leg* force majeure
непререка́ем|ый (~) indisputable, unquestionable; ~ тон peremptory tone
непреры́в|но uninterruptedly, continuously; **~ность** continuity; **~ный** (~ен) uninterrupted; continuous, unbroken; ~ная дробь continued fraction; ~ шов *tech* continuous weld
непреста́н|но *adv* incessantly, ceaselessly; **~ный** (~ен, ~на) incessant, ceaseless, continual
неприве́тлив|ый (~) unfriendly, ungracious; bleak
непривы́ч|ка want of habit, not being accustomed (to, к + *dat*); с ~ки from lack of habit; **~ный** (~ен) unaccustomed, unwonted; unusual
непригля́д|ный (~ен) *coll* unattractive, seamy, unsightly; bad
неприго́д|ный (~ен) useless, unfit (for, для + *gen*), unserviceable; ineligible
неприе́млем|ый unacceptable
непри́знанный unrecognized, unacknowledged
неприка́ян|ный (~, ~на) *coll* restless, unable to

find anything to do; ходи́ть, броди́ть как ~ wander about like a lost soul
неприкосновéн|ность *f* inviolability; ~ ли́чности personal immunity; дипломати́ческая ~ diplomatic immunity; **~ный** (~ен, ~на) inviolable; ~ запáс reserve fund; *mil* iron rations
неприкрáшенный plain, unvarnished
неприкры́т|ый undisguised; ~ая ложь bare-faced lie
неприли́ч|ие indecency, impropriety, unseemliness; **~ный** (~ен) indecent, improper; unseemly, unbecoming
непримени́м|ый (~) inapplicable
неприме́т|ный (~ен) imperceptible; *fig* unremarkable, undistinguished
непримири́м|ый (~) irreconcilable; uncompromising, intransigent
непринуждён|ный (~, ~на) unconstrained; easy, natural, relaxed
неприсоедин|éние *pol* non-alignment; **~и́вшийся** *pol* non-aligned (*country*, *etc*)
неприспосóблен|ный (~, ~на) unadapted (to), maladjusted (to, к + *dat*)
непристó|йность *f* obscenity; indecency; **~йный** (~ен, ~йна) obscene; indecent
непристу́п|ный (~ен) inaccessible, impregnable, unassailable; *fig* unapproachable, inaccessible
непрису́тственный *obs* ~ день public holiday
непритвóр|ный (~ен) genuine, unfeigned
неприхотли́в|ый (~) unpretentious; modest, undemanding; simple, plain, frugal
неприча́ст|ный (~ен) not implicated (in), not privy (to, к + *dat*)
неприя́|зненный (~знен, ~зненна) hostile, inimical; **~знь** *f* hostility, enmity; **~тель** *m* (the) enemy; **~тельский** hostile, enemy; **~тность** *f* unpleasantness; trouble, nuisance, annoyance; **~тный** (~тен) unpleasant; annoying, troublesome; disagreeable
непробу́дный unwaking; ~ сон deep sleep; *fig* last sleep, death; ~ пья́ница inveterate drunkard
непроводни́к 1 non-conductor, dielectric
непрогля́д|ный (~ен) impenetrable (*of fog*, *darkness*, *etc*); pitch-dark
непродолжи́тельный (~ен) of short duration, short-lived, short
непродукти́в|ный (~ен) unproductive
непроéзжий impassable (*of road*, *etc*)
непрозра́ч|ный (~ен) opaque
непроизводи́тел|ьный (~ен) unproductive, wasteful
непроизвóл|ьный (~ен) involuntary
непролáз|ный (~ен) *coll* impassable
непромокáем|ый (~) waterproof; ~ плащ waterproof (coat), mackintosh, raincoat
непроницá|емость *f* impenetrability; impermeability; **~емый** (~ем) impenetrable, impermeable; impervious (to, для + *gen*); ~ для звýка soundproof; *fig* impenetrable; inscrutable (*of person*)
непропорционáл|ьный (~ен) disproportionate
непрости́тел|ьный (~ен) unforgivable, unpardonable, inexcusable
непротивлéн|ие, ~ство non-resistance
непроходи́м|ость *f* impassability; *med* obstruction; **~ый** (~) impassable; *long form coll* complete, utter; ~ дурáк utter fool; ~о глуп completely stupid
непрóч|ный (~ен) fragile, flimsy; *fig* unstable, precarious
непрóшеный *coll* unbidden, uninvited
непрям|óй (~, ~á, ~о) indirect, circuitous; *fig coll* evasive
непутёвый *coll* good-for-nothing; ~ пáрень ne'er-do-well; useless
непутём *adv pop* badly
непью́щий non-drinking, teetotal
неработоспосóб|ный (~ен) unable to work
нерáв|енство inequality, disparity; **~нó** *partic pop* ~ опоздáем what if we are late; **~нодушный** (~нодýшен) not indifferent, partial (to, к + *dat*); **~номéрный** (~номéрен) uneven, irregular; **~ноправный** (~нопрáвен) not enjoying equal rights; **~ный** (~ен, ~нá, ~но) unequal
нерад|éние *obs* = ~и́вость; **~и́вость** *f* negligence, carelessness, remissness; **~и́вый** (~и́в) negligent, careless, remiss; unconscientious
неразбери́ха *coll* muddle, confusion
неразбóрчив|ый (~) illegible, indecipherable; *fig* not fastidious (*in food*, *etc*); undiscriminating; ~ в срéдствах unscrupulous
нераз|витóй (~вит, ~витá, ~о) undeveloped; (intellectually) backward; **~витость** *f* lack of development; (ýмственная) ~ (intellectual) backwardness
неразгáданный un(re)solved
неразговóрчив|ый (~) not talkative, taciturn
нераздел|и́мый (~и́м) indivisible, inseparable; **~ьный** (~ен) *official* indivisible, inseparable; ~ьное имýщество *leg* common estate
неразличи́м|ый (~) indistinguishable; indiscernible
неразлýч|ный (~ен) inseparable (*of friends*, *etc*)
неразреш|ённый unsolved; banned, prohibited; **~и́мый** (~) insoluble
неразры́в|ный (~ен) indissoluble, undying (*of friendship*, *ties*, *emotions*, *etc*)
неразýм|ие foolishness, folly; **~ный** (~ен) unreasonable; foolish, unwise
нераскáянный *obs* impenitent
нерасполож|éние dislike (for), disinclination (for, к + *dat*); **~енный** ill-disposed (towards, к + *dat*); unwilling (to), disinclined (to, + *infin*)
нераспоряди́тел|ьный (~ен) inefficient; ~ человéк bad organizer
нераспространéние *pol* non-proliferation (*of atomic weapons*, *etc*)
нерассуди́т|ельность *f* lack of common sense, want of sense; **~ельный** (~елен) unreasoning; lacking common sense
нерастворúм|ый (~) insoluble
нерасторжи́м|ый (~) *rhet* indissoluble, binding (*of ties*, *etc*)
нерасторóп|ный (~ен) slow, sluggish
нерасчётлив|ый (~) extravagant, wasteful; improvident
нерационáл|ьный (~ен) irrational
нерв nerve; глáвный (основнóй) ~ *fig* nerve-centre; *pl* nerves, nervous system; волóвьи (желéзные) ~ы nerves of steel; её ~ы разгуля́лись *coll* her nerves are playing her up; на ~ах держáться live on one's nerves; дéйствовать комý на ~ы get on someone's nerves; пóртить себé ~ы upset one's nervous system; **~áция** *bot* nervation; **~и́ровать** (~и́рую) *impf* get on someone's nerves; **~и́ческий** *obs* nervous; **~ничать** I *impf* be *or* become nervous, irritable, fidgety; fret; **~нобольнóй** person suffering from nervous disorder; **~ность** *f* nervous irritability,

edginess; **˜ный** (~ен, ~на́, ~но) nervous; neural; ~ное волокно́ nerve-fibre; ~ припа́док fit of nerves; ~ная систе́ма nervous system; ~ у́зел ganglion; *fig* bundle of nerves; ~ центр nerve-centre; highly strung; irritable, nervous; **~о́зный** (~о́зен) irritable, nervy, nervous; **~отрёпка** *coll* nervous strain

нервю́ра *aer* rib

нереа́л|ьный (~ен) unreal; impracticable

нерегуля́р|ный (~ен) irregular

нере́д|кий (~ок, ~ка́, ~ко) not infrequent, not uncommon; **˜ко** *adv* quite often, not infrequently

нереи́да Nereid

нерента́бельный unprofitable, uneconomic

не́рест spawning; **~и́лище** spawning-ground

нереши́|мость *f* lack of firmness; indecision; **˜тельность** *f* indecision, indecisiveness, vacillation; **˜тельный** (~телен) indecisive, irresolute

нержаве́|йка *coll* stainless steel; **˜ющий** non-rusting; ~ющая сталь stainless steel

неро́б|кий (~ок, ~ка́, ~ко) not timid; он челове́к ~кого деся́тка he is no coward

неро́в|ность *f* unevenness, roughness; inequality; irregularity; **˜ный** (~ен, ~на́, ~но) uneven, rough; ~ная ме́стность rough country; irregular, unequal; ~ пульс irregular pulse; ˜ён час *coll* you never know what may happen, one never knows; **˜ня́** *m and f coll* он ей ~ he is not up to her, he is not her equal

не́рпа нерпа (*seal*)

неру́дный non-metallic

нерукотво́рный *obs* not made by hand(s)

неруши́м|ый (~) *rhet* inviolable, indissoluble

неря́|ха *m and f* sloven; *f* slattern, slut; **˜шество** = ˜шливость; **˜шливость** *f* slovenliness, slatternliness; untidiness; **˜шливый** (~шлив) slovenly; careless, slipshod

несбы́точ|ный (~ен) unrealizable

несваре́ние ~ желу́дка indigestion

несве́дущ|ий (~) ignorant (about), not well-informed (about, в + *prep*)

несве́ж|ий (~, ~а́, ~е) not fresh, stale; tainted; *fig* wan, worn

несвоевре́мен|ный (~ен, ~на) inopportune, unseasonable, untimely

несво́йствен|ный (~ен, ~на) not like, not characteristic (of, + *dat or* для + *gen*)

несвя́з|ный (~ен) disjointed, disconnected, incoherent (*thoughts*, *memories*, *etc*)

несгиба́ем|ый (~) unbending, inflexible

несгора́ем|ый (~) fireproof, incombustible; ~ шкаф safe

несде́ржан|ный (~, ~на) unrestrained, lacking self-control (*of person*, *character*, *etc*); unchecked, unstifled (*yawn*, *etc*); *long form* unkept, broken (*promise*, *etc*)

несе́ние performance (*of duties*, *etc*)

несессе́р toilet-case

несказа́нный *rhet* unspeakable, ineffable, inexpressible

нескла́д|ица *coll* nonsense; **˜ный** (~ен) incoherent, disjointed (*of speech*, *etc*); *coll* ungainly, awkward; out of proportion; absurd

несклоня́ем|ый (~) *gramm* indeclinable

не́скольк|о *num* several, some; ~ челове́к several people; a few; в ~их слова́х in a few words; *adv* somewhat, slightly, rather; я был ~ удивлён I was rather surprised

несконча́ем|ый (~) interminable, never-ending

нескро́м|ный (~ен) immodest, vain; indelicate, indiscreet, tactless

неслы́хан|ный (~, ~на) unprecedented, unheard of

неслы́ш|ный (~) inaudible

несменя́емый irremovable

несме́т|ный (~ен) innumerable, countless, incalculable

несминае́м|ый (~) non-crease

несмолка́ем|ый (~) ceaseless, unremitting, never-abating (*of sounds*, *etc*)

несмотря́ на *prep* + *acc* in spite of, despite; notwithstanding; ~ ни на что in spite of everything

несмыва́ем|ый (~) indelible, ineffaceable

несно́с|ный (~ен) insupportable, unbearable, intolerable

несовершеннолет|ие minority; **˜ний** *adj* under age; *n* minor

несоверше́н|ный (~ен, ~на) imperfect; *obs* incomplete, unfinished; ~ вид imperfective aspect

несовмести́м|ый (~) incompatible

несогла́с|ие disagreement; ~ в мне́ниях difference of opinion; discrepancy (*between two versions*, *etc*); dissension, discord; refusal; **˜ный** (~ен) not agreeing (with, с + *instr*); inconsistent (with), incompatible (with, с + *instr*); not consenting (to), not agreeing (to, на + *acc or* + *infin*); discordant; **~ова́ние** *gramm* non-agreement; **~о́ванность** *f* lack of coordination, non-coordination; *gramm* absence of agreement; **~о́ванный** not agreed; uncoordinated, not concerted; *gramm* lacking agreement

несозна́т|ельность *f* irresponsibility; *pol* backwardness; **˜ельный** (~елен) irresponsible; unconscious of social obligations, unsocial

несоизмери́м|ость *f* incommensurability; **˜ый** (~) incommensurable, incommensurate

несократи́мый *math* irreducible

несокруши́м|ый *rhet* (~) indestructible; unconquerable

несо́лоно *adv pop* уйти́ ~ хлеба́вши go away empty-handed, get nothing for one's pains

несомне́н|но *adv* undoubtedly, doubtless, beyond all question; **˜ный** (~ен, ~на) undoubted, indubitable, unquestionable

несообрази́тел|ьный (~ен) slow(-witted)

несообра́з|ный (~ен) incongruous (with), incompatible (with, с + *instr*); foolish

несоотве́тств|енный (~ен, ~енна) not corresponding (to), incongruous (with, + *dat*); **˜ие** lack of correspondence, disparity; incompatibility

несоразме́р|ный (~ен) disproportionate (to, + *dat*; with, с + *instr*)

несостоя́тел|ьный (~ен) insolvent, bankrupt; of modest means; unsupported, groundless (*theory*, *argument*, *etc*)

неспе́л|ый (~, ~а́, ~о) unripe

неспе́ш|ный (~) unhurried

неподру́ч|ный (~ен) *pop* awkward, inconvenient

неспосо́б|ность *f* incapacity, inability; **˜ный** (~ен) not able, without ability; having no aptitude (for, к + *dat*; + *infin*); incapable (of, на + *acc*); он ~ен на таку́ю ни́зость he is not capable of such baseness

несправедли́в|ость *f* injustice, unfairness; **˜ый** (~) unjust, unfair; unfounded

неспроста́ *adv coll* with an ulterior motive; not without purpose; э́то ~ there is more in it than meets the eye

несрабо́танность *f* lack of cooperation, harmony

(*in work*, *etc*)
несравн|е́нно *adv* incomparably, peerlessly; (by) far; ~ краси́вее far more beautiful; **~е́нный** (~е́нен, ~е́нна) incomparable, matchless; **~и́мый** (~и́м) incomparable, beyond comparison; not comparable
нестерпи́м|ый (~) unbearable, unendurable
нес|ти́ (~у́, ~ёшь; ~̈, ~ла́) *pf* по~ carry; bear; support; *fig* bear, suffer, incur; ~ наказа́ние suffer punishment; ~ отве́тственность, обя́занность bear responsibility, obligation; ~ пораже́ние, поте́ри suffer defeat, losses; ~ убы́тки *fin* incur losses; perform; ~ дежу́рство be on duty; ~ карау́л stand, be on guard; *fig* bring, bear (*death*, *destruction*, *etc*); *impers coll* куда́ тебя ~ёт в таку́ю пого́ду? where on earth are you going in such weather?; *impers coll* stink (of), reek (of, + *instr*); от него́ ~ёт табако́м he reeks of tobacco; *impers coll* из-под по́лу ~ёт there's a draught from under the floor; *impers pop* его́ ~ёт he has diarrhoea; ~ (вздор, небыли́цы, чепуху́); *coll* talk (nonsense); ло́шадь понесла́ the horse bolted; (~ёт; ~̈, ла́) *pf* с~ lay (*eggs*); **~ти́сь** (~у́сь, ~ёшься; ~̈ся, ~ла́сь) *pf* по~ rush, fly, tear; float, drift (*on water*, *in the air*); skim (along; over, вдоль + *gen*; над + *instr*); be spread, diffused (*of sounds*, *smells*, *etc*); **~ти́сь** (~у́сь, ~ёшься; ~̈ся, ~ла́сь) *pf* с~ *vi* lay (eggs)
несто́йкий unstable
несто́ящий worthless, good-for-nothing
нестроев|и́к 1 *mil* non-combatant; **~о́й** *mil* non-combatant, administrative
нестро́|йный (~ен, ~йна́, ~йно) discordant, dissonant (*of sounds*, *speech*, *etc*); disorderly; ill-proportioned, out of proportion (*of figure*, *etc*)
несть *obs* ~ конца́ there is no end (in sight to, + *dat*); ~ числа́ an inordinate number, quantity (of, + *dat*)
несуди́мость *f leg* absence of previous charge *or* conviction
несура́з|ность *f* absurdity, senselessness; awkwardness; **~́ный** (~ен) absurd, senseless, awkward
несусве́т|ный (~ен) *coll* utter, extreme; unimaginable
несу́шка *coll* laying hen
несуще́ствен|ный (~, ~на) inessential, immaterial
несу́щ|ий *tech* carrying; supporting; ~ винт rotor; ~ая пове́рхность lifting surface; *aer* aerofoil
несхо́д|ный (~ен) unlike, dissimilar; *coll* unreasonable (*of price*)
несчаст|ли́вец (~ли́вца) *obs* unfortunate, unhappy person; **~ли́вый** (~ли́в) unfortunate, luckless; unhappy; **~́ный** (~ен) unfortunate, unlucky; ~ слу́чай accident; *n* an unfortunate, (poor) wretch; **~́ье** misfortune; к ~ью unfortunately; accident (to, с + *instr*)
несчёт|ный (~ен) *lit* countless, innumerable
несъедо́бный uneatable; inedible
нет no; not; он был там? ~, не́ был was he there? – no, he wasn't; он там не́ был? ~, был he wasn't there? yes, he was; ~-~ да и *coll* once in a while; он ~-~ да и напи́шет письмо́ *coll* he does write a letter once in a while; nothing, naught; свести́ на ~ bring to naught; свести́сь, сойти́ на ~ come to naught; *n* на ~ и суда́ ~ *prov* no means no, what cannot be cured must be endured; пироги́ с ~о́м *joc* pie(s) without filling; быть в ~́ях (~́ех) *obs joc* be missing, be adrift; *also* ~́у *coll* (there) is, are not + *gen*; у нас ~ вре́мени we have no time; ~ как ~, ~ да ~ *coll* not a sign of, nowhere to be found; его́ ~ как ~ he is nowhere to be found; ~ (того́) что́бы помо́чь there is no one willing to help; (так) ~ (же) however, but; я три кни́ги ему́ принёс, так ~, ему́ всё ма́ло I brought him three books, but that wasn't enough
нетакти́ч|ный (~ен) tactless
нетвёрд|ый (~, ~а́, ~о) unsteady, not firm; shaky *also fig*; я ~о уве́рен I am not absolutely certain
нетерп|ёж 1 *pop joc* impatience; **~ели́вый** (~ели́в) impatient; **~е́ние** impatience; **~и́мость** *f* intolerance; **~и́мый** (~и́м) intolerant; intolerable
нетле́н|ный (~ен, ~на) incorruptible (*of flesh*); *fig rhet* imperishable
нетопы́рь 1 *m* bat
нетороплив|ый (~) unhurried, leisurely
нето́ч|ность *f* inaccuracy, inexactitude; slip, error; **~́ный** (~ен, ~на́, ~но) inaccurate, inexact
нетре́зв|ый (~, ~а́, ~о) drunk, not sober; в ~ом ви́де in a state of intoxication
нетро́нут|ый (~) untouched; *fig* chaste, pure, virginal
нетрудо|во́й non-labouring; unearned (*income*, *etc*); **~спосо́бность** *f* disablement, disability; incapacity for work; **~спосо́бный** (~спосо́бен) disabled; invalid
не́тто *indecl adj* net
не́ту *coll* = нет
неуваж|е́ние disrespect, lack of respect (towards, к + *dat*); **~и́тельный** (~и́телен) inadequate (*of reason*, *etc*); *obs* disrespectful
неуве́р|енность *f* uncertainty; ~ в себе́ diffidence; **~́енный** (~ен, ~ена) uncertain; ~ в себе́ diffident; (~ен, ~енна) vacillating; hesitant
неувяда́ем|ый (~), **неувяда́ющий** *rhet* unfading (*beauty*, *etc*); undying (*glory*, *etc*)
неувя́зка *coll* lack of coordination; misunderstanding
неугаси́м|ый (~) inextinguishable, unquenchable *also fig*
неугомо́н|ный (~ен, ~на) restless, indefatigable, never tiring
неуда́ч|а failure; потерпе́ть ~у suffer a setback; **~́ливый** (~лив) unlucky; **~́ник** unlucky person, failure; **~́ный** (~ен) unsuccessful; unfortunate
неудержи́м|ый (~) irrepressible (*laughter*, *emotion*, *etc*); turbulent (*wind*, *torrent*, *etc*)
неудо́б|ный (~ен) uncomfortable; *fig* awkward, inconvenient, embarrassing; **~овари́мый** (~овари́м) indigestible *also fig*; **~опоня́тный** (~опоня́тен) unintelligible, obscure; **~опроизноси́мый** (~опроизноси́м) unpronounceable; *joc* unrepeatable, risqué; **~очита́емый** difficult to read, obscure; **~́ство** discomfort; inconvenience; embarrassment; **~́ь** *adv* ~ сказу́емый *obs* risqué
неудовлетвор|е́ние non-compliance; ~ про́сьбы rejection of petition, refusal to grant petition, dissatisfaction; **~ённость** *f* dissatisfaction, discontent; **~ённый** (~ён, ~ённа) dissatisfied, discontented; (~ён, ~ена́) unsatisfied; **~и́тельно** *adv* unsatisfactorily; unsatisfactory (*lowest mark at school*); **~и́тельный** (~и́телен) unsatisfactory
неудово́льствие displeasure
неуём|ный (~ен) irrepressible; uncontrollable (*grief*, *etc*)
неуже́ли *inter partic* really?, is it possible?; ~ э́то пра́вда? can that really be true?; ~ ты не зна́ешь? surely you know?
неужи́вч|ивость *f* difficult nature, disposition (*to*

live with); quarrelsome disposition; **~ивый** (~ив) difficult (to live with); quarrelsome
неу́жто *inter partic pop* = неуже́ли
неузнава́|емость *f* unrecognizability; до ~емости beyond recognition; **~емый** (~ем) unrecognizable
неукло́н|ный (~ен, ~на) steady, steadfast; undeviating
неуклю́ж|ий (~) clumsy; awkward
неукосни́тел|ьный (~ен) *lit* strict (*observance of rules*, *etc*)
неукроти́м|ый (~) indomitable, unrestrainable
неулови́м|ый (~) *coll* elusive, difficult to catch; *fig* imperceptible, subtle
неулы́б|а *m and f coll* unsmiling person; **~чивый** (~чив) unsmiling
неуме́|лый (~л) clumsy; unskilful; **~ние** inability; lack of skill
неуме́р|енность *f* immoderation; intemperance; **~енный** (~ен, ~енна) immoderate, excessive; intemperate
неуме́ст|ный (~ен) inappropriate, out of place, misplaced; irrelevant
неу́м|ный (~ён, ~на́, ~но́) silly, foolish; limited (*intellectually*)
неумоли́м|ый (~) implacable; inexorable
неумол|ка́емый (~ка́ем) unceasing, incessant (*of sounds*); **~чный** (~чен) = ~ка́емый
неумы́шлен|ный (~, ~на) unpremeditated; inadvertent, unintentional
неупла́та non-payment
неупотреби́тел|ьный (~ен) not in use, not current
неуравнове́шен|ный (~, ~на) unbalanced (*psychologically*)
неурожа́й harvest, crops failure, bad harvest; **~ный** *adj of* ~; ~ год bad harvest year
неуро́чн|ый outside (*fixed*, *stipulated hours*, *time*, *etc*); ~ая рабо́та work outside normal hours; untimely
неуря́дица *coll* disorder, mess; *usu pl* squabbling, friction
неуси́дчив|ый (~) restless, not persevering
неуспева́|емость *f* lack of progress (*in studies*); **~ющий** not making satisfactory progress, backward
неуста́н|ный (~ен, ~на) tireless, unwearying
неусто́й|ка *leg* forfeit (*for breach of contract*); *pop* failure; **~чивый** (~чив) unstable, unsteady; changeable (*of weather*); ~чивое равнове́сие unstable equilibrium
неустрани́м|ый (~) *lit* irremovable
неустраши́м|ый (~) *lit* dauntless, fearless, intrepid
неустро́|енный (~ен, ~енна) unsettled, disorganized; **~йство** disorder, disorganization
неусту́пчив|ый (~) uncompromising, unyielding
неусы́п|ный (~ен) *lit* vigilant, unflagging
неутеш|и́тельный (~и́телен) depressing, of little comfort (*news*, *etc*); **~ный** (~ен) inconsolable; disconsolate
неутоли́м|ый (~) unquenchable, unappeasable; insatiable
неутоми́м|ый (~) indefatigable, tireless
не́уч *coll pej* ignoramus
неучти́в|ость *f* discourtesy, impoliteness, incivility; **~ый** (~) discourteous, impolite, uncivil
неую́т|ный (~ен) comfortless, bleak
неуязви́м|ый (~) invulnerable, unassailable (*position*, *etc*)
неф nave; боково́й ~ aisle
нефри́т *med* nephritis; *min* jade, nephrite
нефте(-) oil(-); **~наливно́й** for carrying oil; ~наливно́е су́дно oil-tanker; **~но́сный** (~но́сен) oil-bearing; **~перего́нный** oil-refining; ~ заво́д oil refinery; **~перераба́тывающий** oil-refining; **~прово́д** oil pipeline; **~храни́лище** oil-tank, oil reservoir
нефт|ь *f* petroleum; ~-сыре́ц crude oil; **~я́ник** oil(-industry) worker; **~я́нка** *coll* oil-engine; oil-barge; **~яно́й** oil; ~яна́я вы́шка oil derrick; ~ фонта́н oil-gusher
нехва́тка *coll* shortage
нехи́т|рый (~ёр, ~ра́, ~ро́) artless, guileless; *coll* simple, uncomplicated
нехоро́ш|ий (~, ~а́, ~о́) bad; ~, ~а́ (собо́й) ugly; **~о́** *adv* badly; чу́вствовать себя́ ~ feel unwell; *pred* it is not right, bad
нехо́женый untrodden, unfrequented (*paths*, *etc*)
не́хотя *adv* unwillingly, reluctantly; inadvertently, unintentionally
не́христь *m obs pop* unbeliever; *pop* hard(-hearted) person, brute
нецелесообра́з|ный (~ен) inexpedient; pointless
нецензу́р|ный (~ен) unprintable (*of language*)
неча́|янность *f* unexpectedness; *coll* unexpected event; по ~янности inadvertently; **~янный** accidental, unintentional; unexpected
не́чего *pr* + *infin* there is nothing (to); нам ~ де́лать we have nothing to do; не́ о чем спо́рить there is nothing to argue about; де́лать не́чего, придётся согласи́ться it can't be helped, one will have to agree; ~ (и) говори́ть, челове́к он хоро́ший of course, he is a good person; ~ сказа́ть! *iron* one must admit!, indeed!; от ~ де́лать for want of something better to do, to while away the time; *pred* + *infin* it's no use, there is no point (in), there is no need; ~ об э́том ду́мать there is no point in thinking about it
нечелове́ческий superhuman; inhuman
нечёсан|ый (~) *coll* dishevelled
нечести́в|ый (~) impious
нече́ст|ный (~ен) dishonest; dishonourable
не́чет *coll* odd number
нечёт|кий (~ок) slipshod, inaccurate (*of work*); illegible (*of handwriting*); indistinct (*of pronunciation*)
нечётный odd (*of numbers*)
нечист|опло́тный (~опло́тен) untidy, slovenly; dirty; *fig* unscrupulous; **~ота́** dirtiness; **~о́ты** (*gen pl* ~о́т) *pl only* sewage; **~ый** (~, ~а́, ~о) unclean, dirty *also fig*; impure (*thoughts*, *etc*); ~ое де́ло shady business; *long form only* careless, inaccurate (*work*, *etc*); dishonest, dishonourable; быть ~ым на́ руку *coll* be light-fingered; ~ая си́ла Evil one; **~ый** *n* Evil one, Evil Spirit
не́чисть *f collect coll* evil spirit(s); *fig* vermin, scum
нечленоразде́л|ьный (~ен) inarticulate
не́что *pron lit* something (*used in nom and acc*); ~ стра́нное something odd; ~ вро́де a kind of, a sort (of, + *gen*)
нечувстви́тел|ьный (~ен) insensitive (to, к + *dat*); imperceptible
нешу́точ|ный (~ен) not trifling, serious
неща́д|ный (~ен) merciless
нея́вка failure to appear (at, на + *acc*), non-appearance
нея́с|ность *f* vagueness, obscurity, lack of clarity; **~ный** (~ен) vague, obscure
нея́сыть *f* tawny owl
ни *partic* not a; на не́бе ни о́блачка not a cloud in

the sky; он ни одно́й ве́щи не потеря́л he didn't lose a single thing; ни ша́гу да́льше! not a step further!; ни гу-гу́! *coll* mum's the word!; *partic combining with* как, кто, куда́, *etc* -ever; как ни торопи́сь, всё равно́ не успе́ешь however much you hurry, you will still be late; ни за что for nothing, in no circumstances; она́ получи́ла это ни за что she got it for nothing; она ни за что не догада́ется she will never guess; *correlative conj* ни ... ни ... neither ... nor; ни тот ни друго́й neither (the one nor the other); ни то ни сё neither one thing nor the other; ни с того́, ни с сего́ for no apparent reason; all of a sudden; ни-ни! *or* ни-ни-ни! *coll* on no account (must one)!

ни́в|а (corn-)field; на ~е просвеще́ния *fig* in the field of education

нивели́р *tech* level; **~́ова́ть** (~ую) *impf and pf tech* level; survey, contour; **~о́вка** levelling; surveying, contouring; **~о́вщик** leveller; surveyor

нигде́ *adv* nowhere

нигили́|зм nihilism; **~́ст** nihilist; **~сти́ческий** nihilistic

нидерланд|ский Netherlands; Н~́ы (the) Netherlands

ниж|а́йший *superl of* ни́зкий *obs* ваш ~ слуга́ your very humble servant; **~́е** *comp of* ни́зкий *and* ни́зко; *prep + gen and adv* beneath, below; **~еподписа́вшийся** (the) undersigned; **~еслéдующий** following; **~естоя́щий** inferior, subordinate (*of organization, etc*); **~еупомя́нутый** undermentioned; **~́не-** *geog* lower (*in geographical names*); **~́ний** lower; ~нее бельё underclothes, underwear; ~няя пала́та Lower Chamber, House; ~ чин *obs* other rank; ~ эта́ж ground floor; ~ реги́стр *mus* lower register

низ 2 (на ~у́, о ~́е; ~ы́) bottom; base (of column); ground floor; *pl* lower classes; broad masses (*of population*); *pl mus* low notes

ни|за́ть I (~жу́, ~́жешь) *pf* на~ string, thread; так и ~жет слова́ *fig* speaks very smoothly

низвер|га́ть I *pf* ~́нуть precipitate; *fig* overthrow; ~га́ться I *pf* ~́нуться crash down, rush down (*of torrent, waterfall, etc*); **~́гнуть(ся)** I (*past* ~г(ся) *also* ~гнул(ся); ~гла(сь) *lit pf of* ~га́ть(ся); **~же́ние** overthrow

низв|ести́ (~еду́, ~едёшь; ~ёл, ~ела́) *pf of* ~оди́ть; **~оди́ть** II (~ожу́, ~о́дишь) *pf* ~ести́ bring down; *fig* bring low, reduce

низи́на low-lying place, depression

ни́з|кий (~ок, ~ка́, ~ко) low; быть ~кого мне́ния о ком have a low opinion of someone; humble; base, mean; **~коло́бый** 1 (~коло́б) with a low forehead; **~копокло́нник** toady, crawler; **~копокло́нничать** I *impf* cringe (to), grovel (before, пе́ред + *instr*); **~копокло́нство** servility, cringing, grovelling; **~копро́бный** (~копро́бен) base, low-grade (*of precious metals*); *fig* inferior; base; **~коро́слый** (~коро́сл) short (*in stature*), undersized; **~косо́ртный** (~косо́ртен) low-grade; of inferior quality

низл|ага́ть I *pf* ~ожи́ть *lit* depose, dethrone; **~оже́ние** deposition, dethronement; **~ожи́ть** II (~ожу́, ~о́жишь) *pf of* ~ага́ть

ни́з|менность *f geog* lowland; *fig* baseness; **~́менный** (~мен, ~менна) *fig* low, base, vile; *long form* low-lying; **~ово́й** *geog* lower; low-lying; from the lower reaches, situated downstream; local; ~ова́я печа́ть local press; **~о́вье** (*gen pl* ~о́вьев) lower reaches (*of river*); **~ойти́** (~ойду́, ~ойдёшь; нисшёл, ~ошла́) *pf of* нисходи́ть; **~о́к** (~ка́) *coll* bottom; ~ки́ брюк trouser bottoms; **~́ом** *adv* along the bottom; е́хать ~ take the lower road; **~́ость** *f* lowness; baseness, meanness; **~ри́нуть** I *pf rhet* cast down, overthrow; **~ри́нуться** I *pf rhet* cast, throw oneself down; **~́ший** *superl of* ~кий lowest; ~шее образова́ние primary education

ника́к *adv* in no way, by no means, nowise; я ~ не могу́ разобра́ться I am quite unable to make it out; ~ нельзя́ it is quite impossible; ~ нет *usu mil* it is quite impossible, I, etc, really can't (*polite negative reply to question*); *partic pop* it seems; ты, ~, заболе́л? you aren't unwell, are you?; **~о́й** *pr* no; он не име́ет ~о́го представле́ния (поня́тия) he has no idea (whatever); ~а́я она́ мне не мать *pop* what sort of a mother is she to me?; шахмати́ст он ~ *coll* he is no chess-player; и ~и́х (гвозде́й) *pop* and that's that; без ~и́х! *pop* and no argument!

ни́к|елевый nickel; **~елирова́ть** (~елиру́ю) *impf and pf* nickel(-plate); **~елиро́вка** nickel-plating; **~́ель** *m* nickel

ни́к|нуть I (*past* ~ *or* ~нул, ~ла) *pf* по~ and с~ *coll* droop, flag *also fig*

никогда́ *adv* never; как ~ as never before

нико́|й ~им о́бразом by no means; ни в ко́ем слу́чае on no account, in no circumstances

никоти́н nicotine; **~́ный, ~́овый** *adj of* ~

никто́ *pr* nobody, no one; ~ не хо́чет э́того nobody wants it; никого́ нет there is no one; за никого́ счита́ть кого́ consider someone a nonentity; он мне ~ *coll* he is nothing to me

никуд|а́ *adv* nowhere; я ~а не пое́ду I shall not go anywhere; э́то ~а не годи́тся this no good at all, it won't do; ~а не го́дный worthless, useless, good-for-nothing; **~ы́шный** (~ы́шен) *pop* = ~а́ не го́дный

никчём|ный (~ен) *coll* useless, good-for-nothing, worthless; needless

нима́ло *adv* not in the least, not at all

нимб halo, nimbus

ни́мф|а nymph; *pl anat* labia minora; *zool* pupa; **~ома́ния** nymphomania; **~ома́нка** nymphomaniac

нио́бий niobium

ниотку́да *adv* from nowhere

нипочём *adv pop* it is nothing (to, + *dat*); ему́ ~ подня́ть большу́ю тя́жесть it is nothing to him to lift a heavy weight; *pred + dat coll* ве́тер и хо́лод ей ~ wind and cold don't mean anything to her; *pop* on no account, not for anything; ~ не прощу́ I shall never forgive; *pop* dirt-cheap

ни́ппел|ь *m* (*pl* ~я́, ~е́й) *tech* nipple

нирва́на nirvana

ниско́лько *adv* not in the least, not at all, no whit; он ~ не оби́делся he wasn't in the least bit offended; *pr coll* none at all

ниспа|да́ть I (~да́ет) *pf* ~́сть *obs* fall, drop (down); **~́сть** (~дёт; ~л) *pf of* ~да́ть

ниспо|сла́ть (~шлю́, ~шлёшь) *pf of* ~сыла́ть; **~сыла́ть** I *pf* ~сла́ть grant, send down (*of fate, gods, etc*)

ниспровер|га́ть I *pf* ~́гнуть *rhet* overthrow, cast down, destroy *also fig*; **~́гнуть** I (~г *and* ~гнул, ~гла) *pf of* ~га́ть; **~же́ние** overthrow

нисхо|ди́ть II (~жу́, ~́дишь) *pf* низойти́ *obs* descend; **~дя́щий** descending; по ~дя́щей ли́нии in a descending line; *ling* falling

нисше́ствие descending, descent; ~ Свято́го Ду́ха

descent of the Holy Ghost

нит|еви́дный (~еви́ден) thread-like, filiform; ~ пульс *med* thready pulse; ~**евóд** *text* thread guide; ~**елóвка** *text* thread picker; ~**ерéзка** *text* thread cutter; **~́ка** thread; ~ жéмчуга string of pearls; на живу́ю ~ку *fig coll* hastily, anyhow; э́то ши́то бéлыми ~ками it's all too obvious; потеря́ть всё до ~ки lose everything; на ней сухóй ~ки нé было she hadn't a dry stitch on her; до (послéдней) ~ки обобрáть когó *fig coll* rob, strip someone of everything; промóкнуть до ~ки *fig* get soaked to the skin; вы́тянуться в ~у *fig coll* stand in line; do anything (for, для + *gen*); become worn to a shadow; **~́очка** *dim of* ~ка; ходи́ть по ~очке *fig coll* toe the line; по ~очке разобрáть *fig coll* scrutinize, analyse minutely; **~́очный** *adj of* ~ка

нитр|áт nitrate; ~**и́ровать** (~и́рую) *impf and pf* nitrate; nitride; ~**и́т** nitrite; ~**ифици́ровать** (~ифици́рую) *impf and pf* nitrify; ~**обензóл** nitrobenzene; ~**овáние** nitration; ~**оглицери́н** nitroglycerine; ~**оипри́т** nitrogen mustard (gas); ~**оклетчáтка** nitrocellulose; ~**осоединéние** nitro-compound

нит|чáтка hair-weed, crow-silk; tapeworm; **~́чатый** filiform; ~**ь** *f* thread; путевóдная ~ clue; ~́и дру́жбы bonds of friendship; проходи́ть крáсной ~́ью *fig* run through, be the keynote of (*of theme, motif, etc*); *bot, elect* filament; ~ накáла glow-lamp filament; *radio* heated filament; *med* suture; **~́янка** *coll* knitted cotton glove; **~́яный** cotton

ниц *adv obs* face downwards, prone; пáдать ~ prostrate oneself, kiss the ground

ничегó *gen of* ничтó; *adv coll* passably, so-so, not (too) badly *also* ~ себé; как вы чу́вствуете себя́? – ~ how do you feel? not too bad; он живёт ~ себé he doesn't live too badly; ~ себé *iron* some; ~ себé портни́ха: плáтья скрои́ть не умéет a fine dressmaker she is: she can't even cut out a dress; *coll* never mind, all right; пусть придёт, ~ never mind, let him come; *indecl adj* not (too) bad, tolerable, passable; моя́ кóмната ~ (себé) my room is not too bad; *indecl pron* = ничто *coll* егó ~ не интересу́ет nothing interests him; ~**недéлание** *coll* idleness; ~**шеньки** *adv coll* absolutely nothing

нич|éй *pr* nobody's, no one's; ~ья́ земля́ no man's land; ни в чьéй пóмощи не нуждáюсь I don't need anyone's help; *see also* ~ья́; ~**éйный** *coll* no man's; *sp* drawn

ничкóм *adv* prone, face downwards

нич|тó *pr* nothing; ~ егó не интересу́ет nothing interests him; э́то ~éм не кóнчилось it came to nothing; ~егó подóбного! *coll* nothing of the kind, sort; *fig* nothingness, nonentity; ~**тóже** *pr* ~ сумня́ся *or* ~сумня́шеся *iron* without a second's hesitation; ~**тóжество** nothingness; a nobody, nonentity; ~**тóжность** *f* insignificance; a nobody, nonentity; ~**тóжный** (~тожен) insignificant; worthless, paltry

ничу́ть *adv coll* not at all, not a bit, not in the least; ~ не бывáло *coll* not at all

нич|ья́ *n sp* draw, drawn game; игрокú согла-си́лись на ~ью́ the players agreed to a draw; сыгрáть в ~ью́ draw

ни́ша recess, niche; *archi* bay

нищ|áть I *pf* об~ grow poor, be reduced to beggary; **~́енка** beggar-woman; **~́енский** beggarly, wretched; **~́енство** begging; beggary; **~́енствовать** (~енствую) *impf* beg, go begging; be destitute; ~**етá** destitution; poverty, indigence *also fig*; *collect* beggars; the poor; **~́ий** *adj* destitute; poverty-stricken, indigent; ~ая брáтия *obs* the poor; ~ дýхом poor in spirit; ~**ий** *n* beggar, mendicant; pauper

но *conj* but; он здорóв, но худ he is well, but thin; still, nevertheless *or not translated;* хотя́ он и зáнят, но не устаёт although he is busy, he does not get tired; *n neut indecl* a 'but', difficulty, snag; никаки́х но no buts, but me no buts; *interj* gee up! но-но whoa!, slow there!

новá|тор innovator; **~́торский** *adj of* ~тор *and* ~торство; **~́торство** innovation; **~́ция** *lit* innovation

новéйший *superl of* нóвый newest; latest

новéлл|а short story; novel (*in Roman law*); ~**и́ст** short story-writer

нóв|енький *adj* (brand-)new; **~́енький, ~́енькая** *n* new boy, new girl (*at school*); novice

нови|знá novelty; newness; **~́к** 1 *hist* young courtier; *obs* novice; ~**нá** *dial* new invention, discovery; virgin soil; freshly reaped corn; piece of unbleached linen; **~́нка** novelty; new invention, discovery; кни́жные ~нки new(ly published) books; э́то мне в ~нку it's a new experience for me; ~**чóк** (~чкá) new boy, new girl (*at school*); novice (at), beginner (at, в + *prep*), tiro

ново|брáнец (~брáнца) recruit; ~**брáчная** *n* bride; ~**брáчные** *n* newly married couple, newly-weds; ~**брáчный** *n* bridegroom; ~**введéние** innovation; ~**гóдний** new year's; ~**грéческий** ~ язы́к modern Greek; ~**завéтный** of the New Testament

новозелáнд|ец (~ца) New Zealander; Н~́ия New Zealand; **~́ка** *f of* ~ец; **~́ский** New Zealand

новоиспечённый *coll joc* newly fledged; newly made

новокаи́н novocaine

ново|лу́ние new moon; ~**мóдный** (~мóден) modish, in the latest fashion, up-to-date; *fig pej* newfangled; ~**образовáние** new formation; new growth; *med* neoplasm; ~**обращённый** newly converted; ~**преставленный** the late (lamented); ~**прибы́вший** *adj* newly arrived; *n* newcomer; ~**рождённый** *adj* newborn; *n* the baby; one celebrating his birthday; поздрáвить ~рождённого wish many happy returns (of a birthday); ~**сёл** new settler, tenant, *etc*; ~**сéлье** new home, new abode; house-warming; ~**стрóйка** erection of new buildings; newly erected building; шкóла-~ new school

нóв|ость 5 *f* news, tidings; э́то что ещё за ~ (~ости)!, вот ещё ~ (~ости)! *coll* that's news!, that's something new!; *obs* freshness; novelty; new invention, discovery; ~**отéльный** newly calved; ~**оя́вленный** *iron* newly on the scene; **~́шество** innovation; novelty; **~́ый** (~, ~á, ~́о, ~́ы) new; fresh; novel; Н~ год New Year's Day; Н~ завéт New Testament; Н~ свет the New World; что ~ого? what's new?, what's the news?, recent, modern; ~ая истóрия modern history; ~ые языки́ modern languages

новь *f* virgin soil

ног|á 4 foot; leg; без (зáдних) ~ *coll* dead-beat; быть на дру́жескую, корóткую ~́у (дру́жеской, корóткой ~é) be on a good footing (with), be on good terms (with, с + *instr*); вали́ться с ~ be dead tired, dropping; валя́ться в ~áх у когó *fig coll* prostrate oneself before someone; вверх (*pop* кверх) ~áми upside down; head over heels; вертéться под ~áми у когó get, be in someone's way; взять ~́и в рýки *coll* run for dear life; в ~áх постéли at the foot of the bed; встать нá ~и *fig* get on to, find one's feet; встать с лéвой ~ѝ get out of bed on the wrong side; дать ~́у get, keep in step; жить на ширóкую (большýю, бáрскую) ~́у live in (grand) style, live like a lord; éле ~́и унестѝ escape by the skin of one's teeth; идтѝ в ~́у keep abreast (of), keep (in) step (with), keep pace (with, с + *instr*) *also fig;* идтѝ ~а зá ~у *pop* plod on, along; к ~é! *mil* order arms!; кудá ~́и несýт *coll* follow one's nose; лёгкий нá ~у *coll* good walker; мешáться под ~áми be in someone's way; моéй ~ѝ у вас не бýдет *coll* I shall not set foot in your house again; на однóй ~é *pop* quickly; in a jiffy; ни ~óй (к комý) never cross the threshold (of someone's place); ~ под собóй не слы́шать (чýвствовать) от рáдости *coll* be transported with joy; однá ~ здесь, другáя там *coll* very quickly; in two shakes; он давáй Бог ~́и *coll* he took to his heels; он на ~áх не стоя́л he could barely stand; перевернýть с ~ на гóлову *fig* turn upside down; переминáться с ~ѝ нá ~у shuffle from foot to foot; под ~áми at one's feet; подня́ть когó нá ~и *fig* goad someone into action; постáвить когó нá ~и *fig* set someone on his feet; протянýть (вы́тянуть) ~́и *pop* peg out; разминáть ~́и *coll* stretch one's legs; сбить с ног когó knock someone down; run someone off his feet; сбѝться с ~ѝ lose step, get out of step; сбѝться с ~ be run off one's feet; со всех ~ *coll* as fast as one's legs will carry one; стать нá ~и *fig* stand on one's own feet; стоя́ть однóй ~óй в могѝле have one foot in the grave; уперéться ~áми в зéмлю *fig* take a firm stand; хромáть на óбе ~ѝ be lame in both legs; *fig coll* creak

нóг|оть 5 *m* (~тя) (finger-, toe-)nail; **~ткѝ** (*gen pl* ~ткóв) marigold; **~тóк** (~ткá) *dim of* ~оть; мужичóк с ~ Tom Thumb; **~тевóй** *adj of* ~оть; **~тоéда** whitlow

нож 1 knife; кýхонный ~ carving-knife; перочѝнный ~ penknife; разрезнóй ~ paper-knife; садóвый ~ pruning-knife; ~ в спѝну *fig* stab in the back; быть на ~áх be at daggers drawn (with, с + *instr*); э́то мне ~ óстрый *fig* I can't bear it; без ~á (за)рéзать *pop* put into an impossible position; под ~óм under the knife (*during an operation*); пристáть с ~óм к гóрлу комý worry the life out of, pester someone; **~евóй** *adj of* ~; ~ мáстер cutler; ~евы́е товáры cutlery

нóж|ка *dim of* ногá; подстáвить ~ку комý trip someone up; *coll* queer someone's pitch; leg (*of furniture*, *etc*); stem (*of wineglass*); *bot* stalk; stem (*of mushrooms*)

нóжниц|ы (*gen pl* ~) scissors, pair of scissors; shears; *econ* discrepancy, sharp difference

ножнóй *adj of* ногá; foot, pedal, treadle (*brake*, *drive*, *etc*)

нóж|ны (*gen pl* ~ен *and* ~ны́, ~óн) sheath; scabbard; **~óвка** hacksaw; **~óвщик** cutler; **~óвый** = ~евóй

ноздр|евáтый (~евáт) porous, spongy; **~я́** (*pl* ~́и, ~éй) nostril; ~ в ~ю́ *coll* side by side

нокáут knockout; **~ѝровать** (~ѝрую) *pf* knock out

ноктю́рн nocturne

нол|евóй, нул|евóй *adj of* ~ь; *math* zero

ноль 1 *m see also* **нуль;** only ноль in fixed expressions: в дéсять ноль-ноль at ten o'clock (at ten hundred); ~ внимáния *coll* no attention whatsoever; ~ без пáлочки *coll joc* useless person, a nobody

номáд nomad

номенклатýр|а nomenclature; schedule, catalogue (*of terms*, *etc*); nomenklatura (government, Party appointees in USSR); **~́ный** *adj of* ~а

нóмер (*pl* ~á) number; ~ автомобѝля car registration number; number, issue (*of newspaper*, *etc*); size (*of shoe*, *etc*); room (*in hotel*); number, turn, item on programme; вы́кинуть ~ *coll* play a trick, prank; э́тот ~ не пройдёт *coll* you can't get away with it, it won't wash; ~ орудѝйного расчёта member of gun crew, gun number; **~нóй** *adj of* ~; numbered (*known under a number*); *n* boots (*in hotel*); **~óк** (~кá) number; small room (*in hotel*); tally, label, ticket (*in cloakroom*, *etc*)

номинáл face value; по ~у at face value; **~́ьный** nominal; ~ьная ценá face value; *tech* indicated, nominal, rated

номогрáмма nomogram, nomograph

нóна *mus* ninth

нóне *adv dial* = ны́не

нóниус *tech* vernier

нонпарéль *f typ* nonpareil

нóнче *dial* = ны́нче

нóн|ы (*gen pl* ~) nones (*Roman calendar*)

норá 2 burrow, hole; lair; form (*of hare*)

Норвé|гия Norway; **н~́жец** (~жца) Norwegian; **н~́жка** Norwegian (woman); **н~́жский** Norwegian

норд *naut* north; north wind; **~-вéст** *naut* north-west; north-wester(ly wind); **~-óст** *naut* north-east; north-east(erly wind)

нóрия *tech* noria, bucket chain

нóрк|а *dim of* норá; (америкáнская) ~ mink; (европéйская) ~ marsh-otter; **~́овый** mink

нóрм|а standard, norm; rate; ~ вы́работки (planned) rate of output; сверх ~ы above planned rate of output; **~ализáция** standardization; **~ализовáть** (~ализýю) *impf and pf* standardize; normalize

нормáл|ь *f tech* normal; **~́ьность** *f* normality; **~́ьный** (~ен) normal; ~ устáв model regulations; standard

нормáнд|ец (~ца) Norman; **~́ский** Norman; ~ские островá Channel Islands

нормáн|н *hist* Northman, Norseman; **~́ский** Norse

норматѝв *tech* norm; **~́ный** (~ен) *adj of* ~; normative

нормир|овáние normalization, regulation; ~ трудá norm-fixing; rationing; **~óванный** ~ рабóчий день fixed working hours; ~óванное снабжéние rationing; **~овáть** (~ýю) *impf and pf* normalize, regulate; ~ зáработную плáту fix wages; ration, place on the ration; **~óвка** *coll* = ~овáние; **~óвщик** regulator; ~ (трудá) norm-setter

нóров *obs* custom; *coll* obstinacy, capriciousness; человéк с ~ом temperamental person; restiveness (*of horses*); **~ѝстый** (~ѝст) *pop* restive, jibbing; **~ѝть** II (~лю́) *coll* aim (at), strive (to, + *infin*); strive to become (в + *nom-acc*); он ~ѝл в писáтели he had ambitions as a writer

нос 2 (на ~ý, о ~́е) nose; бормотáть под ~ mutter (under one's breath); говорѝть в ~ speak through one's nose; держáть ~ по вéтру *see* **вéтер;** задирáть, подня́ть ~ *coll* put on airs; зарубѝ э́то себé на носý *see* **зарубѝть;** корóче воробьи́ного

∼́а *pop* very short; клевáть ∼́ом *coll* nod, doze; крутúть ∼́ом *coll* be fussy, choosy; на ∼ý *coll* near at hand, imminent; настáвить ∼ комý *coll* fool someone; натянýть ∼ комý *coll* show someone up; fool someone; ∼́а не покáзывать *coll* not to show up; не вéшать ∼́а *coll* keep one's spirits up; ∼ воротúть turn up one's nose (at, от + *gen*); ∼́ом к ∼́у *coll* face to face; остáвить с ∼́ом *coll* get the better of; остáться с ∼́ом *coll* be duped, fooled; повéсить ∼ (на квúнту) *coll* lose heart, be despondent; показáть длúнный ∼ комý *coll* cock a snook at someone; совáть ∼ (не в своё дéло) *coll* poke one's nose into other people's affairs; ткнуть когó ∼́ом во что *coll* thrust something under someone's nose; утерéть ∼ комý *fig coll* put someone's nose out of joint; уткнýться ∼́ом во что *fig coll* bury one's nose in something; у меня́ идёт кровь ∼́ом (úз ∼су) my nose is bleeding; **∼áстый** (∼áст) *pop* big-nosed; **∼́тый** (∼áт) *coll* big-nosed; **∼́ик** *dim of* ∼; toe (*of shoe*); spout (*of jug, etc*)

но|сúлки (*gen pl* ∼сúлок) stretcher; litter, sedan (-chair); (hand-)barrow; **∼сúльный** for personal wear; **∼сúльщик** porter; **∼сúтель** *m fig* bearer, repository; *med* carrier; *chem* vehicle; **∼сúть** II (∼шý, ∼́сишь) *impf indet of* нестú carry; bear *also fig*; ∼ когó на рукáх *fig* make a fuss of someone, spoil; *indet only* wear (moustache, beard, clothes, *etc*); bear (*name, etc*); ∼ свою́ девúчью фамúлию use, go under one's maiden name; *coll* be pregnant, be with (child); heave (sides, chest, *etc*, + *instr*), **∼сúться** II (∼шýсь, ∼́сишься) *impf indet of* нестúсь; э́то ∼́сится в вóздухе *fig* it is in the air; *coll* make a fuss (of), fuss (over, с + *instr*); ∼ с нóвым проéктом nurse a new project; *vi* wear; **∼́ска** carrying; bearing; wearing; laying (*of eggs*); **∼́ский** (∼сок) hard-wearing, durable (*of footwear, etc*); good-laying (*hen, etc*)

нос|овóй *adj of* ∼; ∼ платóк (pocket) handkerchief; *ling* nasal; *naut* bow, fore; ∼овáя часть ship's bows, forepart; **∼оглóтка** nasopharynx; **∼оглó-точный** nasopharyngeal; **∼огрéйка** *coll* nose-warmer (*pipe*); **∼óк** (∼кá) toe(-cap) (*of boot, stocking*); *dim of* ∼; sock; **∼олóгия** nosology; **∼орóг** rhinoceros

ностальгúя nostalgia

носýха coati

нóсчик carrier, porter

нóт|а *mus* note; ∼ой нúже! *fig coll joc* not so shrill, not so loud; *pl* (sheet) music; игрáть по ∼ам play from music; как по ∼ам *fig* without a hitch, according to plan; (diplomatic) note; **∼абéна** *and* **∼абéне** *neut indecl* nota bene (NB)

нотар|иáльный notarial; **∼́иус** notary

нотáци|я *coll* reprimand, lecture; прочéсть комý ∼ю read someone a lecture; notation

нотифи|кáция notification; **∼цúровать** (∼цúрую) *impf and pf* notify, inform officially

нóт|ка *mus and fig* (faint) note; **∼́ный** *adj of* ∼ы; ∼ магазúн music shop

ноýмен noumenon

ноч|евáть (∼ýю) *pf* пере∼ spend, pass the night; поэ́зия в егó стихáх и не ∼евáла *coll* there was not a trace of poetry in his verses; **∼ёвка** spending, passing the night; **∼лéг** lodging for the night; = ∼ёвка; **∼лéжка** *pop* doss-house; **∼лéжник** *coll* (overnight) visitor; dosser; **∼лéжный** *adj of* ∼лéг; ∼ дом doss-house; **∼нúк** 1 night-light; *coll* night-worker; night-flier; **∼нóе** *n* pasturing of horses at night in summer; **∼нóй** night, nocturnal; ∼нáя бáбочка moth; ∼ горшóк chamber-pot; ∼ные тýфли bedroom slippers; ∼нáя фиáлка wild orchid; **∼ь** 5 *f* (в ∼ú, о ∼́и) night; ∼́ью by, at night; до пóздней ∼и late into the night; нá ∼ before going to bed; глухáя ∼ the dead of night

нóш|а burden; **∼éние** carrying; wearing; **∼́еный** worn; second-hand

нóщно дéнно и ∼ *coll* day and night

нó|ю, ∼ешь *see* **ныть;** **∼́ющий** ∼ющая боль nagging pain

ноя́брь 1 *m* November; **∼́ский** *adj of* ∼

нрав disposition, temper; быть, прийтúсь по ∼у комý be to someone's liking; *pl* manners, customs, ways; **∼́иться** II (∼люсь) *pf* по∼ please (+ *dat*); мне, *etc* ∼ится I like, *etc*; онá старáется ∼ емý she tries to please him; вы емý óчень понрáвились he likes you very much; емý ∼ится ходúть тудá he likes going there; **∼ный** (∼ен) *pop* testy, temperamental; **∼оописáтельный** ∼ ромáн novel of manners; **∼оучéние** moral admonition; moralizing; *lit* moral; **∼оучúтельный** edifying; **∼́ственность** *f* morality; morals; **∼́ственный** (∼ствен, ∼ственна) moral

ну *interj and partic* well!, come (on)!; ну, ну! come, come!; ну, скорéй! hurry up now!; ну? well?; ну, и что же дáльше? well, and what next?; (да) ну? not really?, you don't mean to say so!; *expressing surprise, pleasure or displeasure* well; what; why; ну и ... what (a) ...!, here's ... (for you)!; ну и погóда! what weather!; ну, неужéли?! what! really?; но? really?; ну, прáво!, ну, однáко же! well, to be sure!; *expressing agreement, concession, resignation, relief, etc* well, ну, мóжет быть вы и прáвы well, perhaps you are right; ну что ж, приходúте зáвтра well then, come tomorrow; нý так well then; ну хорошó all right then, very well then; нý как + *fut* what if, suppose; нý как ктó-нибудь увúдит? suppose someone were to see?; *pred* + *infin* start; он ну кричáть he started yelling; ну да! *coll* go on!, tell me another!; да ну тебя́ *coll* stop that!; а ну егó! *coll* to hell with him!

нубúйский Nubian

нугá nougat

нý|дить II (∼жу) *impf obs* force, compel; wear out; **∼́дность** *f* tediousness; **∼́дный** (∼ден, ∼днá, ∼дно) tedious, boring

нужд|á 6 poverty; want, straits, indigence; вы́расти в ∼é be brought up in poverty; need, necessity; в слýчае ∼ы́ if need be; ∼ы́ нет, нет ∼ы́ it doesn't matter, never mind; ∼ всемý наýчит necessity is the mother of invention; *coll euph* call of nature; **∼áемость** *f* need (of), requirements (in, в + *prep*); **∼áться** I *impf* need, be in need of, require (в + *prep*); be in want, needy, hard-up

нýж|ник *pop* latrine; **∼́но** *impers* + *infin or* + чтóбы it is necessary; (one) ought, should, must, need(s); вам ∼ поéхать тудá you should, ought to, need to, go there; *impers* + *dat coll* I, *etc* need мне, *etc* ∼ (+ *acc or gen*); нам ∼ молокá we need some milk; мне ∼ пять рублéй I need five roubles; **∼́ный** (∼ен, ∼нá, ∼но, ∼ны́) necessary, requisite; вы ∼ны́ здесь you are needed here; *pred* + *dat* I, *etc* need; им ∼нá пóмощь they need help; я вам ∼ен? do you need me?; что вам ∼но? what do you need (want)?; óчень (мне) ∼но! *coll* won't that be nice! a fat lot of use that is (to me)!

нý-ка *interj* now!, now then!, come (on)!

нýкать I *impf coll* urge on, say 'come on'
нуклеин nuclein; **∼овый** ∼овая кислотá nucleic acid
нул|евóй *adj of* ∼ь; *math* zero; **∼ь** 1 *m* nought; zero; nil; cipher; трúдцать грáдусов нúже ∼я́ (ноля́) thirty degrees below zero; стричь под ∼ shave bare; сводúть, свестú к ∼ю́ bring to nought; *see also* **ноль**
нумер|áтор numerator; *elect* annunciator; **∼áция** numeration; numbering; **∼овáть** (∼ýю) *pf* за∼, про∼ number; ∼ странúцы paginate
нумизмáт numismatist; **∼ика** numismatics; **∼ический** numismatic
нýнций nuncio
нутáция nutation
нýтрия coypu; *fur* nutria
нутр|ó *pop* inside(s), interior; всё ∼ болúт all (my) insides ache; *fig* core, kernel; *fig* instinct(s), intuition; ∼óм угáдывать guess intuitively; быть не по ∼ý *coll* go against the grain, be not to one's (+ *dat*) liking; **∼янóй** *pop* internal
нутромéр internal callipers
ны́н|е *adv obs rhet* now, today; **∼ешний** *coll* present; present-day; ∼ день today; в ∼ешние временá nowadays; **∼че** *adv coll* today; не ∼ -зáвтра *coll* any day (now); now, nowadays
ныр|нýть I *pf of* ∼я́ть; **∼óк** *coll* diver; dive; *orni* pochard; **∼я́ло** *tech* plunger (piston)
ны́т|ик *coll* moaner; whiner; grumbler; **∼ь** (нóю, нóешь) *impf*; *coll* whine, moan, make a fuss; **∼ьё** *coll* whining, moaning
нэп *abbr of* нóвая экономúческая полúтика NEP (New Economic Policy); **∼ман** *coll* 'Nepman' (businessman, trader during NEP); **∼овский** *adj of* ∼
нюáнс shade, nuance; **∼úровать** (∼úрую) *impf and pf mus* bring out finer shades of feeling
ню́н|и распустúть ∼ *coll pej* snivel; be a cry-baby; **∼я** *coll pej* cry-baby
нюх sense of smell (*of animals*); scent; *fig coll* nose, flair (for, на + *acc*); ни за ∼ табакý for nothing; **∼альщик** *coll* snuff-taker; **∼ать** I *pf* по∼ smell (at), sniff (*scent, etc*); sniff (up) (*medicine, etc*); ∼ табáк take snuff; не ∼ал *coll* have no experience (of, + *gen*); пóроху не ∼ал *coll* has not smelt powder (*of someone inexperienced in war*); **∼нýть** I *sem pf* take a sniff (whiff) of
ня́н|чить II *impf* nurse; **∼читься** II *impf* look after (с + *instr*); *fig* fuss (over, с + *instr*); be too soft (with); **∼ька** *fig coll* = ∼я; у семú ∼ек дитя́ без глáзу *prov* too many cooks spoil the broth; *sl pol* 'nursemaid' (*person looking after and reporting on others*); **∼я** children's nurse, nanny; (hospital) nurse

О

о (об, обо) *prep + acc* against; on, upon; оперéться о край столá lean on the edge of the table; споткнýться о кáмень stumble against a stone; бок ó бок side by side; рукá óб руку hand in hand; + *prep* of, about, concerning; on; весть о побéде news of victory; обо мне about me; + *prep obs* having, with; избýшка о двух окóшках a little hut with two windows, пáлка о двух концáх a two-edged weapon, it cuts both ways; + *acc and prep obs* at, about, on (*of time*); об э́ту пóру about this time; о Рождествé *pop* about Christmas time; о сю пóру *pop* until now; *interj* oh!; **о-** (об-, обо-, объ-) *verbal prefix*; transformation, making, becoming something; action applying to entire surface of object *or* to a number of objects
оáзис oasis *also fig*
об- (обо-, объ-) *verbal pref* = о-; action *or* motion around an object
óба, обóих *n and neut*, **óбе, обéих** *f num* both; глядéть (смотрéть) в óба *coll* keep one's eyes open, skinned; be on one's guard; обéими рукáми *fig coll* very willingly
обáб|иться II (~люсь) *pf pop* become effeminate (*of a man*); become coarse, sluttish
обагр|и́ть(ся) II *pf of* ~я́ть(ся); **~я́ть** I *pf* ~и́ть *rhet* incarnadine, crimson; ~ рýки крóвью steep one's hands in blood; **~я́ться** I *pf* ~и́ться *rhet* be crimsoned; ~ (крóвью) be stained with blood
обалде|вáть I *pf* ~ть *pop* become stupefied, dull-witted, dulled; **~́лый** *pop* stupefied; **~ть** I *pf of* ~вáть
обанкрó|титься II (~чусь) *pf of* банкрóтиться
обая́|ние charm, fascination; **~́тельный** (~телен) charming, fascinating
обвáл collapse; caving-in; crumbling, fall(ing); landslip; снéжный ~ snow-slip, avalanche; **~́ивать** I *pf* ~и́ть *coll* cause to fall, collapse; heap round, surround (with, + *instr*); *pf* ~я́ть roll (in, в + *prep*); **~́иваться** I *pf* ~и́ться fall, collapse, cave in; crumble; **~́истый** (~ист) liable to fall, cave in; **~и́ться** II (~ю́(сь), ~́ишь(ся)) *pf of* ~́ивать(ся)
обвáр|ивать I *pf* ~и́ть pour boiling water over; scald; **~́иваться** I scald oneself; *pass of* ~ивать; **~и́ть(ся)** II (~ю́(сь), ~́ишь(ся)) *pf of* ~́ивать(ся)
обве|вáть I *pf* ~́ять fan; winnow
обвез|ти́ (~ý, ~ёшь; ~́, ~лá) *pf of* обвози́ть
обвенчáть(ся) I *pf of* венчáть(ся)
обвер|нýть I *pf of* ~́тывать; **~тéть** II (~чý, ~́тишь) *pf of* ~́тывать; **~́тывать** I *pf* ~нýть wrap up (in, + *instr*); *pf* ~тéть wrap around, wind around; ~ шéю шáрфом wrap a scarf round one's neck
обвé|с wrong, short weight; *tech* dodger, weather cloth; **~́сить(ся)** II (~шу(сь)) *pf of* ~шивать(ся)
обве|сти́ (~дý, ~дёшь; ~́л, ~лá) *pf of* обводи́ть
обвéтр|енный weather-beaten; chapped; **~́еть** (~еет) *pf* = ~иться; **~́ивать** I *pf* ~ить expose to the wind; мне ~ило гýбы my lips are cracked, chapped; **~́иваться** I *pf* ~иться become weather-beaten; **~́ить(ся)** II *pf of* ~ивать(ся)
обветшá|лый decrepit, decayed; dilapidated; **~́ть** I *pf of* ветшáть
обвéш|ать I *pf of* ~ивать; **~́ивать** I *pf* обвéсить give short weight to; cheat (*in weighing goods*); *pf* ~ать hang round (with), cover (with, + *instr*); **~́иваться** I *pf* обвéситься *coll* make a mistake in weighing (*goods, etc*)
обвé|ять I (~ю) *pf of* ~вáть
обви|вáть I *pf* ~́ть wind (round), twine (round), entwine; ~ть шéю рукáми throw one's arms round someone's neck; **~вáться** I *pf* ~́ться wind round, twine oneself round
обвин|éние charge, accusation; пýнкты ~éния *leg* counts of an indictment; огýльное ~ sweeping accusation; по ~éнию on a charge (of, в + *prep*); возводи́ть на (прóтив) когó ~ charge someone (with, в + *prep*); предъяви́ть ~ prefer a charge (against, + *dat*); выноси́ть ~ find guilty; the prosecution; **~и́ловка** *sl* = ~и́тельное заключéние; **~и́тель** *m* accuser; *leg* prosecutor; **~и́тельный** accusatory; ~ акт bill of indictment; ~и́тельное заключéние conclusion to indict; ~ пригово́р verdict of 'guilty'; ~и́тельная речь speech for the prosecution, indictment; **~и́ть** II *pf of* ~я́ть; **~я́емый** *leg* the accused; defendant; **~я́ть** I *pf* ~и́ть accuse (of), charge (with, в + *prep*); *leg* prosecute, indict
обвис|áть I *pf* ~́нуть droop, hang; sag; grow flabby; (*of human body*); **~́лый** *coll* hanging, flabby; drooping (*moustache*); **~́нуть** I (*past* ~, ~ла) *pf of* ~áть
обви́|ть(ся) (обовью́(сь), обовьёшь(ся); ~л(ся), ~лá(сь), ~ло(сь)) *pf of* ~вáть(ся)
обвóд enclosure, surrounding; *mil* (inner) enclosure; *usu pl* outline; *naut* line (*of ship*)
обводн|éние irrigation; supplying, filling up with water; **~и́тельный** irrigation; **~и́ть** II *pf of* ~я́ть; **~́ый** ~ канáл *tech* bypass; **~я́ть** I *pf* ~и́ть irrigate, fill up with water
обвол|áкивать I *pf* ~óчь cover; envelop *also fig*; **~áкиваться** I *pf* ~óчься *coll* become covered (with), enveloped (by, in, + *instr*); **~óчь(ся)** (~окý(сь), ~очёшь(ся), ~окýт(ся); ~óк(ся), ~оклá(сь)) *pf of* ~áкивать(ся)
обвор|áживать I *pf* ~ожи́ть charm, enchant, fascinate
обвор|овáть (~ýю) *pf of* ~óвывать; **~óвывать** I *pf* ~овáть *coll* rob
обворожи́|тельный (~телен) charming, enchanting, fascinating, entrancing; **~́ть** II *pf of* обворáживать
обвык|áть I *pf* ~́нуть *pop* settle down, become acclimatized to; **~́нуть** I (*past* ~, ~ла) *pf of* ~áть
обвя|зáть(ся) I (~жý(сь), ~́жешь(ся)) *pf of* ~́зывать(ся); **~́зывать** I *pf* ~зáть tie (round); ~ гóлову платкóм tie a kerchief round one's head; edge (*by knitting*); **~́зываться** tie round oneself (+ *instr*)
обгá|дить(ся) II (~жу(сь)) *pf of* ~живать(ся); **~́живать** I *pop vulg* shit on, dirty; **~́живаться** I *pf* ~диться *pop vulg* dirty oneself
обгл|áдывать I *pf* ~одáть gnaw, pick (all) round; **~одáть** I (~ожý, ~́жешь *and* ~одáю) *pf of* ~áдывать; **~óдок** (~óдка) *pop* gnawed piece,

picked bone
обгов|ори́ть II *pf of* ~а́ривать *pop* discuss
обго́н passing; **~я́ть** I *pf* обогна́ть overtake, pass, leave behind; outdistance, outstrip *also fig*
обгор|а́ть I *pf* ~е́ть be scorched, singed; be burnt on the surface, at the edges, receive surface burns; be badly burnt (*of person*); **~е́лый** charred; burnt; scorched
обгрыз|а́ть I *pf* ~ть gnaw round; **~́ть** (~у́, ~ёшь; ~, ~ла) *pf of* ~а́ть
обд|ава́ть (~аю́, ~аёшь) *pf* ~а́ть pour over; ~ холо́дной водо́й кого́ pour cold water over someone; *fig* seize, cover; меня́ ~́ало хо́лодом *impers* I felt cold all over; ~ взгля́дом презре́ния fix with a look of scorn; **~ава́ться** (~аю́сь, ~аёшься) *pf* ~а́ться pour over oneself (+ *instr*); ~ кипятко́м scald oneself; **~а́ть(ся)** (~а́м(ся), ~а́шь(ся), ~а́ст(ся), ~ади́м(ся), ~ади́те(сь), ~аду́т(ся); ~́ал (~а́лся), ~ала́(сь), ~́ало(сь)) *pf of* ~ава́ть(ся)
обде́л|ать I *pf of* ~ывать
обдел|и́ть II (~ю́, ~́ишь) *pf of* ~я́ть
обде́л|ывать I *pf* ~ать finish; ~ драгоце́нный ка́мень set a precious stone; dress (*leather*, *etc*); ~ кана́ву ка́мнем line a ditch with stone; *fig pop* arrange, manage (advantageously); ~ать *euph* = обга́дить; *pop* fleece, swindle
обдел|я́ть I *pf* ~и́ть do out of one's (fair) share (of) (+ *acc and instr*)
обдёр|ганный *coll* shabby; in rags; **~́гать** I *pf of* ~гивать; **~́гивать** I *pf* ~гать tear off, pull off; trim, even up; *pf* ~нуть *pop* pull down, adjust (*clothing*); **~́гиваться** I *pf* ~нуться *coll* adjust one's dress; *sl cards* pull out the wrong card; **~́нуть(ся)** I *pf of* ~гивать(ся)
обдир|а́ла *m and f coll* fleecer; **~а́ть** I *pf* ободра́ть strip, skin, flay; peel; ~ кору́ с де́рева bark a tree; *fig pop* fleece, rook; **~́ка** skinning; peeling; hulling; flaying; **~́ный** peeled; hulled
обду|ва́ла *m pop* cheat, trickster; **~ва́ть** I *pf* ~́ть blow (all) round; ~ пыль с чего́ blow the dust off something; *pop* cheat; *coll* beat (*at a game*)
обду́м|анно *adv* after careful consideration, deliberation; **~́анность** *f* deliberation; deliberateness; careful planning; **~́анный** (~ан, ~анна) well-considered, well-weighed, carefully thought out; с зара́нее ~анным наме́рением deliberately; *leg* of malice prepense; **~́ать** I *pf of* ~́ывать; **~́ывать** *pf* ~ать think over, weigh, consider
обду́|ть (~ю, ~ешь) *pf of* ~ва́ть
о́бе *see* **о́ба**
обе́г|ать I *pf of* ~а́ть *coll*; **~а́ть** I *pf* ~́ать run (all over, all round); call (on many people), run round (to see); **~а́ть** I *pf* обежа́ть run (over, round); run (past) *sp* outrun, pass
обе́д dinner (*usu in the middle of the day*); зва́ный ~ dinner-party; прийти́ к ~у come to dinner; dinner-time, lunch-time (midday); *coll* lunch break; пе́ред ~ом before dinner; in the morning; по́сле ~а after dinner (lunch); in the afternoon; **~́ать** *pf* по~ dine, have dinner; **~́енный** *adj of* ~; ~енное вре́мя dinner-time, lunch-time; ~ переры́в lunch break, lunch hour; ~ стол dinner table; *adj of* ~ня
обедн|е́вший impoverished; **~е́лый** *coll* = ~е́вший; **~е́ние** impoverishment; **~е́ть** I *pf of* бедне́ть; **~и́ть** II *pf of* ~я́ть
обе́д|ня (*gen pl* ~ен) *eccles* mass; испо́ртить ~ню кому́ *fig coll* spoil someone's game
обе|жа́ть (~гу́, ~жи́шь, ~гу́т) *pf of* ~га́ть
обезбо́л|ивание anaesthetization; **~́ивать** I *pf* ~ить anaesthetize; **~́ивающий** ~ивающее сре́дство anaesthetic; **~́ить** II *pf of* ~ивать; ~енные ро́ды painless birth
обезво́|дить II (~жу) *pf of* ~живать; **~́живать** I *pf* ~дить dehydrate
обезвре́|дить II (~жу) *pf of* ~живать; **~́живать** I *pf* ~дить render harmless; neutralize
обезгла́в|ить II (~лю) *pf of* ~ливать; **~́ливать** I *pf* ~ить behead, decapitate; *fig* deprive of a leader, head
обезде́нежеть I *pf coll* run out of money
обездо́л|ивать I *pf* ~ить deprive (of one's share); **~ить** II *pf of* ~ивать
обезжи́р|ивать I *pf* ~ить remove fat (from); skim; **~́ить** II *pf of* ~ивать
обеззара́|живать I *pf* ~зить disinfect; **~́зить** II (~жу) *pf of* ~живать
обезземе́л|ивать I *pf* ~ить dispossess of land; **~ить** II *pf of* ~ивать
обеззу́беть I *coll* lose one's teeth
обезле́с|ить II (~ит) *pf* deforest
обезли́ч|ение depersonalization; depriving, removal of personal responsibility; **~́енный** pooled (*of tools in use*, *etc*); group, impersonal, multiple (*of management*, *etc*); *econ* not owned by specified person; ~енная облига́ция bearer bond; **~́ивать** I *pf* ~ить depersonalize, deprive of individuality; deprive of, do away with personal responsibility (for); *econ* remove from ownership by specified person; make available to bearer unspecified; **~́ка** lack of personal responsibility (*in work*, *etc*); *rlwy* multiple manning
обезлю́де|ть (~ет) *pf* become depopulated
обезобра́|живать I *pf* ~зить disfigure; **~́зить** II (~жу) *pf of* ~живать and безобра́зить
обезопа́|сить II (~шу) *pf* (make) secure (against, от + *gen*); **~́ситься** II (~шусь) make oneself secure, secure oneself (against, от + *gen*)
обезору́ж|ивать I *pf* ~ить disarm *also fig*; ~ивающая улы́бка disarming smile; **~́ить** II *pf of* ~ивать
обезу́меть I *pf* lose one's senses, head; ~ от испу́га go out of one's mind with fright
обезья́н|а monkey; ape; **~́ий** *adj of* ~а; *zool* simian; *fig* apelike; **~́ник** monkey-house; **~́ничать** I *pf* с~ *coll* ape
обели́ск obelisk
обели́ть II *pf of* ~я́ть; **~я́ть** I *pf* ~и́ть *fig* whitewash, vindicate, prove innocence (of); ~ себя́ vindicate oneself
обер- chief- (*in designations of holders of rank*, *etc*); *coll pej* arch-
обере|га́ть I *pf* ~́чь guard (against), protect (from, от + *gen*); **~га́ться** I *pf* ~́чься protect, guard oneself (from, от + *gen*); **~́чь(ся)** (~гу́(сь), ~жёшь(ся), ~гу́т(ся); ~́г(ся), ~гла́(сь)) *pf of* ~га́ть(ся)
оберну́ть(ся) I *pf of* обора́чивать(ся) *and* обёртывать(ся)
обёртка wrapper; wrapping; envelope; dust-jacket, cover
оберто́н overtone
обёрт|очный *adj of* ~ка; ~очная бума́га wrapping paper, brown paper; ~́ывать(ся) *pf* оберну́ть(ся) *see* **обора́чивать(ся)**
обескро́в|ить II (~лю) *pf of* ~ливать; **~́ленный** bloodless; *fig* pallid, anaemic, lifeless; **~́ливать** I

pf ~ить drain of blood; bleed white; *fig rhet* render powerless, lifeless

обескура́ж|ивать I *pf* ~ить *coll* discourage, dishearten; take aback, dismay; **∸ить** II *pf of* ~ивать

обеспа́мятеть I *coll* lose one's memory; lose consciousness, become unconscious, (fall into a) faint

обеспе́ч|ение securing, guaranteeing, ensuring; providing (with), provision (with, + *instr*); guarantee, security (*pledge*); security (*material means of subsistence*); safeguard(s); социа́льное ~ social security; **∸енность** *f* material security, well-being; provision (of, with, + *instr*); ~ заво́да то́пливом provision of fuel for the factory; **∸енный** well provided for; **∸ивать** I *pf* ~ить provide for; provide (with), guarantee supply (of, + *instr*); ensure, guarantee, secure, assure (*victory*, *peace*, *leadership*, *etc*); *obs* safeguard, protect (from, от + *gen*)

обеспло́|дить II (~жу) *pf of* ~живать; **∸живать** I *pf* ~дить sterilize, render barren

обеспоко́ить(ся) II *pf of* беспоко́ить(ся)

обесси́л|еть I *pf* lose one's strength, grow weak; **∸ивать** I *pf* ~ить weaken; **∸ить** II *pf of* ~ивать

обесла́в|ить II (~лю) *pf* defame

обессме́р|тить II (~чу) immortalize

обессу́д|ить II *pf* не ~ь(те) (please) don't take it amiss, (please) don't be angry (*used usu when making proposal*, *offering something*, *etc*)

обесто́ч|ивать I *pf* ~ить *elect* de-energize; **∸ить** II *pf of* ~ивать

обесцве́|тить(ся) II (~чу(сь)) *pf of* ∸чивать(ся) **∸чивать** I *pf* ~тить decolo(u)rize, deprive of colour; *fig* render colourless, tone down; **∸чиваться** I *pf* ~титься become colourless *also fig*

обесце́н|ение depreciation; loss of value; ∸ивать I *pf* ~ить depreciate, cheapen; **∸иваться** I *pf* ~иться *vi* depreciate, cheapen; *pass of* ~ивать

обесче́|стить II (~щу) *pf of* бесче́стить

обе́т *rhet* vow, promise; **~ова́нный** ~ова́нная земля́, ~ край the Promised Land

обеща́|ние promise; сдержа́ть ~ keep a promise (one's word); **~ть** I *impf and pf also pf* по~ *coll* promise; **∸ться** I *impf and pf coll* promise *also pf* по~; give (exchange) a promise (*eg to marry*)

обжа́р|ивать I *pf* ~ить fry on both sides, all over; **∸ить** II *pf of* ~ивать

обжа́л|ование appeal (against, + *gen*); **∸овать** (~ую) *pf leg* appeal against; lodge a complaint (against, + *acc*)

обжа́ть (обожму́, обожмёшь) *pf of* обжима́ть; (обожну́, обожнёшь) *pf of* обжина́ть

обже́чь(ся) (обожгу́(сь), обожжёшь(ся), обожгу́т(ся); обжёг(ся), обожгла́(сь)) *pf of* обжига́ть(ся)

обжи|ва́ть I *pf* ∸ть *coll* make habitable; **~ва́ться** I *pf* ∸ться *coll* make oneself at home, feel at home

обжи́г kilning, glazing; baking (*of clay*); roasting (*of ores*); calcining (*of lime*); **~а́ла** *m* kiln-worker; **~а́тельный** *tech* glazing; baking; roasting; ~а́тельная печь kiln; **~а́ть** I *pf* обже́чь burn, scorch; ~ себе́ па́льцы burn one's fingers *also fig*; bake (*bricks*, *etc*); calcine (*lime*); **~а́ться** I *pf* обже́чься scald oneself, burn oneself (*on*, *with*, + *instr and* на + *prep*); ~ крапи́вой be stung by a nettle; обжёгшись на молоке́, ста́нешь дуть и на́ воду *prov* once bitten twice shy; *fig coll* burn one's fingers

обжи́м wringing, pressing out; *tech* cap tool, snap tool, riveting set; **~а́ть** I *pf* обжать wring out, press out; *sl* rob, extort; **∸ка** = ~; пла́тье в ~ку *coll* tight-fitting dress; **∸ный** *tech* pressing, blooming; ~ стан roughing, blooming mill

обж|ина́ть I *pf* ~а́ть reap (whole of)

обжира́ться I *pf* обожра́ться glut oneself, guzzle

обж|итой lived in; **~и́ть(ся)** (~иву́(сь), ~ивёшь(ся); ∸ил (~ился́), ~ила́(сь), ∸ило(сь)) *pf of* ~ива́ться

обжо́р|а *m and f coll* glutton, gormandizer; **∸ливый** (~лив) gluttonous; **∸ство** gluttony

обжу́л|ивать I *pf* ~ить *pop* cheat, rook, swindle; **∸ить** II *pf of* ~ивать

обзав|еде́ние fitting out, equipping; *coll collect* household necessities, fittings, appointments, paraphernalia; **~ести́сь** (~еду́сь, ~едёшься; ~ёлся, ~ела́сь) *pf of* ~оди́ться; **~оди́ться** II (~ожу́сь, ~о́дишься) *pf* ~ести́сь *coll* provide oneself (with), acquire (+ *instr*); ~ семьёй settle down with a family; ~ хозя́йством set up house

обзв|а́нивать I *pf* ~они́ть *coll* phone, ring round (*friends*, *institutions*, *etc*); **~они́ть** II *pf of* ~а́нивать

обзо́р survey, review; *mil* field of view; **∸ный** *adj of* ~; ~ная ле́кция, ~ная статья́ survey

обзыва́ть *pf* обозва́ть call (+ *acc and instr*); ~ кого́ дурако́м call someone a fool

оби|ва́ть I *pf* ∸ть upholster (with), cover (with, + *instr*); ~ гвоздя́ми stud; ~ желе́зом bind with iron; *coll* knock (off, down from); ~ плоды́ с де́рева knock down fruit from a tree; *coll* fray, wear (out) (*the surface*, *edges*, *etc*); ~ подо́л пла́тья fray the hem of a dress; ~ штукату́рку chip off plaster; ~ поро́ги у кого́ *coll* pester someone (*with requests*, *etc*); **~ва́ться** I *pf* ∸ться *coll* become worn, frayed, chipped; **∸вка** upholstering; upholstery; **~вно́й** for upholstery

оби́|да offence, injury, insult; быть на кого́ в ~де bear a grudge against someone; затаи́ть ~ду на кого́ harbour, nurse a grudge, nurse a grievance against someone; не дава́ть себя́ в ~ду be quite able to stand up for oneself; не в ~ду будь ска́зано no offence meant; проглоти́ть ~ду swallow an insult; *coll* nuisance, annoying thing; кака́я ~! how annoying!; **∸деть(ся)** II (~жу(сь)) *pf of* ~жа́ть(ся); **∸дный** (~ден) offensive, мне ~дно э́то слы́шать it hurts (pains) me to hear it; *coll* annoying, tiresome; ~дно it is a pity, nuisance; **∸дчивость** *f* sensitivity, touchiness, susceptibility (*to offence*); **∸дчивый** (~дчив) sensitive, touchy, susceptible (*to offence*); **∸дчик** offender; **~жа́ть** I *pf* ∸деть offend, hurt (the feelings of), wound; hurt, harm; му́хи не ∸дит *fig* he would not harm a fly; *coll* deprive of, begrudge (*used with* Бог, приро́да, *etc*); приро́да не ∸дела его́ тала́нтами he was not without talents; **~жа́ться** I *pf* ∸деться take offence, be offended, hurt; **∸женный** offended, hurt, aggrieved; быть ~жен have a grudge (against, на + *acc*); ~ Бо́гом, ~ приро́дой *joc* not over-blessed (with talents)

оби́л|ие abundance, plenty; **∸овать** (~ую) *impf obs* abound (in, + *instr*); **∸ьный** (~ен) abundant, plentiful; rich (in, + *instr*); ~ урожа́й bumper harvest

обин|у́ясь не ~ *obs* without a moment's hesitation; **~я́к** 1 circumlocution; говори́ть ~о́м, ~а́ми beat about the bush; говори́ть без ~о́в not to mince words, speak in plain terms

обира́|ловка *pop* place which fleeces its customers; **∸ть** I *pf* обобра́ть *pop* pick, gather (*fruit*, *etc*); *coll* rob, skin, clean out

обит|а́емый (~а́ем) inhabited; **~а́тель** *m* inhabitant; resident; inmate (*of house*); **~а́ть** I *impf* live, reside, dwell (in); **∸ель** *f* cloister; *fig obs* abode, dwelling-place; **∸ельский** *adj of* ~ель

об|и́ть(ся) (~обью́(сь), ~обьёшь(ся)) *pf of* ~ива́ть(ся)

обихо́д custom, use; предме́ты дома́шнего ~а household articles; practice; повседне́вный ~ everyday practice; пусти́ть в ~ bring into (general) use; вы́йти из ~а fall into disuse, be no longer in use; *eccles* rules of church singing; **∸ить** II (~жу) *pop* care for, look after; **∸ный** (~ен) everyday; ~ное выраже́ние colloquial expression

обка́лывать I *pf* обколо́ть cut away (*ice*, *etc*); prick all over

обка́п|ать I *pf of* ~ывать; **∸ывать** I *pf* ~ать let drops (of, + *instr*) fall on; cover with drops (of); *pf* обкопа́ть *coll* dig round

обка́рмливать I *pf* обкорми́ть overfeed

обкат|а́ть I *pf of* ∸ывать; **∸ка** rolling smooth; *tech* running in; **∸ывать** I *pf* ~а́ть *coll* roll (in, в + *prep*); roll smooth (*road surface*, *etc*); run in (*machine*, *car*, *etc*); *coll* work out in detail

обка́шивать I *pf* обкоси́ть cut, mow round, clear (by mowing); *coll* outmow

обкла́д|ка facing; lining; ~ дёрном turfing; **∸ывать** I *pf* обложи́ть put, place (round); edge; ~ сте́ну мра́мором face a wall with marble; cover; *impers* не́бо обложи́ло ту́чами the sky is overcast; *impers* fur (of tongue, throat); обложи́ло язы́к the tongue is furred; surround; *mil* invest (*fortress*, *etc*); *hunting* corner, close round; *pop* swear (at); **∸ываться** I *pf* обложи́ться surround oneself (with, + *instr*), put round oneself; *pass of* ~ывать

обкол|о́ть (~ю́, ∸ешь) *pf of* обка́лывать

обко́м *abbr of* областно́й комите́т oblast committee

обкопа́ть I *pf of* обка́пывать

обкорм|и́ть II (~лю́, ∸ишь) *pf of* обка́рмливать

обкорна́ть *pf of* корна́ть

обко|си́ть II (~шу́, ∸сишь) *pf of* обка́шивать

обкра́дывать I *pf* обокра́сть rob

обку́р|ивать I *pf* ~и́ть; ~ тру́бку season a pipe; fumigate; *coll* envelop with (tobacco) smoke; stain with tobacco; **~и́ть** II (~ю́, ∸ишь) *pf of* ∸ивать

обкус|а́ть I *pf of* ∸ывать; **∸ывать** I *pf* ~а́ть bite (round); nibble

обла́ва *hunting* battue; beating up; *fig* raid; cordoning-off; round-up (*by police*)

облага́|емый taxable; **∸ть** I *pf* обложи́ть assess; ~ нало́гом tax; ~ ме́стным нало́гом rate; **∸ться** I *pf* обложи́ться; ~ нало́гом be liable to tax, be assessed for tax

облагоде́тельств|овать (~ую) *pf* have shown much favour and kindness *also iron*

облагор|а́живать I *pf* ~о́дить ennoble; improve (*breed*, *strain*, *etc*); **~о́дить** II (~жу) *pf of* ~а́живать

облада́|ние possession (of, + *instr*); **∸тель** *m* possessor; **∸ть** I *impf lit* possess (*as property*, *as one's own*; *positive characteristics*), be possessed (of, + *instr*); ~ пра́вом, спосо́бностью, тала́нтом have the right, ability, talent; ~ хоро́шим го́лосом possess a fine voice; ~ хоро́шим здоро́вьем enjoy good health

обла́|зить II (~жу) *pf coll* climb all over, round

о́блак|о (*pl* ~а́, ~о́в) cloud; кучевы́е ~а́ cumuli; пе́ристые ~а́ cirri; слои́стые ~а́ strati; быть, вита́ть в ~а́х *fig* live in the clouds; свали́ться с ~о́в *fig* appear from nowhere

обла́м|ывать I *pf* обломá́ть break off; *fig pop* break (will, resistance of); **∸ываться** I *pf* облома́ться *and* обломи́ться break off, snap

обла́п|ить II (~лю) *pf of* ~ливать; **∸ливать** I *pf* ~ить *coll* hug (*of animals*); *pop* hug, paw

облапо́ш|ивать I *pf* ~ить *pop* rook, swindle; **∸ить** II *pf of* ~ивать

обласка́ть I *pf* treat with affection, warmth

обл|астно́й oblast; provincial; regional; *ling* dialectal; regional; **∸асть** 5 *f* oblast (*administrative division of USSR*); province; region, district; ~ вечнозелёных расте́ний evergreen belt; озёрная ~ lake district; *med* region, area, tract; *fig* area, domain, sphere, field, realm

обла́т|ка *eccles* wafer, host; capsule (*for medicine*); paper seal; **∸очный** *adj of* ~ка

облач|а́ть I *pf* ~и́ть *eccles* robe, enrobe; *coll joc* dress up (in), get up (in, в + *acc*); **~а́ться** I *pf* ~и́ться *eccles* robe, put on robes; *coll joc also rhet* deck oneself up, array oneself (in, в + *acc*); **~е́ние** robing (in, в + *acc*); *eccles* vestments, robes; **~и́ть(ся)** II *pf of* ~а́ть(ся)

о́бл|ачко (*pl* ~ачка́, ~ачко́в) dim of ~ако; **∸ачность** *f* cloudiness; cloud conditions; **∸ачный** (~ачен) cloudy

обла́|ять I (~ю) *coll* bark at; *fig pop* swear at

обле|га́ть I *pf* ∸чь cover, envelop, surround *also fig*; ту́чи ~гли́ не́бо the sky was enveloped by storm clouds; fit tightly (*of clothes*); пла́тье пло́тно ~гло́ фигу́ру the dress outlined the figure; **~га́ющий** tight-fitting

облегч|а́ть I *pf* ~и́ть facilitate; lighten (*load*, *labour*, *etc*); relieve (*pain*, *etc*); alleviate (*suffering*, *etc*); mitigate; *leg* commute; ~и́ть ду́шу get something off one's chest; **~а́ться** I *pf* ~и́ться be relieved, find relief; become easier, lighter; *coll euph* relieve oneself; **~е́ние** facilitation; relief; вздохну́ть с ~е́нием heave a sigh of relief

обледене́|лый ice-covered; **∸ние** icing(-over), icing-up; **∸ть** I *pf* ice up, ice over, become covered with ice

облез|а́ть I (~а́ет) *pf* ∸ть *coll* come out, off (*of fur*, *etc*); grow bare (*of fur*, *feathers*, *etc*), grow mangy; peel off (*of paintwork*, *etc*); **∸лый** *coll* mangy; bare; shabby, peeling; **∸ть** (~ет; ~, ~ла) *pf of* ~а́ть

обле|ка́ть I *pf* ∸чь *lit* clothe (in, в + *acc*); *fig* invest (with), vest (with, + *instr*); ~ осо́быми полномо́чиями (in)vest with special powers; *fig* wrap, shroud (in, + *instr*); ~ та́йной shroud in mystery; **~ка́ться** I *pf* ∸чься *lit* clothe, dress oneself (in, в + *acc*); *fig* take the form (of), assume the shape (of)

обле́н|иваться I *pf* ~и́ться grow lazy; **~и́ться** II (~ю́сь, ∸ишься) *pf of* ∸иваться

облеп|и́ть II (~лю́, ∸ишь) *pf of* ~ля́ть; **~ля́ть** I *pf* ~и́ть stick (to), cling (to) *also fig*; surround, throng; му́хи ~и́ли хлеб the bread was covered in flies; *coll* paste all over (with), plaster (with, + *instr*); ~ сте́ны объявле́ниями plaster the walls with notices

облес|е́ние afforestation; **~и́тельный** afforestation; **~и́ть** II (~и́шь) afforest

облё|т buzzing (*by aircraft*); flying round; **~та́ть** I *pf* fly (all over, all round); я ~та́л весь мир I have flown all over the world; *fig coll* pay many quick visits; *pf of* ~тывать test (*an aircraft*); *pf* ~тéть fly (round, + *acc or* вокрýг + *gen*); spread (round, all over) (*of news, rumours, etc*); гóрод ~тéли слýхи rumours (quickly) spread through the town; fall (*of leaves*); **~тéть** II (~чý, ~тúшь) *pf of* ~тáть; **~тывать** I *pf* ~тáть

обл|ечённый ~ влáстью invested with power; ~ечённое ударéние circumflex accent; **~éчь(ся)** (~ягý, ~яжéшь, ~ягýт; ~ёг, ~глá) *pf of* ~егáть; (~екý(сь), ~ечёшь(ся), ~екýт(ся); ~ёк(ся), ~еклá(сь)) *pf of* ~екáть(ся)

облив|áние spilling, pouring (over); shower-bath, sponge-down; **~áть** I *pf* облúть pour, sluice (over); spill (over); ~ скáтерть сýпом spill soup on the tablecloth; ~ грязью, ~ помóями *fig* fling mud (at, + *acc*); ~ презрéнием *fig* pour contempt on; ~ глазýрью glaze; **~áться** I *pf* облúться ~ холóдной водóй take a cold shower, douche; pour, spill over oneself; ~ пóтом be bathed in sweat; ~ слезáми be bathed in tears; сéрдце у меня крóвью ~áется my heart bleeds; *pass of* ~áть; **~ка** glazing, glaze; **~нóй** glazed

облигац|иóнный *adj of* ~ия; **~ия** bond, debenture

облú|занный *fig* smoothed down; **~зáть(ся)** I (~жý(сь), ~жешь(ся)) *pf of* ~зывать(ся); **~зывать** I *pf* ~зáть lick clean, lick (all over); ~ гýбы *fig coll* smack one's lips; пáльчики ~жешь (it is, will be) a real treat; ~зываться I *pf* ~зáться *coll joc* smack one's lips *also fig*; lick itself (*of animal*)

óблик appearance, aspect, look; *fig* cast of mind, make-up, temper

облинять I *pf coll* fade

облип|áть I *pf* ~нуть *coll* become stuck, covered (with, in, + *instr*); **~нуть** I (*past* ~, ~ла) *pf of* ~áть

облисполкóм *abbr of* областóй исполнúтельный комитéт oblast executive committee

обл|úть(ся) (оболью́(сь), обольёшь(ся); ~ил, ~илá, ~ило *and* ~úл(ся), ~илá(сь), ~úло(сь)) *pf of* ~ивáть(ся)

облиц|евáть (~ýю) *pf of* ~óвывать; **~óвка** revetment, facing; lining, coating; **~óвочный** *adj of* ~óвка; ~ кирпúч facing brick; decorative tile; **~óвывать** I *pf* ~евáть revet, face (with, + *instr*)

облич|áть I *impf lit* reveal, display, manifest, point (to); *pf* ~úть expose, denounce, unmask; **~éние** exposure, denunciation, unmasking; **~úтель** *m* exposer, denouncer, unmasker; **~úтельный** denunciatory; ~úтельная речь diatribe; **~úть** II *pf of* ~áть

облúчье *pop* face; aspect, appearance *also fig*

облобызáть I *pf obs joc* cover with kisses, kiss

облож|éние assessment, rating; taxation; *mil obs* investment; **~енный** furred (of tongue, throat); **~úть(ся)** II (~ý(сь), ~ишь(ся)) *pf of* обклáдывать(ся) *and* облагáть(ся); **~ка** (dust-)cover; folder; **~нóй** ~ дождь *coll* incessant rain

облок|áчиваться I *pf* ~отúться lean one's elbows (on, на + *acc*; against, о + *acc*); **~отúться** II (~очýсь, ~отúшься) *pf of* ~áчиваться

облóм breaking off; break; *archi* profile; *pop* clodhopper, bumpkin; **~áть(ся)** I *pf of* облáмывать(ся); **~úть** II (~лю́, ~ишь) *pf* break, snap off; **~úться** II (~лю́сь, ~ишься) *pf of* облáмываться

облóмовщина 'oblomovism' (state of will-lessness, indolence and indecision, exemplified by hero of Goncharov's novel *Oblomov*)

облóм|ок (~кá) fragment *also fig*; *pl* wreckage, debris; **~очный** *adj of* ~ок; ~очные гóрные порóды *geol* disintegrated rock formations

облуп|úть(ся) II (~лю́(сь), ~ишь(ся)) *pf of* ~ливать(ся) *and* ~лупúть(ся); **~ленный** chipped, peeled off; знать как ~ленного *pop* know inside out; **~ливать** I *pf* ~úть shell (eggs), peel; *pop* fleece, rook; **~ливаться** I *pf* ~úться chip, peel off, scale, come off (*of paint, plaster, etc*); **~лять(ся)** I = ~ливать(ся)

облуч|áть I *pf* ~úть irradiate; **~éние** irradiation; **~úть** II *pf of* ~áть

облуч|óк (~кá) coachman's seat

облущúть II *pf of* лущúть

облыж|ный (~ен) *obs pop* false

облысéть I *pf of* лысéть

облюб|овáть (~ýю) *pf of* ~óвывать; **~óвывать** I *pf* ~овáть choose, pick, select

обмá|зать(ся) I (~жу(сь)) *pf of* ~зывать(ся); **~зка** coating; puttying; **~зывать** I *pf* ~зать coat (with), putty (with); (be)smear, dirty, soil (with); **~зываться** I *pf* ~заться soil, dirty, get oneself covered (with)

обмáк|ивать I *pf* ~нýть dip (in, into, в + *acc*); **~нýть** I *pf of* ~ивать

обмáн fraud, deception; ~ зрéния optical illusion; ввестú в ~ deceive; не дáться комý в ~ not to be taken in by someone; **~ка** blende; роговáя ~ hornblende; смоляная ~ pitchblende; **~ный** fraudulent; ~ным путём fraudulently; **~ýть(ся)** (~ý(сь), ~ешь(ся)) *pf of* ~ываться; **~чивый** (~чив) deceptive, delusive; **~щик** deceiver; fraud, cheat; **~ывать** I *pf* ~ýть deceive; cheat, swindle; ~ чьё довéрие betray someone's trust; ~ чьи надéжды disappoint someone's hopes; **~ываться** I *pf* ~ýться be deceived, disappointed (in, в + *prep*)

обмарáть I *pop* soil, dirty, (all over)

обмáт|ывать I *pf* обмотáть wind (round); ~ шéю шáрфом, ~ шарф вокрýг шéи wind a scarf round one's neck; **~ываться** I *pf* обмотáться wrap oneself (in, + *instr*); ~ полотéнцем wrap a towel round oneself; *pass of* ~ывать

обмáх|ивать I *pf* ~нýть fan; ~ когó вéером fan someone; dust, brush (off); ~ пыль с пóлки dust the shelf; **~иваться** I *pf* ~нýться fan oneself; **~нýть(ся)** I *pf of* ~ивать(ся)

обмáч|ивать I *pf* обмочúть wet; ~ постéль wet the bed; **~иваться** I *pf* обмочúться wet oneself

обмелéть I *pf of* мелéть; *naut* run aground

обмéн exchange, interchange (of, + *instr*); ~ мнéниями exchange of opinions; barter; ~ вещéств *biol* metabolism; в ~ in exchange (for, на + *acc*); **~ивать** I *pf* ~úть *coll* swap, exchange (*by accident*); ~ галóши в гостях take the wrong galoshes when visiting; *pf* ~ять exchange (for, на + *acc*); **~иваться** I *pf* ~úться *coll* exchange (+ *instr*) (*by accident*); *pf* ~яться exchange, swop (+ *instr*); ~ взглядами exchange looks; ~ впечатлéниями compare notes; **~úть(ся)** II (~ю́(сь), ~ишь(ся)) *pf of* ~ивать(ся); **~ный** *adj of* ~; **~ять(ся)** I *pf of* менять(ся) *and* ~ивать(ся)

обмéр measurement; false measure

об|мерéть (~омрý, ~омрёшь; ~мер, ~мерлá, ~мерло) *pf of* ~мирáть

обмéр|ивать I *pf* ~ить measure; give short measure (to), cheat in measuring; **~иваться** I *pf* ~иться *coll* make a mistake in measuring; **~ить(ся)** II *pf of* ~ивать(ся)

обме|сти́ (~ту́, ~тёшь; ~́л, ~ла́) *pf of* ~та́ть; **~та́ть** I *pf* ~сти́ sweep (off), dust; (~чу́, ~́чешь) *pf of* ~́тывать; **~́тывать** I *pf* ~та́ть overstitch, oversew, whipstitch, hem; *impers coll* у него́ ~та́ло гу́бы his lips are sore
обм|ина́ть I *pf* ~я́ть press, trample down; **~ина́ться** I *pf* ~я́ться be pressed down; *fig* be smoothed out
обмира́ть I *pf* обмере́ть *coll* faint; ~ от испу́га, die with fright; я о́бмер my heart stood still
обмозг|ова́ть (~у́ю) *pf of* ~о́вывать; **~о́вывать** I *pf* ~ова́ть *pop* think over, turn over in one's mind
обмол|а́чивать I *pf* ~оти́ть thresh
обмо́лв|иться II (~люсь) *pf coll* make a slip in speaking; say; utter (+ *instr*); не ~ ни сло́вом say not a word (about, о + *prep*); **~́ка** slip of the tongue
обмоло́|т threshing; **~ти́ть** II (~чу́, ~́тишь) *pf of* обмола́чивать
обмор|а́живать I *pf* ~о́зить; он ~о́зил себе́ нос, у́ши, *etc* his nose, ears, *etc* is (are) frostbitten; **~а́живаться** I *pf* ~о́зиться be frostbitten, suffer frostbite; **~оже́ние** frostbite; **~о́зить(ся)** II (~о́жу(сь)) *pf of* ~а́живать(ся)
о́бморок faint(ing-fit), swoon; *med* syncope; в глубо́ком ~е in a dead faint; упа́сть в ~ faint (away), swoon
обморо́чить II *pf of* моро́чить
о́бморо|чный *adj of* ~к; ~чное состоя́ние *med* syncope
обмот|а́ть(ся) I *pf of* обма́тывать(ся); **~́ка** winding; **~́ки** (*gen pl* ~ок) puttees, leg-wrappings; **~́очный** *adj of* ~ка and ~ки
обмоч|и́ть(ся) II (~чу́(сь), ~́ишь(ся)) *pf of* обма́чивать(ся)
обмундир|ова́ние fitting out (with uniform); uniform, kit; **~ова́ть(ся)** (~у́ю(сь)) *pf of* ~о́вываться; **~о́вка** = ~ова́ние; **~о́вочный** ~о́вочные де́ньги uniform allowance; **~о́вывать** I *pf* ~ова́ть fit out (with uniform) **~о́вываться** I *pf* ~ова́ться fit oneself out (with uniform), be kitted; draw uniform
обмур|ова́ть (~у́ю) *pf of* мурова́ть
обм|ыва́ние bathing, washing; **~ыва́ть** I *pf* ~ы́ть bathe, wash (*wound, etc*); **~ыва́ться** I *pf* ~ы́ться bathe, wash; **~ы́лок** (~ы́лка) *coll* remnant of cake of soap; **~ы́ть(ся)** (~о́ю(сь)) *pf of* ~ыва́ть(ся); *pass of* ~ыва́ть
обмяк|а́ть I *pf* ~́нуть *coll* become soft; *fig* become flabby; *fig* soften (up) (*of person*) **~́нуть** I (*past* ~, ~ла) *pf of* ~а́ть
об|мя́ть (~омну́, ~омнёшь) *pf of* ~мина́ть
обнагле́ть I *pf of* нагле́ть
обнадёж|ивать I *pf* ~ить give hope (to), reassure; **~́ить** II *pf of* ~ивать
обнаж|а́ть I *pf* ~и́ть bare, uncover; ~ го́лову bare one's head; ~ шпа́гу draw the sword; *fig* lay bare, reveal; **~а́ться** I *pf* ~и́ться bare, uncover oneself; *pass of* ~а́ть; **~е́ние** baring, uncovering; *fig* revealing; *geol* ~ го́рной поро́ды outcrop; **~ённый** naked, bare; nude; **~и́ть(ся)** II *pf of* ~а́ть(ся)
обнаро́д|ование making public; publication, promulgation; **~́овать** (~ую) *pf lit* make public; publish, promulgate
обнару́ж|е́ние displaying, revealing; discovery, finding out, detection; disclosure; **~́ивать** I *pf* ~ить display, reveal; ~ свою́ ра́дость betray one's joy; discover, bring to light, detect; disclose; **~́иваться** I *pf* ~иться be revealed, come to light; *pass of* ~ивать; **~́ить(ся)** II *pf of* ~ивать(ся)
обна́шивать I *pf* обноси́ть wear in (*new clothes, etc*)
обнес|ти́ (~у́, ~ёшь, ~́, ~ла́) *pf of* обноси́ть
обним|а́ть I *pf* обня́ть embrace, clasp in one's arms; *fig* envelop, encompass, grasp; ~а́я за та́лию with one's arm round (someone's) waist; ~ умо́м *lit* comprehend; **~а́ться** I *pf* обня́ться embrace; hug one another; **~́ка** в ~ку in an embrace, embracing one another; **~у́, ~́ешь** *see* **обня́ть**
обнища́|лый impoverished; **~́ние** impoverishment, pauperization; **~́ть** I *pf of* нища́ть
обно́в|а *coll* = ~ка; **~и́ть(ся)** (~лю́(сь)) *pf of* ~ля́ть(ся); **~́ка** *coll* new acquisition, 'new toy'; new dress; **~ле́ние** renovation, renewal; **~ля́ть** I *pf* ~и́ть renovate, renew; reform; bring up to date (*repertoire, etc*); repair, restore; refresh (*knowledge, etc*), revitalize; ~ свои́ си́лы acquire new strength; *coll* use, wear for the first time; **~ля́ться** I *pf* ~и́ться revive, be restored; *pass of* ~ля́ть
обно|си́ть II (~шу́, ~́сишь) *pf of* обна́шивать; *pf* обнести́ enclose (with, + *instr*); carry round; serve round (*of food, drink*); miss out (*in serving something*); **~си́ться** II (~шу́сь, ~́сишься) *pf coll* wear out one's clothes; wear in, become comfortable (*from wearing*); *pf* become worn out; **~́ски** (*gen pl* ~сков) *coll* very worn clothes; чужи́е ~ски other people's cast-offs
обню́х|ать I *pf of* ~́ивать; **~́ивать** I *pf* ~ать sniff (around)
обн|я́ть (~иму́, ~и́мешь; ~́ял, ~яла́, ~́яло) *pf of* ~има́ть; **~я́ться** (~иму́сь, ~и́мешься; ~я́лся, ~яла́сь, ~яло́сь) *pf of* ~има́ться
обо *prep* = о
обобра́|ть (оберу́, оберёшь; ~л, ~ла́, ~ло) *pf of* обира́ть; **~́ться** *pf coll* де́ла у нас не оберёшься there is no end to our chores
обобщ|а́ть I *pf* ~и́ть generalize; **~е́ние** generalization; **~естви́ть** II (~ествлю́) *pf of* ~ествля́ть; **~ествле́ние** socialization; collectivization; **~ествля́ть** I *pf* ~естви́ть socialize; collectivize; **~и́ть** II (~у́) *pf of* ~а́ть
обовши́веть I *pf of* вши́веть
обога|ти́тель *m tech* concentrator, enriching agent; **~ти́тельный** *tech* concentrating; separating; **~ти́ть(ся)** II (~щу́(сь)) *pf of* ~щать(ся); **~ща́ть** I *pf* ~ти́ть enrich; *tech* concentrate, dress; **~ща́ться** I *pf* ~ти́ться become rich; enrich oneself (with, + *instr*); *pass of* ~ща́ть; **~ще́ние** enrichment; *tech* concentration, dressing; processing
об|огна́ть (~гоню́, ~го́нишь; ~огна́л, ~огнала́, ~огна́ло) *pf of* ~гоня́ть
обогну́ть I *pf of* огиба́ть
обоготвор|е́ние idolization, deification; **~и́ть** II *pf of* ~я́ть; **~я́ть** I *pf* ~и́ть idolize, deify
обогре́|в *tech* heating (up), warming (up); **~ва́ние** heating, warming; **~ва́тель** *m* heater; **~ва́ть** I *pf* ~́ть heat, warm *also fig*; **~ва́ться** I *pf* ~́ться warm oneself; warm up; *pass of* ~ва́ть; **~́ть(ся)** I *pf of* ~ва́ть(ся)
о́бод (*pl* ~́ья, ~́ьев) rim; felloe; **~о́к** (~ка́) (thin) rim, (thin) border, fillet; **~о́чный** *adj of* ~о́к; ~о́чная кишка́ colon
ободр|а́нец (~а́нца) *pop* ragamuffin; **~́анный** ragged; **~а́ть** (обдеру́, обдерёшь; ~а́л, ~ала́, ~а́ло) *pf of* обдира́ть
ободр|е́ние encouragement, reassurance; **~и́тель-**

ный (~и́телен) reassuring, encouraging; **~и́ть (-ся)** II *pf of* ~я́ть(ся); **~я́ть** I *pf* ~и́ть reassure, encourage; cheer up; **~я́ться** I *pf* ~и́ться cheer up, take heart; *pass of* ~я́ть
обо́е|го both; ~ по́ла of both sexes; **~по́лый** (~пол) *biol* bisexual; *bot* monoecious
обожа́|ние adoration; **⌒тель** *m coll joc* admirer; **⌒ть** I *impf* adore, worship
обожд|а́ть (~у́, ~ёшь; ~а́л, ~ала́, ~а́ло) *pf coll* wait (for a while), wait for
обожеств|и́ть II (~лю́) *pf of* ~ля́ть; **~ле́ние** worship(ping), deification; **~ля́ть** I *pf* ~и́ть worship, deify
обожр|а́ться (~у́сь, ~ёшься; ~а́лся, ~ала́сь) *pf of* обжира́ться
обо́з string of carts, sledges; ассенизацио́нный ~ sewage vehicles; пожа́рный ~ fire-fighting vehicles; *mil* transport; быть, плести́сь в ~е *fig coll* lag behind, fall behind
об|озва́ть (~зову́, ~зовёшь; ~озва́л, ~озвала́, ~озва́ло) *pf of* ~зыва́ть; *pop* swear (at)
обозли́ть(ся) II *pf of* зли́ть(ся)
обозна|ва́ться (~ю́сь, ~ёшься) *pf* ⌒ться *coll* take someone for someone else; be mistaken; **⌒ться** (~ю́сь, ~ёшься) *pf of* ~ва́ться
обознач|а́ть I *pf* ⌒ить mark, designate; reveal, emphasize; *no pf* mean; **~а́ться** I *pf* ⌒иться appear, show, be revealed; **~е́ние** marking, designation; sign, symbol; усло́вные ~е́ния conventional signs (*on maps, etc*); **⌒ить(ся)** II *pf of* ~а́ть(ся)
обо́з|ник driver; **~ный** *n mil* (transport) driver
обозр|ева́тель *m* author of survey, of review; reviewer (*not critic*), columnist; вое́нный ~ war correspondent; **~ева́ть** I *pf* ~е́ть survey, view, look round; *fig* survey, review (*facts, etc*); **~е́ние** surveying, viewing, looking round; survey, review (*of facts, etc*); review (*journal*); *theat* revue; **~е́ть** II *pf of* ~ева́ть; **~и́мый** (~и́м) visible
обо́|и (*gen pl* ~ев) wallpaper; окле́ить ~ями paper
обо́йма *mil* cartridge clip, charger; *tech* iron ring; ~ шарикоподши́пника ball race; *coll* stock, repertoire
обо́|йный *adj of* ~и
обо|йти́(сь) (~йду́(сь), ~йдёшь(ся); ~шёл(ся), ~шла́(сь)) *pf of* обходи́ть(ся)
обо́йщик upholsterer
о́бок *adv, prep + gen or dat pop* side by side; close by; ~ с + *instr coll* next to, near
об|окра́сть (~краду́, ~крадёшь; ~окра́л) *pf of* ~кра́дывать
оболва́н|ивать I *pf* ~ить *fig pop* make a fool of; *joc* crop (*hair*); **⌒ить** II *pf of* ~ивать
обо|лга́ть (~лгу́, ~лжёшь; ~лга́л, ~лгала́, ~лга́ло) *pf coll* slander
оболо́чка cover, jacket, envelope; shell; *tech* casing, sheath; *anat* membrane; ра́дужная ~ iris; рогова́я ~ cornea; се́тчатая ~ retina; сли́зистая ~ mucous membrane; *bot* coat
обо́лтус *pop* booby, blockhead
оболь|сти́тель *m* seducer; **~сти́тельный** (~сти́телен) captivating, seductive; **~сти́ть(ся)** II (~щу́(сь)) *pf of* ~ща́ть(ся); **~ща́ть** I *pf* ~сти́ть captivate, seduce; **~ща́ться** I *pf* ~сти́ться flatter oneself (with, + *instr*); be (labour) under a delusion; **~ще́ние** seduction; delusion
обомле́ть I *pf coll* be stupefied (by, от + *gen*)
обомше́|лый moss-grown; **⌒ть** I *pf* be overgrown with moss
обоня́|ние (sense of) smell; то́нкое ~ keen sense of smell; **⌒тельный** olfactory; **⌒ть** I *impf* smell
обора́ч|иваемость *f econ* turnover; **⌒ивать** I *also* обёртывать *pf* оберну́ть wind, twist (round); *also* обёртывать wrap up (in, + *instr*); *also* обёртывать turn; *pf also* обороти́ть; ~ лицо́ к сосе́ду turn one's face towards one's neighbour; ~ в свою́ по́льзу *fig* turn to advantage, account; *pf also* обороти́ть *coll* overturn, upturn; *econ* turn over; *pop* work, go through; **⌒иваться** I *also* обёртываться *pf* оберну́ться *and* обороти́ться turn; ~ лицо́м turn one's face (to, к + *dat*); *also* обёртываться turn out (*of events*); turn over (*of capital, etc*); *pf* оберну́ться (go and) come back; *coll* manage, get by; *impf also* обёртываться *pf also* обороти́ться turn into, become (+ *instr or* в + *acc*)
оборв|а́нец (~а́нца) *coll* ragamuffin, ragged person; **⌒анный** (~ан, ~анна) *coll* ragged, torn; **~а́ть** (~у́, ~ёшь; ~а́л, ~ала́, ~а́ло) *pf of* обрыва́ть; **~а́ться** (~у́сь, ~ёшься; ~а́лся, ~ала́сь, ~ало́сь) *pf of* обрыва́ться; **⌒ыш** *coll* ragamuffin (*usu of child*)
обо́рка frill, flounce
обормо́т *pop* oaf, lout
оборо́н|а defence(s), defensive positions; **~и́тельный** defensive; **~и́ть(ся)** II *pf of* ~я́ть(ся); **⌒ный** *adj of* ~а; ~ная промы́шленность war industry; **~оспосо́бность** *f* defence capability; **~оспосо́бный** (~оспосо́бен) prepared for defence; **~я́ть** I *pf* ~и́ть defend; **~я́ться** I *pf* ~и́ться defend oneself (from, от + *gen*)
оборо́т turn; *tech* revolution, rotation; приня́ть дурно́й ~ *fig* take a turn for the worse; circulation; *econ* turnover; ввести́, пусти́ть в ~ put into circulation; reverse side, back; смотри́ на ~е please turn over; turn (of speech); ~ ре́чи phrase, locution; *tech* knee, bend (*of pipe*); взять кого́ в ~ take someone to task, in hand
о́боротень *m* werewolf
оборо́|тистый (~тист) *coll* = ~тливый; **~ти́ть(ся)** II (~чу́(сь), ⌒тишь(ся)) *pf of* обора́чивать(ся); **⌒тливый** (~тлив) *coll* fly, resourceful; **⌒тный** *adj of* ~т; ~ капита́л working capital; ~тная сторона́ reverse side *also fig*; verso; э ~тное letter 'э'
обору́д|ование equipment; equipping; **⌒овать** (~ую) *impf and pf* equip, fit out; *fig coll* manage, arrange
обо́рыш *pop* left-over(s) (*from fruit, etc*)
обосн|ова́ние basing; basis, ground; **~о́ванный** well-founded, well-grounded; **~ова́ть(ся)** (~ую́(сь)) *pf of* ~о́вывать(ся); **~о́вывать** *pf* ~ова́ть base, ground; substantiate; **~о́вываться** *pf* ~ова́ться *coll* settle down; *pass of* ~о́вывать
обосо́б|иться II (~лю(сь)) *pf of* ~ля́ть(ся); **~ле́ние** isolation, segregation (*of languages*); **⌒ленно** *adv* apart, aloof; by oneself; **~ля́ть** I *pf* ⌒ить isolate; **~ля́ться** I *pf* ⌒иться stand apart, aloof; *pass of* ~ля́ть
обостр|е́ние aggravation, exacerbation; intensification; **~ённый** sharp, pointed, gaunt (*of features*); of heightened sensitivity, sharpened; strained, tense (*of relations*); **~и́ть(ся)** II *pf of* ~я́ть(ся); **~я́ть** I *pf* ~и́ть sharpen, intensify; aggravate, exacerbate; strain; **~я́ться** I *pf* ~и́ться become sharp, pointed; become sharper, keener (*of senses*); become aggravated, exacerbated, strained
обо́чина edge, side (*of road, etc*)
обою́д|ность *f* mutuality, reciprocity; **⌒ный** (~ен)

mutual, reciprocal; существи́тельное ~ного ро́да epicene; ~**о́стрый** double-edged, two-edged *also fig*

обраб|а́тывать I *pf* ~о́тать work (on, up); treat, process; machine; ~ зе́млю till the land; ~ ра́ну dress a wound; work on, polish (*lit work*); *fig pop* work on, win round; *fig pop* fix; ~**а́тывающий** ~а́тывающая промы́шленность manufacturing industry; ~**о́тать** I *pf of* ~а́тывать; *sl* clean out, rob; *sl* disinfect; ~**о́тка** working (on, up); treatment, processing; machining; ~ земли́ cultivation of the land; *sl* clean-out, robbery

обра́д|овать(ся) (~ую(сь)) *pf of* ра́довать(ся)

о́браз shape, form; appearance; *lit* image; по своему́ ~у и подо́бию in one's own image; *lit* type, figure; way, mode, manner; ~ жи́зни way, mode of life; ~ мы́слей way of thinking; в ~е in the shape (of, + *gen*); нико́им ~ом by no means, on no account; каки́м ~ом? how?; таки́м ~ом thus; гла́вным ~ом mainly, chiefly, largely; коренны́м ~ом radically; ра́вным ~ом equally; ча́стным ~ом in private, unofficially; по ~у пе́шего хожде́ния *coll joc* on shanks's mare, on foot; *pl* ~а́ icon

образ|е́ц (~ца́) model, pattern *also fig*; служи́ть ~цо́м serve as a model; specimen, sample, pattern (*of material*)

образи́на *pop pej* ugly mug; *pop* scum

образн|о́й icon; ~**а́я** *n* icon-room, icon-maker's workshop

о́бр|азность *f lit* figurativeness, imagery; graphicness, picturesqueness; ~́**азный** (~азен) *lit* figurative, having images; graphic, picturesque

образ|ова́ние formation; *tech* production; ~ слов word-formation; education; сре́днее ~ secondary education; ~**о́ванный** ~ челове́к educated person; ~**ова́тельный** (~ова́телен) educational; ~ ценз educational qualification; ~**ова́ть** (~у́ю) *pf of* ~о́вывать *also impf in pres tense* form; make up; *pf of* ~о́вывать *obs* educate; ~**ова́ться** (~у́юсь) *pf of* ~о́вываться *coll* turn out well; *also impf in pres tense* form, arise; *pass of* ~ова́ть; ~**о́вывать(ся)** I *pf* ~ова́ть(ся)

образу́м|ить II (~лю) *pf coll* make see, listen to reason; ~́**иться** II (~люсь) *pf coll* see reason, come to one's senses

образ|цо́вый model, exemplary; ~цо́вое произведе́ние masterpiece; ~́**чик** specimen, sample, pattern (*of material*)

обра́м|ить II (~лю) *pf of* ~ля́ть; ~**ле́ние** framing; frame; *fig* setting; ~**ля́ть** *pf* ~́ить frame

обраст|а́ть I *pf* ~и́ become (be) covered with (*hair, growth of beard, etc*), become overgrown (with), coated (with, + *instr*), ~ мо́хом *fig* go to seed; *fig* acquire, accumulate, become (be) surrounded (by, + *instr*), be cluttered (with, + *instr*); ~**и́** (~у́, ~ёшь; обро́с, обросла́) *pf of* ~а́ть

обра́т skim(med) milk

обра|ти́мый (~ти́м) reversible; ~**ти́ть(ся)** II (~щу́(сь)) *pf of* ~ща́ть(ся); ~́**тно** *adv* back(wards); идти́, е́хать ~ return, go back, retrace one's steps; туда́ и ~ there and back; взять ~ take back; inversely, conversely; ~ пропорциона́льный inversely proportional; *coll* to the contrary, the other way round; ~́**тный** reverse; ~ а́дрес sender's address; ~ биле́т return ticket; ~тная вспы́шка backfiring; ~ путь return journey; ~тная связь feedback circuit; ~ уда́р backfire; ~ ход reverse (motion), backstroke; име́ющий ~тную си́лу *leg* retroactive, retrospective; opposite; в ~том направле́нии the other way; в ~тную сто́рону in the opposite direction; ~ смысл opposite meaning; *math* inverse; ~тное отноше́ние inverse ratio; ~**ща́ть** I *pf* ~ти́ть turn; ~ внима́ние pay attention (to, на + *acc*); turn (into, в + *acc*); ~ в бе́гство put to flight; ~ в христиа́нство convert to Christianity; ~ в шу́тку turn into a joke; ~**ща́ться** I *pf* ~ти́ться turn; ~ лицо́м к окну́ turn (one's face) to the window; turn (to), appeal (to), apply (to, к + *dat*); ~ к врачу́ take medical advice; ~ с призы́вом к кому́ appeal to someone; turn (into), become (в + *acc*); ~ в слух *fig* be all ears, prick up one's ears; be converted (to, в + *acc*); *impf* circulate (*of blood, money, etc*); treat (с + *instr*); хорошо́ ~ с кем treat someone well; use, handle (*an instrument, etc*, с + *instr*); ~**ще́ние** address, appeal (to, к + *dat*); conversion (to, into, в + *acc*); circulation (*of money, etc*); treatment (of, с + *instr*); плохо́е ~ ill-treatment; handling, use (of, с + *instr*); manner

обревиз|ова́ть (~у́ю) *pf of* ревизова́ть

обре́з edge; име́ть в ~ *coll* have only just enough (+ *gen*); вре́мени у меня́ ~ I have not a moment to spare; sawn-off gun

обре́|зание circumcision; ~**за́ние** cutting, trimming, paring; bevelling; pruning; clipping *also fig*; ~́**зать(ся)** I (~жу(сь), ~жешь(ся)) *pf of* ~зывать(ся) *and* ~за́ть(ся); ~**за́ть** I *pf* ~́зать trim, pare, prune; clip; bevel; ~ кому́ кры́лья *fig* clip someone's wings; cut; ~ себе́ па́лец cut one's finger; circumcise; *coll* cut short; snub; ~**за́ться** I *pf* ~́заться cut oneself; *pass of* ~за́ть; ~**зно́й** *tech* trimming; ~́**зок** (~зка) scrap; *pl* ends, clippings, cuttings; ~́**зывать(ся)** = ~за́ть(ся)

обрека́ть I *pf* обре́чь *lit* doom, condemn, foredoom (to, на + *acc*)

обремен|и́тельный (~и́телен) burdensome, onerous; ~**и́ть** II *pf of* ~я́ть; ~**я́ть** I *pf* ~и́ть burden

обре|сти́ (~ту́, ~тёшь; *ar* обря́щу; ~́л, ~ла́) *pf of* ~та́ть *rhet* find; ищи́те да обря́щете seek and ye shall find; ~**сти́сь** (~ту́сь, ~тёшься; ~́лся, ~ла́сь) *pf obs iron* be found, turn up; ~**та́ть** I *pf* ~сти́; ~**та́ться** *impf obs or coll iron* to be (found), live

обре|че́ние doom; ~**чённость** *f* doom, being doomed; ~**чённый** doomed; ~́**чь** (~ку́, ~чёшь, ~ку́т; ~́к, ~кла́) *pf of* ~ка́ть

обреше́|тина lath; ~́**тить** II (~чу) *pf of* ~́чивать; ~́**тка** lathing; ~́**чивать** I *pf* ~тить lath

обрис|ова́ть(ся) (~у́ю(сь)) *pf of* ~о́вывать(ся); ~**о́вка** outlining, delineating, depicting *also fig*; ~**о́вывать** I *pf* ~ова́ть outline, delineate, depict *also fig*; ~**о́вываться** I *pf* ~ова́ться appear (in outline), take shape; *pass of* ~о́вывать

обр|и́тый shaven; ~**и́ть** (~е́ю, ~е́ешь) *pf* shave (off); ~**и́ться** (~е́юсь, ~е́ешься) *pf* shave one's head

обро́к *hist* quit-rent

оброн|и́ть II (~ю́, ~́ишь) *pf coll* drop (and lose); let drop, let fall (*a remark, etc*)

обро́чный (on) quit-rent

обруб|а́ть I *pf* ~и́ть chop, lop off; dock; hem (*garment, etc*); ~**и́ть** II (~лю́, ~́ишь) *pf of* ~а́ть; ~́**ок** (~ка) stump

обруга́ть I *pf of* руга́ть

обрус|е́лый Russianized, Russified; ~**е́ние** Russianization, Russification; ~**е́ть** I *pf* become Russianized, Russified; **~и́ть** II (~и́шь) *pf* Russianize, Russify

о́бруч 5 hoop; ring, band; **~а́льный** ~а́льное кольцо́ engagement ring; ~ обря́д betrothal; **~а́ть** I *pf* ~и́ть betrothe; **~а́ться** I *pf* ~и́ться become engaged (to, с + *instr*); **~е́ние** betrothal; **~и́ть(ся)** II *pf of* ~а́ть(ся)

обру́ш|ивать I *pf* ~ить *fig* bring, rain down (on, на + *acc*); **~иваться** I *pf* ~иться *fig* fall (upon), come down (upon), attack (на + *acc*); **~ить(ся)** II *pf of* ру́шить(ся) *and* ~ивать(ся)

обры́в precipice; *tech* break(ing), rupture; **~а́ть** I *pf* оборва́ть tear off, pluck (*petals*, *etc*), strip (*of leaves*, *etc*); break, snap; ~ телефо́н *coll* sit on a telephone; *fig* cut short, interrupt; *coll* cut short, snub; **~а́ться** I *pf* оборва́ться break, snap; come, break away (of objects), fall (*lose one's hold*); *fig coll* stop suddenly, break off, stop short, come abruptly to an end; **~истый** (~ист) steep, precipitous; *fig* abrupt; **~ок** (~ка) scrap; snatch (*of song*, *etc*); ~ки мы́слей desultory thoughts

обры́зг|ать I *pf of* ~ивать; **~ивать** I *pf* ~ать besprinkle (with), splash (over), bespatter (with, + *instr*)

обры́|скать I (~скаю *or* ~щу) *pf coll* go, hunt, through, ransack

обрю́зг|лый flabby, flaccid, puffy; **~нуть** (~ну; ~, ~ла) *pf* become flabby, flaccid, puffy; **~ший** = ~лый

обря́|д rite, ceremony; **~ди́ть(ся)** II (~жу́(сь), ~дишь(ся)) *pf of* ~жа́ть(ся); **~дность** *f* rites, ritual, ceremonial; **~довый** ritual, ceremonial; **~жа́ть** I *pf* ~ди́ть *coll joc* tog up (in), get up (in, + *instr*); **~жа́ться** I *pf* ~ди́ться *coll joc* get oneself up (in), get togged up (in, + *instr*)

обса|ди́ть II (~жу́, ~дишь) *pf of* ~живать; **~живать** I *pf* ~ди́ть plant round

обса́л|ивать I *pf* ~ить *coll* spot, smear with grease, spill grease on; **~ить** II *pf of* ~ивать

обса́сывать I *pf* обсоса́ть suck round; *fig pop* chew over

обса́х|аривать I *pf* ~арить *coll* sugar; **~арить** II *pf of* ~аривать

обсе́в|ок (~ка) unsown furrow, area; *fig pop* useless person; не ~ в по́ле *fig coll* no worse than anyone else

обсемен|и́ть(ся) II *pl of* ~я́ть(ся); **~я́ть** I *pf* ~и́ть sow (*field*); infect (*with bacteria*, *etc*); **~я́ться** I *pf* ~и́ться go to seed; *pass of* ~я́ть

обсерва|то́рия observatory; **~ция** observation

обсидиа́н obsidian

обска|ка́ть I (~чу́, ~чешь) *pf of* ~кивать gallop round; *pf only* outgallop *also fig*; **~кивать** I *pf* ~ка́ть

обскура́нт obscurant(ist); **~и́зм** obscurantism; **~и́стский** obscurantist

обсле́д|ование investigation (of), inspection (of), inquiry (into, + *gen*); **~ователь** *m* investigator, inspector; **~овать** (~ую) *impf and pf* investigate, inspect; examine (patient)

обслу́ж|ивание service; *tech* servicing, maintenance; serving (*customer*, *etc*); бытово́е ~ everyday repairs and other consumer services; **~ивать** I *pf* ~и́ть serve, attend (to) (*customer*, *etc*); cater for; *tech* operate, service, mind (*machine*, *etc*); ~ ору́дия *naut* man the guns; ~ивающий персона́л *collect* staff, personnel; catering staff; assistants, attendants; **~и́ть** II (~у́, ~ишь) *pf of* ~ивать

обслюни́ть II *pf coll*, **обслюня́в|ить** II (~лю) *pf pop* slobber all over

обсос|а́ть (~у́, ~ёшь) *pf of* обса́сывать

обсо́х|нуть I (*past* ~, ~ла) *pf of* обсыха́ть

обста́в|ить(ся) II (~лю(сь)) *pf of* ~ля́ть(ся); **~ля́ть** I *pf* ~ить surround, encircle (with, + *instr*); furnish (with, + *instr*); *fig* arrange, organize; *pop* get ahead of; *pop* get the better of; *pop* cheat; **~ля́ться** I *pf* ~иться surround oneself (with, + *instr*); *coll* furnish one's place; *pass of* ~ля́ть

обстано́в|ка furniture; décor *also theat*; conditions, situation; environment; set-up; в дома́шней ~ке in the home; боева́я ~ *mil* tactical situation; **~очный** *adj of* ~ка

обстир|а́ть I *pf of* ~ывать; **~ывать** *pf* ~а́ть *coll* do the washing (for a number of); она ~ывает всю семью́ she does the washing for the family

обстоя́т|ельный (~елен) detailed, circumstantial; *coll* thorough, reliable (*of person*); **~ельственный** adverbial; **~ельство** circumstance; смягча́ющие ~ельства extenuating circumstances; по семе́йным ~ельствам for domestic reasons; смотря́ по ~ельствам depending on circumstances; при сложи́вшихся ~ельствах as things are; *gramm* adverbial modifier

обсто|я́ть II (~и́т) *impf* be, stand; как ~и́т де́ло? how is it going?; всё ~и́т благополу́чно all is going well

остра́гивать I *pf* обстрога́ть plane; whittle

обстра́|ивать I *pf* обстро́ить *coll* surround with building(s); **~иваться** I *pf* обстро́иться *coll* build for oneself; be built up, spring up

обстре́л fire, firing; артиллери́йский ~ shelling, bombardment; попа́сть под ~ come under fire *also fig*; **~ивать** I *pf* ~я́ть fire at, on; bombard; **~иваться** I *pf* ~я́ться *coll* become seasoned (*of soldiers*); receive a baptism of fire; **~янный** seasoned, experienced (*of soldiers*) *also fig*; **~я́ть(ся)** I *pf of* ~ивать(ся)

обстр|ога́ть I *pf of* ~а́гивать

обстр|о́ить(ся) II *pf of* ~а́ивать(ся)

обстр|уга́ть I = ~ога́ть

обструкц|иони́зм *pol* obstruction; **~иони́ст** *pol* obstructionist; **~ия** *pol* obstruction; filibuster

обстря́пать I *pf pop* fix, clinch (*matter*, *etc*)

обступ|а́ть I *pf* ~и́ть surround, crowd (round); **~и́ть** II (~лю́, ~ишь) *pf of* ~а́ть

обсу|ди́ть II (~жу́, ~дишь) *pf of* ~жда́ть; **~жда́ть** I *pf* ~ди́ть discuss, consider; **~жде́ние** discussion

обсу́ш|ивать I *pf* ~и́ть dry (out); **~иваться** I *pf of* ~и́ться dry oneself, get dry; **~и́ть(ся)** II (~у́(сь), ~ишь(ся)) *pf of* ~ивать(ся)

обсчит|а́ть(ся) I *pf of* ~ывать(ся); **~ывать** I *pf* ~а́ть cheat (*in counting*); он ~а́л меня́ на три рубля́ he cheated me out of three roubles; **~ываться** I *pf* ~а́ться make a mistake (in counting)

обсы́п|ать (~лю, ~лешь) *pf of* ~а́ть; **~а́ть** I *pf* ~ать strew, sprinkle; **~аться** (~люсь, ~лешься) *pf* = осыпа́ться

обсыха́ть I *pf* обсо́хнуть dry, become dry (on the surface); у него́ молоко́ на губа́х не обсо́хло *fig coll* he is too young, wet behind the ears, green

обта́|ивать I *pf* ~ять melt away (around); become clear (of ice)

обта́чивать I *pf* обточи́ть grind; turn, machine

обтека́|емый streamlined; *coll iron* evasive, ambiguous; **~ть** I *pf of* обте́чь flow round; *mil*

bypass
обтер|е́ть(ся) (оботру́(сь), оботрёшь(ся); ⁓(ся), ⁓ла(сь)) *pf of* обтира́ть(ся)
обтерп|е́ться II (~лю́сь, ⁓ишься) *pf coll* learn to accept, become acclimatized (*to difficulties, suffering, etc*)
обте|са́ть(ся) I (~шу́(сь), ⁓шешь(ся)) *pf of* ⁓сывать(ся); **⁓сывать** I *pf* ~са́ть square; rough-hew; dress, trim; *fig coll* teach manners to, teach how to behave; **⁓сываться** I *pf* ~са́ться *fig coll* acquire (polite) manners, polish
обте́|чь (~ку́, ~чёшь, ~ку́т; ⁓к, ~кла́) *pf of* ~ка́ть
обтира́|ние rub(-down); *coll* lotion; **⁓ть** I *pf* обтере́ть wipe, wipe dry; rub (with, + *instr*); **⁓ться** I *pf* обтере́ться wipe oneself dry, dry oneself; sponge down; *coll* wear thin; *pop* adjust oneself (*to new ambience, etc*)
обточ|и́ть II (~у́, ⁓ишь) *pf of* обта́чивать; **⁓ка** turning, machining
обтреп|а́вшийся frayed (*of cuffs, etc*); **⁓анный** frayed; shabby; **~а́ть** I (~лю́, ⁓лешь) *pf* fray; **~а́ться** I (~лю́сь, ⁓лешься) become frayed, fray; become shabby
обтюра́|тор *tech* obturator; *phot* shutter; *mil* gas-check; **⁓ция** obturation
обтя́|гивать I *pf* ~ну́ть cover with (*of furniture, etc*); fit close (to); **⁓жка** cover (*for furniture*); *aer* skin; в ~жку close-fitting (*of clothes*); **~ну́ть** I (~ну́, ⁓нешь) *pf of* ⁓гивать
обтя́пать I *pf pop* fix
об|ува́ть I *pf* ~у́ть *vt* put on boots (shoes); provide with boots (shoes); **~ува́ться** I *pf* ~у́ться put on one's boots (shoes); provide oneself with boots (shoes); ~ в ва́ленки put on felt-boots; **~у́вка** *pop* footwear, boots, shoes; **~увно́й** *adj of* ⁓увь; (boot and) shoe; **~увщи́к** 1 boot and shoe operative; **⁓увь** *f* footwear, boots, shoes
обу́гл|ивание carbonization; **⁓ивать** I *pf* ~ить char; carbonize; **⁓иваться** I *pf* ~иться char, become charred
обу́|живать I *pf* ~зить make too tight
обу́з|а burden; быть ~ой для кого́ be a burden to someone
обузд|а́ть I *pf of* ⁓ывать; **⁓ывать** I *pf* ~а́ть bridle, curb *also fig* (*of passions, etc*), restrain, control (*character, etc*)
обу́|зить II (~жу) *pf of* ~живать
обурева́|ть I (~ет) *impf rhet* grip, assail, possess (*of thoughts, feelings, passions, etc*); её ~ют сомне́ния she is assailed by doubts
обуржуа́|зиться II (~жусь) *pf* become bourgeois
обусло́в|ить(ся) II (~лю(сь)) *pf of* ~ливать(ся); **⁓ливать** I *pf* ~ить condition; stipulate, make conditional (upon, + *instr*); cause, bring about, be the condition of; **⁓ливаться** I *pf* ~иться be conditional (upon), be conditioned (by), depend (on, + *instr*)
обу́|ть(ся) (~ю(сь)) *pf of* ~ва́ться; **~тый** shod
о́бух and **обу́х** 1 head (*of axe*), butt, back (edge); *naut* eye-bolt; меня то́чно ~ом по голове́ *coll* I was thunderstruck
обуч|а́ть I *pf* ~и́ть; ~ кого чему teach someone something; instruct, train (in); **~а́ться** I *pf* ~и́ться learn (+ *dat or infin*); **~е́ние** teaching; instruction, training; **~и́ть(ся)** II (~у́(сь), ⁓ишь(ся)) *pf of* ~а́ть(ся)
обу́ш|ный *adj of* о́бух; **~о́к** (~ка́) pick; *naut* eye-bolt
обу|я́ть (~я́ет) *pf* seize, grip; его ~я́л страх he was seized with fear
обха́живать I *impf coll* coax, try to get round
обхва́|т girth (*measured by both arms outstretched*); не в ~т of enormous girth; **~ти́ть** II (~чу́, ⁓тишь) *pf of* ⁓тывать; **⁓тывать** I *pf* ~ти́ть clasp; encompass (with outstretched arms)
обхо́|д round (*postman's, etc*); beat (*of policeman, etc*); пойти в ~ go, make the round (*of doctor, etc*); roundabout way, detour; *mil* turning movement; evasion, circumvention (*of law, etc*); **~ди́тельный** (~ди́телен) polite, courteous, pleasant; **~ди́ть** II (~жу́, ⁓дишь) *pf* go all round; ~ всех знако́мых visit all one's friends; *pf* обойти́ go round, pass; turn (*flank*); make, go one's round(s), make the round (of) (*of doctor, etc*); *fig* avoid, get round, leave out; ~ молча́нием pass over in silence; pass over (*in promotion*); go all over (*an area*); visit (*many places, people*); слух обошёл весь го́род the rumour spread all over the town; *coll* overtake; *fig coll* outwit; **~ди́ться** II (~жу́сь, ⁓дишься) *pf* обойти́сь treat (с + *instr*); ~ с кем как с ра́вным treat as an equal; *coll* cost, come to; во ско́лько этот костю́м обойдётся? how much will this suit come to?; make do (with, on), manage (with, on, + *instr*); без тебя́ обойду́сь I shall manage without you; pass, turn out, sort (itself) out; обошло́сь без сканда́ла it passed without a scandal; **⁓дный** *and* **~дно́й** roundabout, circuitous; ~ путь detour; ~дным путём in a roundabout way; ~дное движе́ние *mil* turning movement; ~дной лист document declaring person to be free of debt; **⁓дчик** inspector; platelayer (*on railway*); **~жде́ние** manners; treatment (of), behaviour (towards, с + *instr*)
обче́сться (обочту́сь, обочтёшься; обчёлся, обочла́сь) *pf coll* = обсчита́ться; раз, два и обчёлся *coll* very few, can be counted on the fingers of one hand
обчи́|стить(ся) II (~щу(сь)) *pf of* ~ща́ть(ся); **~ща́ть** I *pf* ⁓стить clean, brush; *fig pop* clean out, rob; **~ща́ться** I *pf* ⁓ститься clean, brush oneself; *pass of* ~ща́ть
обша́р|ивать I *pf* ~ить *coll* ransack, rummage; search; **⁓ить** II *pf of* ~ивать
обша́ркать I *pf coll* wear out (by use)
обша́рпанный *pop* dilapidated, shabby
обшив|а́ть I *pf* обши́ть edge, border; trim, face; sew round (*package*); plank, revet; sheathe; sew for, make clothes for; она ~а́ет всю семью́ she does all the sewing for the family; **⁓ка** edging, bordering; boarding, panelling; ~ фане́рой veneering; sheathing; *naut* planking; plating; нару́жная ~ skin-plating; **⁓очный** *adj of* ~ка
обши́р|ный (~ен) extensive *also fig*, vast; spacious
об|ши́ть (~ошью́, ~ошьёшь) *pf of* ~шива́ть
обшла́г 1 (*pl* ~а́) cuff
обща́ться I *impf* mix (with), associate (with, с + *instr*), meet
обще|войсково́й *mil* common to all arms; **~досту́пный** (~досту́пен) not beyond anyone's pocket, of moderate price; accessible to all, popular, for popular consumption (*of lecture, etc*); **~жите́йский** ordinary, everyday; **~жи́тие** hostel; society, community; **~изве́стный** (~изве́стен) well-known, generally known; **~наро́дный** common to whole people; national, public
обще́ние contact, intercourse; links, relations

обще|образова́тельный (of) general education(al); ~**пи́т** *abbr of* обще́ственное пита́ние public catering; ~**при́знанный** (~при́знан) universally recognized; ~**при́нятый** (~при́нят) generally accepted; ~**сою́зный** All-Union

обще́ств|енник person active in public life; ⁓**енность** *f collect* the community, public; public opinion; *collect* communal organizations; community; писа́тельская ~ writing fraternity; *obs* disposition to serve community, to public work; дух ~енности public-spiritedness; ⁓**енный** social, public; ~енное мне́ние public opinion; ~енные нау́ки social sciences; ~енное пита́ние public catering; ~енное порица́ние public censure; ~енная рабо́та (voluntary) social, public work; ~енная со́бственность public property, ownership; amateur, voluntary, unpaid; на ~енных нача́лах on a voluntary basis; sociable

о́бществ|о society; association; нау́ка об ~е social science; быва́ть в ~е frequent society; *econ* company; акционе́рное ~ joint-stock company; company, society; в ~е кого́ in someone's company; попа́сть в дурно́е ~ get into bad company; ~**ове́д** social science teacher; ~**ове́дение** social science; ~**ове́дческий** *adj of* ~ове́дение

обще|употреби́тельный (~употреби́телен) current, universally, generally used; ~**челове́ческий** common to all mankind

о́бщ|ий (~, ~а́, ⁓е *and* ~о́; ⁓и́) general; common; ~ язы́к common language; ~ее ме́сто *fig* commonplace; ~ знако́мый mutual acquaintance; ~ее собра́ние general meeting; ~ими уси́лиями by a joint effort; ме́жду ни́ми мно́го ~его they have a lot in common; ~ая су́мма sum total; ~ наибо́льший дели́тель *math* greatest common divisor; ~ее наиме́ньшее кра́тное *math* lowest common multiple; в ~их черта́х in general outline; в ~ей сло́жности in all, altogether; в ~ем *coll* on the whole, in general; ~ем и це́лом by and large; не име́ть ничего́ ~его have nothing in common (with, с + *instr*)

общ|и́на community; commune; ⁓**и́нный** communal; ~инная земля́ common (land)

общип|а́ть I (~лю, ⁓лешь) *pf of* ⁓ывать pluck

общи́т|ельность *f* sociability; ⁓**ельный** (~елен) sociable

о́бщность *f* community, common character; ~ интере́сов community of interests

общо́ *adv coll* in general terms

объего́р|ивать I *pf* ~ить *pop* cheat, swindle; ⁓**ить** II *pf of* ~ивать

объе|да́ть I *pf* ⁓сть eat round, nibble; *pop* eat out of house and home; ~**да́ться** I *pf* ⁓сться overeat, eat too much (of, + *instr*); ~**де́ние** *obs* gluttony; *pred coll* something mouth-watering (to taste)

объедин|е́ние unification, amalgamation; association, union; ~**ённый** united; Организация О~ённых Наций United Nations Organization; ~**и́тельный** unifying, uniting; ~**и́ть(ся)** II *pf of* ~я́ть(ся); ~**я́ть** I *pf* ~и́ть unite, amalgamate, join; ~ ресу́рсы pool resources; ~ уси́лия combine efforts; ~**я́ться** *pf* ~и́ться unite (with, с + *instr*)

объе́дк|и (*gen pl* ~ов) leftovers, leavings, scraps (*of food*)

объе́з|д riding, going round; detour, circuit; *mil obs* mounted reconnaissance patrol; ⁓**дить** II (~жу) *pf of* ~жа́ть; ⁓**дка** breaking in (*of horses*); ⁓**дчик** mounted warden, guard; horse-breaker; ~**жа́ть** I *pf* ⁓дить *and* объе́хать travel over; *pf* ⁓дить break in (*of horses*); *pf* объе́хать go round, skirt; overtake, pass; ⁓**жий** circuitous; ~ путь detour

объе́кт object; ~ изуче́ния object of study; *mil* objective; строи́тельный ~ building site; work construction site; building, establishment, enterprise; ~**и́в** lens, object-glass, objective; ~**ивиза́ция** objectification; ~**иви́зм** objectivism; objectivity; ~**иви́ровать** (~иви́рую) *impf and pf* objectify; ~**и́вность** *f* objectivity; ~**и́вный** (~и́вен) objective; unbiased, impartial; ⁓**ный** *adj of* ~; objective; ⁓**овый** appertaining to a building, establishment, enterprise

объём volume *also fig*; capacity, size, bulk; ⁓**истый** (~ист) voluminous, bulky; ⁓**ный** by volume, volumetric; three-dimensional

объе́|сть(ся) (~м(ся), ~шь(ся), ~ст(ся), ~ди́м(ся), ~ди́те(сь), ~дя́т(ся); ~л(ся)) *pf of* ~да́ть(ся)

объе́|хать (~ду, ~дешь) *pf of* ~зжа́ть; их на криво́й не ~дешь *coll* you can't pull the wool over their eyes, you won't fool them

объяв|и́ть(ся) II (~лю́(сь), ⁓ишь(ся)) *pf of* ~ля́ть(ся); ~**ле́ние** declaration, announcement; ~ войны́ declaration of war; advertisement; notice; дава́ть ~ в газе́ту, помеща́ть ~ в газе́те put an advertisement in a paper; ~**ля́ть** I *pf* ~и́ть declare, announce; publish, proclaim; advertise; ~ войну́ declare war (on, + *dat*); ~ собра́ние откры́тым declare a meeting open; ~ вне зако́на outlaw; ~**ля́ться** I *pf* ~и́ться announce, declare oneself (to be); *pop* turn up, appear

объягни́ться II *pf of* ягни́ться

объясн|е́ние explanation; talk; у них произошло́ ~ they had it out; ~ в любви́ declaration of love; ~**и́мый** (~и́м) explicable, explainable; ~**и́тельный** explanatory; ~**и́ть(ся)** II *pf of* ~я́ть(ся); ~**я́ть** I *pf* ~и́ть explain; ~**я́ться** I *pf* ~и́ться explain oneself; have a talk (with); have it out (with, с + *instr*); ~ в любви́ make a declaration of love (to, + *dat*); become clear, be explained; *impf* speak, make oneself understood; be accounted for (by), be explained (by, + *instr*); э́тим ~я́ется его́ поведе́ние that accounts for his behaviour

объя́|тие embrace; бро́ситься кому́ в ~тия fall into someone's arms; заключи́ть в ~тия fold, take in one's arms; с распростёртыми ~тиями with open arms; медве́жьи ~тия bear hug; ⁓**тый** ~ ду́мой wrapped in thought; ~ пла́менем enveloped in flames; ~ тоско́й filled with anguish; ⁓**ть** (обойму́, обымёшь *coll*; обыму́, обы́мешь *pop*) *pf obs* seize, grip, come over; страх ~л его́ terror seized him; comprehend

обыва́т|ель *m* resident, inhabitant; *fig* philistine; ⁓**ельский** *obs* belonging to local inhabitants; *fig* narrow, philistine; ⁓**ельщина** philistinism

обыгр|а́ть I *pf of* ⁓ивать; ⁓**ивать** I *pf* ~а́ть beat (*at a game*); mellow (*instrument by playing*); *coll* use to good effect, play up (*theat*); *fig* turn to advantage

обы́д|енность *f* ordinariness; everyday occurrence; ⁓**енный** ordinary; commonplace, everyday; ~**ёнщина** *pej* commonplaceness, ordinariness

обыкнове́н|ие wont, habit; по ~ию as usual; име́ть ~ де́лать что be in the habit of doing something; ⁓**но** *adv* usually, as a rule; ⁓**ный** (~ен) usual, ordinary, commonplace; everyday

о́бы|ск search; ~**ска́ть** I (~щу́, ⁓щешь) *pf of* ⁓скивать; ~**ска́ться** I (~щу́сь, ⁓щешься) *pop*

search everywhere (for, + *gen*); **∠скивать** I *pf* ~ска́ть (carry out a) search
обы́ч|ай custom; *leg* usage; по ~аю according to custom; э́то у нас в ~е it is our custom; **∠но** *adv* usually, as a rule; **∠ный** (~ен) usual, ordinary; ~ное явле́ние usual thing; *no short form* customary; ~ное пра́во *leg* customary law
обюрокра́|титься II (~чу(сь)) *pf of* ~чивать(ся); **∠чивать** I *pf* ~тить *coll* bureaucratize; **∠чиваться** I *pf* ~титься *coll* become bureaucratic
обя́з|анность *f* duty, responsibility; исполня́ющий ~анности дире́ктора acting director; **∠анный** (~ан) obliged, bound (to, + *infin*); obliged, indebted (to, + *dat*); он ему́ обя́зан успе́хом he owes him his success
обяза́т|ельно *adv* without fail; она́ ~ придёт she is sure, bound to come; **∠ельность** *f* obligatoriness; binding force; *obs* obligingness; **∠ельный** (~елен) obligatory, compulsory; binding; ~ельное обуче́ние compulsory education; ~ уче́бный предме́т required subject; *obs* obliging; **∠ельственный** ~ельственное пра́во *leg* liability law; **∠ельство** obligation; engagement; committee; долгово́е ~ promissory note; взять на себя́ ~ commit oneself (to), undertake (to, + *infin*); *pl leg* liabilities
обя|за́ть(ся) I (~жу́(сь), ∠жешь(ся)) *pf of* ∠зывать(ся); **∠зывать** (~зываю *and* ~зу́ю) *pf* ~за́ть oblige, commit, bind, make it incumbent upon; э́то меня́ ни к чему́ не ~зывает this does not commit me to anything; oblige; вы меня́ э́тим о́чень ∠жете you will do me a great favour; **∠зываться** I (~зываюсь *and* ~зу́юсь) *pf* ~за́ться pledge, bind, commit oneself (to), undertake (to, + *infin*); *impf* be under an obligation (to, пе́ред + *instr*); **∠зывающий** ни к чему́ не ~ noncommittal
ова́л oval; **∠ьный** oval
ова́ция ovation
овдове́ть I *pf* become a widow(er)
овева́ть I *and* **ове́ивать** I *pf* ове́ять fan; меня́ ове́яло хо́лодом *fig* a feeling of cold came over me; *fig* surround (with), cover (with)
ове́н *obs* ram; *astron* Aries, Ram
ов|ёс (~са́) oats
ове́ч|ий *adj of* овца́; волк в ~ьей шку́ре a wolf in sheep's clothing; **∠ка** *dim of* овца́; *fig* harmless creature
овеществ|и́ть II (~лю́) *pf of* ~ля́ть; **~ля́ть** I *pf* ~и́ть substantiate
ове́|ять I (~ю) *pf of* ~ва́ть *and* ∠ивать
ови́н barn (*for drying crops*)
овладе|ва́ть I *pf* ∠ть seize, take possession (of, + *instr*) (*fortress, property, etc*); take over, monopolize (*conversation, etc*); ~ собо́й get control of oneself, regain self-control; overcome, seize; мно́ю ∠л у́жас horror seized me; *fig* master (*subject, profession, etc*); **∠ние** seizing; mastering, mastery (+ *instr*); **∠ть** I (~ю) *pf of* ~ва́ть
о́вод (*pl also* ~а́) gadfly
о́в|ощ вся́кому ~у своё вре́мя *prov* everything in good season, there is a time for everything; **~ощево́дство** vegetable growing; **∠ощи** 5 vegetables; **~ощно́й** vegetable; ~ магази́н greengrocery, greengrocer's (shop); ~ стол vegetarian cooking
овра́|г ravine, gully; **∠жек** *dim of* ~г; *zool* gopher; **∠жистый** (~жист) abounding in ravines; **∠жный** *adj of* ~г; ~ песо́к pit sand
овс|и́на grain, stalk of oats; **~ю́г** 1 common wild oat(s); **~я́ник** bear which destroys oats in the field; **~я́нка** oatmeal, oatmeal porridge; *orni* (yellow) bunting, yellowhammer; **~яно́й** *adj of* овёс; ~яно́е по́ле field of oats; **~я́ный** oatmeal; made of oats; ~я́ная крупа́ oatmeal
овуля́ция ovulation
овц|а́ 6 (*gen pl* ове́ц) sheep; ewe; заблу́дшая ~ *fig* lost sheep; парши́вая ~ *fig* black sheep; **~ебы́к** 1 musk-ox; **~ево́д** sheep-breeder; **~ево́дство** sheep-breeding
овч|а́р shepherd; **~а́рка** sheepdog; неме́цкая ~ Alsatian; **~а́рня** (*gen pl* ~арен) sheepfold; **~и́на** sheepskin; **~и́нка** ~ вы́делки не сто́ит *fig coll* the game is not worth the candle; ему́ не́бо с ~инку показа́лось he was frightened out of his wits; he was numbed with pain; **~и́нный** sheepskin
ога́р|ок (~ка) candle-end
огиба́ть I *pf* обогну́ть bend round; ~ о́бруч вокру́г бо́чки hoop a barrel; round, skirt; *naut* double
оглавле́ние table of contents
огла́|дить II (~жу) *pf of* ~живать; **∠живать** I *pf* ~дить stroke, caress (to pacify)
огла|си́ть(ся) II (~шу́(сь), ∠сишь(ся)) *pf of* ~ша́ть(ся); **∠ска** publicity; избега́ть ~ски shun publicity; получи́ть ~ску receive publicity; преда́ть ~ске make public, known; **~ша́ть** I *pf* ~си́ть announce, proclaim, read out; ~ жениха́ и неве́сту publish banns (of marriage); *obs* divulge (*secrets, etc*); fill (*with sounds, etc*); **~ша́ться** I *pf* ~си́ться be filled with, resound (with, + *instr*); *obs* be divulged; *pass of* ~ша́ть; **~ше́ние** publication, proclaiming; не подлежи́т ~ше́нию confidential (*of document*); **~ше́нный** как ~ *pop* like one possessed; *eccles* catechumen
огло́б|ля (*gen pl* ~ель) shaft; поверну́ть ~и *fig pop* turn back; завора́чивай ~ *fig pop* clear off, turn back
оглоу́шить II *pop* knock out with a blow to the head or neck
огло́х|нуть I (*past* ~, ~ла) *pf of* гло́хнуть
оглуп|и́ть II (~лю́) *pf of* ~ля́ть; **~ля́ть** I *pf* ~и́ть make stupid, (try to) fool; distort, twist (*words, etc*)
оглуш|а́ть I *pf* ~и́ть deafen; stun *also fig*; **~и́тельный** (~и́телен) deafening; **~и́ть** II *pf of* глуши́ть *and* ~а́ть
огля|де́ть(ся) II (~жу́(сь)) *pf of* ∠дывать(ся); **∠дка** looking back; бежа́ть без ~дки run hell for leather; circumspection, caution, care; без ~дки carelessly; де́йствовать с ~дкой act circumspectly; **∠дывать** I *pf* ~де́ть *and* ~ну́ть examine, survey, inspect; look round; **∠дываться** I look round (back); take stock; ~ вокру́г look round; become accustomed (to), adapt oneself; ~ в темноте́ get used to the darkness; *pop* keep one eye (on, на + *acc*), act cautiously (so as not to get out of line); **~ну́ть** I (~ну́, ∠нешь) *sem pf of* ∠дывать; **~ну́ться** I (~ну́сь, ∠нешься) *pf of* ∠дываться; не успе́л ~, как ле́то прошло́ *fig* summer passed in a flash; ~ни́сь на себя́! *fig* look at yourself, examine yourself!
огн|ебу́р thermal drill; **~еви́дный** igneous, plutonic; **~еви́к** 1 fire-stone; *med* anthrax; *coll* gunner; **~ево́й** *adj of* ого́нь; fiery (*glance, etc*); passionate (*character, speech, etc*); ~ бой firing; ~ вал barrage; ~ево́е окаймле́ние box barrage; ~евы́е сре́дства weapons; ~ева́я то́чка weapon emplacement; **~еды́шащий** fire-spitting; ~еды́шащая гора́ *obs* volcano; **~емёт** flame-thrower; **∠енный** fiery (*glance, etc*), passionate (*speech*,

etc); ~еопа́сный (~еопа́сен) inflammable; **~епокло́нник** fire-worshipper; **~епокло́ннический** fire-worshipping; ~епокло́нничество *and* ~епокло́нство fire-worship; **~еприпа́сы** (*gen pl* ~еприпа́сов) ammunition; **~есто́йкий** (~есто́ек, ~есто́йка) fireproof, fire-resistant; **~естре́льный** ~естре́льное ору́жие fire-arm(s); ~естре́льная ра́на bullet wound; **~етуши́тель** *m* fire-extinguisher; ~еупо́р *tech* refractory; **~еупо́рный** (~еупо́рен) fireproof, fire-resistant; refractory; ~еупо́рная гли́на fireclay; ~ кирпи́ч fire-brick

огни́|во steel; **~́ще** bonfire site; forest area cleared by burning (for ploughing)

ого́ *interj* oho!

огов|а́ривать I *pf* ~ори́ть accuse falsely, slander; agree, fix, stipulate; make a reservation (about), make a proviso (concerning); **~а́риваться** I *pf* ~ори́ться make a reservation, proviso; make a slip in speaking; *pass of* ~а́ривать; **~о́р** slander, false accusation; **~ори́ть(ся)** II *pf of* ~а́ривать(ся); **~о́рка** reservation, proviso; без ~о́рок without reserve; slip of the tongue; **~о́рщик** *coll* slanderer

огол|е́ние denudation, exposing; **~е́ц** (~ьца́) *pop* boisterous young man, fellow; **~и́ть(ся)** *pf of* ~я́ть(ся)

оголте́лый *coll* frenzied; unbridled

огол|я́ть I *pf* ~и́ть bare; strip; ~ фланг *mil* expose one's flank; **~я́ться** I *pf* ~и́ться strip (oneself); be made bare, become exposed

ог|онёк (~онька́) (small) light; блужда́ющий ~ will o' the wisp; весёлые ~оньки́ merry twinkle (*of eyes*); зайти́ на ~ *coll* drop in to see (on seeing light); *fig* zest, spirit; рабо́тать с ~онько́м work with zest; **~о́нь** (~ня́) *m* fire *also fig*; анто́нов ~ *obs* gangrene; ме́ж(ду) двух ~не́й between two fires, between the devil and the deep blue sea; ~нём и мечо́м *rhet* with fire and sword; преда́ть ~ню́ и мечу́ *rhet* put to the sword; пройти́ (сквозь) ого́нь, во́ду и ме́дные тру́бы go through fire and water, through thick and thin; из ~ня́ да в по́лымя *fig* out of the frying-pan into the fire; боя́ться как ~ня́ be scared to death; light; опознава́тельный ~ recognition lights; днём с ~нём не найдёшь *coll* (one) will never find in a month of Sundays; *mil* fire, firing; на ли́нии ~ня́ in the line of fire

огор|а́живать I *pf* ~оди́ть fence in, enclose; **~а́живаться** I *pf* ~оди́ться fence oneself in; *pass of* ~а́живать; **~о́д** kitchen-garden; ка́мешек в чей ~ *fig coll* a dig at someone; **~оди́ть(ся)** II (~ожу́(сь), ~о́ди́шь(ся)) *pf of* ~а́живать(ся); **~о́дник** market gardener; **~о́дничать** I *impf coll* engage in market gardening; **~о́дничество** market gardening; **~о́дный** *adj of* ~о́д

огоро́шить II *pf coll* take aback, disconcert

огорч|а́ть I *pf* ~и́ть grieve, pain, distress; **~е́ние** grief, affliction, chagrin; быть в ~е́нии be grieved; **~и́тельный** (~и́телен) distressing; **~и́ть(ся)** II *pf of* ~а́ть(ся)

ОГПУ *hist abbr of* объединённое госуда́рственное полити́ческое управле́ние Unified State Political Directorate (Ogpu)

огра́б|ить II (~лю) *pf of* гра́бить; **~ле́ние** robbery; burglary

огра́|да fence; **~ди́ть(ся)** II (~жу́(сь)) *pf of* ~жда́ть(ся); **~жда́ть** I *pf* ~ди́ть *obs* enclose, fence in; protect (against, from, от + *gen*); **~жда́ться** I *pf* ~ди́ться defend oneself (against), protect, guard oneself (against, от + *gen*)

огранич|е́ние limitation, restriction; **~́енность** *f* scantiness, limitedness (*of means*); *fig* narrowness, narrow-mindedness; **~́енный** limited; *fig* narrow (-minded), hidebound; **~́ивать** I *pf* ~ить limit, restrict, curtail; ~ себя́ в чём cut down (in) something, stint oneself in something; ~ ора́тора временем set a speaker a time limit; *coll no pf* bound; **~́иваться** I *pf* ~иться limit, confine oneself (to, + *instr*) be limited, confined (to, + *instr*); **~и́тель** *m tech* limiter, stop, catch; **~и́тельный** restrictive, limiting; **~́ить(ся)** II *pf of* ~́ивать(ся)

огре|ба́ть I *pf* ~сти́ rake round; ~ де́ньги *pop* rake in the money; **~сти́** (~бу́, ~бёшь; ~́б, ~бла́) *pf of* ~ба́ть

огре́|ть I *pf pop* swipe, fetch a blow

огре́х gap (*in sowing, etc*); *fig pop* shortcoming (*in work*)

огро́м|ный (~ен) huge, enormous, vast

огрубе́|лый coarse(ned); **~́ть** I *pf of* грубе́ть

огру́з|нуть I (*past* ~, ~ла) *pf pop* grow ponderous, stout

огрыз|а́ться I *pf* ~ну́ться snap (at, на + *acc*) *also fig*; **~ну́ться** I *pf of* ~а́ться

огры́з|ок (~ка) (chewed) end, bit; ~ карандаша́ pencil stub, stump

огу́з|ок (~ка) rump

огу́л|ом *adv coll* wholesale, indiscriminately; **~́ьно** *adv* without grounds; **~́ьный** (~ен) wholesale, indiscriminate; unfounded, groundless; *econ obs* wholesale

огур|е́ц (~ца́) cucumber; **~е́чный** *adj of* ~е́ц; ~е́чная трава́ borage; **~́чик** *aff dim of* ~е́ц; как ~ *coll of person, of ruddy, healthy appearance*

о́да ode

ода́лж|ивать I *pf* одолжи́ть lend (to, + *dat*); *obs* put in one's debt; **~́иваться** I *impf obs* be beholden (to), be in the debt (of, + *dat*)

одали́ска odalisque

одар|ённость *f* gift(s), talent, endowments; **~ённый** gifted, talented; **~́ивать** I *pf* ~и́ть give presents (to); ~ дете́й игру́шками give children toys; **~и́ть** II *pf of* ~́ивать *and* ~я́ть; **~я́ть** I *pf* ~и́ть endow (with, + *instr*)

оде|ва́ть I *pf* ~́ть dress (in), clothe (in, в + *acc or instr*) *also fig*; **~ва́ться** I *pf* ~́ться dress (oneself); clothe oneself; put on (в + *acc*); *pass of* ~ва́ть; **~́жа** *coll* clothes; **~́жда** clothes, garments, clothing; ве́рхняя ~ outer clothing, outdoor clothes; фо́рменная ~ uniform; *tech* surfacing (*of road*); revetment; **~́жка** *dim of* ~жда; по ~жке протя́гивай но́жки *prov* cut your coat according to the cloth; **~́жный** ~ шкаф clothes cupboard

одеколо́н eau-de-Cologne; **~́ить** II *pf* на~ *coll* sprinkle eau-de-Cologne on; **~́иться** II *pf* на~ *coll* sprinkle oneself with eau-de-Cologne; **~́ный** *adj of* ~

одел|и́ть II *pf of* ~я́ть; **~я́ть** I *pf* ~и́ть present (with, + *instr*); *obs* endow (with)

оде́|ну *see* **~ть**

од|ёр (~ра́) *coll* old hack

одёр|гивать I *pf* ~нуть pull down, straighten (*clothing*); *fig coll* call to order, pull up; shut up

одеревене́|лый numb; *fig* apathetic; **~́ть** I *pf of* деревене́ть

одерж|а́ть II (~у́, ~́ишь) *pf of* ~́ивать; **~́ивать** I *pf* ~а́ть; ~ верх gain the upper hand (over, над + *instr*), prevail (over); ~ побе́ду gain a (the) victory, carry the day; **~и́мый** *adj* possessed (by,

+ *instr*); ~ стра́хом ridden by fear; ~ стра́стью к нау́ке obsessed by a passion for science; *n* one possessed, madman

одёр|нуть I *pf of* ~гивать

одесну́ю *adv obs* on the right hand

одесси́т *no fem form* person from Odessa

оде́|тый dressed (in), clothed (in, в + *acc* or + *instr*); with one's clothes on; **~ть(ся)** (~ну(сь), ~нешь(ся)) *pf of* ~ва́ть(ся); **~я́ло** blanket; стёганое ~ counterpane, quilt; **~я́ние** attire, garb

оди́н, одна́, одно́ *pl* **одни́** *num and pron* one; одна́ кни́га one book; одни́ чулки́ one pair of stockings; ~ раз once; одно́ вре́мя at one time; одни́м сло́вом in a word; в ~ го́лос with one accord, voice; alone, by oneself; он живёт ~ he lives alone; одни́м нам не спра́виться we can't manage by ourselves; ~-одинёхонек (одинёшенек) quite alone, all by oneself; ~-еди́нственный one and only; ~ в по́ле не во́ин *prov* there is safety in numbers; по одному́ one by one, one at a time, in single file; a, an, a certain; one; в ~ прекра́сный день one (fine) day; ~ из прису́тствующих one of those present; ~, ~ и тот же the same, one and the same; одного́ разме́ра the same size; жить в одно́м до́ме live in the same house; э́то одно́ и то же it is (one and) the same thing; only, alone, nothing but; от него́ одни́ неприя́тности from him there is nothing but trouble; одного́ недостаёт one thing is missing; ~ за други́м one after the other; одно́ де́ло рабо́тать, друго́е гуля́ть it is one thing to work, another to play; одни́ ... други́е ... some ... others ...; одно́ из двух one of two things; все до одного́ all to a man; все, как ~ one and all; ни ~ not (a single) one; ~ на ~ tête-à-tête, in private; face to face; ~ к одному́ one like another; одно́ к одному́ *coll* moreover, one way and another; одно́ из двух one of two things; все до одного́ all to a man; все, как оди́н one and all; ни оди́н not (a single) one; оди́н к одному́ one like another; одно́ к одному́ *coll* moreover, one way and another

одина́к|ово *adv* equally; **~овость** *f* identity (*of views, etc*); **~овый** (~ов) identical (with), same (as, с + *instr*)

одина́рный single

одинё|хонек, ~шенек *see* **оди́н**

один|надцатиле́тний eleven-year(-old); **~надцать** *num* eleven; **~надцатый** *num* eleventh; **~ожды** *adv* one times; ~ шесть – шесть

одино́|кий (~к) *adj* solitary, lonely; lone; on one's own; *n* single man, bachelor; ~кая single woman; **~ко** *adv* lonely; **~чество** loneliness, solitude; **~чка** *m and f* lone person, person living, working alone; мать-~ unmarried mother; жить ~чкой live alone; в ~чку alone, on one's own; по ~чке one by one; *coll* solitary (prison) cell; сиде́ть в ~чке be in solitary confinement; *sp* sculler, single-oar boat; **~чный** one man, individual; ~чное заключе́ние solitary confinement, single; ~ вы́стрел single shot; ~ ого́нь single-round firing

одио́з|ный (~ен) odious

одиссе́я Odyssey

одича́|лый (gone) wild; **~ть** I *pf of* дича́ть

одна́жды once, one day; ~ у́тром (ве́чером, но́чью) one morning (evening, night); ~ весно́й one spring (*in the past*)

одна́ко *adv*, *conj* however; though; but; *interj* you don't say so!, not really!

одноа́томный monatomic

одно|бо́кий (~бо́к) one-sided *also fig*; **~бо́ртный** single-breasted

одновале́нтный univalent

одновре́ме́нный simultaneous; synchronous

одно|гла́зка *zool* cyclops; **~гла́зый** one-eyed; **~годи́чный** one-year, of one year's duration; **~го́док** (~го́дка) *coll* of the same age (as, с + *instr*); **~го́рбый** ~ верблю́д dromedary, Arabian camel

одно|дво́рец (~дво́рца) *hist* smallholder; **~де́лец** (~де́льца) *coll* accomplice; **~дне́вка** insect with life-span of one day; сло́во-~ *coll* ephemeral word; **~дне́вный** one-day, day's; **~до́льный** monocotyledonous; **~до́мный** monoecious; **~ду́м** person with one-track mind, with idée fixe

одно|зву́чный (~зву́чен) monotonous; **~знача́щий** synonymous; monosemantic; **~зна́чный** (~зна́чен) synonymous; *ling* monosemantic; *math* simple

одноимён|ный (~ен) of the same name

одно|кали́берный of the same calibre; **~ка́мерник** *coll* cell-mate; **~ка́мерный** monothalamous; **~ка́шник** *obs* schoolfellow; **~кла́ссник** classmate; **~кле́точный** unicellular; **~клу́бник** fellow-member of club; **~коле́йка** *coll* single-track railway; **~коле́йный** single-track; **~коле́нчатый** *tech* single-jointed; **~ко́лка** gig; **~ко́мнатный** one-roomed; **~ко́нный** one-horse; **~копы́тный** solidungular, solid-hoofed; **~ко́рпусный** single-hull; **~кра́тный** single; *gramm* semelfactive; **~ку́рсник** fellow-member of course

одноле́т|ний one-year; *bot* annual; **~ник** *bot* annual; **~ок** (~ка) *coll* of the same age (as, с + *instr*)

одно|ма́стный of one colour; **~ма́чтовый** single-masted; **~ме́стный** single-seat(ed), single-seater; **~мото́рный** single-engine(d)

одноно́гий one-legged

однообра́з|ие monotony; **~ность** *f* = ~ие; **~ный** (~ен) monotonous

одноо́кись *f* monoxide

одно|пала́тный *pol* single-chamber, unicameral; **~па́лый** having one finger; **~полча́нин** (*pl* ~полча́не, ~полча́н) brother-officer; comrade-in-arms (*of same regiment*); **~по́лый** *bot* unisexual; **~пу́тка** *coll* single-track railway; **~пу́тный** single-track, one-way

одно|ра́зовый valid, to be used once; **~ро́гий** one-horned, unicornous; **~ро́дность** *f* homogeneity, uniformity; **~ро́дный** (~ен) homogeneous, uniform; similar; **~ру́кий** one-handed, one armed; **~ря́дка** single-breasted caftan

одно|сельча́нин (*pl* ~сельча́не, ~сельча́н) fellow-villager; **~сло́жно** *adv* in monosyllables; **~сло́жность** *f* monosyllabism; *fig* shortness, terseness; **~сло́жный** monosyllabic; (~ен) *fig* short, terse; **~спа́льный** ~спа́льная крова́ть single bed; **~ство́льный** single-barrelled (*of gun*); **~ство́рчатый** univalve; ~ство́рчатая дверь single door; **~сторо́нний** one-sided, one-way (*of traffic, etc*), one-track; (~сторо́нен) *fig* unilateral; limited, biased, one-sided, one-track

одно|та́ктный *tech* one-stroke, single-cycle; **~ти́пный** (~ти́пен) of the same type, kind; ~кора́бль sister-ship; **~то́мник** one volume edition; **~то́мный** one-volume

одноу́хий one-eared

одно|фа́зный single-phase, monophase; **~фами́лец** (~фами́льца) person with same surname (as, с + *instr*), namesake

одно|цве́тный one-colour; *typ* monochrome;

~**цили́ндровый** one-cylinder
одночле́н monomial; **~́ный** monomial
одношёрстный of one colour (*of animals*)
одноэта́жный single-stage; one-storeyed
одно|я́дерный uninuclear; **~я́корный** single-armature; **~я́русный** single-stage
одобр|е́ние approval; **~и́тельный** (~и́телен) approving; **~́ить** II *pf of* ~я́ть; **~я́ть** I *pf* ~́ить approve (of), не ~ disapprove (of)
одоле|ва́ть I *pf* ~́ть *rhet* overcome, conquer (*enemy, etc*); *fig coll* matter, get through (*course, book, etc*); *fig* overcome (*of state*); его́ ~́л сон he was overcome by sleepiness; *coll* plague; нас ~́ли комары́ we were plagued by mosquitoes
одолж|а́ться I *impf* be obliged, beholden (to, у + *gen*; к + *dat obs*); **~е́ние** favour, service; сде́лайте ~ do (me) a favour, the favour; **~и́ть** II *pf of* ода́лживать
одома́ш|нение, одома́шнивание domestication; taming; **~́нивать** I *pf* ~нить domesticate, tame; **~́ниваться** I *pf* ~ниться become domesticated, tame; **~́нить(ся)** II *pf of* ~нивать(ся)
одо́метр (h)odometer
одонто́л|ог odontologist; **~о́гия** odontology
одр 1 *obs* bed, couch; на сме́ртном ~е́ on one's death-bed
одряхле́ть I *pf of* дряхле́ть
одува́нчик dandelion
оду́м|аться I *pf of* ~́ываться; **~́ываться** I *pf* ~́аться change one's mind; think better of it; bethink oneself
одура́ч|ивать I *pf* ~ить *coll*; **~́ить** II *pf of* ~ивать *and* дура́чить
одуре́|лый *coll* dulled; stupid, crazy; **~́ние** *coll* stupefaction, torpor; **~́ть** I *pf of* дуре́ть
одурма́н|ивать I *pf* ~ить = дурма́нить; **~́ить** II *pf of* ~ивать *and* дурма́нить
о́дур|ь *f coll* stupefaction, torpor; со́нная ~ deadly nightshade; **~я́ть** I *coll* stupefy
одутлова́т|ый (~) puffy
одухотвор|ённость *f* spirituality; **~ённый** (~ён, ~ённа) having a spiritual quality, inspired; **~и́ть** II *pf of* ~я́ть; **~я́ть** I *pf* ~и́ть inspire, endow with spiritual quality; animate; attribute soul (to) (*natural phenomena, etc*)
одушев|и́ть(ся) II (~лю́(сь)) *pf of* ~ля́ть(ся); **~ле́ние** animation; inspiring; **одушевлённый** animated; ~лённые имена́ существи́тельные animate nouns **~ля́ть** I *pf* ~и́ть animate; inspire; **~ля́ться** I *pf* ~и́ться be animated; be inspired;
оды́шк|а short breath; страда́ть ~ой be short-winded
ожереб|и́ться II (~лю́сь) *pf of* жереби́ться
ожере́лье necklace
ожесточ|а́ть I *pf* ~и́ть embitter, harden; **~а́ться** I *pf* ~и́ться become embittered, hardened; **~е́ние** bitterness; **~ённость** *f* = ~е́ние; **~ённый** (~ён, ~ённа) bitter; embittered, hardened
оже́чь(ся) = обже́чь(ся)
ожива́льный ogival
ожив|а́ть I *pf* ожи́ть come to life, revive *also fig*; **~и́ть(ся)** II (~лю́(сь)) *pf of* ~ля́ть(ся); **~ле́ние** animation; reviving, enlivening; **~лённый** (~лён, ~лённа) animated, lively; **~ля́ть** I *pf* ~и́ть revive *also fig* (*memory, etc*); *fig* animate, enliven; *fig* bring to life, put life into; **~ля́ться** I *pf* ~и́ться become animated, liven up; *pass of* ~ля́ть; **~отвори́ть** II *pf of* животвори́ть
ожида́|ние waiting; expectation; обману́ть ~ния disappoint; в ~нии pending (+ *gen*); быть в ~нии *euph* be expecting (*of woman*); оправда́ть ~ния live up to expectations; сверх (вся́ких) ~ний beyond all expectations; **~́ть** I *impf* wait (for); expect, anticipate (*with animate nouns usu* + *acc, with inanimate nouns* + *acc or gen, with abstract nouns* + *gen*); ~ ребёнка be expecting a baby; как он и ~л just as he expected
ожире́|ние obesity; ~ се́рдца adipose heart; **~́ть** I *pf of* жире́ть
ож|и́ть (~иву́, ~ивёшь; ~́ил, ~ила́, ~́ило) *pf of* ~ива́ть
ожо́г burn; scald
озабо́|тить(ся) II (~чу(сь)) *pf of* ~чивать(ся); **~́ченность** *f* preoccupation; anxiety; **~́ченный** preoccupied; anxious, concerned, worried; **~́чивать** I *pf* ~тить cause, give anxiety, trouble, worry; **~́чиваться** I *pf* ~титься attend (to), see (to, + *instr*)
озагла́в|ить II (~лю) *pf of* **~́ливать** I entitle; head (*chapter, etc*)
озада́ч|енность *f* perplexity, puzzlement; **~́ивать** I *pf* ~ить perplex, puzzle, take aback; **~́ить** II *pf of* ~вать
озар|и́ть(ся) II *pf of* ~я́ть(ся); **~я́ть** I *pf* ~и́ть light up, illuminate, illumine; улы́бка ~и́ла её лицо́ a smile lit up her face; его́ ~и́ло it dawned upon him; **~я́ться** I *pf* ~и́ться light up (with, + *instr*); *pass of* ~я́ть
озвере́|лый brutal(ized); **~́ть** I *pf of* звере́ть
озву́ч|ивать I *pf* ~ить provide with sound, wire for sound; **~́ить** II *pf of* ~ивать
оздоров|и́тельный (~и́телен) sanitary, health-improving; **~и́ть** II (~лю́) *pf of* ~ля́ть; **~ля́ть** I *pf* ~и́ть make sanitary, healthy *also fig* improve
озелен|е́ние planting with trees and shrubs; **~и́ть** II *pf of* ~я́ть; **~я́ть** I *pf* ~и́ть plant with trees and shrubs
о́земь *adv obs* to the ground, down
оз|ерко́ (*pl* ~ерки́, ~ерко́в) *dim of* ~́еро; **~ёрный** *adj of* ~́еро; **~́еро** 8 lake; **~ерцо́** (*pl* ~ёрца, ~ёрец) *dim of* ~́еро *coll*
оз|и́мый *adj* winter-sown (*of crops, etc*); *n* **~и́мые** winter-sown crops; **~́имь** *f* winter-sown crop, area
озира́ть I *impf lit* survey, view; **~́ся** I *impf* look round; look back
озли́ть(ся) II *pf of* зли́ть(ся) *coll*
озло́б|ить(ся) II (~лю(сь)) *pf of* ~ля́ть(ся); **~ле́ние** bitterness, animosity; **~́ленный** embittered; **~ля́ть** I *pf* ~́ить embitter; **~ля́ться** I *pf* ~́иться become embittered
ознако́м|ить(ся) II (~лю(сь)) *pf of* ~ля́ть(ся); **~ля́ть** I *pf* ~́ить acquaint (with, с + *instr*); **~ля́ться** I *pf* ~́иться familiarize oneself (with, с + *instr*)
ознамен|ова́ние marking (*an occasion*), commemoration; в ~ to mark, commemorate (+ *gen*); **~ова́ть(ся)** (~у́ю(сь)) *pf of* ~о́вывать(ся); **~о́вывать** I *pf* ~ова́ть mark, commemorate; celebrate; **~о́вываться** I *pf* ~ова́ться be marked (by, + *instr*)
означ|а́ть I *impf* mean, signify, stand for; **~́енный** *obs* aforesaid
озно́б shivering, chill; почу́вствовать ~ feel shivery; **~и́ть** II (~лю́) *pf of* ~ля́ть; **~ля́ть** I *pf* ~и́ть *pop* freeze slightly, chill
озокери́т *min* ozocerite
озоло|ти́ть II (~чу́) *pf obs* gild; *coll* load with money, gifts

озóн ozone; **~áтор** ozonizer; **~úровать** (~úрую) *impf and pf* ozonize

озор|ни́к mischievous, naughty child, mischief-maker; **~ничáть** I *pf* с~ get up to mischief, be naughty (*of child*); make mischief; **~нóй** mischievous, naughty; **~ствó** mischief, naughtiness

озя́б|нуть I (*past* ~, ~ла) *pf of* зя́бнуть be cold, chilly, frozen

ой, ой-ой-ой *interj* o, oh (*expresses fright, surprise, pain also intensifying interj*); **ой-ли** *interj pop* really? is it possible? (*expresses doubt*)

ок *abbr of* организациóнный комитéт organization committee; *abbr of* отдéл кáдров personnel department, division; establishments

ока|зáть(ся) I (~жý(сь), ́~жешь(ся)) *pf of* ́~зывать(ся)

окáз|ия (convenient) opportunity; послáть письмó с ~ией use a convenient opportunity to send a letter; *coll* unusual event; что за ~! how odd!, how unexpected!

окáз|ывать I *pf* оказáть show, render, exert (*with var nouns*); ~ влия́ние exert influence (on, на + *acc*); ~ внимáние pay attention (to, + *dat*); ~ давлéние exert pressure (on, на + *acc*); ~ дéйствие have an effect (upon, на + *acc*); ~ довéрие trust (in, + *dat*); ~ мýжество *obs* display bravery; ~ пéрвую пóмощь give first aid (to, + *dat*); ~ пóмощь help, give help (to, + *dat*); ~ предпочтéние show preference (for, + *dat*); ~ содéйствие render assistance (to, + *dat*); ~ сопротивлéние offer, put up resistance (to, + *dat*); ~ услýгу do, render a service, do a good turn (to, + *dat*); ~ честь do an honour (+ *dat*); **́~ываться** I *pf* оказáться prove (to be), turn out (to be), be found (to be); он оказáлся стáрым знакóмым he turned out to be an old friend; оказáлось, что мы сосéди it turned out that we were neighbours; find oneself, be found (*unexpectedly*); ~ на незнакóмой ýлице find oneself in an unfamiliar street; в кошелькé не оказáлось дéнег the purse proved to be empty

окайм|и́ть II (~лю́) *pf of* ~ля́ть; **~ля́ть** I *pf* ~и́ть border, edge (with, + *instr*)

окáлина *tech* scale, cinder, scoria, dross, slag

окамене|лость *f* fossil; **́~лый** fossilized, petrified; *fig* fixed; **́~ть** I *pf of* каменéть

окант|овáть (~ýю) *pf of* кантовáть; **~óвка** braid(ing), trimming; mount (*for picture, etc*)

окáнч|ивать I *pf* окóнчить finish, end; ~ шкóлу leave school; ~ университéт go down (from university), graduate; **́~иваться** I *pf* окóнчиться finish, end, terminate; be over; *pass of* ~ивать

óканье okanie (*unstressed 'o' pronounced as 'o'*)

окáп|ывать I *pf* окопáть dig round; **́~ываться** I *pf* окопáться *mil* dig in, entrench (oneself); *coll iron* find oneself a nice nook, soft spot; *pass of* ~ывать

окáрмливать I *pf* окорми́ть *coll* overfeed; poison with bad food

ока|ти́ть(ся) II (~чý(сь), ́~тишь(ся))

óкать I *impf* pronounce unstressed 'o' as 'o' (*in Russian*)

окá|чивать I *pf* ~ти́ть pour over, drench, douse; ~ холóдной водóй pour cold water over *also fig*; **́~чиваться** I *pf* ~ти́ться pour over oneself, sluice oneself

окая́нный cursed, damned; accursed

океáн ocean; **~óграф** oceanographer; **~огрáфия** oceanography; **́~ский** ocean(ic), ocean-going

оки́|дывать I *pf* ~нуть; ~ взóром (взгля́дом, глазáми) take in at a glance, glance over

óк|исел (~исла) oxide; **~ислéние** oxidation; **~исли́тель** *m* oxidizer, acidifier; **~исли́тельный** oxidizing; **~исли́ть(ся)** II *pf of* ~исля́ть(ся); **~исля́ть** I *pf* ~исли́ть oxidize; **~ исля́ться** I *pf* ~исли́ться oxidize; *pass of* ~я́ть; **́~ись** oxide; вóдная ~ hydroxide; ~ желéза ferric oxide; ~ мéди cupric oxide; ~ углерóда carbon monoxide; ~ ци́нка zinc oxide

окклю́зия *chem* occlusion

оккульт|и́зм occultism; **́~ный** occult

оккуп|áнт invader, occupier; **~ациóнный** (of) occupation; occupying; **~áция** *mil* occupation; **~и́ровать** (~и́рую) *impf and pf mil* occupy

оклáд salary scale; salary; tax (rate); setting, framework, overlay (*of icon*)

оклáдист|ый (~) ~ая бородá full, thick beard

окладнóй salary; tax

оклеве|тáть I (~щý, ́~щешь) *pf* slander, defame, calumniate

оклé|ивать I *pf* ~ить cover (with), paste, glue over (with, + *instr*); ~ кóмнату обóями paper a room; **́~ить** II *pf of* ~ивать; **́~йка** pasting, glueing; ~ обóями papering

óклик hail, call; **~áть** I *pf* ́~нуть hail, call (to); **́~нуть** I *pf of* ~áть

ок|нó 6 (*gen pl* ́~он) window; слуховóе ~ dormer-window; кóмната в два ~нá room with two windows; сесть на ~ *coll* sit down on the window-sill; *fig* gap, opening, aperture; *fig coll* break, gap (*between lessons, etc*)

óк|о (*pl* óчи, очéй) *obs* eye; в мгновéние ~а in the twinkling of an eye; ~ за ~ an eye for an eye

ок|овáть (~ую́) *pf of* ~óвывать; **~óвка** binding (*with metal*); nailing (*of boots*); **~óвы** (*gen pl* ~óв) fetters, bonds *also fig*; **~óвывать** I *pf* ~овáть bind (*with metal*); *fig* fetter, shackle

околáчиваться I *impf pop* lounge around, kick one's heels

околд|овáть (~ýю) *pf of* ~óвывать; **~óвывать** *pf* ~овáть bewitch, enchant, entrance *also fig*

околе|вáть I *pf* ́~ть die (*of animals, pej of persons*); **́~лый** *pop* dead (*of animals*)

околёсиц|а *and* **околёсная** *coll* nonsense; нести́ ~у talk nonsense

околé|ть I *pf* ~вáть

окóли|ца outskirts (*of a village*); вы́ехать за ~цу leave the confines of a village; на ~це on the outskirts; hedge round settlement; *dial* area around, neighbourhood; *dial* roundabout road; **́~чность** *f* innuendo; circumlocution; говори́ть без ~чностей not to beat about the bush

óколо *prep + gen and adv* close (to), near, by; around, about; сядь ~ меня́ sit by me; ~ никогó нé было ви́дно there was nobody to be seen in the vicinity; about, almost (*time*); ~ чáса about an hour; **~плóдник** pericarp; **~сердéчный** ~сердéчная сýмка pericardium; **́~ток** (~тка) *obs* neighbourhood; area (*allotted to official, police station, etc*), sector; town district, ward; *obs* police station; *obs mil* dressing-station; **́~точный** *n obs* ~ (надзирáтель) police officer; *adj of* ~ток; **~ýшный** parotid; **~цвéтник** perianth

околпáч|ивать I *pf* ~ить *pop* dupe, fool; **́~ить** II *pf of* ~ивать

окóлыш cap-band

окóльничий *hist* okolnichy (*one of highest Boyar ranks*)

окóльн|ый circuitous, roundabout; devious; ~ым

путём in a roundabout way
окольц|ева́ть (~у́ю) *pf of* кольцева́ть
оконе́чность *f* extremity
око́нный window(-)
оконфу́|зить II (~жу) *pf pop* embarrass, confuse
оконч|а́ние end, conclusion, termination; по ~а́нии университе́та on graduating; ~ сле́дует to be concluded (*of serial, etc*); *gramm* ending; **~а́тельно** *adv* finally, definitively, completely; **~а́тельный** final, definitive, decisive; not subject to appeal (*court decision, etc*); **~́ить(ся)** II *pf of* ока́нчивать(ся)
око́нщик *sl* burglar
око́п *mil* trench, entrenchment; **~а́ть(ся)** I *pf of* ока́пывать(ся); **~́ный** ~ная война́ trench warfare
окор|а́чивать I *pf* ~оти́ть *coll* make too short; **~оти́ть** *pf of* ~а́чивать
око́рка bark stripping; barking
окорм|и́ть II (~лю́, ~́ишь) *pf of* ока́рмливать
окорна́ть I *pf of* корна́ть
о́корок (*pl* ~а́) ham, gammon (*leg*); leg (*of veal, mutton*)
окор|оти́ть II (~очу́, ~оти́шь) *pf of* ~а́чивать
окосе́ть I *pf pop* acquire a cast in one eye; go blind in one eye; get drunk
окостене́|лый ossified *also fig*; **~́ть** I *pf of* костене́ть
око́|т lambing (time); having kittens; giving birth (*of hare, goat and other animals*); **~ти́ться** II (~чу́сь) *pf of* коти́ться
окочене́|лый stiff with cold; **~́ть** I *pf of* кочене́ть
окочу́риться II *pf pop* die, peg out
око́ш|ко (*gen pl* ~ек) *coll* window
окра́|ина outskirts; outlying districts; edge; *pl* borders, marches (*of country*); **~́инный** *adj of* ~ина
окра́|сить(ся) II (~шу(сь)) *pf of* кра́сить(ся); **~́ска** painting, dyeing, colouring; staining; colour(ing), coloration; защи́тная ~ protective coloration; *fig* tinge, tint, touch (*ironic, etc*), nuance (*stylistic, etc*); придава́ть чему́ совсе́м другу́ю ~ску put a very different complexion on something; **~́шивать** I *pf* ~сить dye, tint, colour
окре́п|нуть I (*past* ~, ~ла) *pf of* кре́пнуть
окре́ст *prep + gen and adv obs* around, about
окре|сти́ть(ся) II (~щу́(сь), ~́стишь(ся)) *pf of* крести́ть(ся); ~сти́ть кого́ кем *coll joc* nickname someone something
окре́стн|ость *f* environs; locality, neighbourhood, vicinity; **~́ый** neighbouring, local; surrounding
окриве́ть I *pf of* криве́ть
о́крик hail, shout, cry; peremptory shout, bellow; **~́ивать** I *pf* ~нуть *coll* hail, shout (to); **~́нуть** I *pf of* ~ивать
окров|а́вить(ся) II (~а́влю(сь)) *pf of* ~а́вливать(ся); **~а́вленный** bloodstained, bloodied, bloody; **~а́вливать** I *pf* stain with blood; **~а́вливаться** I *pf* ~а́виться spill blood on oneself; **~ене́ть** I *pf pop* become soaked, covered in blood; **~ени́ть** II *pf pop* stain with blood
окро́л giving birth (*of rabbits*)
окроп|и́ть II (~лю́) *pf of* кропи́ть *and* ~ля́ть; **~ля́ть** I *pf* ~и́ть (be)sprinkle
окро́шка okroshka (*cold kvass soup with chopped vegetables and meat or fish*); *fig coll* jumble, hotchpotch
о́круг| (*pl* ~а́) okrug (*administrative subdivision of republic, krai or oblast*); *mil, etc* area, district, command; избира́тельный ~ electoral district; region; **~́а** *coll* neighbourhood
округл|е́ть I *pf of* кругле́ть; **~и́ть(ся)** II *pf of* ~я́ть(ся); **~́ость** *f* roundedness; bulge, protuberance; **~́ый** (~) round(ed), roundish; **~я́ть** I *pf* ~и́ть round (off), approximate *also fig*; **~я́ться** I *pf* ~и́ться become rounded; be expressed in round figures
окруж|а́ть I *pf* ~и́ть surround; encircle; **~а́ющий** surrounding; ~а́ющая среда́ surroundings; *pl n* one's (own) people, associates; **~е́нец** (~е́нца) *pop* soldier in encirclement; *hence* former prisoner of war; **~е́ние** encirclement *also mil*; environment; surrounding; milieu; в ~е́нии accompanied (by), surrounded (by), in the midst (of, + *gen*); **~и́ть** II *pf of* ~а́ть; **~ко́м** *abbr of* ~но́й комите́т *see* ~но́й; **~но́й** *adj of* о́круг; ~ комите́т district committee; ~ суд okrug, circuit court; operating about a circle; ~на́я желе́зная доро́га circle line; **~́ность** *f* circumference; circle; име́ть в ~ности два киломе́тра be two kilometres in circumference; на три киломе́тра в ~ности within a radius of three kilometres; *obs* neighbourhood; **~́ный** *obs* neighbouring
окру|ти́ть(ся) II (~чу́(сь), ~́тишь(ся)) *pf of* ~́чиваться; **~́чивать** I *pf* ~ти́ть *coll* wind round (+ *instr*); *obs pop* marry, splice; **~́чиваться** I *pf* ~ти́ться *coll* wind round oneself; *obs pop* get married, spliced
окрыл|и́ть(ся) II *pf of* ~я́ть(ся); **~я́ть** I *pf* ~и́ть *lit* inspire (with, + *instr*); **~я́ться** I *pf* ~и́ться *lit* be inspired (by), uplifted (with, + *instr*)
окры́с|иться II (~ишься) *pf pop* snap, snarl (at, на + *acc*)
оксиди́р|овать (~ую) *impf and pf* oxidize; **~о́вка** oxidation
окси́морон oxymoron
окта́ва octave; low bass
окта́н octane; **~́овый** (high-)octane
окта́эдр octahedron
окте́т *mus* octet
октрои́р|овать (~ую) *impf and pf* grant, concede (*esp power*)
октябр|ёнок (~ёнка; ~я́та, ~я́т) Little Octobrist (*member of Communist organization for children aged 7–11*); **~и́ны** (*gen pl* ~и́н) *obs* (revolutionary) ceremony in place of christening; **~и́ст** *hist* Octobrist (*member of Liberal Party pre-1917*); **~́ь** 1 *m* October; О~́ь October Revolution of 1917; **~́ьский** *adj of* ~ь
оку́кл|ивание pupation; **~́иваться** I *pf* ~́иться pupate; **~́иться** II (~́ится) *pf of* ~́иваться
окули́р|овать (~ую) *impf and pf* inoculate, engraft; **~о́вка** inoculation, grafter
окули́ст oculist
окуля́р eyepiece, ocular
окун|а́ть I *pf* ~у́ть dip (into, в + *acc*); **~а́ться** I *pf* ~у́ться dip (oneself); *fig* plunge (into), become (utterly) absorbed, engrossed (in, + в + *acc*); **~у́ть(ся)** I *pf of* ~а́ть(ся)
о́кунь 5 *m* perch (*fish*); ка́менный ~ sea perch, bass; морско́й ~ ocean perch, redfish
окуп|а́емость *f* ability to pay for itself; **~а́ть** I *pf* ~и́ть compensate, repay, make up (for); ~ расхо́ды cover one's outlay; **~а́ться** I *pf* ~и́ться be compensated, repaid; *fig* be justified, pay, be requited, rewarded; **~и́ть(ся)** II ~лю́(сь), ~́ишь(ся) *pf of* ~а́ть(ся)
окургу́|зить II (~жу) *pf pop* cut too short
оку́р|ивание fumigation; **~́ивать** I *pf* ~и́ть

fumigate; **~ить** II (~ю, **~**ишь) *pf of* **~**ивать; **~ок** (~ка) cigarette-end, cigarette stub; cigar-butt

окут|ать(ся) I *pf of* **~**ывать(ся); **~ывать** I *pf* ~ать wrap up (in, + *instr*); *fig* cloak, shroud; ~ тайной shroud in mystery; **~ываться** I *pf* ~аться wrap (oneself) up (in, + *instr*); *fig* be cloaked, shrouded (in, + *instr*)

окуч|ивать I *pf* ~ить earth round, up; **~ить** II *pf of* ~ивать

олад|ья (*gen pl* ~ий) fritter, pancake; картофельные ~ьи potato cakes

олеандр oleander

оледен|елый frozen; **~еть** I *pf of* леденеть; **~ить** II *pf of* леденить

олеин olein; **~овый** olein, oleic

олен|евод reindeer-breeder; **~еводство** reindeer-breeding; **~ий** *adj of* ~ь; ~ьи рога antlers; ~ мох reindeer moss; **~ина** venison; **~ь** *m* deer; благородный ~ red deer; северный ~ reindeer, caribou; *sl* dupe, innocent

олеография oleograph(y)

олива olive(-tree)

оливин olivine, chrysolite

олив|ка (*gen pl* ~ок) olive(-tree); **~ковый** olive; ~ковая ветвь olive branch *also fig;* ~ковое масло olive oil; olive-coloured

олигарх oligarch; **~ический** oligarchical; **~ия** oligarchy

Олимп Olympus; **о~иада** olympiad, competition; **о~иец** (~ийца) *myth and fig* Olympian; *sp coll* participant in Olympic games; **О~ийский** Olympic; О~ийские игры Olympic games, Olympics; of Olympus, *fig* Olympian

олифа drying oil

олицетвор|ение personification; embodiment; **~ить** II *pf of* ~ять; **~ять** I *pf* ~ить personify; embody

олов|о tin; закись ~а stannous oxide; окись ~а stannic oxide; **~оносный** tin-bearing, stanniferous; **~янистый** stannous; **~янный** tin, stannic, stannous; ~ камень cassiterite, tin ore, spar; ~янное масло stannic chloride; ~янная посуда pewter, tinware; ~янная фольга tin foil

олух *coll* dolt, blockhead, clot; ~ царя небесного *coll* brazen fool, complete idiot

олуша северная ~ gannet

оль|ха 6 alder(-tree); **~ховый** *adj of* ~ха; **~шаник** alder thicket; ~шняк 1 = ~шаник

оляпка *orni* dipper

ом ohm

омар lobster

омег (poison) hemlock

омега omega; альфа и ~ Alpha and Omega, the beginning and the end

омела mistletoe

омерз|ение loathing; испытывать ~ loathe (к + *dat*); **~еть** I *pf pop* become loathsome (to, + *dat*); **~ительный** (~ителен) loathsome, sickening

омертв|елость *f* numbness, stiffness; *med* necrosis, mortification; **~елый** numb, stiff; *med* necrotic; ~елая ткань dead tissue; **~ение** = ~елость; **~еть** I *pf of* мертветь; **~ить** II (~лю) *pf of* ~лять; **~лять** *pf* ~ить deaden; *econ* withdraw from circulation; freeze (*funds, etc*)

омёт stack of straw

омещан|иваться I *pf* ~иться *coll* become a philistine; **~иться** II *pf of* ~иваться

омический ohmic

омлет omelette

омметр ohmmeter

омнибус (horse-drawn) omnibus

омовение ablution(s); *eccles* lavabo

омол|аживать I *pf* ~одить rejuvenate; **~аживаться** I *pf* ~одиться rejuvenate, rejuvenesce; become young again; **~одиться** II (~ожу(сь)) *pf of* ~аживать(ся); **~ожение** rejuvenation

омоним homonym; **~ика** study of homonyms; *collect* homonyms; **~ический** homonymous; **~ия** homonymy

оморяч|иваться I *pf* ~иться *coll* find one's sea-legs; **~иться** II *pf of* ~иваться

омоч|ить II (~у, **~**ишь) *pf obs* moisten, wet; **~иться** II (**~**ится) *pf obs* become moist, wet

омрач|ать I *pf* ~ить darken, cloud; **~аться** I *pf* ~иться become darkened, clouded; **~ить(ся)** II pf of ~ать(ся)

омуль 5 *m* omul (*Coregonis autumnalis*)

омут (*pl also* ~а) whirlpool; *fig* whirl, maelstrom; deep place (in river or lake); в тихом ~е черти водятся *prov* still waters run deep

омшаник warm housing for bees in winter

омы|вать I *pf* омыть *obs rhet* lave, wash; ~ кровью steep in blood; *impf* wash (*of seas*); **~ваться** I *impf* be washed (*by seas*); **~ление** saponification; **~ть** (омою, омоешь) *pf of* ~вать

он, его, ему, им, о **нём** *pr* he

она, её, ей, ей (ею), о **ней** *pr* she

онагр onager

онани|зм onanism, masturbation; **~ровать** (~рую) *impf* masturbate; **~ст** masturbator

ондатр|а musk-rat, musquash; musquash (*fur*); **~овый** *adj of* ~а

онеме|лый dumb; numb; **~ть** I *pf of* неметь

онемеч|ивать I *pf of* ~ить Germanize; **~ить** II *pf of* ~ивать; **~иваться** I *pf* ~иться become like a German

они, их, им, ими, о **них** *pr* they

онёр honour (*cards*); со всеми ~ами *coll joc* with everything one could want

он|икс onyx; **~иксовый** *adj of* ~икс

онколог oncologist; **~ия** oncology

онколь *m fin* on call account

ОНО *abbr of* отдел народного образования Public Education Department

оно, его, ему, им, о **нём** *pr* it; *coll* = это this, that; ~ и понятно that is understandable; *emph partic pop* так вот ~ что! so that's it!

ономастика onomastics

онто|генез ontogenesis; **~логический** ontological; **~логия** ontology

онуча onucha (*foot wrappings, cloth binding for feet in bast-shoes or boots*)

он|ый *pron obs* that (same); the above-mentioned; во время ~о *obs joc* in those days; long, long ago

оолит oolite

ООН *abbr of* Организация Объединённых Наций United Nations

опада|ть I *pf* опасть fall (off) (*of leaves*); go down, subside (*of swelling, etc*); **~ющий** deciduous

опаздыва|ть I *pf* опоздать be late (for), overdue, miss (на + *acc*; к + *dat*); ~ на поезд miss the (one's) train; ~ к обеду be late for lunch; часы ~ют на пять минут the clock (watch) is five minutes slow

опаивать I *pf* опоить harm by giving too much to drink; *obs* poison (*by potion*)

опак white clay; (rough) pottery (*made from white*

clay)
опа́л opal
опа́л|а disgrace, disfavour; быть в ~е be out of favour, be in disgrace
опалесц|е́нция opalescence; **~и́ровать** (~и́рую) *impf and pf* opalesce
опа́л|ивать I *pf* ~и́ть singe; **~иваться** I *pf* ~и́ться singe oneself; **~и́ть** II *pf of* пали́ть *and* ~ивать; **~и́ться** II *pf of* ~иваться
опа́ловый opal(ine)
опа́л|убить II (~ублю) *pf tech* case, sheathe, tub; **~убка** casing, sheathing, tubbing, lining; centring, mould (*for poured concrete*)
опа́лый *coll* sunken, emaciated (*of features, etc*)
опа́льный in disgrace, out of favour, disgraced; *tech* singeing
опа́мят|оваться (~уюсь) *pf coll* come to one's senses, remember oneself
опа́ра leavened dough; leaven
опарши́веть I *pf of* парши́веть
опас|а́ться I *impf* be afraid (of), fear (+ *gen or infin*); beware (of), avoid (+ *gen or infin*); **~е́ние** fear, apprehension, misgiving(s); **~ка** с ~кой *coll* with caution, cautiously, warily; **~ливый** (~лив) *coll* cautious, wary, apprehensive; **~ность** *f* danger, peril; **~ный** (~ен) dangerous, perilous
опа́|сть (~ду́, ~дёшь) *pf of* ~да́ть
опа|ха́ло fan; **~ха́ть** I (~шу́, ~шешь) *pf of* ~ахивать; **~хивать** I *pf* ~ха́ть plough round; *pf* ~хну́ть fan; **~хну́ть** I *pf of* ~хивать
опе́к|а guardianship, wardship, tutelage *also fig*; trusteeship (*of property, etc*); быть под ~ой кого́ be under someone's guardianship; взять под ~у take as ward; *fig* take under one's wing; вы́йти из-под ~и *fig* be one's own master; учреди́ть ~у над кем put someone in ward; the (body of) guardians; Междунаро́дная ~ International Trusteeship; *fig* care, surveillance; **~а́емый** *n* ward; **~а́ть** I *impf* act as, be guardian (to), have the wardship (of); **~у́н** 1 guardian, tutor, trustee; **~у́нский** ~ сове́т board of guardians; **~у́нство** *duties of* guardian(ship), tutorship
опён|ок (~ка; *pl* опя́та *and* ~ки) honey agaric
о́пер *abbr of* ~ати́вный уполномо́ченный *sl* security officer; **~ати́вка** *coll* working meeting; **~ати́вник** *coll* security officer; **~ати́вность** *f* operational effectiveness; energy, drive; flexibility; **~ати́вный** (~ати́вен) energetic, efficient, flexible; running, open (for work); ~ати́вные часы́ working hours, hours of opening; executive; *med* operative, surgical; *mil* operation(s), operational; strategical; ~ати́вное иску́сство campaign tactics; current, day-to-day; **~а́тор** operator; *med* surgeon; projectionist (*cinema*)
о́пер|а opera; из друго́й ~ы, не из то́й ~ы *joc* quite a different matter
операц|ио́нист bank clerk; **~ио́нный** *adj of* ~ия; ~ио́нное отделе́ние surgical wing; ~ стол operating-table; **~ио́нная** *n* theatre, operating-room; **~ия** *med, mil* operation; *fin* transaction; stage (*in manufacturing*)
опере|ди́ть II (~жу́) *pf of* ~жа́ть I *pf* ~ди́ть outstrip, leave behind, pass (*in running, etc*) *also fig*; **~же́ние** outstripping, passing, overtaking; с ~же́нием гра́фика ahead of schedule
опере́ние plumage, feathering; хвостово́е ~ *aer* tail unit
опере́т|ка *obs* = ~та; **~очный** *adj of* ~ка *and* ~та; **~та** musical comedy; operetta
опер|е́ть (обопру́, обопрёшь; ~, ~ла́, ~ло; ~тый) *pf of* опира́ть; **~е́ться** (обопру́сь, обопрёшься; ~ся, ~ла́сь) *pf of* опира́ться
опери́р|овать (~ую) *impf and pf med* operate (on); *impf* carry out an operation; *mil* operate, act; do a transaction, deal (in, + *instr or* с + *instr*); *fig* use, make use of (*in reckoning, etc*), operate (with, + *instr*)
опер|и́ть(ся) II *pf of* ~я́ть(ся)
о́перный opera(tic)
оперуполномо́ченный *abbr of* операти́вный уполномо́ченный security officer; detective inspector
опер|я́ть I *pf* ~и́ть feather (*arrow*), adorn with feathers; **~я́ться** I *pf* ~и́ться be fledged (*of birds*); *fig* become mature, independent
опеча́лить(ся) II *pf of* печа́лить(ся)
опеча́т|ать I *pf of* ~ывать; **~ывать** I *pf* ~ать seal up; **~ка** misprint; спи́сок ~ок errata
опе́шить II *pf coll* be taken aback
опи|ва́ть I *pf* ~ть *pop* drink out of house and home; **~ва́ться** I *pf* ~ться *coll* drink, tope too much, more than is good for one's health (+ *instr*); **~вки** (*gen pl* ~вков) *coll* dregs
о́п|ий opium; **~ийный** adj of ~
опи́л|ивать I *pf* ~и́ть saw; file; **~и́ть** II (~ю́, ~ишь) *pf of* ~ивать; **~ки** (*gen pl* ~ок) sawdust; (metal) filings
опира́ть I *pf* опере́ть lean (against, о + *acc*); **~ся** I *pf* опере́ться lean (on, against, на + *acc*, о + *acc*); обопри́сь на моё плечо́ lean on my shoulder; ~ на подде́ржку друзе́й *fig* lean for support on one's friends; *fig* base oneself (on, на + *acc*)
опи|са́ние description; account; не поддава́ться ~са́нию defy, beggar description; **~са́тельный** descriptive; **~са́тельство** non-analytical mode of descriptive writing; **~са́ть(ся)** I (~шу́(сь), ~шешь(ся)) *pf of* ~сывать(ся); **~сывать** I *pf* ~са́ть describe, give an account of; list, inventory; ~ иму́щество *leg* distrain property; *math* describe, circumscribe; **~сываться** I *pf* ~са́ться make a slip of the pen
о́пись *f* schedule, inventory; ~ иму́щества schedule of property (*for distraint, etc*)
опи́|ть(ся) (обопью́(сь), обопьёшь(ся); ~л(ся), ~ла́(сь)) *pf of* ~ва́ть(ся)
о́п|иум opium; **~иумный** *adj of* ~иум
опла́|кать I (~чу) *pf of* ~кивать; **~кивать** I *pf* ~ать mourn (over), bemoan, bewail
опла́|та pay(ment); remuneration; натура́льная ~ payment in kind ~ просто́я payment for waiting time; подённая ~ pay(ment) by the day, day rates; сде́льная ~ piece-rate pay; **~ти́ть** II (~чу́, ~тишь) *pf of* ~чивать; **~чивать** I *pf* ~ти́ть pay (for); ~ расхо́ды meet the expenses; ~ счёт settle the account; ~ убы́тки pay damages; хорошо́ ~чиваемый well-paid; с ~ченным отве́том reply-paid
опл|ева́ть (~юю́) *pf of* ~ёвывать; **~ёвывать** I *pf* ~ева́ть *coll* cover with spittle; *fig pop* humiliate, spit upon; как ~ёванный humiliated, in disgrace
опле|сти́ (~ту́, ~тёшь, ~л, ~ла́) *pf of* ~та́ть; **~та́ть** I *pf* ~сти́ braid, cover with woven material; ~ буты́ль соло́мой wicker a bottle; *fig pop* deceive, take in; **~тка** binding, braiding; binding braid
оплеу́ха *pop* slap in the face
опле́чье shoulder(s) (*of garment*)
оплеши́веть I *pf of* плеши́веть

оплодотвор|е́ние fecundation, impregnation; fertilization; **~и́тель** *m bot* fertilizer; **~и́ть** II *pf of* ~я́ть; **~я́ть** I *pf* ~и́ть impregnate *also fig*, fecundate; fertilize
опломбир|ова́ть (~у́ю) *pf of* пломбирова́ть
опло́т *rhet* bulwark, stronghold
оплош|а́ть I *pf of* плоша́ть; **~́ность** *f* blunder, false step; **~́ный** (~ен) *obs* mistaken; ~ посту́пок false step; blundering
оплы|ва́ть I *pf* ~́ть swell up, become swollen; gutter (*of candle*); fall, collapse (*from landslip*); sail, swim round; **~́ть** (~ву́, ~вёшь; ~́л, ~ла́, ~́ло) *pf of* ~ва́ть
опове|сти́ть II (~щу́) *pf of* ~ща́ть; **~ща́ть** I *pf* ~сти́ть *offic* inform, notify; **~ще́ние** notification
опога́нить II *pf of* пога́нить
оподл|е́ть I *pf of* подле́ть; **~́ить** II *pf coll* demean, make ignoble
опо́|ек (~йка) calf(-leather); **~́ечный** calf(-skin)
опозда́|вший *n* late-come; **~́ние** lateness; being late, delay; без ~ния in time; с ~нием на час an hour late; **~́ть** I *pf of* опа́здывать
опозна|ва́тельный distinguishing, identifying; ~ знак landmark, *naut* beacon; marking(s) (*of aircraft*); recognition; **~ва́ть** (~ю́, ~ёшь) *pf* ~́ть identify; **~́ние** identification; **~́ть** (~ю) *pf of* ~ва́ть
опозо́р|ение *leg* defamation; **~́ить(ся)** II *pf of* позо́рить(ся)
опо́йковый calf(-skin)
опои́ть II *pf of* опа́ивать
опо́ка *tech* flask, mould, casting box, box form; *geol* silica clay
опол|а́скивать I *pf* ~оска́ть *and* ~осну́ть rinse (out), swill
оп|олза́ть I *pf* ~олзти́ settle, slip (*of land*, *etc*); crawl round; **~́олзень** *m* (~олзня) landslip, landslide; **~́олзневый** *adj of* ~олзень; **~олзти́** (~олзу́, олзёшь, ~о́лз, ~олзла́) *pf of* ~олза́ть
ополо|ска́ть I (~щу́, ~́щешь) *pf of* опола́скивать *coll* = ~сну́ть; **~сну́ть** I *pf of* опола́скивать
ополоу́меть I *pf pop* go crazy (with, от + *gen*)
ополч|а́ть I *pf* ~и́ть *obs* arm (against, на + *acc or* про́тив + *gen*); *fig coll* enlist the support of (against); **~а́ться** I *pf* ~и́ться *rhet* take up arms (against, на + *acc or* про́тив + *gen*); *fig* be up in arms (against), turn (against); **~е́нец** (~е́нца) home guard; militiaman; **~е́ние** home guard; militia; *hist* irregulars, levies; **~е́нский** *adj of* ~е́нец *and* ~е́ние; **~и́ть(ся)** II *pf of* ~а́ть(ся)
опо́мниться II *pf* come to one's senses, collect oneself; и ~ не успе́л before you know where you are; think better of it, think again
опо́р мча́ться, нести́сь, скака́ть, *etc* во весь ~ go like the wind, run for dear life, ride hell for leather
опо́р|а support (*also fig*); *tech* bearing, pier (*of bridge*); *fig* buttress; берегова́я ~ abutment; то́чка ~ы *tech* bearing, fulcrum, point of rest
опор|а́жнивать I *pf* ~о́жни́ть empty; drain, toss off (at a draught)
опо́рк|и (*gen pl* ~ов) worn-out shoes
опо́р|ный *adj of* ~а; *tech* support(ing), bearing; ~ ка́мень abutment stone; ~ пункт *mil* strong point; ~ная сва́я bridge pile; ~ столб chock (block)
опоро́жн|и́ть II *pf of* опора́жнивать *and* ~я́ть; **~я́ть** I = опора́жнивать; **~́иться** II *pf* relieve oneself
опоро́с farrow (*of sow*); **~и́ться** II (~и́шься) *pf of* пороси́ться

опоро́чить II *pf of* поро́чить
опосре́дствованный *lit* mediate(d)
опо́ссум opossum
опосты́ле|ть I *pf coll* grow hateful (to, + *dat*); всё ему́ ~ло he is sick to death of everything
опохмел|и́ться II *pf of* ~я́ться; **~я́ться** I *pf* ~и́ться *coll* take a hair of the dog that bit you
опочи|ва́льня *obs* bedchamber; **~ва́ть** I *pf* ~ть *obs rhet* go to sleep; *fig poet* pass to one's rest; **~́ть** (~ю, ~ешь) *pf of* ~ва́ть
опошл|е́ть I *pf of* пошле́ть; **~́ить** II *pf of* ~я́ть; **~я́ть** I *pf* ~́ить vulgarize, debase
опоя́|сать(ся) I (~шу(сь)) *pf of* ~сывать(ся); **~́сывать** I *pf* ~сать gird, engird(le); *fig* girdle; **~́сываться** I *pf* ~саться gird oneself (with, + *instr*), gird on
оппозиц|ионе́р member of the opposition; **~ио́нный** *adj of* ~́ия; **~́ия** opposition
оппон|е́нт *lit* opponent; **~и́ровать** (~и́рую) *impf lit* oppose (*in public debate*, *etc*), act as opponent (to, + *dat*)
оппортун|и́зм opportunism; **~и́ст** opportunist, compromiser (*esp in class struggle*); **~исти́ческий** opportunist; **~и́стский** *adj of* ~и́ст
опра́в|а setting, mounting, case; в золото́й, рогово́й ~е gold-rimmed, horn-rimmed (*glasses*, *etc*); без ~ы rimless
оправд|а́ние justification; excuse; *leg* acquittal, discharge; **~а́тельный** acquittal, acquitting; ~ пригово́р verdict of 'not guilty', acquittal; supporting (*document*, *etc*); ~ докуме́нт voucher; **~а́ть(ся)** I *pf of* ~́ывать(ся); **~́ывать** I *pf* ~а́ть *leg* acquit, discharge; justify, warrant; vindicate; ~ ожида́ния come up to expectations; ~ себя́ prove its value (*of method*, *etc*); pay for itself (*of some expenditure*); justify itself (oneself); excuse; ~ неразу́мный посту́пок мо́лодостью excuse an unreasonable action on grounds of youth; **~́ываться** I *pf* ~а́ться (try to) justify oneself, vindicate oneself (to, пе́ред + *instr*); ~ незна́нием *leg* plead ignorance; предсказа́ния ~а́лись the predictions have proved true; расхо́ды ~а́лись the expense was worth it
опра́в|ить(ся) II (~лю(сь)) *pf of* ~ля́ть(ся); **~́ка** *tech* mandrel, chuck; setting, mounting; *sl* natural functions, **~ля́ть** I *pf* ~́ить put in order, set right, straighten, adjust (dress, suit, coiffure, etc); set, mount; **~ля́ться** I *pf* ~́иться adjust, straighten, put one's dress, coiffure, *etc* in order; recover (from, от + *gen*) (*illness*, *calamity*, *etc*); *sl* discharge one's natural functions
опра́ст|ывать I *pf* опроста́ть *pop* empty, evacuate, remove contents (of); **~́ываться** I *pf* опроста́ться *pop* become empty; *pass of* ~ывать
опра́шивать I *pf* опроси́ть *offic* interrogate, (cross-)examine
определ|е́ние definition, determination; *leg* (court) decision; суде́бное ~ *leg* decision given on appeal; interlocutory decree; ча́стное ~ *leg* court report (*usu about defects in plant*, *etc*); judgment that decision of court of first instance should stand; *gramm* attribute; **~ённый** (~ён, ~ённа) definite, determinate, fixed (*salary*, *etc*); ~ член definite article; certain; при ~ённых усло́виях under certain conditions; **~и́мый** (~и́м) definable, determinable; **~и́тель** *m math* determinant; **~и́ть(ся)** II *pf of* ~я́ть(ся); **~я́ть** I *pf* ~и́ть define, determine; fix, appoint; ~ боле́знь diagnose a disease; ~ расстоя́ние на глаз judge,

estimate a distance; *obs pop* appoint, assign, allot; **~я́ться** I *pf* ~и́ться be formed, shaped (*of character, etc*), take shape (*of situation*); *obs pop* get a place; *aer* find one's position, obtain a fix
опресн|и́тель *m* (water-)distiller; **~и́ть** II *pf of* ~я́ть; **~́оки** (*gen pl* ~оков) unleavened bread; **~я́ть** I *pf* ~и́ть distil (*salt water*), desalinate
оприхо́д|овать (~ую) *pf of* прихо́довать
опри́чн|ик *hist* oprichnik (*member of oprichnina*); **~́ина** *hist* oprichnina; administrative system of oppression (*introduced by Ivan IV to crush opposition*); bodygard of oprichniki of Ivan IV; territories granted to oprichniki; *hist* land grant to prince's widow; **~́ый** *adj of* ~ина
опро́б|овать (~ую) *pf* test (*machines, etc*)
опровер|га́ть I *pf* ~́гнуть refute, disprove; **~́гнуть** I (*past* ~г, ~гла) *pf of* ~га́ть; **~же́ние** refutation, denial, disproof
опроки|дно́й tip-up; **~́дывать** *m* tipper, dumper; **~́дывать** I *pf* ~нуть overturn, topple (over), turn over, upset; *fig* overthrow, overrun (*enemy, etc*); *fig* upset, frustrate (*plans, etc*), refute; ~́дываться I *pf* ~нуться overturn, tip, topple over; capsize; *pass of* ~дывать; **~́нуть(ся)** I *pf of* ~дывать(ся)
опр|оме́тчивый (~оме́тчив) precipitate, rash, imprudent, hasty, unconsidered; **~́ометью** *adv* headlong
опро́|с interrogation; (cross-)examination; (всенаро́дный) ~ referendum; **~си́ть** II (~шу́, ~́сишь) *pf of* опра́шивать; **~́сный** *adj of* ~с; ~ лист questionnaire; interrogatory
опроста́ть(ся) I *pf of* опра́стывать(ся)
опро|сти́ться II (~щу́сь) *pf of* ~ща́ться
опростоволо́|ситься II (~шусь) *pf coll* make a fool of oneself, put one's foot in it
опротест|ова́ть (~у́ю) *pf of* ~о́вывать; **~о́вывать** I *pf* ~ова́ть (lodge a) protest, appeal (against), protect (*document, etc*)
опроти́ве|ть I become repugnant, odious, repulsive; мне э́то ~ло I am heartily sick of it
опро|ща́ться I *pf* ~сти́ться adopt a lower social way of life; adopt a simpler way of life; **~ще́ние** adoption of a lower social way of life, simpler life
опры́с|кать(ся) I *pf of* ~кивать(ся); **~́киватель** (mechanical) sprinkler, sprayer; **~́кивать** I *pf* ~кать sprinkle, spray; **~́киваться** I *pf* ~каться sprinkle, spray oneself; *pass of* ~кивать; **~́нуть** I *sem pf of* ~кивать
опрыща́веть I *pf of* прыща́веть
опря́т|ный (~ен) neat, tidy; orderly
опт wholesale trading
опта́|нт person having right of option of citizenship; **~тати́вный** *gramm* optative; **~́ция** option of citizenship
о́пт|ик optician; **~́ика** optics; *collect* optical instruments
оптим|а́льный (~а́лен) optimum, optimal; **~и́зм** optimism; **~и́ст** optimist; **~исти́ческий** optimistic; **~исти́чный** (~исти́чен) optimistic, full of optimism
опти́р|овать (~ую) *impf and pf* opt (for)
опти́ческ|ий optic(al); ~ обма́н optical illusion; ~ая ось optic axis; ~ое стекло́ lens, optical glass
опт|ови́к 1 wholesaler, wholesale dealer; **~о́вый** wholesale; **~́ом** *adv* wholesale, ~ и в ро́зницу wholesale and retail
опублик|ова́ние publication; promulgation (*of laws, etc*); **~ова́ть** (~у́ю) *pf of* публикова́ть *and* ~о́вывать; **~о́вывать** *pf* ~ова́ть = публикова́ть
опу́нция prickly-pear
о́пус opus
опуск|а́ть I *pf* опусти́ть lower, let down; ~ што́ры draw the blinds; ~ глаза́ lower one's eyes, look down; ~ го́лову incline one's head, *fig* hang one's head; ~ ру́ки *fig* give up, become disheartened; turn down (*collar, etc*); omit, leave out; **~а́ться** I *pf* опусти́ться sink (down); go, come down; lower oneself; ~ на стул sink into a chair; ~ на коле́ни go down on one's knees; за́навес ~а́ется the curtain drops; у меня́ ру́ки ~а́ются *fig* I give up; *fig* let oneself go, go to seed
опустош|а́ть I *pf* ~и́ть devastate, lay waste, ravage, desolate; *joc* raid (*pockets, etc*) *fig* waste; ~ ду́шу *fig* make a void in one's heart; **~е́ние** devastation, desolation; **~ённый** devastated, waste(d), ravaged; (spiritually, morally) bankrupt, drained (*of feeling, etc*); **~и́тельный** (~и́телен) devastating; **~и́ть** II *pf of* ~а́ть
опу́т|ать I *pf* ~ывать; **~́ывать** I *pf* ~ать enmesh, entangle; *fig* ensnare; *fig pop* get (someone) entangled
оп|уха́ть I *pf* ~у́хнуть swell (up); **~у́хлый** *coll* puffy, swollen, bloated (*face, etc*); **~у́хнуть** I (*past* ~у́х, ~у́хла) *pf of* ~уха́ть *and* пу́хнуть; **~́ухоль** *f* swelling; tumour
опуш|а́ть I *pf* ~и́ть edge, trim (with fur); ~ сне́гом powder with snow; cover (*with down, fluff, etc*); **~и́ть** II *pf of* ~а́ть; **~́ка** edging, trimming; edge (*of forest*)
опущ|е́ние lowering; letting down; omission; ~ ма́тки prolapsus (prolapse) of the uterus; **~́енный** как в во́ду ~ *fig* downcast, crestfallen
опцио́н *comm* option
опыл|е́ние pollination; перекрёстное ~ cross-pollination; **~́иватель** *m* (mechanical) duster, sprayer; **~́ивать** I *pf* ~и́ть dust, spray; **~и́тель** *m* pollinator; dust (spray) container (shell); **~и́ть** II *pf of* ~́ивать *and* ~я́ть; **~я́ть** I *pf* ~и́ть pollinate
о́п|ыт experience, knowledge; по со́бственному ~ыту from one's own experience; убеди́ться на ~ыте know by experience; experiment; attempt; test, trial; производи́ть ~ыты experiment (on, над + *instr*); **~́ытник** *usu agr* experimentalist; **~́ытнический** *adj of* ~ытник; **~́ытность** *f* experience; proficiency; acquired skill; **~́ытный** (~ытен) experienced; experimental
опьян|е́лый intoxicated; **~е́ние** intoxication; **~е́ть** I *pf of* пьяне́ть; **~и́ть** II *pf of* пьяни́ть *and* ~я́ть; **~я́ть** I *pf* ~и́ть make drunk, intoxicate; успе́х ~и́л его success turned his head; **~я́ющий** intoxicating, heady
опя́ть *adv* again; ~ два́дцать пять *coll joc* not again!; ~ же *pop* (and) what is more, besides; **~́-таки** *adv coll* (and) what is more; (once) again, but again; however
ор *pop* shouting
орабо́ч|ивать I *pf* ~ить make workers predominant; **~́ить** II *pf of* ~ивать
ора́ва *pop* horde (*of people*)
ора́кул oracle
ора́ло *hist* plough; перекова́ть мечи́ на ора́ла beat swords into ploughshares
орангута́нг orang-outang
ора́нжевый orange (*colour*)
оранжере́|йный hothouse *also fig;* **~́я** hothouse, greenhouse, conservatory
ора́тор orator, (public) speaker
орато́рия oratorio; oratory

ора́т|орский *adj of* ~ор; oratorical; ~орское иску́сство oratory; **~́орствовать** (~орствую) *impf iron* hold forth, harangue, speechify

ор|а́ть (~у́, ~ёшь) *impf coll* yell, bawl; (~у́, ~ёшь *and* ~ю, ~́ешь) *dial* plough

орби́т|а orbit *also fig*; вы́вести на ~у put into orbit; ~ влия́ния sphere of influence; *anat* eye-socket; глаза́ у него́ вы́шли из ~ his eyes popped out of their sockets

орг- *abbr of* организацио́нный *or* организо́ванный

орга́зм orgasm

о́рган *in var senses* organ; agency, body, authority; department, office; *fig* means; законода́тельные ~ы legislative authorities; ме́стные ~ы local offices; ~ы печа́ти organs of the press; академи́ческий ~ academic journal

орга́н *mus* organ

организ|а́тор organizer, initiator; **~а́торский** organizational, organizer's; **~ацио́нный** *adj of* ~а́ция; ~ацио́нно-ма́ссовый mass organized; **~а́ция** organizing, arranging; organization, arrangements, system; *coll* organism (*physical or mental*); institution, body, organization; О~ Объединённых На́ций United Nations Organization; **~́м** organism; **~о́ванность** *f* (state of) being (well) organized; organized nature; си́ла в ~о́ванности strength lies in being (well) organized; **~о́ванный** (~о́ван, ~о́ванна) organized; systematic; orderly, regular; **~ова́ть** (~у́ю) *impf and pf*; *past only pf* set up, found *pf also* с~ *coll*; organize, arrange *pf also* с~ *coll*; *pop* fix; **~ова́ться** (~у́юсь) *impf and pf*; *past only pf* be set up, organized; organize oneself, join together *pf also* с~ *coll*; **~о́вывать** I *impf*; *usu used in past tense coll* organize, arrange

орга́ника *coll* organic chemistry; *coll* organic fertilizer

органи́ст organist

органи́ч|еский organic; ~еская хи́мия organic chemistry; integral, essential; ~еское це́лое integral whole; **~́ный** (~ен) *fig* organic, inborn

орга́н|ный *adj of* ~; ~ конце́рт concerto for organ

органотерапи́я organotherapy

орга́н|чик *dim of* ~; musical-box

орг|бюро́ *neut indecl abbr of* организацио́нное бюро́ organization bureau; **~вы́воды** (*gen pl* ~вы́водов) *abbr of* организацио́нные вы́воды practical conclusions

о́ргия orgy

оргнабо́р *abbr of* организо́ванный набо́р organized recruitment of (farm) labour; recruiting organization

орда́ 5 horde, band; Золота́я О~ *hist* Golden Horde

орда́лия *hist* ordeal (*by fire, water, etc*)

о́рд|ен (*pl* ~ена́) order, decoration; ~ Ле́нина Order of Lenin; (*pl* ~́ены) order; иезуи́тский ~ Society of Jesus; *archi* order; **~еноно́сец** (~еноно́сца) holder of an order *or* decoration; **~еноно́сный** decorated with an order; **~́енский** *adj of* ~ен; **~́ер** (*pl* ~ера́) order, warrant, writ; voucher; summary (*of accountant*); ка́ссовый ~ order for cash; ~ на о́быск search warrant; ~ на жилпло́щадь authority, voucher for accommodation; (*pl* ~́еры *and* ~ера́) *archi* order

ордина́р mean water level (*of river, etc*)

ордина́р|ец (~ца) *mil* orderly; **~́ный** (~ен) *lit* ordinary; *obs* (on the) staff, regular

ордина́та ordinate

ордина́т|ор house officer, house physician; **~у́ра** post of house physician; post of registrar

орд|ы́нский *adj of* ~а́

ор|ёл (~ла́) eagle; ~ или ре́шка heads or tails

орео́л halo, aureole *also fig*; в ~е сла́вы in a blaze of glory; окружа́ть кого́ ~ом *fig rhet* glorify someone

оре́|х nut; америка́нский ~ Brazil nut; гре́цкий ~ walnut; земляно́й, кита́йский ~ groundnut, monkey-nut, peanut; коко́совый ~ coconut; лесно́й, обыкнове́нный ~ hazelnut; муска́тный ~ nutmeg; ему́ доста́лось на ~хи he got it hot (*of punishment, telling-off, etc*); под ~ разде́лать (отде́лать) *fig coll* tear a strip off, pick to pieces; wipe the floor with, make mincemeat of; ~ не по зуба́м *fig* hard nut to crack; nut-tree; walnut (*wood*); **~́ховка** *orni* nutcracker; **~́ховый** *adj of* ~х; ~ховое де́рево nut-tree; *wood* walnut; ~ховая скорлупа́ nutshell; ~хового цве́та nut-brown; ~ховый шокола́д nut chocolate; **~хотво́рка** gall wasp, gall fly; **~́шек** (~шка) *dim of* ~х; твёрдый (тру́дный, кре́пкий) ~ *fig* tough nut to crack; черни́льный ~ nut-gall; **~́шник** nut-tree; nut-grove, hazel-grove

оригина́л original; *coll* eccentric (person), character; **~ьничать** I *pf* с~ *coll* try to be clever, act the eccentric; **~́ьный** original

ориентал|ист orientalist; **~́ьный** oriental

ориент|а́ция orientation, bearings; *fig* grasp, understanding (of, в + *prep*); orientation (towards), direction of attention (towards, на + *acc*); **~и́р** reference-point, guiding-line; landmark; **~ированный** informed, knowledgeable; **~и́ровать** (~и́рую) *impf and pf* orientate, orient; direct (towards, на + *acc*), guide (in, в + *prep*), put in the picture; **~и́роваться** (~и́руюсь) *impf and pf*; *pf also* с~ orientate oneself, find one's bearings *also fig*; head (for), make (for, на + *acc*); *fig* have in view (на + *acc*); **~иро́вка** orientation; **~иро́вочно** *adv* tentatively, as a guide; **~иро́вочный** position-finding; (~иро́вочен) tentative, rough, approximate

Орио́н Orion

орке́стр orchestra, band; orchestra-pit; **~а́нт** member of orchestra *or* band; **~ио́н** orchestrina, orchestrion; **~ова́ть** (~у́ю) *impf and pf* orchestrate; **~о́вка** orchestration; **~о́вый** orchestra(l)

орл|а́н sea eagle; **~ёнок** (~ёнка; ~я́та, ~я́т) eaglet; **~е́ц** 1 *min* rhodonite; *eccles* round hassock (with embroidered eagle); **~́ик** *dim of* орёл; *pl bot* columbine; **~и́ный** eagle, aquiline *also fig*; **~и́ца** female eagle; **~я́к** 1 *bot* bracken; **~я́нка** game of tossing a coin (*heads or tails*)

орна́мент ornament; decorative design, ли́ственный ~ crocket; **~а́льный** ornamental; **~а́ция** ornamentation; **~и́ровать** (~и́рую) *impf and pf* ornament

орнито́|лог ornithologist; **~логи́ческий** ornithological; **~ло́гия** ornithology; **~пте́р** *aer* ornithopter

оробе́|лый timid; frightened; **~́ть** I *pf of* робе́ть

орогове́ть I *pf* become horny

орограф|и́ческий orographic(al); **~́ия** orography

оро|си́тельный irrigation, irrigating; **~си́ть** II (~шу́) *pf of* ~ша́ть; **~ша́ть** I *pf* ~си́ть irrigate, water; ~ слеза́ми wash with tears; **~ше́ние** irrigation; по́ле ~ше́ния sewage-farm

ОРС *abbr of* отде́л рабо́чего снабже́ния Workers'

Supply Department

ортодóкс orthodox person, conformist; **~áльность** *f* orthodoxy; **~áльный** (~áлен) orthodox; **~́ия** orthodoxy

ортопéд(ист) orthopaedic specialist; **~и́ческий** orthopaedic; **~́ия** orthopaedics

ОРУ́Д *abbr of* отдéл регули́рования ýличного движéния Street Traffic Control Section

орýд|ие instrument, tool, implement *also fig*; piece of ordnance, gun; зени́тное ~ anti-aircraft gun; полевóе ~ field-gun; самохóдное ~ self-propelled gun; weapon *also fig*; **~и́йный** gun (*fire*, *etc*); ~и́йная пальбá cannonade; ~ расчёт gun crew; **~́овать** (~ую) *impf coll* handle (+ *instr*); *fig pej* be the boss, be active, operate

оруж|éйник gunsmith, armourer; **~éйный** *adj of* ~́ия; ~ завóд small arms factory; ~ мáстер armourer; ~éйная палáта armoury; **~енóсец** (~енóсца) armour-bearer, sword-bearer; *fig* henchman; **~́ие** arm(s), weapons; огнестрéльное ~ fire-arm(s); стрелкóвое ~ small arms; холóдное ~ cold steel, side-arms; род ~ия arm of the service; к ~ию! to arms!; брáться за ~, подня́ть ~ (на, + *acc*), take up arms (against); положи́ть ~, сложи́ть ~ lay down one's arms; бить когó егó же ~ием *fig* beat someone with his own weapon; егó би́ли егó же ~ием he was hoist with his own petard

орфо|графи́ческий orthographic(al), spelling; **~грáфия** orthography, spelling; **~эпи́ческий** ~ словáрь pronouncing dictionary; **~э́пия** (rules of) correct pronunciation

орхидéя orchid

ория́сина *pop* pole, rod; *cont* big oaf

осá 5 wasp

осá|да siege; снять ~ду raise a siege; **~ди́ть** II (~жý, ~ди́шь) *pf of* ~ждáть lay siege to, besiege; beleaguer *also fig*; beset (*a person*); ~ вопрóсами ply with questions; ~ прóсьбами bombard with requests; (~жý, ~́дишь) *chem* precipitate; (~жý, ~́дишь) *pf of* ~́живать check; force back, back; ~ лóшадь rein in; *fig coll* ~ когó take someone down a peg or two, put someone in his place; **~́дка** settling (*of soil*, *etc*); *naut* draught; небольшáя ~ shallow draught; **~дный** *adj of* ~да; siege; ~дное положéние state of siege; **~́док** (~дка) sediment, deposition; crust (*of wine*); deposit; sludge (*in engine*); *fig* after-taste; неприя́тный ~ unpleasant taste (in the mouth); *pl* precipitation; **~́дочный** *adj of* ~док; ~дочные порóды sedimentary rocks; **~ждáть** I *pf* ~ди́ть; **~ждáться** I *impf* fall (of atmospheric precipitations); *chem* be precipitated; fall out; **~́живать** I *pf* ~ди́ть

осáн|истый (~ист) stately, of stately bearing; **~́ка** carriage, bearing

осáнн|а hosanna; петь, восклицáть ~у комý laud someone to the skies

осатанé|лый *coll* demonic, fiendish, possessed; **~́ть** I *pf of* сатанéть

освá|ивать I *pf* освóить assimilate, master; ~ нóвые зéмли open up, develop new lands; **~́иваться** acclimatize oneself (to), familiarize onself (with, с + *instr*); feel at home, at ease

освед|оми́тель *m* informant; *pej* informer, collaborator; **~оми́тельный** informative; information, publicity; informing; **~́омить(ся)** II (~омлю(сь)) *pf of* ~омля́ть(ся); **~омлéние** informing, notification; **~омлённость** *f* knowledge; being (well-)informed (about, в + *prep*); **~омлённый** well-informed (about), knowledgeable (about, в + *prep*); versed (in), conversant (with, в + *prep*); **~омля́ть** I *pf* ~́омить inform (about, о + *prep*); **~омля́ться** I *pf* ~́омиться inquire (about, о + *prep*)

освеж|áть I *pf* ~и́ть refresh, freshen (up), air (*room*), clear (*air after storm*); *fig* refresh (*memory*, *etc*), revive (*strength*; *etc*), brush up (*knowledge etc*); *coll* renew, introduce fresh blood (*in staff*, *etc*); **~евáть** I *pf of* свежевáть; **~и́тельный** refreshing; **~и́ть** II *pf of* ~áть

осве|ти́тель *m theat* electrician, lighting director; **~ти́тельный** lighting, illuminating; ~ти́тельная бóмба candle bomb; ~ти́тельная ракéта *aer* flare; ~ снаря́д star shell; **~ти́ть(ся)** II (~щу(сь)) *pf of* ~щáть(ся); **~тли́ть** II *pf of* ~тля́ть; **~тля́ть** I *pf* ~тли́ть *chem* clarify; **~щáть** I *pf* ~ти́ть light up, illuminate, illumine *also fig*; *fig* throw light on (*situation*, *question*, *etc*); **~щáться** I *pf* ~ти́ться light up, brighten; её лицó ~ти́лось улы́бкой *fig* her face lit up with a smile; **~щéние** light(ing), illumination; interpretation, elucidation; **~щённость** *f* (degree of) illumination; **~щённый** ~ звёздами star-lit; ~ лунóй moonlit; ~ свечáми candle-lit

освидéтельствовать(ся) *pf of* свидéтельствовать(ся)

осви|стáть I (~щý, ~́щешь) *pf of* ~́стывать; **~́стывать** I *pf* ~стáть hiss (*actor*, *etc*), catcall; *fig* scorn, deride

освобо|ди́тель *m* liberator; **~ди́тельный** (of) liberation, emancipatory; **~ди́ть(ся)** II (~жý(сь)) *pf of* ~ждáть(ся); **~ждáть** I *pf* ~ди́ть free, liberate, set free, release; emancipate; ~ арестóванного discharge a prisoner; ~ от дежýрства relieve from duty; ~ от воéнной слýжбы exempt from military service; dismiss; ~ от дóлжности relieve of one's duties; clear, empty; vacate (*room*, *etc*); **~ждáться** I *pf* ~ди́ться free oneself (of, from, от + *gen*); be released, freed; become free; *pass of* ~ждáть; **~ждéние** liberation, release, emancipation, deliverance, riddance; exemption; discharge; ~ на порýки release on bail; dismissal; vacation (*of premises*, *etc*); emptying, clearing (*of space*, *etc*); **~ждённый** released from ordinary duties for party work, *etc*

осв|оéние mastering, assimilation, familiarization; opening up (*of new lands*, *etc*); reclamation (*of land*, *etc*); **~óить(ся)** II *pf of* ~áивать(ся)

освя|ти́ть II (~щý) *pf of* ~щáть *and* святи́ть; **~щáть** I *pf* ~ти́ть *fig* hallow, sanctify; обы́чай, ~щённый векáми time-honoured custom

осевóй axial; ~ канáл axial duct

оседá|ние settling, subsidence; settlement; settling (down) (*in new area*); **~́ть** I *pf* осéсть settle, subside; sink; settle, accumulate (*of dust*); form a sediment; settle (*of people*)

оседл|áть I *pf of* седлáть *and* ~́ывать; **~́ость** *f* settled (way of) life; чертá ~ости *hist* Pale of Settlement; **~́ывать** I *pf* ~áть saddle (*horse*, *etc*); *coll* straddle (*chair*, *etc*); *fig coll* keep under one's thumb; *mil* secure, straddle; **~́ый** settled (*not nomadic*)

осе|кáться I *pf* ~́чься stop short (*in speaking*); *coll* misfire *also fig*

ос|ёл (~лá) donkey; ass *also fig*; **упря́м, как** ~ (as) stubborn as a mule

оселéд|ец (~ца) *hist* topknot (*tuft of hair left by Ukrainians on shaven head*)

осел|óк (~кá) touchstone *also fig*; whetstone;

hone; oilstone

осемен|éние insemination; искýсственное ~ artificial insemination; **~ить** II *pf of* ~я́ть; **~я́ть** I *pf* ~и́ть inseminate (*artificially*)

осен|и́ть(ся) II *pf of* ~я́ть(ся)

ос|éнний *adj of* ~ень; autumnal; **~ень** *f* autumn; **~енью** *adv* in autumn

осен|я́ть I *pf* ~и́ть (over)shadow; *fig* shield, shelter; ~ крéстным знáменем, крестóм make the sign of the cross (over); *fig* dawn upon, strike (*of thoughts, etc*); меня́ ~и́ла мысль a thought struck me; меня́ ~и́ло it occurred to me; **~я́ться** I *pf* ~и́ться; ~ крестóм cross oneself

осер|ди́ться II (~жýсь), ~дишься) *obs* = рассерди́ться

осеребр|и́ть II *pf of* ~я́ть *poet* silver (over); *fig coll* enrich

осерчáть I *pf of* серчáть

ос|éсть (~я́ду, ~я́дешь; ~éл) *pf of* ~едáть

осётр 1 sturgeon; **~и́на** sturgeon (*flesh*); **~óвый** *adj of* ~

осé|чка misfire; дать ~чку misfire *also fig*; **~чься** (~кýсь, ~чёшься; ~кся, ~клась) *pf of* ~кáться

оси́л|ивать I *pf* ~ить overpower, overcome; master, get the better of; *coll* manage (*in eating, drinking*)

оси́н|а asp(en); **~ник** aspen wood; **~овик** orange-cap (*mushroom*); **~овый** *adj of* ~а; дрожáть как ~ лист tremble like an aspen leaf

ос|и́ный *adj of* ~á; ~и́ное гнездó hornets' nest; потревóжить ~и́ное гнездó bring hornets' nest about one's ears; ~и́ная тáлия wasp waist

оси́п|лый husky, hoarse; **~нуть** I (*past* ~, ~ла) *pf* get hoarse

осиротé|лый orphaned; *fig* deserted; **~ть** I *pf of* сиротéть; *pf fig* be deserted

ося́н|ный (~) *obs* lit (up), illumined

оскáбливать I *pf* оскобли́ть scrape (off, round)

оскáл grin; bared teeth; ~ зубóв display of teeth; **~ивать** I *pf* ~ить; ~ зýбы bare one's teeth; **~иваться** I *pf* ~иться bare one's teeth; **~ить(ся)** II *pf of* ~ивать(ся) *and* скáлиться

оскальпи́р|овать (~ую) *pf of* скальпи́ровать

осканда́лить(ся) II *pf of* скандáлить(ся)

осквер|нéние profanation, defilement, desecration; **~и́тель** *m* profaner, defiler; **~и́ть(ся)** II *pf of* ~я́ть(ся); **~я́ть** I *pf* ~и́ть profane, defile, desecrate; **~я́ться** I *pf* ~и́ться defile oneself; *pass of* ~я́ть

осклáб|иться II (~люсь) *pf pop* grin

оскобл|и́ть II (~ю́, ~и́шь) *pf of* оскáбливать

оскóл|ок (~ка) splinter, fragment; shiver; **~очный** *adj of* ~ок; ~очная бóмба fragmentation, anti-personnel bomb

оскóмин|а sensation of tightening in mouth; набивáть комý ~у set someone's teeth on edge, pall on someone, make thoroughly fed up

оскоп|и́ть II (~лю́) *pf of* ~ля́ть; **~ля́ть** I *pf* ~и́ть castrate

оскорб|и́тельность *f* abusiveness, offensiveness; **~и́тельный** (~и́телен) abusive, offensive, insulting; **~и́ть(ся)** II (~лю́(сь)) *pf of* ~ля́ть(ся); **~лéние** insult, affront; грýбое ~ outrage; ~ дéйствием *leg* assault and battery; нанести́ ~ give offence; ~ слóвом contumely; переноси́ть ~лéния bear insults; **~лённый** ~лённая неви́нность outraged innocence; **~ля́ть** I *pf* ~и́ть insult, affront, offend; hurt; **~ля́ться** I *pf* ~и́ться take offence; be offended, be hurt

оскорóм|иться II (~люсь) *pf of* скорóмиться

оскрёбк|и (*gen pl* ~ов) scrapings

оскуде|вáть I *pf* ~ть grow scarce, scanty, poor, impoverished (in, + *instr*); **~лый** scarce, scanty, poor, impoverished; **~ние** scarcity, impoverishment; **~ть** I *pf of* ~вáть *and* скудéть

ослаб|евáть weaken, become weak; slacken (*of attention; tension, etc*); **~éлый** weakened, enfeebled, feeble; **~éть** I *pf of* ~евáть *and* слабéть; **~ить** II (~лю) *pf of* ~ля́ть; **~лéние** weakening; relaxation, slackening (*of tension, etc*); **~ля́ть** I *pf* ~ить weaken; slacken (*tempo, etc*); relax (*attention, muscles, etc*); loosen (*clothes, etc*); **~нуть** I (past ~, ~ла) *pf of* слáбнуть

ослáв|ить II (~лю) *pf of* слáвить; **~иться** II (~люсь) *pf coll* get a bad name, reputation

осл|ёнок (~ёнка; ~я́та, ~я́т) foal (*of ass*)

ослеп|и́тельный (~и́телен) dazzling, blinding; **~и́ть** II (~лю́) *pf of* ~ля́ть; **~лéние** dazzling, blinding; *fig* blindness; в ~лéнии blindly; **~ля́ть** I *pf* ~и́ть dazzle, blind; **~нуть** I (*past* ~, ~ла) *pf of* слéпнуть

осли́з|лый slimy; **~нуть** I (~нет; ~, ~ла) *pf* become slimy

óсли|к *dim of* осёл; **~ный** ass's; *fig* asinine; **~ца** she-ass

осложн|éние complication; **~и́ть(ся)** II *pf of* ~я́ть(ся); **~я́ть** I *pf* ~и́ть complicate; **~я́ться** I *pf* ~и́ться become complicated

ослуш|áние disobedience; **~аться** I *pf of* ~иваться; **~иваться** I *pf* ~аться disobey (+ *gen*); **~ник** disobedient person

ослы́ш|аться II mishear, not hear aright; **~ка** mishearing, mistake of hearing

осмáн Osmanli Turk, Ottoman

осмáтр|ивать I *pf* осмотрéть look over, look round; view; examine (*patient, etc*), inspect; **~иваться** I *pf* осмотрéться *vi* look round; *fig* get one's bearings; *pass of* ~ивать

осмé|ивать I *pf* ~я́ть ridicule, mock, deride

осмел|éть I *pf of* смелéть; **~иваться** I *pf* ~иться dare, take the liberty (of, + *infin or* на + *acc*); ~ на возражéния be so bold as to object; ~юсь доложи́ть ... I beg to report; **~иться** II *pf of* ~иваться

осме|я́ть (~ю́, ~ёшь) *pf of* ~ивать

óсмий osmium

осмóл tar-impregnated wood; **~и́ть** II *pf of* смоли́ть

óсмо|с osmosis; **~ти́ческий** osmotic

осмóтр examination, inspection; view(ing); survey; медици́нский ~ medical (examination); **~éть(ся)** II (~ю́(сь), ~ишь(ся)) *pf of* осмáтривать(ся); **~и́тельность** circumspection, caution; discretion; **~и́тельный** (~и́телен) circumspect, cautious; wary; **~щик** inspector

осмы́сл|енный (~ен, ~енна) intelligent, sensible; meaningful; **~ивать** I *pf* ~ить give a meaning to, interpret; comprehend; **~ить** II *pf of* ~ивать; **~я́ть** I = ~ивать

осна|сти́ть II (~щý) *pf of* ~щáть; **~стка** *naut* rigging, gear; fitting (out), equipping, rigging (out); **~щáть** I *pf* ~сти́ть *naut* rig; *fig* fit out, rig out, equip, supply; **~щéние** equipping, supplying, fitting out; equipment, supplies

оснежи́ть II *pf poet* cover with snow

оснóв|а base, basis, foundation; *pl* principle(s), fundamentals; лежáть в ~е underlie, be the basis (of, + *gen*); *gramm* step; *text* warp; **~áние** foundation(s), founding (*of organization*, *etc*); *chem*, *math* base; root, bedding (*of tooth*, *etc*); foot (*of mountain*); ~ колóнны column socle; разрýшить до ~áния raze to the ground; до ~áния *fig* completely, thoroughly; *fig* reason, ground(s), basis, foundation, motive; на какóм ~áнии? on what grounds?; не без ~áния not without reason; имéть (все) ~áния have every reason (to, + *infin*); с пóлным ~áнием with good reason; на óбщих ~áниях on equal terms; **~áтель** *m* founder; **~áтельный** (~áтелен) weighty, sound, well-founded; reasonable, just; thorough; *fig coll* solid; *coll no short form* bulky; **~áться** (оснуюю́(сь)) *pf of* ~́ывать(ся); **~нóй** basic, fundamental; principal, main; ~ закóн fundamental law; ~нóе значéние primary meaning; ~ капитáл fixed capital; ~нáя мысль keynote; ~ны́е цветá primary colours; в ~нóм on the whole; **~́ный** warp; ~́ные сóли basic salts; **~ополагáющий** basic; **~ополóжник** founder, initiator; pioneer; **~́ывать** I *pf* ~áть found, establish, create, pioneer; base (on, на + *prep*); **~́ываться** I ~áться *coll* settle (*in new place*, *etc*); *impf only* base oneself (on) be based, founded (on, на + *prep*)

осóба person(age), individual *also iron*

осóб|енно *adv* unusual(ly); especially, particularly; не ~ *coll* not particularly, not very; **~́енность** *f* peculiarity; feature; в ~енности in particular, particularly, especially; **~́енный** (e)special, particular, peculiar; unusual; ничегó ~енного nothing in particular; nothing much; **~́инка** в ~инку *coll* in a special, particular way; **~ня́к** 1 private residence, detached house; **~някóм** *adv* apart, by oneself; держáться ~ keep aloof; **~́ый** (e)special, particular, peculiar (=~енный); separate, special; остáться при ~ом мнéнии reserve one's own opinion, *leg* dissent

óс|обь *f lit* individual; **~óбь** ~ статья́ *coll* something quite different, different kettle of fish

осовé|лый *pop* stupefied, я совсéм ~л I feel quite stupid (*from overwork*, *etc*); **~́ть** I *pf pop* fall into dazed, stupefied state

осоврéмéн|ивать I *pf* ~ить bring up to date; **~́ить** II *pf of* ~ивать

осоéд honey-buzzard

осозна|вáть (~ю́, ~ёшь) *pf* ~́ть realize; **~́ть** (~́ю, ~́ешь) *pf of* ~вáть

осóка sedge

осокóрь *m* black poplar

осоловé|лый *pop* = осовéлый; **~́ть** I *pf of* соловéть

осóт sow thistle

óсп|а smallpox; вéтряная ~ chickenpox; корóвья ~ cowpox; *coll* pock-marks, vaccination marks; лицó в ~е pock-marked face

оспáривать I *pf* оспóрить dispute, impugn, call in question; *impf only* contest, contend (for)

óсп|енный *adj of* ~а; variolar, variolic, variolous; ~ знак pock-mark; **~́ина** pock-mark; **~опрививáние** vaccination

оспóрить II *pf of* оспáривать

осрамúть(ся) II (~лю́(сь)) *pf of* срамúть(ся)

ост east (navigation, meteorology); *abbr of* общесою́зный стандáрт All-Union standard

оста|вáться (~ю́сь, ~ёшься) *pf* ~́ться remain, stay; be left (over); ~ на вторóй год в клáссе be kept down a year in form; идтú остáлось немнóго there is only a little way to go; ~ нá ночь stay the night; ~́ться в живы́х survive, come through; побéда ~́лась за нáми victory was ours; за ним ~́лось дéсять фýнтов he owes ten pounds; ничегó не ~́лось there is nothing left over; ~ при прéжнем мнéнии remain of the same opinion; ~ в барышáх be up, gain; ~ в долгý, комý дóлжным be in someone's debt; не ~ётся ничегó другóго, как ... nothing (else) remains, but ...; ~ётся тóлько однó there is nothing for it, but; ~ в сúле remain valid, in force; ~ ни при чём get nothing for one's pains; счастлúво ~! so long!, have a nice time!

остáв|ить II *pf of* ~ля́ть; **~ля́ть** I *pf* ~́ить leave; give up; abandon; ~ в покóе leave in peace, alone; ~ на вторóй год keep down a second year (*in school*); ~́им э́тот разговóр let us drop the subject; ~ дóлжность lay down office; ~́ь(те)! stop it!, lay off!; retain, reserve, keep; ~ за собóй прáво reserve the right; ~ у себя́ keep, retain; ~ля́ет желáть лýчшего (мнóгого) leaves much to be desired; ~ когó в дуракáх *fig* put someone in an idiotic position

остальн|óй remaining, rest (of); в ~óм in other respects; **~ы́е** *n* the rest, remainder, others; **~óе** *n* the rest; всё ~ everything else

остан|áвливать I *pf* ~овúть stop, bring to a stop, halt; rein in, pull up (*horse*, *etc*); check (*action*, *etc*); restrain (*someone from doing something*); direct (to), concentrate (on), ~ взор rest one's gaze (on); ~ внимание concentrate attention (on, на + *prep*); **~áвливаться** I *pf* ~овúться (come to a) stop, (come to a) halt; ~ на полуслóве break off in the middle of a word; ни пéред чем не ~ *fig* stop at nothing; pull up (*of car*, *etc*); put up (at, в + *prep*); ~ у знакóмых stay with friends; *fig* dwell (on, на + *prep*) (*description*, *question*, *theme*, *etc*); *fig* settle (on), fall (on), rest (on, на + *prep*); **~́ки** (*gen pl* ~ков) *rhet* remains; **~óв** *tech* stop; **~овúть(ся)** II (~овлю́(сь), ~óвишь(ся)) *pf of* ~áвливать(ся); **~óвка** stop(ping); stoppage; говорúть без ~óвки talk incessantly; stop (*bus*, *train*, *etc*); конéчная ~ terminus; *coll* hold-up, delay (over, because of, за + *instr*); **~óвочный** *adj of* ~óвка; ~ пункт stop, stopping place

остá|ток (~тка) remainder; rest, residue, remnant (*of material*); *pl* remains, leavings, leftovers; ~тки слáдки *prov* the nearer the bone, the sweeter the meat; распродáжа ~тков clearance sale; *chem* residuum; *fin* balance, rest; **~́точный** *adj of* ~ток; *chem* residual; **~́ться** (~нусь, ~нешься) *pf of* ~вáться

остекл|енéть I *pf of* стекленéть; **~úть** II *pf of* ~я́ть; **~я́ть** I *pf* ~úть glaze

остео|артрúт osteoarthritis; **~́лог** osteologist; **~логúческий** osteological; **~лóгия** osteology; **~миэлúт** osteomyelitis

остепен|úть(ся) II *pf of* ~я́ть(ся); **~я́ть** I *pf* ~úть make staid; steady (down), calm (down); **~я́ться** I *pf* ~úться settle down; become staid, steady down, become respectable; *pf only coll joc* get a degree

остервен|éлый frenzied; **~éние** frenzy; **~éть** I *pf of* стервенéть; **~úться** II *pf of* ~я́ться; **~я́ться** I *pf* ~úться *coll* become enraged, get into a frenzy

остере|гáть I *pf* ~́чь (fore)warn, caution; **~гáться** I *pf* ~́чься beware (of), be careful (of, + *gen or infin*), take care (of); ~ простýды be careful of catching cold; ~гáйтесь собáки! beware of the dog!; **~́чь(ся)** (~гý(сь), ~жёшь(ся), ~гут(ся);

~г(ся), ~гла́(сь)) *pf of* ~га́ть(ся)
остзе́|ец (~йца) *obs* Baltic German
ости́ст|ый (~) *bot* awned, aristate, bearded
ости́т osteitis
о́стов frame, framework *also fig*; shell, hull; *anat* skeleton
осто́йч|ивость *f naut* stability; **~́ивый** (~ив) *naut* stable
осто́л pole (*for guiding sledge*)
остолбене́|лый *coll* dumbfounded, paralysed (*from fear, etc*); **~́ть** I *pf of* столбене́ть
остоло́п *pop abus* blockhead, dolt
осторо́ж|ничать I *pf* по~ *coll* play safe, be overcautious; **~́но** *adv* careful(ly), cautiously; prudently; warily; gingerly; with care (*on packages, etc*); ~! mind out!; **~́ность** *f* care, caution; prudence, wariness; **~́ный** (~ен) careful, cautious; prudent (*of character*); discreet (*in conversation*); wary; будьте ~ны! take care!
осточерте́|ть I *pf pop* make fed up (+ *dat*); э́то ему́ ~ло he is fed up with it
остраки́зм ostracism; подве́ргнуть ~у ostracize
остра́стк|а *coll* warning, caution; для ~и as a warning
остригá́ть(ся) I *see* **стричь(ся)**
остр|иё point, tip; spike; ~ кли́на *mil* spearhead of attack; (cutting) edge; ~ кри́тики *fig* sharp edge of criticism; **~и́ть** II *impf* sharpen, whet; *pf* с~ be witty, make witticisms, wisecracks, crack jokes; ~ на чужо́й счёт be witty at someone else's expense
остри́|чь(ся) (~гу́(сь), ~жёшь(ся), ~гу́т(ся); ~г(ся), ~гла(сь)) *pf of* ~га́ть(ся) *and* стричь(ся)
о́стров (*pl* ~а́) island; isle; **~итя́нин** (*pl* ~итя́не, ~итя́н) islander; **~но́й** island; insular; **~о́к** islet; ~ безопа́сности island (*for pedestrians*)
остро́г *hist* stockaded town; *hist* palisade, stockade; *obs* gaol
острога́ fish-spear, harpoon
остро|гла́зый (~гла́з) *coll* keen-eyed, sharp-eyed; **~гу́бцы** (*gen pl* ~гу́бцев) (cutting) pliers, nippers
остро́|жник *obs* imprisoned convict, prisoner; **~́жный** *adj of* ~г
остро|коне́чный pointed; **~ли́ст** holly; **~но́сый** (~но́с) sharp-nosed; *fig* pointed; **~пёстр** milk-thistle; **~сло́в** *coll* wit(ty person); **~сло́вие** *coll* wit; **~сло́вить** II (~сло́влю) *impf coll* be witty; **~́та** witticism, joke; **~та́** sharpness, acuteness; keenness (*of sight, etc*); pungency (*of smell, etc*); poignancy (*of emotion, etc*); **~уго́льник** *math* acute-angled figure; **~уго́льный** *math* acute-angled; **~у́мец** (~у́мца) *coll* wit(ty person); **~у́мие** wit(tiness); inventiveness; **~у́мный** (~у́мен) witty
о́стр|ый (~, ~а́, ~о) sharp *also fig*; pointed *also fig*; *fig* keen (*mind, eye, etc*); ~ интере́с keen interest (in, к + *dat*); ~ за́пах acrid smell; ~ со́ус piquant sauce; ~ сыр strong cheese; *no short form fig* sharp, acute (*of pain, inflammation, shortages, situation, etc*); (остёр, ~а́, ~о) witty, sharp; ~ язычо́к sharp tongue; **~я́к** 1 *coll* wit, witty man
осту|ди́ть II (~жу́, ~́дишь) *pf of* ~жа́ть *and* студи́ть; **~жа́ть** I = студи́ть
оступ|а́ться I *pf* ~и́ться stumble, slip; *fig coll* take a false step (*morally*); **~и́ться** II (~лю́сь, ~́ишься) *pf of* ~а́ться
осты|ва́ть I *pf* ~́ть *and* ~́нуть get, grow cold, cool (down) *also fig*; **~́ть** *and obs* **~́нуть** I (*past* ~л) *pf of* стыть; *pf of* ~ва́ть *fig* grow cool (towards, к + *dat*)
ость 5 *f bot* beard, awn
осу|ди́ть II (~жу́, ~́дишь) *pf of* ~жда́ть; **~жда́ть** I *pf* ~ди́ть censure, blame, condemn; *leg* convict, sentence, condemn; *rhet* doom (to, на + *acc*); **~жде́ние** censure, blame, condemnation; *leg* conviction; **~ждённый** *adj* condemned, convicted; *n* convict(ed person)
осу́ну|ться I *pf* grow thin, get pinched(-looking); он ~лся his cheeks are sunken, he has a pinched face
осуш|а́ть I *pf* ~и́ть drain (*marsh, etc*), dry (*eyes, etc*); ~ слёзы кому́ console someone; *coll* drain (*drink up*); **~е́ние** drainage; **~и́тельный** drainage (*canal, etc*); **~и́ть** II *pf of* ~а́ть
осуществ|и́мый (~и́м) realizable, practicable, feasible; **~и́ть(ся)** II *pf of* ~ля́ть(ся); **~ле́ние** realization; implementation; accomplishment; **~ля́ть** I *pf* ~и́ть realize, bring about; exercise (*right*); implement; accomplish, carry out; **~ля́ться** I *pf* ~и́ться be realized, fulfilled, come true (*of dreams, etc*); *pass of* ~ля́ть
осцилл|о́граф oscillograph; **~я́тор** oscillator
осчастли́в|ить II *pf of* ~ливать; **~́ливать** I *pf* ~ить make happy
осы́п|анный ~ звёздами star-studded, star-spangled; **~́ать(ся)** I (~лю(сь), ~лешь(ся)) *pf of* ~а́ть(ся); **~а́ть** I *pf* ~́ать strew (with), shower (with); *fig* heap on; ~ кого́ бра́нью heap abuse on someone; ~ пода́рками shower with presents; ~ кого́ поцелу́ями smother someone with kisses; ~ кого́ уда́рами rain blows on someone; ~ кого́ упрёками hurl reproaches at someone; cause to collapse, crumble (*heap of sand, etc*); **~а́ться** I *pf* ~́аться collapse, crumble (*of sand, etc*); fall (off) (*of leaves, flowers, etc*); shed grain (*of crops*); *pass of* ~а́ть
о́сыпь *f* scree
ось 5 *f* axis; магни́тная ~ magnetic axis; земна́я ~ axis of the equator; име́ющий о́бщую ~ coaxial; axle; *tech* spindle, pin
осьми́на Russian dry measure of 104·9 litres
осьмино́г octopus
осяза́|емый (~ем) tangible; palpable *also fig*; **~́ние** touch; чу́вство ~ния sense of touch; **~́тельный** tactile, tactual (organs, *etc*); (~телен) *fig* tangible (*results, etc*), palpable, sensible; **~́ть** I *impf* feel
от, ото *prep + gen* from, of, off; for; *indicates initial point* отплы́ть от бе́рега put out from the shore; бежа́ть от собла́зна run from temptation; от Пу́шкина до Го́рького from Pushkin to Gorky; от головы́ до пя́ток from head to toe; от рубля́ и вы́ше from a rouble upward; от рожде́ния from birth; от нача́ла до конца́ from beginning to end; от восьми́ (часо́в) до семи́ (часо́в) from eight (o'clock) to seven (o'clock); на юг от Ло́ндона to the south of London; *indicates source* узна́ть от дру́га learn from a friend; сын от пе́рвого бра́ка son from the first marriage; э́то исхо́дит от нас that derives, proceeds from us; от чьего́ и́мени on someone's behalf; *indicates direct link with particular activity, etc* лю́ди от нау́ки men of science; *indicates whole to which part belongs* пу́говица от пальто́ coat button; ключ от замка́ door key; *indicates something to be removed, remedy against something, etc* сре́дство от зубно́й бо́ли remedy against toothache; *indicates cause* петь от ра́дости sing for joy; кра́сные от слёз глаза́ eyes red with crying; от не́чего де́лать for want of something to do; умере́ть от го́лода die of hunger; *indicates differentiation* отлича́ть добро́

от зла distinguish good from evil; *indicates date of document* письмо́ от второ́го ма́я letter of the second of May; *in var expressions* вре́мя от вре́мени every now and then; день ото дня from day to day; **от-**, **ото-**, **отъ-** *verbal prefix in var senses*; completion of action *or* assigned task; action *or* motion away from given point; *refl* avoiding action

ота́ва aftermath, second growth, after-grass

ота́пл|ивать I *pf* отопи́ть heat (*house*, *etc*) **~иваться** II (~ивается) *impf* be heated

ота́ра large flock of sheep

отба́в|ить II (~лю) *pf of* ~ля́ть; **~ля́ть** I *pf* ~ить pour off (+ *acc or gen*); хоть ~ля́й *coll* more than enough (of, + *gen*), more than one knows what to do with

отбараба́н|ивать I *pf* ~ить *pop* rattle off; *pop* spend a long (wearisome) time doing something; **~ить** II *pf* finish drumming; *pf of* ~ивать

отбе|га́ть I *pf* ~жа́ть run off, from; ~ на не́сколько шаго́в run off a few steps; **~жа́ть** (~гу́, ~жи́шь, ~гу́т) *pf of* ~га́ть

отбе́л|ивать I *pf* ~и́ть bleach; *tech* blanch; chill, refine; **~и́ть** II (~ю́. ~и́шь) *pf of* ~ивать; **~ка** bleaching; *tech* blanching, chilling, refining; **~ьный** *tech* blanching; chilling, refining

отби|ва́ть I *pf* ~ть beat off, ward off, repulse, repel; ~ ата́ку beat off an attack; ~ мяч *sp* return a ball; ~ уда́р parry a blow; retake, recapture (*in battle*); ~ у кого́ де́вушку steal someone's girlfriend; break, chip off (*china*, *etc*); *coll* take away, remove (*taste*, *smell*, *etc*); ~ вся́кую охо́ту у кого́ take away all one's inclination (for, к + *dat*); whet, sharpen (*blade*, *etc*); ~ такт beat (out) time; ~ телегра́мму *pop* send a telegram; hurt (*one's hand*, *etc*, *by striking too hard*); mark out; **~ва́ться** I *pf* ~ться beat off, repulse, defend oneself (against, от + *gen*); *coll* straggle, drop behind, stray from (*herd*, *etc*); (~ва́ется) be broken off, break off; ~ от рук *coll* get out of hand; ~ от де́ла *coll* neglect one's work; ~ от до́ма *coll* neglect one's home; **~вка** marking out, delineation; whetting, sharpening; **~вно́й** ~вна́я котле́та chop; свина́я ~вна́я *n* pork chop

отби́|тие repulse, repelling; retaking; **~ть(ся)** (отобью́(сь), отобьёшь(ся)) *pf of* ~ва́ть(ся)

отбира́ть I *pf* отобра́ть take (away), take back (from, у + *gen*); collect (*tickets*); select, pick out; ~ показа́ния у свиде́теля take evidence from a witness

отбла́гове|стить II (~щу) *pf of* бла́говестить

отблагодари́ть II *pf* return someone's kindness

о́тблеск reflection *also fig*; **~ивать** I (~ивает) *impf coll* reflect

отбо́|й repulse; repelling; ~ мяча́ *sp* return; бить ~ beat a retreat, back out *also fig*; ~ю нет *coll* there is no getting rid (of, от + *gen*); *mil* retreat; ~ возду́шной трево́ги all-clear (signal); труби́ть ~ sound off; ringing off (*telephone*); дать ~ ring off; **~йка** *tech* breaking, cutting; **~йный** *adj of* ~йка; ~ молото́к miner's pick

отбомб|и́ться II (~лю́сь) *pf coll* finish bombing, drop one's load of bombs

отбо́р selection; есте́ственный ~ natural selection; **~ный** select(ed), choice, picked; ~ные войска́ crack troops; ~ные выраже́ния refined language; ~ная ру́гань choice swear-words; **~очный** ~очная коми́ссия selection committee; ~очные соревнова́ния *sp* elimination trials, rounds; **~щик** selector; grader, sorter

отбоя́р|иваться I *pf* ~иться *coll joc* (try to) get out (of), escape (from, от + *gen*); **~иться** II *pf of* ~иваться

отбра́сывать I *pf* отбро́сить throw, cast away (aside); throw, cast off, discard; *mil* throw, thrust, hurl back; *fig coll* reject, discard (*doubts*, *etc*); give up (*thoughts*, *etc*); отбро́сьте вся́кие церемо́нии don't stand on ceremony; cast (*shadow*, *ray of light*, *etc*)

отбре|ха́ться I (~шу́сь, ~шешься) *pf of* ~хиваться; **~хиваться** I *pf* ~ха́ться *pop* bluster (out of, от + *gen*)

отбр|ива́ть I *pf* ~и́ть *pop* ~ кого́ cut someone short, shut someone up; **~и́ть** (~е́ю, ~е́ешь) *pf of* ~ива́ть

отбро́|с *usu pl* waste, garbage, refuse; offal; ведро́ для ~сов dustbin; ~сы о́бщества *fig* dregs of society; ~сы произво́дства industrial waste; **~сить** II (~шу) *pf of* отбра́сывать

отбрык|а́ться I *pf of* ~иваться; **~иваться** I *pf* ~а́ться kick oneself free (from, от + *gen*); *fig pop* get rid (of, от + *gen*)

отбукси́р|овать (~ую) *pf* tow off

отбу́хать I *pf sl* serve (a sentence)

от|быва́ние serving (*of sentence*, *etc*); **~быва́ть** I *pf* ~бы́ть *offic* depart, leave; serve (a period of); ~ наказа́ние serve one's sentence, do time (*in prison*); ~ во́инскую пови́нность do one's military service, serve one's time in the army; **~бы́тие** departure; **~бы́ть** (~бу́ду, ~бу́дешь; ~был, ~была́, ~было) *pf of* ~быва́ть

отва́|га valour, courage, bravery; **~дить** II *pop* break (of habit of, от + *gen*), make to give up; shake off; **~живаться** I *pf* ~житься dare, venture, pluck up courage (to, + *infin and* на + *acc*); **~житься** II *pf of* ~живаться; **~жный** (~жен) brave, courageous; valorous

отва́л *naut* casting, pushing, putting off; mould-board (*of plough*); slag-heap, dump (*from mine*); bank, terrace (*from opencast mine*); до ~а *coll* to satiety; нае́сться до ~а *coll* stuff oneself, eat one's fill; **~ивать** I *pf* ~и́ть heave, push aside, heave off; *pop iron* cough up (money); cast, push, put off (*of vessels*); ~ивай(те) *pop* push off, shove off (*of a person*); **~иваться** I *pf* ~и́ться fall away, off; *coll* lean back; *pop* push oneself, lean back (from table after eating one's fill); **~и́ть(ся)** II (~ю́(сь), ~ишь(ся)) *pf of* ~ивать(ся); **~ьная** *n coll* farewell party

отва́р stock; decoction; мясно́й ~ broth; ри́совый ~ rice-water; ячме́нный ~ barley-water; **~ивать** I *pf* ~и́ть boil, cook; **~и́ть** II (~ю́, ~ишь) *pf of* ~ивать; **~но́й** boiled (*vegetables*, *etc*)

отве́д|ать I *pf of* ~ывать try, taste (food, drink, etc; + *acc or gen*); *pf* taste (*life*, *etc*); **~ывать** I *pf* ~ать

отвез|ти́ (~у́, ~ёшь; ~, ~ла́) *pf of* отвози́ть

отверг|а́ть I *pf* ~нуть reject, repudiate, turn down; spurn; **~нуть** I (*past* ~, ~ла; *obs* ~нул) *pf of* ~а́ть

отверде|ва́ть I *pf* ~ть harden; **~лость** *f* hardening, callus; **~лый** hardened, callous; **~ние** hardening, callus; **~ть** I *pf of* ~ва́ть

отве́рж|енец (~енца) outcast; **~енный** outcast; rejected

отверз|а́ть I *pf* ~ть *poet* open; **~ть** (~у, ~ешь; ~, ~ла) *pf of* ~а́ть

отверну́ть(ся) I *pf of* отвёртывать(ся) *and*

отвора́чивать(ся)
отве́рст|ие opening, aperture; orifice; hole; входно́е ~ inlet; выходно́е (выпускно́е) ~ outlet; ~ для опуска́ния моне́ты (coin-) slot; ~ (решета́, си́та) mesh (of sieve); *zool* foramen; заднепрохо́дное ~ anus; **~ый (~)** *poet* open
отвер|те́ть II (~чу́, ~тишь) *pf of* ~тывать *coll*; **~те́ться** II (~тится) *pf coll* come unscrewed; (~чу́сь, ~тишься) *pf pop* get out (of, от + *gen*); **~тка** screwdriver; **~тывать** I *pf* ~ну́ть *impf also* отвора́чивать turn away, aside (*face*, *etc*), turn down (*sheet*, *etc*); turn back (*sleeve*, *etc*); turn on (*tap*, *etc*); unscrew; *coll* twist off; **~тываться** I *pf* ~ну́ться *impf also* отвора́чиваться turn away, aside; come unscrewed; (~тывается) come on (*of tap*, *etc*); *impf also* отвора́чиваться *fig* stop seeing, stop associating (with), turn away (from, от + *gen*)
отве́|с plumb, plummet; свинцо́вый ~ plumb-line; груз ~са bob; по ~су plumb, perpendicularly; sheer slope; **~сить** II (~шу) *pf of* ~шивать; **~сно** *adv* sheer, plumb; **~сный** (~сен) sheer, plumb, perpendicular
отве|сти́ (~ду́, ~дёшь; ~л, ~ла́; ~дённый) *pf of* отводи́ть
отве́т answer, reply, response; в ~ in reply, response (to, на + *acc*); держа́ть ~ answer, render account (for, за, + *acc*); ни ~а ни приве́та *coll* not a word (from, от + *gen*); responsibility; призва́ть к ~у call to account; быть в ~е be answerable (for, за + *acc*)
ответв|и́ть(ся) II (~лю́(сь)) *pf of* ~ля́ть(ся); **~ле́ние** offshoot; branch *also fig*; branch pipe; *elect* tap, shunt; **~ля́ть** I *pf* ~и́ть *tech* branch, tap, take off, shunt; **~ля́ться** I *pf* ~и́ться branch off
отве́|тить II (~чу) *pf of* ~ча́ть; **~тный** answering; in response, reply; reciprocal; ~ визи́т return visit; ~тные ме́ры retaliatory measures; ~тное чу́вство response, reciprocal feeling (*of love*, *etc*); **~тственность** *f* responsibility; *leg* amenability, liability; возлага́ть ~ на кого́ за что place responsibility for something on someone; нести́ ~ bear the responsibility (for, за + *acc*); привле́чь к ~тственности call to account (for, за + *acc*); снять ~ с кого́ relieve someone of responsibility; **~тственный** (~тствен, ~тственна) responsible (for, за + *acc*); ~ рабо́тник executive; ~ реда́ктор editor-in-chief; bearing responsibility, having sense of responsibility; crucial; ~ моме́нт crucial point; **~тствовать** (~тствую) *impf and pf obs* answer, reply; **~тчик** *leg* defendant, respondent; *coll* person liable (responsible); усло́вный ~ *leg* alternative defendant; **~ча́ть** I *pf* ~тить answer, reply (to, на + *acc*); ~ уро́к repeat one's lesson; ~ презре́нием на что answer something with contempt; ~ на чьё чу́вство reciprocate, return someone's feelings; answer (for), pay (for, за + *acc*); *impf* be responsible, answerable (for, за + *acc*); answer (to), meet, be up (to, + *dat*); ~ тре́бованиям meet the requirements
отве́|шивать I *pf* отве́сить weigh out (+ *acc or gen*); ~ покло́н make a low bow (to, + *dat*); ~ пощёчину *pop* deal a slap in the face
отви́л|ивать I *pf* ~ьну́ть *coll* wriggle out (of), dodge (от + *gen*); **~ьну́ть** I *pf of* ~ивать
отвин|ти́ть(ся) II (~чу́(сь)) *pf of* ~чивать(ся); **~чивать** I *pf* ~ти́ть unscrew, twist (off); **~чиваться** I *pf of* ~ти́ться unscrew, come unscrewed, twist off
отвис|а́ть I *pf* ~нуть hang down, sag; **~е́ться** II (~и́тся) *coll* пла́тье ~е́лось the dress has lost its creases (*from hanging*); **~лый** loose-hanging, baggy; с ~лыми уша́ми lop-eared; **~нуть** I (*past* ~, ~ла) *pf of* ~а́ть; подо́л ~ the hem is hanging down
отвле|ка́ть I *pf* ~чь distract, divert (*attention*, *etc*); ~ ого́нь проти́вника на себя́ draw the enemy's fire on oneself; abstract; **~ка́ться** be distracted; ~ от те́мы digress; abstract oneself (from, от + *gen*); **~ка́ющий** ~ка́ющее сре́дство *med* counter-attraction; **~че́ние** distraction; abstraction (*abstract idea*); *med* counter-attraction; **~чённость** *f* abstractness; abstraction (*abstract reasoning*); **~чённый** (~чён, ~чённа) abstract; ~чённая величина́ abstract quantity; **~чь(ся)** (~ку́(сь), ~чёшь(ся), ~ку́т(ся); ~к(ся), ~кла́(сь)) *pf of* ~ка́ть(ся)
отво́|д deflection (*blow*, *etc*); taking aside; diversion; withdrawal (*of troops*); для ~да глаз *coll* as a blind, to distract attention; rejection; *leg* challenge; дать ~ кандида́ту reject a candidate; allotment, allocation (for, as, под + *acc*); *tech* elbow, pipe-bend, tap(ping); ~ тепла́ heat elimination; **~ди́ть** II (~жу́, ~дишь) *pf* отвести́ take, lead, conduct (*to a place*); draw, take (aside); ~ от собла́зна lead from temptation; parry, deflect (*blow*, *etc*), draw off (*troops*, *etc*); drain (water) (from, из); ~ ду́шу unburden one's heart; ~ обвине́ние justify oneself; reject (*candidate*, *etc*); *leg* challenge (*jurors*, *etc*); ~ глаза́ кому́ *fig* distract someone's attention; allocate (for, под + *acc*), set aside; **~дно́й** ~дная кана́ва drain; **~док** (~дка) *bot* layer; **~дя́щий** ~ (му́скул) abductor; ~дя́щая труба́ *tech* exhaust (pipe)
отво|ева́ть (~ю́ю) *pf of* ~ёвывать; *pf coll* fight (*for period of time*); *coll* finish fighting, finish the war; **~ева́ться** (~ю́юсь) *pf coll* finish fighting, finish the war; **~ёвывать** I *pf* ~ева́ть win back, reconquer (from, у + *gen*); acquire (by warfare); ~ пра́во gain the right
отво|зи́ть II (~жу́, ~зишь) *pf* отвезти́ drive, transport, take, deliver (*to a place*)
отвол|а́кивать I *pf* ~о́чь *pop* drag away, aside; **~о́чь** (~оку́, ~очёшь, ~о́к, ~окла́) *pf of* ~а́кивать
отвора́ч|ивать I *see* **отвёртывать;** *pf* отверну́ть *and* отвороти́ть *pop* turn away, aside (*face*, *etc*), turn down (*sheet*, *etc*); turn back (*sleeve*, *etc*); *coll* change direction, turn; **~иваться** I *see* отвёртываться; *pf* отверну́ться *and* отвороти́ться *pop* turn away, aside; *pf* отверну́ться; *fig* stop seeing, stop associating with, turn away (from, от + *gen*)
отвор|и́ть(ся) II (~ю́(сь), ~ишь(ся)) *pf of* ~я́ть(ся)
отворо́|т lapel, flap (*of coat*, *etc*); top (*of boot*); ~ты брюк trouser turn-ups; ~ты на рукава́х cuffs; **~ти́ть(ся)** II (~чу́(сь), ~тишь(ся)) *pf of* отвора́чивать(ся) *pop*
отвор|я́ть I *pf* ~и́ть open; ~ кровь let blood; **~я́ться** I *pf* ~и́ться open
отвра|ти́тельный (~ти́телен) disgusting; abominable, detestable; repulsive, loathsome; **~ти́ть** II (~щу́) *pf of* ~ща́ть; **~тный** (~тен) *coll* = ~ти́тельный; **~ща́ть** I *pf* ~ти́ть *rhet* avert, stave off (*misfortune*, *etc*); *obs* deter (from), stay (from, от + *gen*); **~ще́ние** aversion, disgust, repugnance, abhorrence, repulsion, loathing (for,

к + *dat*); внушáть ~ fill with disgust (for, к + *dat*); питáть ~ feel an aversion (for, к + *dat*)

отвык|áть I *pf* ~нуть grow out (of the habit) of, lose the desire (to), lose, give up (от + *gen or* + *infin*); **~нуть** I (*past* ~, ~ла)

отвя|зáть I (~жý, ~жешь) *pf of* ~зывать; **~зáться** I (~жýсь, ~жешься) *pf of* ~зываться; *pf pop* leave alone, leave in peace; ~жи́сь от меня́! leave me alone!; *pf pop* get rid (of, от + *gen*); **~зывать** I *pf* ~зáть untie, unfasten; untether; unbend; **~зываться** I *pf* ~зáться come untied, loose

отгад|áть I *pf of* ~ывать; **~ка** *coll* guess; answer (*to riddle*); **~чик** *coll* guesser, diviner; **~ывать** I *pf* ~áть guess, divine

отгибáть I *pf* отогнýть bend back; flange; unbend; turn back (*collar*, *etc*); **~ся** I *pf* отогнýться bend, turn back

отглагóльный verbal

отглá|дить II (~жу) *pf of* ~живать; **~живать** I *pf* ~дить iron (out), press

отгл|áтывать I *pf* ~отнýть *coll* swallow (a little of, + *acc or gen*); **~отнýть** I *pf of* ~áтывать

отгни|вáть I (~вáет) *pf* ~ть rot off; **~ть** (~ёт) *pf of* ~вáть

отгов|áривать I *pf* ~ори́ть talk out (of), dissuade (from, от + *gen or* + *infin*); **~áриваться** I *pf* ~ори́ться excuse oneself (on the ground of); ~ незнáнием plead ignorance; **~ори́ть(ся)** II *pf of* ~áривать(ся); **~óрка** pretext, excuse; пустáя ~ flimsy pretext; **~óры** (*gen pl* ~óров) *coll* arguments against

отголóс|ок (~ка) echo *also fig*

отгóн driving off; pasturing (*of cattle*), pasture; distillation; **~ка** distillation; sublimation; **~ный** pastoral; transhumant; **~я́ть** I *pf* отогнáть drive off, away *also fig* (*of thoughts*, *etc*); distil

отгор|áживать I *pf* ~оди́ть fence, partition off; ~ ши́рмой screen off; **~áживаться** I *pf* ~оди́ться fence oneself off; *fig coll* cut oneself off (from, от + *gen*); **~оди́ть(ся)** II (~ожý(сь), ~óди́шь(ся)) *pf of* ~áживать(ся)

отго|сти́ть II (~щý) *pf coll* stay (with), be a guest (of, у + *gen*); end one's stay

отгравир|овáть (~ýю) *pf of* гравировáть

отграни́ч|ивать I *pf* ~ить delimit; **~ить** II *pf of* ~ивать

отгре|бáть I *pf* ~сти́ rake away, aside; row off, away (from, от + *gen*)

отгрем|éть II (~и́т) die down, die away *also fig*

отгре|сти́ (~бý, ~бёшь; ~б, ~блá) *pf of* ~бáть

отгрóхать I *pf coll* stop banging, roaring (*of guns*, *etc*); *vt pf pop* build, run up; organize (*on a large scale*)

отгру|жáть I *pf* ~зи́ть dispatch, ship; **~зи́ть** II (~жý, ~зи́шь) *pf of* ~жáть; **~зка** unloading; dispatching, shipment

отгрыз|áть I *pf* ~ть gnaw, bite off; **~ть** (~ý, ~ёшь; ~, ~ла) *pf of* ~áть

отгýл *coll* time off (*in lieu*); **~ивать** I *pf* ~я́ть *coll* have time off (*in lieu*); **~я́ть** I *pf of* ~ивать; *coll* have spent, finished (*holidays*, *etc*); *pop* celebrate; finish walking, strolling

отда|вáть (~ёт) *impers coll* taste, smell, smack, reek (of, + *instr*); *also fig*; от негó ~ёт крáской he smells of paint; (~ю́, ~ёшь) *pf* ~ть give back, return; ~ дóлжное комý give someone his due; ~ послéдний долг pay last honours (to, + *dat*); ~ себé отчёт realize, be aware (of, в + *prep*); devote, give up; ~ жизнь наýке devote one's life to learning; *fig pop* pay (for, за + *acc*); ~ комý, за когó give in marriage to someone; give (*for a specific purpose*); ~ кни́гу в переплёт have a book bound; ~ под стрáжу give into custody; ~ под суд prosecute; *coll* sell; *coll* ~ за бесцéнок sell for a song; *with certain nouns* ~ поклóн make a bow; ~ прикáз issue an order (to, + *dat*); ~ распоряжéние give instructions; ~ честь salute; recoil, kick (*of gun*, *etc*); емý óтдало в спи́ну he felt a twinge in the back; *naut* let go, cast off; ~ я́корь cast anchor; **~вáться** (~ю́сь, ~ёшься) *pf* ~ться give oneself up (to, + *dat*); devote oneself (to, + *dat*); yield oneself (to), give oneself (to, + *dat*) (*of woman*); *fig* resound, reverberate, ring (*in the ears*); be reflected (*of pain*)

отдав|и́ть II (~лю́, ~ишь) *pf of* ~ливать; **~ливать** I *pf* ~и́ть crush; ~ комý нóгу tread on someone's foot, toes

отдал|éние removal, *fig* estrangement; distance; держáть в ~éнии keep at a distance; **~ённость** *f* remoteness; **~ённый** (~ён, ~ённа) remote, distant (*relatives*, *times*, *likeness*, *etc*); **~и́ть(ся)** II *pf of* ~я́ть(ся); **~я́ть** I *pf* ~и́ть remove; *fig* estrange, alienate; postpone, put off; **~я́ться** I *pf* ~и́ться move away (from, от + *gen*) *also fig*; digress, stray (*from subject*, *etc*)

отдáние giving back, returning; ~ чéсти saluting; *eccles* keeping, observing (*festival*, *etc*)

отдар|и́ть(ся) II *pf of* ~ивать(ся); **~ивать** I *pf* ~и́ть *coll* give in return; **~иваться** I *pf* ~и́ться *coll* make a present in return, repay a gift

отдá|ть (~м, ~шь, ~ст, ~ди́м, ~ди́те, ~дýт; óтдал, ~лá, óтдало) *pf of* ~вáть; **~ться** (~мся, ~шься, ~стся, ~ди́мся, ~ди́тесь, ~дýтся; ~лся, ~лáсь) *pf of* ~вáться; **~ча** repayment, reimbursement; giving back, return(ing); ~ внаём letting; *naut* letting go, casting off; *tech* efficiency, effectiveness (*of utilization*), performance; recoil, kick (*of gun*); dedication (*in work*); без ~чи *coll* for keeps

отдвижнóй *tech* sliding (*bolt*, *roof*, *etc*)

отдежýр|ивать I *pf* ~ить spend (time) on duty; **~ить** II *pf of* ~ивать; finish, come off duty

отдéл department; ~ кáдров personnel department; section, part (*of newspaper*, *book*, *etc*)

отдéл|ать(ся) I *pf* ~ывать(ся)

отдел|éние dividing, division, separation; ~ цéркви от госудáрства disestablishment of the church; secretion (*bodily*); department (*of institution*, *etc*), branch; ~ мили́ции local police station; ~ связи local post office; рабóчее ~ gang section (*on permanent way*); part (*of concert*, *etc*); *mil* section; compartment; section (*of building*); ~ шкáфа pigeon-hole; маши́нное ~ engine-room; **~ённый** ~ команди́р section commander; **~éнческий** departmental, branch; **~и́мый** (~и́м) separable; **~и́тель** *m tech* separator; **~и́ть(ся)** II (~ю́(сь), ~ишь(ся)) *pf of* ~я́ть(ся)

отдéл|ка finish(ing), trimming; decoration; **~очный** decoration; **~ывать** I *pf* ~ать finish, put finishing touches to; face (*walls*, *etc*); trim (with, + *instr*); *pop* ruin (*clothes*, *etc*); *pop* beat up; *pop* give a rating (to); **~ываться** I *pf* ~аться get rid (of), get shut (of, от + *gen*); get away, off (with, + *instr*); shake off (*impressions*, *etc*); счáстливо ~ have a narrow escape; дёшево ~ get off lightly

отдéл|ьно separately; apart (from, от + *gen*); **~ьность** 1 *f*; в ~ьности taken separately, individually; ∼́ьный separate, individual self-contained (*flat*); *mil* independent; isolated; **∼и́ть** I *pf* ∼и́ть separate, part, detach; divorce (*ideas, questions, etc*); ∼ занаве́ской curtain off; ∼ перегоро́дкой partition off; separate off; *obs* grant part (of estate, *etc*) to; **∼я́ться** I *pf* ∼и́ться separate, get detached, part; come apart, off; *obs* set up on one's own

отдёр|гивать I *pf* ∼́нуть draw, pull aside; jerk, draw back, withdraw; **∼́нуть** I *pf of* ∼гивать

отдира́ть I *pf* отодра́ть tear, rip off

отдохн|ове́ние *obs* repose, rest; **∼у́ть** I *pf of* отдыха́ть

отдуба́|сить II (∼шу) *pf of* дуба́сить

отдува́ться I *impf coll* breathe heavily, pant; *fig pop* take the can, rap (for, за + *acc*); ∼ за друго́го *coll* do another person's work

отду́м|ать I *pf of* ∼ывать; **∼́ывать** I *pf* ∼ать *coll* change one's mind (about, + *infin*)

отду́ш|ина air-hole, (air) vent; *fig* safety-valve; **∼́ник** air-hole, (air) vent

о́тдых rest, relaxation; leisure; holiday; дом ∼а rest home; не дава́ть кому́ ни ∼у, ни сро́ку not give someone a moment's peace; **∼а́ть** I *pf* отдохну́ть rest, be resting, be on holiday

отдыш|а́ться II (∼у́сь, ∼́ишься) *pf* recover one's breath

отёк oedema; ∼ лёгких emphysema; **∼а́ть** I *pf* оте́чь swell, become swollen; (∼а́ет) gutter (*of candle*)

отёл calving; **∼и́ться** II (∼ю́сь, ∼́ишься) *pf of* тели́ться

оте́ль *m* hotel (*usu outside Russia*); **∼́ный** *adj of* ∼

отепл|и́тель *m* thermo-insulating material; **∼и́ть** II *pf of* ∼я́ть; **∼я́ть** I *pf* ∼и́ть make warm, winter-proof, proof against cold

от|е́ц (∼ца́) father *also fig*; на́ши ∼цы́ *fig* our (fore)fathers; на́званный ∼ adoptive father; приёмный ∼ foster-father; О∼ небе́сный heavenly Father; ∼ семейства paterfamilias, father of a family; ∼цы́ це́ркви Fathers of the Church; *pop* governor (*form of address*); **∼е́ческий** paternal, fatherly; **∼е́чественный** *adj of* ∼е́чество; national, domestic; ∼е́чественная промы́шленность home industry; Вели́кая Оте́чественная война́ Great Patriotic War (*Soviet name of 1941–5 war*); **∼е́чество** native land, fatherland, home (country)

оте́|чь (∼ку́, ∼чёшь, ∼ку́т; ∼̈к, ∼кла́) *pf of* ∼ка́ть

от|жа́ть (∼ожму́, ∼ожмёшь) *pf of* ∼жима́ть; (∼ожну́, ∼ожнёшь) *pf of* ∼жина́ть

от|же́чь (∼ожгу́, ∼ожжёшь; ∼жёг, ∼ожгла́) *pf of* ∼жига́ть

отжи|ва́ть become obsolete, outmoded; die out; go out of fashion; ∼ свой век have one's day; go out of fashion; **∼ва́ющий** moribund, obsolescent; **∼́вший** obsolete; outmoded

о́тжиг annealing; **∼а́ть** I *pf* отже́чь anneal

отжима́ть I *pf* отжа́ть wring out; *coll* force away (from, от + *gen*)

отжина́ть I *pf* отжа́ть finish harvesting

от|жи́ть (∼живу́, ∼живёшь; ∼́жил, ∼жила́, ∼́жило) *pf of* ∼жива́ть

отзв|а́нивать I *pf* ∼они́ть stop ringing; stop striking (*of clock*); ∼они́л и с колоко́льни доло́й (it is) finished and done with; *fig pop* rattle off; pipe down; **∼они́ть** II *pf of* ∼а́нивать; **∼́ук** echo, response *also fig*; **∼уча́ть** (∼учи́т) be heard no more

о́тз|ыв response; opinion, judgement (about, о + *prep*); reaction (to, на + *acc*); reference, testimonial; review (*of book, etc*); *mil* reply (*to password*), countersign; **∼ы́в** recall (*of diplomat, etc*); **∼ыва́ть** I (∼ыва́ет) *impf coll* taste, smell (of, + *instr*); *pf* отозва́ть take aside; recall (*diplomat, etc*); **∼ыва́ться** I *pf* отозва́ться answer, respond (to, на + *acc*); speak, express one's opinion (of, о + *prep*); ∼ с большо́й похвало́й praise highly (о + *prep*); affect, tell (on, на + *prep*); **∼ывно́й** ∼ывны́е гра́моты letters of recall; **∼ы́вчивость** *f* responsiveness, sympathy; **∼ы́вчивый** (∼ы́вчив) responsive, sympathetic; appreciative (*audience, etc*)

отка́|з refusal; denial, repudiation; *leg* rejection, nonsuit; waiver; получи́ть ∼ be refused, turned down; не принима́ть ∼за not take no for an answer, brook no denial; *tech* failure; рабо́тать без ∼за run smoothly, without stopping; до ∼за to capacity, to overflowing; по́лный до ∼за cram-full, full to capacity; renunciation (of), giving up (of, от + *gen*); **∼за́ть(ся)** I (∼жу́(сь), ∼́жешь(ся)) *pf of* ∼зывать(ся); **∼́зывать** I *pf* ∼за́ть refuse, deny (+ *dat* and в + *prep*); ∼ кому́ в про́сьбе refuse someone a request; не ∼жи́те в любе́зности ... be so kind as ...; ему́ нельзя́ ∼за́ть в остроу́мии there is no denying he is witty; dismiss, discharge (+ *dat* and от + *gen*); ∼ кому́ от до́ма forbid someone the house; *obs* bequeath, leave (to, + *dat*); *tech* fail, break down, conk out; **∼́зываться** I *pf* ∼за́ться refuse, decline, turn down (от + *gen or* + *infin*); ∼ от по́мощи refuse help; ∼ от предложе́ния turn down a proposal; ∼ от свои́х слов retract one's words; ∼за́ться вы́слушать кого́ refuse to listen to someone; не ∼жу́сь пое́сть I would not say no to a bite to eat; ∼ от упла́ты до́лга repudiate a debt; ∼ служи́ть stop working, be out of order; renounce, give up; relinquish, abdicate (*power, throne, etc*); waive (*one's claims to, etc*); ∼ от попы́тки abandon an attempt; **∼́зчик** *pop* shirker

отка́л|ывать I *pf* отколо́ть chop, break off; unpin; force to break with (*organization, etc*); ∼ шу́тку *pop* play a trick; *pop pej* come out with (*quip, etc*); **∼́ываться** I *pf* отколо́ться break off; come unpinned, undone; *fig* break (with, away from, от + *gen*)

отка́пывать I *pf* откопа́ть dig out, up; disinter, exhume; *fig coll* dig up, unearth

отка́рмливать I *pf* откорми́ть fatten (up)

отка́|т *mil* recoil; **∼ти́ть(ся)** II (∼чу́(сь), ∼́тишь (-ся)) *pf of* ∼́тывать(ся); **∼́тка** haulage (*in mines*); trucking (*coal, etc*); **∼́тчик** haulier; **∼́тывать** I *pf* ∼ти́ть roll away, aside; haul, truck (*in mines*); *coll* drive off at speed; **∼́тываться** I *pf* ∼ти́ться roll away; roll back (*of army, waves, etc*)

откач|а́ть I *pf of* ∼́ивать; **∼́ивать** I *pf* ∼а́ть pump out; resuscitate; **∼ну́ть** I *coll* swing to one side; *fig pop impers* turn (against, от + *gen*)

отка́шл|ивать I *pf* ∼януть hawk up; **∼́иваться** I *pf* ∼яться clear one's throat; hawk up; **∼́януть** I *pf of* ∼ивать; **∼́яться** I *pf of* ∼иваться

отквит|а́ть I *pf of* ∼́ывать; **∼́ывать** I *pf* ∼а́ть *coll* settle accounts (with, + *dat*); *sp* equalize

откид|но́й collapsible, folding; **∼́дывать** I *pf* ∼́нуть throw, cast away (aside) *also fig*; fold back, turn back; throw back (*one's head, etc*); **∼́дываться** I *pf* ∼́нуться lean, settle back, recline (*in chair, etc*); **∼́нуть(ся)** I *pf of* ∼дывать(ся)

откла́д|ывать I *pf* отложи́ть put, set aside, put on one side; put away, by (*save*); deposit, lay (*of insects*); *impf also* отлага́ть put off, postpone, delay, defer; adjourn (*talks, etc*); ~ реше́ние suspend one's judgement; ~ в до́лгий я́щик shelve; turn back, down (*collar, etc*); unharness (*horses*), unyoke; **~́ываться** I *pf* отложи́ться form a deposit, be deposited, precipitated; *fig* stick (*in memory, mind*)

откла́н|иваться I *pf* ~яться take one's leave; **~́яться** I *pf of* ~иваться

откле́|ивать I *pf* ~ить unstick; **~́иваться** I *pf* ~иться come unstuck; *pass of* ~ивать; **~́ить(ся)** II *pf of* ~ивать(ся)

о́тклик response; *fig* echo, repercussion; *fig* comment; **~а́ться** I *pf* ~́нуться answer, respond (to, на + *acc*) *also fig*; **~́нуться** I *pf of* ~а́ться

отклон|е́ние deviation; divergence; ~ от те́мы digression; refusal, rejection, declining; *phys* deflection, declination; diffraction; error; **~и́ть(ся)** II (~ю́(сь), ~́ишь(ся)) *pf of* ~я́ть(ся); **~я́ть** I *pf* ~и́ть deflect; decline, reject; **~я́ться** *pf* ~и́ться deviate, diverge; ~ от ку́рса swerve from (one's) course; ~ от те́мы digress

отключ|а́ть I *pf* ~и́ть cut off, disconnect (*elect, telephone, etc*); **~и́ть** II *pf of* ~а́ть

отковы́р|ивать I *pf* ~ять pick off; **~ять** I *pf of* ~ивать

откозыря́ть I *pf coll* salute (+ *dat*); *pf coll* trump (a trump)

отко́л breakaway, split(ting) away

отко́л|е *adv* = ~ь

отколо|ти́ть II (~чу́, ~́тишь) *pf coll* knock off; give a hiding to, thrash

откол|о́ть(ся) (~ю́(сь), ~́ешь(ся)) *pf of* отка́лывать(ся)

отколошма́|тить II (~чу) *pf of* колошма́тить

отколуп|а́ть I *pf of* ~́ывать; **~́ывать** I *pf* ~а́ть *pop* pick off

отко́ль *adv obs* whence

откомандир|ова́ть (~ую) *pf of* ~о́вывать; **~о́вывать** I *pf* ~ова́ть detach, second, post (*to new duties*); *coll* send (for, за + *instr*)

откопа́ть I *pf of* отка́пывать

отко́рм fattening (up); **~и́ть** II (~лю́, ~́ишь) *pf of* отка́рмливать; **~́ленный** fat(ted), fattened; ~ скот fat stock

отко́с slope (*of embankment, etc*); ~ холма́ hillside; пусти́ть по́езд под ~ derail a train; у́гол есте́ственного ~а *phys* angle of rest

откоч|ева́ть (~у́ю) *pf of* ~ёвывать; **~ёвывать** I *pf* ~ева́ть move camp (*of nomads*)

откреп|и́ть(ся) II (~лю́(сь)) *pf of* ~ля́ть(ся); **~ля́ть** I *pf* ~и́ть unfix, unfasten, untie; remove from list, register; **~ля́ться** I *pf* ~и́ться become unfastened; be removed from list, register; have (one's) name cancelled

откре|сти́ться II (~щу́сь, ~́стишься) *pf of* ~́щиваться; **~́щиваться** I *pf* ~сти́ться cross oneself, make sign of cross (*to ward off evil spirits, etc*); *impf coll* disown, refuse to have anything to do (with, от + *gen*)

открове́н|ие revelation; **~́ничать** I *impf coll* indulge in confidences (with, с + *instr*), be (very) open (with), overfrank; **~́ность** *f* frankness, candour; bluntness, outspokenness; *pl* candid admissions; **~́ный** (~нен, ~на) frank, candid; blunt, outspoken; быть ~ным be frank, open (with, с + *instr*); unconcealed; revealing (*of dress*)

откру|ти́ть(ся) II (~чу́(сь), ~́тишь(ся)) *pf of* ~́чиваться; **~́чивать** I *pf* ~ти́ть untwist (*rope, etc*); turn off (*tap, etc*); **~́чиваться** I *pf* ~ти́ться come untwisted; *pop* wriggle out (of, от + *gen*)

откр|ыва́лка *coll* opener; **~ыва́ть** I *pf* ~ы́ть open; ~ кому́ глаза́ *fig* open someone's eyes (to, на + *acc*); ~ заседа́ние open meeting; ~ ого́нь open fire; reveal, show, disclose, betray, uncover *also fig*; ~ грудь bare one's breast; ~ ду́шу lay bare one's heart; ~ ка́рты *fig* show one's hand; open, inaugurate (*exhibition, etc*); open up (*new paths, etc*); discover; ~ Аме́рику *fig iron* ~ы́л Аме́рику! where have I heard that before! (*on hearing stale news*); *coll* put, turn, switch on (*water, gas, etc*); **~ыва́ться** I *pf* ~ы́ться open; be revealed, come to light; unfold (*of views, etc*); open (*of wound*); confide (in, to), confess (to, + *dat*); **~ы́тие** opening; inauguration; discovery; **~ы́тка** postcard; **~ы́тый** open *in var senses*; на ~ы́том во́здухе, под ~ы́тым не́бом in the open air, out of doors; при ~ы́тых дверя́х open to the public; ~ воро́т open neck; ~ы́тое голосова́ние open voting, by show of hands; ~ го́род open city; ~ дом open house; ~ лист customs clearance authorization (*for diplomats, etc*); ~ы́тое мо́ре open sea; ~ы́тое письмо́ postcard; open letter; ~ы́тое пла́тье low-necked dress; ~ы́тые го́рные разрабо́тки opencast coal mining; **~ы́ть(ся)** (~о́ю(сь), ~о́ешь(ся)) *pf of* ~ыва́ть(ся)

отку́д|а *adv interj* whence, where from; *rel* from where, whence, from which; ~ ни возьми́сь *coll* quite unexpectedly, suddenly, out of the blue; **~́а-либо** *and* **~́а-нибудь** from somewhere or other; **~́а-то** from somewhere

о́тк|уп (*pl* ~упа́) farming (*revenues, etc*); взять на ~ farm; отда́ть на ~ farm out *also fig*; **~упа́ть** I *pf* ~упи́ть *obs* buy up; take a lease on; buy out; **~упа́ться** I *pf* ~упи́ться *fig* buy oneself out (of, от + *gen*); *obs* buy one's freedom (*as bondsman*); **~упи́ть(ся)** II (~уплю́(сь), ~у́пишь(ся))

отку́п|оривать I *pf* ~орить uncork; open (*airtight container*); **~́орить** II *pf of* ~оривать; **~́орка** uncorking, opening

откупщи́к 1 *hist* (tax-)farmer

отку|си́ть II (~шу́, ~́сишь) *pf of* ~́сывать; **~́сывать** I *pf* ~си́ть bite off; nip off (with pincers); ~ ма́ленькими кусо́чками nibble (at)

отку́шать I *pf pop* have finished eating; taste, try (*food*, + *acc or gen*); ~ с кем eat, dine at someone's

отла́вливать I *pf* отлови́ть catch, trap, capture

отлага́т|ельство postponement; delay; **~́ь(ся)** I *pf* отложи́ть(ся) *see* **откла́дывать(ся)**

отлакир|ова́ть (~у́ю) *pf of* лакирова́ть

отла́м|ывать I *pf* отлома́ть *and* отломи́ть break off; **~́ываться** I *pf* отлома́ться *and* отломи́ться break off, get broken off; *sl* fall to someone's share (+ *dat*)

отле|га́ть I *pf* ~́чь *impers* у меня́ ~гло́ от се́рдца it has taken a load off my mind, I feel relieved

отлеж|а́ть II (~жу́, ~жи́шь) *pf of* ~́ывать; *pf coll* be bedbound, keep to one's bed (*in illness, etc*); **~а́ться** II (~жу́сь) *pf of* ~́ываться; **~́ывать** I *pf* ~а́ть get pins and needles (*in limbs*, + *acc*); я ~а́л но́гу my foot has gone to sleep; **~́ываться** I *pf* ~а́ться be stored (*for ripening, etc*), mellow, ripen (*in store*)

отлеп|и́ть(ся) II (~лю́(сь), ~́ишь(ся)) *pf of* ~ля́ть(ся); **~ля́ть** I *pf* ~и́ть *coll* unstick, peel off, detach; **~ля́ться** I *pf* ~и́ться *coll* come unstuck, peel off

отл|ёт flying away (*birds*, *etc*); departure, take-off (*aircraft*); быть на ~те *coll* be about to depart, leave; держа́ть на ~те hold in one's outstretched hand; держа́ться на ~те *coll* hold oneself aloof; дом на ~те house standing on its own; **~ета́ть** I *pf* complete a flight; *coll* have (had) a spell as an airman, have been flying (*for period*); *pf* ~ете́ть fly away, off; *fig* fly, vanish (*of time*, *etc*); *coll* come off (*of buttons*, *etc*); *coll* bounce back, rebound; **~ета́ться** I *pf coll* complete a flight; **~ете́ть** II (~чу́) *pf of* ~ета́ть

отл|е́чь (~я́гу, ~я́жешь, ~я́гут; ~ёг, ~егла́) *obs* move away from; *pf of* ~ега́ть

отли́|в ebb, ebb tide, low tide; tint, play of colours; с золоты́м ~ом shot with gold; **~ва́ть** I (~ва́ет) *impf* be shot (with), iridescent (with, + *instr*); *pf* ~ть pour off, out (a little, + *acc or gen*); flow, flood back; *tech* cast; **~ва́ться** I be cast (into, в + *acc*) *also fig*; **~вка** *tech* casting, founding; cast (product), (a) moulding; ingot; **~вно́й** *tech* cast, founded, moulded; founding (*furnace*, *etc*); ~тый (о́тлит, ~та́, о́тлито *and* ~т, ~а́, ~то) *past part of* ~ть

отлип|а́ть I *pf* ~нуть (~а́ет) *coll* come unstuck, off; *pop* leave alone, in peace; **~нуть** I (*past* ~, ~ла)

отл|и́ть (отолью́, отольёшь; ~и́л, ~ила́, ~и́ло) *vulg* urinate; *pf of* ~ива́ть; **~и́ться** (отольётся) *pf of* ~ива́ться; отолью́тся ко́шке мы́шкины слёзки *prov* he, you, *etc*, will live to regret it

отлич|а́ть I *pf* ~и́ть distinguish (between, from); single out; **~а́ться** I *impf only* differ (from, от + *gen*); be distinguished (by), notable (for, + *instr*); *pf* ~и́ться distinguish oneself (by), excel (in, + *instr*) *also iron*; **~ие** distinction, difference; знак ~ия distinguishing feature, *mil* order, decoration; в ~ие in contradistinction (to, от + *gen*); merit, distinction, distinguished services; дипло́м с ~ием distinction (in degree, examination, *etc*); **~и́тельный** distinctive, distinguishing; ~ при́знак distinguishing feature; **~и́ть(ся)** II *pf of* ~а́ть(ся); **~ник** excellent (outstanding) pupil, worker, *etc*; **~но** *adv* extremely well, excellently; perfectly (well); ~ отдохну́ть have an excellent rest; *coll* very well (*term of agreement*); получи́ть ~ get a top mark; **~ный** (~ен) *obs* different (from, от + *gen*); excellent, outstanding, extremely good

отлов|и́ть II (~лю́, ~ишь) *pf* stop catching, trapping; *pf of* отла́вливать

отло́|гий (~; ~же) (gently) sloping; **~гость** *f* (gentle) slope

отлож|е́ние deposit; sediment, precipitation; secession; **~и́ть(ся)** II *pf of* откла́дывать(ся) *and* отлага́ть(ся); **~но́й** turn-down (*collar*, *etc*)

отлом|а́ть(ся) I *pf of* отла́мывать(ся); **~и́ть(ся)** II (~лю́(сь), ~ишь(ся)) *pf* = а́ть(ся)

отлуп|и́ть II (~лю́, ~ишь) *pf of* лупи́ть

отлупц|ева́ть (~у́ю) *pf of* лупцева́ть

отлуч|а́ть I *pf* ~и́ть *obs* remove, banish, exclude (from, от + *gen*); ~ от це́ркви excommunicate; **~а́ться** I *pf* ~и́ться *coll* go off, absent oneself; **~е́ние** excommunication; **~и́ть(ся)** II *pf of* ~а́ть(ся); **~ка** absence; самово́льная ~ absence without leave; в ~ке absent, away

отлы́нивать I *impf coll* shirk, get out (of, от + *gen*)

отма́лчиваться I *pf* отмолча́ться *coll* keep silent, one's own counsel, say nothing

отма́т|ывать I *pf* отмота́ть unwind (+ *acc or gen*); unreel; *coll* tire out (*one's hands*); **~ываться** I *pf* отмота́ться unwind

отма|ха́ть I (~шу́, ~шешь) *pf of* ~хивать *naut* signal (*by hand*); *pop* tire by waving, swinging; (~ха́ю) *pop* polish off; cover at speed (*considerable distance*); **~хивать** I *pf* ~ха́ть; *pf* ~хну́ть wave away, brush, shoo off (*with one's hand*); **~хиваться** I *pf* ~хну́ться brush off, wave away (от + *gen*) *fig* brush aside; **~хну́ть(ся)** I *pf of* ~хивать(ся)

отма́чивать I *pf* отмочи́ть soak off; soak; *pop* say, do, come out with (*something stupid*, *indecent*, *etc*)

отмеж|ева́ть(ся) (~у́ю(сь)) *pf of* ~ёвывать(ся); **~ёвывать** I *pf* ~ева́ть mark off, draw a boundary line (between); **~ёвываться** I *pf* ~ева́ться *fig* dissociate oneself (from, от + *gen*), refuse to acknowledge; ignore

о́тмель (sand-)bar, (sand-)bank; shallow

отме́н|а abolition; abrogation, repeal, revocation (*law*, *etc*); cancellation (*performance*, *etc*); countermand (*order*, *etc*); **~и́ть** II (~ю́, ~ишь) *pf of* ~я́ть; **~ный** (~ен, ~на) excellent; **~я́ть** I *pf* ~и́ть abolish; abrogate, rescind, repeal, revoke; cancel; countermand, quash; *leg* disaffirm

от|мере́ть (отомрёт; ~мер, ~мерла́, ~мерло) *pf of* ~мира́ть

отмерз|а́ть I *pf* ~нуть freeze (*of parts of body*, *plants*); **~нуть** I (*past* ~, ~ла) *pf of* ~а́ть

отме́р|ивать I *pf* ~ить measure (off); **~ить** II *pf of* ~ивать *and* ~я́ть; **~я́ть** I = ~ивать

отме|сти́ (~ту́, ~тёшь; ~л, ~ла́) *pf of* ~та́ть

отме́стк|а *coll* revenge; в ~у in revenge

отме|та́ть I *pf* ~сти́ sweep, brush aside *also fig*

отме́|тина *coll* mark; star, spot (*of different colour on coat*, *etc*, *of animal*); **~титься** II (~чу(сь)) *pf of* ~ча́ть(ся); **~тка** note; mark (*at school*, *etc*); **~тчик** marker; **~ча́ть** I *pf* ~тить mark, note, make a note (of); ~ пти́чкой tick off; record, mention, point to; *coll* celebrate, mark (by celebration); *coll* sign out; **~ча́ться** I *pf* ~титься register (*arrival*, *stay*, *etc*); *coll* sign out

отмира́|ние dying off, away; atrophying, withering away; **~ть** I *pf* отмере́ть die off, away; atrophy, die out

отмобилиз|ова́ть (~у́ю) *pf* mobilize (totally)

отмок|а́ть I *pf* ~нуть become damp; soak off; **~нуть** I (*past* ~, ~ла) *pf of* ~а́ть

отмолч|а́ться II (~у́сь, ~и́шься) *pf of* отма́лчиваться

отмор|а́живать I *pf* ~о́зить get frostbite (*in parts of body*); ~ па́лец get frostbite in one's finger; **~о́жение** frostbite; **~о́женный** frostbitten; **~о́зить** II (~о́жу) *pf of* ~а́живать

отмота́ть I *pf of* отма́тывать

отмоч|и́ть II (~у́, ~ишь) *pf of* отма́чивать

отм|сти́ть = отомсти́ть; **~ще́ние** vengeance

отм|ыва́ть I *pf* ~ы́ть wash clean, wash off, down, out, away; **~ыва́ться** I *pf* ~ы́ться wash out, come out, off (*of dirt*, *etc*)

отмыка́ть I *pf* отомкну́ть *coll* unlock, unbolt; ~ штык unfix bayonet; **~ся** I *pf* отомкну́ться *coll* open, unlock

отм|ы́ть (~о́ю, ~о́ешь) *pf of* ~ыва́ть; **~ы́ться** (~о́юсь, ~о́ешься) *pf coll* finish washing

отмы́чка lock-pick; skeleton key, master key

отмяк|а́ть I (~а́ет) *pf* ∠нуть grow soft (*from damp*), soften up *also fig*; ∠**нуть** I (*past* ~, ~ла) *pf of* ~а́ть

отне́к|иваться I *impf coll* refuse, evade, make excuses; не ~ивайся! come on, tell the truth!

отнес|ти́ (~у́, ~ёшь; ∠, ~ла́; ~я́) *pf of* относи́ть; ~**ти́сь** (~у́сь, ~ёшься; ∠ся, ~ла́сь) *pf of* относи́ться

отникели́р|овать (~ую) *pf of* никели́ровать

отнима́ть I *pf of* отня́ть take (away); ~ от груди́ wean; ~ жизнь у кого́ take someone's life; ~ вре́мя у кого́ take up someone's time; от сорока́ ~ два́дцать take away twenty from forty; amputate; нельзя́ отня́ть у него́ сообрази́тельности one can't deny his shrewdness; ∠**ся** I *pf of* отня́ться be paralysed, go numb (*of parts of body*)

отно|си́тельно *adv* relatively; *prep* + *gen* about, concerning, with regard to; ~**си́тельность** *f* relativity; ~**си́тельный** (~си́телен) relative; ~**си́ть** II (~шу́, ∠сишь) *pf* отнести́ take (somewhere, в, на + *acc*; к + *dat*); take, carry off (away); *impers* ло́дку отнесло́ тече́нием the boat was carried away by the current; *pop* cut off; ascribe (to), attribute (to), refer (to, к + *dat*); put down (to, на счёт + *gen*); ~**си́ться** II (~шу́сь, ∠сишься) *pf* отнести́сь treat, regard (к + *dat*); ~ к чему́ с подозре́нием regard something with suspicion; *obs* apply (to, к + *dat*); *impf only* concern, relate (to), have to do (with, к + *dat*); *impf only* date (from, к + *dat*); ~**ше́ние** attitude (to), treatment (of, к + *dat*); внима́тельное ~ consideration (for, к + *dat*); relation; име́ть ~ concern (к + *dat*); не име́ть ~ше́ния have nothing to do (with, к + *dat*); в э́том ~ше́нии in this respect; в ~ше́нии (+ *gen*), по ~ше́нию (к + *dat*) with respect, regard (to); *pl* relations, terms; дипломати́ческие ~ше́ния diplomatic relations; быть в дру́жеских ~ше́ниях be on friendly terms (with, с + *instr*); *offic* letter, memorandum, document; *math* ratio

отны́не *adv lit* henceforward, henceforth, from now on

отню́дь *adv used with neg* by no means, not at all; ~ нет far from it

от|ня́тие taking away; amputation; ~ от груди́ weaning; ~**ня́ть** (~ниму́, ~ни́мешь *and pop* ~ыму́, ~ы́мешь; ∠нял, ~няла́, ∠няло) *pf of* ~нима́ть; ~**ня́ться** (~ни́мется; ~ня́лся, ~няла́сь)

ото *prep* = от *also pref*

отобе́дать I *pf* have finished dinner; *obs* dine, have dinner

отобра|жа́ть I *pf* ~зи́ть reflect, depict, represent; ~**же́ние** reflection, depiction, representation; ~**зи́ть** (~жу́, ~зи́шь)

от|обра́ть (~беру́, ~берёшь; ~обра́л, ~обрала́, ~обра́ло) *pf of* отбира́ть

отова́р|ивать I *pf* ~ить supply with goods; ∠**ить** II *pf of* ~ивать

отовсю́ду *adv* from everywhere, from every quarter

от|огна́ть (~гоню́, ~го́нишь; ~огна́л, ~огнала́, ~огна́ло) *pf of* отгоня́ть

отогну́ть(ся) I *pf of* отгиба́ть(ся)

отогре|ва́ть I *pf* ∠ть warm (up), rewarm; ~**ва́ться** I *pf* ∠ться get warm, warm oneself; ∠**ть(ся)** I *pf of* ~ва́ть(ся)

отодви|га́ть I *pf* ∠нуть move aside, to one side; *fig coll* put off, postpone; ~**га́ться** I *pf* ∠нуться move aside, to one side; *fig coll* be put off, postponed; ∠**нуть(ся)** I *pf of* ~га́ть(ся)

от|одра́ть (~деру́, ~дерёшь; ~одра́л, ~одрала́, ~одра́ло) *pf of* ~дира́ть; *pf coll* give a hiding to; ~ кого́ за́ уши pull someone's ears; ~**одра́ться** (~дерётся) *pf pop* come off, loose

отож(д)еств|и́ть II (~лю́) *pf of* ~ля́ть; ~**ля́ть** I *pf* ~и́ть identify

от|озва́ть (~зову́, ~зовёшь; ~озва́л, ~озвала́, ~озва́ло) *pf of* ~зыва́ть; ~**озва́ться** (~зову́сь, ~зовёшься; ~озва́лся, ~озвала́сь, ~озва́ло́сь) *pf of* ~зыва́ться

ото|йти́ (~йду́, ~йдёшь; ~шёл, ~шла́) *pf of* отходи́ть

отол|га́ться (~гу́сь, ~жёшься; ~га́лся, ~гала́сь) *pf coll* lie oneself out (of)

отоло́гия otology

от|омкну́ть(ся) I *pf of* ~мыка́ть(ся)

отом|сти́ть II (~щу́) *pf of* мстить

отоп|и́тельный heating; ~ сезо́н cold season; ~**и́ть** II (~лю́, ∠ишь) *pf of* ота́пливать *and* ~ля́ть; ~**ле́нец** (~ле́нца) heating engineer; ~**ле́ние** heating; ~**ля́ть** I *pf* ~и́ть

отор|а́чивать I ~очи́ть edge, trim

ото́рв|анность *f* isolation, loneliness (from, от + *gen*); ~**а́ть** (~у́, ~ёшь; ~а́л, ~ала́, ~а́ло) *pf of* отрыва́ть; ~**а́ться** (~у́сь, ~ёшься; ~а́лся, ~ала́сь, ~а́ло́сь) *pf of* отрыва́ться

оторопе́|лый *coll* dumbfounded; ∠**ть** I *pf coll* be struck dumb, confused

о́торопь *f coll* (utter) confusion, fright

отор|очи́ть II *pf of* ~а́чивать; ~**о́чка** edging, trimming

ото|сла́ть (~шлю́, ~шлёшь) *pf of* отсыла́ть

отосп|а́ться II (~лю́сь; ~а́лся, ~ала́сь) *pf of* отсыпа́ться

оточ|и́ть II (~у́, ∠ишь) *coll* sharpen (*pencil, etc*)

отоща́ть I *pf of* тоща́ть

отпа|да́ть I *pf* ∠сть fall off, away; drop off; *fig lit* defect from, leave (*organization, etc*); *fig* pass, be no longer applicable; ~**де́ние** falling away; defection (from, от + *gen*)

отпа́|ивать I *pf* ~я́ть unsolder; *pf* отпои́ть rear, fatten (*on liquids*); *coll* cure, put back on one's feet (*by giving to drink*)

отпа́р|ивать I *pf* ~ить steam; iron with damp cloth; ∠**ить** *pf of* ~ивать

отпари́р|овать (~ую) *pf of* пари́ровать

отпа́рывать I *pf* отпоро́ть rip off, cut off

отпа́|сть (~ду́, ~дёшь; ~л) *pf of* ~да́ть

отпа|я́ть I *pf of* ∠ивать

отпева́|ние funeral, burial service; ∠**ть** I *pf* отпе́ть read the burial service (over, for), perform the funeral service (for)

от|пере́ть (~опру́, ~опрёшь; ∠пер, ~перла́, ∠перло) *pf of* отпира́ть; ~**пере́ться** (~опрётся; ~пёрся, ~перла́сь) *pf of* отпира́ться

отп|е́тый *coll* incorrigible; ~ дура́к hopeless fool; ~**е́ть** (~ою́, ~оёшь) *pf of* ~ева́ть

отпеча́т|аться I *pf of* ~ывать(ся); ∠**аться** (~ается) *pf* leave an imprint; *pass of* ~ать; ~**ле́ться** (~ле́ется) *pf obs* leave its mark; ∠**ок** (~ка) imprint, impress, trace *also fig*; ~ па́льца fingerprint; ∠**ывать** I *pf* ~ать print (off); imprint, mark, leave imprint; unseal, open (up)

отпи|ва́ть I *pf* ∠ть take a sip (of), sip (+ *acc or gen*)

отпи́л|ивать I *pf* ~и́ть saw off; ~**и́ть** II (~ю́, ∠ишь) *pf of* ∠ивать

отпира́т|ельство disavowal, denial; ∠**ь** I *pf*

отпере́ть unlock, open; ∼́**ься** I *pf* отпере́ться open; *coll* deny, disown (от + *gen*)
отпи|са́ть(ся) I (∼шу́(сь), ∼́шешь(ся)) *pf of* ∼́сывать(ся); ∼́**ска** formal reply; ∼́**сывать** I *pf* ∼са́ть *obs pop* leave, bequeath; *obs* confiscate; *pop* notify in writing; ∼́**сываться** I *pf* ∼са́ться make a purely formal reply (of refusal)
от|пи́ть (∼опью́, ∼опьёшь; ∼́пил, ∼пила́, ∼́пило) *pf of* ∼пива́ть; *pf coll* finish drinking
отпи́х|ивать I *pf* ∼ну́ть *coll* shove, push off; ∼́**иваться** I *pf* ∼ну́ться *coll* push off (*in boat, etc*); ∼**ну́ть(ся)** I *pf of* ∼́ивать(ся)
отпла́|та repayment; *fig* requital; ∼**ти́ть** II (∼чу́, ∼́тишь) *pf of* ∼́чивать; ∼́**чивать** I *pf* ∼ти́ть repay, pay back, requite (+ *dat*); ∼ кому́ той же моне́той pay someone in his own coin
отпл|ева́ться (∼юю́сь, ∼юёшься) *pf of* ∼ёвываться; ∼**ёвывать** I *pf* ∼ю́нуть spit (out); ∼**ёвываться** I *pf* ∼ева́ться spit out; *fig* spit in disgust
отплёс|кивать I *pf* ∼ну́ть *coll* splash out (+ *acc or gen*); ∼**ну́ть** I *pf of* ∼́скивать; (∼нёт) roll back (*of wave*)
отплы|ва́ть I *pf* ∼́ть swim off; set sail, sail (from, от + *gen*); ∼́**тие** sailing, departure; ∼́**ть** (∼ву́, ∼вёшь; ∼́л, ∼ла́, ∼́ло) *pf of* ∼ва́ть
отпл|ю́нуть I *pf of* ∼ёвывать
отпля|са́ть I (∼шу́, ∼́шешь) *pf vt* dance; finish dancing; ∼́**сывать** I *impf coll* dance with zest (pep, abandon)
о́тповедь *f* rebuke, reproof
отпо|и́ть II (∼ю́, ∼́ишь) *pf of* отпа́ивать; *pf* finish watering
отполз|а́ть I *pf* ∼ти́ crawl away, to one side; ∼**ти́** (∼у́, ∼ёшь; ∼́, ∼ла́) *pf of* ∼а́ть
отполир|ова́ть (∼у́ю) *pf of* полирова́ть
отполо|ска́ть I (∼щу́, ∼́щешь; *coll* ∼ска́ю) *pf of* полоска́ть rinse out
отпо́р rebuff, repulse; дать ∼ repulse (+ *dat*); встреча́ть ∼ meet with a rebuff
отпор|о́ть (∼ю́, ∼́ешь) *pf of* отпа́рывать; ∼**о́ться** (∼́ется) *pf of* отпа́рываться come undone
отпоте|вать I (∼ва́ет) *pf* ∼́ть mist up (*of windows, etc*); ∼́**ть** I *pf of* ∼ва́ть *and* поте́ть
отпочк|ова́ться (∼ку́ется) *pf of* ∼о́вываться; ∼**о́вываться** I *pf* ∼ова́ться gemmate, propagate by gemmation; *fig* detach oneself
отправ|и́тель sender; dispatcher; shipper; ∼**и́тельский** *adj of* ∼и́тель; ∼́**ить(ся)** II (∼лю(сь)) *pf of* ∼ля́ть(ся); ∼́**ка** sending (off), dispatch, forwarding; shipment; ∼**ле́ние** sending, dispatch(ing); shipment; departure (*of trains, ships*); function (*of organism*); exercise, performance (*of duties*); celebration (*of rites, etc*); ∼**ля́ть** I *impf* exercise, perform (*duties, etc*); *pf* ∼́ить send, dispatch, forward; ∼**ля́ться** I *pf* ∼́иться set out, off, start; leave, depart; *fig* proceed (from, от + *gen*); ∼**но́й** starting, initial; ∼ пункт starting-point
отпра́здн|овать (∼ую) *pf of* пра́здновать
отпр|а́шиваться I *pf* ∼оси́ться ask (for) leave
отпресс|ова́ть (∼у́ю) *pf of* прессова́ть
отпр|оси́ться II (∼ошу́сь, ∼о́сишься) *pf of* ∼а́шиваться obtain leave (to go)
отпры́г|ивать I *pf* ∼нуть jump, spring back, aside; bounce back; ∼́**нуть** I *pf of* ∼ивать
о́тпрыск *bot and fig* offshoot, scion
отпря|га́ть I *pf* ∼́чь unharness
отпря́|дывать I *pf* ∼нуть; ∼́**нуть** I *pf of* ∼дывать recoil, start back
отпря́|чь (∼гу́, ∼жёшь, ∼гу́т; ∼г, ∼гла́) *pf of* ∼га́ть
отпу́г|ивать I *pf* ∼ну́ть scare, frighten off, away; ∼**ну́ть** I *pf of* ∼́ивать
о́тпуск (в ∼е *and* в ∼у́; *pl* ∼а́) leave, holiday(s); *mil* furlough, leave (of absence); в ∼е, в ∼у́ on leave; ∼ по боле́зни sick-leave; loosening; releasing; issue, release (*of goods, etc*); allocation (*of materials, etc*); декре́тные ∼а́ statutory holidays; декре́тный ∼ maternity leave; sharpening (*of knives, etc*); tempering (*of steel, etc*), drawing; ∼**а́ть** I *pf* отпусти́ть let go, off, out; set free; release; give leave (of absence); *usu impers coll* ease, lessen (*of pain, etc*); slacken, loosen (belt, reins, etc); issue, release, give out (*goods*); allocate (resources) (to, for, на + *acc*); (let) grow (*beard, nails, hair, etc*); ∼ шу́тку *coll* crack a joke; *tech* temper, draw (the temper of); forgive, absolve, remit (*sins, etc*); ∼ кому́ грехи́ *eccles* give someone absolution; ∼**ни́к** 1 person on leave, holiday(s); ∼**но́й** holiday, leave; ∼но́е свиде́тельство authorization of leave, leave pass; получи́ть ∼ны́е *coll* get holiday pay; ∼на́я цена́ selling price; *n obs* person on holiday, leave
отпу|сти́ть II (∼щу́, ∼́стишь) *pf of* ∼ска́ть; ∼**ще́ние** remission; ∼ грехо́в absolution; козёл ∼ще́ния *coll* scapegoat; whipping boy; ∼́**щенник** *hist* freedman
отраб|а́тывать I *pf* ∼о́тать work off (*debt, etc*); work (*a certain time*); work out, finish working out (*plan, etc*); practise, give a work-out to; ∼**о́танный** *tech* worked out; spent, exhaust, waste; ∼**о́тать** I *pf of* ∼а́тывать; *pf* finish working; ∼**о́тка** working off (*debt, etc*); working out; ∼**о́точный** ∼о́точная ре́нта labour rent; ∼о́точная систе́ма труда́ statute labour
отра́в|а poison; *fig* bane, harm; ∼**и́тель** *m* poisoner; ∼**и́ть(ся)** II (∼лю́(сь), ∼́ишь(ся)) *pf of* ∼ля́ть(ся); ∼**ля́ть** I *pf* ∼и́ть poison; envenom, spoil; ∼**ля́ться** I *pf* ∼и́ться poison oneself; *pass of* ∼ля́ть; ∼**ля́ющий** poisonous
отра́д|а joy, comfort, consolation, delight; ∼́**ный** (∼ен) comforting, consoling; gratifying, pleasing
отра|жа́тель *m* reflector; scanner (*radar*); ejector (*of firearm*); ∼**жа́ть** I *pf* ∼зи́ть reflect *also fig*; repulse, repel; parry, ward off; ∼**жа́ться** I *pf* ∼зи́ться be reflected; reverberate; *fig* affect, tell (on, на + *prep*); ∼**же́ние** reflection; reverberation; repulse; parry(ing), warding off; ∼**зи́ть(ся)** II (∼жу́(сь)) *pf of* ∼жа́ть(ся)
отрапорт|ова́ть (∼у́ю) *pf of* рапортова́ть
отр|аслево́й branch(-wise), by branch(es); ∼́**асль** *f* (*gen pl also* ∼асле́й) *obs* branch (*of plant*); ∼ дре́внего ро́да scion of an ancient line; branch, sector (*of industry, of the economy*)
отра|ста́ть I *pf* ∼сти́ grow; ∼**сти́** (∼сту́, ∼стёшь; отро́с, отросла́) *pf of* ∼ста́ть; ∼**сти́ть** II (∼щу́) *pf of* ∼́щивать; ∼́**щивать** I *pf* ∼сти́ть (let) grow (*of nails, hair, etc*); ∼ живо́т *coll joc* develop a paunch
отреаги́р|овать (∼ую) *pf of* реаги́ровать
отре́бье *collect* waste, refuse; *fig* scum, dregs, rabble
отрегули́р|овать (∼ую) *pf of* регули́ровать
отредакти́р|овать (∼ую) *pf of* редакти́ровать
отре́|з cut; ли́ния ∼за line of cut; perforated line; 'tear off here' (*on document, etc*); length, piece (*of cloth for dress, etc*); ∼́**занность** *f* isolation (from, от + *gen*), lack of communication (with), being

cut off (from); ~**за́ть** I *pf* ~́зать cut off *also fig*; divide, apportion (*land*); ~ отступле́ние cut off (the) retreat; *coll* snap back; ~́**зать** I (~жу) *pf of* ~за́ть *and rarer* ~́зывать

отрезв|е́ть I *pf of* трезве́ть; ~**и́тельный** sobering *also fig*; ~**и́ть(ся)** II (~лю́(сь)) *pf of* ~ля́ть(ся); ~**ле́ние** sobering (up); ~**ля́ть** I *pf* ~и́ть sober *also fig*; ~**ля́ться** I *pf* ~и́ться become sober, sober up

отрез|но́й perforated; tear-off; пла́тье ~ное ни́же та́лии low-waisted dress; ~́**ок** (~ка) piece, cut; section, segment; ~ вре́мени space (of time); *hist* portion, cut-off (*of land*); ~́**ывать** I *pf* ~ать cut off (*retreat, etc*)

отре|ка́ться I *pf* ~́чься renounce, disavow, give up (от + *gen*); ~ от престо́ла abdicate

отрекоменд|ова́ть(ся) (~у́ю(сь)) *pf of* рекомендова́ть(ся)

отремонти́р|овать (~ую) *pf of* ремонти́ровать

отрепети́р|овать (~ую) *pf of* репети́ровать

отре́пь|е *collect* (*also pl* ~я, ~ев *coll*) rags; в ~е, ~ях in rags

отре|че́ние renunciation, recantation (of, от + *gen*); кля́твенное ~ abjuration; ~ от престо́ла abdication; ~́**чься** (~ку́сь, ~чёшься, ~ку́тся; ~́кся, ~кла́сь) *pf of* ~ка́ться

отреш|а́ть I *pf* ~и́ть release (from); ~ от до́лжности dismiss, suspend; ~ от са́на deprive of rank; ~**а́ться** I *pf* ~и́ться renounce, give up (от + *gen*); ~**ённость** *f* estrangement, aloofness; ~**и́ть(ся)** II *pf of* ~а́ть(ся)

отри́нуть I *pf obs* reject

отрица́|ние negation, denial; *leg* traverse; ~́**тельный** (~телен) negative; *fig* bad, unfavourable; ~ геро́й villain; ~́**ть** I *impf* deny, negate; disclaim; ~ вино́вность plead not guilty

отро́г spur

о́трод|у *adv* + *neg coll* never in one's life, never in one's born days; я ~ подо́бного не слы́шал I have never heard the like; ~́**ье** *coll pej* tribe, breed, race, spawn; ~**я́сь** *adv pop* = о́троду

отрои́т|ься II (~ся) *pf* swarm (*to form new hive*)

о́трок boy, lad; adolescent; ~**ови́ца** girl, lass, maiden

отро́ст|ок (~ка) *bot* sprout, shoot; *tech* branch, extension; *anat* appendix

о́тр|оческий adolescent; ~́**очество** adolescence

о́тр|уб 2 (*pl* ~уба́) *hist* smallholding; ~**у́б** butt (*of tree*); ~́**уби** (*no sing*; *gen pl* ~убе́й) bran; ~**уба́ть** I *pf* ~уби́ть chop off; *fig coll* snap back; ~**уби́ть** II (~ублю́, ~у́бишь) *pf of* ~уба́ть; ~**убно́й** *adj of* ~́уб; ~́**убный** *adj of* ~́уби

отруг|а́ть I *pf of* руга́ть; ~́**иваться** I *impf pop* return abuse

отру́л|ивать I *pf* ~и́ть *vt and vi* taxi *aircraft (to a place)*; ~**и́ть** II *pf of* ~́ивать

отры́в tearing off, away; take-off (*of aircraft*); *fig* alienation, isolation; loss of contact, communication; в ~е out of touch (with, от + *gen*); без ~а от произво́дства continuing normal working; ~ от проти́вника disengagement (from the enemy); ~**а́ть** I *pf* оторва́ть tear off, away *also fig*; с рука́ми ~ *coll* grab with both hands; *pf* отры́ть dig out, unearth *also fig*; ~**а́ться** I *pf* оторва́ться come off, be torn off; ~ от земли́ take off (*of aircraft*); *fig* be cut off (from), lose touch (with), break away (from), lose contact (with, от + *gen*); tear oneself away (from, от + *gen*); ~́**истый** (~ист) abrupt, jerky; curt; ~**но́й** perforated, tear-off (*calendar, etc*); ~́**ок** (~ка) fragment, excerpt; passage (*of book, etc*); ~́**очный** (~очен) fragmentary, scrappy

отры́|гивать I *pf* ~гну́ть belch (+ *acc or gen*); ~**гну́ть** I *pf of* ~́гивать; ~́**жка** belch(ing), eructation; *fig* throw-back, survival

отр|ы́ть (~о́ю, ~о́ешь) *pf of* ~ыва́ть

отря́|д detachment; group; передово́й ~ *fig* vanguard; *biol* order; ~**ди́ть** II (~жу́) *pf of* ~жа́ть; ~**жа́ть** I *pf* ~ди́ть detach, detail, tell off

отряс|а́ть I *pf* ~ти́ = отря́хивать *fig* ~ прах от ног свои́х shake the dust off one's feet; ~**ти́** (~у́, ~ёшь; ~́, ~ла́) *pf of* ~а́ть

отря́х|ивать I *pf* ~ну́ть shake off, down; ~́**иваться** I *pf* ~ну́ться shake oneself (down); ~**ну́ться** I *pf of* ~́иваться

отса|ди́ть II (~жу́, ~́дишь) *pf of* ~́живать; ~́**дка** planting out, transplanting; *tech* jigging; ~́**живать** I *pf* ~ди́ть plant out, transplant; seat apart; *tech* jig; ~́**живаться** I *pf* отсе́сть seat oneself apart, move away (from, от + *gen*)

отсалют|ова́ть (~у́ю) *pf of* салютова́ть

отса́сывать I *pf* отсоса́ть suck, draw (off); filter by suction

о́тсверк = о́тблеск

о́тсве|т (also ~́т) reflection; reflected light; ~́**чивать** I (~чивает) *impf* be reflected; shine (with, + *instr*); *pop* stand (be) in the light, block the light

отсебя́тина *coll pej* concoction of one's own, words (added) of one's own; something done amateurishly off one's own bat, going it alone; *theat* ad libbing

отсе́|в sifting(s), selection; those eliminated, falling out; residue; ~**ва́ть** I = ~́ивать; ~́**вки** (*gen pl* ~вков) *agr* siftings, residue; ~́**ивать** I *pf* ~ять sift, screen (*coal*); *fig* eliminate, weed out; ~́**иваться** I *pf* ~яться *pass of* ~ивать; *fig* fall out, off; *coll* finish sowing

отсе́к *naut, etc* compartment; ~**а́ть** I *pf* отсе́чь cut, chop off, sever

отсе́ле (отсе́ль) *obs* hence, from here

отсел|и́ть(ся) II *pf of* ~я́ть(ся); ~**я́ть** I *pf* ~и́ть settle in another place, move further out; ~**я́ться** I *pf* ~и́ться settle in another place, move further out

отс|е́сть (~я́ду, ~я́дешь; ~е́л) *pf of* ~а́живаться

отсе|че́ние severance, cutting off; дать го́лову на ~ *coll* stake one's life; ~́**чка** *tech* cutting-off; ~́**чь** (~ку́, ~чёшь, ~ку́т; ~к, ~кла́) *pf of* ~ка́ть

отсе́|ять(ся) I (~ю(сь)) *pf of* ~ивать(ся)

отси|де́ть(ся) II (~жу́(сь)) *pf of* ~́живать(ся); ~́**живать** I *pf* ~де́ть себе́ но́гу get cramp, pins and needles in one's leg (from sitting too long in one position); stay (for a length of time), sit out; ~де́ть пять лет в тюрьме́ do five years in prison; ~́**живаться** I *pf* ~де́ться *coll* lie low (from, от + *gen*); *pop* get stiff (*from sitting down*)

отска́бливать I *pf* отскобли́ть scratch, scrape off, away

отска|ка́ть I (~чу́, ~́чешь) *pf* gallop off, away; stop galloping; ~́**кивать** I *pf* отскочи́ть jump aside, away, start back; bounce (back), rebound (*fall, etc*); (~кивает) *coll* come, break off

отскобл|и́ть II (~ю́, ~́и́шь) *pf of* отска́бливать

отско́к rebound

отскоч|и́ть II (~у́, ~́ишь) *pf of* окска́кивать

отскре|ба́ть I *pf* ~сти́ *coll* scrape, scratch away, off; ~**сти́** (~бу́, ~бёшь; ~́б, ~бла́) *pf of* ~ба́ть

отсл|а́ивать I *pf* ~ои́ть remove layer by layer, peel away; (cause a) deposit; ~**а́иваться** I *pf* ~ои́ться

(~а́ивается) form layers, stratify; peel off, come off layer by layer, exfoliate

отслу́ж|ивать I *pf* ~и́ть serve one's time (*in army, civil service, etc*); become worn out, unserviceable (*of implements, etc*); *coll* square account by performing a service; perform a (church) service; **~и́ть** II (~у́, ~́ишь) *pf of* ~́ивать

отсн|я́ть (~иму́, ~и́мешь) take (*film*)

отсове́т|овать (~ую) *pf* dissuade (someone from, + *dat* + *infin*)

отсоедин|и́ть II *pf of* ~я́ть; **~я́ть** I *pf* ~и́ть disconnect

отсортир|ова́ть (~у́ю) *pf of* ~о́вывать; **~о́вывать** I *pf* ~ова́ть sort (out)

отсос|а́ть (~у, ~ёшь) *pf of* отса́сывать; finish sucking

отсо́х|нуть (~нет; ~, ~ла) *pf of* отсыха́ть

отсро́ч|ивать I *pf* ~ить postpone, defer, delay; adjourn; extend (*period of validity of document, etc*); **~́ить** II *pf of* ~ивать; **~́ка** postponement, deferment, delay; adjournment; respite (*of punishment*); ме́сячная ~ month's grace; extension (*of validity of document, etc*)

отста|ва́ние lag; **~ва́ть** (~ю́, ~ёшь) *pf* ~́ть fall, drop, lag behind; *fig* be backward, retarded; be behind(hand) (in, with, в + *prep*); ~ от кла́сса be behind the rest of one's class; ~ от ве́ка, от совреме́нности be behind the times; be left behind (by), become detached (from, от + *gen*); *coll* break (off contact) (with), lose touch (with, от + *gen*); *coll* ~ от привы́чки give up a habit; (~ю́т) be slow (of clock, watch); ~ на час be an hour slow; (~ёт) peel, come off (*of wallpaper, etc*); *coll* leave alone, in peace (от + *gen*)

отста́в|ить II (~лю) *pf of* ~ля́ть; ~! *mil* as you were!; **~́ка** discharge, dismissal; получи́ть ~ку у кого́ be dismissed by someone; retirement, resignation; вы́йти в ~ку retire, resign; пода́ть в ~ку send in one's resignation; в ~ке in retirement, retired; **~ля́ть** I *pf* ~́ить set, put aside, on one side; *obs* dismiss, discharge; **~ни́к** 1 *coll* retired officer; **~но́й** retired

отста́|ивать I *pf* отстоя́ть stand through (*concert, etc*); stand up for, defend, champion; retain possession of, save; **~́иваться** I *pf* отстоя́ться settle, precipitate; *fig* become settled, stabilized, fixed (*of views, opinions, etc*)

отста́|лость *f* backwardness; **~́лый** *fig* backward; **~́ть** (~ну, ~нешь) *pf of* ~ва́ть

отстег|а́ть I *pf* beat, lash; **~́ивать** I *pf* ~ну́ть unbutton, unhook; undo, unfasten; **~́иваться** I *pf* ~ну́ться come unbuttoned, unhooked, undone, unfastened; **~ну́ть(ся)** I *pf of* ~́ивать(ся)

отстир|а́ть I *pf* finish washing; ~а́ть(ся) *pf of* ~́ывать(ся); **~́ывать** I *pf* ~а́ть wash out, off; **~́ываться** I *pf* ~а́ться wash out, off; come out, off in the wash

отсто́|й deposit, sediment; **~йник** settling, sedimentation tank; cesspool; **~я́ть** II (~ю́) *pf coll* ~ но́ги tire one's legs by standing; *impf* be ... distant (from, от + *gen*); дере́вня ~и́т от ста́нции на киломе́тр the village is a kilometre from the station; *pf of* отста́ивать; **~я́ться** (~и́тся) *pf of* отста́иваться

отстрада́ть I *pf* reach the end of one's sufferings

отстр|а́ивать I *pf* ~о́ить finish building; rebuild; *rad* tune out (*interference*); **~а́иваться** I *pf* ~о́иться coll finish building (including home for oneself); *pass of* ~а́ивать; *rad* tune out; **~о́йка** *rad* tuning out

отстран|е́ние pushing, setting aside; dismissal, discharge; **~и́ть(ся)** II *pf of* ~я́ть(ся); **~я́ть** I *pf* ~и́ть push, set aside; ~ от себя́ все забо́ты lay aside all one's cares; dismiss, discharge; **~я́ться** I *pf* ~и́ться move away (from); *fig* keep out of the way (of), keep aloof (from, от + *gen*); ~ от уда́ра dodge a blow; retire (from), withdraw (from), relinquish (от + *gen*)

отстре́л|ивать I *pf* ~и́ть shoot off (*part of body*); *pf* ~я́ть shoot (*commercially, etc*); **~́иваться** I *pf* ~я́ться defend oneself by shooting (from, от + *gen*); finish firing, shooting; fire back, return fire; **~и́ть** II (~ю́, ~́ишь) *pf of* ~́ивать; **~я́ть** I *pf of* ~́ивать; **~я́ться** I *pf of* ~́иваться

отстри|га́ть I *pf* ~́чь cut off, clip

отсту́к|ать I *pf of* ~ивать; **~́ивать** I *pf* ~ать *coll* tap out (*melody, tune, etc*), type out; ~ать пя́тки *pop* tire oneself out traipsing around

о́тступ *typ* (paragraph) space, indent(ion); indentation; **~а́тельный** *mil* retreat, withdrawal; **~а́ть** I *pf* ~и́ть step back; recede; *mil* fall back, retreat; *fig* retreat, withdraw, draw back (from, пе́ред + *instr*); *fig* back down, go back (on, от + *gen*), give up (*intentions, plans, etc*); *fig* deviate (from), relinquish (от + *gen*) (*opinions, etc*); ~ от те́мы digress; ~ от обы́чая depart from custom; *typ* indent; **~а́ться** *coll* give up, renounce, relinquish, go back on (*one's word, etc*) (от + *gen*); give up, stop seeing (от + *gen*); **~и́ть(ся)** II (~лю́(сь), ~́ишь(ся)) *pf of* ~а́ть(ся); **~ле́ние** *mil, fig* retreat; deviation, digression; **~́ник** apostate; recreant; **~́ничество** apostasy; **~но́й** ~ны́е де́ньги smart-money, compensation, indemnity; ~но́е *n* = ~ны́е де́ньги; **~я́** *adv* off, away (from, от + *gen*)

отсту|чи́ть II *pf coll* = ~́кать

отсу́тств|ие absence; в его́ ~ in his absence; быть, находи́ться в ~и be absent; lack (of, + *gen*); за ~ием in the absence (of), for want, lack (of, + *gen*); блиста́ть свои́м ~ием be conspicuous by one's absence; у него́ ~ вся́кого прису́тствия *coll joc* he lacks common sense; **~́овать** (~ую) *impf* be absent; be missing; *leg* default; **~́ующий** *adj* absent *also fig*); ~ взгляд blank look; *n* absentee; ~ующие those absent

отсу́ч|ивать I *pf* ~и́ть *coll* turn, roll down (*sleeves, etc*); **~и́ть** II (~у́, ~́ишь) *pf of* ~́ивать

отсчит|а́ть I *pf of* ~́ывать; **~́ывать** I *pf* ~а́ть count (out), count off; read off, take a reading

отсыл|а́ть I *pf* отосла́ть send (off), dispatch; ~ к кому́ send away to someone; refer (to, к + *dat*); **~́ка** dispatch; ~ де́нег remittance; reference (to, к + *dat*)

отсы́п|ать (~лю, ~лешь) *pf of* ~а́ть; **~а́ть** I *pf* ~́ать pour, measure off, out (+ *acc* or + *gen*); *pop* dole out; **~а́ться** I *pf* отоспа́ться catch up on one's sleep, lie in

отсыре́|лый damp, moist; **~́ть** I *pf of* сыре́ть

отсых|а́ть I *pf* отсо́хнуть (~а́ет) wither, become desiccated; atrophy

отсю́да *adv* from here, hence *also fig*; *fig* from this

отта́|ивать I *pf* ~ять *vt and vi* thaw (out) *also fig*

отта́лк|ивать I *pf* оттолкну́ть push, shove away, aside; *fig* put off, repel; **~́иваться** I *pf* оттолкну́ться push off (from, от + *gen*); *fig* proceed, start (from, от + *gen*); *fig* discard, abandon (от + *gen*); **~́ивающий** repellent, repulsive

отта́птывать I *pf* оттопта́ть; ~ но́ги *coll* wear one's feet out with walking; tread on (and damage, hurt)
оттаск|а́ть I *pf of* ~́ивать lug away; *pf* ~ кого́ за́ волосы, уши *pop* pull someone's hair, ears (as punishment); **~́ивать** I *pf* ~а́ть; *pf* оттащи́ть drag, pull aside, away from
отта́чивать I *pf* отточи́ть sharpen (*blade*, *weapon*, *etc*), whet; *fig* polish (*style*, *etc*)
оттащ|и́ть II (~у́, ~́ишь) *pf of* отта́скивать
отта́|ять I (~ю) *pf of* ~ивать
оттен|и́ть II *pf of* ~я́ть; **~́ок** (~ка) shade, nuance *also fig*; ~ иро́нии note of irony; tint, hue; **~я́ть** I *pf* ~и́ть shade (in); *fig* set off, bring out, emphasize
о́ттепель *f* thaw
оттер|е́ть(ся) (ототру́(сь), ототрёшь(ся); ~́(ся), ~́ла(сь)) *pf of* оттира́ть(ся)
оттесн|и́ть II *pf of* ~я́ть; ~я́ть I *pf* ~и́ть drive, press, force back; push, shove aside *also fig*; ~ конкуре́нта *fig* squeeze a competitor out
отт|ира́ть I *pf* ~ере́ть rub off, out; restore, sensation (by rubbing); *pop* force back; **~ира́ться** I (~ира́ется) *pf* ~ере́ться come out (by rubbing), rub out
о́ттис|к impression; offprint, separate; **~́кивать** I *pf* ~нуть *pop* force, push aside; *pop* crush, squeeze, squash; print; **~́нуть** I *pf of* ~кивать
оттого́ *adv* that is why; *conj* ~ … что because
отто́л|е (*also* ~ь) *adv obs* from there, thence
отт|олкну́ть(ся) I *pf of* ~а́лкивать(ся)
оттома́нка ottoman
оттоп|та́ть I (~чу́, ~́чешь) *pf of* отта́птывать
оттопы́р|ивать I *pf* ~ить *coll* stick out; **~́иваться** I *pf* ~иться *coll* stick out, protrude; bulge; **~́ить(ся)** II *pf of* ~ивать(ся)
оттор|га́ть I *pf* ~́гнуть *lit* seize, wrest, tear away; **~́гнуть** I (*past* ~г, ~гла) *pf of* ~га́ть; **~же́ние** tearing away; rejection (*of transplanted organ*)
отт|очи́ть II (~очу́, ~о́чишь) *pf of* ~а́чивать
оттреп|а́ть (~лю́, ~́лешь) *pf coll* ~ у́ши tweak *someone's* ears
отту́да *adv* from there
отту|зи́ть II (~жу́) *pf of* тузи́ть
оттуш|ева́ть (~у́ю) *pf of* ~ёвывать; **~ёвывать** I *pf* ~ева́ть shade (off)
оттяга́ть I *pf pop* gain by litigation
оття́|гивать I *pf* ~ну́ть draw out, back; pull away; *mil* draw off; *coll* delay; ~ вре́мя gain time; *tech* forge out; **~́жка** delay, procrastination; *naut* guy (-rope); strut, stay; **~ну́ть** I *pf of* ~́гивать; *pop* bully; **~ну́ться** I *pf of* ~́гиваться be stretched, sag (*of pockets*, *etc*)
оття́п|ать I *pf of* ~ывать; *pop* beat up; **~́ывать** I *pf* ~ать *pop* chop off; *fig pop* gain by litigation
оту́жинать I *pf* have had supper; *obs* have supper
отума́н|ивать I *pf* ~ить dim, mist, blur; её глаза́ слеза́ми ~ило her eyes were dimmed with tears; *fig* cloud, obscure, befuddle; **~́ить** II *pf of* ~ивать
отупе́|лый *coll* dulled, stupefied; **~́ние** dullness, stupefaction, torpor; **~́ть** I *pf of* тупе́ть
отутю́ж|ивать I *pf* ~ить iron (out), press; *pop vulg* beat up
отуч|а́ть I *pf* ~и́ть break (of, от + *gen or* + *infin*); ~ от груди́ wean; **~а́ться** I *pf* ~и́ться break oneself (of, от + *gen*), get rid of the habit (of); **~́ивать(ся)** I = ~а́ть(ся); **~и́ть** II (~у́, ~́ишь) *pf of* ~а́ть *and* ~́ивать; **~и́ться** II *pf of* ~а́ться *and* ~́иваться; finish one's lessons, learning
отфильтр|ова́ть (~у́ю) *pf of* фильтрова́ть
отформ|ова́ть (~у́ю) *pf of* формова́ть
отфутбо́л|ивать I *pf* ~ить *pop* get rid of, pass on (to someone else, to another organization); **~́ить** II *pf of* ~ивать
отха́живать I *pf* отходи́ть nurse back to health, heal, cure; ~ себе́ но́ги tire, hurt one's legs by walking; *pop* thrash
отха́рк|ать I *pf of* ~ивать; **~́ивать** I *pf* ~ать expectorate, cough up; **~́иваться** I *pf* ~нуться *coll* clear one's throat; (~ивается) hawk up (*expectoration*); **~́ивающий** ~ивающее (сре́дство) expectorant; **~́нуть** I *pf* hawk up; **~́нуться** I *pf of* ~иваться
отхва|ти́ть II (~чу́, ~́тишь) *pf of* ~́тывать; **~́тывать** I *pf* ~ти́ть *coll* chop, snip, cut off; *pop* get hold of, lay one's hands on; *pop* perform, do in a lively way
отхлеб|ну́ть I *pf of* ~́ывать; **~́ывать** I *pf* ~ну́ть take a sip, mouthful (of, + *acc or gen*)
отхле|ста́ть I (~щу́, ~́щешь) *pf of* ~́стывать; **~́стывать** I *pf* ~ста́ть *coll* lash, flog, whip; *fig* scourge, criticize
отхло́п|ать I *pf of* ~ывать; **~́ывать** I *pf* ~ать; ~ себе́ ладо́ши make one's hands ache by applauding
отхлы́н|уть I (~ет) *pf* flood, rush back *also fig*
отхо́д departure, sailing; *mil* falling back, withdrawal, retirement; deviation (from), break (with, от + *gen*); *pl* waste (products); siftings, screenings, tailings; refuse
отхо|ди́ть II (~жу́, ~́дишь) *pf* отойти́ move away, off (to, к + *dat*; from, от + *gen*); leave, depart (*trains*, *etc*); withdraw, fall back *also mil*; recede; *fig* move away (from); digress (from), diverge (from, от + *gen*); ~ от пре́жних взгля́дов move away from previous views; (~́дит) come out (of stains, etc), come off, away (from); обо́и отошли́ от штукату́рки the wallpaper has come away from the plaster; recover (normal state), come around, come to; у меня́ отошло́ от се́рдца I feel relieved; pass (to), go (to, к + *dat*) (*of inheritance*, *etc*); remain over (*in processing*); *obs* pass, be over (*of holidays*, *etc*); ~ в ве́чность pass away, pass to one's eternal rest; *pf of* отха́живать; *pf coll* stop walking up and down; *pf coll* walk for a certain length of time; **~́дная** *n* prayer for the dying; справля́ть ~дную кому́ *fig coll* write someone off; **~́дник** seasonal worker (*esp of peasant*); night-soil man; **~́дничество** seasonal work; **~́дчивый** (~дчив) not bearing grudges; **~́жий** ~ про́мысел seasonal work; ~жее ме́сто latrine (*without running water*)
отцве|сти́ (~ту́, ~тёшь, ~́л, ~ла́) *pf of* ~та́ть; **~та́ть** I *pf* ~сти́ finish blossoming, fade *also fig*
отце|ди́ть II (~жу́, ~́дишь) *pf of* ~́живать; **~́живать** I *pf* ~ди́ть strain (off), filter
отцеп|и́ть(ся) II (лю́(сь), ~́ишь(ся)) *pf of* ~ля́ть(ся); **~́ка** uncoupling (*on railways*); **~ля́ть** I *pf* ~и́ть unhook, uncouple; **~ля́ться** I *pf* ~и́ться come unhooked, uncoupled; *fig pop* leave alone, let be (от + *gen*)
отцеуби́й|ство parricide, patricide; **~́ца** *m and f* parricide, patricide
отцо́в one's father's; **~́ский** one's father's; paternal; ~ское насле́дие patrimony; **~́ство** paternity
отча́|иваться I *pf* ~яться despair (of, в + *prep or* + *infin*)
отча́л|ивать I *pf* ~ить *naut* cast off; *vi* push, cast off; ~ивай! *pop* clear off!; **~́ить** II *pf of* ~ивать

отча́сти *adv* partly

отча́|яние despair; **~янный** (~ян, ~янна) despairing (*glance*, *etc*), desperate (*situation*, *step*, *resistance*, *etc*); reckless (*person*, *etc*); appalling (*weather*, *behaviour*, *etc*); **~яться** I (~юсь) *pf of* ~иваться

о́тче *obs voc of* отец; О~ наш our Father (Lord's prayer)

отчего́ *adv* why; *conj* for this reason, that is why; **~-либо** *and* **~-нибудь** *adv* for some reason or other; **~-то** *adv* for some reason

отчека́н|ивать I *pf* ~ить coin, mint; *fig* do, execute carefully and precisely; ~ слова́ stress, pronounce very distinctly one's words; **~ить** *pf of* ~ивать

отчеренк|ова́ть (~у́ю) *pf of* черенкова́ть

отчёрк|ивать I *pf* ~ну́ть mark (off); **~ну́ть** I *pf of* ~ивать

отчерп|ну́ть I *pf of* ~ывать; **~ывать** I *pf* ~ну́ть ladle out, off (+ *acc or gen*)

о́тчеств|о patronymic; как его́ по ~у? what is his patronymic?

отчёт account; ~ о рабо́те an account of the work; дать ~ в свои́х посту́пках give an account of one's actions; взять де́ньги под ~ take money on account; отда́ть себе́ ~ be aware (of), realize (в + *prep*); годово́й ~ annual report; фина́нсовый ~ financial statement; **~ливость** *f* distinctness, precision; clarity, intelligibility; **~ливый** (~лив) distinct, precise; clear, intelligible; **~но-вы́борный** (of) report and election; **~ность** *f* (rendering of) returns, bookkeeping, accounts; **~ный** *adj of* ~; report(ing), accounting; ~ год current year, year under review

отч|и́зна *poet* one's country, native land, mother country, fatherland; **~ий** *poet* paternal; **~им** stepfather

отчисл|е́ние deduction; assignment; dismissal; **~ить** II *pf of* ~я́ть; **~я́ть** I *pf* ~ить deduct (*for taxes*, *etc*); assign; dismiss; ~ в запа́с *mil* transfer to the reserve

отчи́|стить(ся) II (~щу(сь)) *pf of* ~ща́ть(ся)

отчит|а́ть(ся) I *pf of* ~ывать(ся); **~ывать** I *pf* ~а́ть *coll* give a severe telling-off to, tell off; **~ываться** I *pf* ~а́ться give an account (of), report (on, в + *prep*); ~ пе́ред избира́телями report back to the electors

отчи|ща́ть I *pf* ~стить clean, brush off; scour, remove dirt; **~ща́ться** I *pf* ~ститься come off, out; become clean

отчу|ди́ть II (~жу́) *pf of* ~жда́ть *leg* alienate, estrange; **~жда́емый** *leg* alienable; **~жда́ть** I *pf* ~ди́ть; **~жде́ние** *leg* alienation; estrangement; **~ждённость** *f* estrangement

отшаг|а́ть I *pf coll* tramp, trudge, walk (*a certain distance*); **~ну́ть** I *pf coll* step back, aside

отшатну́ться I *pf* start back (from), stagger back (from), recoil (from, от + *gen*); *fig* give up, forsake, break (with, от + *gen*)

отшвы́р|ивать I *pf* ~ну́ть fling, hurl, throw off, away; **~ну́ть** I *pf of* ~ивать

отше́льн|ик hermit, anchorite; *fig* recluse; **~ический** *adj of* ~ик; **~ичество** hermit's life, recluse's life *also fig iron*

отши́б на ~е apart, at a distance; жить на ~е live a secluded life, a recluse's life; **~а́ть** I *pf* ~и́ть *coll* break, knock off; у меня́ па́мять ~ло my memory has gone; *pop* hurt, bruise; throw, knock back; **~и́ть** (~у́, ~ёшь; ~, ~ла) *pf of* ~а́ть

отши́ть (отошью́, отошьёшь) *pf coll* finish sewing; *pop* get rid of, send packing

отшлёп|ать I *pf of* ~ывать; **~ывать** I *pf* ~ать *coll* spank; *coll* cover through mud (*a certain distance*)

отшлиф|ова́ть (~у́ю) *pf of* шлифова́ть

отшпи́л|ивать I *pf* ~ить *coll* unpin, unfasten; **~иваться** I *pf* ~ить *coll* come unpinned, unfastened; **~ить(ся)** II *pf of* ~ивать(ся)

отштамп|ова́ть (~у́ю) *pf of* штампова́ть

отштукату́рить II *pf of* штукату́рить; *pop* wipe, lick clean (*bowl*, *etc*)

отшум|е́ть II (~лю́) *pf* fall silent; *fig* die down, away, peter out

отшу|ти́ться II (~чу́сь, ~тишься) *pf of* ~чиваться; **~чиваться** I *pf* ~ти́ться laugh it off, make a joke in reply

отщелка́ть I *pf pop* fillip; *fig* bawl out, slang

отщепе́н|ец (~ца) renegade

отщеп|и́ть II (~лю́) *pf of* ~ля́ть; **~ля́ть** I *pf* ~и́ть chip off

отщип|а́ть (~лю́, ~лешь; *also coll* ~а́ю) *pf of* ~ывать; **~ывать** I *pf* ~а́ть pinch, nip off

отъе|да́ть I *pf* ~сть eat, nibble off; *coll* corrode, eat away; **~да́ться** I *pf* ~сться put on weight, get better (*by eating well*)

отъе́з|д departure; **~дить** II (~жу) *pf coll* travel (*for a certain time*); stop going (*to a place*); **~жа́ть** I *pf* отъе́хать drive off, away; *fig pop* come away from; **~жа́ющий** *n* departing person; **~жий** *obs* distant

отъёмный removable, detachable

отъе́|сть(ся) (~м(ся), ~шь(ся), ~ст(ся), ~ди́м(-ся), ~ди́те(сь), ~дя́т(ся); ~л(ся), ~ла(сь)) *pf of* ~да́ть(ся)

отъе́|хать (~ду, ~дешь) *pf of* ~зжа́ть

отъя́вленный *coll* inveterate, thorough(-going)

от|ъя́ть (~ыму́, ~ы́мешь) *pf obs* = ~ня́ть

отыгр|а́ть(ся) I *pf of* ~ывать(ся); **~ывать** I *pf* ~а́ть win back, recover; **~ываться** I *pf* ~а́ться win, get back what one has lost; *fig coll* get out of difficult situation

о́тыгрыш *coll* sum won back

отымённый *ling* denominative

оты|ска́ть(ся) I (~щу́(сь), ~щешь(ся)) *pf of* ~скивать(ся); **~скивать** I *pf* ~ска́ть (try to) find, look for; *pf* track down, ferret out; **~скиваться** I *pf* ~ска́ться turn up, appear, be found

отэкзамен|ова́ть (~у́ю) *pf* finish examining; **~ова́ться** (~у́юсь) *pf* finish one's examinations

отяго|ти́ть II (~щу́) *pf of* ~ща́ть; **~ща́ть** I *pf* ~ти́ть burden (with, + *instr*)

отягч|а́ть I *pf* ~и́ть weigh down; aggravate; ~а́ющие обстоя́тельства aggravating circumstances; **~и́ть** II *pf of* ~а́ть

отяжел|е́ть I *pf of* тяжеле́ть; **~и́ть** II *pf of* ~я́ть; **~я́ть** I *pf* ~и́ть make heavy; make awkward, ponderous

офе́н|ский *adj of* ~я; **~я** pedlar, huckster

офи́т ophite

офице́р officer; **~ский** *adj of* ~; **~ство** *collect* the officers; commissioned rank

официа́л|ьный official (*government*, *etc*); ~ьное лицо́ an official; (~ен) formal, official

официа́нт waiter; **~ка** waitress

официо́з semi-official organ (*of press*, *etc*); **~ный** (~ен) semi-official

офо́рм|ить(ся) II (~лю(сь)) *pf of* ~ля́ть(ся); **~ле́ние** drawing up, mounting; staging, producing; ~ витри́н window-dressing; registration, legalization; ~ докуме́нтов drawing up of documents;

format, layout; form, shape, structure; **~ля́ть** I *pf* ~́ить get up, mount, put into shape; stage, produce (*play*, *etc*); register (officially), legalize; ~ вступле́ние в брак register a marriage; ~ догово́р draw up a treaty; enrol, take on (*the staff*, *etc*); **~ля́ться** I *pf* ~́иться take shape (*of ideas*, *etc*); be registered; legalize one's position; be taken on (*the staff*, *etc*), join the staff, enter employment

офо́рт etching

офранцу́зить *pf* Frenchify; **~ся** become Frenchified

офсе́т *typ* offset process

офтальм|и́я ophthalmia; **~о́лог** ophthalmologist; **~ологи́ческий** ophthalmological; **~оло́гия** ophthalmology

ох *interj* oh! ah!

оха́|ивать I *pf* ~ять *pop* censure, find fault with, revile, run down, pull to pieces

оха́льн|ик *pop* mischief-maker; **~́ичать** I *impf pop* get up to mischief; **~́ый** mischievous

охаме́ть I *pf of* хаме́ть

о́ханье groaning, sighing, moaning

оха́пк|а armful; взять в ~у *coll* take in one's arms

охарактериз|ова́ть (~у́ю) *pf of* характеризова́ть

о́х|ать I *pf* ~нуть moan, groan, sigh

оха́|ять I *pf of* ~ивать

охва́|т scope, range; inclusion; *mil* outflanking, envelopment; **~ти́ть** II (~чу́, ~́тишь) *pf of* ~́тывать; **~́тный** *mil* ~тное движе́ние flanking, enveloping movement; **~́тывать** I *pf* ~ти́ть encompass; envelop, enclose; ~ бо́чку обруча́ми hoop a cask; пла́мя ~ти́ло зда́ние flames enveloped the building; ~ (умо́м) *fig* comprehend, take in; grip, seize (*of thoughts*, *feelings*, *etc*); его́ ~ти́л у́жас he was seized with panic; involve (in), draw (into, + *instr*); *mil* outflank, envelop; ~́ченный у́жасом terror-stricken; ~́ченный за́вистью consumed with envy

охво́стье *collect* chaff, husks; *fig pej* hangers-on, rabble

охла|дева́ть I *pf* ~де́ть grow cold, cool (off); become indifferent (to, about), lose interest (in, к + *dat*); **~де́ть** I *pf of* ~дева́ть; **~ди́тель** *m tech* cooler, refrigerator; condenser; **~ди́тельный** cooling; **~ди́ть(ся)** II (~жу́(сь)) *pf of* ~жда́ть(ся); **~жда́ть** I *pf* ~ди́ть chill, cool (off) *also fig*; *fig* damp (down) (*ardour*, *enthusiasm*, *etc*); **~жда́ться** I *pf* ~ди́ться become cool, cool down *also fig*; **~жда́ющий** cooling, refrigerating; ~жда́ющая жи́дкость coolant; ~жда́ющее простра́нство condensation chamber; **~жде́ние** cooling (off); с возду́шным ~жде́нием air-cooled; *fig* coolness

охламо́н *pop cont* idle fool

охло́п|ок (~ка) tuft; *collect* waste

охмел|е́ть I *pf of* хмеле́ть; **~и́ть** II *pf of* ~я́ть; **~я́ть** I *pf* ~и́ть intoxicate *also fig*

о́х|нуть I *pf of* ~ать

охоб|а́чивать I *pf* ~оти́ть *pop* eat greedily; *vulg* have intercourse with

охоло|сти́ть II (~щу́) *pf* castrate

охора́шиваться I *impf coll* doll, smarten oneself up

охо́|та hunt(ing); chase (на + *acc or* за + *instr*); ~ с ружьём shooting; псо́вая ~ riding to hounds; соколи́ная ~ falconry; desire, wish, inclination (к + *dat or* + *infin*); по свое́й ~те of one's own accord; ~ тебе́ спо́рить с ним! *coll* why on earth argue with him!; в ~те in, on heat (*of animals*); **~́титься** II (~чусь) hunt (на + *acc or* за + *instr*); *fig coll* hunt (for), go (after, за + *instr*); **~́тка** в ~тку *pop* with pleasure, very willingly; **~́тник** hunter, sportsman; volunteer; lover (of), enthusiast (for, до + *gen or* + *infin*); ~ на что *coll* person wanting something; **~́тничий** hunting, sporting, shooting; ~тничье ружьё sporting gun, fowling-piece; ~тничья соба́ка gundog; hunter's; **~́тно** *adv* gladly, willingly, readily; **~́тный ряд** poultry and game market; **~́чий** (~ч) *pop* keen (to, for), having an urge (to, до + *gen*; на + *acc and* + *infin*)

о́хра ochre; кра́сная ~ raddle, ruddle

охра́н|а guarding; protection; defence; ~ лесо́в forest protection; ~ труда́ labour protection; guard; ли́чная ~ bodyguard; пограни́чная ~ frontier guard(s); в сопровожде́нии ~ы under escort; **~е́ние** protection; safeguarding; preservation (*of public order* etc); *mil* protective force; сторожево́е ~ outposts; **~и́тель** *m* protector, guardian; *hist* conservative; **~и́тельный** *leg* protective; *hist* conservative; **~и́ть** II *pf of* ~я́ть; **~́ка** *coll* Okhranka = ~ное отделе́ние; **~́ник** *coll* (armed guard); secret police agent; member of Okhranka; **~́ный** *adj of* ~а; ~ная гра́мота, ~ лист safe-conduct, pass; ~ная зо́на *mil* restricted area; ~ное отделе́ние *hist* Secret Police Department (*in Tsarist Russia*); **~я́ть** I *pf* ~и́ть guard, protect, preserve

охри́п|лый *coll* hoarse; **~́нуть** I (*past* ~, ~ла) *pf of* хри́пнуть

о́хрить II *impf* colour with ochre

охроме́ть I *pf of* хроме́ть

оху́лк|а ~и на́ руку не класть, не положи́ть *pop* have an eye to the main chance

оцара́п|ать I *pf of* цара́пать; **~́аться** I *pf* scratch oneself

оцело́т ocelot

оце́н|ивать I *pf* ~и́ть estimate, evaluate; appraise; judge to be worth; appreciate (*good qualities*, *kindness*, *etc*); **~и́ть** II (~ю́, ~́ишь) *pf of* ~́ивать; **~́ка** estimation, evaluation; appraisal; estimate; valuation; appreciation; **~́очный** valuation; **~́щик** valuer

оцепене́|лый benumbed, torpid; **~́ть** I *pf of* цепене́ть

оцеп|и́ть II (~лю́, ~́ишь) *pf of* ~ля́ть; **~ле́ние** surrounding, cordoning off; cordon; **~ля́ть** I *pf* ~и́ть surround, cordon off

оцинк|ова́ть (~у́ю) *pf of* ~о́вывать; **~о́вывать** I *pf* ~ова́ть galvanize, (coat with) zinc

оча́г 1 hearth *also fig*; дома́шний ~ *fig* hearth (and home); кухо́нный ~ kitchen range; *fig* seat, hotbed, source, (epi-)centre (*of war*, *earthquake*, *etc*), nidus (*of infection*, *etc*)

оча́нка euphrasy, eyebright

очар|ова́ние charm, fascination, enchantment; **~ова́тельница** enchantress; **~ова́тельный** (~ова́телен) charming, fascinating, enchanting; **~ова́ть** (~у́ю) *pf of* ~о́вывать; **~о́вывать** I *pf* ~ова́ть charm, fascinate, enchant, captivate, bewitch

очеви́д|ец (~ца) eyewitness; **~́но** *adv* obviously, evidently; **~́ный** (~ен) obvious, evident, apparent, manifest, patent

очелове́ч|ивать I *pf* ~ить make human, humanize; **~́иваться** I *pf* ~иться become (a) human; **~́ить(ся)** II *pf of* ~ивать(ся)

о́чень very; very much; он рабо́тает не так что́бы (не то что́бы) ~ *pop* he doesn't work all that much, well

очерви́веть I *pf of* черви́веть

очеред|ни́к 1 person on queue list; ~**но́й** next; next in turn; ~ вопро́с next question; ~на́я зада́ча immediate task; ~но́е зва́ние next higher rank; regular, periodic(al), recurrent, usual; ~на́я глу́пость customary stupidity; ~ о́тпуск regular leave, holiday; *pej* routine; ~**ность** *f* order (of priority); regular succession; periodicity

о́черед|ь 5 *f* turn; пропусти́ть свою́ ~ miss one's turn; ва́ша ~, ~ за ва́ми it is your turn; я, в свою ~ for my part; быть на ~и be next (in turn); в пе́рвую ~ in the first place, instance; по ~и in turn, order, rotation; queue, line (for, за + *instr*); станови́ться в ~ line up, queue (up); стоя́ть в ~и be in a queue; place in a queue; *mil* (пулемётная) ~ burst; батаре́йная ~ (battery) salvo

очере́т bog-rush

о́черк sketch, essay, study; feature story; outline; ~**ивать** I *pf* ~ну́ть draw, place a circle round; ~**и́ст** essayist; feature writer; ~**ну́ть** I *pf of* ~ивать; ~**о́вый** *adj of* ~

очерни́ть II *pf of* черни́ть

очерстве́|лый hardened, calloused; ~**ть** I *pf of* черстве́ть

очерта́ние outline

очерте|не́ть I *pf pop* make thoroughly fed up, get on one's nerves; ~**ть** I *pf pop* = ~не́ть

очер|ти́ть II (~чу́, ~тишь) *pf of* ~чивать; ~**чивать** I *pf* ~ти́ть outline; ~тя́ го́лову *coll* headlong, without thinking

очё|с = ~ски; ~**са́ть** I (~шу́, ~шешь) *pf of* ~сывать; ~**ски** (*gen pl* ~сков) combings; flocks; herds; льняны́е ~ flax tow; ~**сывать** I *pf* ~са́ть comb out

оч|е́чник spectacle case; ~**и** *pl of* око

очи́н|ивать I *impf coll* = ~я́ть; ~**и́ть** II (~ю́, ~ишь) *pf of* ~ивать, ~я́ть *and* чини́ть; ~**ка** sharpening; маши́нка для ~ки карандаше́й pencil-sharpener; ~**я́ть** I *pf* очини́ть sharpen, point

очи|сти́тельный purifying, purificatory, cleansing; ~ аппара́т *tech* purifier, rectifier; ~ заво́д refinery; ~сти́тельное сре́дство cleanser, detergent; ~**стить(ся)** II (~щу(сь)) *pf of* ~ща́ть(ся); ~**стка** cleaning, cleansing, purification; *tech* refinement, rectification; мо́края ~ га́за gas scrubbing; ~ сто́чных вод sewage disposal; clearing up, clearance, freeing; *mil* mopping-up; ~ от тамо́женных форма́льностей customs clearance; ~ кише́чника evacuation of the bowels; для ~стки со́вести *fig coll* for conscience' sake; *pl only* peelings, scrapings; ~**стный** *tech* purificatory, cleansing; ~стные сооруже́ния water treatment plant

очи́т|ок (~ка) stone crop

очи|ща́ть I *pf* ~стить clean(se), purify; *tech* refine, rectify; clear (of, от + *gen*), empty; peel, pare (*fruit*); *pop* clean out, rob; ~ кише́чник open the bowels; ~**ща́ться** I *pf* ~ститься clear oneself; become clear, free (of, от + *gen*); *pass of* ~ща́ть; ~**ще́ние** purification, cleansing; ме́сячное ~ menstruation; ~**щенная** *n and* ~**щенное** *n pop* vodka

очк|а́рик *coll joc* bespectacled person; *pej* intellectual; ~**а́стый** (~а́ст) *coll* in (large) spectacles, glasses, bespectacled; ~**и́** (*gen pl* ~о́в) spectacles, glasses; солнцезащи́тные ~ sun-glasses; смотре́ть сквозь ро́зовые ~ look through rose-coloured spectacles

очк|о́ (*pl* ~и́, ~о́в) pip (*on cards, dice*); point (*in scoring*); (small) hole; втира́ть ~и́ кому́ *coll* hoodwink, pull a fast one; pull wool over, throw dust in someone's eyes; ~**втира́тель** *m coll* hoodwinker, deceiver; ~**втира́тельство** *coll* hoodwinking, eyewash; ~**о́вый** *adj of* очко́ *and* очки́; ~о́вая змея́ cobra

очну́ться I wake; come to (oneself), regain consciousness

о́чн|ый internal, internal extramural (*student, etc*); face-to-face; ~ая ста́вка confrontation (*of suspects, etc*); ~ая я́вка appearance in person

очу́вств|оваться (~уюсь) *pf* come to, round, regain consciousness; *coll* repent, have a change of heart

очуме́|лый *pop* mad, off one's head; бежа́ть как ~ run like a mad thing; ~**ть** I *pf pop* go mad, go off one's rocker, head

очут|и́ться II (~ится) *pf* find oneself, come to be (*in a place, situation, etc*)

очу́х|аться I *pf of* ~иваться; ~**иваться** I *pf* ~аться *pop* come to (oneself), regain consciousness, come round

ошале́|лый *coll* crazy, crazed; ~**ть** I *pf of* шале́ть

ошара́ш|ивать I *pf* ~ить *pop* clout; *fig coll* dumbfound, stagger, flabbergast; ~**ить** II *pf of* ~ивать

ошварт|ова́ть (~у́ю) *pf of* швартова́ть

оше́|ек (~йка); ~**йник** collar (*of animals*)

ошелом|и́тельный stunning, staggering; ~**и́ть** II (~лю́) *pf of* ~ля́ть; ~**ле́ние** stupefaction, amazement; ~**ля́ть** I *pf* ~и́ть stun, stagger, stupefy, amaze; ~**ля́ющий** stunning, amazing, overwhelming

ошелуди́веть I *pf of* шелуди́веть

ошельм|ова́ть (~у́ю) *pf of* шельмова́ть

ошиб|а́ться I *pf* ~и́ться be mistaken, wrong, make (a) mistake(s); err, be at fault; ~**и́ться** (~у́сь, ~ёшься; ~ся, ~лась) *pf of* ~а́ться; ~**ка** mistake, error, lapse, blunder; преде́льная ~ maximum error; fault (*at tennis*); по ~ке by mistake; ~**очность** *f* fallibility, erroneousness; ~**очный** erroneous, mistaken; ~очно поня́ть misunderstand

ошива́ться I *impf pop* hang, knock about

оши́кать I *pf of* ши́кать

ошмётк|и (*gen pl* ~ов) *pop* bits and pieces, rags

ошпа́р|ивать I *pf* ~ить scald; ~**иваться** I *pf* ~иться scald oneself

оштраф|ова́ть (~у́ю) *pf of* штрафова́ть

оштукату́р|ить II *pf of* штукату́рить

ошу́юю *ar* to the left, on the left hand

ощени́ться II *pf of* щени́ться

още́р|ивать I *pf* ~ить bare (*teeth*); ~**иваться** I *pf* ~иться bare one's (its) teeth, snarl; ~**ить(ся)** II *pf of* ~ивать(ся)

ощети́н|ивать I *pf* ~ить bristle; ~**иваться** I *pf* ~иться bristle up *also fig coll*; ~**ить(ся)** II *pf of* ~ивать(ся)

ощи́п|анный *coll* wretched, piteous; ~**а́ть** (~лю́, ~лешь, *coll* ~а́ю) *pf of* ~ывать; ~**ывать** I *pf* ~а́ть pluck (*chicken, etc*)

ощ|у́пать I *pf of* ~у́пывать; ~**у́пывать** I *pf* ~у́пать feel, touch, run fingers over; ~**упь** *f* на ~ to the touch; by touch, by the feel; идти́ на ~ grope one's way; ~**упью** *adv* (by) groping; пробира́ться ~ grope one's way; gropingly, fumblingly; иска́ть ~ grope for; *fig* blind(ly)

ощу|ти́мый (~ти́м) = ~ти́тельный; ~**ти́тельный** (~ти́телен) palpable, tangible, perceptible; *fig* appreciable; ~**ти́ть** II (~щу́) *pf of* ~ща́ть; ~**ща́ть** I *pf* ~ти́ть feel, sense, experience (*cold, absence, insult, etc*); ~**ще́ние** *physiol* sensation; feeling, sense

оягн|и́ться II (~и́тся) *pf of* ягни́ться

П

па *neut indecl* step (*dance*)
пáва peahen; ни ~ ни ворóна *coll* neither fish, flesh nor good red herring
павиáн baboon
павильóн pavilion; film studio
павлúн peacock; **~ий** *adj of* ~; ~ье перó peacock feather
пáвод|ок (~ка) flood (*from melting snow*)
пáволока *ar* heavy brocade
пагинáция pagination
пáгода pagoda
пáголен|ок (~ка) leg (*of boot or stocking*)
пáг|уба ruin, destruction, bane; **~убный** (~убен) ruinous, pernicious, baneful; fatal
пáд|аль *f also collect* carrion *also fig pej*; **~анец** (~анца) windfall; **~ать** I *pf* пасть *and* упáсть fall, sink, drop, decline; *pf* упáсть *and* пасть *obs* ~ нáвзничь fall on one's back; ~ от устáлости be dropping from fatigue; ~ в óбморок (fall into a) faint; сéрдце у неё ~ало her spirits were sinking; ~ дýхом lose heart; *pf* вы́пасть; ~ает снег it is snowing; fall, drop out (*of hair, teeth, etc*); *no pf ling* fall, be (*of stress, accent*); fall (*of light, shade, etc*); *pf* пасть; *fig* fall (on, to, на + *acc*); *pf* пасть; подозрéние пáло на негó suspicion fell on him; *pf* пасть; ответственность ~ает на неё responsibility falls on her; цéны на товáры (у)пáли prices of goods have fallen; *pf* пасть die (*of cattle*); **~ающий** *phys* incident; ~ающая звездá shooting star
пад|éж 1 *gramm* case; **~ёж** 1 murrain, cattle plague; **~éжный** *adj of* ~éж; ~éжное окончáние case ending; **~ёжный** *adj of* ~ёж
падéние fall(ing); drop(ping); (down)fall; decline; морáльное ~ degradation, moral decline; ~ цен slump in prices; *phys* incidence; *geol* dip; ~ ударéния incidence of stress
падишáх padishah
пáд|кий (~ок) having a weakness, penchant (for, на + *acc* and до + *gen*); ~ок на дéньги mercenary; он ~ок до слáдкого he has a sweet tooth
пáдла *m and f* (*also* пáдло *neut*) *fig pej* carrion
пáдуб holly
пад|ýчая *n* = ~ болéзнь epilepsy, falling sickness; **~учий** *obs* falling; ~учая звездá *obs* shooting star
пáдчерица stepdaughter
па|евóй *adj of* ~й; ~ взнос share; **~ёк** (~йкá) ration; **~енакоплéние** *econ* share-accumulation
паж 1 page; *hist* pupil of Corps of Pages; **~еский** *adj of* ~; П~ кóрпус Corps of Pages (*military school in Tsarist Russia*)
па|з 8 (в ~зý, о ~зе) *tech* slot, groove, mortise; **~зúть** II (~жý) *impf tech* groove, mortise
пáзух|а bosom; за ~ой in one's bosom; держáть кáмень за ~ой *fig* harbour a grudge, nurse a grievance (against, на + *acc*); жить как у Христá за ~ой live happily, without a care; *anat* sinus; лóбные ~и frontal sinuses; *bot* axil
пáин|ька *m and f* (*gen pl* ~ек) *coll* goody-goody; good child; будь ~! be a good boy (girl)!
па|й (*pl* ~й, ~ёв) share; товáрищество на ~я́х joint-stock company; на ~я́х *fig* going shares; *m and f indecl coll* good child; ~-мáльчик good (little) boy; **~йка** solder(ing); *pop* ration (*esp bread, tobacco*); **~йкóвый** *adj of* ~ёк; **~йщик** solderer; shareholder
пак pack ice
пакгá|уз warehouse, storehouse; **~узный** *adj of* ~уз
пакéт parcel, package; packet; индивидуáльный ~ *mil* first-aid dressing; (official) letter; paper bag; **~úровать** (~úрую) *impf and pf* package
пáкля tow; oakum
пак|овáть (~ýю) *pf* за~, у~ pack(age)
пáк|остить II (~ощу) *pf* за~, на~, ис~ *coll* soil, dirty (*room, etc*); *pf* ис~ spoil, mess up (*work, etc*); *pf* на~ play nasty tricks (on, + *dat*); **~остник** *coll* nasty person, dirty dog; debauchee; **~остный** (~остен) filthy, nasty, dirty, mean, foul; **~ость** *f coll* filth(iness); obscenity, filthy word; dirty, low-down trick; дéлать ~ости play dirty tricks (on, + *dat*)
пакотúльный ~ товáр personal allowance permitted aboard (*for passengers or crew*); shoddy, cheap goods
пакт pact; ~ о ненападéнии non-aggression pact
пал 2 *naut* bollard; pawl; *dial* forest or steppe fire
паладúн paladin
паланкúн palanquin
палантúн fur (*or* velvet) tippet; stole; shawl
палáт|а *obs* chamber, hall; *pl obs* palace; у негó умá ~ *coll* he is a very intelligent person; ward (*in hospital*); *pol* chamber, house; вéрхняя, нúжняя ~ Upper, Lower Chamber; П~ лóрдов, óбщин House of Lords, Commons; chamber (*institution*); ~ мер и весóв Inspectorate of Weights and Measures; пробúрная ~ assay office; расчётные ~ы clearing houses; судéбная ~ Court of Appeal; торгóвая ~ Chamber of Commerce
палатал|изáция palatalization; **~изовáть** (~изýю) *impf and pf* palatalize; **~ьный** palatal
палáт|ка tent; marquee; в ~ках under canvas; stall, booth, kiosk; pavilion; **~ный** *adj of* ~а; ~ная сестрá ward sister; **~очный** tent, booth; **~ский** cameral, chamber
палáццо *neut indecl* palace, palazzo (*usu Italian*)
палáч 1 hangman, executioner; *fig* butcher, destroyer, oppressor; **~еский** *adj of* ~
палáш 1 broadsword
пáлевый straw-coloured, pale yellow
палён|ый singed, scorched; пáхнет ~ым there is a smell of scorching
палеó|граф palaeographer; **~графúческий** palaeographic; **~грáфия** palaeography; **~зáвр** palaeosaurus; **~зóйский** palaeozoic; **~лúт** palaeolithic period; **~литúческий** palaeolithic; **~нтóлог** palaeontologist; **~нтологúческий** palaeontologic(al); **~нтолóгия** palaeontology
пáлехский (made in) Palekh (*famed for lacquer-work*)
пáл|ец (~ьца) finger; ~ ногú toe; безымя́нный ~ fourth finger, ring-finger; большóй ~ thumb; big toe; срéдний ~ middle finger; указáтельный ~

forefinger, index (finger); предохрани́тельный ~ finger-stall; чо́ртов ~ *coll* thunderbolt, thunderstone; ~ о ~ (~ьцем) не уда́рить, ~ьцем не (по)шевельну́ть not to stir (lift) a finger; попа́сть ~ьцем в не́бо be wide of the mark, miss the point by a mile; ему́ ~ьца в рот не клади́ *coll* beware of him, don't trust him; дай ему́ ~, он и всю ру́ку отку́сит give him an inch and he'll take an ell; ~ьцы лома́ть tear one's hair; как свой пять ~ьцев знать что *coll* know something like the palm of one's hand, have something at one's fingertips; из ~ьца вы́сосать *coll* make up, fabricate, concoct; обвести́ кого́ вокру́г ~ьца *coll* twist someone round one's little finger; по ~ьцам перече́сть count on the fingers of one hand; как по ~ьцам рассказа́ть recount in detail; он ~ьцем никого́ не тро́нет he wouldn't hurt a fly; смотре́ть сквозь ~ьцы turn a blind eye (to); *tech* peg, pin; cam, cog, tooth

палимпсе́ст palimpsest

палин|гене́з(ис) palingenesis; **~дро́м** palindrome

палиса́д paling; palisade, stockade; **~́ник** (small) front garden

палиса́ндр rosewood; **~́овый** *adj of* ~

пали́тра palette *also fig*

пал|и́ть II *pf* о~ singe; *impf* burn, scorch (*of sun, etc*); *pf* с~ burn (*firewood, etc*); *coll* scorch (*when ironing, etc*); *pf* вы́~ *coll* fire (*from gun*); ~и́! fire!

па́л|ица cudgel, club; **~́ка** stick, cane, staff; ~ для прогу́лки walking stick; ~ (для) метлы́ broomstick; вставля́ть кому́ ~ки в колёса put a spoke in someone's wheel; из-под ~ки *coll* under the lash; перегиба́ть ~ку *coll* go too far; ~ о двух конца́х double-edged weapon; э́то ~ о двух конца́х it cuts both ways

палла́дий palladium

паллиати́в palliative; **~́ный** *adj of* ~

пало́мн|ик pilgrim *also fig*; **~́ичать** I *impf* go on a pilgrimage; **~́ичество** pilgrimage *also fig*

па́л|очка *dim of* ~ка; бараба́нная ~ drumstick; волше́бная ~ magic wand; (дирижёрская) ~ (conductor's) baton; ~ Ко́ха tubercle bacillus; ~-выруча́ловка part of children's game; **~́очковый** bacillary; **~́очный** *adj of* ~ка; ~очная дисципли́на discipline of the rod

па́лтус halibut; turbot

па́л|уба deck; жила́я ~ mess deck; полётная ~ flight deck; шлю́почная ~ boat deck; **~́убный** deck

пальба́ firing; (пу́шечная) ~ cannonade

па́льм|а palm(-tree); коко́совая ~ coconut(-tree); фи́никовая ~ date(-palm); получи́ть ~у пе́рвенства bear the palm; **~́овый** *adj of* ~а; ~овое де́рево boxwood; **~́овые** *n* Palmaceae

па́льн|ик *hist* linstock; **~у́ть** I *sem pf of* пали́ть fire a shot; discharge a volley

пальт|ецо́ *dim of* ~о́ *coll*; **~и́шко** (*pl* ~и́шки, ~и́шек) *dim of* ~о́ *coll pej*; **~о́** *neut indecl* (over)coat, topcoat; **~о́вый** *adj of* ~о́

паль|циви́дный (~циви́ден) finger-shaped; **~цово́й** *adj of* па́лец; **~цеобра́зный** (~цеобра́зен) digitate; **~цехо́дящий** digitigrade; **~́чатый** = ~цеобра́зный; **~́чик** *dim of* па́лец *see* **ма́льчик**

пампа́с|овый *adj of* ~ы; **~́ы** (*gen pl* ~ов) pampas

пампу́шка *coll* pampushka (*fritter*)

памфле́т pamphlet; lampoon; **~и́ст** pamphleteer

па́м|ятка (souvenir) booklet, leaflet; guide, instruction (leaflet), written rules; *obs* memento; **~́ятливый** (~ятлив) *coll* having a retentive memory; **~́ятник** monument, memorial; tombstone; statue; **~́ятный** (~ятен) memorable, notable; *no short form* serving to assist memory; ~ятная доска́ memorial plaque, plate; ~ятная кни́жка notebook, memorandum book; **~́ятовать** (~ятую) *impf obs* remember (о, + *prep*); **~́ять** *f* memory; де́вичья (дыря́вая, кури́ная) ~ *coll joc* memory like a sieve; на мое́й ~яти within my memory; на ~яти живу́щих within living memory; на ~ from memory, by heart; операти́вная ~ *tech* random access memory (RAM); по ~яти from memory; по ста́рой ~яти for old times' sake, remembering the past; прийти на ~ come back to one('s mind); вы́жить из ~яти lose one's memory from old age; у меня́ из ~яти вон *coll*, у меня́ захлестну́ло ~ *pop* I clean forgot it; memory, remembrance, recollection; подари́ть на ~ give as a keepsake; ве́чная (све́тлая) ~ ему́! may his memory live for ever!; оста́вить по себе́ плоху́ю ~ leave behind one a bad reputation; в ~ in memory (of, + *gen*); mind, consciousness; быть без ~яти be unconscious; быть без ~яти от кого́ be passionately fond of someone; люби́ть кого́ без ~яти love someone to distraction; commemoration of death (of, + *gen*), feast (of, + *gen*)

пан 2 *hist* Polish landowner; gentleman; ~ и́ли пропа́л (ли́бо ~, ли́бо пропа́л) *coll* (it is) neck or nothing, all or nothing, sink or swim

панаги́я *eccles* panagia

пана́м|а panama (hat); *fig* fraud, swindle; П**~́ский** кана́л Panama Canal; П~́ский перешеек Isthmus of Panama

панаце́я panacea; ~ от всех зол *fig* universal panacea

панба́рхат panne

панда́нус screw-pine

пандеми́я pandemia

панеги́р|ик panegyric, eulogy; encomium; **~и́ст** panegyrist, eulogist

пане́ль *f* pavement, footpath, footway; panelling, wainscot(ing); **~́ный** *adj of* ~; panelling, wainscoting; ~ дом prefabricated house

панибра́тство *coll* familiarity

па́ник|а panic; впасть в ~у panic, become panic-stricken

паникади́ло *eccles* chandelier

паникёр *coll* alarmist, panic-monger, scaremonger; **~́ский** *adj of* ~; **~́ство** *coll* alarmism, scaremongering; **~́ствовать** (~ствую) *impf coll* panic, be panic-stricken

паник|ова́ть (~у́ю) *impf pop* panic

панихи́д|а office for the dead, requiem; гражда́нская ~ civil funeral rites; **~́ный** *adj of* ~а; *fig* funereal

пани́ческий panic(ky)

па́нкреа|с pancreas; **~ти́ческий** pancreatic

панна (Polish) young lady, miss

панно́ *neut indecl* panel

пано́птикум exhibition of waxworks, curiosities, *etc*

панора́м|а panorama; *mil* panoramic sight; **~́ный** panoramic; ~ное кино́ cinerama

пансио́н boarding-school; boarding-house; (full) board and lodging; ко́мната с ~ом room and board; жить на (по́лном) ~е have full board and lodging, live *en pension*; **~а́т** *obs* boarding-house; **~е́р** boarder (*in school*); guest (in boarding-house); paying guest; **~е́рский** boarding-school; guest-house

панслав|и́зм *hist* pan-Slavism; **~и́стский** *and* **~я́нский** pan-Slav
пантало́н|ы (*gen pl* ~) *obs* trousers; drawers, knickers
панталы́к сбить кого́ с ~у *coll* put someone off his stroke, confuse someone completely, lead someone astray; сби́ться с ~у *coll* be put off one's stroke
панте|и́зм pantheism; **~и́ст** pantheist; **~исти́ческий** pantheistic(al); **~о́н** pantheon
панте́ра panther
панто́граф pantograph
пантоми́м|а (panto)mime, dumb show; **~́ный** *and* **~и́ческий** pantomimic
панту́ф|ли (*gen pl* ~ель) *obs* slippers
па́нт|овый *adj of* ~ы; **~окри́н** pantocrin (*medicine made from antlers of Siberian stag*); **~́ы** (*gen pl* ~ов) horns of Siberian stag
па́нц|ирный armour-clad, ironclad; testaceous; **~́ирь** *m* coat of mail, armour; *zool* test
па́па papa, dad(dy); ~ ри́мский (the) Pope; **~́ня** *m pop* = ~ша
папа́ха papakha (*Caucasian fur hat*)
пап|а́ша *m pop* dad(dy); old man (*form of address to elderly man*); **~́енька** *m coll obs* dad(dy)
па́перть *f* church porch, parvis
папильо́тка curl-paper
папиро́с|а cigarette (*with cardboard mouthpiece*); **~́ник** *coll* cigarette vendor; **~́ница** cigarette-case; **~́ный** *adj of* ~а; ~ная бума́га rice-paper, tissue-paper
папи́р|ус papyrus; **~́усный** *adj of* ~ус
папи́ст papist
па́пк|а file, folder; document case, paper-case; облига́ции в ~е bonds in portfolio; cardboard, pasteboard; (bookbinding) boards
па́п|оротник fern; **~́оротниковый** *adj of* ~оротник; ferny; **~́оротниковые** Filicinae
па́почка *m* daddy
па́прика paprika
па́п|ский papal; ~ престо́л St Peter's chair; **~́ство** papacy; papal authority
папуа́с Papuan; **~́ский** Papuan
папье́-маше́ *neut indecl* papier-mâché
пар 2 (в, на ~у́; о ~́е) steam; быть под ~а́ми be under steam, have steam up; на всех ~а́х *fig* at full speed (steam); разводи́ть ~ы́ get up steam; очища́ть ~а́ми fumigate; exhalation; *agr* fallow; находи́ться под ~ом lie fallow; зелёный ~ grass fallow; чёрный ~ bare fallow
па́р|а pair; ~ брюк pair of trousers; couple; супру́жеская ~ married couple; ~ сил *tech* couple; ходи́ть ~ами walk in couples; *pop* couple, two (of) ~ я́блок couple of apples; е́здить на ~е drive a pair (*of horses*); он тебе́ не ~ he's no match for you; *pop* a few, some; на ~у мину́т *pop vulg* for a couple of minutes; сказа́ть кому́ ~у тёплых слов *iron* give someone a piece of one's mind; ~ пустяко́в *coll* child's play; подходя́щее под ~у matching; под ~у to match; два сапога́ ~ *coll pej* they make a pair; *pop* 'two' out of five (*at school*); two-piece suit; на ~у *pop* together, going halves
пара́бол|а parabola; parable; **~и́ческий** parabolic; parabolical
парава́н *naut* paravane
пара́граф paragraph; section; subdivision (*of chapter*); subsection
пара́д parade; *mil* review; возду́шный ~ air display; морско́й ~ naval review; приня́ть ~ inspect a parade; *coll joc* ceremonial get-up; в по́лном (во всём) ~е in full dress; in one's best bib and tucker
паради́гма paradigm
пара́д|ность *f* ostentation, display; **~́ный** (~ен) ceremonial; ~ костю́м ceremonial dress; ~ная фо́рма full dress (uniform); gala; ~ спекта́кль gala show; ~ное пла́тье best (Sunday) dress; ~ная сторона́ де́ла respectable side of things; main, front; ~ная дверь front door; ~ подъе́зд main entrance; **~ное** *or* **~ная** *n* front door, entrance
парадо́кс paradox; **~а́льный** (~а́лен) paradoxical
парази́т *biol, fig* parasite; **~а́рный** (~а́рен) parasitic(al); **~и́зм** *biol, fig* parasitism; **~и́ровать** (~и́рую) *impf* parasitize; **~и́ческий** *biol, fig* parasitic(al); **~́ный** *biol* parasitic; **~оло́гия** parasitology
парали|зо́ванность *f* paralysis; **~зова́ть** (~зу́ю) paralyse *also fig*; **~́тик** paralytic; **~́ч** 1 paralysis, palsy; **~́чный** paralytic
паралл|а́кс parallax; **~елепи́пед** parallelepiped; **~ели́зм** parallelism; duplication (*of effort*); **~елогра́мм** parallelogram; **~е́ль** *f* parallel; проводи́ть ~ draw a parallel (between, ме́жду + *instr*); **~е́льно** *adv* parallel (with, с + *instr*); simultaneously (with), at the same time (as, с + *instr*); **~е́льность** *f* parallelism; **~е́льный** (~е́лен) parallel; ~е́льные бру́сья *sp* parallel bars; comparable; duplicate
паралоги́зм paralogism
парамагн|ети́зм paramagnetism; **~и́тный** paramagnetic
пара́метр parameter
паранджа́ yashmak
парано́|ик paranoiac; **~и́ческий** paranoid, paranoiac; **~́йя** paranoia
парапе́т parapet
парапсихоло́гия parapsychology
парасо́ль *m aer* parasol
парати́ф paratyphoid
пара́ф paraph, flourish (*after signature*); initials (*abbreviated signature*)
парафи́н paraffin (wax); **~́овый** *adj of* ~
парафи́р|овать (~ую) *impf and pf* initial (*contract, etc*)
парафра́з *and* **парафра́з|а** paraphrase; **~и́ровать** (~и́рую) *impf and pf* paraphrase
пара́ш|а *sl* latrine pail (*in prison*); *sl* rumour; **~́ник** *sl* rumour-monger; **~́ный** latrine
парашю́т parachute; прыжо́к с ~ом parachute jump; **~и́зм** parachute-jumping; **~и́ровать** (~и́рую) *pf* с~ *aer* pancake; **~и́ст** parachute jumper; parachutist, paratrooper
парвеню́ *m indecl* parvenu, upstart
пардо́н *interj coll* (I beg your) pardon; *pop* проси́ть ~у ask forgiveness, for mercy
паре́з paresis
паренхи́ма *anat, bot* parenchyma
па́рен|ый stewed; деше́вле ~ой ре́пы *joc* dirt cheap
па́р|ень 5 *m* (~ня) *coll* lad, boy, young man; *pop* man, fellow, chap; свой ~ *coll* one of us, one of the lads; сла́вный ~ *coll* good sport, good sort
пари́ *neut indecl* bet; держа́ть ~, идти́ на ~ bet, lay a bet; заключа́ть ~ take a bet
Пари́ж Paris; **п~а́нин** (*pl* ~а́не, ~а́н) Parisian; **п~а́нка** Parisian (woman) Parisienne; **п~́ский** Parisian

пари́к 1 wig; ~**ма́хер** barber; hairdresser; ~**ма́херская** barber's (shop); hairdresser's; hairdressing saloon
пар|и́льня (*gen pl* ~и́лен) sweating-room (*in baths*); *tech* steam-shop; ~́**ильщик** sweating-room attendant
пари́р|овать (~ую) *impf and pf also pf* от~ parry (*in fencing*); *fig* counter (*arguments, etc*)
парите́т parity; *fin* par (*in exchange*); ~́**ный** *adj of* ~; на ~ных нача́лах on a par (with), on an equal footing (with, с + *instr*)
па́р|ить II *impf* steam; *cul* steam (*fish, etc*), stew (*meat, etc*); *impers* ~ит it is sultry; ~**и́ть** II *impf* soar, hover; ~ в облака́х *fig* live in the clouds; ~́**иться** II *pf* по~ steam, sweat (*in baths*); *cul* stew; *coll* perspire (*in too warm clothing, etc*); *fig* sweat (over, над + *instr*)
па́рия pariah, outcast
парк park; разби́ть ~ lay out a park; depot, yard; *mil* depot, park; артиллери́йский ~ ordinance depot; трамва́йный ~ tram depot; pool, stock, fleet; автомоби́льный ~ fleet of motor vehicles; ваго́нный ~ rolling-stock
парка *myth* Fate; parka (*skin jacket*); steaming; *cul* stewing
парке́т parquet(ry); настила́ть ~ом parquet; ~́**ина** parquet block; ~́**ный** *adj of* ~; ~ пол parquet floor; ~ шарку́н *fig coll pej* socialite; ~́**чик** parquet floor layer
па́р|кий (~ок) *coll* steamy, sultry
парла́м|ент parliament; ~**ентари́зм** parliamentarism; ~**ента́рий** parliamentarian; ~**ента́рный** parliamentarian; ~**ентёр** *mil* envoy, spokesman, negotiator; ~**ентёрский** *adj of* ~ентёр; ~ флаг flag of truce; ~́**ентский** parliamentary; ~ зако́н Act of Parliament
пармеза́н Parmesan (cheese)
Парна́с Parnassus; **п**~́**ец** Parnassian; **п**~́**ский** Parnassian
парна́я *n* sweating-room
парни́к 1 hotbed, seed-bed, forcing bed; в ~е́ under glass; ~**о́вый** *adj of* ~; ~о́вые расте́ния hothouse plants
парни́шка *m pop* boy, lad
парн|о́й warm, fresh from the cow (*of milk*); steamy, sweaty; ~**окопы́тные** Artiodactyla; ~́**ый** twin, (forming a) pair; ~ носо́к, сапо́г, *etc* pair, other sock, boot, *etc*; ~ая гре́бля sculling; ~ая коля́ска carriage and pair; ~ая ло́шадь pair-horse; ~ые ли́стья conjugate leaves
паро|ви́к 1 *coll* local steam-train; *obs* steam-engine; *tech* boiler, ~**во́з** (steam-)engine, locomotive; ~**во́зник** locoman; ~**во́зный** *adj of* ~во́з; ~во́зная брига́да engine crew; ~**возоремо́нтный** engine-repair, locomotive-repair; ~**возострое́ние** engine, locomotive building; ~**во́й** *adj of* пар; ~ва́я маши́на steam-engine; ~во́е отопле́ние steam, central heating; *cul* steamed; lying fallow; ~**впускно́й** *tech* ~ кла́пан inlet valve; ~**выпускно́й** *tech* exhaust; ~**генера́тор** *tech* steam generator
пaрод|и́йный *adj of* ~́ия; ~**и́ровать** (~и́рую) *impf and pf* parody; ~́**ия** parody (of, on, на + *acc*), travesty
пароко́нный two-horse
пароксизм paroxysm, fit
паро́ль *m* password; countersign
паро́м ferry(-boat); ~-самолёт air ferry; переправля́ть на ~е ferry; ~́**щик** ferryman
паронепроница́емый steam-tight
паро|обра́зный vaporous; ~**образова́ние** steam-generation, vaporization; ~**отво́дный** ~отво́дная труба́ steam exhaust (escape) pipe; ~**перегрева́тель** *m* steam superheater; ~**-пескостру́йный** ~ аппара́т steam sand blaster; ~**прово́д** steam pipe; ~**распредели́тель** *m* steam distributor, header; ~**силово́й** ~силова́я устано́вка steam power plant
паро́сский Parian; ~ мра́мор Parian marble
паро|стру́йный steam-jet; ~**теплохо́д** steam motor vessel; ~**хо́д** steamer; steamship; букси́рный ~ steam tug; океа́нский ~ ocean liner; пасса-жи́рский ~ passenger ship; ~**хо́дик** *dim of* ~хо́д; toy boat; ~**хо́дный** *adj of* ~хо́д; ~хо́дное о́бщество steamship company; ~**хо́дство** steam-navigation; steamship company
парт- *abbr of* парти́йный Party-
па́рт|а (school)desk, form; сесть за ~у begin to learn
парт|акти́в *pol* active Party members; ~**аппара́т** Party staff; ~**биле́т** Party membership card; ~**бюро́** *neut indecl* Party office(s); ~**группо́рг** Party group organization; Party group organizer
партеногене́з parthenogenesis
парте́р *theat* pit, stalls
парте́сн|ый ~ое пе́ние *eccles* part-singing
парти́|ец (~йца) (Communist) Party member
партиза́н (*gen pl* ~) partisan; guerrilla; *pej* unsystematic worker; ~́**ить** II *impf coll* be a partisan; fight with the partisans; ~́**ский** *adj of* ~; ~ская война́ guerrilla war; ~ отря́д partisan detachment; *fig pej* unsystematic, unplanned, haphazard; ~́**ство** guerrilla war(fare), resistance movement; *collect* partisans, guerrillas; ~́**щина** *coll* guerrilla warfare; *fig pej* irregular, unplanned, haphazard work
парти́й|ка *f of* парти́ец; ~́**ность** *f* party membership; commitment to the Party, Party spirit; ~́**ный** party; belonging to a party *or* to the Party; ~ биле́т party *or* Party membership card; ~ стаж seniority, length of membership of party *or* Party; ~ная яче́йка Party cell; ~ дух Party spirit; *n* (Communist) Party member
партикуляр|и́зм *pol* particularism; ~́**ный** (~ен) *obs* private, unofficial; civil; civilian; ~ костю́м civilian suit, civvies, mufti
партиту́ра *mus* score
па́ртия *pol* party; group, party; *mil* detachment; batch, lot, consignment (*of goods*); *sp* game, set; *mus* part; она́ хоро́шая ~ she is a good match
парт|кабине́т Party study centre; ~**ко́м** Party committee; ~**ли́ния** Party line
партнёр partner (*in sport, at cards, business, etc*)
парт|о́рг Party organizer; ~**организа́ция** Party organization; ~**съезд** Party congress
па́руб|ок (~ка) youth, lad, boy (*in Ukraine*)
па́рус (*pl* ~а́) sail; на всех ~а́х in full sail *also fig*; идти́ под ~а́ми (be under) sail; подня́ть, поста́вить ~а́ make sail, set sail; ~**и́на** canvas, sailcloth; tarpaulin; duck; ~**и́новый** *adj of* ~и́на; ~и́новые ту́фли canvas shoes; ~́**ник** sailer, sailing vessel; ~́**ный** *adj of* ~; ~ спорт sailing
парфо́рсн|ый ~ая езда́ circus riding
парфюме́р perfumer; ~́**ия** perfumery; ~́**ный** ~ магази́н perfumer's (shop)
парце́лл|а (small) parcel of land; ~**и́ровать** (~и́рую) *impf and pf* parcel (out) (*land*)
парч|а́ 1 (*gen pl* ~е́й) brocade; ~**о́вый** *adj of* ~а́

парш|а́ mange, scab, tetter; **~и́веть** I *pf* за~, о~ become, grow mangy, scabby; **~и́вец** (~и́вца) *pop* lousy type, dirty dog; **~и́вый** (~и́в) mangy, scabby; **~и́вая овца́** *fig* black sheep; *pop* nasty, lousy, rotten

пас pass (*at cards*); объяви́ть ~ pass; я ~ I pass; в э́том де́ле я ~ *fig coll* I'm no good at this, this is not my strong point, count me out; *sp* pass; ~ сюда́! pass!

па́с|ека apiary, bee-garden; small strip of forest to be felled; **~́ечник** bee-keeper; **~́ечный** *adj of* ~ека

па́сkв|иль *m* libel, lampoon, pasquinade, squib; **~́ильный** libellous; **~иля́нт** lampoonist, libeller, slanderer

паску́д|а *m and f pop vulg* vermin, scum, vile person; **~́ник** *pop vulg* vile, nasty person; **~́ный** (~ен) *pop cont* foul, vile, filthy

паслён *bot* nightshade; сла́дко-го́рький ~ bitter-sweet, woody nightshade; чёрный ~ black(-berried) nightshade; **~̈овые** *n* Solanaceae (family)

па́смо *textile measurement* lea

па́смур|ный (~ен) dull, cloudy, overcast; louring; *fig* gloomy, sullen

пас|ну́ть *sem pf of* ~ова́ть *sp* (make a) pass; **~ова́ть** (~у́ю) *pf* ~ну́ть; *impf fig* give up, give in; ~ пе́ред тру́дностями give in to difficulties; *pf* с~, *also past tense* pass (*in cards*)

па́сочница *cul* mould for paskha – *see* **Па́сха**

паспарту́ *neut indecl* passe-partout, mounting

па́с|порт (*pl* ~порта́) passport; identity card; document (*for machine, etc*); ~ автомоби́ля motor vehicle's registration certificate, logbook; **~портиза́ция** passport system; supplying with documents; *tech* certification; **~порти́ст** passport official; **~́портный** *adj of* ~порт; ~ стол passport office

пасс *usu pl* pass (*in hypnotism*)

пасса́ж passage, arcade (*for trading, etc*); *mus* passage; *fig obs* unexpected turn of events

пассажи́р passenger; **~оборо́т** passenger traffic; **~́ский** *adj of* ~

пасса́т trade wind; **~́ный** *adj of* ~

пасси́в *comm* liabilities; debit; усто́йчивый ~ fixed liability; *gramm* passive voice; **~́ность** *f* passivity, passiveness; **~́ный** (~ен) passive; inactive; ~ное избира́тельное пра́во *pol* eligibility; ~ бала́нс *econ* unfavourable balance, debit

па́ссия *obs* passion; бы́вшая ~ old flame

па́ста paste; зубна́я ~ toothpaste

па́ст|бище pasture; пра́во на ~бища *leg* right of herbage; ~́бищный pasturable; **~́ва** *eccles* flock, congregation

пасте́ль *f* pastel, crayon; pastel (drawing); **~́ный** (drawn in) pastel

пастериз|а́ция pasteurization; **~ова́ть** (~у́ю) *impf and pf* pasteurize

пастерна́к parsnip

пас|ти́ (~у́, ~ёшь; ~, ~ла́) *impf* tend, (shep)herd; graze, pasture

пастила́ 7 pastila (*sort of fruit fudge*)

пас|ти́сь (~ётся; ~́ся, ~ла́сь) *impf* graze, pasture, browse

па́стор minister, pastor (*Protestant*)

пастора́ль *f* pastoral(e)

пасту́|х 1 shepherd, herdsman; cowboy; **~́шеский** *adj of* ~х; ~ посо́х shepherd's crook; **~́ший** *adj of* ~х; ~шья су́мка *bot* shepherd's purse; **~́шка** shepherdess; **~шо́к** *aff dim* of ~́х; *poet* swain; водяно́й ~ *orni* wait-rail

па́ст|ырский *adj of* ~ырь; *eccles* pastoral; **~́ырь** *m obs* shepherd; *eccles* pastor

па|сть *v* (~ду́, ~дёшь; ~л, ~́ла; ~́вший) *pf of* ~́дать; *n f* mouth (*of animal*); jaws; trap

пастьба́ pasturage

Па́сха Passover; Easter; п~ *cul* paskha (*sweet made of curd-cheese usu at Easter*); **п~́лия** *eccles* paschal cycle, tables; **~́льный** Easter

па́сын|ок (~ка) stepson, stepchild; sideshoot; *fig* outcast

пасья́нс patience (*card-game*); раскла́дывать ~ play patience

пат stalemate (*chess*); *cul* paste

пате́нт patent (for, на + *acc*); licence, permit (for, на + *acc*); владе́лец ~а patentee; санита́рный ~ bill of health; **~́ный** *adj of* ~; ~ная лице́нзия patent licence; **~о́ванный** patent; ~о́ванное сре́дство nostrum, patent remedy (against, про́тив + *gen*); ~о́ванное лека́рство patent medicine; ~ дура́к egregious ass; **~ова́ть** (~у́ю) *pf* за~ issue patent for, patent

па́тер Father (*Catholic priest*); **~и́к** *eccles* Lives of the Fathers, Paterikon

пате́ти|ка (the) pathetic element; **~́ческий** pathetic; **~́чный** (~чен) = ~ческий

патефо́н (portable) gramophone; **~́ный** ~ная пласти́нка gramophone record

па́тина patina

па́тл|ы *f* (*gen pl* ~) *pop* (dishevelled) locks (*of hair*)

пат|ова́ть (~у́ю) *pf* за~ stalemate (*in chess*)

па́тока treacle; (очи́щенная) ~ syrup; све́тлая ~ golden syrup; чёрная ~ molasses

пато́лог pathologist; **~и́ческий** pathological; **~́ия** pathology

па́то|чный *adj of* ~ка; treacly

патриа́р|х patriarch *also eccles*; **~ха́льность** *f* patriarchal character; **~ха́льный** (~ха́лен) patriarchal; **~ха́т** patriarchy; patriarchal system; church headed by Patriarch, Patriarchate; **~́хия** area headed by Patriarch; Patriarchate; **~́шество** Patriarchate, rule of church by Patriarch; **~́ший** *adj of* ~х

патримо́н|ий, **~́иум** patrimony

патрио́т patriot; **~и́зм** patriotism; **~и́ческий** patriotic; **~и́чный** (~и́чен) patriotic, imbued with patriotism

па́трица *typ* punch

патриц|и́анский patrician; **~иа́т** patriciate; **~́ий** patrician

патро́н patron; patron saint; boss; cartridge; *tech* chuck (*of drill, etc*), holder; lamp socket, holder; (tailor's) pattern; **~а́ж** patronage; child health visiting; **~а́т** *hist* patronage; fostering (*of orphans*); **~е́сса** patroness; **~и́ровать** (~и́рую) patronize; **~́ник** (cartridge-)chamber; **~́ный** *adj of* ~; ~ная ги́льза cartridge case; ~ная обо́йма charger, cartridge clip; ~ ключ socket wrench; ~ стано́к chucking lathe; **~та́ш** bandolier, ammunition belt

па́труб|ок (~ка) nipple, nozzle; socket, sleeve, connexion; branch pipe; boss (*of* thermometer)

патрул|и́ровать (~и́рую) *impf* patrol; **~́ь** 1 *m* patrol; **~́ьный** *adj of* ~ь; *n* patrol

па́уза pause, break, interval; *mus* rest

па́уз|ок (~ка) lighter (*on river*)

пау́к 1 spider; **~ообра́зный** arachnoid

па́упер pauper; **~иза́ция** pauperization; **~и́зм** pauperism

паути́на cobweb, spider's web; gossamer; ~ лжи *fig* web of lies
па́фос inner force; zeal, enthusiasm (for, + *gen*); key, spirit, emotional content, keynote; *pej* bombast; exaggerated, false emotion, pathos
пах (в ~у́, о ~́е) groin
паха́н *sl* ringleader
па́|ханый ploughed (up); ~ханые зе́мли ploughland; ~́**харь** ploughman; ~**ха́ть** I (~шу́, ~́шешь) *pf* вс~ plough, till; ~ но́сом зе́млю *coll joc* bite the dust; (и) мы ~ха́ли *col joc iron* (1) we also made (my) our contribution
па́х|нуть I (past ~, ~ла *also* ~нул) *impf* smell (of), reek (of, + *instr*); прия́тно ~нет there's a pleasant smell; ~нет се́ном there's a smell of hay; *fig* savour, smack (of, + *instr*) ~нет бедо́й there's trouble brewing
пах|ну́ть I (~нёт) *pf coll* puff, blow; ~ну́ло ве́тром there was a gust of wind; ~ну́ло хо́лодом it suddenly felt fresh
пахово́й inguinal
па́х|ота cultivated, ploughed area, ploughing, tillage; ~́**отный** arable
па́хт|анье buttermilk; churning; ~́**ать** I *impf* churn
паху́ч|ий (~) redolent, fragrant
паца́н *pop* teenager, youth
пацие́нт patient
пацифи́|зм pacifism; ~́**ст** pacifist
па́че *adv obs* more; ~ ча́яния contrary to, beyond expectation; тем ~ the more so, the more reason
па́чк|а batch, bundle, pack(et); ~ папиро́с packet of cigarettes; parcel (*of books, etc*); *mil* clip; стреля́ть ~ами *obs* fire bursts; tutu (*ballerina's dress*)
па́чк|ать I *pf* вы́~, за~, ис~ dirty, soil, stain, sully, smear (*with grease*), *also fig*; ~ ру́ки *fig* soil one's hands; ~ чьё до́брое и́мя *fig* sully someone's good name; *pf* на~ *coll* daub, scribble; ~́**аться** I *pf* вы́~, за~, ис~ (*and* на~ *pop*) make oneself dirty, soil oneself *also fig*; get dirty, stain; ~**отня́** *coll* daub; scribbling, mess; ~**ку́н** 1 *coll* sloven; dauber; messer
паш|а́ *m* (*gen pl* ~е́й) pasha
па́ш|ня (*gen pl* ~ен) ploughed field
паште́т pâté; ~ из печёнки liver pâté, paste; pie
па́юсн|ый ~ая икра́ pressed caviar(e)
па|я́льник soldering iron; ~**я́льный** soldering; ~я́льная ла́мпа blowlamp; ~я́льная тру́бка blowpipe, blow torch; ~**я́льщик** tinman, tinsmith; ~́**яный** soldered
пая́сничать I *impf coll* clown (around), play the fool, buffoon
пая́ть I *impf* solder
ПВО *abbr of* противовозду́шная оборо́на anti-aircraft defence
пеа́н paean; *med* Pean's forceps, clamp forceps
пев|е́ц (~ца́) singer; vocalist; ~**и́ца** *f of* ~е́ц; ~**у́н** 1 *coll* songster; ~**у́чий** (~у́ч) melodious; ~́**ческий** choral (*society, etc*); singing, vocal (*abilities, etc*); ~́**чий** singing; ~чая пти́ца songbird; *n* chorister, choirboy
пега́нка shelduck
пега́с Pegasus
пе́г|ий (~) skewbald, piebald
пед- *abbr of* педагоги́ческий
педаго́г teacher, pedagogue; ~́**ика** pedagogy, pedagogics; ~**и́ческий** pedagogic(al); education; ~ институ́т teachers' training college; ~ факульте́т education department; ~**и́чный** (~и́чен) wise, sensible (*educationally*)
педал|иза́ция *mus* pedalling; ~**изи́ровать** (~изи́рую) *impf and pf mus* pedal; *fig* harp on; ~́**ь** *f* pedal; treadle; нажа́ть на все ~и *fig coll* pull out all the stops, do one's utmost; ~́**ьный** *adj of* ~ь; ~ нажи́м pedalling; ~ автомоби́ль (child's) pedal car
педа́нт pedant; ~**и́зм** pedantry; ~**и́ческий** pedantic; ~**и́чность** *f* punctiliousness, pedantry; ~**и́чный** (~и́чен) punctilious, pedantic
педера́ст p(a)ederast, sodomite; ~**и́я** p(a)ederasty, sodomy
педи|а́тр p(a)ediatrist; ~**атри́я** p(a)ediatrics; ~**кю́р** chiropody; ~**кю́рша** chiropodist
педо́метр pedometer
пе́жина skewbaldness, patch of colour on horse
пейза́ж landscape, scenery; landscape (*picture*); ~**и́ст** landscape painter; ~́**ный** *adj of* ~; ~ная карти́на landscape painting
пейза́н character in pastoral idyll
пейс|ы (*gen pl* ~ов) sideburns of orthodox Jews
пек (resinous) pitch
пек|а́рный baking, baker's; ~а́рная печь bakehouse oven; bakery; ~**а́рня** (*gen pl* ~а́рен) bakery, bakehouse; ~́**арский** *adj of* ~арь; ~арские дро́жжи baker's yeast; ~́**арь** (*pl coll* ~аря́) *m* baker
пекл|ева́нка fine-ground flour (*usu rye*); ~**ева́нник** fine rye bread; ~**ева́нный** finely ground; ~**ева́ть** (~ю́ю) *impf* grind fine
пе́кло scorching heat; попа́сть в са́мое ~ get into the thick (heat) (of, + *gen*); *coll* hell(fire)
пекти́н pectin; ~́**овый** *adj of* ~; pectic
пелаги́ческий pelagic
пеларго́ния pelargonium
пелен|а́ 1 shroud; *fig* veil, shroud; с ~ *obs fig* from the cradle; у него́ (сло́вно, как) ~ (с глаз) упа́ла the scales fell from his eyes; ~**а́ть** I *pf* за~, с~ swaddle
пе́ленг *naut, aer* bearing; ~**а́тор** *naut, aer* direction finder; ~**ова́ть** (~у́ю) *pf* за~ take the bearings (of), a fix (on)
пелён|ка napkin, diaper; *pl* swaddling clothes; вы́йти из ~ок *fig* grow up; с ~ок from childhood, the cradle
пелери́на cape, pelerine
пелика́н pelican
пелла́гра pellagra
Пелопонне́с Peloponncsus; п~́ский Peloponnesian
пельме́н|и (*gen pl* ~ей) pelmeni (*kind of ravioli, boiled*)
пе́мз|а pumice(-stone); ~́**овый** *adj of* ~а
пе́н|а foam; froth, head (*on liquids*); spume; scum; lather (*on horse*; *for shaving*); мы́льная ~ soap suds, lather; снять ~у skim; говори́ть с ~ой у рта foam at the mouth, speak passionately
пена́л pencil-box
пена́т|ы (*gen pl* ~ов) penates; верну́ться к (свои́м, родны́м) ~ам return to one's hearth and home
пе́ние singing; ~ петуха́ cock's crow
пе́нист|ый (~) foamy, frothy
пенитенциа́р|ий penitentiary; ~́**ный** penitentiary
пе́н|ить II *pf* вс~ froth; ~́**иться** II (~ится) *pf* вс~ foam, froth
пеницилли́н penicillin
пе́нк|а skin (*on milk, etc*); снима́ть ~и skim (с + *gen*), *also fig* skim off the cream, take the best (for oneself); *min* морска́я ~ meerschaum; ~́**овый** ~овая тру́бка meerschaum (pipe);

~осниматель *m fig* person who takes the best for himself
пе́нни *neut indecl* penny
пе́н|ный *obs* = ~истый; **~опла́ст** foam rubber; **~опласти́ческий** *adj of* ~опла́ст; **~остекло́** glass fibre
пе́ночка warbler
пенс penny; **~ионе́р** pensioner; **~ио́нный** *adj of* ~ия; ~ио́нная кни́жка pension card, book; ~ во́зраст pensionable age; **~ия** pension; ~ за вы́слугу лет (long) service pension; ~ по инвали́дности disability pension; персона́льная ~ individual pension; вы́йти (уйти́) на ~ию retire on a pension; он на ~ии he's (retired) on a pension
пенсне́ *neut indecl* pince-nez
пента́метр pentameter
пе́нтюх *pop cont* oaf, clumsy lout, clodhopper
пень *m* (пня) stump, stub; стоя́ть как ~ *coll* stand like a stuffed dummy; *fig coll pej* obtuse lump, block (*of person*); че́рез ~ коло́ду вали́ть *coll* do in slipshod manner
пеньк|а́ hemp; **~о́вый** hempen; **~оотрепе́ние** hemp scutching
пеньюа́р peignoir; housecoat
пе́ня fine; *obs* plaint
пеня́|ть I *pf* по~ *coll* blame, reproach (+ *dat or* на + *acc*); ~й на себя́! you have only yourself to blame
пео́н *lit* paeon; peon
пе́п|ел (~ла) ash(es); обрати́ть в ~ reduce to ashes; **~ели́ще** site of fire; (hearth and) home; верну́ться на ста́рое ~ return to one's old home; **~ельница** ashtray; **~ельно-се́рый** ash-grey; **~е́льный** ashen, ashy; ~ цвет ash-grey, ash blonde
пепинье́рка pupil-teacher (*in pre-revolutionary Russia*)
пепси́н pepsin; **~овый** peptic
пепто́н peptone
перва́ч 1 first-quality product; *pop* first good-quality product (*of flour, vodka, etc*)
перв|е́йший *coll* paramount, most important; **~енец** (~енца) first-born; *fig* firstling; first achievement; **~енство** first place; *sp* championship; **~енствова́ть** (~енству́ю) *impf* come first, take first place; have, take precedence (over, над + *instr*); **~е́нству́ющий** pre-eminent, primary
перви́|нка ему́ э́то не в ~нку *pop* it's not new to him; **~чность** *f* primacy; primary nature, priority; **~чный** (~чен) primary, initial; ~чные поро́ды primary rocks
перво|бы́тность *f* primitiveness, primitive state; **~бы́тный** primitive, savage; primeval, primordial; **~го́док** (~го́дка) *coll* young animal (*in first year of life*); *coll* soldier *or* sailor in first year of service
пе́рвое (блю́до) *n* first course
перво|зда́нный primordial (*chaos, etc*), primeval; *geol* primitive, primary; **~зи́мье** *coll* beginning of winter; **~исто́чник** (primary) source; origin, fountain-head; **~кла́ссник** pupil of first class, first-former; **~кла́ссный** first-class, first-rate; **~кла́шка** *pop* = ~классник; **~ку́рсник** first-year student, freshman; **П~ма́й** May Day; **~ма́йский** May Day
пе́рво-на́перво *adv pop* first of all
первонача́л|ьно *adv* originally; **~ьный** (~ен) original, initial; primary; ~ьное накопле́ние primitive, primary accumulation; ~ьная причи́на first cause; elementary; ~ьные чи́сла prime numbers
перво|о́браз prototype, original; protoplast; **~обра́зный** (~обра́зен) prototypal; protoplastic; **~осно́ва** first principle; **~открыва́тель** *m* (first) discoverer; **~очередно́й** *and* **~очерёдный** immediate; **~печа́тник** first printer; **~печа́тный** early printed; ~печа́тные кни́ги incunabula; first printed; **~престо́льный** *rhet* being the oldest (first) capital; **П~престо́льная** *n* Moscow; **~причи́на** first cause; **~пу́ток** (~пу́тка) sleighing over virgin snow; **~разря́дник** *sp* first-rank player, *etc*; **~разря́дный** first-class, first-rank; **~ро́дный** *obs* first-born; primal; ~ грех original sin; **~ро́дство** primogeniture; *fig* primacy; **~рождён-ный** first-born; **~свяще́нник** high, chief priest; pontiff; **~со́ртный** top quality; *coll* first-class, first-rate; **~стате́йный** first-class, first-rate **~степе́нный** (~степе́нен) paramount; **~толчо́к** (~толчка́) stimulus, spur; **~цве́т** primrose
пе́рв|ый first; former; earliest; ~ое (число́ ме́сяца) first of the month; ~ого ма́рта on the first of March; че́тверть ~ого quarter past twelve; в ~ом часу́ past, after twelve, between twelve and one; он ~ пришёл he was the first to come; быть ~ым come first, be top; ~ое вре́мя at first; ~ встре́чный first comer, anyone; спрошу́ ~ого встре́чного I'll ask the next person I see; ~ое де́ло, ~ым де́лом first thing, first of all; не ~ой мо́лодости not in one's first youth; ~ая по́мощь first aid; ~ рейс maiden voyage; ~ая речь maiden speech; не ~ой све́жести not over fresh, stale; ~ая скри́пка first violin, *fig* first fiddle; ~ учени́к top pupil; ~ эта́ж ground floor; в ~ую го́лову (о́чередь) in the first place, first and foremost; из ~ых рук first-hand; на ~ взгляд, с ~ого взгля́да at first sight, on the face of it; при ~ой возмо́жности at the first opportunity; с ~ого ра́за from the first; во-~ых first(ly), to begin with
перга́ bee-bread
перга́м|ен(т) parchment; **~ентный** *adj of* ~ент; ~ентная бума́га oil-paper, greaseproof paper; ~ сви́ток parchment scroll
перд|е́ть II (~и́т) *impf vulg* fart; **~у́н** 1 *vulg* fart
пере- *verbal pref in var senses:* action across *or* through something (trans-); repetition of action (re-); excess, superiority, *etc* (over-, out-); action encompassing many *or* all cases *or* objects of a given kind; division into two *or* more parts; *refl* reciprocity of action; overcoming, surmounting, *etc*; redirection of action; action covering period of time; limited action
переадрес|ова́ть (~у́ю) *pf of* ~о́вывать; **~о́вывать** I *pf* ~ова́ть readdress
переаттест|ова́ть (~у́ю) *pf of* ~о́вывать; **~о́вывать** I *pf* ~ова́ть reassess (*qualifications*)
перебази́р|овать (~ую) *pf* resite, shift
перебаллоти́р|овать (~ую) *pf of* ~о́вывать; **~о́вывать** I *pf* ~овать submit to second ballot
переба́рщивать I *pf* переборщи́ть *pop* overdo it, go too far (in, в + *prep*)
перебе|га́ть I *pf* ~жа́ть cross (running), run across (+ *acc or* че́рез + *acc*); ~ кому́ доро́гу *fig* cross somone's path; *fig coll* go over (to), desert (to, к + *dat*); **~жа́ть** (~гу́, ~жи́шь, ~гу́т) *pf of* ~га́ть; **~жка** run(ning) across; *mil* bound, rush; **~жчик** deserter; *fig* turncoat
перебе́л|ивать I *pf* ~и́ть re-whitewash; make a fair copy (of); **~и́ть** II (~ю́, ~и́шь) *pf of* ~ивать

перебе|си́ться II *pf* (~шу́сь, ~́сишься) go, run mad (*of many*); *coll* have had one's fling, have sown one's wild oats
переби|ва́ть I *pf* ~́ть kill, slaughter (*many*); break (*a lot of*); break (*limb*); re-cover, reupholster; interrupt (*speech, etc*); ~ аппети́т spoil appetite (*by eating beforehand*); kill (*of scent, etc*); **~ва́ться** I *pf* ~́ться break (*of a lot*); *coll* get by with difficulty; ~ с хле́ба на́ квас live from hand to mouth; **~́вка** reupholstering
перебинт|ова́ть (~у́ю) *pf of* ~о́вывать; **~о́вывать** I *pf* ~ова́ть change the dressing (on), put a new dressing (on); bandage, dress (*all, a lot of*)
переби́р|а́ть I *pf* перебра́ть sort out *also fig*; look, sift through (*a lot*); ~ в па́мяти *fig* turn over, run through (in one's mind); finger, run one's fingers over (*strings, etc*); ~ чётки tell one's beads; *typ* reset; ~ у знако́мых де́нег *coll* go from one friend to another to get money; take in excess, more than is necessary (+ *acc or gen*); ~ пять очко́в score five extra points; overdraw (*money from bank*); *tech pop* (dismantle and) reassemble; *pop* drink too much; *impf only* touch each in turn (*fingers, etc*); *impf only* move (*feet, hands, etc*), paddle (*with fingers, etc, + instr*); *impf only* ~ нога́ми paw (*of horse*); **~а́ться** I *pf* перебра́ться *coll* cross, get over; ~ на но́вую кварти́ру move to a new flat, change one's lodgings
переб|и́ть(ся) (~ью́(сь), ~ьёшь(ся)) *pf of* ~ива́ть(ся); **~о́й** interruption, intermission; stoppage, hold-up; misfire (*of engine*); flutter (*of heart*); пульс с ~о́ями irregular, intermittent pulse; **~о́йный** intermittent, interrupted
перебол|е́ть I *pf* have gone through, have had, been down with (*many illnesses*), be taken ill one after another; дети ~е́ли ко́рью the children have had the measles; **~е́ть** II (~и́т) *pf* recover, become well again
перебо́рка sorting out, looking over; *typ* resetting; *tech* reassembly; partition, *naut* bulkhead
перебор|о́ть (~ю́, ~́ешь) *pf* master, overcome (*a number*); *fig* overcome, suppress (*feelings, etc*)
переб|орщи́ть II *pf of* ~а́рщивать
перебра́н|иваться I *impf coll* bandy angry words (with), wrangle (with, с + *instr*); **~и́ться** II *pf coll* fall out, quarrel (with, с + *instr*); **~́ка** *coll* wrangle, squabble, slanging match
перебр|а́сывать I *pf* ~оса́ть throw one after another; *pf* ~о́сить throw over; ~ мост че́рез ре́ку throw a bridge across a river; transfer (*troops, etc*); **~а́сываться** I *pf* ~о́ситься spread (*of fire, disease, etc*); throw one to another (+ *instr*); ~ не́сколькими слова́ми *fig* exchange a few words
пере|бра́ть(ся) (~беру́(сь), ~берёшь(ся); ~бра́л(ся), ~брала́(сь), ~бра́ло(сь)) *pf of* ~бира́ть(ся)
переброд|и́ть II (~́ит) *pf* ferment, rise
перебр|оса́ть I *pf of* ~а́сывать; **~о́сить(ся)** II (~о́шу(сь)) *pf of* ~а́сывать(ся); **~о́ска** transfer
перебыва́|ть I *pf* have been (to), have called (*at many places or on many people*); он везде́ ~л he has travelled all over the world
перева́л passing, crossing; mountain pass; **~́ец** ходи́ть, дви́гаться с ~цем *coll* (walk, move with a) waddle; **~́ивать** I *pf* ~и́ть *coll* shift, transfer; cross (*mountain pass*); *impers coll* ~и́ло за по́лночь it is past midnight; ему́ ~и́ло за со́рок лет he is past forty, he is over forty; **~́иваться** I *pf* ~и́ться roll, fall over (че́рез + *acc*); ~ на друго́й бок roll over on to the other side; *impf* waddle; **~и́ть(ся)** II (~ю́(сь), ~́ишь(ся)) *pf of* ~́ивать(ся); **~ка** transshipment (point), transfer(ence); **~́очный** transshipment; ~ пункт staging-post
перева́р|ивать I *pf* ~и́ть overboil, overcook, overdo; cook, boil again; digest *also fig*; *fig coll* swallow, bear, stand; **~и́мый** (~и́м) digestible; **~и́ть** II (~ю́, ~́ишь) *pf of* ~́ивать
переве́д|аться I *pf of* ~ываться; **~́ываться** I *pf* ~аться *obs* settle (old) scores, accounts (with, с + *instr*)
перевез|ти́ (~у́, ~ёшь; ~́, ~ла́) *pf of* перевози́ть
перевер|ну́ть(ся) I *pf of* ~́тывать(ся) *and* перевора́чивать(ся); **~те́ть** II (~чу́, ~́тишь) *pf of* ~́тывать *and* переве́рчивать *coll* screw in again; turn too far; **~́тывать** I *pf* ~ну́ть turn over (*page, etc*); invert; ~ наизна́нку turn inside out; ~ вверх дном turn upside down *also fig*; **~́тываться** I *pf* ~ну́ться turn over; он ~нётся в гробу́ *joc* he would turn in his grave; **~́тыш** *coll* turncoat; **~́чивать** I *pf* ~те́ть
переве́|с reweighing, rehanging; *fig* advantage, preponderance; чи́сленный ~с numerical superiority; взять ~с gain the advantage, the upper hand (in, в + *prep*); ~с на на́шей стороне́ the odds are in our favour, we have the balance of advantage; **~́сить(ся)** II (~шу(сь)) *pf of* ~шивать(ся)
переве|сти́(сь) (~ду́(сь), ~дёшь(ся); ~́л(ся), ~ла́(сь)) *pf of* переводи́ть(ся)
переве́ш|ать I *pf of* ~́ивать; *pf* hang (*a lot of people*); **~́ивать** I *pf* переве́сить hang somewhere else; weigh again, reweigh; outweigh, outbalance *also fig*; *fig coll* tip the scales; *pf* ~ать weigh (a lot of); **~́иваться** I *pf* переве́ситься lean over (че́рез + *acc*)
переви|ва́ть I *pf* ~́ть intertwine (with), interweave (with, + *instr*); weave again
перевида́ть I *pf coll* have seen, experienced (*much*)
перевин|ти́ть II (~чу́) *pf of* ~́чивать; **~́чивать** I *pf* ~ти́ть rescrew; screw too far, too tightly
перев|ира́ть I *pf* ~ра́ть *coll* get wrong; garble, distort, misinterpret; misquote; *pop* outlie
перев|и́ть (~ью́, ~ьёшь; ~и́л, ~ила́, ~и́ло) *pf of* ~ива́ть
перево́|д transfer (form); де́нежный ~д money remittance (*money orders, etc*); move, switch, shift; transfer (*of personnel*); ~́д стре́лки shunting, switching; ~́д стре́лки часо́в вперёд (наза́д) putting clock on (back); translation; conversion (*of measures, currency, etc*); *coll* spending, using up; то́лько ~д де́нег *coll* mere waste of money; нет ~ду *coll* there is no shortage (of, + *dat*); **~ди́ть** II (~жу́, ~́дишь) *pf* перевести́ take across (че́рез + *acc*); transfer, move, shift, switch; ~ на друго́е ме́сто transfer to another post; ~ в сле́дующий класс move up into the next form; ~ де́ньги по телегра́фу wire money; ~ стре́лку shunt, switch; ~ стре́лку часо́в вперёд (наза́д) put a clock on (back); translate, interpret (from into, с + *gen*, на + *acc*); ~ в метри́ческие ме́ры convert to metric system; *art* transfer, copy; перевести дух, дыха́ние take breath; *coll* destroy, exterminate; *coll* spend, use up; **~ди́ться** II (~жу́сь, ~́дишься) *pf* перевести́сь be transferred (*to another job, etc*); *pass of* ~ди́ть; **~ди́ться** II (~́дится) *pf* перевести́сь *coll* die out, become extinct; у него́ де́ньги не ~́дятся he is never without money; **~дно́й** ~дная бума́га carbon paper, transfer paper; ~дная карти́нка transfer; **~́дный** *adj of*

~д; ~ рома́н novel in translation; ~ бланк postal order form; ~́дчик translator; interpreter

перево́|з transport(ation); ferry; **~зи́ть** II (~жу́, ~́зишь) *pf* перевезти́ carry, transport, convey, take (*from one place to another*); (re)move (*furniture*); put, take ferry across (че́рез + *acc*); **~́зка** transport(ation), conveyance; carriage; **~́зочный** ~зочные сре́дства means of conveyance; **~́зчик** ferryman, boatman; *orni* common sandpiper

переволн|ова́ть (~у́ю) *pf coll* alarm; **~ова́ться** (~у́юсь) *pf coll* become, be alarmed

перевооруж|а́ть I *pf* ~и́ть rearm; **~а́ться** I *pf* ~и́ться rearm; **~е́ние** rearmament; **~и́ть(ся)** II *pf of* ~а́ть(ся)

перевопло|ти́ть(ся) II (~щу́(сь)) *pf of* ~ща́ть(ся); **~ща́ть** I *pf* ~ти́ть re-create, transform, reincarnate; **~ща́ться** I *pf* ~ти́ться be re-created, transformed, reincarnated (in, в + *prep*); **~ще́ние** re-creation, transformation, reincarnation

перевора́ч|ивать I *pf* переверну́ть turn over, invert; ~ страни́цу turn over the page; ~ вверх дном turn upside down *also fig*; ~ наизна́нку turn inside out; **~́иваться** I *pf* переверну́ться turn over; overturn (*of boat, etc*)

переворо́т revolution; overturn; госуда́рственный ~ coup d'état; ~ че́рез крыло́ *aer* roll

перевороши́**ть** II *pf coll* turn (*hay*); ~ свою́ па́мять dig in one's memory; *fig* turn upside down

перевоспит|а́ние re-education; **~а́ть(ся)** I *pf of* ~́ывать(ся); **~́ывать** I *pf* ~а́ть re-educate; **~́ываться** I *pf* ~а́ться re-educate oneself, be re-educated

перевр|а́ть (~у́, ~ёшь; ~а́л, ~ала́, ~а́ло) *pf of* перевира́ть

перевыб|ира́ть I *pf* ~́рать *coll* re-elect; **~́оры** (*gen pl* ~оров) re-election; by-election; **~́рать** (~еру́, ~ерёшь) *pf of* ~ира́ть

перевып|олне́ние overfulfilment; **~́олнить** II *pf of* ~олня́ть; **~олня́ть** I *pf* ~́олнить overfulfil

пер|евяза́ть I (~евяжу́, ~евя́жешь) *pf of* ~евя́зывать; **~евя́зка** dressing, bandage; ligature; **~евя́зочный** ~ материа́л dressing; ~ пункт dressing-station; **~евя́зывать** I *pf* ~евяза́ть dress, bandage; change a dressing; tie up (*parcel, etc*); knit again, reknit; **~́евязь** *f* cross-belt, shoulder-belt, baldric; *med* sling; на ~евязи in a sling

перега́р *coll* unpleasant taste in mouth (from alcohol); smell of alcohol; от него́ несёт ~ом he smells of alcohol

переги́б bending, folding over; bend, fold, twist; *fig* excess, exaggeration; **~а́ть** I *pf* перегну́ть bend, fold; ~ попола́м bend, fold in half; *fig coll* overdo it (в + *prep*); ~ па́лку *fig coll* go too far, go to extremes; **~а́ться** I *pf* перегну́ться bend; bend, lean over (че́рез + *acc*)

перегла́|дить II (~жу) *pf of* ~живать; **~́живать** I *pf* ~дить iron again; iron (a lot)

перегля́|дываться I *pf* ~ну́ться exchange glances (with, с + *instr*); **~ну́ться** I (~ну́сь, ~́нешься) *pf of* ~́дываться

перегн|а́ивать I *pf* ~ои́ть decompose, rot through

перег|на́ть (~оню́, ~о́нишь; ~на́л, ~нала́, ~на́ло) *pf of* ~оня́ть

перегни|ва́ть I (~ва́ет) *pf* ~́ть rot through; **~́ть** (~ёт; ~л, ~ла́, ~ло) *pf of* ~ива́ть

перегно|и́ть II *pf of* перегна́ивать; **~́й** humus; **~́йный** *adj of* ~й; ~йная по́чва humus

перег|ну́ть(ся) (~ну(сь), ~нёшь(ся)) *pf of* ~иба́ться

перегов|а́ривать I *pf* ~ори́ть *coll* talk down; **~а́риваться** I *impf* exchange remarks (with, с + *instr*); **~ори́ть** II *pf* have a talk (about, о + *prep*), talk over, discuss; *pf of* ~а́ривать; **~о́рный** ~о́рная бу́дка telephone booth; ~ телефо́нный пункт trunk-call office; **~о́ры** (*gen pl* ~о́ров) negotiations; talks; parley; вести́ ~ negotiate (with), carry on negotiations (with, с + *instr*)

перего́н stage (*between railway stations*); driving (*of cattle*); **~́ка** distillation; суха́я ~ sublimation; **~́ный** *adj of* ~ка; ~ заво́д distillery; ~ куб still; **~я́ть** I *pf* перегна́ть overtake; *pf* outdistance, leave behind, surpass; drive somewhere else; ~ самолёты ferry planes; *tech* distil, sublimate

перегор|а́живать I *pf* ~оди́ть partition (off)

перегор|а́ть I (~а́ет) *pf* ~е́ть burn through, wear through (*from friction*); burn out, fuse (*of bulb, etc*); become parched; rot through; **~е́лый** *coll* burnt out; **~е́ть** II (~и́т) *pf of* ~а́ть

перегоро|ди́ть II (~жу́, ~́ди́шь) *pf of* перегора́живать; **~́дка** partition; *tech* baffle (plate)

перегре́|в overheating; *tech* superheating; **~ва́тель** *m tech* superheater; **~ва́ть** I *pf* ~́ть overheat; *tech* superheat; **~ва́ться** I *pf* ~́ться overheat; ~ на солнцепёке get sunburnt, take too much sun; **~́ть(ся)** I *pf of* ~ва́ть(ся)

перегру|жа́ть I *pf* ~зи́ть load (from, с + *gen;* to, на + *acc*); overload *also fig*; **~жа́тель** *m* stage loader; **~́женность** *f* (**~жённость**) *f* overloading, overburdening; **~зи́ть** II (~жу́, ~́зи́шь) *pf of* ~жа́ть); **~́зка** overload(ing), surcharge; ~ рабо́той overwork; reloading, shifting, transfer; transshipping; **~́зочный** shifting, transshipping

перегруппир|ова́ть (~у́ю) *pf of* ~о́вывать; **~о́вывать** *pf* ~ова́ть regroup

перегрыз|а́ть I *pf* ~́ть gnaw, bite through; bite to death; **~́ть** (~у́, ~ёшь; ~, ~ла) *pf of* ~а́ть; **~́ться** (~у́сь, ~ёшься; ~ся, ~лась) *pf only coll* fight (*of animals*); *fig pop* row, quarrel

пе́ред (пе́редо) *prep* + *instr indicates place* before; in front of; in the face of *also fig*; ~ до́мом in front of the house; *indicates time* (just) before; ~ обе́дом before dinner; ~ тем, как *conj* before; *in relation to, as compared with* to; извиня́ться ~ кем apologize to someone

перёд (пе́реда; *pl* ~а́, ~о́в) front, fore-part

переда|ва́ть (~ю, ~ёшь) *pf* ~́ть pass; hand (over); ~ по насле́дству hand down; tell; что́-нибудь ~ть? any message?; communicate, transmit, convey; ~ по ра́дио broadcast; то́чно ~ мысль а́втора exactly convey the author's thought; ~ благода́рность convey thanks; ~ поруче́ние deliver a message; ~ приказа́ние transmit an order; ~ приве́т send one's regards, convey greetings; ~ то́чное схо́дство portray to the life; refer, remit; ~ де́ло в суд sue, take a matter to law; ~ свои́ права́ make over one's rights; give over to; give, pay too much; ~ пять рубле́й pay five roubles too much; **~ва́ться** (~ётся) *pf* ~́ться pass (to), be transmitted, communicated (to); be inherited, descend; be catching (*of illness*); ~ проти́внику *fig coll* go over to the opposite party; **~́точный** *adj of* ~ча; transmission; ~ вал *tech* countershaft; ~ механи́зм drive; ~точная на́дпись *fin* endorsement; **~́тчик** *rad* transmitter; **~́ть** (~м, ~шь, ~ст, ~ди́м, ~ди́те, ~ду́т; пе́реда́л, ~ла́, пе́реда́ло; пе́реданный) *pf of* ~ва́ть; **~́ться** (~стся, ~ду́тся; ~лся, ~ла́сь) *pf of* ~ва́ться;

~́ча passing, handing over; transmission, communication; ~ имýщества *leg* assignation; без прáва ~чи not transferable; parcel (*for person in hospital or prison*); broadcast; прогрáмма ~ч radio programmes; overpayment; *tech* drive gear(ing), transmission; пéрвая ~ low gear

передви|гáть I *pf* ~́нуть (re)move, shift *also fig*; *coll* postpone, move to another date; я éле ~гáл нóги I could scarcely drag one foot after the other; **~гáться** I *pf* ~́нуться move, shift; *coll* be changed (*of date*); *tech* travel; **~жéние** movement; *tech* travel; срéдства ~жéния means of conveyance; **~́жка** *coll* = ~жéние; библиотéка-~ mobile library; **~́жник** 'Peredvizhnik' (*Russian realist painter of second half of 19th century*); **~жнóй** mobile, movable, travelling (*crane, screen, library, exhibition, etc*); **~́нуть(ся)** I *pf of* ~гáть(ся)

передéл redivision, repartition, redistribution, reallotment (*of lands, etc*)

передéл|ать I *pf of* ~ывать

передел|и́ть II (~ю́, ~́ишь) *pf of* ~я́ть

передéл|ка alteration; отдáть в ~ку have altered (*dress, etc*); adaptation (*of lit work, etc*); попáсть в ~ку, побывáть в ~ке (~ках) *coll* get, be in a fine mess; **~́ывать** I *pf* ~ать remake, alter (*dress, character, etc*); do a lot

передел|я́ть I *pf* ~и́ть redivide

передёр|гивать I *pf* ~нуть move by pulling, pull aside; *coll* cheat at cards; *impers* егó ~нуло от отвращéния he shuddered with disgust; ~ от бóли convulse with pain; *fig* distort, misrepresent (*facts, etc*); **~́гиваться** I *pf* ~нуться *coll* wince, flinch, shudder

передерж|áть II (~жý, ~́ишь) *pf of* ~́ивать; **~́ивать** I *pf* ~áть keep, leave for too long (*of cooking, etc*), overdo, overcook, overboil; overexpose (*photo*); ~ экзáмен *coll* resit an examination; **~́ка** *coll* cheating (at cards); juggling (with facts); overexposure (*photo*); *coll* re-examination

передёр|нуть(ся) I *pf of* ~гивать(ся)

переди|енёбный *ling* front palatal; **~́ий** front, anterior; first; ~ие конéчности forelegs; ~ край оборóны front line of resistance; на ~ем крáе in the vanguard; ~яя крóмка *aer* landing edge; ~ план foreground; на ~ем плáне in the foreground; подписáть ~им числóм postdate; **~́ик** apron, pinafore; **~́яя** *n* (entrance) hall, lobby; ante-room, vestibule

пéредо = пéред

передовáя *n* leading article, leader

передовéр|ить II *pf of* ~я́ть; **~я́ть** I *pf* ~́ить transfer trust (to, + *dat*); transfer power of attorney (to); subcontract (to)

передов|и́к 1 progressive (advanced, go-ahead) worker; **~и́ца** *coll* leading article, leader, editorial; **~óй** leading; advanced, progressive, go-ahead; foremost *also fig*; ~ы́е взгля́ды advanced views; ~ отря́д *mil* advanced detachment, *fig* vanguard; ~áя статья́ leading article, leader; editorial

перед|óк (~кá) upper, vamp (*of shoe*); front (*of carriage*); *usu pl mil* limber; **~óм** *adv pop* in front, ahead

передóх|нуть I (~нет; ~, ~ла) *pf* die off (*usu of animals*); **~нýть** I *pf of* передыхáть

передрáзн|ивать I *pf* ~и́ть take off, mimic; **~и́ть** II (~ю́, ~́ишь) *pf of* ~́ивать

пере|дрáться (~дерýсь, ~дерёшься; ~дрáлся, ~дралáсь, ~дрáлóсь) *pf coll* fight (*amongst themselves, etc*; *with many people*)

передрóг|нуть I (*past* ~, ~ла) *coll* get chilled through

передруж|и́ться II (~ýсь, ~́ишься) *coll* make friends (*with many people*)

передря́га *coll* spot of bother, row, scrape; unpleasantness

передýм|ать I *pf of* ~ывать; **~́ывать** I *pf* ~ать think better of it, change one's mind (upon reflection); do a great deal of thinking (+ *acc or* o + *prep*)

переды|хáть I *pf* передохнýть *coll* take a breather, have a short rest; **~́шка** respite, breathing-space

переедá|ние overeating, surfeit; **~́ть** I *pf* переéсть overeat, eat too much, surfeit; *coll* out-eat, surpass in eating; corrode through, eat away

переéз|д crossing (*over water*); level crossing; removal; **~жáть** I *pf* переéхать cross; run over, knock down; move (*to a new place of residence*)

пережáр|ивать I *pf* ~ить roast, fry too much, overdo; **~́ить** II *pf of* ~ивать; roast, fry (a lot)

перажд|áть (~ý, ~ёшь; ~áл, ~алá, ~áло) *pf of* пережидать wait till something is over; ~ грозý wait for the storm to pass; всех не ~ёшь one can't wait for everybody

переж|евáть (~ую́) *pf of* ~ёвывать; **~ёвывать** I *pf* ~евáть masticate, chew; *impf fig* chew over, repeat over and over again

пережен|и́ть II (~ю́, ~́ишь) *pf* marry off (*many*); **~и́ться** II (~́ится) *pf* marry, get married (*of many*)

переж|éчь (~гý, ~жёшь, ~гýт; ~ёг, ~глá) *pf of* ~игáть

пережива́|ние (emotional) experience; **~́ть** I *pf* пережи́ть experience, go through, suffer, endure outlive, survive, outlast; bear, put up with; он не смог пережи́ть оскорблéния he could not get over the insult; *impf pop* worry, go through it

переж|идáть I *pf* ~дáть

переж|игáть I *pf* ~éчь overburn, burn excessively; calcine; burn through; burn up (*a lot*); burn more than one's quota (*of fuel, etc*)

пережи́|тое *n* one's past; **~́ток** (~тка) survival, relic; **~́точный** *adj of* ~ток; **~́ть** (~вý, ~вёшь; пéрежил, ~лá, пéрежило; пéрежитый) *pf of* ~вáть; *pf* live through; ~ жизнь live one's life through

пережóг *tech* overburning

перезаб|ы́ть (~ýду, ~ýдешь) *pf coll* forget (*much, many*)

перезаключ|áть I *pf* ~и́ть renew (*contract, etc*); **~и́ть** II *pf of* ~áть

перезаря|ди́ть II (~жý, ~́ди́шь) *pf of* ~жáть; **~жáть** I *pf* ~ди́ть recharge, reload; *elect* overcharge

перезв|áнивать I *pf coll* ~они́ть ring again (*by telephone*); *impf* ~ колоколáми peal, ring the bells; **~óн** ringing, pealing, chime; **~они́ть** II *pf of* ~áнивать; ring round (*by telephone*)

перезим|овáть (~ýю) *pf of* зимовáть

перезнакóм|ить II (~лю) *pf coll* introduce (*many people to one another*); **~́иться** II (~люсь) *pf coll* get acquainted with (*a lot of people*)

перезре|вáть I *pf* ~́ть become overripe; *fig coll iron* become too old; **~́лый** overripe; *fig coll iron* passé, past the first bloom of youth; **~́ть** I *pf of* ~вáть

переигр|áть I *pf of* ~́ывать; **~óвка** *sp* replay; **~́ывать** I *pf* ~áть play again, replay; *theat coll* overact, overdo, ham; play, perform (*a lot*)

переиз|бира́ть I *pf* ~бра́ть re-elect; *coll* replace; **~бра́ние** re-election; **~бра́ть** (~беру́, ~берёшь; ~бра́л, ~брала́, ~бра́ло) *pf of* ~бира́ть

переизда|ва́ть (~ю́, ~ёшь) *pf* ~́ть republish, reprint, reissue; **~́ние** republication; reprint; new edition; **~́ть** (~м, ~шь, ~ст, ~ди́м, ~ди́те, ~ду́т; ~л, ~ла́, ~ло) *pf of* ~ва́ть

переимен|ова́ть (~у́ю) *pf of* ~о́вывать; **~о́вывать** I *pf* ~ова́ть rename

переи́мчив|ый (~) *coll* imitative, quick to imitate, quick to assimilate

переина́ч|ивать I *pf* ~ить *coll* alter, modify, recast; **~́ить** II *pf of* ~ивать

пере|йти́ (~йду, ~йдёшь; ~шёл, ~шла́) *pf of* ~ходи́ть

перека́л overheating; overtempering; **~́ивать** I *pf* ~и́ть *tech* overtemper; *coll* overheat; **~и́ть** II *pf of* ~́ивать

перек|а́лывать I *pf* ~оло́ть pin (*somewhere else*); chop, hew (*a lot of*)

перека́пывать I *pf* перекопа́ть dig over again; dig (*all of*)

перек|а́рмливать I *pf* ~орми́ть overfeed, surfeit

перека́|т shoal; roll (*of gunfire, etc*), peal (*of thunder*); rolling elsewhere; **~ти́-по́ле** *neut bot* eryngo, goat's-beard; *fig* rolling stone (*of person*); **~ти́ть(ся)** II (~чу́(сь), ~́тишь(ся)) *pf of* ~́тывать(ся); **~́тный** rolling; голь ~тная down-and-outs; *geol* erratic; **~́тывать** I *pf* ~ти́ть roll (elsewhere); **~́тываться** I *pf* ~ти́ться roll (elsewhere)

перекач|а́ть I *pf of* ~́ивать; **~́ивать** I *pf* ~а́ть pump across

перек|а́шивать I *pf* ~оси́ть warp; ~оси́ло око́нную ра́му the window-frame has warped; *usu impers fig coll* distort, twist, convulse (*face*); от бо́ли его́ ~оси́ло his face was twisted with pain; **~а́шиваться** I (~а́шивается) *pf* ~оси́ться warp, be warped; *fig coll* become distorted, twisted, convulsed (with, от + *gen*)

переквалифи|ка́ция retraining; **~ци́ровать** (~ци́рую) *impf and pf* retrain; **~ци́роваться** (~ци́руюсь) *impf and pf* retrain, requalify; change one's profession

переки|да́ть I *pf of* ~́дывать; **~дно́й** ~ мо́стик footbridge, gangway; **~́дывать** I *pf* ~да́ть throw one after another; *pf* ~́нуть throw (over, across); **~́дываться** I *pf* ~́нуться leap (over); spread (*of fire, disease, etc*); throw one to another (+ *instr*); ~ не́сколькими слова́ми *fig* exchange a few words; **~́нуть** I *pf of* ~дывать; **~́нуться** I *pf of* ~дываться; *pop* die

перекип|а́ть I *pf* ~е́ть boil too long, overboil; boil over; *fig coll* subside (*of anger, etc*); **~е́ть** II (~лю́) *pf of* ~а́ть; **~яти́ть** II (~ячу́) *pf* boil again, re-boil

пер|екиса́ть I (~екиса́ет) *pf* ~еки́снуть turn sour; **~еки́снуть** I (~еки́снет; ~еки́с, ~еки́сла) *pf of* ~екиса́ть; **~́екись** *f* peroxide; ~ водоро́да hydrogen peroxide

перекла́д|ина cross-beam, crosspiece; joist, transom; *sp* horizontal bar; **~ны́е** *n* (*sing* ~на́я) post-horses, relay-horses; е́хать на ~ны́х travel by post-chaise; **~́ывать** I *pf* переложи́ть put somewhere else; shift, move; ~ отве́тственность на кого́ *fig* shift the responsibility on to someone; ~ руль *naut* put the helm over; interlay (with, + *instr*); ~ посу́ду бума́гой pack the crockery in paper; reset, re-lay (*stove*); put in too much (+ *gen*); ~ са́хара put in too much sugar

перекле́|ивать I *pf* ~ить re-stick; glue, paste again; stick (*a lot of*); **~́ить** II *pf of* ~ивать; **~́йка** re-sticking; plywood

перекли|ка́ться I *pf* ~́кнуться shout, call to one another (с + *instr*); *impf* have something in common with, have a ring (of) (с + *instr*); **~́кнуться** I *pf of* ~ка́ться; **~́чка** roll-call, call-over; exchange (*of views, etc on rad or press*)

переключ|а́тель *m tech* switch; commutator; конта́ктный ~ stud, tap switch; **~а́ть** I *pf* ~и́ть switch (over to), change (over to) *also fig*; **~а́ться** I *pf* ~и́ться switch over, change (to); **~и́ть(ся)** II *pf of* ~а́ть(ся)

перек|ова́ть (~ую́) *pf of* ~о́вывать; **~о́вывать** I *pf* ~овать reforge; hammer again; re-shoe (*horse*); beat, hammer out; ~ мечи́ на ора́ла beat swords into ploughshares; *coll* re-educate

перекол|о́ть (~ю́, ~́ешь; ~́отый) *pf of* перека́лывать; *pf* prick all over; slaughter (*a lot of*)

перек|опа́ть I *pf of* ~а́пывать

перек|орми́ть II (~ормлю́, ~о́рмишь) *pf of* ~а́рмливать

перекó́р|ы (*gen pl* ~ов) *pop* squabble; **~я́ться** I *impf pop* hurl reproaches at one another

переко|си́ть II (~шу́, ~́сишь) *pf of* перека́шивать; *pf* mow (*a lot, everything*); **~си́ться** II (~шу́сь, ~́сишься) *pf of* перека́шиваться

перекоч|ева́ть (~у́ю) *pf of* ~ёвывать; **~ёвывать** I *pf* ~евать migrate elsewhere; *fig coll* roam from place to place

перекó́шенный distorted, twisted, convulsed (*usu of face*)

перекр|а́ивать I *pf* ~ои́ть cut out again, re-cut; *fig* rehash, reshape; redraw (*map, etc*)

перекра́|сить II (~шу) *pf of* ~шивать; *pf* paint (a lot); **~́ситься** II (~шусь) *pf of* ~шиваться; **~́шивать** I *pf* ~сить paint over; repaint; recolour, re-dye; **~́шиваться** I *pf* ~ситься *coll* dye one's hair (a different colour); она ~силась в блонди́нку she dyed her hair blond

перекре|сти́ть II (~щу́, ~́стишь) *pf of* крести́ть; *pf of* ~́щивать; **~сти́ться** II (~щу́сь, ~́стишься) *pf of* крести́ться; *pf of* ~́щиваться; **~́стный** cross; ~ допро́с cross-examination; ~ ого́нь *mil* cross-fire; ~стное опыле́ние cross-pollination; ~стная ри́фма alternate rhyme; ~стная ссы́лка cross-reference; **~́сток** (~стка) crossroads; crossing; крича́ть на всех ~стках *fig coll* proclaim from the housetops; **~́щивать** I *pf* ~сти́ть cross; baptize (*all, large number of*); **~́щиваться** I *pf* ~сти́ться cross oneself, intersect

перекри|кивать I *pf* ~ча́ть shout down, make one's voice heard above (*that of others*); **~ча́ть** II *pf of* ~́кивать

перекр|ои́ть II *pf of* ~а́ивать; *pf* cut out (*a lot*)

перекру|ти́ть II (~чу́, ~́тишь) *pf of* ~́чивать overwind (*watch, etc*), twist, wind too much; break by twisting; *pop* wind, twist round; **~́чивать** I *pf* ~ти́ть

перекр|ыва́ть I *pf* ~ы́ть re-cover, re-roof; *coll* beat, trump (*cards*); *coll* exceed (*norm, etc*), break (*record*); *fig* cut off (*water, gas, etc*), close, block (*road, etc*); dam (river); **~ы́тие** ceiling; *fig* exceeding, breaking; cutting off, closing, blocking; damming; **~ы́ть** (~о́ю, ~о́ешь) *pf of* ~ыва́ть

перекувы́р|кивать I *pf* ~ну́ть *coll* overturn, upset; **~́киваться** I *pf* ~ну́ться *coll* topple over; turn head over heels, turn a somersault; ~**ну́ть(ся)** I *pf of* ∼кивать(ся)

перекуп|а́ть I *pf* ~и́ть *coll* buy (a lot); buy second hand (from, у + *gen*); buy before someone's very nose, outbid for; buy up (*for reselling*); *pf coll* bathe too long; ~**а́ться** I *pf coll* bathe too long, stay in (the water) too long; ~**и́ть** II (~лю́, ∼ишь) *pf of* ~а́ть; ∼**щик** second-hand dealer

переку́р *coll* smoking break; *fig* break (*at work*); ∼**ивать** I *pf* ~и́ть smoke (*many kinds of tobacco, etc*); smoke too much; *coll* have a smoke (*during a break*); ~**и́ть** II (~ю́, ∼ишь) *pf of* ∼ивать; ∼**ка** = ~

переку|са́ть I *pf* bite (a number); ~**си́ть** II (~шу́, ∼сишь) *pf of* ∼сывать; ∼**сывать** I *pf* ~си́ть bite through; *coll* have a bite (to eat), have a snack

перел|ага́ть I *pf* ~ожи́ть *fig* shift on to (*of responsibility, etc*) = перекла́дывать; set (to), arrange (for), transpose, put (into, в + *acc*; на + *acc*); ~ на му́зыку set to music; ~ в стихи́ put into verse

перел|а́мывать I *pf* ~оми́ть break (in two), fracture (*leg, arm, etc*); break, master, overcome, restrain (*feelings, etc*); ~ себя́ force oneself against the grain; ~ кому́ во́лю break someone's will; ~**а́мываться** I *pf* ~оми́ться break (in two), fracture

перележ|а́ть II (~у́, ~и́шь) *pf* lie too long; (~и́т) deteriorate (*from lying too long*)

перелез|а́ть I *pf* ∼ть climb (over, + *acc or* через + *acc*); ∼**ть** (~у, ~ешь; ~, ~ла) *pf of* ~а́ть

переле́с|ок (~ка) copse; ∼**ье** glade

перелё|т flight (*of aircraft*); passage; migration (*of birds*); shot over the target, plus round; ~**та́ть** I *pf* ~те́ть fly over (+ *acc or* че́рез + *acc*); fly too far; overshoot (the mark); ~**те́ть** II (~чу́) *pf of* ~та́ть; ∼**тный** migratory; ~тная пти́ца bird of passage *also fig*

пере|ле́чь (~ля́гу, ~ля́жешь, ~ля́гут; ~лёг, ~легла́) *pf* lie (down) somewhere else

перели́в modulation (*of voice*); play (*of colours*); ~ы перламу́тра iridescence of mother-of-pearl; ~**а́ние** decantation; ~ кро́ви blood transfusion; ~**а́ть** I *pf* перели́ть pour (from, из + *gen*; into, в + *acc*); ~ молоко́ из кастрю́ли в кувши́н pour milk from a saucepan into a jug; ~ из пусто́го в поро́жнее *fig* mill the wind, beat the air; ~ кровь ра́неному give a wounded man a blood tranfusion; let overflow; recast; melt down; (~а́ет) *impf* play (*of colours*); ~ все́ми цвета́ми ра́дуги be iridescent; ~**а́ться** I *pf* перели́ться flow (elsewhere), flow (from, to); overflow, run over; (~а́ется) *impf* play (*of colours*); modulate (*of voices*); ~ все́ми цвета́ми ра́дуги be iridescent; ∼**ка** recasting; ∼**чатый** (~чат) iridescent; modulating (*of voice*); shot (*of silk*)

перелист|а́ть I *pf of* ∼ывать; ∼**ывать** I *pf* ~а́ть turn over, leaf through (*pages of book*); look through, glance at

перел|и́ть(ся) (~ью́(сь), ~ьёшь(ся); ~и́л(ся), ~ила́(сь)) *pf of* ~ива́ть(ся)

перелиц|ева́ть (~у́ю) *pf of* ~о́вывать; ~**о́вывать** I *pf* ~ева́ть turn, have turned (*coat, etc*)

перелов|и́ть II (~лю́, ∼ишь) *pf* catch (*a lot of*)

перело́г fallow (land)

перелож|е́ние *mus* arrangement; transposition; ~ в стихи́ versification; ~**и́ть** II (~у́, ∼ишь) *pf of* перекла́дывать *and* перелага́ть; ∼**ный** *adj of* перело́г

перело́м break(ing); fracture (*of bone*); *fig* breaking, turning-point; crisis (*in illness, etc*), culmination, sudden change; на ~е on the eve (of, + *gen*); ~**а́ть** I *pf* break (*a lot of, all*); *fig coll* change; ~**а́ться** I (~а́ется) *pf* break (*a lot of*); ~**и́ть** II (~лю́, ∼ишь) *pf of* перела́мывать; ~**и́ться** II (∼ится) *pf of* перела́мываться; ∼**ный** *adj of* ~; ~ моме́нт critical, crucial moment

перема́|зать(ся) I (~жу(сь)) *pf of* ∼зывать(ся); ∼**зывать** I *pf* ~зать soil, dirty (with, + *instr*); re-coat (*with paint, etc*); ∼**зываться** I *pf* ~заться *coll* soil, (be)smear oneself, get oneself dirty

перема́л|ывать I *pf* перемоло́ть grind, mill; *fig* pulverize, destroy; ∼**ываться** I *pf* перемоло́ться *pass of* ~ывать; переме́лется – мука́ бу́дет *prov* it will come right in the end

перема́н|ивать I *pf* ~и́ть *coll* entice; ~ на свою́ сто́рону tempt over to one's side, win over; ~**и́ть** II (~ю́, ∼ишь) *pf of* ~ивать

перема́тывать I *pf* перемота́ть wind, reel; ~ плёнку wind back a film, tape; rewind

перема́х|ивать I *pf* ~ну́ть *pop* leap over (+ *acc or* че́рез + *acc*); ~**ну́ть** I *pf of* ∼ивать

перемежа́|ть I *impf* alternate (+ *acc and instr* or с + *instr*); ~ рабо́ту (с) о́тдыхом work and rest by turns; ∼**ться** I (~ется) *impf* alternate (с + *instr*); ~ющаяся лихора́дка intermittent, remittent fever

переме́н|а change; alteration; без ~ (there is) no change; change (*of underclothes, clothes, etc*); break, interval (*at school*); больша́я ~а long break; ~**и́ть** II (~ю́, ∼ишь) *pf* change (*flat, opinion, linen, etc*); ~ пози́цию shift one's ground *also fig*; ~ тон *fig* change one's tune; ~**и́ться** II (~ю́сь, ∼ишься) *pf of* ~я́ться change; ~ в лице́ change countenance; ~ места́ми change places; ~ к кому́ change (one's attitude) towards someone; ∼**ный** variable; ~ная величина́ variable (quantity); ~ капита́л variable capital; ~ная пого́да changeable weather; ~ соста́в temporary staff; ~ ток alternating current; ∼**чивый** (~чив) *coll* changeable; fickle, inconstant (*of people, character, etc*); ~**я́ть(ся)** I *pf* ~и́ть(ся) *coll*

пере|мере́ть (~мрёт; пе́ремёр, ~мёрла́) *pf pop* die off

перемерз|а́ть I *pf* ∼нуть *coll* get chilled, freeze; be nipped by the frost (*of plants*); ∼**нуть** I (~нет; ∼, ∼ла) *pf of* ~а́ть

переме́р|ивать I *pf* ~ить remeasure; try on (*a quantity*); ∼**ить** II *pf of* ~ивать

переме|си́ть II (~шу́, ∼сишь) *pf of* ∼шивать mix, mingle, knead (together); *pf* knead again

переме|сти́ть(ся) II (~щу́(сь), ~сти́шь(ся)) *pf of* ~ща́ть(ся)

перемёт seine (*net*)

переме́|тить II (~чу) *pf of* ~ча́ть

переметн|у́ться I *pf coll* desert, go over (*to the enemy, etc*); ∼**ый** ~ая су́мка saddle-bag; сума́ ~ая *fig* weathercock

переме|ча́ть I *pf* ∼тить change the mark (on); ∼тить всё бельё mark all the linen

перемеш|а́ть(ся) I *pf of* ∼ивать(ся); ∼**ивать** I *rare pf* перемеси́ть; *pf* ~а́ть mix (up), jumble (up) *also fig*; ~ ка́рты shuffle the cards; intermingle, intermix; ~ у́гли в пе́чке poke the fire in the stove; ∼**иваться** I *pf* ~а́ться get mixed (up) *also fig pass of* ~ивать

переме|ща́ть I *pf* ~сти́ть move (*somewhere else*), transfer, shift; ~**ща́ться** I *pf* ~сти́ться move, shift; *pass of* ~ща́ть; ~**ще́ние** transference, shift;

displacement; *geol* dislocation, displacement; *tech* travel; **~щённый** ~щённые ли́ца displaced persons

переми́г|иваться I *pf* ~ну́ться *coll* wink (at, с + *instr*), wink at one another; **~ну́ться** I *pf of* ~́иваться

перемина́ться I *impf* ~ с ноги́ на́ ногу *coll* shift from one foot to the other

переми́рие armistice, truce

перемнож|а́ть I *pf* ~́ить multiply; **~́ить** II *pf of* ~а́ть

перемо|га́ть I *pf* ~́чь *coll* struggle against, (try to) overcome (*weakness, illness, etc*); **~га́ться** I *impf coll* try not to give way to an illness

перемок|а́ть I *pf* ~́нуть *coll* get soaked through, drenched; **~́нуть** I (*past* ~, ~ла) *pf of* ~а́ть

перемо́лв|ить II (~лю) *pf* ~ сло́во *coll* exchange a word (with, с + *instr*); **~́иться** II (~люсь) *pf coll* exchange words (with, с + *instr*)

перем|оло́ть(ся) (~елю́, ~е́лешь; ~е́лет(ся)) *pf of* ~а́лывать(ся)

перем|ота́ть I *pf of* ~а́тывать

перемо́|чь (~гу́, ~́жешь, ~́гут) *pf of* ~га́ть

перемудри́ть II *pf coll* be too clever by half (*on a specific occasion*)

перем|ыва́ть I *pf* ~ы́ть wash (up) again; ~ всю посу́ду wash up all the dishes; **~ы́ть** (~о́ю, ~о́ешь) *pf of* ~ыва́ть

перемы́чка crosspiece; straight arch; bulkhead; dam

перенапря|га́ть I *pf* ~́чь overstrain; **~га́ться** I *pf* ~́чься overstrain oneself; **~́чь(ся)** (~гу́(сь), ~жёшь(ся); ~г(ся), ~гла́(сь)) *pf of* ~га́ть(ся)

перенасел|е́ние overpopulation; **~ённость** *f* overpopulation; overcrowding; **~ённый** overpopulated; overcrowded; **~и́ть** II *pf of* ~я́ть; **~я́ть** I *pf* ~и́ть overpopulate; overcrowd

перенасы|ща́ть II *chem pf* ~́тить oversaturate

перен|а́шивать I *pf* ~оси́ть *coll* carry child longer than usual (*of pregnant woman*)

перенес|е́ние transfer(ence), transport(ation), removal; endurance (*of pain, etc*); postponement; **~ти́(сь)** (~у́(сь), ~ёшь(ся); ~̈(ся), ~ла́(сь)) *pf of* переноси́ть(ся)

перен|има́ть I *pf* ~я́ть *coll* imitate, copy; ~ привы́чку take on a habit; ~ чей приём take a leaf out of someone's book; *pop* bar the way (to), intercept

перено́|с carrying over; removal; transfer; transport; *typ* division of words; знак ~са hyphen; **~си́мый** bearable, endurable; **~си́ть** II (~шу́, ~́сишь) *pf* перенести́ carry (over), transport, transfer, convey; *mil* switch (*fire, etc*); ~ де́ло в суд take the matter to court; ~ сло́во *typ* carry over (part of word) to next line; put off, postpone; bear, endure, stand (*illness, etc*); не ~шу́ э́того челове́ка I can't bear that person; *pf of* перена́шивать; *pf* carry, take (somewhere in several lots); *pf coll* wear out (a lot; *of clothes, etc*); **~си́ться** II (~шу́сь, ~́сишься) *pf* перенести́сь be borne, be carried; *fig* be carried away, back (in thought); *pass of* ~си́ть; **~́сица** bridge of the nose; **~́ска** carrying over, transporting; carriage; **~́сный** portable; *ling* figurative, metaphorical; **~́счик** carrier; ~ слу́хов rumour-monger, gossip; **~́сье** = ~сица

переноч|ева́ть (~у́ю) *pf of* ночева́ть

перенумер|ова́ть (~у́ю) *pf of* ~о́вывать; **~о́вывать** I *pf* ~ова́ть number (a lot), page; renumber

пере|ня́ть (~йму́, ~ймёшь; пе́реня́л, ~няла́, пе́реня́ло; пе́реня́тый) *pf of* ~нима́ть

переобору́д|овать (~ую) *pf* re-equip

переобремен|и́ть II *pf of* ~я́ть; **~я́ть** I *pf* ~и́ть overburden

переобу|ва́ть I *pf* ~́ть change someone's shoes; ~ сапоги́ change one's boots; **~ва́ться** I *pf* ~́ться change one's shoes, boots, *etc*; **~́ть(ся)** I *pf of* ~ва́ть(ся)

переоде|ва́ть I *pf* ~́ть change someone's clothes; ~ пла́тье change one's dress; ~ ребёнка dress the baby in different clothes; ~ де́вочку ма́льчиком (в ма́льчика) dress up a little girl as a boy; **~ва́ться** I *pf* ~́ться change (one's clothes); dress up (as), disguise oneself (as, + *instr or* в + *acc*); change (into, в + *acc*)

переосвиде́тельств|овать (~ую) *impf and pf med* re-examine

переоце́н|ивать I *pf* ~и́ть overestimate, overrate; ~ свои́ си́лы overestimate one's strength; revalue, reappraise; reprice; **~и́ть** II (~ю́, ~́ишь) *pf of* ~́ивать; **~́ка** overestimation; revaluation, reappraisal; repricing

перепа́д difference, drop (*in temperature, pressure, etc*); **~́ать** I *pf coll* fall (one after another); **~а́ть** I *pf* перепа́сть fall now and then (*of rain, etc*); *impers* come one's way (+ *dat*)

переп|а́ивать I *pf* ~ои́ть give too much to drink; ~ всех make everyone drunk

перепа́ко|стить II (~щу) *pf coll* make a thorough mess (*of everything*)

перепа́лка skirmish, exchange of fire; *fig coll* set-to (*verbal*)

перепа́р|ивать I *pf* ~ить stew too much; **~́ить** II *pf of* ~ивать

переп|а́рхивать I *pf* ~орхну́ть flit, flutter (elsewhere)

перепа́|сть (~дёт; ~л) *pf of* ~да́ть

перепа|ха́ть I (~шу́, ~́шешь) *pf of* ~́хивать; **~́хивать** I *pf* ~ха́ть plough (up) again; plough (all) over

перепа́чк|ать I *pf* soil, make thoroughly dirty; **~́аться** I *pf* make oneself thoroughly dirty

перепе́в repetition (*of something said before*)

перепе|ка́ть I *pf* ~́чь overbake

пе́репел (*pl* ~а́) quail

перепелен|а́ть I *pf of* ~̈ывать; **~̈ывать** I *pf* ~а́ть ~ ребёнка change a baby('s nappies)

перепел|и́ный quail('s); **~̈ка** female quail; **~я́тник** quail-hunter; (sparrow-)hawk

перепе́рч|ивать I *pf* ~ить put too much pepper (into, on); **~́ить** II *pf of* ~ивать

перепеча́т|ать I *pf of* ~ывать; **~́ка** reprint(ing); ~ воспреща́ется copyright reserved; **~́ывать** I *pf* ~ать reprint; type (out)

перепе́|чь (~ку́, ~чёшь, ~ку́т; ~̈к, ~кла́) *pf of* ~ка́ть; *pf* bake (*a lot*)

перепи|ва́ть I *pf* ~́ть *coll* drink too much, have one too many; *pop* outdrink; **~ва́ться** I *pf* ~́ться *coll* get drunk, sozzled

перепи́л|ивать I *pf* ~и́ть saw in two; saw (*all, a lot*); **~и́ть** II (~ю́, ~́ишь) *pf of* ~́ивать

перепи|са́ть I (~шу́, ~́шешь) *pf of* ~́сывать; **~́ска** copying, typing; correspondence; быть в ~ске correspond (with, с + *instr); collect* correspondence, letters, mail; **~́счик** copyist; typist; **~́сывать** I *pf* ~са́ть rewrite, retype; ~ на́бело make a fair copy (of); (re-)copy; list, make a list (of); **~́сываться** I *impf* correspond (with, с

+ *instr*)

пе́репись *f* census; inventory

переп|и́ть(ся) (~ью́(сь), ~ьёшь(ся); ~и́л(ся), ~ила́(сь); ~и́ло; ~и́ло́сь) *pf of* ~ива́ть(ся)

перепла́в|ить II (~лю) *pf of* ~ля́ть; **~ля́ть** I *pf* ~́ить smelt; float, raft; *fig pop* pass on, get rid of (*stolen goods*)

перепланир|овать (~у́ю) *pf of* ~о́вывать; **~о́вывать** I *pf* ~ова́ть replan, make new plans (of)

перепла́|та overpayment; **~ти́ть** II (~чу́, ~́тишь) *pf of* ~́чивать; **~́чивать** I *pf* ~ти́ть overpay, pay too much; *coll* pay a lot gradually, in instalments

перепл|ёвывать I *pf* ~ю́нуть *coll* spit over, across, (+ *acc*, че́рез + *acc*); *pop* outspit, spit further than; *fig pop* do better than, surpass

перепле|сти́(сь) (~ту́, ~тёшь; ~тёт(ся); ~̈л(ся), ~ла́(сь)) *pf of* ~та́ть(ся); **~̈т** binding; (book-) cover; отда́ть в ~ have a book bound; полуко́жаный ~ half-binding; caning (*of chair*); transom (*of door, window*); око́нный ~ window-sash; *coll* scrape, mess; попа́сть в ~ get into a mess; **~та́ть** I *pf* ~сти́ bind (*books*); interknit, interlace; plait in; braid, plait again, re-braid, re-plait; **~та́ться** I *pf* ~сти́сь be interwoven, interlace; *fig* get entangled, mixed up; **~̈тная** (мастерска́я) bookbinder's shop, bindery; **~̈тчик** bookbinder

переплы|ва́ть I *pf* ~́ть swim, sail across (+ *acc or* че́рез + *acc*); **~́ть** (~ву́, ~вёшь; ~л, ~ла́, ~ло) *pf of* ~ва́ть

перепл|ю́нуть I *pf of* ~ёвывать

перепля́с Russian folk dance

переподгото́вк|а further training; ку́рсы по ~е refresher courses

переп|ои́ть II (~ою́, ~о́ишь) *pf of* ~а́ивать; **~о́й** с ~оя, с ~ою *pop* from a hangover

переполз|а́ть I *pf* ~ти́ creep, crawl (across; over, + *acc;* через + *acc*); **~ти́** (~у́, ~ёшь; ~́, ~ла́) *pf of* ~а́ть

переполн|е́ние overfilling; overcrowding; repletion; **~́енный** overfilled; (over)crowded, crowded out; **~́ить(ся)** II *pf of* ~я́ть(ся); **~я́ть** I *pf* ~́ить overfill; overcrowd; **~я́ться** I *pf* ~́иться overfill; be overcrowded; её се́рдце ~́илось ра́достью her heart overflowed with joy

переполо́|х alarm, consternation; rumpus; **~ши́ть** II *pf coll* alarm, excite; **~ши́ться** II *pf coll* get alarmed, excited, worked up

перепо́н|ка membrane; web (*of bat, duck, etc*); бараба́нная ~ eardrum, tympanum; **~чатокры́лый** hymenopterous; **~чатокры́лые** *n* hymenoptera; **~́чатый** membran(e)ous; webbed, webfooted

перепоруч|а́ть I *pf* ~и́ть turn over (to), reassign (to, + *dat*); **~е́ние** delegation; **~и́ть** II (~у́, ~́ишь) *pf of* ~а́ть

перепо́р|тить II (~чу) *pf* ruin, spoil (*all, a lot*)

переп|орхну́ть I *pf of* ~а́рхивать

перепра́в|а passage, crossing, ferry, ford; **~́ить(ся)** II (~лю(сь)) *pf of* ~ля́ть(ся); **~ля́ть** I *pf* ~́ить convey, transport, take across, ferry; forward (*mail*); correct, revise; **~ля́ться** I *pf* ~́иться cross, get across; sail, swim across

перепре|ва́ть I (~ва́ет) *pf* ~́ть rot (*of leaves, leather, etc*); be overdone; **~́лый** rotten; **~́ть** I *pf of* ~ва́ть

перепро́б|овать (~ую) *pf* taste, try (*all, a lot*)

перепрода|ва́ть (~ю́, ~ёшь) *pf* ~́ть resell; **~ве́ц** (~вца́) reseller; **~́жа** resale; **~́ть** (~м, ~шь, ~ст, ~ди́м, ~ди́те, ~ду́т; перепро́да́л, ~ла́, перепро́да́ло) *pf of* ~ва́ть

перепроизво́дство overproduction

перепры́г|ивать I *pf* ~нуть jump over (+ *acc*, че́рез + *acc*); **~́нуть** I *pf of* ~ивать

перепря|га́ть I *pf* ~́чь re-harness; change (horses); **~́жка** changing of horses; stage (*on coach route*); **~́чь** (~гу́, ~жёшь, ~гу́т; ~г, ~гла́) *pf of* ~га́ть

перепу́г fright; с ~у, от ~у from fright; **~а́ть** I *pf* frighten, give a fright, a turn (to); **~а́ться** I *pf* get a fright, get frightened

перепу́тать(ся) I *pf of* пу́тать(ся); ~́ывать I *impf* = пу́тать; **~́ываться** I *impf* = пу́таться

перепу́тье crossroads *also fig*

перераб|а́тывать I *pf* ~о́тать work, make (into), convert (to, в, на + *acc*); ~ сырьё в изде́лия turn raw materials into manufactured goods; ~ пи́щу digest food (stomach); treat; remake, rework; *fig* recast, reshape; *coll* work overtime, exceed fixed hours of work; *coll* overwork; **~а́тываться** I *pf* ~о́таться *coll* overwork; *pass of* ~а́тывать; **~о́тать(ся)** I *pf of* ~а́тывать(ся); **~о́тка** working over, working up, treatment; remaking, reworking; ~ поездо́в remarshalling of trains; overworking, working additional time; overtime work; *fig* recasting, reshaping

перераспредел|е́ние redistribution, reallocation; **~и́ть** II *pf of* ~я́ть; **~я́ть** I *pf* ~и́ть redistribute, reallocate

перераст|а́ние outgrowing; growing, development (into, в + *acc*); *mil* escalation; **~а́ть** I *pf* ~и́ outgrow, outstrip (*in height*) *also fig;* ~ своего́ учи́теля outstrip one's teacher; grow, turn, develop (into, в + *acc*); be too old (for, для + *gen*); **~и́** (~у́, ~ёшь; перero\u0301с, переросла́)

перерасхо́д over-expenditure; overspending; overdraft; **~́овать** (~ую) *pf* spend to excess; overspend; overdraw

перерасчёт re-computation; recalculation

перерв|а́ть(ся) (~у́(сь), ~ёшь(ся); ~а́л(ся), ~ала́(-сь), ~а́ло *and* ~а́ло́сь) *pf of* перерыва́ть(ся)

перерегистр|а́ция re-registration; **~и́ровать** (~и́рую) *pf and impf* re-register; **~и́роваться** (~и́руюсь) *pf and impf* re-register; *pass of* ~и́ровать

пере́ре́|зать I (~жу) *pf of* ~зывать *and* ~за́ть; *pf* slaughter (*a lot*); **~за́ть** I *pf* ~́зать cut; *fig* cut off, bar (*path, etc*); **~́зывать** I = ~за́ть

перереш|а́ть I *pf* ~и́ть resolve, solve (many), find another solution to; change one's mind, reconsider one's decision; **~и́ть** II *pf of* ~а́ть

перержа́в|еть II (~еет) *pf* rust through

перерo|ди́ть(ся) II *pf of* ~жда́ть(ся); **~жда́ть** I *pf* ~ди́ть regenerate, make a new man of; **~жда́ться** *pf* ~ди́ться be completely changed, regenerate, be regenerated; degenerate; **~жде́ние** regeneration; degeneration

перерo\u0301ст|ок (~ка) child, pupil older than average in class

переруб|а́ть I *pf* ~и́ть chop in two, hew asunder; **~и́ть** II (~лю́, ~́ишь) *pf of* ~а́ть; *coll* chop up, cut up (*a lot, many*)

переруг|а́ться I *pf coll* fall out (with), fall foul (of) break (with, с + *instr*); **~́иваться** I *impf coll* squabble (with), row (with, с + *instr*)

переры́в break, interval, intermission; interruption; обе́денный ~ lunch (dinner) break; без ~а without a break; с ~ами on and off; **~а́ть** I *pf* перерва́ть break; tear asunder, apart; *pf* переры́ть dig up; *fig coll* rummage through;

~а́ться I *pf* перерва́ться break, come apart
перер|ы́ть (~о́ю, ~о́ешь) *pf of* ~ыва́ть
переря|ди́ть(ся) II (~жу́(сь), ~ди́шь(ся)) *pf of* ~живаться; **~живать** I *pf* ~ди́ть *coll* disguise (as), dress up (as, + *instr*); **~живаться** I *pf* ~ди́ться *coll* disguise oneself (as), dress up (as, + *instr*)
переса|ди́ть II (~жу́, ~дишь) *pf of* ~живать; **~дка** *bot* transplantation; *med* graft(ing); ~ ко́жи skin graft; опера́ция по ~дке се́рдца heart-transplant operation; change, changing (*trains, buses, etc*); е́хать без ~дки travel without changing; **~живать** I *pf* ~ди́ть make someone change his seat; *bot* transplant; *med* graft, transplant; re-haft (*tool*); **~живаться** I *pf* пересе́сть change (*trains, etc*); change one's seat
перес|а́ливать I *pf* ~оли́ть put too much salt in(to), oversalt; *fig coll* go too far, overdo (в + *prep*)
переда|ва́ть (~ю́, ~ёшь) *pf* ~ть re-let, sublet; deal again, redeal (*cards*); *coll* resit (examination); **~ть** (~м, ~шь, ~ст, ~ди́м, ~ди́те, ~ду́т; ~л, ~ла́, ~ло) *pf of* ~ва́ть; **~ча** resit (*of examination*)
пересе|ка́ть I *pf* ~чь cross, traverse; ~ доро́гу cross the road; bar, cut off; intersect, cross; **~ка́ться** I *pf* ~чься cross, intersect
пересел|е́нец (~ца) migrant, emigrant; immigrant; settler; **~е́ние** migration, emigration; immigration, resettlement; move (*to new residence*); ~ душ transmigration of souls; **~е́нческий** transmigratory, of resettlement, migrant; **~и́ть(ся)** II *pf of* ~я́ть(ся); **~я́ть** I *pf* ~и́ть move; resettle; transplant; **~я́ться** I *pf* ~и́ться move; migrate
перес|е́сть (~я́ду, ~я́дешь) *pf of* ~а́живаться
пересе|че́ние crossing, intersection; то́чка ~че́ния point of intersection; **~чённый** ~чённая ме́стность broken terrain; **~чь** (~ку́, ~чёшь, ~ку́т; ~к, ~кла́) *pf of* ~ка́ть; *pf* flog, lash (*many*); **~чься** (~чётся, ~ку́тся; ~кся, ~кла́сь) *pf of* ~ка́ться
переси|де́ть II (~жу́) *pf of* ~живать; **~дчик** *sl* peresidchik (*prisoner who is forced to stay in camp indefinitely after completing term*); **~живать** I *pf* ~де́ть *coll* outsit, outstay; sit, stay too long
переси́л|ивать I *pf* ~ить overpower; *fig* overcome, master; **~ить** II *pf of* ~ивать
переска́|з retelling, narration; exposition; **~за́ть** I (~жу́, ~жешь) *pf of* ~зывать; **~зывать** I *pf* ~за́ть (re)tell (in one's own words), narrate; *coll* retail, relate (at length)
переск|а́кивать I *pf* ~очи́ть jump, vault (over, + *acc or* че́рез + *acc*); hop over (to, к + *dat*); *fig coll* skip (over); ~ с одно́й те́мы на другу́ю *fig* skip, jump from one topic to another
пересла|сти́ть II (~щу́) *pf of* ~щивать
пере|сла́ть (~шлю́, ~шлёшь) *pf of* ~сыла́ть
пересла́|щивать I *pf* ~сти́ть put too much sugar (in, into), make too sweet
пересле́дствие *leg* reinvestigation
пересм|а́тривать I *pf* ~отре́ть revise, go over again; reconsider; *leg* review; go, look through; see (a lot of)
пересме́|ивать I *impf coll* mock, make fun of, take off; **~иваться** I *impf coll* exchange smiles (with, с + *instr*); **~шка** mockery, banter; **~шник** *coll* banterer, mocker; (многоголо́сый) ~ mocking-bird
пересмо́тр revision; reconsideration; *leg* review (*of sentence*); retrial; **~е́ть** II (~ю́, ~ишь) *pf of* пересма́тривать
пересн|има́ть I *pf* ~я́ть photograph again, take another photo (of); make a copy; **~я́ть** (~иму́, ~и́мешь; ~я́л, ~яла́, ~я́ло) *pf of* ~има́ть
пересозда|ва́ть (~ю́, ~ёшь) *pf* ~ть re-create; **~ть** (~м, ~шь, ~ст, ~ди́м, ~ди́те, ~ду́т; ~л, ~ла́, ~ло) *pf of* ~ва́ть
пересо́л excess of salt; недосо́л на столе́, ~ на спине́ *prov* better too little than too much; **~и́ть** II (~ю́, ~и́шь) *pf of* переса́ливать
пересорт|ирова́ть (~иру́ю) *pf of* ~иро́вывать; **~иро́вка** re-sorting; **~иро́вывать** re-sort; sort (*a lot*); **~ица** regrading (*of goods*)
пересо́х|нуть I (~нет; ~, ~ла) *pf of* пересыха́ть
пересп|а́ть II (~лю́; ~а́л, ~ала́, ~а́ло) *pf coll* oversleep, sleep too long; *pop* sleep the night; *vulg* have sexual intercourse (with, с + *instr*)
переспе́лый overripe
переспо́р|ить II *pf* out-argue, defeat in argument; его́ не ~ишь he must have the last word
переспр|а́шивать I *pf* ~оси́ть ask again, ask to repeat; **~оси́ть** II (~ошу́, ~о́сишь) *pf of* ~а́шивать; *pf* question (*many*)
перессо́р|ить II *pf* cause to quarrel, cause bad blood between; **~иться** II *pf* fall out (with), quarrel (with, с + *instr*)
переста|ва́ть (~ю́, ~ёшь) *pf* ~ть stop, cease; ~ кури́ть stop, give up smoking; (~ёт) *coll* stop (*of rain, snow, etc*); дождь ~л it has left off raining; ~нь! stop it!
переста́в|ить II *pf of* ~ля́ть; **~ля́ть** I *pf* ~ить move, shift; rearrange (*furniture, etc*); transpose (*words, etc*); ~ часы́ вперёд (наза́д) put the clock on (back)
перест|а́ивать I *pf* ~оя́ть stand too long (*of goods, crops, etc*)
перестано́вка rearrangement, transposition; *math* permutation
перестара́ться I *pf coll* be overkeen, overdo it
переста́р|ок (~ка) person too old (for a particular activity), person beyond it
переста́|ть (~ну, ~нешь) *pf of* ~ва́ть
перест|ели́ть (~елю́, ~е́лешь) *pf coll* = ~ла́ть; **~ила́ть** I *pf* ~ели́ть *and* ~ла́ть remake (*bed*), relay, refloor (*room*)
перестир|а́ть I *pf of* ~ывать; **~ывать** I *pf* ~а́ть wash again; wash (*everything*)
перест|ла́ть (~елю́, ~е́лешь) *pf of* ~ила́ть
перест|оя́ть II (~ою́) *pf of* ~а́ивать
перестрада́ть I *pf* suffer a great deal; ~ свою́ любо́вь have suffered from an unhappy love affair
перестра́|ивать I *pf* перестро́ить rebuild, reconstruct; reorganize; redesign, refashion; ~ фра́зу reconstruct a sentence; ~ на вое́нный лад put on a war footing; *mus, rad* retune; *mil* re-form; **~иваться** I *pf* перестро́иться reorganize oneself, change one's methods of work; *rad* retune, switch over (to, на + *acc*); *mil* reform, regroup
перестрах|ова́ть(ся) (~у́ю(сь)) *pf of* ~о́вывать(ся); **~о́вка** reinsurance; *coll pej* playing safe; **~о́вщик** *coll pej* person who plays safe; **~о́вывать** I *pf* ~ова́ть reinsure; **~о́вываться** I *pf* ~ова́ться reinsure oneself; *fig coll pej* play safe
перестре́л|ивать I *pf* ~я́ть shoot down (*many*); *coll* use up, expend (*in shooting*); **~иваться** I *impf* fire (at each other); **~ка** firing, skirmish, exchange of fire; **~я́ть** I *pf of* ~ивать

перестр|о́ить(ся) II *pf of* ~а́ивать(ся); **~о́йка** rebuilding, reconstruction; reorganization; *mil* reforming, regrouping; *mus*, *rad* retuning

пересту́к *coll and* **перестýк|ивание** tapping (*communication in prison*); **~иваться** I *impf* communicate by tapping (with, с + *instr*); (*in prison*, *etc*)

переступ|а́ть I *pf* ~и́ть step over (+ *acc or* через + *acc*); *fig* overstep; ~ грани́цы прили́чия overstep the bounds of decency; ~ зако́н break the law; ~ поро́г cross the threshold *also fig*; *impf* move slowly, take faltering steps; ~ с ноги́ на́ ногу shift from one foot to the other; **~и́ть** II (~лю́, ~ишь) *pf of* ~а́ть

пересу́|д *pop* retrial; **~ды** (*gen pl* ~ов) *coll* idle chatter, gossip; **~дчик** *coll* gossip; **~живать** I *impf coll* criticize, discuss

пересу́ш|ивать I *pf* ~и́ть overdry; dry (*a lot*); **~и́ть** II (~у́, ~ишь) *pf of* ~ивать

пересчит|а́ть I *pf of* ~ывать; **~ывать** I *pf* ~а́ть count, recount; ~а́ть ко́сти (рёбра) кому́ *coll* give someone a good thrashing; count (*a lot*, *many*); ~ сто́имость проду́кции в ста́рых це́нах express cost of production at old prices

перес|ыла́ть I *pf* ~ла́ть send, remit; **~ы́лка** sending; forwarding; ~ де́нег remittance; сто́имость ~ы́лки postage; ~ беспла́тно carriage paid, post free; *pop* transit camp; **~ы́лочный** *adj of* ~ы́лка; **~ы́льный** transit; ~ пункт transit camp or prison

пересы́п|ать I (~лю, ~лешь) *pf of* ~а́ть; **~а́ть** I *pf* ~ать pour (*dry substance*) into another container; put, pour too much (+ *acc or gen*); sprinkle (with, + *instr*); *fig* interlard, intersperse (with, + *instr*)

пересыха́|ть I (~ет) *pf* пересо́хнуть dry out, dry up; become parched, dry; у меня́ в го́рле пересо́хло my throat is parched

перет|а́пливать I ~опи́ть heat; kindle; melt; ~ ма́сло clarify, melt (down) butter, heat too much

перетаск|а́ть I *pf* carry away; *fig coll* filch, lift (one thing after another); **~ивать** I *pf* перетащи́ть drag, carry over, move, shift

перетас|ова́ть (~у́ю) *pf of* ~о́вывать; **~о́вывать** I *pf* ~ова́ть reshuffle (*cards*); *coll* rearrange

перета|щи́ть II (~щу́, ~щишь) *pf of* ~скивать

перете|ка́ть I *pf* ~́чь overflow, brim over

пере|тере́ть(ся), (~тру́(сь), ~трёшь(ся); ~тёр (-ся), ~тёрла(сь)) *pf of* ~тира́ть(ся)

перетерп|е́ть II (~лю́, ~ишь) *coll* endure, suffer (*a lot*)

перете́|чь (~ку́, ~чёшь, ~ку́т; ~̈к, ~кла́) *pf of* ~ка́ть

перет|ира́ть I *pf* ~ере́ть wear out, down, through; терпе́ние и труд всё ~ру́т *see* **терпе́ние;** grate (*vegetables*, *etc*); wipe (up) (*a lot*); dry after washing up; grind (into); **~ира́ться** I *pf* ~ере́ться wear out, through; *pass of* ~ира́ть

перето́лк|и (*gen pl* ~ов) *coll* gossip; **~ова́ть** (~у́ю) *pf coll* chat, talk over; *pf of* ~о́вывать; **~о́вывать** I *pf* ~ова́ть *coll* misinterpret

перетоп|и́ть II (~лю́, ~ишь) *pf of* перета́пливать

перетрево́ж|ить II *pf coll* alarm (very much); **~иться** II *pf coll* get very alarmed, worked up; be alarmed (*of many*)

перетро́гать I *pf* touch (*many*, *a lot*); finger

перетру́|сить II (~шу) *pf coll* have taken fright, have been afraid

перетряс|а́ть I *pf* ~ти́ shake out, up (*a lot*); *fig* rummage through; **~ти́** (~у́, ~ёшь; ~́, ~ла́) *pf of* ~а́ть

пере́ть (пру, прёшь; пёр, пёрла) *impf vulg* go, make one's way; *pop* press, push (on, against); drag (*burden*, *etc*); come out, appear, show; зло́ба так и прёт из него́ his hatred is so obvious, he can't conceal his hatred; **~ся** (прусь, прёшься; пёрся, пёрлась) *impf vulg* go

перетя́|гивать I *pf* ~ну́ть pull, draw elsewhere; *fig coll* entice, win over, attract; ~ на свою́ сто́рону win over, win the support of; make (a distance) with difficulty; restretch; pull in too tight; outweigh, outbalance; **~гиваться** I *pf* ~ну́ться lace oneself too tight (with, + *instr*); **~ну́ть(ся)** I (~ну́(сь), ~нешь(ся)) *pf of* ~гивать(ся)

переубе|ди́ть(ся) II (~ди́шь(ся)) *pf of* ~жда́ть (ся); **~жда́ть** I *pf* ~ди́ть make change one's mind; **~жда́ться** I *pf* ~ди́ться change one's mind, opinion, view

переу́л|ок (~ка) narrow side-street, lane

переупря́м|ить II (~лю) *pf coll* prove more stubborn than, outdo in stubbornness

переусе́рдств|овать (~ую) *pf coll iron* be over-zealous, overdo it

переустро́йство reconstruction

переутом|и́ть(ся) II (~лю́(сь)) *pf of* ~ля́ть(ся); **~ле́ние** overstrain, overwork; **~ля́ть** I *pf* ~и́ть overtire, overstrain, overwork; **~ля́ться** I *pf* ~и́ться overtire, overstrain oneself; overwork

переуч|е́сть (~ту́, ~тёшь; ~ёл, ~ла́) *pf of* ~и́тывать; **~ёт** stocktaking, inventory

переу́ч|ивать I *pf* ~и́ть teach, train (*many*); retrain, teach again; learn again, relearn; learn (*a lot*); learn, teach too much; **~иваться** I *pf* ~и́ться relearn, retrain; study too much; **~и́ть(ся)** II (~у́(сь), ~ишь(ся)) *pf of* ~ивать(ся)

переформир|ова́ть (~у́ю) *pf of* ~о́вывать; **~о́вывать** I *pf* ~ова́ть *mil* re-form

перефрази́р|овать (~ую) *impf and pf* paraphrase

перехва́л|ивать I *pf* ~и́ть overpraise; **~и́ть** II (~ю́, ~ишь) *pf of* ~ивать

перехва́|т interception; intake, taking in (*of clothes*); **~ти́ть** II (~чу́, ~тишь) *pf of* ~тывать; **~тчик** *aer* interceptor; **~тывать** I *pf* ~ти́ть intercept, catch; ~ чей взгляд catch someone's eye; grasp, take hold of (*with hands*, *etc*); secure (*with rope*, *etc*); take in (*waist*, *etc*); *coll* snatch a bite to eat; *coll* borrow (for short period); *coll joc* overdo (it); ~ че́рез край go too far, exaggerate; от слёз у меня́ ~ти́ло го́рло tears choked me

перехвора́|ть I *pf* have had, have been down with (*of many illnesses*, + *instr*); он ~л все́ми де́тскими боле́знями he has had all the childhood illnesses

перехитри́ть II *pf* outwit

перехо́|д passage(way), corridor; transition; crossing; подзе́мный ~ subway; *mil* day's march; *eccles* conversion, going over; **~ди́ть** II (~жу́, ~дишь) *pf* перейти́ cross, go across, go over (+ *acc or* че́рез + *acc*); ~ грани́цу cross the frontier; go, pass, turn (to, в, на + *acc*; к + *dat*); ~ в ру́ки pass into the hands (of, + *gen*); ~ в други́е ру́ки lapse; ~ из рук в ру́ки change hands; ~ в брод wade (across); ~ в наступле́ние assume, pass to the offensive; ~ на сто́рону проти́вника go over to the enemy; ~ на другу́ю рабо́ту change one's job; ~ в сле́дующий класс move up (*in school*); turn, develop (into, в + *acc*); ~ в другу́ю ве́ру be converted to another faith; proceed (to, к

+ *dat*); *pf coll* go all over; *pf coll* make one's move again (*in chess, etc*); ∼́**дный** transitional; *gramm* transitive; ~ во́зраст menopause, change of life; *tech* transient; **~дя́щий** transient, transitory; ~ ку́бок *sp* challenge cup; intermittent; *fin* brought forward, carried over; ∼́**жий** *see* кали́ка

пе́р|ец (~ца) pepper; стручко́вый ~ capsicum; зада́ть ~цу кому *coll* give it someone hot; *fig coll* pepper-pot (*of person*)

пе́реч|ень *m* (~ня) list; enumeration

перечерк|а́ть I *pf of* ∼́ивать; ∼́**ивать** I *pf* ~а́ть cross out, cancel (*a lot*); *pf* ~ну́ть cross out, cancel; ~ чек cross a cheque; **~ну́ть** I *pf of* ∼́ивать

перечер|ти́ть II (~чу́, ∼́тишь) *pf of* ∼́чивать; ∼́**чивать** I *pf* ~ти́ть draw again; copy, trace

перече|са́ть I (~шу́, ∼́шешь) *pf of* ∼́сывать; *pf coll* comb (*a lot*); **~са́ться** I (~шу́сь) *pf coll* do one's hair again, differently

пере|че́сть (~чту́, ~чтёшь; ~чёл, ~чла́) *pf coll* = ~счита́ть; *pf coll* = чита́ть

перечё|сывать I *pf* ~са́ть comb again; *coll* comb (*a lot of people, animals, etc*)

перечисл|е́ние enumeration; transfer (*of money, etc*); ∼́**ить** II *pf of* ~я́ть; **~я́ть** I *pf* ∼́ить enumerate; transfer, move to another job; ~ в запа́с transfer to the reserve; ~ на теку́щий счёт transfer to one's current account

перечит|а́ть I *pf of* ∼́ывать; *pf* read (*a lot*); ∼́**ывать** I *pf* ~а́ть *and* перече́сть reread

пере́чить II *impf coll* contradict, go against (+ *dat*);

пе́р|ечница pepper-pot; чёртова ~ *pop cont* shrew; ∼́**ечный** *adj of* ~ец

перечу́вств|овать (~ую) *pf* feel, experience, go through (*a lot*)

переш[illegible]|ивать I *pf* ~ну́ть step over; ~ (че́рез) поро́г cross the threshold; **~ну́ть** I *pf of* ∼́ивать

переше́|ек (~йка) isthmus, neck (of land)

перешёптываться I *impf* whisper to one another

перешерст|и́ть II (~и́шь) *pf pop* shake up (*an organization*), move around (*personnel*)

перешиб|а́ть I *pf* ~и́ть *coll* break, fracture; **~и́ть** (~у́, ~ёшь; ∼́, ∼́ла) *pf of* ~а́ть

переш|ива́ть I *pf* ~и́ть alter, have altered, remodelled; **~и́вка** altering, alteration (*of clothes*); **~и́ть** (~ью́, ~ьёшь) *pf of* ~ива́ть

перещеголя́ть I *pf coll* beat, outdo, surpass (at, in, в + *prep*)

переэкзамен|ова́ть(ся) (~у́ю(сь)) *pf of* ~о́вывать(ся); **~о́вка** re-examination; resit; **~о́вывать** I *pf* ~ова́ть re-examine; **~о́вываться** I *pf* ~ова́ться resit an examination

пе́ри *f indecl* peri (*myth*)

периге́|й perigee; ∼́**лий** perihelium

перика́рд *and* **перика́рд|ий** pericardium; **~и́т** pericarditis

пери́л|а (*gen pl* ~) rail(ing); handrail; banisters, balustrade

пери́метр perimeter

пери́на feather-bed, quilt, duvet

пери́од period; phase, stage; инкубацио́нный ~ incubation; леднико́вый ~ glacial period, ice age; **~иза́ция** division into periods; ∼́**ика** periodicals; **~и́ческий** periodic(al); recurring; ~и́ческая дробь recurring decimal; ~ журна́л magazine, periodical; ~и́ческая печа́ть periodical press; periodicals; ~и́ческое явле́ние recurrent phenomenon; **~и́чность** *f* periodicity; **~и́чный** (~и́чен) periodic(al), recurring

перипате́тик peripatetic

перипети́я *lit* peripeteia; *fig* upheaval, *usu pl* vicissitude(s), ups and downs

периско́п periscope; **~и́ческий** *and* ∼́**ный** *adj of* ~

периста́льтика peristalsis

перисти́ль *m* peristyle

пе́р|исто-кучево́й cirro-cumulus; ∼́**истый** pinnate (*of leaf, etc*); feather-like, plumose; ~истые облака́ fleecy clouds, cirri

перитони́т peritonitis

перифери́|йный provincial; local; peripheral; ∼́**ческий** peripheral; ∼́**я** periphery; *collect* outlying districts, the provinces

перифра́|за periphrasis; **~зи́ровать** (~зи́рую) *impf and pf* paraphrase; **~сти́ческий** periphrastic

пёрка *tech* bit, cutter, drill (point), flat drill

перка́ль *f* percale

перколя́тор percolator

перку́|ссия *med* percussion; **~ти́ровать** (~ти́рую) *impf and pf med* percuss

перл *obs* pearl; *fig iron* pearl, gem (*of wit, etc*); **~аму́тр** mother-of-pearl, nacre; **~аму́тровый** nacreous; ~аму́тровая пу́говица pearl button

пе́рлинь *m naut* hawser

перло́в|ка *coll* pearl barley, barley soup; ∼́**ый** ~ая ка́ша boiled pearl barley; ~ая крупа́ pearl barley; ~ суп barley soup

перло́н perlon (*type of nylon*); ∼́**овый** *adj of* ~

перлюстр|а́ция opening and inspecting correspondence; **~и́ровать** (~и́рую) *impf and pf* open and inspect correspondence, censor, screen (*letters*)

перманган́ат permanganate

перманéнт perm(anent wave); де́лать ~ have a perm; ∼́**ный** (~ен) permanent

пе́рмск|ий Permian; ~ая систе́ма Permian formation

перна́т|ый (~) feathered, feathery; ца́рство ~ых feathered kingdom (*of birds*)

пёр|нуть I *sem pf of* ~де́ть *vulg* (give a) fart

пер|о́ (*pl* ∼́ья, ∼́ьев) feather; plume; оправля́ть ∼́ья plume (*of bird*); ни пу́ха, ни ~а́! good luck!; pen; ве́чное ~ fountain-pen; взя́ться за ~ *fig* take up the pen, put pen to paper; иску́сно владе́ть ~о́м wield a skilful pen; вы́йти из-под ~а́ *fig* come from the pen (of, + *gen*); гуси́ное ~ goose-quill; fin; leaf (*of onion, garlic*); blade (*of oar*); paddle (*of wheel*); *pop* knife; **~очи́нный** ~ нож penknife

перпендикуля́р perpendicular; опусти́ть ~ drop a perpendicular; ∼́**ный** (~ен) perpendicular (to, к + *dat*)

перро́н (railway) platform; ∼́**ный** *adj of* ~; ~ биле́т platform ticket

перс Persian

Персе́й Perseus

пе́рс|и (*gen pl* ∼́ей) *ar poet* breast, bosom

перси́дский Persian; ~ порошо́к insect-powder

пе́рс|ик peach(-tree); ∼́**иковый** *adj of* ~ик; peachy; ~иковое де́рево peach-tree

персия́н|ин (*pl* ~е, ~) *obs* Persian; ∼́**ка** Persian (woman)

персо́н|а person; ва́жная ~ big gun, big wig; со́бственная ~ one's own self; яви́ться со́бственной ~ой *iron* put in a personal appearance; ~ гра́та persona grata; обе́д на де́сять ~ dinner for ten; **~а́ж** *lit* character; *fig* personage; **~а́л** personnel, staff; **~а́льный** personal, individual (*invitation, pension, salary, etc*); **~ифика́ция** personification;

~**ифици́ровать** (~ифици́рую) *impf and pf* personify

перспекти́в|а perspective (*in art*); vista, view, prospect; *fig* prospect(s), outlook; хоро́шие ~ы на урожа́й good prospects for the harvest; име́ть в ~е have in prospect; ~**ный** envisaging future development, long-term; ~ное плани́рование forward planning; (~ен) perspective (*in art*); promising, having prospects, up and coming

перст 1 *obs* finger; оди́н как ~ all alone; ~**ень** *m* (~ня) (finger-)ring; ~ с печа́тью signet-ring; ~**неви́дный** ~ хрящ cricoid

персть *f obs rhet* ashes, dust

персульфа́т persulphate

пертурба́ция perturbation

Перу́ Peru; **п~а́нец** (~а́нца) Peruvian; **п~а́нский** Peruvian; ~ бальза́м Peru balsam

перу́н|ы (*gen pl* ~ов) *obs poet* thunderbolts; fulminations; мета́ть ~ fulminate

перфе́кт *gramm* perfect (tense)

перфо|ка́рта punched card; ~**ле́нта** punched tape; ~**ра́тор** *tech* perforator, punch; drill, boring machine; ~**ра́ция** *tech* perforation, punching; drilling, boring; ~**ри́ровать** (~ри́рую) *impf and pf tech* perforate, punch; drill, bore

перх|а́ть I *impf pop* cough (*to clear throat*); ~**о́та** *pop* tickling in throat

перхлора́т perchlorate

пе́рхоть *f* dandruff, scurf

перце́псия *philos* perception

перцо́в|ка pepper-vodka; ~**ый** *adj of* пе́рец

перча́т|ка glove; gauntlet; бро́сить ~ку *fig* throw down the gauntlet; в ба́рхатных ~ках *fig* with kid gloves (on); ~**очник** glover

перч|и́нка peppercorn; ~**ить** II *pf* на~, по~ pepper

першеро́н percheron (*breed of cart-horse*)

перш|и́ть II (~и́т) *impf coll* у меня́ в го́рле ~и́т I have a tickle in my throat

пёрыш|ко (*pl* ~ки, ~ек) *dim of* перо́; лёгкий как ~ light as a feather

пёс (пса) dog *also fig*; ~ его́ зна́ет *pop* the devil alone knows; псу под хвост *pop* for nothing, in vain (*spend, throw away, etc*), worthless; созве́здие Большо́го Пса Canis Major; созве́здие Малого Пса Canis Minor; цепно́й ~ watchdog, guard-dog

пе́с|енка song; его́ ~ спе́та his number is up, his goose is cooked, he has had it; ~**енник** songbook; (chorus) singer; songwriter; ~**енный** *adj of* ~ня

песе́та peseta

пес|е́ц (~ца́) polar fox; бе́лый, голубо́й ~ white, blue fox (fur)

пёс|ий *and* **пе́с|ий** *adj of* пёс; ~ья звезда́ Sirius, Dog Star; ~**ик** *dim of* пёс; doggie

пескáрь I *m* gudgeon

пескостру́й|ка *coll* sandblaster; ~**ный** sandblast(ing)

пес|нопе́вец (~нопе́вца) *obs rhet* singer; minstrel, bard; ~**нопе́ние** psalm; canticle; *poet* poetry, poesy; ~**нь** *f* (*gen pl* ~ней) *obs* song; П~ ~ней Song of Songs, Song of Solomon; *lit* canto, book; ~**ня** (*gen pl* ~ен) song; air; тяну́ть всё ту же ~ню *coll* harp on the same string; стара́ ~, ста́рая ~ *coll* same old story; до́лгая ~ *coll* a long story; ~ спе́та = ~енка спе́та; петь другу́ю ~ню *coll* change one's tune

пе́со *neut indecl* peso

пес|о́к (~ка́) sand; *med* gravel; золото́й ~ gold dust; са́харный ~ granulated sugar; стро́ить на ~ке́ *fig* build on sand; из него́ ~ сы́плется *coll joc* he is falling to pieces, he is very old; как ~ морско́й, ~ку́ морско́го countless, innumerable, numberless as the sand(s); *pl* sands; зыбу́чие ~ки́ quicksands; ~**о́чник** sand-piper; ~**о́чница** sandbox; sanding apparatus; ~**о́чный** *adj of* ~о́к; sandy; ~о́чные часы́ sand-glass, hourglass; ~о́чное те́сто (short) pastry; ~о́чное пече́нье shortbread

пессими́|зм pessimism; ~**ст** pessimist; ~**сти́ческий** *and* ~**сти́чный** (~сти́чен) pessimistic

пест 1 pestle; как ~ в ло́жках odd man out; ~ знай свою́ сту́пу *prov* cobbler, stick to your last; ~**ик** *bot* pistil; *dim of* ~

пе́ст|овать (~ую) *pf* вы́~ *obs* nurse; *fig* cherish, foster, rear

пестр|е́ть I (~е́ет) *impf* become many-coloured, variegated; be gay, flecked (with, + *instr*); луга́ ~е́ют цвета́ми the meadows are gay with flowers; show colourfully; вдали́ ~е́ли цветы́ in the distance the flowers were a patchwork of colour; II (~и́т) *impf* strike the eye (*of many-coloured objects*); *coll* be frequently met with, seen; *coll* be too gaudy, brightly coloured; be riddled (with), abound (in), be rich (in, + *instr*); ~**и́ть** II *impf* make colourful, gaudy; be too gaudy, brightly coloured; be riddled (with), abound (in), be rich (in, + *instr*); у меня́ ~и́ло в глаза́х I was dazzled; ~**ота́** diversity of colours; *fig* mixed character; ~**у́шка** speckled trout; lemming; ~**ый** (~, ~а́, ~о́) variegated, motley, many-coloured, particoloured; brindle(d) (*of cat, etc*); *fig* mixed, motley; gay, gaily coloured; *fig* flowery, florid; pretentious, mannered (*of style, etc*); ~**яди́на** *and* **пе́стрядь** *f* coarse, coloured, cotton fabric

пестýн *obs* mentor

пес|цо́вый *adj of* ~е́ц

песч|а́ник sandstone; ~**а́ный** sandy; ~а́ная бу́ря sandstorm; ~**и́нка** grain of sand

пета́рда firecracker; petard; detonating cartridge (*on railways*)

пети́т *typ* brevier

пети́ция petition

пет|ли́ца buttonhole; tab (*on uniform collar*); ~**ля** (*gen pl* ~ель) loop; завяза́ть ~лю make a loop; ladder, run (*in stocking*); подня́ть ~лю pull up the ladder (*in stocking*); stitch (*in knitting*); спусти́ть ~лю drop a stitch (*in knitting*); *aer* loop; де́лать мёртвую пе́тлю *aer* loop the loop; buttonhole; обмета́ть ~лю stitch a buttonhole; мета́ть ~ли *fig* confuse the issue; *fig* noose; он досто́ин ~ли *fig* he deserves to hang; хоть в ~лю поле́зай (лезь) it is enough to drive one mad, I'm at my wit's end; вы́нуть кого́ из ~ли save someone's life; наде́ть (наки́нуть) ~лю на ше́ю hang a millstone about one's neck; hinge (*of door*); ~**ля́ть** I *impf pop* double back; meander; dodge

петр|ифика́ция petrification; fossilization; ~**о́граф** petrographer; ~**огра́фия** petrography; ~**оле́йный** petroleum

пету́н|ья (*gen pl* ~ий) petunia

петру́шка parsley; *m* Punch; *f* Punch-and-Judy show; *f fig pop* foolishness, absurdity, something ridiculous, nonsense

пету́|х cock; инде́йский ~ turkeycock; фаза́н-~ cock-pheasant; до ~хо́в *coll* till daybreak, dawn; встать (подя́ться) с ~ха́ми rise with the lark, at cock-crow; пусти́ть кра́сного ~ха́ *coll* set fire (to), commit arson; пусти́ть ~ха́ *coll* break, squeak (*on high note in singing*); *fig* hot-tempered person, pepper-pot; ∸**ший** *adj of* ∸х; ~ гре́бень cockscomb; ~**ши́ный** *adj of* ∸х; ~ бой cock-fight(-ing); ~ го́лос *fig* squeaky voice; ~**ши́ться** II *impf coll* ride the high horse; get into a huff; ~**шо́к** (~ка́) cockerel; идти́ ~шко́м *coll joc* dance attendance (on), fawn; *elect* commutator lug

петь (пою́, поёшь) *pf* про~, с~ sing; crow (*of cock*); intone, chant; ~ те́нором have a tenor voice; ~ ве́рно, фальши́во sing in tune, out of tune; ~ вполго́лоса hum; ~ другу́ю пе́сню sing another tune; ~ Ла́заря *coll pej* complain, be sorry for oneself; пе́тый дура́к perfect fool; ∸**ся** (не поётся; не пе́лось) сего́дня мне как-то не поётся I don't feel like singing today

пёх|ом *adv pop* on foot

пех|о́та infantry, foot; морска́я ~ marines; ~**оти́нец** (~оти́нца) infantryman; ~**о́тный** infantry

печа́л|ить II *pf* о~ sadden, grieve; ∸**иться** II *pf* о~ be sad, grieve; ∸**ь** *f* sorrow, grief; *pop* care, concern; не твоя́ ~! it's no concern of yours!; тебе́ что за ~? what has it got to do with you?; вот не́ было ~и! as though there wasn't enough trouble (already)!; ∸**ьный** (~ен) sad, sorrowful, mournful, doleful; wistful; unfortunate (*results*, *etc*), dismal (*end*, *etc*), bad (*reputation*, *etc*), grievous

печа́т|ание printing; ∸**ать** I *pf* на~ print; type; ∸**аться** I *pf* на~ publish one's works, write (*for journal*, *etc*); be in the press, be at the printer's; ∸**ка** signet; ∸**ник** printer; ∸**ный** printing; ~ное де́ло printing; ~ лист quire, printer's sheet; ~ стано́к printing-press; printed; in the press; ~ о́тзыв press comment (on, о + *prep*); ~ные бу́квы block capitals; ∸**ь** *f* seal, stamp *also fig*; наложи́ть ~ affix a seal (to, на + *acc*); носи́ть ~ bear the stamp (of, + *gen*); наложи́ть ~ молча́ния на чьи уста́ seal someone's lips; ~ го́ря stamp, marks of grief; кни́га за семью́ ~ями *fig* closed book; print(ing); быть в ~и be in print, at the printer's; вы́йти из ~и appear, come out, be published; подписа́ть к ~и send to press; print, type; ме́лкая ~ small print; кру́пная ~ large print; (the) press; име́ть благоприя́тные о́тзывы в ~и have a good press; свобо́да ~и freedom of the press

пече́ние baking

печён|ка liver (*of animals*); паштéт из ~ки liver pâté; *coll* liver; в ~ках сиде́ть у кого́ *coll* pester, bother, plague someone; я все́ми ~ками хочу́ э́того *pop* I'm dying for it; ∸**очник** liverwort; ∸**очный** *adj of* ~ка *and* пе́чень; hepatic

печёный baked

пе́чен|ь *f* liver; воспале́ние ~и hepatitis, inflammation of the liver

пече́нье biscuit(s); минда́льное ~ almond biscuit(s), macaroon(s)

пе́ч|ка stove; танцева́ть от ~ки *coll iron* begin at the beginning; ~**ни́к** 1 stove-setter; stove-repairer; ~**но́й** furnace, oven, stove; ~на́я труба́ chimney, flue; ~**ь** *vt* (пеку́, ~ёшь, ~ку́т; пёк, пекла́) *pf* ис~ bake; (~ёт) *impf* scorch, bake (*of sun*); ~**ь** *n f* 5 (в, на ~и́; о ~и) stove, oven; *tech* furnace, kiln, oven; до́менная ~ blast-furnace; кремацио́нная ~ incinerator; ~ для о́бжига kiln; ∸**ься** (~ётся; пёкся, пекла́сь) *pf* ис~ bake; *impf* broil (*in sun*); ∸**ься** (пеку́сь, ~ёшься, пеку́тся; пёкся, пекла́сь) *impf* take care (of), care (for), look after (о, + *prep*)

пеш|ехо́д pedestrian; ~**ехо́дный** pedestrian; ~ мост footbridge; ~ехо́дная доро́жка footpath; ∸**ий** pedestrian; по о́бразу ~его хожде́ния on shanks's mare; *mil* unmounted, foot; ∸**ка** pawn (*chess*, *fig*); ~**ко́м** *adv* on foot

пеш|ня́ 6 (*gen pl* ∸ен) ice-pick, crowbar (for breaking ice)

пеще́р|а cave(rn); grotto; ∸**истый** (~ист) with (many) caves; cavernous; ∸**ный** *adj of* ~а; ~ челове́к cave-dweller, caveman, troglodyte

пи *neut indecl math* pi

пиала́ beaker

пиан|и́но *neut indecl* (upright) piano; ~**и́ссимо** *adv mus* pianissimo; ~**и́ст** pianist; ∸**о** *adv mus* piano; ~**о́ла** pianola

пиа́стр piastre

пив|а́ть I *impf* (*no pres tense*) *freq of* пить; ~**на́я** *n f* pub, alehouse; saloon *Am*; ~**но́й** *adj of* ∸о; ~ны́е дро́жжи brewer's yeast; ~на́я кру́жка beer mug; ~**ну́шка** *pop pej* pub, dive; ∸**о** beer; разливно́е ~ draught beer; све́тлое ~ pale ale; тёмное ~ brown ale; с ним ~а не сва́ришь *fig pop* it's difficult to deal with him; ~**ова́р** brewer; ~**оваре́ние** brewing; ~**ова́ренный** ~ заво́д brewery

пи́галица lapwing, peewit; *fig coll* plain chit of a girl; undersized, insignificant person, puny person

пигме́й pygmy *also fig*

пигме́нт pigment; ~**а́ция** pigmentation; ∸**ный** pigmental, pigmentary

пиджа́|к 1 jacket, coat; ∸**чный** *adj of* ~к; ~чная па́ра (lounge-)suit

пиет|е́т reverence; ~**и́зм** pietism

пижа́ма pyjamas

пи́жма tansy

пижо́н *coll* fop, Teddy-boy; ∸**истый** foppish (-looking); ∸**ство** foppishness

пизда́ *vulg* cunt

пии́т *ar* poet

пик peak, pinnacle (*of mountain*, *etc*); *fig* peak (*of work*, *traffic*, *etc*); ~ нагру́зки peak load; *indecl adj* часы́ ~ rush-hour

пи́к|а *hist* pike, lance, spear; spade (*at cards*); да́ма ~ queen of spades; пойти́ ~ой play a spade; pique; сде́лать что в ~у кому́ do something to spite someone

пикадо́р picador

пика́нт|ность *f* piquancy, savour, zest; ∸**ный** (~ен) piquant *also fig*; *fig* spicy, savoury; *fig* poignant; ~ анекдо́т risqué story; attractive, sexy (*of woman*)

пика́п estate car, pick-up van

пике́ *neut indecl* piqué; *aer* dive; перейти́ в ~ go into a dive

пике́т picket (*mil*, *strike*); piquet (*card-game*); ~**и́ровать** (~и́рую) *impf* picket; ∸**чик** picket

пики́р|ование *aer* dive, diving; ∸**овать** (~ую) *impf and pf*; *pf also* с~ *aer* dive, swoop; ~**ова́ть** (~у́ю) *impf and pf agr* thin out; ∸**оваться** (~уюсь) *impf* cross swords (with), exchange caustic remarks (with, с + *instr*); ~**о́вка** *coll* slanging match; *agr* thinning; ~**о́вщик** dive-bomber; ∸**ующий** ~ бомбардиро́вщик dive-bomber

пи́кколо *neut indecl* piccolo

пикни́к 1 picnic

пи́кник *anthrop* pyknic

пи́кн|уть I *pf coll* let out a squeak; то́лько ~и! one squeak out of you!; ~ не сметь not dare utter a word; он ~ не успе́л before he could say knife (Jack Robinson)

пи́к|овый *adj of* ~a; awkward, unfavourable; ~овая да́ма queen of spades; ~овая масть spades; ~овое положе́ние tight corner, pretty mess; оста́ться при ~овом интере́се *coll* get nothing for one's pains, be the loser
пикр|а́т picrate; **~и́новый** picric
пиктограф|и́ческий pictographic; **~́ия** pictography
пи́кул|и (*gen pl* ~ей) (vegetable) pickles
пи́кша haddock
пила́ 5 saw; ле́нточная ~ band-saw; лучко́вая ~ sash, bow-saw; механи́ческая ~ frame-saw; попере́чная ~ cross-cut saw; столя́рная ~ bucksaw; *fig coll* nagger
пила́в pilaff (pilau, pilaw)
пил|а́-ры́ба (~ы́-ры́бы) sawfish; **~ёный** sawn; ~ лес (sawn) timber; ~ са́хар cube sugar
пилигри́м pilgrim
пили́кать I *impf coll* chirp (*of crickets, etc*), squeak (*of an instrument*); ~ (на скри́пке) scrape (on a violin)
пил|и́льщик sawfly; **~и́ть** II (~ю́, ~́ишь) *impf* saw; file (metal); *fig coll* nag at; **~́ка** sawing; fretsaw; nail-file
пило́н pylon
пило|обра́зный serrated, hotched **~ра́ма** power-saw bench
пило́т pilot; **~а́ж** pilotage; **~и́ровать** (~и́рую) *impf* pilot; **~́ка** *mil* forage cap
пиль *interj* take (it)! (*command to hounds*)
пи́льщик sawyer, woodcutter
пилю́л|я pill *also fig*; проглоти́ть ~ю *fig coll* swallow the pill; позолоти́ть ~ю *fig coll* gild the pill; подсласти́ть ~ю *fig coll* sweeten the pill
пиля́стра pilaster
пимы́ (*gen pl* ~о́в) boots of reindeer skin (*in north of USSR*); valenki (*felt boots in Siberia*)
пинаноте́ка picture gallery
пина́ть I *pf* пнуть *pop* kick
пингви́н penguin
пинг-по́нг ping-pong
пине́тка (baby's) bootee
пи́ния Italian pine, stone-pine
пин|о́к (~ка́) *coll* kick; дать ~ка́ кому́ give someone a kick
пи́нта pint
пинце́т pincers, tweezers
пи́нчер pincher (*dog*)
пио́н peony
пионе́р *in var senses* pioneer; (ю́ный) ~ (young) pioneer (*member of Communist children's organization*); **~́ский** *adj of* ~; **~вожа́тый** (komsomol) leader of pioneer detachment; **~́ия** *collect coll* pioneers, members of pioneer organization
пиоре́я pyorrhoea
пипе́тка pipette; (medicine) dropper
пи-пи *indecl* wee-wee (*in children's speech*)
пи́почк|а нос ~ой *coll* button-nosed
пир 2 (в ~у́, о ~́е) feast, banquet; ~ горо́й, ~ на весь мир sumptuous feast; в чужо́м ~у́ похме́лье have to suffer through no fault of one's own, suffer for the sins of others
пирами́да pyramid; **~́льный** pyramidal; ~ то́поль Lombardy popular
пирам|е́йн pyramidon with codeine; **~идо́н** pyramidon, amidopyrene, tablets for headache
пира́т pirate; **~́ский** piratic(al); **~́ство** piracy
Пирене́|и Pyrenees; **п~́йский** Pyrenean
пириди́н pyridine
пири́т pyrites
пир|ова́ть (~у́ю) *impf* feast, banquet; revel
пиро́г 1 pie; tart; возду́шный ~ soufflé; ~ с мя́сом meat pie; я́блочный ~ apple pie; ешь ~ с гриба́ми, а язы́к держи́ за зуба́ми *prov* keep one's breath to cool one's porridge
пиро́га pirogue
пирож|ко́вая snack bar (*selling pies, etc*); **~́ник** pastry-cook; **~́ное** (fancy) cake, pastry; бискви́тное ~ sponge cake; *collect* cakes, pastries; **~о́к** (~ка́) pasty, patty, pie
пиро|ксили́н pyroxilin, gun-cotton; **~ксили́новый** *adj of* ~ксили́н; **~ме́тр** pyrometer; **~ме́трия** pyrometry; **~се́рный** ~се́рная кислота́ pyrosulphuric acid; **~те́хник** pyrotechnics expert; **~те́хника** pyrotechnics; **~техни́ческий** pyrotechnic
пи́ррров ~а побе́да pyrrhic victory
пирс pier
пиру́шка *coll* binge, party
пиру́эт pirouette
пи́рш|ество feast, banquet; **~́ествовать** (~ествую) *impf* feast, banquet
пис|а́ка *m and f coll pej* hack; scribbler; **~а́ние** writing, screed; Свяще́нное ~ Holy Scripture, Holy Writ; **~ани́на** *coll pej* scribble, screed; **~́аный** *coll* written, manuscript; говори́ть как по ~аному speak as though from a book; ~аная краса́вица picture of beauty; носи́ться с чем как (дура́к) с ~аной то́рбой fuss over something like a broody hen; **~арско́й** *adj of* ~́арь; **~́арь** *m* (*pl* ~аря́) clerk; **~а́тель** *m* writer, author; **~а́тельский** *adj of* ~а́тель; ~ труд writing, literary work
пи́сать I *impf vulg* piss
пи|са́ть I (~шу́, ~́шешь) *pf* на~ write; ~ на маши́нке type; ~ дневни́к keep a diary; ~ под дикто́вку take down, dictation; ~ про́зой, стиха́ми write prose, verse; э́то не про нас ~́сано *coll* it is above us, it is not (meant) for us; дурака́м зако́н не ~́сан *coll* fools rush in where angels fear to tread; ~ши́ пропа́ло *coll* you may as well write it off; paint (*picture, etc*); **~са́ться** I (~шу́сь, ~́шешься) *obs* style oneself, sign oneself (+ *instr*); *pass of* ~са́ть; (~́шется) be written, be spelled, spell; как ~́шется э́то сло́во? how is this word spelled?; *impers* feel like writing (+ *dat*); **~се́ц** (~сца́) *obs* clerk; *hist* scribe
писк whimper(ing) (*of children*); squealing (*of pigs, etc*); squeak, peep, chirp, cheep (*of young birds*); **~ли́вый** (~ли́в) *and coll* **~ля́вый** (~ля́в) whimpering; squeaky; **~ля́** *m and f pop* = ~у́н; **~́нуть** I *pf of* пища́ть; **~отня́** *coll* chirruping; squeaking; **~у́н** I *coll* squeaker; whiner
писсуа́р urinal
пистоле́т pistol; ~-пулемёт sub-machine-gun
писто́н (percussion) cap; *mus* piston; **~́ный** *adj of* ~
пис|у́лька *coll joc* note; **~цо́вый** *adj of* ~е́ц; ~цо́вые кни́ги *hist* cadastres; **~чебума́жный** ~ магази́н stationer's (shop); ~чебума́жные принадле́жности stationery; **~́чий** ~ая бума́га writing paper
пис|ьмена́ (*gen pl* ~ьмён) characters, letters; **~́ьменно** *adv* in writing, in written form; **~́ьменность** *f* literature; *collect* literary monuments; written language; **~́ьменный** writing; ~ стол writing-table, bureau; written; в ~ьменном ви́де, в ~ьменной фо́рме in writing, in written form; ~ знак letter; ~ о́тзыв written testimonial; ~ экза́мен written examination; **~ьмо́** 6 (*gen pl* ~́ем) letter; заёмное ~ notification of loan; заказно́е ~

registered letter; откры́тое ~ open letter, post-card; поздрави́тельное ~ letter of congratulation; сопроводи́тельное ~ covering letter; writing; иску́сство ~ьма́ art of writing; literacy; script, hand(-writing); ме́лкое ~ small hand; painting; **~ьмо́вник** manual of letter-writing; **~ьмово-ди́тель** *m obs* clerk; **~ьмоно́сец** (~ьмоно́сца) postman

пита́|ние nourishment; nutrition; иску́сственное ~ artificial feeding; недоста́точное ~ malnutrition; наси́льственное ~ forced feeding; обще́ственное ~ public catering; уси́ленное ~ high-calorie diet; *tech* feed(ing); **~́тель** *m tech* feeder; **~́тельность** *f* nutritiousness, food value; **~́тельный** (~телен) nourishing, nutritious; ~тельная среда́ culture medium, *fig* breeding-ground; ~тельное сре́дство nutriment; alimentary; *tech* feed(ing), supply (*pipe, etc*); **~́ть** I *pf* на~ feed; nourish *also fig*; ~ ребёнка feed a baby; *impf tech* feed, supply; ~ го́род электроэне́ргией supply a city with electricity; *impf* feel, experience (*with certain nouns*); ~ дове́рие trust (к + *dat*); ~ наде́жду nourish the hope; ~ не́нависть harbour enmity (towards, к + *dat*); ~ отвраще́ние have an aversion (to, к + *dat*); ~ привя́занность be attached (to, к + *dat*); **~́ться** I *impf* feed, live (on, + *instr*); хорошо́ ~ eat well, be well fed; be supplied

пите́йн|ый *obs* ~ дом, ~ое заведе́ние public house

питека́нтроп Pithecanthropus

Пи́тер *coll* St Petersburg; **п~ский** *coll* of St Petersburg

пито́м|ец (~ца) foster-child, nursling; charge; pupil, alumnus; **~́ник** nursery *also fig*; древе́сный ~ arboretum

пито́н python

пить (пью, пьёшь; пил, пила́, пи́ло) *pf* вы́~ drink; take, have (*liquids*); ~ ма́ленькими глотка́ми sip; жа́дно ~ gulp down; пью за Ва́ше здоро́вье! (here's) to you!, your health!; вы́пьем до дна! bottoms up! *impf* ~ мёртвую *pop* drink hard; ~ го́рькую *pop*, ~ запо́ем *coll* be an inveterate drunkard; как ~ дать *coll* as sure as eggs is eggs; **~ё** drinking; drink, beverage; **~ьево́й** drinkable; ~ьева́я вода́ drinking water; ~ьева́я со́да household soda

Пифаго́р Pythagoras; **~е́йский** Pythagorean; **п~е́ец** (п~е́йца) Pythagorean; **п~́ов** п~ова теоре́ма Pythagoras' theorem

Пи́фия the Pythian, Pythoness

пих|а́ть I *pf* ~ну́ть *coll* push, elbow, jostle; shove, cram; **~а́ться** I *pf* ~ну́ться *coll* push, shove, elbow; jostle one another; **~ну́ть(ся)** I *pf of* ~а́ть(ся)

пи́хт|а fir(-tree), abies; европе́йская ~ silver fir; **~́овый** *adj of* ~а

пи́чкать I *pf* на~ *coll* stuff, cram *also fig*

пичу́га, пичу́жка *coll* bird

пи́шущ|ий ~ э́ти стро́ки the present writer; ~ая бра́тия *coll* literary fraternity; ~ая маши́нка typewriter

пи́щ|а food; ~ для ума́ food for thought; pabulum, nourishment; быть на ~е Свято́го Анто́ния *joc* go hungry

пища́ль *f* (h)arquebus; **~́ник** (h)arquebusier

пища́ть II *pf* пи́скнуть cheep, peep (*of birds, etc*); squeak; *fig coll* whine

пище|бло́к communal feeding enterprise; **~варе́ние** digestion; расстро́йство ~варе́ния indigestion, dyspepsia; **~вари́тельный** digestive; ~ кана́л alimentary canal; **~ви́к** I food industry worker; **~вкусово́й** food (and gustatory); oesophagus, gullet; **~во́й** *adj of* пи́ща; ~вы́е проду́кты foodstuffs; ~ва́я промы́шленность food industry

пи́щик small pipe for luring birds; *mus* reed; buzzer

пия́вк|а leech; ста́вить ~и apply leeches; пристава́ть как ~а *fig coll* stick like a leech

плав на ~у́ afloat; **~́ание** swimming; navigation, sailing; voyage; су́дно да́льнего ~ания ocean-going ship; отпра́виться, пусти́ться в ~ put to sea; **~́ательный** swimming, natatory, natatorial; ~ бассе́йн swimming bath; ~ательная перепо́нка web (*of birds, etc*), flipper (*of tortoise, etc*); ~ательные пе́рья fins (*of fish*); **~́ать** I *indet of* плыть *impf* swim; float; sail; ме́лко ~ *fig coll* lack depth, be of little account, be shallow; *fig coll joc* waffle

пла́в|ень (~ня) *tech* flux, fusing agent; *pl* low-lying overgrown land, flats at river mouths

плави́к I fluorspar; **~о́вый** *adj of* ~; ~о́вая кислота́ hydrofluoric acid; ~ шпат fluorspar

плави́л|ьник *tech* crucible; **~́ьный** *tech* (s)melting; ~ьная печь smelting furnace; **~́ьня** (*gen pl* ~ен) foundry, smeltery; **~́ьщик** founder, smelter

пла́в|ить II *pf* рас~ (s)melt, fuse; **~́иться** II *pf* рас~ melt, fuse; **~́ка** fusing, fusion; **~́ки** (*gen pl* ~ок) swimming trunks; **~́кий** fusible, melting; ~ предохрани́тель fusible cut-out, fuse; **~́кость** *f* fusibility; **~ле́ние** melting, fusion; то́чка ~ле́ния melting point; **~́леный** ~ сыр processed cheese

плав|ни́к I fin, flipper; **~но́й** floating, floated, drift (*of net*); **~́ность** *f* ease, smoothness; facility; **~́ный** (~ен, ~на́) graceful; smooth(-flowing), mellifluous, rhythmical; *ling* liquid; **~у́н** *geol* quick ground; **~уне́ц** (~унца́) жук-~ water-tiger; **~у́честь** *f* buoyancy; **~у́чий** floating; buoyant; ~у́чая льди́на ice-floe

плагиа́т plagiarism; **~́ор** plagiarist

плаз loft (*shipbuilding*)

пла́зм|а plasma; **~ати́ческий** plasmatic; **~о́дий** plasmodium

пла́кальщик (hired) mourner, mute, weeper

плака́т placard, poster, bill; broadsheet; *obs* passport; **~и́ст** poster artist; **~́ный** poster(-like)

пла́|кать I (~чу) *impf* weep, cry, shed tears; ~ навзры́д sob; хоть ~чь! *coll* it is enough to make you weep!; по нём (по нему́) давно́ верёвка ~чет *coll* he should have been hanged long ago; ~кали де́нежки! *coll* the money has simply melted; weep (for), mourn (for, о + *prep*); **~́каться** I (~чусь) *impf coll* complain (of), lament, bemoan (на + *acc*); **~́кса** *m and f coll* cry-baby, sniveller; **~кси́вый** (~кси́в) *coll* tearful, lachrymose; doleful, pathetic (*of voice, tone, smile, etc*); **~ку́н-трава́** willow-herb; **~ку́чий** weeping (*of trees*)

плам|ене́ть I *impf rhet* flame, blaze, burn; **~́енник** *poet* torch, flambeau; *bot* phlox; **~́енность** *f* ardour; **~́енный** flaming, fiery, blazing; *fig rhet* ardent, burning; ~енная печь internally fired furnace; **~́ень** *m* (~ени) *obs poet* = ~я; **~́я** *neut* (~ени; *pl obs* ~ена́, ~ён) flame, fire, blaze; вспы́хнуть ~енем burst into flame

план plan; стро́ить ~ы make plans; scheme; ~ (-ка́рта) map; outline, programme, scheme; plane *also fig*; за́дний ~ background; кру́пный ~ close-up (*in filming*); пере́дний ~ foreground; выдвига́ть на пе́рвый ~ bring to the forefront

планёр glider; **~и́зм** gliding; **~и́ст** glider-pilot;

~́ный ~ спорт gliding
планёрка *pop* meeting to discuss fulfilment of plan
планéт|а planet; большие (мáлые) ~ы major (minor) planets; (the) planet, Earth; *obs coll* fate, star(s); **~áрий** planetarium; **~́ный** planetary
планимéтр planimeter; **~и́ческий** planimetric; **~́ия** plane geometry
планир|ование planning; ~ городóв town-planning; *aer* glide, gliding; **~́овать** (~ую) *pf* за~ plan; ~ поéхать кудá *coll* plan to go somewhere; *pf* с~ *aer* glide (down); **~овáть** (~ýю) *pf* рас~ lay out, plan (*park, etc*); **~óвка** laying out, layout; **~óвщик** planner, layout workman
плáнка plate, strip; lath, slat
планктóн plankton
план|ови́к 1 (economic) planner; **~́овость** *f* development according to plan; planned character, nature; **~́овый** plan(ned), systematic; ~овое хозя́йство planned economy; **~омéрность** *f* systematic, planned character, nature; **~омéрный** (~омéрен) systematic, planned, regular, according to plan
плантá|тор planter; **~́ция** plantation
планшáйба face-plate
планшéт plane-table (*surveying*); plotting board; busk (*corset*)
планши́р *naut* gunwale
пласт 1 layer; *geol* stratum, seam, bed, vein; *archi* course; лежáть ~óм (как ~) *coll* lie flat without movement; **~áть** I *pf* рас~ cut in layers, slices
плáст|ик(и) plastic(s); **~́ика** *collect* plastic arts; eurhythmics; **~́иковый** *adj of* ~ик(и)
пластили́н plasticine
пласти́н|а plate; **~́ка** *dim of* ~а; plate; граммофóнная ~ gramophone record; долгоигрáющая ~ long-playing record; *bot* blade, lamina **~́чатый** lamellar, lamellate
пласт|и́ческий plastic; ~и́ческая мáсса plastic; ~и́ческая хирурги́я plastic surgery; **~и́чность** *f* plasticity; **~и́чный** (~и́чен) plastic; flowing (*of movement, etc*), fluent, rhythmical; **~мáсса** *abbr of* ~и́ческая мáсса plastic; **~мáссовый** plastic
пласт|овáть (~ýю) *impf* cut, lay in layers
пластýн 1 cossack serving on foot; пóлзать по ~ски crawl on one's elbows
плáстырь *m* plaster; вытяжнóй ~ drawing plaster; ли́пкий ~ sticking plaster
плат *obs* = ~óк
плáта pay, salary; зáработная ~ wages; payment; fee, charge; входнáя ~ entrance fee; ~ за проéзд fare
платáн plane(-tree), platan
платáть I *pf* за~ *pop* patch, clout, mend
платёж 1 payment; налóженным ~óм cash on delivery; **~еспосóбность** *f* solvency; **~еспосóбный** (~еспосóбен) solvent; **~ный** *adj of* ~; ~ балáнс balance of payments; ~ная вéдомость pay-sheet, payroll; ~ день pay-day
плáтельщик payer; ~ налóгов taxpayer
плáт|ина platinum; **~́иновый** *adj of* ~
пла|ти́ть II (~чý, ~́тишь) *pf* за~ pay (for, за + *acc*); ~ за кварти́ру, проéзд pay the rent, fare; ~ дань pay tribute (to, + *dat*); ~ нали́чными pay in cash; ~ натýрой pay in kind; *pf also* у~ pay; ~ счёт pay one's account; *fig* pay back, return (+ *instr*, за + *acc*); ~ комý услýгой за услýгу pay back, return a favour; ~ злом за добрó return good for evil; **~ти́ться** II (~чýсь, ~́тишься) *pf* по~ pay (with, for; + *instr*, за + *acc*); ~ здорóвьем за свою неосмотри́тельность pay for one's carelessness with one's health; ты мне за э́то поплáтишься! you will pay for this!; **~́тный** requiring payment, paid, chargeable; paying (guest, *etc*)
платó *neut indecl* plateau
плат|óк (~кá) shawl; kerchief; headscarf; (носовóй) ~ handkerchief
Платóн Plato; **п~и́зм** Platonism; **п~ик** Platonist; **п~и́ческий** Platonic
платфóрм|а platform (*rlwy*); small railway station; (open) goods truck; *fig pol* platform; *fig* найти́ óбщую ~у find common ground; *fig* стоя́ть на ~е support (+ *gen*)
плáт|ье (*pl* ~ья, ~ьев) clothes, clothing; вéрхнее ~ outer garments; dress, gown, frock, рабóчее ~ overalls; **~ье-костю́м** two-piece suit; **~ье-халáт** housecoat; **~́ьице** дéтское ~ child's dress; **~янóй** *adj of* ~ье; ~ шкаф wardrobe; ~янáя щётка clothes-brush
плаýн 1 clubmoss, wolf's-claw, lycopodium
плафóн *archi* plafond; (glass) lampshade
плáха block; *hist* block, scaffold
плáхта hand-woven Ukrainian cloth; wrap-round Ukrainian skirt
плац (на ~ý, о ~́е) parade-ground; учéбный ~ drill square; **~дáрм** bridgehead, beachhead; *fig* base
плацéнта placenta
плацкáрт|а reserved seat (ticket); berth; взять ~у reserve a seat, berth; **~́ный** *adj of* ~а; ~ вагóн carriage with reserved seats; ~ное мéсто reserved seat, berth
плач crying, weeping; wailing, keening; lament (-ation); ~ем гóрю не помóжешь no use crying over spilt milk; **~éвный** (~éвен) mournful, sad; lamentable, deplorable (results, *etc*); в ~éвном состоя́нии in a sad (sorry) state; имéть ~ исхóд come to a sad end
плáшка *tech* (threading) die, screw die
плашкó|ут *naut* lighter; **~́утный** ~ мост pontoon bridge
плашмя́ *adv* with the flat (edge); упáсть ~ fall flat, prone
плащ 1 cloak; mackintosh, raincoat, waterproof (coat); **~ани́ца** shroud of Christ; **~-палáтка** waterproof cape, waterproof tent
плебисци́т plebiscite; **~áрный** *and* **~́ный** plebiscite
плебéй plebeian; **~́ский** plebeian
плебс plebs; mob
плевá membrane, film, coat; дéвственная ~ hymen; лёгочная ~ pleura
плевáт|ельница spittoon; заткнýть ~ельницу *sl* shut one's trap; **~́ь** (плюю́, плюёшь) *pf* на~, плю́нуть spit, expectorate; ~ в потолóк *coll* twiddle one's thumbs; loaf; *coll* not to give a damn, not to care a rap (about, на + *acc*); емý ~ на всё he doesn't give a damn for anything; плю́нуть нéкуда *fig pop* no room to swing a cat; раз плю́нуть *pop* child's play; **~́ься** (плюю́сь, плюёшься) spit; have the habit of spitting
плéвел (*pl* ~ы, ~) darnel, cockle; weed; отдели́ть зернó от ~ *fig* sift the chaff from the grain
плев|óк (~кá) spit(tle); sputum; ~ в лицó комý insult to someone; ~кá не стóит *vulg* not worth a tinker's cuss
плéвр|а pleura; **~и́т** pleurisy
плёв|ый ~ое дéло *pop* easy job; *pop* worthless
плед rug; plaid

пле́йбой playboy
плейстоце́н pleistocene
плексигла́с plexiglas, perspex
плем|енно́й tribal; pedigree; ~ скот pedigree cattle, bloodstock; **~я** *neut* (~ени; *pl* ~ена́, ~ён, ~ена́м) tribe; breed, stock *also fig*; *ar* generation, family; *lit* race; на ~ for breeding; **~я́нник** nephew; **~я́нница** niece; **~я́ш** 1 *pop* nephew; **~я́шка** *pop* niece
плен (в ~у́, о ~е) captivity; быть в ~у́ be in captivity; взять в ~ take prisoner; попа́сть в ~ be taken prisoner (by, к + *dat*)
плена́рный plenary
плен|е́ние capture; captivity; **~и́тельность** *f* fascination; **~и́тельный** (~и́телен) captivating, charming, fascinating; **~и́ть** II *pf lit, obs* capture, take captive; *pf of* ~я́ть; **~и́ться** II *pf of* ~я́ться
плёнк|а film; pellicle; tape; за́пись на ~у tape recording
пле́нн|ик *obs* captive, prisoner; **~ый** *n* captive, prisoner; *adj* captive
пле́нум plenum, plenary session
плен|я́ть I *pf* ~и́ть captivate, fascinate, charm; **~я́ться** I *pf* ~и́ться be captivated, fascinated (by, + *instr*)
плеона́|зм pleonasm; **~сти́ческий** pleonastic
плёс reach (*of river*); stretch (*of river, lake*)
пле́с|енный mouldy, musty; **~ень** *f* mould, must(iness)
пле|ск (s)plash; ~ вёсел plash of oars; ~ волн lapping of waves; **~ска́ть** I *impf* (~щу́, ~щешь) (s)plash, lap; ~ о бе́рег lap against the shore; (~щу́, ~щешь *and coll* ~ска́ю) splash; ~ друг на дру́га водо́й splash one another with water; ~ во́ду на́ пол splash water on to the floor; (~щет) flap (*of flags, sails, etc*); (~щу́, ~щешь) *obs* clap, applaud; **~ска́ться** I (~щу́сь, ~щешься *and* ~ска́юсь) lap; splash (oneself or one another)
пле́сневеть I *pf* за~ grow mouldy, musty
плес|ну́ть I *sem pf of* ~ка́ть
пле|сти́ (~ту́, ~тёшь; ~л, ~ла́; ~тший) *pf* с~ braid, plait (*hair, etc*); weave, tat; ~ вено́к, корзи́ну make a wreath, basket; ~ интри́ги intrigue; ~ ко́зни plot, machinate; *no pf* ~ околе́сицу, небыли́цы *coll* talk rot; **~сти́сь** (~ту́сь, ~тёшься; ~лся, ~ла́сь) *impf coll* trudge, drag oneself along; ~ в хвосте́ *fig* lag behind; **~те́льный** weaving; woven; **~те́ние** braiding, plaiting; weaving; wickerwork, basketwork; ~ слове́с *iron* verbiage **~тёнка** *coll* (wicker) basket; white oblong loaf; **~тёный** wattled, wicker; **~те́нь** *m* (~тня́) wattle fence, fencing; **~тка** lash; **~ть** 5 *f* lash; shoot, runner; *pl* length(s) of piping, rails
плеч|ево́й humeral; ~ева́я кость humerus; **~ики** (*gen pl* ~иков) *coll* (coat-)hanger; **~ико** (*pl* ~ики, ~иков) *dim of* ~о́; shoulder-strap; **~и́стый** (~и́ст) broad-shouldered; **~о́** (*pl* ~и, ~, ~а́м) shoulder; ле́вое, пра́вое ~ вперёд *mil* right wheel, left wheel!; пожима́ть ~а́ми shrug one's shoulders; распрямля́ть ~и square one's shoulders; быть, стоя́ть за ~а́ми belong to the past; э́то ему́ по ~у́ he is equal to the task; э́то ему́ не по ~у́ he is not up to it; ~о́м к ~у́ shoulder to shoulder; брать на ~и shoulder; име́ть го́лову на ~а́х have a good head on one's shoulders; с чужо́го ~а́ worn, second-hand (*of clothing*); на ~о́! *mil* slope arms! с ~а́ straight from the shoulder; с ~ доло́й! *coll* that's that! как гора́ с ~ *coll* that's a weight off my mind; с ~ сбро́сить, стряхну́ть get rid of; вы́нести на свои́х ~а́х bear (the full brunt of); на ~а́х проти́вника on the heels of the enemy; похло́пывать по плечу́ кого́ tap someone on the shoulder; *fig* be familiar with someone; *anat* upper arm, humerus; *tech* arm
плеш|и́веть I *pf* о~ grow bald; **~и́вый** (~и́в) bald; **~и́на** *pop* bare patch, bald patch; **~ь** *f* bald patch, bare patch
плея́д|а *fig* pleiad, galaxy; П~ы *astron* Pleiades
пли́нтус plinth; skirting-board
плиоце́н pl(e)iocene
плис velveteen; **~овый** velveteen
плисс|е́ *neut indecl* pleat(s); *adj* pleated; plissé; **~ирова́ть** (~иру́ю) *impf* pleat; **~иро́вка** pleating
плит|а́ 6 plate, slab; flagstone; моги́льная ~ gravestone, tombstone; stove, range, cooker; **~ка** *dim of* ~а́; tile, (thin) slab; ~ шокола́да bar of chocolate; stove, cooker; **~ня́к** 1 flagstone, quarrystone, flat shale; **~очный** ~ пол tiled floor
пли́ца bailer; blade (*of paddle-wheel*), float, paddle
плов = пила́в
плов|е́ц (~ца́) swimmer; **~у́чий** = плаву́чий
пло|д I fruit *also fig*; приноси́ть ~ы́ bear fruit; запре́тный ~ *fig* forbidden fruit; *biol* foetus; **~ди́ть** II (~жу́) *pf* рас~ *coll* rear (*puppies, etc*); produce, procreate, engender *also fig*; **~ди́ться** II (~ди́тся) *pf* рас~ multiply; propagate; **~дный** *biol* fertile; fertilized; **~дови́тость** *f* fruitfulness fertility, fecundity; **~дови́тый** (~дови́т) fertile, fecund, prolific (*in propagation*) *also fig* ~ писа́тель prolific writer; **~дово́дство** fruit-growing; **~дово́дческий** *adj of* ~дово́дство; **~до́вый** *adj of* ~д; fruit(-bearing); ~ сад orchard; **~доли́стик** carpel; **~доно́жка** fruit-stem; **~доноси́ть** II (~доно́сит) *impf* bear fruit; **~доно́сный** (~доно́сен) fruit-bearing, fruitful; **~доо́вощи** (*gen pl* ~ доовоще́й) fruit and vegetables; **~доовощно́й** fruit and vegetable; **~доро́дие** fertility, fecundity (*of soil, etc*); **~доро́дный** (~доро́ден) fertile, fecund (*of soil, etc*); **~досме́нный** ~досме́нная систе́ма rotation of crops; **~дотво́рный** (~дотво́рен) *fig* fruitful (*of work, ideas, etc*)
пло́мб|а stamp, seal; stopping, filling (*of tooth*); ста́вить ~у fill, stop a tooth
пломби́р cream-ice with fruit, *etc*
пломбир|ова́ть (~у́ю) *pf* о~ put a seal on; *pf* за~ stop, fill a tooth
пло́с|кий (~ок, ~ка́, ~ко; пло́ще) flat; plane; ~кая грудь flat chest; ~кая пове́рхность plane surface; ~кая стопа́ *med* flat foot; *fig* tame, flat, trivial, feeble; **~кого́рье** plateau; tableland; **~когру́дый** (~когру́д) flat-chested; **~когу́бцы** (~когу́бцев) pliers; **~кодо́нка** *coll* flat-bottomed boat; punt; **~кодо́нный** flat-bottomed; **~костно́й** plane; **~косто́пие** flat foot, platypodia; **~кость** 5 *f* flatness; plane *also fig*; накло́нная ~ inclined plane; кати́ться по накло́нной ~кости *fig* go downhill; (*gen pl* ~косте́й) platitude, banality, triviality
плот 1 raft
плотва́ roach
плоти́на dam; weir; dike, dyke
плотне́ть I *pf* по~ become closer, denser, tighter, stouter, thicker
пло́тн|ик carpenter; **~ичать** I *impf* work as a carpenter; **~и́чество** carpentry; **~ичий** carpenter's; **~ичный** carpentering
пло́т|ность *f* compactness, solidity; thickness; strength; density; **~ный** (~ен, ~на́, ~но)

compact, solid; thick; ~ная ткань closely woven cloth; dense (*gas*, *population*, *etc*); strong; *coll* thick-set, solidly built (*of person*); ~ бума́жник wallet stuffed full; *coll* square, hearty, filling (*of meal*); ~но пое́сть have a hearty meal; ~но облега́ть fit like a glove (*of dress*, *etc*); ~ ого́нь *mil* heavy fire

плото|во́д rafter, raftsman (*of timber*); **~вщи́к** rafter, raftsman (*of timber and passengers*); **~го́н** = ~во́д

плот|оя́дный (~оя́ден) carnivorous; *fig* libidinous, lascivious; **~́ский** carnal, fleshly; **~ь** *f* flesh; во ~и́ in the flesh; ~ от ~́и flesh of one's flesh; ~ и кровь one's flesh and blood; войти́ в ~ и кровь *lit* run in one's blood; обле́чь в ~ и кровь *lit* embody; **кра́йняя** ~ prepuce, foreskin

пло́х|о *adv* bad(ly), ill; ~ обраща́ться ill-treat, ill-use (с + *instr*); ~ вести́ себя́ behave badly; чу́вствовать себя́ ~ feel unwell, bad; ~ лежа́ть *coll* lie in temptation's way; *n neut indecl* bad mark; **~ова́то** *adv coll* not particularly well, rather badly; **~ова́тый** (~ова́т) *coll* not too good, rather bad; **~о́й** (~, ~а́, ~́о) *in var senses* bad, poor; ~о́е настрое́ние bad mood, low spirits; ~а́я наде́жда на кого́ not much use relying on someone; с ним шу́тки ~́и he is not one to be trifled with, he is a tough customer; *pred* ему́ о́чень ~́о he is in a (very) bad way; он совсе́м ~ he is very weak (failing)

плоша́ть I *pop pf* о~ and с~ *coll* slip up, muck it up; смотри́, не плоша́й! mind you do well!

пло́шк|а *pop* flat dish, saucer; lampion; глаза́ как ~и saucer eyes

площ|а́дка ground, area; де́тская ~ children's playground; спорти́вная ~ sports ground; строи́тельная ~ building site; те́ннисная ~ tennis court; landing (*on staircase*); platform (*on tram*, *etc*); пускова́я ~ launching pad; **~адно́й** vulgar, coarse, scurrilous; **~́адь** 5 *f* area; space; жила́я ~ living space, floor-space; посевна́я ~ sown area, area under crops; поле́зная ~ direct use area; square (*in town*); база́рная ~ market place

площи́ца crab-louse

плуг 2 plough; **~а́рь** 1, **~гата́рь** 1, **~а́тор** ploughman; **~ово́й** *adj of* ~

плу́нжер plunger

плут 1 cheat, swindler, knave; *coll* rogue

плута́ть I *impf coll* stray, wander

плут|и́шка *m coll* little rogue, rascal; **~́ни** (*gen pl* ~ней) *coll pej* tricks, trickery, cheating, swindling; **~ова́тый** (~ова́т) cunning; roguish; **~ова́ть** (~у́ю) *pf* на~, с~ *coll* cheat, swindle, indulge in sharp practice; **~о́вка** *f of* ~, ~и́шка; **~овско́й** knavish; ~овски́е приёмы knavish tricks; *coll* roguish, mischievous; *lit* picaresque; **~овство́** sharp practice, trickery, cheating; knavery

плутокра́т plutocrat; **~и́ческий** plutocratic; **~́ия** plutocracy

плы|ву́н 1 quick ground; **~ть** (~ву́, ~вёшь; ~л, ~ла́, ~́ло) *det*, *pf* по~ swim; float; ~ сто́я tread water; ~ кому́ в ру́ки *fig coll* fall into someone's lap; sail (*on boat*, *of moon*, *etc*); всё ~вёт пе́ред глаза́ми everything is swimming before my eyes; ~ на вёслах row; ~ под паруса́ми go under sail; ~ по во́ле волн *fig* drift

плювио́метр pluviometer

плюга́в|ый (~) *pop* miserable-looking, pathetic-looking

плюма́ж plume (*on hat*)

плю́нуть I *sem pf of* плева́ть

плюрал|и́зм pluralism; **~исти́ческий** pluralistic; **~́ьный** ~ во́тум plural vote

плюс *math* plus; два ~ три равно́ пяти́ two plus three equals five; *fig coll* advantage; *conj coll* in addition; на солнце ~ де́сять гра́дусов in the sun it is ten degrees above zero; ~-ми́нус plus or minus

плюсн|а́ 6 metatarsus; **~ево́й** *adj of* ~а́

плюс|ова́ть (~у́ю) *pf* при~ *pop* add on; **~́овый** plus

плю́х|ать(ся) I *pf* ~нуть(ся) *pop* flop, plump, plonk oneself down; ~ в кре́сло flop into an armchair

плюш plush; **~́евый** plush

плю́шка flat bun

плющ 1 ivy

плющ|и́льный *tech* flattening, laminating; flatting, rolling; **~́ить** II *pf* с~ *tech* flatten, laminate

пляж beach; **~́ный** beach

пля|с *coll* dance; пусти́ться в ~ break into a dance; **~са́ть** I (~шу́, ~́шешь) *pf* с~ dance (*esp folk*); *no pf coll* jump, dance; э́тот но́мер не ~шет *pop* that won't wash; **~́ска** dance, dancing (*esp folk*); **~сово́й** dancing; **~сова́я** *n* dance (tune); **~су́н** 1 *coll* dancer; **кана́тный** ~ rope-dancer

пневма́т|ик pneumatic tyre; **~́ика** pneumatics; **~и́ческий** pneumatic

пневмо|ко́кк pneumococcus; **~ни́я** pneumonia; **~то́ракс** pneumothorax

пни́ст|ый (~) *adj of* пень

пнуть I *pf of* пина́ть

по *prep* + *dat* on; along; идти́ по доро́ге walk along, down the road; идти́ по следа́м follow in the tracks (of, + *gen*); лета́ть по во́здуху fly through the air; хло́пнуть по плечу́ clap on the shoulder; расста́вить кни́ги по по́лкам put, arrange books on shelves; round, about *indicating places visited*; бе́гать по магази́нам rush round the shops; ходи́ть по ко́мнате walk round the room; by, on, over *means of communication*; по во́здуху by air; говори́ть по телефо́ну talk on the phone; по желе́зной доро́ге by rail, train; по по́чте by post; по ра́дио over the radio; передава́ть по ра́дио broadcast; at, for *indicating object of action or feeling;* стреля́ть по врагу́ shoot at the enemy; скуча́ть по де́тям miss one's children; тоска́ по ро́дине homesickness; э́то по его́ а́дресу *fig* it is meant for him; in, on *indicating sphere of activity or interest* иссле́дование по матема́тике research in mathematics; кни́га по геогра́фии book on geography; чемпио́н по ша́хматам chess champion; специалист по не́фти oil expert; in accordance with, by, according to; по статье́ зако́на according to the letter of the law; оде́т по мо́де dressed fashionably; рабо́тать по пла́ну work according to the plan, рабо́та по си́лам work within one's powers; суди́ть по вне́шности judge from appearances; по мне *coll* to my way of thinking; by (reason of), on account of, from; по боле́зни because of illness; по мо́лодости by reason of youth; по рассе́янности from absent-mindedness; by, in *in respect of*; по профе́ссии by profession; по ма́тери on the mother's side; по происхожде́нию он францу́з he is of French descent; това́рищ по ору́жию comrade-in-arms; това́рищ по шко́ле schoolmate; отли́чный по ка́честву of excellent quality; on, in *indicating measure or period of time*; по це́лым дням for days on end; по утра́м of a morning *ie each* *morning*; рабо́та рассчи́тана по мину́там the work is calculated to the minute; по весне́ *pop* in spring; *distributive num* each; дать всем по я́блоку give everyone an apple each; + *acc* по́ два (две), по́ три, по четы́ре, по двести, *etc*; по́ двое, по́ трое; + *dat* по одному́ (одно́й), по пяти́ *etc* ... по двадцати́, по сорока́, по девяно́ста, по ста + *acc in these cases is coll*; по пятисо́т, *etc*; по полтора́ (полторы́); по рублю́ шту́ка one rouble each; + *acc* up to, to; по по́яс в воде́ up to the waist in water; за́нят по го́рло up to one's eyes in work; по́ уши влюблён head over heels in love; по второ́е февраля́ up to (and including) the second of February; + *acc with verbs of motion pop* for; идти́ по грибы́ go mushrooming; + *prep* after, on; по истече́нии срока on expiry of the term (period); по минова́нии на́добности when the need has passed; по оконча́нии экза́мена after the examination; по прибы́тии on arrival; по рассмотре́нии on examination; + *prep following verbs of grieving, etc*; пла́кать по ком weep for someone; **по-** *verbal pref in var senses*; beginning of action *ie* пойти́ (start to) go; action of short duration *or* incomplete action *ie* порабо́тать do a little work; with suffixes -ыва-, -ива- action repeated at intervals *or* action of indeterminate duration *ie* позва́нивать keep ringing; action referring to many people *or* things *ie* попря́тать hide many, a lot; **по-** + *dat of adj or* + *ending* -ски forms *adv ie* по-но́вому in a new way; по-ру́сски (in) Russian; по-мо́ему in my opinion; де́лать по-сво́ему do (it) in one's own way

побагрове́ть I *pf of* багрове́ть

поба́иваться I *impf coll* be rather afraid (+ *gen or* + *infin*)

поба́лива|ть I (~ет) *impf coll* ache a little, on and off

по-ба́рски *adv* like a lord

побасёнка *coll* tale, story

побе́г flight, escape; *bot* shoot, sprout, runner; корнево́й ~ sucker; set; graft, scion; ~́**ать** I *pf* run (about) a little, have a run

побегу́шк|и *coll* быть у кого́ на ~ах run errands for someone; *fig* be at someone's beck and call

побе́д|а victory; triumph; одержа́ть ~у gain, win a victory, win (carry) the day; **~и́тель** *m* victor, conqueror; *sp* winner; **~и́ть** II (~и́шь) *pf of* побежда́ть; ~́**ный** victory, victorious, triumphant; **~оно́сный** (~оно́сен) victorious, triumphant *also fig coll*

побе|жа́ть (~гу́, ~жи́шь, ~гу́т) *pf of* бежа́ть; start to run, break into a run

побежда́ть I *pf* победи́ть conquer, vanquish, defeat, win a victory (over); *fig* master, overcome

побе́жка pace, gait (*of horses, etc*)

побел|е́ть I *pf of* беле́ть; **~и́ть** II (~ю́, ~́ишь) *pf of* бели́ть; ~́**ка** whitewashing

побере́ж|ный coastal; ~́**ье** coast, seaboard, littoral

побере́|чь (~гу́, ~жёшь, ~гу́т; ~́г, ~гла́; ~́гший) *pf* look after, take care of (things, health, etc); ~ги́ себя́! look after yourself!; ~́**чься** (~гу́сь, ~жёшься, ~гу́тся; ~́гся, ~гла́сь) *pf* take care of oneself

побесе́д|овать (~ую) *pf* have a (little) talk, chat

побеспоко́|ить II *pf of* беспоко́ить; позво́льте вас ~ may I trouble you?; ~́**иться** II *pf of* беспоко́иться; be rather worried

побир|а́ться I *impf coll* live by begging; **~у́шка** *m and f coll* beggar

поб|и́ть (~ью, ~ьёшь) *pf of* бить; kill (a number of); *sp coll* beat; break, smash (a lot of); nip (*of frost*); beat down (*of hail, etc*); **~и́ться** (~ьётся) *pf of* би́ться; break; be squashed, bruised (*of fruit*)

поблагодари́ть II *pf of* благодари́ть

побла́жк|а indulgence, allowance(s); дава́ть ~у indulge, make allowance(s) (for, + *dat*)

побледне́ть I *pf of* бледне́ть

поблёк|лый faded; withered; ~́**нуть** I (*past* ~, ~ла) *pf of* блёкнуть

поблёскивать I *impf* gleam

побли́зости *adv* nearby, near at hand, hereabouts; ~ (от) near, close (to)

побожи́ться II *pf of* божи́ться

побо́|и (*gen pl* ~ев) beating, blows; thrashing; терпе́ть ~ take a beating, hiding; ~́**ище** slaughter, carnage, bloody fight; мама́ево ~ bloody battle; row, mess

побо́р levy; extortion

побо́р|ник *lit* champion, upholder, supporter, advocate; **~о́ть** (~ю́, ~́ешь) *pf* overcome *also fig* fight down; beat (*in wrestling*)

побо́чн|ый secondary, side; ~ эффе́кт side-effect; ~ насле́дник collateral heir; ~ проду́кт by-product; ~ая рабо́та sideline; ~ сын natural son

побо|я́ться (~ю́сь, ~и́шься) *pf* be afraid (+ *infin*)

побрани́ть II *pf* tick, tell off, give a scolding; ~́**ся** II *pf of* брани́ться

побрат|а́ться I *pf of* брата́ться; **~и́м** sworn brother; города́-~и́мы *fig* twin towns; **~и́мство** sworn brotherhood

поб|ра́ть (~еру́, ~ерёшь; ~ра́л, ~рала́, ~ра́ло) *pf pop* take (quantity of); чёрт тебя́ ~ери́, чёрт бы тебя́ ~ра́л! the devil take you!

побре́згать I *pf of* бре́згать

побре|сти́ (~ду́, ~дёшь; ~́л, ~ла́) *pf* plod

побр|и́ть(ся) (~е́ю(сь)) *pf of* бри́ть(ся)

побро|ди́ть II (~жу́, ~́дишь) *pf* wander for a time

поброса́ть I *pf* throw about; desert, abandon (a lot)

побря́к|ать I *pf of* ~ивать; ~́**ивать** I *pf* ~ать *coll* rattle (+ *instr*); **~у́шка** *coll* rattle; trinket

побу|ди́тельный motivating, stimulating; ~ди́тельная причи́на motive, incentive; ~ди́тельные сре́дства stimulants; **~ди́ть** II (~жу́, ~́дишь) *pf coll* try to wake; wake, rouse (many); **~ди́ть** II (~жу́, ~ди́шь) *pf of* ~жда́ть; ~́**дка** reveille; **~жда́ть** I *pf* ~ди́ть prompt (to), spur (to), induce (to), impel (to, к + *dat or* + *infin*); **~жде́ние** motive, inducement, incentive, impulse, spur, prompting; сле́довать ~жде́нию со́вести follow the dictates of one's conscience

побуре́ть I *pf of* буре́ть

побы|ва́льщина *obs* narration, true story; **~ва́ть** I *pf* have been, have visited (many places); live for a while; *coll* look in (on, у + *gen*), visit; ~́**вка** *coll* leave, furlough; на ~вку on leave, for a stay; ~́**ть** (побу́ду, побу́дешь; по́был, ~ла́, по́было; побу́дь) stay (for a while)

пова́|дить II (~жу) *pf of* ~живать; ~́**диться** II (~жусь) *pf coll pej* get into the habit (of), take to going (somewhere), take to (+ *infin*); ~́**дка** *coll* habit, custom; way; ~́**дно** чтобы не́ было ~ (+ *dat*) as a lesson (to), (in order) to teach not to do so (again), to discourage; ~́**живать** I *pf* ~дить *coll* accustom, train; *impf coll* take, convey from time to time

повал|и́ть I (~ю́, ~́ишь) *pf of* вали́ть; begin to fall (*of snow, etc*), throng (of people, etc), pour (*of smoke, etc*); **~и́ться** II (~ю́сь, ~́ишься) *pf of*

вали́ться; ⁓**ьно** *adv* without exception, all; ⁓**ьный** general, mass; ~ьная боле́знь epidemic
пова́пленный гроб ~ whited sepulchre
по́в|ар (*pl* ~ара́) cook, chef; **~а́ренный** culinary; ~а́ренная кни́га cookery-book; ~а́ренная соль common salt, table salt; **~арёнок** (~арёнка; ~аря́та, ~аря́т) *coll* kitchen-boy; **~арёшка** *coll* ladle; **~ари́ха** cook; **~а́рничать** I *impf coll* (be a) cook; **~а́рня** (*gen pl* ~а́рен) *obs* kitchen; **~арско́й** *adj of* ~ар
по-ва́шему *adv* in your opinion; as you wish
пове́дать I *pf* tell, inform, communicate; ~ свою́ та́йну кому́ disclose one's secret to someone
поведе́ние behaviour, conduct
повез|ти́ (~у́, ~ёшь; ⁓, ~ла́) *pf of* везти́
повел|ева́ть I *impf obs* command, rule (*subjects, country, etc*; + *instr*); *pf* ~е́ть enjoin (+ *dat and infin*); так ~ева́ет со́весть thus my conscience enjoins; **~е́ние** command, injunction; **~е́ть** II *pf of* ~ева́ть; **~и́тель** *m* lord, sovereign, master; **~и́тельница** lady, sovereign, mistress; **~и́тельный** (~и́телен) imperious, peremptory; authoritative; ~ жест imperious gesture; ~ тон peremptory tone; ~и́тельное наклоне́ние *gramm* imperative mood
повенча́ть(ся) I *pf of* венча́ть(ся)
поверг|а́ть I *pf* ⁓нуть throw down, lay low; *fig* plunge (into, в + *acc*); ~ в отча́яние, уны́ние plunge into despair, depression; **⁓нуть** I (*past* ~ *and* ~нул, ~ла) *pf of* ~а́ть
пове́р|енный attorney, procurator, agent; прися́жный ~ barrister; ~ в дела́х chargé d'affaires; **⁓ить** II *pf of* ве́рить; *pf of* ~я́ть; **⁓ка** check, check-up, checking-up, verification; ~ вре́мени time check; *mil* roll-call; ~ карау́лов turning-out of the guard; на ~ку *coll* when it came to the test, point, crunch
пов|ерну́ть(ся) I *pf of* ~ёртывать(ся) *and* ~ора́чивать(ся)
пове́рочный check(ing), verifying
повёрстный (measured) by versts
повёртывать(ся) *see* **повора́чивать(ся)** *pf* поверну́ть(ся)
пове́рх *prep* + *gen* over, above, on top of, over the top of; **⁓ностность** *f* superficiality; **⁓ностный** (~ностен) *long form* surface, superficial (*wound, injury; tension, dressing, etc*); *fig* superficial, shallow; perfunctory; **⁓ность** *f* surface
по́верху *adv coll* on top, on the surface
пове́р|ье (*gen pl* ~ий) popular belief, superstition; **~я́ть** I *pf* ⁓ить *obs* check (up on); confide (to), entrust (to, + *dat*); ~ та́йну кому́ confide a secret to someone
пове́са *m coll* idler; good-for-nothing; rake, scapegrace; playboy
повесел|е́ть I *pf of* веселе́ть; **~и́ть(ся)** II *pf of* весели́ть(ся)
пове́|сить(ся) II (~шу(сь)) *pf of* ве́шать(ся)
пове́сничать I *impf coll* be idle, idle one's time away
повеств|ова́ние narration, narrative; **~ова́тельный** narrative; **~ова́ть** (~у́ю) *impf* narrate, recount, relate (о + *prep*)
пове|сти́ (~ду́, ~дёшь; ⁓л, ~ла́; ⁓дший) *pf of* вести; *pf of* поводи́ть move (+ *instr*); ~ бровя́ми raise one's eyebrows; он и бро́вью (гла́зом) не ⁓л he didn't bat an eyelid, turn a hair; **~сти́сь** (~ду́сь, ~дёшься; ⁓лся, ~ла́сь) *pf of* вести́сь; уж так ~ло́сь *coll* such is the custom; *coll* strike up friendship (with, с + *instr*); с кем ~дёшься, от того́ и наберёшься *prov* if you lie down with dogs, you will get up with fleas
пове́стк|а notice, notification; ~ на заседа́ние notice of meeting; ~ в суд summons, writ, subpoena; ~ дня agenda, order of the day; на ~е дня on the agenda *also fig* signal; bugle call
по́вест|ь 5 *f* story, tale; *obs* narrative; **~у́шка** *dim of* повесть *coll*
пове́трие epidemic, infection; *fig* fad; ~ дифтери́и diphtheria epidemic
пове́ть *f* shed for instruments under overhang of peasant farm
пове́ш|ение hanging; **⁓енный** *n* hanged man
пове́|ять (~ет) *pf* begin to blow (softly); *impers* breathe (of), begin to be felt; ~яло свобо́дой *fig* a breath of freedom was in the air
повзво́дно *adv* in, by platoons
повздо́рить II *pf of* вздо́рить
повзросле́ть I *pf of* взросле́ть
повива́льн|ый *obs* obstetric; ~ая ба́бка midwife
повида́ть(ся) I *pf of* вида́ть(ся)
по-ви́димому *adv* to all appearance, seemingly, apparently
пови́дло jam (*of thick consistency*)
повили́ка *bot* dodder
повин|и́ться II *pf of* вини́ться; **⁓ная** *n* avowal, confession, acknowledgement of guilt; принести́ ~ную, яви́ться с ~ной confess, acknowledge one's guilt, plead guilty, give oneself up, own up; **⁓ность** *f* duty, obligation; во́инская ~ compulsory military service, conscription; трудова́я ~ labour service; **⁓ный** (~ен, ~на) guilty (of, в + *prep*); *obs* obliged, bound; **~ова́ться** (~у́юсь) *impf* (*past tense also pf*); obey (+ *dat*), comply with; **~ове́ние** obedience
повис|а́ть I *pf* ⁓нуть hang (by, на + *prep*); hang down, droop, flag; ~ в во́здухе *fig* hang in mid-air; **⁓нуть** I (~, ~ла *and* ~нул) *pf of* ~а́ть
повиту́ха midwife
повлажне́ть *pf of* влажне́ть
повле́|чь (~ку́, ~чёшь, ~ку́т; ⁓к, ~кла́) *pf* involve, entail, bring in one's train (за собо́й); э́то ~чёт за собо́й осложне́ния that will entail complications
повлия́ть I *pf of* влия́ть
по́вод occasion, reason, ground, cause (of, for, для + *gen*, к + *dat*); ~ к войне́ casus belli; ~ для ссо́ры ground for a quarrel; дать ~ для чего́ кому́ give someone a reason for something; дать ~ к напа́дкам lay oneself open to attack; без вся́кого ~а without cause; по ~у *prep* + *gen* as regards, concerning, apropos of; по како́му ~у? for what reason?, why?, in what connection?
по́вод (на ~у́, о ~е; ⁓ья, ⁓ьев) rein, halter; быть на ~у́ у кого́ *fig* be under someone's thumb
пово|ди́ть II (~жу́, ⁓дишь) *pf* повести́; ~ глаза́ми roll one's eyes; ~ уша́ми prick up the ears (*of horses, etc*); *pf* make go; ~ ло́шадь walk a horse; **~до́к** (~дка́) (dog's) lead; **~ды́рь** 1 *m* leader, guide (*of blind man*)
пово́зка carriage (*unsprung*); vehicle, conveyance; cart
Пово́лж|ье territories along the Volga; **~ский** on the Volga
пово́йник *hist* kerchief, headdress (*worn by married Russian peasant women*)
поволо́к|а глаза́ с ~ой languishing eyes
повор|а́чивать I *pf* поверну́ть turn (tap, etc); ~

больнóго на другóй бок turn the patient on to his other side; ~ назáд turn back; ~ напрáво turn to the right; *fig* change, turn; всё ~ по-своéму twist everything one's own way; **~áчиваться** I *pf* повернýться turn (on the spot); ключ ~áчивается в замкé the key turns in the lock; ~ на другóй бок turn on to the other side; (~áчивается) *fig* дéло повернýлось к лýчшему things took a turn for the better; **~óт** turn(ing); ~ рекú river bend; пéрвый ~ налéво the first turning to the left; на ~óте at the turn(ing); *fig* turning-point; ~ к лýчшему turn for the better; **~отúть** II (~очý, ~óтишь) *pf pop* turn; **~отúться** II (~очýсь, ~óтишься) *pf pop* turn; **~óтливый** (~óтлив) nimble, agile, quick; *tech* manoeuvrable, handy; **~óтный** rotary, rotating, revolving; turning; ~ круг turntable; ~ мост swing bridge; ~ момéнт, пункт *fig* turning-point

повре|дúть II (~жý) *pf of* вредúть; **~дúть(ся)** *pf of* ~ждáть(ся); **~ждáть** I *pf* ~дúть damage, injure, hurt; ~ нóгу hurt one's leg; **~ждáться** I *pf* ~дúться *pop* hurt oneself; ~ в умé *pop* become deranged; **~ждéние** damage, injury, break

повремен|úть II *pf coll* wait a little, delay (over, с + *instr*); **~́ный** periodical; ~ная оплáта payment by time; ~ная рабóта time-work

повседнéвн|о *adv* daily, everyday; **~́ость** *f* daily occurrence; **~́ый** daily; everyday

повсемéст|ный (~ен) universal, general

повскакáть I (*no fut*); *pf coll* jump up all at once *or* one after another

повстáн|ец (~ца) insurgent, rebel, insurrectionist; **~́ческий** rebel, insurgent

повстречáть I *pf coll* run into, meet; **~́ся** I *pf coll* run into, meet (с + *instr*)

повсю́ду *adv* everywhere

повтор|éние repetition, reiteration; крáткое ~ recapitulation; recurrence; **~úтельный** recapitulatory; refresher (*course*, *etc*); repeat (*lesson*, *etc*); **~úть(ся)** II *pf of* ~я́ть(ся); **~́ный** repeat(ed), recurring; **~я́ть** I *pf* ~úть repeat, reiterate, go over again; **~я́ться** I *pf* ~úться *pass of* ~я́ть; repeat oneself, recur

повы́|сить(ся) II (~шу(сь)) *pf of* ~шáть(ся); **~шáть** *pf* ~́сить raise, heighten, increase (*water-level*, *pressure*, *demands*, *pay*, *productivity*, *etc*); ~ вдвóе, втрóе, *etc* double, treble; improve (*quality*, *knowlege*, *etc*); promote, prefer, advance; ~ по слýжбе give promotion; ~ гóлос raise one's voice (*in anger*, *etc*); **~шáться** I *pf* ~́ситься rise, increase; improve; ~ в чьём мнéнии rise in someone's estimation; go up, rise (*of shares*); be promoted, receive advancement; **~шéние** rise, increase; promotion, preferment, advancement; **~́шенный** heightened; increased; ~шенная возбудúмость heightened excitability; ~шенная температýра (high) temperature

повя|зáть(ся) I (~жу(сь), ~́жешь(ся)) *pf of* ~́зываться; **~́зка** band; fillet; bandage; **~́зывать** I *pf* ~зáть tie; ~ гáлстук tie a tie; ~ ребёнка платкóм tie a scarf on a baby; **~́зываться** I *pf* ~зáться tie oneself (with, + *instr*)

повя́|нуть I (~нет; ~́л) *pf* wither, wilt (*of a lot*)

погадáть I *pf of* гадáть

пог|áнец (~áнца) *pop* rat, scum, scoundrel; **~áнить** II *pf* о~; *pop* defile, pollute; **~áнка** toadstool, non-edible mushroom; sheldrake; *f of* ~áнец; **~áный** (~áн) unclean, foul; ~ гриб toadstool, non-edible mushroom; ~áное ведрó *coll* refuse pail; *pop* vile, filthy (*mood*, *taste*, *etc*); *relig* unclean, unholy; *fig coll* rotten; **~́ань** *f pop* scum (*of people*), filth, dirt

пога|сáть I *impf* go out, be extinguished; **~сúть** II (~шý, ~́сишь) *pf of* гасúть and ~шáть; **~́снуть** I *pf of* гáснуть; **~шáть** I *pf* ~сúть clear off, liquidate, cancel (*debt*, *etc*); мáрка ~́шена the stamp has been cancelled; **~шéние** в ~ дóлга in full settlement of debt

погиб|áть I = гúбнуть; **~́ель** *obs* ruin, perdition, destruction, doom; э́то бы́ло егó ~елью it was the ruin of him; в три ~ели (со)гнуться *coll* be doubled up; *fig* fawn (on, пéред + *instr*); в три ~ели со(гнýть) *coll* oppress, grind down; **~́ельный** *obs* ruinous, fatal, pernicious; **~́нуть** I (*past* ~, ~ла) *pf of* гúбнуть *and* ~áть; **~́ший** lost, perished, ruined

поглá|дить II (~жу) *pf of* глáдить

поглáживать *freq* stroke

поглазéть I *pf of* глазéть

погло|тúть II (~щý, ~́тишь) *pf of* поглощáть ~**щáемость** *f* absorbability; **~щáть** I *pf* ~тúть swallow up, take up, absorb, engulf *also fig*; *fig* engross (the attention of), preoccupy; он ~щён собóй he is wrapped up in himself; он ~щáет кнúгу за кнúгой he devours book after book

поглупéть I *pf of* глупéть

погляд|éть(ся) I *pf of* глядéть(ся); **~́ывать** I *impf coll* = посмáтривать

пог|нáть (~оню́, ~óнишь; ~нáл, ~налá, ~нáло) (begin to) drive; **~нáться** (~оню́сь, ~óнишься; ~нáлся, ~налáсь, ~нáлóсь) run, chase (after), start in pursuit (of, за + *instr*); *fig* strive (after, for); ~ за эффéктами strive for effect; ~ за длúнным рублём be only out for money

погнú|ть (~ёт; ~л, ~ла, ~ло) *pf of* гнить *coll*

погн|ýть (~ý, ~ёшь) *pf of* гнуть bend; **~ýться** (~ётся) *pf of* гнýться *vi* bend

погнушáться I *pf of* гнушáться

погов|áривать I *impf coll* talk (of, о + *prep*); ~áривают there is talk (of), it is rumoured, it is said; **~орúть** II *pf* have a talk; ~ начистотý speak one's mind; **~óрка** saying, byword; войтú в ~óрку become proverbial, a byword

погóд|а weather; какáя бы ни былá ~ rain or shine; дéлать ~у affect the issue; ждать у мóря ~ы wait for something to turn up

пого|дúть II (~жý,) *pf coll* wait a little; ~дú(те)! wait a moment! one moment!; немнóго ~дя́ a little later

погóд|ный *adj of* ~а; yearly, annual; **~́ок** (~ка) brother *or* sister born a year earlier or later than another brother or sister; мы с ней ~ки there is a year's difference between us

погóжий *coll* fine, lovely (*of weather*)

поголóв|но *adv* (all) to a man, one and all; **~́ный** (per) head; general, universal; ~ налóг poll-tax, capitation(-tax); ~ное ополчéние levy in mass; **~́ье** head (of livestock), (total) number

поголубéть I *pf of* голубéть

погóн shoulder-strap, epaulette; (rifle-)sling; distillate, fraction; **~́ный** linear; ~ метр lineal metre; **~́щик** driver, drover, herder; ~ мýлов muleteer; **~́я** pursuit, chase (after, за + *instr*); posse; *fig* chase, chasing (after, за + *instr*); в ~е за слáвой in pursuit of fame; ~ за химéрами wild-goose chase; **~я́ть** I *impf* urge on, drive *also fig*; *coll* hurry up; *pf coll* chase, drive (for a time); **~я́ться** I *pf coll* chase after (for a time)

погор|а́ть I *pf* ~е́ть lose one's possessions in a fire, be burned out; *fig pop* be caught red-handed, come unstuck (over, на + *prep*); **~е́лец** (~е́льца) one who has lost all his possessions by fire; **~е́ть** II *pf of* ~а́ть; *pf* burn for a while

погорячи́ться II *pf fig* get hot under the collar, get heated, get worked up

пого́ст country churchyard; country church with cemetery and house

погран(-) frontier(-) **~и́чник** frontier-guard; **~и́чный** frontier; boundary; **~и́чье** frontier area, zone

по́греб (*pl* ~а́) cellar *also fig*; ви́нный ~ wine-cellar; пороховóй ~ powder-magazine *also fig*

погреб|а́льный funeral, funereal; ~ звон knell, ~а́льное пе́ние dirge; ~ обря́д obsequies, funeral rites; **~а́ть** I *pf* погрести́ bury; **~е́ние** burial, interment

погреб|е́ц (~ца́) hamper (for travelling)

погреб|о́к (~ка́) small cellar; wineshop

погрем|о́к (~ка́) rattle (*of snake, etc*); **~у́шка** (children's) rattle

погре|сти́ (~бу́, ~бёшь; ~̈б, ~бла́) *pf of* ~ба́ть; *pf* row a little

погре́ть I *pf* warm; **~́ся** I *pf* warm oneself

погреш|а́ть I = греши́ть sin (against); err; **~и́ть** II *pf of* ~а́ть *and* греши́ть; **~́ность** *f* error, mistake, inaccuracy

погро|зи́ть(ся) II (~жу́(сь)) *pf of* грози́ть(ся)

погро́м pogrom, massacre; **~́ный** *adj of* ~; **~́щик** person organizing or taking part in pogrom

погрубе́ть I *pf of* грубе́ть

погру|жа́ть I *pf* ~зи́ть plunge, dip (into, в + *acc*), immerse; submerge; duck; **~жа́ться** I *pf* ~зи́ться sink, plunge (into, в + *acc*); submerge, dive (*of submarine*); *fig* be plunged, buried, absorbed, lost (in, в + *acc*); ~ в темноту́ be plunged into darkness; ~ в размышле́ния be deep in thought; **~же́ние** sinking, submergence; immersion; dive, diving (*of submarine*); **~жённый** ~ в во́ду immersed in water; ~ в размышле́ния plunged, deep, lost in thought; ~ в себя́ wrapped up in one's own thoughts; **~зи́ть(ся)** II (~жу́(сь)) *pf of* грузи́ть(ся) *and* ~жа́ть(ся); **~́зка** loading, lading, shipment

погрузне́ть I *pf of* грузне́ть

погру́з|очно-разгру́зочный loading and unloading; **~́очный** loading; **~́чик** loader

погры́з|ться (~у́сь, ~ёшься; ~ся, ~лась) *pf of* гры́зться

погряз|а́ть I *pf* ~́нуть be stuck (in), sink (into), get bogged down (in, в + *prep*); *fig* wallow (in), be steeped (in, в + *prep*); ~ в долга́х be up to one's eyes in debt; **~́нуть** I (*past* ~ *and* ~нул, ~ла)

погуб|и́ть II (~лю́, ~́ишь) *pf of* губи́ть

погу́дка *coll* tune, air, melody; ста́рая ~ на но́вый лад *fig* same tune in a new setting, same old story

погу́л|ивать I *impf coll* walk up and down; now and again go on a spree, have a good time; **~я́ть** I *pf of* гуля́ть

погусте́ть I *pf of* густе́ть

погуто́рить II *pf of* гуто́рить

под *n* (на ~у́, о ~́е) hearth(-stone); sole (of furnace); **под, подо** *prep + acc and instr* under; поста́вить ~ стол put under the table; находи́ться ~ столо́м be under the table; ~ аре́стом under arrest; ~ ви́дом under, in the guise (of, + *gen*); ~ влия́нием under the influence (of, + *gen*); спусти́ться ~ во́ду go under the water; ~ вопро́сом open to question; ~́ гору downhill; попа́сть ~ дождь get caught in the rain; идти́ ~ дождём walk in the rain; спря́тать ~ замо́к lock up; ~ замко́м under lock and key; взять ~ свою́ защи́ту take under one's wing; ~ землёй underground; ~ ружьём under arms; ~ руково́дством under the supervision, leadership (of + *gen*); взять кого́ ~́ руку take someone's arm; ~ руко́й at, to hand; отда́ть ~ суд prosecute; быть ~ судо́м be on trial; быть под угро́зой be under the threat, threatened; поста́вить ~ угро́зу threaten; ~ усло́вием on (the) condition; near, in the environs of; жить ~ Москво́й live near Moscow; би́тва ~ Бородино́м battle of Borodino; for (some purpose); э́тот сара́й ~ се́ном this barn is for hay; бо́чка предназна́чена под вино́ the barrel is intended for wine; towards + *acc* (*of time*); ~ ве́чер towards evening; в ночь ~ Но́вый год on New Year's Eve; ~ ста́рость approaching old age; ему́ ~ со́рок (лет) he is getting on for forty; in imitation of + *acc*; э́то ~ оре́х it is imitation walnut; to (the accompaniment of) + *acc*; ~ зву́ки му́зыки to the sounds of music; against, on + *acc*; взять де́ньги ~ распи́ску take money against a receipt; ~ зало́г on security; (meant) by + *instr*; что ~ э́тим подразумева́ется? what is implied (meant) by this?; *cul* in, with; ры́ба ~ со́усом fish (cooked) in sauce; **под, подо, подъ** *verbal pref in var senses*; action from beneath *or* below something *ie* подложи́ть place under; motion towards; *ie* подойти́ approach; addition *ie* подли́ть add a little by pouring; modified action *ie* подкра́сить touch up; motion upwards *ie* подбра́сывать toss, throw up; **под, подо, подъ** *prefix of nouns and adjs* under-, sub-

пода|ва́льщик waiter; supplier; *sp* pitcher; **~ва́льщица** waitress; **~ва́ть** (~ю́, ~ёшь; ~ва́й; ~ва́я) *pf* ~́ть give, proffer, hand; ~ го́лос vote; express one's opinion; ~ знак give a sign; ~ кома́нду give an order; ~ по́мощь lend a hand, proffer aid; ~ при́знаки жи́зни show signs of life; ~ приме́р set an example; ~ ру́ку кому́ offer one's hand to someone; ~ пальто́ кому́ help someone on with his (her) coat; ~ сигна́л give a signal; serve, present, hand in, forward (*application, etc*); ~ апелля́цию appeal; ~ жа́лобу lodge a complaint; ~ заявле́ние hand in an application; ~ телегра́мму send a telegram; ~ в отста́вку send in one's resignation, resign; ~ в суд bring an action (against, на + *acc*); ~ на алиме́нты *coll* claim alimony; ~ на разво́д *coll* start divorce proceedings; serve (*food*); ~ на стол serve up; обе́д по́дан dinner is served; bring up (*vehicle, etc*); ~ по́езд к платфо́рме bring in a train to a platform; *sp* ~ мяч serve, pass a ball; move; ~ стол вле́во move the table to the left; *lit* present; ~ себя́, свои́х геро́ев present oneself, one's characters; *tech* feed; **~ва́ться** (~ю́сь, ~ёшься) *pf* ~́ться move; ~ в сто́рону move aside; ~ наза́д draw back; *coll* give (way) *also fig*; *pop* set out, depart for; ~ться не́куда one can't move, there is no other way out; *coll* agree, give in

подав|и́ть II (~лю́, ~́ишь) *pf coll* crush, squash (a large quantity of); squeeze, squash for a time; *pf of* ~ля́ть; **~и́ться** II (~лю́сь, ~́ишься) *pf of* дави́ться; **~ле́ние** suppression; repression; *mil* neutralization; **~́ленность** *f* depression, dejection; **~́ленный** dejected, depressed, despondent, dispirited; muffled, suppressed (*of sounds, etc*);

∸ливать I *impf* exert slight pressure; **~ля́ть** I *pf* ~и́ть suppress, put down, quell (*rising, etc*) repress, stifle, smother (*groan, etc*); *fig* crush, overwhelm; depress; *mil* neutralize; **~ля́ющий** overwhelming, overpowering; ~ля́ющее большинство́ overwhelming majority

пода́вно *adv pop* all the more (so), so much the more

пода́гр|а gout, podagra; **∸ик** gouty person, sufferer from gout; **~и́ческий** gouty

пода́льше *adv coll* a little farther (away)

подар|и́ть II *pf of* дари́ть; **∸ок** (~ка) present, gift

под|а́тель *m* bearer (*of letter, etc*); ~ проше́ния petitioner; **~а́тливость** *f* malleability; pliability, pliancy; *fig* complaisance; **~а́тливый** (~а́тлив) malleable, pliant, pliable; *fig* complaisant, compliant, accommodating; **~атно́й** *hist* tax, duty; ~ инспе́ктор assessor of taxes; ~атна́я систе́ма taxation; **~атно́й** *n* = ~ инспе́ктор; **∸ать** *f* 5 *hist* tax, duty, assessment; **~а́ть(ся)** (~а́м(ся), ~а́шь(ся), ~а́ст(ся), ~ади́м(ся), ~ади́те(сь), ~аду́т(ся); ∸ал (~а́лся), ~ала́(сь), ∸ало (~ало́сь)) *pf of* ~ава́ть(ся); **∸а́ча** giving, presenting; handing in, sending in; *sp* serving, service, passing; *tech* feed(ing), supply; коро́бка ~чи gear box, feed unit; **∸чка** scraps (*given to dog*); *fig* leavings, leftovers, scraps; **~ая́ние** charity, alms; dole

подба́в|ить II *pf of* ~ля́ть; **∸ка** addition; **~ля́ть** I *pf* ∸ить add (a little of, + *acc or gen*); ~ са́хару в ко́фе put (some more) sugar in coffee

подба́лтывать I *pf* подболта́ть mix, stir in (+ *acc or gen*)

подбе|га́ть I *pf* ~жа́ть run up (to), come running up (to, к + *dat*); **~жа́ть** (~гу́, ~жи́шь, ~гу́т) *pf of* ~га́ть

подберёзовик brown mushroom, boletus scaper, brown-cap boletus

подби|ва́ть I *pf* ∸ть line (with + *instr*) (*clothing*); ∸тый ва́той wadded; ∸тый ве́тром *coll* thin, poor (*of clothing*); empty-headed (*of person*); ∸тый ме́хом fur-lined, put out of action (*tank, etc*), shoot down (*plane*), knock out; bruise, injure; ~ кому́ глаз give someone a black eye; ~ ито́ги (бала́нс) *coll* reckon, sum up, balance; incite (to), instigate (to), egg on (to, на + *acc or* + *infin*); **∸вка** lining; re-soling

подбира́ть I *pf* подобра́ть pick up, gather up; ~ коло́сья glean; ~ во́лосы put up one's hair; ~ во́жжи take, pull up reins; ~ но́ги tuck up, in one's legs; select, pick; ~ хоро́ших рабо́тников pick good workers; ~ га́лстук к руба́шке choose a tie to match the shirt; ~ под цвет choose to match a colour; ~ мех match up fur; **∸ся** I *pf* подобра́ться steal up (to), approach stealthily; *pop* tidy oneself up; *pass of* подбира́ть

подбодр|и́ть(ся) II *pf of* ~я́ть(ся); **~я́ть** I *pf* ~и́ть *coll* cheer up, encourage; **~я́ться** I *pf* ~и́ться cheer up, take heart

подбо́й(ка) lining; re-soling, heeling; *tech* swage

подб|олта́ть I *pf of* ~а́лтывать

подбо́р selection, assortment; как на ~ choice, select, well-matched; в ~ *typ* run-on; **∸ка** *coll* selection; selection, section of news items under one heading

подборо́д|ок (~ка) chin

подбо́рщик selector, sorter, grader; pick-up harvester

подбоче́н|иваться I *pf* ~иться place one's arms akimbo; **∸иться** II *pf of* ~иваться; ~ившись with arms akimbo

подбра́сывать I *pf* подбро́сить throw, toss up (to, к + *dat*); throw under (под + *acc*); ~ моне́ту toss up; throw in, on (+ *acc or gen*); ~ дров в печь throw some more wood into the stove; ~ резе́рвы *coll* throw in one's reserves; place surreptitiously; ~ ребёнка к кому́ leave a child with someone (for a while); *pop* take (somewhere); ~ кого до ста́нции take someone to the station

подбр|ива́ть I *pf* ~и́ть trip (up) with razor; **~и́ть** (~е́ю) *pf of* ~ива́ть

подбро́|сить II (~шу) *pf of* подбра́сывать

подбрю́шник belly-band (*of horse*)

подва́л cellar, basement; newspaper article in lower part of page, feuilleton

подва́л|ивать I *pf* ~и́ть heap on, up (+ *acc or gen*); *impers pop* be added to; ~и́ло сне́гу за́ ночь there was a further fall of snow overnight; *naut* come alongside, come in (to, к + *dat*); **~и́ть** II (~ю́, ∸ишь) *pf of* ∸ивать

подва́л|ьный *adj of* ~; ~ эта́ж basement

подва́р|ивать I *pf* ~и́ть *coll* boil in addition, some more (+ *gen*); boil, heat up again; **~и́ть** II (~ю́, ∸ишь) *pf of* ∸ивать

подва́хтенн|ый ~ые матро́сы watch below (*off duty*)

подве́домствен|ный (~, ~на) under (the jurisdiction of), subordinate (to, + *dat*)

подвез|ти́ (~у, ~ёшь; ∸, ~ла́) *pf of* подвози́ть; *impers* + *dat* have a stroke of luck = повезти́

подвене́чный wedding

подвер|га́ть I *pf* ∸гнуть subject (to), expose (to, + *dat*); ~ де́йствию све́та expose to light; ~ испыта́нию put to the test; ~ наказа́нию inflict punishment, penalty (upon, + *acc*); ~ опа́сности expose to danger, imperil, jeopardize, endanger, hazard; ~ сомне́нию call in question; ~ штра́фу fine; **~га́ться** I *pf* ∸гнуться undergo, be subjected to, incur (+ *dat*); *pass of* ~га́ть; **∸гнуть(ся)** I (*past* ~г(ся) *also* ~гнул(ся), ~гла(сь)); **∸женность** *f* liability (to), susceptibility (to, + *dat*); **∸женный** subject (to), liable (to), susceptible (to, + *dat*)

подвер|ну́ть(ся) I *pf of* **∸тывать(ся)**; **∸тки** *pop* = портя́нки; **∸тывать** I *pf* ~ну́ть tuck in, up (*blanket, sheets, trousers, etc*); tighten (*screw*), screw up a little; twist, sprain; ~ но́гу sprain one's ankle; **∸тываться** I *pf* ~ну́ться *fig coll* turn, crop up; у меня́ всегда́ ~тывается нога́ I keep spraining my ankle; *pass of* ~тывать

подве́с *tech* suspension, hanger

подвесе́льный at the oars

подве́|сить(ся) II (~шу(сь)) *pf of* ~шивать(ся); **∸ска** suspension, hanging up; pendant; се́рьги с ~сками drop earrings; *tech* hanger, suspension clip, bracket; **~сно́й** hanging, suspended, pendant; ~ конве́йер overhead conveyor; ~ мост suspension bridge; ~ мото́р outboard motor; **∸сок** (~ка) pendant = ~ска; appendage

подве|сти́ (~ду́, ~дёшь; ∸л, ~ла́) *pf of* подводи́ть

подве́тренн|ый leeward; ~ борт lee side; бе́рег с ~ой стороны́ lee shore

подве́|шивать I *pf* ~сить hang (up), suspend; **∸шиваться** I *pf* ~ситься *coll* hang (on to, on by), be suspended (from, на + *prep*)

подвздо́шн|ый *med* iliac; ~ая кишка́ ileum

подви|ва́ть I *pf* ∸ть curl slightly, frizz, crisp, crimp; **~ва́ться** I *pf* ∸ться curl, frizz one's hair slightly

по́двиг exploit, feat, (heroic) deed; боево́й ~ feat of arms
подви́|гать I *pf* move a little, for a while (+ *instr*); **~га́ть** I *pf* ~́нуть move, push (slightly); *fig* advance, push forward; **~га́ться** I *pf* ~́нуться move (on), move (a little); *fig* advance, make progress, get on; **~́гнуть** I (*past* ~г *and* ~гнул, ~гла) *rhet* rouse, stir up (to, на + *acc*)
подви́д subspecies
подви́жн|ик *rel* ascetic, zealot; *fig* devotee, zealot; hero; **~́ичество** *rel* asceticism; selfless devotion; heroic conduct, endeavour
подви|жно́й mobile, movable; *tech* travelling; ~ го́спиталь mobile hospital; ~жны́е и́гры outdoor games; ~ кран travelling crane; ~ масшта́б sliding scale; ~ пра́здник movable feast; ~жно́е равнове́сие mobile equilibrium; ~ соста́в rolling stock; lively, agile, mercurial; ~жно́е лицо́ mobile features; **~́жный** mobile, lively, agile
подвиза́ться I *impf iron or rhet* pursue an occupation, work; ~ на литерату́рном по́прище be an author
подвин|ти́ть II (~чу́) *pf of* ~́чивать
подви́|нуть(ся) *pf of* ~га́ть(ся)
подви́н|чивать I *pf* ~ти́ть screw up, tighten; screw on (from underneath); *fig pop* goad (into action)
подви́|нуть(ся) I *pf of* ~га́ть(ся)
под|ви́ть(ся) (~овью́(сь), ~овьёшь(ся); ~ви́л (-ся), ~вила́(сь), ~ви́ло(сь)) *pf of* ~вива́ть(ся)
подвла́ст|ный (~ен) subject (to), dependent (on, + *dat*)
подво́|д *tech* supply, feed, delivery; *elect* lead; **~́да** cart; **~ди́ть** II (~жу́, ~́дишь) *pf* подвести́ lead up, bring up; *fig* help come to, bring (to, к + *dat*); place (under, под + *acc*); ~ фунда́мент underpin; ~ ми́ну под мост mine a bridge; ~ нау́чную ба́зу под свои́ рассужде́ния put one's reflections on a scientific basis; ~ его́ слова́ под оскорбле́ние take his words as an insult; subsume; ~ ито́ги reckon up, sum up; ~ бала́нс balance; ~ неприя́тность *coll* cause unpleasantness (to, + *dat*); *coll* let down, put on the spot; ~ глаза́ make up one's eyes; ~ бро́ви pencil one's eyebrows; ~ часы́ set the clock, watch
подво́д|ник submariner; underwater expert; **~но́й** ~на́я труба́ feed pipe; **~́ный** submarine, underwater; ~ загради́тель minelayer; ~ ка́бель submarine cable; ~ ка́мень reef, rock; *also fig* ~ная ло́дка submarine; ~ное тече́ние undercurrent; *adj of* ~а; **~́чик** carter
подво́|з transport; bringing up, supply; **~зи́ть** II (~жу́, ~́зишь) *pf* подвезти́ drive, bring (up); take (with one); give a lift (to); **~́зка** *coll* = ~з
подво́й *bot* wilding
подвора́чивать(ся) I *pf* подверну́ть(ся) *pop*
подво́рн|ый household; ~ая пе́репись census of (peasant) households; ~ая по́дать *hist* hearth-money, chimney-money; ~ спи́сок list of homesteads
подворотнич|о́к (~ка́) undercollar (*of uniform*)
подворо́т|ня (*gen pl* ~ен) space between gate and ground; board covering space between gate and ground; gateway
подво́р|ье (*gen pl* ~ий) *obs* town house, quarters (*of merchants, etc, residing elsewhere*); *obs* inn; branch of monastery in a town
подво́х *coll* (dirty) trick; устро́ить кому́ ~ play someone a dirty trick
подвы́п|ить (~ью, ~ьешь) *pf pop* get tipsy, slightly drunk; **~ивший** tipsy
подвя|за́ть(ся) I (~жу́(сь)) *pf of* ~́зывать(ся); **~́зка** garter; suspender; **~́зывать** I *pf* ~за́ть tie up; **~́зываться** I *pf* ~за́ться ~ платко́м tie a kerchief round one's head
подгад|а́ть I *pf of* ~́ывать
подга́|дить II (~жу) *pf pop* ruin, make a mess (of); harm, play the dirty (on, + *dat*)
подга́д|ывать I *pf* ~а́ть *coll* come just at the right moment
подгиба́|ть I *pf* подогну́ть tuck in, under, bend under; **~́ться** I *pf* подогну́ться bend; у меня́ ~ются но́ги, коле́ни I feel weak at the knees (*from fear, etc*), I am on my last legs (*from fatigue, etc*)
подгла́зье area under eye
подгля|де́ть II (~жу́) *pf of* ~́дывать; **~́дывать** I *pf* ~де́ть *coll* peep (in, в + *acc*), spy (on), watch furtively (за + *instr*); ~ сквозь замо́чную сква́жину peep through a keyhole
подгни|ва́ть I *pf* ~́ть start to rot, rot slightly; **~́ть** (~ёт) *pf of* ~ва́ть
подгов|а́ривать I *pf* ~ори́ть incite, talk (into), put up (to, на + *acc or* + *infin*); **~ори́ть** II *pf of* ~а́ривать
подголо́вник headrest
подголо́с|ок (~ка) *mus* second-part, supporting voice; *fig coll pej* yes-man
подго́н|ка adjustment (to fit); **~я́ть** I *pf* подогна́ть drive (up to); *coll* urge on, drive on, spur on; adjust, fit (to); ~ пла́тье по фигу́ре adjust a dress to (fit) one's figure; *pop* time
подгор|а́ть I *pf* ~е́ть burn, be burned, burnt; **~е́лый** burnt; **~е́ть** II *pf of* ~а́ть
подго́рный lowland
подгоро́дный situated close to town
подго́рье lowland, country at foot of mountain
подгот|а́вливать I *pf* ~о́вить prepare (for, для + *gen*, к + *dat*); **~а́вливаться** I *pf* ~о́виться prepare (for), get ready (for); **~ови́тельный** preparatory; **~о́вить(ся)** II (~о́влю(сь)) *pf of* ~а́вливать(ся) *and* ~овля́ть(ся); **~о́вка** preparation (for), training (for); без ~о́вки impromptu, off hand; артиллери́йская ~ preparatory bombardment; grounding (in, в + *prep or* по + *dat*); **~о́вленность** *f* preparedness; **~овля́ть(ся)** I = ~а́вливать(ся) *pf* ~о́вить(ся)
подгре|ба́ть I *pf* ~сти́ rake (to, up, together, under); row up (to, к + *dat*); **~сти́** (~бу́, ~бёшь; ~̈б, ~бла́) *pf of* ~ба́ть
подгру́д|ок (~ка) dewlap
подгру́ппа subgroup
подгу́зник nappy, diaper
подгуля́|ть I *pf pop* take a drop too much, get tipsy; *fig joc* not to succeed, be rather poor; пого́да ~ла the weather was not up to expectations; обе́д ~л the dinner hasn't quite turned out as it should
подда|ва́ть (~ю́, ~ёшь) *pf* ~́ть strike, hit, kick; give away (*at draughts, etc*); add, increase (+ *gen*); ~ жа́ру *fig pop* put on steam, put some pep into it; ~ га́зу *fig pop* get a move on, step on the gas; ~ кому́ *pop* hit someone; **~ва́ться** (~ю́сь, ~ёшься) *pf* ~́ться give way (to, на + *acc*), yield (to), give in (to); ~ угро́зам yield to threats; не ~ описа́нию beggar description; ~ отча́янию give way to despair; *coll* give oneself up; **~вки́** (*gen pl* ~вко́в) игра́ть в ~ play at give-away (*at draughts winner is first to lose all his pieces*)
подда́к|ивать I *pf* ~нуть *coll* keep saying yes (to,

+ *dat*); **~нуть** I *sem pf of* ~ивать
по́дд|анный *n* subject, national, **~анство** citizenship, nationality
подд|а́ть(ся) (~а́м(ся), ~а́шь(ся); ~а́ст(ся), ~ади́м(ся), ~ади́те(сь), ~аду́т(ся); ~а́л; (~а́лся), ~ала́(сь), ~а́ло, (~а́ло́сь)) *pf of* ~ава́ть(ся)
подде|ва́ть I *pf* ~ть *coll* put on (under), wear (under, под + *acc*); ~ сви́тер под пальто́ put a sweater on under the coat; hook, catch up; *fig coll* catch out
поддёвка *hist* long pleated, waisted man's coat
подде́л|ать(ся) I *pf of* ~ывать(ся); **~ка** forgery, falsification; counterfeit; imitation, fake; ~ под же́мчуг imitation pearls; **~ыватель** forger; counterfeiter; falsifier, fabricator; **~ывать** I *pf* ~ать forge; counterfeit, falsify, fake, fabricate; **~ываться** I *pf* ~аться imitate, put on (под + *acc*); *coll* make up (to) ingratiate oneself (with, к + *dat*); **~ьный** forged, counterfeit, false, sham, spurious; ~ьные драгоце́нности artificial jewellery; ~ьная моне́та counterfeit, false coin; ~ па́спорт forged passport
поддёр|гивать I *pf* ~нуть *coll* pull up
поддерж|а́ние maintenance, keeping up; **~а́ть** II (~у́, ~ишь) *pf of* ~ивать; **~ивать** I *pf* ~а́ть support *also fig*; back (up), second; мора́льно ~ give moral support; ~ предложе́ние second, give one's support to a proposal; keep up, maintain; ~ ого́нь keep the fire in; ~ перепи́ску keep up as a correspondence; ~ разгово́р keep the conversation going; ~ отноше́ния keep in touch (with, с + *instr*); *impf only* bear, support, carry (*of building, etc*); **~ка** support, backing, seconding; *mil* огнева́я ~ fire support, covering fire; support, prop, stay
поддёр|нуть I *pf of* ~гивать
подде́|ть (~ну, ~нешь) *pf of* ~ва́ть
поддо́нник saucer (*under flowerpot*)
поддра́зн|ивать I *pf* ~и́ть *coll* tease (into), egg on; **~и́ть** II (~ю́, ~ишь) *pf of* ~ивать
поддува́|ло ash-pit (*of stove, etc*); **~ть** blow slightly (from underneath, from the side); из-под по́ла ~ет there's a draught from under the floor
поде́йств|овать (~ую) *pf of* де́йствовать
поде́ла|ть I *pf coll* do (for a while); что бы нам тепе́рь ~? what should we do now? ничего не ~ешь *coll* there is nothing to be done, it can't be helped, such is life; ничего́ не могу́ с ней ~ *coll* I can't do anything with her
поделика́тничать I *pf of* делика́тничать
подел|и́ть(ся) II (~ю́(сь), ~ишь(ся)) *pf of* дели́ть(ся)
поде́лка manufacture; odd job; *usu pl* small handmade articles
подело́м *adv coll* ~ ему́, *etc*, it serves him *etc*, right
поде́лыва|ть I *impf coll usu used in question* что ~ете? what are you doing?
поде́н|ка ephemeron, mayfly; **~ный** by the day, daily; ~ная зарпла́та pay by the day; ~ная рабо́та day-labour, time-work; **~щик** day-labourer, time-worker; **~щина** work paid by the day, day-labour; **~щица** daily (help), charwoman
подёрг|ать I *pf* pull, tug, jerk several times; **~ивание** twitch(ing), jerk; **~ивать** I *impf* pull (at), tug (at), pluck (at, + *acc or* за + *acc*); *impers* twitch; **~иваться** I *impf* twitch; *pf* подёрнуться be covered (with, + *instr*); его́ взгляд подёрнулся печа́лью his glance was veiled with sorrow
подерж|а́ние на ~ for temporary use; взять (дать) на ~ borrow (lend); **~анный** second-hand; **~а́ть** II (~у́, ~ишь) *pf* hold, keep for some time, a while; **~а́ться** II (~у́сь, ~ишься) *pf* hold on to for some time, a while (за + *acc*); hold (out), last, stand
подёрн|уть I (~ет) cover, coat; ре́ку ~уло льдом the river was coated with ice; **~уться** I *pf of* подёргиваться
подешеве́ть I *pf of* дешеве́ть
поджа́р|ивать I *pf* ~ить roast, fry, grill (slightly); ~ хлеб toast bread; **~иваться** I *pf* ~иться fry, roast (slightly); *pass of* ~ивать; **~истый** (~ист) brown(ed), crisp; **~ить(ся)** II *pf of* ~ивать(ся); **~ка** *coll* grilled, fried piece of meat; **~ый** (~) *coll* lean, wiry, spare, sinewy
под|жа́ть (~ожму́, ~ожмёшь) *pf of* ~жима́ть
поджелу́дочн|ый pancreatic; ~ая железа́ pancreas
под|же́чь (~ожгу́, ~ожжёшь, ~ожгу́т; ~жёг, ~ожгла́) *pf of* ~жига́ть
поджи|ва́ть I *pf* ~ть *coll* heal (somewhat) close (partly) (*of wound, etc*)
поджига́т|ель *m* incendiary; *fig* firebrand, instigator; ~ войны́ warmonger; **~ельский** inflammatory; **~ельство** incendiarism; *fig* instigation; ~ войны́ warmongering; **~ь** I *pf* подже́чь set fire (to), set on fire, set light (to); *pop* burn (slightly)
поджида́ть I *impf coll* wait for (*imminent arrival of s.o., s'th, etc*) lie in wait (for)
поджи́л|ки (*gen pl* ~ок) *coll* knee tendons, hamstring(s); у него́ ~ затрясли́сь от стра́ха *fig coll* he was shaking in his shoes from fright, quaking with fear
подж|има́ть I *pf* ~а́ть draw in; ~ гу́бы purse one's lips; ~ хвост put one's tail between one's legs *also fig* ; сиде́ть ~а́в но́ги sit cross-legged; *pop* put the screws on, make (someone) hurry
подж|и́ть (~ивёт; ~ил, ~ила́, ~ило) *pf of* ~ива́ть
поджо́г arson
подзабо́рный *coll* homeless, vagrant, tramp-like
подзаб|ы́ть (~у́ду, ~у́дешь) *pf coll* half, partially forget; я ~ы́л неме́цкий язы́к my German is a little rusty
подзаголо́в|ок (~ка) subtitle, subheading
подзадо́р|ивать I *pf* ~ить *coll* egg on, incite, provoke; **~ить** II *pf of* ~ивать
подзаку|си́ть II (~шу́, ~сишь) *pf coll* have a bite to eat
подзапозда́ть I *pf coll* be a little late
подзарабо́тать *pf coll* earn a bit extra
подзаря|ди́ть II (~жу́, ~ди́шь) *pf* charge (*battery, etc*)
подзаты́льник *coll* clip (on the back of the head), box on the ears
подзащи́тный *leg* client
подзем|е́лье cave, dungeon; **~ка** *coll* underground (railway), tube; **~ный** underground, subterranean; ~ная желе́зная доро́га underground (railway); ~ные рабо́ты underground workings; ~ толчо́к earthquake shock, tremor
подзерка́льник looking-glass table, mirror table
подзо́л podzol; **~истый** (~ист) containing podzol
подзо́р cornice (*of Russian wood building*); edging, trimming
подзо́рн|ый ~ая труба́ spy-glass, telescope
подзу|ди́ть II (~жу́, ~дишь) *pf of* ~живать; **~живать** I *pf* ~ди́ть *coll* egg on
под|зыва́ть I *pf* ~озва́ть call up; beckon
поди́ *pop* = пойди́; *coll* probably, I dare say, I

shouldn't wonder; ты, ~, всю рабо́ту уже́ сде́лал? I imagine you've already done all the work?; ты, ~, уста́ла you must be tired; он, ~, бо́лен he may be ill; он, ~, забы́л I expect he's forgotten; **поди́(те) ты (вы)** *also* **на́ поди** *partic expressing amazement, incredulity, etc* go on, come on, come off it, can that be true, *etc*; *partic* + *imp* just try

подив|и́ть II (~лю́) *pf coll* astonish, cause to marvel; **~и́ться** II (~лю́сь) *pf of* диви́ться

подир|а́ть I (~а́ет) *impf* моро́з по коже ~ает *coll* it gives one the creeps, it makes one's flesh creep

подка́лывать I *pf* подколо́ть pin up; chop up; pin, attach to (*document, etc*) (к + *dat*)

подка́п|ывать I *pf* подкопа́ть dig under; undermine; **~́ываться** I *pf* подкопа́ться burrow under (*of animals*), undermine, sap (под + *acc*); *fig coll* undermine, intrigue (against, под + *acc*)

подкарау́л|ивать I *pf* ~ить *impf* lie in wait (for), be in the watch (for); *pf* catch; **~́ить** II *pf of* ~ивать

под|ка́рмливать I *pf* ~корми́ть fatten (*livestock*), feed up; add fertilizer to

подка|ти́ть(ся) II (~чу́(сь), ~́тишь(ся)) *pf of* ~́тывать(ся)

подкач|а́ть I *pf of* ~́ивать pump up some more (*water, etc*); *pf fig pop* let (one) down, make a mess of; **~́ивать** I *pf* ~а́ть

под|ка́шивать I *pf* ~коси́лить cut down; fell, lay low *also fig*; *fig* sap, drain strength (of); **~ка́шиваться** I *pf* ~коси́ться give way, fail; у неё ~коси́лись но́ги her strength failed her, her heart sank within her, her legs gave way under her

подка́шл|ивать I *pf* ~януть *coll* cough (*to draw attention*); **~́януть** I *pf of* ~ивать give a cough

подки|дно́й ~ дура́к, ~дны́е дураки́ Russian card game; **~́дывать** I *pf* ~нуть *coll* = подбра́сывать; **~́дыш** foundling; **~́нуть** I *pf of* ~дывать

подки́сл|енный acidified, acidulous; **~и́ть** II *pf of* ~я́ть; **~я́ть** I *pf* ~и́ть acidify

подкла́д|ка lining; ~ на пальто́ coat lining; на шёлковой ~ке silk-lined; *fig coll* the inside, secret (of); **~но́й** put under; ~но́е су́дно bedpan; **~́очный** ~ материа́л lining (material); **~́ывать** I *pf* подложи́ть place, lay, put (under, под + *acc*); line; ~ ва́ту wad; add (+ *acc or gen*); ~ дров в печь put some more wood on the stove; put furtively, plant; ~ свинью́ кому́ play a dirty trick on someone

подкле́|ивать I *pf* ~ить glue, paste (under, под + *acc*); glue, paste up; **~́ить** II *pf of* ~ивать; **~́йка** glueing, pasting

подкле́ть *f* lower (*usu* uninhabited) storey of Russian wood hut, building

подключ|а́ть I *pf* ~и́ть link, connect up; attach, second (*for work, etc*); **~а́ться** I *pf* ~и́ться *pass of* ~а́ть; *fig coll* settle down, in; get the hang of things; **~и́ть(ся)** II *pf of* ~а́ть(ся)

подключи́чный subclavian, subclavicular

подк|о́ва (horse-)shoe; **~ова́ть** (~ую́, ~уёшь) *pf of* кова́ть; *pf fig coll* ground (in), give a grounding (in, в + *prep*); хорошо́ ~о́ванный в матема́тике well grounded in mathematics; **~ова́ться** (~ую́сь, ~уёшься) *pf of* ~о́вываться; **~о́вывать** I = кова́ть shoe (*horse*); **~о́вываться** I *pf* ~ова́ться *pop* acquire a grounding in

подковы́р|ивать I *pf* ~ну́ть *coll* pick a sore; *fig pop* get a dig at, catch out; **~́ка** nasty remark, dig at; **~ну́ть** I *pf of* ~́ивать

подко́жный subcutaneous, hypodermic

подколе́нный *anat* popliteal

подколо́дн|ый змея́ ~ая *coll* snake in the grass

подкоми́ссия, подкомите́т subcommittee

подконтро́льный under (the) control

подко́п undermining; underground passage; *fig coll* intrigue(s); **~а́ть(ся)** I *pf of* подка́пывать(ся)

подк|оло́ть (~олю́, ~о́лешь) *pf of* ~а́лывать

подк|орми́ть II (~ормлю́, ~о́рмишь) *pf of* ~а́рмливать; **~о́рмка** fattening, feeding (up); extra manuring

подко́|с *tech* (angle) brace, strut; **~си́ть(ся)** II (~шу́(сь), ~́сишь(ся)) *pf of* подка́шивать(ся)

подкра́|дываться I *pf* ~сться creep, steal, sneak up (to, к + *dat*) *also fig*

подкра́|сить(ся) II (~шу(сь)) *pf of* ~шивать(ся)

подкра́|сться (~ду́сь, ~дёшься) *pf of* ~дываться

подкра́|шивать I *pf* ~сить touch up (*lips, etc*), tint, colour (slightly); **~́шиваться** I *pf* ~ситься make up, touch up one's make-up

подкреп|и́ть(ся) II (~лю́(сь)) *pf of* ~ля́ть(ся); **~ле́ние** strengthening; corroboration, confirmation, sustenance; reinforcement (*usu of people*); **~ля́ть** I *pf* ~и́ть support, strengthen; *fig* back, corroborate, support; fortify (*with food, etc*); ~ себя́ пе́ред доро́гой fortify oneself before a journey; **~ля́ться** I *pf* ~и́ться fortify oneself (*with food, etc*); *pass of* ~ля́ть

подкузьм|и́ть II (~лю́) *pf pop* let down, do (down), do a bad turn

подкула́чник kulak's supporter

по́дкуп bribery, bribe; graft; **~а́ть** I *pf* ~и́ть bribe, suborn; *fig* win (over); buy some more (+ *acc or gen*); **~и́ть** II (~лю́, ~́ишь) *pf of* ~а́ть

подла́|диться II (~жусь) *pf of* ~живаться; **~́живаться** I *pf* ~диться *coll* adapt oneself (to), fit in (with, к + *dat*); *fig* make, suck up to, humour (к, + *dat*)

подла́м|ывать I *pf* подломи́ть break *also fig*; **~́ываться** I *pf* поддоми́ться break (under *the weight of*)

по́дле *prep* + *gen* by the side of, beside, near

подлёдный under the ice

подлеж|а́ть II (~у́) *impf* be liable (to), subject (to, + *dat*); ~ ве́дению кого́ be within someone's competence; ~ обложе́нию нало́гами be subject to tax; не ~ оглаше́нию be confidential (*of document*); не ~ сомне́нию be beyond doubt, not be open to question; ~ суду́ be indictable; **~а́щее** *n gramm* subject; **~а́щий** subject (to), liable (to, + *dat*)

подлез|а́ть I *pf* ~́ть crawl, creep (under, под + *acc*); **~́ть** (~у, ~ешь) *pf of* ~а́ть

подле́с|ок (~ка) undergrowth, young growth

подле|та́ть I *pf* ~те́ть fly (under, под + *acc*); fly up (to, к + *dat*); *fig coll* rush up (to), run up (to, к + *dat*); **~те́ть** II (~чу́) *pf of* ~та́ть

подл|е́ть I *pf* о~ *coll* grow mean, become a scoundrel; **~е́ц** 1 scoundrel, villain, rascal

подле́ч|ивать I *pf* ~ить *coll* treat; **~́иваться** I *pf* ~иться *coll* take, have treatment; **~и́ть(ся)** II (~у́(сь), ~ишь(ся)) *pf of* ~́ивать(ся)

подле́щик young bream

подли|ва́ть I *pf* ~́ть add (some more to, + *gen*, в + *acc*); ~ сли́вок в ко́фе add cream to coffee; ~ ма́сла в ого́нь *fig* add fuel to the fire; **~́вка** sauce, мясна́я ~ gravy; dressing; **~вно́й** ~вно́е колесо́ undershot wheel

подли́|за *m and f coll* toady, lickspittle; **~за́ть(ся)** I (~жу́(сь), ~́жешь(ся)) *pf of* ~́зывать(ся);

∼́зывать I *pf* ∼за́ть lick up; **∼́зываться** I *pf* ∼за́ться *coll* make, suck up (to), toady (to, к + *dat*), lick someone's boots, ingratiate oneself

по́длинник original; **∼́инность** *f* authenticity; **∼́инный** (∼инен, ∼инна) original, authentic, genuine; его́ ∼инные слова́ his very (own) words; с ∼инным ве́рно certified true copy; real true, genuine; ∼ учёный true scholar

подли|па́ла *m and f coll* = ∼́за

под|ли́ть (∼олью́, ∼ольёшь; ∼ли́л, ∼лила́, ∼ли́ло) *pf of* ∼лива́ть

по́дличать I *pf* с∼ *coll* act, behave like a scoundrel, meanly

подлов|и́ть II (∼лю́, ∼́ишь) *pf coll* (try to) catch (*taxi, etc*)

подло́г forgery

подло́дка = подво́дная ло́дка

подлож|и́ть II (∼у́, ∼́ишь) *pf of* подкла́дывать; **∼́ный** (∼ен) false, spurious, counterfeit, forged

подлоко́тник elbow-rest, armrest

подл|оми́ть(ся) II (∼о́мит(ся)) *pf of* ∼а́мывать(ся)

по́длость *f* baseness, meanness; villainy, mean action, low-down trick

подлу́нный sublunar

по́дл|ый (∼, ∼а́, ∼о) base, ignoble, foul, mean, vile; **∼ю́га** *m and f pop cont* = ∼е́ц

подма́|зать(ся) I (∼жу(сь)) *pf of* ∼зывать(ся); **∼́зывать** I *pf* ∼зать grease, oil; *fig pop* grease someone's palm; **∼́зываться** I *pf* ∼заться *coll* make up (a little), put on a little make-up; *fig pop* make up (to), curry favour (with, к + *dat*)

подмал|ева́ть (∼ю́ю, ∼ю́ешь) *pf of* ∼ёвывать; **∼ёвывать** I *pf* ∼ева́ть *coll* touch up, tint, colour (slightly)

подманда́тный mandated

подма́н|ивать I *pf* ∼ить *coll* lure; **∼и́ть** II (∼ю́, ∼ишь) *pf of* ∼́ивать

подмаре́нник *bot* bedstraw

подма́сл|ивать I *pf* ∼ить add some butter; *fig pop* butter up, oil the wheels; **∼́ить** II *pf of* ∼ивать

подмастéр|ье *m* (*gen pl* ∼ьев) apprentice

подма́х|ивать I *pf* ∼ну́ть scribble a signature (on, to); **∼ну́ть** I *pf of* ∼́ивать

подм|а́чивать I *pf* ∼очи́ть wet slightly, dampen; damage by exposing to damp

подме́н|(а) substitution; **∼́ивать** I *pf* ∼и́ть substitute (for, + *acc and instr*); кто-то ∼и́л мне кало́ши someone has taken my galoshes (and left his), swapped his galoshes for mine; её как бу́дто ∼и́ли she seems like a different person; ∼и́ли бриллья́нт стекля́шкой they substituted a piece of glass for the diamond; *pop* replace for a short while; **∼и́ть** II (∼ю́, ∼́ишь) *pf of* ∼́ивать *and* ∼я́ть; **∼я́ть** I *pf* ∼и́ть

подмерз|а́ть I *pf* ∼̈нуть freeze slightly; be slightly frostbitten, nipped by frost; **∼̈нуть** I (*past* ∼, ∼ла) *pf of* ∼а́ть

подме|си́ть II (∼шу́, ∼́сишь) *pf of* ∼́шивать

подме|сти́ (∼ту́, ∼тёшь; ∼̈л, ∼ла́; ∼̈тший) *pf of* ∼та́ть; **∼та́льный** for sweeping; **∼та́ть** I *pf* ∼сти́ sweep; sweep (under, под + *acc*); *pf* of ∼̈тывать

подме́|тить II (∼чу) *pf of* ∼ча́ть

подмётк|а sole; в ∼и не годи́ться кому́ *coll* not fit to hold a candle to someone

подмётн|ый ∼ое письмо́ *obs* anonymous letter

подмёт|ывать I *pf* ∼а́ть tack, baste

подме|ча́ть I *pf* ∼́тить notice (by careful observation)

подме|ша́ть I *pf of* ∼́шивать; **∼́шивать** I *pf* ∼си́ть add, mix in; *pf* ∼ша́ть stir in

подми́г|ивать I *pf* **∼ну́ть** wink (at, + *dat*); **∼ну́ть** I *pf of* ∼́ивать

подм|ина́ть I *pf* ∼я́ть press down, crush

подмо́г|а *coll* help, assistance; прийти на ∼у кому́ come to someone's aid, lend someone a (helping) hand

подмок|а́ть I *pf* ∼́нуть get slightly wet, get wet underneath; **∼́нуть** I (*past* ∼, ∼ла) *pf of* ∼а́ть

подмор|а́живать I *pf* ∼о́зить *impers* freeze; **∼о́женный** frostbitten; frozen (slightly); **∼о́зить** II *pf of* ∼а́живать

подмоско́вн|ая *n hist* estate near Moscow; **∼́ый** *adj* (situated) near Moscow

по́дм|ости (*gen pl* ∼ей) falsework, scaffold(ing); **∼о́стки** *gen pl* ∼о́стков) scaffolding, staging trestle; *theat* stage, boards

подмо́ч|енный damp, slightly wet; damaged *also fig*; ∼енная репута́ция tarnished reputation; **∼и́ть** II (∼у́, ∼́ишь) *pf of* подма́чивать

подм|ы́в undermining, washing away; **∼ыва́ть** I *pf* ∼ы́ть wash; undermine, wash away; *coll* wash (over) quickly; *impf only impers coll* её так и ∼ыва́ет рассказа́ть she is just aching (itching) to tell; **∼ы́ть** (∼о́ю, ∼о́ешь) *pf of* ∼ыва́ть

подмы́ш|ечный *adj of* ∼ки; **∼́ка** armpit (*of clothing*); **∼́ки** (*gen pl* ∼ек) armpits; **∼́ник** dress protector

под|мя́ть (∼омну́, ∼омнёшь) *pf of* ∼мина́ть

поднадзо́рный under surveillance, supervision

поднаж|а́ть (∼му́, ∼мёшь) *pf pop* put some pressure on *also fig*, chivvy

поднаторе́ть I *pf pop* become somewhat expert (in, в + *prep*)

поднача́льный *obs joc* subordinate

подна́ч|ивать I *pf* ∼ить *pop* egg on; **∼́ить** II *pf of* ∼ивать

поднебе́с|ная *n poet* the earth, the world; **∼́ье** *poet* the skies, empyrean, the heavens

поднево́л|ьный (∼ен) *coll* subordinate, dependent, not one's own master; ∼ труд forced labour

поднес|ти́ (∼у́, ∼ёшь, ∼̈, ∼ла́) *pf of* подноси́ть

подне́сь *adv obs* to this day, up to now

по́днизь *f* string of pearls, beads, *etc*

подн|има́ть I *pf* ∼я́ть raise lift, hoist; *fig* improve; ∼ дела́ improve matters; ∼ де́ло *coll* cope with; ∼ больно́го *fig* get a patient on his feet; ∼ вопро́с raise a question; ∼ воротни́к turn up, raise collar; ∼ де́ло bring an action (against, про́тив + *gen*); ∼ крик raise a hue and cry; ∼ трево́гу give the alarm; ∼ шум make a noise, kick up a shindy; *pop* bring up (*children*); ∼ флаг raise, hoist a flag; ∼ я́корь weigh anchor; ∼ зве́ря из берло́ги start a beast from his lair; ∼ дичь spring, rouse game; ∼ дух, настрое́ние raise the spirits (of), cheer up (+ *gen*); ∼ ру́ку на кого́ lift up one's hand against someone; ∼ на смех ridicule, poke fun at; ∼ нос put on airs; ∼ ору́жие take up arms; ∼ па́рус set the sails; ∼ перча́тку take up the gauntlet; ∼ целину́ open up virgin lands; ∼ шерсть bristle up; pick up ∼ пе́тли pick up stitches; ∼ на во́здух blow up; ∼ ка́рту colour a map; ∼има́й вы́ше *fig coll* try again, think again, better than that; **∼има́ться** I *pf* ∼я́ться rise, go up, climb get up; ∼ на́ гору climb a mountain; ∼ по ле́стнице go upstairs; ∼ на́ ноги rise to one's feet; ∼ в ата́ку go into the attack; ∼ в гало́п break into a gallop; баро́метр ∼има́ется the barometer is rising; arise, develop,

break out, start (*of noise*, *fight*, *scandal*, *storm*, *etc*); improve, recover (*of economy*, *etc*)
поднов|и́ть II *pf of* ~ля́ть; **~ля́ть** I *pf* ~и́ть touch up, freshen up, (re)furbish (up), give new look to, renovate
подного́тн|ая *n coll* the ins and outs, secrets, all there is to know, the real truth; он зна́ет всю их ~ую he knows all there is to know about them
подно́ж|ие foot (*of monument*, *mountain*, *etc*) **~ка** step, footboard; backheel (*wrestling*); дать ~ку кому́ trip someone up; **~ный** ~ корм pasture, pasturage, grazing
подно́|с tray, salver; **~си́тель** *m* giver, donor; **~си́ть** II (~шу́, ~сишь) *pf* поднести́ take, bring (to, к + *dat*); bring up; offer, present; ~ буке́т цвето́в present a bouquet; **~ска** bringing up, transporting; **~счик** carrier, assistant, labourer, server (*of drinks*, *etc*); **~ше́ние** presenting, giving; present, gift, tribute
подн|я́тие rise, raising, lifting; rousing; improving; ~ за́навеса curtain-rise; голосова́ть ~я́тием рук vote by show of hands; **~я́ть(ся)** (~иму́(сь), ~и́мешь(ся); ~ял (~ялся́), ~яла́(сь), ~яло (~яло́сь)) *pf of* ~има́ть(ся)
подоб|а́ть I (~а́ет) *impf impers* become (one), be worthy of, befit, be seemly, не ~а́ет вам так говори́ть it does not become you to speak like that; **~а́ющий** proper, fitting, due
подо́би|е likeness; по своему́ о́бразу и ~ю in one's own image; *math* similarity
подо́блачный under the clouds
подо́б|но *adv* like (+ *dat*); он поступи́л ~ свои́м предше́ственникам he acted like his predecessors; ~ тому́ как just as; **~ный** (~ен) like; similar, equal; в ~ном слу́чае in such a case; треуго́льники ~ны the triangles are similar; я ничего́ ~ного не ви́дел I've never seen the like; ничего́ ~ного! *coll* nothing of the sort, kind; и тому́ ~ное (abbr и т.п.) and so on, and so forth, and such like
подобостра́ст|ие servility, obsequiousness; **~ный** (~ен) servile, obsequious
под|о́бранность *f* neatness, tidiness; **~о́бранный** (~о́бран, ~о́бранна) neat, tidy; **~обра́ть** (~беру́, ~берёшь; ~обра́л, ~обрала́, ~обра́ло) *pf of* ~бира́ть; **~обра́ться** (~беру́сь, ~берёшься; ~обра́лся, ~обрала́сь, ~обра́ло́сь) *pf of* ~бира́ться; *pf pop* pull oneself together, tidy oneself up
подобре́ть I *pf of* добре́ть
подобру́-поздоро́ву *adv coll* while the going is good, in good time
подо́вый baked in the hearth
под|огна́ть (~гоню́, ~го́нишь; ~огна́л, ~огнала́, ~огна́ло) *pf of* гоня́ть
под|огну́ть(ся) I *pf of* ~гиба́ть(ся)
подогре́|в heating; **~ва́тель** *m* heater; **~ва́тельный** heating; **~ва́ть** I *pf* ~ть warm, heat up; *fig* rouse (*pass coins*, *etc*); ~ть I *pf of* ~ва́ть
пододви|га́ть I *pf* ~нуть move (up), push (up to, + *dat*); **~га́ться** I *pf* ~нуться move up (to, к + *dat*); **~нуть(ся)** I *pf of* ~га́ть(ся)
пододея́льник sheet (under blanket)
подожд|а́ть (~у, ~ёшь; ~а́л ~ала́, ~а́ло) *pf* wait for a while; ~и́, всё ула́дится wait a little, everything will sort itself out; ~ по́езда wait for the train
под|озва́ть (~зову́, ~зовёшь; ~озва́л, ~озвала́, ~озва́ло) *pf of* ~зыва́ть
подозр|ева́емый suspect(ed); **~ева́ть** I *impf* suspect (of, в + *prep*); mistrust, distrust; feel suspicious; **~ева́ться** I *impf* be suspected (of, в + *prep*); у ребёнка ~ева́ется корь the baby has suspected measles; **~е́ние** suspicion; освобожда́ть от ~е́ния clear of suspicion; по ~е́нию в кра́же on suspicion of theft; быть под ~е́нием, на ~е́нии be under suspicion; есть ~, что пойдёт дождь there is a slight chance that it may rain; **~и́тельность** *f* suspiciousness; **~и́тельно** *adv* suspiciously; with suspicion; **~и́тельный** (~и́телен) suspicious; suspect; fishy, shady; suspicious (mistrustful)
подо|и́ть II *pf of* дои́ть; **~йник** milk-pail
подо|йти́ (~йду́, ~йдёшь; ~шёл, ~шла́; ~ше́дший) *pf of* подходи́ть
подоко́нник window-sill
подо́л hem (*of skirt*); держа́ться за чей ~ cling to someone's skirts
подо́лгу *adv* for a considerable time, much of the (one's) time
подоль|сти́ться II (~щу́сь) *pf of* ~ща́ться; **~ща́ться** I *pf* ~сти́ться *coll* worm, insinuate oneself into someone's good graces (к + *dat*)
по-дома́шнему *adv* simply; without ceremony; in one's everyday clothes
подо́н|ок (~ка) *usu pl coll* dregs, lees, sediment; *fig* scum, dregs, riff-raff
подопе́чн|ый under wardship, guardianship; ~ая террито́рия trust territory; *n* ward, minor
подоплёка real, underlying cause, real state of affairs, the ins and outs
подопре́|ть (~ет) *pf* get inflamed from damp, etc (*of baby's skin*)
подо́пытный experimental; ~ кро́лик *fig* guinea pig
подорв|а́ть(ся) (~у́(сь), ~ёшь(ся); ~а́л(ся), ~ала́(сь), ~а́ло (~а́ло́сь)) *pf of* подрыва́ть(ся)
подо́рлик spotted eagle
подорожа́ть I *pf of* дорожа́ть
подоро́жн|ая *n hist* order for (fresh) post-horses; **~ик** plantain; *coll* provisions taken on journey; *obs* highwayman; **~ый** on, along the road; ~ столб milestone
подоси́новик orange-cap boletus
подо|сла́ть (~шлю́, ~шлёшь) *pf of* подсыла́ть
подоснова basic, real, underlying cause
подоспе|ва́ть I *pf* ~ть *coll* arrive, appear in time; **~ть** I *pf of* ~ва́ть
под|остла́ть (*and* **постели́ть**) (~стелю́, ~сте́лешь) *pf of* ~стила́ть
подотде́л subdivision, section
под|откну́ть I *pf of* ~тыка́ть
подотря́д *biol* suborder
подотчёт|ный on account; ~ная су́мма (an) advance; (~ен) accountable, liable to render return
подо́х|нуть I (*past* ~ (~нул), ~ла) *pf of* до́хнуть *and* подыха́ть die (*of animals*); *pop* kick the bucket (*of human beings*)
подохо́дный ~ нало́г income tax
подо́шв|а *coll* sole (*of foot*); sole (*of boot*, *etc*); foot (*of slope*); **~енный** *adj of* ~а
подпа|да́ть I *pf* ~сть fall (under, под + *acc*); ~ под чьё влия́ние fall under someone's influence
подп|а́ивать I *pf* ~ои́ть *coll* make tipsy
подпа́л|ивать I *pf* ~и́ть *pop* set on fire; *coll* singe, scorch; **~ина** burnt, scorched place, scorch-mark; ло́шадь с ~иной dappled horse; **~и́ть** II *pf of* ~ивать

подп|а́рывать I *pf* ~оро́ть rip; unpick, unstitch
подпа́с|ок (~ка) shepherd's boy, herdsboy
подпа́|сть (~ду́, ~дёшь) *pf of* ~да́ть
подпа́хива|ть (~ет) *impf coll* begin to stink, stink a little
подпева́|ла *m and f* one who joins in singing; *fig coll* yes-man; ~́ть I *impf* join in singing, take up a song; *fig coll pej* sing the same song, tune
под|пере́ть(ся) (~опру́(сь), ~опрёшь(ся); ~пёр(ся), ~пёрла(сь)) *pf of* ~пира́ть(ся)
подпил|ивать I *pf* ~и́ть saw, file; saw a little off, file down; **~и́ть** II (~ю́, ~́ишь) *pf of* ~́ивать; **~́ок** (~ка) file
под|пира́ть I *pf* ~пере́ть prop up, support; **~пира́ться** I *pf* ~пере́ться *coll* lean on (+ *instr*)
подп|иса́ть(ся) I (~ишу́(сь), ~и́шешь(ся)) *pf of* и́сывать(ся); **~и́ска** subscription (to, на + *acc*); written undertaking, signed statement (about, о + *prep*); **~исно́й** subscription; ~исно́е изда́ние subscription edition; **~и́счик** subscriber (to, на + *acc*); **~и́сывать** I *pf* ~иса́ть sign; add (*in writing*); ~ ещё три строки́ add three more lines; *coll* include in list of subscribers; ~ кого́ на газе́ту take out a newspaper subscription for someone; **~и́сываться** I *pf* ~иса́ться sign, put one's name (signature) to (под + *instr*); subscribe (to, for, на + *acc*) *also fig*, take out a subscription (to, на + *acc*); **~́ись** *f* signature; ста́вить свою́ ~ put, affix one's signature (to, beneath, под + *instr*); за ~исью signed (by, + *gen*); за ~исью и печа́тью signed and sealed; caption, inscription
подпи́ти|е в ~и *coll* tipsy
подпи́х|ивать I *pf* ~ну́ть *coll* give a slight push, jolt (to); **~ну́ть** I *pf of* ~́ивать
подплы|ва́ть I *pf* ~́ть swim, sail up, (to, к + *dat*); swim, sail under (под + *acc*); **~́ть** (~ву́, ~вёшь; ~л, ~ла́, ~ло) *pf of* ~ва́ть
подп|ои́ть II (~ою́, ~о́ишь) *pf of* ~а́ивать
по́дпол *pop* cellar
подполз|а́ть I *pf* ~ти́ creep up (to, к + *dat*); creep (under, под + *acc*); **~ти́** (~у́, ~ёшь; ~́, ~ла́) *pf of* ~а́ть
подполко́вник lieutenant-colonel
подпо́ль|е cellar; underground (organization, work); уйти́ в ~ go underground; **~́ный** under the floor; *fig* underground, secret, clandestine; **~́щик** underground operator, member of underground organization
подпо́р|а, подпо́р|ка prop, support; brace, strut; **~́ный** supporting
подп|оро́ть (~орю́, ~о́решь) *pf of* ~а́рывать
подпору́чик *hist* second lieutenant
подпо́чв|а subsoil, substratum; **~́енный** subterranean, underground; subsoil
подпоя́|сать(ся) I (~шу(сь)) *pf of* ~сывать(ся); **~́сывать** I *pf* ~сать (put on a) belt, girdle; **~́сываться** I *pf* ~саться belt, gird oneself, put on a belt, girdle
подпра́в|ить II (~лю) *pf of* ~ля́ть; **~ля́ть** I *pf* ~́ить touch up, retouch; rectify (slightly)
подпра́порщик *hist* senior non-commissioned officer
подпру́га saddle-girth, belly-band
подпры́г|ивать I *pf* ~нуть jump, leap up; bob up and down; **~́нуть** I *pf of* ~ивать
подпу|ска́ть I *pf* ~сти́ть allow to approach; ~ на расстоя́ние вы́стрела allow to come within range; *coll* add in (liquid) (+ *acc or gen*); *coll* get in, put in (*joke, hint, sarcasm, etc*); **~сти́ть** II (~щу́, ~́стишь) *pf of* ~ска́ть
подраб|а́тывать I *pf* ~о́тать earn extra (+ *acc or gen*); study further, work up; **~о́тать** I *pf of* ~а́тывать
подр|а́внивать I *pf* ~овня́ть level (*land, etc*); trim (*edges, hair, etc*); make neat, even
подра́гивать I *impf coll* shake, tremble a little, from time to time *also impers* + *instr*
подража́|ние imitation; **~́тель** *m* imitator; **~́тельный** (~телен) imitative; **~́тельство** *pej* imitativeness; **~́ть** I *impf* imitate (+ *dat*)
подразде́л subsection; **~е́ние** subdividing, subdivision; *mil* sub-unit, element; **~и́ть** II *pf of* ~я́ть; ~я́ть I *pf* ~и́ть subdivide
подразумева́|ть I imply, understand, mean, have in mind; **~́ться** I (~ется) be implied, understood, meant; что ~ется под э́тим сло́вом? what is meant by this word?; само́ собо́й ~ется it goes without saying, it is of course understood
подра́мник, подра́м|ок (~ка) stretcher (*frame for canvas*)
подра́н|ивать I *pf* ~ить wing, wound slightly (*animal, game, etc*); **~́ить** II *pf of* ~ивать; **~́ок** (~ка) wounded game, winged bird
подра|ста́ть I *pf* ~сти́ grow (a little); ~ста́ющее поколе́ние rising generation; **~сти́** (~сту́, ~стёшь; подро́с, подросла́) *pf of* ~ста́ть; **~сти́ть** II (~щу́) *pf of* ~́щивать
по|дра́ться (~деру́сь, ~дерёшься; ~дра́лся, ~драла́сь, ~дра́ло́сь) *pf of* дра́ться
подра́|щивать I *pf* ~сти́ть grow (*flowers, etc*), breed (*animals*), keep (*chickens*)
подрёберный *med* subcostal
подре́|зать I (~жу) *pf of* ~за́ть *and* ~́зывать; **~за́ть** I *pf* ~́зать cut (*a little underneath*); clip, trim (*hair, etc*); prune, lop (*trees, etc*); ~ коло́ду cut the pack (*cards*); ~ кому́ кры́лья clip someone's wings; *coll* cut off some more (+ *gen*); **~́зывать** I *pf* ~зать = ~за́ть
подрем|а́ть (~лю́) *pf* have a nap
подремонти́р|овать (~ую) *pf coll* overhaul
подреше́тник *tech* counter-lathing
подрис|ова́ть (~у́ю) *pf of* ~о́вывать; **~о́вывать** I *pf* ~ова́ть touch up; add, put in (*on drawing, etc*)
подро́б|ность *f* detail; вдава́ться в ~ности go into details; до мельча́йших ~носте́й down to the smallest detail; **~́ный** (~ен) detailed, full and particular; иссле́довать ~но examine at length
подр|овня́ть I *pf of* ~а́внивать
подро́ст|ок (~ка) youth; juvenile, stripling, teenager; young girl, girl in teens
подруб|а́ть I *pf* ~и́ть hew; hem (*handkerchief, etc*); *tech* cut out (*coal, etc*); **~и́ть** II (~лю́, ~́ишь) *pf of* ~а́ть
подру́|га (girl-)friend, chum, pal (*female*); ~ жи́зни life's companion (*of wife*); **~жи́ться** II *pf of* дружи́ться; **~́жка** *aff dim of* ~га
подру́л|ивать I *pf* ~и́ть taxi drive (up to, к + *dat*); **~и́ть** II *pf of* ~́ивать
подрумя́н|ивать I *pf* ~ить make ruddy, rosy, bring a flush to (*cheeks, etc*); make up, colour, touch up with rouge; *cul* brown; **~́иваться** I *pf* ~иться become rosy, ruddy, flushed, flush; make up, colour (cheeks), touch up with rouge; *cul* brown; **~́ить(ся)** II *pf of* ~ивать(ся)
подру́чный *adj* to hand, at hand; *n* assistant, mate
подр|ы́в blasting, blowing up, demolition; undermining; *fig* injury, detriment, undermining; **~ыва́ть** I *pf* подорва́ть blow up, blast; *fig*

undermine, sap, damage severely; *pf* ~ы́ть undermine, sap; **~ывни́к** 1 demolition, explosives expert; **~ывно́й** blasting, demolition; *fig* undermining, subversive; **~ывно́е де́ло** blasting, demolition work; ~ывна́я де́ятельность subversive activity; **~ы́ть** (~о́ю, ~о́ешь) *pf of* ~ыва́ть

подря́|д *adv* running, in succession, on end; *n* contract; по ~ду by contract; взять ~ contract (for, на + *acc*); сдать ~, сдать с ~а put out to contract; **~ди́ть(ся)** II (~жу́(сь)) *pf of* ~жа́ть(ся); **~́дный** (on) contract; **~́дчик** contractor(s); **~жа́ть** I *pf* ~ди́ть *coll* hire; **~жа́ться** *pf* ~ди́ться *coll* contract, undertake (+ *infin*); *pass of* ~жа́ть

подря́сник cassock

подса|ди́ть II (~жу́, ~́дишь) *pf of* ~́живать; **~́дка** placing next to; planting extra; graft (*skin*, *etc*); **~́живать** I *pf* ~ди́ть help sit down; ~ кого́ в авто́бус help someone into a bus; place next (to, к + *dat*); give a lift to; fit in (*extra people into carriage*, *etc*); plant some more (+ *acc or gen*); graft (*skin*, *etc*); **~́живаться** I *pf* подсе́сть sit down, take a seat (next to, near, к + *dat*)

подс|а́ливать I *pf* ~оли́ть add more salt (to), put, more salt (into)

подс|а́чивать I *pf* ~очи́ть tap (*trees*)

подсве|ти́ть II (~чу́, ~́тишь) *pf of* ~́чивать; **~́чивать** I *pf* ~ти́ть light, illuminate from below; **~́чник** candlestick

подсви́стывать I *impf* whistle an accompaniment (to, + *dat*)

подсе́|в additional sowing; **~ва́ть** I, **~́ивать** I *pf* ~́ять sow in addition (+ *acc or gen*)

подсе́д malanders, mallenders; **~е́льник** girth, belly-band

подсе́|ка cleared forest land (*for ploughing*); **~ка́ть** I *pf* ~́чь hew, hack down; hook, strike (*fish*)

подс|е́сть (~я́ду, ~я́дешь; ~е́л) *pf of* ~а́живаться

подсе́|чь (~ку́, ~чёшь, ~ку́т; ~к, ~кла́) *pf of* ~ка́ть

подсе́|ять I *pf of* ~ва́ть *and* ~́ивать

подси|де́ть II (~жу́) *pf of* ~́живать; **~́живать** I *pf* ~де́ть *coll* lie in wait for; *fig coll* plot, intrigue against; injure, harm someone (in his work)

подси́н|ивать I *pf* ~и́ть blue, use blue; **~и́ть** II *pf of* ~́ивать

подск|а́бливать I *pf* ~обли́ть scrape off (some)

подска|за́ть I (~жу́, ~́жешь) *pf of* ~́зывать; **~́зка** prompting; **~́зчик** *coll* prompter (*theat* суфлёр); **~́зывать** I *pf* ~за́ть prompt *also fig*; *fig* suggest, advise

подск|ака́ть I (~ачу́, ~а́чешь) *pf of* ~а́кивать; **~а́кивать** I *pf* ~ака́ть come galloping up (to, к + *dat*); *pf* ~очи́ть bound, run up (to, к + *dat*); jump (up), leap (up); *fig coll* pop up, soar (*temperature*, *prices*, *etc*)

подскобл|и́ть II (~ю́, ~́ишь) *pf of* подска́бливать

подско́|к *coll* jump, leap, bound; **~чи́ть** II (~чу́, ~́чишь) *pf of* подска́кивать

подскре|ба́ть I *pf* ~сти́ *coll* scrape (clean); **~сти́** (~бу́, ~бёшь; ~̈б, ~бла́) *pf of* ~ба́ть

подсла|сти́ть II (~щу́) *pf of* ~́щивать; **~а́щивать** I *pf* ~сти́ть sweeten, sugar

подсле́дственный under investigation *also n*

подслепова́т|ый (~) weak-sighted, short-sighted, myopic

подслу́ж|иваться I *pf* ~и́ться *coll* fawn (upon), cringe (before); worm oneself into the favour (of, к + *dat*); **~и́ться** II (~у́сь, ~́ишься)

подслу́ш|ать I *pf* ~ивать; **~́ивать** I *pf* ~ать overhear; *impf* eavesdrop

подсм|а́тривать I *pf* ~отре́ть spy, watch (secretly)

подсме́иваться I *impf* laugh (at), make fun (of, над + *instr*)

подсме́на next shift, next man on duty; relief

подсмотр|е́ть II (~ю́, ~́ишь) *pf of* подсма́тривать

подсне́жн|ик snowdrop; **~́ый** under the snow

подсо́бн|ик *coll* assistant; **~́ый** subsidiary, auxiliary, supplementary, secondary, accessory; ~ое предприя́тие subsidiary enterprise; ~ проду́кт by-product

подс|о́вывать I *pf* ~у́нуть shove (under, под + *acc*); *coll* palm off (on); ~ бума́гу кому́ в стол slip a paper into someone's desk

подсозна́|ние subconscious; **~́тельный** (~телен) subconscious

подсол|и́ть II (~ю́, ~́ишь) *pf of* подса́ливать

подсо́лн|ечник sunflower; **~́ечный** *adj of* ~ечник; ~ечное ма́сло sunflower oil; **~́ечный** in the sun; ~ечная сторона́ sunny side; **~́ечная** *n obs* universe; **~́ух** *coll* sunflower; sunflower-seeds

подсо́х|нуть I (~, ~ла) *pf of* подсыха́ть

подс|очи́ть II *pf of* ~а́чивать

подспо́рье *coll* help, assistance, support

подспу́дн|ый secret, hidden; latent, unused; ~ые мы́сли secret thoughts

подста́ва *hist* relay (*of horses*)

подста́в|ить II (~лю) *pf of* ~ля́ть; **~́ка** stand; support, rest, prop; table mat, pedestal; exposing; *sp* substitution; **~ля́ть** I *pf* ~́ить put, place (under, под + *acc*); ~ но́жку кому́ trip someone up *also fig*; bring up (to), put up (to, + *dat*); ~ кому́ стул offer someone a chair, seat; *fig* expose (*troops*, *etc*), lay bare; substitute (player) *also math*; **~но́й** false, substitute; ~но́е лицо́ dummy, figurehead, man of straw; ~ свиде́тель suborned witness

подстака́нник glass-holder (*for Russian tea*)

подстано́вка substitution

подста́нция substation

подстёг|ивать I *pf* ~ну́ть fasten, underneath (to, к + *dat*); whip up, urge forward, urge on *also fig pop*; **~ну́ть** I *pf of* ~̈ивать

подстел|и́ть II (~ю́, ~́ишь) = подостла́ть

подстере|га́ть I *pf* ~́чь lie in wait (for), be on the watch (for), waylay; **~́чь** (~гу́, ~жёшь, ~гу́т, ~̈г, ~гла́) *pf of* ~га́ть

подстил|а́ть I *pf* подостла́ть lay, stretch (under, под + *acc*); **~́ка** bedding; лесна́я ~ forest-litter

подсторожи́ть II *pf coll* = подстере́чь

подстр|а́ивать I *pf* ~о́ить build on (to, к + *dat*); *coll* set up, contrive, arrange (*practical joke*, *etc*); э́то де́ло ~о́ено it's a put-up job; tune (*radio*)

подстрек|а́тель *m* instigator; firebrand; **~а́тельство** instigation, incitement, setting-on; **~а́ть** I *pf* ~ну́ть instigate (to), incite (to), set on (to, к + *dat*); excite (curiosity, etc); **~ну́ть** I *pf of* ~а́ть

подстре́л|ивать I *pf* ~и́ть wing, wound (*by a shot*); **~и́ть** II (~ю́, ~́ишь) *pf of* ~́ивать

подстри|га́ть I *pf* ~́чь cut, clip, trim (*hair*, *nails*, *etc*); prune, lop (*trees*, *etc*); **~га́ться** I *pf* ~́чься have a haircut, a trim; **~́чь(ся)** (~гу́(сь), ~жёшь(ся), ~гут(ся); ~г(ся), ~гла(сь)) *pf of* ~га́ть(ся)

подстр|о́ить II *pf of* ~а́ивать

подстро́чн|ик literal, word-for-word translation; **~́ый** ~ перево́д word-for-word translation; ~ое примеча́ние footnote

по́дступ *geog fig* access, approach (to, к + *dat*); ~а (у) нет к нему́ *pop* he is quite inaccessible; **~а́ть** I *pf* ~и́ть approach, come up (to), come near (к + *dat*); *coll* ~ к кому́ approach someone (*with request*, *question*, *etc*); слёзы ~и́ли к её глаза́м tears came to her eyes; **~а́ться** I *pf* ~и́ться; к нему́ не ́~ишься *coll* he is quite inaccessible; **~и́ть(ся)** II (~лю́(сь), ́~ишь(ся)) *pf of* ~а́ть(ся)
подсуд|и́мый *n leg* defendant, accused, prisoner (at the bar); скамья́ ~и́мых dock, bar; **́~ность** *leg* cognizance, jurisdiction; **́~ный** (~ен) under, within the jurisdiction (of), within the competence (of), cognizable (to, + *dat*)
подсудо́б|ить II (~лю) *pf pop* palm off on, foist (on, + *dat*)
подсу́|живать I *pf* ~ди́ть *coll sp* be biased in favour of (+ *dat*)
подсу́м|ок (~ка) cartridge pouch
подс|у́нуть I *pf of* ~о́вывать
подсу́ш|ивать I *pf* ~и́ть dry a little; **~и́ть** II (~у́, ́~ишь) *pf of* ́~ивать
подсч|ёт count(ing up), calculation; total(ling), reckoning; **~ита́ть** I *pf of* ~и́тывать; **~и́тывать** I *pf* ~ита́ть reckon, count, tot up, calculate
под|сыла́ть I *pf* ~осла́ть send, dispatch (*secretly*, *on secret mission*, *etc*)
подсы́п|ать (~лю, ~лешь) *pf of* ~а́ть; **~а́ть** I *pf* ́~ать add by pouring (+ *acc or gen*)
подс|ыха́ть I *pf* ~о́хнуть dry out a little; на дворе́ ~ыха́ет it is getting dry outside
подта́|ивать I *pf* ~ять melt, thaw slightly
подт|а́лкивать I *pf* ~олкну́ть nudge, push slightly; *coll* push, shove (towards, к + *dat*); *fig coll* urge on
подт|а́пливать I *pf* ~опи́ть heat a little
подта́|скивать I *pf* ~щи́ть drag up (to, к + *dat*)
подтас|ова́ть (~у́ю) *pf of* ~о́вывать; **~о́вка** unfair shuffling; *fig* manipulation, juggling, garbling; **~о́вывать** I *pf* ~ова́ть shuffle unfairly; manipulate, garble, juggle (*with facts*, *etc*)
подт|а́чивать I *pf* ~очи́ть sharpen slightly, give an edge (to); gnaw, eat away, sap, undermine *also fig*; его́ здоро́вье ~о́чено his health has been undermined
подта|щи́ть II (~щу́, ́~щишь) *pf of* ́~скивать
подта́|ять I (~ет) *pf of* ~ивать
подтвер|ди́тельный confirmatory; **~ди́ть** II (~жу́) *pf of* ~жда́ть; **~жда́ть** I *pf* ~ди́ть confirm, corroborate, bear out; **~жде́ние** confirmation, corroboration, proof
подтёк bruise; damp stain (*on wall*, *etc*)
подте|ка́ть I *pf* ́~чь flow, run (under, под + *acc*); *impf only* leak
подте́кст concealed meaning; underlying idea, implication; interpretation (*of thought or feeling by actor or reader*); **~о́вка** words (*of song*, *etc*); composition of words (*for vocal music*), lyric writing
подтёл|ок (~ка) year-old calf
под|тере́ть (~отру́, ~отрёшь; ~тёр, ~тёрла) *pf of* ~тира́ть
подте́|чь (~чёт, ~ку́т; ̃~к, ~кла́) *pf of* ~ка́ть
подт|ира́ть I *pf* ~ере́ть wipe (up)
подт|олкну́ть I *pf of* ~а́лкивать
подт|опи́ть II (~оплю́, ~о́пишь) *pf of* ~а́пливать
подт|очи́ть II (~очу́, ~о́чишь) *pf of* ~а́чивать
подтру́н|ивать I *pf* ~и́ть *coll* chaff, tease, laugh (at, над + *instr*); **~и́ть** II *pf of* ́~ивать
под|тыка́ть I *pf* ~откну́ть tuck in
подтя́|гивать I *pf* ~ну́ть tighten; pull up (to), haul up (to, к + *dat*); *mil* bring, move up; *fig coll* take in hand, pull up, chase up; sing, join in singing; **́~гиваться** I *pf* ~ну́ться ~ (по́ясом) tighten one's belt; *sp* pull oneself up; *mil* move up, in close ranks (of column); *fig coll* pull one's socks up, pull oneself together, take oneself in hand; **́~жки** (*gen pl* ~жек) braces, suspenders; **́~нутый** spruce (-looking) (*of external appearance*); (self-) disciplined (*of person*, *character*); **~ну́ть(ся)** I *pf of* ́~гивать(ся)
поду́м|ать I *pf of* ду́мать; think a little, for a while; ~!, ~ то́лько!, ~ай(те) (то́лько)! just fancy! just think!; ~аешь, ~айте *coll iron* I say!; ~аешь како́й у́мник I say, what a clever person!; и не ~аю идти́ *coll* I wouldn't dream of going!; **́~ывать** I *impf coll* think (about, of, о + *prep or* + *infin*) (from time to time)
подурне́ть I *pf of* дурне́ть
поду́ськ|ать I *pf of* ~ивать; **́~ивать** I *pf* ~ать set on (*dog*, *etc*); *fig* egg on
поду́|ть (~ю, ~ешь) *pf of* дуть, begin to blow
поду́ч|ивать I *pf* ~и́ть teach, instruct (a little); give a few lessons (in, + *dat*); ~ уро́к revise a lesson; improve one's knowledge (of); *coll* put up (to), prompt (to), egg on (to, + *infin*); **́~иваться** I *pf* ~и́ться *coll* revise a little, study a little; **~и́ть(ся)** II (~у́(сь), ́~ишь(ся)) *pf of* ́~ивать(ся)
поду́ш|ечка *dim of* ~ка; ~ для була́вок pincushion; *pl* bon-bons, sweets
подуш|и́ть II (~у́, ́~ишь) *pf* spray with some scent, perfume; **~и́ться** II (~у́сь, ́~ишься) *pf* spray oneself with scent, perfume; put some scent on
поду́шк|а cushion, pillow; ~ для штемпеле́й inkpad; возду́шная ~ air cushion; су́дно на возду́шной ~е hovercraft
поду́шн|ый ~ая по́дать *hist* poll-tax, capitation
подфа́рник sidelight, parking-light
подхали́м groveller, toady, lickspittle, time-server; **~а́ж** *coll* grovelling, toadying, bootlicking, timeserving; **́~ничать** I *impf coll* = ~ствовать; **́~ство** = ~а́ж; **́~ствовать** (~ствую) *impf* toady, timeserve
подхва|ти́ть II (~чу́, ́~тишь) *pf of* ́~тывать; **́~тывать** I *pf* ~ти́ть catch (up), pick up, take up, snatch up; пловца́ ~ти́ло тече́нием the swimmer was caught up by the current; ~ на́сморк *coll* catch a cold; ~ пе́сню join in a song, catch up a tune; *fig coll* take up, expand, continue
подхлест|ну́ть I *pf of* ̃~ывать; **̃~ывать** I *pf* ~ну́ть whip up; *fig coll* spur on
подхо́|д approach; быть на ~де *coll* be close; **́~дец** (~дца) *coll* approach; с ~дцем *coll* deviously; говори́ть с ~дцем speak in a roundabout way; **~ди́ть** II (~жу́, ́~дишь) *pf* подойти́ approach *also fig*; come up (to), go up (to, к + *dat*); сад ́~дит к са́мому ле́су the garden stretches as far as the wood; ~ к ста́нции come in, pull in, (*of train*); крити́чески ~ к чему́ *fig* take a critical stance, adopt a critical approach to something; do (for), suit, fit (+ *dat*); э́то пальто́ мне подойдёт this coat will suit me, do me; ключ не ́~дит к замку́ the key doesn't fit; он не ́~дит на э́ту до́лжность he is not suitable for this job; **~дя́щий** suitable, proper, right appropriate (for, для + *gen*)
подхору́нжий *n hist* senior non-commissioned officer (in Cossack troops)
подцеп|и́ть II (~лю́, ́~ишь) *pf of* ~ля́ть; **~ля́ть** I *pf* ~и́ть hook, couple on (to, к + *dat*); *coll joc*

pick up (*cold*, *etc*)
подча́л|ивать I *pf* ~ить moor (to, к + *dat*); **~́ить** II *pf of* ~ивать
подча́с *adv* at times, sometimes, occasionally; **~́ок** (~ка) relief sentry
подчелюстно́й submaxillary
подчёрк|ивать I *pf* ~ну́ть underline, underscore; *fig* emphasize, (lay) stress (on), accentuate; **~ну́ть** I *pf of* ~́ивать
подчин|е́ние subordination *also gramm*; submission, subjection, subjugation; быть в ~е́нии be subordinate (to, у + *gen*); **~ённость** *f* subordination, subjugation, dependence; **~ённый** *adj* under the command (of, к + *dat*), subordinate, inferior; ~ённое госуда́рство tributary state; *n* subordinate, inferior; **~и́тельный** *gramm* subordinating; **~и́ть(ся)** II *pf of* ~я́ть(ся); **~я́ть** I *pf* ~и́ть subordinate, subject (to, + *dat*); place (under the command of, + *dat*); ~ свое́й во́ле bend to one's will; **~я́ться** I *pf* ~и́ться submit (to), obey (+ *dat*) (*an order*, *voice of conscience*, *etc*)
подчи́|стить II (~щу) *pf of* ~ща́ть; **~сту́ю** *adv pop* completely, without leaving anything
подчи́тчик *typ* copy-holder
подчи|ща́ть I *pf* ~́стить clean up, tidy up a little; rub out, erase; peel, clean some more (+ *gen*); *coll* consume, use up, scoff (*food*)
подше́фный under the patronage (of), sponsored, supported (by, + *dat*); aided, assisted
подшиб|а́ть I *pf* ~и́ть *coll* shoot down, put out of action; hurt; ~ глаз blacken an eye; **~и́ть** (~у́, ~ёшь; ~́, ~́ла) *pf of* ~а́ть; **~́ленный** ~ глаз black eye
подши|ва́ть I *pf* ~́ть sew underneath, hem; line; sole; file, attach (*papers*); **~́вка** hem(ming); lining; soling; filing (*of papers*)
подши́п|ник *tech* bearing, bush; ро́ликовый ~ roller bearing; ша́риковый ~ ball-bearing; **~́никовый** *adj of* ~
под|ши́ть (~ошью, ~ошьёшь) *pf of* ~шива́ть
подшки́пер master's mate
подшле́мник cap comforter
подшпи́л|ивать I *pf* ~ить *coll* pin up (*hair*); **~́ить** II *pf of* ~ивать
подшта́нник|и (*gen pl* ~ов) (under)pants
подшто́п|ать I *pf of* ~ывать; **~́ывать** I *pf* ~ать *coll* darn (*stockings*, *etc*)
подшу|ти́ть II (~чу́, ~́тишь) *pf of* ~́чивать; **~́чивать** I *pf* ~ти́ть laugh (at), poke fun (at), mock, jest (at, над + *instr*)
подъе|да́ть I *pf* ~́сть *pop* eat away (*from underneath*); eat up (*everything*), polish off, finish off
подъе́з|д porch, entrance, doorway; approach(es) (to, к + *dat*); **~дно́й** approach, access (*road*, *etc*); ~ путь spur track; **~́дный** entrance; **~жа́ть** I *pf* подъе́хать drive up (to), draw up (to, к + *dat*); drive (under, под + *acc*); *pop* pay a short visit (*usu on business*); *fig pop* approach at psychological moment, get round (*with request*, *etc*, к + *dat*)
подъём lifting, raising; ~ фла́га hoisting of colours; ascent; *aer* climb; *fig* development, raising; rise, upswing; ~ наро́дного хозя́йства expansion of the national economy; ~ зя́би autumn ploughing; на ~е on the up and up, on the upgrade; промы́шленный ~ boom, industrial expansion; *fig* enthusiasm, élan, animation; рабо́тать без ~а work without enthusiasm; лёгок на ~ *coll* quick off the mark, quick on one's toes; тяжёл на ~ *coll* sluggish, slow off the mark; не в ~ *coll* too heavy to lift; instep; *mil* reveille; *tech* jack, lever, hand screw; **~́ник** hoist, lift, elevator; **~́ный** lifting, hoisting; ~ кран crane, derrick, jenny; ~ная маши́на lift; ~ мост drawbridge, bascule bridge; **~́ные** *n* moving (travelling) expenses
подъесау́л *hist* staff-captain (*of Cossacks*)
подъ|е́сть (~е́м, ~е́шь, ~е́ст, ~еди́м, ~еди́те, ~едя́т; ~е́л) *pf of* ~еда́ть
подъе́|хать (~ду, ~дешь) *pf of* ~зжа́ть
подъязы́чный sublingual
подъяре́мн|ый yoked; ~ое живо́тное beast of burden; ~ая жизнь *fig* life under the yoke, enslavement
подыгр|а́ть(ся) I *pf of* ~́ывать(ся); **~́ывать** I *pf* ~а́ть *mus* accompany (+ *dat*), ramp; *fig* play up to; **~́ываться** I *pf* ~а́ться *coll* (try to) get round, play up (to, к + *dat*)
подыма́ть(ся) I *coll* = поднима́ть(ся)
поды|ска́ть I (~щу́, ~́щешь) *pf of* ~ы́скивать; **~ы́скивать** I *pf* ~ска́ть (try to) (find something suitable)
подыто́ж|ивать I *pf* ~ить add up; sum up
под|ыха́ть I *pf* ~о́хнуть die (*of animals*); *pop* kick the bucket, croak
подыш|а́ть II (~у́, ~́ишь) *pf* breathe (for a while); вы́йти ~ све́жим во́здухом go out for a breath of fresh air
подья́чий *n hist* scrivener, clerk, government official (*16th/18th centuries in Russia*)
пое|да́ть I *pf* ~́сть eat (up), devour
поеди́н|ок (~ка) duel, single combat
поедо́м *adv* ~ есть кого́ *pop* make someone's life a misery by nagging, nag someone to death
по́ез|д (*pl* ~да́) train; ~дом by train; курье́рский ~ express train; ско́рый ~ fast train; ~ да́льнего сле́дования long-distance train; ~ прямо́го сообще́ния through train; procession, convoy (*of vehicles*, *etc*); сва́де́бный ~ wedding procession; **~́дить** II (~жу) *pf* travel about; **~́дка** trip, excursion, tour, outing; journey; **~дно́й** ~дна́я брига́да train crew
поезжа́й(те) *imp of* (по)е́хать
поёмн|ый under water during spring floods; ~ые луга́ water-meadows
поёный milk-fed, udder-fed
по|е́сть (~е́м, ~е́шь, ~е́ст, ~еди́м, ~еди́те, ~едя́т; ~е́л) *pf of* еда́ть *and* есть eat (a little), have a meal (snack); пло́тно ~ have a hearty (square) meal; devour (*of insects*, *etc*); моль ~е́ла шу́бу the fur coat is moth-eaten
пое́|хать (~ду, ~дешь) *pf of* е́хать; set off, depart, start; ~хали! *coll* come on!, let's go!; *fig coll* slip; *fig coll* ladder (*of stockings*, *etc*); он на́чал жа́ловаться на то, на друго́е, и ~хал! he started complaining about this and that, and there was no end to it!
пожале́ть I *pf of* жале́ть
пожа́л|овать (~ую) *pf of* жа́ловать; **~́оваться** (~уюсь) *pf of* жа́ловаться; **~́уй** *adv* very likely, perhaps, may be; I dare say, I suppose so; я, ~, пойду́ I think I shall go; if you like, all right, I don't mind; **~́уйста** *partic* please; принеси́те, ~, кни́гу would you please bring me the book; don't mention it, not at all; спаси́бо за чай. – П~ thanks for the tea. – Don't mention it; *coll* what do you think!; **це́лый год не́ был и вдруг, ~ (вам), яви́лся** he was away for a whole year and, what do

you think, he turned up again; скажи́(те) ~ *coll* would you believe it!; скажи́те ~ он ещё спо́рит! would you believe it! He's still arguing; здра́вствуйте ~! *coll* how about that!; сего́дня ты дежу́рный. – Здра́вствуйте ~! Опять я?! You're on duty today. Well, I like that! It's me again?

пожа́р fire, conflagration; как на ~ бежа́ть *coll* run like mad; не на ~! *coll* there's no hurry!; по́сле ~а за водо́й не бегу́т *prov* lock the stable door after the horse has bolted; **~́ище** conflagration, large fire; site of fire; **~́ник** *coll* fireman; **~́ный** *adj of* ~; ~ная кома́нда fire-brigade; ~ная маши́на fire-engine; в ~ном поря́дке *coll joc* in great haste, urgency; на вся́кий ~ слу́чай *coll joc* in case of emergency, just in case, to make sure; *n* fireman

пож|а́тие ~ руки́ handshake; **~а́ть(ся)** (~му́(сь), ~мёшь(ся)) *pf of* ~има́ть(ся); **~а́ть** (~ну́, ~нёшь) *pf of* ~ина́ть

пож|ева́ть (~ую́) *pf of* ~ёвывать; **~ёвывать** I *pf* ~ева́ть chew, masticate

пожела́|ние wish, desire; лу́чшие ~ния good wishes; **~́ть** I *pf of* жела́ть

пожелте́|лый yellow(ed), gone yellow; **~́ть** I *pf of* желте́ть

пожен|и́ть II (~ю́, ~́ишь) *pf coll* marry (to, с + *instr*); **~и́ться** II (~́имся, ~́итесь) *pf coll* get married

поже́ртв|ование gift, donation, offering; **~́овать** (~ую) *pf of* же́ртвовать

по|же́чь (~жгу́, ~жжёшь, ~жгу́т; ~жёг, ~жгла́) *pf* burn (*everything or a lot*)

пожи́|ва *coll* gain, profit; **~ва́ть** I *impf coll* live; как (вы) ~ва́ете? how are you (getting on)?; ста́ли они жить-~ да добра́ нажива́ть they lived happily ever after; **~ви́ться** II (~влю́сь) *pf coll* profit (by), live (off, + *instr*); **~́зненный** (for) life; ~зненное заключе́ние life imprisonment; ~зненная пе́нсия pension for life; **~ло́й** middle-aged, elderly

пож|има́ть I *pf* ~а́ть press, squeeze; ~ ру́ку shake hands (with, + *dat*); ~ плеча́ми shrug one's shoulders; **~има́ться** I *pf* ~а́ться shrivel up, shrink (up), huddle up (*from cold, fear, etc*)

пож|ина́ть I *pf* ~а́ть reap *also fig*; ~ сла́ву win renown; что посе́ешь, то ~нёшь *prov* as you sow, so you reap; кто посе́ет ве́тер, ~нёт бу́рю *prov* they that sow the wind shall reap the whirlwind

пож|ира́ть I *pf* ~ра́ть *fig* devour; ~ глаза́ми devour with one's eyes; engulf, swallow up (*of flames, waves, etc*); gobble up (*usu of animals*)

пож|и́тки (*gen pl* ~и́тков) *coll* goods and chattels, belongings, (one's) things, paraphernalia; со все́ми ~и́тками bag and baggage; **~и́ть** (~иву́, ~ивёшь; ~́ил, ~ила́, ~́ило) *pf* live for a time, stay; ~ивём-уви́дим *prov* time will tell, we shall see what we shall see; *coll* lead a gay life, live it up, see life

по́ж|ня (*gen pl* ~ен) stubble(-field); meadow

пожу́х|нуть I (~нет; ~, ~ла) *pf of* жу́хнуть

пожр|а́ть (~у́, ~ёшь; ~а́л, ~ала́, ~а́ло) *pf of* пожира́ть; *pf pop* have a bite (to eat)

по́з|а pose, attitude, posture *also fig*; он не те́рпит ~ы *fig* he can't stand any pretence, posing

позаба́в|ить II (~лю) *pf* amuse, entertain a little; **~́иться** II (~люсь) *pf* amuse oneself

позабо́|титься II (~чусь) *pf of* забо́титься

позаб|ыва́ть I *pf* ~ы́ть *coll* = забыва́ть; **~ы́ть** (~у́ду, ~у́дешь) *pf of* ~ыва́ть

позави́д|овать (~ую) *pf of* зави́довать

поза́втракать I *pf of* за́втракать

позавчера́ *adv* the day before yesterday; **~́шний** *adj of* ~

позади́ *adv and prep* + *gen* = сза́ди; ~ всех behind everyone; он шёл ~ he walked behind; *adv fig* behind, (in the) past

поза́имств|овать (~ую) *pf of* заи́мствовать

позапро́шлый before last; ~ год the year before last

позаре́з *adv coll* extremely

поза́риться II *pf of* за́риться

поз|ва́ть (~ову́, ~овёшь; ~ва́л, ~вала́, ~ва́ло) *pf of* звать

позвол|е́ние permission, leave; с ва́шего ~е́ния with your permission, by your leave; с ~е́ния сказа́ть *coll* if one may say so, if you will permit the expression; э́тот, с ~е́ния сказа́ть, учи́тель *iron* this, if one may so call him, teacher; **~и́тельный** (~ителен) permissible; **~́ить** II *pf of* ~я́ть; **~я́ть** I *pf* ~́ить allow, permit (+ *dat and infin*; + *acc of inanimate object*); ~́ь(те) пройти́ may I pass; ~ себе́ что be able to do, afford something; ду́мает, что ему́ всё ~́ено (he) thinks he can do anything; ~ себе́ permit oneself, venture, take the liberty (of, + *infin*); ~ себе́ во́льность take liberties (with, с + *instr*); ~́ь(те) *expresses disagreement or objection*; ~́ьте, я где́-то вас встреча́л excuse me, but I have met you somewhere

позвони́ть(ся) II *pf of* звони́ть(ся)

позвон|о́к (~ка́) vertebra; **~о́чник** spinal column, vertebral column, spine, backbone; **~о́чный** *adj* vertebral; ~ столб spinal, vertebral column; **~о́чные** *n* vertebrates

поздн|е́е *comp of* ~́ий *and* ~́о later (on); не ~ двух (часо́в) not later than two; **~е́йший** later, latest; **~е́нько** *adv coll* late, latish; **~́ий** late, tardy; до ~ей но́чи late into the night, until late at night; са́мое ~ее *coll* at the very latest; **~́о** *adv* late; it is late

поздоро́в|аться I *pf of* здоро́ваться **~е́ть** I *pf of* здорове́ть; **~́иться** II *impers pf* не ~ится кому́ *coll* someone will catch it

поздрав|и́тель *m* bearer of congratulations, well-wisher, congratulator **~и́тельный** congratulatory, of congratulations; **~́ить** II (~лю) *pf of* ~ля́ть; **~ле́ние** congratulation; **~ля́ть** I *pf* ~́ить congratulate (on, upon, с + *instr*); compliment, wish; ~ кого́ с днём рожде́ния wish someone many happy returns of the day; (~ кого́) с Но́вым го́дом (wish someone) a happy New Year

позелен|е́ть I *pf of* зелене́ть; **~и́ть** II *pf of* зелени́ть

позём manure

поземе́льный land

позёмка blizzard with ground wind

поз|ёр poseur; **~ёрство** posing

по́зже = ~днее

пози́р|овать (~ую) *impf* sit (to), pose (for, + *dat*); *fig* pose

позити́в *phot* positive, print; **~и́зм** positivism; **~и́ст** positivist; **~́ный** (~ен) *in var senses* positive

позитро́н positron

позиц|ио́нный ~ио́нная война́ trench war(fare); **~́ия** attitude, position; stand; вы́годная ~ advantage-ground; занима́ть выжида́тельную ~ию adopt a wait-and-see attitude, bide one's time; занима́ть ~ию *mil* take up a position, *fig* take one's stand; отста́ивать (отстоя́ть) свою́

~ию defend one's attitude, position (carry one's point); с ~ии си́лы from (a position of) strength
позла|ти́ть II (~щу́) *pf of* ~ща́ть; **~ща́ть** I *pf* ~ти́ть *obs* gild *also fig*
позна́блива|ть I (~ет) *impf coll* весь день его́ ~ло he kept feeling shivery the whole day
позна|ва́емость *f* possibility of knowing, knowability, cognoscibility; **~ва́емый** (~ва́ем) cognizable, knowable; **~ва́тельный** cognitive; ~ проце́сс cognition; **~ва́ть** (~ю́, ~ёшь) *pf* ~́ть (get to) know, become acquainted with, perceive; *philos* cognize; **~ва́ться** (~ю́сь, ~ёшься) *impf* become known; друзья́ ~ю́тся в беде́ *prov* a friend in need is a friend indeed
познако́м|ить(ся) II (~лю(сь)) *pf of* знако́миться
позна́|ние knowledge; *philos* cognition; тео́рия ~ния theory of knowledge, epistemology; у него́ больши́е ~ния в медици́не he has great knowledge of medical science; ~́ть (~́ю) *pf of* ~ва́ть
позоло́|та gilt, gilding; **~ти́ть** II (~чу́) *pf of* золоти́ть
позо|нди́р|овать (~ую) *pf of* зонди́ровать
позо́р shame, disgrace; ignominy; scandal; infamy, opprobrium, dishonour; быть ~ом be a disgrace (to, для + *gen*); вы́ставить на ~ put to shame; клейми́ть ~ом brand with shame; покры́ть себя́ ~ом disgrace oneself, cover oneself with ignominy; **~́ить** II *pf* о~ disgrace, dishonour, defame, discredit, shame; **~́иться** II *pf* о~ disgrace oneself; **~́ище** *coll* disgrace(ful spectacle); **~́ный** (~ен) shameful, ignominious, disgraceful; dishonourable; ~ столб pillory; поста́вить к ~ному столбу́ pillory
позуме́нт galoon, braid; золото́й ~ gold lace, braid
позы́в *physiol* urge, call (of nature); ~ на рво́ту urge to be sick; nausea; **~а́ть** I *impf impers* feel an urge, need; меня ~а́ет на рво́ту I feel an urge to be sick; **~но́й** ~ сигна́л call sign; **~ны́е** *n* call sign; *naut* ship's number
поиздерж|а́ться II (~у́сь, ~́ишься) *pf coll* overspend (money)
пои́л|ец (~ьца) ~ и корми́лец breadwinner; **~́ка** feeding-trough; = **~ьник**; **~́ьник** feeding-bowl (*for invalids*)
поимён|но *adv* by name; вызывать ~ call the roll, call over (*roll of*); **~́ный** nominal; ~ спи́сок list of names, nominal roll; **~ова́ть** (~у́ю) *pf* call out by name, name
пои́мка catching, capture
поиму́щественный ~ нало́г property tax
поинтерес|ова́ться (~у́юсь) *pf* show interest (in), be curious (about, + *instr*)
по́и|ск *pl* search (for, + *gen*); в ~сках in search (of), in quest (of, + *gen*); *mil* reconnaissance (raid); **~ска́ть** I (~щу́, ~́щешь) *pf* look for, search for, have a search, have a look for
пои́стине *adv* indeed, in truth
по|и́ть II (~ю́, ~́ишь) *pf* на~ give to drink; water (*cattle*); ~ и корми́ть семью́ be the family breadwinner; **~́йло** swill, mash; ~ для свине́й hogwash, pig-swill
по́йма flood-land(s), water-meadow
пойма́ть I *pf of* лови́ть; ~ с поли́чным catch red-handed
пойму́ *see* **поня́ть**
по́йнтер *dog* pointer
по|йти́ (~йду, ~йдёшь; ~шёл, ~шла́; ~йди́ *and coll* ~ди́; ~ше́дший; ~йдя) *pf of* идти́; ~шёл вон! clear off!; так не ~йдёт! *coll* that won't work (do)!; е́сли (ко́ли) на то ~шло́ *coll* if that's the case, if it comes to that; begin to (be able to) walk (*of baby*); *coll* start up, begin (to, + *infin*); он ~шёл в отца́ he takes after his father; ~ пя́тнами redden in blotches, become blotchy (*of face, body*)
пока́ *adv* for the time being, for the present; он ~ у́чится for the time being he is studying; ~ что *coll* in the meanwhile, for the moment; ~ ещё *or* ~-то ещё! *coll* not for a while yet; поку́рим: ~-то ещё все соберу́тся let's have a cigarette, God knows when they will all turn up!; на ~ *pop* for the time being; *conj* while; ~ он у́чится, на́до ему́ помо́чь while he is studying one must help him; ~ не until, till; ~ не ко́нчу not till (before) I've finished; *partic pop* ну, ~! cheerio! bye-bye!
пока́|з demonstration, showing (*of film, etc*); **~за́ние** *usu pl* testimony, evidence; *leg* deposition, affidavit; дава́ть ~ testify, bear witness, make a deposition; reading (*on instrument*); **~́занный** fixed, appointed (*of time, etc*) *short form med* indicated; **~за́тель** *m* index, exponent, quotient; ~ рожда́емости birth rate; ~ у́мственных спосо́бностей intelligence quotient; indicator, indication; **~за́тельный** (~за́телен) indicative, significant, revealing, instructive; model, demonstration; ~ суд show-trial; ~ уро́к object lesson, demonstration lesson; ~за́тельное хозя́йство model farm; *math* exponential; **~за́ть(ся)** I (~жу́(сь), ~́жешь(ся)) *pf of* каза́ться *and* ~́зывать(ся); **~зно́й** exemplary; for show; ostentatious; **~зу́ха** *coll* show, ostentation; **~́зывать** I *pf* ~за́ть show, indicate, display, exhibit, reveal; ~ себя́ prove oneself, one's worth; ~ себя́ хоро́шим учи́телем show oneself to be a good teacher; ~ кого́ врачу́ take someone to the doctor; ~ вид pretend, feign; ~ това́р лицо́м *fig coll* show to the best advantage; да́йте ей ~за́ть себя́ give her a chance; point (at, to, на + *acc*); *leg* give evidence, testify, bear witness; show, register, read (*of instruments*); ~ на дверь кому́ show someone the door; ~ пя́тки take to one's heels; *coll* teach, show, learn; я ему́ ~жу́! *coll* I'll show (teach) him!; **~́зываться** I *pf* ~за́ться show oneself, come into sight, appear; ~ врачу́ see a doctor
по-како́вски *adv pop* in what language?
покале́чить II *pf of* кале́чить *coll*
пока́лыва|ть I *impf* prick occasionally; у меня́ ~ет в боку́ I get a stitch from time to time
покаля́кать I *pf of* каля́кать
пока́мест *adv and conj pop* = пока́
покара́ть I *pf of* кара́ть
пока|та́ть I *pf* take out for a drive, take (a baby) for a stroll; **~та́ться** I *pf* go for a drive, ride, *etc*; ~ на ло́дке go out boating, go for a boat-trip; **~ти́ть** II (~чу́, ~́тишь) *pf* roll, set rolling; *coll* drive off, ride off, set out (for); **~ти́ться** II (~чу́сь, ~́тишься) *pf* roll, start rolling; roll down(hill); ~ со́ смеху *coll* rock with laughter, roll down (of sweat, tears)
пока́тость *f* slope, declivity, incline
пока́тываться ~ со́ смеху *coll* rock with laughter
пока́т|ый (~) sloping, slanting; ~ лоб retreating forehead
покач|а́ть I *pf* swing, rock (for a time); shake (a number of times) (+ *instr*); ~ голово́й shake one's head; **~а́ться** I *pf* rock, swing (for a time), have a swing; **~́ивать** I *impf* shake slightly (+ *acc or instr*); **~́иваться** I *impf* rock slightly; идти́ ~́иваясь walk unsteadily; **~ну́ть** I *pf* shake; ло́дку

~нýло the boat gave a lurch; ~**нýться** sway, totter, give a lurch; *fig coll* take a turn for the worse; делá ~нýлись things are looking bad, nasty, black
покáшл|ивать I *impf* have a slight cough; cough from time to time; ~́**ять** I *pf* cough
покая|́ние confession, penance; repentance; отпусти́ть дýшу на ~ let alone, leave in peace; умерéть без ~я́ния die impenitent; ~**я́нный** penitent, repentant; penitential; ~́**яться** (~́юсь, ~́ешься) *pf of* кáяться
поквитá|ться I *pf coll* be, get even (with, с + *instr*); я ещё с тобóй ~юсь I'll get even with you yet! I'll pay you out (one day)!
пóкер poker (*card-game*)
покивáть I *pf* nod several times
поки|дáть I *pf* ~́нуть desert, abandon, forsake (*someone*); quit, leave (*something*); си́лы ~́нули меня́ my strength failed me; ~́**нуть** I *pf of* ~дáть
покла|дáя рабóтать не ~ рук work without respite, press on with (one's) work; ~́**дистый** (~дист) easy(-going), obliging; ~́**жа** load; luggage
поклёп *coll* slander, calumny; в(о)зводи́ть на когó ~ slander someone; ~**áть** (~лю́, ~́лешь) *pf pop* slander (+ *acc*, на + *acc*)
покли́|кать I (~чу) *pf pop* call (to)
поклóн bow; regards, best wishes; передáть ~ комý send someone one's regards; передáйте емý ~ от меня́ remember me to him; идти́ на ~ go and pay (one's) respects (to, к + *dat*); класть ~ы bow (*in prayer*); ~**éние** worship, admiration, adoration; ~**и́ться** II (~ю́сь, ~́ишься) *pf of* кланя́ться; ~́**ник** admirer, adorer; *eccl* worshipper; ~**я́ться** I *impf* worship, adore, adulate (+ *dat*)
покля́|сться (~нýсь, ~нёшься) *pf of* кля́сться
покó|ем *adv obs* in the shape of the letter П; ~́**иться** II *impf* rest (on), be based (on), repose (upon, on, на + *prep*); lie, repose (*also of dead*); ~́**й** quietness, stillness; immobility; peace, tranquillity; пóлный ~ complete rest, quiet; вéчный ~ *fig* eternal rest; оставля́ть в ~е leave in peace; смути́ть чей ~ disturb someone's peace of mind; уйти́ на ~ retire; *obs* apartment, room, chamber; приёмный ~ reception ward; тóчка ~я *phys* point of rest, fulcrum; ~**йник** dead person, the deceased *sl* goner, victim; ~**йницкая** *n* mortuary; ~**йницкий** *coll* corpse-like; ~**йный** (~ен, ~йна) calm, quiet; бýдьте ~йны you may be sure; immobile, at rest; comfortable; ~йной нóчи good night; *no short form* (the) late; *n* the deceased
поколебáть(ся) *pf of* колебáть(ся)
поколéни|е generation; молодóе ~ young, rising generation; из ~я в ~ from generation to generation
поколо|ти́ть(ся) II (~чý(сь), ~́тишь(ся)) *pf of* колоти́ть(ся)
покóнчить *pf* finish (off, with), have done (with, с + *instr*); put an end to, do away with; ~ с собóй commit suicide
покорёжить(ся) II *pf of* корёжить(ся)
покор|éние conquest, subjugation *also fig*; taming; ~ кóсмоса conquest of outer space; ~**и́тель** *m* conqueror; ~ сердéц lady-killer; ~и́тельница сердéц charmer (of men); ~**и́ть(ся)** II *pf of* ~я́ть(ся)
покорм|и́ть(ся) II (~лю́(сь), ~́ишь(ся)) *pf of* корми́ть(ся)
покóрн|ейший *superl of* ~ый; ваш ~ слугá *obs* your most humble servant (*at end of letter*); ~́**о** *adv* humbly; ~ благодарю́ thank you kindly *also iron*; ~́**ость** *f* submissiveness, obedience, submission; ~́**ый** (покóрен) submissive (to, + *dat*), obedient; ~ судьбé resigned to one's fate; ваш ~ слугá your obedient servant; слугá ~! *coll iron* I beg to differ!; no thank you very much!
покорóб|ить(ся) II (~лю(сь)) *pf of* корóбить(ся)
покóрств|овать (~ую) *impf* submit (to), be obedient, submissive (to, + *dat*)
покор|я́ть I *pf* ~и́ть conquer, subdue; tame, harness; win, vanquish (heart, *etc*); ~**я́ться** I *pf* ~и́ться submit (to), surrender (to, + *dat*); resign oneself to (fate, circumstances, *etc*)
покóс haymaking, hay harvest; mowing; вторóй ~ second mowing; haymaking time; grassland, hayfield
поко|си́ться II (~шýсь, ~си́шься) *pf of* коси́ться; be leaning over, sideways
покрáжа theft; stolen goods
покрáп|ать I (~ает *and* ~лет) *pf* spit (*of rain*); ~**ывать** I *impf* spit (with rain) off and on
покрá|сить II (~шу) *pf of* крáсить; ~́ска painting, colouring
покраснéть I *pf of* краснéть
покрас|овáться (~ýюсь) *pf of* красовáться
покрá|сть (~дý, ~дёшь, ~́денный) *pf coll* steal a lot
покрепчá|ть (~ет) *pf of* крепчáть
покриви́ть(ся) II *pf of* криви́ть(ся)
покри́кивать I *impf coll* call, utter cries; tell off, reprimand (на + *acc*)
покритик|овáть (~ýю) *pf coll* make critical remarks about
покрóв cover(ing); pall, hearse-cloth; *fig* cloak, shroud, pall; кóжный ~ integument; снéжный ~ blanket of snow; под ~ом нóчи under cover of night; взять под свой ~ *obs* take under one's protection; П~ Feast of Intercession of Virgin Mary
покрови́т|ель *m* patron, protector; ~́**ельница** patroness, protectress; ~́**ельственный** patronizing, condescending; protective; ~ельственная систéма *econ* protectionism; ~ельственная окрáска protective colouring; ~́**ельство** protection, patronage; Óбщество ~ельства живóтным Society for the Prevention of Cruelty to Animals; под ~ельством under the patronage, auspices (of, + *gen*); ~́**ельствовать** (~ельствую) *impf* protect, patronize (+ *dat*)
покрóй style, cut, fashion; все на оди́н ~ all in the same style
покрóм(к)а selvage, selvedge
покрош|и́ть II (~ý, ~́ишь) *pf* crumble a little (+ *acc or gen*)
покруглéть I *pf of* круглéть
покруж|и́ть II (~ý, ~́ишь) *pf vi* roam about, around; *vt* spin round; ~**и́ться** II (~ýсь, ~́ишься) *pf* turn round and round; fly around, wheel, circle (*of birds*)
покрупнéть I *pf of* крупнéть
покр|ывáло coverlet, counterpane, bedspread; veil, cloth, cover; ~**ывáть** I *pf* ~ы́ть cover; ~ кры́шей roof; ~ крáской coat (with paint), paint; ~ лáком varnish; ~ мглóю shroud in mist; ~ себя́ слáвой cover oneself with glory; drown (*sounds*); meet, pay off, discharge (*debts, etc*); cover (*expenses, losses*), make up for (*losses*); hush up, cover up (for), shield, protect, cover (*distance*); cover (*of cards*); *pop* swear at, curse; cover, serve (*of*

stallions, etc); ~ы́то мрáком неизвéстности wrapped in mystery; **~ывáться** I *pf* ~ы́ться cover oneself, become, be covered with; нéбо ~ы́лось тýчами (heavy) clouds gathered in the sky; **~ы́тие** covering; ~ крáской painting; ~ дорóг road surfacing; ~ (долгóв) discharge, payment (of debts); ~ кры́ши roofing; **~ы́ть** (~óю, ~óешь) *pf of* крыть *and* ~ывáть; **~ы́ться** (~óюсь, ~óешься) *pf of* ~ывáться; **~ы́шка** *coll* lid; tyre (-cover), (outer) tyre; outer cover (*of ball*); ни дня емý ни ~ы́шки *pop* bad luck to him!

покýда *adv and conj pop* = покá

покумéкать I *pf pop* (have a) think

покум|и́ться II (~лю́сь) *pf of* куми́ться

покуп|áтель *m* buyer, purchaser; customer, client; **~áтельный** purchasing; ~áтельная спосóбность purchasing power; **~áтельский** buyer's, purchaser's; **~áть** I *pf* купи́ть buy, purchase; bribe, buy; *pf* bath(e); **~áться** I *pf* have a bath(e); **~́ка** buying, purchasing; purchase; вы́годная ~ bargain; дéлать ~ки go shopping; **~нóй** bought, purchased; ~нáя ценá purchase price; purchasing; **~щи́к** 1 *obs* buyer, purchaser

покýр|ивать I *impf* smoke (a little, from time to time); **~и́ть** II (~ю́, ~́ишь) *pf of* кури́ть; have a smoke

покусáть I *pf* bite (a number of times); sting

поку|си́ться II (~шýсь) *pf of* ~шáться

покýсыва|ть I *impf coll* bite; морóз ~ет щёки the frost makes one's cheeks burn

покýшать I *pf* eat (a little, + *acc or gen*) *usu used of others or to children*

поку|шáться I *pf* ~си́ться attempt, make an attempt (upon, на + *acc or* + *infin*); ~ на чью жизнь make an attempt on someone's life; encroach (upon), try to take; **~шéние** attempt; encroachment; ~ на жизнь attempt on the life (of, + *gen*); ~ на свобóду attempt to restrict liberty; ~ на крáжу attempted theft

пол 2 (на ~ý, о ~́е) floor; ~ 5 sex; ребёнок мужскóго ~а male child; обóего ~а of both sexes; прекрáсный, слáбый ~ fair, weaker sex; **~-** half(-) *in compounds*

пол|á 6 flap, skirt; из-под ~ы́ on the sly; продавáть из-под ~ы́ sell illicitly, sell under the counter

полаг|áть I *impf lit* lay, place (foundation, beginning, *etc*); *impf* think, consider; ~áю, что он прав I think he's right; ~ целесообрáзным сдéлать что consider it expedient to do something; надó ~ presumably, it may be presumed; ~ когó больны́м presume someone is sick; **~áться** (~áется) *impf impers* так ~áется that's the way things are done, it is the usual (done) thing; не ~áется it is not done; скóлько мне ~áется? how much is due to me?; *pf* положи́ться rely, count, depend (upon, на + *acc*); на негó нельзя́ положи́ться he is not to be relied on

полá|дить II (~жу) *pf* come to an understanding (with), get on (with, с + *instr*)

полáком|ить(ся) II (~лю(сь)) *pf of* лáкомить(ся)

полáт|и (*gen pl* ~ей) high sleeping-bench (*in peasant hut*)

пóлба spelt, German wheat

полбеды́ *pred coll* э́то ещё ~ it is not so very serious

полвéка *m* (полувéка) half a century

полгóда *m* (полугóда) half a year, six months; прошлó ~ six months have gone by

полгóря *pred coll* = полбеды́

пóлд|ень *m* (полýдня *and* пóлдня) noon, midday; зá ~ past noon, after midday; к полýдню towards noon; *obs* south; **~нéвный** midday

пóлдн|ик afternoon snack; **~́ичать** I *impf* have an afternoon snack

полдорóг|и halfway *also fig*; останови́ться на ~е stop halfway

пóл|е 2 field; ~ под пáром fallow field; спорти́вное ~ playing field(s), sports ground; магни́тное ~ magnetic field; ~ дéятельности sphere of activity; ~ зрéния field of vision; (back)ground; *pl* margin; замéтки на ~я́х notes in the margin; *pl* brim (*of hat*); ~ би́твы (сражéния, брáни *obs*) battlefield, field of battle; оди́н в ~ не вóин *prov* one man is no man

полевéть I *pf of* левéть

пол|ёвка field-vole; **~евóд** field-crop grower; **~евóдство** field-crop cultivation; **~евóдческий** field-crop; **~евóй** field; ~евáя артиллéрия field artillery; ~ бинóкль field-glasses; ~ гóспиталь field hospital; ~евáя мышь field-mouse; ~ стан field camp; ~евáя сýмка map case; ~евы́е цветы́ wild flowers; ~ шпат feldspar

поле|гáть I *pf* ~́чь be lodged (*of crops*), be beaten down, be flattened

полег|óньку *adv coll* little by little, by easy stages; **~чáть** I *pf of* легчáть

полеж|áть II (~ý, ~и́шь) *pf* lie down (for a while); stay, remain (*of things*); **~́ивать** I *impf coll* lie down from time to time

полезащи́тн|ый ~ая леснáя полосá afforestation belt, wind-break

полéз|ный (~ен) useful, helpful; good (*for health*); ~ная пи́ща nourishing food; сочетáть ~ное с прия́тным combine business with pleasure; useful, effective; ~ная жилáя плóщадь effective (useful) living space; ~ная нагрýзка working load, payload; чем могý быть ~ен? what can I do for you?

полéз|ть (~у, ~ешь; ~, ~ла) *pf of* лезть; start to climb; put (one's) hand (into, в + *acc*)

полем|изи́ровать (~изи́рую) *impf* argue (with), carry on polemics (with, с + *instr*); **~́ика** polemic(s), dispute, controversy; **~и́ст** polemicist; **~и́ческий** polemic(al), controversial; **~и́чный** (~и́чен) polemical

полéн|иваться I *impf coll* be rather lazy; **~и́ться** II (~ю́сь, ~́ишься) *pf* be too lazy (to, + *infin*)

полéн|ница stack of firewood, pile of logs **~́о** (*pl* ~ья, ~ьев) log, billet

полéсье low-lying woodland

полё|т flight, flying; ~ в кóсмос space flight; фигýрные ~ты aerobatics; вид с пти́чьего ~та bird's-eye view; ~ фантáзии flight of fancy; пти́ца высóкого ~та *fig coll iron* big fish, big gun; **~тáть** I *pf* fly (for a while); **~тéть** II (~чý) *pf of* летéть; start to fly, fly off; всё ~тéло со столá everything went flying off the table; dash off

полеч|и́ть II (~ý, ~́ишь) *pf* treat, give some treatment to; **~и́ться** II (~ýсь, ~́ишься) *pf* have some treatment, take a cure

пол|éчь (~я́гу, ~я́жешь, ~я́гут; ~ёг, ~еглá) *pf coll* lie down (*of a large number*); *pf of* ~егáть; be killed (*of a large number*)

пóлз|ать I *indet of* ~ти́ creep, crawl; cringe (to), fawn (upon), kowtow (to, пéред + *instr*); **~кóм** *adv* one (one's) hands and knees, on all fours; **~ти́** (~ý, ~ёшь; ~, ~лá) creep, crawl (along) *also fig*; *fig coll* spread (*of rumour, etc*); *coll* fray, ravel out (*of fabric*); slip, collapse (*of soil*); ooze, trickle;

creep by (*of time*); ~**у́н** 1 creeper, crawler; *tech* slide-block, runner; ~**уно́к** (~унка́) *coll* toddler; *pl* rompers; ~**у́чий** creeping, crawling; ~у́чие расте́ния creepers

поли- poly-

поли́в watering; ~**а** glaze; ~**а́ть** I *pf* поли́ть water (*plants, etc*); pour on; ~**а́ться** I *pf* поли́ться pour over oneself (+ *instr*); ~**ка** = ~; ~**но́й** requiring irrigation; watering; ~**очный** watering; ~очная жи́дкость coolant

поли|га́мия polygamy; ~**гло́т** polyglot

полиго́н shooting-range, bombing range; proving ground; уче́бный ~ training ground, area

полигра́ф polygraph; ~**и́ст** printing-trades worker; ~**и́ческий** printing, polygraphic; ~**и́я** polygraphy, printing trade(s), printing industry; non-specialist section of library

поликли́ника (poly)clinic

полилове́ть I *pf of* лилове́ть

полиме́р polymer; ~**иза́ция** polymerization

полинез|и́ец (~и́йца) Polynesian; ~и́йский Polynesian; **П**~**и́я** Polynesia

полиня́|лый faded, discoloured; ~**ть** I *pf of* линя́ть

полиомиели́т poliomyelitis, infantile paralysis

поли́п *zool* polyp; *med* polypus

полир|ова́льный polishing; ~ова́льная бума́га sandpaper; ~ стано́к buffing machine; ~**ова́ть** (~у́ю) *pf* от~ polish; burnish; buff; ~**о́вка** polishing; burnishing; buffing; ~**о́вочный** polishing; ~**о́вщик** polisher

по́лис policy; страхово́й ~ insurance policy

полисем|анти́ческий polysemantic; ~**и́я** polysemy

полисме́н policeman, constable

поли́т- *abbr of* полити́ческий *in compound words*

политбюро́ *neut indecl* politburo

политгра́мота political education (course)

политеи́|зм polytheism; ~**ст** polytheist

политехн|иза́ция introduction of technical training; ~**изи́ровать** (~изи́рую) *impf and pf* introduce technical training (in); ~**и́зм** polytechnic education; ~**ик** student of polytechnic; ~**икум** polytechnic (school); ~**и́ческий** (poly)technic(al)

полит|заключённый political prisoner; ~**ик** politician *also fig*; student of politics, political expert; ~**ика** politics; ~ си́лы power politics; policy; выжида́тельная ~ wait-and-see policy; ~ на гра́ни войны́ brinkmanship; ~**ика́н** *cont* politician, intriguer, wirepuller; ~**ика́нство** *cont* wirepulling, political manoeuvring, playing politics; ~**ика́нствовать** (~ика́нствую) *impf* wirepull, manoeuvre, intrigue, play politics; ~**ико-воспита́тельный** political education; ~**и́ческий** political; ~ де́ятель politician, political figure; ~и́ческая эконо́мия political economy; ~**и́чный** (~и́чен) *coll* politic, sagacious, shrewd; ~**катор-жа́нин** *coll* (*pl* ~каторжа́не, ~каторжа́н) political convict (*before 1917*); ~**кружо́к** (~кружка́) political study group; ~**просве́т** political education; ~**рабо́тник** political worker; ~**ру́к** political instructor (*in armed forces*)

политу́ра polish

политучёба political study

пол|и́ть (~лью́, ~льёшь; ~и́л, ~ила́, по́ли́ло; ~е́й; по́ли́тый) *pf of* ~ива́ть; begin to pour (*of rain, etc*); ~**и́ться** (~лью́сь; ~и́лся, ~ила́сь) *pf of* ~ива́ться; begin to pour, come pouring, start running (*from tap*)

политэконо́мия political economy

полифони́|ческий polyphonic; ~**я** polyphony

полихлорвини́л polyvinyl chloride

полиц|а́й *cont* policeman; ~**(ей)ме́йстер** *hist* chief of police; ~**е́йский** *adj* police; *n* policeman; ~**ия** police

поли́чн|ое пойма́ть с ~ым take, catch red-handed

полишине́л|ь *m* Punch(inello); секре́т ~я open secret

полиэтиле́н polyethylene; ~**овый** polyethylene

полк 1 (в ~у́, о ~е́) regiment; авиацио́нный ~ group (*in air force*); *coll* multitude; на́шего ~у́ при́было our numbers have increased

по́лка shelf; кни́жная ~ bookshelf; berth (*in train*); weeding

полко́|вник colonel; ~**во́дец** (~во́дца) captain, commander, military leader; ~**во́й** regimental

пол|-ли́тра (*gen* ~ули́тра *or* ~) half a litre; (~, *dat* ~ли́тру, *instr* ~-ли́тром) *pop* half-litre bottle of vodka; ~**литро́вка** *pop* half-litre bottle of vodka

поллю́ция spermatorrhoea

полн|е́ть I *pf* по~ grow stout, get fat, put on weight; ~**и́ть** II (~и́т) *impf coll* make (someone) look fat; ~**о** *adv* (brim-)full; ~**о(те)** *pred* + *infin and dat* that's enough!, that will do!, ~ вам рабо́тать you have done enough work; *objection* what an idea!, don't (be so silly)!, you shouldn't!, ~**о́** *adv* + *gen coll* full; в ко́мнате бы́ло ~ наро́ду the room was packed out; ~**ове́сный** (~ове́сен) full-weight; massive; full-blooded, substantial; *fig coll* weighty (*argument, etc*); ~ове́сное зерно́ heavy-eared grain; ~**овла́стие** sovereignty; ~**овла́стный** (~овла́стен) sovereign; ~ хозя́ин absolute master; ~**ово́дный** (~ово́ден) full(-flowing), deep; ~**ово́дье** high water; ~**огла́сие** full vocalism; ~**озву́чный** (~звучен) sonorous; ~**окро́вие** *med* plethora; ~**окро́вный** (~кро́вен) plethoric; full-blooded, robust; ~**олу́ние** full moon; ~**ометра́жный** фильм full-length film; ~**омо́чие** authority, (full) power(s), plenary powers; commission; *leg* proxy; чрезвыча́йные ~омо́чия emergency powers; предоста́вить ~омо́чия empower, furnish with full powers (+ *dat*); ~**омо́чный** (~омо́чен) plenipotentiary; ~ представи́тель plenipotentiary; ~**опра́вие** full rights, equality (of rights); ~**опра́вный** (~пра́вен) enjoying full rights, equal, full

по́лно|стью *adv* fully, completely, in full; целико́м и ~ from top to bottom, root and branch, completely; ~**та́** completeness, fullness; plenitude; от ~ты́ се́рдца in the fullness of one's heart; ~ вла́сти absolute power; stoutness, corpulence, obesity, plumpness; ~**це́нный** (~це́нен, ~це́нна) fully valued, of full value, of real value

пол|но́чи *f indecl* half the (a) night; ~**но́чный** midnight; ~**ночь** *f* (~у́ночи *and* ~ночи) в ~ at midnight; за́ ~ after (past) midnight

по́л|ный (~он, ~на́, ~но́) full (of, + *gen or* + *instr*), crowded, packed; ко́мната ~на́ наро́ду the room is full of people; я́щик ~он книг (кни́гами) the box is full of books; full (of), filled to brim (+ *instr*); кана́ва ~на́ водо́й the ditch is full of water; full (of), imbued (with, + *gen or instr*); он ~он любви́ (любо́вью) к де́тям he is full of love for children; complete, total, entire; ~ным го́лосом at the top of one's voice, *fig* openly, outright; жить ~ной жи́знью live a full life; ~ное затме́ние total eclipse; ~ карма́н pocketful (of, + *gen*); ~ное неве́жество utter ignorance; ~ пансио́н full board and lodging; ~ поко́й absolute rest; ~ное собра́ние сочине́ний complete works; ~ ход вперёд! full speed ahead!; ~ным хо́дом in full swing; ~ная ча́ша *fig* plenty; в ~ном расцве́те сил in one's prime; на ~ном ходу́ at full speed; stout, portly, plump; **~ны́м-~но́** *adv* chock-full, chock-a-block

по́ло *neut indecl sp* polo; во́дное ~ water polo

пол-оборо́та *m indecl* half-turn; ~ нале́во, напра́во *mil* left, right incline

поло́ва chaff

полови́к 1 mat, matting, doormat

полови́н|а half; middle; три с ~ой three and a half; на ~е доро́ги halfway; в ~е пя́того at half past four; в ~е ма́я in the middle of May; ~ две́ри leaf (of door); *obs* apartment, rooms, wing; дража́йшая ~ *joc* better half; **~ка** half; leaf (of door); **~ный** half; плати́ть в ~ном разме́ре pay half the sum; **~чатость** *f fig* half-heartedness, indeterminateness, ambiguity; **~чатый** (~чат) half, halved; *fig* half-hearted, ambiguous, ambivalent, vague

полови́ца floorboard

поло́вник ladle; *hist* sharecropper

полово́дь|е (spring) freshet, spate (*of river*); пери́од ~я flood-time

полов|о́й *obs* waiter; floor; ~а́я тря́пка floor cloth; sexual; ~о́е бесси́лие impotence; ~о́е влече́ние sexual attraction; ~а́я зре́лость puberty; ~ы́е о́рганы genitals, sexual organs; ~а́я связь sexual intercourse

поло́вый pale yellow, sandy

по́лог canopy *also fig*, bed-curtain; под ~ом но́чи under cover of night

поло́г|ий sloping, shelving (*bank, hill, shore, etc*); **~ость** *f* slope, declivity

полож|е́ние position, whereabouts; определи́ть ~ су́дна determine a ship's position; posture, position; attitude; в сидя́чем ~е́нии in a sitting position, posture; state, condition, situation, position, status, standing; быть на нелега́льном ~е́нии be in hiding, be operating illegally; ~ веще́й state of affairs; каково́ ~ дел? what is the state of affairs?, how do things stand?; вое́нное ~ martial law; перевести́ на ми́рное ~ transfer to peacetime footing; оса́дное ~ state of siege; семе́йное ~ marital status; служе́бное ~ official status; челове́к с ~е́нием a man of high position; быть в стеснённом ~е́нии be in straitened, reduced circumstances; чрезвыча́йное ~ state of emergency; хозя́ин ~е́ния master of the situation; быть на высоте́ ~е́ния be on top of the situation; выходи́ть из ~е́ния find a way out; войти́ в чьё ~ understand someone's position, put oneself in someone's shoes; быть в (интере́сном) ~е́нии *coll* be in the family way, pregnant; regulations, statute(s); principle (*of theory, etc*); **~енный** appointed, fixed, agreed, determined; в ~ час at the appointed hour; **~ено** *pred coll* it is done, one is supposed to; **~им** let us assume, say; ~, что вы пра́вы let's assume you are right

полож|и́тельно *adv* positively; in the affirmative; favourably; ~ относи́ться take a favourable view (of, к + *dat*); *coll* positively, completely, absolutely; он ~ ничего́ не понима́ет he understands absolutely nothing; **~и́тельный** (~и́телен, ~и́тельна) positive, affirmative; ~ отве́т affirmative answer; ~ о́тзыв favourable response; ~ геро́й positive hero; practical, businesslike, down-to-earth; *tech* positive; **~и́тельная** величина́ positive quantity; ~и́тельная сте́пень сравне́ния *gramm* positive degree; ~и́тельное электри́чество positive electricity; *no short form coll* complete, absolute, utter; ~ неве́жда absolute ignoramus; **~и́ть** II (~у́, ~ишь) *pf of* класть; *pf coll* kill; *obs pop* fix, agree (*price, payment, etc*); ~ жизнь за кого́ *lit* lay down one's life for someone; *obs* decide, resolve; **~и́ться** II (~у́сь, ~ишься) *pf of* полага́ться

по́лоз (*pl* ~ья, ~ьев) (sledge) runner; grass snake

пол|о́к (~ка́) sweating bench (*in Russian bath-house*); dray, cart

поло́ль|ный weeding; **~щик** weeder

полом|а́ть I *pf of* лома́ть break, batter, destroy; **~а́ться** I *pf* break (*of large quantity*); *pf of* лома́ться *coll* make a (lot of) fuss, hedge; **~ка** breakage

поломо́|йка (*gen pl* ~ек) *pop* charwoman

поло́н *obs lit* = плен

полоне́з polonaise

полониз|а́ция Polonization; **~и́ровать** (~и́рую) *impf and pf* polonize; **~м** polonism

поло́ний polonium

полони́ть II *pf obs lit* take captive

поло́паться I *pf* burst (*of a quantity*)

полоро́гий horned; *n pl* horned ruminant mammals

полос|а́ 6 (~у́ *also* по́лосу) stripe, streak; strip (*of cloth, metal, etc*); band; weal, wale (on body); strip, stretch (*of land, etc*); region, zone, belt; оборони́тельная ~ defence zone; чернозёмная ~ black-earth belt; spell, period; ~ нена́стной пого́ды spell of bad weather; ~ неуда́ч run of bad luck; така́я уж ~ нашла́ на него́ he is going through a bad patch; *typ* type page; **~а́тик** *zool* rorqual; **~а́тый** (~а́т) striped, stripy; **~ка** *dim of* ~; в ~ку striped

поло|ска́ние rinsing (*linen, etc*); gargling (*throat*); gargle, throat-wash; **~ска́тельница** slop-basin; **~ска́тельный** ~ска́тельная ча́шка slop-basin; **~ска́ть** I (~щу́, ~щешь *and coll* ~ска́ю) *pf* вы́~, от~, про~ rinse, gargle (*throat, etc*); *pf* вы́~, от~ (*linen, etc*); **~ска́ться** I (~щу́сь, ~щешься) *impf* splash, flap about; flap (*in wind*)

полос|ну́ть I *pf pop* slash, wale, weal, welt; **~ный** *typ* full page; **~ова́ть** (~у́ю) *pf* рас~ *tech* make into bars; *pf* ис~ *pop* weal, welt, flay; **~ово́й** *tech* band, strip, bar

по́лость 5 *f* cavity; брюшна́я ~ abdominal cavity; travelling rug

полоте́н|ечный towelling; **~це** (*gen pl* ~ец) towel; мохна́тое ~ Turkish towel; посу́дное ~ tea-towel; ~ на ва́лике roller towel

полотёр floor-polisher (*man or machine*)

поло́т|нище width, breadth (*of material*), cloth; па́рус в четы́ре ~нища sail of four panels (cloths); *tech* flat (part), blade; **~но́** 8 (*gen pl* ~ен) linen; canvas (*of artist*); железнодоро́жное ~ permanent way; *tech* belt, ribbon (*of machine*); *tech* web, blade; бле́дный как ~ white as a sheet, pale as a ghost; **~ня́ный** linen

пол|о́ть (~ю́, ~ешь) *pf* вы́~ weed

полоу́м|ие *coll* craziness, madness; **~ный** (~ен) *coll* crazy, half-witted, mad

полоши́ть II *pf* вс~ *pop* scare, frighten, alarm

полпре́д *abbr of* полномо́чный представи́тель (ambassador) plenipotentiary

пол|пути́ *m indecl* на ~ halfway; верну́ться с ~ turn back halfway; **~сло́ва** *neut* (~сло́ва *and* полусло́ва) ~ от него́ не услы́шишь he is a man of few words; мо́жно вас на ~? may I have a word with you?; поня́ть с полусло́ва be quick in the uptake; оборва́ть на полусло́ве cut short; **~ти́на** *obs* = ~ти́нник; с ~ти́ной *coll* fifty copecks; два с ~ти́ной two roubles fifty copecks; **~ти́нник** fifty copecks; fifty-copeck piece; **~тора́** *m and neut* (~у́тора) one and a half; в ~ ра́за бо́льше half as much again; ни два ни ~ neither here nor there; **~тора́ста** (~у́тораста) one hundred and fifty; ~ рубле́й one hundred and fifty roubles; **~торы́** *f* (~у́тора) = ~тора́; ~ ты́сячи one and half thousand

полу- *in compounds* half-, semi-, demi-; **~ба́к** forecastle; top-gallant forecastle; **~бессозна́тельный** semi-unconscious; **~бо́г** demigod; **~боти́нки** *m* (~боти́нок) shoes; **~гла́сный** semivowel; **~го́дие** half-year, half a year, six months; уче́бное ~ college half-year; US semester; **~годи́чный** six months', for a period of six months; **~годова́лый** six months old; **~годово́й** half-yearly, six-monthly; **~голо́дный** half-starved; **~гра́мотный** semi-literate; ignorant

полу́да tinning, tin-plate

полу|денный midday; *obs* southern; ~ зной midday heat; ~денная ли́ния meridian line; **~ди́кий** semi-barbarian

полу|ди́ть II (~жу́, ~́дишь) *pf of* луди́ть

полу|живо́й (~жи́в, ~жива́, ~жи́во) half dead; **~забы́тый** (~забы́т) half-forgotten; **~забытьё** semi-consciousness; в ~забытьи́ in a state of semi-consciousness; **~защи́та** *sp* half-backs; центр ~защи́ты centre half; **~защи́тник** *sp* half-back; **~зна́йка** *m and f coll iron* wiseacre; **~и́мя** (~и́мени; *pl* ~имена́, ~имён) *obs* diminutive of Christian name (*eg* Петя *from* Пётр); **~кафта́н** short caftan; **~кро́вка** half-breed, first-hybrid (*usu of horses*); **~кро́вный** half-bred; **~кру́г** semicircle; ~кру́глый semicircular; **~куста́рник** suffrutex; **~лежа́ть** II (~лежу́) *impf* recline; **~мгла́** half-light, mist (*before dawn or sunset*), gloaming; **~ме́ра** half-measure; **~мёртвый** (~мёртв) half-dead; **~ме́сяц** half moon; crescent; **~ме́сячный** fortnightly; fortnight's, two weeks'; **~мра́к** semi-darkness; gloom

полу́ндра *interj* stand from under!

полу|но́чник *coll* night-bird; **~но́чничать** I *impf coll* burn the midnight oil; sit up late at night; **~́но́чный** midnight; *obs* northern; **~оборо́т** half-turn; **~оде́тый** (~оде́т) half-dressed; **~освещённый** half-lit; **~о́стров** peninsula; **~островно́й** peninsular; **~откры́тый** (~откры́т) half-open, ajar; **~пальто́** *neut indecl* short coat; **~подва́л** semi-basement; **~проводни́к** 1 semi-conductor, transistor; **~проводнико́вый** semi-conductor, transistor; **~пусты́ня** semi-desert; **~пья́ный** (~пья́н, ~пьяна́) half tight, tipsy; **~разру́шенный** (~разру́шен) tumbledown, dilapidated; **~ро́та** *mil* half-company; **~сапо́жки** (~сапо́жек) boots; **~све́т** twilight, half light; demi-monde; **~сло́во** *see* полсло́ва; **~сме́рть** *f* до ~сме́рти *fig coll* to death; изби́ть до ~сме́рти beat within an inch of one's life; **~со́гнутый** half bent; *fig* fawning; **~со́н** (~сна) drowsiness, sleepiness, somnolence; в ~сне́ only half awake; **~со́нный** drowsy, sleepy, somnolent, half asleep; **~спу́щенный** ~ флаг flag at half-mast; **~ста́нок** (~ста́нка) halt, wayside station; **~сти́шие** hemistich; **~тёмный** poorly lighted, dim(ly lit); **~тень** *f* (в ~тени́) light shadow; penumbra; **~то́н** (*pl also* ~тона́) *mus* semitone; *art* half-tint, half-tone; **~то́нка** *coll* ten-hundredweight lorry; **~торато́нка** *coll* thirty-hundredweight lorry; **~́торка** *coll* = ~торато́нка; **~́торный** of one and a half; в ~торном разме́ре half as much again; **~тьма́** semi-darkness, twilight; **~уста́в** semi-uncial; **~фабрика́т** semi-manufactured article; *pl* prepared foods; **~фина́л** *sp* semi-final; **~фина́лист** *sp* semi-finalist; **~фина́льный** *sp* semi-final; **~часово́й** half an hour's, half-hour(ly)

получ|а́тель *m* recipient, addressee; **~а́ть** I *pf* ~и́ть receive, get, obtain; gain, procure (*agreement, etc*); ~ вы́говор be reprimanded; ~ всео́бщее призна́ние gain universal recognition; ~ зва́ние профе́ссора be appointed a professor; ~ изве́стность become known; ~ кероси́н из не́фти make paraffin from oil; ~ на́сморк catch a cold; ~ обра́тно get back, recover; ~ паёк draw rations; ~ примене́ние come into use, effect; ~ распростране́ние be spread, disseminated; ~ удово́льствие derive pleasure; **~а́ться** I *pf* ~и́ться *coll* arrive, come, be delivered; turn out, prove, be, come out; что ~и́лось? what came of it?; как ты ~и́лась на фотогра́фии? how did you come out in the photo?; ~и́лся сканда́л there was a scandal; из него́ ничего́ не ~́ится nothing will come of him; **~е́ние** receipt; **~и́ть(ся)** II (~у́(сь), ~́ишь(ся)) *pf of* ~а́ть(ся); **~́ка** *coll* pay (packet); receipt

полу́чше a little better

полу|ша́лок (~ша́лка) *pop* shawl, kerchief; **~ша́рие** hemisphere; ~ша́рия головно́го мо́зга cerebral hemispheres; **~шёпот** говори́ть ~шёпотом speak in undertones; **~шерстяно́й** wool and cotton

полу́шк|а *obs* quarter-copeck piece; не име́ть ни ~и be penniless

полу|шу́бок (~шу́бка) half-length sheepskin coat; **~шутя́** *adv* half jokingly

пол|цены́ *f indecl* half price; за ~ *coll* at half price, dirt cheap; **~часа́** *m* (~уча́са) half an hour; ка́ждые ~ every half hour

по́лчище horde; *fig coll* mass, swarm

полшага́ *m indecl* half-pace

по́лый hollow; flood (*in spring*)

по́лымя *dial* flame; из огня́ да в ~ *prov* out of the frying-pan into the fire

полын|ный *adj of* ~ь; ~ная во́дка absinthe; **~́ь** *f* wormwood

полын|ья́ (*gen pl* ~е́й) polynia, melted or unfrozen spot on surface of ice

полысе́ть I *pf of* лысе́ть

полых|а́ть I (~ает) *impf* blaze *also fig*

по́льз|а benefit, good; use, profit, advantage; для о́бщей ~ы for the public weal, good; с ~ой with profit; кака́я от э́того ~? what good will it do? what use is it?; что ~ы говори́ть об э́том? what's the use of talking about it?; в ~у in favour (of, + *gen*); извлека́ть ~у benefit (from), profit (by, из + *gen*); приноси́ть ~у be of benefit (to, + *dat*); э́то говори́т не в ва́шу ~у it is not to your credit; идти́ кому́ на ~у do someone good; три-два в ~у Дина́мо *sp* 3–2 to Dynamo; **~́ование** use; отдава́ть во вре́менное ~ allow temporary use of (to, + *dat*); **~́овать** (~ую) *impf obs* treat; **~́оваться** (~уюсь) *pf* вос~ use (*for one's needs*), make use (of, + *instr*); ~ электри́ческим све́том use electricity; take advantage (of), avail oneself (of, + *instr*); ~ слу́чаем avail oneself of the opportunity (to, что́бы + *infin*); *impf* enjoy (*success*, *rights, popularity, trust, etc*); ~ уваже́нием be held in respect

по́ль|ка polka; Polish woman, Pole; **~ский** *adj* Polish; *n obs* polonaise

поль|сти́ть(ся) II (~щу́(сь)) *pf of* льсти́ть(ся); **~щённый** (~щён, ~щена́) flattered

полюб|и́ть II (~лю́, ~́ишь) *pf* grow fond (of), come to like, take a liking (to); fall in love with; **~и́ться** II (~лю́сь, ~́ишься) *pf coll* catch, take the fancy (of, + *dat*); он мне ~и́лся за прямоту́ he attracted me by his directness

полюб|ова́ться (~у́юсь) *pf of* любова́ться

полюбо́вный amicable

полюбопы́тств|овать (~ую) *pf of* любопы́тствовать

по-людски́ *adv coll* as other people do, like a (normal) human being

по́л|юс pole *also fig*; Се́верный, Ю́жный ~ North, South Pole; положи́тельный ~ positive pole; **~́юсный** polar; ~ зажи́м pole terminal

поляр|иза́тор polarizer; **~иза́ция** polarization; **~изова́ть** (~изу́ю) *impf and pf* polarize; **~́ник** polar explorer; **~́ность** *f* polarity; **~́ный** polar, arctic; П~ная звезда́ polestar, North Star; се́верный ~ круг Arctic Circle; *fig* polar, diametrically opposed

поля́к Pole

поля́на glade, clearing

пом- *abbr of* помо́щник *in compound words*

помава́ть I *impf obs* wave, brandish (+ *instr*)

пома́|да pomade, pomatum; губна́я ~ lipstick; **~́дить** II (~жу) *pf* на~ *coll* pomade, grease; ~ гу́бы put lipstick on

пома́дка soft sweet(s), fudge

пома́|зание anointing (*of monarch*); **~́занник** anointed sovereign; **~́зать** I (~жу) *pf of* ма́зать; anoint; **~́заться** I (~жусь) *pf of* ма́заться; **~зо́к** (~зка́) small brush (*for shaving, etc*)

помале́ньку *adv coll* modestly, in a small way; gradually, gently, bit by bit, little by little; tolerably, so-so

пома́лкивать I *coll* keep quiet

поман|и́ть II (~ю́, ~́ишь) *pf of* мани́ть

пома́р|ка (*gen pl* ~ок) correction (*by hand*)

пома́слить II *pf of* ма́слить

пома|ха́ть I (~шу́, ~́шешь) *pf* wave (+ *instr*); ~ на проща́нье wave goodbye; **~́хивать** I *impf* wave, swing (*every now and again*); wag (of tail; + *instr*)

поме́длить II *pf* wait (a little); ~ с отве́том delay one's answer

помел|о́ (*pl* ~́ья, ~́ьев) mop

поменя́ть(ся) I *pf of* меня́ть(ся) *coll*

помера́н|ец (~ца) Seville orange

пом|ере́ть (~ру́, ~рёшь; ~́ер, ~ерла́, ~́ерло; ~ёрший) *pf of* ~ира́ть *pop* die

помере́щиться II *pf of* мере́щиться

помёрз|нуть I (~, ~ла) *pf* be frostbitten; be killed by frost (*of flowers, etc*)

поме́рить(ся) II *pf of* ме́рить(ся)

поме́рк|нуть I (~, ~ла) *pf of* ме́ркнуть

помертве́|лый deathly pale; *fig* lifeless; **~́ть** I *pf of* мертве́ть

помести́т|ельность *f* capaciousness; spaciousness; **~́ельный** (~елен, ~ельна) capacious; spacious, roomy; **~́ь(ся)** II (помещу́(сь)) *pf of* помеща́ть(ся)

поме́ст|ный ~ное дворя́нство landed gentry; ~ строй *hist* estate system of land tenure; *obs* local; ~ собо́р *hist* local council; **~́ье** (*gen pl* ~ий) estate

по́месь *f* cross-breed, hybrid; cross, mongrel; *fig coll* mixture, hotchpotch

поме́с|ячно *adv* monthly, by the month, per month; **~́ячный** monthly

помёт droppings, excrement (*of animals*); brood, litter, farrow

поме́|та mark, stylistic marking; **~́тить** II (~чу) *pf of* ~ча́ть *and* ме́тить; **~́тка** note, inscription (*in margin, etc*)

поме́х|а hindrance, impediment, obstacle, encumbrance; быть ~ой be a hindrance (to + *dat*); *tech* interference

поме|ча́ть I *pf* ~́тить mark, date; ~ га́лочкой tick

поме́ш|анный (~ан) mad, crazy; insane; mad (on), crazy (about, на + *prep*); *n* madman; **~а́тельство** madness, craziness; lunacy, insanity; *fig coll* craze (for, на + *prep*); **~а́ть** I *pf of* меша́ть; **~а́ться** I *pf* go mad, out of one's mind; *fig coll* be crazy, mad (about, over, на + *prep*)

поме|ща́ть I *pf* ~сти́ть accommodate, put (up); place, locate, find a place for; ~ сбереже́ния в сберка́ссу put savings in a savings bank; ~ объявле́ние в газе́те put an advertisement in a paper; ~ на пе́рвой страни́це carry on the front page; **~ща́ться** I *pf* ~сти́ться find room; put up; fit in, go in (*of things*); здесь все не ~стя́тся there is not enough room here for everybody; *impf only* be situated, housed; *pass of* ~ща́ть; **~ще́ние** putting, insertion (*advertisement, etc*); investment (*money, etc*); building, house; premises; жило́е ~ housing, accommodation, dwelling-house, living quarters

поме́щ|ик landowner, landlord; **~́ичий** landowner's; ~ дом manor(-house)

помидо́р tomato

поми́л|ование pardon, forgiveness, remission (of punishment); про́сьба о ~овании appeal (for pardon); **~́овать** (~ую) *pf* pardon, forgive; **~́уй(те)** *interj coll* for goodness' sake! *expressing disagreement*; Го́споди, ~! Lord, have mercy (upon us)!

поми́мо *prep + gen* apart (from), besides; ~ всего́ про́чего apart from anything else; ~ други́х соображе́ний other considerations apart; without the knowledge (of), unbeknown (to); э́то бы́ло сде́лано ~ меня́ it was done without my knowledge

поми́н (~а *and* ~у) *eccles* prayer (*for dead or sick*); и в ~е нет *coll* there is not a trace (of, + *gen*); и ~у нет *coll* there is not so much as a mention (of, о + *prep*); лёгок на ~е talk of the devil; **~а́льный** ~ обе́д funeral feast, repast; ~а́льные обря́ды funeral rites; **~а́ние** *eccles* prayer (for dead *or* sick); list of names of dead *or* sick to be mentioned in prayers; **~а́ть** I *pf* помяну́ть *coll* mention (*in conversation*); ~ добро́м кого́ speak well of someone; не тем будь помя́нут(-а, -ы) God forgive him (her, them)!, may it not be remembered against him (her, them); не к но́чи будь помя́нут it's not the right time to mention it; помяни́ моё сло́во! mark my words!; не ~а́й(те) меня́ ли́хом! think of, remember me kindly; не ~ ста́рого let bygones be bygones; ~а́й, как зва́ли *coll* disappeared into thin air; ~а́й, как зва́ли кого́ *coll* that's the last that was seen of him; pray for, remember in one's prayers (*the dead or sick*); give a funeral banquet (for, in memory of); **~ки** (*gen pl* ~ок) funeral banquet, wake; **~ове́ние** *eccles* prayer for dead *or* sick

поминýт|но *adv* every minute; constantly, continually; **⁓ный** occurring every minute, constant, continual; by the minute, per minute
помирáть I *pf* померéть *pop* die
помири́ть(ся) II *pf of* мири́ть(ся)
пóмн|ить II *impf* remember (+ *acc; о* + *prep*), bear in mind; не ~ себя́ be beside oneself, transported (with, от + *gen*); **⁓иться** II (~ится) *impf impers* + *dat* remember; наскóлько мне ~ as far as I can remember; ~ится, э́то происходи́ло вéчером as I remember, it happened in the evening
помнó|гу *adv* a lot, (in) a large quantity (*usu of something repeated*); **~жáть** I *pf* ⁓жить multiply; **⁓жить** II *pf of* мнóжить *and* ~жáть
помо|гáть I *pf* ⁓чь help, assist, aid (+ *dat*); ~ комý деньгáми assist someone with money; ~ в рабóте help with work; ~ комý совéтом give someone the benefit of advice; ~ комý перейти́ дорóгу help someone across the road; relieve, bring relief, do good (*of medicine, etc*); лекáрство ~глó от бóли the medicine relieved the pain
по-мóему *adv* in my opinion, to my way of thinking, as I see it; as I would like it, in my way
помó|и (*gen pl* ~ев) slops, garbage; обли́ть когó ~ями *fig* fling mud at someone; **⁓йка** (*gen pl* ~ек) rubbish dump, heap; cesspit; **~йный** ~йное ведрó slop-pail, garbage pail; ~йная я́ма cesspit, refuse pit
помóл grinding; мукá крýпного, мéлкого ~а coarse-ground, fine-ground flour
помóлв|ить II (~лю) *pf* betrothe (to, с + *instr or* за + *acc*), announce engagement (of); **⁓ка** betrothal, engagement; **⁓ленный** engaged; быть ~ленным be engaged (to, с + *instr*)
помол|и́ться II (~ю́сь, ⁓ишься) *pf of* моли́ться; spend a while in prayer
помолодéть I *pf of* молодéть
помолч|áть (~ý) be quiet for a while
помóр coast-dweller (*esp White Sea area*)
помори́ть II *pf of* мори́ть
помóрник skua
поморó|зить II (~жу) *pf* nip with frost (*usu of large quantity*)
помóрщиться II *pf of* мóрщиться
помóр|ье coastal area in north; Сéверное ~ White Sea Coast; **~я́нин** (*pl* ~я́не, ~я́н) Pomeranian
помóст dais, platform, stage, rostrum; planking
пóмоч|и (*gen pl* ~éй) harness, leading strings; braces, US suspenders; быть, ходи́ть на ~áх *fig* be in leading strings
помоч|и́ть(ся) II (~ý(сь), ⁓ишь(ся)) *pf of* мочи́ть(ся)
помó|чь (~гý, ~жешь, ~гут; ~г, ~глá) *pf of* ~гáть; **⁓щник** help(er); helpmate, helpmeet; assistant; ~ дирéктора assistant director; ~ капитáна mate
пóмощ|ь *f* help, aid, assistance; succour, relief; взывáть о ~и cry for help; оказáть ~ render aid, assistance; подáть рýку ~и lend a (helping) hand (to, + *dat*); прийти́ на ~ come to the aid (of, + *dat*); на ~! help!; с ~ью, при ~и with the help (of, + *gen*), by means (of, + *gen*); без посторóнней ~и single-handed, unaided; скóрая ~ ambulance; карéта скóрой ~и *obs* ambulance; пéрвая ~ first aid; юриди́ческая ~ legal aid; ~ на домý home visiting (*of doctors*)
пóмп|а pomp, state; pump; **~éзность** *f* pomposity, ostentation; **~éзный** (~éзен) pompous, ostentatious, florid

помпóн pompon
помрач|áть I *pf* ~и́ть *obs* obscure, darken, cloud; **~áться** I *pf* ~и́ться grow dark, become obscured, clouded; **~éние** darkening, obscuring; ~ зрéния loss of sight; умá (умý) ~ it takes one's breath away; **~нéть** I *pf of* мрачнéть
помутн|и́ть(ся) II (~чý(сь)) *pf of* мути́ть(ся); **~тнéть** I *pf of* мутнéть
помýч|ить II (~у *also* ~аю) *pf* make suffer, torment; **⁓иться** II (~усь *also* ~аюсь) *pf* suffer (*for a while*)
помчáть II *pf vt* rush along, off; *pf vi coll* = ~ся; **⁓ся** II *pf* begin to rush, tear along
помыкáть I *impf coll* order about, around (+ *instr*)
пóмы|сел (~сла) thought; intention, design; у меня́ и ~сла нé было уходи́ть со слýжбы I had no notion of resigning; **⁓слить** II *pf of* ~шля́ть
пом|ы́ть(ся) (~óю(сь), ~óешь(ся)) *pf of* мыть(ся)
помы|шлéние *obs* thought; intention, design; и в ~шлéнии нé было обмáнывать (he) had no thought of deceiving; он остáвил вся́кое ~ о пóездке he has given up any idea of a trip; **~шля́ть** I *pf* ⁓слить think (of, about, о + *prep*), contemplate
помя́н|утый *see* **поминáть**; **~ýть** I (~ý, ⁓ешь) *pf of* поминáть
пом|я́тый crumpled, creased; *fig coll* flabby, puffy; **~я́ть** (~нý, ~нёшь) *pf* crumple, crush (*dress, etc*); trample (*grass, etc*); damage, knock, dent; ~ бокá комý *pop* thrash, lick; **~я́ться** (~нýсь, ~нёшься) *pf of* мя́ться; *pf coll* dither, hesitate
пона- *verbal pref*: action performed gradually or by instalments
понаблюдáть I *pf* keep watch (*for a while*), keep an eye (on, за + *instr*)
по-над *prep* + *instr dial* along, by
понадé|яться (~юсь, ~ешься) *pf of* надéяться
понáдоб|иться II (~люсь) *pf* be, become necessary, needed; ей не ~ится э́та кни́га she will not need this book; вы мне ~итесь I shall need you
пона|прáсну *adv coll* in vain, for nothing; **~рóшку** *adv pop* as a joke, not seriously; **~слы́шке** *adv coll* by hearsay
по-настоя́щему *adv* properly, really
поначáлу *adv coll* at first, in the beginning
по-нáшему *adv* in our opinion; (in) our way, as we would like it
понёва homespun skirt (*of peasant woman*)
поневóле *adv* willy-nilly; whether one likes it or not
понедéль|ник Monday; **⁓но** *adv* per week, by the week, weekly; **⁓ный** weekly
понéже *conj obs* since, because
понемнó|гу *adv* a little (at a time); little by little, gradually; *coll* not too bad, about the same; **⁓жку** *adv dim of* ~гу
понéрвничать I *pf of* нéрвничать
понес|ти́ (~ý, ~ёшь; ⁓, ~лá) *pf of* нести́; bolt (*of horses*); *obs pop* become pregnant; **~ти́сь** (~ýсь, ~ёшься; ⁓ся, ~лáсь) *pf of* нести́сь; rush, tear, dash off
пóни *m indecl* pony
пони|жáть I *pf* ⁓зить lower, reduce (*pressure, prices, voltage, sound, etc*); ~ по слýжбе demote, degrade, reduce in rank; ~ гóлос lower one's voice; **~жáться** I *pf* ⁓зиться fall, drop, sink, go down; **~жéние** fall, drop, lowering, reduction; ~ зарплáты wage cut; игрáть на ~ *fin* speculate for

a fall, be a bear; ~̀же́нный low, below-average; *fig* depressed, despondent; ~женное ка́чество inferior quality; у него́ ~женное настрое́ние he is in low spirits; **~зи́тельный** *elect* step-down; **~̀зить(ся)** II (~жу(сь)) *pf of* ~жа́ть(ся); **~зо́вье** lower reaches

по́низу *adv* low (down); below, beneath, underneath

поник|а́ть I *pf* ~̀нуть droop, wilt; flag; ~ голово́й hang one's head; **~̀нуть** I (~̀ *also* ~нул) *pf of* ни́кнуть *and* ~а́ть

понима́|ние understanding, comprehension; э́то вы́ше моего́ ~ния it's beyond me, it's past my comprehension; interpretation, conception; в моём ~нии as I see it; **~̀ть** I *pf* поня́ть understand, comprehend, realize; ~ю! I see!; interpret, make of; непра́вильно ~ misunderstand, misinterpret; ~ о себе́ *pop* think (too much) of oneself; сли́шком мно́го о себе́ ~ет thinks too much of himself; *impf only* be a (good) judge of, know (about); она́ ничего́ не ~ет в му́зыке she knows nothing about music; **~̀ющий** understanding

по-но́вому *adv* in a new way, fashion; нача́ть жить ~ start life afresh

поножо́вщина *coll* knife-fight

понома́рь 1 sexton, sacristan

поно́с diarrhoea; крова́вый ~ bloody flux; **~̀ник** 'diarrhetic'

поно|си́ть (~шу́, ~̀сишь) *impf* abuse, revile, insult with invective; *pf* carry, wear for a while; **~̀ска** something carried by dog between its teeth; carrying; обуча́ть ~ске train to carry; **~̀сный** *obs* abusive, defamatory; **~̀шенный** worn, shabby, threadbare; dissipated, worse for wear

понра́в|иться II (~люсь) *pf of* нра́виться

понт *sl* bluff, pretence; взять на ~ *sl* cheat, dupe

понт|ёр punter (*cards*); **~и́ровать** (~и́рую) *pf* с~ punt (*cards*)

понто́н pontoon (bridge); **~̀ный** ~ мост pontoon bridge

пону|ди́тельный impelling, pressing; coercive; **~̀дить** II (~жу) *pf of* ~жда́ть; **~жда́ть** I *pf* ~̀дить force, compel, coerce (into, к + *dat*); **~жде́ние** coercion

понука́ть *impf coll* urge on, goad; hurry, nag

пону́р|ить II *pf* droop, bend; ~ го́лову hang one's head; **~̀иться** II *pf* droop; hang one's head, look dejected; **~̀ый** downcast, dejected, depressed

по́нчик doughnut

поны́не *adv lit* until now, up to the present

поню́|хать I *pf of* ню́хать; **~̀шка** *coll* ~ табаку́ pinch of snuff; ни за ~шку табаку́ *fig coll* to no purpose, for nothing

поня́т|ие concept; notion, idea, conception; ~ добра́ и зла the idea of good and evil; име́ть я́сное ~ have a clear idea (of, о + *prep*); ~ия не име́ю *coll* I have no idea (of, о + *prep*); *usu pl* notions, outlook, level of understanding; **~и́йный** conceptual; **~̀ливость** *f* comprehension, understanding; **~̀ливый** (~лив) quick-witted, quick on the uptake, bright; **~̀но** *adv* intelligently, clearly, plainly; *coll* of course, naturally; я, ~, сра́зу догада́лся naturally I guessed at once; **~̀ность** *f* comprehensibility, intelligibility; **~̀ный** (~ен) intelligible, comprehensible, understandable; justifiable; ~ное де́ло *pop* of course, naturally; ~но! *coll* I see!, I understand!; **~о́й** *n* witness (*at official search, etc*); **~̀ь** (пойму́, поймёшь; по́нял, поняла́, по́няло) *pf of* понима́ть

пообе́дать I *pf of* обе́дать

пообеща́ть(ся) I *pf of* обеща́ть(ся)

по́одаль *adv* at some distance, a little way away

поодино́чке *adv* singly, one at a time

поосторо́жничать I *pf of* осторо́жничать

поочерёдн|о *adv* in turn, by turns, alternately; **~̀ый** in turn, by turns, alternate

поощр|е́ние encouragement; incentive, spur, reward; **~и́тельный** (~и́телен) encouraging, stimulating, inspiring; **~и́ть** II *pf of* ~я́ть; **~я́ть** I *pf* ~и́ть encourage, give an incentive (to), give a spur (to)

поп 1 *coll* priest; како́в (како́й) ~, тако́в (тако́й) и прихо́д *prov* like master, like man; pin (in game of gorodki); поста́вить на ~а́ *pop* place upright

по́па *coll* behind, bottom (*usu of child's body*)

попа|да́ние hit; прямо́е ~ direct hit; **~̀дать** I *pf* fall (*of large number*); fall (one after the other); **~да́ть** I *pf* ~̀сть hit, strike; ~ ка́мнем в окно́ hit the window with a stone; пу́ля ~̀ла ему́ в плечо́ the bullet struck him in the shoulder; ~̀сть ни́ткой в ушко́ иглы́ get a thread through the eye of a needle; ~̀сть в цель hit the target; ~̀сть па́льцем в не́бо *coll* be wide of the mark, be miles off, make a blunder; get (into, to), reach; ~̀сть в дом get into the house; как туда́ ~̀сть? how does one get there?; ~ домо́й get home; ~ в беду́ get into trouble; ~ впроса́к put one's foot in it; ~ в плен be taken prisoner; ~ под маши́ну get run over; ~ под суд be brought to trial; ~ не туда́ get the wrong number (*on telephone*); *impers + dat coll* catch it, get it (hot); тебе́ ~дёт за э́то you'll catch it; как ~̀ло *coll* anyhow, helter-skelter, hit or miss; где ~̀ло *coll* any (old) where; что ~̀ло *coll* any odd thing; чем ~̀ло *coll* with whatever comes to hand; **~да́ться** I *pf* ~̀сться find oneself; come across, run into; она́ мне ~̀лась навстре́чу на у́лице I ran into her in the street; э́та кни́га мне ~̀лась соверше́нно случа́йно I came across this book quite by chance; ~ кому́ на глаза́ catch someone's eye; пе́рвый ~̀вшийся the first person one happens to meet, first comer; ~ с поли́чным *coll* be caught red-handed, in the act

попа́рно *adv* in pairs, two and two

поп-а́рт pop art

попа́|сть(ся) (~ду́(сь), ~дёшь(ся); ~̀л(ся)) *pf of* ~да́ть(ся); ~̀лся, кото́рый куса́лся *prov* (you have got) a dose of your own medicine

попа́хива|ть (~ет) *impf coll* smell slightly (of, + *instr*)

попеня́ть I *pf of* пеня́ть

попере́к *adv and prep + gen* across; разре́зать ~ cut across; crosswise; стоя́ть кому́ ~ доро́ги be in someone's way; стать кому́ ~ го́рла stick in someone's throat; вдоль и ~ far and wide, all over, far and near, inside out; знать что вдоль и ~ know all the ins and outs of something

попереме́нно *adv* alternately, by turns, in turn

поп|ере́ть (~ру́, ~рёшь; ~ёр, ~ёрла) *pf pop* get started, get under way; *vt pop* chuck out

попере́ч|ина cross-beam, crosspiece; boom jib (*of crane*); **~̀ник** diameter; **~̀ный** transverse, cross-, diametrical; ~ная ба́лка cross-tie, cross-beam; ~ разре́з, ~ное сече́ние cross-section; (ка́ждый) встре́чный и ~ anybody and everybody, (every) Tom, Dick and Harry

поперхну́ться I *pf* choke (over, + *instr*), swallow the wrong way

попе́рчить II *pf of* пе́рчить

попеч|е́ние care, charge; быть на ~е́нии be in the charge (of, + *gen*); оста́вить на ~ leave in (the) care (of, + *gen*); отложи́ть ~ cease caring (about, о + *prep*); **~и́тель** *m* guardian, trustee; *hist* warden, administrator; **~и́тельство** guardianship, trusteeship; *hist* board of guardians

попива́ть I *impf coll* have a little drink of; *pop* (take to) drink

попира́ть I *pf* попра́ть violate, trample on (*rights*, *etc*), flout

попи|са́ть I (~шу́, ~́шешь) *pf* write for a while; ничего́ не ~́шешь *coll* it can't be helped, there is not much one can do about it; **~́сывать** I *coll pej* dabble in writing, do a bit of writing

поп|и́ть (~ью́, ~ьёшь; ~́ил, ~ила́, ~́ило) *pf* (have a) drink

по́пка *coll* behind, bottom; *sl pej* screw, guard; *m coll* Polly, parrot

попла́в|ать I *pf* have, take a swim; **~ко́вый** ~ко́вая ка́мера float chamber; ~ кран ballcock; **~о́к** (~ка́) float; по́яс-~ water-wings; *coll* floating restaurant

попла́|кать I (~чу) *pf* have a cry

попла|ти́ться II (~чу́сь, ~́тишься) *pf of* плати́ться

попле|сти́сь (~ту́сь, ~тёшься) *pf* trudge along, push off

попли́н poplin; **~́овый** poplin

поплотне́ть I *pf of* плотне́ть

поплы́|ть (~ву́, ~вёшь; ~́л, ~ла́, ~́ло) *pf* begin to swim, move; strike out

попля|са́ть I (~шу́, ~́шешь) *pf coll* dance (a bit); ты у меня́ ~́шешь *coll* you will pay for this

поп-му́зыка pop music

попо́в|ич *coll* son of a priest; cleric, clergyman; **~́на** (*gen pl* ~ен) *coll* daughter of a priest

попо́вник marguerite, white ox-eye

попо́в|ский *adj of* поп; **~́щина** *coll pej* religious superstition; Old Believer sect

попо́йка *coll* drinking-bout, booze-up

попола́м *adv* in two, in half; разре́зать ~ cut in two (half); дели́ть расхо́ды ~ share expenses, go halves; ви́ски с водо́й ~ whisky and water half-half; с грехо́м ~ so-so, after a fashion

по́полз|ень *m* (~ня) nuthatch

поползнове́ние inclination, hankering, half a mind; pretension(s) (to, на + *acc*)

пополз|ти́ (~у́, ~ёшь; ~́, ~ла́) *pf* begin to crawl

пополн|е́ние reinforcement (*of troops*); additional staff, fresh blood; replenishment, restocking, replacement; ~ горю́чим refuelling; **~е́ть** I *pf of* полне́ть; **~́ить(ся)** II *pf of* ~я́ть(ся); **~я́ть** I *pf* ~́ить reinforce (with + *instr*); replenish; ~ свои́ зна́ния add to one's knowledge; ~ соста́в слу́жащих engage additional staff; **~я́ться** I (~я́ется) *pf* ~́иться increase, be reinforced, replenished, enriched

пополу́|дни *adv* in the afternoon, post meridiem, p.m.; **~́ночи** *adv* after midnight, ante meridiem; a.m.

попо́мн|ить II *pf coll* remember; ~и(те) моё сло́во mark my words; remind (+ *dat*); я тебе́ э́то ~ю! I'll get even with you!, I'll pay you out for that!

попо́на horse-cloth

попо́тч|евать (~ую) *pf of* по́тчевать

поправе́ть I *pf of* праве́ть

поправ|и́мый (~и́м) amendable (*mistake*, *etc*), remediable, able to be put right; **~́ить(ся)** II (~лю(сь)) *pf of* ~ля́ть(ся); **~́ка** correction, amendment; вноси́ть ~ки make corrections (to, в + *acc*); improvement, recovery (*of health*); де́ло идёт на ~ку things are on the mend; adjustment; **~ле́ние** correction, correcting; recovery, improvement; **~ля́ть** I *pf* ~́ить mend, repair, put right; correct (*text*, *pupil*, *etc*); adjust, set straight; ~ причёску tidy one's hair; improve (*health*, *etc*), put right (*situation*, *etc*); **~ля́ться** I *pf* ~́иться correct oneself; get better, recover; improve; *coll* put on weight; **~́очный** ~ коэффицие́нт correction factor

поп|ра́ть (~ру́, ~рёшь) *pf of* ~ира́ть

по-пре́жнему *adv* as before; as usual

попрёк reproach, reproof; **~а́ть** I *pf* ~ну́ть reproach (with, + *instr or* за + *acc*); **~ну́ть** I *pf of* ~а́ть

поприве́тств|овать (~ую) *pf of* приве́тствовать *coll*

по́прище field, sphere, walk of life, profession; на нау́чном ~ in the scientific field; вое́нное ~ military career, soldiering; литерату́рное ~ world of letters

попро́б|овать (~ую) *pf of* про́бовать

попро|си́ть(ся) II (~шу́(сь), ~́сишь(ся)) *pf of* проси́ть(ся)

по́просту *adv coll* simply, without ceremony; ~ говоря́ to put it bluntly, frankly speaking

попроша́й|ка *m and f* beggar; *coll pej* cadger, scrounger; **~́ничать** I *impf* beg; *coll pej* cadge, scrounge; **~́ничество** begging; *coll pej* cadging, scrounging

попроща́ться I *pf* = прости́ться say good-bye (to), take leave (of, с + *instr*)

попры́г|ать I *pf* jump (about); hop (about); **~у́н** (*oblique cases not used*) *coll* fidget, hopper; **~у́нья** *f of* ~у́н

попры́скать(ся) I *pf of* пры́скать(ся)

попря́|тать I (~чу) *pf* hide (a large number); **~́таться** I (~чусь) *pf* hide oneself

попуга́й parrot *also fig*; *sl* screw; **~́ничать** I *impf coll* parrot

попуг|а́ть I *pf coll* put the wind up a little, give a scare to; **~ивать** I *impf coll* give a scare (from time to time)

попу́дрить(ся) II *pf of* пу́дрить(ся)

популяр|иза́тор popularizer; **~иза́ция** popularization; **~изи́ровать** (~изи́рую) *impf and pf* popularize; **~изова́ть** (~изу́ю) *impf and pf* = ~изи́ровать; **~́ность** *f* popularity; **~́ный** (~ен) popular

попурри́ *neut indecl mus* pot-pourri

попусти́т|ель *m* conniver; **~́ельство** connivance; permissiveness, toleration; **~́ельствовать** (~ельствую) *impf* connive (at), wink (at); tolerate, put up with (+ *dat*)

по-пусто́му, по́пусту *adv coll* in vain, to no purpose; вре́мя ~ тра́тить waste one's time

попу́та|ть I *pf coll joc used with* враг, грех, нечи́стый, чёрт; прости́, чёрт меня́ ~л forgive me, I don't know what possessed me, what got into me; враг тебя́ ~л спо́рить what on earth made you argue?

попу́т|но *adv* at the same time, while one is about it; in passing, incidentally; **~́ный** in the same direction, accompanying, following; ~ ве́тер fair (favourable) wind; идти́ ~ным ве́тром sail free; ~ная струя́ backwash, back-eddy; *fig* passing, incidental; ~ное замеча́ние passing remark; **~́чик** fellow-traveller *also fig pol*

попуще́ние connivance, tolerance, sufferance; scourge, calamity

попыт|а́ть I *pf coll* (+ *acc or gen*) try (out); ~ сча́стья try one's luck; **~а́ться** I *pf of* пыта́ться; **~ка** attempt, endeavour; тще́тная ~ vain attempt; ~ не пы́тка *prov* nothing ventured, nothing gained

попы́хивать I *impf coll* let out puffs (from time to time); ~ тру́бкой (из тру́бки) puff away at a pipe

попя́|титься II (~чусь) *pf of* пя́титься; **~тный** *obs* backwards; идти́ на ~ (на ~ двор, на ~тную) *coll* go back on one's word, back out

по́ра pore

пор|а́ 4 time, season, period; весе́нняя ~ springtime; вече́рней ~о́й of an evening; дождли́вая ~ rainy season; в са́мую ~у in the very nick of time; до ~ы́ до вре́мени up to a certain time; с каки́х ~? since when; с да́вних ~ from the earliest times; в ту ~у then, at that time; в э́ту ~у at this (that) time; с той ~ы́ from that time on, since then, ever since; до каки́х ~? how long? till when?; с э́тих ~ from now on, from then on; до сих ~ up to now (*time*), up to here (*place*); в (са́мой) ~е́ *coll* in one's prime; на пе́рвых ~а́х at first; *pred* it is time; давно́ ~ it is high time; ~ домо́й it is time to go home; ~ и честь знать it is time to go (I have outstayed my welcome)

порабо́тать I *pf* put in some work, do some work

порабо|ти́тель *m lit* enslaver; **~ти́ть** II (~щу́) *pf of* ~ща́ть; **~ща́ть** I *pf* ~ти́ть subjugate, enslave; *fig* enthral; **~ще́ние** enslavement

поравня́ться I *pf* draw level (with), come up (to, с + *instr*)

поразде́ть I *pf of* раде́ть

пора́д|овать(ся) (~ую(сь)) *pf of* ра́довать(ся)

пора|жа́ть I *pf* ~зи́ть defeat, rout (*enemy, etc*); affect (*health, etc*); hit, strike (a blow at), stab (*with dagger, etc*); *fig* strike, astonish, surprise, amaze, startle; **~жа́ться** I *pf* ~зи́ться be struck, astonished, surprised, amazed, startled; *pass of* ~жа́ть; **~же́нец** (~же́нца) defeatist; **~же́ние** defeat, rout; наноси́ть ~ (inflict a) defeat; не име́ть ~же́ний *sp* be unbeaten; hitting (*target, etc*); *med* affection, lesion, injury; ~ в права́х *leg* disenfranchisement, deprivation of civil rights; **~же́нческий** defeatist; **~же́нчество** defeatism; **~зи́тельный** (~зи́телен) striking, wonderful, amazing, astonishing; **~зи́ть(ся)** II (~жу́(сь)) *pf of* ~жа́ть(ся)

поразмы́слить II *pf coll* turn over in one's mind, think over (о, + *prep*)

по-ра́зному *adv* in different ways, differently

пора́н|ить II *pf* hurt; injure, wound; **~иться** II *pf* hurt oneself; injure oneself

пораст|а́ть I (~а́ет) *pf* ~и́ become overgrown (with, + *instr*); **~и́** (~ёт; поро́с, поросла́) *pf of* ~а́ть

порв|а́ть (~у́, ~ёшь; ~а́л, ~ала́, ~а́ло) *pf* tear (slightly); *pf of* порыва́ть *fig* break (with), break off (with, с + *instr*); ~ свя́зи break with (с + *instr*); ~ дипломати́ческие отноше́ния break off diplomatic relations; **~а́ться** (~ётся; ~а́лся, ~ала́сь, ~а́ло́сь) *pf* break, snap (off); tear, be torn; *pf of* порыва́ться *fig* be broken off (*of friendship, etc*)

поре́де́ть I *pf of* реде́ть

порё|з cut; **~за́ть** I (~жу, ~жешь) *pf* cut; ~ ру́ку ножо́м cut one's hand with a knife; *coll* cut (a quantity of, + *gen or acc*); *coll* kill, slaughter (a number of, + *gen or acc*); **~заться** I (~жусь) *pf* cut oneself

поре́й leek

порекоменд|ова́ть (~у́ю) *pf of* рекомендова́ть

пореши́ть II *pf pop* decide, make up one's mind; *obs* decide, finish, settle; *pop* do in, finish off

поржа́ве́ть I *pf of* ржа́ве́ть

по́р|истость *f* porosity; **~истый** (~ист) porous

порица́|ние censure, blame; reproof, reprimand, reprehension; выноси́ть ~ pass censure (on, + *dat*); обще́ственное ~ public reprimand; **~тельный** (~телен) disapproving, reproving; **~ть** I *impf* censure, blame

по́рка unstitching, unpicking, undoing, ripping; *coll* flogging, whipping, lashing

порно́гр|аф pornographer; **~афи́ческий** pornographic; **~а́фия** pornography

по́ровну *adv* equally, in equal shares; раздели́ть ~ divide into equal parts, shares

поро́г threshold; doorstep; переступи́ть ~ cross the threshold; обива́ть ~и у кого́ pester someone, haunt someone's threshold; на ~ не пуска́ть кого́ not to allow someone to darken one's door; стоя́ть на ~е сме́рти be at death's door; *pl* rapids; threshold, cut-off; светово́й ~ visual threshold; слухово́й ~ threshold of audibility; ~ созна́ния threshold of consciousness; ~ излуче́ния radiation cut-off; *tech* baffle (plate), altar (*of furnace*)

поро́|да breed, race, stock, strain, species (*of animals, etc*); *coll* breeding, blood; type, sort (*of plants, etc*); kind, type (*of people*); *geol* rock; го́рная ~ rock, layer, stratum, bed; материко́вая ~ bedrock; matrix, gauge; пуста́я ~ barren, waste, dead rock; **~дистость** *f* (pure) breeding, blood, race; **~дистый** (~дист) thoroughbred, pedigree, well-bred, pure-blooded; aristocratic-looking; **~ди́ть** II (~жу́) *pf of* ~жда́ть; *obs* give birth to, beget = роди́ть; **~дни́ть(ся)** II *pf of* родни́ть(ся); **~дность** *f* race, breed; **~дный** pedigree; **~жда́ть** I *pf* ~ди́ть *fig* give rise (to), engender, generate, raise, cause, evoke (*of rumours, love, feelings, desires, thoughts, etc*); **~жде́ние** outcome, result; fruit, handiwork

породнённ|ость *f* twinning (of cities); **~ый** twin

поро́жист|ый (~) full of rapids

поро́жн|ий *pop* empty; перелива́ть из пусто́го в ~ее *coll* waste one's time (doing or saying something futile); **~я́к** 1 empties (*rlwy wagons*); **~яко́вый** ~ соста́в = ~я́к; **~яко́м** *adv* empty, without a load

по́рознь *adv* separately, apart

порозове́ть I *pf of* розове́ть

поро́й (поро́ю) *adv* sometimes, now and then, occasionally, at times

поро́к vice, fault; defect, flaw, blemish; *obs* licentiousness; (physical) defect, deformity; ~ ре́чи defects of speech; ~ се́рдца heart, valvular disease

порос|ёнок (~ёнка; ~я́та, ~я́т) piglet; sucking-pig; жа́реный ~ roast pig; **~и́ться** II (~и́тся) *pf* о~ farrow

по́росль *f* young forest, young growth *also fig*; shoots; thicket

порос|я́тина sucking-pig (*meat*); **~я́чий** *adj of* ~ёнок

поро́тно *adv* by companies

пор|о́ть (~ю́, ~ешь) *pf* рас~ unpick, unstitch, undo, rip; *impf* ~ вздор, ерунду́, глу́пости, чушь *pop* talk rubbish, through one's hat, nonsense; *impf obs pop* talk rubbish; ~ горя́чку *pop* do things in a (mad) rush, be in a (tearing) hurry; *pf* вы́~ *coll* whip, flog, give a thrashing (to), thrash

по́рох (~а(~у); *pl* ~а́ *kinds*) (gun-)powder; он как ~ *coll* he is hot-blooded; держа́ть ~ сухи́м keep one's powder dry; па́хнет ~ом war is imminent, there's trouble brewing; он ~а(~у) не вы́думает *coll* he will not set the Thames on fire; не хвата́ет ~а(~у) lack the energy, strength (+ *dat*); not have it in one, not be up to it; ~ да́ром тра́тить waste one's powder and shot; ни синь ~а(~у) нет (не оста́нется) *obs* there is not (will not be) a trace; **~овни́ца** powder-flask; есть ещё ~ в ~овни́цах there's life in the old dog yet; **~ово́й** (gun-) powder; ~ заво́д powder-mill; ~ по́греб powder-magazine; ~ова́я бо́чка powder keg

поро́ч|ить II *pf* о~ discredit; bring discredit (upon), bring into disrepute, disgrace, cover with shame; blacken, smear, denigrate, defame, sully (*reputation, name, etc*); run down, disparage, pull to pieces; **~́ность** *f* viciousness, depravity; fallaciousness; **~́ный** (~ен) vicious, depraved, wanton, immoral; faulty, fallacious, unsound; ~ круг vicious circle

поро́ш|а fresh snow, newly fallen snow; **~и́нка** *coll pop* grain of powder; **~и́ть** II (~и́т) *pf* за~ *and* на~ fall (*of fine snow*), snow slightly; cover with fine snow; **~ко́вый** powder(y); **~кообра́зный** (~кообра́зен) powder-like, powdery; **~о́к** (~ка́) powder; зубно́й ~ tooth-powder; стере́ть (растере́ть) в ~ grind into dust, pulverize *also fig*

поро́ю *see* **поро́й**

порск|а́ть I *pf* ~ну́ть set on (*hounds*); **~ну́ть** I *sem pf of* ~а́ть

порт 5 (в ~у́, о ~́е) port; harbour; вое́нный ~ naval port, dockyard; возду́шный ~ airport; морско́й ~ seaport; входи́ть в ~ come into port; *naut* port(hole)

Порта *hist* Porte

порта́л *archi* portal; *tech* gantry; **~́ьный** ~ кран gantry crane

портати́в|ность *f* portability, portableness; **~́ный** portable (*typewriter, radio, etc*)

порта́ч 1 *pop pej* botcher, bad workman; **~́ить** II *pf* на~ *pop* botch

портве́йн port

по́рт|ер porter, stout; **~́ерная** *obs* pub

по́ртик portico

по́р|тить II (~чу) *pf* ис~ spoil, mar, damage, ruin, impair (*health, etc*); spoil, upset (*mood, etc*); have a bad effect (on), corrupt; ~ дете́й spoil, indulge children; ~ (трепа́ть) кому́ не́рвы get on someone's nerves; **~́титься** II (~чусь) *pf* ис~ spoil, get spoiled; deteriorate; go bad, go off (*of food*); decay (*of teeth*); get out of order; мой часы́ испо́ртились my watch has gone wrong; break up (*of weather*); become corrupt, degenerate

портк|и́ (*gen pl* ~о́в) *pop* trousers

портмоне́ *neut indecl* purse

портн|и́ха dressmaker; **~о́вский** tailoring, tailor's; **~о́й** tailor; да́мский ~ ladies' tailor; **~я́жить** II *impf pop* be a tailor; **~я́жничать** I *impf pop* = ~я́жить; **~я́жный** tailor's, sartorial; ~я́жное де́ло tailoring

порто|ви́к 1 docker; **~́вый** port; ~ го́род port; ~ рабо́чий docker; ~ые сбо́ры port charges; **~-фра́нко** *neut indecl* free port

портпле́д holdall

портре́т portrait; ~ во весь рост full-length portrait; поясно́й ~ half-length portrait; likeness, image; живо́й ~ living image; **~и́ст** portraitist, portrait-painter; **~́ный** portrait

портсига́р cigarette-case

португа́л|ец (~ьца) Portuguese; **П~́ия** Portugal; **~ка** Portuguese (woman); **~́ьский** Portuguese

портула́к purslane

портуп|е́й-ю́нкер *hist* senior cadet; junior ensign (*cavalry*); **~е́я** sword-belt; waist-belt; shoulder-belt

портфе́л|ь *m* briefcase, bag; *fig* portfolio; распределе́ние ~ей appointment of ministers; мини́стр без ~я Minister without Portfolio; редакцио́нный ~ material in editor's hands

портше́з sedan(-chair)

порт|ы́ (~о́в) *pop* trousers

портье́ *m indecl* porter, doorman (*in hotel*)

портье́ра portière, door-curtain; curtain, hangings, drapery

портя́нка foot cloth, foot binding

поруб|и́ть II (~лю́, ~́ишь) chop down, fell (*all or large number*); cut down (*with weapons*); chop a little; **~́ка** tree-felling, wood-chopping; illegal tree-felling; **~́щик** wood-thief

поруг|а́ние *lit* profanation, desecration; outrage, insult(ing); отда́ть на ~ desecrate, profane; **~́анный** profaned, desecrated; outraged; ~анная честь outraged honour; **~а́ть** I *pf coll* tell off, berate, scold; **~а́ться** I *pf of* руга́ться

пору́к|а guarantee, pledge, surety; кругова́я ~ collective guarantee, responsibility; взять на ~и go bail for, bail out, take on probation; отпусти́ть на ~и let out on bail, release on bail, put on probation

по-ру́сски *adv* (in) Russian; говори́ть ~ speak Russian; à la russe, in the Russian way

поруч|а́ть I *pf* ~и́ть charge, commission, entrust (+ *dat* + *acc*; + *dat* + *infin*); мне ~́ено э́то сде́лать I am charged with the task; ей бы́ло ~́ено воспита́ние ребёнка she was entrusted with the care of the child

поруче́йник marsh sandpiper

поруче́н|ец (~ца) messenger; **~́ие** assignment, errand, (com)mission; дать ~ give an assignment; по ~ию on the instructions (of, + *gen*), on behalf (of); per procurationem (per pro)

по́руч|ень *m* (~ня) handrail

пору́чик *hist* lieutenant

поруч|и́тель *m* guarantor, sponsor; surety, bail, warrantor; **~и́тельство** guaranty; bail; **~и́ть** II (~у́, ~́ишь) *pf of* ~а́ть; **~и́ться** II (~у́сь, ~́ишься) *pf of* руча́ться

порфи́р porphyry; **~́а** (the) purple (*of monarch*); **~́ный** *lit* purple; **~́овый** porphyry

порх|а́ть I *pf* ~ну́ть flit (from place to place), flutter, fly about; **~ну́ть** I *pf of* ~а́ть

порц|ио́н ration; полево́й ~ *obs mil* field ration allowance; **~ио́нный** à la carte; *adj of* ~ио́н; **~́ия** portion, helping (*of food*); три ~ии сала́та salad for three

по́рч|а spoiling; wear (and tear), damage; deterioration; corruption; ruining (*of health, sight, etc*); wasting disease (*provoked by spell*); наводи́ть ~у на кого́ put the evil eye on someone; **~́еный** *coll* bad, rotten (*of food*); damaged, spoiled; *pop* under the evil eye, bewitched

по́рш|ень *m* (~ня) piston; plunger, sucker; **~нево́й** piston; ~нево́е кольцо́ piston ring; ~нева́я машина reciprocating engine

порыв gust, blast (*of wind*); impulse, gush, gust, (out)burst (*of feeling, mood, etc*); ~ гнева burst of anger, fit of temper; под влиянием ~а on the spur of the moment, on an impulse; breaking, snapping; **~ать** I *pf* порвать; **~аться** I *pf* порваться; *impf* jerk, make jerky movements; *impf fig* try, endeavour (to, + *infin*); **~исто** *adv* by fits and starts, fitfully; **~истость** *f* gustiness, violence (*of wind*); impetuousness, impetuosity (*of character*); **~истый** (~ист) gusty (*wind, etc*); jerky, abrupt (*of movements, etc*); impetuous (*nature, etc*)

порыже|лый reddish-brown (from fading); **~ть** I *pf of* рыжеть

пор|ыться (~оюсь, ~оешься) *pf coll* rummage (in, amongst, в + *prep*); ~ в памяти search one's memory

порыхлеть I *pf of* рыхлеть

порябеть I *pf of* рябеть

поря|диться II (~жусь) *pf of* рядиться

поряд|ковый ordinal; ~ковое числительное ordinal numeral; **~ком** *adv coll* considerably, a good deal, rather, pretty; properly, thoroughly; **~ливый** (~лив) neat, orderly; **~ок** (~ка) order; наводить ~ introduce order, (in, в + *acc*), straighten things out; приводить в ~ put in order; приводить себя в ~ tidy oneself up; призывать кого к ~ку make someone behave; смотреть за ~ком keep order; соблюдать ~ keep order; всё в ~ке! everything is all right!, all correct!; должным ~ком in due course (time); в обязательном ~ке without fail; это в ~ке вещей it is a matter of course, it is in the order of things; в спешном ~ке quickly; в установленном ~ке in accordance with established procedure; в частном ~ке on the quiet; к ~ку! order! order!; для ~ка to maintain order, to preserve the conventions, for form's sake; алфавитный ~ alphabetical order; последовательный ~ sequence; идти своим ~ком take its normal course; по ~ку in order, in succession; ~ дня agenda, order of business, order of the day; стоять в ~ке дня be on the agenda; way, manner, procedure; в ~ке by way (of), on the basis (of, + *gen*); в административном ~ке administratively; боевой ~ battle order; старый ~ the old order; *pl* customs, observances, usages; **~очно** *adv* decently, respectably, honestly; *coll* a lot, fairly; идти ещё ~ there is still a fair way to go; ждать пришлось ~ we had to wait a fairly long time; *coll* fairly well; она поёт ~ she sings reasonably well; **~очность** *f* decency, honesty, probity; **~очный** (~очен) decent, honest, respectable; *no short form coll* fair, considerable, decent; ~ доход fairly sizeable income; ~ мороз quite a frost; ~очное расстояние fair distance

поса|д *hist* trading area (*outside city wall*); *obs* suburb; **~дить** II (~жу, ~дишь) *pf of* садить *and* сажать; **~дка** planting (*trees, plants, etc*); *pl* beds, plantings, plants; landing (*of aircraft*); слепая ~ blind landing; boarding (*plane, train*); embarkation (*ship*); seat, posture (*in saddle*); **~дник** *hist* governor (of medieval Russian city-state), posadnik; **~дничество** *hist* office of posadnik; **~дничий** *adj of* ~дник; **~дочный** planting; boarding; ~ талон boarding card; ~ трап gangway; landing; ~дочные огни flare path; ~дочная площадка landing ground; ~ пробег landing run; **~дский** ~дские люди *hist* tradesmen and tradespeople; **~дский** *n obs* inhabitant of suburb; **~жать** I *pf coll* seat, put (a large number of); do a bit of planting (+ *gen*); **~женный** by the sazhen (fathom); **~жёный** proxy (*for parent of bride or groom at wedding*), sponsor

посапывать I *impf coll* breathe heavily (*in sleep*)

посахарить II *pf of* сахарить

посватать(ся) I *pf of* сватать(ся)

посвежеть I *pf of* свежеть

посве|тить II (~чу, ~тишь) *pf of* светить; *pf* shine (for a while), give a little light; hold a light (for, + *dat*); **~тлеть** I *pf of* светлеть

посви|ст whistle; whistling; **~стать** I (~щу, ~щешь) *and* **~стеть** II (~щу, ~стишь) *pf* whistle, give a whistle; **~стывать** I *impf* whistle (*softly, a little, from time to time*)

по-сво|ему *adv* in one's own way; **~йски** *adv coll* in one's own way, as one pleases; as between friends

посвя|тительный dedicatory; **~тить** II (~щу) *pf of* ~щать; **~щать** I *pf* ~тить initiate (into), let (into, в + *acc*); ~ в тайну let into a secret; devote (to), give up (to), dedicate (to, + *dat*); ~ себя науке devote oneself to learning, science; ~ стихотворение кому dedicate a poem to someone; ordain, consecrate; ~ в епископы consecrate bishop; ~ в рыцари knight, dub; **~щение** initiation; dedication (*in lit work*); ordination, consecration; ~ в рыцари knighting

посев sowing; crop(s); озимые ~ы winter crops; яровые ~ы spring crops; **~ной** sowing; ~ная кампания sowing campaign; ~ная площадь area under crops (cultivation)

поседе|лый grown grey, grizzled; **~ть** I *pf of* седеть

посейчас *pop* up to now, up to the present

посел|енец (~енца) settler; deportee; **~ение** settling; settlement; вольное ~ free settlement; deportation; отправить, сослать на ~ deport; **~ить(ся)** II *pf of* ~ять(ся); **~ковый** village; **~ок** (~ка) settlement; housing estate; рабочий ~ workers' estate; **~янин** (*pl* ~яне, ~ян) *obs* peasant; *obs* settler; **~ять** I *pf* ~ить settle (*on land*); install (*in a house*); *fig* arouse, inspire, engender (*hatred, suspicion, enmity, etc*); **~яться** I *pf* ~иться settle; take up residence, move in

посему *adv obs* therefore, accordingly

посеребрить II *pf of* серебрить

посеред|и *adv and prep + gen pop* = ~ине; **~ине** *adv and prep + gen* in the middle (of); **~ке** *adv pop* = ~ине

посереть I *pf of* сереть

посерьёзнеть I *pf of* серьёзнеть

посе|титель *m* visitor, caller, guest; **~тительский** visitor's; **~тить** II (~щу) *pf of* ~щать

посет|овать (~ую) *pf of* сетовать

посе|чься (~чётся, ~кутся) *pf of* сечься

посе|щаемость *f* attendance; **~щать** I *pf* ~тить visit (*sick person, friend, museum, etc*), attend (*lectures*); **~щение** visit(ing)

посе|ять I (~ю) *pf of* сеять; *pf* seed, inoculate; *pf coll* lose

посидел|ки (*gen pl* ~ок) (winter) party

поси|деть II (~жу) *pf* sit (for a while)

посил|ьный (~ен, ~ьна) within one's powers, feasible; оказать ~ьную помощь do what one can

посине|лый *coll* gone blue (*usu from cold*); **~ть** I *pf of* синеть

поска|кать I (~чу, ~чешь) *pf* gallop (for a while), have a gallop; gallop off, away; hop, jump (away)

поскользнуться I *pf* slip; ~ на льду slip on the ice; *fig* make a slip

поско́льку *conj* (in) so far as, as far as, since, inasmuch as, so long as; ~ ты согла́сен, я не бу́ду возража́ть so long as you agree, I shall not object

поск|о́нный hempen; ~́**онь** *f* male hemp; home-spun hempen sacking

поскрёб|ки (*gen pl* ~ков) scrapings, leftovers (*of food*); ~̈**ыши** (*gen pl* ~ышей) *coll* = ~ки

поскро́мничать I *pf of* скро́мничать

поскуп|и́ться II (~лю́сь) *pf of* скупи́ться

послабле́ни|е indulgence, concession, relaxation; никаки́х ~й no leniency

по|сла́нец (~сла́нца) messenger, envoy; ~**сла́ние** message; *lit* epistle; Посла́ния the Epistles; ~**сла́нник** envoy; minister (*diplomat*); ~́**сланный** *n* envoy, messenger

посла|сти́ть II (~щу́) *pf of* сласти́ть

по|сла́ть (~шлю́, ~шлёшь) *pf of* ~сыла́ть

по́сле *adv and prep* + *gen* after(wards), later (on); ~ расскажу́ обо всём I'll tell (you) about everything later; since (*after neg*); ~ всего́ when all is said and done; ~- *pref* post-; ~**вое́нный** post-war

после́|д afterbirth, placenta; ~**ди́ть** II (~жу́) *pf of* следи́ть; ~́**дки** (*gen pl* ~дков) *pop* leftovers, remains, remnants, remainder; на ~дках to finish up, wind up with; ~́**дний** last, final; (в) ~днее вре́мя, за ~днее вре́мя lately, of late, recently, latterly; ~дняя во́ля last wish; до ~днего вре́мени until very recently; до ~дней кра́йности to the (very) limit, uttermost; в ~днем счёте in the final count; (the) latest; ~дние изве́стия the latest news; ~дняя мо́да the latest fashion; *coll* (very) worst, last, lowest; ~днее де́ло the worst solution; изруга́ть ~дними слова́ми swear at, curse using foul language; ~дняя ка́пля the last straw; ~дняя спи́ца в колесни́це *fig* mere cog in the machine; the latter; ~днее *n* the last (thing); ~́**дователь** *m* follower, adherent, disciple; ~́**довательность** *f* sequence, succession; ~ времён sequence of tenses; consistency; ~́**довательный** (~дователен) consecutive, successive; consistent, logical; ~́**довать** (~дую) *pf of* сле́довать; ~́**дствие** consequence, sequel, after-effect; ~́**дующий** subsequent, ensuing, following, succeeding; consequent; ~́**дыш** *pop* last-born child, youngest child; *fig pej* latest follower, adherent

после|за́втра *adv* day after tomorrow; ~**за́втрашний** day after tomorrow's; ~**ло́г** postposition; ~**обе́денный** after-dinner; ~**октя́брьский** post-October; ~**революцио́нный** post-revolutionary; ~**родово́й** postnatal; ~**сло́вие** epilogue, concluding remarks; ~**уда́рный** post-tonic

посло́в|ица proverb, saying; войти́ в ~ицу become proverbial; ~́**ичный** proverbial

послуж|и́ть II (~у́, ~́ишь) *pf of* служи́ть; *pf* serve (for a while); ~**но́й** ~ спи́сок service, work record

посл|уша́ние obedience (to, + *dat*); *eccles* penance; назна́чить кому́ ~ impose penance on someone; ~**у́шать(ся)** I *pf of* слу́шать(ся); ~́**ушник** novice, lay brother; ~́**ушница** novice, lay sister; ~**у́шный** (~у́шен) obedient, dutiful

послы́шаться II *pf of* слы́шаться

послюни́ть II *pf of* слюни́ть

посма́тр|ивать I *impf* look from time to time (at), keep looking (at, на + *acc*); ~ на часы́ watch the clock; ~ивай за детьми́ keep an eye on the children

посме́иваться I *impf* chuckle, laugh a little (at, над + *instr*)

посме́нн|о *adv* in, by shifts; in, by turns; ~**ый** in shifts, shift, by turns

посме́ртный posthumous

посме́ть I *pf of* сметь

посме́|шище butt, laughing-stock; выставля́ть на ~ hold up to ridicule; ~**я́ние** mockery, ridicule; отда́ть на ~ make a laughing-stock of; ~**я́ться** (~ю́сь, ~ёшься) *pf of* смея́ться

посмотр|е́ть(ся) II (~ю́(сь), ~́ишь(ся)) *pf of* смотре́ть(ся)

посмугле́ть I *pf of* смугле́ть

посо́б|ие (financial) aid, help, relief, assistance, allowance, benefit, grant; ~ безрабо́тным unemployment benefit, dole; ~ия матеря́м family allowances; ~ по инвали́дности disablement grant; ~ по боле́зни sick benefit; textbook; (educational) aid; нагля́дные ~ия visual aids; ~**и́ть** II (~лю́) *pf of* ~ля́ть; ~**ля́ть** I *pf* ~и́ть *pop* help, aid; assuage (*grief, etc*); ~́**ник** accomplice, abettor; ~́**ничество** aiding and abetting, complicity (in, + *gen*)

посо́ве|ститься II (~щусь) *pf of* со́веститься

посове́т|овать(ся) (~ую(сь)) *pf of* сове́товать(ся)

посоде́йств|овать (~ую) *pf of* соде́йствовать

пос|о́л (~ла́) ambassador

посо́л salting; ~**и́ть** II (~ю́, ~́ишь) *pf of* соли́ть

посолове́|лый bleary; ~́**ть** I *pf of* солове́ть

посо́льс|кий ambassador's, ambassadorial; embassy; ~́**тво** embassy

по́сох staff, crook; (bishop's) crozier

посо́х|нуть I (*past* ~, ~ла) *pf* dry up, wither

посош|о́к (~ка́) *dim of* по́сох; *coll joc* last glass of vodka (*before departure*); ~ на доро́жку *coll joc* one for the road

посп|а́ть II (~лю́, ~и́шь; ~а́л, ~ала́, ~а́ло) *pf* have a nap, snooze, sleep

поспе|ва́ть I (~ва́ет) *pf* ~́ть *coll* ripen (*of fruit, etc*); *pf* ~́ть *coll* be done, ready (*of food cooking*); *pf* ~́ть *coll* have time, be in time (for, на + *acc or* к + *dat*); keep up (with), keep pace (with, за + *instr*); ~́**ть** I *pf of* ~ва́ть; ~ на по́езд catch the train

поспеша́ть I *obs* hurry

поспе́шеств|овать (~ую) *pf obs* help, assist (+ *dat*)

поспеш|и́ть II *pf of* спеши́ть; ~и́шь, люде́й насмеши́шь *prov* more haste, less speed; ~́**но** *adv* hurriedly, hastily, in a hurry; ~ уйти́ hurry off, away; ~́**ность** *f* haste; ~́**ный** (~ен) hasty, hurried

поспо́рить II *pf of* спо́рить; *pf* contend, vie, compete (with, с + *instr*); bet, wager; have an argument, argue (for a while)

поспосо́бств|овать (~ую) *pf of* спосо́бствовать

поспроша́ть I *pf pop* quiz, question

посрам|и́ть(ся) II (~лю́(сь)) *pf of* ~ля́ть(ся); ~**ле́ние** disgrace; ~**ля́ть** I *pf* ~и́ть disgrace, (cover with) shame; ~**ля́ться** I *pf* ~и́ться disgrace oneself, cover oneself with shame

посред|и́ *adv and prep* + *gen* in the middle (of), in the midst (of); ~**и́не** *adv* = посереди́не; ~́**ник** mediator, intermediary, go-between; *fin* middleman, agent; *mil* umpire; ~́**ничать** I *impf* mediate, act as go-between; ~́**нический** intermediary, mediatory; ~́**ничество** mediation; intercession; ~́**ственно** *adv* so-so, indifferently, not particularly well; *n indecl* fair; ~́**ственность** *f* mediocrity (*also person*); ~́**ственный** (~ствен, ~ственна) undistinguished, mediocre, middling; fair (*of marks*); ~́**ство** mediation; при ~стве, че́рез ~

(+ *gen*) through, thanks to; by means of; **∸ством** *prep* + *gen* by means of, with the aid of, by dint of; **∸ствующий** intermediate, connecting

поссóрить(ся) II *pf of* ссóриться

пост 1 (на ~ý) post; наблюдáтельный ~ observation post; стоя́ть на (своём) ~ý be at one's post, perform one's duties, be on point-duty (*of traffic controller*), be on one's beat (*of policeman*); умерéть на своём ~ý die in harness; в ~ý fast(ing); вели́кий ~ Lent

постáв (*pl* ~á, ~óв) pair of millstones; loom

постав|éц (~цá) dresser, sideboard; jug for kvass; **∸ить** II (~лю) *pf of* стáвить; *pf of* ~ля́ть; **∸ка** delivery, supply; мáссовые ~ки bulk deliveries; **~ля́ть** I *pf* ∸ить supply, purvey, deliver; **~щи́к** 1 supplier, deliverer, purveyor; caterer; outfitter

постамéнт pedestal, base

постан|áвливать I = ~овля́ть; **~ови́ть** II (~овлю́, ~óвишь) *pf of* ~áвливать *and* ~овля́ть; **~óвка** raising, erection; putting, setting, placing; arrangement, organization; putting, posing, propounding, formulation (*of problem, question, etc*); у неё хорóшая ~ головы́ she holds her head well; ~ гóлоса voice training; *theat* staging, production; **~овлéние** resolution, decision; вы́нести ~ pass a resolution; decree, enactment; **~овля́ть** I *pf* ~ови́ть resolve, decide; decree, enact, ordain; **~óвочный** ~óвочная пьéса play suitable for staging; ~óвочные эффéкты stage effects; **~óвщик** producer (*of play*), stage-manager; director (*of film*)

постарáть(ся) I *pf of* старáться

постарéть I *pf of* старéть

постатéйный clause-by-clause, paragraph-by-paragraph

постел|и́ть II (~ю́, ∸ишь) *pf coll* = постлáть; **∸ь** *f* bed *also tech*; bedclothes, bedding; встать с ~и get out of bed; постлáть ~ make up a bed; прикóванный к ~и bedridden; **∸ьный** bed; ~ьное бельё bedlinen; ~ режи́м confinement to bed

постепéн|но *adv* gradually, little by little, bit by bit; **∸ность** *f* gradualness; **∸ный** (~ен, ~на) gradual

постесня́ться I *pf of* стесня́ться

műпости|гáть I *pf* ∸гнуть *and* ∸чь comprehend, grasp, understand; befall, strike, overtake (*of misfortune, etc*); егó ∸гло несчáстье misfortune has befallen him; **∸гнуть** I (*past* ~г, ~гла) *pf of* ~гáть; **~жéние** comprehension, understanding; **~жи́мый** (~жи́м) comprehensible, understandable

постил|áть I *pf* постлáть spread, lay; ~ ковёр lay a carpet; ~ постéль make a bed; как постéлешь, так и поспи́шь *prov* as you make your bed, so you must lie on it; **∸ка** bedding; litter; laying; **∸очный** bed(ding)

постир|áть I *pf coll* wash; do some washing; **~ýшка** *pop* small wash

по|сти́ться II (~щýсь) *impf* (keep the) fast

пости́|чь (~гну; ~г, ~гла) *pf of* ~гáть

пост|лáть (~елю́, ~éлешь; ~лáл, ~лалá, ~лáло) *pf of* ~илáть *and* стлать

пóст|ник faster, person observing fast; **∸ничать** I *impf* fast; **∸ничество** fasting; **∸ный** (~ен, ~нá, ~но) Lenten; ~ день *eccles* fast-day; ~ная едá Lenten fare; ~ное мáсло vegetable oil; ~ суп meatless soup; *coll* lean (*of meat*); *fig coll joc* dismal, gloomy, glum; *fig coll joc* smug, sanctimonious

постов|óй ~ милиционéр militiaman on point-duty; ~áя бýдка sentry-box; *n* militiaman on point-duty; sentry

[1]**постóй** billeting, quartering; развести́ солдáт на ~ billet soldiers

[2]**посто|й(те)!** *see* **~ять**

постóльку *conj* (in) so far as; егó делá интересýют меня́ ~, поскóльку они́ и меня́ касáются his affairs interest me in so far as they concern me; *fig* ~ поскóльку shilly-shally, wait-and-see

посторон|и́ться II (~ю́сь, ∸ишься) *pf of* сторони́ться; **∸ний** strange, outside, extraneous; ~ние вопрóсы side issues; без ~ней пóмощи unaided, single-handed; incidental; ~нее тéло foreign body; *n* stranger, outsider; при ~них in front of strangers; ~ним вход запрещён unauthorized persons not admitted

постоя́л|ец (~ьца) lodger; guest (*in inn, etc*); **∸ый** ~ двор *obs* (coaching) inn

постоя́н|ная *n* constant; **∸но** *adv* constantly, continually, always, perpetually; **∸ный** constant, continual, steady, continuous; ~ кáшель continual cough; ~ные вéтры constant winds; regular, habitual; ~ покупáтель regular customer; permanent, invariable; ~ áдрес permanent address; ~ная áрмия regular army; ~ная величинá constant; ~ жи́тель permanent resident; ~ ток direct current; (~ен, ~на) steadfast, unchanging, constant (*of personal qualities, etc*); **∸ство** constancy, steadfastness

посто|я́ть II (~ю́, ~и́шь) *pf of* стоя́ть; stand (for a while); stand up (for, за + *acc*); ~ за себя́ hold one's own, stand up for oneself; ~(те) *coll* stop!, wait (a minute)!, hold it!

пострадá|вший *n* victim; **∸ть** I *pf of* страдáть

постраничный paginal, by the page, per page

пострéл *coll* little rascal, scamp, rapscallion; наш ~ вездé поспéл *prov* the rascal has a finger in every pie; **~ёнок** (~ёнка; ~я́та, ~я́т) *dim of* ~

пострéл|ивать I *impf coll* fire, shoot intermittently; **~я́ть** I *pf* do some shooting; *pop* shoot, bag (a lot of, + *acc or gen*)

пóстри|г taking of monastic vows; taking the veil; **~гáть** I *pf* ∸чь make a monk (nun) take monastic vows; **~гáться** I *pf* ∸чься take monastic vows; take the veil; **∸женец** (~женца) one who has taken monastic vows; **~жéние** admission to, taking of monastic vows, tonsure; **∸женик** = ~женец; **∸чь** (~гý, ~жёшь, ~гýт; ~г, ~гла) *pf of* ~гáть; *pf* cut (something), cut someone's hair, give someone a hair-cut, trim; **∸чься** (~гýсь, ~жёшься, ~гýтся; ~гся, ~глась) *pf of* ~гáться; *pf* have one's hair cut

постро|éние construction; ~ фрáзы construction of a sentence; *mil* formation; structure, system; **∸ечный** building; **∸ить(ся)** II *pf of* стрóить(ся); **∸йка** building, erection, construction; building-site; structure, building

пострóмка trace (*of harness*)

пострóчный per line, by the line

постскри́птум postscript; *abbr* PS

постýк|ать I *pf* knock (for a while); **∸ивать** I *impf* knock (now and again), tap, patter, rap

постул|áт postulate; **~и́ровать** (~и́рую) *impf and pf* postulate

поступ|áтельно-возврáтный *tech* reciprocating; **~áтельный** forward, onward, advancing; ~áтельное движéние translational motion; progressive; **~áть** I *pf* ~и́ть act, do; treat, behave (towards, с

+ *instr*); он плóхо ~ѝл с ней he treated her badly; enter, join (в, на + *acc*); ~ на рабóту take a job, go to work; ~ на воéнную слýжбу enlist, join up; ~ в университéт enter, go up to university; ~ в шкóлу go to, start school; come (in, through), be received; к нам ~ѝла жáлоба a complaint has been lodged with us; ~ѝло заявлéние an application has been received; дéло ~ѝло в суд the case has come (up) before the court; ~ в продáжу be on sale, come on to the market; **~áться** I *pf* ~ѝться waive, forgo, give up (+ *instr*); ~ своѝми правáми waive one's rights; **~ѝть(ся)** II (~лю́(сь), ~̀ишь(ся)) *pf of* ~áть(ся); **~лéние** joining, entering; joining up, enlisting; accession; receipt, entry (*bookkeeping*); **~̀ок** (~ка) action, act, deed

пóступь *f* walk, gait; step, tread; плáвная ~ graceful walk; ~ врéмени march of time

постуч|áть(ся) II (~ý(сь), ~ѝшь(ся)) *pf of* стучáть(ся)

постфáктум post factum, after the event

посты|дѝть II (~жý) *pf coll* make (someone) feel somewhat ashamed; **~дѝться** II (~жýсь) *pf of* стыдѝться; **~̀дный** (~ден) shameful

постыл|ый (~) hateful, repellent

посýд|а crockery; plates and dishes; глѝняная (фая́нсовая) ~ earthenware; кýхонная ~ kitchen utensils; стекля́нная ~ glassware; фарфóровая ~ china; чáйная ~ tea-service; *coll* vessel, container, crock; бѝтая ~ два вéка живёт *prov* creaking doors hang the longest; **~̀ина** *coll* crock, vessel, container; *fig coll* old tub (*of boat*); ~омóечная машѝна washing-up machine, dishwasher

посу|дѝть II (~жý, ~̀дишь) *pf obs* judge, consider; ~дѝ сам judge for yourself

посýд|ник dishwasher; *coll* dresser; **~̀ный** china, crockery; ~ное полотéнце dishcloth

посýл *pop* promise; не скупѝться на ~ы *coll* be lavish with promises; **~ѝть** II *pf of* сулѝть

посуровéть I *pf of* суровéть

посýточный 24-hour, round-the-clock, per day

пóсуху *adv coll* over dry land

посчастлѝв|иться II (~ится) *pf impers* + *dat* нам ~илось: погóда стоя́ла прекрáсная we were fortunate: the weather was beautiful; мне ~илось поступѝть в университéт I was fortunate enough to go to university

посчитáть(ся) I *pf of* считáть(ся)

пос|ылáть I *pf* ~лáть send, dispatch; ~ за врачóм send for the doctor; ~ по пóчте (send by) post; ~ поклóн send one's regards (to, + *dat*); ~ когó к чёрту *coll* send someone to the devil; move (*of part of body*); **~ы́лка** sending, dispatching; parcel; быть на ~ы́лках у когó run errands for someone; premise; большáя, мáлая ~ major, minor premise; **~ы́лочный** parcel; **~ы́льный** *adj* dispatch; *n* messenger

посып|áть I *pf* ~̀ать sprinkle (with), strew (with), scatter; ~ хлеб сóлью sprinkle the bread with salt; **~̀ать** (~лю, ~лешь) *pf of* ~áть; **~̀аться** (~лется) *pf* (begin to) fall; лѝстья ~ались leaves began to fall; на них ~ались удáры blows rained upon them; на меня́ ~ались вопрóсы I was showered with questions; *fig coll* rain

посяг|áтельство encroachment (on, upon), infringement (of, на + *acc*); **~áть** I *pf* ~нýть encroach (on, upon), infringe (on, upon, на + *acc*); ~ на чужýю жизнь make an attempt on someone's life; **~нýть** I *pf of* ~áть

пот 2 (в ~ý, о ~̀е) sweat, perspiration; весь в ~ý bathed in sweat; обливáясь ~̀ом dripping with sweat; в ~̀е лицá in the sweat of one's brow; ~̀ом и крóвью with blood and sweat; вогнáть в ~ когó *coll* make someone sweat (blood); рабóтать до седьмóго ~̀а sweat one's guts out, work oneself to the bone; кровáвый ~ utter exhaustion; цыгáнский ~ shivering, trembling (*from cold*); стёкла покры́лись ~̀ом the window-panes have misted over

пота|ённый = ~йнóй; **~йнóй** hidden, secret; ~ ход secret passage

потакáть I *impf coll* indulge (+ *dat*), pander to; ~ жéнщине в капрѝзах, ~ капрѝзам жéнщины indulge a woman's whims

потáль *f* Dutch gold, brass leaf

потанц|евáть (~ýю) *pf* (have a) dance

потáск|анный (~ан, ~ана) *coll* shabby (*of clothes*); seedy, worn, haggard (*of looks*); **~áть** I *pf pop* filch, pinch (*a lot*); **~ýха** *pop* whore, trollop

потасóвк|а *coll* brawl, fight; hiding, beating; задáть комý ~у give someone a hiding

потáтчик *coll* indulger

потáш 1 potash

потащ|ѝть II (~ý, ~̀ишь) *pf* begin to drag; **~ѝться** II (~ýсь, ~̀ишься) *pf coll* begin to make one's way

по-твóему *adv* in your opinion; as you like, as you wish, as you think fit, as you advise; пусть бýдет ~! have it your (own) way!

потвóр|ство indulgence, pandering; **~̀ствовать** (~ствую) *impf* indulge, pander to, encourage (*something negative*), show indulgence towards (+ *dat*); **~̀щик** *coll* panderer

потёк stain

потём|ки (*gen pl* ~ок) darkness; в ~ках in the dark; чужáя душá – ~ *prov* the human heart is a mystery; **~нéние** darkening; dimness; **~нéть** I *pf of* темнéть

потéние perspiration, sweating

потенц|иáл potential; рáзность ~иáлов potential difference; **~иáльный** (~иáлен) potential; **~иóметр** potentiometer; **~̀ия** potentiality

потеплé|ние rise in temperature; наступѝло ~ a warm spell set in; **~̀ть** I *pf of* теплéть

пот|ерéть (~рý, ~рёшь; ~ёр, ~ёрла; ~ёртый; ~ерéв *and* ~ёрши) *pf* rub a little (*of wound, skin, etc*); **~ерéться** (~рýсь, ~рёшься; ~ёрся, ~ёрлась) *pf of* терéться

потерп|éвший *n* victim, survivor; ~ от пожáра victim of a fire; ~ от наводнéния flood victim; **~éть** II (~лю́, ~̀ишь) *pf of* терпéть; exercise patience, be patient (*a little*); *with neg* = стерпéть; я не ~лю́ оскорблéний I won't stand, put up with insults

потёрт|ость *f* irritation, sore spot (*from rubbing*); **~̀ый** (~̀) shabby, threadbare; *long form coll* dissipated (*of appearance*)

потéр|я loss, waste; ~ врéмени waste of time; *pl* casualties, losses; ~и убѝтыми fatal casualties; ~ сознáния loss of consciousness, fainting fit, swoon; ~ пáмяти amnesia, loss of memory; **~̀янный** dismayed, upset; embarrassed, perplexed; *coll* gone to seed, gone downhill; **~я́ть(ся)** I *pf of* теря́ть(ся)

потеснѝть II *pf of* теснѝть *coll vt* sit, stand closer; **~̀ся** II *pf* sit, stand closer together, make room, move up

потéть I *pf* вс~ perspire, (break out in a) sweat; *pf* за~, от~ mist over, become steamed up; *impf*

only pop sweat (over), wrestle (with), labour (at, над + *instr*)
потéх|а *coll* fun, amusement; funny thing; для ~и for fun; (и) пошлá ~! now the fun has begun
потé|чь (~кý, ~чёшь, ~кýт; ~к, ~клá) *pf* begin to flow
потеш|áть I *impf coll* amuse; **~áться** I *impf* amuse oneself; make fun (of), laugh (at), mock (at, над + *instr*); **~ить(ся)** II *pf of* тéшить(ся); **~ный** (~ен) *coll* amusing, funny, comic(al); *long form obs* for amusement; ~ные войскá *hist* 'play' troops
потúр *eccles* chalice
потирáть I *impf* rub every now and then; ~ рýки *coll* rub one's hands (*from joy, etc*)
потихóньку *adv coll* slowly, gently; softly, quietly; on the sly, secretly
пот|лúвый (~лúв) given to sweating, sweaty; **~нúк** 1 sweat-cloth, saddle-cloth; **~ный** (~ен, ~нá, ~но) sweaty, perspiring, clammy; misty, misted up (*of glass, etc*); **~овóй** sweat; ~овы́е жéлезы sweat glands; ~ жир wool yolk, suint; **~огóнный** ~огóнное срéдство sudorific, diaphoretic; ~огóнная систéма трудá sweated labour system
потóк stream; flow; гóрный ~ mountain stream, torrent; ~ вóздуха air flow; людскóй ~ stream of people; магнúтный ~ magnetic flux; ~ слёз flood of tears; ~ ругáтельств torrent of abuse; ~ слов flood, flow of words; flow(-line) production; stream, group (*in education*); отдáть на ~ и разграблéние *lit* give over to plunder and pillage
потолк|овáть (~ýю) *pf coll* chat, have a chat, talk (with, с + *instr*)
потол|óк (~кá) ceiling *also aer*; limit; рóстом под ~ *coll* very tall; взять что с потолкá *coll joc* concoct, invent, make up something; плевáть в ~ *pop* twiddle one's thumbs
потолстéть I *pf of* толстéть
потóм *adv* afterwards; later (on); then, after that; **~ок** (~ка) descendant, offspring; *pl* descendants, posterity; **~ственный** hereditary, by birth; **~ство** *collect* descendants, posterity; progeny (children)
потомý *adv* that is why, therefore; ~ **что** *conj* because, as; ~ **как** *pop* = ~ что
пото|нýть I (~нý, ~нешь) *pf of* тонýть; **~п** flood, deluge; всемúрный ~ the Flood, the Deluge; до ~па *coll joc* before the Flood; **~пáть** I = тонýть; **~пúть** II (~плю, ~пишь) *pf of* ~плять; heat (for a while); **~плéние** sinking; **~плять** I *pf* ~пúть sink
потоп|тáть I (~чý, ~чешь) *pf of* топтáть
потор|áпливать I *impf coll* hurry (up), urge on; **~áпливаться** I *impf coll* hurry, make haste, get a move on; **~опúть(ся)** II (~оплю(сь), ~óпишь(-ся)) *pf of* торопúть(ся)
потóчн|ый ~ая лúния production line
потрáв|а damage to crops; **~úть** II (~лю, ~ишь) *pf of* травúть
потрá|тить(ся) II (~чу(сь)) *pf of* трáтить(ся)
потрáф|ить II (~лю) *pf of* ~лять; **~лять** I *pf* ~ить *pop* please, satisfy (+ *dat or* на + *acc*); емý не ~ишь there's no pleasing him
потрéб|а *obs* need, want; **~úтель** *m* consumer, user; **~úтельный** consumption; ~úтельная стóимость use value; **~úтельский** consumer, consumer's; ~úтельское óбщество cooperative society; *fig* commercial, narrowly practical; **~úть** II (~лю) *pf of* ~лять; **~лéние** consumption, use; товáры ширóкого ~лéния consumer goods; **~лять** I *pf* ~úть consume, use; **~ность** *f* need, want, requirement, necessity; жúзненные ~ности necessities of life; испы́тывать ~ в чём feel a need for something; **~ный** (~ен) requisite, required, necessary, needful; **~овать(ся)** (~ую(сь)) *pf of* трéбовать(ся)
потревóжить(ся) II *pf of* тревóжить(ся)
потрёп|анный (~ан, ~ана) *coll* shabby, frayed, threadbare, tattered; ~ костю́м shabby suit; ~анная кнúга tattered book; battered (*of troops*); haggard, worn out (*of appearance*); **~áть(ся)** (~лю́(сь), ~лешь(ся)) *pf of* трепáть(ся)
потрéск|аться I *pf of* трéскаться; **~ивать** I *impf* crackle
потрóгать I *pf* touch, run one's hand over; ~ пáльцем finger
потро|хá (*gen pl* ~хóв) pluck; гусúные ~ goose giblets; свины́е ~ pig's fry; со всéми ~хáми *fig joc* bag and baggage; lock, stock and barrel; **~шúть** II *pf* вы́~ draw (*game*), gut (*fish*), clean, disembowel; *fig* clean out, lift, steal (*contents*)
потру|дúться II (~жýсь, ~дишься) *pf* (do some) work; take the trouble (+ *infin*); он дáже не ~дúлся позвонúть he didn't even take the trouble to phone; *imp* be so kind as to; ~дúсь (~дúтесь) закры́ть дверь! would you mind very much closing the door!
потря|сáть I *pf* ~стú shake, brandish, flourish (+ *acc or instr*); ~ мечóм brandish a sword; ~ кулакóм shake one's fist; shake, rock, make (something) tremble, quiver, vibrate; взрыв ~с здáние an explosion rocked the building; *fig* stagger, impress, stun, shake; **~сáющий** staggering, astonishing, stupendous, tremendous, fantastic; **~сéние** shock; нéрвное ~ nervous shock; upheaval; **~сно** *adv pop* overwhelming(ly); **~стú** (~сý, ~сёшь; ~с, ~слá; ~сённый; ~сши) *pf of* ~сáть; **~хивать** I *impf* shake (now and then) (+ *acc or instr*); *impers* jolt
потýг|и (*gen pl* ~) (родовы́е) ~ pangs of childbirth; labour; travail; *fig* (vain) attempts (at, на + *acc*)
потýп|ить(ся) II (~лю(сь)) *pf of* ~лять(ся); **~лять** I *pf* ~ить; ~ взор cast down one's eyes, look down; ~ гóлову hang one's head; **~ляться** I *pf* ~иться cast down one's eyes, look down
потускнé|лый tarnished (*of metals*); *fig* lacklustre, dimmed, dull(ed); **~ть** I *pf of* тускнéть
потусторóнный ~ мир the other world, the beyond
потух|áние extinction; **~áть** I (~áет) *pf* ~нуть go out (*of light*), burn out (*of fire*); *fig* die out; **~нуть** I (past ~, ~ла) *pf of* ~áть *and* тýхнуть; **~ший** extinct; ~ вулкáн extinct volcano; *fig* lifeless, lacklustre, dim (*of eyes, etc*)
потучнéть I *pf of* тучнéть
потуш|úть II (~ý, ~ишь) *pf of* тушúть
пóтч|евать (~ую) *pf* по~ *coll* regale (with), treat (to), entertain (to, with, + *instr*)
потягáться I *pf of* тягáться
потя́|гивание stretching oneself; **~гивать** I *impf* pull (a little), (give a) tug at; draw at, on (*cigarette, etc*); sip, drink, take a swig (of); **~гиваться** I *impf* = тянýться; **~гóта** *pop* = ~гивание; **~нýть** I (~нý, ~нешь) *pf of* тянýть; *pf* begin to pull; *pf fig pop* be able to (+ *acc*, на + *acc*); **~нýться** (~нýсь, ~нешься) *pf of* тянýться; begin to stretch (out)
поýжинать I *pf of* ýжинать
поумнéть I *pf of* умнéть
поурóчн|о *adv* by the piece, job; **~ый** by the piece;

~ая опла́та piece-work payment
поутру́ *adv coll* in the (early) morning
поуч|а́ть I *impf coll* lecture, instruct; **~е́ние** edification; sermon(izing); lecture; **~и́тельный** (~и́телен) instructive; edifying
пофарт|и́ть II (~и́т) *pf sl impers* be lucky, be in luck
пофор|си́ть II (~шу́) *pf of* форси́ть
поха́б|ник *pop* foul-mouthed person; **~ничать** I *impf* use obscene language; **~ный** (~ен) *pop* obscene, scurrilous, bawdy, foul; **~щина** *pop* obscenity, scurrility, bawdiness
поха́живать I *impf coll* stroll; go, come from time to time
похвал|а́ praise; рассы́паться в ~а́х кому́ sing someone's praises; **~и́ть(ся)** II (~ю́(сь), ~ишь (-ся)) *pf of* хвали́ть(ся); **~ьба́** *coll pej* bragging, boasting; **~ьный** (~ен) praiseworthy, laudable, commendable; laudatory; ~ьная гра́мота certificate of good conduct and progress (in school); ~ьное сло́во eulogy, panegyric, encomium; **~я́ться** I *impf coll* brag (about), boast (about, of, + *instr*)
похва́рывать I *impf coll* be often unwell, indisposed
похва́стать(ся) I *pf of* хва́стать(ся)
похе́рить II *pf pop* cancel, cross out (off)
похиля́ть I *pf of* хиля́ть
похи|ти́тель *m* thief, stealer; kidnapper, hijacker, abductor; **~тить** II (~щу) *pf of* ~ща́ть; **~ща́ть** I *pf* ~тить steal, purloin; kidnap, abduct, carry off; hijack; **~ще́ние** stealing, theft; kidnapping, abduction; hijacking
похлёбк|а soup, broth, skilly; прода́ться за чечеви́чную ~у sell one's birthright for a mess of pottage
похлопо|та́ть I (~чу́, ~чешь) *pf of* хлопота́ть
похме́ль|е hangover, 'the morning after the night before'; быть с ~я have a hangover; в чужо́м пиру́ ~ taking the blame for someone else
похо́д march; *nav* cruise; вы́ступить в ~ take the field; в ~е cruising; на ~е on the march; *mil* campaign; *fig* drive; кресто́вый ~ crusade; (walking) tour, excursion, hike, trip; за (одни́м) ~ом *coll* on the way, at the same time; *coll* small amount overweight
ходата́йств|овать (~ую) *pf of* хода́тайствовать
пох|оди́ть II (~ожу́, ~о́дишь) *impf* resemble, look (be) like, bear a resemblance (to, на + *acc*); *pf* walk for a while; *fig* go for a while; **~о́дка** stride, gait, walk, step, tread; **~о́дный** march(ing); ~ поря́док marching order; ~о́дная коло́нна column of route; field, camp; ~о́дная крова́ть camp-bed; mobile; ~о́дная ку́хня mobile (field) kitchen; ~ строй march formation; ~о́дная фо́рма field dress, marching order; **~одя** *adv coll* on the move, going along, in haste; *fig* in passing, incidentally; **~ожде́ние** adventure; **~о́жий** (~о́ж) resembling, (a)like (на + *acc*); она́ ~о́жа на отца́ she is like her father; они́ о́чень ~о́жи друг на дру́га they are very much alike; э́то на неё ~о́же it's just like her; он не ~о́ж на самого́ себя́ he's not himself; э́то ни на что не ~о́же it's unheard of; ~о́же на то, что пойдёт дождь it looks like rain; ~о́же *pop* it would seem, appear; он уже́, ~о́же, не придёт it looks as though he won't come; на кого́ ты ~о́ж! just look at yourself!
по-хозя́йски *adv* thriftily
похолод|а́ние fall in temperature; наступи́ло ~ a cold spell (snap) has set in; **~а́ть** I *pf of* холода́ть; **~е́ть** I *pf of* холоде́ть; **~не́ть** I *pf of* холодне́ть
пох|орони́ть II (~ороню́, ~оро́нишь) *pf of* хорони́ть; **~оро́нка** *pop* = ~оро́нная; **~оро́нная** *n coll* official notification of death (*of soldier, etc, in wartime*); **~оро́нный** funeral; ~оро́нное бюро́ undertaker's, funeral parlour; ~ звон (funeral) knell; ~ марш dead march; *fig coll* funereal, dismal; **~ороны** (~оро́н, ~орона́м) funeral, burial
похороше́ть I *pf of* хороше́ть
пох|отли́вость lasciviousness, lewdness, lubricity, lustfulness; **~отли́вый** (~отли́в) lascivious, lewd, lustful; **~отни́к** 1 clitoris; **~оть** *f* lust
похохо|та́ть I (~чу́, ~чешь) *pf* (have a) laugh
похрабре́ть I *pf of* храбре́ть
похра́пывать I *impf coll* snore (softly, gently)
похристо́с|оваться (~уюсь) *pf of* христо́соваться
похуде́ть I *pf of* худе́ть
поца́паться I *pf of* ца́паться
поцел|ова́ть(ся) (~у́ю(сь)) *pf of* целова́ть(ся); **~у́й** kiss; души́ть в ~у́ях kiss passionately; осы́пать ~у́ями smother with kisses
поцеремо́ниться II *pf of* церемо́ниться
почасов|и́к 1 hourly paid worker, teacher, *etc*; **~о́й** by the hour, hour-to-hour
поча́т|ок (~ка) ear, spadix; ~ кукуру́зы corn-cob
поч|а́ть (~ну́, ~нёшь; ~а́л, ~ала́, ~а́ло) *pf of* ~ина́ть
по́чв|а soil, ground, earth; *fig* ground, foundation, basis, footing; ~ ушла́ из-под ног the bottom has dropped out; вы́бить ~у из-под чьих ног cut the ground from under someone's feet, take the wind out of someone's sails; зонди́ровать ~у see how the land lies, explore the ground; переводи́ть на практи́ческую ~у put theory into practice; подгото́вить ~у prepare the ground, pave the way; стоя́ть на твёрдой ~е, не теря́ть ~ы под нога́ми stand on firm ground; теря́ть ~у под нога́ми feel the ground slipping away from under one's feet; на ~е on the grounds (of, + *gen*); **~енный** soil; ~ слой soil layer; **~ове́д** soil scientist; **~ове́дение** soil science; **~оутомле́ние** exhaustion of soil, depletion of soil
почём *adv coll* how much? ~ оре́хи? how much are the nuts?; why? *pop* (*with verb* знать) ~ знать? who knows?; ~ я зна́ю? how should I know?; ~ фунт ли́ха what misfortune means; ~ зря *pop* for all they're worth
почему́ *adv* why; *conj* (and) that's why; боле́л, ~ и пропусти́л ле́кцию he was ill, that's why he missed the lecture; **~ же** *coll* why (not); **~-либо, ~-нибудь** *adv* for some reason (or other); **~-то** *adv* for some reason; **~чка** *m and f coll joc* child who is always asking 'why'
по́черк hand(writing); ме́лкий ~ small hand; *fig* manner; *sl* trademark (*of criminal*)
почерне́|лый darkened; **~ть** I *pf of* черне́ть
почерп|а́ть I *pf* ~ну́ть *fig* take, get, derive, draw on (*information, etc*); **~ну́ть** I *pf of* ~а́ть; *pf coll* draw (+ *acc or gen*)
почерстве́ть I *pf of* черстве́ть
поче|са́ть(ся) I (~шу́(сь), ~шешь(ся)) *pf of* чеса́ть(ся)
по́чест|ь *f* honour; воздава́ть (ока́зывать) ~и кому́ honour, pay (do) honour to someone; посме́ртные ~и last honours
поч|е́сть (~ту́, ~тёшь; ~ёл, ~ла́) *pf of* ~ита́ть
почёс|ывать I *impf coll* scratch (every now and again); **~ываться** I *impf coll* scratch oneself

почёт honour, respect, esteem; быть в ~е у кого́, по́льзоваться ~ом у кого́ stand high in someone's esteem; ~ и уваже́ние! *coll* my compliments!; о́рден «Знак Почёта» 'Badge of Honour'; **~ный** honoured, respected, esteemed; ~ гость guest of honour; honorary; ~ное зва́ние honorary title; ~ член honorary member; (~ен) doing honour; ~ карау́л guard of honour; ~ное ме́сто place of honour; ~ мир honourable peace

по́чечн|ый kidney; nephri(ti)c, renal; ~ая лоха́нка renal pelvis

почив|а́льня (*gen pl* ~лен) bedchamber; **~а́ть** I *obs* sleep; **~ший** *n lit* the deceased

почи́н initiative; взять на себя́ ~ take the initiative; по со́бственному ~у on one's own initiative; *pop* start, beginning; *comm* first sale; **~и́ть** II (~ю́, ~ишь) *pf of* чини́ть *and* ~я́ть; **~ка** repairing, mending; отда́ть в ~ку have something repaired; repair(-job); **~я́ть** I *pf* ~и́ть *coll* = чини́ть

почи́|стить(ся) II (~щу(сь)) *pf of* чи́стить(ся)

почит|а́й *adv pop* almost, nearly, nigh on; probably, very likely; **~а́ние** honouring; respect (for, + *gen*); worship, reverence; **~а́тель** *m* admirer; **~а́ть** I *impf* honour, respect, esteem; revere; *pf* read for a while, a little; **~ывать** I *impf coll* read (now and then), dip into (*books, etc*)

почи́|ть (~ю, ~ешь) *pf lit* take one's rest, go to one's rest; ~ ве́чным сном pass away, pass to eternal rest; pass away; ~ на ла́врах rest on one's laurels

по́ч|ка bud; gemma; kidney; воспале́ние ~ек nephritis; **~кова́ние** budding; gemmation; **~кова́ться** (~ку́ется) *impf* bud; gemmate

по́чт|а post (office); возду́шная ~ airmail; по ~е by post; с обра́тной ~ой by return (of post); (the) post, mail; **~альо́н** postman; **~а́мт** (head) post office; гла́вный ~ General Post Office

почте́н|ие respect; esteem, deference; относи́ться с ~ием treat with respect (+ к); с соверше́нным ~ием respectfully yours (*on letters*); моё ~! *coll* how do you do?, my compliments! (*on meeting, etc*); **~ный** (~ен, ~на) respectable, worthy, venerable, respectable-looking; *fig coll* considerable, respectable

почти́ *adv* almost, nearly; ~ что *coll* = ~; ~ никогда́ hardly ever; ~ ничего́ next to nothing, scarcely anything

почти́т|ельность *f* respect, deference; **~ельный** (~елен) respectful, deferential; ~ сын dutiful son; *fig coll* considerable, respectable; на ~ельном расстоя́нии at a respectful distance; **~ь** (почту́, почти́шь) *pf* honour; ~ кого́ свои́м прису́тствием honour someone with one's presence; pay homage to; ~ чью па́мять встава́нием stand in someone's memory

почт|ме́йстер *obs* postmaster; **~ови́к** 1 *coll* postal worker; **~о́вый** post(al), mail, letter; ~о́вая бума́га note-paper; ~ ваго́н mail-van; ~о́вый го́лубь carrier-pigeon; ~о́вая ма́рка (postage) stamp; ~о́вое отделе́ние post office; ~о́вая откры́тка postcard; ~ перево́д postal order; ~ по́езд mail train; ~о́вые расхо́ды postage; ~ я́щик letter-box, pillar-box; ~о́ва́я каре́та *hist* mail coach; е́хать на ~о́вых *hist* travel by post-chaise

почу́вств|овать (~ую) *pf of* чу́вствовать

почу́дит|ься II (~ся) *pf of* чу́диться

почу́|ять (~ю) *pf of* чу́ять

пошаба́шить II *pf of* шаба́шить

пошака́лить II *pf of* шака́лить

поша́л|ивать I *impf coll* be naughty (now and again), play up; се́рдце ~ивает my heart is playing up; *fig pop* rob, thieve; **~и́ть** II *pf* get up to mischief, play (some) pranks

поша́рить II *pf of* ша́рить

пошат|ну́ть I *pf* knock sideways, shake *also fig*; ~ ве́ру во что shake faith in something; **~ну́ться** I *pf* shake; lurch, totter, reel, stagger; *fig* be shaken; его́ уве́ренность ~ну́лась his confidence was shaken; **~ываться** I *impf* stagger, reel (to and fro), be loose (*of tooth, etc*)

пошеве́л|ивать I *impf* stir (+ *acc or instr*); ~ мозга́ми *coll* use one's brains; **~иваться** I *impf* move, stir every now and again; *coll* hurry; ~ивайтесь! get a move on!; **~и́ть(ся)** II (~ю́(сь), ~и́шь(ся)) *pf of* шевели́ть(ся); **~ьну́ться** I *pf of* шевели́ть(ся)

по́шевн|и (*gen pl* ~ей) (wide peasant) sledge

поши́б *coll* way(s), manner; лю́ди одного́ ~а *coll* people of the same kidney (ilk)

пош|и́в, ~и́вка sewing, making (*clothes*); **~и́вочный** sewing; **~и́ть** (~ью́, ~ьёшь) sew for a while, do some sewing; *pop* sew, make (*clothes*)

пошле́ть I *pf* о~ *coll* become vulgar, shallow, small-minded, commonplace

по́шл|ина duty; ввозна́я (и́мпортная) ~ import duty; э́кспортная ~ export duty; ге́рбовая ~ stamp-duty; тамо́женные ~ины customs; обложи́ть ~иной impose duty (on); **~инный** duty

по́шл|ость *f* vulgarity, commonness; shallowness, small-mindedness; triteness, banality, triviality; trite, commonplace remark; low act; coarseness, smut, crudity; **~ый** (~, ~а́, ~о) vulgar, common; shallow, small-minded; trite, banal, commonplace; coarse, crude, low; **~я́к** *coll* vulgar, common person; coarse, crude person; shallow person; **~я́тина** *coll* vulgarity, vulgar talk, vulgar action; banality, triteness, triviality

пошту́чн|ый by the piece; ~ая опла́та piecework payment

пошу|ти́ть II (~чу́, ~тишь) *pf of* шути́ть

поща́|да mercy; без ~ды without mercy; не дава́ть ~ды give no quarter; проси́ть ~ды ask (beg) for mercy; **~ди́ть** II (~жу́) *pf of* щади́ть

пощеко|та́ть I (~чу́, ~чешь) *pf of* щекота́ть

пощёлкивать I *impf* click every now and again; ~ па́льцами snap one's fingers

пощёчина box on the ear; slap in the face; *fig* affront, insult

пощип|а́ть I (~лю́, ~лешь *and* ~а́ю) *pf* nibble (+ *acc or gen*); pull out (up); *fig joc* rob, pinch (from); *fig coll joc* pick holes in, tear a strip off; **~ывать** I *impf* pinch (every now and again), pluck

пощу́пать I *pf of* щу́пать

поэ́|зия poetry; **~ма** poem (*usu narrative*); **~т** poet; **~те́сса** poetess; **~тизи́ровать** (~тизи́рую) *impf and pf* poeticize, wax lyrical (about); **~тика** poetics, theory of poetry; poetic style, manner; **~ти́ческий** poetic(al), pertaining to poetry; ~ти́ческая во́льность poetic licence; **~ти́чный** (~ти́чен) *fig* poetic(al), permeated by poetry

поэ́тому *adv* therefore, and so, that's why, consequently

появ|и́ться II (~лю́сь, ~ишься) *pf of* ~ля́ться; **~ле́ние** appearance; publication (*of book*); **~ля́ться** I *pf* ~и́ться appear, make one's appearance, put in an appearance, show up; emerge, heave in sight; ~и́лось но́вое затрудне́ние a

fresh difficulty has arisen; ~ на свет be born
поя́р|ковый felt; **~́ок** (~ка) lamb's wool
по́яс (*pl* ~á, ~óв) belt, girdle; waist-band; спаса́тельный ~ lifebelt; заткну́ть за́ ~ кого́ outdo, outshine, be one too many for someone; *fig* waist; кла́няться в ~ кому́ make a low bow to someone, bow to someone from the waist; по ~ up to the waist; по ~ в воде́ waist-deep (-high) in water; *geog* belt, zone; поля́рный ~ frigid zone; тропи́ческий ~ torrid zone
поясн|е́ние explanation, elucidation; **~и́тельный** explanatory, elucidatory; **~и́ть** II *pf of* ~я́ть
поясн|и́ца loins, small of the back; waist; **~и́чный** lumbar; ~и́чная боль low-back pain, lumbago; **~о́й** *adj of* по́яс; waist; ~ реме́нь (waist-)belt; waist-high, to the waist; ~а́я ва́нна hip-bath; ~ покло́н bow from the waist; ~ портре́т half-length portrait; *geog* zonal; ~óе вре́мя zone time; ~ тари́ф zonal tariff
поясн|я́ть I *pf* ~и́ть explain, elucidate
праба́б|ка, **~́ушка** great-grandmother
пра́вд|а (the) truth; го́лая (чи́стая) ~ naked, unvarnished truth; су́щая ~ the honest truth; твоя́ ~ ! *coll* you are dead right!; по ~е сказа́ть, ~у говоря́ to tell the truth; ~ глаза́ ко́лет *prov* home truths are hard to swallow; смотре́ть ~е в глаза́ face up to the truth; что ~, то ~ *coll* how very true, truth will out; руби́ть ~у *coll* speak the plain truth; ре́зать ~у в глаза́ *coll* call a spade a spade; (все́ми) ~ами и непра́вдами by hook or by crook, by fair means or foul; **~-ма́тка** *pop* the real truth; justice; иска́ть ~ы seek justice; *hist* (code of) laws; ~? is that so?; ~ (ли)? is it so?, is it true?; ~ ли, что он умира́ет? is it true that he is dying?; э́то так, не ~ ли? that's so, isn't it?; true; ~, он уезжа́ет true, he's going away; *concessive conj coll* though; да́ча хоро́шая, ~ далеко́ от ста́нции the dacha is nice, though a long way from the station; **~и́вость** *f* truth(fulness), veracity, uprightness; **~и́вый** (~и́в) true, veracious; truthful, upright; **~и́ст** worker on newspaper *Pravda*; **~оподо́бие** verisimilitude; likelihood, probability; plausibility; **~оподо́бный** (~оподо́бен) probable, likely; plausible
пра́в|едник righteous man; upright person, just man; **~едный** (~еден) righteous, upright, just
правёж 1 *hist* exaction of payment of debt by force (*flogging, etc*)
прав|е́ть I *pf* по~ become more conservative, swing to the right; **~́ило** rule; regulation; граммати́ческое ~ rule of grammar; тройно́е ~ rule of three; ~ила вну́треннего распоря́дка rules and regulations; соблюда́ть ~ила observe the rules; ~ила у́личного движе́ния traffic regulations; как ~ as a rule; по всем ~илам properly; rule, principle, maxim; принима́ть (ста́вить) за ~ make it a rule; поста́вить себе́ за ~ make a point (of, + *infin*)
прави́ло *tech* guide-bar, reversing rod; boot-tree; tail, brush (*hunting*); helm, rudder
пра́в|ильно *adv* correctly, rightly; *pred coll* it is correct; *interj* that's right!, quite right!; **~́ильный** (~илен) correct, right; ~ отве́т right answer; ~ильное реше́ние correct decision; ~ильная дробь proper fraction; regular; ~ильное бие́ние се́рдца regular heartbeat; ~ глаго́л regular verb; ~ильные черты́ (лица́) regular features; ~ многоуго́льник rectilineal polygon
прав|и́тель *m* ruler (*of country, etc*); *obs* manager, head (*of office, etc*); **~и́тельственный** government(al); **~и́тельство** government, US administration; **~́ить** II (~лю) *impf* rule, govern (+ *instr*); drive (*car, etc*), ~ рулём steer; *impf* correct (*mistakes, etc*); ~ корректу́ру read, correct proofs; set (*metal tools*); ~ бри́тву sharpen, strop a razor; **~́ка** correcting; ~ корректу́ры proof-reading; setting (*metal tools*), sharpening (*razor, etc*); **~ле́ние** governing, government; о́браз ~ле́ния form of government; board (*of management, directors, etc*), governing body; быть чле́ном ~ле́ния be on the board; бразды́ ~ле́ния reins of government; **~́леный** corrected
пра́вн|ук great-grandson; **~́учка** great-granddaughter
пра́в|о 2 law; гражда́нское ~ civil law; обы́чное ~ common law, customary law; уголо́вное ~ criminal law; изуча́ть ~ study law; right; води́тельские ~á driving licence; ~ ве́то (right of) veto; ~ го́лоса the vote; лиши́ть ~а го́лоса disfranchise; ~á гражда́нства civic rights; ~ да́вности *leg* prescriptive right; ~ убе́жища right of sanctuary, asylum; крепостно́е ~ *hist* serfdom; кула́чное ~ club law; ~ на труд right to work; а́вторское ~ copyright; воспо́льзоваться свои́м ~ом exercise one's right (to, на + *acc*); восстанови́ть в ~áх rehabilitate; вступи́ть в свои́ ~á come into one's own; отста́ивать свои́ ~á assert one's rights; оста́вить за собо́й ~ reserve the right; (жить) на пти́чьих ~áх *coll* (live) from hand to mouth; име́ть ~ have the right, be entitled (to, на + *acc*); по ~у by right(s); на ра́вных ~áх enjoying equal rights; с по́лным ~ом rightfully; с по́лным ~ом могу́ э́то сказа́ть I have every right to say this; *adv coll* really, truly, indeed; я, ~, не зна́ю, что мне де́лать I really do not know what to do
право|бере́жный right-bank; **~ве́д** lawyer, jurist; **~ве́дение** jurisprudence; **~ве́рность** *f* orthodoxy; **~ве́рный** (~ве́рен) orthodox; *n* true believer; ~ве́рные the faithful; **~во́й** legal, of the law; lawful, rightful; **~ме́рный** (~ме́рен) lawful, rightful; **~мо́чие** competence; **~мо́чный** (~мо́чен) competent; **~наруше́ние** offence, infringement of the law; **~наруши́тель** *m* offender, delinquent, breaker of the law; ю́ный ~ juvenile delinquent; **~писа́ние** spelling, orthography; **~поря́док** (~поря́дка) law and order; **~сла́вие** orthodoxy; (Greek) Orthodox Church; **~сла́вный** Orthodox; ~сла́вная це́рковь (Greek) Orthodox Church; *n* member of (Greek) Orthodox Church; **~созна́ние** feeling for law and order, sense of justice; **~спосо́бность** *f* (legal) capacity; **~спосо́бный** (~спосо́бен) (legally) capable; **~су́дие** justice; court business; отправля́ть ~ administer the law; **~та́** rightness; correctness; *leg* innocence; **~флангóвый** right-wing, right-flank; *n* right-flank man
пра́в|ый right(-hand); *naut* starboard; ~ борт starboard side; ~ бе́рег реки́ right(-hand) bank of river; ~ая ло́шадь off(-side) horse; ~ая рука́ right-hand *also fig* right-hand man; ~ая сторона́ right (off) side; *pol* right(-wing); ~ая па́ртия party of the right; ~ укло́н *pol* right-wing deviation; *n pol* right-winger; (~,~á, ~o) just, righteous; на́ше де́ло ~ое our cause is just; *leg* not guilty, innocent; right, correct; вы соверше́нно ~ы you are absolutely right; **~́ящий** ruling, in power; ~ящая верху́шка ruling clique

прагмат|и́зм pragmatism; **~́ик** pragmatist; **~и́ческий** pragmatic
пра́дед great-grandfather; *pl* ancestors, forefathers, forebears; **~́овский** *adj of* ~; **~́ушка** *m* = ~
пра́здн|ество festivity, festivities; celebration; festival, solemnity; **~́ик** holiday; festival, (religious) feast; национа́льный ~ public holiday; day(s) off, holiday; по ~икам on high days and holidays; с ~иком! (with) the compliments of the season; бу́дет и на на́шей у́лице ~ our day will come; celebration, entertainment, festivity; **~́ичный** holiday, festive; ~ день holiday, festival, red-letter day; ~ичное пла́тье festive dress (attire); **~́ование** celebration; **~́овать** (~ую) *pf* от~ celebrate (*event, holiday, etc*); **~осло́вие** idle talk; **~́ость** *f* idleness, inactivity; **~ошата́ние** *coll* idling, lounging; **~ошата́ющийся** *coll* idle, given to loafing; *n* idler, loafer; **~́ый** (пра́зден) idle, inactive; ~ая жизнь an idle life; *fig* futile, aimless; ~ое любопы́тство idle curiosity
пра́кт|ик practical worker; practical person; **~́ика** practice; на ~ике in practice; practical experience (of, по + *dat*); practical work; проходи́ть ~ику do practical work; practice (*of doctor, lawyer*); **~ика́нт** student doing practical work; trainee (*worker, employee*); **~икова́ть** (~ику́ю) *impf vt* practise, apply in practice; *vi* practise (*of doctor, lawyer*); do practical work; **~икова́ться** (~ику́юсь) *impf* be practised, used, applied; be done; *pf* на~ practise, have practice (in, в + *prep*); ~ во францу́зском языке́ practise one's French; **~́икум** practical work; studies; **~ици́зм** practicalness, practicality, practical approach; *pol* overemphasis of practice; **~и́ческий** practical (*as opp to theoretical*); ~и́ческая по́мощь practical help; ~и́ческие заня́тия practical training; ~ ум practical mind; ~ челове́к practical person; **~и́чность** *f* practicality; efficiency, practical advantage(s); **~и́чный** (~и́чен) practical (*experienced, efficient of person; handy of tool, etc*)
пра́от|ец (~ца) forefather; отпра́виться к ~цам *coll joc* be gathered to one's fathers
пра́|порщик ensign **~пра́дед** great-great-grandfather; **~роди́тель** *m* forefather, forebear, ancestor; primogenitor
пра́сол cattle-dealer; fish and meat wholesaler
прах (*no pl*) dust, earth; отрясти́ ~ с ног *fig* shake the dust from one's feet; поверга́ть (разбива́ть, превраща́ть) в ~ destroy, lay in ashes, raze (to the ground); пойти́ (рассыпа́ться) ~ом *coll* go to rack and ruin, go to the dogs; ~ и суета́ vanity, hollow sham; мир ~у его́ may he rest in peace; remains, ashes; ~ побери́! (его́, *etc*) *pop* may (he, *etc*) go to hell!
пра́ч|ечная laundry, wash-house; **~́ка** (*gen pl* ~ек) laundress
пращ|а́ (*gen pl* ~е́й) sling (*weapon*)
пра́щур ancestor, forefather
пре- *adjectival pref*: very, most, exceedingly; *verbal pref*: action in extreme degree *or* superior measure; over-, out-, sur-
преа́мбула preamble (*of statute, deed, etc*)
пребыва́|ние stay; sojourn; ~ у вла́сти tenure of office; ме́сто постоя́нного ~ния permanent residence (domicile); ме́сто ~ния прави́тельства seat of government; **~́ть** I *impf* be; abide, reside; stay; ~ в неве́дении be in the dark (about, относи́тельно + *gen*); ~ в уны́нии be in the dumps; ~ у вла́сти be in power

превали́р|овать (~ую) *impf* predominate, preponderate (over, над + *instr*)
превенти́вный preventive (*measures, war, etc*)
превзо|йти́ (~йду́, ~йдёшь; ~шёл, ~шла́; ~ше́дший; ~йдённый) *pf of* превосходи́ть
превозвы́|сить II (~шу) *pf of* ~ша́ть; **~ша́ть** I *pf* ~́сить *obs* overpraise
превозмо|га́ть I *pf* ~́чь overcome, surmount; **~́чь** (~гу́, ~́жешь, ~́гут; ~г, ~гла́) *pf of* ~га́ть
превозн|ести́ (~есу́, ~есёшь; ~ёс, ~есла́; ~есённый) *pf of* ~оси́ть; **~оси́ть** II (~ошу́, ~о́сишь) *pf* ~ести́ land, extol, exalt, (over)praise; **~оси́ться** II (~ошу́сь, ~о́сишься) *impf* have a high opinion of oneself
превосхо|ди́тельство excellency (*title*); **~ди́ть** II (~жу́, ~́дишь) *pf* превзойти́ surpass (in), excel (in, в + *prep*; + *instr*); ~ чи́сленностью outnumber, be superior in numbers; ~ все ожида́ния exceed all expectations; ~ самого́ себя́ surpass oneself; **~́дный** (~ден) splendid, excellent, first-rate, first-class; ~дная сте́пень superlative degree; **~́дство** superiority; ~ в во́здухе air superiority
превра|ти́ть(ся) II (~щу́(сь)) *pf of* ~ща́ть(ся); **~́тно** *adv* wrongly; ~ истолкова́ть misinterpret; **~́тность** *f* wrongness, falsity; vicissitude; ~тности судьбы vicissitudes, ups and downs of life, the rough and the smooth, tricks of fortune; **~́тный** (~тен) wrong, false; ~тное мне́ние false opinion; fickle, changeable, inconstant, perverse; ~тное сча́стье fickle fortune; **~ща́ть** I *pf* ~ти́ть change (into), transform, turn (into), convert (into), reduce (to), resolve (into, в + *acc*); ~ в шу́тку laugh (something) off, make a joke of; **~ща́ться** I *pf* ~ти́ться change (to, into), be transformed (into), turn (to, into), be reduced (to, в + *acc*); ~ в слух become, be all ears; **~ще́ние** transformation, conversion; transmutation; metamorphosis, change; ~ в у́голь carbonization
превы́|сить II (~шу) *pf of* ~ша́ть; **~ша́ть** I *pf* ~́сить exceed; ~ полномо́чия exceed one's powers; ~ креди́т overdraw (one's account); **~́ше** *adv* ~ всего́ *lit* above all; **~ше́ние** exceeding, overstepping; excess; ~ креди́та overdrawing, overdraft; с ~ше́нием with something to spare
прегра́|да barrier, obstacle, bar, impediment; грудобрю́шная ~ diaphragm; преодоле́ть все ~ды overcome all barriers; **~ди́ть** II (~жу́) *pf of* ~жда́ть; **~жда́ть** I *pf* ~ди́ть bar, block, obstruct; ~ путь кому́ bar someone's way
прегреш|а́ть I *pf* ~и́ть sin, transgress; **~е́ние** sin, transgression; **~и́ть** II *pf of* ~а́ть
пред *prep* = перед; **~-** *verbal, noun, adjectival prefix* pre-, fore-, ante-; *abbr in compounds*
пред|ава́ть (~аю́, ~аёшь) *pf* ~а́ть hand over (to), commit (to, + *dat*); ~ гла́сности make public, make known; ~ забве́нию bury in oblivion; ~ земле́ commit to the earth; ~ мечу́ put to the sword; ~ огню́ commit to the flames; ~ суду́ commit for trial; betray; **~ава́ться** (~аю́сь, ~аёшься) *pf* ~а́ться give oneself up (to), abandon oneself (to, + *dat*); ~ мечта́м give oneself up to, indulge in day-dreaming; ~ отча́янию give way to despair; ~ пья́нству take to drink; ~ страстя́м abandon oneself to one's passions; **~а́ние** legend, tradition; handing over, committing; ~ сме́рти putting to death; ~ суду́ committal for trial; **~́анность** *f* devotion, dedication; **~́анный** (~ан, ~анна) devoted (to, + *dat*); ~ друг devoted,

staunch friend; беззавéтно ~ devoted heart and soul; и́скренно ~ вам yours faithfully, sincerely; **~áтель** *m* traitor, betrayer; **~áтельница** traitress; **~áтельский** treacherous *also fig*, traitorous, perfidious; ~ румя́нец tell-tale blush; **~áтельство** treachery, perfidy, betrayal; **~áть(ся)** (~áм(ся), ~áшь(ся), ~áст(ся), ~ади́м(ся), ~ади́те(сь), ~аду́т(ся); ~́ал (~áлся), ~алá(сь), ~́ало (~алóсь), ~́али (~али́сь)) *pf of* ~авáть(ся)

предбáнник changing-room (*in bathhouse*); *fig pop* vestibule; lobby

предвар|éние *obs* forewarning, letting know beforehand; precedence, forestalling; ~ равнодéнствия precession (of equinox); **~и́лка** *sl* lock-up (after preliminary investigation); **~и́тельно** *adv* beforehand, as a preliminary, first; **~и́тельный** preliminary, tentative; ~и́тельное заключéние detention before trial, under remand; ~и́тельные переговóры preliminary negotations; ~и́тельная продáжа билéтов advance booking; ~и́тельное слéдствие preliminary investigation; ~и́тельное услóвие prior condition, prerequisite; **~и́ть** II *pf of* ~я́ть; **~я́ть** I *pf* ~и́ть *obs* inform in advance, forewarn; forestall, anticipate

предвéст|ие presage, portent; **~́ник** harbinger, precursor, herald, forerunner; presage, portent

предвéч|ный (~ен) everlasting, without beginning

предвещá|ть I *impf* presage, portend, augur, forebode, foreshadow, herald, betoken; э́то ничегó хорóшего не ~ет it bodes no good; всё ~ло успéх everything pointed to success

предвзя́т|ость *f* prejudice, bias, prepossession; preconception; **~́ый** (~) prejudiced, biased; preconceived; ~ое мнéние preconceived opinion, preconception, prejudice

предви́|дение foresight, prevision; forecasting; forecast; **~́деть** II (~жу) *impf* foresee; forecast; **~́деться** II (~дится) *impf* be expected, be foreseen

предвку|си́ть II (~шу́, ~́сишь) *pf of* ~шáть; **~шáть** I *pf* ~си́ть anticipate, look forward to (*something pleasurable*); **~шéние** (pleasurable) anticipation; в ~шéнии in (pleasurable) anticipation (of, + *gen*)

предводи́т|ель *m* leader, chief; ~ дворя́нства *hist* marshal of the nobility; **~́ельство** leadership, command; под ~ельством under the leadership, command (of, + *gen*); *hist* office of marshal of the nobility; **~́ельствовать** (~ельствую) *impf lit* lead, be the leader (of, + *instr*)

предвоéнный pre-war

предвозве|сти́ть II (~щу́) *pf of* ~щáть; **~́стник** *lit* harbinger, precursor, herald; **~щáть** I *pf* ~сти́ть foretell

предвосхи́|тить II (~щу) *pf of* ~щáть; **~щáть** I *pf* ~́тить anticipate; **~щéние** anticipation

предвы́борн|ый (pre-)election; ~ая кампáния election campaign

предгóр|ье (gen pl ~ий) foothill(s)

предгрóзье time before a storm *also fig*

преддвéр|ие threshold *also fig*; в ~ии on the threshold, eve (of, + *gen*)

предéл limit, bound(ary); *pl* range; в ~ах within the limits (of), bounds (of), confines (of, + *gen*); в ~ах гóрода within the city limits; в ~ах страны́ within the country; вы́ехать за ~ы страны́ leave the country; в ~ах двух мéсяцев within two months; вы́йти за ~ы exceed the bounds (of, + *gen*); э́то за ~ами моих сил it is beyond my strength; в ~ах возмóжного within the bounds of possibility; в ~ах досягáемости within striking distance, within someone's reach; в ~ах человéческой жи́зни within the compass of a lifetime; ~ терпéния the last straw; дойти до ~а сил reach the end of one's tether; напря́чь до ~а strain to breaking point; положи́ть ~ put an end (to), draw the line (at, + *dat*); limit; ~ высоты́ maximum height; ~ прóчности breaking point; ~ скóрости speed limit; всемý есть ~ there is a limit to everything; summit, height, acme; ~ желáний pinnacle of one's desires; ~ совершéнства acme of perfection; родны́е ~ы one's native parts; *sing pop* fate, lot; **~́ьный** limit(ing), maximum; ~ вóзраст age limit; ~ьная ли́ния boundary line ~ьная скóрость maximum speed; ~ срок deadline, time-limit; ~ьная нагрýзка maximum load; с ~ьной я́сностью with the utmost clarity; *chem* saturated

предержáщ|ий влáсти ~ие *iron* the powers that be

предзнамен|овáние omen, augury, portent, presage; дóброе (дурнóе) ~ good (bad) omen; **~овáть** (~ýю) *impf* augur, bode, portend, forebode, foretoken

предикáт predicate; **~и́вный** predicative; ~ член *gramm* predicate

предисло́в|ие preface, foreword, introduction, preamble, proem; без вся́ких ~ий *coll* without more ado, without beating about the bush

предл|агáть I *pf* ~ожи́ть offer; ~ свои услýги offer one's services; ~ рýку (и сéрдце) комý make a proposal of marriage to someone; propose, suggest (*plan, course of action, project, etc*); ~ резолю́цию move a resolution; ~ кандидатýру put forward a candidate; ~ когó в председáтели propose someone for chairman; ~ внимáнию call attention (to); invite, suggest that someone should (+ *infin*); set, put (*question, problem, etc*); propound (*theory, etc*); order, require

предлóг pretext, excuse, plea; под ~ом on the pretext (of, + *gen*); искáть ~а look for an excuse; *gramm* preposition

предлож|éние offer, suggestion; proposition; proposal, motion, suggestion (*at meeting*); внести́ ~ table, move, a motion; сдéлать ~ комý propose to someone; *econ* supply; закóн спрóса и ~éния law of supply and demand; *gramm* sentence; clause; ввóдное ~ parenthesis, parenthetic clause; глáвное, придáточное ~ main, subordinate clause; услóвное ~ conditional sentence; **~и́ть** II (~ý, ~́ишь) *pf of* предлагáть; **~́ный** *gramm* prepositional; ~ падéж prepositional case

предмáйский before May Day, in honour of May Day

предмéст|ье (*gen pl* ~ий) suburb

предмéт object, thing, article; ~ы домáшнего обихóда household articles, domestic utensils; ~ы первой необходи́мости necessities of life; subject, topic, theme (*of lecture, research, etc; subject at school*); butt, object; ~ насмéшек object of ridicule, butt; ~ спóра point at issue; ~ любви́ object of one's affections; мéстный ~ *mil* ground feature; на какóй ~? what for?, why?; на сей ~ *offic or joc* to this end, with this object; на ~ *offic* with the object (of, + *gen*); имéть в ~е *obs* have in view; **~́ник** *coll* specialist (*teacher*); **~́ный** subject; object; ~ урóк object-lesson; ~ каталóг subject catalogue; ~ указáтель subject index

предмо́стн|ый ~ плацда́рм, ~ое укрепле́ние bridgehead

предназнач|а́ть I *pf* ~́ить destine (for), intend (for), mean (for), earmark (for), set aside (for), assign (to, на + *acc or* для + *gen*); ~ де́ньги на пое́здку set aside money for a trip; **~е́ние** earmarking; *lit* destiny, calling; **~́ить** II *pf of* ~а́ть

преднаме́р|енно *adv* deliberately, wilfully, by design; **~́енность** *f* premeditation; **~́енный** (~ен, ~енна) premeditated, deliberate, aforethought

предначерт|а́ние outline, plan, design; **~а́ть** I *pf lit* foreordain; plan beforehand; **~́анный** ~ судьбо́й predestined

предо = пред

предобе́денный before dinner

пре́д|ок (~ка) ancestor, forefather; *pl* forebears

предоктя́брьский pre-October, pre-revolutionary

предоперацио́нный pre-operative

предопредел|е́ние predetermining; predestination; **~и́ть** II *pf of* ~я́ть; **~я́ть** I *pf* ~и́ть predetermine; predestine, foreordain

предоста́в|ить II (~лю) *pf of* ~ля́ть; **~ля́ть** I *pf* ~́ить; leave, let, allow, мне ~́или самому́ реши́ть де́ло the decision was left to me, I was allowed to decide the matter myself; ~ кого́ самому́ себе́ leave someone to his own devices, resources; ~ что на чьё усмотре́ние leave something to somebody's discretion; ~ в чьё распоряже́ние place at someone's disposal; grant, give; ~ креди́т give credit; ~ пра́во give, concede a right; ~ возмо́жность afford an opportunity; ~ кому́ сло́во call upon someone to speak, let someone have the floor

предостере|га́ть I *pf* ~́чь warn (against), caution (against), put on one's guard (against, от + *gen*); ~ от опа́сности warn of a danger; **~га́ющий** warning, cautionary, admonitory; **~же́ние** warning, caution; **~́чь** (~гу́, ~жёшь, ~гу́т; ~̈г, ~гла́; ~жённый) *pf of* ~га́ть

предосторо́жност|ь *f* caution; ме́ры ~и precautionary measures; для вя́щей ~и to make assurance doubly sure; precaution

предосуди́т|ельность *f* reprehensibility, blameworthiness; **~́ельный** (~елен) reprehensible, blameworthy, wrong

предотвра|ти́ть II (~щу́) *pf of* ~ща́ть; **~ща́ть** I *pf* ~ти́ть avert, prevent, ward off, stave off (*danger, disaster, war, etc*); **~ще́ние** prevention, averting

предохран|е́ние protection (against), preservation (from, от + *gen*); **~и́тель** *m* safety device, catch; cut-out, fuse; **~и́тельный** protective, safety; *med* prophylactic, preventive; ~ кла́пан safety-valve, ~и́тельная коро́бка fuse box; **~и́ть** II *pf of* ~я́ть; **~я́ть** I *pf* ~и́ть protect, preserve (from, against, от + *gen*)

предпи|са́ние order, injunction; directions, instructions; *med* prescription; ~ суда́ court order; **~са́ть** I (~шу́, ~́шешь) *pf of* ~́сывать; **~́сывать** order, direct, instruct (to, + *infin*); prescribe (*diet, etc*)

предпле́ч|ье (*gen pl* ~ий) forearm

предплу́жник coulter

предплюс|на́ 6 (*gen pl* ~́ен) tarsus

предполага́|емый proposed; **~́ть** I *pf* предположи́ть suppose, presume, assume; conjecture, surmise; *impf only* intend, propose, contemplate (+ *infin*); ~ю за́втра вы́ехать I intend to leave tomorrow; *impf only* presuppose; э́та рабо́та ~ет большо́й о́пыт this work presupposes great experience; **~́ться** I (~ется) *impf impers* ~ется it is intended, proposed

предполож|е́ние supposition, assumption; surmise, conjecture; intention; **~и́тельно** *adv* supposedly, presumably; probably (*in parenthesis*); **~и́тельный** conjectural, hypothetical; **~и́ть** II (~жу́, ~́ишь) *pf of* предполага́ть; ~́им, что ты прав let us suppose that you are right

предпо́лье *mil* forward defensive positions

предполя́рный subarctic

предпо|сла́ть (~шлю́, ~шлёшь) *pf of* ~сыла́ть

предпосле́дний penultimate, last but one, next to last; one from the bottom

предпос|ыла́ть I *pf* ~ла́ть preface (+ *dat*, with, + *acc*); ~ иссле́дованию о́бщие соображе́ния preface the research with some general observations; **~ы́лка** prerequisite, precondition; premise

предпоч|е́сть (~ту́, ~тёшь; ~ёл, ~ла́) *pf of* ~ита́ть; **~ита́ть** I *pf* ~е́сть prefer (to, + *dat*); ~ теа́тр ци́рку prefer the theatre to the circus; он ~ёл смолча́ть he preferred not to answer; **~те́ние** preference; predilection; оказа́ть ~ give preference (to, + *dat*); **~ти́тельно** *adv* preferably, rather; **~ти́тельный** (~ти́телен) preferable

предпра́здничный (before the) holiday

предприи́мч|ивость *f* enterprise, initiative; **~́ивый** (~ив) enterprising

предпри|нима́тель *m* owner (of firm, business, factory); employer; business man, entrepreneur; **~нима́тельский** owner's; entrepreneurial; employer's; businessman's; **~нима́тельство** (private) enterprise; **~нима́ть** I *pf* ~ня́ть undertake; ~ шаги́ take steps; **~ня́ть** (~му́, ~́мешь; ~́нял, ~няла́, ~́няло) *pf of* ~нима́ть; **~я́тие** undertaking, enterprise; риско́ванное ~ venture; factory, works, plant, concern, business

предраспол|ага́ть I *pf* ~ожи́ть predispose (to, к + *dat*); **~оже́ние** predisposition (to, к + *dat*); *med* diathesis; **~о́женный** predisposed (to, к + *dat*); **~ожи́ть** II (~ожу́, ~о́жишь) *pf of* ~ага́ть

предрассве́тн|ый of approaching dawn; ~ая мгла early morning mist; ~ые су́мерки false dawn

предрассу́д|ок (~ка) prejudice

предре|ка́ть I *pf* ~́чь *obs* foretell; **~́чь** (~ку́, ~чёшь, ~ку́т; ~̈к, ~кла́) *pf of* ~ка́ть

предреш|а́ть I *pf* ~и́ть predetermine, decide beforehand, in advance; **~и́ть** II *pf of* ~а́ть

председа́т|ель *m* chairman; president; **~́ельский** chairman's; заня́ть ~ельское ме́сто take the chair (*at meeting*); **~́ельство** chairmanship; presidency; **~́ельствовать** (~ельствую) *impf* be in the chair; preside; **~́ельствующий** *n* chairman

предска|за́ние foretelling; forecast, prediction, prophesy, prognostication; **~за́тель** *m* foreteller, forecaster; soothsayer; **~за́ть** I (~жу́, ~́жешь) *pf of* ~́зывать; **~́зывать** I *pf* ~за́ть foretell, forecast, predict, prophesy, prognosticate

предсе́рдие auricle

предсме́ртн|ый death, dying; ~ая аго́ния death agony; ~ое жела́ние dying wish

предста|ва́ть (~ю́, ~ёшь) *pf* ~́ть appear (before, пе́ред + *instr*); ~ пе́ред судо́м appear in court

представ|и́тель *m* representative; agent (*of firm*); spokesman; полномо́чный ~ plenipotentiary; *bot* specimen; **~и́тельность** *f* representativeness; imposing appearance, presence; **~и́тельный** *pol* representative; (~и́телен) imposing, impressive; **~и́тельство** representation; representing; agency (*of firm*); *collect* representatives, delegates;

торго́вое ~ СССР Trade Delegation of USSR; *pol* election of representatives (*to government organs*); **~и́тельствовать** (~и́тельствую) *impf* represent; **~́ить(ся)** II (~лю(сь)) *pf of* ~ля́ть(ся); **~ле́ние** presentation, production (*of document, etc*); introduction (*of person, etc*); (written) declaration, statement, representation; *theat* performance; дневно́е ~ matinée; *psych* representation; idea, notion, conception; име́ть сму́тное ~ have a vague idea (of, о + *prep*); не име́ть ни мале́йшего ~ле́ния not to have the slightest idea (foggiest notion); дава́ть ~ give an idea (of, о + *prep*); **~́ленный** (~лен) represented; **~ля́ть** I *pf* ~́ить present, produce, hand in (*documents, evidence, reports, etc*); ~ интере́с be of interest; ~ тру́дности offer difficulty; ~ удостовере́ние ли́чности produce identification papers; introduce (to), present (to, + *dat*); ~ к награ́де recommend for an award; ~ себе́ imagine, fancy, picture, conceive; ~ себе́ всю сло́жность зада́чи grasp the whole complexity of the problem; мо́жете себе́ ~́ить? you can imagine!; ~́ь (себе́)! (just) imagine!; show, depict; ~ в смешно́м ви́де hold up to ridicule; *theat* perform, play; *impf* represent; *impf* ~ собо́й be, represent, constitute; что он из себя́ ~ля́ет? what's he like; он ничего́ собо́ю (из себя́) не ~ля́ет there isn't much to him, he is not up to much; **~ля́ться** I *pf* ~́иться introduce oneself (to, + *dat*); pretend (to be, + *instr*), pass oneself off (as); ~ больны́м feign sickness; present itself, occur; слу́чай ско́ро ~́ился an opportunity soon presented itself; *impers* + *dat* seem; э́то тебе́ то́лько ~́илось you only imagined it

предста́т|ель *m obs* protector; champion; **~́ельный** ~ельная железа́ prostate (gland)

предста́|ть (~ну, ~нешь) *pf of* ~ва́ть

предсто|я́ть II (~и́т) *impf* lie ahead, be in prospect, be in store; нам предстоя́т больши́е тру́дности we are facing great difficulties; **~я́щий** forthcoming; ~ прие́зд impending arrival

предте́ча *m and f* forerunner, precursor; Иоа́нн ~ John the Baptist

предубе|ди́ть II (~ди́шь) *pf of* ~жда́ть; **~жда́ть** I *pf* ~ди́ть *obs* prejudice, bias; **~жде́ние** prejudice, bias; **~ждённый** prejudiced, biased

предуве́дом|ить II (~лю) *pf of* ~ля́ть; **~ле́ние** (fore)warning, notice in advance; **~ля́ть** I *pf* ~ить (fore)warn, give advance notice

предугад|а́ть I *pf of* ~́ывать; **~́ывать** I *pf* ~а́ть guess (in advance)

предуда́рный pre-tonic

предумы́шл|енность *f* premeditation; **~́енный** premeditated, aforethought

предупре|ди́тельность *f* obligingness, attentiveness, consideration; **~ди́тельный** preventive, precautionary; (~ди́телен) obliging, attentive, considerate, thoughtful; **~ди́ть** II (~жу́) *pf of* ~жда́ть; **~жда́ть** I *pf* ~ди́ть notify (in advance), give notice (about), let know beforehand (about), warn (about, о + *prep*); ~ за неде́лю об увольне́нии give a week's notice (of dismissal); prevent, avert; ~ пожа́р prevent a fire; anticipate, forestall; ~ собы́тия anticipate events; **~жде́ние** notification, notice; warning; anticipation, prevention; forestalling; ~ бере́менности contraception; вы́говор с ~жде́нием reprimand with a caution

предусм|а́тривать I *pf* ~отре́ть foresee; envisage, provide (for), make provision (for), stipulate; ~ все слу́чаи provide for every eventuality; **~отре́ть** II (~отрю́, ~о́тришь) *pf of* ~а́тривать; **~отри́тельность** *f* foresight, forethought, prudence; **~отри́тельный** (~отри́телен) far-sighted, prudent; provident

предý́тренний before morning, before dawn

предчу́вств|ие presentiment; premonition, foreboding, misgiving; **~́овать** (~ую) *impf* have a presentiment (about, of), premonition (about, of); have a feeling

предше́ств|енник precursor, forerunner; predecessor; **~́овать** (~ую) *impf* precede (+ *dat*); **~́ующий** preceding, previous, foregoing

предъяв|и́тель *m* bearer (*of document, etc*); ~ и́ска plaintiff; чек на ~и́теля cheque payable to bearer; **~и́ть** II (~лю́, ~́ишь) *pf of* ~ля́ть; **~ле́ние** presentation, producing, showing (*of documents, etc*); по ~ле́нии on presentation; ~ и́ска bringing of a suit; ~ обвине́ния accusation, charge (of, в + *prep*); **~ля́ть** I *pf* ~и́ть show, produce, present (*document, etc*); ~ доказа́тельства produce evidence; ~ обвине́ние bring an accusation (against, + *dat*; of, в + *prep*); ~ пра́во lay claim (to, на + *acc*); ~ тре́бования make demands (on, к + *dat*)

предыду́щ|ий previous, preceding; из ~его сле́дует from the foregoing it follows

прее́м|ник successor; **~́ственность** *f* succession; continuity; **~́ственный** successive; **~́ство** succession; continuity

пре́жде *adv* before(hand), first; ~ поду́май - пото́м скажи́ think before you speak; formerly, before, in former times; *prep* + *gen* before; ~ вре́мени *coll* prematurely; ~ всего́ to begin with, first of all; first and foremost ~ чем *conj* before; ~ чем отвеча́ть, поду́май think before answering; **~вре́менно** *adv* prematurely, too soon, before the proper time; **~вре́менность** *f* prematurity, untimeliness; **~вре́менный** (~вре́менен) premature, untimely, early; ~вре́менные ро́ды premature birth

пре́жн|ий previous, former; в ~ее вре́мя in the old days, in former times

презе́нт *coll joc* present; **~а́бельный** (~а́белен) imposing; presentable; **~ова́ть** (~у́ю) *pf coll joc* present, make a present

презерва|ти́в contraceptive, condom; **~ти́вный** *med* prophylactic, preventive; **~́ция** preservation

президе́нт president; **~́ский** presidential; **~́ство** presidency

прези́диум presidium

през|ира́ть I *impf* despise, scorn, hold in contempt, contemn; *pf* ~ре́ть disregard, disdain (+ *acc*; *obs* + *instr*); ~ опа́сность scorn danger; **~ре́ние** disdain, scorn, contempt (for, к + *dat*); **~ре́нный** (~ре́н, ~ре́нна) contemptible, despicable; scurvy, paltry; ~ мета́лл *joc* filthy lucre; **~ре́ть** II (~рю́; ~ре́нный) *pf of* ~ира́ть; **~ри́тельность** *f* contempt(uousness), disdain; **~ри́тельный** (~ри́телен) contemptuous, scornful, disdainful

презу́мпция *leg* presumption

преизбы́т|ок (~ка) superabundance

преиму́щ|ественно *adv* mainly, chiefly, principally, primarily; **~́ественный** primary, prime, principal; priority; preferential *also leg*; ~ественное пра́во preference; ~ественное пра́во на поку́пку pre-emption; **~́ество** advantage; име́ть ~ possess, have an advantage (over, пе́ред + *instr*); получи́ть ~ gain an advantage (over, пе́ред + *instr*); preference; по ~еству for the most part, mainly, chiefly; *leg* privilege

преиспо́дняя *n* underworld, inferno, nether regions, hell, Hades
преиспо́лн|енный full (of), filled (with, + *gen or instr*); ~ опа́сности fraught with danger; ~ реши́мости firmly resolved; **~́ить(ся)** II *pf of* ~ять(ся); **~я́ть** I *pf* ~́ить fill (with, + *gen or instr*); ~ кого́ ра́дости *or* ра́достью fill someone with joy; **~я́ться** I *pf* ~́иться be filled (with), become full (of, + *gen or instr*)
прейскура́нт price-list, catalogue; цена́ по ~у list price; bill of fare (*in restaurant*)
преклон|е́ние worship (of), admiration (for, пе́ред + *instr*); **~и́ть(ся)** II *pf of* ~я́ть(ся); **~́ный** advanced; ~ во́зраст old age, declining years; челове́к ~ных лет elderly person; **~я́ть** I *pf* ~и́ть *lit* incline, bend; lower (*banners, etc*); ~ го́лову bow one's head; ~ коле́на genuflect, kneel; **~я́ться** I *pf* ~и́ться bow, bend down (before); revere, admire, worship (пе́ред + *instr*)
прекосло́в|ие *obs* contradiction; без (вся́кого) ~ия without contradiction, unquestioningly; **~́ить** II (~лю) *impf* contradict (+ *dat*)
прекра́с|но *adv* beautifully, perfectly well; мы всё э́то ~но зна́ем we are perfectly well aware of (all) that; *pred* it is splendid, wonderful; *partic* fine; ~но, я за́втра приду́ fine, I'll come tomorrow; **~оду́шие** *iron* starry-eyed idealism; **~оду́шный** (~оду́шен) *iron* starry-eyed; **~ное** *n* the beautiful; **~́ный** (~ен) beautiful, fine, lovely; excellent, first-rate; ~ный пол the fair sex; в оди́н ~ный день one fine day, once upon a time; ра́ди ~ных глаз pour les beaux yeux
прекра|ти́ть(ся) II (~щу́(сь)) *pf of* ~ща́ть(ся); **~ща́ть** I *pf* ~ти́ть stop, cease, discontinue; break off (*relations, etc*), suspend (*payments, etc*); put an end, stop to; ~ знако́мство break it off (with, с + *instr*); ~ обсужде́ние вопро́са drop the subject; ~ пода́чу га́за cut off the gas; ~ пре́ния close a debate; ~ рабо́ту leave off work; ~ рабо́тать stop work(ing); ~ сноше́ния sever relations (with, с + *instr*); **~ща́ться** I *pf* ~ти́ться stop, cease, end; *pass of* ~ща́ть; **~ще́ние** stopping, ceasing, cessation, ending, discontinuance
прела́т prelate
прел|е́стный (~е́стен) charming, delightful, lovely; **~́есть** *f* charm, fascination; кака́я ~! how sweet!, how lovely!; *pl* delights
прелимина́р|ии (*gen pl* ~иев) *offic* preliminaries; **~́ный** *offic* preliminary
прелом|и́ть(ся) II (~лю́(сь), ~́ишь(ся)) *pf of* ~ля́ть(ся); **~ле́ние** refraction, bending; *fig* interpretation, construction; **~ля́емость** *f* refrangibility; **~ля́емый** refractable, refrangible; **~ля́ть** I *pf* ~и́ть refract; *fig* interpret, put a construction (upon); **~ля́ться** I (~ля́ется) *pf* ~и́ться be refracted; *fig* be interpreted; в созна́нии ребёнка всё ~ля́ется по-осо́бенному the child's mind perceives everything in its own way; **~ля́ющий** refractive, refracting
пре́л|ый (~) rotten, musty, fusty; **~ь** *f* rot, mould(iness)
прель|сти́ть(ся) II (~щу́(сь)) *pf of* ~ща́ть(ся); **~ща́ть** I *pf* ~сти́ть attract, entice, seduce, allure, tempt; ~ обеща́ниями lure, tempt with promises; captivate, fascinate; меня ~сти́ла перспекти́ва путеше́ствия I was attracted (tempted) by the prospect of travel; **~ща́ться** I *pf* ~сти́ться be attracted, enticed, tempted (by), fall (for)
прелюбоде́|й adulterer; **~́йствовать** (~йствую) *impf* commit adultery; **~я́ние** adultery
прелю́д *mus* prelude; **~́ия** *mus and fig* prelude (to, + *gen or* к + *dat*)
премиа́льн|ый bonus; premium; ~ая систе́ма bonus system; **~́ые** *n* bonus
преми́н|уть I *pf* не ~ not to fail; он не ~ул доба́вить he didn't omit to add
премир|ова́ние awarding a bonus, prize; **~о́ванный** prize(-winning); ~ *n* prizewinner; **~ова́ть** (~у́ю) *impf and pf* give, award a bonus (prize) (to)
пре́мия prize; bonus, bounty, gratuity; premium (*insurance, etc*); но́белевская ~ Nobel Prize
премно́го *adv* extremely, very much
прему́др|ость *f* wisdom; *coll iron* subtleties, mysteries; невелика́ ~ *coll* that's not so very difficult; **~́ый** (~) wise, sage; abstruse, involved
премье́р prime minister, premier; *theat* lead(ing actor); **~́а** *theat* premiѐre, first night, opening night; new production; **~́-мини́стр** prime minister, premier; **~́ша** *theat* lead(ing lady)
пренебре|га́ть I *pf* ~́чь scorn, despise, look down on, be disdainful about, turn up one's nose (at, + *instr*); ignore, neglect, disregard; ~ сове́том disregard advice; **~же́ние** scorn, contempt, disdain, disrespect; вы́казать (обнару́жить, прояви́ть) ~ show one's contempt (disrespect) (for, к + *dat*); говори́ть с ~же́нием speak slightingly (of, о + *prep*), disparage; neglect, disregard; ~ свои́ми обя́занностями neglect of one's duties, dereliction of duty; **~жи́тельность** *f* scorn; **~жи́тельный** (~жи́телен) scornful, disdainful, slighting; **~́чь** (~гу́, ~жёшь, ~гу́т; ~́г, ~гла́; ~́гший)
пре́ние rotting
пре́ни|я (*gen pl* ~й) debate, discussion; откры́ть, прекрати́ть ~ open, close a debate
преоблада́|ние prevalence, predominance; preponderance; **~́ть** I *impf* predominate (over), prevail (over, над + *instr*), preponderate; **~́ющий** predominant, prevalent, prevailing
преобра|жа́ть I *pf* ~зи́ть transform, transfigure, change; **~жа́ться** I *pf* ~зи́ться be transformed, transfigured, change; **~же́ние** transformation, transfiguration; П~ Госпо́дне Transfiguration of the Lord; **~зи́ть** II (~жу́) *pf of* ~жа́ть; **~зова́ние** transformation, reorganization, reform; **~зова́тель** *m* reformer, reorganizer; *tech* converter, transformer, transducer; **~зова́ть** (~зу́ю) *pf of* ~зо́вывать; **~зо́вывать** I *pf* ~зова́ть transform, reform, reorganize; *tech* convert (*current, etc*); ~ алгебраи́ческое выраже́ние transpose an algebraical expression
преодол|ева́ть I *pf* ~е́ть get over, surmount, overcome (*difficulties, obstacles, resistance, etc*); master, get the better of; **~е́ть** I *pf of* ~ева́ть; **~и́мый** (~и́м) surmountable
препар|а́т preparation; **~а́тор** laboratory assistant; **~и́ровать** (~и́рую) *impf and pf* prepare (*specimen, etc*)
препина́ни|е зна́ки ~я punctuation marks; ста́вить зна́ки ~я punctuate
препира́т|ельство altercation, wrangle, squabble, dispute; **~́ься** I *impf coll* wrangle (with), squabble (with, с + *instr*)
препод|ава́ние teaching; tuition, instruction; **~ава́тель** *m* teacher; lecturer (*in university, etc*); **~ава́тельский** teacher's, teaching; **~ава́ть** (~аю́, ~аёшь) *pf* ~а́ть give (*lesson, advice, etc*); *impf* teach, lecture (on, in); **~а́ть** (~а́м, ~а́шь, ~а́ст,

~ади́м, ~адите, ~аду́т; ~̍ал, ~ала́, ~̍ало) *pf of* ~ава́ть
препод|есе́ние presentation; **~ести́** (~есу́, ~есёшь; ~ёс, ~есла́; ~ёсший; ~есённый); *pf of* ~оси́ть; **~оси́ть** II (~ошу́, ~о́сишь) *pf* ~ести́ present (with, + *acc*; to, + *dat*); ~ свою́ кни́гу кому́ present someone with one's book; *fig coll iron* give, inform; ~ сюрпри́з кому́ give someone a surprise; ~ неприя́тную но́вость кому́ break (a piece of) bad news to someone; put across, present (*material, etc*); **~оше́ние** *lit* presentation; gift, present
преподо́б|ие его́ ~ his Reverence, the Reverend (*title of priest*); **~ный** Saint
препо́н|а *lit* impediment, obstacle; чини́ть ~ы кому́ put obstacles in someone's way
препоруч|а́ть I *pf* ~и́ть *obs* entrust, commit; **~̍и́ть** II (~у́, ~̍ишь) *pf of* ~а́ть
препоя́|сать I (~шу) *pf obs* gird; ~ свои́ чре́сла *fig rhet* gird up one's loins
препрово|ди́ловка *pop* accompanying document, covering letter; **~ди́тельный** accompanying (*document, etc*); **~ди́ть** II (~жу́,~̍дишь) *pf of* ~жда́ть; **~жда́ть** I *pf* ~ди́ть *offic* forward, dispatch, send; *obs* (send under) escort; *obs* spend (*time*); **~жде́ние** forwarding, dispatching; ~ вре́мени pastime; для ~жде́ния вре́мени to pass the time
препя́тств|ие obstacle, hindrance, impediment, barrier; чини́ть ~ия кому́ put obstacles in someone's way; преодоле́ть все ~ия surmount (overcome) all obstacles; *sp* obstacle, hurdle; бег с ~иями hurdle-race; ска́чки с ~иями steeplechase; **~̍овать** (~ую) *pf* вос~ hinder, impede, hamper; interfere with, stand in the way of; prevent (+ *dat*)
прерв|а́ть(ся) (~а́л(ся), ~ала́(сь), ~а́ло (~а́ло́сь)) *pf of* прерыва́ть(ся)
пререка́|ние altercation, wrangle, argument; вступи́ть в ~ния start an argument (with, с + *instr*); **~̍ться** I *impf coll* wrangle, argue (with, с + *instr*)
пре́рия *usu pl* prairie(s)
прерогати́ва prerogative
прерыв|а́тель *m tech* interrupter, contact-breaker, circuit-breaker, cut-out; **~а́ть** I *pf* прерва́ть interrupt, break (off), sever, cut short, cut off; ~ молча́ние break a silence; ~ ора́тора interrupt a speaker; ~ отноше́ния sever relations; ~ перегово́ры suspend talks, break off negotiations; ~ рабо́ту на кани́кулы go into recess (*of parliament*); **~а́ться** I *pf* прерва́ться be interrupted, broken off; break (off) (*of voice*); **~а́ющийся** faltering, choking (*of voice from emotion*); **~̍истый** (~ист) broken, interrupted, intermittent, faltering
пресви́тер *eccles* presbyter; elder (Presbyterian); **~ианство** Presbyterianism
пресе|ка́ть I *pf* ~̍чь stop, curb, cut short, put a stop to; ~ злоупотребле́ния put a stop to abuses; ~ в ко́рне nip in the bud; **~ка́ться** I *pf* ~̍чься stop; break (*of voice from emotion*); **~че́ние** interruption, cutting off, stopping; **~̍чь(ся)** (~ку́(сь), ~чёшь(ся), ~ку́т(ся); ~̍к(ся), ~̍кла́(сь)) *pf of* ~ка́ть(ся)
пресле́д|ование pursuit, chase; persecution, victimization, witch-hunting; ма́ния ~ования persecution mania; **~̍ователь** *m* persecutor; **~̍овать** (~ую) *impf* pursue, chase (after); persecute, torment, hound, victimize; *fig* haunt, obsess (*of thoughts, suspicions, etc*); *fig* strive after, pursue; ~ цель pursue an aim, object; *leg* prosecute; ~ кого́ суде́бным поря́дком take legal action against someone
пресловýтый notorious; *iron* famous, celebrated
пресмыка́|тельство grovelling, crawling; **~̍ться** I *impf obs* crawl, creep; *fig cont* grovel (before), cringe (before, пе́ред + *instr*); **~̍ющееся** reptile
прес|ново́дный freshwater; **~̍ный** (~ен, ~на́, ~но) fresh, sweet (*of water*); unsalted; unleavened (*of bread*); flavourless, tasteless; *fig coll* insipid, vapid, flat
преспоко́йный *coll* (very) calm
пресс press, punch
пре́сс|а *collect* the press; **~-атташе́** *m indecl* press attaché; **~-бюро́** *neut indecl* press department; **~-конфере́нция** press conference
пресс|ова́ть (~у́ю) *pf* от~, с~ (com)press; **~о́вка** (com)pressing; **~овщи́к** 1 press operator, presser; **~-папье́** *neut indecl* blotter; paperweight; **~-слу́жба** press service; **~-це́нтр** press office
преста́в|иться II (~люсь) *pf obs* pass away; **~ле́ние** passing (away)
престаре́л|ость *f* (extreme) old age; **~̍ый** aged, advanced in years; ~ые (лю́ди) the aged
прести́ж prestige; роня́ть ~ lose prestige, face; охраня́ть свой ~ save one's face; **~̍ный** prestige; ~ вопро́с question of prestige
престо́л throne; вступи́ть, взойти́ на ~ ascend the throne; све́ргнуть с ~а depose, dethrone; отре́чься от ~а abdicate; *eccles* altar, communion table; **~онасле́дие** succession to the throne; **~онасле́дник** successor to the throne; **~̍ьный** altar; ~ го́род capital (city); ~ пра́здник patron saint's day, patronal festival
преступ|а́ть I *pf* ~и́ть transgress, trespass (against); ~ зако́н violate, break the law; **~и́ть** II (~лю́, ~̍ишь) *pf of* ~а́ть; **~ле́ние** crime, offence; *leg* felony; transgression; госуда́рственное ~ treason; уголо́вное ~ criminal offence; ~ по до́лжности malfeasance; соста́в ~ле́ния corpus delicti; **~̍ник** criminal, offender; *leg* felon; вое́нный ~ war criminal; **~̍ность** *f* criminality, criminal nature; *collect* crime; борьба́ с ~ностью prevention of crime; **~̍ный** (~ен) criminal; *leg* felonious
пресуществле́ние transubstantiation
пресы́|тить(ся) II (~щу(сь)) *pf of* ~ща́ть(ся); **~ща́ть** I *pf* ~̍тить sate, satiate (with, + *instr*); surfeit, cloy (with, + *instr*); **~ща́ться** I *pf* ~̍титься be surfeited; be satiated, sated (with, + *instr*), have one's fill, a surfeit (of, + *instr*); **~ще́ние** satiety, surfeit; до ~ще́ния to satiety; **~̍щенность** *f* satiety, surfeit; **~̍щенный** satiated, surfeited, sated, replete; bloated
претвор|е́ние transformation, changing; ~ в жизнь realization, putting into practice; **~и́ть(ся)** II *pf of* ~я́ть(ся); **~я́ть** I *pf* ~и́ть turn, change, convert (into, в + *acc*); transubstantiate; ~ в жизнь (в де́ло) put into practice, carry out, realize; **~я́ться** I *pf* ~и́ться turn (into), become (в + *acc*); ~ в жизнь be realized, materialize, come true
претен|де́нт claimant (to), pretender (to, на + *acc*); ~ на престо́л pretender to the throne; **~дова́ть** (~ду́ю) *impf* lay claim (to), claim, seek (на + *acc*); ~ на дру́жбу с кем seek someone's friendship; aspire (to), have pretensions (to, на + *acc*); ~ на остроу́мие aspire to wit; ~ на учёность have pretensions to learning; **~̍зия**

claim; закóнная ~зия legal claim; имéть ~зию claim, lay claim (to), make claims (on, на + *acc*); заявля́ть ~зию put in, lodge a claim; предъявля́ть ~зию express dissatisfaction; pretension; человéк без ~зий unassuming person; человéк с ~зиями pretentious person; у негó нет никáких ~зий на острýмие he has no pretensions to wit; быть в ~зии на когó have a grievance against someone, be offended with someone; **~циóзность** *f* pretentiousness, affectation; **~циóзный** (~циóзен) pretentious, affected; ~циóзно одевáться dress ostentatiously

претерп|евáть I *pf* ~éть suffer, endure (*hardships, etc*); undergo (*changes, etc*); **~éть** II (~лю́, ~́ишь) *pf of* ~евáть

прет|и́ть II (~и́т) *impf impers* + *dat* disgust, make sick, be repugnant (to); емý ~и́т быть на побегýшках he's sick to death of being at (someone's) beck and call

преткновéни|е кáмень ~я stumbling-block

пре|ть (~́ет) *pf* со~ rot; *impf only* grow damp (*from warmth*); *pf* у~ stew; (~́ю, ~́ешь) *pf* взо~ *pop* sweat

преувелич|éние exaggeration, overstatement; **~́енный** exaggerated; **~́ивать** I *pf* ~ить exaggerate; *fig* embroider; overstate, magnify; overestimate, overrate (*merits, etc*); **~́ить** II *pf of* ~ивать

преуменьш|áть I *pf* ~́и́ть belittle, underestimate, understate; underrate; minimize; **~éние** underestimation; understatement; **~́и́ть** II *pf of* ~áть

преуспе|вáть I *pf* ~́ть succeed (in), be successful (in, в + *prep*); *impf only* thrive, prosper, flourish; **~́ть** I *pf of* ~вáть; **~́яние** success

префéкт prefect; **~ýра** prefecture

преферáнс preference (*card-game*)

прéфикс *gramm* prefix; **~áльный** *gramm* with a prefix; **~áция** *gramm* prefixation, addition of prefix

преходя́щий transient, transitory, ephemeral

прецедéнт precedent; установи́ть ~ establish a precedent

прецизиóнный *tech* precise, precision

при *prep* + *prep* near, by, at; ~ дорóге by the road(-side); би́тва ~ Бородинé the battle of Borodino; attached to, at, affiliated to; ~ штáбе attached to the staff; by, with, about, on *indicating possession, etc*; у меня́ нет дéнег ~ себé I have no money on me; быть ~ орýжии have arms about one, be armed; with, notwithstanding; ~ желáнии всегó мóжно доби́ться where there's a will there's a way; ~ всех егó достóинствах despite all his virtues; ~ всём том with it all; for all that; during (the time of), under, in the time of, during the reign of; ~ жи́зни during the life (of, + *gen*); ~ Ромáновых under the Romanovs; by, when *indicating circumstances*; ~ дневнóм свéте by daylight; ~ перехóде чéрез ýлицу when crossing the street; ~ слýчае when an opportunity arises; ~ анáлизе on analysis; ~ услóвии under, on the condition (that); with (*thanks to*); ~ пóмощи with the aid (of, + *gen*); **при-** *verbal pref in var senses*: completion of action or motion to particular point *ie* приéхать arrive; action of adding *ie* пристрóить build on; direction of action towards speaker *ie* пригласи́ть invite; action from above downwards *ie* придави́ть press down; exhaustiveness of action *ie* приучи́ть train; incompleteness or tentativeness of action *ie* приоткры́ть open slightly; accompaniment (with suffix -ыва-, -ива-) *ie* приговáривать keep saying; **при-** *pref of nouns and adjectives* indicates proximity *ie* примóрский coastal

прибáв|ить(ся) II (~лю(сь)) *pf of* ~ля́ть(ся); **~́ка** increase, supplement; получи́ть ~ку get a rise; addition, augmentation; **~лéние** addition, augmentation; ~ семéйства addition to the family; supplement; ~ в вéсе increase in weight; *fig coll* exaggeration, embroidery; **~ля́ть** I *pf* ~́ить add (+ *acc or gen*); ~ сáхару в чай put some sugar in one's tea; к пяти́ ~ два add two to five; increase, raise (*pay, etc*); ~ шáгу quicken, mend one's pace; ~ (в вéсе) *coll* put on, gain weight, lengthen, widen (в + *prep*) (*of clothes*); ~ в плечáх *coll* widen the shoulders (*of dress, etc*); *fig coll* lay it on, exaggerate; **~ля́ться** I (~ля́ется) *pf* ~́иться increase; rise (*of water*); wax (*of moon*); ~ в вéсе put on weight; дни ~́ились the days are getting longer; **~́очный** additional; *econ* surplus; ~очная стóимость surplus value

прибалти́йский Baltic

прибарахли́ться II *pf sl* dress (up) trendily

прибаýтка (rhymed) facetious catchphrase, saying

прибег|áть I *pf* ~́нуть resort (to), have recourse (to), fall back (on, к + *dat*); ~ к си́ле resort to force; *pf* прибежáть come running; ~ пéрвым get there first; **~́нуть** I (*past* ~ (~нул), ~ла) *pf of* ~áть

прибедн|и́ться II *pf of* ~я́ться; **~я́ться** I *pf* ~и́ться *coll* feign poverty, put on a poor act

прибе|жáть (~гý, ~жи́шь, ~гýт) *pf of* ~гáть; **~́жище** refuge; послéднее ~ last resort; находи́ть ~ take refuge (in, в + *prep*)

прибере|гáть I *pf* ~́чь put by (for, на + *acc*); **~́чь** (~гý, ~жёшь, ~гýт; ~́г, ~глá) *pf of* ~гáть

приби|вáть I *pf* ~́ть nail (to, к + *dat*); fix with nails; flatten (*crops, etc*), lay, settle (*dust, etc*); carry (*by wind, sea, etc*); труп ~́ло к бéрегу a body was washed ashore

приб|ирáть I *pf* ~рáть clear up, tidy (up), clean up; ~ кóмнату, в кóмнате do, clean, tidy a room; ~ на столé clear the table; put away; ~ кни́ги в шкаф put books away in the bookcase; ~ когó к рукáм take someone in hand; ~ что к рукáм appropriate, lay one's hands on something; **~ирáться** I *pf* ~рáться *coll* tidy one's own things, put things in order

приб|и́ть (~ью́, ~ьёшь) *pf of* ~ивáть; *pf pop* beat, give a beating to

прибли|жáть I *pf* ~́зить bring, move nearer; *fig* bring into closer contact (with, к + *dat*); **~жáться** I *pf* ~́зиться near, approach, draw near(er) (to, к + *dat*); ~ к окнý approach the window; ~́зился день отъéзда the day of departure has drawn nearer; *impf only* approximate (to, к + *dat*); **~жéние** approach(ing); *math* approximation; **~жённость** *f* nearness, proximity, approximate nature; **~жённый** approximate, rough; close (*to person of rank, etc*); *n iron* member of entourage (*of person of rank*), associate; favourite; *pl* retinue; **~зи́тельно** *adv* approximately, roughly, about; **~зи́тельность** *f* approximate nature; **~зи́тельный** (~зи́телен) approximate, rough; **~́зить(ся)** II (~жу(сь)) *pf of* ~жáть(ся)

приблýдный *pop* stray (*animal*)

прибóй surf, breakers

прибóр instrument, apparatus, device, appliance, gadget; set; чáйный ~ tea-service; **~́ный** ~ная доскá dashboard; ~ щитóк instrument panel; **~острoéние** instrument-making

приб|ра́ть(ся) (~еру́(сь), ~ерёшь(ся); ~ра́л(ся), ~рала́(сь), ~ра́ло (ра́ло́сь)) *pf of* ~ира́ть(ся)

прибре́ж|ный coastal, shore, littoral; ~ные острова́ offshore islands; ~ная полоса́ coastal strip; riverside, riparian, riverain; ~́ье littoral, coastal strip

прибре|сти́ (~ду́, ~дёшь; ~́л, ~ла́) *pf coll* come trudging along

прибы|ва́ть I *pf* ~́ть arrive, get in (*of train, etc*), be delivered; increase, grow; rise, swell (*of water*); wax (*of moon*); на́шего полку́ при́было our numbers have increased

при́б|ыль *f* profit, gain, return; валова́я ~ gross profit; чи́стая ~ net profit; кака́я мне в э́том ~? *fig coll* what do I get out of it?; increase, rise, increment; ~ населе́ния increase in population; пойти́ на ~ start to increase, grow longer (*of time*); *tech* riser; ~́ыльность *f* profitability, lucrativeness; ~́ыльный (~ылен) profitable, lucrative, paying

приб|ы́тие arrival; по ~ы́тии on arrival; **~ы́ть** (~у́ду, ~у́дешь; ~́ыл, ~ыла́, ~́ыло) *pf of* ~ыва́ть

прива́|да bait, lure (*for fish, birds*); ~́дить II (~жу) *pf of* ~живать; ~́живать I *pf* ~дить train, domesticate, accustom (*bird, etc, to particular place, by offering food*); *pop* attract (to), predispose (towards, к + *dat*)

прива́л halt, stop(ping); сде́лать ~ make a halt; stopping-place, bivouac; ~́ивать I *pf* ~и́ть push, roll up, lean (against, к + *dat*); come alongside, moor (*of boat*); *fig pop* turn up; наро́ду мно́го ~и́ло a lot of people turned up; како́е сча́стье ему́ ~и́ло! *coll* what a stroke of luck for him!; **~и́ть** II (~ю́, ~́ишь) *pf of* ~́ивать

прива́р|ивать I *pf* ~и́ть weld on (to, к + *dat*); cook, boil some more (+ *acc or gen*); **~и́ть** II (~ю́, ~́ишь) *pf of* ~́ивать; ~́ка welding; ~́ок (~ка) cooked food, hot meal; *fig coll* perks

прива́т-доце́нт *obs* unestablished university lecturer, privat-dozent

прива́тный *obs* private, unofficial

приведе́ние *fig* leading to, bringing; ~ к прися́ге swearing in; putting, setting; ~ в исполне́ние carrying out; ~ в поря́док putting in order; citing, adducing

привез|ти́ (~у́, ~ёшь; ~́, ла́; ~ённый; ~я́) *pf of* привози́ть

привере́д|а *m and f coll* = ~ник; ~́ливый (~лив) fastidious, fussy, finical; ~ в еде́ fussy over food; ~́ник fastidious, fussy person; ~́ничать I *impf coll* be fastidious, fussy

приве́рж|енец (~енца) adherent, supporter, follower; devotee, enthusiast, admirer (of, + *gen*); ~ старины́ traditionalist; ~́енность *f* devotion, attachment (to), predilection (for), enthusiasm (for, к + *dat*); ~́енный (~ен) devoted (to), attached (to, + *dat or* к + *dat*)

привер|ну́ть I *pf of* ~́тывать *coll*; **~те́ть** (~чу́, ~́тишь) *pf of* ~́тывать *pop*; ~́тывать I *pf* ~ну́ть *and* ~те́ть screw up, tighten; turn down (*gas, wick, etc*)

приве́|с additional weight, increase in weight; ~́сить II (~шу) *pf of* ~шивать; ~́сок (~ска) *pop* makeweight *also fig*; *fig* appendage (to, к + *dat*)

приве|сти́ (~ду́, ~дёшь; ~́л, ~ла́; ~дённый; ~дя́) *pf of* приводи́ть

приве|сти́сь (~дётся; ~ло́сь) *pf coll* fall to the lot (of, + *dat*), happen

приве́т greeting(s), regards; переда́йте ей ~ от меня́ give her my regards, remember me to her; с серде́чным ~ом yours sincerely (on letter); *interj coll* hi!, greetings!; so long!; ~́ик *interj coll* = ~; ~́ливый (~лив) amiable, affable, kindly, gracious, welcoming; ~́ственный of welcome, welcoming; ~ственная речь speech of welcome; ~́ствие greeting, salutation, salute (*of military*); message of greeting, greetings, speech of welcome; ~́ствовать (~ствую) *impf, past also pf; pf* по~ *coll* greet, welcome, hail, salute (*of military*); welcome (*suggestion, initiative, etc*), applaud

приве́|шенный у него́ язы́к хорошо́ ~шен *coll* he has a ready tongue; ~́шивать I *pf* ~сить hang up, suspend (on, к + *dat*)

приви|ва́ть I *pf* ~́ть graft, engraft; inoculate, vaccinate; ~ кому́ о́спу vaccinate against smallpox; implant (in); acclimatize (*plant*); *fig* inculcate, instil, foster (in); ~ кому́ вкус к му́зыке foster in someone a taste for music; ~ но́вую мо́ду set a new fashion; **~ва́ться** I *pf* ~́ться take (*of inoculation, graft, etc*); become acclimatized (*of plants*); take root, catch on, become established, find acceptance (*of views, fashion, words, etc*); ~́вка inoculation (against, от, про́тив + *gen*); vaccination; *bot* grafting, engrafting; ~́вочный *adj of* ~вка

привид|е́ние ghost, spectre, apparition; ~́еться II (~ится) *pf of* ви́деться

привилег|иро́ванный privileged, favoured; ~́ия privilege

привин|ти́ть II (~чу́) *pf of* ~́чивать; ~́чивать I *pf* ~ти́ть screw on (to, к + *dat*)

прив|ира́ть I *pf* ~ра́ть *coll* embroider, exaggerate; make up, concoct

прив|и́тие fostering, inculcation; **~и́ть(ся)** (~ью́, ~ьёшь, ~ьёт(ся); ~и́л(ся), ~ила́(сь)) *pf of* ~ива́ть(ся)

при́вкус (faint) taste, aftertaste; *fig* flavour, overtone(s), taint, tinge, smack

привле|ка́тельность *f* attractiveness; **~ка́тельный** (~ка́телен) attractive; engaging; fetching; **~ка́ть** I *pf* ~́чь draw, attract; ~ внима́ние draw attention; recruit, enlist, draw (into, к + *dat*); ~ кого́ на свою́ сто́рону win someone over to one's side; *leg* have up; ~ к суду́ take to court, take (legal) action against; ~ к отве́тственности call to account (for, за + *acc*); ~ к уголо́вной отве́тственности institute criminal proceedings against; include (*fresh material, etc*); *obs* clasp; ~́чь (~ку́, ~чёшь, ~ку́т; ~́к, ~кла́) *pf of* ~ка́ть

привн|ести́ (~есу́, ~есёшь; ~ёс, ~есла́) *pf of* ~оси́ть; **~оси́ть** II (~ошу́, ~о́сишь) *pf* ~ести́ introduce, insert (in, в + *acc*)

приво́д *leg* taking into custody, (temporary) arrest; bringing to court for questioning; *tech* drive; ремённый ~ belt drive

прив|оди́ть II (~ожу́, ~о́дишь) *pf* ~ести́ bring, take; ~ дете́й в шко́лу take the children to school; lead (to), bring (to), result (in, к + *dat*); э́то к добру́ не ~едёт no good will come of it; доро́га ~ела́ к до́му the path led to the house; *fig* put, set, place, throw (into, in, *etc*, в + *acc*); ~ в бе́шенство throw into a rage; ~ в движе́ние, в де́йствие set in motion; ~ в затрудне́ние put in a difficult position; ~ в исполне́ние carry out, put into effect; ~ в хоро́шее настрое́ние put in(to) a good mood; ~ в отча́яние reduce to despair; ~ в поря́док put in order, tidy up; fix, arrange; ~ в

чу́вство bring round; *math* reduce (to, к + *dat*); cite, quote, adduce (*proof, example, quotation, etc*)
приводн|е́ние landing on water, splashdown; **~и́ться** II *pf of* ~я́ться
приводн|о́й *tech* driving; ~ вал driving shaft; ~ реме́нь driving belt; ~а́я цепь chain drive
приводн|я́ться I *pf* ~и́ться land, alight, come down on water
приво́|з bringing in, supply(ing); import(ation); *coll* consignment, load; **~зи́ть** II (~жу́, ~́зишь) *pf* привезти́ bring (*by transport, not on foot*); **~зно́й** imported; **~́зный** = ~зно́й
приво́й graft, scion
привол|а́кивать I *pf* ~о́чь *pop* drag (over); **~о́чь** (~оку́, ~очёшь, ~оку́т; ~о́к, ~окла́) *pf of* ~а́кивать
приво́ль|е open space, vast expanse; freedom; **~́ный** free; ~ная жизнь carefree, free and easy life; open, spacious, far-flung (*of open spaces*)
привор|а́живать I *pf* ~ожи́ть bewitch; *fig coll* charm; **~ожи́ть** II *pf of* ~а́живать
приворо́тн|ый ~ое зе́лье love-potion, philtre
привра́тник door-keeper, gatekeeper; porter, janitor; *anat* pylorus
привр|а́ть (~у́, ~ёшь; ~а́л, ~ала́, ~а́ло) *pf of* привира́ть
привск|а́кивать I *pf* ~очи́ть start, jump up; **~очи́ть** II (~очу́, ~о́чишь) *pf of* ~а́кивать
привста|ва́ть (~ю́, ~ёшь) *pf* ~́ть half-rise; rise, stand up (*for a moment*); **~́ть** (~ну, ~нешь) *pf of* ~ва́ть
привходя́щ|ий ~ие обстоя́тельства attendant circumstances
привы|ка́ть I *pf* ~́кнуть get used (to), get accustomed (to, к + *dat*; + *infin*); ~ ра́но встава́ть be used to getting up early; get into the habit, way of; **~́кнуть** I (*past* ~к, ~кла) *pf of* ~ка́ть; **~́чка** habit; войти в ~чку become a habit; де́лать по ~чке do from sheer force of habit; си́ла ~чки force of habit; приобрести́ ~чку get into, acquire the habit of; расста́ться с ~чкой break a habit, give up a habit; *pop* skill, ability; **~́чный** (~чен) habitual, usual, customary; *coll* accustomed (to, к + *dat*), used (to); trained, practised
привя́|занность *f* attachment (to), affection (for, towards, к + *dat*); *fig* object of affection; ста́рая ~ old flame; **~́занный** attached (to, к + *dat*); **~за́ть(ся)** I (~жу́(сь), ~́жешь(ся)) *pf of* ~́зывать(ся); **~зно́й** fastened, secured; ~ аэроста́т captive balloon; **~́зчивость** *f* affectionateness; importunity, annoyingness; **~́зчивый** (~зчив) *coll* affectionate; importunate, bothersome, tiresome; **~́зывать** I *pf* ~за́ть fasten (to), bind (to), attach (to), tie (to), secure (to, к + *dat*); ~ ло́шадь tether a horse; ~ кого́ к себе́ gain someone's goodwill, win someone's affections; **~́зываться** I *pf* ~за́ться become attached (to), grow fond (of, к + *dat*); *coll* pester, bother, make a nuisance of oneself; *coll* pick on (к + *dat*); *coll* tag along (with), start following (к + *dat*)
при́вяз|ь *f* lead, leash; tether; tie; на ~и on a lead, leash; держа́ть соба́ку на ~и keep a dog on a lead; посади́ть на ~ put on a lead
при́гарь *f* taste of burning; суп с ~ю soup with a burnt taste
пригво|жда́ть I *pf* ~зди́ть nail, pin (to, к + *dat*); *fig* rivet, root (to); ~ к ме́сту rivet, root to the spot; ~ к позо́рному столбу́ pillory; **~зди́ть** II (~зжу́)
приг|иба́ть I *pf* ~ну́ть bend (down); **~иба́ться** I *pf* ~ну́ться bend (down)
пригла́|дить(ся) II (~жу) *pf of* ~живать; **~́живать(ся)** I *pf* ~дить smooth (*hair, etc*) *also fig*
пригла|си́тельный inviting, invitation; **~си́ть** II (~шу́) *pf of* ~ша́ть; **~ша́ть** I *pf* ~си́ть invite, ask; ~ на ве́чер invite to a party; ~ врача́ call (in) a doctor; engage, hire, offer post; ~си́ть консульта́нта ask for professional advice; **~ше́ние** invitation; по ~ше́нию by invitation; offer (of employment)
приглуш|а́ть I *pf* ~и́ть deaden, muffle (*sound*); damp down, smother (*fire*); **~и́ть** II *pf of* ~а́ть
пригля|де́ть(ся) II (~жу́(сь)) *pf of* ~́дывать(ся); **~́дывать** I *pf* ~де́ть *pop* look (after), watch (over), keep an eye (on, за + *instr*); look out for, spot, pick out; **~́дываться** I *pf* ~де́ться *coll* look hard (close) (at), scrutinize, observe, stare (at, к + *dat*); pall (on, + *dat*); get used, accustomed (to, к + *dat*); **~ну́ться** I (~ну́сь, ~́нешься) *pf coll* take one's fancy, appeal (to, + *dat*); она́ ему́ ~ну́лась he took a fancy to her
приг|на́ть (~оню́, ~о́нишь; ~на́л, ~нала́, ~на́ло) *pf of* ~оня́ть
приг|ну́ть(ся) I *pf of* ~иба́ть(ся)
пригов|а́ривать I *impf* keep on saying, murmur (at the same time as); *pf* ~ори́ть sentence (to), condemn (to, к + *dat*); **~о́р** (*also* пригово́р) sentence, verdict, judgement; выноси́ть ~ pass sentence, bring in a verdict; усло́вный ~ suspended sentence; **~ори́ть** II *pf of* ~а́ривать
приго|ди́ться II (~жу́сь) *pf* be of use, be useful, come in useful, handy, stand in good stead; **~́дность** *f* usability; fitness, usefulness, suitableness; **~́дный** (~ден) usable; fit (for), suitable (for), useful (for, для + *gen*, к + *dat*)
приго́ж|ий (~) *poet* comely; fine (*of weather*); ~ий день fine day; ~ая о́сень fine autumn
приголу́б|ить II (~лю) *pf of* ~ливать *and* голу́бить; **~́ливать** I *pf* ~ить *coll* show kindness to; *poet* caress, fondle
приго́н driving home, bringing in; **~́ка** fitting, adjusting, jointing; **~я́ть** I *pf* пригна́ть drive home, bring in (*cattle*); fit, adjust, joint
пригор|а́ть I *pf* ~е́ть burn, be burnt; молоко́ ~е́ло the milk has burnt; **~е́лый** (slightly) burnt; **~е́ть** II *pf of* ~а́ть
при́г|ород suburb; *hist* subject town; **~́ородный** surburban, local; ~ по́езд local train
приго́р|ок (~ка) hillock, knoll
при́горшн|я (*gen pl* ~ей) handful; ~ями by the handful; пить во́ду ~ями drink water from cupped hands; по́лными ~ями abundantly, lavishly
пригорю́н|иваться I *pf* ~иться *poet* grow sad; **~иться** II *pf of* ~иваться; сиде́ть ~ившись sit with a dejected look
пригот|а́вливать(ся) I = ~овля́ть(ся); **~ови́тельный** preparatory, preliminary; **~о́вить(ся)** II (~о́влю(сь)) *pf of* ~а́вливать(ся) *and* ~овля́ть (-ся); **~ови́шка** *m and f coll* beginner (*of pupil*); **~овле́ние** preparation; **~овля́ть** I *pf* ~о́вить prepare; make, get ready; ~о́вить кого́ к экза́менам coach, prepare someone for examinations; ~ посте́ль make a bed; ~ роль learn a part; ~ обе́д prepare, cook dinner; ~ уро́ки do one's homework; **~овля́ться** I *pf* ~о́виться prepare (to, + *infin*), get ready (to, + *infin*; for, к + *dat*)
пригре|ба́ть I *pf* ~сти́ *coll* rake up; row (towards, к + *dat*)

пригре|ва́ть I *pf* ∼́ть warm (a little); *fig coll* give shelter to, shelter, be kind to, cherish; ∼ змею́ на груди́ nourish a viper in one's bosom
пригре́|зиться II (∼жусь) *pf of* гре́зиться
пригре|сти́ (∼бу́, ∼бёшь; ∼̈б, ∼бла́) *pf of* ∼ба́ть
пригре́|ть I *pf of* ∼ва́ть
пригро|зи́ть II (∼жу́) *pf of* грози́ть
пригу́б|ить II (∼лю) *pf* taste, take a sip (of)
прида|ва́ть (∼ю́, ∼ёшь) *pf* ∼́ть add; *mil* attach; increase, strengthen, lend; ∼ бо́дрости put heart into (+ *dat*); ∼ ду́ху inspire, encourage (+ *dat*); give, impart, lend (to, + *dat*); ∼ значе́ние attach importance (to, + *dat*)
придав|и́ть II (∼лю́, ∼́ишь) *pf of* ∼́ливать; ∼́**ливать** I *pf* ∼и́ть press, weigh, hold down; press (to); squeeze
прида́ни|е adding, imparting, giving; для ∼я зако́нной си́лы *leg* for the enforcement (of, + *dat*)
прида́ное dowry; trousseau; layette
прида́|ток (∼тка) appendage, adjunct; ∼́**точный** additional, supplementary; ∼точное предложе́ние subordinate clause; *bot* adventitious; ∼́**ть** (∼м, ∼шь, ∼ст, ∼ди́м, ∼ди́те, ∼ду́т; при́дал, ∼ла́, при́дало) *pf of* ∼ва́ть; ∼́**ча** adding; *mil* attaching; addition; в ∼чу in addition, extra; into the bargain; в ∼чу к э́тому to make it worse
придви|га́ть I *pf* ∼́нуть move up, draw up; ∼ стул к столу́ draw a chair up to the table; ∼**га́ться** I *pf* ∼́нуться move up, draw near; ∼́**нуть(ся)** I *pf of* ∼га́ть(ся)
придво́рный court; ∼ поэ́т poet laureate; *n* courtier
приде́л *eccles* side-altar; side-chapel
приде́л|ать I *pf of* ∼́ывать; ∼́**ывать** I *pf* ∼ать fix, attach (to, к + *dat*)
придерж|а́ть II (∼у́, ∼́ишь) *pf of* ∼́ивать; ∼́**ивать** I *pf* ∼а́ть hold (back), check; ∼ ло́шадь rein in a horse; *fig* hold back, withhold (*money, goods, etc*); ∼а́ть язы́к hold one's tongue; ∼́**иваться** I *impf* hold on (to, за + *acc*); keep (to, + *gen*); ∼ ле́вой, пра́вой стороны́ keep to the left, right; adhere (to), keep (to), abide (by), stick (to, + *gen*); ∼ догово́ра keep to an agreement; ∼ мне́ния hold the opinion; ∼ те́мы stick to the subject; ∼ рю́мочки *coll* like a drink
приди́р|а *m and f coll* fault-finder, quibbler; ∼**а́ться** I *pf* придра́ться find fault (with), cavil (at), carp (at), nag (at), pick (on, к + *dat*); *pop* seize on, upon; ∼ к слу́чаю seize an opportunity; ∼́**ка** quibble, cavil; ∼́**чивость** *f* captiousness; ∼́**чивый** (∼чив) fault-finding, carping, cavilling, captious, quibbling
придоро́жный wayside, roadside
при|дра́ться (∼деру́сь, ∼дерёшься; ∼дра́лся, ∼драла́сь, ∼дра́ло́сь) *pf of* ∼дира́ться
приду́м|ать I *pf of* ∼ывать; ∼́**ка** *pop* invention; ∼́**щик** *coll* improviser; romancer; inventor; ∼́**ывать** I *pf* ∼ать have the idea of (+ *infin*); think up, devise, concoct; ∼ отгово́рку think up an excuse; э́то ты хорошо́ ∼ал that's a good idea of yours
прид|у́риваться I *impf pop* act the imbecile; *sl* have a soft job (*usu in prison camp*); ∼**уркова́тый** (∼уркова́т) *coll* daft, silly, half-witted; ∼**у́рок** *sl* (∼у́рка) person with soft job (*in prison camp*); ∼́**урь** *f* с ∼урью *coll* (slightly) odd (*of person*)
приду́ш|енный muffled (*of voice, etc*); ∼**и́ть** II (∼у́, ∼́ишь) *pf coll* strangle, choke, throttle, smother
придыха́|ние *ling* aspiration; ∼́**тельный** aspirate; ∼ согла́сный aspirate
прие́да́|ться I (∼ется) *pf* прие́сться pall (on), bore, tire; мне э́то прие́лось I'm tired of it, I'm fed up with it
прие́з|д arrival, coming; с ∼дом! welcome!, glad to see you!; ∼**жа́ть** I *pf* прие́хать arrive, come (*not on foot*); ∼**жа́ющий** *n* (new) arrival, newcomer, visitor; ∼́**жий** *adj* newly arrived, passing through; ∼жая тру́ппа touring company; *n* newcomer, visitor; ∼жие (лю́ди) strangers (*to a place*)
приём receiving, reception; часы́ ∼а surgery, reception, calling hours; welcome, reception; оказа́ть раду́шный ∼ кому́ accord someone a hearty welcome; admission (to), enrolment (in); (formal) reception, party; dose (*of medicine*); sitting, go; в оди́н ∼ at one go, in one stretch, in one sitting, in one draught (*of a drink*); method, way, mode, manner; ра́зные ∼ы лече́ния various methods of treatment; trick, device; ло́вкий ∼ clever trick; ∼ы с ору́жием manual of arms; ∼̈**ка** formal acceptance (*of new building, etc*)
прие́мл|емость *f* acceptability; admissibility; ∼́**емый** (∼ем) acceptable; admissible
приём|ная waiting-room; reception room; ∼̈**ник** receiver; radio (set), wireless (set); reception centre (*for orphaned children, etc*); ∼̈**ный** receiving, reception; ∼ день visiting day; ∼ные часы́ reception hours, surgery (times, hours); ∼ поко́й casualty ward; entrance, admittance; ∼ная коми́ссия selection committee, board; ∼ экза́мен entrance examination; foster, adoptive; ∼ оте́ц foster-father; ∼ная мать foster-mother; ∼ сын adopted son, foster-son; ∼ная радиоста́нция receiving radio station; ∼̈**очный** reception, receiving, acceptance; ∼ пункт reception centre; ∼очное испыта́ние acceptance test; ∼̈**щик** receiving clerk; ∼̈**ыш** *coll* adopted child, foster-child
при|е́сться (∼е́стся, ∼едя́тся; ∼е́лся, ∼е́лась) *pf of* ∼еда́ться
прие́|хать (∼ду, ∼дешь) *pf of* ∼зжа́ть
приж|а́тый быть ∼а́тым к стене́ *fig* have one's back to the wall; ∼**а́ть(ся)** (∼му́(сь), ∼мёшь(ся)) *pf of* ∼има́ть(ся)
при|же́чь (∼жгу́, ∼жжёшь, ∼жгу́т; ∼жёг, ∼жгла́) *pf of* ∼жига́ть
прижива́л(ьщик) *hist* dependant; *fig* hanger-on, sponger; ∼́**ка** *f of* ∼
прижи|ва́ть I *pf* ∼́ть *pop* beget, give birth to (*out of wedlock*); ∼**ва́ться** I *pf* ∼́ться settle down, get acclimatized; take, strike root (*of plants*); ∼**ви́ть** II (∼влю́) *pf of* ∼вля́ть; ∼**вля́ть** I *pf* ∼ви́ть graft, cause to take
приж|ига́ние cauterization, searing; ∼**ига́ть** I *pf* ∼е́чь cauterize, sear
прижи́зненный during one's lifetime
приж|има́ть I *pf* ∼а́ть press, clasp, squeeze (to, к + *dat*); ∼ к сте́нке *fig coll* pin down; ∼ у́ши lay back its ears (of horse); *fig coll* press, put the screw on; ∼**има́ться** I *pf* ∼а́ться cuddle up (to), snuggle up (to), cling close (to), nestle up (to, к + *dat*); ∼**и́мистый** (∼и́мист) *coll* close-fisted, tight-fisted, stingy
приж|и́ть(ся) (∼иву́(сь), ∼ивёшь(ся); ∼́ил, ∼ила́, ∼́ило; ∼и́лся, ∼ила́сь) *pf of* ∼ива́ть(ся)
прижу́чить II *pf pop* crack down on
приз 2 prize *also naut*; переходя́щий ∼ challenge prize; получи́ть ∼ win a prize

призаду́м|аться I *pf of* ~ываться; **∸ываться** I *pf* ~аться *coll* become thoughtful, pensive; give thought (to, о + *prep and* над + *instr*)
приза|ня́ть (~йму́, ~йме́шь; ∸нял, ~няла́, ∸няло) *pf coll* borrow (a little of, + *gen* or + *acc*)
при|зва́ние vocation, calling; bent, inclination, aptitude (for, к + *dat*); сле́довать своему́ ~зва́нию follow one's vocation, bent; он врач по ~зва́нию he is cut out to be a doctor; mission, task; **~зва́ть(ся)** (~зову́(сь), ~зовёшь(ся); ~зва́л(ся), ~звала́(сь), ~зва́ло(сь) *and* ~звало́сь) *pf of* ~зыва́ть(ся)
при́звук additional sound
приземи́ст|ый (~) thickset, stocky, squat; *fig* low-built, squat
приземл|е́ние landing, touch-down; **~ённый** materialistic; **~и́ть(ся)** II *pf of* ~я́ть(ся); **~я́ть** I *pf* ~и́ть (bring in to) land; *fig* bring down to earth, bring down to a more practical level; **~я́ться** I *pf* ~и́ться land, touch down; *fig* come down to earth; *fig coll joc* descend upon; *pf sl* land a job
призёр prize-winner; **∸ша** *f of* ~ *coll*
при́зм|а prism; сквозь ~у *fig* in the light (of, + *gen*); **~ати́ческий** prismatic
призна|ва́ть (~ю́, ~ёшь) *pf* ∸ть recognize, spot, identify; ~ в прие́зжем ста́рого дру́га recognize in the newcomer an old friend; я вас не ∸л: постаре́ли *pop* I didn't recognize you: you've aged; recognize, acknowledge, own, admit (*of government, rights, mistakes, blame, etc*); ~ себя́ вино́вным *leg* plead guilty; ~ себя́ побеждённым acknowledge one's defeat; deem, declare; ~ ну́жным deem (it) necessary; ~ недействи́тельным declare invalid; **~ва́ться** (~ю́сь, ~ёшься) *pf* ∸ться own (to), confess (to, в + *prep*; + *dat*); ~ в любви́ declare one's love; ~ в свои́х оши́бках admit one's mistakes; ~ в преступле́нии confess to a crime; на́до ~, что it must be admitted that; ∸ться (сказа́ть), ~ю́сь *coll* to tell the truth
при́знак sign, indication; ~и отравле́ния symptoms of poisoning; име́ются все ~и того́, что there is every indication that; не подава́ть ~ов жи́зни show no sign of life; служи́ть ~ом denote, be an indication (of, + *gen*)
призн|а́ние confession, avowal; ~ в любви́ declaration of love; admission, acknowledgement; по о́бщему ~а́нию by general admission; recognition; ~ де-фа́кто de facto recognition; получи́ть всео́бщее ~ be generally recognized; **∸анный** recognized, acknowledged (*talent, expert, etc*); **~а́тельность** *f* gratitude, gratefulness, thankfulness; **~а́тельный** (~а́телен) grateful, thankful; **~а́ть(ся)** (~а́ю(сь), ~а́ешь(ся)) *pf of* ~ава́ть(ся)
призов|о́й prize; ~о́е су́дно prize (ship)
призо́р без ~а *coll* unattended; neglected
при́зр|ак phantom, spectre, apparition, ghost; гоня́ться за ~аками catch at shadows; **∸ачность** *f* illusoriness; **∸ачный** (~ачен) phantasmal, spectral, ghostly; ~ачное виде́ние ghostly vision; *fig* illusory, imagined, unreal; illusive, shadowy
призр|ева́ть I *pf* ~е́ть take care of, look after (by charity); **~е́ние** care, charity, alms; **~е́ть** (~ю́, ∸и́шь) *pf of* ~ева́ть
призы́в call, appeal; ~ на по́мощь call for help; откли́кнуться на ~ respond to an appeal; slogan; первома́йские ~ы May Day slogans; *mil* call-up, draft, levy; Ле́нинский ~ Lenin enrolment (in Party on Lenin's death); **~а́ть** I *pf* призва́ть call (upon), appeal; ~ на по́мощь call for help; ~ на вое́нную слу́жбу call up (for military service); ~ к борьбе́ call to struggle; ~ к споко́йствию appeal for calm; **~а́ться** I *pf* призва́ться *coll* be called up; *pass of* ~а́ть; **~ни́к** 1 person who has been called up, draftee; **~но́й** call-up; ~ во́зраст call-up age; ~ пункт enlistment office; **∸ный** ~ клич call
при́и|ск mine (*for precious metals*); золоты́е ~ски gold-field(s); **~ска́ние** finding; **~ска́тель** *m* miner, mineworker; **~ска́ть** I (~щу́, ∸щешь) *pf of* ∸скивать *coll* find; **∸скивать** I *pf* ~ска́ть; *impf coll* look for, hunt for
при|йти́(сь) (~ду́(сь), ~дёшь(ся); ~шёл(ся), ~шла́(сь)) *pf of* приходи́ть(ся)
прика́|з order, command; по ~зу by order (of, + *gen*); ~ по войска́м order of the day; ~ о наступле́нии order to attack; отда́ть ~ issue an order; *hist* office, department, **~за́ние** instruction, order, command, injunction; **~за́ть** I (~жу́, ∸жешь) *pf of* ∸зывать; **∸зный** в ~зном поря́дке in the form of an order; *hist* departmental; ~ язы́к chancery language; *n* petty official; **∸зчик** *obs* shop-assistant, salesman; steward, bailiff; **∸зывать** *pf* ~за́ть order, command, give orders to, direct (+ *dat*, + *infin*); ~за́ть до́лго жить pass on, depart (from) this life; как ∸жете вас понима́ть? how should I take your remark?; что ∸жете? what can I do for you?, what do you wish?
прик|а́лывать I *pf* ~оло́ть pin, fasten with a pin (to, к + *dat*); *coll* kill, stab, transfix; ~ штыко́м bayonet
прик|а́нчивать I *pf* ~о́нчить *pop* finish, use up (*supplies, etc*); *coll* finish off, kill
прикарма́н|ивать I *pf* ~ить *pop* pocket, pinch; **∸ить** II *pf of* ~ивать
прика́рмливать I *impf* ~ грудно́го ребёнка молоко́м supplement a baby's diet with milk; *pf* прикорми́ть lure, bait
прик|аса́ться I *pf* ~осну́ться touch (lightly); я к твои́м веща́м не ~аса́лся I haven't touched your things
прика|ти́ть II (~чу́, ∸тишь) *pf of* ∸тывать; **∸тывать** I *pf* ~ти́ть roll up (to, к + *dat*); *coll* roll up, turn up (*of guests, etc*)
прики́|дывать I *pf* ~нуть *pop* add (+ *acc or* + *gen*); *coll* try the weight (by feel); ~ на руке́ weigh in one's hand; estimate, reckon up; ~ в уме́ reckon up in one's head, *fig* weigh up; **∸дываться** I *pf* ~нуться *coll* pretend, sham, feign (+ *instr*); ~ больны́м pretend to be ill; ~ простачко́м play dumb
прикип|а́ть I *pf* ~е́ть burn (to, к + *dat*); молоко́ ~е́ло к кастрю́ле the milk has burned to the saucepan; ~ душо́й (се́рдцем) к чему́ become (very) attached to something; **~е́ть** II (~лю́) *pf of* ~а́ть
прикла́д butt(-stock); trimmings (*of tailor*); **∸ка** levelling (*of rifle*); position (*with rifle*); **~ни́к** 1 *coll* applied artist; **~но́й** applied; ~но́е иску́сство applied art(s); **∸ывать** I *pf* приложи́ть put, hold, apply (to, к + *dat*); приложи́ть ру́ку ко лбу put one's hand to one's head; ~ ру́ку take a hand (in), add one's signature (to, к + *dat*); **∸ываться** I *pf* приложи́ться put (ear, eye, mouth to, к + *dat*); ~ гла́зом к замо́чной сква́жине put one's eye to the keyhole; ~ (губа́ми) kiss (к + *dat*); take aim; остально́е прило́жится the rest will look after itself
прикле́|ивать I *pf* ~ить stick, glue, paste (to, к + *dat*); **∸иваться** I *pf* ~иться become stuck, stick,

adhere (to, к + *dat*); ∸**ить(ся)** II *pf of* ~ивать(ся)
приклеп|áть I *pf of* ∸ывать; ∸**ывать** I *pf* ~áть rivet; *pf sl* charge spuriously
приклон|и́ть II (~ю́, ∸ишь) *pf of* ~я́ть; ~**я́ть** I *pf* ~и́ть; ~и́ть го́лову *coll* lay one's head; на ста́рости не́куда го́лову ~и́ть *fig* there is nowhere to lay one's head in old age
приключ|áться I (~áется) *pf* ~и́ться *coll* happen, occur; ~**е́ние** adventure; ~**е́нческий** adventure; ~ рома́н novel of adventure; ~**е́нчество** literature of adventure; ~**и́ться** II *pf of* ~áться
прик|óванный ~ к посте́ли bedridden, confined to one's bed; ~**ова́ть** (~ую́, ~уёшь) *pf of* ~óвывать; ~**óвывать** I *pf* ~ова́ть chain (to, к + *dat*); *fig* rivet, root; ~ внима́ние, взгля́ды к чему́ rivet attention, attract gaze to something; страх ~ова́л нас к ме́сту fear rooted us to the spot
прикóл post, stake; суда́ на ~е ships at their moorings; стоя́ть на ~е be laid up; stand idle; ~**áчивать** I *pf* ~оти́ть nail down, up; fasten with nails; ~**оти́ть** II (~очу́, ~óтишь) *pf of* ~áчивать
прик|олóть (~ю́, ~óлешь; ~óлотый) *pf of* ~áлывать
прикомандир|ова́ть (~у́ю) *pf of* ~óвывать; ~**óвывать** I *pf* ~ова́ть attach (to), second (to, к + *dat*)
прик|óнчить II *pf of* ~áнчивать
прикóрм feeding up; additional food, extra feed; lure, bait (*for birds or fish*); ~**и́ть** II (~лю́, ∸ишь) *pf of* прика́рмливать; ∸**ка** = ~
прикорну́ть I *pf coll* snuggle up; curl up; take a nap; go to sleep, doze
прикосн|ове́ние touch; то́чка ~ове́ния point of contact; *sing* concern; ~**ове́нность** *f* involvement (in), concern (in, к + *dat*); ~**ове́нный** (~ове́н) involved (in), concerned (in), implicated (in, к + *dat*); ~**у́ться** I *pf of* прикаса́ться
прикра́|са *usu pl coll* embellishment, embroidery; пока́зывать без ~с show in its true colours; ∸**сить** II (~шу) *pf of* ~шивать; ∸**шивать** *pf* ~сить embellish, embroider
прикреп|и́тельный ~ тало́н registration card; ~**и́ть(ся)** II (~лю́(сь)) *pf of* ~ля́ть(ся); ~**ле́ние** fastening; attachment *also fig*; ~ к земле́ *hist* attaching to the soil; registration; ~**ля́ть** I *pf* ~и́ть fasten (to), nail (to, к + *dat*); ~ була́вками fasten with pins, pin; *fig* attach (to); register; ~**ля́ться** I *pf* ~и́ться attach (to, к + *dat*); register (at, with, к + *dat*)
прикри́к|ивать I *pf* ~нуть raise one's voice (at), shout (at, на + *acc*); ∸**нуть** I *pf of* ~ивать
прикру|ти́ть II (~чу́,∸тишь) *pf of* ∸чивать; ∸**чивать** I *pf* ~ти́ть tie, bind, fasten (to, к + *dat*); *coll* turn down (*gas, wick, etc*)
прикр|ыва́ть I *pf* ~ы́ть cover (with, + *instr*); ~ кастрю́лю кры́шкой put the lid on a saucepan; screen; protect, shield, shelter; ~ глаза́ руко́й shade, shield one's eyes (with one's hand); ~ отступле́ние cover a retreat; *fig* conceal, cover up; ~ неве́жество conceal ignorance; *coll* almost close; *pop* close down, wind up; ~**ыва́ться** I *pf* ~ы́ться *coll* cover oneself (with, + *instr*); *fig coll* take refuge (in), shelter (behind, + *instr*); *coll* partly, almost close; ~**ы́тие** concealment, protection, shielding; для ~ы́тия to conceal (+ *gen*); *mil* cover, protection; covering force; под ~ы́тием under cover (of, + *gen*), protected (by, + *gen*); shelter; ~**ы́ть(ся)** (~óю(сь), ~óешь(ся)) *pf of* ~ыва́ть(ся)

прикуп|áть I *pf* ~и́ть buy (some more, + *acc or gen*); ~**и́ть** II (~лю́, ∸ишь) *pf of* ~áть; ∸**ка** additional purchase
прику́р|ивать I *pf* ~и́ть light a cigarette; дать кому́ ~и́ть give someone a light; *fig sl* give someone a drubbing, thrashing; ~**и́ть** II (~ю́, ∸ишь) *pf of* ∸ивать
прику́|с bite; ~**си́ть** II (~шу́, ∸сишь) *pf of* ∸сывать; ∸**сывать** I *pf* ~си́ть bite; ~си́ть язы́к bite one's tongue, *fig* keep one's mouth shut
прила́в|ок (~ка) counter; stall (*in market*); рабо́тник ~ка salesman, counter hand, (shop) assistant
прилага́|емый accompanying, enclosed; ∸**тельный** (и́мя) ~тельное *n* adjective; ∸**ть** I *pf* приложи́ть append, attach (to, к + *dat*), enclose; exert, devote (*energy, strength, powers, etc*); ~ уси́лия devote one's energies, do all one can (to, к + *dat*)
прила́|дить II *pf of* ~живать; ∸**живать** I *pf* ∸дить fit (to), adjust (to, к + *dat*)
приласка́ть I *pf* caress, fondle, pet; be kind, nice to; ∸**ся** I *pf of* ласка́ться
прилгну́ть I *pf coll* add a little lie, spin a tall story, invent a yarn
приле|га́ть I *pf* ∸чь fit well (к + *dat*); *impf* adjoin, be adjacent (to), border (upon, к + *dat*); сад ~га́ет к по́лю the garden adjoins the field; ~**га́ющий** close-fitting; adjoining, adjacent (to), contiguous (to, к + *dat*)
прилеж|а́ние diligence, industry, assiduousness, application; ~**а́ть** II (~и́т) *impf math* adjoin, be adjacent (to), be contiguous (to, к + *dat*); ∸**ный** (~ен) diligent, industrious, assiduous
прилеп|и́ть(ся) II (~лю́(сь), ∸ишь(ся)) *pf of* ~ля́ть(ся); ~**ля́ть** I *pf* ~и́ть stick (to, on, к + *dat*); paste, glue (to, on, к + *dat*); ~**ля́ться** I *pf* ~и́ться *coll* stick (to); *fig* cling (to, к + *dat*)
приле́|т arrival (*by air*); ~**та́ть** I *pf* ~те́ть arrive (by air), fly in; *fig coll* rush in, come flying; ~**те́ть** II (~чу́) *pf of* ~та́ть; ∸**тный** migratory (*of birds*)
прил|е́чь (~я́жет, ~я́гут; ~ёг, ~егла́) *pf of* ~ега́ть; *pf* lie down (for a while); droop (*of grass, etc*); settle (*of dust*); be laid flat (*of crops*)
прили́в rising tide; flow, flood (*of tide*); ~ и отли́в ebb and flow, rise and fall of the tide; волна́ ~а tidal wave; *fig* surge, influx, access; ~ кро́ви к голове́ rush of blood to the head; ~ы hot flush(es); ~ негодова́ния surge, paroxysm of indignation; ~ эне́ргии burst of energy; ~**а́ть** I (~а́ет) *pf* прили́ть flow (to, к + *dat*); rush to (*of blood*); ∸**ный** tidal
прили́|занный smarmed-down (*of hair*); *fig* flat, inexpressive (*of style*); ~**за́ть** I (~жу́, ∸жешь) *pf* lick smooth; *fig* smarm, smooth down; ~**за́ться** I (~жу́сь, ∸жешься) *pf coll* smarm down one's hair
прилип|а́ла *m and f pop* nuisance; ~**а́ть** I *pf* ∸нуть stick, adhere (to, к + *dat*); *fig pop* pester, make a nuisance of oneself; ∸**нуть** I (~, ~ла) *pf of* ~а́ть; ∸**чивый** (~чив) sticking, adhesive; infectious, catching; *fig* tiresome, boring; ~ челове́к bore
прили́стник stipule
прил|и́ть (~ьёт; ~и́л, ~ила́, ~и́ло) *pf of* ~ива́ть
прили́ч|ествовать (~ествует) *impf obs* befit, become (+ *dat*); ∸**ие** decency, propriety, decorum; для ~ия for the sake of decency; соблюда́ть ~ия observe the proprieties, decencies; ∸**ный** decent, proper, seemly, decorous; respectable; *coll* passable, decent, tolerable, fair; ~ за́работок reasonable wages

приловчи́ться II *pf coll* manage, contrive (+ *infin*); get the knack of (к + *dat*, + *prep*)
прилож|е́ние enclosure (*to letter*); application; supplement (*to newspaper, etc*); appendix (*to book*); *gramm* opposition; **~и́ть(ся)** II (~у́(сь), ~́ишь(ся)) *pf of* прикла́дывать(ся) and прилага́ть
прилун|е́ние moon landing, landing on the moon; **~и́ться** II *pf of* ~я́ться; **~я́ться** I *pf* ~и́ться land on the moon
прильну́ть I *pf of* льнуть
при́ма *mus* tonic; first, top string; first violin; **~-балери́на** (~-балери́ны) prima ballerina; ~до́нна prima donna
прима́|заться I (~жусь) *pf of* ~зываться; **~́зываться** I *pf* ~заться *coll* attach oneself (to), worm one's way (into, к + *dat*)
прима́н|ивать I *pf* ~и́ть *coll* entice, (al)lure, decoy; **~и́ть** II (~ю́, ~́ишь) *pf of* ~́ивать; **~́ка** bait, lure; *fig* allurement, enticement
прима́с *eccles* primate
прима́т *philos* primacy; pre-eminence; *zool* primate
примелька́ться I *pf coll* become familiar
примен|е́ние application; use, employment; в ~е́нии in application (to, к + *dat*); ~ к ме́стности adaptation to terrain; **~и́мость** *f* applicability; ~ те́хники usefulness of the machinery; **~и́мый** (~и́м) applicable, suitable, feasible; **~и́тельно** *adv* with, in reference (to), as applied (to, к + *dat*); **~и́ть(ся)** II (~ю́(сь), ~́ишь(ся)) *pf of* ~я́ть(ся); **~я́ть** I *pf* ~и́ть apply; employ, use; ~ на пра́ктике put into practice; **~я́ться** I *pf* ~и́ться adapt oneself (to), conform (to, к + *dat*)
приме́р example, instance; привести́ ~ give an example; привести́ в ~ cite as an example; к ~у (сказа́ть) *coll* for example, by way of illustration; model, example; сле́довать чьему́ ~у, брать с кого́ ~ follow someone's example; по ~у following the example (of, + *gen*); показа́ть, пода́ть ~ кому́ set an example to someone; не в ~ про́чим *coll* unlike others; для ~а *pop* as an example; + *comp* far more, by far; не в ~ лу́чше better by far
примерз|а́ть I *pf* ~́нуть freeze (to, к + *dat*); **~́нуть** I (~, ~ла) *pf of* ~а́ть
приме́р|ивать I *also* ~я́ть *pf* ~ить; **~́ить** II *pf of* ~ивать *and* ~я́ть; **~́ка** trying on, fitting; **~́ный** (~ен) exemplary, model; rough, approximate; **~я́ть** I *pf* ~́ить try on, fit
при́мес|ь *f* admixture; *fig* dash, touch, tinge; без ~ей unadulterated
приме́|та sign, token, mark; ~ты вре́мени signs of the times; omen, sign; дурна́я ~ bad omen; име́ть кого́ на ~те have one's eye on someone; осо́бые ~ты distinctive marks; совпада́ть с ~тами answer the description; **~та́ть** I *pf of* ~́тывать; **~́тить** II (~чу) *pf of* ~ча́ть; **~́тливость** *f* power(s) of observation; **~́тливый** (~тлив) *pop* observant; **~́тно** *adv* visibly, perceptibly, noticeably; **~́тный** (~тен) *coll* visible, perceptible, noticeable; conspicuous, prominent; **~́тывать** I *pf* ~та́ть tack, stitch (on); **~ча́ние** note, annotation; footnote; снабди́ть ~ча́ниями annotate; *pl* comment(s), commentary; **~ча́тельный** (~ча́телен) noteworthy, notable, remarkable; **~ча́ть** I *pf* ~́тить *coll* notice, note, make a mental note of; *impf pop* keep a watch on (за + *instr*)
примеш|а́ть I *pf of* ~́ивать; **~́ивать** I *pf* ~а́ть add, admix, mix in (+ *acc or gen*); ~ со́ды в те́сто add soda to pastry; *fig coll* embroil (in, к + *dat*)
прим|ина́ть I *pf* ~я́ть crumple down, flatten; trample, tread down
примир|е́нец (~е́нца) conciliator, compromiser; **~е́ние** conciliation, reconciliation; **~е́нческий** conciliatory, compromising; **~е́нчество** conciliatoriness, spirit of compromise, appeasement; **~и́тель** *m* reconciler, conciliator, peacemaker; **~и́тельный** (~и́телен) (re-)conciliatory; **~и́ть(ся)** II *pf of* ~я́ть(ся) *and* мири́ть(ся); **~я́ть** I *pf* ~и́ть reconcile, conciliate; ~ две то́чки зре́ния reconcile two points of view; **~я́ться** I *pf* ~и́ться make it up (with), be reconciled (with, с + *instr*); become reconciled (to), reconcile oneself (to, с + *instr*)
примити́в primitive (*art*); primitive artefact; *pop* primitive person; **~и́зм** primitivism (*art*); **~́ный** (~ен) primitive; rude, crude
прим|кну́ть I *pf of* ~ыка́ть
примо́лк|нуть I (~, ~ла) *pf coll* fall silent
примо́р|ский seaside; maritime; ~ куро́рт seaside resort; **~́ье** littoral, coast
примо|сти́ть II (~щу́) *pf coll* perch, stick (in awkward place); **~сти́ться** II (~щу́сь) *pf coll* perch; ~ с кра́ю perch on the edge
примо́чк|а lotion; де́лать ~у bathe, apply lotion
при́мула primula, primrose
при́мус primus(-stove)
примча́ться II *pf* come tearing along
примыка́|ние contiguity; *gramm* agglutination; **~́ть** I *pf* примкну́ть fix, attach (to, к + *dat*); примкну́ть штыки́! fix bayonets; *impf* adjoin, border (on, upon), be adjacent (to, к + *dat*); *pf* примкну́ть join; *fig* go along (with), become associated (with, к + *dat*)
прим|я́ть (~ну́, ~нёшь; ~я́тый) *pf of* ~ина́ть
принадлеж|а́ть II *impf* belong (to), appertain (to, + *dat*); be the work (of, + *dat*); э́та карти́на ~и́т ки́сти Вру́беля this picture is the work of Vrubel; belong (to), be numbered (among, к + *dat*), be a member (of, к + *dat*); ~ к оппози́ции be a member of the opposition; **~́ность** *f* belonging (to), membership (of, к + *dat*); по ~ности to the proper quarter, to the proper person; essential quality, inherent characteristic; *pl* gear, accessories, articles, equipment, tackle; бри́твенные ~ности shaving tackle; посте́льные ~ности bedding; рыболо́вные ~ fishing gear, tackle
прина|ле́чь (~ля́гу, ~ля́жешь, ~ля́гут; ~лёг, ~легла́) *pf coll* put one's weight (against, на + *acc*); make an effort (to); ~ле́чь на вёсла heave on the oars
принаро́д|ный (~ен) *coll* public
принаря|ди́ть(ся) II (~жу́(сь), ~́дишь(ся)) *pf of* ~жа́ть(ся); **~жа́ть** I *pf* ~ди́ть *coll* dress up; **~жа́ться** I *pf* ~ди́ться *coll* dress up, dress smartly
принево́лить II *pf of* нево́лить
принес|ти́ (~у́, ~ёшь; ~́, ~ла́; ~ённый; ~я́) *pf of* приноси́ть
прини|жа́ть I *pf* ~́зить humble, humiliate; disparage, belittle, depreciate; **~же́ние** disparagement, belittling, depreciation; **~́женный** humble, humiliated, submissive; **~́зить** II (~жу) *pf of* ~жа́ть
приник|а́ть I *pf* ~́нуть press oneself close (to, against), nestle up (against); ~ у́хом к две́ри press one's ear to the door; **~́нуть** I (~, ~ла *also* ~нул) *pf of* ~а́ть
приним|а́ть I *pf* приня́ть *in var senses* take, accept;

~ бой accept battle; ~ ва́нну take, have a bath; ~ гражда́нство be naturalized; ~ зако́н pass a law; ~ законопрое́кт approve a bill; ~ креще́ние be baptized; ~ лека́рство take medicine; ~ ме́ры take measures; ~ ме́ры предосторо́жности take precautions; ~ мона́шество become a monk; ~ наме́рение form the intention; ~ оправда́ния accept excuses; ~ пода́рки accept gifts; ~ предложе́ние accept an offer, proposal; ~ прися́гу take the oath; ~ резолю́цию adopt, pass a resolution; ~ реше́ние take, reach, adopt a decision; ~ усло́вия agree to conditions; ~ уча́стие take part, participate (in, в + *prep*); ~ христиа́нство embrace, adopt Christianity; take over, up, assume (*appointment, command, post, etc*); ~ взвод take over a platoon; ~ заво́д take charge of a factory; admit, accept, engage, take on (в, на + *acc*); ~ на рабо́ту engage (for work); ~ на слу́жбу accept for a job; ~ в университе́т admit to university; receive; ~ больны́х, госте́й, делега́цию receive patients, guests, a delegation; везде́ ~а́ли нас раду́шно we were given a warm welcome everywhere; ~ в штыки́ *coll* meet with the point of the bayonet; assume, take on (*appearance*); ~ весёлый вид assume an air of gaiety; ~ серьёзный хара́ктер assume a grave character; deliver (*baby*); take (for, за + *acc*); его́ ~а́ют за иностра́нца he is taken for a foreigner; её ~а́ют за кого́-то друго́го she is taken for somebody else; споко́йно ~ тяжёлое изве́стие take bad news calmly; ~ всерьёз take seriously; ~ (бли́зко) к се́рдцу take to heart; ~ за пра́вило make it a rule; ~ в шу́тку take as a joke; ~ что на свой счёт take something as referring to oneself; ~ как до́лжное take as a matter of course; ~ на себя́ take upon oneself; ~ под распи́ску sign for; ~ во внима́ние, в расчёт, к све́дению take into consideration, into account, cognizance (of); **~а́ться** I *pf* приня́ться begin, start, set about (+ *infin or* за + *acc*); ~ за рабо́ту set to work; ~ за чте́ние get down to reading; *coll* take in hand (за + *acc*); take (root) (*of plants*), take (*of injections*)

принор|а́вливать I *pf* ~ови́ть *coll* fit (in with, к + *dat*); adjust, adapt; **~а́вливаться** I *pf* ~ови́ться *coll* adapt, adjust oneself (to, к + *dat*); acquire, get the knack of

прин|о́с bringing; **~оси́ть** II (~ошу́, ~о́сишь) *pf* ~ести́ bring *also fig*; ~ отве́т bring a reply; carry, fetch; ~ обра́тно bring back; produce (*of animals*); ко́шка ~есла́ четырёх котя́т the cat had four kittens; bear, yield (*of fruit, harvest, etc*); bring in, yield (profit, income, etc); ~ благода́рность express gratitude, tender thanks; ~ вред bring harm (to, + *dat*); ~ жа́лобу bring, lodge a complaint (against, на + *acc*); ~ в же́ртву sacrifice; ~ извине́ния offer apologies; ~ кля́тву make a vow; ~ по́льзу benefit (+ *dat*); ~ сча́стье bring luck (to, + *dat*); чёрт ~ёс э́тих госте́й *pop* confound these guests!; отку́да тебя́ ~есло́? *pop* where on earth have you come from?; **~оше́ние** gift, offering

при́нтер *comput* printer; ла́зерный ~ laser printer

прину|ди́ловка *coll* forced labour; **~ди́тельный** (~дителен) forced, compulsory; ~ди́тельные рабо́ты forced labour; *tech* forced; positive; **~́дить** II (~жу) *pf of* ~жда́ть; **~жда́ть** I *pf* ~́дить force, compel, coerce, constrain (к, + *dat*, + *infin*); **~жде́ние** compulsion, coercion, constraint; **~ждённый** forced, constrained; ~ждённая улы́бка forced smile; stiff (*of manner*)

принц prince; **~е́сса** princess

при́нцип principle; в ~е in principle, in general; conviction; из ~а on principle; **~иа́льничать** I *impf pop* overdo one's principles; **~иа́льно** *adv* on (a question of) principle, in principle; **~иа́льность** *f* adherence to principle; **~иа́льный** (~иа́лен) of principle, based on principle; ~ вопро́с question of principle; principled; ~иа́льная кри́тика principled criticism; in principle, in general; ~иа́льное согла́сие consent in principle (to, на + *acc*)

принюх|аться I *pf of* ~иваться; **~́иваться** I *pf* ~аться *coll* get used to the smell (of, к + *dat*); smell closely

при|ня́тие taking (up), assumption; ~ прися́ги taking of the oath; acceptance, adoption; admission, admittance; ~ гражда́нства naturalization; **~́нятый** accepted; э́то не ~нято it isn't done; **~ня́ть(ся)** (~му́(сь), ~́мешь(ся); ~́нял, ~нял(ся́), ~няла́(сь), ~́няло) *pf of* ~нима́ть(ся)

приободр|и́ть(ся) II *pf of* ~я́ть(ся); **~я́ть** I *pf* ~и́ть hearten, encourage, cheer up; **~я́ться** I *pf* ~и́ться cheer up, feel more cheerful

приобре|сти́ (~ту́, ~тёшь; ~́л, ~ла́; ~́тший; ~тённый; ~тя́) *pf of* ~та́ть; **~та́ть** I *pf* ~сти́ acquire, gain; ~ о́пыт gain experience; ~ здоро́вый вид acquire a healthy look; ~ но́вое значе́ние acquire a new meaning; **~те́ние** acquisition, acquiring; gain; *fig coll* bargain

приобщ|а́ть I *pf* ~и́ть introduce (to), acquaint (with, к + *dat*); attach, append (to, к + *dat*); ~ к де́лу file; *eccles* administer the sacrament (to), communicate; **~а́ться** I *pf* ~и́ться become involved (in), join (in, к + *dat*); *eccles* receive communion, communicate

приоде́|ть (~ну, ~нешь) *pf coll* dress up; **~́ться** (~нусь, ~нешься) *pf coll* dress up

приозёрный lakeside (*adj*)

приполя́рный polar

прио́р *eccles* prior

приорите́т priority

приоса́н|иваться I *pf* ~иться *coll* assume a dignified air; **~́иться** II *pf of* ~иваться

приостан|а́вливать I *pf* ~ови́ть suspend, check, hold up, (call a) halt (to); **~а́вливаться** I *pf* ~ови́ться come to a halt, stop, standstill; pause; **~ови́ть(ся)** II (~овлю́(сь), ~о́вишь(ся)) *pf of* ~а́вливать(ся); **~о́вка** halt, suspension; stoppage; ~ пригово́ра reprieve

приотвор|и́ть(ся) II (~ю́, ~́ит(ся)) *pf of* ~я́ть(ся); **~я́ть** I *pf* ~и́ть half-open, open slightly; ~ дверь set a door ajar; **~я́ться** I (~я́ется) *pf* ~и́ться half-open, open slightly

приоткр|ыва́ть I *pf* ~ы́ть open a little (way); **~ыва́ться** I *pf* ~ы́ться open a little (way); **~ы́ть(ся)** (~о́ю(сь), ~о́ешь(ся), ~о́ет(ся)) *pf of* ~ыва́ть(ся)

прихо́|тить II (~чу) *pf coll* instil a taste, liking (for, к + *dat*); **~́титься** II (~чусь) *pf coll* acquire a taste, liking (for, к + *dat*)

припа|да́ть I *pf* ~́сть *coll* press close (to), cling close (to, к + *dat*); drop, fall down (before, on); ~ на коле́но drop on one knee; ~ к чьим нога́м prostrate oneself before someone; *impf* be lame; ~ на ле́вую но́гу be lame in the left leg; **~́док** (~дка) fit, attack, paroxysm; в ~дке гне́ва in a fit of anger; не́рвный ~ attack of nerves; серде́чный ~ heart attack; эпилепти́ческий ~ epileptic fit;

∸дочный subject to fits
припа́|ивать I *pf* ~я́ть solder (to, к + *dat*), braze; **∸йка** soldering, brazing
припа́рк|а poultice, fomentation; помо́жет, как мёртвому ~и a fat lot of use that will be
припас|а́ть I *pf* ~ти́ lay in (stock of), lay up, stock up (with, + *acc or gen*); **~ти́** (~у́, ~ёшь; ~, ~ла́; ~ённый) *pf of* ~а́ть
припа́|сть (~ду́, ~дёшь; ~л) *pf of* ~да́ть; (~дёт) *pf coll obs* appear (suddenly), show itself
припа́с|ы (*gen pl* ~ов) stores, supplies; боевы́е ~ ammunition; вое́нные ~ munitions; съестны́е ~ provisions, victuals
припа́хив|ать I (~ает) *impf* smell, stink (of, + *instr*)
припа|я́ть I *pf of* ∸ивать
припе́в refrain, burden; **~а́ть** I *impf coll* sing softly; жить ~а́ючи *coll* live on the fat of the land, live in clover
припёк surplus weight (*of loaf after baking compared with flour used*); sun-baked spot; на ~е in the heat of the sun; **∸а** сбо́ку ~ *pop* quite redundant, quite out of place; **~а́ть** I *impf coll* be baking, beat down (*of sun*)
при|пере́ть (~пру́, ~прёшь; ~пёр, ~пёрла) *pf of* ~пира́ть *pf* turn up; **~пере́ться** (~пру́сь, ~прёшься; ~пёрся) *pf pop* turn up
припеча́т|ать I *pf of* ~ывать; **∸ывать** I *pf* ~ать *coll* seal; *coll* round off speech
прип|ира́ть I *pf* ~ере́ть *pop* press, pin (against, к + *dat*); ~ к сте́нке *fig pop* pin down, drive into a corner; ~ дверь сту́лом block the door with a chair; close; carry, bring (*something heavy*)
припи|са́ть I (~шу́, ∸шешь) *pf of* ∸сывать; **∸ска** addition; postscript (to, к + *dat*); ~ к завеща́нию codicil to will; registration; *usu pl* exaggerated write-up; **~сно́й** allocated, attached (to); **∸сывать** I *pf* ~са́ть add; attach (to), register (at, к + *dat*); ascribe (to), attribute (to), put down (to, + *dat*); ~ стихотворе́ние Ахма́товой attribute a poem to Akhmatova
припла́|та extra, additional payment; **~ти́ть** II (~чу́, ∸тишь) *pf of* ∸чивать; **∸чивать** I *pf* ~ти́ть pay extra, in addition
приплe|сти́ (~ту́, ~тёшь; ∸л, ~ла́) *pf of* ~та́ть; **~сти́сь** (~ту́сь, ~тёшься; ∸лся, ~ла́сь) *pf pop* drag oneself (along), stagger (there); **~та́ть** I *pf* ~сти́ plait in; *fig pop* drag in
припло́д offspring, issue, increase (*of animals*)
приплы|ва́ть I *pf* ∸ть swim up; sail up, come in (*of ship*); ~ к бе́регу reach the shore; **∸ть** (~ву́, ~вёшь; ~л, ~ла́, ~ло) *pf of* ~ва́ть
приплю́|снутый ~ нос flat nose; **∸снуть** I *pf of* ~щивать
приплюс|ова́ть (~у́ю) *pf of* ~о́вывать; **~о́вывать** I *pf* ~ова́ть *pop* add on, add to total
приплю́|щивать I *pf* ∸снуть flatten
припля́сывать I *impf* dance, hop, skip, trip
приподн|има́ть I *pf* ~я́ть raise, lift slightly; **~има́ться** I *pf* ~я́ться raise oneself (a little); sit up (*in chair, bed*); ~я́ться на ло́кте raise oneself on one's elbow; ~я́ться на цы́почках stand on tiptoe; **∸ятость** *f* elation, (state of) excitement; **∸ятый** elated, excited; elevated (*of style*); в ~ятом настрое́нии in high spirits; **~я́ть(ся)** (~иму́(сь) ~и́мешь(ся); ∸ял, ~я́л(ся), ~яла́(сь), ∸яло) *pf of* ~има́ть(ся)
припо́й solder
приполз|а́ть I *pf* ~ти́ creep, crawl up; **~ти́** (~у́, ~ёшь; ~, ~ла́) *pf of* ~а́ть
припом|ина́ть I *pf* ∸нить remember, recall, recollect; **~ина́ться** I *pf* ∸ниться; ∸нились чьи-то стихи́ someone's verses came to mind; not to be forgotten (+ *dat*); ла́дно, э́то всё тебе́ ∸нится! all right, it will all be put down against you!; **∸нить** II *pf of* ~ина́ть; *pf coll* remind; я э́то тебе́ ~ню! you won't forget this!, I shan't let you forget this!
припра́в|а seasoning, flavouring, relish, condiment, dressing; **∸ить** II (~лю) *pf of* ~ля́ть; **∸ка** *typ* making ready; **~ля́ть** I *pf* ∸ить season (with), flavour (with), dress (with, + *instr*); *typ* make ready
припры́гивать I *impf coll* hop, skip
припря|га́ть I *pf* ~чь harness (*additional horses, etc*)
припря́|тать I (~чу) *pf of* ~тывать; **∸тывать** I *pf* ~тать *coll* hide, put away (*for later use*)
припря́|чь (~гу́, ~жёшь; ~г, ~гла́) *pf of* ~га́ть
припу́г|ивать I *pf* ~ну́ть *coll* intimidate, scare; **~ну́ть** I *pf of* ∸ивать
припу́др|ивать I *pf* ~ить *coll* powder a little, put a little powder on; **∸иваться** I *pf* ~иться *coll* put on a little powder; **∸ить(ся)** II *pf of* ~ивать(ся)
при́пу|ск putting (to) (*of animals coupling or feeding*); *tech* allowance, margin; letting out (*of dress, etc*); **~ска́ть** I *pf* ~сти́ть put to (*of animals*); *coll* give free rein (to), urge on; let out (dress, etc); *coll* quicken one's pace; *coll* come down harder (*of rain*); **~сти́ть** II (~щу́, ∸стишь) *pf of* ~ска́ть
припу́т|ать I *pf of* ~ывать; **∸ывать** I *pf* ~ать *fig coll* implicate (in), drag in(to)
припух|а́ть I *pf* ∸нуть swell (up) a little; *sl* rest, sleep; **∸лость** *f* (slight) swelling; **∸лый** *coll* slightly swollen; **∸нуть** I (~, ~ла)
прир|аба́тывать I *pf* ~або́тать make, earn extra; **~або́тать** I *pf of* ~аба́тывать; **∸аботок** (~аботка) extra earnings
прира́вн|ивать I *pf* ~я́ть equate (with, к + *dat*), put on same level (as); **~я́ть** I *pf of* ∸ивать
прираст|а́ть I *pf* ~и́ adhere (to, к + *dat*); take (of graft); ~ к ме́сту, земле́ become rooted to the spot; increase, accrue; **~и́** (~у́, ~ёшь; приро́с, приросла́) *pf of* ~а́ть
прираще́ние increase, increment
приревн|ова́ть (~у́ю) *pf* be jealous of, get jealous; она ~ова́ла му́жа к свое́й прия́тельнице she was jealous of her husband's paying attention to her friend
[1]**прире|за́ть** I (~жу) *pf of* ~за́ть *and* ∸зывать add on (*by adjusting boundaries*); **∸зок** (~зка) additional piece of land
[2]**прире́|зать** I (∸жу) *pf of* ~зывать *coll* kill, slit the throat of
прире́льсовый adjoining railway line
прире́чный riverside, riverain
приро́д|а nature; (мёртвая) жива́я ~ (in)organic world; зако́н ~ы law of nature; natural life, scenery, country(-side); отда́ть долг ~е *lit* pay the debt to nature; *coll* answer a call of nature; nature, character, disposition; от ~ы congenitally; слепо́й от ~ы blind from birth; по ~е by nature, naturally; в ~е веще́й in the nature of things; **∸ный** natural; ~ные бога́тства natural resources; ~ газ natural gas; born; ~ ру́сский Russian by birth; innate, inborn, natural; ~ ум native wit; **~ове́д** naturalist; **~ове́дение** natural history
прирождённый inborn, innate; ~ лгун born liar
приро́ст increase, growth

приручáть I *pf* ~и́ть tame; domesticate; **~éние** taming; domestication; **~и́ть** II *pf of* ~áть

присáживаться I *pf* присéсть take a seat, sit down

присáсываться I *pf* присосáться attach oneself (to) by suction, stick (to, к + *dat*); *fig pej* fasten on to

прис|áливать I *pf* ~оли́ть *coll* add a pinch of salt (to), salt a little

присв|áивать I *pf* ~óить appropriate, take possession of; arrogate to oneself, lay (false) claim to; незакóнно ~ misappropriate; confer (on), give (to), award (to, + *dat*); ~ звáние доцéнта confer the title of reader (senior lecturer) (on, + *dat*)

при́свист whistle; sibilance; говори́ть с ~ом sibilate; **~́нуть** I *pf* give a whistle; **~́ывать** I *impf* whistle; sibilate

присво|éние appropriation; незакóнное ~ misappropriation; awarding, conferment; **~́ить** II *pf of* присвáивать

прис|едáние squatting; curts(e)y; **~едáть** I *pf* ~éсть squat; cower (*in fright*); curts(e)y, drop curts(e)ys; **~éст** в оди́н ~, за оди́н ~ *coll* at one sitting, at one go, at a stretch; **~éсть** (~я́ду, ~я́дешь; ~éл) *pf of* ~áживаться *and* ~едáть

при́сказка introduction (to tale)

приска|кáть I (~чý, ~́чешь) *pf* gallop up, arrive at a gallop; *fig coll* come tearing (along), arrive in a hurry; hop, come hopping up

прискóрб|ие sorrow, grief; regret; к ~ию, с ~ием with (deep) regret (*often in obituary notices*); **~́ный** (~ен) sorrowful, sad, mournful; ~ слýчай melancholy occasion

прискýч|ить II *pf of* ~ивать bore, tire, weary (+ *dat*); емý всё э́то óчень ~ило he's sick (and tired) of it; **~́ивать** I *pf* ~ить

при|слáть (~шлю́, ~шлёшь) *pf of* ~сылáть

прислóвье *coll* saying

прислон|и́ть(ся) II (~ю́(сь), ~́ишь(ся)) *pf of* ~я́ть(ся); **~я́ть** I *pf* ~и́ть lean, rest (against, к + *dat*); **~я́ться** *pf* ~и́ться lean, rest (against, к + *dat*)

прислý|га maid, servant, *collect* servants, domestics; *mil* crew; **~́живать** I attend (to), serve, wait upon (+ *dat*); **~́живаться** I *pf* ~жи́ться fawn (upon), toady (to), try to get into the good graces (of, к + *dat*); **~́жник** *obs* servant; *pej* lackey, lickspittle; underling, myrmidon; **~́жничество** servility, fawning

прислýш|аться I *pf of* ~иваться; **~́иваться** I *pf* ~аться listen (attentively) to; *fig* heed, listen (to), pay attention (to), lend an ear (to, к + *dat*); ~ к совéту listen to advice; *coll* become accustomed to noise(s); ~ к ýличному шýму not to notice the noise of the street

присм|áтривать I *pf* ~отрéть keep an eye (on), mind, look (after), watch (over, за + *instr*); ~ за детьми́ keep an eye on the children; *coll* look out for, keep an eye open for; **~áтриваться** I *pf* ~отрéться look closely (at, к + *dat*); ~ к человéку size a person up; get used, accustomed to; ~ к темнотé grow accustomed to the dark

присмирéть I *pf* quieten down, grow quiet, become subdued

присмóтр care; supervision, surveillance; **~éть** II (~ю́, ~́ишь) *pf of* присмáтривать; *pf* find, spot

присни́ться II *pf of* сни́ться

приснопáмятный *lit* (ever) memorable

при́сные *iron pej* associates, accomplices

присобáч|ивать I *pf* ~ить *pop* fix, fasten; **~́ить** II *pf of* ~ивать

присовéт|овать (~ую) *pf* = посовéтовать

присовокуп|и́ть II (~лю́) *pf of* ~ля́ть; **~ля́ть** I *pf* ~и́ть add; say in addition; append

присоедин|éние addition, adding, joining (к + *dat*); *tech* connection; **~и́тельный** *gramm* connective; **~и́ть(ся)** II *pf of* ~я́ть(ся); **~я́ть** I *pf* ~и́ть add, join; make a part of; *tech* connect, link up; **~я́ться** I *pf* ~и́ться join up (with, к + *dat*); *fig* subscribe (to), associate oneself (with), support; ~ к мнéнию support, subscribe to an opinion

прис|оли́ть II (~олю́, ~óли́шь) *pf of* ~áливать

прис|осáться (~осýсь, ~осёшься) *pf of* ~áсываться

присосé|диться II (~жусь) *pf coll* sit down next (to, к + *dat*)

присóска, **присóс|ок** (ка) sucker

прис|óхнуть I (~óхнет; ~óх, ~óхла) *pf of* ~ыхáть

приспе|вáть I *pf* ~́ть *obs* arrive in time; (~вáет) *coll* come, arrive, approach (*of time*); **~́ть** I *pf of* ~вáть; **~́шник** *cont* accomplice, myrmidon

приспи́ч|ивать I *pf* ~ить *pop impers* + *dat* be impatient (to), feel an urge (to); емý ~ило éхать he was impatient to go

приспос|áбливать I *pf* ~óбить fit (up), adjust, adapt for; ~ здáние под клуб adapt a building as a club; **~áбливаться** I *pf* ~óбиться adjust oneself (to), adapt oneself (to, к + *dat*); ~ к обстоя́тельствам adapt oneself to circumstances; **~óбиться** II (~óблюсь) *pf of* ~áбливать(ся) *and* ~обля́ть(-ся); **~облéнец** (~облéнца) *cont* time-server, trimmer; **~облéние** adaptation, adjustment; ~ к кли́мату acclimatization; device, contrivance, contraption, gadget, appliance; **~óбленность** *f* fitness, suitability; **~облéнческий** time-serving; **~облéнчество** time-serving; **~обля́емость** *f* adaptability; **~обля́ть(ся)** I = ~áбливать(ся)

приспу|скáть I *pf* ~сти́ть lower a little; ~сти́ть флаг lower flag to half-mast; **~сти́ть** II (~щý, ~́стишь) *pf of* ~скáть

при́став (pl ~á) *hist* police-officer; становóй ~ district superintendent of police; судéбный ~ bailiff

приста|вáла *m and f pop* nuisance, plague; **~вáние** pestering, bothering, importuning; **~вáть** (~ю́, ~ёшь) *pf* ~́ть stick (to), adhere (to, к + *dat*); attach oneself (to), join (up with, к + *dat*); pester, bother, badger; ~ с совéтами press advice (on, к + *dat*); solicit, accost; be passed on (to) (*of infection*); *naut* put in (to), land, beach, come alongside; парохóд ~́л к бéрегу the boat reached the shore

пристáв|ить II (~лю) *pf of* ~ля́ть; **~́ка** *gramm* prefix; *tech* accessory, attachment; **~ля́ть** I *pf* ~́ить put, place, set, lean, (to, against, к + *dat*); add (*piece of material*); *coll* appoint, employ to look after; **~нóй** added, attached; ~нáя лéстница stepladder; **~́очный** *gramm* having a prefix, prefixed; **~ýчий** *coll* bothersome, tiresome, importunate

при́стально *adv* fixedly, intently; attentively, steadily; ~ смотрéть look intently, hard (at), stare (at, на + *acc*); **~́стальный** (~стален) fixed, intent, unwavering; ~ взгляд steady, intent gaze; ~стальное внимáние close attention

прист|áнище *coll* refuge, shelter, asylum; **~́ань** 5 *f* landing-stage, jetty, mole, pier; wharf; *fig* haven

пристá|ть (~ну, ~нешь) *pf of* ~вáть; *pf impers* + *dat coll* befit, be seemly; не ~ло емý так говори́ть he should not talk like that; *pf coll* become, suit (+ *dat*)

присте|гáть I *pf of* ≃гивать; **≃гивать** I *pf* ~гáть stitch on (with big stitches); *pf* ~гнýть fasten, button up; *pop* join (on), add, append, tack (on, to); **~гнýть** I *pf of* ≃гивать; **~жнóй** fastening; ~ воротни́к separate, detachable collar

пристó|йный (~ен, ~йна) decent, proper, decorous, becoming, seemly

пристр|áивать I *pf* ~óить build on (to, к + *dat*); *coll* place, settle, fix up (with); ~ когó на слýжбу fix someone up with a job; *mil* join up (with), form up (with); **~áиваться** I *pf* ~óиться *coll* find a place (perch) for oneself, perch; get fixed up (with a job), find a place; он ~óился в контóру he has found a place in an office; *mil* join up (with), form up (with), *aer* take up formation (with, к + *dat*)

пристрá|стие passion (for), bent (for), weakness (for), predilection (for, к + *dat*); partiality, bias (towards, к + *dat*); вы́казать ~ show partiality; ~ в суждéниях bias in judgements; допрáшивать с ~стием *coll* cross-question, cross-examine, grill; *hist* interrogate under torture; **~сти́ть** II (~щý) *pf coll* make fond of, keen (on, к + *dat*); **~сти́ться** II (~щýсь) *pf coll* become passionately fond of, keen on, conceive a passion (for, к + *dat*); **≃стность** *f* partiality, bias; **≃стный** (~стен) partial, biased, unfair

пристр|áчивать I *pf* ~очи́ть sew on (to), stitch on (to, к + *dat*)

пристрéл|ивать I *pf* ~и́ть shoot, kill (*by shooting*); *pf* ~я́ть find the range (of); adjust; **≃иваться** I *pf* ~я́ться find the range; adjust fire; **~я́ть** II (~ю́, ≃ишь) *pf of* ≃ивать; **≃ка** adjustment (of fire), ranging; ~ ви́лки bracketing for range; вести́ ~ку find the range; **≃очный** ranging; registering; **≃ьный** ~ огóнь straddling fire; **~я́ть(ся)** I *pf of* ≃ивать(ся)

пристр|óить(ся) II *pf of* ~áивать(ся); **~óйка** annexe, extension (*to building*), outhouse, lean-to

пристр|очи́ть II (~очý, ~óчишь) *pf of* ~áчивать

пристрýн|ивать I *pf* ≃ить *coll* take in hand, take to task; **≃ить** II *pf of* ~ивать

пристýк|ивать I *pf* ≃нуть *coll* tap (with, + *instr*); ~ каблукóм tap with one's heel; *pop* do in, kill (*with a blow or shot*); **≃нуть** I *pf of* ~ивать

при́ступ *mil* assault, storm; идти́ на ~ go into an assault; взять ~ом take by storm; attack, fit, access; bout; touch; ~ бóли pang, spasm of pain; ~ гнéва fit of temper, paroxysm of anger; ~ кáшля fit, bout of coughing; к немý ~у нет *coll* he is inaccessible, unapproachable; к э́тому ~у нет this is out of the question (*far too expensive*); **~áть** I *pf* ~и́ть *obs* approach; *fig obs* pester, importune; set about, get down (to), start, begin; ~ к дéлу make a start, get down to business; **~áться** I *pf of* ~и́ться *coll* approach, come near; к немý не ≃ишься he is (quite) inaccessible; **~и́ть(ся)** II (~лю́(сь), ≃ишь(ся)) *pf of* ~áть(ся); **≃ок** (~ка) *coll* step

присты|ди́ть II (~жý) *pf of* стыди́ть

пристык|овáться (~ýюсь) *pf* dock (with, к + *dat*)

пристя́ж|ка в ~ке in traces (*of horse*); trace-horse, outrunner; **~нáя** *n* trace-horse, outrunner

прису|ди́ть II (~жý, ≃дишь) *pf of* ~ждáть; **~ждáть** I *pf* ~ди́ть sentence (to), condemn (to, + *dat or* к + *dat*); ~ штраф комý, когó к штрафу fine, impose a fine on someone; *leg coll* award; ~ истцý ты́сячу рублéй award the plaintiff a thousand roubles; award (to), adjudge (to), confer (on, + *dat*); ~ прéмию комý confer a prize on someone; **~ждéние** award(ing), adjudication; conferment

присýтств|енный *obs* ~ день working-day; ~енное мéсто office, work-place; ~енные часы́ office, business hours; **≃ие** presence; в ~ии детéй in front of, in the presence of the children; ~ дýха presence of mind; *obs* office hours, work; *obs* sitting; *obs* office; **≃овать** (~ую) be present (at), attend, assist (at, на + *prep*); ~ при церемóнии attend a ceremony; **~ующие** *n* those present

присýщ|ий (~) inherent (in), intrinsic (in), characteristic (of, + *dat*); с ~им ей добродýшием with her characteristic good nature

присчит|áть I *pf of* ≃ывать; **≃ывать** I *pf* ~áть add on

прис|ылáть I *pf* ~лáть send, dispatch

присы́п|ать (~лю, ~лешь) *pf of* ~áть; **~áть** I *pf* ≃ать add, pour some more (+ *acc or gen*); sprinkle, dust, powder (with, + *instr*); **≃ка** powdering, sprinkling, dusting; powder

прис|ыхáть I *pf* ~óхнуть adhere (to), dry on (to), cake (to, к + *dat*)

прися́|га oath (of allegiance); лóжная ~ perjury; дать ~гу swear; приводи́ть к ~ге swear in, put on oath, administer the oath (to); принимáть ~гу take an oath; под ~гой on, under oath; **~гáть** I *pf* ~гнýть swear (to), take, swear an oath (to); ~ в вéрности swear allegiance (to, + *dat*); **~гнýть** I *pf of* ~гáть; **≃жный** *leg obs* sworn; ~ повéренный barrister; ~ заседáтель juror, juryman; *n* = ~ заседáтель; суд ~жных jury; *fig coll* born, inveterate

притаи́ться II *pf* hide, conceal oneself, lie hidden

прит|áптывать I *pf* ~оптáть tread down; *impf coll* = ~óпывать

притá|скивать I *pf* ~щи́ть bring (in), drag, haul; *coll* bring, drag (along); **≃скиваться** I *pf* ~щи́ться *coll* drag oneself (along), totter (along, up)

притач|áть I *pf of* ≃ивать; **≃ивать** I *pf* ~áть stitch, sew on (to, к + *dat*)

прита|щи́ть(ся) II (~щý(сь), ≃щишь(ся)) *pf of* ≃скивать(ся)

притвор|и́ть II (~ю́, ≃ишь) *pf of* ~я́ть shut, close (carefully), leave slightly ajar; **~и́ться** II (~ю́сь, ≃ишься) *pf of* ~я́ться be slightly ajar, almost close

притвор|и́ться II *pf of* ~я́ться; **≃ный** (~ен) feigned, pretended, sham, affected; ~ные слёзы crocodile tears; **≃ство** pretence, sham; dissembling; **≃щик** hypocrite, dissembler; pretender, sham; **~я́ть** I *pf* ~и́ть; **~я́ться** I *pf* ~и́ться feign, pretend (to be, + *instr*), simulate, sham; ~ больны́м pretend to be ill, feign illness; ~ мёртвым pretend to be dead; ~ безразли́чным feign indifference

прите|кáть I *pf* ≃чь flow, pour in *also fig*

прит|ерéть(ся)(~рý(сь), ~рёшь(ся); ~ёр(ся), ~ёрла(сь)) *pf of* ~ирáть(ся)

притерп|éться II (~лю́сь, ≃ишься) *pf coll* get accustomed, used (to, к + *dat*); ~ к бóли get used to pain

притёрт|ый ~ая прóбка ground-in stopper; ~ое стеклó ground glass

притесн|éние oppression, persecution; *usu pl* restrictions; **~и́тель** *m* oppressor; **~и́тельный** (~и́телен) oppressive; **~и́ть** II *pf of* ~я́ть; **~я́ть** I *pf* ~и́ть oppress, persecute, grind (down)

притé|чь (~чёт, ~кýт; ≃к, ~клá) *pf of* ~кáть

прит|ирáть I *impf* rub lightly (with, + *instr*); *pf*

~ере́ть grind in, lap; **~ира́ться** II *pf* ~ере́ться be ground in; *pop* join in (with), mug in (with, к + *dat*)

прити́с|кивать I *pf* ~нуть *coll* press, squeeze; ~ па́лец две́рью squeeze one's finger in the door; **~́нуть** I *pf of* ~кивать

притих|а́ть I *pf* ~́нуть grow quiet, quieten down; die down, abate, slacken; **~́нуть** I (~, ~ла) *pf of* ~а́ть

прит|кну́ть I *pf of* ~ыка́ть; **~кну́ться** I *pf coll* perch (oneself), find room for oneself

прито́к (in)flow, influx, intake; ~ све́жего во́здуха (in)flow of fresh air; ~ сил surge of strength; ~ средств inflow, increase of funds; tributary (*of river*)

при́толока lintel

прито́м *conj* moreover, (and) besides; он умён и ~ о́чень добр he is clever and also (as well as being) very kind

притом|и́ть(ся) II (~лю́(сь)) *pf pop* = утоми́ть(ся)

прито́н den, haunt, dive; ~ развра́та den of vice; воровско́й ~ den of thieves; иго́рный ~ gambler's den, gambling-hell

прито́п|нуть I *pf of* ~ывать; **~та́ть** I (~чу́, ~́чешь) *pf of* прита́птывать; **~́ывать** I *pf* ~нуть stamp one's foot; ~ каблука́ми tap one's heels

притор|а́чивать I *pf* ~очи́ть strap (to saddle)

приторг|ова́ть (~у́ю) *pf of* торгова́ть

приторм|а́живать I *pf* ~ози́ть *coll* brake slightly; **~ози́ть** II (~ожу́) *pf of* ~а́живать

при́т|орность *f* sickly sweetness, sickliness, excessive sweetness; **~́орный** (~орен) sickly sweet, cloying; ~орная улы́бка unctuous smile

притор|очи́ть II *pf of* ~а́чивать

притр|а́гиваться I *pf* ~о́нуться touch; к мои́м веща́м не ~а́гивайся don't (dare) touch my things; **~о́нуться** I *pf of* ~а́гиваться

притули́ться II *pf coll* find a space, spot for oneself

притуп|и́ть(ся) II (~лю́(сь), ~́ишь(ся)); **~ля́ть** I *pf* ~и́ть blunt, dull, take the edge off; *fig* dull, deaden, blunt (*of feelings, memory, attention, etc*); **~ля́ться** I *pf* ~и́ться lose its edge, point (*of knives, etc*); *fig* become blunted, dull

притуш|и́ть II (~у́, ~́ишь) *pf coll* damp down, put out (*fire, light, etc*)

при́тча parable; что за ~? *coll* what a strange thing!; ~ во язы́цех *joc* talk of the town

прит|ыка́ть I *pf* ~кну́ть *coll* stick, shove

притя|га́тельность *f* attractiveness; **~га́тельный** (~га́телен) attractive, magnetic; **~́гивать** I *pf* ~ну́ть haul, draw, pull (up to, к + *dat*); ~ за́ уши, за́ волосы до́воды *coll* adduce far-fetched arguments; ~ как магни́т attract like a magnet; ~ к отве́ту *pop* call to account; ~ к суду́ *pop* have up, sue; **~жа́тельный** *gramm* possessive; **~же́ние** *phys* atttraction; зако́н земно́го ~же́ния law of gravity

притяз|а́ние claim, pretension; име́ть ~а́ния lay claims (to, на + *acc*), have claims (on, на + *acc*); **~а́тельный** (~а́телен) demanding, exacting; **~а́ть** I *impf* lay claim (to, на + *acc*)

притя́н|утый ~ (за́ уши), ~ (за́ волосы) far-fetched; **~у́ть** I (~у́, ~́ешь) *pf of* притя́гивать

приугото́в|ить II (~лю) *pf of* ~лять; **~ля́ть** I *pf* ~́ить *obs usu fig* have in store, prepare

приуда́рить II *pf fig pop* step on it, get cracking; *fig coll* pursue, go (after), chase (after, за + *instr*) *in courting*

приукра́|сить II (~шу) *pf of* ~шивать; **~́шивать** I *pf* ~сить decorate, brighten up; embellish, embroider

приуменьш|а́ть I *pf* ~́ить lessen, reduce, diminish; **~́ить** II *pf of* ~а́ть

приумнож|а́ть I *pf* ~́ить (further) increase, augment, multiply; **~а́ться** I *pf* ~́иться (further) increase, multiply; **~е́ние** augmentation, increase, multiplication; **~́ить(ся)** II *pf of* ~а́ть(ся)

приумо́лк|нуть I (~, ~ла) *pf coll* fall silent (for a while)

приуны́ть (*no fut*) *pf coll* feel, become dejected, dispirited; look downcast, glum

приуро́ч|ивать I *pf* ~ить time to coincide (with), time (for, к + *dat*); **~́ить** II *pf of* ~ивать

приуса́дебный adjoining, attached to house

приуста́|ть (~ну, ~́нешь) *pf coll* get, be a bit tired

приути́х|нуть I (~, ~ла) *pf coll* drop a bit (*of wind*), abate (*of storm*); quieten down (*of children, etc*)

приуч|а́ть I *pf* ~и́ть accustom (to), inure (to, к + *dat*), train (to, + *infin*); ~ к хо́лоду inure to the cold; ~ себя́ к терпе́нию school oneself to patience; **~а́ться** I *pf* ~и́ться get accustomed, used (to), get into the habit (of, + *infin*); **~и́ть(ся)** II (~у́(сь), ~́ишь(ся)) *pf of* ~а́ть(ся)

прифран|ти́ться II (~чу́сь) *pf coll* get oneself up, dress up

прифронтов|о́й front(-line), ~а́я полоса́ forward-area

прихва́рывать I *impf coll* be, feel unwell, indisposed, out of sorts

прихвастну́ть I *pf coll* boast, brag a little

прихва|ти́ть II (~чу́, ~́тишь) *pf of* ~́тывать; **~́тывать** I *pf* ~ти́ть grip; ~ за ло́кти grip by the elbows; *coll* catch (unawares); *coll* take (with one); ~ дете́й *coll* take the children with one; *coll joc* get (hold of, + *acc or gen*); *coll* tie up, fasten; цветы́ ~ти́ло моро́зом the flowers were nipped by a frost; *pop* strike, affect (*of pain, illness, etc*)

прихворну́ть I *pf coll* be unwell, feel poorly

при́хвост|ень *m* (~ня) lickspittle

прихлеб|а́тель *m coll* hanger-on, sponger; **~а́тельство** *coll* sponging; **~ну́ть** I *sem pf* take a sip; **~̈ывать** I *impf coll* sip

прихло́п|нуть I *pf of* ~ывать clap; *coll* slam; *coll* pinch, squeeze, nip, catch; ~ па́лец две́рью catch one's finger in the door; *pop* kill, do in, swat (*fly*); *pop* close down, put the kibosh on

прихлы́н|уть I (~ет) *pf coll* rush, surge (towards, к + *dat*); come crowding *also fig*

прихо́|д coming, arrival, advent; ~ по́езда arrival of a train; receipts, returns; ~ и расхо́д credit and debit; *eccles* parish; како́в поп, тако́в и ~ *prov* like master, like man; **~ди́ть** II (~жу́, ~́дишь) *pf* прийти́ come, arrive; пришла́ пора́ учи́ться the time has come to study; ~ в восто́рг go into raptures (over, от + *gen*); ~ в у́жас be horrified; ~ в я́рость fly into a rage; ~ в го́лову, на ум кому́ occur to, strike someone, cross one's mind; мысль пришла́ ей в го́лову the thought occurred to her; ~ в себя́ come to, round, *fig* come to one's senses; ~ в чу́вство regain consciousness; ~ к заключе́нию come to, arrive at a conclusion; ~ к концу́ come to an end; ~ к соглаше́нию come to an agreement, understanding; **~ди́ться** II (~жу́сь, ~́дишься) fit (по + *dat*); башмаки́ пришли́сь по ноге́ the shoes fitted nicely; fall (*of dates, etc*); Но́вый год пришёлся на сре́ду New Year fell on a Wednesday; ~ кому́ по вку́су, по нра́ву be to someone's taste, liking; сде́лать что как придётся *coll* do something somehow or other; есть что придётся *coll* eat whatever one can get; ночева́ть где придётся spend the night where one can; ~ кста́ти prove useful, turn up just at the right moment; *impers* + *dat* have (to); ему́ ~́дится всё де́лать he has to do everything; пришло́сь согласи́ться one had to agree; *impers* + *dat* be one's fate, fall to the lot (of), happen (to); им пришло́сь нелегко́ they had a difficult time; *impers*, ~ на + *acc or* с + *gen* be owing (to *or* from); на ка́ждого пришло́сь по рублю́ they got a rouble each; с тебя́ ~́дится пять рубле́й there is five roubles to come from you; *impf* be related (to); я ей ~жу́сь дя́дей I am her uncle; они́ мне ~́дятся бли́зкими ро́дственниками they are close relatives of mine

прихо́д|овать (~ую) *pf* за~ *and* о~ enter (*in bookkeeping*); **~́о-расхо́дный** credit and debit; ~о-расхо́дная кни́га ledger, account-book

прихо́дский parish, parochial

приходя́щ|ий non-resident; ~ая домрабо́тница daily help; ~ больно́й out-patient

прихожа́н|ин (*pl* ~е) parishioner

прихо́жая (entrance) hall, lobby; antechamber, ante-room

прихора́ш|ивать I *impf coll* smarten up, preen; **~́иваться** I *impf coll* smarten oneself up, preen oneself, trim oneself up

прих|отли́вость *f* capriciousness, fastidiousness; whimsicality; **~отли́вый** (~отли́в) capricious, fastidious, finical (*of child, etc*); fanciful (*imagination, etc*), intricate (*pattern, etc*); fantastic, odd, bizarre, whimsical; **~́оть** *f* whim, caprice; whimsy, fancy

прихра́мывать I *impf* hobble, limp

прицве́тник *bot* bract

прице́л back-sight; бомбардиро́вочный ~ bomb-sight; опти́ческий ~ telescopic sight; взять на ~ take aim (at), aim (at); *fig* concentrate one's attention (on); aiming; **~́иваться** I *pf of* ~иться take aim, sight; **~́ьный** aiming; ~ьная бомбардиро́вка precision bombing; ~ьная ли́ния line of sight; ~ьное приспособле́ние aiming, sighting device

прице́н|иваться I *pf* ~и́ться *coll* ask the price (of, к + *dat*); **~и́ться** II (~ю́сь, ~́ишься) *pf of* ~́иваться *and* ~я́ться; **~я́ться** I = ~́иваться

прице́п trailer; **~и́ть(ся)** II (~лю́(сь), ~́ишь(ся)) *pf of* ~ля́ть(ся); **~́ка** hitching, hooking on, coupling; *bot* holdfast; *pop* quibble; **~ля́ть** I *pf* ~и́ть hitch (to), hook on (to), couple (to, к + *dat*); *coll* pin on (to), fasten (to), tack, tag on (to, к + *dat*); **~ля́ться** I *pf* ~и́ться stick, cling (to, к + *dat*); *pop* pester, nag (at); pick on, pounce (on, к + *dat*); **~но́й** ~ ваго́н trailer

прича́л mooring, making fast; moorage, berth; mooring rope, line; **~́ивать** I *pf* ~ить *vt* moor, berth; *vi* tie up (at, to), moor; **~́ить** II *pf of* ~ивать; **~́ьный** mooring

прича́|стие *gramm* participle; *eccles* communion; eucharist; making one's communion, communicating; **~сти́ть(ся)** II (~щу́(сь)) *pf of* ~ща́ть(ся)

прича́ст|ный (~ен) participating (in), concerned (in), connected (with), involved (in, к + *dat*); implicated (in), privy (to, к + *dat*); он к э́тому де́лу не ~ен he is not involved in this business; *gramm* participial

прича|ща́ть I *pf* ~сти́ть *eccles* give communion; **~ща́ться** I *pf* ~сти́ться receive communion, communicate; **~ще́ние** receiving communion, communicating

причём *adv* ~ тут э́то? what's that got to do with it?; *conj* moreover, and; он непра́в, ~ ещё и спо́рит he's wrong and on top of that he goes on arguing

приче|са́ть(ся) I (~шу́(сь), ~́шешь(ся)) *pf of* ~́сывать(ся); **~́ска** hairdo, hair style, coiffure; hairdressing, haircut

при|че́сть (~чту́, ~чтёшь; ~чёл, ~чла́) *pf of* ~чи́тывать

приче́|сывать I *pf* ~са́ть ~ кого́ do someone's hair; comb, brush (someone's hair); *fig* polish up; ~́санная фра́за polished sentence; **~́сываться** I *pf* ~са́ться do one's hair, have one's hair done; brush, comb one's hair

приче́тник *eccles* junior deacon

причи́н|а cause; ~ и сле́дствие cause and effect; ~ войны́ cause of war; reason; (не)уважи́тельная ~ (poor) good excuse, reason; по той и́ли ино́й ~е for one reason or another, for some reason or other; без вся́кой ~ы for no apparent reason; по той просто́й ~е, что for the simple reason that; по ~е on account (of), owing (to), because (of), by reason (of, + *gen*); **~да́лы** (*gen pl* ~да́лов) *coll joc* paraphernalia, traps; **~и́ть** II *pf of* ~я́ть; **~́ность** *f* causality; **~́ный** causal, causative; **~я́ть** I *pf* ~и́ть cause, occasion; ~ вред do, cause, inflict injury, damage, harm (to, on, + *dat*); ~ неприя́тность make trouble (for, + *dat*)

причи́сл|ить II *pf of* ~я́ть; **~я́ть** I *pf* ~́ить add on (to, к + *dat*); attach (to), appoint (to); reckon, number, count, rank (among, к + *dat*); ~ к выдаю́щимся учёным number among the outstanding scientists

причит|а́ние lamentation; **~а́ть** I *impf* (be)wail, (be)moan; lament (for), keen (over, по + *prep*)

причита́|ться I (~ется) *impf* be due (to, + *dat*; from, с + *gen*); ему́ ~ется сто рубле́й there is a hundred roubles due to him; с тебя́ ~ется сто рубле́й you have to pay a hundred roubles

прич|и́тывать I *pf* ~е́сть *pop* add on; *obs* reckon, number (among, к + *dat*)

причмо́к|ивать I *pf* ~нуть smack one's lips; **~́нуть** I *pf of* ~ивать

причт *collect* clergy (of parish); со всем при́чтом *coll joc* with all one's cronies

причу́д|а whim, fad, caprice; vagary, oddity; де́тские ~ы childish whims; челове́к с ~ами eccentric person; **~́иться** II (~ится) *pf of* чу́диться; **~́ливость** *f* pretentiousness; *coll* capriciousness, whimsicality; **~́ливый** (~лив) pretentious; *coll* odd, eccentric, quaint; capricious, whimsical; **~́ник** *coll* odd person, eccentric

пришварт|ова́ть(ся) (~ую(сь)) *pf of* шварто-ва́ть(ся)

прише́л|ец (~ьца) newcomer, stranger

пришепётывать I *impf coll* lisp slightly

пришёптывать I *impf coll* whisper

прише́стви|е advent, coming; до второ́го ~я till doomsday

пришиб|и́ть (~у́, ~ёшь; ~́, ~́ла) *pf pop* strike dead; *fig coll* shatter; тяжёлое изве́стие ~́ло его́ he was shattered by the grievous news; **~́ленный** *coll* downtrodden, humiliated, dejected

приш|ива́ть I *pf* ~и́ть sew (on, to), nail on; *fig pop* pin (*false accusation*) on (+ *dat*); ~и́ть перо́м *sl* stab; **~ивно́й** sewn on; ~ воротни́к attached collar; **~и́ть** (~ью́, ~ьёшь) *pf of* ~ива́ть

при́шлый newly arrived; strange, alien; ~ челове́к stranger

пришпи́л|ивать I *pf* ~ить pin, fasten; **~́ить** II *pf of* ~ивать

пришпо́р|ивать I *pf* ~ить spur; put, set spurs (to); *fig* urge on, spur on; *sl* pin (on, + *dat*), accuse (*under an article in criminal code*)

прищёлк|ивать I *pf* ~нуть; ~ кнуто́м crack the whip; ~ па́льцами snap one's fingers; ~ языко́м click one's tongue

прищем|и́ть II (~лю́) *pf of* ~ля́ть; **~ля́ть** I *pf* ~и́ть nip, pinch, squeeze, squash; ~ себе́ па́лец две́рью catch one's finger in the door

прищёп *bot* graft; **~и́ть** II (~лю́) *pf of* ~ля́ть; **~́ка** clothes-peg; **~ля́ть** I *pf* ~и́ть *bot* graft; **~́ок** (~ка) cutting

прищу́р *coll* screwing up of eyes; **~́ивать** I *pf* ~ить screw up (the eyes); **~́иваться** I *pf* ~иться screw up one's eyes; **~́ить(ся)** II *pf of* ~ивать(ся)

прию́|т shelter, refuge, asylum; де́тский ~ orphanage; **~ти́ть** II (~чу́) *pf* (give) shelter; **~ти́ться** II (~чу́сь) *pf* find, take shelter; *fig* nestle

прия́|зненный (~знен) friendly, amicable; **~́знь** friendship; **~́тель** *m* friend; больши́е ~тели close friends; **~́тельница** (female) friend, girlfriend; **~́тельский** friendly, amicable; **~́тный** (~тен) pleasant, agreeable, nice, pleasing; ~тные но́вости good news; ~тно слы́шать it is nice to hear

при|я́ть (~я́л; ~я́тый) *pf* = приня́ть

про *prep + acc* about; говори́ть ~ вас talk about you; *coll* for; э́то не ~ нас this is not for us; ~ себя to oneself; прочти́ э́то ~ себя́ read this to yourself; **про-** *verbal pref in var senses*: action through object *ie* простре́ли́ть shoot through; action overall *ie* прогре́ть warm thoroughly; action across or past object *ie* пробежа́ть run by; total completion of action *ie* прогуля́ться take, have taken a walk; action lasting specific period of time *ie* прорабо́тать (весь день) work (the whole day); action denoting loss or failure *ie* прозева́ть miss; **про-** *as pref of nouns and adjs* pro-

проанализи́р|овать (~ую) *pf of* анализи́ровать

про́б|а trial, test, try-out; ~ го́лоса voice test; ~ сил trial of strength; взять на ~у take on trial; sample; взять ~у take a sample; standard (*of gold*); зо́лото 56-о́й ~ы 14-carat gold; hallmark; ~ пера́ literary début; вы́сшей ~ы of the first water, of the highest quality; ни́зкой ~ы of the worst type

пробавля́ться I *impf coll* make do (on, with), subsist (on, + *instr*)

проба́лт|ываться I *pf* проболта́ться *coll* blab, blurt out, let the cat out of the bag

проба|си́ть II (~шу́) *pf coll* say (something) in a deep, bass voice

пробе́|г *sp* race; автомоби́льный ~ car-race; run, mileage, distance covered; *aer* landing run; **~́гать** I *pf* run about (*for certain time*); *pf coll* miss through running about; **~га́ть** I *pf* ~жа́ть run past, by; pass (running); run through; run along; ~ по за́лу run through the hall; run, cover (*a distance*); *fig* run, flit (over, down, across; дрожь ~жа́ла у него́ по спине́ a cold shiver ran down his spine; fly past (*of time*); *fig coll* run, look, skim through (*of papers, etc*); **~жа́ть** (~гу́, ~жи́шь, ~гу́т) *pf of* ~га́ть; **~жа́ться** (~гу́сь, ~жи́шься, ~гу́тся) *pf* take, have a run (*to limber up*); ~ по клавиату́ре run one's fingers over the keyboard; **~́жка** run; take off run

пробе́л blank, empty space, gap *also fig*; ~ в зна́ниях gap in one's knowledge

проби|ва́ть I *pf* ~́ть make a hole (in), pierce, hole; punch; ~ кора́бль hole a ship; ~ отве́рстие bore, drill, pierce a hole; ~ сте́ну breach, make a hole in a wall; ~ ши́ну puncture a tyre; open up, clear; ~ тропу́ clear a path; ~́ть себе́ доро́гу *fig* make one's way in the world; *pop* get, push (something) through; **~ва́ться** I *pf* ~́ться fight, force, make one's way (through), break through; ~ сквозь толпу́ force, elbow, push, shoulder one's way through the crowd; полк ~́лся к реке́ the regiment broke through to the river; ~́ться в лю́ди fight one's way to the top; shoot (forth), push up, show through (*of plants*); ~ с трудо́м *coll* struggle along; **~вно́й** piercing; ~вна́я си́ла penetrating power (*of shell, etc*); *fig coll* forceful, pushy, pushing, go-ahead

проб|ира́ть I *pf* ~ра́ть penetrate; моро́з ~ра́л меня́ до косте́й I was chilled to the bone; его́ ~ра́л страх he was struck by fear; его́ ниче́м не ~ерёшь nothing makes the slightest impression on him; *coll* rate, scold, give a good talking-to; clear, clean out, weed (*crops, etc*); **~ира́ться** I *pf* ~ра́ться make one's way; ~ сквозь толпу́ force one's way through a crowd; steal, sneak (through, in); ~ о́щупью grope, feel one's way

проби́р|ка test-tube; **~́ный** testing, assay(ing); ~ ка́мень touchstone; ~ное клеймо́ hallmark; ~ная пала́та assay office; **~́овать** (~ую) *impf* test, assay; **~́щик** assayer, assay-master

про|би́ть (~бью́, ~бьёшь; ~бе́й) *pf of* бить *and* ~бива́ть; **~би́ться** (~бью́сь, ~бьёшься; ~бе́йся) *pf of* ~бива́ться; *pf coll* struggle (with, над + *instr*) (*for a time*)

про́бк|а cork (*substance*); cork, stopper, plug; глуп как ~ *coll* stupid, thick; *fig* traffic jam, congestion; **~́овый** cork; subereous, suberic, suberose; ~ дуб cork-oak; ~овая кислота́ suberic acid

пробле́м|а problem; **~а́тика** problems; **~ати́ческий** problematic(al); **~ати́чность** *f* problematical character; **~ати́чный** (~ати́чен) = ~ати́ческий; **~́ный** posing problems

про́блес|к gleam, glimmer, ray *also fig*; ~ наде́жды glimmer of hope; ~ки мо́лнии flashes of lightning; **~̈кивать** I *pf* ~ну́ть flash; **~ну́ть** I *pf of* ~̈кивать

про́б|ный test, trial; ~ полёт test flight; ~ пробе́г trial run, road test (*of car, etc*); ~ ка́мень touchstone; ~ спирт proof spirit; ~ шар *fig* ballon d'essai, feeler; ~ экземпля́р specimen copy; hallmarked; **~́овать** (~ую) *pf* ис~, по~ test, check, try; ~ актёра на роль try an actor in a role; *pf* по~ try, taste (*food*); try, attempt, endeavour (to, + *infin*)

пробод|а́ть I (~ет) *pf* gore; (~а́ю) *impf med* perforate, puncture; **~е́ние** *med* perforation

пробо́|ина hole, rent; breach gap (in wall); получи́ть ~ину be holed; **~́й** rupture, breakdown, puncture; **~́йник** punch, drift

пробол|е́ть I (~е́ю) *pf* be ill (*for a time*); II (~и́т) *pf* ache, hurt, give trouble (*for a time*)

проболт|а́ть I *pf* chatter (*for a while*); *pf* blurt out, let out (*secret, etc*); **~а́ться** I *pf coll* blab, blurt out a secret, blurt it out; *pf pop* loaf (around)

пробо́р parting (*of hair*); косо́й ~ parting at the side; прямо́й ~ parting in the middle; носи́ть

прямо́й ~ wear one's hair parted down the middle
пробормо|та́ть I (~чу́, ~́чешь) *pf of* бормота́ть
про́бочник *pop* corkscrew
пробр|а́сывать I *pf* ~о́сить *coll* count, tot up (*on an abacus*); overcount by (*on abacus*)
проб|ра́ть(ся) (~еру́(сь), ~ерёшь(ся); ~ра́л(ся), ~рала́(сь); ~ра́ло; ~рало́сь) *pf of* **~ира́ть(ся)**
пробр|о́сить II (~о́шу) *pf of* ~а́сывать
пробу|ди́ть II (~жу́, ~́дишь) *pf of* буди́ть *and* ~жда́ть; **~ди́ться** II (~жу́сь, ~́ди́шься) *pf of* ~жда́ться; **~жда́ть** I *pf* ~ди́ть *lit* (a)rouse, awaken *also fig*; **~жда́ться** I *pf* ~ди́ться (~́дишься) *lit* awake(n), wake up; ~ ото сна awake from sleep; (~ди́тся) be awakened, stirred, roused (*of feelings, interest, etc*); **~жде́ние** awakening, waking up
пробура́в|ить II (~лю) *pf of* ~́ливать; **~́ливать** I *pf* ~́ить bore, drill, perforate
пробурча́ть II *pf of* бурча́ть
проб|ы́ть (~у́ду, ~у́дешь; ~́ыл, ~ыла́, ~́ыло; ~у́дь; ~ы́вший) *pf* stay, remain, be (*for a certain time*)
прова́л collapse, falling in; gap, depression; failure, fiasco, crash, flop; потерпе́ть ~ be a failure, fiasco; ~ па́мяти loss of memory, blackout, blank; **~́ивать** I *pf* ~и́ть cause to collapse, knock down; *fig* wreck, ruin, bring about the failure (of); turn down (*candidate, proposal, etc*), reject, fail (*in an examination*); ~ивай! *pop* clear off!, buzz off!; ~ивай, пока́ цел! buzz off, whilst the going's good!; **~́иваться** I *pf* ~и́ться fall, tumble down; ~ в я́му fall down a hole; fall in, cave in, collapse (*of roof, etc*); *coll* fail, miscarry, fall through (*of plans, etc*); *coll* fail, not make the grade, be ploughed (*in examination*); *fig pop* disappear, vanish; гото́в сквозь зе́млю ~и́ться I wish the earth could swallow me up; как сквозь зе́млю ~и́лся vanished into thin air; ~и́ться на э́том ме́сте! *pop* may I perish on the spot!; у него́ щёки ~и́лись he has hollow cheeks; **~и́ть(ся)** II (~ю́(сь), ~́ишь(ся)) *pf of* ~́ивать(ся)
прованса́ль *m* mayonnaise, salad dressing; **~́ский** Provençal
прова́нск|ий ~ое ма́сло olive oil, salad-oil
провар|и́ть II (~ю́, ~́ишь) *pf of* ~́ивать; *pf* boil (for a certain time); **~́ивать** I *pf* ~и́ть boil thoroughly
пров|а́щивать I *pf* ~ощи́ть wax
прове́д|ать I *pf of* ~ывать
проведе́ние leading, conducting, taking; fixing (*of frontier, etc*); building, construction (*of roads, etc*); laying, installation (*of pipes, etc*); carrying out, realization (*of laws, etc*); ~ кампа́нии conduct of campaign; ~ в жизнь putting into effect
прове́д|ывать I *pf* ~ать *coll* call on, go and see; learn, find out (about, о + *prep*)
провез|ти́ (~у́, ~ёшь; ~́, ~ла́; ~́ший; ~ённый) *pf of* провози́ть
прове́|ивать I *pf* ~ять winnow
провентили́р|овать (~ую) *pf of* вентили́ровать
прове́р|енный reliable, of proven worth; **~́ить** II *pf of* ~я́ть; **~́ка** check(ing), inspection, examination, verification, check-up; audit; testing; ~ зна́ний examination, test
провер|ну́ть I (~́нутый) *pf of* ~́тывать
прове́рочный checking, test(ing), verifying
провер|те́ть II (~чу́, ~́тишь) *pf of* ~́тывать; **~́тывать** I *pf* ~те́ть *and* ~ну́ть *coll* bore, pierce, perforate, drill (*hole, etc*); *coll* mince (*meat, etc*); *pf* ~ну́ть *fig pop* push, rush through (*discussion of question, etc*)
прове́р|щик checker, inspector; **~я́ть** I *pf* ~́ить check (up on), verify, examine; correct (*exercise-books*); test; regulate, adjust (*mechanism, etc*)
прове́с short weight; sag(ging), slack, dip (*of wire*); **~́сить** II (~шу) *pf of* ~́шивать
прове|сти́ (~ду́, ~дёшь; ~́л, ~ла́; ~́дший; ~дённый; ~дя́) *pf of* проводи́ть
прове́тр|ивать I *pf* ~ить air, ventilate; **~́иваться** I *pf* ~иться be aired (*of building, clothes, etc*); *coll* enjoy, have a change of scene, get a breath of fresh air; **~́ить(ся)** II *pf of* ~ивать(ся)
прове́|шивать I *pf* ~сить give short weight; (dry in the open) air; plumb
провеща́ть I *pf of* веща́ть *obs* foretell, prophesy
прове́|ять (~ю, ~ешь) *pf of* ~ивать
провиа́нт *obs* provisions, victuals
прови́|дение foresight; **~де́ние** Providence; **~́деть** II (~жу) *impf* foresee; **~́дец** (~дца) *lit* seer, prophet
прови́зия provisions, foodstuff(s)
прови́зор pharmacist
провизо́р|ный (~ен) provisional, temporary
провин|и́ться II *pf* be guilty (of, в + *prep or* + *instr*); в чём ты ~и́лся перед ним? what have you done wrong in his eyes?; **~́ность** *f coll* fault, offence
провинц|иа́л provincial; **~иали́зм** provincialism; **~иа́льность** *f* provinciality; **~иа́льный** (~иа́лен) provincial *also fig*; **~́ия** province; the provinces; глуха́я ~ God-forsaken place
пров|ира́ться I *pf* ~ра́ться *pop* give oneself away (*in lying*)
провис|а́ть I (~а́ет) *pf* ~́нуть sag; **~́нуть** I (~, ~ла) *pf of* ~а́ть
про́вод (*pl* ~а́) wire; телегра́фные ~а́ telegraph wires; conductor, lead; ~ с пу́щенным то́ком live wire; **~и́мость** *f* conductivity, conduction
прово|ди́ть II (~жу́, ~́дишь) *impf elect* conduct, be a conductor; *pf* провести́ lead, take, escort, conduct; ~ ребёнка че́рез у́лицу take a child across the street; ~ отря́д че́рез лес lead a detachment through a forest; pilot (*boat, ship, etc*); build, install; ~ водопрово́д, центра́льное отопле́ние, электри́чество, *etc* lay on, install water-supply, central heating, electricity, *etc*; carry out, carry on, conduct, hold (*meetings, reforms, tests, etc*); pursue (*policy, etc*); get through, pass, get accepted (*resolution, etc*); implement (*resolution, etc*); advance, put forward, develop, propound (*idea, etc*); ~ по ка́ссе ring up on till, register; draw (*line, boundary*); ~ иде́ю в жизнь put an idea into effect; pass over, run over; ~ ладо́нью по лбу pass one's hand over one's forehead; spend, pass (*time*); ~ убо́рку урожа́я bring in the harvest; *coll* take in, fool, cheat; его́ не проведёшь you can't fool him; *pf of* ~жа́ть; **~́дка** steering, piloting (*of ships*); drawing (*of line, etc*); building, installation; registering, ringing up (*on till*); *elect* wiring, wires; **~дни́к** 1 conductor (*of current, heat, etc*); *fig* purveyor; bearer, transmitter; guide; guard, conductor (*on train*); **~дно́й** ~дна́я связь telegraphic communication
про́во|ды (*gen pl* ~дов) seeing-off, send-off, farewell; **~жа́тый** *n* guide, escort; **~жа́ть** I *pf* ~ди́ть see off, accompany, go (with); ~ кого́ домо́й see someone home; ~ кого́ до двере́й see someone to the door; send off; ~ глаза́ми кого́

follow someone with one's eyes; ~ поко́йника attend a funeral

прово́з transport, carriage, conveyance; пла́та за ~ payment for carriage

провозве|сти́ть II (~щу́) *pf of* ~ща́ть; **~́стник** *lit* prophet; **~ща́ть** I *pf* ~сти́ть *lit* prophesy, predict, foretell

провозгла|си́ть II (~шу́) *pf of* ~ша́ть; **~ша́ть** I *pf* ~си́ть proclaim; propose, pronounce (*toast*, *etc*); его́ ~си́ли ге́нием he was pronounced a genius; **~ше́ние** proclamation; declaration

прово|зи́ть II (~жу́, ~́зишь) *pf* провезти́ convey, transport; ~ контраба́ндой smuggle; bring (with one); **~зи́ться** II *pf coll* play around, busy oneself (for a time); де́ти ~зи́лись весь ве́чер the children played around all evening; spend time looking after someone, doing something; всё у́тро ~зи́ться с больны́м spend all the morning looking after a sick person; **~зно́й** transit

провока́|тор agent provocateur; *fig* instigator, provoker; **~цио́нный** provocative; **~́ция** provocation

про́в|олока wire; колю́чая ~ barbed wire; **~́олочка** *dim of* ~олока (short, fine) wire; **~оло́чка** *coll* hitch, delay, hold-up; **~́олочный** wire; ~олочное загражде́ние barbed-wire entanglements

провоня́ть I *pf pop* stink (of, + *instr*)

прово́р|ный (~ен) quick, brisk, swift; agile, nimble, adroit, dexterous

провор|ова́ться (~у́юсь) *pf coll* be caught stealing, embezzling

проворо́нить II *pf pop* miss, lose, let slip (*opportunity*, *turn*, *place*, *etc*)

прово́рство quickness, swiftness; nimbleness, adroitness, agility, dexterity

проворча́ть II *pf* mutter, grumble; growl (*of dog*)

провоци́р|овать (~ую) *impf and pf*; *pf also* с~ provoke

пров|ощи́ть II *pf of* ~а́щивать

провр|а́ться (~у́сь, ~ёшься; ~а́лся, ~ала́сь, ~ало́сь) *pf of* провира́ться

провя́лить II *pf of* вя́лить

прогад|а́ть I *pf of* ~́ывать; **~́ывать** I *pf* ~а́ть *coll* miscalculate, slip up; back the wrong horse

прога́лина *coll* gap; glade, clearing

проги́б sag(ging), deflection, camber; **~а́ть** I *pf* прогну́ть cause to sag, give; **~а́ться** I *pf* прогну́ться sag, give

прогла́|дить II (~жу) *pf of* ~живать; *pf* iron (*thoroughly*); **~́живать** I *pf* ~дить iron (out)

прогл|а́тывать I *pf* ~оти́ть swallow *also fig*; говори́ть, ~а́тывая слова́ swallow one's words; ~ кни́гу devour a book; ~ оскорбле́ние swallow, pocket an insult; ~ язы́к lose one's tongue; язы́к ~о́тишь it makes your mouth water; **~оти́ть** II (~очу́, ~о́тишь) *pf of* ~а́тывать

прогля|де́ть II (~жу́) *pf of* ~́дывать; *pf coll* overlook, miss, not notice; все глаза́ ~ *coll* look and look without success; **~́дывать** I *pf* ~де́ть *coll* glance, skim (through); *pf* ~ну́ть break, peep through; со́лнце ~ну́ло сквозь облака́ the sun broke through the clouds; в его́ взгля́де ~ну́ло недово́льство there was a look of displeasure on his face; **~ну́ть** I (~́нет) *pf of* ~́дывать

прог|на́ть (~оню́, ~о́нишь; ~на́л, ~нала́, ~на́ло) *pf of* ~оня́ть; *pf pop* whizz, hurry (by, off)

прогне́в|ать(ся) I *pf obs* = разгне́вать(ся); **~и́ть** II (~лю́) *pf of* гневи́ть

прогни|ва́ть I *pf* ~́ть rot through, be rotten to the core *also fig*; **~́ть** (~ю́, ~ёшь; ~́л, ~ла́, ~́ло) *pf of* ~ва́ть

прогно́з forecast, prediction; *med* prognosis; ~ пого́ды weather forecast; **~и́ровать** (~и́рую) *impf and pf* forecast, predict, prognosticate

прог|ну́ть(ся) I *pf of* ~иба́ть(ся)

progов|а́ривать I *pf* ~ори́ть say, pronounce, utter; он ни сло́ва не ~ори́л he didn't utter a word; **~а́риваться** I *pf* ~ори́ться blab, blurt (it) out; let the cat out of the bag; **~ори́ть** II *pf of* ~а́ривать; *pf* talk, speak (*for a time*); **~ори́ться** II *pf of* ~а́риваться

проголода́ть I *pf* starve, go hungry; **~́ся** I *pf* be, feel hungry

проголос|ова́ть (~у́ю) *pf of* голосова́ть

прого́н side-road; cattle track; run-through (*of play*); purlin, baulk, main beam; **~́ы** (*gen pl* ~ов) *hist* travel allowance on post-chaise or railway (*for officers and civil servants*); **~я́ть** I *pf* прогна́ть drive out, away; ~ из до́ма turn out of doors; ~ с рабо́ты *coll* sack, dismiss, fire; ~ коро́в в по́ле drive cows into the field; *fig* banish, dispel, disperse (*boredom*, *care*, *etc*); run through (play before première)

прогор|а́ть I *pf* ~е́ть burn away, out, through, to ashes; *fig coll* fail, go bankrupt; **~е́ть** II *pf of* ~а́ть; *pf* burn (*for a time*)

прого́рк|лость *f* rancidity, rankness; **~́лый** rancid, rank; **~́нуть** I (~ and ~нул, ~ла) *pf of* го́ркнуть

програ́мм|а programme, syllabus, plan; ~ по исто́рии history syllabus; театра́льная ~ playbill; **~и́ровать** (~и́рую) *pf* за~ programme (*computer*); **~и́ст** programmer; **~́ный** ~ные сре́дства software

прогре|ба́ть I *pf* ~сти́ sweep (a path); ~ в снегу́ доро́жку sweep a path through the snow

прогре|ва́ть I *pf* ~́ть warm up (*building*, *car-engine*, *etc*); **~ва́ться** I *pf* ~́ться warm up

прогрем|е́ть II (~лю́) *pf of* греме́ть

прогре́сс progress; **~и́вка** *coll* payment on augmenting scale (*for piece-work*); **~и́вный** (~и́вен) progressive; ~ парали́ч progressive paralysis; **~и́ровать** (~и́рую) *impf* progress, make headway, advance; develop, get steadily worse (*of illness*); ~ в зна́ниях improve one's knowledge; **~и́рующий** ~ая боле́знь progressive illness; **~́ия** *math* progression

прогре|сти́ (~бу́, ~бёшь; ~́б, ~бла́) *pf of* прогреба́ть; *pf* row for a while

прогре́|ть(ся) I (~тый) *pf of* ~ва́ть(ся)

прогромыха́ть I *pf of* громыха́ть

прогрохо|та́ть I (~чу́, ~́чешь) *pf of* грохота́ть

прогрыз|а́ть I *pf* ~́ть gnaw through; **~́ть** (~у́, ~ёшь; ~, ~ла) *pf of* ~а́ть

прогу́л absence from work; non-attendance; truancy; absenteeism; **~́ивать** I *pf* ~я́ть walk, go out walking; make merry; *pop* miss; ~ у́жин come in too late for supper; ~ уро́ки play truant; stay away from work; *coll* squander (on pleasure); *impf only coll* (take for a) walk (*dog*, *etc*); **~́иваться** I *pf* ~я́ться (take a) walk, stroll; **~́ка** walk, stroll; trip, outing; ride (*on horseback*, *etc*); drive (*in car*, *etc*); sail, row (*in boat*); **~́очный** excursion; ~очная па́луба promenade deck; **~́ьный** ~ьные дни *coll* days off work (*for no good reason*); **~́ьщик** shirker; absentee; truant; **~я́ть(ся)** I *pf of* ~́ивать(ся)

прода|ва́ть (~ю́, ~ёшь) *pf* ~́ть sell; ~ в креди́т, о́птом, в ро́зницу sell on credit, wholesale, retail;

fig pej sell, betray (for money); ~**ва́ться** (~ю́сь, ~ёшься) *impf* be on sale, be for sale; *pf* ~́ться sell oneself (to, + *dat*); ~ться врагу́ sell out to the enemy; ~**ве́ц** (~вца́) seller, vendor; salesman, shop assistant

продав|и́ть(ся) (~лю́, ~́ишь; ~́ится) *pf of* ~́ливать(ся); ~́**ливать** I *pf* ~и́ть break (through), force through; puncture; ~́**ливаться** I (~ливается) *pf* ~и́ться give way (*under weight or pressure*)

продавщи́ца seller, vendor; saleswoman, shop assistant, shop-girl

прода́ж|а sale, selling; име́ется в ~е is on sale, available; ~ с торго́в auction sale; поступи́ть в ~у be on sale; пойти́ в ~у be up, offered for sale; пусти́ть в ~у put on sale; ~́**ный** for sale; ~ная цена́ sale price; (~ен) mercenary, venal; ~ челове́к mercenary creature; ~ная же́нщина street-walker, loose woman, woman of easy virtue

прод|а́лбливать I *pf* ~олби́ть make a hole (in), pierce, perforate

прод|а́ть(ся) (~а́м(ся), ~а́шь(ся), ~а́ст(ся), ~ади́м(ся), ~ади́те(сь), ~аду́т(ся); ~́ал; ~а́лся; ~ала́(сь); ~́ало) *pf of* ~ава́ть(ся)

продви|га́ть I *pf* ~́нуть push, move forward; *fig* help forward, further, advance, promote; ~**га́ться** I *pf* ~́нуться advance *also fig*, move forward; push on, forward, forge ahead, make headway, progress; ~ вперёд *fig*, *mil* gain ground; be promoted, rise (*in one's profession*); *coll* progress; рабо́та ~га́ется work is progressing; ~**же́ние** advancement, promotion; *fig*, *mil* progress, advance; ~́**нуть(ся)** I *pf of* ~га́ть(ся)

проде|ва́ть I *pf* ~́ть pass, run; ~ ни́тку в иго́лку thread a needle

продезинфици́р|овать (~ую) *pf of* дезинфици́ровать

продеклами́р|овать (~ую) *pf of* деклами́ровать

проде́л|ать I *pf of* ~ывать; ~́**ка** trick, prank, escapade; моше́нническая ~ swindle, fraud, dirty trick; ~́**ывать** I *pf* ~ать make (*opening*, *aperture*, *etc*); do, perform, carry out, accomplish

продемонстри́р|овать (~ую) *pf of* демонстри́ровать

продёр|гивать I *pf* ~нуть = продева́ть; *fig pop* tear to shreads, pull to pieces, criticize

продерж|а́ть II (~у́, ~́ишь) *pf* hold, keep (*for a time*); её ~а́ли ме́сяц в больни́це she was kept a month in hospital; ~**а́ться** II (~у́сь, ~́ишься) *pf* hold out

продёр|нуть I *pf of* ~гивать

проде́|ть (~ну, ~нешь) *pf of* ~ва́ть

продешев|и́ть II (~лю́) *pf coll* sell cheap

продикт|ова́ть (~у́ю) *pf of* диктова́ть

прод|ира́ть I *pf* ~ра́ть *pop* tear, wear out, wear holes in; ~ра́ть глаза́ *pop joc* wake up; ~**ира́ться** I *pf* ~ра́ться *pop* wear through, tear; сапоги́ ~ра́лись my boots have worn right through; force, squeeze one's way (through); ~ сквозь толпу́ elbow one's way through the crowd

продл|ева́ть I *pf* ~и́ть prolong, extend; renew (*passport*, *etc*); ~**е́ние** prolongation, extension; renewal; ~**ёнка** *pop* = ~ённый день; ~ённый день extended day (*of school to coincide with working day of parents*); ~**и́ть** II *pf of* ~ева́ть; ~**и́ться** II *pf of* дли́ться

проднало́г = продово́льственный налог tax in kind (*during NEP*)

продово́льств|енный food, provision; ~енная ка́рточка ration book, card; ~ магази́н grocery, provision store, food store; ~́**ие** foodstuffs, provisions

прод|олби́ть II (~олблю́) *pf of* ~а́лбливать

продолгова́т|ый (~) oblong; ~ мозг *anat* medulla oblongata

продолж|а́тель *m lit* continuer; ~**а́ть** I *pf* ~́ить continue, go on (with), proceed (with), carry on (with); ~ свою́ речь continue one's speech; ~ рабо́ту carry on, continue working; ~**а́ться** I (~а́ется) *pf* ~́иться continue, last, go on, be in progress; кри́ки ~а́лись недо́лго the cries did not last long; ~**е́ние** continuation, sequel; ~ сле́дует to be continued; extension, prolongation, continuation; в ~ in the course (of), for, during, throughout (+ *gen*); в ~ го́да throughout the year; ~**и́тельность** *f* duration, length; ~**и́тельный** (~и́телен) long, protracted, prolonged; на ~и́тельное вре́мя for a considerable length of time; ~́**ить** II *pf of* ~а́ть

продо́льн|ый longitudinal, lengthwise; ~ая пила́ ripsaw; ~ разре́з longitudinal section

продохну́ть I *pf coll* breathe freely, clear one's lungs; не могу́ ~ I can't get my breath (back); рабо́ты – не ~ there's a mountain of work

продразвёрстка *hist abbr of* продово́льственная развёрстка requisitioning of farm produce

про|дра́ть(ся) (~деру́(сь), ~дерёшь(ся); ~дра́л (-ся); ~драла́(сь); ~дра́ло; ~дра́ло́сь) *pf of* ~дира́ть(ся)

продро́г|нуть I (~, ~ла) *pf* be chilled to the marrow

проду|ва́ть I *pf* ~́ть clean by blowing; blow through; *tech* blow off, out, through; *tech* scavenge; меня́ ~́ло I have caught a chill; *pop* gamble away; *impf* blow from all sides, through, play (*of wind*, *etc*); ~́**вка** *tech* blowing through, off; scavenging; ~**вно́й** *tech* = ~́вочный; *fig coll* crafty, sly, roguish, sharp; ~вна́я бе́стия rogue; ~́**вочный** ~ во́здух scavenging air; ~ кла́пан blow valve; ~вочная труба́ blow-off pipe

проду́к|т product; побо́чный ~ by-product; *pl* produce; ~ты се́льского хозя́йства farm produce; ~ты (пита́ния) provisions, foodstuffs, food products; моло́чные ~ты dairy produce; ~**ти́вность** *f* productivity; ~**ти́вный** (~ти́вен) productive, efficient; *fig* productive (*of animals*, *etc*); ~ су́ффикс productive suffix; ~**то́вый** food, provision; ~ магази́н grocer's (shop), provision store; ~**тообме́н** exchange of products; ~́**ция** production, output, yield

проду́м|анный (well) thought-out, considered; ~анное реше́ние considered decision; ~́**ать** I *pf of* ~ывать; *pf* think (*for a time*); ~́**ывать** I *pf* ~ать think out, over; ~ вопро́с think the matter over

прод|у́ть (~у́ю, ~у́ешь) *pf of* ~ува́ть; ~**у́ться** (~у́юсь, ~у́ешься) *pf of* ~ува́ться *pop joc* lose money gambling, gamble away one's money

проду́шина air-hole, vent

продыря́в|ить(ся) II *pf of* ~ливать(ся); ~́**ливать** I *pf* ~ить *coll* make, pierce a hole (in), wear a hole (in); ~́**ливаться** I *pf* ~иться be holed; wear through, become full of holes

продыш|а́ться II (~у́сь, ~́ишься) *pf coll* recover one's breath (*after coughing*, *etc*)

прое|да́ть I *pf* ~́сть eat (through); corrode, eat away; *coll* spend on food; ~**да́ться** I *pf* ~́сться *pop* spend all one's money on food

прое́з|д (*gen sing* ~да *and* ~ду) drive, journey; пла́та за ~ fare; passage, thoroughfare; ~́да нет! no thoroughfare!; ~́**дить** II (~жу) *pf coll* spend (*on travelling*); spend (*a certain time*) driving, travelling, *etc*; *pf of* ~жа́ть; ~́**диться** II (~жусь) *pf coll* spend (have spent) all one's money on travelling; ~**дно́й** travel(ling); ~дны́е докуме́нты travel documents; ~ биле́т ticket; ~́**дом** *adv* while passing through, in transit, en route; ~**жа́ть** I *pf* ~́дить exercise (*horse*, *etc*); *pf* прое́хать pass, drive, ride (by, through); ~ у́лицу drive the length of a street; ~ ми́мо до́ма drive past the house; ~ че́рез тунне́ль pass through a tunnel; do, make, cover, go (*a certain distance*); ~ две́сти киломе́тров do a hundred kilometres; pass, miss; ~ ста́нцию miss one's station; ~**жа́ться** I *pf* прое́хаться *coll* go for an outing; *joc* have a laugh (at someone's expense на чей счёт, по чьему́ а́дресу; насчёт кого́); ~́**жий** fit for traffic; ~жая доро́га thoroughfare; ~жие лю́ди passers-by; ~́**жие** *n* passers-by, travellers

прое́к|т project, scheme; design, plan (*of building*, *etc*); разраба́тывать ~ draw up a plan, map out a project; draft (*of document*); ~ соглаше́ния draft agreement; ~**та́нт** planner, person working on project; ~**ти́рование** projecting, designing, planning; ~**ти́ровать** (~ти́рую) *pf* с~ design, draw up plan (of); *pf* за~ plan, have in view; contemplate (+ *infin*); они́ ~ти́руют уе́хать в Аме́рику they plan to go to America; ~**тиро́вка** projecting, designing, planning; ~**тиро́вщик** planner, designer; ~́**тный** planning, designing; ~тная ско́рость designed speed; ~́**тор** projector; ~**цио́нный** ~ фона́рь projector, magic lantern; ~́**ция** projection

проём aperture (*of door*, *window*); око́нный ~ embrasure; дверно́й ~ door opening, doorway; отко́с ~а jamb

прое́|сть(ся) (~м(ся), ~шь(ся), ~ст(ся), ~ди́м(ся), ~ди́те(сь), ~дя́т(ся); ~л(ся)) *pf of* ~да́ть(ся)

прое́|хать (~ду, ~дешь) *pf of* ~зжа́ть; *pf* spend certain time travelling; ~́**хаться** (~дусь, ~дешься) *pf of* ~зжа́ться; *pf coll* go for an outing

проеци́р|овать (~ую) *impf and pf* make a projection

прожа́р|енный *cul* well done; ~́**ивать** I *pf* ~ить roast, fry well, to a turn; ~́**иваться** I *pf* ~иться roast, fry well; *fig* bake (*in sun*, *etc*); ~́**ить(ся)** II *pf of* ~ивать(ся)

прожд|а́ть (~у́, ~ёшь; ~а́л, ~ала́, ~а́ло) *pf* wait (for, + *acc or* + *gen*), spend time waiting (for)

прож|ева́ть (~ую́, ~уёшь) *pf of* ~ёвывать; ~**ёвывать** I *pf* ~ева́ть chew, masticate thoroughly

проже́кт *obs* plan, project; *iron* hare-brained scheme; ~**ёр** concoctor of mad, impractical schemes; ~**ёрство** *iron* cooking up hare-brained schemes

проже́кт|ор (*pl* ~оры *and* ~opа́) searchlight; ~**ори́ст** searchlight operator; ~́**орный** *adv of* ~ор

про́желть *f coll* yellow tint

прож|е́чь (~гу́, ~жёшь, ~жгу́т; ~ёг, ~гла́; ~жённый) *pf of* ~ига́ть; *pf* burn, leave alight (*for a time*); ~**жённый** *coll* arch, double-dyed; ~ плут arch-scoundrel

прожи|ва́ть I *impf* live, reside; *pf* ~́ть live; она ~ла́ девяно́сто лет she lived to be ninety; spend (*time*); spend, get through (*money*); ~**ва́ться** I *pf* ~́ться spend all one's money

прож|ига́тель *m* ~ жи́зни fast liver; ~**ига́ть** I *pf* ~е́чь burn (through); ~ дыру́ в чём burn a hole in something; ~ жизнь *fig coll* lead a fast life

прожи́л|ина *coll* vein (*in wood*, *metal*, *marble*, *under skin*, *etc*); ~́**ка** = ~ина

прож|и́тие living, livelihood; на ~ to live on; ~**и́точный** ~ ми́нимум living, subsistence wage; ~**и́ть** (~иву́, ~ивёшь; ~́и́л, ~ила́, ~́и́ло; ~́и́тый) *pf of* ~ива́ть; ~**и́ться** (~иву́сь, ~ивёшься; ~и́лся, ~ила́сь, ~и́ло́сь) *pf of* ~ива́ться

прожо́рл|ивость *f* greediness, voracity, voraciousness, gluttony; ~́**ивый** (~ив) greedy, voracious, gluttonous

прожужжа́ть II *pf* buzz, hum, drone (by); ~ у́ши кому́ *coll* drone on at someone, keep on at someone with the same old story

про́за prose; ~ жи́зни hundrum life, prosaic side of life; ~**и́зм** prosaic expression; ~́**ик** prose-writer; ~**и́ческий** prose; ~ перево́д prose translation; prosaic, dull, uninteresting; ~**и́чный** (~и́чен) prosaic; *fig* humdrum, commonplace, ordinary

прозакла́дывать I *impf and pf coll* stake, wager; го́лову ~ *coll* stake (one's) life

прозаседа́ться I *pf coll joc* spend too much time at meetings

проз|ва́ние nickname, sobriquet; ~**ва́ть** (~ову́, ~овёшь; ~ва́л, ~вала́, ~ва́ло; ~́ванный) *pf of* ~ыва́ть; ~́**вище** nickname, sobriquet

прозвони́ть II *pf* ring out, peal; *coll* ring for, announce by ringing; ~ обе́д sound the gong (bell) for dinner; ring for (*a certain time*); *coll* spend phoning

прозвуч|а́ть II (~и́т) *pf of* звуча́ть

прозев|а́ть I *pf of* зева́ть and ~́ывать; ~́**ывать** I *pf* ~а́ть miss, let slip (*opportunity*, *etc*)

прозе́кт|ор prosector, dissector; ~́**орская** *n* dissecting room

прозим|ова́ть (~у́ю) *pf of* зимова́ть

прозн|а́ть (~а́ю) *pf pop* find out (about), hear (about, о + *prep or* + *acc*)

прозоде́жда *abbr of* произво́дственная оде́жда working clothes, overalls

прозорли́в|ец (~ца) visionary; ~́**ость** *f* perspicacity, far-sightedness, vision; ~́**ый** (~) perspicacious, far-sighted, penetrating

прозра́ч|ность *f* transparence, transparency; limpidity, clarity, lucidity (*of style*, *etc*); ~́**ный** (~ен) transparent; limpid, lucid, clear, pellucid; ~ намёк transparent hint

прозр|ева́ть I *pf* ~е́ть recover one's sight; *fig* see things clearly, (begin to) see the light; ~**е́ние** recovery of sight; *fig* insight; ~**е́ть** (~е́ю, ~е́ешь *and* ~ю́, ~и́шь) *pf of* ~ева́ть; (~е́ю, ~е́ешь) recover one's sight

проз|ыва́ть I *pf* ~ва́ть name, nickname; ~**ыва́ться** I *impf pop* be nicknamed, have a nickname; call oneself

прозяб|а́ние vegetation, vegetating *also fig*, vegetable existence; ~**а́ть** I *impf* vegetate *also fig*, lead a vegetable existence

прозя́б|нуть I (~ну, ~, ~ла) *pf pop* get thoroughly chilled, get chilled to the bone

про|игра́ть I *pf of* ~и́грывать; *pf* play (*for a certain time*); ~**игра́ться** I *pf of* ~и́грываться; ~**игрыва́тель** *m* record-player; ~**и́грывать** I *pf* ~игра́ть lose; ~ пари́ lose a bet; ~ пе́шку lose a pawn; ~ в чьём мне́нии sink in someone's estimation; play (*record*, *tape*, *etc*); ~**и́грываться** I *pf* ~игра́ться lose (all) one's money (*at gambling*,

etc); **˜игрыш** loss; *sp* defeat; остава́ться в ~е be the loser
произв|еде́ние work; ~ иску́сства work of art; composition (*in music, etc*); *math* product; **~ести́** (~еду́, ~едёшь; ~ёл, ~ела́; ~е́дший; ~едённый; ~едя́) *pf of* ~оди́ть; **~оди́тель** *m* producer; sire; жеребе́ц- ~ stud-horse; ~ рабо́т superintendent of works; **~оди́тельность** *f* productivity, productiveness; output (*of machine, etc*); productive capacity (*of plant, etc*); **~оди́тельный** (~оди́телен) productive; efficient; **~оди́ть** II (~ожу́, ~о́дишь) *pf* ~ести́ make, carry out, execute, effect (*calculation(s), experiment(s), investigation(s), repairs, etc*); ~ киносъёмку film; ~ сле́дствие hold an inquest, investigation; ~ уче́ние *mil* train, drill; give birth (to); ~ на свет bring into the world; *fig* cause, produce, make; ~ впечатле́ние make, create an impression (on, upon, на + *acc*); ~ сенса́цию cause a sensation; promote (to, to the rank of, в + *nom/acc*), make; ~ кого́ в офице́ры make someone an officer; *impf only* produce, make (goods, *etc*); *impf only* derive (from, от + *gen*); **~о́дный** derivative, derived; ~о́дная *n math* derivative; **~о́дственник** production worker; **~о́дственный** production; industrial, practical; ~ стаж industrial, production experience; **~о́дство** production, manufacture; изде́ржки ~о́дства production costs; сре́дства ~о́дства means of production; сове́тского ~о́дства Soviet-produced; industry; сталелите́йное ~ steel industry; factory, works, plant; рабо́тать на ~о́дстве work at a factory; carrying out, executing; promotion (*to, to the rank of* + *nom/acc*)
произво́л arbitrariness; licence, arbitrary rule, lawlessness; оставля́ть кого́ на ~ судьбы́ leave someone to the mercy of fate; **˜ьно** *adv* arbitrarily; at will, at one's own choosing; **˜ьный** (~ен) arbitrary; unfounded (conclusions, decisions, etc); free (movements, etc)
произн|есе́ние pronouncing; utterance, delivery; **~ести́** (~есу́, ~есёшь; ~ёс, ~есла́; ~есённый; ~еся́) *pf of* ~оси́ть; **~оси́тельный** articulatory; ~оси́тельные но́рмы standards of pronunciation; **~оси́ть** II (~ошу́, ~о́сишь) *pf* ~ести́ pronounce, articulate, enunciate; say, utter; ~ речь deliver a speech; **~оше́ние** pronunciation, articulation
произо|йти́ (~йду́, ~йдёшь, ~шёл, ~шла́; происше́дший; ~йдя́) *pf of* происходи́ть
произ|раста́ние growth, growing, sprouting; **~раста́ть** I (~раста́ет) *pf* ~расти́ grow; **~расти́** (~растёт; ~ро́с, ~росла́) *pf of* ~раста́ть
проиллюстри́р|овать (~ую) *pf of* иллюстри́ровать
проинструкти́р|овать (~ую) *pf of* инструкти́ровать
проинтервьюи́р|овать (~ую) *pf of* интервьюи́ровать
проинформи́р|овать (~ую) *pf of* информи́ровать
про|иска́ть I (~ищу́, ~и́щешь) *pf* look for (a certain time); **˜иски** (*gen pl* ~исков) intrigues, machinations, scheming, jiggery-pokery
происте|ка́ть I *pf* ˜чь spring (from), ensue, result (from, из, от + *gen*); **˜чь** (~ку́, ~чёшь, ~ку́т; ˜к, ~кла́) *pf of* ~ка́ть
происхо|ди́ть II (~жу́, ˜дишь) *pf* произойти́ happen, take place, occur; spring (from), arise (from), result (from, от, из-за + *gen*); пожа́р произошёл от неосторо́жности the fire occurred through carelessness; come (from), descend (from), be descended (from, из, от + *gen*); *impf* be going on; **~жде́ние** origin; ~ ви́дов origin of species; birth, extraction, descent, parentage; provenance; по ~жде́нию by birth
происше́ствие event, incident; happening, occurrence; accident
пройдо́ха *m and f pop* crafty, artful, wily person, artful dodger, old fox
про́йма armhole
про|йти́ (~йду́, ~йдёшь; ~шёл, ~шла́сь; ~ше́дший; ˜йденный; ~йдя́) *pf of* ~ходи́ть; **~йти́сь** (~йду́сь, ~йдёшься) *pf of* ~ха́живаться *and* ~ходи́ться; *pf coll* dance; *pf coll* run over, go (over, по + *dat*); ~ по кла́вишам run one's fingers over the keys
прок (*gen sing* ~а *and* ~у) *coll* use, benefit; что в э́том ˜у? what is the good of it?; из э́того ˜у не бу́дет it won't do any good, it's no use, no good will come of it
прока|жённый *adj* leprous; *n* leper; **˜за** leprosy; prank, mischief, (monkey-)trick; **˜зить** II (~жу) *pf* на~ *coll* play pranks, get up to mischief; **˜зник** rascal, rogue, mischievous person; young rascal, naughty child (*of young person*); **˜зничать** I *pf* на~ = ~зить
прока́л|ивать I *pf* ~и́ть *tech* calcine, calcinate, fire; temper, anneal; **~и́ть** II *pf of* ˜ивать
прок|а́лывать I *pf* ~оло́ть prick, pierce through, perforate; ~ нары́в lance an abscess; run through (*with weapon*)
проканте́лить(ся) II *pf of* канте́лить(ся)
прок|а́пчивать I *pf* ~опти́ть smoke, cure in smoke; *coll* soot (up), foul with smoke; **~а́пчиваться** I *pf* ~опти́ться be cured, smoked; *coll* fill with smoke
прок|а́пывать I *pf* ~опа́ть dig (through)
прокарау́лить II *pf coll* let slip, go; allow to escape; *pf* (be on) guard (*for a time*)
прока́|т *tech* rolling, rolled iron; hire; **~та́ть** I *pf of* ˜тывать; *pf coll* take out (for a drive, *etc*) (*for a time*); **~та́ться** I *pf of* ˜тываться; *pf coll* drive, ride, *etc* (*for a time*); **~ти́ть** II (~чу́, ˜тишь) *pf* take for a ride, drive, *etc*; *pf of* ˜тывать; **~ти́ться** II (~чу́сь, ˜тишься) II *pf of* ˜тываться; *pf* go for a drive, spin, take a trip; **˜тка** *tech* rolling, lamination; **˜тный** *tech* rolling, rolled; **˜тчик** rolling mill operative; **˜тывать** I *pf* ~та́ть roll, laminate; spread flat with roller; *pf* ~ти́ть roll (over, по + *dat*); *pop* whizz, rush (by, ми́мо + *gen*); ~ кого́ *pop* (на вороны́х) blackball; **˜тываться** I *pf* ~та́ться roll out (*linen, etc*); *pf* ~ти́ться roll (along); *fig* roll (*of thunder*)
прока́шл|ивать I *pf* ~ять cough up; **˜иваться** I *pf* ~яться clear one's throat; **˜ять** I *pf of* ~ивать; *pf* cough (*for a time*); **˜яться** I *pf of* ~иваться
прокип|е́ть II (~и́т) *pf* boil thoroughly; boil (*for a time*); **~яти́ть** II (~ячу́) *pf* boil thoroughly; sterilize
прокис|а́ть I (~а́ет) *pf* ˜нуть turn (sour); **˜нуть** I (*past* ~) *pf of* ~а́ть
прокла́д|ка laying (*cables, pipes, etc*); building, construction; ~ доро́ги road building; *tech* packing, padding, cushion; washer, gasket; **~но́й** packing; ~ны́е листы́ blank sheets (*for notes, etc*); **˜ывать** I *pf* проложи́ть build, lay, cut (*road, path, etc*); ~ себе́ доро́гу make one's way; ~ доро́гу, путь *fig* pave the way (for, + *dat*); ~ но́вые пути́ *fig* blaze new trails; ~ курс lay a course; pack (with, in), interlay, insert (between); ~ соло́му ме́жду таре́лками, ~ таре́лки соло́мой

pack plates with straw

проклам|а́ция (political) leaflet; **~и́ровать** (~и́рую) *impf and pf* proclaim

прокле́|ивать I *pf* ~ить coat, smear with glue, paste; **~ить** II *pf of* ~ивать

прокл|ина́ть I *pf* ~я́сть curse, call down curses upon, damn; *coll* swear at, curse; ~ина́ю себя́ за рассе́янность I curse myself for my absent-mindedness

прокл|я́сть (~яну́, ~янёшь; ~ял, ~яла́, ~яло) *pf of* ~ина́ть; будь ты ~ят! damn you!, curse you!, **~я́тие** damnation; преда́ть ~я́тию consign to perdition; curse, imprecation; *interj* ~! curse it!, damn it!, damnation!; **~я́тый** (ac)cursed, damned; *coll* dratted, confounded, damnable

проковы́р|ивать I *pf* ~я́ть *coll* pick a hole (in); **~я́ть** I *pf of* ~ивать

проко́л puncture; ~ води́тельских прав за наруше́ние пра́вил *sl* endorsement on driving licence; *fig pop* damage, breach, omission; **~о́ть** (~ю́, ~ешь; ~отый) *pf of* прока́лывать

прокомменти́р|овать (~ую) *pf of* комменти́ровать

прокомпости́р|овать (~ую) *pf of* компости́ровать

проконопа́|тить II (~чу) *pf of* конопа́тить

проконспекти́р|овать (~ую) *pf of* конспекти́ровать

проконсульти́ровать(ся) (~ую(сь)) *pf of* консульти́ровать(ся)

проконтроли́р|овать (~ую) *pf of* контроли́ровать

прок|опа́ть I *pf of* ~а́пывать; **~опа́ться** I *pf coll* spend a long time (over), dawdle (with, с + *instr*, над + *instr*)

прокоп|те́лый *coll* sooty, sooted-up; **~ти́ть(ся)** II (~чу́(сь)) *pf of* прока́пчивать(ся)

проко́рм nourishment, sustenance; **~и́ть(ся)** II (~лю́(сь), ~ишь(ся)) *pf of* корми́ть(ся)

прокорректи́р|овать (~ую) *pf of* корректи́ровать

проко́с swath

прокра́|дываться I *pf* ~сться steal (by, past, ми́мо + *gen*)

прокра́|сить II (~шу) *pf of* ~шивать

прокра́|сться (~ду́сь, ~дёшься) *pf of* ~дываться

прокра́|шивать I *pf* ~сить paint (over), cover with paint

прокрич|а́ть II *pf* shout, cry out; shout (*for a time*); ~ го́лос shout oneself hoarse; ~ у́ши кому́ о чём *coll* din into someone's ears, tell someone over and over again

прокру́стов ~о ло́же bed of Procrustes, Procrustean bed

прокру|ти́ть II (~чу́, ~тишь) *pf of* ~чивать; **~чивать** I *pf* ~ти́ть run through (*film*), play (record)

прокурату́ра public prosecutor's office

проку́р|ивать I *pf* ~и́ть *coll* fill with tobacco smoke; *coll* spend on smoking; spend a certain time smoking; **~иваться** I *coll* be filled with smoke; **~и́ть** II (~ю́, ~ишь) *pf of* ~ивать; **~и́ться** II (~и́тся) *pf* smoke for a certain time

прокуро́р public prosecutor; investigating magistrate; district attorney; генера́льный ~ СССР Procurator-General of the USSR; **~ский** public prosecutor's

проку́|с bite; **~си́ть** II (~шу́, ~сишь) *pf of* ~сывать; **~сывать** I *pf* ~си́ть bite through

проку|ти́ть(ся) II (~чу́(сь), ~тишь(ся)) *pf of* ~чивать(ся); **~чивать** I *pf* ~ти́ть *coll* squander (money) on a spree; ~ти́ть всю ночь напролёт make a night of it; **~чиваться** I *pf* ~ти́ться *coll* squander a lot of money on a spree

прол|ага́ть I *pf* ~ожи́ть build, lay, cut (*road*, path, *etc*) *also fig*

прола́за *pop* = пройдо́ха

прол|а́мывать I *pf* ~ома́ть *and* ~оми́ть break (through); *pf* ~оми́ть make a hole in; **~а́мываться** I (~а́мывается) *pf* ~ома́ться *and* ~оми́ться break (through), give way

прол|ега́ть I *pf* ~е́чь lie, run (across) (*of road*, *etc*); **~ежа́ть** II *pf of* ~ёживать; **~ежень** *m* (~ежня) bedsore; **~ёживать** I *pf* ~ежа́ть lie, spend (*a certain time*) lying; *vt* develop a bedsore on

пролез|а́ть I *pf* ~ть get, climb, squeeze (in, through, в + *acc*); ~ в полуоткры́тую дверь slip through a half-open door; *fig coll* worm, insinuate oneself (into, on to, в + *acc*); **~ть** (~у, ~ешь; ~, ~ла) *pf of* ~а́ть

проле́с|ок (~ка) clearing, glade

пролёт flight; *archi* bay; ~ мо́ста span; (stair-)well; *coll* stage, interval (*between stations*)

пролетар|иа́т proletariat; **~иза́ция** proletarianization; **~изи́ровать** (~изи́рую) *impf and pf* proletarianize; **~ий** proletarian; ~ии всех стран, соединя́йтесь! workers of the world, unite!; **~ский** proletarian

проле|та́ть I *pf* fly (*for a certain time*); *pf* ~те́ть fly, cover (*a certain distance*); fly (by, through, past) *also fig*; *fig* flash, flit (*of a thought*, *idea*, *etc*); **~те́ть** II (~чу́) *pf of* ~та́ть; **~тка** droshky, (horse-)cab; **~тный** ~тная пти́ца bird of passage

прол|е́чь (~я́жет, ~я́гут; ~ёг, ~егла́) *pf of* ~ега́ть

прол|и́в strait(s), sound; **~ива́ть** I *pf* ~и́ть spill; ~ во́ду на́ пол spill water on the floor; ~ чью кровь shed someone's blood; ~ слёзы shed tears (over, по + *dat or prep*, о + *prep*); **~ивно́й** ~ дождь pouring (pelting) rain; ~ свет shed light (on, на + *acc*); **~и́тие** shedding ~ кро́ви bloodshed; **~и́ть** (~ью́, ~ьёшь; ~и́л, ~ила́, ~и́ло; ~е́й; ~и́тый) *pf of* ~ива́ть

про́л|ог church calendar (*collection of saints' lives*, *homilies*, *etc*); **~о́г** prologue

про|ложи́ть II (~ложу́, ~ло́жишь) *pf of* ~кла́дывать *and* ~лага́ть

прол|о́м breach, break, gap; *med* fracture; **~ома́ть(ся)** I *pf of* ~а́мывать(ся); **~оми́ть** II (~омлю́, ~о́мишь) *pf of* ~а́мывать; **~оми́ться** II (~о́мится) *pf of* ~а́мываться

пролонг|а́ция prolongation; **~и́ровать** (~и́рую) *impf and pf* prolong

пром- *abbr of* промы́шленный *and* промысло́вый

прома́|зать I (~жу) *pf of* ~зывать *and* ма́зать; **~зывать** I *pf* ~зать oil, lubricate, grease (thoroughly)

пром|а́ргивать I *pf* ~орга́ть *pop* miss, let slip

промарин|ова́ть (~у́ю) *pf* marinade, pickle; *fig coll* shelve, keep on ice

прома́сл|ивать I *pf* ~ить oil, grease; **~иваться** *pf* ~иться be oiled, greased; **~ить(ся)** II *pf of* ~ивать(ся)

пром|а́тывать I *pf* ~ота́ть *coll* squander; **~а́тываться** I *pf* ~ота́ться *coll* ruin oneself, squander one's fortune

про́мах (*gen sing* ~а *and* ~у) miss; *fig* blunder, slip; дать ~ miss (*at shooting*, *etc*), *fig* come a cropper, come to grief, be unlucky; сде́лать ~ make a blunder; он ма́лый не ~ *coll* he's no fool; **~иваться** I *pf* ~ну́ться miss (one's aim), shoot wide of the mark, miss the mark; *fig coll* slip up, make a blunder

пром|а́чивать I *pf* ~очи́ть wet; ~ но́ги get one's feet wet; ~ го́рло, гло́тку *coll* wet one's whistle

прома́шка *pop* blunder, mess, cock-up

промедл|е́ние delay, procrastination; без вся́ких ~е́ний without a moment's delay; ~е́ние сме́рти подо́бно delay could prove fatal; ~́ить II *pf* delay, dally, procrastinate

проме́ж *prep* + *gen or instr pop* among(st), between; ~́ность *f* perineum; ~у́ток (~у́тка) interval, distance, space, gap (*in space*); interval (*in time*); ~у́точный intermediate *also fig*; interim, intervening

промелькну́|ть I *pf* flash *also fig* у меня́ ~ла мысль the thought flashed through my mind; fly by (*of time*); be (faintly perceptible); в его́ слова́х ~ла насме́шка there was a hint of sarcasm in his words

проме́н|ивать I *pf* ~я́ть exchange (for) barter (for), trade (for, на + *acc*); change (for, на + *acc*); ни на кого́ тебя́ не ~я́ю I wouldn't change you for anyone in the world; ~ куку́шку на я́стреба change bad for worse; **~я́ть** I *pf of* ~́ивать

проме́р measurement, survey, sounding; error in measurement

промерз|а́ть I *pf* ~́нуть freeze (up), be frozen up; **~́лый** frozen (up); **~́нуть** I (*past* ~́, ~ла) *pf of* ~а́ть; он ~ до косте́й he got chilled to the bone

проме́р|ивать I *pf* ~ить measure, survey, sound; **~́ить** II *pf of* ~ивать *and* ~я́ть; *pf* make an error in measurement; **~я́ть I** = ~́ивать

проме|си́ть II (~шу́, ~́сишь) *pf of* ~́шивать; knead, stir up (*for a time*)

проме|сти́ (~ту́, ~тёшь; ~́л, ~ла́; ~тённый); *pf of* ~та́ть; **~та́ть** *pf* ~сти́ sweep out, sweep clean, sweep (the whole length of)

промеш|а́ть *pf of* ~́ивать; *pf* stir up (*for a time*); **~́ивать** *pf* промеси́ть knead, stir thoroughly; *pf* ~а́ть stir up (thoroughly), poke (*fire, etc*)

проме́шкать(ся) I *pf coll* linger, dawdle, dally

пром|ина́ть I *pf* ~я́ть break (through); *coll* exercise, bring back circulation; **~ина́ться** I *pf* ~я́ться *coll* exercise

промо́зглый raw, dank (*of air, weather*)

промо́ина depression, cavity, hole, gully (*worn by action of water*)

промок|а́тельный ~а́тельная бума́га blotting-paper; **~а́ть** I *pf* ~́нуть get soaked, drenched; ~́нуть до косте́й get soaked, drenched to the skin; *impf* let water through, in; башмаки́ ~а́ют the shoes let in water; *pf* ~ну́ть *coll* blot; **~а́шка** *coll* blotting-paper; **~́нуть** I (*past* ~, ~ла) *pf of* ~а́ть; **~ну́ть** I *pf of* ~а́ть

промо́лв|ить II (~лю) *pf* utter, say

промолча́ть II *pf* keep silent, hold one's peace, say nothing

промор|а́живать I *pf* ~о́зить freeze, make cold; *coll* keep in the cold, in the frost, on ice

пром|орга́ть I *pf of* ~а́ргивать

промори́ть II *pf coll* starve (*for a time*); cause to suffer privation

проморо́|зить II (~жу) *pf of* прома́раживать

пром|ота́ть I *pf of* ~а́тывать *and* мота́ть; **~ота́ться** I *pf of* ~а́тываться

пром|очи́ть II (~очу́, ~о́чишь) *pf of* ~а́чивать

промтова́р|ный ~ магази́н general store (*for manufactured goods*); **~́ы** (*gen pl* ~ов) manufactured goods

промча́ться II *pf* rush past, by; fly past, by *also fig*; ~ стрело́й shoot past

промыв|а́ние washing (out); *med* bathing, irrigation, lavage; ~ мозго́в *fig* brain-washing; **~а́ть** I *pf* промы́ть wash (out); *med* bathe, irrigate (*stomach, etc*); *tech* wash, scrub; ~ зо́лото pan out gold; ~ руду́ jig ore; ~ мозги́ кому́ *fig* brainwash someone; **~́ка** washing, flushing

про́м|ысел (~ысла) hunting, catching; охо́тничий ~ hunting, game-shooting; пушно́й ~ trapping; ры́бный ~ fishing; trade, craft, business; го́рный ~ mining; куста́рный ~ handicrafts, cottage industry; *pl* works; го́рные ~ыслы mines; золоты́е ~ыслы gold-fields, gold-mines; нефтяны́е ~ыслы oil-fields; соляны́е ~ыслы salt-mines, salt-works; **~́ысл** *eccles* Providence; **~ы́слить** II *pf of* ~ышля́ть; **~ыслови́к** 1 hunter; miner; **~ысло́вый** hunter's, trapper's; ~ысло́вые пти́цы game-birds; ~ысло́вая коопера́ция producers' (traders') cooperative; ~ нало́г business tax; ~ флот fishing fleet

пром|ы́ть (~о́ю, ~о́ешь; ~ы́тый) *pf of* ~ыва́ть

промы́шл|енник manufacturer, industrialist; **~́енность** *f* industry; **~́енный** industrial; **~я́ть** I *impf* make a living (out of, + *instr*); ~ охо́той earn one's living by hunting; *pf* промы́слить *pop* get, come by (+ *acc or gen*)

промя́млить II *pf of* мя́млить

пром|я́ть(ся) (~ну́(сь), ~нёшь(ся)) *pf of* ~ина́ть(ся)

прон|а́шивать I *pf* ~оси́ть *vt* wear out, wear to shreds, wear holes in; **~а́шиваться** I *pf* ~оси́ться *vi* wear out, wear to shreds, tatters

пронес|ти́ (~у́, ~ёшь; ~́, ~ла́; ~ённый; ~я́) *pf of* проноси́ть; **~ти́сь** (~у́сь, ~ёшься; ~́ся, ~ла́сь; ~́шийся; ~я́сь) *pf of* проноси́ться

прон|за́ть I *pf* ~зи́ть pierce, run through, transfix; ~ кого́ взгля́дом give someone a piercing glance; страх ~зи́л его́ fear rooted him to the spot; **~зи́тельный** (~зи́телен) shrill, piercing, strident (*of sound*); penetrating, keen (of glance); **~зи́ть** II (~жу́) *pf of* ~за́ть; **~иза́ть** I (~ижу́, ~и́жешь) *pf of* ~и́зывать; **~и́зывать** I *pf* ~иза́ть pierce, penetrate (*of cold, light, etc*); **~и́зывающий** piercing, penetrating (*of cold, wind, etc*)

проник|а́ть I *pf* ~нуть penetrate *also fig* свет ~́ в темноту́ light penetrated the darkness; get (into, в + *acc*); во́ры ~́ли в дом thieves got into the house; ~ в суть де́ла get to the bottom of the matter; pervade, permeate (*of ideas, etc*); **~а́ться** I *pf* ~́нуться be filled, inspired, imbued (with, + *instr*); ~́нуться чу́вством отве́тственности be imbued with a feeling of responsibility; **~нове́ние** penetration; = ~нове́нность; **~нове́нность** *f* emotion, feeling, heartfelt conviction; **~нове́нный** (~нове́нен) full of feeling, deeply sincere; **~́нутый** (~нут) imbued (with), full (of, + *instr*); **~́нуть** I (*past* ~ *also* ~нул; ~ла) *pf of* ~а́ть; **~́нуться** I (*past* ~ся *also* ~нулся; ~лась)

прон|има́ть I *pf* ~я́ть *coll* go right through (*of cold, frost, damp, etc*); *fig* move, touch, make an impression; его́ ниче́м не проймёшь he is too thick-skinned to feel it, nothing will make an impression on him

проница́|емый (~ем) permeable, pervious; ~ (для све́та) pellucid; porous; **~́тельность** *f* penetration; insight, shrewdness, acumen, acuteness; perspicacity; **~́тельный** (~телен) penetrating (*eye, glance, etc*); acute, shrewd, perspicacious, astute (mind, person, etc); clear-sighted; **~́ть** I

impf obs penetrate
проно́|с carrying; **~си́ть** II (~шу́, ~́сишь) *pf of* прона́шивать; *pf* wear, carry (*for a time*); *pf* пронести́ carry (along, past, through, by); *impers pop* have diarrhoea; *impers fig coll* pass; ту́чу пронесло́ the cloud has blown over; **~си́ться** II (~шу́сь, ~́сишься) *pf of* прона́шиваться; *pf* last (*of clothes, etc*); *pf* пронести́сь fly, rush, dash past, by; *fig* flash (*of thoughts*), fly by (*of time, etc*); spread (*of rumours*)
пронумер|ова́ть (~у́ю) *pf of* нумерова́ть
проны́р|а *m and f coll* pusher, pushing type, pushy, pushful person; **~́ливый** (~лив) pushing
проню́х|ать I *pf of* ~ивать; **~́ивать** I *pf* ~ать get wind (of), smell, nose (out, + *acc*, о + *prep*)
про|ня́ть (~йму́, ~ймёшь; ~́нял, ~няла́, ~́няло; ~́нятый) *pf of* ~нима́ть
прообраз prototype
пропага́нд|а propaganda; propagation, teaching, promotion; **~и́ровать** (~и́рую) *impf* propagandize; propagate, spread, promote; **~и́ст** propagandist; **~и́стский** propagandist
пропа|да́ть I *pf* ~́сть disappear, vanish, be missing, be lost; он ~́л на неде́лю he was missing for a week; ~ и́з виду disappear from view; куда́ вы ~́ли? where did you disappear to?; die, be killed, come to a bad end; мы ~́ли! we've had it!; be wasted, come to nothing; его́ уси́лия не ~ду́т his efforts won't be wasted; ~ди́ он про́падом! *coll* the devil take him!; где на́ше (на́ша) не ~да́ло (да́ла)! *coll* sink or swim!; пиши́ ~́ло you have had it, give up all hope; **~́жа** *coll* lost, missing object; loss, disappearance
проп|а́лывать I *pf* ~оло́ть weed
про́п|асть 5 *f* precipice *also fig*, gulf *also fig*, abyss; на краю́ ~асти on the brink of a precipice, *fig* on the verge of disaster; *coll* a lot (of), lots (of), a great deal (of, + *gen*); у него́ ~ де́нег he has heaps of money; наро́ду бы́ло ~ there were any amount of people; тьфу, ~! *coll* damn it!; **~а́сть** (~аду́, ~адёшь; ~а́л) *pf of* ~ада́ть
пропа|ха́ть I (~шу́, ~́шешь) *pf of* ~́хивать; *pf* plough deeply; plough (*for a time*); **~́хивать** I *pf* ~ха́ть plough
прона́х|нуть I (*past* ~́, ~ла) become permeated with the smell (of), (begin to) reek (of, + *instr*)
пропа́ш|ник cultivator, furrow plough; **~но́й** ~ тра́ктор row-crop tractor; ~ны́е культу́ры tilled crops
пропа́щий *coll* lost, gone for good; hopeless; beyond redemption; ~ челове́к lost soul
пропеде́вт|ика propaedeutics; preliminary study; **~и́ческий** propaedeutic
пропе|ка́ть I *pf* ~́чь bake through, thoroughly, to a turn; **~ка́ться** I *pf* ~́чься be baked through, to a turn
пропе́ллер propeller
пропесо́ч|ивать I *pf* ~ить *fig pop* pull to pieces, lambast(e); **~́ить** II *pf of* ~ивать
проп|е́ть (~ою́, ~оёшь) *pf of* петь; ~ свой го́лос *coll* lose one's voice (*from singing*); *pf* sing (*for a time*)
пропеча́т|ать I *pf of* ~ывать; *pf* type (*for a time*); **~́ывать** I *pf* ~ать *pop* expose, show up (*in press*)
пропе́|чь (~ку́, ~чёшь, ~ку́т; ~̈к, ~кла́; ~̈кший; ~чённый) *pf of* ~ка́ть; *pf* bake (*for a time*); **~́чься** (~чётся, ~ку́тся; ~̈кся, ~кла́сь) *pf of* ~ка́ться
пропи|ва́ть I *pf* ~́ть spend, squander on drink; *coll* ruin through drink; **~ва́ться** I *pf* ~́ться *pop* ruin oneself drinking
пропи́л|ивать I *pf* ~и́ть saw through; **~и́ть** II (~ю́, ~́ишь) *pf of* ~́ивать; *pf* saw (*for a time*); *pf coll* nag to death
проп|иса́ть I (~ишу́, ~и́шешь) *pf of* ~и́сывать; *pf* write (*for a time*); *pf pop* tear off a strip (+ *dat*); **~иса́ться** I (~ишу́сь, ~и́шешься) *pf of* ~и́сываться; **~и́ска** registration; ~ па́спорта entry in, stamping of passport; residence permit; получи́ть ~и́ску get a residence permit; *fig coll* become established; **~исно́й** capital (*letter*); писа́ться с ~ бу́квы be written with a capital (letter); hackneyed, common(place), trivial; ~исна́я и́стина truism; **~и́сывать** I *pf* ~иса́ть register (*for residence purposes*); prescribe (*medicine, etc*); **~и́сываться** I *pf* ~иса́ться *vi* register, get registered; **~́ись** *f usu pl* (samples of) handwriting; copperplate, copybook writing; по ~исям *fig* according to precept; **~́исью** *adv* in words, in full
пропит|а́ние sustenance, subsistence; livelihood, living; зарабо́тать себе́ на ~ earn one's living; **~а́ть** I *pf of* ~́ывать; *pf obs* feed, keep; **~а́ться** I *pf of* ~́ываться; *pf obs vi* feed; **~́ка** dope, impregnation; **~́ывать** I *pf* ~а́ть impregnate (with), saturate (with), soak (in), steep (in), permeate (with, + *instr*); **~́ываться** I *pf* ~а́ться he impregnated, saturated (with), soaked, steeped (in), permeated (with, + *instr*)
проп|и́ть (~ью́, ~ьёшь; ~́ил, ~ила́, ~́ило) *pf of* ~ива́ть; **~и́ться** (~ью́сь, ~ьёшься; ~и́лся, ~ила́сь, ~и́ло́сь) *pf of* ~ива́ться
пропих|а́ть I *pf of* ~́ивать; **~а́ться** I *pf of* ~́иваться; **~́ивать** I *pf* ~ну́ть *coll* push, force, shove through; *pf* ~а́ть *coll* shove, push through (*several times*); **~́иваться** I *pf* ~ну́ться *also* ~а́ться *pop* force, shove one's way through
проплава́ть I *pf* sail, swim (*for a time*)
пропла́|кать I (~чу, ~чешь) *pf* weep, cry (*for a time*); все глаза́ ~ *coll* cry, sob one's eyes out
пропле́снев|еть I (~еет) *pf* go mouldy right through
проплы́|в heat, race (*swimming*); **~ва́ть** I *pf* ~́ть swim, sail, float, drift (by, past, through); cover, sail, swim (*a certain distance*); ~́ть сто ме́тров swim a hundred metres; *fig* float, flit (*of memories, etc*); *coll joc* sail by (*of person*); **~́ть** (~ву́, ~вёшь; ~́л, ~ла́, ~́ло) *pf of* ~ва́ть
проп|ове́дник preacher; advocate, supporter, proponent; **~ове́довать** (~ове́дую) *impf* preach; *fig* advocate, propagate, expound (*ideas, views, etc*); **~ове́дывать** I *obs* = ~ове́довать; **~́оведь** *f* sermon, homily; advocacy, preaching, propagation (of, + *gen*)
пропо́й на ~ (души́) *pop* for a booze-up, binge, soak; **~́ный** *coll* drunken, besotted, boozy; **~́ца** *m and f pop* boozer, soak(er), drunkard
пропол|а́скивать I *pf* ~оска́ть rinse (out) (*mouth, linen, etc*)
прополз|а́ть I *pf* ~ти́ creep, crawl (by, past, through); **~ти́** (~у́, ~ёшь; ~́, ~ла́) *pf of* ~а́ть
пропо́лка weeding
прополо|ска́ть I (~щу́, ~́щешь *and coll* ~ска́ю) *pf of* пропола́скивать *and* полоска́ть
пропол|о́ть (~ю́, ~́ешь) *pf of* пропа́лывать; spend time weeding
пропорц|иона́льность *f* proportion(ality); обра́тная ~ inverse proportion; **~иона́льный** (~иона́лен) proportional, proportionate; вес пря́мо

~иона́лен объёму the weight is directly proportional to the volume; well-proportioned (*of figure, etc*); **∸ия** proportion; ratio

пропоте́|лый *coll* sweaty, sweat-soaked; **∸ть** I *pf* perspire, sweat profusely; be soaked in sweat; *fig pop* sweat (over, над + *instr*)

про́пу|ск non-attendance (at), absence (from); omission, gap, blank, cut; admission, letting through (in), missing; (~ска́, ~ско́в) pass, permit; password; вход по ~ска́м admission by pass; **~ска́ть** I *pf* ~сти́ть let in, admit; let pass, through; што́ра не ~ска́ет све́та the blind keeps the light out; serve, cater (for); столо́вая ~ска́ет за день ты́сячу челове́к the restaurant caters for a thousand people a day; run (through), pass (through, че́рез + *acc*); ~ ни́тку че́рез пе́тлю run (needle and) thread through a loop; ~ мя́со че́рез мясору́бку put the meat through the mincer; make way for; pass (*for exhibition, film, etc*); ~ ми́мо уше́й pay no heed to, not to take in; omit, skip, leave out (*in reading, etc*); miss (*lecture, opportunity, etc*); *pop* drink; *impf* ~ во́ду leak, let in water; **~скни́к** 1 disinfection unit; **~скно́й** ~скна́я спосо́бность capacity, throughput; **~сти́ть** II (~щу́, ∸стишь) *pf of* ~ска́ть

пра́б *abbr of* производи́тель рабо́т work superintendent; **~а́тывать** I *pf* ~о́тать *coll* study, look into, examine; *coll joc* give (someone, something) a going-over, put through the mill; **~о́тать** I *pf of* ~а́тывать; *pf* work (*for a time*); **~о́тка** examination, study; going-over, slating

пра́н temporary passage

пр|аста́ть I (~аста́ет) *pf* ~асти́ germinate, give shoots, sprout (up); **~асти́** (~астёт; ~о́с, ~осла́) *pf of* ~аста́ть; **~асти́ть** II (~ащу́) *pf of* ~а́щивать; **~а́щивать** I *pf* ~асти́ть *vt* germinate

про́рв|а *f pop* pile, mass, heap(s); glutton, greedy-guts; **~а́ть(ся)** (~у́(сь), ~ёшь(ся); ∸ал(ся), ~ала́(сь), ~а́ло (~а́ло́сь)) *pf of* прорыва́ть(ся)

прореаги́р|овать (~ую) *pf of* реаги́ровать

прорев|е́ться (~у́сь, ~ёшься) *pf pop* have a good cry

проре|ди́ть II (~жу́) *pf of* ∸живать; **∸живать** I *pf* ~ди́ть thin out

проре́|з slit, cut; notch; **∸зать** I (~жу, ~жешь) *pf of* ~за́ть and ∸зывать; **∸заться** I (~жется) *pf of* ∸зываться; **~за́ть** I *pf* ∸зать cut through *also fig*; cut a hole (in), make a slit (in); *fig* furrow (*with wrinkles, etc*); **~за́ться** I *pf* ∸заться cut, come through (*of teeth*); у ребёнка ~за́ются зу́бы the child is teething; *fig* appear

прорези́н|ивать I *pf* ~ить rubberize; **∸ить** II *pf of* ~ивать

проре́з|ывание ~ зубо́в teething; **∸ывать(ся)** I = ~а́ть(ся)

про́резь *f* opening, aperture; notch (*of gun*)

проре́ктор pro-rector

прорепети́р|овать (~ую) *pf of* репети́ровать

проре́ха rent, tear, slit; flies (*of trousers*); *fig coll* deficiency, gap, shortcoming

прорецензи́р|овать (~ую) *pf of* рецензи́ровать

проржа́ве|ть (~ет) *pf* rust through

прорис|ова́ть (~у́ю) *pf of* ~о́вывать; **~о́вывать** I *pf* ~ова́ть trace, make a tracing of (a drawing)

прорица́|ние soothsaying, prophecy; **∸тель** *m* soothsayer, prophet; **∸ть** I *impf* prophesy

проро́к prophet

пророн|и́ть II (~ю́, ∸ишь) *pf* utter, breathe, drop (*word, sound, etc, usu with neg*); он не ~и́л ни сло́ва he didn't utter a word; не ~ (ни) слези́нки not shed a (single) tear

проро́ч|еский prophetic; **∸ество** prophecy, oracle; **∸ествовать** (~ествую) *impf* prophesy (о + *prep*); **∸ить** II *pf* на~ prophesy, foretell, predict

прор|уба́ть I *pf* ~уби́ть cut, hew, hack (through); ~ сте́ну break through a wall; ~ про́секу hew a passage through a wood; **~уби́ть** II (~ублю́, ~у́бишь) *pf of* ~уба́ть; **∸убь** *f* hole in the ice

прору́ха blunder, mistake; и на стару́ху быва́ет ~ *prov* everyone has a fool in his sleeve, Homer sometimes nods

прор|ы́в ~ плоти́ны bursting, breaching of dam; *mil* breakthrough, breach; *fig* hitch, hold-up (*in work, etc*); по́лный ~ breakdown; **~ыва́ть** I *pf* ~ва́ть tear, make a rent (in), make a hole (in); ~ чуло́к tear one's stocking; break through, burst; ~ва́ло плоти́ну the dam has burst; ~ ли́нию оборо́ны проти́вника (try to) break through enemy's defence line; его́ ~ва́ло *coll* he could not contain himself, he lost patience; *pf* ~ы́ть dig (through); ~ кана́ву dig a ditch; ~ тонне́ль drive a tunnel through; **~ыва́ться** I *pf* ~ва́ться tear, break, burst (open); break (out, through, force one's way (through); *pf* ~ы́ться dig one's way through, burrow through; **~ы́ть(ся)** (~о́ю(сь), ~о́ешь(ся)) *pf of* ~ыва́ть(ся)

проса|ди́ть II (~жу́, ∸дишь) *pf of* ∸живать; **∸живать** I *pf* ~ди́ть *pop* pierce, perforate, transfix; ~ но́гу гвоздём pierce the foot with a nail; *pop* squander, spend

прос|а́ливать I *pf* ~а́лить grease; *pf* ~оли́ть salt; ~ мя́со corn meat; **~а́лить** II *pf of* ~а́ливать

прос|а́сывать I (~а́сывает) *pf* ~оса́ть *vt* seep, soak through (*of liquids*); **~а́сываться** I (~а́сывается) *pf* ~оса́ться *vi* seep, soak through, transude

прос|а́чивание percolation, oozing, exudation; *fig* infiltration; leakage; **~а́чиваться** I (~а́чивается) *pf* ~очи́ться seep through; *fig* filter through, leak out, trickle through, come through the grapevine

просва́т|ать I *pf of* ~ывать; **∸ывать** I *pf* ~ать promise in marriage

просве́рл|ивать I *pf* ~и́ть drill, bore, perforate; ~и́ть дверь drill a hole in a door; **~и́ть** II *pf of* ∸ивать *and* сверли́ть

просве́|т opening (*in cloud, etc*), shaft of light; ~ в облака́х break in the clouds; без ~та without a ray of hope; lumen; *tech* clearance, gap; *archi* breadth (*of door, window*); **~ти́тель** *m* teacher, educator; **~ти́тельный** educational; **~ти́тельство** educational, cultural activities; **~ти́ть** II (~щу́) *pf of* ~ща́ть; (~чу́, ∸тишь) *pf of* ∸чивать; **~ти́ться** II *pf of* ~ща́ться *and* ∸чиваться; **~тле́ние** clearing up, brightening up (*of weather*); (moment, period of) lucidity; **~тлённый** *fig* clear, lucid; serene, joyful; **~тле́ть** I *pf of* светле́ть; **~тли́ть** II *pf of* ~тля́ть; **~тля́ть** I *pf* ~тли́ть clarify

просве́|чивать I *pf* ~ти́ть X-ray; *impf* be translucent; shine, show, be visible (through, че́рез, сквозь + *acc*); **∸чиваться** I *pf* ~ти́ться be visible through; *coll* be X-rayed; **~ща́ть** I *pf* ~ти́ть enlighten, inform, educate; **~ща́ться** I *pf* ~ти́ться be enlightened, informed, educated; **~ще́нец** (~ще́нца) education(al)ist; **~ще́ние** education, instruction; наро́дное ~ public education; enlightenment; Эпо́ха ~ще́ния Age of (the) Enlightenment; **~щённость** *f* culture, enlightenment; **~щённый** enlightened, educated, cultured, well-informed; ~ ум an informed mind; ~ век an enlightened age

просв|ира́ (*pl* ~́иры, ~́ир, ~́ирам *and* ~и́р, ~ира́м) *eccles* prosphora, communion bread; **~и́рня** (*gen pl* ~и́рен) (woman) baker of communion bread

просвирня́к 1 mallow

просви|ста́ть (~щу́, ~́щешь *and* ~сти́шь) *pf* = ~сте́ть; **~сте́ть** (~щу́, ~́щешь *and* ~сти́шь) *pf* (give a) whistle (*tune etc*); ~сте́ла пу́ля a bullet whistled by; whistle (for a time)

про́седь *f* streak(s) of grey; во́лосы с ~ю hair turning grey, touched with grey, greying hair

просе́|ивать I *pf* ~ять sift, winnow, screen, riddle

про́сека *and* **про́сек** ride, cutting (*in forest*)

просёл|ок (~ка) cart-track, country road; ~́очный *adj of* ~ок

просе́|ять I (~ю) *pf of* ~ивать

просигнализи́р|овать (~ую) *pf of* сигнализи́ровать

просигна́лить II *pf of* сигна́лить

проси|де́ть II (~жу́) *pf of* ~́живать; **~́живать** I *pf* ~де́ть sit (*for a time*); wear out; wear, make a hole in; ~де́ть брю́ки wear out the seat of one's trousers

про́синь *f coll* bluish tinge, tint

про|си́тель *m* petitioner; suitor, suppliant; applicant; **~си́тельный** beseeching, pleading (*glance, tone, etc*); **~си́ть** II (~шу́, ~́сишь) *pf* по~ ask (for, + *acc or gen, or* о + *prep*); ~ кого́ о по́мощи ask someone for help; ~ разреше́ния ask for permission; ~ сове́та ask (for) advice; beg someone's pardon ~ извине́ния у кого́; beg; ~ поща́ды beg for mercy; *impf* ~ ми́лостыню beg, go begging; ~шу́ (вас) please; ~шу́ поко́рнейше *coll obs expressing surprise* if you please; invite; ~ госте́й к столу́ invite the guests to take their places at table; intercede, put in a good word (for, за + *acc*, о + *prep*); ско́лько ~́сишь? *coll* what are you asking? (*of price*); ~́сят не кури́ть no smoking; **~си́ться** II (~шу́сь, ~́сишься) *pf* по~ ask (for, + *infin*, *or* в + *acc*, на + *acc*); ~ в о́тпуск apply for leave; ask to leave the room, want to go (somewhere) (*of children and pets*); де́ти ~́сятся на у́лицу the children want to go out; ~ на рабо́ту ask to be taken on, to be given work; ~ с языка́ be on the tip of one's tongue; э́тот пейза́ж так и ~́сится на карти́ну this landscape is just crying out to be painted

просия́|ть I *pf* begin to shine (*of sun*); beam, smile broadly, smile all over one's face; ~ от сча́стья be radiant with happiness; ~ от удово́льствия beam with pleasure; лицо́ у неё ~ло her face lit up

проск|а́бливать I *pf* ~обли́ть scratch, scrape a hole (in)

проск|ака́ть I (~ачу́, ~а́чешь) *pf* gallop (by, past, through); gallop (*for a time*); **~а́кивать** I *pf* ~очи́ть nip, rush, tear, dart (by); slip (through, че́рез + *acc*); ~очи́ть в нача́льники *fig coll* manage to get to the top; fall (through, between, сквозь + *acc*, ме́жду + *instr*), fall down (into, в + *acc*); *fig coll* creep, slip in (*of errors*)

проск|а́льзывать I *pf* ~ользну́ть *coll* sneak, slip, creep (in, в + *acc*) *also fig*

просквоз|и́ть II (~и́т) *pf coll* меня́ ~и́ло I have caught a chill from the draught

просклоня́ть I *pf of* склоня́ть

проск|обли́ть II (~облю́, ~обли́шь) *pf of* ~а́бливать

проск|ользну́ть I *pf of* ~а́льзывать

проск|очи́ть II (~очу́, ~о́чишь) *pf of* ~а́кивать

просла́б|ить II (~ит) *pf of* сла́бить

просла́в|ить(ся) II (~лю(сь)) *pf of* ~ля́ть(ся); **~ле́ние** glorification; celebration; **~́ленный** famous, celebrated; **~ля́ть** I *pf* ~́ить glorify, make famous, bring glory, fame(to); **~ля́ться** I *pf* ~́иться become, be famous, renowned (for, + *instr*)

просл|а́ивать I *pf* ~ои́ть put a layer (in, between), interlay; ~ои́ть торт варе́ньем put a layer of jam in a cake

просле|ди́ть II (~жу́) *pf of* ~́живать; **~́довать** (~дую) *pf* proceed (*of official body or person*); **~́живать** I *pf* ~ди́ть tail, track (down); trace (back), retrace; ~ разви́тие э́того явле́ния trace the development of this phenomenon; *coll* see to; я за э́тим де́лом сам ~жу́ I shall see to this business myself

просле|зи́ться II (~жу́сь) *pf* shed (a few) tears

просл|ои́ть II *pf of* ~а́ивать; **~о́йка** layer, stratum *also fig*; *geol* seam

прослуж|и́ть II (~у́, ~́ишь) *pf* work, serve (*for a time*); last, be in use (*of clothes, etc*)

прослу́ш|ать I *pf of* слу́шать *and* ~ивать; **~́ивать** I *pf* ~ать *med* listen to (*heart, etc*); *coll* miss (hearing), not to catch

прослы́|ть (~ву́, ~вёшь; ~л, ~ла́, ~́ло) *pf of* слыть

прослы́ш|ать II (~у, ~ишь) *pf coll* hear (about, о + *prep*), hear say, tell

просм|а́ливать I *pf* ~оли́ть tar, impregnate with tar; *naut* pay

просм|а́тривать I *pf* ~отре́ть skim through, look over, through; glance over, through; run over, scan (*newspapers, etc*); see (*film, etc*), view (*exhibition, etc*); miss, overlook (*mistake, etc*); *impf* survey; **~а́триваться** I (~а́тривается) *impf* be visible

просм|оли́ть II *pf of* ~а́ливать

просмо́тр viewing; examination (*of documents, etc*); ~ те́кста recension; закры́тый ~ private view; предвари́тельный ~ preview; oversight, error; **~е́ть** II (~ю́, ~́ишь) *pf of* просма́тривать; *pf* observe, look at (*for a time*); все глаза́ ~ *coll* get tired looking for someone (something); **~́овый** viewing

прос|ну́ться I *pf of* ~ыпа́ться

про́со millet

прос|о́вывать I *pf* ~су́нуть push, shove, thrust (through, in, в + *acc*); **~о́вываться** I *pf* ~у́нуться push through, in; force one's way through, in

просод|и́ческий prosodic; **~́ия** prosody

прос|оли́ть II (~олю́, ~о́ли́шь) *pf of* ~а́ливать

просос|а́ть(ся) (~у́, ~ёшь, ~ёт(ся)) *pf of* проса́сывать(ся)

просо́х|нуть I (*past* ~, ~ла) *pf of* со́хнуть *and* просыха́ть

прос|очи́ться II *pf of* ~а́чиваться

просп|а́ть II (~лю́; ~а́л, ~ала́, ~а́ло) *pf of* просыпа́ть; *pf* sleep (*for a time*); **~а́ться** II (~лю́сь; ~а́лся, ~ала́сь, ~а́лось) *pf coll* sleep it off (*after drinking*)

проспе́кт avenue; prospectus; résumé, summary, plan

проспирт|ова́ть (~у́ю) *pf of* ~о́вывать; **~о́вывать** I *pf* ~ова́ть alcoholize

проспо́р|ивать I *pf* ~ить wager away, lose (by betting), lose a bet; **~́ить** II *pf of* ~ивать; *pf* argue (*for a time*)

проспрягáть I *pf of* спрягáть
просрóч|енный overdue, expired (*of passport, ticket, payment, etc*); **∼ивать** I *pf* ∼ить allow to lapse; ∼ óтпуск overstay leave; ∼ платежи́ be behind with payment; **∼ить** II *pf of* ∼ивать; **∼ка** expiration (of time limit), overstaying; ∼ в предъявлéнии и́ска non-claim
простáв|ить II (∼лю) *pf of* ∼лять; **∼лять** I *pf* ∼ить fill in, date, put down (in writing); ∼ дáту в докумéнте date a document
прост|áивать I *pf* ∼оять stand, stay, be standing (*for a time*); be idle, lie idle, be at a standstill, be shut down (*of factory, machine, etc*)
простáк 1 simpleton
простáта prostate, prostatic gland
простег|áть I *pf of* ∼ивать; **∼ивать** I *pf* ∼áть quilt
простéйшие *n* protozoa
простéн|ок (∼ка) *archi* pier
прóстенький *coll* quite simple; unpretentious, plain
прост|ерéть(ся) (∼рý, ∼рёшь; ∼рёт(ся); ∼ёр(ся), ∼ёрла(сь); ∼ёртый; ∼ерéв *or* ∼ёрши) *pf of* ∼ирáть(ся)
простéцкий *coll* rather simple, straightforward
прост|ирáть I *pf* ∼ерéть hold out, stretch out, reach out, extend; *fig* raise, stretch; далекó ∼ свои́ трéбования raise one's demands too high; *pf of* ∼и́рывать; *pf* wash (*for a time*); **∼ирáться** I *pf* ∼ерéться extend, stretch; лесá ∼ирáются на сóтни киломéтров forests stretch for hundreds of kilometres; бéрег ∼ирáется к сéверу the coast sweeps northwards; *fig* range; егó намéрения ∼ирáются далекó his intentions are far-ranging; stretch out (towards, к + *dat*); **∼ирнýть** I *pf pop* give a wash; **∼и́рывать** I *pf* ∼ирáть *coll* wash thoroughly, well
прости́тел|ьный (∼ен) pardonable, excusable, forgivable
проститý|тка prostitute; **∼ция** prostitution
про|сти́ть II (∼щý) *pf of* ∼щáть; ∼сти́(те)! *obs* = ∼щáй(те); сказáть послéднее ∼сти́ say the last farewell; **∼сти́ться** II (∼щýсь) *pf of* ∼щáться
прóсто *adv* simply, easily; *partic* э́тому ∼ нельзя́ повéрить one simply can't believe it; ∼ так for no particular reason; э́то ∼ безýмие it's sheer madness; он ∼ не умён he's simply not very bright; ∼-нáпросто simply, for no special reason; **∼вáтость** *f* simple-mindedness, simplicity; **∼вáтый** (∼вáт) *coll* simple-minded, simple
простоволóс|ый (∼а) *pop* bareheaded, with head uncovered (*of women*)
простодýш|ие open-heartedness, simple-heartedness, simple-mindedness; ingenuousness, artlessness; **∼ный** (∼ен) open-hearted, simple-hearted, simple-minded; ingenuous, artless; unsophisticated
прост|óй (∼, ∼á, ∼о, ∼ы́; прóще) simple, ordinary; ∼óе предложéние simple sentence; ∼óе тéло simple substance, element; ∼óе числó prime number; ∼ы́е лю́ди ordinary people; plain, homely, unpretentious, common; ∼ы́е манéры unaffected manners; ∼áя пи́ща plain fare; ∼ нарóд the common people; ∼ смéртный ordinary mortal; ∼óе письмó non-registered letter; simple, naïve; ∼ы́м глáзом with the naked eye; прóще ∼óго easy as pie
простóй stoppage, standing idle; demurrage
простоквáша soured milk, yoghurt
просто|люди́н *ar* man of the common people; **∼нарóдный** (∼нарóден) of the common people; **∼нарóдье** the common people
простон|áть I (∼ý, ∼ешь, *and* ∼áю) *pf* groan, moan; utter a groan, moan; groan, moan (*for a time*)
простóр expanse, space, spaciousness; freedom, scope, elbow-room; дать ∼ give scope (to, + *dat*)
просторéч|ие popular speech; в ∼ии in common parlance; **∼ный** (∼ен) popular, common (*of speech*)
простóр|ный (∼ен) spacious, roomy; ample, loose (*of clothes*)
простосердéч|ие open-heartedness, simple-heartedness; **∼ность** *f* = ∼ие; **∼ный** (∼ен) (open-) hearted, simple-hearted; frank
просто|тá simplicity, artlessness; candour, frankness; silliness; святáя ∼ sacred innocence; **∼фи́ля** *m and f coll* goof, simpleton, ninny
просто|я́ть II (∼ю́) *pf of* простáивать; *pf* stand, last
простран|ность *f* extent, extensiveness; diffuseness; prolixity, verbosity; **∼ный** (∼ен) extensive, vast; prolix, verbose; **∼ственный** spatial; **∼ство** space; бесконéчное ∼ infinite space; боя́знь ∼ства agoraphobia; безвоздýшное ∼ vacuum; пустóе ∼ void; свобóдное ∼ мéжду окнóм и двéрью space, area between window and door; expanse, territory; **∼щик** bath-attendant
прострáция prostration, exhaustion
простр|áчивать I *pf* ∼очи́ть stitch; *coll* fire a burst (*automatic, machine-gun*)
прострéл *coll* lumbago; **∼ивать** I *pf* ∼и́ть shoot through; *impf mil* rake, sweep with fire; *impf mil* cover, have covered; **∼иваться** I (∼ивается) *impf mil* be exposed to fire; **∼и́ть** II (∼ю́, ∼ишь) *pf of* ∼ивать; **∼я́ть** I *pf* shoot (*for a time*)
простр|очи́ть II (∼очý, ∼óчишь) *pf of* ∼áчивать *and* строчи́ть
простý|да cold, chill; схвати́ть ∼ду *coll* catch a cold, chill; **∼ди́ть(ся)** II (∼жý(сь), ∼дишь(ся)) *pf of* ∼жáть(ся); **∼дливый** (∼длив) *pop* prone to catch cold, chill; **∼дный** catarrhal; **∼жáть** I *pf* ∼ди́ть let catch cold; ∼ди́ть ребёнка let a child catch cold; ∼ди́ть гóрло give oneself a sore throat; **∼жáться** I *pf* ∼ди́ться catch (a) cold, chill; не ∼ди́сь в дорóге don't catch a cold on the way; **∼женный** я ∼жен I have caught a cold
простýк|ать I *pf of* ∼ивать; **∼ивать** I *pf* ∼ать *coll* tap, percuss
проступ|áть I *pf* ∼и́ть come, show through, appear; на егó лбу ∼и́ла испáрина beads of sweat broke out on his forehead; **∼и́ть** II (∼ит) *pf of* ∼áть
простýп|ок (∼ка) offence, fault, shortcoming, misdeed; *leg* misdemeanour
просты|вáть I *pf* ∼ть *and* ∼нуть = остывáть
простыня́ 3 sheet
просты́|ть *and* **просты́|нуть** (∼ну, ∼нешь; ∼л) *pf of* ∼вáть *pop* get cold, cool; *pop* catch a cold; егó и след ∼л *coll* he has vanished without trace, disappeared into thin air
прос|ýнуть(ся) I *pf of* ∼óвывать(ся)
просýш|ивать I *pf* ∼и́ть dry (thoroughly); **∼иваться** I *pf* ∼и́ться (get) dry; **∼и́ть(ся)** II (∼ý(сь), ∼ишь(ся)) *pf of* ∼ивать(ся); **∼ка** drying; seasoning (*of wood*)
просуществ|овáть (∼ýю) *pf* exist, last, endure
просфорá *eccles* prosphora, (communion) bread
просцéниум proscenium
просч|ёт counting, reckoning (up); error (*in*

counting), miscalculation; **~ита́ть(ся)** I *pf of* ~и́тывать(ся); **~и́тывать** I *pf* ~ита́ть *coll*, count, reckon (up); count too much (by mistake), give too much (by mistake); **~и́тываться** I *pf* ~ита́ться miscalculate, make a mistake in counting; ~ на сто рублей be a hundred roubles out (in reckoning); *fig* miscalculate

про́сы́п (*gen* ~а, ~у) без ~у *coll* without waking, stirring; **~́ать** (~лю, ~лешь) *pf of* ~а́ть; **~а́ть** I *pf* ~́ать spill; *pf* проспа́ть sleep (*for a time*); oversleep; miss, pass (*because of sleeping*); **~́аться** (~лется) *pf of* ~а́ться; **~а́ться** I *pf* ~́аться spill, get spilled; *pf* просну́ться wake up, awake *also fig*

прос|ыха́ть I *pf* ~о́хнуть = со́хнуть

про́сьб|а request; entreaty; обраща́ться с ~ой make a request; по ~е at the request (of, + *gen*); у меня́ к вам ~ I have a favour to ask you; ~ не кури́ть! please do not smoke; application, petition; пода́ть ~у об отста́вке send in one's resignation; удовлетвори́ть ~у comply with a request

прося́нка (corn) bunting

просяно́й millet

прота́лина thawed patch (*of ground*)

прот|а́лкивать I *pf* ~олкну́ть push, press through; ~олкну́ть про́бку в буты́лку shove a cork into a bottle; *fig* expedite, speed up; ~олкну́ть де́ло give things a push; **~а́лкиваться** I *pf* ~олка́ться (*and* ~олкну́ться) *coll* force one's way (through), elbow one's way (through)

протанц|ева́ть (~у́ю) *pf* dance; dance (*for a time*)

прот|а́пливать I *pf* ~опи́ть heat thoroughly, make thoroughly hot; *impf* heat up a little, take the chill off

прот|а́птывать *pf* ~опта́ть tread (down); ~ тропи́нку make a path; wear out (*by treading*)

протара́нить II *pf of* тара́нить

прота|ска́ть I *pf coll* carry, wear (*for a time*); **~́скивать** I *pf* ~щи́ть pull, drag, carry, trail (through, along); *coll pej* introduce surreptitiously (*idea, etc*); *pop* pillory

прот|а́чивать I *pf* ~очи́ть gnaw through; wash; turn (*on lathe*)

прота́|ять (~ет) *pf* thaw (through)

протеж|е́ *m and f indecl* protégé(e); **~и́ровать** (~и́рую) *impf* pull strings (on behalf of, + *dat*)

проте́з prosthesis, artificial limb; зубно́й ~ denture; **~и́ровать** (~и́рую) *impf and pf* make, equip with a prosthetic appliance; **~́ный** prosthetic

протеи́н protein

проте|ка́ть I *pf* ~́чь flow, run (*of river, etc*); get into, come through; вода́ ~кла́ в трюм water has got into the hold; leak, let water; кры́ша ~кла́ the roof has let water; pass, elapse (*of time, etc*); take its course, go on, proceed (*of illness, etc*)

проте́к|тор protecting state, protector; *obs* patron, protector; tread (*of tyre*); **~тора́т** protectorate; **~циони́зм** protectionism; patronage; **~циони́ст** protectionist; **~́ция** patronage, favour; оказа́ть ~цию кому́ pull strings on someone's behalf

прот|ере́ть(ся) (~ру́(сь), ~рёшь(ся); ~рёт(ся); ~ёр(ся), ~ёрла(сь); ~ёртый; ~ере́в *or* ~ёрши (сь)) *pf of* ~ира́ть(ся)

протерп|е́ть II (~лю́, ~́ишь) *pf coll* endure, stand, wait, last out

проте́ст protest, remonstrance; заяви́ть реши́тельный ~ make a strong protest; *leg* objection; **~а́нт** protester, objector; *eccles* Protestant; **~а́нтский** *eccles* Protestant; **~а́нтство** *eccles* Protestantism; **~ова́ть** (~у́ю) *impf* protest (against, про́тив + *gen*); *impf and pf also pf* о~ object (to, про́тив + *gen*); *pf* о~ *fin* protest (*bill, etc*)

проте́|чь (~чёт, ~ку́т; ~́к, ~кла́, ~́кший) *pf of* ~ка́ть

про́тив *prep* + *gen* against; ~ тече́ния against the current; лека́рство ~ гри́ппа medicine against influenza; взве́сить все за и ~ *coll* weigh up all the pros and cons; име́ть что ~ have something against, object; е́сли вы ничего́ не име́ете ~, я откро́ю окно́ if you don't mind, I'll open the window; opposite, facing; друг ~ дру́га facing one another; ~ це́ркви opposite the church; contrary to, against; ~ всех ожида́ний contrary to all expectations; ~ пра́вил contrary to the rules; ~ со́вести against one's conscience; она настро́ена ~ меня́ she has something against me; as against, as compared with; в э́том году́ ~ про́шлого this year as against last; де́сять ша́нсов ~ одного́ ten to one; *pred coll* я не ~ I'm not against it

про́тив|ень *m* (~ня) baking pan, oven pan

против|и́тельный *gramm* adversative; **~́иться** II (~люсь) *pf* вос~ oppose, resist, stand up against (+ *dat*); **~́ник** opponent, adversary, antagonist; *collect* the enemy; разби́ть ~ника smash the enemy; **~́но** *adv* in a disgusting way, unpleasant, disgusting; ~ смотре́ть it is disgusting to watch; *prep* + *dat* against, contrary to; поступа́ть ~ со́вести go against one's conscience; **~́ность** *f* disgustingness; в ~ as a counterbalance (to, + *dat*); **~́ный** opposite, contrary; ~ ве́тер contrary, adverse, head wind; ~ное мне́ние contrary opinion; в ~ном слу́чае otherwise, in the opposite event; доказа́тельством от ~ного by the rule of contraries; opposing, opposed; ~ные сто́роны opposing sides; (~ен) disgusting, offensive, nasty, unpleasant, revolting, disagreeable; она́ мне ~на I can't bear (the sight of) her

противо- anti-, contra-, counter-; **~а́томный** anti-nuclear; **~бо́рство** struggle, confrontation; **~бо́рствовать** (~бо́рствую) *impf* oppose (+ *dat*)

противо|ве́с counterweight, counterpoise, counterbalance *also fig*; в ~ to counterbalance (+ *dat*); **~возду́шный** anti-aircraft; **~га́з** gas mask, respirator; **~га́зовый** anti-gas; **~де́йствие** counteraction; оказа́ть ~ take action (against, + *dat*); **~де́йствовать** (~де́йствую) *impf* counteract, oppose, act against (+ *dat*); **~есте́ственный** (~есте́ствен, ~есте́ственна) unnatural; **~зако́нность** *f* illegality; **~зако́нный** unlawful, illegal; **~зача́точный** contraceptive; **~лежа́щий** opposite; ~ у́гол alternate angle; **~ло́дочный** anti-submarine; **~обще́ственный** anti-social; **~подло́дочный** anti-submarine; **~пожа́рный** fire-prevention; **~показа́ние** *leg* contradictory, conflicting evidence; *med* contraindication; **~пока́занный** *med* contraindicated

противо|полага́ть I *pf* ~положи́ть oppose, set (against, + *dat*); **~положе́ние** opposition, setting against; **~положи́ть** II (~положу́, ~поло́жишь) *pf of* ~полага́ть; **~поло́жность** *f* (complete) contrast, (diametrical) opposition; antithesis; opposite, contrast; она́ по́лная ~ свое́й сестре́ she is the exact opposite of her sister; *philos* opposite; в ~ in contrast (to, + *dat*); **~поло́жный** (~поло́жен) opposite; в ~поло́жном направле́нии in the opposite direction; opposing, contrary (*of views, etc*); диаметра́льно ~поло́жное мне́ние

a diametrically opposing view; ~**поста́вить** II (~поста́влю) *pf of* ~поставля́ть; ~**поставля́ть** I *pf* ~поста́вить contrast (with), compare (with, + *dat*); oppose (to), pit (against, *dat*); ~ наси́лию вооружённую си́лу oppose violence with armed strength; ~**раке́тный** anti-missile; ~раке́тная раке́та anti-missile missile
противореч|и́вость *f* contradictoriness; discrepancy; ~**и́вый** (~и́в) contradictory; discrepant, conflicting; ~ивые показа́ния conflicting evidence; ~**ие** contradiction, inconsistency; contrariness; дух ~ия spirit of contradiction, contrariness; conflict, clash; кла́ссовые ~ия conflicts of class interest; находи́ться в ~ии be at variance (with), in conflict (with), at cross-purposes (with, с + *instr*); ~**ить** II *impf* contradict, gainsay (+ *dat*); be at variance (with), conflict (with), run counter (to), be contrary (to, + *dat*)
противо|стоя́ние *astron* opposition; ~**стоя́ть** II (~стою́) *impf* withstand, resist, hold out (against, + *dat*); ~ ве́тру withstand, stand up to the wind; be opposed (to, + *dat*) (*of opinions, etc*); *astron* be in opposition; ~**та́нковый** anti-tank; ~**хими́ческий** ~хими́ческая защи́та chemical defence; ~**я́дие** antidote (to, for, про́тив + *gen*)
прот|ира́ть I *pf* ~ере́ть rub a hole in; wear, rub through; wipe, rub over; grate; ~ глаза́ *coll* open one's eyes, wake up; ~**ира́ться** I *pf* ~ере́ться wear through; ~**и́рка** cleaning rag
проти́с|каться I *pf of* ~киваться; ~**кивать** I *pf* ~нуть *coll* push, shove, poke in, through; ~**киваться** I *pf* ~каться *and* ~нуться *coll* shove one's way (through); ~**нуть** I *pf of* ~кивать; ~**нуться** *pf of* ~киваться
прот|кну́ть I (~кнутый) *pf of* ~ыка́ть
прото|бе́стия *obs pop* arch rogue; ~**дья́кон** archdeacon; ~**зо́а** *pl indecl* protozoa; ~**иере́й** archpriest; ~**исто́рия** prehistory
прото́к *anat* duct; channel; ~**а** channel
протоко́л minutes, record of proceedings; the Journals (of Parliament); report; вести́ ~ take, record the minutes; занести́ в ~ enter in the minutes, put on record; *leg* statement; ~ допро́са record of examination; составля́ть ~ draw up report; certificate; *diplomatic* protocol; ~**и́ровать** (~и́рую) *impf and pf also pf* за~ keep the minutes, minute, record; ~**ьный** ~ отде́л protocol department; factual, documentary (*of style*)
прот|олка́ть I *pf coll* push, press through several times; ~**олка́ться** I *pf of* ~а́лкиваться *coll*; ~**олкну́ть** I *pf of* ~а́лкивать
прото́н proton; ~**ный** proton
прото́пать I *pf* stamp (along, over, по + *dat*); *pop* trudge over, cover (*distance*)
прот|опи́ть II (~оплю́, ~о́пишь) *pf of* ~а́пливать
протопла́зма protoplasm
протопо́п *coll* archpriest
прот|опта́ть I (~опчу́, ~о́пчешь) *pf of* ~а́птывать
проторг|ова́ть (~у́ю) *pf pop* lose in trading; ~**ова́ться** (~у́юсь) *pf pop* run up losses, be ruined (*in business, trade*)
проторённ|ый driven-over; well-trodden, beaten *also fig*; идти́ по ~ой доро́жке keep to the beaten track
про́тори (*gen pl* ~ей) *obs* loss, outlay
протор|и́ть II *pf of* ~я́ть; ~**я́ть** I *pf* ~и́ть beat (*path, etc*); ~ путь blaze a trail
прототи́п prototype
прото́ч|енный ~ червя́ми worm-eaten; ~**и́ть** II (~у́, ~ишь) *pf of* прота́чивать
прото́чный flowing, running (*of water, etc*); ~ пруд well-drained, spring-fed pond
протра́в|а mordant; pickle, dip; ~**и́тель** *m tech* mordanting, pickling machine; *chem* mordant; ~**и́ть** II (~лю́, ~ишь) *pf of* ~ливать *and* ~ля́ть; *pf* allow to escape, fail to catch (*in hunting*); ~**ливать** I *pf* ~и́ть treat with mordant; pickle, dip; etch; ~**ля́ть** I = ~ливать
протра́лить II *pf of* тра́лить
протрезв|и́ть(ся) II (~лю́(сь)) *pf of* ~ля́ть(ся); ~**ля́ть** I *pf* ~и́ть sober (up); ~**ля́ться** I *pf* ~и́ться sober (up); get sober
протруб|и́ть II (~лю́) *pf of* труби́ть
протубера́н|ец (~ца) *astron* solar prominence
протури́ть II *pf of* тури́ть
протух|а́ть I *pf* ~нуть go bad; go rotten, become foul; ~**нуть** I (*past* ~, ~ла) *pf of* ~а́ть *and* ту́хнуть; ~**ший** bad; foul, rotten; tainted (*of meat*)
прот|ыка́ть I *pf* ~кну́ть pierce (through), run through, transfix; pink (*with sword*); spit, skewer
протя́|гивать I *pf* ~тяну́ть stretch, extend; stretch out, hold out, reach out, extend; ~ ру́ку reach out (for, за + *instr*); ~ ру́ку кому́ hold out one's hand to someone; ~ ру́ку по́мощи proffer, extend a helping hand; hold, sustain, draw out (*note, etc*); *coll* prolong, drag out; *pf coll* last; он до́лго не ~нет *coll* he won't last long; *pf* ~ну́ть но́ги *coll* kick the bucket, turn up one's toes; ~**гиваться** I *pf* ~тяну́ться stretch, reach out; ~ на дива́не *coll* stretch out on the sofa; *pf coll* last, drag on; *coll* extend, stretch, reach; доро́га ~ну́лась на со́тни киломе́тров the road stretched for hundreds of kilometres; ~**же́ние** extent, length; distance, expanse, area; на ~же́нии всего́ пути́ over the whole length of the road; на всём ~же́нии от ... до ... all the way from ... to ...; space (*of time*); на ~же́нии мно́гих веко́в for many centuries; ~**жённость** *f* extent, length; ~**жённый** (~жён, ~жённа) extensive; ~**жный** (~жен) long drawn-out (*of sound*); drawling (*of voice*); ~**ну́ть(ся)** I (~ну́(сь), ~нешь(ся)) *pf of* ~гивать(ся)
проу́л|ок (~ка) *pop* lane
проу́ч|ивать I *pf* ~и́ть *coll* teach a lesson (to); ~**и́ть** II (~у́, ~ишь) *pf of* ~ивать; learn, study (*for a time*); teach (*for a time*); ~**и́ться** II (~у́сь, ~ишься) spend (*a certain time*) in study
проу́шина lug, ear, eye (*of bell, etc*)
проф- *abbr of* профессиона́льный *and* профсою́зный
профа́н ignoramus; быть ~ом not to know the first thing (about, в + *prep*); ~**а́ция** profanation, desecration; ~**и́ровать** (~и́рую) *impf and pf* profane, desecrate
проф|биле́т *abbr of* профсою́зный биле́т trade-union card; ~**бюро́** *neut indecl* trade-union bureau; ~**гру́ппа** trade-union group
професс|иона́л professional; ~**ионали́зм** professionalism; ~**иона́льный** professional, occupational; ~иона́льное заболева́ние occupational disease; ~ игро́к professional (player); ~иона́льное образова́ние vocational training; ~ сою́з trade union; ~**ия** profession, occupation, trade; по ~ии by profession, trade; ~**ор** (*pl* ~ора́) professor; ~**орская** *n* staff common room; ~**орский** professorial; ~**орство** professorship, (university) chair; ~**орствовать** (~орствую) *impf* be a professor, have a (university) chair; ~**у́ра** professor-

ship, (university) chair; *collect* the professors

профила́кт|ика *med* prophylaxis; preventive measures (against), prevention (of, + *gen*); *tech* maintenance check-up; **~и́ческий** prophylactic, preventive

проф|или́ровать (~или́рую) *impf and pf* profile, cut a section; give range of qualifications (*for trade*, etc); ~или́рующие дисципли́ны principal, core subjects; **~́иль** *m* profile, side-view; *fig* outline; в ~ in profile, half-faced; (cross-)section; попере́чный ~ cross-section; ~ доро́ги cross-section of road; type; qualification(s); **~́ильный** section; profile

профильтр|ова́ть (~у́ю) *pf of* фильтрова́ть

профин|ти́ть II (~чу́) *pf pop* squander

профи́т (~a(y)) *obs pop* какой мне от э́того ~? what do I get out of it?

проф|ко́м *abbr of* профсою́зный комите́т trade-union committee; **~неприго́дность** *f* professional incompetence; **~о́рг** *abbr of* профсою́зный организа́тор trade-union organizer

профо́рм|а *coll* formality, form; чи́стая ~ pure, mere formality; для (ра́ди) ~ы as a matter of form, for appearances' sake

проф|рабо́та *abbr of* профсою́зная рабо́та trade-union work; **~рабо́тник** trade-union official; **~сою́з** *abbr of* профессиона́льный сою́з trade union; **~сою́зный** trade-union

проха́живаться I *pf* пройти́сь walk, stroll; ~ по ко́мнате pace up and down the room; ~ по у́лице walk up and down the street; ~ на чей счёт, по чьему́ а́дресу *coll* have a go, dig at someone

прохарчи́ться II *pf pop* spend all one's money on food

прохва|ти́ть II (~́тит) *pf of* ~́тывать; **~́тывать** I (~́тывает) *pf* ~ти́ть penetrate (*of cold, wind, fear, etc*) меня́ ~ти́ло на сквозняке́ I caught a chill from a draught; *pop* bite through; *fig pop* pull to pieces

прохвора́ть I *pf coll* = проболе́ть

прохво́ст *coll cont* scoundrel, blackguard

прохинде́й *coll* rogue, dodger

прохла́|да cool(ness); вече́рняя ~ cool of evening; **~́дец** (~дца) *and* **~́дца** с ~дцем *and* с ~дцей *coll* without much effort, without caring; coolly, indifferently; **~ди́тельный** refreshing, cooling; ~ди́тельные напи́тки soft drinks; **~ди́ться** II (~жу́сь) *pf coll* cool off; **~́дный** (~ден) cool, fresh (*of weather, etc*); ~дно *pred* it is cool, it is fresh; *fig coll* cool, unresponsive; **~жда́ться** I *impf coll* take one's time, take it easy, loaf about, dawdle

прохло́пать I *pf pop* miss (out on)

прохо́д (~a(y)) passage; пра́во ~а right of way; не дава́ть ~а pester, give no peace (to, + *dat*); мне от него́ нет ~а I can't get rid of him, shake him off; passageway, gangway, aisle; ни ~а, ни прое́зда not a chance of getting through; *anat* duct; за́дний ~ anus, back passage; слухово́й ~ acoustic duct

проходи́м|ец (~ца) rogue, rascal; **~́ость** *f* passability, practicability (*of roads*); *med* permeability; cross-country ability (*of transport*); **~́ый** (~) passable, practicable

прохо|ди́ть II (~жу́, ~́дишь) *pf* пройти́ pass, go (by, through); ~ ми́мо pass, go by, go past; ~ по́лем go through the field(s); ~ молча́нием pass over in silence; ~ по мосту́ cross a bridge; go past, pass, miss; ~ остано́вку miss the stop; ~ **ми́мо** чего́ disregard something; go, cover, make, do (*a certain distance*); ~ не́сколько шаго́в go, take a few steps; за час по́езд прошёл пятьдеся́т киломе́тров in an hour the train covered fifty kilometres; travel, spread (*of rumours, news, etc*); fall (*of rain*); pass (off), be over (*of time, pain, rain, etc*); go (off), pass off (*of lectures, meetings, days, etc*); go through, get through (*of objects, liquids, etc*); кровь прошла́ че́рез повя́зку blood seeped through the bandage; шкаф не пройдёт в дверь the cupboard won't go through the door; endure, go through, experience (+ *acc*; через + *acc*); pass, be adopted, be approved; прое́кт прошёл the design has been accepted; пройти́ в штат be taken on the staff; *coll* take, do, study (*course, subject, etc*); ~ курс лече́ния undergo course of treatment; э́то не пройдёт *coll* it won't work, it won't do; *pf* walk (*for a time*); **~ди́ться** II (~жу́сь, ~́дишься) = проха́живаться; **~́дка** working (*mine*); sinking (*of shaft*); drift (*in mining*); **~дна́я** *n* entrance, gatekeeper's office; **~дно́й** entrance; communicating; ~дна́я бу́дка (entrance) check-point; ~дны́е ко́мнаты communicating rooms; наш дом как ~ двор *fig* our house is like Clapham Junction; **~́дчик** shaft sinker; drifter; **~жде́ние** passing, passage; ~ торже́ственным ма́ршем march past; **~́жий** *adj* passing; *n* passer-by

прохуд|и́ться II (~и́тся) *pf pop* get thin, wear through

процве|та́ние prosperity, well-being; flourishing, thriving; **~та́ть** I *pf* ~сти́ prosper, flourish, thrive; **~сти́** (~ту́, ~тёшь; ~́л, ~ла́; ~́тший) *pf of* ~та́ть; *pf fig* blossom; be in blossom, bloom

проце|ди́ть II (~жу́, ~́дишь) *pf of* ~́живать

процеду́ра procedure; *usu pl med* treatment

проце́|живать I *pf* ~ди́ть filter, strain; ~ди́ть сквозь зу́бы mutter through one's teeth

проце́нт per cent; percentage; на (все) сто ~ов *coll* in toto; ба́нковский учётный ~ bank rate; просты́е, сло́жные ~ы *math* simple, compound interest; на ~ах on a percentage basis; interest (*on money*); разме́р ~а rate of interest; **~́ный** interest(-bearing); percentage; **~ова́ть** (~у́ю) *impf and pf sl* set a work quota

проце́сс process; в ~е игры́ in the course of the game; *med* active condition; ~ в лёгких pulmonary tuberculosis; *leg* trial; legal action, proceedings; lawsuit; case, cause; нача́ть суде́бный ~ sue, bring an action (against), institute proceedings (against, про́тив + *gen*); **~́ия** procession; **~уа́льный** procedural; case

проце́ссор *comput* processor

процити́р|овать (~ую) *pf of* цити́ровать

процыга́нить II *pf sl* lose everything

про́черк *coll* striking through, stroke (*on a form*); ~́ивать I *pf* ~ну́ть strike through, draw a line through; **~ну́ть** I *pf of* ~́ивать

прочер|ти́ть II (~чу́, ~́тишь) *pf of* ~́чивать; **~́чивать** I *pf* ~ти́ть draw (*line, etc*)

проче|са́ть I (~шу́, ~́шешь) *pf of* ~́сывать; **~́ска** combing *also fig*

проч|е́сть (~ту́, ~тёшь; ~ёл, ~ла́) *pf of* ~ита́ть

прочёс|ывать I *pf* ~а́ть comb (out), tease (*wool*); *fig* comb (*an area*)

про́ч|ий other; и ~ее etcetera, and so on; и всё ~ее and everything else; поми́мо всего́ ~его apart from everything else; ме́жду ~им by the way; ~ие (the) others

прочи́|стить II (~щу) *pf of* ~ща́ть

прочит|áть I *pf of* читáть; *pf* read (*for a time*); **~ывать** I *impf coll* read (through)

прóч|ить II *impf coll* intend (for), destine (for, в + *acc*); егó ~ат в председáтели he is destined to be chairman

прочи|щáть I *pf* ~стить clear, clean out; ~ трýбку clean a pipe; purge (*stomach*); thin out (*forest, trees, seedlings, etc*)

прóч|но *adv* firmly, securely, solidly, well, soundly; **~ность** *f* durability (*of clothes, etc*); solidity, stability (*of building, etc*); tenability (*of situation*); reliability, soundness (*of knowledge, etc*); strength (*of friendship, etc*); **~ный** (~ен, ~нá, ~но, ~ны́) durable; solid, stable, tenable; reliable, sound; enduring, lasting, long-wearing; ~ная семья́ united family

прочтéн|ие reading; по ~ии on reading (+ *gen*)

прочýвст|вованный heartfelt; full of emotion; **~вовать** (~вую) *pf* feel keenly, deeply; experience, live through, go through

прочýх|аться I *pf of* ~иваться; **~иваться** I *pf* ~аться *sl* wake up *also fig*

прочь *adv* away, off; пошёл ~ отсю́да! get out of here!; ~ с дорóги! get out of the way!; рýки ~! hands off!; ~ с глаз моих! get out of my sight!; *pred* averse (to); не ~ *coll* not adverse (to, + *infin*); он не ~ вы́пить чáшку чáю he wouldn't say no to a cup of tea

прошвырнýться I *pf pop* go for a stroll

прошéдш|ий past, last; ~им лéтом last summer; ~ее врéмя *gramm* past tense; **~ее** *n* the past

прошéние application, petition; подáть ~ submit an application, present a petition

прошеп|тáть I (~чý, ~чешь) *pf* whisper, say in a whisper

прошéстви|е по ~и after the lapse (of), after the expiration (of, + *gen*); по ~и гóда after a year had elapsed

прошиб|áть I *pf* ~и́ть *pop* break through; егó ~ пот he broke out in a sweat; её ~ла слезá she shed tears; **~и́ть** (~ý, ~ёшь; ~, ~ла; ~ленный) *pf of* ~áть

прош|ивáть I *pf* ~и́ть sew (on), stitch; *coll* riddle (*with bullets, etc*); **~и́вка** inset, insertion; sewing, broaching; **~и́ть** (~ью, ~ьёшь) *pf of* ~ивáть

прошл|огóдний last year's, of last year; **~ое** *n* the past; далёкое ~ the remote (distant) past; недáвнее ~ the recent past; отойти в ~ become a thing of the past, pass away; **~ый** *adj* past, bygone; last; в ~ом годý last year; на ~ой недéле last week

прошляп|ить II (~лю) *pf pop* let slip through negligence, miss

прошмонáть I *and* **прошмóнить** II *pf of* шмонáть, шмóнить *and* шмоня́ть *sl* frisk, search

прошмы́г|ивать I *pf* ~нýть *coll* steal, slip (by, past, through; into, в + *acc*)

прошнур|овáть (~ýю) *pf of* шнуровáть

прошпакл|евáть (~юю) *pf of* ~ёвывать; **~ёвывать** I *pf* ~евáть putty; caulk; prime, make good

прошпиг|овáть (~ýю) *pf* lard thoroughly

проштрáф|иться II (~люсь) *pf pop* commit a misdemeanour

проштуди́р|овать (~ую) *pf of* штуди́ровать

проштукатýр|ить II *pf of* ~ивать; **~ивать** I *pf* ~ить plaster thoroughly

прошумéть *pf* roar past; *fig* become famous

прощá|й(те) goodbye!; farewell!, adieu!; **~льный** parting; farewell; valedictory; ~ поцелýй parting kiss; **~ние** farewell; leave-taking, parting; целовáть на ~ kiss goodbye; **~ть** I *pf* прости́ть forgive, pardon; прости́те (меня́)! excuse me!; I beg your pardon!; ~ грехи́ forgive sins; ~ долг комý remit someone's debt; **~ться** I *pf* прости́ться *and* по~ say goodbye (to), bid farewell (to) take one's leave (of, с + *instr*)

прощелы́га *m and f pop* rogue, knave, scamp

прóще *comp of* простóй *and* прóсто simpler, easier; plainer; ~ простóго nothing could be simpler

прощéни|е forgiveness, pardon; проси́ть ~я у когó ask, beg someone's pardon; прошý ~я! I beg your pardon!, (I am) sorry!

прощýп|ать(ся) I *pf of* ~ываться; **~ывать** I *pf* ~ать feel, touch, detect (*by touch*); *fig coll* probe, test, check on, sound (out); ~ пóчву feel the ground; **~ываться** I *pf* ~аться be felt

проэкзамен|овáть(ся) (~ýю(сь) *pf of* экзаменовáть(ся)

прояв|и́тель *m phot* developer; **~и́ть(ся)** II (~лю́ (-сь), ~ишь(ся), ~ит(ся)) *pf of* ~ля́ть(ся); **~ля́ть** I *pf* ~и́ть show, manifest, display, exhibit, evince (*knowledge, emotion, concern, activity, courage, etc*); ~ забóту show concern (for, о + *prep*); ~ интерéс show interest (in, к + *dat*); ~ себя́ show one's worth; *phot* develop; **~ля́ться** I *pf* ~и́ться (~ляется) show, reveal, manifest itself

проясн|еть I (~еет) *pf coll* clear (of sky); *impers* clear up, turn fine; **~éть** I (~éет) *pf* clear, become calm (*of thoughts, etc*), light up, brighten up (*face, etc*); **~и́ться** II *pf of* ~я́ться; **~я́ться** I (~я́ется) *pf* ~и́ться clear (up) (*of weather*); clear, become lucid (*of thoughts, etc*); light up, brighten up (*of face, etc*); become clarified (*situation, etc*); show up clearly, become distinct

пру|д 1 (в, на ~ý) pond; **~ди́ть** II (~жý, ~ди́шь) *pf* за~ dam (up); хоть пруд ~ди́ *coll* loads of, galore, pots of; дéнег у негó – хоть пруд ~ди́ he is rolling in money

пружи́н|а spring *also fig*; глáвная ~ mainspring; часовáя ~ watch-spring; ~-волосóк hairspring; нажáть на все ~ы leave no stone unturned; быть как на ~ах have springs in one's heels; **~истый** (~ист) springy (*gait, etc*), resilient; supple; **~ить** II *impf* be springy, be elastic; хорошó ~ be well sprung; *pf* на~ tense (*muscles, etc*); **~ка** hairspring; loop (*contraceptive coil*); **~ный** spring; ~ные весы́ spring balance; ~ матрáц spring mattress; ~ная рессóра coil spring

прусáк 1 cockroach

прусс|áк 1 Prussian; П~ия Prussia; **~кий** Prussian

прут (~а *and* ~á; *pl* ~ья, ~ьев) twig, switch; и́вовый ~ withe, withy; (*pl* ~ы́) *tech* bar; **~ик** *dim of* ~; **~кóвый** rod(-shaped); **~янóй** twig, switch; withy

пры|г *pred coll* = ~гнул; **~гать** I jump, leap, bound, spring; ~ на однóй ногé hop on one leg; ~ со скакáлкой skip; ~ с упóром vault; ~ с шестóм pole-vault; bounce, bound (*of ball, etc*); ~ с парашю́том make parachute jumps; ~ от рáдости jump, leap with joy; (~гает) *impf* twitch; **~гнуть** I *sem pf of* ~гать *also* ~ганýть *pop*; **~гýн** 1 *sp* jumper; *fig coll* fidget (*of child*); **~жóк** (~жкá) jump, leap, spring; дéлать ~жки́ cut capers; *sp* jump; ~жки́ jumping; ~жки́ в вóду diving; ~ в высотý high jump; ~ длинý long jump; с упóром vault(ing); ~ с шестóм pole-vault; ~ с мéста standing jump; ~ с разбéга running jump

пры́с|кать I *pf* на~, по~ *and* ~нуть *coll* spray, sprinkle (with, + *instr*); ~ одеколо́ном spray with eau-de-Cologne; **~каться** I *pf* по~ *coll* spray, sprinkle oneself (with, + *instr*); **~нуть** I *sem pf of* ~кать; (~нет) *pf* spurt, gush (forth); кровь ~нула из ра́ны blood spurted from the wound; *pf* ~ (со́ смеху) *fig* burst out laughing; *pf* take to one's heels

пры́т|кий (~ок, ~ка́, ~ко; ~че) quick, lively, sharp, nimble, agile; *fig* impatient; **~ь** *f coll* speed; во всю ~ бежа́ть run flat out; nimbleness, agility, liveliness, go, quickness, speed; energy, vim

прыщ 1 pimple, pustule, spot; в ~а́х pimply; **~а́веть** I *pf* о~ *coll* become covered in pimples; **~а́вый** (~а́в) pimply, pimpled, spotty; **~ева́тый** (~ева́т) *coll* somewhat spotty, rather pimply; **~ик** *dim of* ~ pimple

пря́|дать I *impers* ~ уша́ми *obs* = прясть уша́ми; **~де́ние** spinning; **~деный** spun, **~ди́льный** spinning; ~ стано́к spinning loom; ~ди́льная фа́брика spinning mill; **~ди́льня** (*gen pl* ~ди́лен) *obs* spinning mill; **~ди́льщик** spinner; **~дь** *f* lock, tress (*of hair*); strand; **~жа** *no pl* yarn, thread; шерстяна́я ~ woollen yarn, worsted; **~жка** buckle, clasp; **~лка** distaff; spinning-wheel

прям|а́я *n* straight line; проводи́ть ~у́ю draw a straight line; по ~о́й in a beeline, as the crow flies; **~ёхонько** *adv pop* straight, directly; **~изна́** straightness; **~ико́м** *adv coll* straight; **~о** *adv* straight; держа́ться ~ hold oneself straight, erect; идти́ ~ go straight (on); directly, straight; ~ к де́лу straight to the point; попа́сть ~ в цель hit the bull's eye, mark *also fig*; смотре́ть ~ в глаза́ кому́ look someone straight in the eye; *fig* frankly, openly, bluntly, plainly; говори́ть ~ speak bluntly, frankly; *partic coll* real(ly); он ~ геро́й he's a real hero; э́то ~ наказа́ние! it's a downright nuisance!; *coll* directly, just, right; ~ напро́тив bang opposite; ~ в лоб right in the forehead; **~оду́шие** directness, straightforwardness, outspokenness, frankness; **~оду́шный** (~оду́шен) direct, straightforward, outspoken, frank; **~oе́зжий** straight (*of road, etc*); **~о́й** (~, ~а́, ~о) straight; ~а́я ли́ния straight line; ~а́я доро́га straight road; ~ы́е во́лосы straight hair; ~а́я кишка́ rectum; ~ насле́дник direct heir; *long form* direct (*of communication*); по́езд ~о́го сообще́ния through train; ~ про́вод direct (telephone) line; ~ы́е вы́боры direct elections; ~о́е дополне́ние *gramm* direct object; ~ нало́г direct tax; ~ нача́льник immediate superior; ~о́е попада́ние *mil* direct hit; ~а́я противополо́жность direct, exact opposite; ~а́я речь direct speech; в ~о́м смы́сле сло́ва in the literal sense of the word; ~ у́гол right angle; ~ы́е указа́ния direct instructions; straightforward (*answer, person, etc*); open, obvious, patent; ~ обма́н patent deceit; sheer; ~а́я необходи́мость sheer necessity; ~ расчёт пойти́ самому́ it is really worth (while) going oneself; **~окры́лые** *n pl* orthoptera; **~олине́йность** *f* straightforwardness; rigidity; rectilinearity; **~олине́йный** (~олине́ен, ~олинейна) straightforward; rigid, inflexible; rectilinear, rectilineal; **~ота́** straightforwardness, directness, plain dealing, frankness; **~ото́чный** direct-flow; ~ дви́гатель ramjet engine; **~оуго́льник** rectangle; **~оуго́льный** rectangular; right-angled

пря́н|ик gingerbread; (медо́вый) ~ honey-cake; **~ичный** gingerbread; **~ость** *f* spice

пря́нуть I *pf obs* jump

пря́н|ый (~) spicy, gingery

пря|сть (~ду́, ~дёшь; ~л, ~ла́, ~ло) *pf* с~ spin; *impf* ~ уша́ми twitch its ears (*of animals, usu of horse*)

пря́|тать I (~чу, ~чешь) *pf* с~ hide, conceal; put away (*things*); **~таться** I (~чусь, ~чешься) *pf* с~ hide, conceal oneself; ~ за чужу́ю спи́ну hide behind someone else's back; **~тки** (*gen pl* ~ток) hide-and-seek *also fig*

пря́ха spinner

псал|о́м (~ма́) psalm; **~о́мщик** (psalm-)reader; **~ты́рь** *f* and ~ 1 *m* Psalter

пса́р|ня (*gen pl* ~ен) kennel; **~ь** 1 *m* whip (*pers in charge of hounds*)

псе́вдо- pseudo-; **~герои́ческий** mock-heroic; **~ни́м** pseudonym; pen-name, nom de plume; assumed name, alias

пси́н|а *coll* dog's flesh; dog's smell; dog; **~ый** dog's; doggy

псих *pop* madman, lunatic, nut-case; neurotic; *pop* idiot; **~ану́ть** I *gen pf of* ~ова́ть; **~асте́ник** psychasthenic; **~астени́я** psychasthenia; **~иа́тр** psychiatrist; **~иатри́ческий** psychiatric(al); **~иатри́чка** *coll* mental hospital; **~иатри́я** psychiatry; **~ика** psyche; state of mind; psychology, mentality; **~и́чески** *adv* ~ больно́й mentally ill; **~и́ческий** *adj* mental, psychical; ~и́ческая боле́знь mental illness, disease; **~оана́лиз** psychoanalysis; **~оаналити́ческий** psychoanalytic(al); **~о́ванный** *pop* unbalanced, abnormal (person); **~ова́ть** (~у́ю) *impf pop* act, behave like a madman; feign insanity; act hysterically; fly off the handle, raise Cain; **~о́з** psychosis, mental illness, derangement; вое́нный ~ war hysteria; **~о́лог** psychologist; **~ологи́зм** psychologism; **~ологи́ческий** psychological; **~оло́гия** psychology; **~оневро́з** psychoneurosis; **~опа́т** psychopath, a mental case; *coll* crank; **~опа́тия** psychopathy; **~опатологи́ческий** psychopathological; **~опатоло́гия** psychopathology; **~отерапе́вт** psychotherapist; **~отерапи́я** psychotherapy; **~оте́хника** vocational psychology; **~оти́ческий** psychotic; **~офи́зика** psychophysics; **~офизиоло́гия** psychophysiology; **~офизи́ческий** psychophysical

псо́в|ый ~ая охо́та the chase, hunting (*with hounds*)

пт|а́шка *coll* little bird; birdie; ра́нняя ~ *fig* early bird; **~ене́ц** (~енца́) nestling; fledg(e)ling *also fig*

птерода́ктиль *m* pterodactyl

пти́|ца bird; боло́тная ~ wader; водопла́вающие ~цы waterfowl; дома́шняя ~ *collect* poultry; перелётная ~ bird of passage; хи́щные ~цы birds of prey; ва́жная ~ *fig coll* big noise; обстре́лянная, стре́ляная ~ *fig coll* old hand, old stager; охо́титься за си́ней ~цей chase a wild goose; он во́льная ~ *coll* he is his own master; видна́ ~ по полёту a bird may be known by its song; жить как ~ небе́сная live an untroubled life; ~ высо́кого (вы́сшего) полёта big noise **~цево́д** poultry farmer, breeder; **~цево́дство** poultry farming; **~цево́дческий** poultry-farming; **~цело́в** fowler; **~цело́вство** fowling; **~цефе́рма** poultry farm; **~чий** bird('s), poultry; ~ двор poultry yard; с ~чьего полёта bird's-eye view; жить на ~чьих права́х (на ~чьем положе́нии) live from hand to mouth; то́лько ~чьего молока́ нет (не хвата́ет) *coll joc* a superabundance; **~чка** small bird; tick; ста́вить ~чку tick; поме́тить что

~чкой tick off something; ∸**чник** poultry-yard, hen-run, hen-house; poultryman
птома́ин ptomaine
пуа́нт на ~ах *theat* on the tips of the toes *also fig*
пу́бли|ка *collect* (the) public; audience (*in theatre*, *etc*); чита́ющая ~ reading public; широ́кая ~ general public; *coll* people; ~**ка́ция** publication; advertisement, notice (*in press*, *etc*); ~**кова́ть** (~ку́ю) *pf* о~ publish; ~**ци́ст** publicist; commentator (*on current affairs*); ~**ци́стика** journalism; writing on current affairs; ~**цисти́ческий** publicistic, journalistic; ∸**чка** *sl* public library; ∸**чно** *adv* in public, publicly; openly; ∸**чность** *f* publicity; ∸**чный** public; ~чная библиоте́ка public library; ~ дом brothel; ~чная же́нщина prostitute; ~чное пра́во public law; ~чные торги́ auction, public sale
пу́г|ало scarecrow; *coll* fright, guy (*of person*); bugaboo, bogey, bogyman; ~**ану́ть** I *sem pf pop* give a fright, scare; ∸**аный** scared; ~аная воро́на куста́ бои́тся *prov* once bit(ten), twice shy, the burnt child dreads the fire; ~**а́ть** I *pf* ис~ *and* на~ frighten, scare, alarm, startle; threaten (with, + *instr*), intimidate; ~**а́ться** I *pf* ис~ *and* на~ be frightened (of), scared (of), take fright (at, + *gen*); shy (at, + *gen*) (*of horse*); ~**а́ч** 1 toy-pistol; *orni* screech owl; ~**ли́вый** (~ли́в) fearful, timorous, timid, apprehensive; nervous (*of horse*); ~**ну́ть** I *sem pf* give a fright, scare
пу́г|овица button; застегну́ться на все ~овицы button up one's coat, *fig* be reserved; держа́ть за ~овицу buttonhole; ∸**овичный** button; ∸**овка** (small) button; нос ~овкой button-nose(d)
пуд 2 pood (*approx 36 lb*) ~ со́ли съесть с кем live with (know) someone for a long time
пу́дел|ь *m* (*pl also* ~я́, ~е́й) poodle
пу́динг pudding
пудов|и́к 1 one-pood bag, one-pood weight; ~**о́й** *and* ∸**ый** one pood in weight
пу́др|а powder; са́харная ~ icing sugar; ∸**еница** powder-case, powder-compact; ∸**еный** powdered; ∸**ить** II *pf* на~ *and* по~ powder; ∸**иться** II *pf* на~ *and* по~ powder one's face
пуз|а́н pot-bellied person; ~**ано́к** (~анка́) Caspialosa caspia (*fish of herring family*); ~**а́тый** (~а́т) pot-bellied, big-bellied; *fig coll* squat, dumpy; ∸**о** *pop* belly, paunch
пузыр|ёк (~ька́) bubble, bleb, bead; vesicle; blister; phial, vial; ∸**иться** II (∸ится) *impf coll* bubble, effervesce; belly (out) (*of sail*, *etc*); *fig pop* pout, sulk; ∸**ник** senna-pod; ∸**чатый** (~чат) covered with bubbles; vesicular; bullate; ∸**ь** 1 *m* bubble; мы́льный ~ soap-bubble *also fig*; пуска́ть мы́льные ~и́ blow bubbles; blister; *anat* bladder; жёлчный ~ gall-bladder; мочево́й ~ (urinary) bladder; пла́вательный ~ swimming-bladder; air-bladder; ~ со льдом ice-bag; *coll* kid, whipper-snapper
пук 2 bunch, bundle, tuft; ~ цвето́в bunch of flowers; ~ соло́мы wisp of straw; *vulg* fart, breaking (of) wind (*usu of children*); ∸**алка** *bot* meadow-rue, isopyrum; ∸**ать** I *pf* ~нуть *vulg* fart, break wind, make a smell (*usu of children*)
пуле|во́й bullet; ~**мёт** machine-gun; ручно́й ~ light machine-gun; станко́вый ~ heavy machine-gun; треща́ть, как ~ *coll* rattle away (like a machine-gun); ~**мётный** machine-gun; ~**мётчик** machine-gunner; ~**непробива́емый** bullet-proof
пуло́вер pullover
пульвериза́|тор spray(er), pulverizer; ~ для духо́в scent-spray; ∸**ция** spraying, pulverization
пу́ль|ка pool (*cards*); *dim of* пу́ля; ~**ну́ть** I *sem pf of* пуля́ть
пу́льпа pulp (*of fruit*, *tooth*, *etc*)
пульс pulse; бие́ние ~а beating of the pulse; счита́ть ~ take the pulse; щу́пать ~ feel the pulse; ~**а́р** pulsar; ~**а́ция** pulsation, pulse; ~**и́ровать** (~и́рует) *impf* beat, throb; pulsate, pulse *also tech*
пульт desk, stand; дириже́рский ~ conductor's stand; control desk, panel; диспе́тчерский ~ control desk; ~ электроста́нции power-station control room; ~**ова́я** *n coll* control room
пуля́рка fatted fowl, chicken
пул|я́ть I *pf* ~ьну́ть *pop* shoot (at); *pop* throw, shy (at, в + *acc*); *sl* direct
пу́ма puma, cougar
пуни́ческий Punic
пункт point, spot; кома́ндный ~ command post; наблюда́тельный ~ observation post; населённый ~ populated area, inhabited locality, built-up area; опо́рный ~ strong point; исхо́дный (нача́льный) ~ starting-point; коне́чный ~ terminus, terminal; кульминацио́нный ~ culmination, climax; post, office, station, centre; медици́нский ~ dressing station, aid post; перегово́рный ~ public call-boxes; призывно́й ~ recruiting centre; ссыпно́й ~ grain-collecting centre; paragraph, item, point (*of document*, *treaty*, *article*, *etc*); по ∸ам point by point; перечисля́ть по ∸ам itemize; соглаше́ние из трёх ∸ов a three-point agreement; *typ* full point; ∸**ик** *dim of* ~; *fig coll* eccentricity, peculiarity, oddity, idiosyncrasy; с ~иком with bees in one's bonnet; ~**и́р** dotted line; ~**и́рный** ~и́рная ли́ния dotted line
пунктуа́|льность *f* punctuality; accuracy; ∸**льный** (~лен) punctual, precise; ∸**ция** punctuation
пу́ночка snow-bunting
пунсо́н punch; point
пунцо́вый crimson
пунш punch (*drink*); ∸**евый** ~евая ча́ша punch-bowl
пуп 1 *coll* navel; umbilicus; он за́нят созерца́нием со́бственного ~а́ *coll* he is wrapped up in himself; ~ земли́ *iron* the hub (centre) of the universe
пупа́вка *and* **пупа́вник** camomile
пуп|ови́на umbilical cord; navel-string; ~**о́к** (~ка́) navel; gizzard (*of birds*); ~**о́чный** ~о́чная гры́жа umbilical hernia
пупы́р|ышек (~ышка) *and* ∸**ь** 1 *m coll* pimple
пург|а́ *no pl* snowstorm, blizzard; ~**ова́ть** (~у́ю) *impf coll* wait for a blizzard to pass
пури́|зм purism; ∸**ст** purist; ~**та́нин** (~та́не, ~та́н) Puritan; ~**та́нский** Puritan; *fig* puritanical; ~**та́нство** Puritanism
пу́рпур purple; ∸**ный** *and* ∸**овый** purple
пуск starting (up), setting in motion; ~**а́й** *partic and conj coll* = пусть; ~**а́ть** I *pf* пусти́ть let go; пусти́ ру́ку; let go of my arm; ~ на во́лю set free; allow, permit, let; пусти́ть ребёнка гуля́ть let a child go for a walk; ~ в пала́ту let into the ward; ~ кого́ ночева́ть let someone stay the night; ~ жильцо́в take in lodgers; ~ соба́ку на двор let the dog out; не ~ keep out; ~ козла́ в огоро́д *prov* set a cat among the pigeons; start, set in motion, set going; ~ во́ду turn on water; ~ волчо́к spin a top; ~ газ turn on the gas; ~ заво́д start up a factory; ~ змея́ fly a kite; ~ мото́р start an engine; ~ раке́ту fire, launch a rocket; ~ слух start a rumour; ~

фейерве́рк let off fireworks; ~ часы́ start a clock; send (off), start (off), put; ~ себе́ пу́лю в лоб blow out one's brains; ~ ло́шадь во весь опо́р give a horse his head; ~ в обраще́ние put in(to) circulation; ~ в прода́жу offer for, put on sale; ~ в произво́дство put into production; ~ поле под пшени́цу put a field under wheat; ~ ко дну send to the bottom; ~ по́езд под отко́с derail a train; ~ в ход start, launch, set going, set in train; ~ в ход все сре́дства leave no stone unturned, move heaven and earth; throw, shy, toss; ~ ка́мнем в окно́ throw a stone at a window; ~ пыль в глаза́ кому́ pull the wool over someone's eyes, throw dust in someone's eyes; *bot* put out, forth; ~ ко́рни take root *also fig*; ~ ростки́ shoot, sprout; *coll* touch up, put on (*in painting*); ~ по края́м зелёным add green to the edges; ~ де́ньги на ве́тер waste money; ~ кровь кому́ bleed someone; **~а́ться** I *pf* пусти́ться *coll* set out, start (в + *acc or* + *infin*); ~ в путь set out (on one's journey); пусти́ться бежа́ть take to one's heels; пусти́ться вдого́нку set off (out) in pursuit (of, за + *instr*); start, embark (on), begin; ~ в объясне́ния enter into explanations; ~ в оправда́ния start making excuses; ~ в пляс break into a dance; **~ово́й** starting; ~ пери́од initial phase; ~ова́я рукоя́тка starting crank; launching; ~ово́е раке́тное устро́йство rocket-launching installation; ~ова́я площа́дка launching pad

пустельга́ kestrel; кра́сная ~ red-footed falcon; степна́я ~ lesser kestrel; windhover, staniel; *m and f fig coll* shallow person

пусте́ть I *pf* о~ (become) empty, become deserted

пу|сти́ть(ся) II (~щу́(сь), ~́стишь(ся)) *pf of* ~ска́ть(ся)

пуст|обрёх *and* **~обрёшка** *m and f pop* windbag, chatterbox; **~ова́тый** (~ова́т) rather empty; fatuous; **~ова́ть** (~у́ет) *impf* be, stand, lie empty; be tenantless, uninhabited; lie fallow (*of land*); **~оголо́вый** (~оголо́в) empty-headed; **~озво́н** *coll* chatterer, windbag, idle talker; **~озво́нить** II *impf coll* engage in idle chatter; **~озво́нство** *coll* idle chatter, prattle, talk

пуст|о́й (~, ~а́, ~́о) empty; hollow; void; vacant (*place, etc*); deserted (*without people*); uninhabited, tenantless; free; ~ дом deserted house; ~о́е ме́сто blank space; ~ая поро́да waste, dead, barren rock; ~ стул vacant chair; ~ уро́к free lesson; ~ы́е щи meatless cabbage soup; на ~ желу́док on an empty stomach; с ~ы́ми рука́ми empty-handed; чтоб тебе́ ~́о бы́ло! *pop* damn you!, the devil take you!; ~ но́мер *fig coll* failure; *fig* idle, shallow, empty, futile, frivolous; unfounded; ~ы́е слова́ mere words; ~ы́е обеща́ния hollow promises; ~а́я зате́я vain enterprise; ~ы́е мечты́ castles in the air; ~ы́е развлече́ния futile amusements; ~ы́е угро́зы empty threats, bluster; trivial, slight; ~о́е ме́сто nonentity; ~о́е *n* (a mere) nothing, rubbish; **~оме́ля** (*gen pl* ~оме́лей) *m and f coll* windbag, idle chatterer; **~опоро́жний** *coll* empty, futile, frivolous, idle; **~осло́в** *coll* babbler, twaddler; **~осло́вие** *coll* idle chattering, empty rhetoric, twaddle; **~осло́вить** II (~осло́влю) *impf coll* talk twaddle, chatter; **~ота́** 7 emptiness, void; vacuum; *fig* emptiness, shallowness, futility, frivolousness; **~оте́лый** hollow; **~оцве́т** barren, sterile flower; *fig* person of unfulfilled promise; **~́ошь** *f* waste ground, waste (plot of) land; heath(land); **~ы́нник** hermit, anchorite; **~ы́нный** (~ы́нен) *long form* uninhabited; ~ о́стров desert island; deserted, lonely (*of streets, etc*); **~́ынь** *f* hermitage, monastery; **~ы́ня** desert; wilderness; **~ы́рь** 1 *m* waste ground, land; **~ы́шка** *coll* hollow, empty object; baby's dummy; орех-~ deaf nut; *fig* frivolous, shallow man *or* woman

пусть *partic* let; ~ бу́дет так! so be it!, just as you like!, very well!; ~ она́ идёт let her go; all right; ну ~, я согла́сен all right, I agree; *conj* even though, even if, suppose; ~ он оши́бся, но оши́бку мо́жно испра́вить he may have made a mistake but it can be rectified

пустя́к 1 trifle, bagatelle; серди́ться из-за ~о́в get angry over a mere trifle, over nothing; спо́рить из-за ~о́в split hairs; су́щий ~ a mere bagatelle; a trifling matter; па́ра ~о́в! child's play!; *usu pl* nonsense; *pred usu pl coll* ~и́! never mind!, it's nothing!; ~и́, всё ула́дится never mind, everything will be all right; **~о́вина** *coll* trifle, bagatelle; **~о́вый** *and* **пустя́чный** *coll* trifling, trivial

пу́т|аник muddler, muddle-head; **~́аница** muddle, mess; confusion; tangle, maze; **~́аный** muddled, confused, incoherent; *coll* muddle-headed; meandering, winding (*track of animal, etc*); **~́ать** I *pf* за~, пере~ *and* с~ tangle (*thread, etc*), muddle up, mix up, jumble up (*papers, etc*); *vt and vi coll* get mixed up, mix (things) up; не ~ай, говори́ пря́мо! don't beat about the bush, come clean!; *pf* за~ confuse, put off (by, + *instr*); *pf* в~ *coll* implicate (in), embroil (in), mix up (in, в + *acc*); *pf* пере~, с~ take (for, с + *instr*), confuse, mix up; ~ чьи имена́ mix up someone's names; *pf* пере~ ~ одно с други́м mix up one thing with another; не ~ай свои́ де́ньги с казёнными don't get your money muddled up with the government money

путё|вка pass; authorization; ~ в санато́рий place in a sanatorium; ~ в жизнь start in life; posting; travel instructions (*for public-transport workers*); **~води́тель** *m* guide(-book); ~ по Москве́ guide to Moscow; **~во́дный** guiding; ~во́дная звезда́ guiding star; *fig* lodestar; **~во́й** travel(ling), itinerary; ~вы́е запи́ски travel notes; ~ва́я ка́рта road-map; railway, line; ~ обхо́дчик, сто́рож trackwalker, permanent-way man; ~ва́я ско́рость ground speed; **~́ец** (~йца) railway engineer; railwayman; **~̈м** *adv pop* proper(ly); объясни́ ~ explain properly; *prep* + *gen* by means of, by, by dint of; **~ме́р** pedometer; **~обхо́дчик** trackwalker, permanent-way man; **~прово́д** overpass, underpass (*on roads*), overbridge (*railway*); **~укла́дчик** tracklaying machine; **~ше́ственник** traveller; **~ше́ствие** journey; trip; voyage, cruise (*ship*); *pl* travels; **~ше́ствовать** (~ше́ствую) *impf* travel, go on travels; voyage (*sea*); ~ по стране́ travel round a country

пути́на fishing season

пу́тлище stirrup strap

путля́ть I *impf pop* go round in circles

пу́тник traveller, wayfarer

пу́тн|ый *coll* sensible, worthwhile; ничего́ ~ого из него́ не вы́йдет he will never make good

путч putsch, coup

пу́т|ы (*gen pl* ~) hobble, clog; *pl fig* fetters, chains, bonds, shackles, trammels

пут|ь *m* (*gen, dat, prep* ~и́, *instr* ~ём; *pl* ~и́, ~е́й, ~я́м) way, track, path, route; *fig* road, course; во́дный ~ waterway; морско́й ~ shipping route, sea lane; торго́вые ~и́ trade routes; са́нный ~ sledge-track; тылово́й ~ line of retreat; после́дний ~ last journey; ~и́ сообще́ния means of communication; ~и́ сле́дования route; жи́зненный ~ *fig* life; на пра́вильном ~и́ on the right track, road; друго́го (ино́го) ~и́ нет there is no other way; сби́ться с (ве́рного) ~и́ lose one's way; *fig* go astray; стоя́ть поперёк ~и́ кому́ *fig* stand in someone's way, path; (railway) track; запа́сный ~ siding; journey, voyage; в ~и́ en route, on one's way; на обра́тном ~и́ on the way back; по ~и́ on the way; не по ~и́ out of the way; их ~и́ разошли́сь their ways parted; нам с ва́ми по ~и́ we are going the same way; держа́ть ~ head (for, на + *acc*), make (for); счастли́вого ~и́! have a pleasant journey!; *pl anat* passage, duct; дыха́тельные ~и́ respiratory tract; *fig* way, means; каки́м ~ём? how?, in what way?; обма́нным ~ём by false pretences; обхо́дным (око́льным) ~ём in a roundabout way; найти́ ~и́ и сре́дства find ways and means; пойти́ по ~и́ take the path (of, + *gen*); *pop* use, sense, benefit; в нём ~и́ не бу́дет *pop* no good will come out of him; без ~и́ *pop* in vain, uselessly

пуф pouf(fe); *fig* cock-and-bull story

пух (в ~у́, о ~е) down; fluff (*on material*); fuzz (*on face*); *bot* down, pubescence; в ~ и прах *coll* utterly, totally; разряди́ться в ~ и прах dress up to the nines; ни ~а, ни пера́! *coll* good luck!

пухл|още́кий (~още́к) chubby-cheeked; **~ый** (~, ~ла́, ~ло) chubby, plump

пухля́к 1 willow tit

пу́х|нуть I (*past* ~, ~ла) *pf* вс~, о~ swell

пухов|и́к 1 feather-bed; **~ка** powder-puff; **~ый** downy

пучегла́з|ие exophthalmus; **~ый** (~, ~а) goggle-eyed, lobster-eyed

пучи́на depths (*of bog*, *etc*); the deep (*sea*); abyss, gulf *also fig*

пу́ч|ить II (~ит) *pf* вс~ become swollen; у него́ живо́т ~ит his stomach swells up; *pf* вы́~; ~ глаза́ goggle

пуч|о́к (~ка́) (little) bundle, bunch; *bot* fascicle; ~ луче́й pencil of rays; ~ се́на wisp of hay; ~ цвето́в bunch, posy, nosegay of flowers; bun, knot (*of hair*); ~ нейтро́нов neutron beam

пушбо́л *sp* push-ball

пу́шечн|ый gun, cannon; ~ое мя́со cannon-fodder

пуши́|нка bit of fluff; ~ сне́га (feathery) snowflake; **~стый** (~ст) fluffy (*hair*, *etc*), downy; **~ть** II *pf* рас~ fluff up; *coll* swear at

пу́ш|ка gun, cannon; стреля́ть из ~ек по воробья́м *prov* crack a nut, swat a fly with a sledgehammer; ~кой его́ не прошибёшь *coll* nothing will make him change his mind (of stubborn person); ~кой не прошибёшь *coll* packed like sardines (*of large number of people*); *pop* lies, lying; на ~ку взять кого́ *coll* deceive, cheat, trick someone; получи́ть на ~ку *coll* get for nothing; obtain by a trick; **~ка́рь** 1 *m hist* cannon-founder; *coll* gunner

пушкин|и́ст Pushkin scholar; **~ове́дение** Pushkin studies

пушн|и́на furs, pelts, fur-skins; **~о́й** fur; ~ зверь fur-bearing animal; ~ про́мысел fur trade; ~ това́р furs

пуш|о́к (~ка́) fluff, down; bloom (*on fruit*)

пу́ща dense forest, virgin forest

пу́щ|е *adv pop* more; ~ глаза́ бере́чь cherish like the apple of one's eye; **~ий** для ~ей ва́жности *coll* for greater show

пчел|а́ 6 bee; рабо́чая ~ worker bee; **~и́ный** bee's, bee; ~ воск beeswax; ~и́ная ма́тка queen bee; ~ рой swarm of bees; ~ у́лей beehive; **~ово́д** bee-keeper, apiarist, bee-master; **~ово́дство** bee-keeping, apiculture; **~ово́дческий** bee-keeping; **~ьник** bee-garden, apiary

пшен|и́ца wheat; яровая ~ spring wheat; ози́мая ~ winter wheat; **~и́чный** wheaten; **~ка** *pop* millet-porridge; **~ник** millet-pudding; **~ный** millet; **~о́** millet

пшик *coll* nothing, emptiness; око́нчиться ~ом *fig coll* come to naught, frizzle out; оста́лся оди́н ~ *fig coll* nothing was left

пыж 1 wad, closing plug

пы́ж|ик (fur of) young deer; **~иковый** deerskin

пы́житься II *impf coll* be puffed up, put on airs; strain, make great efforts

пыл (в ~у́, о ~е) fervour, ardour, mettle, heat; ю́ный ~ youthful ardour; в ~у́ сраже́ния, спо́ра in the heat of battle, debate; *pop* heat (*from fire*); пирожки́ с ~у (с жа́ру) piping hot pasties; **~а́ть** I *impf* blaze, flame; дом ~а́ет the house is ablaze; *fig* glow, flame (*of cheeks*, *etc*); ~ гне́вом blaze with anger; ~ негодова́нием burn with indignation; ~ стра́стью burn, be consumed with passion

пыл|еви́дный powdered; **~енепроница́емый** dust-proof; **~есо́с** vacuum cleaner; **~есо́сить** II *impf coll* vacuum clean; **~и́нка** speck of dust; **~и́ть** II *pf* на~ raise dust; *pf* за~ cover with dust, make dusty; **~и́ться** II *pf* за~ get dusty, collect the dust

пы́л|кий (~ок, ~ка́, ~ко) ardent, fervent, passionate, fervid, impetuous; ~кое воображе́ние fervid imagination; ~кая любо́вь ardent love; ~кая речь impassioned speech; **~кость** *f* ardour, fervour, passion, fervency, impetuosity

пыл|ь *f* (в ~и́, о ~и) dust; водяна́я ~ spray; у́гольная ~ slack; coal-dust; быть в ~и́ be covered in dust; смета́ть ~ dust (с + *gen*); ~ в глаза́ пуска́ть *fig coll* throw dust in someone's eyes, pull the wool over someone's eyes; ~ столбо́м cloud of dust; *fig* racket, row, noise; **~ьник** *bot* anther; без ~ьников anantherous; *coll* light raincoat, duster; **~ьный** (~ен, ~ьна́, ~ьно) dusty; ~ ковёр carpet thick with dust; ~ьная тря́пка duster; рабо́та не ~ьная *fig pop* the work is light; ~ котёл dust bowl; **~ьца́** *bot* pollen

пыре́й *bot* couch-grass

пырну́ть I *pf coll* jab; ~ ножо́м thrust a knife (into), stab; ~ рога́ми butt

пыт|а́ть I *impf* torture, torment; ~ сча́стья *coll* try one's luck; *pop* question; **~а́ться** I *pf* по~ attempt, try, endeavour; **~ка** torture, torment *also fig*; подверга́ть ~ке put to torture; ору́дие ~ки instrument of torture; **~ли́вость** *f* inquisitiveness; **~ли́вый** (~ли́в) inquisitive, searching, keen; ~ взгляд searching look

пы́|хать I (~шешь, ~шет) throw out (*heat*); blaze; печь ~шет жа́ром the stove is throwing out a tremendous heat; он ~шет здоро́вьем he is bursting with health, he's the picture of health; ~ гне́вом blaze with anger; ~ весе́льем bubble over with merriment, cheerfulness

пых|те́ть II (~чу́, ~ти́шь) *impf* pant, puff (and blow); *coll* sweat (over, над + *instr*); puff (*of engines*, *etc*)

пы́ш|ечная doughnut stall; **~ка** puff, doughnut, bun; *fig coll* dumpling (*of woman or child*)

пы́ш|ность *f* splendour, magnificence; **∼́ный** (∼ен, ∼нá, ∼но) fluffy, luxuriant (*of hair*, *etc*), light (*of pies*, *etc*), puffed (*sleeves*, *etc*); luxuriant (*of foliage*, *etc*); splendid, magnificent; high-flown (*style*, *etc*)

пьедестáл pedestal *also fig*; вознести́ на ∼ *fig* place on a pedestal

пьéкс|ы (*gen pl* ∼) ski boots

пьéса *theat* play; piece (*of music*)

пью́щий *coll* drinking (man)

пьян|éть I *pf* о∼ get drunk, fuddled, tipsy, intoxicated (from, от + *gen*); **∼и́ть** II *pf* о∼ make drunk, fuddled, tipsy; intoxicate *also fig*; его́ ∼я́т успéхи success goes to his head; **∼́ица** *m and f* drunkard, tippler, toper, го́рький ∼ hard drinker, sot, confirmed drunkard; **∼́ка** *pop* booze-up, drinking-bout; **∼́ство** drunkenness, hard drinking, boozing; **∼́ствовать** (∼ствую) *impf* drink heavily, booze; **∼чу́га** *pop cont* sot; **∼́ый** (∼, ∼á, ∼о) drunk, tipsy, tight, intoxicated; ∼ое вино́ heady wine; ∼ому мо́ре по колéно *prov* Dutch courage; по ∼ому дéлу, по ∼ой ла́вочке, с ∼ых глаз *pop* under the influence, in a drunken state

пэр peer

пюпи́тр (reading-)desk; но́тный ∼ music stand

пюрé *neut indecl* purée; карто́фельное ∼ mashed potatoes

пяд|ь 5 *f* span; ни ∼и not a single inch (*ie not to yield*); семи́ ∼éй во лбу very clever, wise as Solomon

пя́л|ить II *impf* ∼ глазá на кого́ *pop* goggle, stare at someone; **∼́иться** II *impf pop* goggle, stare (at, на + *acc*); lean out, stretch out (*of window*, *etc*)

пя́л|ьцы (*gen pl* ∼ец) tambour; lace-frame

пясть *f* metacarpus

пят|á 3 heel; ахиллéсова ∼ Achilles' heel; ходи́ть, гнáться за кем по ∼áм follow close on someone's heels; dog someone's steps; под ∼о́й *fig* under the heel (of, + *gen*); от, с головы́ до ∼ from top to toe; *tech* abutment; ∼ сво́да skewback

пят|áк 1 *coll* five-copeck piece; **∼ачо́к** (∼ачкá) *coll* = ∼áк; *coll* snout; patch (*the size of a five-copeck piece*), area, space (*the size of a sixpence*); **∼ери́к** 1 five (units); **∼ери́чный** fivefold, quintuple; **∼ёрка** five (*number*); five (*highest mark in school*); *coll* five-rouble note; five (*at cards*, *etc*); éду на ∼ёрке *coll* I am going by the number five (*bus*, *tram*, *etc*); **∼ерня́** (*gen pl* ∼ернéй) *coll* five fingers; palm with fingers extended; **∼́еро** (∼еры́х) *collect num* five; **∼ёрочник** *coll* excellent pupil; **∼иалты́нный** *n* fifteen-copeck piece; **∼ибо́рье** pentathlon; **∼иглáвый** five-domed; five-headed; **∼игрáнник** pentahedron; **∼игрáнный** pentahedral; **∼идесятилéтие** fifty years; fiftieth anniversary; fiftieth birthday; **∼идесятилéтний** fifty-year, of fifty years; fifty-year-old; **∼идеся́тник** member of Russian intelligentsia active in 1850s; **П∼идеся́тница** Pentecost; **∼идеся́тый** fiftieth; ∼идеся́тые го́ды the fifties; ∼ но́мер number fifty; **∼иднéвка** five-day period; five-day week; **∼иклáссник** fifth-form pupil, fifth-former; **П∼икни́жие** Pentateuch; **∼иконéчный** five-pointed; **∼икрáтный** fivefold, quintuple; **∼илéтие** five years; fifth anniversary; **∼илéтка** five-year period; five-year plan; **∼илéтний** five-year; ∼ план five-year plan; five-years-old; **∼имéсячный** five-month; five-months-old; ∼ио́кись *f* pentoxide; **∼ипо́лье** five-field crop rotation; **∼иело́жный** pentasyllabic; **∼исло́йный** five-ply; **∼исо́тенный** five-hundred-rouble; **∼исотлéтие** five centuries; quincentenary; **∼исо́тый** five-hundredth; **∼исто́пный** pentameter; ∼ ямб iambic pentameter; **∼ито́нка** *coll* five-tonne lorry, five-tonner; **∼иты́сячный** five-thousandth

пя́|тить II (∼чу) *pf* по∼ (move) back; **∼́титься** II (∼чусь) *pf* по∼ move, step, draw back, retreat, back away; jib, back (*of horse*)

пятиуго́льн|ик pentagon; **∼́ый** pentagonal

пятиэтáжный five-storeyed

пя́тк|а heel (*also of sock*, *etc*); лизáть кому́ ∼и lick someone's boots; у него́ душá в ∼и ушлá his heart sank, his heart leapt into his mouth; покáзывать ∼и show a clean pair of heels, take to one's heels; удирáть так, что то́лько ∼и сверкáют show a clean pair of heels, take to one's heels; наступáть на ∼и кому́ catch someone up *also fig*

пятнад|цатилéтний fifteen-year; fifteen-year-old, of fifteen; **∼́цатый** fifteenth; **∼́цать** fifteen

пятн|áть I *pf* за∼ stain, spot, soil, tarnish; *fig* sully, (be)smirch; ∼ репутáцию cast a slur on a reputation; catch (*at tag*); **∼áшки** (∼áшек) tag (*children's game*); **∼и́стый** (∼и́ст) spotted, dappled; ∼ олéнь spotted deer; speckled, mottled; ∼и́стая ко́шка tabby, brindled cat; spotty

пя́тниц|а Friday; в ∼у on Friday; по ∼ам on Fridays, every Friday; у него́ семь ∼ на недéле *joc* he doesn't know his own mind, he keeps changing his mind

пятн|о́ 6 (*gen pl* ∼́ен) spot, stain, blot, patch; роди́мое ∼ birthmark; со́лнечные ∼́на sunspots; выводи́ть ∼́на remove stains; бéлое ∼ unexplored region; *fig* unsolved problem; тёмное ∼ black spot (*on screen*); в ∼́нах stained, blotchy (*of face*); *fig* blot, stain, slur, stigma, blemish; и на со́лнце есть ∼́на *prov* nothing is perfect; **∼́нышко** (*pl* ∼нышки, ∼нышек) speck

пят|о́к (∼кá) *coll* five (*of similar objects*); **∼́ый** fifth; ∼ая коло́нна fifth column; ∼ но́мер number five, size five; ∼ое число́ (мéсяца) the fifth (day of the month); в ∼ом часу́ after four (o'clock), past four; расскáзывать из ∼ого в деся́тое (с ∼ого на деся́тое) *coll* tell something haphazardly; **∼ь** (∼и́, ∼ью́) five; **∼ьдеся́т** (∼и́десяти, ∼ью́десятью) fifty; **∼ьсо́т** (∼исо́т, ∼истáм, *etc*) five hundred; **∼́ью** *adv* five times

Р

раб 1 slave *also fig*; bondsman, serf; ~- *abbr of* рабо́чий; ~**а́** *sing only* slave *also fig*; bondwoman, bondmaid; **~́ий** (~́ья, ~́ье) *fig* slavelike, obsequious, grovelling

рабко́р *abbr of* рабо́чий корреспонде́нт worker correspondent

рабо|владе́лец (~владе́льца) slave-owner; **~владе́лица** *f of* ~владе́лец; **~владе́льческий** slave-owning, slave-holding; ~ строй slave-owning system; **~владе́ние** slave-owning; **~ле́пие** servility; **~ле́пный** (~ле́пен) servile; **~ле́пство** = ~ле́пие; **~ле́пствовать** (~ле́пствую) *impf* fawn (on), cringe (before), kowtow (to), truckle (to, пе́ред + *instr*)

рабо́|та work(ing), labour; functioning, running; лёгкая, тяжёлая ~ light, heavy duty; дома́шняя ~ homework; лепна́я ~ stucco work, mouldings; нау́чная ~ scientific work; обще́ственная ~ social work; совме́стная ~ collaboration; у́мственная ~ mental work, brain-work; физи́ческая ~ physical work, labour; ка́торжные ~ты *obs* penal servitude; принуди́тельные ~ты forced labour; ажу́рная ~ *archi* tracery; за ~той at work; обеспе́чить норма́льную ~ту ensure normal functioning (of, + *gen*); принима́ться за ~ту start work(ing); work, job; поступи́ть на ~ту start work, take (on) a job; без ~ты out of work, unemployed; снять с ~ты lay off, dismiss, discharge; печа́тные ~ты published works; вы́ставка ~т худо́жника exhibition of an artist's work; work(manship), craftsmanship; брать, взять в ~ту кого́ *coll* take someone in hand, take someone to task; **~́тать** I *impf* work; ~ бухга́лтером be an accountant; ~ сверхуро́чно work overtime; ~ сде́льно do piece-work; ~ над диссерта́цией work on (one's) thesis; ~ с детьми́ teach children; ~ с ка́драми train personnel; вре́мя ~тает на нас time is on our side; заво́д ~тает на не́фти the plant runs on oil; function, operate, work; телефо́н не ~тает the telephone is out of order; музе́й не ~тает по воскресе́ньям the museum is not open on Sundays; ~ молотко́м wield a hammer; ~ со словарём use a dictionary; ~ локтя́ми *coll* use one's elbows; **~́таться** I (~тается) *impf impers* мне что́-то не ~тается *coll* I don't feel like working, I can't get on with my work; по́сле о́тдыха хорошо́ ~тается one works better after a rest; **~́тник** worker; workman; farmhand; ~ у́мственного труда́ white-collar worker; газе́тный ~ journalist; нау́чный ~ research worker; **~́тница** *f of* ~ник; дома́шняя ~ servant, maid, (home) help; **~́тный** ~ дом *obs* workhouse; **~тода́тель** *m* employer; **~торго́вец** (~торго́вца) slave-trader, slaver; **~торго́вля** slave-trade; **~тоспосо́бность** *f* capacity for work, industry; **~тоспосо́бный** (~тоспосо́бен) able-bodied; industrious, hard-working; **~тя́га** *m and f pop* hard worker; slogger; **~тя́щий** *coll* hard-working, industrious; **~́чая** *n* (woman) worker; **~́че-крестья́нский** Workers' and Peasants'; **~́чий** *n* worker; working man; workman, hand, labourer; ~чие the workers (*as social class*); *adj* worker's, working-class; ~чее движе́ние working-class movement; ~ класс the working class; ~чая молодёжь young workers; ~ по́езд workmen's train; work(ing); ~чая кома́нда *mil* fatigue, work party; ~чая ло́шадь draught-horse, dray-horse; ~ мураве́й worker ant; ~чая пчела́ worker bee; ~чие ру́ки hands, labour; ~чая си́ла *collect* manpower, labour force, labour; ~чее вре́мя working time, hours; ~ день working day; ~ костю́м, ~чее пла́тье working clothes; ~чее колесо́ driving wheel; ~ чертёж working drawing; ~ посёлок workers' settlement, factory housing estate; ~чая гипо́теза working hypothesis; **~чко́м** *abbr of* рабо́чий комите́т workers' committee

ра́б|ский *adj of* ~; ~ труд slave labour; *fig* servile; ~ское подража́ние slavish imitation; **~́ство** slavery, servitude, bondage, thraldom; отме́на ~ства abolition of slavery

рабфа́к *hist abbr of* рабо́чий факульте́т 'rabfak', workers' (further education) school; **~́овец** (~овца) 'rabfak' student; **~́овка** *f of* ~овец; **~́овский** *adj of* ~

раб|ы́ня = ~а́

равви́н rabbi

ра́венств|о equality; ~ очко́в tied score; знак ~а *math* sign of equality, equals sign

равне́ние dressing, alignment; ~ нале́во (напра́во)! left (right) dress!; emulation (of, на + *acc*)

равни́н|а plain; **~́ный** flat (*of countryside, etc*); ~ жи́тель plainsman

равно́ *adv* equally, alike; *pred* + *dat math* make(s), equals; два плюс три ~ пяти́ two plus three equals five; *conj* ~ как (и), а ~ и as well as, and also, as also, no less than; э́то каса́ется меня́, а ~ и вас this concerns you no less than me; *adv* all the same; всё ~ (it is) all the same, it makes no difference; мне всё ~ it's all the same to me, it's all one to me, I don't care; я всё ~ приду́ I'll come in any case (all the same); не всё ли ~? what's the difference?, what does it matter? **~бе́дренный** *math* isosceles; ~ треуго́льник isosceles triangle; **~вели́кий** (~вели́к) *math* equivalent; isometric, equigraphic; **~ве́сие** balance, equipoise, equilibrium *also fig*; (душе́вное) ~ poise, composure; полити́ческое ~ balance of power; вы́вести из ~ве́сия throw off balance, upset the balance (of); сохраня́ть ~ keep one's balance; **~де́йствующий** ~де́йствующая (си́ла) resultant (force); **~де́нственный** equinoctial, equidiurnal; **~де́нствие** equinox; весе́ннее, осе́ннее ~ vernal, autumnal equinox; то́чка ~де́нствия equinoctial point; **~ду́шие** indifference; **~ду́шный** (~ду́шен) indifferent (to, к + *dat*); остава́ться ~ду́шным remain unmoved (by, к + *dat*); **~зна́чащий, ~зна́чный** (~зна́чен) equivalent; **~ме́рность** *f* evenness; uniformity; **~ме́рный** (~ме́рен) even; uniform; steady; rhythmical; ~ шаг measured tread; ~ме́рное движе́ние uniform motion; **~пра́вие** equality (of rights), (possession of) equal rights; **~пра́вный** (~пра́вен) possessing, enjoying equal rights; of equal standing, equal (*of people*); ~ догово́р equal treaty; быть ~пра́вным enjoy equal rights (with, с + *instr*); **~си́льный** (~си́лен) of equal strength; equally matched; equal (to), tantamount (to), equivalent (to, + *dat*); э́то ~си́льно изме́не this amounts to, is tantamount to treachery; **~сторо́нний** equilateral; **~уго́льный** equiangular; **~це́нный** (~це́нен, ~це́нна) of equal value, worth; equivalent; ~це́нные рабо́тники equally useful members of staff

ра́в|ный (~́ен, ~на́) equal; the same; с ~ной ско́ростью at the same speed; не име́ть себе́ ~ных to be unrivalled (in, по + *dat*); ему́ нет ~ного he has no equal, peer; ~ным о́бразом, в ~ной ме́ре equally, likewise, to the same extent, just as much; на ~ных усло́виях on equal terms; при про́чих ~ных усло́виях other things being equal; на ~ных нача́лах on a par (with, с + *instr*); относи́ться к кому́ как к ~ному treat someone as an equal; **~ня́ть** I *impf coll* make even, equal; *pf* с~ treat as equal (to), equate (with, с + *instr*); *sp* ~ счёт equalize; **~ня́ться** I *coll* compete (with), compare (with), match (с + *instr*); *mil* dress (on, по + *dat*); ~ня́йсь! right dress!; ~ в заты́лок cover off; emulate (по + *dat*, на + *acc*); equal, be equal (to); *fig* be equivalent (to), be tantamount (to), amount (to, + *dat*); три́жды три ~ня́ется девяти́ three times three equals nine

рагу́ *neut indecl* ragout

рад (~а) *pred* glad (of, to, that; + *dat*, + *infin*, что); я вам о́чень ~ I am very glad to see you; он ~ слу́чаю поговори́ть he is glad of the opportunity of having a chat; она ~́а, что он верну́лся she is glad he came back; я и сам не ~ I am not happy about it myself, I am sorry, I regret it myself; ~ стара́ться! it's a pleasure!; он и ~ стара́ться he enjoys doing it, he is only too glad; ~ отдохну́ть, да не́когда I only wish I had time to have a rest; ~, не ~ willy-nilly; ~-радёхонек, ~-радёшенек *coll* delighted, pleased as Punch

рада́р radar; **~ный** radar

раде́|ние *obs* solicitude; **~́тель** *m obs* patron; **~́ть** I *pf* по~ *obs* be solicitous (about, + *dat*, о + *prep*); *impf* practise rites (*of certain Russian sects*)

ра́джа rajah

ра́ди *prep* + *gen* for the sake of, in the interest of; шу́тки ~ (just) for fun; чего́ ~ я ста́ну лгать? why should I lie? ~ Бо́га (всего́ свято́го) for God's sake, for goodness' sake; Христа́ ~ for God's sake, in the name of Christ; out of compassion

радиа́льный radial

радиа́тор radiator

рад|иацио́нный radiation; **~иа́ция** radiation; **~́иевый** radium; **~́ий** radium

радика́л *math*, *chem*, *pol* radical; **~и́зм** radicalism; **~́ьность** *f* radicalism; radical nature, drastic nature, sweeping character; **~́ьный** (~ен) radical *also pol*, drastic, sweeping (*measures*, *change*, *remedy*, *etc*)

ра́дио *neut indecl* radio, wireless; по ~ over the air, by radio; передава́ть по ~ broadcast; слу́шать ~ listen in; включи́ть ~ switch on the radio; провести́ ~ install a radio set; *coll* public address system, Tannoy; **~акти́вность** *f* radioactivity; **~акти́вный** (~акти́вен) radioactive; ~акти́вное зараже́ние radioactive contamination; ~акти́вные изото́пы radioactive isotopes; ~ распа́д radioactive decay; **~аппара́т** radio set; **~веща́ние** broadcasting; **~веща́тельный** broadcasting; ~веща́тельная ста́нция broadcasting station, transmitter; **~волна́** (*pl* ~во́лны, ~во́лна́м) radio-wave; **~гра́мма** radio-telegram, wireless message; **~́граф** radiographer; **~графи́ческий** radiographic; **~гра́фия** radiography; **~зо́нд** radio-sounding apparatus, radiosonde; **~коммента́тор** radio commentator; **~ко́мпас** radio compass, direction-finder; **~́ла** radio-gramophone; radiogram; **~ла́мпа** radio valve; **~́лог** radiologist; **~логи́ческий** radiological; **~ло́гия** radiology; медици́нская ~ nuclear medicine; **~лока́тор** radio-location set, radar set; **~локацио́нный** radio-location; **~локацио́нные прибо́ры** radar devices; **~лока́ция** radio-location, radar; **~люби́тель** *m* (radio) ham, radio amateur; **~ма́чта** radio-mast, wireless mast; **~мая́к** 1 radio-beacon; **~обору́дование** radio equipment; **~пе́ленг** radio directional bearing; **~пеленга́тор** radio direction finder; **~пеленга́ция** radio homing; **~переда́тчик** (wireless) transmitter; **~переда́ча** transmission, broadcast; **~перекли́чка** radio link-up; **~поме́хи** (*gen pl* ~поме́х) radio interference; **~постано́вка** radio show; **~прибо́р** wireless (set), radio (set); **~приёмник** (radio) receiver, wireless (set), radio (set); **~репорта́ж** radio commentary; **~свя́зь** *f* radio communication, radio contact; **~се́ть** *f* radio network; **~слу́шатель** *m* (radio) listener; **~ста́нция** radio, broadcasting station; **~сту́дия** broadcasting studio; **~телегра́ф** radio-telegraph; **~телегра́фия** radio-telegraphy; **~телеско́п** radio telescope; **~телефо́н** radio-telephone; **~телефони́я** radio telephony; **~терапи́я** radio therapy; **~те́хник** radio mechanic; **~те́хника** radio engineering; **~трансляцио́нный** rebroadcasting; **~трансля́ция** rebroadcast(ing); **~у́зел** (~узла́) local broadcasting centre; radio relay centre; **~фика́ция** installation of radio; **~фици́ровать** (~фици́рую) *impf and pf* install radio (in), equip with radio; **~фици́роваться** (~фици́руется) *impf and pf* be equipped with radio; **~хими́ческий** radiochemical; **~хи́мия** radiochemistry; **~це́нтр** radio broadcasting and communications centre; **~электро́ника** radio electronics

ради́|ровать (~рую) *impf and pf* radio, send a radio message; **~́ст** wireless, radio operator; *naut* telegraphist

ра́диус radius; ~ де́йствий range of action

ра́д|овать (~ую) *pf* по~, об~ gladden, make happy, glad; ~ се́рдце кому́ gladden someone's heart; меня́ ~уют его́ успе́хи I rejoice at his success; **~́оваться** (~уюсь) *pf* по~, об~ be glad, happy (at), rejoice (in, at + *dat*); душа́ ~уется it is simply a pleasure

радо́н radon; **~́овый** radon

ра́д|остный (~остен) joyful, joyous, glad; ~остное изве́стие glad tidings, joyful news; **~́ость** *f* joy, gladness, pleasure; ~ жи́зни joie de vivre; вне себя́ от ~ости beside oneself with joy; не чу́вствовать (по́мнить) себя́ от ~ости be beside oneself with joy, be transported with joy; ~ и го́ре ups and downs (*of life*); на ~ и го́ре for better or for worse; на ~остях *coll* in celebration (of, + *gen*); to celebrate; с ~остью gladly; моя́ ~, ~ моя́ my darling, dear, sweet

ра́д|уга rainbow; **~́ужный** iridescent; *fig* cheerful, optimistic, radiant, bright, glowing; у него́ бы́ло са́мое ~ужное настрое́ние he was in very high spirits; ~ужные перспекти́вы glowing prospects; ~ужная оболо́чка *anat* iris

раду́ш|ие cordiality; **~́ный** (~ен) cordial; ~ приём

hearty welcome; ~ хозя́ин kind host

ра|ёк (~йка́) *theat* gallery, the gods

раж *coll* rage, passion; войти́ в ~ fly into a rage

раз 2 *n* time, occasion; оди́н ~ once; ещё ~ once more, again; мно́го ~ many times; не ~ more than once; time and again; ни ~́у not once, never; ка́ждый ~, как whenever, every time; вся́кий ~ every time, each time; вся́кий ~, когда whenever; ~ (и) навсегда́ once (and) for all; ~ в день once a day; ино́й, друго́й ~ at times, sometimes, now and again; во второ́й ~ for the second time; в друго́й ~ some other time, another time; ли́шний ~ once more; на э́тот ~ for this once; в са́мый ~ *coll* at the right moment, just right, on the dot; ~ за ~́ом time after time, again and again; ~, два и гото́во in no time, in a trice, in a jiffy; ~ в год по обеща́нию *coll* once in a blue moon; оди́н ~, куда́ ни шло once, come what may; оди́н ~ не в счёт once doesn't count; ~, два и обчёлся very few; семь ~ приме́рь (отме́рь), а оди́н – отре́жь *prov* look before you leap; с пе́рвого ~́а from the very first; вот тебе́ (и) ~! *coll* that's a fine how-do-you-do!, here's a nice kettle of fish!, well, well!; как ~ exactly, just; как ~ то the very thing; как ~ наоборо́т just the opposite; ~ на ~ не прихо́дится *prov* things are not always the same, you never know what may turn up; *num* one; *adv* once, one day; как-то ~ one day; *conj coll* if, since; ~ обеща́л – сде́лай since you promised, do it; **раз-** (**разо-**, **разъ-**, **рас-**) *verbal pref in var senses*: division into parts; distribution in various directions; intensification of action; reversal of action; termination of action or state; *refl* action in various directions; beginning of prolonged and intensive action

разагити́р|овать (~ую) *pf* persuade by propaganda; *coll* dissuade

разба́в|ить II (~лю) *pf of* ~ля́ть; **~ля́ть** I *pf* ~ить dilute

разбаза́р|ить II *pf of* ~ивать; **~́ивать** I *pf* ~ить *pop* squander

разб|а́ливаться I *pf* ~оле́ться *coll* fall seriously ill; begin to ache badly

разб|а́лтывать I *pf* ~олта́ть *coll* shake (up), stir (up), beat up; loosen (*nail*, *etc*); *coll* blurt out, blab; **~а́лтываться** I *pf* ~олта́ться *coll* mix, be mixed; come, work loose; *fig* get slack (*of person*)

разбе́|г run; ~ при взлёте *aer* take-off run; де́лать ~ take (make) a run; с ~а перепры́гнуть take a running jump (over, че́рез + *acc*); **~га́ться** I *pf* ~жа́ться take a run, run up; scatter, disperse; глаза́ ~га́ются one doesn't know what to look at first; **~жа́ться** (~гу́сь, ~жи́шься, ~гу́тся) *pf of* ~га́ться

разбере|ди́ть II (~жу́) *pf of* береди́ть

разби|ва́ть I *pf* ~́ть break, smash (*impf also* бить); ~ вдре́безги smash to smithereens; allot, divide (up); ~ на гру́ппы divide up into groups; break up, down; ~ компле́кт break (up) a set; lay out (garden, park); pitch (camp); damage severely, hurt badly, fracture; *fig* ruin (*life*, *etc*); shatter (*hopes*, *etc*); break (*heart*, *etc*); defeat (*enemy*, *etc*); на́голову ~ врага́ smash the enemy; ~ тео́рию demolish a theory; его́ ~́л парали́ч he was struck down by paralysis; *typ* space (out); **~ва́ться** I *pf* ~́ться break, get broken, get smashed; be wrecked (*of ship*); break up (into), divide (into, на + *acc*); стака́н ~́лся the glass smashed to pieces; самолёт ~́лся the plane crashed; во́лны ~ва́ются о бе́рег the waves break against the shore; be badly hurt, hurt oneself badly; **~́вка** dividing up; laying out (*of garden*, *etc*)

разбинт|ова́ть(ся) (~у́ю(сь)) *pf of* ~о́вывать(ся); **~о́вывать** I *pf* ~ова́ть unbandage; **~о́вываться** I *pf* ~ова́ться unbandage oneself, take off one's bandage(s); come unbandaged, come undone (*of bandage*)

разбир|а́тельство examination, investigation *usu leg*; суде́бное ~ hearing; **~а́ть** I *pf* разобра́ть take to pieces, take apart, dismantle, strip; ~ дом pull down a house; buy up, take (one by one); весь това́р разобра́ли all the goods have gone; sort out; ~ бума́ги sort out papers; investigate, look into; ~ де́ло *leg* hear a case; *gramm* parse, analyse; make out, understand; в темноте́ ничего́ нельзя́ бы́ло разобра́ть one could make nothing out in the darkness; ничего́ не могу́ разобра́ть в э́том I can't make head or tail of it; ~ по склада́м spell out; ~ но́ты read music; *fig coll* overcome (*of passions*, *feelings*, *etc*); её разобрала́ за́висть she was consumed with envy; *fig pop* overcome with drink; по́сле двух стака́нов его́ разобра́ло after a couple of glasses he was quite drunk; не разбери́ поймёшь *pop* it is quite incomprehensible; *impf only* be fastidious; не ~а́я indiscriminately; *coll* criticize (*person*); **~а́ться** I *pf* разобра́ться *coll* unpack; look into, know about, investigate (в + *prep* and *coll* с + *instr*); я в ней не ~а́юсь I can't make her out; с э́тим де́лом на́до хороше́нько разобра́ться one must get to the bottom of this business

разбитно́й *coll* smart, sharp; self-assured, uninhibited

раз|би́тый broken; battered; ~ го́лос cracked voice; routed, shattered; ruined; worn out, jaded, down; *pred* out of sorts, groggy; **~би́ть(ся)** (~обью́(сь), ~обьёшь(ся); ~обе́й(ся); ~би́тый) *pf of* ~бива́ть(ся)

разбла́гове|стить II (~щу) *pf coll iron* publish, spread, bruit abroad news, rumours, *etc*

разбогате́ть I *pf of* богате́ть

разбо́й robbery, brigandage; ~ на большо́й доро́ге highway robbery; морско́й ~ piracy; *fig* rough treatment; **~́ник** robber, brigand; морско́й ~ pirate; thug, cutthroat; ~ с большо́й доро́ги highwayman; *coll joc* scamp, rascal, rogue, scallywag; **~́ничать** I *impf* rob, loot, plunder; commit outrages; **~́ничий** thievish, gangster-like, murderous; ~ прито́н den of thieves

разбол|е́ться I *pf of* разба́ливаться become ill; II (~и́тся) *pf of* разба́ливаться begin to ache

разбо́лт|анный (~ан, ~анна) slack, out of hand, undisciplined; **~а́ть** I *pf of* разба́лтывать; **~а́ться** I *pf of* разба́лтываться; *pf coll* start talking nineteen to the dozen, start jabbering away

разбомб|и́ть II (~лю́) *pf* destroy by bombing

разбо́р (*gen* ~а and ~у) stripping, dismantling; buying up; sorting out; investigation; ~ де́ла *leg* hearing of a case, trial; *gramm* parsing, analysis; critique; selectiveness; без ~у indiscriminately; с ~ом discriminatingly; (*gen* ~а) sort, quality; пе́рвого ~а first quality; **~́ка** *coll* stripping, dismantling, taking to pieces; sorting out; **~́ный** collapsible; sectional, prefabricated (*house*, *etc*); **~́чивость** *f* discrimination, fastidiousness; scrupulousness; legibility; **~́чивый** (~чив) discriminating, fastidious; scrupulous; legible

разбрани́ть II *pf coll* strongly criticize, pull to pieces; **~ся** II *pf coll* fall out (with), quarrel (with), have strong words (with, с + *instr*)

разбр|а́сывать I *pf* ~оса́ть scatter, spread, strew; ~ ве́щи leave one's things all over the place; **~а́сываться** I *pf* ~оса́ться sprawl, spread oneself out; *coll* strew, throw one's things around; *impf* try to do too much at once, dissipate one's energies

разбр|еда́ться I *pf* ~ести́сь wander off, disperse; *fig* wander, stray; **~ести́сь** (~едётся; ~ёлся, ~ела́сь; ~е́дшийся; ~едя́сь) *pf of* ~еда́ться; **~о́д** confusion, disorder

разброни́р|овать (~ую) *pf* cancel reservation (*of*)

разбр|о́санный scattered (about, over); straggling, dotted here and there; *fig coll* incoherent, confused, vague, disconnected; *fig coll* scatter-brained; **~оса́ть(ся)** I *pf of* ~а́сывать(ся)

разбры́зг|ать I *pf of* ~ивать; **~ивать** I *pf* ~ать splash, spray, sprinkle

разбрюзжа́ться II *pf coll* start to complain, whine

разбу|ди́ть II (~жу́, ~дишь) *pf of* буди́ть

разбух|а́ние swelling; ~ шта́та overstaffing; **~а́ть** I *pf* ~нуть swell; *fig coll* become inflated; **~нуть** I (~нет; ~, ~ла) *pf of* ~а́ть

разбуш|ева́ться (~у́юсь) *pf* rage, run high, blow up (*of sea, storm, etc*); *coll* fly into a rage, start lashing out, become violent (*of person*)

разбуя́ниться II *pf coll* fly off the handle

разва́жничаться I *pf coll* give oneself, put on airs and graces

разва́л disintegration, breakdown, decay, collapse; disorder, mess, turmoil; second-hand market (*in books, clothes, etc*); **~ец** (~ьца) *coll* с ~ьцем shambling; рабо́тать с ~ьцем go slow; **~ивать** I *pf* ~и́ть pull apart, down, scatter; wreck, ruin, mess up; **~иваться** I *pf* ~и́ться fall apart, to pieces, down; collapse, tumble down; *fig* go to pieces, be ruined, break down; *coll* sprawl, lounge; **~ина** *pl* ruin(s); *fig coll* wreck, ruin (*of person*); **~и́ть(ся)** II (~ю́(сь), ~ишь(ся)) *pf of* ~ивать(ся); **~ю́га** *and* **~ю́ха** *pop cont* ruin, shambles (*of building*); crate, jalopy (*of vehicle*)

разва́р|ивать I *pf* ~и́ть boil soft; **~иваться** I *pf* ~и́ться be boiled soft, be overcooked, overdone; **~и́ть(ся)** II (~ю́, ~ишь; ~ит(ся)) *pf of* ~ивать(ся); **~но́й** (soft-)boiled

ра́зве *inter partic* is it so that?.., really?; ~ он уже́ прие́хал? has he (really) arrived already?; *coll* perhaps; ~ съе́здить за́втра? perhaps (we) might go tomorrow?, what about going tomorrow?; *with neg* ~ вы не зна́ете? did you not know?; ~ мо́жно? how can you (one)?; ~ что, ~ то́лько, кро́ме ~ *coll* only, perhaps, except that, with the possible exception (of); приду́т все, кроме ~ сосе́да everyone will come, except maybe the neighbour; дом всё тот же, ~ то́лько (что) кра́ска ко́е-где сле́зла the house is still the same except that the paint has come off here and there; сего́дня не прие́ду, ~ что за́втра I shan't come today, perhaps tomorrow; ~ (то́лько) *conj obs* unless; непреме́нно приду́, ~ заболе́ю I shall come without fail, unless I'm ill

развев|а́ть I (~а́ет) *impf* blow about; ве́тер ~а́л зна́мя the banner was streaming (flapping) in the wind; **~а́ться** I (~а́ется) *impf* flutter, flap

разве́д|ать I *pf of* ~ывать

разведе́ние breeding, rearing (*of animals*); cultivation (*of plants*); swinging open (*of bascule bridge, etc*)

разведённый *adj* divorced; *n* divorcee

разве́д|ка prospecting (for, на + *acc*); *mil* reconnaissance; ~ бо́ем reconnaissance in force; посла́ть в ~ку send out on reconnaissance; в ~ку с ним не пойдёшь *fig* he is not totally trustworthy; *mil* reconnaissance party; intelligence service, secret service; **~очный** *geol* exploratory, prospecting; *mil* reconnaissance; **~чик** *mil* scout; secret service man, agent; intelligence officer; *geol* prospector; reconnaissance aircraft; **~ывательный** *mil* reconnaissance; ~ дозо́р reconnaissance patrol; ~ывательные да́нные, све́дения intelligence (data); ~ывательная слу́жба Intelligence Service; **~ывать** I *pf* ~ать *coll* (try and) find out (about, + *acc*; о + *prep*; про + *acc*); *mil* reconnoitre; *geol* prospect (for, на + *acc*), explore

разв|езти́ (~езу́, ~езёшь; ~ёз, ~езла́; ~ёзший; ~езённый; ~езя́) *pf of* ~ози́ть

разве́|ивать I *pf* ~ять scatter, disperse; *fig* dispel (*of doubts, etc*); **~иваться** I *pf* ~яться disperse; *fig* be dispelled

развенч|а́ть I *pf of* ~ивать; **~ивать** I *pf* ~а́ть dethrone; *fig* debunk, deflate, destroy someone's prestige

развере|ди́ть (~жу́) *pf of* вереди́ть

разверз|а́ть I *pf* ~нуть *obs* open wide; **~а́ться** I *pf* ~нуться *obs* open wide, gape, yawn; **~нуть(ся)** (~ну, ~нет(ся); ~(ся) *or* ~нул(ся), ~ла(сь)) *pf of* ~а́ть(ся)

развёр|нутый extensive, all-out, comprehensive, large-scale, full-scale; detailed; ~нутая програ́мма comprehensive programme; *mil* deployed; ~ строй extended line formation; **~ну́ть(ся)** I *pf of* развора́чивать(ся) *and* ~тывать(ся)

разверст|а́ть I *pf of* ~ывать; **~ка** allotment, apportionment; assessment (*of tax*); **~ывать** I *pf* ~а́ть allot, apportion, distribute

разве́рстый *obs* open, gaping, yawning

развер|те́ть(ся) (~чу́(сь), ~тишь(ся)) *pf of* ~чивать(ся); **~тка** unscrewing; *math* development, evolvement; *tech* reaming; reamer; scanning (*radar*); sweep (*radio*); **~тывание** unfolding, unwrapping; *fig* development; *mil* deployment; **~тывать** I *pf* ~ну́ть unfold, unroll, unfurl; unwrap; *mil* deploy; *mil* expand (into, в + *acc*); *fig* show, display; *fig* develop, expand; ~ аргумента́цию develop a line of argument; turn round, about (*vehicle, etc*); straighten out (*shoulders, etc*); organize temporarily; **~тываться** I *pf* ~ну́ться unfold, unroll, come unwrapped, undone; *mil* deploy; *mil* be expanded (into, в + *acc*); *fig* show oneself, display oneself; *fig* develop, spread, expand; turn, swing (a)round; *naut* slew about; *fig* be spread out (*of countryside, etc*); **~чивать** I *pf* ~те́ть unscrew; spin (wheel, etc); ream; **~чиваться** I *pf* ~те́ться come unscrewed; spin

разве́с weighing out

развесел|и́ть(ся) II *pf of* весели́ть(ся); **~ый** *coll* gay, rollicking, merry, jolly

разве́|систый (~сист) spreading; ~ кашта́н spreading chestnut; ~систая клю́ква *fig* myth, fable, traveller's tale, old wives' tale; **~сить** II (~шу) *pf of* ~шивать; **~сно́й** sold by weight

разве|сти́(сь) (~ду́(сь), ~дёшь(ся); ~л(ся), ~ла́(сь); ~дший(ся); ~дённый; ~дя́(сь)) *pf of* разводи́ть(ся)

разветв|и́ться II *pf* ~ля́ться; **~ле́ние** branch(ing), fork(ing); ~ не́рва radicle; bifurcation; ~ доро́ги road fork; ramification; **~ля́ться** I (~ля́ется) *pf* ~и́ться branch out, fork, ramify

развé|шать I *pf of* ~шивать; **~́шивать** I *pf* ~шать *and* ~сить hang; ~шать карти́ны hang up pictures; ~ бельё hang out the washing; ~сить у́ши *coll* listen open-mouthed; let oneself be duped; *pf* ~сить weigh out

развé|ять(ся) (~ю(сь), ~ешь(ся)) *pf of* ~ивать(ся)

разви|вáть I *pf* ~́ть develop *in var senses*; expand; ~ твóрческую акти́вность масс develop the people's creative resources; ~ бу́рную дéятельность make things hum; ~ скóрость gather, pick up speed; ~ успéх follow up one's success; unwind, untwist, unravel (*rope*, *etc*); **~вáться** I *pf* ~́ться develop *in var senses*; untwist; lose its curl (*of hair*)

разви́л|ина fork; ~ дорóги road-fork; forked branch; **~́истый** (~ист) forked; **~́ка** and **~́ок** (~ка) *coll* fork; на ~ке дорóги where the road forks

развин|ти́ть(ся) II (~чу́(сь)) *pf of* ~́чивать(ся); **~́ченность** *f coll* unbalance, absence of self-control, sloppiness, slack behaviour; **~́ченный** (~чен, ~ченна) *coll* unbalanced, lacking self-control; идти́ ~ченной похóдкой slouch along; **~́чивать** I *pf* ~ти́ть unscrew; **~́чиваться** I *pf* ~ти́ться come unscrewed, work loose; *fig coll* lose one's self-control, lose one's grip; её нéрвы ~ти́лись *coll* her nerves have gone to pot

раз|ви́тие development *in var senses*, evolution; (у́мственное) ~ (level of) intelligence, maturity; **~витóй** (~́вит, ~витá, ~́вито) (highly) developed; mature, adult; cultivated, intelligent; **~ви́ть(ся)** (~овью́(сь), ~овьёшь(ся); ~вил(ся), ~вилá(сь) *pf of* ~вивáть(ся)

развле|кáтельный (~кáтелен) *coll* purely for entertainment, entertaining; ~кáтельное чтéние light reading; **~кáтельство** entertainment for entertainment's sake; **~кáть** I *pf* ~́чь amuse, entertain; divert, distract; **~кáться** I *pf* ~́чься have a good time, amuse oneself, enjoy oneself; be diverted, distracted; **~чéние** entertainment; amusement, diversion, distraction; **~́чь(ся)** (~ку́(сь), ~чёшь(ся), ~ку́т(ся); ~́к(ся), ~клá(сь)) *pf of* ~кáть(ся)

развó|д *mil* mounting (*of guards*), posting (*of sentries*); breeding; остáвить на ~ keep for breeding purposes; divorce; дать ~ grant a divorce, agree to a divorce; **~ди́ть** II (~жу́, ~́дишь) *pf* развести́ take; развести́ детéй по домáм take the children to their homes; *mil* mount, post (*guards*, *sentries*); part, separate; raise, swing open (*bridge*, *etc*); set (*saw*); ~ рукáми spread, throw up one's hands (*gesture of helplessness*, *astonishment*, *etc*); divorce; dilute, dissolve; breed, rear; cultivate, grow (*plants*, *etc*); lay out (*park*), plant (*garden*); start, light, kindle (*fire*, *etc*); raise, get up (*steam*); *fig coll* start (up) (*something tedious*); ~ канитéль *coll* fuss about; **~ди́ться** II (~жу́сь, ~́дишься) *pf* развести́сь divorce, get divorced (с + *instr*); breed, multiply; **~́дка** separation; ~ мóста raising of a bridge, swinging a bridge open; *tech* saw set; **~днóй** ~ ключ monkey wrench, adjustable spanner; ~ мост drawbridge

развóд|ы (*gen pl* ~ов) pattern, design; *coll* streaks, stains; черни́льные ~ ink-stains

развóд|ье (*gen pl* ~ьев) spring floods; patch of ice-free water

разводя́щий *mil* corporal of the guard; guard commander

разво|евáться (~ю́юсь) *pf coll joc* start to bluster

развó|з conveyance, driving; **~зи́ть** II (~жу́, ~́зишь) *pf* развезти́ convey, take, drive; delivery; *impers* exhaust; от жары́ егó развезлó he was exhausted (knocked out) by the heat; *impers* make impassable; дорóгу развезлó от дождéй the road was made impassable by the rain; *pej* drag out, spin out (*lecture*, *etc*); **~зи́ться** II (~жу́сь, ~́зишься) *pf coll* kick up a shindy, make a racket; **~́зка** conveying, taking; delivering, delivery; *coll* delivery cart

разволн|овáть (~у́ю) *pf coll* upset, agitate; **~овáться** (~у́юсь) *pf coll* get upset, worked up

развopáч|ивать I *pf* развороти́ть *pop* heave, drag, pull apart; ~ ку́чу камнéй scatter a heap of stones; shatter, smash up; turn upside-down; *impers* оскóлком развороти́ло чéреп the skull was shattered by a splinter; *pf* разверну́ть = развёртывать; **~́иваться** I *pf* разверну́ться = развёртываться

развор|овáть (~у́ю) *pf of* ~́овывать; **~óвывать** I *pf* ~овáть *coll* walk off with, steal, loot, clean out

разворó|т *coll* development, growth; (U-)turn; **~ти́ть** II (~чу́, ~́тишь) *pf of* разворáчивать; **~ши́ть** II *pf of* вороши́ть

разврá|т debauchery, lechery; depravity, dissipation; vice; **~ти́тель** *m* debaucher, seducer, depraver, corrupter; **~ти́ть(ся)** II (~щу́(сь)) *pf of* ~щáть(ся); **~́тник** debauchee, profligate, libertine, rake, lecher; **~́тничать** I *impf* lead a depraved, dissolute life; **~́тность** *f* depravity, profligacy, licentiousness, corruptness; **~́тный** (~тен) debauched, depraved, licentious, dissolute; **~щáть** I *pf* ~ти́ть debauch, corrupt; deprave; **~щáться** I *pf* ~ти́ться give oneself up to debauchery, become depraved, corrupted, go to the bad; **~щённость** *f* corruptness; **~щённый** corrupt, depraved

разв|ы́ться (~óюсь, ~óешься) *pf coll* start howling

развью́ч|ивать I *pf* ~ить unload, unburden; **~́ить** II *pf of* ~ивать

развя|зáть(ся) I (~жу́(сь), ~́жешь(ся)) *pf of* ~́зывать(ся); **~́зка** *lit* denouement; outcome, end, issue, upshot; счастли́вая ~ happy ending; дéло идёт к ~зке things are coming to a head; **~́зный** (~зен) offhand, (too) free-and-easy; **~́зывать** I *pf* ~зáть undo, untie, unbind; ~ у́зел untie a knot; unleash, liberate; ~зáть войну́ unleash war; **~́зываться** I *pf* ~зáться come untied, come undone; у негó ~зáлся язы́к *fig* his tongue has been loosened; *fig pop* get off one's hands (с + *instr*)

разгад|áть I *pf of* ~́ывать; **~́ка** solution (*of riddle*, *etc*); **~́ывать** I *pf* ~áть guess the meaning (of), solve; ~ сны interpret dreams; ~áть шифр break a cipher; divine, guess, discover; perceive, make out; ~áть человéка size a person up

разгáр в (сáмый) ~, в (сáмом, во всём) ~е at the height (of, + *gen*); в пóлном ~е in full swing, at its height; в ~е бóя in the heat of the battle

разги́б bend; **~áть** I *pf* разогну́ть straighten, unbend; рабóтать, не ~áя спины́ never look up from one's work, work without a break; **~áться** I *pf* разогну́ться straighten up, stand up straight

разгильдя́й *coll cont* slacker, sloven, sloppy

individual; **˜ничать** I *impf coll cont* be slack, slovenly, sloppy, slipshod; **˜ство** *coll cont* slackness, slovenliness, sloppiness, slipshodness

разглаго́льств|овать (~ую) *impf coll* hold forth (on, о + *prep*), perorate

разгла́|дить(ся) II (~жу(сь)) *pf of* ~живать(ся); **˜живать** I *pf* ~дить smooth, iron out, press; **˜живаться** I *pf* ~диться become smoothed out; *pass of* ~живать; морщи́ны ~дились the wrinkles have disappeared

разгла|си́ть II (~шу́) *pf of* ~ша́ть; **~ша́ть** I *pf* ~си́ть divulge, give away, let out; broadcast, spread, bruit abroad (about, о + *prep*); **~ше́ние** divulging, disclosure; spreading

разгля|де́ть II (~жу́) *pf* make out, discern, descry; *fig* perceive; **˜дывать** I *impf* examine (closely), scrutinize

разгне́в|анный enraged, furious, wrathful; **˜ать** I *pf* enrage, infuriate; **˜аться** I *pf* fly into a rage, fury

разгова́р|ивать I *impf* talk (to, with), speak (to, with), converse (with, с + *instr*; about, о + *prep*); мы с ним не ~иваем *coll* we are not on speaking terms; не ~ у меня́! no talking!

разгов|е́ться I *pf of* ~ля́ться; **~ля́ться** I *pf* ~е́ться *eccles* break fast

разгово́р (~а, (~у)) talk, conversation; име́ть кру́пный ~ have words (with, с + *instr*); перемени́ть ~ change the subject; ввяза́ться в чужо́й ~ butt in on a conversation; задуше́вный ~ heart-to-heart talk; и никаки́х ~ов! and that's an end to it!; об э́том и ~у быть не мо́жет there can be no question about it; без ли́шних ~ов without wasting words, without more ado; **~и́ть** II *pf pop* dissuade; persuade (someone) to talk; **~и́ться** II *pf* get into conversation (with, с + *instr*); *coll* get carried away with talking; **˜ник** phrase-book; **˜ный** colloquial; ~ные слова́ colloquialisms; ~ уро́к conversation class; **˜чивость** *f* talkativeness, loquacity; **˜чивый** (~чив) talkative, loquacious; **˜чик** *pop pej* idle, harmful conversation, talk

разго́н dispersal; dissolution (*of parliament*); breaking-up (*of meeting, etc*); speeding (*of vehicle*); быть в ~е *coll* be away, on the move; *sp* run, running start, momentum; прыжо́к с ~а running jump; *typ* space; **˜истый** (~ист) spaced-out (*of writing, print*); **~я́ть** I *pf* разогна́ть disperse, break up (*crowd, etc*); *coll* dismiss, fire, get rid of; *fig* dispel, drive away (*clouds, depression, etc*); race, drive at high speed (*car, etc*); *coll* spread out; *typ* space; **~я́ться** I *pf* разогна́ться get up speed, gain momentum; get into one's stride (*of runner*)

разгор|а́живать I *pf* ~оди́ть partition (off); **~а́живаться** I *pf* ~оди́ться partition, divide oneself off (from, с + *instr*)

разгор|а́ться I (~а́ется) *pf* ~е́ться burn up, flame up, flare up, get well alight; дрова́ ~е́лись the wood began to burn well; *fig* begin to glow, flush (*of cheeks, etc*); *fig* flare up, heat up; ~е́лся спор the argument became heated; стра́сти ~е́лись passions ran high; глаза́ (и зу́бы) ~е́лись *coll* eye longingly, set one's heart (on something, на + *acc*); **~е́ться** II (~и́тся) *pf of* ~а́ться

разгоро|ди́ть(ся) II (~жу́сь, ˜ди́шь(ся)) *pf of* разгора́живать(ся)

разгорячи́ть(ся) II *pf of* горячи́ть(ся)

разгра́б|ить II (~лю) *pf* rob, clean out, plunder, pillage, loot; **~ле́ние** plunder, pillage

разгранич|е́ние demarcation, delimitation; differentiation; **˜ивать** I *pf* ~ить demarcate, delimit; differentiate, distinguish, draw a line (distinction) between; ~ обя́занности decide who is to be responsible for what; ~ поня́тия differentiate between conceptions; **~и́тельный** (~и́телен) ~и́тельная ли́ния line of demarcation; **˜ить** II *pf of* ~ивать

разграфи́ть II (~лю́) *pf of* графи́ть

разгре|ба́ть I *pf* ~сти́ rake, shovel (aside, away), scatter with a rake; ~сти́ (~бу́, ~бёшь; ˜̈б, ~бла́; ~бённый) *pf of* ~ба́ть

разгро́м crushing defeat, rout; knockout blow; havoc, devastation, mess; **~и́ть** II (~лю́) *pf of* громи́ть

разгру|жа́ть I *pf* ~зи́ть unload, discharge; *fig coll* lighten the burden, load (of, + *acc*); relieve; **~жа́ться** I *pf* ~зи́ться unload; *fig coll* have one's load lightened, be relieved (of, от + *gen*), shed one's load; **~зи́ться** II (~жу́(сь), ˜зи́шь(ся)) *pf of* ~жа́ть(ся); **˜зка** discharging, unloading; *fig coll* relieving; **˜зочный** unloading; ~зочное су́дно lighter

разгрыз|а́ть I *pf* ˜ть crunch, bite in two, crack between one's teeth; ˜ть (~у́, ~ёшь; ~, ~ла) *pf of* ~а́ть *and* грызть

разгу́л orgy, debauch, revelry, riotous merry-making; *fig* orgy, outburst (of, + *gen*); **˜ивать** I *impf coll* stroll around, walk about; *pf* ~я́ть *coll* keep awake by amusing someone, excite (*baby*); chase away, dispel (*mood, etc*); **˜иваться** I *pf* ~я́ться *coll* let oneself go; let one's hair down; stop feeling like sleeping; ребёнок ~я́лся the child is overexcited; clear up; improve (*of weather*); **˜ье** *pop* merrymaking; **˜ьный** *pop* loose, wild, fast; **~я́ть(ся)** I *pf of* ˜ивать(ся)

разда|ва́ть (~ю́, ~ёшь; ~ва́й; ~ва́я) *pf* ˜ть distribute, hand out, give out, dispense, pass round; *coll* stretch (*footwear*), let out (*clothing*); **~ва́ться** (~ю́сь, ~ёшься; ~ва́ясь) *pf* ˜ться be heard, ring out, resound; ˜лся стук в дверь there was a knock at the door; ˜лся го́лос a voice was heard; *coll* make way (*of crowd, etc*); stretch, expand (*of footwear*); *joc* put on weight, expand; она́ ~ла́сь в та́лии she has lost her waistline

раздав|и́ть II (~лю́, ˜ишь) *pf of* дави́ть *and* ˜ливать; *pop* sink, down (alcohol); **˜ливать** I *pf* ~и́ть crush, squash *also fig*

разда́р|ивать I *pf* ~и́ть give away (to), make a present of; **~и́ть** II (~ю́, ˜ишь) *pf of* ˜ивать

разда́|точный distribution, distributing; ~ пункт distribution centre; **˜тчик** distributor, dispenser; **˜ть** (~м, ~шь, ~ст, ~ди́м, ~ди́те, ~ду́т; ро́здал *and* разда́л, ~ла́, ро́здало *and* ~ло́; ро́зданный) *pf of* ~ва́ть; **˜ться** (˜стся, ~ду́тся; ˜лся, ~ла́сь, ˜лось; ˜вшийся) *pf of* ~ва́ться; **˜ча** distribution

раздв|а́ивать I *pf* ~ои́ть divide in two, split into two, bisect; **~а́иваться** I *pf* ~ои́ться fork, split, bifurcate, become double

раздви|га́ть I *pf* ˜нуть part, draw back, open (*branches, curtain, etc*); move aside, back; ~ стол expand, extend a table; **~га́ться** I *pf* ˜нуться move, slide apart; за́навес ˜нулся the curtain was drawn back, rose (*theat*); толпа́ ˜нулась the crowd made way; **~жно́й** expanding (*table, etc*); **˜нуть(ся)** I *pf of* ~га́ть(ся)

раздво|е́ние division into two, bifurcation; ~ ли́чности split personality; **˜енный** forked, bifurcated; ~енное копы́то cloven hoof; ~енное созна́ние split mind; *bot* dichotomous, furcate; **~и́ть(ся)** II *pf of* раздва́иваться

разде|ва́лка *coll* cloakroom; **~ва́льня** (*gen pl* ~ва́лен) = ~ва́лка; **~ва́ние** undressing; **~ва́ть** I *pf* ∸ть undress; strip; *coll* fleece; **~ва́ться** I *pf* ∸ться undress, strip; take off one's things

разде́л division, partition; allotment; section, part (*of book*, *etc*)

раздел|е́ние division; ~ труда́ division of labour; **~и́мый** (~и́м) divisible; **~и́тельный** dividing, separating, separative; *gramm* disjunctive; *gramm* distributive; ~ сою́з disjunctive conjunction; ~и́тельное местоиме́ние distributive pronoun; **~и́ть(ся)** II (~ю́(сь), ∸ишь(ся)) *pf of* дели́ть(ся) *and* ~я́ть(ся)

разде́л|ывать I *pf* ~ать prepare, dress; ~ ту́шу dress a carcass; ~ гря́дки prepare (flower-)beds (*for sowing*); ~ под дуб give an oak finish (to); ~ кого́ под оре́х *coll* give it someone hot; *pop* beat up; **∸ываться** I *pf* ~аться *coll* have done with; ~ с долга́ми settle one's debts; *fig* settle accounts (with), get even (with, с + *instr*)

разде́л|ьный separate; ~ьное обуче́ние separate education (for boys and girls); clear, distinct (*of pronunciation*); **~я́ть** I *pf* ~и́ть divide; ~и́ть попола́м divide in two; ~и́ть 6 на 3 divide six by three; separate; нас ~я́ет про́пасть there is a gulf between us; share (*fate*, *joy*, *opinion*, *conviction*, *etc*); **~я́ться** I *pf* ~и́ться split up, break up, divide up (into, на + *acc*); be divided; мне́ния ~и́лись opinions were divided

раздерба́нить II *pf sl* tear apart, strip, clean out

раздёр|гать I *pf of* ~гивать; **∸гивать** I *pf* ~гать tear up; *pf* ~нуть *coll* draw, pull apart, draw back (*curtains*, *etc*); **∸нуть** I *pf of* ~гать and ~гивать

разде́|ть(ся) (~ну(сь), ~нешь(ся)) *pf of* ~ва́ть(ся)

раздир|а́ть I *pf* разодра́ть *coll* tear up, tear a hole in; *impf fig* harrow, rend, tear (apart), split, lacerate; **~а́ться** I *pf* разодра́ться *coll* tear, be torn; **~а́ющий** (ду́шу) heart-rending, heart-breaking, harrowing

раздобре́ть I *pf of* добре́ть

раздо́бриться II *pf coll and iron* wax generous, become kind

раздоб|ыва́ть I *pf* ~ы́ть *coll* search out, come by, get hold of; **~ы́ть** (~у́ду; ~ы́л; ~у́дь) *pf of* ~ыва́ть

раздо́л|ье expanse, spaciousness; *fig coll* freedom, liberty; ему́ ~ he is free to do as he pleases; **∸ьный** (~ен) *coll* free, carefree, free-and-easy

раздо́р discord, dissension; прекрати́ть ~ы stop the bickering; се́ять ~ sow dissension; я́блоко ~а apple of discord, bone of contention

раздоса́д|овать (~ую) *pf coll* annoy, vex

раздраж|а́ть I *pf* ~и́ть irritate *also med*; **~а́ться** I *pf* ~и́ться get irritated; **~а́ющий** irritating; **~е́ние** irritation, exasperation; **~и́тель** *m* irritant; **~и́тельность** *f* irritability; **~и́тельный** (~и́телен) irritable, short-tempered; **~и́ть(ся)** II *pf of* ~а́ть(ся)

раздразн|и́ть II (~ю́, ∸ишь) *pf coll* tease, provoke; whet (*appetite*), stimulate (*curiosity*, *interest*, *etc*)

раздрако́н|ивать I *pf* ~ить *pop* smash; *fig* pull to pieces; **∸ить** II *pf of* ~ивать

раздроб|и́ть(ся) II (~лю́, ~и́т(ся); ∸лённый) *pf of* дроби́ть(ся) *and* ~ля́ть; **~ле́ние** smashing to pieces, crushing; *math* reduction; **∸лённость** *f* disunity, fragmentation, separateness; **∸лённый** crushed, broken, smashed, shattered; *fig* fragmented, small-scale; **~ля́ть** I *pf* ~и́ть *math* reduce (to), turn (into)

раздруж|и́ться II (~у́сь, ∸ишься) *pf coll* break it off (with, с + *instr*)

разду|ва́льный ~ мех *tech* bellows **~ва́ть** I *pf* ∸ть blow, fan *also fig*; ~ пла́мя борьбы́ fan the flames of struggle; blow (out) (*cheeks*, *etc*); у него́ ∸ло щёку *impers* he has a swollen cheek; *fig coll* exaggerate, inflate, swell; ~ поте́ри exaggerate losses; blow up out of all proportion; ∸ло пе́пел по столу́ *impers coll* ash has blown all over the table; **~ва́ться** I *pf* ∸ться swell, bulge; billow (*of sail*, *etc*)

разду́м|ать(ся) I *pf of* ~ывать(ся); **∸ывать** I *pf* ~ать change one's mind (about), decide not (to, + *infin*); он ~ал идти́ he decided not to go; *impf* think (about), ponder, hesitate; хва́тит тебе́ ~, соглаша́йся you've thought about it long enough, agree; не ~ывая without a moment's thought; **∸ываться** I *pf* ~аться *coll* be absorbed in thinking (about, о + *prep*); **∸ье** meditation, thought; в глубо́ком ~ье deep in thought, plunged in thought; погрузи́ться в ~ be lost in thought; его́ взя́ло ~ he was assailed by doubts

разду́т|ый *fig coll* exaggerated, inflated; ~ые шта́ты overstaffing

раздуш|и́ть II (~у́, ∸ишь) *pf pop* drown in perfume; **~и́ться** II (~у́сь, ∸ишься) *pf pop* drown oneself with perfume

раз|ева́ть I *pf* ~и́нуть *coll* open wide (*mouth*); gape, gawk; слу́шать, ~и́нув рот listen open-mouthed

разжа́л|обить II (~облю) *pf* move to pity; **~обиться** II (~облюсь) *pf coll* give way to pity, be soft

разжа́л|ование demotion, degrading; **∸овать** (~ую) *pf mil* demote, degrade; ~ в рядовы́е reduce to the ranks

раз|жа́ть(ся) (~ожму́, ~ожмёшь; ~ожмёт(ся)) *pf of* ~жима́ть(ся)

разж|ева́ть (~ую́, ~уёшь) *pf of* ~ёвывать; **~ёвывать** I *pf* ~ева́ть chew, masticate; *fig coll* chew over, go into details, spell out (to, + *dat*)

раз|же́чь (~ожгу́, ~ожжёшь, ~ожгу́т; ~жёг, ~ожгла́; ~ожжённый) *pf of* ~жига́ть

разжи́|ва *pop* gain, profit; **~ва́ться** I *pf* ∸ться *pop* get rich, make a packet (on, на + *prep*); get hold of, come by (+ *instr*)

разж|ига́ть I *pf* ~е́чь light, kindle, set alight; *fig* stir up, (a)rouse, kindle (*passion*, *etc*)

разжи|ди́ть II (~жу́) *pf of* ~жа́ть; **~жа́ть** I *pf* ~ди́ть dilute, thin, water down; **~же́ние** dilution, thinning; rarefaction

разж|има́ть I *pf* ~а́ть release (*spring*), undo, unclasp; ~ кула́к unclench one's fist; part (teeth, lips); **~има́ться** I *pf* ~а́ться part, open (*lips*, *etc*); relax; expand (*spring*); unclench (*of hand*, *etc*)

разжире́ть I *pf of* жире́ть

разж|и́ться (~иву́сь, ~ивёшься; ~и́лся, ~ила́сь) *pf of* ~ива́ться

разззаво́д на ~ *pop* for breeding

раззадо́р|ивать I *pf* ~ить *coll* stir up, egg on, excite; **∸иваться** I *pf* ~иться *coll* get worked up, excited

раззв|а́нивать I *pf* ~они́ть *pop* broadcast, spread, proclaim (from the housetops) (о + *prep*); **~они́ть** II *pf of* ~а́нивать

разнакóм|ить II (~лю) *pf coll* break up (someone's relationship); **~́иться** II (~люсь) *pf coll* break (with, с + *instr*)
раззолóч|енный (~ен) *coll* gilded
раззуд|éться II (~ится) *pf pop* begin to ache, itch *also fig*
раззя́ва *m and f pop* dope, simpleton, nitwit, gawk
раз|и́нуть I *pf of* ~евáть; **~и́ня** *m and f coll* simpleton, nitwit, gawk
ра|зи́тельный (~зи́телен) striking, amazing (*example, likeness, etc*); **~зи́ть** II (~жý) *pf* по~ strike, smite, hit; crush; (~зи́т) *impf pop* stink, reek (of, + *instr*); от негó ~зи́т перегáром he reeks of spirits
разл|агáть I *pf* ~ожи́ть break down, decompose; *math* expand; *phys* resolve; ~ веществó на составны́е чáсти break a substance down into its component parts; *fig* demoralize, corrupt; **~агáться** I *pf* ~ожи́ться decompose; expand; be resolved; decompose, rot, decay; *fig* become demoralized, degenerate, disintegrate, go to pieces
разлá|д lack of coordination; discord, dissension; **~́дить(ся)** II (~жу(сь)) *pf of* ~живать(ся); **~́живать** I *pf* ~дить put out of working order; *coll* mess up; **~́живаться** I *pf* ~диться break down; *coll* go wrong
разлáк|омить II (~омлю) *pf coll* give someone a taste, fancy (for, + *instr*); *fig* allure, entice; **~́омиться** (~омлюсь) *pf coll* acquire a taste (for, + *instr*); *fig* take a strong fancy (for, to, на + *acc*)
разл|áмывать I *pf* ~омáть break into pieces; pull down, break up (*house, etc*); *pf* ~оми́ть break up into pieces; *impers pop* меня́ всегó ~оми́ло every bone in my body aches (ached); **~áмываться** I *pf* ~омáться break into pieces; break up; *pf* ~оми́ться break into pieces
разлеж|áться II (~ýсь) *pf coll* want to lie in longer; **~́иваться** I *impf coll* lie, laze about
разлез|áться I (~áется) *pf* ~́ться *pop* come apart at the seams, fall apart; **~́ться** (~ется; ~ся, ~лась) *pf of* ~áться
разлéн|иваться I *pf* ~и́ться *coll* get thoroughly slack, lazy; **~и́ться** II (~ю́сь, ~́ишься) *pf of* ~́иваться
разлеп|и́ть(ся) II (~лю́, ~́ит(ся)) *pf of* ~ля́ть(ся); **~ля́ть** I *pf* ~и́ть unstick; **~ля́ться** I *pf* ~и́ться come unstuck
разлё|т flying off, departure (*of birds*); **~тáйка** *coll* bell-shaped clothing (*cloak, etc*); **~тáться** I *pf* ~тéться fly away, disperse, scatter; go off; *fig coll* fly to pieces, smash, shatter; *fig coll* vanish, be shattered (*of hopes, dreams, etc*); *coll* gather momentum, speed; *fig* flash round (*of news, etc*); *coll iron* fly (somewhere with request, *etc*); **~тéться** II (~чýсь) *pf of* ~тáться
разл|éчься (~я́гусь, ~я́жешься, ~ёгся, ~еглáсь) *pf coll* stretch oneself out, sprawl
разли́в bottling; flood(s); overflow; **~áние** pouring out; **~áнный** ~áнное мóре *joc* oceans, lashings (*of drink*); **~áтельный** ~áтельная лóжка ladle; **~áть** I *pf* разли́ть pour out; ~ по буты́лкам bottle; ~ чай pour out tea; spill; ~ водóй pour water (over), drench, douse; их водóй не разольёшь, водóй не разли́ть *coll*, не разлéй водá *pop* they are thick as thieves, they are bosom friends; *fig* spread, broadcast, pour out; **~áться** I *pf* разли́ться spill; винó разлилóсь по скáтерти the wine has spilled over the tablecloth; overflow; рекá разлилáсь the river has burst its banks; *fig* spread; по её лицý разлилáсь улы́бка a smile spread across her face; *impf coll* warble a song; *impf coll iron* hold forth, declaim; *impf coll* sob (away); **~́ка** bottling; *tech* teeming, casting; **~нóй** on tap, on draught; ~нóе винó wine from the wood; **~́очный** *tech* teeming, casting, liquid filling
разлин|овáть (~ýю) *pf of* ~óвывать; **~óвывать** I *pf* ~овáть rule
раз|ли́тие overflow, pouring out; ~ жёлчи bilious attack; **~ли́ть(ся)** (~олью́, ~ольёшь, ~ольёт (-ся); ~ли́л(ся), ~лилá(сь); ~ли́ло; ~лилóсь; ~ли́тый) *pf of* ~ливáть(ся)
различ|áть I *pf* ~и́ть make out, discern; distinguish (between), tell the difference (between), tell apart; **~áться** I *impf* differ (in, + *instr*); **~́ие** distinction; difference; дéлать ~ discriminate, make distinctions (between, мéжду + *instr*); без ~ия without distinction; знáки ~ия *mil* badges of rank; **~и́тельный** distinctive; ~ при́знак distinctive, distinguishing feature; **~и́ть** II *pf of* ~áть; **~́ный** (~ен) different, differing; нáши мнéния совершéнно ~ны our opinions are totally different; various, diverse; он зáнят ~ными делáми he is busy with all kinds of things
разлож|éние breaking down; decomposition; *math* expansion; *phys* resolution; putrefaction, decay; *fig* corruption, demoralization, disintegration; **~и́вшийся** decomposed, decayed; *fig* demoralized; **~и́ть(ся)** II (~ý(сь), ~́ишь(ся)) *pf of* разлагáть(ся) *and* расклáдывать(ся)
разлóм breaking; break, fracture; **~áть(ся)** I *pf of* разлáмывать(ся); **~и́ть(ся)** II (~лю́; ~́ит(ся)) *pf of* разлáмывать(ся)
разлохмá|тить(ся) II (~чу(сь)) *pf of* лохмáтить(ся)
разлý|ка separation; жить в ~ке live apart (from, с + *instr*); час ~и hour of parting; **~чáть** I *pf* ~чи́ть separate, part, sever (from, с + *instr*); **~чáться** I *pf* ~чи́ться separate (from), part (with, from, с + *instr*); **~чи́ть(ся)** II *pf of* ~чáть(ся); **~́чник** *pop* successful rival
разлюб|и́ть II (~лю́, ~́ишь) *pf* cease to love, care for; get tired of
размагни́|тить(ся) II (~чу(сь)) *pf of* ~́чивать(ся); **~́чивать** I *pf* ~тить demagnetize; degauss (*ship*); *fig coll* cool someone's enthusiasm; **~́чиваться** I *pf* ~титься become demagnetized; *fig coll* become slack; cool off
размá|зать(ся) I (~жу(сь)) *pf of* ~зывать(ся); **~зня́** (*gen pl* ~знéй) thin gruel, porridge; *m and f fig coll pej* ditherer, sloppy creature; *fig coll* trash, slush; он написáл какýю-то сентиментáльную ~зню́ he has written some sentimental trash; **~́зывать** I *pf* ~зать spread, smear; ~ варéнье по всемý лицý get jam all over one's face; *fig coll* be long-winded in telling, spin out, spread out, drag out (*story, etc*); **~́зываться** I *pf* ~заться be spread, smeared (over, по + *dat*)
размал|евáть (~ю́ю) *pf of* ~ёвывать; **~ёвывать** I *pf* ~евáть *coll* daub
разм|áлывать I *pf* ~олóть grind
разм|áривать I (~áривает) *pf* ~ори́ть *coll* exhaust, knock up; её ~ори́ло на сóлнце she was exhausted by the sun, the sun was too much for her; **~áриваться** I *pf* ~ори́ться *coll* be exhausted, knocked up
разм|áтывать I *pf* ~отáть unwind, uncoil, unreel; *sl* serve (*prison sentence, etc*); **~áтываться** I *pf* ~отáться unwind, uncoil, unreel; come unwound

размá|х (~ха (~ху)) swing, sweep; со всегó ~ху with all one's might; (*gen* ~ха) span; ~ крыльев wing-span, wing-spread; (*gen* ~ха) swing, amplitude (*of pendulum*); *fig* scope, range, extent, scale, sweep; **~хáться** I (~шýсь, ~́шешься *and* ~хáюсь) *pf coll* start to brandish, wave (+ *instr*); **~́хивать** I *impf* swing, brandish (+ instr); ~ рукáми wave one's hands about, gesticulate; **~́хиваться** I *pf* ~хнýться swing (back) one's arm (*to strike, etc*); *fig coll* take on too much, bite off more than one can chew; **~хнýться** I *pf of* ~́хиваться

разм|áчивать I *pf* ~очи́ть soak, steep; ~очи́ть сухари́ soak rusks; ~очи́ть счёт *sp coll* be first to score

размáшист|ый (~) *coll* sweeping; ~ жест sweeping gesture; ~ шаг powerful, swinging stride; ~ пóчерк bold hand

размеж|евáние demarcation, delimitation; **~евáть (-ся)** (~ýю(сь)) *pf of* ~ёвывать(ся); **~ёвывать** I *pf* ~евáть define, demarcate, delimit *also fig*; ~евáть сфéры влия́ния delimit spheres of influence; **~ёвываться** I *pf* ~евáться fix the boundaries (with, с + *instr*); *fig* delimit functions, spheres of action; *fig* break off relations, separate

размельч|áть I *pf* ~и́ть crush into pieces; **~и́ть** II *pf of* ~áть

размéн exchange; ~ дéнег changing of money; **~́ивать** I *pf* ~я́ть change (*money*); ~я́ть сторублёвку change a hundred-rouble note; он ~я́л шестóй деся́ток *coll joc* he won't see fifty again (*of age*); *fig* fritter away; ~я́ть кварти́ру *coll* swap a flat; **~́иваться** I *pf* ~я́ться *coll* exchange, make a swap (*in game*); *fig* fritter away, dissipate one's abilities, talent; **~́ник** *coll* money-changing machine; **~́ный** ~ная монéта small change; **~я́ть** I *pf of* ~́ивать *pf sl* shoot; **~я́ться** I *pf of* ~́иваться

размéр dimensions; size; ~ боти́нок size of shoes; какóй ваш ~? what size do you take?; дом огрóмных ~ов house of enormous size; amount (*of money*); ~ зарплáты rate of wages; scale, extent, proportions; в широ́ких ~ах on a large scale; ~ бéдствия scale of a calamity; в ~е at the rate (of, + *gen*); *lit* metre; *mus* measure; **~́енный** measured, regular, steady; ~ шаг measured tread; **~́ить** II *pf of* ~я́ть; **~я́ть** I *pf* ~́ить measure (up), take the measurements of, survey; *fig* judge, measure, weigh up

разме|си́ть II (~шý, ~́сишь) *pf of* ~́шивать

разме|сти́ (~тý, ~тёшь; ~̈л, ~лá; ~́тший; ~тённый) *pf of* ~тáть

разме|сти́ть(ся) II (~щý(сь)) *pf of* ~щáть(ся)

разме|тáть I *pf* ~сти́ sweep clear, sweep away; ~сти́ дорóжку sweep a path; (~чý, ~́чешь) *pf of* ~́тывать scatter; ~ рýки во сне spread one's arms out in sleep; **~тáться** I (~чýсь, ~́чешься) *pf coll* toss (*in sleep, etc*); sprawl

размé|тить II (~чу) *pf of* ~чáть; **~́тка** marking; **~́тчик** marker

размёт|ывать I *pf* ~áть

разме|чáть I *pf* ~́тить mark (out)

размеш|áть I *pf of* ~́ивать; **~́ивать** I *pf* ~áть stir, mix; dissolve; *pf* размеси́ть knead

разме|щáть I *pf* ~сти́ть put, place, stow, accommodate; ~ по кóмнатам assign rooms (to, + *acc*); quarter (*troops*); ~сти́ть закáзы place orders; **~щáться** I *pf* ~сти́ться take one's place, seat; be quartered, accommodated; be placed; **~щéние** placing, accommodation; allocation, distribution; arrangement

разм|инáть I *pf* ~я́ть knead; mash (*potatoes, etc*); ~я́ть нóги *coll* stretch one's legs; **~инáться** I *pf* ~я́ться soften up, grow soft (*from kneading, etc*); *coll* stretch one's legs, limber up

размини́р|ование clearing of mines; **~́овать** (~ую) *impf and pf* clear of mines

размúнка limbering up

размин|ýться I *pf pop* miss (one another), pass and not meet (с + *instr*); to pass; две маши́ны с трудóм ~ýлись the two cars were barely able to pass (one another); cross (*of letters*)

размнож|áть I *pf* ~́ить duplicate, make copies (of); ~ на ротáторе mimeograph; breed, rear; **~áться** I *pf* ~́иться multiply; *impf* reproduce; breed; propagate itself; spawn; *pass of* ~áть; **~éние** reproduction, duplicating, mimeographing; *biol* reproduction, propagation; **~́ить(ся)** II *pf of* ~áть(ся)

размозжи́ть II *pf coll* smash, shatter, squash; ~ комý гóлову smash someone's skull

размóина hole, depression formed by water

размок|áть I (~áет) *pf* ~́нуть get sodden, soaked; **~́нуть** I (~́, ~́ла) *pf of* ~áть; **~́ший** sodden, soggy

размóл grinding, milling; мукá крýпного ~а (мéлкого ~а) coarse-ground (finely ground) flour

размóлвка misunderstanding, disagreement, tiff

разм|олóть (~елю́, ~éлешь; ~óлотый) *pf of* ~áлывать

размор|áживать I *pf* ~óзить defreeze, defrost

разм|ори́ть(ся) II *pf of* ~áривать(ся)

разморó|зить II (~жу) *pf of* разморáживать

разм|отáть(ся) I *pf of* ~áтывать(ся)

размочáл|ивать I *pf* ~ить *coll* fray (to pieces), tear to shreds; **~́ить** II *pf of* ~ивать

разм|очи́ть II (~очý, ~óчишь) *pf of* ~áчивать

размусóл|ивать I *pf* ~ить *pop* slobber all over; *fig pop* drivel on

размы́в wash-out; ~ плоти́ны bursting of dam (dike); hollow washed out by water; erosion; **~áть** I *pf* размы́ть wash away (out), erode; дорóгу размы́ло the road is under water, flooded; **~áться** I *pf* размы́ться be washed away, eroded; *coll* start thoroughly washing

размы́к|ать I *pf of* ~ивать shake off (grief, sorrow); **~áть** I *pf* разомкнýть open, unfasten; *tech* break, disconnect; **~áться I** *pf* разомкнýться come apart, undone, open; *mil* open out, extend

размы́к|ивать I *pf* ~ать

размы́слить II *pf coll* think (about), consider (о + *prep*)

разм|ы́ть(ся) (~óю(сь), ~óешь(ся)) *pf of* ~ывáть(ся)

размышл|éние reflection, meditation, thought; по зрéлом ~éнии on mature consideration, on second thoughts, on reflection; погрузи́ться в ~éния be lost, plunged in thought; э́то навóдит на ~éния that gives one pause; **~я́ть** I *impf* reflect (on, upon), meditate (on, upon), ponder (over, on, о + *prep*)

размягч|áть I *pf* ~и́ть soften; **~áться** I *pf* ~и́ться grow soft, soften *also fig*; **~éние** softening; ~ мóзга softening of the brain; **~и́ть(ся)** II *pf of* ~áть(ся)

размяк|áть I *pf* ~́нуть *fig coll* grow feeble, languid (*from drink, etc*), melt (*from praise, etc*); = мя́кнуть

раз|мя́ть(ся) (~омнý(сь), ~омнёшь(ся)) *pf of*

~мина́ть(ся)
разнаря́дка instruction, order (for, на + *acc*)
разн|а́шивать I *pf* ~оси́ть break in, wear in (*of footwear*); **~а́шиваться** I *pf* ~оси́ться become comfortable (*of footwear*)
разне́ж|ивать I *pf* ~ить *coll* pamper; appeal to, arouse someone's tender feelings; **~иваться** I *pf* ~иться *coll* luxuriate, bask (*in sun*, *etc*); *fig coll* grow, wax sentimental, maudlin
разнемо́|чься (~гу́сь, ~жешься; ~гся, ~гла́сь) *pf coll* fall ill
разне́рвничаться I *pf coll* get het up (about, из-за + *gen*), be all of a tizzy
разнес|ти́(сь) (~у́, ~ёшь, ~ёт(ся); ~(ся), ~ла́(сь); ~ённый) *pf of* разноси́ть(ся)
разн|има́ть I *pf* ~я́ть part; *coll* separate (*persons fighting*); dismantle, take apart
ра́зн|иться II *impf* differ; ~ во вку́сах differ in (one's) tastes; **~ица** difference; кака́я ~? *coll* what difference does it make?; disparity
разно|бо́й lack of coordination; difference; inconsistency; **~ве́с** set of weights; **~ви́дность** *f* variety; **~време́нный** taking place at different times; **~гла́сие** difference, disagreement, dissension; ~ во взгля́дах difference of opinion; discrepancy; ~ в показа́ниях conflicting evidence; **~голо́сица** *coll* discordance (*in singing*), dissonance *also fig*; ~ во мне́ниях dissent; **~голо́сый** (~голо́с) discordant; many-voiced; **~кали́берный** of different calibre(s); *fig coll* heterogeneous, mixed; odd; **~ма́стный** of different colours, unmatched; of different suits (*cards*); **~мы́слие** difference of opinion(s); **~обра́зие** variety, diversity; для ~обра́зия for a change; **~обра́зить** II (~обра́жу) *impf* vary, diversify; **~обра́зиться** II (~обра́зится) *impf* vary; **~обра́зность** *f* = ~обра́зие; **~обра́зный** (~обра́зен) varied, diverse, various; **~племённый** of different races, tribes; **~рабо́чий** *n* odd-job man; unskilled labourer; **~речи́вый** (~речи́в) contradictory, conflicting; **~ре́чие** contradiction; **~ро́дность** *f* heterogeneity; **~ро́дный** (~ро́ден) heterogeneous
разно́|с delivery; *fig coll* slating, dressing-down, blowing-up; **~си́ть(ся)** II (~шу́, ~сишь; ~сит(ся)) *pf of* разна́шивать(ся); **~си́ть** II (~шу́, ~сишь) *pf* разнести́ carry, convey, take round, deliver (*newspapers*, *etc*); enter, note down (on, на + *acc*); scatter, disperse *also fig*; ве́тер разнёс ту́чи the wind dispersed the clouds; spread (*rumour*, *infection*, *etc*); *coll* shatter, destroy, smash, wreck; бу́ря разнесла́ ло́дку в ще́пки the storm smashed the boat to pieces; *pop* slate, blow up, tear to pieces; его́ щёку разнесло́ *impers coll* his cheek is swollen; **~си́ться** II (~сится) *pf* разнести́сь spread (*of rumours*, *etc*), resound (*of sounds*); **~ска** delivery; noting down, entering
разносклоня́емый irregularly declined
разно́сн|ый ~ая кни́га receipt book (*for delivery of letters*, *etc*); ~ая торго́вля street-trading; *coll* slashing, annihilating (*review*, *articles*, *etc*)
разно|со́л *obs* pickle(s); *pf* delicacies, dainties; **~спряга́емый** irregularly conjugated; **~сторо́нний** *math* scalene; (~сторо́нен) *fig* many-sided, versatile; ~сторо́ннее образова́ние all-round education; **~сторо́нность** *f* versatility
ра́зност|ь *f* difference *also math*, diversity; ра́зные ~и all sorts of things
разно́счик pedlar, hawker; barrow boy
разно|ти́пный (~ти́пен) of various types; **~хара́ктерный** (~хара́ктерен) diverse, varied; **~цве́т** larkspur; **~цве́тный** of different colours, variegated, particoloured, motley, many-coloured; **~чи́нец** (~чи́нца) *hist* raznochinets (*Russian intellectual in 19th century of non-noble birth*); **~чи́нный** *adj of* raznochinets; **~чте́ние** variant reading; **~шёрстный** with coats of different colour (*of animals*); (~шёрстен) *fig coll* motley, ill-assorted, mixed; **~язы́кий** (~язы́к) many-tongued, speaking many tongues (*of crowd*, *etc*); **~язы́чный** (~язы́чен) polyglot
разну́зд|анный (~ан, ~анна) *coll* unbridled; *fig* unruly, wild, ungovernable, rowdy; **~а́ть(ся)** I *pf of* ~ывать(ся); **~ывать** I *pf* ~а́ть unbridle; *fig coll* unleash; **~ываться** I *pf* ~а́ться slip the bridle; *fig coll* run riot, wild
ра́зн|ый *adj* different, differing; они́ – ~ые лю́ди they are different people; various, diverse, varied; ~ые мне́ния conflicting opinions; в ~ое вре́мя at different times (*of the day*, *year*); ~ого ро́да слу́хи all sorts of rumours; *coll* all sorts of, all kinds of; ~ый хлам all sorts of rubbish; **~ое** *n* miscellaneous items, any other business
разню́ниться II *pf pop* start snivelling, whining
разню́х|ать I *pf of* ~ивать; **~ивать** I *pf* ~ать *coll* smell out *also fig*; *fig pop* nose out, ferret out (about, о + *prep*)
раз|ня́ть (~ниму́, ~ни́мешь; ~ня́л (ро́знял), ~няла́, ~ня́ло (ро́зняло); ~ня́тый) *pf of* ~нима́ть
разоби́|деть II (~жу) *pf coll* bitterly offend; **~деться** II (~жусь) *pf coll* take great offence, be very much put out
разоблач|а́ть I *pf* ~и́ть *eccles* disrobe, divest; *coll joc* unclothe, undress; *fig* expose, disclose, unmask; **~а́ться** I *pf* ~и́ться *eccles* disrobe; *coll joc* undress; *fig* be exposed, be unmasked, come to light; **~е́ние** exposure, disclosure, unmasking; **~и́тель** *m* denunciator, unmasker; **~и́ть(ся)** II *pf of* ~а́ть(ся)
раз|обра́ть(ся) (~беру́(сь), ~берёшь(ся); ~обра́л(-ся), ~обрала́(сь), ~обра́ло(сь); ~обрало́сь) *pf of* ~бира́ть(ся)
разобщ|а́ть I *pf* ~и́ть separate; *fig* estrange, alienate; dissociate; *tech* disconnect, uncouple, disengage; **~а́ться** I *pf* ~и́ться become estranged, dissociated; get out of, lose touch; *tech* become disconnected; **~е́ние** separation, estrangement; **~ённо** *adv* apart, separately; independently; **~ённость** *f* isolation, estrangement; **~ённый** isolated, estranged; **~и́ть(ся)** II *pf of* ~а́ть(ся)
ра́зовый valid for one occasion; ~ биле́т ticket valid for one attendance only
раз|огна́ть(ся) (~гоню́(сь), ~го́нишь(ся); ~огна́л(-ся), ~огнала́(сь), ~огна́ло(сь); ~огнало́(сь)) *pf of* ~гоня́ть(ся)
разогн|у́ть(ся) (~у́(сь), ~ёшь(ся)) *pf of* разгиба́ть(ся)
разогре́|в *tech* initial heating, firing (*of furnace*); **~ва́ние** warming-up; **~ва́ть** I *pf* ~ть heat up, warm up; **~ва́ться** warm up, heat up, grow warm; **~ть(ся)** I *pf of* ~ва́ть(ся)
разоде́|тый dressed up, dolled up; **~ть** (~ну, ~нешь) *pf coll* dress up, doll up; **~ться** (~нусь, ~нешься) *pf coll* dress up, be dolled up; ~ в пух и прах *coll* be dressed to kill
разодолж|а́ть I *pf* ~и́ть *coll* give a nasty surprise; **~и́ть** II *pf of* ~а́ть
раз|одра́ть (~деру́, ~дерёшь; ~одра́л, ~одрала́,

~одра́ло) *pf of* ~дира́ть; **~одра́ться** (~деру́сь, ~дерёшься; ~одра́лся, ~одрала́сь, ~одра́ло́сь) *pf pop* have a proper scrap, set about one another; *pf of* ~дира́ться

разозли́ть(ся) II *pf of* зли́ть(ся)

раз|ойти́сь (~ойду́сь, ~ойдёшься; ~ошёлся, ~ошла́сь; ~оше́дшийся; ~ойдя́сь) *pf of* расходи́ться

раз|о́к (~ка́) *dim of* ~; ещё ~ once more; ~ друго́й once or twice

ра́зом *adv coll* at one go, (all) at once; at the same time; in a flash

разо́мкнутый unfastened, disconnected; *mil* ~ строй open order

раз|омкну́ть(ся) I *pf of* ~мыка́ть(ся)

разомле́ть I *pf coll* grow weak, languid (*from heat*, *etc*)

разонра́в|иться II (~люсь) *pf coll* lose all one's attraction (for), cease to be attractive (to, + *dat*)

разопре|ва́ть I *pf* ≁ть get, become soft, stew (*in cooking*); *pop* feel stewed, be overcome, be done in, be bathed in sweat (*from heat*, *etc*); **≁ть** I *pf of* ~ва́ть

разо́р *pop* ruin; destruction; в ~ разори́ть ruin utterly

разор|а́ться (~у́сь, ~ёшься) *pf pop* raise a hullabaloo

разорв|а́ть (~у́, ~ёшь; ~а́л, ~ала́, ~а́ло) *pf of* разрыва́ть; **~а́ться** (~у́сь, ~ёшься; ~а́лся, ~ала́сь, ~а́ло́сь) *pf of* разрыва́ться; *pf* tear, become torn; break, snap

разор|е́ние ruin, destruction, devastation, ravage, pillaging; **~и́тель** *m* harrier, despoiler; **~и́тельный** ruinous; wasteful; **~и́ть(ся)** II *pf of* ~я́ть(ся)

разоруж|а́ть I *pf* ~и́ть disarm; *naut* unrig, dismantle; **~а́ться** I *pf* ~и́ться disarm *also fig*; **~е́ние** disarmament; **~и́ть(ся)** II *pf of* ~а́ть(ся)

разор|я́ть I *pf* ~и́ть ravage, devastate, destroy, wreck; ruin; **~я́ться** I *pf* ~и́ться ruin oneself; be ruined; *impf pop* rail, get worked up

разо|сла́ть (~шлю́, ~шлёшь) *pf of* рассыла́ть

разосп|а́ться II (~лю́сь, ~и́шься; ~а́лся, ~ала́сь, ~а́ло́сь) *pf coll* oversleep; sleep long and soundly

разостл|а́ть(ся) *and* **расстели́ть(ся)** (расстелю́, расстéлешь; расстéлет(ся); ≁анный *and* расстéленный) *pf of* расстила́ть(ся)

разоткрове́нничаться I *pf coll* be overcandid (with, с + *instr*)

разо́хаться I *pf coll* start to groan (*from pain*, *etc*)

разохо́|тить II (~чу) *pf coll* stimulate, arouse, excite an interest (in), a desire (for, к + *dat*); **≁титься** II (~чусь) *pf coll* take a liking (to), feel a desire (for), conceive a passion (for, на + *acc*, + *infin*)

разочар|ова́ние disappointment; disillusionment (with), disenchantment (with, в + *prep*); **~о́ванный** disappointed, disillusioned; ~ тон tone of disappointment; **~ова́ть(ся)** (~у́ю(сь)) *pf of* ~о́вывать(ся); **~о́вывать** I *pf* ~ова́ть disappoint (in, в + *prep*); disillusion (about, with), destroy illusions (about, в + *prep*); **~о́вываться** I *pf* ~ова́ться be disappointed (in), disillusioned (with, в + *prep*)

разраб|а́тывать I *pf* ~о́тать prepare, cultivate (*soil*); *fig* work out, elaborate; ~о́тать вопро́с work out a problem; ~о́тать го́лос train, develop a voice; work up; ~о́тать ме́тоды devise methods; *impf* mine, work; **~о́тать** I *pf of* ~а́тывать; *mining* work out, exhaust; **~о́тка** preparation, cultivation; working out, elaboration (*plans*, *problems*, *etc*); mining, extraction, working; откры́тая ~ open-cast mining; *usu pl* workings, field(s); ~ сла́нца slate quarry

разр|а́внивать I *pf* ~овня́ть level (out)

разра|жа́ться I *pf* ~зи́ться break (out), burst out (*of storm*, *etc*); *coll* burst out (into), break (into, + *instr*); ~зи́ться сме́хом burst out laughing; ~зи́ться слеза́ми burst into tears; ~зи́ться бра́нью produce a stream of curses; **~зи́ть** II (~зи́т) ~зи́ (да ~зи́т) меня́ гром! *coll* may I be struck dead by lightning!; **~зи́ться** II *pf of* ~жа́ться

разраст|а́ться I (~а́ется) *pf* ~и́сь grow, spread *also fig*; *fig* expand; де́ло разросло́сь the business has grown; **~и́сь** (~ётся; разро́сся, разросла́сь) *pf of* ~а́ться

разрев|е́ться I (~у́сь, ~ёшься) *pf coll* (start to) howl

разре|ди́ть(ся) II (~жу́; ~ди́т(ся)) *pf of* ~жа́ть(ся); **~жа́ть** I *pf* ~ди́ть thin out, weed out (*plants*, *etc*); rarefy, thin (*air*, *etc*); **~жа́ться** I (~жа́ется) *pf* ~ди́ться be thinned out; thin; **~жённый** thinned out; rarefied

разре́|з cut, slit; section; попере́чный ~ cross-section; продо́льный ~ longitudinal section; ~ глаз shape (set) of the eyes; *mining* open-cast working; в ~зе *coll* from the point of view (of), in the context (of, + *gen*); в тако́м ~зе *coll joc* seen from that angle; **~за́льный** = ~зно́й; **≁зать** I (~жу, ~жешь) *pf of* ~за́ть; **~за́ть** I *pf* ≁зать cut; slit; make an incision (in); **~зно́й** cutting; ~ нож paper-knife; ~зна́я пила́ ripsaw; slit, with slits; ~зна́я ю́бка slit skirt

разреш|а́ть I *pf* ~и́ть allow, permit (+ *dat*); ~и́те пройти́ allow (me) to pass; врач ~и́л ему́ встать с посте́ли the doctor allowed him to get up; authorize, pass; ~и́ть кни́гу к печа́ти authorize printing of a book; release (from); *eccles* absolve (from), give dispensation (from, от + *gen*); ~и́ть от поста́ give dispensation from a fast; solve (*problem*, *etc*); settle resolve (*argument*, *doubts*, *etc*); **~а́ться** I *impf* be allowed; здесь кури́ть ~а́ется smoking is allowed here; *pf* ~и́ться be solved, be settled, be resolved; де́ло ~и́лось the business was settled; *obs* give birth to; она ~и́лась ма́льчиком she gave birth to a boy, she was delivered of a boy; **~е́ние** permission; с ва́шего ~е́ния with your permission, by your leave; permit, authorization; ~ на въезд entry permit; solution (*of problem*); settlement (*of dispute*); *med* resolution; ~ от бре́мени *obs* delivery; **~и́мый** (~и́м) solvable; **~и́ть(ся)** II *pf of* ~а́ть(ся)

разрис|ова́ть (~у́ю) *pf of* ~о́вывать; **~о́вывать** I *pf* ~ова́ть cover with drawings, draw all over; *fig* paint a picture of

разр|овня́ть I *pf of* ~а́внивать

разро|ди́ться II (~жу́сь) *pf pop* finally give birth

разро́зн|енный uncoordinated, isolated; odd, incomplete, broken up (*of set*, *etc*); **≁ивать** I *pf* ≁ить break (a set of); **≁ить** II *pf of* ~ивать *and* ро́знить

разроня́ть I *pf coll* drop one by one

разруб|а́ть I *pf* ~и́ть split; cut up, chop up; ~и́ть го́рдиев у́зел cut the Gordian knot; **~и́ть** II (~лю́, ≁ишь) *pf of* ~а́ть

разруга́ть I *pf coll* berate, scold; attack, subject to slashing criticism; **≁ся** I *pf pop* fall out (with, с + *instr*)

разрумя́н|ивать I *pf* ~ить redden, flush, bring a flush (to); rouge; **~иваться** I *pf* ~иться blush (with, от + *gen*), flush (from, with, от + *gen*), be flushed; put rouge on; **~ить(ся)** II *pf of* ~ивать(ся)

разру́|ха disruption, disorder, collapse, ruin; **~ша́ть** I *pf* ~шить destroy, demolish, wreck; ~ить до основа́ния raze to the ground; *fig* ruin; ~ здоро́вье ruin one's health; ~ить наде́жды blight, shatter hopes; ~ить пла́ны wreck plans; **~ша́ться** I *pf* ~шиться collapse, be demolished, go to ruin; be wrecked; **~ше́ние** destruction, demolition, collapse; *fig* ruin; **~ши́тель** *m* destroyer; **~ши́тельный** (~ши́телен) destructive; **~шить(ся)** *pf of* ~ша́ть(ся)

разр|ы́в break(ing) off, rupture, severance; gap, breach; ~ ли́нии фро́нта breach in the front line; ~ ме́жду тео́рией и пра́ктикой gap between theory and practice; burst(ing) (*of shell, boiler, etc*); **~ыва́ть** I *pf* разорва́ть tear up; разорва́ть на куски́ tear, rip to pieces; его́ на ча́сти разорва́ли *fig coll* he was pestered to death (*with requests, etc*); перча́тка была́ разо́рвана the glove was torn; blow to pieces, shatter; котёл разорва́ло the boiler blew up; *fig* break (off), sever (*relations, etc*); разорва́ть с про́шлым break with the past; **~ыва́ть** I *pf* ~ы́ть dig up; scatter; open (*grave*); *fig* turn upside-down, ransack, rummage through; **~ыва́ться** I *pf* разорва́ться be torn; burst (*of shell, etc*); cease (to exist); я не могу́ разорва́ться *coll* I can't be everywhere at once; хоть разорви́сь! *coll* give us a chance!; у меня́ душа́ (се́рдце) ~ыва́ется *fig* it breaks my heart, my heart is bursting; **~ывно́й** explosive

разрыда́ться I *pf* burst into sobs

разр|ы́ть (~о́ю) *pf of* ~ыва́ть

разрыхл|и́ть II *pf of* ~я́ть *and* рыхли́ть; **~я́ть** I *pf* ~и́ть loosen (*soil*); hoe

разрю́м|иться II (~ишься) *pf pop* = разню́ниться

разря́|д type, sort, category; rank, grade; *sp* class, rating; пе́рвого ~да first-class; *elect* discharge; **~ди́ть** II (~жу́, ~ди́шь; ~женный) *pf of* ~жа́ть *coll* dress up, deck out; **~ди́ть** II (~жу́, ~ди́шь, ~жённый) *pf of* ~жа́ть unload (*gun*); *elect* discharge; relieve, relax, lessen (*tension, atmosphere, etc*); *typ* space out; **~ди́ться** II (~жу́сь, ~ди́шься) *pf of* ~жа́ться *coll* dress up, doll oneself up; **~ди́ться** II (~ди́тся) *pf of* ~жа́ться be unloaded; *elect* run down, be used up; *fig* clear, ease, be relieved, become less tense; **~дка** discharge, discharging; unloading; relief, relaxation, lessening (*tension*); *typ* spacing (out); **~дник** *elect* discharger, spark gap; *sp* player with official rating; **~жа́ть(ся)** I *pf* ~ди́ть(ся)

разубе|ди́ть(ся) II (~жу́(сь)) *pf of* ~жда́ть(ся); **~жда́ть** I *pf* ~ди́ть dissuade (from), reason, argue (out of, в + *prep*); **~жда́ться** I *pf* ~ди́ться change one's mind (about, в + *prep*)

разу|ва́ть I *pf* ~ть take off (someone's) shoes, boots; **~ва́ться** *pf* ~ться take off one's shoes, boots

разувер|е́ние dissuasion; **~ить(ся)** II *pf of* ~я́ть(ся); **~я́ть** I *pf* ~ить disillusion; **~я́ться** I *pf* ~иться lose one's faith (in), become disillusioned (in, в + *prep*)

разузна|ва́ть (~ю́, ~ёшь) *pf* ~ть; *impf* make inquiries (about, о + *prep*); (try to) find out (about, + *acc or* о + *prep*); **~ть** (~ю, ~ешь) *pf of* ~ва́ть

разукомплект|ова́ть (~у́ю) *pf* break for spares, cannibalize (*equipment*)

разукра́|сить(ся) II (~шу(сь)) *pf of* ~шиваться; **~шивать** I *pf* ~сить *coll* decorate, adorn, embellish *also fig*; **~шиваться** I *pf* ~ситься *coll* be decorated; adorn oneself

разукрупн|и́ть(ся) II *pf of* ~я́ть(ся); **~я́ть** I *pf* ~и́ть break up into smaller units; **~я́ться** I (~я́ется) *pf* ~и́ться break up into smaller units

ра́зум reason; mind, intellect; intelligence; чи́стый ~ pure reason; набра́ться ~а grow wise; навести́ на ~ bring to (one's) senses; теря́ть ~ lose one's head; у меня́ ум за ~ захо́дит *coll* I am at my wits' end; **~е́ние** *obs* understanding; э́то вы́ше моего́ ~е́ния it's beyond my understanding; opinion, viewpoint; по моему́ ~е́нию to my mind, as I understand it; **~е́ть** I *impf obs* understand; understand (by), mean (by, под + *instr*); **~е́ться** I (~е́ется) be understood, meant (by, под + *instr*); ~е́ется of course, certainly; ~е́ется, он придёт of course he will come, he is bound to come; само́ собо́й ~е́ется it goes without saying, it stands to reason; **~ник** *coll* good boy; clever boy; **~ный** (~ен) possessing reason, rational; челове́к – существо́ ~ное man is a rational being; intelligent; он ~ ма́льчик he is an intelligent boy; sound, reasonable; ~ные до́воды sound arguments; са́мое ~ное the wisest thing

разу́|ть I (~ю) *pf of* ~ва́ть; ~й глаза́! *pop* take a good look!; **~ться** I (~юсь) *pf of* ~ва́ться

разуха́бист|ый (~) *pop* rollicking, boisterous; rowdy

разу́ч|ивать I *pf* ~и́ть learn (*for performance*); ~и́ть роль learn a part; **~иваться** I *pf* ~и́ться forget (how to), lose the art (of, + *infin*); **~и́ть(ся)** II (~у́(сь), ~ишь(ся)) *pf of* ~ивать(ся)

разъе|да́ть I *pf* ~сть eat away, corrode *also fig*; его́ ~да́ют сомне́ния he is consumed by doubts; **~да́ться** *pf* ~сться *coll* get fat (*from abundant food*)

разъедин|е́ние separation; *elect* disconnection; **~и́тель** *m* cut-out switch; **~и́ть(ся)** II *pf of* ~я́ть(ся); **~я́ть** I *pf* ~и́ть separate, part; *elect* disconnect, break; cut off (*telephone*); **~я́ться** I *pf* ~и́ться separate, come apart; *elect* become disconnected; *fig* lose contact

разъе́з|д departure, going away; *pf* travel(s); ~ды по го́роду driving round the town; он всегда́ в ~дах he's always on the move; *mil* mounted patrol; section of double track (*on single-line rlwy*); station, halt (*on single-line rlwy*); **~дно́й** ~ аге́нт *obs* travelling representative; ~дны́е де́ньги travelling expenses; ~ путь siding; **~жа́ть** I *impf* travel, drive, ride (about, around); ~ по дела́м слу́жбы travel on business; ~ по стране́ travel about the country; **~жа́ться** I *pf* разъе́хаться leave, go away, depart; separate (from), part (from, с + *instr*); *pf* pass; маши́нам тру́дно разъе́хаться на у́зкой доро́ге cars find it difficult to pass on the narrow road; *pf* miss each other; *coll* slide apart; но́ги ~жа́ются (one's) feet slide apart; wear thin (*of clothing, etc*); брю́ки совсе́м разъе́хались the trousers are quite threadbare; **~живать** I *pf* ~дить II (~жу, ~женный) wear out (*surface of road*)

разъе́|сть(ся) (~м(ся), ~шь(ся), ~ст(ся), ~ди́м(ся), ~ди́те(сь), ~дя́т(ся); ~л(ся)) *pf of* ~да́ть(ся)

разъе́|хаться (~дусь, ~дешься) *pf of* ~зжа́ться

разъяр|и́ть(ся) II *pf of* ~я́ть(ся); **~я́ть** I *pf* ~и́ть

infuriate, rouse to fury; **~я́ться** I *pf* ~и́ться become furious, enraged, get into a fury
разъясн|е́ние explanation, clarification, elucidation; interpretation; **~и́тельный** explanatory, elucidatory; **~́ить** (~ит) *pf coll impers* clear up (*of weather*); **~и́ть** II *pf of* ~я́ть; **~́иться** (~ится) *pf coll impers* = ~ить; **~и́ться** II *pf of* ~я́ться; **~я́ть** I *pf* ~и́ть explain, clarify, elucidate, make clear; interpret; **~я́ться** I (~я́ется) *pf* ~и́ться become clear, be cleared up
разыгр|а́ть(ся) I *pf of* ~́ывать(ся); **~́ывать** I *pf* ~а́ть play, perform (*music, theatre, etc*); *fig* play, pose as; ~а́ть простачка́ play the simpleton; ~а́ть дурака́ make a fool of oneself; ~а́ть па́ртию в ша́хматы finish off a game of chess; raffle; draw (*lottery; etc*); *coll* play a joke (on), pull (someone's) leg; **~́ываться** I *pf* ~а́ться *pf only* get carried away by play, game, etc; warm up, get going, get into one's stride; *fig* rise, get up (*of wind, etc*); break, rage (*of storm, etc*); rise, run high (*of feelings*)
разы|ска́ние search (for, + *gen*); investigation, inquiry, research; **~ска́ть** I (~щу́, ~́щешь) *pf of* ~́скивать *pf* find (after searching); **~ска́ться** I (~щу́сь, ~́щешься) *pf of* ~́скиваться *pf* turn up, be found; **~́скивать** I *pf* ~ска́ть look for, search for; **~́скиваться** I *pf* ~ска́ться; ~ поли́цией be wanted by the police
ра|й (в ~ю́, о ~́е) paradise, heaven, (Garden of) Eden; земно́й ~, ~ земно́й earthly paradise; здесь ~! this is heaven(ly)!
рай- *abbr of* райо́нный; **~ко́м** *abbr of* райо́нный комите́т raion committee, district committee; **~ко́мовский** *coll* raion, district
райо́н area, region, zone; raion, district (*administrative region of USSR*); рабо́чий ~ working-class district; ~ вое́нных де́йствий operations area; **~и́рование** division into districts; zoning; **~и́ровать** (~и́рую) *impf and pf* divide into districts; zone; **~́ный** raion, district
ра́й|ский *adj of* ~; *fig* heavenly; ~ская жизнь blissful existence; ~ская пти́ца bird of paradise
рак crawfish, crayfish; кра́сный как ~ red as a lobster; я ему́ покажу́, где ~́и зиму́ют *coll* I'll show him what for, I'll teach him; как ~ на мели́ *coll* in a helpless situation; знать, где ~́и зиму́ют *coll* know a thing or two; когда́ ~ сви́стнет *coll joc* when pigs fly, when hell freezes; *med* cancer; *bot* canker; Р~ Crab, Cancer; тро́пик ~а Tropic of Cancer
ра́ка *eccles* shrine (*of saint*)
раке́т|а rocket; flare; межконтинента́льная ~ intercontinental ballistic missile; трёхступе́нчатая ~ three-stage rocket; ~ да́льнего де́йствия long-range missile; ~-носи́тель carrier rocket; ~ = ~ка; **~́ка** *sp* racket, bat (*for table-tennis*); **~́ница** rocket projector; signal pistol, Very pistol; **~́ный** rocket(-propelled), ~ дви́гатель jet engine; ~ное ору́жие missiles; *sp* racket; ~ная се́тка strings of racket; **~одро́м** rocket range; **~оно́сец** (~но́сца) missile carrier; **~опла́н** boost-glide aircraft; **~острое́ние** rocket production; **~́чик** missile operator; rocket signaller
раки́т|а brittle willow; **~́ник** broom (*bush*)
ра́ковина shell; ушна́я ~ helix; ~ под кра́ном sink, wash-basin; умыва́льная ~ wash-basin; blister, bubble (*in metal*); уса́дочная ~ contraction cavity
ра́ко|вый cancer(ous); crayfish; *bot* cankerous; **~обра́зные** *n* Crustacea; **~обра́зный** cancroid
раку́рс foreshortening; в ~е foreshortened; angle of approach
раку́ш|(еч)ник coquina, shell rock; **~́ка** cockle-shell; mussel
ра́лли *neut indecl* автомоби́льное ~ car rally
ра́м|а frame; дверна́я ~ door-frame; око́нная ~ window-frame, sash; вста́вить в ~у frame; chassis, carriage; лесопи́льная ~ log frame; **~́ка** (small) frame; в ~ке framed; *pl* framework, limits; в ~ках within the framework (of), within the limits (of, + *gen*); держа́ть себя́ в ~ках прили́чия observe the rules of propriety; вы́йти за ~ки go beyond the bounds (of, + *gen*); **~́ный** *adj of* ~а; **~́очный** *adj of* ~ка; ~очная анте́нна frame (loop) aerial
ра́мпа footlights
ра́на wound; душе́вная ~ *fig* wound, hurt (*emotional*)
ранг class, rank; капита́н пе́рвого ~а captain
ранго́ут *naut* masts and spars
ран|ево́й *adj of* ~́а
ра́нее *adv* before; formerly
ран|е́ние wounding; wound, injury; тяжёлое ~ serious wound; **~́еный** *adj* wounded, injured; *n* wounded, injured man; *pl* casualties, the wounded
ране́т rennet (*apple*)
ра́н|ец (~ца) haversack, knapsack; satchel; *mil* pack
ранжи́р по ~у in order of size (height)
ра́нить II *impf and pf* wound, injure; ~ в но́гу wound in the leg; *fig* hurt
ра́н|ний early; ~ним у́тром early in the morning; ~ней весно́й in early spring; ~няя пти́чка *fig coll* early bird; с ~него де́тства from early childhood; из молоды́х, да ~! *coll* he's starting early!; **~́о** *pred* it is early; обе́дать ещё ~ it is too early for dinner yet; *adv* early; ~ и́ли по́здно *coll* sooner or later
рант (на ~у́, о ~́е) welt; сапоги́ на ~у́ welted boots
рантье́ *m indecl* rentier
рань *f coll* early hour; в таку́ю ~ at such an ungodly hour; **~́ше** *adv* earlier; как мо́жно ~ as early as possible, as soon as possible; before, until; не верну́сь ~ ве́чера I shall not be back before evening; before, first; он пришёл ~ всех he was the first to arrive, he arrived before anybody else; formerly, before; ~ здесь был лес there used to be a forest here before; ~ вре́мени too soon, prematurely
рапи́р|а foil; **~и́ст** foilist
ра́порт report; **~ова́ть** (~у́ю) *impf and pf also pf* от~ report (on, о + *prep*)
рапс *bot* colza, rape
рапсо́дия rhapsody
рарите́т rarity, curiosity
ра́с|а race; **~и́зм** raci(ali)sm; **~и́ст** raci(ali)st; **~и́стский** raci(ali)st
раскабал|и́ть(ся) II *pf of* ~я́ть(ся); **~я́ть** I *pf* ~и́ть emancipate; **~я́ться** I *pf* ~и́ться emancipate oneself
раска́|иваться I *pf* ~яться repent; ~яться в свои́х просту́пках repent (one's) misdeeds; regret
раскал|ённый scorching, burning, hot; torrid; ~ённые у́гли red-hot coals; **~и́ть(ся)** II *pf of* ~я́ть(ся)
раск|а́лывать I *pf* ~оло́ть split, cleave; *fig* split up, break up, disrupt; **~а́лываться** I *pf* ~оло́ться split (up) *also fig*; *usu pf sl* break down, crack, sign a confession (*under interrogation*)
раскал|я́ть I *pf* ~и́ть make very hot, heat up, make

scorching hot; ~и́ть докрасна́, добела́ make red-hot, white-hot; **~я́ться** I *pf* ~и́ть become very hot, scorching hot

раскапри́зничаться I *pf* become very naughty, play up, act up

раск|а́пывать I *pf* ~опа́ть dig up, unearth; enlarge (by digging); excavate; *fig coll* dig up, unearth, discover

раска́ркаться I *pf coll* start to caw; *fig* prophesy evil, doom, croak

раск|а́рмливать I *pf* ~орми́ть fatten

раскасси́р|овать (~ую) *pf mil* disband; *fig* wind up, liquidate

раска́|т roll, peal; ~ гро́ма peal of thunder; *pl* roar(s), rumble; **~та́ть(ся)** I *pf of* ~́тывать(ся); **~́тистый** (~тист) rolling, resounding, booming; ~ смех roars, peal(s) of laughter; ~ уда́р гро́ма reverberating clap (peal) of thunder; **~ти́ть(ся)** II (~чу́(сь), ~́тишь(ся)) *pf of* ~́тывать(ся); **~́тывать** I *pf* ~та́ть unroll; roll out; smooth out; wear smooth, make slippery (*road*, *etc*); *pf* ~ти́ть set rolling; roll away; *impf only coll* drive, ride (around, all over the place); **~́тываться** I *pf* ~та́ться unroll (*carpet*, *etc*); roll out (*dough*, *etc*); *pf* ~ти́ться gather momentum; ~ти́ться на велосипе́де gather speed on a bicycle; roll about; reverberate, resound, echo

раскач|а́ть(ся) I *pf of* ~́ивать(ся); **~́ивать** I *pf* ~а́ть rock, swing; ~а́ть каче́ли get a swing going; loosen, shake loose (*post*, *tooth*, *etc*); *fig pop* rouse, shake up; **~́иваться** I *pf* ~а́ться swing (oneself), rock (oneself); *impf only* be swaying, swinging; ходи́ть ~иваясь roll along; shake, work loose; *fig pop* get going

раска́шляться I *pf* have a fit of coughing

раска́|яние repentance; **~́яться** I (~юсь) *pf of* ~иваться

расквартир|ова́ние quartering, billeting; **~ова́ть** (~у́ю) *pf of* ~о́вывать; **~о́вывать** I *pf* ~ова́ть quarter, billet

раскво́|сить II (~шу) *pf of* ~шивать; **~́шивать** *pop* smash (*part of face*); ~сить кому́ нос bloody someone's nose

расквита́ться I *pf coll* settle accounts (with, с + *instr*) *also fig*; *fig* get even with, pay off old scores

раски|да́ть(ся) I *pf of* ~́дывать(ся); **~́дистый** (~дист) *coll* spreading (*tree*, *etc*); **~дно́й** folding; **~́дывать** I *pf* ~да́ть scatter, throw about; *pf* ~́нуть spread (out); ~нуть ру́ки stretch out one's arms; pitch (*camp*, *tent*, *etc*); ~нуть мозга́ми, умо́м *pop* consider, think over; **~́дываться** I *pf* ~́нуться *coll* sprawl; stretch out, spread out (*of villages*, *towns*, *etc*); **~́нуть(ся)** I *pf of* ~́дывать(ся)

раскипя|ти́ться II (~чу́сь) *pf coll* get hot under the collar

раскис|а́ть I *pf* ~́нуть rise (*from fermentation*); *fig coll* become, feel languid, limp (*from heat*, *etc*); *fig coll* become quite sentimental; **~́нуть** I (*past* ~, ~ла) *pf of* ~а́ть

раскла́д lay(ing) out; **~́ка** apportionment, distribution, allotment; *coll* laying out; assessment (*of taxes*); **~но́й** folding; collapsible; ~на́я крова́ть camp-bed; **~у́шка** *coll* folding bed; **~́ывать** I *pf* разложи́ть put away; ~ ве́щи по я́щикам put (one's) things away in drawers; lay out, spread out; ~ ковёр lay a carpet; ~ костёр make a fire; ~ ска́терть spread a tablecloth; ~ складну́ю крова́ть put up a camp-bed; distribute, apportion (*profits*, *taxes*, *etc*); **~́ываться** I *pf* разложи́ться *coll* unpack; arrange one's things, put one's things out

раскла́н|иваться I *pf* ~яться bow, exchange bows (*on meeting*, *etc*); **~́яться** I *pf of* ~иваться

расклассифици́р|овать (~ую) *pf of* классифици́ровать

раскл|ева́ть (~юю́) *pf of* ~ёвывать; **~ёвывать** I *pf* ~ева́ть peck through; peck up (*of a lot*)

раскле́|ивать I *pf* ~ить unstick, unglue; stick (up), paste (up) (*in var places*); **~́иваться** I *pf* ~иться come unstuck; *fig coll* fail to come off, fall through; *fig coll* feel run down, seedy, below par, я что́-то совсе́м ~ился I feel terrible; **~́ить(ся)** II *pf of* ~ивать(ся); **~́йщик** billsticker

раскле|па́ть I *pf of* ~́пывать; **~́пывать** I *pf* ~па́ть unrivet, unclench; flatten a rivet

расклёш|ивать I *pf* ~ить make bell-shaped, widen out at bottom (skirt, etc); **~́ить** II *pf of* ~ивать

раскли́н|ивать I *pf* ~и́ть unwedge; split with wedge; **~и́ть** II *pf of* ~́ивать

раск|ова́ть(ся) (~ую́(сь), ~уёт(ся)) *pf of* ~о́вывать(ся); **~о́вывать** I *pf* ~ова́ть unshoe (*horse*); unchain, unfetter, unshackle; hammer out, flatten; **~о́вываться** I *pf* ~ова́ться cast a shoe (*of horse*); free oneself (*from chains*, *etc*)

расковы́р|ивать I *pf* ~ять scratch, pick open, scratch raw; **~я́ть** I *pf of* ~́ивать

раско́кать I *pf pop* smash (*glass*, *etc*)

раско́л *eccles* schism, dissent; *pol* split, division

раскол|а́чивать I *pf* ~оти́ть stretch (*footwear*); *coll* prise open, break open; *pf coll* break, smash (*crockery*, *etc*); **~оти́ть** II (~очу́, ~о́тишь) *pf of* ~а́чивать

раск|оло́ть(ся) (~олю́(сь), ~о́лешь(ся); ~о́лотый) *pf of* ~а́лывать(ся)

расколуп|а́ть I *pf of* ~́ывать; **~́ывать** I *pf* ~а́ть *pop* = расковы́ривать

раско́льн|ик *eccles* schismatic, dissenter, raskolnik; *pol* dissenter, dissentient; **~́ический** *eccles* schismatic, dissenting; *pol* splitting, breakaway

раск|опа́ть I *pf of* ~а́пывать; **~о́пка** digging up; *pl* excavations

раск|орми́ть II (~ормлю́, ~о́рмишь) *pf of* ~а́рмливать

раскоря́|ка *m and f pop* bow-legged, bandy-legged person; **~́чивать** I *pf* ~чить *pop* spread (*legs*); **~́чить** II *pf of* ~чивать

раско́|с cross stay, diagonal strut, angle brace; **~си́ть** II (~шу́) *pf* strengthen with cross stays; *coll* cause to squint

раскосма́|тить II (~чу) *pf of* косма́тить

раско́сый squint-eyed, cross-eyed, slant-eyed; slanting

раскоше́л|иваться I *pf* ~иться *coll* fork out; **~́иться** II *pf of* ~иваться

раскра́|дывать I *pf* ~сть *coll* steal, thieve; pilfer, filch; clean out

раскр|а́ивать I *pf* ~ои́ть cut out (*material*, *etc*); *pop* cut, split open

раскра́|сить II (~шу) *pf of* ~шивать; **~́ска** painting, colouring; colours, colour scheme

раскрасне́ться I *pf* flush, glow, go red (in the face)

раскра́|сть (~ду́, ~дёшь; ~́л; ~́денный) *pf of* ~́дывать

раскра́|шивать I ~сить paint, colour

раскреп|и́ть II (~лю́) *pf of* ~ля́ть; **~ля́ть** I *pf* ~и́ть *tech* strengthen with supports, *etc*

раскрепо|сти́ть(ся) II (~щу́(сь)) *pf of* ~ща́ть(ся); **~ща́ть** I *pf* ~сти́ть emancipate, liberate, set free; **~ща́ться** I *pf* ~сти́ться emancipate, liberate, free oneself; *pass of* ~ща́ть; **~ще́ние** emancipation, liberation

раскритик|ова́ть (~у́ю) *pf* slate, severely criticize, pull to pieces

раскрич|а́ть II *pf* vaunt (о + *prep*); **~а́ться** II *pf* start shouting; call a lot of names, start cursing, shout (at, на + *acc*)

раскровени́ть II *pf pop* cut, bloody

раскр|ои́ть II *pf of* ~а́ивать

раскроши́ть(ся) II *pf of* кроши́ть(ся)

раскру|ти́ть(ся) II (~чу́, ~̍тишь; ~̍тит(ся)) *pf of* ~̍чивать(ся); **~̍чивать** I *pf* ~ти́ть untwist, untwine, undo; twirl (*wheel, etc*); **~̍чиваться** I *pf* ~ти́ться come untwisted, untwined, undone; twirl

раскр|ыва́ть I *pf* ~ы́ть open (wide); ~ зо́нтик open, put up an umbrella; ~ кни́гу open a book; ~ ско́бки open brackets; expose, bare; reveal, lay bare, disclose (*secret, details, essence, etc*); ~ за́говор uncover a plot; ~ свои́ ка́рты *fig* show one's cards, one's hand; ~ы́ть чью игру́ see through someone's game; discover (*by research, etc*); **~ыва́ться** I *pf* ~ы́ться open; expose, uncover oneself; be revealed; reveal oneself, open up; come out, come to light; **~ы́тие** opening; revelation; exposure, detection (*of crime, etc*); **~ы́ть(ся)** (~о́ю(сь), ~о́ешься) *pf of* ~ыва́ть(ся)

раскуда́х|таться I (~чусь, ~чешься) *pf coll* start to cackle; *fig coll* start grumbling away

раскула́ч|ивание dispossession of kulaks; **~̍ивать** I *pf* ~ить dispossess the kulaks; **~̍ить** II *pf of* ~ивать

раскуме́кать I *coll* learn, find out

раскуп|а́ть I *pf* ~и́ть buy up; **~и́ть** II (~̍ит) *pf of* ~а́ть

раску́пор|ивать I *pf* ~ить uncork, open; **~иваться** I *pf* ~иться open, come uncorked; **~ка** uncorking, opening

раску́р|ивать I *pf* ~и́ть light (up) (*cigarette, pipe, etc*); *impf coll* pass the time smoking; **~̍иваться** I (~ивается) *pf* ~и́ться draw (cigar, pipe, etc)

раску|си́ть II (~шу́, ~̍сишь) *pf of* ~̍сывать *pf fig coll* size up, see through, rumble; **~̍сывать** I *pf* ~си́ть bite (through)

раску́т|ать(ся) I *pf of* ~ывать(ся)

раску|ти́ться II (~чу́сь, ~̍тишься) *pf coll* take to the bottle, go on the booze

раску́т|ывать I *pf* ~ать unwrap; **~̍ываться** I *pf* ~аться unwrap oneself

ра́совый racial, race

распа́|д disintegration, break-up; *fig* collapse; *tech* decomposition, decay; **~да́ться** I *pf* ~̍сться disintegrate, fall apart, fall to pieces; *fig* break up, collapse; *tech* decompose, decay, dissociate; *impf* consist of, fall (into, на + *acc*)

распа́д|ок (~ка) *dial* narrow valley, ravine

распа́|ивать I *pf* ~я́ть unsolder; **~̍иваться** I (~ивается) *pf* ~я́ться come unsoldered

распак|ова́ть(ся) (~у́ю(сь)) *pf of* ~о́вывать(ся); **~о́вывать** I *pf* ~ова́ть unpack; **~о́вываться** I *pf* ~ова́ться *coll* unpack (*one's things*); come undone (*of parcel, etc*)

распал|и́ть(ся) II *pf of* ~я́ть(ся); **~я́ть** I *pf* ~и́ть *pop* make burning hot; *fig* inflame (*imagination, etc*); ~ гне́вом incense; **~я́ться** I *pf* ~и́ться *pop* get burning hot; ~ гне́вом become incensed

распа́р|ивать I *pf* ~ить steam (out), stew; soften up with steam (hot water); *coll* bring out in a sweat; **~̍иваться** I *pf* ~иться soften (up) with steam (hot water), steam (out), be stewed; *coll* break into a sweat

расп|а́рывать(ся) I *pf* ~оро́ть(ся) = поро́ть(ся)

распа́|сться (~дётся; ~лся) *pf of* ~да́ться

распатро́н|ивать I *pf* ~ить *pop* plunder, remove contents; give it hot (to someone)

распа|ха́ть I (~шу́, ~̍шешь) *pf of* ~̍хивать; **~̍хивать** I *pf* ~ха́ть plough up; *pf* ~хну́ть open wide; fling, throw open; широко́ ~хну́ть дверь fling the door wide open; **~̍хиваться** I *pf* ~хну́ться open wide; fly open, swing open; throw open one's coat; **~хну́ть** *pf of* ~̍хивать; **~̍шка** ploughing up; **~шно́й** worn open, unfastened (*of clothing*); ~шно́е весло́ paddle; ~шна́я гре́бля paddling; **~шо́нка** baby's vest; *coll* loose buttonless garment, jacket, *etc*

распа|я́ть(ся)) I (~я́ет(ся)) *pf of* ~̍ивать(ся)

расп|ева́ть I *pf* ~е́ть sing through (*song, etc*); practise to be in (good) voice; *impf coll* pass the time singing, sing with gusto

распе|ка́ть I *pf* ~̍чь *coll* blow up (*person*)

распелен|а́ть I *pf of* ~̍ывать; **~̍ывать** I *pf* ~а́ть unswaddle

распер|е́ть (разопру́, разопрёшь; ~̍, ~̍ла; ~̍тый) *pf of* распира́ть

распетуши́ться II *pf of* петуши́ться

расп|е́ть (~ою́, ~оёшь; ~е́тый) *pf of* ~ева́ть; **~е́ться** (~ою́сь, ~оёшься) *pf coll* sing away, be carried away with one's singing; burst into song (*of birds*); warm up, get into good voice

распеча́т|ать(ся) I *pf of* ~ывать(ся); **~̍ывать** I *pf* ~ать unseal, open (*letter, etc*); **~̍ываться** I *pf* ~аться come unsealed, come open

распеча́тка printout, listing

распе́|чь (~ку́, ~чёшь, ~ку́т; ~̍к, ~кла́) *pf of* ~ка́ть

расп|ива́ть I *pf* ~и́ть *coll* drink up; ~и́ть буты́лку (с кем) share, split a bottle (with someone); *impf* linger over (*a drink*); **~и́вочный** *obs* for consumption on the premises; ~и́вочная *n obs* tavern, bar; прода́жа вина́ ~и́вочно sale of wine for consumption on the premises

распи́л saw cut; **~̍ивать** I *pf* ~и́ть saw up; **~и́ть** II (~ю́, ~̍ишь) *pf of* ~̍ивать; **~̍ка** sawing; **~о́вка** = ~̍ка

расп|ина́ть I *pf* ~я́ть crucify; **~ина́ться** I *impf coll* put oneself out (on behalf of, за + *acc*)

расп|ира́ть I *pf* ~ере́ть *pop* burst open, cause to burst, bulge; его́ всего́ ~ира́ет от самодово́льства *fig* he is bursting with self-satisfaction

распи|са́ние timetable, schedule; боево́е ~ order of battle, battle stations; по ~са́нию according to schedule; **~са́ть(ся)** I (~шу́(сь), ~̍шешь(ся)) *pf of* ~̍сывать(ся); **~̍ска** painting, decorating; receipt; ~ в получе́нии receipt (for, + *gen*); сдать письмо́ под ~ску make someone sign for a letter; **~сно́й** painted, decorated (*walls, etc*); **~̍сывать** I *pf* ~са́ть note down, copy out, enter; ~ по кни́гам enter in the books; *coll* assign, allot; paint, decorate (*walls, vases, etc*); *fig coll* describe in glowing terms, paint a glowing picture (of); *sl* bloody, carve up; **~̍сываться** I *pf* ~са́ться sign (one's name); sign (for, в + *prep*); ~са́ться в свое́й беспо́мощности *fig* acknowledge one's helplessness; *coll* register one's marriage; *pf coll* get carried away writing; *sl* carve oneself up

рас|пи́ть (разопью́, разопьёшь; ~пи́л (ро́спил),

~пила́, ~пи́ло (ро́спило); ~пи́тый) *pf of* ~пива́ть

распих|а́ть I *pf of* ~́ивать; **~́ивать** I *pf* ~а́ть *coll* shove, thrust aside; shove, stuff; ~ **ме́лкие ве́щи** по карма́нам stuff small articles into one's pockets

распла́в|ить(ся) II (~лю; ~ит(ся)) *pf of* пла́вить (-ся) *and* ~ля́ть(ся); **~ля́ть** I *pf* ~́ить melt, fuse; **~ля́ться** I (~ля́ется) *pf* ~́иться melt, fuse

распла́|каться I (~чусь) *pf* burst into tears, burst out crying

распланир|ова́ть (~у́ю) *pf of* плани́ровать

распласт|а́ть(ся) I *pf of* ~́ывать(ся) *and* пласта́ть; **~́ывать** I *pf* ~а́ть spread; divide into layers; **~́ываться** I *pf* ~а́ться lie flat, sprawl, flatten oneself; prostrate oneself *also fig*

распла́|та payment; retribution, punishment; час ~ты day of reckoning; **~ти́ться** II (~чу́сь, ~́тишься) *pf of* ~́чиваться; **~́чиваться** I *pf* ~ти́ться pay off, settle accounts (with), get even (with, с + *instr*) *also fig*; ~ти́ться с долга́ми pay off one's debts; ~и́ться по ста́рым счета́м pay off old scores; *fig* pay (for, за + *acc*)

распл|ева́ться (~ю́юсь) *pf pop* finish (with), be done (with, с + *instr*)

распле|ска́ть(ся) I (~щу́, ~́щешь; ~́щет(ся); *also coll* ~ска́ю) *pf of* ~́скивать(ся); **~́скивать** I *pf* ~ска́ть spill; **~́скиваться** I (~́скивается) *pf* ~ска́ться spill (over), be spilled

распле|сти́(сь) (~ту́, ~тёшь; ~тёт(ся); ~́л(ся), ~ла́(сь); ~́тший(ся); ~тённый) *pf of* ~та́ть(ся); **~та́ть** I *pf* ~сти́ unplait, unbraid; untwine, untwist, unweave; **~та́ться** I *pf* ~сти́сь come unplaited, undone; untwine, untwist

распло|ди́ть(ся) II (~жу́; ~ди́т(ся)) *pf of* пло-ди́ть(ся)

расплы|ва́ться I *pf* ~́ться flow, run; *fig* become blurred, blur; *coll* spread (*swelling, etc*); *coll* run to fat, get fat; *coll* ~ в улы́бку break into a smile; **~́вчатый** (~́вчат) blurred, indistinct, dim; diffuse, vague; ~вчатые очерта́ния dim (blurred) outlines; ~ стиль woolly style; **~́вшийся** *coll* flabby; **~́ться** (~ву́сь, ~вёшься; ~́лся, ~ла́сь, ~́ло́сь) *pf of* ~ва́ться

расплющ|ивать I *pf* ~ить flatten; hammer out; **~́иваться** I *pf* ~иться flatten, become flat; **~́ить(ся)** II *pf of* ~ивать(ся)

распозна|ва́ть (~ю́, ~ёшь) *pf* ~́ть recognize, identify; discern; diagnose (*illness, etc*); discover (*intentions, etc*); **~́ть** (~ю, ~ешь) *pf of* ~ва́ть

распол|ага́ть I *impf* dispose (of), have at one's disposal, have available (+ *instr*); ~ вре́менем have time available; ~ больши́ми сре́дствами dispose of ample means; мо́жете мной ~ I am at your disposal; *obs* intend, propose (+ *infin*); predispose; э́то ~ага́ет меня́ ко сну it makes me feel sleepy; *pf* ~ожи́ть dispose, arrange, set out; ~ войска́ station troops; дом ~о́жен на горе́ the house is situated on a hill; win over, make well disposed towards; он ~ага́ет к себе́ he makes a favourable impression; **~ага́ться** I *pf* ~ожи́ться take up position; settle oneself, compose oneself, make oneself comfortable; ~ писа́ть settle down to write; ~ага́йтесь, как до́ма make yourself at home; ~ ла́герем pitch camp; **~ага́ющий** prepossessing, likeable, attractive

располз|а́ться I *pf* ~ти́сь crawl off (in different directions); *coll* fall apart, tear (*of clothing, etc*) *coll* become blurred; *pop* get fat; **~ти́сь** (~у́сь, ~ёшься; ~́ся, ~ла́сь) *pf of* ~а́ться

располож|е́ние arrangement, disposition; ~ по кварти́рам *mil* billeting; ~ слов word-order; ~ ме́бели в ко́мнате arrangement of furniture in the room; situation, location; ~ на ме́стности *mil* location on the ground; sympathies, regard, liking, favour; по́льзоваться чьим ~е́нием enjoy someone's favour, be in someone's good books, be liked by someone; приобрести́, сниска́ть чьё ~ gain someone's favour, win someone's regard; liking (for), penchant (for), tendency (to), inclination (to, for), propensity (to), bias (towards, к + *dat*); ~ к боле́зни tendency to fall ill; ~ (ду́ха) mood, disposition, humour, frame of mind; в плохо́м ~е́нии in a bad mood; не име́ть ~е́ния be in no mood (to), have no heart (to, к + *dat*); **~́енный** (~ен) well disposed (to, towards), in the mood (for, к + *dat*); я не о́чень ~ен сего́дня рабо́тать I don't feel much like work today; **~и́ть** II (~у́, ~́ишь) *pf of* располага́ть; **~и́ться** II (~у́сь, ~́ишься) *pf of* располага́ться; *pf obs* resolve, make up one's mind (to, + *infin*)

располос|ова́ть (~у́ю) *pf of* полосова́ть

распо́р *tech* thrust; **~́ка** *tech* stay, cross-bar, strut, tie-beam, tie(-rod); spreader

расп|оро́ть(ся) (~орю́(сь), ~о́решь(ся)) *pf of* ~а́рывать(ся) *and* поро́ть(ся)

распоря|ди́тель *m* superintendent, manager, master of ceremonies; **~ди́тельность** *f* good management; efficiency; **~ди́тельный** (~ди́телен) efficient; practical, businesslike; **~ди́ться** II (~жу́сь) *pf of* ~жа́ться; **~́док** (~дка) routine, procedure; ~ дня daily routine; пра́вила вну́треннего ~дка regulations, rules; **~жа́ться** I *pf* ~ди́ться order, see (that); ~ди́ться об упла́те де́нег see that the money is paid; *impf coll* be in charge (of), manage, run, be the boss; всем ~ run the whole show; ~ как у себя́ до́ма behave as if the place belonged to one; dispose (of), do (with, + *instr*); ~ди́тесь мои́ми деньга́ми, как хоти́те do what you like with my money; **~же́ние** order, instruction, direction; по чьему́ ~же́нию by order of someone; до осо́бого ~же́ния until further notice, pending further instructions; disposal, command; быть в ~же́нии кого́ be at someone's disposal; име́ть в своём ~же́нии have at one's disposal; предоста́вить в чьё ~ place at someone's disposal

распоя́|сать(ся) I (~шу(сь), ~шешь(ся)) *pf of* ~сывать(ся); **~́сывать** I *pf* ~сать take belt off, ungird; **~́сываться** I *pf* ~саться take off one's belt, ungird oneself; *fig coll pej* let oneself go, throw aside all restraint, get out of hand

распра́в|а *hist* punishment, execution; твори́ть суд и ~у *obs* administer justice and mete out punishment; коро́ткая ~ short shrift; у меня́ с ним ~ коротка́ I'll make short work of him; крова́вая ~ massacre; кула́чная ~ fist-law; violence, reprisal; savage treatment; **~́ить(ся)** II (~лю(сь)) *pf of* ~ля́ть(ся); **~ля́ть** I *pf* ~́ить smooth out, straighten; ~ морщи́ны smooth out wrinkles; ~ пле́чи square one's shoulders; spread; *coll* stretch (*limbs*); ~ кры́лья spread one's wings *also fig*; **~ля́ться** I *pf* ~́иться get smoothed out; deal (with), make short work (of), give short shrift (to, с + *instr*); ~ с арбу́зом make short work of a water-melon

распредел|е́ние distribution; allocation, allotment, assignment, apportionment; ~ своего́ вре́мени planning one's timetable; ~ роле́й в пье́се casting;

~ войск *mil* order of battle; **~и́тель** *m* distributor; закры́тый ~ retail establishment (for registered persons only); **~и́ть(ся)** II (~и́т(ся)) *pf of* ~я́ть(ся); **~я́ть** I *pf* ~и́ть distribute; allocate, allot, assign, divide up; ~ ро́ли в пье́се cast a play; systematize; **~я́ться** I (~я́ется) *pf* ~и́ться divide up, split up; *pass of* ~я́ть

распрекра́сный *coll* splendid

распрода|ва́ть (~ю́, ~ёшь) *pf* ~́ть sell (off, out); **~́жа** (clearance, bargain) sale; selling off; **~́ть** (~м, ~шь, ~ст, ~ди́м, ~ди́те, ~ду́т; распро́дал, ~ла́, распро́дало) *pf of* ~ва́ть

распропаганди́р|овать (~ую) *pf* persuade by propaganda

распрост|ере́ть(ся) (*fut tense not used;* ~ёр(ся), ~ёрла(сь)) *pf of* ~ира́ть(ся); **~ёртый** outstretched; с ~ёртыми объя́тиями with open arms; prostrate, prone; **~ира́ть** I *pf* ~ере́ть stretch out, spread out, extend *also fig*; **~ира́ться** I *pf* ~ере́ться prostrate oneself, stretch oneself out; *fig* spread, extend (to, на + *acc*)

распро|сти́ться II (~щу́сь) *pf coll* take leave (of), say, bid goodbye (to, с + *instr*)

распростран|е́ние spreading, dissemination; ~ зара́зы spreading of infection; име́ть большо́е ~ be widely practised, be widespread; prevalence; **~ённость** *f* prevalence; diffusion; **~ённый** widespread; widely distributed; ~ённое предложе́ние *gramm* extended sentence; **~и́тель** *m* disseminator, spreader; **~и́тельный** extended; wide, broad (*interpretation, etc*); **~и́ть(ся)** II *pf of* ~я́ть(ся); **~я́ть** I *pf* ~и́ть spread; ~ слу́хи spread rumours; disseminate, propagate; popularize; distribute (*books, etc*); extend; ~ де́йствие зако́на extend the application of the law (to cover, на + *acc*); give off, out (*a smell*); **~я́ться** I *pf* ~и́ться spread; extend; cover, apply (to, на + *acc*) (*of law, etc*); *coll* enlarge (on), expatiate (on), hold forth (about, о + *prep*)

распро|ща́ться I *pf coll* = ~сти́ться

распры́ск|ать I *pf of* ~ивать; **~́ивать** I *pf* ~ать *coll* spray (about)

ра́спр|я (*gen pl* ~ей) discord, strife, feud, quarrel

распря|га́ть I ~́чь unharness; **~га́ться** I *pf* ~́чься get unharnessed

распрям|и́ть(ся) II (~лю́(сь)) *pf of* ~ля́ть(ся); **~ля́ть** I *pf* ~и́ть straighten (out, up); unbend; ~ пле́чи square one's shoulders; **~ля́ться** I *pf* ~и́ться straighten up, stand up straight

распря́|чь(ся) (~гу́, ~жёшь; ~жёт(ся), ~гу́т(ся)) *pf of* ~га́ть(ся)

распублик|ова́ть (~у́ю) *pf of* ~о́вывать; **~о́вывать** I *pf* ~ова́ть spread, disseminate, promulgate, bruit abroad, noise abroad

распуг|а́ть I *pf of* ~́ивать; **~́ивать** I *pf* ~а́ть *coll* scare, frighten (away, off)

распу|ска́ть I *pf* ~сти́ть dismiss; disband; dissolve (*parliament);* ~ на кани́кулы dismiss for the holidays; ~ кома́нду *naut* pay off a crew; loosen, let out; spread, unfurl; ~ паруса́ spread its sails; ~ во́лосы let one's hair down, undo one's hair; ~ кры́лья, хвост spread its wings, tail; undo (*garment, etc*); ~ сви́тер undo a pullover; *fig* allow to get out of hand; ~ ребёнка spoil a child; dissolve; *fig coll* put out, spread (*rumours, etc*); **~ска́ться** I *pf* ~сти́ться *bot* open, come out, blossom out; сире́нь ~сти́лась the lilac is out; come loose; come down (*of hair*); come undone, unravel (*of knitted garment*); *fig* get out of hand, let oneself go; dissolve, melt; **~сти́ть(ся)** II (~щу́(сь), ~́стишь(ся)) *pf of* ~ска́ть(ся)

распу́т|ать(ся) I *pf of* ~ывать(ся)

распу́тица time of impassable (*flooded, etc*) roads

распу́т|ник profligate, libertine, rake, debauchee, loose liver; *f* **~́ница**; **~́ничать** I *impf* lead a profligate life; **~́ный** (~ен) profligate, dissolute, debauched; **~́ство** profligacy, debauchery, libertinism, dissipation, dissoluteness

распу́т|ывать I *pf* ~ать untangle, disentangle, unravel *also fig*; untie, loose (*animal*); *fig* puzzle out; **~́ываться** I *pf* ~аться come undone, get disentangled; *fig coll* be cleared up; *fig coll* get rid (of), shake off (с + *instr*)

распу́тье crossroads; быть на ~ *fig* be at the crossroads, at the parting of the ways

распух|а́ть I *pf* ~́нуть swell (up); *fig* bulge; па́пка ~́ла от бума́г the file is bulging with papers; *fig* swell, become inflated; **~́нуть** I (*past* ~́, ~́ла) *pf of* ~а́ть

распуши́ть II *pf of* пуши́ть

распу́щ|енность *f* lack of discipline, laxity, slackness; dissoluteness, dissipation, decadence, decline; **~́енный** (~ен, ~енна) undisciplined, wild; ~енные во́лосы loosened tresses; dissolute

распы́л на ~ пусти́ть (на ~ пошло́) *pop* fritter away (frittered away); **~е́ние** spraying, atomization; dispersion, scattering; frittering away; **~и́тель** *m* spray(er), atomizer, pulverizer; **~и́ть(ся)** II *pf of* ~я́ть(ся); **~я́ть** I *pf* ~и́ть spray, atomize, pulverize; *fig* disperse, scatter; **~я́ться** I (~я́ется) *pf* ~и́ться scatter, disperse; *pass of* ~я́ть

распя́л|ивать I *pf* ~ить stretch (*on a frame*); **~́ить** II *pf of* ~ивать; **~́ка** frame

расп|я́тие crucifixion; cross, crucifix; **~я́ть** (~ну́, ~нёшь; ~я́тый) *pf of* ~ина́ть

расса́|да seedlings; **~ди́ть** II (~жу́, ~́дишь) *pf of* ~́живать; **~́дка** planting out; **~́дник** seed-bed, nursery; *fig* centre; *fig* hot-bed, breeding-ground; **~́живать** I *pf* ~ди́ть seat (*guests, etc*); separate, seat separately; plant out; **~́живаться** I *pf* рассе́сться take one's seat; *coll* sprawl (all over the place)

расс|а́сывать I *pf* ~оса́ть *med* resolve; **~а́сываться** I *pf* ~оса́ться *med* resolve; *fig coll* disperse (*queue, traffic jam, etc*)

рассве́рл|ивать I *pf* ~ить ream, bore; **~и́ть** II *pf of* ~́ивать

рассве|сти́ (~тёт; ~ло́) *pf of* ~та́ть; **~́т** dawn, daybreak; на ~те at dawn; **~та́ть** I (~та́ет) *pf* ~сти́; ~та́ет day is breaking; ~ло́ it grew light, day came

рассвирепе́ть I *pf of* свирепе́ть

рассе|ва́ть I *pf* ~́ять sow, broadcast, scatter

рассе|да́ться I (~да́ется) *pf* ~́сться crack

рассёдл|а́ть I *pf of* ~́ывать; **~́ывать** I *pf* ~а́ть unsaddle

рассе́|ивать I *pf* ~́ять scatter, disperse; diffuse, diffract (*light, etc*); break up, scatter; *fig* clear up, dispel (*doubts, false, rumours, etc*); *fig* divert, distract; ~́ять чьё го́ре take someone's mind off his (her) troubles; **~́иваться** I *pf* ~́яться disperse, scatter; become diffuse (*light, etc*); clear, lift (*mist; fog*); be blown away (*clouds, etc*); *fig* disappear, be dispelled (*unpleasant feelings, etc*); тоска́ ~́ялась the sadness melted away; ~́яться как дым vanish into thin air, into smoke; distract oneself, find distraction; вам на́до ~́яться you need a holiday, a break

рассе|ка́ть I *pf* ~́чь cut through, cleave, split *also fig*; cut (badly); cut in two
рассекре́|тить II (~чу) *pf of* ~чивать; ~́**чивать** I *pf* ~тить declassify, remove from secret list; take off secret work; deny access to secret documents
расселе́ние resettlement
рассе́лина cleft, fissure
рассел|и́ть(ся) II *pf of* ~я́ть(ся); ~**я́ть** I *pf* ~и́ть settle; separate, settle apart; ~**я́ться** I *pf* ~и́ться settle, take up one's quarters; separate, settle separately
рассер|ди́ть(ся) II (~жу́(сь), ~́дишь(ся)) *pf of* серди́ть(ся); ~́**женный** angry; ~**ча́ть** I *pf of* серча́ть
рас|се́сться (~ся́дусь, ~ся́дешься; ~се́лся, ~се́лась) *pf of* ~са́живаться *and* ~седа́ться
расс|е́чь (~еку́, ~ечёшь; ~е́к, ~екла́) *pf of* ~ека́ть
рассе́|яние diffusion; dispersion; ~ тепла́ dissipation of heat; ~ све́та diffusion of light; ~́**янность** *f* absent-mindedness, distraction; diffusion, dispersion, dissipation; ~́**янный** (~ян, ~янна) absent-minded; ~ взгляд vacant look; distrait, inattentive, abstracted; diffused; dissipated; scattered, dispersed; ~́**ять** I (~ю, ~ешь) *pf of* ~ва́ть *and* ~́ивать; ~́**яться** I *pf of* ~́иваться
расси|де́ться II (~жу́сь) *pf of* ~́живаться; ~́**живаться** I *pf* ~де́ться *pop* make oneself comfortable
расска́|з account, description; ~ очеви́дца first-hand account; *lit* (short) story, tale; ~**за́ть** I (~жу́, ~́жешь) *pf of* ~́зывать; ~́**зчик** narrator, talker; story-teller; ~́**зывать** I *pf* ~за́ть talk, tell, narrate, recount; ~ кому́ о случи́вшемся tell someone what happened
расска|ка́ться I (~чу́сь, ~́чешься) *pf coll* set off at a fast gallop
расскрип|е́ться II (~лю́сь) *pf coll* start to creak *also fig*
расслаб|ева́ть I *pf* ~е́ть *coll* weaken, grow weak, tire; ~**е́ть** I *pf of* ~ева́ть; ~́**ить** II (~лю) *pf of* ~ля́ть; ~**ле́ние** relaxing, relaxation, lassitude, debilitation; ~́**ленность** *f* slackness, flaccidity, limpness, debility; ~́**ленный** relaxed, flaccid, slack, weak, limp; ~**ля́ть** I *pf* ~́ить relax, slacken, weaken, enfeeble, debilitate, enervate; ~́**нуть** I (*past* ~, ~ла) *pf coll* = ~е́ть
рассла́в|ить II (~лю) *pf of* ~ля́ть; ~**ля́ть** I *pf* ~́ить *coll* praise to the skies, overpraise; noise abroad (о + *prep*)
рассл|а́ивать I *pf* ~ои́ть stratify *also fig*, arrange in layers; separate; *fig* differentiate, *tech* laminate; ~**а́иваться** I *pf* ~ои́ться be stratified *also fig*; become flaky (*of pastry, etc*); *fig* be differentiated; *tech* laminate
рассле́д|ование investigation, inquiry; examination; назна́чить ~ order an inquiry (into), set up an investigation (into, + *gen*); произвести́ ~ hold an inquiry (into, + *gen*); ~́**овать** (~ую) *impf and pf* investigate, look into, examine
рассло|е́ние stratification *also fig*; exfoliation; *tech* lamination; *fig* differentiation; ~**и́ть(ся)** II *pf of* рассла́ивать(ся); ~́**йка** stratification; *geol* stratum
расслу́шать I *pf coll* listen properly (to)
рассль́ш|ать II *pf* hear, catch; я не ~ал, что он сказа́л I didn't quite catch what he said
рассм|а́тривать I *pf* ~отре́ть make out, discern, descry; ~отре́ть на́дпись make out the inscription; examine, consider; тща́тельно ~ все да́нные carefully examine all the data; ~ де́ло *leg* try a case; *impf* look at, scrutinize, examine; ~ в микроско́п examine under a microscope; *impf* regard (as), consider (to be); ~ предложе́ние как реа́льное consider the proposal (to be) realistic; я ~а́триваю э́то как обма́н I regard it as a fraud
рассмеши́ть II *pf of* смеши́ть
рассме|я́ться (~ю́сь, ~ёшься) *pf* laugh, burst out laughing; ~ кому́ в глаза́ laugh in someone's face
рассм|отре́ние examination, scrutiny; consideration; ~ де́ла *leg* trial; представля́ть на ~ submit for consideration; при ближа́йшем ~отре́нии on closer examination; ~**отре́ть** II (~отрю́, ~о́тришь) *pf of* ~а́тривать
расс|ова́ть (~ую́) *pf of* ~о́вывать; ~**о́вывать** I *pf* ~ова́ть *coll* stuff, shove (into, в + *acc*, по + *dat*)
рассо́л brine, pickle; pickle-water, pickle-juice; ~́**ьник** rassolnik (*meat or fish soup with pickled cucumbers*)
рассо́рить II *pf coll* make mischief (between, + *acc*), set at loggerheads
рассори́ть II *pf coll* scatter, drop (all over the place); ~ оку́рки по́ полу litter the floor with cigarette butts
рассо́риться II *pf* fall out (with, с + *instr*)
рассортир|ова́ть (~у́ю) *pf of* сортирова́ть
рассос|а́ть(ся) (~у́, ~ёшь; ~ёт(ся)) *pf of* расса́сывать(ся)
расс|о́хнуться (~о́хнется; ~о́хся, ~о́хлась) *pf of* ~ыха́ться
расспр|о́с *usu pl* questions, cross-questioning; ~**а́шивать** I *pf* ~оси́ть II (~ошу́, ~о́сишь) question, make inquiries (about)
рассредото́ч|ение *mil* dispersal, dispersion; ~́**ивать** I *pf* ~ить *mil* disperse; ~́**иваться** I *pf* ~иться *vi* disperse, break up (into small units); ~́**ить(ся)** II *pf of* ~ивать(ся)
рассро́ч|ивать I *pf* ~ить spread (out), space out (*instalments, etc*); ~ить платёж до́лга кому́ allow someone to pay back a debt gradually; ~́**ить** II *pf of* ~ивать; ~́**ка** instalment system; в ~ку on the instalment system; поку́пка (прода́жа) в ~ку hire-purchase
расста|ва́ние parting; при ~ва́нии on, at parting; ~**ва́ться** (~ю́сь, ~ёшься) *pf* ~ться part (with, с + *instr*); quit, leave (с + *instr*); ~ с мы́слью give up the idea, put the thought out of one's head
расста́в|ить II (~лю) *pf of* ~ля́ть; ~́**ка** letting out (*tailoring*); ~**ля́ть** I *pf* ~́ить place, arrange; ~ить кни́ги в шкафу́ arrange books in a bookcase; ~ить ша́хматы set out chessmen; distribute, allocate; ~ люде́й allocate (duties to) personnel; ~ часовы́х post sentries; extend; ~ но́ги set one's feet apart, stand with feet apart; ~ ру́ки extend one's arms horizontally
расстано́вк|а arrangement, placing; distribution, allocation; ~ зна́ков препина́ния punctuation; ~ сил distribution of forces; pause(s), spacing; говори́ть с ~ой make pauses in one's speech, speak slowly and deliberately
расстара́ться I *pf coll* try very hard
расста́|ться (~нусь, ~нешься; ~нься) *pf of* ~ва́ться
расстега́й open-topped pasty
расстёг|ивать I *pf* ~ну́ть undo, unfasten; unbutton; unhook; unclasp; ~́**иваться** I *pf* ~ну́ться come undone, become unfastened; become unbuttoned, unhooked; undo, unbutton

one's coat; undo one's buttons; **~ну́ть(ся)** I *pf of* ~ивать(ся)

расст|ели́ть(ся) II (~елю́(сь), ~е́лишь(ся)) *pf* = разостла́ть(ся); **~ила́ть** I *pf* разостла́ть spread; **~ила́ться** I *pf* разостла́ться spread out; *impf only* extend, unfold (*of landscape*, *etc*)

расстоя́н|ие distance, space, interval, gap; на бли́зком ~ии at a short distance (from, от + *gen*); на небольшо́м ~ии a short way off; на ~ии шести́ киломе́тров six kilometres away; на ~ии пу́шечного вы́стрела within gunshot; держа́ть кого́ на почти́тельном ~ии keep someone at arm's length, at a distance; держа́ться на ~ии keep one's distance, hold aloof

расстр|а́ивать I *pf* ~о́ить disorganize, throw into confusion, disorder; unsettle, upset; ~о́ить желу́док cause indigestion; ~о́ить за́мыслы thwart schemes; ~о́ить своё здоро́вье ruin, undermine one's health; ~о́ить чьи пла́ны upset someone's plans; put, make out of tune (*piano*, *etc*); ~о́ить ряды́ проти́вника break the enemy's ranks; **~а́иваться** I *pf* ~о́иться break up, lose formation, be thrown into confusion; *fig* fall through, miscarry, go wrong, fail, break down (*of plans*, *economy*, *etc*); его́ здоро́вье ~о́илось his health failed; get out of tune (*of violin*, *etc*); be put out (about), be upset (over, от + *gen*)

расстре́л (military) execution; приговори́ть к ~у sentence to be shot; shooting up; **~ивать** I *pf* ~я́ть shoot, execute by shooting; shoot up, rake with fire; fire on (*a crowd*, *etc*); use up (*ammunition*); ~ из пулемёта machine-gun; **~я́ть** I *pf of* ~ивать

расстри́|га *m* unfrocked priest, unfrocked monk; **~га́ть** I *pf* ~чь *eccles* unfrock; *coll* cut up with scissors; **~чь** (~гу́, ~жёшь, ~гу́т; ~г, ~гла; ~женный) *pf of* ~га́ть

расстро́|енный (~ен) disorganized, disordered; ~енные ряды́ broken ranks; ruined (*economy*, *health*, *etc*); out-of-tune (*of piano*, *etc*); upset, distressed, troubled; **~ить(ся)** II *pf of* расстра́иваться; **~йство** disorder, confusion; ~ желу́дка stomach upset; *coll* diarrhoea; ~ пищеваре́ния indigestion; ~ ре́чи speech defect; вноси́ть ~ (в + *acc*), приводи́ть в ~ throw into confusion, disorganize; *coll* upset, discomposure; быть в ~йстве *coll* be upset, be put out

расступ|а́ться I *pf* ~и́ться part, make way (for); толпа́ ~и́лась the crowd parted; *fig* open (*of crack*, *earth*, *etc*); *pop iron* cough up (*money*); **~и́ться** II (~лю́сь, ~ишься)

расстык|ова́ться (~у́юсь) *pf of* ~о́вываться; **~о́вка** undocking (*of space vehicles*); **~о́вываться** I *pf* ~ова́ться undock (*of spacecraft*), decouple

рассу|ди́тельность *f* good sense, reasonableness; **~ди́тельный** (~ди́телен) reasonable; rational; sober(-minded), sensible; **~ди́ть** II (~жу́, ~дишь) *pf* judge (between), arbitrate (between); ~ди́те нас be the judge between us; ~ спор settle a dispute; think, consider, decide; **~до́к** (~дка) reason; го́лос ~дка the voice of reason; в по́лном ~дке in full possession of one's faculties; лиши́ться ~дка lose one's reason; common sense, good sense; вопреки́ ~дку contrary to common sense; **~до́чный** (~дочен) rational, of the reason; governed by reason; ~дочная любо́вь intellectual love; **~жда́ть** I *impf* reason; argue (about, о + *prep*); discuss, debate, discourse (on, о + *prep*); не ~жда́я without a word; не ~! don't argue!; **~жде́ние** reasoning; *usu pl* discussion, debate пусти́ться в ~жде́ния start a lengthy discussion; argument; без ~жде́ний! no arguing!; *obs* dissertation; *obs* в ~жде́нии with regard (to), as regards (+ *gen*)

рассупо́н|ивать I *pf* **~ить** II *pf* unfasten the hame-strap; *sl* open **~иваться** come undone, *coll* get undressed

рассусо́ливать I *impf pop* go on and on (*in relating something*)

рассу́ч|ивать I *pf* ~и́ть untwist; undo; ~и́ть рукава́ roll one's sleeves down; **~иваться** I *pf* ~и́ться untwist, come undone; **~и́ть(ся)** II (~у́(сь), ~и́шь(ся)) *pf of* ~ивать(ся)

рассчи́т|анный deliberate, calculated; ~анная гру́бость deliberate rudeness; planned (for), designed (for), intended (for), meant (for, на + *acc*); **~а́ть(ся)** I *pf of* ~ывать(ся); **~ывать** I *pf* ~а́ть, расче́сть calculate, compute; plan; time, gauge; не ~а́ть свои́х сил overrate one's strength; *impf* depend (upon), rely (on, upon), count (on, на + *acc*); expect (to), hope (to, + *infin*); мы ~ывали пое́хать во Фра́нцию в э́том году́ we were hoping to go to France this year; **~ываться** I *pf* ~а́ться, расче́сться settle accounts (with), reckon (with, с + *instr*); *coll* get even (with, с + *instr*); *coll* leave, give up the job; *impf* pay (for), за + *acc*); ~ за свои́ просту́пки pay for one's actions; *pf* ~а́ться *mil* number; по поря́дку номеро́в ~а́йсь! number!

рассыл|а́ть I *pf* разосла́ть send (out), distribute, circulate, send round; **~ка** distribution, delivery; **~ьный** *adj* delivery; *n* messenger

рассы́п|ать(ся) (~лю(сь), ~лешь(ся); ~ь(ся)) *pf of* ~а́ть(ся); **~а́ть** I *pf* ~ать spill; strew; ~ать са́хар spill the sugar; pour out; **~а́ться** I *pf* ~аться spill, scatter; crumble, go to pieces *also fig*; ~аться в пыль crumble to dust; ~ в цепь *mil* form an extended line; ~ в похвала́х кому́ *coll* shower praises on someone; ~ в извине́ниях be profuse in one's apologies; *sl* confess; **~но́й** (sold) loose, by the piece; ~ строй *mil* extended order; **~чатый** (~чат) crumbly, friable; *cul* short, crumbly; ~чатое пече́нье shortbread

расс|ыха́ться I *pf* ~о́хнуться dry up, shrink, crack

раст|а́лкивать I *pf* ~олка́ть push, shove apart, away; ~ толпу́ push one's way through a crowd; shake (*to waken*)

раст|а́пливать I *pf* ~опи́ть light (*stove*, *etc*); melt, (cause) to thaw; **~а́пливаться** I *pf* ~опи́ться begin to burn (*of stove*, *etc*); melt

раст|а́птывать I *pf* ~опта́ть trample (on), stamp on, crush

раста|ска́ть I *pf of* ~скивать remove, take away (bit by bit); *coll* take apart, break up (*building*, *etc*); *coll* pilfer, filch; **~скивать** I *pf* ~ска́ть, ~щи́ть; *pf* ~щи́ть *coll* separate, part, drag apart

растас|ова́ть (~у́ю) *pf of* ~о́вывать; **~о́вывать** I *pf* ~ова́ть *coll* shuffle (cards) *also fig*

раст|а́чивать I *pf* ~очи́ть bore out; ~ отве́рстие widen the aperture

раста|щи́ть II (~щу́, ~щишь) *pf of* ~скивать

раста́|ять I (~ю) *pf of* та́ять

раство́р (extent of) opening, gap, span; ~ две́ри doorway; ~ окна́ extent of window-opening; ~ ци́ркуля spread of pair of compasses; *chem* solution; *tech* mortar; строи́тельный ~ grout; **~е́ние** dissolving; solution, dissolution; ~ амбразу́ры embrasure splay; **~и́мость** *f chem* solubility; **~и́мый** (~и́м) *chem* soluble; **~и́тель** *m* *chem* solvent; **~и́ть** II (~ю́, ~́ишь) *pf of* ~я́ть open; (~ю́, ~и́шь) *pf of* ~я́ть dissolve; dilute, weaken; **~и́ться** II (~́ится) *pf of* ~я́ться open; **~и́ться** II (~и́тся) *pf of* ~я́ться dissolve; *fig* melt away, dissolve; **~я́ть(ся)** I *pf* ~и́ть(ся)

расте|ка́ться I *pf* ~́чься spread *also fig* (over, по + *dat*); run (*of ink, etc*); по её лицу́ ~кла́сь улы́бка a smile spread over her face; spill

расте́ние plant; однолéтнее ~ annual; многолéтнее ~ perennial; ползу́чее ~ creeper; **~во́д** plant-grower; **~во́дство** plant-growing

растереб|и́ть II (~лю́) *pf coll* rumple, tousle, ruffle (*hair, etc*); *pop* activate, stir up

раст|ере́ть(ся) (разотру́(сь), разотрёшь(ся); ~ёр (-ся), ~ёрла(сь); ~ере́в; ~ёрши(сь); ~ёртый) *pf of* ~ира́ть(ся)

растéрз|анный *coll* dishevelled, battered; **~а́ть** I *pf of* ~́ывать tear to pieces, maul; *coll* dishevel; *fig* harrow; **~́ывать** I *pf* ~а́ть

растéр|ивать(ся) I *pf* ~я́ть(ся); **~́янность** *f* bewilderment, perplexity, dismay, confusion; **~́янный** (~ян, ~янна) bewildered, perplexed, dismayed, confused, lost; с ~янным ви́дом looking bewildered, lost; **~я́ть** I *pf of* ~́ивать lose gradually (a lot); **~я́ться** I *pf of* ~́иваться get lost, be lost; be bewildered; ~ от неожи́данности be taken aback; не ~ keep one's head; **~я́ха** *m and f pop* absent-minded, forgetful person

расте́|чься (~чётся, ~ку́тся; ~́кся, ~кла́сь) *pf of* ~ка́ться

раст|и́ (~у́, ~ёшь; рос, росла́) *pf* вы́~ *biol bot* grow; grow up (*of children*); он рос в го́роде he grew up in the city; *fig* grow, increase; *fig* advance, develop; grow in stature

растира́|ние grinding; *med* massage; **~́ть** I *pf* растере́ть grind; ~ в порошо́к grind to powder; *chem* triturate; rub, spread (over, по + *dat*); rub (down), massage; **~́ться** I *pf* растере́ться be ground to powder, turn into powder; *chem* become triturated; rub oneself (down)

расти́с|кивать I *pf* ~нуть *coll* unclench (*teeth, etc*); **~́нуть** I *pf of* ~кивать

ра|сти́тельность *f* vegetation; *coll* hair (*on body*); **~сти́тельный** plant; vegetable; ~ мир vegetable kingdom, plant life; ~сти́тельная пи́ща vegetable diet; ~сти́тельная жизнь *fig* vegetable life; **~сти́ть** (~щу́, ~сти́шь) *impf* raise, grow, cultivate (*flowers, animals, etc*); bring up, raise (*children*), train (*personnel*); improve, perfect (*talent, gifts, etc*)

растл|ева́ть I *pf* ~и́ть seduce (*minors*); fig corrupt; **~е́ние** seduction (*of minors*); *fig* corruption; decay, decadence; **~е́нный** (~е́н, ~е́нна) corrupt; decadent; **~и́ть** II *pf of* ~ева́ть

раст|олка́ть I *pf of* ~а́лкивать; **~олкну́ть** I *pf coll* shove, push apart

растолк|ова́ть (~у́ю) *pf of* ~о́вывать; **~о́вывать** I *pf* ~ова́ть explain

растол|о́чь (~ку́, ~чёшь, ~ку́т; ~о́к, ~кла́) *pf of* толо́чь

растолсте́ть I *pf* put on (a lot of) weight, grow stout, put on flesh

раст|опи́ть(ся) II (~оплю́, ~́опишь; ~́опит(ся)) *pf of* ~а́пливать(ся); **~о́пка** lighting, kindling; *collect coll* kindling (wood)

расто́п|танный *coll* worn down (*of shoes, etc*); **~та́ть** I (~чу́, ~́чешь) *pf of* раста́птывать

растопы́р|ивать I *pf* ~ить *coll* spread (wide), open wide, spread out, splay (*fingers, legs, etc*); **~́иваться** I *pf* ~иться *coll* be spread (wide); **~́ить(ся)** II *pf of* ~ивать(ся)

расторг|а́ть I *pf* ~́нуть cancel, dissolve, annul, abrogate; ~ брак dissolve a marriage; **~́нуть** I (*past* ~́ *and* ~нул, ~ла) *pf of* ~а́ть

расторг|ова́ться (~у́юсь) *pf of* ~о́вываться; **~о́вываться** I *pf* ~ова́ться *pop* begin to do a brisk trade; sell out

растор же́ние cancellation, annulment, abrogation, dissolution

растормоши́ть II *pf coll* stir up, spur to activity; shake (to waken)

расторо́п|ный (~ен) efficient; quick, prompt, smart

расточ|а́ть I *pf* ~и́ть waste, squander, dissipate; lavish, be lavish of, shower; ~ похвалы́ кому́ lavish praises on someone; **~и́тель** *m* squanderer, spendthrift; **~и́тельность** *f* extravagance, wastefulness; **~и́тельный** (~и́телен) extravagant, wasteful; **~и́тельство** = ~и́тельность; **~и́ть** II *pf of* ~а́ть; (~у́, ~́ишь) *pf of* раста́чивать; **~́ка** *tech* boring

растрав|и́ть II (~лю́, ~́ишь) *pf of* ~́ливать *and* ~ля́ть; **~́ливать** I *pf* ~и́ть disturb, irritate; ~ ра́ну *fig* rub salt on a wound; ~ ста́рое го́ре *fig* reopen an old wound; *pop* tease (*dog, etc*); **~ля́ть** I *pf* ~и́ть disturb, irritate

растранжи́р|ивать I *impf coll* = транжи́рить; **~́ить** II *pf of* транжи́рить

растра́|та squandering; embezzlement, peculation; **~́тить(ся)** II ~чу(сь) *pf of* ~чивать(ся); **~́тчик** embezzler, peculator; **~́чивать** I *pf* ~тить squander, waste, dissipate; ~тить все де́ньги squander all one's money; ~тить си́лы squander one's strength, energy; ~тить своё вре́мя fritter away one's time; embezzle, peculate; **~́чиваться** I *pf* ~титься waste, squander one's efforts, strength (on trifles)

растрево́ж|ить II *pf coll* alarm, put the wind up; stir up, irritate, trouble; **~́иться** II *pf coll* get the wind up

растрезво́нить II *pf of* трезво́нить

растрёп|а *m and f pop* sloven; absent-minded, forgetful person; **~́анный** dishevelled, ruffled, rumpled, tousled; tattered, dog-eared (*of books, etc*); в ~анных чу́вствах *coll* rattled, confused; **~а́ть** I (~лю́, ~́лешь) *pf* disarrange, ruffle; rumple (*hair*); make a mess (of); **~а́ться** I *pf* get, be dishevelled (*of hair*); be tattered, be falling to pieces (*of books, etc*)

растре́ск|аться I *pf of* ~иваться; **~́иваться** I *pf* ~аться crack; chap (*of skin*)

растро́г|анный touched, moved; ~ до слёз moved to tears; **~́ать** I *pf* move, touch; **~́аться** I *pf* be moved, touched

растру́б bell, bell-mouth; funnel-shaped opening, funnel; socket (*of pipe*); с ~ом bell-shaped, bell-mouthed; брю́ки с ~ами bell-bottomed trousers; **~и́ть** II (~лю́) *pf pop* bruit abroad, trumpet abroad (+ *acc and* о + *prep*); ~ о свои́х успе́хах trumpet one's successes

растру|си́ть(ся) II (~шу́(сь)) *pf of* ~́шивать(ся); **~́шивать(ся)** I *coll* scatter, spill (*of granular solids*); crumble

растря|сти́ (~су́, ~сёшь; ~́с, ~сла́; ~́сший; ~сённый) scatter, strew; *fig coll* squander (*money*); *pop* shake (to wake up); *impers* shake up, jolt about

растуш|ева́ть (~у́ю) *pf of* ~ёвывать; **~ёвка**

shading; stump (*in drawing*); **~ёвывать** I *pf* ~ева́ть shade

растя́|гивать I *pf* ~ну́ть stretch (out); ~ну́ть перча́тки stretch a pair of gloves; ~ну́ть рези́ну wear out the elastic; *med* strain, sprain, pull; ~ну́ть себе́ му́скул pull a muscle; ~ну́ть свя́зки strain the ligaments; string out; *fig* drag out, protract, prolong; spin out (*a story*, *etc*); ~ну́ть докла́д make one's report too long; ~ (слова́) drawl; **~гиваться** I *pf* ~ну́ться be worn out; lose elasticity; be strained, pulled (*of muscle*, *etc*); be sprained (*of wrist*, *etc*); stretch (out), lengthen out; be strung out, extend; *fig* be prolonged, drag on; рабо́та ~ну́лась на ме́сяц the work dragged on for a (whole) month; stretch oneself out, sprawl; *pf only coll* fall headlong, take a purler; **~же́ние** tension, stretch(ing); *med* strain, sprain; ~ свя́зок strained ligaments; **~жи́мость** *f* tensile strength, tensility; extensibility, expansibility; elasticity; **~жи́мый** (~жи́м) tensile; extensible, expansible; stretchable; elastic *also fig*; ~жи́мое поня́тие loose concept; **~жка** stretching, lengthening out, extension; brace; **~нутость** *f* prolixity, long-windedness, tediousness; **~нутый** prolix, long-winded; elongated, stretched (*of clothes*); *mil* extended; **~ну́ть(ся)** I *pf of* ~гивать(ся)

растя́па *m and f pop* bungler, muddler, blunderer

расфас|ова́ть (~у́ю) *pf of* фасова́ть; **~о́вка** packing, parcelling

расформир|ова́ть (~у́ю) *pf of* ~о́вывать; **~о́вывать** I *pf* ~ова́ть disband, break up

расфран|ти́ться II (~чу́сь) *pf coll* dress up; **~чённый** (~чён, ~чена́) *coll* dressed up, got up

расфуфы́риться II *pf pop pej* dress up to the nines, doll oneself up

расха́живать I *impf* stroll up and down; ~ по ко́мнате stroll up and down a room

расхва́л|ивать I *pf* ~и́ть praise, lavish praise on; ~и́ть до небе́с laud to the skies; **~и́ть** II (~ю́, ~ишь) *pf of* ~ивать

расхв|а́рываться I *pf* ~ора́ться *coll* be really ill

расхва́статься I *pf coll* boast, brag, shoot a line (about, о + *prep*)

расхват|а́ть I *pf of* ~ывать; **~ывать** I *pf* ~а́ть, (~и́ть *pop*); *coll* snatch up; buy up

расхв|ора́ться I *pf of* ~а́рываться

расхи|ти́тель *m* pilferer, plunderer; embezzler; **~тить** II (~щу) *pf of* ~ща́ть; **~ща́ть** I *pf* ~тить steal, pilfer, plunder, carry off, misappropriate; embezzle; **~ще́ние** stealing, pilfering, plunder(-ing); embezzlement

расхлеб|а́ть I *pf of* ~ывать; **~ывать** I *pf* ~а́ть *pop* eat up; *fig pop* disentangle; завари́л ка́шу, тепе́рь сам и ~ывай *pop* you got yourself into this mess, now get yourself out of it

расхло́пать I *pf sl* shoot

расхлопо|та́ться I (~чу́сь, ~чешься) *pf coll* start hustling about

расхля́б|анность *f coll* unsteadiness, instability; laxity, slackness, lack of discipline; **~анный** (~ан, ~анна) *coll* unsteady, unstable; ~анная похо́дка unsteady gait, slouching; lax, slack, undisciplined; **~ать(ся)** I *pf of* ~ывать(ся); **~ывать** I *pf* ~ать *coll* shake loose; **~ываться** I *pf* ~аться *coll* work loose, come loose; *fig pop* go to pieces

расхо́|д expense; *pl* expenses, expenditure, outlay, cost; доро́жные ~ды travelling expenses; накладны́е ~ды overhead expenses, overheads; прихо́д и ~ income and expenditure; ввести́ в ~ды put to expense; взять на себя́ ~ды bear the expenses; consumption; ~ горю́чего fuel consumption; спи́сывать в ~ write off (*a loss*, *etc*), *coll* liquidate, shoot (*people*); быть в ~де *fig coll* be absent, be missing; **~ди́ться** II (~жу́сь, ~дишься) *pf* разойти́сь disperse; break up (*of crowd*, *etc*); ~ по дома́м go home; miss (с + *instr*); pass (each other); part; break (with), separate (from, с + *instr*); разойти́сь со ста́рым дру́гом break with an old friend; divorce; disagree (with, с + *instr*; in, over, в + *prep*); ~ с кем во мне́ниях differ in opinion from someone, disagree with someone; на́ши взгля́ды ~дятся our views differ; fork, diverge (*of roads*, *etc*); part; по́лы пальто́ разошли́сь the coat doesn't meet in front; dissolve, melt; be sold out, be spent, be out of print (*of book*); все де́ньги разошли́сь all the money has been spent; *coll* gather speed; *fig coll* let oneself go, fly off the handle; дождь разошёлся *fig coll* it has started to pour; *pf coll* get used to walking; *pf coll* start to walk, stride (up and down, по + *dat*); **~дный** expense; ~дная кни́га account-book, expenses book; **~дование** expenditure; consumption; **~довать** (~ую) *pf* из~ spend, expend; *coll* consume, use (up); *impf sl* liquidate, kill; **~доваться** (~уюсь) *pf* из~ *coll* spend money (on, на + *acc*); be consumed, be used; **~жде́ние** divergence; discrepancy; ~ во мне́ниях difference, divergence of opinion; **~жий** *pop* popular, saleable, in great demand (*of goods*); ~жая оде́жда everyday clothes; ~жие де́ньги petty cash

расхол|а́живать I *pf* ~оди́ть disenchant, damp (someone's) ardour; **~оди́ть** II (~жу́) *pf of* ~а́живать

расхо|те́ть (~чу́, ~чешь, ~чет, ~ти́м, ~ти́те, ~тя́т) *pf coll* no longer desire, lose all desire for, cease to want (+ *acc*, + *gen or* + *infin*); я ~те́л ча́ю I've lost all desire for tea; я ~те́л есть I've lost all appetite; **~те́ться** (~чется) *pf coll* мне ~те́лось спать, есть I'm not sleepy, hungry any more

расхохо|та́ться I (~чу́сь, ~чешься) *pf* burst out laughing; гро́мко ~ roar with laughter, burst into peals of laughter

расхрабри́ться II *pf coll* pluck up courage, screw up one's courage

расхри́станный *pop* dishevelled

расцара́п|ать(ся) I *pf of* ~ывать(ся); **~ывать** I *pf* ~ать scratch (all over); он ~ал себе́ лицо́ he got his face all scratched; **~ываться** I *pf* ~аться scratch oneself, get scratched

расцве|сти́ (~ту́, ~тёшь; ~л, ~ла́; ~тший) *pf of* ~та́ть; **~т** blooming, blossoming; *fig* flourishing, flowering, blossoming forth (*of culture*, *literature*, *etc*); ~ промы́шленности flourishing state of industry; бу́рный ~ vigorous growth; в ~те сил in one's prime, heyday, in the prime of one's life; **~та́ть** I *pf* ~сти́ bloom, blossom; *fig* blossom out, forth; *fig* brighten up; *fig* flourish; ро́зы ~та́ют, ~ли́ the roses are just coming out, are in full bloom; не дать чему́ ~сти́ *fig* nip something in the bud; его́ лицо́ ~ло́ улы́бкой (в улы́бке) his face was wreathed in smiles; **~ти́ть** II (~чу́) *pf of* ~чивать *coll* paint in bright colours, make bright; deck, adorn; ~ фла́гами *naut* dress; **~тка** colour scheme, colours, colouring; пёстрая ~ bright colour scheme; **~чивание** *naut* dressing; **~чивать** I *pf* ~ти́ть

расцел|ова́ть (~у́ю) *pf* kiss, smother with kisses;

~ова́ться *pf* kiss one another (a number of times)
расце́н|ивать I *pf* ~и́ть estimate, value, assess; price (*goods, etc*); regard, appraise, rate; ~ что как кру́пную оши́бку regard something as a grave error; как вы ~иваете его́ поведе́ние? what do you make of his behaviour? **~и́ть** II *pf of* ~́ивать; **~́ка** valuation; price(s); (wage-)rate; **~́очный** rates
расцеп|и́ть(ся) II (~лю́, ~́ишь; ~́ит(ся)) *pf of* ~ля́ть(ся); **~ля́ть** I *pf* ~и́ть unhook, uncouple; disengage, release; **~ля́ться** I (~ля́ется) *pf* ~и́ться get, come unhooked, come uncoupled
расчека́нить II *pf of* чека́нить
расчер|ти́ть II (~чу́, ~́тишь) *pf of* ~́чивать; **~́чивать** I *pf* ~ти́ть rule, line
расче|са́ть(ся) I (~шу́(сь), ~́шешь(ся)) *pf of* ~́сывать(ся); **~́ска** combing; comb
расч|е́сть(ся) (разочту́(сь), разочтёшь(ся); ~ёл(-ся), разочла́(сь); разочтя́(сь)) *pf of* рассчи́тывать(ся)
расчёс|ывать I *pf* ~а́ть comb; card (*flax, wool*); scratch (*blister, etc*); **~́ываться** I *pf* ~а́ться comb one's hair; scratch oneself
расчёт calculation, computation; ~ вре́мени timing; приблизи́тельный ~ estimate, estimation; то́чный ~ accurate calculation(s), exact estimate; из ~а on the basis (of), at a rate (of, + *gen*); из ~а по десяти́ рубле́й на челове́ка at the rate of ten roubles per head; из ~а сре́днего за́работка on the basis of average earnings; payment, account; нали́чный ~ cash payment; в оконча́тельный ~ in settlement; dismissal, discharge; взять ~ hand in one's notice, resign; дать ~ кому́ pay off someone; получи́ть ~ be dismissed, get the sack; *coll* gain, advantage; ~а нет there is nothing to gain (in, by, + *infin*); мне нет никако́го ~а ждать I have nothing to gain by waiting, it is not worth my while waiting; expectation; ~ оказался пра́вильным it worked out as expected; э́то не входи́ло в мои́ ~ы I had not allowed for that, I had not bargained for that; по мои́м ~ам by my reckoning; с ним у меня́ бу́дет ~ коро́ткий he'll get short shrift from me; быть в ~е с кем have settled accounts with someone, be quits with someone; ошиби́ться в свои́х ~ах miscalculate; принима́ть в ~ take into account, consideration; не принима́ть в ~ leave out of account; *mil* crew, team, detachment, squad, (manning) detail *Am*; **~́ливость** *f* thrift(iness), economy; prudence; **~́ливый** (~лив) thrifty; prudent; **~́ный** calculation, computation; ~ная табли́ца calculation table; pay, accounts; ~ бала́нс balance of payments; ~ная ве́домость pay-sheet, payroll; ~ день pay-day; ~ная кни́жка pay-book; ~ отде́л accounts department; *tech* rated, designed; ~ная мо́щность rated capacity; ~ная ско́рость rated speed; **~́чик** designer, estimator
расчехл|и́ть II *pf of* ~я́ть; **~я́ть** I *pf* ~и́ть uncover, take (dust-)covers off
расчи́сл|ить II *pf of* ~я́ть; **~я́ть;** I *pf* ~́ить calculate, reckon, compute
расчи́|стить(ся)II (~щу; ~стит(ся)) *pf of* ~ща́ть(ся); **~́стка** clearing
расчиха́ться I *pf coll* sneeze violently, have a fit of sneezing
расчихво́|стить II (~щу) *pf pop* crush, destroy *also fig*
расчи|ща́ть I *pf* ~́стить clear; **~ща́ться** I *pf* ~́ститься be cleared, clear

расчлен|е́ние breaking down, division; break up; dismemberment; partition; **~и́ть** II *pf of* ~я́ть *and* члени́ть; **~я́ть** I *pf* ~и́ть break down, divide (up); break up; dismember; *mil* split, disperse; deploy; extend
расчу́вств|оваться (~уюсь) *pf coll* give way to one's feelings, be deeply moved (by, от + *gen*), become maudlin, become effusive
расчу́х|ать I *pf pop* sniff out; *fig pop* scent, sense; он ~ал, в чём де́ло he sensed what was the matter
расшали́ться II *pf* get up to mischief, get very naughty, play up
расша́рк|аться I *pf of* ~иваться; **~́иваться** I *pf* ~аться bow (to, пе́ред + *instr*); *fig* bow and scrape (to), fawn (upon, пе́ред + *instr*)
расша́т|анный rickety, shaky (*of object*); *fig* weakened, crippled, flagging; debilitated (*of nerves, etc*); **~а́ть(ся)** I *pf of* ~́ывать(ся); **~́ывать** I loosen, shake loose; make rickety; *fig* shatter, impair, weaken, undermine (*health, discipline, etc*); **~́ываться** I get, work loose; become rickety (*of furniture, etc*); *fig* be undermined, be weakened; *fig* crack up
расшвы́р|ивать I *pf* ~ять throw about, send flying; **~ять** I *pf of* ~́ивать
расшевёл|ивать I *pf* ~и́ть *coll* stir up (*ants' nest, etc*), rouse (*sleeping person*); **~́иваться** I *pf* ~и́ться *coll* stir; *fig* rouse oneself, stir one's stumps, become more active; **~и́ть(ся)** II (~ю́(сь), ~́ишь(ся)) *pf of* ~́ивать(ся)
расшиб|а́ть I *pf* ~и́ть *coll* hurt, bruise; ~и́ть па́лец ноги́ об ка́мень stub one's toe on a rock; **~а́ться** I *pf* ~и́ться *coll* hurt, bruise, knock oneself; ~и́ться в лепёшку *coll* lay oneself out
расши́ва flat-bottomed sailing-boat (*used on Volga and Caspian Sea*)
расши|ва́ть I *pf* ~́ть *coll* unpick; embroider (in, with, + *instr*); **~ва́ться** I *pf* ~́ться come undone, come apart
расшир|е́ние broadening, widening; expansion, extension; *med* dilation, dilatation, distension; ~ се́рдца dilation of the heart; ~ вен varicose veins; **~́енный** broadened, expanded, extended, enlarged; ~е́нные зрачки́ dilated pupils; ~ пле́нум extended plenum; с ~енными глаза́ми wide-eyed; **~и́тель** *m tech* dilator; reamer; **~и́тельный** broad, extended; ~и́тельное толкова́ние broad interpretation; **~́ить(ся)** II *pf of* ~я́ть(ся); **~я́ть** I *pf* ~ить broaden, widen; ~ отве́рстие enlarge an opening; increase, enlarge, expand (*volume, number, etc*); ~ кругозо́р broaden one's outlook, mind; ~ сфе́ру влия́ния extend a sphere of influence; **~я́ться** I *pf* ~́иться widen, broaden; be enlarged, expanded; increase, become wider; *phys* expand, dilate
расш|и́тый embroidered; **~и́ть** (разошью́, разошьёшь; ~е́й; ~и́тый) *pf of* ~ива́ть; **~и́ться** (разошьётся) *pf of* ~ива́ться
расшифр|ова́ть (~у́ю) *pf of* ~о́вывать; **~о́вка** deciphering, decoding; ~ аэрофотосни́мков *mil* interpretation of aerial photographs; **~о́вщик** decoder; **~о́вывать** I *pf* ~ова́ть decipher, decode; *fig* interpret
расшлёпать I *pf sl* shoot, bump off, finish
расшнур|ова́ть(ся) (~у́ю(сь)) *pf of* ~о́вывать(ся); **~о́вывать** I *pf* ~ова́ть unlace; **~о́вываться** I *pf* ~ова́ться come unlaced, come undone; unlace oneself
расшум|е́ться II (~лю́сь) *pf coll* kick up a din, get

noisy, make a racket
расщёдр|иваться I *pf* ~иться *coll iron* show one's generosity; **∸иться** II *pf of* ~иваться
расщёлина cleft, crevice, fissure; crack
расщёлк|ивать I *pf* ~нуть *coll* crack (open) (*nut, etc*); **∸нуть** I *pf of* ~ивать
расщем|йть II (~лю́) *pf of* ~ля́ть; **~ля́ть** I *pf* ~и́ть *coll* unclench (*teeth, etc*)
расщéп split; **~и́ть(ся)** II *pf of* ~ля́ть(ся); **~лéние** splitting, splintering; fission; break-up, disintegration; ~ áтома splitting of the atom; **~ля́ть** I *pf* ~и́ть split, splinter; *phys* split; *chem* break up; **~ля́ться** I *pf* ~и́ться split, splinter; *phys* split; *chem* break down, decompose; **~ля́ющийся** fissile, fissionable
рáтай *folk* ploughman
ратифи|каци́онный ~каци́онные грáмоты instruments of ratification (*diplomacy*); **~кáция** ratification; **~ци́ровать** (~ци́рую) *impf and pf* ratify
рáтн|ик *arch* warrior; *obs* militiaman; **∸ый** *lit* martial, warlike; ~ пóдвиг feat of arms
рáт|овать (~ую) *impf obs* fight (for, за + *acc*; against, прóтив + *gen*); advocate (за + *acc*)
рáтуша town hall; *hist* town council
рать *f obs poet* host, army; war, battle; идти́ на ~ go into battle
рáунд *sp* round
рáут rout, reception
рафин|áд lump sugar; **~áдный** ~ завóд sugar refinery; **~ёр** *tech* refiner (*of paper*); **~и́рованный** refined (*of oil, etc*) *also fig*; **~и́ровать** (~и́рую) *impf and pf* refine
рахáт-лукýм Turkish delight
рахи́т rickets, rachitis; **∸ик** sufferer from rickets, rachitis; **~и́ческий** *and* **~и́чный** (~и́чен) rickety, rachitic
рацé|я *coll iron* lecture, sermon; читáть комý ~ю read someone a lecture
рациóн ration, food allowance (*for specific period*)
рационал|изáтор rationalizer; **~изáторский** ~изáторское предложéние proposal for improving production methods; **~изáция** rationalization, improvement; **~изи́ровать** (~изи́рую) *impf and pf* rationalize, improve; **~и́зм** rationalism; **~и́ст** rationalist; rational person; **~исти́ческий** rationalistic; **~исти́чный** (~исти́чен) rational; **∸ьно** *adv* rationally, efficiently; ~ испóльзовать make efficient use of; **∸ьный** (~ен) rational, efficient; *math* rational
рáция radio station; radio set (*transmitting and receiving*); тáнковая ~ tank radio
рáч|ий crawfish, crayfish; ~ьи глазá goggle eyes
рачи́т|ельность *f obs* zeal(ousness), care(fulness), assiduity, sedulousness; **∸ельный** (~елен) zealous, careful, assiduous, sedulous
рáшкуль *m* charcoal pencil (*art*)
рáшпиль *m* rasp (file); grater
ращéние growing, raising, rearing
рван|и́на *pop* torn, battered object; *tech* fissure, flaw, scab; **~ýть** I *pf coll* jerk, tug (at, за + *acc*); ~ когó за рукáв tug someone by the sleeve; *coll* start with a jolt, hare off; вдруг ~ýл вéтер there was a sudden gust of wind; *pop* start suddenly, plunge into; *sem pf of* рвать *pop* blow up; **~ýться** I *pf coll* start with a jerk; dash (off), rush(off); *pop* explode, be blown up; **∸ый** broken, slashed; torn, lacerated; ~ые сапоги́ worn boots; ~ая рáна lacerated wound; jagged (*edge*); **~ь** *f coll* rags; torn shoes; *fig pej* scoundrel(s), ragamuffin(s), riff-raff; **~ьё** pulling (*tooth, etc*), tugging, snatching; *pop* rags
рвать (рву, рвёшь; рвал, рвалá, рвáло) *impf* pull (out), tear (out); ~ зýбы pull out teeth; ~ из рук у когó snatch out of someone's hands; ~ с кóрнем uproot; pick, pluck (*flowers, fruit*); tear, rend, rip; ~ в клочки́ tear to pieces, shreds; ~ на себé вóлосы tear one's hair; ~ и метáть rant and rave, be in a towering rage; *fig* break off, sever (*relations, etc*); *sem pf* рванýть blow up; tear up (*paper, etc*); (рвёт; рвáло) *pf* вы́~ *impers* vomit, throw up, be sick; рвать (*pf* рванýть) кóгти *sl* run away, bolt; **∸ся** (рвётся; рвáлся, рвалáсь, рвалóсь) *impf* tear, wear out; break, snap (*of thread*); be broken *also fig*; burst, explode; struggle to get free, loose; be bursting (to), strain (to, at), be longing (for); ~ в бой be longing for action, be in a fighting mood; ~ в дрáку be spoiling for a fight; ~ с при́вязи be straining at the leash; ~ на свобóду be dying to be free; где тóнко там и рвётся *prov* a chain bursts at the weakest link
рвач 1 *coll pej* grabber, self-seeker; **~еский** *coll* grabbing, self-seeking; **∸ество** *coll pej* grabbing, self-seeking
рвéние zeal, fervour, ardour
рвóт|а vomiting, retching; vomit; **∸ное** *n* emetic; **∸ный** vomitive, emetic; ~ кáмень nux vomica; ~ кóрень ipecacuanha
рде|ть I (~ет) *impf* glow (*of something red*); **∸ться** I (∸ется) *impf* = рдеть
ре *neut indecl mus* re, ray, D
реабилит|áция rehabilitation; **~и́ровать** (~и́рую) *impf and pf* rehabilitate; **~и́роваться** (~и́руюсь) *impf and pf* be rehabilitated
реагéнт *chem* reagent
реаги́р|овать (~ую) *pf* про~ react (to, на + *acc*); *pf* про~ *and coll* от~ *fig* react, respond (to, на + *acc*)
реакти́в *chem* reagent; **∸ность** *f* reactivity; **∸ный** *chem phys* reactive; *tech* reaction; *physiol* responsive; *tech aer* jet; ~ дви́гатель jet engine; ~ самолёт jet-propelled aircraft
реáктор reactor, pile; *chem* reaction vessel; *elect* choking coil; áтомный ~ atomic (nuclear) reactor; размножáющий ~ breeder reactor
реакц|ионéр *pol* reactionary; **~иóнный** (~иóнен) *pol* reactionary; **∸ия** reaction, response; *pol* reaction, *collect* the reactionaries
реáл *hist* real (*Spanish coin*); *typ* composing frame
реализáция realization (*implementation; sale*)
реали́зм realism; социалисти́ческий ~ socialist realism
реализ|овáть (~ýю) *impf and pf* realize (*implement; sell*); ~ имýщество sell one's property
реали́ст realist; **~и́ческий** realist (*art, lit, etc*); realistic; **~и́чный** (~и́чен) realistic
реáл|ьность *f* reality; practicability; **∸ьный** (~ен) real, actual, genuine; realizable, practicable, workable; realistic, practical; ~ьная поли́тика realistic policy; ~ьная зарплáта real wages; ~ьное учи́лище *hist* modern school (*non-classical with emphasis on maths, etc*)
ребён|ок (~ка; ребя́та, ребя́т *and* дéти, детéй) child; груднóй ~ infant; baby
рёберный *anat* costal
ребóрда flange
ребр|и́стый (~и́ст) ribbed; costate; gilled, finned; **~ó** (*pl* ∸а, рёбер, ∸ам) rib; *tech* fin; ни́жние ∸а

short ribs; пересчита́ть ~а кому́ *fig pop* beat someone black and blue; одни́ ~а оста́лись у кого́ *fig* someone is all skin and bone; edge, verge; поста́вить ~о́м place on its side, edgewise; поста́вить вопро́с ~о́м put a question point-blank

ре́бус rebus; *fig* riddle

ребя́|та (*gen pl* ~т; *sing* ребёнок) *coll* children; *coll* boys, lads; **~тёнок** (~тёнка) *pop* = ребёнок; **~ти́шки** (*gen pl* ~ти́шек) *coll* kids, kiddies; **~тня́** *collect coll* children, kids; **~ческий** child's, childish; puerile, infantile, childish; **~чество** childishness, puerility; **~чий** childish; *fig coll* puerile; **~читься** II *impf coll* act like a child, be childish; **~чливый** (~члив) *coll* childish

рёв roar; bellow, howl(ing); ~ мото́ров roar of engines; ~ ве́тра howling of the wind; *coll* howl (*of child, etc*); подня́ть ~ raise a howl; **~а** *m and f coll* howler

рева́нш revenge; *sp* (матч-)~ return match; взять ~ have one's revenge; **~и́зм** *pol* revanchism; **~и́ст** *pol* revanchist, revenge-seeker; **~и́стский** *pol* revanchist, revenge-seeking

реве́н|ный ~ порошо́к gregory-powder; **~ь** 1 *m* rhubarb

реверáнс curtsy, obeisance; сде́лать ~ curtsy, drop a curtsy; *usu pl fig iron* obeisance, deference

ревербера́ция reverberation

ре́верс reverse (*of coin, etc*); *tech* reversing gear; **~и́вный** *tech* reversing, reversible; **~ия** *leg* reversion; *biol* reversion (to type); *tech* reversing

рев|е́ть (~у́, ~ёшь) *impf* roar (*of storms, engines, etc*); bellow (*of animals*); *coll* howl (*of children, etc*)

ревиз|иони́зм *pol* revisionism; **~иони́ст** *pol* revisionist; **~ио́нный** inspection; ~ио́нная коми́ссия inspection (auditing) commission; **~ия** inspection; audit(ing); revision, revising; *hist* census; **~ова́ть** (~у́ю) *impf and pf* revise; *pf also* об~ inspect, audit; **~о́р** inspector

ревко́м *abbr of* революцио́нный комите́т revolutionary committee

ревм|ати́зм rheumatism, rheumatics; суставно́й ~ articular rheumatism; **~а́тик** rheumatic (patient); **~ати́ческий** rheumatic; **~ато́лог** rheumatologist; **~атоло́гия** rheumatology; **~окарди́т** rheumatic carditis

ревмя́ ~ реве́ть *pop* howl bitterly

ревн|и́вец (~и́вца) *coll* jealous man; **~и́вый** (~и́в) jealous; **~и́тель** *m obs* enthusiastic supporter (of, + *gen*); **~ова́ть** (~у́ю) *pf coll* при~ be jealous; он ~у́ет жену́ к её рабо́те he begrudges his wife's attention to her job; **~остный** (~остен) zealous, earnest, fervent; **~ость** *f* jealousy; *obs* zeal, earnestness, fervour

револьве́р revolver, pistol; шестизаря́дный ~ six-chambered revolver, six-shooter; **~ный** revolver; *tech* ~ная голо́вка capstan head; ~ стано́к turret lathe; **~щик** turret lathe operator

революц|ионе́р revolutionary, revolutionist; **~ионизи́ровать** (~ионизи́рую) *impf and pf* spread revolutionary ideas (among, in); revolutionize; **~ионизи́роваться** (~ионизи́руюсь) *impf and pf* become permeated with revolutionary ideas; be revolutionized; **~ио́нный** (~ио́нен, ~ио́нна) revolutionary; **~ия** revolution

реву́н 1 *coll* howler; siren

ревю́ *neut indecl* revue

рега́лия (royal) insignia, part of regalia; *usu pl* regalia; быть при всех ~х be in full regalia

рега́та regatta

ре́гби *neut indecl sp* Rugby (football); **~ст** Rugby player

регенера|ти́вный regenerative; **~ция** regeneration

ре́г|ент regent; precentor; **~ентство** regency

региона́льный regional

реги́стр register; **~а́тор** registrar, registering clerk; **~ату́ра** registry; **~а́ция** registration; **~и́ровать** (~и́рую) *pf* за~ register; record; **~и́роваться** (~и́руюсь) *pf* за~ register (oneself); register one's marriage; *pass of* ~и́ровать

регла́мент regulations, standing-orders; time-limit; устана́вливать ~ fix a time-limit; **~а́ция** regulation; **~и́ровать** (~и́рую) *impf and pf* regulate

регла́н raglan

регре́сс regress, retrogression; **~и́вный** (~и́вен) regressive; **~и́ровать** (~и́рую) *impf* regress, retrogress

регули́р|ование regulation, adjustment, control; ~ движе́ния traffic-control; **~овать** (~ую) *pf* у~ regulate; *pf* от~ control (*prices, traffic, etc*); от~, за~ adjust, regulate (*mechanisms, etc*); **~о́вщик** traffic-controller

ре́гул|ы (*gen pl* ~) menses, menstruation

регуля́|рность *f* regularity; **~рный** (~ен) regular; ~ные войска́ regular troops, regulars; **~тор** regulator *also fig*, governor

редак|ти́рование editing; **~ти́ровать** (~ти́рую) *pf* от~ edit (*prepare for publishing*); *impf only* edit, be editor of (*journal, etc*); word, phrase; **~тор** editor; гла́вный, отве́тственный ~ editor-in-chief; **~торский** editorial; **~торство** editorship; **~цио́нный** editorial, editing; ~цио́нная колле́гия editorial board; ~цио́нная обрабо́тка editing; ~цио́нная статья́ leading article, editorial; **~ция** editing; editorial staff, the editors; гла́вная ~ chief editorial board; editorial office(s); editorship; под ~цией edited (by, + *gen*); wording; но́вая ~ резолю́ции new wording of the resolution; но́вая ~ рома́на new version of the novel

реде́|ть I (~ет) *pf* по~ thin (out) (*of hair, etc*) drift away, disperse (*of clouds*); be depleted

реди́с (garden) radish; **~ка** radish(es)

ре́д|кий (~ок, ~ка́, ~ко; ре́же; ~ча́йший) thin, sparse; ~кие во́лосы thin hair; loosely woven, flimsy (*of cloth, etc*); ~ лес thinly planted, sparse wood; ~кие зу́бы widely spaced teeth; rare, infrequent; ~ гость rare guest; ~кие вы́стрелы occasional shots; uncommon, exceptional, unusual, rare; ~кие спосо́бности exceptional abilities; **~ко** *adv* seldom, rarely; far apart, sparsely; **~коле́сье** sparse growth of trees

редколле́гия *abbr of* редакцио́нная колле́гия editorial board

ре́дк|остный (~остен) rare, uncommon, exceptional (*disease, instance, phenomenon, etc*); **~ость** *f* thinness, sparseness; rarity (*unusual phenomenon, etc*); на ~ exceptionally, uncommonly; на ~ проница́тельный челове́к a person of rare discernment; не ~ it is not unusual, uncommon

реду́к|тор *tech* reducing gear; *chem* reducing agent; **~ция** *tech* reduction

реду́т *hist* redoubt

редуци́р|ованный *ling* reduced; **~овать** (~ую) *impf and pf* reduce; **~оваться** (~уется) be reduced

ре́дьк|а radish; э́то мне надое́ло ху́же го́рькой ~и *pop joc* I'm sick and tired of it

реéстр list, roll, register
рéже *comp of* рéдкий *and* рéдко
режи́м *pol* regime; routine, procedure; *med* regimen; ~ дня daily timetable; ~ питáния (regular) diet; больни́чный ~ hospital regimen; шкóльный ~ school routine; ~ безопáсности safety measures; ~ эконóмии policy of economy; conditions; *tech* working, operating conditions; *tech* rate; ~ набóра высоты́ *aer* rate of climb; **~ка** *sl* punishment barracks, punishment-barrack prisoners; **~ный** routine; operating, working; ~ные городá *sl* prohibited, off-limits cities (*to former prisoners*)
режисс|ёр *theat* producer; *cin* director; помóщник ~а stage-manager, assistant producer; **~ёрский** producer's; director's; **~и́ровать** (~и́рую) *impf* produce, stage; direct; **~ýра** producing, direction (*of show, film, etc*); profession of producer; production; *collect* producers, directors
рéжущ|ий cutting; ~ие инструмéнты cutting tools; ~ая боль acute pain; ~ая крóмка cutting edge, blade; ~ удáр slash; ~ штык knife bayonet
ре|зáк 1 chopping-knife, chopper; cutter; гáзовый ~ cutting torch; stone axe (*primitive*); **~заный** cut; ~ хлеб cut loaf; *sp* slice(d); ~ удáр slice; **~зать** I (~жу) *pf* раз~ cut, slice (*pie, etc*); carve (*meat, etc*); cut (*cloth, metal, etc*); *impf only* cut (*of sharp instruments*); э́ти нóжницы не ~жут these scissors don't cut; *pf* за~ kill, slaughter (*cattle etc*); *pf* вы́~ carve (on), engrave (on, по + *dat and* на + *prep*); ~ на мéди carve in bronze; *pf* ~знýть cut (*inflict pain*); верёвка ~жет рýку the rope cuts one's hand; у меня́ ~жет в живóте I have a sharp pain in the stomach; *pf* за~ *fig pop* destroy, spoil, ruin; *pf* с~ *coll* plough (*in examination*); *pf* с~ *sp* cut, chop, slice; ~ глаз offend the eye; ~ слух grate upon the ears; ~ прáвду в глазá *coll* speak the truth, speak out openly; *impf only* pass close to, shave; ~ кормý *naut* pass close astern; **~заться** I (~жусь) *impf* cut, come through (*of teeth*); у ребёнка ~жутся зýбы the baby is cutting its teeth; *pop* play recklessly (*games of chance*; в + *acc*); *sl* carve one another up
резв|и́ться II (~лю́сь) *impf* gambol, frolic, frisk about, sport; **~ость** *f* playfulness, friskiness, sportiveness; speed; показáть хорóшую ~ show a good time (*of a horse*); **~ýнья** *coll* frolicsome girl; **~ый** (~, ~á, ~о) playful, frisky, sportive, frolicsome; fast (*in running*)
резедá *bot* mignonette
резéкция *med* resection; ~ рёбер costectomy
резéрв reserve(s) *also mil*; имéть в ~е have in reserve; трудовы́е ~ы industrial trainees; **~áция** reservation; **~и́ровать** (~и́рую) *impf and pf* reserve; **~и́ст** *mil* reservist; **~ный** *mil fin* reserve
резервуáр reservoir, vessel, tank
рез|éц (~цá) chisel; cutter, cutting tool; incisor (*tooth*)
резидéн|т resident (*diplomatic, etc*); foreign resident; fixed-post spy; **~ция** residence
рези́н|а rubber; тянýть ~у *coll* procrastinate, shuffle; **~ка** rubber, eraser; (piece of) elastic; **~овый** rubber; ~овая óбувь rubber footwear; *fig* elastic; **~щик** *sl* procrastinator, stretcher, prolonger; worker in rubber industry
рéз|ка cutting; **~кий** (~ок, ~кá, ~ко) sharp; ~ вéтер sharp, biting, cutting wind; harsh; ~ гóлос harsh voice; ~ зáпах strong smell; ~ свет harsh, bright light; clean-cut, sharp (*features, etc*); sudden, unexpected, abrupt; ~кое изменéние abrupt change; ~кие манéры abrupt manners; ~кое похолодáние sudden drop in temperature; energetic, quick (*of movements*); ~ отвéт blunt answer; **~ко** *adv* sharply, harshly; bluntly, abruptly; **~кость** *f* sharpness, clarity, definition; ~ крáсок intensity, sharpness of colour(s); bluntness; harsh words, sharp words; наговори́ть ~костей комý be very blunt with someone; **~нóй** carved, fretted; ~нáя рабóта *archi* carving, fretwork; **~нýть** I *sem pf of* **~ать**; **~ня́** slaughter, carnage, massacre, butchery
резолю|ти́вный containing a resolution, conclusion(s); **~ция** resolution; вы́нести, приня́ть ~цию adopt, carry, pass, approve a resolution; instructions (*on document*); наложи́ть ~цию append instructions
резóн *coll* reason, basis; в э́том есть свой ~ there is a reason for this; argument; привести́ ~ы в пóльзу чегó quote, adduce arguments in favour of something
резонáнс *phys* resonance; *fig* effect, response, echo; дать, имéть ~ have repercussions
резонáтор *phys* resonator, sounding-board
резонёр philosophizer, moralizer; **~ство** reasoning, philosophizing, moralizing; **~ствовать** (~ствую) *impf* reason, philosophize, moralize
резони́р|овать (~ует) *impf* resound, resonate
резóн|ный (~ен, ~на) *coll* reasonable, sensible, rational
результáт result, outcome; ~ы обслéдования findings; дать ~ы yield results; в ~е as a result (of, + *gen*); **~и́вный** effective, productive
рéз|ус rhesus (monkey); Rhesus factor; **~ус-фáктор** Rhesus factor
рéз|че *comp of* ~кий *and* ~ко; **~чик** carver, engraver; *tech* chisel; **~ь** *f* sharp pain, irritation; colic, gripe(s); **~ьбá** carving; ~ по дéреву woodcarving; fretwork; *tech* thread; **~ьбовóй** thread(ed)
резюм|é *neut indecl* résumé, summary; **~и́ровать** (~и́рую) *impf and pf* sum up, summarize, recapitulate
рей *naut* yard
рейд *naut* road(s), roadstead; *mil* raid; *fig* spot-check
рéйдер *naut* (commerce) raider
рéйк|а lath; (*surveyor's*) rod, pole; водомéрная ~ depth gauge; зубчáтая ~ *tech* rack; передáча зубчáтой ~ой rack and pinion gear
рейнвéйн Rhine wine
рéйнск|ий Rhine, Rhenish; ~ое винó Rhine wine, hock
рейс trip, run (*of public transport*); voyage, passage; пéрвый ~ maiden voyage, trip; **~овый** regular-route
рейс|фéдер mapping pen, drawing-pen, contour-pen; pencil-holder; **~ши́на** T-square
рейтýз|ы (*gen pl* ~) (riding-)breeches; tights
рейхстáг Reichstag
рек|á (~ý, ~и́; ~и, ~áм) river; молóчные ~и, кисéльные берегá *folk* land flowing with milk and honey; разливáться ~óй *fig joc* turn on the waterworks, cry bitterly; ли́ться ~óй *fig* pour, flood
рéквием *eccles mus* requiem
реквизи́р|овать (~ую) *impf and pf* requisition; commandeer

реквизи́т *theat* properties, props
реквизи́ция requisition(ing); commandeering
рекла́м|а advertising, publicity; advertisement; **~а́ция** claim (*for replacement of defective goods*); **~и́ровать** (~и́рую) *impf and pf* advertise, publicize; boost, push; **~и́ст** compiler of advertisements; self-advertiser; **~́ный** advertising; publicity; **~ода́тель** *m* advertiser
рекогносци́р|овать (~ую) *impf and pf mil* reconnoitre; **~́овка** *mil* reconnaissance; reconnoitring; **~́овочный** reconnaissance
рекоменд|а́тельный ~ о́тзыв testimonial; ~а́тельное письмо́ letter of recommendation; ~ спи́сок книг list of recommended books; **~а́ция** recommendation; **~ова́ть** (~у́ю) *impf and pf*; *pf also* по~, от~ recommend; speak well of; *pf also* по~ advise, recommend (+ *infin*); *pf also* от~ *obs* introduce; **~ова́ться** (~у́юсь) *impf and pf*; *pf also* от~ introduce oneself; *pass of* ~ова́ть; не ~у́ется it is not recommended, advisable
реконстру|и́ровать (~и́рую) *impf and pf* reconstruct; restore (*ancient building, etc*); **~кти́вный** ~ пери́од period of reconstruction; **~́кция** reconstruction; restoration
реко́рд record; поби́ть ~ break a record; поста́вить (установи́ть) set up, establish a record; **~и́ст** champion, prizewinner (*animal*); **~́ный** record(-breaking); ~ урожа́й record harvest; **~сме́н** record-breaker; *fig iron* champion
ре́крут recruit; **~и́ровать** (~и́рую) *impf and pf* recruit; **~́ский** ~ набо́р recruiting, recruitment; **~́чина** *hist* military service
ректифи|ка́т rectified spirit; **~ка́ция** rectification; **~ци́ровать** (~ци́рую) *impf and pf* rectify
ре́ктор rector (*head of university*); **~а́т** university administration; rector's office
реле́ *neut indecl tech* relay; **~́йный** *tech* relay
религ|и́озность *f* religiosity; piousness, piety; **~и́озный** religious, devout, of religion; ~и́озные во́йны *hist* Wars of Religion; (~и́озен) religious; pious; **~́ия** religion
рели́к|вия relic (*personal*); **~́т** relic (*of past*); survival; **~́товый** surviving; ~товые фо́рмы расте́ний surviving forms of plants
релье́ф relief; **~́но** *adv* in relief, boldly, clearly; ~ выделя́ться stand out in relief; **~́ный** (~ен) (in) relief, raised, bold; ~ная рабо́та embossed work; ~ная ка́рта relief map
рельс rail; сходи́ть с ~́ов be derailed, go off the rails; поста́вить что на ~́ы *fig* get something going, started, set something in motion; **~́овый** rail; ~ путь railway track; **~опрока́тный** rail-rolling
релятив|и́зм *philos* relativism; **~и́ст** relativist; **~́ный** (~ен) relative
реля́ция *obs mil* communiqué, report
рема́рка *theat* (author's) stage directions; note
рем|ённый leather; belt; ~ённая переда́ча belt-drive; **~е́нь** *m* (~ня́) strap; belt; thong; дать ~ня́ кому́ *pop* give someone a belting; ~ для пра́вки бритв razor strop; руже́йный ~ rifle sling
реме́с|ленник craftsman, artisan; *fig pej* hack (-writer), drudge; pupil of trade school; **~́ленничать** I *impf coll* be an artisan; *pej* work as a hack; **~́леннический** *pej* hack-working, mechanical; **~́ленничество** craftmanship, workmanship; *pej* hack-work; **~́ленный** (handi)craft; trade; ~ленное произво́дство craft industry; ~ленное учи́лище trade, vocational school; *fig pej* hack; mechanical, stereotyped, uncreative, standardized, soulless; **~ло́** (*gen pl* ~́ел) (handi)craft, trade; сапо́жное ~ shoemaking (craft); profession
ремеш|о́к (~ка́) small strap; wristlet
реми́з fine (*cards*); remise (*fencing*)
ремилитариз|а́ция remilitarization; **~ова́ть** (~у́ю) *impf and pf* remilitarize
реминисце́нция reminiscence; echo (*in lit sense*)
ремо́нт repair(s); maintenance; decorating, decorations; капита́льный ~ major overhaul, refit, repairs; теку́щий ~ maintenance, routine repairs; в ~е under repair; *mil* remount (service); **~и́ровать** (~и́рую) *pf* от~ repair; refit, overhaul; decorate (*house, etc*); *mil* remount; **~́ник** repairer; decorator; **~́ный** repair; ~ная мастерска́я repair shop; ~ная ло́шадь *mil* remount
ренега́т renegade, turncoat; **~́ство** defection, apostasy
рене́т rennet (*apple*)
ренкло́д greengage
реноме́ *neut indecl* reputation
рено́нс *cards* revoke
ре́нта rent; земе́льная ground-rent; income (*from investments*); ежего́дная ~ annuity; **~́бельный** (~белен) profitable, paying; ~бельное хозя́йство going concern
рентге́н X-ray; roentgen; **~иза́ция** X-raying; **~изи́ровать** X-ray; **~́ов** ~́овы лучи́ X-rays; **~́овский** ~овские лучи́ = рентге́новы лучи́; ~ сни́мок X-ray photograph, radiograph; **~огра́мма** X-ray photograph, radiograph, roentgenogram; **~огра́фия** radiography; **~о́лог** radiologist; **~оло́гия** radiology, roentgenology; **~оскопи́я** radioscopy, X-ray examination; **~отерапи́я** X-ray therapy
реорганиз|а́ция reorganization; **~ова́ть** (~у́ю) *impf and pf*; *pf in past tense* reorganize
реоста́т *elect* rheostat
ре́п|а turnip; деше́вле па́реной ~ы *fig coll* dirt-cheap; про́ще па́реной ~ы *fig coll* child's play, as easy as ABC
репарац|и́онный reparative; **~́ия** *usu pl* reparation(s)
репатри|а́нт repatriate; **~а́ция** repatriation; **~и́ровать** (~и́рую) *impf and pf* repatriate; **~и́роваться** (~и́руюсь) *impf and pf* be repatriated
репе́й *coll* = ~ник; **~́ник** *bot* burdock
репе́йница painted lady butterfly
репе́р benchmark, datum mark (in surveying); *mil* registration point
репертуа́р *theat* repertoire *also fig*
репети́|ровать (~рую) *pf* от~, про~, с~ *theat* rehearse; *impf* coach; **~́тор** coach, tutor; **~цио́нный** rehearsal; **~́ция** rehearsal; генера́льная ~ dress rehearsal; часы́ с ~ией repeater (*watch*)
ре́плик|а rejoinder, retort, answer; ко́лкие ~и heckling; *theat* cue
реполо́в linnet
репорт|а́ж report(ing), piece of reporting; commentary (*of game, etc*); **~ёр** reporter; **~ёрствовать** report, be reporter
репресса́ли|и (*gen pl* ~й) reprisals
репресс|и́вный (~и́вен) repressive; **~и́ровать** (~и́рую) *impf and pf* repress, take repressive action (against); **~́ия** repression (*by government organs*)
репроду́ктор loudspeaker
репроду́кция reproduction (*of picture, etc*)
репс rep(p), reps

рептилия reptile; *fig* worm, reptile
репутаци|я reputation, name; пользоваться ~ей have a reputation (for, + *gen*); незапятнанная ~ spotless reputation
репчатый turnip-shaped; ~ лук onion(s)
рескрипт rescript
ресни|ца eyelash; ~**чка** *dim of* ~ца; *pl biol* cilia; ~**чный** ciliate; ciliary
респектаб|ельность *f* respectability; ~**ельный** (~елен) respectable
респиратор respirator, gas-mask
республик|а republic; ~**анец** (~анца) republican; ~**анский** republican
рессор|а spring (*of vehicle*); ~**ный** sprung; spring
реставр|атор restorer; ~**ация** restoration; ~**ировать** (~ирую) *impf and pf* restore
ресторан restaurant; ~**ный** restaurant
ресурс(ы) resource(s); последний ~ last resort
ретив|ое *n folk poet* heart; ~**ый** (~) zealous, ardent; sprightly
ретина retina
ретир|оваться (~уюсь) *impf and pf obs* retire, withdraw; *iron* make off
реторта retort
ретрансляция retransmission, rebroadcast, relay
ретроград reactionary; ~**ный** (~ен) reactionary, retrograde
ретроспектив|ный (~ен) retrospective; ~ взгляд backward glance
рет|ушёр retoucher; ~**уширoвать** (~уширую) *impf and pf*; *pf also* от~ retouch; ~**ушь** *f* retouching
реферат synopsis, abstract (*of thesis, etc*); paper, lecture, essay
референдум referendum
рефер|ент adviser, expert (on, по + *dat*); reader of a paper; ~**ировать** (~ирую) *impf and pf* make a synopsis of, abstract
рефлекс reflex; условный, безусловный ~ conditioned, unconditioned reflex
рефлексия introspection, self-analysis
рефлектив|ный (~ен) *physiol* reflex
рефлектор reflector; (electric) bowl-fire; ~**ный** reflex
реформ|а reform; ~**атор** reformer; ~**аторский** reformative, reformatory; ~**атский** *adj of* ~ация; ~атская церковь Reformed Church; ~**ация** *hist* Reformation; ~**изм** reformism; ~**ировать** (~ирую) *impf and pf* reform; ~**ист** reformist
рефрак|тор refractor; ~**ция** refraction
рефрен *lit* refrain, burden
рефрижератор cooler, condenser; refrigerator; refrigerator van, ship
рехнуться I *pf pop* go out of one's mind, go off one's rocker
реценз|ент reviewer; ~**ировать** (~ирую) *pf* про~ review, criticize; ~**ия** review (of, на + *acc*; о + *prep*); *theat* notice
рецепт *med* prescription; recipe; *fig* formula, method, way; готовый ~ ready-made formula; ~**ура** *med* principles of prescription-writing
рецидив *med* recurrence, relapse, set-back; *leg* recidivism, repeated offence; ~**изм** *leg* recidivism; ~**ист** *leg* recidivist, old offender
реч|евой speech; vocal; ~ аппарат organs of speech; ~евые навыки speech habits; ~**ение** expression, saying; set phrase; ~**истый** (~ист) *pop* voluble, garrulous, talkative; ~**итатив** *mus* recitative; читать ~ом chant

реч|ка small river, stream; rivulet; ~**ник** river transport worker; ~**ной** river; riverine; fluvial; ~ вокзал river (steamer, bus) station; ~ные пути сообщения inland waterways; ~ное судоходство river navigation
реч|уга *pop joc* speech; ~**ь** *f* speech; дар ~и gift of speech; органы ~и speech organs; устная ~ oral speech; русская ~ spoken Russian; way of speaking, enunciation; окающая ~ way of stressing the o's in one's speech; style of speaking, language; разговорная ~ conversational language; talk, discourse; ~ шла о политике the talk was about politics; ~ идёт о том, чтобы ... it is a question of ...; о чём ~? what are you talking about?; об этом и ~и не было it was not even mentioned; не об этом ~ that's not what we are talking about; об этом не может быть и ~и that's out of the question; завести ~ turn the conversation (towards, о + *prep*); speech, oration, address; вступительная ~ opening address; застольная ~ after-dinner speech; торжественная ~ oration; выступить с ~ью make a speech; *gramm* speech; косвенная ~ indirect speech, oratio obliqua; прямая ~ direct speech, oratio recta; части ~и parts of speech
реш|ать I *pf* ~ить decide, determine; make up one's mind, resolve (to, + *infin*); он ~ил остаться дома he decided to stay at home; ~ дело в чью пользу decide (the case) in someone's favour; ~ить чью участь (судьбу) decide someone's fate; solve, work out; ~ить проблему solve a problem; ~**аться** I *pf* ~иться make up one's mind (to), decide (to), determine (to), resolve (to, + *infin*; на + *acc*); ~иться на отчаянный поступок decide to take a great risk, resolve to take the plunge; он ни за что на это не ~ится he will never dare to do that; не ~аюсь сказать кому I can't bring myself to tell someone; ~айтесь! make up your mind!; be decided, settled; завтра ~ится его дело his case will be decided tomorrow; *impf* work, come out (*of problems, etc*); задача не ~ается there is no solution to the problem; *pop* lose, be deprived (of, + *gen*); ~**ающий** deciding, decisive; ~ момент decisive moment; key, conclusive; ~ голос casting vote; ~**ение** decision; принимать ~ come to, make, arrive at a decision; judg(e)ment, decision, verdict, decree; выносить ~ pronounce judg(e)ment; pass a resolution; отменить ~ revoke a decision; *leg* quash a sentence; solution, answer (*to problem*)
решетина lath
решётк|а grille; railing(s); lattice, trellis; bars (*on window, etc*); за ~ой *fig coll* behind bars (*in prison*); посадить за ~у put behind bars; (fire-) grate
решетник lathing
решето 7 sieve; ~м воду носить (мерить) *prov* beat the air, flog a dead horse; голова как ~ *coll* head like a sieve; чудеса в ~е *coll* will wonders never cease?, fantastic tale
решётчатый (решетчатый) lattice(d), trellised; ~ люк grating
реш|имость resolution, resolve, resoluteness, determination; ~**ительно** *adv* resolutely; decidedly, categorically, positively; ~ отказаться flatly refuse; ~ отрицать categorically deny; быть ~ против be absolutely (utterly) opposed (to, + *gen*); он ~ ничего не знает he knows absolutely nothing; ~**ительность** *f* determination,

resolution, resoluteness; decisiveness, finality; **~ительный** (~ителен) resolute, determined, decided; ~ вид determined air; ~ ответ firm reply; ~ тон resolute tone; decisive, crucial, final; ~ момент crucial point; ~ бой decisive action; **~ить(ся)** II *pf of* ~ать(ся)

решка *pop* tail (of coin); орёл или ~? heads or tails?

резваку|ация return from evacuation; **~ировать** (~ирую) *impf and pf* return from evacuation

рея *naut* yard

ре|ять (~ю, ~ешь) *impf lit* soar, glide along, hover; *fig* flutter (*banners, etc*)

ржа = ржавчина; **~веть** (~веет) *pf* за~ rust; **~вость** *f* rustiness; **~вчина** rust; scum; *bot* mildew; **~вый** rusty

ржание neighing, whinnying

ржанка plover; глупая ~ dotterel; золотистая ~ golden plover; rye-wheat hybrid

ржаной rye

ржать (ржу, ржёшь) *impf* neigh, whinny; *fig pop* laugh (like a horse)

рига threshing floor (barn)

Риг|а Riga (*city*); ехать, съездить в ~у *pop* vomit, feed the fishes

ригори|зм rigorism; **~ст** rigorist; **~истичный** (~истичен) rigorous, strict

ридикюль *m obs* handbag

риз|а *eccles* chasuble; riza (*on icons*); garments, raiment; robes, vestments; напиться до положения ~ *coll* got dead drunk; раздирать на себе ~ы *lit* be in, sink into despair; **~ница** *eccles* vestry, sacristy

рикошет ricochet, rebound; ~ом on the rebound *also fig*

рикша rickshaw

рим|лянин (*pl* ~ляне, ~лян) Roman; **~лянка** Roman (woman); **~ский** Roman; ~ нос roman nose; ~ское право Roman law; ~ские цифры roman numerals

ринг *sp* ring

ринуться *pf* rush, dash, hurl oneself, charge, plunge; ~ в атаку hurl oneself into the attack; ~ в работу *fig* plunge into work

рис rice; paddy

риск risk; на свой (страх и) ~ at one's own risk, peril; on one's own (initiative); идти на ~ run, take a risk; с ~ом для жизни at the risk of one's life; ~ – благородное дело *prov* nothing venture, nothing gain; **~нуть** I *pf of* ~овать; *pf* take the risk (of), venture (to, + *infin*); он ~нул спросить её об этом he ventured to ask her about it; risk; **~ованный** (~ован, ~ованна) risky; ~ шаг risky step; *fig* risqué, close to the wind; **~овать** (~ую) *pf* ~нуть risk; *impf* run risks, take chances; не хотеть ~ be unwilling to take chances; risk, jeopardize (+ *instr*); ~ жизнью, головой risk one's life, neck; ~ здоровьем, репутацией jeopardize one's health, reputation; ~ опоздать на поезд risk missing the train

рис|овальный drawing; lettering (*pen, etc*); **~овальщик** graphic artist; draughtsman; **~ование** drawing; **~овать** (~ую) *pf* на~ draw; ~ акварелью paint in water-colours; ~ с натуры draw, paint from life; *fig* depict, portray, paint; **~оваться** (~уюсь) be silhouetted, outlined; appear, present itself; pose, act, show off; ~ на людях show off in front of people; *pass of* ~овать; **~овка** showing off

рис|овод rice-grower; **~оводство** rice-growing; **~овый** rice; ~овая каша boiled rice; ~овое поле rice-field, paddy-field

ристалище *obs* stadium; hippodrome

рисун|ок (~ка) drawing; illustration; figure (*in article, etc*); pattern, design; outline; ~ пером pen-and-ink drawing; акварельный ~ water-colour painting; draughtsmanship, drawing; **~чатый** patterned, ornamented

ритм rhythm; **~ика** *lit* rhythmical pattern, system, rhythms; theory of rhythm; eurhythmics; **~ический** rhythmic(al); **~ичность** *f* (steady) rhythm; **~ичный** (~ичен) smooth; rhythmic(al); ~ичная работа smooth functioning

рит|ор *hist* teacher of rhetoric, rhetor; *hist* orator, rhetorician; **~орика** rhetoric; **~орический** rhetorical; ~ вопрос rhetorical question; **~оричный** (~оричен) bombastic, rhetorical (of style, etc)

ритуал ritual; ceremonial; **~ьный** ritual

риф reef; коралловый ~ coral reef; *naut* reef; брать ~ы reef

рифл|ение grooving, fluting, corrugating, channelling; **~ёный** grooved, fluted, corrugated, channelled; ~ёное железо corrugated iron

рифм|а rhyme; **~овать** (~ует) *impf* rhyme; *pf* с~ *coll* select in order to rhyme; **~оваться** (~уется) *impf* rhyme; эти слова ~уются между собой these words rhyme with one another; **~овка** rhyming, rhyme system; **~оплёт** *coll pej* rhymer, rhymester

роба coarse working clothes

роббер rubber (*at cards*)

роб|еть I *pf* о~ be timid; quail (before, перед + *instr*); не ~ей(те)! don't be shy, afraid!; **~кий** (~ок, ~ка, ~ко; ~че) timid, shy; **~ость** *f* timidity, shyness

робот robot

ров (рва, во рву, о рве) ditch; крепостной ~ moat, fosse; противотанковый ~ anti-tank ditch

ровесник person of the same age; мы с ним ~и we are of the same age

ров|но *adv* evenly, regularly; equally; биться ~ beat evenly (*of heart*); ~ дышать breathe regularly, steadily; exactly, precisely; ~ в два часа at two o'clock sharp; *coll* absolutely; он ~ ничего не понимает *coll* he doesn't understand a thing; это ~ ничего не значит that means absolutely nothing; *conj pop* exactly like, just like; ~ кто стучит it sounds as though someone is knocking; **~ный** (~ен, ~на, ~но) even, level, smooth, flat; ~ная поверхность plain surface; ~ная линия straight line; even, equal, regular; ~ пульс regular pulse; ~ загар even tan; ~ характер equable temperament; ~ голос level tones; ~ным шагом with measured tread; ~ным счётом in round figures; для ~ного счёта to make a round sum; ~ным счётом ничего *coll* precisely nothing; не ~ён час *pop* you never know; **~ня** equal, match; он ей не ~ня *coll* he is not good enough for her; **~нять** I *pf* с~ (make) even, level (off); с~ с землёй raze to the ground

рог (*pl* ~а, ~ов) horn, antler; ~ изобилия horn of plenty, cornucopia; брать быка за ~а *coll* take the bull by the horns; наставить ~а кому *fig coll* cuckold someone, be unfaithful to someone; согнуть в бараний ~ *fig coll* make someone knuckle under; сломать ~а кому *fig coll* break someone in; bugle, horn; охотничий ~ hunting-horn; **~астый** (~аст) *coll* large-horned; **~атина**

bear-spear; ~**а́тка** barrier (*on road, etc*); ста́вить ~а́тки кому́ place obstacles in someone's way; *mil* chevaux de frise; (*boy's*) catapult; ~**а́тый** (~а́т) horned; кру́пный ~ скот cattle; ме́лкий ~ скот sheep and goats; *coll joc* cuckold(ed); ~**а́ч** 1 stag; stag-beetle; ~**ови́дный** (~ови́ден) hornlike; ~**ови́ца** *anat* cornea; ~**ово́й** horn; horny; corneous; ~овы́е очки́ horn-rimmed spectacles; ~ова́я оболо́чка гла́за *anat* cornea; ~ова́я му́зыка music for horn; ~ова́я обма́нка *min* hornblende

рого́жа bast mat, matting

рого́з reed-mace, cat's-tail

рогоно́с|ец (~ца) *coll joc* cuckold

рогу́лька *coll* croissant

род 2 (в ~у́, о ~́е) family, kin, clan; челове́ческий ~ mankind, humanity, human race; без ~́у, без пле́мени without kith or kin; birth, origin, stock; generation; отку́да вы ~́ом? where were you born?; не дура́к, а ~́ом так *prov* he was born like it; из ~а́ в ~ from generation to generation; на ~у́ бы́ло напи́сано it was in the stars; ему́ на ~у́ напи́сано he was destined (to); ей во́семь лет о́т ~у she is eight years of age; *biol* genus; sort, kind; вся́кого ~́а of all kinds, all kind of; тако́го ~́а of such a kind, such; в э́том ~́е of this sort; что-то в э́том ~́е something of the kind, sort; в не́котором ~́е in some sort, to some extent; в своём ~́е in one's own way; своего́ ~́а a kind of, in one's own way; литерату́рный ~ literary genre; ~ войск arm of the service; *gramm* gender

роддо́м *abbr of* роди́льный дом maternity home

Родезия Rhodesia

ро́дий rhodium

роди́|льница mother of a baby, woman who has just given birth; ~́**льный** ~ дом maternity home, hospital; ~льная горя́чка puerperal fever; ~́**мчик** *coll* convulsions (*of mother or child*); ~́**мый** own; native; ~мое пятно́ birthmark; dear, darling

ро́дин|а native land, mother country, motherland; home(-land); birthplace; любо́вь к ~е love of one's country; тоска́ по ~е homesickness, nostalgia

ро́динка birthmark, mole

роди́н|ы (*gen pl* ~) *pop* celebration of birth of child; *pop* confinement

роди́т|ели (*gen pl* ~елей) parents; ~́**ель** *m obs* father; ~́**ельница** *obs* mother; ~́**ельный** *gramm* genitive; ~́**ельский** parental, parents'; paternal

ро|ди́ть II (~жу́; ~ди́л, ~дила́; *impf* ~ди́ла; ~ди́ло; ~ждённый) *impf and pf*; *impf also* ~жа́ть *and* ~жда́ть give birth (to), bear; в чём мать ~дила́ *coll* in one's birthday suit, stark naked; *impf also* ~жда́ть *fig* give rise (to), give birth (to); yield (*crops, etc*); ~**ди́ться** II (~жу́сь; *impf* ~ди́лся, ~ди́лась, ~ди́лось; *pf* ~дился́, ~дила́сь, ~дило́сь) *impf and pf*; *impf also* ~жда́ться be born; ~ учи́телем be a born teacher; *fig* arise, come into being; у него ~дила́сь мысль he got the idea (of, + *infin*); grow, thrive (*of crops, etc*)

ро́дич *obs* member of family, clan; *iron* relation, relative

ро́дненький *aff* dear, darling

родни́к 1 spring; ~**о́вый** spring

родни́ть II *impf* make related, alike; link; ~́**ся** II *pf* по~ become related (to, с + *instr*)

роднич|о́к (~ка́) *anat* fontanel(le)

род|но́й own (*of close relationship*); ~на́я сестра́ one's own sister; ~ челове́к person of one's family; native, home; ~ го́род home town; ~на́я земля́, страна́ native land; ~ язы́к mother tongue; dear, darling; ~**ны́е** *n* relations, relatives, one's (own) people; в кругу́ ~ны́х in the family circle; ~**ня́** *collect* relatives, relations, kinsfolk; *coll* relative, relation; ~**ови́тость** *f* blood; high birth, good birth; ~**ови́тый** high-born, well-born, of the blood; ~**ово́й** family, clan; ~ строй tribal system; ~ова́я месть vendetta, blood feud; ancestral, patrimonial; ~ово́е име́ние patrimony; *biol* generic; *gramm* gender; birth, labour; ~овы́е схва́тки birth throes, labour; ~**овспомога́тельный** ~овспомога́тельное учрежде́ние maternity home

рододе́ндрон rhododendron

родо|нача́льник ancestor, forefather, progenitor; *fig* father, founder; ~**сло́вие** genealogy; ~**сло́вная** *n* genealogy, pedigree

ро́дств|енник relation, relative; ближа́йший ~ closest relative, next of kin; ~́**енность** *f* connection, tie; familiarity, intimacy; ~́**енный** (~ен, ~енна) family; ~енные свя́зи family ties; ~енные отноше́ния blood relations; kindred, related, allied; ~енные нау́ки allied sciences; ~енные языки́ cognate languages; cordial; ~**о́** relationship, kinship; кро́вное ~ blood relationship, blood tie, consanguinity; быть в ~е́ be related (to, с + *instr*); не по́мнящий ~а́ *offic* ancestry unknown, *pej* renegade; *coll* family, relatives; affinity

ро́д|ы (*gen pl* ~ов) (child)birth; labour, confinement; delivery

рое́ние swarming (*of bees, etc*)

ро́ж|а *pop* (ugly) mug; ко́рчить (стро́ить) ~и кому́ pull faces at someone; *med* erysipelas

рож|а́ть I *pf* роди́ть; ~**да́емость** *f* birth rate; ~**да́ть(ся)** I *pf* роди́ть(ся); ~**де́ние** birth; от ~де́ния from birth; день ~де́ния birthday; ме́сто ~де́ния birthplace; birthday; ~**дённый** born (to), destined (to, + *infin*); ~**де́ственский** Christmas, Xmas; ~ дед Father Christmas, Santa Claus; ~де́ственская ёлка Christmas-tree; ~ соче́льник Christmas Eve; **Р~дество́** Christmas, Xmas; на Рождество́ at Christmas(-time); ~**ени́ца** woman in childbirth *or* who has just given birth

рож|е́чник horn-player; bugler; ~**о́к** (~ка́) *mus* horn, clarion, bugle; англи́йский ~ cor anglais; францу́зский ~ French horn; feeding-bottle; (га́зовый) ~ (gas-)burner, (gas-)jet; shoehorn

рож|о́н (~на́) лезть, идти́ на ~ *coll* kick against the pricks; ask for trouble; ask for it; про́тив ~на́ пере́ть (идти́) *coll* swim against the tide; како́го ещё ~на́ на́до *coll* what the hell more do you need?

рожь *f* (ржи) rye

ро́з|а rose; rose-tree, rose-bush; *archi* rose-window, rosace; ~ ветро́в wind-rose; ~́**ан** *coll* rose; ~**а́рий** rose-garden, rosarium

ро́звальн|и (*gen pl* ~ей) low, wide sledge

ро́з|га (*gen pl* ~ог) birch, rod; наказа́ть ~гой birch; *pl* blows of the birch; дать ~́ог give a birching

ро́зговенье *eccles* first meal after fast; Easter breakfast

ро́здых *coll* pause (*from work*), breather

розео́ла *med* roseola

розе́тка (wall) socket, wall-plug; jam-dish; candle-ring; rosette; *archi* rose-window

розмари́н rosemary

рóзн|ить II *pf* раз~ *coll* break a set (of); **~иться** II (~ится) *impf coll* differ

рóзн|ица retail (trade); продавáть в ~ицу (sell) retail; **~ичный** retail

рóзно *adv pop* apart, separately

рознь *f coll* discord, dissension, quarrel; difference; человéк человéку ~ there are no two people alike, there are people and people

роз|овáтый (~овáт) pinkish; **~овéть** I *pf* по~ turn pink; blush pink; *impf* show pink; **~овощёкий** pink-cheeked, rosy-cheeked; **~овый** (~ов) rose; ~овое дéрево rosewood; ~ куст rose-bush; ~овое мáсло attar of roses; pink, rosy; ~овые щёки rosy (pink) cheeks; ~овые мечты́ rose-coloured dreams; ви́деть всё в ~овом свéте, смотрéть на всё сквозь ~овые очки́ see everything through rose-coloured spectacles

рóзыгрыш draw(ing) (*of lottery*, *etc*); *sp* playing off, tournament, match; *sp* draw, drawn game; (practical) joke

рóзыск search, quest; *leg* investigation, inquiry; уголóвный ~ criminal investigation department; CID

ро|и́ться II (~и́тся) *impf* swarm (*of bees*, *etc*); *fig* crowd (*of thoughts*); **~й** (в ~ю́, о ~е; *pl* ~и́, ~ёв) swarm (*of bees*, *insects*, *etc*); ~ воспоминáний *fig* host of recollections

рок fate (*usu unhappy*)

рокáд|а *mil* lateral road; **~ный** *mil* belt, lateral

рокир|овáться (~ýюсь) *impf and pf* castle (*chess*); **~óвка** castling (*chess*); *mil* lateral troop movement

рок-н-рóлл rock and roll, rock 'n' roll

роков|óй fateful; fated; ~áя красáвица femme fatale; fatal; ~áя оши́бка fatal mistake

рококó *neut and m indecl* rococo

рóкот roar, rumble; **~тáть** I (~чý, ~óчешь) *impf* roar, rumble, crash; thunder, boom

рóл|ик roller, castor; *elect* (porcelain) cleat; *tech* pulley, sheave; *pl* roller-skates; **~иковый** roller; ~ подши́пник roller bearing; ~иковые коньки́ roller-skates

рол|ь 5 *f* role, part; в ~и in the role (of, + *gen*); игрáть ~ take, play, act the part (of, + *gen*), *fig* be of importance, matter, count; э́то не игрáет большóй ~и this isn't of much importance, significance; part, lines; забы́ть свою́ ~ forget one's lines, part; job, role; войти́ в ~ *fig* enter the part, get into the way of things; вы́держать свою́ ~ *fig* keep up one's part

ром rum

ромáн novel; romance; он герóй не моегó ~а he's by no means my ideal; *coll* (love-)affair; **~и́ст** novelist; specialist in Romance philology; **~и́стика** Romance philology; **~с** *mus* song; romance; **~ский** Romance, Romanic; ~ стиль *archi* Romanesque; ~ские языки́ Romance languages; **~ти́зм** romanticism; **~тик** romantic(ist); **~тика** romance, the romantic side (of); romanticism; **~ти́ческий** romantic (*in literature*, *art*, *etc*); = ~ти́чный; **~ти́чность** romantic quality; **~ти́чный** (~ти́чен) permeated with romanticism, romantic

ромáшк|а camomile; **~овый** ~ чай camomile tea

ромб *math* rhomb(us); в ви́де ~а diamond-shaped, lozenge-shaped; diamond; **~и́ческий** rhombic

рóмовый rum

ромштéкс *cul* rump steak

рóнд|о *neut indecl mus* rondo; **~ó** *lit* rondeau, rondel

роня́ть I *pf* урони́ть drop, let fall; ~ кни́ги со столá knock books off a table; ~ слёзы shed tears; ~ гóлову на грудь let one's head fall on one's chest; *impf* lose, shed (*leaves*, *etc*), moult; say casually; ~ острóты make the occasional witty remark; *fig* lower, discredit, injure; ~ своё достóинство lower one's dignity; ~ себя́ в чьих глазáх lower oneself in someone's estimation

рóп|от murmur (of discontent); **~тáть** I (~щý, ~щешь) *impf* murmur (against), grumble (at, на + *acc*)

рос, ~лá *see* расти́

рос|á 2 dew; тóчка ~ы́ dew-point; медóвая ~ *bot* honey dew; до ~ы́ first thing (in the morning); по ~é while the dew is still on the ground; **~и́нка** dewdrop; у меня́ мáковой ~и́нки во рту нé было *coll* I haven't had a bite all day; **~и́стый** (~и́ст) dewy

роск|óшество extravagant, exotic taste (in, в + *prep*); extravagance; **~óшествовать** (~óшествую) *impf* luxuriate, live in luxury; **~óшничать** I *coll* = ~óшествовать; **~óшный** (~óшен) luxurious, splendid, magnificent; *coll* luxuriant, lush; **~ошь** *f* splendour, magnificence; luxury; luxuriance, splendour, riot (*of plants*, *etc*)

рóслый tall, strapping, burly

рóсный ~ лáдан benzoin, benjamin; dewy

росомáха wolverine, glutton; *fig pop* sloven

рóспись *f* list, inventory; ~ (стен) wall-painting(s), mural(s)

рóсп|уск dismissal (*of students*, *etc*); *mil* disbandment; dissolution (*of Parliament*); **~уски** (*gen pl* ~усков) peasant's cart, sledge

росси́|йский Russian; **Росси́я** Russia; **~я́нин** (~я́не, ~я́н) *obs* = рýсский

рóссказн|и (*gen pl* ~ей) *coll* cock-and-bull story, (old wives') tales

рóссып|ь *f* scattering; грузи́ть зернó ~ью load grain loose; *usu pl* deposit, placer (*of minerals*, *etc*)

рост growth, increase, rise; ~ населéния growth of population; твóрческий ~ development (*of artist*, *etc*); height, stature; он ~ом с вас he is your height; высóкого, мáленького ~а tall, short; во весь ~ full length (*photograph*, *etc*), *fig* in all its magnitude; встать во весь ~ stand up, draw oneself up to one's full height; шить на ~ allow for growth when making clothes; он ~ом не вы́шел he is anything but tall; растянýться во весь ~ fall flat, measure one's length; отдавáть (пускáть) в ~ *obs* lend (money) on interest

рóстбиф roast beef

рóстепель *f* = óттепель

ростовщ|и́к 1 usurer, moneylender; **~и́ческий** usurious; **~и́чество** usury, moneylending

рост|óк (~кá) sprout, shoot; пусти́ть ~ки́ sprout, put out shoots

ростр *hist* beak (*of war-galley*), rostrum; **~а** *hist* rostrum; **~áльный** rostral; **~ы** (*gen pl* ~) *naut* booms

рóсчерк flourish; одни́м ~ом перá with a stroke of the pen

росян|ка *bot* sundew; **~óй** dew(y)

рот (рта, во рту, о рте) mouth; дышáть ртом breathe through one's mouth; искýсственное дыхáние рот-в-рот mouth to mouth artificial respiration; ~ до ушéй enormous mouth; не брать в ~ never touch something; в ~ не возьмёшь it's uneatable; едá в ~ нейдёт the food sticks in one's throat; не сметь рта раскры́ть be afraid to open one's mouth; ми́мо рта прошлó *coll* you have had it; ему́ всё разжева́ть и в ~ положи́ть everything has to be spelled out for him, he has to be spoon-fed; зева́ть во весь ~ yawn one's head off; улыба́ться во весь ~ grin like a Cheshire cat; рази́нув ~ *coll* open-mouthed, agape; заткну́ть (зажа́ть) ~ кому́ *coll* shut someone up, silence someone; смотре́ть в ~ кому́ *fig* be hungry; ingratiate oneself with someone; hang on someone's words; хлопо́т по́лон ~ *coll* have one's hands full; зама́зать ~ кому́ *coll* buy someone's silence

ро́та *mil* company

рота|при́нт rotaprint machine; **~́тор** duplicator, duplicating machine; ~**цио́нный** ~цио́нная маши́на rotary press

ро́т|мистр *mil* captain of cavalry (*in Tsarist army*); **~́ный** *adj* company; *n* company commander

ротозе́й *coll* gaper; scatterbrain; day-dreamer; goof; **~́ничать** I *impf coll* stand and gape, gawk; **~́ство** *coll* couldn't-care-less attitude

рото́нда *archi* rotunda; (lady's) cloak

ротоно́гие *pl* Stomatopoda

ро́тор rotor

ро́хл|я (*gen pl* ~ей) *m and f coll* dawdler

ро́щ|а grove, copse, small wood; **~́ица** *dim of* ~а

рояли́ст royalist; **~́ский** royalist

роя́л|ь *m* (grand) piano; игра́ть на ~е play the piano; у ~я at the piano

рту́т|ный mercury, mercurial; ~ная ла́мпа mercury arc lamp; ~ная мазь mercury ointment; **~ь** *f* mercury, quicksilver; гриму́чая ~ fulminate of mercury; живо́й как ~ *fig* mercurial

руба́ка *coll* fine swordsman

руба́нок *tech* plane

руба́ть I *impf pop* eat, dig in, scoff; *pf* на~ся, с~ *pop* eat one's fill

руба́|ха shirt; ~-па́рень *coll* straightforward fellow, regular guy *Am*; **~́шка** shirt; slip, chemise; ночна́я ~ nightshirt, nightdress; роди́ться в ~шке be born with a silver spoon in one's mouth; снима́ть с кого́ после́днюю ~шку *fig* reduce someone to poverty, ruin someone; своя́ ~ бли́же к те́лу *prov* charity begins at home; colour (*of animal's coat*); back (*of playing cards*); *tech* jacket, casing, lining

рубе́ж 1 boundary, border(line); за ~о́м abroad; *mil* line; ~ ата́ки assault position; брать но́вые ~й *fig* make fresh gains (advances)

рубeróид *tech* ruberoid, roofing felt

руб|е́ц (~ца́) scar, cicatrice; weal; hem, seam; paunch (*of ruminants*); *cul* tripe

руби́дий rubidium

руби́льник *elect* (knife-)switch; *sl* nose, hooter, conk

руби́н ruby; **~́овый** ruby(-coloured)

руб|и́ть II (~лю́, ~́ишь) chop (*cabbage*, *wood*, *etc*), fell (*trees*, *etc*); mince, chop fine; hew, hack; cut down (*with sword*, *etc*); ~ у́голь cut coal; *pf* с~ put up, erect (*of logs*); ~ сплеча́ *fig coll* give it (someone) straight from the shoulder, not mince matters; **~и́ться** II (~лю́сь, ~́ишься) *impf* fight with cold steel; **~́ище** rags, tatters; **~́ка** chopping (up), mincing; felling, hewing; hacking; *naut* deck-house, deck cabin; боева́я ~ conning tower; рулева́я ~ wheel-house; шту́рманская chart house

рублёв|ка *pop* rouble (note); **~́ый** (one-)rouble

ру́блен|ый minced, chopped; ~ое мя́со minced meat, hash; ~ые котле́ты rissoles; of logs; ~ая изба́ log hut, log cabin

рубл|ь 1 *m* rouble; дли́нный ~ *pop* fast buck, easy money; гна́ться за дли́нным ~ём *pop* be out for easy money

ру́брика rubric, heading; column (*of figures*)

рубц|ева́ться (~у́ется) *pf* за~ scar, cicatrize

ру́бч|атый ribbed; **~́ик** small scar; rib (*on material*)

ру́г|ань *f* swearing, invective, abuse, bad language; отбо́рная ~ vile invective, billingsgate; забо́рная ~ obscene invective, abuse; **~а́тель** *m* habitual user of invective; **~а́тельный** abusive; ~а́тельные слова́ swear-words; **~а́тельство** oath, swear-word; **~а́ть** I *pf* вы~, об~, от~ curse, swear (at), abuse, scold, run down; tear to pieces, lash (*criticize severely*); **~а́ться** I *pf* вы~ curse, utter oaths, swear, use bad language; ~ как изво́зчик swear like a trooper; *pf* по~ hurl abuse at one another, call each other names; **~ну́ть(ся)** I *pf coll* swear, utter an oath; **~ня́** swearing, cursing; exchange of abuse

руда́ 6 ore; желе́зная ~ iron-ore, iron-stone

рудиме́нт rudiment; **~а́рный** rudimentary

руд|ни́к 1 mine, pit; **~нико́вый** mine, pit; **~ни́чный** mining; ~ газ fire-damp; ~ни́чная ла́мпа miner's lamp, Davy lamp; ~ни́чная сто́йка pit prop; **~́ный** mining; ore; ~ная жи́ла vein; ~ное месторожде́ние ore deposit; **~око́п** miner; **~оно́сный** (~оно́сен) ore-bearing

руж|е́йник gunsmith; **~е́йный** gun, rifle; ~ вы́стрел rifle-shot; ~ ма́стер armourer, gunsmith; **~ьё** 6 (*pl* ~́ья, ~́ей) gun, rifle; дробово́е ~ shotgun; двуство́льное ~ double-barrelled gun; охо́тничье ~ sporting gun; противота́нковое ~ anti-tank rifle; стать в ~ fall in; в ~! to arms!; под ~ьём under arms; призва́ть под ~ call to arms, to the colours

руи́на *usu pl* ruin(s); *fig coll* wreck

рук|а́ 4 hand; arm; в ~е́ in one's hand; за́ ~у by the hand; взя́ться за́ ~и take one another's hands, join hands; ~а́ми не тро́гать! do not touch!; брать на́ ~и take in one's arms; держа́ть на ~а́х hold in one's arms; вести́ за́ ~у lead by the hand; из ~ в ~́и from hand to hand; ~ о́б ~у hand in hand; по пра́вую (ле́вую) ~́у to the right (left) (of, от + *gen*); быть в чьих ~а́х be at someone's mercy; э́то мне на́ ~у that suits me down to the ground; у него́ на ~а́х больша́я семья́ he has a large family on his hands; все кни́ги на ~а́х all the books are out; по ~а́м! done!, it's a bargain!, it's a go!; брать кого́ по́д ~у take someone's arm; идти́ с кем по́д ~у walk arm in arm with someone, walk with someone on one's arm; не говори́те по́д ~у! don't put me off!; попа́сться кому́ по́д ~у come someone's way; что попадётся по́д ~у anything one can lay one's hands upon; под ~о́й, под ~а́ми within easy reach, handy, easily available; с ~и́ кому́ convenient for someone; ~́и вверх! hands up!; ~́и прочь hands off (от + *gen*); ~ не дро́гнет (у кого́) (someone) wouldn't hesitate (to, + *infin*), wouldn't think twice (about, + *infin*); ~́и опусти́лись (у кого́) (someone) has lost all interest, has lost heart; у него́ ~ не поднима́ется (подни́мется) he cannot bring himself (to, + *infin*); бить по ~а́м strike a bargain; брать себя́ в ~́и pull oneself together, control oneself; у него́ всё из ~ ва́лится his fingers are all thumbs; he has no strength; гада́ть по ~е́ read someone's hand; гуля́ть по ~а́м *coll* pass from one person to another; дава́ться в ~́и кому́ yield to someone;

де́лать что чужи́ми ~а́ми get someone to do something for you; держа́ть чью ~́у side with someone; держа́ть себя́ в ~а́х have self-control; держа́ть кого́ в ~а́х gain the upper hand over someone, have under one's thumb; его́ ~о́й не доста́нешь he is a big shot, he is difficult to approach; у него́ ~́и не дохо́дят до э́того he has no time to do it; име́ть до́лгие ~́и be light-fingered; име́ть ~́у have an influential friend, a friend at court; отби́ться от ~ get out of hand; э́то отрыва́ют с ~а́ми this is being snapped up; ~о́й пода́ть *coll* close at hand, a stone's throw, round the corner; подверну́ться по́д ~у turn up, come to hand by chance; прибра́ть к ~а́м lay hands on, appropriate; приложи́ть ~́у к чему́ have a part in something, a finger in a pie; проси́ть ~и́ ask in marriage; развяза́ть ~́и кому́ give someone a free hand; сбыва́ть с ~ *coll* get off one's hands; как ~о́й сня́ло *coll* it vanished as if by magic (*of pain, etc*); в со́бственные ~́и 'personal' (*on letter, etc*); э́то сошло́ ему́ с ~и́ he got away with it; ве́рная ~а́ steady hand; из ве́рных ~ on good authority; го́лыми ~а́ми without firing a shot, easily; на живу́ю ~́у, живо́й ~о́й *pop* in a hurry, quickly; золоты́е ~́и clever fingers; ~́и ко́ротки! *coll* try and get it!; с лёгкой ~и́ in a favourable moment; лёгкая ~а́ a lucky touch; в надёжных ~а́х in safe hands; на́ ~у нечи́ст *coll* dishonest, light-fingered, underhand; пе́рвой ~и́ of first quality; ско́рый на́ ~у *coll* quick at work; spoiling for a fight; сре́дней ~и́ *coll* middling, so-so; широ́кой (ще́дрой) ~о́й with a bountiful hand; сон в ~́у the dream has come true; из пе́рвых, вторы́х ~ at first, second hand; наби́ть ~́у become expert (at, на + *prep*); греть ~́и make a good thing (out of, на + *prep*); дать во́лю ~а́м *coll* use one's fists; ~а́м во́ли не дава́й! *coll* keep your hands to yourself!; из ~ вон (пло́хо) *coll* thoroughly bad, awful; игра́ть (на роя́ле) в четы́ре ~и́ play duets (on the piano); вы́дать на́ ~и give to take away, hand out; он ма́стер на все ~́и there is nothing he cannot put his hand to; махну́ть ~о́й give up as lost (на + *acc*); мне не ~ *pop* I have no call (to, + *infin*); умы́ть ~́и wash one's hands (of, в + *prep*); у него́ ~́и, как крю́ки *coll* he is all fingers and thumbs; ~ ~́у мо́ет *prov* scratch my back and I'll scratch yours; дать кому́ по ~а́м *coll* give someone a rap over the knuckles; дать ~́у на отсече́ние swear; у меня́ ~́и че́шутся my fingers are itching (to), I itch (to, + *infin*)

рука́|в 1 (*pl* ~ва́) sleeve; спустя́ ~ва́ *coll* in a slipshod manner; branch, arm (*of river*); *tech* hose; **~ви́ца** mitten; gauntlet; держа́ть в ежо́вых ~ви́цах rule with a rod of iron, keep a firm grip on; **~́вчик** *dim of* ~в; cuff; **~́стый** (~ст) *pop* with long arms; *fig* enterprising, business-like

руко|би́тие *obs* handshake on a bargain; **~блу́дие** masturbation; **~блу́дник** masturbator; **~блу́дничать** I *impf* indulge in masturbation, masturbate

руково|ди́тель *m* leader, head; manager; ~ отде́ла department head; худо́жественный ~ art adviser; нау́чный ~ supervisor (of studies); кла́ссный ~ form master (mistress); **~ди́ть** II (~жу́) *impf* lead, guide (+ *instr*); ~ заня́тиями, рабо́той supervise studies, work; run (*group, circle, etc*; + *instr*); be in charge (of), at the head (of, + *instr*); ~ отде́лом head a department; **~ди́ться** II (~жу́сь) *impf* be guided by, follow (+ *instr*); **~́дство** leadership, guidance, supervision, direction, management (of, + *instr*); операти́вное ~ efficient management; guide, guiding principle; ~ к де́йствию guide to action; handbook, guide, manual; *collect* (the) leaders, (the) leadership; governing body; **~́дствоваться** (~́дствуюсь) *impf* be guided (by), follow (+ *instr*); **~дя́щий** leading, guiding; ~дя́щая статья́ leader; ~ комите́т steering committee; ~дя́щие указа́ния instructions

рук|оде́лие needlework; hand-made goods; **~оде́льница** needlewoman; **~оде́льничать** I *impf coll* do needlework; fancy-work; **~окры́лые** *zool* Cheiroptera; **~омесло́** *pop* = ремесло́; **~омо́йник** washstand, wash-hand stand; си́не мо́ре в ~омо́йнике *joc* storm in a teacup; **~опа́шная** *n coll* hand-to-hand fight(-ing); дойти́ до ~опа́шной come to blows; **~опа́шный** hand-to-hand; **~опи́сный** manuscript; ~ шрифт cursive, italics; **~́опись** *f* manuscript; typescript; copy; **~́оплеска́ние** *usu pl* applause, clapping; **~оплеска́ть** I (~оплещу́, ~опле́щешь) *impf* applaud, clap (+ *dat*); **~опожа́тие** handshake, hand-clasp; обменя́ться ~опожа́тиями shake hands (with, с + *instr*); **~ополага́ть** I *pf* ~положи́ть *eccles* ordain, lay hands on; **~оположе́ние** *eccles* ordination, laying on of hands; **~ороложи́ть** II *pf of* ~ополага́ть **~оприкла́дство** *coll* fisticuffs; де́ло дошло́ до ~оприкла́дства *coll* fists came into play; **~оя́тка** handle, hilt; haft, helve; shaft; по ~оя́тку up to the hilt; butt (*of revolver*); crank (handle), lever; **~оя́ть** *f* handle, hilt, shaft

рула́да *mus* roulade, run

рулево́й *adj* rudder, steering; *n* helmsman, man at the wheel

рулёжка *pop aer* taxiing

руле́т roll; мясно́й ~ meat loaf; boned ham, gammon; Swiss roll

руле́тка tape-measure; roulette

рули́ть II *pf* вы́~ *aer* taxi

руло́н roll

рул|ь 1 *m* rudder, helm *also fig*; (steering-)wheel (*of car, etc*); handlebars; ~ высоты́ *aer* elevator; ~ поворо́та *aer* rudder; пра́вить ~ём, сиде́ть за ~ём, быть (стоя́ть) на ~е́ steer; стоя́ть у ~я́ be at the helm *also fig*; ле́во ~я́ port the helm; без ~я́ и без ветри́л *fig* without aim or direction, rudderless

румб (compass) point

ру́мпель *m* tiller

румы́н Romanian, Rumanian; **Румы́ния** Romania; **~́ка** Romanian, Rumanian (woman); **~́ский** Romanian, Rumanian

румя́н|а *pl* (*gen pl* ~) rouge; **~́ец** (~ца) (high) colour; flush; blush; **~́ить** II *pf* за~ redden, flush *also fig*; cause to glow; *pf* на~ rouge; **~́иться** II *pf* за~ turn red, redden, glow, flush; *pf* за~ (begin to) get brown; *pf* на~ use rouge; **~́ый** rosy, pink; ruddy, pink-cheeked (*of person*); *fig coll* browned (*of food*)

ру́на rune

рунду́к 1 locker, bin

руни́ческий runic

рун|о́ fleece; золото́е ~ Golden Fleece; *pl* ~́а, ~́ья school (*of fish*)

ру́пия rupee

ру́пор megaphone, loud hailer; speaking-trumpet; *fig* mouthpiece

руса́к 1 (grey) hare; *pop* Russian

руса́л|ка mermaid, water-nymph, undine, nixie;

∸очий *adj of* ~ка

руси́|зм Russicism, borrowing from Russian; **∸ст** specialist in Russian philology; **∸стика** Russian philology; **~фика́тор** Russianizer, Russifier; **~фика́ция** Russianization, Russification; **~фици́ровать** (~фици́рую) *impf and pf* Russianize, Russify

ру́сло (river-)bed; channel, course *also fig*; войти́ в ~ *fig* get into a groove; *fig* tenor (*of life, etc*)

русоволо́с|ый (~) having light-brown hair

ру́сс|кая *n* Russian (woman); Russian folk-dance; **∸кий** *n and adj* Russian; **~офи́л** Russophil(e); **~офи́льство** Russophilism; **~офо́б** Russophobe; **~офо́бство** Russophobia

ру́с|ый (~) light brown, fair; fair-haired

руте́ний ruthenium

рути́н|а (slavish) routine; rut; groove; **~ёр** stickler for, slave to routine; **~ёрский** routine; hidebound; **~ёрство** slavery to routine; **∸ный** stale; dead hand

ру́хлядь *f collect coll* junk, lumber; old clothes

ру́хнуть I *pf* crash down, collapse (*of building, something heavy, etc*); *fig* crash, be dashed to the ground (*of hopes, etc*)

руча́т|ельство guarantee, guaranty, warrant; с ~ельством guaranteed (за испра́вность in working order); **∸ься** I *pf* поручи́ться guarantee, warrant, certify, answer, vouch (for, за + *acc*); ~ за пра́вильность све́дений vouch for the accuracy of the information; руча́юсь, что вам э́того не сде́лать I bet that you will not be able to do it; ~ голово́й take full responsibility (for), vouch (for, за + *acc*)

руч|еёк (~ейка́) rill, brook; **~е́й** (~ья́) stream, brook; ~ьи́ слёз floods of tears; дождь льёт ~ьём the rain is coming down in buckets; пот лил с него́ в три ~ья́ perspiration streamed down his face; *tech* groove

ру́ч|ка little hand; penholder, handle, knob; ~ две́ри door-handle, doorknob; arm (*of chair*); дойти́ до ~ки *pop* reach the end of one's tether, get into a hopeless situation; penholder; pen; **~ни́к** 1 manual worker; *tech* bench hammer; **~но́й** hand; arm; manual; ~ны́е часы́ wrist-watch; ~ труд manual labour; ~на́я прода́жа counter sale; sale without prescription (*in chemists*); hand-operated; ~на́я пила́ handsaw; tame

ру́ш|ить II *pf* об~ pull down; *impf* husk; **∸иться** II *pf* об~ collapse, fall to the ground; *impf fig* be shattered (*of hopes, etc*), fail (*of plans, etc*)

ры́б|а fish; *pl astron* **Р~бы** Pisces; чу́вствовать себя́ как ~ в воде́ feel quite at home, take to something like a duck to water; нем, как ~ mute as a fish, close as an oyster; лови́ть ~у в му́тной воде́ fish in troubled waters; ни ~ ни мя́со neither fish nor fowl, neither fish, flesh nor good red herring, neither one thing nor the other; как ~ об лёд би́ться struggle desperately; *fig coll* cold fish, lethargic, supine person; **~а́к** 1 fisherman; ~ ~а́ ви́дит издалека́ *prov* birds of a feather flock together; **~а́лить** II *impf pop* fish; **~а́лка** *coll* fishing; **∸а́рь** (∸аря́) *obs* = ~а́к; **~а́цкий, ~а́чий** fishing, fisherman's; ~а́чья ло́дка fishing-boat; **~а́чить** II *impf coll* be a fisherman, fish; **~а́чка** fisherwoman; fisherman's wife; **~е́ц** (~ца́) vimba (*fish of carp family*); **~ёшка** *coll* small fry; **∸ий** fish; piscine; *fig* cold-blooded; ~ жир cod-liver oil; ~ клей fish-glue, isinglass; fishy, fish-like; **∸ник** fishmonger, fish vendor; fish marketer; **∸ина** *coll* big fish; **∸ный** fish; ~ные консе́рвы tinned fish; ~ная ло́вля fishing; ~ магази́н fishmonger's; ~ про́мысел fishery; ~ садо́к fish-pond; **~ово́д** fish-breeder; **~ово́дство** fish-breeding; **~ово́дческий** fish-breeding, fish-farming; ~ово́дческое хозя́йство fish-farm, hatchery; **~озаво́д** fish-factory; **~оконсе́рвный** ~ заво́д fish cannery; **~оло́в** fisherman; angler; **~олове́цкий, ~оло́вный** fishing; **~оло́вство** fishing, fishery; **~опромы́шленность** *f* fishing industry; **~оxо́д** fish-run (*in dam*)

рыв|о́к (~ка́) jerk, tug; *sp* snatch; *fig* spurt

рыг|а́ть I *sem pf* ~ну́ть belch; **~ну́ть** I *sem pf of* ~а́ть

рыда́|ние sob(s), sobbing; **∸ть** I *impf* sob

рыдва́н *hist* large coach

рыж|еборо́дый (~еборо́д) red-bearded; **~ева́тый** (~ева́т) reddish; gingery; rust-coloured; **~еволо́сый** (~еволо́с) red-haired, sandy-haired, ginger-haired; **~е́ть** I *pf* по~ turn reddish (-brown), ginger, get rusty; *impf* show reddish-brown; **∸ий** (~, ~а́, ~е) red, red-haired, ginger; chestnut, sorrel (*of horse*); reddish-brown, rust-coloured (*of something faded*); *n coll* (circus) clown; что я – ~? *coll* why leave me out?; **∸ик** saffron milk-cap (*mushroom*); *sl* gold coin; *pl sl* watch

рык roar; льви́ный ~ roar of a lion; **~а́ть** I *impf* roar (*of lion, etc*)

ры́л|о snout (*of pig, etc*); *pop* mug; ни у́ха ни ~а не смы́слить *pop* make neither head nor tail (of something); ~ом не вы́шел *pop* not suitable (to, + *infin*); вороти́ть (отвора́чивать) ~ *pop vulg* turn one's nose up (at, от + *gen*); ~ начи́стить (наби́ть) кому́ *sl* knock someone's block off; **∸ьце** (*gen pl* ~ец) *pop* spout; *bot* stigma; у него́ ~ в пуху́ (пушку́) *pop* he has a finger in the pie

ры́нда *m hist* member of Tsar's bodyguard; *f* ship's bell

ры́н|ок (~ка) market(-place); ~ки сбы́та markets; **∸очный** market; ~очная цена́ market price; ~очная ба́ба *fig* fishwife

рыса́к 1 trotter

ры́с|ий lynx; ~ьи глаза́ *fig* lynx eyes

рыс|и́стый (~и́ст) ~и́стые испыта́ния trotting races; ~и́стая ло́шадь trotter; **~и́ть** II (~и́шь) trot

ры́|скать I (~щу, ~щешь *and* ~скаю, ~скаешь) scour, hunt about, ransack (*in search of something*); ~ по ле́су scour the forest; rove, roam; ~ глаза́ми *fig* let one's eyes wander uneasily; *naut* gripe, yaw

рыс|ца́ jog-trot; е́хать ~цо́й go at a jog-trot; **~ь** *f* (на ~и́, о ∸и) trot; кру́пная ~ long trot, round trot; на ~я́х at a trot; ∸ью *adv* at a trot; **~ь** *f* lynx

ры́т|вина rut, groove; **~ь** (ро́ю, ро́ешь) *pf* вы́~ dig, burrow; paw (*of horse*); nuzzle, root up (*of wild boar, etc*); ~ око́пы dig trenches; *fig coll* rummage (about); ~ кому́ я́му *fig* dig a pit for someone; **~ьё** digging; **∸ься** (ро́юсь, ро́ешься) dig (in); *fig* rummage (in, amongst), ransack, burrow (*in,* в + *prep*) (*memory, etc, pockets, cases, drawers, etc*)

рыхл|е́ть I *pf* по~ become friable; *fig coll* run to seed, go flabby; **~и́ть** II *pf* вз~ *and* раз~ loosen, hoe, make friable; **∸ый** (~, ~а́, ~о) crumbly, friable, loose (*of soil, etc*); ~ снег soft snow; ~ хлеб crumbly bread; *fig coll* flabby (*of person*); *fig* loose, vague, prolix (*of style, exposition, composition, etc*)

ры́ц|арский knightly; *fig* chivalrous; ~ о́рден order

of knighthood; ~ поеди́нок joust; ~ посту́пок chivalrous act(ion); ∸**арство** *collect* knights; knighthood; получи́ть ~ receive a knighthood; *fig* chivalry; времена́ ~арства age of chivalry; ∸**арь** *m* knight; стра́нствующий ~ knight errant

рыча́г 1 lever; *fig* key factor, linchpin; ~ управле́ния control lever

рыч|а́ние growl, snarl; ~**а́ть** II (~у́) *impf* growl, snarl; *fig pop pej* bark, bellow (at, на + *acc*)

рья́н|ость *f* zeal; ∸**ый** (~) zealous

рюкза́к 1 rucksack, knapsack

рю́м|ка (wine-)glass; ∸**очка** *dim of* ~ка; та́лия ~очкой (в ~очку) *fig coll* wasp-waist

рюш *and* **рю́шка** ruche

ряб|е́ть I (~е́ет) *pf* по~ be speckled, spotted; fret, ripple

ряби́н|а rowan-tree, mountain ash; ~ дома́шняя service tree; *coll* pit; pock-mark; лицо́ с ~ами (~ками) pock-marked face; ∸**ник** thicket of mountain ash; ~ се́рый mistle-thrush; ∸**овка** rowanberry vodka; ∸**овый** *adj of* ~a

ряб|и́ть II (~и́т) *impf* ripple; *impers* у меня́ ~и́т в глаза́х I am dazzled (by, от + *gen*)

ряб|о́й (~, ~а́, ∸о) pitted, pock-marked; speckled, spotted

ряб|о́к (~ка́) *orni* sandgrouse; ∸**чик** hazel-grouse, hazel-hen

рябь *f* ripple(s); dazzle; покрыва́ться ∸ю ripple

ря́вк|ать I *sem pf* ~нуть roar (*of animals*); *fig pop* bellow (at), roar (at, на + *acc*); ∸**нуть** I *sem pf of* ~ать

ряд (∸а(у); два, три, четы́ре ~а́; в ∸е *and* в ~у́; *pl* ~ы́, ~о́в) row; line; пе́рвый, после́дний ~ front, back row (*in theatre*); ~ за ∸ом row upon row; из ∸а вон выходя́щий outstanding, exceptional, extraordinary, out of the common (run); стоя́ть в одно́м ~у́ rank (with, с + *instr*); *mil* file, rank; непо́лный ~ blank file; ~ы́ вздво́й! *mil* form fours!; в пе́рвых ~а́х in the first ranks, *fig* in the forefront; (в ∸е) series, number; в ∸е стран in a number of countries; в це́лом ∸е in a number of instances; ~ собы́тий train of events; (row of) stalls; ры́бный ~ fish stalls; swath

ря|ди́ть II (~жу́, ∸ди́шь) *impf* dress up (as), get up (as, + *instr*); *impf obs* ordain, lay down the law; contract, hire by contract; ~**ди́ться** II (~жу́сь, ∸ди́шься) *impf coll* dress up; dress up (in, в + *acc*); *pf* по~ *obs pop* bargain (with, с + *instr*), agree about price, conditions (with, с + *instr*); contract (to), undertake (to, + *infin*)

ряд|ко́м *adv coll* side by side; in a row

ряд|но́ 6 (*gen pl* ∸ен) canvas

ря́дность *f* row order

ряд|ово́й ordinary, common, everyday; ~ соста́в men, rank and file; *agr* row; ~ова́я се́ялка seed drill; *n* private soldier; ∸**ом** *adv* beside, next to, alongside, side by side; сиде́ть ~ с отцо́м sit next to one's father; ~ с теа́тром next door to the theatre; near, close by; in comparison (to, с + *instr*); ~ с твое́й бедо́й мои́ забо́ты – ничто́ my cares are nothing compared to your misfortune; ∸**ышком** *adv dim of* ∸ом *coll*

ряж *tech* crib(-work); ∸**евый** crib

ря́женка = варене́ц

ря́женый dressed up, disguised; *n* mummer

ря́пушка vendace

ря́са cassock

ря́ска *bot* duckweed

ря́шк|а *sl* mug; начи́стить кому́ ~у *sl* smash someone's mug in

С

с, со *prep + gen* from, off; сверну́ть с доро́ги turn off the road; с головы́ до ног from head to foot; ве́тер с мо́ря wind off the sea; с пе́рвого взгля́да at first sight; перево́д с ру́сского translation from Russian; сда́ча с рубля́ change of a rouble; со сна half awake; по́шлина с табака́ duty on tobacco; с рабо́ты from work; убра́ть посу́ду со стола́ clear things from the table; снять с кого́ фотогра́фию take someone's photograph; брать приме́р с кого́ follow someone's example; дово́льно с тебя́! that's enough for you!; ско́лько с меня́? how much do I owe?; *time expressions* с ра́ннего утра́ from early morning; с утра́ до́ ночи from morning to night; с восьми́ до трёх from eight to three; с де́тства from childhood; for, from, with; с ра́дости for joy; со стыда́ for shame; *position* on, from; с одно́й, с друго́й стороны́ on the one, on the other hand; с како́й то́чки зре́ния? from what point of view?; *on the basis of* with; с разреше́ния with permission; с чьего́ одобре́ния with someone's approval; *by means of* by, with; взять с бо́ю take by storm; с большо́й бу́квы with a capital letter; корми́ть с ло́жечки feed with a spoon; *prep + acc* about, almost; величино́й с дом about the size of a house; мы бу́дем там с ме́сяц we shall be there about a month; ма́льчик с па́льчик Tom Thumb; *prep + instr* with; and; с удово́льствием with pleasure; мы с ва́ми you and I; он с сестро́й he and his sister; оте́ц с ма́терью mother and father; взять с собо́й take with one; хлеб с ма́слом bread and butter; челове́к с тала́нтом man of talent; by, on; с пе́рвой по́чтой by first post; уе́хать с пе́рвым по́ездом leave by (on) the first train; *with the advent, passing of* with; с года́ми with the years; с ка́ждым днём every day; with; с рабо́той обсто́ит хорошо́ the work is going well; у него́ пло́хо с се́рдцем his heart is in bad shape; **-с** *partic*: added to words to indicate servility, politeness or irony; **с-** (**со-**, **съ-**) *verbal pref in var senses*: movement from various directions to one point; movement in downward direction; removal from place or surface; *refl* reciprocity of action

саа́м Lapp, Laplander; **∸ка** Lapp (woman); **∸ский** Lapp(ish)

сабанту́й *coll joc* binge, soak, booze-up

са́б|ельный sabre; **~ли́ст** sabreur; **∸ля** *gen pl* ~ель) sabre

сабот|а́ж sabotage; **~а́жник** saboteur; **~а́жничать** I *impf coll* = ~и́ровать; **~и́ровать** (~и́рую) *impf and pf* sabotage, engage in sabotage

са́ван shroud, cerement; сне́жный ~ blanket of snow

сава́нна savannah

савра́сый light brown with black mane and tail (*of horses*)

са́га saga

сагити́р|овать (~ую) *pf of* агити́ровать; *pf* win over

са́г|о *neut indecl* sago; **∸овый** ~овая ка́ша sago pudding

сад 2 (в ~у́, о ∸е) garden; ботани́ческий ~ botanical gardens; де́тский ~ kindergarten; зооло-ги́ческий ~ zoo(logical gardens); фрукто́вый ~ orchard; зи́мний ~ conservatory

сада́ну́ть I *pf pop* strike; ~ ножо́м stab; ~ из винто́вки shoot

сади́|зм sadism; **∸ст** sadist; **∸стский** sadistic

са|ди́ть II (~жу́, ∸дишь) *impf* plant; *fig pop* hurtle, dash, fly; shoot, plant (*bullets, etc*); **~ди́ться** II (~жу́сь, ∸дишься) *pf* сесть; сади́(те)сь! (do) take a seat! (please) sit down!

са́дн|ить II (~ит) *impf* smart, burn, sting; у меня́ в го́рле ~ит my throat hurts, is smarting

сад|о́вник gardener; **~ово́д** horticulturist; gardener; **~ово́дство** horticulture; gardening; horticultural establishment; **~ово́дческий** horticultural; **~о́вый** garden; cultivated (*of plants*); horticultural

сад|о́к (~ка́) place for keeping live creatures; кро́личий ~ rabbit hutch; живоры́бный ~ stew, fish-well; pen (*for animals*); ~ для птиц birdcage

са́ж|а soot; в ~е sooty, smutty; дела́ как ~ бела́ *coll joc* things are not so good, things are bad; чёрный, как ~ jet-black

саж|а́лка planting machine; **~а́ть** I *pf* посади́ть plant; seat, offer a seat; ~ госте́й за стол seat one's guests at table; ~ на по́езд put on a train; ~ самолёт land a plane; ~ за рабо́ту put to work; ~ пти́цу в кле́тку cage a bird; ~ ку́рицу на я́йца set a hen on eggs; ~ на хлеб и во́ду put on bread and water; ~ хле́бы в пе́чку put loaves in the oven to bake; ~ в тюрьму́ put into prison, imprison, gaol; ~ под аре́ст put under arrest; ~ пятно́ make a spot; **∸енец** (~енца) seedling

сажён|ки (*gen pl* ~ок) overarm stroke (*in swimming*)

са́женый planted

са́ж|ень *f* (*pl* ~е́ни, ~е́ней *or* ∸ени, ∸ен *also* ~ене́й, ~еня́м) sazhen (*measure of length, equivalent to 2·13 metres*); морска́я ~ Russian fathom (1·83 metres); коса́я ~ в плеча́х *coll* broad as a barrel; в косу́ю ~ ро́стом *coll* tall; stalwart

саза́н common carp

сайга́, сайга́к saiga (*antelope of steppes*)

са́йка (bread) roll; Arctic cod

са́йра Pacific saury

саквоя́ж travelling-bag, grip, holdall

са́кл|я (*gen pl* ~ей) saklya (*Caucasian hut*)

сакрамента́л|ьный (~ен) sacramental; sacred

сакса́ул saxaul

саксо́н|ец Saxon; **∸ский** Saxon

саксофо́н saxophone

сакти́р|овать (~ую) *pf leg* draw up a statement on writing off (equipment, *etc*)

сала́з|ки (*gen pl* ~ок) hand sled, toboggan; *tech* slide rails, carriage; загну́ть ~ кому́ *pop joc* in wrestling pin someone's knees to his chest

сала́ка Baltic herring; *fig sl* greenhorn

салама́ндра salamander

сала́т (~а (~у)) lettuce; salad; **∸ник, ∸ница** salad-dish, salad-bowl; **∸ный** salad; ~ цвет light green

са́линг *naut* cross-trees

са́лить II *impf* grease, make greasy; *pf* о~ touch, tag (*in children's game*)

салици́л salicylate; **~ка** *coll* salicylic acid; **~овый** salicylic

са́л|ки (*gen pl* ~ок) tag, 'he' (*children's game*); **~ка** 'he' (*in game*)

са́ло fat; (топлёное, свино́е) ~ lard; (говя́жье, бара́нье) ~ suet; tallow; thin broken ice, thin sheets of ice (*on surface of water*); slush

сало́л salol, phenyl salicylate

сало́н lounge (*in hotel, etc*); saloon (*on ship, etc*); *lit* salon; showroom; худо́жественный ~ art gallery; ~-ваго́н lounge car; **~ный** *adj of* ~; ~ное воспита́ние high society upbringing; ~ные разгово́ры drawing-room talk, small talk

сало́п *obs* (woman's) coat, cloak; **~ница** *obs* slovenly woman, slattern

салото́пенный tallow-melting

салты́к на свой ~ *obs coll* in one's own way, fashion

салфе́тка serviette, (table-)napkin; small table-cloth; diaper

са́льдо *neut indecl fin* balance

са́льник *anat* omentum; *tech* stuffing box, gasket

са́льн|ость *f* obscenity, bawdiness; **~ый** obscene, bawdy, dirty; tallow; ~ая свеча́ tallow candle; *anat* sebaceous; ~ая железа́ sebaceous gland; greasy; ~ые во́лосы greasy hair

са́льто(-морта́ле) *neut indecl* somersault

салю́т salute; произвести́ ~ give, fire a salute; **~ова́ть** (~у́ю) *impf and pf*; *pf also* от~ salute (+ *dat*)

сам, **~ого́**; **~а́**, **~о́й** *acc* **~оё**; **~о́**; **~и**, **~и́х** *refl pr* myself, yourself, itself, *etc*; ~ по себе́ in itself, per se; by oneself, unassisted; ~ собо́й of its own accord, of itself; он ~ не свой he is not himself; ~ себе́ хозя́ин one's own master; вы ~и зна́ете, что you know very well that ...; ~о́ собо́й разуме́ется it goes without saying, it stands to reason; э́то уж ~о́ собо́й but, of course!; *n coll* boss, chief; ~ ... *first part of indecl adj eg* ~-дру́г, ~-трете́й, ~-четвёрт, *etc* twofold, threefold, fourfold, *etc*, accompanied by one, two, three persons; **~-дру́г** with another (person), both (two) together

сама́н adobe; **~ный** adobe

самб|и́ст unarmed combat specialist; **~о** *neut indecl* unarmed combat

самбу́к *bot* elder

сам|е́ц (~ца́) male; buck (*of deer, etc*); bull (*of elephant, etc*); cock, male bird

самизда́т *coll* samizdat (*illicit reproduction of unpublished material*)

са́мка female (*of species*); doe; cow; hen(-bird)

само- self-, auto-

само|ана́лиз introspection, self-examination; **~бичева́ние** (self-)flagellation; *fig* self-condemnation; **~бы́тность** *f* originality; **~бы́тный** (~бы́тен) original; **~ва́р** samovar; поста́вить ~ start boiling water in samovar; **~вла́стие** despotism, absolute power; **~вла́стный** (~вла́стен) absolute; *fig* despotic, autocratic; **~влюблённость** *f* narcissism; **~влюблённый** narcissistic; *fig* conceited, vain, self-satisfied; **~внуше́ние** auto-suggestion; **~возгора́ние** spontaneous combustion, ignition; **~возгора́ться** I *impf* ignite spontaneously; **~во́лие** wilfulness, arbitrariness, self-will; **~во́лка** *pop* absence without leave; **~во́льничать** I *impf coll* behave in an arbitrary, wilful way; **~во́льный** (~во́лен) wilful, self-willed; unauthorized; ~во́льная отлу́чка absence without leave; **~во́льство** = ~во́лие; **~во́льщик** *pop* wilful person; **~воспита́ние** self-education; **~воспламене́ние** spontaneous ignition; **~восхвале́ние** self-praise, self-glorification; **~го́н** illicit liquor, moonshine; **~го́нка** *coll* = ~го́н; **~гоноваре́ние** distilling illicit liquor; **~го́нщик** moonshiner; **~дви́жущийся** self-propelled, self-moving; **~де́йствующий** automatic, self-acting; **~де́лка** *coll* home-made product; **~де́льный** home-made, improvised; **~де́льщина** *coll* rough and ready home-made product; **~držа́вие** autocracy; **~держа́вный** autocratic; **~де́ржец** (~де́ржца) autocrat; **~де́ятельность** *f* initiative; amateur activities; ве́чер ~де́ятельности amateur concert; **~де́ятельный** (~де́ятелен) amateur; **~дисципли́на** self-discipline; **~довле́ющий** self-sufficing, self-sufficient; **~дово́льный** (~дово́лен) self-satisfied, smug, complacent; **~дово́льство** self-satisfaction, smugness, complacency; **~ду́р** petty tyrant; **~ду́рство** petty tyranny, wilfulness; **~е́д** Samoyed; **~забве́ние** selflessness; **~забве́нный** (~забве́нен) selfless; **~заводя́щийся** self-winding; **~загото́вка** laying-in of own supplies; **~зажига́ющийся** self-igniting; **~зарожде́ние** spontaneous generation; **~заря́дный** self-loading; **~защи́та** self-defence; **~зва́нец** (~зва́нца) impostor, pretender; **~зва́нный** self-styled; **~зва́нство** imposture; **~ка́т** bicycle; (children's) scooter; **~контро́ль** *m* self-control; **~кри́тика** self-criticism; **~крити́ческий** self-critical; **~крити́чный** (~крити́чен) containing self-criticism; **~кру́тка** *pop* cigarette rolled by smoker, roll-up, screw; *obs pop* elopement, secret marriage; **~лёт** (aero)plane, aircraft; **~лётный** aircraft; **~лётовы́лет** aircraft sortie; **~лётострое́ние** aircraft construction; **~ли́чно** *adv pop* personally, oneself; **~люби́вый** (~люби́в) proud; **~лю́бие** pride, self-esteem; ло́жное ~ false pride; **~мне́ние** conceit; **~наблюде́ние** introspection; **~наде́янность** *f* conceit, presumption; **~наде́янный** (~наде́ян, ~наде́янна) conceited, self-opinionated, self-assertive; overweening **~назва́ние** own name; **~облада́ние** self-control, self-command, self-possession, composure; **~обложе́ние** self-taxation (on local level); **~обма́н** self-deception; **~обольще́ние** (self-)delusion, self-deception; **~оборо́на** self-defence; **~образова́ние** self-education; **~обслу́живание** self-service; **~оговóр** false self-accusation; **~окупа́емость** *f* ability to pay its way; **~окупа́ющийся** paying its way; **~оплодотворе́ние** self-fertilization; **~определе́ние** self-determination; **~определи́ться** II pf of ~определя́ться **~определя́ться** I *pf* ~определи́ться define one's position; **~опроки́дывающийся** tip(ping), self-tipping; **~опыле́ние** self-pollination; **~отве́рженность** *f* selflessness, self-sacrifice, dedication; **~отве́рженный** (~отве́ржен) selfless, self-sacrificing, dedicated; **~отво́д** withdrawal (*of candidature*); **~отрече́ние** self-denial, (self-)abnegation, renunciation; **~оце́нка** self-appraisal; **~очеви́дный** self-evident; **~пи́сец** (~пи́сца) recorder, recording instrument; **~пи́ска** *pop* fountain-pen; **~пи́шущий** (self-)recording, (self-)registering; **~поже́ртвование** self-sacrifice; **~позна́ние** self-knowledge; **~произво́льность** *f* spontaneity; **~произво́льный** (~произво́лен) spontaneous; **~пу́ск** self-starter; **~разоблаче́ние** self-exposure; **~рекла́ма** self-advertisement; **~ро́дный** *min* native, virgin; **~ро́док** (~ро́дка) *min* native mineral, nugget; *fig* native talent;

композитор-~ born composer; ~**ру́б** *sl* self-mutilator; ~**са́д** *coll* home-grown tobacco; ~**сва́л** dump truck, tip-up lorry; ~**сма́зка** self-lubricating; ~**сожже́ние** self-immolation; ~**созна́ние** (self-) consciousness, self-awareness; ~**сохране́ние** self-preservation; ~**сти́йный** independent; ~**стоя́тельность** *f* independence; ~**стоя́тельный** (~стоя́телен) independent; original; ~**стре́л** *hist* arbalest, crossbow; *coll* self-inflicted wound; person with self-inflicted wound; ~**стре́льный** automatic (*weapons*); ~**су́д** lynch law, mob law; ~**тёк** drift, gravity feed; *laissez-faire*; полага́ться на ~ leave things to take their own course; пусти́ть де́ло на ~ let matters drift, take care of themselves; ~ом *adv* by gravity; *fig* of its own accord, left to itself; ~**тёчный** ~тёчное ороше́ние natural irrigation; ~**торможе́ние** self-braking; ~**уби́йственный** suicidal *also fig*; ~**уби́йство** suicide; конча́ть ~убийством, поко́нчить жизнь ~убийством commit suicide; ~**уби́йца** *m and f* suicide; ~**уваже́ние** self-esteem, self-respect; ~**уве́ренность** *f* self-confidence, self-assurance; ~**уве́ренный** (~уве́рен) self-confident, self-assured; ~**униже́ние,** ~**уничиже́ние** self-humiliation, self-disparagement, self-abasement; ~**уплотне́ние** voluntary relinquishing of part of one's living-space; *tech* self-packing; ~**упра́вец** (~упра́вца) high-handed person; ~**управле́ние** self-government; ~**управля́ющийся** self-governing; ~**упра́вный** (~упра́вен) high-handed, arbitrary; ~**упра́вство** high-handedness, arbitrariness; ~**упра́вствовать** (~упра́вствую) *impf coll* be high-handed; ~**успока́иваться** I *pf* ~успоко́иться be complacent, smug; ~**успокое́ние,** ~**успоко́енность** *f* complacency, smugness; ~**успоко́иться** II *pf of* ~успока́иваться; ~**устрани́ться** II *pf of* ~устраня́ться; ~**устраня́ться** I *pf* ~устрани́ться shirk, (try to) get out (of, от + *gen*); ~**утвержде́ние** self-affirmation; ~**учи́тель** *m* teach-yourself book, manual for self-tuition; ~**у́чка** *m and f* self-taught person; ~**хва́л** *coll* self-advertiser; ~**хва́льство** *coll* self-advertisement, self-praise; ~**хо́д** power feed; ~**хо́дка** self-propelled machine, vehicle, *etc*; ~**хо́дный** self propelled; ~**хо́дом** *adv coll* automatically, of its own accord; ~**цве́т** (semi)precious stone, gem; ~**цве́тный** ~ ка́мень (semi-)precious stone, gem; ~**це́ль** *f* end in itself; ~**чи́нный** arbitrary; ~**чи́нство** arbitrariness; ~**чи́нствовать** (~чи́нствую) *impf* act arbitrarily; ~**чу́вствие** general state, condition; как ва́ше ~? how do you feel?, how are you?

сам|-пя́т *indecl adj* with four others; fivefold; ~**-сём** *indecl adj* with six others, sevenfold; ~**-третéй** *indecl adj* with two others; threefold

саму́м simoom

самура́й samurai

сам-четвёрт *indecl adj* with three others; fourfold

самши́т box(-tree); ~**овый** box

сам-шо́ст *indecl adj* with five others; sixfold

са́м|ый *pr with nouns of time or place* the very, right; в ~ое вре́мя at the right time; ~ факт the very fact; на ~ом верху́ at the very top; с ~ого нача́ла from the very outset, right from the start; до ~ого Новосиби́рска right to, all the way to Novosibirsk; в ~ раз *coll* just right (*in size*); in the nick of time; в ~ом де́ле! indeed! really!; на ~ом де́ле in (actual) fact, actually, in reality; *with* тот *and* э́тот; тот ~ челове́к, кото́рый … the very man who…; на э́том ~ом ме́сте on this very spot; тот же ~ (кото́рый, что); такой же ~ (как) the same (as); э́тот же ~ the same; *superl* ~ тру́дный the most difficult; ~ лу́чший the very best; э́то ~ое гла́вное that's the main thing; ~ые пустяки́ the merest trifles; погоди́ ~ую ма́лость! wait just a fraction of a second!; она́ ~ая-~ая *coll joc* she's the very best, the tops

сан dignity, office; высо́кий ~ high office; духо́вный ~ holy orders, the cloth

сан- *abbr of* санита́рный

санато́р|ий sanatorium; ~**ный,** ~**ский** sanatorium

санба́т medical battalion

сангви́н|ик sanguine person; ~**и́ческий** sanguine

санда́л sandalwood tree

сандал|е́ты slippers; ~**ия** sandal

санда́ловый sandalwood

са́н|и *pl* (*gen pl* ~е́й) sledge, sleigh; sled *US*; не в свои́ ~ сесть be out of place

санита́р hospital attendant, orderly; *mil* medical orderly; ~**и́я** sanitation; ~**ка** hospital attendant, auxiliary nurse; ~**ный** sanitary, sanitation; ~ врач health-officer; medical, hospital; ~ное дово́льствие medical supplies; ~ная маши́на ambulance; ~ по́езд hospital train; ~ пункт medical post; ~ самолёт ambulance plane; ~ная слу́жба health service; ~ное су́дно hospital ship; ~ная часть medical unit; ~ я́щик first-aid box

са́н|ки (*gen pl* ~ок) = са́ни; toboggan

санкц|иони́ровать (~иони́рую) *impf and pf* sanction; ~**ия** sanction, approval; *pl* sanctions

са́нный ~ путь sleigh-road

санов|и́тый (~и́т) of exalted rank; *fig* imposing ~**ник** dignitary, high official; ~**ный** of exalted rank

са́ноч|ки (*gen pl* ~ек) *dim of* са́нки; лю́бишь ката́ться, люби́ и ~ вози́ть *prov* you must take the rough with the smooth

санпропускни́к 1 disinfecting, decontamination centre

санскри́т Sanskrit; ~**о́лог** Sanskrit scholar; ~**ский** Sanskrit

санте́хника sanitary equipment (and techniques)

сантигра́мм centigramme

санти́м centime

сантиме́нт|ы (*gen pl* ~ов) *coll iron* sentimentality; разводи́ть ~ wax sentimental, sentimentalize

сантиме́тр centimetre; tape(-measure)

сану́з|ел (~ла́) toilet facilities; lavatory, cloakroom

сап glanders, farcy; *coll* wheezing, stertorous breathing

са́п|а *mil* sap; ти́хой ~ой on the sly, on the quiet; ~**ёр** *mil* sapper, (combat) engineer, pioneer; ~**ёрный** engineer(ing), pioneer

сапно́й glanderous

сапо́|г 1 (*gen pl* ~г) (high) boot, top-boot, jackboot; два ~га́ па́ра *coll* they make a pair; ~ги́ всмя́тку *coll joc* nonsense; ~**жник** bootmaker, shoemaker, cobbler; *fig pop* cobbler, bungler; ~**жничать** I *impf* be a cobbler, shoemaker; ~**жный** boot, shoe

сапфи́р sapphire; ~**ный** *and* ~**овый** sapphire

сапфи́ческий *lit* sapphic

сара́й shed; *fig* barn; каре́тный ~ coach-house; сенно́й ~ hay-loft; ~ для дров woodshed

саранча́ locust(s)

сарафа́н sarafan; pinafore dress; (ле́тний) ~ sun-frock

сараци́н *hist* Saracen

сарде́лька small, round, spiced pork sausage

сарди́н(к)а sardine, pilchard
сардони́кс sardonyx
сардони́ческий sardonic
са́рж|а serge; **~евый** serge
са́ри *neut indecl* sari, saree
сарка́|зм sarcasm; sarcastic remark; **~сти́ческий, ~сти́чный** (~сти́чен) sarcastic
сарко́ма sarcoma
саркофа́г sarcophagus
сарпи́нка printed calico
сары́ч 1 buzzard
сатан|а́ *m* Satan; **~е́ть** I *pf* о~ become possessed; ты что, остане́л? what on earth possesses you?, have you gone quite out of your mind?; **~и́нский** satanic
сателли́т satellite *also fig*
сати́н sateen, satin; **~е́т** satinet(te); **~и́ровать** (~и́рую) *impf and pf* satin; **~овый** sateen, satin
сати́р satyr
сати́р|а satire; **~ик** satirist; **~и́ческий** satiric(al)
сатра́п satrap
Сату́рн Saturn; **с~а́лии** (*gen pl* ~алий) saturnalia
сафья́н morocco; **~овый** morocco
са́х|ар (~а (~у)) sugar; не ~ *coll* difficult, nasty; **~ари́н** saccharin(e); **~аристый** (~арист) sugar(y), saccharine; **~арить** II *pf* по~ sugar, sweeten; **~арница** sugar-bowl, sugar-basin; **~а́рный** sugar(y) *also fig*; ~арная боле́знь diabetes; ~арная глазу́рь icing; ~арная голова́ sugar-loaf; ~ заво́д sugar-refinery; ~арные зу́бы snow-white teeth; ~арная кислота́ saccharic acid; ~ песо́к granulated sugar; ~арная пу́дра icing sugar; ~арная свёкла sugar-beet; ~ тростни́к sugar-cane; **~ароваре́ние** sugar refining; **~аро́за** saccharose, sucrose; **~арозаво́дчик** sugar manufacturer
сач|кова́ть (~ку́ю) *impf sl* slack; **~о́к** (~ка) net; ~ для ры́бы fish-net; ~ для ба́бочек butterfly-net; *pop joc* slacker
сба́в|ить II (~лю) *pf of* ~ля́ть; **~ля́ть** I *pf* ~ить reduce (*price*, *etc*), deduct (from), take off (from, с + *gen*); ~ спе́си кому́ *coll* take someone down a peg; ~ в ве́се lose weight; ~ шаг slow down; ~ тон *fig* change one's tune
сба́грить II *pf pop* get rid of
сбаланси́р|овать (~ую) *pf of* баланси́ровать
сба́лтывать I *pf* сболта́ть stir up, shake up, mix up
сбе́|гать I *pf coll* run (for), run to fetch, run and get (за + *instr*); **~га́ть** I *pf* ~жа́ть run down (from, с + *gen*); ~ с ле́стницы run down stairs; run away; flow, run down (*of liquid*); *fig* disappear, vanish, drain (from, с + *gen*) (*of expression*, *smile*, *etc*); ~жа́ть из тюрьмы́, с уро́ков break gaol, dodge lessons; *impf only* run down (*of path*, *etc*); **~га́ться** I *pf* ~жа́ться come running, collect, gather; **~жа́ть** (~гу́, ~жи́шь, ~гу́т) *pf of* ~га́ть; **~жа́ться** (~жи́тся, ~гу́тся) *pf of* ~га́ться
сбер|ега́тельный ~ега́тельная ка́сса savings bank; **~ега́ть** I *pf* ~е́чь look after (*property*, *etc*); conserve (*energy*, *strength*); protect; ~ от мо́ли protect from moth; preserve (*food*, *etc*); save (up), put aside; **~еже́ние** care (of), conservation (*of energy*), protection, saving; *pl* savings; **~е́чь** (~егу́, ~ежёшь, ~егу́т; ~ёг, ~егла́; ~ежённый) *pf of* ~ега́ть; **~ка́сса** *abbr of* ~ега́тельная ка́сса
сбив|а́ть I *pf* сбить bring down, knock down; knock off, dislodge; ~ самолёт shoot down an aircraft; ~ це́ну beat down the price; confuse; ~ со сле́да put off the scent; ~ спесь с кого́ bring someone down a peg; distract, deflect; ~ с та́кта throw out of time; ~ с пути́ и́стинного *fig* lead astray; ~ с то́лку confuse; churn (butter); whip, whisk, beat up (eggs, *etc*); wear down, tread down (heels); knock together; **~а́ться** I *pf* сби́ться get pushed aside, be dislodged, be askew; твоя́ шля́па сби́лась на́бок your hat is crooked; go wrong; ~ со сле́да lose the trail; ~ в вычисле́ниях be out in one's calculations; ~ в показа́ниях contradict oneself in one's evidence; ~ с доро́ги, с пути́ lose one's way, go astray *also fig*; ~ с ноги́ get out of step; ~ с ног *coll* be run off one's feet; be worn down (*of shoes*, *etc*); ~ (в ку́чу), ~ (толпо́й) huddle, bunch together; **~чивость** *f* inconsistency, confusedness, incoherence; **~чивый** (~чив) inconsistent, confused, muddled, incoherent
сби́ть(ся) (собью́(сь), собьёшь(ся)) *pf of* сбива́ть(ся)
сбли|жа́ть I *pf* ~зить bring, draw together; **~жа́ться** I *pf* ~зиться draw closer to one another, draw together; become good friends (with, с + *instr*); *mil* approach, close in; **~же́ние** (growing) intimacy; rapprochement; *mil* approach, closing in; resemblance; **~зить(ся)** II (~жу(сь)) *pf of* ~жа́ть(ся)
сбло́ч|ивать I *pf* ~ить *sl* take off, pull off; **~ить** II *pf of* ~ивать
сбо́й head, legs, entrails (*of animal for eating*); interruption, hitch, hold-up (*in work*, *etc*)
сбо́ку *adv* from the side, at one side; sideways
сболт|а́ть I *pf of* сба́лтывать; **~ну́ть** I *pf coll* blurt out
сбо́ндить II *pf sl* swipe, lift, snatch, steal
сбор collection; ~ нало́гов tax collection; harvest(ing), picking, gathering (*of cotton*, *fruit*, *tobacco*, *grapes*, *etc*); yield (*of grain*, *etc*); dues, duty, takings, returns; тамо́женный ~ customs duty; box-office takings, gate-money; де́лать ~ы *theat* be doing well; де́лать по́лные ~ы *theat* play to full houses; assembly *also mil* muster; ме́сто ~а meeting-place; gathering, meeting; быть в ~е be assembled; все в ~е everyone is here; *mil* (periodical) training; ла́герный ~ camp; отбыва́ть уче́бный ~ do a refresher course; *pl* preparations (for, к + *dat*); **~ище** *coll pej* gathering, crowd, throng, mob; **~ка** assembly, erection, (*of machinery*); gathers (*on dress*); в ~ках, со ~ками gathered, with gathers; **~ная** *n coll* combined team, side; **~ник** collection (*of stories*, *articles*, *etc*); storage tank, receptacle; **~ный** assembly; ~ пункт assembly, rallying point; combined, representative, mixed; ~ная кома́нда combined team; miscellaneous; ~ дом prefabricated house; **~очный** assembly; ~ цех assembly shop; **~чатый** gathered, with gathers; **~щик** collector (*taxes*, *etc*) fitter, assembly worker
сбра́с|ыватель *m mil* bomb-release mechanism; **~ывать** I *pf* сбро́сить throw down; ~ бо́мбы drop bombs; ~ снег с кры́ши clear a roof of snow; throw, cast off *also fig*, shed; ~ с себя́ одея́ло throw off a blanket; ~ и́го throw off the yoke; *cards* throw away, discard; **~ываться** I *pf* сбро́ситься throw oneself (off), leap (off, from, с + *gen*)
сбре́нд|ить II (~ишь) *pf pop* funk, blunder from panic; lose one's mind
сбрехну́ть I *pf pop pej* lie, tell lies
сбр|ива́ть I *pf* ~и́ть shave off

сбр|ить (~е́ю, ~е́ешь) *pf of* **~ива́ть**
сброд *pej* riff-raff, rabble, ragtag and bobtail; **~ный** *coll pej* (assembled by) chance, motley
сбро|с *tech* effluent; ~ сто́чных вод disposal of waste waters; *geol* fault, break; *cards* discard; **~сить(ся)** II (~шу(сь)) *pf of* сбра́сывать(ся)
сброшюр|ова́ть (~у́ю) *pf of* брошюрова́ть
сбру́я harness
сбры́знуть I *pf* spray
сбы|ва́ть I *pf* ~ть sell, market; dump, push; *coll* get rid (of); rid oneself (of); ~ с рук get off one's hands; **~ва́ться** I *pf* ~ться come true; be realized; happen; что сбу́дется с ним? what will become of him?; **~т** *no pl* sale; ры́нок ~а seller's market; легко́ находи́ть себе́ ~ command a ready market; **~тово́й** selling, sales, marketing; **~точный** *pop* feasible, possible; **~ть** (сбу́ду, сбу́дешь; ~л, ~ла́, ~ло) *pf of* ~ва́ть; fall (*of water level*); **~ться** (сбу́дется; ~лся, ~ла́сь) *pf of* ~ва́ться
сбы́читься II *pf of* бычи́ться get sullen, frown
сва́д|ебный wedding; nuptial; **~ьба** (*gen pl* ~еб) wedding; справля́ть ~ьбу celebrate a wedding; до ~ьбы заживёт *coll joc* it will soon pass (*of pain, etc*); Мала́ньина ~ *coll* unsuitable marriage; на Мала́ньину ~ьбу нагото́вить *pop* cook and bake too much
свайн|обо́йный pile-driving; **~ый** pile; ~ые постро́йки pile-dwellings
сва́л|ивать I *pf* ~и́ть knock down; lay low; dump, throw down, *fig* cast aside; ~и́ть с себя́ хло́поты cast aside one's cares; *coll* shift (on to), push (on to, на + *acc*); ~и́ть вину́ на кого́ shift the blame on to someone; ~и́ть лес fell timber; **~иваться** I *pf* ~и́ться fall, topple, collapse; **~и́ть** II (~ю́, ~ишь) *pf of* ~ивать *and* вали́ть; *pf* (~ит) *pop* drop, fall (*of temperature*); **~и́ться** II (~ю́сь, ~ишься) *pf of* ~иваться *and* вали́ться; *pf coll* take to one's bed; ~и́ться с копы́т *pop* get very tired ~и́ться с кату́шек *sl* peg out; **~ка** scrap heap, dump; *coll* dust-up, scrap, scuffle; **~очный** *adj of* ~ка; ~очное ме́сто dump, scrap heap *also fig*
свал|я́ть I *pf of*валя́ть; **~я́ться** I (~я́ется) *pf* become matted, tangled
сварга́нить II *pf of* варга́нить *pop* concoct
сва́р|ивать I *pf* ~и́ть weld **~иваться** I *pf* ~и́ться weld (together); **~и́ть(ся)** (~ю́(сь), ~ишь(ся)) *pf of* вари́ть(ся), ~ивать(ся); **~ка** welding
сварли́в|ый (~) cantankerous, quarrelsome, shrewish
свар|но́й welded; ~ шов welded joint; **~очный** weld(ing); **~щик** welder
сва́стика swastika
сват matchmaker; son-in-law's father; daughter-in-law's father; он мне не ~ не брат he is nothing to me; **~ать** I *pf* по~, also со~ propose as husband (кого́ кому́), as wife (кого́ за кого́); (try to) marry off (to), to (try to) arrange a match (between); за него́ ~ают вдову́ they are trying to marry him to a widow; ask in marriage; *pf* со~; его́ сосва́тали нам *coll* they made us take him on, foisted him on us, parked him on us; **~аться** I *pf* по~ woo, court; ask, seek in marriage (к + *dat*, за + *acc*); **~ья** son-in-law's mother; daughter-in-law's mother
сва́ха matchmaker
сва́я pile
све́дени|е piece, item of information; *pl* information, intelligence; *pl* knowledge; consideration, attention, notice; дойти́ (довести́) до чьего́ ~я come (bring) to someone's notice; приня́ть к ~ю take into consideration, take cognizance (of); к ва́шему ~ю for your information
сведе́ние reduction; *med* contraction, cramp
све́дущ|ий well-informed; knowledgeable (about), versed (in), experienced (in, в + *prep*); ~ие ли́ца persons in the know, well-informed people
свеж|ачо́к (~ачка́) *sl* raw youth; *sl* newly arrested prisoner; **~ева́ть** (~у́ю) *pf* о~ skin, dress, flay; **~езаморо́женный** quick-frozen, fresh-frozen, chilled; **~еиспечённый** newly baked; *fig coll* raw, newly fledged; **~епросо́льный** fresh-salted; **~есть** *f* freshness; coolness; не пе́рвой ~ести not very fresh, past its (one's) prime; not very clean (*of clothes*); **~е́ть** I *pf* по~ get chilly, grow cooler; freshen (*of wind*); look fresher, acquire a healthy glow; **~ий** (~, ~а́, ~о́; ~и́) fresh (*of food, etc*); ~ хлеб new bread; ~ ве́тер fresh wind, breeze; на ~ем во́здухе in the fresh air; ~ие но́вости latest, recent news; со ~ими си́лами with renewed strength; cool, chilly, fresh, cold; ~о́ в па́мяти fresh in one's memory; на ~ую го́лову with a clear head, mind; **~о́** *adv* fresh(ly), coolly; *pred* it is chilly, cool, fresh
свез|ти́ (~у́, ~ёшь; ~, ~ла́; ~ший; ~ённый) *pf of* свози́ть
свёк|ла beet(root); кормова́я ~ mangel-wurzel; са́харная ~ sugar-beet, white beet; столо́вая ~ red beet; **~ло́вица** sugar-beet; **~лови́чный** beet(-growing); **~лово́дство** sugar-beet growing; **~лоубо́рочный** beet-harvesting; **~о́льник** beetroot soup; beetroot leaves; **~о́льный** beetroot
свёк|ор (~ра) father-in-law (*husband's father*); **~ро́вь** *f* mother-in-law (*husband's mother*)
свеликоду́шничать I *pf of* великоду́шничать
сверб|ёж 1 *pop* itch, irritation; **~е́ть** II (~и́т) *pop* itch, irritate
свер|га́ть I *pf* ~гнуть cast, throw down; *fig* overthrow; ~ с престо́ла dethrone; **~гнуть** I (~г, *also* ~гнул, ~гла) *pf of* ~га́ть; **~же́ние** overthrow
свер́|зиться II (~жусь) *pf coll joc* tumble (off, from, с + *gen*)
све́р|ить(ся) *pf of* ~я́ть(ся); **~ка** collation; checking
сверк|а́ние flashing; sparkling, twinkling; glitter, glare; gleam; **~а́ть** I *pf* ~ну́ть flash; sparkle, twinkle; glitter, glare; gleam; ~а́ет мо́лния the lightning is flashing; **~ну́ть** I *pf of* ~а́ть *also fig*; у меня́ в голове́ ~ну́ла мысль a thought flashed through my mind
сверл|и́льный *tech* boring, drilling; **~и́ть** II *pf* про~ bore, drill (through); ~ зуб drill a tooth; *impf fig* haunt (*thought, etc*); у меня ~и́т в у́хе I have a nagging earache; он ~и́л меня́ глаза́ми his eyes seemed to go right through me; **~о́** 6 drill, borer, auger; **~о́вщик** driller, borer; **~я́щий** ~я́щая боль nagging, gnawing pain
сверну́ть(ся) I *pf of* свёртывать(ся) *and* свора́чивать(ся)
сверста́ть I *pf of* верста́ть
све́рстник person of same age; он мой ~ he is the same age as I am
свёрт|ок (~ка) package, bundle, packet, parcel; **~ываемость** *f* coagulability; **~ывание** rolling (up); curdling, turning (*of milk*); coagulation; *fig* curtailment, cutting down, reduction (*of production, etc*); **~ывать** I *pf* сверну́ть roll (up) сверну́ть папиро́су roll a cigarette; ~ паруса furl

sails; close (*of leaves, petals*); *fig* reduce, curtail, contract, cut down; turn; свернýть с дорóги turn off the road; свернýть разговóр на прéжнее revert to previous conversation; twist; свернýть гóлову, шéю комý wring someone's neck; свернýть себé шéю *fig* come a cropper; **~́ываться** I *pf* свернýться curl up, roll up, coil up, fold (*of leaves, etc*); ~ клубкóм curl up in a ball; curdle, turn, coagulate; *fig* contract; be twisted

сверх *prep + gen* over, above, on top of; *fig* beyond, (over and) above, in excess of; ~ ожидáния beyond expectation; ~ сил beyond one's strength; ~ всегó to cap it at all, on top of everything; ~ тогó moreover, besides; **~звуковóй** supersonic; **~комплéктный** supernumary; **~мóщный** superpower, extra-high-power; **~нóвый** ~нóвая звездá supernova; **~плáновый** over and above the plan, in excess of plan; **~прúбыль** *f* excess profit; **~проводúмость** *f* superconductivity; **~скоростнóй** super-high-speed; **~срóчник** extended-service man; **~срóчный** ~срóчная слýжба voluntary extended service; **~́у** *adv* from above *also fig*, from the top; директúва ~ a directive from above; ~ дóнизу from top to bottom; смотрéть на когó ~ вниз *fig* look down on someone; on the surface, on the top; **~урóчный** *adj* overtime; ~урóчные *n* overtime (pay); **~человéк** superman; **~человéческий** superhuman; **~чувствúтельный** ultra-sensitive; **~штáтный** supernumerary; **~ъестéственность** supernaturalness; **~ъестéственный** supernatural, preternatural

сверч|óк (~кá) *zool* cricket; всяк ~ знай свой шестóк *prov* the cobbler should stick to his last

сверш|áть(ся) I *pf* ~ить(ся) *lit* = совершáть(ся); **~úть(ся)** II *pf of* ~áть(ся) *lit* = совершúть(ся) ~úлось! it has come to pass!

свéр|щик collator; **~ять** I *pf* ~́ить check (against, с + *instr*), collate (with, с + *instr*); ~ часы́ check one's watch; ~ корректýру с рýкописью check proof(s) against manuscript; **~яться** I *pf* ~́иться check (with, с + *instr*)

све|с overhang; **~́сить(ся)** II (~шу(сь)) *pf of* ~́шивать(ся)

све|стú(сь) (~дý, ~дёшь; ~дёт(ся); ~́л(ся), ~лá(сь); ~́дший(ся); ~дённый; ~дя́(сь)) *pf of* сводúть(ся)

свет (~а (~у)) light *also fig*; лýнный ~ moonlight; вы́ключить, зажéчь ~ put, turn the light off, on; в два ~́а with two rows of windows; в ~́е in the light (of + *gen*); в (не)вы́годном ~́е in a(n) (un)favourable light; стать прóтив ~́а stand in the light; на ~ý in the light; при ~́е by the light (of + *gen*); при ~́е свечú by candlelight; посмотрéть на что на ~ look at something in the light; daybreak; чем ~ first thing (in the morning), at the crack of dawn; чуть ~ at first light, at daybreak; ни ~, ни заря́ before dawn, at an unearthly hour; пролúть, брóсить ~ на что throw, shed light on something; тóлько и ~́у в окóшке, что... *coll* the only consolation is that..; ~á *pl only* light(s) (*in picture*); ~ очéй, жúзни *poet* beloved; (the) world *also fig*; тот ~ the next, the other world; Стáрый, Нóвый ~ the Old, New World; на нём ~ не клúном сошёлся *prov* he is not the only pebble on the beach; вы́пустить в ~ bring out, publish; гнать, сживáть когó со ~́а (~́у) be the death of someone, worry someone to death; кричáть на чём ~ стоúт *coll* yell, cry blue murder; отпрáвить на тот ~ be the death of; отпрáвиться на тот ~ die, pass over; перевернýть весь ~ leave no stone unturned, move heaven and earth; (по)явúться на ~ come into the world, be born; произвестú на ~ bring into the world, give birth to; ругáться на чём ~ стоúт curse up hill and down dale, swear like a trooper; скитáться по бéлу ~́у *coll* knock about the world; на бéлом ~́е in the wide world; по всемý ~́у everywhere, high and low; никтó на ~́е no man alive; егó нет на ~́е he has passed on, he has departed this life; society, beau monde; вы́сший ~ high life, high society; любúть ~ enjoy society, be sociable; **~áть** I (~áет) *impf* ~áет day is breaking, it is getting light; **~ёлка** attic; **~éц** (~цá) *hist* cresset; **~úло** luminary *also fig*; *fig* leading light; небéсное ~ celestial, heavenly body; **~úльник** lamp; *hist* lampion; **~úльный** illumination, illuminating; **~úльня** (*gen pl* ~úлен) wick

све|тúть II (~чý, ~́тишь) *pf* по~ give (a) light, shine a light (for, + *dat*); ~ комý фонарём hold a light for someone; *impf* shine; сóлнце ~́тит the sun is shining; *impf impers pop* э́то дéло мне не ~́тит there is no future in this for me; **~тúться** II (~́тится) *impf* shine, be lighted, в окнé ~́тится огонёк there is a light in the window; *fig* shine (with, + *instr*); в её глазáх ~тúлась рáдость her eyes shone with joy

свет|лéйший (his, her) Highness; **~лéть** I *pf* по~ grow lighter (*in colour*); brighten up *also fig*; clear up (*of weather*); **~лúца** front room; **~ловолóсый** fair(-haired); **~́лый** (~ел, ~лá ~ло) light, bright; ~ день bright day; ~лые вóлосы light (-coloured) hair, fair hair; вам ~лó? can you see?, is there enough light for you?; *fig* glad, radiant, happy, joyous; ~лое бýдущее radiant future; content, serene, untroubled; ~лой пáмяти of blessed memory; lucid, clear; ~ ум lucid mind; ~лая головá clear head; ~лы́м-~лó *coll* very bright; ~ая недéля Easter week; **~лы́нь** *f* brightness (*of moonlight, etc*); **~ля́к** 1, **~лячóк** (~лячкá) glow-worm, firefly; *sl* safe-breaker

свет|обоя́знь *f* photophobia; **~овóй** light; ~овáя волнá light wave; ~овáя реклáма illuminated signs; **~озáрный** (~озáрен) *lit* shining, radiant; **~озащúтный** ~озащúтные очкú protective goggles; **~окопировáльный** photocopying; blueprinting; **~окóпия** photocopy; (сúняя) ~ blueprint; **~олечéние** phototherapy; **~олюбúвый** light-demanding; **~онепроницáемый** light-proof; **~опреставлéние** end of the world, doomsday; *coll joc* chaos; **~орассéяние** light diffusion; **~осúла** illumination; candlepower; **~отéнь** *f* chiaroscuro; **~отéхник** lighting engineer; **~отéхника** lighting engineering; **~офúльтр** light filter; **~офóр** traffic lights; **~́оч** torch, lamp; *fig* luminary, light; torchbearer; **~очувствúтельность** *f* sensitivity to light; **~очувствúтельный** (~очувствúтелен) light-sensitive

свéтск|ий fashionable; ~ая жизнь high life; ~ое óбщество (high) society, ~ человéк man of the world; genteel, refined; ~ие манéры good, genteel, refined manners; secular, temporal, lay, worldly; ~ое образовáние secular education; **~́ость** *f* good breeding, good manners

светя́щийся luminous, luminescent, phosphorescent, fluorescent

свеч|á (*pl* ~́и, ~éй, ~áм *also* ~́и, ~) candle, taper; зажигáтельная, запáльная ~ sparking-plug; candlepower; лáмпочка в сто ~éй lamp of a hundred candlepower; vertical climb; **~éние** luminescence, phosphorescence; fluorescence; **~́ка** candle; *med* suppository; *aer* vertical climb; **~нóй** candle; ~ огáрок candle-end

свéшать(ся) I *pf of* вéшать(ся)

свé|шивать I *pf* ~сить let down, lower; ~ нóги let one's feet dangle; сидéть, ~сив нóги sit with one's legs dangling; **~́шиваться** I *pf* ~ситься overhang; lean over, hang over; ~ чéрез пери́ла lean over the railings; hang down

сви|вáльник swaddling-band(s), swaddling-clothes; **~вáть** I *pf* ~ть twist, plait; make; ~ гнездó build a nest; *impf* swaddle; **~вáться** I *pf* ~́ться roll up, curl up; coil

свидáни|е meeting, rendezvous, date; interview, appointment; назнáчить ~ make an appointment (for, на + *acc*); visit (*hospital*, *prison*); до ~я! goodbye!; до скóрого ~я! see you soon!

свидéт|ель *m* witness; ~ защи́ты, обвинéния witness for the defence, prosecution; брать, призывáть когó в ~ели call someone to witness; вызывáть ~елем, в кáчестве ~еля subpoena as a witness; **~́ельница** female witness; **~́ельский** ~ельские показáния testimony; **~́ельство** testimony; evidence; certificate; ~ о брáке, смéрти, рождéнии marriage, death, birth certificate; **~́ельствовать** (~ельствую) *impf* testify (to, о + *prep*) *also fig*, bear witness (to, о + *prep*); give evidence (about, concerning, о + *prep*); *pf* за~ witness, attest, certify (*document*, *signature*, *etc*); *pf* за~; ~ почтéние pay one's respect (to), present one's compliments (to, + *dat*); *pf* о~ examine (*patient*, *etc*), inspect; **~́ельствоваться** (~ельствуюсь) *pf* о~ call to witness (+ *instr*)

сви́|деться II (~жусь) *pf of* ви́деться

свил|евáтый (~евáт) knotty, gnarled; **~ь** *f* knot (*in wood*); waviness (*flaw in glass*)

свин|áрка pig-tender; **~áрник, ~áрня** pigsty, pigpen; **~áрь** 1 swine-herd

свин|éц (~цá) lead; *fig* bullet(s)

свин|и́на pork; **~́ка** little pig, piglet; морскáя ~ guinea-pig; *med* mumps; *tech* pig, ingot, bar; чугýн в ~ках pig-iron; **~овóд** pig-breeder; **~овóдство** pig-breeding; **~овóдческий** pig-breeding; **~óй** pig, pork; ~áя кóжа pigskin; ~óе мя́со pork; ~áя отбивнáя pork chop; ~óе ры́ло snout; ~óе сáло lard; **~омáтка** brood-sow; **~опáс** swineherd; **~офéрма** pig-farm, piggery; **~́ский** *coll* squalid; disgusting, foul, swinish; **~́ство** *coll* squalor, filth; *coll* dirty trick, swinishness

свин|ти́ть II (~чý) *pf of* ~́чивать

сви́нтус *pop joc* nasty thing, rogue, rascal

свинýха, свинýшка paxil (*fungus*)

свинцóв|ый lead(en), leaden-coloured *also fig* ~ые бели́ла white lead; ~ сýрик red lead, minium; ~ взгля́д menacing stare; ~ сон heavy sleep

свинчáтка knucklebone; lead ingot

сви́н|чивать I *pf* ~ти́ть screw together; unscrew

свин|ья́ (*pl* ~́ьи, ~éй, ~́ьям) pig, swine; hog; sow; иди́ ко всем ~ья́м! *pop* go to the devil!; *fig coll* pig, swine, cad; смы́слить, как ~ в апельси́нах *prov* honey is not for the ass's mouth; подложи́ть ~ью́ комý queer someone's pitch, play a dirty trick on someone; посади́ ~ью́ за стол, онá и нóги на стол *prov* give him an inch and he'll take an ell; **~я́чить** II *pf* на~ *pop* turn (it) into a pigsty

свирéль *f* (reed-)pipe

свиреп|éть I *pf* рас~ grow savage, furious, fierce; *pf* fly into a rage; **~́ость** *f* savageness, ferocity, fierceness; fury (*of storm*, *etc*); **~́ствовать** (~ствую) *impf* wreak one's rage, fury; rage, storm, be rampant, be rife (*of natural catastrophe*); **~́ый** (~) ferocious, savage, brutal; *fig coll* fierce

свири|стéль *m* waxwing; **~стéть** II (~щý) *impf* shriek

свис|áть I *pf* ~́нуть hang down, droop, dangle; trail (*of dress*, *etc*); **~́нуть** I (~ну; *coll* ~, ~ла)

сви|ст whistle, whistling; singing, piping, warbling (*of birds*); hiss(ing); ~ в кармáне *coll joc* empty pockets; **~стáть** I (~щý, ~́щешь) *impf* whistle, sing, pipe, warble (*of birds*); ~ в свистóк blow a whistle; ~ всех навéрх pipe all hands on deck; whine (*of bullet*); *sl* lie; *sl* rumour; **~стéть** II (~щý, ~сти́шь) *sem pf* ~́стнуть whistle; hiss; ~ в кулáк *pop joc* be broke; у негó ~сти́т в кармáне *pop joc* he is broke; *sl* lie **~́стнуть** I *sem pf of* ~стéть; *sl* clout; *sl* whip, nick, knock off, lift; **~стóк** (~сткá) whistle; **~стопля́ска** pandemonium, bedlam; **~стýлька** *coll* toy whistle, penny whistle; **~стýн** 1 *coll* whistler

сви́та suite, retinue; *geol* suit, series, set

сви́тер sweater, pullover

сви́|ток (~ка) roll, scroll; **~ть** (совью́, совьёшь; ~л, ~лá, ~́ло) *pf of* свивáть *and* вить; **~́ться** (совью́сь, совьёшься; ~лся, ~лáсь) *pf of* свивáться

свих|иваться I *pf* ~нýться *coll* become unhinged; go astray, go wrong, go off the rails; **~нýть** I *pf coll* sprain, dislocate; ~ себé шéю *fig pop* come to a bad end; ~ с умá *pop* become deranged; **~нýться** I *pf of* ~́иваться

свищ 1 flaw (*in metal*); *med* fistula; knot hole (*in wood*); **~евóй** fistulous

свия́зь *f* widgeon

свобóд|а freedom, liberty; ~ вóли free will; ~ печáти freedom of the press; ~ слóва freedom of speech; ~ собрáний freedom of assembly; ~ сóвести liberty of conscience; ~ торгóвли free trade; вы́пустить на ~у set free, set at liberty; предостáвить пóлную ~у дéйствий give a free hand (to, + *dat*); на ~е at leisure; **~́но** *adv* freely, easily, with ease; fluently; loose(ly) (*of clothing*); держáться ~ behave naturally; **~́ный** (~ен) free; natural, easy; ~ дóступ easy access; ~ от недостáтков free of faults; free and easy, unconstrained (*of behaviour*); человéк ~ной профéссии professional man; disengaged, vacant, spare, free (*of seats*, *etc*); spare (*of money*, *time*); ~ное от заня́тий врéмя spare time; loose(-fitting), flowing (*of clothing*); ~ автóбус uncrowded bus; (~ен) вы ~ны you are free (to go); **~олюби́вый** (~олюби́в) freedom-loving; **~олю́бие** love of freedom; **~омы́слие** freethinking; **~омы́слящий** *adj* freethinking; *n* freethinker

свод table, code, collection, summary (*of documents*, *etc*); ~ закóнов code of laws; *archi* arch, vault; небéсный ~ the firmament, the vault of heaven

сво|ди́ть II (~жý, ~́дишь) *pf* свести́ take (down), help down; ~ ребёнка в шкóлу take a child to school; ~ старикá с лéстницы take, help an old man downstairs; ~ с умá drive mad; свести́ в моги́лу be the death (of); take away, lead off; ~ лóшадь с дорóги take, lead a horse off the road; remove, get out (*stain*, *spot*, *etc*); clear (*forest*, *etc*); bring, put together, unite; ~ брóви knit one's brows; ~ стáрых друзéй bring old friends together;

~ дру́жбу *coll* make friends (with, с + *instr*); ~ да́нные в табли́цу tabulate data; ~ концы́ с конца́ми make (both) ends meet; reduce (to), bring (to, на + *acc*; к + *dat*); ~ на нет bring to naught; ~ к са́мому необходи́мому reduce to barest essentials; trace, transfer; cramp, convulse; у него́ свело́ но́гу he has cramp in his leg; *pf* take (*and bring back*); ~**ди́ться** II (~жу́сь, ~ди́шься) *pf* свести́сь come (to), reduce (to), boil down (to, на + *acc*; к + *dat*); всё ~дится к одному́ и тому́ же it all boils down to the same thing; ~ на нет come to naught; come off (*of transfer*); ~**дка** summary, résumé; report, survey; ~ пого́ды weather forecast, report, bulletin

сво́дн|ик pimp, pander, procurer; ~**ичать** I *impf* pander, procure; ~**ичество** pandering, pimping, procuring

сво́дн|ый combined, composite, consolidated; ~ отчёт consolidated report; ~ орке́стр combined orchestra; ~ брат stepbrother; ~ая сестра́ stepsister

сво́дня *coll* procuress

сво́дчатый arched, vaulted

свое|вла́стный (~вла́стен) despotic; ~**во́лие** self-will, wilfulness; ~**во́льник** self-willed person; ~**во́льничать** I *impf* be self-willed, be wilful; ~**во́льный** (~во́лен) *coll* self-willed, wilful; ~**во́льство** = ~во́лие; ~**вре́менно** *adv* in good time, timely, opportunely; ~**вре́менный** (~вре́менен) timely, opportune; well-timed; ~**коры́стие** self-interest; ~**коры́стный** (~коры́стен) self-interested, self-seeking; ~**ко́штный** (fee-)paying; ~**нра́вие** wilfulness, waywardness, capriciousness; ~**нра́вный** (~нра́вен) wilful, wayward, capricious; ~**обра́зие** peculiarity, distinguishing feature; originality; ~**обра́зный** (~обра́зен) peculiar, singular, distinctive; original

сво|зи́ть II (~жу́, ~зи́шь) *pf* свезти́ take, convey; его́ свезли́ в больни́цу he has been taken to hospital; take, bring down; take, clear away; *pf* take (*and bring back*)

сво|й *poss adj* one's (my, your, his, *etc*), one's own; у него́ ~ дом he has a house of his own; стоя́ть на ~ём stick to one's guns; настоя́ть на ~ём insist on having one's own way; доби́ться ~его́ get one's own way; получи́ть ~ё get one's due, get one's own back; сам не ~ not oneself; не в ~ём уме́ *coll* out of one's mind; называ́ть ве́щи ~и́ми имена́ми call a spade a spade; в ~ём ро́де in its (his, her) way; в ~ё вре́мя in one's day, at one time, once; all in good time, in due course, in due time; one's own people; он у нас ~ челове́к he is one of us; ~и́ (лю́ди) one's own (people), friends; брать ~ё have its effect, take its toll; сказа́ть ~ё сло́во make one's mark; идти́ ~е́й доро́гой go one's own way; умере́ть ~е́й сме́ртью die a natural death; на ~их на двои́х on shanks's mare, pony, on foot; ~и́ лю́ди – сочтёмся we shall come to an agreement anyway; ~**йский** *coll* easy to get on with; ~**ственник** relation, relative by marriage; ~**йственный** (~йствен) characteristic; со ~йственным ему́ тала́нтом ... with the talent characteristic of him ...; это ей ~йственно that's her way; челове́ку ~йственно ошиба́ться to err is human; ~**йство** characteristic; attribute, property, quality; ~**йство́** relationship by marriage; быть в ~йстве́ с кем be related to someone by marriage

свол|а́кивать I *pf* ~о́чь *pop* drag off; drag together; *pop* filch, swipe

свол|ота́ *pop cont* scum, swine; dregs, rabble; ~**очно́й** *pop cont* base, worthless; ~**очь** 5 *f* (*gen pl* ~оче́й) *pop cont* scum, swine

свол|о́чь (~оку́, ~очёшь, ~оку́т; ~о́к; ~окла́; ~очённый) *pf of* ~а́кивать

сво́ра leash; pair(s) (*of greyhounds on leash*); team (*of hounds belonging to one owner*); pack (*of hounds*); *fig cont* gang, pack

свора́ч|ивать I *pf* сверну́ть *and* своротить *coll* roll (up); furl; close; reduce, curtail, contract, cut down; turn (off); twist; *pf* свороти́ть *coll* dislodge, shift, move; *fig* го́ру свороти́ть move mountains; *pop* turn, swing; ~ с доро́ги turn off the road; *pop* put out, dislocate (*part of body*); ~**иваться** I *pf* сверну́ться *coll* curl up, roll up, coil up; fold; curdle, turn, coagulate; *fig* contract; be twisted

сво́рка leash

свор|оти́ть II (~очу́, ~о́тишь) *pf of* ~а́чивать

своя́|к 1 brother-in-law (*husband of wife's sister*); ~**ченица** sister-in-law (wife's sister)

свык|а́ться I *pf* ~нуться get used (to), accustomed (to, с + *instr*); ~**нуться** I (*past*, ~ся, ~лась) *pf of* ~а́ться

свы|сока́ *adv* condescendingly, in a haughty manner; смотре́ть ~ look down (on), condescend (to, на + *acc*); ~**ше** *adv* from above; from on high; *prep* + *gen* over, more than, in excess of; beyond; ~ ста челове́к more than a hundred people; э́то ~ мои́х сил it is beyond me

свя́|занный constrained, bound; ~занные движе́ния stiff, constrained movements; ~занная речь halting speech; *chem* combined, fixed; *tech* latent; ~**за́ть** I (~жу́, ~жешь) *pf of* вяза́ть bind; tie (up); knit; *pf of* ~зывать; ~**за́ться** I (~жу́сь, ~жешься) *pf of* ~зываться; ~**зи́ст** communications worker, engineer; *mil* signaller; ~**зка** bunch (*keys*, *etc*), sheaf (*of papers*, *etc*), bundle; *med* chord, ligament; copula; голосова́я ~ vocal chord, ligament; *gramm* copula; ~**зно́й** *mil* liaison, communication; dispatch; *n* messenger, orderly, runner; ~**зность** *f* coherence; ~**зный** (~зен) coherent, connected; ~**зочный** *med* ligamentous; ~**зу́ющий** connecting (*link*, *etc*), linking; *tech* bonding; ~**зывать** I *pf* ~за́ть tie (together), knot; ~ узло́м knot ends together; ~ по рука́м и нога́м bind hand and foot *also fig*; ~ в у́зел make a bundle of; двух слов ~за́ть не уме́ет can't put two words together; link up, connect (with, с + *instr*); put in touch (with, с + *instr*); bind together; судьба́ их ~за́ла fate had bound them together; быть (те́сно) ~занным *fig* be bound up (with), tied up (with), (closely) connected (with, с + *instr*); involve, entail; э́то де́ло ~зано с ри́ском this business entails risk; ~ обеща́нием bind by promise; restrict (*initiative*, *etc*); ~**зываться** I *pf* ~за́ться get in touch, contact (with), get through (to, с + *instr*); call up (*by radio*); *coll* take up with; лу́чше с ним не ~зывайся better to have nothing to do with him; *coll* take on (с + *instr*); ~**зь** *f* (в, о ~зи) connection, contact; ~ тео́рии и пра́ктики connection between theory and practice; причи́нная ~ causation; link, tie, bond, relation; ~ с ма́ссами contact with the masses; междунаро́дные ~зи international relations, links; *pl* connections, contacts; влия́тельные ~зи influential contacts; communication; *mil* intercommunication, signals; министе́рство ~зи Ministry of Communications; возду́шная ~ aerial communication; ~ с землёй *mil* air–ground communication; отделéние ~зи (branch) post office; рабóтник ~зи post-office worker; (в ~зи́, о ~зи) liaison (*sexual*); быть в ~зи́ have a liaison (with, с + *instr*); *usu pl* tie, stay, brace, strut; *elect* coupling; в ~зи́ in connection (with, с + *instr*); в ~зи́ с э́тим, в э́той ~зи́ in this connection; поддéрживать ~ keep in touch (with, с + *instr*); потеря́ть ~ lose touch, contact (with, с + *instr*)

свя|тéйшество егó ~ His Holiness (*of Patriarch, Pope*); **~тéйший** most holy (*of Patriarch, Pope*); ~ патриáрх His Holiness the Patriarch; ~ престóл the papal throne; **~ти́лище** shrine, sanctuary *also fig*; **~ти́тель** *m* prelate; **~ти́ть** II (~чу́) *pf* о~ consecrate; bless, sanctify; **~тки** (*gen pl* ~ток) Christmas-tide; **~то** *adv* reverently; ~ соблюдáть scrupulously observe; ~ храни́ть пáмять о ком hold someone's memory sacred; **~тóй** (~т, ~тá, ~то) *adj* holy, sacred *also fig*; для негó нет ничегó ~тóго nothing is sacred to him; ~тáя обя́занность sacred duty; ~тáя водá holy water; ~ дух the Holy Ghost, the Holy Spirit; ~тáя (недéля) Holy Week; ~тáя ~ты́х holy of holies, sanctum; saintly; *fig* pious; *n* saint; причи́слить к ли́ку ~ты́х canonize; хоть ~ты́х выноси́ *coll* enough to provoke a saint (*of unbearable noise, disorder, etc*); **~тость** *f* holiness, sanctity; **~тотáтец** (~тотáтца) sacrilegist, profaner; **~тотáтственный** sacrilegious; **~тотáтство** sacrilege; **~тотáтствовать** (~тотáтствую) *impf* commit sacrilege; **~точный** Christmas; **~тóша** *m and f* sanctimonious person, hypocrite, Pharisee; **~тцы** (*gen pl* ~тцев) (church) calendar; **~ты́ня** shrine, sacred place; *fig* sacred object, thing; **~щéнник** priest (*Orthodox*); clergyman; **~щéннический** priestly, sacerdotal; **~щеннодéйствие** religious rite; *fig iron* solemn performance (*of ceremony, etc*); **~щеннодéйствовать** (~щеннодéйствую) *impf* perform a religious rite; officiate; *fig iron* do something solemnly; **~щеннослужи́тель** *m* priest; clergyman; **~щéнный** (~щéнен) holy; sacred *also fig*; ~щéнное писáние Holy Writ, Scripture; С~ сою́з *hist* Holy Alliance; **~щéнство** priesthood

сгиб bend; flection (flexion); ~ колéна knee (-joint); ~ газéты fold of newspaper; **~áть** I *pf* согну́ть bend, curve, crow; *fig* bow; **~áться** I *pf* согну́ться bend, bow (down), be weighed down (by)

сги́н|уть I *pf coll* vanish, disappear; ~ь ты с глаз долóй! out of my sight!

сглá|дить(ся) II (~жу, ~дит(ся)) *pf of* ~живать(ся); **~живать** I *pf* ~дить smooth out, smooth away (*wrinkles, etc*); *fig* smooth over, soften (*bad impression, etc*); **~живаться** I (~живается) *pf* ~диться smooth out; *fig* be smoothed over, be softened, wear off

сгла|з (~за (~зу)) *coll* the evil eye; **~зить** II (~жу) *pf* put the evil eye on; *coll* bring disaster (upon); чтóбы не ~ touch wood!

сглуп|á *adv pop* stupidly; **~и́ть** II *pf of* глупи́ть

сгни|вáть I *pf* ~ть rot, decay; **~ть** (~ю, ~ёшь) *pf of* гнить *and* ~вáть

сгнои́ть II *pf of* гнои́ть

сгов|áривать I *pf* ~ори́ть give consent to marriage (of); betroth; **~áриваться** I *pf* ~ори́ться arrange (with, с + *instr*); ~ори́ться с кем о встрéче arrange a meeting with someone; come to an understanding (with), reach an understanding (with, с + *instr*); **~ор** *obs* betrothal; *usu pej* understanding, agreement, deal, compact; быть в ~оре с кем be in collusion with someone; **~ори́ть(ся)** II *pf of* ~áривать(ся); **~óрчивость** *f* compliancy, tractability; **~óрчивый** (~óрчив) compliant, tractable, complaisant, pliable

сгон rounding-up, herding; **~ка** removal; floating, rafting; **~ный** rounding up; ~ная рабóта rounding up, herding; floating, rafting; **~щик** herdsman, drover; (lumber-)rafter; **~я́ть** I *pf* согнáть drive out, away (from, с + *gen*); согнáть му́ху brush away a fly; remove; согнáть весну́шки remove freckles; drive together, round up; *pf pop* rush (somewhere); send (on an errand)

сгор|áние combustion; **~áть** I *pf* ~éть burn (down, up); дом ~éл the house was burnt down; дровá ~éли the wood has burnt away; be consumed, be used up (*of fuel*); *fig* burn (with, с + *gen*); ~ со, от стыдá burn with shame

сгóрб|ить(ся) II (~лю(сь)) *pf of* гóрбить(ся); **~ленный** bent, crooked; hunchbacked

сгор|éть II *pf* ~áть *and* горéть; **~ячá** *adv* in the heat of the moment, in a fit of temper

сготóв|ить II (~лю) *pf of* готóвить *coll* cook (up)

сгре|бáть I *pf* ~сти́ rake up, together; gather up; shovel (off, from, с + *gen*); **~сти́** (~бу́, ~бёшь; ~б, ~блá; ~бённый) *pf of* ~бáть

сгруд|и́ться II (~и́тся) *pf coll* crowd, bunch, mill

сгру|жáть I *pf* ~зи́ть unload; **~зи́ть** II (~жу́, ~зи́шь) *pf of* ~жáть

сгруппир|овáть(ся) (~у́ю(сь)) *pf of* группировáть(ся)

сгрыз|áть I *pf* ~ть chew (up), gnaw; **~ть** (~у́, ~ёшь; ~, ~ла) *pf of* ~áть

сгуб|и́ть II (~лю́, ~ишь) *coll* ruin

сгу|сти́ть(ся) II (~щу́; ~сти́т(ся)) *pf of* ~щáть(ся); **~сток** (~стка) clot; ~ крóви clot of blood; concentration; ~ энéргии *fig* bundle of energy; **~щáть** I *pf* ~сти́ть condense, thicken; ~ крáски *fig* pile it on, lay it on thick; ~ атмосфéру *fig* create a strained atmosphere; **~щáться** I *pf* ~сти́ться thicken, condense; deepen (*of darkness, fog etc*); **~щéние** thickening, condensation; **~щённый** ~щённое молокó condensed milk

сдáбривать I *pf* сдóбрить add to (improve) taste, make richer (*food, etc*); spice *also fig*

сда|вáть (~ю́, ~ёшь) *pf* ~ть hand over; ~ на хранéние deposit, leave (*luggage, etc*); ~ в архи́в file; give up as a bad job, write off, hand in, deliver, return; ~ть кни́гу в библиотéку return a book to the library; let (out), hire out; ~ в арéнду lease; ~ кóмнату let a room; give change; он ~л ей два рубля́ he gave her two roubles change; surrender, give up, yield *also fig*; deal (*of cards*); take, sit (*an examination*); ~ть экзáмен pass an examination; *coll* weaken, give out, give way, begin to fail; онá ~лá за послéднее врéмя she has aged considerably of late; *coll* crack up; мотóр ~ёт the engine is beginning to go; **~вáться** (~ю́сь, ~ёшься) *pf* ~ться give oneself up, surrender, yield; give in, give way, give up; ~ на уговóры yield to persuasion; (~ётся) *impf impers pop* it seems, мне ~ётся I think

сдав|и́ть II (~лю́, ~ишь) *pf of* ~ливать; **~ленный** choking (*of voice, cry, etc*); **~ливать** I *pf* ~и́ть squeeze, constrict *also fig*

сдáт|очный delivery; **~чик** deliverer (*of goods, etc*)

сдá|ть(ся) (~м(ся), ~шь(ся), ~ст(ся), ~ди́м(ся), ~ди́те(сь), ~ду́т(ся); ~л(ся), ~лá(ся); ~нный) *pf of* ~вáть(ся); **~ться** *pf pop* be necessary; на что мне ~ли́сь твой сове́ты? what need had I of advice from you?; ~́ча handing over; delivery; hiring out, letting (out); ~ в аре́нду leasing, surrender; change (*money*); получи́ть ~чу get (back) change; ~ с рубля́ change from a rouble; дать ~чи (+ *dat*) *fig coll* give as good as one gets (got), answer in kind; deal (*at cards*); ва́ша ~ it's your deal

сдв|а́ивать I *pf* ~ои́ть double

сдви|г displacement, shift; *geol* fault, dislocation; *tech* shear; *fig* improvement, progress, advance; **~га́ть** I *pf* ~́нуть move, shift, displace; ~́нуть шля́пу на заты́лок push back one's hat; его́ с ме́ста не ~́нешь *fig* he won't budge; bring, push together; ~ бро́ви knit one's brows; **~га́ться** I *pf* ~́нуться move, budge; не ~́нуться с ме́ста make no headway; come, draw together; **~́жка** *coll* displacement, shift; **~жно́й** movable; **~́нуть(ся)** I *pf of* ~га́ться

сдв|ои́ть II *pf of* ~а́ивать

сдвуру́шничать I *pf of* двуру́шничать

сде́лать(ся) I *pf of* де́лать(ся)

сде́лк|а deal, bargain, transaction; заключи́ть ~у do a deal; пойти́ на ~у с со́бственной со́вестью compromise with one's conscience; че́стная ~ square deal

сде́ль|но *adv* by the job; **~́ный** ~ная опла́та труда́ payment by the job; ~ная рабо́та piece-work; **~́щик** piece-worker; **~́щина** piece-work

сдёр|гивать I *pf* ~нуть jerk, pull off

сде́рж|анно *adv* with restraint, with reserve; **~́анность** *f* restraint, reserve, self-control; **~́анный** (~ан, ~анна) restrained, reserved; self-controlled; **~а́ть(ся)** II (~у́(сь), ~́ишь(ся)) *pf of* ~ивать(ся); **~́ивать** I *pf* ~а́ть hold (back), hold in check, contain; withstand; *fig* keep back, restrain, suppress (*tears, laughter, etc*); ~а́ть себя́ control, restrain oneself; keep (*promise, one's word, etc*); **~́иваться** I *pf* ~а́ться restrain, control, check oneself

сдёр|нуть I *pf of* ~́гивать

сдира́ть I *pf* содра́ть tear off, rip off, strip off; ~ ко́жу skin, flay (с + *gen*); ~ кору́ bark (с + *gen*); *coll* graze (*skin*); *coll* snatch off; **~́ся** I *pf* содра́ться be grazed (*of skin, etc*)

сдо́б|а *cul* shortening; bun(s); **~́ный** rich, short; ~ная бу́лка bun; ~ное те́сто short pastry

сд|обрить II *pf of* ~а́бривать

сдоброва́ть *pf* ему́ не ~ *coll* it will be a bad lookout for him

сдо́х|нуть I (~, ~ла) *pf of* до́хнуть *and* сдыха́ть die (*of cattle*); *pop* croak (*of people*)

сдре́йф|ить II (~лю) *pf of* дре́йфить *pop* take fright, back down

сдружи́ть II *pf* bring together, write in friendship; **~́ся** II *pf* make friends, become friends (with, с + *instr*)

сдрю́чить *pf sl* take off, steal, rob

сду|ва́ть I *pf* ~ть blow away, off; как ве́тром ~́ло кого́ *coll* someone disappeared without trace; *pop* crib

сду́ру *adv pop* stupidly, not thinking what one was doing

сду|ть (~́ю, ~́ешь) *pf of* ~ва́ть

сдыха́ть I *pop* = до́хнуть

се *partic obs* lo, behold

сё *pr* this; то и ~ this and that; ни то ни ~ neither one thing nor the other; ни с того́ ни с сего́ for no apparent reason

сеа́нс performance, show(ing), house (*of cinema, etc*); sitting (*for artist*); treatment, session

себе́ *partic coll emphasizes preceding verb or pr* just; он сиди́т ~, ничего́ не замеча́я he just sits (there) without noticing anything; он о́чень ~ на уме́ he is very crafty; sly, scheming; ничего́ ~ not bad; так ~ so-so

себесто́имость *f* cost (*of manufacture*); cost price

себ|я́ *refl pr* (*acc, gen* ~я́; *dat, prep* ~е́; *instr* собо́й, собо́ю) oneself; myself, yourself, *etc*; прийти́ в ~ get over (от + *gen*), come to one's senses; от ~ personally; он у ~ до́ма he is at home, he is in; у ~ в ко́мнате in one's room; к ~е́ (в ко́мнату) to one's room; не в ~е́ not oneself; out of one's mind; мне не по ~е́ I am out of sorts; I feel awkward; чита́ть про ~ read to oneself; вне ~ beside oneself; он о́чень дово́лен собо́й he is very pleased with himself; он о́чень хоро́ш собо́й he is very good-looking; сам собо́й of itself; само́ собо́й разуме́ется it stands to reason, goes without saying; **~ялю́бец** (~ялю́бца) ego(t)ist; **~ялюби́вый** (~ялюби́в) selfish, egotistical; **~ялю́бие** selfishness, self-love, ego(t)ism

сев sowing(-time)

се́в|ер (the) north; на ~ере in the north; к ~еру (to the) north (of, от + *gen*); **~́ернее** *adv* to the north (of + *gen*); **~́ерный** north(ern), northerly; в ~ерном направле́нии in a northerly direction; ~ оле́нь reindeer; ~ерное сия́ние northern lights, Aurora Borealis; **~́еро-восто́к** north-east; **~́еро-восто́чный** north-east(ern); **~́еро-за́пад** north-west; **~́еро-за́падный** north-west(ern); **~еря́нин** (*pl* ~еря́не, ~еря́н) northerner

севооборо́т rotation of crops

севр Sèvres (*porcelain*); **~́ский** Sèvres

севрю́|га stellate sturgeon; **~́жий** sturgeon's; **~́жина** *coll* (flesh of) sturgeon

сегме́нт segment; **~́ный** segmental

сего́дн|я *adv* today; ~ у́тром this morning; ~ ве́чером this evening, tonight; *n neut indecl* today; на ~ for today; не ~-за́втра any day now; **~́яшний** today's; ~ день today; жить ~яшним днём live in the present, for the day

сегрега́ция segregation

седа́л|ище buttocks, seat; **~́ищный** sciatic; воспале́ние ~ищного не́рва sciatica

сед|ёлка pad (*of saddle*); **~е́льник** saddler; **~е́льный** saddle; ~ мешо́к saddle-bag

сед|е́ть I *pf* по~ go grey, turn grey; **~е́ющий** greying, grizzled; **~ина́** 7 grey hair(s); grey streak (*in fur*)

сед|ла́ть I *pf* о~ saddle; **~ло́** 6 (*gen pl* ~́ел) saddle; да́мское ~ side-saddle; вы́бить из ~ла́ *fig* unsettle; **~лови́на** arch, saddle (*back of animal*); *geog* col, saddle; **~ло́вка** saddling

сед|оборо́дый (~оборо́д) grey-bearded; **~овла́сый** (~овла́с), **~оволо́сый** (~оволо́с) grey-haired; **~о́й** (~, ~а́, ~́о) grey, white (*of hair*), grey-haired, white-haired; ~а́я старина́ hoary antiquity

седо́к 1 fare (*passenger*); rider, horseman

седоу́с|ый (~) with grey moustache

седьм|о́й seventh; на ~о́м не́бе in the seventh heaven; одна́ ~а́я one seventh

сеза́м *bot* sesame; ~, откро́йся! open sesame!

сезо́н season; **~́ник** seasonal worker; **~́ный** seasonal; ~ биле́т season ticket

сей, сия́, сие́; *pl* **сии́** *pr* this; сию́ мину́ту this (very) minute, at once, instantly; сего́ го́да of this

year; сегó мéсяца of this month; письмó от 10-го с.м. letter of the 10th inst.; до сих пор up to now, so far; up to here, up to this point; на ~ раз this time, for this once; о сию пóру *obs* at the present time; по ~ день, по сию пóру to this day, up to now; по сию стóрону on the near side; под сим кáмнем покóится here lies; при сём прилагáется please find enclosed; от сих до сих from here to here (*of set text*)
сéйм diet; the Sejm (*in Poland*)
сéйн|а seine; **~ер** seiner
сейсм|и́ческий seismic; **~óграф** seismograph; **~огрáфия** seismography; **~ологи́ческий** seismological; **~олóгия** seismology; **~óметр** seismometer
сейф safe
сейчáс *adv* now, at present, at the (present) moment; *coll* just now, a moment ago; он ~ вы́шел he has just gone out; in a moment, just; ~ приду́ I'm just coming; ~! just a moment!, half a moment!; *coll* straight away, immediately
сéканс secant
секану́ть I *sem pf of* сечь cut; ~ ду́баря *pop* kick the bucket
секá|тор secateur(s); **~ч** 1 sharp knife, chopper; male (*of wild boar, sea-bear*)
секвéстр *leg* sequestration; наложи́ть ~ sequestrate (на + *acc*); *med* sequestrum; **~овáть** (~у́ю) *impf and pf leg* sequestrate
секи́ра poleaxe; hatchet, axe
секрéт secret; по ~у in confidence, confidentially; под больши́м ~ом in strict confidence; ~ полишинéля open secret; hidden mechanism; *mil* listening post; *med* secretion
секретар|иáт secretariat; **~ский** secretarial, secretary's; **~ство** secretaryship; secretarial duties; **~ствовать** (~ствую) *impf* be, act as a secretary; **~ша** *coll* (woman) secretary; **~ь** 1 *m* secretary; генерáльный ~ secretary-general; ли́чный ~ private secretary
секретéр secretaire, escritoire, writing-desk
секрéт|ничать I *impf coll* keep things secret, dark; talk in secretive tones, whisper; **~но** *adv* secretly, in secret; in confidence; совершéнно ~ 'top secret' (*on documents*); **~ность** *f* secrecy; **~ный** (~ен) secret, confidential, classified; ~ замóк combination lock; ~ сотру́дник secret, undercover agent
секре|тóрный secretory; **~ция** secretion
секс sex; **~-бóмба** *sl* sexpot; **~óлог** sexologist; **~олóгия** sexology
сексóт *abbr of* секрéтный сотру́дник *pej* informer (*in prison*), collaborator, stoolie; secret agent
сéкст|а *mus* sixth; **~áнт** sextant; **~éт** *mus* sextet
сексуáл|ьность *f* sexuality; **~ьный** (~ен) sexual
сéкт|а sect; **~áнт** sectarian, dissenter, member of a sect; **~áнтский** sectarian; **~áнтство** sectarianism
сéктор sector; ~ обстрéла *mil* sector of fire; *fig* section, sphere, zone, part; *econ* sector, section, department
секуляриз|áция secularization; **~овáть** (~у́ю) *impf and pf* secularize
секу́нд|а second; ~ в ~у right on time; at the same instant; одну́ ~у́ just a second; **~áнт** second (*in duel, boxing, etc*); **~ный** second; **~омéр** stopwatch
секу́щая *n* secant
секц|иóнный sectional; **~ия** section; committee
селадóн *obs* ladies' man, womanizer
селёд|ка herring; **~очница** herring-dish; **~очный** herring
селезёнк|а spleen; воспалéние ~и splenitis
сéлез|ень (~ня) drake
селек|ти́вность *f tech* selectivity, discrimination; **~тор** *tech* selector; **~ционéр** plant-breeder; stockbreeder; **~циóнный** *agr* selection; plant-breeding; **~ция** *agr* selection, breeding
селéн selenium
селéние settlement; village
селени́стый selenious, selenide (of)
селени́т *min* selenite
сели́тебный built up; (allocated for) building, development
сели́тр|а saltpetre, nitre; кáлийная ~ potassium nitrate; **~яный** ~яная кислотá nitric acid
сел|и́ть II *pf* по~ settle; **~и́тьба** built-up area, developed land; settlement; **~и́ться** II *pf* по~ settle; **~и́ще** *hist* settlement; **~ó** 6 village; на ~é in the country(side); ни к ~у́, ни к гóроду *coll* neither here nor there, neither rhyme nor reason
сель... *abbr of* сéльский
сельдерéй celery
сельд|ь 5 *f* herring; как ~и в бóчке *coll* like sardines (*of a crowd*); **~янóй** herring
сель|кóр *abbr of* ~ский корреспондéнт rural correspondent; **~пó** *neut indecl abbr of* ~ское потреби́тельское óбщество village general store; **~пóвский** *coll* village store; **~ский** country, rural; ~ская мéстность rural locality, area; countryside; ~ское хозя́йство agriculture, farming; village; ~ совéт village soviet; **~скохозя́йственный** agricultural, farming; **~совéт** *abbr of* ~ский совéт village soviet
сéльтерск|ий ~ая (водá) seltzer water
сельчáн|ин (*pl* ~е, ~) villager
селян|и́н (*pl* ~е, ~) peasant, villager; **~ка** peasant, villager; *cul* hotpot; сбóрная ~ *fig* hotchpotch, hodgepodge
семá|нтика semantics; meaning(s); **~нти́ческий** semantic; **~сиологи́ческий** semasiological; **~сиолóгия** semasiology
семафóр semaphore; signal(-post); **~ить** II *impf* semaphore; signal (*by hand*)
сёмга salmon
семéй|ный family, home; domestic; ~ круг family circle; по ~ным обстоя́тельствам for domestic reasons; ~ человéк family man; *pej* nepot(ist)ic; **~ственность** *f* attachment to family life; *pej* nepotism; **~ственный** attached to family life; *pej* nepot(ist)ic; **~ство** family
семени́ть II *impf* mince (*of gait*)
семен|и́ться II (~и́тся) *impf* seed; **~ни́к** 1 testicle; testis; seed; **~нóй** seed; ~ картóфель seed potato; *biol* spermatic, seminal; ~нáя нить spermatozoon; **~овóд** seedsman; **~овóдство** seed farming, growing; **~овóдческий** seed-growing
сем|ери́к 1 septenary; team of seven horses; **~ери́чный** septenary; **~ёрка** (a) seven; number seven (*of bus, tram, etc*); ~ треф seven of clubs; **~еро** (~еры́х, ~еры́м) *collect num* seven; нас ~ there are seven of us; *with nouns pl only* ~ санéй seven sledges; *with nouns implying a pair or two of anything* на меня́ смотрéло ~ глаз seven pairs of eyes were looking at me; не могу́ я оди́н за ~еры́х рабóтать I can't do the work of two (*literally seven*)
семéстр term, semester; **~óвый** terminal, half-yearly
сéмеч|ко (*pl* ~ки, ~ек) seed; *pl* sunflower seeds
сёмжина salmon (*flesh*)

семи|вёрстный of seven versts; ~вёрстные сапогú *folk* seven-league boots; **~десятилéтие** seventy years; seventieth anniversary, birthday; **~десятилéтний** seventy-year, of seventy years; seventy-year-old, of seventy; **~деся́тый** seventieth; ~деся́тые гóды the seventies; **~жúльный** *coll* wiry, tough; **~́к** 1 *eccles* feast of seventh Thursday after Easter; **~клáссник** seventh-form pupil; **~крáтный** sevenfold, septuple; **~лéтие** seven years, seven-year period; seventh anniversary; **~лéтка** seven-year school; seven-year plan; seven-year-old (child); **~лéтний** seven-year, septennial; seven-year-old; **~мéсячный** seven-month, seven-months'; seven-month-old, of seven months; **~мúльный** seven miles, seven-mile; идти ~мúльными шагáми *fig* make gigantic strides
семинáр seminar; **~́ий** seminar; **~úст** seminarist; **~́ия** seminary, training college; духóвная ~ theological college; учúтельская ~ teachers' training college; **~́ский** seminary
семи|недéльный seven-week; seven-week-old; **~сóтый** seven-hundredth; **~стóпный** ~ ямб iambic heptameter
семúт Semite; **~úческий** Semitic; **~óлог** Semitologist; **~олóгия** Semitology; **~́ский** = ~úческий
семи|ты́сячный seven-thousandth; **~угóльник** heptagon; **~угóльный** heptagonal; **~часовóй** seven-hour, of seven hours; seven o'clock
семнад|цатилéтний seventeen-year; seventeen-year-old; **~́цатый** seventeenth; **~́цать** *f* seventeen
сёмужий salmon
сем|ь (~ú, ~ью́) seven; **~́ьдесят** (~úдесяти, ~ью́десятью) seventy; **~ьсóт** (~исóт, ~истáм, *etc*) seven hundred; **~́ью** *adv* seven times
сем|ья́ (~ьú; *pl* ~́ьи, ~éй, ~́ьям) family; в ~ьé не без урóда there's a black sheep in every family, accidents will happen in the best regulated families; **~ьянúн** family man
сéм|я *neut* (*gen*, *dat*, *prep* ~ени, *instr* ~енем; *pl* ~енá, ~я́н, ~енáм) seed *also fig* пойти в ~енá run to seed; ~енá раздóра seeds of discord; semen, sperm; **~ядóля** (*gen pl* ~ядóлей) *bot* seed-lobe, cotyledon; **~излия́ние** ejaculation; **~я́нка** achene; **~янóжка** ovule stalk; **~япóчка** seed-bud
сенáт senate; **~́ор** senator; **~́орский** senatorial; **~́ский** senate
сенбернáр St Bernard
сéн|и (*gen pl* ~éй) (*entrance*-)hall, vestibule, lobby
сен|úк 1 hay-mattress, straw pallet; hay-loft; **~нóй** hay; ~нáя лихорáдка hay-fever; ~нáя дéвушка *obs* maid; **~́о** hay; **~овáл** hay-loft, mow; **~озаготóвки** (*gen pl* ~озаготóвок) State hay purchases; **~окóс** haymaking, hay-mowing; haymaking (time); hayfield; **~окосúлка** mowing machine; **~окóсный** haymaking; **~осушúлка** hay-drier; **~oубóрка** hay harvest(ing), haymaking
сенсац|иóнный (~иóнен) sensational; **~́ия** sensation
сенсóрный sensory
сенсуал|úзм sensationalism; **~úст** sensationalist; **~́ьный** sensational
сентенц|иóзный sententious; **~́ия** maxim, sententious utterance
сентиментал|úзм sentimentalism; **~úст** sentimentalist; **~́ьничать** I *impf* be sentimental, sentimentalize; *fig* be soft (with, с + *instr*); **~́ьность** *f* sentimentality; **~́ьный** (~ен) sentimental
сентя́бр|ь 1 *m* September; смотрéть ~ём *coll* look morose; **~́ьский** September
сéн|цы (*gen pl* ~цев) *dim of* ~и
сен|ь *f* (в ~ú, о ~́и) canopy; под ~́ью sheltered (by), in the shade (of); *fig* under the protection (of, + *gen*)
сеньóр *hist* seigneur, seignior; señor, senhor
сепарат|úвный (~úвен) separatist; **~úзм** separatism; **~úст** separatist; **~úстский** separatist; **~́ный** separate; ~ мир separate peace; **~́ор** separator; **~́орный** separator
сéпия sepia; sepia drawing, photograph; cuttlefish
сéпсис sepsis, septicaemia
септéт *mus* septet(te)
септúческий septic
сéр|а sulphur, brimstone; двуóкись ~ы sulphur dioxide; earwax, cerumen
серáль *m* seraglio
серафúм seraph
серб Serb(ian); С~́ия Serbia; ~ия́нка *obs* = ~́ка; **~́ка** Serbian (woman); **~охорвáтский** Serbo-Croatian; ~ язы́к Serbo-Croat; **~́ский** Serbian
сервáнт sideboard; dumb-waiter
серв|úз service, set; столóвый ~ dinner service; **~ировáть** (~ирýю) *impf and pf* lay (*table*, *etc*); serve (*food*, *etc*); **~ирóвка** laying, serving; arrangement
сéрвис serving, service (*of customer*, *etc*)
сердéч|ник *tech* core, mandrel; strand (*of cable*); *coll* heart specialist; sufferer from heart disease, heart-case; *bot* lady's-smock; **~́ность** *f* cordiality; warmth; **~́ный** (~ен) (of the) heart, cardiac; ~ная болéзнь heart disease; ~ припáдок heart attack; ~ное срéдство (лекáрство) cardiac; ~ные делá love affairs; ~ная дрáма emotional crisis; hearty, cordial; ~ приём cordial reception; heartfelt, sincere; ~ная благодáрность heartfelt gratitude; warm(-hearted), outgoing; **~но**сосýдистый cardiovascular
сер|дúтый (~дúт) angry (at, about, with) cross (about, with, на + *acc*), irate; *fig joc* hot, strong, fiery (*of drink*, *tobacco*, *etc*); дёшево и ~дúто *coll* cheap but good; **~дúть** II (~жý, ~́дишь) *pf* рас~ anger, make angry; **~дúться** II (~жýсь, ~́дишься) be angry (with, at, about), be cross (with, about, на + *acc*); **~добóлие** tender-heartedness, soft-heartedness; **~добóльничать** I *impf coll iron* be (too) soft-hearted; **~добóльный** (~добóлен) *coll* tender-hearted, soft-hearted
сердолúк *min* cornelian, sard; **~́овый** cornelian
сéрд|це 2 (*gen pl* ~éц) heart; золотóе ~ heart of gold; чёрствое ~ heartless person; идýщий от ~ца heartfelt; надрывáющий ~ heart-breaking; от чúстого ~ца with the best intentions, in all sincerity, with all one's heart; от всегó ~ца from the bottom of one's heart, with all one's heart; в ~цáх *coll* in a fit of temper, in anger; приня́ть (блúзко) к ~цу take to heart; имéть ~ *pop* be angry (with, на + *acc*); у меня́ отлеглó от ~ца *coll* it was (is) a load off my mind, I felt relieved; брать когó за ~ *coll* touch, move someone deeply; у неё ~ зáмерло her heart sank; у нёе ~ зáмерло от рáдости her heart melted with joy; у меня́ ~ не на мéсте, у меня́ ~ болúт I am sick at heart; у меня́ ~ защемúло my heart gave a twinge; у негó ~ не лежúт he has no liking (for, к + *dat*); у негó на ~ кóшки скребýт he has the blues; пó ~цу *coll* to one's liking; сказáть с ~цем *pop* say crossly, irritably; скрепя́ ~ reluctantly; сорвáть ~ vent one's bad temper (on, на + *prep*); положá рýку нá

~ *coll* quite frankly, with hand on heart; ~**цебие́ние** heartbeat; palpitation; *med* tachycardia; ~**цеве́д** *joc* connoisseur of the human heart; ~**цеви́дный** (~цеви́ден) heart-shaped; *bot* cordate; ~**цеви́на** pulp, pith, marrow, heartwood (*of plant, etc*); medulla (*of hair*); kernel (*of nut*); core (*of apple, etc*); *fig* middle, centre, core, heart, kernel; ~**цее́д** *coll joc* lady-killer

серебр|ёный silver-plated; ~**и́стый** (~и́ст) silvery *also fig*; ~ то́поль silver poplar; ~**и́ть** II *pf* вы́серебрить *and* по~ silver, silver-plate; ~**и́ться** II (~и́тся) *impf* become silvery; gleam (like) silver; *pass of* ~и́ть; ~**о́** silver; *collect* silverware, silver (plate); *sp coll* silver medal; сда́ча ~о́м change in silver; ~**оно́сный** (~оно́сен) argentiferous; ~**я́ник** silversmith; ~**я́ный** silver; ~ блеск *min* silver glance; ~яная сва́дьба silver wedding

серед|и́на middle, centre, midst; золота́я ~ golden mean, happy medium; найти́ золоту́ю ~и́ну strike a happy medium; бро́сить де́ло на ~и́не give up halfway; ~**и́нка** ~ наполови́нку *pop* betwixt and between, fair to middling; ~**и́нный** middle, mean, intermediate; ~**ка** *coll* centre, middle; ~ наполови́нку *pop* = ~и́нка наполови́нку; ~**ня́к** 1 middle peasant; *fig coll* undistinguished person

серёжка earring; *bot* catkin, amentum

серена́да serenade

сере́ть I *pf* по~ turn, go grey; *impf* show, loom grey

сержа́нт sergeant

сер|и́йный serial; ~и́йное произво́дство mass production; ~**ия** series; part (*of film*)

сермя́|га sermyaga; coarse, undyed cloth; caftan of coarse, undyed material; ~**жный** sermyaga; poor-peasant; ~жная пра́вда *joc* unadulterated truth

се́рна chamois

сери|и́стый sulphur(ous); sulphide (of); ~ на́трий sodium sulphide; ~**оки́слый** sulphate (of); ~**ый** sulphuric; ~ая кислота́ sulphuric acid; ~ цвет flowers of sulphur

се́ро-бу́ро-мали́новый *coll joc* nondescript (*of colour*), of indeterminate colour

сероводоро́д sulphuretted hydrogen, hydrogen sulphide

сероглаз|ый (~) grey-eyed

серо́зный serous

сероуглеро́д carbon bisulphide

серп 1 sickle, reaping-hook; ~ луны́ crescent moon; ~ и мо́лот hammer and sickle

серпанти́н paper streamer; *fig* winding mountain road

серпенти́н *min* serpentine

серпови́дный crescent(-shaped)

серпови́ще sickle handle, sickle shaft

серпя́нка light cotton cloth

серсо́ *neut indecl* hoopla

сертифика́т certificate

серча́ть I *pf* о~ *and* рас~ *pop* be, get angry (with); be, get mad (at, на + *acc*)

се́р|ый (~, ~а́, ~о) grey; *fig* dull, drab, dreary, colourless; *fig coll* ignorant; ~ день grey day; ~ в я́блоках dapple-grey

сер|ьга́ 3 (*gen pl* ~ёг) earring; *tech* link; *naut* slip rope

серьёз на (по́лном) ~е *coll* in all seriousness; ~**неть** I *pf* по~ *coll* become more serious; ~**ничать** I *impf coll* pretend to be serious; ~**но** *adv* seriously; gravely; earnestly; я говорю́ ~ I'm in earnest, I mean it; вы э́то ~? are you serious? ~**ность** *f* seriousness; earnestness; gravity; ~**ный** (~ен) serious; earnest; grave

серя́|к 1 *sl* mediocrity (*of person*); ~**тина** *coll pej* ordinariness, mediocrity

сесс|ио́нный sessional; ~**ия** session, sitting; *leg* term; экзаменацио́нная ~ examinations (*in colleges*)

сест|ра́ 6 (*pl* ~ры, ~ёр, ~рам) sister; двою́родная ~ (first) cousin; (медици́нская) ~ nurse; ~ милосе́рдия *obs* nurse; ста́ршая ~ (nursing) sister; ~-хозя́йка matron (*in hospital*); ~**рёнка** little sister; *pop* grown-up sister; ~**рин** sister's; ~**ринский** nurse's; nursing; ~**ри́ца** *aff dim of* ~ра́; ~**ри́чка** = ~ри́ца; ~**ру́ха** *pop* sister

сесть (ся́ду, ся́дешь; сел; сядь) *pf of* сади́ться

сет|ево́й net(ting), web, mesh; ~**ка** net(ting); (luggage) rack; ~ для воло́с hairnet; wire mattress; *tech* grid, lattice; игра́ть у ~ки *sp* play at the net; *coll* string-bag; scale (*of charges, etc*); *collect* coordinates

се́т|овать (~ую) *pf* по~ bewail, lament, complain (of, на + *acc*; о + *prep*)

се́точный net; *tech* grid

се́ттер setter (*dog*)

сет|ча́тка retina; ~**чатокры́лые** *zool* Neuroptera; ~**чатый** netted, network; reticular; ~чатая оболо́чка гла́за retina; ~**ь** 5 *f* (в ~и́, о ~и) net(work) *also fig*, system; circuit; расста́вить ~и кому́ set a trap for someone

се́ча *obs* battle

сеч|е́ние birching; cutting; ке́сарево ~ Caesarean (birth); (cross-)section, profile; ~**ка** cutting; chopper; chopped straw, chaff; ~**ь** (секу́, сечёшь, секу́т; сёк, се́кла) *pf* вы́~ beat, flog; (*past* сёк, секла́) *impf* cut up (*vegetables, etc*); *pf* у~ *sl* understand, dig; ~**ься** (сечётся, секу́тся; се́кся, секла́сь) *pf* по~ split (*of hair*); fray (*of material*)

се́|ялка sowing-machine, seed drill; ~**яльщик** sower; ~**янец** (~янца) seedling; ~**ятель** *m* sower *also fig*; propagator, disseminator; ~**ять** I (~ю, ~ешь) *pf* по~ sow *also fig*; ~ раздо́р sow the seeds of discord, dissension; *impf* sift (*flour, etc*); (~ет) drizzle (*of rain*), snow; ~ет крупо́й it is sleeting

сжа́литься II *pf* relent; take pity (on, над + *instr*)

сжа́т|ие pressing, pressure; grasp, grip; compression, condensation; ~**ость** *f* compression; conciseness; ~**ый** compressed (air, gas); *fig* concise, compact, condensed, brief, pithy; в ~ые сро́ки in the shortest possible time; ~ые кулаки́ clenched fists; ~**ь** (сожму́, сожмёшь; ~ый) *pf of* сжима́ть; (сожну́, сожнёшь) *pf of* жать reap; ~**ся** (сожму́сь, сожмёшься) *pf of* сжима́ться

сж|ева́ть (~ую; ~ёванный) *pf coll* chew up

сжечь (сожгу́, сожжёшь, сожгу́т; сжёг, сожгла́; сожжённый) *pf of* жечь *and* сжига́ть

сжи|ва́ть I *pf* сжить *coll* oust, hound, drive, squeeze, force (out, с + *gen*); ~ с кварти́ры force out of (one's) flat; ~ со све́та *fig* make (someone's) life hell; ~**ва́ться** *pf* сжи́ться get used, accustomed (to, с + *instr*); ~ с ро́лью identify oneself with a part

сжига́ть I *pf* сжечь burn (up, down); cremate; scorch (*of sun*); сжечь свои́ корабли́ burn one's boats

сжи́женный liquefied

сжим clip, grip, clamp; ~**а́емость** *f* compressibility, contractability; ~**а́ть** I *pf* сжать compress *also fig*, squeeze; grip; ~ гу́бы compress one's lips; ~ зу́бы grit one's teeth; ~ кулаки́ clench one's fists; сжать сро́ки tighten the schedule; ~ в объя́тиях hug; **~а́ться** I *pf* сжа́ться be compressed, contract; shrink, huddle up; сжа́ться от испу́га shrink from fear; be clenched (*of fist*); tighten (*of throat*, *chest*, *etc*); *fig* be wrung; её се́рдце сжа́лось her heart sank

сжина́ть I = жать reap, mow, cut

сжи́|ть(ся) (~ву́(сь), ~вёшь(ся); ´~л(ся), ~ла́(сь), ´~ло́(сь)) *pf of* ~ва́ть(ся)

сжу́л|ить II *pf of* жу́лить; **´~ьничать** I *pf of* жу́льничать

сза́ди *adv* (from) behind; from the end, rear; at the back, rear; вид ~ rear view; *prep* + *gen* behind

сзыва́ть I *pf* созва́ть invite, ask (*guests*), gather

сиа́мский Siamese

сибари́т sybarite; **´~ский** sybaritic; **´~ство** sybaritism; **´~ствовать** (~ствую) *impf* lead a sybaritic life

сибиля́нт *ling* sibilant

сибир|ея́звенный anthracic; **´~ка** *obs* caftan, sibirka; *pop* prison, clink; *coll* anthrax; **´~ский** Siberian; ~ская ко́шка Persian cat; ~ская я́зва anthrax; **С´~ь** *f* Siberia; **~я́к** 1 Siberian; **~я́чка** Siberian (woman)

сив|е́ть 1 *pf* по~ turn grey; **´~ка** dark grey (horse); **~ко́** *m coll* = ´~ка; **~ола́пый** *pop* cack-handed, clumsy; **~у́ха** raw vodka; **´~ый** (~, ~а́, ´~о) grey (*of horses*), grey(ing) (*of hair*)

сиг 1 white fish

сиг|ану́ть I *sem pf of* ~а́ть

сига́р|а cigar; **~е́та** cigarette; **~е́тный** cigarette; **´~ка** *coll* small cigar; **´~ный** cigar

сига́|ть I *sem pf* ~ну́ть *pop* jump

сигна́л signal; вызывно́й ~ call signal; ~ бе́дствия distress signal; ~ возду́шной трево́ги air-raid alarm, alert; ~ сбо́ра signal to assemble; ~ на трубе́ trumpet-call; ~ на рожке́ bugle-call; доро́жные ~ы traffic signals; светово́й ~ light signal; дать ~ signal, sound one's horn; *fig* signal, sign (for, к + *dat*); *fig* warning, notification; **~иза́тор** signalling apparatus; **~иза́ция** signalling; signal system; **~изи́ровать** (~изи́рую) *impf and pf*; *pf also* про~ signal; *fig* send a message, give warning (of, + *acc*; о + *prep*); **´~ить** II *pf* про~ signal; **´~ьный** signal; ~ пистоле́т Very pistol; ~ьные раке́ты flares, Very lights, signal rockets; ~ экземпля́р advance copy; **´~ьщик** signaller, signalman

сигнату́ра label (*on medicine*); *typ* signature

сид|е́лец (~е́льца) *obs* messenger, porter; *obs* salesman; **~е́лка** nurse; **~е́ние** sitting; **´~ень** *m* (~ня) *coll* stay-at-home; сиде́ть ~нем be a stay-at-home; not to stir from the spot; **~е́ть** II (сижу́, ~и́шь) *impf* sit, be seated; ~ верхо́м be on horseback, be mounted; ~ на ко́рточках squat; ~ на насе́сте roost, perch; ~ на я́йцах brood, sit (on eggs); ~ у мо́ря и ждать пого́ды *coll* wait for something to turn up; be; ~ без де́ла have nothing to do; ~ до́ма stay at home; ~ без копе́йки be short of money, have no money; ~ под аре́стом be under arrest; ~ на дие́те be on a diet; ~ по ноча́м sit up (at night); ~ за кни́гой sit over a book; ~ над зада́чей sit over a problem, work on a problem; draw (*of ship*); ~ глубоко́ draw a lot of water; fit, sit (*of clothing*); хорошо́ ~ sit well; ~ мешко́м hang badly; ~ сложа́ ру́ки idle one's time away; *pop* do time, be in gaol (for, за + *acc*); **~е́ться** (~и́тся) *impers* ему́ не ~и́тся до́ма he can't bear being at home; ей не ~и́тся на ме́сте she can't keep still; **~мя́, ´~мя** ~ сиде́ть *pop* not to stir from the spot

сидери́т siderite

сидр cider

сидя́чий sitting; *fig* sedentary; ~ о́браз жи́зни sedentary life; *zool* sessile

сие́ *see* **сей**

сие́на sienna; жжёная ~ burnt sienna

си́|живать I *impf freq of* ~де́ть

сиза́ль *m* sisal

сизиги́я syzygy

сизи́фов ~ труд labour of Sisyphus

сиз|оворо́нка *orni* roller; **~окры́лый** having blue-grey wings; **´~ый** (~, ~а́, ´~о) blue-grey, dove-coloured; ~ го́лубь rock pigeon

си́кать I *impf vulg* piss, urinate

сиккати́в siccative, drying agent

сикомо́р sycamore

си́л|а strength; облада́ть огро́мной ~ой be enormously strong; напряга́ть все ~ы make every effort, strain every muscle; ~ы ему́ изменя́ют his strength is giving way; приложи́ть все ~ы do everything in one's power; э́то (с)вы́ше (сверх) мои́х ~ it's beyond me, beyond my strength; вы́биться из ~ be done for, at the end of one's tether, dead beat; вы́жать ~ы из кого́ wear someone out; собра́ться с ~ами gather one's strength, brace oneself; быть не под ~у кому́, оказа́ться не по ~ам ко́му be too much for someone; войти (вступи́ть) в зако́нную ~у *leg* become effective; име́ть обра́тную ~у *leg* be retroactive; остава́ться в ~е hold good, remain valid; теря́ть ~у *leg* become invalid, cease to be effective, lapse; ~а соло́му ло́мит *prov* there's strength in numbers; force; ~ой ору́жия by force of arms; ~ой привы́чки by force of habit; поли́тика с пози́ции ~ы policy from position of strength; power, energy, strength; ~а во́ли strength of will, will-power; ~а воображе́ния power of imagination; ~а ду́ха strength of mind; ~а убежде́ния strength of conviction; power, capacity; ~а притяже́ния (тя́жести) force of gravity; подъёмная ~а *aer* lift; *coll* point, essence, crux (of matter); вся ~а в том, что ... the whole point is that ...; force, power, intensity; ~а зву́ка volume of sound; ~а взры́ва force of the explosion; ~а све́та intensity of light; *pl* forces, elements; приро́дные ~ы forces of nature; людски́е ~ы manpower; *pl mil* вооружённые ~ы armed forces; вое́нно-возду́шные ~ы air force(s); сухопу́тные ~ы land, ground forces; *pop* multitude, large number; *interj pop* great, terrific; ~ами with the help of; он в большо́й ~е he is a very influential person; с на́ми кре́стная ~а! God be with us!; нечи́стая ~а devil, deuce, the evil one, the evil spirit; все́ми ~ами with all one's strength; в ~у by virtue (of, + *gen*); в ~у э́того on those grounds; че́рез ~у with great effort; есть че́рез ~у force oneself to eat; в ~е in force, valid; от ~ы at the most, at the outside; в ме́ру ~, по ме́ре ~ as much as one is able; всё, что в мои́х ~ах everything in my power; я не в ~ах расста́ться с ним I can't bear to part with him; изо всех ~, что есть ~ы with all one's might, might and main, for all one's worth; бежа́ть изо всех ~ run for dear life; крича́ть изо всех ~ shout at the top of one's voice; ~ нет *coll* it's too much, one can't stand it; **~а́ч** 1 strong man

силика́т silicate
си́л|иться II *impf coll* try, make efforts (to), struggle (to + *infin*); ~**ко́м** *adv pop* by (brute) force
сили́ций silicium
силлаби́ческий syllabic
силлоги́зм syllogism
сил|ови́к 1 *sl* muscle-man, he-man; ~**ово́й** power; ~ово́е по́ле field of force; ~ова́я ста́нция power-station; ~ова́я устано́вка power-plant; ~́**ой** *adv coll* by force
сил|о́к (~ка́) noose, snare
силоме́р dynamometer
си́л|ос silage; silo; ~́**осный** silage; ~**осова́ть** (~осу́ю) *impf and pf* silo, ensile; ~**осоре́зка** silage cutter
силуэ́т silhouette; *fig* outline
си́л|ьно *adv* strongly, powerfully; ~ боле́ть hurt badly; be very ill; ~ уда́рить кулако́м по столу́ thump the table; very, very much, greatly; badly; ~ испуга́ться be badly frightened; ~**ьноде́йствующий** potent, powerful, drastic; ~́**ьный** (~́ён, ~ьна́, ~ьно, ~ьны́) strong, powerful; ~ уда́р powerful blow; ~ до́вод powerful argument; ~ ве́тер high wind; ~ дождь heavy rain; ~ьное жела́ние intense desire; ~ моро́з hard, severe frost; ~ьная речь impressive speech; ~ учени́к good pupil; его́ ~ьная сторона́ his strong point, his forte; он ~ён в матема́тике he is good at mathematics
сильф sylph; ~**и́да** sylph
симбио́з symbiosis
си́мвол symbol, emblem; ~ ве́ры *eccles* creed; ~**иза́ция** symbolization; ~**изи́ровать** (~изи́рую) *impf* symbolize; ~**и́зм** symbolism; ~́**ика** symbolism; ~**и́ст** symbolist; ~**и́стский** symbolist; ~**и́ческий** symbolic(al); ~**и́чность** *f* symbolical character; ~**и́чный** (~и́чен) = ~и́ческий
симметри́|ческий symmetrical; ~́**чность** *f* symmetry; ~́**чный** (~чен) = ~ческий; ~́**я** symmetry
симони́я *hist* simony
симпат|изи́ровать (~изи́рую) *impf* be in sympathy (with, + *dat*), like; я ему́ не ~изи́рую I don't like him very much; ~**и́ческий** *physiol* sympathetic; ~и́ческая не́рвная систе́ма sympathetic nervous system; ~и́ческие черни́ла invisible ink; ~**и́чный** (~и́чен) nice, likeable, attractive; ~́**ия** liking (for, к + *dat*); чу́вствовать ~ию feel drawn (to), have a liking (for, к + *dat*); *fig coll joc* sweetheart, sweetie; ~**я́га** *pop* very nice person
симпо́зиум symposium
симпто́м symptom; ~**а́тика** study of symptoms; ~**ати́ческий** symptomatic; palliative; ~**ати́чный** (~ати́чен) = ~ати́ческий
симул|и́ровать (~и́рую) *impf and pf* simulate, sham, feign; ~ боле́знь malinger; ~**я́нт** malingerer; ~**я́ция** simulation
симфон|и́ческий symphonic; ~ орке́стр symphony orchestra; ~́**ия** symphony; *eccles* concordance
синаго́га synagogue; ~́**льный** synagogical
синдика|ли́зм syndicalism; ~**ли́ст** syndicalist; ~**ли́стский** syndicalist(ic); ~́**т** syndicate
синдро́м syndrome
сине|ва́ blue (colour); blue expanse; ~ под глаза́ми blue shadows under the eyes; ~**ва́тый** (~ва́т) bluish; ~**гла́зый** (~гла́з) blue-eyed
синедрио́н *hist* sanhedrin
сине́кдоха *lit* synecdoche
синеку́ра sinecure
сине́ль *f* chenille
синеро́д cyanogen; ~́**истый** cyanide (of); ~́**ный** cyanic; cyanide (of)
син|е́ть I *pf* по~ turn, become blue; *impf* show blue; ~́**ий** (~ь, ~я́, ~е) (dark) blue; ~ костю́м navy-blue suit; ~ чуло́к *fig* bluestocking; ~**и́льный** ~и́льная кислота́ prussic acid, hydrocyanic acid; ~**и́ть** II *impf* paint blue; *pf* под~ rinse in blue, blue (*linen, etc*)
сини́ца (tom)tit, titmouse
синкли́т *iron* council, synod
синко́па syncope
синкрети́зм syncretism
сино́д synod; ~**а́льный** synodal; ~́**ик** *eccles* diptych (*commemorative list for intercession*); ~**и́ческий** *astron* synodic(al); ~́**ский** = ~а́льный
сино́лог sinologist; ~́**ия** sinology
сино́ним synonym; ~́**ика** study of synonyms; *collect* synonyms; ~**и́ческий,** ~**и́чный** (~и́чен) synonymous; ~**и́я** synonymy, synonymity
сино́пт|ик weather expert, meteorologist; ~́**ика** weather-forecasting; ~**и́ческий** weather, meteorological; ~и́ческая ка́рта weather-chart
си́нтакс|ис syntax; ~**и́ческий** syntactical
си́нтез synthesis; ~**и́ровать** (~и́рую) *impf and pf* synthesize
синте́т|ика *collect* synthetic material(s); ~**и́ческий** synthetic
си́нус *math* sine; *anat* sinus; ~**о́ида** *math* sinusoid
синхрон|иза́тор synchronizer; ~**иза́ция** synchronization; ~**изи́ровать** (~изи́рую) *impf and pf* synchronize, bring into step; ~**и́зм** synchronism; ~**и́ческий** synchronic; ~**и́я** synchronism; ~́**ный** synchronous; ~ перево́д simultaneous interpreting
син|ь *f* = ~ева́; blue colour
синьга́ common scoter
си́нька blue(ing); blueprint
синьо́р signor; ~́**а** signora; ~**и́на** signorina
син|ю́ха *med* cyanosis; ~**я́к** 1 bruise; ~ под гла́зом black eye; ~яки́ под глаза́ми (blue) shadows under the eyes; изукра́шивать ~яка́ми, избива́ть до ~яко́в beat black and blue
сиони́|зм Zionism; ~́**ст** Zionist; ~́**стский** Zionist
сипа́й sepoy
сип|е́ть II (~лю́) *impf* speak hoarsely; wheeze; *impers* be hoarse, husky; у него́ в го́рле ~и́т he is hoarse; ~́**лый** (~л, ~ла́, ~ло) hoarse, husky; ~́**нуть** I (*past* ~, ~нул, ~ла) *pf* о~ become hoarse, husky; ~**ова́тый** (~ова́т) rather husky, hoarse; ~**ота́** huskiness, hoarseness
сипу́ха barn owl
сире́на siren
сире́н|евый lilac(-coloured); ~́**ь** *f* lilac
си́речь *partic obs* that is to say
сир|и́ец (~и́йца) Syrian; ~**и́йка** Syrian (woman); ~**и́йский** Syrian
Си́риус *astron* Sirius, dog-star
Си́рия Syria
сиро́кко *m indecl* sirocco
сиро́п syrup
си́р|ость *f* orphanhood; ~**ота́** 7 *m and f* orphan; кру́глый ~ child having neither mother nor father; каза́нская ~ *fig coll iron* 'poor little orphan'; ~**оте́ть** I *pf* о~ be orphaned; ~**отли́вый** (~отли́в) lonely; forlorn; ~**о́тский** orphan's; ~ дом orphanage; ~о́тская зима́ *fig coll* mild winter; ~**о́тство** orphanhood; ~́**ый** (~, ~а́, ~о) *obs* orphaned; *fig* lonely
систе́м|а system; десяти́чная ~ счисле́ния decimal

system; войти́ в ~у become the norm, rule; design, type; самолёт но́вой ~ы aircraft of the latest design; **~атиза́ция** systematization; **~атизи́ровать** (~атизи́рую) *impf and pf* systematize; **~а́тика** systematization, classification; taxonomy; **~ати́ческий** systematic, methodical, regular; **~ати́чность** *f* systematic character; system; **~ати́чный** (~ати́чен) systematic, methodical; ~ челове́к methodical person

си́стола *med* systole

си́с|ька (*gen pl* ~ек) *pop* tit, nipple; breast

си́т|ец (~ца) cotton (print), calico (print); chintz

си́теч|ко (*pl* ~ки, ~ек) *dim of* си́то; ча́йное ~ко tea strainer

си́тн|ик loaf (of sifted flour); *bot* rush; **~ый** sifted; ~ хлеб loaf (of sifted flour)

си́то sieve; bolter

ситро́ *neut indecl* fruit-flavoured mineral water

ситуа́ция situation

си́тце|вый print, calico, cotton; **~набивно́й** printing; **~печа́тание** printing

сифил|и́с syphilis; **~и́тик** syphilitic; **~ити́ческий** syphilitic

сифо́н siphon; *sl* syphilis

сиюмину́т|ность *f* immediacy; **~ный** (~ен) immediate

сия́|ние radiance; halo; *fig* brilliance; *fig* brightness (*of glance, etc*); в ~нии сла́вы in a blaze of glory; се́верное ~ northern lights, Aurora Borealis; **~тельство** его́ ~ His Excellency (*title of princes and counts*); **~ть** I *impf* shine (*of sun, stars, etc*), gleam; beam, be radiant (*of person*); shine (*of eyes*); ~ от ра́дости be radiant with joy

скабио́за scabious

скабрёз|ность *f* scabrousness, salaciousness; **~ный** (~ен) scabrous, salacious

ска|з tale; вот тебе́ и весь ~ *coll* that's the long and the short of it; narration (in first person); **~за́ние** story, tale, legend; **~зану́ть** I *pf pop* blurt out; open one's mouth too wide; **~за́ть** I (~жу́, ~жешь) *pf of* говори́ть; object; ничего́ не ~жешь – он прав there is no arguing the fact, he is right; не́чего ~! indeed! there's no denying the fact; ~жи́(те) пожа́луйста! *coll* fancy!, well, I declare!, good lord!, I say!; как (вам) ~ ? how shall I put it?; как ~ you can never tell; так ~ in a manner of speaking, so to speak; ну, не ~жи́те! (не ~жу́!, я бы э́того не ~за́л!) I wouldn't have said so; лу́чше (верне́е, точне́е, про́ще) ~ or rather; ~за́но – сде́лано *coll* no sooner said than done; ле́гче ~, чем сде́лать easier said than done; где э́то ~за́но? who said so?; кста́ти ~а́ть *coll* by the way; си́льно ~за́но that's going too far; легко́ ~а́ть it's easy for you to say; что вы э́тим хоти́те ~а́ть? what do you mean by that?; **~за́ться** I (~жу́сь, ~жешься) *pf of* ~зываться; **~зи́тель** *m* (folk-tale) storyteller; **~зка** (fairy-)tale; наро́дные ~зки popular fairy-tales; *coll* fib, (tall) story; ба́бьи ~зки old wives' tales; расска́зывай ~зки! tell me another one!; завести́ ~зку про бе́лого бычка́ *coll* trot out the same old story; ни в ~зке ~зка, ни перо́м описа́ть *coll* it baffles description; **~зочник** storyteller; **~зочный** fairy-tale; fabulous, incredible, fantastic; ~зочное бога́тство fabulous wealth; ~зочная красота́ wondrous beauty; ~зочная страна́ fairyland; **~зу́емое** *gramm* predicate; **~зываться** I *pf* ~за́ться *coll* give warning (to, + *dat*); *coll* make oneself out to be (+ *instr*); tell (on, в, на + *prep*)

ска|к на (всём) ~у́ at a gallop; **~ка́лка** skipping-rope; **~ка́рь** 1 *m sl* burglar, housebreaker; **~ка́ть** I (~чу́, ~чешь) *sem pf* ~кну́ть, *pop* ~кану́ть skip, jump; *also fig*; ~ на одно́й ноге́ hop; ~ че́рез верёвочку skip over a rope; *impf* ~ (верхо́м) gallop (on horseback); race (on horseback); **~ково́й** race, racing; ~ ипподро́м racecourse; ~кова́я ло́шадь racehorse; **~ку́н** 1 fast horse, racer

ска́ла *obs* scale

скала́ 6 rock, rock face, crag; (отве́сная) ~ cliff; подво́дная ~ reef

скаламбу́рить II *pf of* каламбу́рить

скали́ст|ый (~) rocky

ска́л|ить II *pf* о~; ~ зу́бы bare one's teeth; *impf fig pej* grin, laugh; **~иться** II *pf* о~ *coll* bare one's teeth

ска́лка rolling-pin

скалола́з rock-climber; **~ание** rock-climbing

ска́лывать I *pf* сколо́ть chip off, break off, split off; pin together

скальд *hist lit* scald, skald

скальки́р|овать (~ую) *pf of* кальки́ровать

скалькули́р|овать (~ую) *pf of* калькули́ровать

ска́льный rock(y)

скальп scalp; **~и́ровать** (~и́рую) *impf and pf*; *pf also* о~ scalp

скам|е́ечка small bench; ~ для ног footstool; **~е́йка** bench; **~ья́** 1 (*pl* ~ьи, ~е́й) bench; ~ подсуди́мых the dock; попа́сть на ~ью́ подсуди́мых find oneself in the dock; со шко́льной ~ьи́ from one's school-days, ever since one was at school

сканда́л scandal; disgrace; row, racket, shindy, brawl; устро́ить ~ kick up a shindy; **~изи́ровать** (~изи́рую) *impf and pf* scandalize; **~и́ст** trouble-maker; rowdy, roughneck; **~ить** II *pf* на~ *coll* kick up a shindy, brawl; *pf* о~ disgrace, put to shame; **~иться** II *pf* о~ disgrace oneself; **~ьный** (~ен) scandalous, disgraceful; *coll* quarrelsome; ~ челове́к rowdy, roughneck; scandal (*column, paper, etc*)

ска́ндий scandium

скандина́в Scandinavian; С~ия Scandinavia; **~ка** Scandinavian (woman); **~ский** Scandinavian

сканди́р|овать (~ую) *impf* scan; chant

ска́пл|ивать I *pf* скопи́ть (*of money, etc*) save (up), store up, pile up, amass (+ *acc or gen*); **~иваться** I *pf* скопи́ться throng, gather, come together, assemble (*of people, etc*); collect, accumulate, gather, pile up

скапоти́р|овать (~ую) *usu pf aer* nosedive

скапу́|ститься II (~щусь) *pf pop* = ~титься; **~титься** II (~чусь) *pf pop* die, peg out; fold up

ска́пывать I *pf* скопа́ть dig away, level by digging

скарабе́й scarab

скарб *coll* goods and chattels; со всем ~ом bag and baggage

ска́р|ед, ~еда *m and f*, **~едник** *pop* skinflint, miser; **~едничать** I *impf pop* be a skinflint, miser; **~едный** (~еден) *pop* stingy, miserly, niggardly

скарифика́тор *med* scarificator

скарлат|и́на scarlet fever, scarlatina; **~и́нный** scarlatinal; **~ино́зный** scarlatinal, scarlet fever

ска́рмливать I *pf* скорми́ть use up (on feeding), feed (to, + *dat*)

скат slope, incline, pitch (*of roof*); *tech* wheel-(base); *zool* skate, ray; электри́ческий ~ electric ray; **~а́ть** I *pf of* ~ывать roll (up), furl (*sail*);

pf of ката́ть make (something) round; *coll* travel; *pop* crib (from, у + *gen*)

ска́терть 5 tablecloth; ~ью доро́га! *pop* good riddance (to, + *dat*)!

ска|ти́ть II (~чу́, ~́тишь; ~́ченный) *pf of* ~́тывать; **~ти́ться** II (~чу́сь, ~́тишься) *pf of* ~́тываться; **~́тка** rolling; *mil* greatcoat roll; **~́тывать** I *pf* ~та́ть; *pf* ~ти́ть roll down; *coll* = ~тываться; **~́тываться** I *pf* ~ти́ться roll down; slide down (*on sledge*); run down (*on bicycle, etc*); *fig* gravitate, slip, slide (towards)

скафа́ндр diving suit; spacesuit

ска́чка gallop(ing); *pl* the races, horse-race; race meeting; ~ с препя́тствиями steeplechase

скач|кообра́зный (~кообра́зен) uneven, spasmodic; **~о́к** (~ка́) jump, leap, bound; ~ка́ми by leaps; *fig* sudden leap, jump; ~ температу́ры jump in temperature; *sl* burglary (*of flat, etc*); залепи́ть (замолоти́ть) ~ *sl* commit a burglary, burgle

ска́шивать I *pf* скоси́ть = коси́ть mow; *fig* mow down; ~ глаза́ squint

ска́щивать I *pf* скости́ть *pop* knock off (*so much from bill, etc*)

скважи|на chink, slit; замо́чная ~ keyhole; бурова́я ~ borehole; нефтяна́я ~ oil well; *geol* pore; **~́стый, ~́ный** porous

скволы́|га *m and f*, **~́жник** *pop* skinflint, miser; **~́жничать** I *impf pop* be a skinflint, miser; **~́жный** *pop* stingy, miserly, niggardly

сквер (public) garden

скве́р|на *obs* foulness, filth, vileness; **~́но** *adv* badly; ~ чу́вствовать себя́ feel lousy; **~носло́в** foul-mouthed person; **~носло́вие** foul language; **~носло́вить** II *impf* swear, use foul language; **~́ность** *f* hastiness, dirt, filth; **~́ный** (~ен, ~на́, ~но) bad, nasty, foul; ~ за́пах bad smell; ~ная исто́рия unpleasant affair; ~ная пого́да foul weather

сквита́ть I *pf* settle an account; ~ оби́ду *fig* settle a score; ~ счёт *sp* make the score even; ~ мяч, гол *sp* equalize; **~́ся** I *pf pop* settle accounts (with); *fig* be quits (with), get even (with, с + *instr*)

сквоз|и́ть II (~и́т) *impf obs* show light through, be transparent; ~и́т there's a draught, it is draughty; show through, be seen through *also fig*; *fig* be felt, detected; в его́ слова́х ~и́ло раздраже́ние a hint of irritation could be detected in his voice; **~но́й** through; ~ ве́тер draught; ~ гра́фик comprehensive timetable; ~но́е движе́ние through traffic; ~ по́езд through train; ~на́я ра́на perforating wound; transparent; **~ня́к** 1 draught; сиде́ть на ~няке́ sit in a draught; **~ь** *prep + acc* through; смотре́ть ~ щель look through a crack; пробира́ться ~ толпу make one's way through a crowd; смех ~ слёзы laughter through tears

скворе́ц (~ца́) starling; **~е́чник, ~е́чница, ~е́чня** (*gen pl* ~е́чен) starling-box; **~чо́нок** (~чо́нка; *pl* ~ча́та, ~ча́т) baby starling

скеле́т skeleton *also fig*; *fig* framework

скепси́с scepticism; **~́тик** sceptic; **~тици́зм** scepticism; **~ти́ческий** sceptic; **~ти́чный** (~ти́чен) sceptical

ске́рцо *neut indecl* scherzo

скетч *theat* sketch

скид|а́ть I *pf of* ~́ывать *pop* throw (down) off (in several goes); throw together; **~́ка** discount, rebate, reduction; со ~кой with a reduction (of, в + *acc*); *fig* allowance(s); сде́лать ~ку на во́зраст make allowances for age; **~́ывать** I *pf* ски́нуть throw off, down; shed *also fig*; *coll* cut down, knock off (*in price*); *pop* have a miscarriage; *pf* ~а́ть; **~́ываться** I *pf* ски́нуться *pop* have a whip round

ски́ния *eccles* tabernacle

ски́|нуть(ся) I *pf of* ~дывать(ся)

скип|а́ться I *pf* ~е́ться thicken (*on boiling*)

ски́петр sceptre

скип|е́ться II (~и́тся) *pf of* ~а́ться

скипида́р turpentine; **~́ный** turpentine

скирд 1, ~а́ 3 stack, rick; **~ова́ть** (~у́ю) *pf* за~ stack

скис|а́ть I *pf* ~́нуть turn sour; *fig coll* lose heart, mope, be down in the mouth; **~́нуть** I (*past* ~, ~ла) *pf of* ~а́ть

скит 1 (в ~у́, о ~е́) (small) monastery; **~а́лец** (~а́льца) wanderer; **~а́льческий** wandering, roaming; itinerant; **~а́льчество** wandering, roving, roaming; **~а́ться** I *impf* wander, roam, rove; ~ по бе́лу све́ту wander the wide world

скиф *hist* Scythian; skiff; **~́ский** *hist* Scythian

склад storehouse, warehouse, depot; лесно́й ~ timber-yard; store, stock; ~ ору́жия armoury; kind, mould, stamp; ~ ума́ mentality, cast of mind; ~ жи́зни way of life; лю́ди осо́бого ~а people of a certain stamp; *coll* logical connection; ни ~́у, ни ла́ду neither rhyme nor reason; (*pl* ~ы́) syllable; чита́ть по ~а́м spell out, read one syllable at a time

скла́д|ень (~ня) *m* folding object; hinged icon

склад|и́ровать (~и́рую) *impf and pf* store; **~́ка** fold; pleat; tuck; crease; в ~ку pleated (*skirt, etc*); ~ на брю́ках trouser crease; ба́нтовые ~ки box pleats; встре́чная ~ inverted pleat; попере́чная ~ tuck; wrinkle; *geol* fold, flexure; ~ ме́стности natural feature; **~́но** smoothly, coherently; nicely; **~но́й** folding, collapsible; ~на́я крова́ть camp bed; ~ нож clasp-knife; ~ стул folding chair; **~́ный** (~ен, ~на́, ~но) *coll* well-built, well-knit (*of people, animals*); *pop* well-made; *coll* well-rounded, smooth, neat, coherent (*of speech, etc*); ~ расска́з well-put-together story; **~ня́к** 1 *sl* clasp-knife; **~́очный** storage, warehousing; **~́чатый** *geol* folded, plicated; **~́чина** clubbing (together), pooling; устро́ить ~чину club together, pool one's resources; купи́ть в ~чину club together to buy

скла́д|ывать I *pf* сложи́ть pile up (*in order*); heap, stack; pack (*case, etc*); сложи́ть се́но в ко́пны rick hay; *math* add (up); сложи́ть два с пятью́ add two and five; fold (up); ~ вдвое́, попола́м fold in two, half; compose, make, put together (*song, etc*); lay down, put down, (*burden, arms, etc*); сложи́ть го́лову lay down one's life; сложи́ть ру́ки give up the struggle; сложа́ ру́ки with arms folded; *fig* idle; **~́ываться** I *pf* сложи́ться club together (with, с + *instr*), pool one's resources; form, turn out; arise; take shape; обстоя́тельства сложи́лись благоприя́тно circumstances turned out favourably; у него́ ещё не сложи́лся хара́ктер his character hasn't formed yet

скл|ева́ть (~юю́) *pf of* ~ёвывать; **~ёвывать** I *pf* ~ева́ть peck up

скле́|ивать I *pf* ~ить stick, glue, paste together; **~́иваться** I *pf* ~иться stick (together); *fig coll* work out, go; **~́ить(ся)** (~ит(ся)) *pf of* ~ивать(ся); **~́йка** glueing, pasting together

склеп burial vault, crypt

склеп|а́ть I *pf of* ~́ывать; **~́ка** riveting; **~́ывать** I *pf* ~а́ть rivet

склеро́|з sclerosis; **~́зный** sclerous, sclerosal, scleroid; **~́тик** person suffering from sclerosis; **~ти́ческий** sclerous, sclerosal, sclerotic

скли́зкий *pop* slimy

склика́ть I *impf pop* call (together), summon (*people, animals*)

скло́ка squabble, row, petty intrigue

склон slope; ~ горы́ mountainside, hillside; на ~́е лет in one's declining years, in the autumn of one's days; **~е́ние** *gramm* declension; *math* inclination; *astron* declination; у́гол ~е́ния angle of declination; ~ ко́мпаса variation of the compass; **~и́ть(ся)** II (~ю́(сь), ~́ишь(ся)) *pf of* ~я́ть(ся); **~́ность** *f* bent (for), aptitude (for), penchant (for), disposition (to, к + *dat*); ~ к жи́вописи an aptitude for painting; tendency; у неё ~ к ожире́нию she has a tendency to put on weight; fondness; **~́ный** (~ен, ~на́, ~но) inclined (to), disposed (to), susceptible (to), given (to), prone (to), predilection (for, к + *dat*; + *infin*); **~я́емый** *gramm* declinable; **~я́ть** I *pf* про~ *gramm* decline; *impf fig coll* mention very frequently; *pf* ~и́ть incline, bend, bow; ~ знамёна lower the standards; ~ го́лову bow one's head (to, before, пе́ред + *instr*) *also fig*; persuade, urge, talk round (к + *dat*, на + *acc*, + *infin*); ~ на свою́ сто́рону win over; **~я́ться** I (~я́ется) *impf* decline; *pf* ~и́ться bend over; *fig* bow (before, to, пе́ред + *instr*); *fig* be inclined (to), incline (towards), tend (towards, к + *dat*); я ~я́юсь ко мне́нию I am inclined to the opinion; decline (*of sun*)

скло́ч|ник *coll* plotter, schemer, intriguer, squabbler; **~́ничать** I *impf coll* plot, scheme, intrigue; **~́ный** (~ен) *coll* scheming, quarrelsome, wrangling; trouble-making

склян|ка phial; bottle; *naut obs* hourglass; *naut* bell; шесть ~ок six bells

скоб|а́ 3 clamp, cramp, staple; catch, fastening; brace; scraper (*for cleaning footwear*); *pop* tip (*on heel of shoe*); **~́ель** *m* adze, scraper(-knife), drawing-knife; **~́ка** staple; bracket (*punctuation mark, also math*); *pl* parentheses, brackets; фигу́рные ~ки braces; заключи́ть в ~ки bracket, parenthesize; в ~ках in brackets, *fig* in parenthesis; вы́нести за ~ки take out of brackets; заме́тить в ~ках *fig* mention en passant; **~лёный** scraped; **~ли́ть** II (~лю́, ~́ли́шь) scrape, scour; **~́очный** ~очная маши́на stapler; **~яно́й** ~яны́е това́ры hardware

ско́в|анность *f* constraint; **~́анный** constrained, constricted (*of voice, manner, movement, etc*); ~ льда́ми ice-bound; **~а́ть** (скую́) *pf of* ~́ывать

сков|орода́ (*pl* ~́ороды, ~оро́д, ~орода́м) frying-pan; **~́ородень** *m* (~ородня) dovetail (joint); **~оро́дка** *coll* frying-pan

ско́в|ывать I *pf* ~а́ть forge, hammer out; forge together; fetter, shackle, chain *also fig*; *mil fig* pin down, hold down, contain; страх ~а́л его́ движе́ния he was paralysed by fear; lock, bind (*of frost, ice*); лёд ~а́л ре́ку the river is ice-bound

сковы́р|ивать I *pf* ~ну́ть *and* ~я́ть pick (off), scratch (off); *pop* throw down, knock down; **~ну́ть** I *pf of* ~́ивать; **~я́ть** I *pf of* ~́ивать *coll*

скок gallop(ing); во весь ~ at full gallop, at full tilt; bound, leap, jump

скока́рь 1 *m* = скака́рь

скол|а́чивать I *pf* ~оти́ть knock together, up; *fig coll* put together, knock up; *pop* collect, get together (*money*)

ско́л|ок (~ка) chip; pricked pattern; *fig* copy, picture, image (*likeness*)

сколопе́ндра scolopendra

сколо|ти́ть II (~чу́, ~́тишь) *pf of* скола́чивать

скол|о́ть (~ю́, ~́ешь; ~́отый) *pf of* ска́лывать

сколуп|ну́ть I *pf of* ~́ывать; **~́ывать** I *pf* ~ну́ть *pop* scrape off (with one's nails)

сколь *adv obs* how; столь же неожи́данно, ~ неприя́тно as unexpected as (it was) unpleasant

сколь|же́ние sliding, slipping; ~ зву́ка *mus* glide; ~ на крыло́ *aer* side-slip; **~зи́ть** II (~жу́) *sem pf* ~зну́ть glide; slide about; но́ги ~зя́т по мо́крой гли́не (one's) legs slide about in the wet clay; slip; мо́крое мы́ло ~зи́т из рук the wet soap slips out of (one's) hands; **~́зкий** (~зок, ~зка́, ~зко) slippery *also fig*; вступи́ть на ~ путь be on slippery ground; ~зкое положе́ние dicey, delicate, tricky situation; ~зкая те́ма thorny subject; **~зну́ть** I *sem pf* of ~зи́ть; *pf* ~ в дверь *coll* slip through the door; **~зя́щий** sliding; ~зя́щая шкала́ sliding scale

ско́льк|о *inter and rel adv* how much, how many; ~ сто́ит? how much does it cost?; ~ вре́мени? what's the time?; ~ вам лет? how old are you?; *adv and rel pr* ~ уго́дно as much, many as you like; ешь, ~ хо́чешь eat as much as you want; (**~их**, **~им**, по ~у) *inter and rel pr* what quantity; в ~их тома́х э́то сочине́ние? in how many volumes is this work?; по ~у дней отдыха́ли? how many days did you rest?; *adv* to what extent, as far as; ~ по́мню, он всегда́ был тако́й as far as I can remember, he was always like that; ~ наро́ду! how many people!; ~им лю́дям он надоеда́ет свои́ми жа́лобами! how many people he's annoyed with his complaints!; хоть (бы) ~ *pop* = ~-нибудь; ~ ни ... no matter how much ...; не сто́лько ... ~ ... not so much ... as ...; ~ лет, ~ зим! *coll* it's ages since we met!; **~́о-нибудь** *adv and pr* some, just a few, just a little, any; не бу́дет ли у тебя́ ~ ме́лочи? have you any small change?; *adv* to some extent, in any way, a little

скома́нд|овать (~ую) *pf of* кома́ндовать

скомбини́р|овать (~ую) *pf of* комбини́ровать

ско́мкать I *pf of* ко́мкать

скоморо́|х *hist* skomorokh (*wandering minstrel and clown*); *fig coll* clown, buffoon; **~́шество** *hist* profession of skomorokh; *fig coll* buffoonery; **~́шничать** I *impf coll* play the buffoon

скомпили́р|овать (~ую) *pf of* компили́ровать

скомплект|ова́ть (~ую) *pf of* комплектова́ть

скомпон|ова́ть (~ую) *pf of* компонова́ть

скомпромет|и́ровать (~и́рую) *pf of* скомпромети́ровать

сконденси́р|овать (~ую) *pf of* конденси́ровать

сконструи́р|овать (~ую) *pf of* конструи́ровать

сконфу́|женный disconcerted, abashed, confused; **~́зить(ся)** II (~жу(сь)) *pf of* конфу́зить(ся)

сконцентри́р|овать(ся) (~ую(сь)) *pf of* концентри́ровать(ся)

сконч|а́ние *obs* end, termination; decease, end; до ~а́ния ве́ка till the end of time, to the end of the world; **~а́ться** I *pf lit* pass away, die

скоордини́р|овать (~ую) *pf of* координи́ровать

скопа́ osprey

скопа́ть I *pf of* ска́пывать

скоп|е́ц (~ца́) eunuch

скопидо́м *coll* curmudgeon, hoarder, miser; **~́ничать** *impf coll* be a hoarder, miser; **~́ство** *coll* hoarding, miserliness

скопи́р|овать (~ую) *pf of* копи́ровать
скоп|и́ть(ся) II (~лю́, ~́ишь; ~́ит(ся)) *pf of* ска́пливать(ся); **~́ище** *pej* crowd, assemblage; **~ле́ние** accumulation; jam, congestion; ~ наро́да crowd
скопни́ть II *pf of* копни́ть
ско́пом *adv coll* in a bunch, in a crowd
ско́пческий of a eunuch
скорб|е́ть II (~лю́) *impf* grieve (for, over), mourn (for, over, о + *prep*), lament; **~́ный** (~ен) mournful, doleful, sorrowful, solemn
скорбу́т scurvy; **~́ный** scorbutic
скорб|ь *f* (*pl* ~́и, ~е́й) grief, sorrow
скор|е́е (скоре́й) *comp of* ~́ый *and* ~́о more quickly, quicker; ~! be quick!, hurry up!; better; would rather; ~ умрём, чем сдади́мся we would sooner die than surrender; как мо́жно ~ as quickly as possible, as fast as (one) can; rather; он ~ похо́ж на мать, чем на отца́ he is more like his mother than his father; in fact, rather; он ~ высо́кого ро́ста he is in fact rather tall; ~ всего́ *coll* most likely; ~ бы *partic coll* ~ бы она́ пришла́! I wish she would come soon
скорё́жить(ся) II *pf of* корё́жить(ся)
скорлуп|а́ 7 shell; оре́ховая ~ nutshell; яи́чная ~ eggshell; уйти́ в свою́ ~у́ retire into one's shell
скорм|и́ть II (~лю́, ~́ишь) *pf of* ска́рмливать
скорня́|жный ~жное де́ло furriery; ~ това́р furs; **~́к** 1 furrier, fur-dresser
ско́ро *adv* fast, quickly; soon; я ~ приду́ I won't be long; не ~ not for a long time; ~ весна́ spring will soon be here; как ~, коль ~ *conj* as soon as
скоро́б|иться II (~люсь) *pf of* коро́биться
скороговóрк|а rapid speech; говори́ть ~ой speak rapidly, gabble; tongue-twister
скоро́м|иться II (~́люсь) *pf* о~ eat meat during a fast, break a fast; **~́ничать** I *impf obs* = ~иться; **~́ный** (~ен) not consumed during a fast (*ie meat*, *milk dishes*, *etc*); ~ные дни meat days; ~ное ма́сло animal fat; *fig obs* obscene, lewd
скор|опали́тельный (~опали́телен) *coll* hasty, rash; **~опи́сный** cursive; **~́опись** *f* cursive (hand); **~опо́ртящийся** perishable; **~опости́жный** (~опости́жен) sudden (*of death*); **~опреходя́щий** transient, transitory; **~опе́лка** *coll* early fruit, vegetable; **~опе́лый** (~опе́л) early(-maturing), fast-ripening (*of fruit*, *etc*); *fig coll* premature, hasty (*decision*, *etc*); **~остни́к** 1 high-speed worker, fast worker; лы́жник-~ racing skier; конькобе́жец-~ speed skater; **~остно́й** high speed, fast; ~ бег на конька́х speed skating; ~ авто́бус express bus; **~остре́льный** rapid-firing, quick-firing; **~́ость** 5 *f* speed, velocity; rate; со ~остью сорока́ миль в час at forty miles per hour; ~ све́та velocity of light; коро́бка ~осте́й gear-box; вруба́ть ~ *sl* drop into gear; ма́лой ~остью by (slow) goods train; большо́й ~остью by fast goods train; в ~ости *pop* in the near future, soon; **~осшива́тель** *m* folder, loose-leaf binder
скорота́ть I *pf of* корота́ть
скоро|те́чный (~те́чен) transient, short-lived; *med* fulminant; ~те́чная чахо́тка galloping consumption; **~хо́д** *hist* footman; *sp* fast runner, walker, *etc*; конькобе́жец-~ (high-)speed skater
скорпио́н scorpion; С~ Scorpion
скорректи́р|овать (~ую) *pf of* корректи́ровать
ско́рчить(ся) II *pf of* ко́рчить(ся)
ско́р|ый (~, ~а́, ~о; ~е́е) fast, quick, rapid; ~ым ша́гом at a brisk walk; ~ по́езд fast train; ~ая по́мощь first aid; ambulance; на ~ую ру́ку in haste, in a hurry; higgledy-piggledy, in a rush; пое́сть на ~ую ру́ку snatch a bite; ~ на́ руку *coll* quick at work; spoiling for a fight; *coll iron* (too) hasty; forthcoming, impending, soon; в ~ом бу́дущем in the near future; в ~ом вре́мени shortly, before long; до ~ого (свида́ния)! see you soon!
ско|с slope, slant; splay, chamfer, taper; **mowing**; **~си́ть** II (~шу́, ~́сишь) *pf of* коси́ть *and* ска́шивать mow; (~шу́, ~си́шь) squint
скособо́читься II *pf of* кособо́читься
ско|сти́ть II (~щу́, ~сти́шь) *pf of* ска́щивать
скот 1 *collect* cattle, livestock; племенно́й ~ breeding stock, pedigree cattle; *fig pop abus* brute, swine, beast; **~и́на** *collect pop* cattle, livestock; animal(s); *m and f fig cont* swine, beast, brute; **~́ник** cowherd, herdsman, cowman; **~́ный** cattle; ~ двор cattle-yard, stockyard; farmyard; **~обо́ец** (~обо́йца) slaughterer; **~обо́йня** (*gen pl* ~обо́ен) slaughterhouse; **~ово́д** cattle-breeder; **~ово́дство** cattle-breeding, cattle-raising; **~ово́дческий** cattle-breeding; **~окра́дство** cattle-rustling; **~оло́жство** bestiality; **~опринго́нный** ~ двор stockyard; **~опромы́шленник** cattle-dealer; **~опромы́шленность** *f* cattle-dealing, cattle-trade; **~́ский** brutal, brutish, bestial; animal; **~́ство** brutality, brutishness, bestiality
скра́дывать I *impf* conceal
скра́|сить II (~шу) *pf of* ~шивать; **~́шивать** I *pf* ~сить soften, smooth over, take the edge off, relieve, make more bearable
скреб|ко́вый scraper, scraping; **~ни́ца** curry-comb, horse-comb; **~о́к** (~ка́) scraper
скре́же|т scrunch, grind(ing); gnashing, gritting (of teeth); **~та́ть** I (~щу́, ~́щешь) *impf* grit, grind, grate; колёса ~́щут о ре́льсы the wheels grind against the rails; ~ зуба́ми gnash, grind one's teeth
скре́па *tech* tie, clamp, brace; authentication, counter-signature
скре́пер scraper
скреп|и́ть II (~лю́) *pf of* ~ля́ть; **~́ка** paper-clip, fastener; **~ле́ние** fastening, clamping; tie, clamp; **~ля́ть** I *pf* ~и́ть fasten (together), make fast; pin (together); cramp; clamp, brace; bolt (together); *fig* consolidate; ~ у́зы дру́жбы tighten the bonds of friendship; seal, ratify, authenticate; ~ по́дписью sign; ~я́ се́рдце with the utmost reluctance
скре|сти́ (~бу́, ~бёшь; ~̈б, ~бла́) *impf* scratch; *coll* scrape, scour; claw; *usu impers fig coll* worry, nag (at), gnaw; у меня́ ~бёт на се́рдце I feel a nagging anxiety; **~сти́сь** (~бу́сь, ~бёшься; ~̈бся, ~бла́сь) *impf* scratch, make a scratching noise
скре|сти́ть(ся) II (~щу́; ~и́т(ся)) *pf of* ~́щивать(ся); **~ще́ние** crossing; intersection (*of roads*); **~́щивание** *biol* crossing, cross-breeding; **~́щивать** I *pf* ~сти́ть cross; ~ мечи́, шпа́ги cross swords (with, с + *instr*) *also fig*; ~сти́ть ру́ки на груди́ fold one's arms; *biol* cross, interbreed; **~́щиваться** I *pf* ~сти́ться cross; *fig* clash; *biol* cross, interbreed
скрив|и́ть(ся) II (~лю́(сь)) *pf of* криви́ть(ся)
скрижа́л|ь *f* tablet, table (*with sacred text*); ~и annals, memorials, records
скрип creak(ing), squeak(ing); scratch (*of pen*); crunch (*of snow*); со ~́ом with difficulty, barely, by a narrow squeak; **~а́ч** 1 violinist; **~е́ть** II (~лю́, ~и́шь) *sem pf* ~́нуть creak, squeak; scratch (*of pen*); crunch (*of snow*); *impf* ~ зуба́ми

grind one's teeth; ~ своё speak in a squeaky voice, rasp; *impf fig coll joc* be just alive, creak along; **~ичный** violin; ~ мáстер violin-maker; ~ ключ treble clef, G clef; ~ концéрт violin concerto; **~́ка** violin; пéрвая ~ first violin, *fig* first fiddle; **~́нуть** I *sem pf of* ~éть; **~учий** *coll* creaking; squeaky, grating, rasping (*of voice*); ~ снег crunchy, crunching snow

скрои́ть II *pf of* крои́ть

скрóм|ник *coll* modest person; **~́ничать** I *impf coll* be overmodest; **~́ность** *f* modesty; **~́ный** (~ен, ~нá, ~но) modest, unassuming; restrained (*in behaviour, etc*); unpretentious, simple; frugal (of food); ~ наря́д simple attire; ~ óбраз жи́зни frugal (way of) life; moderate, modest; ~ная ценá moderate price; **~ня́га** *m and f pop* overmodest person

скропáть I *pf of* кропáть

скрупулёз|ность *f* scrupulousness, scrupulosity; **~ный** (~ен) scrupulous

скру|ти́ть II (~чý, ~́тишь) *pf of* крути́ть *and* ~́чивать; **~ти́ться** II (~́тится) *pf* twist together; **~́чивать** I *pf* ~ти́ть twist; roll (*cigarette*); bind (tightly), tie up; *pop* get down; болéзнь егó ~ти́ла his illness is getting him down

скры|вáть I *pf* ~ть hide, conceal (from, от + *gen*); ~ следы́ преступлéния cover up all traces of the crime; keep back; ~ свои́ намéрения conceal one's intentions; не ~ чегó make no bones about something; нельзя́ ~ть there is no disguising; **~вáться** I *pf* ~́ться hide; *impf only* be in hiding, lie low; conceal oneself; escape; slip away; vanish, disappear; мéсяц ~лся за тýчу the moon was hidden by a cloud; от негó ничтó не мóжет ~ться nothing escapes his notice; keep out of sight; *coll* conceal the fact; **~́тничать** I *impf coll* be secretive, be reticent; не ~тничай(те)! out with it!; **~́тность** *f* secretiveness; *coll* secrecy, concealment; **~́тный** (~тен) secretive, reticent, reserved; **~́тый** secret, hidden, concealed; latent; ~тая угрóза hidden threat; ~тые возмóжности latent, hidden possibilities; ~тая теплотá latent heat

скр|ыть(ся) (~óю(сь), ~óешь(ся)) *pf of* ~ывáть(ся)

скрю́чить(ся) II *pf of* крю́чить(ся)

скря́|га *m and f* miser, skinflint, niggard, curmudgeon; **~́жничать** I *impf coll* pinch and screw, be a skinflint

скудéль *f obs* potter's clay; pot, vessel; **~́ный** of clay; *fig* frail, fragile; сосýд ~ *eccles* weak vessel

скуд|éть I *pf* о~ run short, diminish, become scarce, become sparse; be deprived (of, + *instr*); **~́(н)ость** *f* scarcity, scantiness, lack, exiguity, poorness; sparseness (*of population*); bareness, barrenness (*of place*); **~́ный** (~ен, ~нá, ~но) poor, meagre; scanty, scant; short (*of stocks, etc*); bare, barren (*of soil, etc*); ~ные срéдства meagre means; poor (in), short (of, + *instr*); **~оýмие** stupidity; **~оýмный** (~оýмен) stupid

скýк|а boredom, tedium; от ~и from sheer boredom; зелёная ~ absolute boredom; наводи́ть, нагоня́ть ~у на когó bore someone stiff, to death, to tears; какáя ~! what a bore!

скукóж|иваться I *pf* ~иться *coll* huddle up; **~́иться** II *pf of* ~иваться

скукотá *pop* tedium, boredom

скул|á 6 cheek-bone; выдающиеся ~́ы high (prominent) cheek-bones; **~́áстый** (~аст) with high (prominent) cheek-bones

скули́ть II *pf* за~ whine, whimper (*of dog*); *fig coll pej* whine, moan

скýльпт|ор sculptor; **~ýра** (piece of) sculpture; **~ýрный** sculptural; *fig* statuesque

скýмбрия mackerel; scomber

скунс skunk

скуп|áть I *pf* ~и́ть buy up

скуп|ердя́й *pop* miser, skinflint; **~éц** (~цá) miser

скуп|и́ть II (~лю́, ~́ишь) *pf of* ~áть

скуп|и́ться II (~лю́сь) *pf* по~ stint, grudge, skimp (на + *acc or* + *infin*); ~ на дéньги grudge the money; не ~ на похвалы́ not to stint one's praise

скýпка buying up; *pop* second-hand (state) shop

скуп|óй (~, ~á, ~́о) *adj* stingy, mean, niggardly, cheese-paring, close-fisted; ~ на словá sparing of words, reticent, taciturn; ~ на похвалы́ not given to praising; *fig* modest, niggardly, restrained; ~ свет poor light; **~́ость** *f* stinginess, meanness, miserliness; scantiness; parsimony; cheese-paring

скýпщик buyer-up

скýрвиться II *pf sl* turn informer; *sl* become a whore; become dissolute and debased

скýтер (*pl* ~á) outboard-motor boat

скуф|éйка *dim of* ~ья́; **~ья́** (*gen pl* ~éй) *eccles* skullcap, calotte

скучá|ть I *impf* be bored; miss, yearn (for, по + *dat or prep*, о + *prep*); ~ по дéтям miss (one's) children; ~ о дóме miss (one's) home, be homesick; ~ющий weary, bored

скýч|енно *adv* жить ~ live in crowded conditions; **~́енность** *f* congestion; ~ (населéния) overcrowding; **~́енный** dense, congested, boxed up; **~́ивать** I *pf* ~ить *coll* crowd (together); heap, pile; **~́иваться** I *pf* ~иться *coll* gather, flock (together), assemble, cluster, crowd together, huddle together; **~́ить(ся)** II *pf of* ~ивать(ся)

скуч|нéть I *pf* по~ get boring, tedious; **~́ный** (~ен, ~нá, ~но; ~ны́) boring, tedious, dull; tiresome; ~ человéк bore; bored; ~ взгляд look of boredom; *pred* мне ~но I am bored; как э́то ~но! what a bore!

скýшать I *pf of* кýшать

слаб|áк I *pop pej* weakling; **~éть** I *pf* о~ weaken, grow, get weaker; subside, abate (*of wind, etc*); fade (*of memory*); **~инá** *no pl* slack (*in rope, etc*); вы́брать ~инý *naut* haul in the slack; *pop* weak spot; **~и́тельный** *adj med* laxative; **~и́тельное** *n med* laxative, aperient, purgative, purge; **~́ить** (~ит) *impf* purge; *pf* про~ *impers* его ~ит he has diarrhoea; **~́нуть** I (*past* ~нул, ~(нул)а) *pf* о~ *coll* = ~éть; **~́о** *adv* weakly, feebly; loosely (*of knitting*); badly; **~ó** *pred pop* beyond (the) capacity; ~ тебé с ней спрáвиться! you haven't the strength to cope with her!; **~овóлие** weak will; **~овóльный** (~овóлен) weak-willed; **~огрýдый** (~огрýд) weak-chested; **~одýшие** faint-heartedness; **~одýшный** (~одýшен) faint-hearted; **~онéрвный** (~онéрвен) *iron* nervous, jumpy, twitchy; **~орáзвитый** underdeveloped; **~оси́лие** weakness, feebleness, debility; **~оси́льный** (~оси́лен) weak, feeble; *tech* low-powered; **~́ость** *f* weakness, feebleness, debility; чýвствовать какýю-то ~ feel rather weak (poorly); прояви́ть ~ show lack of determination; *coll* weakness (for, к + *dat*); питáть ~ к комý have a soft spot for someone; foible, weak spot; узнáть чью ~ find out someone's weak spot; **~оýмие** feeble-mindedness, imbecility; стáрческое ~ dotage, senility; *med* senile dementia; **~оýмный**

(~оу́мен) feeble-minded, imbecile; **~хара́ктерность** *f* weak character, lack of character; **~хара́ктерный** (~хара́ктерен) characterless, weak-willed; **∠ый** (~, ~á, ∠о; ∠ы́) weak, feeble, delicate (*health*, *etc*); ~ ребёнок delicate child; ~ое се́рдце weak heart; ~ чай weak tea; ~ое лека́рство mild medicine; ~ые ру́ки feeble hands; low-power (*of engines*, *etc*); faint, dim; ~ свет dim light; ~ ве́тер gentle (light) breeze; ~ след faint mark; ~ая улы́бка faint smile; weak, poor (*of memory*, *pupils*, *etc*); slack, loose; ~ая наде́жда slender hope; ~ое оправда́ние lame excuse; ~ пол weaker sex

сла́в|а glory, fame; *coll* rumour; ходи́ла ~, что ... it was rumoured that ...; name, repute, reputation; по́льзоваться дурно́й ~ой have a bad reputation, be in bad repute; во ~у to (for) the glory (of, + *gen*); на ~у *coll* excellently, first-rate; ~ бо́гу! thank God!, thank goodness!; то́лько ~, что ... *coll* it's only talk that ...

слави́р|овать (~ую) *pf of* лави́ровать

слави́ст Slavist, Slavonic scholar; **∠ика** Slavonic studies; Slavonic philology

сла́в|ить II (~лю) *impf* honour, glorify, praise, do honour (to); *pf* о~ *pop* disparage, knock; give a bad name (to); **∠иться** II (~люсь) *impf* be famous, famed (for), be well known (for), be renowned (for), have a reputation (for, + *instr*)

сла́вка warbler

сла́в|ный (~ен, ~на́, ~но) glorious, famous, renowned; *coll* nice, fine, splendid; ~ ма́лый *coll* nice chap; good sport; regular guy; **~олю́бие** love of fame, thirst for fame; **~осло́вие** *eccles* doxology, gloria; eulogy, glorification; **~осло́вить** II (~осло́влю) *impf* eulogize, extol, glorify

славян|и́зм Slavism; Slavonicism; **~и́н** (*pl* ∠е, ∠) Slav; **~ове́д** Slavist; Slavonic scholar; **~ове́дение** Slavonic studies; **~офи́л** Slavophile; **~офи́льский** Slavophile; **~офи́льство** Slavophilism; **∠ский** Slavonic; **∠ство** the Slavonic peoples

слага́|емое *math* item; *fig* component, constituent; **∠ть** I *pf* сложи́ть compose, make up; ~ с себя́ обя́занности resign; ~ с себя́ вся́кую отве́тственность decline all responsibility

сла|д с ним никако́го ∠ду нет *coll* he is unmanageable, quite out of hand; **∠дить** II (~жу) *pf of* ~живать *pop* arrange; *pf coll* manage, handle, cope (with, с + *instr*); **∠диться** II (~дится) *pf pop* be arranged

сла́д|кий (~ок, ~ка́, ~ко; сла́ще, сладча́йший) sweet *also fig*; ~кое мя́со sweetbread; *fig* sweet, nice; ~ сон sound (sweet) sleep; ему́ не ~ко там жить he has a lot to put up with living there; *fig coll* sugary, sugared, honeyed; *fig coll* easy, soft (*of life*, *etc*); **∠кое** *n* sweet (course), dessert; sweet things; **~коёжка** *m and f coll* person having a sweet tooth; **~козву́чный** (~козву́чен) mellifluous, melodious; **~коречи́вый** (~коречи́в) smooth-tongued; **∠остный** (~остен) *obs* sweet, delightful; **~остра́стие** voluptuousness, sensuality; **~остра́стник** voluptuary; **~остра́стный** (~остра́стен) voluptuous, sensual; **~ость** *f* sweetness; *coll* sweetening; *pl* sweetmeats, sweets

сла́ж|енный coordinated; harmonious (*of singing*); **∠ивать** I *pf* сла́дить

сла́|зить II (~жу) *pf coll* ~ на кры́шу climb up to, go up to the roof; ~ в по́греб go down into the cellar

сла́лом *sp* slalom

сла́н|ец (~ца) *min* shale, schist; slate; горю́чий ~ oil (bituminous) shale; **∠цевый** schistose; slate; shale

сласт|ёна *m and f coll* (person with) sweet tooth; **~и́ть** II (слащу́) *pf* по~ sweeten; **~олю́бец** (~олю́бца) voluptuary; **~олюби́вый** (~олюби́в) voluptuous, sensual; **~олю́бие** voluptuousness, sensuality; **~ь** 5 *f pl* sweets, sweetmeats; candies

слать (шлю, шлёшь) *impf* send (*greetings*, *letters*, *etc*)

слащ|а́вый (~а́в) *fig* sugary, sickly-sweet; cloying, saccharine; ~а́вая улы́бка fulsome smile; **∠е** *comp of* сла́дкий; **~ёный** *pop* sweetened

сле́ва *adv* on the left (of), to the left (of, от + *gen*); ~ напра́во from left to right

слева́чить II *pf of* лева́чить

слега́ 3 beam

слегка́ *adv* gently, lightly; slightly, somewhat

сле|д (~да́ *and* ∠ду, ~дом, в (на) ∠де *and* ~ду́; ~ды́, ~до́в) imprint; footprint, trace, trail, track (*of person*, *sledge*, *animal*, *etc*); по горя́чим ~да́м hot on the scent; замести́ ~ды́ cover up one's tracks; потеря́ть ~ lose track of; попа́сть на чей ~ be on someone's track; ни ~да́ not a shred, trace of; его́ и ~ просты́л he has vanished without a trace, disappeared into thin air; the bird has flown; footstep; идти́ по чьим ~да́м follow in someone's tracks; *fig* follow in someone's footsteps; *fig* sign, trace, vestige; ~ды́ слёз traces of tears; mark, weal, scar (*of burn*, *wound*, *etc*); ~ды́ о́спы pockmarks; sole (*of foot*); не ~ *pop* = не ∠дует; **~ди́ть** II (~жу́) *impf* watch; follow, track, shadow (за + *instr*); ~ глаза́ми follow with one's eyes; при́стально ~ keep a sharp eye (on, за + *instr*); ~ за полётом птиц watch the birds flying; *fig* follow, keep up with, keep abreast (of, за + *instr*); look after, see to, keep an eye (on, за + *instr*); ~ за детьми́ look after, see to the children; ~ за рабо́той superintend the work; ~ за поря́дком maintain order; shadow, keep under observation, surveillance, spy (on, за + *instr*); ~ за собо́й look after oneself properly, dress with care; ~ за тем, что́бы ... see to it that ...; *pf* на~ leave dirty (foot)marks, make a mess (with, + *instr*); **∠дование** movement, proceeding; по́езд да́льнего ~дования long-distance train; во вре́мя ~дования по́езда while the train is moving; **∠дователь** *m* examining magistrate, investigator; **∠довательно** *adv* consequently, hence, therefore; **∠довать** (~дую) *pf* по~ follow, go (after, за + *instr*); ~ за кем по пята́м follow hard on someone's heels, dog someone's steps; follow, comply (with, + *dat*); ~ пра́вилам conform to the rules; ~ приме́ру follow an example; ~ мо́де keep up with the fashion; *impf only* proceed, be bound (for, до + *gen*; в + *acc*); по́езд ~дует до Москвы́ the train goes as far as Moscow; *impf only* follow, result; из э́того ~дует, что ... it follows that ...; *impf only* be owed, owing; с вас ~дует два рубля́ you owe two roubles, you have two roubles to pay; *impf impers* ought, should (+ *dat and infin*); ~дует по́мнить it should be borne in mind; вам ~довало бы ... you ought to ...; you ought to have ...; как и ~довало ожида́ть as was to be expected; кому́ ~дует to the proper person; обраща́ться куда́ ~дует apply to the proper quarter; как ~дует good and proper, properly; **∠дом** *adv* immediately after; *prep* immediately following (за + *instr*); **~допы́т** pathfinder, tracker; **∠дственный** investigatory;

~дственная коми́ссия committee of inquiry; ~ материа́л evidence; ~дственные о́рганы investigating authorities; ~́дствие consequence, result; причи́на и ~ cause and effect; *leg* investigation, inquiry; *leg* inquest; предвари́тельное ~ *leg* preliminary investigation; ~́дуемый due (to, + *dat*); ~дуемая мне су́мма the sum due to me; ~́дующий following, next; на ~ день next day; на ~дующей неде́ле next week; (в) ~ раз next time; ~дующим о́бразом as follows
слеж|а́ться II (~и́тся) *pf of* ~́иваться deteriorate (*from storage*); become crumpled (*of clothes lying in case*); ~́иваться I *pf* ~а́ться
сле́жк|а shadowing, tailing; установи́ть ~у за кем have someone shadowed
слез|а́ 3 tear; *fig* drop; крокоди́ловы ~́ы crocodile tears; ~́ы наверну́лись на её глаза́ tears welled up in her eyes; лить ~́ы ручьём (в три ручья́) shed floods of tears; доводи́ть до ~́ кого́ make someone cry, reduce someone to tears; говори́ть сквозь ~́ы speak with tears in one's voice; залива́ться ~а́ми dissolve in tears, burst into tears; исходи́ть ~а́ми melt into tears; sob one's heart out; облива́ться ~а́ми dissolve in tears; осуши́ть ~́ы кому́ dry someone's tears, comfort someone; пла́кать го́рькими ~а́ми weep bitter tears; не проли́ть (не пророни́ть) ни одно́й ~ы́ not to shed a single tear; проли́ть (пусти́ть) ~у́ *iron* shed a tear; разрази́ться ~а́ми burst into tears; смея́ться до ~́ laugh till one cries; смея́ться сквозь ~́ы laugh and cry at the same time; до ~́ бо́льно enough to make one cry; ~а́ми го́рю не помо́жешь *prov* it's no use crying over spilt milk
слез|а́ть I *pf* ~ть come down, get down, climb down (from, с + *gen*); get off (*chair, train, etc*); dismount (from, с + *gen*); come off, peel (*of skin, paint, etc*)
слез|и́нка tear-drop; **~и́ться** II (~и́тся) *impf* water; её глаза́ ~я́тся от ве́тра the wind is making her eyes water; **~ли́вый** (~ли́в) tearful, lachrymose; *fig* sentimental; **~ни́к** 1 lachrymal gland; **~ни́ца** *iron* humble petition; **~́но** *adv* tearfully, with tears in one's eyes; humbly, plaintively; **~́ный** *anat* lachrymal; ~ная железа́ lachrymal gland; ~ прото́к lachrymal duct, tear duct; *fig coll* humble, plaintive; ~ная про́сьба humble petition; **~отделе́ние** tear-shedding; *med* epiphora; **~отече́ние** = ~отделе́ние; **~оточи́вый** (~оточи́в) watery, rheumy; ~ газ tear-gas; lachrymatory; **~оточи́ть** II (~оточи́т) *impf* water (*of eyes*)
слез|ть (~у, ~ешь; ~, ~ла; ~́ший) *pf of* ~а́ть
слезя́щийся watery, rheumy
слеп|е́нь *m* (~ня́) gadfly, horsefly
слеп|е́ц (~ца́) blind man; **~и́ть** II (~лю́) *impf* blind; dazzle
слепи́ть II (~лю́, ~́ишь) *pf of* лепи́ть; **~и́ть(ся)** II (~лю́, ~́ишь; ~́ит(ся)) *pf of* ~ля́ть; **~ля́ть** I *pf* ~и́ть stick together; make by sticking together; **~ля́ться** I *pf* ~и́ться stick together
сле́п|нуть I (*past* ~, ~́ла) *pf* о~ lose one's sight, go (become) blind; **~́о** *adv fig* blindly; ~ повинова́ться obey blindly; **~о́й** (~, ~а́, ~о) *adj* blind *also fig*; ~ на оди́н глаз blind in one eye; ~ от рожде́ния blind from birth; ~ ме́тод печа́тания на маши́нке touch-typing; ~ полёт blind flying; ~о́е пятно́ blind spot; ~ слу́чай the merest chance; ~ *n* blind person; *pl collect* the blind; *adj* indistinct (*writing, etc*); ~а́я кишка́ blind gut, caecum
сле́п|ок (~ка) mould, copy, cast (from, of, с + *gen*)
слеп|орождённый blind from birth; born blind; **~ота́** blindness *also fig*; ~ на о́ба гла́за blindness in both eyes; кури́ная ~ night-blindness; **~ы́ш** 1 mole-rat; *fig sl* tiny window
слес|а́рный metalworker's, fitter's; ~а́рное де́ло metalwork; ~а́рная мастерска́я tool shop, metalwork shop; **~́арь** *m* (*pl* ~аря́, ~аре́й *and* ~ари, ~арей) fitter, metalworker; ~-инструмента́льщик toolmaker; ~-водопрово́дчик plumber; locksmith; *sl* burglar
слёт flight (*of birds*), flying together; rally, gathering, meeting; **~́анность** *f* teamwork, coordination (*of aircrews*)
слета́ть I *pf* fly (there and back); *fig pop* fly, dash, nip; *pf* ~е́ть fly down (from); *coll* fall off, down; fly away; **~а́ться** I *pf* achieve coordination in flying; *pl* ~е́ться come flying, flock; **~е́ть(ся)** II (слечу́, ~и́шь; ~и́т(ся)) *pf of* ~а́ть(ся)
сле|чь (сля́гу, сля́жешь; ~́г, ~гла́; ~́гший) *pf coll* take to one's bed, fall seriously ill
слибера́льничать I *pf of* либера́льничать
слив pouring away, discharge; sink, drain
сли́ва plum; plum-tree
сли|ва́ть I *pf* ~ть pour off, out; mix; fuse, merge, amalgamate, blend; **~ва́ться** I *pf* ~́ться flow together; join (*of rivers, etc*); blend, merge (*of colours, sounds, etc*); ~ с фо́ном melt into the background; amalgamate, merge; ~ воеди́но become one
сли́в|ки (*gen pl* ~ок) cream *also fig*; снима́ть ~ skim the cream (off, с + *gen*)
сливно́й poured together; waste, overflow; ~ пункт gathering, collection point
сли́вовый plum
сли́в|очник cream-jug; **~́очный** cream(y); ~очное ма́сло (cream) butter; ~очное моро́женое cream ice, ice-cream
сливя́нка plum brandy
сли|за́ть I (~жу́, ~́жешь) *pf of* ~́зывать; **~́зистый** (~зист) mucous, mucilaginous; slimy; ~зистая оболо́чка *anat* mucous membrane; **~зня́к** 1 slug; *fig coll pej* spineless nonentity, wimp; **~́зывать** I *pf* ~за́ть *and sem pf* ~зну́ть lick (off); *fig coll* copy; **~зь** *f* mucous, mucilage, slime
слимо́нить II *pf of* лимо́нить
слиня́ть I *pf of* линя́ть
слип|а́ться I *pf* ~́нуться stick together; глаза́ ~а́ются от сна (one) can hardly keep (one's) eyes open; **~́нуться** I (~нется; ~́ся, ~́лась) *pf of* ~а́ться
сли́т|но *adv* in one word, together; **~́ный** solid; united, continuous; ~ное написа́ние наре́чий writing of adverbs without a hyphen; ~ гул confused hum
сли́т|ок (~ка) ingot, bar; зо́лото в ~ках gold bullion; **~́ь(ся)** (солью́(сь), сольёшь(ся); сли́л(ся), слила́(сь), сли́ло, слило́сь; сл(ё)й(ся); ~́ый) *pf of* слива́ть(ся)
слич|а́ть I *pf* ~и́ть compare, verify, check (with, against), collate (with, с + *instr*); **~е́ние** collation, checking; **~и́тельный** checking; **~и́ть** II *pf of* ~а́ть
сли́шком *adv* too (much); э́то уж ~! *coll* that really is too much!, that's going too far!
слия́ние confluence, junction; *fig* merging, blending, amalgamation

слобо|да́ 3 *hist* sloboda, settlement with non-serf population; *obs* suburb; **~жа́нин** (*pl* ~жа́не, ~жа́н) *hist* inhabitant of sloboda
слова́к Slovak, Slovakian
слова́р|ный lexical; ~ соста́в языка́ vocabulary; ~ фонд word stock; dictionary, lexicographic; **~ь** *m* dictionary; glossary, vocabulary
слов|а́цкий Slovak, Slovakian; **~а́чка** Slovak (woman); **~е́не** (~е́н) *no sing obs* the Slavs; **~е́нец** (~е́нца) Slovene; **~е́нка** Slovene (woman); **~е́нский** Slovene, Slovenian
слов|еса́ 1 *pl* (*gen pl* ~е́с) *obs and iron* words; всё э́то пусты́е ~еса́ it's all empty words; **~е́сник** (Russian) language and literature teacher; philologist; **~е́сность** *f* literature; *pej* verbiage; **~е́сный** verbal, oral, nuncupative (*of will*); ~ прика́з verbal order; literary; *obs* philological; ~е́сные нау́ки philology; **~е́чко** (*pl* ~е́чки, ~е́чек) *dim of* ~о *coll*; заки́нуть, замо́лвить ~ за кого́ put in a word for someone; **~ни́к** glossary, word-list; **~но** *conj* like; *partic pop* as if, as though; **~о** 2 word *in var senses*; други́ми ~а́ми in other words; одни́м ~ом in a word; во́время ска́занное ~ a word in season; моё ~ твёрдо I mean what I say, when I say a thing, I mean it; ве́рить кому на́ ~ take someone's word for it; (с)держа́ть ~ keep one's word (promise); игра́ слов play on words; рома́нс на ~а́ Пу́шкина song to Pushkin's words; на два ~а! may I have a word with you!; мне на́до сказа́ть вам два ~а a word in your ear!; предоставля́ть ~ кому́ give someone the floor; проси́ть ~а ask to speak, ask for the floor; ~ за ва́ми it is for you to decide (speak); ~ в ~ word for word; ~ за́ ~ one thing led to another, little by little; на ~а́х by word of mouth; не на ~а́х, а на де́ле not only in word but also in deed; в двух ~а́х in a nutshell; нет слов, что́бы вы́разить … words fail to express …; слов нет it goes without saying, there's no denying; он за ~ом в карма́н не поле́зет he is never at a loss for a word; к ~у (сказа́ть) by the by (way); к ~у пришло́сь (but that's) by the way; speech, speaking; дар ~а talent for speaking, gift of the gab; свобо́да ~а freedom of speech; заключи́тельное ~ concluding remarks; надгро́бное ~ funeral oration; броса́ть ~а́ на ве́тер waste words; ~ не воробе́й, вы́летит не пойма́ешь *prov* a word spoken is past recalling; перейти́ от слов к де́лу stop talking and get down to business; сказа́ть кому́ па́ру тёплых слов give someone a piece of one's mind; брать ~ deliver a speech, take the floor; броса́ться ~а́ми use words lightly; вверну́ть ~ get a word in edgeways; висе́ть (держа́ться) на че́стном ~е *joc* held up by charity (*of clothes*); да́вши ~, держи́сь *prov* promise is debt, an honest man's word is his bond; лови́ть ка́ждое ~ hang on someone's lips; не нахожу́ слов words fail me; облéчь в ~а́ *lit* put into words; не обмо́лвиться ни ~ом, не пи́кнуть ни ~а *coll* not to utter a single word; попо́мните моё ~! mark my words!; он двух слов связа́ть не уме́ет he can't put two words together; стоя́ть на своём ~е be as good as one's word; бра́нное ~ swear-word; гро́мкие ~а́ high-flown words; без да́льних слов without further ado; золоты́е ~а́! how very true!; в кра́тких (коро́тких) ~а́х in short; обы́денное, повседне́вное ~ household word; под че́стное ~ on parole; че́стное ~! word of honour!; *hist lit* lay, tale; **~облу́дие** phrase-mongering, (mere) verbiage; **~оизверже́ние** *iron* spate of words; **~оизмене́ние** *ling* inflection, accidence; **~оли́тный** type-founding; **~оли́тня** (*gen pl* ~оли́тен) type-foundry; **~ом** *adv* in a word, in short; **~ообразова́ние** *ling* word-formation; **~ообразова́тельный** word-forming; **~оохо́тливость** *f* loquacity, garrulity, talkativeness; **~оохо́тливый** (~охо́тлив) loquacious, garrulous, talkative; **~опре́ние** *obs* logomachy, controversy; **~опроизво́дный** *ling* productive; **~опроизво́дство** *ling* derivation; **~осложе́ние** *ling* composition; **~осочета́ние** word combination; усто́йчивое ~ set phrase; **~отво́рчество** word creation; **~оупотребле́ние** (word) usage; **~цо́** *coll* word; кра́сное (о́строе) ~ witticism; загну́ть кре́пкое ~ *coll* use strong language; для кра́сного ~ца́ for effect, for the sake of a witty remark
словчи́ть II *pf of* ловчи́ть
слог 5 syllable; style; канцеля́рский ~ officialese; **~ово́й** syllabic; ~ова́я а́збука syllabary; syllable-forming; **~ообразу́ющий** syllable-forming
сло|е́ние stratification; **~ёный** puff-pastry; ~ пиро́г puff-pastry pie; ~ёное те́сто puff (short) pastry
слож|е́ние *math* addition, adding; formation, composition (*of song, etc*); laying down (*of obligation, etc*); build, constitution (*physical*); кре́пкого ~е́ния of strong build, sturdy, sturdily built; **~ённый** (~ён, ~ена́) formed, built; хорошо́ ~ well built, of fine physique; **~и́вшийся** вполне́ ~ fully developed, fully formed; **~и́ть** II (~у́, ~ишь) *pf of* скла́дывать *and* слага́ть; **~и́ться** II (~у́сь, ~ишься) *pf of* скла́дываться
слож|ноподчинённый *gramm* complex (*of sentence*); **~носокращённый** compounded of abbreviations; **~носочинённый** *gramm* compound (*of sentence*); **~ность** *f* complexity, complication; difficulty; intricacy; в о́бщей ~ности all in all, in sum; **~ноцве́тные** *biol* Compositae (family); **~ный** (~ен, ~на́, ~но) compound, composite, complex; ~ные вещества́ compounds; ~ное предложе́ние *gramm* complex (compound) sentence; ~ные проце́нты compound interest; ~ное сло́во compound word; ~ное число́ compound number; ~ эфи́р *phys* ester; complicated, complex; ~ная нау́ка complex science; ~ хара́ктер complicated character; difficult, involved, intricate, complicated (*matter, question, situation, etc*); ~ орна́мент intricate ornamentation
сло|и́стый (~и́ст) flaky; stratified, foliated, lamellar; *min* schistose, schistous; ~и́стые облака́ stratus (*cloud*); **~и́ть** II *impf* stratify; make in layers; **~и́ться** II (~и́тся) *impf* form layers; flake, scale; **~й** (*pl* ~и́, ~ёв) layer; coat(ing) (*of paint*); stratum *also fig*; все ~и́ населе́ния all sections of the population; **~йка** puff pastry
слом breaking (up), dismantling; demolition, pulling down (*buildings, etc*); пойти́ на ~ to be used for scrap, to be pulled down; **~а́ть(ся)** I *pf of* лома́ть(ся); **~и́ть** II (~лю́, ~ишь) *pf* break, smash, break down; *fig* overcome (*resistance, etc*); ~я́ го́лову *coll* at breakneck speed, like mad
слон 1 elephant; де́лать из му́хи ~а́ make a mountain out of a molehill; ~а́ не приме́тить *coll joc* miss the main point, the most important thing; ~ в посу́дной ла́вке *joc* a bull in a china shop; ему́ ~ на́ ухо наступи́л *joc* he has no ear for music; ~о́в гоня́ть *pop* mooch about, loaf about; bishop (*in chess*); **~ёнок** (~ёнка; ~я́та, ~я́т) elephant

calf, baby-elephant; ~**и́ха** she-elephant, cow-elephant; ~**о́вость** *f* elephantiasis; ~**о́вый** elephantine; elephant's; ~о́вая боле́знь = ~о́вость; ~о́вая бума́га ivory paper; ~о́вая кость ivory; ~**оподо́бный** (~оподо́бен) elephantine (*of person*); ~**я́ться** I *impf coll* loaf, mooch about

сло́пать I *pf of* ло́пать

слу|га́ 6 *m* servant *also fig*; manservant, man; ваш поко́рный ~ your humble servant; ~**жа́ка** *m coll* old hand, veteran, old campaigner; ~**жа́нка** servant-girl, maid, maidservant, housemaid; ~́**жащий** *n* employee, office worker, white-collar worker; ~́**жба** service; ~ в а́рмии service in the army; work, job; поступи́ть на ~жбу take a job, begin working; *mil* join up, enter the service; military service; действи́тельная ~ *mil* active service, service with the colours; ~ свя́зи *mil* signals service, communications; ~ движе́ния *rail* traffic management; ~ пути́ *rail* track maintenance; ~ ты́ла *mil* supply services; divine service; отстоя́ть ~жбу attend service; вне ~жбы off duty; повыша́ться (дви́гаться) по ~жбе get promotion; сослужи́ть кому́ ~жбу stand someone in good stead; не в ~жбу, а в дру́жбу *coll* as a personal favour, out of friendship; *pl* outbuildings; ~**жби́ст** *coll* martinet, stickler for red tape, bureaucrat; ~**же́бный** official, office, work(ing); ~же́бное вре́мя, ~же́бные часы́ office (working) hours; ~же́бное де́ло official business; ~ наря́д duty roster; ~же́бные обя́занности official duties; в ~же́бном поря́дке in the line of duty; ~же́бное прави́тельство caretaker government; ~ просту́пок dereliction of duty; ~ путь official channels; ~ стаж seniority; ~же́бная характери́стика service record; auxiliary, secondary; ~же́бное сло́во *gramm* connective word, link-word; ~**же́ние** service, serving; ~**жи́вый** *n obs* soldier; ~**жи́лый** *hist* service; ~жи́лое сосло́вие *hist* service class; ~**жи́тель** *m obs* servant, attendant; ~ в музе́е museum attendant; *fig* votary, devotee; ~ ку́льта priest, minister; ~**жи́ть** II (~жу́, ~́жишь) *pf* по~ work, serve; ~ в а́рмии serve in the army; ~ секретарём work, be employed as a secretary; ~ доказа́тельством serve as evidence (of, + *gen*); дива́н ~жит ему́ посте́лью the divan serves him as a bed; ~ и на́шим и ва́шим run with the hare and hunt with the hounds, be on both sides of the fence; ста́рые сапоги́ ещё ~жат the old boots are still serviceable; (sit up and) beg (*of dog*); *eccles impf* celebrate, officiate (at); ~ обе́дню celebrate mass; чем могу́ ~? what can I do for you?; ~́**жка** *m eccles* lay brother

служа́в|ить II (~лю) *pf of* лука́вить

слуп|и́ть II (~лю́, ~́ишь) *pf of* лупи́ть

слух hearing, ear (*for music, etc*); абсолю́тный ~ absolute pitch; о́стрый ~ keen hearing; име́ть хоро́ший музыка́льный ~ have a good ear for music; петь по ~́у sing by ear; ласка́ть (ре́зать) ~ soothe (offend) the ear; она́ вся обрати́лась (преврати́лась) в ~ she was (is) all ears; навостри́ть (насторожи́ть) ~ be all ears; от него́ ни ~́у ни ду́ху *coll* there is no news of him whatsoever; ~́ом земля́ по́лнится *prov* news travels fast; *pl* rumour, hearsay; по ~́ам according to rumour, rumour has it (that); хо́дят ~́и it is rumoured; но́сятся ~́и, (что ...) rumours are abroad (that); пусти́ть ~ start a rumour; ~**а́ч** 1 monitor; ~**ово́й** acoustic, auditory, aural; ~ аппара́т hearing aid; ~ нерв auditory nerve; ~ово́е окно́ dormer(-window); ~ рожо́к, ~ова́я тру́бка ear-trumpet

слу́ча|й event, incident, occurrence; несча́стный ~ accident; в ~е in case (of, + *gen*); в ~е ненахожде́ния адреса́та if not delivered; в ~е кра́йней необходи́мости in a dire emergency; case; на вся́кий ~ just in case, to make sure; на вся́кий пожа́рный ~ *joc* just in case, to make doubly sure; во вся́ком ~е in any case, anyhow, anyway; ни в како́м (ко́ем) ~е in no circumstances, on no account; на пе́рвый ~ to begin with; в са́мом кра́йнем ~е, в (са́мом) ху́дшем ~е if the worst comes to the worst, in the last resort; в лу́чшем ~е at best; в проти́вном ~е otherwise, or else; в тако́м ~е in that case, such being the case; opportunity, chance, occasion; э́то не ~ it's not just chance, something lies behind it; при ~е given an opportunity, at the proper time, in the proper place; в ~ чего́ *coll* if anything crops up; прекра́сный ~ golden opportunity; по ~ю by reason (of), on account (of, + *gen*); на кра́йний ~ in case of special emergency; купи́ть по ~ю buy by chance, buy second-hand; воспо́льзоваться удо́бным ~ем, испо́льзовать удо́бный ~ seize the opportunity, avail oneself of an opportunity; проморга́ть удо́бный ~ *coll* miss the bus, miss an opportunity; упусти́ть удо́бный ~ let the chance slip; от ~я к ~ю occasionally; ~́**йно** *adv* by chance, by accident, accidentally; ~ встре́титься с кем happen to meet someone; ~ наткну́ться на что chance upon something; *coll* by any chance; вы, ~, не зна́ете? do you by any chance know?; не ~ it is no mere chance; ~́**йность** *f* chance, fortuity; по счастли́вой ~йности by a happy coincidence; by sheer luck, as luck would have it; по несча́стной ~йности as ill luck would have it; чи́стая ~ the mere chance, pure chance; *philos* matter of chance, chance occurrence; ~́**йный** (~ен, ~йна) chance, fortuitous, accidental; ~йная встре́ча chance meeting; ~йное уби́йство *leg* homicide by misadventure; occasional, casual, sporadic; ~ за́работок occasional, casual earnings; ~ посети́тель casual visitor

случ|а́ть I *pf* ~и́ть mate, pair, couple (*of animals*); ~**а́ться** I *pf* ~и́ться mate, pair, couple (*of animals*); ~**а́ться** I (~а́ется) *pf* ~и́ться happen, occur, come about, befall; что бы ни ~и́лось come what may, whatever happens; что (с ва́ми) ~и́лось? what's the matter (with you)?; *impers coll* happen + *dat*; ~а́лось ли вам? did you ever happen (to, + *infin*)?; *coll* turn up, show up; у меня́ не ~и́лось де́нег I happened to have no money; ~**и́ть(ся)** II *pf of* ~а́ть(ся); ~́**ка** pairing, coupling, mating; ~**но́й** pairing, mating

слу́ш|ание audition, hearing; ~ ле́кции attendance at lecture; *leg* hearing; ~́**атель** *m* listener, hearer; *pl* audience; student; ~́**ать** I *pf* по~ listen (to), hear; ~ му́зыку listen to music; (я) ~аю! hello! (*on telephone*); вы ~аете? are you there? (*on telephone*); *pf* про~, по~ *med* auscultate, examine (chest); *leg* hear, try (*a case*); *pf* про~; ~ курс ле́кций attend a course of lectures; *pf* по~ listen (to), pay attention (to), take notice (of); она́ никого́ не ~ает she takes no notice of anyone; *pf* по~; ~ай(те)! *coll* listen!, I say!, look here!; ~аю! very good! (*reply of subordinate*); ~́**аться** I *pf* по~ listen (to), obey (+ *gen*); ~ руля́ *naut* answer the helm; ~ сове́тов take advice; *impf* be tried, be heard (*of court case*); ~аюсь! yes, sir!; ~**о́к** (~ка́)

coll pej rumour
слы|ть (~ву́, ~вёшь; ~л, ~ла́, ~́ло) *pf* про~ *coll* have a reputation (for), be considered, be reputed to be, pass (for, + *instr or* за + *acc*); ~ знатоко́м (за знатока́) have the reputation of being an expert
слых|а́ть I (*no pres tense*; ~́анный) hear (about, of, о + *prep*); где э́то ~́ано? *coll* it's unheard of; *impers pred pop* что у вас ~? *pop* what's your news?; ничего не ~ *pop* nothing can be heard; *adv pop* apparently, it seems; **~́ом** ~ не ~а́ть *pop* absolutely nothing has been heard (of, о + *prep*)
слы́ш|ать II *pf* у~ hear; *impf only* have sense of hearing; пло́хо ~ be hard of hearing; hear (of, about, о + *prep*, про + *acc*); *coll* notice, feel, sense; ~у, что по руке́ ползёт муравей́ I can feel an ant crawling over my hand; ~ за́пах notice a smell, catch a whiff; ~ишь (~ите) *coll* do you hear? (*used for emphasis*); **~́аться** II (~ится) *pf* по~ be felt, be heard, be audible; ~ится му́зыка music can be heard; мне послы́шался че́й-то го́лос I thought I heard a voice; **~́имость** *f* audibility; reception; ~ плоха́я the line is bad (*of telephone*); **~́но** *adv* audibly; *impers pred* one can hear; ~, как шелестя́т ли́стья you can hear the leaves rustling; говори́те гро́мче, вас не ~ talk louder, one can't hear you; что ~ но́вого? *coll* what news?, any news?; о нём давно́ ничего́ не ~ nothing has been heard of him for ages; *adv coll* it is said, they say, it is rumoured; **~́ный** audible; е́ле ~ шо́пот scarcely audible whisper; (~ен, ~на́, ~но; ~́ны) one can hear, feel; ~ны́ чьи-то шаги́ someone's footsteps can be heard; **~ь** *adv pop* bear in mind, note; it seems
слюб|и́ться II (~́ится) *pf pop* love one another, grow fond of one another; стéрпится – ~ится *prov* patience can make the heart grow fonder
слюд|а́ mica; **~яно́й** mica, micaceous
слюн|а́ saliva, spittle, slaver, slobber; бры́згать ~о́й splutter, slobber; **~́и** (*gen pl* ~е́й) *coll* = ~а́; распусти́ть ~ *pop* turn on the waterworks; *fig* dither; **~и́ть** II *pf* по~ *and* на~ wet with saliva; *pf* за~ slobber over; **~́ки** (*gen pl* ~ок) *dim of* ~́и; у него́ ~ теку́т his mouth is watering; от э́того ~ теку́т it makes one's mouth water; **~́ный** salivary; **~оотделе́ние** salivation; **~отече́ние** *med* hypersalivation; *fig pej* sentimentalism; **~тя́й** *fig coll cont* a spineless nobody, jellyfish; **~я́вить** II *impf coll* = ~и́ть; **~я́вый** *coll* snotty; dribbling, drivelling
сля́к|отный *coll* slushy; **~́оть** *f* slush, mire
сля́пать I *pf of* ля́пать *pop* botch, do a hasty job
сма́|зать(ся) I (~жу(сь), ~жешь(ся)) *pf of* ~зывать(ся); **~́зка** smearing; greasing, oiling, lubrication; grease, oil, lubricant; **~зли́вый** (~зли́в) *coll* pretty, cute; **~зно́й** ~зны́е сапоги́ blacked boots; **~́зочный** lubricating; ~зочное веществó lubricant; **~́зчик** greaser, oiler, lubricator; **~́зывание** oiling, lubrication, greasing; *fig* blurring; **~́зывать** I *pf* ~зать smear (with, + *instr*); grease, oil, lubricate; ~ йо́дом paint with iodine; ~ кра́ску рукаво́м smear the paint with one's sleeve, wipe the paint off on one's sleeve; *fig coll* blur, slur (over); *fig pop* strike, bash (on, по + *dat*); ~ недоста́тки gloss over the defects; *fig pop* grease the palm of, bribe; **~́зываться** I *pf* ~заться be smeared; get rubbed (wiped) off; *fig* be blurred, be glossed over
смак (~а (~у)) *coll* relish, savour, gusto *also fig*; со ~́ом with relish, gusto; **~ова́ть** (~у́ю) *impf* savour, relish *also fig*
смалоду́шничать I *pf of* малоду́шничать
сма́л|ец (~ьца) lard
сма́льта smalt
сманеври́р|овать (~ую) *pf of* маневри́ровать
сма́н|ивать I *pf* ~и́ть lure, entice; **~и́ть** II (~ю́, ~́ишь) *pf of* ~́ивать
смара́гд emerald; **~́овый** emerald
смастери́ть II *pf of* мастери́ть
сма́т|ывать I *pf* смота́ть reel, wind (in); ~ у́дочки *fig pop* take to one's heels, show a clean pair of heels, clear out, make off; **~́ываться** I *pf* смота́ться *pop* clear out, slip off, slip away, make off
сма́х|ивать I *pf* ~ну́ть brush off, away; flick off, away; ~ пыль brush dust (off, с + *gen*); *impf coll* be, look rather like (на + *acc*); **~ну́ть** I *pf of* ~́ивать
сма́чивать I *pf* смочи́ть moisten, dampen, wet slightly
сма́ч|ный (~ен, ~на́, ~но) *coll* tasty, savoury; *fig* fruity, colourful (*of language, etc*)
смеж|а́ть I *pf* ~и́ть *obs* close; ~ глаза́ close one's eyes; **~и́ть** II *pf of* ~а́ть
сме́ж|ник factory producing parts for use by another; **~́ность** *f* contiguity; **~́ный** (~ен, ~на) contiguous, adjacent, adjoining, neighbouring; ~ные ко́мнаты adjoining rooms; ~ные нау́ки closely related sciences; ~ные углы́ adjacent angles
смек|а́листый (~а́лист) *coll* bright, sharp, cute; **~а́лка** *coll* nous, gumption; вое́нная ~ military aptitude; **~а́ть** I *pf* ~ну́ть *pop* grasp, see the point (of), twig (в + *prep*, + *acc*); **~ну́ть** I *sem pf of* ~а́ть
смел|е́ть I *pf* о~ grow bold(er), take heart, be emboldened; **~́о** *adv* boldly; safely; ~ могу́ сказа́ть I can say with confidence; *coll* easily, with ease; за столо́м ~ помéстятся пять челове́к the table will seat five with ease; **~́ость** *f* boldness, courage, audacity; брать на себя́ ~ take the liberty (of, + *infin*); ~ города́ берёт *prov* fortune favours the brave; courage conquers; **~́ый** (~, ~а́, ~о) bold, daring, audacious, courageous; **~ьча́к** I *coll* daredevil, bold spirit
сме́н|а change, changing; replacement; ~ дня и но́чи alternation of night and day; ~ карау́ла changing of the guard; идти́ на ~у succeed, come to relieve, come to take the place (of, + *dat*); shift, spell, turn (*of duty, etc*); *mil* watch, turn; replacements, successors, fresh blood, young(er) generation; гото́вить себе́ ~у prepare, train a successor (for oneself); ночна́я ~ the night shift (*people on duty or working*); рабо́тать в три ~ы work a three-shift system; change (*of linen, etc*); **~и́ть(ся)** II (~ю́(сь), ~́ишь(ся)) *pf of* ~я́ть(ся); **~́ность** *f* shift system, shift work; **~́ный** shift; ~ная рабо́та shift work; *tech* (inter)changeable; **~́щик** relief (worker), replacement; *sl* criminal with changed name; **~я́ть** I *pf coll* sweep (for, на + *acc*); ~ (променя́ть) куку́шку на я́стреба *prov* change for the worse; *pf* ~и́ть change; ~ бельё change one's underwear, change the linen; replace; ~и́ть руково́дство put new men in charge; relieve, take over from; ~и́ть часовы́х relieve the guard(s); ~и́ть ши́ны change tyres; ~и́ть гнев на ми́лость temper justice with mercy; replace, supersede, succeed; вечéрняя прохла́да ~и́ла дневно́й зной the cool of the evening succeeded

the heat of the day; **~я́ться** I *pf* ~и́ться be changed, replaced (*in job*); be relieved; ~и́ться с дежу́рства go off duty; be replaced by; страх ~и́лся наде́ждой fear turned to hope

смерд *hist* peasant farmer

смер|де́ть II (~жу́) *impf* stink

смерз|а́ться I *pf* ~́нуться freeze together; **~́нуться** I (~нется; ~ся, ~лась) *pf of* ~а́ться

сме́рить II *pf of* ме́рить; ~ взгля́дом look (someone) up and down, eye from head to foot

смерк|а́ться I (~а́ется) *pf* ~́нуться get dark; **~́нуться** I (~нется) *pf of* ~а́ться

смерт|е́льно *adv* mortally; ~ ра́ненный mortally, fatally wounded; *coll* extremely, terribly; ~ уста́ть be dead beat, dead tired; ~ скуча́ть be bored to death; **~е́льный** (~е́лен, ~е́льна) fatal, mortal; deadly (*weapon*, *etc*); ~ уда́р mortal blow; death(ly), of death; ~е́льная аго́ния death agony; ~е́льная оби́да mortal offence, insult; ~е́льная ску́ка utter boredom; **~́ник** prisoner condemned to death; ка́мера ~ников condemned cell; **~́ность** *f* mortality, death rate; **~́ный** (~ен, ~на) death; ~ бой fight to the death; ~ная казнь death penalty, capital punishment; ~ное ло́же deathbed; на ~ном одре́ on one's deathbed; ~ пригово́р death sentence, *fig* death-warrant; ~ час last hour(s); mortal; все лю́ди ~ны all men are mortal; ~ грех *eccles* mortal sin; семь ~ных грехо́в Seven Deadly Sins; *n* mortal; просто́й ~ ordinary mortal; *fig* deadly, extreme; ~ная ску́ка *coll* deadly boredom; **~оно́сный** (~оно́сен) *lit* death-dealing, lethal, deadly, fatal, mortal; **~оуби́йство** *obs* murder; **~ь** 5 *f* death, decease; клини́ческая ~ clinical death; наси́льственная ~ violent death; идти́ на ве́рную ~ go to one's death; найти́ свою́ ~ meet one's death; умере́ть голо́дной ~́ью starve to death; умере́ть свое́й ~́ью die a natural death; до́ ~и *fig* to death; ему надое́ло до́ ~и he is sick to death of it, fed up to the back teeth; быть при́ ~и be dying; он бле́ден как ~ he is pale as a ghost, white as a sheet; боро́ться не на жизнь, а на́ ~ fight to the death; *adv coll* very much, extremely; ~ как хо́чется пить I am dying to have a drink; двум ~я́м не быва́ть, одно́й не минова́ть you only die once

смерч whirlwind; waterspout; tornado, sandstorm

СМЕРШ *abbr of* смерть шпио́нам (death to spies) Soviet counter-intelligence agency

сме|си́тель *m* mixer; **~си́тельный** mixing; **~си́ть** II (~шу́, ~́сишь) *pf of* меси́ть

сме|сти́ (~ту́, ~тёшь; ~́л, ~ла́; ~́тший; ~тённый; ~тя́) *pf of* ~та́ть

сме|сти́ть(ся) II *pf of* ~ща́ть(ся)

смесь *f* mixture; blend, miscellany, medley; конфе́ты-~ assorted sweets

сме́та estimate; ~ расхо́дов estimate of expenditure

смета́на soured cream

сме|та́ть I (~чу́, ~́чешь; ~́танный) *pf of* ~́тывать; (~та́ю) *pf of* мета́ть tack (together); (~та́ю) *pf* ~сти́ brush off, sweep up; blow off (*of wind*); *fig* sweep aside

смёт|ка *coll* nous, gumption, canniness, quick-wittedness; **~́ливый** (~лив) quick (on the uptake), keen-witted, sharp, canny, shrewd

сме́тн|ый ~ые ассигнова́ния budget allowances

смёт|ывать I *pf* ~а́ть baste, tack together

сме|ть I *pf* по~ dare, make bold; не ~й(те)! don't you dare!

смех (~а (~у)) laughter, laugh; залива́ться ~́ом laugh merrily, rock with laughter; пока́тываться, ката́ться, па́дать со́ ~у shake one's sides with laughter; разрази́ться ~́ом, пры́снуть со́ ~у burst out laughing; подня́ть кого́ на́ ~ hold someone up to ridicule, make a laughing-stock of someone; умира́ть со́ ~у die of laughing; умори́ть кого́ со́ ~у *coll* tickle someone pink; без ~́у *coll* joking apart, in earnest; ~ да и то́лько it's perfectly ridiculous, enough to make a cat laugh; ~́а ра́ди, для ~́а just for fun; мне, ему́ не до ~́а I'm, he is past laughter; ~́у бы́ло it was (very) funny; и ~ и грех (it is, it was) both funny and sad; ~ сквозь слёзы laughter through tears; как на́ ~ as if to mock (me, them, *etc*); **~ота́** *f pop* something laughable; э́то пря́мо ~! this is simply laughable, ludicrous; **~отво́рный** (~отво́рен) laughable, ludicrous, ridiculous

сме́ш|анный mixed; crossed, mongrel (*of breed*, *etc*); ~анная поро́да cross-breed; ~анное число́ *math* mixed number; ~анное акционе́рное о́бщество joint-stock company; ~анная опера́ция *mil* combined operation; **~а́ть** I *pf of* меша́ть *and* ~́ивать; **~а́ться** I *pf of* ~́иваться; *pf* become confused, get mixed up; **~е́ние** blend(ing), mixture, merging (*of colours*, *etc*); confusion, mixing up (*of ideas*, *etc*); **~́ивать** I *pf* ~а́ть mix; blend (*colours*, *etc*); *coll* mix up, confuse, muddle; shuffle (*cards*); **~́иваться** I *pf* ~а́ться mix, blend; merge; ~ с толпо́й merge with the crowd; mingle; get mixed up, confused; его́ мы́сли ~а́лись his thoughts were in a whirl, in confusion; *mil* break ranks, be thrown into disorder

смеш|и́нка *coll* short laugh, chuckle; ~ в рот попа́ла *joc* in a laughing mood; **~и́ть** II *pf* на~ *and* рас~ make laugh; amuse; **~ли́вость** *f* risibility, desire to laugh; **~ли́вый** (~ли́в) risible, laughing (*of eyes*, *etc*); easily amused; **~но́** *adv* funny, funnily; absurdly; ~ вы́глядеть look funny; *pred* it is funny, absurd, it makes one laugh; ~ сказа́ть strange to say; не ~ it is no laughing matter; **~но́й** (~́он, ~на́) funny, amusing; absurd, ridiculous, ludicrous; до ~но́го to the point of absurdity; **~о́к** (~ка́) *coll* short laugh, chuckle

сме|ща́ть I *pf* ~сти́ть displace, (re)move; *fig* discharge, dismiss (from one's post); **~ща́ться** I *pf* ~сти́ться become displaced, change position; **~ще́ние** displacement, removal; *geol* dislocation, slip, heave; bias *rad*

сме|я́ться (~ю́сь, ~ёшься) laugh; ~ шу́тке laugh at a joke; ~ исподтишка́, в кула́к laugh up one's sleeve; laugh (at), mock (at), make fun (of, над + *instr*); *fig coll* joke, say in jest; хорошо́ ~ётся тот, кто ~ётся после́дним he laughs best who laughs last

сми́л|оваться (~уюсь), **~́остивиться** II *pf* have mercy, take pity (on, над + *instr*)

смина́ть I *pf* смять rout, put to rout (*enemy*, *etc*); crumple

смир|е́ние humility, meekness, humbleness, resignation; **~е́нник** humble person; *iron* hypocrite; **~е́нный** (~е́н, ~е́нна) humble, meek; resigned

смир|и́тельный ~и́тельная руба́шка strait-jacket; **~и́ть(ся)** II *pf of* ~я́ть(ся); **~́но** *adv* quietly; ~! *mil* attention!; стоя́ть ~ stand at attention; **~́ный** (~ен, ~на́, ~но) quiet; mild, submissive, meek; **~я́ть** I *pf* ~и́ть subdue, restrain (*anger*, *pride*, *etc*); **~я́ться** I *pf* ~и́ться submit, resign oneself (to), acquiesce (in, с + *instr*); ~и́ться с

мы́слью о смéрти resign oneself to the thought of death; ~и́ться пéред неизбéжностью submit to the inevitable
смóква fig
смóкинг dinner-jacket
смокóвница fig-tree
смол|á 6 resin; pitch, tar; rosin; *fig* bur(r); каменноугóльная ~ coal-tar; **синтети́ческие** ~́ы synthetic resins; **~ёный** tarred, pitched; resined; **~и́стый** (~и́ст) resinous; **~и́ть** II *pf* вы́~ resin; *pf* о~ tar, pitch
смолк|áть I *pf* ~́нуть cease, die away (*of sounds*); не ~áя incessantly, uninterruptedly; lapse, subside into silence (*when singing, talking, etc*); **~́нуть** I (*past* ~(нул), ~ла) *pf of* ~áть
смóлоду *adv* from one's youth; in one's youth
смолокýр tar extractor; **~éние** tar extraction; **~́ня** (*gen pl* ~ен) tar-works
смоло|ти́ть II (~чý, ~́тишь) *pf of* молоти́ть
смолóть (смелю́, смéлешь) *pf of* молóть
смолчáть II hold one's tongue, make no reply
смол|ь чёрный как ~ jet-black, pitch-black; **~янóй** tar, pitch; ~яная бóчка tar barrel; ~ кáмень pitchstone; resin; ~янóе мáсло resin oil; ~ состáв resinous compound
смонти́р|овать (~ую) *pf of* монти́ровать
сморгнýть I *pf coll* blink away; глáзом не ~ not to bat an eyelid, not to turn a hair
сморкáть I *pf* вы́~ ~ нос blow one's nose; **~́ся** I *pf* вы́~ blow one's nose
сморóд|ина currant (bush); *collect* currants; бéлая, крáсная, чёрная ~ white, red, black currants; **~́инный, ~́иновый** currant
сморó|зить II (~жу) *pf pop* come out with, utter (*nonsense, etc*)
сморч|óк (~кá) morel (*mushroom*); *fig coll pej* shrimp, runt
смóрщ|енный wrinkled; **~́ить(ся)** II *pf of* мóрщить(ся)
смотáть(ся) I *pf of* смáтывать(ся)
смотр (на ~ý; *pl* ~ы́) review, inspection; ~ войскáм review of troops; (на ~́е; *pl* ~́ы) public showing; **~éть** II (~ю́, ~́ишь) *pf* по~ look (at, into, на + *acc*, в + *acc*); ~ в окнó look out of the window; look through the window (*from outside*); ~ на часы́ look at one's watch; ~ комý в глазá, в лицó look someone in the eyes, in the face; ~ опáсности в глазá look danger in the face; ~ в óба *coll* keep one's eyes skinned, open, be on one's guard; ~ сквозь пáльцы *coll* make light (of, на + *acc*); ~ свысокá look down (on, на + *acc*); ~ исподлóбья lour (at), glower (at, на + *acc*); ~ пóд ноги look where one is going; look over, have a look at; ~ нóвую кварти́ру look over a new flat; look at, through; ~ рýкопись look through a manuscript; see; ~ нóвый фильм see a new film; ~ телеви́зор watch television; examine, inspect; ~ больнóго examine a patient; look (after), take care (of, за + *instr*); ~ за дóмом, за детьми́ look after the house, after the children; ~ за поря́дком keep order; ~ за рабóтами superintend the work; look (through), use; ~ в телескóп look through a telescope; regard, look (at); как вы ~ите на э́то? what is your opinion; бóдро ~ на вéщи take a cheerful view of things; regard, treat; ~и́те на меня́ как на вáшего отцá treat me as your father; follow the example of *coll*; не ~и́те на лентя́ев don't follow the example of lazy people; *impf* look (on to, over, в, на + *acc*) óкна ~́ят в сад the windows look on to the garden; *impf coll* look like (+ *instr*); ~ молодцóм look like a young man; ~и́(те)! mind!, take care!; ~и́те, не опоздáйте! mind you are not late; ~и́, чтóбы всё бы́ло в поря́дке! see that everything is in order!; тогó и ~и́ any moment now; нáдо бы́ло рáньше ~ you should have thought about that before; *impf* ~ вóлком scowl; ~я́ (где, как, *etc*) it depends (where, how, *etc*); ~я́ depending (on), according (to, по + *dat*); **~éться** II (~ю́сь, ~́ишься) *pf* по~ ~ в зéркало look at oneself in the mirror; *impf coll* be worth seeing, watching (*of film, etc*); фильм хорошó ~́ится the film is worth seeing; *impf coll* look good; **~и́ны** (*gen pl* ~и́н) visit to prospective bride; **~и́тель** *m* watchman, keeper, custodian; станциóнный ~ *obs* postmaster; тюрéмный ~ warder; ~ маякá lighthouse keeper; **~овóй** observation; ~овóе окнó peep-hole; ~овáя щель vision slit (*in tank*); inspection, review
смоч|и́ть II (~ý, ~́ишь) *pf of* смáчивать
смо|чь (~гý, ~́жешь, ~́гут; ~г, ~глá) *pf of* мочь
смошéнничать I *pf of* мошéнничать
смрад stench, stink; **~́ный** (~ен) stinking, fetid
смугл|éть I *pf* по~ become dark-complexioned; **~оли́цый** dark-complexioned, swarthy; dark-skinned; **~́ый** (~, ~á, ~о) dark-complexioned, swarthy; brown, dark; **~я́нка** *coll* dark(-complexioned) woman, girl
смудри́ть II *pf of* мудри́ть
смурн|éть I *pf* за~ *sl* get into a bad mood; **~óй** *sl* gloomy, sullen; *n sl* kook, crazy person; **~я́к** 1 *sl* eccentric person, crazy person, kook; коси́ть (под) ~á *sl* pretend to be crazy
смý|та sedition, riot, disturbance; сéять ~ту sow discord; bickering, dissension; **~ти́ть(ся)** II (~щý(сь)) *pf of* ~щáть(ся); **~́тный** (~тен, ~тнá, ~тно) vague, hazy, dim (*idea, recollection, anxiety, etc*); troubled, disturbed; ~тное врéмя *hist* Time of Troubles (1605–13); anxious, disturbing; ~тно у меня́ на душé I feel depressed, troubled; **~тья́н** *coll pej* troublemaker; **~тья́нить** II *impf coll pej* make trouble
смýшк|а astrakhan; **~́овый** astrakhan
сму|щáть I *pf* ~ти́ть embarrass, disconcert, confuse; upset, disturb, trouble; ~ чей душéвный покóй disturb someone's peace of mind; **~щáться** I *pf* ~ти́ться be embarrassed, abashed; ничýть не ~щáясь quite unabashed; **~щéние** embarrassment; **~щённый** embarrassed
смыв *geol* wash out; **~áть** I *pf* смыть wash away, off, out; *fig* expunge, wipe away, clear; ~ пятнó wash out a stain; ~ волнóй с сýдна wash overboard; **~áться** I *pf* смы́ться wash off, come off; *fig pop* vamoose, vanish, sneak off
смыкá|ть I *pf* сомкнýть close; ~ глазá close one's eyes; не сомкнýть глаз not sleep a wink; сомкнýть ряды́ *mil* close the ranks; **~́ться** I *pf* сомкнýться join, link up, make contact; close up, gather round; *fig* rally, unite; close (*eyes*); у меня́ глазá ~́ются от устáлости I can hardly keep my eyes open
смысл sense, meaning; в прямóм, перенóсном ~́е in the literal, figurative sense; в извéстном ~́е in a sense; в пóлном ~́е слóва in the true sense of the word; в ширóком ~́е слóва broadly speaking; в ~́е *prep* as regards (+ *gen*); sense, point; имéть ~ make sense; нет никакóго ~́а there is no sense (in, + *infin*); здрáвый ~ common sense; **~́ить** I *impf coll* understand, be versed (in, в + *prep*);

он ничего́ не ~ит в иску́сстве he is an ignoramus where art is concerned; ~**ово́й** semantic; ~овы́е отте́нки shades of meaning

смы|ть(ся) (смо́ю(сь), смо́ешь(ся)) *pf of* ~ва́ть(ся)

смы́чка union, linking; *fig* unity, contact, alliance

смычко́вый bow

смыч|о́к (~ка́) *mus* bow

смышлён|ый (~) *coll* bright, clever

смягч|а́ть I *pf* ~и́ть soften, make soft; mollify; ease, alleviate (*pain*, *etc*); assuage (*anger*, *etc*); mitigate (*punishment*, *etc*); ease (*tension*, *etc*); *ling* palatalize; tone down, moderate; cushion (*blow*, *etc*); ~**а́ться** I *pf* ~и́ться soften, become soft; relent, relax; grow milder (*of climate*); diminish, abate, ease (off); be palatalized; ~**а́ющий** softening; *med* emollient; ~а́ющее вину́ обстоя́тельство extenuating (mitigating) circumstance; ~**е́ние** softening; mollification (*of anger*, *etc*); mitigation (*of sentence*, *etc*); relaxation (*of tension*, *etc*); *ling* palatalization; ~**и́ть(ся)** II *pf of* ~а́ть(ся)

смя́к|нуть I (~нет; ~, ~ла) *pf pop* grow feeble, languid (*from drink*, *etc*)

смяте́н|ие confusion, disarray, perturbation; приводи́ть в ~ upset; panic; ~**ный** (~, ~на) *obs* troubled, perturbed

смят|ь (сомну́, сомнёшь; ~ый) *pf of* смина́ть; ~**ься** (сомнётся) *pf of* мя́ться

снаб|ди́ть II (~жу́) *pf of* ~жа́ть; ~**жа́ть** I *pf* ~ди́ть supply (with), furnish (with), provide (with, + *instr*); ~**же́нец** (~же́нца) supplier, supply agent; ~**же́ние** supply(ing), provision; ~**же́нческий** supply

сна́доб|ье (*gen pl* ~ий) *coll* remedy, drug

сна́йпер sniper, sharpshooter

снару́жи *adv* on the outside; outwardly; from (the) outside; outside

снаря́|д shell, projectile, missile; управля́емый ~ guided missile; machine, apparatus, gadget; буро-во́й ~ drilling machine; гимнасти́ческие ~ды gymnastic apparatus; tackle, gear; рыболо́вный ~ fishing tackle; ~**ди́ть(ся)** II (~жу́(сь)) *pf of* ~жа́ть(ся); ~**дный** shell, projectile, ammunition; apparatus; ~**жа́ть** I *pf* ~ди́ть equip, fit out (*ship*, *expedition*, *etc*); *coll* send off; ~**жа́ться** I *pf* ~ди́ться *coll* equip oneself, fit oneself out; ~**же́ние** equipping; equipment, outfit; ко́нское ~ harness

снасть 5 *f collect* tackle, gear; рыболо́вная ~ fishing-tackle; *pl* rigging

снаха́льничать I *pf of* наха́льничать

снача́ла *adv* (at) first; all over again

сна́шивать I *pf* сноси́ть wear out

СНГ Содру́жество незави́симых госуда́рств Commonwealth of Independent States

снег (~а (~у); *pl* ~а́, ~о́в) snow; ~ идёт it is snowing; мо́крый ~ sleet; занесённый ~ом snow-bound; как ~ на́ голову like a bolt from the blue; э́то меня́ интересу́ет как прошлого́дний ~ I have not the slightest interest in it

снеги́рь 1 *m* bullfinch; *sl* militiaman

снег|ово́й snow; snowcapped (*of mountains*); ~ова́я ли́ния snowline; ~**озадержа́ние** retention of snow; ~**озащи́тный** ~озащи́тное огражде́ние, ~ щит snow-fence; ~**оочисти́тель** *m* snow-plough; ~**опа́д** snowfall; ~**осту́пы** (*gen pl* ~осту́пов) snowshoes; ~**ота́яние** melting of the snow; ~**убо́рочный** snow-clearing; ~**охо́д** snow-tractor, snowmobile; ~**у́рочка** snow-maiden

сне́д|а́ть I *impf lit iron* consume, eat up, gnaw; ~а́емый за́вистью consumed with envy; ~**ь** *f pop* food, eatables

снеж|и́нка snowflake; ~**ни́ца** *pop* melted snow; snow-blindness; ~**ный** snow(y), snow-covered; ~ная ба́ба snowman; ~ зано́с, сугро́б snowdrift; ~ная белизна́ snow-whiteness; ~**о́к** (~ка́) light snow; идёт ~ it is snowing a little; snowball; игра́ть в ~ки́ play snowballs, have a snowball fight

снес|ти́ (~у́, ~ёшь; ~, ~ла́; ~ённый; ~я́) *pf of* сноси́ть *and* нести́; ~**ти́сь** (~у́сь, ~ёшься; ~ся, ~ла́сь; ~я́сь) *pf of* сноси́ться *and* нести́сь

снет|о́к (~ка́) smelt, sparling (*fish*)

сни|жа́ть I *pf* ~зить bring down, lower *also fig*; reduce; ~ давле́ние, ско́рость, себесто́имость проду́кции reduce pressure, speed, production costs; ~ тре́бования be less exacting (with regard to), demand less (of, к + *dat*); ~**жа́ться** I *pf* ~зиться descend, come down, lose height (*of aircraft*); *fig* fall, sink, come down (*prices*, *demands*, *etc*); ~**же́ние** lowering, reduction; ~ зарпла́ты wage cut; ~ те́мпов slowing down; descent (*of aircraft*); вести́ самолёт на ~ bring in a plane to land; ~**зить(ся)** II (~жу(сь)) *pf of* ~жа́ть(ся)

снизо|йти́ (~йду́, ~йдёшь; ~шёл, ~шла́; ~ше́дший; ~йдя́) *pf of* снисходи́ть

сни́зу *adv* from below; from the bottom; underneath; ~ вверх upwards; ~ до́верху from top to bottom; смотре́ть на кого́ ~ вверх look up to somebody

сни́к|нуть I (*past* ~(нул), ~ла) *pf of* ни́кнуть

сним|а́ть I *pf* снять take off, remove; ~ карти́ну со стены́ take a picture off the wall, take down a picture; ~ телефо́нную тру́бку lift the receiver; снять ча́йник с плиты́ take the kettle off the stove; take off (*clothing*, *etc*); снять блока́ду, оса́ду raise a blockade, siege; снять обвине́ние с кого́ exonerate someone; снять с себя́ отве́тственность free oneself of responsibility; remove, rub off; снять грим remove make-up; ~ шку́ру с медве́дя skin a bear; gather, pick; ~ урожа́й gather in the harvest; ~ я́блоки pick apples; withdraw, lift; снять запре́т lift a ban; ~ предложе́ние withdraw a motion, proposal; ~ пье́су с репертуа́ра take off a play; снять с рабо́ты sack, discharge; снять с учёта strike off the register; copy, photograph; ~ ко́пию с докуме́нта make a copy of a document; ~ фильм shoot a film; ~ ме́рку с кого́ take someone's measurements; rent, take (*house*, *etc*); ~ в аре́нду take on lease; cut (*cards*); снять го́лову с кого́ give someone hell, have someone's head; put someone in a (frightful) spot; снять показа́ния take down evidence; снять показа́ния счётчика read a (gas-)meter; как руко́й сня́ло it vanished as if by magic; *mil* pick off; ~**а́ться** I *pf* сня́ться come off (*of clothes*, *etc*); ~ с я́коря weigh anchor, get under way *also fig*; move off; ~ с бива́ка break camp; act in a film, appear before the camera; be photographed, have one's photograph taken; ~ с учёта take one's name off the register; ~**ок** (~ка) photo(graph); **люби́тельский** ~ snapshot; print

сни|ска́ть I (~щу́, ~щешь) *pf of* ~скивать gain, get, win; ~ уваже́ние win respect; ~**скивать** I *pf* ~ска́ть

снисхо|ди́тельность *f* indulgence, tolerance; condescension; ~**ди́тельный** (~ди́телен) indulgent, tolerant; бу́дьте ~ди́тельны к нему́ don't be too hard on him; condescending; **~ди́ть** II (~жу́, ~́дишь) *pf* снизойти́ show condescension (to); ~ к чьей про́сьбе graciously concede to someone's request; ~ до разгово́ров deign to speak (to, с + *instr*); **~жде́ние** indulgence, leniency (towards, к + *dat*); име́ть ~ к нео́пытности show indulgence for inexperience; condescension

сни́|ться (сню́сь, сни́шься) *pf* при~ dream, have a dream; вы мне ~лись I dreamt about you; мне ~лось, что ... I dreamed ...; ему́ сня́тся стра́шные сны he has frightening dreams

сноб snob; **~и́зм** snobbery; **~и́стский** snobbish

сно́ва *adv* again, anew; once again, once more; ~ и ~ time and time again; ~-здоро́во! *pop* here we go again!

снова́ль|ный *tech* warping; **~́щик** *tech* warper

сн|ова́ть (~ую́, ~уёшь) *impf* scurry, dash about; *tech* warp

сновиде́ние dream

сногсшиба́тел|ьный (~ен) *coll joc* stunning, staggering

сноп 1 sheaf; как ~ повали́ться (упа́сть) go down like a ninepin; *fig* shaft, beam; ~ искр shower of sparks; ~ луче́й shaft of light; ~ траекто́рий cone of fire; **~овяза́лка** binder

сноров|и́стый (~и́ст) *coll* smart, clever, quick; **~́ка** knack, skill

снос drift (*from wind, current*); ~ ве́тром *naut* leeway; demolition, pulling down; ~ wear; не знать ~́у wear well, be very hard-wearing; э́тому ~́у нет it will last for ever; **~́н** быть на ~́ях be near her time (*of pregnant woman*); **~и́ть** II (сношу́, сно́сишь) *pf of* сна́шивать; *pf coll* take (and bring back); не ~ головы́ кому́ *coll* cost someone dear; *pf* снести́ take; fetch down, bring down; снести́ сунду́к с чердака́ fetch down a trunk from the attic; *impers* carry (away), blow off, take off; урага́ном снесло́ кры́шу a hurricane took the roof off; cut off, sever; снести́ го́лову кому́ chop someone's head off; demolish, take down, pull down (*buildings, etc*); throw away (*cards*); bear, put up with (*insults, etc*); **~и́ться** II (сношу́сь, сно́сишься) *pf* снести́сь communicate (with, с + *instr*); ~ ме́жду собо́й, друг с дру́гом keep in touch (with one another); **~́ка** footnote; **~́но** *adv* tolerably, fairly well; fair-to-middling, so-so; ~ провести́ вре́мя have a fairly good time; **~́ный** (~ен) *coll* tolerable; fairly good, reasonable, fair

снотво́р|ный (~ен) soporific *also fig*; ~ное сре́дство sleeping tablet, draught, soporific; ~ное *n* sleeping tablet, soporific

снохá 6 daughter-in-law (of father)

снохожде́ние sleepwalking, somnambulism

сноше́ние *usu pl* intercourse; relations, dealings

сню́хаться I *pf coll* recognize one another by scent; ~ с кем *pop cont* take up with someone

сня́|тие taking down; ~ урожа́я gathering in the harvest; removal; ~ запре́та lifting of a ban; ~ с рабо́ты dismissal, the sack; ~ ко́пии copying; **~то́й** ~то́е молоко́ skimmed milk; **~́ть(ся)** (сниму́(сь), сни́мешь(ся); ~л(ся), ~ла́(сь), ~́ло(сь)) *pf of* снима́ть(ся)

со = с

соа́вт|ор collaborator, co-author; *pl* joint authors; **~́орство** collaboration, co-authorship, joint authorship

соба́|ка dog; бродя́чая ~ stray dog; дворо́вая, цепна́я ~ watchdog; морска́я ~ dogfish; охо́тничья ~ gun dog; служе́бная ~ guard dog, patrol dog; ~-ище́йка bloodhound; ~ ла́ет, а ве́тер но́сит *prov* the moon doesn't heed the barking of dogs; как ~ на се́не (сам не ест и други́м не даёт) *prov* like a dog in a manger; ~ке соба́чья смерть a cur's death for a cur; (всех) ~к ве́шать на кого́ *coll* blame someone for everything; не бо́йся ~ки, кото́рая ла́ет *prov* his bark is worse than his bite; свои́ ~ки грызу́тся, чужа́я не пристава́й *prov* put not thy hand between the bark and the tree; вот где ~ зары́та! there's the rub!; об э́том уже́ и ~ки не ла́ют *coll* it's no longer a secret; ~ку съесть *coll* know inside out, be a dab hand (at, на, в + *prep*); его́ с соба́ками не сы́щешь *coll* it's impossible to find him; как ~к нере́занных *coll* plenty, galore, any amount (of, + *gen*); устать как ~ be dog-tired; ни (одна́) ~ *pop* nobody; ка́ждая ~ *pop* everybody; *fig coll* (dirty) dog; **~ково́д** dog-breeder; **~ково́дство** dog-breeding; **~че́й** *coll* dog-lover; **~́чий** canine; *coll* dog's, rotten; ~чья жизнь dog's life; ~ хо́лод perishing cold; **~́читься** II *impf pop* swear, quarrel, curse; **~́чка** little dog, doggie; trigger (*of gun*); *tech* pawl, catch, trip; **~́чник** *coll* dog-lover; *sl* cubby-hole; **~чо́нка** *pej* nasty little dog

собезья́нничать I *pf of* обезья́нничать

собе́с *abbr of* социа́льное обеспе́чение social security (department)

собесе́д|ник companion, interlocutor; он интере́сный ~ he's interesting to talk to; **~́ование** conversation, talk

собира́|тель *m* collector; **~́тельный** *gramm* collective; **~́тельство** collecting; **~́ть** I *pf* собра́ть gather, collect; pick (*flowers, etc*); round up (*animals*); assemble, muster (*troops, etc*); собра́ть всё своё му́жество muster up one's courage; convene, convoke; put together, pack; собра́ть чемода́н *coll* pack a suitcase; pick up; ~ с по́лу бума́ги pick some papers up off the floor; *coll* prepare, get ready; ~ кого́ в доро́гу get someone ready for a journey; собра́ть на стол *coll* lay the table; ~ во́лосы в ко́су braid (plait) one's hair; pleat, gather, take in (*dress, etc*); obtain, poll (*votes*); *tech* assemble, mount (*lathe, building, etc*); **~́ться** I *pf* собра́ться gather, assemble, get together; prepare (for), get ready (for); ~ в доро́гу get ready for a journey; be coming, approaching; ~ется гроза́ a storm is brewing, gathering; intend (to), be about (to), be going (to, + *infin*); я ~юсь в Москву́ I'm thinking of going to Moscow; я как раз ~лся позвони́ть вам I was just about to phone you; *fig* collect (с + *instr*); собра́ться с ду́хом pluck up one's courage; ~ с мы́слями collect one's thoughts; ~ с си́лами summon up one's strength, brace oneself; собра́ться в комо́к *coll* hunch up, huddle up

соблаговоли́ть II *pf obs iron* deign (to), condescend (to, + *infin*)

собла́зн temptation; вводи́ть в ~ lead into temptation; **~и́тель** *m* tempter; seducer; **~и́тельница** temptress; **~и́тельный** (~и́телен) tempting, alluring; seductive; **~и́ть** II *pf of* ~я́ть; **~я́ть** I *pf* ~и́ть tempt; entice, seduce

соблю|да́ть I *pf* ~сти́ observe, adhere (to), keep (to), stick to (discipline, law, order, rules, *etc*); ~ эконо́мию practise economy; **~де́ние** observance (of), adherence (to); ~ поря́дка maintenance of order; **~сти́** (~ду́, ~дёшь; ~́л, ~ла́) *pf of* ~да́ть

соболе́зн|ование condolence, sympathy; выража́ть ~ offer one's condolences (to, + *dat*); **-~овать** (~ую) *impf* condole (with), sympathize (with, + *dat*)

соб|о́лий sable; ~ мех sable; **~оли́ный** sable; ~оли́ные бро́ви sable brows; **-~оль** *m* (*pl* ~оля́, ~оле́й *and* ~оли, ~олей) sable; (*pl* ~оля́, ~оле́й) sable (fur)

собо́р cathedral; *hist* council, synod, assembly; вселе́нский ~ ecumenical council; зе́мский ~ Assembly of the Land (*Muscovite Russia*); **-~ность** *f eccles philos* conciliarism; **-~ный** *eccles* conciliar

собо́р|ование *eccles* extreme unction; **-~овать** (~ую) *impf and pf eccles* administer extreme unction (to), anoint; **-~оваться** (~уюсь) *impf and pf eccles* receive extreme unction

собо́ю = собо́й, see себя́

собр|а́ние meeting, gathering; assembly; ~ правле́ния board meeting; учреди́тельное ~ *hist* Constituent Assembly; collection; ~ зако́нов code of laws; по́лное ~ сочине́ний complete works; **-~анный** calm and collected

собра́т (*pl* ~ья, ~ьев) colleague; ~ по ору́жию brother-in-arms; ~ по перу́ brother-writer; ~ по ремеслу́ fellow-worker, colleague

соб|ра́ть(ся) (~еру́(сь), ~ерёшь(ся); ~ра́л(ся), ~рала́(сь), ~ра́ло; ~ра́ло́сь) *pf of* ~ира́ть(ся)

со́бств|енник owner, proprietor; земе́льный ~ landowner; ме́лкий земе́льный ~ smallholder; **-~еннический** owner's, proprietary; ~еннические права́ rights of ownership; acquisitive; **-~енно** *adv* strictly, actually; ~ говоря́ strictly speaking; в чём, ~, де́ло? what is actually the matter; *partic* proper, in the full sense; **~енноручно** *adv* with one's own hand; **~енноручный** done, made, written by one-self; ~енноручная по́дпись one's own signature; **-~енность** *f* property; ownership, possession; ~ на зе́млю ownership of land; **-~енный** (one's) own; свой ~ one's own; ~енными глаза́ми with one's own eyes; чу́вство ~енного досто́инства self-respect; ~енной персо́ной in person; и́мя ~енное *gramm* proper name; true, proper; в ~енном смы́сле in the true sense; ~ корреспонде́нт our own correspondent; *tech* natural, internal; ~енная ско́рость actual speed; ~енная частота́ *rad* natural frequency

собуты́льник *coll* drinking companion

собы́ти|е event; теку́щие ~я current affairs; э́то це́лое ~ it's quite an event

сов- *abbr of* сове́тский

сова́ 6 owl

сов|а́ть (сую́, суёшь) *pf* су́нуть shove, put, stick, thrust, poke; ~ ру́ки в карма́ны shove one's hands in one's pockets; ~ (свой) нос poke one's nose (into, в + *acc*); **~а́ться** (сую́сь, суёшься) *pf* су́нуться *coll* plunge, push; не зна́вши бро́ду, не су́йся в во́ду *prov* look before you leap; *fig* intrude (in), butt (in), poke one's nose (into, в + *acc*); ~ не в своё де́ло poke one's nose into other people's business; bother (with, к + *dat*, с + *instr*)

сов|ёнок (~ёнка; ~я́та, ~я́т) owlet

соверш|а́ть I *pf* ~и́ть accomplish, carry out, perform, commit, perpetrate; ~ оши́бку make a mistake, commit an error; ~ поса́дку make a landing (*of aircraft*); ~ преступле́ние commit a crime; ~ чудеса́ work wonders; conclude, complete; ~ сде́лку make a deal, strike a bargain; **~а́ться** I *pf* ~и́ться *lit* take place, happen, occur; **~е́ние** accomplishment, fulfilment; perpetration; **~е́нно** *adv* quite, perfectly; absolutely, utterly, completely; ~ ве́рно! quite right!, perfectly true!; ~ го́лый stark naked; **~еннолéтие** coming of age, majority; дости́гнуть ~еннолéтия come of age, attain one's majority; **~еннолéтний** of age; **~е́нный** (~е́нен, ~е́нна) perfect; absolute, utter, complete, total, perfect; ~е́нная пра́вда absolute truth; ~ идио́т perfect idiot, utter fool; ~ вид *gramm* perfective aspect; **~е́нство** perfection; верх ~е́нства the acme of perfection; в ~е́нстве to perfection, perfectly; **~е́нствовать** (~е́нствую) *pf* у~ improve (*knowledge, etc*); **~е́нствоваться** (~е́нствуюсь) *pf* у~ improve oneself; ~ в игре́ на скри́пке improve one's violin playing; **~и́ть(ся)** II *pf of* ~а́ть(ся)

со́в|естить II (~ещу) *pf* у~ *coll* (put to) shame; **-~еститься** (~ещусь) *pf* по~ *coll* be ashamed (of, + *infin or* + *gen*); **-~естливый** (~естлив) conscientious, scrupulous; **-~естно** (*pred* + *dat and infin*) be ashamed; ~ сказа́ть I am ashamed to say; как вам не ~! you ought to be ashamed of yourself!: мне ~ проси́ть де́нег I am ashamed to ask for money; **-~есть** *f* conscience; чи́стая, нечи́стая ~ clear, guilty conscience; со споко́йной ~естью with a clear (easy) conscience; меня́ му́чает ~ I have pangs of conscience; для очи́стки ~ести to clear one's conscience; свобо́да ~ести freedom of worship; угрызе́ния ~ести pangs of conscience, compunction; по чи́стой ~ести frankly, in all conscience, in good faith; по ~ести сказа́ть to tell the truth; рабо́тать на ~ work conscientiously; э́то лежи́т на мое́й ~ести it's on my conscience; ему́ хвати́ло ~ести he had the cheek; поступа́ть про́тив свое́й ~ести go against one's conscience; пора́ (на́до) и ~ знать there's a limit

сове́т advice, counsel; (по)сле́довать чьему́ ~у follow someone's advice; council; С~ Безопа́сности Security Council; вое́нный ~ council of war; *obs* concord, harmony; Soviet, soviet; **-~ник** adviser; councillor (*title of office*); **-~овать** (~ую) *pf* по~, *pop* при~ advise (+ *dat*); он нам не ~овал ходи́ть туда́ *coll* he warned us against going there; **-~оваться** (~уюсь) *pf* по~ consult, ask the advice (of, с + *instr*); ~ с юри́стом take legal advice; discuss, go into council; **~ове́дение** Sovietology; **~о́лог** Sovietologist; **-~ский** Soviet; С~ Сою́з Soviet Union; ~ строй Soviet form of government; **-~чик** adviser, counsellor

совеща́|ние conference, meeting; ~ на верха́х summit conference; deliberation; **-~тельный** deliberative, consultative; **-~ться** I *impf* confer (with, с + *instr*), consult; deliberate (on, about, over, о + *prep*)

сов|и́ный owl's, owlish; **-~ка** owlet moth; screech owl

совлад|а́ть I *pf pop* control, get the better (of, с + *instr*); ~ с собо́й control oneself; **~е́лец** (~е́льца) joint owner, joint proprietor; **~е́ние** joint ownership

совле|ка́ть I *pf* -~чь *obs lit* divest, take off, take down; **-~чь** (~ку́, ~чёшь; -~к, ~кла́; -~кший) *pf of* ~ка́ть

совме|сти́мость *f* compatibility; **~сти́мый** (~сти́м) compatible (with, с + *instr*), consistent; **~сти́тель** *m* pluralist, person combining jobs; **~сти́тельство** pluralism, holding of more than one office; **~сти́тельствовать** (~сти́тельствую) *impf* combine jobs; **~сти́ть(ся)** II (~щу, ~сти́т(ся)) *pf of* ~ща́ть(ся); **-~стно** *adv* jointly, in common, together with; ∠**стный** joint, combined; ~стное владе́ние joint ownership (of, + *instr*); ~стная жизнь life together; ~стное заседа́ние joint sitting; ~стное обуче́ние coeducation; ~стные де́йствия *mil* combined operations, concerted action; ~**ща́ть** I *pf* ~сти́ть combine; *impf* combine jobs; ~**ща́ться** I *pf* ~сти́ться combine, be combined; coincide; be superposed, match

сов|ми́н *abbr of* Сове́т Мини́стров Council of Ministers; ~**нарко́м** *abbr of* Сове́т Наро́дных Комисса́ров Council of People's Commissars (*after 1946 Council of Ministers*); ~**нархо́з** *abbr of* Сове́т наро́дного хозя́йства National Economic Council

сов|о́к (~ка́) scoop; ~ для со́ра dustpan; садо́вый ~ trowel; ~**о́чек** (~о́чка) *dim of* ~о́к trowel

совокуп|и́ть(ся) II (~лю́(сь)) *pf of* ~ля́ть(ся); ~**ле́ние** copulation; ~**ля́ть** I *pf* ~и́ть combine, unite; ~**ля́ться** I *pf* ~и́ться copulate (with, с + *instr*); ∠**но** *adv* in common, jointly; ∠**ность** *f* sum total, aggregate, totality; в ~ности in the aggregate; ~ доказа́тельств totality of evidence; по ~ности on the strength (of, + *gen*); ∠**ный** joint, combined, aggregate

совпа|да́ть I *pf* ∠сть coincide (with, с + *instr*); agree (with), conform (with), tally (with); ~**де́ние** coincidence; concurrence; ~ обстоя́тельств combination of events; ∠**сть** (~ду́, ~дёшь; ~л) *pf of* ~да́ть

совра|ти́тель *m* seducer, perverter; ~**ти́ть(ся)** II *pf of* ~ща́ть(ся)

совр|а́ть (~у́, ~ёшь; ~а́л, ~ала́, ~а́ло) *pf of* врать

совра|ща́ть I *pf* ~ти́ть seduce, pervert; ~ с пути́ и́стинного lead astray; ~**ща́ться** I *pf* ~ти́ться go astray

совреме́н|ник contemporary; ∠**ность** *f* contemporaneity; topicality, modernity, up-to-dateness; the present (time), modern (our) times; ∠**ный** (~ен, ~на) contemporary (of, + *dat*), of the time (of); modern, present-day; up-to-date; ~ная молодёжь youth of today; ~ное обору́дование up-to-date equipment

совсе́м *adv* quite, entirely, totally, completely; for good, altogether; ~ наоборо́т just the opposite; ~ не not at all, not in the least; он ~ не глу́пый he is not at all stupid; у меня ~ нет вре́мени I haven't a moment to spare

совхо́з *abbr of* сове́тское хозя́йство sovkhoz, state farm; ∠**ный** state-farm

согбе́н|ный (~, ~на) *obs* bowed, bent, stooping

согла́|сие consent, assent; с ва́шего ~сия with your consent; с о́бщего ~сия by common consent; дать своё ~ give one's consent; agreement; в ~сии in accordance (with, с + *instr*); harmony, concord, accord; в по́лном ~сии in perfect harmony; ~**си́тельный** conciliatory; conciliation; ~**си́ть(ся)** II (~шу́(сь)) *pf of* ~ша́ть(ся); ∠**сно** *adv* in harmony, in accord; петь ~ sing in harmony, harmoniously; *prep* according (to, + *dat*); ~ предписа́нию according to the instruction; *prep* in accordance (with, с + *instr*); ∠**сность** *f* harmony, harmoniousness; ∠**сный** (~ен) agreeable (to, на + *acc*); он ~сен на все усло́вия he agrees to all the conditions; in agreement (with, с + *instr*); я с тобо́й не ~сен I don't agree with you; *obs* in keeping (with, с + *instr*); harmonious, concordant; *gramm* consonant(al); *n* consonant; ~**сова́ние** coordination; *gramm* agreement, concord; ~ времён sequence of tenses; ~**со́ванность** *f* coordination; ~ во вре́мени sychronization; ~**со́ванный** coordinated; ~со́ванные де́йствия concerted action; ~ текст agreed text; ~**сова́ть** (~су́ю) *pf of* ~со́вывать; ~**сова́ться** (~су́ется) *impf and pf* accord (with), conform (to), be in conformity (with, с + *instr*); *impf gramm* agree (with, с + *instr*); ~**со́вывать** I *pf* ~сова́ть coordinate; get agreement on, fix; ~ план де́йствий get agreement on a plan of action; *gramm* make agree (with); ~**ша́тель** *m pol pej* yes-man, compromiser, conciliator, appeaser; ~**ша́тельский** ~ша́тельская поли́тика policy of compromise, appeasement policy; ~**ша́тельство** *pol pej* compromise, appeasement; ~**ша́ть** I *pf* ~си́ть reconcile; ~**ша́ться** I *pf* ~си́ться consent (to), agree (to, на + *acc or* + *infin*); concur (with), agree (with, с + *instr*); ~**ше́ние** agreement, understanding; по ~ше́нию by agreement (with, с + *instr*); прийти́ к ~ше́нию come to an agreement

согляда́тай spy

согн|а́ть (сгоню́, сго́нишь; ~а́л, ~ала́, ~а́ло; ∠анный) *pf of* сгоня́ть

согн|у́ть(ся) (~у́(сь), ~ёшь(ся)) *pf of* сгиба́ть(ся) *and* гнуть(ся)

сограждани́н (*pl* ∠ане, ∠ан) fellow-citizen

согре|ва́тельный ~ компре́сс hot compress; ~**ва́ть** I *pf* ∠ть warm, heat; *fig* comfort; inspire; ~**ва́ться** I *pf* ∠ться get warm; warm oneself; ∠**ть(ся)** I *pf of* ~ва́ть(ся)

согреш|е́ние sin, trespass; ~**и́ть** II *pf of* греши́ть

со́да soda, sodium carbonate; каусти́ческая ~ caustic soda; питьева́я ~ household soda

соде́йств|ие assistance, help; good offices; ∠**овать** (~ую) *impf and pf*; *pf also* по~ assist, further, contribute (to), promote (+ *dat*); ~ успе́ху contribute to (the) success

содерж|а́ние maintenance, upkeep; расхо́ды по ~а́нию maintenance cost, expenses of upkeep; allowance; де́нежное ~ financial support; быть на ~а́нии у кого́ be kept, supported by someone; pay, salary, allowance; о́тпуск с сохране́нием ~а́ния leave, holiday(s) with pay; theme, subject, content; ~ кни́ги subject of a book; ~ о́перы theme of an opera; ~ разгово́ра content of a conversation; кра́ткое ~ summary; content(s), plot (*of novel, etc*); table of contents; substance, matter, gist, essence; еди́нство фо́рмы и ~а́ния unity of form and content; ~ вла́ги в атмосфе́ре moisture content of the atmosphere; ~**а́нка** kept woman; ~**а́тель** *m* owner, landlord; ~ тракти́ра innkeeper; ~**а́тельный** (~а́телен) profound, serious; ~ челове́к interesting man (woman); ~а́тельная кни́га substantial book; ~**а́ть** II (~у́, ∠ишь) *impf* keep, maintain, support; ~ семью́ keep a family; keep, run, have (*business, shop, etc*); keep (*in a given state*); ~ в испра́вности keep in working order; ~ в поря́дке keep in order; ~ в та́йне keep (as a) secret; ~ под аре́стом keep under arrest; contain; лека́рство ∠ит мышья́к the medicine contains arsenic; ~**а́ться** II (~у́сь, ∠ишься) *impf* be kept, be maintained; ~ под аре́стом be (kept) under arrest; в кни́ге ∠атся ну́жные све́дения the book contains the information we need; ~**и́мое** *n* contents

соде́|янный *lit* committed; агре́ссор несёт отве́тственность за все ~янные им преступле́ния the aggressor bears responsibility for all the crimes he has committed; ∠**ять** I (~ю) *pf obs lit* commit, carry out; ~яться I (~ется) *pf obs pop* happen (to, с + *instr*)

сóдов|ый soda; ~ая водá soda (water)

содоклáд supporting paper, supplementary report; ~**чик** second speaker

содóм *coll* uproar, row; поднять ~ raise Cain, raise hell

содрá|ть (сдерý, сдерёшь; ~л, ~лá, ~ло) *pf of* сдирáть and драть; ~**ться** (сдерётся; ~лся, ~лáсь, ~лóсь) *pf of* сдирáться

содрог|áние shudder; ~**áться** I *pf* ~нýться shake, rock; земля ~áлась от взрывов the earth rocked with the explosions; shudder, quake (*from horror, etc*); ~**нýться** I *pf of* ~áться

содрýжество concord, harmony, cooperation; community, commonwealth; Британское ~ нáций the British Commonwealth (of Nations); association (*of artists, etc*)

сóевый soya

соедин|éние joining, connection, conjunction; *tech* junction, join, junction; *chem* compound; *mil* formation; ~**ённый** united, joint, combined; ~ённые сйлы combined forces; С~ённое Королéвство United Kingdom; С~ённые Штáты (Амéрики) United States (of America); ~**ймый** (~йм) connectable, connected; ~**йтельный** connective, connecting, coupling; ~ брус draw bar; ~йтельное звенó connecting link; ~йтельная корóбка junction box; ~йтельная мýфта *tech* connector, sleeve; ~ союз *gramm* copulative conjunction; ~йтельная ткань connective tissue; ~йтельная тяга coupling rod; ~**йть(ся)** II *pf of* ~ять(ся); ~**ять** I *pf* ~йть join (together), unite; couple, link, connect; put through (*telephone*); combine, tie up; ~ теóрию с прáктикой combine theory with practice; ~**яться** I *pf* ~йться join, unite, connect; fuse (*of metals*); *fig* be joined; get through, make contact; ~йться с кем по телефóну get someone on the phone; *chem* combine; join up, effect a junction (*of troops*); be combined; в нём ~йлись хрáбрость и великодýшие he combined bravery with magnanimity

сожалé|ние regret (for, о + *prep*); к нáшему ~нию to our sorrow, regrettably; к ~нию unfortunately; с ~нием regretfully; pity (for, к + *dat*); из ~ния out of pity (for, к + *dat*); достóйный ~ния (greatly) to be pitied, to be deplored; ~**ть** I *impf* regret, deplore, be sorry (about, о + *prep*); ~ о случйвшемся regret the incident; pity, be sorry for

сожжéние burning, cremation; ~ на кострé burning at the stake

сожйтель *m* ~ по кóмнате *coll* room-mate; *pop* lover; ~**ница** fellow-lodger, companion; ~ по кóмнате *coll* room-mate; *pop* lover; ~**ство** living together, lodging together; *fig* living together, cohabitation; ~**ствовать** (~ствую) *impf* live, lodge (with, с + *instr*), live together; *fig* live (with, с + *instr*), cohabit, live together

сожр|áть (~ý, ~ёшь; ~áл, ~алá, ~áло) *pf of* жрать

созв|áниваться I *pf* ~онйться *coll* call by phone (с + *instr*), get in touch by phone; arrange by phone (о + *prep*)

соз|вáть (~овý, ~овёшь; ~вáл, ~валá, ~вáло; ~ванный) *pf of* сзывáть and ~ывáть

созвéздие constellation

созв|онйться II *pf of* ~áниваться

созвýч|ие *mus* accord, consonance; *lit* assonance; ~**ный** (~ен) *mus* harmonious *also fig*; consonant (with), in keeping (with, + *dat*); ~ эпóхе in tune with the times

созда|вáть (~ю, ~ёшь) *pf* ~ть create, make; found, set up, establish; ~ впечатлéние create, give, produce an impression; ~ комйссию set up a committee; ~ симфóнию compose, write a symphony; эти люди сóзданы друг для друга these people are made for one another; ~**вáться** (~ётся) *pf* ~ться be created, arise, spring up; у меня ~лóсь впечатлéние ... I gained the impression ...; ~**ние** creation, making, building; (piece of) work, creation; ~ гéния work of a genius; creature, being; ~**тель** creator; founder, originator; the Creator; ~**ть(ся)** (~м, ~шь, ~ст(ся), ~дйм, ~дйте, ~дýт(ся); сóздал, создáлся, создалá(сь), сóздало, создалóсь; создáй; сóзданный) *pf of* ~вáть(ся)

созерцá|ние contemplation; ~**тель** *m* contemplative person; (passive) observer; ~**тельный** (~телен) contemplative, meditative; ~**ть** I *impf* contemplate; observe

созидá|ние *lit* creation; пáфос ~ния creative inspiration; ~тель *m* creator; ~**тельный** (~телен, ~тельна) creative, constructive; ~**ть** I *impf lit* create

сознa|вáть (~ю, ~ёшь; ~вáя) *pf* ~ть realize, recognize, be aware (of), conscious (of), be alive (to); ~ свой долг be aware of one's duty; ~ свою ошйбку realize one's mistake; *impf* be conscious (*of surroundings*); больнóй ничегó не ~ёт the patient is unconscious; ~**вáться** (~юсь, ~ёшься; ~вáясь) *pf* ~ться confess; admit, acknowledge (в + *prep*); ~ться в своéй ошйбке admit one's mistake; ~**ние** consciousness; клáссовое ~ class-consciousness; прийтй в ~ come to, come round, regain consciousness; потерять ~ lose consciousness; он без ~ния he is unconscious; довестй до ~ния hammer home; уложйться в ~нии become clear; до потéри ~ния till one is blue in the face; awareness, realization; в ~нии своегó превосхóдства conscious of one's superiority; ~ дóлга sense, awareness of duty; confession; ~**тельность** *f* consciousness; политйческая ~ political consciousness, awareness; acumen, intelligence; maturity; deliberateness; ~**тельный** (~телен, ~тельна) conscious; mature, intelligent; ~ вóзраст age of maturity; politically conscious; ~ рабóчий class-conscious worker; deliberate; ~**ть(ся)** (~ю(сь), ~ешь(ся)) *pf of* ~вáть(ся)

созорничáть I *pf of* озорничáть

созре|вáть I *pf* ~ть ripen, mature *also fig*; ~**ть** I *pf of* зреть and ~вáть

созыв calling, summoning; convocation; ~**áть** I *pf* созвáть call, summon, invite (*friends, etc*); convene, summon, convoke (*meeting, etc*)

соизвóл|ить II *pf of* ~ять; ~**ять** I *pf* ~ить *obs iron* be pleased (to), deign (to, + *infin*)

соизмерйм|ость *f* commensurability; ~**ый** (~) commensurable; *fig* comparable

соискá|ние submission, presentation (*of thesis, etc*); диссертáция на ~ дóкторской стéпени doctoral dissertation; ~**тель** *m* competitor, candidate (for, + *gen*)

сó|йка (*gen pl* ~ек) *orni* jay

со|йтй(сь) (~йдý(сь), ~йдёшь(ся); ~шёл(ся), ~шлá(сь); ~шéдший(ся); ~йдя(сь)) *pf of* сходйть(ся)

сок (~а (~у); в ~е, о ~е) sap; берёзовый ~ birch sap; желýдочный ~ gastric juice; все ~и выжать из кого́ *fig* work someone to death, exhaust someone, sap all someone's strength; (в ~́, в ~у́; на ~́е, на ~у́; о́ ~е) juice; в (са́мом *or* по́лном) ~у́ *fig coll* in the prime of life, in one's prime; вари́ться в со́бственном ~у́ stew in one's own juice; ~́**овый** sap, juice

со́кол falcon *also fig rhet*; *pl fig* eagles, hawks (*of Soviet airmen*); *fig* lion, prodigy (*of brave and handsome man*); гол как соко́л *coll* poor as a church mouse, poor as Job; ~́**ик** *dim of* ~; *pop* (my) dear; ~**и́ный** ~и́ная охо́та falconry; ~и́ные о́чи *poet* hawk eyes; eagle (bold, proud); ~́**ьник** *hist* falconer; ~́**ьничий** *n hist* falconer

сокра|ти́ть(ся) II (~щу́, ~ти́т(ся)) *pf of* ~ща́ть(ся); ~**ща́ть** I *pf* ~ти́ть shorten, curtail; abbreviate (*word, etc*); abridge (*text, etc*); ~ти́ть путь shorten the journey; reduce, cut down (expenses, *etc*); ~ти́ть шта́ты cut down staff; retrench; lay off, dismiss, discharge; reduce (*fraction*); contract (*muscle, etc*); *math* cancel out, eliminate; ~**ща́ться** I *pf* ~ти́ться shorten, grow shorter, be shortened; reduce, be reduced; *coll* be cut down (*expenses, etc*); contract (*muscle, etc*); *math* cancel out; ~**ще́ние** shortening; для ~ще́ния вре́мени, пути́ to save time, make a short cut; abridgement (*of text, etc*); curtailment, reduction; ~ шта́тов staff reduction; abbreviation; *coll* dismissal, discharge; contraction (*of muscle, etc*); ~ се́рдца systole; *math* cancellation; ~**щённо** *adv* in abbreviated form; briefly; ~**щённый** shortened, reduced, curtailed; ~щённое изда́ние abridged edition; abbreviated

сокрове́н|ность *f* secrecy; mystery; ~́**ный** (~, ~на) secret, innermost (*thoughts, etc*); cherished; ~ная мечта́ cherished dream

сокро́в|ище treasure; *usu pl fig* treasures, riches (*of culture, etc*); ни за каки́е ~ища not for the world; ~́**ищница** treasure-house, treasury, storehouse, depository *also fig*

сокруш|а́ть I *pf* ~и́ть smash, shatter, destroy *also fig*; ~ врага́ destroy the enemy; distress, crush; ~**а́ться** I *impf coll* grieve (over), be distressed (about, о + *prep*); ~**е́ние** smashing, shattering; *obs* grief, distress; ~**ённо** *adv* mournfully; ~**ённый** sad, grieving, grief-stricken; ~**и́тельный** (~и́телен) shattering, crushing, crippling (*blow, etc*); ~**и́ть** II *pf of* ~а́ть

сокр|ы́тие concealment; ~ кра́деного receiving of stolen goods; ~**ы́ть** (~о́ю, ~о́ешь) *pf obs* hide, conceal, cover up

соку́рсник fellow student; он мой ~ he is in my year

со|лга́ть (~лгу́, ~лжёшь, ~лгу́т; ~лга́л, ~лгала́, ~лга́ло) *pf of* лгать

солда́|т (*gen pl* ~т) soldier, private; ~́**тик** *dim of* ~т; toy soldier; игра́ть в ~тики play soldiers; ~́**тка** soldier's wife; ~**тня́** *collect pej* soldiery, soldiers; ~́**тский** soldier's; ~́**тчина** *hist* levy; military service, soldiering; ~**фо́н** *coll pej* rough, crude soldier

соле|ва́р salt-worker; ~**варе́ние** salt production; ~**ва́ренный** ~ заво́д salt-works; ~**ва́рный** = ~ва́ренный; ~**ва́рня** (*gen pl* ~ва́рен) salt-works, saltern; ~́**ние** salting, pickling; ~́**ность** *f* saltiness; ~́**ный** salt; ~ное о́зеро salt lake; (со́лон, солона́, со́лоно) salty; у меня́ во рту со́лоно I have a salt(y) taste in my mouth; *long form* salted, pickled; ~ные грибы́ mushrooms in brine; ~ная капу́ста sauerkraut; ~ное мя́со corned beef; ~ огуре́ц pickled cucumber; ~**ное** *n* pickles; *fig coll* indecent, salty, spicy (*story, etc*); *short form fig coll* difficult; ему́ со́лоно пришло́сь he had a pretty tough time, he has been through the mill; уйти́ не со́лоно хлеба́вши *coll* go away empty-handed, as wise as one was before, get nothing for one's pains; ~́**нье** salted food(s), pickles

солеци́зм solecism

солидар|иза́ция making common cause; ~**изи́роваться** (~изи́руюсь) *impf and pf* express one's solidarity (with), make common cause (with), join (with, с + *instr*); ~́**ность** *f* solidarity; из ~ности in sympathy (with, с + *instr*); *leg* collective, joint responsibility; ~́**ный** (~ен) at one (with), in sympathy (with), in agreement (with, с + *instr*); ~ная отве́тственность *leg* joint responsibility, liability

соли́д|ный (~ен) solid, substantial, strong, sound (*building, etc*); thorough, extensive, considerable, wide (*knowledge, etc*); ~ журна́л serious magazine; established, recognized, serious, important (*scientist, scholar, institution, etc*); imposing, impressive (*appearance, person*); ~ тон lofty tone; *coll* massive, big (*of person*); middle-aged, no longer young; *coll* sizeable, considerable, tidy (*sum, etc*)

солипси́зм solipsism

соли́ст soloist

солите́р solitaire (diamond)

солитёр tapeworm

сол|и́ть II (~ю́, ~́и́шь) *pf* по~ salt; *pf* по~ *and* за~ pickle; ~ мя́со corn meat; ~́**ка** pickling, salting

со́лн|ечный sun, solar; ~ечная ва́нна sun-bath; ~ечное затме́ние solar eclipse; ~ луч sunbeam; ~ечные пя́тна sunspots; ~ свет sunlight, sunshine; ~ечная систе́ма solar system; ~ечное сплете́ние solar plexus; ~ уда́р sunstroke; ~ечные часы́ sundial; sunny *also fig* (*day, weather, smile, etc*); ~́**це** sun; го́рное ~ *obs* sun-lamp; ло́жное ~ parhelion; гре́ться на ~ bask in the sun, sun oneself; по ~цу by the sun; до ~ца before sunrise; ме́сто под ~цем place in the sun; пока́ ~ взойдёт, роса́ о́чи вы́ест *prov* while the grass grows the horse starves; ~**цепёк** heat of the sun; на ~цепёке in the heat of the sun, right in the sun; ~**цестоя́ние** solstice

со́ло *neut indecl* solo; петь ~ sing solo

солов|е́й (~ья́) nightingale; ~ья́ ба́снями не ко́рмят *prov* fine words butter no parsnips, a hungry belly has no ears; залива́ться ~ьём *fig* speak eloquently

солове́ть I *pf* по~, о~ *pop* grow sleepy, languid

соло́вый light bay

соловьи́ный nightingale's

со́ло|д malt; ~**ди́льня** malt-house; ~**ди́ть** II (~жу́) *pf* на~ malt

соло́дк|а liquorice; ~**о́вый** ~ ко́рень liquorice

солодо́венный ~ заво́д malt-house

соло́м|а straw; thatch; крыть ~ой thatch; у него́ ~ в голове́ *coll* he's a blockhead; ~́**енный** straw; ~енная вдова́ grass widow; ~енная кры́ша thatched roof; ~енная шля́па straw hat; straw-coloured (*of hair, etc*); ~́**инка** straw; хвата́ться за ~инку *fig* clutch at a straw; ~́**ка** *dim of* ~а́; matchstick; matchwood; *collect* straw packing; stick (of toffee); ~**оре́зка** chaff-cutter

солон|е́ц (~ца́) *geol* solonetz

сол|они́на corned beef, salted beef; ~**о́нка** salt-cellar; ∼оно *see* ∼ёный; **∼онча́к** 1 *geol* solonchak, saline soil; **∼ь** 5 *f* salt; английская ∼ Epsom salts; ка́менная ∼ rock-salt; ню́хательная ∼ smelling salts; пова́ренная ∼ common (table) salt, sodium chloride; столо́вая ∼ table salt; *fig* salt, spice; атти́ческая ∼ Attic wit (salt); ∼ земли́ salt of the earth; в э́том вся ∼! that's the whole point!, that's the beauty of it!; мно́го ∼и съесть с кем enjoy someone's hospitality; насы́пать ∼и на хвост кому́ *pop* queer someone's pitch

соль *neut indecl mus* sol, G; ∼-дие́з G sharp; ∼-бемо́ль G flat; ключ ∼ treble clef, G clef; **∼ный** solo; ∼ но́мер (a) solo; ∼ная па́ртия solo part; ∼ ключ treble clef; **∼фе́джио** *neut indecl mus* solfeggio, sol-fa, solmization

соля́н|ка solyanka (*thick soup of fish or meat*); dish of stewed meat or fish with cabbage; сбо́рная ∼ *fig* = сбо́рная селя́нка; **∼о́й** salt, saline; ∼а́я кислота́ hydrochloric acid; ∼ы́е ко́пи salt-mines; ∼ раство́р saline solution, brine; **∼оки́слый** hydrochloric

соля́рий solarium

сом 1 sheat-fish

сомати́ческий somatic

со́мкн|утый ∼ строй *mil* close order; ∼утыми ряда́ми in serried ranks; **∼у́ть(ся)** I *pf of* смыка́ть(ся)

сомна́мбул|а *m and f* somnambulist, sleepwalker; **∼и́зм** somnambulism, sleepwalking

сомн|ева́ться I *impf* doubt, question; ∼ева́юсь I have my doubts; ∼ева́юсь, что … I don't believe that …; мо́жете не ∼! don't worry!; ∼ в успе́хе doubt (one's) success; не ∼евайтесь, не подведу́ have no fears, (rest assured) I shan't let you down; **∼е́ние** doubt; uncertainty; без (вся́кого) ∼е́ния, вне ∼е́ния without (any) doubt, beyond any shadow of doubt; подверга́ть ∼е́нию call in question; не подлежи́т ни мале́йшему ∼е́нию, что … there cannot be the slightest doubt that …; problem, doubtful point; **∼и́тельный** (∼и́телен) questionable, dubious, doubtful; ∼и́тельная тео́рия dubious theory; ambiguous, equivocal; ∼ комплиме́нт dubious compliment; shady, suspect (*affair*, *etc*); ∼и́тельная ли́чность shady (dubious) character

сомножи́тель *m math* factor

сон (сна) sleep, slumber; во сне in one's sleep; со сна half asleep; богаты́рский ∼ *joc* deep sleep; ве́чный ∼ *fig* eternal rest; кре́пкий ∼ sound sleep; прия́тного сна! sleep tight (well)!; то́нкий, чу́ткий ∼ light sleep; на ∼ гряду́щий the last thing (before going to sleep), at bedtime; ни сном ни ду́хом не винова́т *coll* not guilty at all; у неё сна ни в одно́м глазу́ нет *coll* she couldn't feel less like sleep, she doesn't want to sleep at all; спать сном моги́лы sleep in one's grave, go to eternal rest; спать сном пра́ведника sleep the sleep of the just; спать сла́дким сном sleep blissfully; спать беспробу́дным (непробу́дным) сном sleep the sleep of death, be in deep sleep; усну́ть ве́чным сном *fig lit* die; меня́ кло́нит ко сну I feel sleepy; навева́ть (нагоня́ть) сон на кого́ make someone sleepy; dream; ви́деть во сне have a dream, dream (about something, что); сквозь ∼ in a doze, half-asleep; ∼ наяву́ waking dream

сона́т|а *mus* sonata; **∼и́на** *mus* sonatina

соне́т sonnet

сонли́в|ец (∼ца) *obs coll* sleepyhead; **∼ость** *f* sleepiness, drowsiness, somnolence; **∼ый** (∼) sleepy, drowsy, somnolent

сонм, со́нмище *obs joc also lit* throng, multitude, assembly; *fig* swarm, horde

со́н|ник book of dream interpretation; **∼ный** sleepy, drowsy; sleeping; *fig* listless, sluggish, somnolent; в ∼ном состоя́нии while asleep; у них сейча́с ∼ное ца́рство *joc* they are now in the land of Nod; как ∼ная му́ха like a tired butterfly; ∼ная арте́рия carotid artery; ∼ная боле́знь *med* sleeping sickness, sleepy sickness; *coll* sleeping, soporific; ∼ные ка́пли sleeping-draught; **∼я** *m and f* sleepyhead; *f* dormouse

сообра|жа́ть I *impf* understand, grasp, know; бы́стро, ме́дленно ∼ be quick, slow on the uptake; пло́хо ∼ not be very bright; *pf* ∼зи́ть weigh up, consider, ponder, (try to) think out; *pop* do, make, arrange, cook up; ∼зи́ть на трои́х *joc* share a bottle amongst three; **∼же́ние** pondering, considering, weighing up; поступа́ть без ∼же́ния act without thinking; wit, sense; opinion, view, consideration; из э́тих ∼же́ний for these reasons; такти́ческие ∼же́ния tactical considerations; приня́ть в ∼ take into consideration; **∼зи́тельность** *f* quick-wittedness, quick thinking, keen sense; **∼зи́тельный** (∼зи́телен) quick-witted, sharp, quick, bright, keen-witted; **∼зи́ть** II (∼жу́) *pf of* ∼жа́ть

сообра́з|но *adv* in conformity (with, с + *instr*); **∼ность** *f* conformity; **∼ный** (∼ен) in conformity (with), in accordance (with), in keeping (with, с + *instr*); ни с чем не ∼ absolutely absurd, preposterous; **∼ова́ть** (∼у́ю) *impf and pf* co-ordinate (with), adapt (to, с + *instr*), adjust; **∼ова́ться** (∼у́юсь) *impf and pf* conform (to), take into account, adapt (to, с + *instr*)

сообща́ *adv* jointly, together; де́йствовать ∼ act in unison

сообщ|а́ть I *pf* ∼и́ть communicate, inform (about), announce (*by radio*), let know (+ *acc*, о + *prep*) ∼и́ть свой а́дрес знако́мым let one's friends know one's address; газе́ты ∼а́ют, что … the papers say that …; impart; ∼ чему́ водонепроница́емость make something watertight; **∼а́ться** I *impf* communicate (with), be in communication (with, с + *instr*); как уже́ ∼а́лось as previously reported; ∼ по телефо́ну keep in touch by phone; *pf* ∼и́ться be communicated, communicate itself (*of emotion*, *etc*); **∼е́ние** communication, announcement, report; по после́дним ∼е́ниям according to the latest reports; (официа́льное) ∼ communiqué; по ∼е́нию as reported; прямо́е ∼ through connection; пути́ ∼е́ния communications (*rail*, *road*, *etc*)

соо́бществ|о association, fellowship; в ∼е in association, conjunction (with, с + *instr*)

сообщ|и́ть(ся) II *pf of* ∼а́ть(ся)

соо́бщн|ик accomplice, confederate; partner (*in crime*); *leg* accessory; **∼ичество** complicity

соору|ди́ть II (∼жу́) *pf of* ∼жа́ть; **∼жа́ть** I *pf* ∼ди́ть erect, build; *coll* fix, cook up; **∼же́ние** erection, construction; edifice, structure, building; вое́нные ∼же́ния military installations

соотве́тств|енно *adv* accordingly, correspondingly; *prep* according (to), in conformity (with), in accordance (with), in compliance (with, + *dat*); **∼енный** (∼ен, ∼енна) corresponding (to), proper (to, + *dat*); suitable, proper; **∼ие** accord(ance), correspondence, conformity; в ∼ии in accordance (with), in conformity (with, с + *instr*); приводи́ть в ~ bring into line (with, с + *instr*); **~овать** (~ую) *impf* correspond (to, with), be in accordance (harmony, keeping) (with), conform (to, + *dat*); meet, answer (*purpose, requirements, description, period*); **~ующий** corresponding (to, + *dat*); appropriate, suitable, proper; ~ующим óбразом accordingly; принимáть ~ующие мéры take appropriate action

соотéчественник compatriot, fellow-countryman

соотн|ести́ (~есý, ~есёшь; ~ёс, ~еслá; ~есённый; ~еся́) *pf of* ~оси́ть; **~оси́тельный** (~оси́телен) correlative; **~оси́ть** II (~ошý, ~óсишь) *pf* ~ести́ correlate; **~оси́ться** II (~óсится) *impf* correspond; **~ошéние** correlation; ratio; ~ сил relative strengths; alignment

сопáтка *pop* nose

сопéль *f mus* pipe

сопéрн|ик rival; **~ичать** I compete, contend (with), vie (with, с + *instr*; in, в + *prep*); rival, compete (with); **~ичество** rivalry

соп|éть II (~лю́) *impf* wheeze

сóпк|а hill, mound, knoll; volcano (*in Siberia, Far East*); послáть под ~у *sl* shoot, kill

соплемéнн|ик fellow tribesman; *lit* fellow-countryman; **~ый** *lit* of the same tribe; related

сóпл|и (*gen pl* ~éй; *sing* ~я́) *pop* snivel, snot; **~и́вый** (~и́в) *pop* snotty; ~ мальчи́шка *pop* snotty-nosed brat; *pop* raw (*inexperienced*)

сопл|ó (*pl* ~а, ~, ~ам) *tech* nozzle; **~овóй** nozzle

соплóдие compound fruit

сопля́к 1 *pop* snotty child; kid, brat; greenhorn

соподчинéн|ие *gramm* coordination; **~ный** *gramm* coordinative

сопостав|и́мый (~и́м) comparable; **~ить** II (~лю) *pf of* ~ля́ть; **~лéние** comparison, collation, juxtaposition; **~ля́ть** I *pf* ~ить compare, collate, juxtapose

сопрáно *neut indecl* soprano (*voice*); *f* soprano (*singer*)

сопредéл|ьный (~ен) contiguous, adjoining

сопрéть I *pf of* преть

соприк|асáться I *pf* ~оснýться adjoin, border (on), be contiguous (to, с + *instr*) (*of territory*); *fig* be on the verge of; touch, come into contact with; *impf fig* concern, have a bearing (on); нáши интерéсы ни в чём не ~асáются we have no interests in common; ~ с различными людьми́ *fig* meet, come into contact with various people; **~основéние** contiguity; contact; входи́ть в ~ make contact (with, с + *instr*); тóчки ~основéния points of contact; у нас нет никаки́х тóчек ~основéния we have nothing in common; **~оснýться** I *pf of* ~асáться

сопричáст|ность *f* complicity, participation (*in crime, etc*); **~ный** (~ен) implicated (in, + *dat*)

сопрово|ди́ловка *pop* accompanying, covering note, letter; **~ди́тель** *m* escort; **~ди́тельный** accompanying; ~ди́тельное письмó covering letter; **~ди́ть** II (~жý) *pf of* ~ждáть; **~ждáть** I *pf* ~ди́ть accompany, escort, convey; **~ждáться** I *impf* be accompanied (by, + *instr*); be provided (with), be furnished (with, + *instr*); **~ждáющий** *adj* accompanying; *n* escort; **~ждéние** *mus* accompaniment; в ~ждéнии скри́пки with violin accompaniment; в ~ждéнии когó accompanied, escorted by someone

сопромáт *abbr of* сопротивлéние материáлов *coll* (study of) strength of materials

сопротивл|éние resistance, opposition; *tech* strength; impedance; оказáть ~ offer resistance; ~ материáлов (study of) strength of materials; ~ разры́ву tensile strength; идти́ по ли́нии наимéньшего ~éния take the line of least resistance; **~я́емость** *f* capacity to resist; *elect* resistivity; **~я́ться** I *impf* resist, oppose (+ *dat*); ~ нáтиску врагá stand up to the enemy's onslaught

сопряжён|ный attended (by), beset (by), entailing (с + *instr*); э́то ~ó с больши́ми затруднéниями that will entail great difficulties; *tech* conjugate, coupled

сопýтств|овать (~ую) *impf* accompany, attend (+ *dat*); ~ующие обстоя́тельства attendant circumstances

сор rubbish, litter; вы́мести ~ sweep; выноси́ть ~ из избы́ wash one's dirty linen in public

соразмéр|ить II *pf of* ~я́ть; **~но** *prep* + *dat or* с + *instr* in proportion (to); трáтить дéньги ~ дохóдам (с дохóдами) spend money commensurate with one's income; **~ность** *f* proportionality; **~ный** (~ен) proportionate (to), commensurate (with, + *dat*); **~я́ть** I *pf* ~ить adjust (to), balance (with), match (with), make commensurate (with, с + *instr*)

сорáтник brother-in-arms, comrade-in-arms; associate

сорв|анéц (~анцá) *coll* madcap, terror (*of child*); tomboy, romp (*of girl*); **~áть(ся)** (~ý(сь), ~ёшь(ся); ~áл(ся), ~алá(сь), ~áло, ~áлóсь; ~анный) *pf of* срывáть(ся); **~иголовá** 4 *m and f* *coll* daredevil

сорганиз|овáть(ся) (~ýю(сь)) *pf of* организовáть(ся)

сóрго *neut indecl* sorghum

соревн|овáние competition, contest; *pl* match, contest; комáндное ~ team event; ~овáния по плáванию swimming match; социалисти́ческое ~ socialist competition; **~овáться** (~ýюсь) *impf* compete (with, against), vie (with), contend (with), emulate (с + *instr*)

сориги́нальничать I *pf of* оригинáльничать

сориенти́р|оваться (~уюсь) *pf* get, find one's bearings *also fig*

сор|и́нка speck of dust, mote, fleck of dirt; **~и́ть** II *pf* на~ litter, make a mess; ~ в кóмнате окýрками litter a room with cigarette butts; *impf coll* ~ деньгáми throw one's money about; **~ный** ~ная кýча rubbish heap; ~ная травá weed(s); **~ня́к** 1 weed

сорóдич relative, kinsman; fellow-countryman

сóрок (~á *in all other cases*) forty

сорóка magpie; ~ на хвостé принеслá a little bird told me; как ~ на колý вертéться fidget about

сорок|алéтие forty years; fortieth anniversary, fortieth birthday; **~алéтний** forty-year, of forty years; forty-year-old; **~овóй** fortieth; ~овы́е гóды the forties; **~онóжка** centipede; **~опýт** *orni* shrike; **~оýст** (forty days') prayers for the dead

сорóчк|а shirt; slip, chemise; ночнáя ~ nightshirt, nightgown; роди́ться в ~е be born with a silver spoon in one's mouth; *med* caul

сорт (*pl* ~á) grade, quality; вы́сший ~ top, best quality; пéрвого ~а high-grade, first-quality; variety, sort, kind, brand; дешёвые ~á чáя cheap brands of tea; **~имéнт** *tech* assortment; **~ировáть** (~ирýю) *pf* рас~ sort, grade, assort, classify; ~ по размéрам size; **~ирóвка** sorting, grading, classifying, sizing; **~ирóвочный** sorting; ~ирóвочная маши́на sorter, separator; ~ирóвочная (стáнция) marshalling yard; ~**иро́вщик** sorter; ~́**ность** *f* type(s), grade(s), varieties, quality; ~́**ный** of high quality; ~**ово́й** high-quality, high-grade; ~ово́е стекло́ special-quality glass; ~овы́е семена́ selected seeds

сос|а́ловка *sl* (place of) starvation, hunger; ~**а́ние** sucking, suction; ~**а́тельный** sucking; ~**а́ть** (~у́, ~ёшь) *impf* suck; у меня́ ~ёт под ло́жечкой I have an empty feeling in the pit of the stomach; *fig* gnaw, nag; тоска́ ~ёт меня́ I feel very depressed

сосва́тать I *pf of* сва́тать

сосе́д (*pl* ~и, ~ей) neighbour; ~́**ить** II (~ишь) *impf* adjoin, be contiguous (with, с + *instr*); ~́**ний** neighbouring, the next; ~ дом next-door house; ~няя ко́мната the next room; ~́**ский** the neighbours'; ~ская дочь the girl next door; ~́**ство** neighbourhood, vicinity; по ~ству in the neighbourhood, vicinity (of, + *gen*)

соси́ска sausage, frankfurter

со́ска baby's dummy, comforter

соска́бливать I *pf* соскобли́ть scrape off

соска́кивать I *pf* соскочи́ть jump, leap off, down; соскочи́ть с крова́ти jump out of bed; ~ со сту́ла leap up from one's chair; *coll* come (off, с + *gen*); дверь соскочи́ла с пе́тель the door has come off its hinges; *coll* disappear (from, с + *gen*), leave; хмель соскочи́л с него́ he sobered up

соска́льзывать I *pf* соскользну́ть slide, slip off, down

соск|обли́ть II (~облю́, ~обли́шь; ~о́бленный) *pf of* ~а́бливать

соск|ользну́ть I *pf of* ~а́льзывать

соск|очи́ть II (~очу́, ~о́чишь) *pf of* ~а́кивать

соскре|ба́ть I *pf* ~сти́ scrape off, away; ~**сти́** (~бу́, ~бёшь; ~́б, ~бла́) *pf of* ~ба́ть

соску́читься II *pf* get bored; get tired (of); miss (о + *prep or* по + *prep in sing*, по + *dat in pl*); ~ по отце́ *or* по отцу́ miss one's father; ~ по родны́м, по рабо́те, по кни́гам miss one's family, one's work, books

сослага́тельн|ый *gramm* subjunctive; ~ое наклоне́ние subjunctive mood

со|сла́ть(ся) (~шлю́(сь), ~шлёшь(ся)) *pf of* ссыла́ть(ся)

со́слепа, со́слепу *adv coll* due to poor sight

сосло́в|ие estate; order; дворя́нское ~ the nobility, the gentry; духо́вное ~ the clergy; купе́ческое ~ the merchants; тре́тье ~ *hist* third estate; corporation, professional association; же́нское, ба́бье, да́мское ~ *joc* women, petticoat government; ~́**ный** group; ~ное представи́тельство *hist* representation of the estates; ~ные предрассу́дки group prejudices

сослуж|и́вец (~и́вца) colleague, fellow-employee; ~**и́ть** II (~у́, ~́ишь) *pf* ~ слу́жбу do a service, favour (for, + *dat*); play a useful role

сос|на́ 6 (*gen pl* ~́ен) pine(-tree); заблуди́ться в трёх ~́нах lose oneself in broad daylight, exaggerate difficulties of a simple situation, problem; ~**но́вый** pine(wood), deal; ~ бор pine forest; ~но́вая доска́ pine, deal board; ~но́вая смола́ pine tar

сосну́ть I *pf coll* take a nap

сосня́к 1 pine forest

сос|о́к (~ка́) nipple, teat; ~**о́чек** *dim of* ~о́к; *anat* papilla

сосредото́ч|ение concentration *also mil*; ~́**енность** *f* (degree of) concentration; ~́**енный** concentrated, intense, intent; ~ взгляд fixed stare; ~енное внима́ние rapt attention; ~ ого́нь *mil* concentrated fire, convergent fire; ~́**ивать** I *pf* ~́ить concentrate, focus; ~́ить внима́ние focus, concentrate (one's) attention (on, на + *prep*); ~́**иваться** I *pf* ~иться concentrate (on), be concentrated (on, на + *prep*); ~́**ить(ся)** II *pf of* ~ивать(ся)

соста́в composition, make-up; входи́ть в ~ form part (of, + *gen*); mixture, compound; хими́ческий ~ chemical composition, chemical compound; staff, body, membership, composition, strength; входи́ть в ~ делега́ции be a member of the delegation; ли́чный ~ personnel; нали́чный ~ available personnel, *mil* effectives; офице́рский ~ the officers, officer personnel, commissioned staff; профе́ссорско-преподава́тельский ~ teaching staff; руководя́щий ~ management, managerial personnel; рядово́й и сержа́нтский ~ other ranks, enlisted men; в по́лном ~е at full strength; в ~е consisting (of), numbering, amounting (to, + *gen*); ~ преступле́ния *leg* corpus delicti; train; подвижно́й ~ rolling-stock; пода́ть ~ на ста́нцию shunt a train into a station; ~**и́тель** *m* compiler, composer, author; ~́**ить(ся)** II (~лю, ~ит(ся)) *pf of* ~ля́ть(ся); ~**ля́ть** I *pf* ~́ить put together, make up; ~́ить сту́лья в у́гол put the chairs together in the corner; ~ винто́вки в ко́злы *mil* stack arms; ~ по́езд marshal, make up a train; ~ посу́ду stack crockery; make, form (construct) (*a sentence*); draw up, compose, compile (*dictionary*, *letter*, *statement*, *list*, *etc*); form (*a company*, *etc*); build up, collect (*library*, *etc*); form (*opinion*, *etc*); ~ себе́ представле́ние get an idea, form a conception; come to, total, make; ~ в сре́днем average; э́то ~ля́ет значи́тельную су́мму it comes to a considerable sum; be, constitute; э́то не ~ит труда́ that will be no trouble; ~ить себе́ и́мя make a name for oneself; take down, put down; ~ить я́щик со стола́ take down a box from the table; ~**ля́ться** I *pf* ~́иться be formed; accumulate; amount to; ~**но́й** composite, compound; ~на́я кни́жная по́лка sectional bookshelf; component; ~на́я часть component, constituent

соста́рить(ся) II *pf of* ста́рить(ся)

состо|я́ние state, condition; в плохо́м, хоро́шем ~я́нии in bad, good condition; прийти́ в него́дное ~ be in bad repair, past repair; ~ войны́ state of war; быть, находи́ться в ~я́нии войны́ be at war (with, с + *instr*); мора́льное ~ mental state, morale; в плаче́вном ~я́нии in a sorry plight, in a pitiful state; быть в ~я́нии be able (to), be in a position (to, + *infin*); *obs* status, condition; гражда́нское ~ civil status; fortune; це́лое (кру́гленькое, кру́глое) ~ a small fortune; нажи́ть ~ make a fortune; ~**я́тельность** *f* prosperity; solvency; solidity, reliability, justifiability, strength (*of argument*, *etc*); ~**я́тельный** (~я́телен) well-to-do; solvent; well-founded, reliable, strong (*argument*, *etc*); ~**я́ть** II (~ю́) *impf* comprise, be made up (of), consist (of, из + *gen*); семья́ ~и́т из четырёх челове́к there are four people in the family; be, lie (in), consist (in, в + *prep*); ра́зница ~и́т в том, что … the difference is that …; be; ~ в профсою́зе belong to a trade union; ~ в до́лжности заве́дующего occupy post of director; ~ при ком be attached to someone; ~ на иждиве́нии у кого́ be maintained by someone; ~ под судо́м be awaiting trial; ~**я́ться** II (~и́тся) take place, be held; не ~ not

come off, not take place
состр|а́гивать I *pf* ~ога́ть
состр|а́гивать, ~у́гивать I *pf* ~ога́ть, ~уга́ть plane off
сострада́|ние compassion, sympathy; из ~ния out of compassion (for, к + *dat*); **~́тельный** (~телен) compassionate, sympathetic
состри|га́ть I *pf* ~́чь shear, clip off
состри́ть II *pf of* остри́ть
состри́|чь (~гу́, ~жёшь, ~гу́т; ~г, ~гла; ~женный) *pf of* ~га́ть
состр|ога́ть I *pf of* ~а́гивать
состро́ить II *pf of* стро́ить
состр|уга́ть I = ~ога́ть
состря́пать I *pf of* стря́пать; *pf fig pop* cook up (*food, etc*), arrange
состык|ова́ть(ся) (~у́ю(сь)) *pf of* ~о́вывать(ся); **~о́вывать** I *pf* ~ова́ть join, dock; **~о́вываться** I *pf* ~ова́ться join, dock (*of space vehicles*)
состяза́|ние competition, contest, match; ~ в остроу́мии battle of wits; ~ в бе́ге race; *leg* controversy; **~́тельный** *leg* controversial; **~́ться** I *impf* compete (with), contend (with, с + *instr*); ~ в бе́ге race; ~ в остроу́мии try to outshine one another in wit
сосу́д vessel; кровено́сные ~ы blood vessels; **~́истый** *med biol* vascular
сосу́лька (ледяна́я) ~ icicle
сосу́н 1 suckling, sucker
сосуществ|ова́ние coexistence; ми́рное ~ peaceful coexistence; **~ова́ть** (~у́ю) *impf* coexist
сос|у́щий suctorial; **~цеви́дный** (~цеви́ден) mammiform, mamillated; **~цы́** (*gen pl* ~цо́в) nipples, teats
сосчита́ть(ся) I *pf of* счита́ть(ся)
сотвор|е́ние creation, making; от ~е́ния ми́ра since (from) the beginning of time; **~и́ть** II *pf of* твори́ть
соте́йник deep frying-pan
со́т|енная ~ (бума́жка) *coll* hundred-rouble note; **~́енный** hundred, hundred-rouble; **~́ка** hundredth part
сотк|а́ть (~у́, ~ёшь; ~а́л, ~ала́, ~а́ло) *pf of* ткать
со́т|ник *hist* commander of one hundred troops, centurion; *hist* Cossack lieutenant; **~́ня** (*gen pl* ~ен) a hundred (*of something, roubles, etc*); прода́жа яи́ц ~нями the sale of eggs by the hundred; *hist* company (*of hundred men*); каза́чья ~ Cossack squadron; чёрные ~ни *hist* black hundreds
сотова́рищ colleague, associate, partner
сот|ови́дный (~ови́ден) honeycomb, cellular; **~́овый** honeycomb; ~ мёд comb honey; cellular; ~овая кату́шка honeycomb coil
сотрапе́зник table-companion; messmate
сотру́дн|ик collaborator, helper; employee, official; contributor (*to newspaper, etc*); нау́чный ~ research worker, assistant; ~ посо́льства embassy official; **~́ичать** I *impf* collaborate (with), cooperate (with, с + *instr*); work, contribute (to); ~ в газе́те work on a newspaper, contribute to a newspaper; **~́ичество** collaboration, cooperation; work, contributions (*to a newspaper*)
сотряс|а́ть I *pf* ~ти́ shake; **~а́ться** I *pf* ~ти́сь shake, tremble; **~е́ние** shaking, vibration; shock; ~ мо́зга *med* concussion
со́т|ы (*gen pl* ~ов) honeycomb(s); мёд в ~ах honey in combs
со́т|ый hundredth; ~ год the year one hundred; ~ая до́ля a hundredth part; одна́ ~ая one hundredth
соумы́шленник accomplice
со́|ус (~уса(~усу)) sauce; gravy; dressing; под други́м ~усом *fig coll* with a different dressing, in a different guise; **~́усник** sauce-boat, gravy-boat
соуча́ст|вовать (~вую) *impf* participate (in), take part (in, в + *prep*); **~́ие** participation; complicity (*in crime*); **~́ник** participator, collaborator, co-worker; ~ преступле́ния, ~ в преступле́нии *leg* accessory to a crime
соучени́к 1 schoolmate, fellow-student
софа́ 6 sofa
софи́|зм sophism, sophistry; **~́ст** sophist; **~́стика** sophistry; **~сти́ческий** sophistic(al)
соха́ 6 (wooden) plough; *hist* measure of arable land (*as tax basis*)
соха́т|ый (~) with branching antlers; *n* elk; *n* simple peasant, ploughman
соха́ч 1 *sl* innocent 'intelligent', naïve intellectual
со́х|нуть (~ну; ~ (~нул), ~ла) *pf* вы́~, про~ dry, get dry, dry up, become parched (*lips, etc*); *pf* за~ wither, shrivel (up); *impf pop* pine, waste away (for, по + *dat or prep*)
сохран|е́ние preservation, conservation; ~ эне́ргии conservation of energy; care, custody, charge; (от)дать кому́ на ~ give someone for safe keeping; retention; **~и́вшийся** surviving, extant; хорошо́ ~ well-preserved (*of person*); **~и́ть(ся)** II *pf of* ~я́ть(ся); **~́ность** *f* safety, good state of preservation; в по́лной ~ности quite intact, perfectly safe; **~́ный** (~́ен, ~́на) safe; ~ное ме́сто safe place; ~ная распи́ска receipt; **~я́ть** I *pf* ~и́ть preserve, retain; maintain (*order, peace, good relations, etc*); preserve (*health, one's calm, etc*); retain (*presence of mind, memories, etc*); ~ что на па́мять keep something in memory (of, о + *prep*); protect (from, от + *gen*); *impf* keep (*foodstuffs, etc*); ~ хладнокро́вие keep cool; ~ за собо́й пра́во reserve the right; **~я́ться** I *pf* ~и́ться remain (intact), be preserved (*of buildings, people, etc*); keep (*of food, etc*); он хорошо́ ~и́лся *coll* he looks young for his age, he has worn well; *impf* be kept (*of food*)
соц- *abbr of* социа́льный social, социалисти́ческий socialist
соцве́тие *bot* inflorescence; blossom, cluster
соцдогово́р socialist competition agreement
социал-демокра́т social democrat; **~и́ческий** social-democratic; **~́ия** social democracy
социал|иза́ция socialization; **~изи́ровать** (~изи́рую) *impf and pf* socialize; **~и́зм** socialism; **~и́ст** socialist; **~исти́ческий** socialist; **~и́ст-революционе́р** *hist* socialist revolutionary; **~́-революцио́нный** *hist* socialist-revolutionary; **~́ьно-бытово́й** social, of daily life; **~́ьный** social; ~ьное обеспе́чение social security; ~ьное положе́ние social status; ~ьно чу́ждый элеме́нт socially alien element
социо́лог sociologist; **~и́ческий** sociological; **~́ия** sociology
соц|реали́зм *abbr of* социалисти́ческий реали́зм socialist realism; **~соревнова́ние** socialist competition, emulation; **~стра́х** social insurance
соче́льник (рожде́ственский) ~ Christmas Eve; креще́нский ~ Twelfth-night, eve of the Epiphany
со́ч|ень *m* (~ня) ~ с творого́м kind of flawn, cheese-cake

сочета́|ние combination; ~ кра́сок colour combination; в ~нии in combination (with), coupled (with, с + *instr*); **~́ть** I *impf and pf* combine (with, с + *instr*); ~ в себе́ unite in one's person; ~ бра́ком *obs* marry, wed; **~́ться** I *impf and pf* combine; в ней ~лся ум с красото́й she combined intelligence and good looks; *impf* harmonize (with), go (with, с + *instr*), match; ~ бра́ком *obs* contract matrimony (with, с + *instr*)

сочин|е́ние composing; work (*of literature*); и́збранные ~е́ния Пу́шкина selected works of Pushkin; composition, essay (*at school, etc*); *gramm* coordination; **~и́тель** *m obs* writer, author; *coll* fibber, storyteller; **~и́тельный** *gramm* coordinative; **~и́тельство** *obs* writing; *pej* scribbling; fabrication; **~и́ть** II *pf of* ~я́ть; **~я́ть** I *pf* ~и́ть write, compose (*music, prose, poetry, etc*); invent, make up; tell fibs, stories; *coll* make it up

соч|и́ть II (~и́т) ooze (*blood, etc*); **~и́ться** II (~и́тся) ooze (out), trickle; кровь ~и́тся из ра́ны blood is oozing out of the wound; ра́на ~и́тся кро́вью the wound is bleeding, oozing blood

сочле́н fellow-member; **~е́ние** *anat, tech* articulation, joint, coupling; **~и́ть** II *pf of* ~я́ть; **~я́ть** I *pf* ~и́ть join

со́ч|ник = ~ень

со́ч|ность *f* juiciness, succulence; **~́ный** (~ен, ~на́, ~но) juicy, succulent *also fig*; full (*lips, etc*); rich (*colours, language*); lush (*vegetation*); fruity (*voice*)

сочу́вств|енность *f* sympathy; **~́енный** (~ен, ~енна) sympathetic; ~енно улыбну́ться smile in sympathy; **~́ие** sympathy; горя́чее ~ heartfelt sympathy; ~ чужо́му го́рю sympathy for another's grief; **~́овать** (~ую) *impf* sympathize (with), feel (for, + *dat*); be in sympathy (with, + *dat*); **~́ующий** *adj* sympathetic; *n* sympathizer

со́ш|ка *dim of* соха́; ме́лкая ~ *coll* small fry, pipsqueak; *mil* bipod; **~ни́к** 1 ploughshare; *mil* trail spade; **~́ный** plough

сощу́рить(ся) II *pf of* щу́рить(ся)

сою́з alliance, union; заключи́ть ~ conclude an alliance (with, с + *instr*); union, league; профессиона́льный ~ trade union; Сове́тский С~ the Soviet Union; *gramm* conjunction; **~́ка** vamp (*footwear*); **~́ник** ally; **~́нический** ally's, allied; **~́но-республика́нский** Union-Republic; **~́ный** allied; ~ные держа́вы allied powers: *hist* the Allies; Union; ~ное гражда́нство citizenship of the (Soviet) Union; *gramm* conjunction(al)

со́я soya bean

спад abatement; *econ* slump, recession; ~ произво́дства falling-off of production; **~а́ть** I *pf* спасть fall down (from, с + *gen*); спасть с го́лоса *coll* lose one's voice; спасть с лица́, с те́ла *pop* become thin in the face, lose weight; abate, sink (*of water*), go down (*of swelling, etc*); *impf* hang down

спазм, спа́зма spasm; **~ти́ческий** spasmodic

спа́|ивать I *pf* спая́ть solder together, weld; *fig* unite, weld, knit together; *pf* спои́ть make a drunkard (of); *pop* give to drink; **~й** *tech* (soldered) joint; **~́йка** soldering; soldered joint; *med* commissure; *fig* union, solidarity

спали́ть II *pf of* пали́ть

спа́|льник *hist* gentleman of the bedchamber; **~́льный** sleeping; ~ ваго́н sleeper, sleeping-car; ~льное ме́сто berth, bunk; ~ мешо́к sleeping-bag; **~льня** (*gen pl* ~лен) bedroom; bedroom suite

спание́ль *m* spaniel

спаньё *coll* sleep(ing)

спарашюти́р|овать (~ую) *pf of* парашюти́ровать

спарде́к *naut* spar-deck

спа́ренный paired, coupled; conjugate

спа́ржа asparagus

спа́р|ивать I *pf* ~ить couple, pair, mate (*animals*); pair off; **~́иваться** I *pf* ~иться couple, pair, mate; pair off

спарта|киа́да sports, athletics meeting; sports day; **~́нец** (~нца) Spartan; **~́нский** Spartan

спа́рхивать I *pf* спорхну́ть flutter off, away; *fig* dart, spring

спа́рывать I *pf* споро́ть unstitch, cut off

Спас the Saviour

спас|а́ние rescuing, life-saving, rescue-work; **~а́тель** *m* rescue worker; lifeboat; **~а́тельный** life-saving, rescue; ~ круг, ~ по́яс lifebelt; ~а́тельная шлю́пка lifeboat; ~а́тельная экспеди́ция rescue party; **~а́ть** I *pf* ~ти́ save, rescue; ~ положе́ние save the situation; salvage (property); **~а́ться** I *pf* ~ти́сь save oneself, escape; ~а́йся, кто мо́жет! run for your life!; ~ бе́гством flee to safety; он едва́ ~ся he had a narrow escape; ~ти́сь save one's soul, be saved; **~е́ние** rescuing, saving; ~е́ния нет there is no escape; rescue; *eccles* salvation; **~и́бо** *partic* thanks, thank you; большо́е (вам) ~! thank you very much!; и на том ~ *coll* that's something at least, we must be thankful for small mercies; (с)де́лать что за одно́ ~ *coll* do something for love; из ~и́ба шу́бы не сошьёшь *prov* thanks do not fill a purse, fine words butter no parsnips; **~и́тель** *m* rescuer, deliverer, saviour; *eccles* the Saviour; **~и́тельный** (~и́телен) salutary, saving; ~и́тельное сре́дство sure remedy

спас|ова́ть (~у́ю) *pf of* пасова́ть

спас|ти́(сь) (~у́(сь), ~ёшь(ся); ~́(ся), ~ла́(сь); ~ённый; ~́ши) *pf of* ~а́ть(ся)

спа|сть (~дёт; ~л) *pf of* ~да́ть

спа|ть (сплю, спишь; ~л, ~ла́, ~́ло) *impf* sleep, be asleep; ~ глубо́ким (мёртвым) сном be fast asleep; ~ как уби́тый sleep like a log (top); идти́, ложи́ться ~ go to bed; пора́ ~ it is bedtime; спи́те споко́йно! sleep well!; ~ и ви́деть *fig coll* long (for), dream (of, + *acc*); **~́ться** (спи́тся; ~ло́сь) *impf impers* + *dat* мне не спи́тся I cannot sleep, I cannot get to sleep, I am not sleepy; ему пло́хо ~ло́сь he didn't sleep well

спа́|янность *f* cohesion, unity, team spirit; **~я́ть** (~я́ю) *pf of* ~́ивать

спев|а́ться I *pf* спе́ться practise, get used to singing together; *fig coll* (try to) fit in with one another; *pf fig coll* fit in well with, get on, see eye to eye (with, с + *instr*); они́ отли́чно спе́лись they get on perfectly; **~́ка** choir practice, rehearsal

спе|ка́ться I *pf* ~́чься coagulate (*of blood*), curdle; cake, clinker (*of coal*)

спекул|и́ровать (~и́рую) speculate (in), profiteer (in, + *instr*); gamble (on, на + *prep*); take advantage (of), try to profit (by, на + *prep*); ~ на чьих затрудне́ниях try to profit by someone's difficulties; **~я́нт** speculator, profiteer; black marketeer; **~яти́вный** black-market; speculative; **~я́ция** black-marketing, profiteering, speculation (in, + *instr or* на + *prep*); ~ на иностра́нной валю́те speculation in foreign currency; *fig* exploiting, cashing-in (on, на + *prep*); *philos* speculation

спекта́кль *m* performance, show, play; дневно́й ~ matinée
спектр spectrum; **~а́льный** spectral, spectrum; **~оско́п** spectroscope; **~оскопи́я** spectroscopy
спелена́ть I *pf of* пелена́ть
спе́л|ость *f* ripeness; **~ый** ripe (~, ~á, ~o)
сперв|а́ *adv pop* at first, first; **~онача́ла, ~онача́лу** *adv pop* from the very first, in the first place
спе́реди *adv* at the front, from the front, *coll* in front; вид ~ front view; *prep* in front (of, + *gen*)
спер|е́ть (сопрёт, ~̈, ~̈ла; ~̈тый) *pf of* спира́ть *pop* press; дыха́ние ~̈ло it took one's breath away; (сопру, сопрёшь; ~̈, ~̈ла, ~̈тый) *pf pop* filch, pinch
спе́рма sperm; **~тозо́ид** spermatozoon
спермаце́т spermaceti
спёрт|ый (~) *coll* fusty, close, stuffy, foul (*of air*)
спес|и́вец arrogant, haughty, supercilious, stuck-up person; **~и́виться** II (~и́влюсь) *impf obs* be arrogant, haughty, stuck-up; **~и́вость** *f* arrogance, haughtiness, superciliousness; **~и́вый** (~и́в) arrogant, haughty, supercilious, stuck-up; **~ь** *f* arrogance, haughtiness, conceit; сбива́ть с кого ~ cut someone down to size, take someone down a peg or two
сп|еть I (~е́ет) *pf* поспе́ть ripen; (~ою́, ~оёшь) *pf of* петь; **~е́ться** I *pf of* ~ева́ться
спех (~́а (~́у)) *coll* haste, hurry; что за ~? what's the hurry?; мне не к ~́у I'm in no hurry; э́то не к ~́у there's no hurry
спец (~́а *and* ~á; *pl* ~́ы, ~́ев *and* ~ы́, ~́ов) *hist* specialist; *pop* expert; он в э́том де́ле ~ *pop* he's an expert in this; **~иализа́ция** specialization; **~иализи́ровать** (~иализи́рую) *impf and pf* give specialized training (in, в, на + *prep*, по + *dat*); earmark for particular task; **~иализи́роваться** (~иализи́руюсь) *impf and pf* specialize (in, в, на + *prep*, по + *dat*); **~иали́ст** expert, specialist (in, в + *prep*, по + *dat*); **~иа́льно** *adv* professionally; (e)specially; **~иа́льность** *f* (specialized) field; profession, line; **~иа́льный** (e)special; ~ корреспонде́нт special correspondent; со ~иа́льной це́лью with the express purpose; (~иа́лен) special(ized), specialist; ~иа́льное образова́ние specialized education; ~ те́рмин technical term; **~и́фика** specific character, features; **~ифика́ция** specification; **~ифи́ческий, ~ифи́чный** (~ифи́чен) characteristic, specific
спе́ция spice
спец|ко́р *abbr of* специа́льный корреспонде́нт special correspondent; **~о́вка** *coll* = ~оде́жда; **~оде́жда** work(ing) clothes, overalls, boiler-suit; **~у́ра** *pop* = ~оде́жда
спе́|чь(ся) (~ку́, ~чёшь, ~чёт(ся), ~ку́т(ся); ~̈к(ся), ~кла́(сь)) *pf of* ~ка́ть(ся)
спе́ш|ивать I *pf* ~ить dismount; **~́иваться** I *pf* ~иться dismount; **~́ить** II *pf of* ~ивать
спеш|и́ть II *pf* по~ hurry, be in a hurry, hasten, make haste; ~ вперёд push on; ~ на по́мощь hasten to the aid (of, + *dat*); ~ домо́й be in a hurry to get home; ~ на по́езд hurry to catch a train; ~ вниз run downstairs; не ~а́ unhurriedly, deliberately; поспеши́шь – люде́й насмеши́шь *prov* more haste less speed; *impf* be fast (*of clock, watch*); ~ на де́сять мину́т be ten minutes fast
спе́ш|иться II *pf of* ~иваться
спе́ш|ка *coll* hurry, rush, haste; в ~ке я забы́л взять кни́гу in the rush I forget to take the book; **~́ность** *f* hurry, haste; **~́ный** (~ен) urgent, pressing; ~ное де́ло urgent business; ~ зака́з rush order; ~ное письмо́ express letter; ~ная по́чта express delivery; в ~ном поря́дке quickly
спи|ва́ться I *pf* ~́ться take to drink, become a drunkard; ~ с кругу́ go to seed through drink
спидо́метр speedometer
спи́здить II *pf sl* steal, lift, filch
спики́р|овать (~ую) *pf of* пики́ровать
спи́л|ивать I *pf* ~и́ть saw down, off; file down; **~и́ть** II (~ю́, ~́ишь) *pf of* ~́ивать
спин|а́ (*acc* ~́у, *gen* ~ы́; *pl* ~́ы) back; за ~о́й у кого́ *fig* behind someone's back; поверну́ться ~о́й *also fig* turn one's back (on, к + *dat*); ~о́й к све́ту with one's back to the light; узна́ть на со́бственной ~е́ learn from (one's own) bitter experience; гнуть ~́у cringe (before), kowtow (to, пе́ред + *instr*); нож в ~́у, уда́р в ~́у *fig* stab in the back; не разгиба́я ~ы́ without a break; **~́ка** *dim of* ~а́; back (*of furniture, clothing*)
спи́ннинг spinning (*fishing*); spoon-bait
спин|но́й spinal, dorsal; ~ мозг spinal cord; ~ плавни́к dorsal fin; ~ хребе́т spine, spinal column; **~номозгово́й** cerebrospinal; ~номозгова́я жи́дкость spinal fluid; **~огры́з** *sl* brat
спира́ль *f* spiral; coil; helix; **~́ный** spiral, coil(ed), helical
спира́ть I *pf* спере́ть *pop* press
спири́т spiritualist, spiritist; **~и́зм** spiritualism, spiritism; **~и́ческий** spiritualistic, spiritistic; **~уали́зм** *philos* spiritualism; **~уали́ст** *philos* spiritualist
спиро́|метр spirometer; **~хе́та** *biol* spirochaete
спирт alcohol, spirit(s); безво́дный ~ absolute alcohol; денатури́рованный ~ methylated spirit; древе́сный ~ wood alcohol; **~но́й** alcoholic, spirituous; ~ны́е напи́тки alcoholic drinks, spirits; ~но́е *n* = ~ны́е напи́тки; **~о́вка** spirit lamp; **~ово́й** alcohol(ic), spirit(uous); ~овы́е кра́ски spirit colours; **~оме́р** alcoholometer
спи|са́ть(ся) I (~шу́(сь), ~́шешь(ся)) *pf of* ~́сывать(ся); **~́сок** (~ска) manuscript copy; list, roll; именно́й ~ nominal roll; ~ абоне́нтов telephone directory, book; ~ избира́телей electoral roll; ~ опеча́ток errata; ~ уби́тых и ра́неных casualty list; ~ ли́чного соста́ва *mil* muster-roll; record; послужно́й, трудово́й ~ service record; **~́сывать** I *pf* ~са́ть copy out; copy (from, с + *gen*); copy (off), crib (off, у + *gen*); ~са́ть ко́пию с карти́ны make a copy of a picture; use as a model (с + *gen*); write off; ~ с корабля́, ~ на бе́рег *naut* discharge; **~́сываться** I *pf* ~са́ться get in touch by letter (with, с + *instr*); *naut* be discharged
спи|то́й *coll* weak, watered down (*of drink*); **~́ться** (сопью́сь, сопьёшься; ~́лся, ~ла́сь) *pf of* ~ва́ться
спи́х|ивать I *pf* ~ну́ть *coll* push, shove (aside); *fig pop* kick out (*from job, etc*); *fig pop* palm off, get rid of (*something undesirable, difficult*); **~ну́ть** I *pf of* ~́ивать; **~оте́хника** *coll joc* art of getting rid of something unwanted
спи́ца knitting needle; spoke; после́дняя (пя́тая) ~ в колесни́це *fig* small cog in a machine
спич speech, address
спи́ч|ечница matchbox; matchbox stand; **~́ечный** match; ~ечная коро́бка matchbox; **~́ка** match; худо́й как ~ *coll* as thin as a rake, lath
сплав *tech* alloy, fusion; (timber) floating; rafting;

∼́ить(ся) II (∼лю, ∼ит(ся)) *pf of* ∼ля́ть(ся); **∼ля́ть** I *pf* ∼́ить alloy, fuse, melt; float (*timber*); raft; *fig pop* get rid (of); **∼ля́ться** I *pf* ∼́иться fuse together, coalesce; **∼но́й** floatable; rafting, floated (*timber*); **∼́щик** *tech* melter; (timber-)floater, rafter

сплани́р|овать (∼́ую) *pf of* плани́ровать

спл|а́чивать I *pf* ∼оти́ть join, bind; raft; close up; ∼ ряды́ close the ranks; *fig* unite, rally; **∼а́чиваться** I *pf* ∼оти́ться close up; *fig* unite, rally

спл|ёвывать I *pf* ∼ю́нуть spit; *coll* spit out

сплёс|кивать I *pf* ∼ну́ть *coll* splash, dash water (on)

сплес|ну́ть I *pf of* ∼́кивать

спле|сти́ (∼ту́, ∼тёшь; ∼́л, ∼ла́) *pf of* ∼та́ть and плести́; **∼та́ть** I *pf* ∼сти́ weave; ∼сти́ вено́к make a wreath; splice; lock (*hands*); plait (*hair*); *fig* interweave, interlock, interlace; **∼та́ться** I *pf* ∼сти́сь be interwoven, interlaced *also fig*; be tangled (*of branches, etc*); **∼те́ние** interlacing, locking; junction; ∼ лжи tissue of lies; ∼ обстоя́тельств combination of circumstances; tangle (*of branches, etc*); со́лнечное ∼ solar plexus

сплéт|ник gossip, scandalmonger; **∼́ничать** I *impf* gossip, talk scandal; **∼́ня** (*gen pl* ∼ен) (piece of) gossip, tittle-tattle; злы́е ∼ни scandal, backbiting

сплеча́ *adv* straight from the shoulder *also fig*; *fig coll* without thinking, carelessly

сплин dejection, depression, spleen

спло|ти́ть(ся) II (∼чу́(сь)) *pf of* спла́чивать(ся)

сплох|ова́ть (∼у́ю) *pf coll* (make a) blunder, boob, slip up

сплочён|ие rallying round; **∼́ность** *f* cohesion, unity, solidarity; **∼́ный** united; ∼ными ряда́ми in serried ranks, shoulder to shoulder

сплоша́ть I *pop* = оплоша́ть

сплош|но́й unbroken, continuous; ∼ лёд solid (mass of) ice; ∼ лес dense, unbroken forest; ∼на́я ма́сса solid mass; all-round, complete; ∼на́я гра́мотность universal literacy; *fig coll* sheer, pure, solid, complete and utter; ∼ вздор sheer nonsense; ∼ны́е неприя́тности nothing but trouble; ∼на́я чепуха́ utter rubbish; **∼ь** *adv* completely, entirely, all over; without a break; uninterruptedly; ∼ состоя́ть consist entirely (of, из + *gen*); ∼ да (и) ря́дом *coll* on every hand, nearly always

сплут|ова́ть (∼у́ю) *pf of* плутова́ть

сплы|ва́ть I (∼ва́ет) *pf* ∼ть *coll* be carried away (*by current, etc*); overflow, run over; бы́ло да ∼́ло *coll* it's a thing of the past, it just came and went, the joy was short-lived; **∼ва́ться** I (∼ва́ется) *pf* ∼́ться *coll* merge, blend, run (together); **∼́ть(ся)** (∼вёт(ся); ∼́л(ся), ∼ла́(сь), ∼́ло, ∼́ло́сь) *pf of* ∼ва́ть(ся)

сплю́нуть I *pf of* сплёвывать

сплю|снуть I *pf* = ∼щить

сплю́шка Scops owl

сплю́щ|енный flat(tened); **∼́ивать** I *pf* ∼ить flatten; laminate; **∼́иваться** I *pf* ∼иться be flattened, become flat; **∼́ить(ся)** II *pf of* ∼ивать(ся)

спля|са́ть I (∼шу́, ∼́шешь) *pf of* пляса́ть

сподви́жник *rhet* comrade-in-arms; associate

спо́дличать I *pf of* по́дличать

сподо́б|ить II (∼ит) *pf impers* + *infin coll joc iron* manage, contrive; как э́то его ∼ило упа́сть с ло́шади? how did he manage to fall off the horse?; **∼́иться** II (∼люсь) *pf coll joc iron* have the honour (of, + *gen or* + *infin*)

сподру́ч|ник *pop* right-hand man, assistant; **∼́ный** *n pop* assistant; *adj* (∼ен) *pop* convenient, handy; э́то мне ∼но that's easy for me

спозара́нку, спозара́нок *adv coll* early in the morning; very early

спозн|ава́ться (∼аю́сь, ∼аёшься) *pf* ∼а́ться get to know, become intimate (with, с + *instr*); **∼а́ться** (∼а́юсь, ∼а́ешься) *pf of* ∼ава́ться

спо|и́ть II (∼ю́, ∼́и́шь) *pf of* спа́ивать

споко́|йный (∼ен, ∼йна) calm, tranquil (*sea, sleep, etc*); быть ∼йным be, feel at ease; бу́дьте ∼йны! don't worry; за него́ я ∼ен I have no fears for him, I am easy in my mind about him; calm, quiet (*voice, movement*); ∼ о́браз жи́зни quiet life; peaceful, quiet; ∼йная бесе́да quiet chat; placid (*child, horse, etc*); restful, soothing (to the eye) (*colour, etc*); serene (*smile, etc*); *coll* comfortable (*chair, shoes, etc*); ∼йной но́чи! good night!; **∼́йствие** calm(ness), tranquillity, quiet; serenity, stillness, composure; ∼ ду́ха peace of mind; (public) order; наруше́ние обще́ственного ∼йствия breach of the peace

споко́н ∼ ве́ку, ∼ веко́в *coll* from time immemorial

спол|а́скивать I *pf* ∼осну́ть rinse (out)

сполз|а́ть I *pf* ∼ти́ climb down, scramble down, clamber down (from, с + *gen*); *fig* slip down (*of clothing, etc*); roll down, trickle down; *fig pej* descend, fall (into, к + *dat*); **∼а́ться** I *pf* ∼ти́сь crawl together; **∼ти́(сь)** (∼ёт(ся); ∼́(ся), ∼ла́(сь)) *pf of* ∼а́ть(ся)

сполна́ *adv* completely, fully, in full

спол|осну́ть I *pf of* ∼а́скивать

споло́х|и (*gen pl* ∼ов) *pop* northern lights; lightning

спонде́й spondee

спо́нсор sponsor

sponта́нн|ость *f* spontaneity; **∼́ый** spontaneous

спор (∼́а, (∼́у)) argument, dispute *also leg*; controversy, discussion, debate; зате́ять ∼ start an argument; ∼́у нет there's no denying, undoubtedly, it is self-evident

спо́ра *biol* spore

споради́ч|еский, ∼́ный (∼ен) sporadic

спо́р|ить II *impf* dispute (о + *prep*); ∼ о насле́дстве dispute a legacy; *pf* по∼ argue (with, с + *instr*; about, о + *prep*), dispute (about, over); ∼ о слова́х quibble over words; have an argument (with, about); *pf* по∼ (have a) bet; о вку́сах не ∼ят tastes differ, there's no accounting for taste; **∼и́ться** II (∼и́тся) *impf coll* go well, succeed; у него́ всё ∼и́тся he can't put a finger wrong; **∼́ный** (∼ен) disputable, debatable, questionable; controversial; ∼ вопро́с, пункт moot question, point; ∼ мяч *sp* held ball; disputed, at issue; ∼ное насле́дство disputed legacy

спор|о́ть (∼ю́, ∼́ешь; ∼́отый) *pf of* спа́рывать

спорт sport(s); зи́мний ∼ winter sports; па́русный ∼ yachting; **∼и́вный** sports, sporting; ∼и́вные и́гры games; ∼ инвента́рь sports kit, equipment; ∼и́вная площа́дка sports ground, playing-field; ∼и́вное состяза́ние sporting contest, sports; **∼сме́н** sportsman, athlete; **∼сме́нка** sportswoman; **∼сме́нский** sporting

сп|орхну́ть I *pf of* ∼а́рхивать

спо́рщик *coll* arguer, wrangler

спо́р|ый (∼, ∼а́, ∼о) *pop* quick; profitable (*of work, activity, etc*)

спорынья́ *bot* ergot, spur

спо́соб way, method, mode; ~ выраже́ния mode of expression; ~ употребле́ния directions for use; таки́м ~ом in this way; сле́дующим ~ом as follows; каки́м бы то ни́ было ~ом one way or another, by hook or by crook

спосо́б|ность *f usu pl* ability (for), talent (for), aptitude (for), flair (for, к + *dat*); челове́к с больши́ми ~ностями extremely able person, person of great ability; ~ к языка́м linguistic ability; ~ дви́гаться power to move; capacity; покупа́тельная ~ purchasing power; **~ный** (~ен) able, clever, talented, gifted; ~ к матема́тике good at mathematics; ~ студе́нт gifted student; capable (of), able (to, на + *acc or* + *infin*); ~ к труду́ able-bodied; ~ на же́ртвы capable of sacrifice; он ~ен на всё he is capable of anything; **~ствовать** (~ствую) *pf* по~ assist (+ *dat*; in, в + *prep*); (~ствует) *impf* be conducive (to), further, promote, contribute (to, + *dat*); ~ сча́стью кого́ contribute to someone's happiness

спот|кну́ться I *pf of* ~ыка́ться; **~ыка́ться** I *pf* ~кну́ться stumble, trip (over, against, о + *acc*); ~ о поро́г trip over the threshold; *fig pop* hesitate, stop short, get stuck (on, на + *prep*, о + *acc*); *fig coll* go wrong, trip up; идти́ ~ыка́ясь stagger, stumble, lurch along; **~ыкну́ться** I *pf pop* = ~кну́ться

спохва|ти́ться II (~чу́сь, ~ти́шься) *pf of* ~тываться; **~тываться** I *pf* ~ти́ться *coll* remember, recollect (suddenly); ~ти́вшись on second thoughts; он во́время ~ти́лся he thought better of it before it was too late

спра́ва *adv* from the right; to, on the right (of, от + *gen*)

справедли́в|ость *f* justice; fairness, impartiality; equity; по ~ости in fairness, by rights; на́до отда́ть им ~ to do them justice, to give them their due; correctness, truth; **~ый** (~) just, fair, impartial, equitable; ~ судья́ impartial judge; justifiable, warranted; ~ гнев justifiable anger; correct, true, justified, right; ~ое замеча́ние justified remark

спра́в|ить(ся) II (~лю(сь)) *pf of* ~ля́ть(ся); **~ка** information; наводи́ть ~ки inquire (about, о + *prep*); обраща́ться за ~ками apply for information (to, в + *acc*, к + *dat*); reference, certification; ~ с ме́ста рабо́ты reference from (one's place of) work; **~ля́ть** I *pf* ~ить *coll* celebrate (*birthday*, *wedding*, *etc*); ~ новосе́лье hold a house-warming party; *pop* acquire, get, buy; **~ля́ться** I *pf* ~иться manage, cope (with, с + *instr*); ~ с рабо́той cope with one's work; manage, control, get the better of, deal (with, с + *instr*); ~иться с собо́й get a grip on oneself; ask (about), inquire (about, after, о + *prep*); ~ о здоро́вье inquire after someone's health; ~ в словаре́ consult a dictionary; find out (from someone, у кого́; about, о + *prep*); **~очник** reference book, handbook; железнодоро́жный ~ railway guide; телефо́нный ~ telephone directory; **~очный** reference, information; ~очное бюро́, ~ стол information bureau, inquiries office; ~очная литерату́ра reference books

спра́ш|ивать I *pf* спроси́ть ask (about), inquire (about, о + *prep*); ask (for, + *acc or gen*); спроси́ть рези́нку ask for a rubber; спроси́ть сове́та у кого́ ask someone for advice; вас не ~ивают! who asked you?, nobody is asking you!; ask to see, for; спроси́ть хозя́йку ask to see the landlady; question; ~ уро́к ask questions on the work set; charge; ско́лько с меня́ за э́то спро́сят? how much shall I be charged for this?; make answer (for), make responsible (for); с тебя́ за всё спро́сят you will be held responsible for everything; **~иваться** I *pf* спроси́ться *coll* ask permission (of, у + *gen*; + *gen*); уйти́, ни у кого́ не спро-ся́сь leave without asking anyone's permission; ~ивается one asks, one would like to know; *impers* за э́то с тебя́ спро́сится you will have to answer for that

спресс|ова́ть (~у́ю) *pf of* прессова́ть

спринт *sp* sprint; **~ер** *sp* sprinter

спринц|ева́ть (~у́ю) syringe; **~о́вка** syringing; syringe

спрова́|дить II (~жу) *pf of* ~живать; **~живать** I *pf* ~дить *pop* pack off, send packing, get rid of

спровоци́р|овать (~ую) *pf of* провоци́ровать

спроекти́р|овать (~ую) *pf of* проекти́ровать

спрос (~а (~у)) demand; demand (for), run (on, на + *acc*); в большо́м ~е in great demand; ~ и предложе́ние supply and demand; без ~а (~у) *coll* without permission, without asking leave; с вас ~у бо́льше all the more is expected of you; попы́тка не пы́тка, а ~ не беда́ *prov* nothing venture, nothing gain; **~и́ть(ся)** II (спрошу́(сь), спро́сишь(ся)) *pf of* спра́шивать(ся)

спросо́нок, спросо́нья *adv coll* being only half-awake

спроста́ *adv coll* without reflection

спрут octopus

спрыг|ивать I *pf* ~нуть jump, leap (down, off, с + *gen*); **~нуть** I *pf of* ~ивать

спры́с|кивать I *pf* ~нуть *coll* sprinkle; *coll* celebrate, drink (to); ~ сде́лку wet a bargain; **~нуть** I *pf of* ~кивать

спря|га́ть I *pf* про~ *gramm* conjugate; **~га́ться** I *impf* be conjugated, conjugate; **~же́ние** *gramm* conjugation

спря|сть (~ду́, ~дёшь; ~л, ~ла́, ~ло) *pf of* прясть

спря́|тать(ся) I (~чу(сь)) *pf of* пря́тать(ся)

спу́г|ивать I *pf* ~ну́ть scare (off), frighten (off); put on his (her) guard; **~ну́ть** I *pf of* ~ивать

спуд bushel; под ~ом under a bushel; держа́ть под ~ом *fig* hide away, keep tucked away, keep back; вы́нуть (вы́тащить, извле́чь) из-под ~а unearth, revive, bring into the light of day

спуск lowering, hauling down; ~ корабля́ launch (-ing); descent, descending; ~ с горы́ descent of the mountain, the way down; draining (*water*, *etc*), release; slope; catch, sere (*of gun*, *etc*); *typ* imposition; не дава́ть ~у кому́ give no quarter to, crack down on someone, be tough with someone; **~а́ть** I *pf* спусти́ть lower, let down, haul down; ~ кора́бль launch a ship; ~ флаг lower a flag, *fig* strike the colours; ~ за́навес let down a curtain; спусти́ть кого с ле́стницы *fig coll* kick someone downstairs; let go, let loose, release; ~ затво́р *phot* release the shutter; ~ куро́к release, pull the trigger; ~ пе́тлю drop a stitch; ~ соба́ку с при́вязи unleash a dog; let out, drain (*water*, *gas*, *etc*); ~ во́ду в убо́рной flush a water closet; ~ пруд drain a pond; ~ балло́н let down a tyre; send out, down (*directives*, *orders*, *etc*); go down (*of tyre*, *etc*); *pop* lose (*weight*); *coll* pardon, let off, let go, let pass; *coll* get rid of, spend, squander, lose, blow (*money*); спустя́ рукава́ *coll* in a slipshod manner; не ~ глаз not take one's eyes (off, с + *gen*); не ~ кого́ с глаз not let someone out of one's sight; **~а́ться** I *pf* спусти́ться descend, come down, go down, go downstairs; ~ по ле́стнице, ступе́нькам go down the stairs, steps; ~ вниз по реке́ go downstream; чуло́к спусти́лся one's stocking was coming down; settle (on), alight (on, на + *acc*) (*of insects, birds*), land (on, на + *acc*) (*of aircraft*); *fig* descend, spread over (*of mist, etc*); *impf* slope, run down (towards, к + *dat*); *impf* hang (down); спусти́ться с облако́в come down to earth; **~но́й** drain; ~ кран drain-cock; ~на́я труба́ drain-pipe; **~ово́й** ~ крючо́к trigger; ~ механи́зм trigger mechanism; ~ова́я пружи́на sear-spring, sere-spring

спу|сти́ть(ся) II (~щу́(сь), ́~стишь(ся)) *pf of* ~ска́ть(ся); **~стя́** *prep* + *acc* after, later; немно́го ~ not long after; ~ не́сколько дней a few days later

спу́т|анный tangled, disarranged; *fig* muddled; incoherent (*of speech*); **́~ать(ся)** I *pf of* пу́тать(ся)

спу́тник (travelling) companion; fellow-traveller; concomitant; satellite; иску́сственный ~ земли́ artificial earth satellite, sputnik

спу́щенный at half-mast (*of flag*)

спья́на, спья́ну *adv* while drunk

спя́|тить II (~чу) *pf pop* go balmy, go round the bend; ~ с ума́ *pop* = ~

спя́чк|а (зи́мняя) ~ hibernation; зале́чь в ~у go into hibernation; lethargy

сраб|а́тывать I *pf* ~о́тать act, function, operate, work (+ *instr*); **~а́тываться** I *pf* ~о́таться wear (out); мото́р ~о́тался the engine is worn out; work in harmony, work well together, work as a team; **~о́танность** *f* wear (and tear), degree of wear; good teamwork, coordination; **~о́танный** worn out (of engine, tool, etc); **~о́тать** I *pf pop* make; *pf of* рабо́тать *sl* kill, do in; **~о́тать(ся)** I *pf of* ~а́тывать(ся)

сравн|е́ние comparison; сте́пени ~е́ния *gramm* degrees of comparison; в ~е́нии, по ~е́нию by, in comparison (with), as compared (with, с + *instr*); не идёт ни в како́е ~ it cannot be compared (with, с + *instr*); вне вся́кого ~е́ния beyond all comparison; *lit* simile; **́~ивать** I *pf* ~и́ть compare (to, with, с + *instr*); *pf* ~я́ть make equal; ~я́ть расхо́д с дохо́дом balance income and expenditure; *pf* сровня́ть level off, make level, flush; сровня́ть с землёй raze to the ground; **́~иваться** I *pf* сровня́ться merge (with, с + *instr*); *coll* draw level with; **~и́тельно** comparatively; by comparison (with), compared (with, с + *instr*); **~и́тельный** comparative; ~и́тельная сте́пень *gramm* comparative degree; **~и́ть** II *pf of* ́~ивать; **~и́ться** II *pf* compare (with), come up (to), touch (с + *instr*); никто́ не мо́жет с ним ~ he has no equal; **~я́ть** I *pf of* равня́ть *and* ́~ивать; **~я́ться** I *pf of* равня́ться; *pf fig* equal не могу с ним ~ в зна́ниях I can't equal his knowledge; *pop* pass (*of time, etc*)

сра|жа́ть I *pf* ~зи́ть strike down, slay, fell; *fig* overcome, crush; боле́знь его ~зи́ла he was laid low by illness; **~жа́ться** I *pf* ~зи́ться fight, join battle (with, с + *instr*); *coll joc* play (at, в + *acc*); **~же́ние** battle, engagement; дать ~ give battle; **~зи́ть(ся)** II (~жу́(сь)) *pf of* ~жа́ть(ся)

сра́зу *adv* all at once; Москва́ не ~ стро́илась *prov* Rome was not built in a day; at once, immediately, instantly; у него́ ~ измени́лось настрое́ние his mood changed at once; *coll* just; ~ за до́мом – огоро́д there's a kitchen-garden immediately behind the house; simultaneously; говори́те не все ~! don't all speak at once!

срам (́~а (́~у)) shame; стыд и ~! for shame!; *coll* privy parts; **~и́ть** II (~лю́) *pf* о~ *coll* disgrace; *impf pop* tell off, (put to) shame; **~и́ться** II (~лю́сь) *pf* о~ disgrace oneself, make a fool of oneself; **~ни́к** 1 *pop* shameless person; **~но́й** shameless; **~ота́** *pop* = ~

сра|ста́ние growing together, inosculation; knitting (*of bone*); **~ста́ться** I (~ста́ется) *pf* ~сти́сь grow together, inosculate; mend, knit (*of bones*); become part (of, с + *instr*); **~сти́сь** (~стётся; сро́сся, сросла́сь) *pf of* ~ста́ться; **~сти́ть** II (~щу́) *pf of* ́~щивать; **~ще́ние** union, growing together; join(t); **́~щивание** joining; jointing, splicing (*of wood, etc*); knitting (*of bones*); welding (*of metal*); fusing, amalgamation; **́~щивать** I *pf* ~сти́ть join(t) (*of wood*); splice (*of cable, etc*); set (*of bones*); fuse

сре́бр|еник piece of silver, silver coin; прода́ть за три́дцать ~еников sell for thirty pieces of silver; **~олю́бец** (~олю́бца) money-bags, money-grubber; **~олюби́вый** (~олюби́в) money-grubbing; **~олю́бие** greed for money, cupidity; **~оно́сный** (~оно́сен) argentiferous

сред|а́ 6 *phys* medium; environment, surroundings, milieu; habitat; в на́шей ~е́ in our circle; в ~е́ учёных among scientists; литерату́рная ~ literary set, circles; его́ зае́ла ~ *joc* he is a prey to his surroundings; (*acc* ́~у; *pl* ́~ы, ́~ам *also* ~а́м) Wednesday; по ~а́м on Wednesdays, every Wednesday

среди́ *prep* + *gen* among(st), amid(st); ~ них among them, in their midst; in the middle (of, + *gen*); встать ~ но́чи get up in the middle of the night; ~ бе́ла дня in broad daylight; **~земномо́рский** Mediterranean; **~зе́мный** mediterranean; С~зе́мное мо́ре Mediterranean Sea; **́~на** *obs* middle; **́~нный** middle; ́~нное отклоне́ние *mil* probable error

сре́дн|е *adv coll* so-so, fair to middling; moderately; **~еазиа́тский** Central Asian; **~еангли́йский** ~ язы́к Middle English; **~еве́ковый** medieval; **~евеко́вье** the Middle Ages; **~егодово́й** average annual; **~еме́сячный** average monthly; **~есу́точный** average daily; **~еязы́чный** medio-lingual; **́~ий** *adj* middle, medium; ~ бомбардиро́вщик medium bomber; ~ие века́ the Middle Ages; ~его ве́са middleweight (*boxer*); ~ зало́г *gramm* middle voice; ~их лет middle-aged; ~ па́лец middle finger; ~его разме́ра medium-size(d); ~его ро́ста of medium height; ~ее у́хо middle ear; mean, average; ~ее вре́мя mean time; ~ за́работок average earnings; ~яя ско́рость average speed; ~яя температу́ра average mean temperature; ~ее образова́ние secondary education; ~яя шко́ла secondary school, high school; ordinary, average, middling; ~ие спосо́бности average abilities; ~ род *gramm* neuter gender; *aer* waist, belly; **~ее** *n* mean, average; в ~ем on average; вы́ше ~его above average; настрое́ние ни́же ~его *coll* bad mood

средо|сте́ние *anat* mediastinum; *fig* partition, barrier; **~то́чие** focus, centre (point), hub

сре́дств|о means, facilities; ~а передвиже́ния means of conveyance; ~а сообще́ния means of communication; все́ми ~ами by every means;

любы́ми ~ами by hook or by crook, by fair means or foul; для него́ все ~а хороши́ he'll stop at nothing; пусти́ть в ход все ~а move heaven and earth; remedy (for, от + *gen*); ~о от ка́шля cough medicine; *pl* resources, credits; *pl* means; зараба́тывать ~а к жи́зни, к существова́нию earn one's living; челове́к со ~ами man of means; жить по ~ам, не по ~ам live within one's means, beyond one's means

средь *prep* + *gen* = среди́

сре|з cut; microscopic section; *tech* shear(ing); *sp* slice, slicing, cut; **˜за́ть** I (~жу) *pf of* ~за́ть *and* ре́зать; **~за́ть** I *pf* ˜зать cut (off, away); lop (*branches*); cut down, fell (*with bullet, shell, etc*); shut up, cut short (*speaker*); ~ на экза́мене *sl* fail, plough; ~ у́гол *fig* cut off a corner, take a short cut; *pf of* ре́зать *sp* cut, slice, chop; **~за́ться** I *pf* ˜заться *sl* fail, be ploughed, flunk

срепет|и́ровать (~и́рую) *pf of* репети́ровать

сре́тение *poet* meeting; С~ *eccles* Candlemas Day; Feast of the Purification

срис|ова́ть (~у́ю) *pf of* ~о́вывать; **~о́вывать** I *pf* ~ова́ть copy

срифм|ова́ть (~у́ю) *pf of* рифмова́ть

сровня́ть I *pf of* ровня́ть and сра́внивать

сродн|и́ *adv coll* он мне ~ (прихо́дится ~) he is a relation of mine; **˜ик** *pop* relation, relative; **~и́ть** II *pf of* родни́ть draw together, create a bond (between); **~и́ться** II *pf* become very close (to), take (to), get fond (of, с + *instr*); get the hang (of, с + *instr*)

сро́д|ный (~ен) related (to, + *dat or* с + *instr*); **~ство́** relationship; affinity; **˜у** *adv pop* ever, not once; ~ я не вида́л тако́й огро́мной ко́шки in all my life I have never seen such an enormous cat

срок (˜а (˜у)) period, time, term; ме́сячный ~ period of one month; в кратча́йший ~ in the shortest possible time; ~ де́йствия period of validity; ~ полномо́чий term of office; по истече́нии ˜а when the time is up, expires; продли́ть ~ ви́зы extend a visa; ˜ом до трёх ме́сяцев within three months; да́й(те) ~ *coll* wait a minute!, give us time!; ни о́тдыху, ни ˜у не дава́ть *coll* give no peace (to, + *dat*); даю вам три часа́ ˜у you have three hours; date, term; кра́йний ~ closing date, time limit, deadline; ~ аре́нды term of lease; ~ да́вности *leg* prescription; ~ платежа́ date of payment; в ~ in (on) time; до ˜а before time, early; яви́ться к ˜у arrive on time; в ука́занный ~ by the date fixed; все ˜и прошли́ time ran out long ago; *pop* stretch (of imprisonment); отбыва́ть ~ serve one's time; вжа́рить (влепи́ть, вма́зать, впая́ть, дава́ть, намота́ть, наре́зать, отме́рить, приши́ть) ~ *sl* sentence, dish out a sentence; дове́сить ~ *sl* sentence to an additional term

сро́ст|ок (~ка) joint, splice

сро́ч|но *adv* urgently; quickly, in a hurry, without delay; **˜ность** *f* urgency; hurry; **˜ный** (~ен, ~на́, ~но) pressing, urgent; ~ зака́з rush order; ~ная телегра́мма express telegram; в ~ном поря́дке without delay; for a fixed period, at a fixed date, fixed-term; ~ вклад time deposit; ~ная слу́жба *mil* service for a fixed period

сруб felling; на ~ for timber; frame(work) of logs, shell (*of izba, well, etc*); **~а́ть** I *pf* ~и́ть chop off; fell (*timber*); clear a wood; build (*with wood*), frame; **~и́ть** II (~лю́, ˜ишь) *pf of* ~а́ть

срыв breakdown; ~ рабо́ты stoppage; disruption, derangement; **~а́ть** I *pf* сорва́ть pluck, pick (*fruits, flowers, etc*); tear off, break off; snatch off; ~ ма́ску unmask; strip (*wood, etc*); upset, frustrate, foil, wreck, ruin; ~ пла́ны foil plans; ~ забасто́вку break a strike; ~ рабо́ту upset work; ~ перегово́ры wreck negotiations; ~ гнев на ком *coll* vent one's anger upon someone; сорва́ть го́лос strain, lose one's voice; *pf* срыть raze, level to the ground; **~а́ться** I *pf* сорва́ться fall off, break off, break loose; ~ с пе́тель come off its hinges, come unhinged; lose one's grip, foothold, slip off; соба́ка сорвала́сь с це́пи the dog broke loose from its chain; spring up from; ~ с ме́ста dart off, start up; сорва́ться с языка́ escape one's lips; fall, come down; *coll* miscarry, fail; сорвало́сь! it's all up!; break (*of voice*); он как (бу́дто, то́чно) с це́пи сорва́лся he is raving mad

сры́г|ивать I *pf* ~ну́ть bring up (*usu of children*); **~ну́ть** I *pf of* ˜ивать

сры|ть (сро́ю, сро́ешь) *pf of* ~ва́ть

сря́ду *adv pop* running; два ра́за ~ twice running

ссá|дина scratch, graze, abrasion; **~ди́ть** II (~жу́, ˜дишь) *pf of* ˜живать; **˜живать** I *pf* ~ди́ть lift down, help down; put off (*from train, etc*); scratch, graze

ссе|да́ться I (~да́ется) *pf* ˜сться *coll* shrink (*of materials*); turn (*of milk*)

ссе|ка́ть I *pf* ~чь cut off, lop off (*usu top part of something*)

ссел|и́ть II *pf of* ~я́ть; **~я́ть** I *pf* ~и́ть settle together, collectively

ссе́|сться (сся́дется; ~лся, ~лась) *pf of* ~да́ться

ссе|чь (~ку́, ~чёшь, ~ку́т; ~к, ~кла́; ~чённый) *pf of* ~ка́ть

ссо́р|а quarrel, falling-out; tiff, squabble; быть в ~е have quarrelled (with, с + *instr*); **˜ить** II *pf* по~ set at loggerheads, cause a quarrel between, cause to fall out; **˜иться** II *pf* по~ quarrel (with), squabble (with, с + *instr*)

ссо́х|нуться (~нется; ~ся, ~лась) *pf of* ссыха́ться

СССР (Сою́з Сове́тских Социалисти́ческих Респу́блик) The Union of Soviet Socialist Republics

ссу́|да loan; grant, subsidy; **~ди́ть** II (~жу́, ˜дишь) *pf of* ~жа́ть; **˜дный** ~ проце́нт interest on loan; **~жа́ть** I *pf* ~ди́ть (+ *acc and instr or* + *dat and acc*) lend, loan

ссуту́лить(ся) II *pf of* суту́лить(ся)

ссуч|и́ть II (~у́, ˜ишь) *pf of* сучи́ть

ссу́читься II *pf sl* turn informer, grass

ссыл|а́ть I *pf* сосла́ть exile, deport; **~а́ться** I *pf* сосла́ться cite, quote as an authority, refer (to, на + *acc*); plead; ~ на боле́знь plead illness; **˜ка** exile, banishment; deportation; в ~ке in exile; reference; quotation; перекрёстная ~ cross-reference; **˜очный** reference; **~ьнопоселе́нец** (~ьнопоселе́нца) *hist* penal settler; **~ьный** *n* exile, deportee

ссып|ать I (~лю, ~лешь) *pf of* ~а́ть; **~а́ть** I *pf* ˜ать pour; ~ зерно́ в мешки́ pour (put) corn into sacks; **~но́й** ~ пункт grain delivery centre

ссыха́ться I *pf* ссо́хнуться shrink, shrivel; dry out, harden out

стабил|иза́тор stabilizer; *aer* tail fin; **~иза́ция** stabilization; **~изи́ровать** (~изи́рую) *impf and pf* stabilize; **~изи́роваться** (~изи́руюсь) *impf and pf* become stable; **~изова́ть(ся)** (~у́ю(сь)) *impf and pf* = ~изи́ровать(ся); **˜ьность** *f* stability; **˜ьный** (~ен) stable, firm; ~ уче́бник standard textbook

стáв|ень *m* (~ня; *gen pl* ~ней) shutter
стáв|ить II (~лю) *pf* по~ stand, make (someone) stand up; put, place, set, station; ~ бутылки в ряд stand bottles in a row; ~ гóлос комý train someone's voice; ~ диáгноз diagnose; ~ рекóрд set up a record, establish a record; ~ самовáр put a samovar on; ~ тóчку put a full stop; по~ить *pf* точку на (+ *prep*) put a stop to; ~ тóчки над «и» dot one's i's (and cross one's t's); ~ услóвия lay down conditions; ~ цветы́ в вóду put flowers in water; по~ себé цель set oneself the aim; ~ часы́ set a clock, watch; ~ в винý что комý accuse someone of something; ~ в извéстность let know, inform; ~ когó в нелóвкое положéние put someone in an awkward position; ~ когó в примéр hold someone up as an example; ~ в тупи́к perplex, embarrass, nonplus; ~ что в упрёк комý reproach someone with something; ни во что не ~, ни в грош не ~ attach not the slightest importance (to), have no regard (for, + *acc*); ~ вы́ше всегó rate above everything; ~ за прáвило make it a rule; ~ на вид комý officially criticize, admonish someone; ~ на голосовáние put to the vote; по~ когó на колéни force someone to his knees; по~ когó на мéсто put someone in his place; ~ когó нá ноги set someone on his (her) feet; ~ пéред совершúвшимся фáктом present with a *fait accompli*; put up, erect, install; ~ пáмятник erect a monument; ~ телефóн put in a telephone; appoint *coll*; ~ в архиерéи appoint a bishop; apply, put on; ~ бáнки cup; ~ горчи́чник apply a mustard plaster; ~ пия́вки apply leeches; ~ комý термóметр take someone's temperature; put on, stage; ~ пьéсу produce a play; bet, place, stake on; ~ на лóшадь bet on, back a horse; ~ ми́ны lay mines; fix, put on; ~ подмётку put a sole on; ~ подклáдку put in a lining; ~ отмéтки mark; ~ óпыты set up experiments; **~́ка** rate; ~ зарплáты wage rate; ~ки налóга tax rates; stake; дéлать ~ку stake (on, на + *acc*), *fig* rely (on), count (on), gamble (on, на + *acc*); *mil* headquarters; ~ главнокомáндующего general headquarters; óчная ~ *leg* confrontation; **~́ленник** protégé, creature, placeman; **~́леный** ~леная грáмота *eccles* certificate of ordination
стáв|ня (*gen pl* ~ен) = ~ень
ставри́да horse-mackerel
стадиáльный taking place in stages
стадиóн stadium
стáдия stage
стáд|ность *f* herd instinct, gregariousness; **~ный** gregarious; **~́о** 2 herd; flock
стаж (previous) experience; служéбный ~ length of service; (испытáтельный) ~ probation; проходи́ть ~ work on probation; **~ёр** probationer; student on special course; **~и́ровать(ся)** (~и́рую(сь)) *impf* work, be on probation; **~иро́вка** period of probation
стá|ивать I *pf* ~ять melt; *impf freq of* стоя́ть *pop*
стáй|ер *sp* long-distance runner (swimmer, *etc*); **~́ерский** long-distance
стакáн glass, tumbler, beaker; *mil* body (*of projectile*)
стаккáто *adv also n neut indecl* staccato
стала|гми́т stalagmite; **~кти́т** stalactite
стале|вáр steel-maker; **~литéйный** ~ завóд steel mill, steelworks; ~ цех steel foundry; **~литéйщик** steel founder; **~плави́льный** steel smelting; **~прокáтный** ~ завод steel-rolling mill

стáлинск|ий Stalin's, of Stalin; ~ая прéмия Stalin Prize
стáлк|ивать I *pf* столкнýть push (off, away); столкнýть когó в вóду push someone into the water; knock together; *fig* cause a clash (between); столкнýть когó лбáми knock someone's heads together, *fig* set at loggerheads; bring into contact; *fig* bring up against; **~́иваться** I *pf* столкнýться collide (with), come into collision (with, с + *instr*); cannon (run) into each other; *fig* clash (with), conflict (with, с + *instr*); их интерéсы столкнýлись their interests clashed; *fig coll* run (into), bump (into, с + *instr*); столкнýться с действи́тельностью be faced with reality
стáло быть *conj coll* therefore, accordingly, consequently
сталь *f* steel; нержавéющая ~ stainless steel; **~нóй** steel; ~нóго цвéта steel-blue; ~ны́е вóлосы iron-grey hair; ~нáя вóля iron will; ~ны́е нéрвы nerves of steel
стамéска chisel
стан figure; torso; camp *also fig*; *tech* mill
стандáрт standard; standard method; *fig* cliché, stereotype; **~изáция** standardization; **~изи́ровать** (~изи́рую) *and* **~изовáть** (~изýю) *impf and pf* standardize; **~́ный** (~ен) standard(ized); mass-produced; ~ная мéбель mass-produced furniture; ~ дом prefabricated house; ~ размéр stock size; *fig* trite, commonplace
стани́на *tech* mounting, bed, stand, frame
станиóль *f* tin foil
стани́|ца stanitsa, large Cossack village; *obs* flock; **~́чник** Cossack, inhabitant of a stanitsa; **~́чный** *adj of* ~ца
станкó|вый lathe, machine-tool; ~ пулемёт heavy machine-gun; ~вая жи́вопись easel painting; **~строéние** machine-tool construction; **~строи́тельный** machine-tool
станов|и́ться II (~лю́сь, **~́**ишься) *pf* стать stand; ~ на колéни kneel (down); стать в óчередь queue up (for, за + *instr*); стать в пóзу strike an attitude; стать нá руки do a handstand; стать на чью стóрону take someone's side, stand up for someone; стать на стул get up on a chair; ~ на цы́почки stand on tiptoe; take up position; стать лáгерем pitch camp, (en)camp; стать в карáул mount guard; стать на рабóту start work; стать на я́корь (drop) anchor; стать во главé become leader (of, + *gen*); стать у влáсти take power; *usu* + *instr* become, get, grow; ~ писáтелем become a writer; ~ подозри́тельным become, grow suspicious; емý стáло скýчно he got bored; стáло ти́хо silence fell; мне стáло хóлодно I feel cold, I felt cold; **~́**ится темнó it's getting dark; **~лéние** *philos* coming into being, coming-to-be; formation; ~ харáктера formation, moulding of character; в процéссе ~лéния in the making
становóй basic, main, chief; ~ хребéт *fig* backbone, pith (and marrow); camp; ~ при́став *hist* district police-officer; *n* = ~ при́став
стан|óк (~кá) machine(-tool), bench; печáтный ~ printing-press; револьвéрный ~ turret lathe; столя́рный ~ joiner's bench; ткáцкий ~ loom; токáрный ~ (turning) lathe; *mil* mount(ing); *hist* staging post; Siberian village; stall (*of horse*); **~óчник** machine operator
станс *lit* stanza
станц|иóнный station; ~ зал waiting-room; ~ смотри́тель *obs* postmaster; **~́ия** station; гидро-

электри́ческая ~ hydroelectric power station; телефо́нная ~ telephone exchange; ~ снабже́ния *mil* railhead

ста́п|ель *m* (*pl* ~еля́, ~еле́й) *naut* building slip(s), stocks; на ~еля́х on the stocks

ста́пливать I *pf* стопи́ть fuse, melt

ста́птывать I *pf* стопта́ть wear out, wear down

стара́|ние effort, endeavour; приложи́ть все ~ния do one's best, utmost; **~́тель** *m* gold prospector, gold-digger; **~́тельность** *f* application, diligence, painstakingness, assiduity; **~́тельный** (~телен) diligent, painstaking, assiduous; **~́ться** I *pf* по~ try, endeavour, seek, try one's best (+ *infin*); ~ изо всех сил do one's utmost, try one's hardest; ~ вы́играть вре́мя play for time

стар|е́йшина *hist* elder; Сове́т ~е́йшин Council of Elders; **~е́ть** I *pf* по~ grow old, age; *pf* у~ grow obsolete, get out of date; **~́ец** (~ца) elder, (venerable) old man; elderly monk; spiritual adviser; **~и́к** 1 old man; *form of address sl* old son, old man, old lad; **~ика́н** *coll joc* old chap, old boy; **~ика́шка** *coll pej* (little) old man; **~ико́вский** old man's; **~́ина** *lit* bylina; **~ина́** olden times, antiquity; в ~ину́ in olden days, in days of yore; седа́я ~ hoary antiquity; *collect* antiques, relic of the past; тряхну́ть ~ино́й bring back memories of the good old days, do as one did in one's youth; *form of address coll* old man (fellow, chap, bean); **~и́нка** *coll* old ways, old custom(s); по ~и́нке in the old way, as in days gone by; держа́ться ~и́нки keep up the old customs; **~и́нный** ancient, old, antique; ~и́нные ве́щи antiques; ~и́нная ме́бель antique (period) furniture; ~ обы́чай time-honoured custom; of long standing; ~ друг old friend; **~́ить** II *pf* со~ age, make look old; **~́иться** II *pf* со~ age, grow old; **~́ица** elderly nun; old bed (*of river*); **~ичо́к** (~ичка́) (little) old man; **~́ка** kind of strong vodka **~ле́й** *abbr of* ста́рший лейтена́нт *coll* first lieutenant

старо|ве́р *eccles* Old Believer; *fig coll joc* conservative; **~да́вний** ancient; **~да́вность** *f* antiquity; **~жи́л** old inhabitant, old resident; **~заве́тный** (~заве́тен) old-fashioned, conservative (*of persons*); *pej* antiquated, old; **~мо́дный** (~мо́ден) old-fashioned, outmoded, out-of-date; **~обра́зный** (~обра́зен) old-looking; **~обря́дец** (~обря́дца) *eccles* Old Believer; **~обря́дчество** *eccles* Old Belief; **~печа́тный** early printed (*of books published before 18th century*); **~ру́сский** old Russian; **~све́тский** old-world; old-fashioned; **~славя́нский** *ling* Old Church Slavonic

ста́р|оста *m* (*elected*) head, leader; senior (man); се́льский ~ *hist* village elder; церко́вный ~ churchwarden; ~ кла́сса form prefect, monitor (*in school*); ~ ку́рса senior student of year (*in college*); **~́ость** *f* old age; к ~ости, под ~ when one is getting old; в ~ости, на ~ости лет in one's old age; ~ не ра́дость *prov* it's no fun to be old; **~по́м** *abbr of* ста́рший помо́щник (капита́на) chief mate, number one

старт start; дать ~ start; на ~! on your marks!; *aer* take-off; брать ~ start, start off *also fig*; starting line, start; **~́ер, ~ёр** *coll sp and tech* starter; **~ова́ть** (~у́ю) *impf and pf sp* start; *aer* take off; **~́овый** starting; *aer* launching; ~овая площа́дка для за́пуска раке́т rocket launching pad

стар|у́ха old woman; и на ~у́ху быва́ет прору́ха *prov* anyone can err, every man has a fool in his sleeve; **~уше́нция** *coll joc* old woman; **~у́шечий** old-womanish; ~у́шечья похо́дка shambling gait; **~у́шка** old lady, old woman; *sl* old girl; **~́ческий** old man's, senile; **~шекла́ссник** senior (pupil); **~шеку́рсник** senior student; **~́ше** *comp of* ста́рый older, elder; он ~ меня́ на два го́да he is two years older than me; **~́ший** *adj* older; oldest; elder (*of children*); eldest; ~ брат elder brother; ~ сын eldest son; senior, superior, chief, head; ~шая медици́нская сестра́ senior nurse; ~ врач head physician; ~ лейтена́нт first lieutenant; senior, upper; ~ класс higher, upper form; *n* chief, man in charge, senior man; *pl* adults, one's elders; **~шина́** *mil* sergeant-major, first sergeant; *naut* petty officer; войсково́й ~ *hist* lieutenant-colonel (*of Cossacks*); leader, senior representative (*of organization, etc*); ~ дипломати́ческого ко́рпуса doyen of diplomatic corps; ~ присяжных заседа́телей foreman of jury; **~шинство́** seniority; по ~шинству́ by seniority; **~́ый** (~, ~а́, ~́о; ~́ы) old; по ~ой па́мяти for the sake of old times; ~ стиль Old Style (*of Julian calendar*); ~ая де́ва old maid, spinster; *n* ~ые the old, old people; ~ое *n* the old, the past; кто ~ое помя́нет, тому́ глаз вон *prov* let bygones be bygones; челове́к ~ого зака́ла a man of the old school; **~ьё** *coll* old things, old clothes; *coll pej* old people; **~ьёвщик** old-clothes dealer, rag-and-bone man

ста́|скивать I *pf* ~щи́ть pull, drag off, down; ~ перча́тку pull off a glove

стас|ова́ть (~у́ю) *pf of* тасова́ть

ста́тика statics

статя́|ст *theat* super, extra, walk-on, mute; **~́стик** statistician; **~́стика** statistics; **~сти́ческий** statistical

стати́ческий static; quiescent

ста́т|ный (~ен, ~на́, ~но) shapely; ~ная фигу́ра shapely figure

ста́тор stator

ста́точн|ый ~ое ли де́ло? *coll obs* can it be?, can it happen?

статс-да́ма lady-in-waiting

ста́т|ский *obs* = шта́тский; *hist* State (*title of rank in civil service*); ~ сове́тник Councillor of State; **~с-секрета́рь** 1 Secretary of State

ста́т|ус status; правово́й ~ legal status; **~́ус-кво́** *m indecl* status quo

стату́т statute

стат|у́этка statuette, figurine; **~́уя** statue

стать (ста́ну, ста́нешь; стань) *pf of* станови́ться; *pf* stop; ло́шадь ста́ла the horse stopped; река́ ста́ла the river has frozen over, has become ice-bound; часы́ ста́ли the watch, clock has stopped; за чем де́ло ста́ло? *coll* what's holding things up?; *pf coll* cost; пальто́ мне ста́ло в две́сти рубле́й the coat cost me two hundred roubles; во что бы то ни ста́ло at any price, at any cost, at all costs; *pf* become (of), happen (to, с + *instr*); что с ним ста́ло? what has become of him?; *pf* begin, have taken (to, + *impf infin*); она́ ста́ла говори́ть во сне she began talking in her sleep; он стал чита́ть в посте́ли he has taken to reading in bed; не ста́ну чита́ть I won't read; что ты ста́нешь де́лать? what will you do?; *impers + gen coll* cease to be; его́ не ста́ло he is no more; не занима́ть стать *pop* there's enough (of, + *gen*); *impers* с него́ э́то ста́нет *coll* it is what one might expect of him; ста́ло быть so, thus; consequently, it follows that

стат|ь 5 *f* physique, build, figure; *pl* points (*of horse*); *fig* character, type; быть под ~ be (well)

matched (with, + *dat*); с какóй ∽и *coll* why?, what for?; *coll obs* necessity, need
стáться (стáнется) *pf usu impers coll* happen, become; что с нáми стáнется? what will become of us?; всё мóжет ~ anything may happen
стат|ья́ 1 (*gen pl* ~éй) article; передовáя ~ leading article, leader, editorial; paragraph, item, clause (*of treaty, etc*); ~ бюджéта item in budget; прихóдная ~ credit item; ~ дохóда source of income; э́то осóбая ~ that is another matter; по всем ~ья́м on all counts; *coll* matter, job; э́то не бýдет хи́трая ~ that will not be difficult; *naut* class, rating; матрóс пéрвой ~ьи́ able seaman; старшинá пéрвой ~ьи́ chief petty officer; *pl* points (*of horse*)
стафилокóкк *biol* staphylococcus
стахáн|овец (~овца) *hist* stakhanovite; ∽**овский** *hist* stakhanovite
стационáр in-patient department; small infirmary; ∽**ный** permanent; in-patient; ~ больнóй in-patient; *tech* stationary, fixed, static
стачáть I *pf of* тачáть
стáч|ечник striker; ∽**ечный** strike
стáчивать I *pf* сточи́ть grind off; wear down
стáчка strike
стащ|и́ть II (~ý, ∽ишь) *pf of* стáскивать; *coll* pinch, swipe, whip
стáя flock, flight (*of birds*); shoal, school (*of fish*); pack (*of dogs, wolves*)
стá|ять I (~ет) *pf of* ~ивать
ствол I trunk (*of tree*), stem, bole; barrel (*of gun*); *anat* tube, pipe; *mining* shaft; ~**и́стый** (~и́ст) tubulous; ~**овóй** *adj* trunk, stem; shaft; *n* cager, hanger-on (*in mine*); ∽**ьный** barrel
створ = ~ка; range, alignment; ∽**ка** leaf, fold; door, gate, shutter (*one of pair*)
створóжиться II *pf* curdle
створчатый folding (*of doors, etc*); valved
стеари́н stearin; ∽**овый** ~овая свечá stearin candle
стéб|ель *m* (~ля; ~ли, ~лéй) stem, stalk; ~**éльчатый** stalky; ~ шов feather stitch; ~**левóй** cauline; ~**ли́стый** (~ли́ст) having many stems
стёг|анка *coll* quilted jacket; ∽**аный** quilted, wadded; ~аная кýртка quilted, wadded jacket; ~аное одея́ло quilt; ~**áть** I *pf* ~нýть whip, lash; *pf* вы́~, про~ quilt; ~**нýть** I *sem pf of* ~áть
стёжка quilting; *pop* (foot-)path
стеж|óк (~кá) stitch
стез|я́ 1 (*gen pl* ~éй) *lit* path, way
стек riding-crop
сте|кáть I *pf* ~чь pour, flow down; ~ кáплями trickle down; ~**кáться** I *pf* ∽чься flow together; *fig* come together, gather; мнóго нарóду ~клóсь на плóщадь a large crowd gathered in the square
стек|ленéть I *pf* о~ become glassy; *fig* become fixed; ~**лó** 6 (*gen pl* ∽ол) glass; glassware; ветровóе ~ windscreen, windshield; лáмповое ~ lamp-chimney; окóнное ~ window-pane; ∽ла для очкóв lenses for spectacles; увеличи́тельное ~ magnifying glass; ~**лови́дный** (~лови́ден) glassy; *anat* hyaline, hyaloid; ~**волокнó** fibre glass, glass fibre; ~**лóграф** glass duplicating device; ~**лодýв** glass-blower; ~**лодýвный** glass-blowing; ∽**лышко** (*pl* ~лышки, ~лышек) piece, fragment of glass; как ~ чист *coll joc* spick and span; dead sober; ходи́ть под ~лышком *sl* be under observation; ~**ля́нный** glass; ~ля́нная бумáга glass-paper; ~ля́нные издéлия glassware; glassy (*of eyes, etc*); crystal (clear) (*of sounds*); ~**ля́рус** *collect* bugles (*beads of glass*); ~**ля́шка** *coll* small piece of glass; ~**óльный** glass; ~ завóд glass-works; vitreous; ~**óльщик** glazier; *sl* burglar
стел|и́ть(ся) II (~ю́(сь), ∽ишь(ся)) *impf* = стлать(ся)
стеллáж 1 shelves; rack, stand
стéльк|а insole, sock; пьян как ~, в ~у *pop* drunk as a lord, owl, trooper; dead drunk, blind drunk
стéльная ~ корóва cow with calf
стемнéть I *pf of* темнеть
стен|á 4 wall *also fig*; как кáменная ~, как за кáменной ~óй as safe as houses; ∽ы имéют ýши walls have ears; встать ~óй rise as one man; как óб ~у горóх, как в ∽у горóх, как от ~ы́ горóх *coll* like water off a duck's back, like banging one's head against a brick wall; ~óй стать друг за дрýга stand up for each other; как на кáменную ∽у положи́ться place absolute trust (in, на + *acc*); на ∽у лезть climb up the wall, be beside oneself (with, от + *gen*); жить ~ в ∽у live on top (of, с + *instr*); заперéться в четырёх ~áх become a recluse, immure oneself; прижáть, приперéть к ~é drive into a corner, pin down; припёртый к ~é with one's back to the wall
стен|áть I (~я́щий; ~áя *or* ~я́) *impf obs* groan
стен|газéта *abbr of* ~нáя газéта wall newspaper
стенд stand (*at exhibition, etc*); test bench, testing ground
стéн|ка wall; гимнасти́ческая ~ wall-bars; side (*of box, etc*); ~ки кровенóсных сосýдов walls of blood vessels; постáвить к ~ке *coll* shoot, execute; ~**нóй** wall, mural; ~нáя жи́вопись mural painting; ~ шкаф built-in cupboard, wall cupboard; ~**оби́тный** ~ тарáн battering-ram; ~**огрáмма** shorthand report, verbatim report; ~**ографи́ровать** (~графи́рую) *impf and pf* take down in shorthand; ~**графи́ст** stenographer; ~**графи́ческий** shorthand, stenographic; ~**огрáфия** shorthand, stenography; ∽**опись** *f* mural (painting)
стéньга *naut* topmast
степéн|ный (~ен, ~éнна) staid, sedate, grave, steady; middle-aged
стéпен|ь 5 *f* degree, extent; в вы́сшей ~и in the highest degree; до извéстной ~и, до нéкоторой ~и to some extent, to a certain extent, to some degree; ~и сравнéния *gramm* degrees of comparison; *math* power; возводи́ть в трéтью ~ raise to the third power; (учёная) ~ (academic) degree
степ|нóй steppe; ~**ня́к** steppe horse; inhabitant of steppe; ~**ь** 5 *f* (в ~и́, о ∽и) steppe
стéрв|а *obs* dead animal, carrion; *pop pej cont* shit, stinker, louse, scum, bastard, bitch; ~**енéть** I *pf* о~ *coll* get mad, become enraged; ~**éц** 1 *pop pej cont* shit, bastard; ~**óза** = ~а *in second meaning*; ~**я́тник** carrion crow, vulture
стерео|грáфия stereography; ~**кинó** *neut indecl* three-dimensional cinema; ~**мéтрия** solid geometry, stereometry; ~**скóп** stereoscope; ~**скопи́ческий** stereoscopic; ~**ти́п** stereotype; ~**ти́пный** *print* stereotype(d); *fig* stock, hackneyed; ~**фи́льм** 3-D film; ~**фони́ческий** stereo(phonic); ~**хи́мия** stereochemistry
стер|éть(ся) (сотрý, сотрёшь; сотрёт(ся); ∽(ся), ∽ла(сь); ∽тый; ~ёв *or* ∽ши(сь)) *pf of* стирáть(ся)
стерé|чь (~гý, ~жёшь, ~гýт; ∽г; ~глá) *impf* guard, watch over; watch (for)
стéрж|ень *m* (~ня) rod, shaft, shank; pivot,

spindle; поршневóй ~ piston rod; core, heart (*of plant*) *also fig*; ~**невóй** pivoted, pivotal; ~невáя антéнна rod aerial; ~ вопрóс key question

стерил|изáтор sterilizer; ~**изáция** sterilization; ~**изовáть** (~изýю) *impf and pf* sterilize; ~́**ьность** *f* sterility; ~́**ьный** (~ен) sterile

стéрл|инг sterling; фунт ~ингов pound sterling; ~́**инговый** ~инговая зóна sterling area

стéрлядь 5 *f* sterlet; *sl cont* bitch

стерня́ (*also* **стернь** *f*) stubble (field)

стерп|éть II (~лю́, ~́ишь) *pf* bear, endure, suffer; не ~ lose patience; ~ обúду sit down under an insult; ~**éться** II (~лю́сь, ~́ишься) *pf coll* get used (to, с + *instr*); ~́ится – слю́бится *prov* with patience one can get accustomed to anything

стёртый effaced, obliterated

сте|сáть I (~шý, ~́шешь; ~́санный) *pf of* ~́сывать

стесн|éние restraint, constriction, constraint; пожáлуйста, без ~éний! make yourself quite at home!; ~**ённый** constricted (*of breath*); cramped (*of movement*); difficult; в ~ённых обстоя́тельствах in straitened circumstances; ~**и́тельность** *f* shyness, awkwardness; inhibition(s); inconvenience, difficulty; ~**и́тельный** (~и́телен) oppressive; tight, uncomfortable (*of clothes*); shy, awkward, inhibited; difficult, inconvenient; ~**и́ть** II *pf of* ~я́ть; ~**и́ться** II *pf of* тесни́ться; ~**я́ть** I *pf* ~и́ть constrain, confine; restrict; cramp; inconvenience; я вас не ~ю́? I won't be in the way?; hamper, hinder, impede; ~ когó в срéдствах stint someone of money; embarrass; *coll* squeeze; constrict (*chest*, *etc*); *fig* oppress; ~**я́ться** *pf* по~ feel too shy (to, of), be ashamed (to, of, + *infin*, + *gen*); он вас ~я́ется you make him shy; он ~я́ется пу́блики an audience makes him nervous; не ~я́йтесь говори́ть прáвду don't be afraid to tell the truth; не ~ в выражéниях not to mince one's words

стетоскóп stethoscope

сте|чéние confluence; ~ нарóда concourse; ~ обстоя́тельств coincidence; ~́**чь(ся)** (~чёт(ся), ~кýт(ся); ~̈к(ся), ~клá(сь)) *pf of* ~кáть(ся)

сти́брить II *pf of* ти́брить

стилевóй style, stylistic

стилéт stiletto

стил|изáция stylization; ~**изóванный** stylized, conventionalized; mannered, affected; ~**изовáть** (~изýю) *impf and pf* stylize; ~**и́ст** stylist; ~**и́стика** stylistics; ~**исти́ческий** stylistic; ~**ь** *m* style; нóвый ~ New Style (*Gregorian*); стáрый ~ Old Style (*Julian*); э́то не в егó ~́е it's not like him; ~́**ьный** (~ен) stylish; *coll* trendy; ~**я́га** *m and f* trendy person, mod; ~**я́жий** trendy; ~**я́жничать** I *impf coll* trendy, be with it

сти́мул stimulus, incentive; ~**и́ровать** (~и́рую) *impf and pf* stimulate

стипенд|иáт grant-aided student, scholarship holder; ~́**ия** grant, scholarship, allowance

стир|áльный washing; ~áльная маши́на washing machine; ~ порошóк soap-powder; ~́**аный** *coll* laundered, washed; ~**áть** I *pf* вы~ wash, launder

стирáть I *pf* стерéть rub out, erase, wipe off; dust; *fig* obliterate; ~ с лицá земли́ wipe off the face of the earth; ~ когó в порошóк make mincemeat of someone; rub sore, abrade (*skin*, *etc*); ~́**ся** I *pf* стерéться be rubbed out, off; be obliterated, effaced; *fig* disappear; wear smooth, down, thin

стир|áться I *impf* wash; хорошó ~ wash well; ~́**ка** washing, laundering; отдáть в ~ку send to the laundry

сти́с|кивать I *pf* ~нуть squeeze; ~ в объя́тиях hug; ~ зубáми bite; constrict (*throat*, *etc*); seize, grip; *fig* oppress; clench; ~нуть зýбы clench, grit one's teeth; ~́**нуть** I *pf of* ~кивать

стих 1 verse; line (*of poetry*); бéлый ~ blank verse; вóльный ~ free verse; размéр ~á metre; ~и́ verses; poetry; *m indecl coll* mood; на негó весёлый ~ нашёл he was in a merry mood

стихáрь 1 *m eccles* surplice, alb

стих|áть I *pf* ~́нуть die away (*of sounds*); become quiet; всё ~́ло a hush fell, all was quiet; subside, abate, die down (*of wind*, *etc*)

стихи́|йность *f* spontaneity; ~́**йный** (~ен, ~йна) elemental, natural; ~йное бéдствие natural disaster; *fig* spontaneous, uncontrolled

стихи́ра hymn, canticle

стих|и́я element; борьбá со ~и́ями battle with the elements; chaos, anarchy; быть в своéй ~и́и be in one's element

сти́х|нуть I (*past* ~ *also* ~нул, ~ла) *pf of* ~áть

стихо|вéдение (study of) prosody; ~**плёт** versifier; ~**сложéние** versification; prosody; ~**творéние** poem; ~**твóрец** (~твóрца) *obs* poet; ~**твóрный** in verse form, poetical; ~ размéр metre; ~твóрная речь poetic diction; ~**твóрчество** poetry-writing

стиш|óк (~кá) *coll* verse, rhyme

стлá|ник *bot* elfin wood formation; ~**ть** (стелю́, стéлешь) *pf* по~ spread; ~ скáтерть на стол lay a tablecloth; ~ постéль make a bed; *pf* на~ lay (*floor*, *parquet*, *etc*); ~́**ться** (стéлется) *impf* spread (out); ~ по земле́ spread over the ground (*of mist*, *smoke*, *etc*)

сто (ста, сот, стам, стáми, стах) hundred; нéсколько сот рублéй several hundred roubles; на все ~ *coll* a hundred per cent perfect; ~ раз вам говори́л *coll* how many times have I told you

стог (в ~́е *and* в ~ý; *pl* ~á, ~óв) stack, rick; ~ сéна haystack

стóгна *poet* broad street, square

стоговáние stacking (*of hay*, *etc*)

стогрáдусный centigrade

стоерóсовый дуби́на стоерóсовая *pop abus* damned fool

стóик stoic

стó|имость *f* cost; value; менoвáя ~ exchange value; номинáльная ~ face value; прибáвочная ~ surplus value; ~́**ить** II *impf* cost *also fig*; ~ комý бóльших дéнег cost someone a lot of money; дёшево, дóрого ~ be cheap, expensive; э́то емý ничегó не ~ило it cost him nothing; be worth (+ *gen*); он ~ит семеры́х he's worth a dozen others; оди́н другóго ~ит there's nothing to choose between them; be worthy, deserve (+ *gen*); никакóго трудá не ~ило it was no trouble (to, + *infin*); ~ит *impers* it is worth while (+ *infin*); тудá ~ит съéздить the place is (well) worth a visit; ~ит ли? is it worth it? ~ит ли он её? does he deserve her?; не ~ит тогó it is not worth while; не ~ит (благодáрности) don't mention it; *impers* one has only (to, + *infin*); ~ит (тóлько) задýматься, (как) нахлы́нут воспоминáния you have only to think and memories crowd back

стои|ци́зм stoicism; ~́**ческий** stoic; *fig* stoical

стóйбище nomad camp, encampment

стóйк|а position at attention; *sp* ~а на рукáх handstand, ~а на головé headstand; set (*of dog*);

сде́лать ~у point; *tech* support, stanchion, upright, prop; *aer* strut; bar, counter (*in buffet, etc*)

сто́|йкий (~ек, ~йка́, ~́йко) stable, firm; persistent (*of poisonous substances*); fast (*of colour*); *fig* steadfast, staunch, strong (*character, etc*); ~йкая оборо́на stubborn defence; **~́йкость** *f* stability, firmness; *fig* steadfastness, staunchness; tenacity, endurance

сто́йло stall

стоймя́ *adv coll* upright

сток flow; drainage, outflow; drain, gutter, waste-pipe

стокра́т *adv obs* a hundred times, hundredfold; **~́ный** hundredfold, centuple

стол 1 table; пи́сьменный ~ writing-table, desk; meal; сесть за ~ sit down to table; за ~о́м at table, at (during) meals; board, cuisine, cooking, diet; кварти́ра и стол room and board; диети́ческий ~ dietetic cooking; ры́бный ~ fish diet; держа́ть ~ provide board; дома́шний ~ home cooking; department, desk, office (*in institution*); ~ зака́зов order desk; ~ ли́чного соста́ва personnel department; ~ нахо́док lost property office; *hist* throne

столб 1 post, pole; pillar; column (*of mercury, smoke, dust, etc*); пыль стои́т ~о́м the air is full of dust; телегра́фный ~ telegraph pole; стоя́ть как ~, ~о́м *coll* stand stock-still; позвоно́чный ~ spinal column; **~ене́ть** I *pf* о~ stand rooted to the spot (from, от + *gen*); be dumbfounded; **~е́ц** (~ца́) column (*in newspaper, etc*); *pl* parchment roll; **~́ик** *bot* style; **~ня́к** 1 trance, stupor; *med* tetanus; **~ово́й** *adj of* ~; ~ дворяни́н nobleman of ancient lineage; ~ова́я доро́га high road, highway *also fig*

столе́т|ие century; centenary, centennial, hundredth anniversary; **~́ний** of a hundred years' duration; ~няя война́ the Hundred Years War; hundred-year-old, century-old, centennial; ~няя годовщи́на centenary; ~ стари́к centenarian; **~́ник** *bot* agave

столи́|ца capital; metropolis; **~́чный** capital; metropolitan; ~ го́род capital (city)

столк|а́ть I *pf coll* push, shove several times; **~нове́ние** collision; *mil, fig* conflict, clash; ~ интере́сов clash of interests; вооружённое ~ armed conflict, hostilities; **~ну́ть(ся)** I *pf of* ста́лкивать(ся)

столк|ова́ться (~у́юсь) *pf of* ~о́вываться **~о́вываться** I *pf* ~ова́ться *coll* (try to) come to an agreement (with, с + *instr*)

стол|ова́ться (~у́юсь) *impf* have meals, board (with, у + *gen*); mess; **~о́вая** *n* dining-room; dining-hall; mess; canteen, restaurant (*in institution*); **~о́вка** *pop* canteen; **~о́вый** table; ~о́вое вино́ table wine; ~о́вая ло́жка table-spoon; ~ прибо́р cover; ~о́вое серебро́ *collect* silver, plate; ~о́вая соль table-salt; feeding, catering, messing; ~о́вые де́ньги dinner money, messing allowance; ~о́вые го́ры mesa, tableland; **~онача́льник** *hist* head of 'desk' (*in civil service*)

стол|о́чь (~ку́, ~чёшь, ~ку́т; ~о́к, ~окла́; ~чённый; ~о́кши) *pf of* толо́чь

столп 1 *archi, fig* pillar, column; ~ы́ о́бщества pillars of society

столп|и́ться II (~и́тся) *pf* crowd, throng; **~отворе́ние** (вавило́нское) ~ babel, turmoil

столь *adv* so; э́то не ~ ва́жно it is of no special importance; **~́ко** *adv* so much; so many; ещё ~ же as much, many again; не ~ … ско́лько not so much … as; где ты был ~ вре́мени? where have you been all this time; **~ко-то** so much, so many

сто́ль|ник *hist* courtier (inferior in rank to boyar) **~ный** ~ го́род, ~ град *hist* capital (city)

столя́р 1 joiner; **~́ничать** I *impf* be a joiner; **~́ный** joiner's; ~ное де́ло joinery; ~ клей carpenter's glue

стомат|и́т stomatitis; **~о́лог** stomatologist; **~оло́гия** stomatology

стон moan, groan; **~а́ть** I (~у́, ~́ешь; ~и́; ~́ущий; ~а́я) *impf* moan, groan *also fig coll*

стоп *interj coll* stop!; сигна́л ~ stop signal

стоп|а́ 1 foot *also fig*; направля́ть свои́ ~ы́ bend, direct one's steps; идти́ по чьим ~а́м follow in someone's footsteps; (*pl* ~́ы) *lit* foot; (*pl* ~́ы) pile, heap; ream (*of paper*); **~́ка** pile, heap; small glass (*for vodka, etc*)

стоп|и́ть II (~лю́, ~́ишь) *pf of* ста́пливать

стоп|-кран emergency brake (*on train*); **~́ор** *tech* stop, locking device, catch; *naut* stopper; **~́орить** II *pf* за~ *tech* stop, lock; *fig coll* bring to a standstill, hold up; **~́ориться** II (~орится) *impf* come to a halt, standstill; **~́орный** *tech* ~ кла́пан stop-valve; ~ кран stopcock

стопроце́нтный hundred per cent

стоп-сигна́л brake-light (*on car*)

стоп|та́ть I (~чу́, ~́чешь) *pf of* ста́птывать

сторг|ова́ть(ся) (~у́ю(сь)) *pf of* торгова́ть(ся)

стор|и́цей *and* **~и́цею** *adv* a hundredfold; возда́ть ~ return a hundredfold (to, + *dat*)

сто́рож (*pl* ~а́, ~е́й) watchman, guard; ночно́й ~ night-watchman; **~еви́к** 1 patrol-boat; **~ево́й** watch; ~ева́я бу́дка watchman's hut, *mil* sentry-box; ~ева́я вы́шка watch-tower; ~ ка́тер patrol-launch; ~ кора́бль escort vessel; ~ево́е охране́ние *mil* outposts; ~ пёс watchdog; ~ пост sentry-post; **~и́ть** II *impf* be on watch; guard, keep watch (over); **~и́ха** *pop* watchman's wife; female guard; **~́ка** lodge; лесна́я ~ forest warden's hut; **~́кий** (~ек) *pop* watchful, alert (*of animals and fig*)

стор|она́ 4 side; way, direction; quarter; hand *also fig*; feature, aspect; ~́оны горизо́нта cardinal points; сверну́ть в ~́ону ле́са turn in the direction of the forest; разойти́сь в ра́зные ~́оны go off in different directions; со всех ~о́н on all sides, on every hand; в ту ~́ону in that direction; в каку́ю ~́ону он пошёл? which way did he go?; вам в каку́ю ~́ону? which way are you going?; смотре́ть в другу́ю ~́ону look the other way; в ~́ону *theat* aside; шу́тки в ~́ону *coll* joking aside; в ~оне́ от доро́ги at a certain distance from the road; держа́ться в ~оне́ stand aside, keep aloof; продава́ть на́ ~ону sell on the side, black market; на той ~оне́ on the other side; на ~оне́ *coll* elsewhere, not on the spot; по ту ~́ону beyond, the other side (of, + *gen*); по ~она́м, по о́бе ~оны́ on either side; смотре́ть по ~она́м look about one; из ~оны́ в ~́ону from side to side; с пра́вой, ле́вой ~оны́ on the right, left side; с како́й ~оны́ ве́тер from what quarter is the wind blowing?; с моей ~оны́ for my part; э́то о́чень любе́зно с ва́шей ~оны́ it is very kind of you; со ~оны́ in a detached way; дед со ~оны́ ма́тери maternal grandfather; рассма́тривать вопро́с со всех ~о́н examine the question from every point of view; с одно́й ~оны́ …, с друго́й ~оны́ on the one hand …, on the other hand; узна́ть ~оно́й find out indirectly; side, party; вы на чьей ~онé? whose side are you on?; принять ~ону когó, стать на ~ону когó take someone's side, part; land, place, parts; роднáя ~ native land, one's own land; на чужóй ~онé in foreign parts; Высóкие Договáривающиеся С~оны High Contracting Parties; отпустить на все четыре ~оны let go completely free, *fig* discharge; истолковáть что в дурнýю ~ону take something in the wrong sense, amiss; моё дéло ~ it does not concern me; **~онúться** II (~онюсь, ~онишься) *pf* stand, step aside, make way; *impf* keep away (from), shun, avoid (+ *gen*); **~óнний** strange, alien, outside; indirect; **~óнник** supporter, adherent, advocate, upholder; ~óнники мúра partisans of peace

стоск|овáться (~ýюсь) *pf* pine (for), long to see (о + *prep*, по + *dat*, по + *prep*)

сточ|úть II (~ý, ~ишь) *pf of* стáчивать

стóчн|ый sewage, drainage; ~ые вóды sewage; ~ая канáва ditch; ~ая трубá drainpipe

стошн|úть II (~úт) *pf impers* be sick, vomit; егó ~úло he was sick

стó|я *adv* standing up, upright; **~ýк** post, stanchion, upright; standpipe; chimney; **~ялый** stagnant; stale; (long) unused; **~ýнка** stop; parking; camp, encampment; ~ таксú taxi rank; **~ять** II (~ю, ~úшь) stand; be; стул ~úт на мéсте the chair is in its usual place; ~ на головé, ногáх, рукáх stand on one's head, feet, hands; ~ на четверéньках be on all fours; ~ на постý, на часáх be on sentry duty; ~ на якоре lie at anchor; ~ на чьём путú stand in someone's way; be situated, stand, lie (*of towns, houses, etc*); be (*of plates, glasses, cups, etc*); ~ во главé be at the head (of, + *gen*), head; ~ над душóй у когó *coll* breathe down s.o.'s neck, stand over, pester, plague someone; ~ у влáсти be in power, in office; ~ у причáла lie alongside, be moored; ~ у руля be at the helm; stop, come to a halt, be at a standstill; часы ~ят the watch (clock) has stopped; рабóта ~úт the work is at a standstill; be (*of weather, etc*); ~úт хорóшая погóда the weather is good; ~ял тяжёлый запáх, стрáшный шум there was an oppressive smell, a frightful noise; be (*on a list, etc*); ~ в спúске be on the list; на повéстке дня ~ят два вопрóса there are two questions on the agenda; stay, put up, be stationed; ~ по квартúрам *mil* be billeted; ~ лáгерем be under canvas; stand up (for, за + *acc*) stand up for the truth; ~ на своём insist, stand one's ground, hold one's own; твёрдо ~ на своём sit tight, stick to one's guns; ~ горóй за когó *coll* give someone every support, be a hundred per cent behind someone; **~ячий** standing, upright, vertical; ~ воротнúк stand-up collar; stagnant (*of water*); ~ячая лáмпа standard lamp

стóящий *coll* worthwhile

страв|úть II (~лю, ~ишь) *pf of* ~ливать; **~ливать** I *pf* ~úть set on (*to fight*); ~ одногó с другúм play off one against another; **~лять** I = ~ливать

страг|ивать I *pf* стрóнуть shift, move out; **~иваться** I *pf* стрóнуться shift

страд|á (intensive work at) harvest-time; *fig* heavy work, grind, drudgery; **~áлец** (~áльца) sufferer; **~áльческий** of suffering; ~ вид look, air of suffering; ~áльческая жизнь life of suffering; **~áние** suffering; **~áтельный** suffering; ~áтельное лицó (the) sufferer; *gramm* passive; ~ залóг passive voice; ~ оборóт passive construction; **~áть** I (*ar* стрáжду, стрáждешь) *impf* suffer (from), be troubled (by, + *instr*); ~ бессóнницей suffer from insomnia; suffer (from), be in pain (with, от + *gen*); ~ от зубнóй бóли have toothache; ~ от любвú suffer the pangs of love; suffer (for), feel (for, за + *acc*, из-за + *gen*); ~ за прáвду suffer for the truth; *coll* miss, long (for, по + *dat or prep*); *pf* по~ suffer; ~ за вéру suffer for one's faith; ~ от зáсухи suffer from the drought; ~ от бомбёжки be a victim of bombing; ~ по своéй винé suffer through one's own fault; *impf coll* be weak, poor; у негó ~áет орфогрáфия his spelling is at fault, is weak; **~ный** ~ная порá busy time

страж *lit* custodian, guard; **~а** watch, guard; быть, стоять на ~е watch over, stand guard (over, + *gen*); под ~ей under guard, in custody; брать под ~у take into custody; **~ник** *hist* police constable (*in rural areas*); береговой ~ coastguard

странá 6 country, land; ~ свéта cardinal point (*of compass*)

странúц|а page also *fig rhet*; *fig* leaf, chapter (*of life, etc*); на ~ах нáшей газéты in our columns

стрáнн|ик wanderer; pilgrim; **~ичать** I *impf* lead the life of a wanderer, pilgrim

стрáн|но *adv* strangely, in a strange way; *pred* it is strange, odd, funny; как э́то ни ~ strange though it may seem; **~ность** *f* strangeness; oddity, eccentricity; человéк со ~ностями odd character, crank; **~ный** (~ен, ~á, ~о) strange, funny, odd, queer, curious; ~ое дéло! strange!, funny!, odd!, queer!

страновéдение area studies, regional geography

стрáнств|ие *obs* wandering, travelling; **~овáние** wandering, travelling, itineracy, roaming; **~овать** (~ую) wander, travel, rove, roam; **~ующий** wandering; ~ актёр strolling player; ~ рыцарь knight-errant

страст|úшка *coll* passion, addiction (to, к + *dat*); **~нóй** of Holy Week; ~нáя недéля Holy Week; ~нáя пятница Good Friday; ~ четвéрг Maundy Thursday; **~ность** *f* passion, ardour; **~ный** (~ен, ~á, ~о) impassioned, ardent (*speaker, speech, etc*); enthusiastic; он ~ шахматúст he is mad about chess; passionate, ardent (*of feelings*); **~оцвéт** passion flower; **~ь** 5 *f* passion (for, к + *dat*); ~ к мýзыке a passion for music; до ~и passionately; со ~ью with fervour; цветы – моя ~ I adore flowers; ~и Христóвы the Passion; С~и по Матфéю St Matthew Passion (*oratorio*); *usu pl coll* horror(s); рассказывать про всякие ~и recount all manner of horrors; *adv pop* terribly, frightfully; мне ~ как хóчется ... I am simply dying to ...; ~ как боюсь I'm terribly afraid; an awful lot, galore

страт|агéма stratagem; **~éг** strategist; **~егúческий** strategic; **~éгия** strategy; **~ификáция** stratification; **~онáвт** stratosphere flyer, pilot; **~оплáн** stratospheric aircraft; **~остáт** stratospheric balloon; **~осфéра** stratosphere; **~осфéрный** stratospheric

стрá|ус ostrich; **~усовый** ~усовое перó ostrich feather

страх (~а (~у)) fear, dread, terror; ~ смéрти fear of death; ~ Бóжий the fear of God; ~ пéред неизвéстностью fear of the unknown; быть в ~е be terrified; из ~а for fear (of, пéред + *instr*); от ~а with fear; от ~а у негó отнялся язык he was speechless with fright; под ~ом смéрти on pain of death; со ~ом и трéпетом with fear and trembling; наводи́ть ~ на когó put the fear of God into someone; натерпéться ~у have a terrible fright; у ~а глазá вели́ки *prov* fear sees danger everywhere; на свой ~ (и риск) at one's own risk, on one's own responsibility; ~а рáди for fear, from fear; *pl coll* terrors, fears; дéлать что не за ~, а за сóвесть do something conscientiously; *adv pop* (как) terribly; я ~ как гóлоден I am famished

страх|кáсса *abbr of* ~овáя кáсса insurance office; **~овáние** insurance; ~ жи́зни life insurance; ~ от несчáстных слýчаев accident insurance; **~овáтель** *m* insured (person), policy-holder; **~овáть** (~ýю) *pf* за~ insure (against, от + *gen*); ~ себя́ *fig* safeguard oneself (against, от + *gen*); *impf* provide safety measures (for), ensure safety (of); **~овáться** (~ýюсь) *pf* за~ insure oneself (against, от + *gen*), insure one's life; *coll* keep on the safe side, play safe; **~óвка** insurance; compensation, indemnity; **~овóй** insurance; **~óвщик** insurer(s)

страхолю́дина *m and f pop* fright, freak (*of person*)

страш|ённый *pop* terrible; **~и́лище** *m and neut*, **~и́ла** *m and f*, **~и́ло** *m and neut* fright; monster, scarecrow; **~и́ть** II *impf* frighten, appal, scare; **~и́ться** II *impf* fear, dread (+ *gen*); **~но** *adv* terribly, awfully; мне ~ хóчется I'm simply longing (to, + *infin*); *pred* мне ~! I'm afraid!, I'm terrified!; ~ подýмать, что ... it is awful to think that ...; **~ный** (~ен, ~нá, ~но) terrible, frightful, dreadful, awful, fearful, terrifying, frightening; ~ расскáз blood-curdling tale; ~ная боль agonizing pain; ~ шум awful din; С~ суд Day of Judgement, Doomsday

стращáть I *impf pop* intimidate, frighten, scare

стрéж|ень (~ня) *m* channel, main stream (*of river*)

стрекáч (за)дáть ~á *pop* take to one's heels, run for it

стрекозá 7 dragonfly; *fig coll* fidget (*of child*)

стрéко|т chirp, chirr (*of grasshoppers*); *fig* rattle, chatter (*of machine-gun fire, etc*); **~тáние** chirping, chirring; *fig* rattle, chatter; chugging (*of motor*); **~тáть** I (~чý, ~чешь) *impf* chirp, chirrup, chirr; chatter (of magpie) *also fig*; chug (of motor); **~тня́** *coll* = ~т; **~тýха** chatterbox

стрел|á 6 arrow *also fig*, *fig* shaft, dart; пусти́ть ~ý в когó shoot an arrow at someone; мчáться ~óй fly like an arrow, dash, dart; *archi* rise (*of vault, etc*); arm, boom, jib (*of crane*); ~ мóста cantilever; грузовáя ~ derrick; **~éц** (~ьцá) *hist* Strelets (*member of special military corps set up under Ivan the Terrible*); **С~ец** *astron* Sagittarius; **~éцкий** ~ бунт mutiny of the Streltsy; **~ка** hand (*of clock, watch*); needle (*of compass, dial*); pointer, indicator; arrow (*on diagram*); *geog* spit; shoot, blade (*of grass, etc*); *railway* point(s), switch; переводи́ть ~ку change the points; **~кóвый** rifle, shooting; small arms; ~кóвое мастерствó marksmanship; ~кóвое орýжие small arms; ~ спорт shooting; ~ тир rifle range; *mil* infantry, rifle; ~кóвая диви́зия infantry division; ~кóвая рóта rifle company; **~ови́дность** *f aer* angle (*of wing*); самолёт с изменя́емой ~ови́дностью крылá variable geometry aircraft; **~ови́дный** (~ови́ден) arrow-shaped; *bot* sagittate; ~ови́дное крылó swept-back wing; **~óк** (~кá) marksman; отли́чный ~ crack shot; *mil* rifleman; *aer* gunner; **~очник** *rlwy* pointsman, switchman; ~ виновáт *iron* the little man always gets the blame; **~ьбá** 6 shooting, firing; shoot; ружéйная ~ rifle fire; учéбная ~ practice shoot; **~ьбище** firing range, shooting range; **~ьнýть** I *sem pf of* ~я́ть; *pf sl* nick, pinch; **~ьчатый** *archi* lancet; arched, pointed; ~ьчатые брóви arched eyebrows; **~яный** *coll* shot; ~яная дичь shot game; он солдáт ~ he has had his baptism of fire; ~ воробéй, ~яная пти́ца *fig coll joc* old hand, old stager, knowing old bird; used, fired, spent (*cartridge, etc*); **~я́ть** I *pf* ~ьнýть fire (at), shoot (at, в + *acc*, по + *dat*); хорошó ~ be a good shot; ~ из винтóвки, из ружья́ fire a rifle, gun; ~ в цель shoot at a target; ~ по самолёту fire at an aeroplane; *impf* ~ из пýшек по воробья́м break a butterfly on the wheel, use a sledgehammer to crack nuts; ~ ýток shoot duck; ~ глазáми *coll* make eyes (at); *pf* ~ьнýть *impers coll* have a shooting pain; у меня́ ~я́ет в ýхе I have shooting pains in the ear; *pop* cadge (from, у + *gen*); *fig* crackle (*of wood in fire, etc*); ~ кнутóм crack a whip; **~я́ться** I *impf coll* shoot oneself; fight a duel

стремглáв *adv* headlong

стрёма *sl* lookout, watch

стременнóй stirrup

стрем|и́тельность *f* impetuosity, rapidity, (lightning) speed; vehemence (*of character, etc*); **~и́тельный** (~и́телен) impetuous, swift, headlong, fast-moving, rapid; ~ нáтиск violent onslaught; ~ поры́в irrepressible impulse; dynamic, energetic (*person, etc*); **~и́ть** II (~лю́) direct; **~и́ться** II (~лю́сь) *impf* strive (for), seek, aspire (to, к + *dat*), try (to, + *infin*); long to go, feel drawn; ~ на юг be drawn to the south; rush (at), charge (at, на + *acc*); **~лéние** striving (for), aspiration (for, к + *dat*); *pl* aspirations

стремн|и́на rapid (*in river*); precipice; **~и́стый** (~и́ст) precipitous

стрéм|я *neut* (~ени, ~енем; *pl* ~енá, ~я́н, ~енáм) stirrup; ~ в ~ side by side (*on horseback*); *anat* stirrup-bone, stapedial bone, stapes; **~я́нка** step-ladder, steps; **~я́нный** *n hist* groom, ostler

стренóжить II *pf of* тренóжить

стрéпет *orni* little bustard

стрепто|кóкк streptococcus; **~кóкковый** streptococcal, streptococcic; **~мици́н** streptomycin

стрехá 6 eaves

стреч|óк (~кá) (за)дáть ~кá *pop joc* run for it, take to one's heels

стриг|áль 1 shearer; **~áльный** shearing; **~ýн** 1 yearling (*foal*); **~ýщий** ~ лишáй ringworm

стриж 1 swift, martin

стри́ж|еный cut, cropped; short-haired, close-cropped; short (*of hair*); sheared, shorn (*of sheep*); clipped (*of trees*); **~ка** cutting; haircutting; shearing; clipping; haircut, hairdo, cut

стрипти́з striptease

стрихни́н strychnine

стри|чь (~гý, ~жёшь, ~гýт; ~г, ~гла; ~женный) *pf* о~ cut, clip (*hair, nails*); ~ когó cut someone's hair; ~ овéц shear sheep; ~ пýделя clip a poodle; ~ всех под однý гребёнку treat everyone alike (regardless); ~ купóны live on rent; *coll* cut into pieces, strips; **~чься** (~гýсь, ~жёшься, ~гýтся; ~гся, ~глась) *pf* о~ cut one's hair, have one's hair cut

строгá|ль 1 *m* planer, plane operator; **~льный** ~ станóк planer, planing machine; **~льщик** = ~ль; **~ть** I *pf* вы~ *and* вы́стругать plane, shave

строг|áч 1 *coll* severe reprimand; получи́ть ~ачá

receive a severe reprimand; **˜́ий** (~, ~á, ~о; стро́же; строжа́йший) strict; severe, stern, rigorous (*teacher*, *critic*, *tone*, *reprimand*, *measures*, *laws*, *etc*); ~ая дие́та strict diet; в ~ом смы́сле сло́ва in the strict sense of the word; austere (*code*, *conduct*, *morals*, *etc*); ~ие черты́ лица́ regular, austere features; ~ про́филь clean-cut profile; **˜́о** *adv* severely, sternly; strictly; ~ говоря́ strictly speaking; ~ воспреща́ется strictly forbidden; **˜́о-на́строго** *adv coll* very strictly; **˜́ость** *f* strictness, severity; держа́ть в ˜́ости keep well in hand; *pl coll* strong measures

стро|еви́к 1 combatant soldier; building expert; ~**ево́й** building; ~ лес timber; *mil* drill, ceremonial; *mil* operational, combatant, line, front-line; ~ офице́р officer serving in line; ~ева́я подгото́вка drill; ~ева́я слу́жба service with the troops; ~ уста́в drill manual; ~**е́ние** building; structure, composition *also fig*; ~ земно́й коры́ structure of earth's crust; ~**и́тель** *m* builder *also fig*; *eccles* Father Superior; ~**и́тельный** building, construction; ~и́тельная брига́да construction gang; ~и́тельная площа́дка building site; ~ раство́р lime mortar; ~и́тельная те́хника construction engineering; ~**и́тельство** building, erection, construction *also fig*; жили́щное ~ house-building; зелёное ~ laying out of parks, *etc*; building site, project, development; *fig* organization, structuring; **˜́ить** II *pf* по~, вы́~ build, make *also fig*; ~ плоти́ну build a dam; ~ возду́шные за́мки build castles in the air; *pf* по~ *math* construct, formulate, express; ~ многоуго́льник construct a polygon; ~ у́гол plot an angle; ~ фра́зу construct a sentence; *impf* devise, make; ~ пла́ны make plans, plan; ~ себе́ иллю́зии create illusions for oneself; *pf* со~ make (*facial expressions*, *etc*); ~ гла́зки make eyes; ~ грима́сы, ро́жу make, pull faces; ~ из себя́ дурака́ *coll* make a fool of oneself; *pf* по~ base (on, на + *prep*); ~ свои́ расчёты base one's calculations (on, на + *prep*), bank on; *pf* по~, вы́~ *mil* draw up, form (up); **˜́иться** II *pf* по~ build (*house*, *etc*) for oneself; *pf* по~, вы́~ *mil* draw up, form up; ˜́йся! *mil* fall in!; *pass of* ~ить; ~**й** (в ˜́е, о ˜́е; ˜́и, ˜́ев) system, order, régime; обще́ственный ~ social order; феода́льный ~ feudal system; *ling* system, structure; *mus* pitch; (в ~ю́, о ˜́е; ~и́, ~ёв) *mil naut aer* formation; развёрнутый ~ (extended) line; разо́мкнутый, со́мкнутый ~ extended, close order; ~ пе́ленга *naut* line of bearing; ~ фро́нта *naut* line abreast; в ко́нном, пе́шем ~ю́ mounted, dismounted; *mil* unit in formation; пе́ред ˜́ем in front of the ranks; *mil fig* service, commission; вводи́ть в ~ put into commission, service, operation; выводи́ть из ˜́я put out of action, disable; вступа́ть в ~ come into service, operation; вы́йти из ˜́я break down, be put out of action; оста́ться в ~ю́ *mil* remain in the ranks, *fig* remain at one's post; **˜́йка** building, construction; building site, building project; ~**йматериа́лы** building materials

стро́|йность *f* gracefulness, slenderness, shapeliness, proportion (*of figure*); orderliness, symmetry; balance (*of thought*, *exposition*); *mus* harmony, melodiousness; ~ пе́ния perfect harmony of the singing; **˜́йный** (~ен, ~йна́, ~йно) graceful, shapely, well-proportioned, slender; symmetrical, regular; well-balanced, orderly, logical (*lecture*, *report*, *sentence*, *etc*); *mus* harmonious

строк|а́ 3 (*acc also* ˜́у) line; ~ в ~у́ line by line; нача́ть с но́вой ~и́ begin a new paragraph; чита́ть ме́жду ~ read between the lines; прика́зная ~ bureaucrat; не вся́кое лы́ко в ˜́у *prov* one must not be too exacting

стро́нуть(ся) I *pf of* стра́гивать(ся)

стро́нций strontium

строп sling (rope); shroud line (of parachute)

стропи́ло rafter, beam, truss

стропти́в|ец (~ца) obstinate person, wilful, refractory person; **˜́ость** *f* obstinacy, wilfulness, refractoriness; **˜́ый** obstinate, wilful, refractory; shrewish; ~ая *n* shrew

строф|а́ 3 stanza, strophe; ~**и́ческий** strophic

строч|ёный stitched; ~**и́ть** II (~у́, ˜́ишь) *pf* про~ stitch; *pf* на~ *fig coll joc* dash off, scribble; *impf coll* bang away, blaze away (*with automatic weapons*); **˜́ка** stitch(ing); seam; ажу́рная ~ hemstitch; line (*of poetry*, *etc*); ~ в ~ку word for word, literally, verbatim; ~**но́й** ~на́я бу́ква small letter, lower-case letter; писа́ть с ~но́й бу́квы write with a small letter

струбци́на *tech* cramp, clamp

струг plane; *obs* boat; ~**а́ть** I = строга́ть

стру́жк|а shaving(s), filing(s); снима́ть ~у с кого́ *pop joc* tear someone off a strip

стру|и́ть II (~и́т) *impf* pour, shed (*water*, *light*, *etc*); ~**и́ться** II (~и́тся) *impf* stream, flow (*of water*, *etc*); shine, stream (*of light*)

структу́р|а structure; организацио́нная ~ scheme of organization; ~**али́зм** structuralism; ~**али́ст** structuralist; **˜́ный** structural; structured

струн|а́ 6 *mus sp* string; уда́рить по ~ам pluck the strings; сла́бая ~ weak point; игра́ть на чьей сла́бой ~е́ play on someone's weak point, side; держа́ть в ~е́ *pop* keep under strict control; **˜́ка** *dim of* ~а́; чувстви́тельная ~ tender spot; задева́ть сла́бую ~ку кого́ touch someone on a tender spot; вы́тянуться в ~ку, стать в ~ку stand at attention; ходи́ть по ~ке be at the beck and call (of), dance attendance (on, у + *gen*, пе́ред + *instr*); **˜́ник** stringed instrument player; **˜́ный** *mus* ~ инструме́нт stringed instrument; ~ орке́стр string orchestra

струп (*pl* ˜́ья, ˜́ьев) scab

стру́|сить II (~шу) *pf of* тру́сить; ~**хну́ть** I *pf coll* funk

струч|ко́вый leguminous; ~ горо́шек peas in the pod; ~ пе́рец capsicum, red pepper; ~**о́к** (~ка́) pod

стру|я́ 6 (*gen pl* ~й) stream; jet, spurt; ~ све́жего во́здуха current of fresh air; ~ па́ра stream jet; ~ от винта́ *aer* (propeller) slipstream; бить ~ёй spurt; влить, внести́ живу́ю ~ю́ inject new life (into, в + *acc*); *pl* (~и́, ~й, ~я́м) *obs* water(s)

стря́п|ать I *pf* со~ *coll* cook; *fig coll* cook up, concoct; ~**ня́** *coll* cooking; *fig coll* concoction, fabrication; ~**у́ха** *coll* cook

стря́пчий *hist* officer of tsar's household; *hist* scrivener, attorney; solicitor

стряс|а́ть I *pf* ~ти́ shake off, down; ~**ти́** (~у́, ~ёшь; ~, ~ла́; ~ённый; ˜́ший) *pf of* ~а́ть; ~**ти́сь** (~ётся; ˜́ся, ~ла́сь) *pf coll* happen (to, с + *instr*); с ним ~ла́сь беда́ he is in trouble, he got into trouble; что тут ~ло́сь? what's up?, what's the matter?

стря́х|ивать I *pf* ~ну́ть shake off *also fig*; ~ пе́пел с папиро́сы flick the ash off a cigarette; ~**ну́ть** I *pf of* ˜́ивать

студен|éть I (~éет) *pf* за~ thicken, jellify; **~истый** (~ист) jelly-like

студéн|т student; undergraduate; ~т-мéдик medical student; ~т-юрист law student; **~тка** *f of* ~т; **́~ческий** student; ~ческое общежитие students' hostel; **́~чество** the students, undergraduates; student body; student days, one's time at university

студён|ый (~) *pop* icy, chill, freezing

стýд|ень *m* (~ня) meat (fish) jelly; aspic; galantine

студи|ец (~йца) *coll* student (*of art, drama school, etc*); **́~йка** *f of* ~ец

сту|дить II (~жý, ́~дишь) *pf* о~ cool, chill

стýдия studio, workshop (*of artist, for broadcasting, etc*); school (*of art, drama, etc*)

стýжа *coll* icy cold, freezing cold, hard frost

стук knock(ing), tap; thump; ~ в дверь knock(ing) at the door; ~ колёс rumble of wheels; ~ копыт clatter of hooves; ~ посýды rattle of plates; ~ пулемёта rat-a-tat of machine-gun; ~ сéрдца thump, beating of the heart; ~! ~! knock!, knock!; ~ *coll pred* = ́~нул; *sl* splitting, grassing; **́~ать** I *pf* ~нуть *coll* knock; tap; bang; в окнó тихо ~нули someone tapped on the window; hit, strike; ~нуть кулакóм пó столу bang one's fist on the table; **́~аться** I *pf* ~нуться knock oneself (against), bang oneself (against), bump oneself (against, о, обо + *acc*); **~áч** 1 *pop pej* squealer, informer, grass; **́~нуть** *pf of* ~ать and стучáть; *pf sl* bash, do in; *sl* knock back, guzzle (*drink*); *pf impers + dat coll* емý сóрок ~нуло he is past forty; ему вдруг ~нуло в гóлову *coll* he suddenly had a bright idea; **́~нуться** I *pf of* ~аться; **~отня́** *coll* knocking, banging, tapping, rapping

стул (*pl* ́~ья, ́~ьев) chair; сидéть мéжду двух ́~ьев fall between two stools; *med* stool; **~ьчáк** 1 (lavatory) stool, seat

стýпа mortar

ступ|áть I *pf* ~ить tread, step, take a step; *impf* tread, walk; ~áй(те) сюдá! come here!; ~áй(те)! be off!, clear off!; шáгу ~ить нельзя́ you daren't take a step (without, без + *gen*); **~éнчатый** stepped, graduated, graded; stage (*of rocket*); **~éнь** *f* (*gen pl* ~éней) step (*of stairs*), rung (*of ladder*); (*gen pl* ~енéй) stage, grade, level, phase; **~éнька** step, rung; **~ить** II (~лю́, ́~ишь) *pf of* ~áть

ступица nave, boss, hub (*of wheel*)

ступн|я́ (*gen pl* ~éй) foot; sole (*of foot*)

стуч|áть II *pf* по~, *sem pf* стýкнуть knock, tap, rap; bang, pound; clatter (*of wheels, hooves, etc*); chatter (*of teeth*); pound, thud, throb (*of heart*); ~ в дверь knock at the door; ~ молоткóм hammer; ~ на машинке pound away at the typewriter; у меня́ ~ит в вискáх my temples are throbbing; *pf* стýкнуть *sl* inform (against), grass (on, на + *acc*); **~áться** II *pf* по~ knock (at, в + *acc*); ~ в дверь knock at the door *also fig*

стуш|евáться (~ýюсь) *pf of* ~ёвываться; *pf of* тушевáться lose one's nerve; **~ёвываться** I *pf* ~евáться *coll* melt away, keep oneself in the background

сты|д 1 shame; к великому моемý ~дý to my everlasting shame; сгорáть со ~á *coll* burn with shame; ~ и позóр! it's a disgrace; ~ и позóр емý! shame on him!; ~ и срам! for shame!; **~дить** II (~жý) *pf* при~ (try to) shame, put to shame; **~диться** II (~жýсь) *pf* по~ be ashamed (of, + *gen or + infin*); ~ попросить что be shy of asking for something; **~дливость** *f* bashfulness, modesty; **~дливый** (~длив) bashful, modest; **́~дно** *pred* it is shameful, a shame; ~ так говорить you should be ashamed of talking like that; мне ~ (за себя́) I am ashamed of myself; мне ~ пéред людьми I am ashamed to face the world; **́~дный** shameful

стык *tech* joint, junction, boundary; butt; *fig* junction, meeting-point; ~ дорóг road junction; на ́~е двух векóв at the turn of the century; **~овáть** (~ýю) *pf* join; **~овáться** (~ýюсь) *pf* join; link up, dock, rendezvous (*of space vehicles*); *sl* get together (with, с + *instr*); **~óвка** docking, rendezvous (*of space vehicles*); **~овóй** ~овóе соединéние butt-joint

сты́|нуть, стыть (~ну; ~л *and* ~нул, ~ла) *pf* о~, остыть be getting cold, cool; *fig* be cooling down; *impf* freeze, be frozen; кровь ~нет в жилах it makes one's blood freeze

сты́чка skirmish, clash, brush; *coll* squabble, tiff

стю|ард steward (*on boat*); **~ардéсса** stewardess; air hostess (*on aircraft*)

стяг *rhet* banner

стя́|гивать I *pf* ~нýть tighten; pull together, fasten; ~ на себé пóяс tighten one's belt; ~ мешóк верёвкой tie up a sack; join, gather, draw together; *mil* concentrate, assemble; pull off, down; draw off, down; ~нýть сапоги pull off one's boots; *impers coll* have cramp; нóгу у меня ~нýло I have cramp in my leg; *pop* pinch, steal; **́~гиваться** I *pf* ~нýться *vi* tighten; gird oneself tightly; ~ пóясом take in one's waist; join, mend; gather, crimp, wrinkle; concentrate; **~жáтель** *m* grasping person, money-grubber, person on the make; **~жáтельный** (~жáтелен) greedy, grasping, avaricious, on the make; **~жáтельство** money-grubbing, greed; **~жáть** I *pf lit* acquire; win (*fame, love, etc*); ~ извéстность become celebrated; **~нýть(ся)** I *pf of* ́~гивать(ся)

суб(-) sub(-), under(-); **~алтéрн** subaltern; **~арéнда** sublease; **~арендáтор** subtenant

суббóт|а Saturday; Великая С~ Holy Saturday; **~ний** *adj of* ~а; **́~ник** subbotnik, voluntary unpaid work

субвéнция subsidy, subvention, grant

сублим|áт *chem* sublimate; **~áция** *chem and psych* sublimation; **~ировать** (~ирую) *impf and pf psych and chem* sublimate

субординáция (system of) seniority

субрéтка soubrette

субсид|ировать (~ирую) *impf and pf* subsidize; **́~ия** subsidy, grant(-in-aid)

субстáнция *philos* substance

субститýция substitution

субстрáт *philos* substance; substratum

субстратосфéра substratosphere

субтил|ьность *f* tenuousness; delicateness, frailty; **́~ьный** (~ен) *coll* tenuous; delicate, frail

субтитр *cin* subtitle

субтрóп|ики (*gen pl* ~иков) subtropics; **~ический** subtropical

субъéкт *philos gramm med leg* subject; *philos* the self, the ego; истерический ~ hysterical subject; *coll* type, character; подозрительный ~ suspicious character; **~ивизм** *philos* subjectivism; subjectivity; **~ивист** *philos* subjectivist; **~ивистический, ~ивистский** *philos* subjectivist; **~ивность** *f* subjectivity; **~ивный** (~ивен) subjective; **~ный** subject, subjective, subjectival

сувенир souvenir

суверéн *pol leg* sovereign; **~итéт** sovereignty;

∼ный (∼ен, ∼на) sovereign
суво́ров|ец (∼ца) pupil of Suvorov military college
сугли́н|истый loamy; argillaceous; **∼ок** (∼ка) loam, loamy soil
сугро́б snowdrift
сугу́б|ый (∼) *obs* double, twofold; especial, particular; exclusive
суд court (of law), lawcourt; ∼ Бо́жий *hist* trial by single combat *or* by ordeal; наро́дный ∼ People's Court; вое́нный ∼ court martial; зал ∼а́ courtroom; заседа́ние ∼а́ sitting of the court; се́ссия ∼а́ court session; на ∼е́ in court; *fig* trial, legal proceedings, court; пока́ ∼ да де́ло *coll* whilst something is being sorted out; вы́звать в ∼ subpoena, summons; пода́ть в ∼ на кого́ bring an action against someone; отда́ть под ∼, преда́ть ∼у́ take to court, prosecute; быть под ∼о́м be under trial; на тебя́ и ∼а́ нет no one can blame you; расправля́ться без ∼а́ take the law into one's own hands; помири́ться без ∼а́ settle out of court; на нет и ∼а́ нет *prov* if there isn't any, one must do without it; оправда́ть по ∼у́ find not guilty; *collect* the judges; the bench; judgement, verdict; отда́ть на ∼ пото́мства submit to the verdict of posterity
суда́к 1 pike-perch, zander
Суда́н the Sudan; **с∼ец** (∼ца) Sudanese; **с∼ка** Sudanese (woman); **с∼ский** Sudanese
суд|а́рыня *obs* madam, ma'am; **∼арь** *m obs* sir (*sometimes iron*)
суда́чить II *impf pop* gossip, tittle-tattle
суде́|бник *hist* code of laws; **∼бный** court, legal, judicial; ∼бное заседа́ние court session; ∼бные изде́ржки legal costs; ∼ исполни́тель officer of the court; ∼бная медици́на forensic medicine; ∼бная оши́бка miscarriage of justice; ∼бным поря́дком, в ∼бном поря́дке in legal form; ∼ при́став *obs* bailiff; ∼бное разбира́тельство legal proceedings, hearing of a case; ∼бное реше́ние court order, decision; ∼ сле́дователь investigator, coroner; ∼бное сле́дствие judicial inquiry, investigation; inquest; **∼йская** judge's room, quarters; referees' room; **∼йский** *adj* judge's; *n obs* officer of the court; *adj sp* referee's, umpire's; **∼йство** *sp* refereeing, umpiring, judging
судёныш|ко (*pl* ∼ки, ∼ек) *coll pej* tub (*ship*)
су|ди́лище *obs pej* court of law; **∼ди́мость** *f* (previous) conviction(s); снять с кого́ ∼ expunge someone's previous convictions; **∼ди́ть** II (∼жу́, ∼дишь) *impf* judge, form an opinion; наско́лько я могу́ ∼ as far as I can judge; я не могу́ ∼ об э́том I'm no judge of that; ∼ди́те са́ми judge for yourself; ∼дя judging (by), to judge (from, по + *dat*); ∼дя по всему́ to all appearances; ∼ да (и) ряди́ть *coll* lay down the law, expatiate; *leg* try; judge, pass judgement (upon); не ∼ди́те их стро́го don't be hard on them; *sp* referee, umpire; *also pf* (pre)destine, preordain; Бог ∼ди́л ино́е God decreed otherwise; ему́ ∼ждено́ пострада́ть he is destined to suffer; **∼ди́ться** II (∼жу́сь, ∼дишься) *impf* go to law, litigate (with, с + *instr*); have a criminal record
су́д|но (*pl* ∼на, ∼ен) bedpan; (*pl* ∼а́, ∼о́в) vessel; craft; ship, boat; ∼ на возду́шной поду́шке hovercraft; ∼ на подво́дных кры́льях hydrofoil; **∼ове́рфь** *f* shipyard; **∼овладе́лец** (∼овладе́льца) shipowner; **∼оводи́тель** *m* navigator; **∼овожде́ние** navigation; **∼ово́й** ship's; marine; ∼ова́я кома́нда ship's crew
судоговоре́ние *leg* pleading(s)
суд|о́к (∼ка́) sauce-boat, gravy-boat; cruet(-stand); *usu pl* set of dishes with covers; **∼омо́йка** dishwasher, scullery maid
судо|произво́дство legal proceedings
судоремо́нт ship repair
су́д|орога spasm, cramp, convulsion; **∼орожный** (∼орожен) convulsive, spasmodic *also fig*
судо|сбо́рщик shipwright; **∼строе́ние** shipbuilding; **∼строи́тель** *m* shipbuilder, shipwright; **∼строи́тельный** shipbuilding
судоустро́йство judicial system
судохо́д|ность *f* navigability; **∼ный** (∼ен) navigable; ∼ кана́л shipping canal; ∼ная компа́ния shipping company; **∼ство** navigation, shipping
суд|ьба́ 6 (*gen pl* ∼еб) fate, fortune, destiny, lot; благодари́ть ∼ьбу́ thank one's lucky stars; каки́ми ∼ьба́ми? fancy meeting you here!; не ∼ нам we are not fated (to, + *infin*); связа́ть свою́ ∼ьбу́ throw in one's lot (with, с + *instr*); реши́ть свою́ ∼ьбу́ seal one's fate; искуша́ть ∼ьбу́ tempt fate, providence; ви́дно, не ∼! it was not to be!; *usu pl* future; ∼ьбы челове́чества the future of mankind; **∼ьби́на** *folk* fate, lot
суд|ья́ *m* (*pl* ∼ьи, ∼е́й, ∼ьям) judge; я не ∼ в э́том де́ле I am no judge (of such matters); мирово́й ∼ *obs* Justice of the Peace; трете́йский ∼ arbitrator; *sp* referee, umpire
су́д|я *see* **∼ить**
суеве́р superstitious person; **∼ие** superstition; **∼ный** (∼ен) superstitious
суесло́вие *obs* idle talk
су|ета́ vanity; ∼ ∼е́т vanity of vanities; bustle, fuss; **∼ети́ться** II (∼ечу́сь) *impf* bustle, fuss (about); **∼етли́вость** *f* restlessness, fussiness; bustle; **∼етли́вый** (∼етли́в) restless, fussy; bustling, flurried; **∼етность** *f* vanity; **∼етный** (∼етен) vain, empty; **∼етня́** *coll* bustle, fuss
сужде́ние opinion; judgement; statement (*in logic*)
су́жен|ая *n folk* intended (*bride*); **∼ый** *n folk* intended (*bridegroom*); ∼ого конём не объе́дешь *prov* you can't escape your fate
су́|живать I *pf* ∼зить contract; narrow; ∼зить глаза́ narrow one's eyes; *fig* restrict; **∼живаться** I *pf* ∼зиться narrow, get, become narrow(er); *fig* be narrowed down, be restricted; ∼ к концу́ taper; **∼зить(ся)** II (∼жу, ∼зит(ся)) *pf of* ∼живать(ся)
сук 1 (в (на) ∼у́, о ∼е́; *pl* су́чья, су́чьев *and* ∼и́, ∼о́в) bough, branch; knot (*in wood*)
су́к|а bitch *also cont*; *sl* stoolie; *cont* bastard; **∼ин** ∼ сын *cont* son of a bitch
сук|но́ 6 (*gen pl* ∼он) cloth; положи́ть под ∼ shelve, pigeon-hole; **∼нова́л** fuller; **∼нова́льный** fulling; ∼нова́льная гли́на fuller's earth
сукова́т|ый (∼) knotty, gnarled
суко́н|ка piece of cloth, rag; **∼ный** (woollen) cloth; ∼ная фа́брика cloth mill; *fig* rough, clumsy, crude; ∼ язы́к *coll* rough, clumsy style; **∼щик** cloth-weaver; cloth-merchant
су́кровица lymph, serum; *med* ichor, pus
сулема́ corrosive sublimate, mercuric chloride
сули́ть II *pf* по∼ *pop* promise; *impf* hold out, promise; ∼ золоты́е го́ры promise the moon
султа́н sultan; plume (*on headdress, etc*); **∼а́т** sultanate; **∼ский** sultan's; **∼ша** sultana
суль|фа́т sulphate; **∼фи́д** sulphide; **∼фо-** sulpho-
сум|а́ bag, pouch; ∼ перемётная *fig* weathercock; пусти́ть с ∼о́й *fig* ruin, beggar; ходи́ть с ∼о́й beg, go begging

сумасбрó|д madman, crazy person, madcap; **~дка** crazy woman, scatter-brained creature; **~дить** II (~жу) *and* **~днича́ть** I *impf coll* behave like a madcap, behave in a crazy way; **~дный** (~ден) wild, crazy, madcap; **~дство** wild, crazy, madcap behaviour

сумасшé|дший *adj* mad, crazy; ~ дом lunatic asylum; *n* madman, lunatic; бýйный ~ violent lunatic; *fig* crazy, lunatic, mad; **~ствие** madness, lunacy, insanity; доводи́ть до ~ствия drive mad; **~ствовать** (~ствую) *impf coll* act like a madman

суматó|ха confusion, turmoil, chaos, hurly-burly, bustle; **~шливый** (~шлив), **~шный** (~шен) *coll* ~ человéк restless, bustling, nervous person

сумбýр turmoil, confusion, chaos, muddle; **~ный** (~ен) confused, chaotic, muddled; ~ человéк muddle-headed person

сýм|еречный (~еречен) dim, dark; *fig* gloomy; ~ свет, ~еречное врéмя twilight, dusk; *zool* crepuscular; **~ерки** (*gen pl* ~ерек) twilight, dusk; предрассвéтные ~ half-light of dawn; **~ерничать** I *impf coll* sit in the twilight

сумé|ть I *pf* be able (to), manage (to, + *infin*); не ~ *coll* fail (to), be unable (to, + *infin*); не ~ю вам сказáть I'm afraid I can't tell you

сýмка bag, handbag; shopping-bag; сердéчная ~ pericardium; *zool* pouch

сýмм|а sum; вся, óбщая ~ sum total; в ~е in sum, all in all; порядочная ~ tidy sum; ~ впечатлéний net impression; **~áрный** (~áрен) total; general, overall; ~áрные свéдения general information; **~и́ровать** (~и́рую) *impf and pf* add up; sum up; summarize

сýмничать I *pf of* ýмничать

сумня́ся ничтóже сумня́ся (сумня́шеся) *joc* not batting an eyelid, without a second's hesitation

сýмр|ак dusk, gloom; **~ачный** (~ачен) gloomy, sombre *also fig*

сýмчат|ый *zool* marsupial; ~ые грибы́ Ascomycetes

сумя́тица *coll* confusion, chaos

сундýк 1 trunk, chest; *sl* cooler, punishment cell

сýнуть(ся) I *pf of* совáть(ся)

суп (~а (~у), в ~е *and* в ~ý; *pl* ~ы́, ~óв) soup

супер|мéн *iron* superman; **~oблóжка** dust-cover, jacket; **~фосфáт** superphosphate

сýп|есный = ~есчáный; **~есок** (~еска) sandy loam; **~есчáный** sandy-loam; **~есь** *f* = ~есок

супи́н *gramm* supine

сýп|ить II (~лю) *impf coll* ~ брóви knit one's brows, frown; **~иться** II (~люсь) *impf coll* = ~ить брóви

супов|óй soup; ~áя ми́ска soup tureen

супóнь *f* hame-strap

супорóс(н)ая ~ свинья́ sow in farrow

супостáт *rhet* adversary, foe; Satan

супрý|г husband, spouse; *pl* married couple, husband and wife; **~га** wife, spouse; **~жеский** conjugal, matrimonial; **~жество** conjugal state, matrimony, wedlock; **~жник** *pop joc* husband; **~жница** *pop joc* wife

сургýч 1 sealing-wax; **~ный** (of) sealing-wax

сурди́н|ка damper (*on piano*), mute (*on violin*); под ~ку *coll* on the sly, on the quiet

сурéп|ица, ~ка cole-seed, rape; charlock; **~ный** ~ное мáсло rape-oil, colza-oil

сýрик minium, red lead

сурóв|еть I *pf* по~ become severe, austere; **~ость** *f* severity, austerity; **~ый** (~) severe, austere; *fig* sombre, grim; ~ взгляд severe look; harsh (*punishment*, *etc*); ~ая борьбá grim struggle; ~ое мóре cruel sea; unbleached (*of cloth*); ~ое полотнó brown Holland

сур|óк (~кá) marmot; спать как ~ sleep like a top, log

суррогáт substitute; **~ный** substitute, ersatz; ~ный кóфе ersatz coffee

сурьм|á antimony; hair dye, kohl; **~и́ть** II (~лю́) *pf* на~ dye, darken (*hair*, *etc*); **~и́ться** II (~лю́сь) *pf* на~ dye, darken one's hair, eyebrows, *etc*; **~янóй, ~я́ный** antimony

сусáль *f* tinsel; **~ный** tinsel; ~ное зóлото gold leaf; *fig coll* sugary

сýслик gopher, ground squirrel

сýслить II *pf* за~ *pop* beslobber, beslaver

сýсло виногрáдное ~ must; пивнóе ~ wort; grape-juice

сусóлить II *pf* за~ *pop* = сýслить

сустáв joint, articulation; неподви́жность ~ов *med* anchylosis; **~нóй** articular

сутáна soutane

сутенёр souteneur, ponce

сýт|ки (*gen pl* ~ок) twenty-four hours, twenty-four-hour period, day (and night); цéлые ~ for days and nights; крýглые ~ round the clock

сýтолока commotion, pushing and shoving, hurly-burly

сýточн|ый daily; diurnal; twenty-four-hour, round-the-clock; ~ые (дéньги) daily allowance (for subsistence); ~ цыплёнок day-old chick

сутýл|ить II *pf* с~ ~ спи́ну stoop; **~иться** II *pf* с~ stoop, have a stoop, be round-shouldered; **~ость** *f* stoop, round-shoulders; **~ый** (~) stooping, round-shouldered

суть *f* essence, substance, gist; ~ дéла crux, heart of the matter; дойти́, добрáться, докопáться до ~и дéла get to the root of the matter; по ~и дéла as a matter of fact, in reality; *3rd pers pl pres of* быть *used as copula*; э́то не ~ вáжно *coll* this is not so important

сутя́|га *m and f coll* vexatious litigant; **~жник** = ~га; **~жничать** *impf* engage in vexatious or malicious litigation

суфлé *neut indecl* soufflé

суфл|ёр *theat* prompter; **~ёрский** ~ёрская бýдка prompt-box; **~и́ровать** (~и́рую) *impf* prompt (+ *dat*)

суфражи́|зм suffragette movement; **~стка** suffragette

сýффикс *gramm* suffix; **~áльный** suffixal

сух|áрница biscuit dish; **~áрь** 1 *m* piece of dried bread, rusk; *fig coll* dry (old) stick; **~áя** *n sp* whitewash; сдéлать ~ýю комý *sp* whitewash someone; **~мéнь** *f pop* dry weather, drought; dry soil; **~o** *adv* drily, coldly, stiffly; *pred* it is dry; **~овáтый** (~овáт) dryish; **~овéй** hot dry wind; **~огрýз** dry cargo; **~одóл** waterless valley

сухожи́л|ие tendon, sinew; **~ьный** tendinous

сух|óй (~, ~á, ~о; сýше) dry; dried-up; arid; parched; ~и́е дровá dry firewood; ~ хлеб stale bread; ~óе рýсло dried-up watercourse; ~и́е гýбы parched lips; ~и́м путём by land, overland; вы́йти ~и́м из воды́ come out unscathed; dried, dry (*of foodstuffs*, *etc*); *med* dry; ~ кáшель dry cough; dry (*of skin*, *hair*, *etc*); withered, dead (*of plants*, *etc*) *also fig*; *fig* aloof, stiff, chilly, cold; ~ приём chilly reception; ~ человéк ungracious person; *fig* dull, dreary, dry; ~ расскáз dull story;

~ док dry-dock; ~ закóн *hist* dry law, prohibition; ~ лёд dry ice; ~áя мóлния summer lightning; ~ паёк dry rations; ~áя перегóнка dry distillation; ~ элемéнт *elect* dry pile; **~олюби́вый** (~олюби́в) *bot* xerophilous; **~омя́тка** *coll* dry food (*without liquid*); **~опáрый** (~опáр) *coll* spare, lean, skinny; **~опу́тный** land, ground (*of birds, frontiers, transport, troops, etc*); **~опу́тье** *coll* land route; **~ору́кий** (~ору́к) *coll* without the use of one arm; having a withered arm; **~остóй** *collect* dead (standing) wood; period before calving, interlactation period (*of cow*); **~́ость** *f* dryness, aridity; *fig* stiffness, chilliness, coldness; **~отá** dryness; у меня́ в гóрле ~ my throat feels parched; *coll* dry spell (*of weather*); *folk* longing, yearning; **~óтка** *pop* wasting, emaciation; ~ спиннóго мóзга dorsal tabes, posterior spinal sclerosis; **~óточный** tabetic; **~офру́кты** (*gen pl* ~офру́ктов) dried fruits; **~ощáвый** (~ощáв) spare, lean, skinny; **~оядéние** *coll joc* dry rations

суч|ёный twisted; **~и́ть** II (~у́, ~́ишь) *pf* с~ spin (*thread, etc*), twist, throw (silk); jerk, work (+ *instr*); ~ нóжками kick (*of baby*); **~ковáтый** (~ковáт) gnarled; knotty; **~óк** (~кá) twig; knot (*in wood*); без ~кá, без задóринки *coll* without a hitch

су́ш|а (dry)land; **~́е** *comp of* сухóй *and* су́хо; **~ёный** dried; **~́илка** dryer; drying-room; **~и́льный** drying; **~и́льня** (*gen pl* ~и́лен) drying-room; **~и́ть** II (~у́, ~́ишь) *pf* вы́~ dry; dry up, parch; гóре ~́ит её she is pining away with grief; *fig* harden; ~ вёсла *naut* rest on one's oars; **~и́ться** II (~у́сь, ~́ишься) *pf* вы́~ (get) dry; dry one's clothes (*without taking them off*); **~́ка** drying; dry ring-shaped roll; **~ь** *f coll* dry spell; dry spot; *fig coll* boring stuff

сущéств|енный (~ен, ~енна) essential, material, vital, important; ~енное замечáние remark of material significance; игрáть ~енную роль play a vital part; нет ~енной рáзницы there is no essential (intrinsic) difference; **~и́тельное** (и́мя) ~ *n gramm* noun, substantive; **~ó** essence, substance; по ~у́ in essence, essentially; не по ~у́ beside the point; говори́ть по ~у́ keep to the point, stick to the facts; отвечáть по ~у́ give a straight answer; being, creature; люби́мое ~ loved one; чу́вствовать всем свои́м ~óм feel it in one's bones; **~овáние** existence, life; отрави́ть комý ~ make someone's life a misery; **~овáть** (~у́ю) *impf* exist, be (in existence); live, subsist

су́щ|ий *obs* existing; absolute, utter, downright; ~ ад absolute hell; ~ вздор arrant nonsense; ~ее наказáние a regular pest; ~ая прáвда the (very) truth; ~ пустя́к trifling matter; **~́ность** *f* essence; ~ дéла the point; в ~ности to all intents and purposes, as a matter of fact

суя́гная ~ овцá ewe in yean

сфáбрик|овáть (~у́ю) *pf of* фабриковáть

сфáгнум sphagnum, bog-moss

сфальц|евáть (~у́ю) *pf of* фальцевáть

сфальши́в|ить II (~лю) *pf of* фальши́вить

сфантази́р|овать (~ую) *pf of* фантази́ровать

сфéр|а sphere; realm, domain, field, line; ~ влия́ния sphere of influence; ~ дéятельности sphere of activity; в своéй ~е be on home ground, on familiar ground, in one's element; вне своéй ~ы out of one's element; вы́сшие ~ы influential circles, the establishment; **~и́ческий** spherical *also math*, globular, ball-shaped; **~óид** spheroid; **~оидáльный** spheroidal

сфинкс sphinx

сфи́нктер sphincter

сформир|овáть(ся) (~у́ю(сь)) *pf of* формировáть(ся)

сформ|овáть (~у́ю) *pf of* формовáть

сформули́р|овать (~ую) *pf of* формули́ровать

сфотографи́р|овать(ся) (~ую(сь)) *pf of* фотографи́ровать(ся)

сфуг|овáть (~у́ю) *pf of* фуговáть

схва|ти́ть(ся) II (~чу́(сь), ~́тишь(ся)) *pf of* хватáть(ся) and ~́тывать(ся); **~́тка** skirmish, fight (-ing), encounter, engagement; squabble, tussle, fight (*in argument, etc*); *pl* contractions, spasms; родовы́е ~тки labour (pains), birth pangs; **~́тывать** I *pf* ~ти́ть seize, grasp, grip; ~ти́ть когó зá руку seize someone's hand; lay hold of; *impers pop* feel sudden pain; *coll* catch (*cold, disease, etc*); *fig coll* seize on, catch, reproduce (*in art, etc*); ~ смысл *coll* grasp the meaning; clamp together; **~́тываться** I *pf* ~ти́ться catch hold (of, за + *acc*); grapple (with), come to grips (with, с + *instr*); come to blows

схéм|а diagram, chart, layout, scheme; ~ ориенти́ров range card; plan, outline, sketch; ~ пьéсы outline of play; *rad* circuit; stereotyped pattern, set of symbols; **~атизáтор** person who tends to oversimplify; **~атизи́ровать** (~атизи́рую) *impf and pf* present in sketchy form, oversimplify; **~ати́зм** tendency to think in stereotyped images; sketchiness, oversimplification; **~ати́ческий** schematic, diagrammatic; outline; oversimplified, sketchy, primitive; **~ати́чный** (~ати́чен) oversimplified, sketchy, primitive

схи́м|а *eccles* schema (*strictest Orthodox monastic rule*); **~́ник** *eccles* monk having taken vows of schema; **~́ница** *eccles* nun having taken vows of schema; **~́ничество** *eccles* profession and practice of schema

схитри́ть II *pf of* хитри́ть

схлест|ну́ться II *pf of* ~́ываться; **~́ываться** I *pf* ~ну́ться *coll* get entangled; *fig pop* clash, quarrel

схлопо|тáть I (~чу́, ~́чешь) *pf pop* get, acquire; *pop joc* get; ~ вы́говор get a wigging; ~ по шée get one in the neck

схлы́н|уть I (~ет) *pf* recede, withdraw with a rush, flow back, fall back (*of water, waves, etc*); *fig* break up, dwindle (*of crowd, etc*); subside (*of emotions*)

схо|д coming off, alighting; descent; *obs* gathering, assembly; **~ди́ть** II (~жу́, ~́дишь) *pf* сойти́ go down, come down, descend, get off, alight; ~ с лéстницы go downstairs; сойти́ с лóшади get off a horse, dismount; ~ с пóезда get off a train; ~ на бéрег go ashore; ~ с дорóги leave the road; ~ с пути́ get out of the way; ~ с рéльсов be derailed; come off, peel off (*of paint, skin, etc*); melt (*of snow*); загáр сошёл с егó лицá his face has lost its tan; *coll* go off well, turn out all right; сошлó благополу́чно it went off all right; емý всё ~́дит с рук he can get away with anything; pass (for, за + *acc*); он сойдёт за молодóго he'll pass for a young man; сойти́ на нет fade away, come to nothing; сойти́ со сцéны quit the stage *also fig*; ~ с умá go mad; ~ с умá по ком be madly in love with someone; **~ди́ть** II (~жу́, ~́дишь) *pf* go and fetch, go and get (за + *instr*), go (and come back); **~ди́ться** II (~жу́сь, ~́дишься) *pf* сойти́сь meet, come together, gather; они́ сошли́сь на полдорóге they met halfway; пóяс не ~́дится the belt doesn't meet; сошли́сь друзья́ there was a

gathering of friends; engage one another (*of armies, etc*); become intimate (with), take up (with, с + *instr*); agree (in), be at one (in, в + *prep*), have the same (+ *instr*); ~ во взглядах agree in one's views; не ~ характерами not to get on, not to hit it off; tally, agree; счета не сошлись the figures did not tally; ~ в цене agree about a price; **~дка** *obs* meeting, assembly, assemblage
схóдн|и (*gen pl* ~ей) ramp; gangway, gangplank
схóд|ный (~ен, ~нá, ~но) similar; ~ная черта feature in common; *coll* suitable, acceptable, reasonable; по ~ной цене at a reasonable price; **~ство** likeness, similarity, resemblance; **~ствовать** (~ствую) *impf obs* resemble (с + *instr*)
схóж|есть *f* likeness, similarity; **~ий** (~) *coll* like, similar
схолáст scholastic; **~ик** = ~; **~ика** scholasticism; **~ический** scholastic
схорон|ить(ся) II (~ю(сь), ~ишь(ся)) *pf of* хоронить(ся)
сцáпать I *pf of* цáпать
сцарáп|ать I *pf of* ~ывать; **~ывать** I *pf* ~ать scratch off
сце|дить II (~жу, ~дишь) *pf of* ~живать; **~живать** I *pf* ~дить strain off, pour off, decant
сцéн|а stage, boards *also fig*; стáвить на ~е stage, put on the stage; сойти со ~ы make one's exit *also fig*; scene (*of play, etc*); *coll* scene (*quarrel*); ~ ревности fit of jealousy; устраивать ~ы make scenes; **~áрий** scenario; (film) script; **~арист** scenario, scriptwriter; **~ический** stage; scenic; ~ические эффекты scenic effects; ~ическая ремарка stage direction; theatrical, histrionic; ~ическое искусство dramatic art; **~ичный** (~ичен) suitable for the stage; эта пьеса очень ~ична this play is very good theatre
сцеп coupling, tractive connection; **~ить(ся)** II (~лю(сь), ~ишь(ся)) *pf of* ~лять(ся); **~ка** coupling; **~лéние** coupling; *tech* clutch; включать, выключать ~ engage, disengage the clutch; *phys* cohesion, adhesion; *fig* accumulation; ~ обстоятельств chain of events; **~лять** I *pf* ~ить couple; **~ляться** I *pf* ~иться be coupled up; engage mesh, gears; get caught up together; lock, interlock (*of arms, etc*); be clenched (*of teeth*); *fig pop* pitch into one another, have a set-to; **~нóй** coupling; ~ное дышло coupling rod; **~щик** coupler, brakeman
счáл|ивать I *pf* ~ить lash together; **~ить** II *pf of* ~ивать; **~ка** mooring rope
счаст|ливец (~ливца) lucky man; **~ливица** lucky woman, girl; **~ливо** *adv* happily, with luck; ~ отделаться get off lightly; ~! *pop* good luck!; ~ оставаться! *coll* good luck! (*to person remaining*); **~ливый** (~лив) happy; lucky, fortunate; ~ливого пути! have a good journey!, bon voyage!; **~ье** happiness; luck, good fortune; к ~ью, по ~ью luckily, fortunately; на ~ for luck; на моё ~ fortunately for me; ваше ~ you were lucky; попытать ~ья try one's luck
счерп|áть I *pf of* ~ывать; **~ывать** I *pf* ~áть skim (off)
счер|тить II (~чу, ~тишь) *pf of* ~чивать; **~чивать** I *pf* ~тить *coll* copy, run off
сче|сáть I (~шу, ~шешь) *pf of* ~сывать; **~сывать** I *pf* ~сáть comb out
счéсть(ся) (сочту(сь), сочтёшь(ся); счёл(ся), сочла(сь)) *pf of* считать(ся)
счёт (~а (~у), на ~е *and* на ~у; *pl* ~á, ~óв) counting, calculation, reckoning; ~ в уме mental arithmetic; вести ~ keep count (of, + *dat*); терять ~ lose count (of, + *dat*); без ~у, ~у нет (+ *dat*) *coll* countless, without number; result, total; *sp* score; матч закончился со ~ом 4:2 the match ended with score at 4:2; bill, account; подать ~ present the bill; открыть, закрыть ~ open, close an account; в два ~а in no time, in a jiffy, in a trice; в конечном (последнем) ~е when all is said and done, in the end; быть на хорошем (дурном) ~у у кого be in someone's good (bad) books; это вы на мой ~? do you mean me?; это не в ~ that's to be ignored; ровный ~ round sum; ровным ~ом ничего *coll* nothing at all, practically nothing; на казённый ~ at public expense; за ~ at the expense (of, + *gen*); круглым ~ом in round numbers; входить в ~ be taken into account; жить на чей ~ live at someone's expense; острить на чей ~ make a laughing-stock of someone; принимать что на свой ~ take something as referring to oneself; проехаться, пройтись на чей ~ *coll* have a dig at someone, play a joke on someone; сбиться со ~а lose count; не знать ~а деньгам be rolling in money; язвить на чей ~ take a rise out of someone; *pl* ~ы, ~ов *no sing fig* account(s), scores; иметь ~ы have a bone to pick (with, с + *instr*); покончить, свести ~ы settle accounts (with, с + *instr*); старые ~ы old scores
счетверить II *pf* quadruple
счёт|ный counting, calculating, computing; ~ная линейка slide-rule; ~ная машина calculating (adding) machine, calculator; accounts, accounting; ~ работник accounts clerk; ~ная часть accounts department; **~овóд** bookkeeper; **~овóдство** bookkeeping, accounting; **~чик** teller, counter (*person*); meter, counter; газовый ~ gas meter; ~ Гейгера Geiger counter; **~ы** (*gen pl* ~ов) abacus, counting frame; *see* ~
счислéни|е numeration, counting; система ~я *math* scale of notation; ~ пути *naut* dead reckoning
счи|стить(ся) II (~щу) *pf of* ~щать(ся)
счит|áлка counting-out rhyme (*in children's games*); **~анный** (~ан, ~ана) very few; остаются ~анные дни one can count the days (until, до + *gen*); **~áть** I *pf* счесть *and* со~ count; ~ до десяти count (up) to ten; ~ на пальцах count on one's fingers; *pf also* по~ add up, count, compute, calculate, reckon; ~ деньги count money; ~ пульс count someone's pulse; ~ая в том числе including; не ~ая not counting; ~ звёзды, ~ мух *coll* be dreaming; count, consider, think, regard (as, + *instr or* за + *acc*); ~ вопрос исчерпанным consider the question closed; ~ нужным, ~ за нужное consider it necessary; ~ за счастье count it one's good fortune; ~ (что) consider (that); он ~ает вас своим другом he considers you his friend; *pf of* ~ывать; **~áться** I *pf* счéсться *coll* settle accounts (with, с + *instr*); *pf* по~ take into consideration, consider; с его мнением очень ~аются his opinion carries much weight; с этим надо ~ that must be taken into consideration; ни с чем не ~ stick at nothing; *impf* be considered; он ~ается хорошим учителем he is considered a good teacher; я ~аюсь в отставке *coll* officially I am retired; **~ка** comparison, checking, collation; ~ гранок с рукописью comparison of proofs with manuscript; *theat* reading (*of part in play*); **~ывать** I *pf* ~áть compare (with), check (against, с + *instr*)
счи|щáть I *pf* ~стить clear (away, off); brush

(away, off, с+ *gen*); ~**щáться** I *pf* ~́ститься come off (*of dirt, etc*)

сшиб|áть I *pf* ~ить *coll* knock down; ~ когó с ног knock s.o. down, off his (her) feet; ~ с когó спесь take s.o. down a peg; ~ когó лбáми *pop* knock s.o.'s heads together, *fig* set at loggerheads; **~áться** I *pf* ~и́ться *pop* collide, come to blows; **~и́ть(ся)** (~ý(сь), ~ёшь(ся); ~́ся, ~́лась) *pf of* ~áть(ся)

сши|вáть I *pf* ~ть stitch, sew together; *med* suture; join, put together; ~ дóски joggle; **~внóй** sewn together; **~́тый** sewn; **~ть** (сошью́, сошьёшь; сшей; ~́тый) *pf of* ~вáть *and* шить

съе|дáть I *pf* ~сть eat (up); *fig* swallow up, gobble up; *fig* take (*chessman, etc*); **~дéние** отдавáть когó на ~ комý deliver someone into s.o.'s hands, leave s.o. at the mercy of s.o.; **~дóбный** (~дóбен) edible; (вполнé) ~ (quite) eatable; ~ гриб edible mushroom

съёжиться II *pf of* ёжиться

съез|д arrival, gathering; congress, convention; driveway, lay-by, descent; **~́дить** II (~жу) go (and come back), make a trip; ~ в Ригу *coll joc* feed the fishes, spew; **~́довский,** congress; **~жáть** I *pf* съéхать descend, come down, go down; ~ с горы́ go downhill; ~ на бéрег *naut* go ashore; ~ с квартиры *coll* move (*flat, house); fig coll* slide, slip; ~ нáбок slip to one side; *fig coll* come down (*in one's price*); **~жáться** I *pf* съéхаться meet; gather, assemble, come together; **~́жий** assembled; assembly; **~жая** *n* cell (*in police station*)

съём removal; **~́ка** removal; survey(ing); *phot* photography, shooting; **~ный** detachable, removable; ~ замóк padlock; **~очный** ~ аппарáт (movie) camera; ~очная площáдка set; ~ процéсс shooting, filming; survey; ~очные рабóты surveying; **~́щик** tenant, lessee; surveyor

съе|стнóй food; ~стны́е припáсы food supplies, provisions; **~стнóе** *n* edibles; **~сть** (~м, ~шь, ~ст, ~ди́м, ~ди́те, ~дя́т; ~л, ~ла) *pf of* есть

съé|хать(ся) (~ду(сь), ~дешь(ся)) *pf of* ~зжáть(ся)

съехидничать I *pf of* ехи́дничать

съязв|и́ть II (~лю́) *pf of* язви́ть

сыв|оротка whey; *med* serum; **~́ороточный** serous, serumal

сыгр|анность *f* coordination, teamwork; **~́анный** coordinated; **~áть** I *pf of* игрáть; ~ шýтку play a practical joke (on, с + *instr*); **~áться** I *pf mus* be perfectly coordinated, make a good ensemble; *sp* achieve good teamwork, play well together

сы́з|мала *and* **сы́з|мальства** *adv pop* from a child, ever since one was a child; **~́нова** *adv coll* anew, afresh

сымити́р|овать (~ую) *pf of* имити́ровать

сымпровизи́р|овать (~ую) *pf of* импровизи́ровать

сын (*pl* ~овья́, ~овéй *and* ~ы́, ~óв) *pl* ~овья́ son; *pl* ~ы́ *fig rhet* son, child; ~ своегó врéмени child, product of one's time, child of the age; **~и́шка** *m* (*gen pl* ~и́шек) little son; **~овний** filial; **~óк** (~кá) son, sonny *also form of address*

сы́п|ать (~лю, ~лешь; ~ь) *impf* pour, strew; *fig coll* pour out, forth (+ *acc*, + *instr*); ~ словáми pour out words; ~ деньгáми squander money; ~ь скорéе за папирóсами! *pop* buzz off quickly for some cigarettes!; **~́аться** (~лется; ~ься) *impf* fall; pour out, run out; scatter; мукá ~алась из мешкá flour poured out of the bag; flake off (*of plaster, etc*); fall (*of rain, snow, etc*); *coll* fray (*of fabrics*); *coll* ring out, pour forth (*of sounds, etc*); удáры ~ались грáдом blows were raining down, falling thick and fast

сыпн|óй ~ тиф typhus, spotted fever; **~отифóзный** ~ больнóй typhus patient; **~я́к** 1 *coll* = ~óй тиф

сыпýч|ий (~) loose, free-flowing, friable; ~ грунт loose soil, shifting ground; ~ песóк quicksand; мéры ~их тел dry measures

сыпь *f med* rash, eruption

сыр (~а (~у), в ~́е *and* в ~ý; *pl* ~ы́) cheese; как ~ в мáсле катáться live on the fat of the land, live in clover

сыр-бóр вот откýда (весь) ~ загорéлся *coll* so that's what all the fuss is (was) about!

сырéть I *pf* от~ become damp

сыр|éц (~цá) product in raw state; adobe; хлóпок-~ raw cotton; шёлк-~ raw silk; кирпи́ч-~ adobe brick

сы́р|ник curd fritter; **~́ный** cheese, caseous; **~овáр** cheese-maker; **~оварéние** cheese-making; **~овáренный** cheese-making; **~овáрня** (*gen pl* ~овáрен) cheese dairy, creamery; **~оделие** = ~оварéние; **~одéльный** cheese-processing

сыроéжка Russula

сыр|óй (~, ~á, ~́о) damp; moist, humid (*atmosphere, etc*); здесь ~́о it is damp here; ~óе лéто wet summer; raw, uncooked (*meat, vegetables, etc*); ~áя водá unboiled water; half-done, soggy (*bread, etc*); *fig* unfinished; ~ы́е материáлы raw materials; *coll* fat, podgy, corpulent

сыр|óк (~кá) cream cheese, processed cheese; sweet creamed curds with raisins

сыр|омя́тный dressed, tawed; ~омя́тная кóжа rawhide; **~́омять** *f* tawed leather; **~́ость** *f* dampness; humidity; **~ьё** raw material(s); **~ьевóй** raw material; **~ьём** *adv coll* raw

сы|ск *obs* criminal investigation; **~скáть** I (~щý, ~́щешь) *pf pop* find; **~скáться** I (~щýсь, ~́щешься) *pf pop* be found, come to light; **~скнóй** ~скнáя поли́ция *obs* criminal investigation department

сыт|éть I *impf pop* become fuller, more sated; **~́ный** (~ен, ~нá, ~но) satisfying, good (*of meal*); nutritious, nourishing; ~но поéсть have a substantial meal, **~́ость** *f* satiety, repletion; **~́ый** (~, ~á, ~о) satisfied, replete, sated, full; я ~ I've had enough; я ~ по гóрло I've had more than enough (of, + *instr*) *also fig*; *coll* well-nourished, well-fed; *coll* rich, well-heeled; comfortable (*life*); fat; ~ скот fat stock

сыч 1 little owl; ~óм сидéть *coll* look glum

сычý|г 1 *anat* abomasum, rennet bag; **~́жина** rennet

сы́щик detective

сэконóм|ить II (~лю) *pf of* экономить

сэр sir

сюдá *adv* here, hither; this way

сюжéт plot, story; topic, subject; **~́ный** plot; intriguing, having a powerful plot

сюзерéн *hist* suzerain; **~́ный** *hist* suzerain

сюи́та *mus* suite

сюрпри́з surprise

сюрреали́|зм surrealism; **~́ст** surrealist

сюртýк 1 frock-coat

сюсю́к|анье *coll* lisping; baby talk; **~́ать** I *impf coll* lisp; use baby talk; **~́аться** *imp coll* fuss (over, с + *instr*)

сяк *adv* и так и ~ this way and that; то так, то ~ sometimes one way, sometimes another

сям *adv see* там

T

таба́к 1 (~а́ (~у́)) tobacco(-plant); ню́хательный ~ snuff; де́ло – ~ *pop* things are bad; цыплёнок ~а́ *indecl cul* chicken tabak (*grilled on charcoal*); **~е́рка** snuffbox; **~ово́д** tobacco-grower; **~ово́дство** tobacco-growing

таба́нить II *impf* back water (*rowing*)

таба́чн|ик tobacco-worker; tobacco-user; **~́ый** tobacco

та́бел|ь *m also f* table; ~ о ра́нгах *hist* table of ranks; time-board (*in factory*); (*pl* ~еля́, ~еле́й) card (*for clocking in and out*); (*pl* ~ели, ~елей) quarterly *or* yearly report (*on pupils' progress*); **~́ельный** ~ельная доска́ time-board; **~́ельщик** timekeeper

табле́тка tablet, pill (for, от + *gen*)

табл|и́ца table; plate; ~ умноже́ния multiplication table; ~ Менделе́ева periodic table; **~и́чный** tabular; standard; **~о́** *neut indecl* indicator board, panel; светово́е ~ illuminated indicator panel

табльдо́т table d'hôte

та́б|ор camp; Gypsy encampment, band; **~́орный** Gypsy

табу́ *neut indecl* taboo

табу́н 1 herd (*of horses, reindeer, etc*) *also fig coll*; **~́ный** herd, flock; **~́щик** herdsman

табуре́т(ка) stool

таве́рна tavern, inn

та́волга meadow-sweet

таво́т grease (lubricant)

тавр|ёный branded; **~и́ть** II *pf* за~ brand; **~о́** (*pl* ~́а, ~а́м) brand(ing-iron)

тавтолог|и́ческий tautological; **~́ия** tautology

тага́н 1 trivet

таджи́|к Tadzhik; **Т~киста́н** Tadzhikistan; **~́кский** Tadzhik; **~́чка** Tadzhik (woman)

таёж|ник taiga dweller; **~́ный** (of the) taiga

таз 2 (в ~́е *and* в ~у́) (wash)basin; pan; (в ~у́) pelvis; **~́ик** small basin; **~обе́дренный** *anat* coxofemoral, hip; **~́овый** *anat* pelvic

та|и́нственность *f* mysteriousness, mystery; **~и́нственный** (~и́нствен, ~и́нственна) mysterious; enigmatic; secret; secretive; с ~и́нственным ви́дом with a mysterious air, look; **~́инство** *eccles* sacrament; **~и́ть** II *impf* hide, conceal (*emotions, etc*); harbour; ~ зло́бу harbour ill-will, bear a grudge (against, про́тив + *gen*), be fraught with; э́то реше́ние ~и́т в себе́ опа́сность this decision is fraught with danger; не́чего греха́ ~ *coll* there's no concealing the fact; **~и́ться** II *impf* dissemble, hide one's feelings, hold back; не ~я́сь openly, frankly; hide, lie hidden, lie concealed, lurk; что за э́тим ~и́тся? what lies behind this?; be hidden

тайга́ taiga

тайко́м *adv* secretly, in secret; on the quiet, surreptitiously, on the sly; уйти́ ~ slip away without telling anyone

тайм *sp* half, period (*of game*)

та́йн|а mystery (*of universe, etc*); secret; держа́ть (храни́ть) в ~е keep secret; в ~е от кого́ without telling anyone; посвяща́ть кого́ в ~у let someone into a secret; ~ успе́ха secret of success; не ~, что … it is no secret that …; ~ ремесла́ trick of the trade; privacy, secrecy, confidentiality (*of correspondence, etc*); покры́тый ~ой wrapped in mystery; **~и́к** 1 (secret) hiding-place, secret recess; в ~а́х души́ (се́рдца) in one's heart of hearts, in the inmost recesses of the heart; **~обра́чный** *bot* cryptogamous; **~опи́сный** cryptographic; **~́опись** *f* cryptographic writing; **~́ый** secret; clandestine; ~ое голосова́ние secret ballot; ~ сове́т *hist* Privy Council

тайфу́н typhoon

так *adv* thus, like this (that), in this way, in such a way; so; де́ло обстои́т ~ the facts are as follows; мы сде́лаем ~ this is what we'll do; он всё де́лает не ~ he does everything wrong; пусть всё оста́нется ~ let everything remain as it is; ~ мно́го so much, so many; ~ бы *coll* ~ бы и полете́л! how (I) should like to fly!; ~ вот and so, so then (*in narration*); ~ же in the same way; ~ и simply, just; слёзы ~ и лью́тся (по щека́м, *etc*) tears are just pouring down (*cheeks, etc*); ~ и быть *coll* all right, so be it, right-ho; ~ и есть *coll* so it is; ~ ему́ и на́до it serves him right; ~ и не never; он ~ и не пришёл and he never came; ~ и́ли ина́че in any event, whatever happens; one way or another; ~ и зна́й(те) *coll* now get this straight, clear; ~ называ́емый what is known as, so-called; ~ и сяк (~ и э́так) *coll* this way or that, either way; ни ~, ни сяк (э́так) *coll* neither way, neither this nor that; ~ себе́ so-so, not too good, middling; ~ себе́ рабо́тник very average worker; ~ нет *coll* but no; ~ сказа́ть so to speak; ~-то all right, then; ~-то (оно́) ~, но … that's true of course, but …; ~-то и ~-то *coll* thus; и ~ as it is; мы и ~ опа́здываем we're late as it is; давно́ бы ~! and high time; (не) ~ ли? isn't it so?; ~ ли я говорю́? am I right?; когда́ ~ *coll* if so; ~, что́бы не опозда́ть so as not to be late; *coll* just like that; боле́знь не пройдёт (про́сто) ~ the illness won't go away just like that; э́то тебе́ ~ не пройдёт you won't get away with it like that; then; вы не хоти́те, ~ я пойду́ if you don't want to go, (then) I will; nothing in particular; что с тобо́й? – Т~ what's the matter with you? Nothing in particular; за ~ *coll* for nothing; и ~ as it is, even so; и ~ да́лее and so on, and so forth; *conj* then; е́хать, ~ е́хать if we are going, let's go; ~ како́й-то (како́й-нибу́дь) *coll pej* some sort of; *conj* so, well, now; ~ вы его́ зна́ете? so you know him?; ~ как *conj* as, since; как бы не ~! no fear!; ~ … как … as … as …; *partic* yes; ~ то́чно *mil* yes

та́к|ать I *impf pop* keep saying 'yes'; (~ает) *impf pop* rattle (*of machine-gun fire, etc*)

такела́ж *naut* rigging; **~́ник** rigger, scaffolder; **~́ный** *naut* rigging; scaffolding

та́кже too, also, as well; вас ~ the same to you, I wish you the same; ~ … не not … either; а ~ (и) as well, too (*at end of sentence*)

таки *partic coll* after all, all the same, nevertheless; всё-~ nevertheless; опя́ть-~ again; он успе́л-~ на по́езд he made the train after all

тако́в (~а́, ~о́; ~ы́) *pron* such, like that; ~ы́

фáкты such are the facts; все они́ ~ы́ they are all like that; он не ~, как вы дýмаете he is not what you think (him); и был ~ *coll* and that was the last anyone saw of him, and off he went; **~óй** such; the same; как ~ as such; **~ский** *pop iron pej* of such a kind, of that ilk

так|óй that kind, that sort (of); of that kind, like this; such (a); нам нýжен ~ рабóтник that's the sort of worker we need; ~, какóй есть such as he (she, it, there, *etc*) is; до ~ стéпени to such an extent; кто ~? who is that?; кто они́ ~и́е who are they exactly?; и всё ~óе and all that sort of thing; что э́то ~óе? what is (all) this?; *coll* a kind of; травá ~áя a kind of grass; что ж тут ~óго; what is there so unusual about that?; что ж ~óго? what of it?; ~и́м óбразом in this way, so, thus; ты сегóдня какóй-то не ~ *coll* you're not quite yourself today; почемý ~óе ты не соглáсен? *coll* why exactly do you not agree?; **~-сякóй** *pej* он ~ *coll* he's a so-and-so; **~óй-то** such-and-such a person, so-and-so

тáкса (fixed) rate; tariff; почтóвая ~ postage rate; dachshund; **~тор** price-fixer, rate-fixer; afforestation inspector; **~ция** price-fixing, rate-fixing; valuation; afforestation inspection

такси́ *neut indecl* taxi(-cab); грузовóе ~ hire van

такси́р|овать (~ую) *impf and pf* fix the value, price (of), price

такс|и́ст taxi-driver; **~óметр** (taxi)meter; **~омотóр** taxi; **~омотóрный** ~ парк taxi fleet; **~офóн** public phone

так-ся́к, тáк и ся́к *adv pred coll* it is tolerable, passable, bearable

такт *mus* time; measure; bar; попадáть не в ~ miss the bar; *coll* rhythm, the beat; сби́ться с ~а lose the beat; в ~ in time; отбивáть ~ beat time; *tech* cycle, stroke; tact (*behaviour*); с ~ом tactful; отсýтствие ~а tactlessness

тáк-таки *partic coll* after all; really

тáкт|ик tactician; **~ика** tactics; **~и́ческий** tactical; **~и́чность** *f* tact; **~и́чный** (~и́чен) tactful

тáктов|ый ~ая чертá bar *mus*

талáн *folk* luck, good fortune

талáнт talent, gift(s); *fig* talented, gifted person; зарывáть ~ в зéмлю bury, waste one's talent; *hist* talent (*coin*); **~ливость** *f* talent, gifts, brilliance; **~ливый** (~лив) talented, gifted

талды́чить II *impf pop* harp on

тáлер thaler (*coin*)

тáл|и (*gen pl* ~ей) block and tackle

талисмáн talisman, charm, mascot

тáли|я waist; в ~ю fitted (at the waist), waisted; без ~и straight (*of dress*); two packs of playing cards

талмýд Talmud; **~и́ст** Talmudist; *fig* pedant, doctrinaire; **~и́стский, ~и́ческий** Talmud(ist)ic; *fig* pedantic, doctrinaire

талóн coupon; stub, counterfoil

тáлреп lanyard

тáлый melting, thawing; ~ снег melting (melted) snow; slush

тальк talc(um powder)

тальни́к 1 willow

там *adv* there; ~ же in (at) the same place, ibidem (*in footnotes*, *etc*); *coll* then; ~ ви́дно бýдет, что дéлать then we'll know what to do; *partic coll* вся́кие ~ глýпости all kinds of nonsense; какóе ~!, кудá ~! not likely!, nothing of the sort!; чегó ~! *coll* never mind!; и ~ и ся́м here, there and everywhere

тамадá *m* master of ceremonies, toastmaster

тáм|бур *archi* tambour; lobby; platform (*of railway carriage*); chain-stitch; **~бýр** *mus* tambourine; **~бури́н** tambourin(e); **~бурмажóр** drum major; **~бурный** ~ шов chain-stitch

тамóж|енник customs official (officer); **~енный** customs; ~енные пóшлины (сбóры) customs (*duties*); **~ня** custom-house

тáмошний *coll* local, of that place

тампóн tampon, plug, pad; ушнóй ~ earplug; **~áция** tamponade; **~и́ровать** (~и́рую) *impf and pf* tampon, plug

там-ся́м, тáм и ся́м *adv coll* here and there

тамтáм tom-tom

тáнген|с tangent; **~циáльный** tangential

тáнго *neut indecl* tango

тáн|ец (~ца) dance, dancing; урóки ~цев dancing lessons; *pl* a dance, dancing; пойти́ на ~цы go to a dance, dancing; ~цы-шмáнцы *pej* dancing

тани́н tannin

танк *mil* tank; container (*for liquids*); **~ер** *naut* tanker; **~éтка** light tank; wedge-heeled shoe, slipper (*ladies'*); **~и́ст** member of tank crew; **~овый** tank, armoured; **~одрóм** tank training and testing area; **~остроéние** tank-building

тантьéма bonus

танц|евáльный dancing; ~ вéчер (evening) dance; **~евáть** (~ýю) *impf* dance; **~мéйстер** dancing-master; **~óвщик** (ballet) dancer; **~óвщица** *f of* ~óвщик; **~óр** dancer; **~ýлька** *pop pej* hop, dance

тапёр(ша) ballroom pianist

тапиóка tapioca

тапи́р tapir

тáпочка *and* **тáпка** *coll* slipper; (спорти́вная) ~ gym shoe, plimsoll

тáра container (*case*, *box*, *etc*), packing (material), packaging

тарабáнить II *impf pop* thump, bang; *fig* repeat over and over

тарабáр|ский *obs* cryptographic; *coll* nonsensical; ~ская грáмота *coll* double Dutch; **~щина** *coll* double Dutch, gibberish

таракá|н cockroach; чёрный ~ black-beetle; **~ний** cockroach; **~шка** *coll* small cockroach; bug

тарáн (battering) ram; *mil* ramming action; пойти́ на ~ ram; *fig mil* breakthrough (operation); **~ить** II *pf* про~ ram; break through

тарáнная кость *anat* talus, astragalus

тарантá *m and f coll* chatterer

тарантáс tarantass (*springless carriage*)

тарантéлла tarantella

таран|ти́ть II (~чý) *impf coll* chatter on, rattle on

тарáнтул tarantula

тарáнь *f* (sea-)roach

тарарáм *coll* racket, row, hullabaloo; подня́ть ~ raise a hullabaloo

тарарáх|ать I *pf* ~нуть *pop* bang, crash; **~нуть** I *pf of* ~ать

таратáйка *coll* cabriolet, gig

таратóр|а *m and f coll* jabberer, gabbler; **~ить** II *impf coll* gabble, jabber away; **~ка** *m and f* = ~а

тарах|тéть II (~чý) *impf coll* rattle, scrape

тарáщ|ить II *pf* вы́~ *coll* ~ глазá stare with bulging eyes; goggle (at, на + *acc*); испýганно ~а глазá eyes wide with fright; **~иться** II *pf* вы́~ open one's eyes wide; *pop* stare, goggle (at, на + *acc*)

тарбагáн Siberian marmot

тарéл|ка plate (of, + *gen*); глубóкая ~ soup-plate; быть не в своéй ~ке *coll* be not quite oneself, be not quite at ease; *tech* plate, disc; *pl* cymbals, **~́очка** *dim of* ~ка; на ~очке получи́ть что *fig* have it dished up on a plate; **~́очный** plate; **~́ьчатый** *tech* plate, disc

тари́ф tariff, rate; **~ика́ция** rate-fixing, tariffing; **~́ный** ~ная се́тка wage rates scale; ~ные ста́вки fixed rate of wages

та́ртар hell, Hades; **~ары́** провали́ться в ~! *coll* be damned!

тарти́нка slice of bread and butter, sandwich

та́ры-ба́ры *indecl pop* tittle-tattle, idle chatter; и пошли́ ~ *pop* and all the tongues began to wag

таска́ть I *indet of* тащи́ть pull, drag, lug, carry; ~ во́ду fetch water; ~ мешки́ heave sacks, *coll* pull (*to punish*); ~ за́ волосы кого́ pull someone's hair; *coll* steal, pilfer; *coll* wear (*for a long time*), give a lot of wear to; *coll pej* drag around with one; е́ле но́ги ~ *coll* be hardly able to set one foot after another, drag oneself along; **~́ся** I *impf pop pej* hang, wander about; ~ без де́ла по у́лицам hang about the streets doing nothing; traipse, tramp; lug, carry about with one (с + *instr*)

тас|ова́ть (~у́ю) *pf* с~ shuffle (*cards*); **~о́вка** shuffle, shuffling (*of cards*)

тата́р|ин (*pl* ~ы, ~) Tatar; ~ина пойма́ть *prov* catch a Tatar; **~́ка** Tatar (woman)

тата́рник thistle

тата́рский Tatar

татуи́р|овать (~ую) *impf and pf*; *pf also* вы́~ tattoo; **~́оваться** (~уюсь) *impf and pf* tattoo oneself; be tattooed; **~о́вка** tattoo(ing)

тать *m obs* thief, robber

тафта́ taffeta

тахо́метр tachometer

тахта́ ottoman

тача́нка cart

тача́ть I *pf* вы́~, с~ stitch

та́чка wheelbarrow

тащ|и́ть II (~у́, ~́ишь) *det of* таска́ть *coll* pull, drag, lug; carry; ~ поку́пки домо́й carry home the shopping; *pf* вы́~ *coll* make (someone) come, go; *pf* вы́~ pull out (*tooth*, *thorn*, *etc*); *pf* с~ pull off (*clothes*, *etc*); *pf* вы́~, с~ *coll* lift, pilfer, pinch, swipe; **~и́ться** II (~у́сь, ~́ишься) *det of* таска́ться trail (along, по + *dat*; behind, за + *instr*); *coll* proceed, go along slowly; trudge (along) (*of person*); plod, labour (*of animals*); *coll* traipse, trek

та́|яние thaw(ing), melting; **~́ять** I (~ю) *pf* рас~ melt, thaw; ~ет it is thawing; ~ет во рту *fig* it melts in the mouth; *fig* melt away, dwindle, ebb (*of resources*, *strength*, *etc*), fade away (*of sound*, *etc*); *fig* melt (with), languish (with, от + *gen*); *impf fig* waste away

твар|ь *f* creature(s); вся́кой ~́и по па́ре *coll joc* everyone in small quantities; *pop cont* creature (of person)

твер|де́ть I (~де́ет) *pf* за~ harden, set, become hard; **~ди́ть** II (~жу́) say over and over again, keep saying, repeat (+ *acc*, о + *prep*); *pf* вы́~, за~ memorize by repeating; **~доќа́менный** staunch, steadfast, unyielding, rocklike; **~доло́бый** (~доло́б) thick-skulled; diehard; **~̈дость** *f* hardness; *fig* firmness, steadfastness; ~ ду́ха fortitude; **~̈дый** (~д, ~да́, ~о; ~же) solid; ~дое те́ло solid; фи́зика ~дого те́ла solid-state physics; hard, firm; ~ грунт hard ground; ~ как ка́мень hard as a rock, iron-hard; ~ переплёт stiff binding; *fig* steadfast, firm, stable, steady, well-balanced; ~дые зна́ния sound knowledge; ~дое реше́ние firm decision; ~ хара́ктер strong character; fixed, established, stable; ~дые це́ны stable (fixed) prices; ~дая власть stable government; в здра́вом уме́ и ~дой па́мяти of sound mind; он не ~д в фи́зике he is not strong in physics; стоя́ть ~дой ного́й have a firm footing; ~ знак *ling* Russian hard sign, 'ъ'; **~ды́ня** *lit* stronghold; *fig* bulwark; **~дь** *f* ~ земна́я earth; ~ небе́сная firmament, the heavens

твист *dance* twist

твой *poss adj* your; yours; твоего́ мне не на́до I want nothing that is yours; *n* твои́ your people, folk; приве́т всем твои́м regard to your people; твоё де́ло it's your business; не твоё де́ло none of your business

твор|е́ние *lit* creation; masterpiece, work; **~е́ц** (~ца́) creator; the Creator; **~и́тельный** ~ паде́ж *gramm* instrumental case; **~и́ть** II *pf* со~ *lit* create; do, perform, make; ~ добро́ do good; ~ суд и распра́ву administer justice; ~ чудеса́ perform miracles; *pf* за~ knead; ~ и́звесть slake lime; **~и́ться** II (~и́тся) *impf coll* be going on; что тут ~и́тся? what is going on here?; с ним ~и́тся что́-то нела́дное something odd is happening to him, there is an odd change in him

творо́|г 1 (~а́ (~у́)) *also* **тво́ро|г** curds, curd cheese; **~́жистый** (~жист) curdled, curd-like; **~́жник** curd pancake, fritter; **~́жный** curd; ~жная ма́сса curds; ~ сыро́к cottage cheese

тво́рч|еский creative, constructive; ~еские иска́ния search for inspiration, artistic exploration; ~ путь (creative) development; ~ ве́чер recital (*of musician*), reading (*of writer*); ~еская командиро́вка trip seeking material for (creative) work; ~еская си́ла creative power, imaginative power; ~еские го́ды productive years (*of artist*, *etc*); **~́ество** creation, creative work; нау́чное ~ scientific work, *collect* work(s)

теа́тр *in var senses* theatre; анатоми́ческий ~ dissecting-room; *fig* the stage, the theatre; ~ миниатю́р review theatre; эстра́дный ~ music-hall; *building* playhouse, theatre; *mil* ~ вое́нных де́йствий theatre of operations; *collect* (the) plays; **~а́л** playgoer, theatre-goer; lover of the theatre; **~ализа́ция** adaptation for the stage; **~ализова́ть** (~ализу́ю) *impf and pf* adapt for the stage; **~а́льный** (~а́лен) theatre; ~а́льная кри́тика dramatic criticism; ~а́льная афи́ша playbill; (of the) stage; ~а́льные усло́вности stage conventions; *fig* theatrical, histrionic (*gestures*, *etc*); **~ове́д** drama student, expert; **~ове́дение** drama study

тевто́н Teuton; **~́ский** Teuton

те́зис thesis; proposition, point

тёзка namesake

теи́|зм theism; **~́ст** theist; **~сти́ческий** theistic

теки́н|ец (~ца) Turkmen; **~́ка** Turkmen (women); **~́ский** Turkmen, Turkoman

текст text; passage; words (*to music*), libretto (*of opera*)

тексти́ль *m collect* textiles; **~́ный** textile; **~́щик** textile worker

текст|ови́к 1 librettist; **~о́вка** explanatory text, note; **~о́лог** textual critic; **~оло́гия** textual study, criticism; **~уа́льный** (~уа́лен) verbatim, word-for-word; textual

текто́ни|ка tectonics; **~́ческий** tectonic

теку́ч|есть *f* fluidity; fluctuation, instability; ~

рабочей силы turnover of labour; **∼ий** (∼) fluid; *fig* fluctuating, unstable; floating (*of debt*, *etc*); flowing, running (*of water*); **∼ка** *coll pej* chores; everyday, humdrum routine

текущ|ий current, present-day, of the present moment; в ∼ем году in the current year; 4-го числа ∼его месяца the fourth instant of the current month; ∼ие события current affairs, events; ∼ счёт current account; ∼ ремонт running, routine repairs; everyday, routine, ordinary; ∼ие дела routine business

теле(-) tele(-); ∼**вещание** television broadcasting; ∼**видение** television; цветное ∼ colour television; ∼**визионный** television; ∼визионная передача television broadcast, telecast; ∼ центр TV station; ∼**визор** television set; смотреть, показывать по ∼визору *coll* watch, show on television; ∼**визорный** television; ∼ экран, столик television screen, table

телега wagon, cart

теле|грамма telegram, wire; ∼грамма-молния express telegram; дать ∼грамму send a telegram; ∼**граф** telegraph(-office); ∼**графировать** (∼графирую) *impf and pf* telegraph, wire, cable (+ *acc*; о + *prep*); ∼**графист** telegraph-operator; ∼**графия** telegraphy; ∼**графный** telegraph(ic); ∼графная лента ticker-tape, telegraph tape; ∼графное сообщение cable; ∼ столб telegraph-pole, telegraph-post; laconic (*of style*); ∼ стиль telegraphese; ∼**диктор** TV announcer

тележ|ка small cart, handcart; *tech* trolley; bogie; **∼ный** cart

теле|зритель *m* (television) viewer; *pl* TV audience; ∼**метрический** telemetric; ∼**метрия** telemetry; ∼**механика** remote control, telemechanics

тел|ёнок (∼ёнка; ∼ята, ∼ят) calf; bull-calf; куда Макар ∼ят не гонял *coll* to the back of beyond; ласковый ∼ёнок двух маток сосёт *prov* as wanton as a calf with two dams

телеобъектив telescopic lens, telephoto lens

теле|ологический teleological; ∼**ология** teleology; ∼**патический** telepathic; ∼**патия** telepathy; ∼**передача** television transmission; ∼**приёмник** television receiver

телес|а *pl* (*gen pl* ∼, *dat pl* ∼ам) *coll joc* surplus fat

телескоп telescope; ∼**ический** telescopic

телесн|ый bodily, body, corporal; physical, somatic; ∼ое наказание corporal punishment; ∼ого цвета flesh-coloured; corporeal

теле|студия television studio; ∼**тайп** teletype; ∼**тайпный** teletype; ∼**управление** remote control; ∼**управляемый** remote control; guided (*missile*, *etc*); ∼**фикация** equipping with television; ∼**фон** (tele)phone; по ∼фону over the (tele)phone; позвонить по ∼фону phone, ring up (+ *dat*); вызывать к ∼фону call to the (tele)phone; подойти к ∼фону answer the (tele)phone; ∼**фон-автомат** public telephone, call-box; ∼**фонизация** installation of telephone; ∼**фонировать** (∼фонирую) *impf and pf offic* telephone (+ *dat*; about, о + *prep*); ∼**фонист(-ка)** telephonist, telephone operator; ∼**фония** telephony; ∼**фонный** telephone, telephonic; ∼**фонограмма** phoned telegram; ∼**фотография** telephotography

телефакс facsimile transmission, fax

тел|ец (∼ьца) *obs* calf; золотой ∼ *fig* golden calf; Т∼ Taurus; ∼**иться** II (∼ится) *pf* о∼ calve; **∼ка** heifer

теллур tellurium

тел|о 2 body; небесное ∼ heavenly body; геометрическое ∼ geometrical solid; в ∼е *pop* stout, corpulent, plump; войти в ∼ *pop* put on weight; спасть с ∼а *pop* grow thin; дрожать всем ∼ом tremble all over; держать в чёрном ∼е ill-treat, maltreat, treat rough; ∼**грейка** (sleeveless) pullover; *coll* wadded jacket; ∼**движение** movement (of body); gesture

тел|ок (∼ка) *coll* calf

тел|осложение build, frame, physique; ∼**охранитель** *m* bodyguard; **∼ьник** *coll* = ∼ьняшка; ∼**ьняшка** *coll* (sailor's) striped vest; **∼ьце** small body; (*pl* ∼ьца) corpuscle

теля|тина veal; **∼тник** calf-house, calf-pen; calf-herd; **∼чий** calf, calves'; ∼чья кожа calf (skin); ∼чьи ножки calves' feet; ∼чья отбивная veal cutlet; в ∼чьем восторге *coll* in childish glee; ∼чьи нежности *coll* sloppy sentimentality

тем *pr* ∼ самым thereby; с ∼, чтобы ... in order to ..., for the purpose of ...; *conj* (so much) the; ∼ лучше so much the better; чем скорее, ∼ лучше the sooner, the better; ∼ более, что the more so as, especially as (since), particularly as; ∼ не менее nevertheless, none the less

тема subject, theme, topic; перейти к другой ∼е change the subject; на ∼у on the subject of; ∼ с вариациями *mus* theme and variations; ∼**атика** themes, subjects, subject-matter; ∼**атический** (according to) subject; ∼ план plan of subject, (subject) program(me); *mus* thematic, of theme

тембр timbre, quality; **∼овый** *adj of* ∼

теменной sincipital; parietal

темень *f coll* darkness; ∼-то какая! how dark it is!

темляк 1 sword-knot

темн|еть 1 (∼еет) *pf* по∼ grow, become dark(er), darken; *pf* по∼, с∼ *impers* ∼еет it is getting dark, the light is failing; *impf* show up darkly; у меня ∼еет в глазах everything is going dark before my eyes; ∼**еться** I (∼еется) *impf coll* show up darkly; ∼**ить** II *impf* darken, make darker; *fig pop* confuse, muddle up; нечего тебе ∼ there is no point in your confusing the issue; ∼**ица** dungeon; ∼**о** *pred* it is dark; ∼**о-** dark- ∼**окожий** dark-skinned, swarthy; ∼**осиний** dark blue, navy blue; ∼**ота** dark(ness); в ∼оте in the dark; до ∼оты before dark; *coll* ignorance, backwardness; **∼ый** (тёмен, ∼а, ∼о *and* ∼о) dark; ∼ое пятно *fig* stain, blemish; gloomy, sombre; obscure; ∼ое место obscure passage (*in text*, *etc*); ∼а вода во облацех *joc* (it is all a) mystery, enigma; shady, dubious, fishy, suspicious (*character*, *business*, *etc*); ignorant, benighted; ∼ая *n obs* (prison) cell; устроить ∼ую *pop* beat up (*after covering victim with blanket, etc, to conceal identity of perpetrator*); ∼**ым-∼о** *adv coll* pitch-dark

темп *mus*, *fig* tempo; *fig* pace, speed, rate; замедлять ∼ы slacken the pace, slow down; ускорять ∼ы quicken the pace, accelerate; в ∼е *coll* fast, at a rapid pace

темперам|ент temperament; zest, verve, passion, intensity; человек с ∼ентом zestful, passionate, energetic person; **∼ентный** (∼ентен) passionate, forceful; spirited, impassioned

температур|а temperature; ∼ кипения (воды) boiling-point; измерить кому ∼у take someone's temperature; повышенная ∼ (body) temperature (above normal); **∼ить** II *impf coll* run a temperature; **∼ный** temperature

темпер|а́ция *mus* temperament; ~**и́ровать** temper
темь *f coll* dark(ness)
те́м|я *neut* (*gen, dat, pr* ~ени, *instr* ~енем; *no pl*) sinciput; crown, top of the head
тенденц|ио́зность *f* tendentiousness; ~**ио́зный** (~ио́зен) tendentious, biased; ~́**ия** tendency (to, towards, к + *dat*); theme, message; bias
те́ндер tender (*of train*); *naut* cutter
тене|во́й shady; *art* dark *also fig*; ~ва́я сторона́ shady side, *fig* seamy, dark side; ~**люби́вый** (~люби́в) requiring shade
тенёт|а (*gen pl* ~) snare (*usu net*)
тени́ст|ый (~) shady (*garden, etc*)
те́ни|с tennis; насто́льный ~ table tennis; ~**си́ст(ка)** tennis-player; ~́**ска** tennis shirt, short-sleeved shirt; ~́**сный** tennis; ~ корт tennis-court
те́нор (*pl* ~ а́) tenor; петь ~ом sing tenor
тент awning
тен|ь 5 *f* (в ~и́) shade; в ~и́ in the shade; держа́ться в ~и́ *fig* keep in the background; shadow; дава́ть ~ cast a shadow; от него́ одна́ ~ оста́лась *fig coll* he is worn to a shadow, he is a shadow of his former self; броса́ть ~́ь на кого́ *fig* put someone in a bad light; ни ~́и сомне́ния *fig* not a shadow of doubt; ни ~́и пра́вды *fig* not a particle of truth; навести́ ~ *fig coll* confuse the issue; ~ улы́бки the shadow of a smile; figure, shape; ghost; ночны́е ~́и the shades of night
те́ньк|ать I *pf* ~нуть *pop* tinkle; ~́**нуть** I *sem pf of* ~ать
тео|дице́я theodicy; ~**доли́т** theodolite; ~**крати́ческий** theocratic; ~**кра́тия** theocracy; ~**логи́ческий** theological; ~**ло́гия** theology; ~**ре́ма** theorem; ~**ретизи́ровать** (~ретизи́рую) *impf* theorize; ~**ре́тик** theorist; ~**рети́ческий** theoretical; ~**рети́чный** (~рети́чен) abstract, abstruse, speculative, theoretical; ~́**рия** theory; ~**софи́ческий** theosophical; ~**со́фия** theosophy
тепе́р|ешний *coll* present; в ~ешнее вре́мя at the present time, nowadays; ~́**ь** *adv* now, at present, nowadays; ~, когда́ ... now that ...
тёпл|енький (nice and) warm, cosy; ~енькое месте́чко cushy job; *coll joc* fresh, still warm (*of something just written, received, etc*); ~**е́ть** I *pf* по~ get warm; ~́**иться** II (~ится) *impf* glimmer, gleam, flicker *also fig*; ещё ~ится наде́жда there is still a glimmer of hope; ~**и́ца** greenhouse, hothouse; ~**и́чный** hothouse; ~и́чное расте́ние hothouse plant *also fig*; ~**о́** *adv* warmly; *pred* it is warm; *n* heat, warmth; де́вять гра́дусов ~а́ nine degrees above zero; держа́ть в ~е́ keep (in the) warm; *fig* affection, cordiality, warmth; ~**ово́з** diesel locomotive; ~**ово́зный** diesel; ~**ово́й** heat; thermal; ~ дви́гатель heat engine; ~ова́я едини́ца thermal, heat unit; ~ ожо́г flash burn; ~ова́я сеть (district) central heating system; ~ уда́р *med* heat stroke; ~ова́я эне́ргия thermal, heat energy; ~**оёмкость** *f* thermal, heat capacity; ~**оизоля́ция** heat insulation; ~**окро́вный** *zool* warm-blooded; ~**олюби́вый** (~олюби́в) heat-loving; ~**оме́р** calorimeter; ~**ообме́н** heat exchange; ~**ообме́нник** heat exchanger; ~**опрово́д** hot-water system; ~**опрово́дность** *f* heat conductivity; ~**опрово́дный** heat-conducting; ~**осто́йкий** heat-proof, heat-resistant; ~**ота́** warmth *also fig*; душе́вная ~ warm-heartedness; с ~ото́й *fig* with warm feelings; *phys* heat; скры́тая ~ latent heat; едини́ца ~оты́ thermal unit; ~**отво́рность** *f* calorific, heating value; ~**отво́рный** calorific; ~отво́рная спосо́бность calorific value; ~**оте́хник** heating engineer; ~**оте́хника** heating engineering; ~**офика́ция** central heating (*of districts, towns*); ~**офици́ровать** (~офици́рую) *impf and pf* install centralized heating system (in); ~**охо́д** motor vessel, ship; ~**оцентра́ль** *f* heating plant; ~**оэлектроста́нция** thermal power station; ~**у́шка** heated goods van (*adapted for transport of people*); ~́**ый** (тёпел, ~а́, ~́о/~о́) warm *in var senses*; warmed, heated (*room, etc*); *fig* warm, kindly, affectionate, cordial, heartfelt; mild (*season*); чуть ~ lukewarm; э́то ~ая компа́ния *coll* they're as thick as thieves; ~ая компа́ния *coll* dubious bunch; ~**ы́нь** *f coll* warm, mild weather; ~**я́к** 1 temporary heated enclosure on building site
терап|е́вт therapeutist, internist; ~**евти́ческий** therapeutic; ~**и́я** therapy
тереб|и́льщик flax-puller; ~**и́ть** II (~лю́) *impf* tug (at), pick (at), keep pulling (at); *pf* вы́~; ~ лён pull flax; *fig coll* pester, bother (with, + *instr*)
те́рем (*pl* ~а́) *hist* (tower-)chamber; tower
тере́ть (тру, трёшь; тёр, тёрла) *impf* rub; grate, grind; chafe (*of footwear, etc*); ~́**ся** (трусь, трёшься; тёрся, тёрлась) *pf* по~ *coll* rub oneself; ~ полоте́нцем rub oneself with a towel; *pf* по~ *coll* rub up (against, о + *acc*); *impf* rub; ~ друг о дру́га rub against one another; *pf* по~ *fig pop* hobnob, mix (with, среди + *gen*); *impf fig pop* hang (round, о́коло + *gen*)
терза́ть I *impf* tear (to pieces), maul; *fig* torment, torture, rack; ~́**ся** I *impf* be tormented (by), racked (with, + *instr*); ~ сомне́ниями be tormented by doubts
тёрк|а grater; тере́ть на ~е grate
те́рмин term; ~**ологи́ческий** terminological; ~**оло́гия** terminology
терми́т *chem* thermite; *zool* termite; ~́**ный** thermite
терм|и́ческий thermic, thermal, heat; ~и́ческая обрабо́тка thermal treatment; ~**одина́мика** thermodynamics; ~**одинами́ческий** thermodynamic; ~**о́метр** thermometer; ~ Це́льсия, Фаренге́йта centigrade, Fahrenheit thermometer; поста́вить ~ кому́ take someone's temperature; ~**орегуля́тор** temperature-control device; ~́**ос** thermos (flask); ~**оста́т** thermostat; ~**осто́йкий** heat-resistant; ~**оэлектри́ческий** thermoelectrical; ~ столб thermopile; ~**оэлектро́нный** thermionic; ~**оя́дерный** thermonuclear; ~́**ы** (*gen pl* ~) *hist* thermal, (hot) baths
тёрн sloe(s); blackthorn; ~́**ие** prickle, thorn; *obs* prickly plant; ~**и́стый** *fig* thorny; ~**о́вник** blackthorn; ~**о́вый** (black)thorn; ~ вене́ц crown of thorns; ~**осли́ва** damson
терп|ели́вость *f* patience; ~**ели́вый** (~ели́в) patient; long-suffering, resigned, imbued with patience; ~**е́ние** patience; потеря́ть вся́кое ~ lose all patience; вы́вести из ~е́ния exasperate; запасти́сь, вооружи́ться ~е́нием have patience, summon up patience; а́нгельское (а́дское) ~ patience of Job; ~ и труд всё перетру́т *prov* dogged does it; хоть у кого́ ~ ло́пнет *coll* enough to try the patience of a saint
терпенти́н turpentine
терп|е́ть II (~лю́, ~́ишь) *impf* suffer, put up with (*pain, suffering, unpleasantness, etc*); bear, tolerate, stand, support; он не ~́ит возраже́ния he can't stand being contradicted; *pf* по~ sustain,

suffer, undergo (*defeat*, *disaster*, *losses*, *etc*); вре́мя ∸ит there is still time; вре́мя не ∸ит there is no time to be lost; де́ло не ∸ит отлага́тельства the matter brooks of no delay; **~е́ться** II (∸ится) *impers* ему́ не ∸ится he is impatient (to, + *infin*); **~и́мость** *f* tolerance (towards, к + *dat*); дом ~и́мости brothel; **~и́мый** (~и́м) indulgent, forbearing, tolerant; tolerable, bearable

те́рп|кий (~ок, ~ка́, ~ко) astringent, sharp, tart (*of taste*); pungent (*of odour*); **∸кость** *f* astringency, tartness, sharpness, acerbity; pungency

те́рпнуть I *pf* за~ *coll* grow numb

терпу́г 1 rasp

террако́та terracotta

терра́рий, терра́риум animal case (*for reptiles*, *etc*)

терра́с|а terrace; располо́женный ~ами terraced; veranda, US porch

территор|иа́льный territorial; ~иа́льные во́ды territorial waters; **∸ия** territory, confines, area

терро́р terror; **~изи́ровать** (~изи́рую) *impf and pf* terrorize; **~и́зм** terrorism; **~изова́ть** (~изу́ю) *impf and pf* = ~изи́ровать; **~и́ст** terrorist; **~исти́ческий** terrorist

тёртый *fig pop* tough, hardened, experienced; ~ кала́ч *pop* old hand, old stager; ground, grated

терц|е́т *mus* terzetto; *lit* tercet, triplet; **~и́на** *lit* terza rima; **∸ия** *mus* third; mediant; больша́я ~ major third; ма́лая ~ minor third; *math* third; *typ* 16-point type

терье́р terrier

теря́|ть I *pf* по~ lose; shed (*leaves*, *etc*); ~ зре́ние, слух lose one's sight, hearing; ~ му́жество, наде́жду lose heart, hope; ~ вре́мя waste time (on, на + *acc*); ~ по́чву под нога́ми feel the ground slipping away from under one's feet; ~ си́лу become invalid, lose its force; ~ си́лы become weak; ~ в ве́се lose weight; ~ в чьих глаза́х lower oneself in someone's eyes; ~ в чьём мне́нии sink in someone's estimation; ~ го́лову lose one's head; не ~ головы́ keep one's head; не ~я вре́мени without losing any time; ~ кого́ и́з виду lose sight of someone; не ~ и́з виду keep in sight, *fig* bear in mind; ничего́ не ~ lose nothing (by, от + *gen*); нам не́чего ~ we have nothing to lose; **∸ться** I *pf* по~ get lost, disappear, vanish; fail, flag, decline, weaken, decrease; к ста́рости ~ется па́мять towards old age one's memory fades; pass unnoticed; become flustered, lose one's self-possession; ~ в дога́дках be totally at a loss

тёс (~а (~у)) *collect* boards, planks

теса́к 1 cutlass, broadsword; hatchet, chopper

те|са́ть (~шу́, ∸шешь) *impf* cut, hew; trim, square; ~ до́ски cut planks

тесём|ка tape; braid; **∸очный** tape; braid; **∸чатый** braid; tape-like; ~ глист tapeworm

теси́на board, plank

тесн|и́на gorge, ravine, narrow pass; defile; **~и́ть** II с~ press, crowd; *pf* по~ squeeze, constrict, restrict (*of clothing*, *etc*); мне грудь ~и́т I have a tightness in my chest; *pf* по~ drive back (*enemy*, *etc*); **~и́ться** II *impf coll* push a way through, press through; throng, crowd, jostle *also fig* (*of thoughts*, *feelings*, *etc*); *pf* с~ be crowded together, be in a confined space, be overcrowded; **∸о** *adv* closely, intimately; ~ прижима́ться press close (against, к + *dat*); ~ свя́занный closely connected (with, с + *instr*); ~ сиде́ть not have enough room; *pred* it is crowded, cramped; it is (too) tight; ~ в плеча́х it is tight across the shoulders; ей ~ she hasn't enough room, *fig* she feels a lack of scope; **~ота́** lack of space; smallness, cramped nature, inadequacy; жить в ~оте́ live in crowded conditions, be cooped up; в ~оте́, да не в оби́де *prov* the more, the merrier; **∸ый** (те́сен, ~а́, ∸о; ∸ы́) narrow, tight, cramped; ~ая кварти́ра poky flat; мир те́сен! it's a small world; ~ прохо́д narrow passage; ~ круг друзе́й narrow circle of friends; crowded, tight-packed; ~ые ряды́ serried (close) ranks; intimate; ~ое соприкоснове́ние close contact; tight, small (*of clothing*); ~ые обстоя́тельства straitened circumstances

тесо́вый board, plank

тесьма́ braid; tape, ribbon; binding

те́ст|о dough; pastry; paste; из одного́ ~а *coll* of the same kidney, leaven, breed; из друго́го ~а *coll* of a different breed, stamp; **~ообра́зный** (~ообра́зен) doughy; paste-like

тесть *m* father-in-law (*wife's father*)

тётенька *aff* auntie; *pop* woman (*usu elderly*)

те́тер|ев (*pl* ~ева́) black grouse, blackcock, heathcock; глухо́й ~ capercailzie; *coll* deaf person; **∸ка** grey-hen; **∸я** *dial* = ~ев; *fig pop joc* simpleton; глуха́я ~ deaf person; лени́вая ~ lazybones; со́нная ~ sleepyhead

тетива́ bowstring; taut rope; *tech* stringboard, stringer

тётка aunt; го́лод не ~ *prov* hunger finds no fault with the cookery; *pop* woman (*usu elderly*)

тетра́д|ка *coll* = ~ь; **∸ь** *f* notebook, exercise book; copybook; ~ для рисова́ния sketch-book; ~ в лине́йку lined exercise book; part, fascicule (*of publication*); quire (*of manuscript*)

тёт|я (*gen pl* ~ей) aunt; aunty, lady (*usu used by children*); *coll* woman; здра́вствуйте, я ва́ша ~! *coll joc* pigs might fly!

те́фтел|и (*gen pl* ~ей) meatballs

тех- *abbr of* техни́ческий; **~ми́нимум** *abbr of* техни́ческий ми́нимум elementary vocational training; **∸ник** technician; зубно́й ~ dental mechanic; qualified technician; **∸ника** engineering, technology; передова́я ~ advanced technology; technique(s), art; ~ стихосложе́ния technique of versification; овладе́ть ~никой master the art; *collect* equipment, machinery, plant, *mil* material; **∸никум** technical college, school; **∸никумовский** *coll* technical college; **~ници́зм** preoccupation with technical aspect; **~ни́ческий** technical; engineering; *mil* maintenance; ~ни́ческие культу́ры *agr* industrial crops; ~ни́ческая ско́рость *tech* maximum speed; assistant, subordinate, junior (*member of staff*, *etc*); **~ни́чка** *coll* charwoman (*in office*, *etc*); **~ни́чный** (~ни́чен) *sp* skilful, skilled; **~нокра́т** technocrat; **~но́лог** technologist; **~нологи́ческий** technological; **~ноло́гия** technology; **~нору́к** *abbr of* ~ни́ческий руководи́тель technical director, engineer; **~ре́д** *abbr of* ~ни́ческий реда́ктор technical editor

теч|е́ние flow; *fig* course (*of time*, *events*, *etc*); current, stream (*also fig*); по ~е́нию with the stream *also fig*; вверх (вниз) по ~е́нию upstream (downstream); про́тив ~е́ния against the current *also fig*; *fig* trend, tendency (*art*, *politics*, *etc*); в ~ in the course (of), during (+ *gen*); с ~е́нием вре́мени in due course; **∸ка** heat (*in animals*); **~ь** *f* leak; дать ~ spring a leak; заде́лать ~ stop a leak; **~ь** (теку́, течёшь, теку́т; тёк, текла́) *impf* flow, stream, run; у него́ кровь течёт и́з носу his nose is bleeding; у меня́ слю́нки текли́ my mouth was watering; leak, be leaky; pass (*of time*)

тёш(к)а belly of large fish

тéш|ить II *pf* по~ amuse, entertain; ~ чьё самолю́бие flatter someone's vanity; gratify, please; ~ взор please the eye; soothe, console; ~ себя́ надéждами hope against hope; **~иться** II *pf* по~ amuse oneself (with, at), enjoy (+ *instr*); чем бы дитя́ ни ~илось, лишь бы не пла́кало *prov* anything for a quiet life, anything to keep him (her) quiet; console oneself (with, + *instr*)

тёща mother-in-law

тиа́ра tiara

Тибéт Tibet; **т~ец** (~ца) Tibetan; **т~ка** Tibetan (woman); **т~ский** Tibetan

ти́брить II *pf* с~ *sl* pinch, snaffle, collar

ти́г|ель *m* crucible; **~ельный** crucible

тигр tiger; **~ёнок** (~ёнка, ~я́та, ~я́т) tiger cub; **~и́ный** tiger('s); **~и́ца** tigress; **~óвый** tiger('s)

тик *med* tic; tick(ing) (*material*); *bot* teak

ти́к|анье tick(ing); **~ать** I *impf coll* tick (*clock, etc*)

тика́ть I *impf pop* vamoose, skedaddle

ти́к-та́к *coll* tick-tock

ти́льда tilde

тимóл thymol

тимофéевка timothy, herd's-grass

тимпа́н timbrel; tympanum

тимья́н thyme

ти́н|а slime, mud, ooze, mire *also fig*; **~истый** (~ист) slimy, muddy, miry, oozy

тинктýра tincture, solution

тип type; pattern, model, exemplar, figure; sort, kind; лю́ди такóго ~а that kind of people; ~ корабля́ class of ship; (*acc* ~а) *coll* fellow, character, type; стра́нный ~ odd character; **~а́ж** 1 range (of models, *etc*), types; *art* type(s); *cin* the right type, suitable type; **~изи́ровать** (~изи́рую) *impf and pf* typify; classify by type(s); **~ик** *eccles* tipicon; *coll* fellow, character, type; **~и́ческий** typical (*of a type*); **~и́чность** *f* typicalness; representative, typical nature; **~и́чный** (~и́чен) typical, characteristic; *coll* typical, true; э́то ~и́чно для неё it's just like her; **~ово́й** model, standard, sample; standard(ized); **~огра́фия** printing-house, printing-office, press; the printer's; **~огра́фский** typographical, printer's; **~олитогра́фия** typolithography; **~олитогра́фский** typolithographical; **~ологи́ческий** typological; **~оло́гия** typology

типу́н 1 pip (*bird disease*); ~ тебé на язы́к *coll* be careful what you say!, hold your tongue!, a plague on you for saying such things!

ти́пчик *coll* (odd) character, queer bird, (odd) fellow, type

тир shooting range, shooting-gallery

тира́да tirade

тира́ж 1 draw(ing) (*of lottery, etc*); вы́йти в ~ be drawn (*of bond, etc*); *fig coll* take a back seat, be a back-number, be on the shelf; списа́ть (сдать) в ~ *fig coll* put out to grass; print(ing), number of copies printed; edition (*of book*); issue (*of newspaper*); **~и́ровать** (~и́рую) *impf and pf* establish number of copies, size of issue

тира́н tyrant; *fig* tormentor, oppressor; **~ить** II *impf coll* torment, bully; **~и́ческий** tyrannical; **~и́я** tyranny; **~ство** *coll* tyranny, oppression; **~ствовать** (~ствую) *impf coll* tyrannize (over, над + *instr*)

тирé *neut indecl* dash

Тирóль *m* Tirol; **т~ский** Tyrolean, Tyrolese

тис yew(-tree)

ти́с|кать I *pf* ~нуть *coll* squeeze, maul; *typ* pull; **~каться** I *impf pop* push, jostle; **~ки́** (*gen pl* ~кóв) vice; зажа́ть в ~ grip in a vice; в ~ка́х in the grip (clutches) (of, + *gen*); **~нéние** stamping, printing; imprint, design; **~нёный** stamped, printed; ~ шрифт raised type; **~нуть** I *pf of* ~кать

ти́совый yew

тита́н titan, giant *also fig*; *chem* titanium; boiler; **~и́ческий** titanic; **~овый** *chem* titanium

ти́тл|о *obs* title; *phil* titlo, tilde; **~овый** ~ знак titlo

титр *cin* subtitle; caption, credit

ти́т|ул title; title-page; **~ýловать** (~ýлую) *impf and pf* title, style, call by one's title; **~ульный** ~ лист title-page; **~уля́рный** ~ совéтник *hist* titular counsellor (*9th grade civil servant*)

тиýн *hist* tiun (*title of various officials in medieval Russia*)

тиф (в ~е, в ~ý) typhus; брюшнóй ~ typhoid (fever); сыпнóй ~ typhus, spotted fever

тифлопедагóгика methods of teaching the blind

тифóзн|ый typhus; ~ая лихора́дка typhoid fever; *n* typhus patient

тиха́рь 1 *m sl* plant, informer; shadow

ти́х|ий (~, ~á, ~о; ти́ше) low, soft, gentle, faint (*of sounds*); ~ гóлос low voice; still, quiet, silent, noiseless; ~ая ночь still night; peaceful, calm; ~ая ýлица quiet, secluded street; *fig* gentle, calm, quiet; ~ая жизнь quiet life; ~ нрав gentle, placid disposition; Т~ океа́н Pacific Ocean; ~оокеа́нский Pacific; ~ая погóда calm weather; slow(-moving); ~ ход slow speed, pace; ~ая торгóвля slack trade; **~о** *adv* softly, gently, quietly; silently, noiselessly; still; сидéть ~ sit still; ~! gently!, careful!; quiet!; slowly; дела́ идýт ~ things are moving slowly, business is slack; *pred* it is quiet; сегóдня ~ it is (very) still today, there is no wind today; на мóре ~ the sea is calm; на душé у меня́ ста́ло ~ my mind is at rest; **~омóлком** *coll* without a sound, quietly; **~óнько** *adv coll* quietly, softly, gently; **~óня** (*gen pl* ~óней) *m and f coll* quiet, timid, retiring creature; смотрéть ~óней look as if butter wouldn't melt in one's mouth; **~óд** sloth; slow-moving (*person, vessel, etc*); **~óдный** (~óден) slow(-moving), low speed

ти́ш|е *comp of* ти́хий *and* ти́хо; ~! (be) quiet!, hush!, sh!; (be) careful; **~ина́** silence, stillness, quiet, calm, peace; прóсят соблюда́ть ~инý silence, please!; гробова́я ~ death-like, stony silence; мир и ~ peace and quiet; **~кóм** *adv coll* on the quiet, quietly, unobtrusively; **~ь** (в ~и́) = ~ина́; calm (*of weather*); в ~и́ during a lull; in a quiet (sheltered) spot; ~ да гладь peace and harmony; в ночнóй ~и́ at dead of night

тка́н|евый tissue; **~и́на** *pop* piece of cloth; **~ый** woven; **~ь** *f* fabric, material, cloth; льняны́е ~и linen(s); шёлковая ~ silk; *anat* tissue; *fig* substance, essence; gist (*of story, etc*); **~ьё** weaving; woven fabrics, cloth; **~ёвый** woven

тка|ть (тку, ткёшь; ~л, ~ла́, ~ло) *pf* со~ weave; ~ паути́ну spin a web; **~цкий** weaver's, weaving; ~ станóк loom; ~цкая фа́брика weaving mill; ~ челнóк shuttle; **~ч** 1 weaver; **~чество** weaving; **~чи́ха** weaver

ткнýть(ся) 1 *pf of* ты́кать(ся)

тле|н *obs* decay; *fig* dust, ashes; **~ние** decay, decomposition, putrefaction; smouldering; **~нный** (~нен) *obs* perishable, liable to decay; **~твóрный**

(~твóрен) putrid, putrefactive; *fig* pernicious, baleful; **~ть** I *impf* decay, decompose, rot, putrefy, moulder; smoulder; ещё ~ет надéжда there is still a glimmer of hope; **~́ться** (~ется) *coll* smoulder

тл|я (*gen pl* ~ей) plant-louse, aphis

тмин caraway(-seeds)

то *pr* (*nom*, *acc sing neut of* тот) that; то, что ... the fact that ...; *conj* then; éсли пóздно, то не ходи́ if it's late, (then) don't go; то ..., то ... now ..., now ...; то оди́н, то другóй first one, then another; не то ..., не то ... either ... or ...; идёт не то снег, не то дождь it's half snowing, half raining; и то and that, at that; то ли ..., то ли ... either ... or ...; не то, чтóбы ..., но it is (was) not that ... (but); не то, чтóбы онá былá умнá, но ... not that she is (exactly) clever but ...; тó бишь *obs coll* that is to say; тó есть that is (to say); то ли дéло *coll* how much better; здесь скýчно, то ли дéло дóма! it's dull here, how much better (it would be) at home; то и дéло (то и знай) *coll* time and again, incessantly, perpetually; то да сё *coll* this and that; ни то, ни сё neither one thing, nor the other; *partic* just, precisely, exactly; в тóм-то и дéло that's just the point; я́-то соглáсен, но он нет for my part I agree, but he doesn't; обещáть-то обещáл, но сдéлает ли он? he said he would, but will he?; тýт-то он и ... at this, he ...

тобóй, тобóю *instr of* ты

товáр goods, wares; article, commodity; ~ы ширóкого потреблéния consumer goods; показáть ~ лицóм *coll* show something at its best, to best advantage

товáр|ищ comrade, friend, colleague, companion; ~ дéтства childhood friend; ~ по несчáстью fellow-sufferer; ~ по орýжию comrade-in-arms; ~ по плáванию shipmate; ~ по рабóте colleague, fellow-worker; ~ по шкóле school friend; (*term of address*) Comrade; person, man; *obs* assistant, deputy, vice-; ~ председáтеля vice-president; **~́ищеский** friendly, comradely; с ~ищеским привéтом with friendly greetings; of equals; ~ суд *hist* Comrades' Court; **~́ищество** comradeship, fellowship, companionship; чýвство ~ищества feeling of solidarity; association, company, society

товáрка *coll* friend

товáр|ность *f* marketability; **~́ный** goods, freight; ~ные запáсы stock (*of goods*); ~ гóлод goods' shortage; ~ знак trade mark; ~ склад warehouse; ~ная стáнция goods station, freight yard; ~ вагóн goods truck, freight car; ~ пóезд goods train, freight train; marketable; commodity; ~ная продýкция commodity output; ~ное хозя́йство commodity economy; **~ня́к** 1 *coll* freight train; **~овéд** commodities' expert; **~овéдение** study of commodities; **~ообмéн** exchange of commodities, barter; **~ооборóт** trade, commodity circulation; **~о-пассажи́рский** ~ пóезд mixed train; **~опроводя́щий** ~опроводя́щая сеть commodity distribution network; **~опроизводи́тель** *m* producer, manufacturer

тóг|а *hist* toga; ряди́ться в ~у don the garb (of), array oneself (as, + *gen*)

тогдá then; ~ же at the time, then; ~, когдá when; in that case, then; устáл? Т~ отдохни́ are you tired? Have a rest, then; ~ как whereas, although, while; **~́шний** *coll* of that time, of those days; the then; ~шняя обстанóвка the situation then obtaining; ~ мини́стр the then minister

тогó *partic pop* er ..., um ...; *pred* abnormal, simple(-minded); tight, drunk; not too good, mediocre; не ~ *pop* делá нáши не ~ things are not so good

тожд|éственность *f* identity; **~éственный** (~éствен, ~éственна) identical (with, с + *instr*); **~́ество** identity

тóже *adv* also, too, as well; я ~ пойдý I'm going, too; я ~! so do I!, so am I!; он ~ не глуп he's no fool, either; *partic pop iron* ты ~ хорóш! you're a fine one, I must say

тож|éственность *f* = ~дéственность; **~éственный** = ~дéственный; **~́ество** = ~дество

ток *elect* current; ~ вóздуха air-current; ~ высóкого, ни́зкого напряжéния high-tension, low tension current; переménный, постоя́нный ~ alternating, direct current; *pl* emanations (*from person*); (на ~ý, о ~́е; *pl* ~á) mating-place, courting-place (*of certain birds*); (на ~ý, о ~́е; *pl* ~́и *and* ~á) threshing-floor; place for snaring birds; toque

ток|áрничать I *impf coll* work as a turner; **~áрный** turning; ~áрная мастерскáя turner's shop; ~ станóк lathe; **~́арь** *m* (*pl* ~аря́, ~арей *and* ~ари) turner, lathe operator

токкáта *mus* toccata

тóкмо *adv ar* only

ток|овáть (~ýю) *impf* utter the mating-call (*of birds*); **~ови́ще** mating-place, courting-place (*of birds*)

токоприёмник trolley (*of trolley-bus*, *etc*), current collector

токси|кóз toxicosis; пищевáя ~коинфéкция food poisoning; **~кóлог** toxicologist; **~колóгия** toxicology; **~́н** toxin; **~́ческий** toxic

тол trinitrotoluene, TNT

толи́ка *coll* мáлая ~, нéкоторая ~ a little, a small quantity; a few

толк (~́а (~́у)) sense, understanding, point; от негó ~у не добьёшься you can't get any sense out of him; бéз ~у *coll* senselessly, uselessly; и всё бéз ~у and all for nothing; с ~́ом sensibly, efficiently, intelligently; сбить с ~́у confuse, muddle, baffle; сби́ться с ~́у get confused; взять в ~ *coll* understand; не возьмý в ~ *coll* I can't make it out; use, profit; из э́того не вы́йдет никакóго ~́у *coll* nothing will come of this; понимáть, знать ~ *coll* know what's what, know what one is talking about (in), be a good judge (of, в + *prep*); persuasion, grouping; *pred coll* = ~нýл

толк|анýть I *sem pf of* ~áть *pop*; **~áть** I *pf* ~нýть push, shove; jog; ~ лóктем nudge; ~ штáнгу *sp* weight-lift; ~ ядрó *sp* put the shot; *fig* instigate (to), incite (to), push (into), put up (to, на + *acc*); что вас ~нýло на э́то? what made you do it?; *sl* flog, push; ~ речь *pop iron* hold forth; **~áться** I *impf* push one another, jostle; *pop* be around, knock about; *pf* ~нýться *pop* (try to) gain access to (в + *acc*; к + *dat*); **~áч** 1 (*railways*) pusher; pestle, pounder; *fig coll* fixer, pusher

тóлк|и (*gen pl* ~ов) *coll* rumours, gossip, (idle) talk

толк|нýть(ся) I *pf of* ~áть(ся)

толк|овáние interpretation, reading (*of text*, *etc*); дать непрáвильное ~ постýпков, слов put a wrong construction on actions, words; explanation, gloss; **~овáтель** *m* interpreter, commentator, expounder; **~овáть** (~ýю) *impf* give an interpretation (of); лóжно ~ чьи словá misinterpret, misconstrue someone's words; *coll* explain (to,

+ *dat*); ско́лько ему́ ни ~у́й, он ничего́ не понима́ет it's a waste of time trying to explain things to him; *coll* talk, converse; что тут мно́го ~! what's the good of talking! он всё своё ~у́ет he keeps on about the same thing; **~о́вый** (~о́в) sensible, intelligent; intelligible, clear; explanatory (*dictionary, etc*); **~́ом** *adv coll* plainly, clearly; говори́те ~ speak so that you can be understood; straight, seriously; properly

толкотня́ *coll* crush, squash (*of people*)

толку́ч|ий ~ ры́нок second-hand market; **~́ка** *pop* crowded place, crush; = ~ий ры́нок

толма́ч 1 *obs* interpreter

толокно́ oatmeal, oat flour

толокня́нка *bot* bearberry

тол|о́чь (~ку́, ~чёшь, ~ку́т; ~о́к, ~кла́) *pf* рас~, ис~ pound, crush; ~ во́ду в сту́пе *prov* beat the air, plough the sands, flog a dead horse, mill the wind; **~о́чься** (~ку́сь, ~чёшься, ~ку́тся; ~о́кся, ~кла́сь) *impf pop* throng; hang around

толп|а́ 6 crowd; throng, multitude; ~о́й вы́йти на у́лицу flock into the street; **~и́ться** II (~и́тся) crowd, throng, pack (в + *prep*, на + *prep*; around, вокру́г + *gen*); ~ в за́ле throng the hall; ~ в дверя́х crowd in the doorway; ~ на у́лицах throng the streets

толст|е́нный *pop* very fat, very stout; **~е́ть** I *pf* по~ get fat, stout; put on weight; **~и́ть** II (~и́т) *impf coll* make (look) fat, be fattening; **~обрю́хий** (~обрю́х) fat-bellied

толсто́в|ец (~ца) Tolstoyan **~́ка** *f of* ~ец; tolstovka (*shirt with belt*); **~́ство** Tolstoyism

толст|огу́бый (~огу́б) thick-lipped; **~оза́дый** *pop* fat-bottomed; **~око́жий** (~око́ж) thick-skinned *also fig coll*; pachydermatous; **~омо́рдый** *pop* fat-faced; with fat chops; **~опу́зый** *pop* pot-bellied; **~осте́нный** with thick walls; **~осу́м** moneybags; **~у́ха** *coll* fat woman; **~́ый** (~, ~а́, ~о) fat, stout, corpulent, rotund, obese; thick, heavy; ~ журна́л thick monthly (literary magazine); ~ая кишка́ large intestine; ~ слой thick layer; **~я́к** 1 *coll* fat man, squab

толуо́л toluene, toluol

толч|е́ние pounding, crushing; **~ёный** pounded, crushed; ground; **~ея́** *tech* mill; *coll* = толкотня́

толч|о́к push, shove, jab; jolt, bump (*in a vehicle, etc*); shock, tremor (*earthquake*); *fig coll* stimulous, incitement, push, jolt; служи́ть мо́щным ~ко́м serve as a powerful spur (to, к + *dat*); *sp* put; *sl* second-hand market

то́лщ|а thickness, thick layer; ~ сне́га depth of snow; в ~е наро́да in the midst (thick) of the people; **~́е** *comp of* то́лстый; **~ина́** thickness; fatness, stoutness, corpulence

толь *m* tarred roofing felt

то́лько *partic* only; ~ на э́тот раз just for once; merely, solely; ~ за 1960 год ... in 1960 alone; ~ потому́, что ... just, merely because ...; не ~ ..., но и not only ..., but also; ~ в дере́вне отдыха́ю it is only in the country that I rest; *conj* (+ как, лишь, едва́) as soon as; one has only to ...; ~ ска́жешь, я приду́ just say the word and I'll come; *conj* only, but; я согла́сен е́хать, ~ не сейча́с I agree to go, but not just now; ~ бы *partic* if only; ~ бы не война́! so long as there is no war!; ~ не опа́здывай(те)! whatever you do, don't be late!; ~ попро́буй(те)! just you try! (*threat*); *intensifying partic* заче́м ~? why on earth?, whatever for?; кого́ ~ там не́ было! simply everyone was there!; ~ и only, nothing but; ~ и ду́маю, что о де́тях I think of nothing else but the children; ~ и всего́, да и ~ *coll* that's all; смеётся, да и ~ all he does is to laugh; ~-~ *coll* just; он ~-~ пришёл he has just (this very minute) arrived; де́нег ~-~ хвати́ло на доро́гу there was barely enough money for the journey; ~ что не *coll* the only thing lacking is (was); его́ ~ что не на рука́х но́сят they all but carry him in their arms; ~ что *adv and conj* (only) just; я ~ что вошёл I have just (this minute) come in; ~ его́ и ви́дели he was gone in a flash; не ~ что *coll* not to mention, let alone

том (*pl* ~а́, ~о́в; *obs* ~́ы) volume

томага́вк tomahawk

тома́т tomato (purée); **~́ный** tomato

то́м|ик *dim of* ~

том|и́тельный (~и́телен) wearisome, tedious; tiresome, trying; agonizing; ~ зной oppressive heat; ~и́тельное ожида́ние tedious wait; agonizing suspense; ~и́тельная ску́ка deadly boredom; ~и́тельная тоска́ intense longing; **~и́ть** II (~лю́) *pf* ис~ torment, torture; exhaust, wear down; не ~и́(те) меня́! don't keep me in suspense; *cul* braise, stew; **~и́ться** II (~лю́сь) *pf* ис~ languish, pine; ~ от жа́жды be parched with thirst; ~ жа́ждой thirst (for + *gen*); ~ от жары́ be oppressed with the heat; ~ в ожида́нии be in an agony of suspense; ~ по недостижи́мому cry for the moon; ~ в заключе́нии, в тюрьме́ languish in prison; long; yearn (for, по + *dat*); *cul* stew; **~ле́ние** languor; **~́ность** languor; **~́ный** (~ен, ~на́, ~но) languorous, languid

томпа́к 1 tombac, pinchbeck

тон (*pl* ~а́ *and* ~́ы, ~о́в) *mus* tone; ~́ом вы́ше, ни́же a tone higher, lower; *fig* raising, lowering one's voice; зада́ть ~ *mus* set the pitch, give the note; *fig* lead; set the tone (style, fashion, pace), give a lead; полеми́ческий ~ polemical style; ~ жи́зни pace, style of life; *pl* ~́ы sound (*of heart*); *no pl* (tone of) voice; вла́стный ~ peremptory tone; ла́сковый ~ affectionate tone of voice; перемени́ть ~ change one's tone; повы́сить ~ raise one's voice; сба́вить ~ quieten down, pipe down, sing small; попа́сть в ~ be in tune, hit the right note *also fig*; в ~ to match (*of same colour*), in tune; не в ~́е out of tune; form; э́то счита́ется хоро́шим, дурны́м ~́ом it's considered good, bad form; *pl* ~а́ (*colour*) tone, tint; све́тлые ~а́ light tones (shades); **~а́льность** *f mus* key; tonality; **~а́льный** tonal

то́ненький thin, slender; squeaky, piping (*of voice*)

тонзу́ра tonsure

тонизи́р|овать (~ую) *impf and pf* tone up; ~ующее сре́дство tonic

тони́ческий tonic

то́н|кий (~ок, ~ка́, ~ко; ~ьше; ~ча́йший) thin; slender, slim (*of figure, etc*); ~кое бельё fine underwear; refined (*of features*); delicate (*profile, etc*); high-pitched, thin (*of voice, etc*); intricate, ingenious, exquisite; ~ механи́зм ingenious device; ~кая рабо́та fine, exquisite work; ~кое зна́ние exact knowledge; ~ отте́нок subtle shade, nuance; ~ вопро́с nice point; ~ кри́тик shrewd, perceptive critic; ~ намёк gentle hint; ~кое разли́чие nice, subtle, fine distinction; ~кие духи́ subtle perfumes; keen, acute (*of the senses*); ~кое зре́ние keen sight; ~ слух keen ear (hearing); *coll* sly, crafty, sharp; ~кая кишка́ small intestine; **~́ко** *adv* thinly; subtly, delicately, finely, nicely; ~

подмечáть have a keen eye for; **~кокóжий** (~кокóж) thin-skinned; **~колистовóй** sheet (iron); **~конóгий** (~конóг) slim-legged; **~корýнный** fine-fleeced; **~кослóйный** (~кослóен) narrow-ringed; **~костéнный** thin-walled; **~́кость** *f* thinness, slenderness, slimness; fineness; subtlety; *pl* fine points, niceties, refinements; знать до ~костей know all the ins and outs; вдавáться в (излишние) ~кости put too fine a point on it, split hairs; **~кошéий** slender-necked; **~кошёрстный** fine-fleeced; fine-wool

тонмéйстер sound director

тóнн|а ton; **~áж** tonnage

тоннéль *m* = туннéль

тóнн|ый (~а) *iron* comme il faut, prim and proper

тóнус tone

тон|ýть I (~ý, ~́ешь) *pf* у~ *and coll* по~ go down, sink; drown; be lost (in), sink (in), be covered (in, by), be hidden (in, by, в + *prep*); ~ в зéлени be buried in greenery; ~ в подýшках sink in the pillows; ~ во мнóжестве дел be swamped with masses of work, up to the eyebrows in work

тонфи́льм sound film, talkie

тóньше *comp of* тóнкий *and* тóнко

тóня fishery, fishing-ground; haul, catch (in fishing-net)

топ *pred coll* = ~́нул; ~-~ pit-a-pat, pitter-patter (*sound of light footsteps*)

топáз topaz; **~́овый** topaz

тóп|ать I *pf* ~нуть stamp; tramp; ~ ногáми stamp one's feet; *impf pop* go; ~ай отсю́да! buzz off!

топинáмбур Jerusalem artichoke

топ|и́ть II (~лю́, ~́ишь) *impf* fuel, fire, stoke (*boiler*, *etc*); heat; melt, melt down, reduce (*fat*, *etc*); ~ молокó heat, bake milk (in oven); *pf* по~ *coll and* у~ sink; drown; *fig coll* ruin, wreck; ~ гóре в винé drown one's sorrows in drink; **~и́ться** II (~́ится) *impf* burn, be alight (*of stove*, *etc*); *coll* be heated (*of premises*, *etc*); melt (down); bake, be baked (*milk*); *pf* у~ drown oneself; **~́ка** stoking; heating; furnace; firebox; melting (down)

тóп|кий (~ок, ~кá, ~ко) swampy, boggy, marshy

топлён|ый baked; ~ое молокó baked milk

тóпливо fuel; жи́дкое ~ fuel oil; твёрдое ~ solid fuel

тóп|нуть I *sem pf of* ~ать

топóграф topographer; **~и́ческий** topographical; **~́ия** topography

тóп|олевый poplar; **~оли́ный** poplar; **~́оль** *m* (*pl* ~оля́, ~олéй) poplar; пирамидáльный ~ Lombardy poplar

тополи́м|ика place-names (of region); toponymy; **~́ия** = ~ика

топóр 1 axe; хоть ~ вéшай *pop* you could cut it with a knife (*of atmosphere*); **~́ик** hatchet; **~и́ще** axe-handle, axe helve; large axe; **~́ник** fireman with axe; **~́ный** (~ен) axe; *fig* clumsy, rough, crude; uncouth (*person*); ~ная рабóта crude work, hatchet job

топóрщ|ить II *pf* вс~ *coll* bristle; **~́иться** II (~ится) *pf* вс~ bristle; pucker (of material); *impf* be obstinate, stubborn

тóп|от tread, tramp(ing); кóнский ~ thud, clatter of horses' hoofs; **~отáть** I (~очý, ~óчешь) *impf pop* ~ ногáми stamp one's feet, make a clatter, thud along; **~отня́** *pop* clattering; **~тáть** I (~чý, ~́чешь) *pf* по~ trample (down); ~ ногáми trample under foot; ~ огóнь stamp out a fire; *pf* с~ *pop* wear down, out (*shoes*, *etc*); **~тáться** I (~чýсь, ~́чешься) *impf* shift one's feet, stamp (*of horse*); ~ на мéсте mark time *also fig*

топты́гин *coll* Bruin

топчáк 1 treadmill

топчáн 1 trestle-bed

топы́р|ить II *impf pop* bristle; spread (wide); **~́иться** II *impf pop* = топóрщиться

топь *f* bog, morass, marsh, swamp

тóра Torah, Pentateuch

тóрб|а (nose)bag; носи́ться как (дурáк) с пи́саной ~ой *coll* make a great song and dance (about, с + *instr*)

торг (на ~ý, о ~́е; *pl* ~и́) bargaining, haggling, trading; *obs* market; *pl* auction; продáть с ~óв sell by auction; *abbr of* ~óвое учреждéние trading organization; **~áш** 1 hawker, pedlar; *pej* huckster, haggler; **~áшеский** mercenary(-minded), haggling; **~áшество** mercenary-mindedness; **~овáть** (~ýю) *impf* trade (in), deal (in), sell (+ *instr*); ~ сóвестью *fig* prostitute one's conscience; be a salesman; be open (*of shop*, *etc*); *pf* при~, с~ haggle over, bargain for; **~овáться** (~ýюсь) *pf* с~ bargain (with), haggle over the price (with, с + *instr*); *impf coll* argue; **~óвец** (~óвца) tradesman, merchant, dealer, trader; **~óвка** market-woman; woman street-trader; **~óвля** trade, commerce; trading; **торг|óвый** trade, commercial; trading; merchant, mercantile; ~ балáнс balance of trade; ~ дом business house, firm; ~óвая палáта chamber of commerce; ~ представи́тель trade representative; ~óвое сýдно merchant ship; ~ флот mercantile marine, merchant navy; **~прéд** *abbr of* ~ представи́тель; **~прéдство** *abbr of* ~óвое представи́тельство trade delegation

тореадóр toreador

тор|éц (~цá) face plane, butt end (*of beam*, *etc*); wooden paving block(s)

торжéств|енность *f* solemnity; **~́енный** (~ен, ~енна) festive; gala; ceremonial, grand; ~ въезд ceremonial entry; ~ день gala-day; ~енное заседáние grand meeting; ~енная часть official part (*of proceedings*); solemn; ~енная кля́тва solemn vow, oath; ~ слýчай solemn occasion; **~ó** celebration, festivity; семéйное ~ family celebration; *pl* festivities, celebrations; triumph (*victory*); exultation, triumph; с ~óм сказáть announce triumphantly; **~овáть** (~ýю) *impf* ~ побéду celebrate victory (over, над + *instr*); *fig* be victorious; triumph (over), exult (over, над + *instr*); **~ýющий** triumphant, exultant

тóржище *obs* market, bazaar

тóрий thorium

тормáшк|и вверх ~ами *coll* head over heels

торм|ожéние braking; inhibition; **~́оз** (*pl* ~á) brake; ~ откáта recoil brake; (*pl* ~́озы) braking; (*pl* ~́озы) *fig* brake, drag, hindrance, obstacle; **~ози́ть** II (~жý) *pf* за~ brake, apply the brake (to); pull up; *fig* hamper, hinder, impede, hold up, be a drag on; inhibit; **~ознóй** brake, braking

тормоши́ть II *impf coll* tug (at, за + *acc*), shake; *fig* pester, worry

тóрн|ый smooth, even; пойти́ по ~ой дорóге *fig* stick to the beaten track

торовáт|ый (~) generous, liberal

торок|á (*gen pl* ~óв) saddle-bow straps

тороп|и́ть II (~лю́, ~́ишь) *pf* по~ hurry, hasten, press; ~ когó с отвéтом press someone for a reply; precipitate (*events*, *etc*); **~и́ться** II (~лю́сь,

⁓и́шься) (be in a) hurry, hasten; ~ на по́езд hurry to catch the train; **~ли́во** *adv* hurriedly, hastily; **~ли́вость** *f* hurry, haste; **~ли́вый** (~ли́в) hurried, hasty; **~ы́га** *m and f pop* person always in a hurry
торо́с ice-hummock; **⁓истый** (~ист) hummocky; ~ лёд pack ice
торпе́д|а torpedo; **~и́ровать** (~и́рую) *impf and pf* torpedo *also fig*; **~и́ст** torpedo artificer; **⁓ник** member of MTB crew; **⁓ный** torpedo; ~ аппара́т torpedo-tube; ~ ка́тер motor torpedo-boat (MTB); **~оно́сец** (~оно́сца) torpedo bomber; **~оно́сный** torpedo-carrying
торс trunk; torso
торт cake, tart
торф peat; **~одобы́ча** peat-extraction, peat-cutting; **~оразрабо́тки** (*gen pl* ~оразрабо́ток) peatery; **~яни́к** 1 peatbog; peat-cutter; **~яни́стый** (~яни́ст) peaty; **~яно́й** peat; ~яно́е боло́то peatbog; ~ брике́т peat briquette
торц|ева́ть (~у́ю) *impf* pave with wood blocks; *tech* face; **~ево́й** *and* **~о́вый** of wood blocks
торч|а́ть II *impf* stick up, out; protrude, jut out; *fig coll* hang about, stick around; **~ко́м** *adv coll*, **~мя́** *adv pop* on end, erect, sticking up
тоск|а́ anguish, melancholy, distress, pangs; у него́ ~ на се́рдце he is sick at heart; ~ любви́ pangs of love; boredom, ennui, tedium, misery, depression; наводи́ть на кого́ ~у́ make someone depressed; ~ зелёная *coll* unutterable boredom; longing (for), yearning (for), nostalgia (for, по + *dat or prep*); ~ по ро́дине homesickness; **~ли́вый** (~ли́в) melancholy, wistful; ~ взгляд wistful glance; dreary, depressing; ~ли́вое настрое́ние mood of depression; ей бы́ло о́чень ~ли́во she felt very depressed; ~ли́вая пого́да depressing weather; **~ова́ть** (~у́ю) be miserable, depressed, melancholy, sad; long (for), yearn (for), pine (for, по + *dat or prep*; о + *prep*); ~ о де́тях miss the children; ~ по до́му be homesick
тост toast; предлага́ть, провозглаша́ть, произноси́ть ~ toast, drink (to), propose a toast (to, за + *acc*)
тот, та, то, *pl* **те** *pr* that, *pl* those; в тот раз on that occasion; в то вре́мя then, at that time, in those days; в том слу́чае in that case; the other, opposite; по ту сто́рону on the other side (of, + *gen*); на той стороне́ on the other side; тот ..., кото́рый the ... (which); тот, (кто) the one (who), the person (who); спрошу́ у того́, кто зна́ет I'll ask the one who knows; тот факт, что ... the fact that ...; то, что what; я узна́л то, что я хоте́л I learned what I wanted to know; тот (же), тот (же) са́мый the same; одно́ и то же one and the same thing, the same thing over again; в то же са́мое вре́мя at the same time, on the other hand; the right; не тот the wrong; он стал не тот he is no longer the man he was; Федо́т, да не тот it's like it, but not quite it; сел не в тот ваго́н got into the wrong carriage; не тот но́мер the wrong number; то да сё one thing and another; ни то, ни сё *coll* neither one thing nor the other; о том, о сём about one thing and another, about this and that; ни с того́, ни с сего́ without rhyme or reason; all of a sudden; for no reason at all; и тот и друго́й both; ни тот ни друго́й neither; не тот, так друго́й if not one, then the other; не те, так други́е помо́гут if they won't help, then others will; *forms var conjunctions, adverbial phrases and particles* вме́сто того́, что́бы instead of; де́ло в том, что ... the point is that ...; для того́, что́бы in order that, in order to; до того́, что until, to such an extent that; ме́жду тем, как whereas; несмотря́ на то, что in spite of the fact that; пе́ред тем, как before; по́сле того́, как after; по ме́ре того́, как (in proportion) as; с тем, что́бы with a view to, in order to, provided that; вме́сте с тем at the same time; и тому́ подо́бное (и т. п.) and so forth; к тому́ же moreover; кро́ме того́ besides; ме́жду тем, тем вре́менем meanwhile; со всем тем notwithstanding all this; тем са́мым hereby; тому́ наза́д ago; того́ и гляди́ *coll* any minute now, before you know where you are; и без того́ as it is; (да) и то сказа́ть *coll* and indeed; не без того́ that's about it, it can't altogether be denied; мне не до того́ I've got other things to worry about
тотал|иза́тор totalizator; **~итари́зм** totalitarianism; **~ита́рный** totalitarian; **⁓ьный** total
тоте́м totem; **~и́зм** totemism
то́-то *partic coll* вот то́-то that's just it; то́-то бы́ло краси́во! there, wasn't that beautiful!; so that's why; то́-то я заме́тил, что он грусти́т that's why I noticed he was sad; there you are!, what did I tell you!; ну, то́-то же, бо́льше не попада́йся! well, what did I say, don't get caught again!; то́-то и оно́!, то́-то и есть! *coll* that's what it is! that's just that!
точ|ёный sharpened (*knife, etc*); *tech* turned; *fig* chiselled, finely moulded, shapely (*of features, face, etc*); **⁓ечный** made of dots, points, dotted (*line, etc*); **~и́лка** steel, knife-sharpener; pencil-sharpener; **~и́ло** whetstone, grindstone; **~и́льный** grinding, sharpening; ~ ка́мень whetstone, grindstone; ~ материа́л abrasive; ~ реме́нь strop; ~ стано́к grinding lathe; **~и́льщик** grinder; **~и́ть** II (~у́, ⁓ишь) *pf* на~ sharpen, grind, whet, hone; ~ зу́бы на кого́ have, bear a grudge against someone; ~ нож на кого́ have it in for someone; *pf* о~ sharpen (*pencil, etc*); *pf* вы~ turn (*on lathe*); *impf* wear away, eat away, gnaw away (*wood, etc*), corrode (*iron, etc*); *fig* gnaw (at), prey (upon); **~и́ться** II *impf* ooze (from, из + *gen*)
то́чк|а spot, dot; пла́тье в кра́сных ~ах dress with red spots; 'i' с ~ой *letter* 'i' *in old Rus orthography*; ста́вить ~у (~и) над (на) «и» dot one's i's (and cross one's t's); *gramm* full stop; ~ с запято́й semicolon; две ~и colon; ста́вить ~у на чём *fig* finish, come to the end of something; *mus* dot; *tech* point; ~ опо́ры fulcrum, point of support, *fig* rallying-point; найти́ ~у опо́ры gain a foothold; потеря́ть ~у опо́ры lose one's footing; мёртвая ~ dead point, dead centre, *fig* standstill, deadlock, dead stop; на мёртвой ~е *fig* at a standstill; дойти́ до мёртвой ~и *fig* come to a stop, standstill; сдви́нуть с мёртвой ~и set in motion; *mil* ~ попада́ния point of impact; огнева́я ~ weapon emplacement; ~ замерза́ния, кипе́ния, плавле́ния freezing, boiling, melting point; ~ росы́ dew-point; *fig* point; ~ зре́ния point of view; ~ соприкоснове́ния point of contact, meeting ground, common ground; ~!, и ~! that'll do!, and that's that!; ~ в ~у *coll* exactly, word for word; precisely; в са́мую ~у *coll* precisely, to a 't'; попа́сть в (са́мую) ~у *coll* hit the nail on the head, hit the mark, score a bull's-eye; смотре́ть в одну́ ~у stare fixedly in front of one; дойти́ до ~и *coll* come to the end of one's tether; ~ отправле́ния starting point; sharpening, grinding, whetting, stropping; turning (*on lathe*)

то́ч|но *adv* exactly, precisely; accurately; punctually; ~ перевести́ make an accurate translation of; ~ так (так ~) just so, precisely, exactly; ~ так же, как just as, exactly as; ~ тако́й (же) just the same; *partic pop* true; yes; так ~ *mil* yes; *conj* as though, as if, like; он кричи́т ~ сумасше́дший he is shouting like a madman; ~ он не ви́дит as if he didn't see; **∠ность** *f* exactness, precision; accuracy; punctuality; в ~ности *coll* exactly, to the letter; вы́числить с ~ностью до ... calculate to within ...; с ~ностью часово́го механи́зма like clockwork; **∠ный** (~ен, ~на́, ~но) exact, precise; accurate; punctual; ~ное вре́мя exact time; ~ные весы́ accurate scales; ~ные нау́ки exact sciences; ~ные прибо́ры precision instruments; ~ челове́к punctual person

точь-в-точь *adv coll* exactly, word for word, to the letter; она́ – ~ мать she is the spitting image of her mother

тош|ни́ть II *impf impers* меня́ ~ни́т I feel sick; меня́ ~ни́т от одно́й мы́сли (об э́том) the very thought (of it) makes me sick; **∠но** *pred coll* + *dat* мне ~ I feel sick, *fig* I feel awful, wretched; + *infin* it makes one sick, ill; ты так пло́хо вы́глядишь, что ~ смотре́ть на тебя́ you look so awful, I can't bear to look at you; **~нота́** sickness, nausea *also fig*; вызыва́ть ~ноту́ у кого́ turn someone's stomach, make someone sick; мне э́то надое́ло до ~ноты́ I am sick to death of it; **~нотво́рный** (~нотво́рен) sickening, nauseating *also fig*; **∠ный** (~ен, ~на́, ~но) *coll* unpleasant, tiresome, tedious; ~ челове́к pain in the neck; *pop* sickening, nauseating

тощ|а́ть I *pf* о~ *coll* waste away, become thin, gaunt; **∠ий** (~, ~á, ~е) emaciated, scraggy, skinny; empty; на ~ желу́док on an empty stomach; ~ карма́н *fig* empty pocket; poor, meagre; ~ее мя́со lean meat; ~ая по́чва poor soil; ~ая расти́тельность poor vegetation

тпру *interj* whoa!, wo! (*to horses*); ни ~ ни ну *pop* he, *etc*, won't budge

трав|а́ 6 (a) grass, herb; со́рная ~ weed; со́рная ~ хорошо́ растёт *prov* ill weeds grow apace; лека́рственные ∠ы medicinal herbs; морска́я ~ seaweed; ~о́й поросло́ all is over and forgotten; ~ ~о́й, как ~ *coll* (it) has no taste at all; хоть ~ не расти́ *coll* everything else can go to hell; **~ене́ть** I *pf* за~ become overgrown with grass

тра́верз *naut* beam; на ~е abeam, on the beam

тра́в|ерс traverse *also mil*, cross-beam, transverse member; **∠ерса** cross-beam, crosspiece, traverse, transverse member

травести́ *neut indecl theat* travesty (*boy's part played by woman*)

трави́нка *coll* blade of grass

трав|и́ть II (~лю́, ∠ишь) *pf* вы́~ poison, exterminate by poison, destroy; *pf* вы́~ etch; *impf* harm, poison (*organism*, *etc*) *also fig*; *sl* hassle; ~ бала́нду *sl* talk nonsense; *sl* lie; *pf* по~, с~ damage, trample down (*crops*, *etc*); *pf* за~ hunt; *fig* hound (down), persecute, torment, badger, victimize; *impf naut* pay out, ease out, slacken out; **~и́ться** II (~лю́сь, ∠ишься) *coll* poison oneself; **~ле́ние** extermination, destruction; etching; **∠леный** etched; ~ волк (зверь) *pop* hunted animal; old hand; **∠ля** hunting; hounding, victimization, persecution

тра́вм|а trauma, injury; психи́ческая ~ (emotional) shock, trauma; **~ати́зм** traumatism; **~ати́ческий** traumatic; **~ато́лог** traumatologist; **~атоло́гия** traumatology; **~и́ровать** (~и́рую) *impf and pf* injure, traumatize; *fig* shock

тра́в|ник 1 herb-tea, herb-water; herbal; herbarium; *orni* redshank; **~опо́лье** ley farming; **~опо́льный** ley; ~ севооборо́т grass(land crop) rotation; **~осе́яние** fodder-grass cultivation; **~осто́й** crop, stand of grass; **~оя́дный** herbivorous; **~яни́стый** (~яни́ст) grass(y); *fig coll* watery, wishy-washy, insipid, tasteless; **~яно́й** grass(y); ~ покро́в herbage, grass; ~яны́е расте́ния grasses, herbs; ~яны́е уго́дья grasslands; ~ за́пах grassy smell; ~ цвет grass-green; **~яна́я** насто́йка herb-tea, herb-water

траг|еди́йный *theat* tragic; **~е́дия** tragedy; **~и́зм** tragic element (*in a work*, *etc*); (the) tragedy (*of a situation*, *events*, *etc*); **∠ик** tragic actor; tragedian; **~икоме́дия** tragicomedy; **~икоми́ческий** tragicomic; **~икоми́чный** (~икоми́чен) tragicomic; **~и́ческий** *lit*, *theat* tragic; ~ актёр tragic actor; ~ стиль tragic style; ~и́ческое зре́лище tragic spectacle; **~и́чность** *f* tragedy, tragic nature, tragic character; **~и́чный** (~и́чен) *fig* tragic (*fate*, *loss*, *sight*, *etc*)

традиц|ио́нность *f* traditional character; **~ио́нный** (~ио́нен) traditional; **∠ия** tradition; **войти́ в ~ию** become a tradition

траекто́рия trajectory

тракт highway, high road; почто́вый ~ post road; желу́дочно-кише́чный ~ alimentary canal; route

тракта́т treatise; treaty

тракти́р inn, tavern; **∠щик** innkeeper

тракт|ова́ть (~у́ю) *impf* treat (of), deal (with), discuss (о + *prep*); interpret (*part in play*, *etc*); **~ова́ться** (~у́ется) *impf* be treated, discussed; о чём ~у́ется в э́той кни́ге? what is this book about?; **~о́вка** interpretation, treatment

тра́кт|ор (*pl* ~ора́ and ∠оры) tractor; колёсный ~ wheeled tractor; гу́сеничный ~ caterpillar tractor; **~ори́ст** tractor driver; **∠орный** tractor; ~ парк tractor depot; fleet of tractors; **~ built**

~оростро́ение tractor manufacture; **~оростро́ительный** ~ заво́д tractor works

трал trawl; minesweep; **∠ение** trawling, minesweeping; **∠ить** II *impf* trawl; *pf* по~ sweep; **∠овый** trawling; minesweeping; **∠ьный** = ~овый; **∠ьщик** trawler; minesweeper

трамб|ова́ть (~у́ю) *pf* у~ ram; **~о́вка** ramming; rammer, beetle; ram

трамва́й tramway, tramline, tram service; tram, tramcar; streetcar; сесть в (на) ~ get on a tram; речно́й ~ river bus; **∠ный** tram; ~ ваго́н tramcar; ~ парк tram-depot; **∠щик** tram worker

трампли́н *sp and fig* springboard; (лы́жный) ~ ski-jump

трамтарара́м *coll joc* shindy; устро́ить ~ *coll* kick up a shindy

транжи́р *coll* spendthrift, wastrel; **∠а** *m and f coll* = ~; **∠ить** II *pf* рас~ *coll* squander, blow

транзи́ст|ор transistor (radio); **∠орный** transistor

транзи́т transit; пойти́ ~ом go as transit goods; **∠ник** *coll* passenger in transit; **∠ный** transit

транс trance

транс- trans-; **~атланти́ческий** transatlantic; **~континента́льный** transcontinental

транскри|би́ровать (~би́рую) *impf and pf* transcribe; **∠пция** transcription

трансли́р|овать (~ую) *impf and pf* transmit, relay (*broadcast*, *etc*)

транслитера́ция transliteration
трансляц|ио́нный relay(ing); **~́ия** relay(ing), transmission, broadcast
трансми́ссия *tech* transmission
транспара́нт black-lined paper; banner, streamer
трансплантá́ция *med* transplantation
тра́нсп|орт transport(ation); consignment; *mil* transport, train; артиллери́йский ~ ammunition train; *naut* supply ship, troop transport, troopship; **~о́рт** *bookkeeping* carrying forward; **~ортá́бельный** (~ортá́белен) transportable, mobile; **~ортёр** *tech* conveyor; *mil* carrier; **~орти́р** protractor; **~орти́ровать** (~орти́рую) *impf and pf* transport, convey; *bookkeeping* carry forward; **~ортиро́вка** transport(ation); **~́ортник** transport worker; **~́ортный** transport; ~ парк transport pool
трансформ|а́тор *elect* transformer; quick-change actor, artist; illusionist, conjuror; **~а́ция** transformation; **~и́ровать** (~и́рую) *impf and pf* transform
трансцендент|а́льный transcendental; **~́ный** (~ен) transcendental
транше́|йный trench; **~́я** trench
трап ladder (*for ships, aircraft, etc*)
тра́п|е́за refectory table (*usu in monastery*); meal; refectory; **~́езная** refectory
трапе́ция trapezium; trapeze
тра́сс|а route, course (*of canal, road, pipe, etc*); возду́шная ~ airway; road; **~и́ровать** (~и́рую) *impf and pf* trace (course of); leave trace; **~и́рующий** ~и́рующая пу́ля tracer bullet
тра́|та expenditure; spending (*money, time*); напра́сная ~ waste; **~́тить** II (~чу) *pf* по~, ис~ spend, expend, use up; ~ (напра́сно) waste; не ~ слов not waste words; **~́титься** II (~чусь) *pf* по~, ис~ *coll* spend money (on, на + *acc*)
тра́улер trawler; кормово́й ~ stern trawler; морози́льный ~ freezer trawler
тра́|ур mourning; носи́ть ~ be in mourning (for, по + *prep*); **~́урный** mourning, funeral; ~ марш funeral, dead march; ~урная повя́зка crepe band; ~урная проце́ссия funeral procession
трафаре́т stencil; раскра́сить, расписа́ть по ~у stencil; engraved inscription; *fig* conventional, stereotyped, set pattern; *lit* cliché; мы́слить по ~у think along conventional, prescribed lines; **~́ка** *coll* stencil; **~́ный** (~ен) stencilled; ~ рису́нок stencil drawing; *fig* trite, hackneyed; conventional, stereotyped, set
трах *interj coll* bang!, crash!; *pred pop* = ~́нул; **~́аться** I *pf of* ~нуться *pop* bang, crash; knock; screw *vulg*; ~ из ружья́ let loose, let fly with a gun
трах|еи́т tracheitis; **~е́йный** tracheal; **~еотоми́я** tracheotomy; **~е́я** trachea, windpipe
тра́х|нуть I *pf of* ~ать; *sl* ~ речу́гу deliver a speech; **~́нуться** I *pf pop* crash (on to, на + *acc*; against о + *acc*); screw *vulg*
трахо́ма trachoma
тре́б|а religious rite (*by request*); **~́ник** prayer-book
тре́б|ование demand, request; по ~ованию on demand, by request; остано́вка по ~ованию request stop; по ~ованию суда́ by order of the court; *usu pl* requirements, standards, conditions; технологи́ческие ~ования technological standards; отвеча́ть ~ованиям meet the requirements; предъявля́ть высо́кие ~ования к кому́ place exacting demands on someone; *pl* aspirations, needs; культу́рные ~ования о́бщества cultural needs of society; вы́двинуть ~ put in a claim; requisition, order (*document*); ~ на то́пливо fuel requisition; **~́овательность** *f* insistence (on high standards); **~́овательный** (~ователен) insistent, demanding, exacting, exigent; peremptory, imperious (*tone, gesture, etc*); **~́овать** (~ую) *pf* по~ demand, require, request (+ *gen;* + что́бы); ~ объясне́ния у кого́ demand an explanation from someone; ~, что́бы бы́ло то́чно испо́лнено demand that it be carried out to the letter; expect (from), ask (for, of, + *gen*, от + *gen*); смешно́ ~ сочу́вствия от эгои́ста it is ridiculous to expect sympathy from an egoist; *pf* по~ need, call (for), require (+ *gen*); боле́знь ~ует лече́ния illness requires treatment; *pf* по~ summon, call, send for; вас ~ует нача́льник the boss wants to see you; **~́оваться** (~уюсь) *pf* по~ be required, needed; на э́то ~уется мно́го вре́мени this takes a lot of time; что и ~овалось доказа́ть *math* QED; *pass of* ~овать
требуха́ *no pl* entrails; offal, tripe; *fig pop* tripe, trash
трево́|га alarm, anxiety, uneasiness, disquiet; быть в ~ге be in a state of anxiety; alarm, alert; боева́я ~ battle alert; возду́шная ~ air-raid warning; ло́жная ~ false alarm; бить ~гу sound the alarm *also fig*; поднима́ть ло́жную ~гу cry wolf, raise a false alarm; **~́жить** II *pf* вс~ alarm, worry, make uneasy; *pf* по~ disturb, interrupt; весь день нас ~жат посети́тели the whole day long we are disturbed by visitors; reopen (*wound*); **~́житься** II *pf* вс~ be uneasy, alarmed, anxious, worry (about, за + *acc*); *pf* по~ trouble oneself, put oneself out; не ~жьтесь! don't bother!; **~́жный** (~жен) worried, anxious, troubled, uneasy, disturbed; ~жная ночь anxious night; ~ сон disturbed, troubled sleep; alarming, disquieting, disturbing (*news, rumours, etc*); alarm; ~ сигна́л alarm signal
треволне́ние agitation, anxiety
трегла́вый with three cupolas; three-headed
тред-юнио́н trade union; **~и́зм** trade unionism; **~и́ст** trade unionist
тре́зв|енник *coll* teetotaller, total abstainer; **~е́ть** I *pf* о~ sober up, become sober
трезво́н peal (of bells); *fig coll* rumour(s), gossip; *fig coll* row, shindy; подня́ть ~, зада́ть ~у kick up a shindy, raise Cain; loud ringing *coll* (*of telephone, etc*); **~́ить** II *impf* peal, ring out; *coll joc* spread gossip, rumours; ~ по всему́ го́роду spread all over the town, proclaim from the housetops (о, + *prep*); ~ в дверь *coll* keep ringing at the door
тре́зв|ость *f* soberness, sobriety *also fig*; abstinence, temperance; **~́ый** (~, ~а́, ~о) sober *also fig*; abstinent, teetotal
трезу́б|ец (~ца) trident
трек *sp* (cinder-)track
трекля́тый thrice-cursed
трел|ева́ть (~ю́ю) *impf* haul (*timber, etc*); **~ёвка** hauling, skidding (*logs, etc*)
трель *f mus* trill, shake; соловьи́ная ~ nightingale's trilling
трелья́ж three-leaved mirror; trellis
тре́моло *neut indecl* tremolo
трен train (*of dress*)
трен|а́ж training exercises; **~ажёр** trainer, simulator; **~́ер** trainer, coach

тре́нзель snaffle-bit

тре́ние friction, rubbing; *pl fig* friction, clashes

тренир|ова́ть (~у́ю) *pf* на~ train, coach (*football team, etc*), train (*memory, etc*); **~ова́ться** (~у́юсь) *pf* на~ practise, train oneself (in, в + *prep*); **~о́вка** training, coaching; **~о́вочный** training, practice; ~ костю́м track-suit; ~ полёт practice, training flight

трено́|га tripod; **~́гий** three-legged; **~́жить** II *pf* с~ hobble; **~́жник** tripod

тре́нькать *impf coll* strum (on, на + *prep*)

трёп *pop* = ~отня́

трепа́к 1 trepak (Russian folk-dance); *sl* gonorrhea, clap

трепа́л|о *tech* swingle, scutcher; **~́ьный** scutching; **~́ьщик** scutcher

трепана́ция trepanation

трепа́нг trepang

трепани́р|овать (~ую) *impf and pf* trepan

трёп|аный scutched (*of flax, etc*); *coll* torn, tattered; *coll* dishevelled; **~а́ть** (~лю́, ~́лешь); *pf* рас~ scutch, swingle (*flax, hemp, etc*); *pf* по~ pull about, tumble, rumple; tousle, blow about (*of wind*), pull (*hair, etc*); ~ кого́ за во́лосы pull someone's hair; ~ чьё и́мя bandy someone's name about; его́ ~лет лихора́дка he is feverish, shaken by fever; океа́н ~а́л наш кора́бль our ship was tossed about by the ocean; ~ чьи не́рвы *fig coll* jar, get on someone's nerves; *pf* ис~, по~ knock about, tear, wear out, batter; *pf* по~ *coll* pat; ~ кого́ по плечу́ pat someone on the shoulder; ~ языко́м *coll* blather, talk rubbish, twaddle; **~а́ться** (~́лется) *impf coll* flutter, wave; (~́лется) *pf* ис~, по~ *coll* wear out, become tattered; (~лю́сь, ~́лешься) *pf* по~ *pop* blather, talk twaddle, rubbish; brag, shoot a line; *pf* по~ *pop* hang around, lounge about; **~а́ч** 1 *pop* blatherer, twaddler

тре́п|ет trembling, quivering (*of leaves, etc; from fear, emotion, etc*); twitching; palpitation (*of heart*); excitement, throb(bing); trepidation; быть в ~ете be a-tremble; с ~етом agog, eagerly; приходи́ть в ~ be seized with trepidation; **~ета́ть** I (~ещу́, ~е́щешь) *impf* tremble, quiver (*of leaves, etc*); ~ всем те́лом tremble all over; ~ от сча́стья quiver with joy; ~ от у́жаса tremble with horror; ~ за дете́й watch anxiously over one's children; ~ при мы́сли tremble at the thought (of, о + *prep*); все пе́ред ним ~е́щут all go in fear and trembling before him; **~́етный** quivering, trembling; flickering (*of light*); palpitating; anxious; ~етное ожида́ние breathless expectation; timid; fearful

трёпк|а scutching; *coll* thrashing; зада́ть ~у кому́ give someone a hiding; ~ не́рвов nervous strain

трепотня́ *pop* lies, blather, twaddle

трепых|а́ться I *pf* ~ну́ться *pop* twitch, flutter, quiver; *impf fig* be nervous; **~ну́ться** *sem pf* of ~а́ться

треск crack(ing), crackle, crackling; crash; ~ вы́стрелов crackle of shots; ~ огня́ crackling of flames, of a fire; ~ лома́ющихся су́чьев snapping of branches; *fig coll* fuss, flourish, ballyhoo; без шу́ма и ~́а without any fuss; с ~́ом ignominiously; пье́са провали́лась с ~́ом the play was a complete flop

треска́ cod

тре́ск|ать I *pf* на~ся *pop vulg* guzzle; gobble, gulp down, bolt; **~́аться** I *pf* по~ crack, chap; *pf* тре́снуться *pop* bang (against, о + *acc*); ~ голово́й о дверь bang one's head against the door

тресковы́й ~ жир cod-liver oil

трес|котня́ *coll* crackle, crackling; ~ пулемётов rattle of machine-gun fire; chirring (*of grasshoppers*); *fig* cackle, blather, blether, chatter; **~ку́чий** (~ку́ч) *coll* crackling; staccato (*of sound*); grating, harsh (*of voice*); ~ моро́з hard (biting, sharp, ringing) frost; pretentious, pompous, high-flown, high-sounding, highfalutin; **~́нутый** cracked (*spectacles, etc*); **~́нуть** I *pf* crack, snap, crackle, pop; burst; split; де́ло ~нуло *pop* plan, affair, *etc* fell through, flopped; хоть ~ни *pop* for the life of me; ~ со́ смеху *pop* let out a guffaw; crack, chap (*of skin, etc*); *pop* hit, bang, bring down with a crash; ~ кулако́м по столу́ bring down one's fist with a bang on the table; ~ кого́ по голове́ bang someone on the head; **~́нуться** I *pf of* ~́каться

трест trust

треста́ flax *or* hemp straw

трете́йский arbitration; ~ суд arbitration tribunal

тре́т|ий third; глава́ ~ья chapter three; ~ьего дня the day before yesterday; че́тверть ~ьего quarter past two; в ~ьем часу́ between two and three; ~ья сторона́ third party; из ~ьих рук at third hand, indirectly; в ~ьи ру́ки to a third party (*sell, etc*); ~ья часть (a) third (part); две ~ьих two-thirds; ~ сорт third-rate; до ~ьих петухо́в before dawn, daybreak; ~ье лицо́ *gramm* third person; ~ье сосло́вие *hist* third estate; увольне́ние по ~ьему пу́нкту *hist* summary dismissal

трети́р|овать (~ую) *impf* treat slightingly, snub

трети́чный tertiary, ternary

трет|ь 5*f* (one) third; **~ьёводни** *adv pop* day before yesterday; **~ьекла́ссник** third-former; **~ьекла́ссный** third-class *also fig*; **~ьеочередно́й** third-rate; **~ьесо́ртный** inferior; **~ьестепе́нный** third-rate, mediocre; trivial, minor, insignificant

треуго́л|ка cocked hat, tricorne; **~́ьник** triangle; *coll* triumvirate (*in Soviet organization – administrator, party leader, trade union leader*); **~́ьный** three-cornered, triangular

треу́х cap with three flaps

треф non-kosher food; **~но́й** non-kosher

тре́ф|овый of clubs (*at cards*); ~́ы (*gen pl* ~) clubs (cards)

трёх- three-, tri-; **~вале́нтный** trivalent; **~вёрстка** map on scale three versts to an inch; **~вёрстный** three versts in length; ~вёрстная ка́рта = ~вёрстка; **~годи́чный** three-year; **~годова́лый** three-year-old; of three; **~гра́нный** triple-edged; trihedral; **~дне́вный** three-day; **~дюймо́вка** three-inch field-gun; three-inch board; **~дюймо́вый** three-inch; **~зна́чный** three-digit, three-figure; **~километро́вый** three-kilometre; **~колёсный** three-wheeled; ~ велосипе́д tricycle; **~кра́тный** threefold; **~ле́тие** period of three years; third anniversary; **~ле́тний** three-year; three-year-old, of three; *bot* triennial; **~лёток** (~лётка) *coll* three-year-old (*animal*); **~лине́йный** of three-eighths of an inch calibre; ~лине́йная винто́вка 0·375 rifle; **~ли́стный** trifoliate; **~ме́рный** three-dimensional; **~ме́стный** three-seater; **~ме́сячный** three-month; quarterly; three-month-old, of three months; **~неде́льный** three-week; three-week-old, of three weeks; **~па́лый** tridactylous; ~па́лая ча́йка kittiwake; **~по́лье** three-field system; **~проце́нтный** three per cent; **~рублёвка** *coll* three-rouble note; ~**сло́жный** trisyllabic; ~**сло́йный** three-layered, three-ply; ~**сотле́тие** three hundred years; tercentenary; ~**сотле́тний** of three hundred years; tercentennial; ~**со́тый** three-hundredth; ~**сторо́нний** three-sided; trilateral; tripartite; ~**ступе́нчатый** three-stage; ~**то́нка** *coll* three-tonne lorry, three-tonner; ~**ты́сячный** three-thousandth; costing three thousand roubles; of three thousand; ~**фа́зный** three-phase; ~**ходово́й** three-way; ~**цве́тный** three-colour(ed); tricolour(ed); trichromatic; ~**часово́й** three-hour, three hours'; three o'clock; ~**чле́н** trinomial; ~**ъязы́чный** trilingual; ~**эта́жный** three-storey(ed)

трёш|ка *pop* three-rouble note; ~́**ница** *pop* = ~ка

трещ|а́ть II *impf* crack (up); лёд ~и́т the ice is cracking; у меня́ голова́ ~и́т I have a splitting headache; ~ по всем швам burst at the seams; *fig* go to pieces, break down; chirr, chirp (*of grasshoppers*); creak (*of furniture, etc*); rattle, roll (*of drums, etc*); *fig coll* jabber (away), chatter; моро́з ~и́т *coll* there is a fierce frost, ringing frost

тре́щин|а crack; fissure; rift, split *also fig*; chap (*of skin*); дать ~у crack, split *also fig*

трещо́тка rattle; *m and f fig coll* natterer, chatterbox; *tech* ratchet(-drill)

три (трёх, трём, тремя́, о трёх) three

триа́да triad

трибу́н *hist, rhet* tribune; ~́**а** platform, rostrum; tribune; stand (*for spectators*); *fig* forum; ~**а́л** tribunal

тривиа́л|ьность *f* triviality, banality, triteness; ~́**ьный** (~ен) trivial, banal, trite

тригли́ф triglyph

тригонометр|и́ческий trigonometric(al); ~́**ия** trigonometry

трид|евя́тый в ~евя́том ца́рстве *fig* in a far-off kingdom, in a far-away land; ~́**евять** за ~ земе́ль *fig* in a far-away land; ~**еся́тый** в ~еся́том госуда́рстве in a far-off kingdom; ~**цатиле́тие** thirty years; thirtieth anniversary; ~**цатиле́тний** thirty-year; thirty-year-old; of thirty; ~**ца́тый** thirtieth; ~ца́тые го́ды the thirties; ~́**цать** (~цати́, ~цатью) thirty; ~́**цатью** *adv* thirty times

триеди́ный triune

трие́р grader, grain cleaner

три́жды *adv* three times, thrice

три́зна *hist* funeral feast, wake; burial rites

трик|о́ *neut indecl* tricot; tights (circus, sport, etc); knickers, pants; ~**о́вый** tricot; ~**ота́ж** stockinet, jersey; knit(ted) wear, knitted garments; ~**ота́жный** (machine-)knitted; stockinet, jersey; ~ота́жная фа́брика knitted-goods factory

трили́стник trefoil

триллио́н trillion

трило́гия trilogy

тримара́н trimaran

триме́стр term

тринадц|атиле́тний thirteen-year; thirteen-year-old; ~́**атый** thirteenth; ~́**ать** thirteen

трино́м trinomial

три́о *neut indecl* trio

трио́д triode

трио́дь *f eccles* service-book

триоле́т triolet

трио́ль *f mus* triplet

трип velveteen; ~́**овый** velveteen

трипла́н triplane

три́ппер gonorrhoea

трипси́н trypsin

три́ста (трёхсо́т, трёмста́м, тремяста́ми, трёхста́х) three hundred

трито́н triton

триумвира́т triumvirate

триу́мф triumph; ~**а́льный** triumphal; ~**а́тор** victor

трифто́нг triphthong

трихи́н|а trichina; ~**о́з** trichinosis

тро́г|ательный (~ателен) touching, moving, affecting; ~́**ать** I *pf* тро́нуть touch; не ~ рука́ми! do not touch!; *coll* take, use; не ~айте мои́ кни́ги don't take my books; *coll* disturb, trouble, offend; не ~ай его́! leave him alone!, let him be!; affect, touch, move; ~ до слёз move to tears; *coll* start, get going; ~́**аться** I *pf* тро́нуться be touched, moved, affected; start, set out, begin to move *also fig*; ~ в путь set out; по́езд тро́нулся the train started; лёд тро́нулся the ice has begun to break (up), drift

троглоди́т troglodyte, cave-dweller, caveman *also fig*

тро́|е (~и́х, ~и́м) *collect num* three; ~ дете́й three children; нас бы́ло ~ there were three of us; на ~и́х for three (people); *with nouns pl only* ~ часо́в three watches; ~ су́ток three days (and nights), seventy-two hours; ~**ебо́рье** *sp* triathlon; ~**екра́тный** thrice-repeated, triple; ~**epе́perстие** *eccles* making sign of cross with three fingers; ~́**ечник** *coll* average pupil; ~**и́ться** II (~и́тся) be trebled, appear treble; **Т**~́**ица** Trinity; Whitsun(day); *coll* trio; **Т**~́**ицын** ~ день Trinity; Whitsun(day); ~**йка** three; three (out of five) (*school mark*); *cards* the three (*of a suit*); troika, carriage and three; *coll* three-piece suit; No. 3 bus, tram, *etc*; three-man commission; ~**йни́к** 1 something made up of or having three units; ружьё-~ three-barrelled gun; tee(-piece), T-joint, T-pipe; ~**йни́чный** triple; trigeminal; ~**йно́й** triple, threefold, treble; ~ кана́т three-ply rope; ~йно́е пра́вило rule of three; в ~йно́м разме́ре threefold, treble; ~́**йня** (*gen pl* ~ен) triplets; ~́**йственный** triple (*alliance, etc*); = ~я́кий; ~**йча́тка** triad; ви́лы ~йча́тки three-pronged forks; ~́**йчатый** *bot* ternate

тролле́йб|ус trolley-bus; ~́**усный** trolley-bus

тромб blood clot, thrombus; ~**о́з** thrombosis

тромбо́н trombone; ~**и́ст** trombonist

трон throne; ~́**ный** ~ зал throne-room

тро́|нуть I *pf of* ~гать; *pf coll* mar, damage, spoil (*of frost, damp, mould, insects, moths, mice, etc*); моль ~нула мех moths have been at the fur; моро́зом ~нуло цветы́ the flowers have been nipped by the frost; ~**нуться** I *pf of* ~гаться; *pf coll* go off, turn, go bad; *pf pop* be touched, cracked, become disturbed

троп *lit* trope

троп|а́ (*pl* ~́ы, ~, ~́а́м) path

тропа́рь 1 *m eccles* anthem (*for festival, etc*)

тро́пик tropic; ~ Ра́ка tropic of Cancer; ~ Козеро́га tropic of Capricorn; *pl* the tropics

тропи́нка (foot)path

тропи́ческий tropical; ~ по́яс torrid zone

тропосфе́ра troposphere

трос rope, cable, hawser

трост|и́нка thin reed; ~**ни́к** 1 reed, common reed-grass; rush; са́харный ~ sugar-cane; ~**нико́вый** reed; ~ са́хар cane-sugar

тро́ст|очка cane, walking-stick; = ~**ь** 5 *f*

тротуа́р pavement, sidewalk

трофе́й trophy *also fig*; *pl* spoils of war, booty; **~́ный** captured
трохе|и́ческий *lit* trochaic; **~́й** trochee
троцки́|зм Trotskyism; **~́ст** Trotskyist, Trotskyite; **~́стский** Trotskyist, Trotskyite
тро|ю́родный ~ брат, ~ю́родная сестра́ second cousin; ~ племя́нник second cousin once removed; **~я́кий** threefold, triple
труб|а́ 6 pipe, conduit; ~ орга́на organ pipe; подзо́рная ~ telescope; chimney, flue; funnel, smokestack; *mus* trumpet; игра́ть на ~е́ play the trumpet; *anat* tube, duct; евста́хиева ~ Eustachian tube; ма́точная ~ Fallopian tube; де́ло ~ *pop* things are in a bad way, desperate; вы́лететь в ~у́ go bust, bankrupt, broke; пусти́ть в ~у́ *pop* squander, blue; она́ орёт как ~ иерихо́нская *pop* she is shouting loud enough to waken the dead; ~ нетолчёная *coll* (dense) crowd, mass (*of people*)
трубаду́р troubadour
труб|а́ч 1 trumpeter, trumpet-player; **~и́ть** II (~лю́) *pf* про~ blow; ~ в ~у́ blow, sound the trumpet; sound, blare (*of trumpets, etc*); ~ трево́гу sound the alarm; ~ сбор sound assembly; *pop* trumpet, proclaim (from the house-tops) (о + *prep*); *pop* slave away; про~ у́ши кому́ *coll* talk someone's head off; **~́ка** tube; pipe; сверну́ть в ~ку (~кой) roll up; наби́ть ~ку fill a pipe; электроннолучева́я ~ cathode-ray tube; fuse; ~ уда́рного де́йствия instantaneous fuse; (telephone) receiver; **~́ный** pipe; trumpet; ~ сигна́л trumpet call; ~ глас *lit* last trump; **~окла́д** steeplejack; **~опрово́д** pipeline, manifold, conduit; piping, tubing; **~опрока́тный** tube-rolling; **~оукла́дчик** pipelayer; **~очи́ст** chimney-sweep; **~́очный** pipe; **~́чатый** tubular
труд 1 labour, work, toil; бескоры́стный ~ labour of love; ка́торжный ~ hard labour; killing work; непоси́льный ~ back-breaking toil; лю́ди ~а́ the workers; difficulty, trouble, effort; взять на себя́ ~, дать себе́ ~ take the trouble; он не дал себе́ ~а́ поду́мать he didn't (even) take the trouble to think; не сто́ит ~а́ it is not worth the trouble; с ~о́м with difficulty, hardly; не пожале́ть ~а́ spare no effort; с ~о́м перебива́ться live from hand to mouth; без ~а́ нет плода́, без ~а́ не вы́нешь и ры́бку из пруда́ *prov* no pains, no gains; (scholarly) work; *pl* transactions (*scholarly works, etc*); отдыха́ть по́сле ~о́в пра́ведных *joc* rest after one's labours; **~и́ться** II (тружу́сь, ~́ишься) toil, labour, work; be working (on, над+ *instr*); bother, take the trouble; не ~и́тесь! don't bother!, don't trouble!; **~́но** *adv* with difficulty; *pred* it is hard, difficult; ~ мне суди́ть it is hard for me to tell; ей ~ прихо́дится she has a hard time; **~новоспиту́емый** (~новоспиту́ем) ~ ребёнок a difficult child; **~нодосту́пный** (~нодосту́пен) difficult (to pass, traverse), almost impassable; **~́ность** *f* difficulty, obstacle, pitfall, snag *often pl*; **~́ный** (~ен, ~на́, ~но, ~́ны) difficult, hard, arduous; ~ное вре́мя difficult time(s); ~ные времена́ hard times; в ~ную мину́ту in time of need, in a tight corner; difficult (*child, character, etc*); dangerous, painful, serious, grave (*illness, etc*); **~ово́й** labour, work(ing); ~овы́е на́выки (work) skills; ~ова́я дисципли́на labour discipline; ~ стаж length of service; ~ова́я кни́жка workbook, work record; ~ ко́декс labour code; ~ова́я пови́нность labour conscription; ~ово́е уве́чье industrial disablement; earned; ~овы́е дохо́ды earned income; ~ день working day; **~оде́нь** *m* (~одня́) work-day (*unit of work on collective farm*); **~оёмкий** (~оёмок) labour-intensive; **~олюби́вый** (~олюби́в) industrious, hard-working; **~олю́бие** industry, diligence; **~оно́чь** *f* work-night; **~оспосо́бность** *f* ability, capacity for work; поте́ря ~оспосо́бности incapacity, disablement, disability; **~оспосо́бный** (~оспосо́бен) able-bodied, capable of working; **~оустро́ить** II *pf* place in a job; **~оустро́йство** placing in a job, provision of employment; resettlement (*of disabled, etc*); **~я́га** *m and f pop* hard-worker; **~я́щийся** *adj* working; **~я́щиеся** *n* the working people, the workers
тру́ж|еник toiler; **~́енический** toiling; ~еническая жизнь life of toil
труни́ть II *impf coll* make fun of, kid, chaff, pull the leg (of, над+ *instr*)
труп corpse, dead body; carcass; cadaver; то́лько че́рез мой ~ only over my dead body; **~́ный** ~ за́пах putrid smell; ~ное разложе́ние putrefaction; ~ яд ptomaine poison
тру́ппа company, troupe
трус coward; **~́а** пра́здновать *coll* show the white feather
тру́с|ики (*gen pl* ~иков) *coll* = ~ы́
тру́|сить II (~шу) *pf* с~ be afraid, funk, have the jitters, have cold feet; be afraid, scared (of), shake in one's shoes (before, + *gen*; пе́ред + *instr*); ~ отца́ be afraid of one's father; ~ пе́ред учи́телем tremble before a teacher; **~си́ть** II (~шу́) *impf coll* jog along, trot; ~ ме́лкой рысцо́й go at a jogtrot; **~си́ть** II (~шу́) *pf* на~ *coll* shake out, scatter; **~сли́вый** (~сли́в) cowardly, faint-hearted, timorous, craven; ~ взгляд timorous glance; он не из ~сли́вого деся́тка he is not easily frightened; **~́сость** *f* cowardice
трусца́ *coll* jog-trot
трус|ы́ (*gen pl* ~о́в) shorts; pants; swimming trunks
трут tinder; amadou
тру́т|ень (~ня) drone *also fig*
тру́т|ник, ~ови́к 1 polyporus, tree-fungus, punk
трух|а́ dust (*of rotten wood*); hay-dust, bits of straw; *fig* rubbish, trash; ~ в голове́ *fig coll* head cluttered up with rubbish; **~ля́веть** I (~ля́веет) *pf* ис~ moulder; **~ля́вый** (~ля́в) mouldering, rotten
трущо́ба thicket, almost impenetrable spot, overgrown spot (*in forest, etc*); hole, the wilds, backwoods; hovel; *pl* slums
трын-трава́ *pred pop* it makes no odds; ему́ всё на све́те ~ he doesn't give a hang about anything
трюи́зм truism, platitude
трюк trick; stunt; акробати́ческий ~ acrobatic feat; *fig pej* ruse, dodge, trick; **~а́чество** stunting; gimmickry; **~́овый** stunt, trick
трюм *naut* hold; *sl* cooler; **~́ный** hold
трюмо́ *neut indecl* cheval-glass; pier-glass
трю́фель *5 m* truffle
трюх-трю́х *pop* jog-jog
тряп|и́ца *coll* rag; **~и́чник** rag-picker, rag-and-bone man; **~и́чница** *f of* ~и́чник; *coll joc* woman who thinks only of clothes; **~и́чный** rag; *fig pej* soft, spineless; **~́ка** rag; полова́я ~ floor-cloth; пы́льная ~ duster; *pl coll pej* clothes, glad rags; *fig coll pej* jellyfish, wet rag, softie; **~́очка** rag; молча́ть в ~очку *coll joc* keep mum; **~ьё** *collect* rags
тря|си́на bog, quagmire *also fig*; **~́ска** *pop*

thrashing; shaking, jolting; ~ский (~сок) shaky, jolty; bumpy; ~сoгу́зка wagtail; ~сти́ (~су́, ~сёшь; ~с, ~сла́; ~сший) *impf* shake; ~ кому́ ру́ку shake, pump someone's hand; (~сёт) *fig* shake (*of fever, etc*); его́ ~сёт от хо́лода he is shaking with cold; *pf* вы́~ shake out (*carpets, etc*); *pf* ~хну́ть swing, shake (+ *instr*); ~ голово́й shake one's head; ~ гри́вой toss its mane (*of animals*); (~сёт) jolt, be jolty, bumpy; ~сти́сь (~су́сь, ~сёшься; ~сся, ~сла́сь; ~сшийся) shake, tremble, shiver; у него́ ~сли́сь ру́ки his hands were shaking; ~ от стра́ха, хо́лода shake, tremble, shiver with fear, cold; *coll* bump, jog along; be jolted (*in vehicle*); *coll* tremble (before), live in dread, fear (of, пе́ред + *instr*); worry (about), be worried (about, за+ *acc*); *coll* watch (over, над + *instr*); ~ над ка́ждой копе́йкой watch every penny; ~хну́ть I *pf* of ~сти́; *coll* give a jolt; нас ~хну́ло we felt a sudden jolt; *fig* make free (with, + *instr*); ~ мошно́й (карма́ном, серебро́м) open one's purse strings, throw one's money about; ~ старино́й *coll* hark back to the (good) old days, bring back memories of the good old days; ~ мо́лодостью *coll* hark back to (the days of) one's youth

тсс *interj* sh!, hush!

туале́т dress, toilet; dressing, toilet; соверша́ть ~ make one's toilet; dressing-table; public convenience, toilet, lavatory; **~ный** toilet; ~ная бума́га toilet paper; ~ное мы́ло toilet-soap; ~ сто́лик dressing-table; **~чик** lavatory attendant

ту́ба tube; *mus* tuba

туберкулёз tuberculosis; ~ лёгких pulmonary tuberculosis, consumption; **~ник** *coll* tuberculosis specialist; tubercular patient; consumptive; **~ный** *adj* tubercular; tuberculous; ~ больно́й tubercular patient; consumptive; ~ная па́лочка tuberculosis bacillus; *n* tubercular patient; consumptive

тубeróза *bot* tuberose

туви́н|ец (~ца) Tuvinian; **~ка** Tuvinian (woman); **~ский** Tuvinian

ту́г|о *adv* tight(ly), taut; ~ натяну́ть stretch tight, taut; ~ наби́тый tightly packed; *coll* with difficulty; ~ продвига́ться вперёд make slow progress; *pred* ему́ ~ прихо́дится he is in a tight spot, corner; с деньга́ми у него́ ~ he is hard up for money; **~оду́м** *coll* slow-thinker, dullard; **~о́й** (~, ~а́, ~о; ту́же) tight, taut; ~ по́яс tight belt; firm (*spring, etc*); stiff; tightly filled; ~ кошелёк purse stuffed full; ~ на́ ухо *coll* hard of hearing; *fig coll* tight, close (*with money*); *fig coll* ~и́е времена́ difficult times; *fig coll* slow (*of person*); **~опла́вкий** (~опла́вок) refractory; **~оу́хий** (~оу́х) rather deaf, hard of hearing; **~оу́хость** *f* partial deafness

ту́грик tugrik (*Mongolian unit of currency*)

туда́ there, thither; in that direction, that way; ~ и обра́тно there and back; биле́т ~ и обра́тно return ticket; (и) ~ и сюда́ back and forth, to and fro; first one way, then another; мы идём не ~ we are going the wrong way; ни ~ ни сюда́ neither one way nor the other, stuck fast; вы не ~ попа́ли you've got the wrong number (*on telephone*); ~ ему́ и доро́га *coll* (it) serves him right; ~ же *partic coll* (and) yet, despite that; ~-сюда́ *adv coll* hither and thither; *pred pop* it will do, it will pass muster

ту́евый *bot* thuya

ту́же *comp of* туго́й *and* ту́го

туж|и́ть II (~у́, ~ишь) *impf pop* grieve (over, for, по + *prep*, о + *prep*, по + *dat*); ~ по ушедшей мо́лодости grieve over one's lost youth; **~иться** II *impf pop* strain, make an effort

тужу́рка (double-breasted) jacket

туз 1 ace (*cards*); пойти́ с ~а́ lead (with) an ace; *fig coll* bigwig, big noise, big shot, celebrity

тузе́м|ец (~ца) native; **~ка** *f of* ~ец; **~ный** native, indigenous

ту|зи́ть II (~жу́) *pf* от~ *pop* pummel, punch

тук *obs* fat; *pl* mineral fertilizers; *pred coll* = ~нул; вдруг кто-то ~ в дверь suddenly someone rapped on the door; **~ать** I *pf* ~нуть *pop* rap, knock, bang, clatter; **~нуть** I *sem pf of* ~ать; **~нуться** I *pop* strike, hit, knock oneself; ~ ло́ктем о дверь bang one's elbow against the door; **~-ту́к** *interj coll* rat-tat, tap-tap *also pred*

ту́ловище trunk; torso

тулумба́с big drum; *coll* punch, blow

тулу́п sheepskin coat

тул|ья́ (*gen pl* ~ей) crown (*of hat*)

тума́к 1 (*acc* ~ *and* ~а́) *pop* cuff, punch; дать ~а́ кому́ *pop* punch someone; tunny fish

тума́н (~а (у)) fog, mist, haze; напусти́ть ~у *fig* obscure the issue; как в ~е *fig* hazily, in a fog; **~ить** II *pf* за~ obscure, dim, cloud; *fig* fuddle, befog; **~иться** II (~ится) *pf* за~ be obscured, become enveloped in mist, grow hazy, misty; *fig coll* be confused, fuddled, be in a fog (*of thought, etc*); be dimmed (*of eyes, etc*); **~ность** *f* fog, mist; haziness, obscurity; *astron* nebula; **~ный** (~ен) foggy, misty; ~ная полоса́ fog patch; *fig* hazy, vague, nebulous (*idea, etc*), obscure (*sense, etc*); *fig* dull, lacklustre (*of expression, etc*); befuddled (*of head, etc*)

ту́мб|а curbstone; post; прича́льная ~ bollard; pedestal; *m and f pop* shapeless, ungainly person, lump; **~очка** bedside table, side-table; *dim of* ~а

тунг tung-tree; **~овый** ~овое ма́сло tung-oil

ту́ндр|а tundra; **~овый** tundra

тун|е́ц (~ца) tunny(-fish)

тунея́д|ец parasite, drone, sponger; **~ство** parasitism, sponging; **~ствовать** (~ствую) *impf* be a parasite; sponge, live on others

туни́ка tunic

тунне́ль *m* tunnel; subway; underpass; **~ный** tunnel; subway

тупе́ть I *impf* become blunt (*of knife, etc*); grow dull (*pain, etc*), vacant (*glance, etc*); *pf* о~ become dull, obtuse, uncomprehending; become apathetic, lethargic, sluggish (*of feelings, etc*)

ту́пик *orni* puffin

туп|и́к 1 blind alley, cul-de-sac; siding (railway); *fig* impasse, deadlock; зайти́ в ~ reach a deadlock, come to a full stop; завести́, поста́вить в ~ stump, nonplus, put in an impossible situation; стать в ~ be at a loss, stumped, nonplussed; **~и́ть** II (~лю́, ~ишь) *pf* за~, ис~ become blunt; **~и́ца** *m and f coll* dim-wit, dolt, dullard, thickhead, blockhead; **~оголо́вый** (~оголо́в) *coll* thick-headed, dim-witted, obtuse, slow-witted; **~о́й** (~, ~а́, ~о) blunt; ~ топо́р blunt axe; broad, blunt; ~ нос blunt nose (*of shoe, etc*); *fig* vacant, stupid, meaningless, uncomprehending (*glance, smile, etc*); *fig* dull, obtuse, dim-witted, stolid, slow; ~ челове́к obtuse person; ~ ум dull wits; *fig* blind, unquestioning, submissive; ~а́я поко́рность unquestioning submissiveness; dull (*pain, etc*); ~ стук thud (*of axe, etc*); ~ у́гол obtuse angle; **~оконе́чный** blunt; **~оло́бый** (~оло́б) *coll* obtuse, thick(-headed), dim-witted; **~онóсый** (~онóс) blunt-nosed, square-toed; **∠ость** *f* bluntness; *fig* dullness, obtuseness; *fig* vacancy; **~óумие** obtuseness, dullness, stupidity; **~óумный** (~óумен) obtuse, dull, stupid

тур turn (*in dance*); round (*sports, games, etc*); stage, round (*in elections, etc*); *hist* gabion; aurochs; Caucasian goat

турá *chess* castle, rook

турбáза tourist centre, hostel

турб|и́на turbine; **~и́нный** turbine; **~и́нщик** turbine engineer; **~овинтовóй** turbo-prop; **~овóз** turbine locomotive; **~огенерáтор** turbo-generator; **~ореакти́вный** turbo-jet

турéль *f* (gun-)turret

турéцк|ий Turkish; ~ барабáн big drum, bass drum; ~ие бобы́ haricot beans; ~ горóх chick-pea

тури́|зм tourism, touring; *sp* walking, hiking; вóдный ~ boating; **∠ст** tourist, hiker; **~сти́ческий** tourist, hiking, walking; ~ похóд hike, walking tour; **∠стка** *f of* ~ст; **∠стский** tourist; ~ лáгерь tourist camp

тур|и́ть II *pf* вы́~, про~, ~нýть *pop* check out, throw out, sling out

туркмéн Turkmen; **∠ка** Turkmen (woman); **∠ский** Turkmen

тýрман tumbler-pigeon; полетéть ~ом *coll* fall down head over heels

турнé *neut indecl* tour (*esp artistes or sportsmen*)

турнéпс swede, turnip

турни́к 1 *sp* horizontal bar

турникéт turnstile; *med* tourniquet

турни́р tournament (*chess, etc also hist*); **∠ный** tournament

тур|нýть I *sem pf of* ~и́ть

турнюр bustle

тýрок (*gen pl* ~) Turk

турпáн scoter

турýс|ы (*gen pl* ~ов) *pop* idle chatter; ~ на колёсах twaddle, arrant nonsense, cock-and-bull stories

турухтáн ruff

Тýр|ция Turkey; **т~чáнка** Turkish woman

тýск|лый (~л, ~лá, ∠ло) dull, dim; tarnished (*silver, etc*); matt; faded (*colours, etc*); glassy, wan, lacklustre (*expression, glance, etc*); *fig* colourless, dull, tame; ~ гóлос flat voice; ~ стиль colourless style; rapid; **~нéть** I (~нéет) *pf* по~ grow dull, dim; tarnish; lose its lustre, grow wan; *fig* pale (beside, before, пéред + *instr*); **∠нуть** I (~нет; ~нул, ~ла *and* ~нула) *coll* = ~нéть

тут *adv* here (place); then (*time*); кто ~? who's there?; чем ~ помóжешь? how can you help in the circumstances?; я ~ ни при чём I have nothing to do with it; и всё ~ *coll* and that is (was) that; он ~ как ~ ! *coll* there (here) he is !; не ~-то бы́ло ! *coll* but that's not how it turned out!, far from it!; ∠-то *adv coll* right here, there and then; ~ же on the spot, there and then

тýт|овник mulberry (tree); mulberry grove; **∠овый** mulberry; ~овое дéрево mulberry tree; ~ шелкопря́д silkworm; ~овая я́года mulberry

тýтошний *pop* = здéшний

туф tufa; tuff

тýф|ля (*gen pl* ~ель) shoe; домáшние ~ли (bedroom) slippers

туф|тá *sl* padding, fiddling, chiselling, false data; **~тáч** 1 *sl* swindler, cheat, fiddler, chiseller; **~ти́ло** *sl* = ~тáч; **~ти́ть** II (~чý) *impf sl* pad, fiddle, chisel, swindle

тух|ля́тина *coll* whiff, smell of something putrid, tainted smell; **∠лый** (~, ~лá, ∠ло) rotten, bad, putrid; rancid (*butter*); tainted (*meat, etc*); **~ля́тина** *coll* bad food, tainted meat; **∠нуть** I (~нет; ~ *and* ~нул, ~ла) *pf* по~ go out (*fire, light, etc*); **∠нуть** I (~нет; ~ *and* ~нул, ~ла) *impf* go bad, spoil; addle (*of eggs*)

тýч|а (rain) cloud, storm-cloud *also fig*; ~и собирáются (сгущáются) *fig* the storm-clouds are gathering (over, над + *instr*); покрывáться ~ами lour; ~ ~ей *fig coll* like a thundercloud, in a black mood; cloud, swarm, host (*insects, etc*); **~евóй** (storm-)cloud

туч|нéть I *pf* по~ grow fat, stout, put on flesh; **∠ность** *f* corpulence, obesity, stoutness; richness, fertility (*of soil*); lushness, luxuriance (*of grass, etc*); **∠ный** (~ен, ~нá, ~но); corpulent, obese, stout; rich, fertile; lush, luxuriant, succulent (*grass, etc*)

туш *mus* flourish

тýша carcass; *fig pop* hulk, bulk (*of large person*)

тушé *neut indecl mus* touch; *fencing* touché

туш|евáть (~ýю) *pf* за~ shade; *fig* tone down; **~евáться** (~ýюсь) = стушёвываться; **~ёвка** shading

туш|ёнка tinned stewed meat; **~ёный** stewed, braised; **~и́лка** extinguisher; **~и́ть** II (~ý, ∠ишь) *pf* за~, по~ put out, extinguish; ~ свечý blow out a candle; ~ свет turn out, switch off the light; *pf* с~ *cul* stew, braise

тушкáнчик jerboa

тушь *f* Indian ink

тýя *bot* thuya, arbor vitae

тщá|ние *obs* assiduity, zeal; **∠тельность** *f* thoroughness, care(fulness); **∠тельный** (~телен) thorough, careful, painstaking

тще|дýшие feebleness, frailty, puniness; **~дýшный** (~дýшен) feeble, frail, puny, weak(ly); **~слáвие** vanity, vainglory; **~слáвный** (~слáвен) vain, vainglorious, conceited; **~тá** *obs* vanity; **∠тно** *adv* vainly, in vain; **∠тность** *f* vainness, futility, uselessness; **∠тный** (~тен) vain, futile, unavailing, useless

тщ|и́ться II (~усь) *impf* try (to), endeavour (to, + *infin*)

ты *pr* (*acc, gen* тебя́; *dat, prep* тебé; *instr* тобóй, тобóю) you; thou; быть с кем на ~ be on close terms (with, с + *instr*); кудá тебé! you'll never manage it!

ты|кать I (~чу, ~чешь *and* ~каю, ~каешь) *pf* ткнуть *coll* thrust, stick, poke, jab; ~ пáлкой в зéмлю prod the ground with a stick; ~ булáвкой во что stick a pin into something; ~ кóлья в зéмлю stick stakes into the ground; ~ когó (комý) кулакóм в лицó thrust a fist in someone's face; ~ (свой) нос *fig pej* poke, stick one's nose (into, в + *acc*); ~ в нос комý чем *fig pop* thrust under someone's nose, cast something in someone's teeth; ~ когó нóсом во что *fig pop* rub someone's nose in something; без концá ~чут меня́ во вся́кие комиссии *coll* they keep shoving me on to various committees; ~ пáльцем *coll* point (at, на + *acc*); **∠кать** I (~каю *and* ~чу) *impf pop* be on familiar terms (with), be familiar (*with*, + *acc*); **∠каться** I (~чусь) *pf* ткнýться *pop* knock, bang (against, into, в + *acc*); rush about, fuss around

ты́кв|а pumpkin, gourd; **~енный** *adj* pumpkin, gourd; ~енные *n* gourd family, Cucurbitaceae

тыл (∠а (у), в ~ý, о ∠е; *pl* ~ы́) back, rear; *mil* rear; home front; напа́сть с ∠а attack in the rear; с ∠у подойти́, зайти́ к кому́ *pop* take someone in the rear; *pl* rear services, units; **~ови́к** 1 *mil* man serving in rear; **~ово́й** rear; ~ го́спиталь base hospital; **∠ьный** back, rear; ~ьная пове́рхность руки́ back of the hand

тын paling, palisade, stockade

ты́с|яцкий *n hist* captain, leader; master of ceremonies at peasant wedding; **∠яча** (*instr* ~ячей *and* ~ячью) thousand; ~ забо́т *fig coll* a hundred and one worries; в ~ячу раз a thousand times *also fig*; **~ячеле́тие** a thousand years; millennium; thousandth anniversary; **~ячеле́тний** thousand-year, of a thousand years; millennial; **~я́чный** thousandth; of thousands; ~ячная толпа́ a crowd several thousand strong; ~ячная *n* (a) thousandth

тычи́нка stamen

тыч|о́к (~ка́) *pop* sharp object sticking up; сиде́ть на ~ке́ be in an uncomfortable position; blow, poke; *tech* bond-stone, header

тьма *no pl* darkness *also fig*; ~ еги́петская, ~ кроме́шная pitch darkness, outer darkness; (*gen pl* тем) *ar* ten thousand; *coll* host, swarm, horde, masses; ~-тьму́щая countless multitudes

тьфу *interj coll* pah!, ugh!; ~, про́пасть! damn it!

тюбете́йка tyubeteyka (*embroidered skullcap worn in Central Asia*)

тю́бик tube (*for toothpaste, etc*)

тю́бинг *tech* tubing

тюк 1 bale, package

тю́к|ать I *pf* ~нуть *pop* hack, chop; **∠нуть** I *sem pf of* ~ать; *sl* kill, stab

тю́левый tulle

тюле́н|евый sealskin; **∠ий** seal; ~ жир seal fat; ~ про́мысел seal hunting, sealing; **∠ина** seal-meat; **∠ь** *m* seal; *fig* lump, lubber, oaf, lout, clumsy person

тюль *m* tulle

тюльпа́н tulip; **∠ный** tulip

тюрба́н turban

тюр|е́мный prison; ~е́мное заключе́ние imprisonment; ~ надзира́тель prison warder; **~е́мщик** gaoler, jailer; *fig* oppressor; **~за́к** *abbr of* ~е́мное заключе́ние imprisonment; closed prison

тюрк Turki; **∠ский** Turkic

тюр|ьма́ (*pl* ∠ьмы, ∠ем, ∠ьмам) prison, gaol, jail; заключи́ть в ~ьму́ jail, imprison, put into prison; сиде́ть в ~ьме́ be in prison; imprisonment

тю́ря bread soup (*made of bread and water, milk or kvass*)

тюря́га *pop* prison, nick, jug

тю́тельк|а ~ в ~у *pop* exactly, to a T, to a hair

тю́тькаться I *impf pop* mollycoddle (с + *instr*)

тю-тю́ *pred coll* (it's) all gone

тютю́н 1 *pop* shag (*tobacco*)

тюфя́к 1 mattress (*usu straw, etc*); *fig pop* apathetic fellow, lifeless person

тя́вк|ать I *pf* ~нуть yap, yelp; **∠нуть** I *sem pf of* ~ать

тяг дать ∠у *pop* take to one's heels, bolt

тя́г|а traction; си́ла ~и tractive force; ~ винта́ propellor thrust; на ко́нной ~е horse-drawn; парова́я ~ steam traction; *collect* locomotives; draught (*in boiler, chimney, etc*); регуля́тор ~и damper; *fig* longing (for), thirst (for), pull (towards), attraction (for, towards), craving (for), taste (for); bent (for), inclination (to, for, к + *dat*); ~ к зна́ниям thirst (craving) for knowledge; spring display flight (*esp of* woodcock); **~а́ть** I *impf pop* pull (up, out); ~ лён pull flax; make responsible for; **~а́ться** I *pf* по~ *coll* take on, compete with, measure one's strength (against, с + *instr*); *pop* have a tug-of-war (with, с + *instr*); litigate; **~а́ч** 1 tractor; **∠ло** *collect* draught animals; (*gen pl* ~ол) *hist* tax, impost; *hist* household (*for tax assessment*); dues (from household); strip of land (*worked by one household*); **∠ловый** *hist* liable to tax, taxed; **∠лый** *hist* taxable; draught (*of cattle*); **∠овый** traction, tractive; ~ кана́т hauling rope; ~овая си́ла tractive force; **~омо́тина** *pop* a pain, drag; **∠остный** (~остен) burdensome, arduous, onerous; painful, distressing; ~остное впечатле́ние painful impression; **∠ость** *f* burden, weight; быть в ~ кому́ be a burden to someone; *pop* fatigue **~ота́** 6 *usu pl* burden(s); ~оты вое́нного вре́мени the burdens of wartime; *pop* fatigue, weariness; **~оте́ние** *phys* gravity, gravitation; земно́е ~ gravity; зако́н всеми́рного ~оте́ния law of gravitation; *fig* attraction (towards), leaning (towards), bent (for), inclination (for), taste (for, к + *dat*); **~оте́ть** I *impf* gravitate (towards), be drawn (by, towards), be attracted (by, towards, к + *dat*); threaten, hang (over), tower (over, над + *instr*); **~оти́ть** II (~оти́шь) *impf* burden, be a burden (on, to); oppress, lie heavy (on); **~оти́ться** II (~ощу́сь) be oppressed (by, + *instr*); ~ свои́м одино́чеством feel one's loneliness to be a burden; **~у́честь** *f* viscosity; ductility, malleability; **~у́чий** (~у́ч) viscous; ductile, malleable; *fig* long-drawn-out; *fig* slow, unhurried, leisurely

тяж 1 *tech* drawing rod; shaft brace

тя́ж|ба lawsuit; litigation; *coll* competition, argument; **∠ебный** litigious, of lawsuits

тяжел|е́нный *pop* very heavy; **~е́ть** I *pf* о~, по~ become heavier, put on weight; *pf* по~ become ponderous (*of style*); grow heavy (*of parts of body, etc*); **~о́** *adv* heavily; seriously, severely, gravely (*ill, etc*); *pred* it is hard, difficult, painful, distressing; мне ~о́ I feel sad, down; **~оатле́т** weightlifter; **~оатлети́ческий** weightlifting; wrestling; **~ове́с** *sp* heavyweight; *min* Siberian topaz; **~ове́сность** *f* ponderousness (*of style*); **~ове́сный** (~ове́сен) heavily loaded; *fig* ponderous (*style, person, etc*), clumsy; massive (*of buildings, etc*); **~ово́з** heavy draught-horse; **~оду́м** *coll* slow thinker, dullard, slow-witted person; **∠ый** (~, ~а́) heavy; ~ чемода́н heavy suitcase; ~ая вода́ heavy water; ~ое дыха́ние heavy, laboured breathing; ~ая промы́шленность heavy industry; ~ шаг heavy tread, step; hard, difficult; ~ая зада́ча difficult task; ~ ребёнок difficult child; ~ слог heavy, ponderous style; slow; ~ ум slow brain, wits; ~ на подъём hard to move, sluggish; ~ во́здух close air; ~ за́пах oppressive, strong smell; ~ая пи́ща heavy, indigestible food; heavy, hard, painful; ~ые времена́ hard times; ~ день bad day; ~ая обя́занность painful duty; ~ое чу́вство misgivings, heavy heart; difficult (*of character*); grievous, grave, severe (*of illness, injury, offence, etc*); ~ое наказа́ние severe punishment; ~ уда́р grievous blow; ~ое настрое́ние depressed state of mind

тя́ж|есть *f phys* gravity; центр ~ести centre of gravity *also fig; fig* gravamen; weight, heavy load *also fig*; ~ забо́т weight, heavy load of cares; ~ обвине́ния, преступле́ния gravity of the charge, offence; ~ ули́к weight of evidence; burden, encumbrance; ~́кий (~ек, ~ка́, ~ко; тягча́йший) *fig* heavy, hard; ~кая до́ля hard lot; serious, severe, grave, grievous; ~кая боле́знь dangerous illness; ~кое преступле́ние grave crime; ~ уда́р severe blow; пусти́ться во все ~кие *coll* plunge into dissipation, start to lead a fast life; **~коду́м** slow-witted person, dullard

тя́жущийся litigant

тян|у́ть I (~у́, ~́ешь) pull, draw; haul; drag; ~ на букси́ре tow; *tech* draw (*wire, etc*); lay, put up (*cable, wire, etc*); ~ телефо́нную ли́нию lay a telephone cable; ~ кого́ за рука́в tug at someone's sleeve; ~ кого́ по слу́жбе *fig* push, help someone advance at work; ~ неуспева́ющего ученика́ push a backward pupil; ~ жре́бий draw lots; *fig* draw, attract; меня́ ~́ет домо́й I want to go home; её ~́ет ко сну she feels sleepy; stretch out (*hand, neck, etc*); *pf* по~ *coll* make go; ~ в кино́ drag to the cinema; никто́ его́ си́лой не ~у́л nobody made him go; draw (*of chimney, etc*); печь хорошо́ ~́ет the stove is drawing well; с мо́ря ~́ет све́жестью fresh air is blowing in from the sea; от окна́ ~́нет хо́лодом there is a cold draught from the window; draw up, take in, suck in; ~ в себя́ во́здух inhale deeply; ~ че́рез соло́минку suck through a straw; ~ все си́лы из кого́ *fig* wear someone out; *fig coll* drag out, delay, protract; ~ с отве́том take a long time to reply; больно́й ещё ~́ет *fig coll* the patient is still holding out, alive; drawl, intone, drag out (*words, etc*); не ~и́(те)! speak up!; ~ и мя́млить hem and haw; ~ вре́мя take, bide one's time, hang fire; ~ кого́ за́ душу pester the life out of someone; ~ кого́ за язы́к *coll* pump, make someone talk; кто тебя́ за язы́к ~у́л? *coll* what on earth possessed you to say that?; *pf* по~ *coll* weigh; *pf* по~ *fig coll* be up (to, на + *acc*); be tight, press; ~́ет в плеча́х it feels tight in the shoulders; подтя́жки ~́ут the braces are tight; **~у́ться** I (~у́сь, ~́ешься) stretch (*rubber, etc*); *pf* по~ stretch out, stretch oneself; extend, stretch (*of fields, roads, etc*); be going on, drag on, pass, crawl, hang heavy (*of time, etc*); *coll* last, hold out; reach (for, к + *dat*); ~ рука́ми stretch out one's hands (towards, к + *dat*); цвето́к ~́ется к со́лнцу the flower turns towards the sun; strive (after, к + *dat*); ~ к сла́ве strive after fame; *fig coll* try to keep up (with, за + *instr*); move one after the other; drift, move slowly (*of clouds, smoke, etc*); come wafting (*of slight scent*); **~у́чка** toffee, caramel; **~́ущий** nagging, persistent (*pain, etc*)

тя́п|ать I *pf* ~нуть *pop* hit; chop (at), hack (at); grab, snatch; *fig pop* pinch; **~́ка** chopper; hoe, mattock

тяп-ля́п (тяп да ля́п) *pop* in a slapdash (slipshod) way, anyhow

тя́п|нуть I *pf of* ~ать; *pop* bite; come out with, blurt out; knock back, drink, sink

тя́т|ька *m pop* = ~я; **~́я** *m pop* dad(dy)

У

у *interj* oh (*expressing reproach, threat, surprise, fear, etc*)

у *prep + gen* at, by, beside; у окнá at, by the window; у сáмой реки́ right on the river; у роя́ля at the piano; у руля́ at the wheel, at the helm *also fig*; у влáсти in power; *expressing ownership* у меня́, *etc* I, *etc* have; у меня́ мнóго пласти́нок I have many records; у негó нет врéмени he has no time; *expressing belonging* у стýла слóмана нóжка the leg of the chair is broken; at, with (*often = French* chez); у нас at our place, with us, in our country; у себя́ at one's own place, at home; жить, останови́ться у родны́х live, stay with relatives; у парикмáхера at the hairdresser's; встрéтиться у когó meet at someone's place; *expresses relationship of part to whole* зуб у меня́ боли́т my tooth aches; мать у неё больнá her mother is ill; роя́ль стои́т у негó в кóмнате the piano is in his room; у нас так не при́нято it is not the custom in our country; *expressing source from where or whom obtained, etc* from, of; заня́ть кни́гу у товáрища borrow a book from a friend; *verbal pref in var senses; movement away from a place; insertion; covering all over; achievement of aim; reduction*

убáв|ить(ся) II (~лю, ~ит(ся)) *pf of* ~ля́ть(ся); **~ка** *coll* reduction, curtailment, shortening; **~ля́ть** I *pf* ~ить reduce, curtail, shorten; ~ить шáгу shorten one's stride; ~ ход reduce speed; ~ить рукáв shorten, take in a sleeve; ~ в тáлии take in at the waist; ~ себé гóды make oneself out to be younger than one is; ~ в вéсе *coll* reduce one's weight; **~ля́ться** I *pf* ~иться be reduced, diminish, decrease, dwindle, wane; дни ~ились the days are shorter; be on the wane (*of moon*); воды́ в рекé ~илось the river is low

убаю́к|ать I *pf of* ~ивать; **~ивать** I *pf* ~ать lull *also fig*

убе|гáть I *pf* ~жáть run away, escape, make a getaway; *coll* boil over; *impf* flee; *impf* stretch, run

убе|ди́тельность *f* persuasiveness, cogency, convincingness; **~ди́тельный** (~ди́телен) persuasive, cogent, convincing; pressing, earnest (*request, entreaty, etc*); **~ди́ть(ся)** II (~ди́шь(ся)) *pf of* ~ждáть(ся)

убе|жáть (~гý, ~жи́шь, ~гýт) *pf of* ~гáть

убежд|áть I *pf* убеди́ть convince (of, в + *prep*); (try to) persuade (to), prevail on (to, + *infin*); **~áться** I *pf* убеди́ться be convinced (of, в + *prep*), satisfy oneself (that, as to), make sure (certain) of; вoóчию убеди́ться see for oneself, with one's own eyes (в + *prep*); **~éние** persuasion; поддавáться ~éнию be open to persuasion; conviction, belief; *pl* convictions, beliefs; **~ённо** *adv* with conviction; **~ённость** *f* conviction, assurance; ~ённый (~ён, ~енá) convinced (of), persuaded (of, в + *prep*); firm, staunch, determined, convinced, confirmed; ~ пацифи́ст convinced pacifist; ~ сторóнник staunch supporter

убéжи|ще refuge, haven, shelter; полити́ческое ~ political asylum; искáть ~ща seek sanctuary; *mil* shelter (*air raid, etc*), dugout

убел|и́ть II *pf* whiten; ~ённый седи́нами hoary with age

убере|гáть(ся) *impf of* ~чь(ся)

уберé|чь (~гý, ~жёшь, ~гýт; ~г, ~глá; ~жённый) *pf coll* preserve (from), guard (against), keep safe (from, от + *gen*); ~ вéщи от мóли, от сы́рости protect things from moth, damp; **~чься** (~гýсь, ~жёшься, ~гýтся; ~гся, ~глáсь) keep oneself safe (from), avoid (от + *gen*)

уби|вáть I *pf* ~ть kill, murder, assassinate; *fig* kill, finish, annihilate, knock flat; ~ть надéжду destroy a hope; *coll* waste, throw away; ~ть врéмя kill time; ~ть мóлодость waste one's youth; *coll* cover (*at cards*); хоть убéй(те) *coll* for the life of me; хоть убéй, не поймý! I'll be damned if I know what it's about!; **~вáться** I *pf* ~ться *pop* bruise oneself severely; *impf coll* upset oneself (over), lament (over, о + *prep or* из-за + *gen*); **~йственный** (~йствен, ~йственна) *obs* death-dealing, deadly; murderous, devastating; *fig coll* dreadful, disastrous; ~ кли́мат pernicious climate; ~ взгляд murderous look; **~йство** murder, killing, assassination; непредумы́шленное ~ *leg* manslaughter; **~йца** *m and f* murderer, killer, assassin

убирá|ть I *pf* убрáть take away, clear away, remove; ~ со столá clear the table, clear away; gather (in) (*of harvest, etc*); ~ зерновы́е harvest the grain crops; *fig coll* chuck out, throw out; ~ парусá take in sail; ~ вёсла ship oars; put away; ~ кóмнату tidy a room; ~ постéль make (do) a bed; adorn (with), decorate (with, + *instr*); **~ться** I *pf* убрáться *pop* clear out (off), make oneself scarce; ~йся!, ~йтесь! get out!, clear out!; *coll* clear up, tidy up, clean up; *obs* deck oneself out (in, в + *acc*); **~ющийся** ~ющееся шасси́ *aer* retractable undercarriage

уб|и́тый *adj* (~и́т) dead; *fig* crushed, broken; ~ гóрем heart-broken; *n* dead man, murdered man; спать как ~ sleep like a log, top; молчáть как ~ be silent as the grave; ~ Бóгом *coll* simple, dumb; **~и́ть(ся)** (~ью́(сь), ~ьёшь(ся)) *pf of* ~ивáть(ся)

ублаготвор|и́ть II *pf of* ~я́ть; **~я́ть** I *pf* ~и́ть *obs or joc* satisfy

ублаж|áть I *pf* ~и́ть *coll* please, gratify, indulge

ублю́д|ок (~ка) *pop* mongrel; *fig abus* bastard, degenerate; **~очный** mongrel, cross-bred; *fig* bastardized

убó|гий (~г) crippled, maimed; poor, wretched; squalid, shabby (*of building, etc*); ~гое вообрaжéние poverty-stricken imagination; mediocre, flat, shoddy, colourless; *n* cripple; pauper, beggar; **~гость** *f* poverty, penury *also fig*; wretchedness, squalor; **~жество** *obs* infirmity, disablement; poverty, wretchedness; squalor, shabbiness (*of building, etc*); mediocrity; ~ идéй poverty of ideas

убóй slaughter (*of livestock*); корми́ть на ~ fatten (*livestock*), *fig* stuff with food, feed like a prize turkey; **~ность** *f mil* destructive power (*of missile, etc*); **~ный** ~ скот livestock for slaughter; *mil* destructive, lethal, killing

убóр *obs* dress, attire; головнóй ~ headgear, headdress; **~истый** (~ист) close, small (*of hand-*

writing, etc); **˜ка** harvesting, reaping, gathering in, picking; cleaning, clearing up, tidying up; **˜ная** *n theat* dressing-room; lavatory, toilet; **˜очная** *n* harvest (time); **˜очный** harvest(ing); ~очная кампа́ния harvest drive; ~очная маши́на harvester; **˜щик** cleaner, sweeper; **˜щица** cleaner (*in offices, etc*), charwoman

убра́нство appointments, furniture; *poet* finery; attire

уб|ра́ть(ся) (~еру́(сь), ~ерёшь(ся); ~ра́л(ся), ~рала́(сь), ~ра́ло, ~ра́ло́сь) *pf of* ~ира́ть(ся)

уб|ыва́ть I *pf* ~ы́ть decrease, diminish; subside, fall, go down (*of water*); wane, be on the wane (*of moon*) *also fig*; тебя́ от э́того не ~у́дет *fig coll* you won't be any the worse for it, nothing will happen to you as a result of it; go away, leave; ~ы́ть по боле́зни go sick, leave on account of illness; **˜ыль** *f* decrease, diminution; abatement, fall (*of water*); идти́ на ~ decrease; subside, fall, go down, recede; *mil* losses

убыстр|и́ть II *pf of* ~я́ть; **~я́ть** I *pf* ~и́ть speed up, hasten

уб|ы́ток loss; терпе́ть, нести́ ~ы́тки incur losses; чи́стый ~ dead loss; в ~, с ~ы́тком at a loss; быть в ~ы́тке be out of pocket; списа́ть в ~ write off (loss); возмеща́ть ~ы́тки compensate for losses; компенси́ровать ~ы́тки pay damages; **~ы́точно** *adv* at a loss; **~ы́точный** (~ы́точен) unprofitable; **~ы́ть** (~у́ду, ~у́дешь; ˜ыл, ~ыла́, ˜ыло) *pf of* ~ыва́ть

уваж|а́емый respected; *form of address* dear; *iron* my dear man, my dear woman; **~а́ть** I *impf* respect, esteem, honour; *pop* like, be all for; **~е́ние** respect, esteem; внуша́ть ~ command respect; пита́ть ~ respect (к + *dat*); сниска́ть чьё ~ win someone's respect; по́льзоваться ~е́нием be held in respect; из ~е́ния out of respect (for), in deference (to, к + *dat*); с ~е́нием yours sincerely (*in letters*); **~и́тельность** *f* validity; respectfulness; **~и́тельный** (~и́телен) valid, good; ~и́тельная причи́на valid reason (excuse); **˜ить** II *pf* comply with; ~ про́сьбу comply with a request; *pop* be nice to, humour

ува́л gently sloping hill, mound

у́вал|ень (~ьня) *m coll* lump, lubber, clodhopper

ува́р|иваться I *pf* ~и́ться *coll* be thoroughly cooked, be nicely done; shrink, boil away; **~и́ться** II (˜ится) *pf of* ˜иваться

увед|оми́тельный ~оми́тельное письмо́ letter of advice, notice; **˜омить** II (~омлю) *pf of* ~омля́ть; **~омле́ние** notification, notice; **~омля́ть** I *pf* ˜омить notify; ~ о вре́мени прие́зда notify the time of arrival

увез|ти́ (~у́, ~ёшь; ˜, ~ла́; ~ённый) *pf of* увози́ть

увекове́ч|ивать I *pf* ~ить immortalize, perpetuate; **˜ить** II *pf of* ~ивать

увелич|е́ние increase, rise; extension; augmentation; magnification; *phot* enlargement; **˜ивать** I *pf* ~ить increase, boost; augment; extend; magnify; *phot* enlarge; **˜иваться** I *pf* ~иться increase, grow, rise, augment; extend; **~и́тельный** magnifying; ~и́тельное стекло́ magnifying glass; ~ аппара́т *phot* enlarger; *gramm* augmentative; **˜ить(ся)** II *pf of* ~ивать(ся)

увенч|а́ть I *pf of* ˜ивать *and* венча́ть; **~а́ться** I *pf of* ˜иваться; **˜ивать** I *pf* ~а́ть crown; **˜иваться** I *pf* ~а́ться *fig* be crowned (with, + *instr*); ~а́ться успе́хом be crowned with success

увер|е́ние assurance (of), protestation (of, в + *prep*); **˜енность** *f* confidence; ~ в себе́ self-confidence; certitude, assurance, certainty; мо́жно с ~енностью сказа́ть it is safe to say; по́лная ~ dead certainty; **˜енный** (~ен, ~ен(н)а) confident, sure; ~енная рука́ sure hand; confident, certain; быть ~енным be certain; будь(те) ~ен(ы)! you may rely on it; **˜ить(ся)** II *pf of* ~я́ть(ся)

увер|ну́ться I *pf of* ˜тываться

уве́р|овать (~ую) *pf* come to believe (in, в + *acc*)

увёрт|ка *coll* evasion, dodge; subterfuge; **˜ливый** (~лив) *coll* agile; evasive; crafty, shifty; **˜ываться** I *pf* уверну́ться dodge, evade *also fig*; ~ от прямо́го отве́та avoid giving a direct answer

увертю́ра *mus* overture

увер|я́ть I *pf* ˜ить assure (of, в + *prep*); он хо́чет нас ˜ить ... he would have us believe; ~я́ю тебя́, что я прав I assure you I'm right; **~я́ться** I *pf* ˜иться *coll* become convinced (of), ascertain, make sure (of, в + *prep*)

увесел|е́ние amusement; *usu pl* amusement(s); ма́ссовые ~е́ния public entertainment(s); **~и́тельный** pleasure, entertainment, amusement; ~и́тельная пое́здка pleasure trip, jaunt; **~и́ть** II *pf of* ~я́ть; **~я́ть** I *pf* ~и́ть entertain, amuse

уве́сист|ый (~) *coll* massive, hefty; ~ уда́р hefty blow

уве|сти́ (~ду́, ~дёшь; ˜л, ~ла́; ˜дший; ~дённый; ~дя́) *pf of* уводи́ть

уве́ч|ить II *impf* maim, mutilate, cripple; *fig* spoil; **˜иться** II *impf* maim oneself, cripple oneself; **˜ный** *adj* maimed, mutilated, crippled; *n* cripple; **˜ье** maiming, mutilation; injury

уве́ш|ать I *pf of* ˜ивать; **˜ивать** I *pf* ~ать hang (with, + *instr*); ~ать сте́ны карти́нами hang pictures on one's walls, cover one's walls with pictures

увещ|а́ние exhortation, admonition; **~а́ть** I *impf obs* = ~ева́ть; **~ева́ние** = ~а́ние; **~ева́ть** I *impf* exhort, admonish

уви|ва́ть I *pf* ˜ть twine all over; **~ва́ться** I *impf coll* hang around; pay court (to, за + *instr*)

увида́ть(ся) I *pf of* вида́ть(ся) *coll*

уви́|деть II (~жу) *pf of* ви́деть; catch sight of; **˜деться** II (~жусь) *pf of* ви́деться

уви́л|ивать I *pf* ~ьну́ть *coll* dodge, evade, (try to) get out (of, от + *gen*)

ув|и́ть (~ью́, ~ьёшь; ~и́л, ~ила́, ~и́ло; ~е́й; ~и́тый) *pf of* ~ива́ть

увлажн|и́ть II *pf of* ~я́ть; **~я́ть** I *pf* ~и́ть moisten, dampen, wet

увле|ка́тельный (~ка́телен) fascinating, absorbing, enthralling; **~ка́ть** I *pf* ˜чь carry away, along; ~ за собо́й lead; *fig* carry away, absorb, distract; captivate, enthral, fascinate; entice, allure; рабо́та ~ка́ла его́ he was absorbed by his work; win someone's affections; **~ка́ться** I *pf* ˜чься be enthusiastic (about), be keen (on, + *instr*); ~ жи́вописью have a passion for painting; вы сли́шком ~кли́сь you are exaggerating; fall (for), take a fancy (to, + *instr*); **~ка́ющийся** ~ челове́к enthusiast; amorous, impressionable; **~че́ние** exhilaration, rapture; enthusiasm (for), keenness (on), passion (for, + *instr*); ~ спо́ртом love of sport; crush (on), infatuation (for, + *instr*); ста́рое ~ old flame; **~чённый** enthusiastic; **˜чь(ся)** (~ку́(сь), ~чёшь(ся), ~ку́т(ся); ˜к(ся), ~кла́(сь); ~чённый) *pf of* ~ка́ть(ся)

уво́|д taking away, withdrawal; *pop* carrying off,

lifting, stealing; женúтьба ~дом elopement; **~дúть** II (~жý, ~́дишь) *pf* увестú take away, lead away, take with one; *fig* divert; ~ войскá withdraw troops; ~ домóй take home; *pop joc* walk off with, steal

увó|з abduction; carrying off, lifting; женúтьба ~зом elopement; **~зúть** II (~жý, ~́зишь) *pf* увезтú take away; abduct, kidnap, carry off

увол|áкивать I *pf* ~óчь *pop* drag away, off; éле нóги ~óчь have a narrow escape; make off with, carry off

увóл|ить(ся) II *pf of* ~ьнять(ся)

увол|óчь (~окý, ~очёшь, ~окýт; ~óк, ~оклá; ~очённый) *pf of* ~áкивать

увольн|éние discharge, dismissal; retiring, pensioning off; ~ в запáс *mil* transfer to the reserve; предупреждéние об ~éнии notice (of dismissal); **~úтельный** discharge, dismissal; ~úтельная (запúска) leave-pass; **~ять** I *pf* увóлить dismiss, discharge; sack, fire; ~ в отстáвку retire, pension off; ~ в запáс *mil* transfer to the reserve; ~ в óтпуск grant leave (of absence); *pf only* spare; увóльте меня от э́того! spare me that, please!; **~яться** I *pf* увóлиться retire; *mil* get one's discharge, leave the service; ~ в отстáвку retire, go into retirement

увор|овáть (~ýю) *pf pop* steal, pinch, swipe

уврач|евáть (~ýю) *pf of* врачевáть

увуля́рный *ling* uvular

увы́ *interj* alas!

увя|дáть I *pf* ~́нуть wither, fade, wilt (*of plants*); lose its bloom, lose freshness; droop, sag; **~́дший** faded

увя|зáть I (~зáю) *pf* ~́знуть get stuck (in, в + *prep*); get bogged down (in), flounder (in, в + *prep*) *also fig*; (~жý, ~́жешь) *pf of* ~́зывать; **~зáться** I (~жýсь, ~́жешься) *pf of* ~́зываться; **~́зка** tying up, roping, strapping; coordination; **~́знуть** I (*past* ~з, ~зла) *pf of* ~зáть; **~́зывать** I *pf* ~зáть tie up; coordinate; **~́зываться** I *pf* ~зáться be coordinated (with, с + *instr*); *pop* tie up one's luggage; *coll* follow (about), tag along (behind, за + *instr*)

увя́|нуть I (*past* ~л *also* ~нул, ~ла) *pf of* ~дáть

угад|áть I *pf of* ~́ывать; **~́ывать** I *pf* ~áть guess; *pop* recognize; *pop* fall (into, в + *acc*)

угáр (carbon monoxide) fumes; carbon monoxide poisoning; у негó ~ he is suffering from carbon monoxide poisoning; *fig* ecstasy, intoxication; в ~е страстéй in the heat of passion; *usu pl* cotton, metal waste; **~́но** *pred* there is a smell of fumes; **~́ный** full of (monoxide) fumes; ~ газ coal-gas; waste (*in textiles*, *etc*)

угас|áние fading (away); **~áть** I *pf* ~́нуть go out; *impf fig* die down; сúлы у негó ~áют his strength is failing; **~́нуть** I (*past* ~, *also* ~нул, ~ла)

угле|вóд carbohydrate; **~водорóд** hydrocarbon; **~добы́ча** coal extraction, output; **~дробúлка** coal crusher; **~жжéние** charcoal burning; **~жóг** charcoal-burner; **~кислотá** carbonic acid, carbon dioxide; **~кúслый** carbonate (of); ~ газ carbonic acid gas; ~ аммóний ammonium carbonate; **~кóп** *obs* coal-miner; **~промы́шленность** *f* coal-mining, coal industry; **~рóд** carbon; **~рóдистый** carbonaceous; carbide (of); ~рóдистое желéзо iron carbide

угло|вáтый (~вáт) angular; *fig coll* awkward; **~вóй** *tech* angle; angular; ~вáя скóрость, частотá angular velocity, frequency; corner; ~ дом corner house; ~ удáр corner (kick); **~мéр** goniometer, azimuth instrument, protractor; *mil* deflection

углуб|úть(ся) II (~лю́(сь)) *pf of* ~ля́ть(ся); **~лéние** deepening; *fig* intensification; *geog* depression, dip, hollow; recess; *naut* draught; **~лённый** fundamental, profound (*study*, *etc*); absorbed (in), engrossed (in, в + *acc*); **~ля́ть** I *pf* ~úть make deeper, deepen; drive in deeper, sink deeper (*piles*, *etc*); *fig* intensify (*contradictions*, *etc*), extend (*knowledge*, *etc*); **~ля́ться** I *pf* ~úться become deeper, deepen; *fig* be intensified; go down, sink; *fig* go deep (into), delve deeply (into, в + *acc*); *fig* become absorbed (in, в + *acc*); ~ в кнúгу become absorbed in a book; ~ в себя́ become introspective

угль *m* (ýгля) *obs poet* coal

угля|дéть II (~жý) *pf pop* spot, espy; look after, take proper care (of, за + *instr*); *usu with neg* не ~ fail to keep an eye (on, за + *instr*)

уг|нáть (~оню́, ~óнишь; ~нáл, ~налá, ~нáло) *pf of* ~оня́ть; **~нáться** (~оню́сь, ~óнишься; ~нáлся, ~налáсь, ~нáлось) *pf* keep pace (with), keep up (with, за + *instr*) *also fig coll*

угнезд|úться II (~úшься) *pf coll* nestle, settle down (*in confined space*)

угнет|áтель *m* oppressor; **~áтельский** oppressive; **~áть** I *impf* oppress; depress, dispirit; **~éние** oppression; depression; быть в ~éнии be depressed; **~ённость** *f* depression, low spirits; **~ённый** oppressed; depressed; ~ённое настроéние depressed state of mind

угов|áривать I *pf* ~орúть (try to) persuade, urge (*impf*), prevail upon, talk into; **~áриваться** I *pf* ~орúться *coll* come to an agreement, understanding (with), arrange (with, с + *instr*; to, + *infin*); **~óр** agreement, understanding; ~ дорóже дéнег *prov* a promise is a promise; persuasion; **~орúть(ся)** II *pf of* ~áривать(ся)

угó|да в ~ду to please (+ *dat*); **~дúть** II (~жý) *pf of* ~ждáть please, oblige (+ *dat or* на + *acc*); на негó не ~дúшь there's no pleasing him; ~ на чей вкус cater for someone's taste; *pf coll* fall (into), get (into), step (into), land up (in, в + *acc*); ~ в лýжу step into a puddle; ~ под колёса get run over; ~ в тюрьмý end up in prison; *coll* hit; ~ комý пря́мо в сéрдце run someone through the heart, shoot someone in the heart; ~ комý пря́мо в глаз hit someone slap in the eye; ~ кáмнем в стеклó hit a window with a stone; **~́дливый** (~длив) obsequious; **~́дник** *coll* toady, sycophant, fawner; дáмский ~ ladies' man; святóй ~, Бóжий ~ saint; **~́дничать** I *impf coll* fawn (upon), cringe (to), be servile (towards, пéред + *instr*); **~́дничество** subservience, servility; **~́дно** *pred* + *dat* как вам (бýдет) ~ just as you like; что вам ~? what can I do for you?; скóлько душé ~ to one's heart's content; не ~ ли вам? would you like? (*polite invitation*), *iron* would you be good enough, would you mind; *partic* когó ~ anyone (you like); где, кудá ~ wherever you like; когдá ~ whenever you like; скóлько ~ any amount (of); пойтú на что ~, чтóбы … go to any lengths to …; **~́дный** (~ден) pleasing (to), welcome (to), in accordance with the wishes (of, + *dat*)

угóд|ье (*gen pl* ~ий) *usu pl* land (*in use for farming*, *forestry*, *etc*); лесны́е ~ья forests; полевы́е ~ья arable land; ры́бные ~ья fishing-ground

уго|ждáть I *pf* ~дúть see ~дúть; ~ и нáшим и вáшим *prov* run with the hare and hunt with the hounds; please everybody

ýг|ол 1 (на, в ~лý, об ~лé) в ~лé *math* angle; óстрый, прямóй, тупóй ~ acute, right, obtuse angle; ~ встрéчи angle of impact, angle of incidence; ~ засéчки angle of intersection; ~ зрéния visual angle, *fig* point of view; ~ покáтости angle of slope, gradient; под ~лóм at an angle (of, в + *acc*); под прямы́м ~лóм at right angles; corner, nook; в ~лý, на ~лý in, at the corner; за ~лóм round the corner; постáвить в ~ put in the corner; завернýть зá ~ turn the corner; из-за ~лá (from) round the corner, *fig* on the sly, behind someone's back; сглáдить óстрые ~лы́ *fig* smooth things over; загнáть, прижáть в ~ drive into a corner; срéзать ~ take a short cut; part of a room; крáсный (перéдний) ~ corner with icons; place; имéть свой ~ have a place of one's own; глухóй (медвéжий) ~ poky hole, God-forsaken place, dump; загнýтые ~лы́ dog's-ears (*in book*); *sl* suitcase

уголóв|ка *sl* criminal prison; *sl* criminal department; **~ник** criminal; **~ный** criminal; ~ное дéло criminal case; ~ кóдекс criminal code; ~ное прáво criminal law; ~ное преступлéние felony, criminal offence; ~ рóзыск Criminal Investigation Department; **~щина** *coll* criminal affair, law-breaking, shady activity; *collect* criminals, the underworld

угол|óк (~кá) (в ~кé *and* в ~кý) *dim of* ýгол; corner; ~кóм глáза out of the corner of one's eye; живóй ~ pets' corner; крáсный ~ recreation and reading room

ýг|оль (~ля *and* ~ля́) *pl* ~ли, ~лей coal; бýрый ~ lignite, brown coal; древéсный ~ charcoal; кáменный (hard) coal; *pl* ~ли, ~лéй *and* ~олья, ~ольев a coal, piece of coal; быть, сидéть как на ~ольях (на ~ля́х) *coll* be on thorns, be on tenterhooks

угóльник set square; *tech* corner iron; стыковóй ~ angle bracket

ýгольн|ый coal; ~ бассéйн coalfield; carbon; carbonic; ~ая кислотá carbonic acid

угóльный *pop* corner

ýгольщик coalminer; charcoal-burner; collier, coal-ship

угомóн (~а (~у)) *coll* peace (and quiet); на них ~у нет *coll* they give one no peace; не знать ~у *coll* have no peace; **~и́ть** II *pf coll* calm; **~и́ться** II *pf coll* calm down

угóн driving away; *coll* stealing, hijack(ing), rustling (*of cattle*); **~щик** thief, hijacker, rustler; **~я́ть** I *pf* угнáть drive away; *coll* steal, lift, hijack; *pop* send off

угорáзд|ить II (~ит) *pf impers or with words* чёрт, нечи́стый, *etc coll* как вас ~ило пойти́ тудá? why on earth did you go there?

угор|áть I *pf* ~éть be poisoned by charcoal fumes, get carbon monoxide poisoning; **~éлый** *obs* burnt away; как ~ *coll* like a madman; бежáть как ~ run like a madman; **~éть** II *pf of* ~áть; *pf pop* be crazy; ~éл ты что ли? are you out of your mind?; *pf of* ~áть *tech* burn away

ýг|орь *m* (~ря́; *pl* ~ри́, ~éй) eel; живóй как ~ as lively as a cricket; blackhead; *pl* acne

уго|сти́ть(ся) II (~щý(сь)) *pf of* ~щáть(ся)

уготóв|анный *obs* prepared, in store; нáшим дéтям ~ано свéтлое бýдущее a splendid future is in store for our children; **~ить** II (~лю) *pf obs* prepare

уго|щáть I *pf* ~сти́ть treat (to), entertain (to), regale (with, + *instr*); я ~щáю this is on me; **~щéние** treating (to), entertaining (to), regaling (with, + *instr*); refreshments, fare

угр Ugrian

угрев|áтый (~áт) covered with blackheads; pimply; **~ый** eel's; **~óй** pimply

угрóб|ить II (~лю) *pf sl* do in; *sl* bugger up, make a mess of, ruin

угро|жáть I *impf* threaten (with, + *instr*); menace; емý ~жáет опáсность he is in danger; ~ войнóй threaten war; **~жáющий** threatening, menacing; ~жáющая катастрóфа impending disaster; ~жáющее положéние perilous situation; **~за** threat, menace; под ~зой under threat (of, + *gen*); постáвить под ~зу threaten, endanger, imperil, jeopardize

угрóзыск *abbr of* уголóвный рóзыск criminal investigation department

ýгро-фи́нский Finno-Ugrian

угрóхать I *pop* squander (on, в, на + *acc*); *sl* do in, murder

угрызéни|е pangs, compunction; ~я сóвести remorse, pricks (pangs) of conscience

угрю́м|ый (~) gloomy, sombre; morose, sullen (*of person*)

удáв boa (constrictor); *sl* boss

уда|вáться (~ётся) *pf* ~ться succeed, be a success, be successful, work (well), turn out well; операция ~лáсь the operation was a success; *impers* + *dat* succeed, manage; емý всё ~ётся everything he puts his hand to turns out well

удав|и́ть II (~лю́, ~ишь) *pf of* дави́ть strangle; **~и́ться** II (~лю́сь, ~ишься) *pf of* дави́ться hang oneself; **~ка** timber hitch, running knot; **~лéние** strangling, strangulation; **~ленник** *pop* victim of strangling, person who has hanged himself

удал|éние removal; extraction (*of tooth*); ~ с пóля *sp* sending off the field; withdrawal; **~ённость** *f* remoteness, distance; **~ённый** remote, distant

удал|éц (~ьцá) daring fellow

удал|и́ть(ся) II *pf of* ~я́ть(ся)

уд|алóй, уд|áлый (~áл, ~алá, ~áло) daring, bold; конь ~ mettlesome steed; пéсня ~алáя stirring song; трóйка ~алáя dashing troika; **~аль** *f and* **~альствó** *coll* daring, boldness, audacity, dash

удал|я́ть I *pf* ~и́ть take away, remove; extract (*teeth, etc*); send away, have removed; **~я́ться** I *pf* ~и́ться move off, away; поспéшно ~и́ться beat a hasty retreat; ~ от тéмы wander from the subject; leave, withdraw, retire

удáр blow *also fig*; stroke; stab, thrust; impact (*from collision, etc*); crash, thud (*sound*); ~ ногóй kick; наноси́ть ~ комý deal someone a blow; ~ в спи́ну stab in the back; ~ судьбы́ stroke of fate; одни́м ~ом with one stroke; ~ грóма clap of thunder, thunderclap; ~ грóма средь я́сного нéба a bolt from the blue; одни́м ~ом двух зáйцев уби́ть kill two birds with one stone; *mil* attack, thrust, blow; ~ в штыки́ bayonet charge; ~ с вóздуха air strike; *med* stroke, seizure; сóлнечный ~ sunstroke; быть в ~е be on form, at one's best; не быть в ~е *coll* not to be at one's best, be off one's stroke; стáвить под ~ endanger; быть под ~ом be in danger, be exposed; **~éние** *ling* stress, accent; дéлать ~ stress, *fig* lay stress (on), emphasize (на + *prep or* + *acc*); stress(-mark); **~енный** *ling* stressed, accented; **~ить(ся)** II *pf of* ~я́ть(ся); **~ник** shock-worker; *mil* member of striking force; firing pin, striker; plunger (*in detonator*); **~ный**

percussion, percussive; ~ная возду́шная волна́ blast wave; ~ ка́псюль percussion cap; ~ная ми́на *naut* contact mine; ~ная си́ла striking power; *mus* percussion; *mil* striking, shock; ~ батальо́н shock battalion; shock(-working); urgent, pressing; ~ное зада́ние rush job; ~ные те́мпы high tempo (*of work, etc*); *ling* under stress; **~я́емый** *ling* under stress; **~я́ть** I *pf* ~́ить hit, strike (+ *acc*, в + *acc or* по + *dat*); ~ кого́ по лицу́ slap someone's face; ~ кулако́м по́ столу bang on the table with one's fist; мо́лния ~́ила в де́рево the tree was struck by lightning; strike, sound, beat (+ *acc or* в + *acc*); ~ в бараба́н beat a drum; ~ в наба́т, ~ трево́гу sound the alarm; часы́ ~́или по́лночь the clock struck midnight; *pf mil* attack, strike (against, на + *acc or* по + *dat*); ~́ить в смычки́ *mus* strike up; *pf coll* set in, strike (*of weather conditions*); ~́или моро́зы the frosts have set in; ~́ить в го́лову rush to one's head (*of blood*), go to one's head (*of wine, etc*); *pf fig* combat, hit (at, по + *dat*); ~́ить по распу́щенности combat slackness; ~́ить по карма́ну *coll* hit one's pocket; ~́ить по рука́м strike a bargain; па́лец о па́лец не ~́ить *coll* not to lift (raise) a finger; **~я́ться** I *pf* ~́иться strike (against), hit, knock (into, о + *acc or* в + *acc*); ~́иться о подво́дный ка́мень strike a reef; мяч ~́ился о сте́ну the ball hit the wall; ~́иться голово́й knock one's head (against, о(бо) + *acc*); *coll* plunge (into), break (into, в + *acc or* + *infin*); ~́иться в слёзы burst into tears; ~́иться в кра́йность go (run) to an extreme; ~́иться из одно́й кра́йности в другу́ю go from one extreme to the other

уда́|ться (~стся, ~ду́тся; ~лся, ~ла́сь) *pf of* ~ва́ться; **~́ча** (piece of) luck; success, achievement; ~́чи и неуда́чи ups and downs (*of fortune, etc*); жела́ть ~чи wish good luck; **~́чливость** *f* success, luck; **~́чливый** (~члив) successful, lucky; **~́чник** *coll* lucky person; **~́чный** (~чен) successful; good, apt, felicitous, happy (*choice, phrase, translation, etc*)

удв|а́ивать I *pf* ~о́ить double, redouble; *ling* reduplicate; ~ уси́лия redouble (one's) efforts; **~а́иваться** I *pf* ~о́иться double, increase twofold; **~ое́ние** (re)doubling; *ling* reduplication; **~о́ить(ся)** II *pf of* ~а́ивать(ся)

уде́л lot, destiny, fate; доста́ться в ~ fall to the lot (of, + *dat*); *hist* appanage; *hist* crown domain

удел|и́ть II *pf of* ~я́ть

уде́льн|ый *phys* specific; ~ вес specific gravity; *fig* proportion, share; *hist* ~ князь appanage prince; ~ пери́од period of appanage principalities; crown; ~ые зе́мли crown lands

удел|я́ть I *pf* ~и́ть give, spare, devote, allot; ~ вре́мя spare the time (for, + *dat*); ~ внима́ние give, pay attention (to, + *dat*)

у́держ (~у) без ~у *coll* uncontrollably, unrestrainedly; ~у нет ему́, на него́ *coll* there's no holding him; не знать ни в чём ~у *coll* know no restraint, always go the whole hog; **~а́ние** holding, keeping, retention; deduction; ~ из зарпла́ты deduction from (one's) salary, wages; **~а́ть(ся)** II (~у́(сь), ~́ишь(ся)) *pf of* ~́ивать(ся); **~́ивать** I *pf* ~а́ть hold (up), hold on to, not let go; keep back, hold back, restrain; ~ ло́шадь rein in one's horse, hold one's horse back; ~а́ть неприя́теля check, hold up the enemy advance; keep, retain; ~а́ть (за собо́й) пе́рвое ме́сто keep the first place; ~ пози́ции hold one's ground, stand firm; ~ в па́мяти retain in one's memory; restrain, repress, hold back, stifle (*cries, tears, etc*); deduct, keep back, withhold (*payment, etc*); **~́иваться** I *pf* ~а́ться hold out, hold on, hold one's ground; stand firm; ~а́ться на нога́х keep one's footing, remain on one's feet; keep (from), refrain (from, от + *gen*); ~а́ться от слёз keep back one's tears; он не мог ~а́ться от сме́ха he couldn't help laughing; ~а́ться от собла́зна resist a temptation

удесятер|и́ть(ся) II *pf of* ~я́ть(ся); **~я́ть** I *pf* ~и́ть increase tenfold; **~я́ться** *pf* ~и́ться increase tenfold

удешев|и́ть(ся) II (~лю́, ~и́т(ся)) *pf of* ~ля́ть(ся); **~ле́ние** reduction of prices; **~ля́ть** I *pf* ~и́ть reduce the price (of), make cheaper; **~ля́ться** *pf* ~и́ться become cheaper

удив|и́тельно *adv* remarkably, astonishingly, extraordinarily, surprisingly; extremely; *pred* it is astonishing, funny, strange, surprising; не ~, что ... no wonder ...; **~и́тельный** (~и́телен) remarkable, astonishing, surprising; wonderful, marvellous; extraordinary; **~и́ть(ся)** II (~лю́(сь)) *pf of* ~ля́ть(ся); **~ле́ние** astonishment, surprise, amazement; к моему́ ~ле́нию to my surprise; на ~ *coll* splendid(ly); карти́на пря́мо на ~ the picture is simply splendid; **~ля́ть** I *pf* ~и́ть astonish, surprise, amaze; **~ля́ться** I *pf* ~и́ться be astonished (at), be surprised (at), be amazed (at, + *dat*)

уд|ила́ (~и́л, ~ила́м) *no sing* bit; закуси́ть ~ take the bit between one's teeth *also fig*

уди́л|ище (fishing-)rod; **~́ьный** ~ьные принадле́жности fishing tackle; **~́ьщик** angler

уд|ира́ть I *pf* ~ра́ть *coll* run away, make off

у|ди́ть II (~жу́, ~́дишь) *impf* fish (for, + *acc*); **~ди́ться** II (~́дится) *impf* bite (*of fish*)

удлин|е́ние lengthening; extension (*of time*); **~и́ть(ся)** II (~ю́, ~и́т(ся)) *pf of* ~я́ть(ся); **~я́ть** I *pf* ~и́ть lengthen; extend, prolong; **~я́ться** I *pf* ~и́ться become longer; be extended, be prolonged

удму́рт(ка) Udmurt (woman); **~́ский** Udmurt

удо́б|но *adv* comfortably; conveniently; *pred* + *dat* it is comfortable; вам ~? are you comfortable?; it is convenient; э́то вам ~? does that suit you?; it is proper, it is in order; ~ ли спроси́ть его́ об э́том? can he be asked about it?; **~ный** (~ен) comfortable, cosy; handy; suitable, convenient, opportune; ~ моме́нт suitable, opportune moment; ~ слу́чай opportunity; **~овари́мый** (~овари́м) digestible; **~оисполни́мый** (~оисполни́м) easy to carry out, simple; **~опоня́тный** (~опоня́тен) comprehensible, intelligible; **~опроизноси́мый** (~опроизноси́м) easy to pronounce; **~очита́емый** (~очита́ем) easy to read, legible

удобр|е́ние fertilizing, dressing (with fertilizers), manuring; manure; иску́сственное ~ artificial manure (fertilizer); **~́ить** II *pf of* ~я́ть; **~я́ть** I *pf* ~́ить fertilize, manure

удо́бств|о comfort, convenience; кварти́ра со все́ми ~ами flat with all modern conveniences

удовлетвор|е́ние satisfaction, gratification; тре́бовать ~е́ния у кого́ demand satisfaction from someone; ~ жела́ний gratification of (one's) desires; **~ённость** *f* contentment, satisfaction; **~ённый** contented, satisfied; **~и́тельно** *adv* satisfactorily; *n neut indecl* a satisfactory (mark), 'satisfactory'; **~и́тельный** (~и́телен) satisfactory; **~и́ть(ся)** II *pf of* ~я́ть(ся); **~я́ть** I *pf* ~и́ть satisfy, comply (with, + *acc*); ~ потре́бности населе́ния satisfy the public's needs; ~ про́сьбу comply with a request; meet, answer, satisfy (+ *dat*); ~ чьим тре́бованиям answer someone's demands, come up to someone's requirements; keep supplied (with), furnish (with, + *instr*); ~ провиа́нтом victual; **~я́ться** I *pf* ~и́ться be content(ed) (with), be satisfied (with, + *instr*)

удово́льств|ие pleasure, delight; доста́вить ~ give pleasure (to, + *dat*); с ~ием with pleasure; к о́бщему ~ию to everybody's delight; amusement; **~́оваться** (~уюсь) *pf of* дово́льствоваться

удо́д hoopoe

удо́й milk-yield; milking; **~́ливый** yielding much milk; ~ливая коро́ва good milker; **~́ность** *f* yield of milk; milking capacity; **~́ный** = milking; = ~ливый

удорож|а́ние rise in price(s); **~а́ть** I *pf* ~и́ть raise the cost, price (of); **~и́ть** II *pf of* ~а́ть

удост|а́ивать I *pf* ~о́ить confer, award (to, + *acc and gen*); ~о́ить кого́ зва́ния геро́я Сове́тского Сою́за confer on someone the title of Hero of the Soviet Union; *usu iron* favour (with), vouchsafe (+ *instr*); ~о́ить улы́бкой favour, honour with a smile; **~а́иваться** I *pf* ~о́иться be awarded, receive (+ *gen*); *usu iron* be favoured (with), be vouchsafed (+ *gen*)

удостовер|е́ние attestation, certification; в ~ in witness (of, + *gen*); certificate; ~ ли́чности identity card; ~ о сме́рти death certificate; **~́ить(ся)** II *pf of* ~я́ть(ся); **~я́ть** I *pf* ~́ить certify, attest, witness; ~ по́дпись witness a signature; ~ ли́чность кого́ identify someone; **~я́ться** I *pf* ~́иться satisfy oneself, assure oneself (of), make sure (of, в + *prep*)

удост|о́ить(ся) II *pf of* ~а́ивать(ся)

удосу́ж|иваться I *pf* ~иться *coll* find time (to), get around (to), manage (to, + *infin*); **~иться** II *pf of* ~иваться

удочер|и́ть II *pf of* ~я́ть; **~я́ть** I *pf* ~и́ть adopt (*as a daughter*)

у́дочк|а (fishing-)rod; заки́нуть ~у cast a line, *fig* fly a kite, put a line out; пойма́ть, подде́ть на ~у *fig* catch out, deceive, outwit; попа́сться на ~у *fig* swallow the bait; сма́тывать ~и *coll* show a clean pair of heels

уд|ра́ть (~еру́, ~ерёшь; ~ра́л, ~рала́, ~ра́ло) *pf of* ~ира́ть; ~ шту́ку *coll* play a trick

удружи́ть II *pf coll* do a good turn (to, + *dat*); *also iron* do an ill turn (to)

удруч|а́ть I *pf* ~и́ть depress, dispirit; **~ённость** *f* depression, despondency, dejection; **~ённый** depressed, dispirited, dejected, low-spirited; **~и́ть** II *pf of* ~а́ть

уду́м|ать I *pf of* ~ывать; **~́ывать** I *pf* ~ать *pop* think up

удуш|а́ть I *pf* ~и́ть stifle *also fig*, smother, suffocate; strangle, throttle, choke; asphyxiate; **~е́ние** stifling, smothering, suffocation; asphyxiation; **~и́ть** II (~у́, ~́ишь) *pf of* ~а́ть; **~́ливый** (~лив) stifling *also fig*, suffocating; asphyxiating; ~ливая жара́ stifling heat; ~ газ asphyxiating gas; **~́ье** asphyxia, suffocation

уедин|е́ние solitude, seclusion; **~ённость** *f* seclusion, solitariness, isolation; **~ённый** (~ён, ~ённа) solitary, secluded, isolated; **~и́ть(ся)** II *pf of* ~я́ть(ся); **~я́ть** I *pf* ~и́ть seclude, isolate, set apart; **~я́ться** I *pf* ~и́ться seek solitude, withdraw (from), isolate oneself (from, от + *gen*), go off by oneself, retire; ~ от о́бщества withdraw from society

уе́зд *hist* uyezd, district (*subdivision of the guberniya*); **~́ный** *hist* district; ~ го́род chief town of uyezd

уезжа́ть I *pf* уе́хать go away, leave, depart

уе́|ть (~бу́, ~бёшь; ~́б, ~бли́) *pf of* еть *and* еба́ть *vulg* fuck

уе́|хать (~ду, ~дешь; ~зжа́й(те)) *pf of* ~зжа́ть

уж 1 grass-snake; *adv* = уже́; *emph partic* really; ~ я не зна́ю I really don't know; to be sure, indeed, certainly; ~ он узна́ет he is sure to find out; very; э́то не так ~ сло́жно it's not all that complicated; не так ~ пло́хо it's not so bad after all; ~ е́сли if

ужа́лить II *pf of* жа́лить

ужа́р|иваться I *pf* ~иться *coll* be thoroughly roasted, fried; roast away, be roasted up, fry away; **~иться** II *pf of* ~иваться

у́жас horror, terror; приходи́ть в ~ be horrified (by, от + *gen*); внуши́ть ~ inspire with horror (+ *dat*); к моему́ ~у to my horror; объя́тый ~ом horror-struck, terror-stricken; *usu pl* horror(s); ~ы войны́ the horrors of war; *pred coll* it is horrible, terrible, awful; *adv coll* terribly; ~ как хо́лодно! it's horribly cold!; како́й ~! how awful; **~а́ть** I *pf* ~ну́ть appal, horrify; **~а́ться** I *pf* ~ну́ться be appalled, horrified; **~а́ющий** appalling; *coll* ghastly, awful; **~а́сно** *adv* horribly, terribly; *coll* frightfully, awfully, terribly; он ~ пло́хо рабо́тает he works terribly badly; *pred coll* it is awful, terrible, ghastly; **~ну́ть(ся)** I *pf of* ~а́ть(ся); **~́ный** (~ен) awful, terrrible, frightful, ghastly; ~ на́сморк awful cold

у́же *comp of* у́зкий *and* у́зко

уже́ *adv* already; now; by now; вы ~ обе́дали? have you had dinner?; он ~ пришёл he is already here; ~ не no longer; он ~ не ребёнок he is no longer a child; quite, very; он ~ мину́ты три говори́л he had been speaking for quite three minutes; ~ в конце́ января́ by the end of January; *emph partic* э́то ~ друго́е де́ло that's quite a different matter

уже́ли, уже́ль *partic obs* = неуже́ли

уже́ние fishing, angling

ужи|ва́ться I *pf* ~́ться get on (with, с + *instr*); **~́вчивый** (~вчив) easy to get on with, easygoing, accommodating

ужи́мка grimace

у́ж|ин supper; **~́инать** I *pf* по~ have supper

ужи́|ться (~ву́сь, ~вёшься; ~лся, ~ла́сь) *pf of* ~ва́ться

ужо́ *adv pop* later, by and by; ~ тебе́! just you wait!; ~ доберу́сь я до тебя́! just you wait – I'll get you!

узакон|е́ние legalization, legitimization; *obs* statute; **~́ивать** I *pf* ~ить legalize, legitimize

узбе́|к Uzbek; **У~киста́н** Uzbekistan; **~́кский** Uzbek; **~́чка** Uzbek (woman)

узд|а́ 6 bridle *also fig*; держа́ть в ~е́ keep in check, restrain; **~е́чка** bridle; *anat* fraenum; **~цы́** под ~ by the bridle

у́з|ел (~ла́) knot; завяза́ть ~ tie a knot; завяза́ть ~ло́м knot; ~ противоре́чий tangle of contradictions; junction, centre; ~ доро́г road junction; промы́шленный ~ industrial centre, complex; ~ оборо́ны *mil* strong point; не́рвный ~ nerve-centre, ganglion; *tech* assembly, unit, pack; силово́й ~ power pack; *bot* node; bundle; *naut* knot; морско́й ~ seaman's knot; **~ело́к** (~елка́) small knot; *bot* nodule; small bundle

уз|ина́ narrow spot; **∸ить** II (~ит) *impf coll* (make) narrow; **∸кий** (~ок, ~ка́, ~ко, ∸ки́; у́же) narrow; ~кая колея́ narrow gauge; ~кое ме́сто bottleneck, weakest point (in, в + *prep*); tight (*of clothes, etc*); *fig* narrow, limited; ~ круг знако́мых close circle of acquaintances; ~кая специа́льность highly specialized field; в ~ком смы́сле сло́ва in the narrow sense of the word; *fig* narrow, narrow-minded, limited; ~ ум narrow mind; **~когóрлый** narrow-necked; **~коколе́йка** narrow-gauged railway; **~коколе́йный** narrow-gauge; **~колóбый** (~коло́бен) having narrow forehead; *fig* narrow-minded

узло|ва́тый (~ва́т) knotty, gnarled, nodose; **~вóй** junction; ~ва́я ста́нция junction (*railway*); *fig* main, key; *bot* nodal; ~ пункт focal point

узна|ва́ть (~ю́, ~ёшь) *pf* ∸ть hear, learn (about, о + *prep*); find out, inquire (about, о + *prep*); learn, discover, find out; get to know, become familiar with; experience; recognize; я ∸л его́ по похóдке I recognized him by his walk; **∸ть** (~ю, ~ешь) *pf of* ~ва́ть

у́зник *rhet* prisoner

узóр pattern, design; *fig* tracery, pattern; **∸ный** *and* **∸чатый** (~чат) patterned, decorated with design (pattern)

у́зость *f* narrowness, narrow part; narrow-mindedness, pettiness

узр|е́ть II (~ю́, ∸ишь) *pf of* зреть

узурп|а́тор usurper; **~а́ция** usurpation; **~и́ровать** (~и́рую) *impf and pf* usurp

у́зус *leg* custom, usage

у́з|ы (*gen pl* ~) *fig* bonds, ties

уйгу́р Uighur; **∸ка** Uighur (woman); **∸ский** Uighur

у́йма *coll* lots (of), masses (of), piles (of), heaps (of)

уй|ти́ (~ду́, ~дёшь; ушёл, ушла́; уше́дший; ~дя́) *pf of* уходи́ть

ука́|з decree, edict, ukase; *pred + dat usu with neg coll* ты мне не ~ I'm not obliged to do what you say, you can't order me around; э́то мне не ~ that carries no weight with me; **~за́ние** indication; direction(s), instruction(s); **∸занный** specified, indicated, appointed; **~за́тель** *m* gauge; indicator; marker; pointer; ~ направле́ния, доро́г road sign; ~ ско́рости (air)speed indicator; ~ оборо́тов revolution counter; index; железнодоро́жный ~ railway guide; directory; **~за́тельный** indicating, indicatory; ~за́тельная пласти́нка dial; ~за́тельная стре́лка pointer; ~ па́лец (перст) forefinger, index finger; ~ столб road sign; ~за́тельное местоиме́ние *gramm* demonstrative pronoun; **~за́ть** I (~жу́, ∸жешь) *pf of* ∸зывать; **∸зка** pointer, fescue; *coll pej* orders; по чужо́й ~зке at someone else's bidding; **∸зник** prisoner sentenced under a Supreme Soviet ukase; **∸зный** prescribed by a ukase, decreed; **~зу́ющий** ~ перст *iron* forefinger, index finger; **∸чик** *coll* person who gives orders, person who lays down the law; он мне не ~ he can't lay down the law to me; **∸зывать** I *pf* ~за́ть show, indicate; *fig* point out; ~за́ть на оши́бку point out a mistake; cite, point (at, to, на + *acc*); explain, give instructions; как ∸зано as directed, according to instructions; *pf offic* censure (+ *dat*, за + *acc*)

ука́лывать I *pf* уколо́ть prick; *fig* sting, wound; ~ чьё самолю́бие touch someone's pride

украу́лить II *pf pop* guard, watch

укат|а́ть(ся) I *pf of* ∸ывать(ся); **~и́ть(ся)** II (укачу́, ∸ишь, ∸ит(ся)) *pf of* ∸ывать(ся); **∸ывать** I *pf* ~а́ть roll (out); ~ доро́гу roll, smooth out a road; *coll* wear out, tire out; *pf* ~и́ть roll away; *coll* drive off; **∸ываться** I *pf* ~а́ться become smooth (*of road surface*); *pf* ~и́ться *vi* roll away

укач|а́ть(ся) I *pf of* ∸ивать(ся); **∸ивать** I *pf* ~а́ть rock (to sleep) (*baby*); *usu impers* make sick; меня́ ~а́ло I was sick; меня́ ~ивает I feel sick; **∸иваться** I *pf* ~а́ться *coll* feel, be sick

укип|а́ть I *pf* ~е́ть boil down, away; **~е́ть** II *pf of* ~а́ть

укла́д style, system, structure; ~ жи́зни style of life; **∸ка** laying (*foundations, rails, pipes, etc*); stacking (*logs, hay, etc*); arranging, setting (*hair*); small trunk; **∸чик** layer, packer, stacker; **∸ывать** I *pf* уложи́ть lay; ~ в посте́ль, спать put to bed; уложи́ть в гроб *fig* be the death (of); pack; ~ чемода́н pack a case; stow, stack, pile; arrange, set (*hair*); cover (with), lay (with, + *instr*); lay (*rails, etc*); *pf only coll* kill, lay out; **∸ываться** I *pf* уложи́ться pack (up); fit (in), go (in); шу́ба не уло́жится в чемода́н the fur coat won't go into the case; *coll* keep (within), manage (within, в + *acc*); уложи́ться в сме́ту keep within the estimate; вы уло́житесь в полчаса́? will half an hour be long enough?; ~ в голове́, в созна́нии sink in, go in; э́то не ~ывается one can hardly take it in, it is scarcely credible; *pf* улéчься lie down; улéчься в посте́ль get into bed; find room (*lying down*); settle (*of dust, etc*); *fig* subside, calm down; ве́тер улёгся the wind dropped

укле́йка bleak (*fish*)

укло́н slope, incline, declivity, gradient; под ~ downhill; *fig* bias, emphasis, tendency; *pol* deviation; **~е́ние** deviation, aberration; evasion, avoiding; ~ от вое́нной слу́жбы evasion of military service; ~ (от те́мы) digression; **~и́зм** *pol* deviationism; **~и́ст** *pol* deviationist; **~и́ть(ся)** II (~ю́(сь), ∸ишь(ся)) *pf of* ~я́ть(ся); **∸чивый** (~чив) evasive; *obs* meek, compliant; **~я́ть** I *pf* ~и́ть turn, fend off; **~я́ться** I *pf* ~и́ться avoid, dodge, sidestep; ~ от уда́ра dodge a blow; evade, avoid; ~ от отве́тственности evade, shirk responsibilities; turn off, turn aside, veer off

уключи́на rowlock

укоко́шить II *pf pop* kill, do in

уко́л prick, jab; pinprick *also fig*; injection; *mil* thrust; **~о́ть** (~ю́, ∸ешь; ∸отый) *pf of* ука́лывать; **~о́ться** (~ю́сь, ∸ешься) *pf* prick oneself

укомплект|ова́ние bringing up to strength; **~ова́ть** (~у́ю) *pf of* комплектова́ть *and* ~о́вывать bring up to (full) strength, man; complete; equip (with), furnish (with, + *instr*); **~о́вывать** I *pf* ~ова́ть

уко́р reproach; ~ы со́вести twinges of conscience, sting of remorse; ста́вить что в ~ кому́ hold something against someone

укор|а́чивать I *pf* ~оти́ть shorten

укорен|е́ние implanting, inculcation; taking root; **~и́ть(ся)** II *pf of* ~я́ть(ся); **~я́ть** I *pf* ~и́ть implant, inculcate; **~я́ться** I *pf* ~и́ться take, strike root *also fig*; ~и́вшаяся привы́чка an inveterate, ingrained habit

укор|и́зна reproach; **~и́зненный** reproachful; **~и́ть** II *pf of* ~я́ть

укоро|ти́ть II (~чу́) *pf of* укора́чивать

укор|я́ть I *pf* ~и́ть reproach (with, в + *prep*)

уко́с hay-harvest, hay crop

укósина brace, jib, cantilever
укрáдкой *adv* stealthily, furtively, by stealth
Украи́н|а the Ukraine; **украи́нец** Ukrainian; **украи́нка** Ukrainian (woman); **украи́нский** Ukrainian
укрá|сить(ся) II (~шу(сь)) *pf of* ~шáть(ся)
укрá|сть (~дý, ~дёшь; ~л) *pf of* красть
укра|шáтельство overembellishment, overdecoration; affectation; **~шáть** I *pf* ~́сить decorate, adorn; embellish (*style*, *etc*); *fig* enrich; **~шáться** I *pf* ~́ситься be decorated; be embellished; *fig* be enriched; **~шéние** decoration, adorning, embellishment; ornament, decoration, adornment
укреп|и́ть(ся) II (~лю́(сь)) *pf of* ~ля́ть(ся); **~лéние** strengthening, reinforcing; consolidation (*of power*, *etc*); *mil* fortification; **~лённый** *mil* fortified; **~ля́ть** I *pf* ~и́ть strengthen; reinforce, shore up; fix; *fig* fortify, brace (up); ~ здорóвье improve one's health; consolidate (*position*, *etc*); *fig* enhance; ~ дисципли́ну tighten up discipline; **~ля́ться** I *pf* ~и́ться become stronger; be fixed; be strengthened; ~и́ться в свои́х убеждéниях be confirmed in one's belief; *fig* become firmly established; *mil* consolidate, fortify one's position; **~ля́ющее** *n* tonic, restorative
укрóм|ный (~ен) secluded, hidden away; sheltered; isolated
укрóп dill; **~́ный** dill
укро|ти́тель *m* (animal-)tamer; **~ти́ть(ся)** II (~щý(сь)) *pf of* ~щáться; **~щáть** I *pf* ~ти́ть tame; curb, subdue, check (*emotions*, *passions*, *etc*); **~щáться** I *pf* ~ти́ться become tame; be curbed, subdued; calm down; **~щéние** taming; curbing (*of emotions*, *etc*)
укрупн|éние amalgamation, merging, integration; enlargement; **~и́ть** II *pf of* ~я́ть; **~я́ть** I *pf* ~и́ть amalgamate, merge, integrate; enlarge
укр|ывáтель *m leg* concealer, harbourer; ~ывáтель крáденого receiver (of stolen goods), fence; **~ывáтельство** *leg* concealment, harbouring; ~ крáденого receiving (of stolen goods), fencing; **~ывáть** I *pf* ~ы́ть cover (up); conceal, harbour (from), give shelter (from, от + *gen*); receive (stolen goods), fence; ~ уби́йцу harbour a murderer; ~ от дождя́ give shelter from the rain; **~ывáться** I *pf* ~ы́ться cover oneself (up); take cover, seek shelter; escape notice; от меня́ не ~ы́лось it has not escaped my notice; **~ы́тие** cover, protection, shelter; ~ от взóров concealment; *mil* dugout, refuge, shelter; **~ы́ть(ся)** (~óю(сь), ~óешь(ся)) *pf of* ~ывáть(ся)
ýкс|ус (~уса (~усу)) vinegar; **~́усник** vinegar-cruet; **~́усница** = ~усник; **~уснокúслый** acetate (of); **~́усный** acetic, vinegar(y); ~усная кислотá acetic acid
укýп|оривать I *pf* ~орить cork (up); *coll* pack (up), crate; **~́орить** II *pf of* ~оривать; **~́орка** corking; packing, crating
укý|с bite; sting; ~ комарá mosquito bite; **~си́ть** II (~шý, ~́сишь) bite; sting; какáя мýха егó ~си́ла? *coll joc* what's bitten him?, what's got into him?
укýт|ать(ся) I *pf of* ~́ывать(ся); **~́ывать** I *pf* ~ать wrap up (in, в + *acc*); **~́ываться** I *pf* ~аться wrap oneself up (in, + *instr or* в + *acc*)
улáвливать I *pf* улови́ть *tech* pick up, locate (*sound wave*); catch, detect, perceive; улови́ть нóтку нетерпéния в гóлосе detect a note of impatience in the voice; *coll* seize (*opportunity*, *etc*)
улá|дить(ся) II (~жу, ~дит(ся)) *pf of* ~живать (-ся); **~́живать** I *pf* ~дить settle (*affair*, *matter*, *etc*), patch up (*quarrel*, *etc*); **~́живаться** I *pf* ~диться be settled
улáмывать I *pf* уломáть *coll* talk round, (try to) persuade, talk into (+ *infin*); егó пришлóсь дóлго ~, прéжде чем он согласи́лся it took a lot of persuasion to get him to agree
улáн (*gen pl* ~ *in collect sense*) uhlan
улежáть II *pf coll* lie down (*for period of time*)
ýл|ей (~ья) (bee)hive
улепет|нýть I *sem pf of* ~́ывать; **~́ывать** I *sem pf* ~нýть *pop* make off, bolt; ~́ывай! hop it!
уле|сти́ть II (~щý) *pf of* ~щáть
уле|тáть I *pf* ~тéть fly away, off; *fig* fly, vanish; **~тéть** II (~чý) *pf of* ~тáть
улетýч|иваться I *pf* ~иться evaporate (of liquid), volatilize; *fig coll* vanish, disappear; **~́иться** II *pf of* ~иваться
ул|éчься (~я́гусь, ~я́жешься, ~я́гутся; ~ёгся, ~еглáсь) *pf of* уклáдываться
уле|щáть I *pf* ~сти́ть *pop* cajole by flattery and promises
улизнýть I *pf pop* slip away, steal away
ули́к|а (piece of) evidence; кóсвенные ~и circumstantial evidence; прямáя ~ direct evidence
ули́т|а *pop* snail; ~ éдет, когдá-то бýдет *prov* go at a snail's gallop; **~́ка** *zool* snail; *anat* cochlea; *pl* gastropoda
ýлиц|а street; на ~е in the street, out of doors, outside; оказáться на ~е *fig* find oneself in the street; вы́бросить, вы́кинуть на ~у throw out, throw into the gutter; fire, sack; бýдет и на нáшей ~е прáздник *prov* every dog has his day, our day will come; *fig pej* 'the streets'
улицезрéть II *pf of* лицезрéть
улич|áть I *pf* ~и́ть catch out, prove guilty (of, в + *prep*); ~ когó во лжи prove someone a liar, catch someone in a lie; **~и́ть** II *pf of* ~áть
ýл|ичка *dim of* ~ица; **~́ичный** street *also fig pej*; ~ичное движéние traffic; ~ичная дéвка *coll* streetwalker; ~ мальчи́шка street urchin; ~ичная прéсса gutter press
улóв catch (*of fish*); *dial* bag (*of game*, *etc*); **~и́мый** perceptible; audible; **~и́ть** II (~лю́, ~́ишь) *pf of* улáвливать; **~́ка** trick, subterfuge, ruse, device, dodge
уложéние *leg* code
улож|и́ть(ся) II (~ý(сь), ~́ишь(ся)) *pf of* уклáдывать(ся)
уломáть I *pf of* улáмывать
ýл|очка *dim of* ~ица
улýс ulus (*nomad settlement or camp or community*)
улуч|áть I *pf* ~и́ть *coll* find, catch, seize (*opportunity*, *moment*, *etc*); **~и́ть** II *pf of* ~áть
улучш|áть I *pf* ~́ить improve, (make) better, ameliorate; **~áться** I *pf* ~́иться improve; get better; **~éние** improvement, amelioration; **~́ить(ся)** II *pf of* ~áть(ся)
улыб|áться I *pf* ~нýться smile (at, + *dat*); *fig* smile (upon), favour (+ *dat*); счáстье емý ~нýлось fortune smiled upon him; *impf only coll* please, appeal (to, + *dat*); мне э́то (совсéм) не ~áется it doesn't appeal to me a bit, I don't like the idea at all; *pf coll* fail to materialize, fall through; **~́ка** smile; **~нýться** I *pf of* ~áться; **~́чивый** (~чив) smiling, happy
ультимат|и́вный (~и́вен) categorical; **~́ум** ultimatum

ультра(-) ultra(-); ~**зву́к** supersound, ultrasound; ~**звуково́й** ultrasonic, supersonic; ~**коро́ткий** ultra-short; ~**мари́н** ultramarine; ~**мари́новый** ultramarine; ~**фиоле́товый** ultraviolet

улюлю́кать I *impf* halloo; *coll* jeer (at)

ум 1 mind, intellect; intelligence; brains; wits, sense; ~ хорошо́, а два лу́чше two heads are better than one; у меня́ ~ за ра́зум захо́дит *coll* I am at my wits' end; у него́ ~ ко́роток для того́, что́бы ... he has not got the brains to ...; он челове́к большо́го ~а́ he has a splendid brain; у него́ ~а́ пала́та he is infinitely wise, as wise as Solomon; недалёкого ~а́ not all that clever, none too clever; не ва́шего ~а́ де́ло! that's beyond you!; ~а́ не приложу́ it's beyond me, I give up; вы́рос, а ~а́ не на́жил better fed than taught; набра́ться ~а́ grow wise; бра́ться за ~ come to one's senses, become reasonable; взбрести́ на ~ *coll* go to one's head; что э́то вам взбрело́ на ~? *coll* what possessed you?; вы́жить из ~а́ *coll* become feeble-minded, senile; доходи́ть свои́м ~о́м think out for oneself; жить свои́м ~о́м live as one thinks fit; за́дним ~о́м кре́пок wise after the event; завладе́ть ~а́ми sway minds; э́то у меня́ из ~а́ нейдёт *coll* I can't get it out of my mind; обня́ть ~о́м comprehend; приходи́ть на ~ *coll* occur to one, cross one's mind (+ *dat*); раски́нуть ~о́м cudgel one's brains, think out, ponder over; своди́ть с ~а́ *coll* drive mad, *fig* infatuate; сойти́ с ~а́ go mad, *fig* go crazy (about, по + *dat or pr*); с ~а́ сойти́! *coll* incredible!; спя́тить с ~а́ *pop* go balmy; с ~о́м *coll* sensibly, intelligently; счита́ть в ~е́ do mental arithmetic; оди́н в ~е́ carry one; от большо́го ~а́ *coll iron* in one's infinite wisdom; в здра́вом ~е́ и твёрдой па́мяти of sound mind and good memory; в ~е́ mentally; в своём ~е́ in one's right mind; не в своём ~е́ out of one's mind; в своём ли ты ~е́? are you in your right mind?; у меня́ и в ~е́ не́ было ... I didn't mean ...; из ~а́ вон! I quite forgot!; быть на ~е́ *coll* be on one's mind; у него́ на ~е́ ничего́, кро́ме ... he thinks of nothing but ...; он себе́ на ~е́ he is very shrewd; быть без ~а́ be out of one's mind, crazy (about, от + *gen*); научи́ть кого́ ~у́-ра́зуму *coll* bring someone to his senses, put someone wise; научи́ться ~у́-ра́зуму *coll* learn (some) sense, grow wise; что на ~е́, то и на языке́ *prov* not to be able to keep one's thoughts to oneself

умал|е́ние belittling, disparagement; ~**и́ть** II *pf of* ~я́ть

умалишённый *adj* mad, lunatic; *n* madman, lunatic

ума́лчивать I *pf* умолча́ть pass over in silence, ignore, fail to mention, suppress, hush up (о + *prep*)

умал|я́ть I *pf* ~и́ть *obs* decrease, lessen; belittle, disparage

ума́сл|ивать I *pf* ~ить *pop* butter up; ~́**ить** II *pf of* ~ивать

ума|сти́ть II (~щу́) *pf of* ~ща́ть; ~**ща́ть** I *pf* ~сти́ть anoint

ума́|ять I (~ю, ~ешь) *pf pop* wear out; ~́**яться** I (~юсь, ~ешься) *pf pop* get tired, worn out

у́мбра umber

уме́л|ец (~ьца) skilled craftsman; ~́**ый** able, skilful; capable; efficient; ~ые де́йствия efficient measures; ~ая поли́тика astute policy

уме́ние ability, skill; know-how

уменьш|а́емое *n math* minuend; ~**а́ть** I *pf* ~́ить reduce, diminish, decrease, lessen; ~ ско́рость reduce speed, slow down; ~ расхо́ды cut costs; ~**а́ться** I *pf* ~́иться diminish, decrease; drop, abate (*wind, etc*); go down (*swelling*); dwindle; ~**е́ние** reduction, diminution, abatement; ~ ско́рости deceleration; ~**и́тельный** diminishing; *gramm* diminutive; ~и́тельное и́мя pet name; ~́**ить(ся)** II *pf of* ~а́ть(ся)

уме́р|енность *f* moderation, moderateness; ~́**енный** (~ен, ~енна) *geog* temperate, moderate; ~ ве́тер moderate breeze; ~ по́яс temperate zone; *pol* moderate; ~ аппети́т moderate appetite

ум|ере́ть (~ру́, ~рёшь; ~́ер, ~ерла́, ~́ерло; ~е́рший) *pf of* ~ира́ть

уме́р|ить(ся) II *pf of* ~я́ть(ся)

умер|тви́ть II (~щвлю́) *pf of* ~щвля́ть; ~**щвле́ние** killing, destruction *also fig*; mortification; ~**щвля́ть** I *pf* ~тви́ть kill, destroy *also fig*; murder, do away with; mortify; *fig* choke, stifle (*creative impulses, etc*)

умер|я́ть I *pf* ~́ить moderate (*appetite, etc*), restrain (*anger, etc*), mitigate, modify; ~**я́ться** *pf* ~́иться, abate, die down

уме|сти́ть(ся) II (~щу́(сь)) *pf of* ~ща́ть(ся); ~́**стно** *adv* opportunely, appropriately; *pred* + *infin* it is appropriate, it is in order, it is proper; ~ бы́ло бы сказа́ть it would not be out of place to say; ~́**стный** (~стен) pertinent, to the point; appropriate, opportune, timely; ~ вопро́с pertinent question

уме́ть I *pf* с~ know how (to), be able (to, + *infin*)

уме|ща́ть I *pf* ~сти́ть get in, fit in, find room (for); ~**ща́ться** I *pf* ~сти́ться go in, fit in, find room

уме́ючи *adv coll* skilfully

умил|е́ние tenderness; emotion, (sentimental) affection; прийти́ в ~ be very touched, ~**ённый** deeply touched; affectionate; ~**и́тельный** (~и́телен) moving, touching, affecting; ~**и́ть(ся)** II *pf of* ~я́ть(ся); ~**осе́рдить** II (~осе́рдишь) *pf* = ~́оставить; ~́**остивить** II (~остивлю) *pf* propitiate, placate, mollify; ~́**ьный** (~ен) touching, affecting; ~ьное ли́чико sweet, touching face; *coll* ingratiating, smarmy; ~**я́ть** I *pf* ~и́ть touch, move; ~**я́ться** I *pf* ~и́ться be touched, moved

умина́ть I *pf* умя́ть press, squeeze; knead (*clay, etc*); tread down, press down; *pop* gorge, stuff down; ~́**ся** I *pf* умя́ться be compressed, pressed down

умира́|ние dying; ме́дленное ~ slow death; ~́**ть** I *pf* умере́ть die; *pf* be dead; *fig* die, disappear; умере́ть есте́ственной, наси́льственной сме́ртью die a natural, a violent death; ~ со́ смеху die of laughing; ~ от ску́ки be bored to death

умир|и́ть II *pf of* ~я́ть *obs*; ~**творе́ние** pacification; (re)conciliation; appeasement; ~**твори́ть(ся)** II *pf of* ~творя́ть(ся); ~**творя́ть** I *pf* ~твори́ть pacify, appease, conciliate; ~**творя́ться** I *pf* ~твори́ться be reconciled; ~**я́ть** I *pf* ~и́ть *obs* calm

умн|е́ть I *pf* по~ grow wiser, become more intelligent; ~́**ик** *coll* smart fellow, chap; good boy; *iron* smart Alec, clever Dick; ~́**ица** good girl; *m and f* clever man, woman; ~́**ичать** I *impf coll* try to be clever; *pf* с~ show off one's intelligence

умнож|а́ть I *pf* ~́ить multiply (+ *acc and* на + *acc*); increase, augment; ~**а́ться** I *pf* ~́иться increase; ~**е́ние** multiplication; increase; ~́**итель** *m tech* multiplier; ~́**ить(ся)** II *pf of* мно́жить(ся) *and* ~а́ть(ся)

у́м|но́ *adv* cleverly, wisely; sensibly; *pred* it is wise; it is sensible; **∼ный** (∼ён, ∼на́, ∼но́) clever, intelligent; sensible, wise; *coll* good (*of children*); сли́шком уж ∼ён *iron* too clever by half; **∼ню́щий** *coll* very clever, very intelligent; **∼озаключа́ть** I *pf* ∼озаключи́ть deduce; conclude, infer; **∼озаключе́ние** deduction; conclusion, inference; **∼озаключи́ть** II *pf of* ∼озаключа́ть; **∼озре́ние** *philos* speculation; **∼озри́тельный** (∼озри́телен) *philos* speculative, abstract; **∼оисступле́ние** delirium, mental derangement; де́йствовать в ∼оисступле́нии act while the balance of one's mind is disturbed

умол|и́ть II *pf of* ∼я́ть

у́молк без ∼у (*talk, chatter, etc*) incessantly; **∼а́ть** I *pf* ∼нуть fall silent, lapse into silence; stop, cease (*of noises*); **∼нуть** I (*past* ∼ *and* ∼нул, ∼ла) *pf of* ∼а́ть

умоло́т yield, quantity of threshed grain

умолч|а́ние passing over in silence, suppression, failure to mention; *lit* aposiopesis; **∼а́ть** II (∼у́) *pf of* ума́лчивать

умол|я́ть I *pf* ∼и́ть beg, implore, entreat; ∼ кого́ о проще́нии implore someone's forgiveness; **∼я́ющий** imploring, pleading, suppliant

умо|настрое́ние frame of mind; **∼помеша́тельство** insanity, madness, lunacy, derangement; **∼помраче́ние** (temporary) insanity, derangement, fit of insanity; **∼помрачи́тельный** (∼помрачи́телен) *coll* stupendous, mind-boggling

умо́р|а *usu pred coll* it's hilarious; **∼и́тельный** (∼и́телен) *coll* hilarious, killing, incredibly funny; **∼и́ть** II *pf of* мори́ть; **∼и́ться** II *pf pop* get worn out (from, от + *gen*)

умота́ть I *pf pop* = смота́ться

у́мств|енно *adv* ∼ отста́лый mentally retarded, backward; **∼енный** mental, intellectual; ∼ бага́ж mental equipment; ∼ труд brainwork; **∼ование** theorizing, philosophizing; **∼овать** (∼ую) *impf* theorize, philosophize

умудр|и́ть(ся) II *pf of* ∼я́ть(ся); **∼я́ть** I *pf* ∼и́ть make wise(r), teach; **∼я́ться** I *pf* ∼и́ться *coll* contrive, manage (to, + *infin*) *also iron*

умфо́рмер *elect* transformer

умч|а́ть II *pf* carry rapidly away, whirl away; **∼а́ться** II *pf* dash off, away; gallop off (*of horse*); set off at full speed (*of car, train, etc*); fly past (*of time, etc*); whirl away

умыва́|льник washstand, wash-basin, wash-bowl; **∼льный** wash(ing); ∼льная (ко́мната) washroom; ∼ таз wash-basin; **∼ть** I *pf* умы́ть wash (*hands, neck, face*); ∼ ру́ки wash one's hands (of it) *also fig*; **∼ться** I *pf* умы́ться wash (one's hands and face), have a wash

умык|а́ние bride-abduction; **∼а́ть** I *pf* ∼нуть abduct, carry off (*bride, girl, etc*); *fig pop* steal; **∼нуть** I *pf of* ∼а́ть

у́мы|сел (∼сла) intention, design; со злым ∼слом with malicious intent; *leg* of malice prepense; **∼слить** II *pf of* ∼шля́ть

ум|ы́ть(ся) (∼о́ю(сь), ∼о́ешь(ся)) *pf of* ∼ыва́ть(ся)

умы́шл|енно *adv* purposely, deliberately, intentionally, designedly; **∼енный** intentional, deliberate; premeditated (*crime, etc*); **∼я́ть** I *pf* умы́слить intend, design

умягч|а́ть I *pf* ∼и́ть soften; mollify; **∼и́ть** II *pf of* ∼а́ть

ум|я́ть(ся) (∼ну́, ∼нёт(ся); ∼я́тый) *pf of* ∼ина́ть(ся)

унаво́|живать I *pf* ∼зить manure; **∼зить** II (∼жу) *pf of* ∼живать *and* наво́зить

унасле́д|овать (∼ую) *pf of* насле́довать

унес|ти́(сь) (∼у́(сь), ∼ёшь(ся); ∼(ся), ∼ла́(сь); ∼ённый) *pf of* уноси́ть(ся)

униа́т *eccles* member of Uniat(e) Church; **∼ский** *eccles* Uniat(e)

универ|ма́г *abbr of* универса́льный магази́н department store; **∼са́л** all-round craftsman; *tech* theodolite; **∼са́льный** (∼са́лен) universal, all-round; ∼са́льные зна́ния encyclopedic knowledge; many-sided, versatile; ∼ челове́к versatile person; multi-purpose, all purpose; convertible; ∼ инструме́нт theodolite; ∼ ключ universal wrench; **∼сиа́да** students' sports; **∼сите́т** university; поступи́ть в ∼ go up to university; око́нчить ∼ graduate; **∼сите́тский** university

уни|жа́ть I *pf* ∼зить humiliate, humble; lower, degrade; **∼жа́ться** I *pf* ∼зиться abase oneself, debase oneself, demean oneself; ∼ до шантажа́ stoop to blackmail; **∼же́ние** humiliation, abasement, degradation; **∼женно** *adv* abjectly; **∼женный** abject; humiliated; **∼жённый** oppressed, degraded

уни|зи́ть I (∼жу́, ∼зишь) *pf of* ∼зывать

уни|зи́тельный (∼зи́телен) humiliating, degrading; **∼зить(ся)** II (∼жу(сь)) *pf of* ∼жа́ть(ся)

уни́з|ывать I *pf* ∼а́ть cover (with), stud (with, + *instr*)

ун|ика́льный (∼ика́лен) exceptional, rare; unique; **∼икум** unique object (*of its kind*); unique person

ун|има́ть I *pf* ∼я́ть soothe (*pain, etc*), quieten (*child, etc*), calm, pacify; restrain, curb; stop (*blood*), check; **∼има́ться** I *pf* ∼я́ться quieten down, calm down, grow quiet; abate, stop, die down

унисо́н unison; в ∼ in unison *also fig*, *fig* in concert

унита́з lavatory pan

унифи|ка́ция unification; **∼ци́ровать** (∼ую) *impf and pf* unify, bring into line

унифо́рм|а *obs* uniform; circus hands (*in the ring*); **∼и́ст** circus-ring hand

унижа́ть I *impf* disparage; **∼е́ние** disparaging, disparagement; **∼и́тельный** (∼и́телен) disparaging; *gramm* pejorative

уничтож|а́ть I *pf* ∼ить destroy *also fig*; annihilate, wipe out; exterminate; ∼ зло eradicate an evil; ∼ следы́ obliterate traces; abolish, do away with, eliminate; *coll* devour (*food, drink*); *fig* crush, make mincemeat (of), tear to shreds (*with an argument, etc*); **∼а́ющий** destructive; scathing (*criticism, etc*), slashing, annihilating; scornful, withering (*glance, etc*); **∼е́ние** destruction, annihilation, extermination, obliteration; abolition, elimination, removal; **∼ить** II *pf of* ∼а́ть

у́ния *hist eccles* union

уно́|с taking away, carrying away; pair (*of team of horses*); **∼си́ть** II (∼шу́, ∼сишь) *pf* унести́ take away; ∼ с собо́й take with one; *coll* carry off, make off with; carry away, bear away; ло́дку унесло́ тече́нием the boat was carried away by the current; е́ле но́ги унести́ escape by the skin of one's teeth; унеси́ ты моё го́ре! heaven help us!; *fig* carry back (*of thoughts, memories*); куда́ э́то его́ унесло́? *pop* where's he got to?; **∼си́ться** II (∼шу́сь, ∼сишься) *pf* унести́сь speed away; race off; *fig* be carried away (*of thought, dreams, etc*); мои́ мы́сли унесли́сь в про́шлое my thoughts

went back to the past; *fig* fly by, pass (*of time*)
ýнтер-офицéр non-commissioned officer
унт|ы́ (*gen pl* ~óв *also* ∸ы, *gen pl* ~) high fur boots
ýнция ounce
уны|вáть I *impf* be depressed, feel glum; не ~вáй! cheer up!; **∸лый** (~л) depressing, dreary, dismal; doleful, melancholy, cheerless (*of thoughts, looks, etc*); despondent, downcast, dejected, depressed; **∸ние** despondency, dejection, gloom, depression; впадáть в ~ give way to despair, become depressed
ун|я́ть(ся) (уймý(сь), уймёшь(ся); ~я́л(ся), ~ялá(сь); ~я́ло(сь); ~я́вший(ся); ~я́тый) *pf of* ~имáть(ся)
упáвший fallen; weak (*of voice, tone*)
упáд до ~у till one drops, to the point of exhaustion; **~áть** *impf* fall; **∸ок** (~ка) decline (*of culture, economy, etc*); decay, decline, collapse, breakdown; ~ ду́ха depression; ~ сил debility, weakness, relapse; **∸очнический** decadent; **∸очничество** decadence; **∸очный** (~очен) depressed; decadent; (*of art, culture, etc*); depressive; ~очное настроéние despondency, low spirits
упак|овáть (~ýю) *pf of* паковáть *and* ~óвывать; **~óвка** packing, wrapping, baling; packaging (*material*); **~óвочный** packing; ~ материáл packing material; **~óвщик** packer; **~óвывать** I *pf* ~овáть pack (up), wrap (up), bale
упáр|ивать I *pf* ~ить steam, stew; sweat (*horse*); **∸ить** II *pf of* ~ивать
упас|ти́ (~ý, ~ёшь; ∸, ~лá) *pf pop* save, preserve; ~и́ Бог, Бóже ~и́ *coll* God, Heaven forbid!; God preserve you
упá|сть (~дý, ~дёшь; ~л) *pf of* пáдать
упё|к loss of weight in baking; **~кáть** I *pf* ∸чь *coll* bake thoroughly; *pop* drag off, send off (*against one's will*); ~ в тюрьмý send off to prison
уп|ерéть(ся) (~рý(сь), ~рёшь(ся); ~ёр(ся), ~ёрла(сь); ~ёрший(ся); ~ерéв, ~ёрши(сь), ~ершúсь) *pf of* ~ирáть(ся)
упé|чь (~кý, ~чёшь, ~кýт; ∸к, ~клá; ~чённый) *pf of* ~кáть
упи|вáться I *pf* ∸ться *pop* get (blind) drunk (on, + *instr*); *fig* be intoxicated (by, + *instr*)
упирá|ть I *pf* уперéть *coll* set, rest, prop, lean (against, в + *acc*); ~ лéстницу в стéну rest a ladder against the wall; *impf fig coll* stress, insist (on, на + *acc*); *sl* pinch, filch; ~ глазá *coll* fasten one's gaze (upon, в + *acc*); **∸ться** I *pf* уперéться lean, rest, prop oneself (against, в + *acc*); ~ лóктем в стол rest one's elbow on the table; ~ ногáми в зéмлю dig one's heels in the ground; *coll* come up (against, в + *acc*); *fig pop* refuse to budge, stubbornly refuse; ~ на своём *fig pop* dig one's heels in
упи|сáть(ся) I (~шý, ∸шешь; ∸шет(ся)) *pf of* ∸сывать(ся); **∸сывать** I *pf* ~сáть get in, fit in (*s'th written*); ~сáть всё заявлéние на однóй страни́це get the whole statement on one page; *pop* devour, consume (*of food*); **∸сываться** I *pf* ~сáться go in, fit in
упи́т|анность *f* nutritional state; **∸анный** (~ан, ~анна) well-nourished; **~áть** I *pf of* ∸ывать; **∸ывать** I *pf* ~áть fatten (up), feed up
упи́|ться (упьюсь, упьёшься; ~лся, ~лáсь) *pf of* ~вáться
уплá|та payment; paying; в ~ту on account, in payment; **~ти́ть** II (~чý, ∸тишь) *pf of* плати́ть *and* ∸чивать; **∸тный** relating to payment; **∸чивать** I *pf* ~ти́ть pay; ~ долги́ pay debts; ~ти́ть по счёту pay, foot the bill
упле|сти́ (~тý, ~тёшь; ∸л, ~лá) *pf of* ~тáть; **~тáть** I *pf* ~сти́ *coll joc* tuck in(to)
уплотн|éние consolidation, concentration, compression; packing (tighter); ~ кварти́ры reduction of living-space per person, packing more people into a flat; ~ рабóчего дня tightening of work-schedules to increase output; *tech* sealing, luting; *med* hardening, induration (of skin); **~и́ть(ся)** II *pf of* ~я́ть(ся); **~я́ть** I *pf* ~и́ть consolidate, concentrate, compress; pack down; fill up; ~и́ть кварти́ру reduce living-space per person, increase number of occupants per flat; ~и́ть рабóчий день tighten work-schedules to increase output; *tech* seal, lute; **~я́ться** I *pf* ~и́ться be packed tightly, become compact; condense, thicken; reduce one's living-space (by taking in others); *med* harden; *tech* sinter, clinker (*of fuel*)
уплы|вáть I *pf* ∸ть swim away, off; sail, steam away (*of vessels*); float away, drift away, glide away; *fig coll* vanish, ebb; надéжда ~лá hope faded; *fig coll* pass, elapse (*of time*); **∸ть** (~вý, ~вёшь; ~л, ~лá, ~ло) *pf of* ~вáть
уповá|ние *lit* hope; возлагáть все ~ния set all one's hopes (upon, на + *acc*); **∸ть** I *impf lit* put one's trust (in, на + *acc*); hope (to, + *infin*)
уподóб|ить(ся) II (~лю(сь)) *pf of* ~ля́ть(ся); **~лéние** likening, comparison; *ling* assimilation; **~ля́ть** I *pf* ∸ить liken (to, + *dat*); **~ля́ться** I *pf* ∸иться be like, become like, look like (+ *dat*)
упо|éние ecstasy, rapture(s), thrill; в ~éнии успéха flushed with success; **~ённый** ecstatic (about), enraptured (by), thrilled (by), in raptures (about, + *instr*); **~и́тельный** (~и́телен) ravishing, entrancing
упоко|éние *lit* rest, repose; мéсто ~éния resting-place (*grave*); **∸ить** II *pf lit* lay to rest; **∸иться** II *pf lit* find repose, find one's (last) resting-place; **∸й** repose; моли́ться за ~ души́ pray for the repose of the soul
уполз|áть I *pf* ~ти́ creep, crawl away; **~ти́** (~ý, ~ёшь; ∸, ~лá) *pf of* ~áть
уполномóч|енный *n* representative, person authorized, plenipotentiary; **∸ивать** I *pf* ~ить authorize, empower (to, + *infin*); **∸ие** authorization; по ~ию on the authority (of, + *gen*); **∸ить** II *pf of* ~ивать
уполóвник *pop* ladle
упом|инáние mentioning; mention (of), reference (to, о + *prep*); remark; **~инáть** I *pf* ~янýть mention, refer (to, + *acc and* о + *prep*); **∸нить** *pf coll* remember; *usu with neg* всегó не ~нишь one can't remember everything; **~янýть** I *pf of* ~инáть
упóр support, prop, rest; *tech* stop, lug, arresting device; *tech* stay, brace; в ~ *mil* point-blank *also fig*; сказáть комý в ~ tell someone point-blank, say to someone's face; смотрéть в ~ stare straight (at, на + *acc*); дéлать ~ lay special stress, emphasis (on, на + *acc or* на + *prep*); **∸ный** (~ен) persistent, determined, stubborn, unyielding, obstinate; ~ взгляд steady glance; ~ кáшель persistent cough; ~ное молчáние stubborn silence; ~ное сопротивлéние determined resistance; *tech* supporting; ~ катóк bogie wheel; ~ болт stop; **∸ство** persistence, doggedness; stubbornness, obstinacy; **∸ствовать** (~ствую) *impf* be stubborn,

unyielding; persist (in, в + *prep*)

упорхну́ть I *pf* flit away

упоря́д|очение regulation, setting to rights, streamlining; **~́очивать** I *pf* ~очить regulate, put straight, streamline, set to rights; **~́очиваться** I *pf* ~очиться come right, be put to rights; be regularized; **~́очить(ся)** II *pf of* ~очивать(ся)

употреб|и́тельность *f* (frequency of) use; **~и́тельный** (~и́телен) (widely) used, common, generally accepted; ~и́тельные слова́ words in everyday use; **~и́ть** II (~лю́) *pf of* ~ля́ть; **~ле́ние** use; application; в большо́м ~ле́нии widely used; входи́ть в ~ come into use; выходи́ть из ~ле́ния go out of use, fall into disuse; вы́шедший из ~ле́ния out of use, obsolete; **~ля́ть** I *pf* ~и́ть use, make use of; apply; ~ все уси́лия exert every effort; ~ во зло чьё дове́рие abuse someone's confidence

упра́в|а *coll* check, control; на него́ нет ~ы *coll* there is no keeping him in check; *coll* justice, satisfaction; иска́ть ~ы seek justice; найти́ ~у на кого́ obtain satisfaction from someone; *hist* office, board, authority; городска́я ~ town council; **~де́л** *abbr of* управля́ющий дела́ми office manager, business manager; **~до́м** *abbr of* управля́ющий до́мом house manager, manager of block of flats, concierge; **~и́тель** *m obs* manager, bailiff, steward; **~́иться** II (~люсь) *pf of* ~ля́ться; **~ле́ние** operation, control; ~ на расстоя́нии remote control; management, administration, direction; ~ госуда́рством government; conducting (orchestra, choir, + *instr*); под ~ле́нием conducted (by, + *gen*); *tech* driving, piloting, steering (+ *instr*); ~ автомоби́лем driving (a car); теря́ть ~ get out of control; о́рганы ме́стного ~ле́ния local government organs; administration, board, directorate, authority; head-office (*building*); *tech* controls; рулево́е ~ steering-gear; щит ~ле́ния control panel; *gramm* government; **~ле́нческий** administrative; **~ля́емость** *f* controllability; steering response; **~ля́емый** ~ снаря́д guided missile; **~ля́ть** I *impf* control, operate (*machine*, *etc*), drive (*car*, *etc*), pilot, steer (*ship*, *etc*) (+ *instr*); ~ су́дном navigate a vessel; manage, administer, direct, run, govern, be in charge (of, + *instr*); ~ страно́й govern a country; ~ хозя́йством run an economy; guide; conduct (orchestra, choir); ~ твори́тельным падежо́м *gramm* govern the instrumental case; **~ля́ться** I *pf* ~́иться *coll* cope (with), manage (с + *instr*); *coll* deal (with, с + *instr*); **~ля́ющий** control(ling); ~ вал *tech* camshaft; *n* manager, bailiff, steward; ~ по́ртом harbour-master

упражн|е́ние exercising; exercise; **~я́ть** I *impf* exercise, train; ~ му́скулы exercise one's muscles; ~ па́мять train one's memory; **~я́ться** I *impf vi* practise, train (at, в + *prep*, на + *prep*); ~ на роя́ле practise the piano

упраздн|е́ние abolition; cancellation, annulment; closing (*of institution*); **~и́ть** II *pf of* ~я́ть; **~я́ть** I *pf* ~и́ть abolish, do away with; cancel, annul; close (*institution*)

упра́шивать I *pf* упроси́ть beg, entreat; *pf* persuade, prevail upon

упре|ди́ть II (~жу́) *pf of* ~жда́ть; **~жда́ть** I *pf* ~ди́ть *obs pop* warn; forestall, anticipate

упрёк reproach, reproof; recrimination(s); с ~ом reproachfully; осыпа́ть кого́ ~ами heap reproaches on someone; бро́сить ~ кому́ reproach someone; ста́вить что в ~ кому́ hold something against someone; **~а́ть** I *pf* ~ну́ть reproach (with, в + *prep*), reprove; **~ну́ть** I *pf of* ~а́ть

упре́|ть I (~ю) *pf of* преть

упро|си́ть II (~шу́, ~́сишь) *pf of* упра́шивать

упро|сти́ть(ся) II (~щу́, ~сти́т(ся)) *pf of* ~ща́ть(ся)

упро́ч|ение consolidation, strengthening, securing, fixing; **~́ивать** I *pf* ~ить consolidate, strengthen, secure, fix; establish on firm foundations; ~ить своё положе́ние consolidate one's position; ensure; э́то полотно́ ~ило за ним сла́ву худо́жника this canvas ensured his fame as an artist; *obs* leave (to, in possession of, за + *instr*); **~́иваться** I *pf* ~иться establish oneself; be consolidated, strengthened; be settled (upon, за + *instr*) (*of property*); be ensured (за + *instr*) (*of reputation*, *etc*); про́звище ~илось за ним the nickname stuck to him; **~́ить(ся)** II *pf of* ~иваться; **~ни́ть** II *pf of* ~ня́ть; **~ня́ть** I *pf tech* ~ни́ть make stronger, strengthen

упро|ща́ть I *pf* ~сти́ть simplify; reduce (to, до + *gen*); oversimplify; **~ща́ться** I *pf* ~сти́ться be simplified, become simpler; **~ще́ние** simplification; oversimplification; **~щённость** *f* oversimplification; **~щённый** (~щён, ~щённа) oversimplified, primitive; **~ще́нство** oversimplification; **~ще́нческий** oversimplified

упру́г|ий (~) elastic, resilient; ~ая похо́дка springy gait; *phys* expansible, extensible (*of gases*); **~́ость** *f* elasticity, resilience; spring, bound; *phys* expansibility, extensibility; преде́л ~ости elastic limit

упр|я́жка team, relay (*of horses*, *dogs*, *etc*); harness, gear; **~яжно́й** draught; ~яжна́я ло́шадь draught-horse, carriage-horse; ~яжна́я тя́га drawbar; **~́яжь** *f* harness, gear

упря́м|ец (~ца) *coll* stubborn person, obstinate fellow; **~́иться** II (~люсь) *impf* be stubborn, obstinate; не ~ься! don't be (so) obstinate!; **~́ство** stubbornness, obstinacy; **~́ствовать** (~ствую) *impf* = ~иться; **~́ый** (~) stubborn, obstinate; persistent

упря́|тать I (~чу) *pf of* ~́тывать *coll* hide, put away, stow away; *fig pop* send away, banish, put away; **~́таться** *pf of* ~́тываться

упря́т|ывать *impf of* ~́ать; **~́ываться** *impf of* ~́аться

упу|ска́ть I *pf* ~сти́ть let go; loose hold of; ~сти́ть коне́ц верёвки let go the rope; *fig* let go, let slip; miss, lose; ~сти́ть вре́мя let the moment pass; ~сти́ть возмо́жность, слу́чай miss an opportunity; не ~ слу́чая let no occasion pass; ~сти́ть и́з виду overlook, lose sight of; *fig coll* neglect; **~сти́ть** II (~щу́, ~́стишь) *pf of* ~ска́ть; **~ще́ние** oversight, omission; (careless) slip; negligence; ~ по слу́жбе dereliction of duty

упы́рь 1 *m* vampire; *sl* informer, stoolie

упятер|и́ть II *pf of* ~я́ть; **~я́ть** I *pf* ~и́ть quintuple

ура́ *interj* hurrah!, hurray!; прокрича́ть троекра́тное ~ give three cheers; на ~ *mil* by storm, *fig coll* with enthusiasm, *fig coll* trusting to luck

уравн|е́ние equalization, balancing; *math* equation; **~́ивать** I *pf* ~я́ть make equal; level up, equalize; ~ кого́ в права́х give equal rights to someone; *pf* уровня́ть make even, level, smooth; **~и́ловка** *coll* egalitarianism; ~ в опла́те труда́ wage-levelling; **~и́тель** *m* leveller, equalizer; regulator; ~ хо́да governor; *pol* egalitarian; **~и́тельный** levelling, equalizing; ~и́тельная переда́ча differential gear;

~ове́сить II (~ове́шу) *pf of* ~ове́шивать; **~ове́шенность** *f fig* balance, equability, steadiness, even temper, composure; **~ове́шенный** (~ове́шен, ~ове́шенна) *fig* (well-)balanced, equable, steady, composed; **~ове́шивание** balancing; *tech* equilibration; **~ове́шивать** I *pf* ~ове́сить balance, put in equilibrium; *fig* offset, counterbalance; neutralize; **~я́ть** I *pf of* ~́ивать
урага́н hurricane *also fig*; **~́ный** hurricane; ~ ого́нь hail of fire, drumfire
уразуме́ть I *pf lit and iron* comprehend, understand
Ура́л Ural(s); **ура́льский** Ural(s)
ура́н uranium; Ура́н *astron* Uranus **~́овый** uranium, uranic
урбани́|зм urbanism; **~́ст** urbanist
урв|а́ть (~у́, ~ёшь; ~а́л, ~ала́, ~а́ло) *pf of* урыва́ть *pop* snatch (*time, etc*), grab (*some money, etc*)
урду́ *neut indecl* Urdu
урегули́р|ование regulation, settlement, adjustment; **~́овать** (~ую) *pf of* регули́ровать
уре́|з *coll* cutting (back); ~ воды́ water level; **~́зать** I (~жу) *pf of* ~за́ть *and* ~зывать; **~за́ть** I *pf* ~́зать *coll* shorten; *fig* reduce, cut down, cut back, axe; ~ шта́ты cut down the staff
урезо́н|ивать I *pf* ~ить *coll* make to see reason, bring to reason; **~́ить** II *pf of* ~ивать
уре́з|ывать I = ~а́ть
уреми́|ческий uraemic; **~́я** uraemia
уре́тр|а urethra; **~и́т** urethritis; **~оско́п** urethroscope
ури́на *med* urine
у́рка *m and f sl* professional criminal; **~́ч** 1 = у́рка
у́рна urn; ballot-box; rubbish bin
у́ров|ень *m* (~ня) level; standard; plane; над ~нем мо́ря above sea-level; ~ зарпла́ты standard of wages; в ~ level (with), at the height (of), flush (with, с + *instr*), *fig* abreast (of); идти́ в ~ ве́ка keep abreast of the times; быть на ~не be up to standard; совеща́ние на высо́ком ~не high-level conference; подня́ть на до́лжный ~ raise to the proper level; *tech* level, gauge; **~ня́ть** I *pf of* ура́внивать
уро́|д freak, monster; ugly person; он ~ he's hideous; нра́вственный ~ depraved person, monster; **~́дина** *m and f* = ~д; **~ди́ть** II (~жу́) *pf* bear, bring forth; **~ди́ться** II (~жу́сь) *pf* yield, ripen; хлеб хорошо́ ~ди́лся the grain crop was good; *coll* be born (*of human being*); *coll* take after (в + *acc*); в кого́ он ~ди́лся? where does he get it from?; **~́дливость** *f* deformity; ugliness; abnormality; **~́дливый** (~длив) deformed, misshapen; ugly; ~ наря́д ugly attire; distorted, twisted; faulty; **~́довать** (~дую) *pf* изуро́довать deform, disfigure, deface, make ugly; cripple, mutilate; ruin, corrupt, demoralize; **~́доваться** (~дуюсь) *pf* изуро́доваться *coll* cripple oneself; make oneself ugly, spoil one's appearance; **~́дский** *coll* ugly; distorted; **~́дство** deformity, disfigurement; ugliness; *fig* abnormality
урожа́й harvest; crop, yield; небыва́лый ~ bumper crop; ~ виногра́да vintage; bumper harvest, crop *also fig*; **~́ность** *f* yield (capacity); **~́ный** high-yielding; ~ год bumper year
урож|дённая née (*before maiden name*); **~е́нец** (~е́нца), **~е́нка** native (of, + *gen*)
уро́к lesson *also fig*; брать ~и take, have lessons (in, + *gen*); дава́ть ~и teach, give lessons, give tuition (in, + *gen*); дать ~ кому́ *fig* teach someone a lesson; homework, lesson, task; гото́вить ~и do one's lessons, homework; зада́ть ~ set homework; ~и исто́рии the lessons of history
уро́лог urologist; **~и́ческий** urological; **~́ия** urology
уро́н loss(es), casualties; нанести́ ~ inflict losses (on, + *dat*)
урон|и́ть II (~ю́, ~ишь) *pf of* роня́ть
уро́чище isolated terrain feature; natural boundary
уро́чн|ый fixed, agreed, determined; ~ая рабо́та set task; ~ая цена́ fixed, contracted price
уругва́|ец (~ца) Uruguayan; **У~й** Uruguay; **~́йка** Uruguayan (woman); **~́йский** Uruguayan
урч|а́ние rumbling; ~ в желу́дке tummy-rumbling, collywobbles; **~а́ть** II *impf* rumble
урыв|а́ть I *pf* урва́ть; **~́ками** *adv coll* in snatches, at odd moments, by fits and starts; **~́очный** (~очен) *coll* fitful, occasional
урю́к dried apricots
уря́|д *obs* rank; rule(s), observances, customs; **~ди́ть** II (~жу́) *pf of* ~жа́ть; **~́дник** *hist* Cossack NCO; village constable; **~жа́ть** I *pf* ~ди́ть *obs* put in order, arrange
ус (see ~ы́) moustache; и в ~ (себе́) не дуть *coll* not to turn a hair, not to care a rap; мота́ть (себе́) на ~ *coll* make a mental note (of); намота́й э́то себе́ на ~ *coll* put that into your pipe and smoke it; whisker (*of an animal*); antenna, feeler (*of insect*); *bot* tendril; awn; кито́вый ~ whalebone, baleen
уса́дебный ~ быт life of country gentry
уса|ди́ть II (~жу́, ~́дишь) *pf of* ~́живать; **~́дка** shrinking; shrinkage; contraction
уса́дьба country house (with outbuildings and garden), country seat; farmstead, farm centre; individual plot of land
уса́|живать I *pf* ~ди́ть seat, make sit down, help sit down; ~ди́ть в тюрьму́ *coll* throw into gaol; set (to, at, за + *acc*); ~ кого́ за рабо́ту set someone to work; plant (with, + *instr*); **~́живаться** I *pf* усе́сться take a seat, settle (down); make oneself comfortable; sit down (to, за + *acc or* + *infin*); усе́сться за кни́гу settle down with a book
уса́|стый (~ст) *coll* with a big moustache; **~́тый** (~т) moustached; with a big moustache; bewhiskered (*of animals*); **~́ч** 1 *coll* man with a long moustache; barbel (*fish*); capricorn beetle
уса́харить *coll* sugar; flatter; *obs* beat to death
усв|а́ивать I *pf* ~о́ить adopt, acquire (*habit, etc*); ~о́ить чужо́й вы́говор pick up someone else's accent; master, learn; digest, assimilate (*food, medicine, etc*); **~о́ение** acquiring; mastering, understanding; assimilation; **~о́ить** II *pf of* ~а́ивать; **~о́яемость** *f* comprehensibility; assimilability (*of food, etc*)
усе́|ивать I *pf* ~ять strew (with), dot (with), cover (with), stud (with), litter (with, + *instr*); бе́рег мо́ря, ~янный меду́зами seashore littered with jellyfish; лицо́, ~янное весну́шками face covered with freckles; не́бо ~яно звёздами the sky is studded with stars
усе|ка́ть I *pf* ~́чь truncate, cut off; *pop* understand
усекнове́ние beheading; ~ главы́ Иоа́нна Предте́чи the beheading of St John the Baptist
усе́рд|ие zeal, diligence, assiduity; с ~ием zealously; **~́ный** (~ен) zealous, diligent, assiduous; **~́ствовать** (~ствую) *impf* be zealous, work hard, show a lot of zeal, take pains
ус|е́сться (~я́дусь, ~я́дешься; ~е́лся, ~е́лась; ~я́дься) *pf of* ~а́живаться

усе|чённый *math* truncated; ~ да́ктиль imperfect dactyl; **~чь** (~ку́, ~чёшь, ~ку́т; ~к, ~кла́) *pf of* ~ка́ть

усе́|ять I (~ю, ~ешь) *pf of* ~ивать

уси|де́ть II (~жу́) *pf* keep one's seat, remain sitting; тру́дно ~ на ме́сте it is hard to sit still; stay; *pop* knock back (*drink*), polish off (*food*); **~дчивость** *f* assiduity, diligence, perseverance; **~дчивый** (~дчив) assiduous, diligent, persevering

у́сик *pl* little moustache; feelers, antennae (*of insects*); *bot* tendril; awn; runner (*of strawberry, etc*)

усил|е́ние strengthening, reinforcement; amplification (*rad, etc*); intensification (*of sound, etc*); **~енный** strengthened, reinforced; concentrated; ~енное пита́ние improved diet; intensified, increased; earnest, urgent, persistent; ~енные про́сьбы earnest entreaties; **~ивать** I *pf* ~ить strengthen, reinforce; intensify, increase; ~ить звук increase the volume; ~ить оборо́ну strengthen (one's) defences; ~ить страда́ния aggravate (one's) sufferings; **~иваться** I *pf* ~иться become stronger, strengthen; intensify, increase; grow louder, swell (*of sound*); increase in violence, mount (*of storm, wind, etc*); дождь ~ился it began to rain even harder; **~ие** effort, exertion; прилага́ть все ~ия make every effort; сде́лать над собо́й ~ make an effort; **~и́тель** *m* booster; amplifier (*rad*); *phot* intensifier; **~и́тельный** booster, boosting, amplifying; **~ить(ся)** II *pf of* ~ивать(ся); **~ьный** earnest, urgent, pressing

уска|ка́ть I (~чу́, ~чешь) *pf of* ~ивать; **~ивать** I *pf* ~ка́ть gallop off, away; *fig coll* skip off, pop off; hop, scamper away

ускольз|а́ть I *pf* ~ну́ть *fig coll* slip out, away; ~ну́ть из ко́мнаты slip out of the room; ~ из рук slip through one's fingers, out of one's hands; ~ну́ть от кого́ give someone the slip; *fig* disappear, escape; ~ну́ть от внима́ния кого́ escape someone's notice; *coll* evade, avoid; ~ну́ть от прямо́го отве́та avoid giving a direct answer; **~ну́ть** I *pf of* ~а́ть

ускор|е́ние acceleration, speeding-up; **~енный** rapid; accelerated; ~ курс intensive course; **~и́тель** *tech* accelerator; **~ить(ся)** II *pf of* ~я́ть(ся); **~я́ть** I *pf* ~ить quicken, speed up, accelerate; ~ить шаг quicken one's pace; hasten, precipitate; ~ить собы́тия precipitate the course of events; ~ить отъе́зд hasten one's departure; **~я́ться** I (~я́ется) *pf* ~иться quicken, accelerate, speed up, pick up speed; be hastened, be precipitated

усла́вливаться = усло́вливаться

усла́|да joy, delight; enjoyment; **~ди́тельный** (~ди́телен) pleasing, delightful; **~ди́ть(ся)** II (~жу́(сь)) *pf of* ~жда́ть(ся); **~жда́ть** I *pf* ~ди́ть *poet* charm, delight; **~жда́ться** I *pf* ~ди́ться *poet* delight (in, + *instr*)

усла|сти́ть II (~щу́) *pf* sweeten

усла́ть (ушлю́, ушлёшь) *pf of* усыла́ть

усле|ди́ть II (~жу́) *pf* keep an eye (on), mind, follow (за + *instr*); тру́дно ~ за его́ мы́слями he is hard to follow; за всем не ~ди́шь one can't keep track of everything; она́ не ~ди́ла за ребёнком she didn't keep an eye on the child

усло́в|ие condition, stipulation, proviso; clause, term; при про́чих ра́вных ~иях other things being equal; при таки́х ~иях under such circumstances; под ~ием, при ~ии, что ... on condition that ..., provided ...; ста́вить ~ием make it a condition, stipulate; *pl* conditions; ~ия пого́ды weather conditions; ~ приёма (radio) reception; бытовы́е ~ия conditions of life; **~иться** II (~люсь) *pf of* усло́вливаться *and* усла́вливаться; **~ленный** agreed, fixed, appointed, stipulated; в ~ час at the appointed hour; **~ливаться** I *pf* ~иться arrange, make arrangements (about, о + *prep*; to, + *infin*); agree, settle; **~ность** *f* convention(ality); conditional character; **~ный** conventional; ~ная ли́ния conventional line; symbolic (*art*); *gramm* conditional; ~ное предложе́ние conditional sentence; ~ рефле́кс conditioned reflex; agreed, prearranged, secret; ~ знак secret sign; ~ное назва́ние code name; (~ен) conditional, provisional; ~ пригово́р suspended sentence; ~ное согла́сие provisional agreement

усложн|е́ние complication; **~и́ть(ся)** II *pf of* ~я́ть(ся); **~я́ть** I *pf* ~и́ть complicate; **~я́ться** I (~я́ется) *pf* ~и́ться become complicated

услу́|га service, good turn, good office; оказа́ть ~гу do a service, favour (+ *dat*); предложи́ть свои́ ~ги offer one's services; я к ва́шим ~гам I am at your disposal; ~ за ~гу one good turn deserves another, tit for tat; *pl* service(s); коммуна́льные ~ги communal services, public utilities; **~же́ние** *obs* service; быть в ~же́нии be in service (with, у + *gen*), *fig iron* be a lackey (of); **~жи́ть** II (~жу́, ~жишь) *pf coll* do a good turn (to), help (+ *dat*); **~жливый** (~жлив) obliging, accommodating, helpful; ~ дура́к опа́снее врага́ God defend me from my friends

услы|ха́ть (~шу, ~шишь; ~ха́л) *pf* = ~шать; **~шать** II *pf of* слы́шать

усма́тривать I *pf* усмотре́ть *pop* perceive, observe, notice; *coll* keep an eye (on), follow (за + *instr*); за всем не усмо́тришь *coll* you can't keep track of everything; see (in), notice (in, в + *prep*), regard (as); ~ угро́зу в заявле́нии see the statement as a threat

усме|ха́ться I *pf* ~хну́ться smile (ironically), grin; **~хну́ться** I *pf of* ~ха́ться; **~шка** (ironic) smile, sneer

усмир|е́ние suppression (*of rebellion, etc*); pacification; **~и́ть** II *pf of* ~я́ть; **~я́ть** I *pf* ~и́ть pacify; calm, quieten (*child, etc*); *fig* tame; suppress, put down (*rebellion, etc*)

усмотр|е́ние discretion, judgement; по ~е́нию кого at someone's discretion; де́йствовать по своему́ ~е́нию use one's discretion; **~е́ть** II (~ю́, ~ишь) *pf of* усма́тривать

усна|сти́ть II (~щу́) *pf of* ~ща́ть; **~ща́ть** I *pf* ~сти́ть rig (*a boat*); *fig* adorn (with), lard (with), stuff (with, + *instr*) (*speeches, tales, etc*)

усну́ть I fall asleep *also fig*; ~ ве́чным сном, наве́ки *fig* go to one's eternal rest; die (*of fish*)

усо́бица intestine strife

усоверше́нств|ование improvement, refinement; finishing, qualifying; **~ованный** improved (*machine, etc*); finished, complete (*of education, etc*); **~овать(ся)** (~ую(сь)) *pf of* соверше́нствовать(ся)

усо́в|естить II (~ещу) *pf of* со́вестить; **~ещивать** I = со́вестить

усомни́ться II *pf* doubt, feel doubts (about, в + *prep*)

усо́пший *adj* deceased; *n* the deceased

усо́х|нуть I (~нет; ~, ~ла) *pf of* усыха́ть

успе|ва́емость *f* progress (*in studies*); **~ва́ть** I have time (to, + *infin*); ∠ть всё сде́лать find time for everything; be in time (for, на + *acc*, к + *dat*); ∠ть на по́езд be in time to catch the train; не ∠ть на по́езд miss the train; *impf* make progress (in), get on well (in), do well (in, at, по + *dat*, в + *prep*); ~ по геогра́фии make good progress in geography; он не ∠л огляну́ться, как ... before he knew where he was ..., before he could say knife ...; ∠ется *pf impers coll* there's plenty of time

успе́н|ие *eccles* death, passing; Успе́ние (Feast of) the Assumption; **У~ский** of the Assumption

успе́|ть I *pf of* ~ва́ть; ∠**х** success; име́ть большо́й ~ be a great success; по́льзоваться ~хом be a success; жела́ю (вам) ~а! good luck (to you)!; с тем же ~ом я мог бы сиде́ть до́ма I might just as well have stayed at home; с ~ом обходи́ться get on very well (without, без + *gen*), do without; *pl* success, progress; как ва́ши ~и? how are you getting on?; де́лать ~и make progress (in), get on (at, в + *prep*); ∠**шность** *f* success; progress; ∠**шный** (~шен) successful

успок|а́ивать I *pf* ~о́ить calm (down), soothe; reassure, set at rest; могу́ вас ~о́ить I can set your mind at rest; assuage, relieve, deaden (*pain*, *grief*, *etc*); allay, still (*suspicion*, *fears*, *etc*); ~ со́весть salve one's conscience; ~**а́иваться** calm down, compose oneself, regain one's composure; settle down (*of children*, *etc*); be satisfied; ~ на дости́гнутом rest on one's laurels; be relieved, abate, go off (*of pain*, *etc*); become still (*of the sea*); drop (*of wind*); ~**а́ивающий** sedative; ~**ое́ние** calming, quieting, soothing; peace, relief, quiet, calm; для ~ое́ния не́рвов for one's peace of mind; ~**о́енность** *f* calmness, tranquillity; ~**о́ительный** (~о́ителен) calming, soothing, reassuring (*news*, *tone*, *etc*); ~о́ительное (сре́дство) sedative, tranquillizer; ~**о́ить(ся)** II *pf of* ~ка́ивать(ся)

усредни́ть II *pf tech* standardize

уст|а́ 1 (*gen pl* ~) *no sing obs or poet* mouth, lips; вложи́ть в чьи ~ *fig* put (the words) into someone's mouth; из ~ в ~а́ by word of mouth, from mouth to mouth; узна́ть из пе́рвых, вторы́х, тре́тьих ~ learn at first, second hand, indirectly; на ~а́х у всех on everybody's lips, the talk of the town; не сходи́ть с ~ be passed on, become the talk of the town; твои́ми бы ~а́ми (да) мёд пить! if only you were right!, too good to be true

уста́в regulations, rules, statutes; *mil* manual, service regulations; standing orders; *monastic* rule; Уста́в КПСС Rules of the CPSU; Уста́в ООН UNO Charter; *phil* uncial (writing)

уста|ва́ть (~ю́, ~ёшь) *pf* ∠ть get tired; не ~ва́я *adv* tirelessly, incessantly

уста́в|ить(ся) II (~лю(сь)) *pf of* ~ля́ть(ся); ~**ля́ть** I *pf* ∠ить place, set, arrange, dispose; ∠ить все кни́ги в шкаф put all the books in the bookcase; cram (with), pile (with), fill (with, + *instr*); ∠ить по́лку кни́гами cram a shelf with books; ∠ить глаза́ fix, direct (*one's gaze*, *etc*, upon, на + *acc*); ~**ля́ться** I *pf* ∠иться have, find room, go in; все кни́ги ∠ились в шкафу́ there was room for all the books in the bookcase; ∠иться fix one's gaze (upon), stare (at, на + *acc*); ∠**ный** regulation, statutory, prescribed

уст|а́лость *f* fatigue, tiredness, weariness; ~ мета́ллов metal fatigue; ~**а́лый** tired, weary, fatigued; ∠**аль** *f obs* = ~а́лость; без ~али tirelessly, untiringly, indefatigably; не знать ~али *coll* be tireless

устан|а́вливать I *pf* ~ови́ть place, put, set up; install, mount, rig up; ~ маши́ну install a machine; organize, arrange, set up; determine, establish, fix; lay down (*rules*, *etc*); ~ови́ть це́ны fix prices; ~ови́ть связь establish communication (with, с + *instr*); ~ови́ть сро́ки о́тдыха fix holidays; secure, obtain; ~ови́ть тишину́ secure quiet; ascertain; ~ови́ть причи́ну ава́рии establish the cause of the crash; ~**а́вливаться** I *pf* ~ови́ться become established, settled; take root, set in; ~ови́лся обы́чай it has become a custom; пого́да ~ови́лась the weather has become settled; be formed, fixed, take shape (*of character*, *etc*); ~**ови́ть(ся)** II (~овлю́(сь), ∠овишь(ся)) *pf of* ~а́вливать(ся); ~**о́вка** placing, setting, putting; arranging, establishing; installation, mounting, rigging; plant, unit, installation; adjustment, regulation, setting; ~ взрыва́теля fuse setting; directive, directions, instructions; aim, purpose; име́ть ~о́вку aim (at, на + *acc*); ~**овле́ние** establishment; determination; *obs* institution; *obs* statute; ~**о́вленный** established, fixed, prescribed; в ~о́вленном поря́дке in (the) prescribed manner; ~**о́вочный** installation; ~ винт adjusting screw; directions, instructions; ~**о́вщик** fitter, mounter; *mil* (instrument) setter

устаре|ва́ть I *pf* ∠ть be, become obsolete; ∠**вший** obsolete; ∠**лый** obsolete; antiquated, out of date; ∠**ть** *pf of* ~ва́ть *and* старе́ть

уста́|ток с ~тку *pop* from weariness; ∠**ть** (~ну, ~нешь) *pf of* ~ва́ть; я ~л I am tired

устере|га́ть I *pf* ∠чь *coll* guard (against, от + *gen*); keep a watch over; ∠**чь** (~гу́, ~жёшь, ~гу́т; ∠г, ~гла́; ~жённый; ∠гши) *pf of* ~га́ть

уст|ила́ть I *pf* ~ла́ть *and* ~ели́ть carpet (with), cover (with), spread (with), strew (with), pave (with, + *instr*); ~**ла́ть** (*and* ~**ели́ть**) (~елю́, ~е́лешь; ∠ланный *and* ~е́ленный) *pf of* ~ила́ть

у́стн|о *adv* orally, by word of mouth; ∠**ый** oral, verbal; ~ая речь spoken language; ~ая слове́сность oral literature, folk poetry; ~ые указа́ния verbal instructions

усто́|й buttress, abutment, pier (*of bridge*); foundation, support; *pl fig* foundations, bases; нра́вственные ~и moral principles; thickened layer on surface of liquid; ~ молока́ top of milk, cream

усто́йч|ивость *f* stability, steadiness, firmness; ∠**ивый** (~ив) stable, steady, firm *also fig*; ~ивая валю́та stable currency; ~ивая пого́да settled weather; ~ивое соедине́ние *chem* stable compound

усто|я́ть II (~ю́) *pf* keep one's balance, feet, remain standing; *fig* hold out, stand one's ground; resist, hold out (against, про́тив + *gen*); withstand; ~ пе́ред испыта́нием withstand the test; не ~ пе́ред собла́зном succumb to the temptation; ~**я́ться** II (~и́тся) *pf* settle, clear (*of liquids*); cream, gather (*of milk*); *fig* become fixed, permanent

устр|а́ивать I *pf* ~о́ить make, construct, build; arrange, organize; ~о́ить вы́ставку hold an exhibition; ~о́ить конце́рт arrange a concert; ~о́ить обе́д give a dinner; *fig* cause, create, make; ~о́ить сканда́л make a scene; settle, put in order; ~о́ить свои́ дела́ settle, put one's affairs in order; fix up, place; get, secure; ~о́ить кого́ на рабо́ту get someone a job; ~о́ить кому́ ко́мнату *coll* find someone a room; *impers coll* suit; э́то меня́ не ~а́ивает that's inconvenient for me; ~**а́иваться** I *pf* ~óиться work out well, come right; всё ~óится it will all work out; settle down, establish oneself, get fixed up; ~óиться на завóд get a job in a factory; make oneself comfortable, find a place, fit in

устран|éние removal, clearing, elimination; **~úть(ся)** II *pf of* ~я́ть(ся); **~я́ть** I *pf* ~úть remove, clear, get rid of; dismiss; eliminate; ~úть недостáтки eradicate defects; **~я́ться** I *pf* ~úться withdraw (from), hold aloof (from, от + *gen*)

устраш|áть I *pf* ~úть intimidate, frighten, scare; **~áться** I *pf* ~úться be frightened, scared (of, + *gen*); **~éние** intimidation, frightening; срéдство ~éния deterrent; fright, fear; **~úть(ся)** II *pf of* ~áть(ся)

устрем|úть(ся) II (~лю́(сь)) *pf of* ~ля́ть(ся); **~лéние** rush; striving; aspiration; **~лённость** *f* tendency; **~ля́ть** I *pf* ~úть direct; *fig* fix, fasten; ~ взгляд fasten, fix one's gaze (upon, на + *acc*); ~ внимáние concentrate one's attention (on, на + *acc*); **~ля́ться** I *pf* ~úться rush, dash (at), swoop down (on, на + *acc*); be directed (at, towards), be fixed (upon), be concentrated (on, на + *acc and* к + *dat*); *fig* be concentrated (on) (*of pers*)

у́стр|ица oyster; **~ичный** ~ичная рáковина oyster shell

устро|éние arranging, organization; fixing up; *obs* apparatus, mechanism; **~úтель** *m* organizer; **~ить(ся)** II *pf of* устрáивать(ся); **~йство** arranging, arrangement, organization; system, structure, set-up; construction, design; layout; apparatus, device, appliance, mechanism; запоминáющее ~ *tech* storage unit, device

усту́п ledge, shelf, projection (*of wall, cliff, etc*); spur (*of hill*); terrace; располóженный ~ами terraced; *geol* bench; *mil* echelon formation (*of artillery*)

уступ|áть I *pf* ~úть let have, give up (to), cede (to), concede (to, + *dat*); ~ дорóгу кому́ let someone pass; ~ мéсто кому́ give up one's place to someone; ~ свой билéт дру́гу let a friend have one's ticket; ~ территóрию cede territory; yield, give in (to, + *dat*; over, в + *prep*); ~ сúле, давлéнию yield to force, pressure; он никому́ ни в чём не ~ит he never makes concessions to anyone; не ~ кому́ be just as good as, in no way inferior to someone; *coll* sell, let have; ~ два рубля́ *coll* knock off, take off two roubles; **~úтельный** *gramm* concessive; **~úть** II (~лю́, ~ишь) *pf of* ~áть; **~ка** yielding; cession (*of territory*); concession, compromise; идтú на ~ки make concessions; reduction (*of price*); **~чатый** (~чат) ledged, stepped, terraced; **~чивость** *f* compliance, pliancy, tractability; **~чивый** (~чив) pliant, pliable; compliant, yielding, tractable

усты|дúть II (~жу́) *pf* shame, put to shame; **~дúться** II (~жу́сь) *pf* be ashamed (of), feel embarrassed (for, + *gen*)

у́сть|е (*gen pl* ~ев) mouth, estuary (*of river*); mouth, orifice, opening (*of furnace, pipe, etc*); **~евый** *and* **~евóй** *adj of* ~е; **~ице** *dim of* ~е; *bot* stoma; вóдное ~ *bot* water pore

усугу́б|úть(ся) II (~лю́; ~úт(ся)) *pf of* ~ля́ть(ся); **~ля́ть** I *pf* ~úть increase (*attention, etc*); deepen, aggravate (*guilt, etc*); intensify, redouble (*efforts, etc*); **~ля́ться** I *pf* ~úться increase, intensify

усуш|áться I *pf* ~úться *coll* shrink (*in drying*); lose weight (in drying); **~úться** II (~ится) *pf of* ~áться; **~ка** shrinkage (*in drying*); loss of weight, wastage (*through drying*)

ус|ы́ 1 (*gen pl* ~óв) moustache; whiskers (*of an animal*); мы сáми с ~áми *coll* we weren't born yesterday

усылáть I *pf* услáть send away

усынов|úтель *m* adopter; **~úть** II (~лю́) *pf of* ~ля́ть; **~лéние** adoption; **~ля́ть** I *pf* ~úть adopt

усып|áльница burial-vault; **~áть** I (~лю, ~лешь) *pf of* ~áть; **~áть** I *pf* ~áть strew (with), scatter (with), *fig* cover (with, + *instr*)

усып|úтельный (~úтелен) soporific *also fig*; ~úтельное срéдство sleeping-draught; **~úть** II (~лю́) *pf of* ~ля́ть; **~ля́ть** I *pf* ~úть put to sleep (*by drugs, etc*); lull to sleep; *fig* lull, allay (*suspicions, etc*); ~úть боль deaden pain; put down (an animal)

усыхáть I *pf* усóхнуть shrivel (up) *also fig*, wither (*of leaves*)

у́скать I *impf* set on (*dogs, etc*)

утá|ивать I *pf* ~úть conceal, keep back, keep to oneself; misappropriate, steal; **~úть** II *pf of* ~ивать; **~йка** *coll* concealment; без ~йки without keeping anything back

утáптывать I *pf* утоптáть stamp (down), trample (down), pound

утá|скивать I *pf* ~щúть *coll* drag away, off *also fig*; *fig coll* make off with, steal; **~щúть** II (~щу́, ~щишь) *pf of* ~скивать

у́тварь *f collect* utensils, equipment, implements, церкóвная ~ church plate

утвер|дúтельный (~дúтелен) affirmative; **~дúть (-ся)** II (~жу́(сь)) *pf of* ~ждáть(ся); **~ждáть** I *impf* assert, affirm, maintain, claim, allege, contend; *pf* ~дúть (firmly) establish, secure; ~дúть своё госпóдство establish, secure one's predominance; ~дúть за кем прáво establish someone's right (to, на + *acc*); confirm (in, в + *prep*); ~дúть когó в убеждéнии confirm someone in his conviction; approve, confirm, sanction, ratify; ~дúть повéстку дня approve an agenda; ~дúть когó в дóлжности дирéктора confirm someone's appointment as director; ~дúть завещáние prove a will; **~ждáться** I *pf* ~дúться become firmly established; gain a firm hold, gain a foothold *also fig*; be confirmed (in, в + *prep*); ~дúться в своём мнéнии be confirmed in one's opinion; **~ждéние** assertion, affirmation, allegation, claim; confirmation, approval; ratification; *leg* probate; consolidation

уте|кáть I *pf* ~чь flow away, escape, leak; мнóго воды́ ~клó *fig* much water has flowed under the bridges; pass, go by (*of time*); *pop* run away

ут|ёнок (~ёнка; ~я́та, ~я́т) duckling; гáдкий ~ *fig* ugly duckling

утепл|éние warming, heating; **~ённый** heated; insulated; **~úтель** *m tech* heater; insulator; **~úть** II *pf of* ~я́ть; **~я́ть** I *pf* ~úть warm, heat

ут|ерéть(ся) (~ру́(сь), ~рёшь(ся); ~ёр(ся), ~ёрла(сь); ~ёртый; ~ерéв *and* ~ёрши(сь)) *pf of* ~ирáть(ся)

утерп|éть II (~лю́, ~ишь) *pf* restrain oneself, stop oneself; я едвá ~éл, чтóбы не рассмея́ться I could hardly restrain myself from laughing

утéр|я *offic* loss; **~я́ть** I *pf of* теря́ть *offic* mislay, lose; forfeit

утёс cliff, crag, rock; **~истый** (~ист) craggy, rocky

утеснéние *obs* oppression

утесн|и́ть II (~ю́, ~и́шь) *pf of* ~я́ть
утесн|я́ть I *pf* ~и́ть *coll* stuff, squeeze (into, в + *acc*); *obs* oppress
уте́ха joy, delight, pleasure; comfort, solace, consolation
уте́|чка leak(age) *also fig*; loss, wastage, dissipation; escape (*of gas*); ~́чь (~ку́, ~чёшь, ~ку́т; ~́к, ~кла́) *pf of* ~ка́ть
утеш|а́ть I *pf* ~́ить comfort, console; **~а́ться** I *pf* ~́иться console oneself; derive consolation (from), take comfort (in, + *instr*); **~е́ние** comfort, consolation, solace; сла́бое ~ cold comfort; **~и́тель** *m* comforter; **~и́тельный** (~и́телен) comforting, consoling; **~́ить(ся)** II *pf of* ~а́ть(ся)
утили|зацио́нный ~ заво́д by-products plant; **~за́ция** utilization; salvaging, melting-down (*of scrap, etc*); **~зи́ровать** (~зи́рую) *impf and pf* utilize, make use of (*industrial waste*); **~тари́зм** utilitarianism; **~тари́ст** utilitarian; **~та́рность** *f* utilitarian attitude; **~та́рный** utilitarian
ути́л|ь *m collect* salvage, scrap, waste; **~́ьный** ~ьное желе́зо scrap iron; **~ьсырьё** *collect* = ~́ь; **~́ьщик** salvage collector
ути́ный duck's
утир|а́льник *pop* towel; **~а́ть** I *pf* утере́ть wipe (off, away); ~ пот со лба wipe the sweat off one's brow; утере́ть кому́ нос *fig* put someone's nose out of joint, wipe someone's eye, score off someone; **~а́ться** I *pf* утере́ться wipe oneself, dry oneself, wipe one's face
утих|а́ть I *pf* ~́нуть become quiet, still, calm (*of person*); die away, cease (*of sound, etc*); abate, subside, slacken, drop (*of window, etc*); grow less (*of pain, etc*); **~́нуть** I (*past* ~ (~нул), ~ла) *pf of* ~а́ть
утихоми́р|ивать I *pf* ~ить *coll* pacify, calm, appease; **~́иваться** I *pf* ~иться *coll* calm down; die down, slacken off
у́тк|а duck; *fig coll* canard, false report; газе́тная ~ newspaper scare, hoax; пусти́ть ~у *fig* fly a kite, spread false rumours; bedpan
уткну́|ть I *pf coll* bury; ~ нос в кни́гу *coll* bury oneself, one's nose in a book; **~́ться** I *pf coll* bury oneself (in), one's head (in, в + *acc*); ~ голово́й в поду́шку bury one's head in one's pillow; ~ в кни́гу bury oneself in a book; ло́дка ~лась в бе́рег the boat bumped into the bank
утконо́с duck-billed platypus
у́тлый frail, full of holes; unreliable, unsound
ут|о́к (~ка́) weft, woof
утол|и́ть II *pf of* ~я́ть
утол|сти́ть(ся) II (~щу́, ~сти́т(ся)) *pf of* ~ща́ться; **~ща́ть** I *pf* ~сти́ть thicken, make thicker; **~ща́ться** I *pf* ~сти́ться become thicker; **~ще́ние** thickening; bulge; *tech* reinforcement, rib, boss
утол|я́ть I *pf* ~и́ть quench, slake (*thirst*); satisfy (*hunger*); relieve, soothe, alleviate
утом|и́тельный (~и́телен) wearisome, tiring, exhausting, fatiguing; tiresome, tedious; **~и́ть(ся)** II (~лю́(сь)) *pf of* ~ля́ть(ся); **~ле́ние** tiredness, weariness, fatigue; **~лённый** tired, weary, fatigued; **~ля́ть** I *pf* ~и́ть tire, weary, fatigue, exhaust; **~ля́ться** I *pf* ~и́ться get tired, tire (oneself)
утон|у́ть I (~у́, ~́ешь) *pf of* тону́ть *and* утопа́ть
утонч|а́ть I *pf* ~и́ть make thinner; *fig* refine, make refined; **~а́ться** I *pf* ~и́ться become thinner; ~ к концу́ taper (towards the end); *fig* become refined; **~ённость** *f* refinement; **~ённый** refined; exquisite, subtle, sophisticated; **~и́ть(ся)** II *pf of* ~а́ть(ся)
уто́пать I *pf pop* trample down; go off
уто|па́ть I *pf* ~ну́ть sink (into), drown, be drowned; *fig* be buried (in, в + *prep*); ~ в снегу́ sink deep into the snow, be up to one's neck in snow; ~ в зе́лени, цвета́х be buried in foliage, flowers; *impf fig* wallow (in), roll (in, в + *prep*); ~ в бога́тстве, ~ в ро́скоши be rolling in wealth, wallowing in luxury; ~ в крови́ wallow in blood; **~па́ющий** *n* drowning man
утопи́|зм Utopianism; **~́ст** Utopian
утоп|и́ть(ся) (~лю́(сь), ~́ишь(ся)) *pf of* топи́ть(ся)
утоп|и́ческий Utopian; **~́ия** Utopia
уто́пл|енник, ~́енница drowned man, woman; мне везёт как ~еннику! *coll joc* just my luck!
утоп|та́ть I (~чу́, ~́чешь) *pf of* ута́птывать
уточн|е́ние more precise definition, amplification, elaboration; **~и́ть** II *pf of* ~я́ть; **~я́ть** I *pf* ~и́ть make more precise (accurate), verify; specify, state specifically; amplify, elaborate
утр|а́ивать I *pf* ~о́ить treble; **~а́иваться** I *pf* ~о́иться treble, increase threefold
утрамб|ова́ть (~у́ю) *pf of* трамбова́ть; **~ова́ться** (~у́ется) *pf* become flat, smooth, be trodden smooth
утра́|та loss; ~ трудоспосо́бности disablement; невосполни́мая ~ irreplaceable loss (*through death*); **~́тить** II (~чу) *pf of* ~чивать; **~́чивать** I *pf* ~тить lose; ~ права́ forfeit one's rights
у́тр|енний morning; early; ~енние за́морозки morning frost(s); ~енняя заря́ dawn, daybreak, *mil* reveille; **~́енник** morning frost; matinée, morning performance; **~́еня** *eccles* matins
у́тречком *coll* = у́тром
утри́р|овать (~ую) *impf and pf* exaggerate; overact, overplay; **~о́вка** exaggeration
у́тр|о (с ~а́, до ~а́, от ~а́; к ~у́; *pl* ~а; по ~а́м) morning; в семь часо́в ~а́ at 7 a.m.; на сле́дующее ~ (the) next morning; до́брое ~!, с до́брым ~ом! good morning!; в одно́ прекра́сное ~ one fine morning; под ~ towards morning; с ~а́ до ве́чера from morn till night; ~ ве́чера мудрене́е *prov* tomorrow is another day, sleep on it, take counsel of one's pillow; *obs* morning performance, matinée
утро́б|а *pop* belly; ~ (ма́тери) womb; ненасы́тная ~ *fig* glutton; **~́истый** (~ист) *pop* big-bellied; **~́ный** uterine, foetal; ~ пери́од разви́тия period of gestation; ~ плод foetus; internal; deep, hollow (*of sounds*); ~ смех belly-laugh
утр|о́ить(ся) II *pf of* ~а́ивать(ся)
у́тр|ом *adv* in the morning; сего́дня ~ this morning
утру|ди́ть(ся) II (~жу́(сь)) *obs pf of* ~жда́ть(ся); **~жда́ть** I *pf* ~ди́ть trouble, tire, inconvenience; **~жда́ться** I *pf* ~ди́ться trouble oneself, take trouble
утру́ска spillage
утряс|а́ть I *pf* ~ти́ shake down; *usu impers coll* shake up; *fig coll* settle (a question, *etc*); **~а́ться** I *pf* ~ти́сь be shaken down; *fig coll* be settled (*misunderstandings, etc*); **~ти́(сь)** (~у́, ~ёт(ся); ~́(ся), ~ла́(сь); ~ённый) *pf of* ~а́ть(ся)
утучн|и́ть II *pf of* ~я́ть; **~я́ть** I *pf* ~и́ть fatten; enrich, manure (soil)
уты́к|ать I *pf of* ~а́ть *and* ~́ивать; **~а́ть** I *pf* ~́ать *coll* stick (in) all over; *pop* stop up, plug, caulk; **~́ивать** I = ~а́ть

утю́|г 1 (flat) iron; **~жить** II *pf* вы́~ *and* от~ iron, press; *fig* smooth (down); *fig pop* beat, lambast; **~жка** ironing, pressing

утя́|гивать I *pf* ~ну́ть *pop* drag away, off; fasten, bind, tie; filch, steal

утяжел|и́ть(ся) II *pf of* ~я́ть(ся); **~я́ть** I *pf* ~и́ть make heavier, increase the weight (of); **~я́ться** I *pf* ~и́ться become heavier

утя|ну́ть I (~ну́, ~нешь) *pf of* ~гивать

утя́тина *coll cul* duck

уф *interj* phew!

уфал|ова́ть (~у́ю) *pf of* фалова́ть

ух *interj* oh! ooh! (*expressing strong feelings*); thump!, crump!, bang! (*of explosions, etc*)

уха́ fish-soup

уха́б pothole, pit, rut; **~истый** (~ист) pitted, bumpy, full of potholes

ухаж|ёр *pop* ladies' man; admirer; **~ивать** I *impf* look after, nurse, tend (за + *instr*); court (*a woman*), pay court (to), make advances (to, за + *instr*); make up (to), try to get round (за + *instr*)

у́х|арский *coll* dashing, daring; **~арство** *coll* daring, dashing behaviour, bravado, derring-do; **~арь** *m coll* daring, dashing fellow, daredevil

у́х|ать I *pf* ~нуть crash, bang, rumble (*of thunder, explosions, etc*); cry out (*from surprise, pain, pleasure, etc*); hoot (*of owls*); *pop* fall, come a cropper *also fig*; *fig pop* spend, lose at a stroke, squander; *fig pop* get lost, disappear; *fig pop* bang, slap; ~ кулако́м по столу́ bang one's fist on the table; **~аться** I *pf* ~нуться *pop* fall, tumble suddenly

ухва́|т oven fork; **~тистый** (~тист) *pop* adroit, agile; **~ти́ть(ся)** II (~чу́(сь), ~тишь(ся)) *pf of* ~тывать(ся); **~тка** *coll* movement (of body); manner, way; knack, skill; **~тывать** I *pf* ~ти́ть get hold (of, за + *acc*), grasp, seize, grip; *fig coll* grasp (*idea, etc*); **~тываться** I *pf* ~ти́ться grip, seize, clutch, get hold (of, за + *acc*); *fig coll* set about, get down (to, за + *acc*); ~ти́ться за но́вую рабо́ту *coll* get stuck into a new job; *fig coll* take up, jump (at, за + *acc*) (*proposal, idea, etc*)

ухи|три́ться II *pf of* ~тря́ться; **~тря́ться** I *pf* ~три́ться *coll* manage (to), contrive (to, + *infin*); **~щре́ние** trick, device, dodge, contrivance, shift; wangle; **~щрённый** cunning, artful; **~щря́ться** I *impf* contrive, scheme; wangle; bluff; ~ всеми́ спо́собами try every trick

ухлёстывать I *pop* run after (*women*) (за + *instr*)

ухло́п|ать I *pf of* ~ывать *pop* do in, do for, kill; squander, expend, spend, waste

ухмы́л|ка smirk, grin; **~ьну́ться** I *pf of* ~я́ться; **~я́ться** I *pf* ~ьну́ться *coll* smirk, grin

у́х|нуть(ся) I *pf of* ~ать(ся)

у́х|о (*pl* у́ши, уше́й) ear; нару́жное ~ auricle; сре́днее ~ middle ear; воспале́ние ~а otitis; туг(о́й) на́ ~ *coll* hard of hearing; музыка́льное ~ an ear for music; по́ уши в долга́х up to one's ears (neck) in debt; по́ уши в рабо́те up to one's eyes in work; (и) ~ом не вести́ *coll* not to give a rap, not to bat an eyelid; ни ~а ни ры́ла не смы́слить *pop* not to understand a (damn) thing; не вида́ть тебе́, как свои́х уше́й *coll* you've had it; влюби́ться по́ уши *coll* fall head over heels in love; в одно́ ~ вошло́, в друго́е вы́шло in one ear and out the other; у́ши вя́нут *coll* it makes one sick to hear (от + *gen*); на́ ~ говори́ть whisper; дать, заéхать, съе́здить кому́ в ~ *pop* box someone's ears; дуть, петь кому́ в у́ши whisper, pass tittle-tattle to someone; держа́ть ~ востро́ *coll* keep one's eyes peeled, be all ears; навостри́ть у́ши *coll* prick up one's ears; за́ уши не отта́щишь кого́ *coll* wild horses wouldn't drag someone away; до уше́й покрасне́ть blush to the roots of one's hair; прожужжа́ть, прокрича́ть кому́ у́ши talk someone's head off, din into someone's ears; пропуска́ть ми́мо уше́й turn a deaf ear to; разве́сить у́ши *coll* listen open-mouthed, let oneself be duped; ~ ре́жет, дерёт *coll* it offends the ear; слу́шай ~ом, а не брю́хом! *coll* do pay attention to what I say!; слу́шать во все у́ши *coll* be all ears; одни́м ~ом, кра́ем ~а слы́шать half listen, half hear; ухмыля́ться до уше́й *coll* grin like a Cheshire cat; хло́пать уша́ми *pop* look blank; ear-flap, earpiece (*of cap, etc*); *tech* ear, lug, hanger; **~овёртка** earwig

ухо́|д departure, leaving, going away; withdrawal; вы́йти ~дом (за́муж), взять ~дом (жену́) marry in secret, elope with; looking after, nursing, tending; care (of, за + *instr*); **~ди́ть** II (~жу́, ~дишь) *pf* уйти́ go away, go off, depart, leave; ~ из ко́мнаты leave the room; уйти́ ни с чем go away empty-handed; уйти́ в монасты́рь go into a monastery; ~ в мо́ре put out to sea; escape (from), get away (from, от, из + *gen*); *fig* rid oneself (of, от + *gen*); retire from, leave, give up (от, из, с + *gen*); уйти́ с рабо́ты leave one's job; уйти́ в о́тпуск go on leave; уйти́ на пе́нсию retire; ~ со сце́ны retire from the stage; уйти́ от поли́тики retire from politics; pass (away), slip away (*of time, youth, etc*); вре́мя ещё не ушло́ it is not too late; sink (into, в + *acc*), *fig* bury oneself (in), give oneself up (to), devote oneself (to, в + *acc*); уйти́ в нау́ку devote oneself to science; уйти́ в себя́ retire into one's shell; go (on), be spent (on, на + *acc*); на э́то ~дит мно́го вре́мени that takes a lot of time; ~ вперёд gain, be fast (*of watch, etc*); за неде́лю часы́ ушли́ на две мину́ты the watch (clock) has gained two minutes in the last week; *coll* boil over, spill; его́ ушли́ *sl* he was fired; *impf only* stretch, extend (*of roads, etc*); уйти́ вперёд forge ahead; по́чва ушла́ из-под ног кого́ the ground disappeared under someone's feet; **~ди́ть** II (~жу́, ~дишь) *pf pop* wear out, tire out, exhaust; *fig pop* destroy, kill; *fig pop* get rid of, drown (grief); *fig pop* squander; **~ди́ться** II (~жу́сь, ~дишься) *pf pop* calm down, be rested; *pop* be worn out, tired out, exhausted; *pop* stop fermenting; **~женный** *coll* cared for

ухудш|а́ть I *pf* ~ить make worse, worsen, aggravate; **~а́ться** I (~а́ется) *pf* ~иться become worse, worsen, deteriorate; **~е́ние** worsening, change for the worse; aggravation; deterioration; **~ить(ся)** II *pf of* ~а́ться

уцел|е́ть I *pf* remain intact, escape destruction, be undamaged; remain alive, survive; никто́ не ~е́л there were no survivors; ~ то́лько чу́дом have a miraculous escape

уцен|ённый reduced(-price); **~ивать** I *pf* ~и́ть reduce the price (of); **~и́ть** II (~ю́, ~ишь) *pf of* ~ивать

уцеп|и́ть(ся) II (~лю́(сь), ~ишь(ся)) *pf of* ~ля́ть(ся); **~ля́ть** I *pf* ~и́ть *coll* catch hold of, grasp, seize; **~ля́ться** I *pf* ~и́ться *coll* catch hold (of), hold on (to), cling (to, за + *acc*); *coll* jump (at), turn to account, make use (of, за + *acc*)

уча́ст|вовать (~вую) *impf* take part (in), participate (in, в + *prep*); have a share (in), have shares (in, в + *prep*); *obs* sympathize (with), extend sympathy (to, + *dat*); ~́**вующий** *n* participant; ~́**ие** participation, taking part; при ~ии, с ~ием with the participation (of), with the assistance (of), including, featuring (+ *gen*); принима́ть ~ take part (in), participate (in), take a hand (in, в + *prep*); sympathy, concern; приня́ть дру́жеское ~ be kind (to), befriend, take an interest (in, в + *prep*); share, sharing

уча|сти́ть(ся) II (~щу́, ~сти́т(ся)) *pf of* ~ща́ть(ся)

уча́стковый section, area

участко́вый district; station, divisional (*of police*); ~ уполномо́ченный divisional inspector (*of police*); *n coll* district militia officer

уча́стлив|ый (~) sympathetic, kind

уча́стник participant (in), member (of, + *gen*); ~ состяза́ния competitor

уча́ст|ок (~ка) plot, lot, parcel (*of land*); строи́тельный ~ building plot; area; поражённые ~ки тка́ни affected areas (of tissue); *mil* sector, area, zone; *fig* field, area, sphere (*of activity*); sector, area, division, zone (*administrative*); избира́тельный ~ electoral district, ward; polling station; *hist* police division, district, police-station

у́часть *f* fate, lot, portion

уча|ща́ть I *pf* ~сти́ть make more frequent, quicken; ~**ща́ться** I *pf* ~сти́ться become more frequent, quicken; become more rapid, beat faster (*of pulse*); ~**щённый** ~ пульс high pulse rate, rapid pulse; ~ темп heightened rate; ~щённое дыха́ние rapid breathing

уча́щийся *n* student; pupil (*at school*)

учё|ба studies; studying, learning; за ~бой at one's studies; (special) training

уче́|бник textbook; manual, primer; ~́**бно-** educational; ~́**бный** educational; school; ~бное вре́мя school-hours, term-time; ~ год school year, academic year; ~бное заведе́ние school, educational institution; ~ план curriculum; ~бные посо́бия educational aids, equipment; ~ предме́т subject; ~бная часть instructional side (*of school*); заве́дующий ~бной ча́стью director of studies; *mil* training, practice; ~ патро́н dummy cartridge; ~бное по́ле training ground; ~ самолёт trainer; ~ сбор training course; ~бная стрельба́ practice shoot; ~́**ние** learning, studies; apprenticeship; отда́ть в ~ apprentice (to, + *dat*); teaching, instruction; *mil* exercise, *pl* training; doctrine, teaching; ~**ни́к** 1 pupil; apprentice; ~ то́каря turner's apprentice; disciple, follower; ~**ни́ческий** school, instruction; *fig* immature, raw, beginner's; ~**ни́чество** period spent as pupil, student; apprenticeship; *fig* immaturity; ~́**ность** *f* learning, erudition; ~́**ный** *adj* scientific, academic, scholarly; ~ сове́т academic board; ~ секрета́рь academic secretary; ~ная статья́ scholarly article; ~ная сте́пень (university degree); (~́н) learned, erudite, educated; trained, performing (*of animals*); *n* scholar, learned man, man of science, scientist

учетвер|и́ть II *pf of* ~я́ть; ~**я́ть** I *pf* ~и́ть quadruple

уч|е́сть (~ту́, ~тёшь; ~ёл, ~ла́; ~тённый; ~тя́) *pf of* ~и́тывать

учёт reckoning, accounting, calculation; вести́ ~ take stock (of, + *gen*); taking into account, consideration; без ~а disregarding (+ *gen*); stocktaking, inventory-making; магази́н закры́т на ~ the shop is closed for stocktaking; registration; брать на ~ register; состоя́ть на ~е be on the books; снима́ть с ~а strike off the register; ~ векселе́й discounting bills

учёт|ный record; ~ная ка́рточка record card; registration; discount; ~ная ста́вка discount rate; ~́**чик** tally-clerk, record-keeper

учи́л|ище school, college; реме́сленное ~ trade school; ~́**ищный** school, college; ~́**ка** *sl* teacher, (the) miss

учин|и́ть II *pf of* ~я́ть *and* чини́ть; make, commit; ~ сканда́л *coll* make a scene; ~**я́ть** I *pf* ~и́ть

уч|и́тель *m* (*pl* ~иетля́) teacher; шко́льный ~ schoolmaster; (*pl* ~и́тели) *fig* teacher, master; ~**и́тельница** teacher; шко́льная ~ schoolmistress; ~**и́тельская** *n* teacher's common room, staff (common) room; ~**и́тельский** teachers'; ~**и́тельство** teaching (*as profession*); *collect* teachers; ~**и́тельствовать** (~и́тельствую) *impf* be a teacher, teach

учи́тывать I *pf* уче́сть take into account, consideration; bear in mind, allow (for); take stock (of), count up, make an inventory (of); уче́сть ве́ксель discount a bill

уч|и́ть II (~у́, ~́ишь) *pf* вы́~, на~, об~ teach (+ *acc and dat or* + *infin*); ~ кого́ неме́цкому языку́ teach someone German; ~ игра́ть на скри́пке teach to play the violin; *pf* вы́~ learn, memorize (*lesson, poetry, part, etc*); teach (that), say (that) (*of theory, etc*); ~**и́ться** II (~у́сь, ~́ишься) *pf* вы́~, на~, об~ learn, study (+ *dat or* + *infin*); ~ францу́зскому языку́ learn French; ~ в шко́ле go to school; be a student; study (to be, become, на + *acc*); ~ на перево́дчика study to be an interpreter

учре|ди́тель *m* founder; ~**ди́тельный** constituent; ~ди́тельное собра́ние constituent assembly; ~**ди́ть** II (~жу́) *pf of* ~жда́ть; ~**жда́ть** I *pf* ~ди́ть found, set up, establish; introduce, institute; ~**жде́ние** founding, setting up; introduction; establishment, institution, organization; ~**жде́нческий** establishment, institutional, organizational

учти́в|ость *f* civility, courtesy; ~́**ый** (~) civil, courteous, polite

учуд|и́ть II (~и́шь) *pf of* чуди́ть

учу́|ять I (~ю, ~ешь) *pf coll* smell, nose out; *fig* sense

уша́н long-eared bat

уша́|нка cap with ear-flaps; ~́**стый** (~ст) *coll* big-eared

уша́т tub (*slung on pole*); вы́лить ~ холо́дной воды́ на кого́ throw cold water upon someone

у́ши *pl of* у́хо

уши́б bruise; injury, knock; contusion; injured spot; ~**а́ть** I *pf* ~и́ть bruise; contuse; injure by knocking; *fig coll* hurt, shake; ~**а́ться** I *pf* ~и́ться hurt oneself, bruise oneself, give oneself a knock (against, о + *acc*); ~**и́ть(ся)** II (~у́(сь), ~ёшься; ~́(ся), ~́ла(сь); ~́ленный) *pf of* ~а́ть(ся)

уш|ива́ть I *pf* ~и́ть take in (*dressmaking*); ~**и́ть** (~ью́, ~ьёшь) *pf of* ~ива́ть

у́ш|ко (*pl* ~ки, ~ек) *dim of* у́хо; у него́ ~ки на маку́шке he is all ears, he is on his guard; ~**ко́** (*pl* ки́, ~ко́в) *tech* eye, lug; tab, tag (*of boot*); eye (*of needle*); *pl* noodles; за ~ко́ да на со́лнышко show up (in true colours)

ушку́й *hist* flat-bottomed boat; ~́**ник** river-pirate

у́шлый *pop* fly, able, clever, dodgy

ушн|и́к 1 *coll* ear specialist; **~о́й** ear, aural; ~а́я боль earache; ~ врач ear specialist; ~а́я ра́ковина auricle; ~ая се́ра earwax

уще́л|истый (~ист) full of ravines; **~́ье** (*gen pl* ~ий) ravine, gorge, canyon

ущем|и́ть II (~лю́) *pf of* ~ля́ть; **~ля́ть** I *pf* ~и́ть pinch, squeeze, jam, nip; ~и́ть (себе́) па́лец две́рью pinch one's finger in the door; *fig* restrict, limit, interfere (with); *fig* wound, hurt; ~ чьё самолю́бие hurt someone's pride; **~лённый** *fig* wounded, hurt; frustrated, restricted

уще́рб damage, injury; detriment; loss; без ~а для де́ла without detriment to one's work; в ~ to the detriment (of, + *dat*); нанести́ ~ inflict loss; на ~е *fig* on the decline, on the wane (*of moon*); **~лённый** waning (*of moon*); wounded, hurt (*pride, etc*); **~́ный** waning (*of moon*); *fig* on the decline

ущипну́ть I *sem pf of* щипа́ть

Уэ́льс Wales; **у~ец** Welshman; **у~кий** Welsh

ую́т comfort, cosiness; **~́ный** (~ен) comfortable, cosy

уязв|и́мость *f* vulnerability; **~и́мый** (~и́м) vulnerable *also fig*; ~и́мое ме́сто *fig* weak, sensitive spot; **~и́ть** II (~лю́) *pf of* ~ля́ть; **~ля́ть** I *pf* ~и́ть wound, hurt, pique; э́то замеча́ние ~и́ло его́ he was stung by this remark

уясн|е́ние explanation, elucidation; **~и́ть** II *pf of* ~я́ть; **~я́ть** I *pf* ~и́ть get clear, understand, make out; ~ себе́ положе́ние size up the situation

Ф

фа *neut indecl mus* fa, F

фаб(-) *abbr of* фабри́чный; **~завко́м** *abbr of* фабри́чно-заводско́й комите́т factory (trade-union) committee; **~рика** factory, mill, plant; бума́жная ~ paper-mill; **~рика́нт** manufacturer, factory-owner, mill-owner; *fig* fabricator (*of lies, rumours, etc*); **~рика́т** manufactured article, finished product; **~рика́ция** fabrication *also fig*; **~рикова́ть** (~рику́ю) *impf obs* manufacture, make; *pf* с~ *fig* fabricate, forge; *coll iron* churn out (by the thousand)

фа́брить II *pf* на~ *obs* dye (*moustache, beard*)

фабри́чн|о-заво́дский, **фабри́чно-заводско́й** factory, works, industrial; **~ый** factory, industrial; ~ го́род manufacturing town; ~ая ма́рка trade mark; ~ райо́н industrial district

фа́була plot, story

фавн faun

фаво́р быть в ~е у кого́ be in someone's good graces, books; быть не в ~е у кого́ be in someone's bad books, out of favour; **~и́т** favourite *also sp*; **~ити́зм** favouritism

фаго́т bassoon; **~и́ст** bassoon-player

фагоци́т phagocyte

фа́за phase; stage

фаза́н pheasant; **~ий** pheasant's; **~иха** hen pheasant

фа́з|ис phase; **~исный** phase; **~ный** phase; ~ная обмо́тка phase winding; **~овый** phase; **~о́метр** phase indicator; **~отро́н** synchrocyclotron

фа|й (~я) faille; **~йдеши́н** faille de Chine

файл file

фа́к|ел torch, flare; jet, tongue; **~ельный** ~ельное ше́ствие torchlight procession; **~ельщик** torch-bearer; *fig pej* incendiary, fire-bug

факи́р fakir

факс fax; посла́ть по ~у to fax

факси́миле *neut indecl* facsimile, replica; signature stamp; *indecl adj and adv* (in) facsimile

факт fact; го́лые ~ы dry facts; достове́рный ~ established fact; соверши́вшийся ~ fait accompli; искажа́ть ~ы misrepresent facts; подтасо́вывать ~ы juggle with the facts; поста́вить кого́ пе́ред (соверши́вшимся) ~ом present, face someone with a *fait accompli*, an accomplished fact; ~, что ... *coll* it is a fact that ... ; ~ы – упря́мая вещь there is no getting away from the facts; *partic* ~! *pop* that's a fact!; **~и́чески** *adv* actually, in fact; to all intents and purposes, virtually, practically; **~и́ческий** actual; ~и́ческие да́нные the (actual) facts; real; virtual; de facto; **~и́чный** (~и́чен) factual, authentic; **~ографи́чный** (~ографи́чен) factual, based on fact, authentic; **~огра́фия** factual account; **~ор** factor

факто́рия trading station

факту́ра *lit arts* style, technique; manner of execution; texture; finish; *comm* invoice, bill

факультати́в *coll* optional subject, course; **~ный** (~ен) optional; elective

факульте́т faculty, department; school *Am*; **~ский** faculty

фал halyard

фала́нг|а *hist* phalanx; ranks; *anat* phalanx, phalange; *pol* Falange; **~и́ст** *pol* Falangist

фалансте́р phalanstery

фа́лд|а tail, skirt (*of coat*); fold; **~ить** II (~ит) *impf coll* make folds (*of skirt, etc*)

фа́линь *m naut* painter

фалли́ческий phallic

фалло́пиев ~а труба́ Fallopian tube

фа́ллос phallus

фал|ова́ть (~у́ю) *pf* у~ *sl* try to persuade, convince, urge

фалре́п *naut* side-rope, side-boy

фальсифи|ка́тор falsifier; forger; **~ка́ция** falsification; forging; distortion (*of facts, etc*); adulteration (*of foodstuffs, etc*); ~ докуме́нтов forging of documents; fake, forgery, counterfeit; **~ци́ровать** (~ци́рую) *impf and pf* falsify; forge; distort, twist, garble; adulterate

фальста́рт *sp* false start

фальц rabbet; fold (*of printed sheet*); groove, slot; **~ева́ть** (~цу́ю) *pf* с~ rabbet, groove; fold, crease

фальце́т falsetto; ~ом in a falsetto voice

фальши́в|ить II (~лю) *pf* с~ *coll* be insincere, be hypocritical, pretend; sing, play out of tune; **~ка** *coll* forged document, forgery; **~омоне́тчик** counterfeiter, coiner (*of false money*); **~ый** (~) false, forged, spurious, fake, dud (*coin, etc*); artificial, imitation; ~ые докуме́нты forged papers; ~ые зу́бы false teeth; ~ же́мчуг imitation pearl; insincere, false, hypocritical; ~ая улы́бка false smile; ~ая но́та false, wrong note; ~ая ма́чта *naut* jury-mast

фальшь *f* pretence, insincerity; falsity, hypocrisy; deception, trickery; singing, playing out of tune

фами́л|ия surname; *obs* family, kin; **~ьный** family; ~ьное схо́дство family likeness; **~ья́рничать** I *impf* be (too) familiar (with, с + *instr*); **~ья́рность** *f* (excessive) familiarity; unceremoniousness; **~ья́рный** (~ья́рен) (too) familiar, unceremonious

фанабе́рия *coll* pride, arrogance

фанат|и́зм fanaticism; **~ик** fanatic; **~и́ческий** fanatical; **~и́чный** (~и́чен) fanatic(al)

фане́р|а veneer(ing); plywood; **~ный** veneer; plywood; **~ова́ть** (~у́ю) *impf and pf* veneer

фа́нз|а peasant house in China, Korea; **~а́** foulard

фант forfeit (*game of forfeits*); игра́ть в ~ы play forfeits

фантаз|ёр dreamer, romancer; **~и́ровать** (~и́рую) *impf* romance, dream, indulge in fantasies, fantasize; *pf* с~ make (things) up, dream up; *impf mus* improvise; **~ия** imagination, fancy, fantasy; бога́тая ~ fertile imagination; dreams; предава́ться ~иям indulge in dreams, fantasies; fabrication; *coll* whim, caprice; ему́ пришла́ в го́лову ~ he took it into his head; *mus* fantasia

фантасмаго́рия phantasmagoria

фанта́ст dreamer, fantast, visionary; writer, artist of the fantastic; **~ика** make-believe, fantasy; на гра́ни ~ики almost unreal, unbelievable, incredible; *collect lit* fantasy, fiction, romance; нау́чная ~ science fiction; **~и́ческий** fantastic(al); ~ рома́н romance; fanciful; absurd, fantastic; imaginary, make-believe; dream; improbable, wild, fantastic; **~и́чность** *f* incredibility, improbability, absurdity; make-believe quality; **~и́чный** (~и́чен) incredible, improbable, absurd

фа́нтик forfeit; *coll* sweet-wrapper

фанто́м phantom

фанфа́р|а bugle, trumpet; trumpet-call (*signal*); fanfare, flourish of trumpets; **~и́ст** bugler, trumpeter

фанфаро́н *coll* braggart; **~́ить** II *impf coll* brag; **~́ство** *coll* bragging

фа́р|а headlight, headlamp; поса́дочные ~ы landing lights (*on aircraft*); *sl* eye, peeper

фара́да *elect* farad

фарао́н *hist* pharaoh; *sl* cop, militiaman; faro (*card-game*); **~́ов** pharaoh; ~ова мышь ichneumon

фарва́тер *naut* channel, fairway; идти́, находи́ться, плыть в чьём ~е *fig* follow someone's lead, side with someone, go along with someone

Фаренге́йт Fahrenheit; 70° по ~у 70° Fahrenheit

фарисе́й Pharisee *also fig*; **~́ский** pharisaical *also fig*; **~́ство** pharisaism; **~́ствовать** (~ствую) *impf* act pharisaically, hypocritically

фармазо́н *coll* freemason

фарма|ко́лог pharmacologist; **~кологи́ческий** pharmacological; **~коло́гия** pharmacology; **~копе́я** pharmacopeia; **~це́вт** pharmacist; **~це́втика** pharmaceutics; **~цевти́ческий** pharmaceutical; **~ци́я** pharmacy

фарс farce *also fig*

фарт *pop* luck, success; **~и́ть** II (~и́т) *impers* be in luck (+ *dat*); **~о́вый** *pop* lucky; fine, smashing

фа́ртук apron; cover

фарфо́р china, porcelain; *collect* china(-ware); **~́овый** china, porcelain; ~овая гли́на china clay, kaolin; ~овая посу́да china(-ware)

фарц|ова́ть (~у́ю) *impf coll* speculate (in, + *instr*); **~о́вка** *coll* speculation in foreign goods, black-marketeering; **~о́вщик** *coll* (currency) speculator, black-marketeer

фарш stuffing; forcemeat; sausage meat; **~иро́ванный** stuffed, farci; **~ирова́ть** (~иру́ю) *pf* за~ stuff

фас front, façade; в ~ en face; **~а́д** façade, front, frontage; **~е́т(ка)** *zool* facet (*of compound eye*); **~е́точный** *zool* faceted; ~е́точные глаза́ compound eyes

фа́ска *tech* face, facet; (bevel) edge

фас|ова́ть (~ую) *pf* рас~ weigh out and pack, prepack; **~о́вка** weighing out, prepacking; **~о́вочный** (pre-)packing, packaging

фасо́л|евый bean; **~́ь** *f* haricot bean(s), French bean(s)

фасо́н cut (*of dress, etc*); fashion, style; не ~ *coll* it's not done; *pop* manner, way, style; *pop* showing off, swank; держа́ть ~ *pop* show off, swank; **~́истый** (~ист) *pop* swanky; **~́ить** II *impf pop* show off, swank; **~́ный** fashioned, shaped; form(ing), shaping

фат fop, popinjay, coxcomb

фата́ (bridal) veil

фатал|и́зм fatalism; **~и́ст** fatalist; **~исти́ческий** fatal(istic); **~́ьность** *f* fatality, fate; **~́ьный** (~ен) fatal, fated; resigned; ~ вид air of resignation

фатов|а́тый (~а́т) foppish; **~ство́** foppery, foppishness

фа́тум fate

фа́уна fauna

фаши|зи́ровать (~зи́рую) *impf and pf* impose Fascism (on); **~́зм** Fascism

фаши́на fascine

фаши́ст Fascist; **~́ский** Fascist

фаэто́н phaeton

фая́нс faience, pottery, delf(t), glazed earthenware; **~́овый** pottery, delf(t)

февра́л|ь 1 *m* February; в ~е́ in February; **~́ьский** February

федера|ли́зм federalism; **~ли́ст** federalist; **~́льный** federal; **~ти́вный** federal, federative; **~́ция** federation

феер|и́ческий, **~и́чный** (~и́чен) fairy tale, enchanting, magical; **~́ия** play, ballet based on fairy tale; *fig* enchanting, magical spectacle, fairyland

фейерве́рк firework(s); **~́ер** *hist* bombardier

фека́л|ии (*gen pl* ~ий) faeces, stool; **~́ьный** faecal

фелла́х fellah

фельд|ма́ршал field-marshal; **~фе́бель** *m hist* sergeant-major; **~́шер** doctor's assistant; **~ъе́герь** *m* courier, special messenger

фельето́н satirical article, newspaper satire, feuilleton; **~и́ст** writer of satirical articles, newspaper satirist; **~́ный** of newspaper satire

фелю́га felucca

фен (hair-)drier

фе́никс phoenix; *obs* marvel, prodigy

фено́л phenol, carbolic acid

феноло́гия phenology

фено́мен phenomenon; phenomenal occurrence, person; **~али́зм** phenomenalism; **~а́льный** (~а́лен) phenomenal, exceptional; **~оло́гия** phenomenology

фе́нхель *m* fennel

фе́ня *sl* slang, argot

фео́д *hist* feud, fief; **~а́л** *hist* feudal lord; **~али́зм** feudalism; **~а́льный** feudal

ферзь 1 *m* queen (*chess*)

фе́рма farm; department (*of collective farm, etc*); *tech* girder, truss

ферме́нт ferment, enzyme

фе́рм|ер farmer; **~́ерский** farmer's, farm; **~́ерство** (private) farming; *collect* farmers; **~́ерша** (woman) farmer; farmer's wife

фермуа́р clasp (*of necklace*); necklace

фернамбу́к Brazil wood

ферроспла́в ferro alloy

ферт old name of letter 'ф'; ~́ом стоя́ть *pop* stand with arms akimbo, with hands on hips; fop; smug person; ~́ом смотре́ть, гляде́ть *pop* look smug; ~́ом ходи́ть *pop* strut about

феру́ла ferule; surveillance

фе́рязь *f hist* loose tunic

фе́ска fez

фестива́ль *m* festival; **~́ный** festival

фесто́н festoon; scallop; **~́чатый** festooned; scalloped

фети́ш also 1 fetish; **~изи́ровать** (~изи́рую) *impf* make a fetish (of); **~и́зм** fetishism; **~и́ст** fetishist

фетр felt; **~́овый** felt

фефёла *pop* sloven, unprepossessing woman

фе́фер зада́ть, показа́ть кому́ ~у give a wigging (to), give a good scolding (to), give it hot to someone

фехт|ова́льный fencing; **~ова́льщик** fencer; ~ рапи́рой foil fencer; ~ шпа́гой épée fencer; **~ова́ние** fencing; **~ова́ть** (~у́ю) *impf* fence

фешене́бел|ьный (~ен) fashionable

фе́я fairy

фи *interj* fie!, pah!, phew!, ugh!

фиа́кр cab
фиа́л phial; *poet* goblet, beaker
фиа́лк|а violet; **~овый** violet; ~овые *n bot* Violaceae
фиа́ско *neut indecl* fiasco; потерпе́ть ~ be a failure, come to grief, suffer a setback
фи́бр|а fibre *also fig*; все́ми ~ами души́ in every fibre (of one's being), heart and soul; **~овый** fibre; **~о́зный** fibrous; **~о́ма** *med* fibroma
фи́г|а fig(-tree); *pop* = ку́киш; показа́ть ~у *pop* show the fig (fico) to someone; получи́ть ~у (с ма́слом) *pop* get (absolutely) nothing for one's pains; ни ~а́ = ни черта́
фи́гли-ми́гли (*gen pl* фи́глей-ми́глей) *coll joc* tricks
фигля́р *obs* (circus) acrobat, clown; *fig coll* buffoon, mountebank, poseur; **~ить** II, **~ничать** I, **~ствовать** (~ствую) *impf coll* act the buffoon, put on an act; **~ство** *coll* buffoonery
фи́г|овый fig; ~овое де́рево fig-tree; ~ листо́к fig-leaf; *fig* pretence
фигу́р|а figure; step (*in dance*); evolution (*in flight*); court-card, picture-card (*cards*); chessman (*not pawn*); кру́пная ~ important person; ритори́ческая ~ figure of speech; **~а́льный** (~а́лен) figurative, metaphorical; **~а́нт(ка)** figurant(e); *theat* extra, super; **~и́ровать** (~и́рую) *impf* appear; ~ на суде́ в ка́честве свиде́теля appear in court as a witness; figure; **~и́ст(ка)** figure skater; **~истый** (~ист) *pop* ornamental (*form, style, etc*); **~ный** shaped; figured; ornamented; ~ резе́ц *tech* form tool; ~ное ката́ние на конька́х figure skating
фидеи́|зм fideism; **~ст** fideist
фи́жм|ы (*gen pl* ~) farthingale, hoop-skirt
физ(-) physical; **~ик** physicist; **~ика** physics; **~ио́лог** physiologist; **~иологи́ческий** physiological; **~иоло́гия** physiology; **~ионо́мия** *coll* face, physiognomy; *fig* shape, face; **~иотерапе́вт** physiotherapist; **~иотерапи́я** physiotherapy; **~и́ческий** physics; ~ кабине́т physics laboratory; physical; ~и́ческая геогра́фия physical geography; ~и́ческая культу́ра physical training; ~ труд physical work; **~культу́ра** *abbr of* физи́ческая культу́ра physical training, gymnastics; **~культу́рник** athlete, sportsman; **~культу́рный** athletic, gymnastic, sports, physical training; ~ костю́м track suit; ~культу́рная подгото́вка physical training
фикс fixed price, fixed sum; **~а** *sl* false gold tooth-capping; **~а́ж** *phot* fixer, fixing solution; **~а́тый** *n sl* gold-tooth (criminal with gold- or white-metal-crowned teeth); **~ати́в** fixative; **~а́тор** *tech* catch, stop, index pin; fixative; fixing solution; **~ату́р** fixative, hair-grease; **~и́ровать** (~и́рую) *impf and pf* ~ внима́ние concentrate attention (on, на + *prep*); ~ фотоплёнку fix a film; *pf also* за~ record (*in one's memory, on paper, etc*); fix (*date, time, etc*)
фикти́в|ный (~ен) fictitious; forged
фи́кус rubber-plant
фи́кция fiction; illusion
филантро́п philanthropist; **~и́ческий** philanthropic; **~ия** philanthropy
филармо́ния philharmonic society
филател|и́ст philatelist, stamp collector; **~и́я** philately
филе́ *neut indecl* sirloin; fillet (*of meat, fish*); drawn-thread work (*dressmaking*); **~й** sirloin; fillet; **~йный** ~йная часть loin
филёнка panel, slat
филёр detective, sleuth
филиа́л branch (*of institution, company, etc*); **~ьный** branch
филигран|ный filigree; (~ен) *fig* meticulous; **~ь** *f* filigree; watermark
фи́лин eagle owl
фили́ппика philippic
филиппи́н|ец Philippine, Filipino; **~ка** Philippine (woman); **~ский** Philippine
фили́ст|ер philistine; **~ерский** philistine; **~ерство** philistinism
фило́лог philologist; **~и́ческий** philological; ~ факульте́т faculty of languages and literature; **~ия** philology; study of language and literature
фило́н *pop* shirker, idler, slacker; **~ить** II *impf pop* shirk, idle, do nothing, loaf; **~ство** *pop* shirking, loafing, slacking
фило́соф philosopher; **~ия** philosophy; **~ский** philosophic(al); **~ствовать** (~ствую) *impf* philosophize
фильдеко́с lisle thread
фи́лькин ~а гра́мота invalid document, empty scrap of paper
фильм film, (motion) picture; **~оте́ка** film library
фильтр filter; **~а́т** filtrate; **~а́ция** filtering, filtration; **~ова́льный** filter; **~ова́ть** (~у́ю) *pf* от~, про~ filter; *fig coll* screen, check
фимиа́м incense; кури́ть ~ кому́ *iron* laud someone to the skies, sing the praises of someone
фина́л end(ing); finale; *sp* final; вы́йти в ~ reach the final; **~ьный** final; ~ акко́рд final chord; ~ матч *sp* final
финанс|и́ровать (~и́рую) *impf and pf* finance; **~и́ст** financier; financial expert; **~овый** finance, financial; ~ год fiscal year; **~ы** (*gen pl* ~ов) finance(s); money
фи́н|ик date (*fruit*); **~иковый** date; ~иковая па́льма date-palm
фини́фт|евый enamelled
фининспе́ктор *abbr of* фина́нсовый инспе́ктор inspector of finance, financial officer
фини́фть *f* enamel
фи́н|иш *sp* finish; finishing post; final lap; **~иши́ровать** (~иши́рую) *impf and pf sp* finish, come in; **~ишный** ~ишная ле́нточка finishing tape; ~ столб winning-post
фи́нка Finn, Finnish woman; *coll* Finnish knife, sheath-knife; Finnish cap; Finnish pony
Фин|ля́ндия Finland; **ф~ля́ндский** Finnish; **ф~н** Finn
фи́нна pork tapeworm
фи́нно-уго́рский Finno-Ugric
финотде́л *abbr of* фина́нсовый отде́л financial department
фи́нский Finnish, Finnic; Ф~ зали́в Gulf of Finland; ~ нож Finnish knife
фин|т *pop* (cunning) trick; *sp* feint; **~ти́ть** II (~чу́) *impf coll* be cunning, crafty, dissemble, be shifty
финтифлю́шка *coll* bagatelle, trifle, thingumabob; flibbertigibbet, empty-headed girl, woman, shallow woman, frippet
фиоле́товый violet
фио́рд fiord, fjord
фиориту́ра *mus* grace(-note)
фи́рм|а firm; trade name; *fig coll* appearance, pretext; под ~ой under the pretext (of, + *gen*); **~енный** firm, company; *sl* foreign, good quality
фирн névé, glacier snow

фисгармо́ния harmonium
фиск fisc; **~а́л** *hist* finance inspector; *fig coll* informer, tale-bearer; **~а́лить** II *impf coll* inform, peach; **~а́льный** fiscal; **~а́льство** *hist* fiscalship; *coll* taletelling, peaching
фиста́шк|а pistachio(-tree); **~овый** pistachio; ~лак mastic varnish; ~овая смола́ mastic; pistachio-green
фи́стул|а *mus* pipe, flute; *med* fistula; ~а́ falsetto
фити́л|ь 1 *m* wick; fuse; *pop* reprimand, rocket; вста́вить кому́ ~ *fig pop* give someone a rocket, blow someone up; *sl* starveling, goner; **~ить** II *impf sl* be a goner; feign weakness
фитю́лька *pop joc* little thing; *fig pop* nonentity, whippersnapper
фи́ф|а *pop pej* shallow woman, feather-brained woman, bit of fluff; **~очка** *pop pej* = ~а
фи́шка counter, chip (*in games*)
флаг flag; вы́кинуть ~ unfurl, put out a flag; подня́ть, спусти́ть ~ raise, lower the flag; под ~ом flying the flag (of), *fig* under the guise (of, + *gen*); оста́ться за ~ом *sp also fig* fail to make the distance; держа́ть свой ~ sail (in), be (in, на + *prep*); **~дук** bunting; **~ман** *naut* flag-officer, flag-ship; *aer* leader of bomber squadron; *fig* leader; **~манский** ~ кора́бль flagship; **~-офице́р** flag-officer; **~што́к** flagstaff
флаж|ко́вый flag; **~ный** ~ная сигнализа́ция flag signalling; **~о́к** (~ка́) small flag, signal flag
флажоле́т flageolet
флако́н (scent-)bottle, flask
флама́н|дец (~дца) Fleming; **~дка** Fleming, Flemish woman; **~дский** Fleming
флами́нго *m indecl* flamingo
фланг flank; side; wing; **~о́вый** flank; ~ охва́т flanking movement, envelopment; *n* flank man
флане́л|евка *and* **~ька** flannel; **~евый** flannel; **~ь** *f* flannel; **~ька** flannel (duster)
фланёр *coll* idler, flâneur, saunterer
фла́н|ец (~ца) flange
флани́р|овать (~ую) *impf coll* saunter; idle; mooch (about)
фланки́р|овать (~ую) *impf and pf mil* flank, outflank
флеби́т phlebitis
флегма *fig* phlegm; *m and f coll* phlegmatic person; **~тик** phlegmatic, apathetic person; **~ти́ческий** phlegmatic; **~ти́чный** (~ти́чен) apathetic, phlegmatic
флейт|а flute; **~и́ст** flautist; **~овый** flute
флек|сия *gramm* inflection; **~ти́вный** *gramm* inflected
флёр crêpe; наки́нуть ~ *fig* draw a veil (over, на + *acc*); **~дора́нж** orange blossom
флибустье́р freebooter
фли́г|ель *m* (~еля́, ~еле́й) wing (*of building*); annexe, outbuilding, outhouse; **~ель-адъюта́нт** *hist* aide-de-camp
флирт flirtation; **~ова́ть** (~у́ю) *impf* flirt (with, с + *instr*)
флокс phlox
фло́р|а flora; **~и́ст**, specialist on flora; **~и́стика**, study of flora
флори́н florin
флот fleet; вое́нно-морско́й ~ navy; возду́шный ~ air force; **~и́лия** flotilla; **~ово́дец** (~ово́дца) naval commander; **~ский** *adj* naval; *n* sailor
флуоресц|е́нция fluorescence; **~и́ровать** (~и́рую) *impf* fluoresce
флюг|а́рка weather-vane; *naut* pennant; distinguishing plate (*of boat*); (chimney) cowl; **~ер** (*pl* ~ера́, ~еро́в) weather-vane, weathercock (*also of person*); *fig* time-server, trimmer; *hist* pennant
флюи́д|ы (*gen pl* ~ов) ectoplasm; *fig* emanations; aura
флюс dental abscess, gumboil, swollen cheek; *pl* ~ы́ *tech* flux, fusing agent
фля́|га flask, water bottle; **~жка** *dim of* ~га
фойе́ *neut indecl* foyer; артисти́ческое ~ artists' room
фок *naut* foresail; **~-ма́чта** foremast
фока́льный focal
фокс|терье́р fox-terrier; **~тро́т** foxtrot
фо́к|ус *tech* focus *also fig*; не в ~се out of focus; (conjuring) trick; пока́зывать ~усы do conjuring tricks; trick, secret (device); в то́м-то и ~ that's the whole point, that's just it; *fig coll* trickery, double-dealing; *usu pl fig coll* fad(s), whim(s), caprice; ве́чные ~усы с едо́й always finicky with food; **~уси́ровать** (~уси́рую) *impf* focus; **~усник** conjuror; *coll* tricky customer, trickster; *coll* faddy person; **~усничать** I *impf coll* be faddy, have fads; *coll* be sly, crafty; *coll* play tricks
фолиа́нт folio, large volume
фо́льга, *coll* **фольга́** foil
фолькло́р folklore; **~и́ст** student of folklore; **~и́стика** study of folklore
фо́мка *pop* jemmy
фон background *also fig*; на ~е against a background (of, + *gen*); *tech* hum
фона́р|ик small lamp; torch, flashlight; **~ный** ~ столб lamppost; **~щик** lamplighter; torch-bearer; **~ь** 1 *m* lantern; lamp; light; электри́ческий ~ flashlight, electric torch; у́личный ~ street lamp; *archi* skylight; *sl* black eye; подста́вить ~ кому́ *sl* give someone a black eye; кра́сный ~ *obs* disorderly house, brothel
фонд fund; stock, reserves, resources; валю́тный ~ currency reserves; жили́щный ~ available housing, housing stock; золото́й ~ gold reserves; *pl* stocks; *fig* stock; ~ы его́ повы́сились his stock has risen; archive; **~овый** reserve, funded; ~овая би́ржа stock exchange
фон|е́ма phoneme; **~е́тика** phonetics; **~ети́ст** phonetician; **~ети́ческий** phonetic; **~и́ческий** phonic; **~о́граф** phonograph; **~оло́гия** phonemics; **~оте́ка** library of recordings
фонта́н fountain; *fig* stream; ~ красноре́чия fount of eloquence; нефтяно́й ~ oil gusher; бить ~ом gush forth; не ~ *pop* indifferent; заткни́ ~ *pop* shut up; **~и́ровать** (~и́рует) *impf* gush (forth), spout; ~и́рующая сква́жина gusher
фо́р|а ~у дать кому́ *coll* give someone the odds, a start (*in a game*)
фо́рвард *sp* forward
фордеви́нд *naut* following wind; идти́ на ~ run before the wind
фордыба́|ка *m and f pop* stubborn, capricious, wilful person; **~чить(ся)** II *impf pop* behave stubbornly, capriciously, wilfully
форе́йтор postilion
форе́ль *f* trout
фо́рзац flyleaf (*of book*)
фо́ринт forint
фо́рм|а form; по ~е properly; оде́тый по ~е properly dressed; по всей ~е as it should be; uniform; пара́дная ~ full dress; в пи́сьменной ~е in writing; shape; *pl* contours (*of body*); *tech*

mould, cast; отли́ть в ~у mould, cast; быть в ~е *coll* be in (good) form

формали́зм formalism *also pej*

формали́н formalin

формали́ст formalist; **~́ика** *coll pej* formalism, formalistic attitude; **~и́ческий** *and* **~́ский** formalistic

формальдеги́д formaldehyde

форма́л|ьность *f* formality; technicality; пуста́я ~ mere formality; пренебрега́ть ~ьностями not to put too fine a point, brush aside technicalities; **~́ьный** (~ен) formal; ~ьное отноше́ние official, conventional attitude; formalistic

форма́т size, format

форма́ция structure; stage (of development); stamp, mentality; formation *also geol*; stratum

фо́рм|енка *coll* duck blouse; **~́енный** uniform; *coll* regular, downright, proper

форм|ирова́ние forming, organizing; ~ поездо́в making up of trains; ~ прави́тельства formation of a government; ~ хара́ктера formation of character; *mil* unit, formation; **~ирова́ть** (~иру́ю) *pf* с~ form, organize (*government, etc*); *mil* raise (*regiment, etc*); make up (*trains, etc*); mould (*character, etc*); **~ирова́ться** (~иру́юсь) *pf* с~ *vi* form; take shape; develop, grow up (*physically*); *pass of* ~ирова́ть; **~ова́ть** (~у́ю) *pf* с~, от~ shape, mould, model (*clay, etc*); make a mould, cast; **~о́вка** forming, shaping; moulding, casting; **~ово́й** suitable for moulding; ~ова́я гли́на loam; **~о́вочный** moulding, casting; ~о́вочная гли́на foundry loam; **~о́вщик** moulder

фо́рмул|а formula; **~и́ровать** (~и́рую) *impf and pf, pf also* с~ formulate; **~иро́вка** formulation, wording; formula; **~я́р** library ticket, card; *tech* logbook (*of machine, etc*); *obs* record of service

форпо́ст *mil* advanced post; outpost *also fig*

форс (~а (~у)) *pop* swank, side; задава́ть ~ *pop* swagger, swank; сбить ~ с кого́ *pop* take someone down a peg or two

форси́р|ованный forced, accelerated; ~ марш forced march; **~́овать** (~ую) *impf and pf* force, speed up; ~ ре́ку *mil* force a crossing of a river

фор|си́ть II (~шу́) *impf pop* swank, show off; **~су́н**, **~су́нья** *pop* swank

форсу́нка *tech* sprayer, atomizer, jet; fuel injector

форт (в ~у́, о ~́е; *pl* ~ы́, ~о́в) *mil* fort

фо́рте *adv* forte

фо́ртель *m coll* trick, stunt; вы́кинуть ~ *coll* spring a surprise

фортепья́н|ный piano; ~ конце́рт piano concerto; **~́о** *neut indecl* piano

фортификац|ио́нный fortification; **~́ия** fortification

фо́рт|ка *and* **фо́рт|очка** ventilation pane, small ventilation window; **~́очник** *sl* burglar

форту́на fortune, fate

фо́рум forum

форшма́к 1 *cul* forshmak

фос|ге́н phosgene; **~фа́т** phosphate; **~́фор** phosphorus; **~форесце́нция** phosphorescence; **~фори́ческий** phosphoric; **~́форный** phosphorous, phosphoric

фо́то *neut indecl coll* photo; **~альбо́м** photograph album; **~аппара́т** camera; **~ателье́** *neut indecl* photographer's studio; **~бума́га** photographic paper; **~гени́чный** (~гени́чен) photogenic; **~́граф** photographer; **~графи́ровать** (~графи́рую) *pf* с~ photograph, take a photograph (of); **~графи́роваться** (~графи́руюсь) *pf* с~ be photographed, have one's photo taken; **~графи́ческий** photographic; **~гра́фия** photography; photograph; photographer's studio; **~донесе́ние** *mil* intelligence photograph; **~ка́рточка** photo(graph); **~ко́пия** photostat, photocopy; **~корреспонде́нт** (newspaper) photographer; **~люби́тель** *m* amateur photographer; **~́н** *phys* photon; **~объекти́в** camera lens; **~репорта́ж** picture story; **~репортёр** press photographer; **~си́нтез** *bot* photosynthesis; **~сту́дия** photographic studio; **~телегра́мма** picture telegram; **~телегра́ф** phototelegraph; **~ти́пия** phototype; **~увеличи́тель** *m* photographic enlarger; **~хро́ника** news in pictures; **~элеме́нт** photoelectric cell

фо́фан *pop* fool, dim-wit

фрагме́нт fragment; **~а́рный** (~а́рен) fragmentary

фра́(й)ер (*pl* ~а́) *sl* dupe, pigeon, gull, sucker; **~ну́ться** I *pf sl* make a mistake, botch up (с + *instr*)

фра́з|а sentence; phrase; изби́тая ~ tag, cliché; пусты́е ~ы empty words, mere verbiage; ходя́чая ~ catchword, stock phrase; **~еологи́ческий** phraseological; **~еоло́гия** phraseology; mere verbiage; **~ёр** phrase-monger, phrase-maker; **~ёрство** phrase-mongering, phrase-spinning, verbiage, rhetoric; **~ёрствовать** (~ёрствую) *impf* engage in phrase-mongering, rhetoric; **~и́ровать** (~и́рую) *impf mus* phrase

фрак tailcoat, tails; во ~́е in evening dress

фракту́ра *typ* Gothic type, black letter

фракц|ио́нность *pol* fractionalism; **~ио́нный** *pol* f(r)actional; **~́ия** *pol* f(r)action, group; *chem* fraction

фраму́га transom; upper part of window

франк *hist* Frank; franc; **~и́ровать** (~и́рую) *impf and pf* prepay, frank

франкмасо́н Freemason; **~́ство** Freemasonry

фра́нко- free, prepaid; **~-борт**, **~-су́дно** free on board

фран|т dandy, fop, buck, swell; **~ти́ть** II (~чу́) *impf coll* play the dandy; **~ти́ха** *coll* fashionable woman; **~товско́й** dandyish, dandyfied, elegant, smart; **~товство́** dandyism, smartness

Фра́нц|ия France; **ф~у́женка** Frenchwoman; **ф~у́з** Frenchman; **ф~у́зский** French; ~ ключ monkey wrench

фрахт freight; **~ова́ние** chartering; **~ова́тель** *m* charterer; freighter; **~ова́ть** (~у́ю) *pf* за~ charter; **~о́вщик** carrier

фра́чн|ый *adj* dress; ~ая па́ра dress suit; *n obs* person not wearing uniform (*outside government service*)

фрега́т frigate; *zool* frigate-bird

фрез|а́ (*pl* ~́ы, ~, ~́ам) milling cutter; ~ бараба́н drum shredder; **~́ерный** milling; ~ стано́к milling machine; ~ торф cut peat; **~еровать** (~еру́ю) *pf* от~ mill, cut; **~еро́вщик** milling-machine operator

фре́йлина lady-in-waiting, maid of honour

френо́лог phrenologist; **~и́ческий** phrenological; **~́ия** phrenology

френч service jacket

фре́ска fresco

фриво́л|ьность *f* frivolity; **~́ьный** (~ен) frivolous

фриз frieze

фрикаде́лька meat ball, quenelle (*in soup*)

фрикассе́ *neut indecl* fricassé

фрикати́вный fricative

фрикцио́н *tech* friction clutch; **~́ный** *tech* friction

фро́нд|а *hist* Fronde *also fig*; **~ёр** *hist* Frondeur *also fig*, malcontent; **~и́ровать** (~и́рую) *impf* express discontent

фронт 5 *mil also fig* front; стать во ~ stand to attention; на ~́е at the front; на два ~́а on two fronts; ~ рабо́т field of operations; культу́рный ~ the cultural front; **~а́льный** frontal; ~а́льная ата́ка frontal attack; general

фронтиспи́с *typ archi* frontispiece

фронт|ови́к 1 front-line soldier; **~ово́й** *mil* front (-line); ~ова́я полоса́ army zone at front; **~о́н** *archi* pediment

фрукт fruit; *pop* (dubious) character, type; ну и ~! *pop iron* a nice piece of work!; **~о́вый** fruit; ~ нож fruit knife; ~ сад orchard; ~ са́хар fruit sugar, fructose; **~о́за** fructose

фря *m and f pop iron* stuck-up person

фтизиа́тр phthisiologist; **~и́я** phthisiology

фтор fluorine; **~и́д** fluoride; **~́истый** fluorine; fluoride (of)

фу *interj* ugh! (*disgust, revulsion, etc*); oh! (*annoyance, fatigue, etc*); phew! (*fatigue, relief, etc*); ~́-ты *coll* my goodness! (*surprise, annoyance, etc*)

фу́га *mus* fugue

фуга́н|ок (~ка) smoothing-plane

фугану́ть I *pf sl* slug, hit, beat

фуга́с (land)mine, fougasse; **~́ка** *coll* (land)mine; (high-explosive) bomb; mine-shell; **~́ный** high-explosive; ~ снаря́д mine-shell

фуг|ова́ть (~у́ю) *pf* с~ join, mortise; *impf* plane (with smoothing-plane)

фуже́р tall wine glass

фузе́я *hist* flintlock rifle

фу́к|ать I *pf* ~нуть *coll* blow; blow off, out (+ *acc or* на + *acc*); huff (*at draughts*); *sl* chuck out; *sl* split (on, на + *acc*); **~́нуть** I *pf of* ~ать

фу́ксия fuchsia

фу́ксом *adv coll* by chance, by a fluke, quite unexpectedly

фуля́р foulard

фунда́мент foundation, base, basis *also fig*; substructure; закла́дывать ~ lay the foundation; **~а́льный** (~а́лен) solid, sound; *fig* thorough (-going), sound; ~а́льная постро́йка solid building; ~ труд major work; main, basic, key; *coll* prodigious

фунди́рованный funded, consolidated

фунду́к 1 filbert

фуникулёр funicular (railway), cable railway

фу́нкия plantain-lily

функц|иона́льный functional; **~иони́ровать** (~иони́рую) *impf* function; **~́ия** function

фунт pound (*weight*); ~ сте́рлингов pound sterling; не ~ изю́му *coll joc* it's not a trifle, it is no light matter; вот так ~ ! *pop* that's a fine how-d'ye-do!, a fine kettle of fish!; **~́ик** *dim of* ~; cone-shaped paper bag

фу́ра covered wagon

фура́ж 1 forage, fodder; **~и́р** forager; fodder storeman; **~иро́вка** foraging; **~́ка** service cap; peak cap; **~́ный** forage, fodder

фурго́н (covered) wagon; van, estate car; caravan

фу́рия Fury; *fig* virago, termagant, shrew, fury

фурниту́ра accessories

фуро́р rage, craze, furore; произвести́ ~ create a furore, a craze, be all the rage

фуру́нкул furuncle, boil; **~ёз** furunculosis

фут foot; foot rule

футбо́л football, soccer; **~и́ст** football-player, footballer; **~́ить** II *impf pop* pass on, pass the buck; **~́ка** football jersey, sports shirt; **~́ьный** football; ~ьные бу́тсы football boots; ~ мяч football

футеров|а́ть line (*kiln, etc*), fettle; **~́ка** brick-lining, fettling

футля́р case; ~ для очко́в spectacle-case; container; *tech* casing, housing

фу́товый one-foot

футур|и́зм futurism; **~и́ст** futurist; **~исти́ческий** futuristic; **~о́лог** futurologist; **~оло́гия** futurology

фуфа́йка sweater, jersey; *pop* padded jacket

фуфло́ *sl* lie, nonsense, deception; гнать ~ *sl* deceive, lie, shoot a line; *sl* face, mug; подста́вить ~ *sl vulg* become a passive homosexual; *sl* worthless person

фуфу́ на ~ *pop* thoughtlessly, carelessly, anyhow; подня́ть кого́ на ~ *pop* take someone for a ride

фуфы́риться II *impf pop* give oneself airs; *pop* sulk, get angry; *pop* be fussy

фы́р|кать I *pf* ~кнуть snort; *fig coll* snort with laughter, chortle; *impf fig coll* grouse, snort (at, на + *acc*); **~́кнуть** I *pf of* ~кать; **~ча́ть** II *impf pop* snort *also fig*

фьорд and **фио́рд** fiord, fjord

фюзеля́ж fuselage

X

хаба́р *pop* bribe; **∼ник** *pop* bribe-taker
ха́в|ало *sl* mug, snout, trap; **∼а́льник** *sl* = **∼ало**
ха́вать I *pf* с∼ *sl* devour, eat voraciously
хавро́нья *coll joc* sow
ха́живать I *freq of* ходи́ть *coll*
ха́за *sl* (thieves') house
хай *sl* shout(ing), noise, scandal
хайло́ 6 *pop cont* mug, trap; заткни́ ∼ *pop cont* shut your trap
хака́с *f* **∼ка** Khakas
ха́ки *adj and neut indecl* khaki
хала́т dressing-gown; (*oriental*) robe; (купа́льный) ∼ bathrobe; overall; smock (*doctor's, artist's*); **∼ность** *f* negligence, laxity, carelessness; **∼ный** (∼ен) *coll* negligent, slipshod, lax, careless; ∼ное отноше́ние don't-care attitude (to, к + *dat*)
халва́ halva
ха́лда *pop cont* uncouth, slovenly and ungainly woman
халде́й Chaldean; **∼ский** Chaldean
хали́ф *hist* caliph; ∼ на час *prov* king for a day; **∼а́т** *hist* caliphate
халту́р|а *coll* slapdash work; pot-boiler, hack work; extra work, odd job; **∼ить** II *impf coll* do careless work; work on the side, moonlight; do hack work; finagle; **∼ный** *coll* slapdash, slipshod; hack; **∼щик** *coll* botcher; hack(-worker); moonlighter
халу́па *coll* peasant hut (*in Ukraine and Byelorussia*); *fig* shack
халцедо́н chalcedony
халя́ва *sl* slut, whore, old bag; *tech* muff
хам *cont* boor, lout; cad
хамелео́н chameleon *also fig*
хам|е́ть I *pf* о∼ *pop* become boorish, uncouth; **∼и́ть** II (∼лю́) *pf* на∼ *pop* be rude, impudent (to, + *dat*); **∼ова́тый** (∼ова́т) *pop* uncouth, loutish, boorish
хамса́ khamsa (*small fish of anchovy family*)
ха́м|ский *pop* boorish, loutish, uncouth; **∼ство** *pop* boorishness, loutishness, impudence, caddishness, uncouthness; **∼ьё** *collect pop cont* boors, blackguards
хан khan
хана́ *pred* + *dat pop joc* the end, finished
хандр|а́ (fit of) depression, dejection, gloom; **∼и́ть** II *impf* have a fit of depression, mope
ханж|а́ (*gen pl* ∼е́й) *m and f* hypocrite, sanctimonious person; **∼еский** *and* **∼еско́й** hypocritical, sanctimonious; **∼ество** *and* **∼ество́** hypocrisy, sanctimoniousness; **∼и́ть** II *impf coll* be sanctimonious, hypocritical, make a show of piety
ха́нство khanate
ха́нты *m and f indecl* Khanty (*formerly Ostyaks*); **∼йский** Khanty
хану́рик *sl* soak, drunkard
ха́|ос *myth* Chaos; **∼о́с** chaos, utter confusion; **∼оти́ческий** chaotic; **∼оти́чность** *f* confusion, state of chaos; **∼оти́чный** (∼оти́чен) = ∼оти́ческий
хап *pred pop* = **∼нул**; **∼ать** I *sem pf* ∼нуть *pop* grab, snatch; *sl* fetch, swipe; **∼нуть** *sem pf of* ∼ать; **∼о́к** на ∼ *sl* by swiping; **∼у́га** *m and f pop* thief, scrounger
хараки́ри *neut indecl* hara-kiri
хара́кт|ер character, nature, disposition, personality; дурно́й ∼ bad temper; мя́гкий, тяжёлый ∼ gentle, difficult character, disposition; э́то не в его́ ∼ере it's not like him; челове́к с ∼ером determined, strong-willed person, strong character; nature, type, character; ∼ рабо́ты type of work; затяжно́й ∼ боле́зни prolonged nature of the illness; **∼еризова́ть** (∼еризу́ю) *impf and pf, pf also* о∼ define, describe; characterize, be characteristic (of); **∼еризова́ться** (∼еризу́юсь) *impf* be characterized (by, + *instr*); **∼ери́стика** description, delineation; для ∼ери́стики to describe (+ *gen*); reference, testimonial; ∼ с ме́ста рабо́ты reference from one's place of work; *math* characteristic; *tech* characteristic curve; performance graph; **∼е́рно** *pred* it is characteristic, typical, significant; **∼ерный** *pop* strong-willed, having a forceful character; **∼е́рный** (∼е́рен) distinctive, striking; ∼е́рное лицо́ distinctive face; characteristic, typical; *theat* character (*actor, etc*)
ха́риус grayling, umber (*fish*)
ха́рк|ать I *sem pf* ∼нуть clear one's throat, hawk; ∼ кро́вью spit blood; **∼нуть** I *sem pf of* ∼ать
ха́ртия charter; Вели́кая ∼ во́льностей Magna C(h)arta
харч|е́вник *obs* tavern-keeper; **∼е́вня** *obs* tavern, eating-house; **∼и́** (*gen pl* ∼е́й) *pop* grub; victuals, food; board; **∼о́** *neut indecl* Caucasian mutton soup, kharcho
ха́ря *pop abus* mug, dial, phiz
ха́та peasant hut, cottage; моя́ ∼ с кра́ю that's nothing to do with me, it's no business of mine; *sl* thieves' den, hideout, hang-out, pad
ха́халь *m pop* lover, fancy man
ха́|ять I (∼ю) *impf pop* run down, criticize, find fault (with)
хвал|а́ *lit* praise; ∼ и честь ему́ за то, что ... he deserves all possible praise for ...; **∼е́бный** (∼е́бен) laudatory, eulogistic; **∼ёный** *iron* much-vaunted, celebrated; **∼и́ть** II (∼ю́, ∼ишь) *pf* по∼ praise, commend; ∼ до небе́с laud, praise to the skies; **∼и́ться** II (∼ю́сь, ∼ишься) *pf* по∼ *pop* boast (of, + *instr*)
хва́ст|ать I *pf* по∼ *coll* = ∼аться; **∼аться** I *pf* по∼ boast (of, + *instr*); **∼ли́вость** *f* boastfulness; **∼ли́вый** (∼ли́в) boastful; **∼овство́** boasting, bragging; **∼у́н** 1 *coll* boaster, braggart, show-off
хват *coll* stalwart, stout fellow, dashing fellow
хва|та́тельный prehensile; raptatorial, raptorial; grasping; **∼та́ть** I *pf* схвати́ть; (*pf also* ∼ти́ть *pop*) seize, snatch, grab, grab at, grasp; ∼ за́ руку grab by the hand; *coll* detain, seize, grab (*by police, etc*); ∼ что попа́ло *coll* grab the first thing that comes to hand; *pf* ∼ти́ть *impers* be enough, be sufficient, suffice (+ *gen*); ему ∼тит си́лы подня́ть ги́рю he will have enough strength to lift the weight; ∼ кому́ на ме́сяц last someone a month; не ∼ be lacking, not be enough; не ∼ сил, ума́ not have the strength, wit (to, + *infin*); мне не ∼ти́ло вре́мени сде́лать э́то I had no time to do it;

не ~та́ет рабо́чих рук there are not enough workers; у меня́ не ~та́ет ду́ха пойти́ туда́ I can't bring myself to go there; вас о́чень не ~та́ло you were greatly missed; э́того ещё то́лько не ~та́ло! that's the limit!, that's too much!, that's a bit thick!, as if that wasn't enough!; **~та́ться** I *pf* схвати́ться (*pf also* ~ти́ться *pop*) snatch (at), catch (at), pluck (at, за + *acc*); ~ за соло́минку reach for, grasp at a straw; он ~та́ется за любо́е де́ло he has a go at everything, he tries out anything; **~ти́ть** II (~чу́, ~́тишь) *pf of* ~та́ть; *pf pop* drink up, knock back; ~ ли́шнего have one too many; *pf coll* suffer, endure, go through; нема́ло го́ря ~ти́ли они́ they had a lot to put up with; *coll* strike (down), hit, smash; его́ ~ти́л уда́р he has had a stroke; ~ че́рез край go too far; ~ сту́лом об пол bang the chair on the floor; *coll* blurt out; *coll* stick one's neck out; *pop* strike up, start up (*song, something noisy, etc*); ~́тит! *coll* that will do!, that's enough!; с меня́ ~́тит I've had enough; ~́тит спо́рить that's enough arguing; **~ти́ться** II (~чу́сь, ~́тишься) *pf of* ~та́ться; *pf coll* (suddenly) miss (+ *gen*); по́здно ~ти́лись! you thought of it too late!; *coll* hit, bump (into, о + *acc*); **~́тка** grasp, grip, clutch; technique, method, skill, efficiency; мёртвая ~ iron grip (*of dogs, etc*), *fig* bulldog determination; **~́ткий** (~ток, ~тка́, ~тко) *pop* strong (*of grip, etc*), tenacious; *fig* sharp, clever (*mind, etc*); **~ть** *pred pop* = ~ти́л, схвати́л, уда́рил; я ~ за́ руку его́ I grabbed him by the hand; = ~ти́лся; ~ – нет кошелька́ I suddenly found I had no purse

хво́йн|ый coniferous; pine; ~ое де́рево conifer; ~ за́пах resinous smell; ~ые *n bot* conifers

хвора́ть I *impf coll* be ill, sick

хво́рост (~а (~у)) *collect* brushwood; *cul* straw(s), twiglets; **~и́на** switch, stick, branch

хво́р|ость *f pop* illness, sickness, ailment; **~́ый** (~, ~а́, ~о) *pop* ill, sick, ailing; **~ь** *f pop* = ~ость

хвост 1 tail; brush (*fox*); scut (*hare, rabbit, deer*); train (*peacock*); маха́ть ~о́м swish, wag the tail; виля́ть ~о́м *coll* wag the tail; tail (*of aircraft, comet, etc*); висе́ть на ~е́ кого́ *fig* catch up with someone; задра́ть ~ *pop* get on one's high horse, be cocksure; наступи́ть кому́ на ~ *fig pop* tread on someone's toes, offend, hurt someone; под-жа́ть ~ *pop* put one's tail between one's legs, *fig* draw in one's horns; псу под ~ *fig pop* money down the drain; показа́ть ~ *pop* show a clean pair of heels; укороти́ть кому́ ~ *fig coll* take someone down a peg or two; и в ~ и в гри́ву *coll* neck and crop, hammer and tongs; держи́ ~ пистоле́том (трубо́й) *pop* keep your pecker up; *fig* tail(-end), rear, end; ~ по́езда rear coaches of train; быть, плести́сь в ~е́ lag behind, get behind; *pop* train (*of dress*); *coll* throng, following; *coll* queue, line; ~ за хле́бом bread queue; *fig pop* arrears, unfinished portion (*of work, etc*); *tech* shank, shaft (*of tool*); *pl min* tails, tailings; **~а́тый** having a tail, caudate; having a large tail; **~и́зм** *hist pol* Khvostism, 'tailism'; **~́ик** small, short tail; с ~иком and a little more; со́рок с ~иком forty odd; **~и́ст** *pol* 'tailist'; *coll* backward student; **~и́ще** *m* an enormous tail; **~ово́й** tail; caudal; ~ова́я ве́на caudal vein; ~ ого́нь tail light; ~ово́е опере́ние *aer* tail unit; ~ патро́н ignition charge; rear, hindmost

хвощ 1 *bot* horsetail, scouring-rush

хво́я pine needle(s); *collect* pine branches

хе́зать I *pf* по~, на~ *sl* defecate; *fig sl* ruin someone's reputation, shit (on, на + *acc*)

хе́рес (~а (~у)) sherry

хер *sl vulg* penis, prick; ни ~а́ не зна́ю *sl vulg* I don't know a damn thing; **~ня́** *f sl vulg* rubbish, bullshit; **~о́вый** *sl vulg* worthless, poor

херуви́м cherub; **~́ский** cherub(ic)

хе́ттский *hist* Hittite

хиба́р(к)а shanty, hovel, shack

хи́жина hut, shack, cabin

хил|е́ть I *coll* become weak, sickly; **~́ый** (~, ~а́, ~о) weak(ly), sickly; puny; **~я́к** 1 *pop* weakling; puny, sickly person, softy

хиля́ть I *impf sl* walk along, move off with, get going; *sl* pretend to be, pass (for, под + *acc*)

химе́р|а chimera; **~и́ческий** chimerical; **~и́чный** (~и́чен) = ~и́ческий

хим|иза́ция chemicalization; **~́ик** chemist; chemical industry worker; *pop* trickster, swindler; **~ика́лии** (*gen pl* ~ика́лий) chemicals; **~ика́т** (a) chemical; **~и́ческий** chemical; ~ каранда́ш indelible pencil; ~и́ческие препара́ты chemicals; ~и́ческая чи́стка dry-cleaning; ~ элеме́нт chemical element; chemistry; ~ кабине́т chemistry laboratory; ~и́ческая война́ chemical warfare; **~и́чить** II *impf sl* trick, swindle; **~́ия** chemistry; **~чи́стка** dry-cleaning

хи́на cinchona, Peruvian bark; *coll* quinine

хи́нди *m indecl* Hindi

хин|и́н cinchona, quinine; **~́ный** cinchona; ~ное де́рево cinchona (tree); ~ная ко́рка Peruvian bark

хипе́сница *sl* whore, prostitute

хипе́ш, хипи́ш *sl* поднима́ть ~ create a diversion, raise Cain

хире́ть I *pf* за~ lose one's health, droop, grow sickly (*also of plants*); languish *also fig*

хирома́нт chiromancer, palmist; **~́ия** chiromancy, palmistry

хирото́ния *eccles* consecration, ordination

хиру́рг surgeon; **~и́ческий** surgical, ~и́ческие но́жницы forceps; **~и́я** surgery

хити́н *biol* chitin

хито́н chiton, tunic

хит|ре́ц 1 crafty, sly, cunning person, dodger; **~реца́** *and* **~ри́нка** *coll* cunning, shrewdness; он с ~реце́й he is a deep one; **~ри́ть** II *pf* с~ try to pull one over (on), outwit, fox, fool (с + *instr*); он схитри́л he pulled a fast one; *impf coll* contrive, be ingenious; **~росплете́ние** machination, stratagem, artful design; tangle, complexity; **~росплетённый** contrived, convoluted; **~́ростный** (~ростен) *coll* ingenious; intricate, involved, subtle; **~́рость** *f* cunning, slyness, guile, artfulness, craftiness, astuteness; *coll* ingenuity; trick, ruse; stratagem; пусти́ться на ~рости resort to cunning; *coll* catch, subtlety; **~ро́умие** resourcefulness, artfulness, cunning; **~ро́умный** (~ро́умен) cunning, resourceful; intricate, complicated; **~́рый** (~ёр, ~ра́, ~ро) cunning, sly, crafty, wily; *coll* ingenious, resourceful; *coll* intricate, involved, subtle; э́то не ~рая шту́ка it isn't difficult; **~рю́га** *m and f coll* cunning person

хихи́к|ать I *pf* ~нуть *coll* giggle, titter, snigger; **~́нуть** I *pf of* ~ать

хищ|е́ние theft, misappropriation; embezzlement; **~́ник** beast, bird of prey; *fig* predator, shark, despoiler; **~́нический** predatory, rapacious; plundering; destructive, injurious (*to economy*);

ˆ~ничество preying (on others); predatoriness, rapacity; depredation (*of natural resources, etc*), despoliation; **ˆ~ный** predatory; ~ные звéри beasts of prey, predatory animals; rapacious (*of person*); (~ен) rapacious, grasping, greedy

хлад *obs or poet* cold; **~нокрóвие** equanimity, composure, coolness, sang-froid; сохранять ~ keep one's head; **~нокрóвный** (~нокрóвен) cool, composed, collected; cold-blooded; **ˆ~ный** (~ен) *obs or poet* cold; **~остóйкий** (~остóек, ~остóйка) cold-resistant

хлам *collect* rubbish, junk, lumber

хлами́да *hist* chlamys; *fig coll joc* long, loose garment

хлеб *sing* bread *also fig*; ~ насýщный daily bread; ~ с мáслом bread and butter; corn; ~ на корню́ standing corn; зарабáтывать себé на ~ earn one's living; дáром есть ~ not to be worth one's salt; есть чужóй ~ live off other people; его ˆ~ом не корми́ *coll* he is not to be trifled with; отби́ть у когó ~ take the bread out of someone's mouth; перебивáться с ~а на квас *coll* live from hand to mouth; чёрный ~ brown bread, rye bread; ~ да соль! *coll* good appetite!; *pl* ˆ~ы loaf; *pl* ~á bread-grain; *pl* corn, crops, cereals; *pl* ~á *coll* food; быть у когó на ~áх *coll* sponge off someone, be dependent on someone; и то ~ *coll* even that's something; ~-соль bread and salt, hospitality; встречáть когó ˆ~ом-сóлью *coll* give someone a hospitable welcome; води́ть ~-соль с кем *coll* be friends with someone; забы́ть чью ~-соль *coll* repay kindness with ingratitude; **~áть** I *impf pop* sup, sip, eat or drink (*liquids*) with a spoon; **ˆ~ец** (~ца) small loaf; **ˆ~ница** bread-basket; bread-plate; **~нýть** I *sem pf* have a drop (of, + *gen*); ~ ли́шнего have a drop too much; *fig* have a taste (of, + *gen*); ~ гóря *coll* go through a lot; **ˆ~ный** bread; grain; ~ амбáр granary; ~ная би́ржа corn exchange; ~ное винó vodka, whisky; ~ное дéрево bread-tree; ~ные запáсы grain stocks; ~ные злáки cereals; ~ спирт grain alcohol, ethyl alcohol; rich (*in grain*), abundant; grain-producing (*country, etc*); *coll* lucrative, profitable, paying; **ˆ~ово** *pop* gruel; **~озавóд** (mechanical) bakery; **~озаготóвка** (State) grain procurement; **~озакýпка** (State) grain purchase; **~óк** (~кá) *coll* sip, spoonful, mouthful; **~опáшество** grain-growing, cereal farming, tillage; **~опáшец** (~опáшца) tiller of the soil; **~опёк** baker; **~опекáрный** baking; **~опекáрня** bakery, bakehouse; **~опечéние** bread-baking; **~опостáвка** grain delivery; **~орóб** farmer, peasant; *lit* grain grower; **~орóдный** (~орóден) rich (in grain crops), abundant; fertile; ~ край rich grain-producing area; ~ год good year (for grain crops); **~осóл(ка)** good host; **~осóльный** hospitable; **~осóльство** hospitality; **~оторгóвец** (~оторгóвца) grain-merchant; **~оторгóвля** corn trade; **~оубóрка** (corn-) harvest, harvesting; **~оубóрочный** harvest(ing); ~ комбáйн combine harvester

хлев (в ˆ~е *or* ~ý; *pl* ~á) cattle-shed, cowhouse, byre; *fig coll* pigsty

хлестакóвщина shameless bragging (*from Gogol's hero, Khlestakov, in the comedy* The Inspector-General)

хле|стáть I (~щý, ˆ~щешь) *sem pf* ~стнýть lash, whip (+ *acc or* по + *dat*), switch; lash (down), beat (down) (*of rain, etc*); дождь ~стáл в окнó the rain beat against the window-pane; вéтер ˆ~щет в лицó the wind lashes one's face; gush, pour, stream, spurt; дождь ˆ~щет the rain is coming down in torrents; *impf pop* guzzle, swill; **~стáться** I (~щýсь, ˆ~щешься) *sem pf* ~стнýться switch oneself (*in steam bath*); *impf pop* have a punch-up, have a dust-up; **ˆ~сткий** (~сток, ~сткá, ~стко; ~стче) sharp, biting; *fig coll* biting, scathing, caustic, trenchant (*article, etc*); ringing (*of sound*); **~стнýть(ся)** I *sem pf of* ~стáть(ся)

хл|éще *comp of* ~ёсткий

хли́пать I *impf coll* sob

хли́п|кий (~ок, ~кá, ~ко) *pop* rickety, shaky; *fig pop* weak, fragile, sickly, puny

хлобы|стáть I (~щý, ˆ~щешь) *sem pf* ~стнýть *pop* lash, whip, beat, hit; **~стнýть** I *sem pf* of ~стáть

хлоп *interj* bang!; *pred* = ~нул(ся) он ~ двéрью he banged the door; он ~ егó по спинé he slapped him on the back; **ˆ~ать** I *sem pf* ~нуть bang, slap (+ *instr or* по + *dat*); ~ кали́ткой bang, slam the gate; ~ когó по спинé slap someone on the back; ~ глазáми *coll* blink; look blank, be at a loss what to say; ~ ушáми *coll* look dumb; pop (*of cork*); *impf coll* applaud, clap (+ *dat*); ~ кры́льями flap wings; ~ кнутóм crack a whip; rattle (*of shots, etc*); *impf pop* knock back (*of drink*); **ˆ~аться** I *sem pf* ~нуться *pop* flop down; bang oneself (against, о + *acc*)

хлóп|ец (~ца) *pop* lad, boy

хлопк|овóд cotton-grower; **~овóдство** cotton-growing; **~овóдческий** cotton-growing; **ˆ~овый** cotton; ~овое мáсло cotton-seed oil; ~овая пря́жа cotton yarn; **~опрядéние** cotton-spinning; **~орóб** cotton-grower; **~оубóрка** cotton-picking

хлóп|нуть(ся) I *sem pf of* ~ать(ся)

хлóп|ок (~ка) cotton; ~-сырéц cotton wool

хлоп|óк (~кá) crack, bang; pop; *pl* applause, clapping

хлоп|отáть I (~очý, ~óчешь) *pf* по~ take trouble (to), make arrangements (for), try (to), see to it (that, чтóбы + *infin or past tense or* о + *prep*); put in a word (for, за + *acc or* о + *prep*); *impf* bustle (about), busy oneself; **~отли́вый** (~отли́в) troublesome, bothersome, difficult (*matter, etc*); fussy, bustling (*of person*); **ˆ~отный** (~отен) *coll* troublesome, bothersome, irksome; **~отня́** *coll* to-do, ado, fuss, bustle; **~отýн** 1 *coll* bustler; busy, restless person; **ˆ~оты** (~óт, ~отам) trouble, fuss, ado; cares; у меня́ мнóго ~óт I have a great deal to get done; у негó ~óт по гóрло *coll* he has more than enough on his plate

хлопýшка fly-swatter; (Christmas) cracker; *bot* catchfly; *tech* gate valve

хлопчáт|ка *coll* cotton (fabric); **ˆ~ник** cotton (-plant); **~обумáжный** cotton; ~ пóрох guncotton; **ˆ~ый** ~ая бумáга *obs* cotton-plant, cotton (*fabric, thread*); flaky

хлóпчик *pop aff* boy

хлопь|еви́дный (~еви́ден) flaky, flocculent; **ˆ~я** (*gen pl* ~ев) flakes (*of snow, etc*); flocks (*of wool*); кукурýзные ~ cornflakes

хлор chlorine; **~áтор** chlorinator; **~вини́л** vinyl chloride; **~и́ровать** (~и́рую) *impf and pf* chlorinate; **~истоводорóдный** hydrochloride (of); **ˆ~истый** chloride; ~ кáльций calcium chloride; chlorine; **~и́т** *min* chlorite; **ˆ~ка** *coll* bleaching powder; **ˆ~ный** ~ная и́звесть chloride of lime; **~óз** chlorosis; **~офи́лл** *bot* chlorophyll; **~офóрм** chloroform; **~оформи́ровать** (~оформи́рую) *impf and pf*, *pf also* за~ chloroform

хлы́н|уть I (~ет) *pf* gush, pour (down, forth) (*of blood, rain, etc*); ~ул дождь rain poured down; pour, surge, rush, come pouring in (*of people*)
хлыст 1 hunting-crop, switch, whip; trunk of felled tree; Khlyst (*member of sect*); **~о́вство** Khlysts (*sect*)
хлыщ 1 *coll* fop, coxcomb; **~ева́тость** *f* foppishness
хлю́п|ать I *sem pf* ~нуть squelch; ~ по грязи flounder through mud; sob, snivel; ~ но́сом sniff; **~́ик** *pop* ninny, sniveller, milksop; **~́кий** (~ок, ~ка́, ~ко) *pop* soggy; rickety; *fig* frail, feeble; **~́нуть** I *pf of* ~ать; **~́нуться** *pf pop* flop down
хлюст 1 *pop* smart alec
хля́ба|ть I (~ет) *impf coll* be loose, shake
хляб|ь *f obs poet* abyss; ~́и небесные разве́рзлись *joc* the heavens opened (*of heavy rain*)
хля́стик belt (*at back of coat*)
хмел|ево́д hop-grower; **~ево́дство** hop-growing; **~ево́й** of hops; **~ёк** (~ька́) под ~ько́м tipsy, tight, the worse for liquor; **~е́ть** I *pf* за~ *and* о~ get tipsy, tight; **~ь** *m bot* hop(s), hop-plant; (во ~ю́, о ~́е) intoxication, drunkenness; под ~́ем, во ~ю́ tipsy, tight; **~ьно́й** (~ён, ~ьна́) *coll* drunken, tipsy; intoxicating; ~ьно́е *n* liquor, alcohol
хму́р|ить II *pf* на~ ~ бро́ви knit one's brows, frown; **~́иться** II *pf* на~ knit one's brows, frown; *fig* be overcast, louring; **~́ость** *f* gloom(iness); lour (*of sky*); **~ый** (~, *also* ~ен, ~а́, ~о) gloomy, sullen, sombre; overcast, cloudy, louring, dull
хмы́к|ать I *sem pf* ~нуть *coll* hem (*expressing surprise, irony, annoyance, etc*); **~́нуть** I *sem pf of* ~ать
хна henna
хны хоть бы ~ *pred pop* not the slightest impression, heed
хны́|кать 1 (~чу, ~чешь *also* ~каю) *impf coll* snivel, whimper; *fig* whine
хо́бби *neut indecl* hobby
хо́бот trunk, proboscis; *tech* tool-holder; ~ лафе́та *mil* trail of gun-carriage; **~но́й** trunk; **~о́к** (~ка́) proboscis, feeler (*of insects*)
ход (~́а (~́у), в ~́е, в *and* на ~у́) motion; movement; travel(ling), going; speed, pace; два часа́ ~́у two hours' going; уско́рить ~ increase speed, go faster; заме́длить ~ slow down; спры́гнуть на ~у́ jump off whilst (it is) in motion; за́дний ~ backing, reversing; ма́лый, ти́хий ~ slow speed; по́лный ~ full speed; по́лный ~! full speed ahead!; по́лным ~́ом *fig* in full swing; свобо́дный ~ free-wheeling, coasting; дать ~ set in motion, set going (+ *dat*); дать ~́у *coll* increase pace, *coll* take to one's heels; не дать ~́у кому́ not to give someone a chance, hold someone back; идти́ свои́м ~́ом travel under one's own steam, take its course; пойти́ в ~ acquire a vogue, come to be widely used; пусти́ть в ~ set in motion, set going *also fig*, put into service; пусти́ть в ~ после́дний ко́зырь play one's last card; пусти́ть в ~ все пружи́ны (свя́зи) pull strings, wires; пусти́ть в ~ все сре́дства move heaven and earth; быть в ~у́ be in demand, in vogue; на ~у́ in transit, without stopping, in operation; на по́лном ~у́ at full speed, blast; с ~́у *coll* without a pause; *eccles* кре́стный ~ procession (в, на ~́е) *fig* course, progress; в ~́е in the course (of, + *gen*); ~ войны́ progress of the war; ~ мы́слей train of thought; ~ собы́тий course of events; (в, на ~́е *and* ~у́) *tech* running, operation, work; на холосто́м ~у́ idling; (в, на ~́е; ~́ы, ~́ов *and* ~ы́, ~о́в) *tech* stroke (*of piston*), blow (*of press*); *tech* cycle; *tech* travel; (в, на ~́е; ~́ы, ~о́в) move (*chess, draughts*); lead (*cards*); ~ пе́шкой pawn's move; ~ бе́лых white's move; (в, на ~́е; ~́ы, ~о́в) *fig* move, gambit, manoeuvre; ло́вкий, риско́ванный ~ shrewd, risky move; (в, на ~́е *and* ~у́; ~ы́, ~о́в) entrance (*to building*); пара́дный ~ front entrance; чёрный ~ back, rear entrance; знать все ~ы́ и вы́ходы know all the ins and outs, know the ropes; (в, на ~́е *and* ~у́; ~́ы, ~о́в) passage, covered way, thoroughfare; ~́ы сообще́ния communication trench; (в, на ~у́; ~ы́ *and* ~а́, ~о́в) *tech* wheelbase, runners (*of sledge*); гу́сеничный ~ caterpillar tracks
хода́т|ай *coll* intercessor, mediator; *obs* solicitor; **~́айство** petition, application (for, о + *prep*); intercession (for), pleading (for, on behalf of, за + *acc*); **~́айствовать** (~айствую) *impf pf* по~ *past also pf* petition (for), apply (for, о + *prep*); intercede (on behalf of), plead (for, on behalf of, за + *acc*)
хо́дик|и (*gen pl* ~ов) wall clock (*with weights*)
хо|ди́ть II (~жу́, ~́дишь) *impf* (be able to) walk; ребёнок на́чал ~ с девяти́ ме́сяцев the baby began to walk at nine months; *indet of* идти́ go (*on foot*); ~ в го́сти go visiting; ~ гуля́ть go for a walk; ~ по магази́нам go shopping; ~ на охо́ту, на рабо́ту, в шко́лу go hunting, to work, to school; ~ на лы́жах ski; ~ на паруса́х go sailing; ~ по́ миру be a beggar; wear; ~ в чёрном wear black; run (*of trains, etc*); go (*of watches, etc*); часы́ хорошо́ ~́дят the clock, watch keeps good time; pass, go round; ~ из рук в ру́ки, по рука́м pass from hand to hand; недо́брые ве́сти ~́дят bad news is going round; lead, play (*cards*), move (*chess*); ~ с пик lead a spade; ~ ферзём move one's queen; *indet* look after, take care (of, за + *instr*); *coll* sway, shake, wobble; *coll* be, work (as, в + *prep*); *pf* с~ *coll* go (*excrete*); ~ вокру́г да о́коло beat about the bush; **~́дка** *pop* going, movement (*from one place to another*); **~́дкий** (~док, ~дка́, ~дко) *pop* fleet, fast (*horse, step, etc*); *coll* selling well, in great demand, popular; ~ това́р saleable commodity, popular line; **~дово́й** *tech* operational, running, working; ~довы́е ка́чества автомаши́ны performance of a car; *tech* travelling; ~дово́е колесо́ travelling wheel; in (good) working order; *naut* free, running; *coll* popular, current; ~ анекдо́т story going the rounds; *pop* smart, clever; **~до́к** 1 walker; *obs* delegate, envoy; *fig coll* person clever (at, на + *acc or* по + *dat*); быть ~доко́м куда́ *coll* make regular visits (to); **~ду́ли** (*gen pl* ~ду́лей) stilts; **~ду́льный** (~ду́лен) *coll* stilted, pompous; **~ду́н** ~дуно́м ~ди́ть *coll* shake, rock (*of building, etc*); be in a flurry, whirl; be all of a dither; **~дьба́** walking; в пяти́ мину́тах ~дьбы отсю́да five minutes' walk from here; **~дя́чий** walking, able to walk (*patient, etc*); current, prevailing (*expression, opinion, etc*); *fig coll iron* personified; он ~дя́чая доброде́тель he is virtue personified; **~жде́ние** walking, going; attending; ~ по му́кам (going through) purgatory, ordeal; име́ть ~ be in circulation; по о́бразу пе́шего ~жде́ния on shanks's mare
хозрасчёт *abbr of* хозя́йственный расчёт operation on self-supporting basis, cost accounting; **~́ный** self-supporting

хозя́|ин (*pl* ~ева, ~ев) owner, proprietor; landlord; employer, boss; master; ~ положе́ния master of the situation; manager; host, head of the house; ~ева по́ля *sp* home team; *pop* husband; *biol* host; ~ своего́ сло́ва as good as one's word; быть самому́ себе́ ~ином be one's own master; **~́йка** (*gen pl* ~ек) owner, proprietress; landlady; employer, mistress; manager; hostess, head of the house; *pop* wife; дома́шняя ~ housewife; **~́йничать** I *impf* manage, carry on the management; keep house; lord it, boss the show, throw one's weight around; **~́йский** master's, employer's; proprietary, careful, solicitous; masterful; ~йским то́ном in a tone of authority; де́ло ~йское do as you please, it is for you to decide; **~́йственник** business manager, business executive; **~́йственность** *f* good management, thrift; **~́йственный** economic, of the economy; household; ~ инвента́рь household implements; ~ магази́н ironmonger's, household store; managerial; (~йствен, ~йственна) economical, thrifty, practical; ~ расчёт *see* хозрасчёт; **~́йство** economy; branch of the economy; лесно́е ~ forestry; се́льское ~ agriculture; вести́ ~ manage, carry on the management; equipment, property; ~ колхо́за property of collective farm; *agr* farm, holding; housekeeping, household duties; хлопота́ть по ~йству be busy about the house; обзавести́сь ~йством set up house; **~́йствовать** (~йствую) *impf* manage; *coll* run the household; **~́йчик** *coll* small proprietor, owner

хокке|и́ст hockey-player; **~́й** *sp* hockey; ~ с ша́йбой ice-hockey; **~́йный** (ice-)hockey; ~йная клю́шка hockey-stick

хо́леный well-groomed, well-kept, carefully tended; sleek

холе́р|а *med* cholera; *m and f fig pop* haggard, skinny person; cross-grained person; **~́ик** choleric person; **~и́ческий** choleric; **~́ный** choleraic; ~ вибрио́н comma bacillus

хо́лить II *impf* tend, care for

хо́лк|а withers; mane, crest; nape; наби́ть, намы́лить, намя́ть ~у кому́ *fig pop* give someone a dressing-down

холл hall, foyer, vestibule

холм 1 hill; **~́ик** hillock, knoll; **~и́стый** (~и́ст) hilly, undulating

хо́л|од (~а (~у); *pl* ~а́, ~о́в) cold; coldness *also fig*; пять гра́дусов ~ода five degrees below zero; *pl* cold (spell of) weather; **~ода́ть** I *coll* feel the cold; *pf* по~ *impers* become cold, turn cold; **~оде́ть** I *pf* по~ be, get cold, grow cold; freeze (with, от + *gen*); **~оде́ц** (~одца́) meat or fish in jelly; **~оди́льник** refrigerator, icebox; cold store; ваго́н-~ refrigerator car; condenser; **~оди́льный** refrigerating, cooling; ~оди́льная устано́вка cold-storage plant; **~оди́ть** II (~ожу́) *pf* на~ *coll* cool, chill; *impf* cause a cold sensation, chill; ~ кровь make the blood run cold; **~одне́ть** I (~одне́ет) *pf* по~ grow chilly (*of air*); **~́одно** *adv fig* coldly; *pred* it is cold; мне ~ I am, feel cold; **~однокро́вный** cold-blooded; **~́одность** *f* frigidity, coldness; **~о́дный** (~́оден, ~одна́, ~́одно; ~́одны́) cold (*climate, heart, water, winter, etc*); thin (*of clothing*); unheated; оказа́ть кому́ ~ приём give someone a cool reception; ~о́дная война́ the cold war; ~о́дное ору́жие cold steel; ~о́дная *n obs pop* 'the cooler'; **~одо́к** (~одка́) coolness, chill *also fig*; cool place; cool (of the day); cool breeze; shiver

холо́п *hist* villein, bond slave; serf; *fig pej* lackey; **~́ский** servile, slavish; **~́ство** *hist* villeinage, bond slavery, serfdom; servility; **~́ствовать** (~ствую) *impf* cringe, be servile

холо|стёжь *f collect pop* bachelors; **~сти́ть** II (~щу́) *pf* вы́~ castrate, geld (*animals*); **~сто́й** (хо́лост, ~ста́) unmarried, single; bachelor('s); *tech* idle, free-running; ~ ход idling; *mil* blank, dummy; ~ патро́н blank cartridge; **~стя́к** 1 bachelor; **~стя́цкий** bachelor's; **~стя́чка** *pop* bachelor girl; **~ще́ние** castration, gelding; **~щёный** castrated, gelded

холст 1 canvas *also arts*; sackcloth, sacking; holland; клеёный ~ buckram; **~и́на** piece of canvas; sacking, sackcloth; **~и́нка** gingham

холу́й 1 lackey *also fig cont;* **~́ский** fawning; **~́ство** *cont* fawning; **~́ствовать** (~ствую) *impf cont* fawn, cringe, toady, grovel

холщо́вый canvas, sackcloth

хо́л|я care, attention; жить в ~е be well cared for, live in clover; держа́ть кого́ в ~е cherish someone

хому́т 1 horse collar, hames; *fig coll* burden, yoke; *tech* clamp, ring

хомя́к 1 hampster; *fig coll* ungainly sluggard

хонинг|ова́ть (~у́ю) hone

хор (*pl* ~ы́, ~о́в *and* ~́ы) choir; chorus *also fig*; **~а́л** chorale

хорва́т Croat; **~ский** Croatian

хо́рд|а *math* chord; *biol* notochord; **~́овые** *n* chordata

хорёвый polecat

хоре|и́ческий trochaic; **~й** trochee

хор|ёк (~ька́) polecat, ferret

хорео́граф choreographer; **~и́ческий** choreographic; **~́ия** choreography

хоре́я chorea, St Vitus's dance

хор|и́ст member of choir, chorister; member of a chorus; **~ме́йстер** choir master; chorus master; **~ово́д** round dance; **~ово́диться** II (~ово́жусь) *impf pop* be busy (with, с + *instr*); carry on (with, с + *instr*); **~ово́й** choral

хоро́м|ы (*gen pl* ~) mansion *also iron*

хорон|и́ть II (~ю́, ~́ишь) *pf* по~, с~ *pop*, за~ *offic* bury *also fig*, inter; hide, conceal; ~ концы́ cover up one's tracks, bury the evidence; **~и́ться** II (~ю́сь, ~́ишься) *pf* с~ *pop* hide, conceal oneself; *pass of* ~и́ть

хорохо́риться II *impf coll* be on one's high horse, be cock-a-hoop, bluster, ruffle, swagger (about)

хоро́ш|енький pretty; nice (*of things*) *also coll iron*; ~енькое де́ло! a fine state of affairs!; он ещё ребёнок – Х~ ребёнок! he is still a child – Some child!; **~е́нько** *adv coll* properly, thoroughly, well and truly; **~е́ть** I *pf* по~ grow prettier; **~и́й** (~, ~а́, ~о́) *in var senses* good; ~ая жизнь agreeable life; ~ коне́ц happy ending; ~ее ле́то fine summer; ~ знако́мый close acquaintance; *short forms* lovely, beautiful, good-looking; она́ ~а́ собо́й she is (very) beautiful; nice, fine *often iron*; ~ друг! a nice friend; то́же ~! *coll* you're a nice one, to be sure!; моя́ ~ая my darling, sweetheart, honey; что ~его? what's your news?; всего́ ~его! all the best!; ничего́ ~его тут нет! it's nothing to boast of!; ~ее де́ло *iron* I like that! **~о́** *adv* well, nicely; ~ па́хнуть smell nice, good; всем ~ изве́стно it is common knowledge; *pred* it's nice, it's a good thing; вот ~!, как ~! how nice!; ~ на у́лице it's lovely out; всё ~, что ~ конча́ется all's well that ends well; вам ~ говори́ть! it's all very well for you to talk; *partic* all right, very well; *n indecl* good (*mark*)

хору́|гвь *f mil* ensign, standard; *eccles* banner; **~́нжий** *hist* standard-bearer; cornet (*junior Cossack officer*)

хо́р|ы (*gen pl* ~ов) (musicians') gallery

хор|ь 1 *m* (~я́) polecat, fitchew; **~ько́вый** polecat, ferret

хот|е́ние wish(ing), desire, volition; на вся́кое хоте́нье есть терпе́нье *prov* he that will be served must be patient; **~е́ть** (хочу́, хо́чешь, хо́чет, ~и́м, ~и́те, ~я́т) *pf* за~ want (+ *acc*, + *gen*, + *infin and* что́бы); ~ ча́ю want some tea; ~ конфе́тку want a sweet; ~ есть, пить be hungry, thirsty; хочу́ домо́й I want to go home; захочу́, приду́ I'll come, if I feel like it; ~ сказа́ть mean; хо́чешь не хо́чешь whether you like it or not, willy-nilly; я ~е́л бы I should like; я ~е́л бы, что́бы вы зна́ли э́то I should like you to know it; **~е́ться** (хо́чется) *pf* за~ *impers* + *dat* want, feel inclined; мне не хо́чется идти́ I don't feel like going; ему́ ~е́лось бы … he would like … ; чего́ же тебе́ хо́чется ? what do you want, then?

хоть *conj* if you like; ~ сейча́с! now, if you like; ~ на ме́сяц for a month, if you like; *conj* although; *partic* just, at least, if only; подожди́те ~ мину́ту! won't you wait just a minute?; да́йте ~ снять пальто́! you might at least let me take my coat off; скажи́те ~ сло́во! do say something!; *partic coll* for example, to take only; взять ~ э́тот слу́чай take this, for example; *conj* + *imp or infin* ~ убей, не по́мню I can't for the life of me remember; ~ пове́ситься one might just as well hang oneself; ~ начина́й всё снача́ла it makes one want to scrap the whole thing; его́ предприя́тие идёт ~ брось his business is going from bad to worse; *indef pron* ~ кто anyone; ~ где anywhere, everywhere; ~ куда́ *pred coll* first-rate, terrific, splendid; ~ бы *partic* if only, at least; ~ бы even, at the (very) least; ~ бы не опозда́ть it would be a good thing not to be late; ~ бы и так *coll* even if that is (were) so; ~ бы что (+ *dat*) *coll* quite indifferent, it doesn't bother

хотя́ *conj* even if, (even) though, although; ~ бы *partic* if only, even if; ~ бы на не́сколько мину́т if only for a few minutes; ~ и if; гру́бый, ~ и остроу́мный rude, if witty; ~ бы и так! well, what of it!, what if it is?

хохл|а́тка crested bird; **~а́тый** (~а́т) crested, tufted; cristate; **~́ить** II *pf* на~ ruffle up; **~́иться** II *pf* на~ ruffle up (feathers); *coll* look sullen, morose, gloomy

хо́хм|а *pop* anecdote, witty joke, laugh; **~а́ч** 1 *pop* joker; *pop* smart alec; **~и́ть** II *impf* joke, crack jokes

хох|о́л (~ла́) crest; tuft of hair, topknot; *joc* Ukrainian

хо́хо|т (loud) laugh(ter), roar (of laughter), guffaw; **~та́ть** I (~чу́, ~́чешь) *sem pf* ~тну́ть laugh out loud, guffaw; ~ до слёз laugh till the tears come; ~ до упа́ду split one's sides with laughter; **~тну́ть** I *sem pf of* ~та́ть *coll*; **~ту́н** 1, **~ту́нья** *and aff* **~ту́шка** *coll* laughter-loving person

храбр|е́ть I *pf* по~ grow braver; **~е́ц** 1 brave man, man of courage; **~и́ться** II *impf coll* put on a brave show, put a bold face on it; screw up one's courage; **~́ость** *f* courage, bravery, valour; набра́ться ~ости muster, pluck up, summon one's courage; **~́ый** (~, ~а́, ~́о) brave, courageous, valiant; *n* brave man; *pl* the brave; не из ~ого деся́тка no hero

храм temple, church, place of worship, fane; *fig* shrine; **~о́вник** *hist* Knight Templar; **~ово́й** of the temple, church; ~ пра́здник patronal festival

хран|е́ние custody, keeping; storage, conservation; ка́мера ~е́ния left luggage (office), cloakroom; сдать на ~ store, leave in the cloakroom, left luggage; **~и́лище** depository, storehouse; reservoir (*for liquids*); **~и́тель** *m* custodian, keeper, guardian; curator (*of museum*); **~и́ть** II *impf* keep *also fig*; guard, preserve (from, от + *gen*); ~ в чистоте́ preserve unblemished; ~ та́йну keep a secret; ~ что в та́йне keep something secret; ~ молча́ние maintain silence; store; **~и́ться** II *impf* be, be kept; be preserved

храп snore, snoring; snort (*of horse, etc*); septum (*of nose*); **~а́к** (за)дать ~ака́ *pop* fall asleep, start snoring; **~ану́ть** I *pf pop* have a kip; **~е́ть** II (~лю́) *sem pf* ~ну́ть snore; snort (*of animal*); **~ну́ть** I *sem pf of* ~е́ть; **~ови́цкий** задава́ть ~ови́цкого *coll joc* fall sound asleep and snore; **~ово́й** *tech* ratchet; **~у́н** 1 *coll* snorer

хреб|е́т (~та́) spine, spinal column, backbone; *fig pop* back; (mountain) range; ridge; *fig* crest, peak; **~то́вый** spinal

хрен (~а (~у)) horseradish; ста́рый ~ *pop abus* old fogey, old sod, old geezer; ~ ре́дьки не сла́ще *prov* it's six of one to half a dozen of the other; **~о́вый** horseradish; *sl* lousy, rotten

хрестомат|и́йный reader, anthology; ~и́йные и́стины *fig* truisms, platitudes, plain truths; **~́ия** reader, anthology

хризанте́ма chrysanthemum

хризоли́т chrysolite

хрип wheeze; *med* crepitation; предсме́ртный ~ death-rattle; **~а́тый** (~а́т) *pop* = ~ли́вый; **~е́ть** II (~лю́) *impf* wheeze; *coll* be hoarse, croak; **~ли́вый** (~ли́в) (rather) hoarse; wheezy; **~́лый** (~л, ~ла́, ~ло) hoarse, husky; wheezy; **~́нуть** I (~нул, ~ла) *pf* о~ grow, become hoarse; lose one's voice; **~ота́** hoarseness, huskiness; спо́рить до ~оты́ argue oneself hoarse; **~отца́** *coll* (slight) huskiness

христ|а́радник *obs* beggar, mendicant; **~а́радничать** I *impf obs* beg, be a beggar; **~аниза́ция** conversion to, adaptation to Christianity; **~анизи́ровать** (~ианизи́рую) *impf and pf* convert to Christianity; **~ианизи́роваться** (~ианизи́руюсь) *impf and pf* become Christian, adopt Christianity; **~иани́н** (*pl* ~иа́не, ~иа́н) Christian; **~иа́нка** Christian (woman); **~иа́нский** Christian; привести́ в ~ вид *coll joc* give an air of respectability (to, + *dat*); **~иа́нство** Christianity; Christendom; **~о́в** *adj* of Christ; Х~ день *eccles* Easter Day; жить ~о́вым и́менем *obs* live by begging, on alms; **~опрода́вец** (~опрода́вца) *obs* traitor, Judas; **Х~о́с** (Х~а́) Christ; жить Х~а́ ра́ди *obs* live on alms, (у кого́) live on someone's charity; Х~ воскре́се! Christ is arisen! (greetings exchanged on Easter Sunday); Х~а́ сла́вить sing Christmas carols; как у Х~а́ за па́зухой in clover, without cares; **~о́соваться** (~о́суюсь) *pf* по~ kiss one another on Easter Day (in commemoration of Christ's resurrection)

хром chromium; chrome; box-calf

хромат|и́зм chromatism; *mus* chromatic scale; **~и́ческий** chromatic

хром|а́ть I *impf* limp, be lame, hobble; *fig coll* be

weak, unsatisfactory, poor; у тебя́ ~áет правописáние your spelling is weak; ~ на óбе ноги́ *fig coll* be in a poor way; **~éть** I *pf* о~ go lame; **~éц** (~цá) *obs* cripple, lame man

хроми́р|ование chromium-plating; **~овать** (~ую) *impf and pf* chromium-plate, chrome; chrome-tan (*leather*)

хрóмовый chrome, chromic, chromium; box-calf

хром|óй (~, ~á, ~о) lame, limping; ~ на лéвую нóгу lame in the left leg; *n* ~óй lame man, ~áя lame woman; *coll* lame (*of leg*); *coll* shaky (*one leg shorter than others of furniture*); **~онóгий** (~онóг) *coll* lame, limping; **~онóжка** *coll* lame girl, woman

хромосóма chromosome

хромотá lameness

хрóник *coll* chronic invalid

хрóн|ика *hist* chronicle; news items, chronicle of events (*in paper or on radio*); newsreel, newsfilm; **~икáльный** factual; ~ фильм newsreel, news film; **~икёр** news journalist, photographer

хрони́ческий chronic; ~ больнóй chronic invalid

хронó|граф *hist* chronicle; **~логи́ческий** chronological; **~лóгия** chronology; **~метр** chronometer; **~метрáж** time study, time-keeping; **~метражи́ст** time study specialist, timekeeper; **~метри́ровать** (~метри́рую) *impf and pf* time (*for time study*); **~метри́ст** timer; **~скóп** chronoscope

хрýп|ать I *sem pf* ~нуть *coll* crunch (*sugar, etc*), munch; **~кий** (~ок, ~кá, ~ко) fragile, brittle; *fig* frail, delicate; **~кость** *f* fragility, brittleness; frailness; infirmity; ~ здорóвья delicate health; **~нуть** I *sem pf of* ~ать; *pf* crack (*of plates, ice, etc*)

хруст crunch(ing), crackle; *sl* rouble; *pl* ~ы́ *sl* money

хрустáл|ик crystalline lens; **~ь** 1 *m* crystal, cut glass; гóрный ~ rock crystal; **~ьный** crystal, cut glass; crystalline; *fig* crystal-clear

хру|стéть II (~щý) *pf* ~стнуть crunch (*of snow, etc*); crackle; **~сткий** (~сток, ~сткá, ~стко) crunchy, crisp (*of papers, etc*), crackly; **~стнуть** I *sem pf of* ~стéть; **~стя́щий** crunchy, crisp; ~ картóфель potato crisps

хрущ 1 cockchafer, May-bug

хрыч 1 *pop cont* стáрый ~ old codger, old fogey, old sod; **~óвка** *pop cont* old hag, old bag

хрю́|кать I *sem pf* ~кнуть grunt (*of pigs*); **~кнуть** I *sem pf of* ~кать; **~шка** *coll joc* pig

хряк 1 hog; *dial* boar

хря́ст|нуть I (~нет) *pf pop* crack; hit hard, wallop, sock; **~нуться** I *pf* knock oneself (against, о + *acc*), come a cropper, take a purler

хрящ 1 cartilage, gristle; gravel, grit; **~евáтый** (~евáт) gristly, cartilaginous; gravel(ly); **~евóй** gristly, cartilaginous; gravel(ly)

худ|éе *comp of* ~óй; **~éть** I *pf* по~ grow thin; **~и́ть** II (~и́т) *coll* make thin (in appearance); **~о** *n* harm, ill, evil; нет ~а без добрá every cloud has a silver lining, it's an ill wind that blows nobody any good; *adv* badly, ill; ~ отзывáться о ком speak ill of someone; *pred + dat* емý пришлóсь ~ he had a bad time of it; емý ~ he's very bad, he's in a bad way; **~обá** leanness, thinness, gauntness; **~о-бéдно** *adv coll* at the very least

худóж|ественность *f* artistry, artistic merit; **~ественный** of art, of the arts; ~ественная литератýра belles-lettres, fiction; ~ественное произведéние work of art; ~ественная самодéятельность amateur art (and dramatic) activities; amateur theatricals; Х~ теáтр Arts Theatre; ~ фильм feature film; (~ествен, ~ественна) artistic, tasteful, aesthetically satisfying; **~ество** art; *pl* the arts; Академия ~еств Academy of Arts; *obs* artistry; *fig coll* trick, escapade; **~ник** artist *also fig*; painter

худ|óй (~, ~á, ~о) thin, lean; bad; на ~ конéц if the worst comes to the worst, in the last resort, at a pinch; не говоря́ ~óго слóва *coll* without a word of warning; *coll* in holes, full of holes, ruined, worn; **~орóдный** of humble birth; **~осóчие** cachexia, cachexy, chronic debility; **~осóчный** (~осóчен) cachectic; **~щáвость** *f* leanness, thinness, spareness; **~щáвый** lean, thin, spare, lank; **~ýщий** *coll* emaciated; skinny; **~ший** *superl of* худóй, хýдо *and* плохóй (the) worst; в ~шем слýчае at the worst; **~ы́шка** *m and f coll* skinny child, woman

хуёвый *sl vulg* lousy, worthless

хýже *comp of* худóй, хýдо, плохóй *and* плóхо worse; тем ~ so much the worse; (от э́того) ~ не бýдет it can't do any harm

хуй (хýя) *sl vulg* cock, prick, penis, tool; *fig sl* weak, contemptible person, prick; ни хуя́ *vulg* not a bloody thing

хулá abuse, detraction, disparagement

хулигáн hooligan, ruffian, rowdy, rough, hoodlum; little hooligan (*of child*); **~ить** II *pf* на~ *coll* behave like a hooligan, make a public nuisance of oneself; **~ничать** I *pf* на~ *pop* = ~ить; **~ский** rowdy(ish), ruffianly; **~ство** hooliganism; **~ствующий** behaving like hooligans; ~ствующие элемéнты hooligan elements; **~ьё** *collect coll* pack of hooligans, riff-raff

хул|и́тель *m* detractor; **~и́тельный** (~и́телен) abusive; **~и́ть** II *impf* abuse, decry, run down

хýнта junta

хурмá persimmon, date-plum

хýтор (*pl* ~á) farm(stead); (Cossack) hamlet, small village; **~скóй** farm; **~я́нин** (*pl* ~я́не, ~я́н) farmer

Ц

ца́нг|и (~) pliers, tongs

цап *pred pop* = ∸нул; **∸ать** I *sem pf* ~нуть *pop* scratch; *pf* с~ and ~нуть *pop* snatch, clutch, seize, grab (at, за + *acc*); **∸аться** I *impf pop* scratch one another; *pf* по~ *fig* bicker, squabble (about, из-за + *gen*); **∸ка** hoe; **∸ля** (*gen pl* ~ель) heron; бе́лая ~ egret; **∸нуть(ся)** I *sem pf of* ~ать(ся); **∸фа** *tech* pin, pivot, trunnion, journal; **~-цара́п** *pred coll joc* grabbed, made a grab

цара́п|ать I *pf* о~ and ~нуть scratch; claw; перо́ ~ает the pen scratches; *pf* на~ scratch (*letters, etc*); scrawl, scribble (*of bad writing*); **∸аться** I *impf vi* scratch; ко́шки ~аются cats scratch; scratch one another; ~ в дверь scratch at a door; **∸ина** scratch, abrasion; **∸нуть** I *sem pf of* ~ать

цар|е́вич tsarevich (*son of tsar*); **~е́вна** tsarevna (*daughter of tsar*); **~едво́рец** (~едво́рца) courtier; **~ёк** (~ька́) princeling, ruler; **~еуби́йство** regicide; **~еуби́йца** *m and f* regicide (*person*); **~и́зм** tsarism; **~и́стский** tsarist; **~и́ть** II *impf* be tsar; *fig* hold sway; *fig* reign, prevail; ~и́ла тишина́ silence reigned; **~и́ца** tsarina (*empress and wife of tsar*); *fig* queen; **∸ский** tsar's, of the tsar; royal; ~ двор tsar's court; ~ ука́з decree of the tsar; ~ская во́дка aqua regia; ~ские врата́ *eccles* royal gates (*in iconostasis of Orthodox churches*); ~ ко́рень *bot* masterwort; tsarist; ~ режи́м tsarist government; *fig* regal, kingly, royal, sumptuous; ~ская ро́скошь regal splendour; **∸ственный** (~ствен, ~ственна) kingly, regal; *obs* of the tsar; **∸ство** kingdom, realm, domain *also fig* reign; живо́тное, расти́тельное ~ animal, vegetable kingdom; со́нное ~ *coll joc* land of Nod; тёмное ~ land of darkness, uncultured society; ба́бье, же́нское ~ *joc* petticoat government; ~ грёз dreamland; Ц~ ему небе́сное! (*also* Ц~ствие ему́ небе́сное!) may his soul (he) rest in peace!, God rest his soul!; **∸ствование** reign; в ~ in the reign (of, + *gen*); **∸ствовать** (~ствую) *impf* reign *also fig*; ~ствует тишина́ *lit* silence reigns; **~ь** 1 (~я́) tsar; Ц~ Небе́сный Heavenly Father; он с ~ём в голове́ *coll* he is shrewd, has common sense; он без ~я́ в голове́ *coll* he is stupid; при ~е́ Горо́хе *joc iron* in the year dot; *fig* king, ruler

ца́ца *coll pej* conceited person, big shot; *coll* plaything; *coll* good girl

ца́цкаться *impf pop* fuss over (с + *instr*)

цвель *f dial* mould (*on foodstuffs, walls, etc*)

цве|сти́ (~ту́, ~тёшь; ∸л, ~ла́; ∸тший) *impf* bloom, flower, blossom *also fig* be in bloom, blossom; ~ здоро́вьем be radiant with health; *fig* flourish, prosper; be covered with weed (*of stagnant water*)

цвет (*pl* ~а́) colour; ~ лица́ complexion; кра́сить в жёлтый ~ paint yellow; (*pl* ~ы́) *coll* flower; *fig* flower, cream, pick; ~ молодёжи the cream of youth; *usu pl* blossom; blossom-time, bloom, *fig* prime; в (по́лном) ~у́ in (full) bloom; в(о) ∸е сил, лет in one's prime, at the height of one's powers; **~а́стый** (~а́ст) *coll* with a gay floral pattern; **~е́ние** flowering, florescence, blossoming; **∸ень** *m* (~ня) pollen; **~и́стый** (~и́ст) flower-covered; (gaily-)patterned, variegated, multicoloured; florid, flowery (*of style*); **~ко́вый** ~ко́вые расте́ния flowering plants, phanerogams; **~ни́к** 1 flower-bed; small flower garden; *fig* array, galaxy; **~но́й** coloured, colour; ~но́е стекло́ stained glass; ~но́е телеви́дение colour television; ~ фильм colour-film; ~на́я капу́ста cauliflower; ~ны́е мета́ллы non-ferrous metals; *n* coloured person; **~ово́д** flower-grower; **~ово́дство** flower-growing, floriculture; garden centre; **~ово́й** colour; ~ова́я га́мма colour spectrum; ~ова́я слепота́ colour blindness; **~о́к** (~ка́; *pl* ~ы́, ~о́в) flower, *pl also* ~ки́, ~ко́в flower (*as against other parts of plant*); blossom (*on tree*); **~оло́же** *bot* receptacle; **~оно́жка** *bot* single-flower stalk, pedicel; **~оно́сный** flower-bearing; **~о́чек** (~о́чка) floret, (little) flower; э́то ~о́чки, а я́годки впереди́ *prov* there is worse to come, this is only the beginning; **~о́чница** flower-girl, flower-seller; **~о́чный** flower; ~ горшо́к flowerpot; ~о́чная клу́мба flower-bed; ~ магази́н florist's (shop); ~ чай flower tea; **~у́щий** flowering, blossoming, blooming; (~у́щ) *fig* blooming (*of girl, etc*), lusty (*of man*); у него́ ~ вид he looks the picture of health; *fig* prosperous, flourishing (*of country, etc*)

це́вка *tech* bobbin, spool

цевни́ца pipe (*musical instrument*)

цевьё fore-end (*of rifle stock*); pivot

це|ди́лка *coll* strainer, filter; **~ди́льный** filter(ing); ~ди́льная бума́га filter paper; **~ди́ть** II (~жу́, ∸дишь) *impf* strain, filter; percolate; decant (*wine, etc*); *fig coll* speak through set teeth; ~ сквозь зу́бы, ~ слова́ grind out the words; **~ди́ться** II (∸дится) be strained, filtered, decanted

це́дра (dried) lemon or orange peel

цежёный *pop* strained

це́зий caesium

цезу́ра caesura

Цейло́н Ceylon; **ц∸ец** (~ца) Ceylonese; **ц∸ка** Ceylonese (woman); **ц∸ский** Ceylonese, Cingalese, Sinhalese

цейтно́т time-trouble *also fig*; быть в ~е exceed time permitted for move (*at chess*)

цейхга́уз *obs* armoury, stores

целе́б|ность *f* curative, healing properties; **∸ный** (~ен) curative, healing, medicinal; healthy (*climate, etc*); ~ное сре́дство remedy

целе|во́й purposive; having a special purpose; ~ ава́нс loan for a specific purpose; **~напра́вленность** *f* purposefulness, single-mindedness; **~напра́вленный** purposeful, single-minded; **~сообра́зность** *f* expediency; **~сообра́зный** (~сообра́зен) expedient; sensible; **~устремлённость** *f* purposefulness; singleness of purpose; **~устремлённый** (~устремлён, ~устремлённа) purposeful

це́лик *mil* backsight

целико́м *adv* whole, as a whole; проглоти́ть ~ swallow whole; wholly, entirely; ~ и по́лностью utterly and completely, root and branch

целин|а́ virgin land(s), soil; untouched, untrodden

expanse; освое́ние ~ы́ cultivation of virgin land; ~о́й, по ~е́ across country; ∸ник worker in virgin lands (*of Kazakhstan and Western Siberia*); ∸ный ~ные зе́мли virgin land(s)

цели́т|ель *m* healer; **∸ельность** *f* healing properties, benefit to health; **∸ельный** (~елен) healing, curative

це́лить II *pf* на~ take aim, aim (at, в + *acc*); *fig* set one's sights (on, в + *acc*)

цели́ть II *impf obs* heal, cure

це́литься II *pf* на~ aim, take aim (at), point a gun (at, в + *acc*)

целко́вый *n pop* rouble

целлофа́н Cellophane; **∸овый** Cellophane

целлуло́|ид celluloid; **∸идный, ∸идовый** celluloid

целлюло́з|а cellulose; **∸ный** cellulose

целова́льник *hist* tax-gatherer; *obs* innkeeper, publican, tapster

цел|ова́ть (~у́ю) *pf* по~ kiss; ~ кого́ в гу́бы, в щёку kiss someone on the lips, cheek; **~ова́ться** (~у́юсь) *pf* по~ kiss (each other)

целому́др|енный (~ен, ~енна) chaste; **∸ие** chastity, virtue

це́л|остность *f* integrity; entirety; **∸остный** (~остен) integral, integrated, whole, entire, complete; **∸ость** safety; в ~ости intact; сохрани́ть в ~ости keep safe, intact; integrity, wholeness, unity; в ~ости и сохра́нности safe and sound, intact; **∸ый** whole, entire; ~ое число́ whole number, integer; в ~ом as a whole; по ~ым неде́лям for weeks on end; ~ день all day, the whole day; ~ыми дня́ми for days (on end); ~ ряд a series, a large number; (~, ~а́, ~о) intact, without holes, unbroken; оста́ться ~, ~ым not hurt oneself; уходи́ поку́да ~ go before you get hurt; ~ и невреди́м safe and sound

цел|ь *f* target; бить в ~, попа́сть в ~ hit the target, mark; бить ми́мо ∸и, не попа́сть в ~ miss, be wide of the mark; aim, purpose, object, end, goal; с ∸ью, в ∸ях with the object (of), in order (to, + *infin*); отвеча́ть ∸и answer the purpose; пресле́довать ~ pursue an object; ста́вить себе́ ∸ью aim (at), set oneself (to, + *infin*)

цел|ьнометалли́ческий *tech* all-metal; **∸ьность** *f* wholeness, integrity, entirety, singleness; **∸ьный** of one piece, one piece, solid; virgin, untrodden (*of snow*); complete; undiluted; ~ное молоко́ unskimmed milk; (~ен, ~ьна́, ~ьно) balanced, sound; ~ьная нату́ра balanced nature

Це́льси|й Celsius, centigrade; 10° по ~ю 10° centigrade

цеме́нт cement; **~а́ция** cementation; carbonization (*of wrought iron*), case-hardening; **~и́ровать** (~и́рую) *impf and pf tech* cement, case-harden *pf also* за~ *and* с~; *fig* cement *pf also* с~; **∸ный** cement

цен|а́ (*acc* ∸у; *pl* ∸ы, ∸ам) price; cost; ~о́ю at the price (of), at the cost (of, + *gen*); любо́й ~о́й at any price, at all costs, by hook or by crook; э́тому нет ~ы́ it is beyond price, invaluable; ей нет ~ы́ she is worth her weight in gold; э́то в ~е́ one has to pay a high price for it; знать себе́ ∸у have a high opinion of oneself, be self-assured, know one's worth; знать ∸у know the worth (of, + *dat*)

ценз qualification; возрастно́й ~ age qualification; избира́тельный ~ right of vote; **∸овый** qualificatory

це́нз|ор censor; **~у́ра** censorship; **~у́рный** censorial; (~у́рен) decent (*of words, etc*); **~урова́ть** (~уру́ю) *impf* censor

цен|и́тель *m* judge, connoisseur, expert; ~ поэ́зии judge of poetry; **~и́ть** II (~ю́, ∸ишь) *impf coll* value, fix a price for; *fig* assess, appraise; appreciate, value; высоко́ ~ rate highly; prize; **~и́ться** II (∸ится) *impf* be valued; **∸ник** price-list; **∸ность** *f* value, price; *usu pl* valuable(s); *fig* value, importance; культу́рные ~ности cultural values; **∸ный** containing valuables; ~ная бандеро́ль registered packet; ~ные бума́ги securities; (~ен, ~на) expensive, costly, valuable; ~ пода́рок expensive present; (in)valuable, precious, important (*document, pers, discovery, research, proposal, etc*)

цент cent (*currency*); **∸нер** centner (*100 kilograms*)

центр centre; ~ тя́жести centre of gravity; в ∸е (го́рода) in town; идти́ в ~ (го́рода) go into town; быть в ∸е внима́ния be the focus of attention; **~а́л** *hist* central prison; **~ализа́ция** centralization; **~али́зм** *pol* centralism; **~ализова́ть** (~ализу́ю) *impf and pf* centralize; **~а́ль** *f tech* main; **~а́льный** central; ~а́льная печа́ть national press; ~ напада́ющий *sp* centre forward; ~а́льная не́рвная систе́ма central nervous system; ~а́льное отопле́ние central heating; **~и́ровать** (~и́рую) *impf and pf tech* centre; **~ифу́га** centrifuge; spin drier; **~обе́жный** centrifugal; ~обе́жная си́ла centrifugal force; **~ово́й** centre, central; **~острemи́тельный** centripetal

цеп I flail

цепене́ть I *pf* о~ freeze, go numb (with), stiffen (with, от + *gen*); ~ от у́жаса go numb, stiffen with terror

це́п|ка *pop* small chain; **∸кий** (~ок, ~ка́ ~ко) strong, tenacious (*of fingers, claws, etc*); prehensile; clinging, cohesive, tacky; *fig coll* dogged, stubborn, tenacious, persistent (*of person, mind, etc*); **∸кость** *f fig* persistence, tenacity; cohesiveness, adhesiveness; prehensility; **~ля́ться** I *impf* clutch (at), try to grasp (за + *acc*); *fig coll* clutch (at), cling (to, за + *acc*) (*thought, etc*); *pop* pick (on, к + *dat*); ~ля́ешься к ка́ждому сло́ву you find fault with every word; **~но́й** chain; ~но́е колесо́ sprocket wheel; ~на́я ли́ния *math* catenary; ~ мост chain, suspension bridge; ~на́я переда́ча chain drive; ~на́я реа́кция chain reaction; ~на́я соба́ка watchdog, house-dog; **~о́чка** (small) chain; file, series; идти́ ~о́чкой walk in file; **~ь** *f* (в (на) ~и́, о ∸и; *pl* ∸и, ~е́й) chain; соба́ка на ~и́ chained dog; посади́ть на́ ~ chain (up), shackle; *pl* fetters, shackles *also fig*; *fig* row, chain, series, range (*of mountains*); *mil* line, file; стрелко́вая ~ line of infantry; *fig* sequence, series, succession; ~ собы́тий sequence, chain of events; *elect* circuit

Це́рбер *myth fig* Cerberus

церемон|иа́л ceremonial, ritual; order, procedure; **~иа́льный** ceremonial, ritual; solemn; ~ марш march past; **~ийме́йстер** master of ceremonies; marshal; **∸иться** II *impf coll* stand upon ceremony; *pf* по~ treat with exaggerated consideration (с+ *instr*); **∸ия** ceremony; *usu pl fig coll* formalities; прошу́ без ~ий! make yourself at home! **∸ный** (~ен, ~на) ceremonious; punctilious; stiff, formal

це́ри|й cerium; за́кись ~я cerous oxide; о́кись ~я ceric oxide

церк|о́вник churchman, churchgoer; clergyman,

minister of religion; **~овноприхо́дский** *eccles* parish; **~овнославя́нский** *ling* Church Slavonic; **~овнослужи́тель** *m* clergyman, minister; **~о́вный** church; ~о́вное пра́во canon, ecclesiastical law; ~ ста́роста churchwarden; ~ сто́рож sexton; **~́овь** *f* (~ви, *instr* ~овью; *pl* ~ви, ~ве́й, ~ва́м) church
цесаре́вич cesarevich (*heir to throne in tsarist Russia*)
цеса́рка guinea-fowl
цех (в ~́е and в ~у́; *pl* ~́и, ~́ов *and* ~а́, ~о́в) shop, section (*in factory*); (~́и, ~́ов) *hist* guild, corporation; **~ово́й** shop; limited, parochial; **~овщи́на** *pej* narrow professionalism
цеце́ *f indecl* tsetse (fly)
циа́н cyanogen; **~́истый** cyanogen; cyanide (of); ~ ка́лий potassium cyanide; **~́овый** cyanic; ~овая кислота́ cyanic acid; ~овая ртуть mercuric cyanide; **~о́з** *med* cyanosis
ци́бик *obs* tea chest
цивил|иза́тор *usu iron* civilizer; **~иза́ция** civilization; **~изо́ванный** civilized; **~изова́ть** (~изу́ю) *impf and pf* civilize; **~и́ст** *leg* specialist in civil law; **~́ьный** *obs* civil(ian); ~ лист civil list
цига́рка *coll* home-rolled cigarette, fag
циге́йк|а beaver lamb; **~́овый** beaver-lamb
циду́л(ь)ка *coll joc* billet-doux; note
цика́да cicada
цикл cycle; ~ ле́кций course of lectures; ~ конце́ртов series of concerts
цикламе́н cyclamen
цикл|ева́ть (~ю́ю) *pf* от~ *tech* scrape (*parquet, etc*)
цикли́ч|еский cyclical; ~ кри́зис; **~ный** (~ен) cyclic(al)
цикло́ида *math* cycloid
цикло́н cyclone; **~́ный, ~и́ческий** cyclonic
цикло́п *myth* Cyclops; **~и́ческий** *archi* Cyclopean
циклотро́н cyclotron
ци́кля *tech* scraper
цико́р|ий chicory; **~́ный** chicory
ципу́та water hemlock
цили́ндр *math* cylinder; *tech* drum, cylinder; top hat, silk hat; **~и́ческий** cylindrical; **~́овый** top hat
цимбал|и́ст cymbalist; **~́ы** (*gen pl* ~) cymbals
цинг|а́ scurvy; **~о́тный** scorbutic
цинера́рия cineraria
цин|и́зм cynicism; **~́ик** cynic; **~и́ческий, ~и́чный** (~и́чен) cynical; sneering
цинк zinc; **~ова́ть** (~у́ю) *impf tech* zinc-plate; **~́овый** zinc
цино́вка mat
цирк circus; *fig pop* spectacle, circus; **~а́ч** 1 *coll* circus artiste, performer; **~а́чество** *coll pej* circus performance, playing to the gallery; **~ово́й** circus
цирко́н zircon; **~́ий** zirconium

циркора́ма circorama
циркули́р|овать (~ую) *impf* circulate (*blood, rumours, etc*); *coll* pass, go to and fro
ци́рк|уль *m* (pair of) compasses; dividers; **~́ульный** of compasses; circular
циркуля́|р *offic* circular notice, instruction; **~́рный** circular; ~рное письмо́ circular (letter); ~ нож knife with circular action; **~цио́нный** *tech* circulating, circulation; **~́ция** circulation; gyration
цирро́з cirrhosis
цирю́л|ьник *obs* barber; **~́ьня** (*gen pl* ~ен) *obs* barber's shop
цисте́рна cistern, tank; tanker; ваго́н-~ tank wagon; tank-truck; reservoir
цитаде́ль *f* citadel; *fig lit* stronghold, bulwark
цита́т|а quotation; **~́ничество** *pej* quotation-mongering
цитва́рн|ый *bot* santonic, worm-seed; ~ая полы́нь santonin; ~ое се́мя santonin, worm-seed
цити́р|овать (~ую) *pf* про~ quote
цитоло́гия cytology
ци́тра zither
ци́трус citrus; **~ово́дство** citrus-growing; **~́овый** citrus; ~овые *n* citrus plants
циф|ербла́т dial, face (*of watches, etc*); **~и́рь** *f obs* counting, calculation, arithmetic; *obs collect iron* figures; **~́ра** figure, number, numeral; *usu pl* figures; **~рова́ть** (~ру́ю) *impf* number; **~рово́й** numerical
ци́церо *neut indecl typ* pica
цо́к|ать I *sem pf* ~нуть clatter (*of metal on stone*); ~ (языко́м) click; jug (*of birds*); *impf* pronounce 'ч' as 'ц' (*North Russian dialects*); **~́нуть** I *sem pf of* ~ать
цо́к|оль *m archi* socle, plinth, pedestal; cap, base (*of electric bulb*); **~́ольный** socle, plinth, pedestal; ~ эта́ж ground floor
цо́ко|т clatter (*of hooves*), beat; rattle (*of wheels*); **~та́ть** (~чу́, ~́чешь) *impf* clatter, beat; rattle
цуг team (*of horses in tandem or in pairs*); **~́ом** *adv* tandem; *coll* in file
цука́т candied peel
цуна́ми *neut indecl* giant wave, bore
цыга́н (*pl* ~е, ~; *obs* ~ы, ~ов) Gypsy; **~́ка** Gypsy (woman); **~́ский** Gypsy
цы́к|ать *sem pf* ~нуть *pop* raise one's voice (at, на + *acc*); **~нуть** I *sem pf of* ~ать
цы́п|ка *coll* chick(en); **~ки** *coll* chaps, cracks (*in skin*); **~лёнок** (~лёнка; *pl* ~ля́та, ~ля́т) chick(en), poult; ~ля́т по о́сени счита́ют *prov* don't count your chickens before they are hatched; **~ля́тина** chicken-flesh; **~ля́тник** kite; chicken-house; **~ля́чий** chicken's; *fig coll* scraggy (*of neck, hands, etc*); **~́очка** *coll* my little darling; на ~очках ходи́ть, на ~очки встать go on tiptoe, stand on tiptoe
цып-цы́п *interj, cry made in calling chickens*
цыц *interj pop* sh!, hush!

Ч

чаба́н shepherd; **~ский** shepherd's
чаб|ёр (~ра́) *bot* savory
чабре́ц 1 *bot cul* thyme
ча́вк|ать I *sem pf* ~нуть champ, smack one's lips (*eating*); munch (noisily); *fig* squelch; ~ по гря́зи squelch through the mud; **~нуть** I *sem pf of* ~ать
чавы́ча black salmon
чад (~а (~у); в ~у́, о ~е) fumes, fug; smell of cooking; *fig* headiness, intoxication, daze; быть как в ~у́ be in a daze; **~и́ть** II (чажу́) *pf* на~ smoke, emit fumes; **~ный** (~ен) smoky, smoke-laden; *fig* stupefied, doped, drugged
ча́д|о *obs and iron* child, offspring, progeny; *fig* child, product, creature; со всеми ~ами и домоча́дцами with the whole household, family; **~олюби́вый** (~олюби́в) *obs and iron* adoring one's child(-ren)
чадра́ yashmak, veil (*of Muslim women*)
ча|ёвник *coll* tea-drinker; **~ёвничать** I *impf coll* indulge in tea-drinking, drink tea; **~ево́д** tea-grower; **~ево́дство** tea-growing; **~ево́дческий** tea-growing; **~евы́е** *n coll* tip(s), gratuity; **~ёк** (~йка́ (~йку́)) = ~й; **~епи́тие** tea-drinking; **~еубо́рочный** tea-picking; **~и́нка** tea-leaf; **~й** (~я (~ю); *pl* ~и́, ~ёв) tea(-drinking); завари́ть ~ make tea; за ~ем, за ча́шкой ~я over (a cup of) tea; приглаша́ть на ~, на ча́шку ~я invite to tea; дава́ть кому́ на ~ tip someone
чай *adv or conj pop* probably, no doubt; ты, ~, не придёшь? I suppose you won't come?; after all, for; ~ мы с тобо́й не чужи́е after all you and I are not strangers
ча́|йка (*gen pl* ~ек) (sea-)gull
ча́й|ная *n* teashop, tearoom, café; **~ник** teapot; kettle; **~ница** tea-caddy; **~ничать** I *impf pop* = чаёвничать; **~ный** tea; ~ная колбаса́ bologna sausage; ~ куст tea-plant; ~ная ло́жка teaspoon; ~ная ро́за tea-rose; ~ серви́з tea-service; ~ное си́течко tea-strainer; ~ная ча́шка teacup; **~хана́** tea-house (in Central Asia)
чако́на chaconne
ча́л|ить II *impf naut* moor, tie up; **~ка** *naut* mooring, tying up; mooring rope, tie-rope; надева́ть ~ку *sl* arrest
чалма́ turban
ча́л|ый roan; **~опе́гий** skewbald
чан (в ~е *or* в ~у́; *pl* ~ы́) vat, tub; tun
ча́пать I *pf* по~ *pop* go (away); get out
ча́р|а goblet, cup; **~ка** = ~а
чар|ова́ть (~у́ю) *impf obs* bewitch; *fig* charm, captivate, enchant, cast a spell (over); **~оде́й** sorcerer, magician, enchanter, wizard *also fig*; **~оде́йка** sorceress, charmer, enchantress; **~оде́йство** magic, charms; **~ы** (*gen pl* ~) *obs* spells; charm(s), magic
ча́ртерный рейс charter flight
час (~а (~у); *with numerals two, etc*, ~а́ (~у); в ~у́ *and* в ~е, о ~е; *pl* ~ы́) hour *also fig*; че́тверть ~а́ a quarter of an hour; час проби́л the hour has struck, has come; ~ в ~ on the dot, at the time appointed; ~ о́т ~у with every passing hour; с ~у на ~ hourly, with every passing hour; any moment; че́рез ~ in an hour('s time), at hourly intervals; че́рез ~ по ча́йной ло́жке very slowly, in dribs and drabs, in driblets, in minute doses; ~ распла́ты day of reckoning; ~ы́ пик rush hour; адмира́льский ~ *obs joc* early lunch, late breakfast time; академи́ческий ~ three-quarters of an hour; би́тый ~ a whole hour, a solid hour; в до́брый ~! good luck!; коменда́нтский ~ curfew; мёртвый ~ siesta, time of rest; неровён (не ро́вен) ~ *pop* you never know what may happen; су́дный ~ *eccles* day of reckoning; o'clock; ~ one o'clock; два, три, четы́ре ~а́ two, three, four o'clock; пять ~о́в five o'clock; во второ́м ~у́ between one and two (o'clock); кото́рый ~ what is the time?; ~ы́ *mil* guard-duty; стоя́ть на ~а́х stand guard; ~ы́ *eccles* (canonical) hours; ~а́ми *adv* for hours; **~ик** *dim of* ~ *coll* an hour or so; **~о́вня** (*gen pl* ~о́вен) chapel; **~ово́й** *n* sentry, sentinel, guard; *adj* of one hour's duration, hour's; ~ переры́в one hour's interval; (measured) by the hour; ~ова́я опла́та payment by the hour; ~ по́яс time zone; *coll* one o'clock; ~ по́езд the one o'clock train; clock, watch; ~ магази́н watchmaker's, watch repair shop; ~ ма́стер, ~овы́х дел ма́стер watchmaker; ~ова́я мастерска́я watch repair shop; ~ механи́зм clockwork; ~ова́я стре́лка clock hand, hour hand; по ~ стре́лке clockwise; про́тив ~ стре́лки anticlockwise; **~овщи́к** 1 watchmaker; **~о́к** *coll* hour; на ~ for an hour or so; **~ом** *adv pop* sometimes, at times; perchance, by any chance; **~осло́в** *eccles* book of hours
часте́нько *adv coll* fairly often
части́к 1 thick net; fish caught in such a net
ча|сти́ть II (~щу́) *coll* do something *or* speak rapidly, hurriedly; *pop* visit rather (too) frequently, see much (of, к + *dat*)
части́|ца *fig* bit, grain, small part; *phys gramm* particle; **~чно** *adv* partly, partially; **~чный** (~чен) partial
ча́стн|ик private trader; private craftsman, private practitioner; **~овладе́льческий** privately owned; **~ое** *math* quotient; **~опрактику́ющий** practising privately (*of doctor, etc*); **~особственнический** private-ownership; private-owner; **~ость** *f* detail; в ~ости in particular, specifically, among their number; я в ~ости I, personally; **~ый** private, personal; ~ая перепи́ска private correspondence; ~ая пра́ктика private (*medical*) practice; ~ым о́бразом privately; ~ая со́бственность private property; э́то его́ ~ое де́ло that's his own (private) business; particular, individual; special, exceptional; ~ слу́чай special case; *mil* local; ~ успе́х local gain; *hist* district; ~ дом *hist* district police station; ~ое *n* the particular
ча́сто *adv* often; closely
частоко́л fence, paling, palisade
частот|а́ 7 frequency; **~ный** frequency
часту́ш|ечник performer of chastushki; **~ка** chastushka (*two-line or four-line poem or ditty on topical or lyrical theme*)
ча́ст|ый (~, ~а́, ~о; ча́ще) close (together), dense, thick; close-woven; ~ые зу́бы close-set

teeth; ~ гре́бень small-tooth comb, fine comb; frequent; ~ дождь steady rain; ~ая ткань close-woven fabric; ~ые ста́нции stations close to one another; ~ые уда́ры repeated knocking, rain of blows; ~ посети́тель frequent visitor; quick, rapid; ~ пульс rapid pulse; **~ь** 5 *f* part, portion; ≃и ре́чи *gramm* parts of speech; разобра́ть на ≃и take to pieces, dismantle; разрыва́ться на ≃и try to do ten different jobs at once; рвать кого́ на ≃и pester, give someone no peace; не по моє́й ≃и not in my line; по ~и́ in connection (with, + *gen*); бо́льшей ≃ью, по бо́льшей ≃и for the most part, mostly, usually; share, part; одна́ шестя́ ~ one-sixth; ме́ньшая ~ the smaller part; плати́ть по ~я́м pay in instalments; part, component; сбо́рка ~е́й assembly (of parts); ≃и те́ла parts of the body; movement (*of symphony*); *mil* unit; (в ~и́) *hist* administrative region (*of city*); *hist* police station (*of city region*); *hist* fire brigade; *obs* fate; *coll* share (*in commerce*); ≃и све́та parts of the world, continents (*Africa*, *America*, *Europe*, *Asia*, *etc*); ≃ью *adv* in part, partly

час|ы́ (*gen pl* ~о́в; *no sing*) watch, clock

ча́х|лый (~л) stunted, wilted, poor (*of vegetation*); weakly, puny, sickly (*of person*); **≃нуть** I (*past* ~ (*and* ~нул, ~ла) *pf* за~ wilt, droop, wither (*of vegetation*); pine away, (go into a) decline; *fig* become exhausted; **~о́тка** consumption; карма́нная ~ *coll joc obs* lack of money, an empty pocket; скороте́чная ~ galloping consumption; **~о́точный** consumptive; poor, feeble, sorry

ча́ш|а cup, bowl *also fig*; *eccles* chalice; ~ весо́в scale, pan; перепо́лнить ~у терпе́ния be the last straw; ~ его́ терпе́ния перепо́лнилась he reached the limit of his endurance, the end of his tether; испи́ть ~у до дна drink the cup to the lees; пить мёртвую ~у take to drink; кругова́я ~ loving cup; **~ели́стик** *bot* sepal; **≃ечка** (small) cup; *bot* calyx, bell; коле́нная ~ kneecap; **≃ечный** cup-shaped; **≃ка** cup; (ча́йная) ~ teacup; bowl, pan; ~ весо́в pan (*of scales*); коле́нная ~ kneecap; *tech* housing; **≃ник** *hist* cellarer

ча́щ|а thicket; в ~е ле́са in the heart of the forest

ча́ще *comp of* ча́стый *and* ча́сто more often; ~ всего́ more often than not, mostly, usually

чащ|о́ба = ≃а

ча́|яние expectation, aspiration, hope; dream; па́че ~яния, сверх ~яния unexpectedly, contrary to (one's) expectations, to one's surprise; **≃ять** (~ю, ~ешь) *impf obs* expect, hope (+ *gen or infin*); души́ не ~ в ком worship, dote on someone

чва́н|иться II *impf coll* show off, boast (of, + *instr*); **~ли́вый** (~ли́в) *coll* boastful, arrogant, conceited, proud; **≃ный** *coll pej* conceited, vain, boastful, supercilious; **≃ство** *pej* conceit, pretensions, arrogance, pride

чеба́к 1 bream

чеб|ота́рь 1 *m dial* cobbler, shoemaker; **≃оты** (*gen pl* ~отов) *dial* boots, shoes

чебура́х|нуть I *pf pop* bang (down); **≃нуться** I *pf pop* crash down

чебуре́|к cheburek (*Caucasian meat pasty*); **≃чная** stall selling chebureki

чегло́к (*also* **чо́глок**) *orni* hobby

чего́ *inter adv pop* why?, what for?; *inter pr pop* what?; *gen of* что

чей, чья, чьё *inter and rel pr* whose; чей э́то нож? whose knife is this?; чей бы то ни был no matter whose it is, whoever it belongs to; чья взяла́? who won?; **че́й-либо** *pr* anyone's; **че́й-нибудь** *pr* anyone's; **че́й-то** *pr* someone's

чек cheque, check; вы́писать ~ draw a cheque; bill, chit (*in shops*, *etc*); receipt (*for payment when claiming purchase*)

чека́ *tech* (linch)pin, cotter-pin

Чек|а́ *indecl or pop*, *gen* ~и́ Cheka (*abbr of* Чрезвыча́йная Коми́ссия по борьбе́ с контрреволю́цией, сабота́жем и спекуля́цией (*Soviet security organ, 1918–22*)

чека́н stamp, die; caulking-iron; *orni* chat; лугово́й ~ whinchat; черного́рлый ~ stonechat; *hist* battleaxe; **≃ить** II *pf* вы́~, от~ coin, mint; stamp (on), engrave, emboss, chase; *pf* от~ *fig* do with care and precision; ~ ка́ждое сло́во pronounce, enunciate every word clearly; ~ шаг march with measured tread, measure out one's pace, step out; *pf* рас~ caulk; *impf agr* prune; **≃ка** coinage, coining, minting; stamping, engraving, embossing, chasing; *tech* caulking; *agr* pruning; stamp, engraving, relief work; **≃ный** stamping, engraving, embossing, chasing; stamped, engraved, embossed, chased; *fig* clear, precise, firm; ~ шаг measured tread; ~ слог crisp, clear-cut style; **≃щик** coiner; stamper; engraver; caulker; chaser

чеки́ст *hist* official of Cheka; official of Soviet security service, secret-police agent

чекме́нь 1 *m* (cloth) jacket; *sl* hoe

че́ков|ый ~ая кни́жка cheque-book

чеку́шка *pop* quarter-litre bottle of vodka

чёлка forelock; fringe

чёлн (~а́, *pl* ~ы́, ~о́в *also* ≃а, *pl* ≃ы, ≃ов) dugout (canoe); boat, skiff; **~о́к** 1 = чёлн; shuttle; **~о́чный** shuttle; ~ полёт *aer* shuttle flight

чел|о́ *lit* forehead, brow; бить ~о́м кому́ *hist or iron* bow to someone (*in greeting*), petition someone, ask someone humbly; *pl* ≃а *tech* stoking hole (*in furnace*); **~оби́тная** *n hist* petition; **~оби́тчик** *hist* petitioner, suppliant; **~оби́тье** *hist* low bow; petition

челове́|к (*pl* лю́ди, люде́й, лю́дям, лю́дях, людьми́; *gen pl*, *etc* челове́к, ~ам, ~ах, ~ами *only with numerals and* не́сколько, ско́лько, *etc*) man, person, human being; молодо́й ~ young man; *obs* man, servant; waiter; **≃ко-де́нь** (~ко-дня) *econ* man-day; **~колюби́вый** (~колюби́в) philanthropic, loving one's fellow-men; **~колю́бие** philanthropy, love of (one's) fellow-men; **~коненави́стник** misanthrope; **~коненави́стнический** misanthropic; **~коненави́стничество** misanthropy; **~кообра́зный** (~кообра́зен) anthropomorphous; *zool* anthropoid; **~коподо́бный** (~коподо́бен) resembling a human being; **≃ко-ча́с** (~ко-ча́са; *pl* ~ко-часы́) *econ* man-hour; **≃чек** (~чка) little man, manikin; **≃ческий** human; humane, considerate; **≃чество** humanity, mankind; **≃чий** of man; **≃чина** human flesh (*as meat*); *m and f* human being, man; **≃чность** *f* humaneness, humanity, compassion; **≃чный** (~чен) humane

чел|юстно́й jaw; maxillary; **≃юсть** *f* jaw(-bone); maxilla; dental plate, set of false teeth

чел|яди́нец (~яди́нца) *hist* retainer, servant; **≃ядь** *f collect hist* retainers, (household) servants, menials; *fig cont* lackey

чем *instr of pr* что; *conj* than; + *comp* ~ …, тем … the more …, the more…; ~ скоре́е, тем лу́чше the sooner the better; ~ + *infin* instead of, rather than; ~ сиде́ть без де́ла, ты бы пошёл гуля́ть

instead of hanging about doing nothing, why don't you go out for a walk?; ~ свет with the lark, at the crack of dawn
чембу́р halter
чемери́ца *bot* hellebore
чемода́н suitcase; сиде́ть на ~ах *coll* be ready to set off on a journey; **~́ный** suitcase; ~ное настрое́ние *fig* travel fever
чемпио́н champion; ~ по те́ннису tennis champion; **~а́т** championship; ~ по футбо́лу football championship
чепе́ *neut indecl abbr of* чрезвыча́йное происше́ствие *coll* extraordinary event
чеп|е́ц (~ца́) (woman's) cap
чепра́к 1 saddle-cloth, shabrack, horse-cloth
чепух|а́ *coll* nonsense, rubbish; нести́, говори́ть, поро́ть, плести́ ~у́ *coll* talk rot, nonsense; ~ на по́стном ма́сле *coll joc* tripe, arrant nonsense; a trifle, trifling matter, a mere nothing; rubbish; trifles, trivialities; **~о́вина** *pop* = ~а́; **~о́вый** *pop* nonsensical, rubbishy; trifling, trivial, insignificant
че́п|чик = ~е́ц; (детский) ~ (child's) bonnet
че́рва *collect* larvae (*of bees*)
червеобра́зный vermiform, vermicular; ~ отро́сток *anat* appendix
че́рв|и (~е́й, ~я́м *also* ~́ы, ~, ~́ам) hearts (*card suit*); коро́ль ~е́й king of hearts
черви́в|еть I (~еет) *pf* за~, о~ become worm-eaten; **~́ый** (~) worm-eaten, wormy; ~ое я́блоко maggoty, rotten apple
червлёный *obs* bright red, scarlet, crimson
черво́н|ец (~ца) *hist* chervonets (*gold coin of 3-rouble, 5-rouble or 10-rouble denomination*); 10-rouble banknote (*in circulation 1922–47*; *now coll*); *sl* ten-year stretch; **~́ный** of ten roubles; red, dark red, crimson; ~ное зо́лото pure gold, high-carat gold; of hearts; ~ вале́т knave of hearts
черв|оточина worm-hole, maggot hole; *fig* flaw, rottenness; **~ь** *m* (~я́; *pl* ~́и, ~е́й) worm, maggot; bug, virus, germ; его́ то́чит ~ сомне́ния he has a nagging doubt; **~я́к** 1 = ~ь; *tech* worm; *sl* 10-rouble note; **~я́чный** worm; ~я́чная переда́ча worm gear; **~ячо́к** 1 (~ячка́) small worm; замори́ть ~ячка́ *fig coll* have a bite to eat
черда́|к 1 attic, loft; garret; у него́ на ~ке́ не всё в поря́дке *fig coll* he's batty, has bats in the belfry, he's not quite right in the top storey; **~́чный** attic, loft; **~чо́к** (~чка́) cockloft
череви́к|и (*gen pl* ~ов) ladies' high-heeled boots (*in Ukraine*)
черёд (~а́, в ~у́, о ~е́) *pop* turn; тепе́рь его́ ~ it's his turn now; в свой ~ in due course; идти́ свои́м ~о́м take its course; *pop* queue; **~а́** *obs* turn; time; sequence; file (*of people*); *bot* bur-marigold; **~ова́ние** alternation, interchange, rotation; ~ гла́сных *ling* vowel interchange; **~ова́ть** (~у́ю) *impf* alternate (with, с + *instr*); **~ова́ться** (~у́юсь) *impf* alternate, take turns
че́рез *prep + acc* across, over, through (*of place*); переходи́ть ~ мост cross, go across the bridge; ~ окно́ through the window; via; е́хать ~ Москву́ travel via Moscow; through (*by means of, with the aid of*); ~ печа́ть through the press; писа́ть сло́во ~ дефи́с write the word with a hyphen; *coll* through (*on account of*); ~ боле́знь through illness; in, later (*of time*); ~ полчаса́ in half an hour's time; after, (further) on; ~ два киломе́тра two kilometres (further) on; every other, every (*repetition at intervals in time or space*); ~ день every other day; ~ два, три дня every two, three days; ~ две ступе́ньки two steps at a time; писа́ть ~ стро́чку write on every other line, use double-spacing (*on typewriter*)
череми́с Cheremis; **~ка** Cheremis (woman)
черём|уха bird cherry; **~́уховый** bird-cherry
черемша́ *bot* ramson
черен|кова́ть (~ку́ю) *pf* от~ graft; take a cutting (of); **~о́к** (~ка́) handle, haft (*of implement*); graft, cutting, slip
че́реп (*pl* ~а́) skull, cranium; death's head; ~ и ко́сти skull and crossbones
черепа́|ха tortoise; turtle; tortoiseshell; **~́ховый** turtle; ~ суп turtle soup; tortoiseshell; **~́ший** tortoise; *fig* snail's; ~шьим ша́гом at a snail's pace
череп|и́тчатый tile; *bot* overlapping, imbricate; **~и́ца** tile(s); покры́тый ~и́цей tiled; **~и́чина** *coll* (one) tile; **~и́чный** tile; tiled
черепн|о́й ~а́я коро́бка cranium
череп|о́к (~ка́) broken piece of pottery, potsherd, shard; **~у́шка** *pop* clay pot, clay bowl; *pop* head, nut
чересполо́сица strip farming
чересседе́льник saddle girth
чересчу́р *adv* too, too much; ~ добросо́вестный much too conscientious; э́то уж ~! that's a little too much, that's going too far
чере́шн|евый cherry; **~́я** cherry(-tree) (*Cerasus avium*)
черк|а́ть I *also* ~́ать *sem pf* ~ну́ть *coll* cross out, cross through
черке́|с Circassian; **~́ска** long Circassian coat; **~́сский** Circassian; **~́шенка** Circassian (girl, woman)
черк|ну́ть I *sem pf of* ~а́ть; *coll* scratch; *coll* scribble; ~ не́сколько слов кому́ *coll* drop someone a line
черн|ёный nielloed
че́рнеть *f orni* морска́я ~ scaup; хохла́тая ~ tufted duck
черн|е́ть I *pf* по~ turn, grow black, blacken; *impf* show (up) black; **~е́ться** (~е́ется) *impf* show (up) black; **~е́ц** 1 *hist* monk; **~и́ка** bilberry, whortleberry, blaeberry (*Vaccinium myrtillus*); **~и́ла** *pl only (gen pl* ~и́л) ink; **~и́льница** ink-pot, ink-well, **~и́льный** ink; ~ каранда́ш indelible pencil; ~ оре́шек oak-gall, nut-gall; ~ прибо́р inkstand; ~и́льная душа́ *fig pej* bureaucrat; *fig* paper, verbal; ~и́льная война́ war of words; **~и́ть** II *pf* за~, на~ blacken, paint black; *pf* о~ *fig* blacken, slander; burnish; **~и́ца** *hist* nun; **~и́чина** *coll* bilberry, whortleberry; **~и́чник** bilberry, whortleberry bushes; **~и́чный** bilberry, whortleberry
черно|бро́вый (~бро́в) dark-browed, black-browed; **~бу́рка** *coll* silver fox; *sl* wealthy woman; **~бу́рый** dark brown; ~бу́рая лиси́ца silver fox; **~бы́льник** *bot* wormwood, mugwort; **~ви́к** 1 rough copy, draft; **~во́й** rough, draft; preparatory; ~ва́я рабо́та *coll* heavy, rough, dirty work; *tech* crude (*of metals*); **~воло́сый** (~воло́с) black-haired; **~гла́зый** (~гла́з) black-eyed; **~го́рец** (~го́рца) Montenegrin; **Ч~го́рия** Montenegro; **~го́рка** Montenegrin (woman); **~го́рский** Montenegrin; **~гри́вый** (~гри́в) black-maned; **~зём** chernozem, black earth; **~зёмный** black earth; **~зо́бик** *orni* dunlin; **~кни́жие** black magic, necromancy; **~кни́жник** practitioner of black magic, magician; **~ко́жий** (~ко́ж) black(-skinned),

coloured; *n* Negro, black (man); ~ко́жие blacks, blackamoors; **~ле́сье** deciduous forest; **~ма́зый** (~ма́з) *pop* swarthy; **~мо́рец** (~мо́рца) sailor of Black Sea fleet; **~мо́рский** Black Sea; **~о́кий** (~о́к) *poet* black-eyed; **~рабо́чий** *n* (unskilled) labourer, navvy; **~ри́зец** (~ри́зца) *hist* monk; **~сли́в** *collect* prunes; **~сли́вина** *coll* prune; **~со́тенец** (~со́тенца) *hist or iron* member of 'Black Hundred' (*extreme right-wing movement in early 20th-century Russia*); **~со́тенный** *adj of* ~со́тенец; **~та́** blackness *also fig*; darkness; **~та́л** *bot* bay-leaf willow

черну́|ха *sl* camouflage, false front, disguise, tall stories, lies, pretence; для ˜хи *sl* for the sake of appearances; лепи́ть, раски́дывать ~ху *sl* tell tall stories, lie; **˜шка** *coll* swarthy, dark-haired, dark-eyed woman or girl, brunette; *bot* fennel-flower, love-in-a-mist; **˜шник** *sl* thief, crook

чёр|ный (~ен, ~на́, ~но́ *also* ~но) black *also fig*; ~ная би́ржа, ~ ры́нок black market; ~ глаз *coll* evil eye; (отложи́ть на) ~ день (put by for) a rainy day; ~ное де́рево ebony; ~ное духове́нство monks, clergy; ~ное зо́лото oil, 'black gold'; ~ лес deciduous forest; ~ наро́д *hist* common people; ~ное сло́во bad language; держа́ть в ~ном те́ле ill-treat; ~ным по бе́лому in black and white; ~ ход back entrance, back door; heavy, unskilled (*of work*); *hist* State (*opp of privately owned*); *tech* ferrous; *fig* gloomy, melancholy; *n* Negro, black (man); ~ны́м-~но́ *coll* pitch-dark, pitch-black; ~ во́рон Black Maria

черн|ь *f* mob, rabble; niello, black enamel; **~я́шка** *sl* black bread

черп|а́к 1 scoop, bucket; grab; **~а́лка** scoop, ladle; **˜ать** I *sem pf* ~ну́ть draw (up) (*liquid, etc*); scoop, ladle; *fig* extract, derive, draw (*knowledge, strength, etc*); **~ну́ть** I *sem pf of* ˜ать

черств|е́ть I *pf* за~, по~ get stale (*bread, etc*); *pf* о~, по~ *fig* become, grow hard, callous, hard-hearted, harden; **˜ый** (~, ~а́, ~о; ~ы *and* ~ы́) stale; callous, hard; ~ челове́к hard person; ~ приём harsh reception

чёрт (*pl* че́рти, ~е́й) devil; ~! damn, hell!; к ~у! to hell with it; иди́те к ~у! go to hell!, go to the devil!; како́го ~а what the devil, blazes, hell; на кой ~? *pop* why the hell?; чем ~ не шу́тит! *coll* you never know!, you never can tell; сам ~ не разберёт there's no making head or tail of it; ~ зна́ет что тако́е! outrageous!; ни ~а́ не понима́ю! I don't understand a thing!; ~а с два! *pop* like hell!; у ~а на рога́х, на кули́чках *coll* at the back of beyond, miles away from anywhere; что за ~! what the devil!; не так стра́шен ~, как его́ малю́ют the devil is not so terrible as he is painted; ему́ ~ не брат *coll* he's a daredevil, he's afraid of nothing; бежа́ть как ~ от ла́дана *coll* run for dear life; сам ~ но́гу сло́мит *coll* there's no making head or tail of it; ~ возьми́, дери́, подери́, побери́ *pop* damn!, confound it!; э́то ~ попу́тал *coll* it's the work of the devil; всё пошло́ к ~я́м *coll* everything's gone to pot; убира́йся к ~у! go to blazes, hell

черт|а́ line; провести́ ~у́ draw a line; подвести́ ~у́ *fig* draw a line (under), put an end (to), dispose (of, под + *instr*); boundary, precincts, confines; ~ осе́длости *hist* the (Jewish) Pale; feature, trait, characteristic; семе́йная, фами́льная ~ family trait; ~ы́ лица́ features, traits; в о́бщих ~а́х in (general) outline, without going into details

чертёж 1 draught, drawing, sketch; blueprint, plan, scheme; ~ на ка́льке tracing; **˜ная** *n* drawing office; **˜ник** draughtsman; **˜ный** drawing; ~ная доска́ drawing board; ~ное перо́ lettering pen

черт|ёнок (~ёнка; *pl* ~я́та, ~я́т) imp; **˜ик** *dim of* ~; до ~иков *pop* in the extreme

чер|ти́ть II (~чу́, ˜тишь) *pf* на~ draw, sketch, trace; describe (*triangle, etc*); ~ ка́рту map, make a map; (~чу́, ~ти́шь) *impf pop* get up to mischief, behave disgracefully, go on a binge

чёртов *adj* devil's; ~а дю́жина baker's dozen; hellish, devilish; ~а жизнь hellish life; иди́ к ~ой ба́бушке! *pop* go to hell!; **˜ка** *pop* (she-)devil, bitch; **~ня́** *pop* devilry; **˜ски** *adv pop* devilishly, infernally, deuced; **˜ский** *pop* devilish, infernal, damnable, hellish; **~щи́на** *coll* devilry; *collect* devils, demons

черто́г *lit obs* hall, mansion, apartment, chamber; *pl* palace

чертополо́х thistle(s)

чёрточка line; hyphen; feature, trait (*of character*)

чертых|а́ться I *sem pf* ~ну́ться *coll* swear; **~ну́ться** I *sem pf of* ~а́ться

чёс *pop* itch(ing); зада́ть ~у tick off (+ *dat*), make off

че|са́лка comb(ing machine); **~са́льный** combing, carding; **~са́льщик** comber, carder; **˜саный** combed, carded; **~са́ть** I (~шу́, ˜шешь) *pf* по~ scratch; *impf pop* comb; hackle, card (*flax, hemp, etc*), tease (*wool*); *fig pop* do something fast and decisively; так и ˜шут из пулемётов *pop* the machine-guns are rattling away; ~ язы́к, языко́м wag one's tongue, chatter away; ~ заты́лок, в заты́лке scratch one's head *also fig*; **~са́ться** I (~шу́сь, ˜шешься) *pf* по~ scratch oneself; *impf* itch; спина́ ˜шется the back itches; *impf pop* do one's hair, comb one's hair; у него́ ру́ки ~шутся he is itching (to, + *infin*); *pf* по~ *pop* make a move, get started

чесно́|к 1 (~ка́ (~ку́)) garlic; **˜чный** garlic

чесо́тка *med* scab, rash, mange; itch

че́ст|вование celebration in honour (of, + *gen*); **˜вовать** (~вую) *impf* fête, celebrate (*an occasion, etc*), arrange a celebration in honour (*of someone*); **~и́ть** II (чещу́) *pop iron* abuse, scold, call (names); ~ кого́ дурако́м call someone a fool; **~но́й** *obs eccles* sanctified, sainted, saintly; мать ~на́я! *coll* my sainted aunt!; worthy, honoured; ~на́я компа́ния *iron* gang, network; **˜ность** *f* honesty, integrity; **˜ный** (~ен, ~на́, ~но) honest, upright; ~ное и́мя good name; ~ное сло́во! honestly!, (up)on my honour!; держа́ться на ~ном сло́ве *coll joc* be held up by charity; **~олю́бец** (~олю́бца) ambitious person; **~олюби́вый** (~олюби́в) ambitious; **~олю́бие** ambition; **~ь** *f* (в че́сти́, о че́сти) honour; де́ло ˜и matter of honour; в ~ in honour (of, + *gen*); с ˜ью вы́йти из положе́ния emerge from a situation with credit, come out with flying colours; по ˜и сказа́ть to say in all honesty; отда́ть ~ salute (+ *dat*), *joc* do honour (to, + *dat*); потеря́ть ~ lose one's honour; проси́ть ˜ью urge; счита́ть за ~ consider (it) an honour; и ~ соблю-сти́, и де́нежки приобрести́ have it both ways, have one's cake and eat it; ~ ˜ью *coll* fittingly, properly, as befits; ~ и ме́сто! *obs* pray be seated!; ~ ему и сла́ва! hats off to him!; де́лать ~ do honour, credit (to, + *dat*); пора́ и ~ знать *coll* it is time to go, one should not overstay one's welcome;

~ име́ю кла́няться *obs* I have the honour of greeting you, taking leave of you; кляну́сь ~ью! I stake my honour!; попа́сть в ~ кому́ get into someone's good books; его́ ~ заде́та his honour is at stake

честь (чту, чтёшь) *impf obs* consider; read

чесуч|а́ tussore; **~о́вый** tussore

чёт *coll* even number

чета́ couple, pair; супру́жеская ~ married couple; не ~ кому́ *coll* no match for someone

четве́рг 1 Thursday; по́сле до́ждика (до́ждичка) в ~ *joc* when the cows come home, when pigs fly

четвере́ньк|и на ~, на ~ах on all fours, on one's hands and knees; стать на ~ go down on all fours

четв|ери́к a dry measure (equivalent to 26·239 litres); measure, packet, *etc* containing four (of something); **~ёрка** number '4'; four out of five (*a good mark*); four-in-hand (*horses*); four(-oar boat); the four (of) (*at cards*); **~ерно́й** fourfold, quadruple; **~ерня́** team of four horses; quadruplets; **~еро** (~еры́х, ~еры́м) *collect num* four; нас бы́ло ~ there were four of us; **~ероклáссник** pupil in fourth class; **~ероно́гий** *adj* four-legged; *n* quadruped; **~ерости́шие** quatrain; **~ёрочник** *coll* good pupil (*usually receiving four marks out of five*); **~ерта́к** 1 *obs pop* 25 kopecks; *sl* 25-year prison term; **~ерти́нка** *pop* quarter-litre bottle (*of wine or vodka);* **~ерти́чный** *geol* quaternary; **~ёртка** *coll* quarter; **~ертно́й** quarter; *pop* worth 25 roubles; **~ертова́ть** (~ерту́ю) *impf and pf hist* quarter (*execute*); **~ёртый** fourth; **~ерть** *f (gen pl* ~ерте́й) quarter; ~ (часа́) quarter of an hour; ~ пе́рвого quarter past twelve; без ~ерти час a quarter to one; *mus* fourth; term (*part of scholastic year*); **~ертьфина́л** *sp* quarter-final

чёт|ки (*gen pl* ~ок) *eccles* rosary

чёт|кий (~ок, ~ка́, ~ко) clear (*image*, *etc*); legible (*handwriting*, *etc*); plain, distinct (*of sound*); articulate (*of speech*); precise, clear-cut (*of movement*, *wording*, *etc*); punctual, efficient, prompt (*execution of instructions*, *etc*); **~кость** *f* clarity, clearness, definition; distinctness; precision; legibility

чётный even (*of numbers*)

четы́р|е (~ёх, ~ём, ~ьмя́, ~ёх) *num* four; **~ежды** *adv* four times; **~еста** (~ёхсо́т, ~ёмста́м, ~ьмяста́ми, ~ёхста́х) *num* four hundred; **~ёх-** four-, quadri-, tetra-; **~ёхгоди́чный** four-year; **~ёхголо́сный** *mus* four-part; **~ёхгра́нник** tetrahedron; **~ёхгранный** tetrahedral; **~ёхкра́тный** fourfold; **~ёхле́тие** four-year period; fourth anniversary; **~ёхле́тний** four year(s'), of four years; four-year-old, of four; **~ёхме́стный** four-seater; **~ёхме́сячный** four-month, four months', of four months; four-month-old; **~ёхмото́рный** four-engined; **~ёхпо́лье** four-field system; **~ёхсло́жный** quadrisyllabic, tetrasyllabic; **~ёхсотле́тие** four hundred years; **~ёхсотле́тний** four hundred years', of four hundred years; **~ёхсо́тый** four hundredth; **~ёхсто́пный** tetrameter; **~ёхсторо́нний** quadrilateral; quadripartite; **~ёхта́ктный** four-stroke; *mus* four-beat; **~ёхуго́льник** quadrangle; **~ёхуго́льный** quadrangular; **~ёхчасово́й** four hours', of four hours; four o'clock; **~надцатый** fourteenth; **~надцать** *num* fourteen

чех Czech

чехарда́ leap-frog; *fig* chopping and changing, reshuffling (*of cabinet*, *etc*)

чех|ли́ть II *pf* за~ cover, put a cover over; **~о́л** (~ла́) cover, case; ~ для кре́сла chair-cover

чехослова́|к Czechoslovak; **ч~кия** Czechoslovakia; **~цкий** Czechoslovak; **~чка** Czechoslovak (woman)

чечеви́|ца lentil; *obs* lens; **~чный** прода́ть за ~чную похлёбку sell for a mess of pottage

чече́н|ец (~ца) Chechen; **~ка** Chechen (woman); **~ский** Chechen

чечётка *orni* redpoll; chechotka (*dance*)

че́ш|ка Czech (woman); **~ский** Czech

чешу́|йка scale (*of fish*); **~йчатый** (~йчат) scaly; squamose, lamellar; ~йчатые *n zool* Squamata; **~я́** *no pl zool* scales

чи́бис *orni* lapwing

чиж 1 *orni* siskin; **~ик** = ~; ~и́ки tip-cat (*children's game*)

чик *pred pop* snip, clip (*of scissors*, *etc*), click, snap (*of camera*, *etc*); **~аться** I *impf pop* fiddle about

Чи́ли *indecl* Chile

чилибу́ха nux vomica

чили́|ец (~йца) Chilean; **~йка** Chilean (woman); **~йский** Chilean; ~йская сели́тра Chile saltpetre, sodium nitrate

чили́м water chestnut (*Trapa natans*)

чимчик|ова́ть (~у́ю) *impf sl* buzz off, move off, shove off

чин 2 rank; быть в ~а́х hold, be of high rank; official; rite, ceremony, order; без ~о́в without ceremony; держа́ть ~ *obs* conduct a ceremony; ~ ~ом *coll*, ~ по ~у *coll*, ~ ~арём *pop joc* properly, fittingly, as befits, in good order

чина́р(а) plane (tree)

чин|ёный old, patched up (*of clothing*, *etc*); **~и́ть** II (~ю́, ~ишь) *pf* по~ repair, mend; *pf* о~ sharpen (*pencil*, *etc*); (~ю́, ~и́шь) *pf* у~ carry out, execute; cause; ~ препя́тствия impede (+ *dat*); ~ суд и распра́ву administer justice

чин|и́ться II *impf obs* stand on ceremony, be shy, hold back; **~ность** *f* decorum, propriety, orderliness; **~ный** (~ен, ~на́, ~но) decorous, dignified, orderly; ceremonious; well-ordered; **~о́вник** official, functionary (*not Soviet*); *fig pej* bureaucrat; **~о́внический** official; *pej* bureaucratic; **~о́вничество** *collect* officials, officialdom; *pej* red tape, bureaucracy; **~о́вничий** = ~о́внический; **~о́вный** *n obs* official; *adj* of high rank; **~одра́л** *coll cont* bureaucrat, stickler for red tape; **~опочита́ние** *obs iron* respect for rank; **~опроизво́дство** *obs* promotion (*to high rank*); **~у́ша** *pej* bureaucrat

чи́р|ей (~ья) *coll* boil

чири́к|ать I *sem pf* ~нуть twitter, chirp; *impf sl* trot out propaganda, hold forth, make speeches; **~нуть** I *sem pf of* ~ать give a chirp

чи́рк|ать I *sem pf* ~нуть strike sharply (against, on, о + *acc*, по + *dat*); ~ спи́чкой strike a match; **~нуть** I *sem pf of* ~ать

чир|о́к (~ка́) *orni* teal

чи́сл|енность *f* numbers; size; ~ населе́ния size of the population; ~енностью в сто челове́к numbering a hundred (persons), one hundred strong; *mil* strength; **~енный** numerical; ~ соста́в а́рмии size of an army; **~и́тель** *m* numerator; **~и́тельное** *n* numeral; **~и́тельный** и́мя ~и́тельное numeral; **~ить** II *impf* count, reckon; **~иться** II *impf* be, be put down (to, за + *instr*); кни́га ~ится за ва́ми the book is in your name, has been put down to you; be registered as; ~ больны́м be on the sick-list; ~ в спи́ске be on the list; be considered, be reckoned, be on paper (+ *instr*); have, be attributed (to, за + *instr*); за ним ~ится мно́го недоста́тков he has many failings; **~о́** (*pl* ~а́, чи́сел) number; тео́рия чи́сел theory of numbers; ~о́м in number; це́лое ~ whole number; ~ мест seating capacity (*of theatre, etc*); в ~е́ прису́тствующих among those present; в ~е́ про́чих among others; в том ~е́ including; он не из ~а́ тех, кото́рые ... he is not one (to, + *infin*); без ~а́ in great numbers, without number; date, day (*of month*); како́е сего́дня ~? what is the date today?; в пе́рвых, после́дних ~́ах декабря́ early, late in December; нет и ~а́ чему́ countless, innumerable; всы́пать по пе́рвое ~ berate, deal crushing blow (to, + *dat*); за́дним ~о́м after the event; поразмы́слив за́дним ~о́м on second thoughts; еди́нственное, мно́жественное ~ *gramm* singular, plural; **~ово́й** numerical

чи́стик *orni* guillemot

чист|и́лище *eccles* purgatory; **~́ильщик** cleaner; ~ сапо́г bootblack, shoeblack; **~́ить** II (чи́щу) *pf* по~, вы́~ clean, ~ (щёткой) brush, scour (*pots, etc*), scrub, curry (*horse*); ~ башмаки́ shine, polish shoes; ~ трубу́ sweep a chimney; clear (out), dredge; *pf* о~ peel (*vegetables, fruit*), shell (*nuts*), clean, scale (*fish*); *pf* по~ *pol* purge; *pf* о~ *pop* clean out, rob; **~́иться** II (чи́щусь) *pf* по~, вы́~ clean oneself up; *pass of* ~ить; **~́ка** cleaning; brushing; scouring, scrubbing; ~ о́буви bootpolishing; хими́ческая ~ dry-cleaning; отдава́ть в ~ку send to the cleaners, have cleaned; peeling, shelling; *pol* purge; **~́о** *pred* it is clean; *adv* neatly; ~ вы́мытый well-washed; truly, veritably, purely; ~-на́чисто spotlessly clean; тут де́ло не ~ there is foul play here; *conj coll* just like; **~ови́к** 1 *coll* fair (clean) copy; **~ово́й** fair, clean; ~ экземпля́р fair copy; *tech* finishing; **~ога́н** *coll* cash (payment), ready money; заплати́ть ~ога́ном pay in cash, cash down; **~окро́вный** thoroughbred, pure-blooded, pure-bred; **~описа́ние** calligraphy; **~опло́тный** (~оплóтен) clean; neat, tidy; *fig* pure, decent, clean, upright; **~оплю́й** *coll* fastidious person, sissy; **~опо́лье** *coll* open country; **~opо́дный** (~оподо́ден) thoroughbred; **~опро́бный** pure (*of gold or silver*); **~осерде́чие** = ~осерде́чность; **~осерде́чность** *f* frankness, candour, sincerity; **~осерде́чный** (~осерде́чен) frank, candid, sincere; **~осо́ртный** pure; graded, selected; **~ота́** cleanliness, cleanness; neatness, tidiness; *fig* purity; ~ кра́сок, ли́ний purity of colour, line; **~оте́л** *bot* celandine; **~́ый** (~, ~а́, ~о, ~ы *and* ~ы́; чи́ще) clean; neat, tidy; pure (*of speech, voice, etc*); *fig* pure, high-minded, honest, upright, unsullied; ~ понеде́льник *eccles* first Monday in Lent; от ~ого се́рдца, с ~ой со́вестью with a clear conscience; pure, undiluted, neat; ~ое зо́лото pure gold; ~ое иску́сство art for art's sake; ~ спирт pure, neat alcohol, raw spirits; ~ой воды́ *min* of the first water, *fig* pure, first-class; вы́вести на ~ую во́ду expose, unmask; за ~ые де́ньги for cash; приня́ть что за ~ую моне́ту take something at face value; clear, open (*of space, etc*); ~ое не́бо clear sky; на ~ом во́здухе in the open air; ~ое по́ле open field(s); new, fresh; ~ лист blank sheet; ~ая страни́ца clean, fresh page; *fin* net, clear (*profit, etc*); ~ вес net weight; *obs* main, special, ceremonial, show; ~ вход front entrance; ~ая рабо́та craftsmanship; *coll* sheer, mere; utter, pure; complete, absolute; ~ вздор utter nonsense; ~ая пра́вда the simple truth; ~ое совпаде́ние sheer coincidence; ~ая отста́вка *obs* final retirement; **~ю́ля** *m and f coll* lover of cleanliness

чит|а́лка *pop* = ~а́льня; **~а́льный** reading; **~а́льня** (*gen pl* ~а́лен) reading-room; **~а́тель** *m* reader; **~а́тельский** reader's; **~а́ть** I *pf* про~ *and* проче́сть read; ~ про себя́ read to oneself; ~ вслух read aloud; ~ запо́ем be a voracious reader, read avidly; ~ докла́д give a paper; ~ ле́кции lecture, give lectures; ~ стихи́ recite poetry; ~ кому́ наставле́ния, нравоуче́ния lecture someone; **~а́ться** I (~а́ется) be legible; be read; *impers coll* мне не ~а́ется I don't feel like reading; **~́ка** reading (*before audience*); *theat* (first) reading (*of play, etc*); **~́ывать** I *impf freq of* ~а́ть

чифи́р(ь) *sl* chifir, tea narcotic; **~и́ст** *sl* addict of chifir; **~́ить** II *impf sl* brew tea narcotic; drink tea narcotic; **~́иться** II *impf sl* be addicted to chifir

чих *coll* sneeze; *interj* attishoo; **~а́нье** sneezing; на вся́кое ~ не наздра́вствуешься you can't please everyone; **~а́тельный** causing sneezing, sternutatory; ~ газ sneezing gas; **~а́ть** I *pf* ~ну́ть sneeze; *fig pop* scorn, not to heed (на + *acc*); ~ мне на него́! I couldn't care less about him!, I don't give a damn for him!; **~ну́ть** I *pf of* ~а́ть; **~ня́** *sl* trifle, nonsense

чи́ще *comp of* чи́стый, чи́сто

член member (*of organization*), fellow (*of society*); ~-корреспонде́нт corresponding member (*of Academy*); limb, member (*of body*); мужско́й (полово́й) ~ male member, penis; *math* term; *gramm* part (*of sentence*); *gramm* article; **~е́ние** articulation; **~́ик** *zool* segment; **~истоно́гие** *n zool* arthropoda; **~́истый** *zool* articulated, segmented; **~и́ть** II *pf* рас~ divide into parts, articulate; **~овреди́тельство** (self-)mutilation, (self-)maiming; **~ораздéльный** (~оразде́лен) articulate, distinct (*of speech*); *coll* comprehensible; **~́ский** membership; ~ биле́т membership card; **~́ство** membership

чмо́к|ать I *pf* ~нуть make a sucking sound; smack one's lips (*with satisfaction, etc*); squelch, make a squelching sound; *coll joc* give a smacking kiss; **~́нуть** I *pf of* ~ать

чо́глок (*also* **чегло́к**) *orni* hobby

чо́к|анье clinking of glasses; **~́аться** I *pf* ~нуться clink glasses; **~́нутый** *pop* cracked, nuts, touched, cuckoo; **~́нуться** I *pf of* ~аться; *pop* go off one's head, rocker, go cuckoo

чо́мга *orni* great-crested grebe

чо́п|орность *f* primness, stiffness, starchiness; standoffishness; **~́орный** (~орен) prim, stiff, starchy; punctilious, conventional; standoffish

чох sneeze; **~́ом** *adv pop* wholesale, together, in one lot

чрев|а́тый (~а́т) pregnant, fraught (with, + *instr*); ~ опа́сностью fraught with danger; **~́о** *obs or fig rhet* belly, womb; **~овеща́ние** ventriloquy; **~овеща́тель** *m* ventriloquist; **~оуго́дие** gluttony; **~оуго́дник** glutton, gourmand; **~оуго́дничать** I *impf* gourmandise

чреда́ *poet* turn, succession

чрез = че́рез; **~вычáйно** *adv* extremely, extraordinary, exceedingly; **~вычáйный** (~вычáен, ~вычáйна) extraordinary, exceptional, unusual; ~вычáйное происше́ствие emergency; ~вычáйные ме́ры emergency measures; ~выча́йное положе́ние state of emergency; ~выча́йные полномо́чия emergency powers; ~ и полномо́чный посо́л ambassador extraordinary and plenipotentiary; **~ме́рно** *adv* excessively, to excess, too; **~ме́рный** (~ме́рен) excessive, inordinate, extreme

чре́сл|а (*gen pl* ~) *obs or poet* loins, hips

чт|е́ние reading; ~ карт map-reading; ~ ле́кций lecturing; reading-matter; **~ец** 1 reader; reciter (*performer*); **~и́во** *coll pej* reading stuff

чтить (чту, чтишь, чтят *and* чтут) *impf* revere, hold in esteem, honour; свя́то ~ па́мять кого́ hold someone's memory sacred

что (чего́, чему́, чем, о чём) *inter pr* what?; ~ с ва́ми? what's the matter (with you)?; что там тако́е? what's the matter?; ~ из того́? what of it?, so what?; чем объясни́ть э́то? what's the explanation of it?; чем могу́ служи́ть, чем я могу́ быть вам поле́зен? what can I do for you?; в чём его́ обвиня́ли? what is he accused of?; за ~? what for?, why?; на ~ вы наде́етесь? what are you counting on?; ~ то́лку, по́льзы в э́том? what's the good, use of that?; why?; ~ вы не пьёте? why aren't you drinking?; how?; ~ сего́дня Ка́тя? how is Katya today?; *coll* how much?; ~ сто́ит э́та кни́га? what does that book cost?; *rel pr* which, what, that; *coll* who; он зна́ет, ~ ему́ ну́жно he knows what he wants; э́то всё, ~ я могу́ сказа́ть that is all (that) I can say; па́рень, ~ стоя́л ря́дом со мной *coll* the fellow (who was) standing next to me; *coll* = ~́-нибудь; е́сли ~ случи́тся if anything happens; as far as; ~ есть мо́чи with all one's might; ~ каса́ется, ~ до (+ *gen*) as far as ... is concerned, with regard (to); ~ бы́ло сил with all one's might; бежа́ть ~ есть ду́ху run as fast as one can; ~ уго́дно, ~ попа́ло, ~ придётся anything; ни за ~ never, not for the world; ни за ~ не догада́етесь you'll never guess; ни за ~ не пойду́ туда́ I wouldn't go there for the world; ни за ~́, ни про ~́ *coll* for no earthly reason, for no reason at all; ~ вы? you don't say (so)! (*surprise*, *etc*), not a bit of it!; ну и ~ ж(е)! all right, why not?; ~ говори́ть! of course!; oh, yes!; ~ за *coll inter* what?, what sort of?; ~ э́то за кни́ги? what books are those?; ~ там за шум? what is that noise?; *inter* ~ за день! what a (marvellous) day!; ~ за ерунда́! what (utter) nonsense!; ~ ли *coll* perhaps (*expressing doubt*, *hesitation*, *etc*); пора́ нам идти́, ~ ли? perhaps we should be going?; взять такси́, ~ ли? should I take a taxi?; *conj* that; он сказа́л, ~ придёт he said (that) he would come; то, ~ ... the fact that ...; то, ~ он спосо́бный, никто́ не отрица́ет no one denies his ability; ~ ни *indef pr*; ~ ни стро́чка, то оши́бка there is not a single line without a mistake; ~ ни день, пого́да меня́ется the weather is never the same two days running; ~ бы ни случи́лось whatever happens; ни при чём *coll* nothing to do with it; при чём тут я? what have I got to do with it?

что́бы, чтоб *conj expresses purpose* in order to, so as to, in order that; ~ ... не lest; он наде́л очки́, ~ лу́чше ви́деть he put on his glasses so as to see better; встать ра́но, ~ попа́сть на по́езд get up early (in order) to catch the train; ~ не разбуди́ть его́ so as not to wake him; *expresses something desirable*, *needful*; *admissible*, *possible*, *etc* that ... should; скажи́те ему́, ~ он ушёл tell him to go away (that he should go away); сомнева́юсь, ~ он оста́лся дово́лен I doubt whether he will be satisfied; он наста́ивает на том, ~ пойти́ he insists on going; не мо́жет быть, ~ он э́то сказа́л! he couldn't have said that!; *partic expresses wish;* ~ э́того бо́льше не́ было! it must never happen again!; без того́ ~ without; для того́ ~, с тем ~, так ~ so that; вме́сто того́ ~ instead of

что́-|либо (чего́-либо) *indef pron* anything; не могу́ сообщи́ть чего́-либо утеши́тельного I can't report anything of comfort; **~́нибудь** (чего́-нибудь) *indef pron* something; покажи́ ~ из свое́й колле́кции show something from your collection; anything (*in question or with negative*); нет ли чего́-нибудь почита́ть? have you anything for me to read?; два часа́ с че́м-нибудь over two hours;

что́-то (чего́-то) *indef pron* something; ~ прия́тное something pleasant; чего́-то не хвата́ет there is something missing; *adv coll* rather, a bit ~ хо́лодно it's a bit cold; вы ~ неве́селы you seem (a bit) depressed; мне ~ нездоро́вится I don't feel quite well somehow; for some reason, somehow; мне ~ не ве́рится somehow I can't believe it; я ~ не по́мню I don't seem to remember, I'm afraid I don't remember; тут ~ не так there's something odd about this

чу *interj* listen!, hark!

чуб 2 forelock, tuft of hair

чуба́рый dappled (*of horses*)

чубу́к 1 stem (*of pipe*); grape stalk

чува́к 1 *sl* bloke

чува́ш 1 (~а́ *or* ~́а) Chuvash; **~́ка** Chuvash (woman); **~́ский** Chuvash

чуви́ха *sl* girl, woman, bird, chick

чу́вств|енность *f* sensuality; **~́енный** *philos* perceptible, sensible; ~енное восприя́тие perception; (~ен, ~енна) sensual; **~и́тельность** *f* sensitivity, sensitiveness (*of nerves*, *body*, *child*, *apparatus*, *etc*); sentimentality; *coll* appreciableness; **~и́тельный** (~и́телен) sensitive (*nerve*, *skin*, *etc*); ~и́тельное ме́сто tender spot; sentimental; *coll* appreciable; ~ уда́р severe blow; ~и́тельная утра́та deeply felt loss; **~́о** sense, sensation; ~ вку́са sense of taste; о́рганы чувств senses, organs of sense; пять чувств the five senses; ~ бо́ли, го́лода, хо́лода sensation of pain, hunger, cold; feeling, emotion; ~ го́рдости feeling of pride; ~ до́лга, ме́ры, оби́ды, отве́тственности, че́сти, ю́мора sense of duty, proportion, injury, responsibility, honour, humour; злое́ ~ resentment; consciousness, senses; быть без чувств be unconscious; лиша́ться чувств lose consciousness; приводи́ть в ~ bring round; приходи́ть в ~ recover consciousness, come round; ~ ло́ктя feeling of comradeship, of solidarity; feeling, love; пита́ть кому́ не́жные ~а have a soft spot for someone; **~́овать** (~ую) *impf* feel, sense; ~ го́лод, ра́дость, уста́лость feel hunger, joy, exhaustion; ~ прису́тствие кого́ sense someone's presence; be aware of; ~ себя́ feel; как вы себя́ ~уете? how do you feel?; ~ себя́ больны́м feel ill; дава́ть себя́ ~ make itself felt; **~оваться** (~уется) *impf* be felt, noticeable, make itself felt

чувя́к|и (*gen pl* ~ов) slippers (*in Caucasus and Crimea*)

чугу́н 1 cast iron; ~ в болва́нках pig-iron; cast-iron pot, vessel; **~́ка** *coll* (cast-iron) stove; *obs pop* railway; **~́ный** cast-iron *also fig*; **~олите́йный** ~ заво́д iron foundry

чуд|а́к 1 eccentric, crank; odd person, character;

како́й вы ~! how funny you are!; **~а́ческий** eccentric; **~а́чество** eccentricity, crankiness, oddness; odd way; **~а́чить** II *impf coll* behave in an odd way, eccentrically; clown; **~а́чка** *f of* ~а́к; **~е́сный** (~е́сен) miraculous; ~е́сное исцеле́ние miraculous healing; marvellous, wonderful, splendid; **~́ик** *pop* odd character, person; **~и́ла** *m and f pop* odd person, eccentric; **~и́ть** II (~и́шь) *impf coll* behave oddly, eccentrically; clown; **~́иться** II (~ится) *pf* по~, при~ *coll* seem; мне ~ится I seem to see, hear; мне почу́дилось, что кто́-то идёт I thought I heard someone coming; **~но́** *adv* strangely; *pred* it is funny, strange; ~! funny!, odd!, queer!; **~но́й** *coll* queer, strange, odd; **~́ный** (~ен, ~на) wonderful, marvellous, splendid, magical, lovely; **~́о** (*pl* ~еса́, ~е́с) miracle; wonder, marvel; ~еса́ те́хники wonders of engineering; он спа́сся каки́м-то ~ом he had a miraculous escape; твори́ть ~еса́ work wonders, miracles; ~еса́ в решете́ *joc* will wonders never cease?; она́ ~ как хороша́! she's divinely beautiful!; prodigy, paragon (*of person*); ~-ребёнок infant prodigy; **~о-богаты́рь** 1 hero; **~о́вище** monster (*also of person*); monstrosity; **~о́вищный** (~о́вищен) monstrous; huge, enormous; ~о́вищное преступле́ние monstrous, abominable crime; **~оде́й** *coll joc* miracle worker; **~оде́йственный** (~оде́йствен, ~оде́йственна) miraculous, miracle-working; **~́ом** *adv* miraculously, by a miracle; **~отво́рец** (~отво́рца) miracle-worker; **~отво́рный** miracle-working, miraculous; *fig* marvellous; **~́о-ю́до** *neut indecl folk poet* monster

чуж|а́к 1 stranger; *fig* alien (element), interloper; **~ани́н** (*pl* ~а́не, ~а́н) *obs poet* stranger; **~би́на** strange, foreign land; foreign parts; на ~би́не in foreign parts; **~да́ться** I *impf* shun, avoid (+ *gen*); *fig* stand aloof (from), remain unaffected (by), be free (*of emotion, etc*; + *gen*); **~́дый** (~д, ~да́, ~до) alien (to), foreign (to, + *dat*); он ~ нам челове́к he is not one of us; он мне соверше́нно ~д we have nothing whatever in common; free (from), devoid (of, + *gen*); челове́к, ~ честолю́бия a man devoid of ambition; **~езе́мец** (~езе́мца) *obs* stranger, foreigner; **~езе́мный** *obs lit* foreign; **~еро́дный** (~еро́ден) foreign, alien; **~естра́нец** (~естра́нца) *obs* stranger, foreigner; **~естра́нный** *obs* foreign; **~едя́дный** *bot* parasitic; **~о́й** someone else's, another's, others', other people's; на ~ счёт at someone else's expense; с ~и́х слов from hearsay, at second-hand; ще́дрость за ~ счёт vicarious generosity; ~о́е *n* someone else's belongings, property; strange, unfamiliar, alien; ~и́е лю́ди strangers; ~ мужчи́на stranger, strange man; foreign; ~ язы́к foreign language; ~и́е обы́чаи alien customs; ~ *n* stranger

чу́йка *obs* knee-length cloth jacket, chuyka

чук|о́тский Chukchi; **~́ча** *m* Chukchi (man); **~ча́нка** Chukchi (woman)

чула́н boxroom, storeroom, lumber-room; larder

чул|о́к (~ка́; *gen pl* ~о́к) stocking; си́ний ~ *fig* bluestocking; **~о́чник** stocking-maker; **~о́чно-носо́чный** ~очно-носо́чные изде́лия hosiery; **~о́чный** hosiery

чум rawhide tent; wigwam

чума́ plague; ~ рога́того скота́ rinderpest; ~ свине́й swine fever; бубо́нная ~ bubonic plague, pestilence; соба́чья ~ distemper

чума́з|ый (~́) *coll* grimy, grubby, dirty

чума́к 1 ox-cart driver (*in Ukraine*)

чуми́за Italian millet

чуми́чка ladle; *m and f fig pop* slut, grubby person

чум|но́й plague-stricken, pestilential, pestiferous; *pop* crazed, crazy; **~ово́й** *pop* crazy, mad, half-witted

чу́н|я (*gen pl* ~ей) rope shoe; rubber overshoes

чупри́на = чуб

чур *interj coll* mind!, keep away! (*usu in children's games*); ~ меня́! *coll* touch wood!, pax, fain(s)!; **~а́ться** I *impf pop* cry 'pax', 'touch wood'; *fig coll* shun, avoid, steer clear (of, + *gen*)

чур|ба́н block, log; *fig coll abus* blockhead; **~́ка** chock, block; *sl* blockhead, dolt, bumpkin, gawk

чур-чура́ *interj* touch wood!, pax! (*children*)

чу́т|кий (~ок, ~ка́, ~ко) keen, sharp, quick (*of hearing or sense of smell*); ~ нюх keen sense of smell; ~кая соба́ка keen-nosed dog; ~ сон light sleep; *fig* sensitive; *fig* sympathetic, responsive; ~ подхо́д sympathetic approach; tactful; **~́кость** *f* keenness, sharpness, quickness; sensitivity; sympathy, understanding; проявля́ть ~ show consideration, tactfulness

чут|о́к *adv pop* a little; **~́очка** ~очку *adv coll* a little, a tiny bit; подожди́(те) ~очку! wait just a moment, a sec; ни ~очки *adv coll* not a bit, not in the least; я ни ~очки не уста́л I am not in the least bit tired; **~́очный** *coll* merest, tiniest; **~ь** *adv coll* hardly, scarcely, barely; ~ живо́й barely alive, half-dead; ~ заме́тная улы́бка the ghost of a smile; *adv* very slightly, (just) a little; ~ бо́льше a teeny bit more; *conj* as soon as; ~ свет at daybreak, at first light, at the crack of dawn; ~ что at the slightest pretext, on the slightest provocation; ~ ли не *partic* very nearly, almost, all but; ~ (было) he almost; он ~ не упа́л he almost fell; ~-~́ *adv coll* a tiny bit; ~-~́ не = ~ не

чутьё scent, nose (*of animals*); *fig* flair, instinct, intuition, feeling

чу́чело stuffed animal; stuffed bird; ~ совы́ stuffed owl; scarecrow *also fig*

чу́шк|а *pop* piglet; *sl* pig, swine; *pop* pig's snout; *tech* pig, ingot, bar; **~́аться** I *impf sl* mess, potter around

чушь *f coll* nonsense, rubbish

чу́|ять (~ю, ~ешь) *impf* scent, smell; *fig pop* feel, sense; guess, suspect; ~яло моё се́рдце! I knew it!; ~ет моё се́рдце, что ... I have a presentiment that ...; ног (земли́) не ~ под собо́й be dead beat, walk on air (*from elation, etc*); **~́яться** (~ется) *impf impers* make itself felt

Ш

ша *interj pop* stop it!, shut up!

ша́баш *eccles* sabbath; ~ ведьм witches' sabbath; *fig* orgy

шаба́ш *pred pop* finished!, that's enough!, that'll do!; *naut* ship oars!; *n pop* end of work, knocking-off time; **~́ить** II *pf* по~ *pop* knock off (work), down tools, leave off; **~́ка** *pop* wood waste; *pop* small manufactured article lifted from production; *pop* work on the side; **~́ник** *pop* worker on private contract; **~́ничество** work on the side, moonlighting

ша́бер scraper

шабло́н *tech* template, pattern; mould, form; stencil; *fig* stereotype; cliché; fixed pattern, routine; по ~у on conventional lines, following a pattern; **~́ность** *f* triteness, banality; **~́ный** (~ен, ~на) trite, banal; stereotyped; routine

ша́вка mongrel; *sl* petty crook, thief

шаг (~а (~у); after 2, 3, 4 ~а́; в, на ~у́, о ~́е; *pl* ~и́, ~о́в) step *also fig*; (кру́пный) ~ stride; pace; ~ на ме́сте marking time; *pl* (foot)steps (*of sound*); ~ за ~́ом step by step; идти́ ~ в ~ keep step; идти́ ти́хим, бы́стрым ~́ом walk slowly, quickly; идти́ больши́ми ~а́ми stride along, swing along; ~́у ступи́ть нельзя́ (не даю́т) one can't do anything; заме́длить ~, уба́вить ~́у slow down; приба́вить ~́у quicken the pace, step up one's pace; предприня́ть ~и́ take steps; ши́ре ~! step out!, *fig* get a move on!; ~ на ме́сте marking time; в двух ~а́х, в не́скольких ~а́х a stone's throw away, round the corner; ни ~́у да́льше not a step further; ни ~́у! stay where you are!, stay put!; у́зки в ~у́ tight in the seat; на ка́ждом ~у́ everywhere, at every turn, continually; ~́у не сде́лать для кого́ not lift a finger to help someone; ~́ом марш! quick march!; *tech* pitch, spacing; **~а́ть** I *sem pf* ~ну́ть stride, walk; step; pace; *fig* make progress; step (across, over, че́рез + *acc*); **~а́ющий** *tech* walking, self-propelled; **~и́стика** square-bashing; **~ну́ть** I *sem pf of* ~а́ть take step; далеко́ ~ *fig* go far, make great progress; **~́ом** *adv* at a walk, at walking pace; slowly; ~ марш! quick march!; **~оме́р** pedometer

шагре́н|евый shagreen leather; **~́ь** *f* shagreen leather

ша́йб|а *tech* washer; placer; *sp* puck; хокке́й с ~ой ice hockey; *sl* gold coin, gold rouble; *pl sl* money

ша́|йка (*gen pl* ~ек) small (two-handled) tub; gang, band

шайта́н evil spirit; *pop* devil; ~ тебя́ побери́! *pop* go to the devil!; *sl* band, gang

шака́л jackal; *sl* pilferer, scrounger; **~́ить** II *impf sl* scavenge, scrounge, pilfer

шала́|ва *sl* whore, good-time girl; **~шо́вка** *sl* whore, mistress, girlfriend

шала́нда (*flat-bottomed*) barge, lighter; (*flat-bottomed*) fishing boat (*on Black Sea*)

шала́ш 1 hut (*made of branches, straw, etc*)

шал|е́ть 1 *pf* о~ *coll* go crazy; **~и́ть** II *impf* fool about; be naughty, play up (*of children*); give trouble, play up (*of clocks, etc*); ~и́шь! don't try that on! don't come that one with me!; *pop* rob, steal; **~ овли́вость** *f* playfulness; **~овли́вый** (~овли́в) mischievous, naughty (*of children*); playful; **~опа́й** *pop* good-for-nothing, skiver, ne'er-do-well, loafer; **~опа́йничать** I *impf pop* loaf around, be good-for-nothing; **~опу́тный** *pop* flighty, heedless, crackpot; **~́ость** *f* prank; *pl* mischief, naughtiness; **~та́й-болта́й** *adv coll* in idleness; **~у́н** 1, **~уни́шка** *m dim coll*, **~у́нья** scamp, rascal, imp (*of children*), tomboy (*of girl*)

шалфе́й *bot* sage

ша́лый *coll* crazy, mad

шаль *f* shawl

шальн|о́й mad, crazy; ~ы́е де́ньги easy money; ~а́я пу́ля stray, random bullet

шаля́й-валя́й *adv pop* anyhow, carelessly

шама́н shaman; **~́ский** shaman; **~́ство** shamanism

ша́мать I *impf sl* eat, stuff

ша́мкать I *impf* mumble

шамо́вка *sl* grub, nosh, food

шамо́т *tech* fireclay; **~́ный** ~ кирпи́ч fire-brick

шампа́нское *n* champagne

шампиньо́н field mushroom

шампу́нь *m* shampoo

шанда́л *obs* candlestick

ша́н|ец (~ца) *hist* fieldwork, earthwork, sconce

шанкр chancre

шанс chance; име́ть ~́ы stand a chance; больши́е ~́ы на успе́х every prospect of success; не име́ть ни мале́йшего ~́а not to have a ghost of a chance; нера́вные ~́ы long odds

шансоне́тка (music-hall) song; singer (*in music-hall, etc*)

шанта́ж 1 blackmail; **~и́ровать** (~и́рую) *impf* blackmail; **~и́ст** blackmailer; **~́ный** blackmailing

шантрапа́ *m and f also collect pop abus* worthless individual, jerk; scum, riff-raff

ша́нцевый entrenching

ша́п|ка cap, hat; ~ка воло́с mop, shock of hair; ка~-уша́нка hat with ear-flaps; мехова́я ~ка fur hat; ~ки доло́й! hats off!, caps off!; ~ками закида́ем! it will be a walk-over, we shall win an easy victory; ~ка-невиди́мка Fortunatus's cap; дать по ~ке *pop* deal a blow, *fig* give the sack, kick out; получи́ть по ~ке *pop* get it hot; зала́мывать ~ку *coll* cock one's hat; лома́ть ~ку пе́ред кем touch one's forelock to someone; на во́ре ~ка гори́т *prov* if the cap fits wear it, an uneasy conscience betrays itself; по Се́ньке и ~ка he's got what he deserved; (banner) headline (*in paper*); *fig* crown, top, cap, head; ~ка ды́ма wreath of smoke, smoke-haze; **~козакида́тельство** false optimism; **~ова́л** fuller; **~окля́к** opera-hat; **~́очка** little cap; Кра́сная Ш~очка little Red Riding-Hood; **~́очник** hatter; **~́очный** ~очное знако́мство *coll* nodding acquaintance; прийти́ к ~очному разбо́ру *fig coll* miss the bus, arrive too late

шар (~а; *with numerals two, etc*, ~а́; *pl* ~ы́) *math* sphere; земно́й ~ the Earth, globe; ball; spherical object; возду́шный ~ balloon; хоть ~о́м покати́ completely empty, bare as a bone; *obs* ballot, vote; *pl sl* eyes

шарабáн gig
шарáга *sl cont* organization, set-up
шарáда charade
шарáх|ать I *pf* ~нуть *pop* strike hard, smash, bang; hurl; **\~аться** I *pf* ~нуться *coll* shy (*of horse*), recoil, jump back, start; ~ в стóрону plunge to the side; *impf* shun, keep away (from, от + *gen*); *pop* hit, strike, bang; ~нуться головóй о стéну *pop* bang one's head against the wall; **\~нуть** I *pf of* ~ать; *sl* knock back, drink (up), down; **\~нуться** I *pf of* ~аться
шарáшк|а *sl cont* special prison (*for research*, *etc*); **\~ин** ~ина контóра *coll* small shady enterprise
шарж caricature, cartoon; **~úровать** (~úрую) *impf* caricature; overact (of actor), exaggerate
шариáт shariah (*sacred Muslim law*)
шáр|ик ball; globule; (кровянóй) ~ик (blood) corpuscle; *coll joc* the globe; *pop* ball-pen; *pl coll* brains; ~иков не хватáет *coll joc* there's a screw loose, a screw missing; **\~иковый** ~овая (авто-) рýчка ball-point pen; ~ подшúпник ball-bearing; **~икоподшúпник** ball-bearing; **~икоподшúпниковый** ball-bearing
шáрить II *impf coll* rummage, fumble, search, grope around (in, through, в + *prep*, по + *dat*); sweep (*of searchlight*, *etc*)
шарк *pred coll* = \~нул; **\~ать** I *sem pf* ~нуть shuffle (+ *instr*); ~ать ногóй click one's heels; *pop* hit, strike; **\~нуть** I *sem pf of* ~ать; **~ýн** 1 салóнный ~ ladies' man, carpet knight
шарлатáн charlatan, fraud, impostor; quack; **\~ить** II *impf* be a charlatan; **\~ство** charlatanism, quackery; hocus-pocus
шарлóтка *cul* (apple) charlotte
шармáн|ка barrel-organ, street organ; завестú ~ку *fig pop* harp on the same string; **\~щик** organ-grinder
шарнúр hinge, joint; на ~ах hinged; быть как на ~ах *fig coll* be on edge, be restless, fidget; **\~ный** ~ болт link bolt; ~ клáпан flap valve
шаровáр|ы (*gen pl* ~) wide trousers, shalwar; *sp* track-suit trousers
шаро|вúдный (~вúден) spherical, globe-shaped; **~овóй** spherical, globular; ~ клáпан ballcock; ~ шарнúр ball-and-socket joint
шаромы́|га *m and f and* **\~жник** *pop* scoundrel, rogue, parasite, sponger; **\~жничать** I *impf pop* sponge, be unscrupulous
шарообрáз|ный (~ен) globe-shaped, ball-shaped, spherical
шартрёз Chartreuse (*liqueur*)
шарф scarf, muffler, comforter
шассú *neut indecl* chassis; *aer* undercarriage; (under)frame
шáст|ать I *impf pop* walk quickly; loaf about, lounge around; **~ь** *pred pop* appeared, entered, went out suddenly
шат|áние swaying, swinging, reeling; roaming, wandering; *fig* vacillation, wavering, shilly-shallying; **~áть** I *sem pf* ~нýть shake, rock, cause to reel; егó ~áет *impers* he is reeling, staggering; **~áться** I *sem pf* ~нýться shake, rock, sway, reel; be, come loose; be unsteady; stagger; *fig* be shaken, be rocking on its foundations; *impf pop* roam, wander; loaf around; **~áющийся** loose (*of screw*, *tooth*, *etc*)
шатéн man with auburn, brown hair; **\~ка** auburn-haired, brown-haired woman
шат|ёр (~рá) tent, marquee; *archi* hipped roof
шáтия *coll pej* gang, crowd, mob
шáт|кий (~ок) unsteady (*of gait*, *etc*), shaky, loose, rickety; *fig* insecure, unstable, unreliable; ~кое положéние precarious position; ни ~ко ни вáлко neither one thing nor the other, middling, so-so; **\~кость** *f* unsteadiness, shakiness; *fig* instability
шатрóвый tent; tent-like; *archi* hipped
шатýн 1 *tech* connecting rod; *pop* idler, loafer
шáфер (*pl* ~á, ~óв) best man (*at wedding*)
шафрáн *bot* saffron; **\~ный** saffron
шах Shah; check (*chess*); ~ и мат checkmate; объявúть ~ put in check (+ *dat*); под \~ом in check
шáхер-мáх|ер *pop* shady deal; *pop* wheeler-dealer; **\~ерство** *pop* jiggery-pokery
шахм|атúст chess-player; **\~атный** chess; ~ дебю́т opening gambit; ~атная доскá chessboard; ~атная пáртия game of chess; ~атные фигýры chessmen; chessboard, chequered; staggered; в ~атном порядке staggered, arranged chessboard fashion; **\~аты** (*gen pl* ~ат) chess; chessmen; set of chessmen
шáхт|а mine, pit; shaft; **~ёр** miner; **~ёрский** miner's, miners'; **\~ный** ~ ствол pit-shaft; mining; **\~овый** mining
шáш|ечница draughtboard, chessboard; **\~ка** block (*for paving*); charge (*of explosive*); draught (-sman); *pl* draughts (*game*); sabre, cavalry sword; ~ками, в ~ку chequer(ed) (*of pattern*)
шашлы́|к 1 *cul* shashlik, kebab; **\~чная** *n* shashlik-house
швáл|ьня (*gen pl* ~ен) *obs* tailor's shop
шáшн|и (*gen pl* ~ей) *pop pej* tricks, subterfuges, intrigues; *pop* (amorous) affair, liaison
швáбра mop; swab
шваль *f collect pop* rubbish, worthless stuff; riff-raff, rabble
шварт|óв mooring-line, hawser; отдáть ~óвы cast off; **~овáть** (~ýю) *pf* при~, о~ moor; **~овáться** (~ýюсь) *pf* при~, о~ moor, make fast
швах *pred coll* poor, bad; in a bad way
швед Swede; **\~ка** Swede (*woman*); **\~ский** Swedish
швéйн|ик sewer, clothing-industry worker; **\~ый** sewing; ~ые издéлия clothing, ready-made garments; ~ая машúна sewing-machine; ~ая фáбрика clothing, garment factory
швейцáр porter, door-keeper, commissionaire, hall-porter
швейцáр|ец (~ца) Swiss; **Ш\~ия** Switzerland; **\~ка** Swiss (woman)
швейцáр|ская *n* porter's lodge; **\~ский** porter's; Swiss
швец 1 *obs* tailor; и ~, и жнец, и в дýду игрéц Jack of all trades; head-cook and bottle-washer
Швéция Sweden
швея́ seamstress; ~-моторúстка electric sewing-machine operator
швóр|ень *m* (~ня) *tech* (king)pin, kingbolt
швыр|кóвый ~кóвые дровá cut firewood; **~нýть** I *sem pf of* ~я́ть; **~óк** (~кá) cut firewood; **~я́ть** I *sem pf* ~нýть *coll* throw, fling, chuck, hurl (+ *acc or instr*); ~ дéньги (деньгáми) throw one's money around; **~я́ться** I *impf coll* throw, fling, hurl (at one another); *fig* ~ деньгáми throw one's money around, away
шевел|úть II (~ю́, \~úшь) *pf* по~, *sem pf* ~ьнýть *and* по~ьнýть turn over (*hay*, *etc*); move, stir, budge (+ *instr*); ~ мозгáми *fig coll joc* use one's

loaf; ~**йться** II (~ю́сь, ~йшься) *pf* по~, *sem pf* ~ьну́ться *and* по~ьну́ться move, stir, budge; не ~я́сь without stirring, motionless; у него́ ~я́тся де́ньги *pop* he has money; *usu imp* ~и́сь, ~и́тесь! *coll* get cracking!, look lively!, get a move on!; ~**ьну́ть** I *sem pf of* ~и́ть; бро́вью не ~ not to bat an eyelid; па́льцем не ~ not to lift a finger; ~**ьну́ться** I *sem pf of* ~и́ться

шевелю́ра head of hair

шевио́т cheviot (*cloth*); ~**овый** cheviot

шевро́ *neut indecl* kid (*leather*); ~**вый** kid

шевро́н *mil* stripe

шеде́вр masterpiece, chef-d'œuvre

ше́|йка (*gen pl* ~ек) *dim of* ~я; neck (*narrow part*); *tech* pin, journal; ~ ре́льса web (*of rail*); ~ ма́тки cervix of uterus; ~**йный** ~ плато́к neckerchief; jugular, cervical

шейх sheikh

шёл *see* **идти́**

ше́лест rustle, rustling; ~**е́ть** II (~и́шь) *impf* rustle

шёлк (~а (~у), на (в) ~у́, о ~е; *pl* ~а́) silk; *fig* velvet; *fig* gentleness itself; ~-сыре́ц raw silk; иску́сственный ~ artificial, rayon silk; ходи́ть в ~а́х wear silks; на ~у́ silk-lined; в долгу́ как в ~у́ *joc* up to the eyes in debt; ~**ови́на** silk thread; ~**ови́нка** silk thread; ~**ови́стый** (~ови́ст) silky; ~**ови́ца** mulberry (tree); ~**ови́чный** ~ червь silkworm; ~**ово́д** silkworm breeder; ~**ово́дство** silkworm breeding, sericulture; ~**ово́дческий** sericulture; ~**овый** silk; silky, silken; *fig coll* meek, sweet-tempered; ~**омота́ние** silk reeling; ~**опря́д** silkworm; ~**опряде́ние** silk-spinning; ~**отка́цкий** silk-weaving

шелла́к shellac

шело́м *poet* = шлем

шелохн|у́ть I *pf* stir, agitate; ~**у́ться** I *pf* stir, move

шелу|ди́веть I *pf* за~, о~ *pop* become mangy; ~**ди́вый** (~ди́в) *pop* mangy; ~**ха́** skin (*of fruit, etc*); husk(s), peel(ings); pod; scale (*of fish*); *fig* trash; ~**ше́ние** peeling, shelling (*action*); peeling (*of human skin*); ~**ши́ть** II *impf* peel, shell, husk; ~**ши́ться** II *impf* peel (*of skin, etc*); come off, peel off (*of paint, etc*)

ше́льм|а *m and f*, ~**е́ц** 1 *pop* scoundrel, rogue, rascal; ~**ова́тый** (~ова́т) *pop* sly, roguish; ~**ова́ть** (~у́ю) *pf* о~ shame, defame, pillory, stigmatize, throw mud (at), run down

шемая́ *subspecies of* bleak

шемя́кин ~ суд unjust trial

ше́нкел|ь *m* (*pl* ~я́, ~е́й) leg (*of horse rider*)

шепеля́в|ить II (~лю) *impf* lisp (*pronounce 's', 'z' as 'sh', 'zh'*); ~**ый** (~) lisping

шеп|ну́ть I *sem pf of* ~та́ть; ~**от** whisper *also fig*; ~**отом** *adv* in a whisper

шептала́ *collect* dried apricots *or* peaches

шеп|та́ть I (~чу́, ~чешь) *sem pf* ~ну́ть, *pf* про~ whisper; ~**та́ться** I (~чу́сь, ~чешься) *impf* whisper (to one another), converse in whispers; ~**ту́н** 1 *coll* whisperer; *fig* tell-tale, rumour-monger

щербе́т sherbet

шере́нг|а rank; file, column; в две ~и in two ranks; находи́ться в одно́й ~е с кем have the same job, duty as someone

шери́ф sheriff

шерохова́т|ость *f* roughness; *fig* unevenness, blemish (*of style, etc*); ~**ый** (~) rough; *fig* uneven, unpolished, rough

шерст|и́нка strand of wool, woollen thread; ~**и́стый** (~и́ст) woolly, fleecy, ~**и́ть** II (~и́т) *impf* irritate, tickle (*of wool*); *fig sl* rob; *fig sl* blow up; ~**оби́т** wool-beater; ~**оби́тный** wool-beating; ~**обо́йня** wool-beating mill; ~**опряде́ние** wool-spinning; ~**опряди́льный** wool-spinning; ~**отка́чество** wool-weaving; ~**очеса́льный** wool-carding; ~**ь** 5 *f* hair (*of animals*), fur (*of cat*); гла́дить кого́ про́тив ~и *fig* rub someone up the wrong way; гла́дить кого́ по ~и *fig* flatter, gratify someone; подня́ть ~ bristle up; wool; cloth, woollen material; ~**яно́й** wool(len); ~ пот suint; ~яна́я пря́жа wool yarn

шерхе́бель *m tech* rough plane

шерша́в|еть I (~еет) *pf* за~ become rough; ~**ый** (~) rough, horny

ше́рш|ень *m* (~ня) hornet

шест 1 pole; staff; прыжо́к с ~о́м *sp* pole-jump

ше́ств|ие procession; *fig* march, progress; ~**овать** (~ую) *impf lit* walk (in procession), march, proceed solemnly

шест|ерёнка = ~ерня́; ~**ери́к** 1 six (*of various objects*); team of six horses; ~**ери́ть** II *impf sl* fawn, grovel, ingratiate oneself; serve as a lackey; ~**ёрка** figure '6'; (group of) six; team of six horses; flight of six aircraft; six-oar boat; the six (of) (*cards*); *sl* criminal's lackey; ~**ерно́й** sixfold, sextuple; ~**ерня́** (*gen pl* ~ерне́й) *obs* team of six horses, six-in-hand; (*gen pl* ~ерён) *tech* gear (wheel), cogwheel, pinion; chain-wheel; ~**еро** (~еры́х) *collect num* six; ~**и́-** six-; ~**игра́нник** hexahedron; ~**идесятиле́тие** sixty years; sixtieth anniversary; ~**идесятиле́тний** sixty-year; sixty-year-old; of sixty; ~**идеся́тник** *hist* man of the sixties (*of 19th century*); ~**идеся́тый** sixtieth; ~**икра́тный** sixfold; ~**иле́тие** six years; sixth anniversary; ~**иле́тний** six-year; six-year-old; of six (years); ~**или́стный** hexaphyllous; ~**име́сячный** six months; ~**ино́гий** hexapod; ~**ипа́лый** six-fingered; ~**исотле́тие** six hundred years; six-hundredth anniversary, sexcentenary; ~**исо́тый** six-hundredth; ~**иуго́льник** hexagon; ~**ичасово́й** lasting six hours; six-o'clock (*train, etc*); ~**на́дцати-** sixteen-; ~**надцатиле́тний** sixteen-year; sixteen-year-old; of sixteen (years); ~**на́дцатый** sixteenth; **на́дцать** sixteen

шестов|и́к 1 *sp* pole-jumper; ~**о́й** pole

шест|о́й sixth; одна́ ~а́я one-sixth

шест|о́к (~ка́) hearth (*of Russian stove*); roost, perch

шест|ь (~и́, ~ью́) six; ~**ьдеся́т** (~и́десяти, ~ью́десятью, о ~и́десяти) sixty; ~**ьсо́т** (~исо́т, ~иста́м, ~ьюста́ми, о ~иста́х) six hundred; ~**ью** *adv* six times

шеф head, chief; *coll* boss; ~-по́вар chef, head cook; patron, sponsor (*of organization*); ~**ский** patron, sponsor(ing); ~**ство** patronage, sponsorship (*of one organization for another in cultural, political or other field*); взять ~ take under one's patronage (над + *instr*); ~**ствовать** (~ствую) *impf* act as patron, sponsor (to, над + *instr*), give voluntary assistance (to)

ше́|я neck; на свою́ ~ю *coll* to one's own detriment; по ~я́м бить *pop* knock the daylights out (of someone); броса́ться (кида́ться) на ~ю кому́ throw one's arms around someone's neck, run after someone; ве́шаться на ~ю кому *fig coll* hang round someone's neck, run after someone; на ~е висе́ть (сиде́ть) у кого́ *fig coll* be a burden to someone, live off someone; вы́толкать, прогна́ть в ~ю, в три ~и кого́ *pop* kick someone out, throw someone out on his ear, neck; гнуть ~ю пе́ред кем cringe before someone; дать по ~е кому́ *pop* give someone a good thrashing; жить на ~е у кого́ be a burden to someone, live off someone; налома́ть ~ю кому́ beat someone up; knock the daylights out of someone; намы́лить ~ю кому́ *pop* tell someone off, give someone a wigging; получи́ть по ~е *coll* get it in the neck; посади́ть на ~ю кому́ *coll* burden someone with someone, something; сверну́ть, слома́ть (себе́) ~ю на чём *coll* come a cropper over something

шиба́ть I *impf pop* throw, chuck (+ *acc or instr*); hit; *impers* reek (of, + *instr*)

ши́бздик *sl* whipper-snapper

ши́б|кий (~ок, ~ка́, ~ко) fast, quick, swift; **~́ко** *adv* quickly; ~ скака́ть gallop post-haste; *pop* very (much); ~ испуга́ться be scared stiff; **~́че** *comp of* ~кий *and* ~ко

ши́ворот *pop* collar; схвати́ть за ~ seize by the scruff of the neck; ~-навы́ворот *adv coll* the wrong way round, back to front, turned inside out; поступа́ть ~-навы́ворот *coll* put the cart before the horse

шизо́ *neut indecl abbr of* штрафно́й изоля́тор punitive cell (*in concentration camp*)

шизофре́н|ик schizophrenic; **~и́я** schizophrenia

шик (~а (~у)) *coll* smartness; задава́ть ~́у *coll* look smart, fashionable; с ~́ом in style; **~ану́ть** I *pf sl* have a beanfeast, have a slap-up meal; **~а́рный** (~а́рен) *pop* smart, stylish, chic; ostentatious, done for effect; splendid, magnificent

ши́к|ать I *sem pf* ~нуть *coll* hush, silence (на + *acc*); *pf* о~ hiss (at), boo, catcall (+ *dat*); shoo (*animals, etc*) (на + *acc*); **~́нуть** *sem pf of* ~ать; **~ну́ть** I *pf of* ~ова́ть; **~ова́ть** (~у́ю) *pf* ~ну́ть *and* ~ану́ть parade, show off (+ *instr*)

ши́л|о (*pl* ~ья, ~ьев) awl; ~а в мешке́ не утаи́шь *prov* murder will out

ши́лохво̆сть *f orni* pintail

шимпанзе́ *m indecl* chimpanzee

ши́на tyre; *med* splint; *elect* busbar

шине́ль *f* greatcoat, overcoat

шинка́р|ка tavern-keeper; **~́ство** bootlegging; sale of illicit liquor; **~́ь** 1 *m* tavern-keeper, pot-house keeper, publican; bootlegger

шинк|ова́ть (~у́ю) *impf* shred, chop (*cabbage, etc*)

ши́нн|ик *coll* tyre-factory worker; **~́ый** tyre; ~ое желе́зо hoop-iron, band iron

шин|о́к (~ка́) *obs* tavern, pot-house

шинши́лл|а chinchilla; **~́овый** chinchilla

шиньо́н chignon

шип *coll* hissing (sound); **~е́ние** hissing; sizzling; sputtering; **~е́ть** II (~лю́) *impf* hiss; sizzle; sputter; fizz (*of drink, etc*); spit (*of cat, etc*); *fig coll* be irritable (with), get (at, на + *acc*)

шипо́в|ки (*gen pl* ~ок) *sp coll* spiked, studded (running) shoes

шипо́вник wild hedge-rose, dog-rose, sweet-brier, eglantine

шип|у́чий (~у́ч) hissing; fizzy, sparkling (*of drink*); **~у́чка** *coll* fizzy drink; **~я́щий** *ling* hushing

шир|ану́ться I *pf of* ~я́ться; **~́е** *comp of* ~о́кий *and* ~о́ко́; **~ина́** width, breadth; ~ино́й в два ме́тра two metres wide; име́ть два ме́тра в ~ину́ be two metres wide; **~и́нка** fly (*of trousers*); **~́ить** II *impf* extend, expand; **~́иться** II *impf* spread, expand

ши́рма screen; *fig* cloak, cover; *sl* thieving, stealing; **~́ч** 1 *sl* pickpocket

широ́к|ий (~́, ~а́, ~̆о́; ши́ре; широча́йший) wide, broad *also fig*; ~ая колея́ broad gauge (*rlwy*); ~ие поля́ wide, spacious fields; ~ просто́р wide expanse; ~ая улы́бка broad smile; *fig* big, extensive, large-scale, general, broad; ~ие круги́ населе́ния wide sections of the population; ~ие ма́ссы the broad masses, the general public; в ~ом масшта́бе on a lavish scale; у него́ ~ая нату́ра he has a generous nature; жить на ~ую но́гу live in grand style; това́ры ~ого потребле́ния consumer goods; ~ая пу́блика the general public; lavish, generous, vigorous; ~ шаг vigorous stride; ~ое гостеприи́мство lavish hospitality; ~ экра́н wide screen; **~о́** *adv* wide(ly), broadly *also fig*; ~ изве́стный widely known; ~ раскры́ть глаза́ open one's eyes wide; ~ толкова́ть interpret loosely; extensively, on a wide scale; жить ~ live on a lavish scale; **~овеща́ние** broadcasting (*radio*); **~овеща́тельный** broadcasting; *iron* high-sounding; **~околе́йный** broad-gauge (*railway*); **~оплéчий** (~опле́ч) broad-shouldered; **~опо́лый** wide-brimmed (*hat*); full-skirted (*of clothes*); **~оэкра́нный** wide screen

шир|ота́ (*pl* ~о́ты) width, breadth; *geog* latitude; ~ взгля́дов broad-mindedness; ~ охва́та (broad) scope; **~о́тный** *geog* latitudinal, of latitude; **~оча́йший** *superl of* ~о́кий; **~оче́нный** *pop* very wide, broad; **~потре́б** *collect coll* consumer goods; **~ь** *f* expanse; во всю ~ to full width, *fig* to the full extent; **~я́ться** I *pf* ~ану́ться *sl* take drugs, shoot narcotics, hype

ши́то-кры́то *adv coll* on the sly; всё ~ it's all hushed up, being kept dark

ши́т|ый sewn; embroidered; **~ь** (шью, шьёшь; ши́тый) *pf* с~ sew; make (*by sewing*); ~ себе́ что have something made; *impf* embroider (in, + *instr*); ~ де́ло *sl* frame up, pin a crime (on, + *dat*); **~́ься** (шьётся) *impf sl* get involved with, have an affair (with, с + *instr*); **~ьё** sewing, needlework; embroidery

ши́ф|ер slate; **~́ерный** slate; ~ерное ма́сло shale oil

шифо́н chiffon

шифонье́рка chiffonier, chest of drawers

шифр cipher, cypher, code; pressmark; *obs* monogram; **~ова́льщик** cipher clerk; **~о́ванный** (in) cipher, coded; **~ова́ть** (~у́ю) *pf* за~ encipher; **~о́вка** cipher-work, enciphering; *coll* cipher message, communication, coded document

ши́хта *tech* charge, batch, burden

шиш 1 *pop* fig, fico; показа́ть ~ *vulg* show the fig, make a contemptuous gesture; ~ с ма́слом *pop* nothing; получи́ть ~ с ма́слом *pop* get nothing for one's pains; ни ~а́ *pop* nothing, damn all; *hist* ruffian, brigand

шиша́к *hist* spiked helmet

ши́шк|а *bot* cone; ело́вая ~ fir-cone; knob; bump, lump, swelling; *tech* (mould) core; *pop joc* bigwig, big bug, big gun, big noise, big pot; на бе́дного Мака́ра все ~и ва́лятся *prov* misfortunes never come singly; **~а́рь** 1 *m dial* gatherer of fir-cones; **~ова́тый** (~ова́т) knobbly, knobby; bumpy, lumpy; **~ова́ть** (~у́ю) *impf* gather fir-cones; **~омо́т** *sl* big shot, boss; **~оно́сный** coniferous

шкал|а́ 6 scale; dial, indicator panel; **~́ик** unit of liquid volume equal to 0·06 litres; small bottle (*containing above measure*); *sl* small glass or bottle of vodka

шка́н|ечный ~ журна́л *naut* log(book); **~́цы** (*gen*

pl ~цев) *naut* quarterdeck
шкап *obs* = шкаф
шка́р|ы *also* **шке́р|ы** (*gen pl* ~) *sl* pants, trousers
шкату́лка box, casket, case
шкаф 2 (в, на ~у́) cupboard, wardrobe; встро́енный ~ built-in cupboard; вытяжно́й ~ *tech* exhaust hood; кни́жный ~ bookcase; несгора́емый ~ safe
шкафу́т *naut* waist (*of ship*)
шка́фчик closet, locker
шквал squall *also fig*; *fig* barrage, burst (*of artillery fire*); **~́истый** squally; **~́ьный** ~ ого́нь *mil* massed intense fire, mass barrage
шква́р|ки (*gen pl* ~ок) crackling
шкво́р|ень *m* (~ня) *tech* (king)pin, pintle, king-bolt, draw-bolt
шкет *pop* boy, whipper-snapper; *sl* apprentice criminal
шкив 2 *tech* pulley; sheave
шки́п|ер (*pl* ~еры *also* ~ера́) *naut* skipper; *obs* master
шки́рк|а взять (кого́) за ~у *pop* seize (someone) by the scruff of the neck; *fig* use force; *sl* neck
шко́д|а *pop* harm, damage; mischief; *m and f pop* scamp, mischief-maker, pest; **~́ить** II (~ит) *pf* на~ *pop* make mischief; **~ли́вый** (~ли́в) *pop* mischievous; **~́ничать** I *pf* на~ *sl* make trouble, be a pest
шко́л|а school; ходи́ть в ~у go to school; (о)ко́нчить ~у leave school; нача́льная ~ primary, elementary school; сре́дняя ~ secondary school, high school *Am*; пройти́ хоро́шую ~у get a good schooling; вы́сшая ~ higher educational institution, university college, *fig* higher education; ~-интерна́т boarding school; schooling, training; **~́ить** II *pf* вы́~ *coll* train, school, discipline; **~́ьник** schoolboy; **~́ьница** schoolgirl; **~́ьничать** I *impf coll* behave like a schoolboy; **~́ьнический** school-boy(ish); **~́ьничество** schoolboyish behaviour; **~́ьный** school; ~ во́зраст school age; со ~ьной скамьи́ since one's schooldays; **~я́р** 1 *obs* school-boy; **~я́рство** pedantry, scholasticism
шкот *naut* sheet; **~́овый** ~ у́зел sheet bend
шку́р|а skin *also fig*, hide, pelt; медве́жья ~ bear-skin; волк в ове́чьей ~е wolf in sheep's clothing; быть в чьей ~е be in someone's shoes; драть ~у с кого́, две ~ы, семь ~ *fig coll* exploit, drive hard, fleece someone; на свое́й ~е почу́вствовать что *coll* know what someone feels like, feel something on one's own back; ~у спусти́ть с кого́ *coll* tan someone's hide, *fig* deal cruelly with someone; дрожа́ть за свою́ ~у be concerned for one's own skin; дели́ть ~у неуби́того медве́дя count one's chickens before they are hatched; *pop pej* extortioner, self-seeker; *sl* prostitute; *sl* informer; **~ёха** *sl* prostitute; **~́ка** skin; *coll* rind; emery paper, sandpaper; **~́ник** *coll* self-seeker; **~́ничество** self-seeking, self-interest; **~́ный** *pej* self-seeking, selfish; ~ вопро́с a question of self first
шла, шло *see* **идти́**
шлагба́ум barrier (*at road or rail crossing*)
шлак slag, dross; clinker; cinder; **~обето́н** slag concrete; **~обло́к** breeze block; **~́овый** slag
шланг hose
шла́фор, ~а = шлафро́к
шлафро́к *obs* housecoat, dressing-gown
шле́йка = шлея́; harness (*of dog*)
шлейф train (*of dress*)
шлем helmet; вя́заный ~ Balaclava helmet; slam (*cards*); большо́й, ма́лый ~ grand, little slam; **~офо́н** helmet with intercom, interphone headset
шлёп *pred pop* = ~нул; = ~нулся; **~́анцы** (*gen pl* ~анцев) bedroom slippers; **~́ать** I *pf* ~нуть smack, slap (по + *dat*); flap (with, + *instr*); *impf pop* ~ по воде́, гря́зи splash through the water, mud; *pf* ~нуть *pop* shoot, execute by shooting; **~́аться** I *pf* ~нуться *coll* fall with a plop, thud; plop, flop down; **~́ка** *pop* execution by shooting; **~́нуть(ся)** I *pf of* ~ать(ся); **~о́к** (~ка́) smack, slap
шлея́ breech-band, breast-band (*of harness*)
шлиф|ова́льный *tech* polishing, burnishing; grinding; **~ова́ть** (~у́ю) *pf* от~ polish, burnish; grind; *fig* polish, perfect; **~о́вка** polishing, burnishing; grinding; polish (*result*); **~о́вщик** polisher, grinder
шлюз lock, sluice, floodgate; **~ова́ть** (~у́ю) *impf and pf* build locks (on); lock through, pass through a lock; **~ово́й** lock
шлюп|ба́лка davit; **~́ка** launch, (ship's) boat
шлю́ха *pop vulg* tart, prostitute
шля́п|а hat; де́ло в ~е *coll* it's in the bag, all is well; *m and f fig pop* dodderer, wet; **~́ка** (woman's) hat; head (*of nail, etc*); cap (*of mushroom*); **~́ник** hatter; **~́ница** milliner; **~́ный** hat
шля́ться I *impf pop* loaf about, gad about
шлях (на ~у́, о ~́е) highway, high road (*in Ukraine*)
шлях|е́тство = ~́та; *hist* (Russian) nobility, gentry; **~́та** *hist* szlachta, Polish gentry; **~́тич** *hist* member of Polish gentry
шмал|ьну́ть I *pf of* ~я́ть; **~я́ть** I *pf* ~ьну́ть *sl* execute, murder; fire, shoot
шмат|о́к (~ка́) *pop* bit, piece
шмель 1 *m* bumble-bee
шмон(ка) *sl* frisk, search; **~а́льная** *n sl* search room; **~а́льщик** *sl* frisker, searcher; **~а́ть** I *pf* по~, про~ *sl* search, frisk, (someone); **~я́ть** II *see* ~а́ть; **~я́ть** I *see* ~а́ть
шмо́т|ки (*gen pl* ~ок) *pop* personal things, clothes, rags; ~ тёмные *sl* stolen goods
шмуцти́тул *typ* bastard-title
шмы́г|ать I *sem pf* ~ну́ть rub, brush, dart (over, по + *dat*; with, + *instr*); ~ но́сом *coll* sniff; *impf* dart (*of eyes, etc*), slip, nip, sneak (*of people, etc*), run, dart to and fro; **~ну́ть** I *sem pf of* ~́ать
шмя́к|ать I *pf* ~нуть *pop* plonk, drop with a thud; **~́нуть** I *pf of* ~ать
шниф *sl* safecracking; **~́ер** *sl* safebreaker
шнифт *sl* eye
шни́цель *m* schnitzel
шно́бель *m pop* nose, beak, snout; *pop pej* kike
шнур 1 cord; lace; *elect* flex, cable; **~ова́ть** (~у́ю) *pf* за~ lace up; *pf* про~ tie (*leaves of document, etc*); **~ова́ться** (~у́юсь) *pf* за~ lace oneself up; **~о́вка** lacing, tying; **~о́к** (~ка́) lace (*of shoe, etc*)
шныр|ну́ть I *sem pf of* ~я́ть; **~я́ть** I *sem pf* ~ну́ть *coll* dart about; snoop around, be on the prowl, prowl, poke about
шо́бла *sl* gang
шов (шва) seam; держа́ть ру́ки по швам stand to attention; без шва seamless; треща́ть по всем швам *fig* burst at the seams, fall to pieces, collapse, crack up; *med* stitch, suture; наложи́ть, снять швы put in, remove stitches; stitch (*embroidery*); *tech* joint, junction
шовини́|зм chauvinism; **~́ст** chauvinist; **~сти́ческий** chauvinistic

шок *med* shock; **~и́ровать** (~и́рую) *impf* shock, scandalize

шокола́д chocolate; **~́ка** *coll* chocolate, bar of chocolate; **~́ный** dark-brown, chocolate-brown; chocolate; ~ные конфе́ты chocolates

шо́м|пол (*pl* ~пола́) cleaning rod; ramrod; **~́поль-ный** ~польное ружьё muzzle-loading gun

шо́рн|ик saddler, harness-maker; **~́ый** harness; ~ая мастерска́я = ~я; ~́я saddler's shop, saddle-maker's, harness-maker's

шо́рох rustle

шо́рт|ы (*gen pl* ~) shorts

шо́р|ы (*gen pl* ~) blinkers *also fig* держа́ть кого́ в ~ах *fig* keep someone in blinkers; harness

шосс|е́ *neut indecl* highway, surfaced road; **~е́йный** road; ~е́йная доро́га macadamized road; **~и́ровать** (~и́рую) *impf and pf* metal, surface a road

шотла́нд|ец (~ца) Scotsman, Scot; Ш~ия Scotland; **~́ка** Scotswoman; tartan, plaid; **~́ский** Scottish, Scots

шо́у-би́знес show business

шофёр driver, chaffeur; ~ такси́ taxi-driver; **~ня́** *collect pej* (truck) drivers; **~́ский** driver's, driving

шпа́г|а sword; обнажи́ть ~у draw one's sword; отда́ть ~у *obs* surrender; скрести́ть ~и cross swords *also fig*

шпага́т twine, string, cord; *sp* the splits

шпа|глота́тель *m* sword-swallower; **~жи́ст** *sp* swordsman; **~́жник** *bot* gladiolus, corn-flag

шпак *obs* civilian

шпакл|ева́ть (~ю́ю) *pf* за~ putty, fill, stop (*holes*); *naut* caulk; **~ёвка** puttying, filling, stopping up; putty

шпа́ла sleeper, tie (*railway*); *mil* bar (*insignia of rank*)

шпале́р|а trellis, lattice-work; espalier; hedge, line of trees (*lining road*); *mil* line (*of soldiers lining route*); стоя́ть ~ами line the route; *pl obs* wall-paper; *pl* tapestry

шпана́ *collect sl* young thugs, rabble, scum, riff-raff; *sl* hooligan, ruffian

шпанго́ут *tech* frame (*of aircraft*); ribs (*of ship*)

шпани́ха *sl* jade, trollop, tramp

шпа́н|ка black cherry; *med*, *zool* Spanish fly; merino sheep; **~ский** ~ская му́ха Spanish fly

шпарга́л|ить II *impf coll* (use a) crib; **~́ка** *coll* crib; **~́очник** *pop* cribber

шпа́рить II *pf* о~ scald, pour boiling water on; *impf pop* fire away, read, speak, go, *etc*, rapidly, in a rush, whizz

шпат *min* spar; полево́й ~ feldspar

шпа́тель *m* palette-knife; *med* spatula

шпа́ция *typ* space

шпенёк (~ька́) pin, peg, prong; ~ штыка́ bayonet stud

шпига́т *naut* scupper

шпиг|ова́ть (~у́ю) *pf* на~ *cul* lard; ~ кого́ *coll* suggest to someone, put it into someone's head

шпик (~а (у)) *cul* lard

шпик 1 *coll cont* spy, informer; plain-clothes detective

шпи́л|ить II *impf* (fasten with a) pin; *impf pop* play (*cards*, в + *acc*); **~ь** *m* spire, steeple; *naut* capstan, windlass; **~́ька** hairpin, hatpin; *tech* peg, dowel, cotter pin; tack; *fig coll* dig, taunt; подпуска́ть ~ьки кому́ get at, have a (sly) dig at someone; stiletto heel

шпина́т spinach

шпингале́т catch, latch (*of door*, *window*); *pop* boy, whipper-snapper

шпио́н spy; **~а́ж** espionage; **~́ить** II *impf* engage in espionage, spy (on, за + *instr*); **~́ский** spy(ing)

шпиц *obs* spire, steeple; Pomeranian (*dog*)

шпон(ка) *typ* lead; veneer sheet (*of wood*)

шпо́р|а spur; дать ~ы spur on (+ *dat*)

шприц *med* syringe

шпро́та sprat

шпу́лька spool, bobbin

шпунт groove, tongue, rabbet

шпур blast-hole

шпыня́ть I *impf pop* nag, needle

шрам scar

шрапне́ль *f* shrapnel

шрифт 2 type (face); курси́вный ~ cursive; прямо́й ~ upright; script

штаб 2 *mil* staff; headquarters

шта́бел|ь *m* (*pl* ~я́, ~е́й) stack, pile

штаг *naut* stay

штаб|и́ст staff officer; **~-кварти́ра** *mil* headquarters; **~ни́к** 1 *coll* staff officer; **~но́й** staff, headquarters; **~офице́р** *mil hist* officer of field rank; **~с-капита́н** *hist* staff-captain

штаке́т|ина *coll* fencing board; **~́ник** *collect* fence, fencing, slat fence

шталме́йстер *hist* equerry

штамм *biol* strain

штамп *tech* die, punch; stamp, impress, letter-head(ing); *fig pej* cliché, stock phrase; **~о́ванный** punched, stamped, pressed; *fig* trite, hackneyed; stereotyped, stock, standard; **~ова́ть** (~у́ю) *pf* от~ *tech* press, punch; *impf* stamp, die; *impf coll* churn out, produce mechanically; rubber-stamp; **~о́вка** *tech* punching, pressing; горя́чая ~ drop forging; (die)stamping; **~о́вочный** stamping, pressing, punching; **~о́вщик** stamp operator, puncher

шта́нг|а *tech* bar, rod, beam; *sp* weight; *sp* crossbar (*of goal*); **~и́ст** *sp* weightlifter

штанда́рт standard (*of head of state*, *etc*)

штан|и́на *coll* trouser-leg; **~и́шки** (*gen pl* ~и́шек) *coll* short trousers, children's trousers; **~ы́** (*gen pl* ~о́в) trousers, breeches

шта́п|ель *m* staple; **~́ельный** staple

штат state (*administrative*); Соединённые Ш~́ы Аме́рики United States of America; *also pl* staff, establishment; сокраще́ние ~́ов reduction of staff; оста́ться за ~́ом become redundant *fig* be superfluous; состоя́ть в ~́е be on the staff; *pl* list of staff

штати́в tripod, base, support, stand

шта́тн|ый permanent; ~ая до́лжность established post, permanent appointment; ~ рабо́тник permanent member of staff; ~ое расписа́ние list of members of staff

шта́тск|ий civilian; ~ое (пла́тье) civilian clothes, civvies, mufti; *n* civilian

ште́йгер foreman miner

штемп|елева́ть (~елю́ю) *pf* за~ stamp; frank, postmark; **~́ель** *m* (*pf* ~еля́) stamp; почто́вый ~ postmark

ште́пс|ель *m* (*pl* ~еля́) *elect* plug, adapter; socket; **~́ельный** ~ельная ви́лка two-pin plug; ~ельная розе́тка plug socket

штибле́т|ы (*gen pl* ~) men's boots

штил|ево́й *naut* (of) calm; экваториа́льные ~евы́е по́лосы doldrums; **~ь** *m naut* calm

штифт 1 *tech* (joint-)pin, dowel

шток *tech* (coupling) rod; ~ по́ршня piston rod; *geol* stock, shoot

штокро́за *bot* hollyhock

што́л|ьня (*gen pl* ~ен) adit, tunnel, gallery

што́п|альный darning; **~́аный** darned; **~́ать** I *pf* за~ darn, mend; **~́ка** darning; darning thread, wool; *coll* (a) darn

што́п|ор corkscrew; *aer* spin; ~ором *adv* in a spin; войти́ в ~ *aer* go into a spin; *sl* hard drinking; *sl* armed robbery; **~́орить** II *impf aer* descend in a spin

што́ра blind; curtain

шторм storm, gale, tempest (*at sea*); **~ова́ть** (~у́ет) *impf naut* ride out, weather a storm; **~о́вка** *naut* weatherproof jacket; **~ово́й** storm; **~тра́п** *naut* Jacob's ladder

штоф liquid measure of vodka = 1·23 litres, bottle (of same size); damask, brocade; **~́ный** drinking; damask, brocade

штраф fine, penalty; брать ~ fine (с + *gen*); наложи́ть ~ fine, impose a fine (на + *acc*); **~ба́т** *abbr of* ~ной батальо́н penal, punishment battalion; **~ни́к** 1 soldier in penal unit; *sp* player sent off field as punishment; **~но́й** penal(ty); ~на́я площа́дка penalty area; ~ уда́р penalty kick; **~ова́ть** (~у́ю) *pf* о~ fine

штрейкбре́х|ер strike-breaker, blackleg, scab; **~́ерство** strike-breaking, blacklegging

штрек drift (*mining*)

штри́пка strap

штрих 1 stroke (*in drawing*); hachure (*on map*); *fig* feature, touch; detail, trait; **~ова́ть** (~у́ю) *pf* за~ shade, hatch; **~о́вка** shading; **~ово́й** ~ рису́нок line drawing; ~ пункти́р dash line

штуди́р|овать (~ую) *pf* про~ study thoroughly, learn

шту́к|а piece (*of cloth, fabric, etc*); item, one of a kind (*numerical, often not translated*); де́сять ~ яи́ц ten eggs; по рублю́ за ~у one rouble each; шесть ~ six (*of items in question*); *coll* trick; ста́рая ~ an old trick; сыгра́ть ~у play a trick (on, с + *instr*); вы́кинуть ~у *coll* pull a fast one, play a trick; пуска́ться на вся́кие ~и *coll* try all sorts of dodges, tricks; вот так ~! well I'll be damned!, look at that now!, that's a nice thing!, fancy that!; в то́м-то и ~! that's just it!; that's just the point!; что э́то за ~? what's that?, what's the idea?; э́то всё его́ ~и! *coll* it is all his doing!; не ~ it doesn't take much; **~а́рь** 1 *coll* rogue; joker

штукату́р plasterer; **~́ить** II *pf* от~ *and* о~ plaster; **~́иться** II *impf coll* overdo the make-up, plaster oneself with make-up; **~́ка** plastering; plaster, stucco; суха́я ~ plasterboard; **~́ный** plaster

штук|ова́ть (~у́ю) *pf* за~ mend invisibly

штуко́вина *pop* (monstrous, extraordinary) thing

штурва́л steering-wheel; controls; *aer* control column; стоя́ть за ~ом be at the wheel, helm, controls; **~́ьный** *adj* wheel, steering; *n* helmsman, pilot

штурм *mil* storm, assault; **~́ан** (*pl* ~аны *also* ~ана́) *naut aer* navigator, navigating officer; mate (on river steamer); **~́анский** ~анская ру́бка *naut* chart house; **~ова́ть** (~у́ю) *impf* storm, assault, attack; *fig coll* besiege (*with requests, etc*); conquer; **~ови́к** 1 ground-attack aircraft; **~о́вка** low-flying air attack; **~ово́й** assault; ~ова́я авиа́ция ground-support aircraft; **~овщи́на** *pej* rushed work

штуф *min* piece of ore

шту́цер (*pl* ~а́) carbine; *tech* connecting pipe

шту́чн|ый (by the) piece; ~ пол parquet floor; ~ая рабо́та piece-work; ~ това́р goods sold by the piece; ~ хлеб bread rolls

штык 1 bayonet; идти́ в ~и́ fight at bayonet point; встре́тить кого́ в ~и́ *fig* give someone a hostile reception; *mil* man, soldier; *naut* bend; spade's depth, spit; *min* bar, ingot; как ~ *coll* without fail; **~ова́ть** (~у́ю) *impf* dig a spit deep; **~ово́й** bayonet; ~ уда́р bayonet thrust

штымп *also* **штимп** *sl* sucker, pigeon, gull

шу́б|а fur coat, fur-lined coat; ~ы не сошьёшь *joc* no earthly use

шуга́ sludge ice

шуг|а́ть I *sem pf* ~ну́ть *and* ~ану́ть *pop* scare off; **~ну́ть** I *sem pf of* ~а́ть

шу́йца *obs* left hand

шу́л|ер (*pl* ~ера́) card-sharper, cheat; *coll* swindler; **~́ерство** cheating, sharp practice, card-sharping

шум (~а (~у)) tumult, clamour, noise, din, uproar, racket; подня́ть ~ make a noise, kick up a racket; sound, murmur; ~ ле́са murmur of the forest; а́дский ~ hell of a noise; ~ и гам *coll* hue and cry, terrible racket мно́го ~а из ничего́ much ado about nothing; ~а мно́го, то́лку ма́ло much cry and little wool; stir; подня́ть ~ make, kick up a fuss (about, вокру́г + *gen*); наде́лать мно́го ~а cause a sensation, stir; ~ в се́рдце *med* cardiac murmur; ~ в уша́х buzzing in the ears; **~е́ть** II (~лю́) *impf* make a noise; murmur, rustle (*of trees*); roar (*of the sea*); *coll* kick up a row, wrangle; *coll* make a song and dance (about), talk a lot (about, о + *prep*); *coll* cause a stir, sensation; у меня́ ~и́т в голове́, в уша́х there is a buzzing in my head, ears; **~и́ха** *coll pej* fuss, stir; **~ли́вый** (~ли́в) noisy; boisterous; **~ну́ть** I *pf pop* yell, holler, shout, (about, о + *prep*); **~́ный** (~ен, ~на́, ~но) noisy; boisterous; bustling (*street, etc*); sensational (*success, etc*); **~ови́к** 1 *theat* sound-effects man; percussion-instrument player; **~о́вка** *cul* skimmer, straining spoon; **~ово́й** sound; ~ орке́стр percussion band; ~ фон background noise (*radio*); ~овы́е эффе́кты sound effects; **~о́к** (~ка́) *coll* (quiet) noise; под ~ *coll* on the quiet, on the sly; ~ в се́рдце *med* heart murmur

шур|ану́ть I *pf pop* drive away, chase away; *pf of* ~уди́ть

шу́р|ин (*pl* ~ья́, ~ьёв) brother-in-law (wife's brother)

шур|ова́ть (~у́ю) *impf* stir up, poke, stoke (*furnace*); *fig pop* stir things up, get a move on; *sl* beat up, rob

шур|уди́ть II *impf* poke, stir; *pf* по~ *and* ~ану́ть *sl* mug, beat up and rob

шуру́п *tech* screw

шурф prospecting shaft (*mining*); **~ова́ть** (~у́ю) excavate, make prospecting dig

шурша́ть II *impf* rustle (*also* + *instr*) (*of leaves, paper, etc*), crackle, crunch (*of sand, etc*)

шу́ры-му́ры *pl indecl coll* love affair(s), secret affair(s)

шу́ст|рик *coll* sharp person, child; bright, lively little thing (*of child*); **~́рый** (~ёр, ~ра́, ~ро) *coll* sharp, bright, smart

шу|т 1 *hist* fool, jester; buffoon, clown, fool; разы́грывать ~та́ play the fool; ~ горо́ховый clown, fool, tomfool; *pop* devil (*in certain* *expressions*); на кой ~? како́го ~́та? *pop* why the devil; ~ его́ зна́ет *pop* the devil only knows; **~ти́ть** II (~чу́, ~́тишь) *pf* по~ joke, jest, quip, wisecrack; я не ~чу́ I'm not joking (fooling), I'm serious; play with, trifle with; ~ с огнём play with fire; нельзя́ ~ свои́м здоро́вьем one shouldn't play around with one's health; *impf* laugh (at), make fun (of, над + *instr*); **~ти́ха** fool, jester; firecracker, rocket; **~́тка** joke, jest; э́то не ~ it's no picnic, it's no joke; ~тки в сто́рону joking apart; мне не до ~ток I'm in no mood for joking; в ~тку, ~тки ра́ди for fun, for a lark; кро́ме ~ток! joking apart!; сказа́ть в ~тку say as a joke; не на ~тку in earnest; не на ~тку рассерди́ться be downright angry; с ним ~тки пло́хи he is not one to be trifled with, he is a tough customer; заéздить ~тку ride a joke to death; отпусти́ть ~тку *coll* crack a joke; свести́ что к ~тке make a joke of something; ~тки шу́тите? *coll* are you kidding?; trick; сыгра́ть ~тку play a trick (on, с + *instr*); *theat* farce; **~тли́вый** (~тли́в) humorous, witty; jocular, facetious; flippant, light-hearted; **~тни́к** 1 wag, joker; **~товско́й** jester's; ~товска́я вы́ходка piece of buffoonery, clowning; ~ колпа́к fool's cap; **~товство́** buffoonery; **~́точный** (~точен) comic; joking; ~точная пе́сня comic song; де́ло не ~точное it's no laughing matter, joke; **~тя́** *adv* easily, lightly; ~ отде́латься get off lightly; for fun, in jest; не ~ in earnest

шу́хер *sl* alarm; racket, scandal; fight

шу́шера *collect pop pej* riff-raff, rabble, scum

шушу́к|ать I *impf coll* whisper; **~́аться** I *impf coll* whisper together, to one another

шушу́н 1 *hist* woman's jacket

шхе́р|ы (*gen pl* ~) skerries

шху́на schooner

ш-ш *interj* hush!, sh!

Щ

щаве́л|евый sorrel; ~евые щи sorrel soup; ~евая кислота́ oxalic acid; **~́ь** I *m* sorrel, dock

ща|ди́ть II (~жу́) *pf* по~ spare, have mercy on; let off; не ~ (свои́х) сил (что́бы) ... spare no pains, effort to ...; ~ чьи чу́вства spare someone's feelings; не ~ враго́в give one's enemies no quarter

щебёнка, щеб|ень *m* (~ня) broken, crushed stone, chip, ballast (*for road surfacing*); *geol* detritus

щеб|ет twitter, chirp; **~ета́ние** twitter(ing), chirping; **~ета́ть** I (~ечу́, ~е́чешь) *impf* twitter, chirp, chirrup; *coll joc* twitter (*of children, etc*); **~ету́нья** *coll* twitterer *also fig coll joc*

щег|лёнок (~лёнка; *pl* ~ля́та, ~ля́т) young goldfinch; **~ло́вка** female goldfinch; **~о́л** (~ла́) goldfinch

щег|олева́тый (~олева́т) foppish; dandified, dapper; modish; **~́оль** *m* fop, dandy; **~ольну́ть** I *sem pf of* ~оля́ть; **~ольско́й** elegant, smart; swish; ~ костю́м elegant suit; stylish, jaunty, dashing; **~ольство́** foppishness; showing off, (love of) display; **~оля́ть** I *sem pf* ~ольну́ть make a splash, cut a dash (in, в + *prep*); ~ в но́вом костю́ме sport a new suit; *coll* show off, flaunt, parade (+ *instr*); *impf* dress up, dress smartly

ще́др|ость *f* generosity, liberality; **~о́ты** (*gen pl* ~о́т) *obs* munificence; подари́ть от свои́х ~о́т *iron* donate generously, from one's own resources; **~́ый** (~, ~а́, ~о) generous, open-handed; ~ челове́к open-handed person; ~ые дары́ rich, splendid gifts; ~ на обеща́ния prodigal of promises; ~ на похвалы́ lavish in praise(s); ~ой руко́й with a bountiful hand; *fig* frequent; ~ые подзаты́льники frequent cuffs

щек|а́ 4 (*acc* ~́у; *pl* ~́и, ~́, ~а́м) cheek; уплета́ть, упи́сывать что за о́бе ~и́ *coll* stuff oneself with something; уда́рить кого́ по ~е́ slap someone's face; поцелова́ть в ~́у kiss on the cheek; *tech* side(piece), stock

щеко́лда latch; catch, pawl

щёкот song (*of nightingale, etc*)

щеко|та́ть I (~чу́, ~́чешь) *pf* по~ tickle *also fig*; *impers* у меня́ в го́рле ~́чет I have a tickle in my throat; ~ чьё самолю́бие tickle someone's vanity; **~́тка** tickling; боя́ться ~тки be ticklish; **~тли́вый** (~тли́в) ticklish, delicate, thorny; ~тли́вое поруче́ние delicate mission; *obs coll* = щепети́льный; *pop* ticklish, sensitive to tickling; **~́тно** *pred* + *dat* it tickles, it is ticklish

щел|ево́й *adj of* ~ь; = ~и́нный; **~и́нный** *ling* fricative; **~и́стый** (~и́ст) *coll* full of chinks, cracks

щёлк snap, crack, click; *pred coll* = ~нул

щёлка chink

щёлк|анье flicking; clicking, snapping (*of fingers, etc*), chattering (*of teeth*), cracking, popping; trilling (*of some birds*); **~́ать** I *sem pf* ~нуть *and pop* ~ану́ть flick (*with one's finger*); ~ кого́ по́ носу give someone a fillip on the nose; click, snap, crack, pop; ~ затво́ром click shutter (*of camera*); ~ па́льцами snap one's fingers; ~ кнуто́м crack a whip; *impf* crack (*nuts*); *impf* trill (*of some birds*); **~́нуть** I *sem pf of* ~ать; **~опёр** *obs pej* hack, scribbler; **~у́нчик** nutcracker

щёл|ок alkaline solution, lye; **~очно́й** alkaline; **~́очность** *f* alkalinity; **~́очь** *f* (*pl* ~очи, ~оче́й) alkali

щелч|о́к (~ка́) flick, fillip (*usu of fingers*); *fig coll* insult, slight, blow; дать кому́ ~ по самолю́бию wound someone's self-esteem

щель 5 *f* chink, crack, fissure, slit, crevice; *mil* slit trench; *mil* loophole; голосова́я ~ *anat* glottis; *tech* aperture; смотрова́я ~ peephole

щем|и́ть II (~и́т) *impf coll* press, pinch; *impers coll* ache, oppress; у меня́ ~и́т в груди́ my heart aches; ~ грудь, ду́шу, се́рдце *fig* to have a heavy, aching heart; **~я́щий** aching, nagging; *fig* painful, melancholy, oppressive

щен|и́ться II (~и́тся) *pf* о~ cub, whelp; pup, have puppies; **~́ная** ~ су́ка bitch with pup; **~о́к** (~ка́; *pl* ~ки́, ~ко́в *and* ~я́та, ~я́т) pup(py) *also fig pop*; whelp, cub

щеп|а́ (*pl* ~́ы, ~а́м) splinter (*wood*), chip; *collect* kindling, shavings; **~а́ть** I (~лю́, ~́лешь) *impf* chip, shop, splinter, split

щепети́л|ьный (~ен) punctilious, correct, particular, scrupulous (*person, etc*); tricky, delicate (*situation, etc*)

ще́п|ка = ~а́; худо́й как ~ as thin as a lath, rake; лес ру́бят – ~ки летя́т *prov* you can't make omelettes without breaking eggs

щеп|о́тка = ~́оть; **~́оть** *f* pinch (*of salt, snuff, etc*)

щерб|а́тый (~а́т) chipped, pitted, dented; *coll* pock-marked; *coll* gap-toothed; **~и́на** pit, scratch, indentation; hole, gap (*in teeth*); pock-mark

щет|и́на bristle(s); *coll* stubble (*of beard*); **~и́нистый** (~и́нист) bristly, bristling; *coll* stubbly; **~и́ниться** II (~и́нится) *pf* о~ bristle (up) *also fig*; **~́ка** brush; зубна́я ~ toothbrush; ~ для воло́с hairbrush; fetlock; **~́очный** brush; ~ па́лец *elect* brush-holder arm

щёчный cheek, buccal

щи (щей *coll* щец, щам, ща́ми, о щах) *no sing* cabbage-soup; зелёные ~ sorrel soup; попа́сть как кур во́ ~ get into hot water

щи́колотк|а ankle; по ~у ankle-deep

щип|а́ть I (~лю́, ~́лешь) *sem pf* ~ну́ть *and* у~ну́ть pinch, nip, tweak (*skin, etc*); *impf* bite, sting, nip (*of frost, etc*); burn (*of hot liquids, etc*); cause to smart; *pf* о~, об~ pluck (*fowls, etc*); *impf* nibble, munch, browse (on); *pf* ~ну́ть *sl* pick pockets; **~а́ться** I (~лю́сь, ~́лешься) *vi* pinch, nip; pinch one another; *pass of* ~а́ть; **~а́ч** I *sl* pickpocket; **~е́ц** (~ца́) *archi* gable; muzzle (*of dog*); **~ко́вый** ~ко́вые музыка́льные инструме́нты stringed instruments played by plucking; **~ко́м** *adv mus* pizzicato; **~ну́ть** I *pf of* ~а́ть; **~о́к** (~ка́) pinch, nip, tweak; **~цы́** (*gen pl* ~цо́в) tongs, pincers, pliers; forceps; ~ для зави́вки воло́с curling-irons; ~ для са́хара sugar-tongs; **~́чики** (*gen pl* ~чиков) tweezers

щит I shield; подня́ть на ~ *fig lit* extol, eulogize, boost, laud to the skies; верну́ться на ~е́ *fig lit* return home defeated; верну́ться со ~о́м *fig lit* return home victorious; *tech* shield, screen;

фане́рный ~ sheet of plywood; sluice-gate; *zool* (tortoise-)shell, scutum; (display) board, billboard, hoarding; сигна́льный ~ *Am* target (*railways*); *tech* panel; ~ управле́ния control panel; распредели́тельный ~ switchboard; **~ови́дка** *anat coll* thyroid gland; **~ови́дный** *anat* thyroid; **~о́к** (~ка́) *dim of* щит dashboard; *bot* corymb, plate, cyme, pelta

щу́к|а pike (*fish*); морска́я ~ ling; пойма́ть ~у *sp* catch a crab

щуня́ть I *impf pop* = шпыня́ть

щуп *tech* probe, sounding borer; *mil* probing rod; clearance gauge; **~́альце** (*gen pl* ~алец) *zool* tentacle; antenna, feeler; **~́ать** I *pf* по~ feel (for), touch; probe; ~ глаза́ми scan; ~ пульс feel the pulse; **~́лый** (~л, ~ла́, ~ло) puny, frail, weak

щур ancestor (*ethnology*); *orni* pine grosbeak

щу́р|ить II *pf* со~ screw up one's eyes; narrow (*of eyes*); ~ся от со́лнца screw up one's eyes, squint in the sun

щу́рка *orni* bee-eater

щу́ч|ий of pike; (как) по ~ьему веле́нию (as if) with the wave of a magic wand, (as if) by magic

щу́чить II *impf pop* curse, scold

Э

э *interj* eh!, oh!
эбéновый ebony
эбони́т ebonite; **~овый** ebonite
э́ва *partic pop* there is, here is; *interj pop expressing surprise, etc* what's that!; you don't mean to say so!; *expressing disagreement* nonsense!
эвак|опу́нкт evacuation centre; **~уацио́нный** evacuation; **~уа́ция** evacuation; **~уи́рованный** *n* evacuee; **~уи́ровать** (~уи́рую) *impf and pf vt* evacuate; **~уи́роваться** (~уи́руюсь) *impf and pf vi* evacuate, be evacuated
эвентуа́л|ьный (~ен) possible
эвкали́пт *bot* eucalyptus; **~овый** eucalyptus
эволюц|ионú́зм evolutionism; **~ионú́ровать** (~ионú́рую) *impf and pf* evolve; **~ионú́ст** evolutionist; **~ио́нный** evolutionary; **~ия** evolution; *mil* manoeuvre
э́врика eureka!
эвристи́ческий heuristic
эвфеми́|зм euphemism; **~сти́ческий** euphemistic
эвфони́|ческий euphonious; **~я** euphony
эге́ *and* **эгеге́** *interj* oho!
эги́д|а aegis; под ~ой under the aegis (of, + *gen*)
эгои́|зм ego(t)ism, selfishness; **~ст** egotist; **~сти́ческий** *and* **~сти́чный** (~сти́чен) egotistic(al), selfish; **~стка** selfish woman, girl
эгоцентри́|зм egocentricity; **~ческий** egocentric
эгре́т egret-plume, osprey
э́дак(ий) = э́так(ий)
эдельве́йс *bot* edelweiss
Эди́п Oedipus
эзо́пов(ский) Aesopian; ~ язы́к Aesopian language
эй *interj* hi!, hey!
эк *adv pop* how; *partic pop expressing surprise, indignation, etc* my goodness!
Эквадо́р Ecuador; **э~ец** (~ца), **э~ка** Ecuadorian; **э~ский** Ecuadorian
эква́тор Equator; **~иа́льный** Equatorial
эквивале́нт equivalent; **~ный** (~ен) equivalent
эквилибри́ст tightrope-walker; **~ика** tightrope-walking *also fig*, balancing act
экзальт|а́ция exaltation, exultancy, elation, excitement; **~иро́ванный** (~иро́ван) elated, excited, in a state of exaltation
экза́мен examination; держа́ть, сдава́ть ~ take, sit an examination; вы́держать, сдать ~ pass an examination; передержа́ть ~ pass an examination at second attempt; провали́ться на ~е fail an examination; выпускно́й ~ school-leaving examinations, finals; ~ на аттеста́т зре́лости examination for school-leaving certificate; **~а́тор** examiner; **~ацио́нный** examination; **~ова́ть** (~у́ю) *pf* про~ examine (in, по + *dat*); **~ова́ться** (~у́юсь) *pf* про~ be examined (in), take an examination (in, по + *dat*); **~у́ющийся** *n* examinee
экза́рх *eccles* exarch; **~а́т** *eccles* exarchate
экзеку́|тор *obs* administrator; **~ция** *obs* corporal punishment; *leg* execution
экзе́ма eczema
экземпля́р copy; в двух, трёх ~ах in duplicate, triplicate; specimen, representative, example; *fig coll joc* specimen (*of person*)
экзистенциали́|зм existentialism; **~ст** existentialist
э́кзо- exo-
экзо́ти|ка exotica, exotic objects; local colour; **~ческий, ~чный** (~чен) exotic
экиво́к ambiguity, equivoque; *usu pl* double entendre; quibbling, evasion, equivocation, hedging; говори́ть без ~ов call a spade a spade; subtleties, intricacies
э́к|ий *pron coll* what (a); ~а не́видаль! nothing marvellous about that!
эклипти|ка ecliptic; **~ческий** ecliptic
экип|а́ж carriage; crew (*of aircraft, ship, etc*); ~ корабля́ ship's complement; **~ирова́ть** (~иру́ю) *impf and pf* equip, fit out; **~ирова́ться** (~иру́юсь) *impf and pf* fit oneself out; **~иро́вка** equipping, fitting out; equipment
эклект|и́зм eclecticism; **~ик** eclectic; **~и́чный** (~и́чен) eclectic
экло́га eclogue
эколог|и́ческий ecological; **~ия** ecology
эконо́м *obs* steward, housekeeper; economist; **~и́зм** economism; **~ика** economics; economic system, economy (*of country*); **~и́ст** economist; **~ить** II (~лю) *impf* save, economize; ~ вре́мя и труд save time and labour; *pf* с~ economize, save (on, в, на + *prep*); **~и́ческий** economic(s); ~и́ческая горе́лка pilot burner; ~ журна́л economics journal; ~ райо́н economic region; ~и́ческая ско́рость cruising speed; **~и́чный** (~и́чен) economical; **~ия** economy, saving; соблюда́ть ~ию economize; ~ в то́пливе economizing on fuel; полити́ческая ~ political economy; режи́м ~ии economy drive; *obs* estate; **~ка** housekeeper; **~ничать** I *impf* be very economical; **~ный** (~ен) economical; careful, thrifty
экра́н screen (*cin*); *fig* the screen (*cin art, etc*); *tech* screen, shield, shade; **~иза́ция** filming, screening (*cin*); film version (*of novel, etc*); **~изи́ровать** (~изи́рую) *impf and pf* film, screen, make a film version (of)
экс- ex-
эксгума́ция exhumation
экскава́т|ор excavator, earthmoving machine; **~орщик** excavator operator
экскреме́нт|ы (*gen pl* ~ов) *no sing* excrement
э́кскурс digression, excursus; **~а́нт** tourist, excursionist; **~ио́нный** excursion; **~ия** excursion, (guided) tour, trip; outing; excursion party, tourist group; **~ово́д** guide
экслú́брис book-plate
экспанс|и́вный (~и́вен) effusive, gushing; emotional; talkative; **~иони́зм** *pol* expansionism; **~ия** *pol* expansion
экспеди́|ровать (~рую) *impf and pf* dispatch; **~тор** forwarding agent, shipping clerk; *hist* head (clerk) (*of section in office*); **~цио́нный** dispatch, forwarding; expeditionary; **~ция** dispatch, forwarding; dispatch office; *hist* section, department (*of office*); expedition; кара́тельная ~ punitive expedition; спаса́тельная ~ rescue party
экспериме́нт experiment; **~а́льный** experimental;

~**а́тор** experimenter; ~**и́ровать** (~и́рую) *impf* experiment (on, with, над, с + *instr*)
экспе́рт expert; *leg* expert witness; ~**и́за** investigation, (expert) examination, appraisal; производи́ть ~и́зу make an examination, carry out an investigation; commission of experts; ~́**ный** expert
эксплози́вный *ling* plosive
эксплуат|а́тор exploiter; ~**а́торский** exploiting, parasitical; ~**ацио́нный** operating (*characteristics*, *etc*); running (*costs*, *etc*); working (*conditions*, *etc*); ~**а́ция** *pej* exploitation *also econ*; utilization; operation, running; сдать в ~а́цию commission, put into operation; ~**и́ровать** (~и́рую) *impf pej* exploit; *econ* exploit; operate, run, work
экспо|зи́ция display, layout (*of exhibition*, *etc*); *lit* exposition; *phot* exposure; ~**на́т** exhibit; ~**не́нт** exhibitor; *math* exponent, index; ~**ни́ровать** (~ни́рую) *impf and pf* exhibit; *phot* expose; ~**но́метр** *phot* exposure meter
э́ксп|орт export; ~**ортёр** exporter; ~**орти́ровать** (~орти́рую) *impf and pf* export; ~́**ортный** export
экспре́сс express (*train*, *etc*); ~**и́вный** (~и́вен) expressive; ~**иони́зм** expressionism (*art*); ~**иони́ст** expressionist; ~́**ия** *lit* expression (*of feelings*, *etc*); ~́**ный** express
экспро́мт impromptu, improvisation, extemporization; ~́**ом** *adv* impromptu, on the spur of the moment; петь, игра́ть, *etc* ~ extemporize, improvise
экспропри|а́тор expropriator; ~**а́ция** expropriation; ~**и́ровать** (~и́рую) *impf and pf* expropriate, dispossess
экста́з ecstasy; впада́ть, приходи́ть в ~ go into ecstasies
экстенси́в|ный (~ен) extensive
экстéрн external student; око́нчить университе́т ~ом take an external degree; *obs med* externe; ~**а́т** external studies
экстерриториа́л|ьность *f* ex(tra)territoriality; ~́**ьный** (~ен) ex(tra)territorial
экстерье́р form, figure (*of animal*)
экстравага́нт|ный (~ен) eccentric; bizarre, preposterous
экстраги́р|овать (~ую) *impf and pf tech* extract
экстради́ция *leg* extradition
экстра́к|т extract; resumé, précis; ~́**ция** *tech* extraction
экстраордина́р|ный (~ен) *lit* extraordinary
экстреми́|зм extremism; ~́**ст** *usu pol* extremist
э́кстрен|ный (~, ~на) urgent; ~ отъе́зд urgent departure; special, emergency; ~ вы́пуск газе́ты special edition of newspaper; ~ слу́чай emergency
эксце́нтр|ик clown, comic (actor); eccentric (person); ~́**ика** clowning; ~**ицитéт** *tech* eccentricity; ~**и́ческий** *theat* comic; *tech* eccentric, off-centre; ~**и́чность** *f* eccentricity; ~**и́чный** (~и́чен) eccentric
эксце́сс excess; outrage
экумени́ческий ecumenical
эла́ст|ик elastic; ~**и́чность** *f* elasticity, resilience; *fig* flexibility; ~**и́чный** (~и́чен) elastic, resilient, supple; *fig* flexible; ~и́чная похо́дка springy stride
элева́тор elevator; *tech* hoist
элега́нт|ность *f* elegance; ~́**ный** (~ен) elegant, smart
элег|и́ческий *lit mus* elegiac; ~**и́чный** (~и́чен) melancholy; ~́**ия** *lit mus* elegy; *fig* melancholy
электр|иза́ция *phys med* electrification; treatment by electric charge(s); ~**изова́ть** (~изу́ю) *pf* на~ electrify, give electrical treatment, subject to electric charge(s); *fig* electrify; ~́**ик** electrician; инжене́р-~ electrical engineer; ~**и́к** *indecl adj* цвет ~ electric blue; ~**ифика́ция** electrification; ~**ифици́ровать** (~ифици́рую) *impf and pf tech* electrify; ~**и́ческий** electric(al); ~**и́чество** electricity; (the) electric; electric light; ~**и́чка** *coll* (suburban) electric train
электро- electro-, electric; ~**бри́тва** electric shaver, razor; ~**во́з** electric locomotive; ~́**д** electrode; ~**дви́гатель** *m* electric motor; ~**дви́жущий** electromotive; ~**дина́мика** electrodynamics; ~**до́йлка** electric milker; ~**до́йка** electric milking (machine); ~**дуговóй** ~дугова́я сва́рка electric arc welding; ~**ёмкость** *f* capacity; ~**кардиогра́мма** electric cardiogram; ~**ла́мпа** electric light bulb; ~**лече́ние** electrical treatment, electrotherapy; ~́**лиз** electrolysis; ~**магнети́зм** electromagnetism; ~**магни́т** electromagnet; ~**магни́тный** electromagnetic; ~**меха́ника** electromechanics; ~**монтёр** electrician; ~**мото́р** electric motor; ~́**н** electron; ~́**ника** electronics; ~́**нный** electron(ic); ~нная ла́мпа electron tube, thermionic valve; ~ микроско́п electron microscope; ~нная вычисли́тельная (счётная) маши́на electronic computer; ~**переда́ча** electricity transmission; ~**пе́чь** *f* electric furnace; ~**по́езд** electric train; ~**плита́** electric hotplate; ~**полотёр** electric floor-polisher; ~**прибо́р** electrical appliance; ~**про́вод** electricity cable; ~**прово́дка** (electric) wiring; ~**прово́дность** *f* electrical conductivity; ~**сва́рка** electric welding; ~**сва́рщик** electric welder; ~**се́ть** electrical transmission network; ~**ста́нция** power station; ~**те́хник** electrical engineer; ~**те́хника** electrical engineering; ~**техни́ческий** electrical; electrotechnical; ~**тя́га** electric traction; ~**хи́мия** electrochemistry; ~**центра́ль** *f* electric power plant; ~**ча́йник** electric kettle; ~**эне́ргия** electric power
элеме́нт element; *fig* section, part, element(s); *elect* cell; ~**а́рный** (~а́рен) elementary, rudimentary, simple
элеро́н aileron
эли́зия elision
эликси́р elixir; жи́зненный ~ elixir of life
эли́та *collect* best specimens (*seeds*, *plants*, *animals*, *etc*); élite
э́ллин ancient Greek, Hellene
э́ллинг *naut* slipway; *aer* shed, hangar
элл|ини́зм Hellenism; *hist* Hellenistic period; ~**ини́ст** Hellenist; ~**инисти́ческий** *hist* Hellenistic; ~́**инский** ancient Greek, Hellenic
э́лл|ипс *math lit* ellipse; ~́**ипсис** *lit* ellipsis, ellipse; ~**ипти́ческий** elliptic(al)
эль *m* ale
эльф elf
элю́вий eluvium
эма́л|евый enamel; ~**иро́ванный** enamel(led); ~иро́ванная посу́да enamel ware; ~**ирова́ть** (~иру́ю) *impf* enamel; ~**иро́вка** enamel(ling); ~**иро́вочный** enamel(ling); ~́**ь** *f* enamel
эмана́ция emanation
эмансип|а́ция emancipation; ~**и́ровать** *impf and pf* emancipate
эмба́рго *neut indecl* embargo; наложи́ть ~ place an embargo (on, на + *acc*)
эмбле́ма emblem; *mil* insignia; ~**ти́ческий** emblematic(al)
эмбо́л *med* embolus; ~**и́я** *med* embolism

эмбрио|лóгия embryology; **∼н** embryo
эмигр|áнт émigré, emigrant; **∼áнтский** émigré, emigrant; **∼ациóнный** emigratory; **∼áция** emigration; exile; *collect* emigration, émigrés, emigrants; **∼úровать** (∼úрую) *impf and pf* emigrate
эмúр emir
эмиссáр emissary
эмúссия *econ* issue; *phys* emission
эмоц|ионáльный (∼ионáлен) emotional; **∼ия** emotion
эмпирé|й empyrean; витáть в ∼ях *lit iron* have one's head in the clouds
эмпир|úзм empiricism; **∼ик** empiricist; **∼иокритицúзм** empirio-criticism; **∼úческий** empiricist; empirical; **∼úчный** (∼úчен) empirical
э́му *m indecl* emu
эмýльсия emulsion
эмфá|за *lit ling* emphasis; **∼тúческий** *lit ling* emphatic
эндокрúн|ный endocrine, endocrinous; ∼ные жéлезы endocrine, ductless glands; **∼óлог** endocrinologist; **∼олóгия** endocrinology
эндоскóп endoscope; **∼úя** endoscopy
э́ндшпиль *m* end-game (*chess*)
энерг|éтик power engineer; **∼éтика** power engineering; **∼етúческий** power; **∼úчный** (∼úчен) energetic, vigorous, forceful; **∼ия** *phys* energy; power; затрáта ∼ии energy consumption; растрáта ∼ии energy loss; *fig* energy, vigour, effort; **∼о-** power-; **∼осистéма** power grid, power (supply) system
энклúти|ка enclitic; **∼ческий** enclitic
э́нн|ый *expressing indef quantity, size, time, etc* 'N', 'X'; unspecified, any; в ∼ой стéпени to the *n*th degree
э́нский *denoting unspecified organization, etc* 'N'
энтомóлог entomologist; **∼úческий** entomological; **∼ия** entomology
энтропúя entropy
энтузиá|зм enthusiasm; **∼ст** enthusiast (about, for, + *gen*), devotee (of)
энцефалúт encephalitis
энцúклика *eccles* encyclical
энциклопед|úзм encyclopedic learning; **∼úст** *hist* Encyclopaedist; person of encyclopedic learning; **∼úческий** encyclopedic; ∼ словáрь encyclopedia; ∼ ум encyclopedic brain; **∼ия** encyclopedia; ходя́чая ∼ *joc* walking encyclopedia
эолúт eolithic period
эóлов ∼а áрфа Aeolian harp
эоцéн eocene period
эпатúр|овать (∼ую) *impf and pf lit* shock
эпигóн imitator (*in arts, etc*); **∼ский** initiative; **∼ство** imitation, imitative work
эпигрáмма epigram
эпúграф epigraph; **∼ика** epigraphy
эпидем|иóлог epidemiologist; **∼иолóгия** epidemiology; **∼úческий** epidemic; **∼ия** epidemic
эпидéрмис epiderm(is), cuticle
эпизóд episode, incident; **∼úческий** episodic; occasional, sporadic
эпизоóтия epizootic
э́п|ик epic poet; **∼ика** epic poetry
эпикурé|ец (∼йца) epicurean; **∼йский** epicurean; **∼йство** epicureanism
эпилéп|сия epilepsy; **∼тик** epileptic (person); **∼тúческий** epileptic
эпилóг epilogue
эпистоля́рный epistolary
эпитáфия epitaph
эпитéлий epithelium
эпúтет epithet
эпицéнтр epicentre
эпицúкл epicycle
эпúческий epic
эполéта epaulette
эпопéя *lit or fig* epic
э́пос epos, epic literature; narrative literature
эпóх|а epoch; age, era; period; состáвить ∼у constitute a landmark; **∼áльный** epoch-making, epochal
э́ра era; до нáшей ∼ы BC; нáшей ∼ы AD
эрг erg
эрéкция *physiol* erection
эрзáц ersatz
э́рика *bot* heath
эритроцúт *physiol* red corpuscle
эро|дúровать (∼дúрую) *impf* erode; **∼зия** erosion
эрот|úзм eroticism; **∼ика** sensuality, the erotic; **∼úческий, ∼úчный** (∼úчен) erotic, sensual; **∼омáн** erotomaniac, sexual maniac; **∼омáния** erotomania
эрудú|рованный (∼рован, ∼рованна) erudite, well-informed, well-read; **∼т** erudite, well-informed person; **∼ция** erudition, learning
эрцгéрц|ог archduke; **∼огúня** archduchess; **∼огство** archduchy, archdukedom
эс|дéк *hist* SD (*member of Social Democratic Party*); **∼éр** *hist* SR (*member of Socialist Revolutionary Party*); **∼éровский** *hist* SR (*Socialist Revolutionary*)
эскáдр|а *naut* squadron; **∼енный** squadron; ∼ минонóсец destroyer; **∼úльный** *aer* squadron; **∼úлья** (*gen pl* ∼úлий) *aer* squadron; **∼óн** *mil* squadron, troop; **∼óнный** *mil* squadron
эскалáтор escalator, moving stairway
эскалáция *mil* escalation
эскалóп cutlet(s)
эскáрп *mil* scarp, escarpment, one-way tank ditch; **∼úровать** (∼úрую) *impf and pf* scarp
эскúз sketch, study (of, for, к + *dat*); model (*for sculpture*); draft, outline; **∼ный** (∼ен) outline, draft; rough, preliminary; ∼ прóект rough draft
эскимó *neut indecl* choc ice; **∼с** Eskimo; **∼ска** Eskimo (woman); **∼сский** Eskimo
эскóрт *mil* escort; **∼úровать** (∼úрую) *impf and pf mil* escort
эскулáп *obs or joc* doctor
эсмúн|ец (∼ца) *abbr of* эскáдренный минонóсец *naut* destroyer
эспадрóн (*fencing*); cutting-sword, back-sword
эспаньóлка imperial (*beard*)
эспарцéт sainfoin
эсперант|úст Esperantist; **∼о** *neut indecl* Esperanto
эспланáда esplanade
эссé *neut indecl lit essay;* **∼úст** essayist
эссéнция essence; *fig* (quint)essence
эстакáд|а trestle; viaduct, platform (*carrying elevated rlwy*); gantry; overpass, flyover; *naut* pier; *naut* boom; **∼ный** ∼ная желéзная дорóга elevated railway; ∼ кран gantry crane
эстáмп print, engraving, plate
эстафéт|а *sp* relay race; baton (*in relay race*); приня́ть ∼у у когó take up the torch from someone, carry on someone's work; *hist* mail (*carried by horse*); **∼ный** ∼ная пáлочка baton
эстéт aesthete; **∼úзм** aestheticism; **∼ик** specialist in

aesthetics; **\~́ика** aesthetics; aesthetic, artistic beauty; **\~и́ческий** aesthetic; **\~и́чный** (\~и́чен) aesthetically elegant, beautiful; **\~́ство** aestheticism

эсто́н|ец (\~ца) Estonian; **Э\~ия** Estonia; **\~́ка** Estonian (woman); **\~́ский** Estonian

эстраго́н tarragon

эстра́д|а platform, stage; вы́йти на \~у come on stage; variety; **\~́ник** variety artist; **\~́ный** variety; \~ конце́рт variety show

эта́ж 1 storey, floor; ни́жний, пе́рвый \~ ground floor; второ́й, тре́тий \~, *etc* first, second floor, *etc*; дом в два́дцать \~е́й twenty-storey building; tier, layer; **\~е́рка** bookcase, shelves; *coll joc* crate (*of aircraft*); **\~́ность** *f* number of storeys

э́т|ак *adv pop* so, thus; и так и \~ either way, like this or like that; *coll* about, approximately; **\~́акий** *pron coll* such (a), what (a)

этало́н standard (*of weights and measures*); *fig* measure, pattern

эта́н ethane

эта́п stage, phase; halting-place, stage (*for troops*; *also formerly for deported convicts*); *sp* lap; *sl* transport, shipment of prisoners; отправля́ть по \~у, \~ом transport, deport (*under guard*); **\~и́ровать** (\~и́рую) *impf and pf sl* transport, ship prisoners; **\~́ник** prisoner, convict in transit; **\~́ный** stage; \~ное собы́тие *fig* turning-point, landmark

э́тика ethics

этике́т etiquette

этике́тка label

эти́л ethyl; **\~е́н** ethylene; **\~́овый** ethyl; \~ спирт ethyl alcohol

этимо́лог etymologist; **\~и́ческий** etymological; **\~́ия** etymology; наро́дная \~ popular etymology

эти́ческий, эти́ч|ный (\~ен) ethical

этни́ческий ethnic

этно́граф ethnographer, social anthropologist; **\~и́ческий** ethnographic(al); **\~́ия** ethnography, social anthropology

э́то *emph partic coll* куда́ \~ он де́лся? wherever has he got to?; кто \~ пришёл? who is it who has arrived? что \~ он не идёт? I wonder what's keeping him; как \~ мо́жно! how can you?; жизнь – \~ борьба́ life is a struggle; *pr* (*as n*) *indecl* this, it (is), that (is); those, these (are); \~ мой дом this is my house; \~ ва́ши кни́ги these are your books; \~ ве́рно that is true

э́тот, э́та, э́то, *pl* **э́ти** *pr* this, *pl* these; в э́том году́ this year; *as n* this one; the latter; при э́том incidentally, besides, in addition

этру́с|к Etruscan; **\~́ский** Etruscan

этю́д study, sketch, essay (*art*, *lit*); *mus* study, étude; *mus* exercise(s); *chess* problem

эфемер|и́ды (*gen pl* \~и́д) *zool* ephemeridae; *astron* ephemerides; **\~́ный** (\~ен) ephemeral; transitory

эфе́с hilt, handle (*of sword*, *sabre*, *etc*)

эфио́п Ethiopian; **Э\~́ия** Ethiopia; **\~́ка** Ethiopian (woman); **\~́ский** Ethiopian

эфи́р ether; *fig* air; в \~е on the air; передава́ть в \~ broadcast; *chem* ether; просто́й \~ ether; сло́жный \~ ester; **\~́ный** (\~ен) ethereal; *chem* ether, ester; \~ное ма́сло essential oil, volatile oil; **\~оно́с** volatile-oil-bearing plant; **\~оно́сный** volatile-oil-bearing

эффе́кт effect, impact; производи́ть \~ produce, have an effect (on), make an impression (on, на + *acc*); result, consequences; *pl theat* effects; шумовы́е \~ы sound effects; **\~и́вность** *f* effectiveness; **\~и́вный** (\~и́вен) effective, efficacious, effectual; **\~́ный** (\~ен) striking, effective; done for effect, showy

эх, эх-ма́ (*pop*) *interj coll expressing regret*, *reproach*, *anxiety*, *etc* oh!, eh!; \~, ты! what a person you are!, you're a fine person, you are!

э́хо echo; **\~ло́т** *naut* sonic depth finder

эшафо́т scaffold; взойти́ на \~ mount the scaffold

эшело́н *mil* line, echelon; special train; **\~и́ровать** (\~и́рую) *impf and pf mil* echelon; \~ оборо́ну dispose defence in depth

Ю

юа́нь *m* yuan (*Chinese currency unit*)
юбил|е́й anniversary; jubilee; (anniversary) celebration(s); столе́тний ~ centenary; **~е́йный** anniversary, jubilee, birthday; **~я́р** person (*or* institution) whose anniversary is celebrated
ю́б|ка skirt; держа́ться за чью ~ку *coll* cling, be tied to someone's apron-strings; бе́гать за ~кой *fig coll* chase a skirt; **~́очник** *pop* womanizer
ювели́р jeweller; **~́ный** jewellery, jeweller's; ~ные изде́лия jewellery; ~ магази́н jeweller's; *fig* exquisite, fine, intricate
юг south; the South; на ~́е in the south; к ~́у to the south (of, от + *gen*); **~о-восто́к** south-east; **~о-восто́чный** south-east(ern); **~о-за́пад** south-west; **~о-за́падный** south-west(ern); **~осла́в** Yugoslav; **Ю~осла́вия** Yugoslavia; **~осла́вка** Yugoslav (woman); **~осла́вский** Yugoslav
юдо́ль *f obs* valley; ~ пла́ча, ~ печа́ли, земна́я ~ *poet* vale of tears
юдофо́б anti-Semite; **~́ство** anti-Semitism
юж|а́нин (*pl* ~а́не, ~а́н) southerner; **~́ный** south(ern); Ю~ по́люс South Pole; Ю~ поля́рный круг antarctic circle; ~ темпера́мент *fig* southern temperament
ю́зом *adv pop* skidding, in a skid, sliding
ю́кка yucca
ю́кола dried fish (*in North and Far East*)
юл|а́ top (*child's toy*); *fig coll* fidget; *orni* wood lark; **~и́ть** II *impf coll* fidget, dance about, jig around; flit about (*of insects*); play up (to), dance attendance (on, пе́ред + *instr*); wriggle, worm out of it
ю́мор humour; чу́вство ~а sense of humour; **~е́ска** humoresque; **~и́ст** humorist; **~и́стика** *collect* humour; *coll* something funny, comic; **~исти́ческий** humorous, comic, funny
ю́нга *m* sea cadet; ship's boy
юн|е́ц (~ца́) youth
юнио́р junior sportsman (*18–20-year-olds*)
ю́нк|ер (*pl* ~ера́, ~еро́в) *hist* officer cadet; (*pl* ~еры, ~еров) Junker (*Prussian landowner*); **~́ерский** cadet; Junker; **~ерьё** *collect coll cont* Junkers
юн|на́т *abbr of* ю́ный натурали́ст young naturalist; **~́ость** *f* youth (*age*); *fig* young people, youth; **~́оша** *m* youth (*person*); **~́ошеский** youthful; **~́ошество** *collect* young people, youth; youth (*age*); **~́ый** (~, ~а́, ~о) young; ~ во́зраст youth; с ~ых лет since one was a boy, child; youthful
Юпи́тер Jupiter; **ю~** floodlight
юр на ~у́, на са́мом ~у́ *coll* in a high, prominent place; in an exposed, open place; *fig* in the limelight
ю́ра *geol* Jurassic period
юри|ди́ческий juridical, legal; ~ институ́т law school, institute; ~ди́ческая консульта́ция legal advice office, bureau; ~ди́ческое лицо́ juridical person; ~ди́ческие нау́ки jurisprudence; ~ факульте́т law faculty; **~сди́кция** jurisdiction; **~ско́нсульт** legal adviser; **~спруде́нция** jurisprudence, law (*academic*); **~́ст** lawyer, legal expert
ю́р|кий (~ок, ~ка́, ~ко) nimble, adroit, agile, brisk; ~кая мышь nimble mouse; ~, как бе́лка nimble as a squirrel; *fig coll* sharp, clever, enterprising, smart; **~кну́ть** I *pf* dart, scamper, whisk (away); мышь ~кну́ла в но́рку the mouse whisked into its hole
юро́д|ивый *adv* foolish, crazy, touched, simple; *n* God's fool, holy fool, fool for Christ's sake; **~́ство** craziness, foolishness; feigned foolishness; **~́ствовать** (~ствую) *impf* act, behave like a (holy) fool
ю́рский *geol* Jurassic
ю́рта yurt, yurta, nomad's tent
ю́рьев Ю~ день St George's Day; вот тебе́, ба́бушка, и Ю~ день! here's a nice kettle of fish!
юс (*pl* ~ы́) *ling* yus (*name of two letters in Old Church Slavonic*); ~ большо́й, ма́лый large, little yus
юсти́ция justice
ют *naut* quarterdeck
ю|ти́ться II (~чу́сь) *impf* nestle; huddle (together); take shelter, make one's quarters, live, be cooped up
ю́фт|евый leather; **~ь** *f* Russia (leather); **~яно́й** = ~евый
ю́шка *sl* soup, gruel

Я

Я *pr* (*acc, gen* меня́; *dat, prep* мне; *instr* мной, мно́ю) I (me); я не я и ло́шадь не моя́ *prov* it's nothing to do with me, I know nothing about it; не я бу́ду, е́сли не добью́сь своего́! I'll get my way – you see if I don't!; я тебя́, его́, *etc*! *coll* I'll give it to you, him, etc!; *n neut indecl* the self, the ego; второ́е я alter ego

я́б|еда *obs* slander; sneaking; *m and f coll* = ~едник; **~́едник** *coll* informer, sneak, talebearer; telltale (*amongst children*); **~́едничать** I *pf* на~ *coll* sneak, inform (on), tell tales (about, на + *acc*)

я́бл|око (*pl* ~оки) apple; ада́мово ~ Adam's apple; глазно́е ~ eyeball; ~ раздо́ра bone of contention; ~оку не́где упа́сть there's hardly any room to move, there's not room to swing a cat; ~ от я́блони недалеко́ па́дает *prov* like mother (father), like daughter (son); в ~оках dappled (*of horse*); **~́оневый, ~́онный** apple(-tree); ~оневая ве́тка apple bough; **~́оня** apple-tree; **~́очко** *dim of* ~око; **~́очный** apple; ~очное варе́нье apple jam; ~ пиро́г apple-pie

яв|и́ть(ся) II (~лю́(сь), ~́ишь(ся)) *pf of* ~ля́ть (-ся); **~́ка** appearance, attendance, presence; обяза́тельная ~ compulsory attendance; ~ в суд appearance in court; secret meeting place, secret rendezvous, safe house; secret meeting; pass word; *obs* information; **~ле́ние** phenomenon; occurrence, happening; appearance; *theat* scene; *philos* manifestation; **~ле́нный** *eccles* appearing miraculously (*of icons, etc*); **~ля́ть** I *pf* ~и́ть *lit* show, display, manifest; ~ собо́й приме́р give, show an example (of, + *gen*); **~ля́ться** I *pf* ~и́ться appear, report (*officially*); ~ в суд appear in court; ~ на слу́жбу report for duty; ~и́ться с пови́нной give oneself up; turn up, arrive, show up, come; come into the world; arise, occur; у меня ~и́лась мысль it occurred to me; ~и́лся удо́бный слу́чай a suitable opportunity presented itself; (turn out to) be; просту́да ~и́лась причи́ной его́ боле́зни the cause of his illness was a chill; *impf* be, serve (as); его́ посту́пок ~ля́ется но́вым доказа́тельством дру́жбы his action is a fresh proof of friendship; **~́но** *adv* obviously; manifestly, patently; *pred* it is obvious; it is manifest, patent; **~́ный** (~ен) open, overt; ~ная вражда́ open enmity; obvious, patent; ~ная ложь patent lie

я́в|ор sycamore (tree); **~́оровый** sycamore

я́в|очный secret; ~очная кварти́ра secret address; *mil* reporting, recruiting; ~ уча́сток recruiting office; ~очным поря́дком without prior permission; **~́ственный** (~ствен, ~ственна) clear, distinct; **~́ствовать** (~ствует) *impf* be (quite) clear, apparent, obvious; follow (from, из + *gen*); как ~ствует из его слов as his words clearly prove; **~ь** *f* reality

ягдта́ш game-bag

я́гель *m bot* Icelandic, reindeer moss

ягн|ёнок (~ёнка; *pl* ~я́та, ~я́т) lamb; **~и́ться** II (~и́тся) *pf* о~ *and* объ~ lamb; **~я́тник** bearded vulture, lammergeier

я́год|а berry; *collect* soft fruit (*strawberries, etc*); ви́нная ~ dried fig; пойти́ по ~ы go berry-picking; одного́ по́ля ~ы birds of a feather

я́г|одица buttock(s); **~́одичный** gluteal

я́г|одник berry plantation, soft-fruit garden; berry bush; *coll* berry-picker, berry seller; **~́одный** berry; (soft) fruit

ягуа́р jaguar

яд (~а (~у)) poison; venom *also fig*

я́д|ерный nuclear; ~ерное расщепле́ние nuclear fission; ~ реа́ктор nuclear reactor; ~ерная фи́зика nuclear physics; **~́ерщик** nuclear expert

ядо|ви́тый (~ви́т) poisonous, toxic; ~ газ poison gas; ~ви́тая змея́ poisonous snake; *fig* venomous, malicious; **~химика́т** chemical weed- or pest-killer

ядрён|ый (~) *coll* having a large kernel (*of nuts*); fine, juicy (*of fruit*); *fig* healthy, vigorous, robust; *fig* invigorating, fresh, bracing (*of air*)

яд|ро́ 6 (*gen pl* ~́ер) kernel (*of nut*); core, heart; *phys* nucleus; ~ древеси́ны heartwood; main body (*of unit, group, etc*); *hist mil* cannon-ball, shot; *sp* shot; толка́ние ~ра́ putting the shot; **~ро́вый** core; ~ро́вое мы́ло high-grade soap; **~́рышко** *dim of* ~ро́; *biol* nucleolus

я́зв|а ulcer, sore; ~ желу́дка stomach, gastric ulcer; морова́я ~ plague; сиби́рская ~ malignant anthrax; *fig* plague, curse, evil; *fig coll* malicious person, viper; scum; **~́енник** *coll* person suffering from ulcer; **~́енный** ulcerous; ~енная боле́знь stomach ulcer; **~́ина** indentation, pit; *coll* large ulcer; **~и́тельный** (~и́телен) caustic, biting, sarcastic; ~ отве́т stinging retort; **~и́ть** II (~лю́) *impf obs* wound; *pf* съ~ *fig* sneer, say sneeringly, mock; ~ на чей счёт be sarcastic at someone's expense

язы́к 1 tongue; бо́йкий на ~ glib(-tongued); дубо́вый ~ wooden style; злой ~ bitter, wicked tongue; канцеля́рский ~ officialese; суко́нный ~ *coll* banal, trite style; у него́ ~ прили́п к горта́ни his tongue has cleaved, stuck to the roof of his mouth; держа́ть ~ за зуба́ми keep a still tongue in one's head, hold one's tongue; ~ до Ки́ева доведёт *prov* you can get anywhere, if you know how to use your tongue; ~ хорошо́ подве́шен у кого́ someone has a ready tongue; придержа́ть ~ hold one's tongue; прикуси́ть ~ *coll* shut up; распусти́ть ~ *coll* talk too glibly; ~ без косте́й *coll* loose tongue; дёргать, тяну́ть кого́ за ~ *coll* make someone talk; сорвало́сь с ~а́ *fig* it slipped out; лиши́ться ~а́ *fig* lose one's tongue; ~ у меня́ не поверну́лся э́то сказа́ть *coll* I could not bring myself to say it; э́то ве́ртится у меня́ на ~е́ it is on the tip of my tongue; у него́ ~ заплета́ется his speech is slurred; проси́ться с ~а́ be on the tip of one's tongue; его́ как ~о́м слизну́ло *coll* he vanished into thin air; болта́ть, трепа́ть, чеса́ть ~о́м *pop* natter, blather; ~ у меня́ чеса́лся *coll* I was itching to speak; показа́ть кому́ ~ show somebody one's tongue (*doctor*), put out one's tongue at somebody; ~ проглоти́шь *coll* it makes one's mouth water; ~ сло́маешь *coll* it is a tongue-twister; *cul* tongue; копчёный ~ smoked tongue;

clapper (*of bell*); *fig coll* prisoner for interrogation; language; владéть ~óм be proficient in a language; найтѝ óбщий ~ *fig* find a common language, talk the same language;ковéркать ~ butcher the language; ломáть рýсский ~ speak broken Russian; (*pl* ~̀и) *obs* people, nationality, nation; **~áстый** (~áст) *and* **~áтый** (~áт) *coll* sharp-tongued; **~овéд** linguist, specialist on linguistics; **~овéдение** linguistics; **~овéдческий** linguistic(s); **~овóй** linguistic; **~óвый** *anat* tongue, lingual; *cul* tongue; **~ознáние** linguistics; **~отвóрчество** word, language creation

язы́|ческий heathen, pagan; **~̀чество** heathenism, paganism; **~чкóвый** uvular; *bot* ligulate; *mus* reed; *tech* catch, lug; **~̀чник** heathen, pagan; **~̀чный** tongue, lingual; **~чóк** (~чкá) *anat* uvula; *mus* reed; *bot* ligule; ~ ботѝнка boot-tongue; ~ плáмени tongue of flame

яз|ь 1 *m* ide (*fish of carp family*)

яѝч|ко (*pl* ~ки) *anat* testicle; *dim of* яйцó; **~̀ник** *anat* ovary; **~̀ница** *cul* fried eggs (~-глазýнья), scrambled eggs (~-болтýнья); **~̀ный** egg; ~ белóк white of egg; ~ желтóк yoke of egg; ~ порошóк dried egg(s); ~ная скорлупá eggshell

яйц|евѝдный (~евѝден) egg-shaped, ovoid, oviform, oval; **~evóд** *anat* oviduct; **~еклáд** *zool* ovipositor; **~еклáдущий** oviparous; **~еклéтка** *biol* egg cell; ovum; **~енóский** ~енóские кýры good laying hens; **~енóскость** *f* egg-laying qualities; **~ерóдный** oviparous; **~ó** 6 (*gen pl* яѝц) egg; *biol* ovum; нестѝ ~̀а lay eggs; ~ всмя́тку lightly boiled egg; ~ вкрутýю hard-boiled egg; ~ в мешóчек medium-timed egg; э́то вы́еденного ~á не стóит it is not worth a tinker's cuss, a brass farthing; ~̀а кýрицу не ýчат *prov* don't teach your grandmother to suck eggs; носѝться с кем как кýрица с ~óм fuss over somebody like an old hen

як yak

якобѝн|ец (~ца) Jacobin; **~̀ский** Jacobin

я́кобы *conj expressing doubt or unreliability* that; говоря́т, ~ он ýмер they say that he has died; *conj* as if, as though; он ~ всё пóнял he says he has understood everything; *partic* ostensibly, supposedly, allegedly, purportedly; я прочитáл э́ту ~ интерéсную кнѝгу I have read this supposedly interesting book

я́к|орный anchor; ~орная лебёдка capstan; ~орная стоя́нка anchorage; **~̀орь** *m (pl* ~оря́, ~орéй) *naut* anchor; ~ спасéния *fig* sheet-anchor; брóсить ~ cast, drop anchor; стоя́ть на ~оре lie, ride at anchor; стать на ~ anchor; подня́ть ~, сня́ться с ~оря weigh anchor; *elect* armature, rotor

якýт Yakut; **~̀ка** Yakut (woman); **~̀ский** Yakut

якшáться I *impf coll* consort (with), hobnob (with, с + *instr*)

ял whaler, pinnace; yawl; **~̀ик** skiff, dinghy; yawl; **~̀ичник** ferryman, boatman

я́л|оветь I (~овеет) *pf* о~ be barren, dry (*of cows*); **~̀овка** barren, dry cow; **~̀овость** *f* barrenness, dryness; **~̀овый** barren, dry (*of cows*)

ям *hist* mail staging-post

я́м|а pit, hole; воздýшная ~ air pocket; выгребнáя ~ cesspit; ýгольная ~ coal bunker; рыть комý ~у *fig* lay a trap for someone; не рой другóму ~ы, сам в неё попадёшь *prov* mind you don't fall into your own trap; оркестрóвая ~ orchestra pit; вóлчья ~ trap-hole; *geog coll* depression, hollow; *obs* prison; *sl* receiving-house (*of stolen goods*), fence's den; **~áнщик** fence, receiver of stolen goods

Ямáй|ка Jamaica; **я~ский** Jamaican

ямб *lit* iambus, iambic verse; **~ѝческий** iambic

я́м|ка, я́м|очка *dim of* ~а; ~ (на щекáх) dimple

ям|скóй coachmen's; **~щѝк** 1 coachman

январ|ский January; **~ь** 1 *m* January

я́нки *m indecl* Yankee(s)

янтáр|ный amber; ~ная кислотá succinic acid; amber-(coloured); **~̀ь** 1 *m* amber

янычáр *hist* janissary

япóн|ец Japanese; **Я~̀ия** Japan; **~̀ка** Japanese (woman); **~̀ский** Japanese; ~ лак Japan(ese) lacquer

яр (на ~ý, о ~̀е) steep bank (*of river, etc*), slope (*of ravine*); ravine; *physiol* heat (*of animals*)

ярд yard (*measure*)

ярéмн|ый yoke; ~ая вéна jugular vein

ярѝться II *impf obs* rage, be in a fury *also fig*; *physiol* be on heat

я́рка young ewe (*up to first lambing*)

я́р|кий (~ок, ~кá, ~ко; ~че; ~чáйший) bright, powerful (*of light*); ~кая лáмпа powerful, bright light; bright, vivid (*of colours*); *fig* colourful, striking, brilliant, graphic; ~ примéр striking, glaring example; *fig* outstanding, brilliant, impressive; ~кая речь brilliant speech; ~ талáнт outstanding gifts; **~̀кость** *f* brightness, brilliance *also fig*; *fig* vividness

ярлы́к 1 *hist* edict (*of Golden Horde*); label, tag; *fig* label; приклéить ~ комý pin a label on someone

я́рм|арка (trade) fair; **~̀арочный** fair

ярмó 6 yoke *also fig*; *fig* burden; сбрóсить с себя́ ~ *fig* cast off the yoke

яров|изáция vernalization; **~изѝровать** (~изѝрую) *impf and pf* vernalize; **~óй** *adj* spring; ~áя пшенѝца spring wheat; ~óе *n* spring crop

я́р|остный (~остен) furious, fierce, savage, frenzied; violent (*of the elements*); **~̀ость** *f* rage, fury, frenzy; вне себя́ от ~ости beside oneself with rage; приходѝть в ~ fly into a rage

я́р|ус tier, layer; *theat* circle; вторóй ~ upper circle; *geol* stage, layer; **~̀усный** tiered, layered

ары́га *m and* **ары́жка** *m hist* constable; *obs* drunkard

я́р|ый (~, ~а) violent, furious, raging; fierce; rabid, fervent, vehement, zealous; *long form obs* light, bright; ~ воск unbleached wax

я́рь-медя́нка (я́ри-медя́нки) verdigris

ясáк 1 *hist* tax, tribute (paid in furs)

я́сельный nursery-school; ~ вóзраст nursery-school age

я́с|еневый ash; **~̀ень** *m* ash(-tree)

я́сл|и (*gen pl* ~ей) manger, crib (*for cattle*); crèche, day nursery

яс|нéть I *impf* become clear(er); **~̀но** *adv* clearly, distinctly; кóротко и ~! so that's that!; *pred* it is clear, bright (*of weather*); *fig* it is clear; *affirmative partic* of course, I see; **~новѝдение** clairvoyance, second sight; insight; **~новѝдец** (~новѝдца) clairvoyant; **~новѝдящий** *adj* intuitive, clairvoyant; *n* clairvoyant; **~̀ность** *f* clearness, clarity; lucidity; вносѝть ~ в обстанóвку clarify, clear up the situation; **~̀ный** (~ен, ~нá, ~но) clear, bright; fine (*of weather*); ~ное нéбо clear sky; гром средь ~ного нéба a bolt from the blue; serene; ~ взгляд serene (clear) glance; distinct; *fig* clear, plain, lucid; precise, logical; ~ ум precise (clear) mind; сдéлать ~ным make it clear (plain);

~ное де́ло of course; ~не́е ~ного it is as clear as daylight
я́ство *usu pl obs* viands, victuals
я́стреб (*pl* ~ы *and* ~а́) hawk; ночно́й ~ nightjar; ~-перепеля́тник sparrowhawk; **~ёнок** (~ёнка; *pl* ~я́та, ~я́т) young, fledgeling hawk; **~и́нка** *bot* hawkweed; **~и́ный** hawk's, hawk; hawklike; ~и́ная охо́та falconry; с ~и́ным взгля́дом hawk-eyed; ~ нос hawk nose; **~о́к** (~ка́) small hawk; *coll* (Soviet) fighter (*aircraft*)
ятага́н yataghan
ятры́шник *bot* orchis
ять *m* yat' (*old Russian letter* Ѣ, ѣ); на ~ *pop joc* to a T, first-class, splendid(ly); сде́лать что на ~ *pop* do something to perfection
яфети́ческий *ling* Japhetic
я́х|онт ruby; sapphire; **~онтовый** ruby; sapphire
я́хт|а yacht; **~-клу́б** yacht club; **~сме́н** yachtsman
яче́|истый (~ист) cellular, porous; **~йка** (*gen pl* ~ек) *biol pol* cell; *mil* foxhole, slit trench; **~йковый** cellular
я́чество *pej* egocentrism, individualism
ячея́ *biol* cell
яч|ме́нный barley; ~ме́нное зерно́ barleycorn; ~ме́нная ка́ша barley-milk; ~ отва́р barley water; ~ са́хар barley sugar, malt sugar; **~ме́нь** 1 *m* barley; sty (*in the eye*); **~невый** fine barley, crushed-barley
я́шм|а jasper; **~овый** jasper
я́щер pangolin; **~ица** lizard
я́щик box; (packing-)case; chest; cabinet; му́сорный ~ dustbin; drawer; откла́дывать в до́лгий ~ *fig* shelve, put off; почто́вый ~ letter-box, pillar-box; рабо́тать в почто́вом ~е *coll* work in secret establishment (*known by post-office box number*); сыгра́ть в ~ *pop* kick the bucket, die
я́щ|ур foot-and-mouth disease; **~урный** infected with foot-and-mouth disease